개정판
포한사전
葡 韓 辭 典
브라질어 사전

| 주영복 편저 |

葡韓辭典 개정판을 펴내며

포 한사전(葡韓辭典)을 첫 출판한 것이 1980년이었으니까 어느덧 34년이 되었습니다.

포르투갈어는 현재 2억 6,000만 명 이상이 사용하는, 세계에서 다섯 번째로 많이 사용되는 언어로 포르투갈·브라질뿐만 아니라 중남미 대륙과 아프리카·동남아시아 등 범세계적(汎世界的)으로 널리 쓰이고 있습니다. 포르투갈어는 또한 최소 3,000만 명의 학생들이 공부하는 세계에서 네 번째로 많이 배우는 언어이기도 합니다.

우리나라는 포르투갈어를 사용하는 브라질과 일찍이 1959년부터 국교를 수립하였고, 현재는 5만여 명의 한국 동포들이 그곳에 살고 있어서 이들에게 포르투갈어는 이미 생활하는데 필수 요건이 되어 있습니다. 이러한 필요에 따라 우리나라에서 처음으로 출판된 성안당의 포한사전은 첫 출판 그 자체만으로도 의미가 있었으며, 원조 포한사전으로서 포르투갈어 실수요자에게 꼭 필요한 도움을 주고 포르투갈어에 대한 관심과 지변을 확대하는 데에도 일익을 담당하여 보람이 컸습니다.

초판 출판 이후 쏟아졌던 관심과 기대에 부응하여 저희 성안당 편집부에서는 꾸준한 수정·보완 작업을 통해 새로운 표제 단어를 추가 삽입하고, 내용을 교정·보완하고, 가독성을 높이는 편집으로 다듬어 이제 새롭게 개정·보완판을 출판하기에 이르렀습니다. 특히, 부록으로 추가한 '생활 필수 단어'는 생활 및 업무현장에서 긴요하게 쓰임 받으리라 생각합니다. 앞으로도 계속 수정·보완함으로써 보다 더 좋은 포한사전으로 다듬어져 갈 것입니다. 많은 애용 부탁드립니다.

2014년 가을
성안당 편집부

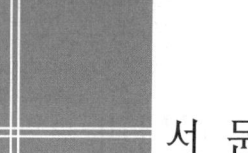

서 문

이 「葡韓辭典」은 우리나라 이민들이 처음으로 브라질에 이르게 된 1963년 집필하여 10년만인 1972년에 탈고된 것입니다.

브라질은 포르투갈인에 의해 발견되고 개척되었으므로 그 언어는 근본적으로 포르투갈어이지만, 널리 분포된 원주민 언어와 아프리카에서 노예로 끌려온 흑인들의 언어, 근세 유럽 각국 이민들의 언어 등의 영향을 받아 혼성어·파생어·전래어(轉來語)·신어 등이 많이 혼합된 언어라고 하겠습니다.

게다가, 국토가 광대하므로 단일성을 띠지 못하고, 중부·동북부·북부·남부 등 지역간에 발언이 현저히 다르며, 속어·방언이 헤아릴 수 없을 만큼 많습니다.

이렇게 지리·역사·풍토적으로 영향을 받은 복잡 다양한 것이 바로 브라질어의 특징이며, 따라서 학자 중에는 포르투갈어라 하지 않고 브라질어라 칭하는 사람도 있습니다.

일개 천학비재(淺學菲才)한 제가 10년이 아니라 평생을 연구해도 브라질어의 체계를 세울 수 없다는 것이 저의 솔직한 심정입니다.

다만, 선착자로서 한국인 이민과 그 자제들에게 도움이 되고자 하는 뜻에서 감히 이 일에 착수했던 것입니다. 되도록 정확을 기하기 위해「葡英」·「葡日」·「英韓」등 각종 사전을 참고로 했으나 브라질 특유의 낱말을 옮김에 있어서 자의적으로 해석한 것도 있었고, 아마 약간 부정확하게 번역한 것도 있으리라고 자인하지 않을 수 없습니다.

각종 역점(力點) 부호와 발언 표시가 많은 것이 포르투갈어의 특색이므로 하나도 빼놓지 않으려고 세심한 주의를 했었는데, 1972년초 탈고 직후에 역점 부호와 폐음(閉音) 부호를 대폭 삭제하는「철자개정법」이 갑자기 발포되는 바람에 필자는 당황하였고, 필요 없다는 것은 일일이 다 삭제하긴 했으나 워낙 그 많은 단어를 완벽하게 다 고치기는 어려웠고, 아마 개중에는 역점이 그냥 남아 있는 것도 있으리라 생각됩니다.

그렇지만 뜻 해석상에는 차이가 없습니다. 그리고 이 사전에 또 다른 결점이 있다면 폐어·고어와 희귀한 동식물명이 많은 반면 현대(기술) 술어가 부족하다는 점입니다.

그러나, 또한 장점이 있다면 많이 쓰이든 적게 쓰이든 근 8만에 달하는 어휘를 망라했다는 것과 합성어와 예문을 많이 인용하고 여러 가지로 알기 쉽게 설명을 가했다는 점이라고 생각합니다.

여러 가지 애로와 사유로 말미암아 탈고 후 출판까지 4년이나 걸리게 됨은 경제상·거리상 어쩔 수 없는 일이지만 만약 필자가 韓國에 있었다면 그 후 수집한 전기·기계·토목·화학 등 전문용어와 합성 술어를 만여 개 추가로 포함시켜 불비한 점을 다소나마 보충할 수 있었을 것이며, 교정·조판 등에도 참여하여 보다 정확과 충실을 기할 수 있었을 것으로 여겨집니다.

여러 가지로 미비하고 결점이 많은 이 소책자가 독자의 도움이 되고 나아가 韓國과 브라질 양자 간의 문화·경제 등 교류와 우호 친선에 조금이라도 도움이 될 수 있다면 크나큰 다행이 아닐 수 없습니다.

끝으로, 이것이 책으로 되기까지 물심양면으로 노력해 주신 해외교포문제연구소 이사장 문인구 박사, 동아일보 논설위원 정연권 씨, 한국일보 남미지사 홍갑표 씨, 브라질 교포 권순국 씨·김창학 씨·홍종태 씨, 출판을 맡으신 도서출판 성안당의 이종춘 회장님, 그리고 국경을 넘어 정신적 지원을 해 주신 다끼이 야스다미 씨 등 제위에게 충심으로 사의(謝意)를 표하며 또한 교정에 협조해 주신 분들께도 감사의 뜻을 표하고자 합니다.

지은이 朱 榮 福

발간사

우리나라에서 처음으로 「葡韓辭典」을 내놓게 된 것을 기쁘게 생각합니다.
　우리나라에는 「英韓辭典」을 비롯하여 많은 사전이 있습니다만 브라질을 위시한 여러 나라에서 사용하는 「포르투갈어 사전」만은 없어서 많은 불편을 겪고 있던 차에 「葡韓辭典」을 내놓게 되었다는 것은 그 내용이야 어떻든 우선 그것만으로도 기쁜 일이 아닐 수 없습니다.
　그러나, 이 사전의 내용이 얼마 만큼 충실한 것이냐에 대하여 생각이 미친다면 본인은 다만 두려울 뿐입니다.
　우리가 1959년에 브라질과 국교를 수립한 뒤에 많은 국민들을 브라질에 진출시켜서 현재는 1만명이 넘는 한국인이 브라질에 살고 있고 앞으로도 많은 사람이 브라질로 진출할 것이 예상되고 있는 이 때에, 「葡韓辭典」 하나 없어서 많은 불편을 주었는데 이제 그 어려움을 어느 정도 덜어주게 되었다는 것은 퍽이나 다행스러운 일이라고 생각합니다.
　특히, 1962년에 처음 브라질로 14명의 집단이민(集團移民)을 보낸 뒤 많은 어린 아이들이 이에 뒤따랐는데 지금쯤은 이 아이들도 포르투갈어는 익숙하여지는 반면에 우리말은 잊어버려 가고 있을 것이라는 것을 생각하면 이 사전은 우리말을 잊지 않고 익혀 나가는 데 큰 힘이 될 것이라고 생각됩니다. 아무리 어려운 일이 있고 뜻밖의 미스가 생기는 일이 있더라도 이 사전을 기어코 발간(發刊)하여야 하겠다는 생각은 바로 이 때문이었습니다.
　그러나, 앞에서도 언급한 바와 같이 이 사전은 포르투갈어 전문가에 의하여 편집된 것이 아니어서 예상 외의 과오가 있지 않나 두렵습니다.
　이 사전의 편자는 브라질 이민 1세대이신 주영복(朱榮福) 선생입니다.
　선생의 과거나 현재의 일과 전공이 무엇인가에 대하여서는 잘 아는 바 없지만 선생은 이 사전을 만들기 위하여 10여년 간 모든 노력을 원고작성에 집중하였다고 합니다.
　선생은 이 원고를 만들기 위하여 브라질과 각국에서 발간된 포르투갈어 사전을 전부 모아서 참고로 하였고, 이로 인하여 가재(家財)를 전부 탕진하였다고 합니다. 선생이 비록 어학(語學)을 전공한 분이 아니라고 하더라도 10년을 한결같이 「포한사전」 편찬에만 모든 힘을 집중하였다면 전문가에 못지 않은 지식을 갖게 되었으리라고 굳게 믿습니다.

그러나, 모진 고생 끝에 완성된 원고도 막대한 발간비 때문에 수년간을 이 사람 저 사람 손에서 왔다갔다 할 수밖에 없었습니다.

그러던 것이 브라질 교민회 부회장이며 한국일보사 브라질지사장인 홍갑표(洪甲杓) 선생이 이 사실을 알고 스스로 많은 기금을 내 놓으면서 우리 연구소에 이 사전의 발간을 권고하게 되었습니다. 그러나 이것만으로는 이 사전이 세상에 나올 수는 없었을 것입니다.

주영복 선생의 계씨(季氏), 부원제 지사장 주영식(朱榮植) 씨의 재정적인 협조가 이에 뒤따라야만 했습니다. 연구소의 사무국 직원들이 수개월간 밤낮을 가리지 않고 원고 정리·교정 등에 수고를 하였습니다. 이런 점에서 이 사전은 다른 어떠한 사전보다도 특이하고 귀한 선물이라 아니할 수 없습니다.

위에서 말한 어느 하나가 빠졌었어도 이 사전은 이 세상에 태어나지 못하였을 것입니다.

우리는 여기서 국내외(國內外)에 살고 있는 국민이 하나가 되어 큰 작품을 만들어낸 귀중한 실례(實例)를 자랑스러운 마음으로 내다봅니다.

끝으로, 이 조그마한 사전이 우리 국민은 물론 브라질 국민에게도 널리 이용되어 한백문화(韓伯文化) 교류에도 많은 공헌이 있기를 빌어마지 않습니다.

海外僑胞問題研究所

理事長 文 仁 龜

◀ 포르투칼어 발음법 ▶

1 Alfabeto

A a	아	H h	아가	O o	오/어	V v	베
B b	베	I i	이	P p	뻬	W w	다블유
C c	쎄	J j	조따	Q q	께	X x	쉬스
D d	데	K k	카	R r	애히	Y y	입쓸롱
E e	애	L l	앨리	S s	애씨	Z z	제
F f	에피	M m	앰미	T t	떼		
G g	제	N n	애니	U u	우		

vogais [보가이스] 모음 : a e i o u
consoantes [꼰쏘안치스] 자음 : b c d f g h j k l m n p q r s t v w x y z

2 자음과 모음 결합의 발음

- 'ㅂ'으로 발음합니다.

ba	be	bi	bo	bu
바	베	비	보	부

banana [바나나] 바나나 | **bola** [벌라] 공

C

1. a, o, u 앞에서는 'ㅋ'으로 발음합니다.

ca	co	cu
카	코	쿠

casa [카사] 집 | **cama** [카마] 침대

2. e와 i 앞에서는 'ㅆ'으로 발음합니다.

ce	ci
쎄	씨

cereja [쎄레자] 체리 | **cidade** [씨다지] 도시

3. c 아래 cecidilha를 붙이면 'ㅆ' 발음이 납니다.

ça	ço	çu
싸	쏘	쑤

criança [크리안싸] 어린 아이

4. ch는 '쉬'로 발음합니다.

cha	che	chi	cho	chu
샤	셰	쉬	쇼	슈

chuva [슈바] 비 | **chave** [샤베] 열쇠

1. 'ㄷ'으로 발음합니다.

da	de	di	do	du
다	데	디	도	두

doar [도알] 기부하다 | **doce** [도쎄] 단, 단 것

2. 단 브라질에서 di는 '지'로 발음하며, de로 마치는 대다수의 단어도 '지'로 발음 합니다.
direita [지레이따] 오른쪽 | **cidade** [씨다지] 도시

F

• 약한 'ㅍ'으로 발음합니다.

fa	fe	fi	fo	fu
파	페	피	포	푸

faca [파카] 칼 | **felicidade** [펠리씨다지] 행복

G

1. a, o, u 앞에서는 'ㄱ'으로 발음합니다.

ga	go	gu
가	고	구

gato [가또] 고양이 | **goleiro** [골레이루] 골키퍼

2. e와 i 앞에서는 'ㅈ'으로 발음합니다.

ge	gi
제	지

girafa [지라파] 기린 | **viagem** [비아젱] 여행

• 묵음으로, 발음되지 않습니다.
hostital [오스삐따우] 병원 | **hora** [어라] 시간

• 'ㅈ'으로 발음합니다.

ja	je	ji	jo	ju
자	제	지	조	주

joelho [조엘료] 무릎 | **jacaré** [자카래] 악어

L

1. 'ㄹ'로 발음합니다.

la	le	li	lo	lu
라	레	리	로	루

leite [레이치] 우유 | **lua** [루아] 달

2. 모음 없이 단독으로 어미나 중간에 오면 '우'로 발음합니다.
papel [빠빼우] 종이 | **calça** [카우싸] 바지

lha	lhe	lhi	lho	lhu
랴	례	리	료	류

3. lh는 '리'로 발음합니다.
joelho [조엘료] 무릎 | **filha** [필랴] 딸

M

1. 'ㅁ'으로 발음합니다.

ma	me	mi	mo	mu
마	메	미	모	무

macaco [마카코] 원숭이 | **miojo** [미오조] 라면

2. 음절의 끝에 오면 'o'으로 발음합니다.
bom [봉] 좋은 | **fim** [핑] 끝

N

1. 'ㄴ'으로 발음합니다.

na	ne	ni	no	nu
나	네	니	노	누

Natal [나따우] 크리스마스 | **navio** [나비오] 배

2. nh '니'와 '이'의 중간소리로 발음합니다.

nha	nhe	nhi	nho	nhu
냐	녜	니	뇨	뉴

cozinheiro [코지녜이로] 요리사 | **cunhado** [쿠냐도] 형부

• 'ㅃ'으로 발음합니다.

pa	pe	pi	po	pu
빠	뻬	삐	뽀	뿌

parque [빠르께] 공원 | **pedra** [뻬드라] 돌

Q

• 항상 u와 함께 쓰이며 'ㄲ'으로 발음합니다.

qua	que	qui	quo
꽈	께	끼	꼬

quadro [꽈드로] 액자 | **quarto** [꽈르뚜] 방

R

1. 어두에 쓰이거나, 자음 뒤 또는 rr로 쓰이면 'ㅎ'으로 발음합니다.

ra	re	ri	ro	ru
하	헤	히	호	후

rato [하또] 쥐 | **honra** [옹하] 명예 | **carro** [카호] 자동차

2. 그 외 모음 뒤에 오면 'ㄹ'으로 발음합니다.
caro [카로] 비싼 | **couro** [코우로] 가죽

S

1. 어두에 쓰이거나, 자음 뒤 또는 ss로 쓰이면 'ㅆ'으로 발음합니다.

sa	se	si	so	su
싸	쎄	씨	쏘	쑤

sábado [싸바도] 토요일 | **cansado** [칸싸도] 피곤한 | **passear** [빠쎄알] 산책하다

2. 그 외 모음 사이에 오면 'ㅈ'으로 발음합니다.
música [무지카] 음악 | **mesa** [매자] 식탁

T

1. 'ㄸ'으로 발음합니다.

ta	te	ti	to	tu
따	떼	띠	또	뚜

guitarra [기따하] 기타 | **terno** [떼르노] 양복

2. 단 브라질 대부분의 지역에서 ti는 '치'로 발음되며, te로 마치는 대다수의 단어 또한 '치'로 발음됩니다.
tirar [치랄] 빼다, 벗다 | **dente** [덴치] 치아

• 약한 'ㅂ'으로 발음합니다.

va	ve	vi	vo	vu
바	베	비	보	부

vaso [바조] 꽃병 | **ver** [베르] 보다

xa	xe	xi	xo	xu
샤	셰	쉬	쇼	슈

1. 어두에서는 '쉬'로 발음합니다.
xarope [샤로삐] 시럽 | **xícara** [쉬카라] 찻잔

2. 'ks'로 발음합니다.
fixo [픽쑤] 고정된 | **táxi** [딱씨] 택시

3. 'ㅆ'으로 발음합니다.
máximo [마씨무] 최대한

4. ex 다음에 모음이 오면 'ㅈ'으로 발음합니다.
exame [에자미] 시험

za	ze	zi	zo	zu
자	제	지	조	쥬

1. 어미에 오면 'ㅅ'으로 발음합니다.
   feliz [펠리스] 행복하다 | **dez** [데스] 숫자 10
2. 그 외의 경우는 'ㅈ'으로 발음합니다.
   cozinhar [코지냐르] 요리하다 / **cruzamento** [쿠르자멘토] 교차로

3 강세음

1. 일반적으로 대부분의 단어는 마지막에서부터 두 번째 음절 모음에 악센트가 있습니다.
   cavalo (ca - **va** - lo) [카발로] 말
   　　　　▼　▼　▼
   　　　　3　**2**　1
   tartaruga (tar - ta - **ru** - ga) [따르따루가] 거북이
   　　　　　▼　▼　▼　▼
   　　　　　4　3　**2**　1

2. 단, -i, -l, -r, -u, -z로 끝나는 단어는 마지막 음절에 악센트가 있습니다.
   abaca**xi** [아바카쉬] 파일애플　　　　pa**pel** [빠뻬우] 종이
   carre**gar** [카해갈] 운반하다　　　　escre**ver** [에스크래벨] 쓰다, 작성하다
   bam**bu** [밤부] 대나무　　　　　　　ra**paz** [하빠스] 청년

4 강음 부호

강음부호가 있는 단어들은 위 규칙에 따르지 않고 부호에 따라 강하게 또는 폐음으로 발음합니다.

1. **Acento agudo** (´) 입술을 움직이지 않고 입을 크게 벌려 강하게 발음합니다.
   auto**má**tico [아우또마치코] 자동　　　**ó**culos [오쿨로스] 안경

2. **Acento circunflexo** (ˆ) 입을 아주 조금 벌리고 두 입술을 동글리지 않고 발음합니다.
   vo**cê** [보쎄] 너, 당신　　　　　　　en**jô**o [앤조오] 멀미, 메스꺼움

3. **Til** (˜) 'o' 발음을 강하게 합니다.
   c**ã**ibra [카잉브라] 근육경련 쥐　　　man**sã**o [만사옹] 대저택

4. **acento grave** (`) 반쯤 강하게 합니다.
   à [아] ~쪽으로

◀ 略 語 表 ▶
－1－

a.	adjetivo	(形容詞・그림씨)	*v.pr.*	verbo reflexivo	(再歸動詞)
adv.	advérbio	(副詞・어찌씨)	*interj.*	interjeição	(感歎詞)
art.	artigo	(冠詞)	*pl.*	plural	(複數)
m.	nome masculino	(男性名詞)	*superl.*	superlativo	(最上級)
f.	nome feminino	(女性名詞)	*ant.*	antônimo	(反對語)
pron.	pronome	(代名詞)	*aum.*	aumentativo	(指大語)
	pron. pess.	(人稱代名詞)	*dim.*	diminutivo	(指小語)
	pron. poss.	(所有代名詞)	*part.*	particípio passado	(過去分詞)
	pron. indef.	(不定代名詞)	*pref.*	prefixo	(接頭辭)
prep.	preposição	(前置詞・앞토씨)	*sul.*	sulfixo	(接尾辭)
v.i.	verbo intransitivo	(自動詞)	*conj.*	conjunção	(接續詞)
v.t.	verbo transitivo	(他動詞)	*dem.*	demonstrativo	(指示詞)
v.r.	verbo reflexivo	(再歸動詞)			

◀ 略 語 表 ▶
－2－

[建]	건축(建築)	[紡]	방적(紡績)
[競]	경기(競技)	[法]	법률(法律)
[經]	경제(經濟)	[薄]	박기(薄記)
[古史]	고대사(古代史)	[寫]	사진(寫眞)
[古生]	고대생물(古代生物)	[史]	역사(歷史)
[工]	공학(工學)	[商]	상업(商業)
[空]	항공(航空)・비행(飛行)	[生]	생리(生理)
[鑛]	광물(鑛物)	[聖]	성경(聖經)
[光]	광학(光學)	[修]	수사학(修辭學)
[軍]	군사(軍事)	[數]	수학(數學)
[劇]	연극(演劇)	[植]	식물(植物)・식물학(植物學)
[機]	기계(機械)	[心]	심리학(心理學)
[幾]	기하(幾何)	[樂]	음악(音樂)
[羅神]	로마신화(神話)	[冶]	치금(治金)
[論]	논리(論理)	[藥]	약학(藥學)
[農]	농업(農業)	[魚]	어류(魚類)
[代]	대수(代數)	[言]	언어학(言語學)
[動]	동물(動物)	[映]	영화(映畵)
[無線]	무선전신[화]	[韻]	운율학(韻律學)
[文]	문법(文法)	[外科]	외과학(外科學)

[紋] ················· 문장(紋章)	[倫] ················· 윤리학(倫理學)
[博] ················· 박물(博物)	[醫] ················· 의학(醫學)
[理] ················· 생리학(生理學)	[築城] ················· 축성학(築城學)
[印] ················· 인쇄(印刷)	[蟲] ················· 곤충(昆蟲)
[電] ················· 전기(電氣)	[貝] ················· 패류(貝類)
[政] ················· 정치(政治)	[海] ········· 항해(航海)・해사(海事)
[鳥] ················· 조류(鳥類)	[解] ················· 해부(解剖)
[宗] ················· 종교(宗敎)	[化] ················· 화학(化學)
[地] ················· 지문(地文)	[希神] ················· 그리스신화(神話)
[哲] ················· 철학(哲學)	

◀ **略 語 表** ▶

— 3 —

《俗》 ················· 속어(俗語)	《轉》 ················· 전의(轉義)
《學生》 ················· 학생어(學生語)	《比喩》 ················· 비유(比喩)
《小兒》 ················· 소아어(小兒語)	《英》 ········ 영어(英語), 영어용법(用法)
《卑》 ················· 비어(卑語)	《美》 ················· 미국용법(美國用法)
《雅》 ················· 아어(雅語)	《葡》 ········ 포르투갈, 본국용법(本國用法)
《詩》 ········ 시어(詩語)・시적표현(詩的表現)	《日》 ················· 일어(日語)
《古》 ············ 고어(古語)・고체(古體)	《中》 ················· 중국어(中國語)
《廢》 ················· 폐어(廢語)	《L》 ················· 라틴어(語)
《稀》 ················· 희용어(稀用語)	《It》 ················· 이탈리아어(語)
《稽》 ················· 골계(滑稽)	《F》 ················· 프랑스어(語)

[A]

A, a *m*. 포르투갈어 자모의 첫자 글자.
a ①정관사의 여성형.
a ②*pron. pess.* 그 여자.
a ③*pron. dem.* 그것.
a ④*prep.* …에. …에서. …으로. …의.
ir a casa 집에 가다.
a pé 도보(徒步)로.
a cavelo 말타고.
a tempo 때에 맞게. 적시(適時)에.
passo a passo 한 걸음씩.
gota a gota 한 방울씩.
a uma hora 한시에.
Estao a chegar. 그분들은 곧 도착한다.
Sou eu a jogar. (다음은) 내가 놀 차례다.
á 여성정관사 a와 전치사 a의 결합형.
á pressa 바삐. 황급히.
á porta 문가에.
á meia noite 밤중에. 자정(子正)에.
aba *f*. 가장자리. 테두리. (모자의) 가. (소매의) 끝. 변(邊). 연변. 선단(先端).
chapéu de abas largas 가가 넓은 모자.
aba da mesa 상(책상)의 밖으로 나온 부분.
aba da serra 산 밑. 산기슭.
abas de um rio 강변. 깅반(江畔).
abas de uma cidade 시(市)의 변두리.
abacá *m*. 마닐라삼(麻).
abaçanado *a*. ①거무스레한. 까무잡잡한. ②흑백 혼혈아의.
abaçanar *v.t.* ①흐리게 하다. 어둡게 하다. ②거무스레하게 하다. ③(피부를) 자색(紫色)으로 하다.
abacate *m*. [植] 아바까떼(열매).
abaceateiro *m*. 아바까떼 나무.
abacaxi *m*. [植] 아바까시이. 파인애플.
abacelado *a*. 포도의 어린 나무(가지)를 심은.
abacelar *v.t.* 포도의 어린 나무(가지)를 심다.
abacial *a*. ①수도원의. ②수도원장의 ; 수녀원장의.
abacinar *v.t.* ①어둡게 하다. 거무스름하게 하다. ②(피부를) 자색으로 하다.
ábaco *m*. ①(서양) 주판. ②[建] (기둥 위의) 관판(冠板).
abada *f*. ①[動] 무소(암컷). ②많은 양. 다량.
abade *m*. ①수도원장. 승원장(僧院長). ②사제장(司祭長).
abadesco *a*. 수도원장의. 승원장의. 사제장의.
abadessa *f*. ①여수도원장. 수녀원장(여성) ②《俗》몹시 뚱뚱한 여자.
abadia *f*. ①(중세의) 수도원. 승원. ②승단(僧團). ③수도원장이 주재(主宰)하는 교회(교구).
abaetado *a*. ①*baéta* 커튼·앞치마 따위에 쓰는 거칠은 나사와 같은. *baéta*를 걸친 (두른). ②잘 입은.
abaetar *v.t.* ①*baéta*를 입다. ②*baéta*처럼 하다.
—*se v.pr.* 따뜻이 껴입다.
abatadamente *adv.* ①(숨막힐 정도로) 뜨겁게. 후덥지근하게 ; 숨막히게. ②비밀히. 슬쩍.
abafadiço *a*. ①(숨막힐 정도로) 뜨거운. 후덥지근한. ②숨 가쁘게 하는. 거의 질식시키는(할 듯한).
abafado *a*. ①바람이(공기가) 잘 통하지 않는. 숨가쁜. 통풍이 나쁜. ②따뜻이 입은. ③후덥지근한. 무더운.
ar abafado 후덥지근한 공기.
abafador *a*. ①습기뜨게 하는. 숨막히게 하는. ②후덥지근한. (날씨 따위) 몹시 더운.
— *m*. 보온기(保溫器). (악기 따위의) 소음기(消音器).
abafamento *m*. ①숨막힘. 질식. 질식시키기. 질식된 상태. ②(날씨 따위) 후덥지근함.
abafar *v.t.* ①호흡을 곤란하게 하다. 숨 막히게 하다. 질식시키다. ②(세력·화력 등을) 억제하다. 일어나지 못하게 하다. 억압하다. 진압하다. 진정시키다. 파멸케하다. ③은폐(隱蔽)하다. ④(보온을 위하여) 따뜻하게 하다. 따뜻이 입히다.
— *v.i.* ①숨가쁘다. 숨막히다. ②용기를 잃다. 기가 죽다. 기운을 잃다. ③(…에) 견디어 나다.
—*se v.pr.* 따뜻이 입다. 잘 차려 입다.
abafeira *f*. ①물 고인 곳. 진창이 많은 곳. 수렁. 이녕지(泥濘地). ②여러 벌 껴입기. 따뜻이 입기.
abafo *m*. ①숨막힘. 질식. ②후덥지근함.

찌는듯한 더위. ③따뜻이 입은 상태. ④방한복(防寒服). ⑤목도리. 두건. ⑥자애(慈愛).

abagulado *a.* ①(새·짐승 따위가) 잘 놀라는. 겁많은. ②수줍은. 부끄러워하는. ③거칠은. 조폭한. 성질이 사나운.

abainhar *v.t.* (천·옷의) 가장자리를 접어 감치다. 가장자리를(옷단을) 꿰매다.

abaionetar *v.t.* 대검(帶劍)으로 찌르다. 대검으로 상처를 입히다.

abaixador *m.* ①내리우는 것. 낮추는 것. ②[解] 억제근(抑制筋); [外科] (수술할 때 어느 한 부분을 못 움직이게) 누르는 도구. ③[醫] 압저기(壓低器).

abaixamento *m.* ①(아래로) 낮추기. 저하(작용). ②겸손. 굴종.

abaixar *v.t.* 낮추다. 낮게 하다. (아래로) 내려 보내다. 강하(降下)시키다.
abaixar o preço 값을 낮추다.
abaixar os olhos 아래를 보다. 아래로 향하다.
abaixa a cabeça 머리를 낮추다.
— *v.i.* 내려가다. 강하하다.
—se *v.pr.* ①내려가다. 내려앉다. ②저하하다. ③굴종하다.

abaixo *adv.* 아래에. 아래로. 아래쪽에.
vir abaixo 내려오다.
coir abaixo (지상에)떨어지다. 넘어지다.
abaixo assinado 아래에 서명한.
avaixo mencionado 아래에 말하는. 다음에 진술하는.
— *interj.* 내려라! 타도하라!

abaixo-assinado *m.* ①(원서·의견서·진정서 따위의 아래에 쓰이는) 하기 서명자(下記署名者). 연명(連名) 사인.
②연명으로 서명된 의견서(원서).

abajur *m.* ①탁상(卓上) 램프의 갓. 전기스탠드의 갓. 반사(反射)시키는 갓. ②탁상 전등.

abalada *f.* ①(마음의) 동요. 주저. ②사냥할 때 겨눈 동물이 도망갈 방향을 찾아 주저하는 것. ③도망갈 방향. ④자취. 족적(足跡).

abalado *a.* ①동요하는. 주저하는. ②불완전한. 고정되지 못한. ③감동하는.

abalamento *m.* ①(마음의) 동요. 주저. 진동. ②(받은) 충격. 쇼크. 감동.

abalançar *v.t.* ①저울에 달다. (좌우 무게를) 수평잡다. ②균형을 잡다. ③수입 지출을 대조하다. ④감행(敢行)하다.
— *v.i.* (마음이) 흔들리다. 동요하다.
—se *v.pr.* 감행하다. 매끈하다.

abalar *v.t.* ①흔들다. 흔들어 움직이다. 내흔들다. 진동하다. ②(마음을) 움직이다. 감동시키다.
— *v.i.* ①흔들다. 흔들리다. ②감동하다. ③바삐 가버리다. 도망가다.
—se *v.pr.* ①흔들리다. 동요하다. ②가버리다. 도주하다.

abalaustramente *m.* 난간(欄干)을 달기(만들기).

abalaustrado *a.* 난간을 댄. 난간을 두른.

abalaustrar *v.t.* 난간을 달다. 난간을 두르다.

abalável *a.* 동요(動搖)할 수 있는. 동요하기 쉬운.

abalienação *f.* (옛날 로마 사람들 사이에 있던) 토지·노예·가축 등의 양도법(讓渡法).

abalizadamente *adv.* 빼어나게. 뛰어나게. 현저하게.

abalizado *a.* ①빼어난. 뛰어난. 현저한. 저명한. ②관찰한. 측량한.

abalizador *m.* ①(토지 따위 측량할 때의) 표지를 세우는 사람. 표지설정자(標識設定者). ②측지용(測地用)의 막대. 표지간(標識竿).

abalizar *v.t.* ①표지를 세우다(설정하다). ②땅을 재다. 측량하다. ③경계(境界)를 정하다. 분계선을 긋다.
—se *v.pr.* 뛰어나다. 탁출하다. 탁월하다. 명성을 얻다.

abalo *m.* ①떨림. 진동. 동요. 흔들림. ③교란(攪亂). ④동란. ⑤지진(地震). ⑥감동(感動). ⑦바삐 가버리기. 도주.

abalofado *a.* 부어오른. 부풀은.

abalofar *v.t.* 부어오르게 하다. 부풀리다.
—se *v.pr.* 부어오르다. 부풀다.

abalonado *a.* 풍선형(風船形)의. 기구형의. 기구(풍선) 꼴을 한.

abalroação, abalroada *f.* =*abalroamento*.

abalroamento *m.* ①(배의) 충돌. 적선(敵船)에 접근하기. ②접전(接戰). 서로 맞잡고 싸우기. ③적선에의 침입(侵入).

abalroar *v.t.* ①적선(敵船)에 배를 가까이 하다. 적선에 (배를) 마주치게 하다. (침입하기 위하여) 충돌시키다.
— *v.i.,* —se *v.pr.* ①(배가 서로) 충

abaluartamento-abasico

돌하다. ②접전하다. 맞잡고 싸우다.
abaluartamento *m*. 보루설정(堡壘設定).
abaluartar *v.t.* 보루를 설정하다.
abanação, abanadela, abanadura *f*. (세게) 부채질하기. 부채로 부치기. 풍구질.
abanado *a*. ①부채로 부치기 부채질한. 풍구로 바람을 일으킨. ②허약한. 병약한. 병신인.
abanar *v.t.* ①부채질하다. 풍구로 바람을 일으키다. ②(머리를) 흔들다. 젓다. ③(부채로 파리 따위를) 쫓다.
abanar as moscas (부채로) 파리를 쫓다.
— *v.i.* 흔들다. 흔들리다. 바람을 맞다.
abanar a cabeça 머리를 흔들다.
—se *v.pr.* 부채질하다.
abancar *v.t.* 의자(椅子)를 설비하다. 의자를(좌석을) 정하다 (할당하다).
—se *v.pr.* 의자에 앉다. 좌석을 차지하다. 착석하다.
abandalhar *v.t.* 천하게 하다. 비굴케 하다.
—se *v.pr.* 지나치게 겸손하다. 비굴해지다.
abandoar *v.t.* 모으다. 떼를 짓다. 무리를 이루다.
—se *v.pr.* 모이다. 단(團)을 조직하다.
abandonação *f*. 버림. 위기(委棄). 유기(遺棄).
abandonado *a*. ①버린. 버림받은. 포기된. ②고독한.
abandonamento *m*. =*abandono*.
abandonar *v.t.* ①버리다. 방기(放棄)하다. 위기하다. 포기하다. ②버리고 돌보지 않다. 방치(放置)하다.
—se *v.pr.* 자포자기하다.
abandonável *a*. 버릴만한. 포기할 수 있는.
abandono *m*. ①버림. 유기(遺棄). 방치(放置). ②포기. 기권.
ao abandono 버림받고 의지할 곳 없이. 유기된 대로.
abanico *m*. (부인용) 작은 부채. 둥근 부채.
abanicos (*pl*.) 재치있는 말.
abano *m*. ①풍구. ②선풍기.
abantesma *f*. 유령. 허깨비. 요괴(妖怪).
abar *v.t.* (모자 차양을) 위로 휘어서 굽히다. (모양내어 모자를) 삐뚜로 쓰다.
abaratar *v.t.* 값을 내리다. 싸게 하다.
— *v.i.* 값이 내리다. 싸지다.
abarbado *a*. ①서두르는. 분주한. ②혼란한. ③(짐을) 많이 실은. 가득 실은. ④고민하는.
abarbar *v.t.* ①수염으로 접촉하다(다치다). 저촉하다. ②귀찮게 굴다. 약올리다. ③가까이 끌어당기다.
— *v.i.* (+*em* 또는 *com*). …와 같게 하다. 동등하게 하다. …에 도달(到達)하다.

abarbarar-se *v.pr.* 잔인해지다. 야만이 되다.
abarbarizar-se *v.pr.* 야만인처럼 되다. 야만적 행동을 하다. 미개해지다.
abarcador *a*., *m*. 독점하는 (사람). 매점하는 (사람).
abarcamento *m*. ①움켜안기. 끌어안기. ②독점. 매점(買占).
abarcante *a*. ①껴안는. 끌어안는. ②독점하는. 매점하는.
abarcar *v.t.* ①껴안다. 끌어안다. (몸에) 품다. ②독점하다. 매점(買占)하다.
Quem muito abarca, pouco aperta.
《諺》 (욕심부려) 다하려다가는 하나도 못한다.
abarga *f*. (고기잡는) 그물의 일종.
abaritonado *a*. [樂] ①바리톤 비슷한. 바리톤 음(소리)에 가까운.
abarracado *a*. 바닥으로 된. 바닥으로 만든. 바닥식의. 병사형(兵舍形)의.
abarracamento *m*. ①바라끄를 짓기. 병사를 세우기. ②여러 채의 바라끄 몇 개의 병사(兵舍).
abarracar *v.t.* ①바라끄를 만들다(짓다). 병사를 세우다. ②(군대를) 병사에 넣다.
— *v.i.* 바라끄(병사)에 들어가다.
abarrancar *v.t.* 긴 굴을 파다. 호(壕)를 파다. 참호를 파다.
—se *v.pr.* 함정에 빠지다. 위험에 처하다.
abalrreirar *v.t.* 방책(防柵)으로 에워싸다. 보루(堡壘)를 두르다.
abarretar-se *v.pr.* 테가 없는 모자를 쓰다.
abarroado *a*. ①치근치근한. 끈덕진. 억척스러운. ②바보같은. ③(행실이) 난폭한. 거칠은.
abarrotado *a*. 가득한. 가득찬. 충만(充滿)한.
abarrotar *v.i.* ①가득 채우다. 충만시키다. ②가득 차게. (짐을) 싣다.
abasia *f*. [醫] 걸을 수 없는 병. 보행불능증(步行不能症).
abasico *a*. 보행불능증의(에 걸린).

abastado *a.* 풍부한. 충분한. 충족한.

abastamento *m.* (필수품의) 공급. 보급. 충분한 준비(마련).

abastança *f.* 풍부. 충분. 충족. 흡족.

abastar *v.t.* ①(필요한 물품을) 공급하다. 보급하다. 대다. 마련해 주다. ②충족시키다. 풍부하게 하다.

abastardar *v.t.* 나빠지게 하다. 악화시키다. 퇴화시키다. 부패케 하다.
— *v.i.* 나빠지다. 악화하다. 퇴화하다. 부패해지다.

abastecedor *m.* 공급자. 보급자. 조달인.

abastecer *v.t.* 공급하다. 보급하다. 조달하다.
—se *v.pr.* 자급(自給)하다.

abastecido *a.* 공급받은. 보급된. 마련한.

abastecimento *m.* ①공급. 보급. 조달(調達). ②충분한 대비(저장).

abastoso *a.* 풍부한. 충족한. 흡족한.

abatatado *a.* 감자 같은. 감자 비슷한. 감자꼴을 한. 감자처럼 생긴.
nariz abatatado (감자처럼) 둥실한 코.

abate *m.* ①값 낮추기. 감가(減價); 값을 깎기. ②할인(割引).

abatedor *m.* ①값을 낮추는 (깎는) 사람. 할인자. ②(타인의) 명예 신용 등을 내려뜨리는 사람.

abater *v.t.* ①값을 낮추다(깎다). 값 내리게 하다. ②뚜드리다. (뚜드려) 넘어뜨리다. 깨뜨리다. ③(세력・기세 따위를) 꺾다. 내려뜨리다. 덜다. 약하게 하다. (기를) 죽이다. ④굴리다. ⑤(타인의 명예 신용 등을)헐뜯다. 내려뜨리다.
abater a bandeira 기(旗)를 떨구다 (내리다).
abater o pó (비가 와서) 먼지를 가라앉히다.
— *v.i.* ①넘어지다. 쓰러지다. 붕괴(崩壞)하다. ②(값이) 내리다. 떨어지다. ③(배가) 진로를 바꾸다.
—se *v.pr.* ①내리다. 내려가다. ②넘어지다. ③얻어맞다. 좌절(挫折)되다. ③약해지다. 쇠퇴해지다.

abatidamente *adv.* 기가 죽어. 의기소침하여. 쇠약하여.

abatido *a.* ①얻어 맞은. 구타당한. 뚜드린. ②(비행기가) 격추된. 떨어진. ③기가 죽은. 의기 저상한. 낙담한. ④쇠약한.

abatimento *m.* ①값 낮추기. 감가(減價). 감액(減額). 할인(割引). ②기가 죽음. 의기소침(意氣銷沈). 쇠약.
abatimento de espírito 의기소침. 낙담.

abatinar-se *v.pr. batina.* (교회 성직자의 법의(法衣) 또는 사제평복(司祭平服)을 입다.

abatis *m.* ①[軍] 가시나무 울타리(적의 침입을 막기 위한). ②(닭・거위의) 내장; 그것으로 만든 요리.

abaulado *a.* 아치 모양을 한.

abaular *v.t.* 아치 모양으로 만들다(꾸미다). 아치 모양으로 구부리다.

abc *m.* ①아아 베에 쎄에(알파벳 전체). ②《俗》(학습의)초보. 입문(入門).

abceder *v.i.* 곪다. 화농(化膿)하다.

abcesso *m.* ①종기. 성농(成膿). ②고름. 농즙.

abcisão *f.* 끊음. [醫] 절단(切斷).

abcissa *f.* [數] 절선(切線).

abdicação *f.* ①자리를 물림. 양위(讓位). ②퇴위. ③기권(棄權).

abdicador *m.* 양위자. 퇴위자. 기권자.

abdicante *a.* (자리를) 물려주는. 양위하는. 퇴위하는. 기권하는.
— *m., f.* (자리를) 물려주는 사람. 양위자. 퇴위자.

abdicar *v.t., v.i.* ①(자리를) 물리다. 양위하다. 퇴위하다. (자리를) 물러나다. ②(권리를) 포기하다. 기권하다.

abdicavel *a.* 양위(퇴위)할 수 있는. 퇴위해야 할.

abdome, abdômen *m.* 배(腹). [醫] 복부.

abdominal *a.* 배의. 복부의.

abdominose *a.* 배가 큰. 배가 볼록 나온. 배부른.

abdução *f.* 자리가 바뀜. [解] 외전(外轉). 전위(轉位).

abducente *a.* 자리를 바꾸게 하는. 전위(轉位)시키는.
— *m.* [解] 외전근(外轉筋).

abdutivo, abductivo *a.* 자리를 바꾸게 하는.

abdutor *a., m.* =*abducente.*

abduzir *v.t.* ①빼앗다. ②탈출(脫出)시키다. [生理・解] 외전(外轉)시키다.

abeatar-se *v.pr.* (…을) 지나치게 믿다. 광신자(狂信者)가 되다. 미신가(迷信家)가 되다.

abeberar *v.t.* ①(가축에) 물을 주다. ②물

을 부어 넣다. 물에 적시다.
abecedário *m.* ①*ABC*(아아 베에 쎄에). ② *ABC* 독본(초보). 입문.
— *a. ABC* 순의. 초보의.
abegão *m.* 농장지기. 농원 관리인.
abegoa *f.* ①농장지기의 처(妻). ②여자 농원 관리인.
abeirar *v.t.* ①가장자리 (변두리·연변·가)에 놓다. ②가깝게 하다. 가까이 하다. 닦아 놓다.
—*se v.pr.* (+*de*). 가까와지다. 다가오다.
abelha *f.* ①벌. 꿀벌. 밀봉(密蜂). ②《俗》 표독한 여인. 교활한 여자. ③[植] 난초의 일종.
abelha obreira 일벌. 노동벌.
abelha-flor *f.* [植] 봉란(蜂蘭).
abelha-mestra *f.* 여왕벌.
abelhão *m.* 검은 벌. 흑봉(黑蜂).
abelha-operaria *f.* 일벌.
abelheira *f.* ①벌통. 꿀벌집. ②[植] 콩과(豆科)의 식물.
abelheiro *m.* ①양봉가(養蜂家). ②[鳥] 식봉조(食蜂鳥).
abelhudo *a.* ①말많은. 말참견하는. ②경솔한.
— *m.* ①말이 많음. 말참견. ②경솔. 경조.
abel-prazer *adv.* 여가(틈) 있을 때에. 흰가한 때에.
abelmosco *m.* [植] 북부 아프리카산의 무궁화과 상록 관목.
abemolado *a.* ①[樂] 반음(半音)으로 낮춘(내린). 반음 저하(低下)의. 변음(變音)의. ②완화한.
abemolar *v.t.* ①반음으로 낮추다. ②완화(緩和)하다.
abençoado *a.* ①축복받은. 축복된. ②혜택 입은. 행복한. 복된.
abençoador *m.* 축복하는 자. 복을 주는 자.
abençoamento *m.* 축복(祝福). 강복(降福). 행복을 빌기.
abençoar *v.t.* 신(神)의 가호를 빌다. 축복하다. 행복으로 이끌다.
—*se v.pr.* 복받다. 축북되다.
abençoável *a.* 축복을 받을 만한. 복받을 수 있는. 혜택 입을 수 있는.
aberingelado *a.* 가지색을 띤.
aberração *f.* ①바른길(正道)에서 벗어남.

이정(離正). ②[天] 광행차(光行差). [理] 수차(收差). [醫·生物] 변체(變體). 변측. ③착오.
aberrante *a.* ①바른길에서 벗어난. 탈선한. 이정(離正)한. ②[生物] 변체의. 변상(變狀)의.
aberrar *v.i.* 바른길에서 벗어나다. 이탈하다. 길을 잘못 들다.
aberta *f.* ①열린 상태. ②열린 틈. 간격(間隔). ③(활짝)열림. 개활(開豁). ④구름새에 보이는 맑은 하늘.
abertamente *adv.* 개방하여. 개방적으로. 공개적으로. 공공연히. 감추지 않고. 노골적으로.
aberto *a.* ①열린. 개방된. 공개된. ②개방적인. 공공연한. ③정직한. 감추지 않는.
em aberto 끝나지 않은. 진행중. 계속중.
abertona *f.* 배 밑창(船底)의 크게 깨어진 곳. 대파구(大破口).
abertura *f.* ①열림. 열려진 상태. 개방(開放). ②열린 곳. 터진 구멍. ③개시. 착수. 개통(開通). 낙성(落成) (식); 개회식. 개원식. 개통식. ④서곡(序曲). ⑤열어헤치기. 절개(切開).
abesana *f.*《古》①(밭갈이하는) 한 명에에 두 필의 소. ②경작시작(耕作始作)의 첫모습. 그곳에 파헤쳐진 땅.
abespinhadamente *adv.* 노하여, 성나서 흥분하여.
abespinhado *a.* 노한. 성난. 흥분한.
abespinhamento *m.* 노하기. 화내기. 짜증내기.
abespinhar-se *v.pr.* 노하다. 화내다. 짜증내다. 성내다. (화나서) 진정 못하다.
abestruz *m.*, *f.* [鳥] 타조(駝鳥).
estomago de abestruz 음식이라면 무엇이든 가리지 않고 먹는 것.
abeta *f.* (모자의) 좁은 테. 가는 테두리.
abetarda *f.* [鳥] 능에과의 새. 넉새.
abeto *m.* [植] 전나무.
abetumado *a.* ①기분 나쁜. 불쾌한. 우울한. ②역청(瀝青)을 칠한(바른). ③틀어막은. 폐색된.
abetumar *v.t.* ①역청을 칠하다(바르다). ②틀어막다. 채우다.
abexigar *v.t.*《俗》놀려대다. 조롱하다. 우롱(愚弄)하다.
abexim *m.* 아비시니아 사람(말).
abibe *f.* [鳥] 푸른도요.

abibliotecar *v.t.* 도서관에 보존하다.

abicar *v.t.* ①배를 (부두에) 가까이 하다. (부두에) 대다. 착안시키다. ②닻을 내리다. ③(끝을) 뾰족하게 하다. 부리처럼 만들다.
— *v.i.* 배가 (부두에) 닿다. 착안(着岸)하다.
—se *v.pr.* (배가) 접근하다. 가까워지다.

abichornado *a.* ①용기를 잃은. 의기소상한. 낙담한. ②부끄러운.

abichornar *v.i.* ①기가 죽다. 용기를 잃다. 낙담하다. 실망하다. ②부끄러움을 느끼다.

abieiro *m.* [植] (중앙 아메리카산) 적철과(赤鐵科)의 식물.

abietinâes *f.* (*pl.*) [植] 소나무과의 식물.

abietíneo, abietino *a.* [植] 전나무의. 전나무류(類)의. 전나무 비슷한.

ab-initio, ab-inicio *adv.* 처음부터. 시초부터. 개벽이래(開闢以來).

ab-intestado *a.* 유언(遺言)이 없는.

abio *m.* *obieiro*의 과실(果實).

abiose *f.* ①살기에 부적당한 상태. 생존에 부적당함. ②생활력 결핍.

abiótico *a.* ①생물이(존재할 수) 없는. ②생존에 부적당한. ③무생(無生)의.

abiscoitar, abiscoutar *v.i.* ①비스켓처럼 굽다. ②얻다. 취득하다. ③훔치다.

abismado *a.* 놀랜. 어이없는. 망연한. 어처구니 없는.

abismai *a.* ①몹시 깊은. 심연(深淵)한. 깊은 나락(奈落)의. ②나락에 떨어진. 아주 타락한.

abismar *v.t.* ①깊은 곳에 빠지게 하다. 나락에 떨어지게 하다. 영락(零落)시키다. ②놀라게 하다. 아연케 하다.
—se *v.pr.* ①깊은 곳에 떨어지다. 나락에 함입하다. ②(+*em*). 깊이 생각하다. 심사숙고하다.

abismo *m.* (=*abisso*). ①몹시 깊은 곳. 심연. 깊은 바다. 심해(深海); ②나락. 지옥.

abissínio *m.* =*abexim*.

abita *f.* (닻줄·사슬 따위를 비끌어매는) 계주(繫柱).

abitar *v.t.* 계주에(닻줄·사슬 따위를) 비끌어매다.

abitílio *m.* 전규과(錢葵科)의 식물.

abjeção, abjecção *f.* 비천. 비열. 천박.

abjetamente *adv.* 비열하게. 비루하게. 비천하게.

abjeto, abjecto *a.* 비열한. 비천한. 천박한.

abjudicação *f.* (판결에 의하여) 정당한 소유자에게 돌려보내기.

abjudicado *a.* (판결에 의하여) 정당한 소유자에게 돌아간.

abjudicar *v.t.* [法] (판결로) 정당한 소유자에게 돌려보내다.

abjugar *v.t.* ①굴레를 벗기다. 고삐를 놔주다. ②구속물을 없애버리다. 자유로이 하다.

abjuração *f.* (고국·국적) 포기(抛棄). (일단 서약한 것을) 취소하기. 맹세코 절연(絶緣)하기. (신앙주의의) 포기.

abjurar *v.t.* (고국·국적을) 포기하다. 서약을 취소하다. 맹세코 절연하다.

abjuratório *a.* ①(국적) 포기의. (신앙주의를) 버린. ②서약을 어기는. 맹세코 절연하는.

ablação *f.* ①(한 부분을) 메어버리기. (일부의) 제거. ②[外科] 절제(切除). ③[地質] 삭마(削磨).

ablactação *f.* (아기의) 젖을 떼기. 이유(離乳).

ablactar *v.t.* (아기의) 젖을 떼다. 이유하다.

ablaqueação *f.* 나무뿌리(樹根)의 둘레를 파기.

ablaqaear *v.t.* 나무뿌리의 둘레(周圍)를 파다.

ablativo *a.* ①떼어버린. 절제(切除)한. ②탈취한. ③[文] 탈격의.
— *m.* [文] 탈격(奪格).

ablator *m.* 불까는 도구. 거세기(去勢器).

ablegação *f.* 쫓아보내기. 추방(追放). 방축(放逐)

ablegar *v.t.* 쫓아보내다. 쫓다. 추방하다.

ablução *f.* ①몸을 깨끗이 하기. 정신(淨身). 제계(齊戒). ②[宗] (특히 성찬식(聖餐式) 전후의) 몸·손·성기(聖器)의 세정식(洗淨式).

abluente *a.* 몸을 씻는. 씻어 깨끗이 하는. 제계하는. 세정(洗淨)하는.

abluir *v.t.* (몸을) 씻어 깨끗이 하다. 정신(淨身)하다. 세정하다.

abnegação *f.* ①기권. 포기. 거절. 극기(克己). ②헌신. 무아(無我).

abnegador *m.* 포기자. 거절자. 방기자(放棄者).

abnegar *v.t.* ①(쾌락·좋아하는 것 등을) 끊다. 그만두다. ②(권리 따위를) 포기하다. 방기하다.
— *se v.pr.* 자아(自我)를 버리다. 극기(克己)하다. 헌신하다.

abneta *f.* 현손녀(玄孫女).

abneto *m.* 현손자(玄孫子).

abnorme *a.* (=*abnormal*). 이상(異狀)한. 변태적인. 변칙(變則)인. 불규칙한. [直] 병적인.

abóbada *f.* [建] 둥근 천정. 원천정(円天井). 궁륭(穹窿).
abóbada celeste 활 모양으로 둥글게 보이는 하늘.
abóbada palatina 구개(口蓋). 입천정.

abobadado *a.* 둥근 천정의. 궁륭형을 한. 활모양(弓形)의.

abobadar *v.t.* 둥근 천장(円天障)으로 만들다. 궁륭형으로 하다. 활 모양으로 만들다.

abobadilha *f.* (벽돌 만드는 부엌일) 원천장(圓天障).

abobado *a.* 멍텅구리처럼 하는. 바보같은. 바보처럼 생긴. 바보(멍청이) 흉내내는.
cara abobada 바보같은 얼굴. 멍텅구리 같은 얼판.

abobar-se *v.pr.* ①바보가 되다. ②바보 흉내를 내다. 얼간이 수작을 하다. ③우수꽝스러운 짓을 하다.

abóbora *f.* ①[植] 호박. ②《轉》 대가 약한 사나이. 바보같은 인간. ③뚱뚱한 여자.

aboboral *m.* 호박밭.

aboboreira *f.* 호박(식물).

aboborinha, abobrinha *f.* ①호박의 일종. ②작은 호박. 애호박.

abocadura *f.* [建] (문구멍 또는 창(窓) 둘레의). 나팔꽃 모양. 나팔꽃 구멍. ②[築城] 총안(銃眼). ③포구(砲口).

abocamento *m.* ①입으로 물기. ②두 개의 강(江) 또는 두 개의 통로(通路)가 합치는 곳.

abocanhar *v.t.* ①입으로 물다. 입에 물다. ②명성을 헐뜯다. 중상하다. ③(인격을) 깎아 내리다.

abocar *v.t.* 입으로 물다. 입에 물다.
— *v.i.* ①흘러 들어가다. 유입(流入)하다. ②입구(入口)에 도달하다.

abocetado *a.* ①보석갑(寶石匣)처럼 둥근. 반지(指環) 상자처럼 생긴. ②《卑》 *boceta*의 꼴을 한.

abodegação *f.* ①귀찮게 굴기. ②귀찮음. 시끄러움. 기분 나쁨. 불쾌함.

abodegado *a.* ①귀찮은. 시끄러운. ②기분 나쁜. 불쾌한.

aboiar *v.t.* (배를) 부표(浮標)에 매다. 부표와 연계(連繫)하다. 부표를 달다.
— *v.t.* 부표(또는 찌)처럼 뜨다.

abolar *v.t.* ①공 모양으로 만들다. 구형(球形)으로 하다. ②흠집이 생기게 하다. 상처를 입히다.
— *v.t.* 흠집이 생기다. 상처가 나다.

aboldriar-se *v.pr.* 혁대(革帶)로 죄다. 혁대를 채우다.

aboleimado *a.* ①어리석은. ②조잡한. ③솜씨 없는. 서투른. 졸렬한.

aboleima *v.t.* ①*boleima* (맛없는 과자) 꼴로 만들다. ②바보답게 하다. 어리석게 하다. ③낭패(狼敗)케 하다.

aboletamento *m.* (군대의) 민가숙영(民家宿營). 부락 주둔.

aboletar *v.t.* ① (군대를) 민가에 숙박시키다. 부락(촌락)에 주둔시키다. ②숙박권(宿泊券)을 주다.

abolição *f.* ①폐지. 철폐. 무효.

abolicionismo *m.* (노예제도의) 폐지론. 폐지주의.

abolicionista *m.,f.* (노예제도의) 폐지론자.

abolimento *m.* =*abolição*.

abolinar *v.i.* [海] 돛을 비스듬히 치고 전진하다.

abolir *v.t.* (법령·조례·규정 따위를) 폐지하다. 철폐하다. ②취소하다. 해약하다. 그만 두다. 끝내다.

abolorecer *v.i.* 곰팡이 슬다. 이끼가 나다 (끼다).

abolocecido *a.* 곰팡이가 슨(낀·핀). 이끼가 난(돋은).

abomaso *m.* 반추동물(反芻動物)의 제4위(第四胃).

abombado *a.* 몹시 피로한. 녹초가 된. 몸을 일으킬 수 없는.

abombar *v.i.* (말 따위가 더위로 인하여) 극도로 피로해지다.

abominação *f.* ①증오. 염오. 미워하기. 싫어하기. ②싫은 것(사유).

abominador *m.* 미워하는 사람. 싫어하는 사람.

abominando *a.* 싫은. 싫증나는. 증오할.

가증한. 미움받는.
abominar *v.t.* 싫어하다. 미워하다. 증오하다.
abominável *a.* 싫증날만한. 싫은. 증오할만한. 가증한.
abominâvelmente, abominosamente *adv.* 싫어서. 증오하여. 가증하게. 언어도단으로.
abomínio *m.* =*abominacao*.
abominoso *a.* 싫은. 싫증나는. 미운. 가증한.
abonação *f.* ①좋다고 하기. 시인(是認). ②보증；담보. ③전차(前借). 전불(前拂).
abonadamente *adv.* ①좋게 생각하여. 신용하여. ②보증부쳐서. 담보하여.
abonado *a.* ①좋게 여기는. 시인하는. ②신용있는. 보증된. ③자격있는. 자력(資力)있는.
abonador *a.* ①보증하는. 신용하는. ②증거로 하는.
— *m.* 보증인. [法] 연대(連帶)보증인.
abonamento *m.* =*abonação*
abonançar *v.t.* 부드럽게 하다. 진정시키다.
— *v.i.* 부드러워지다. 진정하다. 완화(緩和)되다. 온화해지다. 조용해지다.
abonar *v.t.* ①좋게 여기다(보다). 시인하다. ②신용하다. ③보증하다. 인수(引受)하다. ④선불(先拂)하다. (지불할 금액을) 사전에 주다.
abonar-se de …을 자랑하다.
abonatório *a.* ①보증의. ②증명의. 증거의. 증거되는.
abonável *a.* 신용(보증)할 수 있는.
abonecado *a.* 인형(人形) 같은. 인형처럼 꾸민.
abono *m.* ①신용. ②보증. ③(신용에 의한 지불금의) 선불(先拂). 전불(前拂). ④상여금. 보너스.
em abono de …을 위하여. …의 신용으로.
fazer em abono 보증하다.
aborbulhar-se *v.pr.* 여드름이 생기다. 두드러기가 돋다. 발진(發疹)하다.
abordada *f.* =*abordagem*.
abordador *m.* 적의 배(敵船)에 침입 공격하는 자.
abordagem *f.* 공격할 목적으로 우리편(右軍)의 배를 적의 배에 충돌시키기. 적선(敵船)에 맞대고 쳐들어가기; 적선 공격.
abordar *v.t.* ①공격하기 위하여 아군의 배를 적의 배에 부딪치다. 적선에 충돌시키고 쳐들어가다. ②접근하다.
— *v.i.* (+*a, em* 또는 *com*). …에 도달하다.
abordável *a.* ①(적선에) 접근할 수 있는. 적선에 맞대고 공격할 수 있는. ②선내(船內)에 침입할 우려가 있는.
abôrdo *m.* =*abordagem*.
abordoar *v.t.* ①나뭇대로 받치다(버티다). ②《古》나뭇대(작대기)로 치다.
— *se v.pr.* 나뭇대 받치고 (몸을) 의지하다.
aborígene, aborigine *a.* 토민의. 토착민의.
aborígenes *m.*(*pl.*) 토민. 토착민(土着民).
aborrascado *a.* (바다가) 몹시 파도치는. 매우 거칠은.
aborrascar-se *v.pr.* (바다가 폭풍우 따위로 인하여) 몹시 파도치다. 풍랑(風浪)이 심해지다.
aborrecedor *a., m.* 귀찮게 구는 (사람). 괴롭히는 (사람). 싫증나는 (것). 지긋지긋한 (것).
aborrecer *v.t.* 귀찮게 굴다. 못살게 굴다. 괴롭히다. 치근치근 조르다. 못살게 굴다.
— *v.i.* 귀찮아지다. 싫어지다. 싫증나다.
—*se v.pr.* 괴로워지다. 싫증나다. 성가시다.
aborrecidamente *adv.* 귀찮게. 싫증나게. 지긋지긋하게. 성가시게.
aborrecido *a.* ①귀찮은. 괴로운. 싫증나는. 권태로워진. ②지긋지긋한. 번잡한. ③화난. 성난.
homem aborrecido 귀찮아하는 사람. 괴로움을 당하여 뚱한 사람. 성미가 까다로운 사람.
conversa aborrecida 귀찮은 담화.
aborrecimento *m.* 귀찮음. 성가심. 괴로움. 싫증. 귀찮게(성가시게) 굴기. 못살게 굴기.
aborrecível *a.* ①귀찮게 구는. 괴로움 주는 ②성가시게 굴만한. 싫증나게 할만한.
aborridamente *adv.* ①귀찮게. 성가시게. 기분상하게. ②적적하게.
aborrido *a.* ①괴로움 당한. 성가신. 귀찮은. 싫증난. 기분 나쁜. ② 적적한.
aborrimento *m.* =*aborrecimento*.
aborrir *v.t.*《古》=*aborrecer*.
abortadeira *f.* 태아(胎兒)를 내리는(떼는)

여자. 낙태를 돕는 여자.
abortamento *m.* ①유산(流産). 반산(半産). 낙태(落胎). ②[植] 열매가 잘못됨. 불실(不實). 불숙(不熟). ③결과 없음. 허탕 ; 실패.
abortar *v.t.* ①유산시키다. 낙태케 하다. ②[植] 열매를 맺지 못하게 하다. ③실패케하다.
— *v.i.* ①유산하다. 낙태하다. ②[植] 열매를 못맺다. 불실(不實)하다. ③허탕치다. 실패하다.
abortício *a.* 유산의. 반산(半産)의. 낙태의.
abortífero *a.* 유산케 하는. 낙태케 하는. 유산을 초래하는.
abortivo *a.* ①유산의. 반산의. 낙태의. ②유산을 초래하는. 낙태하게 하는. ③[植] 열매를 못 맺게 하는. 불실(不實)의. ④성과 없는. 결과 없는. 불성공의.
— *m.* ①조산아(早産兒). ②유산을 촉진하는 약.
aborto *m.* ①유산 ; 반산. 낙태. ②조산(早産). 조산아. ③[植] 열매를 못맺음. 불성숙(不成熟). 불실(不實). 발육 불완전한 식물. 이상(異狀)한 식물. ④서투른 저작물. 졸렬한 작품.
abostelado *a.* 작은 부스럼이 생긴. 여드름이 돋은. 소농포(小膿疱)가 생긴.
abostelar *v.i.*, —se *v.pr.* 여드름이 생기다. 소농포가 생기다.
abotinado *a.* 목긴 구두(반장화) 같은 목긴 구두 꼴을 한.
abotinar *v.t.* 목긴 구두(반장화)처럼 만들다.
abotoação *f.* (식물이) 싹트기. 발아(發芽).
abotoadeira *f.* ①단추걸이. ②단추 만드는 여자.
abotoado *a.* ①단추를 채운(단). ②[植] 눈튼. 싹튼. 봉오리가 맺은.
abotoadura *f.* ①단추의 한 벌. 한 결의 단추. ②단추를 채우기(달기).
abotoar *v.t.* 단추를 채우다(달다).
— *v.i.* [植] 싹트다. 발아(發芽)하다.
ab-ovo *adv.* 처음부터.
abra *f.* ①작은 만(小灣). ②정박소(碇泊所).
abraçadeira *f.* ①대들보·벽 따위에 대고 죄는 철판. 보강용(補强用) 철판. 대고 죄는 판철. ②큰 꺾쇠. ③커튼을 죄는 고리. ④[海] 종범(縱帆)의 앞에 매단 고리. ⑤[建] 나비장.

abraçador *m.* 껴안는 사람. 포옹하는 자. (모든 것을) 포용하는 것.
abraçamento *m.* 안음. 껴안음. 포옹. 포용(包容).
abraçar *v.t.* ①안다. 껴안다. 포옹하다 ; 포용하다. ②둘러싸다. 에워싸다.
—se *v.pr.* 서로 껴안다. 포옹하다.
abraço *m.* ①껴안기. 포옹. ②포옹의 인사. ③[植] 덩굴손.
dar um abraço 포옹의 인사를 하다.
abrandamento *m.* 부드럽게 하기. 연하게 하기. 누그러지기. 유순 ; 완화(緩和). 경감(輕減).
abrandar *v.t.* ①부드럽게 하다. 연하게. 하다. 누그러지게 하다 ; 온순(유순)하게 하다. ②(…을) 덜다. 완화하다. 경감하다.
— *v.i.* 부드러워지다. 연해지다. 누그러지다. 완화하다.
abranger *v.t.* ①(…을) 포함하다. 내포하다. 함유(含有)하다. 포괄하다. ②받아들이다. 포용(包容)하다. ③(…에) 미치다.
abraquia *f.* 선천적으로 팔이 없음. 무완(無腕).
abráquio *m.* 팔 없는 괴물(怪物).
abraquiocefalia *f.* 무완무두(無腕無頭).
abraquiocefalo *a., m.* 무완무두의(괴물).
abrasadamente *adv.* ①뻘겋게 달아. 작열(灼熱)하여. ②열화같이. 열렬히.
abrasado *a.* ①뻘겋게 된은. 작열한. 백열한. ②(타는 듯) 열렬한. 치열한. 열화같은. ③열중한.
abrasador *a.* ①뻘겋게 달구는. 작열케 하는. ②열렬한. ③혁혁한.
abrasamento *m.* ①뻘겋게 달음(달은 상태). 작열(灼熱). 백열. ②열화(熱火).
abrasante *a.* 뻘겋게 달구는(달아 있는). 작열하는. 백열하는.
abrasão *f.* ①닳아 없어짐. 마감(磨減). ②긁어서 상하기. 찰상(擦傷) ; 까진 상처.
abrasar *v.i.* ①뻘겋게 달구다. 작열케 하다. ②파괴하다.
— *v.i.* 뻘겋게 달다(타다). 맹렬히 타다.
—se *v.pr.* ①시뻘겋게 달다. 작열하다. ②(정열에) 불타다. ③(…에) 열중하다. 열렬하다.
abraseado *a.* 시뻘겋게 달은. 작열한.
abrasear *v.t.* 숯불에 넣다 ; 뻘겋게 달구다. 작열(灼熱)케 하다.
—se *v.pr.* ①뻘겋게 달다. 작열하다.

②(얼굴이) 새빨개지다.
abrasileirado *a*. 브라질화(化)한. 브라질 풍습에 젖은.
abrasileirar *v.t*. 브라질화하다. 브라질식으로 하다. 브라질 풍습에 젖게 하다.
abrasivo *m*. 연마료(研磨料); 연마분(粉). 금강사(金剛砂).
abre-bôca *m*. (우마(牛馬)의) 구검기(口檢器). 개구기(開口器).
abrego *m*. 남서풍(南西風).
abre-ilhós *m*. ①(딱지 등에) 구멍 뚫는 연장. 일종의 천공기(穿孔器). ②못바늘. 송곳바늘.
abrejeirado *a*. 무뢰한 같은. 파렴치한(漢)과 같은.
abrenunciação *f*. 강경히 거절하기. 단호히 배척하기.
abrenunciar *v.t*. 강경히 거절하다. 단호히 거절하다. 열렬히 반대하다.
abrenuncio *interj*. 물러가라! 제발 다시는 …마라!
ab-reptício *a*. ①악마에 사로잡힌(홀리운). 귀신에 들린. ②미친듯이 성난. 격노한. ③상규(常規)를 이탈한.
abreviação *f*. ①말을 줄이기. 글자를 줄이기. 생략. 간략. ②줄인말(글). 약자.
abreviadamente *adv*. (글자를) 줄여서. 생략하여. 간략하여.
abreriado *a*. (글자를) 줄인. 생략한. 간략한.
abreviador *m*. 줄이는 사람. 생략(간략)하는 사람.
abreviamento *m*. =*abreviação*.
abreviar *v.t*. (글자를) 줄이다. 생략하다. 간략하다.
abreviativo *a*. 줄이는. 생략하는. 간략하는. 생략의. 간략의; 생략하기 위한.
abreviatura *f*. ①(글자를) 줄이기. (말을) 간략하게 하기. 생략. ②생략(간략)한 모양(형체). ③줄인 글. 약자(略字). 생략한 단어. 약어(略語).
abricó *m*. [植] (남미산의) 살구(杏).
abricoqueiro *m*. 살구나무. (=*abricoteiro*).
abricote *m*. 살구.
abricoteiro *m*. 살구나무.
abrideira *f*. 식욕을 촉진하기 위하여 식전에 마시는 약간량의 술.
abridor *m*. ①여는 사람. ②여는 도구(연장); 깡통따개.
abridor de lata 깡통따개.

abriga *f*. =*abrigo*.
abrigada *f*. ①숨는 곳. 숨을 곳. 잠시 비(바람)를 피하는 곳. 피난처. ②오두막.
abrigado *a*. 잘 덮인. 은폐된; 보호된. 비호된.
abrigador *a*., *m*. 구호하는 (사람). 보호하는 (사람). 숨겨주는 (자). 은폐하는 (자).
abrigadouro *m*. =*abrigada*.
abrigar *v.t*. ①(위를) 덮다. 덮어버리다; 감싸다. ②피난처를 제공하다. 피난자를 수용하다. (풍우(風雨)를 막을 곳에) 유숙시키다. ③구호(救護)하다. 보호하다. 비호하다.
—*se* *v.pr*. (안전한 곳으로) 피난하다.
abrigo *m*. ①(바람·비·추위 등을 막는) 비호물(외투·담요·방한복 따위). ②(폭풍 위험 등을) 피할 장소. 피난소. 구호처. 망명처. 숨을 곳.
ao abrigo de …의 보호(비호)하에.
abrigo antiaéreo 방공호(防空壕).
abril *m*. ①사월(四月). ②청춘시대.
1° de abril 만우절. 4월 1일.
abrilada *f*. 4월에 있는(일어나는) 일. 사월의 행사.
abrilhantar *v.t*. 빛나게 하다. 광택 있게 하다. 광채(光彩)나게 하다.
abrimento *m*. ①(닫힌 것을) 열기. 여는 동작. ②개회(開會). 개장(開場). 개통.
abrimento de boca 하품.
abrir *v.t*. ①열다. 열어헤치다. ②절개(切開)하다; (땅을) 파다. ③개시하다. 개업하다. 개점하다. ④넓히다. ⑤(구멍을) 뚫다. ⑥(나무에 글자를) 새기다. (돌에 글자를) 파다. ⑦(눈을) 뜨다.
abrir uma garrafa 병을 따다(열다).
abrir os olhos 눈을 뜨다.
abrir um poço 우물을 파다.
abrir a loja 개점하다.
abrir trincheiras 호(참호)를 파다.
abrir o apetite 식욕을 촉진하다.
abrir mão de 손을 떼다. 그만두다.
—*se* *v.pr*. (+*com*). 열리다. 개방되다. 타개되다. 흉금을 열다.
abrocadado *a*. 수놓은 비단 같은. 금란(金襴) 같은.
abrochadura *f*. 자물쇠로 잠그기. 버클로 죄기. 부로치로 채우기. 고리를 끼우기.
abrochar *v.t*. 자물쇠로 잠그다. 버클로 죄다. 브로치로 채우다. 고리를 끼우다. 핀을 꽂다.
abrogação *f.* 폐지. 폐기(廢棄). 방기(放棄).
abrogador *m.* 폐지자. 폐기자. 방기자.
abrogar *v.t.* (법령 습관 따위를) 폐지하다. 폐기하다. 철폐하다. 무효로 하다. 취소하다.
abrogativo, abrogatório *a.* 폐지(폐기) 할 수 있는. 폐지하는. 무효로 되는.
abrolhado *a.* ①싹튼. 발아(發芽)한. 꽃봉오리가 맺은. ②가시가 돋은(있는). 형극(荊棘)이 많은. ③다난(多難)한.
abrolhal *m.* 가시 많은 곳. 가시덤불. 납가새 밭.
abrolhar *v.t.* 싹트게 하다. 꽃봉오리를 맺게 하다.
— *v.i.* ①싹트다. 발아(發芽)하다. 꽃봉오리가 맺다. ②(해독(害毒) 따위) 야기(惹起)하다. ③《俗》 여드름이 돋다. 발진(發疹)하다.
abrolho *m.* ①싹. 눈(芽). 꽃봉오리. ②가시. 형극(荊棘). 장애. 곤난. ③[軍] 능철(마름쇠).
abrolhos (*pl.*) 많은 가시. 곤란. (바다의) 암초(岩礁).
abrolhoso *a.* ①싹이(꽃봉오리) 많은. ②가시(납가새) 많은. ③장애물이 많은 ; 다난한.
abronzar *v.t.* 청동(青銅)을 만들다. 청동으로 만들다.
abronzear *v.t.* ①구리빛으로 하다. 청동색을 띠게 하다. ②청동을 만들다.
abroquelado *a.* ①작은 방패꼴(小牌形)을 한. ②작은 방패로 방어한.
abroquelar *v.t.* 작은 방패로 막다(가리다).
— *se v.pr.* 작은 방패로 방어하다. 자기를 보호하다.
abrótano *m.* [植] 개사철쑥.
abrótea *f.* ①[植] 수선화. ②극락에 핀다는 시들지 않는 꽃.
abrotonóide *f.* [貝] 단각류(單殼類)의 조개.
abrumar *v.t.* ①(안개·연기 따위로) 흐리게 하다. 어둡게 하다. ②불안(不安)에 빠뜨리다. ③두려운 감을 품게 하다.
abrunheiro *m.* [植] (일종의) 서양오얏나무.
abrunheiro bravo 인목(鱗木)(오얏나무의 일종)《美》아가위 무리.
abrunheiro manso 서양오얏나무.
abrunhel *m.* [植] 포도의 일종.
abrunho *m.* ①[植] 서양오얏. 서양추리.

②건포도.
abrupção *f.* ①(갑자기) 끊어지기. (돌연한) 중단(中斷). 중절(中切). ②분단(分斷). 분열. ③골절(骨折).
abruptamente *adv.* ①돌연히. 갑자기.
abrupto *a.* ①가파른. 험한. 험준한. ②돌연한. 예기치 않은. 갑작스러운.
abrutado, abrutalhado *a.* ①거칠은. 난폭한. ②잔인한. 맹악한. ③초라한. 하등(下等)의.
abrutelhar-sé. *v.pr.* ①난폭해지다. 잔인해지다. 야수처럼 행동하다. ②무정해지다. 몰인정(沒人情)하게 되다.
abrutamento *m.* ①거칠음. 난폭. 조폭(粗暴). ②잔인. 몰인정.
abrutar *v.t.* 난폭하게 하다. 야수처럼 (되게)하다.
abrutecer *v.t.* = *embrutecer*.
abrutecido *a.* = *embrutecido*.
absceder *v.i.* 곪다. 화농(化膿)하다.
abscesso *m.* ①모으기. 회합. 집회. ②[醫] 곪음. 화농. ③종기. 농양(膿瘍).
abscisão *f.* ①끊기. 절단(切斷). ②[數] 절선(切線). [修] 돈단법(頓斷法).
abscissa *f.* [幾] 횡좌표(橫座標). 횡선(橫線).
absconder *v.t.* 감추다. 은닉하다 : 비밀로 하다.
absconsa *f.* ①해진 후에 사라지는 별. ②옛날 수도원에서 쓰던 유명등(有明燈).
absconso *a.* ①숨은. 숨긴. 감춘. ②비밀의. 내밀의. ③부정(不正)한. 불공평한.
absencia *f.*《古》= *ausencia*.
absentar *v.t.*《古》= *ausentar*.
absente *a.*《古》= *ausente*.
absentismo *m.* ①지주(소유주) 없는 땅을 관리인에게 맡겨 경영하는 것. ②고의적으로 자주 결근하기. 외출 상습(外出常習).
absidal *a.* ①[天] 장축단의 (근(원)일점의). ②후진의. 내진(內陣)의. 내원(內院)의.
abside *f.* ①[天] (타원적 궤도의) 장축단(長軸端) (근일점(近日点) 또는 원일점). ②후진(後陣) (교회의 동쪽 끝에 있음). ③성당의 납골당(納骨堂).
absimile *a.* 같지 않은. 다른. 부동(不同)의.
absintado *a.* [植] 쓴쑥의.
absintato *m.* 압상 산염(酸鹽).
absintico *a.* 압상산의.
absintismo *m.* 압상 중독.

absintite *m.* 압상주(酒).
absinto *m.* ①[植] 쓴쑥. ②압상주(酒).
absogra *f.* 시아버지(또는 장인)의 증조모.
absogro *m.* 시아버지(또는 장인)의 증조부.
absolução *f.* =*absolvição*.
absolutamente *adv.* 전혀. 전연. 절대적으로. 완전히. 무조건으로.
absolutismo *m.* 전제정치. 전제주의.
absolutista *m.*, *f.* 전제정치주의자. 전제파(專制派).
— *a.* 전제정치주의자의. 전제파의.
absoluto *a.* ①절대의. 절대적. 무조건적. ②전제의. 독재의. ③완전한. 전적 ; 순전한. 순수한. ④결점이 하나도 없는. ⑤다른 것에 제약되지 않는.
— *m.* 절대적 실존(實存). 전적 존재(全的存在).
absolver *v.t.* 사면(赦免)하다. 방면(放免)하다. [法] 무죄로 하다 ; 면제하다.
—se *v.pr.* ①사면되다. 석방되다. ②[法] 무죄로 되다. 면제되다.
absolvição *f.* ①[宗] 사면(赦免). 죄장(罪障) 소멸(의 선언). 방면(放免). ②[法] 무죄언도. 면소(免訴). 면제.
absolvido *a.* ①사면된. 방면된. 죄장이 소멸한. ②[法] 무죄로 된. 면제된.
absolvimento *m.* =*absolvição*.
absono *a.* 《古》 소리가 맞지 않는. 불협음(不協音)의. 부조화(不調和)의. 불일치의.
absorção *f.* 흡수. 흡수 작용.
absorto *a.* 본정신이 없는. 마음을 빼앗긴. (…에) 여념(餘念)이 없는.
— *m.* ①나(自我)를 잊음. 일심불란(一心不亂). ②전심. 전념.
absorvedor *a.*, *m.* =*absorvepte*.
absorvência *f.* 흡수성. 흡수력. 흡수작용.
absorvente *a.* 흡수하는 ; 흡수성의. 흡수력이 있는.
— *m.* 흡수물. 흡수제(吸收劑).
algodão absorvente 탈지면(脫脂綿).
absorver *v.i.* ①빨아들이다. 흡수하다 ; 삼키다. ②다 써버리다. 탕진(蕩盡)하다. ③(마음을) 집중하다. (…에) 전념하다.
—se *v.pr.* (+*em*). …에 열중하다.
absorvimento *m.* =*absorção*.
absorvível *a.* 흡수할 수 있는. 흡수되기 쉬운. 흡수성의.
abstmia *f.* 금주(禁酒). 절제(節制). 금욕.
abstémico *a.* 금주의. 금욕의. 절제의. (식

사 따위) 간소한. 검소(儉素)한.
abstémio *a.* =*abstémico*.
— *m.* 금주가(禁酒家). 금욕가. 절제가. (식생활을) 검소하게 하는 사람.
abstenção *f.* ①삼가기. 그만둠. 자중(自重) ; 절제(節制). ②회피 ; 기권(棄權).
abstencionismo *m.* 고의적 결근. 빈번한 결근. 습관적 결근.
abstencionista *m.*, *f.* 투표 기권자.
abster *v.t.* ①(…하는 것을) 삼가다. 주춤하다. 절제하다. ②조심하다. 자중하다. ③(권리를) 행사하지 않다. 기권하다. ④(권능을) 박탈하다.
—se *v.pr.* ①스스로 금하다. 삼가다. ②자중하다. 절제하다. ③기권하다. (+*de*) …을 회피하다.
abster-se de alimento 절식하다.
abster-se de fazer alguma coisa …하는 것을 삼가다(스스로 그만두다.
abstergência *f.* 깨끗함. 청정성(淸淨性).
abstergente *a.* 깨끗이 하는. 세정(洗淨)하는.
— *m.* 세척제(洗滌劑).
absterger *v.t.* (상처를) 씻어 깨끗이 하다. 세척(洗滌)하다.
abstersão *f.* 씻어 깨끗이 하기. 세척. 청정(淸淨).
abstersivo *a.* 세척하는. 세척용의.
— *m.* 세척제. 세척약(洗滌藥).
absterso *a.* 씻어 깨끗이 한. 세척한.
abstido *a.* 절제(節制)의. 억제의.
abstinência *f.* ①금주(禁酒). 금욕(禁慾). 절제. ②[가톨릭] 대제(大齊) 및 소제(小齊) '금요일에 고기를 먹지 않는 것'.
abstinente *a.* 술을 삼가는. 그만두는. 금주하는. 금욕적. 절제하는.
abstração *f.* ①추상(작용). 추상적 개념. ②[化] 추출(抽出) ; 발췌 ③절취(截取). ④방심. 초탈(超脫). 얼빠짐. ⑤[美術] 추상파의 도안(圖案). ⑥빼내기. 떼어내기.
abstração de espíto 방심. 얼빠짐.
abstracionismo *m.* 추상주의. [美術] 추상파(抽象派)의 주의.
abstractamente *adv.* =*abstratamente*.
abstracto *a.*, *m.* =*abstrato*.
abstraído *a.* ①빼낸. 뽑아낸. 발췌된. ②마음이 어수선한. 멍하고 있는. 방심한. 얼빠진.
abstrair *v.t.* ①(개념 등을) 추상하다. ②

[化] 추출하다. ③빼내다. 절취하다. 발췌(拔萃)하다. 떼어버리다. (주의를) 빼앗다.
— se v.pr. (…에) 몰두하다. (…에) 열중하다.

abstratamente adv. 추상적으로. 명하니. 우두커니.

abstrativamente adv. 추상하여. 추상적으로. 이론적으로.

abstrativo a. ①추상의. 추상적. ②빼내는. 뽑아내는. 발췌하는. 추출하는. ③추상력이 있는.

abstrato a. ①추상적. 이론적; 형이상(形而上)의. 관념상의. ②알기 어려운. 난해(難解)한. ③명한. 방심한. ④[美術] 추상파의.
numero abstrato 무명수(無名數). 허수.
ideia abstrata 개념. 추상적 관념.
sciência abstrata 형이상학(形而上學).
— m. 추상; [論] 추상개념. [文] 추상명사.

abstrusamente adv. 막연히. 불명료하게.

abstrusidade f. 불명료함; 난해(難解). 심원(深遠). 현묘(玄妙).

abstruso a. 알기 어려운. (문제 따위) 풀기 어려운. 난해(難解)의. 막연한. 심원한.

absurdemente adv. 조리없이. 불합리하게. 어리석게.

absurdo a. ①도리에 안맞는. 불합리한. 만부당(萬不當)한. 터무니 없는. ②어리석은.
— m. ①불합리. 이치에 맞지 않음. 만부당함. ②허무. 모순. 황당무계(荒唐無稽)의.

abu m. [植] 일종의 바나나(파초)나무; 그 열매.

abulia f. ①[心] 의욕상실(意慾喪失). ②의치(意志)의 결여가 원인이 되어 발생하는 병.

abundamento m. = *abundância*.

abundância f. 풍부함. 충분함. 다량(多量). 흡족(洽足).

abundante a. 풍부한. 충분한. 흡족한.

abundantemente adv. 풍부하게. 충분하게. 흡족하게.

abundar v.i. 풍부하다. 충분하다. (…이) 많다. 흡족하다.

abundosamente adv. = *abundantemente*.

abundoso a. = *abundante*.

aburacar v.t. 구멍을 뚫다. 많은 구멍을 파다. 구멍투성이가 되게 하다.

aburguesado a. 중산계급(中産階級)의. 부르주아같은; 중류에 속하는.

aburguesar-se v.pr. 중산계급(부르주아)화하다.

abusador a., m. 남용하는 (사람). 악용하는 (사람).

abusão f. ①남용(濫用). 그릇된 사용. 악용. ②미신(迷信). ③허구한 이야기. 망언. ④악폐. 폐단.

abusar v.t. ①(+de). 남용하다. 악용하다. ②(권리·지위 따위를) 지나치게 이용하다. 월권행위를 하다. ③실례되는 말(무례한 언사)을 함부로 던지다.

abusivamente adv. ①함부로. 멋대로. 마음대로. 부당히. ②남용(악용)하여.

abusive, abusivo a. 남용의. 악용의. 멋대로 하는. 마음대로 하는. 부당한. 횡포하는. 월권적.

abuso m. ①남용. 악용. 그릇되게 쓰기. ②횡포. 전자(專恣). ③악폐. 폐단.
abuso de autoridade 월권 행위.
abuso de confiança (신용이 있다는 것을 기화로 하는) 임의의 행동.
abusos (pl.) 폐단. 악폐.

abutre m. ①[鳥] 콘도르. 독수리. ②《轉義》욕심장이; 냉정한(잔인한) 인간.

abutreiro m. 콘도르를 기르는 사람.

abuzinado a. ①나팔꼴(喇叭形)을 한. 나팔같은. ②나팔을 분; 경적(警笛)을 울린.
calça abuzinada 나팔바지.

abuzinar v.t. ①나팔을 불다. ②(자동차 따위의) 경적을 울리다.

aça a. 피부 변백증(變白症)의. 백자(白子)의. 백변종의.
— m., f. ①피부 변백증에 걸린 사람 (또는 동물). ②백자(白子). 백변종(白變種).

acá m. [植] (브라질산의) "아까"나무.

acabaçado a. [植] 호리병박 같은. 호로병 같은(꼴을 한).

acabadamente adv. 끝내고. 끝마치고. 완성하여. 완수하고. 완전히.

acabado a. ①끝낸. 끝마친. 마감한. 완성한. 완수한. 다 써버린. 다 닳은. 닳아 해진. 마멸한. 소모된. 처진. ③오래된. 낡은. 노후한.
— m. ①끝마친 것; 완성물. ②다 써버린(닳은) 상태.

acabador m. 끝내는 사람. 완성자.

acabadote *a.* ①끝나려고 하는. 다 되어 가는. 마감에 가까운. ②처지려고 하는. 낡기 시작하는; 늙기 시작하는. 조로(早老)의.

acabamento *m.* 끝내기. 마감. 완성. 완결. 종료. [建] 낙성. 마감 공사.

acabanado *a.* 바라크 같은. 오두막 같은.

acabante *a.* 끝나는. 끝내는. 끝나려고 하는. 다 되어가는.

acabar *v.t.* ①끝내다. 마감하다. 종결하다. 완성하다. ②다 써버리다. 소비하다. 처치하다.
acabar um trabalho 일을 끝내다.
acabar com alguem 아무를 죽이다.
— *v.i.* ①끝나다. ②죽다.
acabar a vida 죽다.
acabar bem(mal) 좋게(나쁘게) 끝나다.
—*se v.pr.* ①그치다. ②없어지다.
acabou-se 끝났다. 없어졌다.
(註) *acabar de* + 동사의 부정법(不定法)일 경우. *acaber*는 조동사로 되어 그에 따른 동사의 뜻의 끝(종말)을 뜻함.
(보기) *acabar de chegar* 방금 도착했다. 지금 막 도착했다.

acabelado *a.* 털이 난. 머리칼이 자란.

acabelar *v.t.* 털이 나게 하다.
— *v.i.* 털이 나다. 발모(發毛)하다. 머리칼이 자라다.

acaboclado *a. caboclo* (브라질 토인의 일종 또는 백인과 토인의 혼혈)의 피를 이은. *caboclo*의 안색을(용모를) 한.

acabramar *v.t.* 소의 다리와 뿔을 묶다.

acabramo *m.* 소의 다리와 뿔을 묶는 밧줄 (노끈).

acabrunhadamente *adv.* ①기운없이. 풀 꺾여. 낙심하여. ②괴로움 받고. 시달림 받고.

acabrunhado *a.* ①기운 없는. 활기 없는. ②풀꺾인. 기가 죽은. 낙심한. 우울한. ③쇠약한. ④괴로움을 받은. 고생한. ⑤압박받은. 억압된.

acabrunhamento *m.* ①기운 없음. 활기 없음. 맥풀림. ②기가 죽음. 의기저상. 낙심. 낙담. ③괴롭히기. 고통. ④내려누르기. 억압. ⑤(지반의) 함몰. 침하(沈下) ⑥팬 곳. 움푹한 곳.

acabrunhar *v.t.* ①기운 없게 하다. 활기 없게 하다. ②쇠약하게 하다. ②기를 꺾다. 낙심케 하다. 낙담케 하다. ③억누르다. 내려 누르다. ④고생시키다. 못살게 굴다. 괴롭히다.
—*se v.pr.* ①기운(활기) 없어지다. 맥 빠지다. ②기가 죽다. 낙심하다. 낙담하다. 실망하다.

acacá *m.* 쌀가루와 옥수수 가루로 만든 과자.

açacal *m.* 《古》 음료수 운반인.

açacaladamente *adv.* 잘 닦여. 번들번들 하게. 윤내어.

açacalado *a.* 잘 닦은. 광택을 낸. 윤나는. 번들번들한.

açacalador *m.* 무기를 닦는 직공(武器磨工).

açacaladura *f.* 닦기. 연마(研磨). 탁마(琢磨). 윤내기. 광택내기.

açacalar *v.t.* (무기를) 갈다. 닦다. 탁마하다. 윤내다. 광택내다.

acaçapado *a.* ①움츠린. 위축한. 쫄아든. ②땅딸막한. 몽똑한.

acaçapar-se *v.pr.* 움츠리다. 웅크리다. 위축하다. 쫄아들다; 작아지다.

acachoar *v.t.* 거품을 내다. 거품이 나게 하다. (부글부글) 끓이다.
— *v.i.* ①거품이 나다. ②(부글부글) 끓다. 비등(沸騰)하다. ③(샘이) 콸콸 솟다.

acácia *f.* [植] 아카시아 나무.

academia *f.* ①학원. 학당. 대학. ②전문학교. ③(학술·미술·문예의) 협회. 학회. 학사원. 예술원. ④[哲] 아카데미 *Plato* 학파.

acadêmia *f.* (석고(石膏)의) 나체 모형(裸體模型). 그 나형 모형에 의한 그림을 그리기(또는 사진을 찍기).

academial *a.* 학원의. 학당의. 대학의. 학회의. 학사원의.

academialmente *adv.* = *academicamente*.

academiar *v.t.* 학자처럼 이야기하다(행동하다). 학자티를 내다.

academicamente *adv.* 학자(타입)처럼. 학자티를 내어. 엄숙하게. 존대스럽게.

acadêmico *a.* 학원의. 학당의; 대학의. 학회의. 학사회의.
— *m.* 대학생; 교수; 학사회 회원.

academista *m., f.* 아카데미(학원·학사원·미술원)의 회원.

acafajestado *a.* ①부량배의. 무뢰한의. 망종의. ②나쁜짓(못된 짓)만 하는.

açafata *f.* ①《古》 여관(女官)의 명칭. ②여왕(女王)의 의상계(衣裳係).

açafate *m.* 재봉 도구 또는 화장품을 담는

바구니.
acafelado *a.* ①벽토를 칠한 ; 석고를 바른. ②감쪽같이 발라붙인. 덧칠하여 모르게 한. 호도(糊塗)한.
acafelador *m.* ①벽토장이. 도벽 공사하는 이. ②석고 바르는 사람. 석고 세공사.
acafeladura *f.* =*acafelamento*.
— *m.* 벽토를 바르기. 도벽 공사. 아스팔트 공사. 석고 세공.
acafelar *v.t.* ①벽토를 칠하다. ②석고를 바르다. ③고약을 붙이다. ④잔뜩 발라붙이다. ⑤덧칠하여 모르게 꾸미다. 호도(糊塗)하다. ⑥싸서 모르게 하다. 감추다.
acafetar *v.t.* 커피색(色)으로 하다. 커피빛을 띠게 하다.
açafrão *m.* [植] 새프런. 새프런 꽃. 잎.
açafrôa *f.* 새프런 꽃.
açafroado *a.* ①새프런 색의. ②새프런으로 조미(調味)한.
açafroal *m.* 새프런 꽃밭. 새프런 원(園).
açafroamento *m.* 새프런 색으로 하기. 새프런 빛을 띠게 하기.
açafroar *v.t.* 새프런 색으로 하다. 새프런 빛을 띠게 하다.
açafroeira *f.* [植] =*açafrão*.
açaí *m.* 아사이제이로 열매.
açaizoiro *m.* 아사이제이로 나무.
açaia *f.* [植] 쌍자엽식(雙子葉屬)의 약초.
acaipirado *a.* ①시골 (촌)식의. 시골다운. ②시골뜨기 같은. 수줍어하는.
acaipirar-se *v.pr.* ①시골 (촌)식으로 되다. ②시골뜨기처럼 수줍어하다(사양하다).
acajadar *v.t.* 곤봉으로 때리다. 나뭇가지로 치다.
acaju *m.* ①[植] 까쥬. 까쥬나무 열매. ②마호가니의 일종.
acajueiro *m.* 까쥬나무.
acalacas *m.* [蟲] 일종의 큰 개미(大蟻).
acalanto *m.* =*acalento*.
acalcanhado *a.* ①(신뒷축이) 닳아 떨어진. 마멸한. ②발꿈치로 밟은. 짓밟은 ; 유린된.
acalcanhamento *m.* ①(신뒷축이) 닳아 떨어짐. 마멸. ②밟기. 짓밟기 ; 유린(蹂躪).
acalcanhar *v.t.* (발꿈치로) 밟다. 짓밟다. 유린(蹂躪)하다.
— *v.i.* (신뒷축이) 닳아 떨어지다. 마멸하다.

acalcar *v.t.* =*calcar*.
acalefios *m.*(*pl.*) [動] 해파리.
acalentador *a.*, *m.* 아기를 (안고) 흔들어 재우는 사람. 어르는 (달래는) 사람. 위무하는 사람.
acalentar *v.t.* ①아기를 (품에 안고) 흔들어 재우다. ②어르다. 달래다 ; 위무(慰撫)하다. 진정시키다. ③감언(甘言)으로 속이다.
acalento *m.* ①아기를 흔들어 재우기. ②아이를 어르기. 달래기. ③진정시키기. 위무.
acalicino *a.* [植] 무악(無萼)의.
acalipto *m,* [動] (연못에 사는) 독사의 일종.
acalmação *f.* ①(마음·정치 사정 등의) 평온. 조용함. (바다가) 고요함. ②(소란한 상태·격분 등을) 진정시키기. 조용하게 하기. 완화(緩和).
acalmado *a.* ①조용한. 평온한. 안온한 ; (마음·기분이) 침착한. 잠잠한. ②(폭풍우. 소동. 사건 따위가 지나) 조용해진. 진정된.
acalmamento *m.* =*acalmação*.
acalmar *v.t.* ①(노여움·흥분 따위를) 가라앉게 하다. 진정시키다. 평온하게 하다. 조용하게 하다.
— *v.i.* (바다·기분·정치 사정이) 가라앉다. 평온해지다. 주용해지다. 진정하다.
açalmar *v.t.* 《古》공급(供給)하다.
acalmia *f.* [醫] (흥분 후의) 진정기(鎭靜期).
acalorado(-a) *a.* 활발한. 백열(白熱)된.
acaloramento *m.* ①데우기. 따뜻하게 하기. 가열(加熱). ②자극주기. 흥분시키기.
acalorar *v.t.* ①데우다. 따뜻하게 하다. 가열하다. ②자극주다. 흥분시키다.
acamado *a.* ①자리에 누운. 누워만 있는. ②(병으로 인하여) 침대에 누워 있는.
estar acamado 침대에 누워 있다.
açamado *a.* 재갈을 물린. 입마개를 씌운.
acamar *v.t.* ①겹쳐 놓다. 층층(層層)으로 올려 놓다. ②넓게 펴다. 쭉 펴다.
— *v.i.* ①눕다. 침대에 눕다. ②취침하다. ③[植] (곡식의)이삭이 바람에 불려 (또는 자체의 무게로 인하여) 일제히 기울다(눕다).
açamar *v.t.* (=*açaimar*). ①재갈을 물리다. ② 침묵시키다. 말 못하게 하다. ③억제하다.
acamaradar *v.i.*, —*se v.pr.* 벗이 되

다. 친구(동료·동무)가 되다 ; 서로 친하게 사귀다.
acamato *m.* 체격이 늠름한 사람. 골격이 강장한 사람.
açambarcação, açambarcagem *f.* 독점(獨占). 매점(買占) ; 전매.
açambarcador *a.*, *m.* 독점하는 (사람). 전매하는 (자).
açambarcamento *m.* 독점. 전매 ; 매점(買占).
açambarcar *v.t.* …의 독점(전매)권을 얻다. 독점하다 ; 매점하다.
acamboar *v.t.* (소에) 멍에를 얹어 놓다. 멍에 매다.
açame, açamo *m.* 재갈. 입마개.
acamolia *f.* 생강을 넣은 일종의 과자.
acampainhado *a.* 종(鐘)같은. 종 모양의. 종상(鐘狀)의.
acampainhar *v.t.* 종 모양으로 만들다. 종상으로 하다.
acampamento *m.* [軍] ①야영 ; 진영(陣營). ②야영지.
acampar *v.i.*, *v.t.* ①[軍] 진을 치다. 야영하다(시키다). ②천막을 치다. 천막 생활을 하다.
acampsia *f.* ①[解] (뼈의) 교착. ②[병리] 관절강직(關節强直).
acampto *a.* 반사(反射)하지 않는. 반사력(力)이 없는.
acamurçado *a.* 새모이 가죽(영양·염소·사슴의 부드러운) 같은. 새모이 빛을 띤.
acamurçar *v.t.* ①새모이 가죽으로 만들다 (무두질하다). ②새모이 가죽으로 만든 옷을 입다.
acanalado *a.* ①(좁고 긴) 홈이 파진. 홈으로 된. ②[建] (기둥 따위에) 새로 홈을 판 ; 구조(溝彫)의.
acanaladura *f.* ①(좁고 긴) 홈파기. [建] (기둥 따위에) 세로 홈을 파기. ②좁고 긴 ; 홈. 구조(溝彫). 구조 장식(裝飾).
acanalar *v.t.* ①(좁고 긴) 홈을 파다. [建] 세로 홈을 파다. ②구조하다. 구조 장식을 하다.
acanalhado *a.* 비열한. 비루한.
acanalhamento *m.* (행동이) 비열함. 비루함. 비루한 수작.
acanelada *a.* [植] 엽맥상(葉脈狀)의.
acanelado *a.* 계피색(桂皮色)의. 계피빛을 띤.

acanelar *v.t.* ①계피빛을 띠게 하다. 계피색으로 하다. ②(과자 따위에) 계피가루를 뿌리다(치다).
acanhadamente *adv.* 수줍어서 부끄러워하여.
acanhado *a.* ①부끄러워하는. 수줍어하는. 어색해 하는. ②(새·짐승·물고기 따위) 잘 놀라는. 겁 많은. 무서워하는. ③마음이 작은. 소심한. ④좁은. 협착(狹窄)한. ⑤빽빽한. 밀집한.
acanhador *a.*, *m.* 부끄러워하는 (사람). 수줍어하는 (이).
acanhamento *m.* ①부끄러움 ; 부끄러워하기. 수줍어함. ②사소한 일에 놀라기. 무서워하기. ③좁음. 협착(狹窄).
acanhar *v.t.* ①부끄러워하게 하다. 수줍어하게 하다. 어색하게 하다. ②비좁게 하다. 답답하게 하다.
—**se** *v.pr.* 수줍어하다. 부끄러워하다. 사양하다. 염려하다.
acanho *m.* = *acanhamento*.
acanhoar, acanhonear *v.t.* 포격(砲擊)하다.
acanonico *a.* [宗] 종규(宗規)에 위반되는. 교회 회칙에 어긋나는.
acanonista *m.*, *f.* 종규를 위반하는 사람. 교회 회칙을 어기는 사람.
acantáceas *f.(pl.)* [植] 어캔더스 속(屬).
acanteirado *a.* 몇 개의 화단(花壇)으로 구분한.
acanteirar *v.t.* 몇 개의 화단으로 구분하다 (나누다).
acantia *f.* [蟲] 빈대 속(屬).
acanto *m.* ①[植] 어캔더스. ②[建] 어캔더스 잎의 장식 (코린트식 원주두(圓柱頭)의).
acantoado *a.* ①구석에 몰려간 ; 구석진 곳에 놓여 있는. ②잘 보이지 않는. 숨은. 감춘.
acantoamento *m.* ①구석에 몰아넣기(놓기). 구석진 곳에 두기. ②잘 보이지 않는 곳에 두기. 멀리하기. ③감추기. ④은거(隱居).
acantoar *v.t.* ①구석에 몰아넣다 ; 구석에 두다. 멀리하다. ②보이지 않는 곳에 두다. 숨기다. 감추다.
—**se** *v.pr.* ①구석진데서 거주하다. ②은퇴하다. 인퇴(引退)하다.
acantocarpio *a.* [植] 유자과실(有刺果實)의.

acantocarpo *m*. 유자과실.

acantonado *a*. ①[軍] (야외에) 진을 친. 배진한. 야영한. 주둔한. ②천막생활을 하는.

acantonamento *m*. ①[軍] 부대 또는 병사들을 여러 촌락에 배치하기. 분영(分營)시키기. 분견주둔(分遣駐屯). ②부대배치 구역.

acantonar *v.t*. 부대 또는 병사들을 여러 촌락에 배치하다. 분영시키다. 분견 주둔 시키다.
— *v.i*. 여러 촌락에 배치되다. 주둔하다.

acanular *v.t*. 관(管) 모양으로 만들다. 관상(管狀)으로 만들다.

ação *f*. ①일함. ②활동. 행동. 실행. ③동작. 거동. ④[化] 작용. ⑤(하나의) 행동. 행위. 사업(事業) 활동. ⑥[軍] 군사 행동. 전투. 실전(實戰). ⑦방책. 처치(處置). ⑧주식(株式). 주권(株券). ⑨[法] 소송 ; 소송권.
boa ação 선행(善行).
ação quitica 화학작용.
ação judicial 사법상의 처치(방책).
ação de graças 감사. 사은(謝恩).
homem de ação 활동가.

acapelado *a*. ①두건(頭巾) 모양을 한 ; 두건을 쓴. ②파도치는, 파도가 일어나는.

acapelar *v.t*. ①두건꼴로 만들다. ②두건을 씌우다.
— *v.i*. ①가라앉다. 침몰하다. ②큰 파도(巨波)가 일다.

acapitular *v.t*. (책 · 논문 · 규약문 · 조약문 등을) 장(章)으로 나누다. 구분(區分)하다.

acapnia *f*. [醫] 혈액중의 탄산 감소(炭酸減少).

acaraúba *f*. (아마존강 유역에 나는) 약초의 일종.

acardumar-se *v.pr*. 물고기가 모여들다. 군집(群集)하다.

acareação *f*. [法] 대질(對質). 대심(對審). 대질심문.

acareador *a*. [法] 대질의. 대심의. 대질하는.
— *m*. 대질자.

acareamento *m*. =*acareação*.

acarear *v.t*. ①[法] 대질시키다. 대심하다. ②대조하다.

acariciadamente *adv*. 귀엽게 여겨. 총애하여. 애중하여 ; 자애(慈愛)롭게.

acariciador, acariciante *a*., *m*. 사랑하여 어루만지는 (사람). 귀엽게(귀중하게) 여기는 (사람). 자애 깊은 (사람).

acariciar *v.t*. ①사랑하여(귀여워) 어루만지다. 애무(愛撫)하다. 총애하다. 자애 깊게 대하다. ②잘 보이려고 하다. 아부하다. 아양부리다.

acariciativo *a*. 자애(慈愛)로운. 자애 깊은. 온정(溫情)있는. 친절한.

acaridar-se *v.pr*. 동정하다. 불쌍히 여기다. 자애를 베풀다.

acarinhar *v.t*. 사랑스럽게(귀엽게) 여기다. 애무하다. 총애하다. 자애하다.

acarminado *a*. 진홍색(眞紅色)을 띤.

acarna *m*. [植] 국화과의 식물.

acaro *m*. ① [蟲] 진드기의 무리 ; 치즈 벌레. ②개선농포(疥癬膿胞) 속에 발견되는 균(의 일종).

acarpio *a*. [植] 열매를 맺지 않는. 결실(結實)하지 않는 무과(無果)의.

acarrado *a*. 움직이지 않는. 부동(不動)의. (새 · 닭 따위가 알을 품고) 보금자리(둥우리)에 앉은.

acarrar *v.i*. ①움직이지 않다 ; ②(새 · 닭 따위가 포란(抱卵)하기 위하여) 보금자리(둥우리)에 앉다(쳐박히다). ③그늘에서 쉬다. 휴식하다.

acarrear *v.t*. =*acarretar*.

acarretado *a*. ①짐나르는. 운반하는. ②포신(砲身)을 포가에 올려놓은(앉힌).

acarretador *m*. ①짐나르는 사람 ; 운반인. 짐마찻군. ②운반 기구. 운반 장치.

acarretadura *f*. =*acarretamento*.
— *m*. (수레 · 달구지 · 차 따위로) 짐나르기. 운반하기.

acarretar *v.t*. ①(수레 · 달구지 · 자동차 따위로) 짐나르다. 운반하다. 《稀》머리에 얹고(등에 지고) 나르다. ②가져오다. 초래하다. 야기(惹起)하다. ③포신(砲身)을 포차(포가)에 올려 놓다.

acarrêto *m*. 짐삯. 운임. 운반 요금.

acartonado *a*. 두꺼운 종이(두꺼운 마분지) 같은. 두꺼운 종이로 만든.

acartonar *v.t*. 두꺼운 종이(두꺼운 마분지)로 만들다.

acasalar *v.t*. (특히 동물을) 자웅 짓다. 암수 한 쌍이 되게 하다. 짝을 짓다. 작배(作配)하다.

acaso *adv*. 우연히. 불쑥. 뜻하지 않게. 만약.

— m. 있을 수 있는 기회. 우연한 일. 우발한 경우. 만일. 혹시.
ao acaso 혹시나. 무심결에. 불쑥. 깊은 생각도 없이.
por acaso 만일. 혹시나. 우연히.
encontrar por acaso 우연히 만나다.

acastanhado *a*. 밤색(栗色)이 된. 밤빛을 띤.
acastanhar *v.t*. 밤색이 되게 하다. 밤빛을 띠게 하다.
acastelado *a*. ①성(城) 같은. 성벽 모양을 한. ②성을 쌓은. 성을 두른. ③성을 쌓고 방어하는. 농성(籠城)하는.
acastelamento *m*. ①성 모양으로 만들기. ②성을 쌓기. 성을 쌓고 방어하기.
acastelar *v.t*. ①성 모양으로 만들다. ②성을 쌓다. 성을 쌓고 방어하다.
acasulado *a*. [植] 꼬투리 모양을 한. 꼬투리 같은 자방(子房) 같은.
acatadamente *adv*. ①존경하여. 공손히. ②(법·규칙 따위를) 준수하여.
acatado *a*. ①존경하는. 존경받는. ②(법률 따위를) 준수하는. 준수된.
acatador *m*. 존경하는 사람. 준수하는 이. 존중자.
acatadura *f*. =*acatamento*.
acataia *f*. [植] 약초의 일종.
acatalepeia *f*. ①[哲] 불가지론(不可知論). ②정확히 알기 힘듦. 불가해(不可解).
acataléptico *a*. ①불가지(론)의. 불가지론적. ②정확히 알기 어려운. 불가해의.
acatalético, acataléctico *a*. [韻] (음절수의) 완전한 (구).
acatamento *m*. 존경. 존중 ; 준수(遵守).
acatápose *f*. [醫] 삼키기 어려움. 연하곤란(嚥下困難) 또는 불가능.
acatar *v.t*. ①존경하다. 존중하다. ②(법·규칙 따위를) 준수하다.
acatarroar-se *v.pr*. [醫] 카타르에 걸리다.
acatarsia *f*. 불순분비(不純分泌).
acatável *a*. ①존경할만한. ②준수해야 할.
acatético *a*. 조직 불완전한.
acatingado *a*. ①흑인이 가지고 있는 (흑인 특유의) 냄새의. 나쁜 체취의. 악취를 풍기는. ②암내나는.
acatólico *a*. 가톨릭이 아닌. 비(非)가톨릭의.
acaudilhadamente *adv*. ①지휘하여. 통수하여. ②질서 정연하게.
acaudilhar *v.t*. 지휘하다. 통수(統帥)하다. 통솔하다. 이끌다.

acaule *a*. [植] 줄기 없는. 무경(無莖)의.
acauteladamente *adv*. 조심하여. 주의하여. 경계하여. 신중히.
acautelado *a*. 주의깊은. 경계하는. 신중한.
acautelamento *m*. 주의. 경계. 조심. 신중(愼重).
acautelar *v.t*. (…을) 주의하다. 조심하다. 경계하다.
—se *v.pr*. 스스로 조심하다.
acavalado *a*. ①겹친. 중첩된. ②걸터앉은. ③매우 큰.
acavalamento *m*. ①겹치기. 중첩(重疊). ②뼈가 부러짐. 골절(骨折). ③위치가 바뀜. 전위(轉位).
acavalar *v.t*. ①겹쳐놓다. 겹치다. 중첩되게 하다. ②(위에) 얹어놓다. 걸터앉히다.
acção *f*. =*ação*.
acedencia *f*. 동의(同意). 합의. 승낙.
acedente *a*. 동의하는. 승낙하는.
— *m*. 동의자. 승낙자.
aceder *v.i*. 동의하다. 합의하다. 승낙하다. (청원 요구 등에) 응하다. 동의를 표하다.
acédia *f*. ①나른함. 무기력. ②게으름. 나태. 나타. 태만. 해태.
acefalia *f*. 머리가 없음. 무두(無頭).
acefalismo *m*. 무두종교(無頭宗敎).
acefalista *m., f*. 무두종교의 종도(宗徒).
acéfalo, acefálico *a*. ①머리가 없는. 무두의. 우두머리(首領) 없는. ②무지한.
acefalobraquio *a*. 머리와 팔이 없는. 무두무완(無頭無腕)의.
acefalopodia *f*. 머리와 다리가 없음. 무두무족.
acefalopodo *a*. 머리와 다리가 없는. 무두무족의.
aceiramento *m*. 강철로 날을 붙이기. 강철을 입히기.
aceirar *v.t*. 강철로 날을 붙이다. 강철을 입히다. 예리(銳利)하게 하다.
aceiro (1) *a*. 강철같은(굳은).
— *m*. 제강소 직공. 강철공.
— (2) *m*. ①산림경계선(山林境界線). 방화선. ②(방화를 위하여) 철도연변 또는 주택 주변의 나무를 제거한 것.
aceitabilidade *f*. 받아들일 만함. 응낙할 수 있음. 인수가능(引受可能). 동의할 수 있음.
aceitação *f*. 받아들임. 응낙. 접수. 수락.

용인.
aceitador *a.*, *m.* 받아들이는 (사람). 접수하는 자. 수락(응락)하는 (사람).
aceitamento *m.* =*aceitação*.
aceitante *a.*, *m.* =*aceitador*.
aceitar *v.t.* (초대 따위에) 응하다. (초대장·신청서 따위를 참가 또는 응낙의 뜻으로) 받다. 접수하다. (임명을) 쾌락하다. 승낙하다. (선물 따위를) 받아들이다. (책임 임무 따위를) 인수하다. 접수하다. (어음을) 받다. (도전장에) 응하다.
 aceitar um presente 선물을 받아들이다.
 aceitar uma nomeação 임명에 응하다.
 aceitar uma letra 어음을 받다.
aceitável *a.* 받아들일 만한. 접수(인수)할 수 있는. 용인 가능한.
aceite *m.* ①받아들임. 접수. 인수(引受). 승낙. 응낙. ②[商] 어음 인수.
aceito *a.* (*aceitar*의 불규칙 과거분사). 받아들인. 인수한. 접수한. (초대 따위에) 응한.
aceleração *f.* ①속도를 가함. 가속(加速); 가속도. 가속력. ②급속. 신속. ③촉진. 재촉; 앙진(昻進). ④성급(性急).
aceleradamente *adv.* 가속적으로. 신속히.
acelerado *a.* ①속도를 가한. 가속한. 촉진한. ③급속한; 성급한.
 passo acelerado (보다 더) 바삐 걷는 보조.
acelerador *a.* ①속도를 가하는. 가속하는. ②촉진하는. 추진하는.
— *m.* 가속장치(물·기계). 가속 장치. 가속기(加速機).
aceleramento *m.* =*aceleração*.
acelerante *a.* ①속도를 가하는. 가속하는. 빨리하는. ②재촉하는. 촉진하는.
acelerar *v.t.* ①속도를 가하다. 더 빠르게 하다. ②촉진하다. 추진하다.
—se *v.pr.* 바삐하다. 급히 서둘다.
acelerativo *a.* 가속의. 촉진의. 가속적. 추진적.
aceleratriz *a.* (*acelerador*의 여성형).
 força aceleratriz 점가속력(漸加速力).
acelga *f.* [植] 근대.
acenar *v.i.* 머리로 (또는 눈짓·손짓으로) 알리다.
acendalha *f.* ①불쏘시개. ②쪼개진 나무(쇠) 조각. 깎아낸 조각. 목편(木片). 대팻밥. 톱밥. (자귀·도끼 따위로 찍어낸) 나무 부스러기.

acendedor *a.* 불붙이는. 불타는. 점화(点火)하는. 방화하는.
— *m.* ①불붙이는 사람 (물건). 점화인(點火人). 점등부(點燈夫). 점등기(點燈器). 가스 점화기. 라이터. 불쏘시개. 전화(轉火) 장치. ②선동자. 도발자.

acender *v.t.* ①불붙이다. 몸달다. 불지르다. 불때다. ②선동하다. 도발하다.
—se *v.pr.* ①불붙다. 불달리다. ②몹시 흥분하다. 《卑·俗》후끈 달다.
acendidamente *adv.* ①몸달려. ②몹시 흥분하여. 격노하여.
acendido *a.* ①몸단. 점화된. 방화한; 뜨거워진. ② 흥분한. 열띤.
acendimento *m.* ①불붙이기. 불지르기. 몸달기. 점화(點火). 방화. ② 격노. 심한 흥분.
acendível *a.* 불붙일 수 있는. 몸달 만한. 점화 가능한.
acendrado *a.* ①깨끗한; 순결한. 순전한; ②제련된. 정련된.
acendrar *v.t.* ①재로 닦다. ②깨끗이 하다. 순결하게 하다.
aceno *m.* ①(머리를) 끄덕거리기. 점두(點頭). 끄덕이며 승낙하기. ②눈짓(손짓)으로 알리기.
acenoso *a.* [植] 끝(先端)이 휜(수그러진).
acenso *m.* 옛 로마의 하급 관리.
acento *m.* ①[音聲] 악센트. 강세. 강음. 양음(揚音). ②악센트 부호. ②발음 양식. 어세(語勢); 음조(音調).
acentuação *f.* ①소리(음성)의 억양법. 악센트(부호) 붙이는 법. ②(의미의) 강조(強調). 역설(力說).
acentuado *a.* ①소리를 (음성을) 강하게 한. 악센트(부호)를 붙인. ②강조한. 역설한.
acentuar *v.t.* ①악센트를 붙이다. 악센트를 붙여 발음하다. 똑똑히 발음하다. ②강조하다. 역설하다.
acepção *f.* ①(언귀의) 뜻. 의미. 어의(語意). ②해석(釋解).
acepilhado *a.* ①대패로 밀은. 매끄럽게 한. ②(맷돌 따위에) 갈은. 닦은.
acepilhador *m.* 대패로 미는 사람. 매끄럽게 하는 사람. 닦아 마감하는 직공.
acepilhadura *f.* ①대패로 밀기. 대패질. 매끄럽게 하기. 평활(平滑)하게 하기. ②대팻밥.

acepilhar *v.pr.* ①대패로 밀다. 대패질하다. ②매끄럽게 하다. 평활하게 하다.
acepipar *v.t.* 맛나게 하다. 맛있게 하다.
acepipe *m.* 맛좋은 음식물. 진미(珍味)의 식품.
acepipeiro *a., m.* 미식자(美食者). 식도락(食道樂).
acéquia *f.* ①도랑. 하수구. 물질. 수로(水路). ②댐. 둑. 제방.
acer *m.* [植] 단풍속(屬).
aceração *f.* 강철을 불리기. 강화(鋼化)하기.
aceradamente *adv.* 예리(銳利)하게.
acerado *a.* ①강철을 불린. 강화(鋼化)한. 강철로 된. 강철같은 ②날카로운. 예리한.
acerador *m.* ①강철을 불리는 사람. 강철공. ②칼붙이 만드는 사람. 칼 제조인.
acerar *v.t.* ①강철을 불리다. 강화(鋼化)하다. 담금질하다. ②날카롭게 하다. 예리하게 하다.
acerbamente *adv.* ①쓰게. 고되게. 신랄하게. ② 호되게. 거칠게. 심각하게.
acerbar *v.t.* ①쓰게 하다. 고(苦)되게 하다. 고생시키다. ②괴롭히다. 못살게 굴다.
acerbidade *f.* ①씀. 고산(苦酸). 쓴맛. 떫은 맛. 신랄(辛辣)함. 호됨. 가혹.
acerbo *a.* ①쓴. 쓰디쓴. 떫은. ②신랄한. 호된. 가혹한.
acêrca *adv.* (=*a cerca*). ①주위(周圍)에. 주변에. ②가까이. 대략. 근(近). ③…에 관하여. …에 대하여. …에 관해. 취득 하여서.
acerca de …에 관하여. …에 대하여.
acercar *v.t.* 가깝게 하다. 가까이 하다. 접근시키다.
—se *v.pr.* 가까와지다. 접근하다.
acerejado *a.* 벚꽃 빛깔의. 앵두(櫻桃)빛을 띤.
acéros *m.(pl.)* 무촉각충류(無觸角蟲類).
acerosa *a.* [植] 침상(針狀)의. 침상엽(葉)의.
acerra *f.* 주형향로(舟形香爐).
acerrimamente *adv.* 매우 시게. 몹시 쓰게. 지극히 신랄하게.
acérrimo *a.* (*acre*의 최상급). ①가장 신. 제일 쓴. 아주 신랄한. ②몹시 완고한. 억척스러운.
acertadamente *adv.* 바로 맞추어. 적중하여. 정확히.
acertado *a.* 바로 맞힌. 꼭 맞은. 적중(的中)한. 알아맞힌.
acertador *m.* 맞히는 사람. 맞힌 자. 적중자.
acertamento *m.* 맞히기. 맞힘 적중(的中).
acertar *v.t.* ①(추측하여) 맞히다. 알아맞히다. ②(목표물에) 명중시키다. 적중시키다. ③(시계를) 정확히 맞추다.
acertar um relógio 시계를 맞추다.
acerto *m.* ①맞히기. 맞음. 적중. 명중. ②틀리지 않는 판단. 정답(正答).
acervação *f.* 쌓아올리기. 올려쌓기. 퇴적(堆積). 산적(山積).
acervar *v.t.* 쌓아올리다. 올려쌓다. 산적하다.
acervejado *a.* ①맥주 빛깔을 띤. ②맥주 맛이 나는.
acervo *m.* ①산적(山積). 퇴적；큰무지. 높은 더미. ②많음. 다량(多量).
aceso *a.* (*acender*의 불규칙 과거분사) ①불붙어 있는. 불달려 있는. 점화되어 있는. (전등 따위) 켜 있는. 꺼지지 않은. ②야기(惹起)된. 열띤. 흥분된. 열렬한.
acessão *f.* ①가까와 옴. 접근. ②도래(到來). 도달. ②위로 오르기. 상승(上昇). ③즉위(即位). ④(권리의) 취득. ⑤증가(增加). 증대；증가물. ⑥동의(同意). 승낙.
acessão ao trono 즉위. 왕위에 오르기.
acessibilidade *f.* 가까이 (접근)하기 쉬움. 접근할 수 있음.
acessível *a.* ①가까이 (접근)하기 쉬운. ②대하기 쉬운. 온순한. 온량(溫良)한. ③입수(入手)할 수 있는. 취득 가능한.
acesso *m.* ①접근. 가까옴. ②승진(昇進)진급. ③침입(侵入). ④통행. ⑤[醫] 발작(發作).
acessoriamente *adv.* 부속(附屬)하여. 부대(附帶)하여. 부차적으로.
acessório *a.* ①부속(附屬)의. 종속의；부대(附帶)의. 부차적. ②종범(從犯)의.
— *m.* ①부속물. 부대물. ②(부인들의) 장신구. ③종범(從犯).
acetabuliforme *a.* (밑에 쥐는 꼭지가 달린) 술잔 모양의. 배상(杯狀·盃狀)의.
acetábulo *m.* [動] 빨판. [解] 비구(髀臼).
acetado *m.* [化] 초산염(醋酸鹽).
acetar *v.t.* 시게 하다. 신맛을 띠게 하다.
acetario *m.* [化] 초산 기제(基劑).
acetato *m.* [化] 초산염.
acético *a.* 초(醋)의. 초질의.
ácido acético 초산.
acetificação *f.* 초로 만듦. 초화(醋化).

acetificar *v.t.* 초로 만들다. 초화하다. 시 게 하다.

acetilene, acetileno *m.* 아세틸렌 (냄새없 고 빛깔이 없는 기체; 등화(燈火)·용접 용).

acetilo *m.* 아세틸(CH₃CO).

acetinado *a.* 수자(繻子) 같은. 수자제의.

acetinar *v.t.* 수자처럼 만들다; 연하게 하다.

aceto *m.* 초(醋); 초산염(鹽).

acetol *m.* [化] 순초(純醋).

acetómetro *m.* 초산비중계(醋酸比重計).

acetona *f.* 아세톤.

acetoso *a.* 초의. 초같은; 신.

acevadado *a.* 보리를 항시 먹는. 보리를 상식(常食)하는.

acevadar *v.t.* 항상 보리를 먹다. 보리를 상식하다.

acevar *v.t.* 실컷 먹이다. 살찌게 하다; 만족시키다.

acha *f.* 나뭇조각; (불때는) 장작. 화목.

achacadamente *adv.* 병약(허약)하게.

achacadiço *a.* 병약한. 허약한.

achacado *a.* 건강을 해치고 있는. 몸에 탈이 생긴. 병적 상태에 있는.

achacar *v.t.* 불쾌한 감을 주다. 기분 상하게 하다.
— *v.i.* 건강을 해치다. 병들다.

achacoso *a.* 체질이 허약한. 병들기 쉬운. 건강이 좋지 않은.

achada *f.* 찾아냄. 발견; 찾은 것.

achadiço *a.* 찾기(발견하기) 쉬운.

achado *a.* 찾은. 발견된. 발견한. 적발한.
— *m.* 찾은 것. 발견된 물건.

achador *m.* 찾는 사람. 발견자; 적발자.

achadouro *m.* 찾은 곳. 발견된 장소.

achamboado *a.* ①서투른. 솜씨 없는. 졸렬한. ②거칠은. 조잡한.

achambroar *v.t.* ①서투르게 하다. 조잡(졸렬)하게 하다. ②거칠게(난잡하게) 일하다. ③(성격이) 사나와지게 하다. 난폭하게 하다.

achamento *m.* 찾기. 찾음. 발견.

achanadamente *adv.* 수평되게. 평평하게. 평탄하게.

achanado *a.* 수평이 된. 평평한. 평탄한. 높고 낮은 것이 없는. 고른. 수평의.

achanar *v.t.* 수평이 되게 하다. 평평하게 하다. 평탄하게 하다. 고르게 하다.
—se *v.pr.* ①수평이 되다. 평평해지다. 평탄해지다. ②겨누다. 겨냥하다. 조준하다.

achinia *f.* (남미산) 당아욱과의 식물.

achaparrado *a.* (몸집이) 작달막하고 통통한. 키가 작고 뚱뚱한.
homem achaparrado 땅딸보.

achaparrar *v.i.* 키는 크지 않고 몸통만 커지다. 땅딸보가 되다.

achaque *m.* ①본래부터 있는 병. 고질병(痼疾病). ②(고칠 수 없는) 나쁜 버릇. ③불쾌. 불평. ④구실(口實). 핑계.

achar *v.t.* ①찾다. 발견하다. ②(…라고) 느끼다. 감각하다. ③(라고) 생각하다. ④ 알다. 알아내다. 판단하다.
achar erros 흠을(잘못·오류를) 찾다.
Eu acho que sim. 나는 그렇다고 느낀다.
Eu acho que não. 나는 그렇지 않다고 믿는다.
Acho que êle tem razão. 나는 그분이 옳다고 믿는다.
Que acha do livro? 그 책은 어떻습니까?
Que tal achas o peixe? 그 물고기 맛은 어떻습니까?
Você acha? 그렇다고 생각합니까? 자네는 그렇게 보는가?
Acho isso bom. 그것이 좋다고 판단합니다.
—se *v.pr.* ①있다. ②스스로 느끼다. 알아채다. ③(…의) 기분이 있다.
Como se acha você? 몸(기분)이 어떻습니까?
achar-se bem 건강하게 있다. 건재하다.
achar-se mal 건강하지 못하다. 기분이 좋지 않다. 불만이 있다.

acharoado *a.* 니스 칠한. 래크 칠(漆)한. (옻)칠을 한.

acharoar *v.t.* 니스 칠하다. 래크 칠하다. (옻)칠하다.

achatadela *f.* =*achatadura*.

achatado *a.* 납작한. 편평(扁平)한. 평평한.

achatadura *f. achatamento*.
— *m.* 납작하게 함. 편평하게 함. 평평하게 하기.

achatar *v.t.* ①(눌러) 납작하게 하다. 편평(扁平)하게 하다. 평평하게 하다. ②내리누르다. 찌프러뜨리다. 굴복시키다.

achavascado *a.* 서투르게 만든. 솜씨 없는. 졸렬한. 조잡한.

achavascar *v.t.* 거칠게 깎아내다. 조잡하

ache *m.* ①가벼운 상처. 미상(微傷). ②《小兒》아픔.

achêga *f.* ①추가(追加). 보조(補助). ②《俗》임시 수입(수당).

achegadamente *adv.* 접근하여. 맞닿아. 밀접히.

achegado *a.* ①아주 가까운. 밀접한. 맞닿은. ②이웃의. 인근의.
— *m.* ①밀접한 사이. 이웃 사람. 친구. ②친척. ③당인(黨人).
parente achegado 가까운 친척. 근친.

achegamento *m.* ①가까이 하기. 맞닿기. 접근. ②밀접. ③가까움.

achegar *v.i., v.t.* 가까이 하다. 접근하다(시키다).
—*se v.pr.* (+ *de* 또는 *para*). …을 가까이 하다. …에 접근하다. …에 맞닿다.

achicar *v.t.* 배(특히 선내(船內)에) 고인 물을 퍼내다. 배수(排水)하다.

achinado *a.* 중국식인. 중국식으로 된. 중국화(中國化)한.

achinar *v.t.* 중국식으로 하다. 중국화하다.

achincalhação *f.* =*achincalhamento*.
— *m.* ①놀려대기. 우롱(愚弄). 조롱. ②창피주기. 망신시키기. ③업신여기기. 괄시. 천대.

achincalhador *m.* ①놀려대는 사람. 조롱하는 자. ②창피를 주는 사람. ③업신여기는 사람. 괄시하는 자.

achincalhar *v.t.* ①놀려대다. 우롱(조롱·조소)하다. ②창피를 주다. 망신시키다. ③업신여기다. 괄시하다. 천대하다.

achincalhe, achincalho *m.* =*achincalhacão*.

acianto *m.* [植] 난과(蘭科)의 식물.

acicatar *v.t.* ①박차(拍車)를 넣다. ②심한 자극을 주다.

acicate *m.* ①박차의 일종. ②심한 자극. 격려. ③권유. 유인. 유도(誘導).
— *a.* ①박차의. ②자극적인. (의욕을) 북돋는.

aciculado *a.* 바늘 모양의. [植] 침상(針狀)의.

acidação *f.* 시게하기. 신맛을 띠움.

acidade *f.* =*acidez*.

acidante *a.* 시게 하는. 신맛을 띠우는. 시큼시큼해지는.

acidar *v.t.* 시게 하다. 신맛나게 하다.

acidável *a.* 시게할 수 있는. 시기 쉬운.

acidentado *a.* ①높고 낮은 것이 많은. 고저기복(高低起伏)이 심한. 울퉁불퉁한. ②사고가 많은. 우성(偶性)의. ③[文] 변화 많은. 불규칙적인.
vida acidentada 파란 많은 생애.
— *m.* 변화.

acidental *a.* ①우연한. 우연히 일어난. 우발적인. ②뜻밖의. 의외의. ③부차적(副次的)인. ④(사건 따위의) 과실(過失)의. 유고(有故)의. ⑤[樂] 임시부(臨時符)의.

acidentalmente *adv.* 우연히. 뜻밖에. 돌발적으로. 우발적으로. 과실하여.

acidentar *v.t.* ①(땅을) 울퉁불퉁하게 하다. 고저가 심하게 하다. ②변화를 일으키게 하다. 변조(變調)되게 하다. ③사고가 생기게 하다. 우발케 하다.
—*se v.pr.* ①울퉁불퉁해지다. 고저 기복이 생기다. ②불규칙적이 되다. 변화가 일어나다. 변조하다. ③우발하다. 사고가 발생하다. 유고(有故)하다.

acidentável *a.* 우발성이 있는. 사고 발생이 가능한. 위험성이 있는. 변화가 일어나기 쉬운.

acidente *m.* ①우연히 발생한 일(사건). 돌발사. ②춘사(椿事). 기변(奇變). 기화(奇禍). 교통사고. ③(병의) 우발(偶發). 돌발. 발작(發作). ④(토지의) 고저기복(高低起伏). 울퉁불퉁함.

acidez *f.* 심. 신맛(酸味). 고산(苦酸). 산성(酸性). 산도(酸度).

acídia *f.* 지루한 것. 권태. 심신(心身)의 쇠약.

acidífero *a.* 신맛이 있는. 신맛을 띤. 산미를 포함한. 신맛나게 하는. 산성의.

acidificação *f.* 시게 함. 산화(酸化).

acidificante *a.* 시게 하는. 산화하는.

acidificar *v.t.* 시게 하다. 산화하다.
—*se v.pr.* 시어지다. 신맛 띠다. 산화하다.

acidificável *a.* 시게할 수 있는. 산화 가능한.

acidimetria *f.* 산정량법(酸定量法).

acidímetro *m.* 산정량기(酸定量器).

acidioso *a.* ①신. 시큼시큼한. ②권태스러운. ③심신이 허약한.

ácido *a.* ①신. 시큼시큼한. 신맛 나는. ②산의. 산성의.
— *m.* 심. 신 것. [化] 산(酸). 산기(酸基).

ácido sulfrico 황산(黃酸).
ácido carbonico 탄산(炭酸).
ácido nitrico 초산(硝酸).
ácido volatil 휘발산.
ácido organico 유기산(有機酸).
acidose *f.* 산중독.
acidrado *a.* [植] 시퍼런 색깔의. 불수감(佛手柑) 빛을 띤.
acidulado *a.* 신맛을 띤.
acidular *v.t.* 신맛 나게 하다. 신맛 띠게 하다.
acidulante *a.* 신맛이 약간 있는. 미산성(微酸性)의.
acídulo *a.* 신맛이 약간 있는. 약간 신.
acima *adv.* …위에. 상부에. 위쪽에.
  acima do solo 지면(地面) 위에.
  — *a.* 위의. 위에 말한. 상술(上述)한.
acimar *v.t., v.i.* ①꼭대기(정상)에 도달하다. ②끝내다.
acinaciforme *a.* [植] (잎이) 칼날같은. 도상(刀狀)의.
acinesia *f.* ①마비(痲痺). ②부동(不動); 정체(停滯).
acino *m.* [植] 포도의 일종.
acinte *m.* 심술. 악의. 해심(害心). 독심(毒心).
  por acinte 화풀이로.
  — *adv.* 고의(故意)로. 일부러.
acintemente *adv.* 고의로. 악의를 품고. 심술궂게.
acintosamente *adv.* 악의를 품고. 심보 나쁘게.
acintoso *a.* 악의 있는(품은). 해심 있는. 심보 나쁜.
acinzado *a.* 잿빛을 띤. 회색이 된.
acinzelar *v.t.* 잿빛을 띠게 하다. 회색이 되게 하다.
acinzentado *a.* 잿빛이 된. 회색이 된.
acinzentar *v.t.* 회색으로 하다. 잿빛으로 하다.
acionado *m.* 몸짓. 손짓.
  — *a.* 몸짓한. 손짓한. 몸(손)을 흔든.
acionador *m.* 몸짓(손짓)하는 사람.
acional *a.* ação의. ação에 관한.
acionar (1) *v.t.* ①활동하다. 행동하다; 작위(作爲)하다. 작용하다. ②일하다. ③소송(訴訟)하다.
  — (2) *v.t., v.i.* ①몸짓(손짓)하다. 몸(손)을 흔들다. ②몸짓(손짓)으로 흉내내다.
acionário *m.* =*acionista*.
acionista *m., f.* 주주(株主).
acipitário *m.* 맹금(猛禽)을 잡는 일종의 덫.
acipitres *m.(pl.)* 매류(鷹類).
acipitrino *a.* 맹조(猛鳥)의. 맹금의(에 관한).
acirandar *v.t.* [農] (낟알·겨 등을) 바람을 일으켜 가리다. 까부르다. 키질하다. 체로 치다.
acirrado *a.* 자극 받은. 자극 준. 흥분한.
acirrante *a.* 자극하는. 자극성의.
acirrar *v.t.* ①자극하다. 자극 주다. 흥분케 하다. ②고취하다. 선동하다.
acitrinado *a.* [植] 시트런 색깔의. 레몬의. 레몬색을 띤.
aclamação *f.* ①갈채. 환호. ②(선거·결의 등에 있어서 투표함이 없이 동의(同意)의 뜻을 표시하는) 찬성 표시. ③갈채하여 칭찬하기. 환호로 맞이하기.
  por aclaação 구두호천(구두공천(口頭公薦))으로. (표결없이) 만장일치하여.
aclamador *a.* 갈채하는. 환호하는.
  — *m.* 환호하는 사람. 갈채자.
aclamar *v.t., v.i.* ①갈채하다. 환호하다 (기쁨의) 환성을 올리다. ②열렬히 찬동하다; 환영하여 맞이하다.
aclaração *f.* =*aclaramento*.
  — *m.* 밝게하기. 청명(淸明)케 하기. 명백하게 하기. 투명(透明)되게 하기.
aclarar *v.t.* ①밝게 하다. 환하게 하다. ②맑게 하다. 청명하게 하다. ③명백하게 하다. 명료하게 하다.
  — *v.i.* ①(어두웠던 것이) 밝아지다. 환해지다. ②(하늘·공기·물 따위가) 맑아지다. 청명해지다.
aclavado *a.* 석죽(石竹) 비슷한. 카네이션 같은.
aclorizar-se *v.pr.* 성직자(聖職者)가 되다. 목사가 되다.
aclimação *f.* 풍토화(風土化)(동물·식물·조류 등이 새로운 풍토에 젖는 것). 풍토순화(馴化).
aclimamento *m.* 새로운 환경에 순응하기. 풍토순화.
aclimar *v.t.* (동·식물을) 새로운 풍토에 길들이다(순응시키다).
  —*se v.pr.* 새로운 풍토에 길들다(순응하다·젖다).

aclimatação *f*. =*aclimação*.
aclimatar *v.t*. =*aclimar*.
aclive *m*. 급한 경사. 험한 비탈. 가파른 사면(斜面).
— *a*. (경사가) 가파른. (오르내리기에) 급한.
acmástica *a*., *f*. 같은 정도로 증진(增進) 또는 감퇴하는 병열(病熱).
acme *m*. ①절정(絶頂). 정점. 극치 극도. 전성기. ②(병의) 고비. 위기.
periodo de acme 병의 고비. 병세의 극기(極期).
acne *f*. 여드름. 뾰루지. [醫] 좌창(痤瘡).
acne caparrosa 여드름. 뾰루지.
acne mentagra 수진(鬚疹).
acnite *f*. [醫] 피하좌(皮下座).
aço *m*. ①강철. ②강철로 만든 무기(칼·창 따위). ③강인(强靭). ④굳센 힘.
aço de mola 강철로 만든 용수철.
aço fundido 주강(鑄鋼).
aço macio 연강(軟鋼).
aço temperado 경화(硬化) 강철.
homem de aço 강의(剛毅)한 사나이.
musculos de aço 괴력(怪力).
acobardadamente *adv*. 겁을 먹고. 비겁하게.
acobardado *a*. 겁을 먹은. 무서워하는. 비겁한.
acobardamento *m*. 겁. 비겁. 소심(小心). 겁심(怯心).
acobardar *v.t*. 겁을 먹게 하다. 무섭게 하다.
—*se v.pr*. 겁을 먹다. 겁에 질리다. 비겁해지다.
acobertado *a*. ①씌운. 덮어씌운. 피복(被覆)된. 감춘. ②보호된. ③(옷을) 잘 입은.
acobertar *v.t*. ①씌우다. 덮어씌우다. 덮다. ②감추다. ③덮어 보호하다.
—*se v.pr*. ①(옷을) 잘 입다. 잘 가리다. ②(…인처럼) 차리다. (…인) 체하다.
acobreação *f*. 구릿빛(銅色)으로 만들기. 구리 비슷하게 하기.
acobreado *a*. 구릿빛의. 구릿빛을 띤. 구리 같은.
acobrear *v.t* 구릿빛으로 만들다. 구리처럼 만들다.
acochar-se *v.pr*. 꾸부리다. 웅크리다. 오그라지다.
acocoração *f*. 꾸부리기. 웅크리기.
acocoradamente *adv*. 꾸부리고. 웅크리고.

acocorado *a*. 꾸부린. 웅크린. 웅크리고 앉은.
acocoramento *m*. =*acocoração*.
acocorar *v.t*. 웅크리게 하다.
—*se v.pr*. 꾸부리다. 웅크리다. 웅크리고 앉다.
açodadamente *adv*. 바삐. 황급히.
açodado *a*. 급한. 황급한. 바삐 서두르는. 안달하는.
açodamento *m*. 바삐 서두르기. 황급(遑急). 창황(倉皇).
açodar *v.t*., *v.i*. 바삐 서두르게 하다(서두르다). 볶아대다. 급하게 하다. 황급하다. 창황하다.
—*se v.pr*. 몹시 서두르다. 허둥지둥하다.
açôfar *m*. 놋쇠. 황동(黃銅).《古》주석판.
açofeira *f*. [植] 대추속(屬).
acofiar *v.t*. 수염을 쓰다듬다. 수염을(아래로) 어루만져 훑다.
acognosia *f*. 치료법(治療法). 치료학.
acoguladamente *adv*. ①너무 많이 얹어놓고. 너무 많이 실고. ②(저울에) 넘쳐나게.
acogulado *a*. ①너무 많이 얹어놓은. 지나치게 실은. ②(저울에) 넘쳐나는. 지나치게 다룬.
acogular *v.t*. ①너무 많이 얹어놓다. 지나치게 올려놓다. 과도로 싣다. ②(저울에) 넘쳐나게 하다. 넘쳐나게 달다.
acoimador *m*. ①벌하는 사람. 처벌자. ②몹시 야단치는 사람. 혹평자.
acoimamento *m*. ①벌하기. 처벌. ②몹시 책망하기. 질책 ; 혹평.
acoimar *v.t*. ①벌하다. 벌주다. 처벌하다. ②몹시 책망하다. 심히 꾸짓다. 질책하다. 혹평하다. ③(죄·과오 따위를) 돌리다. 떠밀다.
—*se v.pr*. 자책(自責)하다.
açoitadiço *a*. 늘(번번히) 매맞는. 채찍질 당하는.
açoitador *m*. 감추는(감춰 주는) (사람). 피난처를 제공하는 (사람). 은닉자(隱匿者). 비호자(庇護者).
açoitador *a*., *m*. 매로 때리는 (사람). 채찍질하는 (사람).
açoitadura *f*. 매질. 채찍질. 편달(鞭撻).
acoitamento *m*. 감추기. 은닉. 비호(庇護).
açoitamento *m*. 매질. 채찍질. 편달.
acoitar *v.t*. 감추다. 감춰 주다. 숨겨 주다. 피난처를 제공하다. 비호하다.

—se v.pr. 숨다. 피신하다.
açoitar v.t. ①(매로) 때리다. 매질하다. 채찍질하다. 《古》태형(笞刑)을 가하다. ②학대하다. 괴롭히다.
açoite m. ①(때리는) 매. (가죽으로 만든) 채찍. 회초리. ②매질. 채찍질. 편달. ③(어린 아이의) 볼기를 손바닥으로 치기.
acoito m. ①숨겨 주기. 감춰 주기. 은닉(隱匿). ②숨는 곳. 은신처. 피난처.
acolá adv. 저기. 저쪽. 저쪽에.
acolá adiante 멀리 저쪽. 저 건너편에.
acolehetado a. ①자물쇠로 잠근. 고리를 건. ②혹(혹 단추)으로 잠근.
acolchetar v.t. ①자물쇠로 잠그다. 고리를 걸다. 갈고리를 끼다. ②혹(혹 단추)으로 잠그다.
acolchoadeiro m. (이불·요 따위에) 속을 넣는 사람.
acolchoado a. (이불·요·방석 따위의) 속을 넣은. 속을 채운.
acolchoamento m. 솜·보드러운 털. 깃털 따위를 (이불·요·방석 등에) 채워넣기.
acolchoar v.t. (이불·요 따위에) 솜·보드러운 털·깃털 등을 채워넣다 ; 속을 넣다. 충전(充塡)하다.
acolhedor a., m. (손님을) 숙박시키는 (사람). 접대하는 (사람).
acolheitar v.t. 추수(秋收)하다. 수확하다.
acolher v.t. ①(손님을) 맞이하다. 맞아들이다 ; 영접하다. 환영하다. ②(손님을) 숙박시키다. 피난(유숙)처를 제공하다. 침식의 편의를 도모하다. 숨겨 주다. ④승낙하다.
—se v.pr. …에 의지하다. …에 피난하다. 기류(寄留)하다.
acolhida f. =acolhimento.
acolhimento m. ①(손님을) 맞이하기. 맞아들이기. 영접. ②접대. ③유숙시키기. 피난처를 제공하기. 침식의 편의를 도모하기. ④숨겨주기. ⑤피난처. ⑥받아들이기. 수락(受諾). 수리(受理) ; 승낙.
acolhimento cordial 따뜻이 맞이하기. 충심의 접대.
ter bom acolhimento 관대(寬待)를 받다.
acolitado a. ①동반(同伴)한. 수행한. ②참가한. 참여한.
acolitar v.t. ①동반하다. 수행하다. ②참가하다. 참여하다. ③[가톨릭] 시승(侍僧)의 역할을 하다. 보제자(輔祭者)의 일을 보다.
acólito m. ①[가톨릭] 시승(侍僧). 보제자. ②보좌(輔佐). 시종인(侍從人). ③[天] 배성(陪星).
acometedar a. ①(죄를) 범하는. 저지르는. ②(법에 어긋나는 일을) 감행하는. 단행하는 ; 기도(企圖)하는. ③습격하는. 공격하는. 침략하는.
— m. ①(잘못을) 저지르는 자. 위반자 ; 범법자. ②기도자(企圖者). 감행자. ③공격자. 침략자. ④강요자(强要者).
acometer v.t. ①(죄 따위를) 저지르다. 범하다. ②(법에 어긋나는 일을) 감행하다 ; (위험한 짓을) 기도하다. 단행하다. ③달려들다. 습격하다. 공격하다.
acometer alguem …에게 강요(强要)하다.
acometida f. =acometimento.
— m. ①(모험적인 일·위험한 짓 등을) 기도하기. 감행하기. ②(죄·잘못 따위를) 저지르기. 범하기. ③공격. 습격. ④강요.
acometível a. ①(잘못·죄 등을) 저지르기 쉬운. 범할 수 있는. ②공격(습격)할 수 있는.
acomia f. 머리털이 없음. 벗어짐 ; 대머리.
acomodação f. ①편리. 편의(便宜). ②(살기에) 아담함. 편함. ③(한 건물 내의 여러) 방. 실(室). ④(유용한) 설비. ⑤선실(船室). ⑥숙박. ⑦취직자리. 일터.
acomodadamente adv. 편리하게 ; 편하게. (사람이 살기에) 편의하게. 적당하게. 적절하게.
acomodadiço a. =acomodatício.
acomodado a. ①편리한. 편의한. ②(살기에) 아담한. 편한. 적당한. 적절한. ③…에 적응한. ④마음에 맞는. 쓸모 있는.
acomodamento m. =acomodação ①조정(調整). ②해결. 협약. ③(순조로운) 진척.
acomodar v.t. ①(쓰기에) 편하게 하다. 편리하게 하다 ; (살기에) 편리하게 하다. 아담하게 하다. 쓸모 있게 하다. ②(편리하게) 설비하다. 잘 꾸미다. ③(…에) 적응시키다. 적절하게 하다. ④(직업을) 구해 주다. (일자리를) 마련해 주다. ⑤(숙박처를) 제공하다. 유숙시키다. ⑥(분쟁을) 화해시키다. 조정하다.
—se v.pr. ①(어떤 자리·장소에) 정착하다. 편히 머무르다. ②숙박하다. ③(…

acomodatício *a.* ①(거주하기에) 아담한. 아담하게 할 수 있는. (생활상) 편리한. 편의한. 편의를 도모하기 위한. ②융통(변통)성이 있는. ③적응하기 쉬운. 적절하게 할 수 있는. ④조화(調和)되기 쉬운. 조정하기 쉬운. 조정하기 위한.

acomodável *a.* ①(살림에) 적당한. 편의한. 편의를 도모할 만한. ②숙박시킬 수있는. 거주하게 할 수 있는. 수용력이 있는. 적응하기 쉬운. 조화되기 쉬운.

acompadrar *v.t.* 사이좋게 하다. 친목되게 하다. 친교(親交) 있게 하다.
　—se *v.pr.* 사이가 좋아지다(좋게 지내다). 친해지다. 친밀해지다. 친교를 맺다.

acompanhadeira *f.* 여자 동반자. 여자 수행원(隨行員).

acompanhador *m.* 동반자. 반려자(伴侶者). (남자) 수행원.

acompanhamento *m.* ①동반. 동행 수행. ②참열(參列). ③회장(會葬). ④[樂] 반주(伴奏). ⑤부가물(附加物) ; 따라다니는 것.

acompanhante *a.* ①동반하는. 수행(隨行)하는. 동행하는. ②(장례식 등에) 참렬하는. 회장하는.

acompanhar *v.t.* ①…에 따르다. 따라가다. 동반하다. 수행하다. 동행하다.
　— *v.i.* ①(…와) 함께 가다. 동반하다. ②벗이 되다. ③연루자가 되다. ④부합하다. 맞추다.
　acompanhar ao piano um cantor 가수가 피아노에 맞춰 노래부르다.
　—se *v.pr.* ①(+ *de*) …을 따르다. 동반하다. ②[樂] (반주에) 맞추다.

acompridar *v.t.* (더) 길게 하다. 늘이다. 연장하다.

aconchegado *a.* 아주 가까운. 접근한. 밀접한.

aconchegar *v.t.* (=*conchegar*). ①가까이하다. 접근시키다. ②(벽·의자 따위에) 기대다. 기대어 놓다. ③편하게 하다. 잘 쉬게 하다. ④(옷을) 입히다.
　—se *v.pr.* ①(벽·의자 따위에) 기대다. 기대어대다. ②편히 하다. 편히 쉬다. 안식(安息)하다. ③서로 의지하다.

aconchego *m.* ①가까이함. 접근. ②기대어 댐. 기대어 놓기. ③편안. 안락. 기분이 좋음. ④아담함. 환경이 좋음.

acondicionação *f.* ①처치(處置). 처분. ②(짐) 꾸리기. 포장. ③보존.

acondicionado *a.* ①처치한. 처분한. ②(…의) 상태에 있는. (…의) 성격이 있는. ③(짐 따위) 잘 꾸린. 포장한. ④보존된.
　bem acondicionado ①사근사근한. 정다운. ②(짐을) 잘 포장한. 보기 좋게 꾸린.
　mal acondicionado ①기분이 좋지 않은. 기분 상한. ②잘 포장되지 못한. 어수선하게 꾸린.

acondicionamento *m.* =*acondicionação*.

acondicionar *v.t.* ①(잘) 처리하다. 처치하다. ②(짐 따위를) 싸다. 꾸리다. 포장하다. ③보존하다.

aconitato *m.* [化] 아코니틴산염(酸鹽).

aconítico *a.* ①[化] 아코니틴산의. ②초오에서 뽑아낸.

aconitina *f.* [樂] 아코니틴(초오에서 뽑아낸 유독질).

acônito *m.* [植] 초오(草烏). 바곳. 초오의 독(毒)(통제).

aconselhadamente *adv.* ①충고에 따라. 권고에 의하여. ②신중히 고려하여.

aconselhador *m.* 충고자. 권고자. 조언자(助言者). 타이르는 사람.

aconselhar *v.t.* ①충고하다. 권고하다. ②타이르다. ③[政] 간언(諫言)하다.
　—se *v.pr.* ①충고 받다. 권고 받다 ; 충고에 따르다. ②고려하다. 반성하다.

aconselhável *a.* 충고할 수 있는(해야 할) 타이를 만한. 간언할 수 있는.

acontecedor *a.* 자주 일어나는. 빈번히 발생하는. 빈발(頻發)하는.

acontecer *v.i.* (고장·사고. 사건 따위가) 일어나다. 발생하다. 우발(偶發)적으로 일어나다. 생기다. 일다. 야기(惹起)되다.
　aconteça o que acontecer 어떤 일이 있더라도 (꼭).
　isso não voltará acontecer 다시는 이런 일이 없을 것입니다. (앞으로) 이런 일은 다시 없도록 하겠습니다.

acontecido *a.* (사고·사건 따위) 일어난 발생한. 야기된. 생긴.
　— *m.* 일어난 일. 발생사. (돌발)사건.

acontecimento *m.* 사건. 사변. 돌발사.
　acontecimentos (*pl.*) 결과. 결말.
　por acontecimento 우연히.

acôntias *m.*(*pl.*) [動] 뱀의 일종.

açor *m.* [鳥] 매의 일종.

açorado *a.* ①열망한. 갈망한. 열망하는.

②욕심 많음.
açoramento *m* 열망. 갈망(渴望).
açorar *v.t.* ①열망하다. 갈망하다. ②욕심부리다.
acorcundado *a.* 고양이등(猫背) 같은. 새우등 같은; 곱사등의.
açorda *f.* ①(식초・마늘・계란・설탕 등으로 만든) 일종의 수프. ②빵죽.
acordadamente *adv.* 일치하여. 합의하여. 합동하여.
acordado *a.* 일치하는. 일치된. 조화(調和)된. 협화하는. 화협(和協)하는. 화합(和合)하는.
acordamento *m.* ①일치(一致). 화합(和合). 상합(相合). ②잠을 깨기. 각성.
acordança *f.* 일치. 화합. 평화. 화협(和協). 조화(調和).
acordante *a.* 일치하는. 화합하는. 상합하는. 조화되는. 협화하는.
acórdão *m.* ①(法) (연합재판소. 합동재판소의) 판결. ②선언. 언도.
acordar (1) *v.t.* ①(잠을) 깨우다. 깨게 하다; 각성시키다. ②생각나게 하다. 환기시키다.
— *v.i.*, —*se v.pr.* 잠을 깨다. 각성하다.
— (2) *v.t.* 일치하게 하다. 화합(和合)하게 하다. 협화하게 하나.
— *v.i.*, —*se v.pr.* ①일치하다. 화합하다. 상합(相合)하다. 의견이 서로 맞다. ②동의하다. 합의보다.
acorde *a.* 일치하는. 동의하는. 합의하는. 조화되는.
— *m.* [樂] 일치. 조화(調和).
acordeão *m.* 손풍금. 아코디언.
acordemente *adv.* 일치하여. 조화하여.
acordina *f.* [樂] 메트로놈.
acordo *m.* ①동의. 찬성. ②협약. 협정. ③일치. 화합(和合); 화협(和協). ④조화(調和). ⑤사려(思慮).
de acôrdo (…에) 동의하여. 합의하여. 합의상. (…에) 순응하여. 틀림없이. 그대로.
de acôrdo com …에 의하여. …에 준(準)하여. 점에 따라(그대로).
de comum acôrdo 만장일치로. 이의 없이.
chegar a acôrdo 합의점(合意點)에 도달하다. 타협되다.
acordoar *v.t.* (돛에) 밧줄을 팽팽하게 느리

다(치다). (악기의) 줄을 팽팽하게 하다. 긴장되게 하다.
açoreiro *m.* 매(鷹)를 기르는 사람.
acores *m.(pl.)* [醫] 두창(頭瘡).
acóres *m.(pl.)* 선외(船外)에 돌출한 방재(防材).

acori *m.* 푸른 산호. 청산호주(青珊瑚珠).
acoria (1) *f.* [醫] 동공결제(瞳孔缺除).
— (2) *f.* ①허기(虛飢). ②병적 식욕. 허기증(虛飢症).
acormoseo *a.* [植] 뿌리 부분으로부터 잎사귀 또는 꽃이 돋는.
acornar *v.t.* 뿔 모양(角形)으로 만들다.
acoro *m.* [植] 창포의 일종. 《英》*sweet-flag*.
acoroçoadamente *adv.* 용기를 얻고. 고무되어.
acoroçoado *a.* 용기를 얻은. 고무된. 격려된.
acoroçoamento *m.* 용기를 돋구기. 고무. 격려. 장려.
acoroçoar *v.t.* ①기운을 돋우어 주다. 고무하다. 격려(激勵)하다. 장려하다. 조장하다. ②(발달 과정・진행 상태 등을) 촉진하다.
acorrentamento *m.* 쇠사슬로 연결하기.
acorrentar *v.t.* 쇠사슬로 연결하다(동여 매다).
acorredor *a.*, *m.* 구조하러 가는 (사람). 긴급구원자.
acorrer *v.i.* 구조하러 가다. 구원하다.
—*se v.pr.* ①(구원받으려고) 매달리다. 의지하다. ②피난하다.
acorrimento *m.* 《古》구조(救助). 구원.
acorro *m.* 긴급 구조. 화급한 원조. 구원.
acortinar *v.t.* 커튼을 달다(치다).
acoruchado *a.* 뾰족탑(尖塔) 모양의. 피라밋형(形)의.
acossadamente *adv.* ①추궁하여. 추구(追求)하여. ②추적(追跡)하여.
acossado *a.* ①추궁한. 추구하;추적한. ②박해당한. 애먹는.
acossador *m.* 추궁(추구)하는 사람. 추적자.
acossamento *m.* ①추궁. 추구. 추적(追跡). ②괴롭히기. 애먹이기. 박해.
acossar *v.t.* ①추궁하다. 추구하다;추적하다. ②괴롭히다. 애먹이다;박대하다.
acostar *v.t.*, *v.i.* ①기대다. 기대어 서다. 기대게 하다. 의지하다. 기울다. 기울어지게 하다. ②접촉하다(시키다). ③(배를)

부두에 대다.
—se *v.pr.* ①…에 자기 몸을 기대다. 기대어 대다. 의지하다. ②…에 접촉하다. 닿다. (배가) 부두에 닿다. 착안(着岸)하다.

acostável *a.* ①기댈 수 있는. 기댈만한. ②(배를 부두에) 댈 수 있는. 착안 가능한.

acostumadamente *adv.* 습관적으로. 늘 하던대로.

acostumado *a.* …에 습관된. …에 익숙된. 버릇된. 상습의. 상례의.

acostumar *v.t.* (…에) 습관되게 하다. (…에) 익숙되게 하다. 버릇이 되게 하다.
—se *v.pr.* (+*a*, +동사의 부정법) …하는 버릇이 있다. 습관이 있다. …에 익숙되다.
acostumar-se a coçar a cabeça 머리를 긁는 버릇이 있다.

acotovelado *a.* 팔굽 모양을 한.

acotovelador *m.* 팔굽으로 떠미는(밀치는) 사람.

acotovelamento *m.* 팔굽으로 떠밀기(밀치기).

acotovelar *v.t.* 팔굽으로 떠밀다(밀치다·쿡 찌르다).

açougagem *f.* 고기(채소)에 대한 세금(稅金).

açougue *m.* ①푸주. 포주(庖廚). ②도살장. 《古》 도살(屠殺).

açougueiro *m.* ①고기장수. 푸주주인. ②백장; 도살자.

açoutador *m.* =*açoitador*.

açoutar *v.t.* =*açoitar*.

açoutar *v.t.* =*açoitar*.

açoute *m.* =*açoite*.

acovardamento *m.* 비겁. 소심(小心).

acovardar *v.t.* 겁을 먹게 하다. 무서움타게 하다. 공포심을 갖게 하다. 비겁하게 하다.
—se *v.pr.* 겁을 먹다. 무서움타다; 비겁해지다.

acrania *f.* 무두골(無頭骨).

acrânio *a.* 무두골의.

acrasia *f.* ①무질서. ②무정부(無政府).

acrata *m.* 무정부주의자(당원).

acrático *a.* ①정부가 없는. 무정부의. ②무정부주의의.

acratismo *m.* 무정부주의.

acravar *v.t.* 큰 못을 박다(찌르다). 큰 못으로 꿰뚫다.

—*v.i.* ①꼽히다. 박히다. ②패어 들어가다. 파들어가다. (속으로) 박혀 들어가다. ③(깊이) 삽입하다.

acre (1) *a.* ①쓴. 잔. 신. 매운. 떫은. 텁텁한. ②호된. 신랄한. 예리한. 맹렬한.
— (2) *m.* 에이커(약 4,046.8m². 약 1,224평)

acreano *a. Acre*(直割地)의.
— *m. Acre* 지방 사람. 아끄레 주민.

acreditado *a.* 믿은. 신임된 ; 믿는. 신용있는.

acreditador *m.* ①믿는 사람. 신용하는 자. ②채권자(債權者). ③[法] 보증인. 담보자.

acreditar *v.i., v.t.* ①(…을) 믿다. 신용하다. 신임하다. ②[商] 대변(貸邊)에 기입하다.
—se *v.pr.* ①…을 믿다. ②신용을 얻다. 신용되다.

acreditável *a.* 믿을 수 있는. 신용할만한.

acre-doce *a.* 달고 매운. 달고 떫은.

acremente *adv.* 맵게. 쓰게. 짜게. 시게. 떫게. 호되게. 가혹하게.

acrescentador *a.* (수량을) 증가하는. 더 보태는. 추가하는 ; 늘이는.
— *m.* 증가하는 자. 추가자.

acrescentamento *m.* 보태기. 첨가. 증가(增加). 증장. 증진(增進).

acrescentar *v.t.* 보태다. 증가시키다. 증장하다. 증진하다. 첨가(첨부)하다. 추가하다.
—se *v.pr.* 증가하다. 추가되다.

acrescento *m.* =*acrescentamento*.

acrescer *v.t., v.i.* ①보태다. 증가하다. 증장하다. ②자라다. 성장하다. ③번식하다.

acrescido *a.* 자란. 증장한. 증가한. 보탠. 추가한.

acrescimento *m.* ①자람. 증대. 등장. ②보태기. 추가.

acréscimo *m.* ①늘기. 증가. 증장. 증대. ②추가. 추가액.

acriançado *a.* 어린애 같은. 소아(小兒)다운. 철부지 같은. 천진난만한.

acriançar-se *v.pr.* 어린애처럼 되다. 어린애 수작을 하다. 어린애 흉내를 내다.

acridez *f.* ①매움. 쏨. 아림. 심. 떫음. ②가열(苛烈). 혹열.

acridia *f.* [蟲] 메뚜기. 방아깨비.

acridiano, acridio *a.* 메뚜기같은. 메뚜기류의.

—s (*pl.*) 황충류(蝗蟲類). 누리.
acrido *a.* 매운. 쓴. 아린. 떫은. 신.
acridofago *m.* 메뚜기를 먹는.
acridotero *m.* 메뚜기를 잡아먹는 새(食蝗鳥).
acriminar *v.t.* =*criminar*.
acrimônia *f.* ①용서 없음. 용서 못함. ②준엄(峻嚴). 가혹. 가열.
acrimonioso *a.* 호된. 혹독한. 엄한. 준엄한. 매서운.
acrisolado *a.* ①정제한. 정련된. 세련된. 정화(淨化)한. ②품이 좋은. 우아한.
acrisolamento *m.* 정제(精製). 정련. 세련. 정화. 순화(醇化).
acro (1) *a.* 호된. 가혹한. 가열한. 신랄한.
— (2) *a.* 깨지기 쉬운. 약한. 취약한.
acrobacia *f.* 밧줄 타는 곡예(曲藝).
acrobata *m.*, *f.* 밧줄 타는 사람. 곡예사.
acrobático *a.* 밧줄 타는. 곡예의. 곡예적.
acrobatismo *m.* 밧줄 타기. 재주넘기. 곡예.
acrólito *m.* (그리스도의) 머리. 손. 발은 돌이고 몸은 나무로 된 상(像).
acromatia *f.* 빛깔이 없음. 무색(無色). 몰색(沒色).
acromático *a.* 빛깔이 없는. 무색의; 빛깔을 없애는. 소색(消色)하는. [光] 색 없는 (색 없앤) 렌즈 따위.
lente acromatico 수색 렌즈.
acromatismo *m.* 무색(無色). 몰색. 몰색성(性).
acromatização *f.* 빛을 없애기. 소색(消色). 몰색.
acromatizar *v.t.* 빛을 없애다. 무색으로하다. 몰색하다. 소색하다.
acromegália *f.* [醫] 머리. 손. 발의 비대증(肥大症).
acrómio *m.* [解] 견봉(肩峰). 견봉 돌기(突起).
acromo *a.* 색없는. 무색의.
acromodermia *f.* 피부의 퇴색(褪色).
acrimotricomia *f.* 모발(毛髮) 퇴색.
acrónico *a.* (별 따위) 해진 뒤에 보이는 (뜨는) ; 초저녁의.
acrópole *f.* 옛 그리스 도시(특히 *Athens*)의 성벽으로 둘러싸인 언덕.
acróstico *a.*, *m.* 이합체(離合體)의 (시) "각 줄 첫글자를 붙이면 말이 되는 시". 글자 수수께끼.
acrotismo *m.* [醫] 맥박결체(脈搏缺滯).
acrotomia *f.* [外科] 끝부분을 베어 버리기. 선단절단(先端切斷).
actínia *f.* [動] 말미잘.
actínico *a.* 화학선(化學線)의. 화학선 작용의.
actínio *m.* [化] 악티늄(일종의 방사성 원소 ; 기호 Ac).
actinismo *m.* 화학선 작용.
açu (1) *a.* 큰. 거대한. 거창한.
— (2) *m.* [動] (아마존 유역산의) 악어의 일종.
acuar *v.i.* ①허리를 낮추다 ; (추위로) 움추리다. 위축(萎縮)하다. ②(두려움으로) 외축(畏縮)하다. ③뒷걸음치다. 후퇴하다.
— *v.t.* 뒤를 따르다. 추적(追跡)하다.
açúcar *m.* ①설탕. ②[化] 당(糖). ③당분(糖分). ④부드러움. 온화.
acucar cristal (알이) 굵은 설탕.
açúcar em tabulete 각사탕.
açúcar refinado 정제당. 흰설탕.
açúcar mascarado 조당(粗糖). 붉은 사탕.
açúcar candi (또는 *cande*) 얼음 사탕.
açúcar em pedaços 덩어리 설탕.
açúcar em pó 가루설탕. 분당(粉糖).
açúcar de leite 유당(乳糖).
engenho de acucar 제당 공장. 사탕수수 압착기.
pão de açúcar 탑당(塔糖).
açucarado *a.* ①설탕을 넣은. 설탕이 는. 당분이 있는. ②온화한. 친절한. 은근한. ③(이야기 따위) 달콤한.
açucarar *v.t.* ①설탕을 넣다(타다·치다). 달게 하다. ②온화하게 하다. 부드럽게 하다.
—*se* *v.pr.* ①달아지다. ②당화(糖化)하다. ③온화해지다.
açucareiro *m.* ①설탕 넣는 그릇. 설탕단지. ②제당자(製糖者). 제당업자.
— *a.* 설탕의. 설탕에 관한. 설탕을 포함한. 당질(糖質)의.
indústrio açucareira 제당공업.
açucena *f.* [植] 흰백합(白百合).
açudada *f.* ①수문(水門). 둑(堰). ②둑(댐)에 가득한 물. (제방 내의) 충만한 물.
açudador *a.* 둑(댐)을 쌓는. 제방을 만드는.
açudarem *f.* =*açudamento*.
— *m.* 둑으로 막기. 댐을 만들기. 방축을 쌓기.
açudar *v.t.* 둑으로 막다. 질러 막다.

açude *m.* ①(강을 막은) 둑. (질러 막은) 댐. 방축. 제방. ②어살. ③수문(水門). 수갑(水閘).

acudidor *a.* 응급의. 응급 구조의. 긴급 구원(救援)의.
— *m.* 응급 구호자. 긴급 원조자.

acudimento *m.* 응급대책. 응급치료. 긴급 구제. 구원(救援). 구조.

acudir *v.i.* ①…에 응급하다. 긴급히 구조(구원)하다. 황급히 도와주다(응하다). ②반박(反駁)하다. 응수(應酬)하다.

acuidade *f.* 날카로움. 예리함.

açulador *m.* ①선동하는 자. ②(개를) 부추기는 사람.

açulamento *m.* ①(개를) 부추기기. ②사주(使嗾). 선동. 격려. ③자극하기. 자극물.

açular *v.t.* ①(개를) 부추기다. ②사주하다. 선동하다. 격려하다. ③자극 주다.

aculeiforme *a.* ①가시의. 가시가 많은. 가시 투성이의. ②가시 같은. 가시 모양을 한. 바늘처럼 생긴. 침상(針狀)의. ③곤란한.

acúleo *m.* ①가시. 형극(荊棘). (가시 같은) 바늘. ②심한 자극.

acume, acumen *m.* ①뾰족한 끝. 첨단(尖端). ②절정. 꼭대기; 극도(極度). ③예민(銳敏). 날카로운 통찰력. 총명.

acuminado *a.* 끝이 뾰족한. 날카로운. 예리한.

acuminar *v.t.* (끝을) 뾰족하게 하다. 예리하게 하다.

acumulação *f.* 축적; 퇴적(堆積). 누적(累積). 퇴적물; 저축; 축재; 복리(複利)에 의한 원금 증가.
acumulação de sangue 울혈(鬱血).

acumulado *a.* 쌓인. 모인. 축적한. 퇴적된.

acumulador *a.* 쌓는. 모으는. 축적하는. 누적하는. 퇴적하는.
— *m.* ①쌓는 사람. 모으는 사람. 축적자. 누적자. ②축전지(蓄電池). 축력기(蓄力器).

acumulamento *m.* =*acumulação*.

acumular *v.t., v.i.* 쌓다. 쌓이다. 모으다. 모이다. (재산을) 축적하다. 저축하다.
—*se v.pr.* 축적되다. 누적(累積)되다.

acumulativamente *adv.* 누적적으로. 누가적(累加的)으로. 일괄하여.

acumulativo *a.* 쌓는. 퇴적하는. 퇴적의. 누적의. 누적적. 누가적.

acumulável *a.* 퇴적의. 누적의; 쌓여질 수 있는. 누적 가능한. 퇴적할 수 있는.

acumulo *m.* =*acumulação*.

actnhar *v.i.* 쐐기를 박다(꽂다).

acupuntura, acupunctura *f.* 침으로 병을 다스리기. 침술(鍼術).

acupunturador, acupunturista *m.* 침장이. 침의(鍼醫).

acuradamente *adv.* ①공들여. 정성스럽게; 정밀하게. 정확하게. ②완전하게.

acurado *a.* ①공들인. 정성을 다한. 정치(精緻)한. 정밀한. 정확한. 적확한; 완전한.

acurar *v.t.* ①공들이다. 공들여 만들다. 정성 있게 하다. ②흠없이 완성하다. ③귀중하게(소중하게) 취급하다. ④정밀하게 하다. 정확하게 하다.

acurtar *v.t.* =*encurtar*.

acurvado *a.* ①굽은. ②(허리가) 굽은. 꾸부러진.

acurvar *v.t.* 구부리다.
— *v.i.*, —*se v.pr.* 구부러지다. 휘다.

acurvilhar *v.i.* (말·낙타 따위가 빨리 걸을 때) 허리를 안쪽으로(내측으로) 구부리다.

acusação *f.* ①비난. 논난. 논힐(論詰). 힐책(詰責); 항의. ②[法] 고발. 고소.

acusado *a.* ①나타내는. 뚜렷한. 현저한. 표시된. ②비난 받은. 지적당한. ③고발된. 고소당한.
— *m.* 피고. 피고인(被告人).

acusador *a.* ①나무라는. 비난하는. 힐난하는. ② 죄를 씌우는. 고소하는.
— *m.* ①고발인. 고소인. 원고(原告). ②비난자.

acusamento *m.* =*acusação*.

acusante *a., m., f.* =*acusador*.

acusar *v.t.* ①나무라다. 비난하다. 힐난하다. ②고소하다. 고발하다. ③(타인에게) 죄를 돌리다.
—*se v.pr.* ①자백(自白)하다. 고백하다. ②보이다. 나타나다.

acusativo *a.* ①고소의. 고발의. ②[文] 대격의.
— *m.* [文] 대격(對格). 목적격.

acusatóriamente *adv.* 고소의 형식으로; 탄핵적(彈劾的)으로.

acusatório *a.* 고소의(에 관한). 탄핵적인.

acusável *a.* ①나무라야 할. 비난할만한.

고소(고발)할 수 있는. 탄핵해야 할.
acústica *f.* ①음향학. ②음향 감성(感性). 음향 효과. 음향도(度).
acústico *a.* 청각의; 음향학(상)의. 귀의. 청력을 돕는.
acutangulado *a.* 뾰족한 모가 있는. 날카로운. 각(角)이 있는. 예각(銳角)의.
acutangular *a.* 뾰족한(날카로운) 각을 이룬. 예각의.
acutangulo *a.* 뾰족한(날카로운) 각의. — *m.* 뾰족한 모(각). 예각(銳角).
triangulo acutangulo 예각 삼각형.
acutilador *m.* 칼로 찌르는(베는) 사람. 난도질하는 자. 칼부리는 폭한(暴漢).
acutilamento *m.* 칼로 찌르기(썩 베기). 난도질. 칼부림. 칼로 상처를 입히기.
acutilar *v.t.* 칼로 찌르다(베다). 난도질하다. 칼부림하다. 칼로 상처를 입히다.
acuto *a.* =*agudo*.
adáctilo, adátilo *a.* 손가락이 없는. 무지(無指)의 (동물에 대한 말).
adaga *f.* 짧은 칼. 단도. 단검.
adagada *f.* 짧은 칼(단도)에 다침. 단검상(短劍傷).
adagial *a.* 금언(金言)의. 격언의. 속담의.
adagiar *v.i.* 규언(격언)을 인용하다(예를 들다).
adagiário *m.* 금언집. 격언집(格言集).
adágio *m.* 금언. 격언. 속담. 잠언(箴言). 어록(語錄).
adamado *a.* (남자로서) 여자 같은. 부인 같은. 여성적인. 여자처럼 차린. 부인처럼 옷차림에 몹시 신경쓰는.
adamantino *a.* (경도(硬度) 또는 광채가) 다이아몬드 같은. 아주 굳은. 철석 같은. 반석의.
adamar—se *v.pr.* (남자가) 여자처럼 화장하다(차리다). 귀부인(숙녀)처럼 행세하다(처신하다).
adamascado *a.* ①다마스크(綾織布)와 비슷한. 다마스크 모양(模樣)의. 물결 무늬 있는. ②다마스크 강철의. ③장미색의.
adamascar *v.t.* ①다마스크처럼 꽃무늬(모양)를 넣다. 물결 무늬를 띠게 하다. ②쇠붙이에 금·은을 박아 넣다. (칼날에) 물결 무늬를 넣다.
adamita *m.* ①아담의 자손. 인간. ②발가벗은 사람. 나체주의자. ③[宗] 아담교도.
adamítico *a.* ①아담 자손의. 인간의. ②원시시대의.

adansónia *f.* [植] 바오바브나무(아프리카산의 큰나무).
adaptabilidade *f.* 적합성. 적응성. 개작(改作)할 수 있음.
adaptaçãs *f.* ①적합. 적응(適應). 순응; 맞추기. ②개작(改作). 번안.
adaptadamente *adv.* 적합하게. 적응하게. 순응되게.
adaptado *a.* (어떤 목적에) 적합한. 적응한. 순응한. (…에) 알맞는. 꼭맞는.
adaptador *m.* ①적합(적응)하게 하는 사람. ②개작자. 번안자. ③가감(加減) 장치. 유도관(誘導管).
adaptador de onda curta 단파 조절장치.
adaptar *v.t.* ①(언행·풍습을) 적합시키다. 적응케 하다. …에 맞게 하다. ②(발명을) 응용하다.
—se *v.pr.* 적합하다. 적응하다. …에 꼭맞다.
adaptativo *a.* 적응의. 순응의. 적응성 있는. 알맞은.
adaptável *a.* 적응(순응)되게 할 수 있는. (발명품을) 응용할 수 있는. (…에) 맞게 할 수 있는.
adarga *f.* 가죽으로 만든 방패.
adargar *v.t.* 가죽으로 만든 방패로(몸을) 막다(방어하다).
adarme *m.* ①(옛 그리스) 드라크마(*drachma*에 해당하는 화폐 단위)의 1/2온스의 1/16. ②소량. 사소한 것. 쓸모 없는 것.
adarvar *v.t. adarve*를 만들고 방어하다.
adarve *m.* ①[築城] 총쏘는 구멍 있는 옹벽. (성벽(城壁) 위의) 요철형(凹凸形)의 외벽(外壁). ②성곽상(城廓上)의 교통로.
adega *f.* ①땅굴. 움. 지하실. ②포도주 저장실.
adegar *v.t.* 땅굴(움)에 보관하다. 지하실에 저장하다.
adegueiro *m.* 땅굴 지키는 사람. 움직이. 지하실계(係).
adejar *v.t.* (솟구쳐) 날다. 날개치며 날다. 새가 훨훨 날다.
adejo *m.* (새가) 날개치며 날기. 하늘 높이 뜨기. 날아다님. 비상(飛翔).
adela, adeleira *f.* 낡은 옷 또는 낡은 물건 파는 여자.
adeleiro *m.* (복사품(服飾品)의) 값싸고 번

지르르한 물건. (번쩍거리는) 장식품. 그런 것을 파는 사람. 낡은옷장수.
adelfa *f*. [植] 서양 협죽도(夾竹桃).
adelgaçadamente *adv*. 얇게. 가냘프게. 맵시 있게.
adelgaçado *a*. 얇은. 가냘픈. 약한. 맵시 있는.
adelgaçador *m*. 얇게(가냘프게) 하는 사람. 맵시 있게 하는 사람.
adelgaçamento *m*. 얇게 하기. 가늘게 하기. 섬약(纖弱)하게 하기. 가냘프게 하기. 맵시 있게 하기.
adeigaçar *v.t*. ①얇게 하다. 가늘게 하다. 홀쭉하게 하다. 가냘프게 하다. 섬약하게 하다. ②맵시 있게 하다. ③갈아서 감소(減少)하다. ④(비용 부담을) 덜다. 경감하다. ⑤(공기를) 희박하게 하다.
— *v.i*., — se *v.pr*. 얇아지다. 홀쭉해지다. 가냘프게 되다. 섬약해지다.
adelo *m*. 낡은 물건. 특히 낡은 옷을 파는 사람. 고복상인(古服商人).
adem *f*. [鳥] 오리의 일종.
ademanes *m.(pl.)* ①몸짓. 손짓. 얼굴의 표정. 거동. 제스추어. ②눈치. 기맥.
adempção *f*. 《古》 = *adenção*.
adenção *f*. [法] 유증취소(遺贈取消).
adenda *f. adendo*.
— *m*. ①추가(追加). 보유(補遺). ②부속물. 부가물. 부록. ③[數] 가수(加數).
adenia *f*. ①[醫] 선병(腺病). ②(아라비아산) 독있는 덩굴식물(有毒蔓草).
adenite *f*. [醫] 선염(腺炎). 특히 임파선염(炎).
adenóide *a*. [醫] 아데노이드의. 선상(腺狀)의.
adenóides *m.(pl.)* 아데노이드(인후(咽喉) 편도선 증식 비대증).
adenoidite *f*. 선증식염(腺增殖炎).
adenologia *f*. 선론(腺論).
adenoma *f*. [醫] 선종(腺腫).
adenopatia *f*. [醫] 임파선증(淋巴腺症).
adenotomia *f*. 선종절제(腺腫切除).
adensado *a*. ①짙은. 농후한. 진한. ②조밀한. 밀집한. 빽빽한. 울창한.
adensamento *m*. ①짙음. 농후(濃厚). ②치밀. 조밀. 밀집. 무성(茂盛).
adensar *v.t*. ①농후하게 하다. 짙게 하다. 진하게 하다. ②빽빽하게 하다. 조밀(밀집)하게 하다. 무성(울창)하게 하다. ③흐리게 하다.
— *v.i*. ①농후해지다. 진해지다. 짙다. ②빽빽해지다. 조밀(치밀)해지다. 무성하다. 울창하다.
adentado *a*. ①이(齒)가 있는. 이가 생긴. ②톱니 모양의 치형(齒形)이 된. 치형으로 만든.
adentar *v.t*. (= *dentar*). ①치아로 물다(씹다). ②잇발자리를 내다. ③강치(鋼齒)를 넣다.
— *v.i*. 이(치아)가 나기 시작하다.
adentrar — se *v.pr*. 안으로(내부에) 들어가다. 안쪽으로 (깊숙이) 침투하다.
adentro *adv*. 안으로. 내부에.
adepto *m*. ①제자. 문하생(門下生). ②종자(從者). 신도. 지지자.
adequação *f*. ①(…에) 적합함. 합당함. 해당함. ②(…에) 적합시키기. 맞추기. 합당하게 하기.
adequadamente *adv*. (…에) 적합하게. 합당하게. 적절히. 마땅히.
adequado *a*. ①(…에) 알맞는. 적당한. 적절한. 마땅한. ②(…에) 해당하는. ③(…에) 순응하는. 적응하는. ④(옷이) 꼭맞는.
adequar *v.t*. ①(…에) 꼭맞게 하다. 적당하게 하다. 적절하게 하다. ②(…에) 해당시키다. 적응케 하다. 순응시키다.
— se *v.pr*. ①…에 알맞다. 꼭맞다. 적당하다. ②…에 해당하다. …와 합당하다.
adereçamento *m*. 꾸밈. 장식.
adereçar (1) *v.t*. (아름답게) 꾸미다. 장식하다. (곱게) 치장하다. 성장(盛裝)하다.
— (2) *v.t*. 수신자(受信者)의 주소를 적어 넣다.
aderce *m*. = *adereço*.
adereço (1) *m*. ①꾸미기. 장식. 잘 차리기. 성장. 치장. ②장식물. 장식품. ③마구(馬具).
— (2) *m*. (편지 봉투 따위에) 주소를 적어넣기. 수신인의 주소 기록.
aderência *f*. ①고수(固守). 집착(執着). 귀의(歸依). 가맹(加盟); 붕당(朋黨)에 들기. ②찐득찐득한 성질. 점착성(粘着性); 밀착(密着).
aderecista *m., f*. 꾸미는 사람. 장식사(裝飾師).
aderente *a*. ①붙는. 달라붙는. 부착성(附着性)의. 점착성의. 고착하는. ②[植] (다

른 식물에) 붙는. 착생(着生)의. ③(패거리 붕당 따위에) 들어가는. 가입하는. 가맹하는. ④동의하는. 찬동하는.
— m. ①동의. 가맹. ②동의자. 찬동자. 가입자. ③우리 편. 당원. 붕당(朋黨)의 일원.

aderentes m.(pl.) 우리편. 아방(我方); 동지.

adergar v.i. (갑자기) 일어나다. 돌발하다. 발생하다.
— v.t. ①(…와) 우연히 만나다. (…에) 마주치다. ②(목적 따위를) 이루다. (…에) 도달하다. ③(…을) 발견하다.

aderir v.i. ①붙다. 달라붙다. 부착(附着)하다. 고착(固着)하다. ②집착하다. 고집하다. 고수(固守)하다. ③가입하다. 가맹하다. 붕당(朋黨)에 끼다. 작당(作黨)하다. ④병합(倂合)하다. ⑤찬동하다.

adornado a. ①배가 기울며(물속에) 갈아앉는(앉은). ②《古》작은. 낮은.

adernar v.i. ①배(船體)가 기울며 갈아앉다. ②선체가 한쪽으로 기울다.

aderno m. [植] 갈매나무과(爵李科)의 다년생 식물.

adesão f. ①고착. 부착(附着). 점착(粘着). 밀삭. ②기입. 가맹. 합병. ③찬동. 일치.

adesivamente adv. 달라붙게. 틸리붙여 점착하여. 찐득찐득하게.

adesivo a. 붙는. 달라붙는 ; 붙어서 떨어지지 않는. (점착성의. 부착성의).
— m. ①붙는 것. 점착물(粘着物). ②반창고(絆瘡膏).

adeso a. (aderir의 불규칙 과거분사). ①붙은. 붙어 떨어지지 않는. ②붙는. 달라붙는. 부착하는. 찐득찐득한. ③가입한. 가맹한. 합병된.

adestração f. =adestramento.

adestradamente adv. 솜씨 있게. 능란하게. 재빠르게. 민첩하게.

adestrado a. ①(특히 말을) 잘 훈련시킨. 잘 길든. 조마(調馬)한. ②솜씨 있는. 능란한. 교묘한. 재빠른. 민첩한.

adestrador m. 훈련시키는 사람. 길들이는 사람. 조마사(調馬師).

adestramento m. 훈련. 길들이기. 버릇 가르치기. 조마. 조교(調敎).

adestrar v.t. 훈련시키다. 길들이다. 버릇 가르치다. 단련시키다. 조마(調馬)하다.
—se v.pr. ①실습하다. 실천하다. ② 길들다.

adeus m. 작별의 말. 작별 인사. 하직. 고별(告別).
dizer adeus 작별 인사를 하다. 하직하다. (注意) *adeos*는 사투리임.
— interj. 안녕히! 안녕히 계십시오! 잘 가시오!
Adeus até à vista! 다시 볼 때(만날 때)까지 안녕히!

ad-hoc adv. 《L》①특별히. ②그것 때문에.

ad-hominem adv. 《L》①그 사람에게. 개인적으로. ②대인적(對人的)으로.

ad-honores adv. 《L》명예만으로. 명예적으로.

adiabático a. [理] 열을 통하지 않는. 단열적(斷熱的).
linha adiabática 단열선(斷熱線).

adiado a. (날짜를) 미룬. 연기한.

adiáfano a. 불투명(不透明)한.

adiáforo a. ①없어도 무방한. 있으나 없으나 같은. 필요 없는. ②부차적인. 종속적인.

adiamantado a. ①(경도(硬度) 또는 광채가) 금강석 같은. (모양 또는 질이) 다이아몬드 비슷한. 아주 굳은. 철석같은.

adiamento m. (날짜를) 미루기. 연기. 천연(遷延).

adiantado a. ①앞으로 나아간. 전진한. 발전한. 신보된. 진척하; 앞선. ②공부를 많이 한. 공부한 보람이 있는. ③(섬수 띠위) 많이 앞선. 득점이 많은.
— adv. ①앞서서. 전진하여. ②미리. 사전에.

adiantamento m. ①앞서기. 전진. 발전. 진보. 진척(進陟). ②전불(前拂). 선불(先拂). 선금(先金). 전대(前貸). 전차(前借).

adiantar v.t. ①나아가게 하다. 앞서게 하다. 전진시키다 ; 발전케 하다. ②(시간을) 빠르게 하다. ③(일을) 진척시키다. 촉진하다. ④선금(先金)을 내게 하다. 전대하다. ⑤승진시키다.
— v.i., —se v.pr. ①앞으로 나아가다. 전진하다. 진보하다. ②(성적 따위 훨씬) 앞서다. ③[鏡] (득점에서) 앞서다. ④숙달하다. ⑤(…할) 용기가 있다. (…을) 감행하다. ⑥(시계 따위 표준보다) 빠르게 되다.

adiante adv. ①《位置・場所》앞으로. 앞에. 전방에. 최초에. ②《時》전에. 앞서. 벌써. ③(기록할 때의) 다음에. 이하(以

adianto (1) *m.* [植] 섬공작고사리.
— (2) *m.* 《俗》진보. 발전. 전진.
adiar *v.t.* ①(날짜를) 미루다. 연기하다. 천연하다. ②(시험에서) 불합격시키다. 다음 기회로 돌리다.
adiável *a.* (날짜를) 미룰 수 있는. 연기할 만한.
adibe (1) *m.* [動] (아시아 특히 인도산의) 작은 여우의 일종.
— (2) *m.* 추가(追加). 첨가.
adiça *f.* 《古》금광(金鑛).
adição *f.* ①부가(附加). 첨가. 추가. 보첨(補添). ②부가물. 추가분(追加分). 보탠것. [建] 중축(增築). ③[數] 가법(加法). 덧셈. ④유산 상속(相續).
adicionação *f.* ①더하기. 보태기. 첨가. 부가. 보첨. [建] 중축하기. ②가산(加算). 가법.
adicionado *a.* ①보탠. 더한. 첨가한. 추가한. 보첨한. ②[數] 가산한. 가(加)한.
adicional *a.* ①부가의. 부가적. 추가의. 첨가의. ②[數] 가하는. 가산의.
— *m.* 부가물. 첨가물. 보탠 것.
adicionamento *m.* = *adicionação*.
adicionar *v.t.* ①더하다. 보태다. 추가하다. 부가하다. 첨가하다. [建] 중축하다. 증설하다. ②[數] 가(加)하다. 가산하다.
adicionável *a.* 보탤만한. 추가(첨가)할 수 있는. 중축 가능한. [數] 가산할 수 있는.
adicto (1) *a.* ①빠진. 빠져 있는. ②나쁜 버릇이 있는 ③부속(附屬)한. 종속한.
— (2) *a.* 《古》친절한.
adido *a.* ①붙인. 붙은. 붙어 있는. ②부속(附屬)한. 종속한. ③접합(接合)한. ④병합한.
— *m.* 종속인(從屬人). 수행원. 외교관보(補). 촉탁. 대(공)사관원. 영사보(領事補).
adido militar (재외공관의) 육군무관.
adido naval 해군무관.
adido cultural 문화담당관.
adietodo *a.* (의사가 환자에게) 음식을 규정한. (환자가) 규정된 음식을 먹는.
adietar *v.t., v.i.* (환자에게) 규정된 음식을 먹게 하다. 규정된 음식을 먹다.
adimplemento *m.* ①성취. 완성(完成). 충실(充實).
adinamia *f.* [醫] 허약. 쇠약. 무력(無力). 무기력.

adinâmico *a.* [醫] 허약한. 쇠약한. 무기력한.
adínamo *a.* 허약한. 쇠약한. 무기력한.
ádipe *f.* *ádipo*.
— *m.* [醫] 지방(脂肪).
adipocera, adipocira *f.* 사체(死體)지방. 시지(屍脂).
adipose *f.* [醫] 지방과다증(脂肪過多症). 비만증.
adiposidade *f.* 지방(과다)성. 비만(肥滿).
adiposo *a.* 지방의; 지방이 많은. 비만의.
adipsia *f.* 음욕결핍(飲慾缺乏).
adir (1) *v.t.* 《古》*addir*. 보태다. 더하다. 추가하다. 부가(附加)하다. 첨가하다.
— (2) *v.t.* [法] 유산(遺産)을 상속하다.
aditamento *m.* 부가(附加). 첨가. 추가(追加). 부록.
aditar (1) *v.t.* ①보태다. 덧부치다. 첨가하다. 부가(추가)하다. 부록을 달다. ②합치다. 합병하다.
— (2) *v.t.* 행복하게 하다. 다행하게 하다.
aditício *a.* ①가(加)한. 보탠. 붙인. 첨부한. 추가한. ②접합시킨.
aditivo *a.* 더할. 더할 수 있는. 보탤. [數] 가법(加法)의.
ádito *m.* ①입구. ②[鑛] 횡갱도(橫坑道). ③《古》 (옛날 절(寺院) 안에 만든) 비밀실. 비밀 장소.
adivinha *f.* ①수수께끼. ②(어려운 문제의) 풀이. 판단. ③여자 점장이.
adivinhação *f.* ①수수께끼를 풀기. (알기 어려운 것을) 알아 맞추기. ②복술(卜術). 점고술(占考術).
adivinhador *a.* 수수께끼를 푸는. 알아 맞추는. 판단하는 ; 점치는.
— *m.* ①수수께끼를 푸는 사람. ②점장이.
adivinhamento *m.* = *adivinhação*.
adivinhança *f.* = *adivinhação*.
adivinhão *m.* 점장이. 복자(卜者).
adivinhar *v.t.* ①수수께끼를 풀다. (알기 어려운 것을) 알아맞추다. 판단하다. ②점치다. 복서(卜筮)하다.
o coração me adivinha (불길한) 예감이 든다.
o meudedo mindinho adivinhou …에게 들었다.
adivinho *m.* ①점장이. 복자(卜者). ②수수께끼를 푸는 이.
adjacência *f.* 이웃. 인접(隣接). 접근.

adjacente *a.* 이웃의. 이웃에 있는. 인접한. 접근한.
angulos adjacentes 인접각. 접각(接角).
lado adjacente 인접변. 인변(隣邊).
— *m.* ①이웃 사람. ②인접지. 부근.

adjazer *v.i.* (…와) 인접하다. 이웃에 있다 ; 접근해 있다.

adjeção *f.* 보태기. 덧부치기. 부가. 첨가. 추가.

adjetivação *f.* [文] (…의 뜻을) 형용(수식)하기. 형용사를 부치기(쓰기). 수사(修辭).

adjetivadamente *adv.* 형용사로서. 형용사체(體)로서.

adjetivado *a.* ①(…의 뜻을) 수식한. 형용한. ②형용사로 된. 형용사의 뜻이 있는.

adjetival *a.* 형용사의. 형용사적. 수식적.

adjetivamente *adv.* ①형용사로서. 형용사체로. ②수식적으로. ③질적으로.

adjetivamento *m.* =*adjetivação*.

adjetivar *v.t.* ①[文] (…의 뜻을) 형용. 수식하다 ; 형용사를 붙이다. 형용사로 사용하다. ②접합시키다.
— *v.i.* 접합하다. 합치(合致)하다.

adjetivo *a.* ①보탠. 덧붙인. 추가한. 추가의. ②팅8외. 형용사의. 형용사적인.
— *m.* [文] 형용사. 그림씨.
adjetivo qualificativo 성질(품질) 형용사.
adjetivo demonstrativo 지시(指示) 형용사.
adjetivos possexivos 소유(所有) 형용사.
adjetivos indefinidos 부정(不定) 형용사.
adjetivos númerais 수(數) 형용사.
adjetivo interrogativo 의문 형용사.
adjetivos locais 지명(地名) 형용사.
(*asiático, europeu, brasileiro* 따위).

adjeto *a.* ①붙은. 붙인. ②보탠. 추가한. 첨가한. ③연합한.

adjudicação *f.* ①판결. 심판. 파산선고. ②입찰(入札). 경매.

adjudicador *m.* ①판결자. 재결자(裁判者). 심판자. 판정인. ②입찰하는 사람.

adjudicamento *m.* ①판결. 심판. 판정. ②(심사에 의한) 수상(授賞).

adjudicar *v.t.* ①판결하다. 재결(裁決)하다. 심판하다 ; (심판에 의하여) 상품을 주다. ② 입찰에 부치다.

adjudicatário *m.* ①피판정자(被判定者). ②낙찰인.

adjudicativo *a.* ①판결의. ②입찰의.

adjudicatório *a.* =*adjudicativo*.

adjunção *f.* ①보태기. 추가. 첨가. 부가(附加). ②연합.

adjunto *a.* ①부속한. 첨가한. 첨부한. 추가한. ②합동한. 연합한. 합병한. ③보좌하는.
— *m.* ①부속물. 종속물. 첨가물. 추가물. ②보조원. 보좌인. 조수. ③합동자. 조합원. 「수식어(修飾語). 수식어구. [論] 첨성(添性).

adjuração *f.* ①서약(誓約). 서원(誓願) ; 간청. 탄원(嘆願). 기원. ②엄명(嚴命).

adjurador *m.* 서약인. 서원자. 간청하는 사람. 탄원자. 기원하는 이.

adjurante *a.* 서약하는. 서원하는. 간청하는. 탄원하는. 기원하는.

adjurar *v.t.* ①서약하다. 서원하다. 간청하다. 탄원하다. 간절히 빌다. ②엄숙히 명하다.

adjutor *m.* 도와주는 사람. 조력자. 방조자. 조수. 보조자.

adjutório *m.* 도움. 조력. 보조. 원조.

adjuvante *a.* 도와주는. 조력하는. 보조하는. 원조하는.

ad-libitum *adv.* [樂] 임의(任意)로.

adminiculante, adminicular *a.* 보조의. 보충의. [法] 부증(副證)의, 입증(立證)의 보증이 되는.

adminículo *m.* 보조 ; 보조물. [法] 부증(副證). 보충증(補充證).

administração *f.* ①관리. 경영. 지배. ②통치. 정치. 행정. 시정(施政). ③시행(施行). 집행. ④관리부. 집행부. 행정부.

administradeira *f.* 여성행정관. 여자관리인. 여지배인.

administrador *m.* ①행정관. ②관리자. 지배인. 경영자. ③[法] 관재인. ④이사(理事).

administrante *a.* ①관리하는. 경영하는. 지배하는. ②다스리는. 정치하는. 시정하는.

administrar *v.t.* ①관리하다. 경영하다. 지배하다. ②집행하다. 시행(施行)하다. ③다스리다. 시정(施政)하다. ④(처리를) 베풀다. 제공하다. 주다. ⑤(의사) 투약(投藥)하다. ⑥사제(司祭)가 성찬례 등을 집행하다.

administrativamente *adv.* 관리상 ; 행

정상.
administrativo *a.* 행정상의. 관리상의. 지배의. 지배적인.
admiração *f.* ①경탄. 찬미. 감탄. 감심(感心). ②(훌륭함에 대한) 놀람; 놀랄만한 일. ③[文] 감탄부(感歎符).
admiradamente *adv.* 경탄하여. 감탄하여. 놀라서. 감심하여.
admirado *a.* ①경탄한. 감탄한. 감심한. 찬미한. ②놀란. 경악한.
admirador *a.*, *m.* 경탄하는 사람. 감탄(찬미)하는 사람. 놀라는 사람.
admirante *a.* 감복하는. 찬탄(讚嘆)하는.
admirar *v.t.* ①경탄케 하다. 감탄케 하다. ②놀라게 하다.
— *v.i.*, —**se** *v.pr.* 경탄(감탄)하다. 찬미하다. 경복(敬服)하다. 감심(感心)하다.
admirativamente *adv.* 경탄(감탄)하여. 경복하여. 놀라서.
admirativo *a.* ①경탄의. 감탄의. 경복의. ②놀라운. ③훌륭한.
admirável *a.* ①감탄할만한. 감심(感心)할만한. ②놀랄만한; 훌륭한.
admiravelmente *adv.* 감탄할 정도로. 훌륭히.
admissão *f.* ①입학(入學). 입교. ②입장 허가(허용).
admissibilidade *f.* ①입학(입장)할 자격이 있음. ②허용(허가)할 수 있음.
admissível *a.* 들여보내도 좋은. 입장해도 괜찮은. 입학시킬 만한. 입학 허가할만한.
admitido *a.* ①입학(입장)이 허락된; (학교에) 들어간. ②허가된. 허용된. 용인한.
admitir *v.t.*, *v.i.* ①(사람을) 들이다. 들다. 입장(입학·입회)을 허가하다. ②허락하다. 용인하다.
admoestação *f.* ①타이르기. 훈계. 설유. ②경고. 권계(勸戒). 간언(諫言). 견책(譴責).
admoestador *m.* 타이르는 사람. 훈계자. 설유자. 권계자. 견책자.
admoestamento *m.* = *admoestação*.
admoestar *v.t.* 타이르다. 훈계하다. 권고하다.
admoestativo *a.* 훈계의. 권계적(勸戒的). 간언(諫言)의. 경고의. 견책의.
admoestatório *a.* 타이르기 위한. 훈계를 위한. 훈계적인. 권계적인.
admonenda, admonição *f.* = *admoestação*.

admonitor *m.* = *admoestador*.
admonitório *a.* 훈계의. 경고의. 권계의. 충고의.
— *m.* = *admoestação*.
adnascente, adnacente *a.* [植] 부생(附生)의.
adnata *f.* [解] 결막(結膜).
adnato *a.* [動·植] 측생(側生)의. 합생(生)의. 밀착한.
adnotação *f.* ①주석(註釋). 주해. ②교황(敎皇)이 탄원(歎願)에 기록하는 대답. (단지 서명만 함).
adnotar *v.t.* = *anotar*.
adôbe, adôbo *m.* 어도우비 벽돌(햇볕에 말려서 만듦). 어도우비 벽돌로 만든 담(집).
adoçado *a.* ①(특히 음식을) 달게 한. 감미(甘味)를 넣은. ② 무르게 한.
adoçamento *m.* ①달게 하기. 감미를 넣기. ②무르게 하기.
adoçante *a.* 달게 하는. 무르게 하는.
— *m.* 감미제(甘味劑).
adoção *f.* 《古》= *adopção*. ①양자로 삼기. 입양(入養). ②(제도방법 따위의) 채용. 채택.
adoçar *v.t.* ①(음식을) 달게 하다. 감미를 넣다. ②무르게 하다. ③(소리·향기·음조 따위를) 좋게 하다. 부드럽게 하다. ④(색깔을) 엷게 하다. ⑤강도(强度)를 약하게 하다. ⑥유쾌하게 하다. 편히 하다.
adocicado *a.* ①약간 단맛이 있는. 감미를 띤. ②약간 부드러워진. 어느 정도 완화한.
adocicamento *m.* ①약간 달게 하기. 다소 부드럽게 하기. 완화(緩和)하기.
adocicar *v.t.* ①약간 달게 하다. ②다소 부드럽게 하다. 무르게 하다.
adoecer *v.t.* ①병들다. 탈나다. (질병을)앓다. ②…에 몹시 마음을 쓰다. 사모하다. 동경하다.
adoecimento *m.* 병듦. 탈이 남. (질병을) 앓기.
adoentado *a.* 병든. 탈이 난. 앓는. 앓고 있는. 건강이 좋지 못한. 어딘가 (몸이) 편치 않은(아픈).
adoentar *v.t.* 건강에 해롭게 하다. (몸에) 탈이 나게 하다.
adoidado *a.* ①불건강한. (몸에) 탈이 난. ②거의 미친. 미친 사람 같은. ③얼빠진. 분별없는.

adoidar *v.t.* ①(거의) 미치게 하다. 발광(發狂)시키다. ②어리석은 수작을 하다. 못난 짓을 하다.

adolescência *f.* 청년기(남자 14~25세, 여자 12~21세); 청춘기(青春期). 사춘기(思春期).

adolescente *a.* 청년의. 청춘의. 청년기의. 청춘기의. 사춘기의. 나이 찬. 묘령(妙齡)의.
— *m.* 청년. 젊은이.

adolescer *v.t.* 성인이 되다. 청년이 되다. 나이가 차다. 묘령에 도달하다.

adomingado *a.* ①일요의복(주일복)을 입은. ②외출복을 입은.

adomingar-se *v.pr.* ①일요일복(외출복)을 입다.

adonai *m.* (히브리어(語)의) 신(神).

adonde *adv.*《古》= *aonde*. 어디에. 어느 곳에; 거기에.

adônico, adônio *a.* ①*adonis*의. ②[韻] 아도니스 구격(句格)

adônis *m.* ①[希神] 아도니스(여신(女神) *venus*가 사랑한 미소년); 미소년; 미남자. 멋장이. ②[植] 복수초속(福壽草屬).

adonisar *v.t.* 아름답게 하다. 미화(美化)하다. 예쁘게 차리다 화장하다.

adopção *f.*《古》= *adoção*.

adoperar *v.t.* ①쓰다. 사용하다. ②만들다. 제작하다. 세공(細工)하다.

adoptante *a., m.* = *adotante*.

adorabundo *a.*《詩》숭배하는. 예찬(禮讚)하는.

adoração *f.* 숭배. 존중. 우러러보기; 예찬.

adorado *a.* 숭배하는. 존중하는. 예찬하는. 숭배 받는. 예찬 받는.

adorador *a., m.* 숭배자. 예찬자; 신앙자(信仰者).

adorante *a., m., f.* = *adorador*.

adorar *v.t.* ①우러러보다. 숭배하다. 예찬하다. ②예배하다. ③사모하다. 몹시 사랑하다. 총애(寵愛)하다.

adorável *a.* ①숭배할만한. 경모할 수 있는. 예찬할만한. ②가장 사랑하는. 총애하는.

adoravelmente *adv.* 숭배하여. 예찬하여. 예찬할 정도로.

adorbital *a.* [解] 안과골(眼窠骨)

adório *m.* 산형과(繖形科)의 식물.

adormecedor *a., m.* ①잠재우는(사람·사물). 졸음이 오게 하는 (것). ②마물시키는 (것). ③진정시키는 (사람·물건).

adormecente *a.* ①졸리게 하는. 잠들게 하는. ②마비시키는. ③위로하는. 달래는. 위무하는.

adormecer *v.t.* ①졸리게 하다. 잠들게 하다. 수면케 하다. ②아픔을 덜게 하다; 마비시키다. ③위로하다. 달래다. 위무하다.
— *v.i.* ①잠들다. 자다. ②(활동이) 무디다. 미미하다. ③나른해지다.

adormecido *a.* ①잠든. 잠자는. ②마비된. *a bela adormecida* 잠든 미모(美貌). *profundamente adormecido* 깊이 잠들어.

adormecimento *m.* ①깊이 잠들기. 깊은 잠을 자기; 수면 상태. ②마비. ③나른함. 타기(惰氣).

adormentado *a.* ①깊이 잠든. 잠자고 있는. ②마비된

adormentante *a.* ①잠자게 하는. 잠들게 하는; 수면용의. ②무르게 하는. 완화(緩和)하는.
— *m.* 수면제(睡眠劑)

adormentar *v.t.* = *adormecer*.

adormir *v.i.* = *adormecer*.

adornadamente *adv.* 잘 꾸미고. 치장하고. 맵시 있게.

adornado *a.* ①잘 꾸민. 깅식한. 잘 차린. 곱게 치장한.

adornamento *m.* ①아름답게 꾸미기. 예쁘게 장식하기. 미식(美飾). 치장 ②윤색(潤色).

adornar (1) *v.t.* ①아름답게 꾸미다. 예쁘게 장식하다. 미식하다. 곱게 치장하다. ②윤색하다.
— (2) *v.i.* = *adernar*.

adorno *m.* ①아름답게 꾸밈; 예쁜 장식. 미식(美飾). ②아름답게 꾸민 것. 장식품.

adotado *a.* ①채택한. ②(양자로) 삼은.
— *m.* 양자(養子).

adotante *a.* ①채택하는. ②양자로 삼는.
— *m.* 채택자. 양부.

adotar *v.t.* ①채택하다. 채용하다. ②(양자로) 삼다.
adotar uma criança 어린아이를 양자(양녀)로 삼다.

adotivamente *adv.* 양자(양녀)로 삼고. 양자(양녀)의 신분으로.

adotivo *a.* 양부로 삼은. 양부(養父)로 모

신. 양자(양부) 관계의. 입양(入養)의.
filho adotivo 양자.
filha adotiva 양녀.
pai adotivo 양부.

adoutrinar *v.t.* =*doutrinar*.

adoxa *f.* [植] 연복초속(連福草屬).

adoxo *m.* 포도나무를 해치는 기생충.

adquirente *a.* 얻는. 취득하는. 획득하는.
— *m.* 취득자. 획득자.

adquirição *f.* 얻음. 취득(取得). 획득. 구구(購求). (=*aquisição*).

adquirido *a.* 얻은. 취득한. 획득한.
direito adquirido 취득권.

adquiridor *a.* ①얻는. 취득하는. ②연고자 (취득코자) 하는.
— *m.* 취득자. 획득자.

adquiridos *m.*(*pl.*) 결혼 후에 얻은 재산.

adquirir *v.t.* ①(노력하여) 얻다. 취득하다. 획득하다. ②(목적을) 달성하다. 성취하다. ③(기술 따위를) 습득하다. (재산을) 얻다. ③(중망을) 모으다.
adquirir reputação 명성(명망)을 얻다.
adquirir umadoença 병에 걸리다.
adquirir velocidade 속력을 내다. 가속 (加速)하다.
Adquirir bons hábitos enquanto for jovem. 젊은 때에 좋은 습성을 지니다. (연소(年少)한 때 좋은 교양을 받으라는 뜻).

adquirível *a.* 얻을 수 있는. 취득(구득)할 만한. (목적을) 달성할 수 있는.

adquisição *f.* 취득. 획득.

adraganto *m.* 트라칸트 고무(식물성으로 주로 제약용).

adrede *adv.* 고의(故意)로. 일부러. 목적이 있어서. 알면서.

ad-referendum *adv.* 좀더 고려하여. 추후 (追後)로 심사하기로 하고. 잠정적으로.

adregar *v.i.* ①《俗》 우연히 일어나다(발생하다). 돌발(우발)하다. ②우연히 마주치다(맞추다).

ad-rem *adv.* 적절하게. 요령 있게.

adrenal *a.* 신장(腎臟) 부근의. 부신(副腎)의.

adrenalina *f.* [化] 아드레날린(부신의 주성분). 아드레날린제(劑).

adriça *f.* [海] (돛 위에) 기를 올리고 내리고 하는 줄. 마룻줄.

adriçar *v.t. adriça*로 (기를) 올리다(내리다).

adro *m.* 절간 문앞의 빈터. 사원내(寺院內)의 묘지.

adscrever *v.t.* 부기(附記)하다. 추기(追記)하다. 단서(但書)하다.

adscrição *f.* 부기(附記). 추기. 단서(但書).

adscrito *a.* ①부기(추기)한. ②등록한. 기록한. 목록표에 (적어) 넣은.

adsperso *a.* [植] 무늬 있는. 줄무늬 있는.

adstrição *f.* ①제한. 속박. ②수렴(收斂) ③수렴성 물질의 응용(작용); 그 효력.

adstringência *f.* ①수렴성. ②엄함. ③긴축(緊縮).

adstringente *a.* [醫] 수렴성의; 엄한.
— *m.* 수렴제(收斂劑).

adstringir *v.t.* ①수렴(수축)시키다. 긴축하다. ②제한하다. 속박하다. ③강제하다.
— *v.i.*, —*se v.pr.* ①수렴하다. 수축하다; 긴축되다. ②제한되다. 속박되다.

adstritivo *a.* 수렴성의. 수렴용의; 엄한.
— *m.* 수렴제.

adstrito *a.* (*adstringir*의 불규칙 과거분사). ①수렴한. 수축한; 긴축된. ②종속(從屬)된. 복종된; 속박한. 구속된.

aduana *f.* ①세관. ②《古》관세(關稅).

aduanar *v.t.* (물품을) 세관에 넣다. 통관(수속을)하다.

aduaneiro *a.* 세관의. 세관에 관한(속하는).
direitos aduaneiros 관세(關稅).
regulamento aduaneiro 세관규칙. 통관절차.
— *m.* 세관리(稅關吏). 세관감시인.

aduar (1) *v.t.* (이웃의 전답(논밭)에) 배수하다. 급수(給水)하다. (관개하기 위하여) 여러 농토에 물을 대다.
— (2) *m.* 무어 사람의 촌락(村落). 이동(移動) 부락.

adubação *f.* ①거름주기. 비료를 주기. 시비(施肥). ②조미(調味).

adubador *a.*, *m.* ①거름주는 (사람). 비료를 주는 (사람). ②조미하는 (자).

adubagem *f.* 거름하기. 비료를 주기. 시비.

adubamento *m.* =*adubação*.

adubar *v.t.* ①거름하다. 비료를 주다. 시비(施肥)하다. ②조미(調味)하다. 양념하다. ③(가죽을) 부드럽게 하다. 무두질하다. ④(특히 배를) 수리하다. 개장(改裝)하다.
adubar as terras 땅에 거름하다. 시비하다.
adubar o couro 가죽을 부드럽게 하다

(무두질하다).
adudar navios 배(船舶)를 수리하다. 다시 의장(艤裝)하다. 개장(改裝)하다.

adúbio *m.* ①《古》비료. ②(특히 배의) 수리. 재의장. 개장.

adubo *m.* ①비료. 거름. ②조미료(調味料). 가미료(加味料). 양념. 향료. ③(특히 배의) 수리. 재의장. 개장(改裝). 《古》 *adúbio*.

adução *f.* ①예를 들기. 인용(引用). ②[解] 내전(內轉).

aducente *a.* 내전하는. 내전하는 부분의.

aduchar *v.t.* (전선·밧줄·새끼 따위를) 빙글빙글 감다. 칭칭 감다. 타래를 만들다 ; 얽다.

aduchas *f.(pl.)* (칭칭) 감은 밧줄(전선·새끼). 밧줄(새끼)의 타래.

aducir *v.t.* (금속을) 무르게 하다. 연하게 하다.

aductor *m.* = *adutor*.

aduela *f.* ①(물) 통널. ②(수레의) 바퀴살 ; (사다리의) 디딤대. ③(터널을 만들 때) 내측에 쌓아올리는 돌.
ter uma aduela a menos 머리가 좀 돌아 있다. 정신이 약간 이상하다. 얼빠져 있다.

aduelagem *f.* ①(물통·맥주통·나무통 따위에) 통널을 대다. 통널을 마주 엮다. ②(수레의) 바퀴살을 씌우다(내다). ③(터널의 내측에) 돌을 쌓아올리다.

adufa *f.* ①비막는 문. 덧문. ②마개. ③(사진기의) 셔터. 개폐기(開閉器).

adufar (1) *v.t.* 비막는 문(덧문)을 달다(닫다).
— (2) *v.t.* *adufe* (일종의 탬버린)을 치다.

adufe *m.* (악기의 일종) 탬버린. 수고(手鼓).

adufeiro *m.* *adufe*를 치는 사람.

adufo (1) *m.* = *adôbe*.
— (2) *m.* = *adufe*.

adulação *f.* 아첨(阿諂). 아유(阿諛). 아부(阿附).
adulação servil 비굴한 아첨. 상스러운 아부.

aduladamente *adv.* 아첨하여. 아부하여. 굽실굽실하게.

adulador *a., m.* 아첨하는 (사람). 추종하는 자. 아부하는 (이). 알랑쇠.

adular *v.t.* 아첨하다. 아양부리다. 아부하다. 추종하다.
adular servilmente 비굴하게 아첨하다

(아부하다).
adular com baixeza 몹시 굽실굽실하며 아첨하다. 예예하며 알랑거리다.

adularia *f.* [鑛] 장석(長石).

adulatório, adulativo *a.* 아첨하는. 추종하는. 아첨의. 아부의. 추종의.

adulçorar *v.t.* = *adoçar*.

aduloso *a.* 아첨하는. 아부하는. 굽실굽실하는.

adúltera *f.* 정부(情婦). 간부(姦婦) ;《卑》서방질하는 여자.

adulteração *f.* ①섞음질하기. 품질을 떨어뜨리기. 변조(變造). 혼악(混惡). 개악. ②불순품.

adulteradamente *adv.* 섞음질하여. 변조하여. 혼악(개악)하여.

adulterado *a.* ①(잡종 또는 열등품과) 섞은. 섞음질한. 혼악한. 개조한. 변조한. ②위조한. 날조한.

adulterador *m.* (섞음질하여) 품질을 떨어뜨리는 사람. 혼악(개악)하는 사람. 변조자. 불순품 제조자.

adulteramente *adv.* 간통하여. 밀통하여. 《卑》서방질하여.

adulterar *v.t.* (잡종 또는 열등품과) 섞다. 섞음질하다. (섞어서) 품질을 떨어뜨리다. 혼악(개악)하다. 열등품(불순품)으로 만들다. 변조하다. 위조하다.
— *v.i.* 간통하다. 간음하다.《卑》서방질하다.

adulterino *a.* ①간통의. 불의(不義)의 ; 간통하여 낳은. 불의의 정교에서 태어난. 불의의 씨의. 사생아(私生兒)의. ②불순한. 부정품의 ; 가짜의.
filho adulterino 사생아. 불의의 씨. 호적에 없는 자식.

adultério *m.* 간통. 간음. 불의(不義)의 정사.《卑》서방질.

adulterioso *a.* ①간통의. 간음의 ; 서방질하는. ②가짜의.
— *m.* 간통하는 사람. 간부(姦夫). 난봉장이.

adultero *m.* 간통(간음)하는 사람. 간부. 서방질하는 사람.

adulteroso *a.* 난봉을 피우는. 간통하는. 간음하는. 불의의(경향)의.

adulto *a.* 성인의. 성년의. 어른의.
— *m.* 성인(成人). 성년. 어른.

adumbrar *v.t.* ①그늘지게 하다. 어둡게

adunação *f.* 하나로 하기. 합일(合一). 합치기. 연합.

adunado *a.* 하나로 한. 하나로 된. 한데 뭉친. 합친. 단합한. 연합한.

adunamento *m.* =*adunação*.

adunar *v.t.* 하나로 하다. 한데 뭉치다. 단합하다. 합치다. 일괄(一括)하다.

aduncado *a.* =*adunco*.

aduncidade *f.* 갈고리 모양. 구상(鉤狀). 만곡(彎曲).

adunco *a.* 갈고리 모양의. 끝이 뾰족하고 꼬부라진. 구상의. 만곡의.
nariz adunco 끝이 꼬부러진 코.

adúnia *adv.* ①곳곳에. 각처에. 여러 방면에. 어디나. ②풍부히.

adurência *f.* ①부식성(腐蝕性). 가성도(苛性度). ②신랄함.

adurente *a.* 부식하는. 소작(燒灼)하는. 태우는.
— *m.* 부식제(腐蝕劑). 소작물(燒灼物).

adurir *v.t.* 불달은 쇠로 태우다. 소작하다.

adustão *f.* ①[醫] 불달은 쇠로 태움. 소작. ② 뜸질.

adustível *a.* 태울 수 있는. 가소성(可燒性)의.

adustivo *a.* 부식성의. 소작성의.

adusto *a.* ①탄(焦). 타서 그을어진. 햇볕에 타서 검은. 바싹 마른. ②음침한. 우울한.

adutivo *a.* ①인용(引用)의. 적용의. ②제시(提示)의. ③내전적(內轉的)의.

adutor *m.* [解] 내전근(內轉筋).

aduzir *v.t.* ①(…을) 초래(招來)하다. (…의) 결과를 가져오다. ②(…에) 이끌리다. 인도(引導)하다. ③인용하다. 예를 들다. 열거(列擧)하다.

ad-valorem *adv.* 값에 따라. 가격에 기준(基準)하여.
direitos ad-valorem 종가세(從價稅).

advena *m.*《古·詩》낯선 사람. 모르는 사람. 외래자. 외국인. 새로 온 사람.

advendíço *a.* ①《古》=*adventício*.

adveniente *a.* ①뒤이어 일어나는. 따라 일어나는. 연달아 발생하는. 연속하는. ②우발(偶發)의. 우생(偶生)의.

adventíciamente *adv.* 우연히. 예기치 않게. 불쑥.

adventíçio *a.* ①우연한 ; [醫] 우발의. 우발성의. [植] 우생(偶生)의. 부정(不定)의. ②외래의. 외국에서 온.
— *m.* 외래자(外來者). 외국인.

adventista *m.f.* 그리스도 재림설 주창자.

advento *m.* ①그리스도의 강림(降臨). 재림 ; 강림절(節)(크리스마스 전의 약 4주일간). ②(중요한 인물 사건의) 출현. 도래(到來).

adverbiado *a.* ①부사로 된. ②부사로 사용한.

adverbial *a.* 부사(副詞)의. 부사구(句)의.

adverbialmente *adv.* 부사적으로. 부사구로.

adverbialidade *f.* 부사임. 부사성(性). 부사상(狀).

adverbializar *v.t.* 부사로 만들다(변화시키다).

adverbiar *v.t.* 부사로서 사용하다. 부사화(副詞化)하다.

advérbio *m.* [文] 부사. 어찌씨.

adversamente *adv.* ①거꾸로. 반대로. 불리하게. ②불행히. 불운하게.

adversão *f.* ①반대. 역(逆). ②반대하기. 반항. ③불리. 불운. 불행. ④주의(注意). 경고.

adversar *v.t.* (…에) 반대하다. 반(反)하다. 반항하다. (…에) 거역하다. 적대(敵對)하다.

adversário *a.* (…에) 반(反)하는. 반대하는. 반항하는. 적대하는. 맞서는.
— *m.* 반대자. 반항자. 적대자. 적수(敵手). 대적자.

adversativo *a.* 반대의. 반대되는 뜻의. 반의(反意)의. 반의적.
conjunção adversativa 반의접속사(反意接續詞).

adversidade *f.* 불우(不遇). 역경(逆境). 불운. 불행.

adverso *a.* ①거슬리는. 반(反)하는. 반대의. ②불리한 불운한. 불행한. 역경에 처한. 비참한.
— *m.* 반대자. 적대자.

advertência *f.* ①경고(警告). 계고(戒告). 엄중한 주의. ②훈계. 설유. 간언(諫言). ③주시. 주목. 관찰.

advertidamente *adv.* 경고하여. 경고적으로. 주의하여. 조심하여.

advertido *a.* ①경고한. 계고한 ; 경고받은. 주의받은. ②조심하는. 주의깊은. 사려있는. 현명한.

mal advertido 경솔한. 지각없는. 경고받은 것을 잊은.

advertimento *m*. 경고하기. 계고하기. 권계(勸戒). 훈계. 설유. 주의하기.

advertir *v.t.* ①경고하다. 계고(戒告)하다. 권계하다. 주의를 주다. ②훈계하다. 설유하다 ; 견책하다.

advindo *a*. ①(불상사 따위가) 일어난. 발생한. ②도래(到來)한. 유래(由來)하는. 유래된. 초래(招來)된.

advir *v.i.* ①사이에 일어나다. 잇달아 일어나다. 부수적(附隨的)으로 발생하다. ②(불상사 따위) 우연히 일어나다. 돌발하다. ③유래(由來)하다. (…에서) 오다.

advocacia *f*. 변호사의 직(職).

advocatura, advogacia *f*. =*advocacia*.

advogado *m*. ①변호인. 변호사. ②옹호자. ③대변인.

advogar *v.t.* ①(소송사건을) 변호하다. ②옹호하다.
— *v.i.* 변호사의 일을 하다.

aer *m*. 공기(空氣) (주로 합성어에 씀).

aeração, aeragem *f*. ①공기에 쏘이기. 탄산가스 포화. ②공기의 유통. 통기(通氣).

aerador *m*. 통기 장치(通氣裝置). 탄산수 제조기. 탄산가스 포화기.
aerador aspirador 흡기(吸氣). 할기 장치. 흡기 장치.

aeramente *adv*. ①공기처럼. 공중에. ②목적도 방향도 없이. 아무런 생각도 없이 ; 공상적으로. 경솔하게.

aéreo *a*. ①공기의. 대기의 ; 기체의. ②공기와 같은. 희박한. ③공중의. 공중에서 생기는. 공중에 있는. 기생(氣生)의. ④무형(無形)의. 가공(架空)의. 공상적인. 허구한. 근거 없는. ⑤항공의. 항공기의.
vias aéreas 기관(氣管).
viagem aérea 항공로 ; 비행기에 의한 여행.
correio aéreo 항공우편. 항공편.
ataque aéreo 공습(空襲).
guerra aérea 공중전.
pensamentos aéreos 공상(空想).

aerícola *a*. 공중에서 사는. 기생(氣生)의.
— *m*. 공중에서 사는 것. 기생체(體).

aerífero *a*. [解] 공기가 통하는. 공기를 내보내는.

aerificação *f*. 공기와의 화합 ; 공기화(空氣化). 기체화. 기화(氣化).

aerificar *v.t.* 공기와 화합시키다. 기체로 하다. 기화시키다.

aeriforme *a*. ①공기와 같은. 기체(氣體)의. 기상(氣狀)의. ②가공의 ; 무형의. 실체 없는.

aerívoro *a*. 공기를 마시는. 공기를 마시고 사는. 공기에 의하여 생존하는.

aerização *f*. ①공기와의 화합. 기체화. ②공기처럼 가볍게 하기.

aerizar *v.t.* ①공기와 화합시키다. 기체로 만들다. 기화하다. ②공기처럼 가볍게 하다.

aeróbata *m*. ①공중에서 걸어다니는(보행하는) 것. 공중에서 비행하는 것. ②수상 비행기를 조종하는 사람.

aeróbio *a*. [植] 공중에 사는. 산소 중에서만 생활하는. 호기성(好氣性)의.
— *m*. 호기세균(好氣細菌).

aerobioscópio *m*. 공중미생물 검사기.

aero-bomba *f*. 공중폭탄. 비행폭탄.

aero-clube *m*. 비행 클럽.

aerocolia *f*. [醫] 고장(鼓腸).

aerodinâmica *f*. 기체 동력학(動力學). 기체역학.

aerodinâmico *a*. 기체 동력학의(…에 관한). 유선형(流線形)의.

aeródromo *m*. ①비행장. ②항공기 격납고.

aerofagia *f*. [醫] 탄기증(吞氣症)

aerofago *a*. =*aerivoro*.

aerofobia *f*. 공기공포증. 공풍증(恐風症).

aerófobo *m*. 공기 공포증(공풍증)에 걸린 사람.

aerofone *m*. 확음기(擴音器). (귀머거리가 쓰는) 청음기. 공중 청음기(공습에 대비하는). 무선전화

aerofonio, aerofono *a*. [鳥] 공중에서 지저귀는.

aerofotografia *f*. 항공사진술.

aeróforo *a*. [解] 공기가 통하는. 공기를 보내는.

aerofugo *a*. 공기가 통하지 않는(통하지 못하게 하는).

aerografia *f*. 대기지(大氣誌). 대기론(論).

aerógrafo *m*. [軍] 상공기상 관측병(兵).

aerograma *m*. 무선전신(통신).

aeroide, aeroides *a*. 기성(氣性)의. 공기와 같은.

aerolítico *a*. 운석(隕石)의. 운석에 속하는.

aerólito *m*. 운석(隕石).

aerologia *f*. 기체학. 고층기상학.

aerológico *a.* 기체학의. 고층기상학의.
aerólogo *m.* 기체학자. 고층기상연구가.
aeromancia *f.* 기상(氣象)에 의하여 길흉(吉凶)을 점치는 것. 기복(氣卜).
aeromante *m., f.* 기상에 의하여 점치는 사람.
aeromecânico *m.* 항공기관공(機關工). 항공기수(技手).
— *a.* ①항공역학의. ②항공기관공의.
aerometria *f.* 기체측정(氣體測定). 양기학(量氣學).
aerómetro *m.* 기체계(計). 양기계(量氣計).
aeromoço *m.* (여객기의) 급사. 접대원. 선실계.
aeromoça *f.* (여객기의) 여급. 선실계(係). 《英》에어 걸.
aeronauta *m.* 비행가. 항공사. 비행선 조종사.
aeronáutica *f.* 항공술. 항공학.
aeronáutico *a.* 항공(술)의. 항공(술)에 관한.
aeronave *f.* 비행선. 항공선. 경기구(輕氣球).
aeronavegração *f.* 항공(航空). 공중여행.
aeroplanar *v.i.* 비행기로 가다(여행하다).
aeroplano *m.* 비행기.
aeroplano de combate 군용(전투용) 비행기.
motor de aeroplano 항공기용 발동기. 경(輕)발동기. 비행기 엔진.
aeroporto *m.* 비행장. 공항(空航).
aeroporto civil 민간 비행장.
aeroposta *f.* ①항공우편. ②공기송신관(送信管).
aeroscópia *f.* 공중미생물(微生物) 검사.
aeroscópio *m.* 공중미생물 검사기(檢查器).
aerostação *f.* 경기구 조종(輕氣球 操縱)(술). (비행선 등의) 항공술(조종술).
aerostática *f.* 기체정력학(靜力學).
aerostático *a.* 기체정력학의(…에 관한).
aeróstato *m.* [史] 경기구(輕氣球). 비행선.
aeróstato cativo 계류(繫留) 기구.
aeroviário *m.* 항공로(항공회사) 종업원.
aetita *f.* 독수리 돌(鷲石).
afã *m.* (=*afan*). ①갈망. 열망. ②근심. 불안. ③노고(勞苦).
afabilidade *f.* ①붙임성 있음. 정다움. 싹싹함. 친절미. 애교성. ②온량(溫良). 온아(溫雅). 온후(溫厚).
afacia *f.* (=*afaquia*). 안구(眼球)의 수정체 결여(水晶體缺如).
(註) *afasia*; [醫] 실어증.
afadigadamente *adv.* 피로하여. 피곤해서.
afadigado *a.* 피로한. 피곤한. 기진맥진한. 녹초가 된.
afadigador *a.* 피로케 하는. 피곤하게 하는. 권태롭게 하는.
afadigar *v.t.* 피로케 하다. 피곤하게 하다. 녹초가 되게 하다. 권태롭게 하다.
— *se v.pr.* ①피로하다. 피곤하다. 기진맥진해지다. 녹초가 되다. ②싫증을 느끼다. 모든 것이 귀찮아지다.
afadígoso *a.* ①피로케 하는. 피곤하게 하는. ②싫증나는. 싫증나게 하는. 권태스러운.
afagadeiro *a.* =*afagante*.
afagador *a., m.* 귀여워하는 (사람). 쓰다듬는 (사람). 애무하는 (사람).
afagamento *m.* ①귀여워하기. 쓰다듬기. 애무. 총애(寵愛). ②애착(愛着).
afagante *a.* ①귀여워하는. 쓰다듬는. 애무하는. 총애하는. 종애하는. ②희롱하는.
afagar *v.t.* 귀여워하다. 쓰다듬다. 애무하다. 총애(종애)하다.
— *se v.pr.* 자애(自愛)하다. (제몸을)스스로 사랑하다.
afago *m.* ①귀여워하기. 애무. 총애. 종애. ②온정(溫情).
afagoso, afagueiro *a.* 귀여운. 사랑스러운. 귀여워하는. 종애하는. 쓰다듬는.
afaimado *a.* 굶주린. 배고픈.
afaimar *v.t.* 굶기다. 굶주리게 하다.
afalado *a.* (동물이) 사람의 말을 알아듣는 (듣고 아는).
afalar *v.t.* 동물에게 말하다. 동물로 하여금 …을 하도록 말하다.
afamadamente *adv.* 유명하게. 이름높이.
afamado *a.* 유명한. 저명한. 평판이 자자한.
afamador *m.* 유명하게 하는 것. 명성을 높이는 것.
afamar *v.t.* 유명하게 하다. 이름나게 하다. 명성을 높이다.
— *v.i.,* — *se v.pr.* 이름답다. 유명해지다. 저명해지다.
afan *m.* =*afã*.
afanar *v.t.* (…을 얻으려고) 애써 일하다. 많은 노력을 들여 얻다.
— *v.i.,* — *se v.pr.* ①(…을 얻고자) 몹시 일하다. 애쓰다. 노력하다. 고생하다. ②(지나친 노동으로) 피로해지다. 고

단하다.
afanato *m.* 느릅나무과(楡科)의 식물.
afanila, afanite *f.* 치밀암(緻密岩).
afanítico *a.* 밀질(密質)의.
afanosamente *adv.* 힘들여서. 고생하여. 애써.
afanoso *a.* 힘드는. 고생스러운. 수고(노고) 많은. 많은 노력이 필요한.
afaquia *f.* =*afacia*.
afasia *f.* [醫] 실어증(失語症). 언어불수(言語不隨).
(注意) *afacia*.
afásico *a.*, *m.* 실어증의(환자).
afasta *interj.* 비켜라! 물러가라! 물러서라!
afastadamente *adv.* (거리상으로) 떨어져서. 멀리하여. 멀찌기.
afastado *a.* ①먼. 멀찍한. (거리상으로) 뚝 떨어진. ②배척당한. 파면당한.
parente afastado 먼 친척.
afastador *m.* ①멀리하는 것(사람). 먼 곳에 옮겨 놓는 (사람). ②(…을 버리고 또는 이탈하여) 떠나가는 (사람).
afastamento *m.* ①멀리하기. 멀찌기 보내기(옮겨놓기). 물러나게 하기. 배척. 파면. ②먼거리(遠距離). 유원(悠遠).
afastar *v.t.*, *v.i.* …을 멀리하다. (…와 거리상으로) 떨어지다. 헐어내시 히다, 물러나게 하다. 물러나다. 격리하다.
—*se* *v.pr.* ①(…으로부터) 물러가다. 멀리하다. ②떠나다.
afável *a.* 정다운. 사근사근한. 붙임성 있는. 온정 있는. 온후한. 순한. 온순한 ; 은근한.
afavelmente *adv.* 정답게. 사근사근하게. 은근히. 부드럽게. 점잖게.
afaxinar *v.t.* (비로) 쓸다. 쓸어버리다. 청소하다.
afazendado *a.* ①(땅이 없던 사람이) 농장을 소유하게 된. 농원(農園)이 있는. ②부자가 된. 부유한.
afazendar-se *v.pr.* ①농장(농원)을 소유하다. ②부자가 되다. 부유해지다.
afazer *v.t.* 익히다. 습관되게 하다. 단련시키다.
—*se* *v.pr.* 익숙해지다. 습관되다. 단련되다.
afiz-me ao trabalho (나는) 일에 익숙해졌다.
afazeres *m.(pl.)* 일. 직업. 업무. 사무.

afazimento *m.* 익히기. 익숙.
afeador *m.* (의관을) 상하게 하는 것. 밉게 (추악하게) 하는 것.

afeamento *m.* ①(의관을) 상하게 하기. 밉게 하기. ②미워짐. 추악(醜惡).
afear *v.t.* (의관을) 상하게 하다. (보기에) 밉게 하다.
—*se* *v.pr.* 미워지다. 흉해지다. (보기에) 미워지다. 추악해지다.
afecção, afeção *f.* 병(病) ; 질병 ; 병폐(病弊).《古》*affecção*.
afegã, afegane *a.* (인도 서북방의 나라)아프가니스탄의.
— *m.*, *f.* 아프가니스탄 사람(말).
afeição *f.* (=*afeto*). ①애정(愛情). 사랑.연모(戀慕). ②애착(심). ③동정. 감정 ④사근사근한 마음. 부드러운 마음 : 친절.
afeiçoado (1) *a.* 형체(形體)를 이룬. 형태를 가진. 모양(꼴)이 된. 형상이 있는.
— (2) *a.* ①(…에) 빠진. 빠져 있는. (…에) 몰두한. ②(…하는) 버릇이 있는. (…하는) 경향이 있는. ③사랑스러운 감을 품는. 애정을 품은. 호감을 가진.
— *m.* 친우. 벗.
afeiçoamento *m.* =*afeição*.
afeiçoar (1) *v.t.* ①형체를 이루다. 본뜨다. (…의) 꼴로 만들다. ②적합(適合)시키다.
— (2) *v.t.* (…에) 애정을 느끼다. 호감을 품다(…을) 좋아하다.
—*se* *v.pr.* ①(…와) 친히 사귀다. 친해지다. 벗이 되다. ②(…에) 빠지다. 몰두하다.
afeitar *v.t.* =*enfeitar*.
afeito *a.* ①익숙한. 습관된. ②항상 쓰는 관용(慣用)의.
afelandra *f.* 가지과(茄科)의 식물.
afelear *v.t.* ①담즙(膽汁)을 넣다(섞다). 기분 상하게 하다. 불쾌하게 하다.
afélio *m.* [天] 원일점(遠日点).
afemia *f.* =*afasia*.
afeminação *f.* ①여자처럼 하기. ②여자 같음. 여성적임 ; 나약(懦弱). 유약(柔弱).
afeminado *a.* 여성적인. 여자 같은. (행실이) 사내답지 못한 ; 나약한. 유약한.
afeminar *v.t.* 여자답게 하다. 여성적으로 하다. 나약(懦弱)하게 하다.
aferente *a.* ①이끄는. 귀속(歸屬)하는. ②[解] 수입(輸入)하는 (혈관) ; 수감(受感)의 (신경).

aférese *f.* ①[文] 첫째 모음(또는 음절)의 생략(소실). (보기: *annobrecer*에 대한 *nobrecer* 따위). ②[外科] 절단.

aferético *a. aférese*의.

aferição *f.* 표준 치수에 맞추기(맞춰보기). 도량형(度量衡)의 검정 ; 표준에 따르기.

aferido (1) *a.* 표준 칫수에 맞춘. 표준을 잰 (달아본). 도량형을 검정한.
— (2) *m.* 수차(水車)에 이끄는 용수구 (用水溝). 물레방아에 가는 도랑.

aferidor *m.* ①도량형 검정자(檢定者). (술통의) 검량관(檢量官). ②(각종 계기(計器) 또는 무게를 재보는) 표준기(標準器). 표준척(尺). 검사기(器).

aferimento *m.* =*aferição*.

aferir *v.t.* ①도량형(度量衡)을 검정하다. 표준치수에 맞추다. 검사기에 달아보다 (측정하다). ②품질을 사정(査定)하다. 감정(鑑定)하다. ③(…와) 비교해 보다. ④인물을 평하다 ; 평가하다.

aferível *a.* 도량형을 검정할만한(해야 할).

aferradamente *adv.* 고집부려. 완고하게.

aferrado *a.* ①(의견 따위를) 고집한. 우긴 ; 고집이 센. 억척스러운. 집요(執拗)한. 완고한. ②(병이) 난치의.

aferramento *m.* ①끈기 있음. 불굴. 불요불굴(不撓不屈). ②억척스러움. 완고. 집요. 외고집. ③부착(附着) ; 부착물.

aferrar *v.t.* 갈고리(鉤)로 걸다. 갈고리로 움직이지 않게 하다 ; (배를) 비끄러매다.
— *v.i.* ①닻을 던지다. 투묘(投錨)하다. ②붙들리다. 붙잡히다.
—se *v.pr.* ①붙들리다. 붙잡히다 ; 꼼짝 못하다. ②…을 고집하다. 우기다. …을 집착하다.
Aferrou-se á sua opinião. (그 사람은) 자기의 의견을 고집했다.

aferrenhar *v.t.* ①쇠(鐵)처럼 굳게 하다 (단단하게 하다). ②집착하다. 고집부리게 하다.

afêrro *m.* ①굳은 마음. 움직이지 않는 의견. 집념(執念). 집착(執着). ②굽히지 않는 고집. 완고. 억척스러움. ③열중. 전념.

aferroar *v.t.* ①(벌·독충(毒蟲) 따위의) 바늘로 찌르다(쏘다). ②뾰족한 것으로

aferrolhar *v.t.* ①(문) 빗장 질러 잠그다 ; 볼트로 죄다. ②투옥(投獄)하다. ③(금전 따위를) 귀중히 취급하다. 소중히 다루다.

aferventação *f.* ①(푹) 끓이기. 지나치게 데우기. 삶기. ②(물 따위) 부글부글 끓음. 비등(沸騰).

aferventar *v.t.* (푹) 끓이다. 비등시키다 ; 삶다.

afervoradamente *adv.* 열렬히. 열심히.

afervorado *a.* ①끓인. 끓은. 비등하는. ②열렬한. 열정적. 열광적.

afervorar *v.t.* ①푹 끓이다. 펄펄 끓게 하다. ②격려(激勵)하다. 열띠게 하다.
—se *v.pr.* 펄펄 끓다. 비등하다. ②열띠다. 열광하다. ③격려되다.

afestoado *a.* 꽃줄로 장식한. [建] 현화장식(懸華裝飾)을 한.

afestoar *v.t.* 꽃줄 (꽃·잎·리본 등을 새끼 모양으로 걸어 느린 것)로 장식하다. 꽃줄을 만들다. [建] 현화장식을 하다. 화식(花飾)하다.

afetação *f.* (…인 체) 하는 것. 꾸민 태도 ; 가식(假飾). 허식(虛飾). ②뽐냄.

afetado (1) *a.* ①(…인 체) 하는. (…인) 처럼 보이는(꾸민). 부자연한. ②뽐내는. 건방진.
— (2) *a.* ①…의 영향을 받은. ②침범당한. ③(병에) 걸린.

afetar (1) *v.t.*, —se *v.pr.* ①(…인) 체하다. (…인) 것처럼 보이다(꾸미다). 허식(虛飾)하다. 가장하다.
— (2) *v.t.* ①영향이 미치게 하다. 감화되게 하다. ②(병 따위에) 전염시키다. 걸리게 하다.

afetivamente *adv.* 정답게. 애정 있게. 감동하여.

afetividade *f.* ①정다움. 애정이 깊음. 온정(溫情). ②감수성(感受性).

afetivo *a.* 정다운. 애정 깊은. 다정(多情)의. 온정의.

afeto *m.* ①정(情). 애정. 사랑 ; 연모(戀慕). 좋아하기. 호감(好感). ②부드러운 마음씨. 온정. 다정.

afetuoso *a.* ①정이 있는. 정다운. 애정이 있는. 다정다감한. ②사근사근한. 부드러운. 친절한. 따뜻한. ③감수성이 큰. 감정이 풍부한.

afiação *f.* (끝을) 뾰족하게 하기. (칼 따위를) 벼리기. 갈기. 연마(研磨).

afiado *a.* ①(칼 따위를) 벼린. 간. 연마한. ②뾰족하게 한. 뾰족해진. ③예리한. 잘 드는. 날이 선.

afiador *m.* ①(숫돌에) 벼리는 사람. 가는 사람; 끝을 뾰족하게 하는 사람. ②벼리는 (가는) 도구 또는 기계. 연마기(硏磨機).

afiambrado *a.* 모양을 낸(피운). 멋부린.

afiambrar-se *v.pr.* 멋지게 입다(차리다); 모양을 내다. 멋부리다.

afiamento *m.* =*afiação*.

afiançado *a.* 보증된; 보석(保釋)된.
— *m.* 피(被)보증인. 보석된 사람.

afiançador *m.* 보증인; 보석자. 담보자.

afiançar *v.t.* ①보증하다. 보증서다. ②(보증인이) 보석을 받게 하다. 《古》보석을 허락하다.

afiançável *a.* 보증할 수 있는; 보석시킬 수 있는.

afiar *v.t.* ①칼 따위를 벼리다. 갈다. 날세우다. ②뾰족하게 하다, 예리하게 하다. ③연마하다. (잘 닦아) 완성하다. ④(나쁜 짓을) 꾸미다.
pedra de afiar 숫돌용의 돌; 둥근 숫돌. 회전 숫돌.

aficionado *m.* 애호가. 아마추어; 도락가.
— *a.* (특히 운동·경기에) 열광적인. 열렬한.

afidalgadamente *adv.* 귀족처럼. 귀족인 체하여.

afidalgado *a.* 귀족색인. 귀족 차림이 귀족다운. 귀족 비슷한. 귀족의 행세를 하는.

afidalganiento *m.* ①귀족이 됨. ②귀족적 행동(처신). 귀족의 흉내를 내기.

afidalgar *v.t.* ①귀족이 되게 하다. ②귀족처럼 되게 하다.
—*se* *v.pr.* ①귀족이 되다. ②귀족인 체하다. 귀족의 흉내를 내다. 귀족적인 태도를 취하다(행동을 하다).

afidavit *m.* [法] 선서구신서(具申書).

afidifagos *m.* (*pl.*) 삼관절갑충류(三關節甲蟲類).

afidio *m.* [蟲] 진드기.

afiguração *f.* ①공상. 환상(幻想). ②심상(心像). 상상(想像). 이미지. ②내킨 생각. 일시적 기분.

afigurado *a.* ①공상적인. 환상적인. ②형상(形象)뿐인. ③(좋은 또는 나쁜) 모양의. 꼴의. 형세(形勢)의. 정황(情況)의.
bem afigurado 보기 좋은. 미모의.
mal afigurado 보기 흉한. 흉상(兇相)의.

afigurar *v.t.* ①형체를 이루게 하다(이루다). 형성하다. ②(…을) 상상하다. 공상하다.
—*se* *v.pr.* 마음에 그리다. 상상하다.
afigura-se-me vê-lo ainda 그 사람이 아직도(내 눈에) 보이는 것 같다.

afigurativo *a.* ①환상적인. 공상적인. ②형용(形容)적인. 비유(比喩)적인.

afilado *a.* ①(끝이) 뾰족한. 예리한. ②(모양이) 날씬한. 가느다란. 홀쭉한. ③얇은. ④(희망 따위) 희미한.

afilar (1) *v.t.* ①(끝을) 뾰족하게 하다. ②(모양을) 날씬하게 하다. 가늘게 하다. 홀쭉하게 하다. ③얇게 하다.
— (2) *v.i.* 배가 바람을 안고 가다. 바람부는 쪽(風向方向)으로 전진하다.
— (3) *v.t.* (=*aferir*). 도량형(度量衡)을 검정(檢定)하다.
— (4) *v.t.* (개를) 부추기다.

afilhada *f.* [宗] 대녀(代女). 교녀(敎女). (※ *afilhado*를 참조).

afilhadagem *f.* ①보호. 후원. ②많은 대자(代子)들. 대자(대녀)의 떼.

afilhadismo *m.* 친척 등용(登用). 족벌주의.

afilhado *m.* ①[宗] 대자(代子) (세례 때 자기가 부모 대신 입회해 준 아이). ②피(被)보호자.

afilhamento *m.* 싹트기. 발아(發芽).

afilhar *v.i., v.t.* 싹이 트다. 싹트게 하다. 발아(發芽)하다. 피다.

afiliação *f.* ①합동(合同). 합병(合倂); 연합. 동맹. ②입회. 가입. ③관계. 친밀.

afiliar *v.t.* ①합병하다. 합동시키다; 연합하다. ②입회시키다. (…에) 가입하다.

afilo *a.* [植] 잎사귀 없는. 무엽(無葉)의.

afim *a.* ①(…와) 관계가 있는; 인척(친척)이 되는. 친척 관계가 있는. ②비슷한. 유사한.
linguas ofins 유사어(類似語). 동류어(同類語).
— *m.* ①인척 관계; 친족(親族). 친척. ②유사(類似). 동류.
afim de loc prep (=*afim de*) …의 목적으로. …을 하기 위하여. …에 의하여.

afinação *f.* ①정제. 정련(精練). 제련; 정화. 순화. ②가늘게 하기. 얇게 하기. ③완미(完美). 정교(精巧). ④[樂器] 조율(調律).

afinadamente *adv.* ①정제하여; 정교(정치)하게. ②(악기를) 조정하여. 조율하여.

afinado *a.* ①정제한. 정련한. 제련한. ② 품이 좋게 완성한. 정교한. ③가는. 보드러운. ④(악기의) 음조를 맞춘. 조율한. ⑤《俗》노한. 화난.

afinador *m.* ①정련공(精練工); 정제자. ②제련기. 정제기. ③(악기의) 조율사(調律師). 조정기(調整器).

afinagem *f.* 정제(정련)하기. 제련. 세련. 정화(純化)하기.

afinal *adv.* (=*a final*). 마침내. 결국(에는). 드디어. 최후에.

afinamento *m.* =*afinação*.

afinar *v.t.* ①맑게 하다. 순화하다. 세련하다. ②보드럽게 하다. 가늘게 하다. 얇게 하다. ③(금속을) 정련하다. 제련하다. 정제하다. ④(악기를) 조율하다. (음조를) 조정하다. ⑤노하게 하다.
— *v.i.*, — *se v.pr.* ①노하다. 화내다. ②조정되다. 조화(調和)되다.

afincadamente *adv.* ①완고하게. 완강하게. ②(…에) 몰두하여. 열심히.

afincado *a.* ①완고한. 완강한. 억척스러운. 집요한. ②(…에) 몰두한. 전념한. 열심한.

afincamento *m.* ①완고. 완강. 집요(執拗). 집착. ②전념. 전심 전력. 몰두.

afincar *v.i.* ①(의견·주장 따위를) 굽히지 않다. 완강하다. 고집부리다. ②(…을) 집착하다. ③(…에) 몰두하다. 전념하다.
— *v.t.* 움직이지 않게 하다. 고정(固定)시키다.

afinco *m.* ①완고. 완강; 고집. 집념(執念). 집착(執着). ②근면. 면려(勉勵). 전심전력.
com afinco 완강히; 열심히. 전심전력으로.

afinidade *f.* ①인척(姻戚) (관계). 동족관계. ②[가톨릭] 영척(靈戚). ③근사(近似). 유사. ④[生物] 유연(類緣). ⑤[化] 친화력(親和力). 화합력. ⑥부합(符合). 일치.

afirmação *f.* 확언; 확증; 긍정. 시인(是認). 단언.

afirmadamente *adv.* 확증하여. 확언(단언)적으로. 긍정적으로.

afirmador *m.* 확증자. 긍정자. 시인자. 단언자.

afirmante *a.* 확증하는. 확인하는; 긍정하는. 시인하는.

afirmar *v.t.* ①확증하다. 확인하다. ②확언하다. 단언하다. ③긍정하다. 시인하다.
— *v.i.*, — *se v.pr.* (보고) 확인하다. 확증되다.

afirmativa *f.* 확언. 시인. 긍정; 긍정문(肯定文). 긍정사(辭). 긍정어. 긍정 명제(命題).

afirmativamente *adv.* 긍정적으로. 확정적으로. 확언적으로.

afirmativo *a.* ①확언적. 단정적. [論] 긍정적. [法] 확증의. 확인의. ②시인(是認)의. ③[數] 정(正)의.

afirmável *a.* 확언(단언)할 수 있는. 확증가능한.

afistulado *a.* [醫] 누(瘻)가 된. 누성(瘻性)의. 누관의.

afistular *v.t.* 누관(瘻管)으로 만들다. 누가 되게 하다. 누로 변화시키다.

afitar (1) *v.t.* 시선(視線)을 집중하다. 주목하다. 응시하다.
— (2) *v.t.* 리본으로 장식하다. 리본을 만들다.

afivelado *a.* 조임쇠로 조인. 버클로 조인. 조임쇠가 달린.

afivelar *v.t.* ①조임쇠로 죄다. 버클로 채우다. ②단단히 잠그다. 벗어지지 않게(안전하게) 하다.

afixação *f.* ①(표어·포스터·우표 따위를) 붙이기. 발라붙이기. ②부가(附加). 첨부. ③고정(固定).
afixação proibida (선전 따위의) 표어 붙이는 것을 금함.

afixar *v.t.* ①(표어·포스터 따위를) 붙이다. 발라붙이다. ②(움직이지 못하게) 고정하다. 고착시키다. ③(게시판 따위에) 달다.
é proibido afixar cartazes (담·벽 따위에) 표어를 붙이는 것을 금지한다.

afixo *a.* 첨가(添加)의. 첨부의. 부착의.
— *m.* 첨가. 첨부; 첨가물. 부착물. [文] 접사(接辭) (접두사·접미사 따위).

aflante *a.* 부는; 불어 넣는. 고취(鼓吹)하는.

afiar *v.t.* 불다. 불어 넣다. 고취하다.

aflato *m.* 불기. 취주(吹奏); 부는 소리. 내쉬는 숨소리. 일진(一陣)의 바람.

afiautado *a.* 피리 모양(꼴)을 한; 피리소리의.

aflautar *v.t.* ①피리 모양(꼴)으로 하다.

②피리(같은) 소리를 내다. 피리소리에 맞춰 노래 부르다(휘파람 불다).

aflechado *a*. 화살의. 화살같은 ; 화살에 다친.

aflechar *v.t.* ①화살 모양으로 만들다. ②화살로 상처를 입히다.

afleimar——se *v.pr.* 진정 못하다. 안달하다. 안타까워하다. 바삐 돌아다니다.

aflição *f*. ①고통. 고뇌(苦惱), 번민, 고민, 우민(憂悶). ②비통. 슬픔. ③불행 재앙.

afligente *a*. =*aflitivo*.

afligimento *m*. =*aflição*.

afligir *v.t.* 괴롭히다. 고통 주다. 고생시키다. 슬프게 하다.

—se *v.pr.* ①괴로워하다. 고민하다. 번민하다. 우민(憂悶)하다. ②슬퍼하다. 비탄하다. ③불안을 느끼다. 우구(憂懼)하다. *Não se aflija! Tudo acabará bem.* 모두 잘 되어 갈 것이니 걱정(슬퍼)하지 마시오!

aflitamente *adv.* 괴롭게. 고민(번민)하여 곤란하여.

aflitivamente *adv*. 괴로운듯이 ; 가슴 아프게. 고통스럽게.

aflitivo *a*. ①고통을 주는. 고민케 하는. 비탄케 하는. 쓰라린. ②고뇌의. 번민의.

aflito *a*.《古》=*aflicto*. ①괴로워하는. 고민(번민)하는. ②몹시 걱정하는. 우구(憂懼)하는. ③슬픈. 비탄에 잠긴.
— *m*. ①괴로워하는 사람. 슬퍼하는 이. 몹시 걱정하는 사람. ②고민(번민·걱정)의 원인. ③비참한 것.

aflogístico *a*. ①불길이 오르지 않는. 불길이 없는. 무염(無焰)의. ②[醫] 비염증(非炎症)의.
lam pada aflogística 안전등(安全燈) (탄광 등의 갱내(坑內)에서 폭발 가스에 인화(引火)하지 않는 등(燈)).

afloração *f*. ①수평(水平)으로 하기. 평평하게 하기. ②나타남. (광상(鑛床)의) 노출(露出). 노현(露顯).

afloramento *m*. =*afloração*.

aflorar *v.t.* ①수평이 되게 하다. 평평하게 하다. ②나타나게 하다. 노출시키다.
— *v.i.* 나타나다. 광상(鑛床·鑛狀)이 노출하다.

afluência *f*. ①커다란 흐름 ; 흘러 들어가기. 유입(流入). ②(사람의) 쇄도(殺到). ③풍부. 부유.

afluente *a*. ①줄줄 흐르는. 흘러 들어가는. 유입(流入)하는. ②모여드는. (사람이) 쇄도하는. ③많은. 풍부한. 부유한.
— *m*. 지류(支流). 회류(會流). [醫] 충혈.

afluentemente *adv*. ①줄줄 흘러. 흐르듯. ②풍부한.

afluir *v.i.* ①줄줄 흐르다. 흘러 들어가다. 유입하다. ②모여들다(사람들이). 쇄도하다.

aflux *adv*. 풍부한.

afluxo *m*. ①유입(流入). 쇄도. ②[醫] 충혈(充血).

afobação *f*. ①급함. 서두름. 바삐 돌아감. 분주함. ②소란 ; 잡담.

afobado *a*. (바삐) 서두르는. 황급한. 덤비는. 어찌할 바를 모르는 ; 소란한.

afobamento *m*. =*afobação*.

afobar-se *v.pr.* ①바삐 서두르다. 분주히 돌아가다. 어찌할 바를 모르다. ②소란스러워지다.
Não se afobe! 서두르지 마시오! 진정(침착)하시오!

afocinhar *v.t.* (동물이) 콧등으로 떠밀다 (넘어뜨리다). 코끝으로 땅을 뒤지다(파다).
—se *v.pr.* ①넘어지다. ②(물속에) 가라앉다.

afofado *a*. ①부은. 부풀은. ②오만한. 거만한.

afofamento *m*. ①부어오르기. 부풀기. ②(이야기 따위의) 과장. 보태어 말하기. ③자랑. 자만. 오만. 거만.

afofar *v.t.* ①부어오르게 하다. 부풀리다. ②(이야기를) 과장하다. 보태어 말하다.
—se *v.pr.* 부풀다. 부어오르다. ①과장하다. ②자랑하다. 자만하다.

afogadamente *adv*. 숨가쁘게. 숨차게. 질식할듯이.

afogadiço *a*. 숨가쁜. 숨찬. 질식할듯한. 질식되기 쉬운. 숨막히기 쉬운.

afogadilho *m*. 서두르기. 조급. 창황(倉惶). 낭패(狼敗).
de afogadilhho 급히. 황급히. 창황하게.

afogado *a*. ①숨가쁜. 숨찬. ②질식한. 숨이 막힌. ③통풍(通風)이 나쁜. ④물에 빠진.
— *m*. 물에 빠진 사람 ; 익사자(溺死者).

afogador *a.m.* 숨가쁘게 하는 (사람). 질식시키는 (사람).

afogadura *f*. =*afogamento*.

aforgar-afortalezar

— m. ①숨막힘. 질식. 질식시키기. ②물에 빠짐. 몰익(沒溺).
aforgar v.t. ①숨가쁘게 하다; 질식시키다. ②물에 적시다. ③물에 빠지게 하다. ④발육 못하게 하다. 발육을 저해(沮害)하다. ⑤소멸하다.
— v.i., —se v.pr. ①숨차다. 숨이 막히다. 질식하다. 질식해 죽다. ②물에 빠지다(빠져 죽다). 몰익(沒溺).
afogo m. ①숨이 참. 숨이 막힘. 질식. ②(숨막히는 듯한) 고통. 압박.
afogueadamente adv. 아주 뜨겁게. 열화 같이; 열렬히.
afogueado a. 빨갛게 달군. 새빨간. 아주 뜨거운. 열렬한.
afogueamento m. ①아주 뜨겁게 하기. 열화(熱化). 빨갛게 달구기. (쇠 따위 달아서) 새빨개지기. ②불같이 뜨거움. 열렬함. 열중(熱中).
afoguear v.t. ①아주 뜨겁게 하다. 빨갛게 달구다.
—se v.pr. ①아주 뜨거워지다. 빨갛게 달다(타다). 불처럼 새빨개지다. ②열렬하다. 열중하다.
afoitadamente adv. 용감히. 대담하게.
afoitado a. ①기운을 돋운. 활기를 띤. 격려(激勵)된. 용기를 얻은. 대담해진.
afoitamente adv. 기운 벅차게. 자신만만하게. 대담(과감)하게. 용감무쌍하게.
afoitar v.t. ①기운을 돋우어 주다. 격려하다. 고무하다. 용기를 띠게 하다. ②촉진하다.
afoiteza f. ①대담함. 용감함. 용감무쌍함. ②자신만만함.
afoito a. ①대담한. 씩씩한. 용감(무쌍)한. ②자신만만한.
— m. 용감한 사람. 대담한 사나이.
afolhado a. 윤작(輪作)한; 윤작하기 위하여 땅을 나눈.
afolhamento m. [農] 윤작. 순환경작법(循環耕作法).
afolhar v.t. ①윤작(순환경작)하다. ②윤작하기 위해 땅을 나누다.
— v.i. (잎이) 무성해지다. 번생(繁生)하다.
afonia f. 목소리가 안 나오는 병. 실음증(失音症). 음성 결핍.
afónico, áfono a. 목소리가 안 나오는. 실음증의. 실음증에 걸린.

afora adv. …을 제외하고. …이외(以外)에. 그밖에.
aforação f. =aforamento.
aforado a. (토지를) 임대(賃貸)한. 차지(借地)한. 장기임대차(長期賃貸借)한. 소작계약을 한.
aforador m. ①(토지를) 빌려 주는 사람. 대여자(貸與者). ②(토지를) 빌리는 사람. 차용자(借用者). 소작계약인. ③장기임대차 계약인.
aforamento m. (특히 토지의) 임대차(賃貸借). 장기차지(長期借地); 그 계약. 소작계약. [法] 영대차지(永代借地).
aforar v.t. ①(토지를) 빌리다; 빌다; 임대(임차)하다. ②차지(소작)계약을 하다.
aforçurado a. ①바삐 서두르는. 창황한. 몹시 덤비는. ②힘드는. 노력한. ③피로한.
aforçurar-se v.pr. ①바삐 서두르다. 몹시 덤비다. ②힘들여 일하다. 몹시 노력하다. ③피로해지다.
aforismático a. 금언(金言)의. 격언의. 격언체의.
aforismo m. 금언. 격언. 경구(警句).
aforista m., f. 격언작가. 경구가(家).
aforístico a. 금언의. 격언(체)의. 경구적.
aformoseado a. 예뻐진. 아름답게 된. 미화(美化)한. 곱게 장식된.
aformoseador m. 아름답게 꾸미는(장식하는) 사람.
aformoseamento m. 아름답게 꾸미기. 예쁘게 장식하기. 미화(美化).
aformosear v.t. ①아름답게 하다(꾸미다). 예쁘게 하다. 미화하다. ②(문장을) 윤식하다.
aforquilhado a. 갈래로 나눠진. 갈래꼴의.
aforrado a. (옷·이불 따위의) 안을 댄. 속을 댄. [建] (벽 따위의) 내측(內側)을 덧바른.
aforramento m. (옷·이불 따위의) 안을 대기. [建] 내측을 덧바르기.
aforrar (1) v.t. (옷·이불의) 안을 대다. 속을 대다. [建] (벽 따위의) 내측을 덧바르다.
— (2) v.i. (노예를) 해방하다. 석방하다.
— (3) v.t. 《俗》 절약하여 저축하다.
afortalezar v.t. ①[軍] (진지를) 든든히 하다. 강화하다. 보강(補強)하다. ②방어공사를 하다. 축성하다.

afortunadamente *adv.* 다행히. 운좋게. 부유하게.

afortunado *a.* 다행한. 운좋은 ; 행복한. 다복한.

afortunar *v.t.* ①운좋게 하다. ②행복되게 하다. 부유(富有)하게 하다.

afortunoso *a.* 운좋은. 다행한.

afrancesado *a.* 프랑스식으로 된. 프랑스식인.

afrancesar *v.t.* ①프랑스식으로 하다. 프랑스화하다.
—se *v.pr.* ①프랑스화(化)되다. 프랑스사람인 체하다.

afrasia *f.* 말을 더듬기. 말더듬.

afrechado *a.* ①화살 모양의. 시형(矢形)의. 시상(矢狀)의. ②화살에 다친(찔린).

afrechar *v.t.* ①화살 모양으로 만들다. ②화살로 상처를 입히다.

afreguesado *a.* ①고객이 된. 단골손님이 된. ②고객이 많은. 손님을 끄는. 번창한.

afreguesar *v.t.* 고객이 되게 하다. 단골손님이 되게 하다. 손님을 끌다.
—se *v.pr.* 고객(단골손님)이 되다.

afregulhado *a.* 바쁜. 바삐 서두르는. 덤비는.

afretador *m.* (비행기)를 빌려 쓰는 사람. 배(비행기)의 대절자(貸切者).

africa *f.* ① 솜씨. 재간 ; 세운 공로(勳功). ②공명(功名).

África *f.* 아프리카(대륙·주).

africanamente *adv.* 아프리카 (사람) 식으로.

africana *f.* 아프리카 여자.

africanas *f.(pl.)* 금으로 만든 큰 귀걸이 (아프리카 토인식).

africanismo *m.* 아프리카식(式). 아프리카적 특색. 아프리카 사투리.

africanista *m., f.* 아프리카 연구가.

africanizar *v.t.* ①아프리카식으로 하다. 아프리카화하다. ②아프리카 흑인의 세력하에 두다.

africano *a.* 아프리카(대륙)의. 아프리카 사람의.
— *m.* 아프리카 사람. (특히 아프리카 출신) 흑인.

áfrico *m.* ①남서풍(南西風). (아프리카에서 불어온다는 뜻에서). ②《稀》아프리카인.

afro *a.* (=*africano*). 아프리카의(주로 합

---

afortunadamente-afrouxelado

성어에 씀).
afro-negro 아프리카 흑인(黑人)의.
afro-asiático 아시아·아프리카의. 아아(阿亞)의.

afrodisia *f.* 음욕왕성(淫慾旺盛). 음란(淫亂).

afrodisíaco *a.* ①생식기능(生殖機能)을 증진케 하는. (또는 회복을 돕는). ②최음(催淫)의. 최음적.
— *m.* 최음제(劑). 미약(媚藥).

afrodisiasmo *m.* 육체관계. 성교(性交) ; 생식기능.

afrodistas *f.(pl.)* [植] 은화식물(隱花植物).

afrodite *f.* [希神] 아프로디테(사랑·연애·미(美)의 여신. 로마 신화에서는 *Venus*).

afro-negro *a.* 아프리카 니그로의. 아프리카 흑인의.

afronta *f.* ①욕. 모욕. 조매(嘲罵). ②피로. 피곤.

afrontação *f.* [醫] 호흡곤란.

afrontadiço *a.* 자주 화내는. 곧잘 노하는. 작은 일에도 짜증내는.

afrontado *a.* ①모욕하는. 모욕 당한. 창피 당한. 욕보인. ②호흡이 곤란한. 숨가쁜. 질식한.

afrontador *m.* 모욕하는 사람. 창피 주는 사람. 무례한 짓을 하는 사람.

afrontamento *m.* ①욕보이기. 창피 주기. 모욕. 무례한 언사. ②지칠 피로.

afrontar *v.t.* ①무례한(불손한) 말을 던지다. 욕하다. 창피 주다. 모욕하다. ②피로케 하다. 지치게 하다. ③숨가쁘게 하다. 질식시키다. ④(죽음 또는 위험에) 직면케 하다. ⑤대심(對審)시키다.
—se *v.pr.* ①창피 당하다. 무안해지다. ②피로해지다. 지치다. ③숨이 막히다. 질식하다.

afrontoso *a.* ①무례한. 버릇 없는. 불손한. ②모욕적인. 조소적인. ③난폭한. 거칠은. ④면목 없는. 불명예스러운. 수치스러운.

afrouxamento *m.* 늦추기. 긴장이 풀리기. 늦춘 상태. 이완(弛緩). 해이(解弛).

afrouxar *v.t.* ①(묶은 것을) 끄르다. 늦추다. 느슨하게 하다. 이완하다. ②완화(緩和)하다. (부담을) 덜다. 감소하다.
— *v.i.* 느슨해지다. 긴장이 풀리다. 이완하다. 흐느적지다. 약해지다.

afrouxelado *a.* ①솜털 같은. 솜털처럼(보드러운). ②(민들레·복숭아 등이) 솜털에

덮인. 보드라운 털이 돋은.
afrouxelar *v.t.* 솜털처럼 연하게(보드럽게) 하다.
— *v.i.* 솜털처럼 연해지다. 솜털에 덮이다.
afrutado *a.* (나무에) 과일이 많이 달린(열린).
afrutar *v.i.* 과일이 많이 달리다(열다). 많은 과일이 생산되다.
afta [醫] 아구창(牙口瘡).
aftoso *a.* 아구창의. 아프타성의. *febre aftosa* 아프타성염(炎). 전염성 아구창.
afugentador *m.* 쫓는 (사람). 추방하는 (자).
afugentamento *m.* 쫓기. 쫓아보내기. 추출(追出).
afugentar *v.t.* 쫓다. 쫓아버리다. 추출하다. 도망치게 하다.
afumaçado *a.* 연기로 가득한. 연기 투성이의. 몹시 연기나는.
afumadura *f.* 많은 연기를 내기. 연기로 가득 채우기 ; 충만한 연기.
afumar, afumear *v.t.* ①연기 나게 하다. 연기로 가득 차게 하다. 내나게 하다. ②그슬려 검게 하다.
afumdamento *m.* (물속에) 가라앉음. 침몰. 침몰시키기. 몰익(沒溺). 윤몰(淪沒).
afundar *v.t.* ①(물속에) 가라앉게 하다. 침몰시키다. ②소멸하다.
— *v.i.*, —se *v.pr.* ①가라앉다. 침몰하다. 몰익하다. 윤몰하다. ②소멸하다. 없어지다.
afundimento *m.* =*afundamento*.
afundir *v.t.* =*afundar*.
afunilado *a.* 깔때기 같은. 누두형(漏斗形)의.
afunilar *v.t.* 깔때기 모양으로 만들다. 누두형이 되게 하다.
afusado *a.* [博] (베틀의) 북 모양을 한. 방추(紡錘)꼴의.
afusão *f.* ①관수(灌水). (세례의) 관수식(灌水式). ②[醫] 관주(灌注)(요법).
afusar *v.t.* 방추(紡錘) 모양이 되게 하다.
agã *m.* H자(字)의 이름 ; H의 발음.
aga *m.* (터키의) 대관(大官). 군사령관.
agachamento *m.* (몸을) 웅크리기. 굽히고 낮추기.
agachar *v.t.* (몸을) 웅크리게 하다. 굽히고 낮추게 하다. (숨듯이 몸을) 낮추다.

—se *v.pr.* ①몸을 웅크리다. 굽히고 (몸을) 낮추다. ②(몸을) 낮추고 숨다.
agacho *m.* 몸을 웅크림(굽힘). 웅크린(굽힌) 자세.
agadanhar *v.t.* ①갈고리로 걸어당기다. ②손톱(발톱)으로 할퀴다. 할퀴어 상처를 내다. ③슬쩍 끌어넣다. 훔치다.
agafita *f.* 하늘색의 터키 구슬(玉).
agaitado *a.* 까부는. 몹시 장난하는. 불량배의.
agaitar-se *v.pr.* 까불다. 몹시 장난하다. 불량배의 행실을 하다.
agalactação *f.* 젖분비(乳分泌)의 폐지(閉止). 젖이 부족함.
agalactia *f.* 유즙결핍(乳汁缺乏). 젖부족.
agalactico *a.* 유즙결핍의.
agalegado *a.* ①가례고식(式)의. ②상스러운. 예모 없는. 촌뜨기 같은.
agalegar *v.t.* ①가례고식으로 하다. ②상스럽게 하다. 예모 없게 하다.
— *se v.pr.* 상스럽게 되다. 예모 없이 처신하다.
agalgado *a.* (특히 토끼를 잡는) 사냥개 같은. 그레이하운드 같은.
agaloado *a.* 금은(金銀) 모르를 단.
agaloadura *f.* 금은(金銀) 모르를 달기. 금은(金銀) 레이스를 달기.
agaloar *v.t.* 금은(金銀) 모르를 달다. 금은(金銀) 레이스를 달다.
agaloco, agaloche *m.* [植] 침향(沈香). 가라(伽羅).
agami *f.* [鳥] (남미산의) 메추라기과의 새. 능에의 무리.
agamia *f.* [生物] 무성생식(無性生殖).
agámico, ágamo *a.* 무성의. 무성생식의. [植] 은화(隱花)의.
agamo-génese *f.* [生物] 무성생식. 자연발생.
aganar *v.t.* 몹시 춥게 하다. 얼게 하다.
aganisia *f.* [植] 난초과(蘭科)의 식물.
agapanto *m.* [植] 자군자란(紫君子蘭).
ágape *m.* 애찬(愛餐) (초기 기독교도의 회식). (특히 기독교도들이 자기 집에서 음식물을 교회에 가져다 회식하던) 잔치. 연회.
agaporni *m.* (남미산의) 작은 잉꼬새.
ágar *m.* 젤라틴. 우뭇가사리.
ágar-ágar *m.* 우뭇가사리. 박테리아 배양기(培養基).

agareno *a.* 무어 사람의. 무어식의.
— *m.* 무어 사람(모로코에 사는 회교 인종).

agárico *m.*, *a.* [植] 느타리버섯(의).

agarotado *a.* (한 행동이) 어린아이 같은. 장난꾸러기 같은. (행실이) 불량소녀 같은. 불량배짓의.

agarotar-se *v.pr.* 장난꾸러기 행실을 하다. 장난꾸러기가 되다.

agarração *f.* ①붙잡기. 붙들기. 포착(捕捉). ②(두 팔로) 끌어안기. ③달라붙기. 매달리기.

agarradiço *a.* 남(他人)에게 매달리는. 매달리기 좋아하는. 의지하는(버릇이 있는).

agarrado *a.* ①붙들린. 붙잡힌. 포착된. ②(두팔로) 껴안은. ③달라붙은. 부착(附着)한. ④돈을 아끼는. 인색한. ⑤고집이 센. 완고한.

agarrador (1) *a.* ①붙잡는. 붙드는. ②(두팔로) 껴안는. 움켜잡는. ③매달리는. 의지하는. ④(대고기·부유물(浮遊物) 등에) 들러붙는. 붙어다니는.
— *m.* ①붙잡는 사람. 움켜 안는 사람. 포착자. ②돈을 몹시 아끼는 사람.
— (2) *m.* [魚] 빨판상어.

agarramento *m.* =*agarração*.

agarrar *v.t.* ①붙잡다. 붙들다. 포착하다. ②(두팔로) 끌어안다. 껴안다. 움켜집다.
—se *v.pr.* ①붙잡히다. 붙들리다. 포착되다. ②안기다. ③들러붙다. 부착(附着)하다.

agarrochar *v.t.* (가축을) 막대기로 찌르다. 자극 주다. 막대기로 가축을 몰다.

agarrotar *v.t.* ①목졸라 죽이다. 교형(絞刑)에 처하다. ②질식시키다.

agasalhadamente *adv.* 따뜻이. 우대(優待)하여. 후대하여.

agasalhado *a.* ①(바람·비·추위 따위를 막기 위하여) 따뜻이 입은(입힌). ②따뜻이 보호된.
— *m.* ①따뜻이 입기(입히기). ②따뜻한 보호. ③숙소의 제공.

agasalhador *a.* ①따뜻이 입히는. ②풍우를 막게 하는. ③숙소를 제공하는.

agasalhar *v.t.* ①(바람·비·추위 따위를 막기 위하여) 따뜻이 입히다. 잘 입히다. ②따뜻이 보호하다. ③숙소를 제공하다. ④따뜻이 대접하다. 후대하다.
—se *v.pr.* (풍우를 막기 위하여) 따뜻이 입다.

agasalho *m.* ①따뜻한 의복. (추위를 막기 위한) 두터운 의류. ②따뜻이 대우하기. 후대(厚待). ③숙소의 제공. ④풍우를 막는 대책.
pedir agasalho 숙소를 제공해 주기를 요망(요청)하다.

agastadamente *adv.* 성내어. 화내어. 퉁하여.

agastadiço *a.* 자주 노하는. 쉽게 화내는. 짜증 잘내는. 퉁하는. 곧잘 역정내는.

agastado *a.* 노한. 화난. 퉁한. 짜증부린. 불유쾌한.

agastamento *m.* 노하기. 화내기. 역정(逆情)내기. 짜증부리기. 퉁하기.

agastar *v.t.* 노하게 하다. 화나게 굴다. 성나게 하다.
—se *v.pr.* 노하다. 화내다. 짜증부리다. 역정내다. 퉁하다.

ágata *f.* [鑛] 마노(瑪瑙).

agatanhadura *f.* =*agatanhamento*.
— *m.* ①손톱(발톱)으로 긁기(할퀴기). ②할퀸 자국. 스친 상처.

agatanhar *v.t.* 손(발톱)으로 긁기. 할퀴기.

agrateado *a.* 벽안(碧眼)의.

agatífero *a.* [地質] 마노가 있는. 마노를 함유한.

agatificar *v.t.* 마노화(瑪瑙化)하다.

agatizar *v.t.* 마노화하다. 마노처럼 만들다.

agatóide *a.* 마노 같은. 마노 비슷한.

agauchado *a.* ①가우쇼(*gaucho*) 같은. ②목부(목동). 이와 같은. 목동이처럼 차린(처신하는).
(註) *gaucho*는 목축업이 발달한 브라질 남부의 *Rio Grande do Sal* 주민(州民)의 별명임.

agauchar-se *v.pr.* ①가우쇼처럼 되다. ②목부(목동) 이와 같이 차리다(처신하다).

agave *f.* [植] 용설란(龍舌蘭) (열대 사막지 방산).

agavelar *v.t.* (보리를 베어) 단으로 묶다. (보리 이삭을) 묶어 단으로 만들다.

agazuado *a.* (자물쇠 여는 일종의 도구) *gazua* 같은. 그 꼴을 한.

ageitadamente *adv.* =*ajeitadamente*.

ageitado *a.* =*ajeitado*.

ageitamento *m.* =*ajeitamento*.

ageitar *v.t.*, —se *v.pr.* =*ajeitar*.

agência *f.* ①발동력. 힘. ②작용. 행위. 동

agenciador–agitação

작. [哲] 작인(作因). ③주선. 알선(斡旋). 중개. 매개. ④대리인의 직분(사무). [商] 대리권. 대리행위. 대리업. 대리점. 출장소. ⑤대리인의 보수. ⑥(정부의)기관.
*agência de jornai*s 신문통신사.
agência de informação 정보국.
agência de colocação 직업소개소 (이민에 대한) 직업알선소.
agência de empregos 고용국(雇傭局).
agência de navegação (해운) 운송점. 해운감독관 사무실.
agência de funerária 장의사(葬儀社).

agenciador *a.* ①대리하는. 대리사무 보는. ②행하는.
— *m., f.* ①대리인. 대행자(代行者). ②주선자. 알선인. [商] 중개인. 대리업자.

agenciamento *m.* ①(사무를) 대리하여 처리하기. 대행. ②주선(알선)하기. ③출장소의 일.

agenciar *v.t.* ①(사무를) 대리하다. 대행(代行)하다. 대리하여 교섭(처리 운영)하다. ②[商] 대리하여 거래하다. 중개(매개)하다. (출장소에서 본점을 대신하여) 알선하다, 주선하다. ③(앞잡이로) 일하다. 운동하다.

agenciário *m.* ①대리업. ②(직업 등의) 알선소. 소개소. (실업자에 대한) 상담지도소.

agencioso *a.* ①부지런한. 근면한. 활동적인. ②대리하는. 대행하는. 대변하는. 대리사무의.

agenda *f.* ①비망록. 요기(要記). 외교상의 각서. ②협의사항(協議事項). 의사일정(議事日程). 의제(議題).

agenesia *f.* 생식불능(生殖不能). (남자로서) 성교불능.

agente *a.* ①능동의. 원동의. ②원인이 되는. 작인(作因)의. ③대리하는. 대행하는.
— *m.* ①발동자. 행위자. ②원인이 되는 것. 작인. 동인(動因). 능인(能因). ③대리인. 대변인. 대행인. ④앞잡이. 하수인.
agente expedidor 운송대리인 ; 운송점.
agente diplomtico 외교관.
agente comercial 무역사무관.
agente comissário 위탁판매인, 중개상.
agente marítimo 뱃짐 취급인. 회조점(回漕店).
agente de câmbio 주식거래소원(去來所員). 주식중매인(仲買人).
agente de polícia 형사. 경관.

ageometria, ageometrosia *f.* 기하학 원리의 지식이 없음.

agerasia *f.* 연로(年老)하여도 체질이 정정함. 늙지 않는 체질. 고령(高齡)임에도 원기 왕성함.

agerato *m.* [植] (관상식물) 엉겅퀴의 일종.

agermanar *v.t.* ①꼭 닮게 하다. 닮은 것으로 만들다. ②형제가 되게 하다. ③《古》동등하게 하다.

ageusia, ageustia *f.* 미각(味覺)을 잃음. 미각이 없음.

agrigantadamente *adv.* 거인처럼. 대거(거창)하게. 엄청나게.

agigantado *a.* 거인 같은. 엄청나게 큰. 대대한. 거창한.

agigantamento *m.* 엄청나게 크게 하기. 거창(巨創)하게 하기. 거대화(巨大化).

agigantar *v.t.* 엄청나게 크게 만들다. 거대하게 하다.
—se *v.pr.* ①엄청나게 커지다. 거창하지다. 거대화되다. ②거인이 되다.

agigantear *v.t.* 거대하게 하다. 거창하게 하다.

ágil *a.* 재빠른. 날쌘. 민첩한. 기민한.

agilidade *f.* 재빠름. 날쌤. 민첩. 민활. 기민. 경쾌.

agilitar *v.t.* 재빠르게 하다. 날쌔게 하다. 민첩(기민)하게 하다.

agilmente *adv.* 재빠르게. 날쌔게. 민첩하게.

ágio *m.* ①[商] 환금수수료. 이자. 사례금. ②제한 외의 폭리.

agiografia *f.* 성도전(聖徒傳).

agiografo *m.* 성도전 편찬자.

agiologia *f.* = *agiologio*.
— *m.* 성도(전) 연구.

agiológico *a.* 성도의. 성도(전)에 관한.

agiota, agiotador *m.* ①빚주는 사람. 대금업자. ②투기사. 폭리만 꿈꾸는 사람.

agiotagem *f.* ①돈놀이. 고리대금(업). ②투기. 투기에 의한 이득금(利得金).

ariotar *v.t.* ①(많은 이자를 붙여) 돈을 빌려 주다. 고리대금하다. 돈놀이하다. ②투기하다. 폭리를 취하다.

agiotista *m., f.* = *agiota*.

agir *v.i., v.t.* ①행하다. 행동하다. ②몸을 움직이다. ③실행하다. 실시하다.

agitação *f.* ①동요 ; 격동. 동란. ②선동. 교란(불온한 형세. 소요(騷擾).

agitadamente *adv.* 동요하여. 교란(소요)되어.

agitadiço *a.* 동요하기 쉬운. 소요가 빈번한. (사회정세가) 늘 불온한.

agitado *a.* 동요한. ①형세가 불온한. 소란한. (사회질서가) 교란된. 소요한. ②선동된.

agitador *m.* 동요케 하는 사람. 선동자. 교란자. (사회질서를) 소란하게 하는 사람.

agitamento *m.* =*agitação*.

agitante *a.* ①동요케 하는. (사회질서를) 혼란케 하는. 불온케 하는. 소요를(소란을) 일으키는. 교란하는. ②휘젓는. 흔드는.

agitar *v.t.* ①동요케 하다. (정세를) 불온하게하다. (사회질서를) 교란하다. ②선동하다. ③휘젓다. 뒤흔들다.

—**se** *v.pr.* 동요하다; (사회정세가) 불온해지다. 소란하다. 소요(騷擾)하다.

agitável *a.* 선동되기 쉬운. 교란하기 쉬운. 동요되기 쉬운.

aglomeração *f.* ①덩어리가 되기. 응집작용(凝集作用). 취합(取合). 밀집(密集). ②덩어리. 응괴(凝塊).

aglomeradas *f.(pl.)* ①[地] 집괴암(集塊岩). ②연탄(煉炭).

aglomerado *a.* ①뭉친. 뭉쳐 덩어리가 된. 응집한. ②모인. 취합한. ③쌓인. 산적(山積)한.

— *m.* ①(뭉친) 덩어리. 집괴물(集塊物). ②괴암(塊岩). 인조석(人造石). ③[植] 군생(群生).

aglomerante *a.* ①덩어리가 되게 하는. 뭉치게 하는. 취합하는. ②[植] 군생의.

aglomerar *v.t.* ①덩어리로 만들다. 뭉치게 하다. 취합시키다. ②쌓다. 모아 쌓다.

—**se** *v.pr.* ①덩어리지다. 응집하다. ②모이다. 취합하다. 밀집하다.

aglossa *f.* [動] 무설류(無舌類)(兩棲動物無尾類의 일종).

aglosso *a.* ①혀가 없는. 무설(無舌)의. ②언어가 뚜렷하지 않은. 불명료한.

— *m.* =*aglossa*.

aglutição *f.* 삼킬 수 없음. 연하불능(嚥下不能).

aglutinabilidade *f.* 교착성(膠着性). 점착성. 접합성.

aglutinação *f.* ①교착. 점착(粘着). ②접합(接合). 합성(合成). ③[心] 투합작용(投合作用). ④[言] 교착어형. 합성어법.

복합어(법).

aglutinado *a.* 달라붙은. 부착(附着)한. 교착한. 점착한. 접합한.

aglutinamento *m.* =*aglutinação*.

aglutinante *a.* 달라붙는. 교착하는. 접착하는; 교착성의. 점착성의. 점착력(粘着力)이 있는.

— *m.* 교착물. 점착물.

aglutinar *v.t., v.i.* 붙이다. 붙다. 달라붙다. 부착(附着)하다. 점착하다. 교착하다. 유합(癒合)하다.

aglutinativo *a.* 달라붙는. 교착하는. 부착하는. 교착성의. 점착성의.

aglutinável *a.* 달라붙기 쉬운. 교착할 수 있는. 점착력이 있는.

aglutinina *f.* [細] 응집소(凝集素). 응균소(凝菌素).

agma *f.* ①부수기. 파쇄. 좌절. 분열. ②[外科] 골절(骨折). 좌상(挫傷). ③[鑛] 단구(斷口).

agmatologia *f.* [醫] 골절학(骨折學).

agnação *f.* ①남계(男系)의 친족관계. ②[植] 윤생체(輪生體).

agnado *a.* ①남계친족의. 동족(同族)의. 같은 종류의. [言] 동계의. ②[植] 윤생하는. 윤생체의.

— *m.* 남계친족(男系親族). 아버지쪽의 친족 동족.

agnatia *f.* 아래턱이 없음. 하악결여(下顎缺如).

agnatício *a.* =*agnático*.

agnático *a.* 남계친족의. 부방(父方) 친족의.

agnato *m.* =*agnado*.

agnição *f.* 《古》앎. 아는 것. 인식(認識).

agnocasto *m.* [植] 서양 모형(牡荊) 일명 정조수(貞操樹) (옛날 여자의 정조를 지켜 주는 나무라고 일컬었음).

agnóia *f.* =*agnosia*.

agnome *m.* (옛 로마 시대에 개인의 특성을 나타내기 위하여) 덧붙인 이름. 첨명(添名) (옛 로마인의 넷째 이름) 별명.

agnosia *f.* [醫] 의식불명(意識不明).

agnosticismo *m.* [哲·神] 불가지론(不可知論).

agnóstico *a.* 불가지론의.

— *m.* 불가지론자.

agnus-dei *m.* 《L》 *lamb of God.* [宗] 하나님의 어린 양(세례 요한이 그리스도를 가리켜 부른 말). 하나님의 어린

양의 상(像)(그리스도의 상징). 아뉴스데이(*Agnus-Dei*)라는 말로 시작되는 기도 음악.

agoiral *a*. 예언의. 전조(前兆)의. 점복(占卜)의.

agoirar *v.t* 날짐승의 우는 소리로 길흉을 판단하다. 점치다. 예언하다.

agoireiramente *adv*. 예언적으로.

agoireiro *a*. ①날짐승의 울음 소리로 길흉을 판단하는. 예언하는. ②(특히 나쁜 뜻의) 전조(前兆)의. 흉조(兆)의.
— *m*. 점장이. 예언자.

agoirento *a*. 낌새가 나쁜. 나쁜 전조가 보이는. 흉조가 나타나는. 흉조의.

agoiro *m*. ①날짐승의 울음 소리로 길흉을 판단하는 것. 점. 점복(占卜). ②예언; ③전조. 낌새.

agomado *a*. 싹튼. 발아(發芽)한. 꽃봉오리를 맺은.

agomar *v.i*. 싹트다. 발아하다. 꽃봉오리를 맺다.

agongorado *a*. 호언장담하는. 큰소리치는. [修] 과장한. 지나치게 수식한.

agonia *f*. ①죽음의 괴로움. 임종의 고통. 빈사 상태. ②종말. 말기. ③심한 고민. 번민. 고뇌(苦惱).

agoniação *f*. ①심한 괴로움 또는 고통을 느낌. 고통·괴로움 받고 있는 상태. ②몹시 고민(번민)함. 신음. 고뇌. ③심한 욕지기. 메스꺼움.

agoniadamente *adv*. 임종의 괴로움으로. 몹시 번민하여.

agoniado *a*. 몹시 번민(고민)하는. 고통 받는.

agoniador *a*. 고민케 하는. 고민을 주는.

agoniar *v.t* ①몹시 괴롭히다. 심한 고통을 주다. ②번민케 하다. ③슬프게 하다.
—*se v.pr*. ①몹시 괴로워하다. 심한 고통을 느끼다. ②고뇌(苦惱)하다. 고민(번민)하다.

agônico *a*. 심한 괴로움의. 임종의. 고통의. 고뇌의. 말기(末期)의. 종말(終末)의. (注意) (각(角)이 없는, 각을 이루지 않은)의 뜻으로는 *agono*를 씀.

agonístico *f*. 경기(競技). 투기(鬪技).
— *a*. ①경기의. 투기의. ②싸우기 좋아하는. ③논쟁의.

agonizante *a*. ①고민을 주는. ②임종의 고통을 느끼는. 죽음에 임한. 임종의. 종말의.

— *m*. ①임종의 고통을 당하는 사람. 죽음에 임한 자. ②임종시의 입회인(立會人).

agonizar *v.i*., *v.t*. ①고민하다(시키다). 고투하다. ②필사적으로 노력하다.

agono *a*. 모 없는. 각(角)을 이루지 않은. 무각(無角)의. ②[理] 무편차의.

agora *adv*. 지금. 이제. 현재. 현시. 금방(今方). 목하(目下).
agora mesmo ①방금. 이제 방금. ②이제 막.
até agora 지금까지. 이제껏. 지금껏.
desde agora 금후. 지금부터.
de agora em diante 금후. 향후(向後).
por agora 당분간. 현재로서는.
agora ou nunca 지금이야말로 절호의 기회.
— *conj*. 그래서. 이번에는.
e agora 그래서(어쨌단 말이오?). 그러면.
Podes falar. Agora insul tar-me não. 말해도 좋아. 허지만 나를 모욕하지는 마라.

Agora *f*. (옛 그리스의) 광장(廣場). 군중집회소.

agorafobia *f*. [醫] 군집공포증(群集恐怖症). 광장(廣場)공포증. (혼잡한 광장을 싫어하는).

agorinha *adv*. 이제 방금. 방금 전.

agostado *a*. ①물이 난. 퇴색한. 쇠퇴한. ②시들은. 말라죽는.

agostar-se *v.pr*. 시들다. 기울다. 말라 죽다. (기력이) 쇠퇴하다.

agostinho *a*., *m*. 성(聖) 아고스찐뇨 교단(敎團)의 (성직자).

agosto *m*. 팔월(八月).

agoural *a*. ①점의. 점복(占卜)의. ②전조의. 예언의.

agourar *v.t* ①점치다. ②예언하다. 예고하다. 예보하다.

agoureiro *a*. ①나쁜 징조의. 전조(前兆)의. 흉조(兇兆)의. 나쁜 낌새를 보이는. ②《古》새(鳥)의 거동을 보고 점을 치는.
— *m*. 점장이. 예언자. 예측자. 《古》복점관(卜占官).

agourento *a*. 나쁜 징조를 보이는. 낌새가 나쁜. 흉조의.

agouro *m*. ①점(옛 로마에서 새(鳥)의 거동 등에 의해 공사(公事)의 길흉(吉兇)을 판단한). 길흉판단(吉兇判斷). ②나

징조. 좋지 못한 전조(前兆). 흉조.
agra *f.* 뜰. 벌판.
agraciação *f.* ①(…의) 영예(영광)을 주기. 호감을 주기. 호의(好意)를 베풀기. ②혜택을 받기.
agraciado *a.* ①(…의) 영예를 지닌. ②(…의) 혜택을 받은. ③우미한. 우아한. 《古》귀여운. 애교 있는.
agraciar *v.t.* ①(…의) 영예(영광)을 주다. 혜택을 받게 하다. ②(…을) 수여하다.
agraço *m.* ①포도가 익지 않은 상태. ② 익지 않은 포도. 그것에서 짜낸 즙(汁).
em agraço 익지 않은 상태로. 미숙하게. 불완전히.
agradabilísimo *a.* (*agradável*의 최상급) 가장 기분 좋은. 제일 상쾌한.
agradado *a.* 기분 좋은. 상쾌한. 기쁜. 호감의. 호감을 품은.
agradar *v.t.* 기분 좋게 하다. 호감을 사게 하다. 마음에 들도록 하다. 기쁘게 하다. 유쾌하게 하다.
— *v.i.*, — *se v.pr.* 기분이 좋아지다. 마음에 들다. 호감을 품다. 기쁘다. 즐겁다.
agradável *a.* 기분 좋은. 유쾌한. 상쾌한. 쾌적(快適)한.
pouco agradável 별로 즐겁지 않은. 좀 기분에 서늘는.
agradávelmente *adv.* 기분 좋게. 유쾌하게.
agradecer *v.t.*, *v.i.* (…을) 감사하다. (…에) 감사의 뜻을 표하다. (…에) 고마운 인사를 하다.
Agradeço muito. 대단히 고맙습니다.
Agradeço lhe. 감사합니다. 고맙습니다.
agradecidamente *adv.* 감사히. 고맙게.
agradecido *a.* 감사하는. 고마운. 고맙게 여기는.
Agradecido. 또는 *Muito agradecido.* 고맙습니다(하는 인사의 말).
agradecimento *m.* 고마움. 감사. 감은(感恩). 감사의 뜻을 표하기. 사의(謝意).
agradecível *a.* 감사할 만한. 감사해야 할. 고마운.
agrado *m.* ①기분이 좋음. 호감. 호의(好意). 친절한 행위. 좋은 인상. ②만족. 유쾌.
com agrado 기쁘게. 기꺼이.
agrafia *f.* [醫] 자서불능증(字書不能症).

실서증(失書症).
agráfico *a.* 자서불능증의(…에 걸린).
agrafo *m.* ①[外科] 외과용 갈고리의 일종. ②클립. 종이끼우개.
agrar *v.t.* (땅을) 갈다. 경작하다. (토지를) 개척하다. 경작지로 만들다.
agrário *a.* 경작의. 경작지의. 농지의. 토지(농토) 문제의. 농경의.
agraudar *v.i.* ①(알이) 더 굵어지다. ②더 좋아지다. 우수한 것이 되다. 빼내다.
agravação *f.* = *agravamento.*
agravado *a.* ①더 무거워진. 더 무거운. 가중(加重)한. ②(병세가) 더 위독한. ③상해(傷害)를 입은. 상한.
— *m.* [法] 피항소인(被抗訴人).
agravador *a.* ①더 무겁게 하는. 더 위독하게 하는. ②해를 끼치는(입히는). 가해(加害)의.
— *m.* ①더욱 악화시키는 물건(사람). ②가해자.
agravamento *m.* ①더욱 무겁게 하기. 가중(加重). 가일층의 악화. (병세의) 위독. 악화된(위독한) 상태. ②[法] (소장(訴狀). 신고서 따위의) 제출. 공소(控訴).
agravante *a.* 더 무겁게 하는. 일층 악화하게 하는. 가중하는. (병세 따위) 더욱 위독하게 하는.
— *m.*, (소장·신고서 따위의) 제출자. 공소인.
agravar *v.t.* ①(죄·부담 따위를) 더 무겁게 하다. 가중하다. ②(사건 따위를) 더 중대하게 하다. 악화시키다. ③(병세·정세 등을) 더 어렵게 하다. 위독하게 하다. 위급하게 하다. ④상처를 입히다. 해치다. ⑤몹시 괴롭히다. 못살게 굴다.
— *v.i.* (소장(訴狀)·신고서 따위를) 제출하다. 공소하다.
—*se v.pr.* 더 무거워지다. 가중해지다. (병이) 더 위독해지다. (정세가) 더욱 악화하다. (사건이) 중대해지다. 위급을 고하다.
agravativo *a.* 가중의. 가중적. 악화의.
agravo *m.* ①가해(加害). 상해(傷害). 위해. 손상. ②권리침해. 명예훼손. 무례(無禮). 모욕. ③[法] 항소(抗訴).
agre *a.* = *acre* 또는 *agro* (2).
agredir *v.t.* ①해를 끼치다. 가해하다. 상해하다. ②달려들다. 습격하다. 공격하다. 도전(挑戰)하다.

agregação *f.* ①집합. 집성(集成). 집회. ②집합체. (뭉친) 덩어리. ③쌓아 올리기. 퇴적(堆積).

agregado *a.* ①모인. 집합한. 뭉친. ②합병(合併)된. ③군생(群生)의.
— *m.* ①모인 것. 뭉친 것. 집합체. ②군생(체). 군집. 취합(取合). 단결. ③총계. 총수. 총액.

agregados *m.(pl.)* 군체(群體) 동물.

agregar *v.t., v.i.* ①모으다. 모이다. 뭉치다. 밀집하다. 군집하다. ②합체(合體)하다. 합병하다. ③(…에) 가입하다. 가입시키다.
—se *v.pr.* 뭉치다. 합치다. 밀집하다. 합동하다.

agregativo *a.* 집합의. 집성의. 합체의. 집합적.

agregato *m.* =*agregado*.

agremente *adv.* =*acremente*.

agremiação *f.* (조직체·기업체·동업체 등의) 단합. 조합. 결사(結社).

agremiado *a.* 조합을 만든. 단합한. 결사한. 단체를 이룬.

agremiar *v.t.* 조합을 만들다. 단체를 조직하다. 결사하다. (조직체·기업체 등을) 연합하다.

agressão *f.* 침략 ; 습격. 공격. 폭행. 가해 행위. 도전적 행위.

agressivo *a.* 침략적. 공격적. 도전적. 폭행의.

agressor *m.* 침략자. 공격자. 폭행자. 가해자.

agressório *a.* 침략적. 공격적. 침략의. 공격의. 도전적.

agreste *a.* ①시골의. 전원(田園)의 ; 시골식의. ②야생의. 야생적인. 소박한. ③미개간지의. ④(비·바람·추위 따위가) 호된. 맹렬한.
— *m.* 시골 사람. 촌뜨기.

agrestia *f.* ①시골식 ; 시골생활. ②소박. 조폭. 거칠은 말씨.

agria *f.* [醫] 복행진(匐行疹). 침식진(侵蝕疹). 악성 농포진(膿疱疹).

agrião *m.* [植] 냉동이풀의 일종. 네덜란드 갓냉이(샐러드용).

agrífco-industrial *a.* 농공업의.

agrícola *a.* 농업의. 농사의. 경작의.
produtos agrícolas 농산물.
povo agrícola 농민, 농업인구.

— *m., f.* 농부. 농민. 농업인.

agricolar *a.* 농사의. 농업의. 영농(營農)의.

agricultado *a.* 밭갈이한. 경작한. (땅을) 일으킨.

agricultar *v.t.* (땅을) 일으키다. 밭갈이하다. 경작하다.
— *v.i.* 농업에 종사하다. 영농(營農)하다.

agricultável *a.* ①밭갈이할 수 있는. 경작에 적당한. 가경(可耕)의. ②영농할 수 있는.

agricultor *a.* 농사하는. 농업에 종사하는. 영농하는.
— *m.* 농사하는 이. 농부. 경작자. 영농자.

agricultura *f.* 농업. 농예(農藝). 영농법. 농학. 농정(農政).

agriculturável *a.* =*agricultável*.

agridoce, agridulce *a.* ①반쯤 달고 반쯤 신. 감산(甘酸)의. ②달고 떫떫한.
— *m.* 달고 신맛. 감산미(甘酸味). 달고 떫은 맛.

agrilhoar *v.t.* ①족쇄를 채우다. 쇠사슬로 동여매다. ②속박하다. (자유를) 구속하다.

agrimensão *f.* 토지 측량. 경작지 측량.

agrimensar *v.t.* 토지(경작지)를 측량하다. 자꾸로 출산한 아기.

agrimensor *m.* 토지측량사.

agrimensório *a.* 토지측량의(에 관한).

agrimensura *f.* 토지(경작지) 측량.

agrimónia (1) *f.* [植] 짚신나물속. (셀레과).
— (2) *f.* =*acrimônia*.

agrimotor *m.* 농장용의 트랙터. 농경용 자동차.

agriota *f.* [植] 야생 버찌.

agripa *f.* [産科] (해산시) 발이 먼저 나온 아기. 거꾸로 출산한 아기.

agrisalhado *a.* 회색을 띤. 회색 머리털의 반백(半白)의.

agrisalhar *v.t., v.i.* 회색이 되게 하다. (머리칼이) 회색을 띠다. 반백(半白)이 되다.

agro (1) *m.* 《古》경지(耕地). 가경지(可耕地).
— (2) *a.* (=*acre*). ①신. 쓴. 떫떫한. ②호된. 가열한. ③거칠은. 험준한.
— *m.* ①신맛. 쓴맛. 떫떫한 맛. ②곤란. 가혹. 험준.

agrografia *f.* 농경지(農耕誌). 작물 재배지(栽培誌).
agrográfico *a.* 농경지의.
agrologia *f.* 농경지질학(農耕地質學).
agrológico *a.* 농경지질학의(에 관한).
agrólogo *m.* 농경지질학자.
agromância *f.* 지질(地質)에 의하여 길흉을 판단하는 점. 지질점고(占考).
agromania *f.* 농업(농사)에 열중하는 사람. 농사광(農事狂).
agromanaco *a.* 농업에 열중하는. 농사광의.
agromante *m.* 지질에 의하여 길흉을 판단하는(점치는) 사람.
agromântico *a.* 지질점고(地質占考)의.
agronometria *f.* 경지정리학(耕地整理學).
agronomia *f.* 농경법. 농산물 재배법. 농장경영. 농업경제학.
agronômico *a.* 농경법의. 농업경제학의.
— *m.* = *agrônomo*.
agrônomo *m.* 농사에 정통한 사람. 농경학자. 농학자. 농업경제학자. 농과대학 졸업생.
agror *m.* 신맛. 산미(酸味). 쓴맛. 고미(苦味).
agrosseirado *a.* 거칠은. 조폭(粗暴)한. 버릇 없는.
agrumar *v.t.* 알 모양(粒狀)으로 나타내다(만들다).
agrumelar *v.t.* = *agnimular*.
agrumulado *a.* 덩어리가 된. 응결(凝結)한. 응괴(凝塊)의.
agrumular *v.t.* 작은 알 모양(小粒狀)으로 굳히다(덩어리 되게 하다). 응결시키다.
— se *v.pr.* 작은 알 모양으로 굳다(덩어리가 되다). 응괴(凝塊)가 되다.
agrupação *f.* = *agrupamento*.
— *m.* ①모이기. 모여들기. 모여 집체(集體)를 이루기. ②모여 집단(集團)을 이룬 것. 집합체. 단체.
agrupar *v.t.* 모으다. 집합시키다. 집단으로 만들다.
— se *v.pr.* 모이다. 모여들다. 집합하다. 단체를 이루다.
agrura *f.* ①심. 씀. ②신맛. 쓴맛. 떫은 맛. ③호된. 가혹. 신산(辛酸). ④어려움. 간난(艱難).
água *f.* ①물. ②물에 비유한 여러 가지 명사(비·강·바다·액체 따위). ③…수(水). ④[俗] 파수(破水) (해산(解産)하기 전의).
águas (*pl.*) ①수역(水域); 영해(領海). ②지붕의 사면(斜面)
água quente 더운 물.
água morna 미지근한 물.
água termal 온천수.
água mineral 광천수(鑛泉水).
água doce 단물. 담수(淡水).
água salobra 함수(鹹水).
água benta 성수(聖水).
água viva 흐르는 물. 유수.
água morta (오래도록) 괴인 물. 저수(潴水).
águas mortas (*pl.*) 소조(小潮).
águas vivas (*pl.*) 대조(大潮).
águas turvas 흐린 물. 탁수.
água abaixo 하류(下流).
água acima 상류.
água rosada 장미수(화장수).
água raz 테레빈 기름(페인트 따위에 타 쓰는).
telhado de quatro águas 사사면(四斜面)의 지붕.
fazer água (배에) 급수(給水)하다.
verter águas 오줌 누다. 소변보다.
claro como água (물처럼) 명백한.
ir por água abaixo 실패하다.
Águas passadas nao movem moinho. 《諺》지나간 물은 물방아를 못 돌린다. 지나간 일은 더 묻지마라. 지나간 일은 잊어라.
Ágato escalado da água fria tem medo. 《諺》 물(熱湯)에 덴 고양이는 찬 물도 무서워한다.
pescar nas águas turvas 혼란을 틈타서 이(利)를 얻다. 불난 현장에서 도둑질하다.
Água o dá, agua o leva. 《諺》 얻기 쉬운 것은 잃기도 쉽다.
lancar agua no mar 바다에 물을 가져가다. 헛수고를 하다.
água de sabão 거품 일은 비눗물.
linha de água 수선(水線). 흘수선(吃水線).
aguaça *f.* 소나기(暴雨) 온 뒤에 흘러 내려가는 물.
aguaçal *m.* ①(비왔을 때) 물 고이는 곳. ②고인 물. ③진창.
aguaceiro *m.* ①소나기. 소낙비. 폭우. ②예기치 않은 변동. ③타격.

aguacento *a.* ①물에 젖은(적신). ②수분이 많은. ③물같은.

aguada *f.* ①(선박(船舶)에 대한) 급수(給水). ②[畫] 수채화(水彩畫).

agua-de-cheiro *f.* 향수(香水).

aguadeira *f.* 물 나르는 여자. 물 파는 여자.

aguadeiro *m.* 물 운반인.

aguadilha *f.* ①[生理] 임파(淋巴). 임파액. ②[醫] 두포(痘苞). 혈장(血漿). 장액수(漿液水). ③[時] 맑은 물.

aguado *a.* ①물을 섞은. 물탄. ②(계획이) 수포로 돌아간.
cuvalo aguado 제충혈(蹄充血)에 걸린 말.

água doce *f.* 연수(軟水). 민물. 단물.

aguador *m.* 물 뿌리는 기구. 물 주는 그릇. 살수기(撒水器).

água-forte *f.* 경수(硬水). 센물. 초산(硝酸)의 속칭(俗稱).

aguagem *f.* 물주기. 물 뿌리기. 물타기. 관수(灌水).

aguamãe *f.* [化] 모액(母液).

aguamarinha *f.* ①[鑛] 아구마아린(보석). ②[鳥] 물수리.

agua-mel *f.* 봉밀수(蜂蜜水).

aguapé *f.* [植] 약초의 일종.

agua-pescador *m.* [鳥] 물수리.

aguar *v.t.* ①물 주다. 물을 붓다. 물을 뿌리다. 살수(撒水)하다. ②물을 섞다.

aguarda *f.* ①기대(期待). 기대하는 것. ②준수(遵守).

aguardador *m.* 기대하는 사람. 준수하는 사람.

aguardamento *m.* ①기대하기. ②조심하여 보기. 유의(留意). 준수.

aguardar *v.t.* 기다리다. 기대하다. 예기하다. 보류하다. 지키다. 준수하다.
— *v.i.* (+*por*). (…을) 기다리고 있다. 기대하다.

aguardente *f.* 부란디(술).

aguardenteiro *m.* 부란디 만드는 사람.

agua-régia *f.* (化) 왕수(王水 : 질산과 염산의 혼합액. 금과 백금을 녹임).

aguarela *f.* ①수채화용 물감. ②수채화(水彩畫).

aguarelista *m.*, *f.* 수채화가.

aguarentar *v.t.* 가위로 짧게 짜르다.

água salgado *f.* 소금물. 염수.

aguçadeira *a.* ①(칼 따위를) 가는. 벼리는. ②가는 데 쓰는.

— *f.* 숫돌. 회전 숫돌.

aguçado *a.* (숫돌에) 간. 벼린. 예리한.

aguçador *a.*, *m.* (숫돌에) 가는 사람. 벼리는 (사람). 예리하게 하는 (사람).

aguçadura *f.* =*aguçamento*.
— *m.* (숫돌에) 갈기. 벼리기. 예리하게 하기. 연마.

aguçar *v.t.* (숫돌에) 갈다. 벼리다. 예리하게 하다. 자극 주다. 격려하다. 고무하다. 선동하다.
— *v.i.* 날카롭게 되다. 예리해지다.

aguçoso *a.* 《古》 서두르는. 부지런한.

agudamente *adv.* ①예리하게. ②민첩하게.

agudez, agudeza *f.* ①(끝이) 뾰족함. 예리. ②예민. 기민. 민첩. ③직렬. 쓰라림. 고통이 심함.

agudo *a.* ①끝이 뾰족한. 예리한. ②빛나는. 예민한. ③심한. 엄한. ④(병의) 급성의. 찌르는 듯한.
— *m.* ①뾰족한 끝. 예리한 첨단(尖端). ②[樂] 예음(銳音).
acento agudo 강음부(强音符).
som agudo 예음(銳音). 높은 박자의 소리.
pneum onio aguda 급성폐렴.

agüeiro *m.* 배수구(排水溝). 하수(下水).

agüentador *m.* (곤란에) 견디는 사람. 안내하는 자. 유지하는 사람.

agüentar *v.t.* ①(곤란에) 견디다. 참다. 인내하다. 극복하다. ②받쳐 들다. 지지하다. ③유지하다.

agruerrear *v.t.* 전쟁에 단련되게 하다. 전쟁 잘하도록 훈련하다.

aguerrido *a.* ①전쟁에 단련된. ②호전적인. 용감한.

aguerrilhar *v.t.* 유격대(빨찌산)를 조직하다. 게릴라 전투를 하다.

aguerrir *v.t.* 전쟁에 단련되게 하다. 곤란(고통)에 견디도록 단련하다.
—*se v.pr.* 전쟁에 단련되다.

águia *f.* ①수리. ②《俗》 인재. 영리한 사람. ③[天] 추좌(鷲座).
águia macho 수수리.
águia fêmea 암수리.

aguião *m.* 《古·詩》 북풍(北風).

aguieta *f.* 작은 수리.

aguilhada *f.* 가축을 모는 나뭇대(막대기). 찌르는 막대기.

aguilhão *m.* (*aguilhada*의 작은 것). ①작은 나뭇대. ②가시. 뾰족한 끝. ③자극

물. ④고통.
aguilhoada *f.* 막대기에 찔린 상처. 찔린 아픔.
aguilhoado *a.* 막대기에 찔린. 자극 받은.
aguilhoar *v.t.* ①나뭇대로(가축을) 찌르다. 쿡쿡 찌르다. ②자극 주다. ③가슴 아프게 하다.
agulha *f.* ①(재봉·뜨개·시계·나침반 등의) 바늘. 침(針). ②바느질. ③뾰족한 탑(方尖塔). ④[農] 쌀의 일종. ⑤[魚] 침어(針魚).
agulhas *f.(pl.)* 철도의 포인트. 전철기(轉轍器).
agulhada *f.* ①바늘로 찌르기. 바늘에 찔린 상처. ②《古》바늘에 꿴 실.
agulhão *m.* [魚] 침어(針魚).
agulhar *v.t.* 바늘로 찌르다. 침으로 찌르다. 바늘로 상처를 입히다.
agulheado *a.* 바늘 모양(針狀)을 한.
agulheiro *m.* ①바늘 통(케이스). ②바늘만드는 사람. ③(철도의) 전철수(轉轍手).
agulheta *f.* (구두끈 따위처럼) 끝에 쇠꼬치가 달린 것(통하기 쉽게 하기 위함).
ah *interj.* 아! (감탄·놀램·기쁨·고통·멸시 등을 표현할 때 내는 소리)
ai (1) *interj.* 아! 오! 아이참. 아이구. (갑자기 아프거나 기쁠 때 내는 소리).
— (2) *m.* [動] 게으름뱅이(*preguiça*의 별명).
aí *adv.* 그곳. 거기. 그점에. 그래서.
por aí 그 근방에. 그 근처에. 그쯤.
aia *f.* ①가정여교사. ②유모. ③(침실을 정돈하는) 시녀 (식모). 여관 식모.
aiabutipita *f.* [植] 브라질산의 교목(喬木).
aiáia *f.* ①(아기 또는 어린아이의) 작은 옷. 인형의 옷. ②장난감.
aiar *v.i.* 괴로워하다. 신음하다. 끙끙 앓다 ; 울다.
ai-Jesus *m.* 귀중히 여기는(또는 총애하는) 것에 대한 호칭.
— *interj.* 고통스러울 때 하는 말(아이구 하나님 따위).
aimorés *m.* 브라질 원주민(인디언)의 한 종족. 아이모레스족(族).
ainda *adv.* 아직. 아직도. 상금. 역시. 그때까지. 더욱.
ainda agora 방금. 아직도.
ainda bem 다행히.
ainda que 가령 …일지라도. 가령 …이라 하더라도.
ainda não 아직도 …아니다.
ainda em cima 더욱 더. 설상가상.
ainda um a vez 한번 더.
Ainda está dormindo? 아직도 잠을 자느냐?
aio *m.* ①가정교사. 시종(侍從). 종자(從者).
aipim *m.* [植] 만죠까의 일종(또는 전분).
aipo *m.* [植] 셀러리(미나리과).
airado *a.* 들뜬. 경박한. 게으른.
mult her de vida airado 들뜬 여인. 매음부.
airosamente *adv.* 우아하게. 우미하게. 폼있게.
airosidade *f.* 우미(優美). 우아(優雅). 화려.
airoso *a.* 우아한. 우미한. 화려한.
aivão *m.* [鳥] 꼬리긴 제비. 장미조(長尾鳥).
ajaezado *a.* [馬] 마구를 단. 마구의 장식을 한.
ajaezar *v.t.* (말에) 마구를 달다. 장식하다.
ajanotado *a.* 멋쟁이의.
ajanotar-se *v.pr.* 멋지게 차리다. 멋부리다.
ajantarado *a.* ①음식이 많은. 성찬 같은. ②풍부한. 충분한.
almoço ajantarado 훌륭한 점심식사.
ajardinado *a.* 정원이 된. 정원화(庭園化)한.
ajarninar *v.t.* 정원을 만들다.
ajetadamente *adv.* ①다루기 쉽게. 취급하기 편리하게. ②잘 정돈되어. ③솜씨 있게. 날쌔게.
ajeitado *a.* ①다루기 쉬운. 취급하기 편리한. ②잘 정돈된. 잘 마련한. ③솜씨 있는. 기인한.
ajeitamento *m.* ①다루기 쉽게 하기. 취급하기 편리하게 하기. 쓰기에 편함. ②솜씨. 요령(사무처리의). 기민.
ajeitar *v.t.* ①다루기 쉽게 (편하게) 하다. ②잘 마련하다. 정돈되게 하다. 질서 있게 하다. ③(…에) 적합하다. ④(…을) 솜씨 있게 하다. 요령 있게 하다.
—*se* *v.pr.* ①다루기 쉬워지다(편해지다). ②잘 마련되다. 정돈되다. ③(…에) 적응하다. 적합하다. ④일을 요령 있게 하다. (일에) 솜씨 있다.
ajoelthação *f.* (특히 예배할 때) 무릎을 꿇기. 궤좌.
ajoelhado *a.* 무릎을 꿇고 앉은. 궤좌(跪坐)한.
ajoelhar *v.t.* 무릎을 꿇게 하다.

— *v.i.*, —se *v.pr.* 무릎을 꿇다. 꿇고 앉다.

ajornalar *v.t.* 하루의 품으로(사람을) 채용하다. 일급고용(日給雇傭)하다.

ajoujado *a.* ①두 마리의 개에 하나의 멍에를 메운. ②(두 마리의 개를) 합쳐 맨. 비끄러맨.

ajoujamento *m.* ①(하나의 멍에에 두 마리의 개를) 합쳐서 비끄러매기. 배합(配合). ②과중한 부담.

agoujar *v.t.* ①(두 마리의 개를 멍에에) 합쳐매다. 합쳐 비끄러매다. ②부담을 더 가하다. 압박하다.

—se *v.pr.* 합쳐 묶여지다. 비끄러매여지다.

ajoujo *m.* ①비끄러매는 밧줄(또는 가죽끈). ②강제적 배합(强制的 配合). ③두 개의 카누(獨舟)를 연결한 것. 합주(合舟).

ajuda *f.* 도움. 도와줌. 조력. 보조. 구조.
— *m.* 도와 주는 사람. 조수.
dar uma ag ajuda 도와 주다.

ajuda-de-custo *f.* 수당금. 생활비.

ajudador *a.* 돕는. 도와 주는.
— *m.* 도와 주는 사람. 원조자.

ajudancia *f.* 조수의 직(職). 조수의 직분.

ajudante *a* 돕는. 도와 주는. 조력하는. 구조하는.
— *m.*, *f.* 조수. 보조자. (육·해군의) 부관. 보좌관.
ajudante de ordens (또는 *de campos*) [軍] 부관. 막료. 막객(幕客).
ajudante de conpeiro 호텔의 보이. 심부름꾼.

ajudar *v.t.* 돕다. 도와 주다. 보조하다. 부조하다. 보좌하다. 거들다.
—se *v.pr.* ①(+*de*) 서로 돕다. ②이용(利用)하다.

ajuga *m.* [植] 하고초(夏枯草).

ajuizado *a.* 사려 있는. 분별 있는. 지혜 있는. 현명한.

ajuizador *m.* 사려 있는 사람. 감정인(鑑定人). 평정자(評定者).

ajuizar *v.t.* 판단하다. 평가하다. 추고(推考)하다. 비판하다. 재판에 걸다.
—se *v.pr.* 자기를 …라고 생각(자처)하다.

ajunta *f.* 하나로 합치기(뭉치기). 병합. 모으기. 집합. 첨가.

ajuntado *a.* ①합친. 하나로 된. 뭉친. 합체(合體)한. ②첨가한. 덧붙인.

ajuntador *m.* 합치는 사람. 모으는 사람. 수집자. 첨가자.

ajuntamento *m.* 모으기. 합치기. 회합. 집합. 군집(群集).

ajuntar *f.* ①합치다. 모으다. 집합시키다. 뭉치다. 수집(蒐集)하다. ②첨가하다. 덧붙이다. ③저축하다.
ajuntar dinheiro 돈을 저축하다.
— *v.i.*, —se *v.pr.* 모이다. 집합하다. 한뭉치로 되다. 풍부해지다.

ajuntável *a.* 모을 수 있는. 합칠 수 있는. 합병 가능한. 첨가할 수 있는.

ajuramentado *a.* 선서(宣誓)한. 맹세한.

ajuramentar *v.t.* 맹세하다. 선서하다.
—se *v.pr.* 맹세하다. 선서하다.

ajurativa *f.* [植] (브라질산) 교목(喬木)의 일종.

ajuru *m.* [植] 아쥬루(일종의 과일나무)

ajurujuru *m.* [鳥] 앵무새의 일종.

ajustadamente *adv.* 똑바로. 정확하게.

ajustado *a.* ①똑바른. 바로잡은. 조정한. 조절한. 맞춘. ②정확한. 꼭맞는. 적합한. ③동의(同意)한. 합의된. 화약(和約)한.

ajustador *m.* 바로 맞추는 사람. 기계조정사(調整師).

ajustagem *f.* 기계의 조정. 조절.

ajustamento *m.* 똑바로 잡기. 맞추기. 정확하게 하기. 조정. 조절. 협약. 수정(修整).

ajustar *v.t.* ①정확하게 하다. 바로 맞추다. 조정(조절)하다. ②협약(協約)하다.
— *v.t.*, —se *v.pr.* 꼭 맞다. 맞추어지다. 일치하다.
ajustar contas (수출·지출을) 청산하다. 결산하다.

ajustável *a.* 정확히 할 수 있는. 바로 맞출 수 있는. 조정(조절)할 만한.

ajuste *m.* 협약. 협정. 청산. 결산.

ajustório *m.* 도움. 상호 협조(특히 봄의 파종기 또는 가을의 수확기에 이웃과 서로 협력하는 것).

ala *f.* 열(列). 대열(隊列). 대오(隊伍). (건물의) 측면. [軍·競技] 익(翼).
ala do exercito 군대의 익(翼).

alabandina, alabandite *f.* 홍첨정석(紅尖晶石). 망간의 황화물(黃化物).

alabarda *f.* [史] 미늘창(戟)(창과 도끼를 겸한 것).

alabardada *f.* 미늘창에 찔림(찔린 상처).

alabardeiro *m.* [史] 극병(戟兵).

alabardino *a.* [植] (잎사귀가) 미늘창 모양을 한.

alabar-se *v.pr.* 자랑하다. 허풍떨다.

alabastrino *a.* 설화고(雪花石膏)로 만든(와 같은). 매끄러운.

alabastrita, alabastrite *f.* 설화석고와 비슷한. 황산석회(黃酸石灰).

alabastro *m.* ①설화석고. ②설백(雪白). 순백(純白).

álacre *a.* ①즐거운. 기쁜. 쾌활한. ②활기있는.

alacridade *f.* ①쾌활. 활기. 기쁨. 즐거움. ②민활. 민첩.

alado *a.* 날개 있는. 날개가 생긴.

aladroado *a.* 도둑심 있는. 훔치는 버릇이 있는. 도둑놈 행실같은.
jogo aladroado 사기적 투전(도박).

alagadeira *f.* 돈을 헤프게 쓰는(낭비하는) 여자.

alagadiço *a.* 범람하기 쉬운. 물이 잘 고이는.

alagado *a.* ①범람한. 넘쳐 흐른. ②물에 잠긴. 물속에 들어간.
— *m.* 헤프게 쓰는 사람. 낭비자.

alagador *m.* 돈 헤프게 쓰는(낭비하는) 사람.

alagamar *m.* ①강(江)의 입구. ②작은 만(小灣).

alagamento *m.* ①홍수. 범람. 넘쳐 흐름. 침수(浸水). ②파괴. 피멸. ③낭비. 헤프게 쓰기.

alagar *v.t.* ①(가장자리에) 넘쳐 흐른다. 가득 차다. 범람하다. 물나게 하다. 침수케 하다. 침몰케 하다. 파괴하다. 파멸하다. ③(돈을) 헤프게 쓰게 하다. 낭비(浪費)케 하다.
— *v.t.,* — *se v.pr.* 물나다. 넘쳐 흐르다. 범람하다. 침수되다. 물에 잠기다.

alagartado *a.* 도마뱀의 색깔을 띤. 뱀같은.

alagoa *f.* (=*lagoa*). 늪. 호수.

alagoaao *a., m.* (브라질 북부지방의 州) 알라고아의 (사람).

alagoar *v.t.* ①호수(湖水)처럼 범람케 하다. ②호수로 만들다.

alamal *m.* ①포풀러(백양나무) 숲. ②포풀러 나무를 심은 길.

alamar *m.* ①가슴의 장식 단추(한쪽에 단추가 있고 한쪽에 끈이 있어 걸어 매게 된). ②군복의 늑골 모양의 장식.

alambazado *a.* ①어색한. 맵시 없는. 서투른. 졸렬한. 눈치 없는. ③게걸든. 많이 먹는.

alambazar-se *v.pr.* ①게걸들게 먹다. 많이 먹다. ②어리석게 되다. 졸렬해지다.

alambicado *a.* ①증류(蒸溜)한. ②세련(洗練)한. ③잘 화장한. 모양 있게 차린.

alambicar *v.t.* ①증류하다. 증류해서 만들다(얻다). ②(정신적으로) 세련하다. ③잘 화장하다. 모양피게 하다.
— *se v.pr.* 스스로 …인 체하다. 으쓱대다. 모양피다.

alambique *m.* (옛날의) 증류기(蒸溜器). 정화(淨化)하는 것.

alambra *f.* [植] 검은포풀러(黑白楊). 그의 수지(樹脂).

alambrado *a.* 쇠줄로 울타리를 한 토지. 철선으로 둘러싼 울타리.

alambrador *m.* 쇠줄로 만드는 사람. 철선 제조인.

alambrar *v.t.* 쇠줄로 둘러싸다.

alambre *m.* 호박(琥珀).

alambreado *a.* 호박빛을 띤.

alameda *f.* 포풀러 나무를 심은 길. 가로수가 있는 길.

alamedar *v.t.* 도로에 나무를 심다. 나무가 있는 도로를 만들다.

álamo *m.* [植] 포풀러.
álamo branco 백양나무.

alanceado *a.* ①창에 막 찔린. 창으로 막 찌른. 난자한. ②괴로운. 자극 받은.

alanceador *a.* ①창으로 찌르는. 난자하는. ②(정신적으로) 심한 고통을 주는.

alancear *v.t.* ①창으로 막 찌르다. 난자하다. ②괴롭히다. 고통을 주다.

alandro *m.* [植] 협죽도(夾竹挑).

alandroal *a.* 협죽도 숲(밭).

alanhador *m.* ①쪼개는 것. (물고기의 배를) 가르는 것. ②박해자.

alanher *v.t.* ①쪼개다. 물고기의 배(魚腹)를 가르다. ②박해하다.

alano, alão *m.* 《古》개. 사냥개. 경주견(競走犬). 맹견(猛犬)의 일종.

alapado *a.* 동굴(洞窟) 속에 숨은. 잠복한.

alapar *v.t.* ①동굴 속에 숨기다. 잠복케 하다. ②어떤 물체의 아래(또는 뒤)에 숨기다.
— *se v.pr.* 동굴 속에 숨다. 잠복하다.

alapardado *a.* (몸을) 웅크린. 꾸부린.

alapardar-se *v.pr.* ①몸을 웅크리다. 웅

alaque *m.* [建] 주각(柱脚). 대각(臺脚).

alaqueca *f.* 붉은 빛 또는 등황색(오렌지빛)을 띤 동양 대리석(大理石).

alar (1) *v.t.* [海] 끌어올리다. 감아올리다. 높이다. 향상시키다.
—se *v.pr.* 끌려 올라가다. 향상하다.
— (2) *v.t.* 날개를 달다(붙이다). 날게 하다.
—se *v.pr.* 날아 올라가다(공중에).
— (3) *v.t.* 《古》열(列)을 짓게 하다. 정렬(整列)시키다.

alaranjado *a.* 오렌지색(橙黃色)의. 오렌지 모양의.
— *m.* 오렌지색.

alaranjar *v.t.* ①오렌지 빛을 띠게 하다. ②오렌지 꼴로 만들다.

alarde *m.* 겉치레. 허식. 허영. 자랑. 자부. 뽐내기.

alardeador *m.* 우쭐하는 사람. 자랑(자부)하는 자. 거짓말쟁이.

alardeamento *m.* 겉치레(하기). 허식(허영)하기. 자부(자만)하기.

alardear *v.t.* (…을) 자랑하다. 뽐내다. 자만하다.

alargadamente *adv.* 큼직하게. 마음 크게. 넓혀서.

alargado *a.* 넓힌. 확대한. 확장한. 과장한. (죄였던 것이) 느슨해진.

alargamento *m.* 넓히기. 폭을 더 넓게 하기. 확장. 연장.

alargar *v.t.* 넓히다. 넓게 하다. 확장하다. (죄였던 것을) 느슨케 하다.
—se *v.pr.* 넓어지다. 확장되다. 늘어나다. 느슨해지다. 발전하다.

alarida *f. alarido.*
— *m.* 크게 외치는 소리. 규환. 떠들썩하는 소리. [史] 추적의 고함소리.

alarma *m.* 경보. 경종. 위급을 고하는 것. 경악. 가슴을 놀라게 하는 것. 큰 소동.

alarmante *a.* 경보의 경종의 위급을 알리는. 놀래게 하는.

alarmar *v.t.* 경보(警報)하다. 경종을 울리다. 위급을 알리다. 경계시키다. 비상소집하다.
—se *v.pr.* 놀래다. 경악하다.

alarme *m.* = *alarma.*

alarmista *m., f.* 위급을 퍼뜨리며 좋아하는 사람. 인심을 소란케 하는 사람. 뜬 소문듣고 기뻐하는 사람.

alarvajado *a.* 버릇없는. 인사성 없는. 조폭한. 야비한. 야만적인.

alarvaria *f.* ①버릇없음. 무교육. 조폭(粗暴). ②야만. 만행. 잔인. ③폭음 폭식.

alarve *m.* 교양 없는 사람. 버릇 없는 사람. 조폭한 사람. 야비한 인간. 야만인. 대식가(大食家). 폭식가.
— *a.* 소박한. 야비한. 무뢰한. 조야한. 시골(풍)의. 거칠은.

alarvia *f. alarve*의 무리(떼).

alastrado *a.* ①퍼뜨린. 살포한. 뿌린. ②(배에) 바닥짐(底荷)을 실은. 바닥짐 대신으로 쌓아 올린.

alastramento *m.* ①퍼뜨리기. 살포(撒布). ②(배에) 바닥짐을 싣기.

alastrante *a.* 뿌리는. 살포하는. 퍼뜨리는.

alastrer *v.t.* 뿌리다. 퍼뜨리다. 살포하다. 유포(流布)하다.
—se *v.pr.* (넓게) 살포되다. 퍼지다.

alastrim *m.* [醫] 변두(變痘). 중간두(中間痘).

alatinadamente *adv.* 라틴어식으로. 라틴어 모양으로.

alatinado *a.* 라틴어식의(식으로 된). 라틴어형(語形)의.

alatinar *v.t.* 라틴어식으로 하다. 라틴어형으로 하다.

alauda *m.* [鳥] 종달새의 일종.

alaúde *m.* 류우트(14~17세기의 기타 비슷한 현악기).

alavanca *f.* ①지렛대. 쇠지레. ②힘. 작용. *alavanca de mudanças* 기어 전환(轉換) 장치.

alavão *m.* 젖양(乳羊)의 떼.

alazão *a.* (말) 밤색의.
— *m.* 밤색말(栗毛馬).

albanês *a.* 알바니아(나라)의
— *m.* 알바니아 사람.

albarda *f.* 물건을 싣는 안장(荷鞍). 《俗》 압박. 압제(壓制).

albardado *a.* (말등에) 물건을 싣는 안장을 올려 놓은.

albardão *m. albarda*의 큰 것(大型荷鞍).

albardar *v.t.* ①말등에 물건을 싣는 안장(荷鞍)을 올려 놓다. ②쩔쩔매게 하다. 압박하다. ③[料理] 튀김옷을 입히다.

albardeiro *m. albarda*를 만드는 사람.

albardilha *f.* *albarda*의 작은 것.
albatroz *m.* [鳥] 남해왕조. 신천옹(信天翁).
albedo *m.* 눈같이 흰. 새하얀. 순백.
albento *a.* 눈같이 희게 하는. 새하얗게 하는.
albergador *m.* 숙소를 제공하는 사람. 숙소 주인.
albergamento *m.* 《古》숙박(宿泊). 숙소에 들기.
albergar *v.t.* ①숙소를 제공하다. 유숙시키다. ②…을 내포(內包)하다. …을 포함하다.
— *v.i.*, —**se** *v.pr.* 숙소에 들다. 유숙하다.
albergaria *f.* 여관. 여인숙. 《俗》빈민숙박소.
albergue *m.* 하숙집. 여인숙. 빈민구호소. *albergue noturno* 값싼 여인숙.
albergueiro *m.* 하숙(여인숙) 주인.
albescente *a.* 희어지는. 희끔하게 된.
albicante *a.* 흰빛이 섞인. 흰빛을 약간 띤.
albicaudo *a.* 흰꼬리(白尾)의.
albicaule *a.* [植] 흰 줄기(白幹·白莖)의.
albido *a.* 약간 흰. 희미한 흰빛의 박백(薄白)의.
albificação *f.* 희게 함. 백화(白化).
albificar *v.t.* 희게 하다. 하얗게 하다.
albiflor *a.* 흰꽃(白花)이 나는(피는).
albinismo *m.* [醫] (피부·모발(毛髮)·삭막(角膜) 등의) 변백증(變白症). 색소(色素) 결핍증. [植] 색변(色變) (녹색소의 결핍으로 잎사귀가 희게 되는 것).
albino *m.* ①변백증에 걸린 사람. ②백자(白子).
— *a.* 변백증의. 백자의.
albita, albite *f.* [鑛] 조장석(曹長石).
alborcar *v.t.* (외국 돈으로) 바꾸다. 교환하다. (물건을 교역(交易)하다).
alborgue *m.* = *alborque*.
albornoz *m.* 두건(頭巾)이 달린 외투(초기 아라비아 사람들이 사용하던 것).
alborgue *m.* 바꾸기. 교환. 교역(交易).
albudieca *f.* [植] 멜론(참외)의 일종.
albugem *f.* [醫] 각막백반(角膜白斑). 손톱의 백반.
albuginado *a.* 백막(白膜)이 생긴. 백막의.
albugínea *f.* 안백(眼白).
albugíneo *a.* 백막(白膜)의. 백액(白液)의. *túnica albugínea do olho* 눈의 백막.
hum or albugíneo 눈의 수정액(水晶液). *fibra albugínea* 안근(眼筋).
albuginite *f.* [醫] 안근염(眼筋炎).
albuginoso *a.* = *albugíneo*.
albugo *m.* = *albugem*.
álbum *m.* 앨범(사진첩·우표첩·악보첩·방문객 명부 따위).
albume, albúmem *m.* (알의 흰자위) [化] 단백질(蛋白質). [植] 배유(胚乳).
albumina *f.* 단백(질). 난백(卵白).
albuminado *a.* 단백(질)의. 단백(질)이 있는.
albuminato *m.* 단백화합물.
albuminimetro *m.* 단백검사계(檢査計).
albuminismo *m.* [醫] 단백과다(증).
albuminóide *a.* ①단백질의. [生化學] 경단백질(硬蛋白質)의. 골격성(骨格性) 단백질의. ②단백(질) 비슷한.
albuminoso *a.* 단백성의 단백질을 함유(含有)한.
albuminúria *f.* [醫] 단백뇨(蛋白尿). 단백뇨증(症).
albuminúrico *a.* 단백뇨(증)의. 단백뇨에 관한.
— *m.* 단백뇨 있는 사람.
alburno *m.* [植] 재목의 흰 부분(겉재목). 백목질(白木質).
alça *f.* 냄비·바구니 등의 손잡이. 송곳손잡이. (바지에 달린) 멜빵(吊革). (銃砲의) 가늠자.
alças 바지 멜빵.
alcaçaria *f.* ①무두질하는 곳. 제혁공장. ②무두질하는 법.
alcácer *m.* ①《古》성(城). 성곽. 성채. ②요새. ③궁전.
alcachofra *f.* [植] 아티초우크. 뚱딴지.
alcaçuz *m.* [植] 감초(甘草). 감초뿌리.
alçada *f.* 힘. 권한. 직권. 권능. 세력범위.
alçadura, alçagem *f.* 들어올리기. 높이기. 일으켜 세우기.
alcaide *m.* ①(옛날 스페인 같은 곳의) 요새 총독(要塞 總督). 성주(城主). ②지방장관. ③법관. 간수.
alcaiota *f.* 매음부를 알선하는 여자.
alcaiotaria *f.* 매음주선(賣淫周旋)(중매).
alcaiote *m.* 매음부를 알선하는 사람.
alcalescência *f.* [化] 알칼리성(性). 알칼리화하기.
alcalescênte *a.* [化] 알칼리성의. 알칼리화하는.

álcali *m.* [化] 알칼리. 알칼리를 채취하는 해초(海草).

alcálico *a.* 《古》알칼리(성)의.

alcalificante *a.* 알칼리성으로 하는.

alcalificar *v.t.* 알칼리성으로 하다. 알칼리화하다.

alcaligeno *a.* 알칼리가 생기는(생기게 하는).

alcalimetria *f.* 알칼리 계량법(計量法).

alcalímetro *m.* 알칼리 비중계(比重計).

alcalinização *f.* = *alcalização*.

alcalinizar *v.t.* 알칼리성화하다.

alcalino *a.* 알칼리의. 알칼리성의. 알칼리가 함유한.

alcalização *f.* 알칼리로 하기. 알칼리화하기.

alealizar *v.t.* 알칼리로 하다.

alcalóide *a.* 알칼리와 유사한. 알칼리를 함유한.
— *m.* 알칼리로이드(식물염기(鹽基)).

alçamento *m.* 올리기. 들어올리기. 추켜들기. 높이기.

alcançadiço *a.* (목적·희망 등) 쉽게 이룰 수 있는. 쉽게 얻을 수 있는. 용이하게 도달할만한.

alcançado *a.* ①(*alcançar*의 과거분사) (목적·희망 등을 이룬). (노력하여) 도달한. 도착한. ②빚돈(負債)이 남아 있는. 지불연기한.

alcançador *a., m.* 도달하는 (사람). 성취하는 (사람).

alcançamento *m.* (목적·희망 등을) 이루기. (목적물의) 획득. 취득. (목적지에) 도달하기.

alcançar *v.t.* ①(+*a*). (목적지에) 도달하다. 도착하다. (목적물에) 손이 닿다. ②(노력하여) 취득하다. 획득하다. ③보다. ④(遠景에) 눈이 닿다. ⑤이해하다. 알다.
— *v.i.* (…에) 이루다. 도달하다. (…에) 미치다. 임신(姙娠)하다.
—se *v.pr.* ①접촉하다. 연속적으로 일어나다.

alcançável *a.* (목적·희망 등을) 이룰만한. 도달할 수 있는. 성취(획득) 가능한.

alcance *m.* ①도달. 성취. 획득. 취득. ②능력. 권력. ③지력(知力). ④도달할 수 있는 거리 사정(射程). ⑤빚돈(負債)의 부족액. 지불잔액.
ao alcance da mão 손닿는 거리.
ao alcance da vista 시안거리(視眼距離).
ao alcance da voz 목소리 닿는 거리.
ao meu alcance 나의 직권(권한) 내에. 나의 힘이 미치는 데까지.

alcândor *m.* 아주 높은 곳. 꼭대기. 극점(極点). 《葡》뾰족탑. 지붕이 뾰족하게 솟은 누각(樓閣).

alcandorado *a.* (새·독수리 따위가) 높은 곳에 앉은. 우쭐하는.

alcandorar-se *v.pr.* (새·독수리 따위) 높은 곳에 앉다. (위치하다). 우쭐하다.

alcantil *m.* ①절벽. 험하고 높은 곳. ②심한 비탈.

alcantilado *a.* 절벽의. 낭떠러지의.

alcantilar *v.t.* 절벽이 되게 하다. 절벽처럼 되게 하다.

alcantiloso *a.* 절벽이 많은. 험준한 낭떠러지가 있는.

alçapão *m.* [建] 지하실 또는 천정 위에 사람이 드나들 수 있게 만든 작은 문. 《轉》함정. 올가미.

alcaparra *f.* [植] (지중해 연안에서는) 백화채과(白花菜科)의 일종. 그의 꽃봉오리.

akaparral *m.* *alcaparra*의 밭(무성한 곳).

alcaparrar *v.t.* *alcaparra*를 넣어서 조미(調味)하다.

alça-pé *m.* (새·짐승 따위의 다리를 걸어 잡는) 올가미. 덫. 사기(詐欺).

alçaprema *f.* 지렛대. 치아(齒牙) 뽑는 데 쓰는 일종의 도구(집게 같은 것).

alçapremar *v.t.* ①지렛대로 일으키다. ②올가미로 잡다. ③압박하다.

alçar *v.t.* ①올리다. 들어 올리다. 높이다. 추켜 들다. 앙양(昂揚)하다. ②《古》철수시키다.
— *v.i.*, —se *v.pr.* 일어나다. 높아지다. 올라가다. 고자세를 취하다. 존대하다. 거만해지다.

alcatéia *f.* 무리. 집단. (특히 이리·늑대 따위의) 떼.
alcatéia de lobos 이리(늑대)의 떼.
alcatéia de salteadores 강도단.

alcatifa *f.* 융단(絨緞). 마루에 까는 자리.

alcatifado *a.* (마루에) 융단을 깐.

alcatifamento *m.* 융단을 깔기.

alcatifar *v.t.* 융단을 깔다. 자리를 깔다.

alcatifeiro *m.* 융단 제조인.

alcatra *f.* (소의) 엉덩이 고기.

alcatrão *m.* 콜타르(유기물을 건류하여 얻은 걸고 끈적거리는 기름 같은 액). 피취.

alcatraz (1) *m*. [鳥] 갈매기의 일종.
— (2) *m*. 접골사(接骨師).
alcatre *m*. =*alcatra*.
alcatreiro *a*. 《卑》 엉덩이(궁둥이)가 큰.
alcatroado *a*. 콜타르(피취)를 칠한.
alcatroamento *m*. 콜타르(피취)를 칠하기.
alcatroar *v.t*. 콜타르를 칠하다(바르다).
alcatruz *m*. 양동이. 두레박. 물통.
alcavala *f*. ①옛날의 공매세(公賣稅). 교역세(交易稅). 강제과세(課稅). ②강탈.
alcavaleiro *m*. 세리(稅吏). 세무서 관리. 강제 과세하는 사람.
alce *m*. [動] (북극지방에 사는) 큰 사슴. 뿔큰 사슴.
alcear *v.t*. ①(인쇄한 종이를 제본하기 위하여) 순서로 짝맞춰 놓다. 차례차례로 쌓다. 꿰메다. ②높이다. 높게 하다.
alcefalo *m*. [動] 영양(羚羊)의 일종.
alcião *m*. [鳥] 쇠새(동지(冬至) 경에 해상에 둥지를 띄워 풍파도 가라앉히고 알을 깐다고 상상됨). [學名] 비취(翡翠).
alcobaça *f*. 큰 손수건.
alcôfa *f*. 바구니. 작은 광주리.
alcoice *m*. 매음굴. 유곽. 청루. 갈보집.
álcool *m*. [化] 알코올. 주정(酒精).
alcoolado *m*. =*alcoolato*.
alcoolativo *a*. 알코올성의.
— *m*. 알코올성의 외용약(外用藥).
alcoolato *m*. 방향성(芳香性) 알고올.
alcoolatra *m*., *f*. 술고래. 술꾼.
alcoolatura *f*. 알코올 침제(浸劑)(동식물질을 주정(酒精)에 적시어 만든 액체의 약).
alcoólico *a*. 알코올의. 알코올 성질의. 알코올 중독의.
— *m*. 술꾼. 술고래. 알코올 중독자.
alcoolismo *m*. 알코올 중독. 주독(酒毒).
alcoolista *m*., *f*. 알코올 중독자.
alcoolito *m*. 알코올 용해(溶解).
alcoolização *f*. 알코올 타기(섞기). 알코올화하기.
alcoolizado *a*. 알코올을 함유(含有)한. 알코올화한.
alcoolizar *v.t*. 알코올을 타다(섞다). 알코올화하다. 취(醉)하게 하다.
—se *v.pr*. 취하다.
alcoolizável *a*. 알코올화할 수 있는. 주정화 가능한.
alcoolômetro *m*. 주정계(酒精計). 주정비중계.

alcoometria *f*. 주정 정량(定量).
alcoômetro *m*. =*alcoolômetro*.
alcorão *m*. 코란(회교의 경전).
alcouce *m*. 갈보집. 유곽.
alcouço *m*. 남쪽: 남쪽지방.
alcova *f*. 작은 침실. 은거하는 방. 들창이 없는 방. 숨는 곳.
alcove *f*. [建] 개흘레.
alcovez *f*. =*alcovitagem*.
alcovista *m*. 뚜쟁이. 갈보의 조방꾼. 논다니집의 주인. 나쁜 일을 방조하는 사람.
alcovitagem *f*. 매음 소개. 뚜쟁이질하기. 나쁜 짓을 방조하기.
alcovitar *v.t*., *v.i*. 뚜쟁이질하다. 매음 소개하다. 나쁜 짓을 방조하다(선동하다).
alcovitoria *f*. 매음 알선꾼의 생활.
alcoviteira *f*. 매음 알선하는 여자. 나쁜 짓을 돕거나 선동하는 여자.
alcoviteirice *f*. 매음 알선을 자주하기. 매음 선동(사주). 나쁜 짓을 꾸미기.
alcoviteiro *m*. 매음을 주선하는 사람. 뚜쟁이. 나쁜 짓을 꾸미는 놈.
alcovitice *f*. =*alcoviteirice*.
alcunha *f*. 별명.
alcunhar *v.t*. (+*de*) 별명을 달다.
aldeano, aldeão *a*. 마을의. 시골의. 촌의. 시골식의. 소박한.
— *m*. 시골사람.
aldear *v.t*. 여러 개의 시골로 나누다. 촌락(부락)을 형성하다.
aldebaran, aldebarã *f*. [天] 모우좌(牡牛座) 중의 일등성(星).
aldeia *f*. 시골. 촌. 촌락. 부락.
aldeola, aldeota *f*. 작은 시골. 작은 촌.
aldraba *f*. =*aldrava*의 파생형(派生形).
aldrava *f*. 문을 두드리는 도구 알드라봐(사람을 부르거나 안내 등을 요청하기 위하여 문에 달아 매어놓은 작은 쇠꼬챙이와 작은 쇠가락지).
aldravada *f*. *aldrava*로 두드리는 소리.
aldravão *m*. *aldrava*로서 큰 것.
aldravar *v.t*. ①(문밖에서) *aldrava*를 두드리다. *aldrava*를 달아매다. ②일을 서투르게 하다.
— *v.i*. 《俗》 거짓말하다. 속이다.
aldravice *m*. 《俗》 거짓말. 속이기. 기만.
aleatório *a*. 요행을 노리는. 사행적(射倖的)인. 도박적.

alecrim *m.* [植] 로오즈메리(迷迭香).
alectio *a.* [醫] 실독증(失讀症)의 독서불능증의. 실독증에 걸린.
aledar *v.t.* 기쁘게 하다. 즐겁게 하다.
alegação *f.* ①신고(申告). 주장. 단언. 진술. ②변증. 변론. 변명.
alegado *m.* ①[法] 신고. ②변박(辯駁). 변론.
alegante *a.* ①신고하는. 주장하는. ②변론(변박)하는. 변명하는.
— *m.* 신고인. 주장자. 변론하는 자. 변명하는 이.
alegar *v.t.* ①신고하다. 주장하다. 단언하다. ②변론하다. 변증하다. 변명하다.
alegável *a.* 주장할 만한. 변명할 수 있는. 입증 가능한.
alegoria *f.* 비유(譬喩). 풍유(諷諭). 비유담. 우화(寓話).
alegóricamente *adv.* 비유적으로. 풍유적으로.
alegórico *a.* 비유의. 비유담적. 풍유의. 우화의.
alegorismo *m.* 비유 설명. 풍유사용(諷諭使用).
alesorista *m.*, *f.* 비유(우화) 작가. 풍유가.
alegorização *f.* 비유로서 설명하기. 풍유로 보여주기.
alegorizar *v.t.* 비유로서 설명하다. 풍유로 보여주다.
alegrado *a.* 기쁜. 즐거운. 유쾌한.
alegrador *a.*, *m.* 기쁘게 하는 (사람). 즐겁게 하는 (사람).
alegrão *m.* 큰 기쁨. 대환희. 대환락.
alegrar *v.t.* ①기쁘게 하다. 즐겁게 하다. 유쾌하게 하다. ②명랑케 하다. 생기를 주다. 흥미를 돋우다.
—se *v.pr.* 기쁘다. 기뻐하다. 즐거워하다. 반가워하다.
alegre *a.* 기쁜. 즐거운. 유쾌한. 명랑한. 반가운.
alegremente *adv.* 기쁘게. 즐겁게. 유쾌히. 반가히.
alegrete (1) *a.* (*alegre*의 지소형) 약간 기쁜 빛이 있는. 약간 즐거운 듯한. 약간(얼큰히) 취한 듯한.
— (2) *m.* (시멘트·돌·나무 등으로 낮은 울타리를 한) 화단 또는 화분.
alegreto *m.* [樂] 약간 빠른 곡.
— *adv.* 약간 빨리.
alegria *f.* 기쁨. 즐거움. 환희. 유쾌. 쾌활. 환락. 열락(悅樂). 여흥. 경사.
cheio de alegria 기쁨에 가득 참.
alegro *m.* [樂] 빠른 곡(快速曲).
— *adv.* 빨리.
aléia *f.* (양쪽에 나무를 심은) 오솔길. (정원. 공원 등의) 좁은 길. 골목길.
aleijado *a.* 불구(폐인)의. 절름발이의.
— *m.* 불구자. 절름발이. 앉은뱅이. 폐인.
aleijamento *m.* 《古》= *aleijão*.
aleijão *m.* (손 또는 발없는) 불구. 정신적 불구.
aleijar *v.t.* 절름발이로 만들다. 불구가 되게 하다. 병신되게 하다. 해치다. 무능하게 하다.
— *v.i.* 불구가 되다. 절름거리다.
aleiloar *v.t.* 경매(競買)에 붙이다.
aleiona *a.*《古》내통하는. 불의의 정을 맺는. 《卑》서방질하는.
— *f.* 간부(姦婦).
aleitação *f.* = *aleitamento*.
— *m.* 젖으로 키우기. 유양(乳養).
aleitar *v.t.* 젖으로 키우다.
aleitativo *a.* 유양(乳養)에 관한. 유양의.
aleive *m.* 협잡. 사기. 변절. 불의(不義).
aleivosamente *adv.* 협잡하여. 사기적으로. 변절하여.
aleivoda *f.* 사기. 협잡. 불의(不義). 배반. 변절. 불신행위. 위약(違約).
aleivoso *a.* 거짓의. 협잡의. 사기의. 불신의. 불충한. 배반의. 변절의.
— *m.* 협잡꾼. 사기사. 변절자. 불충(不忠)한 인간.
aleluia *f.* (宗) 할렐루야(하나님 찬송의 노래)(기도). 환희. 고마워라.
além *adv.* 저쪽에. 저편에. 바깥에. 외부에.
além de 그밖에. 그 이외에. 그 위에. 처음에. 최초에. 우선.
além disso. *além disto*. *além de que* 그 외에. 그밖에. 더욱.
aiém-eras *adv.* 영원히. 영구히.
além-mar *adv.* 해외에. 국외에.
além-mundo *m.* 내세(來世).
alemânico 도이취(사람)의. 도이취식의.
alemaniamo *m.* 도이취식. 도이취 구가(謳歌). 도이취주의.
Alemanha *f.* 도이취. 독일.
alemão *a.* 도이취(식)의. 도이취 사람(말)의.
— *m.* 도이취 사람. 독일어.

alentado *a.* ①용감한. 기운 벅찬. 활기 있는. ②많은. 풍부한.
alentador *a.*, *m.* 용기(활기)를 돋우는 (사람). 격려(고무)하는 (사람).
alentar *v.t.* 용기를 돋우다. 활기 띠게 하다. 격려하다. 고무하다.
— *v.i.*, —**se** *v.pr.* 용기를 내다. 활기 띠다. 기운이 나다. 분발(분기)하다. 숨을 돌리다.
alentecer *v.i.* 점차 느릿느릿해지다. 완만(緩慢)해지다.
alento *m.* ①용기. 원기. 활기. 노력. 분발. ②호흡. 숨쉬기.
aleonado *a.* 사자빛(獅子色)을 띤. 후엽색(朽葉色)의.
alergia *f.* [醫] 알레르기. 이상과민. (어떤 종류의 음식물·물질 등에 대한 과민증).
alérgico *a.* 알레르기성의. 알레르기에 걸린. 극단적으로 민감한.
alerta *f.* 경보. 비상경보. 경종. 위급을 알리는 신호.
— *adv.* 주의하여. 조심하여.
alerta *interj.* 주의! 조심! 차렷!
alertar *v.i.* 조심하다. 경계하다.
alestar *v.t.* 재빠르게 하다. 민첩하게 하다.
aleta *f.* ①작은 날개(小翼). ②콧구멍 옆(鼻翼). ③작은 방(小室).
aletologia *f.* 진리론(眞理論).
aletria *f.* 서양국수(의 일종). 소면(素麵).
aletrieiro *m.* 서양국수(소면) 만드는 사람.
aleurisma *f.* 곰팡이.
alexandrino (1) *a.* [韻] 알렉산더 격(格)의.
— *m.* 알렉산더격의 시행(詩行). 억양격(抑揚格) 여섯 시각(詩脚)으로 된 열 두 음절의 시귀(詩句).
— (2) *a.* 알렉산드리아 (지방)의.
— *m.* 알렉산드리아 사람.
alexandrite *f.* [鑛] 알렉산더 보석(짙은 녹색의 보석).
alexia *f.* [醫] 독서불능증(失讀症). (전에 읽을 수 있는 것을 실명(失明)하지 않고 읽을 수 없는 뇌병).
alfabetação *f.* 알파벳 순으로 하기. 알파벳으로 쓰기.
alfabetado *a.* 알파벳 순으로 한. 알파벳으로 쓴.
alfabetar *v.t.* 알파벳 순으로 하다(*ABC* 순으로 배열하다). 알파벳 순으로 쓰다.
alfabetário *a.* 알파벳 자모(字母)의.

alfabèticamente *adv.* 알파벳 순으로(자모로).
alfabético *a.* 알파벳 자모의. 알파벳 순의.
alfabezação *f.* 알파벳을 읽고 쓰는 것을 가르치기.
alfabetizado *a.* 알파벳을 읽고 쓰는 것을 가르치다.
alfabeto *m.* 알파벳 초보(初步).
alfaçal *m.* 상추밭. 양상추밭.
alface *f.* [植] 상추. 양상추.
alfafa *f.* [植] 자주개자리(牧草)(콩과).
alfageme *m.* 《古》도검사(刀劍師).
alfaia *f.* 가구(家具). 가재(家財). 실내 장식구.
alfaiamento *m.* 가구로 설비(설치)하기.
alfaiar *v.t.* 가구로 설비(설치)하다. 장식하다.
alfaiata *f.* (남자 양복을 짓는) 여자 재봉사.
alfaiatar *v.t.* 옷을 만들다. 제복하다.
alfaiataria *f.* 양복점. 재봉점. 각종 양복공장.
alfaiate *m.* 재봉사. 양복 짓는 사람. 재단사.
alfandega *f.* 세관(稅關).
alfandegrado *a.* 세관 창고에 들어간. 세관법규에 따른.
alfandegagem *m.* 통관 수속. 세관에 입하(入荷)하기.
alfandegar *v.t.* 통관시키다. 세관 창고에 넣다.
alfandegário *a.* 세관에 관한. 세관규칙에 관한.
— *m.* 세관관리.
alfanjada *f.* 만도(彎刀)로 치기. 만도에 맞은 상처.
alfanjado *a.* (아라비아의) 만도 같은.
alfanje *m.* (=*alfange*). 만도(彎刀 : 아라비아 사람이 쓰던 초승달처럼 굽은 칼).
alfaque *m.* 사주(砂洲). 암초(暗礁).
alfarge *m.* 《古》풍차(風車).
alfário *a.* (말이) 도약(跳躍)하는.
alfarrábio *m.* 낡고 값없는 책. 시시한 책.
alfarrabista *m.*, *f.* 낡고 보잘 것 없는 책을 모으는(또는 파는) 사람.
alfarrabístico *a.* 낡고 보잘 것 없는 책의.
alfavaca *f.* [植] 나눅(羅勒).
alfazema *f.* [植] 라벤더(향기가 좋은 순형과(脣形科) 식물).
alfeia *f.* [植] 금규과(錦葵科) 식물의 일종.
alfeire *m.* ①돼지굴. 돼지수용소. ②새끼

못 낳는 가축.
alfeireiro *m.* 돼지굵직이.
alfena *f.* [植] 쥐똥나무.
alfénico *m.* 얼음사탕(氷砂糖).
alfenim *m.* ①흰설탕을 낙화생 기름에 이겨서 가늘고 길게 만든 일종의 단과자. ②《轉》연약한 사람. 맵시 피는 사람.
alferça *f. alferce*.
— *m.* 일종의 곡괭이.
alferes *m.* ①(軍複數同形) 육군 견습사관. 소위. ②《古》기수(旗手).
alfil *m.* (장기의) 상(象). 상쪽.
alfim *adv.* 《詩》끝내. 결국에는.
alfinetada, alfinetadela *f.* 핀(또는 돗바늘)에 찔리기(찔린 상처).
alfinetar *v.t.* ①핀(돗바늘)으로 찌르다. ②풍자하다. 비방하다.
alfinête *m.* ①핀. 돗바늘. 장식으로 꽂는 핀. 안전(安全) 핀. 미장침(微章針) ; 가는 못. ②가치 없는 물건. 사소한 물건.
alfinête de gravata 넥타이 핀.
alfineteire *f.* 핀을 꽂아두는 것.
alfineteiro *m.* 핀(돗바늘) 제조인(또는 그 상인).
alfobre *m.* 온상(溫床). 온실. 묘상(苗床).
alfombra *f.* ①융단. ②잔디. 초원.
alfombrar *v.t.* 융단을 깔다.
alfonsim *m.* 옛날 포르투갈의 화폐.
alforjar *v.t. alforje*에 넣다.
alforje *m.* 주머니. 작은 연장 주머니. (여행자·순례자·거지 등의) 전대. 바랑. 안낭(鞍囊).
alforjeiro *m. alforjer*를 짊어지고 다니는 사람.
alfôrra *f.* [植] (곡물에 피는) 곰팡이. 가루(의) 병균.
alforrar *v.i., v.t.* (곡물에) 곰팡이 피다(생기다).
alforria *f.* 노예(농노)에 자유를 주기. 노예석방. 농노해방.
alforriado *a.* 노예(농노)를 석방(해방)한.
alforriar *v.t.* 노예에 자유를 주다. 농노를 해방하다.
alga *f.* ①[植] 해초(海草). 해조(海藻). 수조(水藻) (=물속에 사는 일년생 식물). ②곤포(昆布). 다시마.
algáceo *a.* 해초(수조)에 관한.
algaço *m.* 파도에 밀려 해변에 올라온 해초의 총칭.

algar *m.* ①(보통 물 없는) 골짜기. 계곡. 협곡. ②절벽. ③동굴.
algaravia *f.* ①(옛날 포르투갈의 한 지방) 알갈비 사람의 말씨. ②아라비아 말. ③많은 사람이 떠들썩하는 이야기 ; 알 수 없는 말. 잠꼬대.
algaraviada *f* 시끄러움. 훤소(喧騷). 훤조(喧噪). 함성.
algaraviar *v.t., v.i.* 알 수 없는 말(시끄러운 소리)을 하다. 알 수 없는 글을 쓰다.
algarismo *m.* 숫자(數字).
algarismos árabes 아라비아 숫자.
algarismos romanos 로마 숫자.
algazarra *f.* 웅성웅성 떠들기. 시끄러움. 훤소. 훤조. 소동.
algazarrar *v.i.* 웅성웅성 떠들다. 시끄러운 소리를 내다.
álgebra *f.* 대수학(代數學).
algebria *f.* 정골술(整骨術).
algebricamente *adv.* 대수로. 대수학상.
algébrico *a.* 대수의. 대수학상의.
algebrista *m., f.* ①대수학자. ②[醫] 정골의(整骨醫).
algeabrizar *v.t.* 대수식으로 하다.
algedo *m.* [醫] 임질염증(淋疾炎症).
algema *f.* (흔히 복수로 사용). 수갑(手甲). 구속.
algemado *a.* 수갑을 채운.
algemar *v.t.* 수갑을 채우다. 구속하다. 속박하다.
algemia *f.* 아라비아어의 영향을 받아 변화한 무아인(스페인의 한 지방사람)의 언어(言語). 아라비아어와 스페인어의 혼효어(混淆語).
algente *a.* 몹시 추운. 얼음처럼 찬.
algia *f.* 아픔. [醫] 통각(痛覺).
algibe *m.* 빗물이 고인 곳.
algibebe *m.* ①복식품(服飾品)의 값싸고 번지르르한 물건. 번쩍거리는 장식품. 겉맵시. ②기성복 상인.
algibeira *f.* 호주머니. 포켓.
andar de mãos algifeiras 건달피며 돌아다니다.
algidez *f.* 으슬으슬 추움. 오한(惡寒).
algido *a.* 추운. 으슬으슬 추운. 차가운.
algo *pron.* 어떤 것. 어떤 물건.
— *adv.* 얼마간. 다소.
— *m.* 《古》부(富). 재산. 재산가.
algodão *m.* 솜. 면화 ; [植] 목화. 목화나무.

algodão em ramas 면화. 생면(生綿).
algodão em bruta 원면(原棉).
altodão em pluma 조면(繰棉).
fio de algodão 면사(綿絲). 무명실.
tecido de algodão 면직물.
algodão pólvora 솜화약. 면화약.
algodoal *m.* 면화 재배지.
algodoar *v.t.* 솜을 채워 넣다.
algodoaria *f.* 면사방적소(綿絲紡績所). 면직공장.
algodoeiro *m.* 솜나무. 면화나무.
— *a.* 솜의. 솜에 관한.
algodoim *m.* [植] (브라질산) 솜의 일종.
algologia *f.* 조류학(藻類學).
algológico *a.* 조류학의(…에 관한).
algologísta, algólogo *m.* 조류학자.
algor *m.* 심한 추위. 엄한(嚴寒). 혹한(酷寒). 극한(極寒).
algoritmia *f.* 숫자산법(數字算法: 아라비아 숫자로 계산하는 법).
algorítmico *a.* 숫자 산법의.
algoso *a.* 해초 또는 수조(水藻)가 많은.
algoz *m.* 사형집행인 ; 잔인한 인간. (옛날의) 태형(笞刑)을 가하는 사람.
algozaria *f.* 사형집행인(또는 잔인한 인간)의 행위.
alguém *pron.* 어떤 사람. 어떤 이. 아무.
— *m.* 모인사(某人士). 현저한 인물.
alguorgar *v.t.* 들의 길김세공(切嵌細工)을 하다.
alguergue *m.* ①절감세공에 쓰는 돌. ②감입(嵌入)세공. (아이들의) 돌 던지는 노름 (에 쓰는 돌).
alguidar *m.* 흙 또는 금속으로 만든 솥 (또는 화로). 토제(土製) 그릇. (단지·병·접시 따위).
algum, alguma *a.* 어떤. 어느 것인. 어떤 사람의. 약간의.
alguma coisa 어떤 것. 얼마 간.
alguns vêzes 어떤 때는. 가끔. 몇 번.
algum tanto 얼마간.
Qnero alguns selos. 얼마간의 우표를 원합니다.
Alguns responderam "sim" e alguns responderam "nao". 어떤 이들은 "예"하고 대답하고 또 어떤 이들은 "아니오"라고 대답했다.
algures *adv.* 어떤 곳에. 모처에. 어딘가.
— *m.* 어떤 곳. 모처(某處).

alhada *f.* 약간의 마늘(부추) : 마늘 절인 것.
alhanar *v.t.* 《古》 수평이 되게 하다. 평평(平平)하게 하다. 원활해지게 하다. 쉽게 하다.
alheação *f.* ①멀리함. 소원(疏遠). 소격(疏隔). 이간(離間). ②[法] (권리의) 양도(讓渡).
alheado *a.* ①소홀히 한. 멀리한. ②이간한. 사이를 나쁘게 한. ③[法] 양도한. 증여(贈與)한.
alheador *m.* [法] 양도인. 증여인.
alheamento *m.* ①멀리함. 소원. 소격. ②난심(亂心). 미친 정신. ③[法] 양도. 이양.
alhear *v.t.* = *alienar*.
alheável *a.* 양도(이양)할 수 있는.
alheio *a.* ①남의. 타인의. 다른 사람에 속하는. ②문외(門外)의. 국외의. 외국의. 이방(異邦)의. ③적당치 않는. ③모순된. ④모르는. ⑤난심(亂心)한. 미치도록 열중하고 있는.
— *m.* ①남. 타인. ②국외인(國外人). 문외한(漢). 이방인. 외국인.
alheira *f.* ①[植] 마늘의 일종. ②마늘 넣고 만든 일종의 소시지.
alho *m.* [植] 마늘. 부추.
alho-porro 부추.
ali *adv.* 저기. 저쪽에. 저기에. 그쪽.
por ali 저기서부터. 그쪽에서부터. 그 근방에.
para ali 저기에. 그쪽으로(향하여).
dali 거기서. 저쪽으로부터.
aliaceas *f.(pl.)* [植] 마늘과(科).
aliáceo *a.* 마늘같은. 마늘에 관한.
cheiro aliáceo 마늘 냄새.
aliado *a.* 연합한. 동맹한 ; 연합국의.
— *m.* ①연합국. 동맹국. ②동맹자. ③합체. 제휴단체.
aliança *f.* ①동맹. 맹약(盟約), ②결연(結緣). ③동맹조약. ④합체. 합동. ⑤결혼반지.
aliançar *v.t.* = *aliar*.
aliar *v.t.* 합치다. 연합시키다. 동맹하다. 결연(結緣)하다. 제휴(提携)케 하다.
—*se* *v.pr.* 제휴하다. 동맹하다. 연합하다.
aliável *a.* 합칠 수 있는. 동맹할만한. 연합가능한. 제휴할만한.
aliás *adv.* 그래도. 그렇지만. 그렇지 않고.
álibi *m.* [法] 알리바이(현장 부재 증명 : 범

alíbil–alimpador

죄 당시 피고가 현장 외에 있은 증명).
alíbil *a.* 자양분 있는.
alibilidade *f.* 자양분(滋養分). 자양질(質).
alica *f.* [植] 밀의 일종.
alicantina *f.* 사기. 협잡.
alicantineiro *m.* 사기꾼. 협잡꾼.
alicate *m.* (쇠줄 끊는) 펜치.
alicerçar *v.t.* 기초를 만들다. 기초를 닦다. 기초로 하다. (기반을) 공고히 하다.
alicerce *m.* [建] 기초. 토대. 기반. 근본. 근거.
aliciação *f.* 유혹. 유인. 교사(敎唆).
aliciador *m.* ①유혹하는 사람. 매혹하는 미끼. ②교사자.
aliciamento *m.* =*aliciação*.
aliciar *v.t.* ①꾀다. 유혹하다. 유인하다. 매혹하다. ②부추기다. 교사하다.
aliciente *a.* 유혹의. 매혹의. 교사의.
— *m.* 유혹물. 매혹물.
alidade *f.* 조준의(照準儀). 시준의(視準儀).
alienabilidade *f.* 양도(讓渡) 가능성.
alienação *f.* ①양도하기. 할양(割讓). ②정신착란(錯亂).
alienação mental 정신착란.
alienado *a.* ①(…을) 잃은. (…이) 없는. ②미친. 광란(狂亂)한.
— *m.* 미친 사람. 광인.
hospital de alienados 정신병원.
alienador *m.* 물리치는 사람. [法] 양도인. 증여인.
alienamento *m.* =*alienação*.
alienante *m.* 물려주는 사람. 양도자.
alienar *v.t.* ①소홀히 하다. 멀리하다. 이간하다. 사이를 나쁘게 하다. ②남에게 물려주다. 양도하다. 할양하다. ③미치게 하다. 광란(狂亂)케 하다.
—*se v.pr.* 미치다. 발광하다.
alienatário *a.* 물려받는 사람. 양수인(讓受人). 이양(移讓).
alienatório *a.* [法] 양도할 수 있는. 멀리 할 수 있는.
alienável *a.* 물려줄만한. 양도 가능한.
alienígena *m., f.* 외국인. 이방인(異邦人).
— *a.* 외국의. 타국의. 이방의.
alienismo *m.* 정신병 연구(치료. 요법).
alienista *m., f.* 정신병 전문의사. 정신병과 의사. 정신병 연구자.
— *a.* 정신병 치료(요법)의.
alífero *a.* 날개가 있는. 유익(有翼)의.

— *m.* 유익(有翼) 동물.
aliforme *a.* 날개꼴의. 날개 모양의. 익상(翼狀)의.
aligátor *m.* [動] (아메리카와 중국에서 사는) 악어.
aligeirar *v.t.* ①재빠르게 하다. 민속(敏捷)하게 하다. 서두르게 하다. ②가볍게 하다. 경감(輕減)하다.
alígero *a.* ①날개 있는. ②빠른. 신속한.
alijação *f.* =*alijamento*.
— *m.* 배의 짐(積荷)을 버리기. 바다에 던지기. 배를 가볍게 하기.
alijar *v.t.* ①배에 실은 짐을(선의에) 버리다. 배를 가볍게 하다. ②부담을 덜게 하다. ③던지다. 투사(投射)하다.
— *v.i.* ①배의 짐을 버리고 가볍게 하다. ②부담을 덜다.
alilena *f.* 무색무취(無色無臭)의 가연(可燃) 가스.
alimária *f.* ①가축 짐승. ②둔한 인간. 바보.
alimentação *f.* 영양. 자양. 영양법. 영양 흡수. 부양. 양육(養育). 음식물. 양식.
alimentador *m.* 자양분을 주는 사람. 먹여서 기르는 사람. 부양자.
alimental *a.* =*alimentício*.
alimentar (1) *a.* 식품의. 양식(糧食)의. 자양의. 자양으로 되는.
substancias alientares 자양물.
canal alimntar 소화기관. 영양관(營養管).
— (2) *v.t.* 먹을 것(음식)을 주다. 먹여 키우다. (양식을) 공급하다. 힘을 주다. 유지하다.
—*se v.pr.* 보육(保育)되다. 양육되다.
alimentício *a.* 영양의. 자양의. 음식의. 식료의. 식품의.
generos alim entícios 식품류.
alimento *m.* 먹을 것. 음식. 양식. 식품. 식료품. 영양물. 먹이. 사료. 자료.
alimentos (pl.) [法] 부양료(扶養料). 부조료. (이혼 후의) 별거 수당(생활비).
alimentoso *a.* =*alimentício*.
alimonia *f.* ①[古] 키우기. 부양. 양육. ②의식(衣食). 생계.
alimpa, alimpação *f.* 벌목 작업. 베인 나무의 가지자르기. 제초(除草) 작업.
alimpador *a., m.* 벌목하는 (사람 또는 도구). 나무의 가지를 치는 (사람). 풀베는 (사람).

alimpamento *m.* (밭에) 풀베기. 제초. 김매기.

alimpar *v.t.* 깨끗이 하다. 청결히 하다. 손질하다. 모든 필요 없는 것 또는 방해되는 것을 제거(일소)하다. (밭의) 풀을 베다. 잡초를 뽑다. 제초하다. 김매다.

alindado *a.* 이름답게 꾸민(장식한). 미화된.

alindamento *m.* 아름답게 하기. 미화(美化).

alindar *v.pr.* ①아름답게 하다. 아름답게 꾸미다(장식하다). 미화하다. (문장을) 윤색하다.
—**se** *v.pr.* ①아름답게 되다. 예뻐지다. 미화되다. ②스스로 치장하다.

alinea *f.* (회사 또는 단체의 정관·규정·법규 따위를 작성할 때 조문을) 조(條) 또는 항(項)으로 나누다.

alinhado *a.* 직선으로 놓은. 정렬(整列)한. 정돈된. (옷차림이) 단정한.

alinhador *m.* 직선으로 열 짓게 하는 사람. 정렬시키는 자.

alinhamento *m.* 직선으로 놓기. 일렬로 하기. 정렬. 집(家屋)이 한 줄로 지어 있는 것.

alinhar *v.t.* 일직선으로 놓다. 열지어 놓다. 정렬시키다. (옷차림을) 단정히 하다. 잘 차리게 하다. (문장을) 윤식(潤飾)하다.

alinhavado *a.* ①(큰 바늘로) 시침한. 가봉(假縫)한. ②서투른, 솜씨 없는.

alinhavar *v.t.* ①(이불 따위를 만들 때) 큰 바늘로 시침하다. 가봉하다. ②윤곽을 그리다. ③서투르게 일하다.

alinhavo *m.* ①큰 바늘로 시침하기. 가봉(假縫). 조봉(粗縫). ②윤곽을 뜨기. 초안. 초서. 준비.

alinho *m.* ①직선으로 긋기. 직선으로 놓기. 정렬. ②(목수가 나무에 줄치는) 검은 실끈(黑絲). ③정돈. 정비(整備). 단정.

alinita *f.* 알리니트(일종의 화학비료).

alípede *a.* 다리에 날개가 있는.

alipotente *a.* 강력한 날개(强翼)가 있는.

aliquanta *a.* [數] 나눌 수 없는. 정제(整除) 불가능한.

alíquota *a.* [數] 나눌 수 있는. 정제 가능한.

alisado *a.* ①(빛나게) 닦은. 탁마(琢磨)한. ②매끄럽게 한. 윤을 낸. 품위 있는.

alisador *m.* 닦는 것. 닦는 사람. 윤내는 기구.

alisar *v.t.* 닦다. 윤내다. 탁마하다. 매끄럽게 하다. 원활케 하다. 품위 있게 하다.

alismo *m.* [醫] 불안증(不安症). 우려증(憂慮症).

alísios *m.* 무역풍(貿易風).

alisonite, alisonita *f.* (구리(銅)·납(鉛)·황(黃) 등을 포함한) 광석(鑛石).

alistado *a.* 이름이(표에) 적혀 있는. 명단에 든 병적(兵籍)에 편입된. 입당(入黨)한.

alistamento *m.* ①이름을 적어 넣기. 명단에 기입하기. 병적에 넣기. ②명단. 명부. 목록표.

alistar *v.t.* (표에) 이름을 적어 넣다. 명단(명부)에 기록하다. 병적에 기입하다. 병역(兵役)에 취역시키다.
—**se** *v.pr.* 군무(軍務)에 봉사하다.

aliteração *f.* [修] 두운(頭韻). 두운법.

aliterar *v.t.* 두운을 밟다.

aliviação *f.* ①경감(輕減). ②위자료.

aliviado *a.* 가볍게 한. 편해진. (부담·고통 따위를) 편하게 한. 경감한. 완화한.

aliviador *a.*, *m.* 가볍게 하는 (사람 또는 물건). 편케 하는 (사람).

aliviamento *m.* (부담·고통 등을) 덜기. 덜하기. 경감. 완화.

aliviar *v.t.* (부담을) 덜해 주다. 감해 주다. 편케 하다. (고통을) 완화하다. 가볍게 하다. (위반한 죄를) 경감하다. 용서하다.
aliviar a carga 짐을 부리다.
aliviar de imposto 세금을 덜다.
— *v.i.* (부담·고통 등이) 덜해지다. (압박을) 면하다. (날씨가) 완화해지다(풀리다). (바람·비 따위가) 평온해지다(멎다).
—**se** *v.pr.* 편해지다. 기분이 갈아앉다. 휴양하다.

alívio *m.* ①(부담·고통 등을) 덜하기. 편케 하기. 경감. 완화. ②(심한 정신노동 후의) 바람 쏘이기. ③위자. 위자료. 보양(保養). 휴양.

alivioso *a.* 덜하기. 완화하는. 경감하는. 편케 하는.

aljava *f.* 화살통. 전통(箭筒).

aljôfar *m.* ①작은 진주(알). ②아침이슬. 《詩》 눈물.

aljube *m.* 동굴. 승려(僧侶)의 옥사(獄舍). 어둑컴컴한 집.

alma *f.* ①혼. 영혼·정신. ②양심. ③기맥. 생기. 감정. ④용기. 활기 원동력. ⑤인구(人口).
alma do outro mundo (=*alma penada*)

유령. 귀신. 도깨비.
não ter alma 양심이 없다.

aimaço *m.* (洋紙) 풀용 스캐프. 대판(大判 : 17×13인치 크기).

almadena *f.* 광탑(光塔 : 회교도 예배당의 탑).

almagrado *a.* 붉은 흙의. 적토의. 자토(赭土)의.

almagre, almagro *m.* 붉은 흙(赤土). 자토(赭土). 적갈색(赤褐色) 토질.

almanaque *a.* ①달력. 역서(曆書). ②연감(年鑑).

almandina, almandite *f.* [鑛] 귀석·유석(貴石·榴石).

almanjarra *f.* 《古》 ①큰 회전맷돌(大型回轉磨石)의 중앙에 있는 기둥(말 또는 나귀를 매는). ②몹시 뚱뚱한 사람. ③맵시 없는 체격. 표준에서 벗어나는 규격(사이즈).

almargeal *m.* 목초가 나는 습지.

almargem *f.* 목초(牧草). 목장. 방목지(放牧地).

almecega *f.* 유향(乳香).

almecegado *a.* 유향으로 물들인. 유향 빛깔의.

almecegar *v.t.* 유향으로 물들이다.

almecegueira *f.* [植] 유향나무.

almeirão *m.* [植] 국화 생치.

almejante *a.* 열망하는. 갈망하는.

almejar *v.t.* 열망(갈망)하다.

almejo *m.* 몹시 원하기. 열망. 갈망.

almenara *f.* 봉화(烽火). 신호소. 등대.

almiranta *f.* ①(옛날 함대사령관이 탄 배(旗艦). ②해군장교(將校)의 처(妻).

almirantado *m.* 해군장관의 직위(직분). 해군장교단(將校團). 해군군법회의.

almirante *m.* 해군대장(제독). 해군대장이 타는 군함.
vice almirante 해군중장.
contra almirante 해군소장.
almirante em chefe 해군장교(將校).

almiscar *m.* ①사향(麝香). 사향 향기. ②[動] 궁노루. ③[植] 사향꽈리.

almiscarado *a.* 사향으로 향기 나게 한.

almiscarar *v.t.* 사향으로 향기 나게 하다.
—*se v.pr.* 몸에 사향 향기를 지니다.

almiscareira *f.* [植] 사향초(草). 사향꽈리.

almiscareiro *m.* [動] 궁노루.

almoçado *a.* 점심을 먹은. 점심 식사를 끝마친.

almoçar *v.t.* 점심을 먹다.

almoço *m.* 점심(식사). 오찬(午餐). (*almoço*는 아침 식사로도 해석됨).

almocreve *m.* 노새(나귀) 모는 사람.

almoeda *f.* 경매(競賣). 공매(公賣).

almoedar *v.t.* 경매에 부치다. 공매하다.

almoedeiro *m.* 경매인. 공매인.

almofaça *f.* 말빗(馬輜). 큰 빗.

almofaçar *v.t.* 말빗으로 빗다(빗질하다).

almofada *f.* 솜 또는 해면 같은 것을 넣은 방석(베개).

almofadado *a.* 솜 또는 해면 같은 것을 속에 넣은.

almofadar *v.t.* (방석·베개·이불 따위에) 솜 또는 해면을 넣다(채워 넣다). 속을 넣다.

almofadinha *f.* ①작은 이불. 작은 방석. ②《轉》 모양내기. 모양내는 사람.

almofadismo *m.* 몹시 모양내기. 멋부리기. 멋피우기.

almofariz *m.* ①모르타르. 약절구. ②[軍] 박격포.

almôndega *f.* [料理] 크로켓(고기를 잘게 썰어 다져 만든 요리).

almontolia *f.* 기름단지. 기름통.

almoxarifado *m.* 비품창고. (회사의) 서무비품실.

almoxarife *m.* 비품창고관리인. 서무계원.

alô *interj.* (전화할 때) 여보시오!(하는 말)

alocução *f.* 훈시(訓示). 훈고(訓告). 식사(式辭).

alodial *a.* 과세(課稅) 없는 땅의. 자유지(自由地)의.

alodialidade *f.* 자유보유(自由保有). 면제(免除).

alódio *m.* [法] 자유소유지(완전한 자유지). 《古》 과세 없는 세습재산(자유토지).

aloés *m.* [植] 노회(蘆薈). 알로에.

aloético *a.* 노회의. 노회질의.

alógico *a.* 증명할 필요 없는.

aloina *f.* 노회소(蘆薈素).

alojação *f.* =*alojamento*.
— *m.* ①수용하기. 숙박하기. 숙박소. ②《古》 병사(兵舍). 숙영(宿營).

alojar *v.t.* 수용하다. 숙박시키다. 창고에 넣다.
—*se v.pr.* ①수용되다. 숙박하다. ②숙영하다.

alombado *a.* 등을 꾸부린. 만곡(彎曲)한.

alombamento *m.* 등을 (둥글게) 구부리기. 만곡(彎曲)하기.

alombar *v.t.* (등을 구부리게 하다. 휘게 하다. [製本] 책등(冊背)을 붙이다.

alonga *f.* 유도관(誘導管). 가감장치(加減裝置).

alongadamente *adv.* 길게 하여. 연장하여.

alongado *a.* 더 길게 한. 연장한.

alongador *a.* 더 길게 하는. 연장하는.

alongamento *m.* 더 길게 하기. 연장. 연기. 연장선. 길어진 부분.

alongar *v.t.* 더 길게 하다. 연장하다. 더 넓히다.

—**se** *v.pr.* ①연장되다. ②멀어가다.

alopata *m.* 대증요법가(對症療法家).

alopatia *f.* [醫] 대증요법.

alopático *a.* 대증요법상의.

alopecia *f.* ①[醫] 탈모증(脫毛症). 모반 탈락. ②대머리병(禿頭病).

alopécico *a.* 탈모증의 머리칼이 빠지는. 대머리병에 걸린.

alotar *v.t.* 토지를 구분하다. 대지(집터)를 나누다(할당하다).

alotropia *f.* [化] 동질이체(同質異體). 동질이품(異品). 동소체(同素體).

alotrópico, alótropo *a.* 동질이체의. 동질이품의 동소체의.

aloucado *a.* 미친 듯한. 미친 사람 같은. 바보 같은.

aloucar-se *v.pr.* 미친듯 보이다. 미친듯한 인상을 주다.

alpaca *f.* [動] 앨패커(남미 페루에서 나는 일종의 양). 앨패커의 털.

alpendrada *f.* 큰 현관. 차대는 곳. 베란다.

alpendre *m.* 현관. 복도. 베란다. (자동차를 두기 위한) 기둥만 있는 지붕.

alpercata *f.* (*alparraia*라고도 씀) 샌달(신)(밑창은 짠 노끈으로 되고 신등은 캔버스(油布)로 한 것.

alpestre, alpestrico *a.* 알프스 산맥의. 높은 산의. 산악의.

alpico *a.* =*alpino*.

alpicola *a.* 알프스 산맥(고산지대)에 사는.

alpinismo *m.* 알프스 등산열. 등산광(狂).

alpinista *m., f.* 등산가. 알프스 등산가.

alpino *a.* 알프스산의. 고산의. 알프스산에서 나는.

— *m.* 고산식물(동물).

alpista *f.* *alpiste*.

— *m.* 카나리아의 모이. 새에 먹이는 모이.

alpivre *m.* [植] 봉란(蜂蘭).

alpondras *f.(pl.)* 발디딤돌. 징검다리돌. 깔돌.

alquebrado *a.* ①등이 굽은(휜). 쇠약한. ②(정신적 또는 육체적으로) 몹시 피로한.

alquebramento *m.* ①(등이)굽음. 휨. 쇠약. ②(심신의) 심한 피로. ③선체(船體)의 노후화(老朽化).

alquebrar *v.t.* 등을 구불게(휘게) 하다. — *v.i.* 등이 구불다. 휘다. 쇠약해지다. 선체(船體)가 찌그러지다(약해지다).

alquebre *m.* =*alpuebramento*.

alqueire *m.* 알껨(옛날에는 곡물 또는 액체를 재는 단위. 현재는 토지 면적을 재는 단위). 상파울로 주(州)의 1 *alqueire*는 24,200 평방미터. 미나스 제라이스 주의 1 *alqueire*는 48,400 평방미터.

alqueivar *v.t.* [農] 휴한경작지(休閑耕作地)로 하다. 농토를 묵이다.

alqueive *m.* 경작지의 휴한상태(밭을 갈아만 놓고 1~2년간 파종하지 않는 것). 휴경지(休耕地).

alquifol, alquifu *m.* [鑛] 방연광(方鉛鑛).

alquilador *m.* 마필(馬匹)을 빌려 주거나 매매하는 사람.

alquilar *v.t.* 마필을 빌려 주다(매매하다).

alquilaria *f.* 마필을 빌려 주는 직업. 마필로써의 여객운반계약.

alquimia *f.* ①연금술(練金術: 비금속(卑金屬)을 황금으로 변화시키려던 중세(中世)의 연구). ②중세기의 화학(의 초기).

alquímico *a.* 연금술의.

alquimista *m., f.* 연금술사(師).

alrute *m.* [鳥] 식봉조(食蜂鳥).

alta *f.* (값이) 오르기. 높아지기. (물가의) 등귀(騰貴). (병원으로부터) 퇴원허가. 퇴원 후 사병(上兵)의 제대.

altaferquência *f.* [電] 고주파(高周波).

altaico *a.* 알타이 산맥의. 알타이산에 사는.

altair *m.* [天] 견우성(牽牛星: 독수리좌의 일등성).

altamado *a.* 잡다(雜多)한 종류의.

altamente *adv.* 높게. 높이. 고도로. 고상하게. 훌륭하게. 심히 크게.

altanado *a.* 거만한. 오만한. 동요되고 있는.

altanar-se *v.pr.* 높아지다. 높게(높이) 뜨다(날다). 우쭐하다. 오만하다. 동요하다.

혼란에 빠지다.
altanaria, altaneria *f.* ①높이 뜨기(날기). ②오만. 거만.
altaneiro *a.* ①높이 나는(뜨는). ②높은 곳의. ③오만한. 거만한.
altar *m.* ①제단(祭壇). 성단(聖壇). 성찬대(聖餐台). ②계단.
ministro do altar 사제(司祭).
pé de altar 결혼·장례(葬禮)·세례 등에 의하여 얻는 사제의 수입.
altar-mor *m.* (성당의) 중앙제단.
altéa *f.* [植] 무궁화. 접시꽃.
alteação *f.* =*alteamento*.
— *m.* 높이기. 높게 하기. 추켜 들기.
altear *v.t.* 높이다. 더 높게 하다. (지위)올려 놓다. (가격을) 올리다. (음성을) 높이다.
— *v.i.* 높아지다. 오르다.
altéia *f.* [植] 서양 촉규화. 당아욱의 일종.
alterabilidade *f.* 변경할 수 있음. 개변(改變)할 수 있음.
alteração *f.* 변경. 변화. 개변. 변동. 변질. 변성. 동요(動搖). 분란(紛亂). (병의) 악화.
alteração de moeda 화폐의 질을 개악(改惡)하다.
alteração dos pregos 물가의 변동.
alteradamente *adv.* 변경하여.
alterado *a.* 변경한. 개조한. 바꾼. 다시 꾸민. 변질한. 악화한. 동요한. (인심·풍습·사상 따위를) 고친. 변혁한.
alterador *a.* 변경하는. 개조하는. 개변하는. 바꾸는 변질하는. 악화되게 하는. 질서를 문란케 하는 소란을 일으키는.
alterante *a.* 변화(변경)되게 하는. 변질을 초래하는. 변질성(變質性)의 (체질을) 바꾸는.
— *m.* [醫] 변질제(變質劑).
remédios alterantes 변질약. 체질변화약.
alterar *v.t.* ①변경하다. 변화시키다. 변질케 하다. ②(질서·제도 따위를) 바꾸다. 고치다. ③문란케 하다. 소란스럽게 하다. ④변조(變造)하다.
—*se v.pr.* ①변화하다. 개변되다. 변질하다. ②악화하다. ③소란해지다. ④노하다. 성내다.
altertivo *a.* 변질(성)의. 변화(성)의.
alterável *a.* 변경할 수 있는. 고칠 수 있는. 개조 가능한.
altercação *f.* 말다툼. 언쟁.
altercado *a.* 말다툼을 한. 언쟁의.
altercador *m.* 말다툼하는 사람. 논쟁하는 자. 자주 시비 거는 사람.
altercante *a.* 말다툼하는. 논쟁하는.
altercar *v.i.* 말다툼하다. 논쟁하다.
— *v.t.* (…을) 논쟁하다. (…을) 토론하다.
alterco *m.* =*altercação*.
alternação *f.* 교호(交互). 교대. 하나씩 사이를 두기. 윤번(輪番). [數] 착렬(錯列). [電] 교번(交番).
alternadamente *adv.* 번갈아. 교대로. 하나씩 건너.
alternado *a.* 교대의. 번갈아 하는. 하나 건너의. 교체되는. 교호(交互)의.
dias alternados 격일(隔日). 하루 건너.
geração alternada 세대(世代) 교체.
alternador *a.*, *m.* 교대시키는(것). 교호케 하는(것). [電] 교류발전기.
alternamente *adv.* =*alternadamente*.
alternância *f.* [地質] 호격층(互隔層). [植] 꽃 또는 잎사귀가 번갈아 생기는 것 (互生).
alternante *a.* 교대시키는. 교환하는. 교체되는.
alternar *v.t.* 교대시키다. 번갈아(작업 또는 근무를)하게 하다. 서로 번갈게(交互되게)하다.
— *v.i.*, —*se v.pr.* 교대하다. 교대로…하다. 교체하다. 교호(交互)하다.
alternativa *f.* ①어느 것인가 하나의. ②두 개 중에 하나를 택해야 할. 양자택일의. ③교호의. 교번의.
corrente alternativa 교류(交流).
movim ento alternativo 교호운동.
alternato *m.* 교대식. 교환식. [農] 교환식 경작법(交換式耕作法).
alternável *a.* 교대할 수 있는. 교체 가능한.
alternifloreo *a.* [植] 호생화(互生花)의.
alternifólio *a.* [植] 호생엽(互生葉)의.
alterno *a.* 서로 바뀔. 교호의.
angulos alternos [數] 호각(互角).
folhas alternas [植] 호생엽(互生葉).
alterosamente *adv.* 높이 솟아. 숭고하게. 위품 당당히.
alteroso *a.* 높은. 높이 솟은. 숭고한. 위품 있는 당당한.
alteza *f.* 높음. 높이. 고상. 숭고. 높은 자리. (임금에 대한 경칭으로) 폐하. 전하.

(殿下).
Vossa Alteza 폐하. 전하.
altheá *f.* =*altéa*.
alti *pref.* 높은 뜻을 나타내는 접두사(接頭詞).
altibaixo *a.* (지형의) 고저(高低)가 있는. 울퉁불퉁한 지면.
altibaixos *m.(pl.)* 고저. 울퉁불퉁한 지면. 《轉》흥망성쇠. 부침(浮沈).
são os altibaixos da vida 그것이 인생(삶)의 흥망성쇠이다.
alticolunio *a.* 높은 기둥(高柱)을. 높은 기둥의.
altigritante *a.* 높은 소리로 외치는.
altiloqüencia *f.* ①고상한 어조. 우미한 어풍(語風). ②호언장담. 과장.
altiloqüente *a.* ①고상한 어조(로 말하는)의. 우미한 어풍의. ②호언장담하는. 과장하는.
altiloquio *m.* =*altiloqüencia*.
altiloquo *a.* =*altiloqüente*.
altimetria *f.* [天] 측고법(測高法).
altímetro *m.* [空] 고도계(高度計).
altimurado *a.* 높은 담을 두른. 높은 벽(高壁)을 쌓은.
altiplano *m.* 고원(高原). 높은 지대.
altipotente *a.* 큰 세력(권력)이 있는.
altirna *f.* 인도 또는 중국의 승의(僧衣).
altíssimo *a.* (*alto*의 최상급) 가장 높은. 최고도의. 지상(至上)의. 무상(無上)의.
— *m.* 신(神).
altissonante, altíssono *a.* ①(소리가) 높이 울리는. 크게 울리는. ②(말 따위) 과장하는. 고상한. 우미한.
altista *a.* [商] 시장의 시세앙등에 관계 있는.
— *m.* 상품의 가격 상승을 미리 알고 사들이는 사람. 사는 이(편). 사두는 사람.
altitonante *a.*《詩》(천둥소리처럼) 높은 데서 울리는.
altitude *f.* (산·천체 등의) 높이. 고도. 표고(標高). 해발. [天] 고각(高角). [幾] 정점으로부터 저변까지의 수직 거리.
altivago *a.* 높은 데서 돌아다니는(배회하는).
altivamente *adv.* 거만하게. 건방지게.
altivez, alutiveza, altividade *f.* 거만. 불손. 천대.
altivo *a.* ①높은. 높이 솟은. ②건방진. 거만한. 당당한. 잘난 체하는.

altivolante, altivolo *a.* 높이 뜨는(나는).
alto *a.* ①높은. 고지의. 높은 지방의. ②(신분 지위 따위) 높은. 고위의. 고귀한. 고상한. 숭고한. 중요한. 상류의
alta sociedade 상류사회.
altos personagem 고위 인사(人士).
altos pensamentos 고견(高見).
alto preço 비싼 값. 고가(高價).
alto mar(mar alto) 공해(公海).
alto traição 국사범(國事犯).
camara alta 상원(上院).
dia alto 백주(白晝). 대낮.
alta noite 한밤중(밤 12시경).
alta Amazona 아마존(江) 상류.
de alto a baixo 위로부터 아래로.
por alto 대략. 간단히.
— *m.* 높음. 높이. 고도. 정상(頂上). 해발 상위(上位).
— *interj.* [軍] (행군) 정지! 섯!
— *adv.* 높이. 높게. 고조로.
alto-falante *m.* 확성기.
alto-forno *m.* 용광로(鎔鑛爐).
alto-relevo *m.* [彫刻·建] 높은 돋을 새김.
altruísmo *m.* 이타(利他)주의. 애타(愛他)주의.
altruísta *m., f.* 이타(애타)주의자.
— *a.* =*atruístico*.
altruístico *a.* 이타적. 애타적.
altura *f.* ①높이. 고노. 고위(高位). ②정상(頂上). ③천공. ④위도(緯度). ⑤(공사 따위 진척하는) 정도.
altura do poço 우물의 깊이.
empreza de grande altura 중요한 사업체(기업체).
obra está em boas alturas 공사(工事)는 많이(상당히) 진척되고 있다.
estar á altura de …의 자격(능력)이 있는.
estar na altura de …와 동위도(同緯度)에 있는 (위치하는).
aluado *a.* ①달(月)의 영향을 받은. ②정신에 이상이 있는. 미친. 미친듯한. ③(짐승들이 교미기에 있어서) 암내 피는.
alucinação *f.* 환각(幻覺). 망상. 착각. 정신착란.
alucinado *a.* 환각을 일으킨. 망상하고 있는. 난심(亂心)한.
alucinamento *m.* =*alucinação*.
alucinante *a.* 환각을 일으키는. 망상케 하는.

alucinar *v.t.* 이성(理性)을 잃게 하다. 환각케 하다.
— **se** *v.pr.* 이성을 잃다. 환각하다.
alucinatório *a.* 환각의. 망상의.
alude *f.* 눈사태.
aludido *a.* 이미 말한. (위에) 언급한. 전술(前述)한. 전기(前記)한.
aludir *v.i.* (…에 관하여) 언급하다. 암시를 주다. 넌지시 말하다. 시사(示唆)하다.
alugado *a.* 빌려준. 임대(賃貸)한. 빌린. 임차(賃借)한.
alugador *m.* 빌려주는 사람. 임대자. 빌려 받는 사람.
alugamento *m.* 빌려주기(받기). 임대(賃貸). 대여(貸與). 임차(賃借).
alugar *v.t.* 빌려주다. 빌리다. 대여(貸與)하다. 채용하다. 고용하다. (집을) 세놓다. 세들게 하다.
alugar um a casa 집을 세놓다.
— **se** *v.pr.* 빌리다. 채용(採用)되다.
aluguel, aluguer *m.* 임대. 임차. 임대료. 임차료. 빌린 값. 집세.
aluguel de casa 집세. 가세(家貰).
casa de aluguel 세놓는 집. 빌려주는 집.
tom ar de aluguel 임차하다. 세주고 빌려 쓰다.
dar de aluguel 임대하다. 세놓다.
aluimento *m.* 사태(沙汰). 산사태. 산이 허물어짐. 산붕(山崩).
aluir *v.t.* 허물어뜨리다. 흔들다. 동요케 하다.
— *v.i.* 허물어지다. 붕괴(崩壞)하다. 흔들리다. 동해하다.
— **se** *v.pr.* 구불다. 휘다. 산산이 무너지다. 부서지다.
alumbrar *v.t.* 《古》 = *aluminar*.
alume, alúmen *m.* [化] 백반. 명반(明礬). 명반석.
alumiação *f.* 조명. 일루미네이션. 식광(飾光). 전기장식. 광명. 계몽.
alumiado *a.* 등불을 컨. 조명한. 일루미네이션을 한.
alumiador *a.* 등불을 켜는. 비추는. 조명하는. 광명을 주는.
alumiamento *m.* = *alumiação*.
alumiar *v.t.* ①등불을 켜다. 비추다. 조명하다. 일루미네이션(전기장식)을 하다. ②눈부시게 하다. 현혹케 하다.
— *v.i.* 비치다. 조명되다.

alumina *f.* [化] 알루미너. 반토(礬土).
aluminagem *f.* 반토와 석기. 반토에 적시기.
aluminar (1) *v.t.* 백반(명반)을 섞다. (혼합하다).
— *a.* 백반(명반)을 포함한.
— (2) *v.t.* = *alumiar*.
aluminato *m.* [化] 알루민산염(酸鹽).
alumínico *a.* 알루미늄의. 알루미늄을 포함한.
aluminífero *a.* 백반(명반) 또는 알루미늄을 포함한.
alumínio *m.* [化] 알루미늄.
aluminita, aluminite *f.* 명반암(明礬岩).
aluminoso *a.* 알루미늄의. 알루미늄을 포함한(함유한).
aluminôxido *m.* 산화(酸化)알루미늄.
aluno *m.* (국민학교·중학교) 학생. 제자. 문하생.
aluno externo 주간학교 학생.
aluno interno 기숙생.
alusão *f.* 암시. 풍시(諷示). 언급. [修] 인유(引喩).
alusivamente *adv.* 암시해서. 암시적으로.
alusivo *a.* 암시의. 풍시의. 암시적(暗示的). 넌지시 말하는. 둘러서 알아채게 한.
aluvial *a.* [地質] 충적의. 퇴적(堆積)한. 홍수의.
aluviano *a.* [地質] 충적(沖積)의.
aluvião *f.* ①홍수. (특히 해안·강기슭에) 범람. ②[地質] 충적. 충적토(沖積土). 홍수 또는 파도의 작용으로 생긴 모래(또는 흙) 언덕.
alva *f.* ①동틀녘. 여명(黎明). ②[가톨릭敎] 흰 베로 만든 긴 승복(僧服). 백의(白衣).
Estrela de alva 새벽별(금성).
alva do olho 백안(白眼).
alvacento *a.* 흰 빛이 약간 있는. 약간 흰. 허여스름한.
alvadio *a.* 회색의. 쥐색의. 연한 회색의.
alvado *m.* 꿀벌이 사는 구멍. 여러 가지 쟁기 (도구)에 있는 작은 구멍.
alvaidar *v.t.* 연분(鉛粉)으로 칠하다.
alvaide *m.* 연분. 연백(鉛白). 탄산연(炭酸鉛).
alvanel, alvanéu *m.* 석공(石工). 벽돌 쌓는 직공.
aivão *m.* 제비 비슷한 새.
alvar *a.* 약간 흰. 허여스름한. 《轉》 천진난만한. 우둔한. 순박한.

— *m.*《轉》우둔한 녀석. 천치.
alvará *m.* ①면허장 ; (영업)허가증. ②임명서. 칙령(勅令). ③영장(令狀).
alvará de construção 건축허가.
alvará de prisão 체포장. 영장.
alveario *m.* ①꿀벌통. ②[解] 귓바퀴(耳殼).
alvedrio *m.* ①의사(意思). 자유의사. 임의(任意). 제멋대로 결정하기. 독단(獨斷). 전단(專斷). ②중재재판. ③수단. 방법. ④충고. 경고.
por seu alvedrio 그 사람 자신의 의사에 따라.
alveiro *a.* 흰. 하얀.
alveitar *m.* 면허 없는 수의(獸醫).
alveitarar *v.i.* 면허 없는 수의의 직분 행사를 하다 (영업하다).
— *v.t.* 수리하다. 수선(修繕)하다.
alveitaria *f.* (학술에 의하지 않고 경험에 의한) 가축 치료.
alvejante *a.* 희게 하는. 희어지는. 희끔하게 된.
alvejar *v.t.* ①희게 하다. 희게 칠하다. 표백(漂白)하다. ②(목표를) 겨누다. 목표로 하다.
— *v.i.* ①희게 되다. 희어지다. 하얗게 되다. 명백해지다. ②목표(표적)에 맞다.
alvenaria *f.* ①석공(벽돌장이)의 직(職). 석공술. ②돌공사(工事) 석조 건축(재료).
alvenal, alveneu *m.* =*alvanel. alvaneu.*
alveo *m.* ①하상(河床). 유상(流床). ②고랑. 보습자리.
alveolado *a.* ①벌집 같은. ②작은 구멍이 있는. ③기포가 있는.
alveolar *a.* ①[解] 치조(齒槽)의. [動] 기포(氣胞)의. 폐포(肺胞)의. ②벌집의.
alveolite *f.* 치조염(齒槽炎). 폐포염(肺胞炎).
alvéolo *m.* ①작은 구멍. 벌의 집(꿀벌의 구멍). ②치조(齒槽). 기포. 폐포.
alverca *f.* ①양어지(養魚池). ②물 고인 땅(沼地).《古》저수지.
alvergue *m.* 기름 짜는 데 쓰는 통(搾油用桶).
alvião *m.* [農] 곡괭이의 일종.
alvíno *a.* 아랫배(下腹)의. 창자의.
alvíssaras *f.* (*pl.*) (좋은 소식을 가져왔거나 분실된 것을 찾아 왔을 때 주는) 보수. 사례금.
alvissareiro *m. alvíssaras*를 받는 사람 또는 요구하는 사람.
— *a.* 좋은 징조(徵兆)의. 연(緣)이 좋은. 즐거운.
alvitrador *m.* 제언자. 제안자(提案者). 건의자. 충고자. 권고자.
alvitrajado *a.* 흰옷(白衣)을 입고 있는.
alvitramento *m.* =*alvitre*.
alvitrar *v.t.* 제시하다. 제의하다. 제안하다. 건의하다.
alvitre *m.* ①제의(提意). 제안. 제시. 건. 충고. 안(案). 계획. ②암시. 시사. 힌트.
alvitreiro, alvitrista *m.* =*alvitrador*.
alvo *a.* 흰. 순백의. 순수(純粹)한.
— *m.* ①흰색. 백안(白眼). ②목표. 표적. 과녁. 사적(射的).
atingir o alvo 과녁에 맞다.
alvor *m.* ①서광(曙光). 여명. ②눈처럼 흰. 새하얀. 설백.
alvorada *f.* ①동틀녘. 여명(黎明). 불효(拂曉). ③[軍] 기상나팔(북).
alvorecer *v.t.* 동트다. 날이 밝다. 서광이 비치다.
— *m.* 동틀녘. 새벽. 서광이 비침.
alvoroçadamente *adv.* 갑자기. 당황하여. 무작정하고. 경솔하게.
alvoroçado *a.* 참지 못한. 싱숭생숭한. 덤비는. 당황한. 불안한. 불온한. 놀랜.
alvoroçador *m.* 불안(불온)케 하는 자. 폭동을 일으키는 자.
alvoroçamento *m.* 소란. 교란. 폭동. 열광. 놀라움. 경악.
alvoroçar *v.t.* 소란을 일으키다. 교란하다. 선동하다. 폭동을 일으키게 하다.
—*se v.pr.* 소란하다. 불안에 빠지다. 떠들썩하다. 폭동을 일으키다. 놀래다.
alvoroço *m.* 소란. 교란(攪亂). 선동. 폭동. 혼란. 떠들썩하기.
alvoroçoso *a.* 떠들썩하는. 소란스러운. 불온한. (사태가) 심상치 않은. 혼란한.
alvorotadamente *adv.* 소란스럽게. 떠들썩하여. 폭동을 일으키고.
alvorotador *m.* 소란을 일으키는 자. 폭동자.
alvorotamento *m.* =*alvorocamento*.
alvorotar *v.t.* 소란(폭동)을 일으키다. 떠들썩하게 하다.
alvorôto *m.* =*alvoroço*.
alvura *f.* ①순백(純白). ②결백. 순결. 청결(清潔).
ama *f.* 유모(乳母). 아이 보는 이. 식모. 주부(主婦). 여주인. 안주인. 숙녀.

ama séca 아이 보는 이. 육아부(育兒婦).
ama de leite 유모(乳母).

amabilidade *f.* 호의. 친절. 우호. 화친. 친목. 온정(溫情). 애교. 귀염성.

amabilíssimo *a.* (*amável*의 최상급) 가장 사랑스러운. 가장 귀여운.

amacacado *a.* 원숭이 비슷한. 원숭이 같은.

amachorrar *v.i.* 불임(不姙)하다. 아기 못 배게 되다.

amachucado *a.* 상한. 상처 입은. 압박 당한. 주름살이 많이 잡힌.

amachucar *v.t.* ①상(傷)하게 하다. 상처를 입히다. ②압박하다. 괴롭히다. ③주름살 많이 지게 하다.

amaciar *v.t.* 부드럽게(연하게) 하다. 누그러지게 하다.
—se *v.pr.* 부드러워지다. 연해지다.

amada *f.* 사랑받는 여자. 사랑하는 그 여자. 애인. 정부(情婦).

amadeirado *a.* 나무처럼 된. 나무 비슷한. 나무 색깔처럼 칠한.

amadeirar *v.i.* 나무 비슷하게 하다. 나무 색깔처럼 칠하다.

amado *a.* 사랑받는. 사랑받은. 사랑하는.
— *m.* 사랑받는 남자. 사랑하는 이. 애인. 정부(情夫).

amadouro *a.* 사랑할 만한.

amador *a.* 좋아하는. 애호하는. 사랑하는. 아마추어의.
— *m.* (어떤 일에 특별한 취미 또는 기호를 갖고 있는) 애호가. 기호가. 아마추어.
fntógrafo amador 아마추어 사진사.
um amador de café 커피 애호가.

amadorismo *m.* 도락. 아마추어식. 아마추어의 재주. 전문가 아닌 솜씨.

amadurado *a.* =*amadurecido*.
amaduramento *m.* =*amadurecimento*.
amadurar *v.t.* =*amadurecer*.
amadurecer *v.t.* (과일 따위를) 익히다. 성숙시키다. 원숙시키다.
— *v.i.* ①익다. 성숙하다. 숙달하다.

amadurecido *a.* ①익은. 원숙한. 성숙한. 숙달한. ②숙고(熟考)한.

amadurecimento *m.* (과일 따위) 익음. 익힘. 성숙. 원숙. 숙달. 숙고(熟考).

âmago *m.* ①나무의 속. 수심(樹心). ②골심. 핵심. ③중점. 주지(主旨).

amagotado *a.* 떼(무리)를 지은.

amainado *a.* ①(배의) 돛을 내린. ②잔잔해진. 폭풍우가 지나간. 진정한.

amainar *v.t.* ①[海] 돛을 내리다. 낮추다. 늦추다. ②약하게 하다. ③진정시키다.
— *v.i.*, —se *v.pr.* 약해지다. 조용해지다. 줄다. (열이) 내리다. (바람이) 자다.

amaldiçoado *a.* 저주받은. 파문당한. 처벌받은. 증오할.

amaldiçoador *m.* 저주하는 자. 주문(呪文) 외는 자. 욕지거리하는 자. 파문하는 자.

amaldiçoar *v.t.*, *v.i.* 저주하다. 욕설하다. 악담하다. [宗] 파문(破門)하다. 추방하다.

amálgama *m.* [化] 아말감(수은과 다른 금속과의 합금). 혼합물.

amalgamação *f.* ①수은과 다른 금속을 합금하기. ②혼합. ③(회사의) 합병.

amalgamador *m.* 아말감하는 사람.

amalgamar *v.t.* ①아말감(수은과 다른 금속과의 합금)하다. 수은과 합치다. ②섞다. 혼합하다. 융합시키다. ③합동시키다. 합병시키다.
—se *v.pr.* 합금하다. 섞여지다. 혼합(混合)되다. 융합하다. 합동되다.

amalgamento *m.* =*amalgamação*.

amalgâmico *a.* ①아말감의. 수은과 합금한. 합금의. ②섞은. 합동되는.

amalhar *v.t.* 가축을 울타리 안에 몰아 넣다(수용하다). 좋은 길(善道)에 인도하다.
—se *v.pr.* (가축이) 울타리 안으로 들어가다.

amalucado *a.* ①미친. 정신 빠진. 정신 없는. 얼빠진. ②미친 사람 같은. 천치(바보) 같은.

amame *a.* (말이) 흑백반점(黑白斑點) 있는. 흑백반모(斑毛) 있는.

amamentação *f.* 젖을 주기(授乳). 젖먹여 키우기.

amamentar *v.t.* (아기에게) 젖을 주다. 젖먹여 기르다.

amamona *f.* (주로 건축 재료로 쓰이는) 브라질산 교목(喬木).

amancebado *a.* ①사통(私通)의. 야합(野合)의. ②첩과 사는.
— *m.* 정부(情夫). 여자를 좋아하는 이.

amancebamento *m.* 첩과 살기. 정부(情婦)와의 동서(同棲).

amancebar-se *v.pr.* 정부 또는 첩과 산다. 첩을 두다. 정교(情交)하다.

amaneirado *a.* ①영향을 받은. ②버릇이 …한.

amaneirar-se *v.pr.* ①영향을 받다. ②버릇이 …하다.

amanhã *adv.* 내일. 내일에.
— *m.* ①내일. ②가까운 장래.
amanhã de manhã 내일 아침.
depois de amanhã 모레.
Até amanha. 내일까지. 내일 다시 만날 때까지 (내일 다시 봅시다의 뜻. 인사의 말)

amanhação *f.* = *amanho*.

amanhado *a.* ①정리한. 정돈한. 설비한. ②(밭을) 간. 경작한.

amanhar *v.t.* ①정리하다. 정돈하다. 설비(設備)하다. 조리(調理)하다. ②옷입히다. 입혀주다. ③(밭을) 갈다. 경작하다. ④준비하다. 마련하다.
—*se v.pr.* ①옷을 입다. ②(그럭저럭) 해나가다. 처신하다.

amanhecer *v.i.* 날이 밝다(밝아오다). 아침이 되다. 기상하다.
— *m.* ①새벽. 동틀녘. ②(사건의) 발단. 시초.
ao amanhecer 새벽에.

amanhecimento *m.* 날이 밝음(밝아옴). 아침이 되기. (사건의) 발단.

amanho *m.* 정리. 정돈. 설비. 조리(調理). *amanhos (pl.)* 용구. 기구. 토구.

amaninhar *v.t.* 불모(不毛)의 땅이 되게 하다. 황무지로 만들다.

amanita *f.* [植] 독 있는 버섯의 일종.

amanitina *f. amanita*의 독소(毒素).

amanonsiado *a.* (동물이) 잘 길들은. 길들인. 순치(馴致)한. 유순해진.

amanonsiar *v.t.* (동물을) 길들이다. 순치하다.

amansadela *f.* 길들이기. 순양(馴養). 순치(馴致).

amansador *m.* (동물을) 길들이는 사람.

amansamento *m.* ①길들이기. 훈련시키기. 순치. 순양. ②고무나무의 액체를 채수(採收)하기 위한 준비 작업.

amansar *v.t.* ①(동물을) 길들이다. 훈련하다. ②(성난 것을) 진정시키다. (노여움이) 가라앉게 하다.
— *v.i.* —*se v.pr.* ①길들다. 유순해지다. 온순해지다. ②진정되다.

amantar *v.t.* 담요(毛布)로 덮다.

amante (1) *a.* 사랑하는. 정들이는. 좋아하는.
— *m.* 정부(情夫). 간부(姦夫).
— *f.* 정부(情婦). 간부(姦夫).
— (2) *m.* 굵은 밧줄.

amanteigado *a.* 버터와 같은. 버터질(質)의. 버터를 바른. 버터 맛이 나는(있는).

amanteigar *v.t.* 버터맛이 나게 하다. 버터를 바르다. 버터처럼 연하게 하다.

amantelar *v.t.* 성을 쌓다. 성곽(城郭)을 두르다.

amantíssimo *a.* 가장 사랑하는.

amanuensado *m.* 서기(書記)의 직책.

amanuense *m.* (관청의) 서기. 서생. 필생. 기록계.

amapá *m.* (브라질산 식물의 일종) 아마빠아(그의 진(乳液)은 약으로 쓰임).

amar *v.t., v.i.* 사랑하다. 귀여워하다. 귀중히 여기다. 연모하다. 연애하다. 반하다. 좋아하다.

amaraco *m.* = *mangerona*.

amaraço *m.* 순형과(脣形科) 식물로서 조미용(調味用) 또는 강장약(强壯藥)으로 쓰임.

amarado *a.* 물기(水分) 많은. 물에 젖은.

amara-dulcis *f.* [植] 백영(白英).

amaranto *m.* 전설에 나오는 시들지 않는 꽃. [植] 애머랜드(비름과의 관상식물).

amarar *v.i.* (배가) 바다로 향해 나가다. (수상 비행기가) 물 위에 내리다.
—*se v.pr.* 물에 젖다.

amarela *f.* [植] 애머릴러스(주선과).

amarelado *a.* 누른빛이 낀. 누른빛을 띰은. 노랗게 된. 황색의.

amarelão *m.* 《俗》 십이지장충병(十二指腸蟲病).

amarelar *v.t.* 누른빛이 되게 하다. 노랗게 하다. 노릇노릇하게 하다.
—*se v.pr.* 누른빛이 되다. 노랗게 되다. 황색이 되다.

amarelecer *v.i.* ①점차 황색이 되다(누른빛이 끼다). ②점점 색깔이 없어지다(퇴색하다).

amarelecido *a.* 노랗게 된. 황색이 된.

amarelecimento *m.* 노랗게 하기. 황색이 되게 하기. 황화(黃化).

amarelejar *v.i.* 노랗게 보이다. 노랗게 비치다. ②창백(蒼白)해지다.

amarelento *a.* ①누른빛을 띤. 노릇노릇한. 창백한. ②[醫] 황열병의.

— *m*. 황열병 환자.

amarelidão, amarelidez *f*. ①누름. 황새. ②창백(蒼白).

amarelinha *f*. (아이들의) 돌차며 노는 것. (돌차기 놀이).

amarelo *a*. ①누른. 노란. 황색의. 대황색(帶黃色)의. ②창백한.
raça amarela 황색인종.
febre atnarela 황열병.
riso amarelo 억지로 지은 웃음.
— *m*. ①누른빛. 노란빛. 황색. 황금색. ②노란 물감. 노란 옷. ③십이지장충병 환자.

amarfanhamento *m*. 주름살이 지게 하기. 부스러뜨리기.

amarfanhar *v.t*. 주름살지게 하다. 부스러뜨리다. 헝클다.

amargado *a*. ①쓴. 쓰게 만든. ②고통의 원인이 된.

amargamente *adv*. ①쓰게. ②아프게. 비통하게.

amargar *v.t*. ①쓰게 하다. ②괴롭히다. 슬프게 하다.
— *v.i.*, —se *v.pr*. ① 쓴맛이 나다. ②괴로워하다. 가슴 아프다.

amargo *a*. ①쓴. 쓴맛 나는. 쓰디쓴. ②쓰라린. 슬픈. 호된. 흑독한.
— *m*. ①쓴맛. 불쾌(不快). ②고초(苦楚). 고생스러운 것.

amargor *m*. ①쓰. 쓴맛. ②불쾌. ③고통. 비통. ④고초.

amargosamente *adv*. 쓰게. 비통하게.

amargoso *a*. 쓴. 쓴맛 나는. 쓰디쓴. 고통스러운.

amargueza, amargura *f*. ①쓰. 쓴맛(苦味). ②쓰라림. 고통. 비통. ③호되게. 가열.

amargurado *a*. 쓰라린. 슬픈. 고통스러운.

amargurar *v.t*. 쓰게 하다. 괴롭히다. 슬프게 하다.
—se *v.pr*. 괴롭다. 슬프다.

amaricado *a*. (남자가) 여자의 일을 하는. 여성적인. 여자 같은. 유약한.

amaricante *a*. =*amargoso*.

amaricar-se *v.pr*. (마음씨 또는 하는 일이) 여성적이 되다. 여자처럼 …하다.

amaridar *v.i*. 친해지다. 친교(親交)를 맺다.

amarilho *m*. 붕대(繃帶). 죄는 가죽끈.

amarílico *a*. 황열병에 걸린.

amarílis *m*. [植] 애머릴리스(주선과).

amarinhar *v.t*. (배에) 승무원을 태우다. 선원을 배치하다.
—se *v.pr*. 수병(水兵)으로 근무하다.

amarinheirar-se *v.pr*. 수병이 되다.

amaro *a*. =*amargo*.

amarra *f*. ①굵은 밧줄. 큰 밧줄. 닻줄. ②《俗》보호. 옹호. 도와주기.

amarração *f*. ①닻을 내림. 정박(碇泊). 계류(繫留). 닻을 내리고 머무르는 곳. 정박소. ②동여매기. 묶기. 칭칭 감기.

amarrado *a*. ①밧줄로 동여맨. 비끄러맨. ②닻을 내린. 배를 부두에 댄(계류한). ③고집센. 완고한.
— *m*. 끈으로 묶은 보따리. 묶은 뭉치. 포장물.

amarradouro *m*. [海] 계류소(繫留所). 닻 주는 곳. 정박 장소.

amarrador *a*. 밧줄로 동여매는. 계류하는.

amarrar *v.t*. ①밧줄로 동여매다(묶다). ②계류하다. 연결하다. ③운임(運賃)을 정하다.
— *v.i*. ①닻을 내리다. 계선(繫船)하다. ②배필(配匹) 짓다. 결혼하다.
—se *v.pr*. ①묶이다. 계류되다. ②붙잡히다.

amarradurra *f*. 계류용의 굵은 밧줄.

amarreta *f*. 계류용(繫留用)의 가는 밧줄.

amarrotado *a*. 주름잡힌. 주름살 진.

amarrotar *v.t*. ①주름 잡히게 하다. 주름 살지게 하다. 꾸미다. 상처 내다. 오그라뜨리다.

amartelado *a*. ①망치로 때린. 망치에 맞은. ②몹시 애쓴. ③복종한.

amartelar *v.t*. 망치로 때리다(치다). 복종시키다. 괴롭히다.
—se *v.pr*. 순응하다. 복종하다.

amarume *m*. ①(태도 · 말 등의) 가혹. 호됨. 신랄. ②쓰. 쓴맛.

ama-sêca *f*. 아기보는 이. 육아부(育兒婦).

amásia *f*. 정부(情婦). 간부(姦夫). 첩.

amasiar-se *v.pr*. =*amancebar*-se.

amasio *m*. 축첩(의 풍습). 첩의 신분.

amásio *m*. 정부(情夫). 간부(姦夫). (여성들에게 인기 있는) 미남자.

amassadeira *f*. ①반죽하는 여자. ②반죽용 나무통. ③반죽하는 기계.

amassadeiro *m*. 반죽하는 남자. (직공).

amassadela *f*. 반죽하기. 으깨기. 밀가루

반죽하기. 찌그러뜨리기.
amassado *a.* 바순. 부순. 분쇄(粉碎)한. 눌러 찌그러뜨린.
amassadouro *m.* 반죽하는 대(臺). 반죽하는 곳.
amassador *m.* 반죽하는 사람. 반죽직공.
amassadura *f.* 반숙. 반숙한 덩어리.
amassamento *m.* 반죽하기. 으깨기.
amassar *v.t.* ①반죽하다. 개다. 으깨다. 빚다. 혼합하다. (빵을) 빚어 만들다.
amassaria *f.* ①반죽하는 일. 으깨는 작업. ②반죽장소
amatilhar *v.t.* 한 떼로 모으다. 한조(組)로 짜다. 집단(集團)을 형성케 하다.
— se *v.pr.* 하나의 떼로 되다(떼로 모으다). 조가 되다. 집단이 형성되다.
amatividade *f.* 사랑하려고 하는 의사(意思). 마음이 사랑으로 기울임.
amativo *a.* [神學] 사랑하는. 사랑코자 하는.
amatório *a.* 애정의. 연애의.
amatular-se *v.pr.* 모이다. 집합하다. 집단으로 형성되다.
amável *a.* 귀염성 있는. 사랑스러운. 애교있는. 친절한.
amavelmente *adv.* 귀엽게. 사랑스럽게. 친절히.
amavioso *a.* ①사랑스러운. ②연애하는. 내올 좋이키는. 던찡한. 묘념한.
amazelado *a.* ①흠이 많은. 흠투성이의. ②불순(不純)한. 더러운.
Amazona *f.* 아마존(강). 아마존 지방(유역).
amazona *f.* 여장부. 여걸. 용감한 여성.
amazonense *a.* 아마존주(州)의. 지방의.
— *m., f.* 아마존주의 사람.
amazônico, amazônio *a.* 아마존(주)의. 아마존 지방의(에 관한).
amazonita, amazonite *f.* 아마존 돌(石). 천하석(天河石).
ambages *f.(pl.)* ①완곡(婉曲). 구실. 핑계. 넌지시 하는 말. 둘러하는 말. 둔사(遁辭). ②우원(迂遠).
ambagioso *a.* ①완곡한. 넌즈시 말하는. ②애매한. 우원한.
ambaida *f.* [植] 담마과(蕁麻科)의 식물.
ámbar *m.* 호박(琥珀). 용연향(龍延香).
ambárico *a.* 호박의. 호박으로 만든. 호박으로 되는.
ambarina *f.* 용연향정(龍延香精).

ambarino *a.* 호박에 관한. 용연향 같은(색깔의 향기의).
ambauba *f.* [植] 암바우바(蕁麻科의 식물로 그 열매로 술을 만듦).
ambiar *v.t.* 에워싸다. 둘러싸다. 포위하다.
— *m.* 《古》솥(鍋).
ambição *f.* ①패기(霸氣). 포부. 야심. 대망. 장지(壯志). 공명심. ②열망. 갈망.
ambicionar *v.t.* ①포부(야심·대망)를 품다. ②열망하다. 갈망하다.
ambicioneiro *a., m.* = *ambicioso*.
ambicioso *a.* 야심을 품은. 포부가 있는. 대망하는. 공명심 있는. 패기 있는.
— *m.* 야심가. 공명심이 많은 사람.
ambidestria *f.* ①두 손 다 잘 씀. 양수잡이임. ②두마음(二心) 있음.
ambidestro *a.* ①두 손 다 잘 쓰는. 양수잡이의. ②두 마음 있는.
ambidextreza *f.* = *ambidextrismo*.
— *m.* ①두 손 다 잘 쓰기. 양수잡이임. ②두 마음을 품고 있음.
ambiência *f.* 환경. 주위의 정세. 정황(情況).
ambientar *v.t.* 환경에 따르게 하다. 주위의 정세에 적응토록 하다.
ambiente *a.* 에워싸는. 둘러싼. 포위된.
— *m.* ①주위의 환경. 분위기. ②포위물.
ambiesquerdo *a.* 두 손 다 못쓰는(잘못 쓰는). 서투른.
ambigenia *f.* [數] 점근선(漸近線)의 내외에 교차하는 쌍곡선(雙曲線).
ambígeno *a.* 두 가지의 물질로 구성되는. 이종혼성(二種混成)의.
ambiguamente *adv.* 애매하게. 흐리멍덩하게.
ambigüidade *f.* 두 가지의 뜻. 많은 뜻. 모호(한 표현). 뜻의 애매(曖昧).
ambíguo *a.* 두 가지 뜻이 있는. (뜻에) 애매한. 분명치 못한. 모호한. 여러 가지로 해석되는. 의심스러운. (성(性) 또는 종류의) 소속 불명의.
palavra ambígua 양의어(兩意語).
discurso mbíguo 뜻이 애매한 연설.
ambisexuo. ambissexuo *a.* 남녀 양성의. 자웅양체(雌雄兩體)의.
âmbito *m.* ①주위(周圍). 범위. 경계. ②경역(境域). 경내(境內).
ambivio *m.* 도로의 교차점. 십자로.
ambligono *a.* 무딘 각(鈍角) 있는. 무딘 둔각의.

ambliopia *f.* [醫] 약시(弱視). 안혼(眼昏).
amblose *f.* (=*abôrto*). 유산(流産). 낙태.
amblótico *a.* 유산성의. 유산케 하는. 유산을 초래하는.
— *m.* 낙태약(落胎藥).
ambom *m.* 독경대(讀經臺). (초기 기독교의) 설교대.
ambos *a.* 양쪽의. 쌍방의.
em ambos os lados 양쪽 다. 쌍방이.
— *pron.* 쌍방. 양쪽. 양자. 둘 다.
ambre *m.* =*mbar.ã*
ambreada *f.* 인조호박(人造琥珀), 황(黃)호박.
ambreado *a.* 호박빛을 띤. 용연향(龍延香)의 향을 뿌린(칠한).
ambreina *f.* =*ambarina*.
ambreta *f.* [植] 금규과(錦葵科)의 풀. (그 씨에서 사향(麝香) 비슷한 향료를 빼냄).
ambrósia *f.* ①[神話] (먹으면 늙지도 않고 죽지도 않는다는) 신의 음식. ②맛있는 음식. 쾌감을 주는 것.
ambrosíaco *a.* 신의 음식과 같은. 맛좋은. 향기로운.
ambroso *m.* 옥수수 가루로 만든 식품(食品).
ambu *m.* [植] 암부우(브라질의 야생나무 그 열매로 과자를 만듬).
âmbula *f.* (옛 로마)(손잡이가 둘이고 목이 잘록한) 병. 단지. 제주(祭酒) 단지. 성유(聖油) 담는 항아리.
ambulância *f.* 야전병원. 환자운반차. 병원차. 순회진료소. 야전위생대(衛生隊). 위생대의 필요한 재료와 인원.
ambulante *a.* 이동하는. 이동성의. 순행하는. (환자가) 걸을 수 있는. 이리저리 걷게 하는(치료법).
hospital ambulante 이동병원. 순행진료소.
vendedor ambulante 행상인. 도붓장수.
ambulativo *a.* 이동하는. 이동성의. 걸어다니는. 순회하는. 정착하지 않는. 유랑하는.
ambulatório *a.* =*ambulativo*.
juiz ambulatório 이동 재판소.
— *m.* 진찰실. 일반진찰.
ameaça *f.* ①위협. 협박. 겁박(怯迫). 공갈. ②나쁜 징조. 흉조(凶兆).
ameaçadamente *adv.* 위협하여. 공갈로.
ameaçado *a.* 위협당한. 협박(공갈) 받은.
— *m.* 위협당한 자. 협박(공갈) 받는 자.
ameaçador *a. m.* 위협하는 (자). 협박하는 (자). 공갈하는 (자).
ameaçante *a.* 위협적 태도의. 공갈하는.
ameaçar *v.t.*, *v.i.* 위협하다. 협박하다. 공갈치다. 위태롭게 하다. …할 듯하다.
ameaçar o golpe 쿠데타 있을 듯하다.
ameaço *m.* (흔히 복수로 쓰임). ①협박. 위협. ②(병의) 징후(徵候). 징조. 낌새.
ameado *a.* =*ameiado*.
amealhado *a.* ①(돈을) 조금씩 저축한. 절약한. 경제한. ②잘게 나는. 세분(細分)한.
amealhar *v.i.* ①(돈을) 조금씩 저축하다. 아껴 쓰다. 경제하다. ②잘게 나누다.
amsar *v.t.* [軍] 진(陣)을 치다. 배진(配陣)하다.
ameba *f.* [動] 아메바(현미경적 동물).
amebeu *a.* 대화체(對話體)의. 문답체의.
amebíano *a.* 아메바 (성질)의.
amebíase *f.* 아메바 병(病).
amébico *a.* 아메바의. 아메바에 관한.
amebideos *a.* 아메바 비슷한.
amedrontado *a.* 놀랜. 놀라고 있는. 공포에 떠는.
amedrontador *m.* 놀래게 하는 사람. 무섭게(공포를 느끼게) 하는 사람.
amedrontamento *m.* 놀래기. 무섭게 하기. 공포.
amedrontar *v.t.* 놀래게 하다. 무섭게 하다. 공포를 느끼게 하다.
— *se v.pr.* 놀래다. (+*com*). …을 무서워하다.
ameia *f.* (성벽(城壁) 위의) 총 쏘는 구멍 있는 흉벽(胸壁).
ameiado *a.* (총 쏘는 구멍 있는) 흉벽을 만든. 흉벽으로 된.
ameiar *v.t.* 흉벽을 만들다.
ameigadamente *adv.* 귀여워서. 쓰다듬으며.
ameigado *a.* 귀여운. 귀여움 받는. 애무당하는. 사랑받는.
ameigador *a.* 귀여워하는. 쓰다듬는. 달래는. 총애하는. 친절을 보이는.
ameigar *v.t.* ①귀여워하다. 쓰다듬다. 애무하다. 총애하다. ②달래다. 감언으로 꾀이다. 친절을 베풀다.
ameigo *m.* ①따뜻한 마음. 온정. ②귀여워하기. 총애. 쓰다듬기. 애무.
ameixa *f.* 서양오얏. 서양추리. 자두.
ameixa passada 말린 자두.
ameixal *m.* 서양오얏나무 숲. 자두나무 숲.

ameixeira, ameixiera *f.* 서양오얏(자두)나무.

ameloado *a.* 메론(서양 참외) 비슷한.

amelopia *f.* [醫] 시력 감퇴. 또는 시력의 부분적 상실.

amém *adv.* 아멘(기독교에서 기도 끝에 하는 말).
— *m.* 인정. 시인(是認). 찬성.

amencia *f.* 갑자기 일어나는 정신착란.

améndoa *f.* ①편도(扁桃)의 열매 또는 핵(核). ②[植] 아멘도오(살구의 일종). ③[解] 편도선.

amendoada *f.* ①편도유제(乳劑). ②편도의 열매를 넣어 만든 일종의 과자.

amendoado *a.* ①편도 열매 비슷한. ②(과자에) 편도 열매를 넣은.

amendoal *m.* 편도밭(숲). (扁挑樹園).

amendoeira *f.* [植] 편도나무.

amendoim *m.* [植] 낙화생. 호콩. 땅콩.

amenidade, amendão *f.* (장소·건물·경치 따위의) 쾌적(快適). 상쾌. 유쾌. (기후의) 온화.

ameninabo *a.* 어린애 같은. 아이 같은. 소년다운. 연약한. 젊어진.

ameninar-se *v.pr.* 아이처럼 되다. 젊어지다.

amenista *m., f.* ①어떤 일이든 "아멘."을 부르는 사람. ②무슨 일이든 "네네."하고 승낙하는 사람.

amenizado *a.* 기문 좋은. 온화한(날씨가) 풀린. 상쾌한.

amenizar *v.t.* 기분 좋게 하다. 즐겁게 하다. 온화하게 하다.

ameno *a.* 기분 좋온. 상쾌한. 온화한. 은근한. 쾌적의. (날씨가) 풀린.

amenorréia *f.* [醫] 월경불순. 월경폐지.

amenta *f.* 기념. 죽은 사람의 영(靈)에 대한 기도.

amentador *m.* 기념하는 사람. 죽은 사람의 영에 대하여 기도 드리는 사람.

amentar (1) *v.t.* 기념하다. 죽은 사람을 위하여 기도하다.
— (2) *v.t.* 가죽 띠로 묶다(죄다).

amarceador *m.* 불쌍히 여기는 사람. 동정하는 사람.

amercear *v.t.* …에 동정하다. 불쌍히 여기…을 주다. 자비함을 보이다.
—se *v.pr.* (+de). …을 동정하다. 불쌍히 여기다.

América *f.* 아메리카(대륙).

americanamente *adv.* 아메리카식(美式)으로. 미국인처럼.

americanismo *m.* 미국식. 미국기질. 미국 숭배.

americanista *m., f.* 미국식을 따르는 사람. 미국 숭배자. 미국의 언어 풍속을 잘 아는 이. 아메리카당(黨).

americanizar *v.t.* 미국식으로 하다. 미국화하다. 미국식.

americano *a.* 아메리카의. 미국의. 미국에 관한.
— *m.* 미국인.
norte-americano 미국인(북미 사람).

americanólogo *m.* 북미의 토인 언어(土人言語)에 정통한 사람.

americo *a.* =*americano*.

amaricomania *f.* 미국광. 덮어놓고 미국을 좋아하는 이.

ameríndio *m.* 남부아메리카 대륙의 토인(인디언).

amerissagem *f.* (수상 비행기가) 물 위에 내리기. 수상 착수(着水).

amerissar *v.i.* (수상 비행기가) 물 위에 내리다. 착수하다.

ameaquinhado *a.* ①얄본. 깔본. 비천하게 본. ②불운한. 박명(薄命)의.

amesquinhamento *m.* 얕보기. 깔보기 경멸. 친대시.

amesquinhar *v.t.* ①얄보다. 깔보다. 경멸하다. 천대하다. ②흠잡다. ③불행에 빠뜨리다. ④못살게 굴다. ⑤비천케 하다.
—se *v.pr.* 비천(卑賤)해지다. 영락(零落)하다.

amestrado *a.* 훈련된(받은). 많이 연습한. 숙련한. (말이) 잘 길든.

amestrador *a., m.* 훈련시키는 (자). 연습케 하는 (자). (말을) 길들이는 (사람). 조마사(調馬師).

amestrar *v.t.* 훈련시키다. 연습케 하다. 양성하다. (말을) 길들이다. 조마(調馬)하다.
—se *v.pr.* 훈련하다. 연습하다. 숙달하다. 숙련되다.

ametalar *v.i.* 금속과 섞이다(혼합되다). 금속처럼 보이다.

ametamorfose *f.* (뱀·매미 따위의) 외피탈화(外皮脫化).

ametista *f.* [鑛] 자색수정(水晶). 자줏빛

ametístico *a.* 자색수정의(과 같은). 자줏빛의.

ametria *f.* [醫] 자궁결손(子宮缺損).

ametropia *f.* [醫] 시도이상(視度異狀: 난시·근시·원시 등).

ametrópo *a.* 시도이상의.

amezinhador *m.* (가정약으로 고치는) 돌팔이 의사(醫師).

amezinhar *v.t.* 가정약으로 고치다. 돌팔이 의사의 진찰을 받다.

amial *m.* 적양(赤楊)나무숲.

amiantáceo *a.* 석면(石綿) 비슷한.

amiantino, amiantoide *a.* 석면 비슷한. 석면처럼 보이는. 유사석면(類似石綿)의.

amianto *m.* [鑛] 석면(石綿)의 일종.

amibiano *a.* 아메바 있는.

amicíssimo *a.* (*amigo*의 최상급) 가장 친한(친밀한).

amida *f.* [化] 산(酸)아미드. 아미드 기화물(基化物).

amídala *f.* =*amígdala*.

amidina *f.* [化] 애미딘.

amido, amidon *m.* 녹말. 전분.

amidoado *a.* 녹말(전분) 있는. 전분을 포함한. 녹말이 된.

amidólico *a.* (요리할 때) 전분을 넣은. 전분을 쓴.

amieira *f.* =*amieiro*.
— *m.* [植] 오리가무속(屬)의 나무. 적양(赤楊).

amieiral *m. amieiro* 숲(밭).

amiga *f.* 여성 친우(친구). 여자 동무. 첩.

amigação *f.* 친구로 되기. 친구로 사귀기. 첩으로 하기.

amigaço *m.* 큰 벗. 심복(心腹)의 친구.

amigado *a.* 첩과 사는. 첩과 동거(同居)하는.

amigalhaço, amigalhão *m.*《俗》큰 벗. 심복(心腹)의 친우.

amigralhote *m.*《俗》그다지 신용하지 않는 친구.

amigamente *adv.* 친우로서. 친구적 입장으로. 우정을 품고.

amigar *v.t.* 친하게 하다. 친구를 삼다.
—**se** *v.pr.* 친구가 되다. 친한 사이가 되다.

amigável *a.* 우정 있는. 친선의. 친목의. 우의적(友誼的)인.

amigãvelmente *adv.* 친히. 다정하게. 우정으로. 호의적으로.

amígdala *f.* [解] 편도선(肩挑腺).

amigdalectomia, amidalectomia *f.* 편도선 수술.

amigdalina *f.* [化] 아미그다린. 고편도(苦扁桃). 편도소(扁桃素).

amigdalino *a.* 편도서의.

amigdalite *f.* [醫] 편도선염(炎).

amigdalóide *m.* [鑛] 행인암(杏仁岩).
— *a.* 향인상(狀)의.

amigdalonco *m.* 편도선의 이상발달(異狀發達).

amigdalopatia *f.* 편도선병(病).

amigo *a.* 우정의. 우정 있는. 친목의. 친선의. 벗의. 친절한.
— *m.* 친구. 친우. 벗. 동무. 동지. 동정자. 찬조자. 우리편 사람.
amigovelho 옛 친구.
amigosíntimos 가까운 벗들(친구들).
amigodaonça《俗》신용 못할 친우.
amigo na necessidade, amigo de verdade 필요할 때의 자유야말로 참된 벗.

amigote *m.* =*amigalhote*.

amiláceo *a.* 녹말(전분질)의. 전분 비슷한. 전분을 함유한.

amílase *f.* [化] (전분을 당화(糖化)하는 아밀라아제.

amimado *a.* 귀여움 받는. 사랑받는.

amimador *m.* 귀여운 사람. 쓰다듬는 사람.

amimar *v.t.* 귀여워하다. 사랑하다. 쓰다듬다. 애무하다.

amiolóide *m.* 전분체(澱粉體). 섬유소(纖維素).

amiostenia *f.* 근력(筋力)의 감퇴.

amiotaxia *f.* [醫] 반사적 경련(反射的痙攣).

amiseração *f.* 불쌍히 여기기. 불민하게 생각하기.

amiserar *v.t.*, —**se** *v.pr.* 물쌍히 여기다. 동정하다.

amissão *f.* 분실. 상실(喪失). 유실(遺失).

amissibilidade *f.* 상실가능성.

amistoso *a.* =*amigável*.

amixia *f.* [醫] 점액분비(粘液分泌)의 결핍.

amiudado *a.* 자주 일어나는. 빈번한. 때때로의.

amiudança *f.* 자주 일어남. 빈번. 빈발. 수차(數次). 누차(屢次).

amiudar (1) *v.i.* 자주 일어나다. 번복하다. 자주 가다. 늘(누차)에 출입하다.

— (2) v.t. 잘게 하다. 잘게 나누다. 세분(細分)하다. 작은 조각으로 만들다.

amiúde adv. 자주. 가끔. 빈번히.

amizade f. 친구로서의 교제. 교분(交分). 우의. 우애. 우정(友情). 친목. 화목. 호의(好意).
tratado de amizade 친선조약.
em amizade 우의로서.

amnésia f. [醫] 기억력상실 : 건망증(健忘症).

amnesiar v.t. 기억력을 상실하다.

amnéstico a. 건망증의. 건망증에 걸린.

amniático a. 양막(羊膜)에 관한.
liquido amniático 양수(羊水 : 양막낭(羊膜囊) 안에 가득찬 액체).

amnio, amnios m. [解·動] (태아(胎兒)를 싸는) 양막(羊膜).

amniótico a. = *amniático*.

amo m. ①주인. 여관주인. 땅주인(지주). 소유자. ②[史] 군주에 대한 경칭.

amodernar v.t. 현대식으로 하다. 신식으로하다.

amodorradamente adv. 졸며. 나른하게.

amodorrado a. 졸리운. 조는. 나른한.

amodorrar v.t., v.i. 졸리게 하다. 졸다. 나른해지다.

amoedação f. 돈을 만듬. 주화(鑄貨). 화폐 주조(鑄造).

amoedado a. ①돈으로 만든. 주화한. 화폐로 한. (지폐로) 찍어낸. ②돈 있는 돈 많은.

amoedar v.t. 돈으로(화폐로 만들다). 주화하다. 화폐를 주조하다.

amoedável a. 돈으로 할 수 있는. 주조(주화) 가능한.

amofinação f. ①고민. 고뇌. ②성가신 행위. 귀찮은(불쾌한) 물건. ③불만. 불패. 시끄러움.

amofinado a. 괴로운. 괴로워하는. 고민하는. 불유쾌한. 불행한.

amofinadora a., m. 귀찮게 (성가시게)구는 (사람 또는 물체). 괴롭히는 (사람 또는 물체).

amofinar v.t. 괴롭히다. 귀찮게 굴다. 성가시게 굴다. 번민케 하다.
— se v.pr. 괴로워하다. 번민(고민)하다.

amolação f. ①(칼 따위)갈기. 벼리기. 연마. ②괴롭힘. 귀찮게 굴기 ; 귀찮은 일. 시끄러운 것.

amolada f. ①(칼을) 갈기. 벼리기. 연마.

②숫돌에 고인 더러운 물.

amoladeira f. 숫돌. 회전 숫돌.

amoladela f. ①(칼 따위) 갈기. 벼리기. ②《俗》쓴 경험. 힘든 일 ; 귀찮은 일.

amolado a. ①(칼 따위)간. 벼린. 연마한. 날을 세운. ②괴로움 당한. 성가신. 귀찮은.

amolador a., m. ①가는 (사람 또는 도구). 벼리기 (사람 또는 도구). ②숫돌. ③귀찮게 구는 (사람). 성가시게 구는 (사람).

amoladura f. (칼을) 갈기. 벼리기. 날 세우기.

amolante a. 싫증나게 하는. 귀찮게 구는. 피로하게 하는.

amolar v.t. ①(칼 따위를) 갈다. 벼리다. 날 세우다. ②괴롭히다. 귀찮게 굴다. 시끄럽게 굴다. 싫증나게 하다.
Vá amolar outro! (= *Náo me amole!*). 나를 괴롭히지 마라!

amoldado a. 본뜬. 틀에 박아 만든. 틀에 부어 만든. 모방된.

amoldar v.t. 본뜨다. 틀에 박아 만들다. 틀에 부어 만들다. 모방하다.
— se v.pr. 틀에 박히다. 틀 속에서 형성되다. 적응(適應)하다.

amoldável a 본뜰 수 있는. 틀에 부어 만들 만한. 모방 가능한.

amolecado a. 까부는. 불량배가 된 이살 맞은.

amolecedor a., m. 부드럽게 하는 (사람). 무르게 하는 (것). 연하게 하는 (것).

amolecer v.t. 부드럽게 하다. 연하게 하다. 무르게 하다. 유약(柔弱)하게 하다. 완화(緩和)하다.
— v.i. 부드러워지다. 연해지다. 무르게되다. 유약해지다.

amolecido a. 부드러운. 부드러워진. 연한. 무른. 완화된.

amolecimento m. 부드럽게 하기. 연하게 하기. 무르게 하기. 유약. 완화. 연유(軟柔).

amolentar v.t. = *amolecer*.

amolagdo a. 찌그러진. 납작해진. 부서뜨린. 부서진. 다친. 부상한. 타박상을 입은. 타격받은 굴복한.

amolgadura f. = *amolgamento*.
— m. ①찌그러뜨리기. 눌러 납작하게 만들기. 부수기. ②찌그러진 자국. 흠집. 상처난 자국. ③상심(傷心).

amolgar v.t. ①찌그러뜨리다. 납작하게 하다. 부서뜨리다. 흐물흐물하게 하다. ②휘다. ③괴롭히다. 상심케 하다. ④굴복시키다.
— *v.i.* 찌그러지다. 납작해지다. 부서지다. 상심하다. 굴복하다.

amônia *f.* [化] 암모니아.

amonical *a.* 암모니아(성)의.

amonaíco *a.* [化] 암모니아(성의).
— *m.* 암모니아. 염화(鹽化)암모니아.
sal amoníaco 염화암모니아.
sulfato de amoníace 황산암모늄.

amonico *a.* 암모니아기(基)를 표시하는 형용사.
amonico-hídrico 수산(水酸)암모니아.

amonimetro *m.* 암모니아계량기(計量器).

amônio *m.* [化] 암모늄(암모니아 염기(鹽基)).

amontado *a.* 산 모양(山形)을 한. 산속을 헤매는. (가축이) 산으로 도망간.

amontanhar *v.i.* 산처럼 높아지다(쌓이다). 산적(山積)되다.

amontar (1) *v.t.* 산 모양이 되게 하다. (가축을) 산속으로 몰다.
— (2) *v.i.* ①…에 오르다. 올라앉다. ②총계(얼마에) 달하다. 오르다.

amontôa *f.* [農] 나무(樹木)의 뿌리 부분에 흙을 쌓아놓기(쌓아놓은 흙).

amontoação *f.* 흙을 쌓다. 쌓아 올리다. 산처럼 쌓다. 퇴적(堆積)하다.

amontoado *a.* 흙을 쌓은. 쌓아 올린. 퇴적한. 산적(山積)한.

amontoador *a.m.* ①흙을 쌓는 (사람). 퇴적하는 (사람). ②[農具] 보습의 일종.

amontoamento *m.* 흙을 쌓기(쌓아 올리기). 퇴적.

amontoar *v.t.* 흙을 쌓다. 산적하다. 축적(蓄積)하다.
— *v.i.*, — *se v.pr.* 쌓이다. 산적되다. (재산이) 모이다. 축재되다. 축적되다. 증가하다.

amor *m.* ①사랑. 애정. 연애. ②(신의) 사랑. 자비. ③애인 사랑하는 것. 애호하는 것.
amoes (*pl.*) 연애. 연애사건.
amor paternal (자식에 대한) 어버이의 사랑.
amor filiar (부모에 대한) 자식의 사랑.
amor conjugal 부부의 사랑.
amor livre 자유연애론.
Por (또는 *pelo*) *amor de Deus.* 어서. 제발.

amora *f.* [植] 뽕. 뽕잎. 뽕나무 열매.

amorado *a.* 뽕나무 열매빛의. 진한 자색의.

amoral *a.* 도덕에 반대되는. 도덕과 관계없는. 부도덕의. 배덕(背德)의. 파렴치한.

amoralismo *m.* 도덕에 반대되는(논) 설. 배덕주의.

amorável *a.* 사랑할 만한. 사랑해야 할 애정을 품은. 기분 좋은. 귀여운.

amoravelmente *adv.* 귀엽게. 애정을 품고.

amordaçamento *m.* ①입을 막기(틀어막기). 재갈 물리기. ②함구(緘口). 언론 억압.

amordaçar *v.t.* ①입을 막다. 말 못하게 하다. 함구케 하다. 언론을 억압하다. ②(말 입에) 재갈을 물리다.

amoreira *f.* [植] 뽕나무.

amoreiral *m.* 뽕나무 숲(밭). 상원(桑園).

amorenado *a.* 모레노(살색이 거므스럼하고 머리털과 눈이 고동색)가 된. 황갈색(黃褐色)을 띤. 황갈색이 된.

amorenar *v.t.* 모레로 되게 하다. 황갈색으로 만들다.

amorfia *f.* ①무정형(無定形). 비결정(非結晶). ②허무주의.

amorfo *a.* 정형(定形)이 없는. 이형(異形)의. 무조직한. [鑛] 비결정질(非結晶質)의.
fosforo amorfo 무정형 인(燐). 적린(赤燐).

amorfofito *a.* [植] 부정형(不定形)의 꽃이 있는.

amoricos *m.*(*pl.*) 일시적인 연애 뒤 섭섭해진 사랑.

amorifelo *a.* 애정을 품은. 애정을 일으키게 하는.

amorinhos *m.* = *amoricos*.

amoriscado *a.* (이성을) 사모하는. (이성에) 반한.

amornado *a.* (물이) 미지근한. 미온(微溫)의.

amornar *v.t.* 미지근하게 하다. (찬 것을) 약간 따뜻하게 하다.

amorosamente *adv.* 애정으로. 애정을 품고. 사랑스럽게.

amorosidade *f.* 애정. 다정. 요염. 연애.

amoroso *a.* 애정을 품은. 다정한. 요염한. 연애하는. 색을 좋아하는. (기후가) 온화한.
— *adv.* (소리 또는 음조를) 부드럽게. 부드러운 곡조로.
— *m.* [劇] 호색가로 분장한 배우(俳優).

amor-perfeito m. [植] 꽃과 오랑캐꽃. 삼색(三色) 오랑캐꽃.

amortalhadeira f. (죽은 사람에게) 수의를 입히는 여자. 수의(壽衣)를 입히는 것을 직업적으로 하는 여자.

amortalhado a. 내의를 입힌. 보자기를 씌운.

amortalhador m. (죽은 사람에게) 수의를 입히는 사람. 입관(入棺)하는 이.

amortalhar v.t. 수의를 입히다. (시체에) 검은 보자기를 씌우다.

amortecedor m. [機] 완충기(緩衝器). 제동자(制動子). (전기난로의) 온도 조절기.

amortecer v.t. ①흡수하다. 빨아올리다. ②격동(激動) 소리를 지우다. 약하게 하다. 둔하게 하다. 무감각이 되게 하다.
— v.i., —se v.pr. ①(소리가) 약해지다. 점점 꺼지다. 활기 없어지다. ②(감정이) 갈아앉다. ③기절하다. 졸도하다.

amortecido a. 거진 죽은. 죽은 듯한. 기절한. (빛이) 희미한. 퇴색한. (술의 도수가) 약한.

amortecimento m. (활기·정력·색채·광채 따위의) 쇠퇴. 쇠미(衰微). 쇠약. 없어지기. 멸망.

amortiçar-se v.pr. 멸망(소멸)하려고 하다.

amortização f. [法] (법인에) 부동산 양도. 영대(永代) 기부. [經] 연부상환(年賦償還).

amortizar v.t. [法] 부동산을 법인에게 양도하나. [經] 감채(減債) 기금으로 상각(償却)하다.

amortizável a. (부동산을) 법인에게. 양도할 수 있는.

amossar v.t. 상처를 입히다. 흠집을 만들다. 찌그러뜨리다.

amostra f. 표본. 견본. (양복의) 본. (쇠붙이의) 모형. 원형(原型).
tirar amostra de …의 견본(표본)을 뜨다.

amostrar v.t. =mostrar.

amostrinha f. 냄새 맡는 담배. 후연초(嗅煙草).

amotar v.t. 나무(樹木)의 뿌리 부분. (뿌리 박힌 주변에) 흙을 쌓다(흙을 모아 놓다).

amotinação f. 폭동. 봉기(蜂起). [軍] 항명(抗命). 반항.

amotinadamente adv. 폭동하여. 폭동을 일으키고.

amotinado a. 폭동한. 폭동을 일으킨. 봉기한.

amotinador m. 폭동을 일으키는 자. 봉기한 사람. [軍] 항명자(抗命者).

amotinar v.t. 폭동을 일으키게 하다. 봉기시키다. 항명케 하다.
—se v.pr. (정치 또는 제도를 반대하여) 들고 일어나다. 봉기하다. 폭동하다. [軍] 항명하다.

amotinável a. 폭동 가능한. 봉기할 수 있는. 폭동이 일어나기 쉬운.

amoucado (1) a. 귀가 먼. 잘 들리지 않는.
— (2) a. *amouco*가 된.

amouco m. (임금에게 노예적으로 헌신하는) 인도의 충복(忠僕). 헌신하는 사람.

amover v.t. ①옮기다. 다른 곳에 놓다. ②멀리하다. 제거하다. ③박탈하다.

amovibilidade f. 이동(제거)할 수 있음. 면직(해임) 가능성.

amovível a. 옮길 수 있는. 이동할만한. 옮겨놔야 할. 이동(제거) 가능한. 일시적인.

amoxamado a. 바싹 마른(말린). 매우 쇠약한.

amoxarar v.t. 고기(또는 물고기)를 바싹 말리다.

amparadamente adv. 지지(보호)하여.

amparado a. (넘어지지 않게) 버틴. 지지한. 보호된. 옹호된.

amparador a.m. (넘어지지 않게) 버티는 (사람·물신). 보호해 주는 (사람). 옹호 지지하는 (자).

amparamento m. 버팀. 지탱. 유지. 지지. 옹호. 보호.

amparar v.t. (넘어지지 않도록) 버티게 하다. 지탱하다. 유지하다. 지지하다. 보호하다. 옹호하다. 방어하다.
—se v.pr. ①스스로를 버티다. 지탱하다. 스스로 방어(防禦)하다. (…에) 의지하다. ②몸을 피하다.

amparo m. ①버티기. 지탱. 지지. 보호. 옹호. ②(눈·바람·비 따위를 막는) 피난처·보호물. ③원조. 부조.
sem amparo 원조 없이. 보호 없이.

ampelideo a. 포도와 비슷한. 포도에 속하는.

ampelite f. 점토질(粘土質)의 흑색편암(黑色片岩).

ampelografia f. 포도재배지(栽培地).

ampelografo m. 포도재배지를 기술(記述)하는 사람.

ampelologia f. 포도재배학.

ampelológico *a.* 포도재배학의.

amperagem *f.* [電] 암페어수(數). 전류량(電流量).

ampére *m.* [電] 암페어(전류의 단위). *ampére-hora* 암페어시(時).

amperímetro, amperômetro *m.* 전류계.

amplamente *adv.* 광범하게. 충분히.

amplectivo *a.* =*amplexivo*.

amplexicaule *a* [植] 줄기를 껴안은 포경(包莖)의.

amplexifloro *a.* [植] 꽃을 껴안은. 포화(抱花)의

amplexifolio *a.* [植] 잎사귀를 껴안은. 포엽(抱葉)의.

amplexivo *a.* 포옹성(抱擁性)의.

amplexo *m.* 껴안기. 포옹.

ampliação *f.* 확대. 확장. 확대율(率). 배율(倍率). [電] 증폭(增幅). [論] 확충(擴充). 부연(敷衍).

ampliadamente *adv.* 확대(확장)하여 부연하여.

ampliador *a.* 화대(확장)하는.
— *m.* ①확대하는 사람. ②확대경(擴大鏡). ③(축음기의) 확성기. ④(사진의) 확대기.

ampliar *v.t.* 더 넓히다. 확대하다. 확장하다. 부연하다. 확충하다.

ampliativo *a.* [論] 부연적(敷衍的). 확충적(擴充的).

ampliável *a.* 확대(확장)할 수 있는.

amplidão *f.* 광대(廣大). 광활(廣闊). 풍부.

amplificação *f.* =*ampliação*.
— *f.* [修] 부연(敷衍). 확장.

amplificado *a.* =*ampliado*.

amplificador *a.*, *m.* =*ampliador*.

amplificar *v.t.* =*ampliar*와 같은 뜻이나 좀더(뜻이) 강함.

amplificativo *a.* =*amplitivo*.

amplificável *a.* =*ampliavel*.

amplitude *f.* ①넓음. 광대한. 광활. ②넓이. 폭. 길이. ③풍부. ④[理] 진폭(振幅). [數] 각폭(角幅). ⑤[軍] 사정(射程). 탄도 거리. ⑥[天] (천체의) 출몰(出沒) 거리. 방위각(方位角).

amplo *a.* ①넓은. 광대한. 광범한. ②폭이 큰. ③풍부한. 충분한. 많은.

ampola *f.* ①거품. 기포(氣泡). ②피부의 물(불)로 부픈데. 물집.

ampula *f.* 《古》 (향유·술 따위를 넣는) 목이 잘록한 병. 호리병.

ampular *a. ampula* 모양의. *ampula* 비슷한.

ampulheta *f.* 모래시계.

amputação *f.* 손 또는 발의 절단(수술). (큰 가지를) 잘라버리기. 삭감(削減).

amputado *a.* (손·발을) 자른. 잘린. 수족 절단의.
— *m.* 손(또는 발)이 잘린 사람.

amputar *v.t.* ①손(발)을 자르다. ②(큰 가지를) 잘라버리다. 제거하다. ③삭감하다.

amuadamente *adv.* 뚱하여. 골내어. 샐쭉해서.

amuado *a.* 뚱한. 골낸. 샐쭉한. 심술궂은. 음산한.
fogo amuado 불길이 없이 연기만 나는 불.

amuador *a.* 부질없이 골내는. 곧잘 노하는.

amuamento *m.* 뚱하기. 노함. 골냄.

amuar *v.i.* ①골내다. 노하다. 뚱하다. 샐쭉해 있다. ②(과일이) 익지 않다. 덜 익다.
— *v.t.* 골나게 굴다. 기분 나쁘게 굴다.

amulatado *a.* 물라또(흑백 혼혈아) 색깔의.

amulatar-se *v.pr.* 물라또가 되다.

amulético *a.* 호신패의. 부적의.

amuleto *m.* (목에 거는) 호신패(護身牌). 부적.

amulherado *a.* 여성적이 된. 여자처럼 연약한.

amulherarse *v.pr.* 여성처럼 되다. 여성처럼 연약해지다.

amulherengado *a.* 여성적인. 여자 같은. 여성처럼 유약한.

amulherengar-se *v.pr.* 여성적이다. 여자처럼 유약해지다.

amumiado *a.* 미이라처럼 된. 뼈와 가죽만 남은.

amumiar *v.t.* 미이라(처럼)되게 하다.

amunicionar *v.t.* 군수품(軍需品)을 준비하다.

amuo *m.* 뚱함. 기분 나쁨. 마음 상하기.

amura *f.* [海] ①돛의 맨 밑석(줄). ②침로(針路).
mudar de amuras 침로를 바꾸다.

amurada *f.* [海] ①뱃전. ②방파제. ③갑판(甲板)보다 높은 현측(舷側).

amuralhar *v.t.* 성(城)을 두르다. 성으로 에워싸다.

amurar *v.t.* 돛의 맨밑 구석줄을 펴다(팽팽히 하다).

amusia *f.* 음악적 능력의 상실(喪失).
anã *a.*, *f. anão*의 여성형.
anabatismo *m.* ①재세례(再洗禮). 재침례(再浸禮). 입교(入敎). ②재세례론(유아(幼兒) 세례는 무의미하다 하여 성년 후 다시 세례할 것을 주장하는).
anabatista *m.*, *f.* ①재세례(입교) 주장자. ②재침례파(派)의 교도.
anabolismo *m.* ①[生物] 식물동화(植物同化). ②구성적 물질 변화.
anabrose *f.* 유기체(有機體)에 있어서. 산액(酸液)의 윤식작용(融蝕作用).
anacá *m.* [鳥] 아나까아(앵무새의 일종).
anacarado *a.* 불그레한. 연분홍의.
anacardeaceas, anacardeas *f.* [植] 캐슈. 옻나무과(나무).
anacardeiro *m.* [植] 캐슈나무(서인도제도에서나는 옻나무과 나무).
anacardo *m.* [植] 캐슈. 캐슈 열매.
— *a.* 진주모(眞珠母)의. 진주 광택의.
anacatarcia *f.* 가래침 뱉기. 객담(喀痰).
anacefaleose *f.* 중요한 점(要點)을 다시(재차) 기록하기.
anacinema *f.* [醫] 체조에 원인이 되는 허탈(虛脫). 체조병(體操病).
anaclase *f.* [光] 빛의 굴절(屈折). 관절(關節)의 굴곡(屈曲).
anaclastica *f.* 굴절광학(光學).
anaclástico *a.* 굴절광학의. 굴절상의. 빛의 굴절에 관한.
curvas anaclásticas 굴곡선(屈曲線).
ponto anaclástico 투사점(投射點).
anacoluto *m.* [修] 파격구문(破格構文). (앞의 구문과 조화되지 않는 딴 구문으로 시작하는 것). [文] 착격(錯格).
anaconda *f.* [動] 아나콘다. (남아메리카산의 큰 뱀).
anacoreta *m.*, *f.* 은사(隱士). 은둔자(隱遁者).
anacoreticamente *adv.* 은사처럼. 선인(仙人)처럼.
anacorético *a.* 은사 같은. 은사의. 은둔적.
anacoretismo *m.* 은사생활. 은둔생활.
anacorita *m.*, *f.* =《古》*anacoreta*.
anacreôntico *a.* (옛 그리스의 서정(抒情) 시인). 아나크루온 풍의. 술과 사랑의
anacrônico *a.* 시대착오(時代錯誤)의 시일상위(時日相違)의. 시대에 뒤떨어진.
anacronismo *m.* 시대착오. 시일상위. 시대에 뒤떨어짐.
anacronizar *v.t.* 시대를 착오(錯誤)하다. 연대(年代)를 틀리다. 시대에 뒤떨어진 행위를 하다.
anactesia *f.* [醫] 병후의 회복기(恢復期).
anactésico *a.* 병후의. 병후 회복기의.
anadel *m.* 《古》 대장(隊長).
anafaeóbio *a.* [植] 혐기성의(산소를 싫어하는).
anafado *a.* 살진. 발육이 좋은.
anafar *v.t.*, *v.i.* 살찌게 하다. 살찌다.
anáfega *f.* [植] 대추나무.
anafonese *f.* 발음연습.
anáfora *f.* [修] 첫머리 말을(엇귀를) 되풀이하기. 두어첩용(頭語疊用).
tudo passa. tudo esquece 따위.
anafórico *a.* 첫머리 말을 되풀이하는. 두어첩용의.
anafrodisia *f.* 성욕(性慾) 결핍.
anafrodisíaco *a.* 성욕을 잃게 하는(없애는).
anafrodita *a.*, *m.* 성욕이 적은(부족한) (사람).
anaglifico *a.* 양각의. 부조의.
anaglifo *m.* 양각(陽刻). 부조(浮彫).
anagnosigrafia *f.* 읽고 쓰는 것을 동시에 가르치는 법.
anagogia *f.* (성경의) 신비적 해석.
anagogicamente *adv.* 신비적으로.
anagógico *a.* 신비적인.
anagogismo *m.* 성서(聖書)의 신비적 해석.
anagogista *m.*, *f.* 성서를 신비적으로 해석하는 사람.
anagrama *m.* 글자 수수께끼 (어떤 단어 중의 글자를 바꾸어 놓아 딴 뜻이 있는 단어를 만드는 것. 예를 들어 *perdro*를 *podre*로. *podre*를 *poder*라고 하는 따위).
anagramático *a.* 글자 수수께끼의.
anagramatista *m.*, *f.* 글자 수수께끼를 만드는 사람.
anagramatizar *v.i.* 글자 수수께끼를 만들다.
anágua *f.* (부녀자용) 속치마. 부인옷. 어린이옷. 페티코오트.
anais *m.*(*pl.*) 연대기(年代記). 역사. (학회 등의) 연보(年報).
anal (1) *a.* 일년의. 일년 간의.
— *m.* [宗] 일년 동안 매일 거행되는 의식(儀式).
— (2) *a.* 항문(肛門)의. 《卑》 똥구멍의.
analectos *m.*(*pl.*) 명언집(名言集). 어록

(語錄).
analepsia *f.* 병후의 원기회복(元氣恢復). 몸을 보호하기.
analeptica *f.* 병후의 요양법.
analéptico *a.* (병후) 기력을 회복하는. 몸을 보호하는.
— *m.* 보약. 강장제(强壯劑).
analfabético *a.* 알파벳 자모(字母)가 없는.
analfabetismo *m.* 알파벳을 모름. 글 쓸줄 모름. 문맹. 무식. 불학무식(不學無識). 목불식정(目不識丁).
analfabeto *a.* 알파벳을 모르는. 글 쓸 줄 모르는. 문맹의. 무식한.
— *m.* 알파벳을 모르는 사람. 문맹자. 무식한 사람.
analgene *f.* 신경통약.
analgesia, analgia *f.* [醫] 무통(無痛). 통각상실(痛覺喪失).
analgésico *a.* 무통의. 통각상실의.
analisador *m.* 분해자. 분석자.
analisar *v.t.* 분해하다. [理·化] 분석하다. [數] 해석(解折)하다. [文] 해부하다. 해설하다. 자세히 검토하다.
analisável *a.* 분해(분석·해부)할 수 있는.
análise *f.* 분해(分解). 분석(分析). [數] 해석. [文] 해부(解剖).
analista (1) *m., f.* 분해자. 분석자. [數] 해석학자.
— (2) *m., f.* 연대기편자(年代記編者) 역사가.
analíticamente *adv.* 분해적으로. 분석하여.
analítico *a.* 분해의. 분해하는. 분석의. 해석의. 해석적. 해부적.
analogamente *adv.* 유사적으로. 상사적으로.
analogia *f.* 유사(類似). 상사(相似). [論] 유추법(類推法). [數] 유비(類比). 등비(等比). [生物] 상사. 이체동관(異體同官). [言] 동류(同類). [化] 유사. 동속(同屬).
analogicamente *adv.* 유추적으로.
analógico *a.* ①비슷한. 유사(類似)한. 상사의. ②유추적(類推的).
analogismo *m.* ①[論] 유추론. 추리(推理). ②[醫] 유추진단(診斷).
analogista *m., f.* 유추론자.
analogístico *a.* 유추에 의한. 유추적인.
análogo *a.* 비슷한. 유사한. 상사의: 유추적.
— *m.* 비슷한 물건. 유사물(類似物). [言] 동유어(同類語). [生物] 상사체(相似體: 구조 모양은 다르나 기능이 비슷한 기관).
anamnése *f.* ①추억. 회상. 상기. ②[醫] 기왕증(旣往症).
anamnésia *f.* 기억환기(喚起). [醫] 기억력의 회복.
anamnéstico *a.* 기억력 회복의.
— s *m.(pl.)* 기억력 회복약.
anamorfose *f.* 이그러져 보이는 상. 왜상(歪像). [植] 기형(奇形). 변태. [生物] 점변진화(漸變進化).
ananás *m.* 아나나스. 파인애플.
ananaseiro *m.* 파인애플 나무.
ananerá *m.* [植] 아나네라아(브라질산 교목(喬木). 건축 재료로 쓰임).
ananicado *f.* 난장이의. 꼬마의. 왜소(矮小)한. 빈약한. 천한.
ananicar *v.t.* 꼬마로 만들다. 작게 하다. 왜소하게 하다. 천하게 하다. 위축시키다.
ananismo *m.* 식물의 위축(萎縮)한 발육 (상태). 화분(花盆)에 식물을 키울 때의 축배(縮培). 단소(短小)한 발육.
ananto *a.* [植] 무화(無花)의.
anão *m.* ①난장이. 작은 사람. 작은 동·식물. 꼬마. ②왜성(矮星).
— *a.* 난장이의. 자그마한. 소형의. 꼬마의. 위축(萎縮)된.
anapéstico *a.* [韻] 약약강의 운을 밟는.
anapesto *m.* [韻] 단단장(短短長). 억억양(抑抑揚). 격(格). 약약강(弱弱强) 격(格).
anaplasia, anaplastia *f.* 정형외과술.
anaplástico *a.* 정형외과술의.
anapneuse *f.* [醫] 호흡. 호흡작용.
anarquia *f.* ①무정부(상태). ②난세(亂世). 무질서.
anárquico *a.* ①무정부(주의)의. 무정부 상태의. ②무질서한.
anarquismo *m.* 무정부주의(主義).
anarquista *m., f.* 무정부주의자.
anarquizar *v.t.* 무정부 상태로 하다. 사회 질서를 파괴하다.
anasarca *f.* [醫] 전신수종(全身水腫). 부종(浮腫).
anasártico *a.* 전신수종의. 부종의.
anastomosar *v.t.* 맥관(脈管)을 접합하다.
— *v.i.* 맥관이 합류(合流)하다.
anastomose *f.* [解] 관상기관(管狀器官)의 접합(또는 그 수술). 관상기관의 합류(合流).

anastomótico *f.* 관상기관 접합(수술)의. 합류의.

anastorofe *f.* [修] 도치법(倒置法). [文] 도구법(倒句法).
*cheio de ira*의 대신에 *de ira cheio*라고 하는 따위.

anatado *a.* 크림 같은. 크림 빛의.

anatar *v.t.* 크림을 칠하다(바르다). 크림을 넣다. 크림처럼 만들다.

anátema *m.* ①저주. ②《가톨릭》 파문(破門). 이단선언(異端宣言). ③배척.
— *a.* 저주한(받은). 파문한(당한).

anatematização *f.* 저주(파문)하기. 파문 선고.

anatematizar *v.t.* 저주하다. 파문하다. 배척하다.

anates *m.* 항문병(肛門病).

anatocismo *m.* 복리법(複利法). 금리(金利)의 자본화(資本化).

anatomia *f.* ①해부(解剖). 분해. 해부술. 해부학. 해부체(體). 해부적 구조(조직). ②분석. 세밀한 연구.

anatomicamente *adv.* 해부학상. 해부적으로.

anatómico *a.* 해부의. 해부학상의. 해부조직의.

anatomista *m., f.* 해부학자.

anatomização *f.* (동물체를) 해부하기. 분석. 분해. 세밀한 연구.

anatomizar *v.t.* 해부(解剖)하나. 문석(분해)하다.

anatomo-patológico *a.* 해부(학) 및 병리학의.

anatripsia *f.* [外1 마찰(摩擦).

anatripsico, anatriptico *a.* 마찰의. 마찰용(用)의.

anatropa *f.* 토하고 싶은 기분. 구역.

anatropo *a.* [植] 도생(倒生)의.

anavalhado *a.* 면도칼에 다친(상처를 입은). 면도칼 모양을 한. 면도칼처럼 예리한.

anavalhar *v.t.* 면도칼로 다치다(상처를 입히다). 면도칼 모양이 되게 하다.

anazótico *a.* [化] 질소를 품은(함유한).

anazoturia *f.* [醫] 요소(尿素)의 소실(消失).

anca *f.* ①엉덩이. 궁둥이. (주로 말의)엉덩이. ②[海] 선미(船尾).
ir de anca (= *ir na anca*) 말 엉덩이 위에 타다(앉아가다).

ancestral *a.* 조상의. 선조의. 조상 때부터 내려오는.

ancestre *m.* 조상. 선조(先祖).

ancho *a.* ①《古》넓은. 폭넓은. ②우쭐하는. 재는.

anchova *f.* [魚] 멸치속(屬)의 작은 물고기.

anchura *f.* 넓이. 폭이 넓음.

anciania, ancianidade *f.* ①낡음. 고색(古色). 노년. ②태고. 상고. 고대. ③구식.

anciano *a.*《古》상고의. 고대의. 고대식의. 구식의.

ancião *a.* 노년(老年)의. 낡은. 오래된.
— *m.* 늙은이. 노인(老人).

ancila *f.* ①하녀(下女). ②《古》여자 노예.

ancilosar *v.t., v.i.* (병적으로 뼈가) 교착(膠着)하다(되다). 관절(關節)을 뻣뻣이 하다(해지다).

ancilose *f.* [解] (뼈의) 교착(膠着). [病理] 관절강직(關節強直).

ancilostomase f. [醫] 십이지장충병.

ancilostomo *m.* 십이지장충.

anciotia *f.* [醫] 청관벽(聽管壁)의 교착(膠着).

ancinho *m.* [農具] 갈퀴. 써레. 고무래.

ancipite *a.* 확실치 않은. 불확실한. 일정치 않은. 회의(懷疑)의 양면(兩面)이 있는. 두 마음(二心) 있는.

ancora *f.* ①닻. ②(轉) 힘이 되는 물건.
lancar ancora 닻을 내리다,
levantar ancora 닻을 올리다(감다).
ancora sagrada 또는 *ancora de salvação* 최후의 희망. 최후 수단.

ancorção *f.* 닻을 내림. 정박. 계류(繫留).

ancorado *a.* 닻을 내린. (배가) 정박하고 있는.

ancoradouro *m.* 닻을 내리는 곳. 정박지.

ancoragem *f.* ①닻을 내림. 정박. 계류(繫留). ②정박세(稅). 정박료.

ancorar *v.t.* 닻을 내려 (배를) 고정시키다. 정박케 하다. 계류하다.
— *v.i.* ①정박(定泊)하다. ②…에 근거(根據)를 두다.

ancoreta, ancorete *f.* 작은 닻.

anda-assu, anda-açu *m.* 브라질산 유질(油質) 식물.

andaço *m.*《俗》지방(지역)적 유행병.

andada *f.* 걷기. 보행(步行).

andadeiro *m.* 잘 걷는 이. 속보자(速步者).

andado *a.* 걸은. 보행한. 지나간. 경과한.
é meio caminho anaada (…은) 반(半)

쯤 성취(진척)되었다.

andador *a.* 잘 걷는. 걸음이 빠른.
— *m.* 빨리 걷는 사람. 잘 걷는 이. 도보(徒步) 심부름꾼. 걸음으로 (거리를) 재는 이.

andadura *f.* 걸음걸이. 걷는 모양. 보조(步調). 보속(步速). 보도(步度).

andaimaria *f.* 발판 만들기. 발판 만드는 재료.

andaime, andaimo *m.* (건축장의) 발판.

andaina *f.*《古》①열. 줄. ②한 조(一組). 한 벌의 옷(衣服).

andaluz *a.*, *m.* 안달루시아의 (사람).

andaluzita, andaluzite *f.* [度] 홍주석(紅柱石).

andamento *m.* ①걷기. 보행. ②진척. 진행. 수속. [樂] 절주(節奏). 소절. 박자.
estar em andamento 진척(행)중이다.

andança *f.*《古》걷기. 걸음걸이. 행정(行程). ②먼 길을 바삐 걸어가기. ③힘든 일. 운명.

andante *a.* 걷는. 보행하는. 걸어 돌아다니는. 방랑하는. 편력(遍歷)하는.
cavaleiro andante (중세의) 무사 수행자(修行者).
— *m.* [樂] 평조(平調).
— *adv.* 평조로. 느리게.

andantesco *a.* 무사 수행자처럼.

andantino *adv.* [樂] 약간 느리게.

andamio *m.*《古》= *andoime*.

anda-que-anda *adv.* 쉴 새 없는 빠른 걸음으로.

andar *v.i.* 걷다. 걸어가다. 움직이다. 걸어 돌아다니다. 경과하다.
— *v.t.* …을 진행하다. 여행하다. …에 향하여 가다.
(註) 이 동사는 명령법으로 쓰일 경우에는 "걸어라"하는 뜻 이외에 (이리) 와! (이리로) 오라! (…을) 해라! 하는 뜻으로도 쓰고 조동사로 쓸 경우에는 "계속적인 뜻"을 나타낸다.
andar a pé 걸어가다. 도보하다.
andar a cevalo 말 타고 가다.
andar de automóvel 자동차를 타고 가다.
andar doente 앓고 있다(병들어 있다).
andar cam fome 배고파 있다. 기아 상태에 있다.
andar bem vestido 잘 입고 있다.
andar uma escola (어떤) 학교에 다니다.
andar de mal para pior 점점 더 악화되어 가다.
ando-me satisfeito 만족을 느끼다.
andar de um lado para outro 동분서주하다.
Ande lá! 저쪽에 가라! 물러가라!
— *m.* ①걸음걸이. 걷는 태도. ②진행. 경과. ③(건물의) 층(層).
andar térreo 지층(우리나라의 1층).
primeiro andar 제1층(우리나라의 2층).
Moro no nono(9의) *andar*. 나는 9층에 산다.

andalho *m.* 잘 걷는 이. 심부름꾼. 달음질꾼.

andas *f.*(*pl.*) 죽마(竹馬).《古》관을 놓는 대(棺架). 유해(遺骸).

andebol *m.* 핸드볼.

andeiro *a.* (말이) 잘 걷는.

andejar *v.i.* 소요(逍遙)하다. 방랑하다. 방황하다. 돌아다니다.

andejo *a.* ①잘 걷는. 걷기를 좋아하는. 방랑성이 있는. ②어슬렁거리는. 소요하는. 방황하는. ③불규칙한. 변하기 쉬운.

andicola *a.* 안데스(*Andes*) 산맥에 사는(나는).

andino *a.* 안데스 산맥의. 안데스(산맥) 주민의.

andirá *m.* [動] 안디로아(아마존 유역에 사는 일종의 노루).

andiroba *f.* [植] 안디로바.

ândito *m.* 보도(步道). 인도. 작은 길.

andor *m.* 나무로 만든 가마(의 일종). (행렬 중에 초상(肖像)을 올려놓고 들고 가는 가마).

andorinha *f.* [鳥] 제비.《轉》가구(家具). 운반차. 작은 기선(汽船). 유행품을 행상하는 여자.
Uma andorinha náao faz verão. [諺] 제비 한 마리 왔다하여 여름이 되는 것은 아니다. (=한 가지 예만 가지고 전체를 판단 말라).

andradito *m.* [鑛] 회철석류석(灰鐵石榴石).

andrajo *m.* 넝마. 넝마조각. 누더기. 남루.
andrajos (*pl.*) 누더기옷.

andrajoso *a.* 누더기를 걸친. 남루한 옷을 입은.

androceu *m.* = *androceia*.
— *f.* [植] 수술(雄蕊)의 집합체.

androfobia *f.* 남성을 좋아하지 않음. 남자

를 싫어하기.
androfobo *a.* 남성을(남자를) 싫어하는.
androgenia *a.* 남계자손(男系子孫)의 후속(後續).
androgrinário *a.* [植] 자웅동좌(雌雄同座)의. (같은 화탁(花托)에 있어서) 자웅 두 꽃술의.
androginia *f.* 남녀양성 구유(具有). [植] 자웅양화(雌雄兩花) 구유.
andrógino *a.* 남녀양성(兩性)을 가진. 양성구유의. [植] (같은 화탁(花托)에) 자웅 두 꽃술이 있는. 남녀에 공통(共通)하는.
andróide, andróido *m.* 자동인형(自動人形).
androlatria *f.* (사람을 신으로 간주하는) 인간 숭배.
andromania *f.* 부인 음욕항진증(淫慾亢進症). 색정(色情).
andromaníaca *a.* 여자 색광의.
— *f.* 음분한 여자. 여자 색광.
andrómeda *f.* [天] 안드로메다 성좌(星座).
anediado *a.* 번들번들한. 광택 있는.
anediar *v.t.* 번들번들하게 하다. 광택 있게 하다.
anediar *f.* 일화. 진담(珍談). 미담. 일사(逸事).
anedota *f.* 일화(逸話). 미담(美談).
anedotário *m.* 일화집. 미담집.
anedótico *a.* 일화 같은. 일화 많은. 미담의 기문(奇聞)의.
anedotista *m., f.* 일화 이야기하는 사람. 미담가. 진담가. 기문수집가(奇聞蒐集家).
anedotizer *t.* 일화로 꾸미다. 일화적으로 토하다.
— *v.i.* 일화를 이야기하다. 일화를 모으다.
anegrado *a.* 검은 빛을 띤. 거무스레한. 까무잡잡한.
anegrar *v.t.* 약간 검게 하다. 거무스름하게 하다.
anegrejar *v.t.* 약간 검게 하다.
aneiro *a.* ①해마다 자연에 따르는. 계절에 따르는. [植] 해마다 과일이 열리는(열매 맺는). ②일정하지 않은. 변화 있는.
anejo *a.* (동물의) 한 살 먹이의. 한 살 먹은. 일년된.
anel *m.* ①반지. 가락지. 지환(指環). ②코걸이. 귀걸이. 팔목걸이. ③작은 바퀴. ④[植] (나무의)연륜(年輪). 작은 바퀴 모양의 물체의 총칭.
anel de casam ento 결혼반지.
anel de cabele 고수머리.
anelação *f.* 헐떡거림. 숨찬. 동계(動悸).
anelado *a.* 반지로 된. 반지 모양의. 환상(環狀)의. (머리가) 곱슬곱슬한.
cabelo anelado 곱슬머리.
aneladura *f.* 반지로 하기. 가락지 모양으로 막들기. 환상(環狀)으로 하기.
anelante *a.* 헐떡거리는. 숨찬. 숨차게 하는. 열망하는.
anelar (1) *v.t.* ①반지(귀걸이·코걸이)로 만들다. 환상이 되게 하다. ②감다. 곱슬 곱슬하게 하다.
— (2) *v.i.* ①헐떡거리다. 숨차다. ②(…을) 열망하고 있다.
— *v.t.* (…을) 열망하다. 갈망하다.
aneleira *f.* 반지 넣는 통. 지환갑(指環匣).
anelétrico *a.* 전기를 일으키지 않는 비전기성의.
anelidários *m.(pl.)* 환절회충(環節蛔蟲).
anelídeo *m., a.* 환형동물(의).
anelides, anelidos *m.(pl.)* [動] 환형(環形) 동물(지렁이·거머리 따위). 환충류(環蟲類).
aneliforme *a.* 반지 모양의 가락지 꼴을 한. 환상(環狀)의. 고리 같은.
anélito *m.* 숨쉬기. 호흡. 열망.
anelo *m.* ①열망. 길낭. ②욕념(欲念). 욕구(慾求).
anemático *a.* (동물이) 피 없는. 무혈(無血)의.
anemia *f.* [醫] 빈혈. 빈혈증.
anemiante *a.* 빈혈을 일으키는.
anemiar *v.t.* 빈혈을 일으키다.
anémico *a.* 빈혈(증)의.
anemobata *m.* 밧줄 타는 사람. 줄광대.
anemofilia *f.* [植] 바람의 힘으로 화분(花粉)을 운반함. 풍매(風媒).
anemofilo *a.* 바람의 힘으로 화분을 운반하는. 풍매의.
anemofobia *f.* 바람을 두려워하는 병. 풍공병(風恐病).
anemografia *f.* 풍지(風誌).
— *m.* 풍지기록자. 풍력표시기(表示器). 자기풍력계(自記風力計).
anemologia *f.* 풍력학(風力學).
anemólogo *f.* 풍력측정법.
anemométria *f.* 풍력측정법.

anemométrico *a.* 풍력측정의.
anemômetro *m.* 풍력계. 풍속계(風速計).
anémona *f.* [植] 아네모네.
anemoscópio *m.* 풍위의(風位儀).
anenergia *f.* 정력결핍(精力缺乏). 활동력 상실.
anepitimia *f.* 내장(內臟)과 신경계 연락조직의 마비(痲痺). 성욕(性慾) 상실.
aneretismo *m.* 불감증(不感症).
anergia *f.* =*anenergia*.
aneróide *a.* 액체(液體)를 사용 않는. 수은을 쓰지 않는.
 barom etro aneróide 무액청우계(無液晴雨計: 수은을 쓰지 않는 진공기압계).
anervismo *m.* 신경마비.
anestesia *f.* 마취(痲醉).
anestesiar *v.t.* 지각(감각)을 없애다. 마취시키다. 마취약을 쓰다.
anestásico, anestático *a.* 무감각의. 지각을 잃은. 마취의.
 — *m.* 마취약.
aneurisma *m.* [醫] 동맥류(動脈瘤) 이상 증대(增大).
 aneurisma de coração 심장비대증(肥大症).
aneurismal *a.* 동맥류의.
aneurismático *a., m.* 동맥류에 걸린 (사람).
anexação *f.* 첨부(添附). 첨가. 병합. 부가물.
anexado *a.* 첨부한. 첨가한. 병합한.
anexar *v.t.* 붙이다. 첨가(첨부)하다. 추가하다. (영토를) 병합하다.
anexim *m.* 격언. 금언(金言). 속담.
anexionismo *m.* 국토병합론(併合論).
anexionista *m., f.* 병합론자.
anexo *a.* 붙인. 첨부한. 첨가한. 부가한. 부속(附屬)된. 병합한.
 — *m.* 첨가물. 부속물. 추가물. 부속청사(廳舍). 별관(別館).
anfíbio *a.* 수륙 양서(兩棲)의. 수륙 양생(兩生)의. 이중인격의. [軍] 수륙양용의.
 — *m.* 수륙 양서동물. 야생동물. [軍] 수륙 양용 비행기(전차).
anfibiografia *f.* 양서류지(兩棲類誌).
anfibiologra *f.* 양서류학.
anfibiológico *a.* 양서학의.
anfibiologo *m.* 양서류학자.
anfibola *f.* =*anfibolo*.
anfibolia *f.* 모호한 문구(文句). 문의불명(文意不明).
anfibólico *a.* 각섬석의. 각섬석에서 나오는.
anfibolifero *a.* 각섬석이 있는. 각섬석을 함유(含有)한.
anfibolite *f.* [鑛] 각섬암(角閃岩).
anfibolo *m.* [鑛] 각섬석(角閃石).
anfibologia *f.* 애매한 문구. 두 가지 뜻이 있는 문구. 범의(汎意)의 문장.
anfibológico *a.* 애매한 문구의. 두 가지 뜻이 있는.
anfibologista *m., f.* 애매한 문구(문장)를 쓰는 사람.
anfibraco *m.* [韻] 단장단(短長短)격(格). 억양억(抑揚抑)격(格). 약강약(弱强弱)격(格).
anfictião *m.* (옛 그리스의) 근인동맹(近憐同盟) 회원.
anfideáo *m.* [解] 자궁구(子宮口).
anfigamo *a.* 자웅양성(雌雄兩性)이 있는. 양성구유의.
anfigonia *f.* 양성생식(兩性生殖).
anfiguri *m.* 의미가 불철저한 시구(詩句) 또는 연설.
anfiguricaménte *adv.* 뜻을 이랬다저랬다 하며. 모호하게. 무의미하게.
anfigúrico *a.* 뜻이 불철저한. 무의미한. 모호한.
anfixo *m.* [魚] 활유어(蛞蝓魚: 지중해의 모래 속에 사는 작은 고기).
anfipodes *m.* [動] 단각류(端脚類).
anfisdena *f.* (전설의) 앞뒤에 머리가 달린 뱀. [動] 발 없는 도마뱀.
anfiteatral, anfiteatrico *a.* (옛 로마의) 원형 연기장의.
anfiteatro *m.* (옛 로마의) 원형 연기장(圓形演技場). 연기장의 관람객.
anfitrite *f.* [希神] 바다의 여신(女神). 용신(龍神).
anfitrião *m.* …을 대접하는 주인. 접대역(役).
anfodiplopia *f.* 중시안증(重視眼症: 하나의 물체가 둘로 보이는).
anfora *f.* (옛 그리스·로마의) 두 손잡이 달린 항아리. 독의 일종.
anfórico *a.* [醫] 공동음(空洞音)의.
anfractuosidade *f.* 구비. 곡절(曲折). 고저(高低).
anfractuoso *a.* 굽어진. 꾸불꾸불한. 고저 있는.

angar *m.* (비행기의) 격납고(格納庫)(영어의 *hungar*의 誤用).
angaria *f.* 마필의 징발(徵發). 병정모집.
angariação *f.* ①모집. 징집. (병적에) 편입하기. ②교사(敎唆). (개 따위를) 추기기. ③유혹. 매혹.
angariar (1) *v.t.* 모집하다. 징집하다.
— (2) *v.t.* ①교사하다. 추기다. ②꾀다. 유혹하다. 매혹하다.
angélica *f.* [植] 안젤리카(미나리과로 약용·요리용).
angelical *a.* =*angélico*.
angelcamente *adv.* 천사 같이. 순진하게.
angélico *a.* 천사의. 천사 같은. 순진한.
pão angélico (천주교의) 성체(聖體).
angelitude *f.* 천사임. 천사상태.
angelização *f.* 천사에 비하기. 천사에 비할 만한 상태.
angelizar *v.t.* 천사에 비하다.
angelogenia *f.* 천사연구(天使硏究).
angelogia *f.* 천사론. 천인론(天人論).
angelotatria *f.* 천사숭배.
angina *f.* [醫] 인후통(咽喉痛). 구협염(口峽炎).
angina de garganta 인후염(炎)
angina do peito 협심증(狹心症).
anginoso *a.* 인후통의(에 관한). 구협염의.
angiografia *f.* 혈관지(血管誌).
angiográfico *a.* 혈관의(에 관한).
angiologia *f.* 혈관학(血管學).
angioma *m.* [醫] 혈관종(腫).
angiomatose *f.* [醫] 혈관종의 빈발(頻發).
angionoma *m.* [醫] 혈관궤양(潰瘍).
angiopatia *f.* [醫] 혈관병.
angiopiria *f.* [醫] 혈관병.
angiopiria *f.* [醫] 염증열(炎症熱).
angioscópico *a.* 모세관경의.
angioscópio *m.* 모세관경(毛細管鏡).
angiosperma, angiosperme *a.* [植] 피자식물의.
angiospermia *f.* [植] 피자(被子)식물.
angiostoma *m.* 회충(蛔蟲)의 일종.
angiotomia *f.* [外] 혈관해부.
angiotómico *a.* 혈관해부의(에 관한).
angite *f.* [醫] 혈관염증(炎症).
anglicanismo *m.* 영국국교(國敎). 영국국교회주의(主義).
anglicano *a.* 영국국교의(에 관한).
— *m.* 영국국교도.

anglicismo *m.* 영국식 (말투). 영국주의(主義).
anglicista *m., f.* 영국식으로(영국식 말투로) 하는 사람. 영어를 잘 해독하는 사람.
anglicizar *v.t.* 영국식으로 하다. (외국어를) 영어화하다.
ânglico *a.* 영국의. 영국 사람의.
anglizar *v.t.* =*anglicizar*.
anglo *a.* 영국의.
anglo-brasileiro a 영백(英伯)의.
anglo-espanhol a 영서(英西)의.
anglo-francez a 영불의.
anglo-luse a. 영포(英葡)의.
anglofilia *f.* 영국을 좋아하기. 친영(親英).
anglófilio *a.* 영국을 좋아하는. 친영의.
— *m.* 친영파(派)의 사람.
anglofobia *f.* 영국(또는 영국사람)을 싫어하기. 배영(排英).
anglofobo *a., m.* 영국(인)을 싫어하는 (사람). 영국을 배척하는 (사람). 영국을 두려워하는 (사람).
anglomania *f.* 영국 절대 숭배. 친영열(熱).
anglomaníaco *a.* 영국 절대 숭배의. 미칠 듯이 영국을 숭배하는.
— *m.* 영국 숭배자. 영국광.
anglomanizar *v.i.,* —*se v.pr.* 영국을 절대적으로 숭배하는 사람이 되다. 영국광(狂)이 되다.
anglomano *a., m.* =*anglomaníaco*.
anglo-saxão *m., a.* 앵글로색슨 사람(말)의. 앵글로색슨 민족(말)의.
anglo-saxônio *a.* 앵글로색슨의.
Angola *f.* 앙골라(아프리카 서해안에 있는 포르투갈 식민지).
angolano *a.* 앙골라 (사람)의.
angolense *m., a.* 앙골라 사람(의).
angra *f.* 작은 만(灣). 큰 강(大江)의 입구.
angu *m.* 옥수수 가루(특히 볶은 가루).
anguicida *a.* 뱀을 죽이는 성질이 있는.
anguifero *a.* 뱀이 있는. 뱀을 기르는.
anguiforme *a.* 뱀 모양의. 뱀꼴을 한.
anguigeno *a.* 뱀에서 나는(태어나는).
anguiliforme *a.* 뱀장어 모양의. 뱀장어 꼴의.
— *s m.(pl.)* 뱀장어(속).
anguinha *f.* [動] 도마뱀.
anguino *a.* 뱀의. 뱀같은.
— *s m.(pl.)* 뱀속(蛇類).
angulado *a.* 모를 이룬. 모난. 모진. 각

(角)이 된.
angular (1) *a*. 모난. 모진. 모의. 모가 있는. (건물의) 모퉁이 나는. 있는.
— (2) *v.i.* 모가 나다. 각(角)을 이루다.
angularidade *f*. 모. 모남. 규각(圭角).
angulário *m*. 각도계(角度計).
angularmente *adv*. 모질게. 모를 이루어서.
ângulo *m*. 모. 각(角). 각도. (건물의) 모퉁이.
 ângulo agudo 예각(銳角).
 ângulo obtuso 둔각(鈍角).
 ângulo diedro 이면각(二面角).
 ângulo morto (사격에(射擊)) 대한 사각(死角).
anglometria *f*. 측각법(測角法).
anglómetru *m*. 측각기(測角器).
anguloso *a*. 모난. 모 있는. 모가 많은. 다각(多角)의.
angústia *f*. ①고민. 번민. 괴로움. (심신의) 격통(激痛). 쑤시고 아픔. ②슬픔. 비통. ③좁음. 협소(狹小).
angustiadamente *adv*. 고민(번민)하여. 격통을 느끼며. 비통하게.
angustiado *a*. 고민하는. 번민하는. 괴로워하는. 쑤시고 아픈. 격통을 느끼는. 고통을 당한.
angustiante *a*. 괴롭히는. 고민(번민)케 하는. 매우 슬프게 하는. 비통케 하는. 고통을 주는.
angustiar *v.t.* 고민(번민)케 하다. 괴롭히다. 고통을 주다. 매우 슬프게 하다. 비통케 하다.
—se *v.pr.* 고민(번민)하다. 괴로워하다. 고통을 느끼다. 슬픔에 잠기다.
angustifoliado *a*. [植] 잎사귀가 좁은. 협엽(狹葉)의.
angustioso *a*. 괴로운. 고통스러운. 비통한. 매우 슬픈. 격통을 느끼는.
angusto *a*. 좁은. 비좁은. 협소(狹小)한. 가는.
angustura *f*. 좁음. 협소(狹小). 협애(狹隘). 좁은 통로.
anguzada *f*. 대혼란(大混亂). 혼동(混同). 온합.
anho *m*. ①양의 새끼. ②양새끼의 고기.
aniagem *f*. (짐꾸리는 데 쓰는) 즉크. 부대용 마포(麻布). 자루 만드는 재료.
anião *m*. [化] 음(陰)이온.
anichado *a*. ①벽감(조각품·작은 초상·꽃병 같은 것을 놓는 벽의 움푹 들어간 곳)에 놓은(놓은·안치한). 숨은. ②《轉》 사회적으로 좋은 위치를 차지하고 있는.
anichar *v.t.* ①벽감(壁龕)에 안치하다(두다). ②알맞은 곳에 숨겨 두다. 비좁은 곳에 잘 넣어 두다. ③유리한 직책(지위)을 주다.
—se *v.pr.* ①벽감에 놓이다(안치되다). ②비좁은 곳에 놓이다. 숨다. ③유리한 지위를 차지하다.
anídrico *a*. 물 없는. [化] 무수의.
anidrido *m*. [化] 무수산(無水酸: 물과 화합되지 않은).
anidrite *f*. [鑛] 경석고(硬石膏).
anidro *a*. [化] = *anídrico*.
anil (1) *m*. 인디고남(藍). 쪽빛. [植] 인도쪽. (서인도산) 땅비싸리 무리.
— (2) *a*. 노쇠한. 노파 같은.
anilado *a*. 인디고남(쪽빛)으로 물들인(염색한). 남색으로 된.
anilar *v.t.* 인디고남(쪽빛)으로 물들이다. 남색으로 하다.
anileira *f*. [植] 인디고남 나무(木藍).
anilho *m*. 작은 반지. 작은 고리(小環).
anilina *f*. [化] 아닐린. 아닐린 물감.
animação *f*. 생기. 활기. 활발. 쾌활.
animadamente *adv*. 활기 있게. 생기를 띠고.
animado *a*. 기운 있는. 생기를 띤. 활기를 띤. 활발한. 경기 좋은. 번창한.
animador *a.*, *m*. 생기를 북돋아 주는 (사람·물건). 고무(鼓舞)하는 (자).
animadversão *f*. 비난. 비평. 혹평. 증오. 혐오(嫌惡). 시기(猜忌).
animadvertir *v.i.* 비난하다. 비평하다.
animal *m*. 동물. 네발짐승. 《轉》 짐승 같은 놈. 고약한 놈.
 animal racional 인간. 인류.
 animal irracional 짐승.
 animal dom éstico 가축.
 animal bravo 야수.
 animal feroz 맹수.
— *a*. 동물의. 동물에 관한. 동물성의 수성(獸性)의. 동물적인. 짐승 같은.
 vida animal 동물적 생활. 수욕(獸慾) 생활.
animalaço *m*. 큰 동물. 《轉》 짐승같이 우둔한 사람. 바보. 멍청이.
animalada *f*. 약간수(若干數)의 동물. (모

여 있는) 몇 마리의 짐승.
animalão *m.* =*animalaço*.
animalalculismo *m.* 극미동물병원설(極微動物病原說). 정자(精子)발생설.
animálculo *m.* 극미동물. 현미경충(顯微鏡蟲).
animalejo *m.* 작은 동물. 우둔한 녀석.
animalesco *a.* 짐승의. 수류(獸類)의. 수성(獸性)의.
animália *f.* 짐승. 축생(畜生). 가축. 우마.
animalidade *f.* 동물성. 수성. 동물적 본능.
animalista *m.*, *f.* 수욕(獸慾)주의자. 동물전문화가(또는 조각가).
animalito *m.* =*animálculo*.
animalizaçao *f.* 동물화(化). (음식물의) 동물질화(質化).
animalizar *v.t.* 짐승처럼 만들다. 동물질로 변하게 하다.
—*se v.pr.* 짐승처럼 되다. 동물질로 변하다.
animalzinho *m.* 작은 동물.
animante *a.* 생기(활기)를 띠게 하는. 고무(격려)하는.
animar *v.t.* 생기를 북돋아주다. 활기를 띠게 하다. 용기를 주다. 고무하다.
—*se v.pr.* 활기 띠다. 용기가(기운이) 나다. 생기를 얻다. 고무되다.
animato *adv.* [韻] 활발하게. 씩씩하게.
animável *a.* 생기(활기)를 띠게 할만한. 고무해야 할.
anime *m.* 코우펄(남아메리카에서 나는 나무진. 니스의 원료). 아니메(열대산의 방향수지(芳香樹脂)).
anímico *a.* 정신(적)의. 영적(靈的)인. 정신에 관한.
anímio *m.* 영혼. 정령(精靈). 정질(性質). 의기. 의지(意志).
— *interj.* 기운 내라!
animismo *m.* [哲・心] 물활론(物活論: 생물은 물론 무생물에도 영혼이 있다는 견해). 정령설(精靈說: 인간과 물체는 모두 영혼의 힘에 대하여 움직인다는 견해).
animista *m.*, *f.* 물활론자. 정령설 주장자.
ânimo *m.* ①혼. 영혼. ②정신. 마음. ③생기. 용기. ④의사(意思).
animosaente *adv.* 용기 있게. 대담하게.
animosidade *f.* 증오. 적개심. 원한. 용기.
animoso *a.* 기운(용기) 있는. 용감한. 대담한.

aninga *f.* [植] 천남성과(天南星科) 식물.
aningal *m.* *aninga* 나무숲(밭).
aninga-pará *f.* [植] 칼라디움(관상식물).
aninhar *v.t.* 보금자리에 넣다. 수용하다.
— *v.i.* 보금자리를 만들다. 일자리를 찾다.
—*se v.pr.* 보금자리에 들어가 있다(숨다).
aníon, anionte *m.* [化] 음이온(-이온).
aniquilação *f.* 전멸. 절멸(絶滅). 섬멸. 근절(根絶). 진멸(珍滅). 멸각(滅却).
aniquilado *a.* 전멸 당한. 절멸한. 진멸한.
aniquilador *a.m.* 전멸하는 (자). 전멸(근절)하는 (사람).
aniquilamento *m.* =*anpuilação*.
aniquilar *v.t.* 전멸(절멸)하다. 섬멸(殲滅)하다. 근절하다.
—*se v.pr.* 파괴되다. 전멸 당하다. 근절되다.
anis *m.* [植] 아니스(지중해 지방에서 나는 식물). 회향(茴香).
aniseta *f.* 아니스 열매로 만든 술(酒).
anistia *f.* 대사(大赦). 특사(特赦).
anistiar *v.t.* 대사하다. 특사하다.
aniversariante *m.* (해마다 돌아오는) 주년(탄생일. 생신 등)을 맞이하는 사람. 주년(탄생일)을 기념(또는 축하)하는 사람.
aniversariar *v.t.* (해마다 돌아오는) 기념일을 경축하다. 탄생일을 축하하다.
aniversário *a.* 주년(周年)의. 기념일의. 생일의. 해마다의.
— *m.* 해마다 있는(정기적인) 행사. 기념일. 기념제. 주년. 생일. 탄생일. 생신(生辰). 명일(命日). 제삿날.
anjinha *f.* 천사 같은 소녀(少女).
anjinho *m.* 작은 천사. 천사 같은 소년. 천진난만한 소년.
anjinhos *m.(pl.)* 수갑.
anjo *m.* 천사(天使). 수호신. 귀여운 어린애.
ano *m.* 해. 살. 일년. 연도(年度). 학년. 연령.
anos (*pl.*) 성상(星霜).
ano novo 새해. 신년. 정월.
ano comum 평년(平年).
ano bissexto 윤년.
ano econômico (또는 *financeiro*) 회계년도.
ano corrente (*presente*) 금년.
ano passado 작년. 지난해.
ano vindouro 내년.

ano que vem 내년. 오는해
todo o ano (*o ano todo*) 일년중. 일년 내내.
todos os anos 매년. 해마다.
ano por ano 해마다. 해마다 더.
fazer anos 나이를 먹다. 생일을 쇠다.
daquí a dez anos 금후 10년.
nestes últimos anos (지난) 수년간.

anodinia *f.* 무통(無痛). 무감각.
anódino *a.* ①진통(鎭痛)의. ②죄없는. ③ 보잘것 없는. 가치 없는. 무미건조한.
— *m.* 진통제(劑).
anódio [電] 양극(陽極).
— *a.* 양극의.
anodontia *f.* [醫] 무치(無齒: 선천적 또는 후천적으로 이가 없음).
anofele *m.* [蟲] 말라리아 모기.
anogueirado *a.* 호두 빛깔을 띤.
anogueirar *v.t.* 호두(胡桃) 빛깔이 되게 하다.
anoitecer *v.i.* 날이 저물다. 어두워지다. 밤이 되다.
ao anoitecer 황혼(黃昏)에.
anoitecido *a.* 날이 저문. 어두워진. 밤이 된.
anojadiço *a.* 싫어지는. 싫증나는. 염증나는(나기 쉬운). 권태를 느끼는.
anojado *a.* 슬픈. 비탄에 잠긴. 몽상(蒙喪)하고 있는.
— *m.* 슬퍼하는 사람. 비탄에 잠긴 사람. 몽상하는 이.
anojamento *m.* ①싫음. 권태. 염증 느끼기. ②구역. 토하고 싶음. ③슬픔. 비애. 비탄. ④상(喪). 상중(喪中). 몽상.
anojar *v.t.* ①싫증 느끼게 하다. 권태케 하다. 염증 느끼게 하다. ②기분 나쁘게 하다. ③비탄에 잠기게 하다.
—*se v.pr.* ①염증(싫증) 느끼다. 권태하다. ②기분 나쁘다. ③슬퍼하다. 비탄에 잠기다. ④몽상(蒙喪)하다.
ánojoso *a.* 싫은. 염증(싫증) 느끼는 (느끼게 하는). 권태케 하는. 토하고 싶은.
anoleno *a.* 팔 없는. 무완(無腕)의.
—*s m.* 다리 없는 연체동물(無脚軟體動物).
anomalia *f.* 변칙. 이상. 이태(異態). 변태. [天] 근점 거리(近点距離).
anomalia verdadeira 진(眞) 근점 거리.
anomalia média 평균(平均) 근점 거리.
anomalístico *a.* ①보통과 다른. 변칙의. 변태의. 예의의. ②[天] 근점(近點)의.
ano anomalístico 근점년(近點年).
anmalo *a.* 변칙의. 이상(異狀)의. 불규칙한. 변태적. 예외의.
anominação *f.* 철자 중 단 한 글자의 알파벳을 바꿔 놓음으로써 전혀 뜻이 다른 낱말이 되는 것(만드는 것).
(*parlamento*를 *palramento, relatório*를 *ralatório*라고 하는 따위).
anomocefalo *a.* 이상한(변형의) 머리를 가지고 있는.
anomocromia *f.* [醫] 피부 색소(色素)의 부동(不同).
anomuro *a.* [動] 이상한 꼬리가 있는.
anona *f.* [植] 번려지속(蕃荔枝屬).
anonadar *v.t.* 전멸하다. 절멸(근절)하다.
anonimado, anonimato *m.* 이름이 없음. 무명. 무명씨(無名氏). 익명(으로 쓴 것).
anonimamento *adv.* 무명(익명)으로.
anonimia *f.* 무명. 익명(匿名).
anônimo *a.* 무명의. 익명의(글쓴이의) 이름이 없는.
carta anônima 이름 없는 편지.
sociedade anônima 주식회사.
anônimo *m.* 무명. 무명씨(無名氏). 익명. 가명.
anopsia *f.* 시력감퇴(視力減退). 상사시(上斜視).
anorexia *f.* [醫] 식욕감퇴.
anorganquímica *f.* 무기화학(無機化學).
anormal *a.* 이상한. 불규칙한. 변태적인. 병적인.
anormalidade *f.* 이상(異狀). 예사롭지 않은 것. 변태. 예외. 불규칙. 기형(畸形).
anormalmente *adv.* 이상하게. 예외적으로. 변태적으로.
anorrinco *a.* [動] 코가 없는. 무비(無鼻)의.
anortear *v.t.* 북쪽으로 향하다. 북쪽으로 전진하다.
anortite *f.* = *anortito*.
— *m.* [鑛] 회장석(灰長石).
anosmia *f.* [醫] 후각(嗅覺) 상실.
anoso *a.* 나이 많은. 늙은.
anostezoario *a.* [動] 뼈 없는. 무골(無骨)의.
anostose *f.* [醫] 골위축(骨萎縮).
anotação *f.* 각서(覺書)하기. 주석(註釋). 주해(注解).
anotado *a.* 주석을 단. 주해한.
anotador *a., m.* 각서를 쓰는 (사람). 주석

을 다는 (사람). 주해하는 (이).
anotar *v.t.*, *v.i.* 각서를 쓰다. 주석하다. 주해하다.
anoto *a.* [動] 귀가 없는. 무이(無耳)의.
anovear *v.t.* 《古》 *anoveas* 애처로워 하다.
anoveas *f.(pl.)* 《古》 훔친 물건 가격의 아홉배(九倍)에 해당하는 벌금형(罰金刑).
anoxemia *f.* 혈액산화부족(血液酸化不足).
anquiloser *v.t.* =*ancilosar*.
anquilose *f.* =*ancilose*.
anquinhas *f.* (=英語 *fart hingaie*). (보통 고래뼈로 만든) 속버팀(16~17세기경 부인의 스커트를 퍼지게 하기 위하여 사용한). 그것으로 벌어진 스커트.
anseio *m.* 열망. 갈망. 동경.
anserino *a.* 거위(鵞鳥) 같은. 거위의.
ânsia *f.* ①걱정. 근심. 불안. 우려. ②갈망. 열망. 사모(思慕).
ansiado *a.* 걱정(근심)하는. 우려하고 있는.
ansiar *v.t.* 근심시키다. 걱정되게 하다. 볼 안케 하다.
—*se* *v.pr.* ①근심(걱정)하다. 우려하다. ②괴로워하다. ③몹시 바라다. 사모하다.
ansiar por …을 갈망하다.
ansiedade *f.* ①걱정. 근심. 불안. ②열망. 갈망. 사모.
ansioso *a.* 근심스러운. 걱정되는. 마음이 안 놓이는. 초조해 있는. 열망(갈망)하는. 궁금한.
anspeçada *m.* 임시 계급 하사의 이등병·일등병.
anta *f.* [考古] 돌멘. 고인돌. 자연 거석비(巨石碑). [動] 맥(貘). 맥가죽.
antagonicamente *adv.* 반대(적대)하여. 반목하여.
antagônico *a.* 반대의. 반대되는. 상극하는. 상반(相反)하는. 적대되는. 서로 용납하지 않는.
antagonismo *m.* 반대. 상극. 적의(敵意). 적대. 부상용(不相容). 반항심. 적개심.
antagonista *m.*, *f.* 적대자. 반대자. 원수. 경쟁자.
— *a.* 반대의. 적대의.
antálgico *a.* 진통의.
— *m.* 진통제.
antanho *adv.* 《古》 오래전. 옛적. 이전에.
antártico (=*antarctico*) *a.* 남극(南極)의. 남극 지방의.

polo antártico 남극.
círculo polar antártico 남극권(南極圈).
antares *m.* [天] 전갈좌의 첫째별.
ante *pref.* (1) '앞에', '보다 먼저의'. '전(前)' 등을 뜻하는 접두어.
(主意) *h*, *r* 및 *s*로 시작하는 단어 앞에 놓일 때는 하이픈을 둔다.
— (2) *prep.* …의 앞에. …의 전면에.
— *adv.* 전에. 이전에. …에 앞서.
anteâmbulo *m.* 머릿말. 서문(序文). (성문법(成文法)의) 전문(前文). (조약 따위의) 전문.
ante-ato *m.* 서막(序幕). 전예(前藝).
antebraço *m.* 앞팔. 전박(前膊).
antebraquial *a.* 앞팔의. 전박의.
ante-câmara *f.* ①문옆의 방. 사랑방. ②객실. 응접실.
antecedência *f.* ①(때·관계가) 앞서는 것. 선행. 선재(先在). 전재(前在). ②[天] 역행.
—*s* (*pl.*) ①먼저 있었던 일. 선행사(先行事) ②경력. 내력.
com antecedência 앞서. 우선.
antecedente *a.* 앞선. 선행하는. 앞의. 전제(前提)의.
— *m.* 선행자. 선재자. 선례(先例). 전례. [文] 선행사. [數·論] 전항(前項). 전율(前率).
—*s* *f.* =*antecedências*.
anteceder *v.i.*, *v.t.* 앞서다. 선행하는. …에 우월하다. 우수(優秀)하다.
antecessor *m.* 전임자(前任者). 선배. 선도자(先導者). 앞선 물건.
—*s* *m.(pl.)* 조상(祖上). 선조.
antecipação *f.* ①예상. 예기(豫期). 미리 알기. 예견(豫見). ②기대. ③선수쓰기. 미리하기. 미리쓰기. 예방. ④[法] 사전행위(事前行爲). ⑤[樂] 예음(豫音). 선입음(先入音). ⑥[醫] 전구증(前驅症). 예감.
antecipadamente *adv.* 사전에. 미리. 먼저.
antecipado *a.* (시기에) 앞선. 예상(예기)한. 예고한. 앞에 진술한. (기일 전에) 지불한(받은·영수한).
antecipador *a.*, *m.* 예상하는 (사람). 미리 아는 (사람). 선수 쓰는 (이).
antecipar *v.t.* 예기하다. 앞질러 하다. 앞지르다. 걱정하다. 앞질러 처리하다. (월급을 예기하고) 미리 쓰다. 당겨 쓰다. (기일 전에) 지불하다. (받다·영수하다).
—*se* *v.pr.* (시간적으로 …보다) 앞서

antecoluna−antepasto

행동하다(오다). 앞질러 일어나다. (추위 또는 더위가) 계절보다 먼저 오다.

antecoluna *f.* [建] 전주(前柱 : 열주(列柱)의 맨 먼저 것).

anteconhecimento *m.* 미리 알기. 전지(前知). 예지(豫知). 선견(先見).

anteconjugal *a.* 결혼 전의.

antecoro *m.* (예배당 안에 있는) 찬양대석의 앞좌석.

antedata *f.* 실제보다 앞선 날짜(日字). 예정한 기일보다 앞질러 하는(앞질러 결정한) 날짜.

antedatar *v.t.* 실제보다 날짜를 앞지르다. 예정한 날짜를 앞당겨 결정하다.

antediluviano *a.* (노아의) 대홍수 이전의. 태고의. 전세계의. 구식의.

antedizer *v.t.* 미리 말하다. 예언하다. 예고하다.

ante-estréia *f.* [映] 시사(試寫). 시연(試演).

anteface *m.* 복면. 마스크. 탈. 가면. 면의(面衣). 덮개.

antefosso *m.* [築城] 외호(外壕).

antegosar, antegozar *v.t.*, *v.i.* ①(무슨 일이 있기 전에) 미리 즐기다. ②사전 향락하다. ③시식(試食)하다.

antegôso, antegôzo *m.* 미리 즐기기. 사전 향락(事前享樂). 시식.

antegostar *v.i.*, *v.t.* =*antegozar.*

antegosto *m.* 맛보기 전에 상상하는 맛. *só antegosto deste remédio me faz nauseas* 이 약(藥)의 맛을 상상만해도 멀미나게 한다.

ante-histórco *a.* 유사이전(有史以前)의. *tempos antehistórcos* 선사(先史)시대.

antelia *f. antelio.*
— *m.* [天] 의일륜(擬日輪) 환일(幻日 : 태양과 정반대 위치의 구름·안개에 나타나는 광점(光点)).

antelmintico *a.* 회충을 죽이는. 구충(驅蟲)의.
— *m.* 구충제. 회충약.

antelóquio *m.* 서문. 서언(序言). 머리말. (미사의) 서송(序誦). 서식(序式).

antemanhã *f.* 아침 전. 날 밝기 전.
— *adv.* 날 밝기 전에.

antemão *adv.* 사전에. 미리. …에 앞서. *de antemão.* 미리. 전부터. 벌써 …을 예견하고.

antemeridiano *a.* 오전(午前)의.

antemorrdidal *a.* 치질(痔疾)을 고치는.

antemurado *a.* 전벽(前壁)을 두른. 방어한.

antemural *m.* ①[築城] 흉벽(胸壁). ②방어. 방위.

antemuralha *f.* =*airtemuro.*
— *m.* ①[築城] 전벽. 누벽(壘壁). ②방어. 수비.

antena *f.* ①[動] 촉각. (달팽이의) 뿔. ②[無電] 안테나. 공중선. ③[海] 삼각범(三角帆)의 펼친 대.
antena dirigida 방향 지시 전파(電波).

antenado *a.* [動] 촉각이 있는. [無電] 안테나 달린.

antenal *a.* [動] 촉각의. 촉각에 관한. 안테나의.
nervos antenais 촉각 신경.

antenífero *a.* 촉각의. 촉각이 있는.

anteniforme *a.* 촉각 모양(觸角狀)의.

antenome *m.* 성명(이름) 앞에 불이는 칭호 (학위·작위 따위의 존칭).

antenula *f.* 작은 촉각. 작은 안테나.

antenupcial *a.* 결혼 전의.

anteolhos *m.* (말의 앞만 보게 하는) 눈을 감기는 것. 차안책(遮眼革).

anteontem *adv.* 그제. 재작일(에). (=*antes de ontem*).

antepagar *v.t.* 미리 돈을 주다. 선금(先金)을 지불하다.

antepago *a.* 미리 돈을 준. 선금을 지불한. 납품 전의 수금(지불)한.

antepara *f.* ①[海] 칸막이. 칸막이의 벽(隔壁). ②[鑛山] 분벽(分壁). ③병풍(屏風).

anteparar *v.t.*, *v.i.* ①칸막이(벽)를 만들다. 분벽을 만들다. 병풍을 세우다. ②보호하다. 경계하다. ③급히 세우다(서다). 급정거(急停止)하다.
—*se* *v.pr.* 자기를(스스로) 방어하다. 조심하다. 경계하다. 중지하다.

anteparo *m.* ①방어. 방비. 수비·경계. ②보호물. 옹호물. ③[海] 칸막이(벽). 분벽. 병풍.

anteparto *m.* 분만 직전(分娩直前). 해산전.

antepassado *a.* 선대(先代)의. 선조의. 조상의.
— *m.* 선조(先祖). 조상.

antepassar *v.i.*, *v.t.* (계급·직위·순서·장소·때 따위에) 선행하다. 앞서다.

antepasto *m.* 전채(前菜). 오르도브르(식욕을 북돋기 위하여 식사 전에 내는 채소).

antepenúltimo *a.* 마지막으로부터 세 번째의.

antepor *v.t.* (…의) 앞에 놓다. 위에 놓다. 우선권을 주다. (…보다, …을) 선택하다.

anteporta *f.* 앞문. 문짝 위 문. 이중문.

anteposição *f.* ①앞에 놓기. 먼저 놓기. 위에 놓기. ②상석(上席). ③우선(優先) (권). ④(시간 순서 따위에서) 앞서기. 선행. 선재. 선취(先取).

anteprojeto *m.* 초안. 예정계획. 건축예정 설계도. 대체적 예산.

antera *a.* [植] 약(葯: 화분(花粉)을 만드는 기관).

anterior *a.* ①(때·사건) 전의. 앞선. ②(장소) 앞의. 전방의.

anterioridade *f.* 먼저임. 선재(先在). 전재(前在).

anteriormente *adv.* 전에. 이전에. 전방에.

antero-inferior *a.* 앞 아래(前下)의.

ante-rosto *m.* (책의) 표제지. 겉장(책명·저자명·발행소·발행일자 등을 인쇄한).

antero-superior *a.* 앞 위(前上)의.

antes *adv.* 앞서. 전에. 먼저. 앞에. 차라리.
antes de …의 앞에. …의 전에.
pouco antes 조금 전에(앞에).
quanto antes melhor 빠를수록 좋다.
Quisera antes ir 먼저 가고 싶다(먼저 가는 것을 소망하는 뜻).
prefiro antes não ir 먼저 가기 싫다(먼저 가는 것과 나중에 가는 두 가지 중에).
antes que 가령 …보다. 가령 …일지라도. 차라리.
Antes morrer que trair. 배반(변절)하는 것보다 차라리 죽는 것이 낫다.

ante-sala *f.* 문옆의 방. 객실. 사랑방. 대합실.

antese *f.* [植] 꽃피기. 개화(開花). 백화만발(百花滿發).

antetempo *adv.* 시기에 앞서. 너무 빨리. 너무 일찍.

ante-terminal *a.* 끝나기 전에. 종점(終點) 전에.

antever *v.t.* 미리 알다. 예지(豫知)하다. 앞을 내다 보다.

anteversão *f.* [醫] 자궁의 전전(前轉).

antevéspera *f.* (…의) 2일 전. 전전일(前前日).

antevidência *f.* 선견지명(先見之明). 통찰(洞察). 깊은 생각. 심사원려(深思遠慮).

antevidente *a.* 미리 아는. 예지하기. 선견지명이 있는.

antevisão *f.* 미리 알기. 예견(豫見). 예지(豫知). 선견.

anti *pref.* '반대'·'대항'·'항역(抗逆)'·'배척'·'대립'·'부정' 등의 뜻을 나타내는 접두사.
(注意) h, r 및 s로 시작하는 단어와 합칠 때는 그 사이에 하이픈을 둔다.

antiabortivo *a.* 유산(流産)을 막는.

antiácido *a.* 위산과다(胃酸過多)를 막는.

antiadite *f.* [醫] 편도선염(扁桃腺炎).

antiaéreo *a.* 대공(對空)의. 반공(反空)의. 방공(防空)의.

antiagricola *a.* 농업(농경업)에 맞지 않는 (상반되는).

antialcoólico *a.* 알코올성을 없애는(변케 하는).

antiamarílico *a.* (약으로서) 황열병에 잘 듣는.

antiapoplético *a.* 뇌일혈(腦溢血)에 효과 있는.

antiaristocrata *m., f.* 귀족제도 반대자. 반귀족당원(反貴族黨員).

antiaristocrático *a.* 반귀족적인. 반귀족제도의.

antiaristico *a.* 비미술적인. 비예술적인.

antiasmático *a.* [醫] 천식(喘息)에 효과 있는.
— *m.* 천식약.

antibilioso *a.* 담즙배설(膽汁排泄)에 효과 있는.

antibiótico *m.* 항생물질(抗生物質).

anti-bolchevismo *m.* 반볼쉐비즘주의(主義). 반과격사상(反過激思想).

antibolchevista *m. t.* 반볼쉐비즘주의자. 과격파 반대자.

antibritánico *a.* 반영국의 배영(排英).

anticanceroso *a.* 암(癌) 또는 암종 치료에 쓰는 (치료용의).

anticatarral *a.* (약으로서) 카타르에 좋은.

anticatolicismo *m.* 가톨릭교 반대.

anticatólico *a.* ①반가톨릭교의. 가톨릭교에 반대하는.

anticefalágico *a.* 두통에 좋은.

anticiclone *m.* 반대선풍(旋風). 역(逆)선풍. 고기압.

anticivico *a.* 공민(公民)의 의무에 반대되는. 비공민적인.

anticivilizador *a., m.* 문화(문명)에 반대되는 (사람).

anticivismo *m.* 비공민심(非公民心). 비애국심.

anticlerical *a.* 교권(敎權)에 반대하는. 《古》승려(僧侶)(정치)에 반대하는.

anticlinal, anticlíneo *a.* [地質] 배사(背斜)의.
  linhas anticlíneas 배사선(線).

anticlimax *m.* [修] 어세점락(語勢漸落). 문세(文勢)점락. 점항법(漸降法). 용두사미.

anticolérico *a.* 콜레라 치료의. 콜레라 예방의.

anticólico *a.* 《古》복통약의.

anticolonista *a.* 반식민지주의의.
  — *m., f.* 반식민지주의자. 식민지 정치를 반대하는 자.

anticomercial *a.* 상업에 반대되는. 상거래가 안되는.

anticoncepcional *a.* [醫] 피임(避姙)의.

anticonjugal *a.* 부부동서(夫婦同棲)의 뜻에 어긋나는.

anticonstitucional *a.* 헌법위반의. 위헌(違憲)의.

anticonstitucionalmente *adv.* 헌법에 반대하여. 위헌적으로.

anticonvulsivo *a.* 경련(痙攣)을 고치는.

anticope *f.* (소독약을 사용한) 구제(驅除) 퇴치.

anticorrosivo *a.* 썩지 않게 하는. 방부(防腐).
  — *m.* 방부제. 방수제(防銹劑).

anticrese *f.* [法] 부동산의 수익(收益)을 저당하는 계약.

anticristandade *f.* 반기독교 국가의 연합.

anticristão *a., m.* 그리스도(기독교)에 반대하는 (사람).

anticristianismo *m.* 그리스도(기독교)에 반대(론). 반기독교.

anticristo *m.* 그리스도를 반대하는 사람. 그리스도의 적(敵).

anticritica *f.* 비판에 대한 반대(반론).

antidata *f.* =*antedata*.

antidemocracia *f.* 비민주주의의. 민주정치의 반대.

antidemocrático *a.* 비민주주의의.

antideus *m.* 신을 반대하는 자. 무신론자.

antidiabético *a.* (약으로서) 당뇨병(糖尿病)에 효과 있는.

antidiarreico *a.* 설사를 멎게 하는.
  — *m.* 설사약.

antidigestivo *a.* 소화(消化)에 해로운. 소화 안 되게 하는.

antidínico *a.* (약으로서) 현훈(眩暈)을 고치는.

antidisentérico *a.* [醫] 이질(痢疾)을 고치는. 적리(赤痢)를 고치는.

antidogmático *a.* 교리(敎理)에 반대(배치)되는.

anudogmatismo *m.* 비교리주의. 독단주의. 독단론. 독단적인 버릇.

antidotal *a.* 해독(解毒)의. 독을 없애는.

antidotismo *m.* 해독제 사용 또는 남용(濫用).

antídoto *m.* 해독제(劑). 교정수단(矯正手段). 예방법(豫防法).

antieconômico *a.* 비경제적인. 경제를 무시한.

antiemético *a.* 토하고 싶은 기분(吐氣)을 멎게 하는. 구역을 없애는.

antiepidémico *a.* 전염병 예방의.

antiepiléptico *a.* 지랄병을 고치는. (약으로서) 간질(癎疾)에 효과 있는.

antiescorbútico *a.* 괴혈병(壞血病)을 고치는.

antiespiritualismo *m.* 비유심론(非唯心論). 비정신주의. 물질설.

antievangélico *a.* 복음에 어긋나는. 복음 전도에 반대되는.

antifebril *a.* 열을 식게 하는(내리게 하는) 해열의.

antifebrina *f.* 엔티페브린. 해열제.

antifederalismo *m.* 연방제도(주의) 반대. 비연방주의(非聯邦主義).

antifermento *m.* 반효소(反酵素 : 효소에 반대 작용하는 것).

antifilosofia *f.* 철학에 맞지 않음. 비철학(非哲學).

antifilosófico *a.* 철학에 반대되는. 철학적이 못되는. 비철학적인.

antifisiológico *a.* 생리(원리)에 반대되는.

antífona *f.* (서로 번갈아 부르는) 합창시가(合唱詩歌). [宗] 교송(交誦).

antifonário *m.* 교창(交唱) 교창성가집.

antifrase *f.* [修] 반용(反用 : 어구(語句)를 그 본래의 의미와 반대되는 뜻으로 사용하는).

antiftírico *a.* (몸에 꾀는) 이를 없애는(퇴치하는).

antigamente *adv.* 전에. 이전에(는). 옛날에(는).
antigangrenoso *a.* [醫] 괴저(壞疽)를 예방하는(고치는).
antigeno *m.* [醫] 항원(抗原). 항체원(抗體原).
antigo *a.* 옛날의. 옛적의. 과거의. 고대의. 낡은.
antigovernamental *a.* 정부를 반대하는. 반정부의.
antigramátical *a.* 문법에 맞지 않는.
antigualhas *f.* =*antiqualhas*.
antiguidade *f.* ①낡음. 옛적. 고색(古色). 고박(古朴). ②태고. 상고. 고대. ③고대인(古代人). 유물.
Foi promovido por antigidade. 그분은 연공(年功)에 의하여 진급(승급)했다.
antiguíssimo *a.* (*antigo*의 최상급) 가장 낡은. 가장 오래된.
anti-hidrofóbico *a.* 광견병(狂犬病) 예방의.
anti-hidrópico *a.* 수종병(水腫病)을 고치는.
anti-higiênico *a.* 비위생적인.
anti-hipnótico *a.* 잠 못자게 하는. 수면을 방지하는.
— *m.* 방수약(防睡藥).
antiliberal *a.* 자유주의에 반대되는(반대하는). 반자유의.
antiliberalismo *m.* 자유주의 반대(론). 반자유주의.
antilítico *a.* [醫] 결석(結石)을 고치는(무르게 하는).
antilogaritmo *m.* [數] 역대수(逆對數). 대대수(對對數).
antilogia *f.* 전후모순. 자가당착(自家撞着).
antílope *m.*, *f.* [動] 영양(羚羊).
antilopideos *m.* [動] 영양속(屬).
antimedical *a.* 의학에 반대되는. 비의학적인.
antimefítico *a.* 나쁜 냄새(가스 담위)를 막는. 방취(防臭)의.
antimetatese *f.* [文] 전환구법(轉換句法).
Como para viver e não vivo para comer. (살기 위하여 먹지 먹기 위하여 사는 것은 아니다.)라고 하는 것과 같음.
antimilitar *a.* 반군국주의의. 군국주의에 반대하는.
antimilitarismo *m.* 반군국주의. 반무단(反武斷) 정치.
antimilitarista *m.*, *f.* 반군국주의자.

antiministerial *a.* 내각행정에 반대하는. 반정부적인.
antimíssil *a.* 반도탄(反導彈)의. 반미사일의.
antimonárquico *a.* 군주정치를 반대하는.
antimonarquista *m.*, *f.* 군주정치 반대자. 제정(帝政) 반대자.
antimoniado *a.* 안티모니를 포함한(함유한).
antimonial *a.* 안티모니의. 안티모니를 함유한.
antimoniato *m.* 안티모니 기염(基鹽).
antimônico *a.* [化] 안티모니성(性)의.
antimonieto *m.* 안티모니 합금(合金).
antimônio *m.* [化] 안티모니(금속의 원소).
antimonite *f.* =*antimonito*.
— *m.* 안티모니산염(酸鹽).
antimonoxido *m.* 산화(酸化) 안티모니.
antinacional *a.* 비국민적인. 반국가적인. 국가주의 반대의.
antinarctico *a.* 마취(상태)에서 깨게 하는.
antinatural *a.* 자연(법칙)에 반대되는. 비자연의.
antinefrítico *a.* 신장염(腎臟炎)을 고치는.
antinervoso *a.* 신경병 또는 신경통에 효과 있는.
antineurálgico *a.* [醫] 항신경통의.
— *m.* 신경통약(神經痛藥).
antino *a.* 꽃이 있는. 유화(有花)의.
antinobiliário *a.* 귀족계급 반대의. 반귀족계급의.
antinomia *f.* [哲] 이율배반(二律背反). 자가당착.
antinomianos *m.* [神] 도덕률(道德律) 폐기론. 신앙지상주의자(信仰至上主義者).
antinômico *a.* 이율배반의. 모순되는. 자가당착의.
antiobestico *a.* 비만(肥滿)되지 않게 하는(고치는).
antiodontico *a.* 치통(齒痛)을 고치는(없애는).
antipapa *m.* (전통적 로마 교황에 대한) 대립(가짜) 교황.
antipapado *m.* 가짜 교황청(정부).
antiparlamentar *a.* 의회(議會)의 관례에 반대되는. 의회 시정(施政)을 반대하는. 반의회정치의.
antipatia *f.* 싫어함. 염오(厭惡).
antipático *a.* 싫어하는. 서로 용납되지 않는. [醫] 반대의 징후를 보이는.

antipatizar *v.i.* 싫어하다. (서로) 용납하지 않는다.

antipatriotismo *m.* 애국심 없음. 비애국 행위.

antipestilencial *a.* 페스트(흑사병) 예방의.

antipestoso *a.* 페스트 예방의.
— *m.* 흑사병(예방)약.

antipirético *a.* 해열의. 열을 내리는.
— *m.* 해열제(解熱劑).

antpirina *f.* [醫] 안티피린.

antipirofítico *a.* 화상치료(火傷治療)에 좋은.
— *m.* 화상을 고치는 약.

antipleurítico *a.* 복막염(腹膜炎)에 효과있는.

antipneumônico *a.* 폐렴(肺炎)에 효과 있는.

antípoda *a.* ①정반대의. ②대척지의.
— *m., f.* ①대척지(對蹠地 : 지구상의 정반대측에 있는 두 지점). ②대척지의 사람. ③정반대(正反對).

antipodal *a.* 대척적(對蹠的). 정반대의.

antíipode *m.* =*antipoda*.

antipódico *a.* =*antipodal*.

antipodismo *m.* 대척상태(對蹠狀態).

antipoeta *a.* 시인(詩人)을 싫어하는.

antipoético *a.* 시(詩)가 되지를 않는. 시학(詩學)에 어긋나는. 작시(作詩)가 나쁜.

antipolítico *a.* 정치에 반대되는(반대하는). 정책에 적절성이 없는.

antipopular *a.* 민의(民意)에 어긋나는. 인기 없는.

antiprogressista *a., m.* 진보주의(정책)에 반대하는 (사람).

antiprotestante *m., f.* [宗] 신교도 반대자. 반신교자.

antipútrido *a.* ①썩지 않게 하는. ②방부의.
— *m.* 방부제(防腐劑).

antiquado *a.* 낡은. 낡아 빠진. 구식의. 시대에 뒤떨어진. 옛날에 유행한.

antiqualhas *f.* 낡아 빠진 물건(특히 그릇). 잡동산이. 골동품. 고풍(古風).

antiquar *v.t.* 낡게 하다. 헌 것으로 만들다.
—se *v.pr.* 낡아 빠지다. 헐다. 고물이 되다.

antiquário *m.* ①고물연구자(수집자·애호가). ②고고학자(考古學者). ③골동품상(商).

antiquíssimo *a.* (*antigo*의 최상급) 가장 낡은. 가장 오래된.

anti-rábico *a.* 광견병(狂犬病)을 고치는.

anti-racional *a.* 불합리론(不合理論).

anti-racionalismo *m.* 불합리한. 조리에 맞지 않는.

anti-real *a.* 진실하지 않은. 비현실적인. 상상적인. 리얼리즘에 반대되는. 반실사적(反實事的)인.

anti-realismo *m.* [哲] 비실재론(非實在論). 비실념론(非實念論). 반실사주의. 비현실주의.

anti-reformista *m., f.* 개혁반대파. 반개혁론자.

anti-religioso *a.* 종교에 반대되는. 반종교적인.

anti-republicanismo *m.* 공화정체 반대. 반공화주의.

anu-republicano *m.* 공화정체 반대자.

anti-revolucionário *a.* 혁명에 반대하는. 반혁명적인.
— *m.* 반혁명자. 혁명 반대자(반대파).

antirrino *m.* [植] 금어초(金魚草).

antiscorbútico *a.* 괴혈병(壞血病)을 고치는.

anti-semita *a.* 유태인(셈족)을 배척하는.
— *m., f.* 유태인(셈족) 배척자.

anti-semítico *a.* 유태인을 반대하는(배척하는).

anti-semitismo *m.* 유태인 배척주의.

antisepsia, antissepsia *f.* (살균으로써 상처를) 썩지 않게 하는 법. [醫] (상처의) 방부처치(防腐處置). 소독처치.

anti-sepsiador, antissepsiador *a.* 방부제를 써서 썩지 않게 하는(치료하는·소독하는).

anti-sepeiar, antissepsiar *v.t.* 방부제를 써서 썩지 않게 하다(상처를 소독하다. 치료하다).

anti-séptico *a.* 살균의. 살균 소독의. 방부의.
— *m.* 살균제. 방부제(防腐劑).

anti-sociabilidade *f.* 교제(交際)를 싫어함. 비사교성. 사회 조직에 반대됨.

anti-social *a.* 남과 사귀기(교제하기) 싫어하는. 비사회적인. 반사회주의적인.

anti-socialismo *m.* 반사회주의(反社會主義).

anti-socialista *m., f.* 사교(社交)를 싫어하는. 사람. 반사회주의자.

anti-spasmódico *a.* 경련(痙攣)을 그치게 하는.
— *m.* 진경제(鎭痙劑).

anti-ssepsia, anti-ssepsiar, anti-sséptico
= *anti-sepsta, anti-sepsiar, antiséptico.*

anti-sifilítico *a.* 매독을 고치는. 매독에 효과 있는.
— *m.* 매독약.

antiste, antistite *m.* [가톨릭] 로마 교황. 사교(司教). 고위성직자. (기독교의 관점에서는) 이교(異教)의 교장(教長) 또는 구교장(區教長).

antiteismo *m.* 비유일신론(非唯一神論).

antiteológico *a.* 신학(神學)에 반대되는.

antítese *f.* [修] 대조법(對照法). 대구(對句). 정반대(의 것).

antitético *a.* (현저히) 대조되는. 대구를 이루는. 대어(對語)의. 대우법(對偶法)의. 정반대의.

antitipo *m.* 대형(對型). 모형(模型)에 대한 원형(原型) 또는 원물(原物).

antitóxico *a.* 항독(抗毒)의. 항독성의.
— *m.* 항독소(素).

antitoxina *f.* 항독소. 반독소(독소를 중화하여 독을 없애는 작용을 하는 물질).

antitrnitário *a.* 삼위일체(三位一體). 반대의(반대하는). 반삼위일체의.

antivariólico *a.* 천연두를 고치는(에 좋은).

antivenenoso *a.* 반독(反毒)의. 독을 없애는.

antiverminoso *a.* 구충(驅蟲)의.
— *m.* 구충제(劑).

antodio *m.* [植] 총화(叢花).

antofago *a.* (곤충이) 꽃을 먹는. 화식(花食)의.

antofilo *a.* 꽃을 좋아하는.

antoforo *m.* [植] 화탁(花托). 화병(花柄).

antogenese *f.* 식물계의 진화(進化).

antojadiço *a.* 공상의. 상상의. 욕망하는. 변덕스러운. 일시적 기분의.

antojar *v.t.* ①마음에 그리다. 공상하다. 상상하다. ②(어쩐지 …하다)고 생각하다. …라고 믿다. ③몹시 바라다. (다른 사람의 물건을) 턱없이 탐내다.
—se *v.pr.* 마음에 그리다. 마음속으로 탐내다. 욕망하다. 동경하다.

antôjo *m.* ①공상. 상상. 마음에 그리기. 망상. 변덕. 변하기 쉬운 마음. 종작 없는 생각. ②열망. 동경.

antolhos *m.* ①(말의) 눈가리개 가죽(遮眼革). ②먼지 막는 안경(안경 옆에 덧붙은 것). ③잘못 알기. 착각.

antologia *f.* ①화학(花學). ②꽃수집(蒐集). ③시집(詩集). 시선(詩選). 명문집.

antologista *m., f.* 화학자(花學者). 꽃을 모으는 사람. 명시선(또는 명집집)의 편자(編者).

antomania *f.* 꽃을 미치도록 좋아하기. 화광(花狂).

antonímia *f.* 반의어(反意語).

antonímica *f.* 반의어의 연구(研究).

antonímico *a.* 반의어의.

antônimo *a.* 반의(反意)의.
— *m.* 반의어(反意語).

antonomásia *f.* [修] 환칭(換稱: 본명(本名) 대신에 고유명사를 보통명사처럼 붙여 쓰는 것). 예를 들어 유명한 학자 김씨를 가리켜 "그 공자(孔子)님은" 하는 따위).

antonomastico *a.* 환칭의. 환칭이 있는.

antonomo *m.* 갑충류(甲蟲類)의 일종.

antozoarios *m.* 산호충(珊瑚蟲) 무리. 화형충류(花形蟲類).

antracifero *a.* 무연탄을 품은(함유한).

antracita, antracite *f.* = *antracite.*
— *m.* 무연탄(無煙炭).

antracnose *f.* 포도균(葡萄菌). 그 균에 걸린 포도병.

antracoide *a.* 석탄빛깔의. 탄저(炭疽) 같은.

antracometro *m.* 기체(氣體)에 있는 탄산(炭酸)의 계량기(計量器).

antracose *f.* [醫] 탄저병(炭疽病).

antraz *m.* [醫] 비탈저(脾脫疽). 탄저열(炭疽熱). 탄저병.

antro *m.* 동혈(洞穴). 동굴. 암굴(巖窟).

antropocentrico *a.* 인간(인류) 중심의. 인류본위의.

antropocentrismo *m.* 인간중심설(人間中心說). 인류본원론(人類本位論).

antropofagia *f.* 사람 고기(人肉)를 먹는 습관. (야만인으로서). 사람 잡아먹는 풍습. (동물로서) 사람 고기를 즐겨먹기.

antropófago *a., m.* 사람 잡아 먹는(인간·동물). 식인종.

antropofóbia *f.* 사람 무서워하기. 공인증(恐人症). 혐인증(嫌人症).

antropófobo *m.* 사람을 무서워하거나 싫어하는 인간.

antropoforme *a.* 사람 모양을 한. 인체(人體) 같은.

antropogenesia, antropogenia *f.* 인류발생설.

antropogeografia *f.* 인류 분포상(分布上)의 지리학.

antropoglifita *f.* 사람 모양을 한. 자연암(自然岩).

antropografia *f.* 기술적 인류학(人類學). 인류지(人類誌). 인종론.

antropogrifo *m.* 날개 있는 사람. 유익인(有翼人) 또는 사람 모양을 한 새(鳥).

antropoide *a.* 사람 비슷한.
— *m.* 유인원(類人猿). 인류 진화 과정에 있는 동물.

antropolatria *f.* 인류숭배(崇拜).

antropolito *m.* 인골화석(人骨化石).

antropologia *f.* 인체(人體)의 구조·인종의 특성 등을 연구하는) 인류학.

antropológico *a.* 인류학(상)의.

antropologitsa *m.* 인류학자.

antropólogo *m.* 인류학자. 인류학에 정통한 사람.

antropomctria *f.* 인체측정학(人體測定學) (인체의 각 부분을 비교 연구하는).

antropométrico *a.* 인체측정학의.

antropomorfia *f.* 유인질(類人質). 신인동형동성설(神人同形同性說).

antropomórfico *a.* 신인동형동성(설)의.

antropomorfismo *m.* 신인동형동성설(신은 인간의 형상(形狀)을 하고 있다는). 신의설(神意說: 인간의 능력 또는 행위는 신의(神意)에 따른다는). [哲] 의인관(擬人觀).

antropomorfista *m., f.* 신인동형설을 믿는 사람.

antropomorfizar *v.t.* 인간과 같은 모양 (꼴)이 되게 하다. …에 인성(人性)을 주다.

antropomorfo *a.* (모양) 사람 비슷한. 유인(類人)의.
— *m.* 유인원(類人猿).

antropopiteco *m.* 인간의 선조(先祖)라고 가정(假定)되어 온 화석(化石) 동물.

antroposofia *f.* 인성학(人性學).

antropoteismo *m.* 인간의 신격화(神格化).

antropotomia *f.* 인체해부(人體解剖)(학).

anual *a.* 해마다의. 한 해의. 한 해 한 번의. 일년의. 일년생의.
festa anual 한 해 한 번 있는 축제(祝祭).
renda anual 연수(年收).
pensão anual 연금(年金).
plantas anuais 일년생 초목(草木). 연생식물.

anualidade *f.* 연금(年金). 연급(年給). 연부금.

anualmente *adv.* 해마다. 매 해 한 번씩. 매년.

anuário *m.* 연보(年報). 연감(年鑑).

anuência *f.* 동의. 승낙. 찬성. 허가.

anuente *a.* 동의하는. 승낙(찬성)하는.
— *m.* 동의자. 승낙자. 찬성자.

anuiba *f.* [植] 월계수속(月桂樹屬).

anuidade *f.* 연금(年金). 연부액(年賦額). 원리지불금연액(元利支拂金年額).

anuir *v.i.* 동의하다. 승낙하다. …에 찬성하다.

anulabilidade *f.* 무효임. 취소. 폐지. 파기(破棄). (계약의) 파약 (무효) 가능성.

anulação *f.* 무효로 하기. 취소함. 폐지. 파기.

anulado *a.* 무효로 된. 취소한. 폐지한. 파기한.

anulador *a., m.* 무효로 하는 (사람). 취소하는 (자). 폐지(파기)하는 (사람).

anulante *a.* = *anulativo*.

anular (1) *v.t.* 무효로 하다. (명령·결의 따위를) 취소하다. (계약·약속을) 파기하다. (법령을) 폐지하다.
—*se v.pr.* 무효로 되다. 취소되다. 폐지되다.
— (2) *a.* 반지 또는 고리 모양의. 환상(環狀)의.
dedo anular 약지(藥指).
eclipse anular [天] 금환식(金環蝕).

anulativo *a.* 무효의. 무효로 하는. 취소의. 취소해야 할.

anulatório *a.* [法] 무효로 하는. 힘이 있는. 무효의. 취소의.

anulável *a.* 무효로 할 수 있는. 취소할 만한. 폐지(파기) 가능한.

anunciação *f.* 포고(布告). 선언. 선포. 발표. 통지. 고지(告知). [宗] 성수태고지 (천사 가브리엘이 성모 마리아에게 그리스도의 잉태(孕胎)를 고한 일).

anunciada *f.* 포고. 선언. 고지. 통지. 발표.

anunciador *a., m.* 포고하는 (자). 발표하는 (자). 선포하는 (자). 고지(告知)하는 (사람). 통고자.

anunciante *a.* 공포(公布)하는. 발표하는. 통지하는. 예고하는. 광고하는. 선언하는. 피로(披露)하는.
— *m., f.* 발표자. 통지자. 고지자. 광고자.

anunciar *v.t.* 선언하다. 선포하다. 발표하다. 알리다. 고지(告知)하다. 통지하다. (신문에) 광고하다. (결혼을) 피로(披露)하다.

anunciativo *a.* 선언의. 선포의. 발표의. 광고의. 알리기 위한.

anúncio *m.* ①성명(聲明). 발표. 통지. 광고. 예고. 피로(披露). ②징후(徵候). 전조(前兆).
anúncio luminoso 네온사인. 식광(飾光) 광고.

anuo *a.* = *anuai*.

anúria *f.* [醫] 폐뇨(閉尿). 비뇨폐지(泌尿閉止).

anuros *m.* [動] 무미류(無尾類). 무미양서(兩棲) 동물류(類).

ânus *m.* [解] 항문(肛門). 《卑》 똥구멍.

anuviar *v.t.* 흐리게 하다. 구름 끼게 하다. 어둡게 하다. 어둑어둑하게 하다.
— *v.i.*, —**se** *v.pr.* 흐리다. 구름이 끼다. 어둑어둑해지다. 어두워지다.

anverso *m.* (*reverso*의 반대면)(메달·동전 따위의) 겉. 표면(表面). 전면(前面).

anzol *a.* ①(고기잡는) 낚시. ②유혹. 사기.
cair no anzol 사기에 걸리다.

anzolado *a.* 낚시 모양(꼴)을 한.

anzoleiro *m.* 낚시 만드는 사람. 그 장수.

ao (전치사 *a*와 관사 *o*의 결합형). 에. …에 있어서. …에게.
ao amanhecer 날 밝을 때.
ao redor …의 주위에. …의 주변에.

aonde *adv.* 어디로. 어디에 향하여. 그곳에.

aoristico *a.* (그리스 문법) 부정과거(不定過去)의. 부정의.

aoristo *m.* (그리스 문법) 부정과거(不定過去).

aorta *f.* [解] 대동맥(大動脈).

aórtico *a.* 대동맥의.

aortite *f.* [解] 대동맥염(炎).

aortoclasia *f.* [醫] 대동맥 파열(破裂).

apache *m.* ①아파치(아메리카 토인의 한 종족). ②《轉》깡패. 무뢰한의 떼.

apadrinhado *a.* 유력한 후원자(옹호자)가 있는. 후원자를 끼고 있는.

apadrinhador *m.* 후원자. 옹호자.

apadrinhamento *m.* ①(종교상의) 대부(代父)로 되기. ②후원. 보호. 장려.

apadrinhar *v.t.* ①(+*a*). …의 대부로 하다. ②원조하다. 후원하다. 옹호하다.
—**se** *v.i.* (+*com*). …에 찬성하다. 후원하다.

apadroamento *m.* 후원. 찬조.

apadroar *v.i.* 후원하다. 옹호하다. 찬조하다.

apagadamente *adv.* 퇴색(退色)하여. 빛깔이 흐리게.

apagado *a.* ①(불·광채 따위가) 꺼진. 없어진. 소멸한. ②(색깔이) 낡은. 빠진. 퇴색한. ③(연필로 쓴 글자를) 지워 버린. 보이지 않게 된. ④(도장의 글자가) 닳아 빠진 (안 보이는).

apagador *m.* 지워 버리는 것. 고무지우개. 칠판(흑판) 지우개. 꺼버리는 것. 끄는 물건. 소등기(消燈器).

apagamento *m.* ①지우기. 꺼버리기. ②소멸. 마멸(磨滅). 퇴색.

apagar *v.t.* ①(불·빛·광채 따위를) 끄다. 없애다. ②(글자를) 지우다. ③(희망·욕망·감정 따위를) 없애다. (불을) 꺼버리다. ④(색깔을) 낡게 하다. 퇴색케 하다. ⑤(도장의 글자를) 문질러 안 보이게 하다. 마멸하다.
—**se** *v.pr.* (불·등불 따위) 꺼지다. (빛깔이) 없어지다. 낡다. 퇴색하다. 소멸하다.
apagar as cores 변색케 하다. 낡게 하다 (색깔).
apagar a vela 촛불을 끄다.

apage intorj. 가라! 물러 가라! 나가라!

apainelado *a.* 그림을 그려 붙인. 그림(畵板·畵面·畵布 따위)으로 장식한. 많은 화면으로 나뉜.

apainelamento *m.* ①그림으로 장식하기. ②그림을 벽 또는 천장에 붙이기. ③(벽 또는 천장에) 패널 그림을 바둑판 모양으로 붙이기.

apainelar *v.t.* ①그림으로 장식하다. 벽화(壁畵)를 붙이다. ②(벽 또는 천장에) 패널 그림을 바둑판 모양으로 질서정연하게 붙이다.

apaiolar *v.t.* 창고에 넣다(보관하다).

apaisar *v.t.* 풍경화를 그리다.

apaixonadamente *adv.* ①감격하여 열중하여. 동경하여. ②(이성에) 반하여.

apaixonado *a.* ①사랑에 열중한(빠진). (이성에) 반한. ②도취한. 감동한. 정열적인.
estar apaixonado por …에 반하고 있다.
— *m.* 정든님. 애인. 사모하는 이. 반한 사람.

apaixonar *v.t.* 사랑에 열중케 하다(도취케 하다).
　—se *v.pr.* (+ *de* 또는 + *por*). …에 열중하다(도취하다). 동경하다. 사모하다. 반하다.
apalaçado *a.* 궁전(宮殿) 같은. 궁궐 같은.
apalavrado *a.* 구두(口頭) 약속한. 언약한.
apalavrar *v.t.* 말로 약속하다. 언질을 주다.
　—se *v.pr.* 약속을 지키다.
apaleador *m.* 곤봉(棍棒)으로 때리는 사람.
apaleamento *m.* 곤봉으로 때리기. 때려서 벌주기.
apalear *v.t.* 곤봉으로 때리다. 때려서 벌주다. 징벌하다.
apalermado *a.* 어리석은 행동을 하는. 지각 없는. 바보 같은. 천치 같은. 노망한.
apalpação *f.* 손으로 더듬기. [醫] 촉진(觸診).
apalpadeira *f.* (세관·경찰서 등에서) 몸 조사하는 여성관리.
apalpadela *f.* 손으로 더듬기. 손으로 어루만지기. (강물의 깊이를 재기 위하여) 나뭇가지로 이곳저곳 눌러보기.
　às apalpadelas 손으로 더듬으며. 암중모색하여.
　andar (또는 *ir*) *às apalpadelas* (장님이 지팡이로 더듬어 가듯이) 발로 더듬으며 걷다(가다).
apalpador *m.* 손으로 더듬는 버릇 있는 사람. 물건을 손으로 어루만지기 좋아하는 사람. 더듬으며 가는 이. 모색하는 사람.
apalpamento *m.* =*apalpadela*.
apalpão *m.* 손으로 막 더듬기. 이곳저곳 더듬어 보기.
apalpar *v.t.* 손으로 더듬다. 더듬으며 찾다. 손으로 어루만지다. 만지적거리다. 손을 대보다. 접촉하다.
apanagem *f.* =*apanágio*.
　— *m.* ①(왕자의) 속령(屬領). 속지(屬地). ②부속물 달려 있는 소지품. ③속성(屬性).
apanha, apanhação *f.* ①손에 쥐기. 손으로 붙잡기. ②꽃·열매 따위를 따기. 채집(採集). ③수확. 추수.
apanhadeira *f.* 꽃(또는 과일) 따는 여자. 추수하는 여자. 곡물(穀物)을 거두는 여자.
apanhadiço *a.* 꽃(열매 따위) 따기 쉬운. 채집 용이한. 붙잡기 쉬운. 수확하기 쉬운.
apanhado *a.* ①손에 (과일 따위) 딴. 주어 얻은. ②채집한. 추수한. ③꾸지람(잔소리) 들은. 매맞은. ④(병에) 걸린. ⑤축소(縮小)한. 요약한. 간결이 한.
　estilo apanhado [文] 간결체(簡潔體).
　— *m.* 요약(要約). 간결(簡潔). 축소. 개요. 대략(大略).
apanhador *m.* 꽃·열매 따위를 따는 사람. 채집인. 수집인. 추수하는 사람.
apanhadura *f.* =*apanhamento*.
　— *m.* 따기. 붙잡기. (곡물 따위) 거둬들이기. 추수. 수확. 채집.
apanha-moscas *f.* ①파리 잡는 그릇. ② [植] 파리 잡는 풀(草).
apanhar *v.t.* ①(꽃·열매 따위를) 따다. 채집하다. 열매 따위를 추수하다. ②손에 쥐다. 붙잡다. ③(감기 따위의 병에) 걸리다. ④꾸지람하다. 잔소리하다. ⑤때리다. ⑥슬쩍 가지다. 훔치다. 수확하다.
　— *v.i.* 꾸지람 듣다. 매맞다.
　apanhar chuva 비를 맞다.
　apanhar sol 햇빛 쪼이다.
　apanhar uma constipção 감기 걸리다.
　Vã na frente, logo apanharei você. 앞서 가라. 곧 너에게 좇아가게 될 것이다.
apanho *m.* =*apanha*.
apaniguado *m.* 따라다니는 사람. 수행원. 종자(從者). 부하. 피보호자.
apaniguar *v.t.* ①따르게 하다. 따르다. 수행하다. ②보호하다. 옹호하다. 편들다. 지지하다.
apantropia *f.* 교제를 싫어함. 염세(厭世).
apapá *m.* [魚] 아빠빠아(물고기의 일종).
apaparicar *v.t.* ①(어린애를) 쓰다듬다. (과자 따위를 주며) 달래다(위로하다). ②조금씩 물어뜯다. 갉아먹다.
apara *f.* (재단하고 난) 헝겊찌끼. 대패찌끼. 대패밥. (선반에 깎여난) 쇠찌끼.
aparadeira *f.* 산파(産婆).
aparadela *f.* ①대패로 깎기(밀기). ②연필·말뚝 따위의 끝을 뾰족하게 깎기. ③손톱을 깎기.
aparador *m.* 식기(食器) 올려 놓는 선반. 찬장.
aparafusar *v.t.* 나사못으로 바싹 죄다. 나사로 박다.
aparar *v.t.* ①대패로 밀다. 대패질하다. ②연필(말뚝)의 끝을 깎다. ③머리털을 깎다. ④(공 따위) 던진 것을 받아 쥐다. ⑤멈추게 하다. ⑥[文] 추고(推敲)하다.
　aparar as unhas 손톱을 깎다.

aparar o lápis 연필을 깎다.
aparar no chapu (던진 것을) 모자로 받다.
aparar o cabelo 머리를 깎다.

aparas *f.* 남은 찌꺼. 쇠찌꺼. 대패밥. 깎은 털. 파편.

aparatar *v.t.* ①장식하다. 화려하게 차리다. ②(기계를) 장치하다.

aparato *m.* ①장치(裝置). 기계 장치. ②화려·장관(壯觀). 성대한 의식. 화려한 행렬.

aparatosamente *adv.* 화려하게. 성대히.

aparatoso *a.* 화려한. 장려(壯麗)한. 훌륭한. 번쩍번쩍하는. [文] 윤색(潤色)한.

aparceirar *v.t.* 회원이 되게 하다. 조합원으로 하다. 입회시키다.
—se *v.pr.* 회원이 되다. 조합원이 되다. 입회하다.

aparcelado *a.* ①(해변 또는 강변에) 모래가 많은. 암초(暗礁)가 많은. ②부분(部分)으로 나뉜. 구분한. 분단(分斷)한. (문서 따위) 항(項)으로 나눈.

aparcelamento (1) *m.* 해저(海底)에 암초가 많음.
— (2) *m.* 부분으로 나누기. 구분하기. 항(項)으로 나누기.

aparcelar *v.t.* 부분으로 나누다. 구분(區分)하다. 분단하다. 항으로 나누다.

aparecença *f.* 《古》 나타나기. 출연.

aparecente *a.* 나타나는. 출연하는. 보이기 시작하는.

aparecer *v.i.* ①나타나다. 출연하다. ②낯을 보이다. 출두하다. 출석하다. ③세상에 나타나다. (비밀로 한 것이) 공공연해지다.

aparecido *a.* ①나타난. 출연한. ②출두한. 출석한.

aparecimento *m.* ①나타나기. 출현. ②출두. 출석.

aparelhado *a.* 준비한. 준비된. 장비한. 적합한.

aparelhador *m.* 준비하는 사람. 장비자. 장치자(裝置者). 설비자. 공사(工事)의 감독관.

aparelhagem *f.* 준비. 장비.

aparelhamento *m.* 준비하기. 장비하기. 차리기. 기계장치(설비).

aparelhar *v.t.* 준비하다. 차리다. 갖추다. 장비하다. 설비하다. (비품을) 설치하다.
(기계를) 장치하다. 마구(馬具)를 달다. (그림 따위) 초벌칠하다. 석재(石材)·목재(木材) 따위를 가지런히 해놓다.
—se *v.pr.* 준비되다. 갖추어지다.

aparêlho *m.* 갖추기. 준비. 준비품. 기구(器具). 도구. 마구(馬具). 선구(船具). 농기구(農器具). 장비품. 수술용 기구. 인체(人體)의 기관. 군용품.

aparêlho de chá 차도구(茶道具). (차잔·설탕 그릇·우유 그릇 등 한 벌).
aparêlho de digestivo 소화기(消化器). 소화계통.
aparêlho de rádio 라디오. 무선기.

aparência *f.* ①겉모양. 외관. 외모. 용모. 모양. ②(사람의) 풍채. 태도. 체재(體裁). ③비슷함. 유사(類似). ④상상. 가상(假想). 허위의 외관. 실물처럼 차린 가장.
mal aparência 빈상(貧相). 궁상(窮相).
em (또는 *na*) *aparência* 겉모양으로. 보기에는. 일견(一見).

aparentado *a.* 친척 관계되는. 인척(姻戚) 관계 있는. 결합한. 연합한. 휴대한.

aparentar (1) *v.t.* 친척 관계를 만들다. 인척 관계되게 하다. 결합(배합)시키다.
—se *v.pr.* 친척(인척) 관계가 되다. 결합되다. 인연(因緣)을 맺다.
— (2) *v.t.*, *v.i.* (인척처럼) 보이다. 나타내다. 비슷하게 보이나. (··치럼) 하다. (차리다). …인 체하다.

aparente *a.* 보이는. 나타나는. …인 것처럼 보이는(차린). 비슷한. 근사한. 상상의. 가상의. 외견상의.

aparentemente *adv.* 보기에. 외면상으로(는). 거짓으로.

aparição *f.* ①(유령 같은 것이) 나타나기. 출현. ②나타나는 물건. ③유령. 요귀. 귀신. 환영(幻影).

aparo *m.* 철필촉. 깃펜의 끝.

aparreirado *a.* (포도 따위의 덩굴을 올리는) 시렁을 만든. 시렁으로 된.

aparreirar *v.t.* (덩굴을 올리는) 시렁을 만들다. 시렁에(포도 따위의) 덩굴을 올려 놓다. 덩굴이 시렁 위에 퍼지게 하다.

aparta *f.* 《古》 분리(分離). 분할(分割).

apartação *f.* 분리. 분류(分類). 선별(選別). 이탈.

apartada *f.* = *apartamento*.

apartadamente *adv.* 분리하여. 따로따로. (거리상으로) 떨어지게.

apartado *a.* 분리한. 분류한. 나누어진. 분할된. 골라낸. 선별한. 거리를 둔(거리상) 떨어진. 멀리한. 은퇴(隱退)한.

aprtador *m.* 분리하는 사람(또는 물건). 선광기(選鑛器). (액체) 분리기. 분액기(分液器). 격리판.

apartamento (1) *m.* ①분리. 격리(隔離). 멀리하기. ②싸움 말리기. 중재(仲裁). ③은퇴. 인퇴(引退).
— (2) *m.* ①(각층에 세대가 따로따로 살 수 있는). 일구역(一區域). ②공동주택. 아파트.

apartar *v.t.* 나누다. 분리하다. 떼어내다. 격리하다. 분류하다. 골라내다. 선별하다. …의 생각 또는 …을 하고자 하는 의사를 그만 두게 하다(단념케 하다).
—se *v.t.* ①헤어지다. ②(부부가) 이별하다. 따로따로 되다. ③(거리상으로) 떨어지다. 멀어지다. ④(올바른 길에서) 이탈하다. 옆길로 들어가다. ⑤은퇴하다. 은둔하다.
apartamos os bons dos maus 우리는 좋은 것과 나쁜 것을 갈라놨다(분리했다).
apartar-se do mundo 은둔(隱遁)하다.

aparte, à-parte *adv.* 따로. 별도로.
deixar aparte 따로(별도로) 두다.

apartear *v.t.* 연설자(또는 변사)에 대하여 난문(難問)을 발하다. 힐문(詰問)하다. 연설 도중에 간섭하여 연설을 중단시키다.

apartista *m., f.* (연설 도중에) 야유(악설)하여 방해하는 자.

aparvalhado *a.* 얼빠진. 멍한. 아연한. 낭패한.

aparvalhar *v.t.* 깜짝 놀라게 하다. 아연케 하다. 낭패케 하다. 얼빠지게 하다.

apascentador *m.* 가축을 놓아기르는 사람. 목부(牧夫).

apascentamento *m.* 가축에 풀먹이기. 방목(放牧)하기. 가축을 목장에 내놓기.

apascentar *v.t.* 가축을 목장에 이끌다. 방목하다. 풀먹이다.

apascento *m.* =*apascentamento*.

apassivação *f.* [文] 수동태(受動態)로 하기. 수동적으로 쓰기.

apassivado *a.* [文] 수동태로 된. 수동적으로 쓴.

apassivar *v.t.* 수동태로 하다.

apatacado *a.* 돈많은. 부자의.

apatetado *a.* 지혜가 모자라는. 우둔한. 바보다운.

apatetar *v.t.* 얼빠지게 하다. 어리둥절케 하다. 아연케 하다. 바보답게 하다.

apatia *f.* ①무감각. 불감(不感). 무감응. 냉정. 냉담. ②풍병(風病). 풍질(風疾).

apático *a.* 감각이 없는. 무감각한. 냉정한.

apatita, apatite *f.* =*apatito*.
— *m.* [鑛] 인회석(燐灰石).

apátrida *m., f.* 국적이 없는 사람. 무국적자. 돌아갈 조국이 없는 사람.

apaulado *a.* 진흙 같은. 진창이 된. 소택지(沼澤地)가 된.

apaular *v.t.* 진창이 되게 하다. 소택지로 만들다.

apavonado *a.* ①공작(孔雀)의 깃털 같은. 그 깃털(羽毛) 같은 색깔을 띤. ②저 잘난 체하는. 뽐내는. 으쓱대는. 오만한. 건방진.

apavonar *v.t.* 공작(孔雀)의 깃털 같은(색깔의) 화려한 옷을 입히다. 다채로운 색깔로 옷을 치장하다.
—se *v.pr.* 의기양양하게 활보하다. 뽐내며 걷다.

apavorado *a.* 무서운. 무서워하는. 공포에 떠는. (무서움에) 놀랜. 경악한.

apavorador *a.* =*apavorante*.

apavoramento *m.* 무섭게 하기. 공포에 떨게 하기. 놀라게 하기.

apavorar *v.t.* 무섭게 하다. 놀라게 하다. 공포에 떨게 하다.

apavorante *a.* 무섭게 하는. 놀라게 하는. 공포에 떨게 하는.

apaziguadamente *adv.* 조용히. 평온하게.

apaziguado *a.* (노여움 따위) 가라앉은. (떠들썩하던 것이) 조용해진. 평온해진. 조용한. 잔잔한.

apaziguador *m.* ①달래는 사람. 위무자(慰撫者). 평정자(平靜者). ②화해자. 중재하는 사람.

apaziguamento *m.* ①달래기. 위무(慰撫). 진정. 평정. ②조정(調停). 화해.

apaziguar *v.t.* 달래다. 위무하다. 진정시키다. 평정(平靜)하다. (노여움이) 가라앉게 하다.
—se *v.pr.* 가라앉다. 진정되다. 조용해지다.

apeadeira *f.* (승마용) 발받침. 승마대(臺).

apeado *a.* ①(기차·자동차·말 따위로부터) 내린. 하차한. ②높은 벼슬자리에서 파면당한. ③많은 재물을 잃은. 몰락한. 영락한.

apeadouro *m.* =*apeadeira*.

apeamento *m.* 내리기. 하차(下車). 하마(下馬). 높은 벼슬자리로부터의 파면. 몰락(沒落).

apeanha *f.* 인형(또는 골동품 따위)을 올려 놓는 대(臺).

apear *v.t.* (자동차・기차・말 따위로부터) 내리게 하다. 내리우다. 내리는 것을 돕다. 타는 것을 금하다. 깨뜨리다.
— *v.t.,* —se *v.pr.* 내리다. 하차(하마)하다.
apear o canhão 대포를 포가(砲架)로부터 내리다.
apear alguem do emprego 면직(해고)하다.

apedeuta *m., f.* 무식한 사람. 무학자. 우매한 인간.

apedeutismo *m.* 무학. 무식. 문맹. 우매.

apedregulhado *a.* 돌 많은. 굵은 자갈이 많은.

apedregulhar *v.t.* 돌(자갈)을 깔다(펴다). 자갈로 덮다(보수(補修)하다).

apedrejado *a.* 돌에 맞은. 날아오는 돌에 상처 입은. 박해 당한

apedrejador *m.* 돌 던지는 사람. 투석자. 박해자.

apedrejamento *m.* 돌던지기. 돌던져 쫓아버리기. 박해(迫害).

apedrejar *v.t.* 돌던지다. 비오듯 던지다. 돌던져 쫓아 버리다. 박해하다. 욕하다. 악담하다.

apegadiço *a.* 붙기 쉬운. 점착(粘着)하기 쉬운. (병독이) 옮기 쉬운. 감화(感化)하기 쉬운.

apegado *a.* ①붙은. 점착(粘着)한. 부착(附着)한. 연접한. ②묶은. 연결된. ③고집 센. 완고한.

apegamento *m.* ①붙이기. 점착. 부착. 고착. ②연접. 접근. ③고집. 완고. ④감염(感染).

apegar *v.t.* 붙이다. 비끄러매다. 묶다. (병독이) 옮게 하다.
—se *v.pr.* ①붙다. 들러붙다. 부착(附着)하다. 점착하다. ②고집부리다. 차근차근하다. ③눕다. 감염(感染)되다.

apego *m.* 붙기. 붙는 것. 애착(愛着). 집착.

apeiro *m.* 농구(農具) 또는 마구(馬具)의 한 벌.
apeiro de carpinteiro 목수 도구.
apeiro de caçador 사냥꾼(수렵인) 도구.

apelação *f.* [法] 공소(控訴). 상소(上訴). 애원. 간청. 진정(陳情).

apelado *a.* 공소한. 상소한. 상소된.
— *m.* 공소피고인. 피공소인.

apelante *m.* 공소인. 상고인(上告人).

apelar *v.i.* ①(+ para). 공소하다. 상소하다. 공소하다. 탄원하다. 간청하다.

apelativo *a.* 명칭의. 칭호의. [文] 총칭의.
— *m.* [文] 총칭명사. 보통명사.

apelatório *a.* 공소의. 상소의. 진정(陳情)의.

apelável *a.* ①공소(상소)할 수 있는. ②애원(탄원)할만한.

apelidação *f.* 별명 붙이기.

apelidar *v.t.* 별명 붙이다. 이명(異名)을 달다.
—se *v.pr.* 별명 붙여 받다. 이름지어 받다. (…라는) 별명으로 불리다.

apelido *m.* ①별명. 이명. ②성(姓). 씨(氏).

apelo *m.* ①[法] 공소. 상소. 상고(上告). ②애원. 탄원. 호소.

apenas *adv.* 단지. 다만. 겨우. 간신히. 가까스로.
adv. …하자마자. 하자 곧.

apendicalgia *f.* [醫] 맹장봉(盲腸痛).

apêndice *m.* ①부가(附加). 부속(물). 부록. 추가. ②[解] 충양돌기(蟲樣突起).

apendicectomia *f.* [醫] 충양돌기 절단(수술).

apendicite *m.* [醫] 충양돌기염(炎). 맹장염.

apendiculado *a.* [植] 말단돌기(末端突起)의. 말단이 돌기한.

apendicular *a.* 달라붙어 있는. 부속물의. 부속의. 부수(附隨)의.
—es *m.* 유돌기식물(有突起植物).

apendiculo *m.* [植] 작은 돌기.

apendix *m.* =*apêndice*.

apendoar *v.t., v.i.* 기(旗)로 수식하다. (되다). 기식(旗飾)하다. 기치(旗織)로 장식하다.

apenhascado *a.* ①절벽의. 절벽을 이룬. 암석이 많은. 큰 바위가 있는.

apenhorar *v.t.* 저당(抵當)에 넣다. 전당잡히다.

apeninsulado *a.* 반도(半島) 모양을 한. (처럼 된).

apensar *v.t.* 붙이다. 덧붙이다. 첨가하다. 추가하다. 부록에 붙이다. [法] 소송서류에 첨부하다.

apenso *a.* ①붙이는. 첨부(첨가)하는. 추가하는. ②관련시키는.
— *m.* 붙이는 것. 부속물. 부가물(附加物). [法] 첨부서류. [生物] 부속기관.

apenteado *a.* [植] (잎사귀가) 빗 모양(櫛狀)의.

apepinado *a.* 오이 모양을 한. 오이맛이 있는.

apepsia *f.* [醫] 소화불량.

apequenado *a.* 보통(규격)보다 작은. 작아진. 작게 만든. 비교적 낮은.

apequenar *v.t.* 보통보다 작게 만들다. 작은 것이 되게 하다. 비교적 낮게 하다.

aperceber *v.t.* ①보고 알다. 알아채다. 인식하다. 판단하다. 분별하다. ②준비하다. 차리다. 대비하다. ③공급하다. 보급하다.
—se *v.pr.* 준비하다. 각오하다.

apercebido *a.* ①보고 안. 알아챈. 판단한. 인식한. ②준비한. 갖춘. 장비한. 각오한.

apercebimento *m.* ①보고 알기. 알아채기. 인식. 분별하기. ②준비. 준비품. 군수품. 각오(覺悟).
apercebimento de guerra 군수품.
apercebimento de viagem 여행비품(旅具).

apercepção *f.* [哲·心] 지각(知覺). 통각(統覺). 명각(明覺) 자각(自覺). [敎育] 유화(類化).

aperceptibilidade *f.* 지각력(力). 통각력.

apercetível *a.* 깨달을 수 있는. 보고 알아챌 만한. 지각하는. 지각할 수 있는.

aperfeiçoadamente *adv.* 완전하게. 완성하여.

aperfeiçoado *a.* 끝마친. 완전한. 완성(完成)한. 완수한. 흠잡을 수 없이 훌륭히 된. 개량된.

aperfeiçoador *m.* 완성하는 자. 끝마치는 사람. 개량자.

aperfeiçoamento *m.* 끝내기. 완성. 완수(完遂). 완전히 하기. 개량(改良).

aperfeiçoar *v.t.* 끝내다. 완성하다. 완전히 하다. 완수하다. 흠잡을 점 없이 훌륭히 하다. 개량하다.
—se *v.pr.* 결함 없는 완전한 것이 되다. 충분히 숙달하다. 자기의 결함 또는 나쁜 버릇을 고치다.

apergaminhado *a.* 양피지(羊皮紙)처럼 만든. 양피지 비슷한.

aperianáceo *a.* [植] 화개(花蓋) 없는. 화피(花被) 없는.

aperiantado *a.* [植] 무화피(無花被)의.

apericarpo *a.* [植] 무과피(無果被)의.

aperiente *a.* = *aperitivo*.

aperitivo *a.* 식욕촉진(食慾促進)의.
— *m.* 식욕촉진물. 식사 전의 작은 양의 술.

apernar *v.t.* 다리를 붙들다(붙잡다). 다리를 동여매다. 강제하다.

aperolado *a.* 진주 모양의(眞珠狀)의. 진주빛의.

aperolar *v.t.* 진주 모양으로 만들다. 진주빛으로 하다. 진주 비슷한 것(가짜 진주)으로 만들다.

aperrar *v.t.* (총의) 공이치기를 일으키다.

aperreação *f.* 괴롭히기. 고통 주기. 천대. 학대. 압박. 압제(壓制).

aperreado *a.* 괴로움 받는. 고통당하는. 학대 받는. 압박당하고 있는.

aperreador *m.* 괴롭히는 자. 학대(압박)하는 자.

aperreamento *m.* = *aperreação*.

aperrear *v.t.* 괴롭히다. 고통 주다. 못살게 굴다. 학대하다. 압박하다.

apertadamente *adv.* 비좁게. 엄하게.

apertadela *f.* 비좁게 하기. 죄기. 꼭끼기. 압박. 긴축(緊縮).

apertado *a.* ①죄인. 죄는. 꼭끼는. ②좁은. 비좁은. 범위가 좁은. ③제한된. ④엄한. 엄격한. 맹렬한. 인색한.
sapato apertado (작아서) 발에 안 맞는 구두.
ordens apertadas 엄명(嚴命).
— *m.* 좁은 길. 협로(狹路). 또는 하천(河川)의 좁은 곳.

apertador *m.* ①죄는 것. 긴축(緊縮)시키는 것. 절제(절약)하는 것. ②힘 있게 누르는 사람. 죄는 사람.

apertadouro *m.* 죄는 가죽띠(끈).

apertão *m.* 힘주어 죄기. 꼭 끼우기. (손에 힘주어) 꽉 쥐기. 힘 있는 악수. 압력. 급박(急迫). 절박(切迫).

apertar *v.t.* 죄다. 죄이다. 힘 있게 쥐다. 꽉 쥐다. 꼭잡다. (구두끈을) 졸라매다. 긴축시키다. 긴밀하게 하다. 압박하다.

apertinente–apiforme

괴롭히다. 절약하다.
— *v.i.* 죄어들다. 좁아지다. 긴축되다. 긴밀해지다. 절박하다. 엄해지다.
apertar o freio 브레이크를 밟다. 제동기(制動機)를 누르다.
apertar a mão a alguém …와 악수하다.
apertar mão na cabeça (고민 또는 탄식할 때) 두 손으로 귀 윗부분을 누르다.
apertar relções com alguém …와의 관계를 긴밀하게 하다.
apertar o passo 발걸음을 빨리하다.

apertinente *a.*, *m.* 조정하는 (사람). 화해시키는 (사람).

aperto *m.* ①죄기. 꼭끼기. 긴축. 압축. 압박. 비좁기. ②좁은 곳. ③어려움. 죄는 가죽띠(끈). 곤란. 애로. ④가난하기. 빈궁. ⑤부족. 결핍. ⑥긴급. 급박. 절박. 인색. 고통. 어려운 환경. 딜레마. 궁지(窮地).
aperto de mão 악수.
aperto do inverno 엄동(嚴冬). 엄한(嚴寒).
com aperto 급히. 서둘러서. 지체 말고.

apertura *f.* ①비좁음. 좁은 것. ②긴축. ③절박. 핍박(逼迫). ④어려움. 곤란. ⑤고통. 비탄.

apesar *prep.*(+*de*) …인데도 불구하고 …함에도 상관없이.

apessoado *a.* 체구(體軀)가 늠름한. 풍채 좋은.
bem apessoado 풍채가 좋은.
mal apessoado 모양 없는. 꼴불견인.

apestado *a.* 나쁜 병에 걸린.
— *m.* 나쁜 병(惡疫)에 걸린 사람.

apetalado, apétalo *a.* [植] 화판(花瓣)이 없는. 무판(無瓣)의.

apetalas. apetaleas *f.* 무판화류(類).

apetolia *f.* [植] 무화관(無花冠).

apétalo *a.* [植] 무화판(無花瓣)의. 무화피(被)의.

apetecedor *m.* 몹시 바라는 자. 갈망하는 자.

apetecer *v.t.* …을 먹고 싶어 하다. …을 바라다. 갈망하다. (남의 물건을) 턱없이 탐내다.
— *v.i.* 식욕이 나다. 욕망이 일어나다.

apetecido *a.* …을 몹시 바라는. 욕망의. 갈망하는.

apetecível *a.* 식욕을 촉진할 수 있는. 바랄만한.

apetência *f.* 열망. 갈망. 본능적 기호. 정욕(情慾). [哲] 의욕(意慾).

apetente *a.* 몹시 바라는. 열망하는. 동경하는. [哲] 의욕(意慾)의.

apetitar *v.t.* 욕망을 일으키다. 식욕을 촉진시키다.

apetite *m.* 욕망. 식욕. 육욕. 성욕(性慾). (지식 등의) 욕구(慾求). 좋아함. 기호(嗜好).

apetitivo *a.* 식욕의. 식욕 있는. 식욕나게 하는. 입맛 돋구는. 성욕 일으키는.

apetitosamente *adv.* 입맛을 돋구어 맛있음직하게.

apetitoso *a.* ①욕망을 일으키는. 입맛 돋구는. 식욕을 촉진하는. 먹음직한. ②정욕(성욕)을 일으키는.

apetrechar *v.t.* 장비시키다. 장구(裝具)를 달다. 기구를 갖추다.

apetrechos *m.* 장비. 준비.

apiário *a.* 꿀벌의. 꿀벌에 관한. 꿀벌치는. 양봉장(場). 꿀벌속(屬). 밀봉류(蜜蜂類).

apicado *a.* 끝이 뾰족한. 꼭대기가 뾰족한.

apical *a.* 정점(頂點)의. 꼭대기의. 정상의.

ápice *m.* ①(삼각형・산 따위의) 꼭대기. 정점(頂點). 절정(絶頂). 최고도. 첨단(尖端). [機] 정점. [天] 향점(向點). ②[蟲] 땅벌.

apicida *a.* 꿀벌을 죽이는. 살봉(殺蜂)의.

apicifloro *a.* [植] 정생화(頂生化)의.

apiciforme *a.* 끝이 뾰족한 모양(尖頭狀)의. [水晶] 침상수정(針狀水晶)의.

apicilar *a.* 꼭대기(정상・정점)에 있는.

apicoado (1) *a.* 수직(垂直)으로 절단(切端)한. 아주 험한.
— (2) *a.* [石工] 뾰족한 끌로 깎은. 쪼은.

apicolar *v.t.* 뾰족한 끌로(돌을) 깎다(쪼다).

apícola *a.* 꿀벌의. 양봉에 관한. 꿀벌을 치는.

apícula *f.* =*apiculo*.
— *m.* 작은 첨단(小尖端).

apicultor *m.* 꿀벌 치는 사람. 양봉업자(養蜂業者).

apicultura *f.* 꿀벌치기. 양봉. 양봉술(術).

apicum *m.* 충적지(沖積地).

apiedador *m.* 불쌍히 여기는 사람. 자비심 있는 사람.

apiedar *v.t.* 불쌍히 여기다. 가엾게 여기다.
—se *v.pr.* (+*de. com.* 또는 *a*). 동정하다. 불쌍히 여기다. 자비하다.

apiforme *a.* 꿀벌모양(蜜蜂形)을 한.

apimentado *a.* ①(음식에) 후추(또는 고추)를 친(넣은). 후추(또는 고추)로 조미(調味)한. 매운. ②신랄한. 가열한. 《轉》악의 있는. 심술궂은. 풍자(諷刺)가 통쾌한.

apimentar *v.t.* ①후추(또는 고추)를 치다(넣다). 후추(고추)로 조미하다. 맵게 하다. ②자극 주다. ③《轉》심술궂게 굴다. 산랄히 풍자하다.

apincelado *a.* [植] 붓끝꼴(筆端形)의 (을 한). (물감을) 붓으로 칠한.

apincelar *v.t.* 붓끝 모양이 되게 하다. 붓으로 칠하다.

apinhado *a.* 밀집(密集)한. 덧쌓인. 중첩한.

apinhar *v.t.* 밀집시키다. 덧쌓다. 중첩케 하다.

　—se *v.pr.* 모여들다. 밀집하다. 운집(雲集)하다. 가득 차다. 충만하다. (솔방울처럼) 몰키다.

apipado *a.* (나무로 만든 간장통 또는 맥주통처럼) 아래위가 좁고, 중앙이 볼록 나온 (통) 모양의. 준형(樽形)의.

apirético *a.* [醫] 헐열시(歇熱時)의.

apirexia *f.* [醫] 헐열시(歇熱時).

apiro *a.* 타지 않는. 불연성(不燃性)의. 불용성(不熔性)의. 내화(耐火)의.

apisoar *v.t.* ①천의 올(바탕)을 촘촘히 하다. ②두들겨(밟아) 바래다.

apitar *v.t.* 기적을 올리다. 호적(號笛)을 올리다(울려서 알리다). 호각 불다.

apito 기적(氣笛). 호적. 휘파람. 기적(호적) 소리.

apivoro *a.* 꿀벌(蜜蜂)을 먹는(먹고 사는). 식봉(食蜂)의.

aplacação *f.* 완화. 위무(慰撫). 진정(鎭靜). 유화정책.

aplacador *a.*, *m.* 진정시키는 (사람). 위무하는 (자).

aplacar *v.t.* (사람을) 달래다. (소란한 상태를) 조용하게 하다. 온화하게 하다. (슬픔·노여움 등을) 진정시키다. 위무(慰撫)하다.

　aplacar as ondas 파도가 잔잔해지게 하다.

aplacável *a.* 달래야 할. 진정시킬 수 있는 위로(위무)할만한.

aplainado *a.* 대패로 깎은. 평평하게 한. 매끄럽게 한.

aplainamento *m.* 대패질. 평평하게 하기. 매끄럽게 하기. 원활(圓滑)케 하기.

aplainar *v.t.* 대패로 깎다(밀다). 대패질하다. 깎아 매끄럽게 하다. 평평하게 하다. 평탄(平坦)케 하다. 곤란(또는 장애)를 없애다.

aplanado *a.* 수평이 된. 평평한. 평탄한. 원활한.

aplanador *a.*, *m.* 수평으로 하는(사람 또는 기구). 평탄케 하는(사람 또는 기계).

aplanamento *m.* =*aplanação*.

aplanar *v.t.* 수평되게 하다. 평평하게 하다. 평탄케 하다. 원활하게 하다. 곤란(장애)을 제거하다.

aplanetismo *m.* (렌즈의) 구면수차(收差) 없음. 무수차(無收差).

aplastado *a.* 피로한. 피곤한. 녹초가 된. 싫증난.

aplastar *v.t.* 피로케 하다. 녹초되게 하다.

aplaudente *a.* 박수 갈채하는. 성원하는.

aplaudidamente *adv.* 박수 갈채하여.

aplaudidor *a.*, *m.* 박수 갈채하는 (사람). 칭찬하는 (사람).

aplaudir *v.t.*, *v.i.* 박수 갈채하다. 성원하다. 칭찬하다.

　—se *v.pr.* 대단히 기뻐하다.

aplausível *a.* 칭찬할만한. 칭찬할 가치 있는. 성원해야 할.

aplauso *m.* 박수 갈채. 성원. 칭찬.

aplestia *f.* 만족할 줄 모르게 과식(過食)하기. 폭음포식.

aplicabilidade *f.* 적용(適用)할 수 있음. 적용성. 적응성.

aplicação *f.* ①적용. 응용. 사용. ②(고약 따위) 붙이기. 약바르기. ③(물건을) 대기. 붙이기. ④열심. 근면. 부지런함. 지성.

aplicadamente *adv.* 열심히 근면하게.

aplicado *a.* ①적용(適用)한. 응용한. ②(고약을) 붙인. 약을 바른. 주사를 놓은. ③물건을 댄(붙인). ④부지런한. 근면한. 열성 있는.

　aluno aplicado 근면한 생도(학생).

aplicar *v.t.* ①적용하다. 응용하다. ②물건을 대다(붙이다). 약을 쓰다. (고약을)바르다. (주사를) 놓다. 사용하다.

　—se *v.pr.* …에 열중하다.

　aplicar um remédio 약처방하다(쓰다).

aplicativo *a.* 적응의. 응용의. 적용의.

aplicável *a.* 적응(적용)할만한. (약을) 쓸 수 있는.

aplotomia *f.* 간단한 절개수술(切開手術).

apnéa, apnéia *f.* [醫] 호흡의 일시적 정지. 무호흡(無呼吸).

apo *m.* ①(남쪽의 성좌) 풍조(風鳥). ②극락조(極樂鳥).

apoa *f.* (브라질산의) 뱀의 일종.

apocalipse *m.* 묵시(默示). 계시(啓示). 묵시록. 묵시문학.

apocalíptico *a.* 묵시의. 묵시록의. 계시의. 해석하기. 어려운. 난해의.

apocarpado *a.* [植] 분리자방의.

apocarpo *m.* [植] 분리자방(分離子房).

apocatastase *f.* [天] 주전(周轉). [醫] 건강의 회복.

apocopado *a.* 어미가 생략된.

apocopar *v.t.* [文] 어미를 생략하다.

apócope *f.* [文] 어미생략(語尾省略).

apocópico *a.* 어미생략의.

apócrifa *f.* 경외서(經外書). 위경(僞經: 전거(典據)를 믿을 수 없다고 하여 신교도(新教徒)가 구약성경에서 삭제한 14편). 출처가 의심스러운 문서. 위조문서.

apócrifo *a.* 경외서의. 위경의. 출처가 의심스러운. 위작의.

apodadeira *f.* 농담 잘하는 여자. 익살꾼(여자).

apodado *a.* (야유의 뜻 또는 놀려대는 뜻의) 별명 있는. …라고 불리우는.

apodador *m.* 익살꾼. 농담 질히는 이. 야유하는 사람. 놀려 주는 사람.

apodadura *f.* = *apódo*.

apodar *v.t.* ①야유하다. 놀려대다. 희롱하다. 조롱하다. ②(나쁜 뜻 또는 웃기는 뜻이 있는) 별명을 달다.

apode *a.* [動] 다리 없는. 무족(無足)의. [魚] 배지느러미 없는.

apoderado *a.* 점령한. 차지한. 권한을 받은 (준) 지배하는. 좌우하는.

apoderamento *m.* 차지함. 점령. 점유. (占有) 영유(領有). 획득. 취득.

apoderar *v.t.* ①(땅 따위) 차지하게 하다. 점령케 하다. ②획득(취득)케 하다.
— se *v.pr.* 차지하다. 점령(점유·영유)하다. 획득(취득)하다. …을 자유로 하다.

apodia *f.* 다리 없음. 무족(無足).

apôdo *m.* (나쁜 뜻 또는 우스운 뜻이 있는) 별명(개통이 하는 이름). 야유적 언사. 조롱. 희롱. 놀림.

apódose *f.* [文] (조건문의) 귀결문(歸結文) 결구(結句).

apodrecer *v.t.* 썩히다. 부패케 하다. (사람·마음·풍기 따위를) 타락되게 하다.
— *v.t.* 썩다. 부패하다. 타락하다.

apodrecido *a.* 썩은. 부패한. 타락한.

apodrecimento *m.* 썩어 문드러지기. 부패. 타락.

apodrentar *v.t., v.i.* = *apodrecer*.

apófase *f.* [修] 양여음탈(陽與陰奪: 공공연한 데서 주고, 남모르는 데서 도로 빼앗는다는 것).

apofilite *f.* = *apofilito*.
— *m.* [鐵] 어안석(魚眼石).

apófise *f.* [解] (특히 추골(推骨)의) 돌기(突起) [植] 융기(隆起).

apoftegma *m.* 격언. 경구(警句). 금언. 잠언(箴言).

apogeu *m.* ①[平] 원지점(遠地点: 달·유성(遊星)이 지구에서 가장 떨어지는 점). ②최고점. 극점(極点).

apoiado *a.* 원지점의(에 관한). 극점의. 지지(支持)받은. 찬동받은. 박수 갈채받은. 칭찬받은.
— *m.* 찬성(의 뜻). 지지.
— *interj.* 찬성! 찬성!

apoiar *v.t.* ①지지하다. 찬성하다. ②(주장함에) 동의하다. ③찬조하다. 원조하다.
—se *v.pr.* …에 근거(기초)를 두다. …에 기인되다. 의뢰하다. 기대하다.

apoimento *m.* ①《古》 지위. 녹우. ②자세(姿勢).

apoio *m.* ①버티는 것. 지지. 지주(支柱). ②원조. 찬조. 후원. ③찬성. 동의. ④가담. 논거(論據). 근거. ⑤찬성자. 찬조자. 원조자.
ponto de apoio [軍] 지탱점(支撐點).

apojado *a.* (乳房에) 젖이 가득찬(충만한).

apojar *v.i.* 젖(또는 젖같은 액체)이 가득해지다(가득 차다) 충만하다.

apojo *m* 진한 우유.

apoldrado *a.* (말 또는 나귀가) 새끼를 밴(새끼를 낳은).

apolear *v.t.* ①칼(목과 손을 끼우는 형구)을 씌우다. 학대하다. ②웃음거리로 만들다.

apólice *f.* 증권. 보험증권. 증서. 채권.
apólice de seguro 보험증권.
apólice de carga 선하(船荷)증권.
apólice de uma empresa 주권(株券).

apolíneo *a.* 아폴로 신(神)에 관한. 아폴로 신처럼 아름다운.

apolo *m.* [希神] 아폴로신(神)(태양의 신으로서 빛·남성미·음악·노래·의료(醫療)·예언 등을 주관하는).

apologal *a.* 우화(寓話)의 우화적 이야기의.

apologética *f.* 변명(辨明). 변해(辨解).

apologético *a.* 변명의 사죄의. 진사의.

apologia *f.* 사죄. 사과. 진사(陳謝). 변명. 평계. 변해(辨解).

apológico *a.* =*apologético*.

apologista *m.* ①변명자. 변해자. ②(예수교의) 변증자.

apologizar *v.t.* 변명하다. 사죄하다. 사과하다. 변해(변호)하다.

apólogo *m.* 교훈을 넣은 이야기. 우화(寓話). 동화(童話).

apoltronar-se *v.pr.* ①비겁해지다. 겁을 먹다. ②긴 안락 의자에 앉다.

apomecometria *f.* 장거리 측정술.

apomecometro *m.* 장거리 측정기.

apontadamente *adv.* 올바르게. 똑바르게. 정확하게.

apontado *a.* ①(끝이) 뾰족한. ②겨눈; 지목(指目)한. 목표를 정한. 지정한. 지석한. 지정수배(指定手配)한. ③(범인을)적발한. 기록한.

apontador *a., m.* ①끝을 뾰족하게 하는 (것). ②겨누는(사람 또는 물건). 주의(주목)하는 (사람). ③지시하는 (것). 목표를 정하는 (것). ④(砲의)조준수(照準手). ⑤출근부(出勤簿). ⑥[劇] 프롬프터(대사를 무대 뒤에서 읽어주는 사람).

apontamento *m.* 각서(覺書). 비고(備考). 주석(註釋). 주해. 초안. 지적(指摘).

apontar *v.t.* ①끝을 뾰족하게 하다. ②(총·창·검 따위로) 겨누다. ③(이유·원인 등을) 지적하다. 가리키다. ④기록해 두다. 각서하다. 주석(註釋)을 달다. 출근부에 기입하다. ⑤대사(臺詞)를 낮은 소리로 읽다.
— *v.i.* 보이다. 나타나다.

apontoar *v.t.* 버팀 기둥을 세우다. 지주(支柱)를 (땅에) 박다.

apoplético *a.* 졸도성(卒倒性)의. 졸도하기 쉬운.

apoptekia *f.* ①[醫] 졸도(卒倒). 졸중(卒中). ②뇌출혈.
apoptekia cerebral 뇌일혈(腦溢血).
apoptekia pulmonal 폐일혈(肺溢血).

apoquentação *f.* 귀찮음. 괴롭기. 성가심. 폐. 폐단. 수고. 고생. 불쾌. 불만.

apoquentado *a.* 귀찮은. 괴로운. 성가신. 폐를 끼친. 수고하는. 고생 당하는. 번민하는.

apoquentader *a., m.* 귀찮게 구는 (사람 또는 물건). 성가시게 구는 (사람 또는 사물). 괴롭히는 (자).

apoquentar *v.t.* 귀찮게 굴다. 성가시게 굴다. 괴롭히다. 고생시키다. 폐단끼치다. 우울케 하다.
— *se v.pr.* 괴로워하다. 머리를 앓다. 번민하다. 우울해지다. 곤란에 처하다.

apor *v.t.* ①붙여 놓다. ②입히다. 씌우다. ③쌓다. 겹쳐 놓다. ④꽂아 넣다. ⑤(도장을) 누르다. ⑥앞에 가까이 놓다. 나란히 놓다.

aporisma *m.* [醫] 일혈(溢血).

aporo *m.* ①난문제(難問題). ②[植] 난과(蘭科)식물. ③[動] 지봉류(地蜂類).

aporrinhação *f.* =*aporrinhamento*.
— *m.* =*apoquentação*.

aporrinhar *v.t.* =*apoquentar*.

aportamento *m.* (배의) 입항(入港). 착항(着港).

aportar *v.t., v.i.* 입항시키다(하다). 닻을 내리다. (어떤 지점에) 도착하다.

aportuguesado *a.* 포르투갈식으로 하다. 포르투갈 사람답게 하다. 포르투갈어식으로 하다.

após *prep.* …의 뒤에. …의 배후에.
— *adv.* 다음에.

aposentação *f.* 퇴직시키기 또는 하기. 연금(年金) 주기(또는 받기).

aposentado *a.* 퇴직한. 연금을 받는(받은).
— *m.* 연금받는 이. 연금(年金) 수령자.

aposentadoria *f.* ①(연금 받는) 퇴직. ②숙박. 숙박소.

aposentamento *m.* ①퇴직시키기(하기). ②숙박시키기.

aposentar *v.t.* ①(연금을 주어) 퇴직시키다. ②숙박시키다 유숙케 하다. 손님을 받다.
— *v.i.,* —*se v.pr.* ①(연금 받는) 퇴직하다. ②숙박하다.

aposento *m.* ①거주처. 주택. 숙소. 숙박소. 아파트. ②방(房). 실(室).

aposiç *f.* ①겹쳐 붙이기. 병치(竝置). 첨부(添附). ②[文] 동격(同格) (*Brasilia Capital Federal* 따위).

aposiopése *f.* [修] 돈절법(頓絶法 : 연설중에 말을 끊어버리고 마는 것).

apositivo *a.* [文] 동격의.

apósito *a.* 적당한. 적절한.
— *m.* 외용약(外用藥). 외상치료(外傷治療 : 외용약을 쓰고 붕대 따위를 감는 것).

apossar *v.t.* 가지게 하다. 소유케 하다. 점유(占有)시키다.
—se *v.pr.* 가지다. 소유하다. 손에 넣다. 획득하다. 점유하다. 차지하다. 점령하다. 횡령하다.

apossuir-se *v.pr.* 차지하다. 획득하다. 점유하다.

aposta *f.* 내기. 건돈. 노름돈. 내기에 거는 물건. 도박.
fazer uma aposta 내기하다. 노름하다.
correr aposta …을 걸고 내기하다. 경쟁하다. 다투다.
por aposta 고의로. 의식적으로.

apostadamente *adv.* 고의로. 단호히. 결단코.

apostado *a.* ①결심한. 결단적인. ②내기한. 돈을 건. 노름을 한.

apostador *m.* 내기(노름)하는 사람. 도박꾼.

apostar *v.t.* 내기하다. 노름하다. …을 걸고 경쟁하다.
—se *v.pr.* ①경쟁하다. ②결심하다.
Aposto o que quiser. (내기할 때) 당신이 원하는 대로 나는 건다.

apostasia *f.* 배교. 배신(背信). 변절. 변설(變說). 탈당.

apóstata *a.* 배신(변절·탈당)하는.
— *m., f.* 배신자. 변절자. 탈당자.

apostatar *v.i.* 신앙을 버리다. 배교(背教)하다. 변절하다. 배반하다. 탈당하다.

apostático *a.* 배교하는. 배신하는. 탈당하는.

apostema *m.* [醫] 농창(膿瘡).

apostemar *v.t.* 농창이 되게 하다. 화농(化膿)케 하다. 썩게 하다. 타락시키다.
—se *v.pr.* 농창이 생기다. 화농하다. 썩다. 변질하다.

apostemático *a.* 농창의.

apostemoso *a.* 농창의. 농창이 생긴(있는).

aposteriori *adv. a.* 후천적으로(의). 귀납적(歸納的)으로(의).

apostila *f.* 방주(傍注). 난외주석(欄外註釋).

apostilador *m.* 방주자. 주해자(註解者). 난외주석자.

apostilar *v.t.* 방주하다. 주해하다. 난외 주석하다.

apôsto (1) *a.* 자세가 좋은. 우아한.
— (2) *a.* 추가한. 첨가한. [文] 동격의.
— *m.* 동격어(구).

apostolado *m.* 사도의 지위(직) ; 로마 교황의 구실(자리). 전도회(傳道會). 십이(12)사도의 상(像).

apostolar *v.t.* 전도하다. 포교(布敎)하다.
— *v.i.* 사도처럼 전도에 종사하다. 복음을 전하다.

apostolical *a.* = *apostólico*.

apostolicamente *adv.* 사도처럼.

apostólico *a.* 사도의. 사도에 관한. 사도전래(傳來)의. 사도시대(時代)의. 사도정신에 따른. 로마 법황의. 법황에 속하는.

apostolizador *m.* 전도자(傳道者). 포교자(布敎者).

apostolizar *v.t., v.i.* = *apostolar*.

apóstolo *m.* ①종도(宗徒). 사도(使徒 : 그리스도의 12제자의 한 사람). (한 지방의) 최초의 그리스도교 전도자. 개조(開祖)창도자. ②(주의·정책을) 주장하는 사람.
—s (*pl.*) 법황의 사절.

apostrofar *v.t.* [修] 돈호(頓呼)하다. 어포스트러피 부호(待號)를 붙이다.

apóstrofe *f.* [修] 돈호(頓號). 돈호법. (글의 중도에서 갑자기 사람 또는 물건의 이름을 부르는).

apóstrofo *m.* [文] 생략 부호. 소유격 부호(').

apostura *f.* 보기 좋은 태도. 자세. 우미. 우아.

apótema *m.* [數] 변심거(邊心距).

apotentado *a.* 세력 있는. 권력 있는. 유력한. 강대한.

apoteosar *v.t.* 신으로 모시다. 신으로 숭배하다. 신화(神化)하다.

apoteose *f.* 신(神)으로 모시는 것. 신으로 숭배하는 것. 성화(聖化). 신성시(神聖視).

apótomo *m.* [樂] (음조 사이의) 음정(音程).

apoucadamente *adv.* 비겁하게. 너절하게. 빈약하게.

apoucado *a.* 겁많은. 겁내는. 소심(小心)한. 비겁한. (재능이) 대단치 않은. 보통의. 너절한. 빈약한. 초라한. 천한. 인색한. 성스러운.

apoucador *m.* 빈약하게 하는 사람(또는 사물). 천하게 하는 사람(또는 사물).

apoucamento *m.* ①어색함. 수줍음. ②빈약. 초라하기. 천함. 비천. ③겁 있음. 비겁. 소심. 무기력.

apoucar *v.t.* 초라하게 하다. 비천케 하다. 빈약하게 하다. 가난하게 하다. 의지를 꺾다. 맥풀리게 하다.
—se *v.pr.* 초라해지다. 비천해지다. 빈약하다. 가난해지다. 검손해지다.

apousar *v.i.* 숙박하다. 유숙하다.

aprazado *a.* (회합할 날짜 또는 장소가) 지정된.

aprazador *m.* (날짜 또는 장소를) 지정하는 사람. 소환자(召喚者).

aprazamento *m.* 날짜 또는 장소를 지정하기. (법정 등에) 소환하기.

aprazar *v.t.* (회합할 날짜 또는 장소를) 정하다. 지정하다. 타합하다. 상의하여 정하다. (법정 또는 회의에) 소환하다.

aprazer *v.t.* 즐겁게 하다. 기쁘게 하다. 유쾌하게 하다.
—se *v.pr.* (+ *de*). …을 즐기다. 기뻐하다. 유쾌하다. 마음에 들다.

aprazibilidade *f.* 즐거움. 기쁨. 유쾌함. 만족함.

aprazimento *m.* 즐기기. 즐겁게 하기. 기쁘게 하기. 유쾌. 만족.

aprazível *a.* ①즐거운. 기쁜. 유쾌한. 만족한. 재미있는. ②보기 좋은. 아름다운. 풍치가 좋은.

apre *interj.* 엣잇! 제기! 저런! (경멸·증오·노여움·아픔·불찬성 등을 표시함).

apreçador *m.* 값 또는 가치를 정하는 사람. 감정인(鑑定人). 평가자(評價者).

apreçamento *m.* 값 또는 가치를 정하기. 감정. 평가.

apreçar *v.t.* 값 또는 가치를 정하다. 감정하다. (얼마라고) 매기다.

apreciação *f.* 진가인정(眞價認定). 옳은 인식. 평가. 감상(鑑賞). 존중. 진중(珍重).

apreciador *m.* 감식자(鑑識者). 감상자(鑑賞者). 평가인.

apreciar *v.t.* 옳게 평가하다. 감식하다. 가치 판단하다. (사소한 차이를) 식별하다. 진가(眞價)를 알다. 존중하다.

apreciativo *a.* 감식력 있는. 존중되는. 진가 판단의.

apreciável *a.* (가치 또는 진가를) 존중할만한. 감상(감상)할 수 있는.

apreço *m.* 존중. 귀중히 여기기. 가치. 진가(眞價).
(註) 복수로 사용하지 않음.

apreendedor *m.* = *apreensor*.

apreender *v.t.* 붙들다. 체포하다. 포박하다. 압수(押收)하다. 차압(差押)하다. 탈취(奪取)하다. (…을) 두려워하다. 불안에 빠지다.

apreensão *f.* ①붙들기. 체포. 포박. ②압수. 차압. ③어떤 일에 마음이 사로잡혀 있는 것. ④공포. 위구(危懼). 우려. 불안. ⑤걱정. 근심. ⑥인식력(認識力). 이해력.

apreensibilidade *f.* ①붙잡을 수 있음. 체포 가능성. ②압수(차압) 가능함. ③이해(납득)할 수 있음.

apaeensível *a.* 붙들 수 있는. 체포할 만한. 이해(납득)할 수 있는. 걱정(근심)스러운.

apreensivo *a.* 붙드는. 체포의. 포박의. 압수(차압)하는. 걱정의. 불안의. 지각적(知覺的)인. 직각적인.

apreensor *a.* 붙잡는. 체포하는. 포박하는. 압수하는.
— *m.* ①붙잡는 사람. 체포자. 포박자. ②압수인. 차압인.

apregoado *a.* ①(이름) 불린. 불러서 알린. 외치는 소리를 들은. ②공고(公告)된. 선언한.

apregoador *m.* 외치는 사람. 큰 소리로 (이름) 부르는 사람. 높은 소리로(여러 사람에게) 광고하는 이. 알리는 사람. 소리 높이 외치며 파는 사람.

apregoar *v.t.* 외치다. 큰 소리로 (이름을) 부르다. 여러 사람에게(큰 소리로) 알리다. 선포하다. 알리며 돌아다니다. 소리 지르며 팔다.
—se *v.pr.* 스스로 …라고 선언하다. 자기를 광고하다. …라고 자부(自負)하다.

aprender *v.t., v.i.* 배우다. 공부하다. 익히다. 외우다. 알다. 습득하다. 가르침을 받다.
aprender a ler 읽는 것을 배우다.
aprender de cor 암송하여 배우다.
Há quanto tempo voce aprende portugués? 포르투갈어를 배운지 얼마나 됩니까? (언제부터 포르투갈어를 배웁니까?)

aprendiz *m.* 배우는 사람. 견습생. 견습공(見習工). 제자(弟子). 미숙련자.

aprendizado *m.* ①배우기. 견습. ②도제

(徒第) 노릇. 그 연기(年期). 견습기간.
aprendizagem *f.* 배우기. 견습. 견습기간.
apresador *m.* 나포자(拿捕者). 포획자(捕獲者). 압수하는 사람.
apresamento *m.* 붙잡기. 나포. 포획(捕獲). 나획(拿獲).
apresar *v.t.* 붙잡다. (특히 적의 선박을) 나포하다. 포획하다.
apresentação *f.* ①제출. 제시(提示). ②출석. 출두. ③소개. 추천.
apresentação de credenciais 신임장 제출(증정).
apresentado *a.* 제출한. 제시한. 출석한. 소개한. 소개된. 추천한.
apresentador *m.* 제출자. 제시하는 사람. 소개자. 추천자. 천거인. 신고인.
apresentante *a., m.* [商] 지불하기. 위하여. 어음(手形)을 제출하는 (사람).
apresentar *v.t.* ①제출하다. 제시하다. 제기(提起)하다. 소개하다. 추천하다. 천거하다. ②(신임장 또는 소개장을) 증정하다. ③신고하다. ④표시하다.
—se *v.pr.* ①출석하다. 나타나다. ②자기 소개를 하다.
Este negócio apresenta dificuldade. 이 사건(또는 상거래)은 어려운 문제를 제기한다.
apresentável *a.* 제출(제시) 가능한. 소개 (추천)할만한.
apresilhar *v.t.* (비단 또는 털로 만든) 끈이 달린 동그라미(루프)를 달다.
apressadamente *adv.* 황급히. 서둘러서.
apressado *a.* 급한. 바삐 서두르는. 성급한. 조급한.
apressador *a., m.* 바삐 서두르는(서두르게 하는) (사람 또는 사물).
apressamento *m.* 바삐 서두르기. 황급. 성급. 조급.
apressar *v.t.* 서두르게 하다. 바삐 굴다. 재촉하다. 촉진하다.
— *v.i.*, —se *v.pr.* 서두르다. 바삐 하다. *Não se apresse!* 서두르지 마세요!
apressuradamente *adv.* 성급히. 신속하게.
apressurado *a.* ①급한. 바삐 서두르는. 신속한. ②성미가 급한. 덤비는.
apressuramento *m.* 바삐 서두르기. (남을) 서두르게 하기. 황급. 신속. 성급(性急).
apressurar *v.t.* 바삐 서두르다. 바삐 굴다. 재촉하다.

—se *v.pr.* 서두르다. 급히 하다. 신속히 준비하다.
aprestação *f.* 《古》 필수품의 공급. 준비.
aprestador *a., m.* 준비하는 (사람). 설비하는 (사람).
aprestamento *m.* 필수품(준비). 준비품. 설비품(준비).
aprestar *v.t.* 준비하다. 장비하다. 설비하다. (배를) 의장(艤裝)하다. (군대를) 무장시키다. (양식을) 공급하다.
—se *v.pr.* 준비되다. 장비되다.
apresto *m.* 준비. 장비. 장구(裝具).
aprimoradamente *adv.* 완전히 훌륭하게. 아담하고 깨끗하게.
aprimorado *a.* 완전한. 훌륭한. 우수한. 연마(研磨)한. 탁마(琢磨)한. 아담하고 깨끗한.
aprimorar *v.t.* (흠잡을 점 없도록) 완전한 것으로 만들다. 훌륭하게 하다. 완성하다. 연마하다. 탁마하다.
—se *v.pr.* 완성되다. 연마(탁마)되다. 노력하다. 애쓰다.
apriori *adv. a.* 원인에서 결과에 이르는. 연역적(演繹的)으로(인). 가정적(假定的)으로(의).
apriorismo *m.* 선천설(先天語). 선험성(先驗性).
aprisco *m.* ①양을 기르는 우리(羊舍). 가축우리. 동굴. ②《轉》 우거(寓居). 자택. 가정.
aprisionado *a.* 붙들린. 붙잡힌. 체포된. 포로된. 감금된. 투옥된. 구속당한.
aprisionador *a., m.* 붙잡는 (사람). 구속하는 (자). 체포하는 (자). 투옥하는 (자).
aprisionamento *m.* 붙들기. 구속. 체포. 나포. 구금. 수감(收監). 투옥.
aprisionar *v.t.* 붙잡다. 구속하다. 체포하다. 포박하다. 나포하다. 가두다. 구금하다. 감금하다.
aproamento *m.* (배의) 키를 잡기. 항로(航路)에 향하기.
aproar *v.t.* (배의) 키를 잡다. (뱃머리를) 항로로 향하다.
— *v.i.* (배가) 전진하다. (앞으로) 항행하다.
aprobativo *a.* 시인(是認)의. 찬성하는. 칭찬의.
aprobatório *a.* 시인하는. 칭찬의.
aprofundar *v.t.* 깊게 하다. 깊이 파다(파

내려가다). 깊이(세밀히) 연구하다. 상세히 다루다.

aprontar *v.t.* 준비케 하다. 차리게 하다.
—se *v.pr.* 준비하다. 차리다.

apronto *m.* 준비. [競] 팀(선수단)의 준비.

apropinquação *f.* 접근. 접촉.

apropinquar-se *v.pr.* (…에) 가까이 하다. 접근하다.

apropositadamente *adv.* 적당히. 적절히.

apropositado *a.* 알맞는. 적당한. 적절한. 타당한.

apropriação *f.* ①전용(專用). 사용(使用). 도용(盜用). ②충당. 충용(充用). 수용(收用).

apropriamente *adv.* 적당히. 타당하게.

apropriado *a.* ①(방법 수단 등이) 적당한. 적절한. ②(쓰는 도구가) 알맞는. 편리한. ③충용한. 충당한.

apropriador *a.*, *m.* 전용하는 (자). 충당(충용)하는 (사람 또는 물건).

apropriar *v.t.* ① 전용(專用)하다. 사용(私用)하다. ②충당(充當)하다. 충용(充用)하다. 수용(收用)하다.
—se *v.pr.* 자기의 소유물로 만들다. 사용(私用)하다. ②횡령하다.

aprovação *f.* 시인(是認). 찬성. 찬동. 인가(認可). 윤허(允許). 허가. 허락. 가결. 채택.

aprovadamente *adv.* 시인하여. 승인(허가)하여.

aprovado *a.* 시인된. 인정된. 가결(채택)된. 허가(허락)된. (시험에) 합격한. 급제한.

aprovador *a.*, *m.* 시인하는 (자). 승인(허가)하는 (자). 인정(윤허)하는 (자). 가결(채택)하는 (자).

aprovar *v.t.*, *v.i.* 시인하다. 인정(윤허)하다. 승인하다. 허가(허락)하다. 가결(채택)하다. (시험에) 합격시키다(하다).

aprovativo, aprovatório *a.* ①인정하는. 시인하는. ②동의(찬동)하는. ③합격(合格)의. 급제(及第)의.

aprovável *a.* 시인(승인)할 수 있는. 허가(허락)할만한. 찬동(찬성)할만한. 가결(채택) 가능한. 합격(급제)할만한.

aproveitação *f.* 이용(利用)(하기). 유용(有用).

aproveitadamente *adv.* 이용하여. 유리하게. 경제적으로.

aporveitado *a.* ①이용한. ②유용한.

aporveitador *m.* ①잘 이용하는 사람. ②기회를 이용하여 폭리를 취하는 자. 고리대금업자. 《轉》흡혈귀.

aproveitamento *m.* ① 이용(利用). 유용(有用). 효용(效用). ②개량(改良). 개선.

aproveitar *v.t.* 이용하다. 쓸모 있게 하다.
—se *v.pr.* (+ *de*). (…을) 이용하다. 쓸모 있게 되다. …을 틈타다. 덕을 보다.

aproveitável *a.* 이용할 만한. 쓸모 있음직한. 용도 있는.

aprovisionamento *m.* 준비. 선비. 필수품 공급(준비). 식료. 양식. 저장품.

aprovisionar *v.t.* 준비하다. 공급하다. 지급(支給)하다. 필수품을 갖추다. 식료(양식)품을 준비(저장)하다.

aproximação *f.* ①(사실에) 가까움. 접근. 격근(隔近). ②근사(近似). 개산(概算). [數] 근사치(近似値).
calculo de 개산(概算).
metodo de 접근법(漸近法).

aproximadamente *adv.* 대략. 대충적으로. 거진.

aproximar *v.t.* 가깝게 하다. 가까이 가게 하다. 접근케 하다.
—se *v.pr.* ①가까이 가다. 접근하다. 격근(隔近)하다. ②(사실과) 근사해지다.

aproximativo *a.* 가까운. 접근의. 대충적의.

aprumado *a.* 곧바로 선(세운). 수직(垂直)으로 된. 수직의. 꼿꼿한.

aprumar *v.t.* 수직으로 놓다. 수직되게 하다. 연추(鉛錘)를 내려뜨려 아래로 직각이 되게 하다.
—se *v.pr.* 곧게 서다. 수직이 되다. (자세를) 곧바로 하다(단정히 하다).

aprumo *m.* 수직(垂直). 수직으로 된 상태. 곧바로 선 자세(姿勢). 거만. 불손.

apsida, apside *f.* [天] (타원적 궤도의) 장축단(長軸端). (근일점(近日点) 또는 원일점(遠日點)).

aptamente *adv.* 적당히. 적절하게.

aptero *a.* 날개 없는. 무시(無翅)의.
— *m.* [蟲] 무시류(無翅類).

apterologia *f.* 무시류학.

aptidão, aptitude *f.* ①적합성(適合性). ②능력. 역량. ③성격. 소질(素質). ④솜씨.

apto *a.* 적당한. 적절한. 적임(適任)인. 자격 있는. 능력 있는.

apuado *a.* (가시처럼) 뾰족한 것에 찔린.

뾰족한 끝이 있는.
apuar *v.t.* (가시 또는 바늘처럼) 뾰족한 것으로 찌르다.
apulso *m.* [天] 천체(天體)의 접근. 접촉. 유성(遊星)의 접근.
apulverizar *v.t.* (장식할 때 쓰는) 금분(金粉) 또는 은분(銀粉)을 칠하다(뿌리다).
apunhalado *a.* 칼(비수)에 찔린. 찔려 죽은.
apunhalante *a.* 가슴 아프게 하는. 슬프게 하는.
apunhalar *v.t.* ①칼(비수)로 찌르다. 찔러 죽이다. ②신랄하게 욕하다. ③괴롭히다. 곤란케 하다. 가슴 아프게 하다.
apunhar *v.t.* 주먹으로 치다(때리다).
apupada *m.* 욕설 퍼붓는 소리. 욕하는 고함 소리.
apupar *v.t.* 욕설하다. 소리치며 욕하다. (분노의) 고함을 지르다.
apupo *m.* ①욕설. 욕하는 소리. (격분한). ①고함소리. ②떠들썩하는 소리(소음).
apuração *f.* ①정련(精練). 정제. 정화. 세련. ②정선(精選). 엄선(選選). ③(선거후의) 개표(開票).
apuração de votos 투표심사. 개표.
apurado *a.* ①정제(精製)한. 세련된. 정화한. ②품이 좋은. 우아한. ③극히 정치(精緻)한. ④(때없이) 말끔한. (옷차림이) 보기좋은. 잘 손질한. ⑤골라낸. 정선(精選)한. ⑥개표(開票)한. ⑦세밀히 의논한(연구한). ⑧여러 면으로 노력한. 백방 수단을 다한. 어려운.
gosto apurado 좋은 맛. 진미(珍味).
falar apurado 점잖게(품위 있게) 말하다.
paciência apurada 최후의 인내(忍耐).
apurador *a.*, *m.* 정제(정련)하는 (사람). 세련하는 (자). 정선(精選)하는 (자). 추고(推敲)하는 (사람)
apuramento *m.* ①정제. 정련. 세련(洗鍊). ②세밀한 구별. 정선. ③엄밀한 심사 (연구 · 탐구). ④세밀한 계산.
apurar *v.t.* ①정제하다. 정련(세련)하다. ②세밀히 구별하다(계산하다). 정선하다. ③(선거 후) 개표하다. ④엄밀한 심사(연구)를 하다. 충분한 검토를 하다. ⑤(때없게) 말쑥하게 하다. 정화(淨化)하다. 추고하다. ⑥완성하다. ⑦청산(淸算)하다.
—*se* *v.pr.* 정련(세련)되다. 정화되다.

깨끗해지다. 탁마되다. 죄를 씻다.
apurar a verdade 사실을 조사(탐구)하다.
apurar a escrito 저술한 것을 추고하다.
apurativo *a.* 깨끗하게 하는. 청정(淸淨)하는. 청정력(力) 있는. 정화(淨化)의. [醫] 청혈(淸血)의.
— *m.* 청혈제(劑). 청정제(淸淨劑).
apuro *m.* ①정제하기. 정련하기. ②깨끗하게 하기. 청정. 정화. ③세밀한 구별 엄선. 도태(淘汰). ④(문장의) 수식. 추고. ⑤(태도 · 옷차림 등의) 단정(端正). ⑥위태(危殆) · 곤란.
estar em apuros 위급한 고비에 당면하다.
ver-se em apuros 곤란(궁지)에 빠지다.
apurpurado *a.* 자줏빛(紫色)을 띤.
aquadrilhamento *m.* 떼를 짓기. 대(隊)로 만들기. 조(組)로 편성하기. 단체의 형성.
aquadrilhar *v.t.* 떼를 짓다. 단체를 형성하다. 대(隊)로 만들다. 조(組)로. 편성하다.
—*se* *v.pr.* (사람이 모여) 한 떼가 되다. 단체가 형성되다. 집합하다.
aquaforte *f.* 강수(强水). (질산).
aquarela *f.* 수채(水彩). 수채용 물감 · 수채화(水彩畵).
aquarelar *v.t.* 수채화를 그리다. 수채용 물감으로 칠하다.
aquarelista *m.*, *f.* 수채화가(畵家).
aquário *m.* 수족관(水族館). 양어(養魚)통. 낚어 넣못. 수초(水草)분. 수초지(池).
— *a.* 물에서 사는. 수서(水棲)의. 수생(水生)의.
aquartelado (1) *a.* (부대가) 주둔하고 있는. 재영(在營)의.
— (2) *a.* 넷으로 나눈. 사분(四分)한.
aquartelamento *m.* ①(군대의) 주둔. ②병사(兵舍). 병영(兵營).
aquartelar *v.t.* (군대를) 주둔시키다.
—*se* *v.pr.* ①주둔하다. ②병사에 머물다.
aquático *a.* 물의. 물 있는. 물 고인. 물에서 사는.
plantas aquáticas 수생(水生)식물.
— *m.* 수초(水草). 수생식물.
aqua-tinta *f.* [彫刻] 식각요판(飾刻凹版)의 일종.
aquecedor *m.* 가열기(加熱器). 난로. 스토브. 난방 장치.
aquecedor de água 물 끓이는 난로.
aquecedor elétrico 전기 난로. 전기 가열기.
aquecer *v.t.* 뜨겁게 하다. 데우다. 흥분시

키다.
— *v.i.*, —se *v.pr.* 더워지다. 따뜻해지다. 흥분하다.

aquecido *a.* 뜨거워진. 뜨거운. 데운. 가열된.

aquecimento *m.* 뜨겁게 하기. 데우기. 난방(暖房).

aqueduto *m.* 수로(水路). 수도(水道). 수도교(水道橋). [解] 도수관(導水管). 맥관. [生理] 관(管).

aquela *pron.* (*aquele*의 여성형). (여성명사로서의) 그것. 그 여자.
— *a.* 그것의. 그 여자의.

aquele *pron.* 그것. 그 사람.
— *a.* 그. 그것의. 그 사람의.
todo aquele que …하는 것은 누구나 (모두).
Não é este, mas aquele. 이것이 아니고 저것이다.

áquem *adv.* 이쪽에. 아래쪽에.

aquentamento *m.* 뜨겁게 하기. 가열(加熱).

aquentar *v.t.* ①뜨겁게 하다. 열나게 하다. ②용기를 돋우다. 고무하다. 자극주다.
—se *v.pr.* 뜨거워지다.

aqueo *a.* =*aquoso*.

aqui *adv.* 여기. 여기에. 이곳. 이쪽으로. 이때.
dáui 여기로부터. 지금부터. 금후.
dáquti em (또는 *por*) *diante* 금후. 이후. 향후.
dáqui a trés dias 3일 후.
dáqui a pouco 잠간 후. 잠시 후. 곧. 조금 있다가.
até aqui 여기까지. 지금까지. 이것마저.
eis aqui 바로 여기에(있다). 바로 이것들.
aqui e acoia 여기저기. 이곳저곳.

aquicola *a.* 수족번식법의.

aquicultura *f.* 수족번식법(水族繁殖法).

aquiescência *f.* 승인. 묵인(默認). 묵종(默從).

aquiescente *a.* 묵인(默從)하는. 순종하는.

aquiescer *v.t.* 잠자코 동의하다. 잠자코 따르다. 묵인하다. 묵종하다.

aquietação *f.* 조용함. 잠잠함. 평온. 고요함. 침묵.

aquietador *a.*, *m.* (백성을) 달래는 (사람). (동요 상태에 있는 사람을) 진정하게 하는 (사람). 조용하게 하는 (자). 평정(平定)하는 (자). 치안자.

aquietar *v.t.* 조용하게 하다. 달래다. 위로하다. 안심시키다. 진정하게 하다. 부드럽게 하다. (화난 것을) 가라앉히다. 침묵케 하다.
— *v.i.*, —se *v.pr.* 조용해지다. 잠잠하다. 평온해지다. 완화하다. 침착해지다.

aqüífero *a.* 물 있는.

aquilão *m.* ①《詩》북풍(北風). ②북극지(北極地).

aquilaria *f.* [植] 침향목(沈香木).

aquilatador *m.* 시금자(試金者). 분석자.

aquilatar *v.t.* 시금하다. 분석 시험을 하다. (금의) 순도(純度)를 검정하다. 평가하다.
—se *v.pr.* 탁마되다. 단련되다. 완전한 것이 되다.

aquilhado *a.* [海] 용골(龍骨) 있는. 용골 비슷한.

aquilino *a.* 수리의. 수리 같은. 수리의 부리 같은. 갈구리 모양의.
nariz aquilino 수리의 부리 같은 코. 갈고리 모양의 코.

aquilo *pron.* 저것. 그것. 그일. 그건(件).

áquilo 전치사 *a*와 대명사 *aquilo*의 결합형.

aquinhoador *m.* 분배하는 사람. 배당자. 할당금(割當金)을 주는 사람. 상금(상품)을 나누어 주는 사람.

aquinhoamento *m.* 분배. 배당. 할당(割當).

aquinhoar *v.t.* 나누다. 분할하다. 분배하다. 할당하다. 몫 수로 나누다. 분담(分擔)시키다.
—se *v.pr.* 할당된 액을 부담하다. 분담하다.

aquisição *f.* 취득함. 획득물.

aquisitivo *a.* 얻을 수 있는. 취득성 있는. 습득할 수 있는.

aquisito *a.* (면허장·여권 따위를) 얻은. 취득한. 획득한.

aquosidade *f.* 수분(물기) 많음. 척척함. 수성(水性).

aquoso *a.* 물 많은. 물기 있는. 척척한. 물 같은. 수성의.
fruto aquoso 수분 많은 과일(수박 따위).

ar *m.* ①공기. 대기. 기체(氣體). ②허공. 공중. 공간. ③미풍(微風). 산들바람. ④풍채(風采). 태도.
ao ar livre 옥외(야외)에서.
pôr ao ar 비바람에 맞게 하다.
ar comprimido 압축 공기.

fazer castelos no ar 공중누각(樓閣)을 짓다. 공상에 잠기다.

ara *f.* ①제단(祭壇). 제대(祭臺). 성단(聖壇). 성탁(聖卓). ②[天] 전갈좌에 가까운 남쪽 성좌(星座)의 하나.

ará *f.* =*arara*.

árabe *a.* 아라비아 (사람)의.
— *m.* 아라비아 사람(말).

arabêsco *a.* 아라비아식의. 아라비아 사람의. 아라비아 의장(意匠)의. 당초(唐草) 무늬의.

arábico *a.* 아라비아의.
— *m.* 아라비아 말(言語・文學).

arabio *a.* 아라비아의.
— *m.* 아라비아 사람.

arabismo *m.* 아라비아 말투. 아라비아 (어)학.

arabista *f.* 아라비아(어) 학자(문학자).

arabizar *v.t.* 아라비아 말(말투)로 하다. 아라비아식으로 한다.
— *v.i.* 아라비아의 말을 배우다.

araca *f.* (쌀・과일・설탕・야자 열매의 배 젖 등으로 만든) 인도주(印度酒).

araçá *m.* [植] 정향과(丁香科) 식물의 열매.

aracaranga *m.* [鳥] 아라까랑가(앵무새의 일종).

araçazada *f.* *araçã* 열매로 만든 과자.

araçazeiro *m.* *araçã* 나무.

aracea *f.* [植] (전남성과의) 관상식물(觀賞植物).

aracnídeos *m.* [動] 거미 무리의 동물(蜘蛛類).

aracnodérmico *a.* 거미줄 모양의 엷은 가죽(蜘網狀薄皮)의.

aracnóide *f.* [解] 거미집 모양의 막(膜).

aracnóideo *a.* 거미집 모양의.

aracnologia *f.* 지주학(蜘蛛學).

aracu *m.* [魚] 아라꾸(브라질산 물고기의 일종).

aracuã *m.* [鳥] 아라꾸앙(브라질산 새의 일종).

arada *f.* 경지(耕地). 경작한 땅. 논밭.

arado (1) *m.* ①보습. 밭가는 농기구. ②농사. 농경.
— (2) *a.* 굶주린. 기아상태에 가까운.

arador *m.* (보습으로) 밭가는 사람.

aradura *f.* ①(보습으로의) 밭갈이. 경작. ②경지(耕地).

arage, aragem *f.* ①산들바람. 미풍. ②숨 쉬기. 호흡. ③《轉》좋은 기회(機會).

aragonita, aragonite *f.* 결정성 탄산석회 (結晶性炭酸石灰).

araguágua *m.* [魚] (브라질산) 상어(鮫魚)의 일종.

araguari *m.* (브라질산의) 앵무새의 일종.

aramador *m.* 가는 쇠줄로 그물 만드는 (뜨는) 사람.

aramagem *f.* 철조망을 두르기(치기).

aramar *v.t.* 쇠줄(철선)을 만들다. 쇠줄로 그물을 뜨다.

arame *m.* 쇠줄. 철사. 철선(鐵線).
arame farpado 가시쇠줄. 유자철선.

arameiro *m.* 쇠줄로 여러 가지 세공(細工)을 하는 사람.

aramenha *f.* [植] 노회속(蘆薈屬).

arandela *f.* ①(불켜는) 초를 받치는 접시. ②벽에 붙은 가스 등(燈) 받침.

arando *m.* [植] 월귤나무속.

araneano *a.* 거미 비슷한.

araneiforme *a.* 거미 모양(蜘蛛狀)의.

araneologia *f.* 지주학(蜘蛛學).

aranha *f.* ①거미. ②가지가 많이 달린 촉대(燭台). ③말 한 필이 끄는 일인승 오륜마차. ④《轉》솜씨 없는 인간.
teias de aranha 거미줄.
aranha-céu (=*arranha-céu*) 마천루.

aranhão *m.* 큰 거미.

aranhento *a.* 거미줄의. 거미가 많은.
casa aranhenta 거미줄 많은 집.

aranhiço *m.* ①다리가 긴(長足) 거미. ②《轉》몸은 허약하고 팔・다리가 긴 사람.

aranhol *m.* 거미가 사는 구멍(宿穴). 거미줄 모양으로 된 그물.

aranhola *f.* 큰 게(大蟹)의 일종.

aranhoso *a.* 거미줄 모양의. 거미줄을 친.

aranzel *m.* 데데한 긴 이야기(글). 지루한 (싫증나는) 연설. 《古》관세율(關稅率). 법칙. 법식(法式).

arão, aro *m.* [植] 아름속(屬)의 식물 또는 그 비슷한 천남성과의 식물.

araponga *f.* [鳥] 아라뽕가(앵무새의 일종, 작은 비둘기처럼 생기고 소리는 몹시 예리함).

arapuá *f.* 검고 큰 꿀벌(蜜蜂).

arapuca *f.* (위는 양산 모양으로 펼치고 가운데에 작은 기둥을 세운) 덫. 올가미.

arar *v.t.* 밭갈이하다. 밭고랑을 일으키다. 이랑을 만들다.

arar os mares 배가(밭고랑 같은) 항적(航跡)을 남기며 가다.

arara *f.* ①[鳥] 아라라(큰 앵무새의 일종). 금강앵무새. (멕시코산) 금강 잉꼬. ②《轉》뻔히 아는 거짓말. 만들어낸 말.
— *m., f.* 《轉》바보. 천치. 머저리.
— *a.* 우둔한. 어리석은.

arara-bôia *f.* (아마존 유역에 사는) 뱀의 일종.

ararama *f.* (브라질산) 검고 큰 앵무새.

araranan *m.* (브라질산) 민물고기의 일종.

araroba *f.* [植] 콩과의 초목(물감 재료도 되고 포진성(疱疹性)의 여러 가지 병에 쓰는 약재료로 쓰임).

araruta *f.* 칡의 일종. 갈분(葛粉).

arás *f.* 애러스 천(아름다운 무늬 있는 곱슬곱슬한 천). 애러스 천의 벽포장.

aratório *a.* 경작(耕作)의.

aratriforme *a.* 보습 비슷한.

aratú *m.* 작은 게(小蟹).

araucária *f.* [植] 남양 삼목속(杉木屬). 브라질소나무.

arauto *m.* ①전령관(傳令官). 문장관(紋章官). 전례관(典禮官). ②전달원. 심부름꾼.

arável *a.* 밭갈이 할 수 있는. 경작 가능한.

araxá *m.* 높은 평지. 고원(高原).

arbitração *f.* 중재. 조정. 재정(裁定). 중재재판.

arbitrador *m.* 중재인. 조정(調停)하는 자. 심판자.

arbitragem *f.* 중재(재판)하기. 재정(裁定)하기.

arbitral *a.* 중재(재판)의.
decisão arbitral 중재판결.

arbitralmente *adv.* 중재재판에 의하여 조정에 따라. 타협하여.

arbitramento *m.* 중재(仲裁)(재판). 조정. 타협.

arbitrar *v.t.* 중재재판에 부치다(…에 대하여 판결하다). 조정(調停)하다. 타협하다.

arbitrariamente *adv.* 제멋대로. 독단적으로.

arbitrariedade *f.* 제멋대로임. 임의(任意). 독단. 전횡(專橫). 전단(專斷).

arbitrário *a.* ①제멋대로의. 임의의. 변덕스런. ②독단적인. 전횡적인. 자의(自意)의. ③중재인의.

arbitrativo *a.* 중재재판의(에 의한). 중재재판에서 판결된. 조정(調停)에 의한.

arbitreiro *m.* = *arbitrista*.

arbítrio *m.* ①중재재판. ②자유의사(意思). 임의(任意). 제마음대로 하기. ③전횡. 전단. ④자유선택. 임의의 처치. ⑤충고. 권고.
ao arbítrio de …의 마음대로. 그대로 되어가는 대로.
jivre arbítrio 자유의사.

arbitrista *m., f.* ①재정(裁定)하는 이. 고안자(考案者). 획책(劃策)하는 사람.

árbitro *m.* 중재인. 판정인(判定人). 심판원.

arbóreo *a.* 교목(喬木)의. 교목같은; 수질(樹質).

arborescência *f.* 교목성(性). 수목상(樹木狀) (결정(結晶) 등의) 나뭇가지 모양(樹枝狀).

arborescente *a.* 수목 같은. 교목 모양의. 나뭇가지 모양의.

arborescer *v.t.* 나무로 되다. 나무처럼 자라다.

arboreto *m.* 숲. 삼림(森林).

arborícola *a.* (동물로서) 나무 위에 사는 수상생서(樹上生棲)의.

arboricultor *a., m.* 수목재배를 연구하는 사람. 양수(養樹)의. 양수가.

arboricultura *f.* 수목재배법(栽培法).

arboriforme *a.* 나무 모양(樹狀)의. 교목같은.

arborista *m., f.* 수목재배 연구가.

arborização *f.* 나무를 심기. 식목. [鑛·化] 수지상(樹枝狀). 맥관(脈管)의 수지상 분기(分岐).

arborizado *a.* 나무를 심은. 나무가 우거진. [鑛·化] 수지상이 된.

arborizar *v.t.* 나무를 심다. 식목하다.

arbúscula *f.* = *arbúsculo*.
— *m.* 작은 관목(灌木).

arbuscular *a.* 나뭇가지 모양의. 수지상(樹枝狀)의.

arbusteo *a.* 관목(류)에 속하는. 초형목질(草形木質)의.

arbustiforme *a.* 관목상(灌木狀)의.

arbustivo *m.* 낮은 잡목(雜木). 교목(喬木). 관목(灌木).

arbuto *m.* [植] 소귀나무. 석남(石南). (북아메리카산의) 암리(岩梨) 무리의 만성관목(蔓性灌木).

arca *f.* 큰궤; 금고(金庫).
arca de água 급수 탱크.

arca de Noé (노아가 홍수 때 탔다는) 방주(方舟).

arca de alianca [聖] 결약(結約)의 궤(모세의 십계명(十誡名)을 새긴 돌을 넣은 궤).

arcabouço *m*. ①뼈대. 골격. 흉골(胸骨). ②[解] 해골. ③(건축물의) 골조(骨組). 구조(構造).

arcabuz *m*. 화승총(火繩銃).

arcabuzada *f*. 화승총으로 쏘기(사격).

arcabuzar *v.t*. 화승총으로 쏘다.

arcabuzaria *f*. 화승총의 연발(사격). 화승총부대(部隊).

arcabuzairo *m*. ①화승총 만드는 사람. 화승총 병(兵).

arcabuzeta *m*. 기병용 화승단총(短銃).

arcada *f*. ①[建] 아아치의 열(列). ②유개 가로(有蓋街路). 아첨가.

arcade *m*. 아르카디아 사람 ; 순박한 시골 사람. 전원취미(田園趣味)를 낙으로 삼는 사람.

arcado *a*. [建] 아아치형(形)의 활 모양의. 휘어진.

arcaico *a*. 낡은. 고어(古語)의. 고풍(古風)의. 시대에 뒤떨어진. 케케묵은. 진부한.

arcaísmo *m*. 고어. 고풍의 문장(文章). 페어(廢語). 의고체(擬古體).

arcaístico *a*. =*arcaico*.

arcaizar *v.t*., *v.i*. 옛식으로 하다. 고풍으로 하다(되다). 고체(古體)를 쓰다. 고어를 사용하다. 고풍을 모방하다. 케케묵은 것이 되다. 고어 또는 페어로 되다.

arcangélico *a*. 천사장의. 천사장 같은.

arcanjo *m*. 천사장(天使長). 대천신(大天神).

arcano *m*. 비밀. 비결.
— *a*. 비밀의. 신비한.

arção *m*.《古》안장(鞍裝)의 앞테.

arcar (1) *v.t*. 아아치형으로 하다. 활 모양(弓形)으로 하다. (휘다).
— (2) *v.i*. 싸우다. 애쓰다. 노력하다.

arcar com uma dificuldade 어려운 일에 직면하다(부닥치다).

arcaria *f*. 아아치의 열(列). 궁형(弓形)으로 계속되는 것.

arcaz *m*. 큰 상자. 큰 궤.

arcebispado *m*. 대감독(大監督) 또는 대주교의 직위(職位) 또는 그의 관구(管區).

arcebispal *a*. [宗] 대감독의. 대주교의.

arcebispo *m*. (신교의) 대감독. (구교의) 대주교. (불교의) 대승정(大僧正).

arcediago *m*. 부감독. 부주교.

areha *f*. [史] 미늘창(창끝이 두세 가닥으로 갈라진 창).

archeiro *m*. 창병. 극병(戟兵).

archotada *f*. 횃불 든 행렬.

archote *m*. ①횃불. 거화(炬火). ②지식의 빛. ③(불켜는) 큰 초.

archoteiro *m*. 횃불 만드는 또는 파는 사람.

arciforme *a*. 활 모양(弓形)의. 활 모양으로 휜.

arcipotente *a*. 궁술(弓術)에 숙달한.

arciprestado *m*. 대사제(大司祭)의 직위 또는 관구(管區).

arcipreste *m*. 대사제. 주승(主僧).

arco *m*. ①호(弧). 원호(圓弧). 호형(弓形). [建] 아아치. ②아아치문(門). 아아크 등(燈). ③궁륭(穹). ④바이올린의 활.

arco-iris 무지개.

arco triumfal 개선문(凱旋門).

arco de ponte (중간에 교각(橋却)이 없는 다리의) 아아치형의 양쪽 기초 부분. 반원형(半圓形)의 기초.

arcobotante *m*. 버팀벽. 버티는 물건.

ar-condicionado *m*., *a*. 공기 조절 장치(의). 환기(換氣). 조정 장치 설비(된).

arconte *m*. [史] 집정관(옛 그리스 *Athens*의 9명). 시배사. 상(長).

arcoptose *f*. 직장(直腸)의 수하(垂下).

arcorreia *f*. 항문출혈(肛門出血).

arcorreico *a*. 항문출혈의(에 관한).

arcoze *f*. 화강사암(花崗砂岩).

arctico *a*. 북극의. 북극지방의.
polo artico 북극(北極).

articicola *a*. (곤충으로서) 북극지방에 사는.

arctos *m*. [天] 소웅성좌(小熊星座).

arcturo *m*. [天] 대각성(大角星). 목부좌(牧夫座)의 제일 큰 별.《詩》북극. 북극지방.

arda *f*. [動] 다람쥐속(栗鼠類).

árdego *a*. ①열렬한. 불타는 듯한. 뜨거운. ②강한. 강렬한. ③곤란한. 힘든.
homem árdego 성품이 과격한 사람.
cavalo árdego 성질이 사나운 말(荒馬).
negócio árdego 힘드는 일(또는 상거래).

ardelião *m*. 남의 일에 간섭하는 이.

ardência *f*. 열렬함. 정열. 열심. 격렬(激烈). 활기.

ardente *a.* 불타는 듯한. 뜨거운. 열렬한. 열성적인. 격렬한. 맹렬한. 몹시 매운. 가열한. 호된.

ardentemente *adv.* 열렬하게. 맹렬하게. 호되게.

ardentia *f.* 바다의 인광(燐光). 부지화(不知火). 바다의 도깨비불.

arder *v.i.* ①타다. 불타다. 타오르다. ②빛나다. 비치다. 번쩍이다. ③열중하다. 열망하다. 자극 받다.
— *v.t.* 태우다. 불 때다.
arder por alguém 누구를 몹시 사모(사랑)하다.
arder contra alguém 누구에 대하여 대단히 노하다.

ardidamente *adv.* 용감히. 호담(豪膽)하게.

ardideza *f.* 용감. 용맹. 용기. 호담.

ardido (1) *a.* ①탄. 태운; 달군. ②혀를 찌르는 듯한 (자극 주는). 흥분한.
— (2) *a.* 용감한. 용맹한. 대담한. 호담한.

ardil, ardileza *f.* 술책. 책략(策略). 계략. 계교. 간책. 트릭.

ardilosamente *adv.* 속여서. 교활하게.

ardiloso *a.* 교활한. 간책에 능한. 음험한. 재치 있는.

ardimento (1) *m.* 타기. 불타기. 연소(燃燒). 달구기; 혀를 찌르는 듯한 자극. 타는 심정.
— (2) *m.* 용감. 용맹. 대담. 호담(豪膽).

ardor *m.* ①작열(灼熱). ②열정. 열심. 열망. ③활기. ④혀를 찌르는 듯한 자극; 타는 듯한 열정. 심정.

ardoroso *a.* 태우는. 태우는 듯한. 열렬한. 열망하는.

ardósu *f.* 점판암(粘板岩)을 뜬 판석(板石). 슬레이트.

ardosieira *f.* 점판암(粘板岩).

ardume *m.* =ardor.

árduo *a.* 곤란한. 고된. 힘드는. 끈기 있는. 험한.

are *m.* (밭의) 면적 단위. 100m². 약 30.25평.

área *f.* ①지면(地面). ②면적. 지적(地積). 지평(地坪). ③지역. 활동범위. ④빈터. 평지.

areação *f.* 뜨거운 모래를 몸에 끼얹기. 열사요법(熱砂療法). 사욕(砂浴).

areado *a.* ①모래에 덮인. 모래처럼 된. 모래의 마찰로 인하여 매끄럽게 된. ②[植] (잎사귀가) 모래로 더러워진. ③인사불성이 된. 실신한. 졸도한. 《轉》파산으로 돈 한 푼 없게 된. 영락한.

areal *m.* ①모래땅. 사지. 모래밭. ②모래 해변. 백사장(白沙場).

areamento *m.* 모래를 끼얹기(덮어버리기) 모래를 깔기. 모래로 닦기.

arear *v.t.* 모래를 끼얹다. 모래를 깔다. 모래로 닦다.
— *v.i.* 졸도하다. 인사불성이 되다.

areca *f.* [植] 빈낭수(檳榔樹).

arecal *m.* 빈낭수 숲(樹林).

areeira *f.* 모래밭. 모래땅. 사지.

areeiro *m.* 모래 파내는 곳. 사갱(砂坑). 모래통. 모래 운반 인부.
— *a.* 모래가 많은. 모래투성이의.

areento *a.* 모래의. 모래 많은. 모래땅의.

arefação *f.* 가루로 만들기. 분말(粉末)로 하기.

areia *f.* ①모래. ②모래 같은 것. 거칠은 가루. ③《俗》우행(愚行). 우사(愚事).
areias (*pl.*) [醫] 결사(結砂). 요사(尿砂).
banco do areia 강변의 모래 언덕(砂丘). 해변가의 모래 벌판.
areia grossa 굵은 모래. 자갈.
Semear na areta. (모래땅에 씨를 심다). 《諺》헛수고를 하다.

areião *m.* 넓은 모래 벌판. 사원(砂原).

areinho *m.* (강변의) 작은 모래 언덕(小砂丘).

arejado *a.* 공기가 통하는 바람맞는 곳에 놓인. 시들은.

arejamento *m.* 공기가 통하게 함. 바람맞이에 놓음.

arejar *v.t.* ①공기가 통하게 하다. 바람맞게 하다. ②바람맞이에 놓아 시들게 하다. ③(부채로) 부치다.
— *v.i.* 신선한 공기를 마시다. (과일이) 시들다.
—*se v.pr.* (동물이) 감기에 걸리다.

arejo *m.* 공기 통하기. 바람맞기. 바람맞는데 내놓기.

arena *f.* 가운데 모래를 깔고 설비한 투기장(鬪技場). 무도장(武道場). 씨름하는 곳. 활동무대.

arenáceo *a.* 모래 같은. 사질(砂質)의. 모래가 많은.

arenado *a.* 모래에 덮인. 모래투성이의.

arenario *a.* [植] 모래땅(砂地)에 돋아나는 (피는).

arenata *f.* 사질불모(砂質不毛)의 땅.

arenato *a.* 규질(硅質)의. 규석(硅石)이 있는.

arenga *f.* 대중 앞에서의 열변. 지루한(긴) 이야기(연설). 장광설.

arengador *m.* 열변 토하는 사람. 말하기 좋아하는 이. 요설가(饒舌家). 지루한(긴) 이야기를 하는 사람.

arengar *v.t., v.i.* 긴 연설하다. 장광설을 늘어놓다. 시시한 열변을 토하다. 쓸데없는 논쟁을 하다.

arengueiro *m.* 말하기 좋아하는 이. 요설가. 덧없이 이론하기 좋아하는 이.

arenicola *a.* 모래 속(砂中)에 사는.
— *m.* 사잠(沙蠶).

arenífero *a.* 모래가 있는. 모래가 섞인. 모래를 함유하는.

areniforme *a.* 모래 같은. 모래 비슷한.

arenisco *a.* 모래가 많은. 모래투성이의. 모래 섞인.

arenite, arenito *m.* 사석(砂石). 사암(砂岩).

arenoso *a.* 모래가 많은. 모래투성이의. 모래를 함유한.

arenque *f.* [魚] 청어.

aréola *f.* ①극히 좁은 면적. 화단(花壇). ②[植·動] (엽맥이나 시맥 사이의) 그물눈틈(網目隙). ③[解] 유두륜(乳頭輪). ④[生物] 세포핵. ⑤[醫] (부스럼의) 홍륜(紅輪).

areolação *f.* 그물눈 같은 빈틈(空隙)이 있음(이 생김).

areolado *a.* 그물눈 같은 빈틈이 있는.

areolar *a.* [植·動] 그물눈 틈의. 유두륜의.

areometria *f.* 액체비중측정(液體比重測定).

areométrico *a.* 비중측정의. 비중계의.

areómetro *m.* 액체비중계.

areopagita *m.* (옛 그리스 최고의) *Areopagus* 재판소.

areópago *m.* [史] (*Athens* 언덕의) 옛 그리스 최고재판소. (명사·학자·법관·정치가·문필가 등이 모이는) 명사회(名士會).

areossístilo *a., m.* [建] 기둥을 모아 세운 식(集柱式)의 (건물).

areostilo *a., m.* [建] 소주식(疎柱式)의 (건물).

aresta *f.* ①(보리 따위의) 꺼끄러기(穀針). 보잘 것 없는 물건. ②[幾] 양사면(兩斜面)의 교각(交角). ③ 분수령(分水嶺)의 융기선(隆起線).

aresta do linho 삼(麻) 찌끼.

aresto *m.* ①판결. 선고. ②어려운 문제의 해결.

arestoso *a.* [植] 꺼끄러기가 많은.

aréu *a.* 어찌할 바를 모르는. 어리둥절한. 섞갈리는. 당황한. 난처한.

arfadba, arfadura, arfagem *f.* 배의 종요(縱搖: 뱃머리(船首)가 위로 올라갈 때 선미(船尾)가 내려가고 선미가 올라갈 때 선수가 내려가는 동요.

arfante *a.* 종요(縱搖)하는. 동계(動悸)하는.

arfar *v.i.* ①(배가) 종요하다. (눈앞의 바다가) 상하로 움직이다. (배의 종요로 느끼는 착각). ②고동(鼓動)하다. 동계하다. 숨차다.

arfar o cavalo (말이) 앞발 들고 곧추 일어나다.

arfil, arfim *m.* [將棋] 성형(城形)의 장기쪽.

argali *m.* [動] 반양(盤羊: 아시아산의 산양(野羊).

argamandel *m.* 《俗》 말을 많이 하는 이. 요설가.

argamassa *f.* 모르타르. 진흙. 회반죽.

argamassar *v.t.* 모르타르로 굳히다.

arganaz *m.* [動] 들쥐의 일종. 다람쥐와 쥐의 중간의 동면하는 설치류.

arganel *m.* 놋쇠(黃銅)로 만든 작은 종(鍾).

arganéu, arganéo *m.* [海] 닻가락지(錨環). 포신(砲身)에 있는 환(環).

argel *a.* ①(馬의) 바른 다리(右足)가 흰. ②《俗》서투른. 느린. 활기 없는.

argel travado (馬의) 앞뒤 네다리가 흰.
argel manalavo 두 앞다리만 흰.
— *m.* 떠들썩하는 소리. 소동.

argelino *a.* (서북아프리카에 있는) 알제리아(사람)의.

argema *f.* [醫] 안구궤양(眼球潰瘍).

argemona, argemone *f.* [醫] 각막(角膜)궤양. [植] 알제모나 (그 잎사귀는 뱀에 물렸을 때 약으로 쓰고 그 열매는 마취약으로 쓰임).

argentado *a.* 은(銀)빛의. 은을 입힌. 도은(鍍銀)한.

argentador *a., m.* 은을 입히는(칠하는)(사람). 도은공(鍍銀工).

argentão *m.* 양은(洋銀: 구리·니켈·아연 따위의 합금).

argentar *v.t.* 은을 입히다. 칠하다. 도은하다. 은처럼 희게 하다.

argentaria *f.* ①은으로 장식하는 것. ②은그릇. 은세공물(銀細工物). ③은빛(銀色).

argentário *m.* ①은그릇을 넣는 찬장. ②《轉》부호(富豪). 거부.

angentato *m.* [化] 산소염(酸銀鹽).

argentear *v.i.* =*argentar*.

argênteo *a.* 은의. 은으로 만든. 은빛의.

argentífero *a.* 은이 나는. 은을 포함한.

argentifico *a.* 은이 되는. 은화(銀化)하는.

argentifolio *a.* [植] 은빛의 잎사귀가 있는. 은색옆(銀色葉)의.

Argentina *f.* 아르헨티나.

argentino (1) *a.* 은의. 은같은. 은빛의. 은처럼 희게 비치는.
— (2) *a.* (남미) 아르헨티나(공화국)의.
— *m.* 아르헨티나 사람.

argento *m.* ①《古》은(銀). ②바다(海).

argeste *m.* [空] 북서풍(北西風).

argila *f.* 흙. 진흙. 도토(陶土).

argiláceo *a.* 진흙 같은. 진흙이 섞인. 점토질(粘土質)의.

argileira *f.* 진흙 파는 곳. 점토갱(粘土坑).

argilífero *a.* 진흙이 섞인. 진흙이 많은.

argiliforme *a.* 진흙(도토) 같은.

argilóide *a.* 진흙(도토)처럼 보이는. (보기에) 진흙 같은.

argilolito *m.* 점토암(粘土岩).

argiloso *a.* 진흙이 있는. 점토질의.

argirantemo *a.* [植] 은백색(銀白色)의 꽃이 피는.

argírico *a.* 은에 관한.

argirismo *m.* 은염 중독(銀鹽中毒).

argiro (은·은빛)의 뜻을 가진 복합형.

argirocefalo *a.* 흰머리(白頭)의.

argirocrata *m.* 부호(富豪). 부자.

argrirofilo *a.* [植] 은백(銀白)의 잎사귀가 있는.

argirolito *m.* 함은석(含銀石).

argironeta *f.* [動] 물야미(水蜘蛛).

argirostigmado *a.* [植] 백반(白斑)이 있는.

argola *f.* 테. 쇠테두리. 고리. 환(環).
argolas (*pl.*) 귀고리.

argolado *a.* 쇠테두리(고리)가 달린.

argolão *m.* 큰쇠테두리. 큰 고리(大形環).

argolar *v.t.* 쇠테두리(고리)를 달다. (붙이다). 귀고리를 달다.

argonautideos *m.*(*pl.*) 앵무패속(鸚鵡貝屬).

argôio *m.* [化] 아르곤(氣體元素).

argos *f.* [天] (남쪽 성좌의) 선박성(船舶星). 《俗》눈치가(는빛이) 예민한 사람. 정탐꾼. [鳥] 청란(靑鸞: 인도산 꿩의 일종).

argot *m.* (도둑들의) 암호말. 은어(隱語).

argúcia *f.* 예민. 민감. 민첩. 세밀한 구별. 교묘. 정묘. 미묘. 교묘한 이론.

arguciar *v.i.* (…에) 예민(민감)하다. 세밀히 구별 짓다. 교묘(정묘)해지다. 궤변을 부리다.
— *v.t.* 세밀한 구별을 하다. 교묘(정묘)케 하다.

arguciosamente *adv.* 빈틈없이. 민첩하게.

argucioso *a.* 날카로운. 예민한. 교묘한. 영리한. 통찰력 있는. 극히 세밀한. 빈틈없는. 교활한. 내흉한.

argueiro *m.* 티끌. 꺼끄러기. 극히 작은 조각. 극소량. 가치 없는 것. 보잘것 없는 물건.
Jazer um argueiro um cavaleiro. 작은 것을 보태어 큰 것처럼 하다. 침소봉대(針小棒大)하다.

argüente *a., m.* 논쟁하는 (사람). 논박하는 (자).

argüição *f.* 논쟁. 논박(論駁). 논증. 비난.

argüidor *m.* 논쟁하는 이. 논박하는 자. 항변자(抗辯者).

argüir *v.t., v.i.* 논쟁하다. 논박하다. 논증(論證)하다. 심문(訊問)하다. 힐문(詰問)하다.

argüitivo *a.* 논증적의. 비난의. 힐문의. 죄있다고 하는.

argumentação *f.* 토의. 통론. 논쟁. 변론. 논증. 논법(論法).

argumentador *m.* 토론(토의)하는 자. 논쟁자. 논증자.

argumentante *a.* =*argüente*.

argumentar *v.t., v.i.* 논하다. 토론하다. 논의하다. 논쟁하다. 논증하다. 변론하다. 주장하다. 설복하다. (이유·증거 등이 …임을) 표시하다. 증명하다.

argumentativo *a.* 논쟁적(的). 토론적. 논쟁을 좋아하는. 이치를 따지는. 까다로운.

argumento *m.* 논의. 논증. 변론. 논법. 논쟁. 담론(談論). (주제의) 요지(要旨). (책의) 개요. (이야기의) 줄거리.

argutamente *adv.* 기민하게. 빈틈없이.

arguto *a.* 기민한. 예민한. 교묘한. 날카로운. 통찰력 있는. 빈틈없는.

ária (1) *f.* [樂] 아리아. 영창(詠唱: 악기의 반주가 있는 독창곡으로 주로 3부 형식으로 됨).
— (2) *m., f.* 아리아인(人). 아리아어족

의 사람.
aranismo *m.* 아리우스파(派)의 교리(敎理).
ariano (1) *m.*, *a.* 4세기경 그리스도의 신성(神性)을 부정하는 교의(敎義)를 주장한 *Arius*(의). 아리우스파(사람)의.
— (2) (=*aryano*). *a.* 아리안의. 아리안어족(語族)의. 인도 페르샤어족의. 아리안인종의. 아라안인종에 속하는.
— *m.* 원시 아리안어(語). 아리안인(人).
aridaz, arideza *f.* 건조. 불모. 빈약. 무미. 냉담. 무정.
arido *a.* (토지가) 마른. 매마른. 황무(荒蕪)한. 불모의. 몹시 건조한. 무미건조한. 냉담한. 무정한. (두뇌·사상 등이) 빈약한.
aries *m.* [天] 백양궁(白羊宮: 12궁의 하나. *carneiros*의 별명).
arieta *f.* 아리에타. 소영창(小詠唱).
arietaria *f.* [植] 호이초(虎耳草).
aríete *m.* [옛 軍器] 파성추(破城槌). 큰 망치.
arietino *a.* 양(羊)의. 양에 관한.
arilado *a.* [植] 종피(種皮)가 있는. 종피의.
arilário *a.* 종피 같은.
arilo *m.* [植] 종피(種皮).
falso arilo 가종피(假種皮).
arilódio *m.* [植] 종피의 부산물(副産物).
arinque *m.* [海] 닻줄. 닻의 부표망(浮標網).
arinta *f.* —*urinto*.
— *m.* 흰포도(白葡萄)의 일종(또는 그것으로 만든 술).
aríolo *m.* 점치는 사람. 점장이.
arioso *adv.* [伊·樂] 유려(流麗)하게. 선율적(旋律的)으로. 감상적으로.
— *m.* 감상적(感傷的)인 노래.
aripar *v.i.* 체로 치다. (모래를) 체로 쳐서 가리다.
ariscar *v.t.* 거절하다. 사절(謝絶)하다.
arisco *a.* 모래가 많은. 사질(砂質)의 거칠은. 깔깔한. (성격이) 사나운. 취급하기 어려운. 대하기 까다로운. 제멋대로 하는.
aristado *a.* [植] 까끄라기가 있는. 가시가 있는.
aristarco *m.* 원고(原稿)·저작품 등에 대한. 엄격한 검열관. 혹평가(酷評家). (옛 그리스의 비평가 *Aristarchus*의 이름에서 유래됨).
aristiforme *a.* 까끄라기 비슷한. 망상(芒狀)의.

aristocracia *f.* 귀족. 귀족사회. 귀족정치. 상류계급별(閥).
aristocracia do dinheiro 재벌.
aristocrata *m.*, *f.* 귀족. 귀족정치주의자. 귀공자.
aristocraticamente *adv.* 귀족적으로. 귀족식으로.
aristocrático *a.* 귀족의. 귀족적인. 귀족정치의.
aristocratismo *m.* 귀족제(貴族制)주의. 귀족풍. 귀족 기질(氣質). 귀족적 행실.
aristocratizar *v.t.* 귀족적으로 하다. 귀족정치를 하다.
—*se v.pr.* 귀족처럼 되다.
aristodemocracia *f.* 반귀족·반평민(민주)정치.
aristodemocrata *m.*, *f.* 반귀족·반평민(민주)당원.
aristofánico *a.* (그리스 시인) 아리스토파네스적인.
aristoso *a.* =*aristado*.
aristotélico *a.* (옛 그리스의 철학자) 아리스토텔레스의. 또는 그 철학의.
aristotelismo *m.* 아리스토텔레스의 철학.
aritmancia *f.* 숫자로서 판단하는 점(占術). 숫자로 점치기. 수복(數卜).
aritmética *f.* 산술. 계산.
aritmeticamente *adv.* 산술로. 사술적으로.
aritmético *a.* 산술의.
razão aritmética 등차(等差).
— *m.* 산술책. 산술가(算術家).
aritmia *f.* 심장의 이상조직(異狀組織).
aritmico *a.* 율려가 맞지 않는. 맥박이 고르지 않는.
aritmo *m.* 율려부조(律呂不調). 맥박부정(脈搏不正).
aritmógrafo *m.* 1811년 *Gattey*가 발명한 계산기.
aritmologia *f.* 계수학(計數學). 수리학(數理學).
aritmometria *f.* 계산기에 의한 계산법.
aritmómetro *m.* 대수식 계산기(對數式計算器). 계산척(計算尺).
arlequim *m.* ①하알리퀸 (*pantomime* 극의 주역자. *pantaloon*의 하인으로 *Columbine*의 애인). ②익살꾼. 옷소개 잘하는 사람. 변덕스러운 사람. ③여러 가지 얼룩색이 있는 새(鳥). ④일종의 오파르 보석.
arlequinada *f.* (*pantomime*에서) *harle-*

arma *f*. 무기 흉기(총·창·활·칼·검 따위). (일반적으로) 병기(兵器). 병과(兵科). 병종.
armas (*pl.*) 무장. 무구(武具). 무술(武術).
arma de fogo 화기(火器). 총포.
arma branca 칼·검 따위의 (베는) 무기.
armas portáteis 휴대용 무기(소총·권총 등).
arma de longo alcance 장거리포.
suspensão de armas 휴전. 정전.
estar em armas 무장하고 있다.
arma de infantaria 보병과.
Arpresentar arma! 받들어총!
Hombro armas! 어깨총!

armação *f*. 틀. 테. 조립. (건물의) 구조. 골조(骨組). 구성. 하부 구조(構造). 조립한 물건. 장치(裝置). 설비.
armação de janela 창(窓)틀.
armação de quadro 사진틀.
armação de navio 선용구(船用具).
armação do veado 사슴의 뿔리. 녹용(鹿茸).
armação de uma loja 상점 내부의(상품 놓는 선반. 진열대. 진열장 등의) 모든 설비.
armação de pescada 어선(漁船)에서 쓰는. 고기잡이 도구 일절.

armada *f*. 함대(艦隊). 해군력. 해군.
Estado maior de Armada 해군참모부.

armadilha *f*. 덫. 올가미. (짐승잡는) 함정. 계략.

armadilho *m*. [動] (남미산의) 아르마딜로. 등각류(等脚類)의 갑각류(甲穀類).

armado *a*. 병기를 갖춘. 장비한. 무장한. 군사 준비한.

armador *m*. 여행(또는 운동) 용품상인. 선주(船主). 선하주(船荷主). 용선주(傭船主). 선박의장(船舶艤裝)하는 사람. 실내 장식하는 사람.

armadura *f*. 갑옷. 방호구(防護具). 방패. 철갑(鐵甲). 장갑(裝甲). 건축물의 구조 (뼈대·골조). 목조(木造).
armadura de animais 동물의 방어 무기 (뿔·이빨·발톱 따위).

armamentário *a*. 군비의. 무장의.

armamento *m*. 군비(軍備). 무장. 장비. 병기.

armar *v.t*. 무장시키다. 무기를 주다(몸에 지니게 하다). 군비를 갖추게 하다. 갑옷을 입히다. 강하게 하다. 굳세게. 하다. (배를) 의장(艤裝)하다. (가구를) 설치하다. 배치하다 (기구를) 장치하다.
— *v.t.*, —se *v.pr*. 무장하다. 무기를 들다. 군비를 갖추다. 준비하다. 덫(올가미)에 걸리다. 계략에 빠지다.

armaria *f*. 병기고(兵器庫). 무기고. 조병창.

armarinheiro *m*. 작은 잡화점(포목점) 주인.

armarinho *m*. (단추·실·치약·비누 따위를 파는) 작은 잡화점. 작은 찬장.

armário *m*. ①찬장. ②양복장(洋服欌). 의롱(衣籠).
armário embutido 각색 조각나무를 붙여 만든 찬장. 조각무늬 있는. 찬장.

armazém *m*. 곳간. 창고. 보관고. 저장소. 병기고. 군수품 저장소. 잡화점. 식료품 상점(가게).

armazenado *a*. 창고에 넣은(보관한). 저장한.

armazenagem *f*. ①창고에 넣기(보관하기). 저장. ②보관료(保管料).

armazenamento *m*. 창고에 넣기. 창고에 보관하기. 입고(入庫).

armazenar *v.t*. 창고에 넣다(보관하다). 저장하다.

armazenario *m*. (브라질 북쪽 용어) 설탕 장수. 설탕무역상인(商人).

armazenista *m., f*. 창고 지기. 창고관리인.

armeiro *m*. 무기제조인. 병기(兵器)상인. 총포 대장장이. 총 수리하는 사람. 갑옷장수. 무기관리인. 병기계(兵器係).

arménico, arménio *a*. 아르메니아(사람)의.
— *m*. 아르메니아인(人). 아르메니아 어(語).

armenista *m., f*. 아르메니아 어학자.

armental *a*. 소떼(牛群)의. 짐승 무리의.

armentário *m*. 소 모는 이. 목자(牧者). 목부(牧夫).

armento *m*. 짐승의 떼. 특히 소의 떼(牛群).

armentoso *a*. 많은 목축(牧畜)을 소유하는 (가지고 있는).

armífero *a*. ①무기를 가지고(지니고) 있는. ②군용(軍用). ③교전(交戰)의.

armígero *a*. 무기를 휴대하는(지니고 있는)
— *m*. 무장병. 병사(兵士).

armila *f*. ①(옛날의) 팔찌(腕環). ②혼천의(渾天儀).

armilha *f.* =*armadilha*.
armilheiro *m.* (목수용) 작은 끌.
armim *m.* (말의) 검은 털의 반점(黑毛斑點) 또는 흰털의 반점.
arminado *a.* 검은 털(또는 흰 털)의 반점 있는.
arminha *m.* [動] 노랑담비(黃貂: 족제비의 일종).
arminhado *a.* 어어민(흰담비)의 가죽을 댄. 어어민(담비)의 가죽처럼 회고 털끝이 검은. 검은 바탕에 흰점이 있는.
arminho *m.* [動] 어어민. 흰담비(白貂). 담비의 가죽. 순백(純白).
armipotencia *f.* 무력. 무장력. 병력. 무위(武威).
armipotente *a.* 무력이 강한. 전투에 강한. 무용(武勇)의. 상무(尙武)의.
armista *m.* 문장(紋章)에 정통한 사람.
armistício *m.* 휴전(休戰).
armistronder *m.* 칼과 칼(검과 검)이 마주치는 소리.
armolão *m.* [植] 시금치.
armorial *a.* 문장(紋章)의.
armoriar *v.t.* 문장을 달다.
arneiro *m.* 모래 많은 불모(不毛)의 땅. 매마른 땅.
arnaglossa *f.* [植] 차전초(車前草).
arnela *f.* 이(齒)가 삭거나 부러지고 남은 뿌리(殘齒根).
arnês *m.* (짐끄는 말의) 마구(馬具).
arnesad *a.* 마구를 단(올려 놓은).
arnica *f.* [植] 아르니카(국화과). [醫] (상처·흠집 따위에 바르는). 아르니카 팅크처(丁幾).
aro *m.* 나무테. 쇠테두리. 고리. 환(環). 주변지(周邊地).
aroeira *f.* [植] 유향(乳香)나무.
aroma *m.* 향기. 방향(芳香). 향유(香油). 방향제(劑).
aromal *a.* 향기의 방향에 관한.
aromático *a.* 향기로운. 향기 있는. 향료를 품은. 향료질(香料質)의.
aromatização *f.* 향을 뿌리기(바르기). 향기롭게 하기. 향료를 넣기. 양념하기.
aromatizador *a.*, *m.* 향기롭게 하는 (것). 풍미(향기)를 더하는 (것).
aromatizante *a.* 향기를 내는(풍기는).
aromatizer *v.t.* 향기롭게 하다. 풍미(향기)를 가하다. 양념하다. 향수를 뿌리다.

aromato *m.* 식물의 방향질(芳香質). 향료.
aromoso *a.* =*aromático*.
arpado *a.* 톱니 같은(처럼 된).
arpão *m.* (고래잡는) 작살(銛). 물고기를 찔러잡는 작살. 어차(魚扠).
arpar, arpear *v.t.* =*arpoar*.
arpejar *v.t.* [樂] 아르페지오(연급탄주)를 타다.
arpejo *m.* [樂] 아르페지오. 연급탄주(連急彈奏).
arpéo, arpéu *m.* 작은 작살(小銛). 작은 닻(小錨). 뾰족한 갈고리가 달린 (나무) 작대기 (배를 끌어당길 때 쓰는).
arpoação *f.* (고래잡는) 작살로 찌르기(찔러 죽이기).
arpoador *m.* 작살로 찌르는 사람.
arpoar *v.t.* (고래에 향하여) 작살을 쏘다. 던지다. 작살로 (고래를) 찌르다. 작살로 부뜰다.
arpoeira *f.* 작살(갈고리) 달린 밧줄.
arqueação *f.* ①활 모양으로 하기. 안쪽으로 굽히기. ②만곡(灣曲). ③통(桶)의 용적 계산. ④(배의) 톤수(噸數) 계산. 배의 적재 용적.
arqueado *a.* 활 모양이 된. 활 모양으로 휜. 안으로 굽은(구부러진). 용적(容積)을 잰(계산한).
arqueador *m.* 활 모양으로 휘는 사람. (휘 세 하는 물건). 배의 적재 용적을 계산하는 사람.
arqueadura *f.* =*arquemento*.
— *m.* 활 모양. 궁형(弓形). 안으로 굽음. 만곡.
arquear *v.t.* 활 모양으로 하다. 안으로 굽히다(구부리다). 만곡되게 하다. (배의) 용적을 재다. 통(桶)의 용량을 달다.
—*se v.pr.* 활 모양으로 휘다. 안으로 굽어들다(구부러지다). 만곡이 되다.
arquear o lombo 허리를 구부리다.
arqueio *m.* =*arqueação*.
arqueiro *m.* 테(또는 쇠테두리) 만드는 사람 (또는 그 장수). 나무통(특히 생맥주통·간장통 따위)을 만드는 사람. 큰 궤짝을 짜는 사람(또는 그 장수). 《俗》 (축구)문지기. 골키퍼. 《古》 회계사.
arquejamento *m.* 헐떡거리기. 숨이 가쁨.
arquejante *a.* 헐떡거리는. 숨이 찬.
arquejar *v.i.* 헐떡거리다. 숨이 차다. 호흡 곤란을 느끼다. 가슴이 답답하다.

arquejo *m.* 헐떡거리는 숨. 가쁜 숨. 숨쉬기 어려움.

arqueogeologia *f.* 선사시대(先史時代)의 지질학.

arqueografia *f.* 고고지(考古誌). 고비고분지(古碑古墳誌).

arqueologia *f.* 고고학(考古學).

arqueológico *a.* 고고학의(에 관한).

arqueólogo *m.* 고고학자.

arquétipo *m.* 원형(原型). 전형(典型). (화폐·도량형 등의) 본위(本位).

arquibancada *f.* 큰 의자(椅子). 긴 의자. 야외 의자. 관람석.

arquibanco *m.* 큰 의자. 관람석.

arquidiocese *f.* 대주교 관구(管區) (또는 그의 영지(領地)).

arquidivino *a.* 가장 신성(神聖)한.

arquiducado *m.* 대공령(大公領).

arquiducal *a.* 대공의. 대공령(領)의.

arquiduque *m.* 대공(大公) : 1918년까지의 舊 *Austria* 황자의 칭호).

arquiduquesa *f.* 대공비(大公妃). (舊 *Austria* 황녀(皇女)).

arquiepiscopado *m.* = *arcebispado*.

arquiepiscopal *a.* = *arcebispal*.

arquimilionário *m.* 억만장자. 대부호.

arquiministro *m.* [廢] 수상(首相). 국무총리.

arquipélago *m.* 군도(群島). (그리스 남쪽의) 에게바다. 다도해(多島海).

arquipirata *m.* 해적(海賊)의 두목.

arquipotente *a.* 가장 세력 있는. 가장 유력한.

arquitetado *a.* [廢] 설계된. 건축계획한. 건축된.

arquitetar *v.t.* [廢] 설계 겸 건축하다. 건축계획하다. 건축 도면을 그리다. 건축 설계를 하다.

arquiteto *m.* 건축가. 건축기사. 설계사. 설계와 건축을 겸하는 사람. 발기인(發起人). 발안자(發案者).

arquitetônica *f.* 건축학. 건축술. 조영술(造營術).

arquitetônico *a.* 건축학의. 건축술의. 구조상의. 구성적(構成的).

arquitetura *f.* 건축. 건축술. 건축학. 구조(構造). 구성.
arquitetura civil 보통건축. 토목건축.
arquitetura militar 축성법(築城法).
arquitetura naval 조선술(造船術). 조선학.
arquitetura humana 인체구조(人體構造).

arquitetural *a.* 건축학의. 건축술의. 구성적의.

arquiteturista *m., f.* 건축전문화가(畫家).

arquitolo *m., a.* 바보 중의 바보(의). 매우 우둔한 인간(의).

arquitravado *a. arquitrave*를 한(붙인).

arquitrave *f.* [建] 갓나무. 평방(平枋). 처마도리.

arquivado *a.* 공문서철(公文書綴)에 끼운. 기록철에 보관한.

arquivamento *m.* 서류철에 끼우기. 순서대로 끼워 보존하기.

arquivar *v.t.* (원서·신청서·상품송장 따위를) 기록대장에 끼우다. 서류철에 순서로 끼워두다. 문고(文庫)에 보관하다.

arquivista *m., f.* 공문서류 보관인. 기록보관인. 기록계. 기록사무원.

arquivo *m.* 공문서류 보관소. 기록소. 문고(文庫).
arquivos (*pl.*) 공문서류. 기록서류.
secção de arquivos 문서과(文書科). 기록과.

arqulvolta *f.* [建] 장식(裝飾) 홍예 창도리.

arrabalde *m.* (도시의) 교외. 시외. 변두리. 주위(周圍). 부근.

arrabaldeiro *m.* 교외(변두리)에 사는 사람.

arrabujar-se *v.pr.* 개가 심한 피부병에 걸리다. 옴(疥癬) 투성이 되다.

arraçado *b.* 어떤 종족(種族)에 비슷한. 어떤 종족에 속(屬)하는.

arraçar *v.t.* 종족을 개량(改良)하다.

arraçoamento *m.* 하루분(1日分)의 양식(을 주기).

arraçoar *v.t.* (사병들에게) 하루분의 양식을 분배하다. 급식하다.

arraia (1) *f.* [魚] 가오리(노랑가오리. 시끈가오리. 매가오리 따위 코가 짧은 것의 총칭).
— (2) *f.* 국경. 경계(境界).

arraiada *f.* 아침 햇빛.

arraiado *a.* 선(線)을 그은. 줄을 친. 광선이 뻗은. 가로(街路)가 방사선식으로 뻗은.

arraial *m.* ①작은 마을(촌락·부락). ②야영지(野營地). ③시골의 장날.

arraia-miúda *f.* 평민. 하층민.

arraiano *a.* 국경의. 국경(부근)에 사는.

araigado *a.* 뿌리를 벋은. (병·습관 등) 뿌리깊은. 깊이 물들은(스며든). 만성의. 상습의. 버릇이 된. 숙폐(宿弊)로 된.

arraigar *v.t.* 뿌리 뻗치다. 뿌리박게 하다. 뿌리 깊이 심다. 고정시키다. 정착시키다.
— *v.i.* 뿌리 뻗다. 고정하다. 정착하다. 체류하다.
—se *v.pr.* 근거를 정하다. 정착(부정)하다. 버릇이 되다. 습관되다.

arrais *m.* (보트의) 타수(舵手). 작은 기선의 선장. 정장. (함선의) 키잡이.

arraizado *a.* =*arraigado*.

arraizar *v.t.*, *v.i.* =*arragigar*.

arramar *v.t.*, —se *v.pr.* (나무의) 가지가 뻗다. 뻗게 하다. 지엽(技葉)이 욱어지다(지게 하다). 퍼뜨리다. 살포(撒布)하다.

arranca *f.* (치아·병마개 따위) 빼기. 뽑기. 발취(拔取).

arrancada *f.* ①(풀·털 따위를) 뽑음. 발취. ②뛰어 나오기. ③돌진(突進). ④갑자기 칼 뽑아 들고 싸우기 ⑤개간지(開墾地).
de arrancada 갑자기. 돌연히.
partiu numa arrancada 갑자기 떠나버렸다.

arrancadamente *adv.* 갑자기. 돌연히. 급거.

arrancado *a.* ①(풀·털 따위를) 뽑은. 뽑힌. 이(齒)를 뺀. ②맹렬한. ③돌진하는. (배를) 갑자기 젓는.

arrancador *m.* (뿌리째) 뽑는 사람(또는 물건). (병마개) 빼는 것.

arrancadura *f.* 뽑음. 뿌리째 뽑기. 발취 (拔取). 척출(剔出). 근절(根絶).

arrancamento *m.* (풀·털 따위를) 뽑기. 당겨 뽑기. 척출(剔出). 빼기. 발취. (뽑아) 따로따로 갈라놓기. 칼뽑기(拔刀). 돌진. 돌입.

arrancar *v.t.* ①이(齒)·병마개 따위를 뽑다. 빼다. 척출하다. ②(풀·털 따위를) 뽑다. 뿌리째 뽑다. 발취하다. ③칼을 뽑다. ④빼들다. 탈취하다. ⑤강요하다. 강제하다.
arrancar um dente 이(齒)를 빼다.
—se *v.pr.* 툭 튀어 나오다. 돌진하다. 돌입하다. 갑자기 배를 젓다(노를 갑자기 젓다).

arranca-toca *m.* [農] 뿌리 뽑는 기구(拔根機).

arranchar *v.t.* 사병에게 하루분(1日分)의 양식을 주다. 양식 분배를 하다. 회식(會食)하기 위하여 불러 모으다. 회식시키다.
—se *v.pr.* (회식하기 위하여) 모이다. 집합하다.

arranco *m.* (풀뿌리·털 따위를) 뽑기. 못 (모다구·병마개 따위를) 빼기. 당겨빼기. 툭 튀어나오기. 돌진. 돌입(突入). 불의 (不意)의 습격.
arrancos (*pl.*) 임종의 마지막 고통. 빈사 상태의 호흡.
Dou o ulitmo arranco. 그는 마지막 숨을 거두었다(죽었다).

arranha-céu *m.* 마천루(摩天樓).

arranhador *m.* 긁는(할퀴는) 것. 할퀴어 상처내는 것.
arranhador de viola 서투른 탄금자(彈琴者).

arranhadura *f.* *arranhão*.
— *m.* 긁기. 할퀴기. 할퀸 상처(자욱). 작은 상처. (彫刻) 초벌깎기.

arranhar *v.t.* 할퀴다. 할퀴어 상처를 내다. (가려운 데를) 긁다. (악기를) 서투르게 타다. (외국어를) 불완전하게 하다.
— *v.i.*, —se *v.pr.* 긁다. 긁는 소리를 내다. (사업상의) 타격을 받다.

arranjadeiro *a.* 규율(規律) 바른. 차근차근한. 조심성 있는.

arranjadela *f.* =*arranjamento*.

arranjado *a.* 정리된. 정돈한. 처리한. (무질서했던 것을) 바로잡아 놓은. 수리한. 고쳐 놓은. (돈을) 마련한. 구한. 취득한. 준비한.

arranjamento *m.* 정리. 정돈. 정열. 곧 바로잡기(하기). 수리. 고치기. 준비. 마련하기. 구하기. 취득.

arranjar *v.t.* 정리하다. 정돈하다. 정열시키다. (흩어진 것을) 바로 잡아놓다. (순서가 틀린 것을) 제대로 놓다. 고치다. 수리하다. (돈·증명서 따위를) 마련하다. 준비하다. 갖추다. 구하다. 취득하다. 처리하다.
—se *v.pr.* 취직하다. 안정되다.
arranjar a vtaa 생계(生計)를 세우다.
arranjar um embrego 일터를 구하다. 취직하다.

arranjo *m.* 정리. 정돈. 바로잡기. 수리. 마련하기. 가정(家政). 가계(家計 : 일가

arranque *m.* 잡아뽑기. (못·병마개 따위) 빼기. 채굴(採掘). [機] 시동(始動). 시동 장치.

motor de arranque 자동 시동기(始動機). 자동 스타아터.

arras *f.* (*pl.*) [法] 동산의 저당. 저당물. 담보품. 결혼 당시(자기가 죽은 뒤에) 처에게 남기겠다고 약속하는 재산. 수당금.

arrás *m.* 애러스천(布) (아름다운 무늬 있는 곱슬곱슬한 천). 애러스천의 벽포장.

arrasadeira *f.* 되 또는 말(斗)의 평미레.

arrasado *a.* 허물어진. 파괴된 (되 또는 말에 곡식을 담고) 평미레로 밀어버린. 평평하게 한. 용기(容器)에 가득찬.

arrasador *m.* 파괴자. 허물어뜨리며 평평하게 하는 것. 불도저 따위 땅을 깎고 미는 기계. (되 또는 말의) 평미레.

arrasadura *f.* = *arrasamento*.
 — *m.* 파괴(하기). ①허물어뜨리기. 허물어 평평하게 하기. ②평미레로 밀기.

arrasante *a.* 파괴하는. 허물어뜨리는. 평평하게 하는.

arrasar *v.t.* 파괴하다. (건물을) 헐다. 헐어 평지로 만들다. (되 또는 말에 가득한 쌀 따위를) 평미레로 밀다. 밀어 평평하게 하다. (물건 특히 액체를) 그릇에 가득 채우다. 멸망시키다. 약하게 하다. 피로하게 하다.
 —*se v.pr.* 평평(평탄)해지다.

arrastadamente *adv.* 끌며. 겨우. 억지로.

arrastadeiro *a.* ①(땅 위에서) 끄는. 끌어당기는. ②기는. 기어 다니는. ③[植] 뻗는. 뻗어가는.
plantas arrastadeiras (호박이나 수박덩굴처럼) 지상으로 뻗는 식물(地上蔓草).

arrastado *a.* ①끌리는. 끌어당긴. ②기는. ③(덩굴처럼) 땅위로 뻗어가는. ④천한. 비천한.
preço arrastado 아주 싼값. 버리는 값.
vida arrastada 어려운 생활.
megocio arrastado 좀처럼 진척이 없는 상담(또는 상거래).

arrastadura *f.* = *arrastamento*.
 — *m.* ①끌기. 끌어당기기. ②기기. 기어다니기. 파행(跛行). ③유치(誘致). 인치(引致). ④납치(拉致).

arrastão *m.* ①물체를 끄는(끌어당기는) 갑작스러운 동작. 힘주어 확 당기기. ②충동. ③땅을 훑는 그물.

arrazta-pé *m.* 비속(卑俗)한 댄스(무도).

arrastar *v.t.* ①끌다. 끌어당기다. ②유치(誘致)하다. ③(낚시로) 낚다. ④납치하다.
 — *v.i.* ①(치마 따위 길어서) 땅에 끌리다. ②(땅에 배를 대고) 엉금엉금 기다. 파행하다.
arrastar os pés (피로하여) 다리를 끌며 가다.
arrasta a vida 겨우 생활해 나가다.
A guerra arrasta muitos males. 전쟁은 많은 재앙을 가져온다.

arrasto *m.* ①기기. 기어다니기. ②강의 얕은 곳. ③가난. 빈궁(貧窮).
rêde de arrasto 땅을 훑는 그물.
pesca ao arrasto 밑을 훑는 어업(漁業).

arrátel *m.* 옛날의 저울량. 459그람.

arrazoação *f.* = *arrazoamento*.

arrazoamente *adv.* 합리적으로 적당히. 합당하게.

arrazoado *a.* 합리적인. 도리(道理)에 따른. 정당한. 적당한. 합당한.
 — *m.* [法] 변명. 항변(抗辯). 논구(論究). 이론.

arrazoador *m.* 변명하는 자. 항변자. 추론자.

arrazoamento *m.* 추리(推理). 추론. 논구(論究).

arrazoar *v.t.* [法] (피고가 원고의 진술에) 항변하다. 변론하다. 변호하다.
 — *v.i.* 추리하다. 추론(推論)하다. 논쟁하다. 의논하다.

arre *interj.* (말부릴 때하는 소리) 쯔쯔! 어러러! 이랴!

arreado *a.* ①(기·돛·천막 따위 올렸던 것을) 끌어내린. 내리운. 걷은. 걷어치운. ②약해진. ③패배한.

arreamento *m.* ①가구(家具). 실내장식기구. ②(짐끄는 말의) 마구를 달기.

arrear (1) *v.t.* ①가구를 설치하다(설비하다). 가구로 실내를 꾸미다. ②마구(馬具)를 달다.
 —*se v.pr.* (옷을) 입다. 잘 차리다. 성장(盛裝) 하다.
 — (2) *v.t.* ①(기·돛·천막 따위를) 내리우다. 걷다. 걷어치우다. ②패배시키다.
 — *v.i.* 약해지다. 어쩔 수 없이 되다.

arrearia *f.* 마구점(馬具店).

arreata *f.* (우마용의) 굴레. 말고삐(馬索).
arreatadura *f.* ①굴레를 씌우기. 밧줄로 묶기. ②묶는 밧줄.
arreatar *v.t.* 굴레를 씌우다. 고삐로 매다. 돛대에 범색(帆索)을 비끄러매다.
arrebanhador *m.* (흩어진) 가축을 모으는 사람.
arrebanhar *v.t.* 가축을 모으다. 불러 집합시키다.
—**se** *v.pr.* (분산했던) 가축이 모여들다. 모여 떼를 짓다.
arrebatado *a.* ①서두르는. 바삐 하는. 급한. 조급한. 성급한. ②심한.
arrebatador *a.*, *m.* ①갑자기 빼앗는 (사람). 강탈하는 (놈). ②황홀케 하는 (이). ③서두르는 (사람). ④골내는 (사람). 화내는 (사람).
arrebatamento *m.* 갑자기 빼앗기. 강탈. 겁탈. 황홀(恍惚). 열중. 흥분. 성급(性急). 조급. 성내기. 화내기.
arrebatar *v.t.* ①갑자기 빼앗다. 강탈하다. ②황급히 쥐다. ③(…을) 바삐 제거하다. 빼버리다. ④(마음을) 황홀케 하다.
—**se** *v.pr.* ①갑자기 뛰어나가다. ②…에 열중하다. 황홀해지다. ③흥분하다. 노하다. 화내다. 짜증부리다. ④…에 빠지다.
arrebato *m.* 갑자기 빼앗기. 강탈.
de arrebato 갑자기. 놀연히.
arrebem *m.* (선박용의) 가는 밧줄. 괄범색(括帆索: 돛대에 매는 데 쓰는 밧줄).
arrebentação *f.* ①파열(破裂). ②밀려오는 파도. 밀려와서 부서지는 파도.
arrebentadiço *a.* 터지기 쉬운. 쉽게 파열하는.
arrebentamento *m.* ①터짐. 파열. 터지는 소리. 작렬성(炸裂聲).
arrebentar *v.t.* 터뜨리다 파열시키다. 찢다.
— *v.i.* ①터지다. 파열하다. 튀다. ②째지다.
arrebicado *a.* ①화장한. 예쁘게 한. ②[文] 윤식(潤飾)한.
arrebicar *v.t.*, —**se** *v.pr.* ①(짙은) 화장하다. 예쁘게 차리다. 찬란하게 꾸미다. ②[文] 윤식(潤飾)하다.
arrebique *m.* 화장품. 미안료(美顔料). 윤식(潤飾). 허식(虛飾).
arrebitado *a.* ①끝이 꾸부러진. 끝이 있는. 돌려진. ②거만한. 오만한.
prego arrebitado 꾸부러진 못(曲釘).
nariz arrebitado 삐뚤어진 코. 들창코.
arrebitar *v.t.* (못을 박고 그 반대쪽에 삐져 나온) 끝을 꾸부리다. 휘다. 납작하게 하다.
—**se** *v.pr.* 끝이 꾸부러지다. 휘다. 뽐내다. 오만해지다.
arrebito *m.* ①밖으로 휜 상태. 못 끝이 꾸부러진 것. 못 끝을 꾸부리기. ②건방진 태도. 거만. 오만.
arrebol *m.* (해뜨기 전 또는 해진 후의) 붉은 하늘. 황혼. 땅거미.
arrebolar *v.t.* ①둥글게 하다. 구형(球形)으로 만들다. ②빨강색이 되게 하다.
arre-burrinho *m.* 시소(걸터앉아서 하는 널뛰기).
arrecadação *f.* ①보존. 보관. 보관소. ②(세금) 징수(徵收). 수금(收金). ③수득(收得). ④(과일의) 수확.
arrecadado *a.* ①안전한 곳에 놓은. 보관한. 보존한. (세금을) 징수한. 수납한.
arrecadador *m.* ①수금인. 수세리(收稅吏). ②보관원(保管員).
arrecadamento *m.* ①(세금의) 징수. 수금. 수납(收納). 수득(收得). ②보존(보관)하기. 유치(留置).
arrecadar *v.t.* ①(세금을) 징수하다. 수금하다. ②보존하다. 보관하다.
arrecuas *f.(pl.) as arrecuas* 뒤로. 뒤를 향하여. 돌이켜. 퇴보하여.
arreda *interj.* 가라! 물러가라!
arredado *a.* ①간격을 둔. 거리를 둔. 멀어진. 멀찍한. (거리상으로) 떨어진. ②움직인. 이동한.
arredamente *adv.* 간격을 놓고. 멀리 떨어져서. 멀찍이.
arredamento *m.* ①간격을 둠. 서로(거리상으로) 떨어짐. 멀리 있음. ②후퇴. 철퇴. ③이동. 이전.
arredar *v.t.* ①(거리상으로) 떨어지게 하다. 간격 두게 하다. 멀리하다. ②뒤로 물러가게 하다. 후퇴시키다. ③옮기다. 이전하다. 걷어치우다.
—**se** *v.pr.* ①(거리상으로) 떨어지다. 멀어지다. ②뒤로 물러가다. 후퇴하다.
arredio *a.* ①(거리상으로) 떨어진. 멀어진. 물러간. ②떼(무리)로부터 이탈한(떠난).
arredondado *a.* ①둥근. 원을 그린. 원형이 된. ②둥그스름한.

arredondamento *m.* ①둥게 하기. 원을 그림. ②원. 원형. 둥근 모양. ③원만(圓滿). (값을 정할 때) 우수리를 떼는 것. (105원 할 때 5원을 떼고 100원으로 하는 따위).

arredondar *v.t.* 둥글게 하다. 원(원형)이 되게 하다. 모가 없는 것으로 하다. (계산할 때) 작은 수를 떼버리다. 우수리를 떼다. 원만하게 하다.

arredor *adv.* 주위에. 주변에. 사방에 둘러.

arredores *m.(pl.)* 주위(周圍). 주변. 주변 지역. 위요(圍繞).

arredores aa cidade 교외. 시외. 변두리.

arreeiro *m.* 노새 모는 사람. 교양 없는 사람.

arrefecer *v.t.* 서늘하게 하다. (뜨거운 것을) 식히다. 냉각시키다. 차게 하다.
— *v.i.* 서늘해지다. 식다. 냉각하다. 냉담(冷淡)해지다.

arrefecimento *m.* ①(더러운 것을) 식히기. 차게 하기. 냉각. 냉담. ②불활발(不活潑). 이완(弛緩).

arrefentar *v.t.* 《俗》식히다. 차게 하다.

arregaçada *f.* 옷 뒷자락을 펼치고 그 안에 가득 담은 분량(分量). 앞치마에 하나 가득.

arregaçar *v.t.* 옷 뒷자락을 걷다. 소매를 말아 올리다. 끝을 접어 올리다.

arregalado *a.* 눈을 크게 뜬. 동그랗게 뜬.

arregalar *v.t., v.i.* 《俗》눈을 크게 뜨다. (놀래어) 눈을 동그랗게 뜨다.

arreganhar *v.t.* (웃음이나 노여움을 보일 때 또는 욕할 때) 치아를 내보이다. 치아가 보일 정도로 입을 열다(벌리다).
— *v.i.* 깨어지다. 터지다. 쪼개지다. 파열하다. (열매가 익어서 저절로) 튀다. 갈라지다. 치아를 드러내고 (싱긋이) 웃다.
—se *v.pr.* 치아를 내보이며 웃다. (노여움·고통 등으로) 치아를 드러내다.

arreganho *m.* ①치아를 내보이기. (동물이 성났을 때) 이빨을 드러내기. ②흉악한 외모(또는 태도). 무서운 용모.

arreganho militar (군인의) 용감한 태도.

arregimentação *f.* ①병적에 편입하기. ②연대(聯隊)를 편성하기.

arregimentar *v.t.* ①병적에 편입하다. 연대에 입대시키다. ②연대(聯隊)로 편성하다.

arregoar *v.t.* 밭고랑을 내다. 이랑을 짓다.
— *v.i.* ①땅이 갈라지다. 보습자리가 나다. 밭고랑이 되다. ②쪼개지다. 열개(裂開)하다.

arreiar *v.t.* 마구(馬具)를 달다. 장식하다.

arreio (1) *m.* 장식. 장식물(裝飾物).
arreios (pl.) 마구(馬具).
— (2) *adv.* 계속하여. 연속적으로.

arrelia *f.* ①기분 나쁨. 불유쾌. 반감. 싫어함. 귀찮음. 지루함. ②불길(不吉). 흉조(凶兆). ③(도박·투전 등에 있어서) 재수 없음. 불운.

arreliado *a.* ①기분 나쁜. 불유쾌한. 싫은. 반감을 품은. 귀찮은. 지루한. ②불길한. 불운한. 재수 없는.

arreliador *a., m.* 지분거리는 (사람). 괴롭히는 (자). 귀찮게 구는 (사람).

arreliante *a.* 기분 나쁘게 하는. 지분거리게 하는. 귀찮게 구는. 지루한. 싫은. 반감사게 하는.

arreliar *v.t.* 기분 나쁘게 하다. 반감(불만)을 품게 하다. 지분거리다. 귀찮게 굴다.
—se *v.pr.* 화내다. 성내다.

arreliento *a.* = *arrelitante*.

arrelvado *a.* 뗏장을 덮은. 잔디로 된.

arreivar *v.t.* 뗏장을 덮다. 잔디로 만들다.
—se *v.pr.* 뗏장으로 덮여 잔디밭이 되다. (토지·뜰 따위가) 녹화(綠化)되다.

arremangado *a.* 옷소매 말아 올린(걷은).

arremangar *v.t.* ①옷소매를 말아 올리다. ②손을 들고 때리려고 하다.
—se *v.pr.* (…을) 하려고 하다. (…을) 할 것 같은 동작을 취하다.

arremansar-se *v.pr.* (물·액체 따위가) 흐르는 것이 멈추다(멎다).

arrematação *f.* 경매(競賣). 경매 처분(處分). 경매 입찰.

arrematador, arrematante *m.* (경매에서) 값을 붙이는 사람. 입찰자. 경매자.

arrematar (1) *v.t.* 경매로(물건을) 사다(팔다). 경매 처분하다.
— (2) *v.t.* 끝맺게 하다. 결말을 짓다. 완결(完結)시키다. (약속·계약 따위를) 성문화하다. 결속하다. 친교(親交)를 굳게 하다.
— *v.t., —*se *v.pr.* (하고 있는 일을) 끝내다. 결말짓다. 완결하다. 완성하다. 성취하다.

arremate *m.* ①(바느질한 뒤 실 끝이 빠져 풀리지 않게) 매듭 만드는 것. ②결말. 완성.

arremedador *f.* 흉내내는 사람. 모방하는 사람.

arremedar *v.t.* ①(남의 말씨·몸짓·특징 등을) 흉내내다. 모방하다. ②모조(模造)하다. 날조하다.

arremedo *m.* ①흉내·흉내내기. 모방. 모의(模擬). [植] 의태(擬態). ②[劇] 우스운 연극. 익살꾼이 하는 노릇. 흉내.

arremessadamente *adv.* 황급히. 성급히. 덤비며. 경솔하게.

arremessado *a.* ①힘차게 던진. 투사(投射)한. ②성급한. 덤비는. 경솔한.
homem arremessado 앞뒤를 헤아리지 않고 덤비는 사람. 무모한 인간.
cavalo arremessado 성질이 난폭한 말(馬).

arremessador *m.* 힘차게 던지는 사람. 투사하는 사람. 창던지는 사람(投槍者). 욕설하는 사람.

arremessamento *m.* ①힘차게 던지기. 투사(投射). ②창던지는 경기.

arremessão *m.* =*arremêsso*의 뜻보다 다소 강함.

arremessar *v.t.* ①힘차게 던지다. 멀리 던지다. 투사하다. 창을 던지다. ②쫓다. 구축(驅逐)하다. 물리치다.
—se *v.pr.* 덤벼들다. 뛰어든다. 돌진하다. 매진하다.

arremêsso *m.* 힘차게 던지기. 투사(投射). 창던지기. 달려들기. 돌진. 매진(邁進). 돌격. 공격. 달려들려고 하는 태도. 습격 직전의 자세. 던지는 무기(창 따위).
de arremêsso 급히. 돌연히. 불쑥.

arremetedor *m.* 공격자. 습격자. 가해자.

arremetedura *f.* =*arremetimento*.

arremetente *a.* 덤벼들려고 하는. 공격하고자 하는. (개가) 막 달려들 것 같은.

arremeter *v.t.* 달려들게 하다. 공격하게 하다. (개를) 달려들도록 부추기다.
— *v.i.* (…에 향하여) 달려들다. 돌진하다. 매진하다. 앞뒤를 헤아리지 않고 덤비다. 운에 맡기고 감행하다. (도박·투전에서) 따느냐 다 잃어버리느냐 결판내다.

arremetida *f.* =*arremetimento*.
— *m.* 덤벼들기. 돌진. 돌격. 돌입. 공격. 습격. 앞뒤를 보살피지 않는 행동.

arrenda *f.* (밭을) 두 번 갈기. 복경(復耕).

arrendação *f.* =*arrendamento*.

arrendado (1) *a.* (땅을) 빌린. 빌려준. 세준. (토지를) 임대(賃貸)한. 임차(賃借)한.
— (2) *a.* 두 번 밭갈이한. 복경(復耕)한.

arrendador *m.* (소작인에게 토지를) 빌려주는 사람. 대지주(貸地主). (부동산의) 임대인(賃貸人). 집주인(貸家主). 대여자(貸與者).

arrendamento *m.* ①땅을 빌려주기. 빌리기. 세주기. (부동산의) 임대(賃貸). 임차(賃借). ②대차계약(貸借契約). ③임대료(賃貸料).
dar de arrendamento (내가 남에게) 빌려주다. 세주다. 대여(貸與)하다. 세놓다.
tomar de arrendamento (내가 남으로부터) 빌리다. 세맡다. 세들다. 차용(借用)하다.

arrendar (1) *v.t.* 땅(또는 집)을 빌려주다. 빌리다. 세주다. 임대(임차)하다.
— (2) *v.t.* 두 번 밭갈이하다. 복경(復耕)하다.

arrentárioda *m.* [法] (부동산의) 임차인(賃借人). 소작인. 차지인(借地人). 세든 사람. 차가인(借家人).

arrendável *a.* 빌려줄 만한. 빌릴 만한. 세놓을 수 있는. 임대(임차) 가능한.

arrenegação *f.* (주의 또는 교의에 대한) 배교(背敎). 변절. 신앙을 버리기.

arrenegado *a.* ①신앙을 버린. 배교한 변절한. ②싫어진. 싫증난. 화낸. 골난.

arrenegar *v.t.* (어떤 주의 또는 교의에) 반대하다. 배반하다. 신앙을 버리다. 변절하다.
— *v.i.* 몹시 싫어하다. 증오하다.
—se *v.pr.* 화내다. 끝내다.

arrenêgo *m.* ①싫어함. 싫증. ②배교(背敎). 변심·변절.

arrentar *v.i.* 《俗》 허풍떨다. 호언장담하다. 허세를 부리다.

arrepanhado *a.* ①주름잡힌. 구겨진. ②인색한. 깍쟁이의.

arrepanhar *v.t.* 주름 잡히게 하다. 구기다. 절약하다. 인색하다. 깍쟁이 노릇하다.

arrepelação *f.* 머리털(毛髮)을 잡아 뽑기. 깃털(羽毛)을 당겨 뽑기(빼기). 머리카락을 흐트러뜨림.

arrepelada *f.* 머리털을 잡아 뽑기.

arrepelão *m.* 머리털 또는 깃털을 뽑기.

arrepelar *v.t.* 머리카락을 집아 뽑다. 깃털

을 당겨 빼다. 불쑥 빼다. 머리카락을 막 흐트리다.
— se v.pr. ①자기의 머리카락(또는 수염)을 뽑다. ②머리카락이 막 흐트러지다. ③몹시 후회하다. 원통해 하다.

arrepender-se v.pr. (+de). (…을) 후회하다. 뉘우치다. 회한(悔恨)하다. 개전(改悛)하다. 참회하다. 원통해 하다.
Êle arrependeu-se de seu pecado. 그분은 자기의 죄(종교상의 죄)를 회개(참회)했다.

arrependido a. 뉘우친. 후회한. 참회한. 회개한. 개전(改悛)한. 개과(改過)한.
estar arrependido 후회하고 있다.

arrependimento m. ①뉘우침. 후회. 참회. 회개. 개과(改過). 개전(改悛). 회한(悔恨). [宗] 저지른 죄에 대한 통회(痛悔). ②변심. 변설(變說). ③화면(畵面)의 색채를 후에 와서 변경하는 것.

arrepia-cabelo adv. 반대로. 뜻과는 달리. 본심없이. 호되게.

arrepiado a. ①갑자기 놀랜. 머리카락이 선 듯한. 경악한. ②무시무시한. 전율한.

arrepiadura f. =arrepiamento.
— m. (추위 또는 무서움에 대한) 몸서리. 전율. 놀래기. 두려움.

arrepiante a. 무서운. 무시무시한. 두려운.

arrepiar v.t. ①(무서움에) 떨게 하다. 전율케 하다. 머리카락이 선 듯하게 하다. 몸서리치게 하다. ②일어난 머리칼을(손바닥으로) 뒤로 제치다. ③(추위로) 움츠리게 하다. 위축(萎縮)시키다.
— v.i., —se v.pr. ①몸을 떨다. 덜덜 떨다. 몸서리치다. 전율하다. ②(공포로) 머리카락이 선 듯 일어서다. ③이미 한 말을 되풀이하다.
arrepiar caminho (또는 carreira) 왔던 길을 되돌아가다.
arrepiar o peixe (소금에 절이기 위하여) 물고기의 비늘을 칼로 일으키다.

arrepio m. ①(추위로) 떨기. 덜덜 떨기. 오한. 몸서리. ②전율. ③(무서움·공포 등에 의하여) 머리칼이 선 듯 하는 것. ④머리칼이 일어난 상태.
causar arrepios 몸서리치게 하다. 전율케 하다.
andar ao arrepio ①반대쪽으로 걸어가다. ②역행(逆行)하다.

arrepolhado a. 양배추(케비지) 모양의. 양배추처럼 생긴. 둥글둥글한. 양배추처럼 잎사귀가 겹친.

arrepolhar v.t., v.i. 양배추 모양이 되다. (되다) 둥글둥글하다.

arrestado a. 몰수한. 몰수 당한. 압수(押收) 당한. 차압된. 차압 처분된.
— m. [法] 피차압채무자(被差押債務者).

arrestante m., f. ①몰수하는 사람. 차압자. 차압처분자. ②체포자. ③방지장치.

arrestar v.t. ①[法] 몰수하다. 압수하다. 차압하다. ②멈추게 하다. 억제(抑制)하다. 저지(阻止)하다. ③붙잡다. 검속하다.

arresto m. [法] 몰수·압수. 차압. 차압처분.

arretar v.t. ①앞으로 못 가게 하다. 멈추게 하다. ②뒷걸음질하게 하다. 뒤로 돌아가게 하다.

arreto m. 뒤로 돌아가기. 뒷걸음질. 배퇴(背退).

arrevesadamente adv. 거꾸로. 반대로.

arrevesado, arrevezado a. ①거꾸로 된. 뒤집은. 반대의. 역(逆)의. ②엉킨. 착잡(錯雜)한. 혼란한. ③구부러진. 굽혀진. ④(발음하기) 곤란한. ⑤[稀] 토한. 토출(吐出)한.
carater arrevesado 비뚤어진 근성(성격).
frases arrevesadas 풀기 어려운 문장(文章).

arrevesar, arrevezar v.t. ①거꾸로 하다. 반대로 하다. ②뒤집다. 전복시키다. 역전케 하다. 전환시키다. ③(위치 순서 따위를) 바꾸어 놓다. 혼란되게 하다. ④[機] 역동(逆動)시키다. 거꾸로 움직이게 하다. ⑤[電] 역류(逆流)케 하다. ⑥토하게 하다.
— v.i. ①거꾸로 되다. 뒤집다. 역전하다. ②구부러지다. 뒤틀리다.

arrevessar v.i. ①토하다. 구토하다. 게워내다. ②싫어지다. 싫증나다. ③바다가 거칠어지다.

arrevêsso a. ①거꾸로의. 뒤집은. 반대의. 역(逆)의. 역행(逆行)의. ②토(吐)한. 게운.

arriação f. 낮추기. 낮게 하기. 내리기.

arriar v.t. (밧줄·그물 따위를) 낮추다. 늦추다. 내려 보내다.
— v.i. 낙담(낙심)하다.

arriba f. (河岸의) 높은 둑. (해안의) 절벽. 벼랑. 낭떠러지.
— adv. 위로. 위쪽으로. 높은 곳에. 앞

arribação-arrojadamente

으로.
rio arriba (흐름에) 역행(逆行)하여.
— *interj.* (위로) 올렷! 올라갓! 앞으로!
arribação *f.* (배의) 입항(入港). 배의 도착. 폭풍 때문에 배가 항구에 피난해 들어오는 것.
aves de arribação ①후조(候鳥). 철새. ②《轉》출가이민(出嫁移民 : 품팔러 가는).
arribada *f.* 배가 피난하기 위하여 항구에들어오는 것. 항구에 도달하기.
ir de arribada 배를(가까운) 육지로 향하여 가게 하다.
vir de arribada 목적지 아닌 다른 항구에 (피난하기 위하여) 들어가다(오다).
arribadiço *a.* ①후조(候鳥)의. 철새의. ②바다를 건너온. 외래의.
arribar *v.i.* ①배가 (폭풍 따위를 피하기 위하여 목적지 아닌) 항구에 들어오다. 항구에 피난하다. 가정박(假碇泊)하다. ②《轉》건강이 회복되다. 병이 나아져다.
arribe *m.* = *arribação*.
arrieiro *m.* 노새 모는 사람. 버릇없는(교양없는) 인간.
arriel *m.* ①봉형(棒形)의 금은 덩어리. ②금환(金環). 금으로 만든 귀고리.
arrimadiço *a.* ①기대는. 기대는 버릇 있는. 의지(의뢰)하기 좋아하는. ②기식(寄食)의. 기생성(寄生性)의.
arrimar *v.t., v.i.* 기대다. 비스듬히 기대다. 의지하다. 의뢰하다. 달라붙다. 기울어지다. 가까이하다. 한쪽으로 몰다. 정리하다.
— *se v.pr.* 몸을 기대다. (…에) 의지하다. 달라붙다. (…에) 기울다.
amtnar-se aos parentes 친척에 의지하다. (매달리다).
arrimo *m.* ①유지. 지지. 지탱되는 것. 의지되는 것. (기둥・지팡이 따위) 지지물. ②원조. 보호.
arrincoar *v.t.* 구석에 놓다. 구석에 처넣다.
— *se v.pr.* 구석진 곳에 처박히다. (사회로부터 떨어져 살다).
arriscadamente *adv.* 모범적으로. 생명을 걸고.
arriscado *a.* ①모험의. 모험적인. 모험하는. ②위험한. 위태로운. 생명을 내건. 대담한.
arriscar *v.t.* 위태롭게 하다. 위험케 하다. 생명을 내걸다. 모험적으로 해보다.
— *se v.pr.* 모험하다. 생명을 걸고 해보다.
Quem náo arrisca náo petisca. 모험하지 않으면 얻는 것이 없다. 범굴에 들어가야 범의 새끼를 잡는다.
arrivismo *m.* (권력이나 재물을 얻기 위하여) 생명을 내걸고 수단과 방법을 다해 보는 것.

arrivista *m., f.* 백방 수단을 다하여 정치적 기반을 닦으려는 사람. 큰 야심가. 생명을 내걸고 예사로 나쁜 짓을 하는 이.
arrizar *v.t.* [海] 돛의 축범색(縮帆索)으로 죄다. 밧줄로 묶다(동여매다).
arrizo *a.* [植] 뿌리 없는. 무근(無根)의.
arrôba *f.* (옛날 무게의 단위) 32파운드. 15킬로그램.
arrochada *f.* ①죄임. 꽉죄기. 죄인 상태. ②곤봉으로 때림.
arrochadura *f.* 죄기. 동여매기.
arrochar *v.t.* 죄다. 꼭 묶다. 묶여 있는 밧줄을 더 팽팽하게 하기 위하여 막대기를 끼고 치켜들며 죄다.
— *se v.pr.* (젊은 여자가 허리를 가늘게 보이기 위하여) 허리를 졸라매다.
arrôcho *m.* ①밧줄(또는 새끼줄)로 졸라매기. ②짐꾸릴 때 밧줄을 졸라매는 데 쓰는 나뭇대(締繩棒). ③곤봉(棍棒). ④(外科) 지혈기(止血器).
arrochos (pl.) (배에서 쓰는) 끝에 매듭이 있는 밧줄.
arrogação *f.* 참취(僭取). 횡령. 월권. 참월(僭越).
arrogador *m.* 참취하는 자. 월권행위하는 자.
arrogância *f.* 건방짐. 무례함. 거만. 오만. 교오(驕慢). 교사(驕肆).
arrogante *a.* ①건방진. 으스대는. 잘난 체 하는. 거만한. 오만한. 교만한. 교사한. 존대(尊大)한. ②용감한. 대담한. 당당한.
arrogantemente *adv.* 건방지게. 거만불손하게. 교만하게.
arrogar *v.t.* 타인의 것을 횡령하다. 참취하다. 참칭(僭稱)하다. 참월(僭越)하다. 월권행위를 하다.
— *se v.pr.* 주제넘게 굴다. 건방지게 놀다. 빼기다. 젠체하다.
arroiar *v.i.* 작은 시냇물(細流)처럼 흐르다.
arroio *m.* 작은 시냇물. 세류(細流).
arroio de sangue 유혈(流血).
arrojadamente *adv.* ①대담하게. 용감히. ②으쓱하다. 안하무인지경으로.

arrojado *a.* 대담한. 용감한. 무서움을 모르는. 맹렬한. 무모한.

arrojador *m.* 던지는 사람. 투수(投手).

arrojamento *m.* ①던지기. 힘차게 팽개치기. ②대담. 용감한 행위. 무모한 행동.

arrojão *m.* 갑자기(힘있게) 당기기. 힘있게 밀치기. 콱 당기기(오기).

arrojar *v.t.* 힘차게 던지다. 뿌리다. 팽개치다. 끌고가다(오다).
— *v.i.* (땅에 배를 대고) 가다. 기어다니다.
—se *v.pr.* ①자기의 몸을 내던지다. 뛰어 들어가다. 돌진하다. ②기어가다. 기다. 엎드려 나가다.

arrojo *m.* ①힘차게 던지기(뿌리기). ②두려움을 모름. 대담. 용감. 과단(果斷).

arrolador *m.* ①(등록부에) 기록하는 사람. (이름을) 명부에 올리는 사람. ②목록작성자(目錄作成者).

arrolamento *m.* 목록작성. 목록표(表)에 기입하기.

arrolar (1) *v.t.* (상품·가재·재산 등을) 목록으로 작성하다. 목록표를 만들다. 등록부에 기록하다.
— (2) *v.t.* 실을 감다. (털실 뭉치처럼) 둥글게 감다. 감싸다.
— *v.i.* 감기다. 딸딸 말리다.
— (3) *v.i.* (아기 재우기 위한) 자장가를 부르다.

arrolhar *v.t.* ①콜크 마개를 하다. ②침묵(沈默)시키다. (입에) 재갈을 물리다. 억지로(무리하게 할 수 없이) …하게 하다. 제지(방지)하다.

arrôlo *m.* 자장가.

arromba *f.* 요란한 오페라 노래. 기타를 치며 부르는 여러 사람의 노래.
coisa de arromba 놀랄 만한 일. 훌륭한 것.

arrombada *f.* 터진 구멍. 열공(裂孔): 깨뜨려진 틈. 파구(破口). 돌파구(突破口).

arrombadela *f.* = *arrombamento*.
— *m.* 파괴하기. 깨뜨려 구멍내기. 돌파구를 만들기. 강행돌파(强行突破).

arrombador *m.* 깨뜨려 구멍내는 사람. 돌파구를 만드는 사람.

arrombar *v.t.* 깨뜨려 구멍을 내다. 타파하다. 파괴하다. 때려 부수다.

arrostar *v.t., v.i.* (낯과 낯을) 정면으로 대하다. 맞서다. 싸움을 걸다. 도전하다.

arrotador *m.* ①트림하는 버릇이 있는 사람. ②허풍을 떠는 사람. 허세부리는 자.

arrotar *v.i.* ①트림을 하다. ②(불꽃: 연기를) 내뿜다. ③허풍떨다. 허세부리다. 고함지르다. (폭언을) 토하다. 자랑하다. 뽐내다.

arrotéa *f.* 개척지. 개간지(開墾地).

arroteado *a.* 개척된. 개간된.

arroteador *m.* 개척자. 개간자.

arroteamento *m.* 개척하기. 개간하기.

arrotear *v.t.* (토지를) 개척하다. 개간하다.

arrotéia *f.* = *arrotéa*.

aarroto *m.* 트림. 딸국질.

arroubamento *m.* 환희. 광희(狂喜). 정신없이 기뻐하는 것. 환희작약(歡喜雀躍). 황홀. 무아(無我)의 경지. 입신(入神)의 경지.

arroubar *v.i., v.t.* 미치도록 기쁘게 하다(기뻐하다). 환희작약하다. 황홀케 하다. 황홀해지다.
—se *v.pr.* 기뻐 날뛰다. 무아의 경지에 빠지다.

arroubo *m.* 환희. 광희(狂喜). 환희작약. 무아의 경지. 황홀. 감탄.

arroxado, arroxeado *a.* 자줏빛을 띤 자색의. 보라색이 된.

arroxear *v.t.* 자줏빛(자색·보라색)을 띠게 하다. 자줏빛이 되게 하다.
—se *v.pr.* 자줏빛(자색·보라색)이 되다. (…을 띠다).

arroz *m.* ①[植] 벼. ②쌀. 입쌀. ③쌀밥.
arroz doce 파이스프딘(우유를 넣은 연한 쌀죽).
palha de arroz 볏짚.
pó de arroz 쌀가루.

arrozal *m.* 벼밭. 논밭. 답토(畓土). 수전(水田).

arroz-caril *m.* [料理] 카레라이스.

arrozeiro *m.* ①벼농사군. ②쌀장수.
— *a.* 쌀(쌀밥)을 좋아하는.

arruaça *f.* 떠듦. 분잡. 혼잡. 소동. 소란.

arruaçar *v.i.* 떠들썩하다. 분잡하다. 소란하다. 소동을 일으키다.

arruaceira *f.* 거리를 돌아다니며 떠들썩하는 여자.

arruaceiro *m.* 떠들썩하는 사람. 소동을 일으키는 사람.

arruado (1) *a.* 거리를 허둥지둥 돌아다니는. 하는 일 없이 배회하는. 건달부리는.

arruador *m.* ①하는 일 없이(거리를) 돌아다니는 이. 건달 ; 무뢰한(無賴漢). ②(도시계획에 따라) 구획(區劃) 또는 가로(街路)를 정리하는 관리.

arruamento *m.* (도시계획 등에 의한) 구획또는 가로의 정리(整理). 도로의 질서 있는 개통(開通). 가열정돈(家列整頓). (여러 건물을) 일직선으로 짓기.

arruar *v.t.* 도로를 질서 정연하게 내다. 구획을 뜨다. (나누다). (여러 건물이) 일직선이 되게 하다.
— *v.i.* 거리를 돌아다니다. 하는 일 없이 방황하다. 우쭐하여 거리를 왔다갔다 하다.

arruda *f.* [植] 헨루다의 일종.

arruela *f.* (옛 *Byzantium*의) 금화(金貨). 은화(銀貨). [絞] (동전 모양의) 휘장(徽章). 금빛의 작은 원(圓).

arruelado *a. arruela*로 된. *arruela*가 있는.

arrufadiço *a.* 곧잘 성내는(화내는). 짜증잘 부리는. 자주 골내는.

arrufar *v.t.* 골나게 하다. 화나게 굴다.
—*se v.pr.* 불쾌한 감을 품다(나타내다). 골내다. 입을 뾰족 내밀다. 뿌루퉁하다.

arrufo *m.* (일시적인) 불유쾌. 울분. 홧김. 골내기. 뾰루퉁하기.

arrugado *a.* 주름잡힌. 주름살진. 꾸겨진.

arrugar *v.t.* 주름살지게 하다. 구기다.
— *v.i.* 주름살지다.

arruido *m.* 떠들썩하는 소리. 소음·훤조(喧噪). 소동. 혼잡.

arruinado *a.* ①파괴된. 폐허가 된. 황폐한. ②영락(零落)한.

arruinador *a., m.* 파괴하는 (사람). 폐로로 만드는 (자). 황폐케 하는 (사람). 파멸케 하는 (사람).

arruinamento *m.* 황폐(荒廢). 폐허. 파괴. 파멸. 몰락. 와해(瓦解).

arruinar *v.t.* 파멸(황폐)시키다. 폐허로 만들다. 몰락(영락)시키다.
— *v.i.*, —*se v.pr.* 황폐하다. 파괴하다. 폐허로 되다. 몰락(영락)하다. 와해(瓦解)하다.

arruivado, arruivascado *a.* 불그레한. 불그레해진. 암적색(暗赤色)을 띤.

arrulhar *v.i.* ①아기를 재우다. 자장가를 부르다. ②(비둘기가) 꾸르르 소리내다.

arrulho *m.* ①자장가. 자장가를 부르며 아기를 재우기. 어린애 달래기. 애무(愛撫). 자애(慈愛).

arrumação *f.* ①(흩어진 것을) 바로잡기. 정리. 정돈. ②[商] 장부(대장)에 순서 있게 기입(기록)하기. 장부정리. ③지도상(地圖上)의 위치.

arrumadeira *f.* ①(방·침실·객실 따위의) 실내를 정돈하는 여자. ②청소부(清掃婦). 식모.

arrumadela *f.* = *arrumacao*.

arrumador *m.* 정리정돈하는 사람. 가정청소부(夫). 머슴.

arrumamento *m.* = *arrumacao*.

arrumar *v.t.* ①(흩어진 것을) 바로잡아 놓다. 가지런히 놓다. 정리(정돈)하다. ②직업(직장)을 구해 주다. ③(배에) 짐을 싣다.
— *v.i.*, —*se v.pr.* ①정리(정돈) 되다. ②취직하다.

arrumo *m.* = *arrumacao*.

arsenal *m.* 병기고(兵器庫). 병기창. 조병창.
arsenal de guerra 포병공창(工廠).
arsenal de imarinha 해군공창. 해군조선소.

arseníaco *a.* [化] 비산(砒酸)의. 아비(亞砒)의

arseniado *a.* [化] 비소(砒素)가 있는. 비소를 함유한. 아비의.

arseniato *m.* [化] 아비산염(亞砒酸鹽).

arsenicado *a.* = *arseniado*.

arsenical *a.* [化] 비소의. 비소를 포함하는.

arsenicismo *m.* 만성비소중독.

arsenicita, arsenicite *f.* [鑛] 비석(砒石).

arsênico, arsênio *m.* [化] 비소(砒素). 비상(砒霜). 비석(砒石).
— *a.* 비소의. 비소를 포함하는.

arsenioso *a.* [化] 제일비소(第一砒素)의. 아비(亞砒)의.

arsenito *m.* [化] 아비산염(亞砒酸鹽).

arsenoterapia *f.* 비소요법(療法).

arsis *f.* [韻] 양음부(절). (揚音部)(節). [樂] (소절의) 약박부(弱拍部).

arte *f.* ①인공(人工). 인위(人爲). ②예술. 미술. 문예. 학술. 학예. ③숙련(熟練). ④기교. 기술. 기능. ⑤수단. 방법. 술책.
artes (*pl.*) 미술.
belas artes 미술.

artes liberais (중세시대의 교양학과) 학예.
arte mágica 요술. 마법(魔法).
arte militar 군략(軍略).
obra dárte 예술품.
com arte 미술적으로. 예술적으로.
sem arte 기교 없는. 꾸임 없는. 서투른.

artefato *m*. ①가공품. 공예품(工藝品). 제작품. ②직공의 기술. 솜씨. 재간.

arteirice *f*. 엉큼함. 교활함. 간계(奸計). 잔꾀. 커닝.

arteiro *a*. 엉큼한. 교활한. 간지(奸智)에 능한. 잔꾀 있는. 재치 있는. 간사한.

artelho *m*. [解] 복사뼈. 거골(距骨).

artemão *m*. [海] (돛대 셋 있는 배의) 뒷돛. 후장(後檣). 후범(後帆).

artemisia *f*. [植] 쓴쑥. 물쑥.

artéria *f*. ①[解] 동맥(動脈). ②큰길. 간선(幹線).
artéria magna 대동맥.

arterial *a*. 동맥의. 동맥 모양의.
sangue arterial 동맥혈(血).

arterialização *f*. [醫] 동맥혈화(血化).

arterializar *v.t*. (폐가 정맥혈을) 동맥혈로 변화시키다.

arteriectasia *f*. 동맥의 확대(擴大).

arterioclise *f*. 혈청주사(血淸注射).

arterioesclerose *f*. [醫] 동맥경화증(硬化症).

arteriografia *f*. 동맥계(動脈系)의 해설.

arteríola *f*. 작은 동맥(小動脈).

arteriolite *f*. [醫] 소동맥염(炎).

arteriologia *f*. 동맥학(動脈學).

arteriomalancia *f*. [醫] 동맥연화(軟化).

arteriosclerose *f*. =*arterioesclerose*.

arterioso *a*. 동맥의. 동맥 같은.

arteriotomia *f*. [外] 동맥절개(切開) 동맥해부학.

arterite *f*. [醫] 동맥염(炎).

artesão *m*. 직공. 기공(技工). 공예가(工藝家).

artesiano *a*. (물이 나오게 하기 위하여) 기계로 땅 속에 구멍 뚫는. 물이 절로 솟아나는.
poço artesiano 물이 저절로 솟아나는 깊게 판 우물.

artético *a*. [醫] 관절병의. 관절염의 ; [藥]. 관절염에 좋은.
— *m*. 관절염에 걸린 사람.

ártico *a*. 북극의. 북극지방의.
oceano ártico 북빙양.

articulação *f*. [解] 관절. 연접부 : 마디 절(節). [植]마디. ②[音] 음절 : 음을 나누어 발음하기. 똑똑한 발음. ③[法] 개조(個條)로 나누어 공술(供述)하기.

articulado *a*. ①마디가 있는. 관절이 있는. 관절(또는 마디)로 연결된 ; 연접(聯接)한. ②분절적(分節的)인 ; 발음이 뚜렷한. 똑똑한 발음을 하는. ③[法] 개조로나뉜.
— *m*. 개조서(個條書).

articulados (*pl*.) 관절동물. 유교류(有鉸類).

articulante *a*. 마디가(관절이) 합치는. 절합의(節合).
— *m*. [法] 조항(條項)을 따져 설명하는 자.

articular (1) *a*. 관절의. 관절 있는. 마디의. [文] 관사의.
— (2) *v.t*., *v.i*. 마디를 합치다. 관절이 접합하다. 관절로 있다. 절합(節合)하다 (되다). 연접하다. 음절(音節)로 나누다. 똑똑하게 발음하다.

articulável *a*. 마디를 합칠 수 있는. 관절로 이을 만한. 절합(연접) 가능한.

articulista *m*., *f*. (신문·잡지의) 논설기자. 평론가.

artículo *m*. ①관절. 손가락 관절(指關節). 마디. ②[植] 마디. 마디 사이(節間). ③[法] 개조(個條). 조항. 조목.

aruculoso *a*. 관절이 마디가 있는. 마디가 많은.

artifice *m*. ①일꾼. 직공. ②기술자. 공장(工匠). ③고안자. 의장가(意匠家).

artificial *a*. ①인공(人工)의. 인조의. 인위(人爲)의. 인위적인. 부자연한. 일부러 꾸민. 가짜의. 모의(摸擬)의.
satélite artificial 인공위성.

artificialidade *f*. =*artificialismo*.
— *m*. 인위적임. 부자연함. 인공물.

artificialmente *adv*. 인공(인위)적으로. 부자연하게. 교묘하게.

artificiar *v.i*. 인위적으로 하다. (가짜를) 진짜처럼 만들다. 감쪽같이 하다. 교묘한 방법으로 하다.

artificio *m*. ①기교(技巧). 고안(考案). 솜씨. 재치. ②꾀 : 술책. 교활한 수단. ③허위. 위선(僞善).
fogo de artifício 꽃불.

artificiosamente *adv*. 교묘하게. 솜씨(재치) 있게. 교활하게.

artificioso *a*. 교묘한. 재치 있는. 솜씨 있

는. 잔꾀 있는. 간지(奸智)에 능한. 교활한. 엉큼한. 거짓의. 허위의.

artigo *m.* ①[文] 관사(冠詞). ②[法] 개조(個條) 조항. 조목. ③(신문·잡지의) 기사·논문.
artigos (*pl.*) 상품. 용품(用品).
artigo de fundo 신물의 사설(社說).
artigos escoláres 학용품.
artigos de consumo 소비품.
artigos para escritório 사무용품.
artigos de luxo 사치품
artigos de primeira necessidade 필수품.
artigos da fé 신앙개조(信仰個條).

artiguelho *m.* 보잘 것 없는 기사(記事). 시시한 기사.

artilhado *a.* 포(砲)를 걸어놓은(설치한).
navio artilhado 포를 설치한 배(砲船).

artilhamento *m.* 포를 걸어놓기. 포를 장비하기. 비포(備砲).

artilhar *v.t.* 포를 걸다(장비하다). 비포하다.

artilharia, artilheria *f.* 포(砲). 대포. ②포병; 포병대; 포병과. ③포술. 포학(砲學). ④포격(砲擊). 포화(砲火).
artilharia de campanha 야포병(野砲兵).
artilharia de costa 해안포병.
artilharia de praça 요새(要塞) 포병.
artilharia de montanha 산포병.
artilharia ligeira (*pesada*) 경(중)포병.

artilheiro *m.* 포병. 포수(砲手).

artimanha *f.* 속이기. 사기. 속임수. 술책. 책략. 간지(奸智).

artinha (1) *f.* 초본독본. 입문서(入門書). ─ (2) *f.* 뇌관(雷管). 폭발물을 일으키는 신관.

artiodactilos *m.*(*pl.*) 우제류(偶蹄類: 소·양·돼지·사슴 따위).

artista *m.*, *f.* 미술가(특히 화가·조각가). 예술가. 《俗》 손재간 있는 사람(직공) 기공(技工).
─ *a.* 미술의. 예술의. 미술을 즐기는.

artisticamente *adv.* 미술적으로.

artístico *a.* 미술적(인). 예술적. 풍아한. 미술의. 미술가(예술가)의.

artocarpo *m.* [植] 빵나무(俗名: *arvore do páo*).

artofago *a.* 빵을 먹는(먹고 사는). 빵을 주식으로 하는.

artonomia *f.* 빵 만드는 법. 빵 만드는 기술.

artralgia *f.* [醫] 관절신경통.

artrite, artritis *f.* [醫] 관절염(關節炎). 통풍(痛風).

artrítico *a.* 관절염의(…에 관한). 통풍의.
─ *m.* 관절염환자.

artritide *f.* [醫] 관절염의 징후(徵候)로 되는 피부병.

artritismo *m.* [醫] 관절의 병적 소질(病的素質). 관절병.

artrografia *f.* 관절지(誌). 관절론.

artrologia *f.* 관절학.

artrológico *a.* 관절학의(…에 관한).

artropatia *f.* [醫] 관절병. 관절질환(疾患).

artropiose *f.* [醫] 관절부(部)의 화농(化膿).

artrópode *m.* 절족동물(節足動物: 새우·게·거미 따위).

artrose *f.* [解] 관절.

artrotomia *m.* [外] 관절 절개(切開).

aruba *f.* [植] 고백목(苦白木). 고목과(苦木科).

arum *m.* [植] 아름속(屬)의 식물; 그 비슷한 천남성과 식물.

arunco *m.* [植] 눈개승마. 노랑꽃 선오초.

arundináceas *f.*(*pl.*) [植] 노위속(蘆葦屬).

arurão *a.* (브라질산의) 일종의 큰 악어.

arúspice *m.* (옛 로마의) 점장이.

arval *m.* 밭. 경지(田耕地).
─ *a.* 시골의. 전야(田野)의.

arvicola *m.* 농부. [動] 들쥐.
─ *a.* 밭에서 사는.

arvoado *a.* 어지러운. 현기증 나는. 어질어질한. 의식이 몽롱한.

arvoamento *m.* 어지러움. 현기증. 의식몽롱.

arvoar *v.t.* 어질어질하게 하다. 현기증 나게 하다.
─ *v.i.*, ─*se v.pr.* 어지러워지다. 현기증 나다. 의식이 몽롱해지다.

arvorado *a.* 위로 올린. 위로 추켜든. 올려 놓은. 기(旗)를 띄운(세운). 돛대를 세운. (돛을) 올린.

arvorar *v.t.* 위로 올리다. 추켜들다. 기를 세우다(올리다). (돛대를)세우다. 올리다(치다).
─ *v.i.* 진(陣)을 걷어치우다; 도망가다.
─*se v.pr.* …인 체하다. …의 칭호를 스스로 달다. 자칭(自稱)하다.
arvorar-se em medico 의사(醫師)인 체하다.

árvore *f.* ①나무. 수목(樹木). 교목(喬木); 나무 모양의 것. ②[機] 축(軸)(心棒). ②

[海] 돛대.
árvore de Natal 크리스마스 트리.
árvore de fruta 과일나무. 과수.
arvorecer, arvorescer *v.t.* (=*arborescer*). ①나무로 되다. ②나무처럼 자라다. ③수목이 성장하다.
arvoredo *m.* 작은 숲(小森林).
arvorescência *f.* (=*arborescecia*). 수목상(樹木狀). 교목성(喬木性). (결정(結晶) 등의) 나뭇가지 모양.
arvorescente *a.* (=*arborescente*) 나무같은. 수목상의. 교목 모양의. 나뭇가지 모양의.
arvoredo *m.* ①작은 숲. ②배의 돛대. ③장재(檣材).
arvorejar-se *v.pr.* (산야가) 나무로 덮이다. 나무가 우거지다.
arvoreta *f.* 작은 나무(小樹).
as (1) 정관사(定冠詞) *a*의 복수.
— (2) *pron.* (여성 명사로서의) 그것들. 그 여자들.
às (=a+as). 전치사 *a*와 복수형(複數形) 정관사 *as*의 결합형.
ás *m.* ①(트럼프·주사위의) 하나. 한 끗. 따라지. ②영웅. 공군용사. ③우수한 선수.
asa *f.* (새·비행기의) 날개. (꽃병·단지·바구니 등에 달린) 손잡이.
arraster a asa 애정을 표시하다. 사랑을 구하다.
asado *a.* 날개 있는(달린). 유익(有翼)의. (꽃병·바구니 등에) 손잡이가 달린.
asa-negra *m., f.* 나쁜 짓을 하는 이. 악인.
asarca *f.* [植] 난초속(蘭草屬)의 식물.
asaro *m.* [植] 두형(초)(杜衡草).
asbestino *a.* 돌솜의. 석면의.
asbesto *m.* 돌솜. 석면(石綿).
asca *f.* 미워함. 증오. 반감.
ascárida, ascáride *f.* 회충(蛔蟲)의 일종.
ascaridiase *f.* (장염(腸炎)을 일으키는) 회충병.
ascelo *a.* 다리 없는. 무각(無脚)의.
ascendência *f.* ①떠오름. 상승(上昇). 향상. ②(욱일승천적인) 세력. 우세(優勢). 우월. ③선조(先祖). 조상.
ascendente *a.* ①떠오르는. 상승하는. 향상(向上). ②(욱일승천의) 세력 있는. 권세 있는. 우세한. ③중대(增大)하는. 우.
— *m.* ①선조. 조상(祖上). ②우세. 우월. 지배권. 패권.
ascender *v.t.* ①오르다. (연기 따위가) 올라가다. 상승하다. ②(해·달이) 뜨다. 올라오다.
(注意) *acender* 불달다. 점화(點火)하다.
ascendimento *m.* 떠오르기. 상승. 즉위. 승천(昇天).
ascensão *f.* ①오름. 상승. ②그리스도의 승천(제)(昇天祭). ③대두(擡頭).
ascensão ao trono 왕위에 오르기. 등위(登位).
ascensional *a.* 오르는. 상승의. 오르게 하는. 상승시키는.
ascensionário *a.* 상승의. 오르기 위한.
ascensionista *m., f.* ①기구(氣球) 따위를 타고(하늘로) 올라가는 사람.
ascenso *m.* ①오르기. 올라가기. ②(…의) 승행(昇行). ③향상. 진보. ④승진. 승격.
ascensor *m.* ①물건을 들어 올리는 기계(揚機). ②승강기(昇降機). (건물의) 엘리베이터.
ascensorista *m., f.* ①승강기(엘리베이터) 운전수.
ascese *f.* (신앙상의) 고행(苦行). 수도(修道). 수덕(修德).
asceta *m., f.* ①고행자. 수도자. 금욕주의자. ②은자(隱者). 속세를 버린 사람.
ascetério *m.* 고행하는 곳. 수도원(修道院).
ascética *f.* 고행. 극고(克苦). 금욕.
asceticismo *m.* =*ascetismo*.
ascético *a.* 고행의. 고행하는. 금욕주의의.
ascetismo *m.* [宗] 고행. 금욕주의. 극고(克苦)주의.
ascidia *f.* ①[植] (꿀풀 따위의) 병모양(瓶狀) 잎사귀. ②[動] 해초류(海鞘類).
ascidiado *a.* [植] 병 모양의(잎사귀가 있는).
ascite *f.* [醫] 복수(腹水). 복수병(病). 수종(水腫).
ascitico *a.* 복수가 있는. 복수병에 걸린.
asclepia *f.* [植] 방초꽃. (속)(芳草花屬).
asco *m.* 싫음. 염오. 증오. 구역.
ascorosamente *adv.* 더럽게. 추잡하게.
ascorsidade *f.* 더러움. 불결. 때. 부정. 추행. 음담패설. 부도덕.
ascoroso, ascoso *a.* 더러운. 불결한. 추잡한. 쫓아버리는.
ascua *f.* ①(타고 있는) 석탄불. 숯불(熾炭). ②불꽃. 불똥.
ase *m.* 개선(凱旋) 용사.

aselha *f.* (실 또는 끈으로 만든) 동그라미. 둘레. 테. 고리. 바올가미.

aselho *m.* [蟲] 아젤충속(屬). (물속에 사는) 등각류(等脚類).

aselos *m.(pl.)* [天] 거해궁(巨蟹宮)에 있는 두 개의 별.

asepsia (=**assepsia**) *f.* [醫] 부식균(腐蝕菌) 예방법.

aseptico (=**asséptico**) *a.* 썩지 않게 하는. 방부(防腐)의. 방부적. 방부처치의. 무균(無菌)의.

aseptol (=**asseptol**) *m.* [化] 아셉톨(방부제).

asexo (=**assexo**) *a.* [生物] 성별(성기) 없는. 자웅의 구별이 없는. 무성(無性)의.

asexuado (=**assexuado**) *a.* 성이 없는 무성의. 자웅의 구별이 없는.

asexual (=**assexual**) *a.* 무성의. 중성(中性)의.

asfaltado *a.* 아스팔트를 깐(씌운·포장한).

asfaltador *m.* 아스팔트를 까는 노동자.

asfaltar *v.t.* 아스팔트를 깔다(씌우다·포장하다).

asfaltaria *f.* 아스팔트 제조소.

asfalto *m.* 아스팔트.

asfixia *f.* [醫] 기절. 가사(假死). 질식.

asfixiante *a.* 질식시키는.

asfixiar *v.t.* 기절케 하다. 질식시키다.
— *v.i.*, — *se v.pr.* 기절하다. 질식하다. 질식 자살하다.

asfixico *a.* 질식케 하는. 질식성(窒息性)의.

asfixioso *a.* 질식시키는.

asfodelo *m.* [植] 수선화. 《詩》극락에 핀다는 시들지 않는 꽃.

Ásia *f.* 아시아.

asiaticamente *adv.* 아시아식으로.

asiático *a.* 아시아의. 아시아 사람의. 유약(柔弱)한
— *m.* 아시아인(人).

asicia *f.* 절식(絶食). 식욕부진(食慾不振).

asilado *a.* ①(죄인. 망명객 등을) 숨겨 준 피난처를 제공한. 비호소(庇護所)에 수용된. ②망명한.

asilar *v.t.* ①(죄인·망명객 등을) 숨겨 주다. 피난처를 제공하다. 보호해 주다. ②(바람·비 따위를) 막아주다.
—se *v.pr.* 몸을 감추다. 숨다. 피하다. 피난하다. 망명하다.

asilo *m.* ①(죄인·망명객 등을) 보호해 주는 곳. 피난처. ②[法] 정치범인 임시 수용소. ③숨는 장소. 은신처. ④피난. 비호. 은닉(隱匿). ⑤양로원. 양육원.
asilo de orfãos 고아원.

asinario *a.* 나귀의. 나귀에 관한.

asinha *adv.* 긴급히. 빨리. 곧.
(注意) 동음이어 *azinha* : 너도밤나무의 열매.

asinino *a.* ①나귀의. 나귀 같은. ②어리석은. 바보 같은.

asir *v.t.* 손으로 쥐다(움켜쥐다). 붙잡다.

asma *f.* 천식(喘息).

asmático 천식의. 천식성(性)의. 천식에 걸린.
— *m.* 천식환자.

asna *f.* ①[動] 암나귀. ②《轉》둔한 여자를 멸시해 부르는 말. ③[建] 서까래. 연목. ④[紋] 산형선(山形線).

asnada *f.* ①나귀의 떼. ②큰 실수. 실책. ③어리석은 일(노릇).

asnal *a.* ①나귀의. 나귀 같은. ②어리석은. 우둔한.

asnalmente *adv.* 어리석게. 우둔하게. 바보처럼.

asnamente *adv.* 나귀처럼. 우둔하게.

asnamento *m.* [建] 서까래를 엮어 놓은 구조. 연목을 엮기.

asnar *a.* 나귀의. 나귀속(屬)의.

asnaria *f.* ①나귀의 떼. ②엮어 놓은 서까래(연목). 서까래를 엮기.

asnaticamente *adv.* =*asnalmente*.

asnático *a.* =*asnal*.

asnear *v.i.* 《俗》어리석은 이야기를 하다. 바보노릇하다.

asneira *f.* 《俗》어리석은 언행. 우둔한 짓. 헛된 수작. 당치않은 말. 개소리. (시험에서의) 큰 실수.
Nāo quero mais saber de sua asneiras. 그 얼간이 같은 노릇(행실)이 더 하지도 마라.

asneirão *m.* ①큰 나귀. ②《俗》큰 바보. 아주 어리석은 사람. 꼴찌.

asneiro *a.* 나귀의.
— *m.* 나귀 모는 사람.

asneirola *f.* 음탕(淫蕩)한 말씨(언행). (외설(猥褻).

asnerar *v.i.* =*asnear*.

asnice, asnidade *f.* =*asneira*.

asnil *a.* 《廢》=*asnal*.

asno *m.* 나귀. 수나귀. 당나귀. 《轉》바보. 어리석은 놈. 얼간이.

aso *m.* ①기회(機會). 시기. ②원인. 동기. 이유. ③핑계·구실.

aspa *f.* ①성(聖)안드루우스(*Andrew*)의 십자가. 사형(斜形=X形)십자. ②짐승의 뿔(生角).
— **s** (*pl.*) [文] 인용부호("……").

aspaço *m.* 뿔로 받기(찌르기. 떼밀기).

aspado *a.* [文] 인용부호(引用符號)를 찍은.

aspar (1) *v.t.* X형을 만들다. X형 십자가에 못을 박다. 괴롭히다. 확대하다.
— (2) *v.t.* [文] 인용부호("……"를 찍다. (두다).
— (3) *v.t.* 지우다. 깎아 버리다. 삭제하다(削除). 말살(抹殺)하다.

aspárago, aspárgo *m.* [植] 아스파라거스. 배추의 일종.

aspecto *m.* ①겉모습. 외관(外觀). 외모. 용모. 풍채. ②광경(光景). 전망. 조망. 국면(局面). ③사상(事相).

asperamente *adv.* 거칠게. 난폭하게. 호되게. 버릇없이.

aspereza *f.* ①(음성이) 귀에 거슬림. (언어가) 거칠음. ②(만져보기에) 깔깔함. 울퉁불퉁함. ③(기질·성질이) 가혹함. 무뚝뚝함. ④(날씨의) 혹렬(酷烈). ⑤쓴맛. 텁텁한 맛.

asperges *m.* [가톨릭] 성수살포식(聖水撒布式). 관수식(灌水式).

aspergilo *m.* [植] 사상균(絲狀菌). 자낭균(子囊菌).

aspergir *v.t.* [宗] (세례 등 할 때) 물 뿌리다. 살수(撒水)하다.

asperifólio *a.* [植] 거칠은 잎사귀가 있는.

asperíssimo *f.* ①[植] 씨가 없음(無種子). ②[醫] 정액 결핍.

aspermo *a.* ①[植] 씨 없는. 무종자의. ②[醫] 정액이 결핍한.

áspero *a.* 거칠은. 깔깔한. 울퉁불퉁한. 고저(高低) 있는. 기복(起伏) 있는. (귀에) 거슬리는. (성격이) 엄한. 무뚝뚝한.

aspérrimo *a.* (*ásperos*의 최상급). 가장 거칠은.

aspersão *f.* [宗] (세례의) 성수살포(聖水撒布). 관수식.
batismo de aspersão 세례.

asperso *a.* (동사 *aspergir*의 불규칙 과거분사). 물을 뿌린. 살수한. 관수한.

aspersório *m.* [가톨릭] 성수기(聖水器).

aspeto *m.* = *aspecto*.

aspide *m.* ①[動] (북아프리카산) 독사의 일종. 이집트 코브라. ②《轉》독설가. ③(옛 무기). (16세기 경에 쓴) 일종의 장포(長砲).

aspidistra *f.* [植] 엽란(葉蘭)(중국 원산. 관상용).

aspiração *f.* ①숨쉬기. 흡입(吸入). 흡인(吸引). 흡기(吸氣). ②[文] 기음발성(氣音發聲). 기음. ③큰 뜻. 대지(大志). 포부. 지망. 열망. 욕념(慾念). 욕구(慾求).

aspirado *a.* ①숨을 들이킨. 숨을 내며 발음한. ②[文] 기음(氣音)의. ③큰 뜻을 품은. 큰 욕망이 있는. 열망하는. 욕구(慾求)하는.

aspirador *m.* 흡기기(吸氣器). 흡입기. [醫] (가스 따위의) 흡입기. (고름) 흡출기(吸出器). (흡양기).
aspirador de pó 먼지 빨아들이는 청소기.

aspirante *a.* 숨을 들이키는. 흡입하는.
— *m.* 해군사관학교 학생. 사관후보생. 해군소위 후보생.

aspirar *v.t.* ①숨을 들이키다. 흡인하다. ②(가스 따위를) 빨아들이다. 빨아올리다. ③[音聲] 기음(氣音)(*h* 소리 또는 *h*를 포함한 소리)를 내다.
— *v.i.* 큰 포부를 갖다. 열망하다. 동경하다.

aspirativo *a.* 숨을 내어 발음하는. 기음의. *h*음의.

aspirina *f.* [藥] 아스피린(해열제·진통제).

asquear *v.t.* 싫어하다. 미워하다.

asquerosamente *adv.* 더럽게. 추하게.

asquerosidade *f.* ①더러움. 불결. 부정. ②때. 오예(汚穢). 오물(汚物). ③추행. 부도덕. ④천함. 비열. 음담패설.

asqueroso *a.* ①더러운. 불결한. 더러운 것을 좋아하는. 불결성의. 추악한. ②추태스러운. 싫은. 아니꼬운.

assa *m., a.* 백자(白子:물고기의 이리)(의).

assaborear *v.t.* 맛들이다. (소금·고추·향료 등으로) 양념하다. 간맞추다. 조미(調味)하다.

assacadilha *f.* (죄 따위를) 돌리기. 전가. 무고(誣告). 중상.

assacador *a., m.* (죄 따위를) 남에게 돌리는 사람. 전가하는 (자). 남의 탓으로 미는 (사람). 없는 일을 꾸며내어 고발 또는 고소하는 (자). 무언자(誣言者).
assacar *v.t.* (죄·잘못 따위를) 돌리다. 떠맡기다. …의 탓으로 하다. 전가하다. 무언하다. 중상하다.
assadeira *f.* 굽는 사람(여자). 굽는 기계. 난소로(煖燒爐).
assado *a.* (고기를) 구운. 그슬린. 볶은.
— *m.* 구운 고기. 불고기. 그슬린 고기점. 볶은 것.
nem assim, nem assado (이것도 아니고 저것도 아닌) 밥도 아니고 죽도 아닌.
assador *m.* 굽는 사람. 굽는 기계. 난소로.
assadura *f.* ①구이. 굽기. 그슬리기. 볶기. ②불고기. ③불고기 하는(고기점).
assa-fétida *f.* [植] 아위(阿魏). 그 유액(乳液). 아위의 유액으로 만든 약. (경련의 진통제 또는 구충제로 쓰임).
assai *m.* [植] 아사이제이로(나무)의 열매.
assaizeiro *m.* 아사이제이로나무.
assalariado *a.* 급료(給料)를 받는(받고 일하는). 월급장이의. 유급(有給)의.
— *m.* 월급 받고 일하는 사람. 월급장이.
assalariamento *m.* 월급 주고 채용하기. 고용하기.
assalariar *v.t.* 월급을 주다. 급료를 치르다.
assalmonado *a.* 연어 비슷한. 연어(살)빛의.
assaloiado *a.* 버릇없는. 무식한.
assaltada *f.* ①습격. 기습(奇襲). ②강타(强打). 강탈. ③[法] 폭행. 폭력. 강도행위. 강간(强姦).
assaltador *m.* 습격(공격)하는 자. 폭행자. 가해자.
assaltante *m.* 습격(공격)하는. 폭행하는.
— *m.*, *f.* 습격자. 불의(不意) 공격자. 폭행자. 폭력도배. 강도.
assaltar, assaltear *v.t.* 급격하다. 불의 기습(奇襲)하다. 폭행하다(은행·상점·열차 등을) 습격하다. 털다. 강도질하다. 강탈하다.
assalto *m.* ①습격. 기습. 강타(强打). ②(상점·은행을) 털기. ③[法] 폭행. 폭력행위. 강도(행위).
assanhadiço *a.* 곧잘 노하는. 자주 성내는.
assanhado *a.* 노한. 골낸. 화난. 성난. 흥분한.
assanhamento *m.* 노하기. 골내기. 성남. 화냄. 격노. 흥분.
assanhar *v.t.* 노하게 하다. 격노하다. 화

내다. 흥분하다. 악화시키다.
—*se v.pr.* 노하다. 격노하다. 화내다. 흥분하다. (날씨가) 거칠어지다.
assanho *m.* =*assanhamento*.
assar *v.t.* (고기를) 굽다. 불고기하다. 볶다. 그슬리다.
— *v.i.* 구어지다. 그슬려 익다. 타도록 뜨겁다. 흥분하다. 격노하다.
assarapantado *a.* 깜짝 놀랜. (놀래어) 눈이 동그랗게 된. 낭패한. 어쩔줄 모르는.
assarapantar *v.t.* 깜짝 놀라게 하다. 경악케 하다.
—*se v.pr.* 깜짝 놀래다. (놀래어) 눈이 동그랗게 되다. 낭패하여 어쩔 줄 모른다.
assassinado *a.* 암살 당한. 모살(謀殺)된.
assassinador *m.* 암살하는 자. 자객.
assassinamento *m.* 암살. 모살. 살해. 암살행위.
assassinar *v.t.* 암살하다. 모살하다.
assassinato, assassinio *m.* 암살. 모살. 살해.
assassino *m.* 암살하는 자. 모살자. 자객.
assaz *adv.* 충분히. 상당히.
assazonado *a.* 익은. 무르익은. 성숙한.
assazonar *v.t.* ①익히다. 원숙시키다. ②맛들이다. (소금·후추·고추·향료 등으로) 양념하다. 조미하다. 간맞추다.
— *v.i.*, —*se v.pr.* 익다. 성숙하다. 원숙하다.
asse *m.* (로마 시대의) 동전. 청동화(靑銅貨).
asseadamente *adv.* 깨끗히. 말쑥하게.
asseado *a.* ①깨끗한. 청결한. 청초(淸楚)한. 말쑥한. ②(옷차림이) 단정한. ③개량된. 정련(精練)된.
asseamento *m.* 깨끗이 하기. 청결. 청초.
assear *v.t.* 깨끗하게 하다. 말쑥하게 하다.
—*se v.pr.* 깨끗해지다. 말쑥해지다. (옷을) 단정히 입다. 잘 차리다.
assecla *m.* ①도당(徒黨). 졸도. 일파. ②빨찌산 유격대.
assecuratório *a.* [法] 보증의. 보증으로 되는.
assedadeira *f.* (삼을) 빗질하는 여자(麻梳女工).
assedado *a.* ①(삼을) 빗질한. 빗으로 곱게 가른. ②비단처럼 광택(光澤)이 나는.
assedador *m.* 삼을 빗질하는 사람. 마소(麻梳) 직공.
assedar *v.t.* ①삼을 빗질하다. 빗으로 갈

assedentado *a.* 목마른. 갈증나는.

assedentador *m.* 포위하는 자. 포위군(包圍軍) 병사.

assediante *a.* (도시 또는 성을) 에워싸는. 포위하는. 포위 공격하는.

assediar *v.t.* ①(도시 또는 성을) 포위하다. 포위 공격하다. ②지분지분 칭하다. 성가시게 부탁하다. (졸라대다). 강청(强請)하다.

assedilhado *a.* = *assedentado*.

assédio *m.* 에워싸기. 포위.

asseguradamente *adv.* 확실히. 안전하게.

asseguradoe *a.* 확실히. 의심 없는. 틀림 없는. 보증된. 확실한. 안전한.

assegurador *m.* 확인하는 자. (사실임을) 보증하는 자.

assegurar *v.t.* ①확실히 …라고 말하다. 확언하다. ②보증하다. 책임지다. 안전케 하다.
— *se v.pr.* (+*de*). (…임이) 보증되다. 확인되다. (+*de*). (…에) 의지하다. 의뢰하다. 신뢰하다.

asseiar *v.t.* = *assear*.

asseio *m.* 깨끗함. 말쑥함. 청결. 청초(옷차림이) 단정함.

asselvajado *a.* 난폭한. 야만적인. 야만적 행실을 하는.

asselvajar-se *v.pr.* 난폭해지다. 잔인해지다. 야만적인 행실을 하다.

assem *m.* 소의 등고기(肩肉). 등심.

assembléia *f.* ①집합. 집회. 회합. ②집회소(集會所). ③브라질의 의회(議會).
assembléia geral 총회.
assembléia legislativa 입법회의(立法會議).
assembléia municipal 시(市)의회.
assembléia popular 국민대회.

assemelhação *f.* ①비슷함. 유사(類似). ②동화(同化). 동화작용.

assemelhado *a.* 비슷한. 근사한. 유사한. 동화한. 합일(合一)한.

assemelhar *v.t.* …에 비슷하게 하다. 비슷한 것으로 만들다. 동화시키다.
— *se v.pr.* (+*com* 또는 *a*). (…와) 비슷해지다. 똑같이 되다. …인 것처럼 보이다.

assenhorear-se *v.pr.* (…의) 소유자가 되다. (…을) 소유하다. 차지하다. 점령하다.

assenso *m.* = *assentimento*.

assentada *f.* ①자리에 앉기. 착석. ②법정에 출석하기. [法] 증인취조(證人取調). 증인공술서(供述書).
ae uma (또는 *duma*) *assentada* 단숨에. 제꺽. 단 한 번에.

assentadamente *adv.* 침착하게. 확고히. 변함없이.

assentado *a.* ①앉은. 앉아 있는. 놓여 있는. ②(기계 따위) 장치된. 고정된. 움직이지 않게 한. ③안정된. 변함 없는. 확고한. ④침착한. 결정한.

assentador *m.* ①장부에 기록하는 이. 기록계(係). ②기계를 설치하는 직공(기술자). ③(철도의) 보선노동자(保線勞動者). ④면도칼 가는 가죽. 혁지(革砥).

assentamento *m.* ①앉기. 앉히기. 놓기. ②기계의 장치(설치). ③(장부에) 기록하기. 기입하기. 등록. ④기록부. 기입부.

assentar *v.t.* ①앉히다. 놓다. ②(기계를) 설치하다. 장치하다. ③(장부에) 올리다. 기록하다. 등록하다. ④결정하다. ⑤(찻잔에 떠있는 차잎사귀 따위) 가라앉게 하다. 앙금(滓)이 내려가게 하다. ⑥거처를 정하다. 안정시키다. ⑦(사리를) 납득시키다. 깨닫게 하다. ⑧혁지(革砥)에 면도칼을 갈다. 칼날을 벼리다. ⑨(옷을) 몸에 맞게 하다.
— *v.i.* ①앉다. 착석하다. ②안정되다. 정착하다. ③앙금이 내려가다(가라앉다). ④결정되다. ⑤(옷이) 몸에 꼭 맞다. 조화되다. ⑥(사리를) 깨닫다. 요해하다.
— *se v.pr.* ①자리에 앉다. 착석하다. ②(장부에)기입되다. 기록되다. ③병적(兵籍)에 들다. 입대하다. 거주하다.
assentar no livro 장부에 기입(등록)하다.
assentar praça 입대(入隊)하다. 군대에 들다.
assentar o fio á navalha 면도칼을 혁지(革砥)에 갈다(날세우다).

assente *a.* ①고정된. 움직이지 않는. 확고(부동)한. 마음이 든든한. ②침착한. 조용한. 결정한. ③맑은. 투명(透明)한. ④…에 동의(同意)하는.
— *m.* 언덕 위의 평지(平地).

assentido *a.* 동의한. 허락한. 승낙한.

assentimento *m.* ①동의(同意). 찬동. 허락. 협찬. ②영합(迎合). 부화뇌동(附和雷同).

assentir *v.i.* 동의(찬성. 협찬)하다. 허락

(승낙)하다.
assento *m*. ①앉는 자리. 좌석. ②의자. (의자·소파 따위) 앉는 물건. ③물건을 놓는 대(台). ④기초. 기반(基盤). ⑤엉덩이 둔부(臀部). ⑥앙금. 침전물(沈澱物). ⑦동의. 찬동. 협찬. ⑧사려(思慮). 분별. 지혜. 판단. ⑨안정된 곳. 거처. 주소. ⑩등기. 등록. ⑪병적에의 편입.
de assento 조용히. 침착하게.
homem de assento 사려깊은 사람.
tomar assento em …의 자리에 앉다.
(注意) *acento*. 어세(語勢). 어조(語調).
assepsia *f*. [醫] 무균상태. 무균법(無菌法). 부식균(腐蝕菌) 예방법.
asséptico *a*. 무균의. 방부(防腐)의. 방부처치의.
asserção *f*. 확언(確言). 단언. 주장.
asserenar *v.i.*, *v.t.* =*serenar*.
assertivo *a*. 확언적. 단정적. 긍정의.
asserto *m*. 확언. 단언. 확증. 긍정. 시인(是認).
(注意) *acerto* : 알아 맞추기. 적중(的中).
assertório *a*. 확정한. 확언의. 긍정의.
assessor *m*. 고문(顧問). 보좌역(輔佐役). 조역(助役).
assessor técnico 기술고문. 기술담당 조수.
assessória *f*. 고문단(團). 자문기관. 고문단에 선출(또는 지정)된 사람들.
assessorial, assessório *a*. ①고문가. ②보좌역의. 보좌하는. 조역의.
assestar *v.t.* (목표물에) 겨누다. 조준하다. (망원경·포구(砲口) 따위를) …에 향하게 하다.
assestadura *f*. =*assesto*.
assêsto *m*. 겨눔. 조준. 지향(指向).
assetar *v.t.* =*assetear*.
asseteador *m*. 활쏘는 사람. 궁수(弓手). 사수(射手). 사냥꾼.
assetear *v.t.* ①화살로 쏘다. 화살로 죽이다. ②《轉》 중상하다. 허위선전하다.
asseveração *f*. 단언. 확언. 증언(證言).
asseveradamente *adv*. 단언코. 맹세코.
asseverador *m*. 맹세코 단언하는 자. 주장자. 증언자.
asseverar *v.t.* 맹세코 단언하다. 주장하다. 긍정하다. 확언하다. 보증하다.
asseverativo *a*. 단언의. 단언적. 확언한. 긍정적.
assexo, assexuado, assexual *a*.
=*asexo. asexuado. asexual*.
assibilação *f*. 마찰음으로 하기. [文] 치음화(齒音化).
assibilar *v.t.* 마찰음(치음)으로 발음하다.
assiduamente *adv*. 부지런히 근면하게 정력적으로.

assiduidade *f*. 부지런함. 근면. 면려(勉勵). 정려(精勵).
assíduo *a*. 부지런한. 근면한. 정력적인.
assignação *f*. =*assinação*.
assignalar *v.t.* =*assinalar*.
assim *adv*. 이렇게. 그렇게. 이처럼. 이와 같이.
é assim 바로 그렇습니다.(이렇습니다)
assim como 더욱. 더욱더.
como assim? …어떻게? 왜?
assim que …하자마자. …하는 즉시.
assim seja 제발 그렇게 되기를.
assim mesmo 바로 그렇게. 그렇고 말고. 역시.
mesmo assim 그래도. 그럼에도 불구하고.
por assim dizr 말하자면. 마치.
assim por diante 금후 이렇게. 차후도 이와 같이.
assim na paz. como na querra 평화시든 전시든 구별없이.
Tanto me faz assim como assado. 아무렇게 해줘도(나에게는) 상관 없다 (어느 것이라도 다 괜찮다).
assimetria *f*. 어울리지 않음. 불균형(不均衡). 불균제(不均齊). [數] 비대칭(非對稱).
ãssimétrico *a*. 어울리지 않는. 균형이 잡히지 않는. 불균제의. [數] 비대칭의. [植] 비상칭(非相稱)의.
assimilabilidade *f*. 동화할 수 있음. 동화성(同化性).
assimilação *f*. 동화. 동화작용. 유화(類化). 합일(合一). 융합.
assimilador *a*. 똑같게 하는. 동화되게 하는. 유화(類化)하는.
assimilar *v.t.*, *v.i.* 똑같게 만들다(되다). (언어민족을) 동화시키다(하다). [生理] 동화하다. 유화하다. 융합하다.
assimilativo *a*. 동화적. 동화력 있는. 동화시키는(하는).
assimilável *a*. 똑같게 할 수 있는. 동화가능한.
assimptota *f*. (=*assintota*). [幾] 점근선(漸近線 : 곡선(曲線)이 무한(無限)히 멀

어짐에 따라 그 곡선에 무한히 가까워가는 직선 또는 곡선).

assimptótico *a.* (=*assintótico*) 점근선의. 점근적의.

assinação *f.* ①이름을 적어 넣기. 서명. 사인. 수결(手決). ②[法] (출두할 장소·날짜 등의) 지정. 지시.

assinado *a.* 서명한. 사인한. (장소·날짜 등) 지정된.
— *m.* 서명한 서류(명단·증서).

assinalação *f.* 뚜렷한 표를 하기. 눈에 띄게 하기. 신호 표지를 하기.

assinalado *a.* 뚜렷한 표를 한(표를 찍은). 눈에 띄게 한. 유명한. 저명한. 현저한.

assinalador *a., m.* 표를 하는 (사람). 지정하는 (자).

assinalamento *m.* 뚜렷한 표를 하기(찍기). 신호표지. (주목하는 것에) 눈짓어두기. 기입. 기록. 지시. 지정.

assinalar *v.t.* ①뚜렷한 표를 하다(찍다). 눈에 띄게 하다. 신호표지를 하다. ②몸짓(손짓)으로 알리다(신호하다). ③나타내다. ④이채를 띠게 하다. ⑤뚜렷이 표명하다(알리다). ⑥지정하다. 결정하다.
—se *v.pr.* ①여러 사람의 눈에 띄다. 알려지다. ②인정되다. 유명해지다. 저명해지다.

assinalável *a.* 표시할만한. 지정(지시)할 만한.

assinante *m., f.* ①이름을 써 넣는 사람. ②사인하는 이. ③서명자. 기명인. ④(출판물 등의) 예약자. 신청인. 신입인. ⑤(기부·행사·주최 등에) 응모하는 자. ⑥(신문·잡지 등의) 구독자.

assinar *v.t.* ①이름을 써넣다. 기명 조인하다. 사인하다. 서명하다. ②서명하여 승인(보증)하다. ③(십자를) 그리다. 십자를 그려서 깨끗이 하다. ④…을 예약하다. 신청하다. 신입하다. ⑤(장소·날짜 등) 지정하다.
—se *v.pr.* 서명하다. 기명 조인하다.
assinar um jornal (사인하여) 신문구독 신청하다.
assinar em branco (백지에 사인하다). 《轉》보지 않고 도장 찍다.

assinatura *f.* 서명. 사인. 수결(手決). 서명 신청(신임예약).

assinável *a.* 서명할 수 있는. 기명하여 인정할만한.

assindético *a.* 연락이 없는. [文] 접속사 생략의.

assíndeto, assíndeton *m.* [文] 접속사 생략(接續詞省略).

assinergia *f.* 정력부족(精力不足).

assíntota *f.* [幾] 점근선(漸近線).

assintótico *a.* 점근선의.

assiriano, assirico *a.* (서부아시아의 옛나라) 앗시리아(사람)의.

assrio *a.* 앗시리아의.
— *m.* 앗시리아 사람(언어).

assiriologia *f.* 앗시리아학(그 언어. 문학. 역사. 풍습. 유물 등의 연구).

assiriólogo *m.* 앗시리아 학자.

aasisado *a.* 상식 있는. (사리를) 식별하는. 판단하는. 분별하는(할 줄 아는). 사려(지혜) 있는.

assisténcia *f.* ①목격(目擊). 참관. 방관(傍觀). ②출석. 참렬. 입회. ③거들음. 조력. 원조. 구호. 구제금. ④(환자의). 간호. 구급(救急). ⑤봉사. 배시(陪侍). 보필(輔弼). ⑥구경꾼. 관중(觀衆). 관객. 청중. 내회자(內會者). ⑦[法] 보좌(補佐). ⑧《俗》월경(月經). 월경기간.
assisténcia médica 의료(醫療) 구급반.

assistente *a.* 목격하는. 입회하는. 참렬하는. 돕는. 보좌하는. 보필하는. 구조(救助)하는.
— *m., f.* 목격자. 참석자. 참렬자. 조수. 보조원. 보필자. 보좌관. [法] 보좌. 보좌인.
— *f.* 《谷》조산부. 산파(*assistenta*).
assistente médico 주치의(主治醫)
assistente prelado 부사교(副司敎)

assistida *a., f.* 월경중인 (여성).

assistido *a.* 도움받는. 구조된. 간호 받은. 목격한. 입회한. (사건현장에) 참석한.

assistir *v.i.* ①(현장을) 목격하다. ②입회하다. 참석하다. ③…을 돕다. 거들다. 원조하다. 구조하다. ④(영화·텔레비전 등에) 참관하다. 관람하다. 보다.
— *v.t.* (환자를) 구급하다. 간호하다. 돌보다.

assistólia *f.* [醫] 심장수축력(收縮力)의 부족.

assoado *m.* 코를 풀기. 콧물 닦기.

assoalhado (1) *a.* 마루를 놓은. 마루를 깐.
— *m.* 마루 판자 깐 것.
— (2) *a.* 햇볕에 쪼인. 노출한. 공개(公

開)된. 유포(流布)된. 퍼뜨린.

assoalhador *a*. 마루를 놓는(까는) 사람. 비밀을 폭로(누설)하는 자. 공개하는 자. (어떤 사건의 내용을) 퍼뜨리는 자. 유포하는 이.

assoalhadura *f*. =*assoalhamento*.
— *m*. ①마루를 놓기(깔기). ②햇볕에 쪼임. 노출. 폭로. (비밀의) 누설. 공개. 유포(流布).

assoalhar (1) *v.t*. 마루를 놓다(깔다).
— (2) *v.t*. 햇볕에 쏘이다(내놓다). 노출하다. 공개하다. (비밀을) 누설하다. 폭로하다. 소문을 퍼뜨리다. 유포하다.

assoalho *m*. 마루. 판자 깐 것.

assoante *a*. [韻] 협음(協音)의. 해운(諧韻)의.

assoar *v.t*. 코(콧물)를 닦다(닦아 주다).
—*se v.pr*. (자기의) 코를 풀다.

assoberbado *m*. 건방진. 거만한. 초월한. 높이 솟은.

assoberbar *v.t*. 거만하게 다루다. 권세를 부리다. (남을) 업신여기다. 깔보다. 경멸하다. 초월하다.
—*se v.pr*. 건방진 행실을 하다. 거만하다.

assobiada *f*. 휘파람(또는 호각) 부는 소리. 연속된 휘파람. 휘파람 불며 떠들기.

assobiador *m*. 휘파람 부는 사람.

assobiar *v.i*. ①휘파람 불다(불며 떠들다). 휘파람으로 개를 부르다. ②(바람이) 휙 불다.
— *v.t*. (음악을) 휘파람으로 흉내내다.

assobio *m*. 휘파람 (소리). 휘파람 불기. (총알이) 팽하는 소리. (바람이) 획하는 소리.

assobradar *v.t*. 이층(二層)으로 하다(만들다). (이미 있는 단층집 위에 증축하기 위하여) 지붕밑 방(또는 고미다락방)을 만들다.

associação *f*. 조합. 결사. 회(會). 협회. 공인단체. 사단(社團). 연합. 합동.
associação proficional 동업자 조합.
associação de idéia 관념연합(觀念聯合).

associadamente *adv*. 조합을 형성하여. 연합(합동)하여.

associado *a*. 조합으로 된. 결사(結社)한. 협동한. 연합한.
— *m*. 조합원. 회원. 사원(社員).

associalização *f*. 사교적(社交的)으로 함. 사회화(社會化)함.

assocializar *v.t*. 사교적으로 하다. 사회화하다.

associar *v.i*., *v.t*. (어떤 단체에) 가입하다. (시키다) 가맹하다. 연합하다(시키다). 협동하다. 조합하다. 교제하다. 사귀다. 어울리다.
—*se v.pr*. 조합을 조직하다. 결사를 만들다. 합동하다. (+*a* 또는 *com*). …와 제휴하다.

associativo *a*. 조합의. 관념연합(觀念聯合)의.

assolação *f*. 유린(蹂躪). 겁탈. 황폐. 참화(慘禍). 파괴. 파멸.

assolador *a*., *m*. 유린하는 (자). 겁탈(약탈)하는 (자). 황폐케 하는 (자). 파괴(파멸)하는 (자).

assolamento *m*. =*assolação*.

assolar *v.t*. 유린하다. 겁탈(劫奪)하다. ② 황폐(荒廢)케 하다. 볼모양 없게 파괴하다. 참상을 남기다. 파멸(멸망)케 하다.

assoldadar *v.t*. 급료(월급)를 줘서 채용하다. 용병(傭兵)으로 채용하다.
—*se v.pr*. ①채용 당하다. 고용되다. ②용병(傭兵)이 되다.

assomada *f*. ①산꼭대기. 산정(山頂). 정상(頂上). 최고점. 최고도(最高度). ② 갑자기 나타나기. 돌연한 출현. ③격노(激怒).

assomadamente *adv*. 불쑥. 갑자기. 대뜸. 홧김에.

assomadiço *a*. 곧잘 화내는. 노하기 잘하는. 성미 급한.

assomado *a*. 노한. 화낸. 성 잘 내는. 최고점(정상)에 도달한.
assomado de vinho 술에 취하여 기분이 명랑해진.

assomar *v.t*. 높은 곳 또는 먼 곳에 나타나기 시작하다. 나타나 보이다. 출현하다. (태양·달 따위가) 나오기(올라오기) 시작하다. (산꼭대기·지붕 위 등에) 오르다. 올라가다.
— *v.t*. 화나게 하다. 노하게 하다. 자극을 주다.
—*se v.pr*. ①나타나다. 출현하다. ②꼭대기(정상)에 도달하다. ③화내다. 격노하다. ④술에 취하여 기분이 좋아지다.

assombração *f*. ①유령. 망령(亡靈). 요괴(妖怪). 귀신. 도깨비. ②괴물을 만났을 때의 놀램. 괴이(怪異)한 사물에 대한

assombradiço *a.* 무서움 타는. 겁 많은. 곧 잘 놀라는. 유령(귀신)을 무서워하는. 도깨비(귀신) 나올 듯한.

assombrado (1) *a.* ①그늘진. 볕을 가린. 응달의. ②(…의) 영향을 받는. (…의) 영향하에 있는.
bem assombrado 환경이 좋은.
mal assombrado 화경이 나쁜. 나쁜 영향이 있는. 형세가 좋지 못한. 흐린.
casa mal assombrada 도깨비(귀신) 나온다는 집.
— (2) *a.* 깜짝 놀랜. 경악한. 가슴이 서늘한. 놀래어 멍해진(아연한).

assombramento *m.* ①흐림. 어두어짐. ②공포. 놀램. 경악. (놀래어) 눈이 동그랗게 되는 것.

assombrar (1) *v.t.* ①그늘지다. 어둡게 하다. 볕을 가리다. ②열을 막다. 덮다. ③(그림에) 그늘을 지우다. 농담(濃淡)을 나타내다. 음영을 지우다. ④(명예를) 훼손하다.
—*se v.pr.* 그늘지다. 흐리다. 어두워지다.
— (2) *v.t.* (깜짝) 놀라게 하다. 무섭게 하다. 공포를 느끼게 하다.
—*se v.pr.* 깜짝 놀래다. 무서워하다. 공포에 사로잡히다(떨다). 놀래어 눈이 동그랗게 되다.

assombrear *v.t.* ①그늘지게 하다. 덮어 그늘 지우다. ②(그림에) 음영을 나타내다.

assombro *m.* ①놀람. 경악. 공포. 경이(驚異). ②놀랄만한 일. ③기관(奇觀). 위관(偉觀). ④불가사의한 것. 괴물.

assombrosamente *adv.* 놀랠 정도로. 경이적(驚異的)으로.

assombroso *a.* 놀라운. 놀랄 만한. 놀라게 하는. 경이적인. 경탄(驚嘆)할 만한.

assomo *m.* ①멀리 또는 높은 곳에 나타나기. 출현. 보이기 시작함. ②꼭대기(정상)에 오르기(올라가기). ③(나타날) 징조(徵兆). ④추측. 억측.

assonância *f.* ①소리의 일치. 협음(協音). ②[韻] 모음만의 압운(押韻). 해운(諧韻).

assonante *a.* 협음의. 해운의.

assoprado *a.* ①(입김을) 불어 넣은. 부푼. ②으쓱대는. 우쭐하는.

assoprador *m.* ①(입바람 따위) 불어 넣는 사람. ②불어 넣는 기구. 취입기(吹込器). ③선동하는 자. 교사자(教唆者).

assopradura *f.* =*assôpro*.

assopramento *m.* 불기. 불어 넣기. 불어서 부풀게 하기.

assoprar *v.t., v.i.* ①(입김을) 불다. 불어 넣다. ②(불어서) 부풀게 하다(안에 가득 차게 하다). ③과장(誇張)하다. 자극주다. 고무(鼓舞)하다. 선동하다. 과장하여 선전하다.

assôpro *m.* ①불기(부는 동작). ②부는 입김. ③산들산들 부는 바람. 미풍(微風). ④장려(獎勵). 고무. ⑤귓속말하기. 밀고. 고발. ⑥취주악기(吹奏樂器).

assovelar *v.t.* ①바늘 또는 송곳으로 찌르다. 찔러 구멍을 뚫다. ②괴롭히다. 귀찮게 굴다.

assoviada *f.* =*assobiada*.

assoviar *v.t.* =*assobiar*.

assovinar *v.t.,* —*se v.pr.* (돈·물건 따위) 아끼다. 인색해지다. 깍쟁이가 되다. 수전노 노릇하다.

assovio *m.* =*assobio*.

assuada *f.* ①(아이들의) 외치는 소리. 부르짖음. 떠들썩하기. ②노성(怒聲). 훤소(喧騷). ③(부엉이의) 부엉부엉하는 소리. ④(자동차의) 경적소리. ⑤소동. 폭동. 집단폭행.

assuar *v.t., v.i.* (증기·뱀·거미 등이) 슈웃! 하는 소리를 내다.

assucar *m.* =*açucar*.

assucarado *a.* =*açucarado*.

assucarar *v.t.* =*açucarar*.

assumir *v.t.* ①(역할·직책 등을) 인수하다. 떠맡다. 책임을 지다. ②(직책·임무에) 취임하다. ③자기 것으로 만들다. ④…의 태도를 취하다. 가장(假裝)하다.
assumir as funções 취임하다.
assumir a responsabilidade 책임을 지다.

assunção *f.* ①떠맡기. 인수(引受). ②가정(假定). 억측. [哲] 추리상(推理上)의 가설(假說). ③[가톨릭] 성모몽소숭천(聖母夢召昇天)(祭).

assuntar *v.i.* ①…에 주의하다. …을 조심하다. ②…을 듣다. 고려하다. ③조사하다. 확인하다.

assuntível *a.* 떠맡을 만한. 인수할 수 있는. 차지(占有)할만한. 부담이 되는.

assuntivo *a.* ①가정적. ②건방진. 불손한. 주제넘은. ③채용하는.

assunto *m.* ①건(件). 사건. ②제목. 주제(主題). 문제. 연제(演題). 화제(話題). [樂] 테마. 악제(樂題). ③(소설의) 줄기. ④[文] *assumir*의 불규칙 과거분사.

assustadamente *adv.* 놀라서. 공포에 떨며.

assustadiço *a.* 놀라기 잘하는. 작은 일에도 놀라는. 겁많은. 무서워하는.

assustado *a.* 놀란. 깜짝 놀란. 공포에 사로잡힌.

assustador *a., m.* 깜짝 놀라게 하는 (사람 또는 사물).

assustar *v.t.* 놀라게 하다. 협박 공갈하다. 무섭게 하다.
—*se v.pr.* 깜짝 놀라다. 머리가 선뜻해지다.

assustoso *a.* 놀라운. 놀라게 하는. 협박 공갈하는. 무섭게 하는.

assuxar *v.t.* 늦추다. 느슨하게 하다. 이완(弛緩)하다.

astacites *m.(pl.)* 게류(蟹類).

astasia *f.* 일어서지 못함. [醫] 기립불능(起立不能).

astático *a.* ①일어서지 못하는. 기립불능의. ②불안정한. ③[理] 무정위(無定位)의.

asteca *a.* 아즈텍 사람의.
— *m.* 아즈텍 종족(멕시코 원주민).

asteismo *m.* 섬살은 풍자(비꼼).

astela *f.* [外] 골절용(骨折用) 부목(副木).

astenia *f.* [醫] 허약. 쇠약. 힘없음(無力).

asténico *a.* 허약한. 쇠약한. 힘없는.

astenopia *f.* [醫] 시력쇠약(視力衰弱).

astenopira *f.* [醫] 약시증(弱視症).

áster *m.* [植] 자원. 취국(翠菊).

asteria *f.* [動] 불가사리. 해반차(海盤車).

asterideos *m.(pl.)* 불가사리속(屬).

asterio *m.* [解] 두개골(頭蓋骨)의 봉합선(縫合線).

asterisco *m.* 별표(星標: ★).

asteriamo *m.* ①[天] 성군(星群). 성좌. 성수(星宿). ②삼성표(三星標). ③성형채(星形彩: 보석 따위에 반사 작용으로 비치는 별 모양(星形)의 광채).

asteróide *a.* ①별 같은. 별꼴의. 성형(星形)의. ②방선형(放線形)의.
— *m.* ①[天] 소유성(小遊星) (화성과 목성과의 궤도 사이에 산재하는). ②[動] 불가사리.

astigmação *f.* 무수차(無收差: 렌즈에 들어온 상(像)이 바른 위치(位地)를 벗어나지 않는).

astigmático *a.* 난시(亂視)의.

astigmatismo *m.* [醫] 난시. 난시안(眼). [光] (렌즈의) 비점수차(非点收差).

astigmometro *m.* 난시계(亂視計).

astomia *f.* [解] (선천적으로) 입이 없음. 무구(無口).

astragalectomia *f.* [外] 거골추출.

astrágalo *m.* ①[解] 거골(距骨). ②[建] 구슬선(玉緣). ③[植] 자운영속(紫雲英屬). ④포구(砲口)의 권대(圈帶).

astral *a.* 별의. 별 같은. 별에 관한.
— *m.* 영계(靈界): 정령(精靈)이 사는 곳이라고 생각하는 별세계).

astralizar-se *v.t.* 별세계에 살다.

astréia *f.* [希神] 정의의 여신(正義女神).

astreo *v.* 별이 반짝이는. 별이 많은.

ástrico *a.* =*astral*.

astrite *f.* 성광석(星光石).

astro *m.* ①천체(天體). 성신(星辰). ②《轉》명사(名士). 인기배우. 명성(名星).
astro do dia 해(태양).
astro da noite 달.

astrocario *m.* [植] 종려속(棕櫚屬).

astrodinámica *f.* 천체동력학(動力學).

astrofisica *f.* 천체물리학.

astrognosia *f.* 성신학(星辰學).

astrolábio *m.* [理] 옛날의 천문관측의(天文觀測儀).

astrolatra *m.* 성신숭배자(星辰崇拜者).

astrolatria *f.* 성신숭배.

astrogia *f.* 점성학(占星學). 점성술(術).
astrogia natural 천연(天然)점성술(천체의 형세로 일기·폭풍(우) 따위를 예언하는 것).
astrologia judiciaria 인사(人事) 점성술 (별을 보고 사람의 운명을 점치는 것).

astrológico *a.* 점성학(술)의. 점성학에 관한.

astrólogo *m.* 점성가(占星家).

astromância *f.* 점성술. 구성판단(九星判斷).

astrométria *f.* 천체측정.

astrometro *m.* 천체광도계(光度計). 천체측정기.

astronauta *m., f.* 천체비행사. 성간(星間)비행사.
(註) *cosmonauta* 우주비행사.

astrave *f.* 천체비행선. 성간비행선.

astronomia *f.* 천문학.
astronomia matemática 천체역학(力學).
astronomia nantica 천문항해법(天文航海法).

astronomicamente *adv.* 천문학상. 천문학적으로.

astronômico *a.* 천문학(상)의. 천문학에 관한.

astrônomo *a.* 천문학의.
— *m.* 천문학자.

astroscopia *f.* 천체관측.

astroscópio *m.* (옛날의) 천체 관측기(觀測機).

astúcia *f.* 내숭함. 교활(狡猾). 간지(奸智). 간계(奸計).

astuciar *v.i.*, *v.t.* …을 꾀하다. 잔꾀를 쓰다. 간계(奸計)를 꾸미다. 모략하다. 책략하다.

astuciosamente *adv.* 내숭스럽게. 교활하게. 교묘하게.

astucioso *a.* 교활한. 내숭떠는. 간지(奸智)에 능한. 빈틈없는. 민첩한.

ástur *m.* 매(鷹)의 일종.

astutamente *adv.* 내숭스럽게. 교활하게. 엉큼하게.

astuto *a.* = *astucioso*.

ata (1) *f.* 회의록(會議錄). 의사록(議事錄). 결의록(決議錄).
— (2) *f.* [植] 반려지(藩荔枝) : 그 열매.

atabacado *a.* 담배(煙草) 빛을 띤.

atabafadamente *adv.* 숨가쁘게. 숨막히듯이. 비밀히.

atabafado *a.* 숨가쁜. 숨막힐 듯한. …에 덮인. 싸인. 은폐(隱蔽)된. 은닉(隱匿)한. 비밀의. (사건이) 정체(停滯)하고 있는.

atadafador *a.*, *m.* 숨가쁘게 하는 (것). 덮어씌우는 (것). 덮어감추는 (것).

atabafamento *m.* 숨가쁨. 덮어씌우기. 덮어감추기. 은폐(隱蔽). 은닉(隱匿).

atabafar *v.t.* 숨가쁘게 하다. 숨막히게 하다. ②덮다. 덮어씌우다. 덮어감추다. 은폐하다. ③잘 싸다. 포장하다.
— *v.i.* 숨가쁘게 되다. 숨막힐 듯하다.

atabalhoadamente *adv.* 경솔하게. 무턱대고. 난잡하게. 조급히.

atabalhoado *a.* ①경솔한. 소홀한. 지각없는. 앞뒤를 헤아리지 않는. ②(일이) 서투른. ③혼잡한. 난잡한.

atabalhoamento *m.* 경솔한 언행. 경거망동. 앞뒤를 헤아리지 않고 하는 노릇. 지각없는 행실.

atabalhoar *v.i.*, *v.t.* 경솔히 서두르다(서두르게 하다.) 바삐 굴다. 지각없는 말(행실)을 하다. 경거망동하다.

atabrina *f.* 아따브린(학질예방약).

atabular *v.t.* 급히(바삐) 서두르게 하다 (굴다).
— *v.i.* ①바삐 서두르다. ②말다툼하다.

ataca *f.* 조이는 띠. 구두끈. 매는 실. 가는 밧줄.

atacadista *m.*, *f.* 도매상인.
atacadista em tecidos 포목도매상인.

atacada (1) *a.* ①끈(구두끈)으로 졸라맨. ②가득한. 가득 채운. 만재(滿載)한.
— (2) *a.* 공격한. 공격 받은. 습격한. 습격 당한. 병에 걸린.
— (3) *m.* 도매(都賣). 도매상.
por atacdo 도매로. 도매금으로 한데 뭉쳐서.
vender por atacado 도매로 팔다.

atacador *a.* ①공격하는. 습격하는. ②끈따위로 졸라매는. 동여매는.
— *m.* ①공격자. 습격자. 침략자. ②조이는 끈. 구두끈. 가는 밧줄.

atacadura *f.* 끈(구두끈. 가는 밧줄 따위)으로 졸라매기. 동여매기.

atacante *a.* ①공격하는. 습격하는. 달려드는. ②비난하는.
— *m.* 공격자. 습격자. 가해자.

atacar (1) *v.t.* 끈(구두끈. 가는 밧줄)으로 졸라매다. 동여매다.
— (2) *v.t.* 공격하다. 습격하다. 달려들다.
— *se v.pr.* ①서로 공격하다. ②…으로 가득하다. 충만하다.

atacoado *a.* ①(신발) 뒤를 댄. ②서투르게 만든.

atacoar *v.t.* ①(신발의) 뒤를 대다. ②서투르게 만들다. 못쓰게 만들다.

atada *f.* 묶음. 뭉치. 꾸러미. 소포. 포장물.

atadinho *a.* 마음이 작은. 소심(小心)한.

atado *a.* ①묶인. 동여맨. 비끄러맨. 구속한. 속박당한. ②마음이 작은. 담이 약한. 내성적인. 결단성 없는. 우유부단(優柔不斷)한.
— *m.* 묶는 것. 뭉치. 묶음. 꾸러미. 다발.

atador *m.* 묶는 사람. 술책을 부리는 자. 수단꾸러기.

atadura *f.* ①묶기. 묶음 만들기. 동여매기. 비끄러매기. ②뭉치. 다발. ③붕대(繃帶). 박대(縛帶). ④결합. 접합(接合). ⑤연락. 연결.

atafal *m.* 껑거리끈(瑪貝).

afafona *f.* ①수동(手動) 맷돌 또는 절구. ②말(나귀) 힘으로 움직이는 연자방아. ③수차(水車). 물방아.

atafoneiro *m.* ①가루방앗집. 물방앗집. ②제분업자. 방앗집 주인.

atafulhado *a.* ①틀어넣은. 다져 넣은. 가득 채운. ②게걸스레 먹은. 포식(飽食)한. 배가 가득찬.

atafulhamento *m.* ①틀어넣기. 다져넣기. 채워넣기. ②주입식 교육.

atafulhar *v.t.* ①틀어 넣다. 다져 넣다. 가득 채우다. ②(이불·방석 등에) 솜(짚·털 따위)을 넣다. 채워 넣다. ③배불리 먹게 하다. ④축적(蓄積)하다.
—se *v.pr.* 가득 차다. 배불리 먹다. 포식하다.

ataganhar *v.t.* 인후(咽喉)를 누르다.

atalaia *f.* ①보초. 보초병. 파수꾼. 망꾼. ②망루(望樓). 감시대.
estar de atalaia 또는 *ficar de atalaia* 보초서다. 감시하다. 망보다.

atalaiar *v.t.* (높은 데서) 망을 보다. 지켜보다. 감시하다.
—se *v.pr.* …을 조심하고 있다. 경계하다.

atalhada *f.* 산불을 방지하기 위하여 한 구역 내의 나무를 없애 버린 곳. 산림(山林) 내의 방화지대(防火地帶).

atalhador *m.* ①방지(防止)하는 사람(또는 물건). 방해자(또는 사물). ②[海] 유색(留索). 바퀴멈추개. ③《古》척후병(斥候兵).

atalhamento *m.* ①멈추기. 막기. 방지(防止). 저지(阻止). ②차단. 두절. 방해. ③제하기. 감봉(減俸). 감(減額).

atalhar *v.t.* ①멈추게 하다. (오고가는 사람을) 막다. 못가게 하다. ②중지시키다. 차단하다. 억제하다. 방해하다. ③말못하게 하다.
— *v.i.* ①멈추다. ②가까운 길을 택해 가다.
—se *v.pr.* ①멎다. 중지 당하다. ②어쩔줄 모르다. 당황하다.

atalho *m.* ①좁은 길. 오솔길. 샛길. 가까운 길. ②고장. 장애(障碍). 방해. 차단.

저지(阻止).

atamancado *a.* 서투르게 만든. 잘못 만든.

atamancador *m.* 서투르게 만드는 사람. 솜씨 없이 일하는 사람.

atamarado *a.* 대추야자 빛을 띤. 대추야자 열매 같은.

atamento *m.* ①《古》묶기. 동여매기. 비끄러매기. 결속(結束). ②연결(물). 연쇄(連鎖). ③구속. 복종. ④《俗》겁. 수줍음.

atanado *m.* 탄껍질(타닌산을 포함하며 무두질에 쓰임). 무두질한 가죽.

atanar *v.t.* 탄껍질로(가죽을) 무두질하다.

atanásia *f.* [植] 쑥국화.

atanazar *v.t.* =*atenazar*.

ataperado *a.* 황폐(荒廢)한.

atapetar *v.t.* 융단을 깔다. 돗자리를 깔다.

ataque *m.* ①공격. 습격. 진공(進攻). 진격. ②(언론상의) 비난. 공격. ③(병의) 발작(發作).

atar *v.t.* 매다. 동이다. 동여매다. 비끄러매다. 꼭묶다. 박대(縛帶)하다. 구속하다. 속박하다.
—se *v.pr.* 묶이다. 구속되다. 속박 당하다. 복종하다.
Não ata nem desata. (매지도 않고 풀지도 않는다.) 좀처럼 결단을 못 내린다.

atarantação *f.* 어리둥절함. 정신착란(錯亂). 혼란. 당황(唐荒).

atarantado *a.* 어리둥절한. 어찌할 바를 모르는. 정신착란한. 혼란한.

atarantar *v.t.* 어리둥절케 하다. 어찌할 바를 모르게 하다.
—se *v.pr.* 당황하다. 어리둥절하다. 정신착란을 일으키다.

ataranto *m.* =*atarantação*.

ataraxia *f.* 무감동. 부동심(不動心). 태연.

atardar *v.t.* 늦어지게 하다. 지연시키다.

atarefado *a.* (일이) 바쁜. 할 일이 많은. 다망한.

atarefamento *m.* 할 일이 많음. 바쁨. 다망(多忙).

atarefar *v.t.* 지나치게 많은 일을 시키다. 분주하게 일시키다. 몹시 부려먹다.
—se *v.pr.* 바삐 일하다. 분주해지다.

ataroucado *a.* 어리석은. 바보같은.

ataroucar *v.t.* 어리석게 만들다. 바보되게 하다.

atarracado *a.* ①꽉 조인. ②짧고 뭉뚝한. 땅딸막한.

atarracador *m.* 꽉 조이는 것. 괴롭히는 것. 곤란케 하는 것.

atarracar *v.t.* 꽉 조이다. 꼭 묶다. 괴롭히다. 곤란케 하다. 당황케 하다.

atarraxador *m.* 나사돌리개. 드라이버.

atarraxar *v.t.* 나사못으로 붙이다. 나사로 바싹 조이다. 나사로 박다. 비꼬다. 리벳의 머리를 꾸부려서 처박다.

atascadeiro, atascal *m.* 진흙땅. 진창구렁. 이녕지(泥濘地).

atascar-se *v.pr.* 진창에 빠지다(파묻히다).

atassalhador *m.* 찢는(째는) 사람. 잘게 자르는 사람. (남의) 신용을 떨어뜨리는 자.

atassalhadura *f.* (종이·포목 따위를) 찢음. (피륙 따위) 째기.

atassalhar *v.t.* ①찢다. 째다. 잘게 짜르다. ②쥐어뜯다. 입으로 물어 뜯다. ③남의 신용을 떨어뜨리다.

ataúde *m.* ①관(棺). ②관을 놓는 대(臺). ③영구차(靈柩車). ④분묘(墳墓). ⑤《轉》보석 따위를 넣는 작은 상자.

ataviado *a.* 옷치장을 한. 아름답게 꾸며 입은. 성장(盛裝)한.

ataviador *m.* 옷치장하는 이.

ataviamento *m.* 예쁘게 차리기. 화려한 옷치장. 단정한 몸차림.

ataviar *v.t.* 옷치장하다. 성장(盛裝)하다. 정장(正裝)하다. 장식(裝飾)하다.
—**se** *v.pr.* 예쁘게 차려 입다. 아름답게 입다. 치장하다.

atávico *a.* 격세유전(隔世遺傳)의. 격세유전적.

atavio *m.* ①옷치장. 아름답게 차리기. 미장(美裝). ②장신구(裝身具). 장식품(裝飾品).

atavismo *m.* 격세유전(隔世遺傳). 간헐(間歇) 유전.

ataxia *f.* [醫] 운동실조(運動失調). 보행(步行)실조.

atáxico *a.* 운동실조의. 보행실조의.
— *m.* 운동실조환자.

atazanar *v.t.* ①괴롭히다. 못살게 굴다. ②조르다. 졸라대다. 지분지분 청하다. 성가시게 부탁하다. ③애먹이다. ④자극주다. 격려하다.

até *prep.* (시간적으로). …까지.
Até quando? 어느 때까지?
até amanhã 내일까지.
até a vista 다시 볼 때까지.
até logo 안녕히(쉬이 만날 때까지).
até que …할 때까지.
Êle jogou até de madrugada. 그는 새벽까지 놀았다(투전했다).
até onde 어디까지. (공간적으로) …까지.
até ao Rio 리오까지.
até as fim 끝까지.
Fomos até a escola. 우리는 학교까지 갔다.
— *adv.* …일지라도. …마저. …도 역시.
Faz frio lá até no verão. 거기도 여름에는 춥다.

ateador *m.* ①불붙이는 사람. 불때는 사람. ②선동자. 고무자. 사주(使嗾)하는 이.

atear *v.t.t* 불붙이다. 불달다. 활기띠게 하다. 자극주다. 선동하다. 격려하다.
— *v.i.* 불붙다. 타다. 타오르다.
—**se** *v.pr.* 불붙다. 타오르다. 불길이 세게 오르다. 증대하다.

atebrina *f.* =*atabrina*.

atecnia *f.* 기교 없음. 비예술적임. 소박.

atediar *v.t.* 싫증나게 하다. 지루하게 하다. 권태케 하다.
—**se** *v.pr.* 싫증나다. 피로하다.

atéia *f.* 신을 믿지 않는 여자. 무신론자(여성).

ateísmo *m.* 무신론. 불신심(不信心). 무신앙생활.

ateísta *m., f.* 무신론자. 불신심한 사람.

ateístico *a.* 무신론의. 무신론자의.

atelhamento *m.* 기와를 올리기. 기와로 지붕을 덮기.

atelhar *v.t.* 기와를 올리다(덮다).

atelia *f.* [醫] 유두(乳頭)의 결여(缺如).

atemorizadamente *adv.* 공포에 사로잡혀(떨며).

atemorizado *a.* 공포에 사로잡힌. 공포에 떠는.

atemorizador *a., m.* (남을) 무섭게 하는 (사람). 공포를 느끼게 하는 (자).

atemorizamento *m.* 무섭게 함. 공포를 느끼게 함. 깜짝 놀라게 하기.

atemorizar *v.t.* 무섭게 하다. 깜짝 놀라게 하다. 공포를 느끼게 하다.
—**se** *v.pr.* 무서워하다. 공포에 사로잡히다(떨다).

atenazar *v.t.* 《古》달군 쇠꼬챙이로 (죄인을) 찌르다. 고문하다. 학대하다.

atença *f.* 기대(期待). 신뢰(信賴).

atenção *f.* ①주의(注意). 주목. ②배려. 고려. ③친절. 호의(好意).
prestar atenção …을 주의하다. …에 주목하다. 주의해야 한다.
em atenção a …을 중시시(重要視)하여. …을 고려하여.
— *interj.* 주목! 경계하라!

atenciosamente *adv.* 조심성 있게. 정신을 차려서.

atencioso *a.* 친절한. 공손한. 예절 바른. 세심한. 주의하는. 주시(注視)하는. 고려하는. 잘 돌보는. 존중하는.

atender *v.t.* ①…에 주의를 돌리다. …을 주의하다. 주목하다. (…을) 거들떠 보다. ②(손님을) 대하다. 접하다. 맞아들이다. 고려하다.
— *v.i.* 주의(注意)하고 있다. …을 마음속에 간직하다. 주목하다. 존중하다.

atendível *a.* 주의해야 할. 귀를 기울여 들어야 할. 유심(留心)해야 할.

ateneu *m.* ①아테네 신전 (옛 그리스의 아테네에서 시인·학자들이 모여서 시문(詩文)을 평론하던 곳). ②학당. 문예(학술)클럽. 도서실. 문고.

ateniense *a.* 아테네의. 아테네와 같은.
— *m.* 아테네 사람.

atentadamente *adv.* 주의하여. 조심스럽게. 친절히.

atentado *m.* ①(법률상의) 범죄. 범행. 침범(侵犯). 가해(加害). ②암살(음모). 암살기도(企圖).

atentamente *adv.* 주의하여. 정신차려서.

atentar (1) *v.i., v.t.* 주의하다. 조심하다. 중요시하다. 고려하다.
atentar por si (스스로) 조심하다. 경계하다.
— (2) *v.t.* …을 해보다. 시도(試圖)하다. 기도(企圖)하다. 음모(陰謀)하다.
— *v.i.* (+*contra*). (…에 대하여 육체상의) 해를 끼치다. 가해(加害)하다. 침해하다. (살인)음모를 하다.

atentatório *a.* ①가해(침해)의. 가해(침해)하는. ②불법의. 위법(違法)의. ③(살인)음모의.

atentivo *a.* 주의 깊은. 차근차근한. 신중(愼重)히 고려한.

atento *a.* ①주의(조심)하고 있는. 고려하는. 경청(傾聽)하는. ②은근한. 정중한. 친절한. (편지 등의 마지막 글 말문(末文)에 쓰일 때는) 존경하는. 공경하는.

atenuação *f.* 희박화(稀薄化). 엷게 하기. 희석(稀釋). ②감쇠(減衰). 감소. 경감(輕減). [法] 감형(減刑).

atenuadamente *adv.* 감쇠(감소)하여. 엷게 하여.

atenuado *a.* ①희박한. 희소한. ②가는. 얇은. 여윈. 쇠약(減衰)한. ③감소(減少)한. 완화(緩和)한. 형(刑)을 감한.

atenuante *a.* 희박하게 하는. 감쇠(감소)하는. 경감(輕減)하는. 감형(減刑)하는.

atenuantes (*pl.*) 감형 참작의 정황(情況). 작량정상(酌量情狀).

atenuar *v.t.* ①덜다. 감하다. 감쇠(감소)하다. 경감(輕減)하다. (사정을 참작하여) 감형하다. ②가늘게 하다. 쇠약케 하다. 희박하게 하다. ③(형을) 완화(緩和)하다.

atenuável *a.* 덜 수 있는. 감쇠(감소)할만한. 감형할 수 있는. 감형 참작할 여지가 있는.

atenciar *v.t.* 황달(黃疸)에 걸리게 하다.
—*se v.pr.* 황달에 걸리다.

aterina *f.* [魚] 멸치(鰯魚)의 일종.

atermal *a.* 냉광천(冷鑛泉)의.

atermaniedade *f.* 불투열성(不透熱性).

atermasia *f.* [醫] 체온이 높음.

ateroma *m.* [醫] 피지선낭종(皮脂腺囊腫).

ateromatoso *a.* 피지선낭종의(에 걸린).

aterrado (1) *a.* 땅이 된. 육지가 된. 매립(埋立)한. (특히 해변가를 흙으로 메워 육지로 만든).
— *m.* ①메운 땅(낮은 곳에 흙을 쌓아) 육지로 만든 땅. 저습지(低濕地) 중앙의 높은 땅. ②매토(埋土). 가토(加土).
— (2) *a.* 놀란. 공포에 잠긴(떠는).

aterrador *a.* 놀라게 하는. 무섭게 하는.

aterragem *f.* (비행기가) 땅에 내리기. 착륙.

aterrar (1) *v.t.* ①(물보다 얕은 곳을) 메워 땅으로 만들다. 육지로 하다. 매립하다. ②흙을 덮다. 가토(加土)하다.
— *v.t.* (비행기가) 땅에 내리다. 착륙하다.
—*se v.pr.* ①(배가 육지에 닿다. 부두에 닿다. ②(집 또는 도시가 천변(天變) 등으로 인하여) 땅속에 파묻히다. 매몰되다. ③(동물이) 땅속에 잠복(潛伏)하다.
— (2) *v.t.* 놀라게 하다. 무섭게 하다. 공포에 떨게 하다.
— *v.i.*, —*se v.pr.* 놀라다. 무서워하

다. 공포에 떨다.
aterrissagem *f.* ①(비행기의) 착륙. 착륙하는 동작. ②착륙지.
aterrissar *v.t.* 비행기가 땅에 내리다. 착륙하다.
aterro *m.* (특히 강변이나 해변가의) 땅을 메우기. 매립(埋立). 흙을 쌓아 올리는 작업. 성토(盛土). 가토(加土).
aterrorizador *a.* 놀라게 하는. 무섭게 하는. 간담을 서늘케 하는. 테러 행위를 하는.
aterrorizar *v.t.* ①놀라게 하다. 무섭게 하다. ②테러 행동을 하다.
ater-se *v.pr.* 달라붙다. 안 떨어지다. (+*a*). …에 의지하다. (+*em*). …을 신용하다.
atesado *a.* 팽팽하게 펼친. 긴장한.
atesar *v.t.* 팽팽하게 펼치다. 긴장시키다.
— *v.i.* 팽팽해지다. 긴장되다.
atestação *f.* 증명. 증언. 증거. 증명서.
atestado (1) *m.* 증명서.
atestado de nascimento 출생증명서.
atestado de saúde 건강진단서.
atestado de óbito 사망신고서.
— (2) *a.* (그릇에) 가득 채운. 충만한.
atestamento *m.* (용기에) 가득 채우기. 충만.
atestante *m., f.* 증명자. 입증자(立證者).
atestar (1) *v.t.* 증명하다. 입증하다. (어떤 것을) 증거로 하다.
— (2) *v.t.* (병·항아리·단지 등의 그릇에) 가득 채우다. 다져넣다.
— *v.i.* 가득 차다. 충만하다.
—se *v.pr.* 배가 터지도록 먹다(마시다).
ateu *a.* 무신론의. 무신론자적.
— *m.* 신을 믿지 않는 사람. 무신론자.
atibiar *v.t.* ①(찬 것을) 미지근하게 하다. 따뜻하게 하다. ②쇠약케 하다.
— *v.i.* 약하다. 쇠약하다.
atiçador *a.* (부지깽이 같은 것으로) 불을 뒤지는. 불길을 일으키는 불이 더 잘 붙게 하는.
— *m.* ①부지깽이. ②불 뒤지는 사람. 쑤셔서 불을 더 일으키는 사람. ③선동자. 교사자(敎唆者).
atiçamento *m.* ①(부지깽이로) 불을 뒤지기. 불길을 더 일으키기. 입으로 불어서 불을 일으키기. ②선동. 교사.
atiçar *v.t.* ①(부지깽이 같은 것으로) 불을 뒤지다. 불길을 일으키다. (시원치 않게 붙는 불을) 입바람을 불어 불붙게 하다. ②(불빛을 더 환하게 하기 위하여) 타고 있는 초의 심지 끝을 자르다. ③자극하다. 선동하다. 교사(敎唆)하다. ④(식욕을) 촉진케 하다.
— *v.i.* (+*a*). 치다. 때리다.
—se *v.pr.* 화내다. 격노하다. 분개하다.
aticismo *m.* 아테네 문학의 특질. 아테네 (특유의) 말. 전아(典雅)한 표현.
ático *a.* 고전적(古典的)인. 전아한 (표현의) 옛 그리스의 동쪽에 있는 *Attica*주의.
atiçoar *v.t.* 횃불로 불붙이다(불지르다).
aticurga *f.* [建] 아티카식 기둥(角柱).
aticurgo *a.* [建] 아티카식의.
atido *a.* 기대하고 있는. 신뢰(신임)하는.
atigrado *a.* 범빛을 띤. 호반(虎班)이 있는. 호랑처럼 된.
atijolado *a.* 벽돌색의(빛의) 벽돌을 쌓은.
atijolar *v.t.* 벽돌을 깔다. (둑 따위에)벽돌을 입히다.
atiladamente *adv.* 견실하게 면밀주도하게. 빈틈없이.
atilado *a.* ①견실한. 면밀주도한. 빈틈없는. 찬찬한. 조심성 있는. 신중(愼重)한. ②점잖은. 귀품 있는. 품행이 좋은. 단정한. 착한. 분별 있는.
atilamento *m.* ①견실함. 면밀주도. 신중함. 조심성 있음. 현명함. 영리함. ②우미. 우아. 단정. 점잖음.
atilar *v.t.* 일을 신중히 처리하다. 차근차근히 일하다. 면밀주도하게 다루다. 흠잡을 점 없이 완성하다. 단정하게 하다. 훌륭히 장식하다.
—se *v.pr.* 단정하게 차리다.
atilho *m.* 띠. 끈. 혁대. 피대. 리봉의 끈. (통 따위의) 테.
atimar *v.i.* 끝내다. 끝마치다. 완결하다.
atimia *f.* 낙담(落膽). 의기저상(意氣沮喪).
átimo *m.* 아주 작은 분량. 미량(微量). 아주 짧은 시간. 눈깜짝할 새. 잠시.
num átimo 즉각에. 순식간에.
atinadamente *adv.* 조심스럽게. 신중히.
atinado *a.* ①조심성 있는. 신중한. 빈틈 없는. 차근차근한. ②분별(지각) 있는. 총명한. 영리한.
atinar *v.t.* (문제를) 생각해 맞추다. 알아맞추다. 바로 맞추다. 찾아내다.
(+*em* 또는 *com*). …와 마주치다. 만나다.

— *v.t.* …에 도달하다. 이르다. 찾아내다. 알아 맞추다.

atinente *a.* …에 관한. (+*a*). …에 속하는.

atingir *v.t.* …에 도달하다. …에 이르다. 닿다. …에 손이 닿다. …에 저촉하다. ② 알다. 알아 맞추다. 요해(了解)하다. ③ (목적 등을) 이루다. 성취하다.

atingível *a.* 도달할 수 있는. 달성할 만한. 알아 맞출 수 있는. 납득(요해)할 만한.

atinia *f.* [植] 포플러(白楊)의 일종.

atino *m.* (의의) 요령. 민감. (생각·행동 등의) 신중. 용의주도.

atipia *f.* [醫] 병세(病勢)의 불순조(不順調).

atípico *a.* 부정형(不定型)의. 불규칙한. (간헐열(間歇熱) 따위). 순조롭지 못한.

atirada *f.* 던지기. 겨누어 쏘기. 발사.

atiradeira *f.* ①(옛 무기) 석궁을 내쏘는 활. 투석기(投石機). ②돌팔매질. 딱총.

atiradiço *a.* 생각내키는 대로 해치우는. 뻔뻔스러운. (특히 연애관계에 있어서) 앞뒤를 생각지 않고 덤비는.

atirado *a.* ①던진. 내던진. 쏜. 발사한. ②대담한. 용감한. 앞뒤를 생각지 않고 덤비는. ③뻔뻔스러운. 염치없는. 건방진. 아니꼬운.

atirador *a., m.* 던지는 (사람). 쏘는 (사람). 발사하는(사람 또는 무기). 사수. 투수(投手). [軍] 저격병. 저격수.

atirar *v.t.* ①닌시나. 내던지다. ②쏘다. 발사하다. 발포하다. ③버리다. 팽개치다.
— *v.i.* 활쏘다. 총쏘다. 사격하다. 저격(狙擊)하다.
—se *v.pr.* 자기의 몸을 (앞으로) 내던지다. 달려들다. 돌진하다.

atitude *f.* 자세(姿勢) 몸가짐. 태도. 심적 태도. 마음가짐. 입장. [政] 향배(向背).

ativa *f.* [文] 능동태(能動態). [軍] 현역(現役).

ativação *f.* 활동적으로 하기. 활발케 하기. 활동상태. [化] 활성화(活性化). 장려(奬勵). 촉진.

ativador *m.* 활발케 하는 물건. [化] 촉매(觸媒).

ativamante *adv.* 활동적으로. 활발히. [文] 능동적으로 능동태로.

ativar *v.t.* 활동시키다. 활발케 하다. 활기 띠게 하다. 장려하다.

atividade *f.* 활동. 활기. 활동성. 활발성. 능동성. 활발. 민활. [軍] 현역.

ativo *a.* ①활발한. 활동하는. 활기 있는. 민활한. 민첩한. ②활동적인. 적극적인. 근면한. ③(장사가) 잘되는. 번창한. [商] 경기 좋은. ④[文] 능동의. ⑤[軍] 현역의.
— *m.* [商] 자산(資産). 재산. 재물.
ativo e passivo 자산과 부채.

atlantes *m.(pl.)* ①[建] 남상 기둥(男像柱). 인상주(人像柱). ②국가의 기둥과 같은 사람. 중진(重鎭). ③사업(기업체)의 수뇌자(首腦者).

atlântico *a.* 대서양의. (아프리카 북서부의) 아틀라스 산맥(山脈)의.
— *m.* 대서양(大西洋).

atlas *m.* 지도(地圖). 지도서(書). 도해(圖解). 도표(圖表).

atleta *m., f.* 운동가. 경기자. 역기자(力技者). 역사(力士). 투사. 투기사(鬪技士).

atlética *f.* 체육. 운동. 경기. 투기(鬪技). 역기(力技).

atlèticamente *adv.* 경기처럼. 투기적으로. 체육상으로.

atlético *a.* ①체육의. 운동의. 경기의. 투기의. 역기의. ②힘센. 골격이 늠름한.

atletismo *m.* (전문으로서의) 운동경기. 역기(力技).

atmidômetro, atmômetro *m.* 증발계(蒸發計).

atmosfera *f.* ①대기(大氣). (천체를 둘러싼) 분위기. 천공. ②기압(氣壓). ③(실내 등의) 공기. ④주위의 정황. 환경.

atmosférico *a.* 대기의. 대기에 관한. 기압적.

ato *m.* (=《古》 *acto*). 행위. 행동. 소행. 활동. 작용.
no ato 즉석에서. 현장에서.
no mesmo ato 동시에.
em ato continuo 곧. 즉석에. 즉각적으로.
ato comercial 상(商去來) 행위.
ato de guerra 전쟁행위.
ato de agressão 침략행위.

atôa *a.* 아무런 생각도 없는. 분별함이 없는. 무분별적인. 아무 쓸모도 없는.

á-tôa *adv.* 목적도 없이. 방침도 없이. 무의미하게. 막연히. 무턱대고.

atoada *f.* 소문. 풍문. 유언비어.

atoagem *f.* (배를) 밧줄로 잡아당기기. 끌기. 견인(牽引). 예선(曳船).

atoalhado *a.* 식탁보를 깔아 놓은(펼친).

무늬 있는 비단(다마스크)을 걸친.
atoalhar *v.t.* 식탁보를 깔다(펼치다). 무늬가 있는 비단(다마스크)를 걸치다(펴다).
atoamente *adv.* =á-tôa.
atoar *v.t.* (배를) 밧줄로 잡아당기다. 끌다. 견인하다.
　—se *v.pr.* 밧줄에 잡아당기다. 끌려가다. 밧줄에 연결되다.
atoarda *f.* =atbada.
atobá *f.* (브라질산의) 물새(水禽)의 일종.
atocaiar *v.t.* 나무 그늘에 숨었다가 갑자기 달려들다. 불의습격(不意襲擊)하다.
atocalto *m.* [蟲] 아또깔또 브라질산 거미의 일종. (그 거미줄을 빨간·검정·노란색으로 됨).
atochado *a.* 가운데 끼어 꼼짝달싹할 수 없는. 꼭 조인. 비좁은.
atochador *m.* 말뚝을 박아 (또는 쐐기를 꽂아) 움직이지 않게 하는 사람. 빗장·자물쇠 따위로 잠그는 사람. 잠그는 철물 (볼트·빗장·자물쇠 따위).
atochar *v.i.*, *v.t.* 쐐기를 꽂다. 쐐기를 꽂아 움직이지 못하게 하다. 말뚝을 박아 고정시키다.
atôcho *m.* 쐐기. 쐐기 모양(V형)의 물건. 쐐기 역할 하는 물건. 말뚝.
atocia *f.* [醫] 불임(不妊). 불임증(症).
atocio *m.* 불임제(不姙劑).
atol *m.* 고리 모양의 산호섬. 환초(環礁).
atoladiço *a.* (비가 오면) 진창이 되는. 진흙이 되기 쉬운. 진창의. 진흙의. 진흙 투성이의. 수렁 같은.
atolado *a.* 진창(수렁)에 빠진. 진흙 투성이가 된. 아주 어리석은. 바보 같은.
atolamento *m.* ①진흙칠. 진창(수렁)에 빠지기. 진흙투성이가 되기. ②주색(酒色)에 빠짐.
atolar *v.t.* ①진흙칠하다. 진창(수렁)에 빠지게 하다. ②곤경(窮地)에 빠뜨리다.
　—se *v.pr.* 진흙투성이 되다. 진창(수렁)에 빠지다. 곤경에 처하다. 주색에 빠지다. 나쁜 풍습에 젖다.
atoledo *m.* 진흙(땅). 소(沼). 소택지(沼澤地).
atoleimado *a.* 얼빠진. 바보같은. 미욱한.
atoleimar-se *v.pr.* 얼빠진 인간이 되다. 바보(천치) 노릇을 하다. (고의적으로) 바보처럼 차리다. 바보인 체하다.
atoleiro *m.* 흙. 진흙. 이녕(泥濘). 진창. 수렁. 이소지(泥沼地). 곤경(困境). 궁지(窮地). 더러운 행위. 추행.
atombar *v.t.* 토지대장에 등록하다. 목록표에 올리다.
atomicidade *f.* [化] 원자수. 원자가(價).
atômico *a.* 원자의. 극소의.
　pêso atmico 원자량.
　teoria atômica 원자설 원자론.
　bomba atômica 원자폭탄.
　energia atômica 원자력.
　núcleo atômico 원자핵.
　submarino atômico 원자(력추진) 잠수함.
　guerra atômica 원자전.
atomismo *m.* 원자론(우주는 원자라고 칭하는 미립자의 집합(集合)이라는).
atomista *m.*, *f.* 원자론자.
atomistica *f.* 원자를 기초로 하는 화학.
atomistico *a.* 원자에 관한. 원자론의.
atomizador *m.* 분무기(噴霧器). 향수 뿌리는 기구.
atomizar *v.t.* 원자로 만들다. 가루같이(미립자로) 만들다. (물·소독액 등을) 안개 모양으로 뿌리다.
átomo *m.* 원자. 극미분자(極微分子). 미진(微塵).
átomos (*pl.*) 대기(大氣) 중에 있는 미진.
atomologia *f.* 원자학. 원자력학.
atomológico *a.* 원자학의(에 관한).
atomologista *m.*, *f.* 원자학자.
atonalidade *f.* 무조성(無調性). (작곡상의) 무조주의(형식).
atonia *f.* [醫] 쇠약. 무력(無力). 수축성 기관(收縮性器官)의 이완(弛緩).
atônico *a.* ①[醫] 쇠약한. 허약한. ②[樂] 무성(無聲)의. ③[文] 평음(平音)의. 무성음의.
atonitamente *adv.* 깜짝 놀라서. 놀라 당황하여.
atônito *a.* 깜짝 놀란. 놀라 어찌할 바를 모르는. 당황한.
atono *a.* 무성(無聲)의. 무성음의. 평음의.
atontadamente *adv.* 정신이 몽롱하여.
antontar, atontear *v.t.* 정신이 횡하게 하다. 의식상태가 몽롱하다. (술취한 것처럼) 머리가 띵해지다.
atopetar *v.t.* (돛대의) 꼭대기에까지 끌어 올리다.
ator *m.* ①[映] 남배우. 영화배우. ②역할자(役割者). 행위자.

ator cinematográfico 영화배우.

atordoadamente *adv.* 정신이 벙벙하여. 어리둥절하여.

atordoado *a.* 정신이 벙벙한. 어리둥절한. 현기증 나는. 어찔어찔한. 의식이 몽롱한. 졸려서 견딜 수 없는.

atordoador *a.* 정신을 벙벙하게 하는. 의식이 몽롱케 하는.

atordoamento *m.* 정신이 벙벙함. 의식몽롱. 술에 취한 것이 깨지 않는 상태. 현혹. 현훈(眩暈).

atordoar *v.t.* 의식을 착란시키다. 벙벙하게 하다. 얼빠진 사람으로 만들다. 머리가 띵하게 하다.

atormentação *f.* ①고통. 고뇌. 괴로움. 번민. ②괴롭히기. 박해. 학대. 고문.

atormentadamente *adv.* 고통스럽게. 번민하여.

atormentado *a.* 고통 받은. 괴로워하는. 박해(학대) 받은. 고문 당한.

atormentador *m.* 고통주는 사람. 괴롭히는 자. 학대하는 자. 박해자.

atormentamento *m.* ①고통을 주기. 괴롭히기. 학대. 박해. 고문. ②괴로움. 번민.

atormentar *v.t.* 귀찮게 굴다. 성가시게 굴다. 괴롭히다. 학대(박해)하다. 고문하다.
—se *v.pr.* 괴로워하다. 번민하다. 박해당하다. 학대 받다.

atormentativo *a.* 고통의. 고뇌의. 괴롭히는. 학대하는. 학대의. 박해의.

atoucado *a.* 머리수건(頭巾)을 쓴. 두건 모양(頭巾形)의.

atoucinhado *a.* 돼지고기 같은. 살찐. 비만(肥滿)한.

atóxico *a.* 독없는. 무독(無毒)의.

atrabiliário, atrabilioso *a.* ①침울한. 우울한. 우울증에 걸린. ②신경질 있는. 곧잘 노하는.

atrabilis *f.* ①우울. 우울성. 우울증. ②신경질.

atracação, atracadala *f.* (배가) 부두에 닿기. 착안(着岸). 계선(繫船).

atracado *a.* 짐을 너무 많이 실은. 너무 무거운 짐(부담)을 지운.

atracadouro *m.* 배를 대는 곳. 안벽(岸壁).

atracador *m.* (배를) 빗그러매는 밧줄(繫船索).

atração *f.* (=《古》 *atracção*). ①끌어당김. 견인(牽引). ②당기는 힘. [理] 인력(引力). ③사람의 마음을 끄는 것. 매혹력.

atração terrestre 지구인력.

atracar *v.t.* ①(배를) 부두에 대다. 착안(着岸)시키다. ②배와 배를 가깝이 하다. ③(배를)계류(繫留)하다. 정박시키다.
—se *v.pr.* ①(배가) 부두에 닿다. 착안(着岸)하다. ②배와 배가 서로 접근하다. ③정박하다. ④마주 부딪히다. 충돌하다. ⑤(남에게) 귀찮을 정도로 따라다니다(매달리다).

atraente *a.* 당기는. 끄는. 마음을 끄는. 마음을 움직이는. 매혹력 있는. 유혹하는. 유치하는.

atrafegar-se *v.pr.* ①지나친 부담을 지다. ②피로하다.

atraiçoadamente *adv.* 변절(배반)하여.

atraiçoado *a.* 배반한. 배신한. 변절한. 반역적인. 매국적 행동을 한. (나라에) 불충(不忠)한.

atraiçoador *m.* 배반자. 배신자. 변절자. 매국노. 반역자.

atraiçoar *v.t.* (국가. 친구를) 팔다. 배반하다. 배신하다. 변절하다. 반역적 행동을 하다.
—se *v.pr.* 비밀을 누설하다. 적과 내통하다.

atraidor *a., m.* (마음을) 끄는 (사람 또는 물건). 유혹하는(사람 또는 목건) 매혹물.

atraimento *m.* ①끌어당기기. 견인. ②(마음을) 끌기. 유인. 유치(誘致). ③황홀경(恍惚境). 입신무아지경(入神無我之境).

atrair *v.t.* ①(마음을) 끌다. 시선을 끌다. ②꾀다. 유혹하다. ③매혹하다. 유인(유치)하다.

atrancamento *m.* ①빗장으로 문을 잠그기. ②폐문. ③방해.

atrancar *v.t.* 빗장으로 문을 잠그다. (통로 또는 배수구를) 막아 버리다. 폐색하다. 방해하다.

atrapalhação *f.* 혼잡. 혼란. 혼돈. 무질서. (일이) 복잡함. 분규(紛糾).

atrapalhado *a.* 혼란한. 혼잡한. 질서 문란한. 복삽해진. 뒤죽박죽이 된. 일이 뒤얽혀 말썽이 많고 시끄러운.

atrapalhador *m.* 혼란(혼잡)케 하는 사람. 일을 뒤얽히게 하는 사람. 뒤죽박죽되게 하는 사람.

atrapalhar *v.t.* 혼란(혼잡)케 하다. 질서 문란케 하다. 일이 얽히다. 뒤죽박죽이 되다.

atrás *adv.* 뒤에. 뒷쪽에. 후방에. 배후에.
atrás de …의 뒤에. 배후에.
anos atrás 수년전.
deixar atrás 뒤에 남겨 놓다. 낙오되게 하다.
ficar atrás 뒤에 남다. 낙오하다.
voltar atrás 뒤로 돌아가다.
voltar com a palavra atrás 약속을 어김.

atrasadamente *adv.* 늦어서. 늦게.

atrasado *a.* ①늦은. 지각(遲刻)한. 지연(遲延)한. ②시대에 뒤떨어진. ③뒤에 남은. ④진보 또는 발육의 속도가 늦은. ⑤후진(後進)의. ⑥(시계가) 늦은. ⑦과거의. 이전의.
aluguel atrasado 지불이 늦어진 임차료(賃借料).
Meu relógio está atrasado 내 시계는 (표준시계보다) 늦다.
— *m.* 치르지 않는 잔금(殘金). 남은 빚.

atrasamento *m.* =*atraso*.

atrasar *v.t.* 늦게 하다. 늦어지게 하다. 지각하게 하다. 지연시키다. 지체케 하다. 진보(발전)의 속도를 방해하다.
—*se* *v.pr.* 늦다. 늦어지다. 뒤떨어지다. 퇴보하다. 낙오되다. 지불지연(支拂遲延)되다.

atraso *m.* ①늦음. 뒤떨어짐. 지연. 지체. 지각. ②시대에 뒤떨어지기. ③치르지 않는 잔금. 남은 빚.

atratividade *f.* (《古》 *aractividade*). 끌림. 피인성(被引性). 견인성(牽引性).

atrativo *a.* (=《古》 *atractivo*). 끄는. 끌어당기는. 끄는 힘(인력) 있는. 마음(시선)을 끄는. 매력적인.
— *m.* 마음(시선)을 끄는 것. 매력(魅力).

atrativos (*pl.*) 애교. 아름다움. 요염(妖艷).

atravancado *a.* 막은. 가로막은. 통하지 못하게 한. 차단한. 저지한.

atravancador *a.*, *m.* 막는 (사람 또는 사물). 차단하는 (사람 또는 물체).

atravancamento *m.* 막기. 가로막기. 통행. 차단. 저지(沮止).

atravancar *v.t.* 막다. 가로막다. 통행차단하다. 저지하다. 방해하다. 문에 빗장을 꽂다.

atravanco *m.* 막기. 가로막기. 통행차단. 저지. 막는 물건. 차단하는 물체. 장애물.

através *adv.* (貫通·通過·一貫) 통하여. 꿰뚫어서. 횡단하여. (…의) 시점에서 끝까지.
através de …을 관통(횡단)하여. …의 내부를 꿰뚫고 (저쪽 끝까지).
Tâmisa passa através de Londres. 데에무스 강은 런던을 통과한다.

atravessadeiro *m.* 교차로(交叉路). 십자로.

atravessadiço *a.* ①(남의 의견에) 반대하는. 거역하는. 방해하기 좋아하는. ②거꾸로의.

atravessado *a.* ①가로지른. 횡단한. 교차한. 관통한. ②비스듬한. 사팔뜨기의. ③심술궂은. 악의있는. ④이종교배(異種交配)한. (짐승 따위) 잡종의.

atravessadouro *m.* 밭 가운데 있는 작은 길. 중간길.

atravessador *m.* 가로 지나가는 이. 횡단하는 자. (남의 의견에) 거역하는(비꼬는) 사람.

atravessar *v.t.* ①가로지르다. 횡단케 하다. 꿰뚫게 하다. 관통시키다. ②가로막다. 차단하다. 방해하다. 저지(沮止)하다. 거역하다. ③교차(交叉)되게 하다. ④짐승을 이종교배(異種交配)시키다.
— *v.i.* 서로 가로지르다. 교차하다. (+ *por*). (강 또는 길을) 건너가다. 횡단하다. (한 쪽에서 다른 쪽으로) 꿰뚫다. (남의 이야기를) 가로채다.
—*se* *v.pr.* 꿰뚫다. 가로지르다. (+ *a*). 남의 이야기(또는 하는 일)를 방해하다. 반항하다. 적대하다.

atreguar *v.t.*, —*se* *v.pr.* 휴전(休戰)하다. 휴전협상(협정)을 하다.

atreito *a.* ①(…하는) 경향이 있는. …의 버릇(습성)이 있는. ②…을 받기 쉬운. …에 속하는.

atrelagem *f.* (기차·전차 따위의) 견인기(牽引機)

atrelar *v.t.* ①(말에) 굴레를 씌우다. 고삐를 매다. ②(개에) 가죽끈을 달다. 가죽끈을 매어 이끌다. 당기다. ③유치(誘致)하다. 유혹하다.
—*se* *v.pr.* (사람에게 치근치근 매달리다(달라붙다). 이끌리다.

atrepeia *f.* [醫] 영아(嬰兒)의 영양 기능 장애에 기인되는 쇠약.

atrever-se *v.pr.* ①감히 …을 하다. 감행하다. 위험을 무릅쓰고 하다. ②적대하다. 반항하다.

atrevidaço *a.* *atrevido*의 뜻을 더 강하게 함.

atrevidanjente *adv.* 버릇없이. 뻔뻔하게. 염치없이. 대담하게.

atrevidete *a. atrevido*의 뜻이 비교적 작은 것.

atrevido (1) *a.* 버릇없는. 뻔뻔한. 염치없는. 철면피의. 아니꼬운. 건방진. 거만한. 오만한. 불손한. 무모한. 대담한.
— (2) *m.* 버릇없는 놈. 뻔뻔한 녀석. 아니꼬운 인간. 무례한 인간. 대담한 놈.

atrevimento *m.* ①버릇없음. 무례함. 오만. 불손. 염치없음. 뻔뻔함. 철면피. 무모(無謀). 만용. 대담. 담대. ③건방진 행동. 버릇없는 말. 안하무인의 행동. 대담한 동작.

atribuição *f.* ①원인에 돌리기. 귀인(歸因). 속성(屬性). ②직권(職權). 권능. ③특전(特典).
atribuições (*pl.*) 직권. 권한. 관할권.

atribuidor *m.* 원인으로 돌리는 사람. (성질 등을 …의) 탓으로 돌리는 사람.

atribuir *v.t.* ①(성질 등을 …의) 탓으로 돌리다. ②(결과를 …에) 돌리다. ③(원인 동기 등을 …에) 돌리다. ④…에 주다. 부여하다.
—se *v.pr.* (…의 탓이) 자기에게 돌아오다. (…에) 기인(起因)하다.

atribuível *a.* (원인·동기 등을 …에) 돌릴 수 있는.

atribulação *f.* 간난(艱難). 재난. 시련.

atribuladamente *adv.* ①재난 당하여. ②가슴 아프게.

atribulado *a.* ①몹시 곤란한. 간난의 재난 속에 있는. ②가슴 아픈. 쓰라린. 비통한.

atribulador *a., m.* 몹시 괴롭히는 (사람 또는 사물). 재난끼치는 (인물 또는 사물). 마음 쓰라리게 하는 (사람·사건).

atribular *v.t.* ①몹시 고생시키다. 재난당하다. 간난에 부딪치다. ②슬프다. 비통하다.

atributivamente *adv.* 속성적(屬性的)으로. 귀속적(歸屬的)으로.

atributivo *a.* 속성의. 속성(屬性)을 나타내는. …에 기인하는. [文] 직접형용하는. 수식적. 형용적(形用的).
— *m.* [文] 직접형용언(形容言). 수식어(修飾語).

atributo *m.* 속성(屬性). 달려 있는 것. 소지품. 부속물. 특질(特質). [論] 빈사(賓辭). [文] 속성. 속사(屬辭). 성질을 나타

내는 말(형용사 따위).
atributos de Deus 신덕(神德).

atrição *f.* ①마찰(摩擦). ②[醫] 위(胃)의 경련. 말다리(馬足)의 경련. ③마찰 상처(傷處). ④신에 대한 통회(痛悔).

atricaude *a.* [動] 꼬리가 검은. 검은 꼬리(黑尾)의.

atrigado (1) *a.* 밀빛(小麥色)을 띤. 엷은차색(薄茶色)의. (병·공포 등 때문에) 안색(얼굴빛)이 나쁜.
— (2) *a.* 일이 분주한. 이럭저럭 소소한 일이 많은.

atrigar-se *v.pr.* 바삐(분주히) 돌아가다. 분주해지다.

atrigueirado *a.* 맑은 갈색(淡褐色)을 띤. 엷은 갈색(薄褐色)의.

átrio *m.* ①[建] 가운데 뜰(中庭). (로마 건축의) 안마당. 현관. 차대는 곳. 복도. 홀. ②[解] 심방(心房).

atripede *a.* [動] 다리가 검은. 흑족(黑足)의.

atriquia *f.* 모발결핍(毛髮缺乏). 모발탈락(脫落).

atristar *v.t.* = *entristecer*.

atrito *m.* 마찰. 마멸(磨滅). 마손(磨損).
atritos (*pl.*) 알력(軋轢). 불화(不和). 고장. 곤란.
— *a.* 후회(참회·회개)하는.

atriz *f.* [映] 여배우.

atro *a.* ①《詩》검은. ②어스름한. 어두운. 음침한. 적적한. ③기분 나쁜. 슬픈. 서운한.

atroada *f.* ①우레소리. 꽝꽝(轟轟)하는 큰 음향. 명동(鳴動). ②와글와글 떠들썩하는 상태.

atroador *a.* ①뇌성 울리는. 우레 같은 소리를 내는. 꽝꽝하는. ②와글와글 떠드는.

atroamento *m.* 우레(소리). 뇌성. 명동(소리).

atroar *v.t.* 우레 같은 소리를 내다. (예포(禮砲) 따위) 우렁찬 소리를 내다.
— *v.i.* 천둥하다. 꽝꽝(轟轟)하다.

atrocidade *f.* 포악무도(暴惡無道). 잔학(殘虐). 잔인. 만행. 흉행.

atrocíssimo *a.* (*atroz*의 최상급) 가장 잔인한. 가장 포악무도한.

atroçoar *v.i.* 잘게 쪼개다. 분쇄하다.

atrofia *f.* 위축(萎縮). 허탈(虛脫). 기능 쇠퇴.

atrofiado *a.* 위축한. 허약한. 발육 정지한.

atrofiante *a.* 위축케 하는. 허탈케 하는.

atrofiar *v.t.* 위축(허탈)케 하다.
— *v.i.*, —**se** *v.pr.* 위축(허탈)하다.
atrófico *a.* 위축의. 위축성(性)의. 허탈의.
atrombetado *a.* (악기) 트럼펫 모양을 한.
atrôo *m.* =*atroamento*.
atropar *v.t.* ①군대에 편입시키다. ②부대(部隊)를 집결하다. ③군대를 준비하다. (비상시에 대비하여).
atropelação *f.* =*atropelamento*.
atropeladamente *adv.* 짓밟혀. 밀치고. 닥치고. 혼잡하여.
atropelado *a.* ①밟힌. 짓밟힌. ②유린 당한. 억눌린. 박해 당한. ③(차에) 치인. 차에 다친. ④혼란한. 규율이 없는. ⑤심신이 안정되지 못하는.
atropelamento *m.* ①밟기. 짓밟기. 밟아 못 쓰게 만들기. ②유린. 압도(壓倒). ③밀어 넘어뜨리기. ④(차에) 치임. (차로) 사람을 받아 넘어뜨리기. 역사(轢死). ⑤압박. 박해. 침해. ⑥혼란. 혼잡. 무질서. 밀치고 닥치기.
atropelante *a.* 짓밟는. 유린하는. 밟아 못 쓰게 만드는. (차로) 사람을 치는(받는). 압박하는. 박해하는. 무시하는. 멸시하는.
atropelar *v.t.*, *v.i.* ①짓밟다. 밟아 못쓰게 만들다. ②밀어 넘어뜨리다. ③(차로) 사람을 받다. 받아 상처를 입히다. ④무시하다. 멸시하다. 경멸하다.
—**se** *v.pr.* ①(사람들이 좁은 곳에서) 웅성대다. 밀치고 부닥치고 하다. 혼잡을 이루다. ②(자동차 따위에) 다치다. 역사(轢死)하다.
atropelo *m.* =*atropelamento*.
atropina *f.* [化] 아트로핀(유독유기염기(有毒有機鹽基)).
atropos *f.* [蟲] 나비의 일종.
atroptero *a.* 검은 날개(黑翼)가 있는.
atroz *a.* 극악한. 흉악한. 포악무도한. 잔인처참한. 지독한.
atrozmente *adv.* 잔인무도하게. 처참하게.
atuação *f.* 활동. 작용. 동작. 실행. 이행. 영향(影響).
atual *a.* 현재의. 현금(現今)의. 현실의. 현하의. 현행의. 사실상의.
atualidade *f.* 현재(現在). 현금(現金). 현실. 실제.
atualidades (*pl.*) 최근 뉴스. 시국문제. 시사.
atualização *f.* 현대화. 근대화.

atualizar *v.t.* 현대적으로 하다. 현대화하다.
atualmente *adv.* 현재로서는. 지금은. 목하(目下).
atuante *a.* 작용하는. 작용하게 하는. 영향이 미치는.
atuar (1) *v.i.*, *v.t.* (=*actuar*) (…을) 움직이게 하다. 작용(作用)하다. (기계 등을) 움직이다. (사람을) 자극하여 …하게 하다.
— (2) *v.t.* 상대자를 부름에 있어서. 대명사.
tu (자네·너)를 쓰다.
(註) *tu*는 극히 친한 사이 아닌 이상 윗사람에게 쓰는 것을 실례로 함.
atuário *m.* 보험 통계계(係). 보험 수리사(數理士).
atueira *f.* 다랑어 잡는 그물(鮪網).
atufar *v.t.* ①채워 넣다. ②부풀리다. 부풀게 하다.
—**se** *v.pr.* 물속에 가라앉다. 흙속에 파묻히다. 인파(人波)속에 휩쓸려 들어가다.
atulhadamente *adv.* 가득차서. 가득 채워 충만하여.
atulhado *a.* 가득 찬. 충만한.
atulhamento *m.* 가득 채우기. 충만하기. 다져넣기.
atulhar *v.t.* ①가득 채우다. 충만케 하다. 채워 넣다. ②(통로를) 메우다(막다).
atum *m.* [魚] 다랑어. 상어(鮪).
atumultuador *m.* 폭동을 일으키게 하는 자. 폭동 선동자. 폭동을 일으키는 자.
atumultuar *v.t.* 폭동을 일으키게 하다. 봉기(蜂起)하도록 선동하다.
aturadamente *adv.* 굴함이 없이. 완강히. 참을성 있게.
aturado *a.* 굴하지 않는. 완강한. 인내성 있는. 영속(지속)성 있는. 멈추지 않는. 변하지 않는 부지런한.
aturadouro *a.* 굴하지 않고 오래 견디는. 영속(지속)하는.
aturador *m.* 굴하지 않고 오래 견디는 (자). 완강히 지속(持續)하는 사람.
aturamento *m.* ①굴하지 않고 견디기. 완강한 인내. ②영속(永續). 지속(持續). 불변. ③고집.
aturar *v.t.*, *v.i.* 굴하지 않게 하다. 굴함이 없이 견디다. 완강히 버티게 하다(버티다). 계속(지속)하다. 참다. 참게 하다.
aturável *a.* 굴하지 않고 견딜만한. 지속

(持續)할 만한.

aturdido *a.* ①현기증 나는. 어찔어찔한. 어리둥절한. 벙벙한. ②눈부신. 놀랄만한. 현혹적(眩惑的).

aturdimento *m.* ①어리둥절하기. 벙벙함. 혼미(昏迷). 현혹(眩惑). ②놀라기. 경악. 대경실색.

aturdir *v.t.* 어리둥절케 하다. 놀라 벙벙하게 하다. 현기증 나게 하다. 어찔어찔케 하다. 혼미(현혹)케 하다. 놀라게 하다. 대경실색하게 하다.

au-au *m.* (小兒用語) (개짖는 소리) 웡웡. 멍멍.

audácia *f.* 대담(大膽). 호방(豪放). 방약무인한 행동. 뻔뻔스러움. 치근치근함. 불손. 무모(無謀).

audaciosamente *adv.* ①대담하게. 호방하게. ②뻔뻔스럽게. 안하무인격으로 감연(敢然)히.

audacioso *a.* ①대담한. 호방한. 방약무적인. ②뻔뻔한. 치근치근한. 불손한. ③(행동 또는 사업이) 모험적인. 무모한.

audacíssimo *a.* (*audaz*의 최상급). 가장 대담한.

audaz *a.* 대담한. 호방(豪放)한: 모험적인. 무모한.

audazmente *adv.* 대담하게. 호방하게.

audição *f.* ①듣기. ②청력(聽力). 청감. 청각. 청관(聽官). ③(성악가·배우 등의 성량검사(聲量檢查).

audiência *f.* ①듣기. 청취. ②알현(謁見). 접견(接見). 회견. ③청중(聽衆). 청객(聽客). ④[法] 청취. 신문(訊問). 소송심리(訴訟審理). 개정(開廷).

audiente *f.* 《稀》 듣는. 청취하는. 경청(傾聽)하는. 청취의.

audifone *a.* 청음기(聽音器).

audiofreqüência *f.* [無電] 가청주파(可聽周波)(수). 저주파(低周波).

auditivo *a.* 귀의. 청각의. 청감의. 청력(聽力)의.

audito *m.* 《古》 청감(聽感).

auditor *m.* 《稀》①듣는 사람. 청객. 방청인. ②법률고문. ③치안판사. ④(군법회의의) 법무관.

auditória *f.* 법률고문(치안판사·법무관 등)의 직분 또는 그의 사무소.

auditório *m.* ①듣는 사람. 방청자. 청중(聽衆). 관객. ②방청석. 청중석. 관람석. ③강당. ④법정.
— *a.* 《廢》 청각(聽覺)의.

audível *a.* 들리는. 들을 수 있는. 청취 가능한.

auferir *v.t.* 얻다. 손에 넣다. 받다. 취득하다.

auferível *a.* 얻을 수 있는. 취득 가능한. 습득할 수 있는.

auge *m.* 꼭대기. 절정(絶頂). 최고점. 극점. 최고도.

augir *v.t.* 꼭대기에 이르게 하다. 최고점(극점)에 도달케 하다.

augite *f.* [鑛] 보통 휘석(揮石). 사휘석(斜揮石).

áugur *m.* 복점관(卜占官: 옛 로마에서 새(鳥)의 거동 등에 의하여 공사(公事)의 길흉을 판단한 승관(僧官)). 점장이. 예언자.

augural *a.* 점복(占卜)의. 전조의. 점장이의. 예언자의.

augurar *v.t.* 새의 거동을 보거나 또는 우는 소리를 듣고 점치다. 예언하다.

auguratriz *f. augur*의 여성(女性). 여자 점장이.

áugure *m.* = *áugur.*

augúrio *m.* ①(새의 거동·우는 소리 등에 의한) 길흉 판단. ②점치기. ③예시(豫示). 전조(前兆).

augusto *a.* 위엄 있는, 존엄한, 장엄(莊嚴)한. 당당한. 위풍 있는. 존귀한. 고귀한.
— *m.* 위엄 있는 분. 위풍 있는 사람. 고귀한 분.

aula *f.* 학과(學課). 과업. 수업. 강의(講議). 수업 시간. 학급(學級). 반. 교실(敎室).
sala de aula 교실.
dar aula 강의하다. 수업하다.
ter aula 학과가 있다. 강의에 참석하다.
(선생은 가르치기 위하여, 생도는 가르침을 배우기 위하여 라는 공통된 뜻이 있음).

áulico *a.* 조정(朝廷)의. 궁정(宮廷)의. 예모 있는. 단정한. 우아한.
— *m.* 조신(朝臣). 시신(侍臣) 궁정에서 일하는 관리.
conselheiro áulico 궁중(宮中) 고문관.

aulido *m.* 짐승이 외치는 소리. (맹수의) 포효(咆哮).

aulista *m.*, *f.* 《稀》 생도. 학생.

aumentação *f.* = *aumento.*

aumentador *a., m.* 늘리는 (사람 또는 사물). 증가시키는 (사람 또는 사물).

aumentar *v.t.*, *v.i.* 늘다. 증가하다. 증대(增大)하다. 숫자(수량)을 늘리다. 번식시키다(하다). 증진(增進)하다.
— **se** *v.pr.* (양적으로) 늘다. 증가하다. 증대하다.

aqmentativo *a.* 증대의. 중대적. 증가적(增加的)의. 증대성(增大性)의. 증진하는. 가장(加長)의.
— *m.* [文] 증대어(增大語). 가장어(加長語).

aumentável *a.* 늘릴 수 있는. 증가(증대) 가능한.

aumento *m.* 늘림. 증가. 증대. 증가율. 증식. 증가물. 증가액. 증식. (가격 따위의) 인상(引上). 증봉(增俸). [聲] 증성(增聲).

aura *f.* 산들바람. 미풍(微風). [醫] (히스테리·지랄병 따위의) 전구증후(前驅症候).

aurana *f.* [醫] 반점상피병(斑點象皮病).

aurelia *f.* [蟲] 번데기. 해파리 종류.

áureo *a.* ①금의. 황금의. 금빛의. 황금색의. 금으로 만든. ②(금처럼) 비싼. 귀중한. 우수한.
período áureo 황금시대.
áureo número 황금수(서기 연수에 1을 가한 수를 19로 나누어 남은 수. 부활절 날을 산출함에 사용함).

auréola *f.* ①(순교자들이 쓰는) 천상(天上)의 보관(寶冠). 영광. (그림에서 이것을 표시하는) 후광(後光). 원광(圓光). ②(해나 달의) 무리.

aureolar (1) *v.t.* 후광(원광)을 띠게 하다. 후광으로 장식하다. 영광(영예)을 주다.
— (2) *a.* 후광(원광)의. 후광(원광) 모양을 한.

auri-ceruleo *a.* 푸른빛이 섞인 금빛의. 청금색(青金色)의.

auricídia *f.* 황금욕(慾). 욕심 많음. 탐욕.

aurico *a.* 금의. [化] 제이금(第二金)의.
sal aurico 제이금염(鹽).
ácido aurico 금산(金酸).

auricolar *a.* ①금빛의. 황금색의. ②금발(金髮)의.

auricomo, auricomado *a.* 《詩》 금발(金髮)의.

aurícula (1) *f.* 외이(外耳). 귓바퀴. [解] (심장의) 심이(心耳). [動·植] 이상부(耳狀部). 이상물(耳狀物).
— (2) *f.* [植] 앵초(櫻草)의 일종.

auriculado *a.* 귀 모양의(耳形의). 귀 모양을 한.

auricular *a.* ①귀의. 귀 모양의. ②[解] 심이(心耳)의. 청감의.
testemunha auricular 직접 들은 증언.
confissão auricular 귓속말로 하는 고해(告解).
médico auricular 이과(耳科) 전문의사(專門醫師).

auri-esplendente *a.* 황금처럼 빛나는.

aurífero *a.* 금이 있는. 금을 함유한. 금이 나는.

aurificação *f.* ①금을 입히기. 도금(鍍金). ②(특히) 벌레먹은 치아(齒牙)에 금니를 해넣기.

aurificar *v.t.* 금(또는 금박)을 입히다. 도금하다. 금빛으로 칠하다. (벌레먹은 치아에) 금니를 하다.

aurífice *a.*, *m.* 금세공하는 (사람).

aurificina *f.* 귀금속상점.

aurificio *s.* 금이 나는 (생기는). 금을 만드는. 금으로 변하는.

aurifico *a.* 금을 함유한. 금빛의.

auriflama *f.* 옛 프랑스 왕의 붉은 전기(戰旗). *St. Denis*의 성기(聖旗).

auriforme *a.* 귀 모양의(耳形).

aurifrisio *m.* 독수리(鷲)의 일종.

aurifulgente *a.* 금처럼 번쩍이는.

auriga *f.* [天] 마부좌(馬夫座).

aurigero *a.* 금이 있는. 금을 포함한. 금(금박)을 씌운. 금으로 장식한.

auriginoso *a.* 금빛(金色)의. 금빛을 띤.

aurilavrado *a.* 금세공(金細工)을 한.

auriluzente *a.* 금처럼 번쩍이는.

auripurpureo *a.* 금빛을 띤. 자색의. 금자색(金紫色)의.

aurirosado *a.* 금빛을 띤. 분홍색의

auriscalpio, auriscalpo *m.* [外] 귀를 소제하는 도구. 귀쑤시개.

aurito *a.* 큰 귀가 있는. 잘 들리는.

auriverde *a.* 금빛을 띤. 초록색의. 금록색(金綠色)의. (브라질 국기의 색깔 따위).

aurivoro *a.* 금을 먹는. 금을 삼키는. 돈을 헛되게 쓰는. 낭비하는.
— *m.* 돈을 허비하는 자. 낭비자.

auroque *m.* [動] 서양 들소(野牛).

aurora *f.* ①《詩》서광(曙光). 새벽(빛). 불효(拂曉). ②[羅神] 여명(黎明)의 여신. ③극광(極光). 아우로라. ④[植] 금규속(錦葵屬).

aurora polar 극광(極光).
aurora boreal 북극광.
aurora austral 남극광.
auroral *a.* 새벽(빛)이. 여명의. 서광 같은. 빛나는. 극광의. 극광과 같은.
aurorar *v.t.* 서광처럼 밝게 하다. 빛나게 하다.
auroreal *a.* =*auroral*.
auscultação *f.* [醫] 청진(聽診).
auscultador *m.* 청진자. 청진기(器). (전화·라디오의) 수화기.
auscultar *v.t.*, *v.i.* 청진기를 대고 듣다. [醫] 청진하다.
ausência *f.* 부재(不在). 부재중. 불참(不參). 결석. [法] 실종(失踪). (증거 등이) 없음. 결여(缺如).
fazer boas (*más*) *ausência de alguém* (모모 인물에 대하여) 뒤에서 좋은 말(나쁜말)을 하다.
ausentado *a.* 없는. 부재(중)의. 결석한. 결근의.
ausentar-se *v.pr.* (있어야 할 곳에) 없다. 부재하다. 불참하다. 결석(결근)하다.
ausente *a.* (있어야 할 곳에) 없는. 부재의. 불참의. 결석의. 자리를 떠난.
— *m.* 자리를 떠난 사람. 결석자. 부재자. (法)실종자(失踪者).
áuspice *m.* 점장이. 예언자.
auspiciar *v.t.* 점치다. 예언하다. 길흉을 판단하다.
auspício *m.* ①새(鳥)의 거동 또는 울음소리로 길흉을 판단하는 점. ②예시(豫示). 전조(前兆). 길조(吉兆). 서조(瑞兆). 길상(吉祥).
auspícios (*pl.*) 후원. 찬조. 보호. 지도. 지휘.
auspiciosamente *adv.* 경사롭게. 상서(祥瑞)롭게.
auspicioso *a.* 길조의. 행운의. 행운이 트는. 경사로운. 전도유망한. 우악(優渥)한.
austeramente *adv.* 엄하게. 간소하게. 꾸밈없이.
austereza *f.* =*austeridade*.
austeridade *f.* ①엄혹(嚴酷). 엄격. 준엄. 엄숙. ②(생활이) 간소함. 긴축됨. 내핍(耐乏). 고행(苦行). 떫은 맛.
austerizar *v.t.* 엄혹(엄격)하게 하다. 간소(긴축)하게 하다.
austero *a.* 엄한. 준엄한. 엄숙한. 삼엄한. ②(살림살이가) 간소한. 긴축한. 꾸밈없

는. 쓸쓸한. ③(맛이) 떫은. 쓴. 매운. 호된. ④(색깔이) 어스름한.
côr austera 어스름한(어두운) 색깔.
mundo austero 고생스러운 속세.
austral *a.* 남녘의. 남쪽의. 남국의. 남쪽으로부터의.
latitude austral 남위(南緯).
ona austral 남극대(帶).
Austrália *f.* 오스트랄리아.
australiano *a.* 오스트랄리아의. 오세아니아의. 호주의.
— *m.* 오스트랄리아 사람. 호주인.
australio *a.* 아시아의 남쪽에 있는. 오세아니아(호주와 그 부근의 여러 섬)의.
austraríaco *a.* 오스트랄리아의. 호주의.
— *m.* 오스트랄리아 사람. 오세아니아주의 사람.
austrino *a.* =*austral*.
austro *m.* 《詩》남풍(南風). 《古》남녘. 남방(南方).
autarquia *f.* ①절대주의(絶對主義). 전제(專制)정치. ②자치권(自治權). 자치국.
autêntica *f.* 증명서 증거. (書畵·骨董·刀劍 등에 대한) 감정서(鑑定書).
autenticação *f.* (사실임을) 증명하기. 인증(引證). 확증.
autenticado *a.* (사실임을) 증명한. 인증된. 확인한.
autenticamente *adv.* 증명하여. 확인하여. 실제적으로.
autenticar *v.t.* 진실함을 증명하다. 확실하게 하다. 확증을 세우다. 인증하다.
autenticidade *f.* 진실성. 확실성(물건의). 진위(眞僞).
autêntico *a.* 진실한. 진정(眞正)한. 확실한. 믿을 만한. 신빙성(信憑性) 있는. 출처가 확실한. 진짜의. [法] 인증된. [樂] 정격(正格)의.
documento autêntico 공증받은 문서(문건). 공정증서(公正證書).
reconhecimento autêntico 공인(公認). 공증인의 증서(證書).
auto (1) *m.* ①의식(儀式). ②공증서. 공문서. 증서. 결의서. ③[劇] 막(幕) ④행위. 동작.
autos (*pl.*) 소송서류.
— (2) *m.* (*automóvel*의 생략형) 자동차.
— (3) 자신의. 독자적인. 독자(獨自)의. 자동적. 등의 뜻을 나타내는 복합형.

autobiogratar *v.t.* 자서전을 쓰다.
autobiografia *f.* 자서전(自敍傳).
autobiográfico *a.* 자서전의. 자서전체(體)의.
autobiógrafo *m.* 자서전작가.
autóbus *m.* (*auto-ônibus*) 합승 자동차. 버스.
autocarro *m.* 합승(合乘) 버스.
autoclave *f.* 고압솥(高壓釜) (소독·요리용).
autocracia *f.* 독재권(獨裁權). 독재정치. 독재정부. 독재주의국가.
autocrata *m.* ①독재군주. 전제군주(專制君主). ②독재자. 전횡적인 인물.
autocràticamente *adv.* 독재적으로. 전제적으로.
autocràtico *a.* 독재의. 독재적.
autocratiz *f.* 독재여왕(女王). 전제여왕.
autocrítica *f.* 자기비판. 자아비판.
autóctone *a.* 원주적(原住的)인. 토생의. 토착의.
— *m.* 토착인. 토인. 토착의 동(식)물.
auto-de-fé *m.* [史] 이단자(異端者). 심판소의 판결. 그 처형(處刑). 이단자 화형(火刑).
autodidata *m.*, *f.* 자습하는 이. 독학자.
autodidática *f.* 자습(自習). 독학. 자습식 교수법.
autodidato *a.* 자습의. 독학의.
autodidaxia *f.* 자습. 독학(獨學).
autodinamia *f.* 자동성(自動性).
autodinâmico *a.* 자동성의.
autódromo *m.* 자동차 경기장. 경차장(競車場).
autoestrada *f.* 고속도로(高速道路).
autofecundação *f.* 자식(子息). 자생번식(自生繁植).
autogamia *f.* [植] 자화수분(自花受粉). [動] 자가수정(自家受精).
autogamo *a.* 자화수분의. 자가수정의.
autôgeneo, autôgeno *a.* [生物] 자생의. (금속) 용접의.
autogênese *f.* [生物] 자생(自生). 우연발생.
autogiro *m.* [空] 오토자이로.
autogoverno *m.* 자치제. 자치정치.
autografar *v.t.* 자필로 쓰다. 자서(自署)하다. 원지석판으로 복사하다.
autografia *f.* ①자필문서. ②필적(筆跡). 수적(手跡). 원지석판술.
autográfico *a.* ①자필의. 진필(眞筆)의. 자서(自署)의. ②원지석판(술)의.
autógrafo *a.* 자필의. 자서의. 원지 등사용의. — *m.* 자필(自筆). 진필. 자필 원고(原稿).
auto-idolatria *f.* 자기숭배(自己崇拜). 자기예찬(自己禮讚).
auto-indução *f.* [電] 자기 감응. 자기 유도(誘導).
auto-infecção *f.* [醫] 자가감염(自家感染).
auto-intoxicação *f.* [醫] 자가중독(中毒).
autolatra *m.* 자기숭배자(自己崇拜者). 자기예찬자.
auto-lotação *m.* 합승 버스.
automaticamente *adv.* 저절로. 자동적으로. 기계적으로.
automático *a.* 자동의. 자동적. 기계. 자동장치의. 무의식적인. [心] 자동현상의.
automatismo *m.* 자동 작용. 자동적 활동. [哲·心] 자동 현상(自動現象). [生理] 자동성(심장의 고동·근육의 반사 운동 등).
automatização *f.* 오토메이션. 자동화(自動化).
autômato *m.* [機] 자동조작(操作). 오토메이션.
autometro *m.* 자동차 속도계.
automobilismo *m.* 자동차의 사용(운전). 자동차 제조. 자동차 운전술. 자동차 경기.
automobilista *m.*, *f.* 자동차 소유자. 자동차 사용자. 자동차 경기자.
automobilistico *a.* 자동차의. 자동차에 관한.
automotor *a.* 자동(차)의. 자동기의. — *m.* 자동차. 자동기(自動機).
automóvel *m.* 자동차.
— *a.* 자동의. 자전(自轉)의.
autonimo *a.* 본명(本名)을 씀. 본명을 기입한.
autonomia *f.* 자치(自治). 자치제. 자치권. [哲] 자율(自律). [植] 자발성.
autonòmicamente *adv.* 자치적으로.
autonómico *a.* 자치의. 자치제의. 자치권의. 자주독립의. 자율(自律)의.
autonomista *m.*, *f.* 자치론자. 자치주장자.
autônomo *a.* 자치의. 자주독립의. 자율의. 자치권 있는. [植] 자발적(自發的)의 자생(自生)의.
auto-ônibus *m.* 합승 자동차. 버스.

autopatia *f.* 극단적 자기주의(타인의 일에 절대 무관심한 것). 박정(薄情).

autopesador *m.* 자동계량기(計量器).

autoplastia *f.* ①[外] 자기조직형성(自己組織形成). ②보형수술(補形手術: 환자의 몸에서 얻은 것을 결함부에 보충하는).

autoplástico *a.* 자기조직형성. 보형수술의.

autópsia *f.* 검시(檢視). 실지검증.

autopsiar *v.t.* 시체(屍體) 해부하다. 검시하다.

autópsico *a.* =*autoóptico*.

autóptico *a.* 시체 해부의. 검시의. 실지검증(檢證)의.

autor *m.* ①저자(著者). 작가. ②창조인. 창시자(創始者). ③제작자. 발명인. ④[法] 고소인. 원고(原告). 본인. ⑤[形] 주범인(主犯人). 장본인.
autor da natureza 조물주. 신(神).

autôra *f.* 여류(규수)작가.

autoral *a.* 지은이의. 저자(작가)의. 저작의.
direitos autorais 저작권.

auto-retrato *m.* (자기가 그린) 자기초상화.

autoria *f.* ①원고(原告)의 자격. 원고의 출두(出頭). 소송. ②책임.

autoridade *f.* ①권위. 권력. 위신. ②교권(敎權). 권능(權能). 권한. 직권. 윤가(允可). ③관허(官憲) 당국 관폐 당국(기관). ④권위자. 대가(大家). 일류 인물. 뛰어난 인사. 세력. 신임(信任).

autoritário *m.* ①권능(권한) 있는. 권력을 행사하는. ②관헌의. 당국의. 고압적인.

autoritarismo *m.* ①권력남용(濫用). 관권만능(官權萬能). ②압제주의. 독재주의.

autorização *f.* ①권력부여. 수권(授權). 위임. 공인. 관허(官許). ②인증. 인가(認可).

autorizado *a.* 권력이 부여된. 권한을 가진. 위임 받은. 공인(인가)된. 권위 있는.
edição autorizada 출판특허. 공인간행.

autorizador *m.* ①권력을 부여하는 사람 또는 당국. 수권기관(授權機關). ②인가자. 허가인.

autorizamento *m.* =*autorização*.

autorizar *v.t.* ①권력(권리)을 부여하다. 권한을 주다. 권리를 가지게 하다. ②정당하다고 인정하다. 시인(인가)하다. ③합법되게 하다.
—*se v.pr.* 권력(권리)을 받다(취득하다). 권위 또는 정당성이 인정(인가)되다.

autorizável *a.* 권력(권한)을 부여할 만한. 귀위 또는 정당성을 인정할 만한. 허가(공인)할 수 있는.

auto-suficiência *f.* 풍부한 자급자족. 충분한 자력.

auto-sugestão *f.* [心理] 자기암시(自己暗示). 감응(感應).

autuação *f.* [法] 소송절차. 소송수속.

autuar *v.t.* 소송절차를 밟다. 소송(고소) 수속을 하다. 고소하다. 조서(調書)를 꾸미다.

autunação *f.* 식물(식물)이 받는 가을(秋季)의 영향.

autunal *a.* ①가을의. 가을에 피는(익는). 초로의. 중년의.

auxiliador *a.* 도와 주는. 보좌하는. 보필하는.
— *m.* 조수. 보조자(補助者).

auxiliante *a.* 돕는. 보좌하는. 보필(輔弼)하는.

auxiliar (1) *a.* 돕는. 보조의. 조수의.
— *m.* 조수. 보조자. 보좌인. 부조종사.

auxiliar (2) *v.t.* 돕다. 보조하다. 부조하다. 원조하다.

auxiliário *a.* 보조의. 조수의. 보좌(補佐)의. 보필(輔弼)의.

auxiliarmonte *adv.* 도움으로시. 보조하여. 원조적으로.

auxílio *m.* 도움. 원조. 조력. 부조. 부조금(扶助金). 보조물(補助物).

aval *m.* [商] 어음보증(保證).

avalancha, avalanche *f.* ①눈사태(쌓였던 눈이 갑자기 허물어지는 것). ②주먹. 돌팔매의 벼락. ③(우편물의) 쇄도(殺到).

avaliação *f.* 평가(評價). 평가액(額). 개산(概算). 사정가격(査定價格). 존중. 존경.

avaliado *a.* 평가한. 평가된. 가격 사정을 한. 감정(鑑定)한.

avaliador *a., m.* 평가하는 (이). 개산하는 (사람). 가격 사정을 하는 (사람).

avaliamento *m.* =*avaliação*.

avaliar *v.t.* 평가하다. 어림하다. 가격을 사정하다. 개산하다. 견적하다. 존중하다.
—*se v.pr.* 가치가 인정되다. 평가되다.

avalista *m., f.* [商] 어음보증인. 전서인(轉書人). 양도인.

avalizar *v.t.* 서류 뒤에(또는 어음 뒤에) 자

기 이름을 써서 보증하다. (보증하는 의미로) 이서(裏書)하다.

avaluar *v.t.* = *avaliar*.

avançada *f.* ①전진. 진격. 공격. 돌격. ②전위(前衛). 전군(前軍).

avançadamente *adv.* 전진하여. 앞질러서.

avançado *a.* ①앞으로 나아간. 전진한. 진보한. 진출한. ②(나이가) 더 많은. 연장(年長)인. ③(밤이) 깊은. ④[建] (나이가) 더 많은. 연장(年長). 뛰어나온. ⑤[軍] 진격한. 전진한. 전방의.
idade avançada 고령(高齡).
guarda avançada [軍] 전위(前衛).
sentinela avançada 전진초(前進哨).
noite avançada 밤중. 깊은 밤.

avançamento *m.* 앞으로 나아가기. 전진. 진출. 진격. (건축물의) 돌출부(발코니 따위).

avançar *v.t.* 앞으로 나아가게 하다. 전진시키다. 진보케 하다. (건축물의 윗부분이) 돌출케 하다.
— *v.i.*, —*se v.pr.* 앞으로 나아가다. 전진하다. 진보하다. 약진하다. [軍] 진격하다. 돌진하다.

avanço *m.* ①전진. 진보. 진척. 발달. 발전. 진격. ②미리 값을 치르기. 선불(先拂). 선금. 이자(利子).

avantajado *a.* 유리한. 유익한. 이로운. 이점 있는. (…보다) 우수한. 우월한.

avantajar *v.t.* (…에) 이롭게 하다. 이로운 점이 있게 하다. 유리하게 하다. (보다) 낫게 하다. 우수(우월)하게 하다.
— *v.i.* 《古》 진보하다.
—*se v.pr.* (보다) 우월하다. 우수하다. 능가(凌駕)하다. 탁월하다.

avante *adv.* 앞으로. 전방에. 전진해서.
— *interj.* 앞으로! 전진!

avaqueirado *a.* ①소몰이꾼 같은. ②예의를 모르는. 버릇없는.

avaramente, avarentamente *adv.* 욕심내어. 탐욕으로. 인색하게. 비린(鄙吝)하게.

avarento *a.* 욕심 많은. 탐욕의. 인색한. 비린(鄙吝)한.
— *m.* 인색한 사람. 심한 구두쇠.

avareza *f.* 욕심. 탐욕(貪慾). 인색(吝嗇).

avaria *f.* ①손해·손상. 피해. (海保) 해손(海損). ②조난선(遭難船) 구조에 쓴 여러 가지 비용. 대가. ③항만세(港灣稅).

avarias comuns 공동해손(共同海損).
avarias particulares 단독(單獨) 해손.

avariado (1) *a.* 손해난. 손해를 본. 손상한. ②정신이상(精神異狀)이 된. 미친.

avariado (2) *a.* = *variado*.

avariar *v.t.* 손해를 끼치다. 손상시키다. 상하게 하다.
— *v.i.*, —*se v.pr.* 손해나다(보다). 손상하다. 상하다. 부패하다.

avariose *f.* [醫] 매독(梅毒).

avaro *a.*, *m.* = *avarento*.

avassalador *a.* 압도하는. 저항하기 어렵게 하는. 종속(從屬)시키는.

avassalar *v.t.* 압도하다. 억누르다. 꺾다. 굴복(굴종)시키다. 복종하게 하다. 《古》 신하(臣下)로 만들다.
—*se v.pr.* 압도되다. 굴하다. 굴종하다. 종속인(從屬人)이 되다. 신하로 되다.

avatara *m.* ①[印神] 화신(化神). ②변화.

ave (1) *f.* 새 : 날짐승(鳥禽). 《轉》 교활한 인간.
aves de arribação 후조(候鳥).
ave de repina 맹금(猛禽) (매·수리 따위).
ave canora 우는 새 명금(鳴禽).
aves domésticas 가금(家禽).
ave agoureira 불길한 새. 《轉》 불길한 소식을 전하는 사람.

— (2) *interj.* 잘 오셨습니다! 안녕히!
— *m.* 성모(聖母) 찬미의 기도. 송별의 인사. 고별인사.
Ave Maria [聖] 성모 마리아에게 드리는 기도. 성모 찬미의 기도.

aveal *m.* 귀리 밭.

aveia *f.* [植] 귀리. 메귀리.

avel *m.* 야자기름(椰子油).

avelã *f.* 개암나무의 열매.

avelado *a.* 움추러든. 위축한. 시든. 이울어진. 주름살진. 구겨진.

avelamento *m.* ①움추러들기. 위축(萎縮). 시들기. 이울어지기. ②주름살진. 구겨진.

avelanado *a.* 개암빛을 띤. 적갈색(赤褐色)의.

avelanal *m.* 개암나무숲.

avelaneira *f.* = *aveleira*.

avelar *v.t.* ①시들게 하다. 이울어지게 하다. 말라 죽게 하다. ②움츠러들게 하다. 위축시키다. 주름살지게 하다.

— *v.i.*, —**se** *v.pr.* ①시들다. 이울다. 말라죽다. ②움추리다. 위축하다.

avelazeira *f.* = *aveleira*.

ave-leal *f.* [鳥] 꾀꼬리.

aveleira *f.* =[植] 개암나무. 개암.

aveleiral *m.* 개암나무 숲.

avelhacado *a.* 교활한. 엉큼한.

avelhado *a.* 늙은. 나이 먹은. 나이 많은.

avelhar *v.t.* = *avelhentar*.

avelhentado *a.* 약간 낡은. 약간 늙은. 초로(初老)의. 나이 먹은. 늙은이 같은. 노인으로 보이는.

avelhentador *a.* 늙게 하는. 기운을 없애는.

avelhentar *v.t.* 약간 늙게 하다. 늙어보이게 하다.

—**se** *v.pr.* 약간 늙다. 중년이 되다.

avelhuscado *a.* 늙은이 같은. 늙은이 다운. 노인이 된.

aveludado *a.* 벨벳 같은. 만지기에 매끄러운.

aveludar *v.t.* 벨벳처럼 되게 하다.

Ave Maria *f.* 성모 마리아에게 드리는 기도.

avenáceo *a.* [植] 귀리의. 귀리 같은.

avenca *f.* [植] 공작고사리. 섬공작고사리.

avença *f.* 협정(協定). 합의(合意). 동의. 조정(調停). 화해(和解).

avençal *a.*, *m.* 협정한(합의본) 임금을 지불하는 (자). 합의된 임금대로 일하는 (사람).

avençar-se *v.pr.* 서로 협정한 의무(義務)를 지다. 합의(合意)된 대로 이행하다.

avenida *f.* 큰거리. 대통로. 간선도로. 가로수(街路樹) 있는 큰 길.

avental *m.* 앞치마 행주치마. (어린애 또는 여직공의) 턱받이. 에이프런.

aventar *v.t.* ①부채질하다. 키질하다. 까부르다. ②바람을 일으키다. 공기 또는 바람이 통하게 하다. ③공개(公開)하다. 비밀을 누설하다. 터놓고 이야기하다. ④타진하다. ⑤의견(견해·의도 등)을 제의하다. 제출하다.

— *v.i.* 공개되다. 폭로되다.

aventura *f.* 모험. 무모한 짓. 운에 맡긴 일. 아슬아슬한 사건. 우연한 일. 돌발사. 운(運).

aventurado *a.* 모험의. 모험적인. 모험을 한. 위험한. 대담한. 용감한.

aventurar *v.t.*, —**se** *v.pr.* 모험하다. 위험을 무릅쓰다. (생명·재산 등을 내걸고 감행하다. 죽든 살든 한번 해 보다.

aventureiro *a.* 모험적인. 생명의 위험을 두려워하지 않는.

— *m.* 모험가. 생명을 내걸고 해 보는 이. 투기사.

aventurina *f.* [鑛] 사금석(砂金石: 석영(石英) 속에 여러가지 색깔의 운모(雲母)가 있는 반투명의 돌).

aventurinado *a.* 사금석 같은.

aventurosament *adv.* 모험적으로 생명(재산)을 내걸고.

aventuroso *a.* 모험적인. 위험한. 생명을 내걸고 하는. 무모한.

averbação *f.* = *averbamento*.

averbado *a.* 기록한. 등기한. 난외(欄外) 기입한. 방주(傍註)한.

averbamento *m.* 기록. 등기. 난외기입. 방주(傍註).

averbar (1) *v.t.* 기록하다. 등기하다. 난외(蘭外)에. 기입하다. 방주하다.

— (2) *v.t.* [文] 동사로 쓰다. 동사화(動詞化)하다.

averdungado *a.* 푸른빛을 띤. 대청색(帶靑色)의.

avergoado *a.* 채찍으로 때린(에 맞은). 채찍에 맞아 두드러기 자리가 생긴.

avergoar *v.t.* 채찍으로 때리다. 때려눕히다. 피부에 두드러기 자리(피맷인 자욱)가 나도록 때리다. 학대하다.

averiguação *f.* 조사. 심문. 심리(審理). 문의. 취조.

averiguado *a.* 조사한. 심문한. 심리한. 취조한. 밝혀낸.

averiguador *a.*, *m.* 조사하는 (자). 심문하는 (자). 조사하여 확인하는 (자).

averiguar *v.t.* 조사하다. 심문(심리·문의)하다. 취조하다. 조사하여 밝혀내다.

averigváuel *a.* 조사할만한. 심문(심리) 가능한.

avermelhado *a.* 붉은빛(빨강색)을 띤 불그레한.

— *m.* 불그레한 색. 대홍색(帶紅色). 연분홍.

avermelhar *v.t.* 약간 붉게 하다. 빨강빛을 띠게 하다.

—**se** *v.pr.* 빨강빛이 되다. 얼굴을 붉히다.

avernal *a.* 지옥의. 지옥 같은.

averno *m.* 《詩》 지옥.

— *a.* 지옥의. 지옥 같은.

avernoso *a.* =averno.
averroismo *m.* 아라비아 철학자. *Averroes*의 교설(敎說).
aversamendv *adv.* 싫어서. 미움으로. 증오하여.
aversamento *m.* 《古》반대. 모순. 불평. 불쾌.
aversão *f.* 싫음. 싫은 것. 염오의 정・반감. 증오.
averter *v.t.* 올바른 길(正路)에서 벗어나다. (빗나가다). 상도(常道)를 이탈하다.
avesinha *f.* (*ave*의 示小辭). 작은 새. 작은 날짐승.
avessa *f.* (註) 복수형을 보라. 《古》반대쪽. 반대측.
avessado *a.* 반대의. 거꾸로의. 거꾸로 된. 뒤집은.
avessamento *adv.* 반대로. 거꾸로 모순하여.
avessar *v.t.* 뒤집다. 거꾸로 하다. 반대로 되게 하다.
avessas *f.(pl.)* 역(逆). 반대. 거꾸로 됨. 거꾸로 되어 있음. 뒤집음. 뒤집은 상태. *ás flwssas* 반대로. 거꾸로. 뒤집어져서.
avessia, avessidade *f.* 역. 반대(反對). 반대됨. 전도(顚倒).
avêsso *a.* 역의. 반대의. 거꾸로 된. 전도한. 불리한. 이탈한. (총알 따위) 빗나간. 마음(근성)이 삐뚤어진.
tiro avêsso (목표물에) 빗맞은 총알.
— *m.* 역(逆). 반대. 거꾸로 됨. 전도. 나쁜짓. 부정. 비행(非行). 결함. 결점. 잘못. 과실. 과오. 오해. 곡해. 해(害). 피해.
avêsso da medalha 상패(메달)의 반대면. 후면(後面).
pelo (또는 *ao*) *avêsso* 안팎이 뒤집어져서.
avestruz *m., f.* (=*abestruz*) [動] 타조(駝鳥).
avezadamente *adv.* 습관(버릇)이 되어.
avezado *a.* 습관된. 버릇이 된(되어 있는).
avezar (1) *v.t.* 습관(버릇)이 되게 하다. 익숙하게 하다.
—se *v.pr.* 습관되다. 버릇이 되다. 익숙해지다.
— (2) *v.t.* 《俗》 소유(所有)하다. 향유(享有)하다.
aviação (1) *f.* 비행(飛行). 항공(航空). 항공술. 항공기.

aviação civil 민간항공.
aviação militar 군사항공.
— (2) *f.* 《稀》=*avicultura*.
aviado *a.* 진행중인. 준비 도중(途中)에 있는.
— *m.* 위탁판매인(委託販賣人). 중간(中間)상인.
aviador (1) *m.* ①(새・곤충 따위) 날아다니는 것. ②비행자. 비행기조종사.
— (2) *m.* 발송인(發送人).
aviamento *m.* 준비. 처리. 처분. 발송. [商] 경영능력.
aviamentos (*pl.*) 준비품. 공급품. 용구. 기구. 도구. 농기구(農器具).
avião *m.* 비행기. 항공기.
avião de guerra 전투비행기.
avião transporte 수송기.
avião catauna 수상비행기.
avião foguete 로켓 비행기.
avião a jato 제트 비행기.
por avião 비행편으로. 항공편으로.
aviar *v.t.* 마련하다. 준비하다. 처리하다. 처분하다. 보내다. 발송하다. 바삐 서두르게 하다. 촉진하다. (약을) 조합(調合)하다.
—se *v.pr.* 바삐 서두르다(준비하다). 신속히 취급하다(처리하다).
aviarse! 속히! 바삐 하시오! 바삐 서두르시오!
aviário *m.* 큰 새장. 금사(禽舍). 양금장(養禽場). 가금판매소(家禽販賣所).
— *a.* 새의. 가금(家禽)의.
aviceptologia *f.* (올가미 또는 덫에 의한) 포조법(捕鳥法).
avicida *a.* 새를 죽이는. 살조(殺鳥)의.
— *m., f.* 새를 죽이는 사람. (또는 동물). 살조제(殺鳥劑).
avícola *m., f.* 양금가(養禽家). 조류사양자(飼養者). 새를 좋아하는 이.
avícula *f.* ①작은 새. ②(제비 모양을 한) 조개.
aviculário *a.* 새(조류)에 관한. 새를 먹는 식조(食鳥)의.
— *m.* 조류사양가(鳥類飼養家).
avicultor *m.* 양금가(養禽家). 조류사양가.
avicultura *f.* 양금. 양금술(術). 조류사양(법).
avidamente *adv.* 탐내어. 게걸스럽게. 열망하여.

avidez *f.* ①욕심 많음. 탐욕. ②갈망. 열망.
comer com avidez 게걸스럽게 먹다.

ávido *a.* ①욕심 많은. 탐욕스러운. 탐내는. ②열망하는. 갈망하는. ③인색한.
estar áuido de …을 갈망하다.

avigorar *v.t.* 기운 나게하다. 활기 띠게 하다. 고무하다. 든든하게 하다.

avilanado *a.* 시골식의. 초라한. 조잡한. 거칠은.

avilanar-se *v.pr.* 시골식이 되게 하다. 초라해지다. 너절해지다. 친하게 되다.

aviltação *f.* (품위·품질의) 저하. 퇴화. 퇴폐. 악화. 타락. (화폐의) 가치 감손(減損).

aviltadamente *adv.* (성품·품위가) 초라하게. 천하게. (품질이) 저하되어.

aviltado *a.* (성품이) 퇴폐(퇴화)한. 천한. 초라한. 비열한. (품질·가격 등이) 저하한. 악화한. (화폐의) 가치가 내린. 저락한.

aviltador *a.* 가치를 내려뜨리는. 저하시키는. (품위를) 낮추는. 퇴폐케 하는. 천하게 하는. 초라하게 하는. 면목 없게 하는. 부끄럽게 하는.

aviltamento *m.* = *aviltação*.

aviltante *a.* = *aviltador*.

aviltar *v.t.* (인격·품위 등을) 내려뜨리다. 저하시키다. 천하게 하다. 초라하게 하다. 비열케 하다. (품질·가격 등을) 낮추다. 떨구다. 저락시키다.
—*se v.pr.* (품위가) 떨어지다. 저하하다. (가격이) 내려가다. 저락되다.

avinagradamente *adv.* 시게. 초를 쳐서. 신랄(辛辣)하게.

avinagrado *a.* ①식초를 친. 약간 신. 신맛 있는. ②신랄한. 억지를 쓰는. 성미까다로운.

avinagrar *v.t.* ①식초를 치다. 식초로 간 맞추다. 약간 시게 하다. ②기분 나쁘게 하다. 성나게 하다.
—*se v.pr.* ①시다. 시게 되다. ②기분이 상하다. 성내다. 골내다.

avindador *a.* = *avindeiro*.
— *m.* 《古》 = *aviador*.

avindo *a.* (이야기에) 합의를 본. 동일한. 일치한. 협정한. 화해한. 조정한.

avindor *a.* 합의를 보는. 일치케 하는. 화해(조정)하는.
— *m.* 《古》 합의보는 자. 화해(조정)하

는 자. 중재인(仲裁人).

avinhado *a.* 포도주를 탄(섞은). 포도주 맛이 나는. 포도주에 담근. 술냄새 나는. 포도주 빛을 띤.
homem avinhado 술냄새 나는 사람. 취한 사람.

avinhar *v.t.* 포도주(또는 술)를 타다(섞다). 포도주에 담그다. 포도주 맛이 (또는 술냄새가) 나게 하다.
—*se v.pr.* 취하다. 명정(酩酊)하다.

avio *adv.* 도로(道路)에 따라서. 연도(沿道)에.

aviolado *a.* ①바이올린(提琴) 모양을 한. 바이올린 소리 비슷한. ②자색(보라색)을 띤.

avir *v.t.* 화해시키다. 중재(仲裁)하다.
—*se v.pr.* 합의에 이르다. 화해하다. 조정(調停)되다.

avisadamente *adv.* 조심스럽게. 신중히. 영리하게. 현명하게.

avisado (1) *a.* ①알린. 통지한. 통고한. 예고한. ②분별(사례) 있는. 조심하는. 주의하는. (말·행실이) 신중한. 현명한.
mal avisado 사려(思慮)가 모자라는. (앞뒤를) 분별하지 못하는.

avisador *a.*, *m.* 알리는 (사람). 통지하는 (이).

avisar *v.t.* (…에게) 알리다. 통지하다. 통고하다. 예고하다. 충고하다. 권고하다. 경고하다. 훈계하다.
—*se v.pr.* ①조심하다. 주의하다. 잘 생각하다. 숙고(熟考)하다. ②생각해 내다. 상기하다.

aviso *m.* ①알리기. 알리는 말씀. 통지. 통고. 고시(告示). 예고. 충고. 의견. ②사려(思慮). 분별. ③통지서.
carta de aviso 통지서. 안내장.
aviso prévio 예고서. 예고장.
de aviso 또는 *sobre aviso* 조심하여. 경계하여.
homem de aviso 사례(분별) 있는 사람.

avistado *a.* 멀리 보이는. 시야(視野)에 나타난. 눈에 띄는.

avistar *v.t.* 멀리 보이다. 시야에 나타나다. 눈에 띄다. 형체가 점점 나타나다.
—*se v.pr.* (+*com*). (…와) 회견하다. 인터뷰하다.
avistar uma pessoa com outra (어떤) 한 사람을 딴 사람에게 대면시키다. 쌍방 회견시키다.

avitaminose *f.* [醫] 비타민 결핍증.

avito *a.* 선조전래(先祖傳來)의.

avitualhar *v.t.*, *v.i.* (적의 포위망에 있는 또는 포위될 우려성 있는 도시에) 식량을 공급하다. (받다). 식료품을 사들이다.

avivador *a.*, *m.* 활기 띠게 하는 (사람). 위기를 북돋아 주는 (사람).

avivamento *m.* 활기 띠게 함. 원기(생기)를 북돋음.

avivar *v.t.* 그 활기(생기)를 북돋우다. (광경 · 담화 같은 것을) 활기 있게 하다.
—se *v.pr.* 활기 띠다. 활발해지다. 기운 나다.
avivar o passo 발걸음을 빨리하다.
avivar o cavalo 말을 채찍으로 때려 더 빨리 가게 하다.

aviventador *a.*, *m.* 생명(생기)을 주는 (자). 소생시키는 (사람 또는 사물). 부활케 하는 (자). 부흥(재응)하는 (사람).

aviveatar *v.t.* …에 생명(생기)을 주다. 소생시키다. 활기를 주다. 부활케 하다. (경기 따위) 활발케 하다.
—se *v.pr.* 생기를 얻다. 소생하다. 부활하다. (건강을) 회복하다. [商] 활발해지다. 활기 띠다.

avizinhação *f.* 가까이 하기. 접근.

avizinhar *v.i.*, *v.t.* (…에) 가까이 하다. 접근하다. 접근시키다. (…와) 인접(隣接)하다(시키다).
—se *v.pr.* 가까이 가다. 접근하다. 이웃이 되다. 인접하다.

avo *m.* ①남는 수. [數] 분수(分數). ②작은 조각. 단편.
trés quinze avos 십오분의 삼.

avô *m.* 할아버지. 조부(祖父). ①두 사람 이상의 할아버지. ②선조(先祖). 조선.
avôs 할아버지와 할머니 또는 수명의 조부모.

avó *f.* 할머니. 조모.

avocação *f.* ①불러내기. 유치(誘致). ②[法] (하급재판소로부터 상급재판소에) 심리이송(審理移送). 소송이송.

avocado *a.* 어리석은. 지각없는. 천치의.

avocar *v.t.* 불러내다. 유치하다. [法] (소송 또는 심리를) 상급법원으로 이송하다.

avocatório *a.* [法] 심리이송(審理移送)의.

avocatura *f.* =*avocação*.

avocável *a.* 불러올 수 있는. 유치할만한. [法] 소송(심리). 이송 가능한.

avoenga *f.* ①[法] 유산(遺産). ②유산상속권.

avoengado *a.* 조상(祖上)에 관한. 선대(先代)의. 옛날의.

avoengo *a.* 조상의. 조상에 관한. 조상 때부터 내려오는. 조상에 속하는.
avoengos (*pl.*) 조상. 선조(先祖).
homem sem avoengos 가계보(족보)가 확실치 않은 사람.

avoengueiro *a.* (세습재산의) 계승권(繼承權) 있는. 조상이(선조가) 소유했던. 조상 때부터 내려오는.

avolumamento *m.* ①부풀음. 증대. ②부피가 큼. 용량이 큼. 방대(尨大). 호한(浩澣).

avolumado *a.* 부풀은. 증대한. 부피가 큰. 용량이 큰. 방대한.

avolumar *v.t.* 부피(용량)를 크게 하다. 부풀게 하다. 증대케 하다. 방대한 양으로 만들다.
— *v.i.* 부풀다. 부피(용량)가 커지다. 넓은 장소를 차지하다.
—se *v.pr.* 부풀다. 늘다. 방대해지다.

avozear *v.t.*, *v.i.* 큰소리로 갈채하다. 환호하다.

avulsão *f.* 우악스러운 힘으로(또는 맹렬하게) 뽑기. 난폭하게 잡아 빼기. [醫] 적출법(摘出法).

avulso *a.* 나뉘어진. 분리(分離)한. 따로따로 된. 짝짝인. (종이가) 각장으로 된. 연속되지 않은.
papeis avulsos 한장한장의(따로따로 된) 종이.
noticias avulsas 단편적 소식. 막연한 보도.
estacionamento mensal ou avulsos (駐車場에서의) 월간 정기주차 또는 부정일수 주차(아무 때나 주차할 수 있는)
— *m.* ①삐라. 단행논문(單行論文). 분책(分冊). ②종이 접는 이. 겹치는 이. 접는 기구. 종이 접는 주걱.

avultedo *a.* 부은. 부풀은. 부피가 큰. 방대한. 호한(浩澣)한. 상당한. 현저한.

avultar *v.t.* 부피를(용량을) 크게 하다. 늘게 하다. 중대시키다. 확대(가장)하다.
— *v.i.* 부풀다. 커지다. 늘다. 증대하다. 확대하다.

avultoso *a.* 부피가 큰. 방대한. 상당히 많은.

axadrezdo *a.* 장기판(바둑판) 모양의. 무늬가 (바둑판 줄처럼) 가로세로 질서 있는.

axe *f.* [數] 축선(軸線). 중심선.
axial *a.* 축(軸)의. 축 모양의. 축용(軸用)의.
axiculo *m.* 작은 축(小軸). 작은 굴대.
axífero *a.* [植] 유축(有軸)의.
axiforme *a.* [植] 축 모양(軸狀)의. 굴대꼴의.
axifugo *a.* 원심(遠心)의. 중심에서 멀어지려고 하는.
áxil *a.* [植] 중심의. 줄기의. 줄기로 되는. 축(軸)의.
axila *f.* ①겨드랑이. [解] 액와(腋窩). ②[植] 엽액(葉腋).
axilar *a.* ①겨드랑 밑의. ②[植] 엽액의. 액생(腋生)의.
axinita, axinite *f.* [鑛] 부석(斧石). 옥의 일종.
axioma *m.* ①원리(原理). [論·數] 공리(公理). ②격언(格言). 금언.
axiomaticamente *adv.* ①공리적으로. ②격언식으로.
axiomático *a.* ①원리의. 원리적. 공리의. ②명백한. 명료한. 의심스러운 점이 전혀 없는.
axípeto *a.* 축(軸)에 가까우려고 하는. 중심으로 접근코자 하는. 구심(求心)의.
áxis (1) *m.* [數] 축(軸). 축선(軸線). [植] 축(軸). [解] 제2척골(脊骨).
— (2) *m.* [動] (인도산의) 노루의 일종).
axófito *m.* [植] 줄기(莖).
axóide *a.* 축 모양(軸狀)의. 굴대용(軸用)의.
— *m.* 제2경추(頸椎).
axone *m.* [植] (신경세포의) 축색(軸索).
aymorés *m.*(*pl.*) (=*aimorés*) 브라질 토인의 일 종족.
az (1) *f.*《古》조(組). 대(隊). 단체. 군대의 익(翼). 야영(野營).
— (2) *m.* (트럼프·주사위 따위의) 하나. 한 점. (도박용어로) 따라지.
aza *f.* (새·비행기 등의) 날개. 익(翼). (꽃병·바구니 등에 달린) 손잡이. ③[植] 익판(翼瓣). [海] 익창(翼艙).
azabumbado *a.* ①큰북 모양을 한. ②맞은. 때린. 구타한. ③깜짝 놀란. 어리둥절한.
azabumbar *v.t.* ①치다. 때리다 구타하다. ②깜짝 놀라게 하다.
— *v.t.* 깜짝 놀라다. 놀라 벙벙해지다.
azado (1) *a.* 날개 있는. 손잡이가 달린.
— (2) *a.* ①(옷 따위) 몸에 맞는. 꼭맞는. 알맞는. 적당한. ②(기회가) 좋은. …

용(用)의.
azáfama *f.* ①분주함. 분주한 일. 바빠서 두르기. ②사람이 많음. 혼잡. 밀치고 닥치기.
azafamado *a.* (일이) 바쁜. 분주한. 바삐 서두르는.
azafamar *v.t.*《稀》바삐 굴다. 바삐 서두르게 하다.
—se *v.pr.* 일이 분주해지다. 쉬지 않고 일하다. 바삐 서두르다.

azagaia *f.* 무어 사람이 쓰던 짧은 창.
azálea *f.* [植] 진달래. 두견화(杜鵑花).
azar (1) *m.* 불운(不運). 불행. 재수 없음. 사고. 불길한 물건. [競馬] 인기 없는 말.
— (2) *v.t.* (옷 따위가) 맞게 하다. 적합시키다.
—se *v.pr.* 맞다. 꼭 맞다. 적합하다. 정리(정돈)되다.
azarado *a.* 재수 없는. 불운한. 불행한. 마술(요술)에 홀리운(사로잡힌).
azarar *v.t.* 마법을 걸다. 요술을 걸다. 호리다. 매혹(魅惑)하다. 황홀케 하다.
azarento *a.* 불운한. 재수없는. 운 나쁘게 하는. 악운(惡運)을 만드는.
— *m.* 요술장이. 마술사.
azaria *f.*《古》척후전(斥候戰) 소충돌.
azêda *f.* [植] 싱아. 괴싱아.
azedado *a.* ①시게 된. 신맛 나는. ②기분 나쁜. 불유쾌한. 화낸. 성낸.
azedador *a.*, *m.* 시게 하는(것).
azedamente *adv.* 기분이 언짢게.
azedamento *m.* 시게하기. ①기분이 언짢음. 기분 나쁨. 불쾌. ②신랄(辛辣).
azedar *v.t.* ①시게 하다. ②기분이 언짢게 하다. 기분(감정)을 상하게 하다.
— *v.t.*, —se *v.pr.* ①시게 되다. 신맛 나다. ②화내다. 노하다.
azedente *a.* 약간 신. 시큼시큼한. 시기 시작하는.
azedia *f.* ①신맛. 산(성)도. ②무뚝뚝함. ③불쾌. 기분 나쁨. 까다로움. 심술궂음. 냉정. ④신랄(辛辣). 가혹.
azedinha *f.* [植] 개싱아. (특히) 애기개싱아.
azedinha-de-brejo *f.* 추해당(秋海棠)속의 식물.
azedo *a.* ①신. 신맛나는. 시큼시큼한. 떫떫한. ②기분 나쁜. 불쾌한. 기분이 언짢은. 무뚝뚝한. ③냉정한. 박정한. ④신랄한. 호된. ⑤노한. 성낸. 화낸.
— *m.* ①신맛(酸味). 산성(酸性). 떫떫

한 맛. ②기분 나쁨. 불쾌. 화. 노여움.
azedume *m*. ①신맛. 산미. 떫떫한 맛. ②불쾌. 기분 나쁨. 무뚝뚝함. ③냉정. 박정(薄情). ④호됨. 가혹. 신랄(辛辣). ⑤심술궂음. 화냄.
azeitada *f*. (간맞추기 위하여 넣는) 약간의. 올리브 기름. 올리브 기름이 약간 섞임.
azeitado *a*. ①올리브 기름으로 조미(調味)한. 맛들인. ②기름을 약간 넣은. 기름을 바른.
azeitar *v.t*. (조미하기 위하여) 기름을 (약간) 넣다. 기름을 바르다. 기름에 담그다.
azeite *m*. (특히) 올리브 기름. 사라다용 기름. 식용유.
　aceite de peixe 어유(魚油).
　azeite de baleia 고래 기름(鯨油).
　ageite doce 올리브유(油).
　(註) *caeite docs*는 단지 *azeite*라고도 함.
azeiteira *f*. ①(식탁 위에 놓는) 기름병. 작은 기름 단지. ②《轉》바람 피는 여자.
azeiteiro *m*. ①기름 제조인. 기름 장수. ②매춘부의 애인. 매춘부가 벌어 먹이는 남자.
　— *a*. 기름의. 올리브 기름의.
azeitona *f*. 올리브 열매. 올리브빛. 연한 초.
azeitonado *a*. 올리브빛을 띤. 연한 초록색의.
azeitoneira *f*. 올리브 열매를 담는 그릇.
azeitoneiro *m*. 올리브 열매 장수. 그 열매를 담는 그릇.
azelha *f*. ①(바구니 등에 달린) 작은 손잡이. ②단추걸개(노끈으로 만든 작은 동그라미).
azenha *f*. 물레방아. 수차(水車).
azerado *a*. ①강성(鋼性)을 띤. ②납색(鋼色)의. 납색깔(鉛色)의.
azerar *v.t*. ①강(鋼)을 입히다. ②강철의 빛깔을 띠게 하다.
azero *m*. 《古》강철.
azevichado *a*. 흑옥빛(黑玉色)의. 흑옥처럼 까만. 새까만.
azevichar *v.t*. 검정색이 되게 하다. 새까맣게 하다.
azeviche *m*. ①[鑛] 흑옥(黑玉). 패갈탄(貝褐炭). ②흑옥색. 새까만 빛. 순흑(純黑). 새까만 석탄.
azevinho *m*. [植] 서양감탕나무.

azia *f*. 위산(胃酸). 위산액(液). 생목오름.
aziago *a*. 불행한. 불길한. 운나쁜. 재수없는.
azigos *f*. [解] 기정맥(奇靜脈).
azimita *m*. 무교병(無酵餠)을 먹고 사는 사람. 무교병 상식가(常食家).
azimo *a*. (빵 만들 때) 효소를 넣지 않은. 무교(無酵)의.
　— *m*. 무교병(유대교도가 *passover*에 쓰는).
azimutal *a*. 방위각(方位角)의.
　angulo azimutal 방위각(＝*azimute*).
　circulo azimutal 방위권(圈).
　— *m*. 방위나침반(方位羅針盤).
azimute *m*. [天] 방위. 방위각.
azinha *f*. [植] 너도밤나무의 열매.
　(注意) *asinha*: 빨리. 조속히. 긴급히.
azinhaga *f*. (특히 시골의) 담벽과 담벽새의 좁은 길.
azinhal *m*. 너도밤나무숲.
azinheira *f*. ＝*azinheiro, azinho*.
　— *m*. [植] 너도밤나무과의 일종.
azinhoso *a*. 너도밤나무(과나무)가 무성한.
aziumado *a*. 기분 나쁜. 불쾌한. 노한.
aziumar *v.t*. 기분 나쁘게 하다. 노하게 하다.
　— *v.i*., —*se v.pr*. 기분 나쁘다. (나빠지다) 불유쾌해지다.
aziúme *m*. ①위산(胃酸). ②기분 나쁨.
azo *m*. ①기회. 시기(時機). 찬스. ②원인. 동기. 동인(動因). 이유. ③핑계. 구실. 변명.
azoado *a*. ①귀가 멍멍한. ②기분 나쁜. 성난.
azoamento *m*. ①귀가 멍하기. ②귀를 울리는 시끄러운 소리. 시끄러움. ③기분 나쁨. 노하기. 화내기.
azoar *v.t*. (시끄러운 소리로) 귀를 멍하게 하다. 시끄럽게 굴다. 기분 나쁘게 굴다. 골나게 하다.
azóico *a*. 무생(無生)의. 무생물시대의(지구상에 아직도 생물이 나타나지 않았다고 가정하는 시대). [化] 질소의. 질소를 포함한.
azoinamente *a*. 귀를 멍하게 하는. 시끄러운 소리를 내는. 귀찮게 구는.
azoinar *v.t*. (시끄러운 소리로) 귀를 멍하게 하다. 시끄럽게 굴다. 괴롭히다.
　— *v.i*., —se *v.pr*. (시끄러운 소리로) 귀가 멍해지다. 시끄러워지다.

azola *f.* [植] 만강홍(滿江紅)속.
azoospermia *f.* 정충(精蟲)의 결여(缺如).
azoótico *a.* 무생물의. 생물이 존재한 자취가 없는.
azoratado *a.* 어리석은. 천치 같은.
azoratar *v.t.* ①바보로 만들다. ②눈부시게 하다. 현혹되게 하다. ③귀가 멍하게하다. 혼내다.
azorragada *f.* 가죽채찍으로 때림. 그 채찍에 맞은 상처.
azorragamento *m* 가죽채찍으로 때리기. 벌주기.
azorragar *v.t.* 가죽채찍으로 때리다.
azorrague *m.* 채찍(특히)가죽채찍. 《轉》벌. 처벌. 책벌.
azotação *f.* 질소화합(窒素化合). 질소를 포함시키기.
azotado *a.* 질소를 포함한.
adubo azotado 질소비료.
azotar *v.t.* 질소를 포함시키다. 질소와 화합하다.
azotato *m.* [化] 질산염(窒酸鹽). 질산칼리. 질산소오다.
azote *m.* = *azôto*.
azoteto *m.* 질소화합물(窒素化合物).
azótico *a.* [化] 질소의. 질소를 포함한. 질소와 산소를 화합한.
ácido azótico 질산(窒酸).
azotito, azotite *m.* 아질산염(亞窒酸鹽).
azôto *m.* [化] 질소(窒素).
azoturia *f.* 요소결핍증(尿素缺乏症).
azotúrico *a.* 요소결핍증의.
— *m.* 요소결핍증환자.
azougadamente *adv.* 재빠르게. 민첩하게.
azougado *a.* 재빠른. 민첩한. 민활한. 교활한. 엉큼한. 침착치 못한.
azougar 수은(水銀)을 씌우다. (유리 뒤에) 수은을 바르다. 활기 띠게 하다.
— *m.* ①수은(水銀) (*mercurio*의 옛 이름). ②민활한 사람. 활동가.

azucrim *m.* 귀찮은 사람. 성가신 사람. 치근치근 구는 녀석.
azul *a.* 푸른. 하늘빛의. 청색(靑色)의. 남빛의.
azul celeste 하늘색(天靑色).
czul cfaro 연한 청색(薄靑色). 물색.
azul ferrete 검은빛을 띤 청색.
azul marino 곤청색(紺靑色).
sangue azul 명문가의 출신.
— *m.* ①남빛. 하늘색. 청색. 파란색. ②《詩》검푸른 바다. 벽공(碧空). 창공.
azulado *a.* 푸른빛을 띤. 담람색(淡藍色)의.
azulador *m.* 푸르게 하는 것. 파랗게 만드는 것.
azulaõ *m.* [鳥] 아줄라옹(곤색의 작은 새).
azular *v.t.* 푸른색으로 만들다. 하늘빛으로 하다. 남빛으로 물들이다.
— *se v.pr.* 푸른색(하늘빛)이 되다. 퍼렇게 되다.
— *v.i.* 하늘로 날다. 날아가다. 재빨리 가버리다.
azulego *a.* [馬] 흑백 반점(斑點)의.
azulejado *a.* 타일을 깐(붙인).
azulejador *m.* 타일 까는 직공.
azulejar (1) *v.t.* 타일을 깔다(붙이다).
— (2) *v.t.* 푸른빛(하늘색)으로 물들이다. 남색으로 염색하다.
— *v.i.* 푸른빛(하늘색)이 되다. 파란색으로 물들다.
azulejo *m.* [建] 타일(광택나고 매끄러운 벽돌). 도와(陶瓦).
azulina *f.* 남빛의 그림물감. 퍼런 그림물감.
azulino *a.* 남색(藍色)의.
azuloio *a.* 연한 청색(淡靑色)의. 물색의.
azumbrado *a.*《古》휜. 굽은. 허리가 굽은.
azumbrar *v.t.*《古》휘다. 꾸부리다.
azurita, azurite *f.* [鑛] 남동광(藍銅鑛).
azurrar *v.i.* (나귀가) 울다. 나팔소리처럼 울다.

B, b *m*. 포르투갈어 자모의 둘째 글자.
b *a*. 제2의. 둘째번의
bá *f*. 유모. 보모. 아기보는 여자.
baba *f*. ①침. 타액(唾液). (조개·달팽이 따위가 내뿜는) 점액. 거품. ②푸딩 과자의 일종.
baba de moça 야자 열매의 즙과 계란으로 만든 과자.
babá *f*. =*bá*.
babaçu *m*. (=*babassu*). 바바쑤우(브라질산의 종려수의 일종); 그 열매.
babaçual *m*. 바바쑤우 숲.
babacuara *m*., *f*. (브라질 북쪽지방 용어) 바보. 멍청이.
babadeira *f*. =*babadouro*.
babado (1) *m*. (치맛자락·손수건 등에 달린) 술. 가장자리. 연식(緣飾).
— (2) *a*. 군침을 흘리는. 콧물 흘리는. 침흘리듯이. 바라는. 사모하는.
babador (1) *m*. 군침 흘리는 사람. 콧물 흘리는 이.
— (2) *m*. 턱받기. (에이프런 등의) 가슴부분.
babadouro *m*. (아기의) 턱받기.
babadura *f*. 군침 흘리기.
babão *m*. ①코흘리개. ②바보. 멍청이. 천치. 입을 벌리고 멍하게 쳐다보는 사람.
— *a*. 코흘리는. 침을 흘리는. 바보의. 천치의.
babaquara *m*. 시골뜨기. 망나니. 버릇 없는 놈. 야인(野人). 잔꾀부리는 놈. 교활한 인간.
babar *v.t*. 군침 흘리다. 군침으로 적시다.
—*se v.pr*. 군침 흘리다. 몹시 바라다. …을 매우 사모하다(반하다).
babau *interj*. 다 끝났다! 할 수 없다!
babeiro *m*. =*babadouro*.
babel *f*. ①[聖] 바벨 탑(옛 바빌로니아 사람들이 하늘까지 높이 쌓으려다가 실패했다는 탑). ②공상적 계획. ③떠들썩하는 광경. 소란. 소음. 혼란.
babélico *a*. 떠들썩하는. 소란한. 혼란한.
Babilônia *f*. 바빌로니아(B.C. 2300년 경에 번영한 메소포타미아의 왕국). 바빌로니아시(市). 대혼란. 무질서.
babilônico *a*., *m*. 바빌로니아의 (사람).
babilônio *a*. 바빌로니아의. 화려한. 대단히 큰.
babosa *f*. [植] 알로에(蘆薈).
baboseira *f*. 쓸데없는 이야기. 당치 않는 말. 잠꼬대. 헛된 수작.
baboeo *a*. 침 흘리는. 콧물 흘리는. 우둔한. 바보 같은. 혀가 잘 돌지 않는. 똑바로 발음을 못하는.
babugem *f*. 군침. 콧물. (물)거품. 보잘 것 없는 것. 아무런 가치 없는 것. 사소한 일.
babuino *m*. [動] 돌원숭이(狒).
babujado *a*. 침 흘린. 침(콧물)에 젖은(더렵혀진).
babujar *v.t*. 침(콧물) 흘리다. 침(콧물)으로 더럽히다. 아첨하다. 알랑거리다.
babul *m*. [植] 바불(인도 아라비아산 고무나무속).
babunha *f*. 바분냐(브라질산 종려수의 일종).
bacaba *m*. *bacabeira*의 열매.
bacabada *f*. *bacabeira* 열매로 만든 과자.
bacabal *f*. [植] 바까베이라(종려수의 일종).
bacalau *m*. ①[魚] 대구. ②가죽으로 만든 채찍(회초리). ③《俗》아주 쇠약한 사람.
bacalhau sêco 건대구(절이지 않은) 건어.
bacalhau salgado 소금에 절인 대구.
bacalhoada *f*. ①대구요리. 대구를 찐 것. ②많은 대구. ③가죽으로 만든 채찍으로 때리기.
bacalhau *m*. 대구(鱈).
bacalhoeiro *m*. ①대구장수. ②대구잡는 배.
— *a*. 대구(요리)를 좋아하는.
bacamarte *m*. 산탄총(散彈銃). (옛날의) 총신이 짧고 뭉똑한 총. 나팔 모양의 총. [植] 약초(藥草)의 일종. 《俗》뚱뚱하고 거동이 뜬 사람.
bacanal *m*. 주신(酒神) 바카스의 제사(祭司). 주신제(酒神祭). 가무(歌舞). 통음난무. 술마시며 떠들썩하기.
— *a*., *m*. 통음 난무하는 (사람). 술마시며 떠들썩하는 (이). 주신(酒神) 바카스의. 주신제의.
bacante *f*. ①바카스의 여제사(祭司). ②술마시고 떠드는 여성. 주정부리는 여인. 행실 나쁜 여자. ③[植] 국화과의 식물. ④[昆] 나비의 일종.
bacará *m*. 일종의 드럼프 놀이.
baceira *f*. [醫] 비장(脾臟)의 폐색(閉塞).
baceiro *a*. 비장의. 비장에 관한.

bacelada *f.* 포도의 어린 가지를 접한 밭.
bacelar *v.t.* 포도의 어린 가지를 꽂아 접하다.
baceleiro *m.* 포도의 어린 가지를 꽂고 접하는 사람.
bacelo *m.* ①포도의 어린 가지 삽목(挿木). ②방금 접한 포도나무. 어린 포도나무.
bacharel *m.* ①대학졸업생. 학사. ②《俗》말 많이 하는 사람. 요설가(饒舌家).
bacharel em direito 법학사.
bacharela *f.*《俗》말 많이 하는 여자. 많이 아는 체하는 여자.
bacharelada *f.* 건방지게 많이 아는 체하는 것. 그 이야기. 변설.
bacharelado *m* ①학사의 학위(學位). ②학위를 얻기 위한 학과과정.
bacharelando *m.* 학사의 후보자(후보생).
bacharelar *v.i.* 쓸 데 없는 말을 많이 하다. 지껄이다. 지절거리다. 장광설을 펴다.
—se *v.pr.* 학사가 되다. 학사학위를 얻다.
bacharelice *f.* =*bacharelismo*.
— *m.* 말많음. 요설. 다변.
bacia *f.* ①대야. 세면대야. 쟁반. 대접. ②[地文] 분지(盆地). 유역(流域). 계곡(溪谷). ③[解] 골반. 골반강(骨盤腔). ④교회에서 사금을 모으는(쟁반 같은) 그릇.
bacia de rosto 세면(세수)대야.
bacia de balançā 저울의 섭시.
bacia do mar 삼면이 육지로 둘러 있는 항구. 내만(內灣).
baciada *f.* 대야에 하나 가득한 분량.
bacial *a.* ①바리때(鉢 : 절에서 쓰는 중의 밥그릇 같은 것)의. ②변기(便器)의.
baciano *a.* (과일로서) 다육질(多肉質)의. 장질(漿質)의.
bacífero *a.* 장과(漿果 : 살과 물이 많은 열매)가 열리는.
baciforme *a.* 장과(漿果) 같은. 장과 모양의.
bacilar *a.* 바칠루스의. 간상균(桿狀菌)의.
bacilaria *f.* [植] 간상조(桿狀藻).
bacilário *a.* 가느다란 줄기 모양의. 간상(桿狀)의.
—s (*pl.*) 다위적충류(多胃滴蟲類).
bacilemia *f.* [醫] 결핵균의 혈액전염(血液傳染).
baciliforme *a.* 가느다란 줄기 모양. 간상(桿狀)의.
bacilo *m.* 바칠루스. 간상균(桿狀菌). 미균(微菌).

bacinete *m.* 일종의 가벼운 투구.
bacinetes *m.*(*pl.*) [解] 신장소낭(腎臟小囊).
bacinico *m.* 작은 변기. 작은 요강.
bacio *m.* 변기(便器). 요강.
bacívoro *a.* 장과(漿果)를 먹는(먹고사는).
baço (1) *m.* [解] 비장(脾臟). 지라.
— (2) *a.* 황갈색의. 흐린. 빛깔(광택)이 없는.
ficar baço 창백해지다. 얼굴빛이 변하다.
baconiano *a.* (영국의 철학자) 베이큰(학파)의. 베이큰에 관한.
baconismo *m.* 베이큰파 철학.
bácora *f.* 작은 암퇘지.
bacorjar *v.t., v.i.* 예시(豫示)하다. 예감이 들다. 사전에 알다.
bacorjo *m.* 예시. 예감. 예지(叡智).
bacorinho *m.* 젖먹이돼지(요리용).
bácoro *m.* (한살 짜리의) 작은 돼지.
bactéria *f.* (흔히 복수로 씀). 박테리아. 세균.
bacteriano *a.* 박테리아의. 세균의.
bacteriolise *f.* 세균(박테리아)의 분해작용.
bacteriologia *f.* 세균학.
bacteriologista *m., f.* 세균학자.
bacteriólogo *m.* 세균학에 정통한 사람.
bacterioscopia *f.* 세균 현미경검사.
bacterioscópico *a.* 세균 현미경검사의(에 관한).
bacterioterapia *f.* [醫] 세균요법(療法).
bacteriotoxina *f.* 세균독소(毒素).
bacu *m.* [魚] 바구우(아마존 유역에 있는 담수어(淡水魚)의 일종).
bacuara *a.* 민첩한. 기민한. 날쌘.
bacuçu *m.* (북부지방에서 쓰는) 큰 통나무 배.
baculífero *a.* (식물의 줄기로서) 지팡이로 쓸만한. 지팡이 모양의. 봉상(棒狀)의.
báculo *m.* ①지팡이. 막대기. [宗] 주교가 쓰는 지팡이. ②가호(加護). 옹호.
bacussu *m.* =*baçuçu*.
badalada *f.* ①종치기. ②연속적으로 울리는 종소리.
badalão *m.* 말 많이 하는 사람. 잘 지껄이는 이.
badalar *v.i., v.t.* ①종을 치다. 종소리 내다(나다). ②말 많이 하다.
badaleira *f.* 종설(鍾舌)을 거는 고리.
badaleiro *m.*《俗》말 많이 하는 사람. 요설가.
badalejar *v.i.* 종소리 내다.

badalo *m.* ①종. 방울의 추. 종설(鍾舌). ②종소리.

badejo *m.* [魚] 대구 비슷하나 그보다 작은 물고기.

baderna *f.* ①마시며 떠드는 것. 주정부리기. ②악한. 무뢰한(漢). ③[海] 줄사다리의 가로 놓인 줄.

badernar *v.i.* ①먹고 마시며 떠들다. ②주정부리다. ③유흥하다. 환락하다.

badiana *f.* [植] 대회향(大茴香). (약초의 일종).

badulaque *f.* ①소의 내장을 삶은 것. ②야자 열매를 갈고 설탕 또는 꿀을 넣고 만든 과자.
badulaques (*pl.*) 값싼 물건. 엉터리 물건. 폐물.

baeta *f.* (커튼 앞치마 따위에 쓰는) 거칠은 나사. 뻣뻣한 털있는 모직물.

baetal *a.* 거칠은 나사의. 거칠은 나사로 만든.

baetão *m.* ①*baeta*로서 더 두터운 것. ②담요. 모포.

baetilha, baetinha *f.* ①*baeta*로서 얇은 것. ②솜 푸란넬.

bafafá *m.* 혼란. 소동.

bafagem *f.* 산들바람. 미풍(微風).

bafejado *a.* ①숨(입김)을 불어넣은. 고무한. 고취된. ②혜택 입은. 사랑 받는. 총애되는.

bafejador *a.*, *m.* 불어넣는 (사람). 고무하는 (자).

bafejar *v.t.* ①숨(입김)을 불어넣다. 고무하다. 고취(鼓吹)하다. 분발케 하다. ②사랑하다. 애무하다.
— *v.i.* ①숨을 내뿜다. 입김을 토하다 ; 담배 연기를 내뿜다. ②향기(냄새)를 풍기다. ③(바람이) 산들산들 불다.

bafejo *m.* ①숨. 입김. ②산들바람. 미풍(微風). ③고무. 고취. ④애무. 총애.

bafiento *a.* ①곰팡이 핀. 곰팡이 냄새나는. ②낡아빠진. 케케묵은.

bafio *m.* 곰팡이 냄새. 악취.

bafo *m.* ①숨. 입김. ②산들바람. 미풍. ③혜택. 가호(加護). ④고무. 고취. ⑤《俗》거짓말.

baforada *f.* ①한 번에 내뿜는 입김(숨). ②확 내뿜는 담배연기. ③호언장담. 허장성세.

baforar *v.i.*, *v.t.* ①살짝 불다. ②(담배)연기를 내뿜다. ③냄새를 풍기다. ④《俗》호언장담하다. 자랑하다.

bafureira *f.* [植] 야생무화과(無花果)나무.

baga *f.* [植] 장과(漿果). 장과 열매(딸기·포도 등). (물고기·새우 등의) 알. 땀방울(汗滴).

bagaceira *f.* ①꼬투리(껍질. 덧잎 따위)의 더미. 찌꺼기 쌓인 것. ②무더기. 덩어리. 잡동사니. ③[劇] 서투른 연기(演技). 서투른 작사(작곡).

bagaceiro *a.* (가축 따위) 곡식의 찌꺼기를 좋아하는. 꼬투리 덧잎 따위를 잘먹는.
— *m.* ①곡식의 껍질(덧잎·꼬투리 따위)을 처리하는 사람. ②사탕수수의(짜낸) 찌끼를 버리는 곳.

bagaço *m.* 포도·사탕수수 등을 짜낸 찌끼. 《俗》많음. 다량. 풍부.

bagada *f.* ①큰 장과(漿果). ②많은 땀방울. ③많은 눈물. 눈에 가득한 눈물.

bagageira *f.* (철도의) 화물차. 수하물차.

bagageiro *m.* ①수하물계(係). 여객휴대품계(係). ②제일 마지막에 도착한 사람. 경마에서 꼴지된 말. [軍] (장교의) 종졸(從卒).

bagagem *f.* ①수하물. ②(가방·트렁크 따위) 여행휴대품. ③군인의 행낭. ④《俗》저술집. 저작집.

bagalhão *m. bago*의 과장어(誇張語).

baganha *f.* ①겉껍질. 과실의 껍질.(특히 콩의) 꼬투리. [植] 자낭(子囊). ②예기치 않은 이익 또는 수득(收得). ③《轉》길에 내던진 꽁초.

bagatela *f.* ①쓸모없는 것. 사소한 것(일). 값싼 물건. ②소량. 사소(些少).

bagateleiro *m.* 사소한 일에 머리쓰는 사람.

bagaxa *f.* 《古》창녀. 창부(娼婦). 매춘부.

bago *m.* ①곡식의 알(쌀알·옥수수알). 낟알. ②[植] 영과(穎果). ③[軍] 포도탄(彈). 산탄(散彈).

bagoado *a.* ①낟알 모양의. ②영과(穎果) 같은.

bagre *m.* [魚] 메기(鯰).

baguá, bagual *m.* ①사나운 말(馬). 길들지 않은 말. ②《俗》가까히 하기 어려운 인간.

bagualada *f.* 사나운 말의 떼.

baguari *m.* [鳥] 학의 일종. 두루미의 일종.
— *a.* ①느린. 완만한. ②뚱뚱보의.

bagulhado *a.* 씨가 있는. 핵(核)이 있는.

bagulhento *a.* 씨가 많은.
bagulho *m.* 씨. 포도씨. 핵(核).
bagulhoso *a.* 씨(포도씨)가 많은 ; 핵이 많은.
bagunça *f.* ①무질서. 난잡(한 상태). 혼란 (상태). ②불도저.
bagunçada *f.* 뒤범벅(한 물건). 혼란상태. 뒤죽박죽된 상태.
bagunceiro *m.* 뒤범벅하게 하는 사람. 문 란케 하는 사람. 혼란스럽게 하는 자.
baia *f. bahia*의 준말. 바이아. 바이아주.
baía *f.* 만(灣).
baiacu *m.* ①[魚] 복. 복어(의 무리). ② [鳥] 검은머리 물떼새. 《轉》키작고 뚱뚱 한 사람. 땅딸보.
baianada *f.* ①바이아(주)식으로 된 것. ② 어수선한 상태. ③바이아 사람의 우쭐하 는 태도.
baiano *a.* 바이아(주)의. 바이아 사람의.
— *m.* 바이아 사람. 바이아 주민(州民).
baião *m.* 춤(무도)의 일종.
baila *f.* 무도회. 발레.
bailadeira *f.* 춤추는 여자. 댄서(여성).
bailado *m.* 무도. 댄스.
bailador *m.* 춤추는 사람. 댄서(남자).
bailar *v.i.* ①춤추다. 무도하다. ②날뛰다. ③동요하다. 흔들리다.
— *v.t.* 춤추게 하다.
bailarico *m.* 작은 무도회.
bailarina *f.* 댄서(춤추는 것을 직업으로 하 는 여자).
bailarino *m.* (직업적인) 댄서. 무도사.
bailariqueiro *m.* 무도장에 자주 다니는 사 람 ; 댄스를 좋아하는 이.
baile *m.* 무도회.
baile de fantasia 가장(假裝) 무도회.
baileu *m.* ①(건축장의) 발판. ②[海] 현제 (舷梯). 갑판(甲板)과 선저(船底)의 중간 부(中間部). ③[軍] 병사(兵舍) 내의 벽에 댄 선반.
bailete *m.* 무도극(劇).
bailio *m.* [法] 집달리(執達吏). ②토지관 리인. ③간수(看守). ④대관(代官).
bailomania *f.* 춤에 미치기. 무도광(狂).
bainha *f.* ①칼집(鞘). ②칼집 모양의 껍질. (천・옷의) 가장자리. 옷단. (특히) 접어넘 긴 가장자리. [植・動・解] 줄기(莖)의 겉 집. 꼬투리.
bainheiro *m.* 칼집 만드는 사람. 소사(鞘師).
baio *a.* ①엷빛의. 이색(飴色)의. ②적갈색
의. 밤빛의.
— *m.* 밤빛의 말(馬). 적갈색 말.
baioneta *f.* 대검. 총창.
baionetada *f.* 대검으로 찌르기. 대검에 찔 린 상처.
bairão *m.* 회교도(回敎徒)의 대제(大祭).
bairrismo *m.* 교구제도. 동(읍) 제도. 지방 기질(地方氣質). 향당심(鄕黨心). 편협.
bairrista *m., f.* 같은 구(區)에 사는 사람. 동일지역(향촌)의 주민. 자기가 사는 구 (지역)의 이익만 생각하는 사람.
bairro *m.* ①시의(행정상으로 나뉜) 구역. 구(區). 한 구획(一區劃). ②이웃.
baita *m.* 《俗》 아주 큰. 거창한 ; 아주 넓 은. ②이름 높은 ; 대담한.
baitaca *m.* [鳥] 바이따까(앵무새의 일종).
baitarra *m.* 골격이 늠름한 사나이.
baiúca *f.* ①값싼 식당. 대중식당. ②선술 집. 빠.
baiuqueiro *m.* 선술집(대중식당) 주인.
baixa *f.* ①낮음. ②얕은 곳. 웅덩이. ③(가 격의) 저락. 하락. ④[軍] 제대. 병적에서 빼내기. ⑤(전투에서의) 사상자수. 손실 수(損失數) ; 병력손실.
baixada *f.* ①낮은 곳. 저지(低地). ②습 지. 수렁.
baixa-mar *f.* 썰물. 간조(干潮).
baixamente *adv.* ①낮게 ②천하게, 비열 하게.
baixão *m.* 바수온(일종의 저음 목관악기(木 管樂器)).
baixar *v.t.* ①(아래로) 낮추다. 내려뜨리 다. 내려가게 하다. ②(값따위) 내리게 하 다. ③(품위를) 비천케 하다. 깎아내리다.
— *v.t.* ①내려가다. 낮아지다. 줄다 ; (값따위) 내리다. ②(품위・세력・신용 등 이) 떨어지다. 저하하다.
=*se v.pr.* 몸을 굽히다. 허리를 구부리 다. 굴종하다.
baixeiro *a.* (마구(馬具)의) 밑에 까는. 안 장 밑에 까는 천(거칠은 포대기).
baixel *m.* 작은 배(小舟).
baixela *f.* 식탁용(값비싼) 그릇의 일절.
baixela aa prata 은그릇 한 벌.
baixete *m.* 술통을 올려놓는 대(臺).
baixeza *f.* ①낮음. 낮은 것. 하급. 하위(下 位). 하등. ②열등(等). 싼 것. ③하천(下 賤). 야비. 비열함. 비루함. 업신여김. 낮 춤. 비하(卑下).

baixia *f.* ①강 또는 바다의 얕은 곳. 잔뢰(殘瀨). ②간조(干潮).

baixinho *adv.* 낮은 목소리로. 귓속말로. 속삭이듯.
— *a.* 좀 낮은. 꽤 낮은.
— *m.* 키 작은 사람. 자그마한 사람.

baixio *m.* ①(바다 또는 하천의) 얕은 곳. 걸어서 건널 수 있는 곳. 모래가 보이는 곳. ②암초(暗礁). 보이지 않는 장애. ③곤란. 위험.

baixista *m.* (株式) 파는 사람.

baixo *a.* ①낮은(온도・씨줄 따위) 저도(低度)의. (물이) 줄은. 썰물의. ②(음성이) 저조의. 저음의. ③(압력이) 약한. 낮은. ④하류(下流)의. 아래의. ⑤(계급・지위・위치 따위) 낮은. 하위의. 저급한. ⑥(품질이) 열등한. 하등의. ⑦(인품이) 천한. 하천한. 상스러운.
no baixo 얕은 강(河川).
preço baixo 싼값. 염가.
ação baixa 비열한 행동.
marê baixa 퇴조(退潮)
— *m.* ①아래. 하부. ②낮은 곳(低所). 얕은 곳. 모래가 보이는 곳. ③[樂] 낮은 소리. 저음.
baixos (*pl.*) 장애(障碍). 위험.
— *adv.* 낮게. 낮은 소리로. 아래에. 값싸게.
falar baixo 낮게(낮은 소리로) 말하다.
em baixo 아래에. 아래쪽에.
de baixo 아래로부터.
por baixo de …의 아래에서.

baixo-relevo *m.* 얕은 양각(陽刻). 얕은 돌을 새김.

baixote *a.* (몸집이) 작은. 자그마한.

bajulação *f.* 아양부리기. 아첨. 아유(阿諛). 추종.

bajulador *a., m.* 아첨하는 (사람). 비위를 맞추는 (사람). 추종하는 (자). 알랑쇠.

bajular *v.t.* 아첨하다. 알랑거리다. 비위를 맞추다. 아부하다.

bajulice *f.* = *bajulação*.

bala (1) *f.* ①총알. 소총탄. ②종이에 싼 알사탕. 캔디.
bala perdida 유탄(流彈).
bala de canhão 포탄. 유탄(榴彈). 파열탄.
bala de jujuba 당(糖)과자의 일종.
— (2) *f.* ①솜묶음. ②부대. 주머니. ③종이 수량 단위(32련).
bala de algodao 솜 넣는 부대(주머니).

balaço *m.* ①큰 총알. ②사격.

balada *f.* 민요. 속요.

balador *a.* (양 따위) "맹!"하고 우는.

balagate *m.* 인도산의 거칠은 포목(粗布).

balaio *m.* ①바구니. 광주리. ②(여행) 휴대용 식량(食糧).

balalaica *f.* 기타 비슷한 러시아 현(絃)악기.

balame *m.* 많은 총알. 산적된 탄환.

balança *f.* ①저울. ②평균. 균형. 평형. ③비교. 대조. ④[商] 차액(差額). 잔액.
balança comercial 수출입 차액.

balançado *a.* 저울에 단(달아본). 평균한. 비교(대조)해본. [商] 차액을 계산한. 청산한.

balançar *v.t.* ①저울에 달다. 무게를 달다 ; 비교하다. 균형을 잡다. ②흔들어 움직이다. 진동시키다. ③[商] 차액을 계산하다. 결산하다. 부족(액)을 메우다. 수입 지출을 대조하다.
— *v.i.* ①평균하다. 동요하다. ②(좌우로 흔들다. 진동하다.
— se *v.pr.* 균형이 잡히다(유지되다). (좌우로) 흔들리다.

balancê *m.* 댄스 스텝. 동전 찍어내는 본. 음각(陰刻)틀. 주조기(鑄造器). 조폐(造幣)기계.

balanceador *m.* = *balancista*.

balanceadura *f.* = *balanceamento*.
— *m.* [商] 차액의 계산(결산). 차액 대조. 대차(貸借) 대조.

balancear *v.r.* 흔들다. 동요케 하다.
— *v.i.*, — se *v.pr.* 흔들리다. 동요하다. 주저하다.

balanceiro *m.* (기계의) 요정(搖挺).

balancete *m.* ①[商] 차액. 잔액. ②대차(貸借)대조표.

balancim *m.* ①유동봉(遊動棒). 차축 가름대. ②(마차의) 멍에. ③줄광대가 타는 밧줄.
balancims (*pl.*) [海] 돛대의 살을 맨 밧줄. 조가색(吊加索).

balancista *m.* ①저울에 다는 사람. ②저울 검사계(係).

balanco *m.* [植] 보리밭에 나는 잡초

balanço *m.* ①흔들림. 좌우동(左右動). 평균동(動) ; 동요. ②[商] 차액. 잔액. 대차 대조(貸借對照)(표). (상품・가재・재산

등의) 목록(표).
cadeira de balanço 흔들리는 의자.
dar balanço 대차를 평균하다. 결산하다.
em balanço 애매하게. 불확실하게.

balandrau *m.* 일종의 두루마기. 관포(寬袍).《古》긴 망토.

balangandã *m.* 보잘 것 없는 것. 장난감. 장신구.

balanita, balanite *f.* [醫] 선점액(腺粘液)의 염증(炎症).

bálano *m.* [解] 귀두(龜頭).

balanopostite *f.* [醫] 음경염증(陰莖炎症) 또는 귀두염증(龜頭炎症).

balão *m.* ①풍선(風船). 기구. ②[化] 큰 플라스크. ③사실무근한 소문(풍문). ④작은 거짓말.

balar *v.t., v.i.* (양·염소 따위가) "맹!"하고 울다. 맹하는 울음소리를 내다.

balastragrem *v.t.* (철도·도로 등의) 바닥에 자갈을 깔기.

balartrar *v.t.* 도로의 바닥(道床)에 자갈을 깔다. 자갈로 도상을 굳히다.

balastreira *f.* 자갈 운반차.

balastreiro *m.* 인력(人力)으로 밀거나 당기는 자갈 운반차.

balastro *m.* (철도 또는 도로의) 도상(道床)에 까는 자갈.

balauste *m.* [植] 야석류(野石榴); 그의 꽃 또는 열매.

balaustia *f.* 야석류의 꽃 또는 열매.

balaustino *a.* 석류빛(石榴色)을 띤.

balaustrada *f.* (다리나 층계의) 난간(欄干). 손잡이.

balaustrado *a.* 난간이 있는(달린).

balaustrar *v.t.* 난간을 달다(세우다).

balaustre, balaustro *m.* 난간동자(童子)(난간의 세로기둥).

balázio *m.* =*balaço*.

balbuciação *f.* =*balbuciamento*.
— *m.* 혀가 잘 돌지 않음. 떠듬떠듬 말하기. 말더듬(버릇). 입속으로 중얼거리기.

balbuciante *a.* 혀가 잘 돌지 않는. 떠듬떠듬 말하는. 말더듬는. 입속으로 중얼거리는.

balbuciar *v.i., v.t.* 떠듬떠듬 말하다. 말더듬다. 입속에서 중얼거리다.

balbúcie, balbuciência *f.* 떠듬떠듬 말기. 말더듬. 혀가 잘 돌지 않음. 말못하고 입속으로만 우물우물하기.

balbucio *m.* ①말더듬. ②시도(試圖). 처음으로 해보기.

balburdia *f.* 무질서. 혼란. 혼잡. 떠들썩하기. 소란.

balburdiar *v.t.* 떠들썩하다. 혼란(혼잡)을 이루다. 질서를 흩어리다.

balça *f.* ①[植] 가시밭. 가시나무 우거진 곳 덤불. ②마른 고기를 저장하는 통. ③산울타리.
(注意) *balsa*: 뗏목.

balcão (발음: 발까웅). *m.* ①발코니. 노대(露臺). ②(상점의) 손님을 대하는 매대(賣臺)를 상품 따위를 진열해 보이거나 포장해 주는). ③(극장의) 이층 특별석(앞으로 돌출된 형식의).

balção (발음: 발싸웅). *m.* (술통에 쓰는) 나무로 만든 깔대기.

baleeira *f.* 숲. 총림(叢林). (특히) 가시나무 많은 것.

balda *f.* ①흠. 결함. 결점. ②(성격상의) 약점. 단점. 버릇.

baldada *f.* ①양동이(물통)에 하나 가득한 분량. ②양동이의 물을 단번에 끼얹기(쏟아버리기).

baldadamente *adv.* 헛되게. 무익하게. 성공 못하고. 실패하여.

baldado *a.* 헛된. 헛수고한. 성공 못한. 실패로 돌아간. 무익한. 무효로 된. 수포로 돌아간.

baldão *m.* ①헛됨. 헛수고. 헛고생. 공허. ②불운. 역경.

baldar *v.t.* 헛되게 하다. 수포로 돌아가게 하다. 실패케 하다. 좌절(挫折)시키다. 무효로 되게 하다.
—*se v.pr.* 헛고생을 하다. 실패(수포)로 돌아가다. 무효로 되다. (화투·드럼프 등에서) 필요 없는 장(화투장)을 버리다.

balde *m.* 물통. 바께쓰. 양동이. 두레박.
de (또는 *em*) *balde* 헛되게. 헛수고로. 무익하게.

baldeação *f.* ①(기차·버스 따위) 바꾸어 타기. 갈아타기. ②(화물을 다른 차에) 바꾸어 싣기. 옮겨 싣기. 환적(換積). ③(액체를 딴 그릇에) 옮겨 담기(부어넣기). 이주(移注).

baldeado *a.* ①바꾸어 탄. 갈아탄. ②바꾸어 실은. 옮겨 실은. ③옮겨 담은(넣은).

baldear *v.t.* ①(버스·기차 따위를) 바꿔 타게 하다. 갈아타다. ②짐(화물)을 옮겨 싣다. ③두레박으로 물을 끌어올리다(퍼올리다). ④양동이의 물을 쏟다(쏟아버리다). ⑤흔들다. ⑥던지다. ⑦쫓아버리다.
— se *v.pr.* 한곳(한쪽)으로부터 다른 곳(다른 쪽)으로 옮겨지다(가다). 이행(移行)하다.

baldio *a.* ①무익한. 쓸모 없는. 용도 없는. ②불모(不毛)의. 황무의. (땅을) 묵힌. 놀리는. 휴경의. 미개간의.
— *m.* 묵힌 땅. 놀리는 땅. 휴경지(休耕地). 미개간지. 불모의 땅. 황무지.

baldo *a.* 모자라는. 부족한. 있어야 할 것이 없는. 필요를 느끼는. (화투·트럼프 등에서) 필요한 장(화투장 등이) 없는.

baldoar *v.t.* ①《古》괴롭히다. 학대하다. ②야단치다. 꾸짖다.

baldoso *a.* 헛된. 무익한. 효과 없는.

baldrejado *a.* 물들어 어지럽게 된. 더러운.

baldreu *m.* 장갑(掌匣) 만드는 데 쓰는 양가죽(羊皮).

baldroca *f.* 《俗》속임수. 속이기. 기만(수단).

baldrocar *v.t.* 《俗》속이다. 속임수를 쓰다. (도박·투전에서) 화투장을 속이다(바꿔치다).

balé *m.* 발레.

baleai *m.* ①고래가 모이는 곳. ②고래잡는 사람(포경자)들의 집결지점.

balear *v.t.* (총알을) 쏘다. 총탄으로 상처를 입히다.

baleeira *f.* 고래잡는 배. 포경선(捕鯨船).

baleeiro *m.* 고래잡는 사람(또는 배). 포경선.
— *a.* 고래의. 포경의.

baleia *f.* ①고래. ②[天] 경좌(鯨座) ③[俗] 뚱뚱한 여자.
baleia macho 수고래.
baleia femea 암고래.
barbas de baleia 고래 수염.

baleiro *m.* 캬라멜(종이에 싼 알사탕) 파는 아이.

balela *f.* ①《俗》허위보도. 거짓 보고 ; 거짓말. ②보잘 것 없는 것. 사소한 것.

baleote *m.* 고래 새끼. 작은 고래.

balha *f.* 울타리. 장벽. 방책. 마장(馬場)의 울타리.

balido *m.* 양(羊)의 울음소리.

balieira *f.* =*baleeira*.

balieiro *m.* =*baleeiro*.

balir *v.i.* (양·염소가) 울다.

balista *f.* 노포(弩砲 : 돌쏘는 옛 병기).
balista de carro 차대(車臺)의 탄기(彈幾).

balística *f.* 탄도학(彈道學). 발사학(發射學).

balístico *a.* 탄도(학)의.
missil balístico [軍] 탄도 미사일.

baliza *f.* ①항해목표. 항로표지. 수로표(水路標). (물가의) 물결자국선. ②경계표(境界標). 육표(陸標). (도로의) 통행표지. ③(船體의) 뼈대 구성(肋骨構成). ④(낚시의) 찌.

balizador *m.* ①표지(목표물)을 세우는 사람. 경계표를 설치하는 자. ②표지로 쓰는 물건.

balizagem *f.* 표지(목표)를 세우기. 경계표 설정.

balizar *v.t.* 표지를 하다. 표지물을 꽂아 세우다. 경계표를 설치하다. 한계(限界)를 짓다.

balneação *f.* (주로 온천이나 바다의) 목욕.

balnear (1) *a.* 목욕의. 목욕에 관한. 탕치(湯治)의. 목욕장의.
— (2) *v.i.* 목욕하다. 멱감다.
— *v.t.* 목욕시키다.

balneário *m.* ①목욕탕. 목욕장. 온천장. 해수욕장. ②목욕하기.

balneatório *a.* 목욕의. 온천욕의. 해수욕의. 목욕에 관한. 탕치(湯治)의.

balneável *a.* 목욕할 수 있는. 목욕해도 괜찮은.

balneoterapia *f.* 해수욕 요법(療法).

balneoterápico *a.* 해수욕 요법의.

balofice *a.* ①부풀음. 푸석푸석함. 부어오른 상태. ②기운 없는 비만체(肥滿體). ③외관(外觀)만 좋고 내용은 보잘 것 없는 것.

balofo *a.* ①부풀은. 푸석푸석한. 살만 뚱뚱찐. ②보기에는 훌륭하나 질적으로는 나쁜. 기만적인. ③유명무실한. ④기운 없는. 연약한. 축 늘어진.

balote *m.* ①작은 공. 작은 볼. ②총알. 소총탄.
— *m.* 솜(棉花) 넣는 부대(주머니). 묶음.

balouçador *a.* 흔드는. 진동하는.

balouçamento *m.* 흔들기. 진동. 동요.

balouçar *v.t.* 좌우로 흔들다. 흔들어 움직이다.

balouço *m.* ①흔들기. 좌우동(左右動) 상하동(上下動). 진동. 동요. ②널뛰기. 그네.

balsa (1) *f.* 관목(灌木). 수풀. 덤불. (특히) 가시나무숲. 담장의 가지.
— (2) *f.* (강을 건너기 위하여 대 또는 나무를 엮어 만든 임시적인) 뗏목. 조난선 구조용의 뗏목.
(注意) 同音異義語의 *balça* : 덤불. 가시덤불. 산울타리.

balsamaria *f.* [植] 발삼(나무).

balsaméa, balsameia *f.* ①발삼나무에서 째낸 향액(香液). ②발삼나무.

balsameiro *m.* [植] 발삼나무.

balsâmico *a.* ①발삼의. 발삼질의. ②향유 같은. 방향(芳香)있는. 향고질(香膏質)의.

balsamina *f.* [植] 봉숭아.

balsamíneas *f.(pl.)* 봉숭아과(科).

balsamizar *v.t.* ①향기롭게 하다. 향료를 넣다(바르다). ②유효하다. 위문하다.

bálsamo *m.* 발삼 향유. 향고(香膏). 식물성 향지(香脂). 방향진통제. 위안물.

balseiro *m.* ①나룻배 업자. 나룻배 사공. ②뗏목을 젓는 사람 : 뗏목을 만드는 사람.

balteo *m.* 성직자가 쓰는 띠(帶).

baltico *a.* 발틱(발트해를 에워싸고 있는 여러 나라)의.

baluarte *m.* [築城] 능보(棱堡). 성채(城砦). 보루(堡壘). 방어물. 《俗》안전한 곳.

bamba *a.* ①싸움 좋아하는. 싸움(시비)을 잘 거는. 성질이 난폭한. ②시끄러운. ③숙달한. 정통한.
— *m.* ①명인(名人). 명수(名手). 달인. 노련가. ②흑노(黑奴)의 춤. ③트럼프 놀이의 일종. ④(당구에서) 뜻밖에 얻은 점수(득점). ⑤혼란.

bambaleadura *f.* 비틀거리기. 갈지자로 걷기.

bambaleante *a.* 비틀거리는. 흔들며 걷는.

bambalear *v.i.*, *v.t.* 비틀거리다. 갈지자로 걷다(걸어가게 하다). 좌우로 흔들다.

bambalhão *a.* 아주 굼뜬. 힘없는. 무기력한. 느슨한.

bambalhona *f.* (행실 또는 옷차림이) 단정치 못한 여자. 무기력한 여자.

bambê *m.* 경지와 경지를 경계짓는 숲. 경지간(耕地間)의 수림(樹林).

bambear *v.t.* (끈·밧줄 따위를) 늦추다. 느슨하게 하다.
— *v.i.* ①느슨하다. ②긴장이 풀리다. ③게으름피우다. ④동작이 뜨다. 활발치 못하다. 약해지다.

bambeza *f.* 느슨함. 이완(弛緩). 긴장이 풀림. 기운 없음. 무기력.

bambo *a.* 느슨한. 늦춘. 헐거운. 축 늘어진. 나른한. 기운 없는. 맥풀린.

bambocha, bambochata *f.* ①법썩 떠들어 댐. ②술잔치. 통음(痛飮). ③포음포식하며 떠들어대는 장면(술잔치 따위)을 그린 그림.

bambolê *m.* 훌라훌라춤.

bamboleadura *f.* 비틀거리기. 갈지자로 걷기.

bamboleante *a.* 비틀거리는. 흔드는.

bambolear *v.i.*, *v.t.* = *bombalear*.

bamboleio *m.* 비틀거리기. 이기적이기적하기. 좌우로 흔들기.

bambu *m.* 대(竹). 대나무. 죽재(竹材).

bambuada, bambucada *f.* 대(나무)로 때리기.

bambual *m.* 대나무밭(숲). 죽림(竹林).

bambueira *f.* [植] ①대. ②죽순(竹筍).

bamburral *m.* ①습지에 목초(牧草)가 무성한 곳. 목초 많은 저습지. ②방향(芳香) 식물의 일종.

bamburrice *f.* 뜻하지 않은 득점(得點) 또는 이득. 요행. 다행.

bambúrrio *m.* [撞球] 생각치 않은 득점(이득). 우연(성). 우발사(偶發事). 기회.

bamburrista *m.* [撞球] 우연한 득점을 기대하는 사람. 행운아.

bamburro *m.* = *bambúrrio*.

bambusa *f.* [植] 대속(竹屬).

bambuzal *m.* 대나무 밭. 죽림(竹林). 죽총(竹叢).

banal *a.* ①평범한. 흔이 있는. 통속적인. ②케케묵은. 진부한. ③쓸 데 없는.

banalidade *f.* ①평범함. 범용(凡庸). 통속적임. ②진부.

banalizar *v.t.* 평범하게 하다. 통속적으로 하다.

banalmente *adv.* 평범하게. 통속적으로.

banana *f.* ①바나나(열매). 파초(芭蕉). ②《比喩》무관심한 사람. 개의하지 않는 사람. 기운 없는 사람. 맥풀린 자. ③멍청이. 바보.
banana-maçã 맛쌍바나나(바나나의 일종).
banana-ouro 금바나나.

bananada *f.* 바나나 마아말레이드. 바나나 잼.

bananal *m.* 바나나 밭. 파초원(芭蕉園).

bananeira *f.* [植] 바나나(식물). 바나나 나무.
bananeiral *m.* =*bananal*.
bananeiro *m.* 바나나 장수.
bananista *a.* 바나나 재배(자)의.
— *m.*, *f.* 바나나 재배자.
bananvoro *a.* 바나나를 먹는(먹고 사는).
bananose *f.* 바나나 가루.
banca *f.* 상(床). 책상. 변호사 사무실. 변호사의 직분. (가로의) 노점대(臺). 일종의 도박(노름).
banca de jornal (가로의) 신문매점.
banca examinadora 심사과(課).
bancada *f.* 의자(椅子)의 열. 줄지어 있는 의자(벤치)에 앉은 사람들. 열석자. 대표단(代表團).
bancal *m.* ①의자에 씌우는 천. ②식탁보 밑에 까는 천. ③[鑛] 수성암(水成岩).
bancar *v.t.*, *v.i.* ①둑을 쌓다. 제방으로 둘러싸다. ②(투전판의) 물주가 되다. 도박하다.
bancaria *f.* 많은 의자(걸상). 많은 벤치.
bancário *a.* 은행의. 은행업의. 은행사무의. 금융(상)의. 재정(상)의.
casa bancária 은행.
— *m.* 은행원. 은행사무원. (은행의) 금전출납계.
bancarrota *f.* 결단. 파산. 파탄(破綻). 지불 능력이 없는 상태. 지불 정지. 실패.
fazer bancarrota 파산하다.
bancarroteiro *a.* 파산의.
— *m.* 파산자.
banco (1) *m.* 걸상. 긴 걸상. 의자. 벤치. 진열대.
banco dos réus 피고석(被告席).
— (2) *m.* ①형(型). 틀. 꼴. ②대장간에서 쓰는 작업대(臺).
— (3) *m.* 은행.
banco agricola 농업은행.
banco de depósito 신탁회사(은행).
banco por ações 주식은행.
banco de sangue 혈액은행.
— (4) *m.* 둑. 제방. 모래톱. 모래섬. 강(물)가. (石床) 석상(石床).
banco de areia 모래섬. 강가의 모래둑.
banco de gélo 얼음산. 빙산(氷山).
banco de rocha 암초(暗礁).
banco de coral 산호초(礁).
banco do rio 강반(江畔). 강가.

bancocracia *f.* 은행세력. 은행만능(萬能). 은행전횡(專橫).
banda (1) *f.* 옆. 옆구리. 측. 측면. 방면.
— (2) *f.* ①띠. 끈. 혁대. ②목도리. 리본. 스카프. ③어깨끈. [軍] 견대(肩帶). ④(훈장의) 수(綬).
— (3) *f.* 대(隊). 떼. 무리. 도당. 군집. 악대(樂隊).
bandada *f.* (鳥類의) 큰 떼.
em bandada 또는 *ás oandadas* 떼를 지어.
bandagrem *f.* ①끈으로 동여매기. 띠를 두르기. 붕대를 감기. ②동여매는 끈. 띠. 붕대(繃帶).
banda-desenhada *f.* 만화(漫畫).
bandalheira, bandalhice *f.* 파렴치한 행동. 추행.
bandalho *m.* ①누더기. 남루(襤褸). 남루한 옷. ②누더기를 걸친 사람. 불량배. 파렴치한(漢).
bandar *v.t.* ①끈으로 동여매다. 띠를 두르다. ②붕대를 감다. ③줄기무늬를 놓다.
bandarilha *f.* (투우를 찌르는) 창에 달린 리본 또는 물들인 길다란 종이.
bandarilhar *v.t.* 리본 달린 창(또는 물들인 길다란 종이가 달린 창)으로 투우(鬪牛)를 찌르다.
bandarilheiro *m.* 창으로 투우를 찌르는 사람(투우사).
bandarra *m.* 게으름뱅이. 빈둥거리는 사람. 놈팽이. 부랑자.
bandarrear *v.i.* 게으르다. 빈둥거리다. 하는 일 없이 세월 보내다.
bandear (1) *v.t.* 모집하다. 모으다. 떼를 짓다. 대(隊)를 조직하다.
—se *v.pr.* ①떼가 되다(형성되다). ②(…의) 무리에 가입하다. ③ 정당에 들다.
— (2) *v.i.* (한쪽으로) 기울다. 기울어지다.
— (3) *v.i.*, *v.t.* (몸을) 좌우로 흔들다. 흔들게 하다.
—se *v.pr.* 변절하다. 변심하다.
bandeira *f.* ①기(旗). 기치(旗幟). 국기. 군기. ②16세기부터 18세기에 걸쳐 브라질의 내륙지방을 탐사해 들어간 무장탐험대. ③부채꼴의 창(窓). (창문·출입문 등의 위에 있는 광창(光窓)).
bandeira de janela 부채꼴의 창. 회전창(回轉窓).

bandeira de milho 옥수수의 술(穗) (꼭대기의 것).

hastear a bandeira 기를 달다(띄우다). 세우다.

bandeirante *m.* 반데이말 탐험대원. (브라질의) 내륙지방을 개척해 들어간 무장선구자(先驅者).

bandeireiro *m.* 기를 만드는 사람 또는 파는 사람.

bandeirinha (1) *f.* 작은 기(깃발).
— (2) *m.* [體育] (특히 축구의) 선심판자(線審判者).
— (3) *f.* 《比喩》 변절자. 배신자. 변심한 인간.

bandeiro *a.* ①마음이 잘 변하는. 변덕스러운. ②인위적인. 부자연한. ③치우친. 비꼬인. 편견을 품은.

bandeirola *f.* ①작은 기(小旗). ②장기(葬旗). ③(근무함勤務艦)에 다는) 장기(長旗). ④바람에 흔들리기. ⑤펄럭거리는 장식물.

bandeja *f.* 쟁반. 춤이 얕은 그릇. (낱알 · 겨 따위를 바람으로 키내림하는) 큰 부채. 쟁반꼴의 체. [軍] (사병 · 군인 등의) 밥통(도시락).

bandejão *m.* 큰 쟁반.

bandejar *v.t.* 큰 쟁반 같은 체(또는 키)로 키질하다. 체내림하다. 체내림으로 낱알(겨 따위)을 골라내다.

bandejete *m.* 작은 쟁반.

bandidismo *m.* =*banditismo*.

bandido *m.* 도적. 비적. 악당. 악한.

banditismo *m.* ①비적(도적) 행위. ②비적단.

bando *m.* ①(사람의) 떼. 대(隊). 악대(樂隊). 조. 일행. 도당. 악도의 무리. ②흥행단. 광고대(廣告隊).

bandoia *f.* 총알 꽂는 띠(彈藥帶). 어깨에 걸치는 탄대(彈帶).

bandoleira *f.* [軍] 병사(兵士)의 어깨에 걸치는 띠. 견대(肩帶).

bandoleiro *m.* (옛날의) 노상강도. 도적. 비적. 악한. 무뢰한. 《俗》 사기꾼. 협잡꾼.

bandolim *m.* [樂器] 만돌린.

bandolinista *m.* 만돌린 · 탄주자(彈奏者).

bandonion *m.* 일종의 풍금(風琴).

bandulho *m.* [卑] 배. 복부(腹部). 장부(臟腑). 창자. 내장.

bandurra *f.* 만돌린과 비슷하고 4 또는 6의 현(絃)이 있는 옛날 악기.

bandurrear *v.i.* ①*bandurra*를 타다. ②나태한 생활을 하다.

bangalô *m.* 방갈로(베란다가 달린 단층집).

banguela *m.*, *f.* ①치아(齒牙)가 빠진 사람. ②음성이 새는 소리로 말하는 사람.

bangula *m.* ①고기 잡는 쪽배. 어주(漁舟). 어선. ②(앙골라산의) 탁목조(啄木鳥).

bangular *v.t.* 떠다니다. 유랑하다.

banha *f.* 돼지의 지방(脂肪). 곰의 지방. 향지(香脂).

banhado *a.* (물에) 젖은. (큰비 맞듯이) 흠뻑 젖은. 물 많은.
— *m.* 못. 늪. 습지. 소택지(沼澤地). 연못.

banhar *v.t.* 목욕시키다. 멱감기다. 물에 적시다. 물을 끼얹다. 한번 칠(초벌칠)한 위에 두벌 칠(덧칠)하다. 파도가(해변을) 씻다. (파도가 해안에 밀려오는 것을 번복하는 뜻).
—*se v.pr.* 목욕하다. 몸을 적시다. 물에 젖다.

banheira *f.* ①목욕통. ②목욕탕의 여주인.

banheiro *m.* ①목욕실 있는 변소. ②목욕탕의 남자 주인.

banhista *m.*, *f.* 목욕하는 손님.

banho *m.* ①역. 목욕. ②목욕탕. 목욕실. 목욕장. ③(영국의) 바스 훈장(勳章)
—s (*pl.*) 해수욕장. 온천장(溫泉場). [宗] (교회에 있어서의) 결혼예고. 결혼고시(告示).

banho de chuva 조수욕(潮水浴)

banho de areia 모래욕(沙浴)

banho de mar 해수욕

banho do sol 일광욕

banho de assento 요탕(腰湯). 좌욕(坐浴).

banho-maria 이중 기관(汽罐)

banhos de casamento 결혼예고.

Tomo banho frio tôdas manhãs. 나는 매일 아침 찬물에 목욕한다.

banido *a.* 귀양간(추방 당한) 사람. 망명객.
— *m.* 귀양간(추방 당한) 사람. 망명객. 공권상실자(公權喪失者).

banimento *m.* ①귀양. 유형. ②추방. 구축. 배척. 배제.

banir *v.t.* 귀양 보내다. 추방하다. 다른 지방 또는 나라에 쫓아 보내다. 멀리하다. 제거하다. 제명하다.

banível *a.* 귀양보낼만한(보내야 할) 추방해

banja *f.* (도박의) 사기. 협잡.
banjista *m.* (도박에서) 사기하는 놈. 숙달한 투전군.
banjo *m.* [樂器] 밴쵸오(둥근 가죽의 공명통(共鳴桶)이 있는 현악기).
banjoista *m.* 밴쵸오를 타는(켜는) 사람.
banqueiro *m.* ①은행가. 은행업자. 물주. ②트럼프 또는 화투놀이 할 때 장수를 나눠주며 시작하는 이. ③(도박장의) 도박대(賭博臺). ④(인부·노름꾼 등의) 감독.
banqueta *f.* ①작은 벤치(긴 의자). 발판. [軍] 참호 내부의 사격용 발판. ②[宗] 제단(祭壇) 위의 촛대(燭臺)를 열지어 놓는 곳.
banquete *m.* 잔치. 연회. 향연(饗宴). 주연.
banqueteado *a.*, *m.* 잔치에 초대 받는 (사람). 연회에 참가한 (사람).
banqueteador *a.*, *m.* 잔치를 베푸는 (사람). 연회(향연)을 차리는 (사람). 주연 차려 대접하는 (이).
banquetear *v.t.* 잔치를 베풀다. 피로연을 열다. 잔치대접을 하다. 연회를 차리다.
―se *v.pr.* 잔치대접을 받다. (손님으로서) 연회에 참석하다. 좋은 음식을 먹다.
banquinho *m.* (*banco* (1)의 지소사(指小辭)). 작은 벤취. (신발을 신을 때) 발올려놓는 대.
banquisa, banquise *f.* (물 위에) 떠다니는 얼음덩이. 빙괴(氷塊). 빙산(氷山).
banza *f.* 작은 기타(樂器).
banzado *a.* 놀란. 깜짝 놀란.
banzar *v.t.* 놀라게 하다
― *v.i.* 놀라다. 깜짝 놀라다. 가슴이 서늘해지다.
banzé *m.* 《俗》 떠들썩하기. 훤소. 소란. 문란.
banzear *v.t.* 떠들썩하다. 소란을 일으키다. 흔들다.
banzeiro *a.* 약간 거칠은. (바다에) 약간 파도가 이는.
banzo *m.* 해외에 있는 흑인의 심한 망향(望鄕). 향수(鄕愁). 회향병(懷鄕病).
― *a.* 향수에 잠긴. 몹시 서러운.
baobá *m.* [植] (아프리카산의) 베오바브 나무. 그 열매.
bapeira *f.* [植] 바베이라(브라질산 교목(喬木)으로 건축재료로 쓰임).
baquara *a.* 빈틈 없는.

baque (1) *m.* ①물체가 떨어졌을 때의 소리 (쾅! 쿵!하는 따위). ②추락. (정신적) 충동. 충격. ③불안. 몰락. 파멸. 예측하지 않은 재난.
― (2) *m.* 순간. 순식간. 찰나(刹那).
baquear *v.t.* 떨어뜨리다. 추락시키다. 넘어뜨리다.
― *v.i.* 떨어지다. 낙하하다. 넘어지다. 구르다시피 뛰어내리다.
―se *v.pr.* 넘어져 엎드리다.
baquelita *f.* (발명자 *Bakeland*의 이름에서 유래) 베이크라이트(合成樹脂).
baquêta *f.* 북채.
baquetear *v.t.* 북채로 (북을) 두드리다.
báquico *a.* 바카스 주신(酒神)의. 술이 몹시 취한.
baquité *m.* (등에 짊어지는) 큰 바구니. 큰 채롱.
bar *m.* 술집. 선술집. 주막. 빠(브라질에서는 흔히 거리의 커피집을 가리킴).
barabú *m.* [植] 바라부우(나무는 건축용에 쓰임).
baracejo *m.* 화본과(禾本科)식물 (바구니·새끼줄 따위 만드는 데 좋음).
baraço *m.* 끈. 노끈. 줄. 밧줄. 새끼. 가는 덩굴. 마른 덩굴 줄. 목을 졸라매는 밧줄.
barafunda *f.* 뒤범벅(한 물건). 무질서. 혼란. 혼잡. 소동. 소란. 동란.
barafustar *v.i.* ①뛰어 돌아다니다. 동분서주하다. ②애쓰다. 노력하다. ③토론하다. 싸우다. ④발악하다.
barajuba *f.* [植] 바라쥬바(아마존산의 나무).
barahuma *f.* [植] 바라우마(콩과의 거목(巨木)).
baralha *f.* 《古》 ①카드(트럼프)의 한 벌. ②분배한 후에 남은 카드(또는 화투장). ③소란. 뒤얽히기. 불화(不和).
jogar com toda a baralha 모든 수단을 다 쓰다.
baralhadamente *adv.* 혼란하여. 난잡하게.
baralhador *a.*, *m.* 트럼프(화투장)를 뒤섞는 (사람). 혼란하게 하는 (이).
baralhar *v.t.* ①트럼프(화투장 등)를 뒤섞다. 마구 섞다. ②질서를 흩으리다. 혼란하게하다. 교란하다.
―se *v.pr.* 뒤섞여지다. 혼란해지다. 혼돈되다.
baralho *m.* 카드(또는 화투)의 한 벌.
barão *m.* 남작(男爵).

bararura *f.* 브라질의 물고기.
barata *f.* [蟲] 진딧물. 바퀴.
baratamente *adv.* 값싸게. 염가로. 눅게.
baratar *v.t.* ①값싸게 하다. 값을 내리다. ②허비하다. 낭비하다. ③《古》교환하다. 교역하다.
— *se v.pr.* 스스로 인격을 낮추다. 스스로 비굴해지다.
barateamento *m.* 값싸게 하기(팔기). 값을 내리기.
baratear *v.t.* 값을 내리다(깎다). 에누리하다.
barateio *m.* ①싼값. 염가(廉價). 내린 값(減價). ②싸게 팔기. 염매(廉賣).
barateira *f.* 진딧물(바퀴) 잡는 것(그릇).
barateiro *a.*, *m.* ①값싸게 파는 (사람). 헐값으로 파는 (사람). 값을 깎는 (사람). 에누리하는 (사람).
barateza *f.* 값이 쌈. 염가. 내린 값.
baratinho *a.* (*barato*의 지소사(指小辭)). 꽤 값이 싼.
barato *a.* (값이) 싼. 염가의. 할인한. 싸구려의. 변변치 못한.
preço barato 싼 값.
— *m.* ①싼 것. ②도박장에서 돈 딴 사람이 도박집 주인에게 집어주는 돈.
O barato sai caro. 값 싼 것이 결국에는 더 비싸게 먹게 된다.
— *adv.* ①값싸게. 싼 값으로 염가로. ②쉽게. 용이하게.
pôr a barato 값싸게 팔다. (내놓다).
baratro *m.* 깊은 곳. 깊은 바다. 《俗》심연(深淵). 나락.
barauna *f.* [植] 바라우나(콩과의 나무로 건축재료로 쓰임.
barba *f.* 턱수염. 동물의 주둥이 부근에 난 털(수염). [植] 가시랭이(芒).
barba de baleia 고래수염.
barba a barba 얼굴을 맞대고.
fazer a barba 수염을 깎다. 면도하다.
barbacã *f.* ①[築城] 외보(外堡). 부벽(副壁). 부루(副壘). ②(부벽의) 총안(銃眼). ③망루. 성문탑.
barbaçana, barbaças, barbacena *m.* ①긴 수염 있는 사람. ②원로(元老). 장로.
barba-azul *m.* ①푸른 수염. ②잔인한 남편.
barbacan *f.* = *barbacã*.
barbaçudo *a.* 수염 많은. 털보의.
barbada (1) *f.* 《俗》 아주 쉬운 일. 쉽게 이기기.
— (2) 말(馬)의 아래턱.
barbadáo *a.* 긴 수염(큰 수염)의. 긴 수염 있는.
— *m.* 긴 수염 있는 사람.
barbadinho *a.* *barbado*의 지소사(指小辭)
— *m.* 프란시스코 파(派)의 탁발승(托鉢僧)의 (긴 수염 있는 데서 유래됨).
barbado *a.* 수염 있는. 수염 많은. [植] 가시랭이 있는.
barbalho *m.* [植] 수염뿌리. (나무뿌리에 돋은) 가느다란 뿌리.
barbalhoste *m.* 수염이 약간 있는. 쓸모 없는.
barbante *m.* ①꼰실. 꼰노끈. ②(마닐라) 삼실. 삼끈. ③종이실.
barbar *v.i.* 수염이 나오다(나오기 시작하다). [植] 수염뿌리가 나오다.
barbaramente *adv.* 야만적으로. 잔인하게. 극악무도하게.
barbaria *f.* 야만. 비문명. 잔인. 맹악(猛惡). 야만인의 무리.
barbárico *a.* 야만의. 야만적인. 야만 같은.
barbaridade *f.* 야만성. 야만적 행동. 잔인성. 잔인한 행동. 맹악. 조리에 안 맞는 것. 허무한 일.
barbárie *f.* 야만(적)임. 미개상태. 잔인하기.
barbarismo *m.* 야만. 잔인. 미개. 몽매. 만행. 횡포. 야비한 행동(말씨·글월) (잇귀의) 야비성. [文] 외국어의 자국어화. 어법에 어긋난 표현.
barbarizar *v.t.*, *v.i.* (국민 따위) 야만화하다. 야만적 풍습을 택하다. 잔인하게 하다(되다). 문체가(문제를) 불순화하다. 외국어를 자기 나라말 식으로(어법에 어긋나게) 말하다. 상스러운 말을 하다.
bárbaro *a.* 야만의. 야만적인. 미개한. 비문명적인. 잔인한. 교양 없는. 언어표현(어법)이 틀린. 상스러운 야비한.
— *m.* 야만인. 미개인. 잔인한 놈. 횡포한 인간. (그리스·로마인이 본) 외국인. 비기독교인.
barbarrão *m.* 수염 많은 사람.
barbatana *f.* (물고기의) 지느러미. 고래수염.
barbatana caudal 물고기의 꼬리(魚尾).
barbeação *f.* 수염을 깎기. 면도하기.
barbeado *a.* 수염을 깎은. 면도한.
barbeadura *f.* = *barbeação*.
barbear *v.t.* (+*a*). 수염을 깎다. 면도하다.
— *se v.pr.* 자기의 수염을 깎다. 면도하다.

barbearia *f.* ①이발소. ②이발사의 직업.
barbechar *v.t.* 휴경지(休耕地)를 경작하다.
barbeiro *m.* ①이발사. ②자동차를 난폭하게 모는 사람.
barbeirola *m.* 서투른 이발사.
barbela *f.* ①(말의) 재갈. 고삐. ②재갈 사슬쇠. ③(소목 아래에 있는) 후대(喉袋). ④소 목구멍 아래에 있는 혹 같은 근육.
barbeita *f. barbete.*
— *m.* [築城] (성 안의) 포좌(砲座). (군함의) 고정포탑(砲塔).
barbicacho *f.* ①말굴레. 고삐. ②구속. 구속하는 물건. ③방해(물). 장애(물).
barbicha *f.* 작은 수염. 적은 수염.
barbifero *a.* 수염이 있는.
barbiforme *a.* 수염 같은. 수염 모양의. [植] 가시랭이꼴을 한.
barbilho *m.* ①(개・고양이의) 입. 코 부분. (동물의) 콧등 부분. ②장애(물). 방해(물) 고장. ③솜찌끼. 실찌끼.
barbilimpo *a.* 수염이 거의 없는(적은).
barbilongo *a.* 수염이 긴. 긴 수염의. 장수(長鬚)의.
barbinegro *a.* 검은 수염의. 수염이 검은.
barbinos *m.* (브라질산) 기생(寄生)식물.
barbipoente, barbiponente *a.* 수염이 나기 시작하는.
barbirosto (=*barbtrrosto*) *a.* [動] 주둥이에 털이 있는.
barbirruivo *a.* [動・鳥] 붉은 수염이 있는. 붉은 깃털(羽毛)이 있는.
barbiteso *a.* ①뻣뻣한. 강직(强直)한. ②억센. 굳센. 강경(强硬)한. 대담한.
barbito *m.* (옛 그리스의) 구현견금(九絃堅琴).
barbo *m.* [魚] 촉수(觸鬚)가 있는 잉어과(鯉科)의 민물고기.
barboneo *a.* 작은(짧은) 수염이 있는.
barbudo *a.* 수염이 많은. 수염으로 덮인. 털보의. [植] 보드러운 털(솜털)이 많은.
— *m.* 수염 많은 사람. 털보.
barbuzano *m.* [植] *pau ferro*의 별명.
barca *f.* 나룻배. 거룻배. 작은 연락선. 도선(渡船). 너벅선.
barcaça *f.* 큰 나룻배. 큰 거룻배. 바닥이 평평한 짐배. 유람용 노릇배.
barcada *f.* 배에 실은 짐. 한 배 가득한 짐. (一船分의) 화물량.
barcagem *f.* ①수상수송계약(水上輸送契約). ②뱃삯. 화물운반비. ③배에 실은 화물.
barcarola *f.* (*gondola*의) 뱃노래. 뱃노래곡.
barco *m.* 배. 배의 총칭. 지붕 없는 작은 배. 보트. 돛대배.
barco de vela 돛배(帆船).
barco salva-vidas 구명정(救命艇).
barco a remo 노젓는 배.
arco costeiro 연안항해선.
barco pesca 작은 어선.
barda *f.* ①울타리. 담. 돌담. 벽돌담. 판자 울타리. 흑벽. ②쌓여 있는 것. 퇴적(推積). 누적(累積). ③다량(多量).
em barda 대량으로.
bardana *f.* [植] 우엉.
bardar *v.t.* 울타리를 만들다(두르다). 담을 쌓다. 흑벽을 만들다. 판자로 에워막다.
bardico *a.* 시인의. 탄창(彈唱). 시인적(的).
bardo (1) *m.* ①울타리(특히 대나무・가시나무 등으로 만든). ②양우리.
— (2) *m.* 켈트족의 탄창시인(彈唱詩人). 서정시인.
— (3) *m.* 우둔한 녀석. 바보.
barga *f.* 초가집. 모옥.
bargana *f.* 물물교환. 교역품(交易品). 상거래. 흥정. 매매계약. 부정거래. 사기적 장사.
barganhar *v.t., v.i.* 물물교환하다. 교역하다. 부정거래를 하다. (매매를) 약정하다.
barganhista *m.f.* 물물교환 하는 자. 교역자. 흥정(거래)하는 이. 간상배(奸商輩). 사기적 상인.
bargantaria *f.* 방랑생활. 방종. 나쁜 일. 나쁜 장난. 나쁜 행실.
bargante *m.* 방종한 놈. 게으름뱅이. 부량배. 방탕한 자. 나쁜 놈. 악인. 무뢰한.
bargantear *v.i., v.t.* 방탕(방랑)한 생활을 하다. 나태한 세월을 보내다. 방종하다.
barifonia *f.* 발음곤란(發音困難). 목쉰 소리. [醫] 애성(嗄聲).
barilha *f.* [海藻] 가시솔나무(명아주과).
barilito *m.* [痛] 중정석(重晶石).
barinel *m.* 옛날 지중해에서 쓰던 돛배(帆船).
bário *m.* [化] 바리움(金屬元素).
barito *m.* [化] 중토(重土: 산화바륨).
barítono *m.* [樂器] 바리톤 연주자.
barlaventeador *a.* (배가) 바람에 거슬러 가는. 바람을 안고 가는.

barlaventear v.t. (배가) 바람에 거슬러 가다. 향풍항행(向風航行)하다.

barlavento m. 바람이 불어오는 쪽. 바람웃녘. [樂] 바람 불어오는 쪽의 뱃전.

barnardia f. [植] 백합과(百合科)의 초본(草本).

baroca m. 《古》 = baronato.

baroca a. ①[建] 바로크식의. ②(미술공예품 따위) 괴상한. 기괴한. 이색적(異色的)인.

barógrafo m. 자동기록기압계(自動記錄氣壓計). [空] 자동기록 고도계(高度計).

barologia f. 중력학(重力學).

baroiógico a. 중력학의(에 관한)

barométrico a. 기압상의. 청우계의.

barômetro m. 기압계. 청우계(晴雨計). 고도계.

barometrografia f. 기압계지(誌).

baronato m. ①남작의 지위. ②유작자(有爵者) 명부. ③(集合的) 남작들.

baronesa f. 남작부인(男爵婦人). 여남작(女男爵).

baronete m. 준(准)남작.

baronia f. 남작의 영지(領地). 남작의 지위(칭호).

baronial a. 남작의. 남작영지의.

barosanemo m. 풍력계(風力計).

baroscópio m. 기상계(氣象計).

barqueira f. 여뱃사공. 보트 젓는 여기.

barqueiro m. 뱃사공. 보트 젓는 사람. 나룻배 업자.

barquejar v.i. 배를 젓다. 저어가다. 배를 조종하다.

barqueta f. 작은 배(barca의 지소사).

barquete m. 작은 배(barco의 지소사).

barquilha f. (배의 속력을 재는) 측정기(測程器).

barquinha f. ①작은 배. 작은 보트. [空] 기구(氣球)에 달려 있는 보트(吊籠).

barra f. ①관문. 관소(關所). 성문. 항구의 입구. ②주괴(鑄塊) (특히 금의 덩어리). ③쇠 또는 나무로 만든 침대. ④쇠지레. 운동간(運動桿). ⑤(부인복 스커트의) 주름장식. 치맛단.

barra de ouro 금덩어리. 금괴.

barra de ginástica 운동간(運動桿). 가름대.

barra de direção (배의) 키잡이.

barra de vestido (스커트의) 주름장식.

de barra a barra 한쪽 끝에서 다른 끝까지.

barraca f. ①바라크. 판자집. 천막집. (길가의) 작은 가게. 노점. ②막사(幕舍). 초가집. 허수룩한 집. 마초 넣는 헛간. ③[軍] 병사(兵舍).

barracão m. 큰 바라크. (건축재료 따위를 보관하는) 큰 헛간.

barrachel m. 옛날 헌병관(憲兵官).

barraco m. (통나무로 만든) 오두막집. 오두막.

barrado (1) a. (스커트에) 주름장식을 한.
— (2) a. ①진흙이 묻은. 흙투성이 된. ②속아 넘어간. 잘못 생각한. 실패한.

barradura f. 흙(진흙)으로 틀어막기. 흙을 바르기.

barragem f. ①[土木] 둑. 제방공사. ②물고기를 잡기 위하여 강 또는 바다의 일정한 구역을 메워 막은 것. [軍] 탄막(彈幕) (전진한 보병을 엄호하기 위한).

barral m. 진흙이 많은 땅. 진흙 채취장(採取場). 점토갱(粘土坑).

barranco m. ①홍수로 생긴 웅덩이. ②골짜기. 계곡. 협곡. 산협(山峽). ③벼락. 절벽. 낭떠러지. ④위험. 장애. 곤란.

barrancoso a. (홍수로 생긴) 웅덩이가 많은. 골짜기(계곡·협곡 따위)가 많은. 결함(장애·위험)이 많은.

barraqueiro m. 바락(판잣집) 소유자. 노점주인.

barraquim f. = barraquinha.
— m. 작은 바라크. 작은 판잣집.

barrar (1) v.t. ①(금은 따위를) 덩어리로 만들다. 금을 길게(延棒으로) 만들다. ②쇠지레 따위로 찌르다. 꿰뚫다.
— (2) v.t. (부인복·스커트 따위에) 주름 장식을 달다.
— (3) v.t. 흙(진흙)을 바르다. 흙칠하다. 흙으로 틀어막다.

barraza f. 《古》 맹수(猛獸)를 꾀어잡는 덫.

barrear v.t. = barrar.

barregã f. 《古》 내통하는 여자. 정부(情婦). 첩.

barregão m. 내통(사통)하는 사람. 정부(情夫).

barregar v.i. 몹시 외치다. 크게 포효(咆哮)하다.

barregueiro m. = barregão.

barreira (1) *f.* ①울타리. 방책(防柵). ②성벽. 장벽. ③관문. 관소. ④방해. 장애.
— (2) *f.* 흙. 땅. 점토질(粘土質)의 토지. 진흙 파내는 곳. 점토갱(粘土坑).

barreiro *m.* ①진흙 많은 땅. ②질소(窒素) 많은 습지.

barrejamento *m.* 《古》침입. 침략. 입구(入寇).

barrejar *v.t.* 《古》(다른 나라에) 침입하다. 침략하다.

barrela *f.* 잿물. 세탁용 알칼리액. 소오다.

barrento *a.* 진흙이 있는. 진흙이 많은. 점토질의. 진흙이 섞인.

barreta *f. barra*의 지소사(指小辭). ①작은 관문. 작은 관소. ②작은 지렛대.

barretada *f.* 모자를 벗고 하는 인사. 탈모의 예(禮).

barrete *m.* ①테가 없는 모자. 중의 모자(僧帽). ②보초위(保草胃 : 반추(反芻) 동물의 제2위부(胃腑)).

barreteiro *m.* 테가 없는 모자를 만드는 사람.

barretina *f.* 군모(軍帽)의 일종.

barrica *f.* 통. 나무통.

barricada *f.* 방책(防柵). 방채(防寨). 바리케이트. 장애물.

barricar *v.t.* 방채(바리케이트)를 쌓다. 바리케이트로 길을 막다(차단하다). (건물 주변에) 장애물을 설치하다.

barriga *f.* ①배. 복부(腹部). 아랫배. ②불룩 나온 것. 불룩한 부분. 융기(隆起). ③(다리의) 장딴지.
bariga de perna 장딴지.
dor de barriga 배아픔. 복통.
fazer barriga 부풀게 하다. (배처럼) 불룩 나오게 하다.

barrigada *f.* (배가) 불룩 나옴. 배가 가득 참. 만복.

barrigal *a.* 배의. 배에 관한. 복부의.

barrigão *m.* 《俗》큰 배. 편복(便腹).

barriguda *f.* 배가 불룩함. 불룩 나온 배. 배가 불룩한 여자. 《卑》임신부.

barrigudo *a.* 배가 큰. 배가 불룩 나온. 편복의.
— *m.* ①배가 불룩 나온 사람. ②원숭이의 일종.

barrigueira *f. barrigueiro*.
— *m.* 안장띠. (말의) 배에 대는 띠.

barril *m.* 아래 위가 좁고 가운데가 불룩 나온 통. 생맥주통. 술통. 나무통. 참대통.

barrilada *f.* 나무통 하나 가득한 분량. 《卑》나쁜 장난. 혼란. 떠들썩하기.

barrileta *f. = barrilete*.
— *m.* ①작은 통. ②[解] 이실(耳室). ③판자(板子)를 끼는 일종의 집게.

barro *m.* ①진흙. 점토(粘土). 도토(陶土). ②가치 없는 물건.

barroco *a.* [建] 바로크식의.
— *m.* ①표면이 울퉁불퉁한 물건. 만지기에 껄끄러운 것. 울퉁불퉁한 지면(地面). 패어 들어간 땅. ②생긴 그대로의 물건. 미완성품. 닦지 않은 진주(珍珠).

barroso *a.* 진흙의. 진흙이 많은. 진흙 투성이의. 점토질(粘土質)의. 부스럼 투성이의. 여드름이 난. (牛馬 따위) 흰.
— *m.* [魚] 상어(鮫)의 일종.

barrotar *v.t.* 서까래를 붙이다(만들다. 엮다.)

barrote *m.* ①[建] 서까래. 연목(椽木). ②작은 들보. 소량(小梁).

barrotear *v.t. = barrotar*.

barruntar *v.t.* 《俗》추측하다. 억측하다. 의심하다.

barrunto *m.* 《俗》추측. 억측. 혐의(嫌疑). 의심.

barulhada *f.* 큰 소음. 대훤소(大喧騷).

barulhar *v.t.* 떠들썩하다. 소란스럽게 하다. 소동을 일으키다. 혼란케 하다.
— *se v.pr.* 혼란해지다. 떠들다.

barulheira *f.* 법석떠들기. 시끄러움. 소음. 소동. 혼란. 혼잡.

barulhento *a.* 법석떠드는. 웅성웅성하는. 하는. 잡음이 많은. 시끄러운.

barulho *m.* 법석떠드는 소리. 웅성대는 소리. 잡음. 소음.

barulhoso *a.* = *barulhento*.

basáltico *a.* 현무암(질)의. 현무암으로 되는.

basalto, basalte *m.* ①현무암(玄武岩). ②일종의 흑색 자기(磁器).

basanito *m.* 현무암의 일종.

basbaque *m.* ①정신없이 구경하는 사람. 입을 열고 물끄럼히 바라보는 사람. ②바보. 멍청이.

basbaquice *f.* 어리석은 노릇. 바보다운 행실. 우둔함.

basculhadela *f.* ①*basculho*로 소제하기. 쓸어내기. ②면밀히 조사하기.

basculhador *m.* ①*basculho*로 소제하는 사람. ②면밀히 조사하는 이.

basculhar *v.t.* ①*basculho*로 소제하다. ②자세히(면밀히) 조사하다.

basculho *m* ①자루가 긴 비. 천정 따위를 소세하기 위하여 긴 막대기 끝에 걸레를 붙인 것. ②머슴꾼.《卑》불결한 사람. 때많은 사람.

básculo *m.* ①뛰개장치. 도개(跳開). 도개교(跳開橋). ②(자동차 따위) 무거운 것을 다는 저울. 중량계(重量秤).

base *f.* 밑. 기부(基部). 기초. 근거. 바닥. 주추. 산기슭. 대좌(臺座). [軍] 근거지. 기지. [競] 출발점(선). [야구] 베이스. [化] 염기(鹽基). [醫] 주약(主藥). [數] 기선(基線). 기수(基數). 저변. [動·植] 기부(基部). 기각(基脚). [樂] 주음(主音). 기음.
base aérea 공군기지.
base naval 해군기지.
não ter base 근거가 없다.

baseado *a.* …에 근거를 둔. …을 기초로 한. …에 기지를 둔.

baseamento *m.* ①기초를 쌓기. 근거지로 만들기. ②(건물의) 기초. 토대.

basear *v.t.* ①기초를 쌓다(만들다). 기초로 하다. ②(…의) 기지를 만들다. 근거지로 하다.
—*se v.pr.* ①…에 기초가 되다. ②…에 근거를 두다. ③…에 기인하다. …에 입각하다.

baselga *m.* ①배가 큰 사람. ②배가 앞으로 나와 축 늘어진 것.

basicidade *f.* [化] 염기도(鹽基度).

básico *a.* ①기초의. 근본의. 토대의. ②근거(지)가 되는. ③긴요한. ④[化] 염기(성)의. [地質] 기성(基性)의.

basidiomicetos *m.*(*pl.*) [植] 담자낭균류(擔子囊菌類).

basificação *f.* [化] 염기화(鹽基化).

basificar *f.* 염기화하다.
—*se v.pr.* 염기화되다.

basilar *a.* 기초의. 기초적. 근본의. 근본적. 근원의.
arteria basilar 기초동맥.

basilarmente *adv.* 기초적으로 근거로 하여. 주로.

basilica *f.* (옛 로마의) 공회당. 교회당.《古》궁전. 큰 사원(大寺院). [植] 나늠.

basilicão *m.* 연고(軟膏)의 일종. 송지납고(松脂蠟膏).

basilico *a.* [解] 귀요(貴要)의.
veia basílica 귀요정맥(貴要靜脈).

basilisco *m.* ①옛날 아프리카 사막에 살며 한번 보면 사람이 죽는다는 전설적인 뱀. ②도마뱀의 일종(등에 지느러미 있는). ③옛날의 대포(大砲). [植] 순행과(脣形科)의 방향(芳香)식물.
olhos de basilísco 흉안(兇眼).

basion *m.* [解] 골반. 골반강(腔).

basquete *m.* [競] 농구.

basquetebol *m.* 농구공. 바스켓볼.

basta *f.* (속 넣은) 이불. 솜누비이불 따위를 꿰매는 바늘. 이불에 기위대는 헝겊. (또는 실).

basta *interj.* (그만하면) 됐다! 충분하다! 그만해라.

bastamente *adv.* 진하게. 농밀(膿密)하게. 치밀하게. 밀집(密集)하여.

bastante *a.* 충분한. (양적으로) 만족한. 많은. 족한. 흡족한. 적당한. 능력 있는.
— *adv.* 충분히. 만족하게. (…할 수 있을) 만큼. 꽤. 상당히.

bastantemente *adv.* 충분히. 부족함이 없이. 흡족(洽足)하게. 상당히.

bastantissmamente *adv.* 쓰고도 남을 정도로 많게. 자급자족할 이상으로 풍부하게. 상당히 많은.

bastantissmo *a.* (*bastante*의 최상급). 상당히 많은. 쓰고도 남을 정도로 많은. 조금도 부족한 점이 없이 충분한.

bastão *m.* 지팡이. 막대기. 곤봉. 지휘봉.

bastar *v.i.* (+*a* 또는 *para*). 충족하다. 충분하다. (…하기에 양적으로) 적당하다. (…라고) 말해 두자.

bastardear *v.t.* 악화시키다. 퇴화시키다. 변질케 하다. 타락케 하다.

bastardia *f.* ①사생아(私生兒)인 것. 사생아의 처지. 서출(庶出). 서자(庶子). ②악화. 퇴화. 변질. 타락.

bastardo *a.* ①사생(아)의. 서자의. ②잡종의. 불순한. ③가짜의. 모양이 이상한. ④변질한. 퇴화한. ⑤(병이)악화한. ⑥[生物] 비슷한. 의사(擬似)의. 가(假)의.
letra bastarda 이탤릭 서체(書體). 사체(斜體)의 글.
— *m.* ①사생아(私生兒). 서자(庶子). ②작은 배에서 쓰는 삼각범(三角帆).

bastear *v.t.* (이불 속에) 솜(또는 양털)을 넣다. 속을 넣고 누비다. 시치다. 대강 꿰매다.

bastecer *v.t.* =*abastecer*.
bastecimento *m.* =*abastecimento*.
bastião *m.* [築城] 능보(稜堡).
bastida *f.* ①[築城] 책(柵). 방책(防柵). 통나무로 된 울타리. ②밀집(密集). ③[史] 공성용방탄순(攻城用防彈楯).
bastidão *f.* (나무가) 울창함. 무성함. 밀집. 밀생. 농밀(濃密).
bastidor *m.* ①수놓는 틀. 수틀. ②내막. 기밀(機密).
bastidor *m.* ①수놓는 틀. ②내막.
bastilha *f.* 《古》성(城). 보루(堡壘).
bastio *m.* 나무가 빽빽하게 들어섬. 울창한 숲. 무성한 삼림(森林).
basto *a.* 우거진. 무성한. 울창한. 나무가 빽 들어선. 조밀한. 밀집한. 많은. 풍부한. 가득한.
bastonda *f.* 막대기(곤봉)로 때리기. 태형(笞刑).《古》발바닥을 때리는 벌.
bastura *f.* 우거짐. 무성함. 울창함. 조밀. 농밀(密). 밀도.
bata *f.* (부인들이 평소에 입는) 화장옷.
batalha *f.* ①전투. 전쟁. 투쟁. 회전(會戰). ②격렬한 토론. 논전(論戰).
  campo de batalha 전쟁터. 전투지역.
batalhação *f.*《俗》부단한 노력. 계속해서 애쓰기. 고집.
batalhador *a.* 싸우는. 투쟁하는. 전투하는.
  — *m.* 투사. 무사. 전사(戰士).
batalhão *m.* [軍] 대대(大隊). 보병대대. [俗] 한 떼. 무리(一群).
batalhar *v.i.*, *v.t.* ①싸우다. …와 교전하다. 전격하다. 항쟁하다. ②논쟁하다. 분투하다.
batata *f.* ①[植] 감자. 구근(球根). ②(특히 시험에서의) 큰 실수. 철자가 틀림. ③《俗》감자처럼 뭉실한 코. ④죄없는 거짓말.
  batata doce 고구마.
  batata inglêsa 흰 감자.
  batata frita (기름에) 튀긴 감자.
batatada *f.* 많은 감자. 감자로 만든 과자.
batatal *m.* 감자밭.
batateira *f.* (식물로서의) 감자(甘蔗).
batateiral *m.* 감자밭.
batateiro *m.* [植] 감자.
  — *a.* ①감자를 좋아하는. 즐겨 먹는. ②발음을 똑바르게 못하는.
batatifago *m.* 감자를 먹고 사는. 감자를 주식으로 하는.
batatudo *a.*《俗》감자 모양의. 감자 꼴을 한.
  nariz batatudo 감자처럼 뭉실한 코.
batavico, batavio *a.* (인도네시아) 바타비아의.
batea *f.* 사금(砂金)을 씻는 데 쓰는 나무냄비. 목발(木鉢).
batear *v.t.* 나무냄비(목발)로 사금을 가려내다. 사금을(냄비에 넣어서) 씻다.
bate-bôca *f.* 말다툼. 언쟁.
bate-chapéu *m.* [蟲] 일종의 작은 벌(蜂).
batedeira *f.* ①휘젓는 기구. 우유 젓는 기계(버터를 만드는 커다란 통). ②고동(鼓動). 동계(動悸).
  batedeira de ovos 계란 교반기(攪拌器).
batedela *f.* 치기. 때리기. 뚜드리기.
batedor *m.* 때리는 것. 치는 사람. [軍] 척후병. 정찰병. 선구(先驅). 돈 찍어내는 기계(貨幣印刻器).
  batedor de cateira 소매치기.
batedouro *m.* 세탁물을 뚜드릴 때 밑에 받치는 돌.
batedura *f.* 치기. 때리기. 뚜드리기.
bate-estacas *m.* 말뚝 박는 기계. 항타기(抗打機).
bátega *f.* ①(금속으로 만든) 대야의 일종. ②소나기.
  bátega de água 소나기. 폭우(暴雨).
bateira *f.* 주로 하천용(河川用)의 작은 배. 가벼운 배.
batel *m.* 작은 배(보트).
batelada *f.* ①배에 가득한 짐. 한 배(一船分)의 적하량(橫荷量). ②많음. 수.
batelão *m.* 짐싣는 큰 나룻배. 도선(渡船). 짐배. 전마선(傳馬船). (아마존의) 폭넓고 깊은 가누우(獨舟).
bateleiro *m.* 큰 거룻배의 사공. 뱃군.
batente *m.* (門의) 사개. 사개물림. 현관의 기둥. 문틀의 기둥.《俗》일. 삯일.
  estar no batente 애써 일하다. 몹시 일하다.
bate-orelha *m.* ①《俗》노새. ②바보. 멍청이.
bate-papo *m.* 잡담. 소용없는 말.
bater *v.t.* ①치다. 때리다. 두들기다. ②때려부수다. 타파하다. 돌파하다. ③(우유를)휘젓다. ④(가루를) 으깨다. 반죽하다. ⑤(비행기를) 떨구다. 격추하다. ⑥(빛을)

비치다.
— *v.i.* ①(+*em*). 두드리다. 치다. ② (종·시계 따위) 소리나다. ③(북이) 둥둥 울리다. ④(새의 날개가) 펄떡거리다. ⑤(심장이) 고동하다. ⑥(+*a*). 돌진하다.
—*se v.pr.* 싸우다. 토론하다. 논쟁하다.
bater ã porta 문을 두드리다.
bater as asas 날개치다. 도망가다.
bater os ovos 달걀을 깨뜨리다.
bater as palmas 손벽치다. 박수치다.
bater moeda 화폐를 주조하다. 돈을 찍어내다.
bater trigo 곡물(穀物)을 (도리깨 따위로) 두드리다. 떨다.
bater muralhas 성벽을 파괴하다.
bater em retirada 퇴각(후퇴)하다.
bater em bóca 말다툼하다. 사소한 싸움을 하다.
bateria *f.* ①[重] 전지(電池). ②[軍] 포병중대. 포열. ③포대(砲臺). 포병진지. ④(군함의) 비포(備砲). ⑤《古》 전투. 포격(砲擊).
bateria de cozinha 부엌 세간 한 벌(솥·냄비 따위 금속기구 일절).
bateria elétrica 전지(電池).
batibarba *f.* ①던지기. ②가볍게 치기. ③심한 꾸지람. 견책.
batida *f.* ①두드리기. 치기. 뚜드려 늘키기. ②수색. 생살. 납사. ③사냥터. ④(사냥때) 포수 있는 곳으로 동물을 몰아내기. ⑤꾸지람. 질책. 견책. 비난.
de batida 황급히. 달음박질로. 뛰어서.
batido *a.* ①때린. 뚜드린. 맞은. 타격받은. ②비행기가 격추된. ③(육체적으로) 녹초가 된. ④평범한. 보통의. 낡은. 케케묵은.
batimento *f.* ①때리기. 뚜드리기. ②(값을) 깎기. 에누리하기.
batimetria *f.* 수심(水深) 측량술.
batímetro *m.* 수심측량기.
batina *f.* 교회 성직자의 법의(法衣). 긴 옷.
batinga *f.* [植] 바찐가.
batismal *a.* [宗] 세례의.
batismo *m.* [宗] 세례. 세례식. 침례(浸禮) 명명(命名)(식). 깨끗이 하기. 신성하게 하기.
nome de batismo 세례명.
batismo de fogo 포화의 세례.
batismo de sangue 피의 세례. 순교(殉教).
batismo do mar (또는 *de linha equinocial*) 적도세례(赤道洗禮).
batista *m.*, *f.* 침례교회원. 세례 받는 사람. [聖] 세례자 요한.
batistério *m.* 세례 받는 곳. 세례장.
batistino *a.* 성(聖)요한의.
batizado *a.* 세례의. 세례 받은.
— *m.* ①세례식(式). ②세례에 참석한 사람들의 열(列). ③세례 받은 신자.
batizar *v.t.* ①세례를 주다. 세례 받게 하다. ②명명하다. 이름을 달다. ③축복하다.
— *v.i.*, —*se v.pr.* ①세례하다. 세례받다. ②축복 받다. 신성(神聖)해지다.
batocar *v.t.*, *v.i.* (나무통에) 마개를 하다. (통 주둥이를) 틀어막다.
batom *m.* 입술연지.
batoque *m.* ①통마개. 통주둥이. 통마개 구멍. ②《俗》 키가 작고 깡똥한 사람. 땅딸보.
batoqueira *f.* 통주둥이.
batota *f.* ①(도박에서) 속이기. 속임수. 사기(수단). 협잡. ②도박집. 투전집.
batotar, batotear *v.i.* (도박장에서) 속이다. 사기수단을 쓰다.
batoteiro *m.* ①(도박할 때) 속이는 사람. 사기수단 쓰는 자. ②능한 노름꾼. 투전꾼.
batracofago *a.* (뱀 따위) 개구리를 먹는(먹고 사는).
batracóide *a.* 개구리의. 개구리 종류의. 개구리 같은.
batráquios *m.*(*pl.*) 개구리류(蛙類).
batucada *f. batuque*의 음률(音律). 그 리듬.
batucar *v.i. batuque*를 추다. 둥둥 두드리다.
batuira *f.* [鳥] 황새.
batuque *m.* ①아프리가 흑인의 춤. 《俗》 (북 따위) 둥둥 두드리는 소리.
batuta *f.* (악사(樂師)의) 지휘봉. (원수(元帥)의) 관장(官杖). (화가·미술가 등이 글쓸 때) 대고 쓰는 막대기.
— *a.* 숙달한. 훌륭한.
baú *m.* (가죽으로 만든) 트렁크.
bauleiro *m.* 트렁크 만드는 사람 또는 그 장수.
baunilha *f.* [植] 바닐라(아메리카 열대지방산의 덩굴진 난초과의 상록식물). 바닐라 열매.
baurú *m.* 치즈·햄·토마토 등을 넣어 만든 샌드위치.

bávaro *a.* 바바리아(산)의. 바바리아 사람의.
— *m.* 바바리아 사람 (사투리).

baxiuba *f.* [植] 종려속(棕梠屬).

bazar *m.* (동양의) 상점가. 공설시장. 빠자아. 자선시(慈善市).

bazareiro *m.* 시장의 장사꾼. 상인.

bazé *m.* 질이 나쁜 담배.

bazófia *f.* 자랑(감). 자만. 허식. 허풍. 호언장담. *Ant*: *modéstia*.

bazofiar *v.i.* 자랑하다. 우쭐하다. 뽐내다. 삐기다. 허풍떨다. 호언장담하다.

bazófio *m.* 우쭐하는 사람. 뽐내는(삐기는) 자. 자랑하는 이. 호언장담하는 사람. 허풍선이.

bazuca *f.* 대전차(對戰車) 로켓포의 일종. 바주카.

bdélio (발음: 브데엘리오) *m.* [植] 미르라의 무리. 그 나무진.

bêabá (bê-a-ba) *m.* ①《俗》철자 연습. ②A.B.C. 입문(개념).

beata *f.* ①신앙이 지나친 여자. 광신적인여성. ②매우 경건한 체하는 여인. 위선(僞善)의 여인. 가짜 중(僞女僧).

beatamente *adv.* 몹시 경건한 것처럼. 신앙이 두터운 체하여. 위선적으로.

beatão *m.* 광신자. 신앙심이 두터운 체하는 사람. 아주 경건한 체하는 이. 큰 위선가.

beataria *f.* 광신자의 언행. 그들의 집회. 위선.

beateiro (발음: 베아떼이로) *m.* 신앙이 두터운 사람. 독실한 신자.

beatério (발음: 베아떼에리오) *m.* 독실한 신자의 休息 또는 그 집회(단체).

beatice *f.* ①지나친 믿음. 광신적 신심(信心). ②완고. 고집. 위선(僞善).

beatificação *f.* 열복(列福: 죽은 사람을 복자(福者)의 열에 참가시키기). 열복식.시복식(諡福式). 축복하기.

beatificado *a.* 열복한. 시복한. 축복된.

beatificador *a.*, *m.* 열복시키는 (자). 복자(福者)의 열에 참가시키는 (사람).

beatificar *v.t.* [가톨릭교] 열복하다. (죽은 사람을 복자의 열에 참열케 하는). 시복(諡福)하다. 행복케 하다. …을 축복하다.
— se *v.pr.* 열복되다. 축복 받다. 행복해지다.

beatíficament *adv.* 행복하듯이. 기쁜듯이.

beatifico *a.* 축복을 주는. 행복에 넘친(웃음 따위). 행복에 빛나는.
visão beatifica 천당의 환상. 견신(見神).

beatilha *f.* 아마포(亞麻布)의 일종. 린넬류. 수녀가(여승이) 쓰는 너울(면사포·베일).

beatssimo *a.* 가장 경건한. (법황을 우러러 부르는 경칭(敬稱)).

beatitude *f.* 지복(至福). 축복. 행운. 천행.

beato *a.* 경건한. 신앙이 독실한. 신앙심이 두터운. 효성이 지극한. 행복한. 축복된. 복받은. 광신적인. 위선의.
— *m.* ①신앙이 독실한 사람. 경건한 인물. ②축복 받은 사람. ③광신자.

beatorro *m.* (*beato*의 과장어) 가장 독실한 신자. 신앙에 미친 사람.

bêbado *a.* 술에 취한.
— *m.* 술취한 사람. 주정꾼. 자주 취하는 이. 불량자.

bebê *m.*, *f.* 아기. 젖먹이. 영아(嬰兒).

bêbeda *f.* 술에 취한 여자.

bebedeira *f.* 술에 취함(酒醉). 명정(酩酊). 담배·아편 따위를 피워 취하기.

bebedice *f.* 술을 좋아하기. 술마시는 버릇. 술에 취하기.

bêbedo *a.*, *m.* = *bêbado*.

bebedor *a.* 마시는. (특히) 술을 마시는.
— *m.* 술마시는 사람. 술고래.

bebedouro *m.* ①(牛·馬의) 물마시는 곳. 여물통. 구유. ②(새초롱에 다는) 작은 물그릇. ③샘터. 광천(鑛泉).

bebeerú *m.* [植] 예장나무(브라질산 장과(樟科)).

beber *v.i.*, *v.t.* ①(물·술 따위를) 마시다. 쭉 들이키다. 음용(飮用)하다. ②축배를 들다. ③흡수(吸收)하다. ④(급료로 받은 돈을) 마셔 없애다. 술에 돈쓰다.

beberagem *f.* ①마실 것. 음료. 주류(酒類). ②마시기.

bebereira *f.* [植] 무화과나무의 일종.

beberes *m.* (*pl.*) 마시는 것. 음료. 주류.

bebericador *a.*, *m.* 술을 조금씩 조금씩 마시는 (사람).

bebericar *v.i.*, *v.t.* (술을) 조금씩 마시다. 약간 마시고 잠시 후 또 마시다.

beberragem *f.* = *beberagem*.

beberrão, beberraz *m.* 술 잘 마시는 사람. 술고래. 주호(酒豪).

beberricar *v.t.*, *v.i.* = *bebericar*.

beberrico *m.* =*bebericador*.
beberrona *f.* 술 마시는 여자. 술에 취한 여인.
beberronia *f.* ①술 잘 마심. 폭음. ②술 마시는 모임. ③술친구 사이.
beberrote *m.* =*beberrão*.
bebes *m.(pl.)* 마시는 것. 음료.
 (註) 다만 *comes e bebes*의 술어로만 쓰임.
bebida *f.* 마실 것. 음료. 청량음료. 술.
 bebida alcoólica 술. 주류.
bebivel *a.* 마실 수 있는. 마셔도 괜찮은. 마시기에 적당한.
bebo *m.* [魚] 방어(魴魚)의 일종.
bebum *m.* 술 좋아하는 사람.《卑》술꾼. 술고래.
beca *f.* ①법관 또는 신학생이 입는 검고 긴 웃옷. ②옛 로마 시민의 긴 겉옷.
 — *m.* 법관.
becabunga *f.* [植] 현삼과(玄參科) 베로니카 무리의 약초.
bechamel *m.* 희고 건 소스의 일종. 베샤멜 소스. (프랑스 사람 벨샤멜이 발명한 일종의 소스)
bechico (=*bequico*) *a.* 기침에 좋은. 기침을 멎게 하는.
 — *m.* 기침약.
beco *m.* 오솔길. 좁은 길 (골목길). 뒷길.
 beco sem saida ①빠져 나가는 곳(出口)이 없는 길. ②궁지. 진퇴유곡.
bedame *m.* 十명파는 끌(穿眼盤).
bedegar *m.* [植] 장미나무에 생기는 일종의 혹. 수영(樹癭).
bedel *m.* ①교구(敎區)의 하급관리. 속관(屬官). ②(포르투갈의) 고인브라 대학의 하급관리.
bedelhar *v.i.* 말참견하다. 쓸데없이 간섭하다.
bedelho *m.* 문빗장. 걸쇠. (서슴없이 열고 닫는) 자물쇠.
bedum, beduíno *a.* ①베두인 민족의. ②유목(遊牧)의. 유랑하는.
 — *m.* (시리아·아라비아 등지의) *Arab* 민족의 유목민. 부랑민(浮浪民). 미개한 사람.
begônia *f.* [植] 베꼬니아(秋海棠屬)의 관상식물).
begoniáceas *f.(pl.)* 베꼬니아 무리.
beguina *f.* ①베긴 교단(敎團)의 여승. ②반속(半俗)의 여승. 가짜 여자신자.
beguinária *f.* 베긴 교단의 규약(規約).

beguino *m.* ①베긴 교단(13세기경에 폴란드 지방에서 자선을 목적하여 설립한 한 개의 교단)의 일원. ②탁발승(托鉢僧). 빌어먹는 사람(중).
bei *m.* ①터키의 지사(知事). 터키 요인에 대한 경칭. ②(츄니스의) 토호(土豪)의 존칭.
beiça *f.*《卑》입술. 불쑥 나온 두터운 아랫입술.
 fazer a beiça (또는 *beiço*) 입술을 뾰죽 내밀다.
beiçada *f.* 쑥 나온 두터운 아랫입술.
beiçana *f.* =*beiçada*.
 — *m.* 아랫입술이 불쑥 나온 사람.
bciçarrão *m.*《俗》큰 입술. 불쑥 나온 두터운 입술.
beicinho *m.* 작은 입술.
 fazer beicinho (아이가 울 때) 작은 입술을 삐쭉 내밀다.
beiço *m.* 입술.
 fazer beio 입술을 내밀고 불평대다.
 não faça beiço 노하지 마세오.
beiçola *a.* 입술이 큰. 큰 입술의.
 — *m., f.* 큰 입술. 큰 입술 있는 사람.
beiçorra *f.* =*beiçola*.
beiçudo *a., m.* 입술이 두터운 (사람). 아랫입술이 불쑥 나온 (사람).
 pessoa beiçuda 입술이 두터운 사람.
beijado *a.* ①입맞춘. ②[撞球] 알과 알이 가볍게) 접촉한. 접근한.
 de mao beijada 무료로. 호의로.
beijador *a., m.* 입맞추는 (사람). 키스하는 (이).
beija-flor *m.* [鳥] 벌새. 봉작(蜂雀).
beija-mão *m.* 손에 입을 대기(대는 인사). 손에 키스하기.
beija-pé *m.* 발에 입을 대기(대는 인사) (특히 그리스도의 석상(石像) 등의 발에 하는 인사).
beijar *v.t., v.i.* 입맞추다. 키스하다. 약간 접촉하다. [撞球] (알과 알이) 가볍게 접촉하다(스치다).
 Beijamo-nos e esqueçamos tudo 입맞추고(모든 것을 잊어버립시다) 화해합시다.
 beijar o chão 머리를 땅에 대고 애걸복걸 절하다.
beijinho *m.* ①가벼운 키스. ②최선(最善). 최량(最良).
beijo *m.* 입맞춤. 가벼운 접촉. 키스.
beijocar *v.t.* 소리내며 키스하다. 몇 번이

beijoqueiro *a.* 입맞추기 좋아하는(즐기는).

beiju *m.* 다피오까 또는 만죠까로 만든 빵. 케이크의 일종.

beira *f.* 가장자리. 끝. 변(邊). 연(緣). 물가. 하안(河岸).
beira do rio 물가. 강변.
estar ā beira da sepultura 죽음에 직면하다.

beirada *f.* ①처마. 지붕 아랫부분이 쑥 나온 부분. ②가장자리. 끝. 변두리.

beirado *m.* 처마. 추녀끝(軒).

beirai *m.* ①처마. ②처마에서 떨어지는 빗물.

beira-mar *f.* 바닷가. 해변. 해안 모래사장.

bel *a. belo*의 생략형.
a bel prazer 마음대로. 내키는대로. 임의로.

bela *f.* 아름다운 여성. 예쁜 여자. 여인(麗人).

belacíssimo *a.* 가장 호전적(好戰的)인.

beladona *f.* [植] 벨라돈나. 미치광이풀(가지과).

beladônio *m.* 벨라돈나 제체(製劑).

bela-face *m.* 코끝(콧등)이 흰 말(馬).

belamente *adv.* 아름답게. 훌륭하게.

belas-artes *f.(pl.)* 미술.

belas-letras *f.(pl.)* 문학. 문예.

belbute *m.* 비단 비로도. 비단 벨벳(견직물의 일종).

belbutina *f.* *belbute*로서 올과 씨가 작은 것. 씨눈이 작은 *belbute*.

belchior *m.* 《古》낡은 쟁기(古道具) 상점. 낡은 옷 상점.

beldade *f.* ①아름다움. 미. ②미관. ③미인.

beldroega *f.* [植] 쇠비름. 채송화의 무리.

beldroegas *m.(pl.)* 버릇없는 놈. 바보같은 놈.

beleguim *m.* ①집달리(執達吏). 토지관리인. ②간수. ③《轉》경찰관을 멸시해 부르는 말.

beleza *f.* ①아름다움. 미. 선미(善美). 염려(艷麗). ②아름다운 것. 아름다운 경치. ③미녀(美女).
belezas (*pl.*) 이마에 내려뜨린(여자의) 머리카락. 애교모(愛嬌毛).

belga *a.* 벨기에 (사람)의.
— *m., f.* 벨기에 사람.

bégico *a.* 벨기에 (나라)의.

belho *m.* 빗장. 걸쇠. 자물쇠. 수나사. 볼트.

beliche *m.* ①(배 또는 기차의) 침대. 침상. ②선실.

bélico *a.* 전쟁의. 군사의. 군용의. 전투용의. 상무(尙武)의. 호전적. 도전적(挑戰的).
preparativos bélicos 군비.
aparelho bélico 무기 병기.

belicosamente *adv.* 호전적으로. 도전적으로.

belicosida *f.* 호전성. 싸우기 좋아함. 전쟁을 좋아함.

belicoso *a.* 호전적인. 도전적인. 전쟁을 좋아하는.

belida *f.* 얇은 껍질. 얇은 막(膜). 얇은 잎. 표면에 생긴 껍질(外皮).

beligerância *f.* 적과 대함. 대적. 교전(상태).

beligerante *a.* 적과 대하고 있는. 교전중의. 교전상태에 있는. 교전국의.
beligerantes (*pl.*) 교전중의 군인들. 교전국.

belígero *a.* 호전적인. 전쟁을 좋아하는. 싸움을 좋아하는. 용감한.

belino *m.* [植] 포도나무의 일종.

belipotente *a.* 《詩》강대한 무력을 가지고 있는.

belisário *a.* 불운한. 가엾은. 불쌍한.

beliscado *a.* 꼬집은. 할퀸 감정을 상한. 화낸.

beliscadura *f.* 꼬집기. 할퀴기. 할퀸 상처(자국).

beliscão *m.* 할퀴기. 꼬집기.

beliscar *v.t.* ①꼬집다. 뜯다. 할퀴다. 할퀴어 상처를 내다. 갑자기 잡아당기다. ②놀려 주다. 야유하다. 자극하다. 골나게 하다.

belisco *m.* ①꼬집기. 손톱으로 집기. 할퀴기. ②손톱만한 분량. 소량(少量). 근소.

belo *a.* ①아름다운. 예쁜. 고운. ②훌륭한. 멋진. 좋은. 착한. 선량한. 뛰어난. 탁월한. ④유쾌한. 기분 좋은. 명랑한. ⑤알맞는. 융성하는. 번창한. 많은. 다량의.
um belo ata 어떤 날.
— *m.* 미(진과 선에 대한).
— *interj.* 잘한다. 훌륭하다.

belonave *f.* 군함(軍艦).

beltrano, beltrão *m.* 모모(某某). 누구누구. 아무.

flano e beltrano 모모. 누구누구.
beluário *m.* ①옛 로마 시대에 사자와 싸운 투사. ②서커스(곡마단)에서 맹수를 다루는 사람.
beluino *a.* 맹수의. 흉악한.
belveder, belver *m.* 관람대. 전망대(展望臺). (고층 건물의) 망대(望臺).
belzebu *m.* 악마. 마왕.
bem *m.* ①좋음. ②착함. 선(善). 선한 일. 선한 것. ③덕. 미덕. ④이익. ⑤행복. 행운. ⑥자선. ⑦(때로는) 애인.
meu bem 나의 애인.
bens (*pl.*) 부(富). 재산. 소유물. (특히) 동산.
bens móveis 동산(動産).
bens imóveis 부동산.
bem público 공공이익.
levar a bem 허용하다. 승낙하다.
pagar o bem com o mal 은혜를 악으로 갚다.
com todos os bens 소지품 일체. 세간도구 모두(싸가지고 옮기다. 등).
é para seu próprio bem 너 자신에게 좋은 것이다.
por bem 호의를 품고. 친절하게.
por bem ou por mal 싫든 좋든. (결과가)좋든 나쁘든. 덮어놓고.
querer bem a alguém 아무의 행복(이익·비익)을 빌다(원하다).
uma mudança para o bem 호전(好轉). 호전상태. 전화위복(轉禍爲福).
bem *adv.* ①잘. 좋게. ②올바르게. ③아주. 매우. 꽤. ④충분히. 적절하게.
muito bem 매우 좋게. (때로는) 좋다.
Ele fala portugus muito bem. 저 사람은 포르투갈어를 참 잘한다.
bem mais 훨씬 많이. 아주 많이.
bem pouco 아주 적게.
bem longe 아주 멀리. 꽤 멀리. 멀찌기.
bem adiantada 아주 앞선. 상당히 전진한. 학력(學力) 따위 월등한.
bem educado ①잘 배운. ②행실이 좋은. 얌전한.
tem awsafo 생각(지각) 있는. 신중한.
bem conhecido 잘 아는. 잘 알려진. 주지(周知)한.
bem pensado 잘 생각한. 숙고한.
bem treatado ①잘 대한. 좋게 접대한. ②몸차림이 깨끗한.

bem feito ①잘된. 잘 만든. 잘한. ②잘했어. 잘됐어. 그렇게 되는 것은 당연하다.
em bem ①잘. 적절히. 좋게. ②좋은 결과로.
vender bem 잘(좋은 값으로) 팔다.
comprar bem 잘(값싸게) 사다.
bem pago 많이 지불한. 고가(高價)를 치른.
bem, assim seja ①그렇게 되기를 바란다. 그렇게 되어야 한다. ②그러면 좋다. (斷念·承諾).
nem bem nem mal 좋지도 않고 나쁘지도 않다. 그만 그만하다.
estar bem 잘 있다. 무사하다. 건전하다. 좋다.
está bem 좋다.
Eu estou bem (*de saúde*). 나는 잘 있습니다. 무고합니다.
ir bem 잘 되어가다. 잘되다. 잘 있다. 잘 지내다.
êle vai bem ①그 사람은 잘 있다(잘 지낸다). ②(그분의 사업이) 잘 되어간다. 번영한다.
Êle nào està bem hoje. 그분은 오늘 (건강 상태가) 좋지 않다.
estar bem com algum 아무와 (사이) 좋게 지내다.
Êle é bem capaz de. 그 사람은 …할 능력이 충분하다. 재간이 능란하다.
Ainda bem! ①아직도 좋다. ②고마워라!
Bem, e daí? 좋아. 그래서(어떻다는 말입니까)?
Você bem entende o que eu quero dizer. 내가 말하려고 하는 것을 당신은 잘 이해하여야 한다.
Pas e bem! 잘 있오! 안녕히!
bem que 비록 …일지라도. …이기는 하나. 그렇지만.
bem-acondicionado *a.* ①잘 가꾼. 좋게 꾸민. ②조건(환경)이 좋은.
bem-afortunado *a.* 행복한. 행운의. 다행한. 요행한.
bem-amado *a.* 잘 사랑하는(사랑 받는), 친애하는. 귀여운. 귀여움 받는. 총애의. — *m.* 사랑하는 것. 사랑하는 이. 애인.
bem-aventuradamente *adv.* 다행히. 요행히.
bem-aventurado *a.* 복받은. 축복 받은. (신의) 가호가 있는. 행복에 넘친 몹시 기

bem-aventurados *m.(pl.)* 복받은 사람. 천상(天上)의 성자(聖者).
bem-aventurança *f.* 다시없는 즐거움. 희열(喜悅), (성도의) 천복(天福). 다시 없는 복. 팔복(八福), 천국 복락(天國福樂).
bem-aventurar *v.t.* ①축복하다. 복을 주다. ②복받게 하다. 행복하게 하다.
bem-avindo *a.* 사이좋은. 친한. 친밀한.
bem-bom *m.* ①안락. 편안. ②(…하기에) 마음이 편함. 수의(隨意).
bem-eriado *a.* ①잘 키운. 교양 있게 자란. 잘 교육 받은. ②품행이 좋은.
bem-dito *a.* ①칭찬 받은. ②복 받은. 행복한.
bem-dizer *v.t.* ①잘 말하다. 좋게 이야기하다. ②칭찬하다. 찬양하다. 축복하다.
bem-estar *m.* ①잘 있음. ②안녕. 안락. ③복리. ④번창. 번영. 번성.
bem-fadado *a.* 운이 좋은. 다행한. 행복한.
bem-fadar *v.t.* 행복(행운)을 예언하다.
bem-falante *a.* 말 잘하는. 유창하게 말하는 능변의. 점잖게 말하는.
bemfazejo *a.* =*benfazejo*.
bemfazer *v.i.* 좋은(선한) 일을 하다. 유익한 일을 하다. 자비로운 일을 하다. 자선을 베풀다.
— *m.* 좋은 일. 선사(善事). 좋은 행동. 선행(善行). 미거(美擧).
bemfeitor *m.* =*benfeitor*.
bemfeitoria *f.* =*benfeitoria*.
bem-humorado *a.* 기분이 좋은. 유쾌한. 명랑한. (…할) 마음이 내키는.
bem-intencionado *a.* 선의(善意)의. 좋은 뜻의. 좋은 목적의.
bem-me-quer *m.* [植] 실국화(金盞花).
bem-merecer *v.i.* ①(…을) 받을 가치가 (자격이) 있다. 보수를 받을 만하다. 표창에 해당하다. 공훈이(공로가) 있다.
bem-nado *a.* =*bem-nascido*.
bem-nascido *a.* ①출생(태생)이 좋은. 혈통(가문)이 좋은. 명문인. 출신(성분)이 좋은. ②행복하게 탄생한.
bemol *m.* [樂] 변음(變音). (반음·낮은 음).
bem-ouvido *a.* ①말 잘 듣는. 순종하는. 고분고분한. ②온순한.
bem-parado *a.* 운이 좋은. 행운의.
bem-parecido *a.* ①보기에 좋은. 외관이 훌륭한. ②안색이(용모가) 좋은. 잘 생긴. 풍채가 훌륭한. 아름다운.
bem-pósto *a.* ①(몸집이) 균형이 잡힌. 자세가 좋은. 맵시 있는. 단정한. ②우아한.
bemquerença *f.* =*benquerença*.
bemquerente *a.* =*benquerente*.
bemquerer *v.t.* =*benquerer*.
bemquistar *v.t.* =*benquistar*.
bemquisto *a.* =*benquisto*.
bem-soante *a.* 소리가 잘나는(잘 울리는·잘 맞는). [樂] 화성(和聲)의. 협음(協音)의. 협화의. 해조(諧調)의. 가락이 고운.
bem-tere *m.* [鳥] (브라질산) 새의 이름.
bem-te-vi *m.* [鳥] 타일랜드새(미국산 딱새의 무리).
bem-vindo *a.* 환영하는(받는). 기쁘게 맞이하는. 잘 오신.
Bem-vindo seja! 잘 오셨습니다. 환영. *Bem-vindo seja ao Brasil!* 브라질에 오심을 환영합니다. 내백(來伯) 환영.
bem-visto *a.* 남에게 좋은 인상을 주는. 낯이 넓은. 인기 있는. 평판이 좋은. 사랑(귀여움) 받는.
benção *f.* 축복. 감사의 뜻. 식사 전(후)의 기도. 천혜. 행복. [가톨릭] 강복제(降福祭). 성체(聖體) 강복식.
benção-de-deus *f.* [植] 전규과(錢葵科)의 초본.
bençoairo, bençoário *m.* ①《古》 교회에 기부(寄附)한 재산목록. ②(상품·가재·재산 등의) 목록. 재고상품목록표.
bençoar *v.t.* =*abençoar*.
bençom *f.* =*benção*.
bendito *a.* ①칭찬한. 칭찬받은. 복받은. 행복한. ②잘 말한.
bendizente *a.* ①칭찬하는. 찬양하는. 찬송하는. 축복하는. ②좋은 말하는. 좋게 말하는.
bendizer *v.t.* ①잘 말하다. 좋게 말하다. 좋은 말하다. ②칭찬하다. 축복하다.
benedicite *m.* [가톨릭교] 식전의 기도.
beneditinas *f.(pl.)* 베네딕트파의 수녀(修女).
beneditino *a.* 베네딕트 회의. 베네딕트파의.
— *m.* 베네딕트 회(파)의 수도사.
benefe *f.* 야생 씀바귀풀(苦草).
beneficência *f.* 선행(善行). 덕행. 은혜. 자선. 복리.
soctedade de beneficência 구제회. 자선

단체.
beneficente *a*. 선행의. 덕행의. 자선의. 동정(자비)심 많은. 친절한. 개선의. 개량의. 유리한.
beneficiação *f*. ①개량. 개선(改善). ②정제(精製). ③진보. 능해짐. ④개량점. ⑤이용. 활용.
beneficiado *a*. 성직록(聖職祿)을 받은. 종교적 직분에 따르는 이득(수익)을 받는. 개량된. 정제된.
— *m*. 성직록을 받는 자. 자선단체 등의 수입을 받는 자.
beneficiador *a*., *m*. 개량하는 (자). 개선하는 (자).
beneficial *a*. ①유익한. ②성직록의. ③[法] 신탁재산(信託財産) 따위의 수익권(受益權)이 있는.
beneficimento *m*. =*beneficiação*.
beneficiar *v*.*t*. (…을) 좋게 하다. (…에) 유익하게 하다. 이롭게 하다. …을 개량(개선)하다. …을 정제(精製)하다.
— *v*.*i*. 이를 보다. 이를 얻다.
beneficiar um campo 토지를 개량하다. 평야를 경작하다.
beneficiar uma mina 광산을 채굴하다.
beneficiar os metais 광물(鑛物)을 정련하다.
beneficiar o arroz 정미(精米)하다.
beneficiário *a*. (다음의 합성어로만 씀).
herdeiro beneficiário 한정상속인(限定相續人).
— *m*. 수익자(受益者). 녹(祿)을 받는 자람. (연금·보험금 등의) 수취인(受取人). 성직록을 받는 자. 《古》 봉신(封臣).
beneficiável *a*. 개량(개선)할 수 있는. …할 가치가 있는.
benefício *m*. ①이익. 이득. 비익(裨益). ②은혜. 은전(恩典). 특전. ③자선흥행(慈善興行). 후원 또는 구제를 위한 흥행. ④구제(금). ⑤개량. 개선.
beneficioso, benéfico *a*. ①유익한. ②복리적인. ③건강에 좋은.
benemerência *f*. ①칭찬할만함. 표창에 해당함. ②공로. 공훈.
benemerente *a*. 칭찬할만한. 표창해야 할. 공상(功賞)에 해당하는.
benemérito *a*. 공로가 있는. 공훈을 세운. 명예로운.
— *m*. 공로자. 공훈 세운 사람. 명사.

beneplácito *m*. 인가(認可). 인준. 허가.
benesse *m*. ①보수. 수당. 봉급. ②이득. ③[宗] 사제(司祭)의 수입. 교회의 수입.
benevolamente *adv*. 자비롭게. 인자하게. 인정있게.
benevolência *f*. ①자비심. 자선심. 박애. 인후(仁厚). 인혜(仁惠). ②호의. 친절.
benevolente *a*. 자비로운. 자선심 있는. 인정 많은. 관대한. 친절한.
benevolentemente *adv*. 자비롭게. 인정있게. 호의를 품고. 친절하게.
benévolo *a*. 자비로운. 자선심 있는. 인정 많은. 친절한. 관대한.
benfazejo *a*. 선한(착한) 일을 하는. 자선을 베푸는. 친절한. 관대한. 은혜적인. 유익한.
benfitor *m*. 선한(착한) 일을 하는 사람. 은혜를 베푸는 사람. 자선가. 덕행가. 보호자. 은인.
benfeitora *f*. *benfeitor*의 여성.
benfeitoria *f*. ①(토지·가옥 등의) 개량. 개선. ②이익. 복리. 은혜.
benfeitorizar *v*.*t*. (토지·가옥 등을) 개량하다. 개선하다. 개축(改築)하다.
bengala *f*. 지팡이. 단장.
bengalada *f*. 지팡이로 때림. 지팡이에 맞은 상처.
bengalão *m*. *bengala*의 지대사(指大辭) 큰 지팡이.
bengalar *v*.*t*. 지팡이로 두드리다. 치다.
bengaleira *f*. [植] 등나무(藤).
bengaleiro *m*. ①지팡이 만드는 사람. 그 장수. ②(극장 등에서) 모자·우산·외투 따위를 맡기는 곳. 또는 그것을 맡아 보는 이.
bengali *a*. (인도 동쪽의) 뱅갈의.
— *m*. 뱅갈어(語). 뱅갈인.
benigmamente *adv*. 인자하게. 다정하게. 친절히.
benignidade *f*. 인자(仁慈). 관인(寬仁). 온화. 친절. [醫] 양성(良性).
benigno *a*. 인자한. 너그러운. 유순한. 온화한. 친절한. [醫] 양성의.
Benjamim *m*. [聖] *Jacob*이 사랑하는 막내 아들. 막내. 귀염둥이. 가정에서 제일 귀여움 받는 아들.
Benjoeiro *m*. [植] 안식향의 나무.
benjoim *m*. [植] 안식향(安息香). 벤조인 수지(樹脂).

201

benquerença *f.* 자비(로움). 인자. 자선. 자애. 박애. 애정. 호의. 친절.

benquerente *a.* 자비로운. 인자한. 너그러운. 애정이 있는. 다정한. 친절한. 호의의.

benquerer *v.t.* (+a). 남이 행복하기를 빌다. 남이 잘되기를 바라다. 남을 사랑하다.

benquistar *v.t.* 화해시키다. 조정(調停)하다.
—se *v.pr.* 인기를 끌다. 남의 귀여움을 받다.

benquisto *a.* 인기 있는. 인망 있는. (대중의) 귀여움을 받는.

bens *m.(pl.)* (=*bem*의 복수). 소유재산. 부(富).

bentinho *m.* 목에 거는 호신패(護身牌).

bento (1) *a.* [宗] 신성한. 성도(聖徒)에 가입한. 성별(聖別)한. 성렬(聖列)에 들어간. *água benta* 성수(聖水).
— (2) *m.* 베네딕트회(파)의 수도사.

benvindo *a.* =*bem-vindo*.

benzedeira *f.* 엉터리 여의사(女醫師).

benzedeiro *m.* 엉터리 의사. 사깃군. 협잡꾼(특히 아프리카 토민의) 마법사. 요술사.

benzedela *f.* =*benzedura*.

benzedor *a.* 신성하게 하는. 성별(聖別)하는. 성도에 가입시키는. 성렬(聖列)에 들어가게 하는.

benzedura *f.* 마법(요술) 부리기. 굿을 하기.

benzena *f.* =*benzina*.

benzeno *m.* [化] 벤젠(콜타르에서 증류하여 얻는 빛없는 액체(無色液體)).

benzer *v.t.* 신성하게 하다. 축복하다. 강복(降福)하다. 성별하다. 성열(聖列)에 가입시키다.
—se *v.pr.* ①가슴에 십자를 긋다. ②놀라다.

benzido *a.* 신성한. 복받은. 축복한. 은혜를 입은.

benzimento *m.* 《古》신성하게 함. 성별(聖別)함. 성도(성렬)에 가입하기.

benzina *f.* [化] 벤젠. 석유성 휘발유. 가솔린.

benzinismo *m.* 벤젠 중독.

benzoato *m.* [化] 안식향산(酸). 에스테르.

benzóico *a.* 안식향의. 안식향에서 채취한. 안식향성(安息香性)의.

benzoína *f.* 안식향. 벤젠 수지(樹脂).

benzol *m.* 벤졸(콜타르 생산물).

benzola, benzolina *f.* =*benzol*.

beócio *a.* (옛 그리스) *Boeotia*의. 우둔한.
— *m.* 우둔한 사람.

bequadro *m.* [樂] 제자리표. 본위기호.

beque *m.* ①(주둥이처럼) 뾰족한 선수(船首). ②큰 코. ③부인복의 허릿부분. ④[競] (아식축구의) 후위. 빽.

bequico *a.* 기침에 효과 있는. 기침 멎게 하는.
— *m.* 기침약.

berberideas *f.(pl.)* [植] 황경피나무무리.

berbigão *m.* [貝] 조개의 일종. 이패(貽貝).

berço *m.* ①요람(搖籃). 아기 침대. ②요람시대. 유시. 어린 시절. ③초기. 근원. 출생지. (문화 등) 발상지(發祥地). (예술의) 요람기. ④[造船] 배틀(進水 때의) 미끄럼대. ⑤포안(砲鞍). ⑥[建] 둥근 천장.

berdamerda *m.* 《卑》고약한 놈. 못된 녀석. 개같은 놈.

berenice *f.* ①여자의 이름. ②[天] 성좌의 이름.

bereré *m.* 소동. 소란.

bergamota *f.* [植] 베가모트(귤의 일종).

berganha *f.* =*barganha*.

berganhar *v.t.* =*barganhar*.

bergantim, bergantine *m.* 쌍돛 달린 배. 《古》습격선(船).

beriba, beriva *f.* 곤봉(棍棒).

beribéri *m.* (세이론어(語)에서 유래). [醫] 각기(脚氣).

beribérico *a.* 각기의.
— *m.* 각기환자.

beriberigeno *a.* 각기를 일으키는. 각기성의.

beriberizer *v.t., v.i.* 각기를 일으키다. 각기에 걸리다.

berilo *m.* [鑛] 녹주석(綠柱石). 녹주석옥(연한 푸른색·노랑색·흰색이 섞여 나오는 보석).

berimbau *m.* [樂器] 구금(口琴). (입에 물고 손으로 타는).

berinjela *f.* [植] 가지.

berlinda *f.* 일종의 사륜(四輪)마차.

berlinense, berlinês *a.* (독일) 베를린 사람의
— *m.* 베를린 시민.

berloque *m.* ①시계의 쇠사슬에 달린 장식물. ②자질구레한 장신구(裝身具). 쓸데

없는 것.
berloques (*pl.*) ①(요술장이가 외는) 알 수 없는 주문(呪文). 요술. 기술. ②속임수. 사기적 수단.
berliques e berloques 요술. 기술. 속임수.
berma *f.* 보루(堡壘)의 벼랑길. 강변의 비탈길.
bernardice *f.* 큰 실수. 과실. 실책. 어리석은 노릇. 우둔한 짓.
bernardo *a.* St. Bernard의 씨터어 승파(曾派)의.
— *m.* 씨터어파(*Cistercian order*)의 승려.
beroba *f.* 암말.
berra *f.* (암노루·암소 등이) 암내 내는 것. 발정(發情)(기). 교미기.
andar (또는 *estarna berra*) ①암내 내다. ②매우 인기 있다. 평판에 오르다.
berrador *a.*, *m.* ("움머!"하며) 큰소리 지르는(황소).
berradura *f.* [植] 네덜란드 박하(薄荷). 어생이.
berrante *a.* (눈부실 만큼) 화려한. 섬광적(閃光的)인. (색깔이) 선명한.
berrar *v.i.* (황소·염소 따위) 큰소리로 울다. 외치다. 심한 바람소리 나다. (대포소리) 은은하다.
berraria *f.* =*berreiro*.
berregar *v.i.* 몹시 울다. 울부짖다. 계속해서 소리지르다.
berreiro *m.* (황소·염소 등의) 지르는 소리. 울부짖기. (동물의) 포효(咆哮). 갓난아기의 시끄러운 울음소리.
berro *m.* (염소·황소 등의) 우는 소리. 지르는 소리. (짐승의) 포효.
berruga *f.* [醫] 사마귀. [動·植] 사마귀 모양의 돌기(突起).
bertéroa *f.* [植] 십자과(十字科)의 식물.
besoural *a.* 딱정벌레의. 딱정벌레 같은.
besouro *m.* [蟲] 딱정벌레(甲蟲). 뿔 있는 벌레.
bespa *f.* 석궁(石弓 : 중세의 무기).
besta *f.* (사람에 대한) 짐승. 축생(畜生). 네발 짐승. 우마. 가축. 《卑》하등 인간. 고약한 녀석. 개자식.
besta de carga 짐나르는 짐승(소·말·노새 따위).
bésta-fera *m.* 짐승 같은 인간. 잔인한 사람.

bestagem *f.* 어리석은 노릇(언행). 명청이 같은 수작.
bestalhão *m.* (*besta*의 지대어) ①큰 짐승. 큰 가축. ②큰 바보. 얼간망둥이.
bestalhona *f.* 둔한 여자.
bestar *v.i.* 바보다운 말을 하다. 어라석은 이야기를 하다. 미친 소리를 하다.
bestaria *f.* 《古》약간 수의 석궁(石弓). 석궁병의 한 부대. 일대(一隊)의 노병(弩兵).
besteira *f.* 어리석은 수작. 우둔한 노릇(소행). 우행(愚行). 넌센스.
besteiro *m.* 《古》석궁을 쏘는 사병. 노병(弩兵). 궁술가(弓術家).
besteria *f.* 석궁으로 무장한 부대. 노병대(隊).
bestiaga *f.* 보잘 것 없는 동물(짐승). 아주 우둔한 인간.
bestiagem *f.* 짐승의 떼(무리).
bestial *a.* 짐승의. 수성(獸性)의. 축생의. 짐승 같은. 잔인한. 흉악한. 어리석은. 우둔한.
bestialidade *f.* ①짐승 같은 마음(성질·근성). ②잔인한. 우둔. 무지. 무도(無道). 수욕(獸慾). ③[法] 수간(獸姦).
bestialização *f.* =*bestificação*.
bestializer *v.t.* 짐승 같이 만들다. 짐승처럼 행동하다.
bestialmente *adv.* 짐승 같이. 잔인하게. 무도하게.
bestiário *a.* 짐승의. 축생의.
— *m.* ①(로마 시대의) 맹수와 싸우던 투사. ②(곡마단 등에서) 맹수(짐승)을 다루는 사람. ③맹수의 떼.
bestidade *f.* 우둔(무지)한. 언행.
beatificação *f.* 짐승같이 만들기. 수성화(獸性化). 우둔하게 하기.
bestificar *v.t.* 짐승같이 만들다(처럼 되게 하다). 수성화하다. 우둔하게 하다.
bestiola *f.* ①작은 짐승(동물). ②우둔한 사람. 명청이.
bestunto *m.* 둔함. 우둔함. 잘 알아듣지 못함. 바보. 저능(低能). 《俗》판단력. 능력.
besugo *m.* ①[魚] 도미의 일종. ②《俗》뚱뚱보.
besuntadela *a.* 기름을 칠하기. 유지(油脂)를 바르기. 기름으로 더럽히기.
besuntão *m.* 기름 투성이의 옷을 입은 사람. 불결한 사람.

besuntar *v.i.* 기름을 칠하다. 유지를 바르다. 기름으로 더럽히다.

besunto *m.* 기름칠. 유지(油脂)가 발려 있는 상태. 기름으로 더러워져 있음.

beta *f.* ①그리스 문자의 둘째자 베타(β). ②둘째로 되는 사람 또는 물건.

bêta *f.* ①줄. 무늬. ②광맥(鑛脈).

betão *m.* 굳어진 물건. 콘크리트.

betar *v.t.* 여러 가지 색깔의 무늬를 넣다. 여러 가지 색깔을 배합하다. 조화(調和)시키다.
— *v.i.* 여러 가지 색깔이 조화되다.

bétela *m.* [植] 김마 (후추과 상록식물).

beterrada *f.* [植] 사탕무. 화염채(火焰菜)의 뿌리(생치 요리에 씀).

betilo *m.* 《古》신석(神石). 영석(靈石).

beton *m.* = *betão*.

betonar *v.t.* 굳게 만들다. 굳히다. 응결(凝結)시키다. 콘크리트를 하다.
— *v.i.* 굳어지다. 응결하다. 콘크리트로 굳어지다.

betoneira *f.* 콘크리트 혼합기.

betônica *f.* [植] 곽공초(郭公草 : 순형과의 단년생 식물). 곽향(藿香).

betral *m.* 김마밭.

bétula *f.* [植] 자작나무(樺). 자작나무의 재목.

betuláceas, betulíneas *f.(pl.)* 자작나무 무리.

betmnar *v.t.* 송진(비취)을 칠하다(바르다). 역청(瀝靑)을 칠하다.

betume *m.* [鑛] 역청(瀝靑). 비취.

betuminoso *a.* 역청질(質)의.

bexiga (1) *f.* ①[解] 방광(膀胱). 낭(囊). 수포(水疱). ②[動] 부레. ③[植] 공기 주머니(해초에 붙는 주머니).
bexiga natatória 물고기의 부레(浮囊).
bexigas (*pl.*) [醫] ①천연두. ②얽은 자국. 두흔(痘痕).
— (2) *f.* 놀려대기. 야유(揶揄).

bexigal *a.* 천연두의.

bexigar *v.i.* 놀려대다. 야유하다.

bexigoso *a.* 얽은 자국(痘痕)이 있는.

bexigueiro *a.*, *m.*《卑》놀려대는 (사람). 야유하는 (자). 희롱하는 (이).

bexiguento *a.* ①얽은 자국이 있는. ②놀려대는. 야유하는. 희롱하는.

bezerra *f.* 암송아지. 어린 암소.

bezerro *m.* ①숫송아지. ②송아지 가죽.
bezerro marinho 해표(海豹).

bezerrum *a.*《古》송아지의.
couro oezerrum 송아지 가죽.

bezoar *m.* 우황(牛黃 : 염소 등의 뱃속에 있는 결석(結石). 옛날에 해독제로 썼다고 함).

bi *pref.* 둘・양(兩)・쌍・복(複)・중(重)・이중・겹 등의 뜻을 나타내는 접두사(接頭辭).

bialado *a.* 두 날개 있는. 약쪽 깃(兩翼)이 있는.

biangulado *a.* 이각(二角)이 있는. 각이 둘로 된.

biangular *a.* 이각의. 이각이 있는. 양각(兩角)의.

biaribú *m.* 땅에 판 구멍 속에 고기를 넣고 굽기.

biatômico *a.* [化] 2원자(성의)의. 2가(二價)의.

biaxifero *a.* [植] 두 개의 축(雙軸)이 있는.

bibásico *a.* [化] 2염기성(二鹽基性)의.
ácido bibásico 2염기산(酸).

bibe *m.* (침흘리는 것을 막는) 아기의 턱받이.

bibelô *m.* 골동품. 장식품. 자질구레한 장신구.

biberão, biberon *m.* 포유병(哺乳瓶). 젖병.

bibi *m.* [植] 검은야자(黑椰子).

Bíblia *f.* 바이블. 성경(聖經). 성전. 성서.

bíblico *a.* 성경의. 성경에 관한. 성경에서 나온.

bibliófilo *m.* 애서가(愛書家).

bibliografia *f.* 서적해제(解題). 서지학(書誌學). 저서목록. 관계서지(關係書誌). 참고서 일람.

bibliográfico *a.* 서적해제의. 저서목록의.

bibliógrafo *m.* 서적해제의 저자(著者). 서지학자(書誌學者). 도서학자.

bibliolatria *f.* 서적(특히 성경) 숭배.

bibliologia *f.* (특히) 성경학. 성경문학. 서지학(書誌學). 서적해제.

bibliólogo *m.* ①성경학자. 성서연구가. ②서지학자.

bibliomania *f.* 서적광(書籍狂). 책 모으는 버릇(藏書癖).

bibliomaníaco *a.* 서적광의. 장서 버릇의.

bibliomano *m.* 서적을 아주 좋아하는 사람. 책에 미친 사람.

biblioteca *f.* 도서관. 도서실. 문고(文庫).

서고(書庫). 서재(書齋). 장서(藏書).
biblioteca viva 많은 것을 아는 사람. (博學의 스승).

bibliotecário *m*. 도서계(係). 사서(司書). 도서관원.

biblista *m*., *f*. 성경연구가. 성경학자. 성경에 구애(拘泥)하는 자. 모든 것을 성경에 비추어 해석하는 사람.

biblistica *f*. 성경연구.

biboca (1) *f*. ①초가집. ②술집. (특히 시골의) 선술집.
— (2) *f*. ①물마른 골짜기. 계곡. 협곡. (홍수로 인하여 생긴) 도랑. ②웅덩이. 배수구.

bíbulo *a*. ①흡수하는. 흡수성(吸收性)의. ②술꾼의. 술을 좋아하는.

bica *f*. 수도(水道)의 꼭지. 배수관의 주둥이. 물뿜는 주둥이. (水吐口. 噴水口).
em bica 흘러나오듯. 용솟음쳐 나오듯. 풍부히.

bicada (1) *f*. (부리·주둥이 따위로) 쪼기. 쪼은 자국. 한번 쪼은 분량. 지면(地面)이 울퉁불퉁한 것.
— (2) *f*. 큰 수도꼭지.

bicadas *f*.(*pl*.) 수목(樹木)의 지엽(枝葉).

bicai *a*. (열매의 끝이) 뾰족한. 주둥이 모양의.

bicalado *m*. [鳥] 오리의 일종.

bicampião *m*. 이중선수권.

bicana *f*. 《俗》 큰 코.
— *m*. 코가 큰 사람.

bicanco *m*. 《俗》 큰 주둥이. 큰 부리.

bicapsular *a*. [植] 꼬투리가 두 개 있는.

bicar *v.t.*, *v.i.* (주둥이 부리로) 쪼다. 쪼아 먹다.

bicarbonado *a*. [化] 중탄산(염)의.

bicarbonato *m*. [化] 중탄산염(重炭酸鹽).
bicarbonato de soda 중탄산소다.
bicarbonato de sodio 중탄산나트륨.

bicaudado *a*. 꼬리가 두 개 있는. 이미(二尾)의.

bicéfalo *a*. 머리가 둘 있는. 이두(二頭)의.

bicelular *a*. [植] 포(胞)가 둘 있는. 이포의.

bicentenário *m*. 2백년(기념)제.

bíceps *m*. [解] 이두근(二頭筋). 여력(膂力).

bicha *f*. ①벌레. 지렁이. 거머리. 뱀. ②편발(辮髮). 땋은머리. ③손과 손을 잡은 여러 사람의 열(列). ④《轉》 근성이 나쁜 여자. 화 잘 내는 여자.

bichas (*pl*.) ①장충(腸蟲). 귀고리.
bicha de sete cabeças 귀찮은 일. 난사.

bichaço *m*. 《俗》 부자. 유력한 사람.

bichado *a*. 벌레가 먹은. 벌레 붙어 있는.

bichancrice *f*. 어리석은 태도. 싱겁게 멋부리기. 멋없는 애교.

bichancros *m*.(*pl*.) 우스운 노릇(태도). 싱겁게 멋부리기. 꼴사나운 애교.

bichano *m*. 작은 고양이.

bichão *m*. ①경험이 많은 녀석. 숙련한 인간. 《卑》 능청스러운 인간. 사기꾼. ③오입장이 정부(情夫).

bichar *v.t.* (과일 목재 따위에) 벌레 붙다. 벌레 먹다.

bicharada *f*. (몰려 있는) 많은 벌레. 많은 동물.

bicharedo *m*. 많은 벌레.

bicharia *f*. ①벌레가 모인 것. 우글우글한 벌레. ②떠들썩하는 사람(동물)의 떼. 오합지중. ③해로운 짐승. 해조(害鳥). 해충. 기생충.

bicharoco *m*. 큰 벌레. 보기 흉한 벌레. 몸서리나는 것. 싫은 짐승.

bicharrão *m*. 큰 벌레.

bicheira *f*. 벌레(해충)에 물린 상처(자국). 해충에 찔려 피부가 터지거나 벗겨진 곳.

bicheiro (1) *m*. (낚시에 끼는) 지렁이를 넣는 병. [海] 길고리킷대(보드를 딩기키니 밀치는 때에 쓰는 갈고리 달린 장대).
— (2) *m*. *Jogo do bicho*. 노름하는 사람.

bichento *a*. 벌레가 붙은. 벌레가 많은. 다리에 부스럼이 생긴.

bicho *m*. ①벌레(의 총칭). 유충(幼蟲). 지렁이. 거머리. 구데기. ②기생충(벼룩·빈대·이 따위). ③《轉》벌레와 다름없는 인간. 미운(싫은) 사람. 비쇼 도박 (=*Jogo do bicho*: 25가지의 동물에 25까지의 번호가 있어 그 번호를 마치는 일종의 노름).
bicho da seda 누에.
bicho de pé 벼룩의 일종(발가락 사이에 생기는 기생충).
bicho-de-conta 식물에 달리는 일종의 기생충.
bicho-papão (동화에 나오는) 사람 잡아 먹는 귀신. 도깨비. 무서운 것.
matar o bicho 식전에 식욕을 당기기 위하여 마시는 약간한 술.

bichoca *f*. ①《俗》 깜찍한 물건. 작은 지렁

이. ②아기(어린애)의 자지.
bichoso *a.* 벌레가 먹은. 벌레가 쬔. 벌레 투성이의.
bicicleta *f.* 자전거.
biciclizar *m., f.* 자전거 타는 사람.
bicicletista *v.i.* 자전거를 타다(타고 돌아다니다).
bicipital *a.* [解] 이두근(二頭筋)의.
bicípite *a.* 《詩》머리가 둘 있는. 두 개의 정점(頂點)이 있는.
bico *m.* ①부리(특히 비둘기·오리·물새 등의 가늘고 평평한 부리). 주둥이. ②뾰족한 끝. ③동물의 코끝. ④철필촉의 끝. ⑤전등의 소켓. ⑥주전자의 주둥이. ⑦《卑》사람의 입. 주둥이(특히 싸울 때의 말). ⑧(날짐승을 셀 때 한 마리 두 마리하는) 마리.
calar o bico 입 다물다. 말 못하게 하다.
bico de gaz 가스 불 나오는 주둥이(火口).
bicolor *a.* 두 가지 색(二色)의. 두 가지 색이 있는.
bicônacavo *a.* 양쪽이 오목한. 양요(兩凹)의.
biconvexo *a.* 양쪽이 볼록한. 양철(兩凸)의.
bicorada *f.* 부리(주둥이)로 쪼기(국 찌르기).
bicorne, bicorneo *a.* 두 개의 뿔(二角)이 있는. 쌍각(雙角)의. 양각(兩角)의. [核] 양쪽 끝이 뾰족한.
bicota *f.*《卑·轉》"쪽"하는 키스. 소리가 요란한 키스.
bicuda *f.* ①[魚] 비꾸다(브라질산 주둥이가 길고 이빨이 없는 물고기). ②끝이 뾰족한 단도(칼).
bicudez *f.* ①복잡한. 얽히어 있음. ②곤란.
bicudo *a.* ①부리(주둥이) 있는. 뾰족한. ②곤란한. 얽히어 있는. ③무뚝뚝한. 화낸. 성낸.
bicudo *m.* [鳥] 부리가 큰 새. 대취조(大嘴鳥).
bicuspide *a.* ①뾰족한 머리가 둘 있는. ②이두치(二頭齒)의.
bidé *m.* ①세탁 대야. ②침대 옆에 놓는 작은 상.
bidentado *a.* 이가 둘 있는. 양치(兩齒)의. [植] 두 개의 이빨 모양(兩齒形)의.
bidente *m.* [農] 두 갈래로 된 가래.
biela *f.* [機] 연계간(連繫桿). 운동기(運動機).
bienal *a.* 2년에 한 번 있는. 2년마다의. 2년간의. [植] 2년생의.

biênio *m.* 2년간. 2년 동안.
bifada *f.* 나쁜 냄새. 구린 냄새. 악취.
bifar *v.t.* 《俗》훔치다. 도둑질하다. 좀도둑질하다.
bifario *a.* [植] 잎사귀가 둘로 나뉘어진. 양분(兩分)된. 열엽(裂葉)의.
bifásico *a.* 두 면이 있는. 양면의.
bife *m.* ①두껍게 벤 고깃점. ②[料理] 비프스테이크.
bifendido *a.* ①[植] 두 줄기 있는. 둘로 나뉘어진. 이열(二裂)의. ②[天] 두갈래 난.
bífero *a.* 1년에 두 번 열매 맺는(두 번 꽃피는).
bifesteque *m.* [料理] 비프스테이크(의 사투리).
bífido *a.* = *bifendido*.
biflexo *a.* [植] (꽃이) 양쪽으로 나뉘어져 핀.
biflor, bifloro *a.* [植] 두 개의 꽃(二花)이 있는. 쌍화(雙花)의. (한 줄기 위에) 두 송이의 꽃이 피는.
bifocal *a.* (안경 따위) 원근(遠近) 양용의. 초점(焦點)이 둘 있는. 두 초점의.
bifoliado *a.* [植] 두 개의 잎사귀(二葉)가 있는. 쌍엽(雙葉)의.
bifore *a.* 두 개의 사리문짝이 있는. 양비(兩扉)의.
biforme *a.* 두 개의 꼴(형태)이 있는. 이형체(二形體)의.
biforo *m.* 야광충(夜光蟲).
bifronte *a.* ①양면(兩面)의. ②두 가지 마음(二心) 있는. 위선의. 위선적. 불충실한.
bifurcação *f.* 두 길로 나뉨. 분기(分岐). 분기점.
bifurcado *a.* 두 길(두 갈래로)로 나뉜. 분기된.
bifurcar *v.t.* 두 길(두 갈래)로 나누다.
— *v.t.*, —*se v.pr.* 두 길(두 갈래)로 나뉘다. 분기(分岐)하다(되다).
biga *f.* (로마 시대의) 두 필의 말이 끌던 전차(戰車). 또는 사냥차.
bigamia *f.* 이중 결혼. 중혼(重婚). 중혼죄(罪).
bígamo *a.* 중혼의.
— *m.* 중혼자.
bigenero *a.* [文] 두 성(兩性)이 있는. 양성의.
biglanduloso *a.* [解·動] 이선(二線)이 있는.
bignônia *f.* [植] 능소화(凌霄花).
bignoniâceas *f.(pl.)* 능소화 무리.

bigode *m.* ①윗수염. 입수염. ②트럼프 놀이의 하나. ③속임수. 실패케 하는 수단.
dar um bigode 속이다. 틀리게 하다(사냥 따위에서) 남이 실수하여 놔버린 것을 옆에서 쏘아잡다.

bigodear *v.t.* ①속이다. 틀리게 하다. 실패케 하다. ②(말의 눈에) 덮개를 하다. 차안혁(遮眼革)을 씌우다. ③놀려주다. 야유하다.

bigodeira *f.* ①수염이 많음. ②(수염을 보호하기 위한) 수염 주머니.

bigodinho *m.* 작은 수염.

bigodudo *a.* 큰 수염이 있는. 넓고 많은 수염이 있는.

bigorna *f.* ①쇠모루(鐵床). 철침(鐵砧). 쇠모탕. ②[解] 침골. 귀의 작은 뼈.
estar entre a bigorna e o martelo (모르와 망치 새에 놓여 있다.) 어려운 환경에 처하다.

bigorrilha *f.* (흔히 복수로 씀). *m.* 가치없는(보잘것 없는) 인간. 비열한 인간. 악당. 망종.

bigotismo *m.* 고집. 완고. 억척스러운.

biguá *f.* [鳥] 비구아아(브라질 섭수금(涉水禽).

bijugado *a.* [植] 두 작은 잎이 있는. 이대(二對)의. 쌍대(雙對)의

bijugo *a.* 두 말 멍에의. 하나의 달구지(또는 마차)에 두 개의 멍에가 있는.

bijuteria *f.* 보석류. 구슬. 작은 장식물. 위의 보석류를 파는 상점.

bilabiado *a.* [植] 두 개의 입술 모양으로 된. 양순형(兩脣形)의.

bilabial *a.* 두 입술의. 양순(兩脣)의. 양순으로 되는. [文] 양순음의.
— *m.* 양순음(兩脣音). 양순음자(*p, b, m* 따위).

bilaminado *a.* [解·植] 두 개의 얇은 조각(二薄片)이 있는.

bilaterado *a.* [植] 잎사귀가 줄기를 사이에 두고 양쪽으로 가지런히 나온. 대생(對生)의.

bilateral *a.* ①두 면(兩面)이 있는. 양측의 쌍방의. 이변(二邊)의. ②[解·植] 좌우양측의. 좌우동형의. ③[法] 쌍무적(雙務的). 쌍방의.
contrato bilateral 쌍무계약.

bile *f.* 담즙(膽汁).

bilha *f.* (물·우유·술·기름 따위를 넣는) 단지. 항아리. 똑배기. 병.

bilhão *m.* 10억. 백만의 천 배.

bilhar *m.* 당구. 당구대. 당구장.
partida be bilhar 당구 놀음. 당구치기.

bilharda *f.* 자치기(긴 막대기와 짧은 막대기를 가지고 짧은 것을 땅에 놓고 긴 것으로 때려 공중에 튕겨 올려 보낸 다음 내려올 때 다시 쳐서 일정한 선 내에 넣는 놀이).

bilhardar (1) *v.i.* 자치기를 놀다.
— (2) *v.i.* (당구에서) 한 번에 두 개의 알을 치다.

bilharista *m., f.* 당구치는 사람.

bilhetada *f.* 많은 표. 많은 입장권.

bilhete *m.* ①표. 정가표. 가격표. (버스·전차·기차 등의) 승차권. (극장·역의 홈 등의) 입장권. ②안내장. 명함. ③증권. 어음.
bilhete postal 우편엽서.
bilhete de casamento 결혼청첩장(초대장).
bilhete de visita 명함.
bilhete de entrada 입장권.
bilhete de loteria 복권.
bilhete á ordem 약속어음. 지불어음.
bilhete de ida 단행표(가기만 하는 표).
bilhete de ida e volta 왕복표.

bilheteira *f.* ①명함 넣는 통(또는 받아 두는 쟁반). ②표파는 여사.

bilheteiro *m.* 표파는 사람. 출찰계(係).

bilheteria *f.* 표파는 곳. 출찰구(出札口). 입장권 판매처.

bilião *m.* (=*bilhao*). 십억(十億). 백만의 천 배.

biliar *a.* [解] 담즙(膽汁)의.

biliário *a.* [解] 담즙의. 담즙에 관한.
calculos biliários 담석(膽石).
vias biliarias 수담관(輸膽管).

bilingual *a.* 두 나라 말의. 이국어(二國語)의.

bilíngue *a.* 두 나라 말을 하는. 두 나라 글로 쓰여진. 두 나라 말이 있는.

bilinguedo *m.* 두 나라 말을 하는 사람.

bilionário *m., a.* 억만장자(의).

bilioso *a.* ①담즙이 많은. 담즙과다(膽汁過多)의. 담즙질의. ②자주 화내는. 짜증부리는. 역정내는. 심술궂은.

bílis *f.* ①[醫] 담즙. ②기분 나쁨. 역정. 짜증. 우울.

biliteral *a.* 두 글자(二字)의. 두 글자로

bill *m.* [新] 법안. 법률안. 의회(議會)의 의안(議案). 계산서. 청구서. [法] 조서(調書).

bilobado *a.* [植] 두 줄 있는. 두 개의 열편(裂片)으로 되는.

bilocação *f.* 동시에 두 곳(二個處)에 현존하는 기적(奇蹟).

bilocular *a.* 두 개의 실(室)로 되는. 이실(二室)의. [植] 이포(二胞)의.

bilontra *m.* 방종하는 놈. 못된 장난하는 놈. 횡폭한 놈. 엉큼한 녀석.

bilontragem *f.* 방종하기. 못된 장난하기.

bilontrar *v.i.* 방종하다. 못된 장난을 하다. 불량배 노릇을 하다.

bilrar *v.i.* 실패(실꾸릿대)로 일하다.

bilro *m.* 실패. 실꾸릿대. 방추(紡錘). 가느다란 끈. 방적기(紡績機)의 목관(木管).

biltragem *f.* 야비한 행동. 파렴치한 노릇. 깡패의 수작.

biltre *m.* 야비한 인간. 파렴치한 놈. 악한(惡漢). 무뢰한. 망종(亡種).

bímano *a.* 두 손(兩手) 있는. 양수의.

bímanos (*pl.*) 두 손 있는 동물(양수 동물).

bimar *a.* 두 바다의 사이에 있는. 양해(兩海) 중간의.

bimbalhada *f.* 여러 개의 종을 동시에 울리기.

bimbalhar *v.i.* 여러 개의 종이 동시에 울리다.

bimbarra *f.* 시끄러운 소리를 내는 막대기. (떠들썩하고 귀에 거슬리는 음악에 맞추어 두드리는) 북채 같은 막대기.

bimembre *a.* [文] 이구(二句) 또는 이절(二節)로 되는.

bimensal *a.* 두 달에 한 번 있는. 두 달만의. 격월(隔月)의.

bimestral *a.* 위와 같은.

bimestre *a.* 두 달 동안의. 2개월 간의. 두 달분의.
— *m.* 두 달 동안. 2개월간. (지불금 따위) 2개월분.

bimetalista *m., f.* (금·은) 양본위제를 주장하는 사람.
— *a.* (금·은) 양본위제의.

bimo *a.* 두 살 되는. 2년이 되는. 2년 간의. 이년 계속하는.

bimotor *a.* 두 개의 발동기 있는. 쌍발(雙發)의.
avião bimotor 쌍발비행기.

binação *f.* =*binagio*.

binado *a.* [植] (잎이) 한쌍식 나는. 대생(對生)의.

binagio *m.* 같은 사제(司祭)가 하루에 두 번 미사를 집행하는 것.

binar (1) *v.t.* 같은 사제가 하루에 두 번 미사를 집행하다.
— (2) *v.t.* 땅(밭)을 다시 갈다. 재경(再耕)하다.

binário *m., a.* 둘(의). 쌍(의). 거듭(한). 겹(의). [數] 이원(二元)(의). [化] 이원소(二元素)(의). 이원소(되는). 두 성분(의).
número binário [數] 이진법(二進法).
teoria binária 이원론(二元論).

binervado, binerveo *a.* [植] 줄기가 둘 있는. 이맥(二脈)의.

binoculado *a.* 두 눈(兩眼) 있는. 쌍안의.

binocular *a.* 두 눈 있는. 두 눈에 쓰는. 쌍안의. 쌍안(雙眼)에 쓰는.

binoculizar *v.t.* 쌍안경으로 보다.

binóculo *m.* 쌍안경. 쌍안현미경.

binominal *a.* 이명(二名)의. 이중(二重)의. [數] 이항(二項)의.

binomino *a.* 두 이름 있는. 이명(二名)의.

binómio *m.* [數] 이명(二名). 이항(二項). 이항식. 중명(重名). 중명법. 이명법.

bínubo *a.* 두 번 결혼한. 재혼한.

bioco *m.* ①얼굴에 가리는 천. 베일. 너울. 면사포. 두건(頭巾). ②점잔빼기. 숙녀(淑女)답게 보이려는 태도. 신앙이 독실한. …체하기. ③가면. 허위. 위선.

biocrático *a.* (약품에 대한 말) 생활 기능을 개변하는.

biodinámica *f.* 생물기능학(機能學). 활력론(活力論).

biofilia *f.* 자기보존(自己保存)의 본능. 생존욕(慾).

biogênese, biogénia *f.* [生物] 생물속생설(生物續生說 : 생물은 반드시 생물로부터 생긴다는 견해).

biogenético *a.* 생물속생설의.

biografar *v.t.* (…의) 전기(傳記)를 쓰다. 일대기(一代記)를 쓰다.
—*se v.pr.* 자서전을 쓰다.

biografia *f.* 전기(傳記). 일대기(一代記). 자서전. 전기문학(傳記文學).

biográfico *a.* 전기의. 일대기의. 전기체(體)의.

dicionário biográfico 인명사전(人名辭典).
biógrafo *m.* 전기를 쓰는 사람. 전기작가.
biologia *f.* 생물학. 동식물학.
biológico *a.* 생물학(상)의.
biologista *m., f.* 생물학자.
biólogo *m.* 생물학자.
biombo *m.* 병풍. 발(簾). 막. (접을 수 있는) 간막이.
biometria *f.* 통계적 생물학. 생물측정학. 수명측정(壽命測定).
bionomia *f.* 인구학(人口學). 인구통계. 동물생태학.
bionómico *a.* 인구학의. 동물생태학(상)의.
bioplasma *f.* [生物] 원생질(原生質).
bioquímica *f.* 생물화학.
bioquímico *a.* 생물화학(상)의.
bioscópio *m.* 인생백태(人生百態). 인생관찰.
biose *f.* 생활하기. 생활상태.
biotaxia *f.* 생물분류학.
biotáxico *a.* 생물분류학(상)의.
biotico *a.* 생명의. 생명에 관한. 생활의.
biotite *f. biotito.*
— *m.* [鑛] 흑운모(黑雲母).
bióxido *m.* [化] 이산화물(二酸化物).
bíparo *a.* [動] 쌍둥이를 낳는. [植] 같은 것이 두 개씩 돋는. 쌍생(雙生)의.
bipartição *f.* 두 부분으로 나눔. 절반하기. 이분(二分).
bipartido *a.* 두 부분으로 나뉘어진(분할된) 절반이 된. 두통(二通)으로 된. [植] 두 갈래로 깊이 쪼개진. 이열상(二裂狀)의.
bipartível *a.* 두 부분으로 나눌 수 있는. 양분 가능한.
bipedal *a.* 두 개의 큰 다리(二大足)의.
bípede *a.* 두 발 있는. 양각(兩脚)의. 두 발로 걷는.
bípedes (*pl.*) 양족(兩足) 동물.
bipene *a.* 두 날개 있는. 양익(兩翼)의. [植] 두 깃꼴로 된. 양익형(形)의.
— *m.* (옛 軍器) 큰 도끼. 양쪽에 날이 돋힌 도끼.
bipenifero *a.* 두 날개 있는. 두 날개꼴의. 양익형의.
bipenne *a.* =*bipene.*
bipétalo *a.* 꽃잎이 둘 있는. 양화판(兩花瓣)의.
biplano *m.* 겹날개 비행기. 복엽기(複葉機). 쌍엽기.

bipolar *a.* [電] 두 극이 있는. 쌍극(雙極)의.
dinamo bipolar 쌍극 발전기.
biproduto *m.* 부산물.
biquadrado *a.* [數] 사차(四次)의. 네제곱의. 사차방정식(方程式)의.
biqueira (1) *f.* 맨 끝. 말단. (지팡이·양산 등의) 쇠 끝. 쇠테. 쇠돌레.
— (2) *f.* 낙수 홈통.
biquini *m.* 비키니. 여자용 수영복.
birbante *m.* 《卑》불량자. 망나니. 악한.
birimbau *m.* [樂器] 구금(口琴: 입에 물고 손으로 타는).
birmanês *a.* 버어마(미얀마) (사람)의.
— *m.* 버어마(미얀마) 사람. 버어마(미얀마) 언어.
birra *f.* 변덕. 변심. 변태. 고집. 편집(偏執). 증오. 노여움.
birrar *v.i.* 고집부리다.
birreme *f.* 노를 젓는 곳이. 두 층으로 된 배(옛 군함).
birrento *a.* ①고집부리는. 완고한. ②심술궂은. 삐돌어진.
biruta *f.* 바람개비. 바람방향(風向)을 표시하는 원통포(圓筒布).
— *a.* 《轉》미친. 머리가 돈. 천치 같은.
bis (1) *pref.* 둘·양(兩)·쌍·복(複)·중(重)·겹 등의 뜻을 나타내는 접두사.
— (2) *adv.* 누 번. 다시. 새차. 서듭.
— *m.* 다시 하기. 재연(再演). 재영 요망.
— *interj.* 재청! 앵콜!
bisagra *f.* 돌쩌귀. 요점.
bisanual *a.* 2년에 한 번 있는. 2년마다의. [植] 2년에 한 번 되는(피는·열매 맺는).
bisão *m.* [動] 미국에 있는 들소(野牛).
bisar *v.t.* 다시 하기(再演)를 원하다. 재청하다. 앵콜을 외치다.
bisavô *m.* 증조부(曾祖父).
bisavó *f.* 증조모.
bisbilhotar *v.i.* 음모하다(꾸미다). (좋은 사이를) 이간하다. 쓸데없는 이야기를 하다. 잡담하다. 말참견하다. 남의 일(이야기)을 방해하다.
bisbilhoteiro *m.* 음모가. (나쁜 일을) 꾸미는 사람. 쓸데없는 이야기를 하는 자. 요설가(饒舌家). 참견하기 좋아하는 이. 남의 사이를 이간하는 자.
bisbilhotice *f.* ①음모. 간책. 획책. ②쓸데 없는 말. 말참견.
bisborria *m.* 비열한 인간.

bisca *f.* ①일종의 카드(트럼프) 놀이. ②비웃기. 조소(嘲笑). ③음험한 사람.

biscaia *f.* 암말. 《轉》타락한 여인.

biscar *v.t. bisca* 노름을 하다.

biscate *m.* ①《俗》비웃는 말. ②성가신(불유쾌한) 일. ③행상(行商). ④부업으로 하는 일.

biscatear *v.t.* ①비웃다. 풍자적 언사를 던지다. 성가신 일을 하다. ②(본업 외의) 작은 부업을 하다.

biscateiro *m.* 이상한 직업을 가진 사람.

biscato *m.* (오리·물새·비둘기 등이) 부리에 한 번 무는 분량. (둥우리에) 한 번 나르는 분량. 작은 양. 근소(僅少). 보잘 것 없는 것.
biscatos (*pl.*) 찌꺼기(殘物).

biscoitar *v.t.* 비스켓을 구워내다. 비스켓처럼 굽다.

biscoitaria *f.* 비스켓 굽는(제조하는) 곳. 비스켓 상점. 과자방.

bucoiteira *f.* 비스켓(또는 그 비슷한 과자) 담는 그릇.

biscoiteiro *m.* 비스켓 만드는 사람. 그 장수.

biscoito *m.* 비스켓 과자 모양의 빵.

bisel *m.* ①(유리·거울 따위의) 언저리의 사절면(斜截面). 경사연(傾斜緣). ②목재·석재의) 모를 깎은 사면(斜面). ③반지의 보석 끼우는 면.

biselar *v.t.* ①(유리·거울 등의) 언저리를 비스듬히 자르다. (목재·석재를) 사면(斜面)으로 모를 깎다.

bismutida *f.* [化] 황화창연(黃化蒼鉛).

bismuto *m.* [化] 창연(蒼鉛).

bisnaga *f.* (치약·그림물감·약품 따위를 넣는) 튜브. 관(管). 튜브 용기. 짜내어 쓰는 용기.

bisnagada *f. disnagada*를 짜기(짜서 내보낸 상태). 뿜어 나옴.

bisnagar *v.t. bisnaga*를 짜다. 눌러 짜다.

bisnau *m.* ①잔꾀 있는 사람. 교활한 인간. ②무뢰한. 악한(惡漢).

bisneta *f.* 증손녀(曾孫女).

bisneto *m.* 증손자.

bisonharia, bisonhice *f.* 경험이 없음. 미숙. (사병이) 아직 훈련을 받지 않았음.

bisonho *a.* 경험이 없는. 미숙한. 아직 훈련 받지 않은. 배우기 시작한.
— *m.* 무경험자. 풋나기. (소년단의) 신입단원. 아직 훈련받지 않은 사병.
soldado bisonho 신병(新兵).

bisono *a.* =*bissono*.

bisonte *m.* =*bisão*.

bispado *m.* 사교의 관구(管區). 사교의 직(職).

bispal *a.* 사교(司敎)의. 사교(司敎)에 속하는.

bispar (1) *v.i.* [宗] 사교(司敎)로 되다. 사교(司敎)의 일을 보다.
— (2) *v.t.* ①멀리 있는 것을 발견하다. 멀리 있는 것이 눈에 뜨이다. ②도주하다. 궤주하다.

bispo *m.* [宗] 승정(僧正). (신교)감독. (구교) 사교(司敎). (그리스교) 주교(主敎). (서양장기의) 비쇼프(승정의 모자꼴로 된 말).
trabalhar para o bispo 헛수고 하다. 보수 없는 일을 하다.

bispote *m.* 《卑》침실에 있는 변기. 요강(따위).

bispoteira *f.* 《卑》변기(요강) 두는 곳.

bisseção *f.* 양단(兩斷). 양분. [數] 이등분.

bissetor *a.* 양단하는. 이등분하는.

bissetriz *f.* 반씩 나누는 것. 양단하는 것. 이등분하는 것. [數] 이등분선.

bissemanal *a.* (잡지·급료 따위) 2주 회의. 격주(隔週)의.

bissexo *a.* =*bissexual*.

bissêxtil *a.* 윤년의.

bissexto *m., a.* 윤년(의). 윤일(二月二十九日)(의).
ano bissexto 윤년.

bissexual *a.* [植] (한 꽃에) 암술·수술이 둘 다 있는. 양성구비(兩性具備)의.

bissexualidade *f.* 암수(雌雄)의 두 성을 갖춤. 양성구비.

bissílabo *a.* [文] 이음절(二音節)의.

bisso *m.* ①옛날의 삼베. 린넬. ②조개의 족사(足絲 : 이패(胎貝) 등의 다리에서 분비하는 사상물(絲狀物)로서 물체에 달라붙는 역할하는). [植] 백선균(白癬菌).

bissono *a.* 두 가지의 다른 소리가 나는. 이음(二音)의.

bissulcado, bissulco *a.* 두 개의 홈이 있는(홈을 이룬). 두 개의 밭두둑(二畦)이 있는.

bissulfito *m.* [化] 중황산염(重黃酸鹽).

bissulfureto *m.* [化] 이황화물(二黃化物).

bistre *m.* 비스타(나무 그을음에서 얻은 진한 갈색 채료. 그 빛).
bisturi *m.* (外科用) 작은 칼.
bitácula *f.* [海] 나침함(羅針函).
bitafé *m.* 버릇. 나쁜 버릇. 이상한 버릇. 편벽(偏僻).
bitola *f.* 표준치수. 표준자(尺). 표준. 규격. (철도의) 표준궤간(軌間).
bitú *m.* ①민요(民謠). 속가(俗歌). ②귀신. 도깨비.
bitume *m.* =*betume*.
bivacar *v.i.* 노숙(露宿)하다. 야영하다.
bivalve, bivalvo *a.* [植] 양판(兩瓣)의. [貝] 쌍각(雙殼)의.
bivalvular *a.* [植] 양판 있는. [貝] 쌍각 있는. 양판(쌍각) 모양의.
bivaque *m.* ①노숙(露宿). 야영. 노영(露營). ②야영지.
bivio *m.* 길의 분기점(分岐點). 두 길의 합치는 곳(合点).
bizanico *m.* (포르투갈의) 옛날 화폐.
bizantinice *f.* 헛된 일. 쓸데없음. 무익. 무효. 헛된 언행. 사소한 일.
bizantino *a.* 비잔티움.
(*Byzantium*=*Constantinople*)의. 비잔틴식의.
discurso bizantino 무익한(쓸데없는) 의론.
— *m.* 비잔티움(동로마제국)의 사람. (주민). 비긴틴피의 건축가(미숯가).
bizarraço *a.* =*bizarro*.
bizarramente *adv.* ①화려하게. 멋있게. 우아하게. ②거만하게. 우쭐하여.
bizarrear *v.i.* ①화려하게(멋있게) 차리다. 치장하다. 멋부리다. ②우쭐하다. 뽐내다. 호언장담하다.
bizarria *f.* ①화려. 우아(優雅). 고상. 멋짐. 치장. ②거만. 오만. 존대. 허영. ③관대. 도량이 넓음. ④용기. 무용(武勇). 무협(武俠).
bizarrice *f.* ①거만. 우쭐하기. 강한 자존심. 뽐내기. ②허영. 호언장담.
bizarro *a.* ①자세가 아름다운. 모양이 고운. 멋있는. ②잘 차린. 화려하게 입은. 우아한. 우미한. ③관대한. 도량이 넓은. ④자존심이 강한. 으쓱하는. ⑤허영심이 강는. ⑥이상한. 특이한. 기이한.
blandícia *f.* ①(혼히 복수로 씀). 애무(愛撫). 애정. 총애(寵愛). 온정. 유순. 온순. ②감언이설. (사람을) 홀리는 수단.
blandicioso *a.* 사랑하는. 총애하는. 애무하는. 따뜻한 정이 있는. 온순한. 유순한.
blandífluo *a.* 《詩》고요히 흐르는. 잔잔하게 흐르는.
blandíloque *a.* 부드러운 말씨의. 유순하게 말하는. (언사가) 점잖은.
blandimento *m.* =*biandicia*.
blasfemador *a.*, *m.* 불경(불손)한 말을 하는 (사람). 신을 모독하는 (자). 욕설하는 (자).
blasfeamente *adv.* 불경한 말로. 신을 모독하여.
blasfefemar *v.i.* 불손(불경)한 말을 하다. (신을) 모독하다. 폭언 던지다. 욕설을 퍼붓다.
— *v.t.* …을 모독하다. …을 더럽히다.
blasfematório *a.* 불경한. 불손한. 모독적.
blasfémia *f.* 불손(불경)한 언사. 독신(瀆神). 폭언. 욕설.
blasfemo *a.*, *m.* 불경한 (자). 불손한 (자). 모독하는 (이). 욕설하는 (사람).
blasonador *a.*, *m.* 우쭐하는 (사람). 뽐내는 (이). 자랑하는 (이).
blasonar *v.t.* …을 자랑하다.
— *v.i.*, —*se v.pr.* 우쭐하다. 자랑하다. 뽐내다. 자만하다.
blasonaria *f.* 우쭐함. 뽐내기. 자랑. 자만.
blastema *m.* [生物] 원체질(元體質) (체(體)조직 중에 있는 유동(流動) 또는 반유동의 부정형 물질(不定形物質)). [植] 배포(胚胞). 배종아포(胚種芽胞).
blasto *m.* [植] 눈. 배아(胚芽). 배종(胚種).
blastocarpo *a.* [植] 과피(果皮)를 벗기 전에 눈트는.
blastoderma, blastoderme *m.* [生物] 배엽(胚葉). 배반(胚盤). 배포막(胚胞膜).
blastodérmico *a.* 배반의. 배엽의.
blastomérico *a.* [生物] 난할구(卵割球)의. 배구(胚球)의.
blastomero, blastomério *m.* [生物] 난할구(卵割球). 분세포(分細胞).
blastoporo *m.* [生物] 배공(胚孔). 원구(原口).
blastula *f.* [生物] 배포(胚胞). 배종포(胚種胞).
blateração *f.* 떠들썩함. 떠드는 소리.
blaterar *v.t.*, *v.i.* ①떠들썩하다. 떠드는 소리로 말하다. 말을 불쑥 꺼내다. ②(낙타(駱駝)가) 외치다.
blau *a.* [紋] 푸른색의. 청색(靑色)의.

— *m*. 청색선(靑色線).

blefar *v.t*. 속이다. 속여 넘기다.
— *v.i*. 허세를 부리다. 위험하다.

blefarite *f*. [醫] 안검염(眼瞼炎).

blefe *m*. 절벽. 낭떠러지. 벼랑.

blefista *a*. 깎은 듯한. 낭떠러지 같은.

blenda *f*. [鑛] 섬아연광(閃亞鉛鑛).

blenia *f*. [魚] 꾀보라지.

blenorragia *f*. [醫] 임균성염증(痲菌性炎症).

blenorrágico *a*. 임균성 염증의(에 관한).

blenorréia *f*. 임질(痳疾).

blenuria *f*. [醫] 방광(膀胱) 카타르.

blesidade *f*. 혀가 잘 돌지 않음. 말더듬. 탁성 자음(濁聲子音)을 청성(淸聲) 자음처럼 잘못 발음하는 것. (z를 s로 d를 t로 발음하는 따위).

bleso *a*. 혀가 잘 돌지 않는. 말더듬는. 발음을 똑똑히 하지 못하는.

blindado *a*. 강철판을 씌운. 장갑(裝甲)한.
carro blindado 장갑차.

blindagem *f*. 강철판을 씌우기(붙이기). 장갑하기.

blindar *v.t*. 강철판을 씌우다(덧입히다). 장갑하다.

blindas *f.(pl.)* (군대를 음폐하는) 맹장(盲障).

blocagem *f*. 인쇄한 것을 합쳐 공책 모양으로 만들기. (실밥이 없는) 제본.

bloco *m*. (흙·돌·나무·얼음 등의) 덩어리. 괴(塊). 토막. 《俗》떼·조. 단체.
bloco de papel 백지공책.
em dloco 한데 뭉쳐서. 일괄하여. 통틀어.
demissão em bloco 총사직. 총파면.

bloqucante *a*. 봉쇄하는. 폐색하는.

bloquear *v.t*. (항구·도시 따위를) 봉쇄하다. 폐쇄하다. (교통을) 두절하다.

bloqueio *m*. 봉쇄. 포위. 폐색. 교통두절.

bloquista *m., f*. 제본공(製本工).

blusa *f*. (부인·어린애 등의) 블라우스. 부인용 웃옷. (노동자의) 작업복.

boa (1) *f*. [動] 보아(큰 구렁이의 일종). [鳥] 일종의 비둘기.
— (2) *a*. (*bow*의 여성형) 좋은.
boa noite 밤의 인사. (안녕하십니까).
boa tarde 오후의 인사.
boas-festas 송구영신(送舊迎新)의 인사.
boa vontade 선의(善意).
boas vindas (*pl*.) 환영(의 인사).
dar as boas vindas 환영하다. 기쁘게 맞이하다.

boá *f*. (부인들의 목에 두르는) 털로 만든 스카프(목도리의 일종).

boal *a*. *Uva boal* 일종의 흰 포도.

boamente *adv*. (*a* 또는 *de*를 앞에 놓음). 기쁘게. 즐거.

boatar *v.t*. 소문을 퍼뜨리다. 근거 없는 말을 하다.

boataria *f*. 근거 없는 소문. 풍문. 유언비어. 허위보도.

boateiro *m*. 근거 없는 소문(풍문)을 퍼뜨리는 사람.

boato *m*. 풍설. 풍문. 유언비어. 근거 없는 소문.
corre o boato 풍문(풍설)이 돌고 있다.
Não acredito nisso, é boato. 나는 그것을 믿지 않는다. 그것은 풍설이다.

bôba *f*. (*bôbo*의 여성형). 여자 바보. 우부(愚婦).

bobagem *f*. 바보 노릇. 어리석은 수작. 우둔한 일. 멍청이 같은 이야기. 엉터리 이야기. 망론(妄論). 망설(妄說). 《卑》개소리.

bobalhão *m*. 큰 바보. 아주 멍청이. 큰 빙충이. 풋나기.

bobear *v.i*. 바보 노릇하다. 바보다운 말을 하다. 멍청이 수작하다. 어리석은 일(말)을 하다.

bobeira *f*. 우둔. 우둔한 것. 우매(愚昧). 우미(愚迷).

bobice *f*. ①바보 노릇. 멍청이 수작. 우둔한 짓. ②익살. 우수꽝스러움. 우사(愚事). 우행(愚行).

bobina *f*. ①실패. 실꾸릿대. 감는 틀. 방추. 방적기(紡績機)의 목관(木管). 사리. ②인쇄용지(특히 신문용지)의 감은 것(卷紙). 종이토리. ③[寫] 필름 감는 틀. 감은 필름. ④[電] 코일.

bobinador *m*. 필름 감는 도구(기구).

bobinagem *f*. (물레·틀 따위에) 실을 감기. 필름을 감기. 종이를 감기. 둘둘 말기.

bobinar *v.t*. 감다. 사리다. 뚤뚤 말다.

bôbo *m*. 바보. 천치. 멍청이. 우둔한 녀석. 우부(愚夫). 풋나기. 얼간이. 단순한 사람. 빙충이. 빙충맞이.
Que bôbo! (이) 바보야!
Não seja bôbo. 바보노릇 하지마라.

boboca *m*. = *bobalhão*.

boca *f*. ①입. 구강(口腔). ②출입구. 총구

(統口). 포구(砲口). ③머릿수(頭數).
boca-de fogo 포. 대포.
boca da noite 해질녘. 저녁무렵. 황혼.
boca do inverno 초겨울.
provisoes de boca 식량.
boca-de-incêndio 소화전(消火栓).
boca do estômago 유문(幽門).
abrir a boca 입을 벌리다. 하품하다.
calar a boca 입을 다물다. 침묵하다.
Cale a boca! 입 다물어! 말마라!
correr (또는 *passar*) *de boca a boca* 소문이 퍼지다.
de boca 말로. 구두로.
ter 5 bocas que sustentar 먹여 살릴 식구가 다섯 있다.
bocaça *f.* 큰 입. 악어 입.
bocada *f.* (입으로) 물기. 한 입 물기.
bocadinho *m.* ①극히 작은 양. 근소한 양. ②잠시. 잠깐 동안.
bocado *m.* ①입(에 찰 만한 양). 한 모금(의 분량). 소량(少量). 작은 액.
bocadura *f.* 포구(砲口).
bocal *m.* ①병(瓶)주둥이. 취주악기(吹奏樂器)의 주둥이. 입대는 곳. ②(말·소의) 재갈. 물부리. ③통화기의 주둥이. 송화구. ④포구(砲口)의 테둘레.
boça *f.* [海] 유색(留索).
boçal *a.* ①거칠은. 깔깔한. ②조잡한. 버릇 없는. 교양 없는. 우둔한. 야비한.
boçaldade *f.* 거칠음. 조잡. 조폭. 버릇 없음. 교양 없음. 무교육. 우둔. 야비.
bocarra *f.* 큰 입. 크게 벌린 입.
bocejador *m.* 하품하는 사람.
bocejar *v.i.* 하품하다. 입을 크게 벌리다.
bocejo *m.* 하품.
boceta *f.* ①(원형 또는 타원형의) 작은 통. 보석통. ②《卑》음문(陰門). 음부(陰部). 보지.
boceteiro *m.* 작은 통(또는 보석통)을 만드는 사람.
bochecha *f.* 뺨. 볼.
bochechada *f.* =*bochechão*.
— *m.* 뺨을 치기.
bochechar *v.i., v.t.* 입을 가시다. 행구다. 양치하다. 행구어내다.
bochecho *m.* ①(액체 따위) 한 입에 가득한 분량. 한 묶음의 분량(一口分의 分量). 작은 분량의 액체(우유 따위). ②가시기. 양치질.

bochechudo *a.* 둥근 볼(뺨)의. 넓고 큰 볼(뺨)의. 통통한(토실토실한) 뺨의.
bócio *m.* [病理] 갑상선종(甲狀腺腫). 경종대(頸腫大).
bocó *a.* 우둔한. 바보 같은. 멍청이다운.
— *m.* 우둔한 사람. 바보. 멍청이. 얼간이.
bocorio *a.* 천한. 비열한. 파렴치한.
bocudo *a.* 큰 입 있는.
bodas *f.(pl.)* 결혼(식). 혼례(식). 결혼피로연.
bodas de diamante 결혼 60주년 기념잔치.
bodas de ouro 금혼식(결혼 50주년 기념).
bodas de parte 은혼식(결혼 25주년 기념).
bode *m.* 염소. 숫염소. 《轉》보기 흉한 사람.
bode espiatório 속죄양(贖罪羊).
bodegra *f.* ①값싼 식당. 하등 음식점. ②여인숙. 주막. ③값싼 음식물. 맛 없는 음식물. ④불결한 상점. 더러운 물건.
bodeguice *f.* 더러움. 불결.
bodegueiro *m.* ①하등 음식점(주막·여인숙 등의) 주인. ②서투른 요리사.
bodegruim *m.* 길들지 않는 염소.
bodejar *v.i.* 염소가 "맹"하고 울다.
bodejo *m.* 염소의 울음소리.
bodo *m.* 기념일·축제의 날 등을 맞이하여 가난한 사람들에게 음식물을 나눠 주는 행사(자선적 행위). 교회에 있어서 빈민에게 베푸는 잔치.
bodoso *a.* 더러운. 불결한.
bodum *m.* (동물 특히 염소에서 나는) 고약한 냄새. 악취. 부패한 냄새.
boêmia *f.* ①보헤미아(체코슬로바키아의 서부지방). ②방랑(한 생활). 방종(한 생활).
boemiamente *adv.* 방랑(방종)하여.
boêmico *a.* 보헤미아의. 보헤미아에 관한.
boêmio *m.* ①보헤미아 사람. 보헤미아 사투리. ②유랑(방랑)하는 사람. 떠돌아다니는 사람. 게으름뱅이.
bofar *v.t., v.i.* ①폐로부터 토해내다. (숨·공기 등)내쉬다. 내뿜다. ②흘러 나오다. 솟아 나오다. 용솟음쳐 나오다. 술술 이야기 하다. ③과시(誇示)하다. 보태어 이야기하다.
bofarinheiro *m.* 도붓장수. 행상인(行商人). 소문을 퍼뜨리는 사람.
bofe *m.* (흔히 복수로 씀). ①폐. 폐장. 허파. ②마음씨. 성질.

bons bofes 사람이 좋은. 마음씨 좋은.
maus bofes 근성이(질이) 나쁜.
homem de bons(maus) bofes 마음이 좋은(나쁜) 사람.

bofé *adv. interj.* 《古》 과연. 참말로.
bofetada *f.* ①뺨을 치기. 찰싹 때리기. ②모욕. 치욕.
bofetão *m.* 뺨을 힘세게 갈기기. 강타(强打).
bofete *m.* 뺨을 가볍게 치기. 살짝 때리기.
bofetear *v.t.* 뺨을 치다. 뺨을 갈기다.
boi *m.* 숫소. 황소.
pé de boi ①낡은 습관(구폐)을 고집하는 사람. ②부지런한 사람.
olho de boi 천정(天井)으로부터 광선이 들어오게 한 창문. 원창(圓窓). 유리 기와.
bóia *f.* ①부표(浮標). 부륜(浮輪). 낚시찌. ②사병(士兵) 하루 분의 식량. (특히 행군 중 또는 야영지에서의). ③《北方用語》 점심·저녁 등의(한 번의) 끼니.
bóia de salvação 구명대(救命袋). 뜨는 주머니.
boiada *f.* 소떼(牛群).
boiadeiro *m.* 소 모는 사람. 소치는 이. (특히 소의) 목축업자.
boiante *a.* ①(물 위에) 떠 있는. 떠도는. 부동(浮動)하는. ②유동성의. 동요하는. 일정치 않는. ③ 해상에 있는.
boião 원통형(円筒形)의 단지. 불룩한 항아리. 주둥이 큰(유리)병.
boiar (1) *v.t.* 부표(浮標)에 연결하다(비끄러매다)
— *v.i.* 뜨다. 떠다니다. 부유하다. 동요하다. 주저하다. 망설이다.
— (2) *v.i.* 식사하다. 끼니를 먹다.
boibi *m.* [動] 보이비(뱀의 일종).
boiça *f.* 미개척지(未開拓地).
boicininga *f.* [動] 보이시닝가(독사).
boicotagem *f.* 공동으로 거래를 끊음(배척함). 불매(不買·不賣) 동맹. 보이콧.
boicotar *v.t.* 공동으로 거래를 끊다. 불매동맹을 하다. 배척하다. 보이콧하다.
boicote *m.* 불매동맹. 배척. 보이콧.
boicotear *v.t.* = *boicotar*.
boicuaba *m.* [動] 보이꾸아비(먹을 수 있는 일종의 뱀).
boieira *a. estrela boieira* 북두성(北斗星)
— *f.* 소 모는 여자. 소를 기르는 여자. 소 치는 여인.
— *m.* [鳥] 할미새(鶺鴒)의 일종.

boieiro *m.* ①소 모는 사람. 소를 기르는 사람. ②[天] 우좌(牛座).
boina *f.* (스코틀랜드인이 쓰는) 검은 큰 건(大形黑頭巾).
boiota *a.* ①허리가 굽은. ②비겁한. 비굴한.
boiote *m.* 송아지.
boipeva *f.* 보이뻬바(브라질산의 큰 뱀).
boiqueira, boiquira *f.* [動] 독사의 일종.
boirel *m.* 코르크로 만든 작은 부표(浮標). 코르크 찌.
boiuna *f.* [動] 보이우나(大黑蛇).
boiuno *a.* 소의. 우족(牛族)의.
boiz *f.* 새를 꾀어 잡는 덫. 올가미. 《俗》 속임수.
bojamento *m.* 부풀음. 팽창. 융기(隆起).
bojante *a.* 부풀게 하는. 팽창시키는. 불룩 내미는.
bojar *v.t.* 불룩 나오게 하다. 부풀게 하다. 팽창시키다.
— *v.i.* 부풀다. 불룩해지다. 부어오르다. 팽창하다. (돛 따위가 바람으로 인해) 불룩해지다. 불룩 나오다. 돌출하다. (땅이) 융기(隆起)하다.
bôjo *m.* ①(단지·꽃병 따위의) 불룩 나온 부분. 통·항아리 따위의 배(胴). (돛 따위) 부풀은 것. 선체(船體)가 돌출한 곳. 내민 끝. 융기부(隆起部). ②능력. 자격.
bojudo *a.* 배가 불룩한(불룩 나온). 부풀은.
bola *f.* ①공(球). 볼. ②구희(球戲). ③공 모양의 과자.
bola de neve 눈덩이. 눈팔매.
bola de sabão 비누 거품. 공상(空想).
bola de sopra 풍선. 작은 기구(氣球).
bola de gude (아이들의 장난감으로 되는) 유리알.
bola-ao-cesto *m.* [競] 농구.
bolacha *f.* ①단맛(甘味) 없는 비스켓. 군용 비스켓. ②《俗》 뺨을 치기. 구타. 강타.
cara de bolacha 넓고 살찐 얼굴(상판).
bolacheiro *m.* 비스켓 만드는 사람. 그 장수.
bolachinha *f.* 작은 비스켓.
bolachudo *a.* 둥글고 통통한 얼굴의.
bolada (1) *f.* ①(경기에 있어서의) 공던지기. 투구(投球). 볼로 치기. ②공에 맞음. 공에 의한 타격.
— (2) *f.* 많은 돈. (도박장에 있어서) 쌓여있는 돈.
bolandas *f.*(*pl.*) 헛수고. 헛된 일. 결과 없음. 실패.

bolandeira *f.* 사탕수수를 짜는 기계(방아)의 가장 큰 바퀴. 가장 힘을 쓰는 바퀴(主輪).

bolão *m.* 큰 공. 큰 볼. 거구(巨球).

bolar (1) *v.t.*, *v.i.* 공을 던지다. 공을 쳐서 맞히다(맞다). 명중하다. 《俗》상상하다. 알아 맞히다.
— (2) *a.* 공처럼(둥글게) 만들 수 있는. 덩어리로 만들 만한.
terra bolar 점토(粘土). 도토(陶土).

bolas *m.* 어리석은 녀석. 바보같은 놈.

bólas *interj.* (싫음·기분 나쁨·불쾌·불평등을 나타낼 때 하는 말) 저런! 이런 제길할!
Ora bólas! 에잇, 못난소리! 이것봐!

bolbífero *a.* [植] 구근이 있는. 구근이 되는. 비늘줄기(鱗莖) 있는.

bolbiforme *a.* 구근 모양(球根狀)의. 둥근.

bolbilho *m.* [植] (마늘 같은) 작은 구근. 작은 비늘줄기.

bolbo *m.* [植] 구근(球根). 구경(球莖). 비늘줄기.

bolboso *a.* 구근의. 구경의. 비늘줄기(鱗莖)의. 구근이 있는(달리는·열리는). 구근(구경) 모양의. 구근에 관한.

bolçar *v.t.* (아기가 젖을) 내뱉다. 토하다. (注意) 동음이의어 *bolsar* 꾸겨지다; 호주머니를 닮다

bolchevique *m.* (러시아 사회민주당의 급진파) 볼셰비키. 과격파.

bolchevismo *m.* 볼셰비키(과격)주의. 과격사상.

bolchevista *a.* 볼셰비키주의의. 과격사상의. 과격파의.
— *m.*, *f.* 과격주의자. [露語] 볼셰비키.

boldrié *m.* 어깨에 걸치는 띠. 견대(肩帶). 혁대.

boleado *a.* 둥근면으로 된. 공처럼 불룩 나온.

boleador *m.* 말고삐로(말을) 후려 불잡는 사람. 가는 밧줄을(불잡으려고) 교묘하게 휘두르는 사람.

boleamento *m.* ①공 모양으로 하기. 구형으로 만들기. ②(문장(文章)을) 윤식하기.

bolear (1) *v.t.* ①공 모양(구형)으로 만들다. ②(문장을) 윤식(潤飾)하다. 보기좋게 하다. 원만하게 하다.
— (2) *v.t.* (말을 타고) 마차(馬車)를 몰다.
— (3) *v.i.* 황홀케 하다. 흐리다. 올가미 있는 밧줄로 뛰어가는 말을 붙들다.

boleeiro *m.* 마차 모는 사람. 마차꾼.

boléia *f.* 마차 모는 사람이 앉는 자리.

bolero *m.* 볼레로(경쾌한 스페인 무용); 그 무용곡.

boletim *m.* 고시(告示). 보고. 공보. 시보(時報). 통신. 신문 호외. 뉴스의 요점만을 보고하는 개략정보. 군사공보. 작전일지. 용체서(容體書).
boletim meteorológico 기상일지.

boletineiro *m. boletim*을 배달하는 사람. 신문 호외를 뛰돌며 파는 사람.

boletinista *m. boletim*을 쓰는 사람.

boleto *m.* [軍] 숙박명령서. (민가(民家)에 대한) 숙박통지서.

boléu *m.* 떨어짐. 낙하. 추락. 전도(顚倒).

bolha *f.* 거품. 기포(氣泡). 물집. 수포(水泡). 거품일기.

bolhão *m.* 큰 거품. 큰 물집.

bolhar *v.i.* 거품 일다. 거품이 되다. 부글부글 끓다.
— *v.t.* 거품 일어나게 하다.

bolhoso *a.* 거품 많은.

bolhudo *a.*, *m.* 이상한 버릇이 있는(사람). 성질이 괴상한 (자).

boliche *m.* ①선술집. 주막. 여인숙. ②도박장. 노름집. ③일종의 구희(球戱)(볼리세). 구주희(九柱戱)(영국의 *ninepins*와 같은 시인 것).

bólide, bólido *m.* 운석(隕石).

bolina *f.* [海] (옆돛의 양쪽 끝에 달아놓은) 밧줄.

bolinar *v.t. bolina*로 돛을 펴다(죄다).
— *v.t.* 옆으로 불어오는 바람(橫風)으로 배가 항행하다. 돛을(부는 바람에) 비스듬이 달고 항행하다.

bolinete *m.* 닻 따위를 감아 올리는 기계.

bolinho *m.* 작은 케이크.

Bolívia *f.* 볼리비아.

boliviano *a.* (남미) 볼리비아(나라)의.
— *m.* ①볼리비아 사람. ②볼리비아 화폐의 이름.

bolo *m.* 규토(硅土).

bôlo (1) *m.* 케이크. 넓적하고 둥그런 군빵. 사과 또는 고기를 넣고 찌거나 구워서 만든 떡.
— (2) *m.* 《俗》 내기에 건돈. 뜻하지 않게 번 돈.
— (3) *m.* 《俗》 (처벌용의) 회초리(어린 아이의 손바닥을 때리는).

bolometro *m.* [理] 보로미터(복사열(輻射熱)을 측정하는 일종의 저항온도계(抵抗溫度計)).

bolonio *a.*, *m.* 《俗》 어리석은 (사람). 우둔한 (인간).

bolor *m.* 곰팡이. 곰팡이 냄새. 진부(陳腐).

bolorecer *v.i.* 곰팡이 슬다(피다).
— *v.t.* 곰팡이 피게 하다.

bolorento *a.* ①곰팡이 핀. 곰팡이 냄새나는. 곰팡이 많은. ②낡아 빠진. 케케묵은. ③매캐한.

bolota *f.* [植] ①도토리(의 열매). 상수리. ②밤.

bolotal *m.* 도토리나무숲. 도토리 많은 곳.

bolsa *f.* ①돈주머니. 돈지갑. 가방. 손가방. 핸드백. (여러 가지 물건 넣는) 주머니. ②가지고 있는 돈. 소지금. ③조합협회 등의 기본금. ④주식취인소(株式取引所).
bolsa de estudo 장학금. 급비.

bolsar *v.i.* (의복의 일부분이) 불룩해지다. 부풀다.
— *v.t.* ①작은 주머니를(지갑을) 만들다. ②호주머니(衣囊)를 달다.
(注意) 동음이의어 : *bolçar* (아기가) 젖을 내뱉다.

bolsaria *f.* 조합(협회 등)의 기금(자금).

bolseiro (1) *m.* 돈주머니(돈지갑·핸드백 따위) 만드는 사람. 그것을 파는 사람.
— (2) *m.* 조합(협회 등의) 회계원.

bolsinho *m.* ①작은 돈지갑. 작은 핸드백. ②작은 금액. 용돈.

bolsista *m.*, *f.* ①증권거래소에서 거래하는 자. 중개업자. 브로커. ②장학금 받는 사람. 급비생.

bolso *m.* ①호주머니. 포켓. 의낭(衣囊); 작은 주머니. 알주머니. ②돈지갑. ③소지금. 용돈.

bom *a.* 좋은. 훌륭한. 우량한. 착한. 원만한. 친절한. 정직한. (사람이) 점잖은. 유능한. 적절한. 적당한. 충분한. 유쾌한. 유능한. 즐거운. 맛좋은.
Ano bom 새해. 신년.
Bom dia. 아침(오전) 인사. (안녕하십니까?).
está bom 좋다. 잘 되어 있다.
a bom tempo 적시에. 제때에.
Chega-te aos bons e serás um déles. 선한 사람들과 사귀어라. 그러면 너도 착한 사람이 될 것이다.
(註) 위치의 선후에 따라 다소 뜻을 달리함.
bom homem 좋은 사람. 호인.
homem bom 친절한 사람.
— *m.* 선(善). 좋은 일. 좋은 것. 좋은 사람. 덕(德).
— *interj.* 좋다! 훌륭하다!

bomba (1) *f.* 폭탄. 수류탄. 《轉》 놀라운 돌발사.
bomba incendiária 소이탄.
bomba atómica 원자탄.
bomba-relógio 시한(時限)폭탄.
— (2) *f.* 펌프. 양(揚)수기. 펌프 모양의 기관(器官). 취주악기(吹奏樂器)의 관(管). 마떼차(茶)를 빨아먹는 흡수관. 《俗》 시험에서의 실수.
bomba de gasolina 휘발유 펌프.
bomba a vapor 증기기관(엔진).
bomoa de incénaio 소방용 펌프.
bomba de hidráulica 물 펌프. 양수 펌프.
bamba de succção 빨아올리는 펌프.

bombachas *f.* (*pl.*) 넓은 바지.

bombacho *m.* 작은 펌프. 수동(手動) 펌프.

bombarda *f.* 《古》 사석포(射石砲). 구포함(臼砲艦).

bombardão *m.* [樂] 낮은 소리 내는 큰 나팔.

bombardar *v.t.* =*bombardear*.

bombardeamento *m.* 포격. 폭격. 폭탄 투하.

bombardear *v.t.* 포격하다. 폭격하다. 유탄으로 포격하다.

bombardeio *m.* 포격. 폭격. 폭탄 투하.

bombardeira *f.* 포함(砲艦). 포문(砲門). [築城] 총안(銃眼).

bombarderio *a.* 포격의. 포격하는 폭격의. 폭격하는. 폭격용의. 《古》 사석포(射石砲)의.
— *m.* ①포수(砲手). ②폭격기.

bombardino *m.* [樂] 바리톤. 중음(中音) 관악기.

bombástico *a.* ①포음의. (포소리처럼) 쿵쿵 울리는. ②과장(誇張)한. 큰 소리치는. 떠들썩하는.

bombeador *m.* [軍] 척후병.

bombear (1) *v.t.* 《稀》 포격하다. (시험에) 낙제시키다. 실패케 하다.
— (2) *v.t.* 정찰하다. 척후하다.

bombeiro *m.* 소방대원. 불끄는 이. 《古》 포격수. 폭탄병.
corpo de bombeiros 소방대.

bombilho *m.* 작은 북.

bombinha *f.* 폭죽(爆竹). 폭통(爆筒)

bombo *m.* 큰 북.
tocar bombo 북을 치다.

bombom *m.* [糖果] 봉봉(과자).

bombordo *m.* [海] 좌현(左舷).

bonachão, bonacneirão, bonacheiro *a.* 좋은. 선한. 착한. 인품(성품)이 좋은. 솔직한. 순진한. 어린애 같은. 우직한.
— *m.* 호인. 선인. 솔직한 사람. 순진한 사람. 악의 없는 이. 우직(愚直)한 사람.

bona-chira *f.* 좋은 음식. 훌륭한 식사.

bonacho *m.* 들소(野牛).

bonança *f.* 평온. 편안. 좋은 날씨. 융성(隆盛). 성공.
tempo bonança 온화한 날씨.
Depois da tempestade vem bonanca. 폭풍우 다음에 평온이 온다.

bonançar *v.i.* (날씨가) 온화해지다. 평온해지다.

bonançoso *a.* 조용한. 평온한. 온화한. 날씨 좋은.

bonapartismo *m.* 나폴레옹의 정책.

bonapartista *m., f.* 나폴레옹 정책의 지지자.

bonbon *m.* =*bombom.*

bonboniere *f.* 봉봉과자 넣는 그릇.

bondade *f.* 호의. 선의(善意). 친절. 상냥함. 착한 마음. 온정(溫情). 선한 행농.

bonde *m.* 전차(電車).

bondoso *a.* 좋은. 착한. 선한. 선량한. 친절한. 상냥한.

boné *m.* 가장자리 없는 모자. 테두리 없는 모자. 감투.

boneca *f.* 여인형. 인형처럼 고운 여아. 귀여운 소녀.

bonecada *f.* 많은 인형.

boneco *m.* 남인형(男人形). 허수아비. 꼭두각시. 괴뢰. (사격연습용) 표적 인형.

bongar *v.t.* 찾다. 찾아다니다.

bonificação *f.* 특별 수당. 특별 수여(금). 특별 수당(금). 보너스.

bonificar *v.t.* 특별한 수당(상여금 따위)을 주다. 덕보게 하다. …이가 되게 하다.

bonifrate *m.* ①허수아비. 꼭두각시. 인형. ②몹시 멋부리는 자. 맵시되는 자.

bonina *f.* [植] 실국화.

boninal *m.* 집국화가 많이 핀 뜰(또는 화단)

boníssimo *a.* (*bom*의 최상급). 가장 좋은.

bonitete *a.* 꽤 여어쁜. 깜찍하게 고은.

boniteza *f.* 예쁨. 아름다움. 귀여움. 미관(美觀).

bonitinho *a.* (*bonito*의 지소사 : 주로 아이들이나 작은 물건에 대하여 씀). 깜찍하게 고은(예쁜). 귀여운.

bonito (1) *a.* ①고운. 예쁜. 아름다운. ②귀염성 있는. 애교 있는. 보기 좋은. ③훌륭한. 재미있는. 유쾌한.
— (2) *m.* [魚] 줄삼치. 가다랭이.

bonitote *a.* =*bonitete.*

bonomia *f.* 마음이 착함. 사람이 좋음. 정직. 온화. 유순. 순박.

bons-dias *m.(pl.)* [植] 메꽃의 무리.

bônus *m.* 보너스. 특별 상여(수당)금. 특별 배당금.

bonzo *m.* (불교의) 중.

bootes *m.* (天) 견우(牽牛).

boqueada *f.* 입을 벌이고 고통스럽게 호흡하는 것.

boquear *v.i.* ①(물고기가 물 밖에 있는 것처럼) 입을 열고 헐떡거리다. 입을 열고 괴로운 숨을 쉬다. ②죽음의 고통을 당하다. ③낮은 소리로 말하다. 수군거리다.

boqueirão *m.* ①큰 입. ②(강 또는 운하의) 입구. ③골짜기. 협곡. 산협(山峽).

boquejadura *f.* 입을 크게 벌리기. 하품하기. 입속으로 중얼거리기. 남을 욕하기,

boquejar *v.i.* ①입을 크게 벌리다. 하품하다. ②낮은 소리로 말하다. 중얼거리다. ③(+*em*). 남을 욕하다. 뒷소리하다. 나쁜 소문을 퍼뜨리다.

boquejo *m.* =*boquejadura.*

boquiaberto *a.* ①입을 벌린. 입 벌리고 쳐다보는. ②멍청한. 매캐한. 어찌할 바를 모르는. 놀라 아연한.

boquiabrir *v.i.* 놀라다. 놀라서 멍해지다. 매케하다. 아연실색하다.
— *v.t.* 놀라게 하다. 놀래어 어찌할 바를 모르게 하다.

boquicheio *a.* 한 입에 가득한. 입안에서 우물우물하는. 발음을 똑똑히 못하는.

boquilha *f.* 여송연 물뿌리. 권련 물뿌리. 취주악기(吹奏樂器) 따위의 입대는 부분.

boquinegro *a.* 검은 입의. 입검은.

boquinha *f.* ①(*boca*의 지소사). 작은 입. 꼭 담은 입. ②《俗》 입맞춤.

boquirasgado *a.* 입이 찢어진 입의. 열구(裂口)의.

boquirroto *a.* 입을 잠시도 다물고 있지 않는. 잘 지껄이는. 말 많은. 수다스러운.

boquisseco *a.* 입이 마른. 마른 입의. 잠자코 있는.

boquitorto *a.* 입이 삐뚤어진 입의.

borácico *a.* 붕소(硼素)의.
ácido borácico 붕산(硼酸).

boracite *f.* =*boracito*.
— *m.* [鑛] 방붕석(方硼石).

boratado *a.* 붕산이 있는. 붕산을 포함한.

borato *m.* [化] 붕산염(硼酸鹽).

bórax *m.* 붕사(硼砂). 붕산 나트륨.

borboleta *f.* 나비. 접류(蝶類)의 총칭. 《轉》변덕스러운 사람. 게으름뱅이.

borboleteamento *m.* 여기저기 날아다니기 (뛰어다니기).

borboletear *v.t.* (나비가) 훨훨 날다. 날아다니다. 오락가락하다. 명상하다. 숙고(熟考)하다.

borborejar *v.i.* (물끓듯이) 부글부글 소리 나다.

borborinhar *v.i.* 웅성웅성 떠들다. (벌이) "붕붕"하다. 시끄러운 소리 나다. 잡음이 나다.

borbonnho *m.* (물결·잎사귀 등의) 살랑살랑하는 소리. (벌의) "붕붕"하는 소리. (사람들의) 웅성웅성하는 소리. 잡음. 소음.

borborismo, borborigmo *m.* 배(腹部)에서 꾸르륵꾸르륵 소리 나기.

borbotão *m.* 물거품. 기포(氣泡). 수포(水泡).

borbotar *v.i.* 거품이 일다. 부글부글 끓다. (샘이) 살살 솟다. 용출(湧出)하다.

borbulha *f.* 거품. 기포(氣泡). [醫] 구진(丘疹). 여드름. [植] 눈. 싹(芽).

borbulhagem *f.* 많은 거품(기포). 많은 여드름(구진).

borbulhão *m.* (*borbulha*의 지대사(指大辭). 큰 거품. 큰 기포. 큰 구진.

borbulhar *v.i.* ①거품이 일다. 부글부글하다. 살살 솟다. 용출하다. ②눈(싹)이 트다. 꽃봉오리 맺다.
— *v.t.* ①거품이 일게 하다. ②눈트게 하다.

borbulho *m.* =*borbulhão*.

borbulhoso *a.* ①거품이 많은. 여드름(구진)이 많은. ②눈(싹)이 많은.

borcar *v.t.* 사람을 거꾸로 하고(=입을 아래로 하고) 토하게 하다. 배출(排出)케 하다.

bôrco *m.* (아래와 같은 합성어로만 씀).
de bôco 입(또는 얼굴)을 아래로 향하여.

borda *f.* 끝. 변. 물가. 강변. (벼랑·낭떠러지 등의) 가장자리. 변.

bordada *f.* [航] 사항(斜航 : 바람을 정면으로 향함을 피하여 좌우로 항로를 바꾸며 전진하는 것).

bordadeira *f.* 수놓는 여자.

bordado *m.* 수. 자수(刺繡). 수놓은 것.

bordador *m.* 수놓는 사람. 자수업자.

bordadura *f.* 수놓기. 자수세공. 가장자리를 달기. 정원. 화단 등의. 가장자리. 또는 그것을 가꾸기.

bordalengo *a.* 거칠은. 야비한. 우둔한. 우매한.

bordalo *m.* [魚] 숭어. (아프리카 나일강의) 전기메기(鯰).

bordão *m.* ①긴 막대기. 장대. 큰 지팡이. ②원조. 지지. 보호.

bordar *v.t., v.i.* 수놓다. 자수(刺繡)를 하다. 가장자리를 달다. 가장자리로 수식하다. (문장을) 아름답게 하다. 윤색(潤色)하다.

bordear *v.i.* =*bordejar*.

bordegão *m.* 버릇없는 인간. 교양없는 사람. 시골뜨기. 거칠은 사람.

bordejar *v.i.* (배가) 바람을 피하여 침로를 바꾸다. (바람을 정면으로 대하지 않고) 침로를 좌우로 꺾으며 전진하다.

bordel *m.* 갈보집. 매음굴. 유곽. 기루(妓樓).

bordo *m.* ①(배의) 현(舷). 현측(舷側). ②배의 갑판. ③배의 방향. 침로. 편현항로(偏舷航路). ④의지(意志). 의향. 의견. ⑤선내(船內). 비행기내(機內)
a bordo 선내에. 선상(船上)에. 기내(機內)에. 배(비행기)를 타고.
navio de alto bordo 현측이 높은 배.

bordo *m.* ①[植] 단풍나무. ②재목.

bordoada *f.* ①막대기(지팡이)로 치기. ②재목.

boreal *a.* 북녘의. 북방의.
polo boreal 북극.
ventos boreais 북풍.
aurora boreal 북광(北光).

bóreas *m.* 《詩》북풍·삭풍. [希神] 북풍의 신(神).

boreste *m.* 우현(右舷).

boricado *a.* 붕산(硼酸)이 있는(…을 함유

하는).
água boricada 붕산수(水).
bórico *a*. 붕산의. 붕소(硼素)의.
áccio bórico 붕산.
borismo *m*. [醫] 붕산 중독.
borla *f*. 술. 술로된 장식. [植] 송이. 송이꽃. 송이 모양의 꽃차례. 총상화서(總狀花序). 깃대의 꼭대기에 다는 목관(木冠). 《俗》박사(博士)의 모자에 달린 술. 《轉》박사의 모자.
bornal (식량・쟁기 따위를 넣는) 주머니. 행낭(行囊). 여물(사료) 주머니.
borne *m*. 전선조절구(電線調節具).
bornear *v.t*. 눈으로 수평을 정하다. 겨누다.
borneio *m*. 회전. 선회. 변전. 방향 변환.
boro *m*. [化] 붕소(硼素) (비금속원소).
bôrra (1) *f*. (술・포도주 등의) 찌꺼기. 재강. 산재. 앙금. 침전물(沈澱物). 털찌꺼기. 솜찌꺼기. 깎아낸 부스러기. (사탕수수 따위) 짜고 난 나머지. 쓰레기. 폐물. 쓸데없는 물건. 천민(賤民). 하층민.
bôrra de seda 실찌꺼기.
— (2) *f*. (한 살부터 두 살까지의) 암양. 어린 암양.
borra-botas *m*. 서투른 구두닦이. 서투른 직공. 무능한 사람.
borraçal *m*. ①늪. 소(沼). 습지. 이녕지(泥濘池). 물 있는 초원. ②광야. 관목(灌木)이 무성한 황무지.
borraceiro *m*. 가랑비. 이슬비.
— *a*. 축축한. 눅눅한.
borracha *f*. 고무. 고무 지우개. 고무 주머니.
borracho vulcanizada 경화(硬化) 고무.
borrachão *m*. 술에 취한 사람. 술주정뱅이. 술망나니.
borracheira *f*. ①술에 취함. 도취. 명정(酩酊). 취태(醉態). ②술 취한 사람의 언행. 망나니 행동. ③성적이 나쁨. 잘 되지 못함.
borracheiro *m*. ①고무 주머니를 만드는 사람. ②장수. ③(자동차의) 타이어를 수리하는 사람.
borrachice *f*. =*borracheira*.
borrachifero *a*. [植] 고무의 액체가 나오는. 고무진을 내는.
broracho (1) *a*. 술취한. 술 잘 마시는.
— *m*. 술취한 사람. 주정뱅이. 술망나니.
— (2) *m*. 어린 비둘기. 비둘기의 새끼.
borrachúdo *a*. 둥글게 부풀은. 부은.

— *m*. (브라질) 모기의 일종.
borrada *f*. ①잉크(또는 먹)를 흘리기. ②잉크가 흘러서 된 오점. 얼룩. 티. 불결. ③어리석은 행동. 더러운 행실. 추행.
borradela *f*. (잉크・먹・페인트 따위의) 얼룩・티. 먹으로 지워버린 것. (벌레의 똥으로) 어지러워진 것.
borrado *a*. 잉크(먹・페인트 따위)가 묻은. 더러운.
borrador *m*. ①잡기장. 노트. 초벌 그림책. [商] 일기장. ②페인트 칠하는 사람. 서투른 화가 또는 문필가.
borradura *f*. (잉크 등의) 얼룩. 얼룩진 자리. 티. 먹으로 더러워짐. 덧칠되어 밑의 글자가 잘 안 보임.
borragem *f*. [植] 서양지치(의약・생치 요리에 쓰임).
borralha *f*. =*borralho*.
borralheira *f*. 타다 남은 찌끼. 재 따위를 버리는 곳.
borralheiro *a*. ①타다 남은. 여진의. 잿불의. ②화로 곁을 떠나기 싫어하는. 외출을 싫어하는.
borralho *m*. ①타다 남은 것. 타다 남은 잿불. 뜨거운 재(熱灰). 불 있는 곳. ②화로의 옆. 《稽》집. 집안. 가정.
borrão *m*. ①(잉크・먹・페인트 따위의) 얼룩. 오점. 흠. 티. ②낙서(落書). ③오명(汚名).
mata borrão 압지.
borrar *v.t*. (잉크 등으로) 얼룩을 만들다. 오점을 찍다. 더럽히다. 발라 없애다(지워버리다). 말살하다. 낙서하다. 《卑》(똥으로) 더럽히다.
— *v.i*. 《卑》(벌레가 종이 또는 헝겊에) 똥을 누다. (벌레 똥이 묻다).
borrar papel 종이를 더럽히다. 낙서하다.
borrasca *f*. 폭풍(우). 큰 비. 큰 눈보라. 빗발. 돌발적 사건. 분노(격노)의 폭발. 광폭(狂暴).
borrascoso *a*. 폭풍(우)의. 폭풍(우)을 일으키는. 폭풍이 부는. 눈보라치는. 소란스러운. 노발대발하는.
borrêga *f*. (한 살 되는) 암양.
borregada *f*. 양의 떼(羊群).
borregar *v.i*. (양이) "맹"하고 울다. (사람 또는 동물이) 양처럼 소리지르다.
borrêgo *m*. ①(한 살 되는) 숫양. ②아주 양순한 사람. 온순한 사람.

borregueiro *m.* 양을 기르는 사람. 양 모는 사람.

borrelho *m.* 물새(水禽)의 일종.

borreria *f.* [植] 꼭두서니. 천초(茜草)의 무리.

borrento *a.* 찌끼(찌꺼기)가 많은.

borriçar *v.i.* 가랑비(이슬비) 내리다.

borrifador *m.* 물 주는 그릇. 물 뿌리는 통. 살수기(撒水器).

borrifar *v.t.* ①물을 끼얹다. (…에) 물 뿌리다. ②이슬로 적시다.
— *v.i.* 이슬비 내리다(오다). 이슬에 젖다.

borrifo *m.* ①물 뿌리는 통으로 물주기(끼얹기). 살수(撒水). ②이슬비. 이슬.

borrisco *m.* 작은 소나기.

bôrro *m.* (한 살부터 두 살까지의) 숫양.

borzeguim *m.* 《詩·雅》(그리스·로마의 비극 배우가 사용한) 굽 높은 구두. 반장화.

boscarejo *a.* 숲의. 숲속에 사는(있는).

bosque *m.* 숲. 삼림(森林). 삼림지.

bosquejar *v.t., v.i.* 약도(견취도)를 그리다. 윤곽을 그리다. 초안 잡다. 기초하다. 묘사하다.

bosquejo *m.* 약도. 견취도. 스케치. 초안. 기초(起草). 윤곽. 묘사.

bosquerejar *v.i.* 숲속에서 걸어다니다.

bosquete *m.* 작은 숲. 잡목 숲.

bossa *f.* ①(사람의 잔등에 생기는) 혹. (낙타의 등에 있는) 불룩 나온 살. 육봉(肉峰). ②융기(隆起). 돌기. 마디. ③《俗》 소질. 경향(傾向).
ter bossa para (…의) 소질(재능)이 있다.

bobagem *f.* [建] 돌출부.

bosta *f.* (말·소의) 똥. 분비(糞肥).

bostar *v.i.* (말·소가) 똥을 누다. 탈분하다.

bosteira *f.* 쌓은 소똥. 소똥무지.

bosteiro *m.* [蟲] 장수풍뎅이의 일종.

bota *f.* 목긴 구두. 장화. 반장화.
estar com as botas calçadas (…할) 준비가 다 되어 있다.

botada *f.* 장화(반장화)로 치기. 장화에 채운 상처 또는 타격.

bota-fogo *m.* 포(砲)의 점화병(點火兵). 《古》 화포(火砲)의 화승간(火繩杆). 소란 선동자. 짜증 잘 내는 사람. 곧잘 화내는 이.

bota-fóra *m.* 전송. 송별. 출발. (배의) 진수식(進水式).
ir ao bota fóra 전송하러 가다.

botânica *f.* 식물학.

botânica agrícola 농산 식물학.
botânica medicinal 약용(藥用) 식물학.
botânica fossil 화석(化石) 식물학.

botanicamente *adv.* 식물학상으로. 식물학적으로.

botânico *a.* 식물학(상)의.
jardim botanico 식물원.
— *m.* 식물학자.

botanizar *v.i.* 식물을 채집 연구하다.

botanografia *f.* 식물지(植物誌). 식물해설.

botanologia *f.* =*botântca*.

botanofago *a.* 식물을 먹고 사는 채식(菜食)의.
— *m.* 식물만 먹는(먹고 사는) 사람. 채식가.

botão (1) *m.* 단추. 단추 비슷한 물건. 초인종(招人鐘)을 누르는 단추.
botões do seio 젖꼭지(乳首).
falar com os seus botões 혼자 말하다. 독백(獨白)하다.
— (2) *m.* [植] 싹(芽). 꽃봉오리.
em botão 싹이 터서.

botão-de-ouro *m.* [植] 놋동우(미나리아재비)의 속.

botar (1) *v.t.* (그릇에) 담다. 부어 넣다. 놓다. 던지다.
—*se* *v.pr.* 뛰어 들어가다. 투신(投身)하다. 덤벼들다.
— (2) *v.t.* (칼을) 무디게 하다. (감각을) 무디게 하다. 둔하게 하다.
—*se* *v.pr.* (칼이) 무디어지다. (감각이) 둔해지다.

botarréu *m.* 버팀벽. [建] 홍여받이. 홍여대. 교대(橋臺). 부벽(扶壁). 접합점(接合點).

bote (1) *m.* 작은 배. 보트. 거룻배.
— (2) *m.* ①(특히 칼 따위의) 병기에 다친 상처. 베어진 상처. ②비난. 공격. ③재난. 손실.
de um bote 단번에. 일거에.
dar um bote 갑자기 달려들다. 급습(急襲)하다.

boteco *m.* 선술집. 하급음식점.

botelha *f.* ①병. 작은 술병. ②한 병(의 분량).

botelharia *f.* 술병 따위를 모아 두는 곳. 또는 담는 상자.

botelheiro *m.* 주창(酒倉)·식기 등을 맡아 보는. 하인 우두머리. 식당지배인.

botequim *m.* 커피점. 다방. 바. 술집. 선술집.

botequineira *f.* *botequim*의 여주인.

botequineiro *m.* *botequim*의 주인.

botica *f.* 약방. 약국. 약종상(藥種商).

boticão *m.* 이뽑는 집게.

boticária *f.* 약방의 여주인.

boticário *m.* 약방주인. 약제사. 매약업자(賣藥業者). 약품상(藥品商).

botija *f.* 흙으로 만든 병. 도제(陶製) 단지. 《轉》뚱뚱보.

botilhão *m.* [植] 해초. 해조(海藻).

botina *f.* 반장화. 목긴 구두.

botiquim *m.* =*botequim*.

boto (1) *a.* (날이) 무딘. 둔한. 둔감한. 잘 깨닫지 못하는. 무뚝뚝한. 뚱한.
 — (2) [魚] (아마존산의) 돌고래(무리).

botoaria *f.* 단추공장(상점). 단추제조업.

botoeira *f.* ①단추 구멍. ②단추 만드는 여자.

botoeiro *m.* ①단추 만드는 사람. ②장수.

botulismo *m.* [醫] 순대중독.

bouba *f.* 작은 궤양(潰瘍). 작은 폐해(弊害).

bouça *f.* 목초(牧草)가 많은 벌판.

bouçar *v.t.* 미개간지를 개척하다.

boulder *m.* 둥근 돌. 옥석. [地質] 표석(漂石).

bovicida *m.* 소를 죽임(殺牛). 소를 죽이는 자.

bovicidio *m.* 소를 죽이기. 도살.

bovídeos *m.*(*pl.*) 우속(牛屬)의 동물.

bovino *a.* 소의. 우속의. 소같은.
 gado bovino 기르는 소. 축우(畜牛).

box, boxe *m.* ①권투. ②막은 칸. 분실(分室). 분방(分房).

boxador, boxeador *m.* 권투가. 권투선수.

brabeza *f.* =*braveza*.

brabo *a.* =*bravo*.

braça *f.* 길(길이의 단위 : 약 6피드). 농촌에서는 두 손을 좌우로 펼친 길이.

braçada *f.* 한 아름(의 분량).

braçadeira *f.* ①가죽으로 만든 손잡이(기차・버스 따위의 안에 달려 있는). 가죽손잡이(吊革). ②(의자 등의 옆에) 팔을 올려 놓는 곳.
 braçadeira de cortina 커튼 줄(동여매는 노끈).
 braçadeira de espingarda 총에 달려 있는 가죽띠.

braçal *a.* 팔의. 팔을 쓰는. 육체노동의.
 serra braçal 두 사람이(양쪽에서 쥐고)켜는 톱.

braçalmente *adv.* 팔로. 팔힘으로. 완력으로.

braçaria *f.* 창 던지는 기술(投槍術). 척탄(擲彈) 기술.

braceagem *f.* 팔을 (흔들어) 움직이기.

braceiro *a.* 팔힘의. 팔힘 있는. 팔힘에 의한.
 — *m.* ①육체노동자. ②타인의 걸음(步行)을 돕기 위하여 팔을 들어 주는 사람.

bracejador *a.* 팔을 (흔들어) 움직이는. 팔로 일하는. 육체노동의.

bracejar *v.t.*, *v.i.* ①팔을 움직이다. 팔을 펴다. 팔로 일하다. ②애쓰다. 노력하다.

bracejo *m.* 팔을 움직이기. 팔로 일하기.

bracelete *m.* 팔찌. 《俗》수갑. 완장. 갑옷의 팔받이.

braço *m.* ①팔. 상지(上肢). ②(나무의) 큰 가지. ③힘. 완력. 권력. ④일꾼. 노동자.
 braço do rio 지류(支流).
 de braço dado 팔을 서로 끼고.

bráctea *f.* [植] 포(苞).

bracteado, bracteifero *a.* 포 있는. 포 같은.

bracteiforme *a.* 포 모양의(苞狀).

bractéola *f.* [植] 작은 포(小苞).

braçudo *a.* 힘있는. 팔이 있는. 늠름한 팔이 있는. 근육이 힘있어 보이는. 튼튼한.

bradador *m.* 외치는 사람. 아우성치는 사람. 소리지르는 이.

bradante *a.* 외치는. 소리지르는. 아우성치는. 고함지르는.

bradar *v.i.*, *v.t.* 외치다. 아우성치다. 고함지르다. (요구 등을) 절규하다.
 bradar por socorro 높은 소리로 구원(救援)을 청하다.

bradipepsia *f.* [醫] 소화불량.

bradipode, bradípodo *m.* 걸음이 더딘 동물. 완보수(緩步獸).

brado *m.* 외침. 소리지름. 고함. 아우성 소리. 절규(絶叫).

bragantão *m.* 방종한 인간. 방탕아. 무뢰한.

bragueiro *m.* [醫] 탈장대(脫腸帶). 허리띠. [海] 아랫돛 가름대 중앙부를 돛대에 걸어매는 쇠붙이(鞍索).

braguilha *f.* (포켓에 붙는) 작은 뚜껑. (모자

의) 느런 자락. (봉투의) 접어 넘긴 자락.
brama *f.* (교미기(交尾期)에) 노루가 우는 것. (노루·염소·양 등의) 발정(發情).
bramador *a.* (특히 노루·사슴 따위가) 우는. 외치는. (동물) 포효하는. (사슴이) 암내 피는.
— *m.* 우는 노루. 외치는 사슴.
brâmane *m.* 브라만(婆羅門: 옛 인도의 카스트(4대 계급 제도) 중 가장 높은 승려 계급의 사람).
bramánico *a.* 브라만(교)의.
bramanismo *m.* 브라만교.
bramante *a.*, *m.* =*bramador*.
bramar *v.i.* (노루·염소·양 따위가 특히 교미기에 있어서) ①울다. 외치다. ②고함지르다. 큰 소리로 부르다. 포효하다. ③격노하다.
brâmene *m.* =*brâmane*.
barmido *m.* (사슴이) 우는 소리. 외치는 소리. 고함소리. 포효. 호령. 격노. (물결이)거셈.
bramidor *a.*, *m.* =*barmador*.
bramir *v.i.* (특히 노루가) 울다. 외치다. (동물이) 포효하다. 격노하다.
branca *f.* ①흰 머리칼. 백발. ②람술의 일종(아구알덴찌).
brancacento *a.* 약간 흰. 허여스름한.
brancarana *f.* (백인과 흑인의 혼혈 여자로서) 흰빛에 가까운 여자. 허여스름한 여인.
brancaria *f.* =*branquearia*.
branco *a.* ①흰. 눈같이 흰. 새하얀. 백색의. 순백의. ②(얼굴에) 핏기가 없는. 창백한. ③(머리칼이) 흰빛을 띤. 백발의. ④백지(白紙)의.
papel branco 흰종이. 백지.
roupa branca 흰옷. 백의(白衣).
armas brancas 흉기(凶器).
carta branca 자유로 행동할 수 있는 권한.
branco *m.* 흰빛. 백색. 흰 그림물감·흰옷. (계란의) 흰자위(卵白). (눈의) 흰자위. 백인(白人).
branco do olho 눈의 흰자위(白眼).
branco do ôvo 계란의 흰자위.
procuração em branco 백지위임장.
ficar em branco 들은 말을 이해 못하고 있다.
passar a noite em branco 자지 않고. 밤을 새우다. 철야하다.
em branco 백지로. 무조건으로. 공백으로.

brancura *f.* 흰. 새하얀. 순백. 결백. 창백.
brandalhão *a.* 아주 느린. 매우 완만(緩慢)한. 활기가 없는.
brandamente *adv.* 느리게. 천천히. 부드럽게.
brandão *m.* (불켜는) 큰 초·거화(炬火).
brandido *a.* (칼·창·곤봉 따위를) 휘두른. 흔든. 내저은.
brandiloquo *a.* 부드러운 말씨의.
brandimento *m.* (칼·창·곤봉 따위를) 휘두르기. 내젓기. 흔들기.
brandir *v.t.* (칼·창·곤봉 따위를) 휘두르다. 내두르다. 내젓다. 휘젓다. 흔들다.
— *v.i.* 흔들리다.
brando *a.* (태도가) 부드러운. 점잖은. (성격이) 온순한. 유순한. 유연(柔軟)한. 활기 없는. 느린. (기후가) 온화한. (담배가) 독하지 않는.
caráter brando 온순한 성질(성격).
tempo brando 따뜻하고 한가한 날씨.
brandura *f.* ①부드러움. 온량(溫良). 온화. 유화. 유순. 온순. 온유(溫柔). 점잖음. 연도(軟度). 연질(軟質). 유약(柔弱). 느림. 완만.
branqueação *f.*, *m.* ①희게 하기. 백화(白化). ②표백(법).
branqueador *a.*, *m.* ①희게 하는 (사람). ②표백하는 (이).
branqueadura *f.* =*branqueamento*.
— *m.* ①희게 하기. ②표백하기. ③흰칠하기.
branquear *v.t.* 희게 하다. 표백하다. 흰칠하다.
— *v.i.*, —*se v.pr.* ①희게 되다. ②표백되다. 백화(白化)하다. ③순결해지다.
branquearia *f.* 표백장(漂白場).
branqueio *m.* =*branqueação*.
branqueiro *m.* 표백하는 사람. 햇볕에 쪼여 희게 하는 사람.
branquejar *v.t.* 점점 희어가다. 색깔이 낡아서(퇴색하여) 흰빛이 되다. 백색화(白色化)하다. 희게 보이다.
brânquia *f.* (물고기의) 아가미.
branquiado *a.* 아가미 달린.
branquial *a.* 아가미의(에 관한). 아가미 모양의.
branquinha *f.* 《俗》 사탕수수로 만든 일종의 람술.
braquiblota *a.* 단명(短命)의.

braquicéfalo *a.* [解] 단두(短頭)의.
braquidáctilo *a.* 단지(短指)의.
braquídeo *a.* 팔 모양의. 완형(腕形)의.
braquiologia *f.* [文] 어구(語句)의 생략. 생략법(省略法).
braquiópode *m.* [動] 완족류(腕足類 : 파리조개 따위).
— *a.* 완족류의.
braquiual *a.* 팔의. 윗팔의.
brasa *f.* 백열(白熱). 작열(灼熱). (숯·석탄 따위) 새빨갛게 닮.
ferro em brasa 빨갛게 단 철(달군 철).
estar em brasa 매우 격분(격노)하다.
brasão *m.* ①[紋] 방패꼴의 무늬. 방패꼴의 물건. ②문장(紋章). ③영광. 영예.
braseira *f. braseiro.*
— *m.* 화로. 놋갓장이. 곤로(焜爐).
brasil *m.* [植] 브라질(나무 이름). (註) 이 나무 이름에서 브라질 국명(國名)이 전래됨.
pau brasil 브라질나무(木).
Brasil *m.* (남아메리카의) 브라질.
brasileiramente *adv.* 브라질식으로. 브라질 사람처럼.
brasileirismo *m.* 브라질식의 표현법. 브라질의 어법.
brasileira *f.* ①브라질 여자. ②[植] (브라질산) 관상식물의 일종.
brasileiro *a.* 브라질(나리)의.
— *m.* 브라질 사람.
brasilense *m.* 브라질인(국민).
— *a.* 브라질 사람의.
brasiliense *a.* (수도) 브라질리아의. 브라질리아에 관한(속한).
— *m., f.* (수도) 브라질리아 사람.
brasilina *f.* 브라질나무(*pau brasil*)에서 빼낸 색소(色素).
brasonar *v.t.* 방패를 문장(紋章)으로 장식하다. 문장을 만들다.
— *v.i.* 화려하게 차리다(꾸미다). 자만하다. 자랑하다.
braunita *f.* [化] 브라운광(鑛). 갈(褐)만강광.
bravata *f.* 큰소리. 호언장담. 도전적 언사. 위협조로 외치는 소리. 허세.
bravatão, bravateador *m.* 큰소리치는 자. 호언장담하는 자. 뽐내는 자. 허세를 피우는 자.
bravatear *v.i.* 큰소리치다. 호언장담하다. 위협조로 고함지르다. 우쭐하다. 뽐내다. 허세를 피우다.
bravateiro *m.* 호언장담하는 사람. 뽐내는 자. 우쭐하는 이.
bravear *v.i.* = *bravejar.*
bravejar *v.i., v.t.* 흥분하여 말하다. 화내어 말하다. 소리지르다.
braveza *f.* 잔인성. 사나움. 흉악. 맹렬. 격렬. 맹위(猛威).
bravio *a.* 사나운. 잔인한. 흉악한. 흉폭(凶暴)한. 거칠은. 야생적인. 미개한. 야만적인. 황무(荒蕪)의.
animal bravio 야수(野獸).
planta bravia 야생식물.
caminho bravio 거칠은 길. 험로(險路).
gente oravta 미개한 사람 야만인.
bravo *a.* ①용감한. 용맹한. 대담한. 호담(豪膽)한. ②당당한. 훌륭한. 화려한. ③(바다가) 거칠은. ④(동물이) 사나운. 길들지 않은. ⑤(사람이) 미개한. 야만의. ⑥야생의. 황무의. ⑦성낸. 화낸.
— *m.* 용감한 사람. 격분한 사람.
— *interj.* (갈채소리) 장하다! 잘한다! 좋다!
bravura *f.* 용감. 용맹. 용기. 용장(勇壯). 호담. [樂] 웅장한 곡.
reado *a.* 타아트 칠한. 피치(송진)를 바른.
breadura, breagem *f.* 타아트칠하기. 피치(송진) 칠하기.
brear *v.t.* 타아트(피치) 칠하다. 송진을 바르다.
breca *f.* (근육)경련(痙攣). 쥐(일기). 《古》 분노. 짜증.
é da breca 또는 *levado da breca* 꽤 보챈다. 몹시 장난한다. 장난꾸러기 성격이다.
fazer coisas da breca 엉뚱하게 나쁜 장난을 하다. 생각지도 못할 나쁜짓을 하다.
Com a breca! 제기랄! 이까짓!
brecar *v.t., v.i.* 브레이크(制動機)를 걸다. 정거시키다.
brecha (1) *f.* ①돌담·성벽 따위). 갈라진 구멍. 터진 틈. 틈새. 간극(間隙). 파격(破格). ②상처. ③손해. 침해(侵害). ④파탄(破綻). ⑤절교. 불화. (의견의) 차이.
— (2) *f.* [地質] 각력석(角礫石 : 모난 조약돌). 각만암(角蠻岩).
brechão *m.* 갈라진 큰 구멍. 크게 터진 틈. 대파구(大破口).
brechiforme *a.* 각만암꼴(角蠻岩狀)의.

bredo *m.* [植] 납가새(藜)의 무리.
bregma *f.* [解] 숫구멍.
bregmal, bregmático, bregmico *a.* 숫구멍의(에 관한).
brejeira *f.* 파렴치한 여자. 뻔뻔스러운 계집.
brejeirada *f.* 악도(惡徒). 깡패의 무리. 무뢰한의 떼. 무뢰한의 행실. 파렴치한 노릇.
brejeiral *a.* 무뢰한의. 깡패다운. 악독한. 야비한. 교활한. 천한. 게으르게 사는.
brejeirar *v.i.* 파렴치한 행동을 하다. 나쁜 짓을 하다. 나태하게(게으르게) 살다.
brejeirice *f.* 파렴치한 언행. 나쁜 수작. 방탕. 나쁜 길에 들어서기.
brejeiro *a.* ①익살맞은. 우스운. 장난치는. 장난 좋아하는. ②악의 있는. 심술궂은. 야비한.
— *m.* ①익살꾸러기. 까불이. 게으름뱅이. ②무뢰한. 파렴치한. 악도. 깡패. 망종.
brejento *a.* =*brejoso*.
brejo *m.* ①늪. 소(沼). 습지(濕地). 저(低)습지. ②습지에 나는 관목(灌木). 그의 숲. ③바람맞이의 추운 곳.
brejoso *a.* 늪(습지)의. 늪같은. 늪이 많은. 늪에서 자라는. 축축한. 연한 진흙이(이 섞인).
brelho *m.* 작은돌. 조약돌. 자갈.
brenha *f.* ①야생관목(灌木). 수풀. 덤불. 잡목숲. 총림(叢林). ②얽힘. 얽힌 것. 착종(錯綜). 착잡(錯雜).
brenhoso *a.* 관목이 무성한. 수풀(잡목숲)이 많은. 수풀같은. 가시덤불의. 털이 많은. 털투성이의. [植] 다모(多毛)의.
breque *m.* ①브레이크. 제동기(制動機). ②일종의 사륜(四輪)마차.
Bretanha *f.* (=*Grã Bretanhn*) 대영제국.
bretanha *f.* (프랑스의 브리타니 특산) 아마포(亞麻布)의 일종.
bretão (1) *a.* (프랑스의) 브리타니 지방의.
— *m.* 브리타니 사람(언어).
— (2) *a.* 《英》 *Britain*의 번역된 사투리. 영국의.
— *m.* 영국인.
breu *m.* 타아트. 피치. 역청(瀝青).
breve *a.* 짧은. 짤막한. 간단한. 간결한. 잠시의. (시간적으로) 가까운.
breve *m.* ①약자(略字). 약어(略語). ②교황서간(敎皇書簡). [文] 단음(短音). [樂] 이전음부(二全音符).

breve *adv.* 곧. 얼마 안가서. [映] 근일. 근일중.
brevemente *adv.* ①곧. 얼마 안가서. 멀지 않아. 근간(近間). 금명간(今明間). ②일찍. 일찌거니. 속히.
breviário *m.* [가톨릭敎] 성무일과서(聖務日課書). ②대의(大意). 강령(綱領).
brevidade *f.* ①짧음. 간단. 간결. ②잠시. 삽시간.
brevipede *a.* 발이 짧은. 단족(短足)의.
brevipene *a.* 날개가 짧은. 단익(短翼)의.
brica *f.* 문장면(紋章面)의 한쪽에 칸을 나눈 부분.
bricabraque *m.* 골동품. 고물(古物).
brida *f.* 말굴레. 말고삐.
a tôda a brida 전속력으로.
bridão *m.* 작은 재갈. 간편한 말굴레.
bridar *v.t.* 굴레를 씌우다. 억제하다. 구속 함.
bridge *m.* 트럼프 놀이의 일종.
briga *f.* 다툼. 말다툼. 논쟁. 싸움. 격투. 투쟁. 불화.
brigada *f.* [軍] 여단(旅團). 포병대대. (군대식으로 조직된) 단체(노무대 따위). 대(隊). 반(班).
brigadeiro *m.* 《古》 여단장.
brigador *m.* 잘 다투는 사람. 싸움꾼. 격투하는 이.
brigalhão *m.* 싸우기 좋아하는 사람. 큰 싸움꾼.
brigalim *m.* (토인들이) 허리에 두르는 천(布木).
brigandina *f.* 중세(中世)의 갑옷의 일종.
brigão *a.*, *m.* 싸움 좋아하는 (사람). 잘 다투는 (이). 혈기에 날뛰는 (자). 성미 빠른 (자).
brigar *v.i.* 말다툼하다. 논쟁하다. 사이가 틀리다. (의견이) 충돌하다. 반목하다.
brigoso *a.* 싸움을 좋아하는. 곧잘 다투는.
brigue *m.* [海] 쌍돛달린 배.
briguento *a.* 싸움 잘하는. 곧잘 다투는. 사소한 일에도 시비를 거는.
brilhante *a.* 빛나는. 찬란한. 눈부신. 혁혁한. 훌륭한. 재간이 뛰어난. 영예로운. 광휘있는. 영롱(玲瓏)한.
— *m.* (잘 닦여진) 다이아몬드. (탁마된) 금강석.
brilhantemente *adv.* 빛나게. 눈부시게. 찬란히. 훌륭하게. 혁혁하게.

brilhantez *f.* 빛남. 광채. 광택. 광휘. 찬란. 화려. 훌륭함.

brilhantina *f.* 윤내는 머릿기름. 윤내는 가루.

brilhantismo *m.* 광채. 광택. 찬란. 화려. 훌륭한.

brilhantura *f.* 훌륭한 연설. 보기 좋은 솜씨(才氣).

drilhar *v.i.* 빛나다. 번쩍이다. 비치다. 《俗》 이채를 나타내다. 뛰어나다. 탁월하다.

brilho *m.* 빛. 광명. 광채. 윤. 광택. 광휘(光揮). 영광. 영예. 훌륭함. 화려. 장관(壯觀).

brim *m.* ①[紡] 무늬비단으로 짠 피륙. 황마로 짠 두꺼운 천. ②범포(帆布).

brincadeira *f.* 장난. 농담. 희롱. 우스꽝. 익살. 흥취(興趣). 재미. 재미있는 물건. 위안.
por (또는 *de*) *brincadeira* 농담으로. 장난으로.

brincador *a., m.* 장난하는 (사람). 농담하는 (이).

brincalhão, brincão *m.* 익살꾸러기. 까불이. 농담하는 사람. 희롱 잘하는 이.
— *a.* 장난 좋아하는. 희롱하기 잘하는. 명랑한. 우스운. 농담의.

brincar *v.i., v.t.* 농담하다. 익살을 부리다, 놀리다, 희롱하다. 버롱(翻弄)하다 장난하다.

brinco (1) *m.* (여성들의) 귀고리.
— (2) *m.* 아이들의 장난. 희롱. 유회.

brindar *v.t.* …에게 선물을 하다. (+*com*) …을 위하여 잔을 들다. 축배를 들다.
— *v.i.* 잔 들어 건강을 축복하다.

brinde *m.* 축배(祝杯). 축배의 인사. 술잔 들어 건강을 축복하기. 선물.
levantar um brinde 축배를 들다.
Fizemos um brinde à noiva, e ao noivo. 우리는 그 신부와 신랑을 위하여 축배를 들었다.

brinquedo *m.* 장난감. 완구(玩具). 노리개. 값싼 물건. 보잘 것 없는 것.
brinquedo de esconder 숨바꼭질.

brio *m.* 명예. 영광. 명분. 면목. 체면. 자존심. 염치. 덕의(도의)심. 성미. 기질. 혈기.

briologia *f.* 선태학(蘚笞學).

briológico *a.* 선태학의(에 관한).

briologista *m., f.* 선태학자.

briônia *f.* [植] 박과식물의 덩굴.

briosamente *adv.* 용감하게. 힘세게. 훌륭하게. 당당하게.

brioso *a.* 용감한. 위세 당당한. 화려한. 영광스러운. 자존심 있는. 도량이 넓은. 관대한.

briozoarios *m.(pl.)* 선태충류(蘚苔蟲類).

briquête *f.* 연탄(練炭). 알탄.

brisa *f.* 산들바람. 미풍(微風).
brisa ao mar 바다 바람. 해풍.
brisa da terra 육지 바람.

bristol *m.* 옛날의 두터운 담요(毛布)의 일종.

brita *f.* 조약돌. 자갈. 쇄석(碎石).

britado *a.* 부순. 부서진. 깨진. 쪼개진.

britador *m.* ①돌을 깨뜨리는 도구. 돌을 부스러뜨리는 기계. 쇄석기(碎石機). ②《古》 약속(또는 서약한 것)을 어기는 사람.

britamento *m.* 《古》 파약(破約). 파기(破棄). 위반.

Britânia *f.* 대영제국. 영본국.

británia *f.* 브리태니어금(주석 · 안티몬 · 구리의 합금).

britanicamente *adv.* 영국(대영제국)식으로.

britânico *a.* 영국의. 영국 사람(민족)의.

britar *v.t.* (돌을) 부수다. 깨뜨리다. 쪼개다. (약속을) 어기다. 어긋내다. 파약하다. (법칙 따위를) 위반하다. 침범하다. (권리를) 침해하다.

brives *m.(pl.)* [樂] 축범색(縮帆索).

broa *f.* 옥수수가루로 만든 빵. 케일.

broca *f.* 송곳. 나사 송곳. 찬공기(鑽孔機). 찬공기의 끝으로 되는 것. (구멍 치수에 따라 大小 여러 개 있음). 착암기(鑿巖機).

brocado *m.* 수놓은 비단. 금란(金襴). 은란(銀襴).

brocar *v.t.* 송곳으로 뚫다. 구멍을 파다.

brocardo *m.* ①원리(原理). [數 · 論] 공리(公理). ②격언. 금언(金言).

brocatel *m.* 면모(綿毛) 또는 마모(麻毛)의 교직. 일종의 능직물(綾織物).

brocatelo *m.* (이탈리아산) 잡색대리석(雜色大理石).

brocha (1) *f.* ①못. 압정. 장식못. ②자물쇠. 버클.
— (2) *f.* (집칠용) 큰솔. 회칠할 때 쓰

brochadeira *f.* 책을 꿰매는 여자. 제본하는 여공.
brochado *a.* (책을) 철한. 꿰맨.
brochador *m.* 책을 꿰매는 사람. 제본공.
brochagem *f.* 책을 꿰매기. 제본.
brochar (1) *v.t.* (책을) 꿰매다. 감치다. 감치어 달다. [製本] 매다. 꿰매어 꾸미다.
— (2) *v.t.* 못으로 박아 고정시키다. 압정을 꽂다. 자물쇠로 잠그다. 버클로 죄다.
broche *m.* 깃바늘. 흉침(胸針). 브로치.
brochura *f.* 가철(假綴)한 책. 작은 책. 팜프렛.
brócolos *m.*(*pl.*) [植] 꽃을 먹을 수 있는 양배추의 일종.
brodio *m.* 술잔치. (음식의) 대접. 부산한 (즐거운) 잔치놀이. 유흥적 연회.
broma *f.* [蟲] 목식충(木喰蟲). [植] 현삼과(玄參科)의 초본. 《俗》 우둔한 사람. 버릇없는 놈.
— *a.* 거칠은. 조악(粗惡)한. 열등의. 야비한. 우둔한.
bromado *a.* = *bromurado*.
bromar *v.t.* 벌레가 먹다. 파먹다. 파먹어 들어가다.
— *v.i.* 상하다. 나쁘게 되다. 못쓰게 되다. 실패하다. 결손하다. 가치가 떨어지다. (중량이) 모자라다.
bromato *m.* [化] 취소산염(臭素酸監).
bromatologia *f.* 식물학(食物學). 영양학.
bromatológico *a.* 식물학의. 영양학의.
bromatologista, bromatólogo *m.* 식물학자. 영양학자.
brometo *m.* [化] 취화물(臭化物).
bromhídrico *a.* 취화수소(臭化水素)의.
ácido bromhídrico 취화수소산(酸).
brômico *a.* [化] 취소의. 취소가 든. 취소와 화합한.
ácido brômico 취소산(臭素酸).
bromidrose *f.* [醫] 취한(臭汗).
brômio *m.* [化] 취소(臭素). 브롬.
bromismo *m.* [醫] 브롬 중독(中毒).
bromo (1) *m.* = *brômio*.
— (2) *m.* [植] 코코아의 일종.
bromurado *a.* 취소를 포함한. 취소가 있는.
bromureto *m.* = *brometo*.
bronco *a.* ①거칠은. 거칠거칠한. ②초라한. 하등의. ③추잡한. 야비한. 서투른. 솜씨 없는. 졸렬한. 우둔한. 무지한.
broncopneumonia *f.* [醫] 기관지 폐렴(肺炎).
broncorragia *f.* 기관지출혈(氣管枝出血).
broncotomia *f.* 기관절개술(切開術).
bronquectasia *f.* [醫] 기관지 확장(擴張).
bronquial *a.* 기관지의(에 관한).
bronquice *f.* 우둔함. 무지. 무지한 행동.
brônquio *m.* 기관지(氣管枝).
bronquiolo *m.* 기관말지(末枝).
bronquite *f.* [醫] 기관지염(炎). 기관지 카타르.
bronquite capilar 모세관(毛細管). 기관지염.
bronquítico *a.* 기관지염성의.
bronzagem *f.* 청동빛을 띠게 하기. 청동색을 입히기. 청동처럼 만들기.
bronze *m.* ①청동(青銅). 청동색. 청동으로 만든 물건. ②《詩》 대포.
o troar do bronze 포성.
o som do bronze 종소리.
coração de bronze 무정한 마음. 무자비한 마음.
bronzeado *a.* 청동색을 띤. 청동으로 만든. (햇볕에 타서) 청동색이 된.
bronzeador *m.* 청동색으로 만드는 사람. 청동빛을 입히는 사람. 청동 세공장이.
bronzeadura *f.* = *bronzeamento*.
— *m.* = *bronzagem*.
bronzear *v.t.* 청동빛으로 만들다. 청동으로 장식하다.
— *v.i.* ①청동빛이 되다. ②무정해지다.
bronzeo *a.* 청동의(에 관한). 청동색의. 청동으로 만든. 청동처럼 굳은. 찬. 냉담한. 무정한.
carater brônzeo 냉혹한 성질. 잔인성.
bronzipede *a.* 청동으로 만든 다리가 있는 (다리가 달린).
bronzista *m.* 청동으로 세공하는 사람. 청동을 만드는 사람. 청동주조공.
broque *m.* 용광로(鎔鑛爐)의 송풍관(送風管).
broqueado *a.* 구멍을 뚫은. 구멍이 뚫어진. 균열(龜裂)이 생긴.
broqueamento *m.* 송곳(나사송곳)으로 구멍을 뚫기. 커피씨(알)를 체질하기(체내림하기).
broquear *v.t.* ①송곳(나사송곳)으로 구멍을 뚫다. 커피씨(알)를 체질하다(체내림하다).

broquel *m.* ①작고 둥근 방패(小形円楯). ②보호.

broqueleiro *m.* 작고 둥근 방패를 만드는 사람. 그것을 쥐고 있는 사람.

broquento *a.* 벌레가 먹어 많은 구멍이 생긴. 구멍 투성이의. 상처가 많은.

brossa *f.* 기계 닦는 솔. 인쇄용 솔. 큰 솔. 말솔.

brotamento *m.* ①눈트기. 싹트기. 발아(發芽). 꽃피기. ②발생. 용솟음쳐 나옴. 용출(湧出).

brotar *v.i.* ①[植] 눈트게 하다. 싹이 나오게 하다. 꽃봉오리를 맺게 하다. ②만들어 내게 하다. 산출케 하다.
— *v.i.* 눈트다. 싹트다. 발아하다. (봉오리가) 발생하다. 꽃피다. 나타나다. 용솟음쳐 나오다.

brotinho *m., f.* 어린아이. 어린여아(女兒).

broto (1) *m.* [植] 눈. 싹. 봉오리.
— (2) *m., f.* 《俗》십대 소년. 어린 처녀.

brotoeja *f.* [醫] 발진(發疹). 뽀로지. 부스럼.

broxa *f.* 그림 그리는 붓. 화필(畫筆). 부드럽고 넓적한 붓.

bruços *m.(pl.)* (다음과 같은 숙어로 만 씀). *de bruços* (땅에) 엎드려서. 넓적 누워서 머리를 아래로 내려뜨리고.

bruma *f.* 안개. 놀. 아지랑이. (정신상태의) 봉롱. 혼미(昏迷). (눈이) 흐림. (유리의) 흐림. 애매. 오리무중.

brumal *a.* ①안개 낀. 안개가 자욱한. 아지랑이 가득찬. ②몽롱한. 명료하지 않은. 막연한. 오리무중의.

brumoso *a.* 안개로 덮인. 안개가 자욱한.

brunal *a.* 《古》어스름한. 음침한. 침울한. 불행한.

brunete *a.* 살빛이 거무스름하고 머리털과 눈이 고동색의 갈색(褐色)을 띤.

brunido *a.* 다림질한. 풀먹인. 매끈매끈한. 윤택나는. 잘 닦은.

brunidor *m.* 닦는 사람. 닦아 빛나게 하는 사람(또는 물건). 윤내는 기구. 연마기(研磨器). 문질러서 광채나게 하는 주걱.

brunidura *f.* 닦기. 갈기. 윤내기. 빛나게 하기.

brunir *v.t.* 닦다. 갈다. 윤내다. 빛나게 하다. 세련하다. (옷을) 다림질하다. 풀먹여 매끈매끈하게 하다.

bruno *a.* 음침한. 어스름한. 어두운. 불행한.

bruscamente *adv.* 거칠게. 난폭하게. 우악스럽게. 함부로.

brusco *a.* ①난폭한. 괄괄한. ②거칠은. 미가공(未加工)의. 날것의. 조제(粗製)의. ③조야(粗野)한. 교양없는. 무교육의. 미개의. 버릇없는. 심술궂은. 무뚝뚝한. ④뜻밖의. 돌연한. 당돌한.

brusquidão *f.* ①난폭함. 괄괄함. 거칠음. ②무교육. ③조제(粗製). 미가공. ④돌연. 당돌.

brutal *a.* 짐승 같은. 축생(畜生) 같은. 야만적인. 잔인스러운. 흉악한. 난폭한. 살벌(殺伐)한.

brutalidade *f.* 짐승 같음. 야수적임. 잔인성. 야만성. 살벌. 만행. 흉폭. 무자비.

brutalizar *v.t., v.i.* 야수처럼 만들다(되다). 축생(畜生)처럼 되게 하다. 축생같은 행동을 하다. 난폭하게 취급하다. 학대하다.

brutalmente, brutamente *adv.* 야수적으로. 잔인하게. 흑독하게. 난폭하게.

brutamontes *m., f.* 야만적 인간. 잔인한 사람. 우둔한 사람. 어리석은 자. 보기 흉한 사람.

hrutez *a.* =*brutal*.

brutesco *a.* 거칠은. 조잡(粗雜)한. 난폭한. 사나운. 우악스러운. 괄괄한. 상스러운. 버릇없는. 이상한.

bruteza *f.* ①거칠음. 조잡. 조야. 난폭. 흉악. 야만. 미개. 야만적 행동(풍습). ②(보석 따위) 닦지 않은 상태. 미가공. 미완성. 날것임.

brutidade *f.* =*brutalidade*.

brutidão *m.* =*bruteza*.

bruto *a.* ①거칠은. 깔깔한. 울퉁불퉁한. ②사나운. 난폭한. 우악스러운. 괄괄한. ③버릇없는. 예의 없는. 교육 안 받은. ④수적(獸的)인. 수성(獸性)의. 야만적인. ⑤(날씨가) 험한. 험악한. ⑥(소리가) 귀에 거슬리는. ⑦(생산품을) 가공하지 않은. 마감질 않은. 조잡한. 대강의. 초만 잡은. 서투른.
açucar bruto 조당(粗糖)(설탕가루가 되기 전인).
diamante bruto 가공하지 않은 다이아몬드.
força bruta 폭력.
receita bruta 총수입(總收入). 전체 매상고.
pêso bruto 전체 중량. 전비(全備) 중량.

produto bruto 완성되지 않은 생산품.
bruto *m*. ①짐승. 축생. ②짐승같은 놈. 난폭한 인간.
bruxa *f*. 여자마법사. 마녀. 무당. 심술궂은 할머니. 마귀할머니. 요파. 추부. 요부.
buxaria *f*. 마법. 요술. 마력. 매혹(魅惑).
bruxear *v.i*. 요술하다. 마법을 쓰다. 요술로 홀리다. 매혹하다.
bruxedo *m*. =*bruxaria*.
bruxo *m*. 요술사. 마술사. 기술(奇術)장이.
bruxuleante *a*. (등불 따위) 꺼졌다 켜졌다하는. 명멸(明滅)하는. 나플거리는. 나플나플 흔들리는.
bruxulear *v.i*. 꺼졌다 켜졌다하다. 깜박이다. 명멸하다. 나플거리다.
bruxuleo *m*. 깜박임. 명멸(明滅). 미광(微光)을 냄.
buba *f*. 피부에 생기는 작은 부스럼. 종기(腫氣).
bubalo *m*. (북아프리카 산의) 영양(羚羊).
bubão *m*. [醫] 한개 혹은 여러 임파선의 염증.
bubónico *a*. 임파선에 염증을 일으키는.
peste bubónica 선(腺)페스트. 흑사병.
bubonocele *m*. 임파 헤르니아.
bucal *a*. [解] 입의. 구강(口腔)의.
bucinador *m*. [解] 나팔근(喇叭筋).
bucêfalo *m*. *Alexander* 대왕이 애용하던 말(馬). 군마(軍馬). 명마(名馬). 《稽》승용마.
bucentauro *m*. ①[神話] 반우반인(半牛半人)의 괴물. ②[史] 어용선(御用船) (옛 *Venice* 공화국의 총독용).
bucha *f*. (마른 풀·삼찌기 등의 부드러운 물건의) 작은 뭉치. 솜뭉치. 틀어막는 물건. 충전물(充塡物). 통마개. 통주둥이. 전(栓). 《俗》귀찮은 일.
buchada *f*. ①(동물의) 내장. 위장(胃腸). ②기분 나쁜 것. 귀찮은 일.
bucho *m*. (동물의) 위. 반추동물(反芻動物)의 제4위(胃). (새·곤충의) 멀떠구니. 염통.
(注意) 동음이의어. *buxo*: 황양(黃揚)나무.
bucólica *f*. 목가(牧歌). 전원시(田園詩).
bucólico *a*. 목양(牧羊) 생활의. 목가적(牧歌的)인. 목자의. 시골냄새 나는. 순박한. 재미있는.
bucre *m*. (머리의) 곱슬털. 곱슬머리.
buda, budda *m*. 부처(佛陀).

búdico *a*. 부처의. 불교의.
budismo *m*. 불교. 불도(佛道).
budista *m*., *f*. 불교도. 불도(佛徒). 신남(信男). 신녀(信女).
budístico *a*. 불교도의. 불교신자의.
bueiro *m*. 배수구멍(排水孔). 지하수로(地下水路). 은구(隱溝).
buena-dicha *f*. 운. 운명(의 여신). (장래의) 운세. 숙명(宿命).
dizer buena-dicha (점장이가) 운세를 점치다. 사주를 보다.
buenairense *a*. (아르헨티나의 수도) 부에노스아이레스의.
— *m*., *f*. 부에노스아이레스의 시민.
bufa *f*. 《卑》소리없는 방구.
búfala *f*. 물소(의 암컷).
bufalino *a*. 물소의. 수우질(水牛質)의.
búfalo *m*. 물소. 물소의 뿔(또는 가죽).
búfano *m*. 《古》=*búfalo*.
bufão *m*. 익살광대. 익살꾼. 허세부리는 사람. 호언장담하는 자.
bufar *v.t*. 세게 숨쉬다. 굳세게 내쉬다. 혹혹 불다. 큰소리치다. 호언장담하다. 《卑》방구를 뀌다.
bufarinha *f*. ①값싼 물건(잡화). ②도붓장수가 지니고 다니는 물건상자(궤).
bufarinheiro *m*. (값싼 물건을 파는) 도붓장수. 행상인.
bufete *m*. 찬장. 식기 올려 놓는 선반. (기차 내의) 식당.
bufo (1) *a*. 우스운. 우스꽝스러운. 익살광대의. 희극의.
— *m*. 익살광대. 익살꾼.
— (2) *m*. [鳥] 올빼미. 《轉》인색한 자. 깍쟁이. 수전노.
— (3) *m*. 입김(숨)을 세게 불기.
bufonaria *f*. 광대질. 익살.
bufonear *v.i*., *v.t*. 익살부리다 우습게 굴다.
bugalho *m*. 몰식자(沒食子). 오배자.
bugalho do olho 《轉》안구(眼球).
misturar alhos com bugalhos 물건을 뒤섞다. 뒤범벅해 놓다.
falar-se em alhos e responder em bugalhos 전혀 다른 대답을 하다. 이야기의 내용을 혼돈해 듣다.
bugalhudo *a*. 몰식자와 같은 오배자 모양의.
bugia (1) *f*. 암원숭이.
— (2) *f*. 촛대(燭臺).
bugiar *v.i*. (원숭이처럼) 흉내내다. 얼굴을 찌푸리다.
mandar bugiar 귀찮은 놈을 쫓아버리다.
bugiarias *f.(pl.)* ①우스꽝스러운. 익살. 원숭이의 수작. ②값싼 물건. 가치 없는 것. 보잘것 없는 것.
bugigangas *f.(pl.)* 값싼 잡화(雜貨). 싸구려 물건. 가치 없는 것. 잡동사니.
bugio *m.* [動] 원숭이. 큰 원숭이. 꼬리 없는 원숭이. 돌 원숭이(狒). 《轉》남의 흉내 내는 사람.
buglossa *f.* [植] 자초(紫草)의 무리.
bujão *m.* ①나무못. 쐐기못. [海] 뚫린 구멍을 막는 못. 틀어막는 것. 마개. ②(燃料用) 가스 통.
bujão de gas 가스 통.
bula *f.* ①(로마 법황의) 교서(教書). 칙서(勅書) (옛 로마 법황 또는 독일 황제의). ②작은 구슬.
bulário *m.* 교황의 칙서집(勅書集).
bulbar *a.* 구근(球根)의. 구근 모양의. 비늘줄기의.
bulbifero *a.* 구근이 있는. 구근이 달리는 (맺치는).
bulbiforme *a.* 구근 모양의. 둥근. 동글동글한.
bulbo *m.* (마늘같은 것의) 구근(球根). 비늘줄기.
bulboso *a.* 구근이 있는. 구근이 달리는. 구근에 관한. 구근 모양의.
bulcão *m.* (큰 소나기에 앞서 나타나는) 검은 구름. 소나기를 예고하는 큰 구름. 연운(煙雲). 암흑.
bule *m.* 커피 주전자. 찻주전자.
bulevar *m.* 양쪽에 나무를 심은 큰 거리(대통로).
búlgaro *a.* 불가리아 (사람)의.
— *m.* 불가리아 사람(어).
bulha *f.* ①시끄러운 소리. 소음. 잡음. ② 법썩떨기. 번잡. 소요. 무질서. 문란. 혼란. ③불화. 싸움.
fazer bulha 떠들썩하다. 싸우다.
meter à bulha 선동하다. 소동을 일으키게 하다.
bulhão *a., m.* = *bulhento*.
bulhar *v.i.* 떠들다. 떠들썩하다. 소동을 일으키다. 싸우다.
bulhento *a., m.* 떠드는 (사람). 떠들썩하는 (자). 싸우기(싸우기 좋아하는) (자). 치안을 방해하는 (자).

bulício *m.* 떠들썩하는 소리. 소음. 잡음. 소란. 떠들기. 소동. 불온. 동란. 서두르기. 조급. 창황(倉皇).
buliço *m.* 《古》= *bulício*.
buliçoso *a.* 진정치 못한. 침착하지 못한. 싱숭생숭한. 동요하는. 떠드는. 떠들썩하는. 소란한. 불안한. 자지 못하게 하는 불면(不眠)의.
olhos buliçosos 잠시도 가만 있지 않는 눈동자.
bulimia *f.* [醫] 병적 식욕과도. 게걸병. 탐식증(貪食症).
bulímico *a.* 병적 식욕과도의. 게걸병의. 탐식증의
gastrite bulímica 탐식위염(胃炎).
bulimio *m.* [貝] 쇠고등류(類)의 식용고.
bulir *v.t., v.i.* ①움직이다. 휘젓다. 뒤섞다. ②주무르다. 가지고 장난하다. 손으로 쳐보다.
—se *v.pr.* 움직이다. 흔들리다. 동요하다.
bumbo *m.* 큰 북.
bunda *f.* 《卑》엉덩이. 한쪽 엉덩이. 궁둥이.
bundaça, bundana *f.* = *bundão*.
— *m.* 《卑》큰 궁둥이.
bundo *m.* ①(아프리카의) 앙골라어(語). 정확하지 않은 말씨. ②앙골라 사람.
buque *m.* 작은 교깃배. 부트.
buracão *m.* 큰 구멍. 대공(大孔).
buraco *m.* 구멍. 우묵 파진 곳. 요부(凹部). 갱(坑). 동굴. 깨어진 틈. 터진 곳. 빈 곳. 결함.
tapar buracos 구멍을 막다. 속이다. 서투르게 깁다(바느질하다).
buraqueira *f.* (브라질산) 메추리의 일종.
buraqueiro *m.* 구멍 많은 땅. 울퉁불퉁한 땅.
buraquinho *m.* 작은 구멍.
bureau *m.* 사무실. 사무국. 편집국. (관청의) 국(局). 원(院).
burel *m.* 두텁고 거칠은 포목(옷감).
burgo *m.* 《古》교외(郊外). 성외(城外). 촌락. 귀족의 저택. 자치도읍(自治都邑). 선거구로서의 시읍(市邑). 자치구(동). 시구(市區).
burgomestre *m.* (네덜란드 · 벨기에 · *Flanders* 지방의) 시장(市長).
burguês *a.* 보통의. 평범한. 일반적인. 공통의.

— *m.* 중산계급의 시민. 상인. 유산자(有産者). 부르죠아.
pequeno burguês 소(小)부르죠아. 작은 자산 계급에 속하는 이.

burguesia *f.* ①중산계급. 유산계급. 부르죠아지. [史] (프랑스의) 상인계급. ②보통. 범속(凡俗). 범용(凡庸).

buril *m.* ①(조각용의) 끌. 정. ②(동판 조각에 쓰는) 펜치. ③조각술. 조각양식.
buril da historia 역사의 사적(事蹟).

burilada *f.* (조각용의) 끌 또는 정으로 한 번 파기. 한번 도려내기(도려낸 자국).

burilador *m.* 조각사. (특히) 조판공(彫版工).

burilar *v.t.* (+*em*). (금속 또는 돌에) 새기다. (사진판·동판에) 새기다. 명기(銘記)하다. 건필(健筆)하다.

buriti *m.* 브리찌(브라질산 종려속으로서 그 열매에서 빼낸 액체로 알코올성 음료를 만듦).

burla *f.* ①간책. 계교. 속임수. (영화 따위의) 트릭. ②사기. 협잡. ③장난. 희롱. 농담. 어리석은 노릇.

burlado *a.* 속은. 사기(기만)당한. 쉽게 속아 넘어가는. 희롱당한.

burlador *m.* 속이는 자. 사기자. 협잡꾼. 조롱(희롱)하는 자.

burlão *m.* 협잡하여 돈 모은 자. 부정축재한 사람.

burlar *v.t.* 속이다. 기만하다. 사기하다. 협잡하다. 우롱(愚弄)하다.

burlatim *m.* 밧줄 타는 사람. 광대.

burlescamente *adv.* 우습게. 걸작스럽게. 해학적으로.

burlesco *a.* 우스운. 익살부리는. 해학적(諧謔的). 희작적(戲作的).
— *m.* 웃음거리 연극. 해학적 몸짓. 익살피우기. 희화(戲話).

burlesquear *v.t.* 우수꽝피우다. 익살피우다. 웃음거리 연극을 하다.

burleta *f.* 희가극(喜歌劇).

burlista *m.* =*burlador*.

burlosamente *adv.* 속여서. 기만하여. 사기적으로. 협잡하여.

burloso *a.* 속이는. 기만적인. 사기적인. 협잡인. 협잡꾼의.

burocracia *f.* ①관료(官僚)정치. 관료주의. 관료제도. ②성(省)이나 국(局)의 남설(濫設). ③번문욕례(繁文縟禮).

burocracial *a.* 관료주의의. 관료적인.

burocrata *m.*, *f.* 관료(적 인물). 관료주의자. 관료파.

burocràticamente *adv.* 관료적으로.

burocrático *a.* 관료적. 관료정치(제도)의. 번문욕례(繁文縟禮)의.

burocratizar *v.t.* 관료적으로 하다. 관청 사무적으로 처리하다.

burra (1) *f.* 암나귀. 《轉》 어리석은 여자. 여자 바보.
— (2) *f.* 금고(金庫).

burrada *f.* 나귀의 떼(무리). 《卑》 어리석은 행실. 바보 노릇.

burrão *m.* 큰 나귀. 《轉》 고집불통. 큰 바보. 아주 어리석은 녀석.

burrego *m.* 바보. 얼간이. 어리석은 인간.

burrica *f.* ①작은 암나귀. ②시소(걸터 앉아서 하는 널뛰기). 시소 널판.

burricada *f.* ①나귀의 떼. 나귀를 탄 사람들의 한 단체(一團). ②어리석은 행실. 바보 노릇.

burrical *a.* 나귀의. 《轉》 어리석은. 바보같은. 우둔한. 몽매한. 완고한.

burrice *f.* 우둔한 행동. 어리석은 노릇(생각). 바보행실. 고집이 셈. 완고. 아주 서투르게 만든 물건. 보잘 것 없는 것.

burrico *m.* 나귀의 새끼. 작은 나귀.

burrinho *m.* (*burro*의 지소사) 작은 나귀. 《轉》 작은 바보.

burriqueiro *m.* 나귀 모는 사람. 나귀를 빌려 주는 사람.

burriquice *f.* =*burrice*.

burro *m.* [動] 나귀. 당나귀. 《轉》 우둔한 사람. 바보. 천치. 얼간이. 몽매한 인간. 쓸데없는 고집을 부리는 이. 불만. 기분 나쁨.
para burro 《俗》 아주 많은. 대단한.
— *a.* 우둔한. 바보같은. 날것인. 미완성품인.
tijolo burro 굽지 않은 벽돌.

busca *f.* ①찾기. 수색. 탐색. 탐구. 추구(追求). ②심사. 심문. 검사.

buscador *a.* 찾는. 수색하는. 탐색(탐구)하는.
— *m.* 찾는 이. 수색자. 탐구자. 탐색자. 조사하는 이. 검사관.

busca-pé *m.* 사화화(蛇花火 : 일종의 꽃불 : 불달아 던지면 "싁"하는 소리와 함께 공중에 꾸불꾸불한 호를 그으며 붙는 것).

서화화(鼠花火) (위와 같음).
buscar *v.t.* 찾다. 찾아다니다. 수색하다. (장소·물건·사람을) 뒤져 찾다. 조사하다. 구하다. 탐구하다. 물어보다. 얻으려고 노력하다. …에 향하다. …에 향해 가다.
ir buscar 가지러 가다. …을 찾으러 가다. …을 구하러 가다. …을 맞이하러 가다.
vir buscar 가지러 오다. …찾으러 오다. …을 구하러 오다. …을 맞이하러 오다.
mandar buscar …찾으러 보내다. 가지러 보내다. 찾아오게 하다.
busílis *m.* 《俗》문제의 요점. 골자. 난점. 난관.
Aí é que está o busílis. 그것이 바로 문제의 요점(난점)이다.
bússola *f.* 나침반(羅針盤). [空] 나침의(儀). 지침(指針). 지도자. 《轉》방향.
bussolar *v.t.* 지도하다. 지휘하다.
busto *m.* 반신상(半身像). 흉상(胸像). (인체의) 상반신. (부인의) 젖가슴.
busteira *m.* (구두 따위를) 수리하는 사람. 깁는 사람. 서투른 직공(구두장이).

butílico *a.* 부틸 알코올의.
butiráceo *a.* 버터의. 버터질의. 버터에서 뽑은. [化] 낙산(酪酸)의.
butírico *a.* 버터의. [化] 낙산이 있는(을 함유하는).
buxal *m.* [植] 황양림(黃楊林). 황양숲.
buxo *m.* [植] 황양나무. 황양재(材).
(注意) 同音異義語 *bucho* : 동물의 위(胃). 새 따위의 멀떠구니.
buz *interj.* 조용하라! 쉿!
buzina *f.* ①(자동차의) 나팔. 기적. 호적. 경적. ②《古》사냥할 때 쓰는 나팔.
buzinar *v.i.*, *v.t.* 나팔소리 나다(내다). 나팔소리 울리다. 기적(경적) 소리나다(내다). (자동차의 경적 따위가) "뿌웅뿌웅" 울리다.
búzio (1) *m.* 나팔.
— (2) *m.* 물속에 뛰어 들어가는 사람. 잠수부(潛水夫).
— (3) [鳥] 물속에 들어가는 새(아비(阿比). 농병아리 등).
— (4) [貝] 쇠고동류(類)의 식용고동.

[C]

C, c *m.* 포르투갈어 자모의 셋째 글자. (註) *a, o, u*의 앞에서는 *k*음을 내고 *e, i, y*의 앞에서는 *s*음을 낸다. 그리고 *c*의 아래에 "세딜랴"가 붙으면 (즉 ç로 되면) *s*음을 낸다. [數] 제3 기지수(旣知數). 로마 숫자의 백(百). (*cc* 2백. *ɔc* 3백). [音] C조.

c *a.* 세번째의. *c*형의.

cá *adv.* 여기. 여기에. 이쪽. 이쪽에 나에게. 우리에게.
  Dé cá. =*dé me.* 나에게 주시오.
  Diga cá. =*diga me.* 나에게 말하시오.
  para cá 이쪽으로.
  para cá e para lá 이쪽 저쪽으로.
  há cinco anos para cá 5년 이래로.

cã *f.* (=*can*) 흰머리털. 백발.

caama *f.* [動] 까아마(영양(羚羊)의 일종).

caatinga *f.* [植] 까아찡가(아마존 원산의 가지무리의 약초).

caba *f.* [動] 까바(벌의 일종).

cabaça (1) *f.* ①[植] 표주박; 그 식물 및 열매. ②호리병박. 호로병. 표주박(조롱박 바가지). 쪽바가지.
  ― (2) *f.* 쌍둥이 중에 나중에 태어난 아기.

cabaçada *f.* 표주박에 가득한 분량. 표주박에 담은 음료(飮料).

cabaçal *a.* 표주박 모양의. 조롱박같은. 호로병 비슷한.

cabaceira *f.* =*cabaceiro*
  ― *m.* 표주박.

cabacinha *f.* [植] 호로과(葫蘆科)의 식물.

cabaço (1) *m.* [植] 표주박. 호로과 식물로 만든 여러 가지 그릇; 호리병박. 호로병. 조롱박. 바가지. 쪽바가지.
  ― (2) *m.* 《俗》 처녀의 순결.

cabal *a.* 완전한. 원만한. 충분한. 정확한. 적당한.

cabala (1) *f.* ①술책. 음모. ②음모단. 패거리.
  ― (2) *f.* 유태 신비철학. 밀교(密敎).

cabalar *v.i.* ①음모를 하다. 술책을 꾸미다. ②작당(作黨)하다. 패거리를 짓다. ③선거운동을 하다. 투표를 권유하다.

cabalista *m.* 유태 신비철학가(神秘哲學家). 비법가(秘法家).

cabalístico *a.* 유태 신비철학의. 신비적인. 현묘(玄妙)한. 불가사의한.

cabalmente *adv.* 완전히. 철저히. 정확하게.

cabana (1) *f.* 초가집. 모옥(茅屋). 모사(茅舍). 누옥. 오막살이집. 시골집. 농가. 헛간.
  ― (2) *f.* 몸에 지닌 전 재산(의복·장신구·돈 따위).

cabanal *m.* 초가집. 헛간 같은 집; 작은집.

cabaneira *f.* 초가집(오두막집)에 사는 여자.

cabaneiro *m.* 초가집(오두막집)에 사는 사람. 가난하게 사는 사람.

cabaré *m.* 카바레(노래·음악·무용까지 하는 술집). 술집의 여흥(餘興).

cabaz *m.* (버들가지 따위로 만든) 바구니. 광주리.

cabazada *f.* 바구니에 하나 가득한 분량. 많은 양.

cabeça *f.* ①머리. 두부(頭部). 꼭대기. 상부. ②장(長). 수령. 두목. 장본인. ③두뇌. 재능. 지력(智力). 지혜. 이지(理智); 추측력. 판단력. ④의사(意思). 사상. 기억. ⑤선단(先端). 선두(先頭). (나무의) 가지끝. 이물. ⑥한사람. 한 마리. 한 필. ⑦항목(項目). 제목. 목록. ⑧원천. 수원(水源).
  de cabeça 기억으로. 기억에 의하여.
  boa cabeça 지혜있는 사람. 기억력이 좋은 사람.
  má cabeça 지력이 모자라는 사람. 기억력이 나쁜 사람.
  cabeça de burro 우둔한 사람. 천치. 바보.
  cabeça de ponte 교두보(橋頭堡). 다리목.
  cabeça de porco ①빈민굴. ②까마귀의 군거하는 곳(숲).
  cabeça de vento 사려가 부족한 사람. 경솔한 이. 마음이 들뜬. 사람.
  cabeça dura 우둔한 사람. 고집이 센 사람.
  perder a cabeça 이성을 잃다. 당황하다.
  abaixar a cabeça 머리를 내려뜨리다. 항복하다.
  meter na cabeça 굳게 믿다; 납득시키다.
  aprender de cabeça 암기하다.
  quebrar a cabeça …어떤 일에 머리를 쓰다. …문제를 풀려고 애쓰다.
  de cabeça para baixo 거꾸로.
  dos pés á cabeça 밑에서 위까지. 《轉》

머리에서 발끝까지.
20 cabeças 이십 명. 스무 마리.
dor de cabeça 머리 아픔. 두통.
cada cabeça cada sentença 사람 사람이 다 다르다(딴 의견을 가지고 있다).
cabeçada *f.* ①머리로 받기 : (축구) 헤딩. ②머리로 부딪치기. 무모한 짓. 어리석은 노릇. ③(馬具) 말굴레. ④(말이) 갑자기 머리를 치켜드는 것.
cabeçalho *m.* ①(수레의) 채. ②(물건을 드는) 지레. 지렛대. ③(책 따위의) 표제(表題). 제목. 두서(頭書).
cabeçalho de carta 편지지 위의 인쇄문구(印刷文句). (회사 이름. 그 소재지. 전화번호 등).
cabeção (1) *m.* (부인 옷의) 소매없는 어깨망토. 어깨망토(케이프)에 달린 덮개. (馬具) (말을 길들일 때 씌우는) 코굴레.
— (2) *m.* 《輕蔑》큰머리. 대두(大頭).
cabeceamento *m.* 머리를 아래위로 흔들기. 끄덕끄덕하기. 점두(點頭). 수긍. 목례.
cabecear *v.i.* 머리를 아래위로 흔들다. 끄덕거리다. 끄덕이어 승낙하다. 수긍하다. 목례하다. 머리를 숙이다. 기울다.
— *v.t.* 머리를 끄덕거리게 하다.
cabeceira *f.* 침대의 머리맡(頭部). 머리판. 베갯머리. 책상(의자)의 윗부분.
cabeceira de mesa 식탁의 양쪽 끝.
cabeceiras (*pl.*) 하천의 원천지 또는 상류.
cabecilha *m.* 우두머리. 두목. 수령. 괴수(魁首). 거괴(巨魁).
cabecinha *f.* 작은 머리. 《轉》지력(智力)이 모자라는 이.
cabeço *m.* 둥근 언덕. 둥근 꼭대기. 둥근산정(山頂).
cabeçorra *f.* 《俗》큰 머리. 거두(巨頭).
cabeçudo *a.* 큰 머리의. 완고한. 고집이 센. 끈덕진.
— *m.* 고집이 센 사람. 남의 말을 듣지 않는 사람.
cabedal *m.* 재원(財源). 자원. 부원. 자본. 자본금. 자력(資力). 재산. 부. 지식. 학식. 구두 만드는(製靴用) 가죽.
cabedelo *m.* 하구(河口)의 모래밭. 사주(砂洲). 사구(砂丘).
cabeiro *a.* 끝의. 종말의.
dentes cabeiros 지치(智齒 : 사랑니).
cabeladura *f.* 흰 머리털. 백발. 긴 머리털(長髮).

cabeleira *f.* ①긴 머리털. ②가발(假髮). 《俗》술취하기. 명정(酩酊).
cabeleira do cometa [天] 혜성(彗星)의 성운(星雲).
cabeleira *m.* 머리털을 길게 기른 사람.
cabeleireira *f.* 여자 미용사(이발사).
cabeleireiro *m.* 이발사. 미용사. 머리 땋아 주는 사람.
cabelo *m.* 머리칼. 두발. 털. 모발. 털한오리. [植] (잎사귀·줄기의) 모용(毛茸). (시계의) 실 태엽. 털같이 가는 쇠줄.
em cabelo 모자 없이. 무모(無帽)로.
cortar o cabelo 머리를 깎다.
por um cabelo 거진 …할 뻔하다. 하마터면.
escapar por um cabelo 구사일생으로 탈출하다.
ter cabelos no coração 잔인하다. 무정하다.
cabeludo *a.* 머리칼이 긴. 머리털이 많은. 털복숭이의.
homem cabeludo 모발이 긴 사람. 털 많은 사람.
couro cabeludo 머리가죽. 머리 껍질. 두각. 머리털이 붙은머리 가죽.
caber *v.i.* (+*em*). 수용되다. 들다. 넣다. 들여 보내다. 넣어 있을 수 있다. 적합하다. …으로 설명하다. 설명되다. (+*a*). …에 해당하다. …에 맞다. …에 돌아가다. (자기의) 순번이 되다. (+*por*). 들여 보낼 수 있다. 들어 앉을 수 있다.
Neste quarto cabe 3 pessoas. 이 방에 세 사람이 들 수 있다.
Não caber em si de alegria. 기뻐서 어찌할 바를 모르다.
cabiai *m.* [動] *capivari*의 별명.
cabida *f.* ①적당함. (…에) 해당함. 자격이 있음. ②받아들임. 허용. ③사이좋음. 친밀.
cabide *m.* 모자걸이. 옷걸이. (물건을 걸어 두는) 갈고리.
cabidela *f.* ①닭·오리·거위 등에서 베어 낸 찌꺼기(머리·발·날개·염통·뱉·피 따위) ; 그것으로 만든 요리. ②뒤섞은 것. 혼합물. 온갖 잡탕.
cabido (1) *a.* 알맞는. 적당한. 적절한. …에 맞는. 시기에 맞는. 제때의. 기회가 좋은.

— (2) *m.* ①교구(敎區) 내의 성직자회(聖職者會). ②목사단. 승단(僧團).

cabimento *m.* 수용. 수용 능력. 받아들일 수 있음. 수리(受理). 자격을 구비함. 해당함. 적당함. 시기에 알맞음. 좋은 기회.

cabina *f.* 선실. 캐빈. (비행기의) 승무원실. (철도의) 신호실. 전화실. 갱의실(更衣室).
cabina de sinalização 신호실. 신호탑.
cabina telefônica 공중전화실.

cabine *f.* =*cabina*.

cabineiro *m.* 선실전속급사. 침대계(寢臺係)(철도의) 신호계(係).

cabisbaixo, cabiscaido *a.* 머리를 수그린. 머리를 내려지게 한. 생각(사색)에 잠긴. 《轉》슬픔에 잠긴. 슬픈.

cabiuna *f.* ①[植] 가비우나나무(가구용·건축용에 많이 쓰임. 별명 "검은 자까란다"). ②브라질에 건너오는 흑인 밀입국자.

cabo (1) *m.* 장(長). 대장. 단장. (軍)하사(下士).
cabo de marinheiro 해군병조(兵曹).
— (2) *m.* 굵은 밧줄. 케이블.
cabo submarino 해저전선(海底電線).
— (3) *m.* 끝. 말단. 종결. 종말. 극단. 바다쪽으로 쑥 내민 육지의 부분(岬).
de cabo a cabo 한쪽 끝에서 다른 끝까지.
de cabo a rabo 처음부터 마지막까지. 자초지종.
ao cabo de …의 마지막에. …의 끝에.
levar ao cabo 끝내다. 종결짓다.
— (4) *m.* 손잡이.

cabocla *f.* ①백인과 토인의 혼혈여성(混血女性). ②[鳥] 일종의 구릿빛(銅色)을 띤 비둘기.

caboclo *m.* 백인과 토인의 혼혈아. (=*caboco*)
— *a.* 구릿빛의. 동색(銅色)의.

cabo-eleitoral *m.* 선거운동자. 투표검사자(檢查者).

cabograma *m.* 해저전신. 해외전보.

caboré *m.* ①백인과 토인의 혼혈소년. ②질그릇. 뚝배기. ③《轉》땅딸보. 키가 작고 뚱뚱한 이.

cabortar *v.i.* 속이다. 기만하다.

cabos-brancos *a.* (말의) 네 다리가 흰.

cabos-negros *a.* 네 다리가 검은.

cabotagem *f.* 근해항행(近海航行). 연안무역(沿岸貿易).

cabotar *v.i.* 근해항행(연안무역)을 하다.

cabotinagem *f.* =*cabotinismo*.
— *m.* ①방랑적 여행자의 버릇(풍습). ②서투른 희극. ③자랑. 허풍.

cabotino *m.* ①여행자로 가장한 배우. 서투른 희극 배우. ②허풍선이. 익살꾼. 우쭐하는 사람. 뽐내는 사람.

cabo-verde *m.*, *f. caboclo*와 흑인 간의 혼혈아.

caboucador *m.* 도랑을 파는 사람. 웅덩이를 파는 사람.

caboucar *v.t.*, *v.i.* 도랑(웅덩이)을 파다. 수구(水溝)를 파다. 수구를 파고 초석(礎石)을 넣다.

cabouco *m.* 도랑. 홈. 호(壕). 웅덩이. 기초 공사를 하기 위하여 파는 홈.

cabouqueiro *m.* 도랑(웅덩이) 파는 인부. 석갱부(石坑夫). 채석(採石)인부.

cabo-verde *m.*, *f. caboclo*와 흑인 간의 혼혈아.

cabra (1) *f.* ①암염소. ②작은 기중기(小型起重機). ③《轉》말많은 여자. 더럽게 욕지거리하는 여자. 방종(방탕)하는 여성.
cabra cega 소경놀이. 눈감기고 노는 유희.
pé de cabra 한쪽 끝이 염소 발톱 모양을 한 쇠지렛대.
cabra de sorte 운좋은 사람. 행운아.
— (2) *m.*, *f.* 흑백 혼혈아. 흑백 잡종(가). (멸시적으로) 녀석. 년.

cabrada *f.* 염소의 떼(山羊群).

cabramo *m.* 소의 다리와 뿔을 동여매는 밧줄.

cabrão *m.* ①숫염소. 큰 염소. ②《轉》처의 비행(非行)을 알고도 모르는 체(黙認)하는 남편. ③잘 우는 아기.

cabre *m.* =*cabrea*.
— *f.* ①삼각 기중기(起重機). ②굵은 밧줄.

cabreado *a.* 문장(紋章)의 말자세(勢). 뒷발로 서 있는.

cabrear *v.i.* (말이) 뒷발로 서다. 곧게 서다.

cabreiro *m.* 염소 모는 사람. 염소 기르는 사람.

cabrestante *m.* 닻 따위 무거운 것을 감아 올리는 바퀴(장치).

cabrestear *v.i.* (말이) 굴레에 의하여 끌려가다.

cabresteiro *m.* 굴레를 만드는(또는 파는)

사람.
— a. 굴레에 의하여 끌려가는. 잘 길들은. (동물이) 온순한.
cabresto m. (우마용의) 굴레. (소떼(牛群)의) 선두에 서는 소. 떼를 이끄는 소.
cabril m. 염소 외양간.
cabrim m. 무두질한 염소가죽. 다룬 염소가죽.
cabrinha f. 어린 염소(암컷).
cabrinho m. 어린 염소(수컷). 염소새끼.
cabrio a. 염소의. 산양(山羊)의.
cabriola f. ①염소의 도약(跳躍). 공중제비. (염소의) 뜀박질. ②갑자기 변경하기. (주의·의견 따위의) 돌변.
cabriolar v.i. (염소가) 머리를 들고 획 돌아서다. 공중제비하다. 뛰어 돌아다니다. 날뛰며 나아가다.
cabriolé m. 한 마리가 끄는 이륜 마차.
cabrita f. 염소의 새끼(암컷).
cabritar v.i. 염소새끼가(또는 염소새끼처럼) 뛰어 다니다. 뛰며 놀다.
cabriteiro m. 염소새끼를 파는 사람.
cabrito m. 염소새끼(수컷). 《轉》 어린애.
cabrum a. 염소의. 산양의.
gado caorum 염소(가축).
cábula f. (학생이) 학과(공부)에 게으름. 태만한. 하과 결석.
— m. 공부를 태만하는 학생. 자수 설식하는 학생.
— a. 공부에 게으른. 태만하는. 꾀부리는. 간사한.
cabular v.i. (학생이) 학습(공부)을 게을리하다. 태만하다.
cabuleté m. 부랑자. 악한. 무뢰한. 비열한 놈.
cabulice f. 학습(공부)을 게을리함.
cabuloso a. 잔꾀 있는. 교활한. 간사한.
caburé m. ①흑인과 토인의 혼혈아. ②시골프기. 《轉》 밤에 돌아다니는 사람.
caburo m. [鳥] (브라질산) 올빼미의 일종.
caca f. 《幼兒語》 변. 똥. 더러운 것.
caça f. 사냥. 수렵. 추격. 추적(追跡). 탐구(探求). 수색. 검거(檢擧).
(注意) 同義異語 *cassa*: 일종의 얇은 무명.
ir a caça 사냥하러 가다.
dor caça 추격하다. 추구하다. 탐구하다. 수색하다. 검거하다.
avião de caça 수색기. 전투기(戰鬪機).
caça bombardeiro 전투 폭격기.
cacaboia f. [動] 까까보이아(수륙 양서뱀: 水陸兩棲蛇).
caçada f. ①사냥하기. ②사냥하여 잡은 것, 포획물; 수색한 것.
caçadeira f. ①사냥총. 엽총. ②사냥복. 수금(水禽) 사냥용 작은 배.
caçadeiro a. 사냥용의.
espingarda caçadeira 엽총. 사냥총.
rede caçadeira 날짐승을 붙드는 그물. 포조망(捕鳥網).
caçado a. ①사냥한. 사냥하여 잡은. ②수색한. 추격한. 추격하여 붙잡은. ③(개가) 사냥에 길든. 숙련한.
caçador a. 사냥하는. 수렵하는.
— m. 사냥꾼. 수렵자. 포수. [軍] 수색병.
caçador furtivo 몰래 사냥(고기잡이)하는 사람. (남의 영내에) 침입하는 자.
caçadora f. 여자 사냥꾼. 수렵하는 여성.
cacaio m. 등에 짊어지는 주머니.
cacamba f. ①두레박. 물통. ②확토기(擴土機).
caça-minas m. (수뢰(기뢰)를 제거하는) 소해정(掃海艇).
caçante a. 사냥하는. 사냥하는 자세를 취한(문장(紋章) 따위에 그린 매(鷹)가).
cacao m. 카카오; 그열매(코코아 및 초콜릿의 원료로 되는). [植] 카카오나무.
《俗》 돈.
cação m. [魚] 돔발상어(鮫類).
cacaoal m. 카카오나무숲. 카카오원(園).
cacaoeiro m. = *cacaozeiro*.
cacaozeiral m. = *cacaoal*.
cacaozeiro m. [植] 카카오나무.
caçapo m. 작은 토끼. 《轉》 키가 작고 통통한 사람. 땅딸보.
caçar v.t., v.i. ①사냥하다. 수렵하다. 유렵(遊獵)하다. 물고기를 잡다. 매미. 잠자리 등을 잡다. ②울다. 찾다. 구하다. ③괴롭히다. 박해하다. ④(배가 거센 바람 또는 조류 때문에) 항로 외로 밀려 나가다.
caçar emprego 취직자리를 찾아다니다.
caçar em terreno defeso 수렵금지구역에서 몰래 사냥하다(고기잡이하다). 타인의 농장 또는 목장에 침입하다.
caçara f. [植] 까싸라(브라질산 잔디풀(莎草)의 일종).

cacarejador *a.* (암탉이) "꼬꼬댁" 우는. "꾸꾸"하는. 《轉》 시끄러운 잡담을 하는.
— *m.* 시끄러운. 잡담을 하는 사람.

cacarejar *v.i.* ①(암탉이) "꼬꼬댁" 울다. "꾸꾸"하다. ②시끄러운 잡담을 하다.

cacarêjo *m.* (암탉이) "꼬꼬댁" 우는 것(우는 소리).《轉》 시끄러운 잡담.

caçarema *f.* [蟲] 검은 개미(黑蟻)의 일종.

cacareus, cacareos *m.(pl.)* 깨진 물건. 파편. 잡동사니. 쓰레기.

cacaria (1) *f.* 파편무지. 쓰레기무지.
— (2) *f.* 도적의 떼. 도적의 소굴.

caçarola *f.* 큰 남비. 찌는 둥근 남비.

caça-submarinos *m.* 구잠정(驅潛艇).

cacatório *a.* 변을 촉진하는 (약에 대한 말).

caça-torpedeiro *m.* 구축함(驅逐艦).

cacatu *m.* =*cacatua*.
— *f.* 앵무새의 일종.

cacau, cacaual *m.* =*cacao, cacaoal*.

cacaueiro, cacauzeiro *m.* =*cacaozeiro*.

cacea *f.* (배가) 항로 외로 밀려나가기. 떠내려가기.

cacear *v.i.* (배가) 항로 외로 밀려나가다. 떠내려가다.

cacetada *f.* ①곤봉으로 치기. 곤봉에 의한 타격. ②귀찮은 일.

cacetar *v.t.* 곤봉으로 치다. 나뭇대로 갈기다.

cacête *m.* ①곤봉. 나뭇대기. ②시끄러움. 귀찮음. 괴로움. 귀찮은 사람(일)
— *a.* ①시끄러운. 귀찮은. ②기분 나쁜. 동의할 수 없는.

caceteação *f.* ①귀찮게 굴기. 괴로움끼치기. ②때리기. 치기. 구타.

cacetear *v.t.* ①곤봉으로 치다. 나뭇대로 때리다. ②귀찮게 굴다. 괴롭히다.

caceteiro *m.* 곤봉을 늘 지니고 다니는 사람. 싸움을 좋아하는 이. 귀찮게 구는 사람.

cachaça *f.* ①사탕수수로 만든 술. 당주(糖酒). 값싼 술. ②끊을 수 없는 버릇. 애호.
— *m., f.* 가싸싸(사탕수수로 만든 술)를 즐겨 마시는 사람. 술고래. 주정꾼.

cachação *m.* 목덜미를 치기.

cachaceira *f.* ①굵은 목덜미. 뭉둑한 목덜미. ②(소·돼지의) 목덜미 고기.

cachaceiro (1) *a.* 가싸싸 술을 좋아하는. 즐겨마시는.
— *m.* 가싸싸 술꾼. 주정꾼.

— (2) *a.* 건방진. 거만한. 오만한.

cachaço *m.* ①목덜미. ②종돈(種豚). 거세(去勢)하지 않은 돼지. ③거만. 오만. 건방짐.

cachada *f.* (개척지의) 나무를 베고 불 놓는 것.

cachalote *m.* [動] 말향고래(抹香鯨).

cachambú *m.* ①큰 북. ②덮개를 가죽으로 덮는 큰 통.

cachamorra *f.* 큰 곤봉. 몽둥이.

cachamorrada *f.* 큰 곤봉으로 치기 ; 그 타격.

cachão *m.* 거품. 기포(氣泡). 물이 끓었을 때 생기는 거품 방울.

cacharolete *m.* 여러 가지 술을 합친 것. 혼합주(混合酒).

cacheado *a.* 머리털이 곱슬곱슬한. 고수머리의. 파상(波狀)의.

cachear *v.i.* [植] (술이 나와) 이삭이 되기 시작하다. (포도가) 알을 맺다. 맺기 시작하다.

cachecol *m.* 스카프.

cacheira *f.* 곤봉. 나뭇대. 막대기.

cacheirada *f.* 곤봉으로 치기 ; 그의 타격.

cachemira *f.* 캐시미어 포목(인도의 염소털을 섞어 짠 포목의 일종).

cachia *f.* [植] 아카시아꽃.

cachimbada *f.* 담뱃대 또는 파이프로 한 모금 피우기. 담뱃대(또는 파이프)에 한 번 다져 넣는 분량.

cachimbador *m.* 담뱃대(또는 파이프)로 늘 피우는 사람. 항상 손에 담뱃대를 들고 있는 이.

cachimbante *a.* 담뱃대로 피우는. 파이프를 입에 물고 있는.

cachimbar *v.t.* 담뱃대(파이프)로 담배 피우다.《俗》 속이다. 기만하다.
— *v.t.*, —se *v.pr.* 깊이 생각하다. 사색에 잠기다.

cachimbo *m.* 담뱃대. 파이프. 담배 물부리.

cachimônia *f.* ①머리. 두뇌. ②지혜. 기지(機智). 재치. 변통수. 능력. 판단력.

cacho (1) *m.* (꽃 또는 과일의) 한 송이. ①송이로 된 것. ②머리 타래. 양털 타래. 면화 타래.
um cacho de banana 한 송이의 바나나.
— (2) *m.*《古》 목덜미.

cachoante *a.* (흐르는 물이) 물방울을 튀기는. 거품을 일며 흐르는.

cachoar *v.i.* (흐르는 물이) 물방울을 튀기다. 거품일며 흐르다. (벼랑에서) 폭포로 되어 떨어지다.

cachoeira *f.* 폭포.

cachola *f.* 《俗》머리. 《卑》대가리.

cacholeta *f.* 머리를 가볍게 치기(희롱적으로).

ceachopa *f.* 《卑》계집애. 작은 계집애.

cachoparrão *m.* 몸집이 큰 소년. 큰 녀석.

cachopice *f.* 소년의 떼. 어린애들의 행실.

cachopo (1) *m.* 소년. 《卑》아이. 녀석. 나이어린 놈.
— (2) *m.* 바위. 암초 모래톱. 위험. 장애.

cachorra *f.* 작은 개(암컷). 암캐. 개과(犬科). 동물(개·늑대·여우 등)의 새끼로서 암컷의 총칭. 《轉》근성이 나쁜 여인. 《俗》창부(娼婦).

cachorrada (1) *f.* ①작은 개의 떼(犬群). ②악당(깡패)의 무리. 패거리. 불량도배. ③더러운 행실. 비천한 행동.
— (2) *f.* (조선소(造船所)의 선거(船渠)에 있어서) 배를 버티는 여러 개의 기둥. 버팀대(支柱)의 열(列).

cachorrado *a.* 여러 개의 버팀대로 배를 버팀.

cachorrice *f.* = *çachorrismo*.

cachorrinho *m.* 작은 개. 강아지.

cachorrismo *m.* 수치스러운 행동. 비열한 말씨. 더러움. (질의) 열등. 냉대. 모욕.

cachorro (1) *m.* ①수컷. 작은 수컷. ②(개과(犬科) 중) 늑대 ; 산개 따위의 새끼에 대한 총칭. ③《轉》망나니. 못된 놈. (욕으로) 개자식 ; 개같은 놈.
— (2) *m.* = *cachorrada*. [建] 받침나무. 대들보.

cachorro-quente *m.* 기다란 식빵에 뜨거운 소시지를 낀 것. 《英》*hot dog*.

cachucha *f.* 스페인 춤.

cachucho *m.* 깃(날개깃)의 골(羽莖). [魚] 도미의 일종.

cachumba *f.* 유행성 이하선염(耳下腺炎).

cachumbo *m.* [植] 종려속(棕䕡屬)의 일종.

cacimba *f.* ①(아프리카 연안 지방에 발생하는 인체(人體)에 해롭다는) 안개. ②짙은 안개. ③이슬. 밤이슬. 이슬비. 가랑비. ④우물(井). 고인 물이 있는 웅덩이.

cacimbão *m.* 큰 우물(물 고인) 큰 웅덩이.

cacimbar *v.i.* ①(물 고인) 웅덩이에 빠지다. ②이곳 저곳에 웅덩이를 파고 물 고이게 하다.

cacimbeiro *m.* (물 받기 위한) 웅덩이를 파는 사람.

cacique *m.* 토인(인디언)의 추장(酋長). 지방의 유력자. 지방의 정치적 거물. 정계(政界)의 영수(領袖). [鳥] 아마존 특산의 새 이름.

caco *m.* (유리·사기그릇·도자기 따위의) 조각. 깨진 조각. 파편(破片). 잡동사니. *cacos* (*pl.*) 잡동사니.

caçoada *f.* 놀려대기. 야유. 조롱.

caçoador *a.*, *m.* 놀려대는 (사람). 야유하는 (자). 조롱하는 (사람).

caçoante *a.* 놀려대는. 야유하는. 조롱하는.

caçoar *v.i.* 비웃다. 조롱하다. 야유하다. 얕보다.

cacocondrite *f.* 독사(毒蛇)의 일종.

cacoete *m.* (상을 찌푸리거나 괴상한 몸짓하는) 나쁜 버릇. 악성(惡性).

cacofago *a.* 나쁜 것을 먹는. 보기에도 징그러운 것을 먹는. 악식(惡食)의.

cacofónia *f.* 불협화음(不協和音). 거칠은 음성. 불쾌한 음조.

cacofoniar *v.t.* 음조가 맞지 않다. 소리가 일치하지 않다.

cacofónico *a.* 불협화음의. 거칠은 음성의.

cacogenese *f.* 선천적 불구(不具). 기형(畸形).

cacografia *f.* 철자(綴字)가 틀림 ; 오기(誤記). 악필(惡筆).

cacográfico *a.* 틀린 철자의. 오기의. 악필의.

caçoleta *f.* 작은 냄비. 불 옮기는 그릇. 《古》화승총(火繩銃)의 불판.

cacologia *f.* 그릇된 말. 그릇된 표현. (*havia homens*라고 할 것을 *haviam homens*라고 하는 따위).

cacológico *a.* 그릇된 말의. 그릇된 표현의.

cacólogo *m.* 말을 틀리게 하는 (틀리게 표현하는) 사람.

cacopatia *f.* 악성병(惡性病). 악통(惡痛).

cacoquilia *f.* [醫] 소화 불량. 소화 장해(障害).

cacoquimia *f.* 체질허약.

cacoquímico *a.* 체질허약의.

cacositia *f.* [醫] 음식을 싫어하는 병증.

cacostomo *a.* [醫] 입 안에서 냄새나는(내는).

cacotecnia *f.* 비미술적임. 비예술적임.

cacotrofia *f.* [醫] 영양불급(營養不給). 영양기능의 장해(障害).
caçoula *f.* 향로(香爐).
cactaceas, cacteas *f.* [植] 선인장 속(屬). 사보텐 무리.
cacto *m.* [植] 선인장. 사보텐. 백년초(百年草).
cacubi *m.* [動] 황영사속(黃頜蛇屬).
caçula *m.f.* 막내아들(딸).
caculo *m.* 쌍둥이 중에 먼저 태어난 아기.
cada *a.* 각각의. 각자의. 매(每). 매개의.
 cada um 각각. 각자. 매개.
 cada dia 매일. 날마다.
 cada dois dias 하루 건너. 이틀에 한번씩.
 cada vez 매번. 할 적마다.
 cada vez mais 매번 더 (수적으로).
 cada vez melhor 매번(점점) 더 좋아지다 (질적으로).
 cada vez pior 매번(점점) 더 나빠지다.
cadafalso *m.* 교수대(絞首臺). 처형대. 단두대.
cadarço *m.* ①실찌끼. 거칠은 비단. 풀솜. 풀솜으로 만든 자수실. 명주솜. ②납작한 끈. 테이프. 리본.
 cadarço de sapatos 구두끈.
cadastragem *f.* 토지대장을 작성하기. 부동산등기. 인구조사의 실시.
cadastral *a.* 토지대장의. 부동산등기의. 인구조사의.
cadastrar *v.t.* 토지대장(지적도)에 등기하다. 부동산을 등록하다. 인구조사를 실시하다.
cadastro *m.* 토지대장. 지적도(地籍圖). 일건서류(一件書類). 인구조사부(調査簿). (경찰의) 범인명부(명단).
cadava *f.* 산불 붙은 후에 남은 나무그루(특히 개척지에).
cadáver *m.* 시체(屍體). 사체(死體). 송장. 파멸된 것.《俗》채권자(債權者).
cadavérico *a.* 시체의. 송장의. 시체 같은.
 autópsia cadavérica 검시(檢屍).
 exame cadavérico 시체검사.
 rididez cadavérica 사후강직(死後强直). 시강(屍剛).
cadaverina *f.* 시체독(屍體毒).
cadaverizar *v.t.* 시체로(송장으로) 만들다. 생활기관의 활동을 죽여 버리다.
cadaveroso *a.*《廢》송장의. 시체의. 송장 같은.

cadeado *m.* 맹꽁이 자물쇠.
 cadeado de letras 글자를 맞춰 여는 자물쇠.
cadeia *f.* ①쇠사슬. 연쇄(連鎖). 연속. 일련(一連). ②포박의 쇠사슬. 기반(羈絆). 질곡(桎梏). 구속(물). 속박. ③유치장. 감옥.
cadeira *f.* ①(앉는) 의자. 자리. ②(대학의) 강좌. 교수의 직분. (회장의) 좌석. (국회의) 의석(議席). 권력. 지위.
 cadeira de balanço 흔들리는 의자.
 cadeira de braços 안락의자.
 cadeira de rodas 바퀴달린 의자. 불구자용 의자.
 cadeira de giratória 회전의자.
 cadeira de encôsto 뒤로 기대는 의자. (비행기 또는 장거리 버스 등의 안에 있는).
 cadeira episcopal 주교(비숍)의 자리.
 cadeiras (pl.) 엉덩이. 둔부(臀部). 허리.
 dôres de cadeiras 허리아픔. 요통(腰痛).
cadeirado *m.* 열지어 있는 의자. 의자를 열지어 놓은 것.
cadeirão *m.* 큰 의자.
cadeireiro *m.* 의자 만드는 사람(직공).
cadeirinha *f.* ①작은 의자. ②일종의 작은 가마(駕馬). ③아이들의 가마놀이(두 아이가 서로 맞잡은 손으로 의자를 만들고 그 위에 다른 애를 태우고 노는).
cadela *f.* ①개·늑대·여우 등의 암놈. ②《轉》정조성이 없는 여인. 창부(娼婦). 음분(淫奔)한 여인.
cadelice *f.*《俗》창부. 음분한 여인.
cadelona *f.* 매음부. 창부.
cadência *f.* [文] 어조(語調). [詩] 운율(韻律) 음성의 억양(抑揚). [樂] 악장의 종지법(終止法). 박자. [軍] 보조(步調)《俗》재능. 재간.
cadenciado *a.* 어조가 맞는. 운율이 맞는. 보조가 맞는.
cadenciar *v.t.* 어조(엇귀)를 조정하다. 운율을 맞추다. 박자를 맞게 하다. 보조를 맞추다.
cadencioso *a.* 어조가 맞는. 운율이 있는. 보조가 맞는.
cadente (1) *a.* 리듬이 있는. 운율이 있는. — (2) *a.* 떨어지는. 낙하(落下)하는.
 estrêlas cadentes 유성(流星). 운석(隕石).
cadernal *m.* 동활차(動滑車). 움직도르래.
caderneta *f.* 은행통장. 저금통장. 한 장씩

뜯 수 있는(인쇄된) 것. 수첩. (선생이 가지고 있는) 학생출석부. 기록철. 연속 간행물(刊行物)의 한 책(분책).

caderno *m.* 잡기장. 공책. 노트북.

cadete *m.* 육(해)군 학교 생도. 견습사관(士官).

cádi *m.* (모슬렘교의) 재판관.

cadilhos *m.(pl.)* (가장자리로 되는) 술. 선도리. 가장자리.

cadimo *a.* 숙련한. 노련한. 재간이 있는. 영리한. 똑똑한. 자주 왕래하는. 자주(방문) 오는.

cadinho *m.* 도가니. 가혹한 시련.

cadmia *f.* [鑛] 이극광(異極鑛). 능아연광(菱亞鉛鑛).

cádmio *m.* [化] 카드뮴(금속원소).

cadozete *m.* [魚] 미꾸라지(鰍)의 일종.

caduca *f.* [生] 난막(卵膜).

caducante *a.* 노쇠(老衰)한. 노쇠하기 시작하는. 병약한. 흔들흔들하는.

caducar *v.i.* 노쇠해지다. 늙어가다. 노후(老朽)되다. 노망하다. 쇠퇴하다. [法] 효력을 잃다. 실효하다.

caducário *a.* [法] 효력을 잃는. 실효하는. 실효의. 권리를 상실하는. 노후물(老朽物)의.

leis caducárias 재산권 상실녕(喪失令).

caduceu *m.* 신의 사도(使徒)인 *Mercury* 의 지팡이. (올리브 나무에 두 마리의 뱀이 감겨 있고 꼭대기에 두 날개가 있음. 평화의 상징).

caducidade *f.* ①노쇠. 노후(老朽). 쇠퇴. 덧없음. ②[植] 조기탈락성(早期脫落性). ③단명(短命). ④[法] 실효.

caduco *a.* 늙은. 노쇠한. 노후의. 늙어빠진. 노망한. 흔들흔들하는. 넘어질 듯하는. [法] 효력을 잃는. [植] 조기탈락성의. 잎사귀가 떨어지는. 낙엽의.

caduquice *f.* (고령으로 인한) 오망. 노망.

cafajeste *m.* 무능한 사람. 인간의 찌끼.

café *m.* 커피. 커피 열매. 커피나무. 커피점.
café solúvel 정련된 커피가루. 용해성 커피. 분말 커피(더운 물에 타면 그대로 마실 수 있는 즉석 커피 가루).
café com leite 커피에 우유를 섞은 것.
café da manhá 커피 붙은 간단한(아침) 식사.

cafeeiral *m.* 커피 밭. 커피원. 커피 재배지.

cafeeiro *m.* 커피나무.

cafeicultor *m.* 커피 재배자.

cafecultura *f.* 커피 재배.

cafeína *f.* [化] 카페인(커피 열매·차·코코아 등에 내포되어 있는 알칼로이드).

cafeismo *m.* 커피 중독.

cafelana *f.* (규모가 큰) 커피밭. 대커피원.

cafelista *m.* =*cafezista*.

cafetal *m.* =*cafezal*.

cafetão *m.* 《俗》자식있는 과부와 사귀거나 사는 남자.

cafeteira *f.* 커피 따르는 그릇. 커피 주전자. (바·커피점 등에서) 커피를 끓이는 기구.

cafetina *f.* 유곽(갈보집)의 여주인.

cafèzal *m.* 커피밭. 커피원. 커피 재배지.

cafèzeiro *m.* [植] 커피나무.

cafèzinho *m.* 한 잔의 커피.
Dê me um cafèzinho! 커피 한 잔 주세요!

cafèzista *m., f.* 커피 재배자. 커피원 주인. 커피를 좋아하는 사람. 커피 애호가.

cafife *m.* 불만. 불평. 불행. 재수 없음.

cáfila *f.* (사막의) 대상(隊商). 낙타의 떼. 《轉》도적의 떼. 악도의 패거리.

cafre *m.* 캐퍼 사람(남아프리카 *Bantu* 족의 하나). 《俗》미개인. 야만인. 잔인한 사람.

cafrice *f.* 캐퍼 사람의 행실. 야만적 행동. 잔인한 행위.

cáften *m.* 창부(갈보·매음부 등)를 중매·매매·보호 등을 하는 사람. 뚜장이. 갈보 조방꾸니.

caftina *f.* *caften*의 여성형.

caftinismo *m.* 창부·갈보·매음부 등을 중매·매매 혹은 보호하기.

cafua *f.* 굴. 동굴. 숨은 곳. 소굴.

cafuca *f.* 숯(木炭)을 저장하는 움.

cafuné *m.* 머리긁기(실수했을 때 하는 동작).

cafuza *f.* *cafuzo*의 여성형.

cafuzo *m.* 흑인과 토인의 혼혈종. 흑인에 가까운 혼혈아.

cagaçal *m.* 《卑》똥을 모아둔 곳. 똥이 고인 곳.

(註) *caga*로 시작하는 단어는 주로 하천한 사람들이 쓰는 말로서 삼가해야 함.

cagação *a.* 《卑》똥싸개 같은. 비겁한. 담이 작은.

cagaço *m.* 《卑》겁. 두려움. 무서움. 공포.

cagada *f.* ①《卑》똥누기. 탈분(脫糞). ②

cágado *m.* 담수(淡水)에 사는 거북. 수구(水龜). 석구(石龜). 《俗》 우둔한 사람.

caga-lume *m.* 《卑》 개똥벌레 (= *vaga lume*).

caganeira *f.* 《卑》 싸개. 설사.

caganeta, caganita *f.* 《卑》 (염소·양·토끼·쥐 따위의) 알 모양의 똥. 입상분(粒狀糞).

caganificância *f.* 쓸모 없는 것. 보잘 것 없는 것.

cagão *m.* ①《卑》 똥싸개. 자주 똥누는 사람. 설사하는 이. ②겁쟁이. 담이 작은 사람.

cagar *v.i.* 《卑》 똥누다. 탈분하다. (註) *cagar, cagao* 등의 말은 주로 교육 없는 사람들 사이에 쓰임.

raga-sebo *m.* 낡은 서적(책) 상점.

cagatório *m.* 《卑》 변소.

cagosanga *f.* [植] 토근(吐根).

caiação *f.* ①회칠하기. 백색(석회) 도료. ②겉을 호도(糊塗)하기. 《轉》 호도책. 감추기.

caiadeira *f. caiador*의 여성형.

caiadela *f.* = *catadura*.

caiador *m.* ①회칠하는 사람(직공). 미장이. ②미장이가 쓰는 흙손.

caiadura *f.* ①회칠하기. 흰칠하기. ②짙은 화장. 《轉》 호도책. 속임수.

caiar *v.t.* ①(벽에) 회칠하다. 흰칠하다. ②분식(粉飾)하다. ③겉을 호도(糊塗)하다. 속이다. 속임수를 쓰다.

cãibra (= *câimbra*). *f.* (근육의) 경련(痙攣). 쥐(일기).

caibral *a.* [建] 서까래의. 연목(椽木)의.

caibramento *m.* 서까래를 붙이기. 서까래로 만들기.

caibrar *v.t.* 서까래를 붙이다. 서까래로 만들다. 연목(椽木). 구형각재(矩形角材). 들보를 연결하는 것. 도리를 잇는 것.

caiça *m.* 버릇없는 놈. 예의를 모르는 녀석. 부랑자.

caiçara *f.* ①통나무 또는 나뭇가지로 만든 울타리. 익책(杙柵). ②가축 울타리. 가축 수용장.

caída *f.* ①떨어짐. 낙하. 추락. ②몰락. 붕괴. 쇠퇴. ③기울어짐. ④비탈. 경사면. 내리막.

caideiro, caidiço *a.* 약한. 연약한. 병약한. 노쇠(老衰)한. [植] (과일이 너무 익어서) 떨어지려고 하는.

caído *a.* ①떨어진. 낙하한. ②쓰러진. 넘어진. ③타락한. 윤락(淪落)한. ④기운 없는. 활기 없는. 쇠퇴한. ⑤낙심한. 침울한. 슬픈. ⑥돈 치를 때가 된. 지불 기한이 된. 지불해야 할. ⑦빚지고 있는. ⑧《俗》 (남녀가) 속삭이는. 사랑에 빠진. *animo caído* 원기지상(元氣沮喪). *rosto caído* 슬픔에 잠긴 얼굴(표정). *caído de côr* 색깔이 낡은. 퇴색한.

caídos *m.(pl.)* ①치르지 않은 잔금(殘金). 남은 빚. ②《俗》 사랑에 빠짐.

caíeira *f.* 석회가마(石灰窯).

caieira *m.* 석회 만드는 사람. (석회공장의) 석회운반인. 미장이 조수.

caimão *m.* [動] 악어의 일종.

câimbra *f.* (근육의) 경련(痙攣). 쥐(일기). *cáimbra no pescoço* 목의 근육(또는 관절)의 경련. 급성강직(急性强直)

caimento *m.* 떨어지기. 낙하. 추락. 저하. 몰락. 영락(零落). 내리막. 경사. 낙담. 낙심. 기운없음. 쇠퇴. 쇠미(衰微).

cainana *f.* [動] 가이나나(뱀의 일종).

cainça, cainçada, cainçalha *f.* 개의 떼(犬群).

cainho *a.* 개의. 개과(犬科)의. 인색한. *raça cainha* 개과(犬科, 犬屬).

caiongo *a.* 늙은. 늙어빠진. 노쇠한.

caipira *m.* ①미개간지의 주민. 산골 사람. 시골뜨기. ②교육을 제대로 못 받은 사람. 무식한 사람. 망나니.

caipirada *f. caipira*의 행실 : 시골식. 시골(산골)에 파묻인 생활.

caipirismo *m.* 시골(산골) 사람의 풍습 또는 행동.

caipora *a.* 재수 없는. 운이 사나운. 만사가 뜻대로 안 되는. 불운한. 불행한. 결과 없는.
— *f.* 도깨비불(鬼火). 인화(燐火).
— *m.* 동출서몰하는 사람(물체). 정체모를 인간. (도박에서) 딸 것도 못 따는 (운 나쁜) 사람.

caiporice, caiporismo *m.* 운이 나쁨. 재수 없음. 만사가 여의치 않음.

caíque *m.* (북부 유럽 연안에 있는) 쌍돛배.

cair *v.i.* ①떨어지다. 넘어지다. 딩굴다. ②(온도계 등의 수은주가) 내려가다. 저하하다. (값이) 내리다. ③(함정에)

빠지다. (속임수에) 넘어가다. ④(해·달이)지다. 넘어가다. ⑤향하다. 졸리다. ⑥약해지다. 악화하다. ⑦(내각이) 사직하다. (정체가) 와해하다. ⑧(…의 결과로) 돌아가다. ⑨(어떤 일이) 발생하다. (…와 때를 같이하여) 일어나다. 동시에 생기다.
cair lhe bem 당신게 (옷이) 잘 맞는다.
cair em um crime 죄를 지다(범하다).
cair doente 또는 *cair na cama* 병에 걸리다. 병석에 눕다.
cair em si 잘못을 깨닫다.
cair na tentação 유혹에 빠지다(넘어가다).
ao cair da tarde 해가 지려고 할 무렵.
ao cair da folha 낙엽기(落葉期)에. 가을에.

cairei *m*. 레이스 옷끝의 장식. 치맛단. (부인복. 스커트의) 주름 장식.

cairelar *v.t.* 레이스를 달다. 주름장식(치맛단)을 달다.

cairo *m*. 코코넛 또는 야자 열매의 껍질(果皮)로 만든 섬유(纖維).

Cairo (이집트의 수도) 카이로.

cais *m*. 부두. 안벽. 선거(船渠). 도크. 열차발착장(列車發着場).

caiva *f*. 불모(不毛)의 땅. 황무지.

caixa *f*. ①상자, 궤, 케이스. ②돈궤. 금고. ③현금. ④[印] 활자판. 활자 넣는 케이스. ⑤여자회계원.
— *m*. 출납계(出納係). 회계(사). 출납대장.
caixa do correio 우편함.
caixa postal 우편함. 우편물송달소.
caixa dágua 물통. 물탱크. 《轉》 술고래.
caixa forte 금고. 돈궤짝.
caixa registrada 금전등록기. 레지스터어.
caixa econômica 저축은행.
caixa de direcao (자동차의) 조종반.
caixa de mudanca (자동차의) 톱니바퀴통.
caixa de rapé 콧담배갑.
caixa de aposentadoria 퇴직기금. 은급기금.
caixa de amortização 감채기금(減債基金). 부채상각적립금(負債償却積立金).
caixa alta. [印] 큰 활자 넣는 케이스.
caixa baixa. [印] 작은 활자 넣는 케이스.

caixão *m*. ①큰 궤. 큰 상자. ②관(棺). ③문틀. ④[軍] 탄약상자. 탄약차.
caixão de defunto 관(棺).

caixaria *f*. 많은 궤. 많은 상자.

caixeirar *f*. 여러 점원. 점원의 일단(一團).
— *v.i.* 점포 주인 노릇하다. 돈받는 점원 노릇하다.
— *m*. 회계(사). 출납계. 점원. 판매원. 매상품(買上品) 배달인. 상자 만드는 사람.
caixeiro viajante 출장직원. 파견판매원. 지방으로 여행하며 주문맡는 사원.

caixeiro(-a) *m*., *f*. 점원(店員).

caixeta *f*. (*caiza*의 지소어) 작은 상자. 작은 통.

caixilho *m*. 틀. 문틀. 창(문)틀. 문미(門楣). 사진틀. 나무틀(木框). [印] 활자가 움직이지 못하게 묶는 틀(죄는 판. 판틀).

caixinha *f*. 작은 상사. 작은 통. 《轉》 커피점·바 등에서 손님이 내놓는 약간의 팁.
caixinha de surprêsa 뚜껑을 열면 갑자기 인형이 튀어나오는 장난감.

caixola *f*. 작은 통. 소갑(小匣). 보석통. 반지갑.

caixotão *m*. 큰 궤짝(기계 따위 운반할 때 쓰는) 대형 상자.

caixotaria *m*. 상자 제조소.

caixote *m*. (과일 따위 넣는) 중형(中型) 상자. 도구 궤짝.

caixoteiro *m*. 상자 만드는 사람.

caixotim *m*. [印] 활자판의 간막이. 간막이 있는 활자판.

cajá *m*. [植] 까자아(서양 자두 또는 서양 추리의 일종).

cajadada *f*. *cojado*로 치기 : 그의 타격.
matar dois coelhos de uma cajadada (하나의 몽둥이로 두 마리의 토끼를 때려잡다) 일거양득하다.

cajado *m*. ①목자(牧者)의 지팡이(손잡이가 꾸부러진). ②갈고리.

cajaeiro, cajazeiro *m*. [植] 서양 자두(추리)나무.

cajano *m*. [植] 콩과 식물의 초본(草本).

caju *m*. [植] 까쥬우(서인도에서 나는 옻나무과 나무의 열매).

cajuada *f*. 까쥬우의 과즙(果汁) : 그것으로 만든 청량음료.

cajueiro *m*. [植] 까쥬우(옻나무과) 나무.

cal *f*. 석회(石灰).
cal uiva 생석회. 강회(剛灰).
leite de cal 석회수(石灰水).

pedra de cal 석회암(岩).

cal extinta (또는 *apagada*) 소석회(消石灰).

forno de cal 석회요(窯)(석회굽는 가마).

estar a pedra e cal 굳어져 있다. 아주견고(堅固)하다. 《轉》고집이 이만저만이 아니다.

cala (1) *f.* 작은 만(灣). 작은 포(浦). 작은 항구.
— (2) *f.* 과일. 치즈 따위의 품질을 맛보기 위하여 한번씩 베어낸 자리.

calabaça *f.* =*babaca*.

calaboço, calabouço *m.* 지하실. 움. 토굴. 암실. 구류소. 유치장. 감옥. [軍] 영창.

calabre *m.* 뻬아사바(종려수의 일종으로 그 나무 줄기에는 가는 쇠줄 모양의 질긴 줄이 많음)로 만든 굵은 밧줄.

calabrear *v.i.* (술에 다른 액체를 타서) 혼악(混惡)하다. 나쁘게 만들다. 악화시키다. 나쁜 질로 만들다. 혼돈하다. 혼효하다.

calaçaria *f.* 게으른 생활.
— *v.i.* 게으르다. 나태하게 세월을 보내다.

calaceiro *m.* 게으름뱅이. 나태한 놈.

calada *f.* 소리를 내지 않음. 무언. 침묵. 정숙. 정적. 조용함.

pela calada 소리없이. 모르게. 감쪽같이.

na calada aa noite 조용한 밤에.

caladamente *adv.* 소리없이. 조용히. 남몰래. 침묵하여.

calado *a.* 말없는. 소리없는. 침묵을 지키는. 고요한. 잠잠한. 조용한. 적적한.

ficar calado 소리없이 있다. 잠자코 있다.
— *m.* [船] 배의 흘수(吃水).

calafate *m.* 판자 사이의 틈을 막는 사람. (또는 연장).

calafetação *f.* =*calafetagem*.

calafetador *m.* 판자 사이의 틈을 막는(틀어막는) 연장. 또는 틀어막는 재료.

calafetagem *f.* 판자(특히 선판) 사이의 틈을 막는 작업. 전서작업(塡絮作業).

calafetar, calafetear *v.t.* 판자 (특히 배의 선판) 사이의 빈틈을 틀어막다.

calafêto *m.* =*calafetagem*.

calafrio *m.* 떨기. 전율. 오한.

calambuco *m.* [植] 침향(沈香).

calamidade *f.* 큰 재난. 재화. 재앙(災殃). 앙화(殃禍). 비참한 상태. 불운한 참변. 흉변.

calamífero *a.* 갈(葦)이 나는. 갈이 많은.

calamiforme *a.* 갈 같은. 갈대 모양의. 위형(葦形)의.

calamina *f.* [鑛] 이극광(異極鑛).

calaminar *a.* 이극광의.

pedra calaminar 이극광석(石)

calamite *f.* ①[古生] 노나무(樟木)(석회질의 땅속에 발견되는 일종의 파묻인 나무(埋木). ②[植] 목적류(木賊類).

calamitosamente *adv.* 불행하게. 비참하게. 재난(흉변)이 연이어.

calamitoso *a.* 재난이 많은. 흉변이 연이은. 비참한. 참담한.

tempos calamitosos 재난이 많은 시기. 역경(逆境).

cálamo *m.* 관상(管狀) 줄기(莖). 창포(菖蒲). 갈대. 《詩》갈대피리.

calamocada *f.*《卑》머리를 치기.

calamocado *a.*《卑》머리를 친. 머리에 상처를 입은. 손해를 입은.

calamocar *v.t.* 머리를 치다. 머리에 상처를 입히다. 손해를 끼치다.

calandra *f.* 압착(壓搾) 롤러. 주름 펴는 기계. 윤내는 도구.

calandrado *a.* 압착 롤러로 민. 주름 펴는 기계로 민. 윤내는 도구로(밀어서) 윤을 낸.

calandragem *f.* 압착 롤러로 밀기. 주름 펴는 기계로 밀기. 윤내는(밀어서) 도구로 윤내기.

calandrar *v.t.* 압착 롤러로 밀다. 주름 펴는 기계로 밀다. 윤내는 도구로(밀어서) 윤내다. 롤러로 철판 따위를 휘게 하다.

calandreiro *m.* 압착 롤러로 미는 사람. 주름펴는 도구로(밀어서) 윤내는 사람.

calango *m.* ①도마뱀의 일종. ②작은 소(小牛).

calão *m.* ①횡설수설. 야비한 사투리. 방언(方言). ②한 사회·한 지방 또는 한 회사에서만 통하는 통어(通語). ③도적들의 암호.

calar (1) *v.i.* 침묵을 지키다. 소리를 안내다. 잠자코 있다.

—se *v.pr.* 말하지 않다. 입을 다물다. 조용해지다.

— *v.t.* 말 못하게 하다. 침묵지키게 하다. 입다물게 하다. 조용하게 하다. 감추다.

Cale a bôca! 입다물엇! 조용해!
Quem cala consente.《諺》침묵은 승낙의 표시.
Falar e praia calar é ouro. 말은 은이고 침묵은 금이다.
— (2) *v.t.* ①과일. 치즈 따위를 맛보기 위하여 약간 베어내다. 한 번씩 베다. 적당한 자리에 놓다. 제자리에 꽂다.
calar uma melancia (맛보기 위하여) 수박을 한쪽 베어내다.
calar a baioneta (총에) 칼을 꽂다. [軍] 총검(銃劍)을 꽂다.
— (3) *v.t.*《稀》내려보내다.
— *v.i.* 내려가다. 강하(降下)하다.

calçada *f.* ①인도(人道). 보도. ②포장로(鋪裝道路). 자갈길.

calçadeira *f.* 구두주걱.

calçado *a.* ①신발을 신은. 구두를 신은. ②(길에) 돌을 깐. 포장한.
— *m.* 신발의 총칭.

calcador *a.* 디디는. 밟는. 밟아 누르는.
— *m.* 밟는 것. 밟아 누르는 것(도구). 재봉틀 위의 천(옷감)을 누르는 장치(또는 부속품). 타일 바닥 또는 콩크리트 바닥을 할 때 먼저 그 무른 땅을 내리 두드려 굳히는 도구.

calcadouro *m.* ①(곡식의) 탈곡장. ②탈곡하는 곡식(곡물).

calçadura *f.* = *calcamento*.

calçadura *f.* 신발(구두)의 안쪽(內側)의 발뒤꿈치가 닿는 곳.

calcamento *m.* 밟기. 밟아다지기. 짓밟기. 밟아서 찌그러뜨리기. 위로부터 억누르기. 유린.

calçamento *m.* (길에) 돌을 깔기. 자갈을 펴기. 포장(鋪裝)하기. 포장공사.

calcâneano *a.* 발꿈치 뼈의. 근골의.

calcâneo *m.* [解] 발꿈치 뼈. 근골(筋骨). 종골(踵骨).

calcanhar *m.* 발꿈치. 뒤꿈치. (양말 또는 신발의) 뒤축(발꿈치 닿는 부분).

calcanheira *f.* (양말 또는 신발의) 뒤축(뒤꿈치 닿는 부분).

calção *m.* (보통 복수로 씀) (승마용) 양복바지. 짧은 바지. 팬티.
calção de banho 수영용 팬티.
calção de esporte 운동용 팬티.

calcar *v.t.* 디디다. 밟다. 짓밟다. 밟아다지다. 밟아 못쓰게 하다. 밟아 찌그러뜨리다. 밟아 깨뜨리다. 유린하다. 억누르다. (자루에) 밟아 넣다. 그림(또는 제도)을 잘 비치는 종이를 위에 대고 그려내다.

calçar *v.i.*, *v.t.* (양말 또는 구두를) 신다. 신키다. (바지를 입다). 입히다. (장갑을) 끼다. 끼우다. 쐐기를 박아 넣다. 꽂다. 쐐기로 고정하다. (길에) 돌을 깔다. 자갈을 펴다. 포장하다.
caiçar bem (구두·바지 따위가) 잘 맞는다. 꼭 맞는다.

calcáreo, calcário *a.* 석회를 함유한. 석회질의.
pedras calcárear 석회석(石灰石).
carbonato calcáreo 탄산석회칼슘.

calças *f.(pl.)* 바지. 쓰봉. 팬티(골프용). 양복바지. 여자의 짧은 양복바지.

calcedônia *f.* [鑛] 옥수(玉髓).

calcedônio *a.* 옥수의. 옥수 비슷한.

calceiforme *a.* 구두 모양(靴形)을 한.

calceiro *m.* 바지(쓰봉·팬티) 만드는 사람. 바지만 전문으로 만드는 양복사.

calceolaria *f.* [植] 건착초(巾着草).

calcêta *f.* (죄수에게 채우는) 족쇄.
— *m.* [史] (옛적 노예나 죄수들에게 젓게 한 돛배). 갤리 배를 젓는 노예(죄수). 고역자(苦役者).

calcetamento *m.* (길에) 돌 또는 자갈을 깔기. 포장공사.

calcetar *v.t.* (길에) 돌을 깔다. 자갈을 펴다. 포장하다.

calceteiro (1) *m.* 돌(자갈) 까는 일꾼. 포장공사. 인부.
— (2) *m.*《古》구두직공. 양화공.

calcico *a.* 석회의. 석회가 있는. 석회를 함유하는.

calcífero *a.* 석회의. 석회석의. 석회질의.

calcificação *f.* 석회화(石灰化). 석회질로 만들기.

calcificar *v.t.* 석회로 만들다.
— *v.i.*, — *se v.pr.* 석회질이 되다. 석회화하다.

calcinação *f.* (석회) 소성(燒成). [化] 하소(煆燒). [冶] 소광법(燒鑛法).

calcinar *v.t.*, *v.i.* 태워서 횟가루로 만들다. (회가루가 되다). [冶] 소광하다.

calcinatório *a.* 태워서 횟가루가 되게 하는 소성용(燒成用)의. 소광용의.

calcinável *a.* 태워 횟가루로 만들 수 있는. 소광 가능한.

calcinhas *f.(pl.)* 부인용 팬티(즈로스).
cálcio *m.* [化] 칼슘(金屬元素)
calcite *f.* [鑛] 방해석(方解石). 회석(灰石).
calcitrapa *f.* [植] 살국화(矢車菊)의 일종.
calco *m.* 투사(透寫 : 그림 또는 제도 따위의 위에 얇은 종이를 대고 그려내는 것).
calça *m.* ①쐐기. ②쐐기 모양의 물건. 쐐기로 되는 나뭇조각.(돌조각).
calcografia *f.* 동판조각술(銅板彫刻術).
calcopirita *f.* [鑛] 황동광(黃銅鑛).
calcorreador *m.* 잘 걷는 사람. 건각가(健脚家)
calcorrear *v.i.* 《俗》잘 걷다.
calçotas *f.(pl.)* =calçote.
— *m.* 짧은 바지. 반바지.
calçudo *a.* 긴 바지를 입은(입고 있는). (새의 다리에) 긴 깃털(羽毛)이 있는.
calculação *f.* 계산. 산정(算定). 추정(推定). 추산. 타산. 겉짐작. 계료(計料).
calculadamente *adv.* 계산하여. 깊이 생각하여. 추측하여.
calculador *a.* 계산하는. 산정하는. 타산하는. 추정하는.
— *m.* 계산하는 사람. 계산표. 계산기. 타산적인 사람.
calculante *a.* 계산하는. 산정하는. 타산해 보는.
calcular *v.t.*, *v.i.* (얼마라고) 계산하다. (일마나 될 것인가) 계산해 보다. 산정하다. 겉잡다. 추산하다. 추측하다. 계산에 넣다. …라고 믿다.
calculável *a.* 계산할 수 있는. 추산 가능한.
calcnlifrago *a.* [醫] 방광결석(膀胱結石)을 부수는.
calculista *m.*, *f.* 계산가. 산정자. 타산적인 사람. 이해 관계를 밝히고 계산이 빠른 사람.
cálculo *m.* 계산. 계산법. 산정. 추정. 추산. [醫] 결석(結石).
cálculo aproximado 대략적 계산.
cálculo diferencial 미분학.
cálculo integral 적분학.
cálculos urinários 요결석(尿結石).
cálculos biliários 담석(膽石).
calda *f.* 사탕을 녹인 것. 사탕의 용즙(溶汁). 당밀(糖密). 시럽. 과즙(果汁). (철의) 용접.
caldas (*pl.*) 온천. 온천장.
caldário *a.* 온천(장)의. 탕치장(湯治場)의.

caldeação *f.* 용접. 철을 달구어 붙이기.
caldeamento *m.* 용접. 단접(鍛接). 결합.
caldear *v.t.* 쇠를 달구어 붙이다. 용접하다. 단접(鍛接)하다. 굳은 물건을 물. 또는 액체 속에 넣어서 뒤섞다. 혼합하다.
caldeira *f.* ①솥. 가마. (물 끓이는) 주전자. 약탕관. ②냄비. 보일러 기관(汽罐). 증기 가마.
caldeirada *f.* 한 솥(한 가마)에 가득한 분량. 솥(가마·냄비 따위)에 가득 삶은 생선.
caldeirão *m.* ①큰 솥. 큰 가마. 바닥이 깊은 냄비. ②비온 뒤에 차가 지나간 자국 또는 동물의 자국으로 생긴 도로의 웅덩이. ③강중(江中)에 우묵하게 들어간 곳. (깊은 곳).
caldeiraria *f.* 솥(가마) 많은 곳. 대장간이 많은 거리.《轉》소음이 멎을 새 없는 곳.
caldeireiro *m.* 솥(가마·냄비 따위) 만드는 사람. 그것을 파는 사람. 구리 세공하는 자. 땜장이. 증기기관(보일러) 다루는 사람 또는 만드는 사람.
caldeirinha *f.* 작은 솥. [宗] 성수반(聖水盤).
caldeiro *m.* ①바닥이 깊은 솥. 우물의 물을 길어 올리는 금속통(金屬桶). 두레박.
caldo *m.* 묽은 국. 고깃국. 맑게 끓인 고기 수프.
caldo entornado (엎질러진 고깃국). 실패. 차질(蹉跌). 수포로 돌아감.
caldosa *a.* 고깃국이 많은. 당즙(糖汁)이 많은.
cale *f.* 긴 홈(溝).
caleça *f.* (옛날의) 유개마차(有蓋馬車). 여행마차.
caleceiro *m.* 유개마차를 모는 사람. 마차꾼.
caleche *f.* 사륜(四輪) 마차.
calefação *f.* 가열(加熱). 난방(장치).
calefaciente. *a.* 뜨겁게 하는. 데우는. 가열하는.
calefator *m.* 덥게 하는 것. 가열기. 난방기(煖房機). 난방장치.
calefatória *a.* 덥게 하는. 데우는. 가열하는. 가열의.
calefrio *m.* =calafrio.
caleidoscópio *m.* 만화경(萬華鏡). 백색안경(百色眼鏡).
caleira *f.* (처마의) 낙수홈통. 빗물 받는 통.
caleiro (1) *m.* =caleira.
— (2) *m.* 석회(횟가루)를 만드는 사람.

calejado *a.* 피부경결(皮膚硬結)이 생긴. 못이 박힌. 살이 굳어진. 감각이 없는. 냉담(무정)한.

calejar *v.t.* 살이 굳어지게 하다. 굳게 하다.
—**se** *v.pr.* ①(손 또는 발바닥 살이) 굳어지다. 피부경결(硬結)이 생기다. ②감각이 없어지다.

calembur *m.* 말재롱. 동음이의(同音異義)의 말을 장난삼아 쓰기.

calemburar *v.i.* 말재롱하다. 동음이의의 말을 장난삼아 하다.

calemburgo *m.* = *calembur*.

calemburista *m., f. calembur*을 하는 사람.

calendar *a. calendas*에 관한.

calendário *m.* 달력. 역세. 역법(曆法).
calendário solar 양력.
calendário lunar 음력.
calendário gregoriano 서양력. 보통력.

calendarista *m., f.* 달력(역세) 편찬자.

calendas *f.(pl.)* (로마 옛 달력의) 삭일(朔日: 초하루).
para as calendas gregas 영원히. 결코 …않는. 2월 30일에(옛 그리스 달력에는 *calendas*가 없으므로).

calêntura *f.* [植] 금잔화(金盞花). 전리화(轉離花).

calentura *f.* 심한 더위로 인하여 발생하는 일종의 뇌증(腦症).

calete *m.* 질(質). 종류. 계급.

calha *f.* 통. 양철통(생철통). 양철로 만든긴 홈. 낙수(落水) 홈통. 구유. 나무 종발. 가늘고 길게 판 선(線). 도랑(溝). 광석 씻는 홈통. [印] 정판용 세척통(精版用洗滌桶).

calhamaço *m.* 《俗》크고 낡은 책. 《轉》뚱뚱하고 밉게 생긴 여인(醜婦).

calhambeque *m.* ①정크(중국 해안의 돛대가 보통 셋이고 밑이 평평한 배). 낡은 배. ②낡은 마차(자동차). ③낡은 도구. ④보잘 것 없는 골동품.

calhambola *a., m.* 산속(山中)으로 도망간(노예).

calhandura *f.* [鳥] 종달새. 종다리.

calhanduro *m.* 구정물 담는 통. 더러운 물건을 넣는 통. 요강.

calhar *v.i.* ①도랑에 (흘러) 들어가다. 주입(注入)하다. ②…에 알맞다. 제때에 일어나다(발생하다). 적시에 닥쳐오다.

calhan *m.* 작은 돌. 조약돌(石片). 세석(細石). 부싯돌. 돌덩어리(石塊).

calhe *f.* 좁은 길. 오솔길. 시골길.

calibrador *m.* (총포의) 구경 또는 탄환의 지름(直徑)을 재는 자. 캘리퍼스(彎脚徑規).

calibragem *f.* 구경측정(口徑測定).

calibrar *v.t.* (총·포의) 구경을 재다. 탄환의 지름을 재다. 도량형(度量衡)의 금을 재다.

calibre *m.* ①(총·포의) 구경. 관(管)의 내경(內徑). ②탄환의 지름(直徑). 총알의 무게. ③크기. 용적. 분량(分量). ④구경 또는 지름을 재는 자.

cálice (1) *m.* 《詩·雅》술잔. 밑에 다리가 붙은 잔. [가톨릭敎]. 성찬배(聖餐杯).
— (2) *m.* [植] 악(萼). 꽃받침.

calicida *m.* (발가락의) 티눈·못 따위를 떼는 약.

calicifloras *f.(pl.)* 악화(萼花)식물.

caliciforme *a.* 꽃받침 같은. 악상(萼狀)의.

calicímea *a.* [植] 악(萼)의. 악을 형성하는.

calicimo *a.* 악의. 악같은. 악상의.

caliculado *a* [植] 부악이 있는.

caliculo *m.* [植] 부악(副萼).

cálido *a.* 더운. 뜨거운. 태우는 듯한. 맹렬한. 자극이 강한.
clima cálido 더운 계절.

califa *m.* 회교국의 왕. 하리하.

califado *m.* (회교국의 왕) 하리하의 지위.

caligem *f.* 안개. 심한 안개. 심한 놀(霞). 《詩》어두움. 암흑.

caliginose *a.* 어스름한. 거무스름한. 어둑 둑한. 침울한. 음침한. 안개 낀. 몽롱한.

caligráfia *f.* ①글쓰는 방법. 서법(書法). 서도(書道). ②자체(字體). 필적. 달필. 능서(能書).

caligráfico *a.* 서법(습자)의. 서도의. 달필의.

caligrafo *m.* 글씨 잘 쓰는 사람. 달필가(達筆家). 습자 선생. 묵객(墨客). 서가(書家).

calinada *f.* ①어리석음. 둔함. ②큰 실수. 과실. 실책.

calino *a.* 어리석은. 둔한. 우둔한. 활기 없는.
— *m.* 바보. 멍청이.

calista *m., f.* 수족병 전문의사(手足病專門醫師).

calistenia *f.* 미용체조.

calisténico *a.* 미용체조의.

calma *f.* ①조용함. 무사평온. 평정(平靜). 바람이 자는 것. ②침착. 태연함. 온열(溫熱). ④하루(一日) 중에 제일 더운 때.
manter a clama 평온을 유지하다. 노여움을 참다. 진정하다.
perder a calma 이성을 잃다. 노하다.

calmamente *adv.* 조용히. 고요히. 가만가만.

calmante *a.* 조용하게 하는. 진정시키는. 완화하는. (형벌(刑罰) 따위를) 경감(輕減)하는.
— *m.* 진정제. 진통제. 완화제(緩和劑).

calmão *a.* 조용한. 바람이 없는.

calmar *v.t.* 조용하게 하다. 진정시키다. 완화하다.
— *v.i.*, —*se v.pr.* 조용해지다. 온화해지다. 진정하다. 완화하다.

calmaria *f.* ①바람이 없음. 무풍(상태). 바람 없는 더위. ②(사회의) 평온. 평온상태. 침체.

calmo *a.* 조용한. 고요한. 평온한. 평정한. 한가한. 안한(安閑)한. (바람없이)무더운. (성격이) 침착한. 온화한.
homem calmo 침착한 사람.
mar calmo 조용한 바다.

calmoso *a.* (날씨·공기 따위가) 더운. 무더운.
estação calmosa 더운 계절(季節).

calo *m.* ①(발가락의) 티눈. 못. [醫] 피부경결(皮硬硬結). 엄지발가락 안쪽이 붓는 병. ②무감각. 무신경.

calofilo *a.* [植] 고운 잎사귀가 있는.

caloilo *m.* (대학 등의) 신입생(新入生). 신참자(新參者). 초심자(初心者).

calomelanos *m.(pl.)* [化] 감홍(甘汞 : 염화제일수은(鹽化第一水銀)).

caloptero *a.* 고운 날개가 있는.

calor *m.* ①[理] 열. 더움. 뜨거움. 더위. 염열(炎熱). 온열(溫熱). ②열심. 열정. 열렬함. 맹렬함. ③격분. 격노. ④활동. 활동력. ⑤비난. 질책.
calor animal 체온.

calorão *m.* 몹시 더움. 심한 더위. 고온(高溫).

caloria *f.* [理] 칼로리(열량(熱量)).

caloricidade *f.* [理] 발열력(發熱力).

calórico *m.* 열(熱). 열기(熱氣). 열소(熱素).
calórico sensível (또는 *livre*) 현열(顯熱).
calórico latente 잠열(潛熱).
calórico específico 비열(比熱).

calorífero *a.* 열을 전하는(발생시키는).
— *m.* 난방장치. 전열기(電熱器). 난로.

calorificação *f.* 열의 발생.

calorificar *v.t.* 가열하다. 열을 전하다.

calorífico *a.* 열을 내는(전하는. 발생하는). 열의. 열소(熱素)의.
— *m.* =*caloriferom*.

calorifugo *a.* 열을 싫어하는. 열을 피하는.

calorimetria *f.* 열량 측정.

calorimétrico *a.* 열량 측정의. 측열(測熱)의.

calorímetro *m.* 열량계(熱量計). 측열제.

calorosamente *adv.* 열렬히. 열성적으로. 정열이 넘치게.

caloroso *a.* 더운. 뜨거운. 열렬한. 열성적인. 열광적인. 정열이 넘치는.

calosidade *f.*(피부의) 경결(硬結). 못박힘.

caloso *a.* (피부에) 경결이 생긴. 못이 박힌. 피부결경의. 감각이 없는.

calota *f.* [建] 궁륭(穹窿)의 중앙. 중심부. [解] 뇌개(腦蓋)의 정부(頂部). [幾] 구결(球缺). 구면결(球面缺).

calote *m.* 《俗》 빌린 돈(借金)을 치르지 않기. (돈을) 속여서 빼앗기. 사기. 협잡.
pregar um caiote (돈을) 속여서 빼앗다. 빌린 돈을 갚지 않다.

calotear *v.i.*, *v.t.* 빌린 돈을 치르지 않다. 돌려줄 생각이 없이 돈을 꾸다. 속여서 빼앗다.

caloteiro *m.* 빌린 돈을 반환하지 않는 사람. (돈을) 속여서 빼앗는 사람. 사기꾼.

calouro *m.* 신입생. 초년생. 초학자. 시작하는 사람. 미숙련자.

calada *interj.* 쉿! 조용히! 말마랏!

calunga *m.* [動] 작은 들쥐. 들에 사는 생쥐. 《俗》 좀도둑.

calúnia *f.* ①비방. 중상. 무고(誣告). 무함(誣陷). 무고죄. 명예훼손. ②거짓말. 허위진술.

caluniador *a.*, *m.* ①비방하는 (자). 중상하는 (자). 명예훼손하는 (자). ②거짓말하는 (사람).

caluniar *v.t.* ①비방하다. 중상하다. 명예훼손하다. ②거짓말하다.

caluniável *a.* 비방할 조건이 되는. 중상당할만한.

calunioso *a.* 비방(중상)하는. 명예를 훼손

하는. 비방적. 중상적.
calva *f.* ①(머리가) 벗어짐. 대머리. ②털 가죽(毛皮) 또는 모직물에 털이 빠진(脫毛된) 부분. ③숲속에 나무가 없는 장소. ④《轉》결점.
calvário *m.* ①그리스도가 처형당한 언덕. ②그리스도의 수난도(受難圖). 그리스도가 책형(磔刑) 당하는 조상(彫像). ③순교(殉教). 순난(殉難).
calvejar *v.t.*, *v.i.* 대머리가 되게 하다. (되다).
calvície *f.* 대머리. 독두(禿頭). 대머리 상태.
calvinismo *m.* 칼빈 주의.
calvinista *a.* 칼빈 주의의.
— *m.*, *f.* 칼빈파의 사람.
calvo *a.* ①(머리가) 벗어진. 머리털이 없는. 대머리의. 독두의. ②(산에) 나무가 없는. 꾸밈없는.
— *m.* 머리가 벗어진 사람. 대머리.
cama *f.* ①침대. 침상. 잠자리. ②묘상(苗床). ③강바닥(河床). 물밑. ④층(層). 지층.
cama de solteiro 일인용(一人用) 침대.
cama de casado 이인용(부부용) 침대.
armação de cama 침대틀.
roupa de cama (침대에 씌우거나 덮는 것의 총칭) 침대보. 담요. 시트. 이불 따위.
fazer a cama 잠자리를 준비하다.
ir para a cama 자러가다. 잠자리에 들어가다.
estar na cama 침대에 누워 있다. 병상에 있다.
cair na cama 병상에 눕다(앓기 시작하다).
camada *f.* ①층(層). 계급. 등급. 사회. ②많음. 대량.
camadas atomosféricas 기층(氣層).
camadas geológicas 지층(地層).
camada de pó 티끌이 쌓인 것. 애층(埃層).
camafeu *m.* 양각으로 아로새긴 옥석(玉石). 아골(牙骨). 호박(瑚泊). 조가비. 캐미오 세공. 《英》cameo.
camaleão *m.* =cameleão.
camalhão *m.* 밭두덩. 밭이랑(畝). (길 위에 차바퀴가 지나가 생긴) 흙두덩.
câmara *f.* ①《古·詩》방. 침실. 선실. ②회의실. 회의장. 의회(議會). 회관. 궁전.
[解] 방(房). (동·식물의) 움푹 들어간 곳.
câmara de comércio 상업회의소.
câmara legislativa 입법부. 국회.
câmara municipal 시청(市廳). 시의회(市議會).
câmara alta 상원(上院).
câmara baixa 하원.
câmara dos deputados 하원.
câmara escura (사진관의) 암실(暗室).
câmara ardente 장사(葬事) 지내기 전에 시체를 두는 곳(房).
câmara de ar (자동차 타이어의) 튜브.
camarada *m.*, *f.* 동무. 친구. 벗. 동료. 동지. 동창. 학우. (농장의) 고용일꾼(임시고용자). [軍] 전우.
camaradagem *f.* 동무(동료·친구) 관계. 교우관계. 동창(학우)임. 우정. 우의(友誼).
espírito de camaradagem 단체정신. 우의.
preço de camaradagem 싼값(친한 사람 사이에 파는 값이란 뜻).
camarão *m.* 작은 새우.
camarario(-a) *a.* 시청(市廳)의. 시의회(市議會)의.
camâreiro *m.* [魚] 새우. 작은 새우. 보리새우. 새우 모양을 한 물건. 《比喻》빨강새를 칠한 전차(電車).

camarata *f.* (기숙사·병원 등의) 공동침실.
camareira *f.* 궁전(宮殿)의 여관(女官). (귀)부인에 달린 시녀(侍女). 하녀.
camareiro *m.* ①시종(侍從). 청지기. ②《俗》요강. 변기.
camarilha *f.* (국왕의) 측근(자). 간신(奸臣). 고문관. 간당(奸黨).
camarim *m.* 작은 방(小室). 선실. [劇] 배우가 옷갈아 입는 방. 화장실. (귀)부인의 내실.
camarinha *f.* 선미(船尾)의 작은 방. 《古》침실.
camarista *m.*, *f.* 시종. 하인. 하녀. 《古》시(읍·면 따위의) 회의원.
camarista do mór 시종장(侍從長).
camarote *f.* 선실(船室). (기선의) 일등실. 특등실. 고급선원실. (극장의) 칸막은 좌석. 특별석.
camaroteiro *m.* (극장의) 칸막은 좌석을 돌보는 사람. 좌석계(座席係).
camartelada *f.* (석공용의) 쇠망치로 치기.

camartelar *v.t.* 큰 쇠망치로 치다. 돌로 때려 부수다.

camartelo *m.* 석공(石工)이 쓰는 큰 쇠망치(鐵鎚). 돌 깨뜨리는 망치. 파괴용 도구.

camasia *f.* [植] 백합과의 식물. 나리의 일종.

camba *f.* ①(배의 갑판 등) 위로 휘어 올라간 것. ②작은 선거(船渠). ③바퀴테. 바퀴테로 되는 재료.

cambada *f.* 여러 개의 물건을 (주판알처럼) 하나로 꿰어 놓은 것. 한 뭉치로 한 것. 고리·노끈 따위에 걸어 놓은 한 묶음으로 된 물건. 일련(一連). 한 줄기. 《俗》 악도의 무리(패거리). 폭도.

cambado, cambaio *a.* 다리 또는 무릎이 안쪽으로 휜. 다리가 약한. 다릿병 있는. 왜곡(歪曲)된.
— *m.* 다리가 (안쪽으로) 휜 사람. 악각(顎脚).

cambalacho *m.* ①물물교환. 바꿈질. ②사기적 교환. 음모.

cambaleante *a.* 절뚝거리는. 비틀거리는. (며 걷는).

cambalear *v.i.* 절뚝거리다. 비틀거리다. 절룩거리며 걷다.

cambaleio *m.* 절뚝거리기. 비틀거리기.

cambalhota *f.* ①공중제비. 재주넘기. ②뛰어 돌아다님. ③뒤집히기. 전락(轉落). ④변심(變心). 변설(變說).

cambalhotar *v.i.* 공중제비를 하다. 재주 넘기를 하다. (차가) 뒤집히다.

cambão *m.* (한 달구지에 있어서) 두 마리의 소가 걸칠 수 있는 멍에. 연접된 멍에. 멍에 연접간(連接桿).

cambapé *m.* ①속임수. 계책. ②덫. 올가미.

cambar *v.i.* 절뚝거리다. 절룩거리며 걷다. 한쪽 다리를 끌며 걷다. 한쪽으로 기울다 걷다. 다리를 안쪽으로 꾸부리다.

cambaxirra *f.* [鳥] 굴뚝새.

cambeba *f.* (북부 브라질산) 거북의 일종.

cambembe *a.* 다리가 안쪽으로 휜.

cambetear *v.i.* 절뚝거리다. 절며 걷다. 한쪽 다리를 끌며 걷다.

cambial *a.* 교환의. 환어음의.
— *m.* 환어음.
letra cambial 환(換)어음.

cambiante *a.* 변하는. 변화하는. 여러 가지 색깔이 되는.
— *m.* ①색의 변화. ②여러 가지로 변해 보이는 빛깔. ③두 가지 색깔 중에(어느 것인지). 확연한 분별이 없는 색. ④같은 종류의 작은 차이(小差).

cambiar *v.t.* 돈을 바꾸다. 바꿈질하다. 교환하다.
— *v.i.* 색깔을 바꾸다. 변색하다. 제도(주장·의견 등)를 바꾸다. 변설(변심)하다. (하늘빛이) 변하다.

câmbio *m.* 돈바꾸기. 금전교환. 교역.
càmbio negro 암시장의 "환"평가.
càmbio do dia 당일의 환시세.
casa de càmbio 돈바꾸는 집(점포).
letra de càmbia 환어음.
preco do càmbio 환율.

cambista *m., f.* 돈 바꾸는 사람. 돈 바꾸어 주는 사람. 외국의 환어음을 취급하는 사람. 증권중매업자.

cambiam *f.* [植] 불음켜. 형성층(形成層).

cambo *m.* 과일을 따는 데 쓰는 긴 나무. 갈고리가 달린 긴 나무. 《古》 교환.

cambojano *a.* (동남 아시아의) 캄보디아(사람의).
— *m.* 캄보디아 사람.

cambolhada *f.* 여러 개를 하나로 연결한 것. 하나로 꿰뚫어 비끄러맨 것. 돈꾸러미. 일련(一連).

combota *f.* [機] 크랭크 굴대.

cambraia *f.* (줄무늬의) 린넬. 아마포(亞麻布). 흰 삼베 손수건.

cambraieta *f.* 아주 얇은 린넬. 일종의 얇은 삼베. 상등면포(綿布).

cambriano *a.* [地質] 캄브리아계(系)의. 캄브리아층(層)의.

cambulhada *f.* ①여러 개의 물건을 (주판알처럼) 연이어 꿴 것. 연결하여 묶어 하나로 한 것. 한 다발. ②혼란. 혼잡. 난잡.
de cambulhada 난잡하게.

cambulho *m.* 가라앉히는 것(낚시 또는 그물의) 추.

cambuta *m., f.* 다리가 휜 사람.

cambuto *a.* 다리가 휜(꾸부러진).

came *m.* [機] 캠(회전 운동을 왕복 운동으로 변하게 하는 장치).

camela *f.* [動] 낙타(암컷).

cameleão *m.* [動] 피부색깔이 여러 가지 빛으로 변하는 카멜레온. [天] 카멜레온 성좌(星座). 《轉》 변덕장이. 들뜬 사람. 위선자. 협잡꾼.

cameleira *f.* 동백나무(꽃). 산다(山茶).

cameleiro *m.* 낙타 모는 사람.
camelete *m.* 《古》 작은 포(小砲).
camélia *f.* [植] 동백나무(꽃). 산다(山茶).
camelice *f.* ①우둔한 행실. 우거(愚擧). 어리석은 노릇. ②폭언(暴言). 폭행.
camelideos *m.*(*pl.*) 반추류(反芻類)의 낙타속(屬).
cameliforme *a.* 낙타 비슷한. 낙타 모양을 한.
camelino *a.* 낙타의.
côr camelina 낙타의 털 빛깔.
giba camelina 낙타의 혹(육봉).
camelo *m.* ①[動] 낙타. 약대. ②《轉》 어리석은 사람. 바보. 버릇없는 놈. 횡포한 놈.
camelô *m.* (특히 당과자 따위를 들고 다니며 파는) 가로의 행상. 행상하는 아이.
camelopardal, camelopardale *m.* ①기린(麒麟)의 옛 이름. ②[天] 기린 성좌(星座).
camenas *f.* 뮤우즈 신(神). (학예·시·음악을 주관하는 아홉 여신의 하나). 시신(詩神). 시상(詩想). 시재(詩才).
cameritela *f.* 거미(蜘蛛)의 일종.
camerlengo *m.* 교황청의 추기관장(樞機官長).
camião *m.* (특히 정거장에서 수하물을 운반하는) 손으로 미는 차. 운송차. (佛語) *camion*의 사투리.
camião-cisterna *m.* 탱크로리.
camilha *f.* (*cama*의 지소어) 작은 침대. 침대로 쓸 수 있는 의자.
caminhada *f.* 멀리 걷기. 도보여행. 산책.
caminhante *a.* 걷는. 도보여행하는.
— *m., f.* 걷는 사람. 보행자. 통행인. 도보여행자.
caminhão *m.* 화물자동차. 트럭. 장형(長形) 사륜마차.
caminhão carga 짐차. 화물자동차.
caminhão tanque 기름 운반차.
caminhão de lixo 쓰레기 운반차.
caminhar *v.i.* (+*a* 또는 *para*). …에 향하여 걷다. 걸어가다. 보행하다. 도보여행하다.
— *v.t.* (…을) 걸어다니다.
caminheiro *a.* 잘 걷는.
— *m.* 잘 걷는 사람. 도보여행자. 《古》 심부름꾼. 뛰어서 전달하는 사람. 급사(急使).

caminho *m.* ①길. 지나가는 길. ②노정(路程). 순로(順路). 진로. 코스. ③길방향. ④방침. 수단. 수속. ⑤도중(途中).
abrir caminho 길을 만들다.
de caminho 도중(途中)에.
caminho de ferro 철도.
errar o caminho 길을 잃다.
Bem camecado é meio caminho andado. 잘 시작한 것은 이미 반을 성취한 것이다. (시작이 절반).
Todos os caminhos levam a Roma. 모든 길은 로마로 통한다.

caminhonete *f.* 경트럭. 밴. 웨곤.
camioneta *f.* 작은 화물자동차. 작은 트럭. 짐 마차.
camisa *f.* ①(남자용의) 속옷. 와이셔츠. ②(부인의) 속치마. ③싸는 것. 싸개. 포장지. ④(옥수수의) 껍질(包皮).
ficar sem camisa 무일푼의. (청빈의) 신세가 되다.
camisão *m.* 큰 속옷. 큰 셔츠.
camisaria *f.* 셔츠 만드는 공장. 셔츠 상점.
camiseiro *a.* 셔츠의. 셔츠용의.
linho camiseiro 셔츠용 린넬.
— *m.* 셔츠 만드는 사람. 그 장수(상인).
camiseta *f.* (남자용의) 내의. 속옷. (부인용의) 윗셔츠. 조끼. 언더셔츠.
camisinha *f.* (*camisa*의 지소어) 작은 셔츠.
camisola *f.* 내의(內衣). 긴 내의. 잠옷. 겉옷. 평상옷. (부인용의) 집에서 입는 자켓.
camisoleiro *m. camisola* 만드는 사람: 그 장수.
camoeca *f.* ①《俗》 술마신 후의 졸리운 것. 나른한 것. ②지둔. 활기 없음. 만사가 귀찮음.
camomila, camomilha *f.* [植] 족제비쑥. 개꽃. (국화과 식물. 건위·흥분제로 씀).
camondongo *m.* 작은 쥐. 생쥐.
camouflage *m.* [軍] 위장. 기만.
campa (1) *f.* 묘석(墓石). 묘비.
— (2) *f.* 작은 종(小鐘).
campainha *f.* ①종(鐘). 벨. 방울. 초인종. 종같이 생긴 물건. ②[植] 초롱꽃의 무리(도라지과). ③[解] 구개수(口蓋垂). 현옹수(懸雍垂). 목젖.
campainha elétrica 전기 벨.
campainhada *f.* 종소리. 방울소리.
campainhão, campainheiro *m.* [宗] 마

을의 신자들을 모으기 위하여 종치며 돌아다니는 사람. 예배의 행렬 중에 종을 손에 들고 있는 사람.

campal *a*. 뜰의. 야외의. 노천의.
batalha campal 야전(野戰).
missa campal [宗] 야외 미사.

campanado *a*. 종같은. 종 모양(鐘狀)의.

campanário *m*. ①종 있는 탑. 종탑. 종루(鐘樓). (교회의) 뾰족탑. ②교구(敎區). 한 지방. 한 마을.

campanha *f*. ①넓은 뜰. 광야. ②전쟁터. 전지(戰地). 야전지. ③전투. 전쟁. ④《轉》(정치적 목적을 띤) 운동. 선거전.
campanha eleitoral 선거운동. 선거전.
plano de campanna 작전계획.

campaniforme *a*. [植] 종 모양(鐘狀)의.

campanudo *a*. ①종 모양의. ②거만한. 자존심이 강한. 과장하는. 까부는.

canpânula *f*. 종 모양의 덮개. 둥근 지붕. [植] 도라지. 딱주의 무리(風鈴草).

campanuláceas *f*.(*pl*.) [植] 도라지 무리.

campanulado *a*. [植] 종 모양의.

campanular *v.i*. 종소리 같은 소리가 나다.

campão (1) *m*. 여러 가지 색깔(雜色)을 띤 대리석(大理石).
— (2) *m*. 넓은 평야. 광야(廣野).

campar (1) *v.i*. (+*de*). 자랑하다. 뽐내다. 우쭐하다. 이채를 띠다. 빛나다.
— (2) *v.t*. [軍] 야영하다. 노영하다.

campeação *f*. ①(목축을 감시하기 위하여) 말타고 목장을 돌아보기. ②야영(野營)하기.

campeador *a*. ①목장을 돌아다니는. 가축을 살펴보는. ②야영하는.
— *m*. ①야영자. ②투사(鬪士). 선수.

campeão *m*. ①《原義》 투사. 전사(戰士). ②우승자. 선수. (경기의) 선수권 보유자. ③(주의의) 옹호자.

campear (1) *v.i*., *v.t*. 뜰에 진(陣)을 치다. 야영하다. (군대가) 평원에 주둔하다. (시키다).
— (2) *v.i*. 말타고 목장을 돌아다니다. 들판의 가축을 살펴보다. (찾아다니다).
— (3) *v.i*. (+*de*). 우월하다. 탁월하다.

campeche, campecheiro *m*. [植] 다목(蘇方木). 칸파사(물감·약재에 쓰임).

campeiragem *f*. ①농민생활. ②농촌노동.

campeiro *a*. 가축을 돌보는. 목장에서 일하는. 농사에 종사하는. 농업노동하는. 전원(田園) 생활의. 시골식의.
— *m*. ①가축을 돌보며 (감시하는) 사람. 소모리꾼. 목부(牧夫). ②절간의 종을 치는 사람.

campeonato *m*. ①(경기의) 우승. 우승자임. 선수권. ②시합. 운동대회.

campenomia *f*. [文] 어미 변화법.

campesino, campestre *a*. 시골의. 농촌의. 전원(田園)의. 시골식의.
— *m*. 고원(高原). 숲속의 작은 빈터. 공지.

campezinho, campezino *a*. =*campesino*.

campina *f*. ①(나무 없는) 평야. 들판. 평원. 작은 고원. ②숲속의 잔디밭.

campiniro *a*. 깜삐나스(*Campinas*) 시의.
— *m*. 깜삐나스 시민(市民).

campino *a*. 시골의. 전원(田園)의.
— *m*. 시골사람. 목자(牧者).

campo *m*. ①들. 벌. 벌판. 평야. ②전원(田園). 밭. 논. 전답. ③(시내의) 광장. 빈터. 공지. ④운동장. 경기장. ⑤활동범위. 지반(地盤). 싸움터.
campo esportivo 운동장. 경기장. 대회장.
campo de futebol 축구경기장.
campo de aviação 비행장.
campo de concentração 포로수용소. 정치범 수용소.
campo de manobras 훈련장.
campo de corrida 경마장.
campo parelho 평탄한 땅.
campo dobrado 기복(구릉) 있는 땅.
campo santo 매장지. (특히) 공동묘지.
vida do campo 시골생활. 전원(田園) 생활.

camponês *a*. 시골의. 농촌의. 전원의.
— *m*. 시골에 사는 사람. 농촌 사람. 농부.

camponêsa *f*. 시골 여자.

camuflagem *f*. [軍] 위장. 미채(迷彩). 기만.

camuflar *v.t*. 위장을 써서 속이다. 미채를 띄우다.

camundongo *m*. 작은 쥐. 생쥐.

camunheca *f*. =*camoeca*.

camurça *f*. ①[動] 영양(羚羊). ②영양·염소·사슴 등의 부드러운 가죽.

camurçado *a*. *camurça* 빛깔을 띤.

cana (1) *f*. ①관상식물(管狀植物)(대나무·등나무·갈·사탕수수 등)의 총칭. ②대나무·등나무 따위의 줄기(管). ③줄기 모양

(管狀)의 물건. ④[植] 대. 갈대. 축(軸). ⑤《詩》피리.
cana de açucar 사탕수수. 감자(甘蔗).
cana do reino 갈. 갈대.
cana de trigo 밀짚의 대(麥稈).
cana de pescar 낚싯대.
— (2) *f*. (=*cana da índia*) [植] 난초(蘭蕉).
(注意) 난초(蘭草)는 *orquídea*라 함.

Canadá *f*. 캐나다.

cana-de-açucar *f*. [植] 사탕수수.

canadense *f.a.* (북미) 캐나다의.
— *m., f.* 캐나다 사람.

canafistura *f*. [植] 계피의 일종.

canal *m*. ①운하. 물줄기. 수로. 수도(水道). ②해협(海峽). ③도정(道程). 계통. ④[生理] 관(管). ⑤[建] 홈 모양으로 판 것(溝彫).
canal intestinal 장관(腸管).

canalha *f*. 하층민. 천민(賤民).
— *m*. 인간의 찌꺼. 악한. 악도. 파렴치한 놈. 망종(亡種).
— *a*. 부끄러움 모르는. 너절한. 초라한. 천한.

canalhada, canalhice *f*. 깡패들의 하는 짓. 못된 행실. 나쁜짓. 악행. 악한 근성.

canalhismo *m*. =*canalhada*.

canaliculada
— *m*. [解·植] 작은 관(小管). 작은 홈(小溝). 가는 홈(細溝).

canaliculado *a*. 작은 관이 있는. 작은 홈이 있는. 홈 모양을 한.

canaliforme *a*. 홈 같은. 구상(溝狀)의. 작은 관 비슷한.

canalização *f*. ①운하개착(開鑿). 긴 도랑 파기. ②상(하)수도의 부설(敷設).

canalizar *v.t.* ①운하를 개착하다. 수로(水路)를 내다. ②상(하)수도를 만들다. 도관(導管)을 갈다.

canalizável *a*. 운하를 개착할 만한. 수로를 내야 할.

canambaia *f*. [植] 선인장 무리.

cananga *f*. =*canango*.
— *m*. [植] 가낭가. 향목(香木).

canapé *m*. 긴 안락의자.

canareira *m., f.* 카나리아. 금사작(金絲雀).《轉》노래 잘 부르는 사람.《俗》늘 같은 의복을 입고 있는 사람.

canário *m*. [動] 카나리아.

canastra *f*. 바구니. 광주리.

canastrada *f*. ①바구니에 하나 가득한 분량. ②많은 바구니.

canastrão *m*. ①큰 바구니. 큰 광주리. ②[劇] 서투른 배우(俳優).

canastreiro *m*. 바구니를 만드는 사람: 그 장수.

canastro *m*. ①바구니. 광주리. ②바구니 같은 물건. 통 모양(筒形) 바구니. ③《俗》동체(胴體).

canavial *m*. ①사탕수수밭(재배지). ②갈 또는 등나무가 무성한 곳.

cançaço *m*. =*cansaço*.

canção *f*. 노래. 소가곡(小歌曲).

cancela *f*. 작은 문. 쪽문. 큰문의 곁문. 구멍문. 하반부(下半部)만을 열고 닫게 된 문.

cancelação *f*. =*cancelamento*.

cancelado *a*. 취소한. 폐지한. 중지한. 말살한. (계약을) 해약한.

canceladura *f*. 취소하기. 중지(폐지)하기. 무효로 하기. 말살(삭제)하기. 해약.

cancelamento *m*. 무효로 하기. 폐지. 취소. 중지. 말살(抹殺). (계약의) 해약. 해제. [數] 소약(消約). 지움. 대소(對消).

cancelar *v.t.* ①(줄을 그어) 지워 버리다. 말살하다. ②(계약한 것을) 취소하다. 무효로 하다. 해약하다. ③(예정했던 것을) 중지하다. 폐지하다. ④[數] 소약(消約)하다. 대소(對消)하다.

cancelário *m*.《古》상서(尙書). 서기관.

cancêlo *m*. ①빗장. 문빗장. ②울타리. ③관문. 성문(城門).

câncer *m*. ①[醫] 암(癌). 암종(癌腫). ②《比喩》…의 암(사회의 악폐 따위). ③[天] 해좌(蟹座). 거해궁(巨蟹宮).
trópico de câncer 북회귀선(北回歸線). 하지선(夏至線).

cancerar *v.i.* =*cancerizar*.
—*se* *v.pr*. 암이 되다. 암이 생기다. 고질(痼疾)이 되다.

canceriforme *a*. 암(암종) 같은. 암(암종) 모양의.

canceroso *a*. 암의. 암성의. 암에 걸린.
— *m*. 암에 걸린 사람. 암종환자.

cancha *f*. (각종) 경기장. 운동장. 경마장. 도살장(屠殺場).

cancioneiro *m*. 노래집. 가곡집(歌曲集).

cancionista *m., f.* 노래를 만드는 사람.

cançoneta *f.* 짧은 노래. 민요의 소가곡. 서정적(抒情的) 소곡. 가요곡.

cançonista *m.*, *f.* ①소가곡을 부르는 사람. 민요를 부르는 자. ②민요 작가.

cancrescente *a.* 암종이 되기 시작하는. 암을 형성하는.

cancrinita *f.* [鑛] 홍하석(紅霞石).

cancro *m.* ①[醫] 암. 암종(癌腫). ②해독(害毒). 화근. 파괴의 원인.

cancroida *f.* 암치료약.

cancroide *a.* 암(癌)양 같은.
— *m.* 피부암.

cancroso *a.*, *m.* = *canceroso*.

candango *m.* 아프리카 사람들이 포르투갈 사람을 멸시해 부른 말.

candeeireiro *m.* 램프(등)를 만드는 사람. 그 장수.

candeeiro *m.* 램프. 등. 기름 등잔.
candeeiro de iluminação pública 가로등.

candeia *f.* 작은 램프. 작은 기름 램프. 벽에 달려 있는 기름 등. 내리 드리운 물건.

candeio *m.* 횃불. 거화(炬火).

candelabro *m.* 가지장식이 있는 촛대(多枝燭臺). 샨데리아.

candelária *f.* [가톨릭敎] 성촉절(聖燭節). (2월 2일 성모의 순결을 기념하여 촛불을 들고 행렬하는 것).

candência *f.* 백열(白熱). 작열(灼熱).

candente *a.* 백열의. 작열한. 백열광을 내는.

cândi *m.* 캔디. 설탕(바른) 과자. 얼음사탕.
açucar cândi 결정당(結晶糖).

candial *a.* 흰(특히 밀에 대한 말).
trigo candial 깐디알 밀(양종(良種)의 밀로서 그 가루는 눈같이 휨).

candidamente *adv.* 결백하게. 솔직히. 정직하게.

candidatar-se *v.pr.* 입후보(立候補)하다. 지원(志願)하다.

candidato *m.* 후보자. 지망자. 지원자(志願者).

candidatura *f.* ①후보로 나서기. 입후보. ②입후보 자격. 지원하기.
candidatura oficial 공인후보.

candidez *f.* ①흼. 순백. ②순결. 결백. ③정직. 솔직. 단순. 공평. 허심탄회(虛心坦懷).

cândido *a.* 흰. 순백의. 순결한. 거리낌 없는. 솔직한. 단순한. 목눌(木訥)한. 죄없는. 결백한.

candieiro *m.* = *candeeiro*.

candilar *v.t.* (설탕을) 결정(結晶)으로 만들다. (과일을) 설탕에 절이다.

candilú *m.* [魚] 간디루우(아마존강에 있는 해어(害魚)로서 귓구멍·목구멍 또는 요도(尿道) 등에 들어가면 죽는다는).

candonga *f.* ①식료품의 탈세(脫稅). 불법 매매(물품). 밀수(품). ②아첨. 추종.

candongueiro *m.* ①식료품 탈세하는 자. 불법 매매자. 밀수하는 이. ②아첨(추종)하는 사람.

candonguice *f.* *candongo*의 행위.

candor *m.* = *candura*.

candura *f.* 순백. 순결. 담백(淡白). 솔직함. 허심탄회(虛心坦懷). 공평무사. 천진난만.

caneca *f.* 손잡이 달린 잔. 알미늄으로 만든 컵 모양의 잔. 손잡이 달린 큰 술잔. 주둥이 넓은 유리 그릇.

canecada *f.* *caneca*에 하나 가득한 분량.

caneco *m.* ①손잡이 달린 큰 컵. 가늘고 긴 잔. ②가늘고 긴 나무통.

caneiro (1) *m.* 좁고 긴 도랑. 물빼는 도랑. 작은 수로(水路). 좁은 운하.
— (2) *m.* 낚싯대.

caneja *f.* [魚] 상어(鮫)의 일종.

canejo *a.* 개 비슷한. 개에 관한.

canela *f.* ①계피(桂皮). [植] 육계(肉桂). ②[解] 경골(脛骨). 정강이. ③[紡織] 실 감는 관(管).

canelada *f.* 경골(정강이)을 치기.

canelado *a.* 홈 있는. 홈이 달린. [建] (기둥에) 세로 홈 있는. 홈 있게 판.

caneladura *f.* 긴 홈을 파기. 구조(溝彫)를 만들기. 요선(凹線)을 해 넣기.

canelão *m.* ①계피(桂皮)로 만든 과자의 일종(肉桂糖). ②경골(정강이)을 치기. ③[紡織] 굵은 실 다듬기. 거친 굵은 실.

canelar *v.t.* (기둥에) 세로 홈을 파다(문틀의 아래 위에) 요선(凹線)을 만들다. 긴 홈을 만들다. 구조(溝彫)를 하다.
— *v.i.* 실 감는 관(管)에 실이 감기다.

caneleira *f.* [植] 계피나무. 육계수나무속.

canelura *f.* ①[建] (기둥의) 세로 파져 있는 홈. ②구조(溝彫). ③[植] 줄기에 있는 긴 홈(莖溝).

caneta *f.* ①펜대. 철필대. ②만년필.

caneta-tinteiro 만년필.
cânfora *f*. 장뇌(樟腦).
canforado *a*. 장뇌와 화합한. 장뇌를 넣은. 장뇌를 포화(飽和)시킨.
canforar *v.t*. 장뇌와 화합시키다. 장뇌를 넣다. 장뇌를 뿌리다.
canforato *m*. 장뇌산염(樟腦酸鹽).
canforeira *f*. =*canforeiro*.
— *m*. [植] 녹나무(樟).
canfórico *a*. 장뇌의. 장뇌가 되는. 장뇌에서 빼낸.
ácido canfórico 장뇌산(酸).
canforóide *a*. 장뇌 같은(비슷한).
canga *f*. ①(소에 씌우는) 멍에. 멍에 모양의 물건. ②쌍쪽에 짐을 걸고 메는 작대기. ③《古》(옛날 중국의 죄수의 목에 씌우던) 칼. 일종의 형구(刑具). ④《轉》속박. 기속. 기반(羈絆).
cangaceiro *m*. (특히 동북 브라질에 준동한) 흉기를 지닌 악도. 인가(人家) 드문 데서 법을 무시하고 흉기를 사용하는 놈. 일종의 산적(山賊).
cangaço *m*. ①포도 즙을 짜낸 찌끼. ②흉기를 지닌 악행. 산적행위.
cangalhas *f.(pl.)* ①짐나르는 말(挽馬) 등에 올려 놓는 안감(鞍龕). 짐바구니(짐신기에 편리한 것). ②《轉》구경거리. 우스운 광경.
cair de cangalhas (능이 땅에 닿는) 팔자로 넘어지다.
cangalho *m*. ①멍에를 거는 큰 나무. ②과일이 달려 있는 나뭇가지. 《俗》잡동사니. 보잘 것 없는 것.
cangapora *f*. 거북의 일종.
cangar *v.t*. 멍에를 씌우다(걸다). 구속하다. 굴복시키다. 압박하다.
cangerana *f*. [植] 고련나무(소태나무). (건축재료로도 씀).
cangica *f*. 옥수수를 폭 삶고 그 알을 으깬 다음 설탕을 넣어서 만든 일종의 스프.
cangirão *m*. 술 넣는 항아리. 술독. 큰 항아리.
cangote *m*. [解] 후두부(後頭部). 《俗》목덜미.
canguçu *m*. [動] (브라질산) 표범의 일종.
canguru *m*. [動] 캥거루(속).
canhamaça *f*. 삼(대마)의 씨(또는 열매).
canhamaço *m*. 삼 부스러기. 삼찌끼. 거칠은 삼의 형겊. 마포(麻布). (삼주머니를 만들기 전의) 거칠은 삼천(粗麻布).
canhameiral *m*. 삼밭. 대마(大麻)밭.
canhamiço *a*. 삼의. 대마의.
— *m*. 삼(麻)의 줄기(莖).
cânhamo *m*. [植] 삼. 대마(大麻). 삼의 올실(대마의 섬유). 모시.
canhão *m*. ①포. 대포. ②깃촉(날짐승의 날개 또는 꼬리에 있는 빳빳한 깃). 날개깃.
canhão anti-aéreo 고사포.
canhão anti-tanque 대전차포.
canhão de campanha 야포.
canhão das botas 장화(長靴)의 아구리.
canhenho *m*. (잊어버리지 않게 적어두는) 공책. 비망록. 기억.
canhestramente *adv*. ①왼손으로. 왼손잡이로. 거꾸로. 서투르게.
canhestria *f*. 왼손잡이.
canhestro *a*. 왼손잡이의. 서투른. 어색한.
canhonaço *m*. 포화(砲火). 포격.
canhonada *f*. 포격. 포전(砲戰).
canhonar *v.t*. 포를 설치하다. 포를 준비하다.
canhonear *v.t*. 포를 쏘다. 포격하다.
canhoneio *m*. 포의 연발사격. 포격.
canhoneira *f*. ①포함(砲艦). ②포문(砲門). ③포안(砲眼).
canhota *f*. 《俗》왼손. 왼손잡이(여성).
canhoto (1) *a*. 왼손잡이의. 서투른. 왼쪽에 있는.
— *m*. 왼손잡이(사람).
— (2) *m*. 원부(原簿). 부본(수표·어음·영수증·송장(送狀) 등을 떼어 주고 남는 쪽지).
canibal *m*. ①식인종(食人種). 동족을 잡아먹는 동물. ②야만인. 잔인무도한 인간.
canibalesco *a*. 사람(인육)을 먹는. 동족을 잡아먹는. 야만적인.
canidalismo ①사람고기를 먹음(먹는 풍습). 동족을 잡아먹음. 동류상식(同類相食). ②잔인.
caniçada *f*. =*caniçado*.
— *m*. ①창살. 창살세공. 창살담. ②(포도 따위를 올리는) 시렁.
caniçal *m*. 갈대밭. 갈(등나무 따위)이 무성한 곳. 노위(蘆葦)가 많은 들판.
canície *f*. 회색 머리칼. 머리칼이 회색임.
caniço *m*. ①가는 관상식물(管狀植物). ②갈. 갈대. 참대 따위의 줄기(莖). ③낚싯

대. ④갈대로 엮은 뗏목. 《轉》몹시 여위고 창백한 사람.
caniçoso *a.* 갈·갈대·등나무·참대 따위가 무성한(많은).
canícula *f.* 가는 갈대. 가는 참대. 가는 등나무. 《俗》여름의 가장 더운 때. 대서(大暑). 복중(伏中). 삼복더위. [天] 천랑성(天狼星).
canícular *a.* 한여름의. 삼복의. 혹서의.
dias caniculares 복중. 삼복더위.
canídeos *m.(pl.)* [動] 견과동물. 구류(狗類: 개·늑대·여우 등).
canil *m.* ①개집(犬舍). ②말(馬)의 경골(脛骨).
canilha *f.* (방적기계의) 실감는 대 또는 관(管).
canina *f.* = *caninana*.
caninamente *adv.* 개처럼 순진하게.
caninana *f.* [動] 가니나나(순하고 길 잘드는 일종의 뱀).
caninha *f.* ①가는 줄기. ②사탕수수. ③사탕수수로 만든 일종의 술(= *cachaça*).
canino *a.* 개의. 견과(犬科)의.
dente canino 송곳니(犬齒).
canivete *m.* (연필 따위를 깎는) 작은 칼. 회중칼.
canja *f.* ①쌀과 닭고기로 만든 국(또는 죽). 닭고기 수프 계탕(鷄湯). ②《轉》아주 쉬운 것(일).
Isso é canja. 그것은 아주 쉬운 것이다. (거저먹기다).
canjica *f.* 옥수수를 푹 삶고 그것을 으깬 다음 우유와 설탕을 넣어 만든 죽(또는 즙).
canjirão *m.* 술을 넣는 독(항아리). 큰 독. 큰 항아리. 주둥이가 넓은 주전자.
cano *m.* 관(管). 도관(導管). 파이프. 수도 파이프. 가스관. 총신. [植] 축(軸). 줄거리.
cano de esgôto 배수관.
cano de descraga 송풍관.
cano de espingarda 총신.
cano de chaminé 작은 굴둑. 연기 빠지는 길. (난방의) 열기송관(熱氣送管).
canoa *f.* 나무통 껍질로 된 배. 카누우. 독목주(獨木舟). 작은 배. 보트.
canoão *m.* 큰 카누.
canoeiro *m.* 카누 만드는 사람. 카누 사공.
cânon *m.* [宗] 종규(宗規). 기독교적 신앙 및 행위의 조규(條規). 교회법규. 교회법령집. 규범. 규준.
cânones, cânons *m.(pl.)* (교회의) 교회법.
canonical *a.* 정전(正典)으로 인정되는. 교회법에 따르는.
canonicamente *adv.* 종규에 따라서. 교회법에 따르게. 성전(聖典)에 의하여. 올바르게.
canonicato *m.* 사교좌참사회원직(司教座參事會員職).
canonicidade *f.* ①교회법에 일치함. ②정전(正典)이 될 자격.
canônico *a.* 종규에 부합되는(따르는). 교회법에 기준하는.
canonista *m., f.* 교회법에 정통한 사람.
canonização *f.* 성도(聖徒)의 한 사람으로 하기. 서품(敍品). 성경승인(聖經承認).
canonizador *a.m.* 성도의 한 사람으로 하는 (자). 성열(聖列)에 가입시키는 자. 《俗》아첨하는 이.
canonizamento *m.* = *canonização*.
canonizar *v.t.* 성열(聖列)에 가입시키다. 성도로(성전으로) 인정하다.
canonizável *a.* 성열에 가입할만한. 성도로 인정할 수 있는.
canon *a.* 좋은 소리의. 좋은 소리 내는. 곡조가 아름다운. 음악적인. 선율적인.
ave canora 노래 잘 부르는 새. 명금(鳴禽).
cansaço *m.* ①피로(함). 피곤. 권태. 노고(勞苦). 노역. ②과로. 병약.
cansaço cerebral (정신적 피로) 신경쇠약.
cansadamente *adv.* 피로하여. 권태해서. 갑갑하게.
cansado *a.* 피로한. 피곤한. 고단한. 지친. 싫증난. 다 써서 낡은. 아주 쇠약해진.
vista cansada 노안(老眼).
vida cansada 갑갑한(싫증난) 생활.
terra cansada 메마른 땅.
cansar *v.t.* 피로케 하다. 피곤케 하다. 지치게 하다. 싫증나게 하다.
— *v.i.*, —se *v.pr.* 피로하다. 피곤해지다. 고단하다. 싫증나다. 권태하다. 갑갑하다. 정신적으로 괴롭다.
cansativo *a.* 피곤(피로)케 하는. 싫증나게 하는. 권태증 느끼게 하는. 품드는. 힘드는.
serviço cansativo 피곤한 일. 힘든 일.
cansável *a.* 피곤(피로)하기 쉬운. 고단한.
canseira *f.* 피곤. 피로. 권태. 노고. 고생. 귀찮은 일. 싫증나는 일.
cantadeira *a., f.* 노래 잘 부르는(여자).

여가수. 여류시인.

cantadeiro *m.* 가수(歌手).

cantadela *f.* 서정시(抒情詩). 노래로 된 이야기.

cantado *a.* 노래 부른. 노래로 읊은.
missa cantada 주악(奏樂) 창가와 함께하는 큰 미사.

cantador *a.*, *m.* 노래 부르는 (사람). 가수.

cantante *a.* 노래 부르는. 노래로 읊는.

cantão *m.* ①(유럽의 어떤 나라에서 쓰는 행정구역) 주. 군. 현. ②(鐵道의) 관구. 지방. 구(區).

cantar (1) *v.i.*, *v.t.* 노래 부르다. (시를) 읊다. (새·닭·까마귀 따위가) 울다. 벌레·귀뚜라미 울다. 바람·피리소리 나다. (내다).
— (2) *m.* (흔히 복수로 씀). 찬송가. 찬미가. 서정시(抒情詩). 민요.

cântara *f.* 아구리 큰 항아리.

cantareira *f.* ①항아리(독 따위)를 올려 놓는 대(臺). ②석공(石工)들이 일하는 곳. 돌 깨는 곳.

cantarejo *m.* =cantarola.

cantaria *f.* 깎은 돌. 네모난 돌. 건축용 석재(石材).

cantarida *f.* ①[蟲] 가뢰의 일종. 청가뢰. ②캔대리디스(수포고(水泡膏)·이뇨제(利尿劑)

cantarina *f.* 여가수. 노래 부르는 기생.

cantarinha *f.* 작은 항아리. 작은 독.

cantarino *m.* 노래 부르는 사람. 가수.

cântaro *m.* 독(甕). 큰 항아리.
a cântaro 풍부히. 많이. 억수처럼.
chover a cântaros 비가 억수같이 퍼붓다.

cantarola *f.* 작은 노래. 콧노래.

cantarolar *v.i.*, *v.t.* 작은 노래를 부르다. (벌이) "붕붕"하다. "웅웅"거리다.

cantata *f.* 시편(詩篇). 가요시(歌謠).(곡)

cantate *m.* 예기치 않은 이득(利得). 대단한 기쁨.

cantatriz *f.* 여가수.

cantável *a.* 노래부를 수 있는. 노래로 되는. 노래로 읊을 수 있는.

canteira *f.* 돌 깨는 곳. 채석장. 석갱(石坑). 돌산.

canteiro (1) *m.* 화단(花壇). 꽃밭.
— (2) *m.* 석수(돌 깨는 이). 석공(石工). 돌쪼기.

cântico *m.* 찬송가. 기도서가가(祈禱書 聖歌).

cantiga *f.* ①작은 노래. 시적인 노래. ②짤막한 이야기. 엉터리 이야기.
cantiga de amor 사랑(연애)의 노래.

cantil (1) *m.* [軍] 물통. 수통 : 군대의 밥통.
— (2) *m.* [木工] 대패의 일종. [石工] 돌쪼개는 일종의 정.

cantilena *f.* ①작은 노래. 소가곡(小歌曲) 민요. 짧은 서정시(抒情詩). ②이야기. 시.

cantina *f.* 매점. [軍] 주보(酒保).

cantineiro *m.* 매점(주보)의 주인 또는 그 경영자.

cantinho *m.* 작은 모(小角). 작은 모퉁이. 작은 구석.

cantite *f.* [醫] 안각염(眼角炎).

canto (1) *m.* ①모(角). 모퉁이. 구석. 귀(隅). 구석진 곳. ②외딴곳. 벽지(僻地). 끝. 변(邊).
canto do olho 안각(眼角).
— (2) *m.* 노래. 창가. 성악. ①(새의) 노랫소리. (벌레의) 우는 소리. ②가곡. 짧은 시. 시가. 시문. 긴 시(長詩)의 한 절(一章).

cantochão *m.* [宗] 일종의 예배음악. 평조곡(平調曲).

cantoeira *f.* ①꺾쇠. ②ㄴ자형의 연접철.

cantonal *a.* 군(郡)의. 지방의. 구(區)의. 관구의.

cantoneira *f.* ①구석에 놓는 찬장. ②자 또는 T자형의 연접철.

cantoneiro *m.* 도로 수리하는 인부(人夫). 철도보선구(保線區)의 공원(工員).

cantor *m.* 가수(歌手). 성악가.

cantora *f.* 여가수.

cantoria *f.* ①노래부름. ②성악 : 곡조가 맞지 않는 합창.

canudo *m.* 관(管). 통(筒). 파이프. [解·植] 관·통 모양의 부분. 관 모양의 기관.

cânula *f.* (외과 수술용의) 여러 가지 관(管). 튜브 용기.

canzarrão *m.* 큰 개.

canzoada *f.* 개의 떼. 악도의 무리. 개같은 인간의 예.

canzoal, canzual *a.* ①개에 관한. 개에 속하는. ②천한. 비천한.

cão *m.* ①개. 수캐. ②[天] 낭성(狼星). 대(소)견좌(犬座). ③총의 방아쇠. ④《轉》 의리 없는 인간. 악덕한 놈. 개자식.

cão pastor 목자(牧者)의 개. 가축 지키는 개.

cão policial 경찰견(警察犬).

cão de caça 사냥개.

cão de guarda 경비견.

cão perdigueiro 사냥개의 포인터종.

cão de fila 불독.

vida de cão 비참한 생활.

Cão que ladra não morde. 짖는 개는 물지 않는다.

caolho *a*. 사팔뜨기의. 외눈의. 애꾸의.
— *m*. 외눈 있는 사람(獨眼者). 애꾸. 사팔뜨기.

caolino *m*. 횟가루로 되는 흙. 고령토(高嶺土). 자토(磁土).

caos *m*. 혼란. 대혼란. 무질서. 난마(亂麻). 난장판.

cáotico *a*. 혼란한. 혼돈한. 혼란 상태의. 무질서한. 통일이 없는. 난마(亂麻)와 같은.

cãozinho *m*. 작은 개. 강아지.

capa *f*. ①소매 없는 외투. 망토. 비옷(雨衣). ②씌우는 것. 싸는 것. 커버. 피복물(被覆物). ③(책의)표지. ④[鑛] 상층(上層). ⑤《轉》보호. ⑥외견(外見). 가장(假裝).

capa de borracha (고무로 만든) 방수포(防水布). 우비. 비옷. 레인코트.

capa impermeável 방수포(防水布). 우비.

capação *f*. ①나무의 순 또는 꽃봉오리를 잘라내기. 거약(去藥). ②(짐승을) 거세(去勢)하기. 불까지.

capaceia *f*. 솜씨(棉花種子).

capacete *m*. 철모. 철갑모.

capacete de jerro 철모(鐵帽).

capacheiro *m*. *capacho*를 만드는 사람. 그 장수.

capachice *f*. *capachismo*.
— *m*. 비굴. 비굴한 정신. 노예적 근성.

capacho *m*. (문 앞에 놓는) 매트 (구두의 흙털개). 《轉》비겁한(비굴한) 사람.

capacidade *f*. ①수용력(收容力). 용량(容量). ②능력. 자격. 재주. 수완. 솜씨. 간능(幹能).

capacitado *a*. ①능력 있는. 자격 있는. 수용할 수 있는. ②깨달은. 납득한.

capacitar *v.t*. (…하는 것을) 가능케 하다. 능력 있게 하다. 자격을 주다. 깨닫게 하다. 납득하게 하다.
— *v.t*. 깨닫다. 납득하다. 이해하다.

capadeira *f*. 거세용(불까는 데 쓰는) 칼.

capadeiro *m*. (돼지 따위의) 불까는 사람. 거세하는 자.

capadete *m*. 불깐 돼지.

capado *a*. 불깐. 거세(去勢)한.
— *m*.《古》내시(內侍). 환관(宦官). 거세된 돼지(염소. 양).

capador *m*. 불까는 사람. 거세하는 사람.

capadura *f*. 불까기. 거세(去勢). 거세술. [植] 거약(去藥).

capanema *m*. 살의제(殺蟻劑).

capanga *f*. ①귀중품을 넣어 들고 다니는 작은 주머니. (여행용의) 어깨에 걸치는 주머니. ②신변을 보호하기 위하여 따라다니는 호위원. 약한 지도자가 데리고 다니는 장사(壯士). 용자객(傭刺客).

capangada *f*. 호위원의 일단(一團). 용자객들.

capangar *v.t*. ①다이아몬드를 부정 매매(不正賣買)하다.
— *v.i*. 호위원 노릇하다. 돈받고 따라다니며 신변을 보호해 주다.

capão *m*. 거세된 닭. 불깐 돼지(또는 말).

capar *v.i*.《卑》(돼지・말 따위의) 불까다. 거세하다. [植] 필요 없는(싹)을 따버리다. 꽃밥을 없애다. 거약(去藥)하다.

caparrosa *f*. [化] 녹반(綠礬).

caparrosa verde 황산철(黃酸鐵). 녹반(綠礬).

caparrosa azul 황산동(黃酸銅). 단반(丹礬).

caparrosa branca 황산아연(黃酸亞鉛). 호반(皓礬).

capataz *m*. 직공장. 현장주임(現場主任). 감독. 인부의 우두머리.

capatazar *v.t*. 직공장(현장주임)으로 감독 노릇하다.

capaz *a*. (+*de*). (…을 할) 능력이 있는. (…의) 수완이 있는. (…의) 자격이 있는. …할 수 있는. …에 쓸모 있는.

capazmente *adv*. 능력을 가지고. 솜씨 있게.

capcioso *a*. ①남의 허물을 찾기 좋아하는. 마음을 놓을 수 없는. ②기만적인. 엉큼한. 음험한. 교활한.

capeadamente *adv*. 모르게. 비밀로.

capeado *a*. 망토(형겊 따위)로 덮은. 씌운. 싼. 감춘.

capear *v.t.* 망토를 씌우다. (포대기로) 덮어버리다. 덮어 씌우다. 싸다. 감추다. 모르게 하다.
— *v.i.* ①망토·깃발·손수건 따위를 흔들어 신호하다. ②거짓말하다. 속이다. 착각하게 하다.

capeirão *m.* 큰 망토.

capela *f.* (큰 교회의) 부속 예배당. (대학·병원·궁전 등의) 예배당. 분회당(分會堂). 예배당 내의 작은 제단(祭壇). 예배당에 소속하는 악단(樂團). 주악대.
capela mor 본원(本院). 본당.

capelania *f.* 부속 예배당에 속하는 목사의 직(職). 종군목사의 직. 교구 예배당의 사제(司祭)의 직(職).

capelão *m.* 예배당에 속하는 사제. 전속 신부. 종군 목사. 군목. 대사관에 속하는 승관(僧官). (형무소의) 교회사(教誨師).

capelista *m.*, *f.* 잡화점의 점원.

capelo *m.* ①머리 수건. 두건(頭巾) 모양의 쓰는 것. ②대학식복(式服)·(正裝)의 등 뒤에 붙인 드림. ③[가톨릭교] 추기경이 쓰는 모자. ④《古》중(僧)의 두건(頭巾). ⑤이승(尼僧) 또는 과부가 머리에 쓴 것.

capenga *a.* 절름발이의. 불구의.
— *m.*, *f.* 절름발이. 절뚝발이.

capengante *a.* 절름거리는. 절뚝거리는.

capengar *v.i.* 절름거리다. 절뚝거리다.

caperom *m.* 동료. 동반자.

capeta *m.* 못된 장난이 심한 사람. 성격이 고약한 놈.

capetinha *f.* 장난이 심한 아이. 망나니. 악동.

capiau *m.* 시골뜨기. 바보. 멍청이.

capiláceo *a.* [植] 모상(毛狀)의. 모상 섬유.

capilamento *m.* 모상 섬유(毛狀纖維)의 조성(組成).

capilar *a.* 털 모양을 한. 모세(毛細)의. 모세관(管)의. 모관(현상)의. 털처럼 가는.
tubo capilar 모관(毛管).
ação capitar 모관작용.
fenomenos capilares 모관현상.
vagos capilares 모세관.
razes capilares 모세근(根).

capilária *f.* [植] 쑥고사리.

capilaridade *f.* 모상(毛狀). 모세(毛細). 모세관현상. [理] 모세관상(狀).

capilifoliado *a.* [理] 망상엽(網狀葉)이 있는.

capiliforme *a.* 털 모양(毛狀)의.

capim *m.* ①풀. 잡초. 목초. ②풀밭. 초원.

capina, capinação *f.* 풀베기. 제초.

capinadeira *f.* 풀베는 기계. 제초기.

capinado *a.* 풀을 벤. 제초한.

capinador *m.* 풀베는 사람. 김매는 사람.

capinal *m.* 풀밭. 초원. 목초지.

capinar *v.t.* 풀베다. 제초하다.

capinheiro *m.* 풀을 베어 모으는 사람.

capinha *f.* 작은 망토. (소매 없는) 작은 외투. 투우사(鬪牛士)가 사용하는 망토.

capinzal *f.* 풀밭. 초원. 목초지.

capirote *m.* 머리 수건. 두건(頭巾) 모양의 쓰는 것.

capitação *f.* 묽내기. 인두세(人頭稅).

capital *a.* 주로 되는. 으뜸가는. 중대한. 중요한. 제일의. 극형(사형)에 처할말한.
cidade capital 수도(首都).
defeito capital 중요한 결함.
ponto capital 요점.
pena capital 극형. 사형.
— *f.* 수도. 서울.
— *m.* ①[商] 자본(금). 자금. 원금(元金). 기금. 《俗》밑천. ②자력. 자료. ③[文] 첫문자(頭文字). 대문자.
capital fixo 고정자본.
capital circulante 유동(流動)자본.
apilcar capital 투자하다.

capitalismo *m.* 자본주의. 자본의 집중. 자본(가)의 세력.

capitalista *a.* 자본주의의.
— *m.*, *f.* 자본주의자. 자본가. 투자한 사람. 부자.

capitalístico *a.* 자본주의의. 자본가의.

capitalização *f.* 자본화. 자본으로서 축적하기. (수입의) 현가계상(現價計上).

capitalizar *v.t.* 자본으로 만들다. 자본화하다. (수입·재산을) 자본으로 평가해 보다. 현가로 계상하다. 투자하다.
— *v.i.* 자본화되다. 자금이 축적(蓄積)되다. 축재하다.

capitalizável *a.* 자본으로 할 수 있는. 자본화 가능한.

capitalmente *adv.* 주로.

capitanear *v.t.* 사령관으로서 지휘하다. 통솔하다. 이끌다.

capitania *f.* ①*capitão*의 지위(벼슬·자격·통솔력). ②옛날 포르투갈 식민지의 행정구(行政區).

capitania do porto 항무부(港務部).
capitânia *f*. 기함(旗艦).
capitão *m*. 장(長). 대장(隊長). 지휘관. 육군대위. 선장. 함장.
capitão de mar e guerra 해군대령.
capitão de fragata 해군중령.
capitão de corveta 해군소령.
capitão tenente 해군대위.
capitão do porto 항무(港務)장관.
capitão môr 옛날의 위수(衛戍) 사령관.
capitão de navio mercante (또는 그저 *cāpitão*) 상선의 선장.
capitão de ladrão 도적의 두목.
capitari *m*. 거북(수컷).
capitel *m*. [建] 기둥머리.
capitoa *f*. ①*capitão*의 처(妻). ②여대장(女隊長). ③여선장(女船長). ④여성소령(少領).
capitolino *a*. ①*Jupiter* 신전의. ②승리의. 성공의.
capitólio *m*. ①(옛 로마의) *Jupiter* 신전(神殿). ②승리 또는 성공의 기쁨. 개선.
capitoso *a*. ①고집이 센. 완고한. 억척스러운. ②(술이) 머리에 오르는. 현기증나는.
capítula *f*. [宗] 일과(아침·저녁 기도 드릴 때에 읽는 성경 중의 한 부분 또는 한 구절).
capitulação *f*. 항복(降伏). 투항. 굴복. 항복조약.
capitulador *m*. 항복자. 투항자.
capitulante (1) *a*., *m*. 항복하는 (자). 투항하는 (자).
— (2) *a*., *m*. 성직자회의에 참가하는 (자).
capitular (1) *a*. 장(章)의. 편(篇)의. 절(節)의. [宗] 성직자회(聖職者會)의. [文] 대문자의.
letra capitular 대문자.
— (2) *v.i*. 투항하다. 항복하다. 항복조항에 응하다. 항복조약을 맺다. 굴복된 타협을 하다.
— (3) *v.t*. 장(章)으로 나누다. 조목별로 쓰다(설명하다). (+*de*) 등급으로 나누다. 유별(類別)하다.
capitularmente *adv*. 장으로 나누어. 조목별로. [宗] 성직자회의에서. 목사단으로.
capítulo *m*. ①(성경·법문·정관·협정서·책 등의) 장(章). 편. 절. 조항. 조목.개조

(個條). ②성직자회. 목사회. 목사단.
capivara *f*. [動] 물돼지.
capô *m*. 본네트(부인 또는 아이들이 쓰는 둘레 있는 모자).
capoão *m*. 숲. 삼림. 총림(叢林).
capoeira (1) *f*. ①닭장. 닭우리. 닭놓아 기르는 곳. 닭의 홰. ②[鳥] 메추리의 일종.
— (2) *f*. 덤불. 덤불숲. 잡목숲. 한번 개척한 후 황지(荒地)가 되어 다시 숲을 이룬 땅.
— (3) *m*. 까뽀에이라(손발로 하는 일종의 레슬링). 투쟁술(鬪爭術). 까뽀에이라 선수.
jogo de capoeira 까뽀에이라 레슬링(투기).
capoeiragem *f*. 까뽀에이라(레슬링)를 하기. 까뽀에이라 선수의 생활. 무뢰한의 생활.
capoeirar *v.i*. 까뽀에이라 선수 노릇하다. 까뽀에이라 생활을 하다.
capoeirão (1) *a*., *m*. 늙은 (사람). 노쇠한 (사람). 기운없는 (사람).
— (2) *m*. 큰 덤불. 우거진 잡목숲. 총림. 재생림(再生林).
capoeiro *a*. 숲의. 덤불의. 잡목숲의. 숲속에 사는.
caporal *m*. 《古》 하사(下士).
capota *f*. (부인의) 머리에 쓰는 것. 어린애의 두건(머리에서 어깨에 내려 드리운 것) (자동차의) 윗지붕.
capotar *v.i*. ①(자동차가) 전복하다. 거꾸로 되다. ②(비행기가) 기수를 내리다.
capote *m*. ①두건(頭巾)이 달린 긴 망토. 사병용(士兵用) 외투. ②비웃. 레인코트. ③투우사(鬪牛士)의 망토. ④가면. 허위.
caprato *m*. [化] 카프린산염(酸鹽).
capreo *a*. =*caprino*.
capribarbudo *a*. 산양염(山羊髥) 같은 수염이 있는.
caprichar *v.i*. ①(호기심·흥미를) 돋우다. 분발하다. ②우겨대다. 고집부리다. 안달하다. ③모양있게 하다. 재치있게 하다.
capricho *m*. 변하기 쉬운 마음. 종작없는 생각. 변덕. 제멋대로 하는 짓. 제멋대로 쓴 작품. 분발심. (사상·유행 따위의) 변천. [樂] 환상곡(幻想曲).
a capricho 세심히. 꼼꼼하게. 모양있게.
caprichosamente *adv*. 주의(조심)하여. 세심히. 꼼꼼하게. 까다롭게. 몹시 마음

caprichoso *a.* 조심하는. 주의하는. 꼼꼼한. 모양있는. 까다로운. 마음이 변하는. 변덕스러운. 이 유행 저 유행 쫓는. 눈부신. 환상적인.

caprico *a.* 산양(山羊)의 냄새 나는.
ácido caprico [化] 카프린산(酸).

capricórnio *m.* [天] 산양좌(山羊座). 마갈궁(磨羯宮).
trópico do capricórnio 동지선(冬至線). 남회귀선(南回歸線).

caprídeo *a.* 산양의. 산양 비슷한.

caprídeos *m.(pl.)* 산양류(山羊類).

caprim *m.* 흰개미(白蟻).

caprino *a.* 산양의. 염소의. 산양 비슷한. 산양 같은.
questão de lana caprina 사소한 문제.

capripede *a.* 《詩》산양발(山羊足) 같은. 산양발의.

caprizante *a.* [醫] 불규칙적인.
pulso caprizante 불규칙적인 맥박.

capro *m.* 《詩》산양(山羊).

caprum *a.* = *caprino*.

cápsula *f.* ①[解] 막낭(膜囊). [植] 고투리. 교낭(膠囊). ②[化] (증발용의) 작은 접시. (유리병의) 병마개. ③(약의) 교갑(膠匣). ④[生理] 피막(被膜). ⑤[軍] 뇌관(雷管).

capusular *a.* 꼬투리의. 주머니의. 주머니 모양(囊狀)의. 꼬투리 모양(荷狀)의.
— *v.i.*, *v.t.* 꼬투리가 달리다. 꼬투리에 싸다.

capusulífero *a.* 꼬투리(주머니)가 달린.

captação *f.* ①속여서 빼앗기. 횡령. ②포착.

captador *m.* ①속여서 빼앗는 사람. 횡령자. 농락자. ②포착하는 사람(또는 물건).

captagem *f.* = *captação*.

captar *v.t.* ①속여서 빼앗다. 횡령하다. 감언이설로 사취하다. (마음을) 호리다. ②붙들다. 붙잡다. 포착하다. 사로잡다.

captor *m.* 붙드는 사람. 붙잡는 사람. 사로잡는 자. 체포하는 자. 포획자. 나포자(拿捕者).

captura *f.* ①사로잡음. 나포(拿捕). 체포. ②포획(물). 노획(虜獲)(물). ③압수(押收). 차압.

capturador *m.* = *captor*.

capturar *v.t.* ①붙잡다. 사로잡다. 포로로 잡다. 체포하다. ②압수(차압)하다.

capuchinho *m.* ①(프랑씨스코파의) 수도사. 동냥중(僧). ②(부인용의) 두건 달린 외투.

capucho *a.* 후회(참회)하는. 고행(苦行)하는. 엄한. 준엄한. 사회를 떠난. 운둔한.
— *m.* 프랑씨스코파의 수도사.

capuz *m.* 일종의 머리 수건. 중(僧)의 통풍모자. 두건이 달린 승의(僧衣).

caquético *a.* [醫] 쇠약해 가는(지는).

caquoxia *f.* [醫] 전신의 극도 쇠약. 노쇠(老衰). 불건강상태. 악액질(惡液質).

caqui *m.* [植] 감.

cáqui *a.* 카키색의. 감빛의. 황갈색의.
— *m.* 카키색. 감빛. 황갈색. 감색 옷감.

caquizeiro *m.* [植] 감나무.

cara *f.* 얼굴. 낯. 《卑》상판. 얼굴빛. 얼굴표정. 《俗》그녀석. 그치. 그놈.
cara feia 미운 얼굴(표정).
fazer cara feia 상(얼굴)을 찌푸리다.
cara a cara 얼굴을 맞대고.
na cara de …의 면전에서.
cara-de-pau 무뚝뚝한(무표정의) 얼굴. 뚱한 얼굴.

carabana *f.* = *caravana*.

carabina *f.* 기병총.

carabinada *f.* 기병총 사격.

carabineiro *m.* ①기총병(騎銃兵). ②기병총을 만드는 사람(제작인).

carabo *m.* 갑충(甲蟲).

caraça *f.* ①카니발(사육제) 때에 얼굴에 쓰는 가면. ②미운 얼굴. 미운 여자. ③넓적한 얼굴.

caracal *m.* [動] 삵쾡이 가죽.

caracol *m.* ①[動] 달팽이. ②[植] 거여목(苜蓿)의 꽃. ③《轉》딸딸말린 머리칼.
escada de caracol 나선형 계단(螺旋形階段).
ander como um caracol 느릿느릿 걷 다 (걸어가다).

caracolar, caracolear *v.i.* ①나선형(소용돌이 모양)으로 움직이다. ②[馬術] 반회전(半回轉)하다.

caracoleiro *m.* [植] 거여목(苜蓿) 무리.

caracter *m.* ①(흔히 복수로 씀). 글. 문자. 자체(字體). ②[印] 활자. 기호. 부호. ③개성(個性). 성격. 기질. 품성. 특색. 특징. ④자격. 신분. ⑤결의(決意). 표정.

característica *f.* ①특징. 특색. 특성 ②[數] 대수(對數)의 지표(指標).

caracteristicamente *adv.* 특징(특색)으로서. 특징을 발휘하여.

característico *a.* 특색(특성. 특질) 있는. 독특한. 특유한.
— *m.* 특징. 특색. 특질.

caracterização *f.* 성격 묘사. 특징 표시.

caracterizado *a.* 특징을 나타낸. 특성을 보인.

caracterizador *a., m.* 특징을 나타내는 (사람). 특성을 보이는 (자).

caracterizante *a.* 특징을 나타내는(발휘하는).

caracterizar *v.t.* 특징을 나타내다. 특성을 보이다. …의 특징을 발휘하다.
—se *v.pr.* (…의) 특징을 가지고 있다. 특징이 되다.

caracterologia *f.* 성격학(性格學).

caracu *m.* ①소의 골수(骨髓). ②동물의 하퇴골(下腿骨).

caracú *m.* 까라꾸우(음료의 일종).

caradura *m., f.* 염치없는 사람. 파렴치한 인간.

caradurismo *m.* 부끄러움을 모름. 파렴치.

caramanchão, caramanchel *m.* 정자(亭子). 초당.

caramba *interj.* (놀랬을 때 하는 소리) 앗! 저런! 이것봐! (예상한 바와 다를 때) 아 뿔사! 아이참!

carambola *f.* ①[撞球] 캐논. ②《俗》 일종의 속임수. ③[植] 구즈베리(洋桃)의 열매.

carambolar *v.i.* ①캐논을 치다. 첫째, 둘째 알에 연달아 맞게 치다. ②《俗》 속임수를 쓰다.

caramboleira *f.* [植] 구즈베리(洋桃).

caramboleiro *a., m.* [撞球] 캐논을 잘 치는 (사람). 속임수를 쓰는 (사람). 거짓말 잘하는 (이).

carambolice *f.* 속임수. 사기.

caramelga *f.* [魚] 전기심어(電氣鯛).

caramelização *f.* (설탕의) 캐러멜화(化)하기.

caramelo *m.* 끓인 사탕. 캐러멜(과자). 터피(사탕과 버터로 만든 당과(糖果)).

caramujo *m.* ①조개의 일종. ②[植] 빙카(유럽 원산의 협죽도과 식물). ③《俗》 이상한 사람. 별난 인간.

carango *m.* ①《卑》 (몸에 꾀는) 이. ②벌레에 물린 가려움증.

caranguejar *v.i.* 게처럼 걷다. 주저하다. 망설이다.

caranguejeiro *m.* 게잡는 사람. 그 장수.

caranguejo *m.* ①게(蟹). 게살. ②[天] 해좌(蟹座). 거해궁(巨蟹宮). ③[機] 감아 올리는 기계(의 일종). ④(철도의) 전철대(轉轍臺). ⑤《俗》 동작이 느린(굼뜬) 사람. *caranguejo de rio* 가재.

caranguejola *f.* ①큰 게(蟹). ②든든치 못한 건물 구조(構造). ③위태위태한 사업. 계속할 희망성이 없는 기업체.

carantonha *f.* ①미운(추한) 얼굴. 찌푸린 얼굴(표정). ②상 찌푸리기.

carão *m.* ①큰 얼굴. ②미운 얼굴. 추안(醜顔). ③꾸지기. 질책. 견책(譴責).

carapaça *f.* 거북의 등껍질(龜甲). (콧등에 뿔 있는) 무소(犀)의 굳은 껍질(堅皮).

carapanã, carapanan *m.* [蟲] 다리가 긴 모기(長足蚊).

carapela *f.* 옥수수의 껍질. 상처 입었을 때 벗어진(벗겨진) 피부.

carapeta *f.* (아이들의 장난감으로 되는) 팽이(獨樂). 손으로 비틀어 돌리는 팽이.

carapetão *f.* 큰 거짓말. 큰 사기. 어처구니 없는 이야기.

carapetar *v.i.* 큰 거짓말을 하다. 엉터리 이야기를 하다.

carapeteiro *m.* 큰 거짓말하는 이. 거짓말쟁이.

carapina *m.* 목수. 목공.

carapinha *f.* (흑인의) 딸딸 말린 곱슬머리.

carapinho *a.* (머리칼 따위) 딸딸 말린. 위축한.

carapó *m.f.* [魚] (브라질산) 전기뱀장어.

carapuça *f.* 원추형(圓錐形)의 모자(帽子). 누두형(漏斗形)의 모자. 위로 올라갈수록 뾰족한 모자. 깔때기 모양의 물건. *qual carapuça!* (이사람) 그런 일이 있을 수 있나! 거짓말!

carapução *m.* (*carapuça*의 과장어) 큰 원추형 모자.

caráter *m.* ①성격. 성질. 기질. ②마음씨. 마음보. ③특징. 특질. 개성. 품성. 인격. 신분. 자격. ④글. 글자. [印] 활자. 자체(字體). 기호. 부호.

caravana *f.* (사막의) 대상(隊商). 이동하는 상인의 떼. 여행자의 일단(一團).

caravaneiro *m.* 대상을 이끄는 사람. 대상

의 선두에 서는 이.
caravançara *f.* 대상(隊商)이 머무르는 여인숙. (넓은 안마당이 있는) 큰 여관.
caravela *f.* ①[史] 경쾌한 돛배(15, 16세기에 스페인·포르투갈 사람들이 사용한). ②옛날의 은전. 은화(銀貨). ③용돈. 축하의 뜻으로 내놓는 금액.
caravelão *m.* (*caravela* ①의 과장어) 대형 쾌속(大型快速) 돛배.
caraveleiro *m.* *caravela*의 승무원.
caravelha *f.* 악기의 줄(絃)을 죄는 못. 나무못.
caravelho *m.* (문을 잠그는) 나무못. 문빗장.
carbólico *a.* 석탄의. 석탄산(石炭酸)의.
ácido carbólico 석탄산.
carbonado *a.* [化] 탄소와 화합한. 탄소가 포함된. 탄소를 함유하는.
— *m.* 흑(黑) 다이아몬드.
carbonário *m.* (이탈리아의) 공화주의 비밀 결사.
carbonatado *a.* 탄산(炭酸)과 화합한.
carbonatar *v.t.* 탄산과 화합하다. 탄화(炭化)하다. 탄산을 포화(飽和)시키다.
—se *v.pr.* 탄화되다. 탄산염이 되다.
carbonato *m.* [化] 탄산염(炭酸鹽).
carbonato de sódio 탄산소다.
carbonato de ferro 차탄산철(次炭酸鐵).
carbone *m.* [化] 탄소.
carbonêto *m.* [化] 탄화물(炭化物). 카바이드.
carbônico *a.* 탄소의. 탄소에서 빼낸.
ácido carbônico 탄산.
carbonífero *a.* [地質] 석탄이 나는(있는).
carbônio *m.* = *carbono*.
carbonização *f.* 탄화(炭化). 탄산염화. 석탄건류(乾留). [醫] 소작(燒灼).
carbonizado *a.* 탄화한. 태워서 숯으로 만든. 코크스가 된. [醫] 소작한.
carbonizador *a.* 탄화하는. 태워서 숯으로 하는.
— *m.* 탄화장치(炭化裝置).
carbonizar *v.i.* 탄화하다. 태워서 숯(코크스)으로 만들다. 탄소를 바르다.
—se *v.pr.* (타서) 숯이 되다. 탄화하다.
carbonizável *a.* 탄화할 수 있는. 태워서 숯(코크스)으로 만들 만한.
carbono *m.* (= *carbone*). [化] 탄소(炭素).
papel carbono (복사용의) 카본 종이. 복사지. 묵지.
carbonoso *a.* 석탄이 있는(나는) 탄소가 포함된.
carbúnculo *m.* ①[醫] 등창(痛). 헌데(疔). ②[鑛] 홍옥(紅玉). 홍수정(紅水晶). 붉은 빛 나는 석류석(石榴石).
carbunculose *f.* [醫] 탄저병(炭疽病).
carbunculoso *a.* ①[醫] 탄저질(炭疽質)의. 헌데가 생 긴. 여드름이 난. ②루비(寶石)를 박은.
carburação *f.* 탄소와 화합시키기. 탄소화합물을(휘발유를) 섞기. 기화기(氣化器)에서 휘발유 가스에 탄소를 섞는 것.

carburador *m.* [機] (가솔린 기관의) 탄화기(炭化器). (발동기의) 기화기(氣化器).
carbureto *m.* [化] 탄화물(炭化物).
carcaça *f.* ①짐승의 시체(屍體). 해골. 도살한 짐승의 몸통. ②건물의 뼈대. ③배의 잔해(殘核). ④[軍] 화탄(火彈). 소이탄.
carcão *m.* 금맥(金脈)이 있는 광암(鑛岩).
carcás, carcáz *m.* 화살통. 전통(箭筒).
carceragem *f.* ①감옥에 넣기. 투옥. 수감. ②《古》간수에게 바치는 세금.
carcerário *a.* 감옥의. 형무소의.
cárcere *m.* ①감옥. 형무소 옥사. 감금실. 지하의 움. ②감금. 구금. 수감.
cárcere privado 불법감금.
carcereiro *m.* 심옥지기. 간수. 옥리(獄吏).
carcereiro mór 전옥(典獄).
carcinóide *a.* 갑각류(甲殼類 : 특히 게)의. 갑각류에 관한.
carcinologia *f.* 갑각류학. 절지류학(節肢類學).
careinoma *f.* [醫] 암. 암종(癌腫).
carcinomatoso *a.* 암의. 암종의. 암성(癌性)의.
carcinose *f.* 암병. 암종중(症).
carcoma *f.* ①나무를 파먹는 벌레(木食蟲). ②(수목 따위의) 벌레 구멍. 벌레먹은 자리. ③식괴물(蝕壞物). 침식물(侵蝕物). ④벌레똥.
carcome *m.* 벌레가 먹음. 침식. 부식(腐蝕)(물). 피괴(물).
carcomer *v.t.* (나무에) 벌레가 먹다. 침식하다. (나무를) 썩히다.
carcomido *a.* 벌레가 먹은. 벌레가 먹어(나무가) 상한. (수목 따위에) 벌레 구멍이 많은.
rocha carcomida 구멍이 많은 바위(多孔岩).

carcunda f. =corcunda.

carda f. 얼레빗. 삼 빗는 솔. 큰 솔. 삼베 말 때 쓰는 바디.

cardação f. 양모(羊毛)·삼·솜 따위를 빗기. (솔질하기. 가리기).

cardada f. 양모·삼 따위를 한번 빗질한 상태. 또는 한번 빗질한 분량.

cardadeira f. 양모·삼 따위를 빗는(가리는) 여자. 솔질하는 여공(女工).

cardador m. 빗는(가리는) 사람. 솔질하는 직공.

cardadura f. 양모·삼·솜 따위를 빗질하기. 솔질하기.

cardagem f. ①빗는(가리는·솔질하는) 방법. ②양모를 가리는 공장.

cardamome m. [植] 소두구(小豆蔲) (새앙과) : 그 열매.

cardápio m. 음식종목표. 메뉴.

cardar v.i. ①양모·삼·솜 따위를 빗다. 빗으로 가리다. 솔질하다. ②《俗》 남의 돈을 속여서 빼앗다.

cardeal a. 주요한. 기본적인. 기초적인. 본원의.
 pantos cardeais (또는 *carainais*) [天] 방위기점(方位基点) (동서남북).
 virtudes cardeais 기본도덕. 기본덕목(德目). (신중(愼重)·정의·절제·강기(剛毅)·믿음·인애(仁愛)·희망의 일곱 가지)).
 — m. 로마 법황의 최고 고문. 추기경(樞機卿). (70인 : 붉은 옷과 모자를 씀). [植] 빨강 로베리아(紅花).
 (注意) *cardial* [醫] 분문(噴門)의.

cardeiro m. 빗(얼레빗) 만드는 사람. 그 장수.

cardeo a. [植] 엉겅퀴 색의. 삽주 빛의.

cárdia f. [解] 분문(噴門 : 위(胃)의 바로 윗부분).

cardíaco a. [醫] 심장(병)의. 분문의.
 doença cardíaca 심장병.
 medicamentos cardíacos 강심제.
 transplante cardíaco 심장이식.

cardial a. [解·醫] 분문(噴門)의. 분문부(部)의.

cardialgia f. [醫] 위가 아픔. 위통(胃痛). 위경(胃痙).

cardiálgico a. 위가 아픈. 위통의.
 dôres cardiálgicas 위통.

cardico a. =caraial.

cardiectasia f. [醫] 심장비대(肥大).

cardim a. (소에) 흑백반(黑白斑)이 있는.

cardinal a. 주요한. 기본적(인). 기수(基數)의.
 número cardinal [數] 기수(하나. 둘. 셋. 넷 따위).

cardinalado, cardinahto m. (로마 법황청의 추기경의 직분(직위)).

cardinalício a. 추기경에 속하는. 추기경의.
 purpura cardinalícia 진홍색. 농홍색(濃紅色).

cardiocele f. [醫] 심장 헤르니아.

cardiodina f. [醫] 심장통.

cardiografia f. [醫] 심장운동지(心臟運動誌).

cardiõgrafo f. 심장운동계(計).

cardiologia f. 심장학(心臟學).

cardiologista m., f. 심장학자.

cardioplegia f. 심장마비.

cardioptose f. 심장하수(下垂).

cardite f. [醫] 심장염(炎).

cardítico a. 심장의. 심장염의.

cardo m. [植] 엉겅퀴. 삽주. 선인장속.

carduça f. 살이 굵은 빗(솔).

carduçar v.t. 살이 굵은 빗으로(양털·삼 따위를) 빗질하다. 거친 솔로 솔질하다.

cardume m. 물고기 떼(魚群). 《轉》 군집. 밀집(密集).
 cardume de peixe 물고기 떼.
 em cardume 떼를 지어.

carear v.t. ①대면시키다. 대질(對質)케 하다. 대심(對審)케 하다. ②꾀다. 유혹하다.

careca a. 머리가 벗어진. 대머리의.
 — m. 대머리. 독두(禿頭).
 — f. 머리가 벗어짐(벗어진 상태).

carecente a. 필요한. 필요를 느끼는. 부족함을 느끼는.

carecer a. (+de) (…을) 필요로 하다. 필요하다. (…이) 부족되다. 모자라다. 결핍하다.

carecido a. 필요함을 느끼는. (…이) 모자라는. 없는. 결핍되고 있는.

carecimento m. =carência.

careio m. ①미끼새(매쟁이가 매(鷹)를 꾀어 불러들일 때 쓰는 털로 만든 새 모양의 물건). 만든 미끼. ②꾀기. 유혹(물). 매혹. 매력. ③[法] 대심(對審).

careiro *a.* 값비싼. 비싸게 파는. 가격을 많이 붙이는.
loja careira 값비싸게 파는 상점.
carência *f.* ①필요(함). ②모자람. 부족. 결핍. ③드뭄. 희귀함.
carenciado(-a) *a.* ①결핍되어 있는. (…이) 필요한.
carepa *f.* ①(머리의) 비듬. ②과일(특히 복숭아 따위)의 솜털.
carepemto *a.* 비듬이 많은. 비듬투성이의.
carestia *f.* ①(물가가) 비쌈. 고가(高價). 물가고. 물가등귀. ②결핍. 부족.
carestia da vida 생활비가 많이 듦. 고가(高價)의 생활비.
careta *f.* 낯을 찌푸리기. 찌푸린 얼굴.
fazer caretas 낯을 찌푸리다.
caretear *v.i.* 낯(얼굴)을 찌푸리다. 괴상한 표정을 짓다.
careteiro *a., m.* 낯을 찌푸리는 (사람).
careza *f.* 값비쌈. 고가임.
carga *f.* ①짐. 싣는 짐. 하물(荷物). ②(정신상의) 무거운 짐. 부담. 의무. 책임. ③적재량. ④[軍] 총알을 재기(장탄). (화약의) 장약(裝藥). ⑤[電] 충전(充電).
bêsta de carga 짐 나르는 짐승(말·소·니귀 따위).
navio de carga 화물선.
avião de carga 화물수송기(輸送機).
carga de osso 몹시 여윈 사람(뼈와 가죽만 있는 듯이 쇠약한 사람).
carga cerrada 일제사격.
carga dágua 억수. 폭우(暴雨).
voltar á carga 되풀이하기. 반복.
cargo *m.* (직책상의) 자리. 직무. 담당. 담임. 임무. 책임. 부담.
a cargo de …의 직분을 가지고. …의 책임으로.
cargo da consciencia 양심에 관한 문제.
cargueiro *a.* 짐 나르는. 화물운반용의.
navio cargueiro 화물수송선. 화물선.
— *m.* 짐 나르는 말(소). 화물선(貨物船).
cariado *a.* 카리에스에 걸린. 벌레가 먹은. 벌레가 먹어 썩은.
dentes cariados 충치(蟲齒). 우치(齲齒).
cariar *v.i.* [醫] 카리에스에 걸리다. (치아에) 벌레가 먹다. 뼈가 썩다.
— *v.t.* 카리에스에 걸리게 하다. 뼈가 썩게 하다.
cariatide *f.* [建] 여상주(女像柱). 인상주(人像柱).
caribu *m.* [動] (북미산의) 순록.
caricato *a.* 우스운. 풍자적인. 만화의. [美術] 크로데스크식의. 기괴한. 괴상한.
— *m.* 익살꾼.
caricatura *f.* (풍자적) 만화. 우스운 그림. 이상야릇하게 생긴 얼굴: 또는 그림. 풍자적 또는 조롱적 개작시문(改作詩文). 괴상한 풍채를 한 사람.
caricaturar *v.t.* 만화(우스운 그림)를 그리다. 풍자적 그림을 그리다.
caricaturista *m., f.* 만화가. 풍자 화가.
carícia *f.* 애무(愛撫): 예뻐서 껴안고 입맞추고 하는 것). 총애(寵愛). 자애.
cariciar *v.t.* 애무하다. 총애하다. 귀여워하다.
caricioso *a.* 사랑하는. 애무하는. 총애하는. 자애하는. 귀여운.
caridade *f.* 자비. 박애. 인애(仁愛). 자선(행위). 자선사업. 자선제도. (기독교의) 사랑. 애(愛).
casa de caridade 사설(私設) 구빈원(救貧院). 양로원.
hospital da caridade 자선병원.
por caridade 제발. 아무쪼록.
caridosamente *adv.* 자비롭게. 인자하게. 관대하게.
caridoso *a.* 사비모운. 인자한. 인애(仁愛). 관대한. 자선적인.
cárie *f.* ①[醫] 카리에스. 치아가 썩음. 뼈가 썩는 것. ②부식. 부패.
caril *m.* 카레(가루). 카레 요리.
arroz de caril 카레라이스(요리).
carilho *m.* 구식(舊式) 비단 물레. 옛날 비단 방적기.
carimbado *a.* 도장·고무인 따위를 찍은. 날인한. 검인(檢印)한. 소인(消印)한.
carimbador *m.* 도장을 누르는 사람. 고무인을 찍는 이. (우편국의) 스탬프 찍는 사람. 소인하는 이.
carimbarem *f.* 도장을 누르기. 고무인(소인)을 찍기. 날인(捺印). 검인(檢印). 스탬프를 찍기.
carimbar *v.t.* 도장을 누르다. 날인하다. 고무인(소인)을 찍다. 스탬프를 찍다. 검인하다. 조인하다.
carimbo *m.* 도장. 인감. 고무인. 스탬프.
carina *f.* [植] 용골판(龍骨瓣).
carinado *a.* [植] 용골 있는. 용골 모양의.

carinegro *a*. 검은 낯의. 흑면(黑面)의.
carinha *f*. 작은 얼굴. 귀여운 얼굴.
carinho *m*. 사랑. 애정. 자애. 따뜻한 마음. 귀여워하기. 연모(戀慕).
carinhosamente *adv*. 사랑(애정)으로. 자애(慈愛)로써. 따뜻한 마음으로.
carinhoso *a*. 사랑스러운. 애정을 품은. 정 깊은. 따뜻한 마음의. 자애의.
carioca *m*., *f*. 리오데 자네이로 시(市)에 태어난 사람. 리오 시민(市民).
carioso *a*. [醫] 카리에스의. 카리에스에 걸린. 뼈가 썩는. 치아가 썩는.
cariota *f*. [植] 대추야자(棗椰子).
carisma *m*. 신(神)의 은총(恩寵). 천우(天佑).
caritativamente *adv*. 자비롭게. 인자하게. 따뜻한 마음으로.
caritativo *a*. 자비로운. 인자한. 박애의. 관대한. 자선적인. 기특한.
cariz *m*. ①외모. 용모. 안색. 풍채. ②(물건의) 외관. 모양. ③형세. 상황. ④하늘의 모양(날씨).
carlinga *f*. [船] 종량(縱梁). 창구(艙口)에 세로 지른 재목. [造船] 내용골(內龍骨). (비행기 조종사용) 작은 좌석.
carmelita *m.f*. 카멜회(會)의 수도사(修道士). 백포수사(白袍修士).
carmesim *a*. 진홍(색)의.
— *m*. 진홍. 홍색. 농홍색(濃紅色).
carmim *m*. [染料] 양홍(洋紅). 양홍색.
carminado *a*. 양홍으로 물들인. 붉어진. 빨강.
carminar *v.t*. 양홍으로 물들이다. 붉게 하다.
carminar os lábios 입연지를 바르다.
carminativo *a*. [醫] 위장 속의 가스를 내보내는(데에 효과 있는). 구풍제의.
— *m*. 구풍제(驅風劑).
carmineo *a*. 붉은색의. 살빛의.
carnação *f*. 분홍색. 살빛.
carnadnra *f*. 근육(筋肉). 육체.
carnagem *f*. 도살(屠殺). 살육(殺戮).
carnal *a*. 고기의. 고기에 관한. 육체(상)의. 육체적인. 혈족(血族)의. 혈연(血緣)의. 부계(父系)의. 육욕의.
primo carnal 피이은 사촌(四寸)
apetites carnais 육욕(肉慾).
carnal *m*. [宗] 육식(肉食)이 허용된 기간.
carnalidade *f*. 육욕. 방자(放恣). 음탕(함).

carnalismo *m*. 육욕주의. 육욕설. 호색(好色).
carnalmente *adv*. 육욕적으로. 육체적 쾌락에 빠져서. 음탕하게.
carnário *m*. [宗] 육식이 허용된 기간.
carnaúba *f*. [植] 갈나우바(브라질산 종려수의 일종). 갈나우바에서 빼낸 초(蠟).
carnaubal *m*. 갈나우바 나무숲.
carnaubeira *f*. [植] 갈나우바 나무.
carnaval *m*. 카니발. 사육제(謝肉祭: 가톨릭교에서 사순절(四旬節: (*Lent*)의 직전 일주일간의 명절). 왁작거리며 노는것. 대환락.
carnavalesco *a*. 카니발의. 사육제의.
— *m*. 법석 떠들며 노는 사람.
carnaz *f*. 가죽의 안쪽(고기붙은 쪽).
carne *f*. ①고기. 식용수육(食用獸肉). 신선한 고기. 과육(果肉). ②육체. 육신. 동족. 혈족. 친척. ③육욕. 성욕.
carne de vaca 쇠고기.
carne de porco 돼지고기.
carne de galinha 닭고기.
carne de carneiro 양고기.
carne de vitela 송아지고기.
carne de veado 사슴고기.
carne assada 삶은 고기. 찐고기.
carne salgada 소금에 절인 고기.
carne ensacada 순대・소시지 따위.
carne de fumo 훈제(燻製)의 고기.
carne verde (보통 고깃간에서 파는) 날고기.
carne sêca 말린 고기.
carne picado 잘게 썰은(벤) 고기.
carne podre 썩은 고기.
nem carne nem peixe (直譯: 고기도 아니고 물고기도 아닌). (밥도 아니고 죽도 아닌). 이래도 좋고 저래도 좋은 (사람). 줏대 없는 (인간).
carneação *f*. (소・돼지・양 따위 식용으로 될 수 있는) 짐승을 도살하기.
carneador *m*. 짐승을 도살하는 사람. 백정(白丁).
carnear *v.t*. 식용수(食用獸)를 죽이다. 도살하다.
carneira *f*. ①암양. ②양가죽. (남자용 모자의 안에 대는) 보드러운 가죽.
carneirada *f*. 양의 떼(羊群). 양무리.
carneiro *m*. 목양자(牧羊者). 양 기르는 사람.

carneiro (1) *m.* ①양. 숫양. 면양. ②양피. 양고기. ③[天] 목양궁(牧羊宮). ④[蟲] (일종의 해충) 두상충(豆象蟲). ⑤《轉》온순한 사람.
— (2) *m.* 납골당(納骨堂). 죽은 사람의 뼈를 모셔두는 곳. 무덤.
carneirum *a.* 《古》양의. 양가죽의.
gado carneirum 축양(畜羊).
cárneo *a.* 살의. 육질의. 다육질(多肉質)의. 살빛(肉色)의.
alimentação cárnea (영양으로서의) 육식.
carnerina *f.* [鑛] 홍옥수(紅玉髓).
carniça *f.* 썩은 고기. 죽은 고기(死肉). 폐육(廢肉). (기르는 매・범 따위에게 주는) 모이고기. 더러운 물건.
carniçal *a.* 고기를 먹는. 육식의.
carnição *f.* [醫] (종기・부스럼 등의) 근. 골. 심.
carnicaria *f.* ①고깃간. 도살장. ②도살업. ③도살. 학살. 살육.
carniceiramente *adv.* 잔인무도하게.
carniceiro *a.* 고기를 먹는(먹고 사는). 육식의. 피에 주린. 잔인한.
dente carniceiro (사자・범 따위) 육식수의 큰 이빨(大出牙).
— *m.* ①백장. 백정. 도살자. ②《比喩》학살자. ③《卑》서투른 외과의사.
carniceiros (*pl.*) 육식수(獸). 육식충(肉食蟲).
carnificação *f.* 육질화(肉質化). 고기로 변함.
carnificar-se *v.pr.* 고기로 변하다. 육질화하다.
carnificina *f.* 도살. (특히 전쟁의) 살육(殺戮). 학살.
carniforme *a.* 고기 모양의. 육상(肉狀)의.
carnina *f.* [化] 육소(肉素).
carnivoridade *f.* 육식성.
carnívoro *a.* 고기를 먹는(먹고 사는). 육식의.
carnívoros (*pl.*) [動] 육식동물. 육식류.
carnosidade *f.* 살찜. 고깃덩어리. 고기가 굳어 혹이 된 것.
carnoso *a.* 살찐. 고기가 많은. 다육질(多肉質)의. 살(고기)같은.
frutos carnosos 다육질의 과일(배・사과 따위)
carnudo *a.* ①살찐. 살집이 좋은. ②다육질의. 근육이 늠름한.
caro *a.* ①값비싼. 비용이 드는. 고가의. ②친한. 친애하는. 귀한. 귀중한.
meu caro (*minha cara*) 나의 친애하는.
— *adv.* 값비싸게. 고가(高價)로.
pagar caro 비싸게 지불하다. 값이 많이 들다.
caroável *a.* ①친한. 친애한. 사랑스러운. 귀염성 있는. ②생산력 있는.
terra caroável de frutos 과일생산지.
carocha *f.* ①[蟲] 딱지벌레과의 곤충(풍뎅이 따위). ②《轉》열등생에게 벌로 씌우는 모자.
carochas (*pl.*) 요술. 마술. 속임수.

carocho *m.* ①[蟲] 작은 딱지벌레(작은 풍뎅이). ②《俗》악마.
caroço *m.* ①[植] 핵(核). 견과(堅果 : 살구・복숭아 따위)의 속씨. 솜씨(棉種子). ②《俗》돈. 금전. 재산.
carola *m.* 《俗》머리. (대회・축하의 제전 등의) 발기인(發起人). 신앙심이 깊은 체하는 사람. 경건한 체하는 사람. 완고한 미신가. 고집쟁이.
em carola 모자 없이.
carolice *f.* 고집. 완고. 억척스러움.
carona *f.* 안장대용으로 쓰는 가죽(깔개).
— *m.* 차를 거저 타는 사람. 빚돈을 갚지 않는 사람.
carótico *a.* [醫] 혼수(昏睡)의.
carótida, carótide *f.* [解] 경동맥(頸動脈).
carotídeo, carotidiano *a.* 경동맥의.
carpa (1) *f.* [魚] 잉어(鯉).
— (2) *f.* 풀베기. 제초. 사탕수수 베기.
carpal *a.* [解] 팔목뼈의. 팔목의. 손목의.
carpar *v.t.* 풀베다. 제초하다.
carpelar *a.* 심피의. 심피상(心皮狀)의.
folha carpelar 포엽(苞葉).
carpelo *m.* [植] (암술의) 심피(心皮).
carpição *f.* 개간(開墾). 개척.
carpideira *f.* ①우는 여자. 상가(喪家)에서 돈 받고 우는 여자. 슬퍼하는 여인. ②비탄. 비애. ③풀베는 기계(除草機).
carpido *a.* ①가엾은. 불쌍한. 슬픈. 고통을 겪는. ②풀벤. 털을 깎은(뽑은).
— *m.* 비애. 비탄. 고초.
carpidor *a.*, *m.* ①슬픔에 잠긴 (사람). 비탄하는 (이). 우는 (사람). ②고생을 겪는 (사람).
carpimento *m.* ①비탄. 애도. 슬픔. ②울기.
carpintaria *f.* ①목수 일. 목공 일. 목수의 직업. ②목공소(木工所).

carpinteiro *m*. 목수. 목공. (극장의) 대도구.
carpinteiro de carros 달구지 만드는 목수. 차량 목공.
carpinteiro de navio 배 만드는 목수. 조선 목공(造船木工).

carpinteirar *v.i.* 목공 일을 하다. 목수 일을 하다.

carpinteria *f.* =*carpintaria*.

carpir (1) *v.t.* (…을) 구슬퍼하다. (…을) 탄식하다. (…을) 애도하다.
— *v.i.*, — se *v.pr.* 구슬퍼하다. 비탄(悲嘆)에 잠기다. 눈물 흘리다.
— (2) *v.t.* 털을 뽑다. 풀을 뽑다. 풀베다. 벌목하다.

carpo *m.* ①[解] 손목. 손목뼈. 말(馬)의 정강이. ②[植] 과실(果實).

carpofagia *f.* 과실을 상식(常食)으로 하기.

carpofago *a.* 과실(果實)을 먹는(먹고 사는).
— *m.* 과실을 상식으로 하는 사람. 과일만 먹는 동물.

carpofilo *m.* [植] 과실 모양을 한 잎사귀.

carpolito *m.* ①견과(堅果). ②과육(果肉)의 석화(石化).

carpologia *f.* 과실학(果實學).

carqueja *f.* [植] 금작아(金雀兒)의 일종.

carquilha *f.* 주름. 주름살.

carraça *f.* ①[蟲] 진드기. ②《俗》성가시게 구는(부탁하는) 사람. 지분지분 청하는 사람.

carraçaria *f.* 많은 진드기.

carrada *f.* ①짐마차로 하나 되는 짐. 큰짐. 많은 짐. ②적하량. ③많음. 다량. 거액(巨額).
carrada de lenha 한 차 분의 나무(화목).

carranca *f.* ①상을 찡그림. 눈살 찌푸리기. ②험악한 얼굴(표정). ③침울한(음산한) 날씨. ④[建] 건축장식에 쓰는 괴상한 인면(人面)(조각).
fazer carranca 상을 찌푸리다.
O dia está de arrancas. (오늘은) 침울한(음산한) 날씨다.

carrancudo *a.* 상을 찌푸린. 실쭉한. 뚱한. 골낸. 음산한.

carranquear *v.i.* 상을 찌푸리다. 뚱한 표정을 하다.

carrão *m.* 큰 달구지. 대차(大車). 합승 마차.

carrapato *m.* ①[蟲] 진드기. ②[植] 피마자. 아주까리. ③《轉》뚱뚱한. ④《卑》치근치근 매달리는 이.

azeite de carrapato 피마자 기름(=*oleo de ricino*).

carrapichinho *m.* [植] 금규과(金葵科)의 초본.

carrapicho *m.* 머리꼭대기에(또는 머리 뒤에) 묶은 머리칼.

carrapeta *f.* ①팽이. ②풍차. ③회전목마(木馬).

carrascal *m.* 상록 떡갈나무숲.

carrasco *m.* ①[植] 상록 떡갈나무. ②사형집행인. 잔인한 인간. ③돌(자갈) 많은 길.

carrascoso *a.* 상록 떡갈나무가 많은 (무성한).

carraspana *f.* 술에 취함. 명정(酩酊). 폭음(暴飮).

carrasqueiral *m.* =*carrascal*.

carrasqueiro *m.* [植] 상록 떡갈나무 속(屬). 상록 떡갈나무로 만든 곤봉.

carreador *m.* 광야를 횡단한 큰길(車道).

carrear *v.t.* 달구지로 나르다. 짐차로 운반하다. 끌어가다.
— *v.i.* 달구지를 끌다. 짐차를 이용하다.

carregação *f.* ①짐싣기. 적하(積荷). 적재화물. 선적(船積). 하역(荷役). 선하(船荷). ②많음. 다량. ③총알재우기. 장탄. 화약의 장전(裝塡). ④병(病). 성병(性病).

carreagdeiar *f.* ①짐나르는 여자. 짐나르는 기구. ②(도로공사장에서 흙 운반하는) 대형 운반차. [蟲] 일종의 개미(먹이를 운반하는 개미). 《俗》많음. 다수.

carregado *a.* ①짐을 실은. 적재한. 짐을 (부담을) 지운. ②무거운. 압박된. ③가득찬. 충만한. ④총알을 잰. 장탄한. 화약을 장전한(다져넣은). ⑤(날씨가) 음산한. 침울한. ⑥성병에 걸린.
côr carregada 진한 색.
rosto carregabo 침울한 표정.
carregado de dívidas 빚투성이. 이곳저곳 빚만 지고 하나도 갚지 않는 것.

carregador *m.* ①짐싣는 사람. 짐나르는 사람(인부). 화물운반인. (정거장의) 짐꾼. 적하인(積荷人). ②하주(荷主).

carregamento *m.* ①짐싣기. 적재. 적하. ②장탄(裝彈). 장약(裝藥). 장전(裝塡). ③[軍] 탄창(彈倉). ④《古》무거운 부담.

carregar *v.t.* ①(+*de*). 짐을 싣다. 적재(積載)하다. 잔뜩 올려 놓다. 얹어 놓다. 짐나르다. ②(+*a*). 부담케 하다. 무거운 짐을 지우다. ③괴롭히다. 압박하다. ④ 총알을 재우다. 장탄하다. 화약을 다져 넣다. 장약하다. ⑤[電] 충전하다. ⑥더 나쁘게 하다. 악화되게 하다. 험악하게 하다. ⑦무겁게 하다. ⑧(적을) 습격하다. 공격하다. 돌격하다.
— *v.i.* ①(+*com* 또는 *de*) …을 지다. 짊어지다. 부담하다. ②무거운 짐(무게)에 견디다. ③(+*em* 또는 *sobre*). 눌리다. 억누르다. 압박하다. ④(어떤 방향으로) 전진하다. 진행하다.
carregar um navio 배에 짐을 싣다.
carregar responsabilidades 책임을 더 무겁게 하다.
carregar sobrolho 눈썹을 찌푸리다.
carregar o preo 값을 올리다. 비싸게 팔

carreira *f.* ①뛰기. 뜀박질. 경주. ②경주거리. 주정(走程). 경로(徑路). ③행정(行程). 항정(航程). 항로. ④경력(經歷). 이력. 직업. 생애(生涯). ⑤열(列). 줄.
ir de carreira 뛰어서 가다.
fazer carreira 출세(出世)하다.
em carreira 연속적으로.
às carreiras 황급히. 바삐.
carreira do tiro 사격장.

carreiro (1) *m.* 작은길. 오솔길. 좁은길. 머리칼을 가른 금(가르마).
carreiro de formigas 개미의 길.
— (2) *m.* 짐마차꾼. 우차(牛車) 모는 이.

carrejão *m.* 짐 나르는 인부. 짐 짊어지는 이.

carréta *f.* ①작은 짐마차. 손으로 끄는 달구지. 손짐수레. 이륜(二輪) 또는 사륜의 짐마차. ②[軍] 포가(砲架). ③[農] 보습의 앞바퀴.

carretagem *f.* ①짐마차로 운반하기. ②짐마차의 운임.

carréte *m.* 작은 톱니바퀴.

carreteiro *m.* 짐마차꾼. 소달구지 모는 이.
— *a.* 짐 나르는. 운반하는.

carretel *m.* 실패. 실구릿대. 방추(紡錘). 필름 감는 것. (방적기의) 목관(木管). [電] 코일. 사리. (새끼줄 철사 등의) 한 사리.

carretilha *f.* 작은 바퀴. 실 감는 작은 바퀴 모양의 물건.

carréto *m.* ①짐마차(또는 화물자동차)로 운반하다. ②운반요금. 운임.

carriagem *f.*《古》운반. 운임. 수레바퀴의 열(列).

carriça *f.* [鳥] 굴뚝새.
carriçal *m.* 노랑붓꽃이 많은 곳.
carriço *m.* [植] 노랑붓꽃.
carril *m.* (철도의) 레일. 궤도(軌道). 차철(車轍).
carril de jerro 궤도.

carrilhão *m.* 가락맞춘 한 벌의 종(鐘). 한 쌍의 종(또는 그 종소리).

carrilhar *v.t.* 차(車)를 궤도에 들여보내다. 궤도에 올려놓다.

carrilho *m.* 옥수수의 빈 이삭.
comer a dois carrilhos 두 가지의 딴 직업을 가지고 있다.(두 직업을 겸하다).

carrinha *f.* 로리. 작은 트럭. 작은 짐차.

carrinho *m.* 작은 달구지. 작은 짐수레. 작은 짐차. 작은 실구릿대.《古》죄인의 다리에 끼우는 족쇄.
carrinho de mão 손으로 끄는 작은 짐수레. 밀차.
carrinho de criança 꼬마자동차 유모차(乳母車).

carro *m.* ①차(달구지)의 총칭. ②자동차. 마차. 수레. 짐수레.
carro correio 우편물 배달차.
carro socorro 구급차.
carro dormitório 침대차.
carro restaurante 식당차.
carro salão 전망차(展望車).
carro reboque 견인차.
carro ambulância 환자수송차.
carro forte (은행의) 화폐운반차.
carro celular 죄인을 압송하는 차.
carro alegórico 산차(山車).
carro blindado 장갑차.
carro fúnebre 장의차(葬儀車).
carro tanque (또는 *cisterna*) 물・기름 따위 운반하는 차.
carro de mão 손짐차. 밀차.
carro de irrigação 물차. (농장의) 살수차(撒水車). 물뿌리는 차.
carro de lixo 쓰레기 모으는 차.
Andar o carro adiante dos bois. (格言 : "달구지가 소를 끌고가다") (전후 모순된 일). 아들이 아버지를 지도하다. 일꾼이 주인을 책망하다 따위.

carroça *f.* 작은 차. 작은 짐마차. 작은 소달구지.

carroçada *f.* 한 차 가득한 분량. 한 달구지

의 하량(荷量).

carroção *m.* 《古》손님 운반용의 큰 소달구지.

carroçar *v.t.* 달구지로 나르다. 운반하다.

carroçaria *f.* ①차체(車體). ②짐차(달구지) 수리소.

carroceiro *m.* ①짐마차꾼. 차부(車夫). ②차체(車體). ③수리하는 이.

carrocel *m.* 회전목마. 타고 빙글빙글 도는 것.

carrocim *m.* 작은 마차. 작은 짐차.

carrossel *m.* 회전목마(木馬). 유동차(遊動車).

carruagem *m.* ①사람을 태우는 마차. 합승마차. (철도의) 객차. ②많은 차.

carta *f.* ①편지. 서간(書簡). 서한. 서신. ②증서. …증(證). …장(狀). ③면허장. 발령장(發令狀). ④헌장(憲章). ⑤지도. 카드. 골패.
  carta-bilhete 엽서(편지).
  carta espressa 속달우편.
  carta registrada 등기우편(물).
  carta patente 특허장.
  carta particular 사(私)서한.
  carta aberta (신문에 내는) 공개장.
  carta extraviada 주소불명의 편지. 행방을 잃은 편지.
  carta de namoro 연애편지.
  carta de aviso 통지서.
  carta de crédito 신임장. 신용장.
  carta de apresentação 소개장.
  carta de prego 봉함(封緘) 명령서 (지정된 장소에 이르기까지 개봉 못하는 것).
  carta de fiança 보증서. 신용장.
  carta ao Atlântico 대서양헌장.
  dar cartas 화툿장(트럼프·카드 따위)을 돌리다(나누어주다).

cartada *f.* 트럼프 노름의 한수.
  jogar a última cartada 최후 수단을 쓰다.

cartalogia *f.* 지도(地圖)의 수집(蒐集).

cartão *m.* ①두터운 종이. 두터운 마분지. ②명함(종이). ③(우편)엽서.
  cartão postal 우편엽서.
  cartão de visita 명함.

cartapácio *m.* ①길고 긴 편지. ②크고 낡은 책. ③여러 가지 서류철.

cartaz *m.* 게시(揭示). 포스터. 전단.

cartazeiro *m.* *cartaz*를 붙이며 다니는 사람.

cartear *v.i.*, *v.t.* 트럼프(카드)를 돌리다. 트럼프 노름하다. 해도(海圖)에 의하여 배의 위치를 재다. 배의 위치를 기록하다.
  —*se v.pr.* 서신 교환하다.

carteira *f.* 수첩. 지갑. 돈지갑. 접는 가방. 서한상자. 종이상자. 작은 책상. …증(證). …장(狀).
  carteira profissional 직업수첩.
  carteira de cigarros 담배 케이스.
  carteira de chofer 운전면허장.
  carteira de identidade 신분증명서.
  batedor de carteira 소매치기.

carteiro *m.* ①우편배달부. ②골패 제조인.

cartel *m.* 결투장(결투장). 도전장(挑戰狀).

cartibulo *m.* 다리가 하나 있는 둥근 상(圓形卓子).

cartilagem *m.* [解] 연골(軟骨).

cartilagíneo *a.* 연골질(質)의. 연골성의.

cartilaginoso *a.* 연골의.

cartilha *f.* 철자연습책. (초등학교) 일학년용 교과서 초보. 초학서.

cartografia *f.* 지도(해도) 작성법. 제도.

cartográfico *a.* 지도(해도) 작성법의. 제도의.

cartógrafo *m.* 지도(해도) 작성자. 지도사(地圖師).

cartola *f.* 실크해트(모자).

cartomancia *f.* 트럼프(화투장)로 점치는 것. 트럼프로 재수보기. 패떼기.

cartomante *m.*, *f.* 트럼프로 점치는 이.

cartonado *a.* 두꺼운 종이(두꺼운 마분지)로 철한. 그것으로 통을 만든.

cartonagem *f.* 두꺼운 종이로 통을 만들기. 보르통(厚紙函) 제작. 두꺼운 종이로 하는 여러 가지 세공.

cartonar *v.t.* 두꺼운 종이(마분지)로 통을 만들다. 두꺼운 종이로 여러 가지 세공을 하다. 두꺼운 종이를 철하다.

cartorário *m.* ①등기부. ②등기소의 직원 (사무원).

cartório *m.* 등기소. 기록보관소(保管所).

cartuchame *m.* ①얼마간의 탄약통(彈藥筒). ②탄약통 준비.

cartucheira *f.* (소총용) 총알띠. 탄약대(帶). 탄약상자. (기관총용) 보탄대(保彈帶).

cartucheiro *m.* 탄약통(약포)을 만드는 사람.
  — *m.* 탄약통. 약포(藥苞). 화약 따위를

싸는 종이통(紙筒).
cartuxa *f.* 갈도지오회(會). *S. Bruno*가창립한 수도회.
cartuxo *m.* 갈도지오회원.
caruca *f.* 밤. 야간.
caruma *f.* 소나무잎. 침엽(針葉).
carunchar *v.i.* 벌레가 나무를 파 먹다. 벌레가 꼬이다. 벌레가 매달리다.
caruncho *m.* ①[蟲] 나무를 파먹는 벌레. 목식충(木喰蟲). ②벌레가 파먹은 나무의 찌끼(글티기). ③벌레똥. ④썩음. 노후(老朽).
carunchoso *a.* ①나무에 벌레가 많이 먹은. 벌레 투성이의. ②썩은. 노후한.
caruncula *f.* ①(새의) 도가머리. 육관(肉冠). ②(눈 아래의) 처진 살. ③[植] 씨가 껍질에 붙었던 부근에 있는 돌기.
canus *m.* 혼수(昏睡) 상태. 인사불성.
carvalha *f.* [植] 작은 도토리나무.
carvalhal *m.* 도토리 나무숲. 떡갈나무숲.
carvalheira *f.* [植] 도토리나무(떡갈나무)의 일종. 도토리나무숲.
carvalheiro *m.* 떡갈나무 막대기.
carvalho *m.* [植] 도토리나무(재목). 떡갈나무(재목).
carvão *m.* 숯. 목탄. 서탄.
carvão vegetal 또는 *carvão de lenhu* 숯. 목탄.
carvão de pedra 석탄.
carvão animal 골탄(骨炭).
mina de carvão 탄광. 채탄소(採炭所).
jazida de carvão 탄전(炭田).
carvoaria *f.* ①숯 만드는 곳. 제탄소(製炭所). ②숯 또는 석탄 파는 곳(판매소).
carvoeira *f.* ①숯(또는 석탄) 저장소(판매소). ②숯 또는 석탄 파는(판매하는) 여자.
carvoeiro *m.* 숯을 만드는(굽는) 사람. 숯장수.
— *a.* 숯의. 숯같은. 새까만.
cărvoejar *v.t., v.i.* 숯을 만들다. 숯장사를 하다.
cãs *f. (pl.)* ①흰 머리칼. 백발. ②노년병(老年).
casa *f.* ①집. 가옥. 주택. 인가. ②주소. ③가족. 가문(家門). ④가구. 재산. ⑤상점. ⑥단추 구멍. ⑦장기판의 금(밭).
casa bancária 은행.
casa comercial 상사(商社).
casa de pensão 하숙. 여인숙.
casa de campo 별장.
casa de moeda 조폐국(造幣局).
casa de penhores 전당포.
casa de guarda 보초막. 지키는 집.
casa das máquinas 기관실.
casa de cómodos 여러 칸으로 된 셋집.
casa de correção 교도소. 형무소.
casa de detenção 유치장. 구금소. 감옥.
casa de jogo 도박장.
casa de saúde 병원. 요양원. 보양지. 사나토륨. 피서지.
santa casa 자선병원.
ir para casa 집으로 가다.
chegar à casa 집에 이르다. 귀가(귀국)하다.
em casa 집에. 집에서.
ficar em casa 집에 있다.
feito em casa 집에서 만든. 자가제(自家製)의. 국산의.
ser de casa 집안 사람. 가까운 사이.
fazer casa (집을 만들다). 재산을 만들다.
casa de botão 단추 구멍.
Casa roubada trancas à porta. 《諺》 (도둑맞고 나서 문잠그다.) 소잃고 외양간 고치다.

casaca *f.* (보통) 예복. 연미복(燕尾服).
virar a casaca 당파(또는 주의)를 변경하다. 배반하다. 변설하다.
cortar na casaca 욕하다. 험담하다.
casacão *m.* 큰 외투. 소매 넓은 웃옷. 오버코트.
casaco *m.* (양복의) 웃옷. 상의(上衣). 외투.
casadeira *a.* =*casadouro*.
casado *a.* 결혼한. 처가 있는. 배필자인. 짝을 지은.
homem casado 결혼한 사람.
mulher casada 결혼한 여자.
— *m.* 결혼한 사람. 처가 있는 자.
(註) 결혼한 여자는 *casada*.
casados (pl.) 부부. 배필. 남녀 한 쌍.
casadas (pl.) 결혼한 여성들. 유부녀(有夫女).
casadouro *a.* 결혼 연령에 도달한. 혼기(婚期)의. 결혼할 수 있는.
casal *m.* ①마을. 부락. 촌락. 농가. ②배우자. 배필. 부부. 한 자웅. (암수) 한 쌍. 한 조.
casaleiro *a.* 마을의. 부락의.
— *m.* 마을 사람. 부락민.

casalejo *m.* 작은 마을. 소촌락.
casamata *f.* [築城] 포안(砲眼)을 구비한 지하실. 군함의 포곽(砲廓). 견고한 음폐호.
casamatado *a. casamata*의 시설을 한.
casamentear *v.t.* (+*com*) 《俗》(모모에게 모모와의) 결혼을 권유하다. 작배(作配)하다. 짝을 짓다.
casamenteiro *a.* 결혼 중매의. 중매를 하는(서는). 결혼에 관한.
— *m.* 중매자. 중매인(仲媒人).
casamento *m.* 결혼(식). 혼례. 혼인. 가취(嫁娶).
casamento civil 민법상의 결혼.
casamento religioso 종교상의 결혼.
casão *m.* 큰집. 훌륭한 저택. [軍] 병영(兵營) 내의 피복공장.
casaquinha *f.* 부인들이 걸치는 짧은 웃옷.
casar *v.t.* ①짝을 지우다. 결혼시키다. (…와) 결혼하다. 시집보내다. 장가들게 하다. (…의) 결혼식을 올리다. 굳게 결합시키다. ②(도박 때) 짝돈을 내게 하다.
— *v.i.* 결혼하다. 장가(시집) 가다. 짝을 짓다. 작배(作配)하다.
—*se v.pr.* …와 일치하다. …와 결합되다. 짝이 맞다. 조화(調和)되다.
casarão *m.* 큰집. 큰 단층집. 평옥. 큰 건물. 대하(大廈). 거루.
casaria *f.* 여러 채의 집. 밀집한 가옥.
casca *f.* 껍질. 겉껍질. 외피. 나무껍질. 과일껍질. 곡식의 껍질(穀皮). 야채껍질. 계란껍질. 조개껍질. 거북의 등(가죽)(龜甲). 《轉》버릇없는 사람. 난폭한 인간. 욕심꾸러기. 인색한 사람.
casca grossa 두터운 껍질. 두터운 가죽. 《轉》철면피. 파렴치한 놈. 버릇없는 놈.
morrer na casca (난각(卵殼)에서 나오지도 못하고 죽다). 출생하자마자 죽다.
sair da casca 알을 까다. 탈각(脫殼)하다.
tirar a casca 껍질을 벗기다.
cascabulho *m.* ①껍질(殼). 나락(籾). ②나무껍질(또는 과일껍질)이 많이 모여 있는 것.
casca-de-santa *f.* [植] 목란속(木蘭屬).
cascalhada *f.* 자갈 많은 곳. 쌓여 있는 조약돌.
cascalho *m.* 자갈. 사력(砂礫). (강변의)작은 돌. 부서지기 쉬운 돌.
cascalho de ferro 철시(鐵屎).
cascalhoso, cascalhudo *a.* 자갈 많은.

cascão *m.* ①큰 껍질. 두터운 껍질. 두터운 가죽. 굳은 표면. 빵껍질. ②[地質] 암층(岩層). 자갈층. ③때. 머리비듬.
cascar (1) *v.t.* 껍질을 벗기다. 나무껍질을 벗기다.
— (2) *v.t.* 때리다. 치다.
cascara *f.* 동광(銅鑛).
cascaria *f.* 많은 껍질. 묶여 있는 껍질.
cascaroso *a.* 두꺼운 껍질이 있는. 껍질이 두터운.
cascarrão *m.* ①큰 껍질. 큰 체통. ②불만. 퉁하기.
cascata *f.* 작은 폭포(瀑布).
cascatear *v.i.* 폭포를 이루다. 폭포로 되어 떨어지다.
cascavel *m.* ①방울. 작고 둥근 방울. ②지혜가 모자람. 어리석음. 보잘 것 없음.
— *f.* [動] 방울뱀(독사). 향미사(響尾蛇). 《俗》말버릇이 나쁜 여인.
cobra de cascavel 방울뱀. 향미사(響尾蛇).
casco *m.* ①두개. 두개골(頭蓋骨). ②두개의 상부. ③머리가죽(頭皮). ④뇌수. 지력(智力). 이해력. 판단력. ⑤건물의 외부 골조(骨組). ⑥선체(船體). ⑦통. 나무통. ⑧중추(中樞). 본부. ⑨통나무로 된 배.
cascoso *a.* ①껍질(또는 가죽이) 두꺼운. 껍질(가죽)이 많은. ②(동물의) 발쪽이 큰.
cascudo *a.* 껍질이 두꺼운(굳은). 후피(厚皮)의.
— *m.* ①주먹으로 머리를 때림. ②[蟲] 갑충(甲蟲).
caseação *f.* 우유를 치즈로 만들기. 건락화(乾酪化)하기.
caseadeira *f.* 단추 구멍 만드는 여자.
caseado *m.* 단추 구멍 만들기.
casear *v.t.* 단추 구멍을 만들다.
casebre *m.* 오두막집. 겉채. 누옥(陋屋). 낡은 집.
caseiforme *a.* 치즈 같은. 치즈질(質)의. 치즈맛 나는.
caseína *f.* 카세인. 건락소(乾酪素).
caseiro *a.* 집의. 가정의. 가사의. 가정용의. 자가용의. 집에서 만든. 간편한. 외출하기 싫어하는.
pão caseiro 집에서 만든 빵.
remédio caseiro 가정약(藥).
ave caseira 가금(家禽).
fato caseiro 평소 집안에서 입는 옷.

— *m.* 셋집 주인. 토지관리인. 외출을 싫어하는 이.

caseoso *a.* 치즈질의. 치즈 같은.

caserna *f.* 병영(兵營). 병사(兵舍).

casimira *f.* 인도의 가쉬미아 지방에서 나는 염소털로 짠 직물. 얇은 능라사(綾羅紗).

casimireta *f. casimira*의 열등품.

casinha *f.* ①작은 집. ②국경에 있는 세관 감시소. 신문소(訊問所). ③《俗》변소.

casinhola *f.* = *casinholo*.
— *m.* ①작고 초라한 집. ②개집. 개장.

casino *m.* (무도·음악·도박 등을 하는) 오락관. 클럽.

casmurrice *f.* ①샐쭉하기. 뚱하기. 기분 나쁨. ②심술. 우울. ③고집. 완고.

casmurro *a.* ①샐쭉한. 뚱한. 골낸. 골나서 말하지 않는. ②고집 센. 완고한.

caso *m.* ①사실. 사건. 우연한 일. ②기회. 경우. ③입장. 상태. 사정. ④건(件). 문제. ⑤[醫] 병증. 환자. ⑥[文] (명사의) 격(格).
caso imprevisto 불가항력.
caso grave 중대한 사건. 중태.
caso de honra 명예에 관한 것.
um caso difícil 어려운 문제(件).
um caso perdido 희망 없는 일.
o caso é que …사실은 …이다.
fazer caso de …을 주의하다. 조심하다.
não fazer caso de …에 주의를 하지 않다. …을 돌보지 않다.
isso é outro caso 그것은 딴 문제이다.
isso é um caso sério 그것은 심상치 않은 (중대한) 일이다.
em todo o caso 어쨌든. 여하간.
Houve 5 casos de acidente. 다섯 건의 사고가 있었다.

casoar *m.* 화식조(火喰鳥).

casório *m.* 《卑》결혼. 혼례.

caspa *f.* 머리비듬. 때.

caspento *a.* 비듬 많은. 비듬 투성이의.

caspear-se *v. pr.* 비듬이 많이 끼다. 비듬 투성이가 되다.

casposo *a.* 비듬 많은. 비듬 투성이의.

casqueira *f. levado da casq. ueira* 버릇 없는. 망난이다운.

casquento *a.* 가죽이 두터운. 가죽이 많은.

casquete *a.* ①챙이 없는 모자. (프랑스의) 베레모. (英軍) 군모(軍帽). ②낡은 모자.

casquibrando *a.* 얇은 가죽 있는. 연피(軟皮)의.

casquilha *f.* 가죽 조각. 껍질 조각.

casquilhar *v. i.* 멋부리다. 모양내다. 멋장이 옷차림을 하다.

casquilharia, casquilhice *f.* 멋부림. 모양피기. 유행을 따름. 티부림. 맵시. 허식(虛飾).

casquilho *a.* 모양내는. 멋부리는. 유행을 따르는. 티내는. 허식적(虛飾的).
— *m.* 멋장이. 모양내는 사람. 유행을 따르는 사람. 모던 보이.

casquinha *f.* (과일 따위의) 얇은 껍질. 얇은 외피. 얇은 가죽. [建] 판자 위에 덧대는 합판(合板: 얇은 베니어판).
casquinha de sorvete 아이스크림을 담는 원추형(圓錐形)의 바삭바삭한 것.
— *m.* 인색한 사람. 학문이 별로 없는 사람.

cassa *f.* 면(綿) 모슬린. 모슬린.
(注意) *caça* : 사냥. 수렵.

cassação *f.* ①[法] 취소. 폐지. 폐기. 파기(破棄). 파괴. ②(정치활동의) 금지. (정치계로부터의) 추방.

cassado *a.* ①취소한. 폐지한. 폐기한. (정치활동을) 금지 당한. 추방 당한.

cassar *v. t.* 취소(폐지)하다. 무효로 하다. (정치활동을) 금지하다. (정치계에서) 추방하다. 배의 돛을 감다.
(注意) *caçar* : 사냥하다. 수렵하다.

cassave *f.* 만조까의 거칠은 가루.

cassear *v. i.* (배가) 항로(航路)를 바꾸다.

cassetete *m.* (순경 따위의) 곤봉. 나무망치. 지팡이.

cássia *f.* [植] (품질이 나쁜) 계피. 육계(肉桂).

cassino *m.* 트럼프 놀이의 일종(*casino*).

cassiopea, cassiopeia *f.* [天] 카시오페아좌(북극성을 가운데 놓고 대웅성(大熊星)과 대치(對峙)되어 있는 55개의 별로 형성되는 성좌).

cassisterite *f. cassisterito*.
— *m.* [鑛] 주석돌(錫石). [化] 과산화석(過酸化錫).

cassoleta *f.* 향로(香爐).

cassula *m.*, *f.* = *caçula*.

casta *f.* ①(인도 사성(四姓)의) 계급(제도). (일반으로) 세습적 계급. ②종족. 문벌. 혈통. 계통.

castamente *adv.* 정조를 지켜서. 지조(志

操)있게. 결백하게. 순결히. 깨끗이. 맑게. 간소하게.

castanha *f.* ①[植] 밤(열매). ②꼬불꼬불한 머리털(卷髮). ②[軍] (안테나용의) 절연구(絶緣具). ③《俗》때리기.
castanha do pará 빠라아 밤(아마존 하류(下流)지방산 길죽한 밤).

castanhal, castanhedo *m.* 밤나무 숲.

castanheira *f.* ①군밤을 파는 여자. ②밤 굽는 기구. ③[植] 열매 없는 야생(野生) 밤나무.

castanheiro *m.* [植] 밤나무.

castanheta *f.* 작은 밤.

castanho *a.* 밤빛(栗色)의. 갈색의.
— *m.* 밤나무(재목). 밤빛. 갈색.

castanholas *f.(pl.)* [樂] 캐스태네트(손에 쥐고 두 손가락으로 쳐서 소리내는 조개 모양의 악기).

castão *m.* (지팡이·문·서랍 등의) 손잡이. 꼭지.

castelã *f.* 여성 성주. 성주의 처(妻). 봉건영주의 부인.

castelão *m.* 성주(城主). 성지기(城守).

casteleiro *a.* 성의. 성곽의.

castelhano *m., a.* (스페인 중부의 옛 왕국) 카스티야(의). 카스티야(스페인·아르헨티나·우루과이) 사람(말).

castelo *m.* ①성(城). 성곽. 큰 저택(邸宅). ②요새(要塞). ③선루(船樓).
fazer castelo no ar (모래 위에 누각을 짓다.) 공상하다.

castiçal *m.* ①불 켜는 초를 꽂아 세우는 것. 촛대. ②[植] 종려속의 일종.

castiçar *v.t., v.i.* (동물 특히 가축을) 교미시키다. (동물의) 씨를 받다.

castiço *a.* 좋은 종자(良種)의. 순종의. 순수한. (언어 따위) 정확한. 순정(純正)한.
cavalo castiço 종마(種馬).
linguagem castiça 순정어(純正語).

castidade *f.* 순결. 정절(貞節). 정조. (사상·감정의) 청순. (문장·취미의) 간소. 청초함. 성욕의 억제.

castificar *v.t.* 순결하게 하다. 정절(정조)을 지키게 하다.

castigado *a.* 벌한. 벌받은. 처벌 당한. 교정(矯正)된.

castigador *a., m.* 벌하는 (사람). 징벌하는 (자).

castigamento *m.* 벌하기. 벌주기. 처벌. 책벌. 징벌.

castigar *v.t.* 벌하다. 때려서 벌주다. 징계하다. 응징하다. 처벌하다. 제재를 가하다. [文] (잘못된 것을) 고치다. 교정(矯正)하다.
—se *v.pr.* 자책(自責)하다. 개심(改心)하다. 후회하다.

castigável *a.* 벌 주어야 할. (한번) 혼내야 할. 제재받을 만한. 처벌에 해당하는.

castigo *m.* 벌. 처벌. 책벌. 징벌. 형벌.

casto *a.* ①순결한. (몸가짐이) 깨끗한. 청초한. 간소한. 순박한. 정숙한. (사상·언어가) 순정(純正)한. ②성욕을 억제한. 자중한.

castor *m.* ①[動] 해리(海狸). 해달. ②해리의 가죽. 수달피. ③수달피 모자.

castorina *f.* 두꺼운 모직 천. 해리의 털과 양털을 섞어 짠 직물.

castração *f.* (돼지 따위의) 불까기. 거세하기. 단종(斷種). 거세술(去勢術). [植] 웅예(雄蕊)를 잘라버리기. 거약(去葯). 삭정(削正).

castrado *a.* (동물의) 불깐. 거세한. 거세된.
— *m.* 《古》내시(內侍). 환관(宦官). 거세된 동물.

castrador *m.* (동물의) 불을 까는 사람. 거세하는 자.

castrar *v.t.* (돼지 따위의) 불을 까다. 거세(去勢)하다. [植] 웅예를 잘라버리다. 꽃밥을 없애다.

castrense *a.* 군(軍)의. 군용의. 진영(陣營)의.

castro *a.* 옛 로마 시대의 성자리(城跡).

casual *a.* 우연한. 우연의. 뜻밖의. 의외의. 공교로운. 생각지 않은. 우발(성)의. [論] 우유적(偶有的).

casualidade *f.* 우연. 우연한 일. 우발(성). 돌발사(건). 흉변.
por casualidade 우연히. 뜻밖에.

casualidades *(pl.)* [軍] 사상자(수).

casualmente *adv.* 우연히. 뜻밖에. 문득.

casuísta *m., f.* 결의론자(決疑論者)(특히 그 신학자). 궤변가.

casuística *f.* [哲] 결의론(양심의 문제. 또는 행위의 선악을 경전(經典). 교회 또는 사회도덕의 표준으로 규정지으려는 설). 궤변.

casuístico *a.* [哲] 결의론적(決疑論的). 궤변적.

casula *f.* 제의(祭衣) : 사제(司祭)가 성찬·미사 때 *alb*(흰 베로 만든 긴 승복(僧服)) 위에다 걸치는 소매없는 타원형의 제복).

casulo *m.* (누에)고치. 알주머니. [植] 종낭(種囊). 껍질. 꼬투리. 덧잎.

casuloso *a.* 고치(알주머니) 모양의. 고치가 있는. [植] 껍질(꼬투리)이 있는. 종낭이 있는.

cata *f.* ①찾기. 수색. ②금갱(金坑). ③금 파낸 뒤에 생긴 웅덩이.
andar em cata 또는 *andar á cata de* …을 찾아다니다.

catabolismo *m.* [生物] 이화분해(異化分解). 이화분해 작용.

catacego *m.* 시력(視力)이 나쁜 사람. 근시안(近視眼)인 사람.

cataclese *f.* [修] 말(비유) 잘못쓰기. [首] 그릇된 민간어원설(民間語源說).

cataclismo *m.* 큰 동수. [地質] 지각(地殼)의 격변. 지구상의 대변동. 《比喩》(정치적·사회적) 큰 변동.

catacumba ①지하묘지. 지하 납골소(納骨所). ②술을 넣어 보관하는 지하실.

catacústica *f.* [理] 반향학(反響學).

catacústico *a.* 반향의. 음향반사의.

catadioptrica *f.* [理] 반사굴절광학(反射屈折光學).

catadióptrico *a.* (광선의) 반사굴절의.

catador *m.* 커피 열매(알)의 정선기(精選機).

catadupa *f.* 폭포. 큰 폭포.

catadupejar *v.i.* 폭포로 되어 멀어지다.

catadura *f.* ①(얼굴의) 표정. 용모. 안색(顔色). 면목. ②거동. 기분. ③마음씨. ④침착. 종용(從容).

catafalco *m.* (뚜껑 없는) 영구차(靈柩車). 관대(棺臺). 상청.

catafasia *f.* [醫] 몇 번이고 똑같은 대답을 하는 언어착란증(言語錯亂症).

cataléctico *a.* 《詩》마지막 운각(韻脚)에 한 음절(音節)이 빠진.

catalepsia *f.* [醫] 전신강직(全身强直). 강식증(症).

cataléptico *a.* 강직증의. 강직증에 걸린.
— *m.* 강직증에 걸린 사람.

catalipia *f.* [化] 접촉 분해 현상. 용화현상(溶化現象).

catalisar *v.t.*, *v.i.* [化] 접촉작용으로 분해하다. 용화(溶化)하다.

catalise *f.* [化] 접촉반응(接觸反應). 접촉 작용.

catalítico *a.* 접촉반응의.

catalogação *f.* 목록(目錄) 작성. 목록에 기록하기.

catalogador *m.* 목록작성자.

catalogar *v.t.* 목록을 만들다. 목록에 기록하다.

catálogo *m.* 목록(표). 자세한 보고서.
catálogo telgráfico 전화책.

catalpo [植] 개오동의 무리.

catamaran, catamarã *m.* ①통나무 떼. ②나무떼 배. 노릿배의 일종.

catamenial *a.* 월경의. 월경에 관한. 월경에 기인한.

catamenio *m.* [醫] 월경.

catana *f.* (선원들의) 단검(短劍). 단도.

catanada *f.* 단검으로 한번치기. 그 타격. 단도(短刀)의 일격. 단검으로 상처를 입히기.

catanduba, catanduva *f.* 잡목 숲. 가시밭. 황지(荒地). 불모의 땅.

catanear *v.t.* 단도(단검)로 상처를 입히다. 단검으로 싸우다. 격렬한 토론을 하다.

catão *m.* 《俗》엄한 사람. 엄격한 사람.

cataplasma *f.* ①[醫] 습포요법(療法). 파포(罷布). ②허약한(병약한) 사람.

cataplasmado *a.* (덴 데나 상처에 붙이는 고약) 파포를 붙인(낸).

cataplasnar *v.t.* 파포(罷布)를 대다(붙이다).

cataplectico *a.* 발작적. 지각상실.

cataplexia *f.* [醫] 발작적 지각상실(發作的 知覺喪失).

cataptose *f.* [醫] 졸도(卒倒). 실신.

catapulta *f.* (옛 무기) 석궁(石弓)을 내쏘는 활. 투석기(投石機). (군함 갑판에 달린) 비행기 사출기.

catar *v.t.* ①찾다. 뒤져 찾다. 찾아다니다. 수색하다. 탐색하다. 구하다. ②주목하다. 주시하다. (해충 따위를) 찾아 없애버리다. 제거하다.
catar a cabeça 머리의 이(蝨)를 뒤지다. 머리를 긁다.
— *se v.pr.* …을 조심하다. 경계하다.

catarata *f.* ①폭포. 큰 폭포. ②[醫] 백내장(白內障).

catarateiro *a.* 백내장의. 백내장에 걸린.
— *m.* 백내장에 걸린 사람.

catarina *f.* (=*roda catarina*). (시계의) 평형륜(平衡輪).

catarinense *a.* (브라질의) 싼따까따리나주(州)의. 그 주에 속하는.
— *m., f.* 싼따까따리나 사람(주민).
catarral *a.* [醫] 카타르성(性)의. 감기 비슷한.
— *f.* 급성기관지염.
catarreira *f.* ①《俗》감기. ②[醫] 기관지염.
catarrento *a.* 카타르에 걸린. 카타르(기관지염)에 걸리기 쉬운.
catarrineos *m.(pl.)* [動] 콧날이 좁은 (狹鼻) 원숭이.
catarro *m.* [醫] 카타르 감기. 기관지 카타르. 기관지염.
catarroso *a.* 카타르성의. 카타르가 된.
catártico *a.* [醫] 설사의.
— *m.* 설사약.
cataseto *m.* 난초과의 식물.
catassol *m.*《古》①점점 변해 보이는 색깔. ②빛깔이 변해가는 낡은 포목(직물). (注意) 복수로 쓰지 않음.
catastase *f.* [醫] 체질. 건강 상태.
catastático *a.* 건강 상태의. 체질의(에 관한).
catástrofe *f.* 별안간의 큰 변동. 큰 흉변. 큰 재난. 끔찍한 참변.
catastrófico *a.* 대변동의. 큰 재앙의. 파멸적. (비극의) 끔찍한. 마지막 장면의.
catavento *m.* 바람개비. (풍차·추진기의) 날개. (물을 끌어 올리는) 풍차(風車). [船] 운전실.《轉》마음이 자주 변하는 (변덕스러운) 사람.
catacismo *m.* 문답식 교수법 교리문답. 교리(敎理) 문답서. 문답식 교과서.
catacúmeno *m.* (초기 기독교시대의) 세례를 지원한 사람들. 구도자(求道者). 초학자.
cátedra *f.* ①사교좌(司敎座). 법좌(法座). ②강좌(講座). 교수의 의자.
catedral *a.* 대사원(大寺院)의. 대성당(大聖堂)의. 중앙회당이 있는. 대교회당에 속하는.
— *m.* 중앙사원(寺院). 교구(敎區)에서 제일 큰 교회당. 사교 또는 주교(主敎)의 자리가 있는 교구.
catedrático *m.* 대학교수.
— *a.* 대학교수의. 엄연(嚴然)한.
categoria *f.* [論] 범주. (일반적으로) 부분. 종류. 항목(項目). 종목. 등급. 계급.
categoricamente *adv.* 명확하게. 단언적으로. 절대적으로.
categórico *a.* 범주에 속하는. 무조건의. 단언적. [論] 정언적(定言的). 명확한.
categorizar *v.t.* 부분으로 나누다. 유별(類別)하다. 항목(종목)별로 나누다. 등급별로 하다.
catequese *f.* 교리문답. 문답식 교수. 종교교리의 강의(講義).
catequista *m.* 교리를 가르치는 신부. 전도사. 선교사.
catequização *f.* [宗] 교리를 가르치기. 문답식 교육.
catequizador *a., m.* 교리를 가르치는 (자).
catequizar *v.t.* [宗] 교리를 가르치다. 교리문답을 하다. 문답식으로 가르치다. (교육하다).
caterese *f.* [醫] 출혈(出血).
caterético *a.* 부식성(腐蝕性)의.
— *m.* [醫] 부식제(劑).
caterva *f.* (사람의) 떼. 패. 패거리. 무리. 군집. 집단. 조(組). 대(隊). 반(班).
caterva de ladrões 도적의 무리.
catête *m.* 옥수수의 일종.
cateter *m.* [醫·外] 요도관(尿導管).
cateto *m.* [幾] 수선(垂線).
catião *m.* [化] *cation.*
catilinária *f.* ①긴 연설. ②열변(熱辯). 격론(激論). 신랄한 비난 공격. 탄핵(彈劾).
catinga (1) *f.* (특히 흑인들에게 나는) 나쁜 체취. 고약한 냄새. 악취.
— (2) *m.* 자라나지 못한 나무숲. 비틀린 나무숲. 왜림(倭林).
catingá *f.* [植] 까찐가아(브라질산의 일종의 냄새나는 나무).
catingal *m.* 까찐가아 나무숲.
catingar *v.i.* 악취를 발산하다.
catingoso *a.* 고약한 냄새(악취)를 풍기는 (내는).
catingueiro *a.* ①악취를 발산하는. 구린. ②인색한. 비열한.
— *m.* 일종의 목초(牧草).
catinguento *a.* = *catingoso.*
cation, cationte *m.* [化] 카티온. 양(陽)이온.
catita *a.* 산뜻한. 날씬한. 모양피는. 애교부리는. 사내를 녹여내는.
— *m., f.* 몸(옷)차림이 산뜻한 사람. 모양을 피는 이. 여자에게 (또는 남자에게) 잘 보이려고 하는 이.

catitice *f.* = *catitismo*.
— *m.* ①(감정·취미의) 섬세한 것. 아담하고 깨끗한 것. ②아양부리기. 교태를 짓기. 애교부림. 희롱.

cativante *a.* 매력 있는. 매혹적인. 애교 있는. 마음을 끄는.

carivar *v.t.* ①(마음을) 홀리게 하다. 혼을 빼앗다. ②붙들다. 사로잡다. 구속하다. 포로로 하다. ③복종시키다. 괴롭히다.
— *se v.pr.* 사로잡히다. 포로가 되다. 자유를 속박 당하다. 노예가 되다. 혼을 빼앗기다.

cativeiro *m.* ①잡힌 몸. 포로의 신세. 속박(구속)된 상태. ②포로기간(期間). ③포로수용소. ④자유를 속박하기.

cativo *a.* 사로잡힌. 구속된. 속박당한. 포로의. 마음 빼앗긴. 저당잡힌.
— *m.* 잡힌 몸. 구속된 몸. 포로. 노예. *balão cativo* 계류기구(繫留氣球).

catôdio, cátodo *m.* [電] (분해액의) 음극(陰極). (X광선 사진의) 음극선(線).

catolicidade *f.* 너그러움. 보편성. 일반적임. 가톨릭교 신봉(信奉). 가톨릭 교의(教義)에 합치됨.

catolicismo *m.* 가톨릭교. 천주교. 가톨릭교를 신봉하기. 천주교의 교리.

católico *a.* ①보편적이. 포용적. 구교의. 천주교의. ②가톨릭교회의. 구교의. 천주교의.
— *m.* 가톨릭 교도. 천주교 교도(신자). 구교신자.

catolizar *v.t., v.i.* ①보편적으로 하다(되다). ②가톨릭 교도가 되다. ③구교화(舊教化)하다.

catóptrica *f.* 반사광학(反射光學).

catóptrico *a.* 반사의. 반사광학의. 반사경(鏡)의. 반사하는.
— *m.* 반사망원경(望遠鏡).

catorze *a.* 14의. 열넷 개의. 열네 사람의.
— *m.* 14. 열넷. 열네 개. 열네 사람. *dia catorze* 14일.

catraca *f.* [機] 제륜기(制輪器). 깔쭉이톱니(한쪽으로만 돌게 만든). 톱니바퀴.

catraeiro *m.* 작은 배(보트) 모는 사람. 뱃사공.

catnia *f.* ①작은 배. ②작은 건물.

catraiar *v.t.* 작은 배로 나르다. 작은 배를 젓다. 보트를 저어가다.

catraio *m.* ①작은 배. ②《卑》장난이 심한 아이. 악동.

catre *m.* 작은 침대. 접는 침대. 다리에 바퀴 달린 침대. 잠자리.

catucar *v.t.* 손·손가락 막대기 따위로 쿡쿡 찔러 알리기.

caturra *f., m.* 고집 센 사람. 완고한 사람. 억척스러운 사람. 마음이 좁은 사람. 쓸데없는 주장을 우겨대는 사람.

caturrar *v.i.* 고집부리다. 우겨대다. 자기의 주장대로만 하다.

caturreira, caturrice *f.* 고집. 외고집. 완고. 마음이 좁음. 편협.

caturrinha *m.* 난장이. 꼬마.

caução *f.* ①[法] 보증. 신원보증. 보증금. 보석(保釋). 보석금. 담보. 저당. ②경계(警戒). 조심.

caucheiro *m.* 고무를 채취하는 사람.

caucho *m.* 탄성 고무. 나무의 진. 고무질. 고무 지우개.

caucionante *a.* 보증서는. 보증금을 적립하는.
— *m.f.* 보증인. 보증금적립인(積立人).

caucionar *v.t.* (보증인이) 보석을 받게 하다. 보석을 허락하다. 위탁하다. 보증금을 내다. …을 보증하다(보증서다).

caucionário *a.* 보증의. 보증하는. 담보의.
— *m.* 보증금을 내는 사람. 보증인.

cauda *f.* ①(동물의) 꼬리. 꼬리 모양의 물선. 뗀 끝의 것. ②(양복 따위의) 느림. 옷자락. ③말단. 열(列)의 후미.

caudal *a.* ①꼬리의. 미부(尾部)의. 꼬리에 관한. ②수량(數量)이 많은. 물이 가득찬.
— *m.* 많은 수량(水量). 분류(奔流). 격류(激流). 폭포.

caudalosamente *adv.* 수량이 풍부하게. 물이 가득 차서. 다량으로.

caudaloso *a.* 물 많은. 수량(水量)이 풍부한.

caudatário *m.* 의식(儀式) 때의 귀인. 또는 혼례식 때 신부의 옷자락을 드는 사람. 시종(侍從).

caudato *a.* 꼬리가 있는. 달린. 유미(有尾)의. 꼬리 모양의. 꼬리 같은.

caudex, caudice *m.* [植] 줄기(幹). 줄거리. 경간(莖幹).

caudiciforme *a.* 줄기 모양의. 경상(莖狀)의. 간상(幹狀)의.

caudiculo *m.* 작은 줄기(小幹). 어린 줄기(幼莖).

caudilhismo *m.* 대장(隊長). 단장. 우두머리 따위의 전제적(專制的) 직권. 독단적

행실. 횡포.
caudilho *m.* 《古》장. 대장(隊長). 단장. 수령(首領). 당수. 우두머리.
caudimano *a.* 꼬리를 손처럼 쓰는. (원숭이 따위) 꼬리로써 물건(事物)을 붙드는 (쥐는).
caule *m.* (초목의) 줄기. 대. 화경(花硬). 엽병(葉柄).
cauleoso, caulescente *a.* 줄기(대)가 있는 유경(有莖)의.
caulicola *a., m.* 다른 줄기에 기생(寄生)하는(식물).
caulifero *a.* 줄기(대)가 있는. 유경의.
caulificação *f.* [植] 줄기의 형성(形成).
caulifloro *f., a.* [植] 화경(花硬) 이 있는.
caulim *m.* 고령토(高嶺土 : 도자기 가공업에 사용하는 희고 좋은 진흙).
caulinar, caulino *a.* [植] 줄기의. 줄기에 나는. 줄기에 관한.
causa *f.* 원인. 발생의 근원. 이유. 근거. 동기. 정당한 이유. [法] 소송의 사유. 사건. 이익. 이해. 주의(主義). 주장. 목적.
por causa de …의 이유로. …에 의하여. …이 원인이 되어.
por que causa 무슨 이유로.
causador *a., m.* 원인이 되는 (사람 또는 사물). 주동적인(인물・사물). 장본인.
causal *a.* 원인이 되는. 인과율(因果律)의. (…을) 야기(惹起)하는.
conjunção causal [文] 원인접속사(原因接續詞).
— *m.* 원인. 이유. 기인(基因).
causalidade *f.* 인과율(因果律). 인과관계. 원인작용.
causante *a.* 원인이 되는. 기인하는.
causar *v.t.* (…의) 원인이 되다. 동기(動機)가 되다. (…을) 초래하다. 야기(惹起)하다. (…로 하여금) …시키다. (…을) 발생케 하다.
causativo *a.* 원인이 되는. 동기가 되는. 야기시키는. (…을) 초래하는.
causídico *m.* (별시적으로 부르는) 변호사. 대변자. 공론가(空論家).
causticação *f.* ①부식(腐蝕). ②소작(燒灼). 무더움. ③괴롭히기. 지분거리기.
causticante *a.* ①부식성의. 부식용의. 가성(苛性)의. ②무더운. 찌는 듯 더운. 숨막히는. 혹열(酷熱)의. ③괴롭히는. 지분거리는. 귀찮은.

causticar *v.t.* ①부식시키다. 소작(燒灼)하다. ②괴롭히다. 지분거리다. 귀찮게 굴다.
causticidade *f.* 부식성. 가성도(苛性度). (언어・문장 따위) 신랄함. 가혹(苛酷).
cáustico *a.* 부식성의. 타는. 찌는 듯한. 신랄(辛辣)한. 통렬(痛烈)한. [化] 가성(苛性)의.
— *m.* 부식제(腐蝕劑). 《轉》괴롭히는 사람. 지분거리는 사람. 귀찮은 인간.
cautamente *adv.* 조심성 있게. 신중히.
cautchu *m.* 고무. 탄성(彈性) 고무.
cautela *f.* ①조심. 신중. 경계. ②가증권(假證券). 인환증(引換證).
á (또는 *por*) *cautela* 조심하여. 신중히.
cautelosamente *adv.* 조심성 있게. 신중히.
cauteloso *a.* 조심성 있는. 신중(愼重)한. 주도(周到)한.
com cauteloso 조심하여. 주의하여.
cauteretico *a.* 소작(燒灼)하는. 부식시키는.
cautério *m.* ①[醫] 부식제. 소작물(燒灼物). ②불달은 쇠(烙鐵).
cauterização *f.* ①[醫] 부식(법). 소작(법). ②뜸(灸)술.
cauterizado *a.* ①부식한. 소작(燒灼)한. ②뜸을 뜬. 불달은 쇠로 태운. ③감각이 없어진.
cauterizar *v.t.* ①부식하다. 소작(燒灼)하다. ②불달은 쇠로 태우다. (지지다). ③뜸을 뜨다. ④괴롭히다. 지분거리다. ⑤감각이 없게 하다. (양심을) 마비시키다.
cauto *a.* 조심성 있는. 신중한. 빈틈없는.
cava *f.* ①(땅・밭・우물・굴 따위를) 파기. 파내기. 발굴. 개착. ②굴. 호. 지하움. ③소매목. 소매깃. 겨드랑이.
cavaca *f.* ①비스켓의 일종. ②나뭇조각.
cavação *f.* ①(땅・우물 따위를)파기. 발굴(發掘). 개착(開鑿). ②탐구. 천착(穿鑿).
cavaco *m.* ①나뭇조각. 목편(木片). ②(친한 사이의) 잡담. 환담. ③남의 농담을 진짜로 알고 성내는 것.
cavadeira *f.* (씨를 심기 위하여 파는) 괭이. 농구(農具)의 일종.
cavadela *f.* (땅・밭 따위를) 파기. 괭이로 뒤치기.
a cada cavadela minhoca (괭이로 뒤칠 때마다 지렁이가 나오다). 만사(萬事) 뜻대로 되다.
cavado *a.* (땅・밭・우물 따위를) 판. 파낸.

cavador 발굴한. 뚫은. 구멍이 된. 움푹 들어간.
olhos cavados 움푹 들어간 눈. 움펑눈.
— *m.* (파낸) 구멍. 굴. 호. 움푹 들어간 땅.

cavador *m.* (땅·밭·우물 따위를) 파는 사람. 채굴자(採掘者). 채굴기(機). 돈벌이(또는 취직자리)를 열심히 연구하는(또는 찾는) 사람. 《學生用語》공부를 열심히 하는 학생.
— *a.* 활동적인. 일 잘하는. 근면한. 공부잘하는. 탐구적인.

cavadura *f.* (땅·밭·우물 따위를) 파기. 발굴.

cavala *f.* [魚] 고등어.

cavalada *f.* 어리석음. 우둔. 우행(愚行). 우거(愚擧).

cavalão *m.* 큰 말. 《俗》말처럼 뛰어다니는 사람. 침착하지 못한 사람. [魚] 고등어과의 물고기.

cavalar *a.* 말(馬)의. 말에 속하는.

cavalaria *f.* ①[집합적] 기병. 기병대. ② 무사(기사)의 신분. 무사기질. 기사도. 기사제도(騎士制度).

cavalariano *m.* (일반적으로) 말탄 사람. (브라질 남부에서는) 기병. 기수. (북부에서는) 말장수(馬商人).

cavalariça *f.* 마굿간. 마구(馬廐).

cavalarla *f.* 빌탄 여자. 여기시(女騎士).

cavaleiramente *adv.* 신사적으로. 귀족답게. 우쭐하여.

cavaleiro *m.* ①말탄 사람. 기수(騎手). 기사(騎士). ②기병(騎兵). ③무사. ④귀족. 나이트작(爵). 훈공작(勳功爵).
cavaleiro andante (중세의) 무사수행자(修行者). 의협심(義俠心) 있는 사람.
— *a.* 기마의. 용감한. 당당한.

cavaleiroso *a.* 의협적(義俠的)인. 호협적(豪俠的)인.

cavalete *m.* ①칠판을 거는 틀(칠판 올려 놓는 대). 화가(畵架). ②활자(活字) 따위 넣는 다리 달린 궤짝. ③[樂] 악보(樂譜)를 치켜드는 다리(脚架 : 나무받이).
cavalete de nariz 콧등(鼻梁).
nariz de cavalete 갈고리코(鉤鼻).

cavalgada *f.* 말탄 사람의 떼. 기병대.

cavalgador *f.,m.* =*cavalgante*.

cavalgadura *f.* 승용마(乘用馬). 《轉》바보. 천치. 멍청이.

cavalgante *a.* 승용의. 승마용의.
— *m.* 말탄 사람. 승마자.

cavalgar *v.i.*, *v.t.* 말타다(태우다). 걸터앉다. 승마하다.

cavalgata *f.* 말탄 사람의 떼. 모여 있는 기사들. 경마.

cavalhada *f.* 마필. 말의 떼(馬群).

cavalharia, cavalharice *f.* 마굿간.

cavalheiramente *adv.* ①무사(기사)처럼 용감하게. ②신사적으로. 고상하게. ③의협적으로.

cavalheiresco *a.* =*cavalheiroso*.

cavalheirismo *m.* 무사(기사)적 행위. 신사적 행동. 고상한 작품(作風). 의협(義俠).

cavalheiro *a.* 신사적인. 고상한.
— *m.* 신사. 점잖은 분. 지위있는 사람. 댄스에서 부인의 상대자가 되는 이.
cavalheiro de indústria (나쁜 뜻으로) 재간 많은 사람. 사기꾼.

cavalheiroso *a.* 기사적(騎士的). 신사적. 고상한. 당당한.

cavalicoque *m.* 작고 여윈 말. 쓸모없는 말.

cavalinho 작은 말(小馬).
cavalinho de pau 목마(木馬). 흔들리는 장난말. 말머리가 달린 죽마(竹馬).
cavalinhos de pau 회전목마(回轉木馬). 유동차(遊動車).

cavalo *m.* ①말. ②(집합적) 기병. ③(체조 8) 목마(木馬). ④반칙대. 나무받이(脚架). ⑤[將棋] 말.
cavalo alazão 밤색의 말.
cavalo fogoso 한마(悍馬).
cavalo procriador 종마.
cavalo de corrida 경마용 말.
cavalo de pau 목마(木馬).
cavalo de sela 승용마. 안장말(鞍馬).
a cavalo 말타고.
montar a cavalo 말을 타다.
apear do cavalo 말에서 내리다.
ir a cavalo 말타고 가다.
amansar um cavalo 말을 길들이다.
A cavalo dado não se olha a idade. (거저 받는 말의 이빨은 보지 않는다.) "공짜는 양잿물도"하는 뜻과 같음.
O cavalo come mais do que vale. 말이 먹어서 주인을 망치다.

cavalo-marinho *m.* [神話] 마체어미(馬體魚尾)의 괴물. [動] 해마(海馬). 해마속(屬).

cavalo-vapor *m.* [物理] 마력(馬力).

cavanhaque *m.* 염소 수염 같은 턱수염.

cavão *m.* ①땅 파는 노동자. ②경작하는 농부.

cavaqneador *m.* 이야기 잘하는(하기 좋아하는) 사람. 말 많은 이. 요설가(饒舌家).

cavaquear *v.i.* 친하게 이야기 많이 하다. 털어 놓고(흉금을 열고) 이야기하다. 만담(漫談)하다.

cavaquinho *m.* 일종의 사현(四絃) 악기. 작은 기타.

cavar *v.t.* (땅·밭·우물·굴 따위를) 파다. (감자를) 파다. 파내다. (광물을) 채굴하다. (보물을) 발굴하다. (전문학과를) 탐구하다.
— *v.i.* (기구·손 따위로) 흙을 파다. 파내다. 흙(땅) 파는 일에 종사하다. 열심히 일하다. (학문을) 탐구하다. 깊이 파들어가다.

cavatina *f.* [樂] 짧은 서정곡(抒情曲).

cave *f.* 지하실(地下室). 와인 저장고.

caveira *f.* ①두개(頭蓋). 두개골(骨). ②매우 쇠약한 용모.

caveiroso *a.* ①두개(骨) 비슷한. ②파리한. 쇠약한.

caverna *f.* (지하의) 굴. 동굴. 동혈(洞穴). 암굴(暗窟). (도적의) 소굴.

caveniame *m.* (배의) 골조(骨組). 늑골재(肋骨材).

cavernicola *m.* 동굴에서 사는 사람. 혈거(穴居) 주민.

cavernosamente *adv.* 동굴처럼. 동굴 같은.

cavernoso *a.* 동굴이 많은. 동굴 같은. 움푹 들어간. 동굴음(洞窟音)의.

cávia *m.* [動] 모르모트.

caviar *m.* 물고기 알젓(상어 등의 알을 러시아식으로 담근 것).

cavidade *f.* 우묵 파진 곳. 요부(凹部). 혈(穴). (신체의) 강(腔).

cavidade-óssea *f.* [解·動] 두(竇). 정맥두. [醫] 누(瘻). [植] 만(彎).

cavilação *f.* 궤변(詭辯). 까다로운 잔말. 트집잡기. 술책. 속이기.

cavilador *m.* 궤변가. 당치않은 설명을 하는 자. 비웃는 조로 풍자하는 이. 속이는 자. 사기꾼.

cavilar *v.i.* 궤변을 늘어놓다. 당치 않는 이론(異論)을 내세우다. 까다로운 잔말을 하다. 비웃다. 속이다.

cavilha *f.* 못. 나무못. 목정(木釘). 쐐기못. 빗장. 쇠마개. 볼트. 나사못.

cavilhador *m. cavilha*를 박는(죄는) 사람.

cavilhar *v.t. cavilha*를 박다. (꽂다·죄다).

caviloso *a.* 궤변의. 당치않은 이론(理論)의. 까다로운 잔말의 (이 많은). 남의 허물 찾기 좋아하는. 억지의. 속이는.

cavo *a.* 움푹 들어간. 오목한. 요면(凹面)의. *voz cava* 동성(洞聲).

cavoucador *m.* 돌을 까는 사람. 돌을 쪼아 내는 노동자. 힘든 일을 하는 사람.

cavoucar *v.t.* 동굴을 파다. 홈을 파다. 돌산(채석장·석갱)에서 돌을 쪼아내다. 힘든 일을 하다.

cavouco *m.* 굴. 혈(穴). 갱(坑). 채석장(採石場). (도시 또는 성곽 주위의) 해자(垓字).

cavoqaeiro *m.* ①굴 파는 사람. ②돌산(채석장)에서 돌을 쪼아내는 사람. 채석 광부. 굴착기(堀鑿機).

caxumba *f.* [醫] 유행성 이하선염(耳下腺炎).

ceado *a.* 저녁식사를 한. 야식(夜食)한.

cear *v.t., v.i.* 저녁밥을 먹다. 만찬을 하다.

cearense *a.* (브라질 북부) 쎄아라아 주의 (주에 속하는).
— *m., f.* 쎄아라아 사람(주민).

cebola *f.* [植] 양파. 둥근파. 양마늘. 구근(球根).

cebolada *f.* 양파(양마늘)로 요리한 것.

cebolal *m.* 양파밭. 양마늘밭.

cebolão *m.* 《俗》 (은으로 만든) 큰 회중시계.

cebolinha *f.* 작은 양파. 작은 양마늘.

cebolinho *m.* ①채 여물지 않은 양파. 작은 양파. ②양파의 씨.

cebolo *m.* [植] 양파(양마늘)의 싹. 그의 묘(苗).

cecal *a.* [解] 맹관(盲管)의. 맹장의.

cecear *v.i.* 혀가 잘 돌지 않아([S]를 [θ]로 하듯) 발음을 잘못하다. 돌지 않는 혀로써 발음하다.

ceceio *m.* 혀가 잘 돌지 않아 발음을 잘못함.

ceceoso *a.* 혀가 잘 돌지 않는. 혀가 돌지 않는 소리로 말하는.

ceco, cecum *m.* [解] 맹관. 맹공(盲孔). 맹장(盲腸).

cedência *f.* 물려주기. 양보. 양도(讓渡). (영토의) 할양(割讓). (재산의) 양여(讓與).

cedente *a.* 물려주는. 양도하는. 할양하는. 양보하는.

— *m*. 물려주는 자. 양도인. 양여자(讓與者).

ceder *v.t.* (재산을) 물려주다. 양여하다. (권리를) 양도하다. (영토를) 할양하다.
— *v.i.* (+*a* 또는 *de*). 하라는 대로 하다. 순종하다. (허리를) 굽히다. 동의하다. 내려가다. 줄어들다.

cediço *a*. 썩은. 썩어가는. 부패한.

cedilha *f*. 쎄딜랴. (C를 S의 발음을 하기 위하여) C 아래에 붙이는 부호 "ç".

cedilhado *a*. 쎄딜랴(부호)를 붙인 (C를 Ç로 한).

cedilhar *v.t.* 쎄딜랴(부호)를 달다. (C를 Ç로 하다).

cedimento *m*. =*cessão*.

cedinho *adv*. 아침 일찍이. (정한 시간보다 더) 일찍.

cedível *a*. 물려줄 수 있는. 양보할만한. 양도(할양) 해야 할. 양여할 수 있는.

cedo *adv*. 일찍이. 일찍부터. 속히. 빠르게. 어느듯. 곧. 얼마 안가서. 머지않아.
— *m*. 일찍. 일찍한 때.
levantar-se cedo 아침 일찍이 일어나다.
cedo nos veremos 근일 중 우리는 다시 만날 것입니다.
mais ceao ou mais tarde 조그만.

cedrão *m*. 늙은 새디아 나무. 큰 새디아 나무.

cedria *f*. 세디아 나무진(樹脂).

cedrino *a*. 새디아(西洋杉)의. 삼나무(杉)의. 삼나무로 만든.

cedro *m*. [植] 쎄디아(西洋杉). 삼나무(杉).

cedrosta *f*. [動] 흰뱀(白蛇).

cédula *f*. 지폐. 은행권. 어음. 증권. 공채증서. 차용증(借用證).

cefalagra *f*. [醫] 두통풍(頭痛風).

cefalalgia *f*. [醫] 두통(頭痛).

cefalálgico *a*. [醫]. 두통의.

cefaléia *f*. [醫] 심한 두통.

cefálico *a*. [醫] 머리의. 두부(頭部)의.
massa cefálica 뇌수(腦髓).

cefalite *f*. [醫] 뇌염(腦炎). 뇌충혈(腦充血).

cefalo 머리(頭)를 뜻하는 접두사.

cefalóide *a*. 머리 모양(頭狀)의. 머리 모양을 한.

cefalometria *f*. 인두 대소 측정법(人頭大小測定法).

cefalópodes *m*.(*pl*.) [動] 두족류(頭足類): 문어・오징어 따위).

cefeo, cefeu *m*. [天] 세페우스 (성좌)(星座).

cega *f*. 눈먼 여자. 여자 소경(장님).
ás cegas 맹목적으로. 분별함이 없이.

cegagem *f*. 나무의 눈을 자르기. 순(筍)을 잘라버리기.

cegamente *adv*. 맹목적으로. 분별없이. 보지도 않고. 앞뒤를 살피지도 않고.

cegamento *m*. ①눈에 보이지 않음. 실명(失明). ②맹목. 무작정. 우매. 몽매(蒙昧) 문맹. ③열중. 몰두.

cegar (1) *v.t.* ①(보지 못하게) 눈을 가리다. 눈멀게 하다. 눈을 못쓰게 만들다. ②덮어 감추다. 속이다. 어둡게 하다.
— *v.i.* 눈멀다. 소경이 되다.
—*se v.pr.* …에 열중하다. 망상(忘想)하다. 환각(幻覺)을 일으키다.
— (2) *v.t., v.i.* (칼날 따위를) 무디게 하다. (무디다) 잘 베어지지 않다.
(注意) 同音異義語 *segar* : 곡식을 베다. 베어 들이다.

cega-rega *f*. [蟲] 매미. 《轉》 딱딱거리는 사람. 이미 한 이야기를 되풀이하며 오래 지껄이는 이.

cego *m*. 눈먼. 눈 어두운. 실명(失明)한. 장님의. 우매한. 무지몽매(無知蒙昧)한. (견점・미점(美點) 등은) 알아보지 못하는. 맹목적인. 무모한. 목적 없는. 숨은. 암흑의. …에 열중하는. …에 정신이 빠진. (칼날이) 무딘. 잘 들지 않는.
intestino cego 맹장(盲腸).
— *m*. 눈먼 사람. 소경. 장님. 맹인.

cegonha *f*. [鳥] 황새. 학. 두루미.

cegueira *f*. 눈이 보이지 않음. 실명. 맹목. 무작정. 우매. 몽매(蒙昧). 문맹.

ceguidade, ceguido *f*.《稀》 *cegueira*와 같음.

ceia *f*. 저녁식사. 만찬(때로는 야식(夜食).

ceiata *f*. 만찬하기 위하여 모이는 것. 야식의 회합.

ceifa *f*. 수확(收穫). 추수. 거둬들이는 때. 수확기. 이른 가을. 수확물.

ceifar *v.t., v.i.* 거두어들이다. 수확하다. 수납(收納)하다. 베다. 베어들이다.

ceifeira *f*. 농작물을 거두어들이는 여자. [農] 수확하는 기계. 베어 들이는 기계.

ceifeiro *a*. 농작물을 베어 들이는. 수확하는. 수확용의.

— *m.* 수확하는 사람. 농작물을 거두어 들이는 이.

ceifil *m.* 옛날 포르투갈의 동전. 《轉》 매우 작은 양.

cela *f.* 작은 방(小室). (형무소의) 독방. (벌의) 구멍집.
(注意) *sela* 안장.

celafobia *f.* [醫] 질병(疾病) 공포증.

celebérrimo *a.* (*celebre*의 최상급). 제일 유명한. 가장 저명한.

celebração *f.* 축하. 축전. 의식. 경축(식). 제전(祭典).

celebrado *a.* ①의식 경축식. 제전 따위를 거행한. 축하한. ②유명해진. 이름난.

celebrador *m.* 의식. 경축식. 제전 따위를 거행하는 자. 집행하는 자. 축하하는 자.

celebrante *a.* (행사·축전·축식 따위를) 거행하는. 집행하는.
— *m.* 식(式)을 올리는 자. 식을 드리는 중(僧). 미사 집전 사제(執典司祭) (또는 신부).

celebrar *v.t.* ①(의식·축전·제전 따위를) 거행하다. 집행하다. 사회하다. ②축하하다. 기념하다. (용사·공훈을) 칭송하다. 칭찬하다.
— *v.i.* [宗] 미사를 올리다.
celebrar um casamento 결혼식을 하다 (올리다).

celebrável *a.* 기념할 만한. 축하(경축)할 만한(해야 할).

célebre *a.* ①유명한. 고명한. 저명한. ②신기한. 기이(奇異)한. 이상한. 기묘한.

celebreira *f.* 《俗》 기태(奇態). 기이(奇異). 기묘. 기언(奇言).

celebremente *adv.* 유명하게. 이름 높게.

celebridade *f.* ①이름 높음. 명성(名聲). 유명함. ②유명한 분. 명사(名士). 명물.

celebrização *f.* 유명하게 함. 이름 높게 함.

celebrizar *v.t.* 이름 높게 하다. 유명하게 하다.
—*se v.pr.* 이름이 높아지다. 유명해 지다.

celeireiro *m.* 식료품 창고지기. 식료품 관리인.

celeiro *m.* ①식료품 창고. 헛간. ②곡창지 (穀倉地).

célere *a.* 《雅》 빠른. 민첩(敏捷)한.

celeri *m.* [植] 셀러리(미나리과).

celeridade *f.* 《雅》 (행동의) 신속(迅速). 민첩. 쾌속.

celerímetro *m.* 속도계(速度計).

celerípede *a.* 발이 빠른. 쾌각(快脚)의.

celérrimo *a.* (*célere*의 최상급). 가장 빠른.

celeste, celestial *a.* 하늘의. 하늘에 있는. 천국의. 천당의. 거룩한. 신(神)의. 완전 무결한. 가장 훌륭한.
azul celeste 하늘색.
império celeste 중화(中華).

celestina *f.* [鑛] 천청석(天青石).

celestino *a.* 《詩》 하늘색의.

celestite, celestito *m.* [鑛] 천청석.

celeuma *f.* 배군·노동자 등이 공동 작업할 때 외치는 소리. 함성. 시끄러움. 소동.

celeumar *v.i.* 배군·노동자 등이(공동 작업 시) 합세하여 외치다. 뱃노래 등 부르며 떠들다.

celhas *f.(pl.)* 속눈썹. (때때로) 속눈썹 전부.

celíaco *a.* [生理] 체강(體腔)의. 배의. 장(腸)의.
altéria celíaca 복동맥(腹動脈).

celibatário *a.* 결혼하지 않은(않는).
— *m.* 독신자. 독신 생활하는 이. 독신 주의자.

celibato *m.* 독신(생활).

célibe *m.* 독신자. 독신 생활하는 이.

celifluo *a.* 《詩》 하늘에서부터 흘러내리는.

celígeno *a.* 《詩》 하늘에서 태어나는.

celo *m.* [樂] 첼로(=*violoncelo*).

celofane *m.* 셀로판. 셀로판 종이.

célula *f.* 작은 집. [解] 소세포(小細胞). 소강(小腔).

celular *a.* 세포질의. 세포 모양의 구멍이 있는. 세포로 되는. 작은 방(小房)으로 되는.
plantas celulares 엽상(葉狀) 식물.
prisão celular 분방(分房) 감옥.
sistema celular 죄수를 독방별로 감금하는 제도.

celulífero *a.* 세포 있는.

celuliforme *a.* 세포 모양(細胞形)의.

celulite *f.* [醫] 세포 조직염(組織炎).

celulóide *f.* 셀룰로이드.

celulose *f.* (식물)섬유소(纖維素). 세포막 질(細胞膜質).

celulósico *a.* 섬유소의. 세포막질의.

celulosidade *f.* 세포 조직.

celuloso *a.* 세포가 있는. 세포로 나뉜. 세

포 조직의. 세포가 많은.
celta *m.* 켈트 사람. 켈트어(語).
celtas (*pl.*) 켈트족(아리아인족의 일파로 아일랜드, 월레스 및 스코틀랜드 고지에 삶).
celticismo *m.* 켈트인 기질. 켈트 말투.
célitico *a.* 켈트(사람)의. 켈트말의.
— *m.* 켈트어.
cem *a.* 백의. 백 개의. 백 사람의. 많은. (注意) 다른 숫자 앞에서는 *cem*을 쓰지 않고 *cento*를 씀. *cento e um. cento e dez.*
— *m.* 백(百). 백 개. 백 사람.
cementação *f.* 삼탄법(滲炭法). [冶] 세멘테이슌(鋼化). (시멘트)접합. 교착(膠着).
cementar *v.t.* ①(쇠의) 겉을 경화(硬化)하다. 삼탄강화(滲炭鋼化)하다. ②시멘트칠하다. 접합시키다.
— *v.i.* 붙다. 접합하다.
cementatório *a.* 삼탄강화용의.
cemento *m.* 시멘트. 접합물. 접합제(劑). 결합. [解] (이(齒)의) 백악질(白堊質).
cementoso *a.* 백악질의.
cemitério *m.* 묘지. 공동묘지. 매장지.
cena *f.* [극의] 장면. 일막. [映] 한 장면. (사건 또는 소설 따위의) 무대. 현장. 장면. 사실(事實). (극의) 배경. 도구 설비. 무대(면). 희곡. 각본(脚本).
cenáculo *m.* 만찬실(晚餐室), 특히 그리스도 최후의 만찬실.
cenário *m.* (한 지방의)풍경. (집합적) 무대면. 배경.
cendrado *a.* 회색의. 납(鉛)빛의.
cenho *m.* ①성낸 얼굴. 찌푸린 낯. 샐쭉한 표정. 엄엄한 용모. ②[獸醫] 말발쪽(蹄) 병의 일종.
fazer o cenho 상을 찡그리다.
cenhoso *a.* 성낸 얼굴의. 찌푸린 낯의. (표정이) 무뚝뚝한.
cénico *a.* 극적으로.
cenoiarca *m.* 수도원장.
cenóbio *m.* 수도원.
cenobismo *m.* 수도원제(制). 수도사의 생활.
cenobita *m., f.* 수도사(修道士). 수도자. 수도원의 중(僧).
cenobítico *a.* 수도사의. 수도생활의.
cenobitismo *m.* 수도원제(制). 수도사의 생활.
cenografia *f.* 배경도법(圖法). 무대장식술.

cenógrafo *m.* 무대장식자. 배경화가.
cenologia (1) *f.* [理] 진공학(眞空學).
— (2) *f.* 의사(醫師)의 입회진단(立會診斷).
cenosidade *f.* 더러움. 오예(汚穢). 불결. 추루(醜陋).
cenoso *a.* 더러운. 불결한. 흙투성이의. 추루한.
cenotáfio *m.* 비(碑). 기념비.
cenoura *f.* [植] 당근.
cenozóico *a.* [地] 신생대(新生代)의. 신생계(界)의.

censatário, censionáfio *m.* ①[法] 등본 보유권에 의한 토지 소유자. ②봉토(封土). 가신(家臣).
censitário *a., m.* 등본 보유 소유권을 가지고 있는 (사람). 《英》 *copyhold*.
censo *m.* ①인구(호구)조사. 국세조사. ②임대료(賃貸料).
censor *m.* (흥행・출판물・통신 등의) 검열관. 비평가. 비난하는 자. 혹평하는 자. [史] (옛 로마의) 감찰관. 풍기(風紀) 취체관.
censório *a.* ①검열의. 감찰의. 검열관 같은. ②비평의. 비판의. 비판하기 좋아하는. (注意) *sensorio* : 감각의(覺)의. 지각(知覺)의.
censual *a.* ①인구(호구)조사의. ②임대료의.
censura *f.* ①검열. 검열부. 검열관의 직. (옛 로마의) 감찰관의 직. ②비난. 비판. 책망. 문책(問責).
censurado *a.* ①검열한. 검열 받은. ②비난 받은. 비난당한. 혹평한. 비판한.
censurador *a.* 검열하는. 비난(비판)하는.
— *m.* 검열관. 비평가. 비난하는 자.
censurar *v.t.* 검열하다. 비난하다. 책하다. 꾸짓다. 혹평하다. 문책하다.
censurável *a.* 검열할 만한(해야 할). 비난 받을 만한. 비판해야 할(할 수 있는).
centáurea *f.* [植] 센타리옴. 수레국화.
centáuro *m.* ①[希神] 반인반마(半人半馬)의 괴물. ②명기수. ③[天] 인마좌(人馬座).
centavo *m.* ①백분의 일. 1/100. (브라질 화폐 단위) 쎈따보(일 그루제이로의 100분의 1).
centeal *m.* 라이보리밭. 호밀밭. 쌀보리밭.
centeia *a.* 라이보리(호밀)의.

centéio *m.* 라이보리. 호밀. 쌀보리.
— *a.* 라이보리의. 호밀의. 쌀보리의.
centelha *f.* 불꽃. 섬광(閃光).
centelhar *v.t.* 불꽃이 튀다. [電] 스파이크 하다.
centena *f.* 백 단위. 백위(百位). 백 개 가량.
centerar *m.* 백 개 가량의 수(數).
centenário *a.* 백의. 백 년의. 백 년마다의. 백 년이 경과한.
— *m.* ①백년간. 일세기. 백년제(百年祭). ②백세를 맞이하는 분. 백세 이상의 노인.
centesimal *a.* 백분의 일의. [數] 백분법(百分法)의. 백진법(百進法)의.
centésimo *a.* 백번째의. 제백의. 백분의 일의.
— *m.* 백번째. 제백(第百) 백분의 일.
centiare *m.* 센티아르(are의 백분의 일) (1 평방미터).
centifólio *a.* 백장(百枚)의 잎사귀가 있는. 백엽(百葉)의.
centigrado *a.* 백분도(百分度)의.
termómetr centígrado 백분도 온도계. 섭씨 온도계.
grau centígrado a 백분도(百分度).
centigrama *m.* 센티그램.
centilitro *m.* 센티리터.
centímetro *m.* 센티미터(일미터의 백분의 일).
cêntino *m.* 스페인·베네즈엘라 등의 화폐. (*peseta*의 1/100).
centipede *a.* 백 개의 다리가 있는. 백족(百足)의.
cento *a.* 백의. 백 개의.
— *m.* 백(百). 백이라는 수(數).
por cento 백에 대하여. 퍼센트(%).
centopéia [蟲] 지네. 노래기. 다족충(多足蟲).
centragem *f.* [機] 중심을 정하기. 중심을 구하기. 중심에 놓기.
central *a.* 중심의. 중앙의. 중부의. 중심적인. 중추의. 주요한.
força central 중심력.
correio, central 중앙우체국.
govèrno central 중앙정부.
centralidade *f.* 중심됨. 구심성(求心性).
centralismo *m.* 중앙집권주의. 중앙집권제도.
centralista *a.* 중앙집권의.

— *m., f.* 중앙집권주의자.
centralização *f.* 집중. 중앙집권(제).
centralizado *a.* 중심에 모여든. 중앙으로 모은. 집중된.
centralizador *a.* 중심으로 모으는 사람·사물. 집중하는 것. 중앙집권주의자.
centralizar *v.t.* 중심으로 모으다·집중시키다. 중앙집권제로 하다.
—se *v.pr.* 중심(中央)에 모여들다. 집중하다.
centralmente *adv.* 중심(적)으로. 중앙에.
centrar *v.t.* (…의) 중심을 정하다. 중심을 구하다.
centrífuga *f.* 원심분리기(分離器).
centrífugo *a.* 중심을 떠나려고 하는. 중심에서 밖으로 향하는. 원심(遠心)의. 원심성의. 원심력에 의한.
força centrífuga 원심력.
centrípeto *a.* 중심성의. 구심(求心)의. 중심에 가까우려고 하는.
força centrípeta 구심력(求心力).
centro *m.* ①중심. 중앙. 복판. 중추(中樞). ②본부. ③중심점. 중심지. ④(조직체 따위의) 핵심 (군대·야구·축구 등의) 중앙부대. 중심세력. 중견. ⑤[政] 중립파. 온건파. 중립의원(議員).
centro de atividade 활동의 중심.
centro de gravidade 중심(重心).
centro nervoso 신경중추.
centrobarico *a.* 중심(重心)의. 중심에 관한. 중심(重心)에 지배되는.
centunviral *a.* (옛 로마의) 백인법원의.
centunvirato *m.* (옛 로마의) 백인법원(法院).
centunviro *m.* (백인법원의) 법관(法官)의 한 사람.
centuplicadamente *adv.* 백 배하여. 백 배로써.
centuplicado *a.* 백 배한. 아주 많이 증가한.
centuplicar *v.t.* 백 배(百倍)하다.
centúplo *a.* 백(100) 배의.
— *m.* 백 배. 백 배의 수(數).
centúria *f.* ①백 년. 일 세기. ②(옛 로마) 백인조(百人組). 백 명으로 구성되는 부대.
centúrial *a.* 백인조의. 백인대(隊)의.
centurião *m.* (옛 로마의) 백인대장(百人隊長).
cêpa *f.* (특히) 한 그루의 포도. 포도의 줄거리. 나무(樹木)의 그루.

cepaceo *a.* 양파 모양을 한.
cepilho *m.* [木工] (마감하는) 대패. (금속을 갈아내는) 눈이 가는 줄(礪).
cepo *m.* ①그루터기. 잘라낸 뒤에 남는 뿌리. ②통나무. ③칼도마. ④나무(특히 화목)를 팰 때 받치는 나무. 받침나무. ⑤통나무로 된 일종의 족쇄(刑具). ⑥《轉》게으름뱅이. 부랑자.
cepticismo *m.* [哲] 회의(懷疑). 회의론(설).
céptico *a.* 의심 많은. 회의적인.《俗》믿지 않는.
— *m.* 회의자.
cera *f.* ①초. 밀초. 밀초 같은 물건. 목랍(木蠟). ②귀지. ③(구두 따위 만들 때 쓰는) 실초. 봉랍. ④《轉》온순한 성질. 유순한 사람.
cera vegetal 목랍.
cera de ouvido 귀지.
vela de cera 불켜는 초.
cera de carnaúba 갈나우바나무의 초.
fazer cera 꾀부리다. 태만부리다.
ceráceo *a.* 초 비슷한. 초(밀초)질의. 초빛깔의.
cerâmica *f.* 도기(陶器)제조술. 도기(질그릇) 제조업.
cerâmico *a.* 도기의. 도자기의. 질그릇의. 제도술(製陶術)의. 도제(陶製)의.
indústria cerâmica 도기공업.
— *m.* 도기(질그릇) 만드는 사람. 제도업자(製陶業者). 요업자(窯業者).
ceramista *m.*, *f.* 도기화공(陶器畵工).
ceramografia *f.* 고도기학(古陶器學).
cerar *v.t.* 《古》초(밀초)로써 봉하다. 땜하다.
cerasta *f.* [動] 각사(角蛇 : 이집트·시리아산의 뿔 있는 독사).
ceratite *f.* [醫] 각막염(角膜炎).
cerato *m.* [藥] 밀기름(蠟膏). 납고약.
ceratonia *f.* 각막종(角膜腫).
ceratoscópio *m.* [醫] 각막계(角膜計).
ceratose *f.* [醫] 해면각질(海綿角質)의 피부병.
cerauniа *f.* 뇌전(雷電). [古生] 뇌석(雷石 : 뇌전으로 인하여 생겼다는).
ceraunite *f.* 뇌석(雷石).
cérbero *m.* ①[希神] 지옥을 지키는 개(머리가 셋, 꼬리는 뱀 모양). ②《轉》무섭게 생기고 사나운 문지기.
cerca (1) *f.* 울타리. 담. 울타리에 둘러싸인 토지. 구내(構內).
— (2) *adv. prep.* 곁에. 가까이. 약(約).
cerca de …에 가깝게. …에 접근해서. 약. 거진. 거의.
à cerca de …에 관하여. …에 대하여.
cercada *f.* 물고기 잡는 덫(올가미의 일종).
cercado *a.* 둘러싸인. 포위된.
— *m.* 울타리로 에워싼 곳(토지 또는 채소밭).
cercador *a.* 둘러싸는. 에워싸는. [軍] 포위자.
— *m.* 둘러싸는 것. 에워싸는 사람(또는 사물). [軍] 포위자.
cercadura *f.* 가장자리. 변두리. 주변(周邊).
cercanias *f.*(*pl.*) 변두리. 주위. 주변. 이웃. 근방. 부근.
cercante *a.*, *m.* 둘러싸는 것 (또는 사람). 포위하는 (자).
cercão *a.* 이웃의. 부근의. 근린(近隣)의. 인근의.
— *m.* 이웃사람.
cercar *v.t.* 에워싸다. (담벽 등으로) 둘러싸다. 울타리를 두르다. [軍] 포위하다.
cerce *adv.* 짧게. 짤막하게.
cortar cerce 짧게 자르다. 뿌리 위를 바싹 베다.
cerceado *a.* 짧게 자른. 바싹 벤.
cerceadura *f.* = *cerceamento*.
— *m.* ①단축. 삭감. 삭제. 생략. ②짧게 자르기(뿌리의 바로 윗부분을) 바싹 베기. ③클리핑(신문·잡지 등에서 기사를 오려 모으는 것).
cercear *v.t.* ①줄이다. 단축하다. 생략하다. ②(비용을) 삭감하다. (권리를) 줄이다. 감축하다. ③짧게 자르다. (뿌리 위를) 바싹 베어내다. 끝을 약간 자르다.
cerceio *m.* = *cerceamento*.
cerceo *a.* 짧게 잘린. 뿌리째 자른(잘라낸).
cercilhado *a.* 정상부분(頂上部分)의 머리칼을 원형으로 깎은. [宗] 체발(剃髮)한.
cercilhar *v.t.* (특히 구교의 성직자가) 머리 꼭대기의 머리털을 원형으로 깎다. 체발(剃髮)하다.
cercilho *m.* ①머리 꼭대기 부분의 머리털을 원형으로 깎은 것. ②[宗] 체발(剃髮)체발식. ③성직에 들어가기.
cerco *m.* 에워쌈. 둘러쌈. 포위. 포위공격. 공성(攻城).
pôr cerco …을 포위(공위)하다.

levantar o cerco (응원군이) …의 포위를 풀다.
cercopiteco *m*. [動] 장미원(長尾猿)의 일종.
cerda *f*. 뻣뻣한 털. 돼지털. 강모(剛毛).
cerdão *m*. [鳥] 종다리의 일종.
cerdo *m*. [動] 멧돼지.
cerdoso *a*. 뻣뻣한 털이 있는. 강모(剛毛)가 많은.
cereal *a*. 곡식의. 곡물의.
— *m*. (흔히 복수: *cereais*를 씀). 곡식. 곡물. 곡류. 양곡(糧穀).
cerealífero *a*. 곡식(곡물)에 관한. 곡식을 생산하는.
cerebelo *m*. [解] 소뇌(小腦).
cerebeloso *m*. 소뇌의. 소뇌에 관한.
cerebração *f*. ①뇌수(腦髓)작용. ②사고(思考).
cerebral *a*. [解] 뇌의. 대뇌(大腦)의. 뇌에 관한.
nervos cerebrais 뇌신경.
doneças cerebrais 뇌병.
cerebralidade *f*. 뇌조직.
cerebrar *v.i*. 뇌를 쓰다. 생각하다.
cerebrico *a*. 뇌의.
cerebriforme *a*. 뇌같은. 뇌 모양을 한.
cerebrina *f*. 뇌소(腦素). 뇌신경소(腦神經素).
cerebrino *a*. ①뇌의. 뇌작용의. 신경작용의. ②상상의. 상상적인. 기이(奇異)한. 기피한.
cerebrite *f*. 뇌염(腦炎).
cérebro *m*. 뇌. 대뇌(大腦). 뇌수. 두뇌. 머리. 《轉》지능. 판단력.
cérebro-espinal *a*. 뇌척수(腦脊髓)의.
meningite cérebre-espinal 뇌척수막염(膜炎).
cerefólio *m*. [植] 산(山)당근(생채요리용). 삼인삼.
cereja *f*. 버찌. 벚나무 열매.
cerejal *m*. 벚나무숲.
cerejeira *f*. 벚나무(재목).
céreo *a*. 밀(밀초)로 만든. 밀같은. 밀빛깔의.
ceres *f*. [羅神] 곡식의 여신. 곡신(穀神).
cérico *a*. [化] 납소(蠟素)의.
cerífero *a*. 밀(밀초)이 나는(되는).
cerimônia *f*. ①식(式). 의식(儀式). 예식. ②예법. 예의. ③허례(虛禮). ④사양(辭讓).
mestre de cerimônias 의식관(儀式官). (여흥의)진행계.

vista de cerimônia 예의적 방문.
fazer cerimônia 형식을 차리다.
Não faça cerimônia. 조금도 사양 마십시오. 어려워 마십시오.
sem cerimônia 사양함이 없이. 흉허물 없이.
cerimonial *a*. 의식(儀式)의. 예의적. 정식의. 예식을 갖춘. 거북한.
— *m*. 예식. 의식. 예법. 의례(儀禮). (가톨릭교회의) 의식.
cerimoniàticamente *adv*. 의식대로. 예의 바르게. 예식 까다롭게.
cerimoniático *a*. 의식적. 의의적. 엄숙한. 예식이 까다로운.
cerimoniosamente *adv*. 예식을 갖추어. 예식이 까다롭게. 거북하게. 형식으로.
cerimonioso *a*. 의식적(儀式的) 엄숙한. 예절다운. 형식을 찾는.
cerina *f*. [化] 납소(蠟素). 세린.
cério *m*. [化] 세륨(금속원소).
cerne *m*. [植] 목수(木髓). 목심(木心). [骨] 골. 심수(心髓).
cernelha *f*. 양쪽 어깨뼈 사이에 있는 융기(隆起).
cerol *m*. (구두 만드는) 노끈에 바르는 초.
ceromância *f*. 납점(蠟占: 녹힌 초를 물에 떨구어 그것이 이룬 모양으로 길흉을 판단하는 것).
ceromel *m*. 밀납고약(密蠟膏藥).
ceroplástica *f*. 밀(촛밀)로 여러 가지 형태를 빚어내는 기술. 밀세공.
ceroto *m*. [藥] 밀기름(蠟膏).
ceroulas *f*.(*pl*.) 잠방이. 바지. 도로오즈.
cerqueiro *a*. 둘러싸는. 에워싸는.
rede cerqueiro 선망(旋網: 일종의 물고기잡는 그물).
cerração *f*. 심한 안개(濃霧). 아지랑이. 어두움. 암흑. 몽롱.
cerradamente *adv*. 어둑어둑하게. 밀폐하여. 음폐하여. 거짓으로.
cerradão *m*. 넓은 황무지. 관목(灌木)이 많은 토지. 큰 삼림(森林).
cerrado *a*. 닫힌. 밀폐(密閉)한. 폐색한. 어둑어둑한. 어두운. (색깔이) 진한. 농후한. 농밀(濃密)한. [音聲] 폐음의. 폐음절의(閉音節).
carga cerrada 일제사격(一齊射擊).
à carga cerrada 《轉》맹목적으로.
— *m*. 담에 둘러싸인 채소밭. 작은나무

cerramento *m.* 닫음. 폐색(閉塞). 폐회(閉會). 마감. 종결. 종료.

cerrar *v.t.* ①닫다. 막다. 폐색하다. 잠그다. ②끝내다. 끝마치다. 폐회하다. ③(조약을) 맺다. 결정하다. ④덮어씌우다. 감추다. ⑤밀집(密集)시키다.
(注意) *serrar* : 톱으로 켜다. 켜서 쪼개다. 자르다.
— *v.t.* 밀집하다. (*com*) …에 접근하다.
—*se v.pr.* ①닫겨지다. 막히다. 폐색되다. ②끝나다. ③모여들다. 밀집하다. ④(하늘이) 구름에 가려지다. 어두워지다.
cerrar os dentes 이(齒)를 악물다.
cerrar os olhos 눈을 감다.
cerrar os ouvidos 듣지 않다. 들으려고 하지 않다.
cerrae-se a noite 밤이 되다. 어두워지다.
E aquí me cerro. (연설을 끝마칠 때) 이것으로써 끝마칩니다.

cerro *m.* 작은 언덕. 뾰족한 언덕.

certa *f.* 《俗》확실함. 틀림없음.
pela certa (또는 *na certa*) 꼭. 확실히.

certame, certâmen *m.* 논전(論戰). 논쟁. 말다툼. 항쟁. 투쟁. 싸움. 경쟁.

certamente *adv.* 확실히. 꼭. 반드시. 필시(必是). 물론. 그렇고말고. 그럼요.

certeiramente *adv.* 정확히. 틀림없이. 명중하여.

certeiro *a.* 정확한. 틀림없는. 꼭맞는. 명중하는. 잘 겨눈.

certeza *f.* 확실성. 확실함. 틀림없음. 확신. 신념.
com certeza 확실히. 확신하여 꼭.

certidão *f.* 증명서. …증(證).
certidão de casamento 결혼증명서.
certidão de nascimento 출생증명서.
certidão de obito 사망증명서(신고서).

certificação *f.* 증명(함). 확증(함). 검정. 보증.

certificado *a.* 증명된. 증명함.
— *m.* 증서(證書). 증명서.

certificador, certificante *a.* 증명하는. 확증하는. 보증하는.
— *m.* 증명하는 자. 보증인.

certificar *v.t.* 증명하다. 입증하다. 보증하다.
—se *v.pr.* 증명되다. 확인되다.

certificativo, certifcatório *a.* 증명의. 증명되는. 입증하는. 입증의. 확인의.

certo *a.* 확실한. 정확한. 확신하는. 맞는. ①(명사의 뒤에 놓일 때는) 틀리지 않는. 틀림없는. 일정한.
homem certo 정직한 사람. 틀림없는 분.
dia certo (어느) 일정한 날.
relógio certo 정확한 시계. ②(명사의 앞에 놓일 때는) 그 어떤. …라고 하는.
certa pessoa 그 어떤 사람. 혹자(或者).
certo dia (약속이 없는) 어느 날. 어떤 날.
certo relógio 어떤 시계.
— *adv.* 확실히. 정확히. 틀림없이. 물론. 맞고 말고.
ao certo 정확히. 꼭.
de(또는 *por*) *certo* 물론. 참으로.
certo que sim 참으로 그렇지요. 물론이지요.
dar certo. 맞아 떨어지다. 결론이 맞다.
— *m.* 확실한 일. 확실한 것.

cerúleo *a.* 쪽빛의. 하늘빛의. 남색의.

cerume, cerumen *m.* 귀지. [解] 이랍(耳蠟).

ceruminoso *a.* 귀지의. 귀지 같은.

cerusa *f.* ①연분(鉛粉). ②얼굴에 바르는 분. ③[化] 백연(白鉛).

cerusita *f. cerusito*.
— *m.* [鑛] 백연광(白鉛鑛).

cerva *f.* [動] 암사슴.

cerval *a.* 사슴의. 사슴에 속하는.

cervato *m.* 작은 사슴.

cerveja *f.* 맥주.
cerveja da pipa 생(生)맥주.

cervejada *f.* ①컵에 따른 맥주. ②맥주마시기.

cervejaria *f.* ①맥주 양조장. ②맥주점. 선술집. 바.

cervejeiro *m.* ①맥주 양조자. ②맥주점 주인. 선술집(바)의 주인.

cervicabra *f.* [動] 영양(羚羊)의 일종.

cervical *a.* [解] 목의. 경부(頸部)의.
vertedras cervicais 경추(頸椎).

cervicite *f.* [醫] 자궁경염(子宮頸炎).

cervideos *m.*(*pl.*) [動] 사슴속(鹿屬).

cervino *a.* 사슴의. 사슴 같은. 사슴털빛의.
côr cervina 사슴빛. 진한 갈색.

␣␣␣␣␣cerviz *f.* [解] 목. 경부(頸部). 목덜미.

cervo *m.* 수사슴.

cerzideira *f.* (옷 따위 헤진 곳을) 꿰매는 여자.

cerzidor *m.* 꿰매는 사람. 떠서 깁는 사람.
cerzidura *f.* (헐은 구멍 따위) 뜨기. 깁기. (감쪽같이) 꿰매기. 고치기.
cerzir *v.t.* (헌 구멍 따위를 실로) 뜨다. 꿰매다. 솜씨있게 잘 고치다.
céspede *m.* 네모(四角)로 뜬 잔디.
cessação *f.* 중지. 정지. 휴지. 종식.
cessante *a.* 중지하는. 중단하는. 중절하는.
cessão *f.* (권리의) 양도(讓渡). (재산의) 양여(讓與).
cessar *v.i.*, *v.t.* 중지하다. 멈추다. 중단하다. 그만두다.
  sessar atividade 활동을 중지하다.
  sessar fogo 교전(전투) 중지하다.
  sem sessar 끊임없이.
cessionário *m.* 양수인(讓受人). 피(被)양도자.
cessível *a.* [法] 양도할 수 있는.
cesta *f.* 바구니. 광주리.
  (注意) 同音異義語 *sexta*: ①여섯번째의. ②금요일의 준말.
  cesta de papeis 휴지통(바구니).
cestada *f.* 바구니에 하나 가득한 분량.
cestaria *f.* 바구니(광주리)를 만드는 집. 그 상점.
cesteiro *m.* 바구니 만드는 사람; 그 장수.
cesto *m.* (옛 로마) 권투장갑.
  ─ *m.* (손잡이 없는) 작은 바구니. 작은 광주리.
  cesto de vigia [船] 돛대 위의 망대(望臺).
cestoide *a.* 띠 모양의. 대상(帶狀)의. [蟲] 촌충의.
cestoides *m.*(*pl.*) [蟲] 촌충류(寸蟲類).
cesura *f.* 《詩》 운율의 휴지(休止). [樂] (악귀의) 숨쉬는 곳. 끝. 가름. 갈라냄. 절개(切開). 가른 자리(흔적).
cesuar *v.t.* [外] 가르다. 절개(切開)하다.
cetáceo *a.* 고래의. 고래류의.
cetáceos *m.*(*pl.*) 고래과(鯨科).
ceticismo *m.* =*ceptismo*.
cético *a.* =*céptico*.
cetim *m.* 수자(繻子). 공단.
cetineta *f.* 면(綿)수자. 모(毛)수자.
cetro *m.* 왕권. 왕위. 주권.
céu *m.* ①하늘. 천공. ②[天] 천체. ③[宗] 천당. 천국. ③대기. 기후. ⑤《轉》 하나님. 신. 상제(上帝).
  céu da bôca [解] 입천장.
ceva *f.* ①(가축의) 사육(飼育). 살찌게 기르기. ②살찌게 하는 모이(사료). ③(유혹하는) 미끼.
cevada *f.* 보리. 대맥(大麥).
cevadal *m.* 보리밭.
cevadeira *f.* 사료(飼料)를 넣는 통. 사엽대(飼葉袋).
cevadeiro *m.* 여물통. 구유. 나무종발.
cevadiço *a.* (가축을) 살찌게 하는. 살찌게 기르는 데 쓰는.
cevadinha *f.* 희게 대낀 보리. 대껴서 작은 알로 만든 보리.
cevado *a.* 살찐. 살찌게 기른. 비만한. 풍부한. 충만한.
  ─ *m.* 살찐 돼지. 《轉》 뚱뚱한 사람.
cevador *m.* (가축을) 살찌게 기르는 사람. 사육자.
cevadouro *m.* 가축을 기르는 장소. 사육장(飼育場).
cevadura *f.* ①(가축의) 사육. ②살찌게 하는 물건 (사료). ③살륙(殺戮).
cevão *m.* 살찐 돼지.
cevando *a.* (돼지 따위) 살찌게 기른. 살찐.
cevar *v.t.* ①살찌게 하다. 살찌게 기르다. 잘 기르다. 만족시키다. ②원기왕성하게 하다. ③유혹하다.
  ─*se* *v.pr.* 살찌다. 풍부해지다. 원기왕성해지다.
  cevar-se nos vícios 나쁜 습관(버릇)에 젖다(깊이 물들다).
cevatício *a.* 살찌게 하는. 살찌는 모이로 되는(사료로 되는).
cevo *m.* ①모이. 사료. 미끼. ②유혹. 유인물.
chá *m.* ①[植] 차. 홍차. 차잎사귀 ②차나무. ③다과회.
  chá maté 마떼에 차(茶의 일종).
  chá dançante 차와 춤 있는 모임.
chã *f.* (=*chan*). 넓은 들. 평야. 평지.
chabazite *f.* [鑛] 사방비석(斜方沸石).
chacal *m.* [動] 승냥이. 작코올(일종의 산개. 여우와 늑대의 중간형).
chácara *f.* 작은 농장. 농원. 별장(지).
chacareiro *m.* ①농장(농원)에서 일하는 사람. ②농원(별장) 관리인. ③농원(별장)지기.
chacarola *f.* 작은 농원. 작은 별장.
chacim *m.* 돼지. 키우는 돼지.
chacina *f.* ①(肉獸의) 도살. 학살. ②고기와 뼈를 베어낸 고기점. ③소금에 절이거나 불에 그슬린 돼지 고기. 가르기.
fazer chacina 학살하다. 도살하다. 파괴
하다.

chacinado *a*. 도살한. 도살 당한. 학살한.
고기를 베어낸. 쇠약한.

chacinador *a*., *m*. 죽이는 (사람). 도살하
는 (자). 학살하는 (자). 고기를 베는 (자).

chacinar *v.t*. (특히 동물을) 죽이다. 도살
하다. 학살하다. 칼로 막 찌르며 베다.

chacineiro *m*. 돼지고기 파는 이.

chacota *f*. ①시골 노래(鄕歌). ②야유. 조
롱. 희롱.

chacoteador *m*. ①시골 노래를 부르는 사
람. ②야유(조롱·희롱)하는 사람. 놀려
대는 이.

chacotear *v.t* ①시골 노래 부르다. ②야
유하다. 놀려대다. 조롱하다.

chacoteiro *m*. 조롱(희롱·야유)하는 사람.

chaeiro *f*. [植] 차(茶)나무.

chafariz *m*. 분수(噴水).

chafurda *f*. ①돼지우리. ②돼지우리처럼
진흙투성이의 땅. ③누추한 오두막. 누옥
(陋屋).

chafurdar *v.i*. ①더러운 흙탕구렁에 빠지
다. 더러워지다. ②나쁜 습관에 물들다.
타락하다.

chafurdeiro *m*. ①더러운 진창. 진흙 많은
호숫가. 이녕지(泥濘地). ②더러운 인간.
나락한 사람. 방탕한 자.

chafurdice *f*. ①(돼지우리처럼) 더러운 진
흙구렁에 빠짐. ②나쁜 습관에 물듦. ③타
락. 방탕. 추행.

chaga *f*. ①다침. 다친 상처(傷處). ②나무
의 껍질을 벤 자국. ③궤양(潰瘍). ④고
통. 고난. 해(害). 화.

chagas *f*.(*pl*.) [植] 금련화(金蓮花).

chagado *a*. 상처가 있는. (마음의) 상처를
입은. 궤양을 일으킨. 궤양화(潰瘍化)한.

chagar *v.t*. 상처를 입히다. 부스럼이 생기게
하다. 괴롭히다. (가슴·마음) 아프게 하다.
— *v.i*. 다치다. 상처가 생기다. 궤양을
일으키다. 궤양화하다.

chagrém *m*. 새 그린 가죽. 표면이 도돌도
돌한 가죽.

chaguento *a*. ①상처가 많은. ②궤양이 많
은. 궤양이 되기 쉬운.

chairelado *a*. (말(馬)의) 등에 흰점이 있는.

chalaça *f*. 놀려대기. 야유. 조롱. 희롱.
jogar chalaças 놀려대다. 야유(조롱)하다.

chalaçar, chalacear *v.i*. ①놀려대다. 야
유하다. 조롱하다. ②희롱하다.

chalaceador *m*. 놀려대는 사람. 야유(조
롱)하는 자.

chale *m*. 쇼올. 어깨걸이.

chalé *m*. (스위스의) 농가(農家). (목자들
의) 토막집. 별장.

chaleira *f*. 차주전자. 차 끓이는 작은 솥.
주전자. 약탕관. 《俗》아첨. 아첨하기.
아양부리기.

chaleirar *v.i*. 아첨하다. 아양부리다. 알랑
거리다.

chaleirismo *m*. 아첨. 아양부리기. 추종.
아부.

chalota *f*. [植] 골파의 무리.

chalreada, chalreadura *f*. 많은 사람들이
떠들썩하는 이야기. 시끄러운 잡담.

chalrear *v.i*. ①떠들썩 이야기하다. 시끄
러운 잡담을 하다. 지절거리다. ②(새가)
지저귀다.

chalupe *f*. [船] 슬루프형의 배. 외돛배. 가
벼운 배.

chama (1) *f*. ①불꽃. 화염(火炎). ②타는
듯한 빛갈(광채). 정열. ③정화(情火).
— (2) *f*. 부르기. 불러내기. 호출.

chamada *f*. ①부름. 부르기. 불러내기. 이
름 부르기. [軍] 점호(點號). ②소집. 호
출. [法] 소환.
chamada interurbana 원거리 호출
(전화).
chamada local 지방 호출.
dar uma chamada 견책(질책)하다.
fazer a chamada 점호하다. 출석 부
르다.

chamado *a*. 부른. 불린. 호출된. 소환된.
초청된. 소집된. 이름 부른. 이름을 단.
…라고 칭하는.
imigrante chamado 피초청 이민(자).
— *m*. ①불러내기. 불러오기. 호출. 소
환. 초청. 소집. ②불린 사람. 소환된 자.
피초청자.

chamador *m*. 부르는 사람. 소환하는 이.
초청자.

chamalote *m*. 명주와 털을 섞어 짠 직물.

chamamento *m*. 부르기. 호출. 초청. 소
환. 소집.

chamante *a*. 부르는. 불러낸. 호출하는.
초청하는.

chamar *v.t*. ①부르다. 불러내다. 호출하

다. ②초청하다. 소환하다. (높은 소리로 부르다. ④이름 부르다. 점호하다. ⑤이름을 짓다. 명명하다. …라고 부르다. ⑥주의를 환기시키다. 꾸짖다.
chamar nomes 이름을 부르다.
chamar o médico 의사(醫師)를 부르다.
mandar chamar 불러오게 하다.
— *v.i.* (+*por*) 손짓으로 부르다. 불러오다. 초청하다.
—*se v.pr.* 불리다. 이름 짓다. …라고 칭하다.
Como se chama? (그대의) 이름은 무엇이죠?
Como se chama isto em português? 이것은 포르트갈어로 뭐라고 합니까?

chamariz *m.* 새어리. 모이 미끼. 미끼로 되는 물건. 유인물. 꾀어내는 장치.
chambre *m.* 일종의 긴 겉옷. 집안에서 평소에 입는 옷. 가운. 잠옷.
chamejante *a.* 불꽃 일으키는. 불타는. 활활타는. (색깔이) 불타는 듯한.
chamejar *v.i.*, *v.t.* 불길을 내다. 불타오르다. 불꽃같이 빛나다. 번쩍이다. 열중하다. 열광하다.
chaminé *m.* 굴뚝. 연통. (램프의) 등피.
champanha, champanhe *m.* 샴페인.
chamusca *f.* 그슬리기. 태우기.
chamuscadela *f.* =*chamusca*. 그슬르기. 태우기.
chamuscado *a.* 그슬린. 태운.
chamuscar *v.t.* 그슬리다. (표면을) 태우다. (새·닭 따위의) 털을 그슬리다.
chamusco *m.* 그슬리기. 그슬리는 냄새.
cheirar a chamusco 그슬리는(타는) 냄새가 나다.
chan, chana *f.* 들. 벌판. 평야. 평원.
chanca *f.* ①나막신. 볼 모양이 없는 신. ②《俗》 큰 발.
chancela *f.* 인장. 봉인. 봉함. 봉. 날인(捺印).
chancelar *v.t.* …에 도장찍다. 날인하다. …을 봉하다. 봉인하다. 조인하다.
chancelaria *f. chanceler* (법관. 장관)의 지위. 대법관청(고등법원의 일부). 기록보관소.
chanceler *m.* 장관. 대신. 상서(尙書). (독일의) 수상(首相).
chanfalho *m.* ①낡고 녹슨 큰 칼. ②폐물. ③소리가 제대로 안 나는 악기.

chanfrado *a.* 경사되게 한. 경사되게 자른. 비스듬히 자른. 기울음 각을 만든.
chanfradura *f.* 경사로 만들기. 기울음 각을 만들기. 사각(斜角)이 되게 하기.
chanfrar *v.t.*, *v.i.* 비스듬히 자르다(잘라지다). 기울음 각을 만들다. 모서리를 자르다. (사면(斜面)으로) 모를 깎다.
chanfro *m.* 기울음각. 경사(傾斜). [建] (목재의) 모를 밖기. 모를 밖은 사면(斜面).
chaníssimo *a.* (*chão*의 최상급). 제일 평평한. 가장 평탄한. 가장 단순한. 가장 솔직한.
chanmente *adv.* 평평하게. 평탄하게. 단순하게. 솔직하게.
chantagem *f.* 강탈. 공갈. 취재(取財).
chantagista *m.* 공갈 취재하는 자.
chão *a.* ①평평한. 평탄한. ②쉬운. 평범한. 단순한. 솔직한.
— *m.* ①(평평한) 땅. 지면. 평지. ②마루. 바닥.
pegar do chão 땅(마루)에 있는 것을 줍다.
chapa *f.* 판철(板鐵). 철판. 생철판. 함석. (이름 따위를 쓴) 쇠쪽패. 사진관.
chapa galvanizada 생철판. 함석.
chapa de identificação [軍] 군번 찍힌 패.
bater uma chapa 사진 찍다.
furar a chapa (선거에서) 자기편을 배반하고 반대편에 이롭게 하다.
chapada *f.* 벌판. 평지. 평야. 평원. 숲속의 빈 터. 《俗》힘세게 치기. 때리기.
chapadão *m.* 큰 벌판. 대평야. 대평원.
chapado *a.* ①널빤지로 된. 판철로 된. ②널빤지를 댄(붙인). 판철을 씌운. 《俗》완전한. 더 나무랄 점이 없는.
chapar *v.t.* 나무판자(또는 철판)를 대다. 철판을 씌우다. 장갑(裝甲)하다. 도금하다.
chaparia *f.* 금·은을 입히기. 도금(鍍金). 도금술.
chapeado *a.* 쇠판을 씌운. 철판을 덮은. 장갑한. 도금한.
chapear *v.t.* 쇠판을 씌우다. 판철을 덮다. 장갑하다. 도금(鍍金)하다. 두둘겨 펴다. (펴서 쇠판으로 만들다).
chapelada *f.* 모자에 하나 가득한 분량.
chapelaria *f.* 모자 만드는 곳. 모자점(店).
chapeleira *f.* ① 모자 넣는 통(상자). ②모자장수의 처(妻). ③모자 파는 여자. ④모자걸개(모자를 걸어두는 것).
chapeleiro *m.* 모자 만드는 사람. 모자장수.

chapeleta *f.* *chapelete, chapelinho.*
— *m.* 작은 모자.

chapéu *m.* 모자.
chapéu alto 실크 해트.
chapéu armado 삼각모자(三角帽子).
chapéu de côco 중산모자.
chapéu de chuva 우산.
chapéu de palha 짚으로 만든 모자(草帽).
chapéu de sol (부인용) 양산. 파라솔.
chapéu pôr o chapéu 모자를 쓰다.
chapéu tirar o chapéu 모자를 벗다.

chapeuzinho *m.* 작은 모자.

chapinhar *v.t., v.i.* (물·진창을) 튀게 하다. 튀기다. 물이 튀다. 물장난하다.

chapuz *m.* 쐐기. 틀어박는 나무못. (특히 콘크리트 따위 굳은 벽에 못을 박기 위하여 먼저 구멍을 파고 틀어박는 나뭇조각).

chará *m., f.* 같은 이름이 있는 사람. 동명이인(同名異人).

charabã, charaban *m.* 유람차. 유람 자동차.

charada *f.* 글자 수수께끼. 애매한 말.

charadista *m., f.* 글자 수수께끼를 만드는 (또는 푸는) 사람.

charamela *f.* (가죽으로 만든) 통소.

charameleiro *m.* 통소 부는 사람.

charangra *f.* ①취주악단(吹奏樂團). ②낭명곡(郞鳴曲).

charão *m.* 칠기(漆器).

charco *m.* 물 고인 웅덩이. 연못. 진흙 많은 곳.

charivari *m.* 떠들어대기. 야단법석. 무질서. 맞지 않는 곡조. (새양철. 대야. 냄비 등을 두들기며 떠드는) 소란한 음악.

charla *f.* 쓸데없는 이야기. 잡담. 한담(閑談).

charlar *v.t.* 잡담하다. 한담하다.

charlatanice *f.* 엉터리 노릇. 사기행동.

charlatanismo *m.* 아는 체하기. 엉터리 수작. 사기행위. 협잡.

charlatão *m.* ①허풍선이. ②엉터리 의사. (가로의) 약장수. 사기꾼.

charneca *f.* 가시 많은 땅. 황무지. 모래땅(砂地). 무미건조.

charneira *f.* [建] 돌쩌귀. 요점. [解] 접관절(蝶關節).

charpa *f.* 폭넓은 띠. 넓은 붕대(繃帶). 넓은 피대(벨트).

charque *m.* 소금쳐서 말린 쇠고기. 육포(肉脯=포육으로 말린 쇠고기). 건육(乾肉).

charqueada *f.* 쇠고기를 소금에 절여 말리는 곳. 건육제조소(乾肉製造所).

charquear *v.t.* 쇠고기를 소금에 절여 말리는 것.

charro *a.* 비열한. 야비한. 상스러운.

charrua *f.* ①[農] 밭가는 쟁기. 보습. ②농업. ③(군대의) 수송선.

charruada *f.* ①보습으로 밭을 갈기. ②경작한 땅.

charruadela *f.* 보습으로 밭을 갈기. 경작.

charrual *v.t.* 보습으로 밭을 갈다. 밭이랑을 만들다.

charutaria *f.* 여송연(입담배) 매점(賣店).

charuteira *f.* 여송연갑. 잎담배 넣는 통.

charuteiro *m.* 여송연(잎담배) 만드는 사람.

charuto *m.* ①여송연(呂宋煙). 잎담배. ②(멸시적으로) 껌둥이. 흑인.

chasco *m.* ①빈정댐. 비꼬기. 찌르는 말. 풍자. ②놀려주기. 야유. 조롱. 희롱. 조소.

chasqueador *a.m.* 놀려대는 (사람). 야유하는 (사람). 조롱하는 (이).

chasquear *v.i., v.t.* 놀리다. 야유하다. 희롱하다. 조롱(조소)하다.

chassi *m.* 자동차의 차대(車臺).

chata *f.* 짐배. 거룻배. 평저선(平底船).

chatamente *adv.* ①평평하게. 납작하게. ②평범(平凡)히, 시시하게.

chateação *f.* 괴롭히기. 귀찮게 굴기. 귀찮은 일.

chatear *v.t.* 괴롭히다. 귀찮게 굴다.
— *v.i.* 허리를 굽히다.

chateza *f.* 평평함. 납작함. 평범함. 취미 없음.

chatice *f.* 《俗》귀찮은 것(일). 야비. 비열.

chatim *m.* 부정상인(不正商人). 교활한 상인. 간상(奸商)(배).

chatinar *v.i.* 부정거래로 이득을 취하다. 양심에 어긋나게(속여서) 팔다.

chato *a.* ①납작한. 평평한. 평탄(平坦)한. ②평범한. 취미 없는. 흥미 없는. 재미 없는. ③야비한. 천한. ④(자식이 부모에게) 귀찮게 구는.
Êle é um chato. 귀찮은 녀석이다.
— *m.* [蟲] 사면발이.

chauffeur *m.* 《佛》자동차 운전사.

chauvin *m.* 맹목적 애국자. 배외주의자. 극단적 적개심.

chauvinismo *m.* 맹목적 애국심. 배외주의

chavão *m.* ①큰 열쇠. ②과자를 찍는 틀(型). 케이크를 만드는 틀. 모형.

chavascal *m.* ①더러운 장소. 불결한 집(음식점). ②매마른 땅. 잡목(雜木) 많은 땅.

chave *f.* ①열쇠. ②요소(要所). 요충(要衝). 관문. ③(시계의) 태엽. ④해설. 해답서. 문제의 요점. ⑤[電] 스위치(開閉器). ⑥(취주악기의) 음계(音階). (피아노 타이프라이터 따위의) 키.
chave de desvio 스위치. 방향 전환기.
chave de jenda 나사 돌리개. 드라이버.
chave de parafuzo 나사못 돌리개. 스크루 드라이버.
chave da cifra 암기장. 암호장(暗號帳).
chave mestra 여러가지 자물쇠를 여는 것.
chave inglésa 스패너. 나사 돌리는 기구.
fechar ã chave 자물쇠를 잠그다.

chaveco *m.* 초라한(낡은) 작은 배.

chávega *f.* 물고기를 잡는 큰 그물.

chaveirão *m.* 큰 열쇠.

chaveiro *m.* ①열쇠 만드는 사람. ②열쇠 보관인. ③유치장 지키는 이.

chavelha *f.* 쐐기. 나무쐐기. 말뚝.

chavelho *m.* (짐승의) 뿔. (벌레의) 촉각(觸角). 촉수(觸鬚).

chávena *f.* 컵 찻잔(茶碗).

chavêta *f.* 바퀴대 끝에 끼는 핀(쐐기). (바퀴가 굴대에서 벗어나는 것을 막기 위한).

chavetado *a.* *chavêta*를 낀(꽂은).

chavetar *v.t.* *chavêta*를 끼다. 쐐기를 꽂다.

chazeiro *a.* 차(茶)를 즐기는. 차마시기 좋아하는.

chefão *m.* 큰 두목. 큰 수령. (정치적으로 지도적 입장에 있는 거물).

chefe *m., f.* 두목. 우두머리. 수령. 지배자. 과장. 장관. 《古》 십장(什長). 추장(酋長). 족장(族長).
chefe de família 가장(家長).
chefe de estado 국가의 원수(元首).
chefe de trem 열차장.
em chefe 높은 자리의 지휘권을 가지고있는. 수령의.
comandante em cheje 총사령관.

chefeado *a.* (+*de*). …을 장(수령)으로 하는.

chefia *f.* 수령(首領)의 자리(직위). 우두머리의 자리.

chefiar *v.t.* 수령으로서 영도(통솔)하다. 이끌다.

chegada *f.* 도착. 도달. 입항(入港). 착하(着荷). 임장(臨場).
na chegada 도착할 무렵.

chegadela *f.* 《俗》 접근함. 접근시킴.

chegado *a.* 도착한. 도달한. 접근한. 가까운. 근친(近親)의.

chegador *m.* 도착하는 사람. 도착자. 도달자.

chegamento *m.* 도착하기. 도달하기. 접근하기. 《古·法》 소환.

chegar *v.i.* ①(+*a*) (…)에 도착하다. 도달하다. …에 이르다. 가까이하다. ②충분하다. 충족하다.
— *v.t.* 접근시키다. 가깝게 하다.
— *se v.pr.* (+*a* 또는 *de*). …을 가까이 하다. …와 가까워지다. …와 일치하다. …에 돌아가다(귀결하다).
Chega-te aos bons e serás um dêles. 선한 사람들과 가까이 해라. 그러면 너도 착한 사람이 될 것이다.

cheia *f.* 참(滿). 가득참. 범람(氾濫). 큰물. 넘치는 것. 과다(過多). 허다. 풍부.

cheio *a.* ①가득한. 가득찬. 충만한. 풍부한. 넘치는. ②배부른. 살찐. 토실토실한. 《卑》 임신한. 애기를 밴.
em cheio 충분히. 가득하게.
mão cheia 한 손에 가득한 분량.
lua cheia 보름달.
rosto cheio 살찐 볼(뺨).
cheio de …으로 가득한.
cheio de vida 활기있는 삶.
— *m.* 가득함. 충만함.

cheirador *m.* ①냄새 맡는 것. ②냄새 맡는 개. 《古》 옛날 연초를 냄새 맡아 품질을 사정한 관리.

cheirante *a.* 냄새나는. 향기나는(풍기는). 향기있는.

cheirar *v.t.* 냄새 맡다. 냄새로 분별하다. 찾아내다. 탐지하다. 알아채다.
— *v.i.* 냄새가 풍기다. (특히 나쁜) 냄새가 나다. 냄새나다(맡아보다). 후각(嗅覺)이 있다.
cheirar bem 좋은 냄새 나다. 향기를 풍기다.
cheirar mal 나쁜 냄새 나다. 구리다.
isso não me cneira 《俗》 그것은(나에게) 달갑지 않다(싫다).

cheirete *m.* 《俗》 나쁜 냄새. 악취.

cheiro *m.* ①냄새. 후각. ②향기. ③악취.

취미(臭味). 느낌. 의심.
cheiros (*pl.*) 향료(香料). 향료채소.
cheiroso *a.* 냄새나는(풍기는). 냄새 많은. 향기나는. 향기있는.
cheque (발음 : 쉑께) *m.* ①[商] 수표(手標). 체크. ②[將棋] 장군. ③(정치상의) 위기. 난국.
cheque cruzado 횡선수표. (곧 찾을 수 없는 수표).
cheque de viajante 여행수표.
cheque sem fundo 기금 없는 수표. 부도 수표.
cheque visado 확인된 수표.
livro de cheque 수표장(帳)
pôr em cheque 위기(난국)에 처하다.
cherna *f.* =*cherne*.
— *m.* [魚] 농어속(鱸屬).
cheta *f.*《俗》돈. 작은 동전.
Não ter nem cheta. 동전 한 푼도 없다.
chiada, chiadeira *f.* (새의) "짹짹" 우는 소리. 울음소리. (수레바퀴에서) "삐걱삐걱" 나는 소리.
chiado (1) *m.* =*chiada*.
— (2) *a.* 악의 있는. 심술 있는.
chiador *a.* "짹짹" 우는. "삐걱삐걱" 소리나는(내는). 우는 소리 하는.
chiar *v.i.* (새·쥐 따위) "짹짹" 울다. (수레바퀴에서) "삐걱삐걱" 소리 나다. (기계에서) "식식" 소리 나다. 슬픈 소리 내다. 비탄하다. 비명 올리다.
chiba *f.* 염소(암컷). 어린 암염소.
chibança, chibantaria *f.* 뽐내기. 허세부리기. 오만. 건방짐. 허풍떨기.
chibante *a.*, *m.* 뽐내는 (사람). 허세부리는 (자). 허풍 떠는 (이). 건방진 (녀석).
chibantear *v.i.* 뽐내다. 허세부리다. 허풍 떨다. 큰소리치다. 호언장담하다. 건방진 수작을 하다.
chibantice *f.* =*chibantismo*.
— *m.* =*chibança*.
chibar *v.i.* =*chibantear*.
chibarro *m.* 거세한(불깐). 염소의 떼.
chibata *f.* 작은 가지. 버들가지. (벌로 때리는) 나뭇가지. 채찍. 회초리.
chibatada *f.* 채찍(회초리)으로 치기. (때리기).
chibatar, chibatear *v.t.* 채찍(회초리)으로 치다. 태형(笞刑)에 처하다.
chibé *m.* 만죠까(가루)로 만든 과자(빵과자).

chibo *m.* 염소새끼. 영양(羚羊)새끼.
chicana *f.* ①변명. 답변을 회피하기. 핑계 구실. 궤변. 발뺌. ②간책. 협잡. 속임.
chicanar *v.t.* 변명하다. 답변을 회피하다. 핑계하다. 궤변을 늘어놓다. 협잡하다. 속이다.
chicaneiro *m.* ①변명하는 자. 답변을 회피하는 이. 궤변을 늘어놓는 자. ②속이는 자. 협잡군.
chicanice *f.* 궤변. 핑계. 기만(欺瞞).
chicanista *m.*, *f.* 핑계하는 자. 항변자(抗辯者). 궤변하는 자. 시시한(엉터리) 변호사.
chícara (발음 : 씨이까라). *f.* (=*xícara*). 커피·홍차 따위를 따르는 잔. 작은 잔.
chicarada *f.* 커피잔에 가득한 분량.
chicarola *f.* [植] 상추의 일종.
chicha *f.*《小兒語》고기. 쇠고기.《學生用語》교과서에 관한 노트.
chicharo *m.* [植] 이집트콩.
chichi (발음 : 시시). *m.*《小兒語》소변. 오줌누기.
fazer chichi (아기의) 오줌누게 하기.
chichimeco *m.* 비열한 인간. 하천한 인물.
chichisbéo, chichisbéu *m.* ①여자의 환심 사는 사나이. ②남편 있는 부인의 터놓은 애인. ③정부(情夫).
chicle *m.* 츄잉 검.
chiclete *m.* 껄. 씹는 까자.
chicória *f.* [植] 치커리. 국화상추. 귀버섯. *chicoriaceas* *f.*(*pl.*) [植] 호거류(蒿苣類)
chicotada *f.* 채찍질하기. 매로 때림. 편달.
chicotar *v.t.* 채찍으로 치다. 매질하다. 편달하다.
chicote *m.* ①(가죽으로 만든) 채찍. 회초리. ②밧줄의 끝. ③기관차의 진동(振動).
chicotear *v.t.* 채찍으로 치다. 회초리로 때리다.
chifarote *m.* 단검(短劍). 단도.
chifrada *f.* 뿔로 찌름.
chifre *m.* (동물의) 뿔. (사슴의) 가지진 뿔. 녹용.
Chile *m.* 칠레.
chileno *a.* 칠레(나라)의. 칠레에 관한.
— *m.* 칠레 사람.
chilique *m.* 기절. 졸도. 실신.
chilrada *f.* 여러 마리의 새가 지저귀는 것. 많은 새의 울음소리.
chilrão *m.* 새우잡는 그물.
chilrar *v.i.* 새들이 지저귀다. 여러 마리의 새가 한꺼번에 울다.
chilre *a.* =*chilro* (2).
chilreda *f.* =*chilrada*.
chilreador *a.*, *m.* 잘 지저귀는(새).
chilrear *v.i.*, *v.t.* (새들이) 지저귀다. "짹짹" 울다.
chilreio *m.* (새들의) 지저귀는 소리. 카나리아의 울음소리.
chilreiro *a.* 잘 지저귀는. 잘 우는.
chilro (1) *m.* (새의) 지저귀는 소리. 우는 소리.
— (2) *a.* 맛 없는. 무미한. 취미 없는. 가치 없는. 쓸모 없는.
caldo chilro 아무 맛도 없는 국물.
prosa chtlra 무미건조한 이야기 또는 문장.
chim *a.m.* =*chinês*.
chimarrão *m.* ①숲(삼림) 속에 도망가서야 생화한 소(牛). ②설탕을 넣지 않은 마떼(mate) 차.
chimpanzé *m.* [動] (아프리카산의) 성성이 (猩猩). (특히) 검은 성성이.
chimpar *v.t.* ①던지다. 덥치다. (타격을) 가하다. ②(…을) 야기시키다. ③느끼게 하다. (…의) 인상을 주다. ④놓다. 장치하다. ⑤(그릇의 물을) 흘리다.
—se *v.pr.* 말참견하다. 간섭하다.
China *f.* 중국.
china *m.*, *f.* ①중국인. ②(브라질의) 토인의 여자(처녀).
chinarada *f.* 중국 사람의 집단. 중국인들.
chinchila *f.* [動] 신실라 (다람쥐와 비슷한 짐승; 남미산). 그 털가죽.《英》친칠러.
chinchorro *m.* ①끄는 그물. 예망(曳網). ②(끌려가듯) 느릿느릿한 달구지.
chinchoso *a.* 빈대 많은. 빈대 투성이의.
chinela *f.* 방신. 실내용 신. 슬리퍼.
chinelada *f.* 방신(슬리퍼)으로 치기.
chineleiro *m.* 방신(슬리퍼) 만드는 사람 ; 항상 그것을 신고 있는 사람.
chinelo *m.* 방신. 실내용 신. 슬리퍼.
chinês *a.* 중국의. 중국식의. 중국 사람 (말)의.
— *m.* 중국 사람. 중국어.
chinesice *f.* ①중국식. 중국식 장신구. ②《古》정치(精緻)한 세공물(細工物). ③[理] 보잘것 없는 것.
chinfrão *m.* (포르투갈의) 옛 동전.
chinfrim *a.* 보잘 것 없는. 졸렬한. 비천

한. 하등(下等)의.
— *m.* 떠들썩하기. 소동. 훤소(喧騷).
chinfrinada *f.* 법석. 소동. 함성.
chinfrinar *v.i.* 법석 떨다. 소동을 일으키다. 함성을 지르다.
chinfrineira *f.* =*chinfrinada*.
chino *a.* 중국의. (특히 합성형용사로 쓰임). *guerra chino-japonês* 중・일전쟁.
chinó *m.* 가발(假髮).
chio *m.* (새・쥐 따위의) "짹짹" 우는 소리. (수레바퀴에서 나는) "삐걱삐걱"하는 소리.
chipante *m.* 진주조개를 채취하는 배(船).
chipo *m.* 진주조개(眞珠貝).
chique *a.* (옷을) 잘 입은. 멋지게 입은. 잘 차린. 모양 있는. 스마트한. 산뜻한.
chiquechique *m.* [植] (브라질산) 선인장속.
chiqueiro *m.* 돼지굴. 돼지우리.《轉》더러운 곳. 불결한 집.
chispa *f.* 불꽃. 섬광(閃光).
chispar *v.i.* 불꽃을 날리다. 번쩍이다. 몹시 화내다. 역정내다.
chispe *m.* 돼지발.
chiste *m.* 농담. 희롱. 웃음꺼리. 익살부리기.
chistoso *a.* 농담하는. 희롱하는. 우스운. 익살부리는.
chita *f.* 채색한 서양목(更紗). 당목(唐木).
chitão, chiton *m.* 채색한 값싼 면직물.
choca (1) *f.* ①공을 치는 나뭇대(棒). ② 치는 공.
— (2) *f.* ①(목에 다는) 큰 방울. 경령. ②숫소의 떼를 이끄는 암소.
choça *f.* 초가집. 모옥(茅屋). 모사(茅舍). 오두막. 작은 집. 숨는 집.
chocadeira *f.* ①알을 안는 암닭. ②부란기(孵卵器). 인공부화기.
chocagem *f.* 알을 안기(안기기). 부란. 부화(孵化).
chocalhada *f.* (목에 다는) 방울 소리 내기. "달랑달랑"하는 소리. 경령(頸鈴) 소리.
chocalhado *a.* 방울을 흔드는. 방울 소리 낸.
chocalhar *v.t.* 방울을 흔들다. 진동하다. 비밀을 누설하다.
— *v.i.* 방울 소리 나다. "달랑달랑" 울리다. (비밀을) 누설하다.
chocalheiro *a.* 방울을 달고 있는. "달랑달랑" 소리내는. 쓸데없이 지껄이는. 입빠른. 말많은. 욕하는. 욕설 퍼붓는.

— *m*. 입싼 사람. 말 많은 사람. 비밀을 누설하는 자.

chocalhice *f*. 쓸데없이 지껄이기. 말많음. 요설(饒舌). 실언(失言). 비밀 누설.

chocalho *m*. ①(소·말의) 목에 다는 방울. ②입싼 사람 비밀을 누설하는 자.

chocar (1) *v.i*. 마주치다. 부딪치다. 충돌하다.
— *v.t*. 기분 나쁘게 하다. 감정을 해치다. 노하게 하다.
—se *v.pr*. (+*com*). 서로 충돌하다. 부딪치다.
— (2) *v.t*. ①(암탉에게) 알을 안기다. 포란(抱卵)케 하다. 부란(孵卵)시키다. ②(…을) 꾸미다. 계획하다.
— *v.i*. ①(새·닭이) 알을 품다. 포란하다. 부화(孵化)하다. ②썩다.

chocarrear *v.i*. 농담하다. 희롱하다. 야유하다. 우습게 굴다.

chocarreiramente *adv*. 농담으로. 희롱하여. 야유적으로.

chocarreiro *a*., *m*. 농담하는 (사람). 희롱하는 (이). 야유하는 (사람). 놀려대는 (자).

chocarrice *f*. 농담. 우습게 굴기. 희롱. 조롱. 놀리기.

chochice *f*. 빈약함. 보잘것 없음. 흥미(재미) 없음. 시시한 것.

chocho (1) *a*. ①마른. 시든. 물기 없는. 건조한. ②(알이 부화 못되고) 썩은. 부패한. ③열매를 맺지 않은. ④무익한. 쓸모 없는. 소용 없는. ⑤맛 없는. 흥미(재미) 없는. (그릇 따위) 빈. 아무것도 없는.
— (2) *m*. 소리내며 하는 요란한 키스. 모진 바람. 된 바람.

chóco *m*. [魚] 오징어의 별명.

choco *a*. 알을 품고 있는. 부화중(孵化中)인. 부화되지 않고 썩은. 부패한.
galinha chôca 알을 품은 암탉.
água chôca 썩은 물.
— *m*. (날짐승의) 포란(抱卵). 포란기(期)의 흥분 상태.

chocolataria *f*. 초콜릿 제조소 ; 그 상점.

chocolate *m*. 초콜릿(과자).

chocolateira *f*. 초콜릿 넣는 그릇.

chocolateiro *m*. 초콜릿 만드는 사람 ; 그 장수. (초콜릿 원료가 되는) 카카오 나무를 심는 사람.

chofer *m*. 운전사.

chofrada *f*. 갑자기 치기. 의외의 타격.

chofrado *a*. 갑자기 (봉변) 당한. 불시에 맞은(자극 받은). 별안간의.

chofrar *v.t*. 갑자기 치다. 불쑥 내밀다. (+*em*). 충돌하다.
— *v.i*. 날아오르는 새를 쏘다. 평판에 오르다.

chofre *m*. ①[撞球] 한번 치기. 알을 맞추기. ②갑자기 치기. 불쑥 내밀기. 충돌. *de chofre* 갑자기. 돌연히. 불시에. 별안간.

chope *m*. 통에서 방금 빼낸 생맥주. 큰 유리컵에 따른 생맥주.

choque *m*. 충돌. 충동. 충격. 진동. 별안간 느끼는 (심적) 타격. 깜짝 놀라기. [電] 감전(感電). 전격(電擊).

choqueiro *m*. (특히 포란기(抱卵期)의) 닭 둥우리.

choquento (1) *a*. 부란중(孵卵中)의. 쇠약해 있는. 기운 없는.
— (2) *a*. 흙투성이의. 더러운.

choradeira *f*. ①눈물 많음. 자주 울기. 울음소리 내기. ②자주 우는 여자. 울보.

chorado *a*. 눈물어린. 눈물 그린. 눈물 많은. 우는. 운.

chorador *m*. 우는 사람. 우는 버릇 있는 사람. 《古》상가(喪家)에 가서 돈받고 우는 사람.

choramigador, choramingador *m*. 우는 사람. 흐느껴 우는 이. 훌쩍훌쩍 우는 이. 이유도 없이 우는 이.

choramigar, choramingar *v.i*., *v.t*. 흐느껴 울다. 훌쩍훌쩍 울다. 눈물 흘리다.

choramigas, choramingas *m*., *f*. =*choramigador*.

chorão *m*. 자주 우는 사람. 우는 버릇 있는 자. 울보. [植] 수양버들의 일종.

chorar *v.t*., *v.i*. 울다. 눈물 흘리다. 소리 내며 울다. (애가) "엉엉" 울다. 슬퍼하다.
—se *v.pr*. 울다. 슬픔에 잠기다. 비탄하다.
— *m*. 눈물.

choro *m*. ①눈물 흘리기. 소리없이 울기. ②우는 소리. ③슬퍼하기. 비탄하기.

chorona *f*. 자주 우는 여자. 우는 버릇 있는 여자. 울보.

chorosamente *adv*. 눈물 흘리며. 울며. 비탄하여.

choroso *a*. 울고 있는. 눈물 흘리는. 눈물 많은. 눈물어린. 슬퍼하는.

chorrilho *m.* ①연속(連續). 계속. 연발. ②집합. 모여들기. ③단체. 떼. 조(組).

chorudo *a.* ①《俗》살찐. 비만(肥滿)한. ②다액(多液)의.

chorume *m.* 《俗》지방(脂肪). 기름짐. 풍부함. 부유함.

chorumento *a.* ①지방이 많은. 기름진. 살찐. ②다액(多液)의. 다즙(多汁)의.

choupal *m.* 포플러나무숲. 백양나무숲.

choupana *f.* 초가집. 오두막. 누옥(陋屋).

choupaneiro *m.* 초가집에 사는 사람.

choupo *m.* [植] 포플러. 백양(白楊). 사시나무.

chouriça *f.* =*chouriço*.

houriçada *f.* ①많은 순대(소시지). 주렁주렁 달린 소시지. ②소시지로 치기.

chouriceiro *m.* 소시지(순대) 만드는 사람 ; 그 장수.

chouriço *m.* (특히 훈적(燻炙)한 고기로 만든) 소시지. 순대.

chouto *m.* [調馬] 빠른 걸음.

chovediço *a.* 빗물의. 비가 부실부실 자주 내리는. 비가 많이 오는. 비섞인.

chover *v.i.*, *v.t.* 비오다. 비처럼 내리다(퍼붓다).
chover a cântaros 폭우가 내리다.

chovido *a.* 비온. 비처럼 내린.

chovisco *m.* =*chuvisco*.

chuca *f.* [鳥] 갈가마귀 비슷한 새.

chuça *f.* =*chuço*.

chuçada *f.* ①창으로 찌르기. ②창에 찔린 상처.

chuçar *v.t.* 창으로 찌르다.

chuceiro *m.* (옛날의) 창병(槍兵). 모병(矛兵).

chucha *f.* ①빨기. 빨아들이기. ②《小兒語》젖을 빨기. ③젖꼭지.
chucha-calada 슬쩍. 남모르게.

chuchadeira *f.* ①빨기. 빨아들이기. 흡취(吸取). ②뜻밖의 이득(利得). 예기치 않은 보물(寶物).

chuchado *a.* ①빤. 빨아들인. 흡취한. ②물기(水分) 없는. 마른. 여윈.

chuchar *v.t.* ①빨다. 빨아들이다. 젖을 빨다. ②(타격을) 받다. (모욕을) 당하다.

chuchu (발음 : 슈슈). *m.* [植] 슈슈(오이의 일종 : 멕시코 · 서인도 원산).

chuço *m.* 창(槍).

chué *a.* 약한. 쇠약한. 빈약한. 보잘 것 없는. 졸렬한. 서투른.

chula *f.* 일종의(시골) 춤.

chulé *m.* 발에서 나는 냄새.《卑》발고랑내. 악취.

chulear *v.t.* (가장자리가 풀리지 않게) 감치다.

chuleo *m.* (가장자리를) 감치기. (풀리지 않게) 꿰매기.

chulice *f.* 야비한 말씨. 추잡한. 언사.

chulismo *m.* 야비한 말을 쓰기. 추잡한 언행.

chulo *a.* 천한. 비속한. 야비한. 추잡한. 하등의. 초라한. 거칠은.

chumaçar *v.t.* (이불 · 방석 등에) 솜 · 털 따위를 채워 넣다. 속을 넣다. 틀어넣다. 충전(充塡)하다.

chumaceira *f.* [機] 굴대받이.

chumaçete *m.* 작은 방석. 작은 쿠션.

chumaço *m.* (이불 · 방석 · 의복 등의 속에 채워 넣는) 솜. 털. 깃털.

chumbada *f.* ①(고기 그물에 다는) 납추(鉛錘). ②(납으로 만든) 총알. 연탄(鉛彈). ③연탄에 맞은 상처.

chumbado *a.* ①납(연)으로 땜질한. 납(연)을 채운. 연추(鉛錘)를 달아 맨. ②연탄(鉛彈)에 맞은 : 연탄 맞아 상처를 입은. ③(시험에) 낙제한. 미끄러진. ④속은. ⑤《俗》술에 취한. 명정(酩酊)한.
está chumbado 술에 취해 있다.

chumbagem *f.* 납(연)으로 때기(붙이기). 납을 입히기. 납(연)으로 봉하기. 납으로 속을 채워 넣기.

chumbar *v.t.* 납(연)으로 땜질하다(붙이다). 납(연)으로 봉하다. 납(연)을 입히다. 납을 채워 넣다 ; 다져 넣다. (시험에) 떨어지게 하다 ; 불합격시키다.《俗》술취하게 하다.

chumbeira *f.* ①(고기 그물에 달린) 납추(鉛錘). ②납추가 있는 투망(投網).

chumbeiro *m.* ①납으로 일하는 직공. 연공(鉛工). ②총알(鉛彈) 넣는 통.

chumbo *m.* ①납. 연(鉛). ②연추. 측연(測鉛). ③(연으로 만든) 총알. 연탄. ④무거운 물건. ⑤(시험의) 낙제. 불합격.
chumbo grosso 사슴 총알 (알이 굵은 산탄(散彈)).
chumbo miúdo 새총알.
de chumbo 무거운. 깊은. 음침한.
sono de chumbo 깊은 잠.

chupa-caldo *m.* 빨아먹는 사람. 착취자.

아첨하는 이.

chupadela *f.* 빨기. 빨아들이기. 흡수.

chupado *a.* 《俗》몹시 여윈. 아주 쇠약한. 뼈와 가죽뿐인.

chupador *m.* ①빠는 사람. 흡수자. ②빨아들이는 물건. 흡반(吸盤). [動] 빨판. [植] 흡지(吸枝). [機] (펌프의) 빨아들이는 파이프.

chupadouro *m.* (통에 달려 있는) 빠는 꼭지(주둥이). 흡구(吸口). 흡관(吸管).

chupa-flor, chupa-mel *m.* [鳥] 벌새. 봉작(蜂雀).

chupamento *m.* 빨기. 흡수하기.

chupante *m.* ①빠는 사람. 빨아먹는 사람. ②빨아들이는 물건(해면·잉크 지우개 따위).

chupão *a.* 빠는. 빨아들이는. 흡수하는.
— *m.* ①소리나는 키스. 요란한 키스. ②피부에 입대고 힘있게 빤 자리. 빨았던 흔적. ③[蟲] (면화에 매달리는) 해충.

chupar *v.t.* ①빨다. 빨아들이다. (귤 따위를) 빨아먹다. 짜먹다. ②착취하다. ③(이익을) 얻다. 획득하다. ④이용하다. ⑤《卑》술마시다. 먹다. 먹어 없애버리다. 고갈(枯渴)케 하다.

chupeta *f.* 빠는 기구. 흡관(吸管). 아기의 입에 물리는 젖꼭지(모양의 물건). 우유병에 붙어 있는 젖꼭지.
coisa de chupeta 맛좋은 것. 진미.

chupista *m., f.* ①술꾼. 술부대. ②식객(食客). 기식자(寄食者).

churrascaria *f.* 불고기집. 불고기 식당.

churrasco *m.* ①불고기. (특히) 쇠꼬챙이에 꿰워 구운 고기. ②빵에 불고기를 낀 샌드위치.

churrasquear *v.t., v.i.* 불고기를 만들다. (해먹다).

churrasqueria *f.* = *churrascaria*.

chusma *f.* ①승무원(전부). 선원. ②패. 패거리. 군중. 집단. ③다수. 많은 인원.
de chusma 한 떼의. 한 조의. 집단의.

chutada *f.* ①발로 차기. (특히) 축구화를 신고 차기. ②채인 상처. ③(축구) 슛한 것.

chutado *a.* 찬. 공을 찬. 슛한.

chutar *v.t.* 발로 차다. 공을 차다. 슛하다.

chute *m.* ①차기. 걷어차기. ②슛. 킥.

chuteira *f.* ①축구화. ②여자축구선수.

chuteiro *m.* 차는 사람. 슛하는 선수. (축구) 공격수.

chuva *f.* ①비. 강우. 비처럼 내려오는 것. ②맑음. 다량. ③《俗》술고래.
— *m.* 《俗》술고래. 술에 취함.
chuva miuda 이슬비. 가랑비.
chuva de pedra 우박.
banho de chuva 관수욕(灌水浴).
estar na chuva 술에 취해 있다.

chuvada, chuvarada *f.* = *chuvão*.
— *m.* 심한 비. 큰비. 강우(降雨). 폭우. 큰소나기.

chuvarento *a.* 비가 많은. 자주 비오는.

chuveiro *m.* ①소나기. 소낙비. ②비오듯 쏟아지는 것. ③관수욕기(灌水浴器). 샤워.

chuvinha *f.* 잠깐 오고 멈추는 비. 지나가는 비. 가랑비. 이슬비.

chuviscar *v.t.* 이슬비(가랑비) 내리다.

chuvisco, chuvisqueiro *m.* 이슬비. 가랑비.

chuvoso *a.* 비가 많은. 비가 자주 오는. 우천(雨天)의.

cianato *m.* [化] 시안산염(酸鹽).

cianeto *m.* [化] 시안화물(化物).

cianoftalmo *a.* 벽안(碧眼)의.

cianogênio *m.* [化] 시안(가연성(可燃性) 독 가스). 청소(青素).

cianometna *f.* 시안 측정. 청도를 재기.

cianômetro *m.* 시안계(計). (하늘의 푸르름을 계산하는) 청두계(青底計).

cianopatia *f.* = *cianose*.

cianose *f.* [醫] 자남색(紫藍色); 치아노오제. 창백병(蒼白病).

ciar (1) *v.i.* (물흐르는 방향에 노의 넓적한 면을 대고) 보트를 멈추다. 역조(逆漕)하다.
— (2) *v.t.* 《古》시기하다. 샘내다. 질투하다. 탐내다.

ciática *f.* [醫] 좌골신경통(坐骨神經痛).

ciático *a.* 볼기의. 좌골의. 좌골신경의. 좌골신경통성(性)의.
nervo ciático 좌골신경.

cibalho, cibato *m.* 날짐승의 모이. 먹이. 미끼.

cibo *m.* 《古》①조류(鳥類)에 주는 먹이. 모이. ②작은 양의 음식물.

cibório *m.* [宗] 성체(聖體) 넣는 그릇. [建] 제단을 덮는 천개(天蓋).

cica *f.* ①(익지 않은 과일의) 덥덥한 맛. 떫은 맛. ②당즙(糖汁)으로 만든 일종의 통조림.

cicadárias *f.(pl.)* [蟲] 매미 종류. 선류(蟬類).

cicadeas *f.(pl.)* [植] 소철류(蘇鐵類).

cicas *m.* [植] 소철.

cicatrical *a.* 상처 자국의. 부스럼 자국의. 홈집의. [植] (꼭지) 떨어진 자국의.

cicatricula *f.* [生物] (노란자위의) 배점(胚點). [植] 배아(胚芽). [醫] 작은 흠집. 소반혼(小瘢痕).

cicatriz *f.* ①[醫] 상처 자국. 부스럼 자국. 흠집. 흔적. 반흔(瘢痕). (열매의) 꼭지 떨어진 자국. ②고칠 수 없는 흠. 마음의 상처. 원한.
  cicatriz carpia [植] 딱지자리. 종흔(腫痕).

cicatrização *f.* ①상처가 아물어짐. 결포(結抱). ②상처 자국이 생김. 반흔형성.

cicatrizado *a.* (부스럼 따위가 낫고) 상처가 생긴. 흠집을 이룬. 상처가 아문. 정신상 고통이(기억만 남고) 사라진.

cicatrizante *a.* 상처가 아무는. 상처를 낫게(회복하게) 하는.
  — *m.* 상처를 고치는 약.

cicatrizar *v.t., v.i.* 상처가(또는 부스럼 자국이) 생기게 하다(생기다). 상처를 고치다. (상처가 낫다). 아물(리)다.
  —*se v.pr.* 흠집(상처 자국)이 생기다. 반흔(瘢痕)이 형성되다.

cicatrizável *a.* 상처가 생기기 쉬운. 상처를 낫게 할 수 있는.

cicerone *m.* (명승·고적의) 안내인. 설명자.

ciceroniano *a.* *Cicero*식의. 웅변의. 전아(典雅)하고 장중한.

ciciar *v.t.* 낮은 소리로 이야기하다. 소근소근 이야기하다.
  — *v.t.* 살랑살랑 소리나다.

cicio *m.* (바람·나무잎사귀 따위의) 살랑살랑하는 소리. 물흐르는 소리. 소근거리는 소리.

cicioso *a.* 살랑살랑 소리나는(내는). 소근거리는.

ciclamen, ciclaminis *m.* [植] 시클라멘(빛깔).

ciclfilo *a.* [植] 둥근 잎사귀(圓形葉)가 있는. 둥근 잎사귀 같은.

cíclico *a.* 순환기의. 주기적(週期的)의. 주기의.
  — *m.* 그리스 전설시대의 시인(詩人).

ciclismo *m.* 자전거 타기. 자전거 경기.

ciclista *m., f.* ①자전거 타는 사람. 그 선수. ②순환론자(循環論者).

ciclite *f.* [醫] 안검염(眼瞼炎).

ciclizar *v.i.* 자전거를 타다(타고 돌아 다니다).

ciclo *m.* ①일순(一巡). 한 바퀴. 주기(週期). ②순환기(循環期). 한 시대. 연기(年紀). ③[數] 윤환(輪環). [植] 일회나선(螺旋). 한번 감기(一輪環). ④[電] 주파(周波). ⑤ [天] 주기.
  ciclo solar 칠요 순환기(七曜循環期). 28 주년(줄리어스력(曆)에서 주일이 동월(同月) 동일로 되풀이 되는 주기).
  ciclo lunar 메톤 순환기(循環期). (19년을 일주기로 함. 부활제의 날을 정하는 데 사용 ; *Meton*이 발견).

cicloidal *a.* [數] 원형의.

ciclóide *f.* [數] 원형.
  — *m.* [魚] 원인어(圓鱗魚).

ciclometria *f.* 측원법(測圓法).

ciclometro *m.* 회전기록기. 자전거의 주정계(走程計). 원호측정기(圓弧測定器).

ciclone *m.* [氣象] 선풍(旋風). 큰 회오리바람. 구풍(颶風).

ciclónico *a.* 선풍의. 구풍의.

ciclónio *m.* = *ciclone*.

ciclópico *a.* ①*cyclops*의(와 같은). 거대한. ②[建] 커다란 돌을 쌓아올린. 거적석(巨積石)의.

ciclostilo *m.* (등사용) 복사기.

ciclotron, ciclotrono *m.* 사이클로트론(원자핵 파괴 장치).

ciconídeas *f.(pl.)* [鳥] 관새(鶴)의 일종.

cicuta *f.* [植] 독당근(강력한 진정제용) : 그것에서 뽑은 독약.

cicutaria *f.* [植] 독있는 미나리(毒芹).

cicutina *f.* [化] 독미나리에 있는 유독(有毒). 알칼로이드.

cidadã *f.* (*cidadão*의 여성형) 여시민(女市民).

cidadania *f.* ①시민임. 공민임. ②시민(공민)의 자격.

cidadão *f.* 시민. 공민. 도회인. 국민.

cidade *f.* ①시(市). 도시. 도회지. ②전체 시민.

cidadela *f.* (시가를 내려다보는) 성채(城砦). 성보(城堡). (군함의) 포대(砲臺). 중추(中樞). 중심지.

cidadinha *f.* 작은 시. 소도시(小都市).

cidra (1) *f.* [植] 시트론(귤의 일종). 불수감

(佛手柑). 유자(柚子).
— (2) f. 사과로 만든 술.
cidrada f. 시트론 껍질을 설탕에 절인 것.
cidral f. 시트론(불수감) 나무숲.
cidreira f. [植] 시트론(불수감) 나무.
cieiro m. 얼어터짐. (손등 따위에 생긴). 얼어터진 금.
ciência f. 과학. 과학연구(법). 학술. 이학(理學). …학. 학문. 지식.
 ciência natural 자연과학.
 ciência militar 군사과학.
ciente a. 아는. 알고 있는. 학문(지식·학식) 있는.
 ficar ciente 납득하다. 알다.
 jazer ciente 납득시키다; 알게 하다.
cientificar v.t. 알게 하다. 납득시키다. 요해(了解)케 하다. 알리다. 통지하다.
científico a. 과학의. 과학적. 과학상의.
 estudos científicos 학술적 연구.
 termo ctentífico 학술어.
cientista m., f. (자연)과학자. 과학 연구자. 학자.
ciesiologia f. 임신론(妊娠論).
cifra f. ①[數] 영(零). 영위(零位). 숫자(數字). ②암호. 부호. 암호해독서(解讀書); 주위 맞춘 문자. ③[樂] 음계기호(音階記號).
cifrado a. 암호로 쓰인(기록된).
cifrante m. 암호장(帳). 암호풀이.
cifrão m. "$" 부호.
cifrar v.t. 암호로 쓰다(기록하다). 요약(要約)하다.
 —se v.pr. 요약되다.
cigana f. ①cigano의 여성형. ②=ciganice.
ciganagem, cigranaria f. ①집시 사람의 떼; 그 행동. 부랑배의 무리[그들 수작]. ②사기꾼(의 패거리). 사기행위.
ciganice f. 속임수. 사기. 기만. 협잡.
cigano m. 집시(사람) (유럽 각지에 흩어져 사는 유랑민으로 피부는 거무스레하고 머리가 검으며 마필 매매·음악사·점치기 따위를 직업으로 함).《轉》방랑하는 버릇이 있는 사람. 교활한 사람. 사기적 상인. 악질 상인.
 — a. 집시식의. 거짓이 많은. 교활한.
cigarra f. [蟲] 매미.《轉》시끄럽게 짓는 짐승.
cigarrar v.i. 담배(궐련)를 피우다.
cigarraria f. 담배가게.
cigarreira f. ①담배(특히 궐련) 넣는 통(갑). 담배 케이스. ②연초 공장의 여직공. 담배 만드는 여자.
cigarreiro m. 연초 공장 직공. 담배(궐련) 만드는 사람.
cigarrilha f. ①가늘게 만 담배. 작은 궐련초. ②작은 파이프. 담뱃대.
cigarro m. 종이에 말은 담배. 궐련(卷煙).
cilada f. ①덧. 올가미. ②매복(埋伏). 복병(伏兵). ③《轉》유혹. 음모. 함정.
cilha f. (말·노래·나귀 등의) 배에 매는 띠. 복대(腹帶). 짐을 비끄러매는 띠. (注意) *silha*: ①의자(椅子). ②벌통의 밑에 받치는 돌.

cilhado a. 띠를 졸라맨. 띠를 두른.
cilhão m. 폭넓은 띠. 말등에 실은 짐을 묶는 띠.
cilhar v.i. (말·나귀 등의) 배에 띠를 두르다. 말등에 실은 짐을 졸라매다.《俗》(밧줄 따위로) 꽉 졸라매다. 비끄러매다.
ciliar a. ①속눈썹의. 첩모(睫毛)의. ②[植] 섬모(纖毛)의. 솜털 모양의.
 musculo ciliar [解] 모상근(毛狀筋).
cilício m. ①말총으로 짠 옷감. ②말총 또는 쇠줄로 만든 띠(징벌용으로 쓰는). ③고난. 고행(苦行).
ciliforme a. [生理] 속눈썹 모양의. [生物] 심노 미슷한.
cilindráceo a. [植] 원통형(圓筒形)에 가까운.
cilindragem f. ①롤러로 땅을 고르기; 롤러로 천·종이 따위를 펴기. ②가루반죽을 방망이로 늘이기.
cilindrar v.t. ①롤러로 땅을 고르다. 롤러로 천·종이 등을 펴다. ②가루반죽을 방망이로 밀어 늘이다.
cilindricamente adv. 원통 모양(원주형)으로.
cilindricidade f. 원통 모양. 원주형.
cilíndrico a. 원통 모양(圓筒狀)의. 원주형(圓柱形)의.
cilindriforme a. 원통 모양을 한. 원주같은.
cilindro m. [幾] 원통(圓筒). [機] 기통(氣筒). 실린더. (인쇄용) 금속 롤러. 원통형의 모든 물건.
cilindróide a. 원통 비슷한. 원통형의.
 — m. 원통(圓筒).
cilio m. [解] 속눈썹. 첩모(捷毛). [生物] 섬모(纖毛). [植] (잎사귀의) 솜털. (곤충

날개에 있는) 세모(細毛).
cima (1) *f*. 꼭대기. 정상(頂上). 윗부분.
em cima 위에. 위에 있어서.
de cima 위로부터. 위에서부터.
para cima 윗쪽으로. 위로 향하여.
por cima 더욱.
em cima de 또는 *por cima de* …의 위에.
— (2) *f*. (옛 철자 : *cyma*). [植] 취산화서(聚繖花序).
cimácio *m*. [建] 반곡(反曲). 반곡선(線). 구흉(鳩胸) 쇠실이.
cimalha *f*. [建] 복공(벽 윗부분에 수평으로 둘린 장식적 돌출부). 처마 복공. 반곡(反曲). [植] 취산화(聚散花). 취산화서(花序).
cimba *f*. 《詩》 작은 배(小舟).
cimbalo *m*. 일종의 현악기(絃樂器). (망치로 치는).
cimeira *f*. ①(닭 따위의) 볏. 관모. 새깃 장식. 새깃으로 장식한 모자 (투구의 꼭대기에 꽂은 장식). ②[建] 도리 장식. ③물건의 꼭대기. 절점. (파도의) 물마루.
cimeiro *a*. 꼭대기(정상)에 있는. 높은 데에 있는.
cimentação *f*. ①시멘트 접합. 시멘트로 굳히기. 교착(膠着). ②[冶] 시멘테이션. 삼탄(滲炭法). [法] (쇠의) 겉을 경화(硬化)하기.
cimentar *v.t*. ①시멘트 접합하다. 굳히다. 시멘트 칠하다. ②기초를 만들다(굳게 하다) : 공고히 하다.
—se *v.pr*. 붙다. 접합하다. 굳어지다.
cimento *m*. ①세멘트. 접합물. 접합제. ②결합. 기초. 토대.
cimento romano 천연(天然) 시멘트.
cimento hidraulico 수경(水硬) 시멘트.
cimento armado 철근 콘크리트.
cimerio *a*. 어두운. 캄캄한. 지옥같은.
cimitarra *f*. (아라비아 · 터키 사람들이 쓰는) 만도(彎刀). 초승달처럼 굽은 칼. 터키 칼.
cimo *m*. 꼭대기. 정상. 절정.
cimofana *f*. 파광석(波光石) (보석의 일종 ; 브라질산).
cinabre, cinábrio *m*. ①[鑛] 진사(辰砂)(=주사(朱砂)). 적색 황화수은(赤色黃化水銀). 연단(鉛丹). 광명단(光明丹). ②주색(朱色). 심홍색(深紅色). 붉은 빛.
cinabrino *a*. 주색의. 심홍색의. 붉은 빛깔의. 주사(朱砂) 같은.
cinámico *a*. 육계의. 육계에서 채취한. *ácido cinámico* 육계산(酸).
cinamomo, cinamono *m*. [植] 계피(桂皮). 육계(肉桂) ; 계수나무속(屬) ; 육계빛.
cínara *f*. [植] 아티초우크. 뚱딴지.
cinareas *f*. [植] 아티초우크속(屬).
cincha *f*. (말(馬)의) 배띠. 복대(腹帶). 안장띠.
cinchona *f*. [植] 기나나무(規那樹). 기나 껍질.
cinchonáceas *f*.(*pl*.) 기나속(屬).
cinchonina *f*. 싱커닌(기나 껍질에서 채취하는 알칼로이드로서 키니네 대용품).
cinchonino *m*. ①=*cinchonina*. ②기나 껍질 성분.
cinchonismo *m*. 기나 중독증.
cinco *a*. 다섯. 다섯의. 다섯 개의. 다섯 사람의.
dia cinco 5일.
— *m*. 5. 다섯이란 수. 다섯 개. 다섯 사람.
cindir *v.t*. 둘로 나누다. 두 조각 내다. 절단하다. 분단하다. 끊다.
—se *v.pr*. 나뉘어지다. 절단되다. 분단되다. 끊기다.
cine *m*. =*cinema*.
cineasta *m*., *f*. 영화 기술자. 영화 전문가.
cinefone, cinefonio *m*. 발성(發聲). 영사기(촬영기).
cinegetica *f*. 개를 이용한 사냥(수렵). 개를 보내어 잡는 사냥.
cinegético *a*. 개를 이용한 사냥의 ; 수렵의. 수렵에 관한.
cinema *m*. ①영화(관) ; 활동사진. ②영사기. 영화 촬영기.
fita de cinema 영화 필름.
cinemática *f*. [理] 운동학. 동학(動學).
cinemático *a*. [理] 운동학(상)의. 동학의. 동적(動的)인. 기계 운동의.
cinematografar *v.t*., *v.t*. 활동사진으로 만들다. 영화로 만들다. 영사(映寫). 촬영하다.
cinematografia *f*. 영화술. 활동사진술.
cinematográfico *a*. 영화의. 활동사진의.
cinematografista *m*., *f*. 영화 촬영하는 이.
cinematógrafo *m*. 영화 영사기. 영화 촬영기.
cineração *f*. 태워서 재로 함. 소각(燒却).

화장(火葬).
cineral *m.* 재무지. 잿더미.
cinerama *f.* 시네라마(세 개의 렌즈를 가진 특수 카메라로 새 개의 필름에 찍음).
cinerar *v.t.* 태워서 재로 만들다. 태워 없애다.
cinerária *f.* [植] 시네라리아(관상식물).
cinerário *a.* ①재의. ②화장한 재(뼈)의. 시회(屍灰)의. 납골(納骨)의.
— *m.* ①죽은 사람의 뼈를 모셔두는 곳. 납골당. ②뼈를 넣는 단지.
cinereo, cinerico *a.* 잿빛의. 회색의.
cineriforme *a.* 잿빛 같은. 재 비슷한. 재 모양(灰狀)의.
cinesiterapia *f.* 운동요법(療法).
cinesiterápico *a.* 운동요법의.
cinetica *f.* 동력학(動力學).
cinético *a.* 동력의. 운동의. 운동하게 하는.
cinetose *f.* [醫] 진동병(振動病).
cingalês *a.* (인도 남쪽) 세일론의. 세일론 사람의.
— *m.* 세일론 사람.
cingel *m.* =*cingelada*.
— *f.* 한 멍에에 맨 두 마리의 소.
cingeleiro *m.* 소를 빌려주는 사람 또는 모는 농부.
cingido *a.* 감은. 감긴. 띠를 두른.
cingidouro *m.* ①띠. 허리띠. 감는 술. 어 릿줄. ②[解] 대(帶). 환상골(環狀骨).
cingir *v.t.* ①띠를 매다. 띠로 매달다. 허리에 두르다. ②피대를 걸다. ③제한하다. 구속하다. ④둘러싸다. 두르다. ⑤(칼을) 띠에 걸다. 띠에 차다.
—**se** *v.pr.* ①(띠 따위로) 몸을 졸라매다. ②(+*com*). 접근하다. 가까이 하다. ③제한되다. (스스로) 억제하다. 자중하다.
cingulo *m.* 성직자의 흰옷을 졸라매는 띠.
cínico *a.* 견유학파적(犬儒學派的)(의). 인 생을 백안시하는. 비꼬는. 냉소적인. 비열한. 파렴치한. 철면피의. 《稀》 개의. 개같은.
— *m.* ①견유학도. 세상을 싫어하는 이. ②비꼬는 사람. 빈정거리는 사람.
cinismo *m.* ①견유철학. 견유주의. ②냉소(冷笑). 늘 비꼬아 생각하는 버릇. 비꼬움. 기자(譏刺).
cinocefalo *m.* ①[動] 비비속(狒狒屬). 별명: 견원(犬面猿). ②머리는 개(犬)였

다는 전설상의 사람.
cinofilo *a.* 개를 (몹시) 좋아하는.
cinofobia *f.* 공견병(恐犬病).
cinofobo *a.* 개를 무서워하는. 개를 싫어하는.
cinografia *f.* 견류지(犬類誌).
cinomorfo *a.* 개 비슷한. 개같은.
cinorexia *f.* [醫] 병적 식욕(食慾).
cinosura *f.* [天] 작은곰자리(小熊座). 북극성.

cinqüenta (발음: 씽껜따). *a.* 50의. 쉰의. 쉰 개의. 오십 명의.
cinqüenta e ctnco alunos 55명의 생도.
— *m.* 50(의 수). 쉰 개. 오십 명.
cinqüentão *a.* 쉰 살되는 오십년의.
— *m.* 쉰 살(되는 분). 오십 세(를 맞이하는 이).
cinqüentenário *m.* 50년제(祭). 오십주년 (기념).
cinqüentona *a.* 쉰 살 전후의.
— *f.* 쉰 살되는 부인.
cinta *f.* ①띠. 허리띠. ②부인의 허리부분. ③[解] 대(帶). ④[建] 동륜(動輪).
cintar *v.t.* 띠를 매다(두르다). 띠로(허리를) 졸라매다. 대봉(帶封)하다.
cinteado *a.* [植] 띠 모양(帶狀)의 무늬 있는.
cinteiro *m.* 띠(또는 띠 종류) 만드는 사람: 그 장수.
cintilação *f.* 불꽃이 번쩍임. 섬광(閃光). 섬광처럼 번쩍거리는 불꽃. 찬란하게 비치기. 광휘. 광채. 빛.
cintilante *a.* 불꽃이 번쩍이는. 찬란하게 비치는. 광채나는. 광휘있는. 찬란한.
cintilar *v.i.* 불꽃이 일다. 번쩍이다. 찬란하게 비치다.
cintilho *m.* 작은 띠.
cinto *m.* ①띠. 허리띠. 혁대. 예대(禮帶). [軍] 견대(肩帶). 어깨띠. [機] 피대. 벨트. [空] 횡대(橫帶). ②산출지대(地帶). 지역.
cinto de segurança 구명대(救命帶).
cintura *f.* ①(인체의) 몸. 허리 부분(胴). ②옷의 허리 부분(통). ③띠. 허리띠.
cinturado *a.* 띠를 두른. 띠로 졸라맨.
cinturão *m.* 넓은 띠. 칼차는 띠. 검대(劍帶). 혁대. 피대.
cinza *f.* ①재(灰). 석탄재. 뜬숯. 석탄찌끼. ②시회(屍灰). 태운 뼈. 유골. ③비통(悲

痛). 고인(故人)의 기념. ④《轉》전멸.
cinzas (*pl.*) 태운 뼈. 유골(遺骨).
quartafeira de cinzas [宗] 재의 수요일 (聖灰水曜日).

cinzeiro *m.* ①재떨이. 재담는 그릇. ②재무지.

cinzel *m.* ①조각(彫刻)용의 끌(정). 파는 칼. 파는 기계. 도려내는 기구. ②파는 사람. 조각사.

cinzelado *a.* (조각용) 끌로 판(새긴); 깎은. 도려낸. 조각한.

cinzelador *a.* 파는. 새기는. 도려내는. 조각하는.
— *m.* 파는(새기는) 사람. 조각사.

cinzeladura *f.* ①조각. 조판(彫版). ②조각하기.

cinzelamento *m.* 조각하기. 조판 만들기.

cinzelar *v.i.*, *v.t.* (조각용의) 칼 또는 끌로 파다. 새기다. 깎다. 도려내다. 조각하다. 정치(精緻)하게 완성하다. 세련(洗練)하다.

cinzento *a.* 잿빛의. 회색의. 납빛의.

cio *m.* ①(암노루·암소 등) 암내 내는 것. 발정(發情). ②발정기(期): 교미욕(交尾慾).
estar (또는 *andar*) *com o cio* 암내 내다. 암내 피며 다니다.

ciografia *f.* (건축물의) 종단면도(縱斷面圖). 음영시계법(陰影時計法).

ciográfico *a.* 종단면도의. 음영시계법의.

ciografo *m.* 종단면도를 그리는 자. 음영시계를 재는 자.

cionite *f.* [醫] 현옹수염(懸壅垂炎).

cionotomia *f.* [外] 현옹수절개술(切開術).

ciosamente *adv.* 시기하여. 부러워서.

cioso *a.* 시기하는. 샘하는. 강샘하는. 질투는. (권리 등을) 애써 지키는. 집착하는. 부러워하는. 열망하는.
— *m.* 시기하는 자. 부러워하는 사람.

ciparisso *m.* [植] =*cipreste*.

ciperaceas *f.*(*pl.*) [植] 사초(莎草: 공원 따위에 심는 비교적 키 큰 잔디풀).

cipero *m.* [植] 사초속(屬).

cipo *m.* 묘주(墓柱). 표주(標柱). 경계주(境界柱). 이정주(里程柱).

cipó *m.* [植] 리아나(열대산의 덩굴식물. 그 줄기는 강력하여 여러 가지 세공에 씀).
cesto de cipó 리아나로 만든 바구니.
cobra cipó 씨뽀오 뱀(나무 위에 있다가 지나가는 사람에게 달려든다는 뱀).

cipoada *f.* ①리아나 덩굴이 많이 내려드리운. ②리아나(덩굴)로 치기.

cipoal *m.* ①리아나(덩굴) 많은 곳. 덩굴이 총총 내려드린 곳. ②곤란.

cipoar *v.t.* 리아나로 치다. 리아나(덩굴) 로 묶다.(동여매다).

cipó-carneiro *m.* [植] 협죽도(夾竹桃) 무리; 약초.

cipó-chumbo *m.* [植] 약초의 일종(출혈·설사 등 멎게 하는 데 좋다함).

cipó-de-cobras *m.* [植] 방기과(防己科)의 약초. (뱀에게 물렸을 때 효과 있다고 함).

cipó-cruz *m.* [植] (브라질산) 기나속(規那屬). 약초.

cipó-do-imbé *m.* [植] 천남성과 약초.

cipolino *m.* 흰빛과 초록빛의 줄기 있는 대리석(大理石).

cipreia *f.* 자안패(子安貝).

ciprestal *m.* 사삼나무숲.

cipreste *m.* ①[植] 사삼속(絲杉屬: 흔히 묘지에 심음). ②죽음의 징조. 비애. 상(喪).

cipridologia *f.* [醫] 화류병학.

cipridolopatia *f.* [醫] 화류병(花柳病).

ciprinóides *m.*(*pl.*) [魚] 잉어과의 물고기.

ciranda *f.* ①눈이 가는 체. 장방형(長方形)의 체. 사별기(篩別機). ②일종의 춤(무도).

cirandarem *f.* 체질하기. 체로 치기. 거르기. 체로 골라내기.

cirandão *m.* 큰 체. 눈이 굵은 체.

cirandar *v.t.* 체로 치다. 체질하다. 거르다.
— *v.i.* 빙글빙글 돌다. 선회하다. 돌며 춤추다. 같은 곳을 왔다갔다 하다.

circinal *a.* [植] 빙글빙글 감긴. 칭칭 감은. 소용돌이 모양의.

circo *m.* ①(원형의) 곡마장. 흥행장. (옛 로마의) 경기장. ②서커스. 곡마단. 곡예단.

circuitar *v.t.*, *v.i.* 돌리다. 돌다. 빙글빙글 돌다. 선회하다. 회전하다. 순환하다.

circuito *m.* 둘레. 주위. 일주(一周). 범위. 순회(로). 순행(로). 도는 길. 둘러싼 것. 위요물(圍繞物). [電] 회로. 회선(回線). [醫] 윤환(輪環). 반복.

circulação *f.* ①순환. 운행(運行). 왕래. 유통. ②유포(流布). 배부(配付). 반포(頒布). 전달. 회람. ③(신문·잡지의) 발행 (부수). (책의) 팔림새. ④통화. 유통어음.

circulado *a.* ①(동전·메달 따위의) 테두리를 장식한. 윤곽장식의. 윤곽장식을 한. ②환한. 순회한. 돌린. 회람한. 유통한.

circulante *a.* 순환하는. 순회하는. 유통하는. 운행하는. 유동(流動)하는.
capital circulate 유동자본. (원료 따위의) 운전자본.
moeda circulante 유통화폐. 통화.

circular (1) *a.* ①둥근. 원형의. 고리 모양의. 윤형(輪形)의. 원통형의. ②순환의. 순회하는. 회람의. (소문 따위) 유포되는.
função circular [數] 원함수(圓函數). 삼각(三角)함수.
número circular 순환수(循環數).
carta circular 회람서한(=단지 *circular* 라고도 함).
— (2) *f.* 회람장(回覽狀).
— (3) *v.i.* (피가) 순환하다. [數] 순환하다. 순회하다. (술잔이 차례로) 돌다. (풍설·소문이) 퍼지다. (신문·잡지가) 배부되다. (화폐가) 유통하다. (기차·버스가) 운행하다.
— *v.t.* (신문·잡지를) 배부하다. (편지·도서를) 회람시키다. (화폐를) 유통케 하다. (술잔 따위를) 돌리다. (소문을) 퍼뜨리다.

circularmente *adv.* 순환적으로. 늘려서. 권형(圈形)으로.

circulatório *a.* (특히 혈액) 순환의.
aparelho circuletório 혈액순환의 조직.
sistema circulatório 순환계통(系統).

crculo *m.* ①[幾] 원(圓). 원둘레(圓周). 윤형(輪形). 둥근 모양의 물건. 고리. 권(圈). ②범위. 구역. 부내(部內). 사회. 집회. 모임. 패거리.
círculo eleitoral 선거구.
círculos indústrais 공업계(界).
círculo vicioso [論] 순환론법(循環論法)의 허위(虛僞).

circumpolar *a.* [天] 극에 가까운. 천극(天極)을 도는.
estrela circumpolar 주극성(周極星).

circunambiente *a.* 휘감는. 둘러싸는. 주위의.

circunavegação *f.* 세계일주 여행. (배로) 지구 한 바퀴 돌기. 주항(周航).

circunavegador *m.* 세계일주 여행자.

circunavegar *v.t.* (배로) 지구 한 바퀴 돌다. 세계일주하다. 주항(周航)하다.

circuncidado *a.* 할례(割禮)받은.

circuncidar *v.t.* 할례를 행하다. [醫] 포피(包皮)를 벗겨내다.

circuncisão *f.* (유대인 또는 회교도들이 종교적으로 행하는) 할례(割禮). [醫] 포피를 잘라내기. 할례제(祭). (그리스도의 할례기념제: 1월 1일).

circunciso *a.*, *m.* 할례받은(유대인 또는 회교도).

circundante *a.* 둘러싸는. 에워싸는. 포위하는.

circundar *v.t.* 둘러싸다. 에워싸다. 포위하다.

circunferência *f.* ①(원의) 주위. 원둘레. 원주(圓周). 외주(外周). ②경계선. 외곽.

circunferente *a.* 원을 그리며 도는. 선회(旋回)하는. 주행(周行)하는.

circunflexão *f.* 환상(環狀)으로 굽힘.

circunflexo *a.* 원형으로 굽은. [解] 꾸부러진.
acento circunflexo [文] 약음부 "＾" (모음의 강약(强弱)을 나타내기 위하여 모음자 위에 찍는 표지).

circunfluência *f.* 주류(周流). 환류(環流). 회류(回流).

circunfluente *a.* 에워 굽이쳐 흐르는. 둘러싸는.

circunfluir *v.t.* 주류(周流)하다. 에워 굽이쳐 흐르다.

circunfusão *f.* 주위에 퍼붓기. 관주(灌注).

circunfuso *a.* 주위에 퍼붓는. 관주하는. 주위에 흐르는. 유포(流布)하는.

circungirar *v.t.* 선회하다. 회전하다. 두루 돌아다니다.

circunjacente *a.* 주변의. 사방으로 인접(隣接)한. 둘러싼.

circunjazer *v.t.* 주위(주변)에 있다. 부근에 있다. 인접하다.

circunlocução *f.* = *circunlóquio*.
— *m.* 완곡(婉曲). 구실. 핑계. 넌지시 하는 말. 완곡한 표현. 유사어(類似語)의 사용.

circunmurado *a.* 담을 한 바퀴 돈. 담으로 둘러싼.

circunpolar *a.* = *circumpolar*.

circunposto *a.* 주위에 놓여 있는. 환치(環置)된.

circunscrever *v.t.* 주위에 줄을 긋다. 주선(周線)을 긋다. 한계를 정하다. 제한하다. 정의(定義)하다. [幾] 외접(外接)하다

(시키다).

—se *v.pr.* 스스로 억제하다. 자제(自制)하다.

circunscrição *f.* 한계. 정의(定義). 범위. 윤곽. 주변(周邊). (화폐의) 둘레에 박은 글자(같은 것). [幾] 외접(外接). (행정상 또는 선거관계로 나뉜) 구. 구역.

circunscritivo *a.* 한계의. 한계를 짓는 (정하는). 제한의. 제한하는.

circunscrito *a.* 한계를 지은 (정한). 제한한. 구역으로 나뉜. [幾] 외접의. [醫] 국부(局部)에 한한. 국부적인.

circulo circunscrito [數] 외접원(外接圓).

circunsolar *a.* 태양 주변의. 태양 근방의.

circunspecção *f.* (생각·행동 등의) 신중·세심. 용의주도(用意周到).

circunspectamente *adv.* 신중히. 조심하여.

circunspecto *a.* 신중한. 조심성 있는. 빈틈 없는. 치밀(緻密)한. 세밀한.

circunstância *f.* ①(주위의) 사정. 환경. 상황. ②(사람의) 형편. 신세. 지내기. 경우. 입장. ③(사건의) 전후 사정. 전말. 상세. ④사실. 형식. 예식.

dadas as circunstâncias 이런 형편에(이어서).

coisa de circunstância 긴급 사건.

Lei de circunstância 긴급 법령.

circunstanciadamente *adv.* 자세히. 세밀히.

circunstanciado *a.* 자세히 설명한. 상세히. 실증(實證)한.

circunstancial *a.* 그때 형편에 따르는. 주위 환경에 의한. 추정상(推定上)의. 우연한. 부수적인. 자세한. [文] 부수적.

circunstanciar *v.t.* 자세히 설명하다. 상세히 실증하다.

circunstante *a.* 주위(주변)에 있는. 곁에 있는.

— *m., f.* 곁에 있는 사람. 현장 목격자. 참관자. 열석자(列席者).

circunstantes (*pl.*) 청중. 관객. 목격자들.

circunstar *v.t., v.i.* 주위에 있다. (현장에) 가까운 데에 있다. 목격하다.

circunvagante *adv.* 떠도는. 떠돌아다니는. 배회하는. 방랑(유랑)하는. 방황하는.

circunvagar *v.t.* 떠돌아다니다. 방랑하다. 유랑하다. 배왕하다.

— *v.t.* …의 주변을 돌다. 돌아다니다. 회전(回轉)하다.

circúnvago *a.* = *circunvagante*.

circunvalação *f.* 성벽(城壁)을 두르기. 도시의 주변에 호(壕)를 둘러파기.

circunvalado *a.* 성벽을 두른. 호를 둘러 판.

circunvalar *v.t.* (도시 따위에) 성벽을 둘러 쌓다. 호를 둘러 파다. 장애물로(도시를) 에워싸다.

circunver *v.t.* 사방(四方)을 휘둘러보다. 사면팔방(八方)을 바라보다.

circunvizinhança *f.* ①주변의 딴. 인근 지방. 인접지. 근교(近郊). ②인근 지방의 주민. 변두리에 사는 사람.

circunvizinhar *v.t.* (…와) 인접하다. 이웃하다.

circunvizinho *a.* 이웃의. 인근의. 근린(近隣)의. 인접한. 가까운.

circunvoar *v.t.* …을 선회(旋回)하여 날다. 주회비행(周廻飛行)을 하다.

circunvolução *f.* 감기. 빙빙 돌기. 회전. 나사 모양으로 돌기. (기둥 머리의) 와선(渦線).

circunvolver *v.t., v.i.* 감다. 칭칭 감다. 감기다.

círio *m.* ①(교회·절간 등에서 쓰는) 큰 초. 횃불. 거화(炬火). ②[植] 선인장속 (仙人掌屬).

círio-do-rei *m.* [植] 모취화속(毛毳花屬).

ciririca *f.* 가짜 미끼(擬餌 : 헝겊 또는 색종이로 미끼처럼 만들어 물고기 따위를 꾀어 잡는 것).

ciriricar *v.t.* 가짜 미끼로 물고기를(꾀어) 잡다.

cirita *m.* 산속에 가서 사는 사람. 은둔자. 선인(仙人).

cirrar *v.t.* 가짜 미끼(擬餌)로 물고기를 잡다.

cirrífero *a.* [動] 감는 털(鞭毛)있는.

cirripedes, cirropodes *m.*(*pl.*) [動] 만각동물(蔓脚動物).

cirro (1) *m.* [植] 덩굴. (완두·오이·포도 등에 있는) 감는 덩굴. 덩굴손. [動] 감는 털. 촉모(觸毛). (물고기의) 입에 달린 수염. [氣象] 권운(卷雲).

— (2) *m.* [後] 경성암종(硬性癌腫).

cirrose *f.* [醫] 간경변(肝硬變). 간장(肝臟)·비장(脾臟) 등의 경화증(硬化症).

cirrosidade *f.* [醫] 경성(硬性) 암종. 경성암(癌)의 경화(硬化).

cirroso (1) *a.* [植] 덩굴의. [動] 덩굴손 모

양의. [氣象] 권운(卷雲)의.
— (2) *a*. [醫] 경성암종성(性)의.
cirrus *m*. [氣象] 권운(卷雲).
cirsocele *m*., *f*. [醫] 음낭정맥류(陰囊靜脈瘤). 정계(精系) 정맥류.
cirsotomia *f*. [醫] 정맥류절단(切斷).
cirurgia *f*. 외과(의술). 수술.
cirurgião *m*. 외과의사.
  cirugião dentista 치과의사. 구강(口腔) 외과의사.
cirúrgico *a*. 외과(술)의. 외과적. 외과용의. 외과의사의.
cirzeta *f*. [鳥] 작은 오리류(小鴨類)
cisa *f*. 《古》부동산 양도세(讓渡稅). 과세(課稅). 세금.
cisalhas *f*.(*pl*.) 쇠찌끼. 금속 부스러기.
cisalpino *a*. (로마에서 보아) 알프스산맥 이쪽의. 알프스 이남(以南)의.
cisandino *a*. (브라질에서 보아) 안데스산맥 이쪽의. 안데스 이동(以東)의.
cisão *f*. 절단. 분리. 분열.
cisatlántico *a*. 대서양의 이쪽(브라질쪽)의.
ciscalhagem *f*. 쓰레기의 무지. (비로 쓸어 모은) 많은 쓰레기.
ciscalho *m*. 쓰레기. 찌꺼기. 석탄가루.
ciscar *v.t*. ①쓰레기를 없애 버리다. 폐물을 쓸어버리다. ②(산불에) 타고 남은 기지를 치워 버리다.
  —*se* *v.pr*. 살그머니 도망가다. 없어지다.
cisco *m*. ①쓰레기. 찌꺼기. 쇠찌끼. 석탄가루(재). 대패밥. 폐물. ②쓰레기 청소. 쓸어 모으기.
cisma *m*. (단체의) 분리. 분열. 의견의 상반(相反). 분립. 분파.
  — *f*. 억측. 망상. 변덕. 변하기 쉬운 마음. 편견. 심취(心醉).
cimador *m*. 공상가.
cismar *v.i*. 염두에 두다. 두루두루 생각하다. 깊이 생각하다. 숙고하다. 명상하다. 걱정하다. 머리를 앓다.
  — *m*. 전심(專心). 전념. 몰두. 심취(心醉).
cismático (1) *a*. 분리적. 분파적. (교회의) 종파분립(죄)의. 가톨릭교로부터 떨어져 나온.
  — (2) *a*. 염두에 두는. 두루두루 생각하는. 명상하는. 숙고하는. 걱정하는.
cismontano *a*. (자기의 집에서 보아) 산의

이쪽 (자기집쪽)의.
cisne *m*. [鳥] 고니. 백조(白鳥). [天] 백조좌(座). 가수(歌手). 시인.
cisqueiro *m*. ①쓰레기통. 쓰레기 버리는 장소. ②모여 있는 쓰레기. 개류(芥溜).
cissão *f*. 분리. (당의) 분열. (의견의) 상반. (종교상) 분파. 종파.
cissiparidade *f*. [生物] 분열번식(分裂繁殖).
cissóide *a*. [植] 만엽(蔓葉) 모양의. 만엽 같은.
cissura *f*. 갈라진 틈. 째진 틈. 열상(裂傷). [解] 골구(骨溝).
cista *f*. [考古] 석관(石棺). 상형석분(箱形石墳). (옛 그리스의) 제기상자(祭器箱子).
cistargia *f*. [醫] 방광통(膀胱痛).
cistárgico *a*. [醫] 방광통의.
cistectasia *f*. 방광확대(擴大).
cisterna *f*. ①빗물 받는 그릇. 물통. 물탱크. ②빗물 고인 곳. 저수지. 못.
cisticerco *m*. [蟲] 주머니 모양의 벌레. 낭충(囊蟲).
cisticercose *f*. 낭충에 걸린 돼지.
cístico *a*. 방광의. 낭종(囊腫)의. 포낭의. 포(胞)의. 낭의. 포가 있는.
cistite *f*. [醫] 방광염(膀胱炎). 방광 카타르.
cisto *m*. [生·植] 홀씨 주머니. 포낭(包囊). 배낭(胚囊). 배(胚) 주머니. [醫] 낭종(囊腫). 농포(膿疱).
cistocele *f*. 방광 헤르니아.
cistóide *a*. 방광 모양(膀胱狀)의. 주머니 모양(囊狀)의. 포 모양(胞狀)의.
cistomia *f*. [醫] 방광 절개술(切開術).
cistoplegia *f*. 방광 마비.
cistoptose *f*. [醫] 방광 내막(內膜)의 탈출.
cistorragia *f*. [醫] 방광 출혈.
cistoscopia *f*. 방광경에 의한 방광 내검(內檢).
cistoscópio *m*. 방광경(膀胱鏡).
cistotomo *m*. 방광 절개(切開).
cistula *f*. [植] 지의류(地衣類)의 구형 포방(球形胞房).
cita *f*. 인용(引用). 인증(引證). 인용문.
citação *f*. ①인용. 인증. 인용구. ②불러냄. [法] 소환(장).
citadino *a*. 도시의. 도회지의.
  — *m*. 도시에 사는 사람. 도회인.
citado *a*. (보기를) 든. 인용한. 인증한.
  — *m*. 피소환자.
citador *a*. ①(보기를) 드는. 인용하는. 인

증하는. ②부르는. 소환하는.
— m. ①예를 들어 보이는 자. 인용하는 사람. 인증자. ②부르는 사람. 소환자.
citamento m. 인용. 인용하기. 인증하기. 예를 들어 보이기. 부르기. 소환하기.
citante a. 부르는. 소환하는.
— m. 소환자.
citar v.t. ①(보기를) 들다. 예(例)를 들다. 인용하다. 인증하다. ②부르는. 소환하다.
cítara f. (옛 그리스의) 하프 비슷한 현악기.
citatório a. [法] 소환의. 소환에 관한.
carta citatória 소환장.
citável a. ①(보기를) 들 만한. 인용(인증) 할 수 있는. ②불러와야 할. 소환해야 할.
citerior a. (어떤 목표물로부터) 이쪽의. 자기있는 쪽의. 이쪽에 있는.
citígrado a. 다리가 빠른. 조족(早足)의.
citiso m. [植] 금작화(金雀花).
citogrenese f. [醫] 세포발생(細胞發生). 세포형성.
citogenia f. 세포계통학.
citologia f. 세포학(細胞學).
citologista m., f. 세포학자.
citoplasma m. [生物] 세포질. 세포형질 (形質: 세포체(體)를 형성하는 기본이 되는 성분).
citráceaf f.(pl.) [植] 시트런속(레몬·귤· 불수감 등 총칭).
citrato m. [化] 구연산염(枸櫞酸鹽).
citreo a. 시트런의. 구연의. 구연에 속하는.
ctrico a. [化] 구연성(枸櫞性)의. 구연산 (酸)의. 구연에서 채취한.
áicido cítrico 구연산.
cítrilo m. 레몬 기름(레몬 껍질에서 빼낸 유 상액(油狀液)).
citrina f. ①[植] 씨트런(귤의 일종). 불수 감(佛手柑). ②[鑛] 황수정(黃水晶).
citrino a. 씨트런의. 불수감의. 레몬(빛)의.
citronela f. ①씨트러넬러 기름. ②[植] (레 몬과 비슷한 향기 있는) 귤나무(橙類)의 총칭.
ciumaria f. 심한 질투(시기). 몹시 부러워 하기.
ciume m. 시기. 샘. 질투. 부러움.
ciumeira f. = *ciumaria*.
ciumento a. 질투심 많은. 질투하는. 시기 하는. 샘하는(권리 등) 애써 지키는.
— m. 질투하는 사람. 시기하는 자. 부러워하는 이.

ciumoso a. = *ciumento*.
cível a. [法] 민사의. 민법의. 민법상의.
— m. 민사재판소(의 권한).
civelmente adv. 민사상. 민법상.
cívico a. 시의. 시민(권)의. 공민의. 국민의. 국가의.
amor cívico 애국심.
guarda cívico 국민병(國民兵).
— m. 경관. 경찰관.
civil a. ①(군인에 대한) 민간의. 민간인의. 공민의. 공중의. 문관(文官)의. 군속의. ②친절한. 예의 있는. 문명한. ④[法] 민사의. 민법상의.
ano civil 역년(曆年).
direito civil 인권. 민권.
registro civil 호적(戶籍).
processo civil 민사소송.
código civil 민법전서(全書). 민법법전.
guerra civil 내전(內戰).
— m. 일반시민. (군인에 대한) 민간인. 비전투원.
civilidade f. 정중. 은근(慇懃). 예의. 예절.
civilista m., f. 민법학자.
civilização f. 개화(開化). 교화. 계몽(啓蒙). 문명. 문화.
civilizado a. 개명한. 교화(敎化)된. 문명한. 문화적인. 교양 있는. 예의 바른.
civilizador a. 개명하게 하는. 교화하는. 계몽하는. 문명으로 이끄는. 개발(開發)하는.
— m. 교화하는 사람. 계몽하는 사람.
civilizante m. 《稀》 개화하는 자. 문명보급자.
civilizar v.t. 개화(開化)시키다. 교화하다. 계몽하다. 문명으로 이끌다. 문명되게 하다. 개발하다.
— se v.pr. 개화하다. 문명해지다. 계몽되다.
civilizável a. 개화(교화)할 수 있는. 계몽해야 할. 문명으로 이끌 수 있는.
civilmente adv. ①예의 바르게. 은근하게. ②민법상으로.
civismo m. 공민정신. 공덕심(公德心).
cizânia f. ①[植] 독보리. ②불화(不和). 갈등. 내분.
cizão m. [鳥] 작은 기러기.
cizirão m. [植] 연리초(連理草) 무리의 식물.
clã m. 일족. 일문. 벌족(閥族). 당여(黨與). 한 파(派). 단체. 사회.

clamador *a.*, *m.* 외치는 (사람). 소리 지르는 (자). 고함치는 (사람). 절규하는 (이).

clamante *a.* 소리 지르는. 고함치는. 절규하는. 높은 소리로 도움을 청하는.

clamar *v.i.*, *v.t.* 소리 지르다. 외치다. 고함지르다. 절규하다. (+*por*). 외쳐 호소하다. 원하다.

clamor *m.* 외침. 외치는 소리. 고함 소리. 규환. 절규(絶叫). 외쳐 요구하기. 시끄러운 불평(항의・요구) 아우성.
clamor público 공중의 외치는 소리(원성). 군중의 호소(요구・비난).

clamoroso *a.* 외치며 불평대는. 불만을 호소하는. 고함지르며 항의하는. 소란한. 시끄러운.

clandestinamente *adv.* 비밀히. 몰래. 살짝.

clandestinidade *f.* 내밀. 비밀히 행동하기. 행동의 은밀성. 불법행위.

clandestino *a.* 내밀(內密)의. 비밀의. 감추어 있는. 몰래하는. (행동의) 지하적. 지하 운동의.
reunião clandestina 비밀회의.
casamento clandestino 수속 밟지 않은 결혼식.
movimento clandestino 지하 운동.

clangor *m.* 예리한 나팔소리. 귀에 거슬리는 쇳소리.

clangorejar *v.i.* 예리한 나팔소리 나다. 뗑그랑 뗑그랑 울리다.

clangoroso *a.* (나팔소리) 예리하게 울리는. (종 따위) 뗑그랑 뗑그랑 울리는.

claque *f.* ①오페라 모자. ②극장에서 돈을 받고(또는 부탁 받고) 박수 갈채하는 이.
chapéu de claque 오페라 모자(접을 수 있는 실크 해트).

clara *f.* (계란의) 흰자위(卵白). 단백. (눈의) 백막(白膜). 숲속의 나무 없는 곳. 빈터.

clarabóia *f.* 천장에 있는 창. 천창(天窓). 채광창(採光窓).

claramente *adv.* 뚜렷하게. 명백하게. 명료하게.

clarão *m.* (번쩍이는) 빛. 섬광(閃光).
clarão da esperança 희망의 서광.

clareação *f.* ①밝게 함. 명백(명료)하게 함. ②맑게 하기.

clarear *v.t.* 밝게 하다(비치다). (애매한 것을) 명백하게 하다. 깨끗하게 하다. (장소 따위를) 비우다. (흐린 것을) 맑게 하다. 청백하게 하다.
— *v.i.* 밝아지다. 밝다. 명백(명료)해지다. (물・하늘이) 맑다. 맑아지다.

clareira *f.* 숲(森林) 속의 나무 없는 곳. 공간. (밭 가운데의) 곡식 따위를 베어낸 곳. 빈 터.

clarejar *v.t.* 밝게 하다. 명백(명료)하게 하다.

clarete *a.* 질과 자홍색(紫紅色)의.
— *m.* 클래럽(프랑스산 붉은 포도주).

clareza *f.* 맑음. 투명함. ②뚜렷함. 명백. 명료. ③밝음. 활짝 개임. 청량(淸朗). 청명(淸明).

claridade *f.* 빛. 광명. 조명. 밝음. 명료.

clarificação *f.* 맑게 함. 징청(澄淸). 순화(純化). 정화(淨化). 명료케 함.

clarificar *v.t.* 깨끗이 하다. 맑게 하다. 정화하다. 분명케(뚜렷하게) 하다.
— *v.i.*, —*se v.pr.* 맑아지다. 깨끗해지다. 밝혀지다. 명백해지다. 정화하다.

clarificador *m.* 청징기(淸澄器). 진창 쳐내는 기계.

clarificativo *a.* 맑게 하는. 깨끗이 하는. 징청(澄淸)케 하는. 투명하게 하는.

clarim *m.* 나팔. 《古》 각적(角笛).

clarineta *f.* = *clarinete*, *clanneto*.
— *m.* 클라리넷(악기의 일종).

clarinetista *m.*, *f.* 클라리넷을 부는 사람.

clarisono, clarissono *a.* 낭음(朗音)의. 청량(淸亮)한 소리 나는.

clarividência *f.* 머리(두뇌)가 명석함.

clarividente *a.* ①(머리가) 명석한. 총명한. 명민(明敏)한. ②예민한. 날카로운.

claro *a.* 맑은. 투명한. 밝은. 뚜렷한. 청랑(淸朗)한. 활짝 개인. 환한. 명확한. 명석(明晳)한. 명민한. 명료한. 알기 쉬운.
dia claro 낮 동안. 주간.
noite clara 밝은 밤. 달밤.
estilo claro 알기 쉬운 글체(文體).
razão clara 뚜렷한 도리(이유).
— *m.* 빈 터(특히 숲속에 있는) 공지. 공간. 여백(餘白). (그림의) 밝은 곳(明所). (색채의) 연한 부분.
— *adv.* 뚜렷이. 똑똑하게. 명백히. 빤히.
ās claras (부사구) 명백하게. 환하게.
em claro 맑게. 아무 것도 없이.
passar em claro 요점을 회피하다. 제일 중요한 부분을 삭제하다.
passar a noite em claro 밤을 밝히다.

밤을 새다.
claro-escuro *m.* (그림의) 농담(濃淡). 농담의 배합(配合). 명암법(明暗法).
classe *f.* 급(級). 학급. (사회의) 계급. 부류. 부문. 종류. (일반적 우열(優劣)의) 등급. (기차·기선의) 등급. [博] 강(綱). 류(類).
primeira classe 제일급. 일등실.
segunda classe 2급(品). 2등실.
classe superior 상류 계급.
classe média 중류 계급.
classe inferior 하류 계급.
classe operária 노동 계급.
classicismo *m.* 고전주의. 의고주의(擬古主義). (교육상의) 상고(尙古)주의. 고전의학식. 고전적 어법(語法).
clássico *a.* 고전(古典)의. 고전적인. 고전풍(風)의. 구습(舊習)의. 전통적인. 모범적인. 표준적인. 규범적(規範的). 고전문학의. 고전주의의. 《稀》고상한. 고아(高雅)한.
— *m.* 고전학자. 고전작가(作家). 고전주의자.
classificação *f.* 분류(법). 유별(類別). 등급별. 등급으로 나누기. (선수권 따위의) 자격소지(資格所持).
classificado *a.* 분류한. 등급으로 나눈. (일정한 수준의) 자격을 소지한.
classificador *m.* 분류(유별)하는 사람. 등급으로 나누는 자. 분류기(分類器). 일정 수준(一定水準)에 통과된 사람. (씨름·축구 등 시합에 있어서) 비견에 든 선수(준준결승 팀 중에서 준결승 팀으로 뽑히는 따위).
classificar *v.t.* 분류(유별)하다. 등급으로 나누다. 가리다.
— *se v.pr.* 등급에 들다. 득점하다. (선수 따위) 출전 자격을 가지다.
clastico *a.* [地質] 쇄편성(碎片性)의. 분열하는.
claudicação *f.* ①(다리를) 절음. 절름거림. 절뚝거림. ②불비(不備). ③잘못. 과오(過誤). 과실.
claudicante *a.* 절뚝거리는. 절름발의. 불안전한. 의무(義務)를 다하지 못하는. 잘못된 실수한. 과오를 범하는.
claudicar *v.i.* ①절뚝거리다. 절름발로 걷다. ②의무를 다 못하다. ③실수하다. 잘못하다. ④결점(缺點)이 있다. 완전치 못하다.
claustral *a.* 수도원의. 수도원에 있는. 수도원 같은. 쓸쓸한. 속세를 떠난. 은둔한.
claustro *m.* 수도원. 승암(僧庵). 정사(精舍). [建] 회랑(廻廊). 수도원 생활.
claustrofobia *f.* [醫] 폐소(閉所) 공포증.
cláusula *f.* (조약·법률 등의) 개조(個條). 조항. 조(條). 정관(定款). [文] 절(節) 부속구(附屬句).
clausular *v.t.* 조항(條項)으로 나누다.
clausura *f.* 폐쇄된 곳. 유폐소(幽閉所). 둘러싸인 곳. 수도원(생활). 칩거(蟄居). 은둔(생활).
clausural *a.* 폐쇄된 곳의. 유폐소의. 수도원(생활)의.
clausurar *v.t.* 안에 넣고 닫아 버리다. 폐쇄하다. 유폐(幽閉)하다. 수도원에 넣다. 은서(隱栖)케 하다.
— *se v.pr.* 은퇴(은둔) 생활을 하다. 칩거하다.
clava *f.* 나무망치. (특히 한쪽이 뭉뚝한) 곤봉.
clave *f.* [樂] 음표기호(音標記號).
clavicórdio *m.* 클래비코드(피아노의 전신(前身)인 유건(有鍵)악기).
clavícula *f.* [解] 쇄골(鎖骨).
claviculado *a.* 쇄골이 있는.
clavicular *a.* [解] 쇄골의.
claviculário *m.* 열쇠보관인.
claviforme *a.* 곤봉 모양의. (야구의) 베트 같은.
clavija *f.* 거는 못. 나무 못. 거는 갈고리.
clavina *f.* 기병총. 칼빈총.
clematite *f.* [植] 사위질 빵속(屬). 참으아리속(屬) (미나리아재비과)
clemência *f.* ①너그러움. 관대. 관용(寬容). ②너그러운 처치. 사죄(赦罪). 가대(假貸). ③(성격 등의) 온순. 온건. (기후의) 온화.
clemente *a.* ①너그러운. 관대한. 인자한. 죄를 용서하는. 도량이 있는. ②따뜻한. (기후가) 온화한.
clementemente *adv.* 너그럽게. 관대히. 온화하게.
clepsidra *f.* (옛날의) 물시계.
cleptomania *f.* 도둑질하는 버릇. 병적 도벽(盜癖). 절도벽(竊盜癖). 절도광(狂).
cleptomaníaco *a.* 도둑질하는 버릇의. 절도벽의.

clerezia *f.* (集合的) 목사들. 승려들. 성직자(聖職者)의 집단.

clerical *a.* 목사의. 승려의. 성직자의. 목사(승려·성직자)에 관한.

clericalismo *m.* 승려존중주의. 교권(敎權)주의. 승려의. 부당한 정치적 세력.

clericalmente *adv.* 승려처럼 성직자답게.

clericato *m.* ①성직자(승려)의 신분. ②승도(僧徒).

clérigo *m.* [宗] 성직자. 목사. 신부. 승려.

clero *m.* (集合的) 목사(들). 성직자(들).

clicar *v.t.* 클릭하다.

clichê *m.* [印] 화판(畫版). 스테이오판(版). 연판(鉛版). 종판(種版).

cliente *m., f.* 고객. 단골손님. 소송(변호)의뢰인(依賴人). 상담하러 오는 사람. [로마사] 로마 귀족의 피보호자(평민). 예속자(隸屬者). 종자(從者). 신하.

clientela *f.* ①(호텔·상인 등의) 단골손님들. ②(의사에게 자주 다니는) 환자. ③소송의뢰인들. 피보호인들. 신하들.

clima *m.* ①기후. 시후(時候). ②풍토. 같은 기후의 지대(地帶).

climatérico (1) *a.* 변환기의. 월경 폐지기의. 갱년기의.
— *m.* 변환기.(사춘기·월경 개시 또는 폐지기·갱년기 등의) 인체조직의 변환기. *anos climatéricos* 액년(厄年) (7년마다 또는 그 기수(奇數) 배년마다 오는).

climatérico *a.* 기후의. 풍토의. 기후상의.

climático *a.* 기후(상)의. 기후에 관한.

climatologia *f.* 기후학. 풍토학.

climatológico *a.* 기후학(상)의. 기후학에 관한. 기후의 영향을 받는. 기후에 지배되는.

elimatoterapia *f.* [醫] 기후요법. 공기요법(療法).

clímax *m.* [修] 점층법(漸層法 : 차차 문세(文勢)를 높여가는 것).

clínica *f.* 임상강의(臨床講義)(실). 진찰실. 일반 진찰. 의원(醫院).
hospital das clínicas 종합병원.

clínico *a.* 임상의. 임상강의의. 병상(病床)의.
licão clínica 임상강의(講義).
medicina clínica 임상의학. 실험의학.
termometro clínico 체온기.
— *m.* 임상의(臨床醫). 치료의(醫).

clinocloro *m.* [鑛] 사녹이석(斜綠泥石).

clinômetro *m.* 경사계(傾斜計) : 지층의 주향(走向)·경사각(角) 등을 측정함).

clinoterapia *f.* 안정요법(安靜療法).

clisroeo *a.* [醫] 배설(排泄)의. 분변(糞便)의.

clisobomba *f.* (펌프형의) 관장기(灌腸器).

clister *m.* 관장(灌腸).

clisterização *f.* 관장하기.

clisterizar *v.t.* 관장(灌腸)하다.

clitóris *f.* [解] 음핵(陰核). 《卑》 공알.

clitorismo *m.* 음핵의 이상발달(異狀發達).

clitoritite *f.* [醫] 음핵염(炎).

clivagem *f.* (鑛石의) 박파성(剝破性).

clivo *m.* 내리막. 비탈. 산의 경사면. 사면지(斜面地).

clivoso *a.* 내리막을 이룬. 경사진. 비탈이 많은.

cloaca *f.* ①하수. 하수도관(下水導管). 하수도랑. ②오물(汚物). 악취를 내는 물건. ③[動·解] 배설공(排泄孔). (鳥類·爬蟲의) 배설강(排泄腔). 《俗》 변소.

cloacal *a.* 하수도관(하수도랑)의. 배설공의. 배설강의.

cloacario, cloaqueiro *m.* 하수도관 또는 하수도를 소제하는 사람. 오물청소인.

cloasma *m.* [醫] 갈색반(揭色斑 : 일종의 피부병). 무반(拇斑) : 노인들의 피부에 나타나는 갈색 죽으께 같은 것) 검버섯.

clonico *a.* [醫] 간대성(間代性)의. 급격한 신축(伸縮)이 계속하는 경련성의.

clonismo *m.* [醫] 간대성련축(間代性學縮 : 근육의 계속적인 심한 경련).

cloral *m.* [化] 클로랄(빛없는 기름 모양의 액체).
hidro do cloral 포수(抱水) 크로랄(마취제).

clorato *m.* 염소산염(鹽素酸鹽).

cloretado *a.* 염소(鹽素)를 함유한.

cloretilo *m.* [化] 에틸염소산염.

cloreto *m.* [化] 염화물(鹽化物).

cloridrato *m.* [化] 크로랄 수소(水素)산염.

clórico *a.* [化] 염소의. 염소와 화합한.
ácido clórico 염소산(鹽素酸).

clorino *m.* [化] 염소(鹽素). 클로오르(비금속 원소의 하나).

clorite (1) *f.* [鑛] 녹니석(綠泥石).
— (2) *f.* = *clorito*.

clorito *m.* [化] 아염소산염(亞鹽素酸鹽).

cloro *m.* [化] 염소(鹽素). 클로오르(비금속

원소).
clorodina *f*. [B] 클로오다인(아편・클로로포름 등을 넣은 진통마취제).
clorofana *f*. [鑛] 녹색형석(綠色螢石).
clorofila *a*. [植] 엽록소(葉綠素: 식물 세포 내에 있는 녹색 색소).
clorofórmico *a*. 클로로포름의.
cloroformio *m*. [化] 클로로포름(무색 휘발성의 액체. 마취제).
cloroformização *f*. 클로로포름으로 처치하기(마취시키기).
cloroformizar *v.t*. 클로로포름으로 처치하다(마취하다).
clorolina *f*. 염소(클로오르) 소독수.
clorometria *f*. 염소(클로오르) 정량(定量).
clorometro *m*. 염소(클로오르) 정량계(計).
clorose *f*. [醫] 위황병(萎黃病). [植] 변색병(變色病: 초록빛이 없어지고 흰빛을 띠는 황화현상(黃化現象)).
cloroso *a*. [化] 염소(鹽素)의. 염소와 화합한. 아염소산(亞鹽素酸)의. 음전성(陰電性)의.
clorótico *a*. [醫] 위황병의. 위황병에 걸린. [植] 변색병의(에 걸린). 초록빛이 퇴색한. 창백한.
clube *m*. 클러브. 클러브 회관. 오락장. 집회소. 정치적결사(政治的結社). 공제조합(共濟組合).
clubista *m., f*. 클러브 회원. 오락단체의 회원. 정치결사회원. 공제조합원.
co *pref*. 공동의・공통의・상호간의・연접한 등의 뜻을 나타내는 접두사(接頭辭).
cóa *f*.《廢》= *coação* (1).
coabitação *f*. 동거(同居). 동서(同棲). 부부살이.
coabitar *v.i., v.t*. ①(남녀가) 함께 살다. 동거(동서)하다. ②공동 생활하다. (아파트 등의 건물에서 여러 세대가).
coação (1) *f*. 여과(濾過)하기. 여과법.
— (2) *f*. 강제(强制). 강요하기. 의무로 함. 공동작업.
coacusado *m*. 공동피고(被告). 연루자(連累者).
coacquisição *f*. 공동취득(取得).
coactar *v.t*. 강제하다. 강요하다. 함께 일하다.
coactivo *a*. 강제하는. 강제적인. 억압적인. 자유를 구속하는.
coacto *a*. 강제한. 강제된. 강요당한.

coactor *m*.《古》(옛 로마의) 징세리(徵稅吏).
coada *f*. 여과(濾過)된 물(또는 액체).
coadeira *f*. = *coador*. *m*.
coadjutor *m*. 조수. 협조자 [宗] 사제(司祭)의 보좌.
— *a*. 돕는. 방조하는. 협조하는.
coadjutoria *f*. 조수(보좌인. 협조자)의 역할.
coadjuvação *f*. 돕기. 방조. 협조. 협력. 협동.
coadjuvador, coadjuvante *a., m*. 돕는 (사람). 방조하는 (자). 협력(보좌)하는 (사람).
coadjuvar *v.t*. 돕다. 방조하다. 보좌하다. 협조하다. 협력하다.
co-administração *f*. 공동관리. 공동경영.
co-administrar *v.t*. 공동관리(지배)하다. 공동경영하다.
coado *a*. 거른. 여과(濾過)한.
água coada 여과한 물.
ferro coado 용해한 철(鐵).
areia coada 체로 친 모래.
coador, coadouro *a*. 거르는. 여과하는.
— *m*. 거르는 그릇. 여과하는 기구(濾過器).
coadquirição *f*. = *coacquisição*.
coadquirir *v.t*. 공동으로 얻다(취득하다). (…와) 동시에 취득하다.
coadunação *f*. ①모임. 집합. 집회. 회중(會衆). 집단(集團). ②합동. 합체. 합일(合一). ③(기계의) 짝 맞추기.
coadunado *a*. ①모임. 모은. 집합한. ②합동한. 합치(合致)한. 합일한. ③짝을 맞춘.
coadunar *v.t*. 모으다. 집합시키다. 합동케 하다. 합체(合體)시키다. (기계의) 짝을 맞추다.
—**se** *v.pr*. 모이다. 합치다. 합동하다. 합체되다. 연합하다. 융합하다.
coadura *f*. ①거르기. 여과하기. ②여과 액체.
coagente *a*. 강제하는. 강요하는. 속박하는.
coagir *v.t*. 강제하다. 강요하다. (자유를) 구속하다. 속박하다.
coagmentação *f*. 결합(結合).
coagulação *f*. (혈액 등의) 응고(凝固). 응결. 엉기는 작용. 엉긴 것. 응결물(凝結物).
coagulador *a*. 응고(응결)시키는. 엉기게 하는.

coagulante *a.* 응고(응결)시키는. 응결력 있는. 응결성의. 응축성의.

coagular *v.t.* (용액을) 엉기게 하다. 굳히다. 응결되게 하다.
— *v.i.*, —se *v.pr.* 엉기다. 굳어지다. 응결하다. 응고하다. 응축하다.

coagulável *a.* 엉길 수 있는. 굳기 쉬운. 응고(응결)할 수 있는. 응결성의.

coágulo *m.* (용액이) 엉긴 것. 굳어서 덩어리가 된 것. 응괴(凝塊). 응결분(分). 응고제(凝固劑).
coágulo do sangue 엉긴 피. 핏덩어리.

coajiá *m.* 일종의 원숭이.

coalescência *f.* 합체. 합동. 결합. 접합. 상처가 나아서 아뭄. 유합(癒合).

coalescente *a.* 합체하는. 합동시키는. 상처를 낫게 하는. 아물게 하는. 유합되게 하는. 합동의. 결합의.

coalescer *v.t.* (분리된 것을) 합치다. 합동시키다. 붙이다. 상처를 낫게 하다. 아물게 하다.
— *v.i.* (으스러진 뼈가) 붙어 아물다. 붙다. (별개의 요소가) 합체(合體)하다. 합동하다.

coalhada *f.* ①덩어리가 된 우유. 응유(凝乳). ②질고 맛이 신 우유. ③액체의 응결분(凝結分).

coalhado *a.* 덩어리가 된. 굳은. 응결한.

coalhadura *f.* 덩어리가 되게 하기. 응결시키기. 응결한 것.

coalhamento *m.* 굳어지게 하기. 응결시키기. 응결물.

coalhar *v.t.* (액체를) 굳어지게 하다. 응결시키다. 응유(凝乳)로 만들다.
— *v.i.*, —se *v.pr.* 굳어지다. 응결하다.

coalho *m.* (피같은 것의) 엉긴 덩어리. 응혈(凝血). 응유(凝乳). 응결분(分). 응결제(劑).

coalizão *f.* 연합. 합동. 동맹. 제휴(提携). [政] 연립(聯立).
govêrno de coalizão 연립정부.

coalizar-se *v.pr.* 연립정부를 형성하다.

coaptação *f.* [外] 접골(接骨). 접골술.

coaquisição *f.* (=*coacquisição*). 공동취득.

coar *v.t.* (물·액체 등을) 거르다. 여과하다. 스며들게 하다. 삼투시키다. (금속) 녹이다.
— *v.i.*, —se *v.pr.* 여과하다. 걸러지다. 스며들다. 스미다. 잠입(潛入)하다. 침투(浸透)되다.

coarctação *f.* ①좁히기. ②제한하기. 국한하기. [醫] 협착(狹窄).

coarctado *a.* ①좁힌. 축소한. 제한한. 국한된.

coarctar *v.t.* ①좁히다. 축소하다. 줄이다. 생략하다. 단축하다. ②제한하다. 국한하다.
—se *v.pr.* 좁아지다. 축소(縮小)되다. 제한되다. 국한되다.

coarrendador *m.* 공동 차지인(共同借地人). 공동 차가인(借家人). 공동 소작인(小作人).

coarrendatário *m.* =*coarrendador*.

coarrendamento *m.* 공동 차지. 공동 차가. 공동 소작.

coativo *a.* 강제적인. 강제력 있는. 자유를 억압하는. 속박하는.

coato *a.* 강제한. 강제된. 강요당한.

co-autor *m.* 공저자(共著者). 공동 원고(原告).

co-autoria *f.* 공동 저작임. 공저(共著).

coaxação *f.* (개구리 따위) 개굴개굴 울기.

coaxada *f.* =*coaxo*.

eoaxante *a.* 개굴개굴하는(우는).

coaxar *v.i.* (개구리가) 개굴개굴 울다.
— *m.* 개구리의 우는 소리.

coaxo *m.* (개구리의) 개굴개굴하는 소리.

cobáia *f.* [動] 꼬바이아(남아메리카에 사는 모르모트의 일종. 기니아피그).

cobáltico *a.* [化] 코발트의. 코발트색의. 코발트를 포함한.

cobaltifero *a.* 코발트를 포함한. 제2 코발트의.

cobaltite *f.* =*cobaltito*.
— *m.* [鑛] 휘(輝)코발트광(鑛).

cobaltizado *a.* 코발트 빛을 띤.

cobaltizagem *f.* 코발트 빛을 띠게 하기.

cobaltizar *v.t.* 코발트 빛을 띠게 하다. 코발트 빛으로 만들다.

cobalto *m.* [化] 코발트 (금속원소).

cobarde *a.* (=*covarde*). 겁많은. 비겁한.
— *m.* 겁쟁이. 비겁한 자.

cobardemente *adv.* 겁을 먹고. 비겁하게.

cobardia *f.* (=*covcrdia*). 겁. 겁나(怯懦). 소심(小心). 비겁. 다겁(多怯).

cobardice *f.* =*cobardia*.

cobeia, cobea *f.* [植] 꼬베아(화총과(花葱

coberta *f.* ①덮는 물건. 덮개. 커버. 침대 씌우개. 싸는 물건. ②뚜껑. 표지. 표장 (表裝). ③[軍] 엄호물. 차폐물(遮蔽物). ④《轉》숨는 곳. ⑤[海] 갑판(甲板).
 coberta da cama 침대 씌우개.
 coberta do navio (배의) 갑판. 선층(船層).
cobertamente *adv.* 비밀히. 슬쩍. 감쪽같이.
coberto *a.* ①덮인. 포장된. 뚜껑 있는. 모자를 쓴. 지붕 있는. (보자기 따위에) 싼. ②음폐(陰蔽)한. 방어한. 숨긴. ③보상(報償)된.
 — *m.* ①엄호물. ②벽으로부터 비스듬히 밖으로 나온 지붕. 차양(遮陽). ③걸채.
cobertor *m.* 담요. 모포(毛布). 이불.
cobertura *f.* ①덮기. 씌우기. 싸기. 포장. ②씌운 물건. ③이엉. 개초(蓋草). 지붕. ④차폐(遮蔽). 엄호.
 cobertura de sapé 개초(蓋草).
cobiça *f.* 욕(慾). 욕심. 탐욕. 탐내기. 야심.
cobiçador *m.* ①욕심장이. 탐욕자. ②열망(갈망)하는 이.
cobiçante *a.* ①욕심 많은. 욕심 부리는. 몹시 탐내는. ②갈망하는. 열망하는.
cobiçar *v.t.* ①욕심부리다. 탐내다. ②갈망하다.
cobiçável *a.* 욕심부릴 만한. 탐낼 만한. 가치 있는.
cobiçosamente *adv.* ①욕심 많게. 욕심내어. ②갈망(열망)하여.
cobiçoso *a.* ①욕심 많은. 몹시 탐내는. ②갈망(열망)하는.
cobra *f.* [動] 뱀. 코브라. 《轉》냉혈적 인간. 음험한 사람.
 cobra cascavel 방울뱀(독사).
 cobra dágua 살무사.
 cobra de vidro 뱀. 도마뱀.
 cobra veado (인도의) 독사.
 cobra capelo (인도산) 독사.
 cobra cipó 시뽀오(독사) (초록빛을 띠고 나무 위에 있다가 지나가는 동물에 달려든다는).
cobrador *m.* 돈받는 사람. 수금인. 세금받아들이는 이. 수세리.
 cobrador do ônibus 버스 안에서 돈 받는 이.
cobrança *f.* 돈받기. 수금. 집금. (세금의) 징수.

cobrar *v.t.* 돈을 받다. 돈을 거두다. 수금하다. (세금을) 징수하다. 회수하다. 회복하다.
 —*se v.pr.* 지불되다. 돈받다. 회수되다. 회복되다.
cobrável *a.* 돈받을 수(걷을 수) 있는. 수금(징수)할 수 있는. 회수(회복) 가능한.
cobre *m.* ①구리. 동(銅). ②구리로 만든 그릇. ③《古》동전. 동화(銅貨).
 cobres (*pl.*) 《俗》돈. 금전. 구리 그릇.
 fôlha de cobre 동판(銅版).
cobreira *f.* [醫] 대상복행진(帶狀匐行疹).
cobrelo *m.* 작은 뱀.
cobrição *f.* (가축의) 교미(交尾).
 cavalo de cobrição 종마.
cobril *m.* (동물원·실험소 등의) 뱀 기르는 곳(蛇屬飼養所).
cobrimento *m.* ①덮기. (씌우기. 덮어씌우기. 덮어 가리기). ②음폐(물). 엄호(물). 보상(補償).
cobrinha *f.* 작은 뱀. 뱀 새끼.
cobrir *v.t.* 덮다. 덮어 씌우다. 모자를 씌우다. 뚜껑을 덮다. (보자기 따위로) 싸다. (덮어) 감추다. 가리다. 보호하다. [軍] 음폐하다. 엄호하다.
 (+*de*). (비용·손실 등을) 충분히 치르다. 치르고 남다. 보상하다. (가축을) 교미시키다.
 —*se v.pr.* 모자를 쓰다. 자기의 몸을 가리다. 자신을 보호하다.
 cobrir uma casa (집에) 지붕을 하다.
 cubra-se! 모자를 써라! 가려라!
cobro (1) *m.* 끝. 마감. 종결. 종말. 금지.
 pôr côbro a …을 끝내다. 마감하다.
 — (2) *m.* =*cobreira*.
coca (1) *f.* 망보기. (나타나는 것을) 기다려 보기.
 estar á coca 망보고 있다. 기회를 엿보고 있다.
 — (2) *f.* [植] 코카나무(코카인을 뽑아냄). 코카 잎으로 만든 약제.
coça *f.* ①가려운 곳을 긁기. ②때리기. 구타. 격파.
cocada *f.* 야자 열매로 만든 과자.
coçado *a.* (특히 의복 따위가) 해진. 다 슬어 낡은. 끝이 닳은.
coçadouro *m.* (동물이) 몸을 비비는 것. 비벼대기.
coçadura *m.* (가려운 데를) 긁기. 할퀴기.

(옷 따위) 닳기. 해지기.
cocaína *f.* [化] 코카인.
cocainismo *m.* 코카인 중독.
cocainização *f.* 코카인 마비.
cocainizar *v.t.* 코카인으로 마비시키다. 코카인 주사를 놓다.
cocal *m.* 야자수의 숲(樹林).
cocar (1) *m.* ①표묘. 모자 휘장(徽章). ②의식(儀式) 때 모자에 꽂는 술. ③인디언들의 머리에 꽂는 깃털.
— (2) *v.i.* 망보다. (기회를) 엿보다.
coçar *v.t.* (가려운 데를) 긁어주다. 비비다. 할퀴다. 때리다. 구타하다.
—*se v.pr.* 자기 스스로(가려운 데를) 긁다.
não ter tempo para se çocar (가려운 데를) 긁을 시간도 없다. 매우 바쁘다.
coccção *f.* ①삶기. 끓이기. 찌기. ②(위(胃) 내에서의) 소화.
coccígeo *a.* [解] 미저골의.
coccinela *f.* [蟲] 표충(瓢蟲).
coccineo *a.* 심홍색(深紅色)의.
cóccix *m.* [解] 미저골(尾低骨). 꽁무니 뼈.
cóccus *m.* 구균속(球菌屬).
cócegas *f.(pl.)* 간지러움. 간지럽게 하기. 간지러운 기분. 희망.
fazer cócegas 간질이다. 기쁘게 하다.
ter (또는 *sentir*) *cócegas* 간지럽다. 간지러움을 느끼다.
ter cócegas na língua 말하고 싶어 못견디다.
coceguento *a.* 간지러운. 근질근질하는.
coceira *f.* 가려움. 가려움증(감각).
cocha *f.* (밧줄·새끼 따위의) 꼬인 것. 꼬인 상태. 꼬인 한 줄기(의 밧줄).
cochado *a.* 꼬인. 비튼. 비틀린. 싼. 빽빽한.
cabo bem cochado 빽빽하게 곤 굵은 밧줄. 꽉 채운 정어리(통조림).
cochar *v.t.* ①(삼을) 꼬다. (짚을) 꼬다. 비틀다. ②빽빽하게 하다. 꽉 채워 넣다.
côche *m.* 공식(公式) 마차. (옛날의) 말 네 필이 끄는 사륜마차.
cocheira *f.* 마차고(馬車庫), 마굿간.
cocheiro *m.* 마차 모는 사람. 마부.
cochichar *v.i., v.t.* 속삭이다. 귓속말하다. 밀담하다. (입속으로) 중얼거리다.
cochichino *m.* 인도차이나 사람(또는 말).
cochicho (1) *m.* 소근거리는 말. 귓속말. 밀담. (혼자) 중얼거리기.

— (2) *m.* [鳥] 종다리. 종다리 우는. 소리내는 장난감.
cochicholo *m.* 좁은 방. 작은 집. 아주 작은 장소.
cochilar *v.i.* ①꾸벅꾸벅 졸다. 선잠자다. 깜빡 졸다. ②깜빡 실수하다.
cochilha *f.* 구릉(丘陵)지대. 파상(波狀) 평야.
cochilo *m.* 졸기. 깜빡 졸기.
cocho *m.* ①(진흙·벽돌 따위를 나르는) 상자. 벽돌 운반구. ②숯(석탄) 담는 그릇. ③(가축의) 여물통. 사료통.
cochonilha *f.* [蟲] (건조한) 연지충(臙脂蟲). 코오치니이루흥(紅) (양홍(洋紅)의 원료).
cocigomorfas *f.(pl.)* [鳥] 뻐꾸기 종류.
cóclea *f.* [解] (내이(內耳)의) 와우각(蝸牛殼). 나방(螺房).
cócleado *a.* [解] 와우각의. 나방의. 와권상(渦卷狀)의.
coclearia *f.* [植] 십자화(十字花) 무리의 약초.
coco *m.* ①야자 열매. 야자 열매 껍질. ②야자수.
cabeça de côco 건망증 있는 사람. 바보.
cocó *m.* 《小兒語》 아기똥. 아기똥누기. "응가".
cócoras *f.(pl.)* (나름과 같은 부사구로만 씀).
de cócoras 몸을 굽히고. 낮추고. 무릎을 꿇고.
cocorocó *m.* ①"꼬꼬오오" (수탉의 울음소리). ②《小兒語》 수탉.
cocoruto, cocuruto *m.* 《俗》 (물체의) 꼭대기. 정상(頂上).
cocotte *f.* [佛] (파리의) 화류계 여성. 고등매음부.
cocredor *m.* 공동채권자(共同債權者). 연대(連帶) 채권자.
coda *f.* ①[樂] 종곡(후렴 있는 악곡의 맨 뒤의 소악장). 종절(終節). ②《古》 꼬리(尾).
côdea *f.* 나무껍질. 수피(樹皮). 겉껍질. 외피. 딱딱한 껍질(硬皮). 빵 껍질. 층피(層皮). 부스럼 딱지. 굳은 때. (죽이나 풀 따위의) 꺼풀. [動] 갑각(甲殼). [地]지각(地殼).
codeas *m.(pl.)* 때묻고 더러운 옷을 걸친 사람.
codeína *f.* [化] 코데인(아편에 있는 일종의 알칼로이드. 수면제).

codelinquente *m.* 공동 과실자(過失者). 공동 위반자.

codemandante *m.* 공동 소송인(訴訟人).

codetentor *m.* 공동 보유자.

codeudo *a.* 두꺼운 껍질이 있는. 굳은 껍질이 있는.
pão codeudo 껍질이 두꺼운 빵.

codevedor *m.* 연대 채무자(連帶債務者).

códice *m.* ①자필본(自筆本). (특히 성경 또는 고전의) 사본. ②법전집(法典集). 고문집(古文集).

codiciliar *a.* 유언서에 추가한. 유언부속서 (附屬書)의.

codicilo *m.* [法] 유언서(遺言書)의 추가. 유언부속서.

codificação *f.* 법전편찬(法典編纂). 법령집성(法令集成).

codificador *m.* 법전편찬자. 법령집성자. 전신암호 등 꾸미는 사람.

codificar *v.t.* 법전으로 편찬하다.

código *m.* ①법전(法典). ②법칙. 규칙. ③(사회의) 도덕. 예법. ④신호법.
código telegráfico 전신약호.
código civil 민법.
código criminal (또는 *penal*) 형법(刑法).
código comercial 상법(商法).
código marítimo 항해조례(航海條例).
código de sinais 신호법. 신호부호(符號). 암호표.

codonatário *m.* 공동 수증자(受贈者).

codorna *f.* (브라질산의) 일종의 메추라기.

codorniz *f.* [鳥] 메추라기.

codorno *m.* 조는 것. 선잠. 낮잠.

co-educação *f.* 남녀공학.

co-educacional *a.* 남녀 공학하는. 남녀 공학주의의.《美》백인 흑인이 공학하는.

coeficiente *m.* 공동작인(共同作因). [數] 계수(係數). [理] 계수. 율(率).

coelha *f.* 암토끼.

coelhal *a.* 토끼의. 토끼에 관한.

coelheira *f.* 토끼굴. 토끼·두더지 따위 사는 구멍. 양토장(養兎場).

coelheiro *a.* 토끼 사냥에 쓰는. 토끼 사냥용의.
— *m.* 토끼 사냥꾼.

coelho *m.* ①토끼. 숫토끼. 집토끼. ②토끼 가죽.
matar dois coelhos de uma cajada 일거 양득하다. 일석이조(一石二鳥)하다.

coempção *f.* 공동으로 사기(共同購買).

coentrada *f.* 고수풀 소스. 코랜더 소스.

coentro *m.* [植] 고수. 고수풀. 코랜더.

coerção *f.* [法] 강권. 강제권. 위압. 강제(력). 압제. 억압. 탄압정치.

coercibilidade *f.* 강제력. 강압 [理] 수압성(受壓性).

coercitivo *a.* 강제적. 위압적. 강압적.

coercível *a.* 강제할 수 있는. 억누를 만한. 압축(압착)할 수 있는.

coercivo *a.* 강제적. 강압적. 위압적.
força coerciva [法] 강제력. [理] 항자력(抗磁力).

coerência *f.* 결합의 긴밀성. 결합력. 점착(粘着). 밀착. (문제 또는 논리의) 통일. 조리.

coerente *a.* 착 달라붙는. 들어붙는. 엉켜붙는. 점착하는, 밀착하는. (이야기 문제 따위) 조리가 선.

coerentemente *adv.* 꼭 달라붙어. 점착(밀착)하여.

coerir *v.i.* 밀착하다. (분자가) 응집하다(결합하다). (주의 등으로) 결합하다. (문제 또는 논리의) 조리가 서다.

coesão *f.* (각 부분의) 결합. [理] (분자의) 응집력(凝集力). 결합력. 엉기는 힘. 일치(一致). 단결(력).

coesivo *a.* 붙는. 달라붙는. 점착하는. 결합력 있는. [理] 응집성의.

coessência *f.* 동질(同質). 동소(同素).

coessencial *a.* 동질(체)의.

coestrelar *v.t.* 공연(共演)케 하다.
— *v.i.* 공연하다.

coetâneo *a.* 같은 시대의. 같은 세대의. 같은 기간의. 동년대의.

coevo *a.* 같은 시대(연대)의.

coexistência *f.* 공동생존. 공존. 공재(共在). 양립(兩立).
coexistência pácifica 평화공존.

coexistente *a.* 공존하는. 공존의. 공재의. 양립하는.

coexistir *v.i.* (같은 장소에) 동시에 존재하다. (+*com*). …과 공존하다. 양립(兩立)하다.

cofiador *m.* 공동보증인.

cofiar *v.t.* (머리칼·수염 따위를) 쓰다듬다. 어루만지다.

cofre *m.* (귀중품을 넣는) 단단한 상자. 재물궤. 금고(金庫).

cofre de ferro (또는 *forte*) 금고.
cofre do estado 국고(國庫).
cogitação *f.* 사고(思考). 숙고. 깊이 생각하기. 사색에 잠김.
cogitar *v.i.*, *v.t.* 두루두루 생각하다. 깊이 생각하다. 숙고하다.
cogitatiyo *a.* 사고력 있는. 깊이 생각하는. 성찰적(省察的)인.
cognação *f.* 여계(女系)의 친족관계. 여계친(女系親). 동족(同族).
cognado *a.* 어머니 측의 친족관계가 있는. 외척.
— *m.* 여계친. 외척(外戚).
cognatico *a.* 여계친의. 외척의.
cognato *a.* 조상이 같은. 같은 혈족의. 여계친의. 같은 기원(起源)의. [言] 같은 어족(語族)의. 같은 어원(語源)의. 같은 종류의.
— *m.* ①[法] 친족. 외척. ②같은 기원의 물건. 같은 종류의 물건. ③[言] 동족의 언어. 같은 어근(語根)의 말.
cognição *f.* [心·哲] 인식(認識). 인식력. (인식작용의 결과인) 지식.
cognitivo *a.* 인식의. 인식하는. 인식력 있는.
cógnito *a.* 알고 있는. 알려져 있는. 주지(周知)의.
cognome *m.* 별명, (옛 로마인의) 세째 번 이름. 가명(家名).
cognominação *f.* 별명을 짓기(달기).
cognominados *a.*, *m.*(*pl.*) [文] 어원을 같이하는(말)(언어).
cognominar *v.t.* 별명을 붙이다.(달다).
—*se v.pr.* 별명을 사용하다(가지다).
cognoscibilidade *f.* 인식할 수 있음. 알 수 있음. 확인할 수 있음. 알 수 있는 힘(知解力·知覺力).
cognoscitivo *a.* 지해력(알 수 있는 힘)이 있는.
cagnoscível *a.* 인식할 수 있는. 알 수 있는. 확인할 수 있는. 알기 쉬운. 해득할만한.
cogombral *m.* 오이밭.
cogombro *m.* [植] 오이. (=*pepino*).
cogote *m.* 목덜미. [解] 후두부(後頭部).
cogumelaria *f.* 버섯을 재배하는(지하실의) 상(床).
cogumelo *m.* [植] 버섯. 독 있는 버섯. 송이(松栮).

co-herdar *v.t.* 공동상속하다.
co-herdeira *f.* [法] 여자 공동상속인.
co-herdeiro *m.* [法] 공동상속인(相續人).
coibição *f.* 억제. 제지(制止). 금지.
coibir *v.t.* 억제하다. 제지하다. 금지하다. (…을) 못하게 하다.
—*se v.pr.* 그만두다. 중지하다. 스스로 억제하다. 자중하다.
coice *m.* ①물건의 뒷부분. ②발뒤축. ③(말이) 뒷발로 차기. ④일축. 거절. 반항. 저항. ⑤(총을 쐈을 때의) 반충(反衝). 반동력. ⑥행렬의 후미. ⑦[哲] 배은(背恩). ⑧《轉》야만. 야만적 행동.
coicear *v.t.* ①차다. 일축하다. 물리치다. 반항하다. 저항하다. ②(총이) 반발하다. 반충하다.
— *v.i.* 차다. 걷어차다. (총 따위) 반동으로 치다.
coicciro *a.* 차는. 일축(一蹴)하는.
coifa *f.* ①아기에게 씌우는 일종의 모자. ②(여성들의 머리칼을 묶는) 머리막 원형 그물. 발망(髮網). [史] 밀착 두건(密着頭巾).
coigual *a.* (주로 신학(神學)) 동등한. 대등한. 동격의.
coima *f.* 과료(科料). 벌금. (봉건시대의 영주에게 바치는) 상납금.
coimar *v.t.* 과료에 처하다, 벌금내게 하다.
coimável *a.* 과료에 처할만한. 벌금 받아야 할.
coimeiro *a.* 과료에 처하는. 벌금내도록 하는. (행동이) 벌금에 해당하는.
— *m.* 과료에 처하는 사람. 벌금 받는 관리.
coincidência *f.* ①(때의) 일치. 부합. 우연한 일치. 사건이 동시에 일어남. ②상치(相値).
coincidente *a.* (…과 꼭) 일치하는. 부합하는. 시간을 같이하는. 동시에 일어나는(발생하는).
coincidir *v.i.* 동일한 공간 또는 시간을 차지하다. (두 사실이) 부합하다. (행동·취미 등이) 합치하다.
coincidir com (…과) 때를 같이하다. 우연히 일치하다.
coincidível *a.* 동시에 일어날 수 있는. (행동·취미 따위) 합치할 수 있는.
coindicação *f.* 동시에 나타냄(표시함). [醫] 동징후(同徵候).

coindicar *v.t.* 동시에 나타내다.

cointeressado *a.* 이해(利害)를 같이 하는. 이해관계가 공동한. 공동관계의.
— *m.* 이해를 같이하는 사람. 공동관계자.

coió *m.* 어리석은 사람. 우둔한 녀석. 바보. 천치.
— *a.* 어리석은 바보 같은. 우둔한. 우스운.

coiote *m.* ①[動] 코요테(북미 대초원(大草原)에 사는 이리). ②악당.

coira *f.* [史] 16~17세기의 남자용(가죽) 윗조끼.

coiraça *f.* = *couraça*.

coiraçado *a.*, *m.* = *couraçado*.

coiraçar *v.t.* = *couraçar*.

coirmão *a.* ①아버지가 형제 사이인 (例; 甲의 아버지와 그의 아버지가 형제간인). ②형제처럼 친밀한 사이인. 사촌(四寸). *primos cirmãos* 종형제(從兄弟).

coisa *f.* ①물건. 물품. ②사물. 물체. 무생물. ③일·일거리. ④생길 일. 사건. ⑤사실. 실질. 본질. ⑥원인. ⑦요지. 관계. (註) 포르투갈에서는 *cousa*라고도 함.
mesma coisa 같은 물건. 같은 것.
alguma coisa 어떤 사물. 무엇인가. 무엇인지. 얼마간.
qualquer coisa 어떤 것이든. 아무것이든.
não é grande coisa 큰 일이 아니다. 사소한 일이다.
isto é outra coisa 이것은 딴 것이다. (전혀) 다른 일이다.

coisas *f.(pl.)* ①재산. ②여러 가지 물건. 잡다한 것.

coisinha *f.* 작은 물건. 사소한 일. 대수롭지 않은 것.

coitada *f.* 사냥(수렵) 금지구역.

coitadamente *adv.* 가엾게. 불쌍하게. 보잘것 없이.

coitadinho *a.* (*coitado*의 지소어(指小語)로서 특히 애들에게 씀).

coitado *a.* 불쌍한. 가엾은. 불행한. 비참한. *Êle é um coitado.* 그이는 불쌍한 인간이다.
— *m.* 불쌍한 사람. 가엾은 사람.
— *interj.* 가엾어라! 불쌍하군!

coitar *v.t.* (어떤 지역을) 수렵 금지하다. 사냥 금지지대로 하다.

coiteiro *m.* ①수렵 금지구역을 지켜보는 사람. ②범인들을 감시하는 이.

coito (1) *m.* 사냥(수렵) 금지구역. 피난처.
— (2) *m.* ①(짐승의) 교미(交尾). 교합. ②(남녀의) 교접(交接). ③[文] 연결. 결합

coivara *f.* [農] ①산불 놓은 뒤의 수습 작업. ②타고 남은 나무찌기.

cola (1) *f.* (바르는)풀. 아라비아 풀. 아교. *cola plástica* 플라스티켈 풀.
cola arábica 아라비아 풀.
cola de peixe 어교(魚膠).
cola de madeira 나무를 붙이는 풀.
— (2) *f.* 《學生用語》(시험 때의) 커닝. *fazer cola* 커닝하다.
— (3) *f.* 콜라나무(벽오동과(碧梧桐科)의 한 속(屬). 서아프리카산; 그 열매는 강장제로서 방부(防腐)에 효과 있음).

colaboração *f.* 협력. 협동. 공동노력. 공동연구. 공동작업(저작·편찬 따위)의 합작(合作).

colaborador *m.* 협력자. 공저자(共著者). 공편자(共編者). 공동연구자.

colaborar *v.t.* 공동으로 일하다. 공동연구하다. 공동으로 저작(편찬)하다. 합작하다.

colaça *f.* 같은 유모(乳母)에 키워지는 여아(女兒). 여자 젖형제.

colação (1) *f.* 대조(對照). [法] (권리의) 조사(照査). (인쇄물의) 페이지 순서 조사(대조).
— (2) *f.* 간단한 식사. 급히 먹는(가벼운) 식사.
— (3) *f.* ①[宗] 성직 수여. ②학위(칭호·특권·명예 따위)의 수여.
— (4) *f.* 풀바르기. 풀로 붙이기. 들어붙기. 교착(膠着).

colacia *f.* (같은 젖을 먹고 자란) 젖형제 사이. 아주 친밀한 사이.

colacionar *v.t.* 대조하여 보다. 조사(照査)하다. 맞추어 보다. 읽어서 맞추어 보다.

colaço *m.* 동일한 유모(乳母)에게 키워지는 아이. 젖형제.

colado (1) *a.* 성직(聖職)을 수여한. 수록(受祿) 성직자로 임명된.
— (2) *a.* 풀 바른. 풀로 붙인. 풀에 붙은.

colador (1) *m.* 성직을 수여하는 이. 수록 성직자로 임명하 자.
— (2) *m.* 풀 바르는 사람. 풀로 붙이는 직공.

colagem *f.* 풀 바르기. 풀로 붙이기.

colagogo *a.* 담즙(膽汁)을 분비하는.

— *m*. 담즙분비액.

colangioite *f*. [醫] 담도염(膽道炎).

colapso *m*. 무너짐. 붕괴(崩壞). 결궤(決潰)(정부·내각의) 와해(瓦解). (은행·회사의) (희망·계획 등의) 좌절(挫折). (건강의) 쇠퇴. 위축. 의기소침. [醫] 허탈(虛脫). 쇠약. 경퇴(傾頹).

colar (1) *v.t*. 성직(聖職)을 수여하다. 수록(受祿) 성직자로 임명하다. 학위(명예 특권 따위)를 수여하다.
— (2) *v.t*. 풀 바르다. 풀붙이다. 아교로 붙이다. 《學生用語》(시험에서) 커닝하다. 남의 답안을 베끼어 내다.
— *v.i*. 몸에 꼭 맞다.
—se *v.pr*. 착 들어붙다. 꼭 맞다.
— (3) *m*. (양복의) 칼라. 옷깃. (부인의 장식용) 목걸이.

colarete *m*. 작은 칼라. 작은 목걸이.

colarinho *m*. ①칼라. 깃(襟). ②목걸이. 훈장(勳章). ③[建] 주환(柱環).

colateral *a*. 곁에 나란히 있는. 평행(平行)하는. 뒤에 따르는. 부대적(附帶的). 부차적(副次的). [法] 방계(傍系)의.
fato colateral 부차적 사실.
família colateral 분가(分家).
parentes da linha colaterral 방계친(傍系親).
vento colateral 측면으로 불어오는 미풍.

colateralidade *f*. [法] 방계임.

colateralmente *adv*. 평행하여. 부차적으로. 방계로서.

colativo *a*. 성직수여의. 성직수여할 만한. 수록성직자에 해당하는.

colator *m*. =*colador* (1).

colcha *f*. (침대 위에 씌우는) 침대보.

colchão *m*. (침대의) 짚요. 털요. 매트리스.
colchão de molas 스프링 매트 (이불).

colcheia *f*. [樂] 팔분음표(八分音標).

colchête *m*. 갈고리. 갈고랑쇠. 훅. 모호.
colchête de pressão 누름 단추. 스냅.

colchoaria *f*. 짚요(털요) 제조소.

colchoeiro *m*. 짚요·털요·매트리스 따위 만드는 사람 ; 그 장수.

colcotar *m*. 철단(鐵丹 : 적색 산화제이철(赤色酸化弟二鐵)).

coldres *m*.(*pl*.) 안장 양쪽에 달려 있는 권총 주머니.

coleado, coleante *a*. 꾸불꾸불한. 굴곡(屈曲)된. 완곡한. 사행상(蛇行狀)의. 물결모양의.

colear *v.i*. (뱀이) 몸을 구부리다. 꾸불꾸불하며 걷다.
—se *v.pr*. 잠입(潛入)하다.

coleção *f*. 수집. 채집(採集). 수집물. 채집물. 모으기. 수록.
coleção de selos 우표수집.
coleção de moêdas 동전수집.

colecionação *f*. 수집하기. 채집하기.

colecionador *m*. ①수집가(蒐集家). 채집자. ②수금인. 세금징수인.

colecionar *v.t*. (표본 따위를) 수집하다 모으다. 채집하다. (기부금을) 모으다. (세금·집세 등을) 징수하다.

colecionista *m*., *f*. =*colecionador*.

colecistectomia *f*. [醫] 담낭절개술(膽囊切開術).

colecistite *f*. [醫] 담낭염(炎).

colectasia *f*. [醫] 결장(結腸)의 확장.

colectomia *m*. [外] 결장의 일부절개(切開).

coledoco *a*. [醫] 담즙(膽汁)을 수송하는.
canal coledoco 수담관(輸膽管).

coledoquite *f*. [醫] 수담관염(炎).

colega *m*., *f*. 동급생. 교우(校友). 동료. 동역(同役).

colegado *m*. [法] 공동유증[遺贈].

co-legatário *m*. [法] 공동으로 유산(遺産)을 받는 자. 동산(動産)의 공동 수유자(受遺者).

colegiada *f*. (같은 학교의) 학생집단. 모여 있는 동급생들.

colegial *a*. 초급중학(또는 중학교)의. 단체의. 회(會)의. 조합의
— *m*. 중학생. (특히 초급중학교 학생).

colégio *m*. ①초급중학교. 중학교. 고등학교. ②위의 학생전체. ③(같은 직업의) 단체. 회합. 조합. ④선거위원단.
colégio secundário 고등학교.
colégio eleitoral 선거인 단체(조합).

colegislativo *a*. (입법부가) 양원(兩院)으로 되는. 양원의.

coleguismo *m*. 동료적 정신(우애의 뜻).

coleira (1) *f*. 개목에 다는 가락지(首輪). 견갑(堅甲).
— (2) *f*. [蟲] 진딧물. (북부 브라질에서는) 이 종류(蟻類). 《轉》엉큼한 사람. 빚돈을 잘 갚지 않는 이.

colelito *m*. [醫] 담결석(膽結石).

colelogia *f*. 담즙론(論).

colemia *f.* [醫] 담혈병(膽血病). 담독병(膽毒病).

coleopode *a.* 초시의. 갑충의.

coleoptero *a.* 딱정벌레의. 갑충의. 초시의.

coleopteros *m.(pl.)* [蟲] 딱정벌레(무리)갑충류(甲蟲類). 초시류(鞘翅類).

cólera (1) *f.* 노여움. 분노. 화. (동물이)무섭게 성내는 것. 광폭(狂暴).
— (2) *f.* [醫] 콜레라.
cólera asiática 아시아 콜레라.
cólera morbus 의사(疑似) 콜레라. 호열자.

colericamente *adv.* 격노하여. 분노하여.

colérico (1) *a.* 몹시 노한. 화낸. 분노한. 성난.
— (2) *a.* [醫] 콜레라의. 콜레라성(性)의. 콜레라에 걸린.
— *m.* 콜레라 환자.

coleriforme *a.* 콜레라 비슷한. 의사(疑似) 콜레라의.

colerina *f.* 가벼운 증세(輕症)의 콜레라.

colerinico *a.* 가벼운 증세의 콜레라의(에 걸린).
— *m.* 가벼운 증세의 콜레라 환자.

colestearina *f.* [化] 담지(膽脂).

colesterina *f.* [醫] 담지결정체(結晶體). [生理] 콜레스테린(담즙·혈액·신경조직 등의 성분).

coleta *f.* 세금(조세)의 할당. 과세. (기부금 따위의) 할당금. 약금(醵金). 모인 돈. [宗] 짧은 기도문. (가톨릭교) 집도문(集禱文).

coletânea *f.* 선집(選集). 시집(詩集). 시선(詩選). 명문집.

coletaneo *a.* 선집의. 시선의.

coletano *m.* 선집록(錄).

coletar *v.t.* 세금을 모으다. 조세(租稅)를 징수하다. (세금·벌금 등의) 금액을 사정(査定)하다.
—se *v.pr.* …으로부터 약금(醵金) 또는 기부금을 모으다.

coletário *m.* [宗] 연중기도서(年中祈禱書).

coletável *a.* (세금 따위) 징수해야 할. 기부금(약금)을 모을 만한.

colete *m.* (남자용) 조끼.
colete de mulher 부인용 조끼.

coletivamente *adv.* 집단적으로. 총괄(總括)하여. 공동으로.

coletivismo *m.* 집산주의(集產主義)(토지·생산수단의 국가관리를 주장하는).

coletivista *m., f.* 집산주의자.

coletivo *a.* 공동의. 종합(綜合)적인. 총괄한. 집합적인. 집단적인. 모인. 모아놓은.
— *m.* [文] 집합명사.

coleto *a.* 추려 모은. 수집한. 채집한. 선집(選集)한.

coletor *a.* 모으는. 수집하는. 채집하는.
— *m.* ①수집가(蒐集家). 채집가(採集家). ②수금인. 세금징수인. 수세리. (표 따위를) 거두는 사람. 모으는 사람. 취집기(聚集器). 장치. [理] 집전환(集電環).

coletoria *f.* 세무서. 세금 거두는 관청.

colgado *a.* 매달린. 매단. 걸린. 걸려 있는.

colgadura *f.* 벽에 걸쳐 내리드리운 직물(織物) 또는 피륙.

colgar *v.t.* (장식용 직물. 커튼 따위를) 벽에 걸다. 늘여뜨리다. 매달다.

colhão *m.* 《卑》 불알(睾丸).

colhedor *a.* 모으는. 수확하는 (과일 따위) 따서 모으는.
— *m.* 모으는 사람. 수확하는 이. 채집하는 이. (과일 따위) 따 모으는 이.

colheita *f.* ①수확. 추수. ②수확고. 수확물. ③소득. 수익(收益).
bôa colheita 풍작.
má colheita 흉작.

colheiteiro *m.* 수확(추수)하는 사람.

colher *f.* 숟가락. 숟가락 모양의 것. (물약 따위 처방할 때의) 한 숟가락의 분량.
colher de sopa 스프 먹는 숟가락(큰 숟가락).
colher de chá 차 숟가락(작은 숟가락).
Colher água em cesto. 《諺》 (바구니에 물을 담다).

colhêr *v.t.* ①(농작물을) 거두어들이다. 베어들이다. 추수(수확)하다. 채집하다. (실과를) 따들이다. 따 모으다. ②추정(推定)하다. 추단(推斷)하다. ③(배의) 돛을 감다. 거두다.

colherada *f.* 한 숟가락에 가득한 분량.
meter a sua colherada 남의 일에 쓸데없는 참견을 하다.

colhereira *f.* [鳥] 일종의 장각조(長脚鳥).

colheireiro *m.* 숟가락 만드는 사람; 그 장수.

colhimento *m.* 추수하기. 수확하기. 채집하기. (과실·꽃 따위) 따들이기.

colibri *m.* [鳥] 벌새(蜂雀).

cólica *f.* [醫] 배앓이. 복통. 산통(産痛).
cólica uterina 자궁산통(子宮産痛).
dôres de cólica 급성복통.

cólicas *f.(pl.)* 공포. 불안. 걱정. 고통.

colicativo *a.* 배앓이의. 산통의.

colicistite *f.* = colecistite.

cólico *a.* [醫] 결장(結腸)의. 대장(大腸)의.
arterias cólicas 결장동맥(動脈).

colidir *v.t* 부딪치게 하다. 충돌하게 하다.
— *v.i.*, —**se** *v.pr.* 부딪치다. 충돌하다.

coligação *f.* 연합. 합동. 동맹. 연립(聯立). 제휴(提携). [論] 합성(合成).

coligado *a.* 연합한. 합동한. 동맹을 묻은. 연립한. 제휴한.
— *m.* 연합(합동·동맹)한 자.

coligar *v.t.* 연합(합동·동맹·제휴)케 하다. 단결시키다.
— *v.i.*, —**se** *v.pr.* 합동(연합·동맹·제휴)하다. 단결하다. 뭉치다. 결연(結緣)하다.

coligir *v.t.* ①모으다. 수집하다. ②추려 모으다. 발췌(拔萃)하다. ③추론하다. 추단하다. ④결론내리다.

colimação *f.* 시준(視準). 조준(照準).
linha de colimação 시준선. (망원경의) 시축선(視軸線).

colimador *m.* [光] 시준기. [天] (망원경의) 시준의(視準儀).

colimar *v.t.* [光] 조준(照準)하다. 시준하다. 겨누다. 관측기로 보다.

colimitar *v.t.* 한계(限界)를 짓다. 경계를 긋다.

colina *f.* 언덕. 구릉. 낮은 산. 사면(斜面).

colinoso *a.* 언덕이 많은.

colipeu *m.* 묘하게 생긴 벌레. 기괴한 벌레.

coliquação *f.* [醫] 액화(液化). 용해(溶解).

coliquante *a.* 녹아 액체로 되게 하는. 용해시키는.

coliquar *v.t.* 액화하다. 용해하다.

coliquativo *a.* 액화의. 액화하는. 용해성의.

colírio *m.* 눈약. 좌약(坐藥).

colisão *f.* ①부딪치기. (자동차·기차 등의) 충돌. (의견·이해관계의) 충돌. ② (당(黨) 파벌 등의) 알력. 항쟁. 파란. ③ [音] 불조화(不調和). 불협화.

coliseu *m.* ①로마에 있는 원형 대연기장 (大演技場). ②체육관. 경기장.

colite *f.* [醫] 결장염(結腸炎).

colitigar *v.t.* 공동으로 기소(起訴)하다.

colmado *a.* 풀 또는 볏짚을 덮은. 이엉으로 덮은.
— *m.* 초가집.

colmar *v.t.*, *v.i.* (지붕) 이엉으로 덮다.

colmeal *m.* ①벌집. 벌통. ②많은 벌집(蜂房). ③양봉장(養蜂場).

colmeeiro, colmieiro *m.* 벌치는 사람. 양봉가.

coléia *f.* 벌(꿀벌)집. 꿀벌의 떼. (사람들이) 우글대는 곳.

colmilho *m.* 송곳니. 견치(犬齒).

colmilhoso, colmilhudo *a.* 큰 이빨(큰 송곳니) 있는.

côlmo *m.* ①이엉. 지붕 이는 재료. 개초(蓋草).

colo *m.* ①목. 경부(頸部). ②(물건의) 협착부(狹窄部). (병 따위의) 목. ③산간(山間)의 좁은 길.
colo do utero 자궁경(子宮頸).
andar ao colo (인형 따위를) 팔에 끼고. 다니다.

colocação *f.* ①놓음. 놓기. ②장치. 설치. ③배치. 배열(配列). ④이민의 정착. 정착지에 배당하기. 입식(入植). ⑤일하는 곳. 취급장소. 상품진열.

colocador *m.* 놓는 사람. 장치(설치)하는 사람. 배치(배열)하는 자. 취직시키는 사람. (이민 등을) 정주(정착)시키는 관리.

colocar *v.t.* 놓다. 장치하다. 설치하다. 배치하다. 취직시키다. (이민을) 정착시키다. 입식시키다. (적당한) 직책에 임명하다.
—**se** *v.pr.* (적당한) 지위를 차지하다. 취직하다. (이민으로서 정착지에) 입식하다. 안정되다. (기계 따위) 설치하다. 장치되다.

colódio *m.* [化] 콜로디온(사진원판 또는 상처 같은 데 바름).

colodionar *v.t.* (사진원판에) 콜로디온을 바르다(칠하다).

colofônia *f.* [化] 콜로포니(황갈색 나무진). 송진.

coloidal *a.* 아교질의. 교성(膠性)의. 교상(膠狀)의.

coloide *m.* [化] 콜로이드. 아교질. 아교 같은 것.

Colômba *f.* 콜롬비아.

colombiano(-a) *a.*, *m.*, *f.* 콜롬비아 사람

(의).
cólon *m.* [解] 결장(結腸 : 맹장과 직장(直腸)을 제외한 대장의 부분).
colonato *m.* (브라질의) 식민지시대.
colônia *f.* ①식민지. [史] 정복식민지. 거류지. ②소작인들이 사는 부락. ③식민. 이주민. 거류민.
colonial *a.* 식민의. 식민지의. 식민지에 관한. (풍속·습관·언어 등) 식민지풍의. 식민지시대의.
colónico *a.* 식민의. 식민지의.
colonista *m.*, *f.* 식민지문제 연구가. 식민지 개척자. 척식업자(拓殖業者); 해외이주민.
colonização *f.* 식민하기. 식민사업. 식민지개척. 식민지로 만들기. 식민지화(化).
colonizado *a.* 식민한. 척식한. 식민지로 된.
colonizador *m.* 식민지 개척자(경영자). 신민(이민)을 장려하는 자.
colonizar *v.t.* …에 식민지를 설치하다. 신민지로 만들다. (새로운 땅을) 개척하다. 척식하다. 이주시키다.
colonizável *a.* 식민지로 만들 수 있는. 식민할 수 있는. 척식에 적당한.
colono *m.* ①식민. 식민지주민. 입식자. ②경작인. 소작인. ③계약농민. ④농장노동자. (농장의) 품팔이하는 일꾼.
colopatia *f.* [醫] 결장(結腸)의 질환(疾患).
coloquial *a.* 구어체(口語體)의. 담화체의. 일상회화의. 속어(俗語)의.
colóquio *m.* 회담. 대담(對談). 회화. 담화. 구어체. 담화체.
coloração *f.* 채색(彩色). 염색. 배색(配色).
colorado *a.* ①채색한. 배색한. 물들인. ②빨갛게 된. 붉은.
colorante *a.* ①채색하는. 물들이는. ②붉게 하는.
— *m.* 물감. 염료.
colorar *v.t.* ①채색하다. 배색하다. 물들이다. ②붉게 하다. 빨갛게 하다.
colorau *m.* (붉은) 고춧가루.
colorear *v.t.* = *colorir*.
colorido *a.* ①물든. 물들인. 염색한. 채색한. 여러 가지 물감으로 칠한. ②(문장 따위) 윤식(潤飾)한.
— *m.* ①여러 가지 물감으로 칠한 것. ②과일의 빛깔. ③색채법(色彩法). ④(문장의)윤식. 문채(文彩).
colorífico *a.* 빛깔을 내는. 색깔이 되는. 채색의. 문채(文彩)나는.
colorímetro *m.* 색도계(色度計). 색량계(色量計).
colorir *v.t.* ①여러 가지 물감으로 칠하다. ②색채화를 그리다. ③배색(配色)하다. 윤색하다. ④칠하여 모르게 하다. 진짜인 것처럼 하다. 호도(糊塗)하다.
— se *v.pr.* 물들다. 빛을 띠다.
colorismo *m.* (그림의) 색채파(色彩派).
colorista *m.*, *f.* 채색을 특히 잘하는 화가. 문채가 화려한 작가. 채색하는 직공.
colorização *f.* [化] 색소의 변화. 정색(呈色).
colossal *a.* 거대한. 웅장한. 방대한. 대규모의. 거상(巨像)과 같은. 훌륭한. 광활(廣闊)한.
colosso *m.* ①거상(巨像). 아폴로신의 거상 (세계 7대 불가사의의 하나). ②《轉》거인(巨人). 거수(巨獸). 위대한 것. 거물.
colotomia *f.* [醫] 결장개구(結腸開口). 결장절개(술)(切開術).
colpite *f.* [醫] 질염(膣炎).
colpocele *f.* [醫] 질(膣) 헤르니아.
colpotomia *f.* [醫] 질절개(膣切開).
coltarzar *v.t.* 콜타르를 칠하다.
colubrão *m.* [天] 뱀좌(蛇座).
colubreado *a.* 뱀 모양을 한. 뱀 같은.
colubrideas *f.(pl.)* [動] 뱀과(蛇科).
colubrina *f.* ①[植] 브리오니아(호로(葫蘆)과의 식물로 토제(吐劑). 설사약 등으로 쓰임). ②중세기의 긴 포(長砲).
colubrino *a.* 뱀과의. 뱀 같은. 뱀처럼 감은.
colambário *m.* 《古》유골의 안치소.
columbino *a.* ①비둘기의. ②결백한. 천진한.
columbinos *m.(pl.)* 비둘기류(鳩類).
casas columbinos 비둘기집.
columela *f.* 작은 기둥(小柱). [植] 과일축(果軸). [動] 나사조개의 축주(軸柱). 각주(殼柱).
coluna *f.* ①기둥. [建] 원주(圓柱). 원주모양의 물건. ②(신문 등의) 난(欄). (인쇄물의) 단(段). (숫자의)행(行). ③[軍] 종대. (함대의)종렬. 종진(從陣). ④[政] 지지자. 후원자. 중진(重鎭). 주석(柱石).
coluna de água 물기둥.
coluna de foge 불기둥(火柱).
coluna de funaça (하늘로 올라가는) 연기의 뭉치.
coluna vertebral 척량(脊梁). 척주(脊柱).

colunar *a.* 기둥의. 원주(형)의. 원주로 된. 난(欄)으로 나눈.
colunar *v.t.* 기둥(특히 원주)으로 열을 짓다.
colunata *f.* ①기둥의 열(列). [建] 주랑(柱廊).
colunelo *m.* ①작은 기둥. ②도표(道標)의 석주(石柱).
coluneta *f.* 가는 기둥(細柱).
colunista *m.f.* (신문의) 특별란(特別欄) 기고자(寄稿者).
coluro *m.* [天] 분지경선(分至經線). 양지권(兩至圈). 양분권. 사계선(四季線).
 coluro solstical 이지경서(二至經線)
 coluro equinoxial 이분(二分)경선. 주야평분권(晝夜平分圈).
colusão *f.* 공모(共謀). 결탁.
coluvião *f.* 홍수. 범람. 침수.
colza *f.* [植] 평지(菜種).
 óleo de colza 평지기름.
com *prep.* …과(함께). …과 더불어. …으로서. …을 가지고. …이 있는. …을 몸에 지니고. …으로. …에 관하여. …에 대하여. …와 동시에.
 estar com …을 느끼다. …을 가지고 있다.
 cortar com uma faca 칼로 끊다.
 Nos vémos com o olhos. 우리는 눈으로 본다.
 jantar com um amigo 친구와 더불어 저녁 식사를 하다
 *com*과 "인칭대명사"를 결합하면 아래와 같은 형(形)이 된다.
 comigo 나와 함께.
 consigo 당신(들)과 함께.
 contigo 너와 함께.
 conosco 우리와 함께.
 convosco 당신들과 함께.
 Não tenho dinheiro comigo. 나에게는 (지금) 돈이 없다. 가지고 있지 않다.
coma (1) *f.* [植] 씨에 난 털. 나뭇잎이 우거진 것. 족엽(族葉). [天] 혜성(彗星)의 발상체(髮狀體). [光] (렌즈의) 코우마.
 — (2) *f.* [醫] 혼수(昏睡). 혼수상태.
comado *a.* [植] 잎사귀가 무성한(우거진). [天] 머리카락 모양의 광망(光芒) 있는. 발상체(髮狀體)의.
comadre *f.* ①대모(代母). ②《俗》조산부. 산파. ③(환자용의) 변기. 요강.
comadresco *a.* 대모의. 대모에 속하는.
comandante *m.* 사령관. 지휘관. 함장. 선장. 대장(隊長).
 comandante em chefe 총사령관.
comandar *v.t.* 명령하다. 지휘하다. 통솔하다. 이끌다. 지배하다. 내려다보다.
comandita *f.* [商] 합자회사(合資會社).
comanditário *m.* 합자회사의 유한(有限)책임사원(社員).
comando *m.* 사령(司令). 지휘. 지휘권. 지배력. 제어력. 명령.
comarca *f.* 관할구역. 행정구. 사법구(司法區). 시구(市區). 군(郡). 동(洞). 리(里). 《古》지방. 나라. 경계. 분계.

comarcão *a.* 관할구역의. 행정구의. 시구의. 군의. 마을의. 촌의. 《古》인접해 있는.
comarcar *v.t.* [廢] (…와) 접(接)하다. (…와) 경계를 짓다.
comatoso *a.* [醫] 혼수의. 혼수성의. 혼수상태에 있는.
 estado comatoso 혼수상태.
combalido *a.* (육체적으로) 쇠약해진. (정신적으로) 비폐(타락)한. (과일이) 썩기 시작한. 썩은.
combalir *v.t.* 약하게 하다. 쇠약하게 하다. 썩히다. 해치다. 손상시키다.
combate *m.* 싸우기. 전투. 교전. 격투. 논쟁. 구론.
 combate simulado [軍] 모의전(연습).
combatente *a.* 싸우는. 전투하는.
 — *m.* 전투원. 전투부대. 투사. 격투자.
combater *v.t.* (…와) 싸우다. 전투하다. (…에) 대항하다. 항쟁하다.
 — *v.t.* (*contra* 또는 *com*). …와 싸우다. 교전하다. 논쟁하다.
 —*se v.pr.* 서로 싸우다. 교전하다. 상투(相鬪)하다.
combatível *a.* 싸울만한. 전투해야 할. 전투(투쟁) 가능한.
combatividade *f.* 투쟁성. 투쟁심. 호전성. 싸움하기를 좋아함.
combativo *a.* 투쟁적인. 호전적인. 투지 왕성한.
combato *m.* 《古》= *combate*.
combinação *f.* ①결합. 배합. (기업체의) 합동. 합병. 연계(連繫). (선수 따위의) 혼성. ②타협. 절충. 조화(調和). 조정(調整). [化] 화합.
combinadamente *adv.* 타합하여. 합의(合意)하여. 절충하여.

combinado *a.* ①결합한. 합동한. 혼합한. 연계한. 혼성(混成)된. ②타협한. 합의를 본. 절충한.
time combinado [競] 혼성 팀.
operacão combinada 합동작전.
— *m.* [化] 화합물. [競] 혼성 팀.

combinador *m.* 결합시키는 자. 합동하는 자. 혼합하는 자. 혼성을 하는 자.

combinar *v.t., v.i.* (사람·힘·회사 등을) 합병하다(시키다). 연합하다. 결합하다. 연계하다. 절충하다. 타합하다. 조정(調整)하다.
—se *v.pr.* 합병되다. 연계되다. 혼성팀을 이루다. (…과) 일치되다.

comboiar *v.t.* 호송(護送)하다. 호위하다. 경호(警護)하다.

comboieiro *a.* 호송의. 호위의. 경호의.
— *m.* ①열차의 호위병. ②호송선(護送船).

comboio *m.* ①호송. 호위. 경호. ②호송하는 자. (부상병 또는 포로의) 호송대. 호위대. ③경호선(警護船). ④군용열차.

comburente *a.* 태우는. 타게 하는. 연소시키는. 연소력(燃燒力) 있는.
— *m.* 잘타는 물질. 가연물(可燃物).

comburir *v.t.* = *combustar.*

combustão *f.* ①(휘발유·중유·나무 따위) 타기. 연소(燃燒). ②[化] 연소. (유기체의) 산화(酸化). ③흥분. ④소란. 교란.
combustão espontáneo 자연발화.

combustar *v.t.* 태우다. (나무·석탄 등을) 때다.

combustibilidade *f.* 가연성(可燃性). 연소력.

combustível *a.* 잘 타는. 가연성의. 흥분하기 쉬운.
— *m.* 가연물(可燃物). 연료(燃料). 숯. 장작(화목). (연료로 되는) 경유(輕油). 중유.

combustivo *a.* 연소(성)의. 가연성의.

combusto *a.* 태운. 탄. 연소한.

começador *a.* 시작하는. 개시하는.
— *m.* 시작하는 사람. 개시자. 착수자.

começar *v.t.* 시작하다. 착수하다. …하기 시작하다.
— *v.i.* 시작되다. 개시되다.

começo *m.* 시작. 개시. 착수. 발단. 기원. 처음. 시초. 두서(頭書).

comédia *f.* ①희극. 희극과 같은 장면. 희극적 사실. 우스운 일. ②《俗》 극. 연극. 극장. ③거짓. 허위. 위선(僞善).

comediante *m., f.* 희극배우. 희극작가. 위선가(僞善家).

comediar *v.t.* 희극으로 하다. 우스운 일로 만들다.

comedidamente *adv.* 절제(절도 있게. 겸손하게).

comedido *a.* 절제(節制) 있는. 절도 있는. 점잖은. 온건(穩健)한. 겸손한. 진실한. 적당한.

comedimento *m.* 절제. 중용(中庸). 온건. 온화. 겸손. 정절. 정숙. 수줍음.

comediógrafo *m.* 희극작가.

comedir *v.t.* ①절제하다. 적당하게 하다. 가감(加減)하다. ②완화하다. 의무를 지키다.
— *v.i.*, —se *v.pr.* 스스로 억제하다. 자중하다. (언행을) 조심하다. 절도를 지키다.

comedor *a.* 먹는. 잘 먹는. 많이 먹는. 남비하는. 기식하는.
— *m.* 먹는 사람. 대식가. 기식자(寄食者). 남비(濫費)하는 자.

comedorias *f.(pl.)* ①식물(食物). ②(사병(士兵)의) 하루분의 양식. ③식비.

comedouro *a.* 먹을 수 있는. 식용(食用)에 적당한. 식용으로 되는.
— *m.* 모이 담는 그릇. 사료통. 새 모이 넣는 작은 접시 모양의 물건.

comenos *m.* 그 순간. 그 찰라. 그 당시.
neste comenos 바로 그때. 그 순간. 그동안. …하는 동안.

comemoração *f.* 축하. 경축. 기념. 기념제. 기념식. 기념행사. 축전.

comemorar *v.t.* 기념하다. 경축하다. 기념행사를 하다.

comemorativo *a.* 기념의. 경축의 기념하기 위한.

comemorável *a.* 기념할 만한. 기념할 가치 있는.

comenda *f.* 훈장·훈패·휘장. 상징(象徵). 배지.

comendador *m.* 훈장·훈패·휘장 등을 달고 있는 자.

comendatário *a.* 추천의. 천거의. 칭찬하는.

comendático *a.* 추천의.

comensal *a.* 식사를 같이 하는. 함께 먹고 사는. 공생(共生)하는. 공서(共棲)하는.

comensalidade-cometer

— m. 식사를 같이 하는 친구(들). 같은 음식점에서 늘 식사하는 사람(들). 같은 솥의 밥을 먹는 자. (공동 생활하는 노무자·포로·죄수). [生物] 공서동물. 공생식물.

comensalidade f. 식사를 함께 함. 함께 먹는 사이(친분).

comensurabilidade f. 동일한 단위로 계량할 수 있는 성질. 같은 단위. 적응성(適應性). 균형. [數] 통약성(通約性).

comensuração f. 같은 양(量). 같은 크기. 통약(通約). 균형. 어울림. 동일한 단위로 재기. 교량(較量).

comensurar v.t. 동일한 단위로 재다(달아보다). 달아 비교해 보다. 통약하다.

comensurável a. 같은 단위로 계량할 수 있는. 같은 수로 나눌 수 있는. 통약 가능한.
quantidade comensurável [數] 진량(盡量).
número comensurável [數] 진수(盡數).

comentado a. (시사문제 따위를) 논평한. 주석(註釋)한. 해설한. 설명한. 비평한.

comentador m. 해설자. 논평가. 주석을 붙이는 자. (라디오) 시사해설 방송인. 평론가. 비평가.

comentar v.t. (시사 따위를) 논평하다. 해설하다. 설명하다. 주석하다. 비평하다. 비난하다.

comentário m. 해설. 설명. 논평. 주석. 비평.

comentarista m., f. (시사 따위의) 해설가. (신문의) 논평가. 평론가.

comentício a. 거짓의. 허위의. 날조(捏造)의. 상상적인.

comento m. =cometário.

comer v.t. 먹다. 파먹다. 침식하다. 파괴하다. 써 버리다. 소비하다. 삼켜 버리다. 속이다.
— v.i. 음식물을 먹다. 식사를 하다. 이익을 보다. 다 써 버리다. 다 흡수하다. 훔치다.
—se v.pr. 번민하다. …에 못견디다.
comer bem(mal) 잘 먹다(잘못 먹다).
comer palavras 식언(食言)하다. 약속을 어기다.
horas de comer 식사 시간.
— m. 음식물. 식사.

comercial a. 상업(上)의. 무역의. 영리본위의. 장사를 목적으로 하는.
código comercial 상법.
operação comercial 상거래.
associação comercial 상업조합.
sociedade comercial 상사회사.

comercialista m., f. 상업 본위의 사람. 상법(商法) 학자. 상법에 정통한 사람.

comercialmente adv. 상업상. 상업적으로. 통상상(通商上).

comerciante a. 상업하는. 상업 종사하는.
— m., f. 상인. 상업가. 무역상인. 도매상인. 소매상인. 장사꾼.

comerciar v.i. 장사하다. 매매하다. (+ com). (누구·어디와) 거래하다. 무역하다. 통상하다. 교제하다.

comerciário m. (흔히 복수로 씀). 상업에 종사하는 자. 상사종업원(들). (집합적으로) 점원들.

comerciável a. 매매에 적당한. 시장에 내놓을 만한. 잘 팔리는. 거래 또는 통상 가능한.

comércio m. ①상업. 무역. 통상. 상거래. ②교제. 교섭. ③상업계. ④《古》(남녀의) 교합(交合). 성교(性交).
comércio exterior (또는 *externo*) 대외무역.
comércio interior (또는 *interno*) 국내무역.
comércio livre 자유무역.
comércio e indústria 상공업.
camara de comércio 상회의소.

comeres m.(pl.) 요리.

comes m.(pl.) 음식물. 요리. (보통 다음과 같은 합성어로 씀).
comes e bebes 먹는 것과 마시는 것.

comestível a. 먹을 수 있는. 먹기에 적당한. 식용의.

comestíveis m.(pl.) 식료품.

comestivo m. 식물(食物). 식품. 식료품.

cometa m. [天] 혜성(彗星). 꽁지별.
《轉》①지방으로 돌아다니며 돈 걷는 사람. ②행상인. ③수하물계원.

cometário a. 혜성의(에 관한). 혜성 같은.

cometedor a. 법을 어기는. (죄를) 범하는. 가해하는.
— m. 법을 어긴 사람. 범인. 가해자.

cometer v.t. ①(법을) 어기다. 과오를 저지르다. (죄를) 범하다. ②(남을) 공격하다. 덤벼들다. 습격하다. ③(나쁜 일을) 시도

321

cometida─**comissório**

(試圖)하다. 기도(企圖)하다. ④위태롭게 하다. 위험에 빠트리다. ⑤(계약을) 신입(申込)하다. ⑥맡기다. 위탁하다.
— se *v.pr.* (죄를) 저지르다. 범하다. 위험한 짓을 하다. 위험을 무릅쓰고 하다.
cometida *f.* 공격. 습격. 범행.
cometimento *m.* (죄를) 저지르기. 범행. 범죄. 위험을 무릅쓰고 하기. 감행. 결행. 공격. 습격.
cometografia *f.* 혜성지(彗星誌).
cometologia *f.* 혜성학.
comezana, comezaina *f.* 《俗》 많은 음식. 많은 음식을 차려 놓고 법석 떨기. 떠들썩한. 술좌석.
comezinho *a.* ①먹기 쉬운. 거저먹기의. ②알기 쉬운. 간단한. 용이한. 단순한.
comicamente *adv.* 희극적으로. 우습게.
comichão *f.* ①갈망. 동경. ②(…의 생각을) 참지 못함. 집념(執念). ③가려운 것.
comichar *v.t.* 가렵게 하다. 가려운 감을 느끼게 하다.
— *v.i.* 가렵다. 가려움증을 느끼다.
comichona *f.* 근질근질함. (병적으로의) 가려움.
comichoso *a.* 가려운. 근질근질한. 가렵게 하는. 갈망(열망·동경)하는. (희구하는 마음을) 참지 못하는.
comicial *a.* (옛 로마의) 민회의. 회의의.
comício *m.* ①(옛 로마의) 민회(民會). 의회(議會). ②국민대회.
comico *a.* 우스운. 우스꽝스러운. 익살맞은. 희극(적)인.
— *m.* 희극배우. 우스운 짓을 잘 하는 이.
comida *f.* 음식물. 식사.
comido *a.* 먹은. 식사한. (가축·가금 따위에) 모이를 먹인. 벌레 먹은. 소비한. 탕진한. 색깔이 낡아빠진. 속은. 기만 당한 ; 동경하는.
comigo = *commigo. pron.* 나와 함께.(재귀(再歸) 대명사로 쓰일 때는) 나 스스로.
comilão *m.* 많이 먹는 사람. 대식가(大食家). 욕심쟁이. 폭리를 취하는 자.
— *a.* 많이 먹는. 욕심 많은.
comilôa, comilona *f.* 많이 먹는 여자.
cominação *f.* ①(신의) 분노선언. ②처벌. ③위하(威嚇). 위협. 공갈.
cominador *a.* 위협하는. 공갈치는.
— *m.* 위협하는 자. 공갈치는 자.
cominar *v.t.* 위협하다. 위하(威嚇)하다. 공갈치다.
commativo *a.* = *cominatório*.
cominatório *a.* 위협적인. 공갈적 언사(문구)의.
pena cominatória 범행했을 경우 처벌한다는 예고형(豫告刑).
cominho *m.* [植] 카민. (그 열매는 양념·약용).
cominuir *v.t.* 잘게 빻다. 세분하다. (토지를) 분할하다.
cominutivo *a.* [外] 잘게 빻은. 세분한.
fratura cominutiva 복잡골절(複雜骨折).
comiseração *f.* 불쌍히 여기기. 연민. 동정. 자비심.
comiserador *a.* 불쌍하게 여기는. 동정하는. 가엾게 생각하는.
comiserar *v.t.* 동정하다. 가엾게 여기다.
— se *v.pr.* (+ *de*). …을 가엾게 생각하다. 불쌍히 여기다.
comiserativo *a.* 동정심 있는. 가엾게 여기는. 동정심(연민의 정)이 일어나는.
comissão *f.* ①위원. 위원회. ②직권·임무의 위임. 위탁. (위임 받은) 임무. (임무에 관한) 지령. 명령(서). [軍] 장교임관사령(辭令). [商] 대리. 대변. 대리사무.
comissão de inquerito 심사위원회.
comissariado *m. comissário*의 직책·자격 또는 그의 사무소.
comissariado de polícia 경찰서.
comissariado do exercito 병참부(兵站部).
comissário *m.* 위원. 위임받은 자. 대표자. 대리. 파견인. 특파원. 출장원. 대리업자 상사대표인. (세무) 감독관. (상선의) 사무장. 경찰관.
comissário da polícia 경찰서장.
comissionado *a.* 임명된. 위임 받은. 위탁받은. 위원(委員)으로 된. 파견된.
— *m.* 위임 받은 사람. 임명된 자. 위원. 촉탁. 출장원. 파견된 사람.
comissionar *v.t.* 임명하다. (권한 따위를) 위임하다. 위탁하다. 대표자(출장원)로 파견하다.
comissionista *m., f.* 대리상인. 중간업자. 중매인(仲買人).
comisso *m.* (계약의) 위반금. 파약금. 벌금. 규칙위반.
cair em comisso (계약 위반 또는 반칙에 대한) 벌금이 붙다. 벌금에 걸리다.
comissório *a.* 계약을 위반하게 하는. 파약

(破約)을 초래하는.

comissura *f.* ①맞붙은 곳(부분). 접합점. [解] 접합면. 접합선. ②신경연쇄(連鎖). ③선측(船側)의 열구(裂口). ④[植] 합생면(合生面). ⑤[醫] 상처를 꿰매어 붙인 곳. 꿰맨 데. 두개(頭蓋)의 꿰맨 선.

comitê *m.* 위원회. [集合的] 위원. 수탁자 (受託者). 재산관리인. 후견인.
comitê central 중앙위원회.

comitente *a.* ①위임하는. 위탁하는. ②구성의. 성분(요소)의.
— *m.*, *f.* ①위임자. 위탁자. ②성분. (구성) 요소. ③구성물. 조성물.

comitiva *f.* (특히 왕후(王候)·귀현(貴顯) 따위의) 종자(從者). 시종(侍從). 수행원. 방자.

como *conj.* & *adv.* …처럼. …과 같이. 같은 만큼. 그러므로. …한 까닭에. …으로서. (…하기) 때문에. 어떻게.
Como vai? 어떻습니까? 안녕하십니까?
Faça como êle! 저이(가 하는 것)처럼 하시오!
Você sabe como se faz? 어떻게 하는 지 당신은 아십니까?
A como? 어떻게? 얼마입니까?
bem como …도 역시. …도 마찬가지로.
Como assim? 왜 그렇습니까?
como seja 예를 들면.
seja como fôr 가령 …라 할지라도. 어 쨌든.
como quer que seja 어쨌든 간에.
tao bem como …마침 좋게.

comoção *f.* ①(마음의) 동요. 감동. ②흥분. ③진동. ④동란. 소란.

comoda *f.* 옷장.

comodamente *adv.* 편하게. 편리하게. 자유롭게.

comodante *m.* [法] (사용대차(使用貸借)에 의한) 대주(貸主).

comodatário *m.* (사용대차에 의한) 차주 (借主).

comodato *m.* [法] 사용대차. (물품의) 무상대여(無償貸與).

comodidade *f.* 편리. 편의. 안락. 알맞음. 알맞은 시간. 적시(適時).

comodidades *f.(pl.)* 편안. 안락.
comodidades da vida 생활의 안락.

comodismo *m.* ①자기본위. 이기주의. ②충분한 넓이. 편리함.

comodista *a.* 자기의 편리만 도모하는 이기적인.
— *m.*, *f.* 자기의 편리만 도모하는 이. 이기주의자.

cômodo *a.* 편한. 편리한. 쓰기 좋은. 간편한. 기분이 편한. 안일한. 안여(晏如)한.
casa cômoda 살기 좋은(편한) 집.
preço comodo 적당한(타당) 값.
— *m.* ①편리. 편의. 쓰기 좋음. 간편. ②방(房). 실(室). ③생을 즐겁게 하는 물건. ④잉 자조. 직장.

cômodos *m.(pl.)* ①편안. 안락. 안일. ②집안의 여러 가지 방(실).
os cômodos de uma casa 한 가옥(家屋)에 달려 있는 여러 가지 방. (침실·객실·서재·부엌·목욕실·변소 등).

comodoro *m.* ①함대사령관. ②해군준장.

comoração *f.* 연설 도중에 요점(要點)을 강조하기.

cômoro *m.* 무덤처럼 흙이 볼록하게 쌓여 있는 것. 총(塚). 작은 언덕.

comoso *a.* ①긴 머리칼(긴 수염) 있는. ②머리칼 모양(髮狀)의.

comovedor, comovente *a.* 마음을 움직이는. 감동시키는.

comover *v.t.* 마음을 움직이다. 감동케 하다. 마음의 동요를 일으키다. 흥분케 하다.
— *v.i.*, —se *v.pr.* 감동하다. 흥분하다.

comovido *a.* 마음의 동요를 일으킨. 감동한. 감격한.

compacidade *f.* 꼭 들어참. 치밀함. 밀집. (올이) 뺌. 간결성.

compactamente *adv.* 꼭 들어차게. 치밀하게.

compacto *a.* (물질이) 치밀한. 꽉 들어찬. 밀집(密集)한. (올이) 뺌. 빽빽한.

compadecedor *a.* 불쌍히 여기는. 자비심 많은. 인정 깊은. 동정적인. 다정다감한.

compadecer *v.t.* (…을) 불쌍히 여기다. 가엽게 여기다.
—se *v.pr.* (+*de*). …을 불쌍히 여기다. …에 동정하다. (+*cow* 또는 *em*). …과 합치되다. 조화(調和)되다.

compadecidamente *adv.* 인정 깊게. 불쌍히 여기어.

compadecido *a.* 인정 있는. 동정심 있는. 자비심이 많은. 가엽게 여기는.

compadecimento *m.* ①불쌍히 여기기.

연민(憐憫). 동정. ②《古》조화(調和). 일치.

compadrado *a.* ①대부(代父)로 된. ②친구로 된.
— *m.* 친해진 사이. 친교(親交).

compadrar *v.t.* 대부가 되게 하다. 대부로 하다.
—se *v.pr.* (누구누구의) 대부가 되다. 친한 사이가 되다.

compadre *m.* ①대부(代父 : 세례식 때에 입회하여 이름을 붙여주고 영혼상의 부모로서 종교 교육을 보증함). 《俗》친구. 가까운 벗.

compadresco *a.* 대부의. 대부에 속하는. 친밀한 사이의.

compadria, compadrice *f.* =*compadrio*.

compadrio *m.* 대부의 관계. 친밀한 사이. 친교.

compaginação *f.* (활자를) 페이지로 짜기.

compaginar *v.t.* (활자를) 페이지로 짜다.

compaixão *f.* 불쌍히 여기는 마음. 연민(憐憫). 연정(戀情). 동정. 자비.

companheira *f.* ①여성 친구. 늘 함께 다니는 여자. ②함께 사는 여자. 반려자(伴侶者). 처(妻).

companheiro *a.* 동료의. 친구의. 동반자의. 반려의. 동행의. 수행의.
— *m.* 동료. 친구. 동무. 붕우(朋友). 붕배(朋輩). 반려자(伴侶者). 동창. 동행인. 수반자. 함께 사는 이(남자). 쌍(짝)의 한쪽.
companheiro de brinquedos 죽마고우(竹馬故友).
companheiro de viagem 함께 여행하는 자.

companhia *f.* ①교우. 동반. 반려. ②동거(자). 동서(자). 한 집안의 가족. ③회사. 상회. 공사(公司). 사회. ④[軍] 보병중대. ⑤(배우의) 일행.
ir de companhia …와 동반하다. 동행하다.
companhia de seguo 보험회사.
companhia de telefônica 전화회사.

comparabilidade *f.* 비교. 비교성. 비류(比類).

comparação *f.* ①비교. 대조. 대비(對比). 계교(計較). ②유사(類似). 유사한 점. 비길 수 있는 것. [修] 비유. [文] (형용사의) 비교형.

grau de comparação [文] 비교급.
em comparação de (또는 *com*) …에 비하면.
sem comparação 비교할 수 없을 정도로.

comparado *a.* 비교한. 대조한. 대비(對比)한.
anatomia comparada 비교해부학.

comparador *m.* 비교하는 것. 대조하는 것. 정도비교계(精度比較計).

comparar *v.t.* 비교하다. 비교해 보다. 맞대보다. 계교(計較)하다. …과 대조시키다. …에 비기다.
—se *v.pr.* (+*com* 또는 *a*). 비견되다. …와 비기다.

comparativamente *adv.* 비교적으로. 비교상으로.

comparativo *a.* 비교의. 비교적인. 비교에 의한. 비기는. 대비의.
grau comparativo [文] 비교급.
adjetivo comparativo 비교형용사.
mapa comparativo da importação e exportação 수입 수출 비교표.

comparável *a.* (…과) 비교되는. (…에) 비길 수 있는.

comparavelmente *adv.* 비교할 수 있는 정도로. 비교상.

comparecência *f.* =*comparecimento*.

comparecente *a.* 출석(참석)하는. 출석하고 있는. 출두하는. [法] 출정(出廷)하는.
— *m.,f.* 출석자. 참석자. 출정자.

comparecer *v.i.* (+*a*). 출석하다. 참석하다. 출두하다. 출정하다.

comparecimento *m.* 나타나기. 출현. 출석. [法] 출두. 출정.

comparetia *f.* 난초과의 식물.

comparoquiano *m.* [宗] 같은 교구(教區)의 주민.

comparsa *m.,f.* (무대(舞臺)의) 보조역(補助役). 따라서 하는 배우.

comparsaria *f.* (무대에서) 보조역을 하는 사람들.

comparte *m.,f.* 함께 참석(출석)하는 자. 함께 나누는 자(共同分割者). 공동으로 부담하는 자. 함께 행동하는 자. 공범자(共犯者). 《古》상피고(相被告).

compartilha *f.* 함께 나누기. 공동 분할(分割). 공동 부담. 공동 참가(참석).

compartilhar *v.t.* (…에) 공인으로 참가(출석)하다. (…을) 공동으로 향유하다.

공동 부담하다. 공동 분할하다.

compartimentagem *f.* 여러 구획으로 나누기.

compartimento *m.* (방·실내 따위의) 칸막이. 구획. (장·설합·상자 따위의 안을) 구분하기. 칸으로 나누기. 칸막은 방. 격실(隔室). 구획실(區劃室). 기차 내의 분실(分室). 한간살이 방.

compartir *v.t.* 나누다. 분할하다. 분배하다. 나누어 가지다. 나누어 맡다. 공동 부담하다. (방 따위를) 칸막다. 격실(隔室)로 만들다.

compáscuo *m.* [法] 공동목장(牧場).

compassadamente *adv.* 일정한 간격을 유지하여. 규칙 있게. [樂] 박자맞게 서서히 적당한 보조로.

compassado *a.* 컴퍼스로 잰. 일정한 간격을 놓은. 규칙있게 구분한. [樂] 박자에 맞는. 천천한.

movimento compassado 평형운동(平衡運動).

compassageiro *m.* 함께 여행하는 사람. 동행자.

compassamento *m.* 컴퍼스로 재기. 일정한 간격을 유지하기. 규칙 있게 구분하기. [樂] 박자를 맞추기.

compassar *v.t.* 컴퍼스로 재다. 측량하다. 정확히 재다. 주절(주절)하다. 일정한 간격을 유지케 하다. [樂] 박자를 맞추다. 천천히 하다.

—*se v.pr.* 일정한 간격을 유지하다. 절도(節度)를 지키다. 서행(徐行)하다. [樂] 박자가 맞다.

compassivamente *adv.* 동정하여. 불쌍히 여기어.

compassível *a.* 동정할 만한. 감동하기 쉬운.

compassivo *a.* 불쌍히 생각하는. 자비심 깊은. 동정의. 연민의.

compasso *m.* 컴퍼스. 양각기(兩脚器). [樂] 음역(音域). 박자. 속도. 리듬. 운율. *a* (또는 *por*) *compasso* 일정한 간격을 놓고. 박자를 취하여. 서서히.

compatibilidade *f.* 적합성. 일치성. 양립성(兩立性). 모순 없음.

compatível *a.* (+*com*) 양립할 수 있는. 서로 용납되는. 모순 없는. 겸무(兼務)할 수 있는.

compativelmente *adv.* 양립하여. 서로 일치하여. 모순 없이.

compatrício *a.* 같은 고향의. 같은 나라(同國)의.

— *m.* 같은 고향 사람. 동국인.

compatriota *a.* 같은 나라의. 같은 나라 사람의. 동포의.

— *m., f.* 동국인(同國人). 동포.

compelativo *a.* [文] 부르는. 호칭(呼稱)의. 딴사람에 대하여 말하는.

— *m.* 부르기. 호칭.

compelir *v.t.* 억지로(무리하게·할 수 없이) …을 하게 하다. (사람을) 억지로 복종시키다. 강요하다. 강제하다.

compendiado *a.* 요약한. 단축한. 생략한.

compendiador *m.* 요약하는 사람. 적요(適要)하는 자. 발췌자(拔萃者).

compendiar *v.t.* …의 발췌(개요)를 만들다. 개략하다. 요약(要約)하다.

compêndio *m.* 요약(要約). 개략. 개론. 대요. 적요(摘要). 발췌(拔萃). 해설서.

compendiosamente *adv.* 요약(개략)하여. 간결하게. 개략적으로.

compendioso *a.* 개략한. 요약한. 간결하게 한. 개략적인. 개론적인. 요약의. 개론의.

compenetração *f.* ①확신. 신념. ②납득하기. 수긍하기. 알아채기.

compenetrado *a.* ①확신한. ②수긍한. 알아 챈. 납득한. (죄를) 깨달은.

compenetrar *v.t.* 확신시키다. 수긍시키다. 납득시키다. (죄를) 깨닫게 하다.

—*se v.pr.* 확신하다. 수긍하다. 납득하다. 알아채다. (죄를) 깨닫다.

compensação *f.* 갚음. 배상(賠償). 배상금. 보상. 보충. [法] 상쇄(相殺). [機] 보정(補整). 보강.

compensador *a.* 갚는. 보상하는. 보정하는.
— *m.* 갚는 사람. 배상자. 보상자. [機] 보정기(판)(補整器)(板). [電] 보상기(補償器).

compensar *v.t.* 갚다. 보상하다. 배상하다. 보답하다. 보수(급료)를 치르다. 동등하게 하다. 등가치로 만들다. 평형(平衡)하다.

—*v.pr.* ①(부족된 것이) 메워지다. 보상(보충)되다. 상쇄되다. ②같아지다. 동등해지다. 평형되다.

compensativo *a.* 갚는. 배상의. 보상의. 보수의. 상쇄의. 보정적.

compensatório *a.* 배상적. 보상적. 보수

의. 상쇄하는. 상쇄적인.
compensável *a.* 갚아야 할. 배상금을 받아야 할. 배상(보상)해야 할. 상쇄할 수 있는.
competemente *adv.* 능력 있게. 유능하게. 적당히. 충분히.
competência *f.* ①능력. 자격. ②직권. 권한. 관할(管轄). ③경쟁. 대항. 각축(角逐). 경합(競合).
competente *a.* 능력 있는. 유능한. 자격 있는. 적임인. 권한 있는. 적당한. 정당한.
candidato competente 유능한 후보자.
autoridade competente 관계(해당) 당국.
idade competente 적령(適齡).
juiz competente 해당 재판관.
competição *f.* 경쟁. 각승. 시합. 대항. 결항(結抗). 쟁패전(爭霸戰). 각축전(角逐戰).
competidor *m.* 경쟁자. 경쟁상대자. 대항자.
competimento *m.* =*competição*.
competir *v.i.* (+*com*). (…와) 경쟁하다. 다투다. 대항하다. 어깨를 겨누다. (+*a*). (…에) 해당하다. (…의) 권한에 들어가다. (…에) 돌아가다. 귀속하다.
compilação *f.* 편찬. 편집; 편찬물. 편집물. 재료 수집(蒐集).
compilador *a.* 편찬하는. 편집하는. 편찬 재료를 모으는.
— *m.* 편찬가. 편집가.
compilar *v.t.* 편찬(편집)하다. (재료 등을) 수집하다.
compilatório *a.* 편찬(편집)의. 편찬상의.
complacência *f.* ①은근(慇懃). 친절. 공손. 순종. 겸손. ②자기만족. 안심. 기쁨.
complacente *a.* 은근한. 친절한. 공순한. 유순한. 고분고분한.
complacentemente *adv.* 은근하게. 친절히. 공순히.
complanar *v.t.* 평평하게 하다. 수평되게 하다. 평면으로 만들다.
—*se v.pr.* 평평해지다. 수평이 되다. 평면이 되다.
compleição *f.* [醫] 체질. 소질. 성질. 기질.
compleicionado *a.* (…의) 체질이 있는. 성질이 있는.
bem compleicionado 좋은 체질(성질)의.
mal compleicionado 나쁜 체질(성질)의.
compleicinal *a.* 체질(성질)에 관한.
complementar (1) *a.* 보충의. 추가의. 보결의.
côr complementar 보색(補色). 여색(余色).
ângulo complementar [機] 여각(余角). 여각호(弧).
número complementar [數] 여수(余數).
oração complementar. [文] 보어(補語). 보족어(補足語).
— (2) *v.t.* (부족한 것을 보태어). 끝내다. 완성하다. (수·량을) 채우다. 갖추다. …을 다하다. 보충(보결)하다.
complementário *a.* =*complementar* (1).
complemento *m.* 보충하여 완전하게 하기. 보결. 완성. 완료. [文] 보어(補語). 완성어. [數] 여수. [幾] 여각(余角). 여각호.
completação *f.* 모자라는 것을 보태기. 보충하기. 보철(補綴). 갖추기. 완성(완료) 하기. 만전(萬全).
completamente *adv.* 완전히 전적으로. 유감없이. 말끔히. 전연(全然).
completar *v.t.* (부족한 것을 보태어) 완전한 것으로 만들다. 완성하다. 끝내다. (수·양을) 채우다. 갖추다.
completas *f.(pl.)* (천주교의) 저녁기도. 만과(晚課).
completivo *a.* 보충의. 보결의. 완료의. 보족(補足)의. 완료적. [文] 보어(補語)로 된.
completo *a.* 다 갖춘. 전부 구비된. 완전한. 완성된. 완결된. 원만한. 충만한. 가득한. 만원의.
número completo 전수(全數).
derrola completa 전패(全敗). 완전 패배. 완패(完敗).
dez anos completos 만 십 년. 만 열 살.
complexidade *f.* 뒤섞임. 복잡성. 번잡성. 착잡성(錯雜性).
complexo *a.* 둘 또는 여러 개로 합성된. 뒤섞인. 복잡한. 번잡한.
sentença complexa [文] 복문 (주절(主節)과 종속절(從屬節)을 포함한 문장).
— *m.* 복합(複合). 종합(綜合). 합성물. [化] 복합제. [解] 경근(頸筋). [經] 복합체(複合體).
complexo de inferioriade 열등감. 열자 심리(劣者心理).
complexo de superioridade 우월감.
complicação *f.* 뒤얽힘. 복잡. 복잡화(化).

complicadamente–comprativo, compratório

혼잡. (사건의) 분규. 분의(紛議). 교착(交錯). [醫] 여병적(余病的) 중세. 병발증(倂發症). [心] 혼화(混化). 복화(複化).

complicadamente *adv.* 복잡하게 뒤얽히여. 까다롭게. 분규하여.

complicado *a.* 뒤섞인. 뒤얽힌. 복잡한. 번잡한. (문제 따위) 까다로운.

complicador *a., m.* 복잡하게 하는 (것). 까다롭게 하는 (것).

complicar *v.t.* 뒤얽히게 하다. 복잡하게 하다. 까다롭게 하다.
— *v.i.* 착잡(錯雜)하다. 복잡하다. 모순되다.
—se *v.pr.* 뒤얽히다. 복잡해지다. 까다롭게 되다.

componente *a.* 구성분자의. 성분(成分)의. 합성의.
— *m.* 구성분자. 성분. 성분성. [理] 분력(分力).

componista *m., f.* 작곡가(作曲家).

compor *v.t., v.i.* 맞추어 짜다. 얽다. 구성하다. 조직하다. 성립하다. 조립하다 (시를) 짓다. 창작하다. 작곡하다. 구도(構圖)하다. [印] 활자를 짜다. 식자하다. [藥] 조합하다. 조제하다. 조정(調停)하다. 화해하다(시키다).
—se *v.pr.* (+de) ①(…으로) 성립되다. …으로 되다. ②(스스로) 확장하다. ③타협하다. 화해하다.

comporta *f.* 수문(水門). 수갑(水閘). 물의 통로. 배출구. 댐.

comportado *a.* (좋은 또는 나쁜) 행동을 하는. 소행의.
bem comportado 품행이 좋은.
mal comportado 품행이 나쁜.

comportamento *m.* 행동. 행위. 품행. 조행(操行). 처신거조(擧措).

comportar *v.t.* ①…을 지지하다. ②…에 견디다. …을 참다. ③용서하다.
—se *v.pr.* 행동하다. 처신하다.

comportável *a.* 견디는. 견딜만한. 참을 수 있는. 용서할만한. 간과(看過)할만한.

composição *f.* 짜맞추기. 구성. 조성. 합성. 혼성. [文] 합성(법). 작문(법). 작시(법). 문체. 문장. [樂] 작곡(법). [印] 식자(植字)(법). 구도(構圖). 구성물. 혼합물. 합성물. 조정. 화해.

compósita *a.* [建] 혼합식의.

compositivo *a.* 짜서 맞추는. 구성하는. 조성(組成)하는. 합성(合成)의. 화해의.

compositor *m.* ①구성하는 것. 조성하는 것. ②작곡가(作曲家). ③식자공. ④화해하는 자. 조정(調停)하는 자.

compossessor *m.* [法] 공동소유자.

compostamente *adv.* ①합성적으로 복합적으로. ②품행이 좋게. 단정하게.

composto *a.* (*compor*의 과거분사) 짜서 맞춘. 구성한. 합성한. 복합된. 품행이 좋은. 단정한. 착실한. 침착한.
folha composta [植] 복엽(複葉).
flôr composta 집합화(集合花).
palavra composta 합성어(合成語). 숙어(熟語).
remédio composto 합제(合劑).
tempos compostos [文] (동사의) 때(時)의 복합(複合).
— *m.* 구성물. 혼합물. 화합물.

compostura *f.* ①조성. 조립. ②구성. 구조. ③수리(修理). ④모조(模造). 모의(模擬). ⑤품행단정. 예절 있음. 침착. 태연자약.

compota *f.* 사탕에 절인(끓인) 과실. 정과(正果).

compoteira *f.* 과실이나 과자를 담는 접시(그릇).

compra *f.* 물건 사기. 매입(買入). 구매. 구입. 매수(買收).
fazer compras 물건을 사다. 구매하다. 장보다.
compra e venda 사고 팔기. 매매.

compradiço *a.* 사기 쉬운. 구매 용이한. 매수하기(되기) 쉬운. 돈만 주면 되는.

comprador *m.* 사는 사람. 구매자(회사의) 구매계(係). 매수인.

comprar *v.t.* 사다. 사들이다. 구매하다. (뇌물주고) 매수하다.
comprar fiado 외상으로 사다.
comprar cartas (트럼프 놀이할 때) 판에 있는 트럼프장을 거두어 들이다.
comprar a prazo 기한부(월부·연부)로 사다.
comprar a dinheiro 현찰(일시불)로 사다.

comprativo, compratório *a.* 사들이는. 매입의. 사들이기 위한. 구매용의. 구매력 있는.
valor compratório 구매가(購買價).
eficiência compratória 구매력.

comprável *a.* 살 만한. 사들일 수 있는. 구매 가능한. 매수할 수 있는.

comprazedor *a.*, *m.* (남을) 즐겁게 하는 (사람). (타인을) 기쁘게 하는 (사람). 쾌감을 주는 (자). 친절한 (사람) 기분 좋게 이야기하는 (사람).

comprazer *v.t.* 기쁘게 하다. 즐겁게 하다. 만족시키다. 마음에 들게 하다.
— *v.i.* 기뻐하다. 즐기다.
—se *v.pr.* (+*de*. *em* 또는 *com*). (…을) 즐기다. (…을) 기뻐하다. 재미있어 하다. 만족하다.

compraximento *m.* 남을 기쁘게(즐겁게) 하기, 환심사기. 기분 좋게 대하기(이야기 하기).

compreender *v.t.* (사람의 말을) 알다. 이해하다. 납득하다. (참뜻·설명·원인·성질 등을) 알아채다. 싸다. 포장하다. 포괄하다. 포함하다. 망라하다.
—se *v.pr.* …을 포함하다. 내포(포괄)하다. 함축(含蓄)하다.
fazer compreender 알게 하다. 명심하게 하다. 절실히 느끼게 하다.

compreendido *a.* ①알고 있는. 알아챈. ②포함된. 포괄된. 함축된. ③(+*em*). …의 죄에 걸린.

compreensão *f.* 이해. 이해력. 포함. 포괄(包括). 함축(含蓄). [論] 내포. [修] 추지법(推知法).

compreensibilidade *f.* 이해성. 이해할 수 있음. 알기 쉬움.

compreensiva *f.* 《古》이해력. 판단력. 분별력.

compreensível *a.* 알기 쉬운. 이해할 수 있는. 명료한.

compreensivelmente *adv.* 알기 쉽게. 이해할 수 있게. 포괄적으로.

compreensivo *a.* ①이해력 있는. 이해가 빠른. ②함축적인. 포괄적인.

compressa *f.* [外] (혈관을 압축하는) 압정포(壓定布). (염증을 없애는) 찜질. (솜의). 압축기(壓縮機).

compressão *f.* 압축. 압착(壓搾). 압착력. 압박. 제압(制壓).

compressibilidade *f.* 압축의 가능성 [理] 압축성. 압축률.

compressível *a.* 압축성의. 압축 가능한. 압박할만한.

compressivo *a.* 압축력 있는. 압박하는. 압축용의.

compressor *a.* 압축하는. 압착하는.
— *m.* 압축하는 것. 압박하는 자. [機] 압축기. [解] 수축근(收縮筋). [外] 혈관 압박기.

compressório *a.* 압축시키는. 압착케 하는.

compridão *f.* = *comprimento*.

compridez *f.* 길이. 기장.

comprido *a.* ①(물체가). 가늘고 긴. 길다란. 길쭉한. ②먼. ③(시간이) 오랜.
ao comprido 길이로. 세로.

comprimente *a.* 압축하는. 압착하는. 압박하는.

comprimento *m.* 길이. 기장.

comprimidamente *adv.* 압축하여. 압착하여.

comprimido *a.* 압축한. 압착한. 눌러 만든. 응축한.
— *m.* [藥] 알약. 정제(錠劑).

comprimir *v.t.* 압축하다. 압착하다. 응축(凝縮)하다. 압박하다.
—se *v.pr.* 압축되다. 수축하다. 줄다. 축소되다.

comprimível *a.* 압축할 수 있는. 압축성의. 응축할 만한.

comprometedor *a.* ①약속하는. 예약하는. 약속으로 속박하는. ②책임지우는. 의무를 지게 하는. ③위태롭게 하는.

comprometer *v.t.* ①약속하다. ②책임지우다. 의무를 지게 하다. 위태롭게 하다. (약속으로) 속박하다. 휩쓸려 들어가게 하다.
—se *v.pr.* (약속에) 속박당하다. 책임지다. 의무를 지다. (+*a*). 약속하다. (+*em*). 몸을 말리다. 몸을 위태롭게 하다.

comprometido *a.* 약속한. 언약한. 약속된. 책임을 진(지니고 있는). 의무를 가지고 있는. (약속에) 속박당한. 구속된.

comprometimento *m.* ①약속하기. ②책임을 지고 있음. 인퇴(引退)할 수 없음.

compromisso *m.* ①약속. 언약. ②[法] 계약. ③화해(和解). 양보. ④타협. 절충(안)(折衷)(案).
sem compromisso 약속 없이. 임의로.

compromissório *a.* 약속(계약)에 의한. 타협적인. 화해(和解)에 의한.

compropriedade *f.* 공동소유물. 공동소유임.

comproprietário *m.* 공동소유주(所有主).

comprotetor *m.* 공동보호자.

comprovação *f.* 확인. 확증. 입증. 증거를 내세우기. 증거물.

comprovador *a.* 입증하는. 증명하는. 증거가 되는.

comprovante *a.* 증명하는. 증거로 하는.
— *m.* 증명하는 자. 증거 물건(서류). (특히 금전의) 영수증; (세금 따위의) 지불 확인증.

comprovar *v.t.* ①증명하다. 증거를 세우다. 입증하다. ②확인하다. 확증하다. ③(인쇄물을) 대조해 보다. 맞추어 보다.

comprovativo *a.* ①증명하는. 입증하는. 증거가 되는. ②확증하는. 확증적. 확인적.

comprovatório *f.* 확인하는. 확증하는.

compulsação *f.* 서류 검열(대조). 읽어 맞추어 보기.

compulsador *a., m.* 서류를 검열(대조)하는.

compulsão *m.* 강제. 강요. 무리하게 떠맡기기.

compulsar *v.t.* 서류를 검열(대조)하다. 읽어서 맞추어 보다. 열독하다. 《廢》강제하다.

compulsivo *a.* 강제적인. 강제력 있는. 강제하기 위한.

compulso *a.* (*compelir*의 불규칙 과거분사). 상세원. 상요낭안.

compulsória *f.* ①[法] 상급판사의 판결 명령. ②상급 재판소로부터 하급 재판소에 보내는 서류(영장·판결 명령). ③서류조사의 요청. ④(문관의) 강제 퇴직.

compulsório *a.* [法] 강제적인. 의무적인. 강제 당한. 필수적(必須的)인.
carta compulsória 영장(令狀).

compunção *f.* 양심의 가책. 회오(悔悟). 회한(悔恨). 후회. [宗] 통회(痛悔).

compungido *a.* 양심에 가책 받은. 회오한. 후회하는. 비탄하는. 통회하는.

compungimento *m.* = *compunção*.

compungir *v.t.* 양심의 가책을 받게 하다. 회오케 하다. 후회하게 하다.
— **se** *v.pr.* 양심에 가책을 받다. 회오(悔悟)하다. 후회하다. 회한하다. 비탄하다. 통회하다.

compungitivo *a.* 회한의. 후회의. 비탄의. 통회의

computação *f.* ①계산. 산정(算定). ②평가. 견적.

computador *a.* 계산하는
— *m.* 계산자. 견적자. 계산기(計算器).

computar *v.t., v.i.* 계산하다. 셈하다. (얼마로) 대중잡다. (…라고) 추측하다. 추산하다. 견적하다.

computável *a.* 계산할 수 있는. 추산할 만한. 견적 가능한.

computo *m.* 계산. 산정(算定).

comua *f.* 《古》변소. 더러운 곳.

comum *a.* 일반적인. 공통한. 흔히 있는. 보통의. 평범한. 통속적인. (토지·도로 따위의) 공유의. 공공(公共)의.
nome comum [文] 보통명사.
interesse comum 공통된 이익.
senso comum 상식.
ano comum 평년(平年).
direito comum 일반법률. 관습법.
voz comum 여론.
em comum 공동으로.
de comum acordo 합의상. 전원일치로.
causa comum 공동이해(목적).
camara dos Comuns (英·캐나다) 하원.
— *m.* 보통. 일반(一般). 평범.

comummente *adv.* 보통. 일반적으로. 통례로. 통속적으로.

comuna *f.* (중세의 유럽 제국의) 최소지방 자치제.

comunal *a.* ①공공(公共)의. 지치단체(시·동·리)의. ②파리 콤뮨의.

comunalismo *m.* (시·동·리의) 자치파 (自治派).

comunalista *m., f.* (시·동·리의) 자치를 주장하는 자.

comuneiro *m.* *comuna*의 주민.

comungado *a.* [宗] 성찬(聖餐)을 배령한.

comungante *a.* [宗] 성찬을 배령(배수)하는.
— *m.* 성찬배수자(拜受者).

comungar *v.t.* 성찬을 주다.
— *v.i.* ①성찬을 배수하다. ②주의 신앙을 같이 하다.

comungatório *a.* [宗] 성체의 비적에 관한.
— *m.* 성찬대(聖餐臺).

comunhão *f.* 성체의 비적(秘蹟). 성찬배령. 성찬식찬미가(聖餐式讚美歌). ②같은 신앙. 동신심(同信心). 같은 주의. ③친교(親交). 영교(靈交). ④(종교상의) 단체. (가톨릭교의) 조합. [法] 공유(共有). 공동(共同).

comunial *a.* *comunhão*에 관한.

comunião *f.* 《廢》 = *comunhão*.

comunicabilidade *f.* 전달할 수 있음. 가전성(可傳性). 통신 또는 교통의 가능성 (가능한 상태).

comunicação *f.* ①전달. 보도. 통신. ②서신. 통첩. ③교통. 교통기관. ④교제. 교섭. ⑤연락. [宗] 성찬배령(聖餐拜領).

comunicado *a.* ①전달한. 보도한. 통보한. 연락한. ②공동의. 공유(共有)의. 공용(共用)의.
— *m.* 전달. 통지. 통보(通報). 보도.

comunicador *a.* 전달하는. 통보하는. 통신하는. 연락하는.
— *m.* 전달자. 통보자. 통신자. 연락자. 전달물. 통보장.

comunicante *a.* ①전달하는. 통신하는. 통보하는. 연락하는. ②교통하는. [宗] 성찬 배령하는.

comunicar *v.t.* 전하다. 전달하다. 통하다. 통보하다. 통신하다. (병을) 감염시키다. 옮기다. 전염케 하다. 연락케 하다.
— *v.i.* (+*com*). (…와) 통하다. 연락이 있다. (…와) 통신하다. (…와) 교통하다.
—se *v.pr.* 서로 통하다. 서로 전하다. 공통(共通)하다. 서로 연락하다. (병 따위) 옮다. 전염하다.

comunicativamente *adv.* ①전염적으로. ②마음속에 숨김없이. 흉금을 열고.

comunicativo *a.* ①통하기 쉬운. 전염하기 쉬운. ②흉금을 열고 이야기하는. 이야기하기 쉬운. 이야기하기 좋아하는.

comunicável *a.* 전달할 수 있는. 통지(통보) 가능한. 교통 가능한. 전염성의. 옮기 쉬운.

comunidade *f.* (이해 관계를 같이 하는) 단체. (국가·도시·구·동·학교·동업 등의) 공동사회. (…사회)(계) (재산 등의) 공동소유(사용). (사상·이해 등의) 공통. [宗] 같은 신자의 단체. 《古》 합숙소. 수도원.

comunismo *m.* 공산주의. 사회공산론.

comunista *a.* 공산주의의.
— *m., f.* 공산주의자. 공산당원.

comunitário *a.* 재산공유제(共有制)의. 공통재산제의. 공산사회의.
— *m.* 재산공유론자. 공통재산론자.

comutação *f.* ①교환. 변환. ②《古》 물물교환. [法] (사형에서 종신형으로의) 감형(減刑). 환형(換刑). 대상(금)(代償)(金). [電] 전류를 전환하기. 정류(整流)하기. [文] (엇귀의) 전환.

comutador *a., m.* 교환하는 (것). 전환하는 (것). [電] 전류 전환기. 정류자(整流子).

comutar *v.t.* ①교환하다. 바꾸다. 전환기로(전류를) 바꾸다. [法] (중죄를) 감형하다. 환형(換刑)하다. (지불방법 따위를) 바꾸다. 대체(對替)하다.

comutativo *a.* 교환하는. 변환하는. [法] 교환적. 호역(互易)의.

comutável *a.* 바꿀 수 있는. 교환 가능한. 형을 가볍게(감형)할 만한. 환형 가능한.

conca *f.* [解] 외이(外耳). 이각(耳殼).

concassor *m.* 쇄석기(碎石機).

concatenação *f.* 연속. 연쇄. (사건 등의) 연결. 기맥(氣脈). 관계. 관련.

concatenar *v.t.* 쇠사슬 모양으로 잇다. 연쇄시키다. (사건 등을) 연결시키다. 관련시키다.

concavar *v.t.* 오목하게 만들다. 요면(凹面)으로 만들다.

concavidade *f.* 요면(凹面). 오목한 데. 함몰부(陷沒部). 중저(中低).

côncavo *a.* 오목한. 요면의.
— *m.* 요면. 가운데가 오목함.
côncavo-côncavo 양면이 오목한. 양면중요(兩面中凹)의.
côncavo-convexo 한쪽 면은 오목하고 다른 면은 두드러진. 일면중요타면중철(一面中凹他面中凸)의.

conceber *v.t., v.i.* (아이를) 배다. 임신하다. 잉태하다. (생각·의견·원한 등을) 품다. 마음에 그리다. 상상하다. (…라고) 생각하다. 머리에 떠오르다. 생각해 내다. 안출하다. 양해(이해)하다.
conceber esperança 희망을 품다.
conceber frio 추위를 느끼다.

concebimento *m.* = *concepção*.

concebível *a.* 생각할 수 있는. 상상할 만한. 있음직한. 이해할 수 있는.

concedente *a.* 허용(허가)하는. 승낙(승인)하는.
— *m.* 허용하는 자. 승낙자.

conceder *v.t.* 허용(허가)하다. 승낙하다. 승인하다. 인정하다. 윤허(允許)하다.
— *v.t.* (+*em*). 타협하다.

concedido *a.* 허가(허락)한. 용인(容認)한.

윤허(윤준)된.
concedível *a.* 허가(허락·승낙)할 수 있는.
conceição *f.* ①임신. 잉태. [宗] 성모 마리아의 회태(懷胎). 그 경축일(12月 8日).
conceitarrão *m.* 큰 이해력. 대관념(大觀念). 위대한 사상.
conceito *m.* ①사상. 관념. 의견. 견해. 생각. [哲] 개념. 요령. 요지(要旨).
conceituado *a.* …라고 판단한. 높이 평가한. 평판에 오른.
bem conceituado 평판이 좋은. 신용 있는.
conceituar *v.t.* 생각하다. 상상하다. 추고(推考)하다. 판단하다. 식별(識別)하다.
conceituosamente *adv.* 교묘하게. 말 재간 있게.
conceituoso *a.* 영리한. 지혜 있는. 교묘한. 격언 또는 명문구를 잘 쓰는.
concelebrar *v.t.* 함께 축하하다. (의식·축전 따위를) 함께 거행하다.
concelheiro *a. concelho*의 *concelho*에 속하는.
concelho *m.* (옛날 포르투갈에 있어서의)시행정구(市行政區).
(注意) *conselho*: 의논. 협의. 충고. 고문역.
concento *m.* 합창. 합음(合音). 협화음(協和音).
concentração *f.* ①한곳에 모으기. 집중. ②전심전력. 전념(專念). [化] (액체의) 농도(濃度). 농축(濃縮).
concentração de poder 중앙집권.
concentração de espírito 정신집중. 전념.
campo de concentração [軍] 정치범(또는 포로) 수용소. [新] 세뇌(洗惱) 교화소.
concentrado *a.* ①한 곳(한 점)에 모은. 집중한. ②좁은. ③질은. 진한. [化] 농축한. ④흉금을 열지 않는. 마음 속에 감춘. 비밀주의.
líquido concentrado 진한 액체. 농축액(液).
concentrar *v.t.* 한 점(한 곳)에 모으다. 집중시키다. [化] 농축(濃縮)하다. 응축(凝縮)하다. (광석을) 고르다. 선광하다.
— *v.t.,* —*se v.pr.* 한 점에 모이다. 모여들다. (인구 등이) 집중하다. 전념하다. 몰두하다.
concentricidade *f.* 중심이 같음. 동심(同心). 집중. 집중성(性).
concêntrico *a.* 같은 중심의. 공심적(共心

的)의. 집중적. [機] 동심(同心)의.
concepção *f.* ①임신. 잉태(孕胎). 수태(受胎). ②상상력. 이해력. ③개념작용. 개념적 판단. ④착상(着想). 창의. 고안. ⑤공상.
conceptibilidade *f.* 이해하기 쉬움. 알기 쉬움.
conceptível *a.* 알기 쉬운. 이해할 만한.
conceptivo *a.* 개념적. 개념작용적. 잉태(孕胎)의.
conceptual *a.* 개념의. 개념적. 개념에 관한.
conceptualismo *m.* [哲] 개념론.
concernência *f.* 관계가 있음. 관계하고 있는 일. 관계사건.
concernente *a.* (+*a*). …에 관한. …에 관계가 있는. 관여하고 있는. …에 속하는.
concernir *v.i.* (+*a*). …에 관계를 갖다. …에 관계되다. …에 언급하다.
concertado *a.* ①협정된. 합의된. ②일치한. 협조한. ③[樂] (성악·기악(器樂)을 위하여) 연주용으로 편곡된.
concertador *m.* 조정자(調停者). 조화시키는 것. 협조자(協助者).
concertamento *m.* = *concêrto*.
concertante *a.* ①음악회에 출연하는. ②협음(協音)의.
concertar *v.t.* 협조하다. 상의하다. 의논하다. 함께 (수단을) 강구하다. (연구하다). 정돈하다. 정리하다. 화해(和解)시키다. 조정(調停)하다.
— *v.i.* 조화(調和)하다. 협화(協和)하다. 협조하다. 일치하다.
—*se v.pr.* 타협하다. 합의에 이르다. 협정짓다.
(註) *consertar* (수리하다)와는 동음이의(同音異義)임.
concertina *f.* 손풍금의 일종.
concertista *m.* 음악회(연주회)의 연주자. 독주자. 독창자.
concerto *m.* ①음악회. 연주회. ②협상. 협의. 협정협약.
(注意) 同音異義語 *conserto*: 수리. 수선.
de concêrto 일치하여. 동의하여. 협정하여.
concessão *f.* ①양보. 양여(讓與). 권리의 양도. ②용인(容認). 허가. 허용. 허락. 인가. ③특허. 면허. (광산 채굴·철도 부설 따위에 대한) 부여 특권.

concessionário *a.*, *m.* ①허가를 얻은(사람). (정부로부터의) 특권소유자. ②물려받는 사람. 양수인(讓受人).

concessível *a.* 허락(허가·인가·승인)할 수 있는. 양보할 만한.

concessivo *a.* ①양여(讓與)의. 양보의. 양보적. 허가(허락)에 관한. [文] 양보를 표시하는.
conjunção concessiva [文] 양보접속사. (*ainda que, posto que, apesar de que, embora* 따위).

concessor *m.* 허락(허가·인가·승인)하는 자. 특허를 주는 사람. 양도인(讓渡人).

concessório *a.* = *concessivo*.

concha *f.* ①조개. ②조개껍질. 조가비(거북의) 등껍질. 귀갑(龜甲). ③(저울의) 접시. ④[解] 외이(外耳).
concha de ouvida 이각(耳殼).

conchado *a.* 조가비가 많은. 조가비로 덮인. 조가비 같은.

concharia *f.* 많은 조개껍질. 모여 있는 조가비.

conchavador *m.* 절충하는 자. 의논하는 자. 꾸미는 자. 공모하는 자. 결탁하는 자.

conchavar *v.t.* 의논하다. 꾸미다. 공모하다. 결탁하다.
—se *v.pr.* 결탁하다. 공모하다.

conchavo *m.* ①모의. 공용. 결탁. ②합의. 협약.

concheado *a.* 껍질이 있는. 껍질 모양(介殼狀)의.

conchear *v.t.* 조개껍질로 덮다. 조가비를 씌우다.
—se *v.pr.* 껍질속(介殼內)에 숨다.

conchegado *a.* (+*a*). …에 가까운. …에 접근한. (옷 따위) 따뜻하게 입은. 편한. 안락한.

conchegar *v.t.* (+*a*). …에 접근시키다. …에 가깝게 하다. (…에) 몸을 기대다. (옷을) 따뜻이 입히다. 편하게 하다.
—se *v.pr.* (…에) 접근하다. (…에) 몸을 기대다. 쉬다.

conchego *m.* ①(생활상의) 안락. 편안. 마음의 편함. ②보호. 비호(庇護).

conchífero *a.* [動] 조가비를 가진. [地質] 조가비를 포함한.
terreno conchífero 조가비가 나는 땅.

conchoso *a.* 조개껍질이 많은.

conchudo *a.* ①조개껍질 모양의. ②우쭐하는. 자만하는.

concidadão *m.* 같은 시민(市民). 같은 나라 사람.

conciliábulo *m.* 종교상의 비밀회합(소). 비밀회의. 집회.

conciliação *f.* 화해(和解). 조정. 융화. 회유(懷柔). 위무(慰撫).

conciliador *a.* 화해케 하는. 조정(調停)하는. 타협케 하는. 일치되게 하는. 위로(위무)하는.
— *m.* 화해시키는 자. 조정자. 타협케 하는 자. 위로하는 이.

conciliante *a.* 화해하는. 조정하는. 융화케 하는. 위로(위무)하는.

conciliar (1) *a.* [宗] 회의의. 의회의. 교회(教會)의. 교의(教義)에 관한.
— (2) *v.t.* ①화해시키다. 조정하다. 절충하다. 타협시키다. ②(반대자를) 회유(懷柔)하다. ③달래다. 위로하다. 위무하다.
—se *v.pr.* 화해하다. 타협하다.

conciliário *a.* = *conciliar* (1).

conciliativo *a.* 화해의. 조정의. 화해하는. 조정하는. 융화하는. 위로(위무)하는.

conciliatório *a.* 화해의. 조정의. 융화적. 위무적.

conciliável *a.* 화해(조정)할 만한. 조화(일치)시킬 수 있는. 타협할 여지가 있는.

concílio *f.* 회의. 의회. 심의회(審議會). 종교상의 회의.

concional *a.* 《古》 공회(公會)의. 공회석상의.

concionar *v.i.* 《廢》 공회의 석상에서 연설하다. 대중에게 이야기하다.

concisamente *adv.* 간단하게 가결하게.

concisão *f.* 간결(簡潔). 간단. 간략.

conciso *a.* 간단하고 요령있는. 간결한. 간명(簡明)한.

concitação *f.* 선동. 교사(教唆). 자극. 결려.

concitador *a.* 선동하는. 교사하는. 자극주는.
— *m.* 선시자. 교사하는 사람. 격려하는 이.

conitar *v.t.* 부추기다. 선동하다. 교사하다. 충동하다. 자극주다. 격려하다. …에게 하다.

conciamação *f.* 많은 사람이 외치는 소리. 함성. 원성.

conclamar *v.i.*, *v.t.* 많은 사람들이 일시

conclave *m.* 추기관(樞機官)이 법황을 선거하는 회의; 그 장소. 비밀회의.

conclavista *m.* ①법황선거 회원(추기관). ②법황선거 회원에 따르는 종자(從者).

concludente *a.* 결론적. 결정적. 확정적. 단호한.
argumentação concluente 결론.

concludentemente *adv.* 결론적으로 결정적으로. 확정적으로. 단호히.

concluido *a.* 결말지은. 끝마친. 종결한. 완결한. 결정한.

concluimento *m.* = *conclusão*.

concluir *v.t.* ①(끝)마치다. 결말짓다. 종결하다. 마감하다. ②결론짓다(내리다). ③결정하다. 결의하다. ④(조약 등을) 맺다. 체결하다.
— *v.i.* (사람이 …으로서) 말을 맺다. (글·얘기·회의) 끝나다.
—se *v.pr.* 끝나다. 종결짓다. 결론에 이르다.

conclusão *f.* 끝. 결말. 종결. 종국. 결론. 의결(議決). 단정. [論] (삼단논법의) 단안(斷案). (조약의) 체결. [法] 결심(決審).
em conclusão 결국. 결국에는.
chegar a uma conclusão …의 결론에 이르다. …으로서 귀결되다.
tirar uma conclusar 결론을 맺다.

conclusivamente *adv.* 결정적으로. 결론적으로.

conclusivo *a.* 결정적인. 최후적인. 종국적인. 단호한.

concluso *a.* 끝마친. 끝말지은. 결론 내린. (조약 등) 맺은.

concoidal (*conchoidal*). *a.* [地質] 조가비 모양의. 개각상(介殼狀)의. [數] 나사선의.

concóide (*conchoide*) *a.* 조가비 모양의. 조개껍질 모양의 요철(凹凸)이 있는.
— *f.* [數] 나선(螺線). 방선(蚌線).

concologia (*conchologia*) *f.* 패류학(貝類學).

concomitância *f.* 상반(相伴). 부수(附隨). 병재(倂在). 병발(倂發).

concomitante *a.* 상반(相伴)하는. 부수하는. 동시에 발생하는. 병발의.

concomitantemente *adv.* 부수적으로. 동시에.

concordado *a.* 부합하는. 부합된. 일치한. 타협지은. 합의를 본. 조화(調和)된. [樂] 음조(音調)가 맞는.

concordância *f.* ①부합. 합치. 일치. ②동의(同意). 합의(合議). ③[樂] 협화음. [文] 일치(一致) (명사·대명사·형용사·동사 등 상호간의 수(數)·격(格). 인칭 따위의 호응(呼應)).

concordante *a.* 부합하는. 일치하는. 조화되는. (…과)화합하는. [樂] 협화음의. 음조가 맞는. [文] 일치하는. 호응하는.

concordar *v.t.* (…와) 부합시키다. 일치시키다. 합의(合議)케 하다. 동의케 하다.
— *v.i.* 부합하다. 일치하다. 조화(調和)하다. 합의하다. 동의하다. [文] 일치하다. 호응하다.
concordar em (또는 *com*) …와 일치하다.

concoradata *f.* 협의계약(協議契約). 정교(政敎) 조약. [宗·史] 로마 법황과 국왕·정부 간의 협약.

concordável *a.* 일치 가능한. 협화(조화). 조화할 수 있는. 상용(常用)되는.

concorde *a.* ①일치하는. 부합되는. 조화(調和)되는. (…과) 화합하는. ②동의(同意)의. 합의의. 동감의.

concordemente *adv.* 일치하여. 이의(異議) 없이.

concórdia *f.* (이견·이해 등의) 일치. (사물간의) 조화. 화합. (국제간의) 협조. 친선협약. 평화. 친목. [樂] 협화음. 회현(和絃).

concorrência *f.* 경쟁. 각승. 대항. [法] 동일 권리.

concorrente *a.* 경쟁하는. 대항하는. 협력하는. 합류(合流)하는. 동일점으로 모으는.
linha concorrente 회선(會線).
forças concorrentes 중합력(衆合力).
— *m., f.* 경쟁자. 경쟁 상대.

concorrentemente *adv.* ①경쟁하여. 서로 다투어. ②협력하여.

concorrer *v.t.* 한 점에 모이다. 부합하다. 연속하다. 동시에 일어나다. 공동 작용하다. 공존하다. 일치하다. 동의하다. 경쟁하다. 앞을 다투다. 대항하다.

eoncreção *f.* ①굳음. 굳침. 굳어진 물체. 응결(凝結). 응결물. 고결(固結). ②[醫] 결석(結石). ③[論] 구상(具象).

concrescibilidade *f.* 응결성(凝結性).

concrescível *a.* 굳는. 굳기 쉬운. 응결할 수 있는.

concretização *f.* ①굳게 함. 응결(凝結). 고결(固結). ②구체적 표현. 구체화.

concretizar *v.t.* 굳어지게 하다. 굳히다. 응결시키다. 구체화(具體化)하다.
— *v.i.*, — *se v.pr.* 굳어지다. 응결하다. 구체화되다. (예언 따위) 들어맞다.

concreto *a.* ①굳은. 응결된. 고체(固體)로 된. 콘크리트로 만든. 고체의. ②[論·文] 구체적. 구상적(具象的). 유형(有形)의. 형이하(形而下)의.
come conceto 구상명사.
— *m.* ①굳어진 물건. 결성체(結成體). 구체물. 콘크리트. ②구상적 관념. ③구체 명사.
concreto armado 철근 콘크리트.

concubina *f.* ①첩(妾). ②여주인. 주부.

concubinagem *f.* =*concuotnato*.

concubinário *a., m.* 첩을 둔 (사람). 본처 외에 딴 여자와 사는 (사람).

concubinar-se *v.pr.* 첩과 살다. (몰래) 딴 여자와 동서하다.

concubinato *m.* 첩을 두기. 축첩(蓄妾).

concubito *m.* ①(남녀의) 교접(交接). ②동거생활.

conculcador *a., m.* 짓밟는 (사람). 유린하는 (자).

conculcar *v.t.* ①밟다. 짓밟다. 유린하다. ②경멸하다. 모욕하다.

concunhada *f.* 자기의 누이 또는 여동생과 처제 또는 처의 누이 사이에 부르는 말. (여동생과 시누이 간. 누나와 처제 간). 의자매(義姉妹).

concunhado *m.* 남편의 형제와 처의 형제 간. 자기의 형과 처남 사이. 자기의 동생과 처형 사이. 의형제(義兄弟).

concupiscência *f.* 색욕. 음욕(淫慾). [聖] 현세욕(現世慾).

concupiscente *a.* 사음(邪淫)의. 음욕에 빠진. 호색의. 색욕 왕성한.

concupiscível *a.* 색욕(음욕)을 일으키는. 물적 욕심을 일으키게 하는.

concurso *m.* ①(인마·물질·분자·하천 등의). 폭주(輻輳). 취합(聚合). 합류. 군집. 집합. 두 선(兩線)이 한 곳에 모이기. 시합. ②원조. 협조. 경연(競演).

concussão *f.* 진동. 격동. [醫] 진탕(震盪). [法] 관리의 강제적 요구. 불법 수세(收稅).

concussionário *a.* 강요하는. 강탈하는. 착취하는. 공금을 횡령하는. 독직(瀆職)의.
— *m.* 강제적으로 요구하는 자. 강탈하는 자. 공금을 횡령하는 자. 수탁금(受託金) 횡령자. 독직관리(瀆職官吏).

concutir *v.t.* 동요하다. 진동하다.

condado *m.* 백작의 신분(지위). 《古》백작의 땅.

condal *a.* 백작의. 백작에 속하는. 《古》 백작영지(領地)의.

condão *m.* ①대권(大權) ; (일반적으로) 특권. ②마술적 힘. 불가사의 힘. ③천성(天性). 특성.
vara de condão 마술 지팡이.

conde *m.* ①백작(伯爵). ②(트럼프의) 조커.

condecroação *f.* 훈장. 훈장 수여. 메달을 달기.

condecorado *a.* 훈장을 받은. 훈장을 지니고 있는. 명예를 지닌.
— *m.* 훈장 받은 자. 훈장 패용자.

condecorar *v.t.* 훈장은 주다. 메달을 달아 주다. 명예를 높여 주다.
—*se v.pr.* 자랑하다. 자부하다.

condenção *f.* ①유죄의 결정(선고·판결). 형(刑) 언도. 형벌. ②심한 비난. 배척.

condenado *a.* ①(유죄로) 선고 받은. (유죄로) 판결된. (형(刑)의) 언도를 받은. 형벌 받은. ②심한 비난을 당한. ③《比喩》저주 받은. 구할 수 없는. ④(의사로부터) 고칠 수 없는 병이라고 선고 받은.
— *m.* ①유죄로 선고된 자. 유죄 판결자. 기결 죄수. ②저주 받은 자. 악인.

condenador *a., m.* 유죄를 선고하는 (자).

condenamento *m.* 《稀》=*condenação*.

condenar *v.t.* 유죄를 선고하다. 유죄로 판결하다. 형(刑)을 언도하다. (의사가 사람에게 병을) 고칠 수 없다고 선고하다. 폐기처분(廢棄處分)을 언도하다. 비난하다. 견책하다.
—*se v.pr.* 자책(自責)하다. 자기의 죄를 인정하다. 벌 받다. 처벌 당하다.

condenatório *a.* 단죄적(斷罪的). 유죄언도의. 처형의. 비난의.

condenável *a.* 처벌해야 할. 유죄로 판결(언도)할만한. 비난(견책)해야 할. 단죄에 해당하는.

condensabilidade *f.* 응축성(凝縮性). 응결성. 냉축성(冷縮性).

condensação *f.* 응축. [理] 응결(凝結). 냉축. [化] 축합(縮合). 액체화(液體化).

축상태. 응축제. 《比喩》(사상·표현의) 간략화(簡略化). 요약.

condensado *a*. 응축한. 응결한. 냉축한. 간략(요약)한.
leite condensado 연유(煉乳). 컨덴스밀크.

condensador *a*. 응축(응결·냉축)하는.
— *m*. 응축장치. 응결기(凝結器). 냉각기. [電] 축전기. 집광(集光) 장치. 집광렌즈(경)(鏡).

condensante *a*. 응축(응결·냉축)하는.

condensar *v.t*. 응축시키다. 응결(냉축)시키다. (렌즈가) 광선을 모으다. 기체(氣體)를 액화하다. 《比喩》(사상·표현 등을) 간략(簡略)하다.
— *v.i.*, —se *v.pr*. 응결하다. 응축하다. 간약하다.

condensativo *a*. 응축하는. 응결하는. 간약하는.

condensável *a*. 응축(응결)할 수 있는. 압축되는. 간약(요약)할 만한.

condensor *m*. = *condensador*.

condescendência *f*. ①겸양(謙讓). 겸손. 공손. (손아랫사람에 대한) 친절. 정중. ②복종. 순종. ③(우월감을 의식하고 있는) 친절, 관대(寬大).

condescendente *a*. 겸양한. 겸손한. 친절한. 정중한. 관대한. 말하는 대로 응하는.

condescender *v.t*. 겸손하다. 공손하다. 친절을 베풀다. 잘 따르다.
— *v.t*. 잘 응답하다.

condescendimento *m*. = *condescendência*.

condessa *f*. 백작 부인. 여백작(女伯爵).

condestável *m*. ①순경. 경관. [史] 성주(城主). 성수(城守). 《古》 옛날 육군사령관의 칭호.

condição *f*. ①상태. 상황. ②형세. 정세. 정상(情狀). ③조건. (경기자의) 컨디션. ④신분. ⑤지위. ⑥경우. ⑦자격. 품격(品格). ⑧성격. 성질.
condição necessária 필수조건.
sob condição (…의) 조건부로.
com a condição de (…의) 조건으로.

condicionado *a*. (…의) 조건이 붙은. 조건부의 제약 있는. (어떤) 상태(경우)에 있는. 조정(난방·냉방)된.
bem condicionado 양호한 상태에 있는. 몸의 상태(컨디션이) 좋은.
mal condicionado 불량한 상태에 있는. 몸의 상태가 나쁜.

condicional *a*. 조건부의. 제약적(制約的). [文] 조건법의. 가정적의.
modo condicional [文] 조건법.

condicionalmente *adv*. 조건부로.

condicionamento *m*. 조건에 맞게 하기. 조건에 적당함.

condicionar *v.t*. (…라는) 조건을 내걸다. 조건을 붙이다. (…로) 제약하다. (사물이) …의 요건(조건)을 이루다.

condignamente *adv*. 신분에. 적당하게.

condignidade *f*. 신분에 맞음. 적당함. 당연함.

condigno *a*. 적당한. 당연한. 신분에 맞는.

condiliano *a*. [解] 골류(骨瘤)의.

côdilo *m*. [解] 과상돌기(果床突起). 뼈끝의 둥근 돌기(突起).

condilóide *a*. 과상돌기의. 골류의.

condimentação *f*. 간맞춤. 양념을 넣음. 조미(調味).

condimentar *v.t*. 간을 맞추다. 양념을 넣다. 조미하다.

condimentício *a*. 간맞추기 위한. 조미용의. 양념으로 쓰는.

condimento *m*. 양념. 조미료(調味料). 향료. 식욕을 돋우는 것.

condimentoso *a*. = *condimentício*.

condir *v.t*. (약을) 조합(調合)하다.

condiscípula *f*. 여성 학우(學友). 여자 동급생.

condiscipulado *m*. 학우지간. 동급생 사이. 학우회. 동창회.

condiscípulo *m*. 학우. 동급생. 동창생.

condizente *a*. 꼭맞는. 적합한. 적당한. 흡사한. 어울리는.

condizer *v.i*. 맞다. 알맞다. 적당하다. 흡사하다.

condoer-se *v.pr*. 동정하다. 불쌍히 여기다.

condóido *a*. 슬픔을 합께 하는. 불쌍히 생각하는. 애도(哀悼)하는. 조위(弔慰)하는.

condoimento *m*. 슬픔을 함께 하기. 불쌍히 여기기. 연민(憐憫)의 정(情).

condolência *f*. 조위(弔慰). 조사(弔詞). 조의(弔意).

condolente *a*. 슬픔을 함께 하는. 슬픔의 뜻을 표하는. 동정하는. 불쌍히 여기는.

condomínio *m*. 공동소유. 공동지배. 공동통치. 공동관할(管轄).

condômino *m.* 공동소유주(所有主).
condonatário *m.* 공동수증자(受贈者).
condor *m.* [鳥] 곤돌새.
condrificação *f.* 연골화(軟骨化)하기.
condrificar-se *v.pr.* 연골화하다.
condrina *f.* 연골소(軟骨素). 연골질(質).
condrite *f.* 연골염(炎).
condro *m.* [學術語] 연골(軟骨).
condografia *f.* 연골지(誌).
condróide *a.* 연골같은. 연골상(狀)의.
condrologia *f.* 연골학.
condroma *m.* 연골종(腫).
condropterigios *m.(pl.)* 연골어류(軟骨魚類).
condrotomia *f.* 연골절단술(切斷術).
condução *f.* ①이끌기. 전달(작용). ②운수. 운반(법). ③운수기관. ④교통. 교통비.
conducente *a.* 이끄는. 인도하는. 전도(傳導)의. 전도하는. 전도력 있는. (…의) 경향이 있는.
conduplicado *a.* [植] (잎·꽃잎이) 습합상(褶合狀)의.
conduta *f.* ①인도. 전도. 수송. ②품행. 조행(操行). 행실. 《古》 도관(導官).
condutilidade *f.* [電] 전도성(傳導性). 도성(導性). 전도력.
condutível *a.* 전도할 수 있는. (열 또는 전기의) 전도성의.
condutividade *f.* [理] 전도(성). 전도율(도). 전도력. [重] 도전도.
condutivo *a.* 전하는. 전도의. 전도성의. 전도력 있는.
conduto *m.* 안내. 인도(引導). 도관(導管). 튜브. 파이프. 맥관(脈管).
condutor *a.* ①전하는. 전도하는. ②인도하는. 안내하는. 지도하는. 지휘하는.
— *m.* ①전하는 자. ②인도자. 안내자. ③지도자. 향도자. 지휘자. ④(버스 또는 전차의) 차장. ⑤전도물(傳導物). [理] 전도체. 도체(導體). [電] 도선(導線).
condutor de bonde 전차 차장.
condutor de trem 기차(열차)장.
conduzir *v.t.* 안내하다. 이끌다. 인도하다. 인솔하다. 지도하다. 지휘하다. 호송하다. 연행하다. 데려가다. 유치(誘致)하다. [理] 전도(傳導)하다. (빛·열·전기 따위를) 전하다. 통하게 하다. (물·가스 따위를) 통하게 하다. 끌다.
— *v.i.* 통하다. 도달하다. 운전하다. 파급하다.
—*se v.pr.* 행세하다. 처신하다.
cone *m.* ①원추형(圓錐形). ②원추형의 물건. ③[地質] 화구구(火口丘). ④[植] 솔방울(圓錐果). ⑤[貝] 우패(芋貝).
cone reto 직원추(直圓錐).
cone oblíquo 사원추(斜圓錐).
cônega *f.* 수도녀(修道女). 여승(女僧).
cônego *m.* ①수도사. ②승회직원(僧會職員). 사교좌 참사회원(司敎座參事會員). ③[宗] 종규(宗規). 기독교적 신앙 및 행위의 조규(條規). 교회법규.
conetivo (《古》: *conectivo*) *a.* 접속적. 결합성의. 연접성의. 연결(결합)하는.
tecido conetivo [解] 결체섬유조직(結締纖維組織).
— *m.* [文] 연결어(접속사·관계사 같은 것).
conexão *f.* 연결. 연접. 연락. 관련. 관계. 기맥.
conexidade *f.* 연결성. 관련성. 연접. 연락됨.
conexivo *a.* 연결(연접·연락)하는. 관계있는. 연속하는.
conexo *a.* 연결(연접·연락)되어 있는. 관련 있는. 연속되어 있는.
conezia *f.* 승회원직(僧會員職). 사교좌참사회원직.
confabulação *f.* 담소(談笑). 담화.
confabular *v.i., v.t.* 담소하다. 친히 회담하다. (=*conversar*).
confecção *f.* ①옷 따위를 만들기. (특히) 털옷을 짜기. ②편성(編成). 구성. ③(프랑스 적용법) 부인용 의류(衣類) (특히 정교하게 만든 유행옷·외투·솔 따위).
confeccionador *a., m.* 의류 만드는 사람. 의류(의상) 제조업자.
confeccionar *v.t.* ①옷(衣類)을 만들다. 털옷을 짜다. ②편성하다. 구성하다. ③조제(調劑)하다. 조합(調合)하다.
confederação *f.* 연합. 동맹. 연맹. 연방(聯邦).
confederado *a.* 동맹한. 연방을 구성한.
— *m.* ①동맹국. 연방국. ②연방체제.
confederar *v.t.* 동맹케 하다. 연방으로 만들다.
— *v.i.*, —*se v.pr.* 동맹하다. 연방을 구성하다. 연합하다.

confederativo *a.* 동맹의. 연합의. 연방의. 동맹(연합)한.

confeição *f.* ①조합(調合). 합재(合劑). ②혼합물. 조합물.

confeiçoar *v.t.* ①조합하다. 혼합하다. 뒤섞다. ②당과(糖果)를 만들다.

confeitado *a.* 당과로 만든.

confeitar *v.t.* ①당과를 만들다. 당밀 모양으로 졸이다. ②《俗》속이다. 혼돈되게 하다.

confeitaria *f.* 과자점. 과자상점. 과자류 제조소.

confeiteira *f.* ①과자를 파는 여자. ②과자 담는 그릇.

confeiteiro *m.* 과자(당과) 제조인 ; 그 장수.

confeito *m.* (공 같은) 당과(糖果). 과자. 봉봉과자(따위).

conferência *f.* ①의론. 협의. ②회의. 협의회. ③회담. 상담. ④강연(講演). 강좌.

conferenciador *m.* 강연하는 자.

conferencial *a.* 회의의. 회담의. 협의(協議)의.

conferenciar *v.t.* ①(+com). 의론하다. 협의하다. 상의하다. ②회담하다. ③강의(강연)하다.

conferencista, conferencionista *m.*, *f.* 강연하는 이. (대학의) 깅사.

conferente *a.* 맞춰보는. 대조하는. 조사하는.
— *m.* 상품의 출고(出庫) 또는 입고(入庫)를 조사하는 자.

conferir *v.t.* …을 맞춰보다. 대조하다. 조사하다. 검사하다. 수여하다. 증여(贈與)하다. (+com). (…와) 상의하다. 협의하다. 상담하다.
— *v.i.* (…와) 일치하다. 부합(符合)하다. 상담하다. 협의하다.

conferva *f.* [植] 수면(水綿).

confervaceas *f.*(*pl.*) 수면속(屬).

confessada *f.* [宗] 참회(懺悔)하는 여자. 고백한 여자.

confessada *m.* 참회하는 남자. 고백한 사람. 참회한 사람.

confessar *v.t.* (죄·과실 등을) 자백하다. 고백하다. 자인하다. [宗] (사제에게) 참회하다. 고해하다. (사제가) 참회(고해)를 듣다. 신앙을 고백(공언)하다.
— *v.i.*, —se *v.pr.* (+de). 고백하다. 참회하다. (죄·과실 등을) 자백하다. 자인하다.
confessar-se culpado 자기의 잘못(과실을) 인정하다.

confessional *a.* 고백의. 신앙고백(조목)의. 신앙에 관한.

confessionário *m.* [宗] 고백석(실). 고해장(告解場).

confesso *a.* 고백의. 자백의. 참회의. 고백(자백)한. 기독교에 개종(改宗)한. [法] (죄를) 자인한.
— *m.* ①죄의 고백. 참회. 고해. ②자백서. 자백서. ③참회하는 자. 고해자(告解者).

confessor *m.* ①고백자. ②기독교신앙고백자. ③[가톨릭] 청죄사(聽罪師). 참회를 듣는 신부.

confessório *a.* 고백(자백)에 관한.

confete *m.* (흔히 카니발제(祭) 등에서 던지는) 색종이 조각.

confiadamente *adv.* 자신 있게. 굳게 믿고. 단호하게.

confiado *a.* 굳게 믿는. 자신 있는. 확신하는. 신용 있는. 《俗》대담한. 자부심이 센.

confiança *f.* ①신임(信任). 신용. 신뢰. ②안심. ③자신(自信). 확신. 소신(所信). ④대담. 배짱. 배씸.
em confiança 신용하여. 비밀리에.
digno de confiança 시용(신뢰)할 수 있는 믿음직한.

confiante *a.* 믿는. 확신하는. 신용 있는. 신뢰할 만한.

confiar *v.t.* 안심하고 맡기다. 신탁하다. 위탁하다. 믿고 부탁하다. 비밀을 이야기하다.
— *v.i.* (+em). 믿다. 신용하다. 신뢰하다.
—se *v.pr.* (+a). 신뢰(의뢰)하다.

confidência *f.* ①믿음. 신임. 신용. 신뢰. ②안심. 자신. 확신. ③터놓고 이야기하기. ④비밀 이야기. 내막 이야기. ⑤대담. 배짱. 믿음.
em conjtdencia 비밀히.

confidencial *a.* 비밀의. 기밀(機密)의.
— *f.* 비밀 서신. 기밀 서류.
reservada confidencial 비밀친전서한(飛密親展書翰).

confidencialmente *adv.* 비밀히. 극히 친밀한 사이로서. (비밀을 타개함에 있어서)

confidenciar 상대자를 굳게 믿고.
confidenciar *v.t.* 비밀을 이야기하다. 내 막 이야기를 하다.
confidencioso *a.* ①비밀을 지켜야 할. 비밀에 붙여야 할. 기밀에 관한. ②아주 믿을 만한. 절대적 신용이 있는.
confidente *a.* 굳게 믿는. 신임하는. 비밀을 타개할 만한.
— *m., f.* 믿을 수 있는 사람 (친구).
configuração *f.* ①표면의 배치. 지형. 윤곽. ②외형. 외모. 모양. 형태. ③[天] (행성(行星) 등의) 방위. 대좌적 위치(對坐的位置). [化] 배치(配置).
configurador *a.* 형태(모양)를 갖추는 것.
configurar *v.t.* 형태(모양)를 이루게 하다.
confim *a.* (…와) 경계를 짓는(접하는).
confinante *a.* 경계를 짓는(접하는). 인접하는.
confinar *v.t.* (…와) 경계를 짓게 하다. 한계(限界)를 긋다.
— *v.i.* ①(+*com*). 경계를 이루다(짓다). ②변경(벽지)에 있다(살다).
confinidade *f.* 경계를 이룸. 인접(隣接).
confins *m.(pl.)* 경계(境界). 경계짓는 곳. 변경(邊境). 벽지(僻地).
confioso *a.* 충분히 신용할 만한. 믿을 만한. 확신하는.
confirmação *f.* ①확실히 하기. 확인. 추인(追認). 확증. ②[宗] 견신례(신교에서는 보통 어렸을 때 세례를 받은 사람이 성인이 되어 그 신앙을 고백하여 교회원이 되는 입교(入敎)).
confirmadamente *adv.* 확신하여. 확인하여.
confirmado *a.* 확인한. 확증한. 추인한. 시인한. 확정된.
confirmador *m.* 확인자. 확증자. 확정(確定)하는 사람.
confirmante *a.* 확인하는. 확증하는. 확신하는.
confirmar *v.t.* ①확실히 하다. 확인하다. 확증하다. 추인(追認)하다. 시인하다. 비준(批准)하다. ②[宗] (사람에게) 안수례(按手禮)를 주다. 견신례(堅信班)를 주다.
—*se v.pr.* 확실해지다. 확인되다. 확증되다.
confirmativo *a.* 확증적. 확인적. 확증하는. 확신하는.
confirmatório *a.* 확실하는. 확인하는. 확증적. 확정적(確定的).
confiscação *f.* [法] 몰수. 압수. 차압(差押). 관몰(官沒). 징발(徵發).
confiscar *v.t.* (사유물을 정부에서) 몰수하다. 압수하다. 차압하다. 징발하다.
confiscatório *a.* 몰수의. 압수의. 징발의.
confiscável *a.* 몰수할 수 있는(해야 할). 징발 가능한.
confisco *m.* = *confiscação*.
confissão *f.* ①자백. 고백. 자인. ②(신앙의) 고백. [宗] 참회(懺悔). ③[法] 고백서. 구공서(口供書). ④공언. 언명. 공인.
confissão pública 공개사죄(장).
confissão de fé 신앙고백.
ouvir de confissão [宗] 참회를 듣다.
dizer a confissão 참회를 하다. 고해를 하다.
confissão auricular 귓속말로 하는 참회.
confitente *a.* 고백하는. 자백하는. [宗] 참회하는. 고해를 하는.
— *m., f.* 고백하는 이. 자백하는 이. 참회하는 사람. 고해자(告解者).
conflagração *f.* 큰 화재(大火災). 대동란. 대변동. 전쟁·큰 재앙 따위의 발발(勃發).
conflagrar *v.t.* 큰 불을 일으키다. 광범한 지역에 걸쳐 불붙게 하다. 대동란을 일으키다.
conflito *m.* ①투쟁. 전투. ②(주의상의) 다툼. 논쟁. 충돌. ③알력. 갈등. 불화.
conflitos internacionais 국제분쟁.
conflitos dos interesses 이익상의 충돌. 이해 상충(相衝).
confluência *f.* ①합류(合流). 합류점. 교차점. ②《比喩》사람의 집합. 취합(聚合). 군집. ③[醫] 발진(發疹)의 족생(簇生). 합생(合生). 융합.
confluente *a.* ①(강물 따위) 합치는. 합류하는. 합류의. ②(어떤 지점에서) 만나는. ③[醫] 융합성의. [植] 합생의.
— *m.* ①합류. 합류점. ②지류. 속류(屬流).
confluir *v.i.* (강이) 합치다. 합류(合流)하다.
conformação *f.* ①형태를 이룸. 구조. 구성. ②적응(適應). 적합. 일치. ③[外] 탈골(脫骨)의 복위(復位).
conformado *a.* 모양(형태)을 이룬. 구조로 된.
conformador *a., m.* ①모양(형태)을 이루는 (것). ②적응(일치)시키는 (것). ③모자

를 만드는 (틀)(型). ④순응(順應)하는 자.
conformar *v.t.* 모양(형태)을 이루게 하다. (…에) 적응하게 하다. 일치시키다. 맞추다. (모범·범례에) 따르게 하다.
— *v.i.* (…와) 일치하다. 순응하다. 적응하다. 적합하다. (물건이) 꼴에 따르다. (사람이) 규칙·풍속에 따르다. [宗] 국교를 준봉(遵奉)하다.
—se *v.pr.* (*com, a, em* 등). (…와) 일치하다. (의견이) 서로 맞다. (진행되는) 정황에 순응하다.
conformativo *a.* 일치의. 순응의. 적응의. 순응(적응)하기 위한.
conforme *a.* 같은. 같은 모양의. 동형(同形)의. 맞는. 적당한. 적응하는. 일치하는. 따르는.
— *adv.* …에 따라. …에 적당하게. …에 맞게. …에 근거하여.
— *conj.* (…하는)대로. (…인)듯이.
conformemente *adv.* …에 따라. …와 일치하여.
conformidade *f.* ①(외형이) 비슷함. 상사(相似). ②부합. 일치. 적합. ③지층(地層)의 정합(整合). ④준거. 준봉.
em conformidade com …에 따라. …에 기인하여.
na conformidade de …와 같이 (…)하는 것처럼.
conformismo *m.* [宗] 국교준봉(遵奉).
conformista *m., f.* 준봉자. 영국국교도(國敎徒).
conformitabilidade *f.* 마음이 편함. 평안. 기분이 좋음.
confortação *f.* =*confôrto*.
confortado *a.* 편해진. 편한. 안락한. 위로(위안) 받는. 굳센. 든든한.
confortador *a.m.* 위안을 주는(사람 또는 물건). 편하게 하는 (것).
confortamento *m.* =*confôrto*.
confortante *a.* 위안을 주는. 편하게 하는. 굳세게 하는. 든든하게 하는. 기력(氣力)을 돕는.
confortar *v.t.* (사람을) 위로하다. 위안하다. 위자(慰藉)하다. (몸을) 편하게 하다. 힘얻게 하다. 든든하게 하다.
confortativo *a.t.* ①편하게 하는. 안락의. ②굳세게 하는.
— *m.* 강장제(强壯劑).
confortável *a.* ①기분이 좋은. 즐거운. 유쾌한. 쾌적의. ②마음이 편한. 안락한.
casa confortável 살기 편한 집.
conforto *m.* ①위로. 위안. 위자. ②생활을 즐겁게 하는 물건. ③즐거움. 쾌적(快適). ④안락. 편안. 안여(晏如). 생활상의 모든 편의.
confrade *m., f.* 동료. 끼리. 동지. 동무. 같은 회원. 동업자(同業者).
confrangedor *a.* 고통을 주는. 괴롭히는. 고생시키는.
confranger *v.t.* ①고통을 주다. 괴롭히다. 고생시키다. 압박하다. 못살게 굴다. ②부스러뜨리다. 바수다.
—se *v.pr.* 고통을 느끼다. (당하다). 괴로워하다. 번민하다.
confrangido *a.* 괴로운. 고통스러운. 고통 받고 있는. 압박 당한. 박해 받는(받은). 고생하는.
confrangimento *m.* ①압박. 속박. 구속. 옹색한 느낌. ②괴로움. 고통. 고민. 번민.
confraria *f.* ①동료임. 동지적임. ②같은 단체(특히 종교적 단체) 내의 친교. ③뜻을 같이 하는 사람들의 모임. 결사.
eonfraternal *a.* 형제와 같은. 형제적인. 가장 친밀한. 친목의.
confraternar *v.t., v.i.* 형제처럼 친하게 하다. (친하다). 사이좋게 어울리게 하다. (어울리다). 친목하다.
confraternidade *f.* 형제처럼 친함. 우애. 친목. 박애. (회사·학회·단체 등의) 동료 간의 친교. 우애적 협조. 교환(交歡)(특히 피점령국의 사람과 친히 교제하는 것).
confraternização *f.* 친화(親和). 친목(親睦). 우애적인 협조를 하기. 교환(交歡)하기.
confraternizar *v.i., v.t.* 형제적으로서의 교제를 하다. (하게 하다). 서로 우정의 손을(잡게 하다). 교환(交歡)하다. 화친하다.
confrontação *f.* ①대조. 대비(對比). ②대립. 대항. [法] (법정에서의) 대질(對質). 대결. 대심(對審).
confrontações *f.(pl.)* 특징.
confrontador *m.* ①대립하는 자. 대항자. ②[法] 대질자. 대결자. 대심자. ③상접(相接)하는 자. 한계(限界)를 짓는 사람(또는 물건).
confrontante *a.* 대립하는. 대항하는. 서로 대면하는. 상접(相接)하는. 인접(隣接)

하는.
confrontar *v.t.* ①마주 서게 하다. 대항하게 하다. 대립케 하다. ②[法] 대결(對質)시키다. ③대조하다. 대비(對比)하다.
— *v.i.* ①(+*com*). (…에) 대항(대립)하다. (서로) 직면하다. 마주대서다. (위험·죽음 등에) 당면하다. ②[法] 대결하다. 대질하다. ③상접(相接)하다. 인접하다.
confronte *a.* 마주서는. 얼굴을 맞대는. 직면하는.
confronto *m.* ①마주섬. 직면. ②[法] 대결. 대질. 대심(對審). ③비교. 대비(對比). 대조.
confuciano *a.* 공자(孔子)의. 유교의. 공자의 가르침에 따르는.
moral confuciana 유교도덕. 유도(儒道).
— *m.* 공자의 제자. 유학자(儒學者).
confucionismo *m.* 공자의 가르침. 유교(儒教).
confundas *f.*(*pl.*) ①밑바닥. 깊은 곳. ②지옥.
confundidamente *adv.* 혼동하여. 혼효(混淆)하여.
confundido *a.* 뒤섞은. 뒤섞인. 혼돈(混沌)한. 혼효(混淆)한. 혼란한. 착각한. 어리둥절한. 당황한. 난처한.
confundir *v.t.* (사물을) 뒤섞어 모르게 하다. 혼동케 하다. (물건을) 혼란시키다. (사람을) 당황케 하다. 어리둥절하게 하다. 난처하게 하다. 부드럽게 하다.
—*se v.pr.* 혼동하다. 혼돈하다. 착각하다. …을(乙)을 갑(甲)인 줄 알다. 혼란해지다.
confundível *a.* 혼동할 만한. 혼동하기 쉬운.
confusamente *adv.* 혼동하여. 혼란하여. 난잡하게. 애매하게.
confusão *f.* ①혼란(상태). 난잡. 분잡(紛雜). 문란(紊亂). ②혼동. 혼합. 혼효(混淆). ③(두뇌·마음의) 혼란. 혼미(昏迷). 당황. ④떠들썩하기. 소동.
em confusão 혼란하여. 난잡하게.
confuso *a.* 혼란한. 난잡한. 규율 없는. 문란한. 뒤섞인. 낭패한. 당황한. 어찌할 바를 모르는. 애매한. 불명료한.
confutação *f.* 논파(論破). 논박. 변박(辨駁). 반박.
confutador *m.* 논파(논박·변박·반박)하는 자.
confutar *v.t.* (진술·의론) 논박하다. (그릇된 의론을) 설파(說破)하다. 반박하다. (허위 또는 부당함을) 변증(辨證)하다.
confutável *a.* 논박할만한. 반박할 수 있는.
congelação *f.* ①동결(凍結). 응결. 응고(凝固). ②응괴(凝塊). ③종유석(鐘乳石).
congelado *a.* ①언. 동결한. 얼음처럼 찬. ②응결한. 응고한.
preço congelado 동결된 물가.
congelador *m.* 얼게 하는 것. 냉동 장치. 냉동기.
congelante *m.* 얼게 하는 것. 냉동 장치. 냉동기.
— *a.* 얼게 하는. 동결시키는. 빙결(氷結)하는.
congelar *v.t.* ①얼게 하다. 동결시키다. ②응결(凝結)시키다. 얼음처럼 차게 하다.
— *v.t.*, —*se v.pr.* ①얼다. 동결하다. 빙결(氷結)하다. ②응결(응고)하다. 얼음처럼 차지다.
congelativo *a.* 얼게 하는. 응결케 하는. 동결(凍結)의.
congelável *a.* 얼 수 있는. 동결 가능한. 빙결할 수 있는.
congênere *a.* 같은 종류(同種)의. 같은 성질(同質)의. 같은 근원의.
congenial *a.* ①(상태·특질 등이) 같은 성질의. 같은 정신의. 같은 취미의. 마음 맞는. ②천성의. 선천적인. 천부(天賦)의.
congenialdade *f.* (성질·취미 등이) 맞음. 성격이 같음. 공명(共鳴). (일치)하는 점. 성미에 맞음. 적합성. 적응.
congênito *a.* (병·결함 등이) 타고난. 선천적인. 고유(固有)의.
doença congênita 선천적 병(病).
tendêcia congênita 타고난 버릇.
congerie *f.* 모인 것. 집적(集積). 퇴적(堆積). 모인 덩어리.
congestão *f.* [醫] 충혈(充血). 울혈(鬱血).
congestão cerebral 뇌충혈.
congestão pulmonar 폐충혈(肺充血).
congestionar *v.t.* 충혈시키다. 막다.
congestivo *a.* 충혈성의.
congesto *a.* 충혈한. 몰려 있는.
— *m.* 충혈(充血).
conglobação *f.* 구형(球形). 구상체(球狀體). 둥근 덩어리. 원취(圓聚).
conglobado *a.* 공 모양의. 둥근 덩어리의. 공 모양이 된. 둥근 덩어리를 이룬. [醫] (임파선 따위) 구형(球形)의. [植] (잎이)

공 모양으로 밀집한.
conglobar *v.t.* 공 모양으로 하다. 둥근 덩어리가 되게 하다.
— **se** *v.pr.* 공 모양이 되다. 둥근 덩어리가 되다.
conglomeração *f.* 덩어리. 응괴(凝塊). 집괴(集塊). 집적(集積). 집단.
conglomerado *a.* 모인 덩어리의. 덩어리로 된. 밀집적(密集的). [地質] 역암질(礫巖質)의. 집괴성(集塊性)의.
— *m.* ①집괴. 집단. 집성체. ②[地] 역암(礫岩). 만암(蠻岩).
conglomerar *v.t.* 둥글고 단단하게 만들다. 둥근 덩어리로 결합시키다. (뭉치다).
— **se** *v.pr.* 둥글고 단단해지다. 둥근 덩어리 모양으로 결합되다.
conglutinação *f.* 교착(膠着). 점착(粘着). 유착(癒着).
conglutinante *a.* 교착성의. 유착하는. 점착력 있는.
conglutinar *v.t.* 교착시키다. 유착시키다.
— *v.i.*, —**se** *v.pr.* 교착하다. 유착시키다.
conglutuinativo *a.* 교착성의. 교착하는. 잘 붙는.
conglutinoso *a.* 교질(膠質)의. 교착성의. 진득진득한.
congonha *f.* [植] 낫예차(茶)의 별명.
congonhar *v.i.* 맛떼차를 마시다.
congosta *f.* 험하고 좁은 길.
congote *m.* 목덜미.
congraçador *m.* 화해시키는 사람. 조정인(調停人). 중재인(仲裁人).
congraçamento *m.* 화해. 조정. 중재.
congraçar *v.t.* (싸움을) 말리다. 화해시키다. 조정하다. 중재(仲裁)하다. 화목되게 하다. 합의보게 하다.
— **se** *v.pr.* 화해하다. 서로 다시 친해지다. 화목하다.
congratulação *f.* 축하. 경하(慶賀).
— (*pl.*) 축사. 경하하는 말.
congratulante *a.* 축하하는. 경하하는. 축사를 읽는.
congratular *v.t.* 축하하다. 경하하다. 축사를 드리다.
— **se** *v.pr.* (+ *com*). (…을) 함께 축하하다. 함께 즐기다.
congratulatório *a.* 경하의. 축하의. 축하의 뜻을 표시하는.

congregação *f.* ①집합. 회합. 회의. ②[宗] (예배에 모인). 회중(會中). 신도조합(협회). ③[가톨릭교] 성회. 교직자회. 사교회(司敎會). 대학교수회. 대학직원총회
congregado *m.* 신도조합원. 협회원. 수도회원. 성회원.
congregante *a.* 신도조합(협회)의. 수도회의. 성회의.
— *m.* 신도조합 회원 ; 수도사.
congregar *v.t.* 모이게 하다. 소집하다. 집회를 하다.
— **se** *v.pr.* 모이다. 떼지어 모이다. 뭉치다. 회합하다.
congressional *a.* ①회의의. 집회의. 대회의. ②국회의. 의회의.
congressista *a.* = *congressional*.
— *m.* 국회의원(특히 하원의원).
congresso *m.* ①(대표자·사절·위원 등의 정식적인) 대회의(大會議). 평의원회. 대의원회. 학술대회. ②의회(議會). 국회.
congro *m.* [魚] 부장어.
congrua *f.* [宗] 교구사제(教區司祭)에게 주는 보수(수당금).
congruado, congruário *a.* 교구사제 보수를 받는.
congruamente *adv.* 일치하여. 적절하게. 합치되게.
congruência *f.* 적합(성). 일치. 저당. [數] (두 도형의) 합동. 두 정수(整數)의 상합(相合).
congruente *a.* (꼭) 일치하는 적합하는. [數] 상합의. [幾] 전혀 같은. 합동의.
congruentemente *adv.* 일치하여. 적합하게.
congruidade *f.* 적합(성). 일치. 상합(相合).
côngruo *a.* 일치하는. 적합하는. 적당한. [數] 합동의. 똑같은.
conhaque *m.* 코냑(일종의 술).
conhecedor *a.*, *m.* (사물을) 잘 아는 (사람). 감식자. 감정자. (…의) 전문가.
conhecença *f.* ①《古》(사물을) 보고 알기. 식견. ②목표(目標).
conhecente *f.* (사물을) 보고 아는. 잘 아는.
conhecer *v.t.* ①알다. 기억하다. 구별할 수 있다. 식별(識別)하다. 보고 알다. ②(…과) 아는 사이다. 안면이 있다. 누구인지 알다.
— *v.i.* 알고 있다. 알아 보다. [法] 인정하다. 받아들이다.

—se *v.pr.* 자신을 알다. 자각하다. 자인하다. (…에) 정통하다.
conhecer de nome 이름으로(만) 알다.
conhecer de vista 보고(관찰로) 알다.
conhecidamente *adv.* 잘 알려지게. 이름 높이. 저명하게.
conhecido *a.* ①잘 아는. 잘 알려져 있는. 기지(旣知)의. 잘 알고 있는. 이름 높은. 저명한. 평판에 오른. (사정에) 정통한.
— *m.* ①아는 사람. 안면이 있는 사람. 안면으로 친한 사람. ②알려져 있는 사람. (물건) 기지(주지)의 사실.
conhecimento *m.* ①아는 바. 지식. 이해. 인식(認識). 견문(見聞). ②학식. 학문. 학. 숙지(熟知). 통달. 경험. ③화물인환증(貨物引換證). 선하증권(船荷證券). 선적증(船積證).
conhecimentos (*pl.*) 지식. 학식.
ter conhecimento de (…을) 알고 있다. (…의) 통지를 받고 있다.
dar conhecimento de 알리다. (…을) 통지하다.
conhecível *a.* 알 수 있는. 인식할만한
conicidade *f.* 원추형(圓錐形).
coninico *a.* 원추(형)의. [數] 원추의.
secções cônicas 원추곡선(圓錐曲線).
coníferas *f.(pl.)* [植] 구과식물(毬果植物). 침엽수(針葉樹).
conífero *a.* [植] 구과(毬果)를 맺는.
conifloro *a.* [植] 산꽃(繖形花)이 있는.
coniforme *a.* 원추형의. 원뿔꼴의.
conivência *f.* ①묵과(黙過). 못 본체 하기. 묵허(黙許). ②(범죄행위의) 묵인. 간과(看過). ③공모. 결탁. 연루. 공범.
conivente *a.* ①못 본체 하는. 묵과하는. 묵인하는. ②나쁜 일을 돕는. 공모의. 공범의.
conjetura *f.* 추측. 추찰(推察). 억측. 억측설. 억단(臆斷).
conjeturador *m.* 추측(억측)하는 사람.
conjetural *a.* 추측상의. 억측의. 억단의.
conjeturalmente *adv.* 추측(억측)하여.
conjeturar *v.t., v.i.* 추측하다. 추찰(推察)하다. 억측하다. 억단(臆斷)하다.
conjeturável *a.* 추측할만한. 추측(억측)할 수 있는.
conjeturista *m., f.* 추측(억측)하는 자.
conjugação *f.* ①[文] (동사의) 활용. (어형(語形) 변화. ②결합. 연결. 배합. [生物]
접합(接合)(생식세포의).
conjugado *a.* ①[文] 어원을 같이 하는. 동근(同根)의. (어형이)변화한. ②[植] (잎이) 한 쌍을 이룬. 쌍생의. ③[生物] 접합(接合)의. 접합되어 있는. ④[數] 공액(共厄)의. [化] 공액근(根)의.
folhas congadas [植] 쌍생엽(雙生葉).
focos conjugados 초점(焦点).
espelhos conjugados 공액경(共厄鏡).
conjugal *a.* ①부부의. 배우자의. ②혼인상의.
conjugalmente *adv.* 부부로서. 부부답게.
conjugar *v.t.* ①접합시키다. 결합하다. ②[文] (동사를) 활용시키다. 변화시키다.
— *v.i.* [生物] 접합하다. 교합(交合)하다. [文] 변화를 갖고 있다. 변화되다. 활용하다.
conjugativo *a.* [文] (동사의) 활용의. 활용법의. 변화의.
conjugáuel *a.* 활용(변화)할 수 있는. 배합(접합)할 수 있는.
cônjuge *m.* 배필(배우자)의 한 사람. 남편 또는 처.
conjugio *m.* 배우(配偶). 배필을 맺음.
conjunção *f.* ①결합. 연결. 합동. 연락. ②[文] 접속사. ③[天] (두 개의 혹성(惑星) 등이) 서로 만남. 화합. (달의) 합삭(合朔).
conjuncional *a.* 접속적. 접속사의.
conjuntamente *adv.* 결합(연합·합동)하여.
conjuntar *v.t.* 《古》결합시키다. 병합(倂合)하다.
conjuntiva *f.* [解] 결막(結膜).
conjuntivite *f.* [醫] 결막염(炎).
conjuntivo *a.* ①결합의. 접합의. 결합(연결)하는. ②[文] 접속적.
— *m.* [文] 접속법(接續法). 접속사.
conjunto *a.* ①결합한. 접합한. 연결된. ②공동의.
— *m.* ①결합. 접합. 합동. 연합. ②합체. [樂] 앙상불(중창과 합창을 섞은 대합창). 합주곡.
conjuntura *f.* ①국면. 경우. 시국. 위기. ②(사건의) 우발. ③(위급 존망의) 비상시.
conjuração *f.* ①기원(祈願). 간청. ②주문(呪文). 주법(呪法). 마법(魔法). ③음모. 공모. 모반(謀反).
conjurado *a.* 음모한. 공모한 ; 모반한.

— *m.* 공모자. 음모자. 모반인.

conjurador *m.* 주문 올리는 사람. 마법을 쓰는 사람. 요술장이. 기술사(奇術師).

conjurante *a.* 공모하는. 음모하는. (나쁜 일을) 결탁하다.

conjurar *v.t.* ①음모에 가담케 하다. 공모케 하다. 결탁하게 하다. ②마법으로(요술로) …하다. 악마(귀신)를 물리치다. 몰아내다. ③기원(祈願)하다. 간청하다.
— *v.i.* ①음모에 가담하다. 공모하다. 결탁하다. ②마법을 쓰다. 요술부리다. 도당을 짜다.
—se *v.pr.* ①공모하다. 음모하다. ②불평대다. 한탄하다.

conjuratório *a.* 주문(呪文)의. 악마를 물리치는. 귀신을 몰아내는.

conjuro *m.* (귀신을 쫓아내는) 주문. 악마를 멀리하기. 푸닥거리.

conluiadamente *adv.* 공모하여 음모하여.

conluiado *a.* (나쁜 일을) 공모한. 결탁한. 공범(共犯)의.

conluiar *v.t.* (나쁜 일을) 공모하다. 공모하여 속이다.
—se *v.pr.* 공모하다. 결탁하다.

conluio *m.* (나쁜 일의) 공모. 결탁.

cono *m.* 《卑》음부(陰部).

conoidal *a.* 원추형(圓錐形)의. 원추곡선체의. 심원체의.

conóide *m., a.* 원추형(의). 원추곡선체(의). 첨원체(尖圓體)(의).

conosco *pron.* 우리와 함께.

contação *f.* 관련. 연루(連累). 언외(言外)의 의미. 함축(含蓄).

conquanto *conj.* 가령 …이라 할지라도. …이라 해도. …이면서.

conquicola *a.* 《動·蟲》껍질 속에 사는 (조개·달팽이 따위). 개각 속(介殼內)에 서식(棲息)하는.

conquiliologia *f.* 패류학(貝類學).

conquiliológico *a.* 패류학의.

conquiliogista *m., f.* 패류학자.

conquista *f.* ①정복. 정복에 의하여 얻은 것. ②침략. 약취(略取); 약취한 땅. 약탈물. ③(애인 설득에의) 성공. (애정의) 획득. 승리.

conquistado *a.* 정복한. 침략한. 약취한. (지위·권력·애정 등) 획득한. (명성을) 얻은.

conquistador *m.* 정복자. 승리자. 침략자. (자위·권력·애정 등을) 획득한 사람.

conquistar *v.t.* 정복하다. 침략하다. 약취하다. 이기다. (지위·권력·애정 등을) 획득하다. (명성을) 얻다.

conquistável *a.* 정복(침략)할 수 있는. (지위·권력·애정·사랑 등) 획득할만한.

conquite *f.* 조가비 같은 화석(化石).

consagração *f.* 헌신. 전심. 정진. 봉헌(奉獻). (교회의) 헌당식(獻堂式). 봉납. 성별(聖別)(식). 신성화. 정화(淨化).

consagrado *a.* (신에) 바친. 봉헌한. 헌신한. 봉납한. 신성한. 신성하게 된. 성별된.

consagrador, consagrante *a., m.* 봉헌하는 (자). 봉납하는 (자). 헌신하는 (사람).

consagrar *v.t.* ①(어떤 목적. 용도. 사람에게) 바치다. (교회·장소·물건 등을) 봉납하다. 봉헌하다. ②성별(聖別)하다. 성도(聖徒) 또는 성열(聖列)에 가입하다. 신성하게 하다. 성화(聖化)하다.
—se *v.pr.* 몸을 바치다. 봉헌하다. 진심으로 종사하다.

consangüíneo *a.* 같은 혈족의. 혈연의. 동족의.
— *m.* 혈족(血族). 같은 혈통(血統).

consangüinidade *f.* 혈족. 친족(관계). 혈연. 동족.

consciência *f.* 양심. 본심. 도의심. 양심의 관념. 각(自覺).
consciência limpa 가책 없는 양심.
consciência má 가책 있는 양심.
liberdade de consciência 신교(信敎)의 자유.
em consciência 양심에 따라. 마음에 꺼리어서.

conscienciosamente *adv.* 양심적으로. 성실히.

consciencioso *a.* 양심적인. 양심에 따른 조금도 거리낌이 없는. 성실한. 견실산. 면밀(綿密)한.

consciente *a.* 알고 있는. 자각하고 있는.

conscio *a.* 알고 있는. 인식하고 있는. 자각하는.

conscrição *f.* 징병(제도). (강제적) 모병(募兵). 징집. 징모.

conscrito *a.* 병적에 등록된. 징집한.
— *m.* 병적에 등록된 사람. (강제적으로) 병적에 든 자. 징집된 자. 징모병.

consecratório *a.* 〔宗〕성별(聖別)의. 봉헌의.

consecução *f.* ①도달. 달성. 성취; 성취한

consecutivamente *adv.* 계속하여. 연속적으로.

consecutivo *a.* 연속하는. 계속되고 있는. 계속적. 연계적(連繫的). 논리적 연락 있는. 상인적(相因的)인.

conseguidor *m.* 달성(도달·성취)한 사람. 획득한 자.

conseguimento *m.* = *consecução*.

conseguinte *a.* 계속하는. 연속하는. 따라서 생기는. 결과로서 생기는. (…에) 기인(基因)하는.

por conseguinte 따라서. 그래서. 그러기 때문에.

conseguintemente *adv.* 그 경과로. 그 때문에. 따라서.

conseguir *v.t.* (목적·희망 등을) 이루다. 달성하다. 성취하다. 성공하다. (애써) 획득하다.

conseguível *a.* (목적·희망 따위) 이룰 수 있는. 달성(도달) 가능한.

conselhar *v.t.* 충고하다. 권고하다.

conselheiro *a.* 충고의. 권고의.
— *m.* ①충고하는 사람. 의논 상대자. 상담역. ②고문(顧問). 법률 고문. 변호사. 참사(參事)(관).

conselho *m.* ①상의. 의논. 협의. 숙의(熟議). ②권고. 충고. 간언(諫言). ③의견. 의향. 견해. ④교훈. 훈계. ⑤참사회. 협의회.
(注意) *concelho*: 포르투갈에 있어서의 행정구(行政區).
conselho consultivo 자문(諮問)기관.
conselho fiscal 심사(감사)원(院).
conselho municipal 시의회(市議會).
conselho de ministros 내각회의. 각의.
conselho de guerra 군법회의(軍法會議).

consensial *a.* 허가의. 허락의. 동의(同意)에 의한. 합의상의.

consensiente *a.* 허가(허락)하는. 동의(합의)는. 찬성하는.

consenso *m.* ①(의견·증언 등의) 일치. 부합. ②합의. 동의. ③승인. 허락. 허가.

consensual *a.* 합의상의. 허가(동의)에 의한. 승인 여하에 따르는.

consentaneamente *adv.* 일치하여. 합의하여.

consentâneo *a.* 일치하는. 합치(合致)하는. 합의의. 만장일치의.

consentidor *m.*, *a.* 동의(찬성)하는 (사람). 허락(승인)하는 (자).

consentimento *m.* 동의. 동감(同感). 승낙. 찬성. 찬동. 허용. 허락. (의견 감정의) 일치.

consentir *v.t.* (제의·의뢰·의견 등에) 동의하다. (제안을) 채택하다 ; 찬동하다. 응하다. 승낙하다. (…의) 기회를 주다. 하게 하다.
— *v.i.* (+*em*). (…에) 동감을 품다. 동의하다.

conseqüência *f.* 결과. 결말. 귀철. [論] 결론. 귀결. (영향의) 중대성. 여파(餘波).
em (또는 *por*) *conseqüência de* (…의) 결과로서. (…의) 이유로서.

conseqüencial *a.* (…) 결과로서 생기는.

conseqüente *a.* 결과의. 결과로서 생기는. 기인(基因)하는. (이야기 또는 사건의) 조리가 서 있는. 합리적인.
— *m.* 당연한 결과. 필연적으로 일어날 결론. [論] 후건(後件). [數] 후항(後項). 후율(後率).

consequentemente *adv.* 그 결과로서. 그 때문에. 따라서.

consertado *a.* 고친. 수리한. 수선한. (인쇄가 틀린 것을) 정정한. 교정한.

consertador *m.* 고치는 사람. 수리공. 수선자.

consertar *v.t.* 고치다. 수리(수선)하다. 돌이키다. 회복하다. (인쇄가 틀린 것을) 정정하다. 교정하다.
— *v.i.*, —*se v.pr.* ①바로 잡히다. 회복되다. ②타협하다. 합의(合意)를 보다.

conserto *m.* ①고치기. 수리. 수선. ②돌이킴. 회복.
(注意) *concerto*: 조화(調和). 협화 ; 음악회.
em conserto 수리 중. 수선 중.

conserva *f.* ①보존. 유지. 존속. 보관. 보호. 관리. ②보존물. ③통조림. ④방부제(防腐劑).
conserva em lata 통조림.
frutas de conserva 깡통 또는 유리병에 넣어 절인 과일.

conservação *f.* 보존. 유지. 존속. (하천·삼림의) 보존. 관리. 보호. 감독.

conservado *a.* 보존한. 보관된. 보호된. 유지된.

conservador *a.* 보존(보관·유지·보수)

하는.
— *m.* 보존하는 사람. 보관인. 보호하는 자. 보수주의자. 보수당원(保守黨員).
conservante *a.* 보존하는. 보관하는. 보호하는. 보수(保守)하는.
conservantismo *m.* 보수주의. 보수적 경향. 보수심(保守心).
conservar *v.t.* 보존하다. 간직하다. 보관하다. 보호하다. 유지하다. (풍습·관례 따위를) 보수(保守)하다.
—*se* *v.pr.* 유지하다. 보존하다.
conservativo *a.* 보존성의. 보존하는 데에 쓰는. 보존력 있는.
conservatória *f.* 등기소(登記所). (부동산·호적 따위의) 등기부 보관소.
conservatório *a.* 보존하는. 보관하는. 보존(상)의. 보존성의.
— *m.* ①(미술·예술·공예·과학 등을 보급하는) 학원. (공립) 음악학교. ②고아원(孤兒院).
conservatório de música 음악학교. 음악연습소.
conservável *a.* 보존(보관·유지)할 수 있는(해야 할).
conserveiro *m.* 통조림 제조인. 그 장수.
consideração *f.* ①고려. 참작. 고찰. ②연구. 숙려. ③존중. 존경. ④고려할 사항 (시정 또는 이유). 계료(計料). 사료(思料). 사량(思量).
em consideração a …을 고려(참작)하여. …을 위하여.
consideradamente *adv.* 잘 생각하여. 신중히. 참작하여.
considerado *a.* ①고려한. 참작한. 잘 생각한. ②존경한. 존경 받고 있는. ③유력한. 상당한.
considerando *m.* [法] 이유(理由) (판결문·법문(法文) 따위의 앞에 쓰는).
considerando que …의 이유에 따라.
considerar *v.t.* ①잘 생각하다. 숙고(熟慮)하다. (제안·문제를) 연구하다. 고려하다. 참작하다. ②(사람을) 존중하다. 존경하다. 중요시하다. ③(…을) …으로 간주하다. …라고 생각하다.
— *v.i.*, —*se* *v.pr.* (스스로) 생각해보다. 반성하다. (…라고) 믿다.
considerável *a.* 고려(참작)해야 할. 중요시해야 할. 주목할만한. 존경해야 할. 현저한. 막대한. (…의) 가치가 있는.

consideràvelmente *adv.* 상당히. 많이. 꽤. 현저하게.
consignação *f.* 위탁. 위탁판매. 공탁(供託). 위임. 위탁화물.
consignador *m.* (위탁판매품의) 위탁자. 하물을 보내는 사람. 하송주(荷送主). 위탁적송인(委託積送人).
consignante *a.* 판매를 부탁하는. 위탁하는. 하물(荷物)을 보내는.
consignar *v.t.* (물건을 팔아달라고) 맡기다. 위탁하다. 위임하다. 인도(引渡)하다. 교부하다. (위탁판매를 위하여) 물건을 보내다. 기록(기재)하다. 지적(指摘)하다.
consignatário *m.* (판매의) 수탁자(受託者). (팔아 달라는) 물건을 받은 사람.
consignável *a.* 위탁해야 할. 위임할 수 있는.
consigo *pron.* 그이와. 그이들과. 당신과. 당신들과.

consistência *f.* ①항구성. 논리적 일치. 모순이 없음. (인격 등의) 견실성. ②굳음. 견고성(堅固性). 농도(濃度). 밀도. ③결합체(結合體).
consistente *a.* (언행·사상 등이) 일관한. 확고부동한. 모순 없는. 언행 일치한. 견실한. 굳은. 견고한. 힘있는. 항구성 있는. (…으로써) 구성하는. 구성되는.
madeira consistente 굳은 재목(材木).
goma consistente 점도(粘度)가 강한 풀.
pano consistente 질긴 포목.
homem consistente 의지가 굳은 사람.
consistir *v.t.* (+*em*). (부분·요소의 …로서) 되어 있다. (…로서) 성립하다. 구성되다. …에 있다. …에 근거하다. [聖] 존재하다.
consistorial *a.* 추기경회의. 종교법원의. 고승(高僧)의.
consistório *m.* 추기경회의(樞機卿會議). 종교법원. 고승회의.
consoada *f.* 크리스마스의 저녁 성찬. 크리스마스 선물.
consoante *a.* 화음(和音)의. 협화음의.
— *f.* 자음(子音). 자음자(字).
— *prep.* …에 따라. …에 기준하여. …에 응하여.
consoar (1) *v.i.*, *v.t.* 크리스마스의 저녁 성찬을 차리다.
— (2) *v.i.* 소리가 일치하다. 음(音)이 조화(調和)하다. 화음(和音)하다.

consociação *f.* 연합. 결합. 합동. 융합. 연계(連繫).

consociar *v.t.* 연합시키다. 결합시키다. 합동케 하다. 융화(화해)시키다.
—**se** *v.pr.* 연합(합동)하다. 융합하다. 연계하다.

consociável *a.* 연합(합동)할 수 있는.

consócio *a.* 연합의. 합동의. 협력의. 같은 회사의. 같은 조합의. 연계(連繫)의.
— *m.* 같은 조합원. 같은 회사원(會社員). 협력자.

consola *f.* [建] 꾸불형 까치발. 올갠(풍금)대(건반·페달 등이 붙은 부분).

consolação *f.* ①위자(慰藉). 위안. 위안하기. 위자물. ②위안상(慰安賞)(경기 등에서 차점자(次點者)에게 주는).

consoladamente *adv.* 위안하여. 위안적으로.

consolado *a.* 위안 받은. 위자된. 위무(慰撫)한.

consolador *a.* 위안하는. 위무(위문)하는.
— *m.* 달래는 사람. 위안자.

consolar *v.t.* ①(+*de* 또는 *em*). 위로하다. 위안하다. 위문하다. 위자하다. ②진정시키다. 가볍게 하다. 기쁘게 하다.
—**se** *v.pr.* 위안 받다. 스스로 마음을 위안하다.

consolativo, consolatório *a.* 위안의. 위문의. 위안으로 되는. 위자적(慰藉的)인.

consolável *a.* 위로(위안)해야 할. 위문 할 만한. 위안되는. 마음이 가라 앉는.

consolidação *f.* 달구질. 공고화(鞏固化). (지위·세력의) 강화. 통합. 합병. (금융) 통합. 정리(整理).

fundo de consolidação 정리기금(整理基金).

consolidado *a.* ①굳게 한. 공고하게 한. 고정한. 견고(堅固)한. 견실한. ②합병 정리한. 통합(종합)한.
— *m.* 정리공채(整理公債).

consolidante *a.* 굳게 하는. 공고히 하는. 고정하는. 견실하게 하는. 통일하는. 통합하는. (공채를) 정리하는.

consolidar *v.t.* 굳게 하다. 공고히 하다. 견고하게 하다. (세력·지위·진지 등을) 강화하다. (토지·회사·소송 등을) 합병정리하다. (법령·공채 등을) 통합하다. (소유권·용익권(用益權) 등을) 합병하다.
— *v.t.*, —**se** *v.pr.* 굳어지다. 공고해지다. 강화되다. 고정하다. 합동되다. [法] (소유권·용익권 등) 합병하다.

consolidativo *a.* 굳게 하는. 공고히 하는. 견실하게 하는. 결합(합병)하는. 강화의. 공고의.

consolista *m.*, *f.* = *consolidar*.

consolo *m.* 위안. 위자. 위문. 위안되는 것.

consonância *f..* [音] 협화(協和). 협화음(音). 협화성. (의미·취미 등의) 일치. 조화(調和). [文] 어미(語尾)의 해화(諧和). [理] 공명(共鳴).

consonantal *a.* 자음(성)의. 자음적.

consonante *a.* [音] 협화음(성)의. 자음(子音)의.

consonantemente *adv.* 협화하여. 조화하여.

consonántico *a.* = *consonantal*.

consonar *v.i.* 운(韻)을 밟다. 음이 협화하다.

consoriar *v.t.* ①연합시키다. ②짝을 짓다. 배필(配匹)되게 하다. 부부가 되게 하다.
—**se** *v.pr.* ①연합하다. ②짝을 짓다. 부부가 되다.

consórcio *m.* ①인연을 맺기. 짝을 짓기. 부부가 되기. 혼인(婚姻). ②유지(有志)의 단체. 조합. ③같은 업체(業體)의 제휴(提携). 연합. 연결. ④연합체.

consorte *m.*, *f.* 배우자(配偶者). 운명을 함께 하는 사람. 동무배. 이해 관계를 같이 하는 사이. 공동소유권자(共同所有權者). 요함(僚艦). 요정(僚艇).

conspecto, conspeito *m.* ①개관(概觀). 개략. 요령. 강령. ②보기. 광경(光景).

conspicuidade *f.* 뚜렷함. 확실히 보임. 현저(顯著). 탁월. 뛰어남. 이채(異彩).

conspícuo *a.* 확실히 보이는. 뚜렷한. 눈에 잘 뜨이는. (사람이) 뛰어난. 빼어난. (재간이) 탁월한. 현저한. 저명한.

conspiração *f.* 음모. 모의(謀議). 모반(謀反). 모략. 공모. (불법행위에의) 가담.

conspirador *a.* 음모하는. 공모하는. 모의하는. 모략하는.
— *m.* 음모자. 공모자. 모반인. 모사. 모략가.

conspirante *a.* 음모(모의·모반·공모)하는. 모략을 꾸미는. 도당을 꾸미는(짜는). 협력(협동)하는.

conspirar *v.t.* (+*contra*). (…에 반대되는) 음모를 하다. 나쁜 일을 꾸미다. 모략

을 꾸미다. 공모하다. 모의하다. (+*para*, *em* 또는 *a*). 협력하다. 협동하다. 도량을 꾸미다. 불법 행위에 가담하다. 짝패가 되다.

conspirata *f*. 《俗》 = *conspiração*.

conspirativo *a*. 협력(협동)의. 공모의. 모략의.

conspurcação *f*. 더럽히기. 모독. 불결. 오예.

conspurcar *v.t.* 더럽히다. 때묻히다. 모독하다. 오손(汚損)하다. 불순(不純)케 하다. 녹슬게 하다. 썩게 하다.

constância *f*. ①지조견고함. 견실. 항심(恒心). 수절. 정절(貞節). ②항구성. 불변. 불역(不易). ③[法] 존속기간(存續期間).

constante *a*. ①끊임없이. 계속하는. 부단한. 연속적인. (상태가) 변치 않는 정상의. 일정한. ②(마음에) 변함 없는. 충실한. 절개 굳은. 끝까지 지키는. 지조(志操) 있는. 견실한. 확고한. (+*de*). …에 기록된. …에 진술한. …으로 되는. …으로 구성하는.

constantemente *adv*. 끊임없이. 변함없이. 항구적으로.

constar *v.i.* 뚜렷하다. 명백하다. 화실하다. (+*de*). …으로서 성립되다. 구성되다. (+*a* 또는 *por*). …으로 표시되나. 기록되다.

consta que …라고 알려져 있다. (사건은) …이다.

constatar *v.t.* 증명하다. 입증하다. 인정하다.

constelação *f*. [天] 성좌. 성수(星宿). [占星] 운성. 사람의 탄생시의 별의 배치.

constelado *a*. 별같은. 별 모양의(星狀). 별처럼 번쩍이는(찬란한).

constelar *v.t.*, *v.i.* [天] 성좌(星座)를 형성하다. (별이) 떼를 짓다.

consternação *f*. 깜짝 놀람. 경악(驚愕). 낙담. 의기소침(銷沈).

consternado *a*. 깜짝 놀란. 경악한. 악연(愕然)한. 낙담한. 의기소침한.

consternador *a*. 깜짝 놀라게 하는. 낙담시키는.

consternar *v.t.* 깜짝 놀라게 하다. 낙담시키다.

—*se v.pr.* 깜짝 놀라다. 낙담하다. 맥빠지다.

constipação *f*. ①《俗》 보통 감기. ② [醫] 비결(秘結). 변비. 대변불통(大便不通).
constipação do ventre 변비. 비결.

constipado *a*. ①감기에 걸린. ②변비(비결)에 걸린.
estar constipado 감기에 걸리다.

constipar *v.t.* ①감기에 걸리게 하다. ②변비(便秘)케 하다.
—*se v.pr.* ①감기에 걸리다. ②비결(秘結)하다.

constipativo *a*. 감기 걸리게 하는. 변비케 하는.

constitucional *a*. ①헌법(상)의. 입헌적. ②합법의. ③구성(조직)상의. ④대질상의. 천성의.
govêrno constitucional 입헌정부.
doença constitucional 체질유전병. 전신병(全身病).

constitucionalidade *f*. 입헌적임. 합법(合法).

constitucionalismo *m*. 헌법론. 입헌정체(제도). 입헌정치주의. 헌정(헌법)옹호.

constitucionalista *m*. 헌법주의자. 헌법옹호자.

constitucionalmente *adv*. 헌법상. 헌법적으로. 헌법에 따라.

constituição *f*. ①제정(制定)설립. 설치. ②구성. 구조. 조직. ③곧자 본질. ④신체조직. 체격. 체질. ⑤소질. 성품. ⑥[政] ①헌법. 국헌. 정체(政體). ②정관(定款). 규약.

constituido *a*. 제정된. 설정된. 설립된. 설정(設定)된.

constituinte *a*. 구성의. 성분(요소)의. 대의사(代議士) 선출의. (대표자의) 선거권 있는. 지명권 있는. 헌법제정(개정)의 권능이 있는.
poder constituinte 헌법제정권.
congresso constuinte 입헌의회(立憲議會).
— *m*. 성분. (구성)요소. 구성(조성)물.
— *m*., *f*. (권리의) 설정자(設定者). 선거인. 선거 구민. 대리 지정인. (대의원) 선정자(選定者).

constituir *v.t.* 이루다. 구성하다. 조직하다. 본질을 이루다. 제정(制定)하다. 설정(설립)하다. 창설하다. (대리자로) 세우다. 지명(지정)하다.
—*se v.pr.* 이루어지다. 구성(성립)되다. 스스로(…의 직책을) 맡다.

constitutivamente *adv.* 구성적으로 조직적으로.

constitutivo *a.* 구성적. 구조의. 구성분(構成分)의. 요소(要素)의. 제정적(制定的). 제정권 있는. 설정적.

constrangedor *a., m.* 강제하는 (것). 구속하는 (것). 억제하는 (것).

constranger *v.t.* (+*a*). 강제하다. 억지로 …하게 하다. 억누르다. 압박하다. 억제하다. (자유를) 구속하다. 속박하다.

constrangimente *adv.* 강제적으로. 억지로.

constrangido *a.* 강제적. 억지로의. 압박 당한. 강요된. 구속된. 꼼짝 못하게 된. 무리한. 부자연한. 꺼림직한.

constrangimento *m.* ①강제. 압박. 구속. 속박. 억제. ②부자유. 옹색한 느낌. 어색함. 꺼리어함.

constrição *f.* 수축(收縮). 압축. 졸라매는 느낌. 답답함. 수렴성(收斂性).

constringente *a.* 수축(압축)하는. 수렴성의.

constringir *v.t.* 죄다. 긴축(緊縮)하다. 수축하다.

—se *v.pr.* ①긴축되다. 죄어들다. 좁아지다. 답답해지다.

constritivo *a.* 압축하는. 수축하는. 수축성의. 긴축적. ②수렴의. 수렴하는.

constrito *a.* =*constringir*.
— *f.* 불규칙 과거분사.

constritor *a.* 수축하는. 수축시키는.
— *m.* ①수축하는 것. [解] 괄약근(括約筋). 수축근(收縮筋). ①(혈관의) 압박기(壓迫期). ②[動] 기아나산 큰 뱀(동물을 졸라 죽이는).

construção *f.* ①건설(建設). 건축. 건조. 축조(築造). 가설. 건설공사. 건축하는 식. 구축법. ②구조. 건물. 영조물(營造物). ③[文] (글・어귀의) 구문(構文). 성구법(成句法). (글・어귀 등의) 해석.
construção naval 조선(造船). 조선술.

construir *v.t.* ①건설하다. 건축하다. 건조하다. 쌓다. ②(철도 따위) 부설하다. ③세우다. 꾸미다. ④(글・문장을) 작성하다. 구성하다. ⑤[幾] 작도(作圖)하다. 그리다.

—se *v.pr.* 꾸며지다. 세워지다. 건설되다. 건축되다. [文] 구성되다.

construtivamente *adv.* 건설적으로 건설용(用)으로.

construtivo *a.* 꾸미는. 건설적. 구성적. 구조적. 건축의. 건설의. 건축용의. [文] 구문(構文)의. 성구법(成句法)의.

construtor *a.* 건설(건축)하는. 건조하는. 가설하는.
— *m.* 건설자. 건축가. 건조자. 축조자(築造者). [海軍] 조선기사(造船技師). 조선공(工). 배목수.

construtura *f.* 건설(건축) 방법. 구조. 구성. [文] (글의) 구문(構文). 문장 구성.

consubstanciação *f.* ①[神學] 성체공재론(聖體共在論: 그리스도의 육체는 성찬의 빵과 포도주 속에 있다는 설). ②합체(合體). 합일(合一). 통일. 귀일(歸一).

consubstanciado *a.* 합체(합일・통일)한.

consubstancial *a.* 같은 질(同質)의 (…과) 동체(同體)의. (삼위의) 일체(一體)의.

consubstancialidade *f.* 동체 동질(同質).

consubstanciar *v.t.* 같은 질로 만들다. 동성(同性)으로 만들다. 합체(합일)시키다. 통일하다.

—se *v.pr.* ①동체가 되다. 합체(합일)하다. 통일되다. ②성체공재론을 주장하다.

consueto *a.* 습관의. 관례(慣例)의. 관용(慣用)의.

consuetudinário *a.* 습관적. 습관상의 관례에 의한.
direito consuetudinário 관습법. 불문율(不文律).

consuetudinarismo *m.* 관례주의(慣例主義).

cônsul *m.* ①영사(領事). ②[로마史] 집정관(執政官: 옛 로마의 2대관(大官)).
cônsul geral 총영사.
vice cnsul 부영사.
cônsul honorário 명예영사.

consulado *a.* 영사직(임기). ②영사관. ③(옛 로마의) 집정관직(職).
consulado geral 총영사관.

consulagem *f.* [商] 영사증명 수수료.

consular *a.* 영사(직)의. 영사관의. [史] 집정관의.
agente consular ①영사대리. ②영사관 사무취급.
emolumento consular 영사관 수수료.

consularmente *adv.* 영사의 권한 내(權限內)에. 영사관 취급으로서.

consulente *a.* 상담(상의)하는. 의견을 물어보는.
— *m., f.* 상담(상의)하는 사람. 의견을

묻는 이.
consulesa, consuleza *f.* ①여성영사(女性領事). ②영사의 부인(妻).
consulta *f.* 상담. 협의. 참고. 감정(鑑定). (의사의) 진찰.
estar a (또는 *em*) *consulta* 상담중이다. 진찰중이다.
consultação *f.* 상담하기. 협의하기. 의견을 듣기.
consultador *a.*, *m.* 상담하는 (사람). 의견을 물어보는(타진하는) (사람).
consultante *a.* 상담하는. 의논하는. 상담 상대가 되는.
— *m.*, *f.* ①의견을 물어보는 사람. 상담하는 자. ②의논 상대자. 고문. 입회의사(立會醫師).
consultar *v.t.* (…와) 상담하다. 의견을 듣다. (의사의) 진찰을 받다. 진찰을 듣다. (책을) 참고하다. 고려하다.
— *v.i.* 의견을 권하다. 충고하다.
—*se v.pr.* 잘 생각하다. 깊이 고찰하다.
consultar dicionário 사전을 뒤져보다.
consultar sua consciência 양심에 호소하다.
consultar com o travesseiro 밤새도록 곰곰이 생각하다.
consultivo *a.* 의론의. 협의의. 평의(評議)의. 자문의. 자문기관의.
junta consultiva 자문기관.
voto consultivo 결의권 없는. 발언권.
consultor *m.* 의논 상대자. 상담역. 고문.
consultório *a.* ①의논(상담)하는 장소. ②(의사의) 진찰실. 진료소.
consultório médico 의사의 진찰실.
consumação *f.* 완전히 함. 완성. 성취. 완료. 종극(終極). 극치. (목적·소원의)달성. [法] 기수(既遂).
consumação dos séculos 세상(세기)의 끝.
consumadamente *adv.* 완전히. 더할 나위 없이.
consumado *a.* 완성된. 완결한. 성취한. 달성한. 무상(無上)의. 지상의. 완전한. 이상적.
consumador *m.* 완수(완결·성취·달성)하는 사람.
consumar *v.t.* 완성(완료)하다. 완수하다. 성취하다. 극점에 달하게 하다. (결혼을) 완료하다.
—se *v.pr.* 완성(완료)되다. 종극(終極)에 이르다. 극점에 도달하다.
consumição *f.* 소비. 소모. 소진(消盡).
consumido *a.* 다 써 버린. 소비한. 소모한. 낭비한.
consumidor *a.* ①소비하는. 소모하는. ②괴롭히는.
— *m.* 써 버리는 사람. 소비자. 직접 수요자. 낭비자.
consumir *v.t.* ①써 버리다. 소비하다. 소모하다. 낭비하다. 탕진하다. ②소멸시키다. 소멸케 하다. ③(불이) 타버리다. (사람이 …을) 다 먹어 버리다. 마셔서 없애다. 괴롭히다.
— *v.i.*, —*se v.pr.* ①다 없어지다. 소비되다. 소실되다. 다 타 버리다. ②파리해지다. 점점 약해지다. 초췌(憔悴)하다.
consumível *a.* 소비(소모)할 수 있는.
consumo *m.* 소비. 소비액. 소진. 소실. 소모. 판로(販路).
imposto do consumo 소비세.
consunção *f.* ①소비. 소진(消盡). ②[醫] 결핵. 폐결핵.
consunao plumonar 폐결핵.
consuntivo *a.* ①소비의. 소비적. 소모적. 소모성의. ②폐병의. 폐병성(질)의.

conta *f.* ①계산. 계정. ②계산서. 청구서. 견적(서). ③《古》총수. 총계. ④설명. 보고, 답변. 해명. ⑤주의. ⑥책임. 부담.
conta de água 물세(통지서). (특히 음료수에 대한).
conta de luz 전기세(통지서).
conta de venda 매상계산서.
conta corrente [商] 당좌(當座)계정.
abrir conta (은행에)거래를 가지다.
fechar uma conta 계산을 마감하다. 결산하다.
conta a pagar 지불계산서.
conta a receber 영수(수금)계산서. 받을 액수.
liquidar uma conta 지불청산하다.
tomar conta de …을 인수하다.
ter conta em …에 주의하다. …을 돌보다.
fazer conta 또는 *fazer de conta* 가정(假定)하다. 상상하다.
fazer conta com …을 계산에 넣다. 포함하다.
por conta de …의 부담으로. …의 책임으로.

trabalhar por sua conta (남에게 매어 있지 않고) 독립하여 일하다.
isto corre por minha conta 이 일은 내가 맡는다(내 책임이다).
não faço conta disso 나는 그것을 개의(介意)치 않는다.
afinal de conta 결국. 필경. 나중에는.
isso não é da sua conta 이것은 너의 일이 아니다. 네가 참견할 것이 아니다.

contabescência *f.* 수삭(瘦削). 초췌(憔悴). 위축(萎縮).

contabescer *v.i.* 수척하다. 초췌하다. 위축하다.

contabilidade *f.* 계산. 회계. 회계사무. 회계법. 부기(簿記). 부기법.
secção de contabilidade 회계과(會計課).

contabilista *m., f.* 회계사. 계리사(計理士). 주계(主計).

contacto *m.* ①맞닿음. 접촉. ②접근. 교제. [電] 접촉. 혼선. [數] 접촉.
ponto de contacto 접촉점. 절점(切点).
estar em contacto com …와 접촉해 있다.

contador *a.* 세는. 계산하는.
— *m.* ①세는 사람. 계산자. 회계사. ②계산기(計算器). ③(수도·전기·가스 따위의) 계량기(計量器). 미터. ④이야기하는 사람. 설화자(說話者).

contadoria *f.* 회계사무실. 회계과(課).

contagem *f.* 세기. 계산하기. (경기의) 득점. 득점 계산.

contagiante *a.* =*contagioso*.

contagiar *v.t.* ①(병독을) 전염하다. 감염시키다. ②더럽히다. 오염(汚染)하다. 부정(不淨)하게 하다.

contágio *a.* (접촉) 전염성의. 전염독을 갖고 있는. 《比喩》전파성(傳播性)의. 옮는. 돌림의.
— *m.* ①전염. 감염. ②(접촉) 전염병. ③전염 독소. ④《比喩》나쁜 감화. 폐풍.

contagional *a.* 전염의. 전염에 의한. 감염의. 돌림의.

contagiosidade *f.* 전염성. 오염성(汚染性).

contagioso *a.* 옮는. 전염하는. 전염성의. 돌림의. 전파성(傳播性)의. 전염독을 갖고 있는.

conta-gôtas *m.* (약물 방울 따위) 떨어뜨리는 것. 점적기(点滴器).
por conta-gôtas 한 방울씩. 조금씩.

contaminabilidade *f.* 전염성. 오염성(汚染性).

contaminação *f.* 오염. 오탁(汚濁). 오예(汚穢). 오탁물. (정신상의) 부패. 전염.
contaminação do ar (mar) 대기(해양) 오염(汚染).

contaminado *a.* (나쁜 것에) 물든. 더러워진. 전염된. 오염된. (정신상으로) 부패한.
ar contaminado 오염된 공기.

contaminador *m.* 더럽히는 사람(또는 사물). 전염시키는 것. 부패(타락)케 하는 것.

contaminar *v.t.* 더럽히다. (나쁜 것에) 물들게 하다. 오염(汚染)하다. 부정(不淨)하게 하다. 부패(타락)케 하다. 《比喩》나쁜 습관(폐풍)에 물들게 하다.

contaminativo *a.* 오염성의. 더럽히는.

contaminável *a.* 더럽히는. 더러워지는. 옮기 쉬운. 더러워지기 쉬운. 오염(전염)하기 쉬운. 타락하기 쉬운.

contanto-queloc *conj.* 만약 …이라면. …하는 이상.

conta-passos *m.* 보수계(步數計).

contar *v.t.* ①세다. 계산하다. ②말하다. ③이야기하다. ④기도(企圖)하다. 시도하다. (+*com*). …을 기대하다. …을 계산에 넣다.
—**se** *v.pr.* 계산되다. (…을) 힘으로 믿다.

contatar *v.i.* 접촉(接觸)하다. 연락(連絡)하다.

contato *m.* =*contacto*.

contável *a.* 셀 수 있는. 계산할만한.

contemplação *f.* ①숙시(熟視). 응시. 정관(靜觀). 관조(觀照). ②명상. 묵상. 숙고(熟考). 고찰. ③기대. ④기도(企圖)계획. ⑤친절. 은근.

contemplador *a., m.* 응시하는 (사람). 숙고하는 (사람). 묵상하는 (사람). 깊이 생각하는 (이).

contemplante *a.* =*contemplador*.

contemplar *v.t.* 응시(凝視)하다. 정관하다. (문제를) 심사숙고하다. 숙려(熟慮)하다. 기대하다. 기도(企圖)하다. (…을) 하려고 생각하다.
— *v.i.* 관조(觀照)하다. 명상(심사)하다.

contemplativo *a.* 정관적. 관조적. 명상적. 묵상에 잠긴.

contemporaneamente *adv.* 같은 시기(동

시대)에.

contemporaneidade f. 같은 시대(시기)임. 동시존재(同時存在).

contemporâneo a. 동시존재(발생의). 당시의. (…과) 같은 시대의. 동시기의.
— m. 같은 시대(동시기)의 사람. 현대인.

contemporização f. ①시대화(時代化). 시세(時勢)에 순응하기. ②겸양. (손아랫 사람에 대한) 친절. 정중. 복종.

contemporizador a., m. ①시대에 따르는 (사람). 겸손한 (사람). 친절을 베푸는 (사람).

contemporizante a. ①시대에 따르는. 시대화 하는. ②겸손한. 친절한.

contemporizar v.t. 겸손하게 하다. 공손히 하다. 으쓱대지 않고 …하다.
— v.i. 시대에 따르다. 시대화하다.

contemptível a. 멸시할 만한. 경멸에 해당하는.

contempto m. 멸시. 없신여김. 멸시하는 마음. 경멸. 괄시.

contemptor m. 멸시하는 사람. 없신여기는 사람.

contenção (1) f. ①말다툼. 논쟁. 논전(論戰). ②논점. 쟁점(爭點). ③노력. 분투.
— (2) f. 함유(含有). 포함(包含). 포용(包容).

contenciosamente adv. 다투어서.

contencioso a. 다투기(논쟁하기) 좋아하는. 소송하기 좋아하는. (문체 등) 논쟁되는. 이론(異論) 있는. 항쟁적. 소송해야 할.
— m. 소송계(訴訟係). 쟁의계(爭議係).

contenda f. ①다툼. 논전. 논쟁. ②항쟁. 투쟁. 싸움. ③갈등. 분규. ④경쟁. 경기. 경연(競演).

contendedor, contendente a., m. 논쟁하는 (사람). 경쟁자.

contender v.i. 다투다. 싸우다. 항쟁하다. 투쟁하다. 논쟁하다. 언쟁하다.

contendimento m. ①싸우기. 다투기. 항쟁. ②경쟁(競爭).

contentamento m. 만족(하기). 지족안분(知足安分). 희열(喜悅). 환희.

contentar v.t. 만족하게 하다. 흡족하게 하다. 기쁘게 하다. 안심시키다.
—se v.pr. (+com) 만족하다. 흡족함을 느끼다. 안심하다.

contentável a. 만족할 만한. 만족해야 할.

contente a. 만족한(하고 있는). 흡족한. 기쁜. 쾌감을 주는.
saltar de contente 기뻐 날뛰다.

contentemente adv. 만족하여. 안심하여. 달가워. 기쁘게. 기꺼이.

contento m. 만족. 만족한 상태. 안심하는 모양. 흡족한 느낌. 마음에 들기. 기쁨. 희열.
a contento 만족하게. 충분히.
homem de mau contento (좀처럼) 만족하지 않는 사람.

conter v.t. ①넣다. 포함시키다. ②품다. 포용(包容)하다. ③억제(抑制)하다.
—se v.pr. 꾹참다. 견디다. 인내하다. 스스로 억제(抑制)하다. 자중하다. (…을) 지키다.

contérmino a. (…와) 경계를 짓는. (…와) 인접하는.
— m. 경계. 한계(限界).

conterrâneo a. 같은 고향의. 같은 나라의. 동국(同國)의.
— m. 고향 사람. 같은 지방(나라) 사람. 동포. 겨레.

conterrido, conterrito a. 깜짝 놀란. 경악한.

contestabilidade f. 논쟁할 요소가 있음. 논박할 여지가 있음.

contestação f. ①말다툼. 논쟁. 토론. 쟁론. 쟁소(爭訟). 계쟁(係爭) ②반박. 항변. 답변. 증언.
sem contestação 논쟁(이론)할 여지가 없이. 물론.

contestado a. 이의(異議)를 부르짖은. 항변한. 반박한. (의론을) 반대한. 부정한. 언쟁한.

contestador, contestante a., m. 논쟁하는 (자). 이의(異議)를 부르짖는 (사람). 항변하는 (자).

contestar v.t. ①이의를 부르짖다. 반론하다. 반증하다. (의론에) 반대하다. 항변(반박)하다. ②(승리·상(賞)·선거 등을) 다투다.
— v.i. 말다툼하다. 쟁론하다. 경쟁하다.

contestável a. 논쟁할 여지가 있는. 이의를 제출할 만한. 반박(항변)할 수 있는.

conteste a. [法] 다른 증언과 일치하는. 같은 증언을 한.

conteúdo a. 내포하고 있는. 포함되어 있는.
— m. 내용. 포함(내포)되어 있는 것. 재중물(在中物).

contexto *m*. ①(문장의) 전후 관계. 문맥 (文脈). ②문장 구성.
contextuação *f*. 본문(本文)에 넣기. 원문 (原文)에 넣기.
contextuar *v.t*. 본문(원문)에 넣다.
contextura *f*. 조직. 구조. (문장·연설 따위의) 구성.
contido *a*. ①포함(내포)하고 있는. 안에 있는. 재중(在中)의. ②억제된. 구속된.
contigo *pron*. =*comtigo*. 너와 함께.
contiguamente *adv*. 접촉(접근)하여.
contigüidade *f*. ①접촉. 접근. 부근. ②연속. 연락.
contíguo *a*. 접촉하는. 다음에 위치하는. (…에) 접근하는. 인접의.
ángulos contíguos 접각(接角).
lados contíguos 인접변(隣接邊).
continência *f*. ①자제(自制). 극기. 절제. 금욕. ②용적(容積). 용량(容量). ③군인의 경례(敬禮).
continental *a*. 대륙의. 대륙적인. 대륙성 (풍)의.
continente (1) *m*. 대륙. 육지. 본토.
— (2) *a*. ①계속되고 있는. 하나로 되어 있는. ②함유(含有)하는. 내포하는.
— (3) *a*. 자제(自制)하는. 극기(克己)하는. 절욕(節慾)의. 금욕. 정절(貞節)의. 깨끗한.
contingência *f*. 우연성. 우연히 돌발한(할 수 있는) 사건. 예기치 아니한 사변. 속발사건(續發事件). 부수사고(附隨事故).
contingente *a*. 혹 있을 수 있는. 우연히 돌발하는. 예기치 않은. 우연적인. (…에) 부수하는. (…에) 따르는. (…을) 조건으로 하는. [法] 우성적(偶成的). 우발적.
— *m*. ①우연히 발생한 사항(事項). ② 예기치 아니한 일. (장래) 있을 수 있는 것. 부수사건. ③분담(分擔). 분담액. ④ [軍] 분견대(分遣隊).
contingentemente *adv*. 우연히. 불쑥. 임시로.
continuação *f*. ①계속함. 연속함. (중도로부터의) 계속. ②(이야기 등의) 이음. 승전(承前). 속편. 연속물. ③연장. 이월(移越).
continuadamente *adv*. 계속하여. 끈임없이. 연이여.
continuado *a*. 계속된. 연속적인. 끊임없는. 끊어지지 않은. (물질이) 상련(相連) 하는. [數] 연속의.
continuador *a*., *m*. 계속하는 (사람). 인계받는 (사람). 계승자.
continuamente *adv*. 계속하여. 계속적으로. 끊임없이. 노상.
continuar *v.t*. (+*a*, *em* 또는 *com*). 연달다. 지속하다. (중도로부터) 계속하다. (앞에) 계속하여 진술하다. [法] 계속시키다. 연기하다. [商] 이월(移越)하다. 이연하다.
— *v.i*. 연속하다. 연달아 있다. 존속하다. 계속하다.
—*se v.pr*. 계속되다. 연장되다.
continuativo *a*. 연속적. 계속적. 연달아. 연장의.
contidade *f*. ①연속(상태). 연면(連綿)함. 연속성. 연속기간. 계속. ②접속부. 연결. 연관. ③(논리적인) 밀접한 연락. [哲] 연속.
contínuo (1) *a*. 계속하는. 계속되는. 연면 (連綿)한. 연속하는. 연속적인. 끊임없는.
proporção contínuo 연비례(連比例).
fração contínua [數] 연분수(連分數).
de contínuo 계속하여. 연속적으로.
— (2) *m*. 심부름하는 사람. 급사. 문지기. 하급사무원.
contista *m.f*. 옛 이야기하는 사람. 이야기를 쓰는 사람. 우화작가.
conto (1) *m*. 옛 이야기. 꾸민 이야기. 우화(寓話). 단편소설.
conto da carochinha 괴상망측한 이야기. 황당무계한 이야기. 동화(童話).
são contos largos 길고 긴 이야기.
— (2) *m*. ①《古》 수(數). ②돈 단위. 포르투갈에서는 1*conto*=1,000*escudos*. 브라질에서는 2차대전 후경(後頃)부터 1969년경까지 1*conto*=1,000*cruzeiros*. 1970년 새로운 화폐제도에 따라 1*conto*=100 *cruzeiro*.
contorção *f*. 비틀기. 비틀림. 왜곡(歪曲). 비꼬기. 꼬임. 찌프림.
contorcer *v.t.*, —*se v.pr*. (얼굴·신체·나무줄기 따위를) 비틀다. 비꼬다. 찌푸리다.
contornado *a*. 에워싼. (…으로) 두른.
contornamento *m*. 에워싸기. 둘러싸기.
contornar *v.t*. 에워싸다. 둘러싸다. (주위를) 두르다. (주위를) 돌다. 원을 긋다.
contorno *m*. ①주위(周圍). 외곽. ②윤곽.

윤곽선. 외형. ③원만.
contra *prep.* …에 반대하여. …에 거슬려. 반대하여. 등져서. …을 배경으로 하여. …에 대비(對備)하여. …에 기대어.
atirar contra um alvo 과녁(목표)에 대하여 쏘다.
encostar-se contra o muro 담벽에 기대다.
fazer contra sua vontade 본의(本意)에 없이 하다.
remar contra a maré 조류(潮流)에 역행하여 노를 젓다.
— *adv.* 반대로. 반대하여.
todos votaram contra 모두(전원이). 반대 투표했다.
— *m.* ①반대. 불찬성. 이의(異議). ②소독. 해독(제).
contra-almirante *m.* 해군소장.
contra-atacar *v.i., v.t.* 반격하다. 반돌격하다.
contra-ataque *m.* 반격. 반돌격. 역습(逆襲).
contra-aviso *m.* 반대 통지. 반대 명령.
contrabaixo *m.* [樂] 콘트라바스.
contrabalançado *a.* 대등하게 한. 평균을 유지한. 평형(平衡)을 잡은. 상쇄한.
contrabalançar *v.t.* 대등하게 하다. 평형시키다. (…의 효과를) 상쇄(相殺)시키다, (…의 부족을) 보태다.
contrabandear *v.t., v.t.* 밀수입(출)하다. 밀수하다.
contrabandista *m., f.* 밀수입(출)자. 밀수업자.
contrabando *m.* 밀수입(출). 밀수품. 금제품(禁制品). 불법매매(물품).
contracambio *m.* [商] 반환 어음.
contração *f.* 수축. [醫] 위축(萎縮). 단축. 《比喩》 축소. 한정. [數] 축약(縮約). 생략산(省略算). [文] 생략.
contracepção *f.* 피임(避姙).
contracorrente *f.* 역류(逆流). [電] 역전류(逆電流).
contráctil *a.* = *contrátil*.
contradança *f.* 대무(對舞). 대무곡(曲).
contradançar *v.t.* 대무를 추다.
contradeclaração *f.* 반대성명.
contradição *f.* (앞에 말한 것에 대한) 부정(否定). 식언(食言). 부인. 반박. 항변. 모순. 당착(撞着). 배치(背馳). [論] 모순.
모순대당(對當).
sem contradição 물론. 모순된 점이 없이.
contradistinguir *v.t.* 대조에 의하여 구별(비교)하다.
contradita *f.* 반대 진술. 항변. 반박. 항의. 부정.
contraditado *a.* ①반대 진술한. 반박한. ②부정한. 식언한.
contraditar *v.t.* ①반대 진술을 하다. 반증을 들어 이야기하다. 이의(異議)를 부르짖다. 반박(항변)하다. ②부정(부인)하다. (사실·진술이) 모순되다.
contradito *a.* ①(이미 한 말을) 부정한. 부인한. 취소한. 항변한. 반박한. ②(이미 한 말에) 맞지 않는. 모순되는.
contraditor *a., m.* 부정하는 (사람). 반박하는 (사람).
contraditória *f.* 반대 진술. 반대 제언(提言). 모순되기. 배치(背馳)되기.
contraditóriamente *adv.* 부정적으로 반대하여. 모순되어.
contraditório *a.* 반대의. 부정적. 반박적. 모순되는. 양립치 않은. 자가당착(自家撞着)의.
contradizer *v.t.* 부정(부인)하다. 취소하다. 반대하다. 반박(항변)하다.
— *v.t.,* —se *v.pr.* ①모순된 이야기를 하다, ②거절(반대)하다 ③(사실·진술이) 모순되다. 일치하지 않다.
Estes boatos contradizem-se uns aos outros. 이런 여러 가지 유언비어는 서로 모순되어 있다.
contraente *a.* 계약의. 청부의. 약속하는. 약혼하는. 약혼의.
— *m., f.* 약혼자.
contra-espionagem *f.* ①(적의 스파이에 대한). 대항적(對抗的) 스파이. ②방첩(防諜).
contrafação *f.* ①위조. 날조. ②가짜. 허위. 사전(私錢). (저작물의) 위작. 모방. ③위조물(품). 모조품. 위작품.
contrafator *m.* 위조(날조)하는 사람. 모조하는 사람.
contrafazedor *m.* 남을 흉내내는 사람. 모방(모의)하는 자.
contrafazer *v.t.* (화폐·지폐·문서 등을) 위조하다. 모조하다. 비슷하게 만들다. 흉내내다.
—se *v.pr.* ①(…인) 체하다. ②…과 비

숫하다. ③(감정을) 속이다.
contrafé *f*. 소환장의 사본(寫本).
contrafeição *f*. =*contração*.
contrafeitiço *m*. 반대 주문(呪文). 요술(妖術)을 폭로하는 것.
contrafeito *a*. 비슷한. 흉내낸. 모방한. 모조한. 위조한. 가짜의. 본의 아닌.
riso contrafeito 쓴웃음. 억지로 웃는 웃음.
contraforte *m*. [建] 부벽(扶壁). 버팀벽. 신뒷축에 대는 가죽 또는 쇠.
contrafosso *m*. 이중호(二重壕).
contrafuga *f*. [樂] 역주법(逆走法).
contragolpe *m*. ①반혁명. ②맹렬한 반대론.
contragosto *m*. 싫음. 염기(厭忌). 염오(嫌惡).
a contragosto 마음에 없이.
contraido *a*. 축소한. 수축한. 좁힌. (약속 따위를) 맺은.
contra-indicação *f*. [醫] 반대 징후(反對徵候). 금기(禁忌) 징후.
contra-indicar *v.t*. 반대 징후를 나타내다.
contrair *v.t*. 죄다. 축소하다. 수축하다. 좁게 하다. 단축하다. (친교(親交)를) 맺다. (사이를) 긴밀히 하다. [文] 생략하다.
—*se v.pr*. 줄다. 수축하다. 좁아지다.
contruir matrimonia 약혼하다.
contrair amizade 친교를 맺다.
contraível *a*. ①줄어드는. 수축하는. 수축성의. ②(약속 따위) 맺을 수 있는. ③감염(感染)되는.
contraliga *f*. 반대 동맹. 대립 동맹.
contralto *m*. [樂] 콘트랄토. 콘트랄토 음표(*alto*의 바로 위의 부분).
그 성음(*tenor*와 *soprano*)의 중간의 성역(聲域)의 음으로 보통 여성 최저음(最底音); 그 가수.
contraluz *m*. 역광선(逆光線). 서로 마주 향한 창.
contramandado *m*. 반대 명령. 취소 명령.
contramandar *v.i*., *v.t*. 명령을 변경하다. 명령을 취소하다.
contramarca *f*. 부인(副印) (화폐 등의). 부표(副表) (화물이 여러 사람의 공유일 때 붙이는 것). 이중인(二重印).
contramarcar *v.t*. 부인(副印)을 넣다. 부표(副表)하다. 각인(刻印)을 찍다.
contramarcha *f*. [軍] 반대 행진. 배진(背進). 역행(逆行). 후퇴.
contramarchar *v.i*., *v.t*. 반대 방향으로 나가다(나가게 하다). 후퇴하다(시키다).
contramaré *f*. 역조(逆潮).
contramestre *m*. ①직공장. 직장의 책임자. 현장주임. 감독. ②[軍] 병조(兵曹). 병조장.
contramina *f*. ①[軍] 대갱도(對坑道: 적의 갱도를 파괴하기 위한). 항적갱도(抗敵坑道). ②반장수뢰(反裝水雷). 역(逆)수뢰. ③역계(逆計). 대항책(對抗策).
contraminar *v.t*. [軍] (…에 대하여) 대갱도를 뚫다. 대갱도로서 대항하다(방비하다). (…의 계획에). 역계(逆計)를 쓰다.
— *v.i*. 대갱도를 설치하다. [海軍] 반장수뢰(反裝水雷)를 설치하다.
contramoldagem *f*. (조각물 따위를) 틀어 넣고 같은 표본을 만들기. 형(型)에 의한 복제(複製).
contramoldar *v.t*. 같은 틀을 만들고 복제하다.
contramolde *m*. 복제용(複製用)의 틀(型).
contramuralha *f*. =*contramuro*.
— *m*. [築城] 부벽(副壁).
contranatural *a*. 부자연한. 자연에 배치(背馳)되는.
contra-nome *m*. 반대의 뜻을 나타내는 이름(명칭).
contra-ordem *f*. 반대 명령. 취소 명령. 주문(注文) 취소.
contra-ordenar *v.t*. 반대(취소) 명령을 내리다. 주문을 취소하다.
contra-parente *m*. 인척(姻戚). 연고자(緣故者).
contra-parentesco *m*. 인척 관계. 연고 관계.
contra-peçonha *f*. 해독제(解毒劑). 교정 수단(矯正手段).
contrapesar *v.t*. 대등하게 하다. 평형(平衡)시키다. 평균시키다. 균형되게 하다. 평형을(균세를) 유지시키다.
contrapêso *m*. ①평형추(平衡錘). 분동(分銅). ②평형력(力). 균세물(均勢物). ③평균. 평형. 균세. ④[無線] 카운터 포이즈(어스선 대용의 전선을 지표(地表) 가깝게 수평으로 쳐 놓은 것).
contrapilastra *f*. [建] 벽주(壁柱)의 대주(對柱).
contraponteado *a*. [樂] 대위법(對位法)에

contrapontear *v.t.* [樂] 대위법에 의하여 작곡하다.

contrapontista *m.f.* 대위법에 능한 작곡가.

contrapontístico *a.* 대위법의 대성법(對聲法)의.

contraponto *m.* [樂] 대위법(對位法). 대성법.

contrapôr *v.t.* ①반대로 놓다. 마주 향하여 놓다. 평형하여 놓다. ②직면하다. 마주 대서다. ③논박(논파)하다.

contraposição *f.* 반대 위치(배치). 대치(對置).

contraposto *a.* (*contrapôr*의 불규칙 과거분사). 반대로 놓은(놓여 있는). 마주 향하여 놓은(놓인). 서로 마주 대한.

contraproducente *a.* 반대의 결과를 발생하는. 생산에 역효과를 가져오는. 예상한 바와 어긋나는.

contrapropaganda *f.* 역선전. 반대 운동.

contraprova *f.* ①증거에 반대되는 것. 반증(反證). ②재교정(再矯正).

contraprovar *v.t.* ①(…의) 반증을 들다. ②논박(論駁)하다.

contraquilha *f.* [造船] 내용골(內龍骨).

contra-revolução *f.* 반혁명. 제이(第二) 혁명.

contra-revolucionário *a.* 반혁명의.

contrariador *a.* 반대하는. 반항하는. 거역하는.
— *m.* 반대자. 반항자. 항변자. 거역자.

contràriamente *adv.* 반대로. 반대하여 (…에) 반(反)하여.

contrariante *a.* (…에) 반대되는. 반대하는. 반대하기 좋아하는.

contrariar *v.t.* (…에) 반대하다. (…에) 거역하다. 반항하다.
—*se v.pr.* 모순된 말을 하다. 자가당착(自家撞着)하다.

contrariável *a.* 반대(반항)할 수 있는. 거역할만한.

contrariedade *f.* ①상반(相反). 반대. 배치(背馳). 불일치. 상반하는 점. 모순. [論] 반대대당(反對對當). ②방해장애(障碍). 곤란. ③불만. 불평. 불유쾌.

contrário *a.* 반대의. (…에) 반대되는. (…과) 서로 용납지 않는. 배치하는. 모순된. 거꾸로의. 불리한. (…에) 해당되는.
ao contrário 또는 *pelo contrário* 반대로, (…에) 반하여. (…)하기 커녕.
do contrário 그렇지 않으면.
do contrário 또는 *em contrário de.* …와 반대로. (…에) 상반하여.
— *m.* 반대자. 적(敵).

contra-selar *v.t.* 연서(連署)하다. 부서(副署)하다. (…에) 연인(連印)하다.

contra-sêlo *m.* 연서. 부서. 연인(連印). 첨인(添印).

contra-senso *m.* 몰상식(沒常識). 분별 없음. 얼토당토 않음. 조리 없음.

contra-sinal *m.* 군호. 암호.

contrastante *a.* 대조하는. 대비하는. 대조를 이루는.

contrastar *v.t.* ①대조하다. 대비(對比)하다. (…과) 대조를 이루다. ②(…에) 반대하다. 반항하다. ③(보석·귀금속 따위를) 감정(鑑定)하다. 검정(檢定)하다.
— *v.i.* ①대조되다. 대비(對比)하다. ② (…와) 상반(相反)되다. 현저하게 틀리다. (…와) 대치(對峙)되다. 대항하다.

contraste *m.* ①대조. 대비. ②[法] 비조(比照). ③[修] 대조법. ④큰 차이. 대조되는 것. 정반대의 물건. ⑤(금·은·보석 따위의) 감정(鑑定). 평가. 검정. ⑥감정하는 사람. 검정인(檢定人). 평가하는 이.

contrastear *v.t.* (금·은·보석 따위를) 삼정하다. 평가하다. 검정하다.

contrata *f.* 임시 채용. 《俗》 계약. 약정(約定).

contratação *f.* 계약하기. 약정하기. 청부 계약. 정관(定款).

contratador *m.* 계약인. 청부업자.

contrante *a.* 계약하는. 약정하는.
— *m.* 계약하는 사람. 계약 당사자.

contratar *v.t.* 계약하다. 약정(約定)하다. 청부하다.
— *v.i.*, —*se v.pr.* 계약을 맺다(체결하다).

contratável *a.* 계약할 만한. 계약해야 할.

contratempo *m.* ①불시(不時). (…할) 때가 아님. …할 때가 못됨. ②예기치 않은 사고(고장). 불운 재난·곤란한 사건. ② [樂] 반세(反勢).
a contratempo 때가 나쁘게.

contrátil *a.* 수축하는. 수축성의.
musculo contrátil 수축근(收縮筋).

contratilidade *f.* 수축성. 수축력. 수축성

contratista *m.* 공사청부인(工事請負人).

contratível *a.* 줄어드는. 수축성의. 수축할 수 있는.

contrativo *a.* 주는. 줄어드는. 수축하는. 수축성의.

contrato (1) *a.* (*contrair*의 불규칙 과거분사) 준. 줄어든. 수축한.
— (2) *m.* 계약. 약정. 계약서. 정관(定軟). 청부(請負).

contratorpedeiro *m.* 구축함(驅逐艦). 구축정(艇).

contratual *a.* 계약의. 계약상의.

contratura *f.* 수축 상태. 경축(痙縮). 연축(攣縮).

contravalação *f.* [築城] 대루(對壘: 포위군이 쌓는 참호(塹壕)). 보루(堡壘).

contravalar *v.t.* 대루를 쌓다.

contraveia *adv.* 반대로. 거꾸로.

contravenção *f.* 위반. 위배(違背). 모순. 부인. [法] 위경죄(違警罪).

contraveneno *m.* 해독. 해독제(解毒劑).

contraveniente *a., m.* = *contraventor*.

contravento *m.* ①반대로 부는 바람. 역풍(逆風). ②(窓外의) 덧문. 바람막는 쪽문.

contraventor *a.* 위반하는. 위범하는.
— *m.* 위반자. 위범자(違犯者). 범인.

contraversão *f.* ①위반. 위범. ②뒤집기. 전도(顚倒). 역전(逆轉).

contraverter *v.t.* 역으로(반대로) 하다. 뒤집다. 거꾸로 되게 하다. 전도시키다. 역전하다. [樂] 전회시키다. [化] 전환하다.

contravir *v.t.* 위반하다. (…을) 범하다. 부정하다. 반박하다.
— *v.t.* 말대꾸하다.

contribuição *f.* ①갹출. 기부. 기여. 공헌. ②기부금. 갹금(醵金). [軍] (점령지의 주민에게 부과하는) 군세(軍稅). 공물(貢物).
contribuição de guera 군세(軍稅) (패전국이 지불하는) 상금(償金).

contribuidor *m.* 기부금 내는 사람. 의연금(義捐金)을 내는 사람. 공헌자. 출자자. 기고(투고)자.

contribuinte *a.* 기부하다. 의연(義捐)하다. 공헌하다.
— *m., f.* 기부자. 공헌자. 납세자(納稅者).

contribuir *v.t.* 기부하다. 기증하다. 갹출하다. 기여(공헌)하다. 투고(기고)하다.

coniribuitivo *a.* (…에) 이바지하는. 기여(공헌)하는. 출자(분담)하는. 조성(助成)하는. 증진(增進)하는.

contrição *f.* (죄를) 뉘우침. 후회. 회개. 회오. [宗] 통회(痛悔).

contristação *f.* 슬픔. 비애.

contristador *a., m.* 슬프게 하는 (사람). 비통케 하는 (사람).

contristar *v.t.* 슬프게 하다. 서럽게 하다. 우울(침울)케 하다. 음산하게 하다.

contritamente *adv.* 뉘우쳐서. 회개하여.

contrito *a.* ①(죄를) 깊이 뉘우친. 회개한. 회한을 표시하는. 슬퍼하고 있는. 한탄하는.

contro *interj.* [海] (바람이 불어가는 쪽으로) 키를 돌려!

controlar *v.t.* ①통제하다. 관제(管制)하다. 감독하다. 감시하다. ②억제(제어)하다. 단속하다. 지배하다. 조종하다. 수습(收拾)하다.

controle *m.* 취제. 통제. 억제. 제어. 관제(管制). 관리(管理). 감독. (공의) 콘트롤. 제구(制球). 제구력(力). 지배. 단속. 수습(收拾).

controvérsia *f.* 토론. 논쟁. 구구한 의론(議論). (잡지·신문지상의) 논전.
sem controvércia 논할 바 없이. 물론.

controversista *m., f.* 토론자. 논쟁가. 논객(論客).

controverso *a.* 논쟁의. 토론의. 논란(論難)의.

controverter *v.t.* (문제를) 다투다. 논쟁하다. 이의(異議)를 부르짖다. 논박하다. 논란하다. 부정(否定)하다. 반대하다.

controvertido *a.* 논쟁한. 논박한. 이론(異論)을 전개한. 논란한.

controvertível *a.* 논쟁할 수 있는. 논박할 여지 있는. 의심스러운. 이의(異議)를 제기할만한.

contubernal *a.* ①함께 사는. 동서(同棲)의. 동거의. 공동생활의. ②친한. 친교의.
— *m.* 함께 사는 사람. 동서(동거)하는 자.

contubernar-se *v.t.* (+*com*). …와 함께 살다. 동서(동거)하다.

contubérnio *m.* ①함께 살기. 동거. 동서(同棲). 공동생활. ②친교(親交).

contudo *adv. conj.* 그렇지만. 그래도. 그

럼에도 불구하고.

contumácia *f.* ①외고집. 완고. 완고한 반항. 억척스러움. 어리석을 정도로 고집이 셈. ②[法] 관명(官命)을 듣지 않음.

contumaz *a.* ①고집이 센. 완고한. 막무가내(莫無可奈)한. ②반항적. ③[法] 관명을 항거하는. 소환에 응하지 않는.
— *m.* 소환에 응하지 않는 피고. 결석피고인(缺席被告人).

contumélia *f.* (언어·태도 등이) 건방짐. 오만무례. 모욕적 처사.

contumeliosamente *adv.* 오만무례하게. 건방지게. 모욕적으로.

contumelioso *a.* 오만무례한. 건방진. 모욕적인.

contundente *a.* 타박상(打撲傷)을 입히는. *instrumento contundente* 타박상을 입히는 도구(곤봉·망치 따위).

contundido *a.* 타박상을 입은. 멍이 든.

contundir *v.t.* 타박상을 입히다. [醫] 멍이 들게 하다.

conturbação *f.* 소란. 교란(攪亂). 불온. 문란.

conturbador *a.*, *m.* 소란 일으키는 (자). 교란하는 (자).

conturbar *v.t.* 소란 일으키다. 교란하다. 문란하게 하다. (사회를) 불온하게 하다.

contusão *f.* ①타박. 타박상(打撲傷). 멍듦. ②깊은 인상(印象). 감명(感銘).

contuso *a.* (*contundir*의 과거분사). 타박상을 입은. 맞은 상처가 있는.
ferida contusa 타박상열상(打撲傷裂傷).

conubial *a.* ①혼인의. 결혼의. ②합체의. 합동의. 연합의.

conúbio *m.* ①혼인. 결혼. ②합체(合體). 합동 연합.

convalescença *f.* 병이 나아감. 회복. 병후 쾌차해가는 시기. 회복기.

convalecente *a.* (환자의) 회복기의. 앓고 난 뒤의. 차차 나아가는.
— *m.* 회복기의 환자. 앓고 난 사람.

convalescer *v.i.* 건강을 회복하다. 병이 나아져가다.

convenção *f.* (정치상·종교상의) 협의회. 약정(約定). 약조. [外交] 가조약. 협약. 협정. 관례. 관습. (정당의) 입후보자 지명대회.
convenção de Genebra 제네바 협정.

convencedor *a.* = *convincente*.

convencer *v.t.* ①설득하다. 알아듣게 하다. 납득시키다. (죄를) 깨닫게 하다. ②확신시키다. 수긍시키다.
— *se v.pr.* 납득하다. 자각하다. 깨닫다. 수긍하다.

convencido *a.* ①깨달은. 자각한. 납득한. 수긍한.
— *m.* 《轉》아는 체하는 사람. 뽐내는 이. 우쭐하는 이. 자부심이 강한 사람.

convencimento *m.* ①확신. 신념(信念). 자신(自信). ②납득. ③《俗》뻔뻔스러움. 오만. 무례. 자부심.

convencionado *a.* 약정한. 협정한.

convencional *a.* 회의의. 협정(協定)의. 약정의. 합의상의. 인습(관습)적. 전통에 사로잡힌.
tarifa convencional 협정세율(稅率).
valor convencional 협정가격.
— *m.* 대표자회의의원(代表者會議員). (정치적·종교적) 협의회원.

convencionalismo *m.* 인습주의. 인습. 관례. 판에 박힌 것. 판박이 문구. 구투(舊套).

convencionalista *m.*, *f.* 인습주의자. 관례답습(踏襲)자.

convencionalmente *adv.* 인습적으로. 관습적으로. 협정상으로.

convencionar *v.t.* 협정하다. 약정하다. 협의하다.

convencível *a.* ①깨달을만한. 납득할만한. 이치에 신복하는. 수긍할 수 있는. ②설복(說服)할 수 있는. 설득시킬 수 있는.

conveniência *f.* 편리. 편의. 이익. 편익(便益). 알맞음. 적당함. (衣食住의) 편익.
casamento de conveniência 물질을 목표로 한 결혼. 정략(政略) 결혼.

conveniencioso *a.* 편리주의자. 이기주의의. 자기의 편리만 생각하는.

conveniente *a.* 편한. 편리한. 편의의. 적당한. 예의 있는.

convenientemente *adv.* 편리하게. 편의하게. 적당히. 알맞게. 합당하게.

convênio *m.* 협정. 약정(約定). 약조. 타협. 합의.

conventicuiar *a.* (종교상의) 비밀회합의. 밀회의.

conventículo *m.* (종교상의) 비밀회합(장소). (나쁜 일을 꾸미는) 밀회(密會).

conventilho *m.* ①《俗》(남녀의) 비밀회합

장소. ②음매부의 집. 갈보집.
convento *m.* ①수도사단(修道士團)(특히) 여승단(女僧團). ②수도원. 여승원. ③(수도원 내의) 여자기숙사. ④여승방. ⑤[佛教] 정사(精舍).
conventual *a.* 수도원의. 승암(僧庵)의. 암자 같은.
missa conventual 일요일 또는 명절에 거행하는 미사.
conventualidade *f.* 수도원생활.
conventualmente *adv.* 수도원처럼. 수도원적으로.
convergecia *f.* 한 점으로 모임. [數·理] 수렴(收斂). [生物] 이차적 유사(二次的類似).
convergente *a.* 한 점으로 모이는. 집중하는. 폭합작용(輻合作用)의. 폭합성의. 《比喩》 포위집중적. [數·理] 수렴(성)의. [生物] 이차적 유사의.
lentes convergentes 수렴 렌즈.
fogos convergentes 포위사격.
linhas convergentes 폭합선(輻合線).
convergir *v.i., v.t.* 한 점으로 모이다. 폭주(輻輳)하다(하게 하다). 《比喩》 한 점으로 집중하다. 합류(合流)하다. 협력하다. [數·理] 수렴하다.
conversa *f.* ①이야기. 이야기거리. 화제. ②담화. 회담. ③한담(閑談). 죄없는 거짓말.
mudemos de conversa 이야기(화제)를 돌립시다.
Voltemos a nossa conversa 본 문제(…의 토의)로 돌아갑시다.
conversa fiada 지껄이기. 공담(空談). 잡담.
conversa mole 쓸데없는 이야기. 엉터리 이야기.
conversação *f.* ①이야기하기. 담화. 회화. 대화. 좌담. 회담. ②한담(閑談) 쓸데없는 이야기.
conversada *f.* 《俗》 애인(여자).
conversado *a.* 이야기한. 담화한.
— *m.* 《俗》 애인(남자).
conversador *m.* 이야기하는 사람. 담화자. 회화자. 대화하는 이. 말하기 좋아하는 사람.
conversante *a.* 이야기하는. 담화(좌담) 하는.
conversão *f.* 전환(轉換). 전화(轉化). 변질. 변형. 개변(改變). 전향(轉向). 개심. 개종(改宗). (기독교에의) 귀의(歸依). [神學] 발심(發心). [金融] 차환(借換). 태환(兌換). 환산. (총·선체 등의) 개조. 개장(改裝).
conversar *v.t.* 함께 이야기 하다. 담화하다. 좌담하다. 지껄이다. (+*com*). (…와) 말로써 사귀다.
conversável *a.* 담화(회담)할 수 있는. 애기해 볼 만한. (장소·환경이) 지껄여도 괜찮은. 말로 친할 수 있는. 말하면 통하는(알아주는).
conversibilidade *f.* 변환성. 전환성(轉換性). 바꿀 수 있음.
conversível *a.* 변경할 수 있는. 전환할 수 있는. 개장(改裝) 가능한. [商] 바뀌칠 수 있는. 환산할만한. 개종시킬 수 있는. 전향시킬만한.
conversivo *a.* 바꾸는. 개변하는. 개장하는.
converso (1) *a.* 변한. 개변한. 전환한. 전향한. 변화(變化)한.
— *m.* ①개심(전향)한 자. 개종한 자. 귀의자. ②평인수도사(平人修道士). 무성품(無聖品)수도사.
— (2) *m.* 《俗》 회화. 좌담.
conversor *m.* [電] 변환기(變換器). 변압기. 전로(轉爐). 화성로(化成爐) (冶金精鍊用).
convertedor *a., m.* 바꾸는 (사람). 개종(전향)하는 (자).
converter *v.t.* 변개하다. 개조(개장)하다. [金融] 환산하다. [論] 전환하다. [法] 변경하다. 개심(改心)케 하다. 전향시키다. 개종(改宗)시키다. (기독교에) 귀의케 하다.
— *se v.pr.* 변하다. 개변하다. 개심(전향)하다. 개종(귀의)하다.
convertibilidade *f.* 변할 수 있음. 바꿀 수 있음. 전환성. 개선성(改善性). 태환(兌換)가능성.
convertido *a.* 변한. 개변한. 개종(전향)한. 변경한. 환산한. 태환한.
— *m.* 개심(改心)한 자. 개종한 자. 전향자. 귀의자.
convertimento *m.* =*conversão*.
convertível *m.* 변개할 수 있는. 개장(改裝) 가능한. [論] 전환할 수 있는. [商] 바꿔칠 수 있는. [宗] 개종시킬 만한. 전향가능한.
convés *m.* (배의) 갑관(甲板). 데크.

convescote *m.* 피크닉. 들놀이.
convexidade *f.* 불룩한 모양. 철면(체) (凸面)(體). 철원(凸圓).
convexo *a.* 불룩한 모양. (면)의. 철면의. 철원의.
  lente convexa 볼록한 렌즈(거울).
convicção *f.* 화신. 신념. 소신(所信). 자각(自覺). 자신(自信). 납득. 설득.
convicto *a.* ①확신한. 자신 있는. 자각한. 깨달은. 납득한. ②[法] 유죄 판결된.
convidado *a.* 초대받은. 초청받은.
  — *m.* 초대(초청)받은 사람. 손님.
convidador *m.* 초대하는 사람. 초청자.
convidar *v.t.* ①초대하다. 초청하다. 초빙하다. ②(…할 것을) 권하다. 청하다. 권유하다. ③재촉하다. ④(비난 따위를) 가져오다. 초래하다. 봉변 당하게 하다.
  —*se v.pr.* 스스로 하다. 지원하다.
convidativo *a.* 초대(초청)하는. 마음(흥미)을 끄는. 눈에 잘 뜨이는.
convincente *a.* 수긍(납득)시키는. 힘있는. 알아듣게 하는. 지당한. 신복(信服)시키는.
  argumento convincente 유력한 논지.
convindo *a.* 마음에 드는. 기분에 맞는. (…와) 일치하는. 편의한. 적절한.
convinhável *a.* «古» = *conveniente*.
convir *v.i.* (+*em* 또는 *com*). (…에) 동의하다. 응하다. 승낙하다. (| *a*). (…에) 알맞다. 적당하다. 일치하다. 마음에 들다. (…와) 동시에 일어나다. 발생하다. 함께 오다.
  convém que …에 적당하다.
  Isso me convém. 그것은 나의 요구(마음)에 알맞는다.
convite *m.* ①초대. 초청. 초빙. 안내. ②초대장. 청첩장. 안내장.
conviva *m., f.* 초대(초청) 받은 사람. 손님.
convival *a.* 주연(酒宴)의. 연회의. 향연(饗宴)의.
convivência *f.* ①교제. 사교. 친목(親睦). 사교성. ②함께 삶. 공생(共生). 동거. 동서(同棲).
convivente *a.* ①함께 사는. 동거하는. 공동생활하는. ②교제하는. 사이 좋은. 사이좋게 사는.
conviver *v.i.* ①함께 살다. 동거하다. 동서하다;공동생활하다. ②(…와) 친하다. 친교를 맺다. 사이좋게 지내다.
convívio *m.* ①연회. 주연(酒宴). ②함께 살기. 공생. 동거. 동서. 공동생활.
convizinhança *f.* 이웃. 인근(隣近). 인접하고 있음. 접근한 것. 근처.
convizinhar *v.i., v.t.* ①이웃하다. 이웃에 살다. 인접하다. 접근하다. ②(…와) 비슷하다. 근사(近似)하다. 유사(類似)하다.
convizinho *a.* 이웃인. 이웃에 사는. 인접한.
  — *m.* 이웃 사람. 옆집 사람. 앞(뒷)집 사람. 근처 사람. 가까운 마을 사람.
convocação *f.* (회의·의회의) 소집(召集). 불러 모으기. 집회.
convocador *a., m.* 소집하는 (사람).
convocar *v.t.* 소집하다. 불러 모으다.
convocatória *f.* 소집장(召集狀). 집회안내장.
convocatório *a.* 소집(용)의.
  — *m.* 소집장.
convoluto *a.* [植·具] 둘둘 말린. 포선형(包旋形)의. 회선형(回旋形)의.
  folhas convolutas 감겨 말린 잎사귀(包旋葉).
convolvulo *m.* [植] 선회속(施回屬) (해바라기 따위). 메꽃속(屬).
convosco *pron.* 너희들과 함께.
convulsamente *adv.* 경련하여. 진동하여. 격동하여.
convulsão *f.* ①[醫] 경련(痙攣). ②(자연계의) 격동(激動). 변동. 진동. ③(사회·정계의) 이변(異變). 동란.
convulsar *v.t.* 진동시키다. 떨리게 하다. 경련시키다.
convulsibilidade *f.* [醫] 경련을 일으키기 쉬움.
convulsionar *v.i., v.t.* 경련을 일으키다. 동란을 일으키다.
convulsionário *a.* 경련의. 경련을 일으키고 있는. 발작적인. 진동적. 격동성의.
convulsivamente *adv.* 경련적으로. 경련을 일으키고.
convulsivo *a.* 경련(성)의. 경련하는. 발작적.
convulso *a.* ①경련하는. 경련을 일으킨. 떨고 있는. ②진동적.
  — *m.* ①경련. ②진동.
coonestação *a.* 정직한 것처럼 보이기. 정의(正義)를 가장(假裝)하기.
coonestar *v.t.* 정직한 것처럼 보이다. 정의를 가장하다.
cooperação *f.* 협력. 협동. 공동 행동(작

업). 공조(共助). 합작(合作).
cooperador *a.* 협력하는. 협동하는.
— *m.* ①협력자. 협동자. ②소비조합원.
cooperante *a.* 협력하는. 협동하는. 서로 돕는.
cooperar *v.i.* 서로 돕다. 협력하다. 협동하다. 합작하다.
cooperativa *f.* 협동조합. 산업조합. 소비(구매)조합.
cooperativismo *m.* 협동(산업) 조합제도. (협동조합(또는 산업조합)의 조직으로서 사회를 개선하려고 한 제도).
cooperativista *a.* 협동(산업)조합의.
cooperativo *a.* 협력하는. 협동하는. 조합(조직)의. 공동의.
cociedade cooperativa 협동조합.
cosiedade cooperativa de consumo 구매(소비)조합.
sociedade cooperativa de indústria 산업조합.
cooptação *f.* ①호선(互選). ②특별입회(入會).
cooptar *v.t.* ①호선(互選)하다. 공동으로 선거하다. ②(입회규정에 따르지 않고) 특별입회를 허가하다.
coordenação *f.* 동격(同格). 대등관계. 정돈. 배치. [生理] 조정(調整). 정합(整合)(근육 운동의).
coordenadas *f.(pl.)* [數] 좌표(座標).
coordenado *a.* ①정돈한. 정렬한. 배치한. ②동격의. 동등의. [文] 대등의. 등위의.
coordenador *a.* 정돈하는. 정밀(배치)하는.
coordenar *v.t.* ①대등하게 하다. 동등하게 하다. ②조정(調整)하다. ③정돈(정렬)하다. 규칙 있게 배치하다.
coordenativo *a.* 대등의. 조정적.
coorte *f.* ①(옛 로마의) 보병대대(*Legion*을 열로 나눈 그 일대로서 300명 내지 600명). ②군대. 일대(一隊). 일단.
copa (1) *f.* ①찬장. 식기 넣는 곳. ②식료품실. 식기 넣는 방. ③큰 컵. (競技) 우승 컵.
copa do mundo (축구 따위) 세계 우승 컵(杯).
— (2) *f.* 꼭대기. 정상.
copa de árvore 나무 위의 철원(凸圓)으로 우거진 잎사귀와 가지. 수관(樹冠).
copas *f.(pl.)* (트럼프의) 하트.
copada *f.* 컵에 하나 가득한 분량(分量).

copado *a.* (나무의 가지와 잎사귀가) 몽글하게 욱어진. 철원(凸圓)을 이룬. 수관(樹冠)이 반구형(半球形)을 이룬.
copaíba *f.* 코파이바 발삼(남아메리카산의 나무진; 점막병(粘膜病)에 쓰는 약).
copaieira *f.* =*copaibeiro*.
— *m.* [植] 코파이바 나무.
copaina *f.* [化] 코파인(코파이바에 포함되어 있는 알칼로이드).
copal *m.* 코우펄(남아메리카 등에서 나는 나무진; 니스의 원료).
copar *v.t.* 나무의 꼭대기를 철원형(凸圓形)으로 만들다.
—se *v.pr.* 수관(樹冠)이 반구형(半球形)을 이루다.
coparrão, copázio *m.* ①큰 컵. 큰 글라스. ②큰 컵에 하나 가득한 분량.
copé *m.* 작은 집. 오막집. 초가집. 누옥(陋屋).
copeira *f.* ①식기(食器)를 보관하는 곳. 식기실(食器室). ②여급(女給). 심부름하는 여자.
copeiro *m.* ①식기 따위를 다루는(맡아보는) 사람. ②(식당·술집 등에서) 심부름하는 사람. 급사.
cópia *f.* ①베끼기. 필사(筆寫). ②모사. 모방. ③[映] 복사. ④(몇) 부·통. ⑤많음. 다량. 풍부.
cópia a limpo 청서(清書).
copiador *m.* ①필생(筆生). 필경(筆耕). ②베끼는(사본 또는) 사람. ③복사기(機). ④복사부(複寫簿). ⑤모방자. 표절하는 자.
copia *v.t.* 베끼다. 모사(模寫)하다. 등사하다.
— *v.i.* 모방하다. 흉내내다.
copiar *v.t.* 베끼다. 복사(複寫)하다. 모방(模倣)하다.
copiografar *v.t.* 복사(複寫)하다. 등사판에 찍어내다.
copiógrafo *m.* 복사기(複寫機). 등사판.
copiosamente *adv.* 풍부히. 다량으로.
copiosidade *f.* 풍부함. 다량.
copioso *a.* 많은. 풍부한. 막대한.
copirraite *m.* [新] 저작권. 판권.
copista (1) *m.*, *f.* 필생(筆生). 필경(筆耕). 모방자.
— (2) *m.*, *f.* 《俗·稀》 항상 컵을 들고 있는 사람. 술꾼.
copla *f.* [韻] 이행연구(二行連句). 대구(對

copo *m.* ①유리 잔. 컵. 술잔. ②한 잔의 양(量).
copo de espada 검(劍)의 손잡이.
copra *f.* [植] 코프러(야자의 씨).
coprofago *a.* (곤충이) 똥을 먹는. 똥을 먹고 사는. 분식(糞食)의.
coprolaria *f.* 더러운 말을 쓰는 버릇. [醫] 예어증(讝語症).
coprólito *m.* 똥의 화석(化石). 분석(糞石).
coprologia *f.* ①[醫] 분변학(糞便學). 똥의 연구. ②음탕한 문학(미술).
co-propriedade *f.* 공동소유.
co-proprietário *m.* 공동소유주(主).
coprosclerose *f.* [醫] 장내(腸內)에 있어서 똥이 굳어지는 것. 분경화(糞硬化).
co-prosperidade *f.* 공영(共榮). 공영권(圈).
coprostáse, coprostasia *f.* 똥이 막힘. 분색(糞塞). 변비(便秘).
cópula *f.* ①[論・文] 연결하는 말. 계사(繫辭). ②[解] 접합부. 열결 연골(軟骨). ③교접(交接). 교미(交尾).
copulação *f.* 교접. 교합(交合). 교미. [論・文] 연결. 결합.
copular *v.t.* 교접(교미)하다.
— *v.t.* 결합하다. 연결하다. 접속(接續)시키다. 교미(交尾)시키나.
copulativo *a.* [交] 연결하는. 접속하는. [解・動] 교접의. 교미의.
conjunção coplativa [文] 연결접속사. 계사(繫辭).
coque (1) *m.* 코크스.
— (2) *m.* 머리를 톡톡 두들기기(때리기).
coqueiral *m.* 야자수 숲.
coqueiro *m.* [植] 야자수.
(注) 열매는 *côco*.
coqueluche *f.* [醫] 백일해(百日咳).
coqueluchoide *f.* 의사(擬似) 백일해.
coquete *a.* 사내를 녹여내는. 애교를 부리는. 바람장이의.
coquetel *m.* ①꼬리를 자른 말. 트기의 경마용 말. ②칵테일(混合酒).
coquetismo *m.* 아양부리기. 교태를 짓기. 교태(嬌態).
coquilho *m.* (땅콩 만큼한) 작은 야자열매 ; 그와 비슷한 것.
cor *m.* 암기(暗記).
de cor 암기로. 보지 않고.
saber de cor 암기하고 있다.
aprender de cor 암기하다. 외우다.
— *f.* ①색. 색채. 빛깔. ②색감(色感). ③(광선화(畫)・묵화(墨畫) 따위의) 명암(明暗). ④채색. 착색. 물들이기. ⑤그림 물감. 색소. ⑥안색(顏色). (얼굴의) 혈색(血色). ⑦영관. 용모. ⑧기치(旗幟). 군기(軍旗). ⑨주의(主義).
cor natural 자연색. 천연색.
cores fundamentais 기본색(적색・청색・황색).
cor de rosa 장미색. 분홍색.
de cor 색깔 있는. 유색의.
homem (mulher) de cor (백인종 아닌) 유색인 남자(여자).
televisão a cores 천연색 텔레비전.
cora *f.* 표백(漂白). 표백법.
coração *m.* ①심장. 가슴. ②마음. 심리. 심정. 진심. ③애정. 동정심. ④용기. 이지(理智). ⑤중앙. 중심. 속. 핵심. 골자. ⑥심장 모양을 한 물건(그림).
coração de pombo 따뜻한 마음.
coração frio 찬 마음. 냉정.
coração de pedra 무정.
dar o caração …에 마음을 두다. …을 사랑한다.
de coração. 또는 *de todo o coração* 충심으로. 긴심으로.
Eu o farei de todo o corção 나는 그것을 성심 성의껏 하겠습니다.
no coração do inverno 대한(大寒) 계절에.
Longe da vtsta, longe do coração. 《諺》 헤어지면 마음조차 멀어진다.
abrir o coração a alguém (…아무에게) 흉금을 열어 놓다.
corcoideo *a.* [解] 새주둥이 같은. 부리 꼴을 한.
corado *a.* ①빛을 띤. 색깔 있는. 색채한. 착색한. ②(부끄러워) 낯을 붉힌. (안색이) 붉은. 빨간. (햇볕에 타서) 불그레한.
coradouro *m.* (햇볕에) 표백하기. 표백장(漂白場).
coragem *f.* ①용기. ②용감. ③담력. 담기. 대담.
ter coragem 용기 있다. 용감하다.
Coragem! 용기를 내라! (경기 따위에서 응원하는 소리).
coragente *a.* = *corajoso*.

corajosamente *adv.* 용감히. 대담하게.
corajoso *a.* 용기 있는. 용감한. 대담한. 씩씩한.
coral (1) *m.* 산호(珊瑚). 산호세공품. 산호색. [動] 꼬랄(브라질산 독사의 일종).
cobra coral 산호사(蛇) (몸에 붉은·검은·흰 반점이 있음).
— (2) *a.* 합창의. 합창곡의. 합창대의.
— *m.* 합창. 성가(聖歌).
coraleira *f.* 산호를 채취하는 배(船). [植] (산호 모양의 꽃이 있는 관목(灌木)).
coraleiro *a.*, *m.* 산호를 채취하는 (사람 또는 배).
coralim [動] 꼬랄린(브라질산 뱀의 일종).
coralina *f.* ①[植] 산호조(珊瑚藻). ②산호빛을 내는 인조색소(人造色素).
coralino *a.* 산호의. 산호색의. (특히) 붉은 산호색의. 산호로 된(만든).
corante *a.* 물들이는. 채색하는. 붉게 하는.
matéria corante 색소. 물감.
— *m.* ①물들이기. 채색. ②물감. 염료.
corar *v.t.* ①물들이다. 채색하다. ②표백(漂白)하다. ③(낯을) 붉게 하다. ④칠하여 모르게 하다. 그럴듯하게 하다. 속이다.
— *v.i.*, —*se v.pr.* 물들다. (부끄러워) 얼굴을 붉히다. 빨개지다.
corbelha *f.* 꽃 또는 과일을 담는 바구니.
corça *f.* 암사슴.
corcel *m.* 군마(軍馬).
corcha *f.* ①[植] 코르크피(皮). ②코르크마개.
corço *m.* 사슴. 노루.
corcova *f.* (사람 잔등에 생기는) 혹. 곱사등. (낙타등의) 볼록 나온 살. 육봉(肉峰).
corcovado *a.* 꼽추의. 곱사등이의.
— *m.* ①곱사등이. 꼽추등. ②*Rio de Janeiro* 시에 있는 명산(名山)의 하나.
corcovadura *f.* 꼽추 모양. 철상(凸狀). 낙타의 등(駝背).
corcovar *v.t.* 꾸부리다. 굽히다.
— *v.i.* 꾸부리다.
—*se v.pr.* 꾸부러지다. (몸을) 굽히다.
corcovear *v.i.* (말이) 도약(跳躍)하다.
corcôvo *m.* ①말의 도약(잔등을 둥그랗게 하는 자세). ②토끼의 융기(隆起).
corculher *f.* [鳥] 종다리의 일종.
corcunda *f.* 꼽추. 곱사등이. 혹. (낙타의) 육봉.
— *m.*, *f.* 곱사등이(사람). 꼽추등.

corda *f.* ①노끈. 끈. 줄. 밧줄. [電] 전등줄. 코드. ②(악기의) 현(絃). ③[數] 현(弦). ④[解] 건(腱). ⑤연속되어 있는 물건.
corda de arame 쇠줄. 철사. 와이어로프.
corda de pular (줄뛰기에 쓰는) 새끼줄.
corda de relógio 시계의 태엽줄.
dar corda ao relógio 시계의 태엽을 주다(감다).
roer a corda 약속을 어기다.
corda-dorsal *f.* [解] 배색(背索).
cordagem *f.* = *cordame*.
cordal *a.* [解] 배색(背索)의. 배색에 관한.
cordame *m.* [集合的] 밧줄. [船] 밧줄로 된 모든 도구. 색구(索具).
cordão *m.* ①끈. 오라기. 바. 밧줄. ②…선. ③[建] 밧줄 모양(狀)의 장식. ④[軍] 초병선(哨兵線). ⑤[紋] (훈장의) 술. 장식끈.
cordão de sapato 구두끈.
cordão umbilical 탯줄.
cordão policial (경찰의) 경비선. 비상선.
cordão sanitário 방역선(防疫線). 교통차단선.
cordão de isolamento [軍] 초병선(哨兵線).
cordato *a.* ①사려 있는. 분별 있는. 이해력 있는. 현명한. ②조심성 있는. 세심한.
cordeação *f.* 노끈(또는 밧줄)으로 재보기.
cordear *v.t.* 노끈으로 재다(재보다).
cordeira *f.* 어린 암양. 양의 새끼. 《轉》 온순한 여아.
cordeiro *m.* 어린 숫양. 양의 새끼. 《轉》 온순한 소년.
cordeiro de Deus 그리스도.
Êle é um cordeiro. 그이는 양처럼 순한 사람이다.
cordel *m.* 끈. 노끈. 오라기.
cordial *a.* ①마음의. 마음으로부터의. 충심의. ②친절한. 정중한. 점잖은. 간곡한. ③원기 돋구는. 기운 내게 하는.
— *m.* 강심제. 흥분제.
cordialidade *f.* 정중. 온정. 성실. 간절함. 관곡(款曲). 충심에서의 친절.
cordialmente *adv.* 마음으로서. 충심으로. 성실하게.
cordifólia *f.* ①심장 모양의 잎사귀. ②일종의 포도나무.

cordifoliado, cordifólio *a.* [植]（잎사귀가) 심장 모양을 한.

cordiforme *a.* [植] 잎사귀(과일 따위의). 심장 모양의.

cordilha *f.* 다랑어(鮪)의 새끼.

cordilheira *f.* 산맥. 연산(連山).

cordite (1) *f.* 콜다이트(끈 모양의 무연(無煙)화약).
— (2) *f.* [醫] 성대염(聲帶炎).

cordoada *f.* ①밧줄로 치기(때리기). ②여러 가지 밧줄(의한 벌). 강구(綱具).

cordoalha *f.* ①여러 가지 밧줄이 모여 있는 것. ②(배에 달린) 여러 가지 밧줄. 강구(綱具). ③밧줄 만드는 곳; 그 상점.

cordoaria *f.* 밧줄 제조소; 그 판매소.

cordoeiro *m.* 밧줄(또는 노끈 따위) 만드는 사람; 그 장수.

cordometro *m.* 밧줄의 굵기(지름)를 재는 도구(기구).

cordovão *m.* (스페인의) 콜도바 가죽(革).

cordoveias *f.(pl.)* 경근(頸筋) (경부정맥(頸部靜脈)과 건(腱).

cordovés *a.* (스페인의) 콜도바의.
— *m.* 콜도바 사람.

cordura *f.* ①현명. 총명. ②사려. 분별. 식별. 신중. ③견실함. 진지함.

co-ré *f.* 여자공범자(共犯者). 여자연루자(連累者).

corea *f.* [醫] 무도병(舞蹈病) (경련을 일으키는 신경병의 일종).

coreana *f.* 한국 여자.

coreano *a.* 한국의. 조선의.
— *m.* 한국인. 한국말.

co-redator *m.* 공동편찬자. 공동편집인.

Coréia *f.* 한국.
Coréia do sul (norte) 남(북)한.

coreixa *f.* [鳥] 학(鶴)의 일종.

coreografia *f.* (발레의) 무용법. 무도술.

coreográfico *a.* 무용(법)의.

coreógrafo *m.* 무용사. 발레 편성가(編成家).

coreto *m.* 악좌(樂座). 주악소(奏樂所). 음악당.

co-réu *m.* 공범자. 공범인. 연루자(連累者).

coriáceo *a.* 가죽 같은. 가죽처럼 질긴. [博] 혁질(革質)의.

coriambo *m.* [韻] 양억억양격(揚抑抑揚格). (-∪∪-). 강약약강격(强弱弱强格). (-××-).

coriandro *m.* [植] 고수풀.

corifeu *m.* ①(옛 그리스극의) 합창지휘자. ②박자 맞추는 사람. ③(무용단의) 주역무희(主役舞姬).

corimbo *m.* [植] 산방화서(撒房花序).

corimboso *a.* 산방화서(모양)의.

coríntio *a.* [建] 코린트식의. 우아한. 사치로운.

corion *m.* [解] 맥락막(脈絡膜). 태아외막(胎兒外膜). 태낭(胎囊). 난포막(卵胞膜). [動] 알껍질(卵殼).

coriscada *f.* 많은 섬광(閃光). 연속적인 번갯불.

coriscante *a.* 섬광이 번쩍이는. 번쩍번쩍 하는.

coriscar *v.i.* 번쩍이다. 번쩍거리다.

corisco *m.* 섬광. 번갯불. 전광(電光).

corista *m.*, *f.* (교회의) 성가대원. 합창자. 합창단원.

corixa *f.* 배수로(排水路).

corixão *m.* 큰 배수로.

coriza *f.* [醫] 급성비염(急性鼻炎). 비(鼻) 카타르.

corja *f.* 나쁜 사람의 떼. 무뢰한의 패거리. 악도들.

cormorão *m.* [鳥] 가마우지. 《轉》 욕심 많은 사람.

corna *f.* [築城] 반능각보(半稜角堡).

cornaca *m.* (인도의) 코끼리를 다루는 사람. 코끼리를 모는 사람.

cornada *f.* (짐승이) 뿔로 찌르기. 뿔로 찌른 타격.

cornado *a.* 《古》 뿔 있는. 유각(有角)의.

cornadura *f.* 짐승의 뿔. 수각(獸角).
cornadura do veado (사슴의) 가지 긴 뿔. 녹용(鹿茸).

cornalina *f.* [鑛] 홍옥수(紅玉髓).

cornamenta *f.* = *cornadura*.

cornar *v.t.* 뿔로 찌르다. 뿔로 상처를 입히다.

corne *m.* ①뿔나팔. ②호른(樂器).

córnea *f.* [解] 각막(角膜).

cornear *v.t.* ①뿔로 찌르다. ②《俗》 처(妻) 몰래 딴 여자와 내통하다.

cornelina *f.* = *cornalina*.

corneo *a.* 뿔의. 뿔 모양(角形)의. 각질(角質)의. 뿔로 만든. 뿔처럼 딱딱한.

corneta *f.* (악기) 코넷. 작은 나팔. 군대 나팔. 트럼펫. 《古》 각적(角笛).
— *m.* 코넷 부는 사람. 트럼펫 부는 사

람. 나팔수.
— *a*. (동물로서) 뿔이 하나 없는(뿔 하나 빠진).
cornetada *f*. 코넷 소리. 나팔 소리.
corneteiro *m*. 코넷 부는 사람. 나팔수.
cornetim *m*. 피스톤이 달린 나팔. 프랑스식 나팔.
corneto *m*. [醫] 격막(隔膜).
cornialto *a*. (소의) 뿔이 위로 향한. 상향(上向).
cornibaixo *a*. 뿔이 아래로 향한. 하향(下向)의.
cornicho *m*. 작은 뿔. (곤충의) 촉각(觸角). 촉수(觸鬚).
corniculto *a*. 뿔이 짧은. 짧은 뿔의.
cornifero *a*. 뿔 있는. 촉각 있는. 각상돌기(角狀突起)의.
cornificação *f*. [醫] 뿔처럼 굳어짐(굳어지게 하기).
cornificar *v.i.*, *v.t*. 뿔처럼 굳어지다(굳어지게 하다).
corniforme *a*. 뿔 모양(角狀·角形)의.
cornígero *a*. =*cornifero*.
cornija *f*. [建] 복공. 처마 복공.
corninho *m*. 작은 뿔. 촉각.
cornípede *a*. 각질(質)의. 발굽 있는. 그 발굽 모양의.
corniso *m*. [植] 산수유(山茶萸). 충충나무.
cornisolo *m*. 산수유의 열매.
corno *m*. ①뿔. 촉각. 촉수(觸鬚). ②[軍] 익각(翼角) (초승달 꼴로 진을 친 양익단(兩翼端)).
corno da abundancia 보각(寶角). (=*cornucópia*).
cornucópia *f*. ①[神話] 풍요(豊饒)의 뿔. (뿔 속에 꽃·과실·곡식을 담는 것으로 풍요의 상징). ②뿔 모양의 그릇. ③풍요. 풍부. 무진장.
cornudo *a*. 뿔이 있는. 뿔 모양의 ; 뿔 같은.
cornupeto *a*. 뿔로 찌르는.
— *m*. 투우(鬪牛).
cornuto *a*. 뿔 있는. 유각(有角)의.
argumento cornuto 양도논법(兩刀論法).
coro *m*. ①(교회의) 성가대. 합창대. 합창(곡). 음악당(音樂堂).
em coro 일제히. 이구동성으로.
fazer coro 공명(共鳴)하다. (…의) 뒤를 따라 다같이 하다.
coroa *f*. ①(승리의) 화관. 영광. 면류관(冕旒冠). ②명예(의 선물). ③왕관(王冠). 보관(寶冠). ④왕위. 국왕의 지배. 대권(大權). ⑤절정. 극치. (물건의) 꼭대기. 가장 높은 곳. (특히) 둥근 꼭대기. ⑥[宗] 체발(剃髮). 원정(圓頂 : 머리의 꼭대기 부분을 깎은 것). ⑦[解] 치관(齒冠). ⑧[建] 홍예머리. ⑨[植] 작은 꽃부리. 덧꽃부리. ⑩《古》 화폐의 이름.
coroa de flores 화환. 화관(花冠).
coroa de dentes 치관.
coroa de cavalo 제관(蹄冠).
coroa de areia 사주(砂洲)(江中에 있는).
coroação *f*. ①왕관을 씌우기. ②대관식(戴冠式). 즉위식.
coroado *a*. ①관(왕관)을 쓴. 대관한. ②영예(영광)를 얻은. 대성공한.
coroamento *m*. ①관(왕관)을 쓰기(씌우기). 대관식. ②[建] 홍예머리. (기둥) 삿갓. 관부(冠部).
coroar *v.t*. ①관을 씌우다. 왕위에 오르게 하다. 영예를 주다. ②영예를 지니게 하다. ③꼭대기에 올려 놓다(…를 장식하다). ④(…의) 최후를 장식하다. 유종의 미를 거두다. 대성공하다. ⑤(이에) 치관(齒冠)을 씌우다. ⑥(서양장기) 말이 일정한 선에 가서 왕이 되게 하다.
—*se* *v.pr*. ①스스로 관(왕관)을 쓰다. 왕위에 오르다. 임금이 되다. ②완성되다. 대성공하다.
coroca *m*., *f*. ①신병(身病) 있는 사람. ②보기에 흉한 노파.
corocuturú *m*. [鳥] (브라질산)장끼(雉)의 일종.
corografia *f*. 지방지리학. 지방지도를 그리는 법. 지세도(地勢圖).
corógrafo *m*. 지방지리학을 연구하는 사람. 지방지(地誌)학자. 지방지도를 그리는 사람.
coróide *f*. [解] 맥락막(脈絡膜).
coroidite *f*. 맥락막염(炎).
corola *f*. [植] 화관(花冠).
coroláceo *a*. 화관의. 화관 같은.
corolado *a*. 화관이 있는.
corolário *m*. ①[數] 계(系). ②추론(推論). ③당연(필연)의 결과(귀결).
corolífero *a*. 화관이 있는. 화관이 생기는.
coroliforme *a*. 화관 같은. 화관 모양(花冠狀)의.
corona *f*. [天] 코로나(태양의 백광(白

光)). (해・달 주위의) 광환(光環). 의일륜(擬日輪).

coronal *a.* 관의. 왕관의. 보관(寶冠)의. 영광의. [解] 관상(冠狀)의. 두로(頭顱)의. [植] 덧꽃부리의. [天] 코로나의.
— *m.* [解] 이마뼈. 액골(額骨).

coronário *a.* 관의. 화관의. 관같은. [解] 관상(冠狀)의.
artérias coronárias (심장의) 관상동맥.
veias coronarias 관상정맥.

coronarite *f.* [醫] 관상동맥염(炎).

coronel *m.* 육군대령.

corongo *m.* [魚] 뱀장어의 일종.

coronha *f.* 총자루. 개머리판.

coronhada *f.* 총자루로 치기. 그 타격.

coroniforme *a.* 관 모양(冠形)의. 관 모양을 한.

corozo *m.* [植] 상아종려(象牙棕櫚). 그의 열매. (=상아야자의 열매).

corpaço, corpanzil *m.* 큰 몸집. 큰 체구. 거구(巨軀).

corpete *f.* 속적삼. 어린이의 속옷.(부인용) 보디스.

corpinho *m.* (부인복의) 보디스. 조끼.

corpo *m.* ①몸. 신체. 육체. ②몸집(軀幹). 몸뚱이. ③시체(屍體). 송장. ④(물건의) 본체(本體). 주체(主體) (차체(車體)・선체 등의 주요부). ④[文] 본문. ⑤[衣裳의] 동부(胴部). ⑥(술의) 도수. (포목의) 두께. 밀도(密渡). ⑦단체. 대(隊). 부(部). ⑧[軍] 군단. 병단. 군대.
corpo diplomático 외교단(外交團).
corpo legislativo 입법부(立法部).
corpo médico 의무직원.
corpo morto 시체. 송장.
corpo de delito 범죄의 주체. 죄체(罪體) (범죄의 근본적 사실).
corpo de guarda (한 단체를 이룬) 경찰서원들.
corpo de bombeiros (준비 완료된) 일단의 소방대원.
corpo de redatores 편집직원.
de meio corpo (寫眞) 반신의. 절반의 길이의.
de corpo inteiro (寫眞) 전신의. 전체의 길이의.
tomar corpo ①(술 따위 만들 때) 돗수를 점점 세게 하다. ②증대하다. 증진(增進)하다.
lutar corpo a corpo (몸과 몸을 맞대고 싸우다) 육박전을 하다.

corporação *f.* ①[法] 사단법인(社團法人). 법인단체. (주식)회사. 협회. ②[經] 직능(職能)조합. 협동조합. 영단(營團). ③시(市)자치체.

corporal *a.* ①육체의. 신체상의. ②형체(形體)의. 물질의.
pena corporal 체형(體刑).
— *m.* [宗] 성찬포(聖餐布) : 성찬 때 제단(祭壇)에 덮는 흰 천.

corporaliade *f.* ①형체(形體)를 가지고 있음. 유형(有形). 구체성(具體性). ②육체(肉體).

corporalizar *v.t.* 형체를 이루게 하다. 유형으로 하다. 구체화(具體化)하다.

corporalmente 육체상. 육체적으로. 물질적으로. 유형적으로.

corporativo *a.* (법인) 단체의. 단체적. 공동적. 단체에 관한.

corporeidade *f.* ①형체. 형체적 존재. ②육체. 육체적임. 물질적임.

corpóreo *a.* ①유형(有形)의. ②육체의. 신체의. 신체상의. ③물질적인. [法] 유형의.

corporificação, corporização *f.* 형체를 부여하기. 체현(體現). 구체화(具體化). 합체(合體).

corporificar, corporizar (1) *v.t.* (정신에) 형체를 부여하다. 구체화하다. 체현하다.
— (2) 구체적으로 표시하다.
— (3) 합체(合體)시키다.
—*se v.pr.* 구체화하다. 합체되다. 하나로 되다.

corpulência *f.* 비대(肥大). 비만(肥滿). 풍만(豐滿).

corpulento *a.* 뚱뚱한. 비대한. 비만한. 살찐. 몸통이 큰. 용적이 큰.

corpuscular *a.* 미립자의.

corpúsculo *m.* 미립자(微粒子). [生理] 소체(小體). 혈구(血球).

corrada *f.* 가죽끈으로(혁대로) 때림.

correagem *f.* ①가죽 끈. 혁대. ②(전차 등의) 손잡이 가죽. ③혁지(革砥).

correame *m.* (특히 혁대 따위의) 가죽제품. 가죽 세공물(細工物).

correaria *f.* (혁대・안장 따위의) 가죽제품 만드는 곳. 그 상점.

corre-campo *f.* (브라질산) 독사의 일종.

correção *f.* ①정정(訂正). 수정. 보정(補正). 교정(校正). ②광정(匡正). 교정(矯正). ③징계. 징치(懲治). 감화(感化).
acsa de correcao 교회소. 감화원.
correção monetaria 물가와 화폐 가치의 재조정(平價切上・切下에 따른).

correcional *a.* 정정상의. 교정적. 징계상의. 가벼운 죄의.
pena correcional 가벼운 죄. 위경죄(違警罪).
tridunal correcional 경범죄(輕犯罪) 재판소.

corredeira *f.* 여울. 급류(急流).

corrediça *f.* ①가늘고 긴 홈. 활자 뒤에 있는 홈. ②나선 홈. ③상궤(常軌). ④문지방. ⑤(햇볕가리는) 덧문 또는 감아올리는 일종의 커튼.

corrediço *a.* 뛰는. 달리는. 흐르는. 매끄러운. 미끄러지는.

corredio *a.* 뛰는. 흐르는. 매끄러운. 미끄러지는. 보드러운. 쉬운.
nó corredio 당기면 풀어지는 매듭(나비매듭 따위). 활색(活索).

corredor *a.* 뛰는. 달리는.
— *m.* ①복도. 골마루. ②[政治地理] 회랑(廻廊) (모양의 영토). ③정원내(庭園內)의 보도(步道). ④(미술품 진열 따위의) 화랑(畫廊). ⑤경마용(競馬用). 말(뛰는 말).

correeiro *m.* ①(가죽으로) 띠・안장 따위 만드는 사람. ②안장장이. ③마구 장수.

correento *a.* 가죽같은. 가죽처럼 딱딱한 (질긴).

corregedor *m.* 옛날 사법관의 명칭.

corregimento *m.* ①교정(矯正). ②손해 배상. ③벌금.

córrego *m.* ①협곡. 계곡. 산협. 산골짝. ②작은 개천. 시내. ③수구(水溝). 도랑.

correia *f.* 가죽끈. 끈. 혁대. 피대. 벨트.

correio *m.* ①우편 배달부: 서신 전달하는 이. ②우편; 우편물. 우편 주머니. ③우편국. 우편선(郵便船). ④우편 배달.
correio aéreo 항공 우편.

correlação *f.* 상호 관계. 상관(相關). 연관 작용.

correlacionar *v.i., v.t.* 서로 관련하다(시키다). 상관하다.

correlatar *v.t., v.i.* 서로 관계 있게 하다 (있다).
— *se v.pr.* 상호 관계 있다. 상관하다.

correlativo, correlato *a.* 서로 관계가 있는. 상관하는.
obrigação correlativa 상호 의무(義務).
palávras correlativas 상관어(相關語).
— *m.* 상관물(相關物). [文] 상관 어구.

correligionário *a.* 같은 종교의. 같은 주의의. 같은 당파의.
— *m.* 같은 종교. 같은 주의.

corrente *a.* ①흐르는. 달리는. 지나가는. 경과하는. ②유통하는. 유행하는. ③유창한. 정통(精通)한. ④현재의. 현하의. 현대의. 현금(現今)의. ⑤(당좌)의. ⑥보통의. 흔히 있는.
mês corrente 금월(今月). 이달.
ano corrente 금년.
moeda corrente 통화.
preço corrente 시가(時價). 시세.
conta corrente 당좌예금.
— *adv.* 유창하게. 흐르듯이.
— *m.* ①흐름. 수류. ②조류(潮流). 해류. 기류. ③전류(電流). ④추세(趨勢). 풍조. ⑤진행. 경과. ⑥쇠사슬.

correntemente *adv.* 쉽게. 유창하게. 술술. 보편적으로. 일반적으로. 널리.

correnteza *f.* ①흐름. 수류(水流). ②건물의 열(列). ③유창(流暢).

correntio *a.* ①흐르는. 잘 흐르는. 달리는. ②유통하는. 통용(通用)하는. ③보편적인.

correntoso *a.* ①유동성(流動性)의. ②잘 흐르는.

correr (1) *v.i.* ①달리다. 뛰다. 돌진하다. ②(물이) 흐르다. 잘 흐르다. ③(시간이) 지나다. 경과하다. ④(세월이) 흐르다. ⑤(소문 따위) 퍼지다. 전해지다. ⑥(기차・자동차 따위) 미끄러지듯 빨리 가다. 활주(滑走)하다. 진행하다. ⑦(화폐가) 유통하다. 통용하다.
— *v.t.* 뛰게 하다. 흐르게 하다. 유포(流布)시키다. (화폐를) 유통케 하다. 편력(遍歷)하다.
— *se v.pr.* (+*de*). 부끄러워하다. 낯을 붉히다.
correr fôlhas (책의) 페이지를 뒤지다.
correr contas 수입・지출・서류를 말끔히 뒤져보다. 정산(精算)하다.
correr a roupa ①(단추가 다 달려 있는

가, 구멍 뚫어진 데는 없나 알고자) 옷을 훑어보다. ②(옷을) 다리다. 다림질하다.
corrrer a mão 손바닥으로(…의 몸을) 훑어보다. 쓱 훑다.
correr mundo 사방으로 돌아다니다. 《卑》싸다니다.
correr a risco 위험을 무릅쓰고 …하다. 생명을 걸고 감행하다.
correr aventura 모험하다. 운에 맡기고 하다.
Quem corre cansa.《諺》(뛰면 피로하다). 빨리 서두르면 실수하기 쉽다.
— (2) *m.* ①뛰는 것. 달리는 것. 달음박질. ②흐름. 흐르는 방향.
ao correr de …의 방향으로. …에 연(沿)하여.

correria *f.* ①침입. 침략. 습격. ②분주히 뛰어다님.
correspondência *f.* ①편지거래. 통신. 왕복문서. ②(집합的) 편지. 서신. ③일치. 조응(照應). 상통(相通). 상합(相合). 부합.
correspondente *a.* ①통신의. 통신관계의. ②일치하는. 부합하는. 조응하는. 상응하는. 유사(類似)한.
ánguios correspondentes 동위각(同位角).
— *m.* 통신원. 통신원. (신문기고란의) 기고인. [商] (외국의) 거래처.
correspondentemente *adv.* ①조응되게. 부합하도록. ②따라서. (…에) 기준하여.
corresponder *v.i.* ①일치하다. 부합(符合)하다. ②상통(相通)하다. 상응(相應)하다. (서로) 비슷하다. 어울리다.
—se *v.pr.* (+*com*). (…와) 서로 서신교환하다. (…와) 통신 연락하다.
corretagem *f.* ①중매. 중매업. 중개업. ②중개료(料).
corretamente *adv.* 정확하게. 틀림없이. 똑바로.
corretivo *a.* ①교정상(矯正上)의. 개정하는. 수정하는. ②(약 등의) 조정적. ③징벌하는.
— *m.* ①교정물(矯正物). 교정책(策). ②[醫] 중화물(中和物). 조정약(調整藥). ③징치(懲治). 징계.
correto *a.* (*corrigir*의 불규칙 과거분사) 올바른. 정확한. 틀림없는. 정직한.
corretor *m.* 교정자(校正者). 교정인(矯正人). 징치인(懲治人). 감사관(監査官).
— *m.* 중개업자. 중매상인. 브로커.

corretor de fundos 주식취인소원(取引所員). 주식중매인(仲買人).
corretor de imóveis ①부동산(특히 토지·건물의) 매매 중개업자. ②토지(건물)관리인.
corretório *a.* 정정(訂正)의. 교정의.
corrida *a.* ①뛰기. 경주. 경조(競漕). ②행로. 경로. 코스. 노순(路順). ③급류(急流). 여울. ④(은행) 예금인출(引出). 《古》습격. 침입. 침략.
corrida de cavalos 경마(競馬).
corrida de obstáculos 장애물 경주.
corrida de automoveis 자동차 경주.
corrida a um banco 은행이 파산할 무렵 몰려가서 예금 찾아내는 것.
corrido *a.* ①부끄러운. 수치스러운. ②써서 없앤. 소비한. 경과한.
corrigenda *f.* (고쳐야 할) 잘못. 정오(正誤). 정오표.
corrigibilidade *f.* 정정(교정)할 수 있음. 징치(징계)의 가능성.
corrigido *a.* 고친. 바로잡은. 정정(교정)한.
corrigir *v.t.* (잘못을) 고치다. 바로잡다. 경정(更正)하다. (인쇄 잘못된 것을) 정정하다. 교정(校正)하다. (나쁜 길에 들어간 사람을) 교정(矯正)하다. 교화하다. 징치(징계)하다.
—se *v.pr.* 고쳐지다. 올바르게 되다. 교정되다. 정정되다.
corrigível *a.* 바로잡을 만한. 고쳐야 할. 교정할 수 있는. 징치해야 할.
corrilheiro *m.* 비밀리에 모이는 사람. 밀담하는 자. 숨어서 나쁜 일을 꾸미는 사람.
corrilho *m.* ①(특히 종교상의) 비밀 회합. (국교도 아닌 교도의) 집회(장소). ②불온한 모임. 음모의 회합. 밀회. 밀담.
corrimão *m.* 난간(欄干).
corrimento *m.* ①뛰기. 뛰는 동작. ②흘러 나오기. (액체의) 유출. (비정상적인) 배출(排出).
corriola *f.* ①불량배(악도)의 패거리. ②속이기. 기만.
corriqueiro *a.* ①보통의. 평범한. 천한. 하등의. ②(고급품이 못되는) 일반적인. 저속한. 열등(품)의. 하급(품)의.
corrixo *m.* [鳥] 구관조(九官鳥).
corroboração *f.* 확실하게 하기. 확증. 확증물. [醫] 튼튼하게 하기. 강장(强壯).
corroborante *a.* ①확실하게 하는. 확증(確

corroborar *v.t.* (견해·진술을) 확실하게 하다. 확증하다. 강력하게 하다. [醫] 튼튼히 하다. 굳세게 하다.
—se *v.pr.* 확실해지다. 확증되다. 확고(確固)해지다.

corroborativo *a.* 확증적. 확증의. 튼튼하게 하는.

corrodente *a.* 썩히는. 부식하는. 침식(侵蝕)시키는. (마음을) 좀먹는.

corroer *v.t., v.i.* 썩히다. 썩다. 부식하다. 침식하다. 마음을 좀먹다. (성격 등을) 나쁘게 하다.
—se *v.pr.* 썩다. 차차 썩다. 부식하다. 차차 침식되어 없어지다.

corrompedor *a., m.* 썩히는 (사람). 침식하는 (것). 부패시키는 (것). 먹어 들어가는 (벌레). 파괴하는 (사람 또는 물건). (질서·풍습 따위를) 문란케 하는 (자).

corromper *v.t.* 썩히다. 부패시키다. (공기 따위) 더럽히다. 타락(頹廢)시키다. (뇌물로) 매수하다. [法] (혈통을) 더럽히다. (풍습·질서 따위를) 문란케 하다.
—se *v.pr.* (좋은 것이) 나쁜 것으로 변하다. 썩다. 부패하다. 더러워지다. 악화하다. 타락하다.

corrompido *a.* ①썩은. 부패한. 침식한. 벌레가 먹은. ②(공기·물·피 따위가) 흐린. 어지러운. ③(풍습 따위) 타락한. 퇴폐한. ④(관리 따위) 매수 당한. 뇌물(賂物) 먹은. ⑤(언어가) 와전(訛傳)된.

corrompimento *m.* = *corrupção*.

corrosão *f.* 부식(작용). 침식(작용). 좀먹기. 소모. (마음 속에) 스며드는 것.

corrosibilidade *f.* 부식될 수 있음. 피침식성(被侵蝕性).

corrosível *a.* 부패(타락)하기 쉬운. 차차 부식하는. (벌레 등이) 먹어 들어갈 수 있는.

corrosividade *f.* 부패성. 침식성.

corrosivo *a.* 부식성의. 침식성의. 부식(침식)하는. (벌레 등) 먹어 들어가는.
sublimado corrosivo [化] 승홍(昇汞).
— *m.* 부식제(腐蝕劑).

corrugada *a.* [植] (물결 모양으로) 주름잡힌. 쭈그러진. 축축(皺縮)한.

corrupção *f.* ①(시체의) 부패. ②타락. 퇴폐. 폐풍. ②뇌물 주고 받음. 독직. ④(언어의) 사투리. 와전(訛傳). (원문의) 불순화. ⑤변성(變性). 변질.

corrupio *m.* ①아이들이 손을 잡고 빙글빙글 도는 유희. ②선회 운동. 선풍.
andar num corrupio 동분서주하다.

corruptamente *adv.* 부패(타락)하여. 부패(타락)적으로.

corruptela *f.* 부패. 퇴폐. 타락. 악풍. (언어의) 사투리.

corruptibilidade *f.* 썩기 쉬움. 부패성(腐敗性). 타락성. 매수하기 쉬움.

corruptível *a.* 썩기(부패하기) 쉬운. 타락케 하는. (뇌물 주고) 매수할 만한. 매수당할 요소가 있는.

corruptivo *a.* 부패시키는. 타락케 하는. 부패의. 타락의.

corrupto *a.* ①썩은. 부패한. 타락한. 매수된. ②(공기·물·피 따위가) 흐린. 더러워진. ③(언어가) 와전된. (문법적으로) 틀린.

corruptor *a., m.* 타락시키는 (사람·물건). 풍기 문란케 하는 (사람). 증회인(贈賄人). 개악자(改惡者).

corsário *m.* ①(전시에 적의 상선을 나포하기 위하여 정부의 허가를 얻고) 무장한 민간선(民間船); 그 선장. ②(연안에 출몰한) 해적. 해적선.
— *a.* 해적의. 해적행동의.

corsear *v.t. corsário*로 순라(巡邏)하다.

corselete *m.* ①(부인의) 얇은 허리옷. ②《古》 (허리에 두르는) 갑옷. 흉갑(胸甲). ③(곤충의) 가슴 부분.

corso *m.* ①민간 무장선(또는 해적선)의 해상 활동. ②약탈하며 돌아다니는 부랑생활(浮浪生活). ③멸치의 떼(鰯弱群).

corta *f.* 짜르기. 베기. 한 번씩 베임. 절단. 벌목(伐木).

corta-arame *m.* 쇠줄 끊는 연장. 펜치.

corta-dedos *m.* [蟲] 가위 같은 집게가 있는 벌레.

cortadeira *f.* (으깬 밀가루·소시지·순대 따위) 자르는 기계. 얇게 베는 기계.

cortadela *f.* ①(칼·면도칼 등에) 벤 상처(切傷). ②베어 상처를 입히기.

cortado *a.* ①벤·자른·절단한·재단한 (칼로) 끊은. ②쪼개진. 갈라진. 끊어진. 분단(分斷)한.

cortador *a.* 베는. 자르는. 절단하는. 재단하는.

— *m.* ①(정육점에서) (고기를) 베는 사람. ②(종이) 자르는 사람. ③의복 만드는 사람. 재단사. ④[機] 절단기(切斷機).

cortadura *f.* ①길게 벤 상처(切傷). 쨴 자리. 인공수로(水路). 개울.

cortagem *f.* 베기. 자르기. 베는 동작. 절단하기. 분단하기.

cortamento *m.* ①베기. 자르기. 절단하기. ②횡단하기.

cortante *a.* ①(칼로) 베는. 자르는. 절단하는. 재단하는. ②예리한. 살을 베는 듯한 (느낌의). 엄한. 호된.

corta-papel *m.* 종이 자르는 칼.

corta-pau *m.* [鳥] (브라질산) 딱다구리(啄木鳥).

cortar *v.t.* ①베다. 베어내다. 끊다. ②가위로 베다. 재단하다. (옷을) 말아서 만들다. ③(머리를) 깎다. ④나무를 베다. 벌목하다. ⑤(나무에) 새기다. ⑥(트럼프) 패를 떼다. 가르다. ⑦차단하다. 절단하다. ⑧횡단하다. ⑨(파서) 길을 내다. ⑩(공을) 깎아치다.
— *v.t.* ①베어지다. 끊어지다. ②줄다. 절감(節減)하다.
— se *v.pr.* 스스로(손·발 따위를) 베다. 상하다.
cortar as asas (남개를 가르다). 자유를 구속하다.

corte (1) *m.* ①베기. 베어낸. 베는 동작. ②칼에 벤 상처. 잘라낸 자리. ③절단면(面). ④베는 방법. 재단법. ⑤재단한 옷감. ⑥칼날. ⑦제거(除去). ⑧(예산 따위의) 삭감. 절감.
um corte de vestido 부인복 한 벌의 옷감.
— (2) *f.* ①마굿간. 소외양간. ②가축 사양장(飼養場).
— *f.* ①재판소. 법정. ②궁전(宮殿). 궁궐. ③애교(愛嬌). 이성에 베푸는 친절. 이성을 녹여내기. 구애(求愛).
fazer a corte 이성(異性)의 환심을 사다. (사랑을 얻으려고) 부녀에게 친절을 베풀다.

cortejador *a.*, *m.* 아첨하는 (사람). 환심사는 (사람). 부녀에게 잘 보이려고 노력하는 (사나이). 멋쟁이.

cortejar *v.t.* (…에게) 은근한 경례를 하다. 공손히 인사하다. (…의) 환심을 사다. (부녀에) 친절을 베풀다. (…의) 사랑을 구하다.

cortejo *m.* ①정중한 경례. 은근한 인사. ②(王候·貴顯 따위의) 종자(從者). 시종(侍從). 수행원. 방자. ③행렬. ④부속물. 부대물(附帶物).
coretejo funebre 장례(葬禮)의 행렬.

cortelha *f.* = *cortelho*.
— *m.* 가축우리. 돼지우리.

cortês *a.* 친절한. 은근한. 공손한. 예모바른. 예절 있는.

cortesã *f.* 고급 매소부(賣笑婦). 고등 논다니.

cortesania *f.* 친절. 은근. 예절바름. 정중. 점잖은 태도.

cortesanice *f.* 점잖은(은근한) 태도를 취하는 것. 조신(朝臣) 이하는 정중한 태도를 흉내내는 것.

cortesão *a.* ①궁전의. 궁내(宮內)의. 궁궐에서 하는. ②우아한. 단정한. 정중한. ③예모 바른. 예절 있는. 공손한. 친절한. ④아첨하는.
— *m.* ①조신(朝臣). 시신(侍臣). ②비위맞추는 사람. 아첨쟁이. 알랑쇠.

cortesia *f.* ①예의. 예절. 정중. 공손. 은근. ②특별한 대접. 은근한 인사(경례). 무릎을 꿇고 하는 인사.
cortesia rasgada 쓸데없이 지나친 인사.

córtex *m.* 나무껍질. 피층(皮層). (약 8) 묵. 키니네 껍질. [解] 피질(皮質).

cortiça *f.* ①코르크피(皮). 목질(木質)의 수피(樹皮). ②올리브 기름을 짜낸 찌끼.
rolha de cortiça (병마개용) 코르크. 코르크 마개.

cortiçada *f.* ①많은 코르크. ②코르크(질의) 재목. ③많은 꿀벌의 집(꿀벌의 통).

cortiçal *a.* [植] 나무껍질의. 과피(果皮)의. [動·解] 피질(皮質)의. 외피(外皮)의. 외층(外層)의. (腦·腎臟 따위의).

cortice *m.* = *cortex*.

corticeira *f.* ①코르크 창고(倉庫). ②코르크 판매소.

corticeiro *a.* 코르크의. 코르크 공업의.
— *m.* 코르크 직공. 코르크를 채수(採收)하는 사람.

corticento *a.* 코르크 같은. 코르크 질의.

corticeo *a.* 코르크로 된. 코르크 같은.

corticifero *a.* 코르크가 되는. 목질 수피(木質樹皮)가 되는.

corticiforme *a.* 코르크처럼 보이는. 코르

크 비슷한.
corticina *f*. [商標] 코르크 가루에 고무를 섞어서 만든 마루깔개. 코르티신.
cortiço *m*. ①꿀벌의 집(통). ②코르크로 만든 통(그릇). ③《轉》빈민굴. 판자집이 몰려 있는 곳. ④까마귀의 군거하는 곳(숲).
cortido *a*. = *cortidor*.
— *m*. = *curtido*. *cutidor*.
cortidura *f*. = *cortimento*.
— *m*. = *cultidura*. *cultimento*.
cortir *v.t.* = *curtir*.
cortina *f*. 커튼(극장의) 막. 장막. 포장으로 된 칸막이. [建] 간벽(間壁). [築城] 능보(稜堡) 사이의 보통 성벽.
detraz da cortina 배후에서. 비밀리에.
cortina de fumaça 연막(煙幕).
cortinado *m*. ①커튼(한 벌). ②모기장. ③창문에 내려드리는 발.
cortinar *v.t.* 커튼을 달다. 장막으로 가리다. 모기장을 치다. 발을 내려드리우다.
coruchéu *m*. 뾰족한 탑(尖塔). 첨각(尖閣). 지붕꼭대기.
coruja *f*. [鳥] 올빼미. 《轉》미운 노파.
coruscação *f*. 번쩍거림. 섬광(閃光). 광휘. 광채.
coruscante *a*. 번쩍거리는. 반짝반짝 빛나는. 섬광을 내는. 빛나는. 찬란한. 눈부신.
coruscar *v.i.* 번쩍거리다. 빛나다.
coruto *m*. (물체의) 꼭대기. 정상. [植] (옥수수 따위의) 술(穗).
corvacho *m*. 작은 까마귀.
corvejar *v.i.* ①(까마귀) 까악까악 울다. ②(어떤 일을) 되풀이하다.
corveo, corveu *m*. [魚] 숭어의 일종.
corveta *f*. 코르벳함(艦)(옛날의 일단 포장(一段砲裝)의 목조 전함).
corvideo *a*. 까마귀의. 까마귀 같은.
corvideos *m*.(*pl*.) 까마귀속(屬).
corvina *f*. [魚] 코르비나(일종의 바다고기).
corvino *a*. 까마귀의. 까마귀 같은. 까마귀에 속하는.
corvo *m*. 까마귀. 가마우지속(屬). [天] 까마귀좌(鳥座).
(註) 어떤 사전에는 여성형이 없다고 하였음. 그때의 여성형은 *corvo fêmea*.
cós *m*. (바지·스커트 등에 있어서) 허리띠 닿는 부분. 바지춤(胴緣). (와이셔츠의) 칼라 닿는 부분.

coscorado *a*. 주름잡힌. 구겨진.
co-secante *f*. (三角) 코세칸트. 여할(餘割).
cosedor *m*. (製本) 책 꿰매는 기구. 꿰매는 사람.
cosedura *f*. ①꿰매기. 꿰매붙이기. ②바느질. 재봉.
co-seno *m*. (三角) 코사인. 여현(餘弦).
coser *v.t.* (구멍·째진 곳·상처·부대 따위를) 꿰매다. 깁다. 꿰매 붙이다. (製本) 매다. 꿰매다.
— *v.i.* 바느질하다. 재봉하다. 깁다.
—se *v.pr.* 자기의 옷을 깁다. 꿰매다. (+*com*). 접근하다. 가까이 가다.
(注意) 同音異義語 *cozer* : 삶다. 요리하다.
cosido *a*. 꿰맨. 꿰매 붙인. 바느질한.
cosmético *a*. 화장용(化粧用)의. 미용적.
— *m*. (피부·머리용) 화장품. 지분(脂粉). 미안수(美顏水). 코스메틱 기름.
cosmetologia *f*. 미용술. 미안술(美顏術). 화장법.
cósmico *a*. 우주의. 천지의. 전 세계의. 광대 무변한.
espaço cósmico 우주 공간.
cosmo *m*. 우주(宇宙).
cosmogonia *f*. 우주(천지)의 발생(창조). 우주(세계) 개벽설. 우주진화론(宇宙進化論).
cosmogónico *a*. 우주(천지) 발생의. 우주진화론의.
cosmogonista *m.*, *f*. 우주개벽론자. 우주진화론자.
cosmografia *f*. 우주지(宇宙誌). 천지학(天地學). 세계지(世界誌).
cosmográfico *a*. 우주의. 천지학의.
cosmógrafo *m*. 우주지학자. 천지학자.
cosmologia *f*. [哲] 우주철학. 우주론. [天] 우주관.
cosmologicamente *adv*. 우주(철)학상으로.
cosmológico *a*. 우주철학의. 우주론의.
cosmólogo *m*. 우주철학자. 우주론자.
cosmonauta *m.*, *f*. 우주비행사.
cosmonáutico *a*. 우주비행(항행)의.
cosmonave *f*. 우주선(宇宙船).
cosmopolita *m.*, *f*. (세계를 집으로 삼는) 세계인. 세계주의자. 코스모폴리탄.
— *a*. 세계를 한 집(한 나라)으로 하는. 세계주의의. 세계공통의. 전 세계에 걸친.

cosmopolitismo *m*. 세계주의. 세계일가(世界一家)주의. 사해동포주의(四海同胞主義).

cosmorama *m*. 세계 각지의. 실경을 들여다 보는 안경. 요지경.

cosmos *m*. 우주. 세계. 천지만물.

cosmosofia *f*. 우주의 신비상태(神秘狀態).

cosmurgia *f*. 우주의 창조.

cosquear *v.t*. 때리다. 치다.

cossaco *m*. 코색 사람(기병).

costa *f*. 해안. 연안(沿岸).
costas (*pl.*) (손·발·산·칼 따위의) 등. 잔등. 배후.
costas da mão 손등.
ás costas 배후에. 등에.
dar(또는 *voltar*) *as costas* 도망가다. 가버리다.

costado *m*. ①옆. ②측면. 익면(翼面). ③뱃전. 선측(船側). 《俗》등. 잔등.
costados (*pl.*) 존속친(尊屬親).
quatro costados 사조부모(四祖父母) (아버지쪽과 어머니쪽의 조부모).
brasileiro dos costados (족보상에 이국적(異國籍) 사람이 없는) 100% 브라질인.

costal *a*. ①해안의. 해안을 끼고 있는. ②[解] 늑골의. 갈빗대의.
— *m*. ①(등에 지는) 배낭. ②한 번 짊어지는(荷物) 분량.

costalgia *f*. [醫] 늑간(肋間) 신경통.

costeagem *f*. 연안항행.

costear *v.i*. [船] 해안을 끼고 항행(무역)하다. 같은 해안을 따라 왕복하다.
— *v.t*. ①(…에) 연(沿)하여 가다. ②가축을 수용하다.

costeio *m*. 가축수용.

costeira *f*. ①《古》해안. 해변. ②해안을 낀 험한 산맥.

costeiro *a*. 해안의. 연안의. 연안항행의.
navegação costeira 연안항행(沿岸航行).
navio costeiro 연안항행선(무역선).

costela *f*. ①[解] 갈빗대. 늑골. ②[植] 엽맥(葉脈). 엽늑(葉肋). ③[鳥] 우핵(羽翮). [蟲] 시맥(翅脈). ④(선박의) 늑재(肋材). ⑤[空] 소골(小骨). ⑥[建] 서까래. ⑦(다리의) 가로댄 보. 횡항(橫桁). ⑧(양산의) 살. ⑨[稽] 마누라. 처.
costela de navio 선체의 늑골재(肋骨材).
costelas verdadetras (또는 *esternais*).
costelas verdadeiras (또는 *esternais*).

진늑골(眞肋骨) (흉골에 연결된).

costelete *f*. 카틀렛(요리). 카틀렛용의 얇게 저민 고기. (소·양·돼지 등의) 갈비고기. 갈비.

costumado *a*. 익숙한. 습관된. 용용의. 평소의. 일상적인.
— *m*. 관습(慣習).

costumagem, costumança *f*.《古》습관. 관례(慣例). 관습.

costumar *v.t*. 습관되게 하다. 습관상으로 거행하다.
— *v.i*., —se *v.pr*. 익숙하다. 습관되다. (…을) 습관적으로 거행하다.

costumário *a*. 습관(상)의. 습관의. 상례(常例)의. [法] 관례에 의한. 관습상의.

costume *m*. 습관. 버릇. 상습(常習). 관례. [法] 관습. 관습법.
o costume faz lei 버릇은 제2의 천성이다.
segundo o costume 평소와 마찬가지로. 전과 같이.

costumeira *f*. 버릇. 습관. 습성.

costumeiro *a*. 습관적. 관습상의. 관례에 의한.

costumes *m*.(*pl.*) ①품행. 조행(操行). 처신. ②풍속. 도덕. 도덕적 관념.

costura *f*. ①바느질. 재봉; 옷을 꿰매기. 깁기. ②꿰매어 합치기; 봉합(縫合). 접합. ③세맨 실자리. 꿰맨 선. 봉합선(縫合線). ④[外] 상처를 꿰매어 붙임. ⑤꿰매는 실. ⑥꿰맨 자국. 반흔(瘢痕).
máquina de costura 재봉틀. 재봉기. 재봉침.

costurar *v.t*. 꿰매다. 꿰매 붙이다. 깁다.
— *v.i*. 바느질하다. 재봉틀을 쓰다.

costureira *f*. 여재봉사. 바느질하는 여자.

cota (1) *f*. 기호(記號). 표식. 호(號). 번호.
— (2) *f*.《古》쇠줄로 얽어 만든 갑옷. 갑옷 위에 걸치는 것.
— (3) *f*. 몫. 분담한 부분. (이민(移民) 등의) 할당수. 할당(분담)액. 수출·수입품에 대한. 제한된 양. 수입(수출) 규제(規制).

cotação *f*. ①기호(記號)를 붙이기. 번호를 붙이기. ②난외(欄外)에 주석(註釋)을 달기. ③[商] 시세. 시가(時價); 공정가격 평가.

cotado *a*. ①기호를 붙인. 표를 단. 번호를 붙인. ②시세를 정한. 평가한. 평가된.

cotamento *m*. ①기호(번호)를 붙이기(매기

기). ②주석을 달기.
co-tangente *f.* (三角) 코탄젠트. 여절(餘切).
cotanilho *m.* [鳥] (새의) 솜털. 보드러운 털. 연모(軟毛). [植] (민들레・복숭아 따위의) 솜털.
cotanilhoso, cotanoso *a.* [植] 솜털이 많은.
cotão *m.* (과일의) 솜털. (직물 등의) 잔털. 면모(綿毛).
cotar *v.t.* ①표를 하다. 기호를 붙이다. 번호를 달다. ②시세를 매기다(정하다). 평가하다.
cote (1) *m.* 면도칼 가는 숫돌. 혁지(革砥).
— (2) *m.* (아래의 숙어로만 씀).
de cote 또는 *a cote* 매일. 항상. 노상.
cotejador *m.* 비교(대조)하는 사람.
cotejar *v.t.* 비교하다. 대조하다. 맞추어 보다.
cotejo *m.* 비교. 대조. 대교(對校).
coterie *f.* (사교계의) 동무. 패거리. 무리. 클럽. (공동의 목적・취미의) 동인(同人). 동지.
cotete *m.* [鳥] 무익조(無翼鳥). 키위(꼬리・날개 없음).
cotiar *v.t.* 매일 쓰다. 일상적으로 쓰다.
cotiara *f.* [動] 꼬찌아라(독사의 일종. *urtuu*의 별명).
cotidiano *a.* 나날의. 매일의. 매일 일어나는. 흔히 있는. 평범한. 일상적인.
cotiledonário *a.* [植] 자엽의. 떡잎의.
cotilédone *m.* [植] 자엽(子葉) (배(胚)에 붙은 잎). 떡잎.
cotiledóneo *a.t.* 자엽의. 자엽이 있는.
cotilhão *m.* 코티용(8명이 함께 추는 복잡하고 활발한 프랑스의 사교춤). 그 곡.
cotinga *f.* [鳥] 꼬찡가(브라질의 작은 새. 고운 깃털이 있음).
cotio *m.* 일상적으로(매일) 쓰는 것. 상용물(常用物).
a cotio 일상(日常). 평상.
fato de cotio 늘 입는 옷. 평상복.
cotização *f.* ①부과(賦課). 과세(課稅). ②세금액. ③평정(가격). 평가. ④할당금. 《俗》회비.
cotizar *v.t.* (세금・벌금 등의) 금액을 사정(査定)하다. 할당하다. 부과(賦課)하다.
—se *v.pr.* 돈을 모아내다. 할당금을 지불하다.
cotizável *a.* 부과(할당)할 수 있는. 할당해

서 지불해야 할.
coto *m.* (나무의) 그루터기. 잘라내고 남은 것. 타고 남은 초꽁다리. 손발의 잘린 나머지.
cotó *a.* 팔없는. 불구의.
— *m.* 불구자.
cotonigeiro *a.* [植] ①솜털이 있는. 솜털로 덮인. ②부풀부풀한.
cotovelada *f.* 팔꿈치로 떠밀기.
cotovelar *v.t.* 팔꿈치로 떠밀다. 밀치고 나가다.
cotovelo *m.* 팔꿈치. 팔꿈치 모양의 굴곡(屈曲).
cotovia *f.* [鳥] 종다리의 일종.
coturno *m.* ①(옛 그리스・아테네의 비극 배우의) 반장화. ②《比喩》비극. 비극조(悲劇調).
couce *m.* ①(사물의) 뒷부분. 발꿈치. ②(말) 뒷발로 차기. ③반항. 저항. (총을 쐈을 때의) 반발(反撥). 반동. ④행렬(行列)의 후미.
coucear *v.i.* ①차다. ②반발하다. ③반항하다. 저항하다.
coudelaria *f.* ①많은 말. 말 떼. 말 무리. ②양마장. 축산장.
couplet *m.* [韻] 이행연구(二行連句). 대구(對句).
coupon *m.*, *f.* [商] ①(공채증서・채권 등의) 이자표(票). ②떼어내는 표. ③(철도의) 연락승차권. ④회수권의 한 쪽.
couraça *f.* ①가슴과 잔등을 막는 갑옷. ②(배의) 철갑.
couraçado *a.* 철갑(鐵甲) 두른. 장갑(裝甲)한.
— *m.* ①철갑선(船). ②전투함. ③노급전함(弩級戰艦).
couraçar *v.t.* ①(가슴과 잔등을 막는) 갑옷을 입히다. ②철갑을 씌우다. 장갑하다.
couro *m.* 가죽(의 총칭). 수피(獸皮). 피혁. 무두질한 가죽. 《俗》(축구의) 공.
couro sêco 말린 가죽(乾皮).
couro erú 생짜 또는 무두질한 가죽.
couro verde 날가죽(生皮). 벗겨낸 수피.
cousa *f.* 《葡》=*coisa*. 《브》.
couval *m.* ①양배추 밭. ②(일반적으로) 채소밭.
couve *f.* 잎푸른 양배추. 캐비지의 일종. (캐비지 따위의) 채소.
couve-flor *f.* [植] 콜리플라워. 꽃양배추. 꽃캐비지.

couveiro *a.* 《俗》(계절적으로) 채소 심기에 적당한.
cova *f.* 구멍. 갱(坑). 굴. 동굴. 야수의 굴.
covacho *m.* 작은 구멍. 씨를 파묻기 위한 구멍.
côvado *m.* (옛날 포르투갈에서 쓴 尺度) 길이의 단위(66cm에 해당).
covagem *f.* ①굴을 파기. 무덤(墓穴)을 파기. ②굴(무덤) 판 데 대한 삯전(삯돈).
coval *m.* 묘지(墓地)의 일구획(一區劃). 무덤예정구역.
covanca *f.* 세 방면이 언덕으로 둘러싸인 토지.
covão *m.* ①큰 구멍. 큰 동굴. ②(광산의) 갱도(坑道). ③물고기 잡는 일종의 바구니. 포어노(捕魚筌).
covarde *m.* 겁 많은 사람. 비겁한 인간. 겁꾸러기.
covardemente *adv.* 비겁하게. 겁을 먹고. 겁내어.
covardia, covardice *f.* 겁. 비겁. 다겁(多怯). 소심(小心).
covato *m.* ①묘를 만들 자리. 무덤 팔 곳. ②굴(특히 무덤) 파는 직업. ③굴 판 삯전. ④매장료(埋葬料).
coveiro *m.* 굴(무덤) 파는 사람.
covelite *f.* [鑛] 동람(銅藍).
covendedor *m.* (공농소유불의) 공동반매인.
covil *m.* ①구멍. (야수가 사는) 굴. 동혈(洞穴). ②토끼 굴. ③야수의 우리. ④암굴. ⑤(도적의) 소굴. ⑥《轉》 어두침침한 집. 매음굴(賣淫窟).
covinha *f.* ①작은 구멍. 소혈(小穴). ②볼우물. 보조개. 움푹 들어간 곳.
côvo *a.* ①움푹 들어간. 오목한. 요부(凹部)의.
— *m.* 물고기 잡는 일종의 바구니(捕魚筌).
covoada *f.* 구멍이 많음. 구멍 투성이.
coxa *f.* 넓적다리. 가랑이. [解] 대퇴(大腿).
coxal *a.* ①넓적다리의. 가랑이의. 대퇴의. ②골반(骨盤)의.
coxalgia *f.* [醫] (결핵성의) 고관절병(股關節病).
coxalgico *a.* 고관절병의.
coxão *m.* 넓적다리고기(소·돼지 따위의).
coxeadura *f.* 절름발로 걷기.
coxear *v.i.* ①절다. 절며 가다. 절둑거리며 걷다. ②완전하지 못하다.
coxeio *m.* 걷기. 절며 가기.

coxendico *a.* [解] 볼기의.
osso coxendico 볼기뼈. 완골(腕骨). 무명골(無名骨).
coxia *f.* [船] ①뒤갑판으로부터 선수루(船首樓)에 통하는 통로. 선창(船倉) 내의 통로. ②병실내(病室內)의 양쪽에 침대가 열지어 있는 통로. ③마굿간의 격판(隔板).
coxilha *f.* 목초(牧草)가 있는 작은 언덕. (골짜기를 끼고 있는) 나무 많은 언덕.
coxilhão *m.* 목초가 있는 큰 언덕. 풀 많은 구릉지대(丘陵地帶).
coxim *m.* ①쿠션. 방석. 의자. 베개. ②쿠션 같은 것. (물건 받치는) 자리방석. 바늘방석. ③[機] 충격을 덜기 위한 완충재(緩衝材) (공기·증기·고무). ④(당구대의). 고무 쿠션. ⑤엽침(葉枕). ⑥굽의 연골(軟骨).
coxinha *f.* (*coxa*의 지소어). ①작은 넓적다리. (특히) 닭다리. ②꼬시냐(料理) (날짐승 특히 닭의 다리(뼈)에 닭고기 따위를 부쳐서 기름에 튀긴 것).
coxite *f.* 대퇴골의 관절염(關節炎).
coxo *a.* 절름발이의. 절뚝거리는. 불구의. 완전하지 못한.
— *m.* 절름발이.
cozedura *f.* ①삶기. 끓이기. 찌기. (빵·벽돌 기외 띠위릅) 굽기. ②끓음(삶음) 상태. 구워진 상태.
cozer *v.t.* ①요리하다. 지지고 굽다. 끓이다. 삶다. 찌다. ②소화(消化)하다.
— *v.i.* 끓다. 삶아지다.
(注意) *coser* : 깁다. 꿰매다. 바느질하다.
cozer a carne 고기를 삶다.
cozer o arroz 밥을 짓다. 쌀을 끓이다.
cozer a telha 기와를 굽다.
cozido *a.* 끓인. 삶은. 찐. 지진. 구운. 삶아서 요리한.
— *m.* 삶은 것. 구운 것. 삶은 고기. 찐 고기. 스튜한 것.
cozimento *m.* ①삶기. 끓이기. 찌기. 굽기. ②삶은 것. 끓인 것. 달인 약.
cozinha *f.* ①부엌. 취사장. 주방(廚房). ②음식 만들기. ③요리법.
cozinhado *a., m.* 요리한 (것). 지지고 구운 (것).
cozinhar *v.i., v.t.* 요리하다. 지지고 굽다. 할팽(割烹)하다.
cozinheira *f.* 요리하는 여자(하녀). 여자 쿡.

cozinheiro *m.* 요리인. 요리사.
craca *f.* ①[貝] 따개비조개. ②[建] 움푹 들어간 긴 홈의. 조각. 구조(溝彫). ③[植] 잠두속(蠶豆屬).
crachá *m.* (특히 별 있는) 훈장. 성장(星章).
craião, craiom *m.* 크레용. 색연필.
craniano *a.* 두개(頭蓋)의. 두개골의.
crânio *m.* ①두개. 두개골(頭蓋骨). ②머리. 뇌.
craniografia *f.* 두개지(頭蓋誌).
craniolar *a.* 두개골 모양을 한.
craniologia *f.* 두개장. 두개골 연구.
craniológico *a.* 두개학의. 두개골 연구의.
craniologista, craniólogo *m.* 두개학자. 두개골 연구가.
craniomância *f.* 두개골상(骨相) 판단.
craniométria *f.* 두개 측정(법).
craniômetro *m.* 두개 측정계(計). 두개를 측정하는 일종의 양각기.
cranioscópia *f.* 두개 검사.
cranioscópio *m.* 두개 검사기(檢査器).
cranque *m.* [機] 크랭크. 굽은 자루.
crápula *f.* ①방종. 방탕. 방일(放逸). ②과음(過飮). 만취.
crapuloso *a.* ①방종한. 방탕한. 방일한. ②과음한. 술에 빠진. 되게 취한. 숙취(宿醉)의.
craque *m.* ①일등품. 우량품. ②(競技) 명선수(名選手). (선수 중에) 제일 인기 있는 선수. ③[魚] 작은 가자미의 일종.
crase *f.* ①[文] (두 모음의) 융합(*aa*를 *â*로 하는 것 따위). ②(피의) 혼합. ③체질(體質).
crasiologia *f.* 체질학.
crasiológico *a.* 체질학의.
crassamente *adv.* 심하게. 두텁게. 대충적으로. 크게. 무디게. 둔하게.
crassicolo *a.* 목이 굵은(뭉뚝한). 뭉뚝한 목이 있는.
crassicorneo *a.* 굵은 뿔(촉각)이 있는.
crassidão *f.* ①두터움. 농후. 농밀(濃密). ②조잡(粗雜). 야비. ③우둔.
crassifoliado *a.* [植] 두터운 잎사귀가 있는. 후엽(厚葉)의.
crasso *a.* ①두터운. 농후한. 농밀한. 심한. ②조잡한. 야비한. ③무딘. 둔한.
cratera *f.* ①(화산의) 분화구(噴火口). ②재화(災禍)의 원인.
cravação *f.* ①꽂아 넣기. 감입(嵌入)하기.

보석을 박아 넣기. ②[印] 식자판(植字板)이 종이에 닿는 압력.
cravador *m.* ①보석을 박아 넣는 사람. ②감입 도구.
cravadura *f.* 꽂아 넣기. 박아 넣기. 감입(嵌入).
cravar *v.t.* ①꽂아 넣다. 박아 넣다. 감입하다. ②리벳으로 죄다. 리벳·못 등의 머리를 꾸부려서 처박다. ③단단하게 하다. 고정(固定)하다.
cravar estacas 말뚝을 박다.
cravar punhal 단도로 찌르다.
craveira *f.* 규격. 표준규격. 표준도량형.
craveiro (1) *m.* [植] 카네이션. 화란석죽(和蘭石竹).
— (2) *m.* 못(釘) 만드는 기구(기계).
— (3) *m.* = *cravejador*.
cravejador *m.* 제철공(蹄鐵工).
cravejar *v.t.* ①말에 제철하다. 편자(제철)를 신기다. 못을 박아 고정하다.
cravelha *m.* ①못. 나무못. ②집게. ③말뚝. 쐐기. ④악기의 줄을 죄는 기구.
cravelho *m.* 문빗장(門).
craveto *m.* (조임쇠·혁대쇠·버클 등의) 혀. (가죽띠의 구멍에 꽂는 것).
cravina *f.* [植] 석죽. 패랭이꽃의 일종.
cravinho *m.* ①(윗부분이 양산처럼 된) 은압정. ②[植] 작은 석죽(카네이션).
cravista *m., f.* 익금(일종의 유건 악기: *cravo*)을 타는 사람.
cravo (1) *m.* ①압정(押釘)의 일종. ②(피부에 돋는 사마귀. 쥐젖). [植] 나무의 작은 혹.
— (2) *m.* ①[植] 석죽. 카네이션. 패랭이꽃. ②핑크색. 분홍빛.
— (3) *m.* 익금(翼琴) (일종의 유건 악기(有鍵樂器)).
cré *f.* 쵸크. 분필. 백악(白堊).
crebro *a.* 자주 있는. 빈번한. 누차의. 반복(反復)하는.
creche *f.* 주간 탁아소. 육아실.
credencia *f.* [宗] 성찬반(聖餐盤). 제물대(祭物臺). 제기대(祭器臺).
credencial *a.* 신임(信任)의.
credenciais *f.(pl.)* (대사·공사 등에 주는) 신임장. 국서.
credibilidade *f.* 믿을 수 있음. 신빙성(信憑性). 확실성.
creditar *v.t.* 믿다. 신용하다. [商] 대변에

기입하다.
creditício *a.* 공중(公衆)의 신용에 관한.
crédito *m.* ①믿음. 신용. 신임. ②인망. 명성. 명망. 평판. ③[商] 신용. 신용대부. 의상. ④[장부의] 대방(貸方). ⑤채권.
carta de crédito 신용장.
a crédito 신용으로.
dar crédito …을 믿다. 신용하다. 신용대부(貸附)하다.
creditório *a.* [法] 신용에 관한.
credo (1) *m.* ①[종교상의] 신조(信條). 사도신경. 종도신경(宗徒信經). ②주의. 강령. 방침.
— (2) *interj.* (놀랬을 때 내는 소리) 아앗! 저런!
credor *m.* 채권자(債權者). 채주(債主). [簿] 대변(貸邊).
credulidade *f.* 쉽게 믿음. 경신(輕信).
crédulo *a.* 곧잘 믿는. 쉽게 믿는. 속기 쉬운. 철없는. 경솔히 믿는 데서 오는. 단순한. 목눌(木訥)한.
— *m.* 쉽게 믿는 사람. 속기 쉬운 사람.
cremação *f.* ①화장(火葬). ②[佛敎] 다비(茶毘).
cremado *a.* 크림(乳脂) 빛을 띤.
cremador *a., m.* 화장하는 (사람). 쓰레기를 태우는 ; 사람). 파괴하는 자.
cremalheira *f.* 깔쭉이톱니(한쪽으로만 돋게 만든). 톱니 궤도.
cremar *v.t.* 화장하다. 시체를 태우다. 쓰레기를 태우다.
crematista *m., f.* 화장론자. 화장찬성자.
crematistica *f.* 화식론(貨殖論). 이재학(理財學).
crematistico *a.* 화식(貨殖)의. 이재(理財)의.
crematologia *f.* 이재학(理財學). 재산학(財産學).
crematonomia *f.* 부(富)의 생산 및 분배법(分配法).
crematonómico *a.* 부의 생산(부의 분배)에 관한.
crematório *a.* 화장(火葬)의.
— *m.* 화장터.
creme *m.* ①유지(乳脂) 유피(乳皮) 크림. ②크림빛. ③정화(精華). 정수(精髓).
leite creme 카스타아트(우유에 계란·설탕·향료 등을 넣어서 부드럽게 찐 것).
cremor *m.* 과즙(果汁). 절인 과즙.

cremor de tartaro 주석영(酒石英).
crenado *a.* [植] 무딘 톱날 모양을 한. 둔거치상(鈍鋸齒狀)의.
crenas *f.(pl.)* [植] 무딘 톱날. 둔거치(鈍鋸齒) (잎사귀의 주변이 톱날처럼 파상을 이룬 표현).
crenadura, crenatura *f.* 무딘 톱날 모양 (樣相).
crença *f.* ①신념. 소신(所信). 믿음. 신앙. ②신임. 신용. 신뢰.
carta de crença 신용장.
crendeirice *f.* 맹목적으로 믿음. 망신(妄信).
cerndeiro *a., m.* ①맹목적으로 믿는 (사람). 망실자. 광신자. ②미신가(迷信家).
crendice *f.* 맹목적으로 믿기. 망신. 광신. 미신(迷信).
crente *a.* (신을) 믿는. 신앙심이 있는. 신념하는. 신용하는.
— *m.* 믿는 사람. 신자(信者). 신심가(信心家).
crenulado *a.* [植] 작은 무딘 톱날 모양을 한.
crenulas *f.(pl.)* [植] 작은 무딘 톱날(小鈍鋸齒) 꼴.
creofagia *f.* 육식(肉食). 육식생활.
creófago *a.* 육식의. 고기를 먹고 사는. 다른 벌레를 잡아먹는.
— *m.* 다른 벌레를 먹고사는 곤충.
creosota *f.* = *creosoto*.
creosotagem *f.* 크레오소트로 처리하기.
creosotal *m.* 탄산크레오소트.
creosotar *v.t.* 크레오소트로 처리하다.
creosôte, creosôto *m.* [化] 크레오소트.
crepe *m.* 크레이프. 비단의 일종(상복(喪服) 조장용(吊章用) 이외의 *crape* 비슷한 천). 축사(縮紗).
crepido *a.* (천 따위) 줄어든. 수축한.
crepitação *f.* 따닥따닥 소리나기(하는 소리). [醫] 염발음(捻髮音).
crepitante *a.* 따닥따닥하는. [醫] 염발음의.
crepitar *v.i.* 따닥따닥 소리나다. 염발음을 내다.
crepom *m.* 크레퐁(두툼한 크레에프).
crepuscular *a.* ①황혼의(과 같은). 석양의. ②어스름한. 몽롱한. 몽매한. 반쯤 개화한. ③[動] 어두컴컴할 때 나오는(활동하는·날아다니는).
crepusculários *m.(pl.)* 어두컴컴할 때 활동하는 벌레. 야행충류(夜行蟲類).
crepúsculo *m.* (해뜨기 전·해진 후의) 희

미한 빛. 황혼. 땅거미. 여명(黎明). 서광. 미광(微光).
crepúsculo da manhã 여명. 동의틈.

crer *v.t.* ①믿다. 신용하다. ②(…라고) 생각하다. 추측하다.
— *v.i.* 믿다. 신뢰하다. (…의) 신앙을 가지다.
crer em (…을) 믿다. (…을) 신용하다.

crescença *f.* ①자람. 성장. 발육. 발달. 증장(增長). 증가. ②《俗》첨가물. 여분(餘分).

crescendo *m.* [樂] 차차 강해지는 음. 점강음(漸强音). 음성점강(音聲漸强).

crescente *a.* ①차차 커지는(자라는). 성장하는. 발육하는. 발달하는. ②증가하는. 불어나는. ③초승달 모양의.
— *m.* 초승달. 신월(新月). 초승달 모양(의 물건). [紋] 초승달 문장(紋章).

crescer *v.i.* 자라다. 생장(生長)하다. 성장하다. 발육하다. 발달하다. ②(초목이) 나다. 나기 시작하다. (크기·길이·수량 등이) 증가하다. 증대하다. 불어나다. 늘어나다.

crescido *a.* ①자란. 자라난. 성장한. 생장한. 성숙한. ②증대한. 증가한. (물이) 불어난. ③많은. 다량의. ④여분의.

crescidos *m.*(*pl.*) ①편물(編物)에 덧붙인 것. 첨가된 것. ②여분의 물건.

crescimento *m.* 자라남. 생장. 성장. 발육. 발달. 발전. (크기·길이·수량의) 증대. 증가.
créscimentos (*pl.*) 간헐열(間歇熱).

cresol *m.* [化] 크레졸.

crespar *v.t.* (머리를) 지지다. 꼬부리다. 꾸불꾸불하게 하다.

crespo *m.* ①꼬부라진 털의. 고수머리의. 나선 모양의. ②(잎이) 두루말린. ③두툴두툴한. 고저(高低)가 있는. 파상형(波狀形)의. ④(바다가) 거칠은. 험한. ⑤(성질이) 사나운. 오만한. 건방진.

crestadura *f.* 불에 탐. 그스름. [植] (더위 또는 추위로 인한) 고조(枯凋). 시듦.

crestamento *m.* 불에 타기. 연소. 그슬리기. [植] (추위 또는 더위로 인하여) 시들기. 고조.

crestar *v.t.* 불에 태우다. (햇볕에) 시들게 하다.
—se *v.pr.* 불에 타다. 햇볕에 그슬리다. 타서 차갈색(茶褐色)이 되다. (추위 또는 더위로 인하여) 시들다.

cretáceo *a.* 백악(白堊)의. 백악질의. 백악을 함유한. 백악으로 되는.

cretico *a.*, *m.* [韻] 장단장(−∪−) 또는 강약강(−×−)격의 음보(音步).

cretinação *f.* 크레틴병 환자의 상태.

cretinismo *m.* 크레틴병(알프스 산지의 풍토병. 기형(畸形)이 따르는 백치병).

cretino *m.* 크레틴병 환자. 백치(白痴). 저능아. [動·植] 기형(畸形).

cretone *m.* 크레통사 나사(의자덮개·휘장용의 질긴 천).

cria *f.* 어린 동물. 유수(幼獸).

criação *f.* ①창조. 천지창조. ②창조물. 창세. 창생(創生). 발생. 창작. 창의(創意). 창설. 건설. 발명. ④교육. ⑤양육(養育). 사육(飼育). ⑥재배. 배양(培養). ⑦가축.

criada *f.* 하녀. 식모.
criada de quarto (호텔·하숙 등의) 방을 청소하거나 정리하는 여자(하녀).

criadagem *f.* 하녀들. 식모들.

criadeira *a.* 잘 키우는. 키우는 데에 솜씨 있는.
— *f.* ①키우는(양육하는) 여자. 유모(乳母). ②인공부화기.

criado *a.* ①기른. 키운. 양육한. ②창설한. 창립한. 창건한.
— *m.* 하인. 종. 머슴. 사용인. 시중꾼. 급사.
criado de hotel 호텔의 보이.

criado-mudo *m.* 침대용 스탠드. 침대머리맡에 놓는 작은 상.

criador *a.* 기르는. 육성하는. 양성하는. 양육하는. 사육(飼育)하는. 배양하는. 창조하는. 창조력 있는. 창작적. 독창적.
— *m.* ①창조자. 조물주. ②기르는 사람. 육성하는 자. ③사육자. 배양자. ④창작자. 창설자. 발명가.

criadouro *m.* [植] 못자리. 묘목장(苗木場).

criança *f.* 아이. 아동. 유아(乳兒). 젖먹이. 영아(嬰兒).
criança de peito 젖먹이. 유아.
criança de colo 유아. 팔에 안고 있는 영아.
desde criança 어릴적부터. 아이 때부터.

criançada *f.* ①많은 아이들. 아동들. ②아이들 행실.

criancelho *m.* (어른으로서) 어린아이 같은 사람.

criancice *f.* 어린애 같은 행동(말씨). 경솔한 행위.

criançola *m.* 어린애 같은 젊은이.

criar *v.t.* ①(신·자연력 등이) 창조하다. 낳다. ②(사람이) 만들어내다. 창작하다. ③(회사·단체 등을) 설립하다. 창시하다. 일으키다. ④창의(創意)하다. 발명하다. ⑤젖먹여 기르다. 양육하다. 양성하다. ⑥사육(飼育)하다. 배양하다. ⑦(새로운 사정 소동 등을) 일으키다. 야기(惹起)하다. 가져오다. 초래하다. 나게 하다.
— *v.i.*, —se *v.pr.* (젖먹고) 자라다. 성장하다. 양성되다.

criatina *f.* [化] 크레아틴(혈액·근육조직 중에 포함된 흰 결정물).

criatura *f.* ①창조물. 만물. ②생물. 동물. 우마(牛馬). 가축. ③인류. 인간. ④(애정·동정·경멸의 뜻으로) 사람. 놈. 녀석. ⑤아이. 유아.

cricket *f.* =*criquete*.

cricoide *a.* 고리 모양의. 바퀴 모양의. [解] 환상(環狀)의.

crido *a.* 《古》믿은. 신용한. 신임한.

crime (1) (법률상의) 죄. 범죄. (일반의) 죄악. 《俗》나쁜 일.
crime capital 극형(사형)에 해당하는 죄. 사죄(死罪).
— (2) *a* [法] 형사(刑事)의.
processo crime 형사소송.

crimeza *f.* 《古》엄격. 엄중. 엄혹(嚴酷).

criminação *f.* 죄를 씌우기. 죄짓게 하다. 고죄(告罪).

criminador *m.* 고죄자(告罪者). 고발인. 원고. 비난자.

criminal *a.* 범죄(성)의. 형사상의. 죄를 범한. 죄 있는.
— *m.* 형사(刑事). 형사재판. 형사소송.

criminalidade *f.* 범죄. 범죄성. 범죄사건.

criminalista *m., f.* 형법학자.

criminalistica *f.* 형법학(刑法學).

criminalmente *adv.* 형법상. 범죄로서.

criminar *v.t.* 죄를 씌우다. 유죄로 하다. 고발하다.
—se *v.pr.* 범죄를 자백하다. 자소(自訴).

criminável *a.* 범죄로 인정할 만한. 죄로 될 수 있는. 죄를 지워야 할.

criminologia *f.* 범죄학. 범죄학.

criminologista *m., f.* 범죄학자. 형사학자.

criminosamente *adv.* 죄를 범하여. 유죄로. 범죄상.

criminoso *a.* 죄를 범한. 죄지은. 유죄의. 죄악의.
— *m.* 죄인. 범인.

crimodinia *f.* [醫] 류마치스성(性)의 통증(痛症).

crimoterapia *f.* [醫] 한랭요법(寒冷療法).

crina (1) *f.* 갈기. 말총. 갈기같은 머리털. 강모(剛毛).
— (2) *f.* [植] 끄리나(갈기 비슷한 풀; 방석·매트리스 등의 원료로 됨).
colchão de crina (침대의) 짚요(속에 끄리나를 넣은).

crinal *a.* 갈기의. 말총의. 말총에 관한.

crinifero, crinigero *a.* 갈기 있는. 갈기 같은 털 있는. [植] 털 모양의.

crinisparso *a.* 갈기가 흩어진. 흩어진 머리털의.

crinito *a.* [動·植] 연한 털(柔毛) 있는. 머리카락 모양의.

crino *m.* [植] 수선(水仙)의 일종.

crinolina, crinoline *f.* 말총으로 짠 딱딱한 천. 《古》부인의 치마감으로 쓰던 딱딱한 천.

criocéfalo *a.* 양머리(羊頭) 비슷한; 그런 것이 있는.

criogenina *f.* [化] 한제(寒劑).

criolito *m.* [鑛] 빙정석(氷晶石).

riometria *f.* 저온측정.

criometro *m.* 저온계(低溫計) (빙점(氷點) 이하를 측정하는).

crioulo *m.* ①백인과 흑인과의 트기. 반혹인. ②서인도·남아메리카 등에 원래부터 살던 흑인. 크리오울 사람.
— *a.* 국산(國産)의.

cripta *f.* 토굴. 동굴. 지하실(특히 사원(寺院)의 납골(納骨) 또는 예배용의). [解] 노포선(撌胞腺).

criptocarpo *a.* [植] 잠과의.
— *m.* 잠과(潛果)식물.

criptocefalo *a.* [動] 잠두(潛頭)의.

criptocristalino *a.* [鑛] 잠정질(潛晶質)의.

criptogamia *f.* [植] 은화식물(隱花植物).

criptogâmico *a.* 은화(민꽃)식물의.
plantas criptogâmicas 은화(민꽃)식물. (*plantas fanerogâmicas* 현화(顯花)식물의 대(對)).

criptogamista *m., f.* 은화(민꽃)식물학자.

criptogâmo *a.* =*criptogâmico*.

criptogamologia *f.* 은화식물사(史).
criptografia *f.* 암호법(문). 암호기법(記法).
criptográfico *a.* 암호법의. 암호로 표시한.
criptografo *m.* 암호 사용자. 암호계원(暗號係員).
criptograma *m.* 암호(문). 은어(隱語)로 기록된 것.
criptoogia *f.* 암호술. 결말. 은어(隱語).
criptomeria *f.* [植] 일본 숙대나무. 일본 삼목(杉木).
criptônimo *a.* 익명(匿名)의. 암호 이름의.
— *m.* 익명의 저자(著者).
criptopede *a.* 잠족(潛足)의.
— *m.* 잠족동물.
criquete *f.* 크리켓(영국의 국기(國技). 열한 사람씩의 두 패가 하는 경기).
crisálida, crisálide *f.* [蟲] 번데기. 고치.
crisalidar *v.t.* 번데기가 되다.
crisântemo *m.* [船] 국화(菊花). 국화무리의 식물.
crise *f.* ①(운명의) 분기점(分岐点). 위기. 위급. ②(정계의) 중대국면. 난국 ; (경제의) 위기. 공황. ③(병의) 고비. 위험한 때.
criselefantina *f.* (옛 그리스의 조각) 금과 상아로 만든 조각물.
criseo (1) *m.* 《詩》태양.
— (2) *a.* 금으로 만든. 금제(金製)의.
criside, criais *f.* 금봉(金峰).
crisma *m.* ① [宗] (가톨릭의 의식에 쓰는) 성유(聖油). 성고(聖膏). ②성유식(式). 견신례(堅信禮).
crismar *v.t.* [宗] (사람에게) 견신례(堅信禮)를 주다. 안수례(按手禮)를 주다.
—*se v.pr.* 견신례(안수례)를 받다.
crisoberil, crisoberilo *m.* [鑛] 금녹옥(金綠玉). 금록석(石).
crisocalo *m.* 금과 구리(銅)의 합금.
crisocloro *a.* 금빛을 띤 초록색의. 금록색의.
crisoftalmo *a.* (동물로서) 금빛의 눈이 있는. 금색안(金色眼)의.
crisografo *m.* 금빛의 그림 또는 금빛으로 쓴 글.
crisol *m.* 도가니. 가혹한 시련.
crisolita *f.* =*crisolito*.
— *m.* [鑛] 감람석(橄欖石).
crisopraso *m.* [鑛] 녹옥수(綠玉髓).
crisótomo *a.* 웅변의.
crispação *f.* ①곱슬곱슬함. 꼬불꼬불함. 주름잡힌. 꾸겨짐. 수축. 위축(萎縮). ②경련(痙攣). (심줄 따위의) 쥐오르기.
crispadura *f.* =*crispamento*.
— *m.* =*crispação*.
crispar *v.t.* 주름(살)지게 하다. (머리털 따위를) 곱슬곱슬하게 하다. 움츠르게 하다.
— *v.i.*, —*se v.pr.* ①주름살지다. 꾸겨지다. 곱슬곱슬해지다. 푸득푸득하다. ②움츠리다. 위축하다. ③경련하다.
crispifloro, crispifólido *a.* [植] (화판(花瓣)의) 가장자리가 똘똘 말린.
crista *f.* ①(닭 따위의) 볏. 도가머리. 계관(鷄冠). 관모(冠毛). ②(닭의) 볏 모양의 것. ③예모(禮帽) 앞에 달린 숫. 새깃 장식. 새깃으로 장식한 모자. ④돌출부. 첨단(尖端). 꼭대기. 정상. ⑤(파도의) 물마루. ⑥[建] 도리장식. ⑦[解] 머리 위의 융기(隆起). 골즐(骨櫛).
erguer a crista 거만(오만)하다. 으쓱하다.
jogar as cristas 싸우다. 투쟁하다.
abaixar a crista 교기(驕氣)를 꺾다.
cristã *a.*, *m. cristão*의 여성형.
cristado *a.* 볏이 있는. 관모(冠毛)가 있는. 볏모양의 돌기(突起)가 있는.
cristal *m.* 수정(水晶). 수정과 같은 것. 수정으로 만든 물품(제금). 결정체(結晶體). 《詩》투명. 수정처럼 맑은 물. 청수(淸水).
cristal de rocha 수정(水晶).
cristalífero *a.* 결정(結晶)이 있는. 결정이 되는.
cristalinidade *f.* ①결정성(結晶性). 정질(晶質). 수정처럼 투명함.
cristalino *a.* 수정의. 수정으로 되는. 투명한. [化·鑛] 결정성(結晶性)의.
— *m.* 결정체. (눈알의) 수정체.
cristalização *f.* ①결정. 결정 작용. 결정화. ②결정체. ③구체화.
cristalizador *m.* ①결정시키는 것. ②염전(鹽田)의 각 구획(區劃).
cristalizar *v.t.* 결정(結品)시키다. 정화(晶化)케 하다. (사상·계획 등을) 구체화하다.
— *v.i.*, —*se v.pr.* 결정하다. 정화하다. 구체화하다.
cristalizável *a.* 결정할 수 있는(하기 쉬운).
cristalogenia *f.* 결정생성론(結晶生成論).
cristalografia *f.* 결정학.
cristalográfico *a.* 결정학(상)의.
cristalógrafo *m.* 결정학자.

cristalóide *a.* 결정 모양의. 정질(晶質)의. 수정 같은.
— *m.* [化] 정질(晶質). (눈의) 수정막(水晶膜).

cristan *a.*, *f.* = *cristá*.

cristandade *f.* [집합적] 기독교도임 ; 기독교 국가.

cristanmente *adv.* ①기독교적으로. ②기독교도(敎徒)답게. 그리스도교 신자로서.

cristão *a.* 그리스도의. 기독교의. 예수교의. 기독교를 신봉하는.
— *m.* 기독교도. 그리스도교 신자(信者).

cristianicida *m.* 기독교도 살해(자).

cristianicidio *m.* 기독교도를 살해(학살)하기.

cristianismo *m.* 기독교. 예수교. 기독교국.

cristianíssimo *a.* (*cristão. a*의 최상급) 가장 그리스도적인. 《俗》 가장 진리에 적합한.

cristianização *f.* 기독교화(化). 기독교 주입(注入). 기독교로 귀의(歸依)하기(시키기).

cristianizar *v.t.* 기독교 신자로 되게 하다. 기독교를 주입하다. 기독교도(敎徒)로 개종시키다.
—se *v.pr.* 기독교 신자로 되다. 기독교에 귀의(歸依)하다. 기독교화하다.

cristicola *m.* (예수) 그리스도 숭배자.

cristipera *f.* 구세주 그리스도의 어머니.

Cristo *m.* (예수) 그리스도. 구세주 ; 그리스도의 상(像).

cristofania *f.* 그리스도의 재현(再現).

cristofle *m.* 일종의 합성은(合成銀).

cristologia *f.* 기독론(論).

cristológico *a.* 기독론의.

critério *m.* ①(비판의) 표준. 준거. 기준. ②감식(鑑識). 판단력.

criterioso *a.* 잘 아는 (알고 있는). 지각 있는. 사려 있는. 현명한. 판단력 있는.

crítica *f.* 비평. 피판. 평론. 평론문. 비판문. 비난. 험잡기.
crítica e auto-crítica 비판과 자아비판.

criticador *m.* 비평(하기 좋아)하는 사람. 비난자. 비판자. 평론자.

criticar *v.t.* 비평(비판)하다. 비난하다. 혹평하다. 평론하다. 논평하다.

criticaria *f.* 엉터리 비평. 저급(低級)한 평론집(集).

criticastro *m.* 엉터리 비평가. 저급한 평론가.

criticável *a.* 비판(비평)할 만한. 비판(비평)의 여지가 있는.

criticismo *m.* [哲] 비평론. 비평법(批評法). 비평합리주의.

criticista *a.* 비평론의(에 관한).
— *m.*, *f.* 비평론자. 비평합리주의자.

crítico *a.* ①비평의. 비판(비평)적인. 평론의. 흑평적. ②비평 능력이 있는. 감식력(鑑識力) 있는. ③위기의. 아슬아슬한. 위험한. (병이) 위독한.
momento crítico 위기(危機).
situação crítica 중대한 국면(형세).
— *m.* 비평자. 흑평가. 비난하는 사람. 흠만 찾는 사람. 평론가.

critiqueiro *m.* 쓸데없이 비판하는 사람. 흠만 찾는 이. 엉터리 평론가.

crivação *f.* ①체로 치기. 쳐서 가리기. 흔들어 가리기. ②(체 구멍 같은) 구멍을 뚫기.

crivado *a.* ①체로 친. 쳐서 가린. 키질한. ②체처럼 많은 구멍이 있는. 구멍 투성이 된.

crivar *v.t.* ①체로 치다. 쳐서 가리다. (모래·가루 따위를) 체질하다. 흔들어 가려내다. 추리다. 취사(도태)하다. ②많은 구멍을 만들다(뚫다). 구멍 투성이가 되게 하다.
— *v.i.* ①체질하다. 체를 빠지다. 체를 빠져 떨어지다. 새어 내리다. ②구멍 투성이 되다.

crível *a.* 믿을 만한. 믿을 수 있는. 믿음직한. 신용(신뢰)할 수 있는.

crivo *m.* ①눈이 가는 체. 쇠줄로 만든 체. 많은 구멍 있는 바구니. 말광우리. 도드미. ②많은 구멍. 구멍이 많이 뚫려 있는 것.

crochê *m.* 크로우세. 뜨개질.

crocitação *f.* (까마귀가) 까악까악 울기.

crocitante *a.* 까악까악 우는.

crocitar *v.i.* (까마귀가) 까악까악 울다.

crocito *m.* 까악까악 우는 소리.

croco *m.* [植] 끄로꼬 ; 그 꽃(원예식물).

crocodilita *f.* [鑛] 홍연광(紅鉛鑛).

crocodilo *m.* [動] ①악어(크로커다일 속의). ②《轉》 반역자. 배신자.
lágrimas de crocodilo 거짓 눈물.

crocuta *f.* [動] 이리(狼)의 일종.

croma *f.* [樂] 반음계(半音階).

cromado *a.* [化] 크롬을 함유한.
cromatica *f.* 색채론(色彩論). 색학(色學). 색채학. 색소화합법(色素化合法). 염색술(染色術).
cromático *a.* ①색채의. 채색(彩色)한. ②[生物] 염색체의. ③[樂] 반음계의.
— *m.* [樂] 반음계(半音階).
cromatina *f.* [生物] 크로마틴. 염색질(染色質).
cromatismo *m.* 색수차(色收差). 자연색(自然色). [醫] 수반색채감(隨伴色彩感).
cromato *m.* [化] 크롬산염(酸鹽).
cromatose *f.* [醫] 피부변색증.
cromaturia *f.* [醫] 유색뇨(有色尿)의 배출.
crômico *a.* ①크롬의. ②색(色)의.
ácido cormico 크롬산(酸).
cromidrose *f.* [醫] 유색한(有色汗)이 나오는 질병(疾病).
crômio *m.* [化] 크로뮴. 크롬. [금속원소].
cromismo *m.* [植] 이상색소(異狀色素).
cromite *f.* [鑛] 크롬 철광.
cromo *m.* ①[化] 크로뮴. 크롬 강철. 황연(黃鉛). ②채색판(採色版).
cromogenio *m.* 색소출생균(色素出生菌). 발색균(發色菌).
cromolitografia *f.* ①크롬 석판술. ②착색석판(着色石版)인쇄(의 그림).
cromolitográfico *a.* 착색석판(술)의. 크롬 석판의.
cromolitógrafo *m.* 착색석판 인쇄자.
cromometro *m.* 비색시험기(比色試驗器).
cromopsia *f.* [醫] 무색채(無色體)가 아닌 유색체로 보이는 병적 현상. 어떤 유색체.
cromosoma *m.* [生物] 염색체(染色體).
cromossomos *m.(pl.)* 염색체.
cromoterapia *f.* 채광요법(彩光療法).
cromurgia *f.* [化] 채색학(彩色學).
crônica *f.* ①연대기(年代記). 기록. 편년사(編年史). ②이야기. ③(신문의) 사회기사(記事); 잡보(雜報).
cronicamente *adv.* [醫] 만성적으로.
cronicidade *f.* (병의) 만성(慢性).
crônico *a.* ①오랫동안에 걸친. 근거 있는. ②[醫] 만성의. 고질의.
doença crôntca 만성병. 고질(痼疾). 숙병(宿病).
indigestáo crônica 숙체(宿滯). 만성 소화불량.
croniqueiro *m.* (신문의) 사회기사 쓰는 이. 잡보기자(雜報記者).
cronista *m., f.* 연대기작자(年代記作者)(기록자). 편사가(編史家).
cronofotografia *f.* 정시적 연속사진(定時的連續寫眞). 활동사진.
cronofotografo *m.* 활동사진기.
crongrafia *f.* 연대지(年代誌). 연대표.
crongrama *m.* 연대표시명(銘)(글귀 가운데 큰 자로 쓴 글자만을 합하면 로마 숫자로 연대가 표시되게 되어 있는 명(銘)·글).
cronologia *f.* 연대학. 연대기(年代記). 연표(年表).
cronologicamente *adv.* 연대순으로 연대학상.
cronológico *a.* 연대학(상)의. 연대기의. 연대순의.
ordem cronológica 연대순(年代順).
cronologista, cronólogo *m.* 연대학자.
cronometria *f.* 시각측정법(時刻測定法).
cronometricamente *adv.* 시각측정으로. 크로노미터로 재서.
cronométrico *a.* 크로노미터의(로 측정한).
cronômetro *m.* 크로노미터(천문학상의 관측·항행 중의 경도(經度) 측정 등에 사용하는 정밀한 시계). 표준시계. [樂] 박자를 재는 시계.
cronoscópio *m.* 극미(極微) 시간 측정기. 초시계(秒時計).
croque *m.* 일종의 쇠갈퀴. 끝에 갈고리가 달린 작대기.
croquete *m.* [料理] 크로켓.
croata *f.* ①(모든 것의) 굳은 표면. 겉껍질. 딱딱한 껍질(硬皮). 층피(層皮). 껍질. (죽이나 풀 따위의) 꺼풀. (술병 안에 끼는) 버캐. ②부스럼 딱지. 헌데 딱지.
crostoso *a.* ①껍질이 많은. 껍질(꺼풀)에 덮인. 버캐가 많은. ②부스럼 투성이의. 헌데 딱지 많은.
crótalo *m.* ①(악기의 일종) 카스타넷. ②[動] 방울뱀. 향미사(響尾蛇).
crotalóide *a.* 방울뱀 모양을 한.
crotalóides *m.(pl.)* 방울뱀속(屬). 향미사류.
croton *m.* [植] 옻나무.
cru *a.* ①(고기 따위의) 생(날) 것의. (요리 따위) 덜 익은. (과일 따위) 채 익지 않은. ②미숙한. 익숙치 않은. 무경험의. ③원료 그대로의. 미가공의. 정제하지 않은. 다투지 않은. 있는 그대로의. 아무런 장식도 없는. 자연 그대로의. ④노골적인. ⑤ 차가운. 습랭(濕冷)한. 냉혹한. 잔인한. ⑥곤란한. 힘드는.
óleo cru 원유(原油).
couro cru 날가죽. 생피(生皮).
seda crua 생사(生絲).
crua *a*. *cru*의 여성형(形).
cruciação *f*. ①심한 고통(고뇌). ②가혹한 시련. ③십자가에 못박힘.
cruciador *a*., *m*. 몹시 괴롭히는 (자). 고통주는 (자). 가혹한 시련을 가하는 (자).
crucial *a*. 십자꼴의. 십자형(十字形)의.
cruciante, cruciário *a*. 심한 고통을 주는. 가혹한 시련을 가하는. 몹시 괴롭히는.
cruciar *v.t*. 심한 고통을 주다. 몹시 괴롭히다. 가혹한 시련에 처하다. 십자가를 지게 하다.
crucianto *m*. = *cruciação*.
cruciferário *m*. [宗] 예배행렬 때 십자가를 들고 가는 사람.
cruciferas *f*.(*pl*.) [植] 십자화과(十字花科)의 식물.
crucífero *a*. 십자형의 표시가 있는. 십자가가 달려 있는. [植] 십자화(꼴)의.
crucificação *f*. ①십자가 위의 죽음. ②그리스도의 죽음. ③십자가에 못박기. ④가혹한 시련.
crucificado *a*. ①십자가에 못 박힌. 십자가에 처형된. ②십자가를 짊어진. 심한 고통을 받는.
— *m*. 십자가에 못박힌 자. (십자가에 죽은) 그리스도. 예수.
crucificador *m*. 십자가에 못 박는 자. 책형(磔刑)에 처하는 자.
crucificamento *m*. 십자가에 못 박다. 십자가에 못 박아 죽이다. 책형에 처하다.
crucificar *v.t*. ①십자가에 못 박다(못 박아 죽이다). 책형(磔刑)에 처하다. ②가혹한 시련을 가하다.
crucifixão *f*. ①십자가 위의 죽음. 그리스도의 죽음. ②그리스도 처형의 화상. ③가혹한 시련.
crucifixar *v.t*. = *crucificar*.
crucifixo *m*. ①십자가에 못 박힌 그리스도의 상(像). ②(誤用) 십자가.
cruciforme *a*. 십자꼴(十字形)의.
crucigero *a*. = *crucifixo*.
crudelíssimo *a*. (*cruel*의 최상급) 가장 잔인한.

crudivoro *a*. 생(날) 것을 먹는(먹고 사는).
cruel *a*. ①잔악한. 잔인한. 무자비한. 무정한. ②무참한. 처참한. 비참한. ③쓰라린. ④심한. 지독한. 혹독한.
crueldade *f*. ①잔학. 잔인(성). 무자비함. ②잔학한 행위. 흉악무도(無道). 가혹한 처사.
cruelmente *adv*. 잔인하게. 잔학하게. 무참하게.
cruelíssimo *a*. = *crudelíssimo*.
cruentação *f*. 피흘리기. 피에 젖기.
cruentar *v.t*. 피흘리게 하다. 피에 젖게 하다.
cruento *a*. ①피의. 피흘리는. 피에 젖은. 피투성이의. 피비린내 나는. ②가혹한. 처참한.
crueza *f*. ①생것임. 날것임. 익지 않음. 미숙. 조야(粗野). ②미완성품(예술 등의). ③잔학. 잔인(殘忍). 무자비.
crumata *m*. [魚] 끄루마따아(민물고기의 일종).
cruo *a*. 《古》= *cru*.
cruor *m*. ①《詩》피흐름. 유혈. ②[醫] 응혈(凝血).
cruorico *a*. 응혈한. 응고한.
cruorina *f*. 혈색소(血色素).
crupe *m*. [醫] 크루프. 위(의)막성 후두염(僞(擬)膜性喉頭炎).
crural *a*. [解] 다리의. 아래 넓적다리의.
crusta *f*. 껍질. 겉껍질 빵. 외층(外層). 종피. 딱딱한 껍질(硬皮). 피각(皮殼). [動] 갑각(甲殼). [地質] 지각(地殼).
crustáceo *a*. 겉껍질의. 피각의. 피각질(質)의. [動] 갑각류의.
crustáceos *m*.(*pl*.) [動] 갑각류(甲殼類).
crustaceologia *f*. 갑각류학(學).
crustacite *m*. 갑각류의 화석(化石).
crustoderme *a*. 딱딱한 껍질(硬皮)이 있는.
cruz *f*. ①십자가. 가룻대. 십자표. 십자꼴 훈장. ②십자가. 십자형(刑) 틀. 그리스도가 못 박힌 십자가. ③그리스도의 수난. 속죄(贖罪). 그리스도의 수난상(受難像) 또는 그 그림. ④가혹한 시련. 간난(艱難). 고난. 고초. [天] 십자성. 십자성좌(星座).
cruz de santo André X꼴 십자.
cruz de Malta 몰타 십자.
cruz grega 그리스 십자. 정(正)십자.
cruz Latina 래틴 십자. 긴 십자(十).
cruz vermelho 적십자.

entre a cruz e a cardeirinha 진퇴양난에 빠져 있다.
Todos tem a sua cruz. 고생(또는 걱정)은 누구에게나 있다.

cruza-bico *m.* [鳥] 솔잣새(연작류(燕雀類)에 속하고. 부리가 교차되었음).

cruzada *f.* [史] 십자군. (종교상의) 성전(聖戰).

cruzado *a.* 십자로 놓인. 교차한. 십자를 그린. 십자 줄 친. (가로세로 줄쳐서) 지운.
fogos cruzados 십자포화(十字砲火).
estar com os braços cruzados 팔장 끼고 있다. (남이 하는 일을) 방관하다.
— *m.* ①십자군 전사(戰士). ②개혁운동자. ③《古》옛 포르투갈의 동전(400레이스에 해당).

cruzador *m.* ①순라선(巡邏船). ②순양함(巡洋艦). ③교차하는 것. 가로지르는 것.

cruzamento *m.* ①건너지르기(가기). 횡단하기. ②교차. (도로의) 교차점. 네거리. 횡단보도(步道). ③(가축·식물 등의) 이종교배(異種交配). 잡교(雜交).

cruzante *a.* (가축) 개량종(改良種)의.

cruzar *v.t.* ①교차시키다. 엇걸리게 하다. (서로) 교차하다. 십자를 긋다. 가로세로 줄을 긋다. ②(가축·식물 등을) 이종교배시키다. ③도항(渡航)하다. 순회(巡廻)하다.
— *v.i.* 서로 가로지르다. 교차하다. (한쪽 끝에서 다른 쪽으로) 건너가다. 길(또는 강 따위)을 횡단하다.
—se *v.pr.* 서로 가로지르다. 서로 어긋나다. 이종교배하다.

cruzável *a.* 가로지를 만한. 교차 가능한. 이종교배(異種交配)할 만한.

cruzeiro *a.* ①십자의 표시가 있는. 십자가를 단.
—*m.* ①(교회·광장·묘지 등의) 십자가의 표식. ②십자로. ③[天] 십자성(十字星). ④[植] 약초의 이름. ⑤(브라질의 돈단위) 그루제이로.
cruzeiro do sul 남십자성.

cruzeta *f.* 작은 십자가.

ctoniano *a.* 하계(下界)의. 하계의 신(神)의.

ctonico, ctonio *a.* =*ctoniano*.

cu *m.* ①항문(肛門). ②엉덩이. 《卑》똥구멍.

cuambú *m.* [植] (브라질산의) 국화과의 식물.

cuandú *m.* [動] 쥐의 일종.

cuba (1) *f.* 큰 통. 큰 나무통. 양조(또는 염색)용 통.
— (2) *m.* 유력한 자. 세력가. 수완가.

cubagem *f.* ①입체구적법(立體求積法). 체적계산. ②체적. 용적(容積).

cubano *a.* 쿠바의.
— *m.* 쿠바 사람.

cubar *v.t* 체적을 구하다. 체적을 계산하다. (수를) 세제곱하다.

cubatura *f.* =*cubagem*.

cubeba *f.* [植] *cubebeira*의 열매. 큐우벱(자바·보르네오산의 후추).

cubebeira *f.* [植] 큐우벱 나무.

cúbicamente *adv.* 입방으로. 삼차(三次)로.

cubicar *v.t.* =*cubar*.

cúbico *a.* 입방(체)의. 정육면체의. 삼차의. 세제곱의.

cubículo *m.* (기숙사 등의) 칸막은 작은 침실. 소실(小室). (도서관 등의) 개인용 작은 방.

cubismo *m.* [美術] 입체파.

cubista *m.f.* 입체파의 예술가(화가·조각가).

cubital *a.* 전박의. 척골의.

cúbito *m.* [解] 전박(前膊). 척골(尺骨).

cubo *m.* ①입방체. 정육면체. ②[數] 입방. 세제곱. 삼승(三乘). ③(목재의 계산단위) 입방미터. ④(수차(水車)의) 두레박. ⑤(차의) 바퀴통. 차곡(車轂).

cubo-cubo *m.* [數] 세제곱의 세제곱.

cubóide *a.* 입방형의. 주사위 모양의.
— *m.* [數] 직평행육면체(直平行六面體). [解] 투자골(骰子骨).

cubrit *v.t.* =*cobrir*.

cuca (1) *f.* 어린아이를 위협할 때 쓰는 말.
— (2) *f.* 미운 노파.

cucharra *f.* 뿔로 만든 숟가락.

cuci *m.* *cuciofeira*의 열매.

cuciofeira *f.* [植] (인도산) 야자수의 일종.

cuco *f.* ①[鳥] 두견(杜鵑). 소쩍새. ②소쩍새의 울음소리. ③구명시계(鳩鳴時計 : 시를 알리는 소리가 마치 새가 우는 듯하는 것).

cuco *m.* [植] 꽃황새냉이(배추과).

cucular *v.i.* (뻐꾹새가) 뻐꾹뻐꾹 울다. 두견이 울다.

cuculideos *m.(pl.)* [鳥] 두견류(杜鵑類).

cucurbita *f.* ①[植] 호리박. 표주박(박과).

②증류병(蒸溜瓶).
cucurbitáceas *f.(pl.)* [植] 호리과(호리科 : 수박·호박·참외·멜론 등 이에 속함).
cucurbitáceo *a.* [植] 호리과의. 호리병같은.
cucuricar, cucuritar *v.t.* (수탉이) "꼬꼬" 울다.
cucurucú (발음 : 꾸꾸루꾸우). (브라질산) 독사의 일종.
cudelume *m.*《卑》개똥벌레(*vagalume*의 별칭).
cuecas *f.(pl.)* 바지밑의 내복. 팬티.
cueiros *m.(pl.)* (특히 어린애를 싸는) 포대기. 강보(襁褓) 두렁이.
  desde os cueiros 젖먹이 때부터.
cugar *m.* [動] 붉은 털 있는 범.
cuguardo *m.* [動] (북미산) 산고양이의 일종.
cuia *f.* 바가지(의 총칭 : 물푸는 것. 곡식 담는 것 등).
cuiada *f.* 바가지에 하나 가득한 분량.
cuidação *f.*《古》①주의(조심)하기. 신중히 생각하기. ②의지. 관념.
cuidado *a.* 잘 생각하는. 심사숙고하는. 신중을 기하는.
 — *m.* ①주의. 조심. ②돌보기. 보호. 간호. ③근심. 걱정.
  ter cuidado 또는 *tomar cuiaado* (…을) 조심하다. 주의하다. 돌보다.
 — *interj* 주신! 주의헤크!
cuidador *a., m.* 잘 돌보는 (이). 잘 맡아보는 (이). 잘 주의하는 (사람).
cuidadosamente *adv.* 주의하여. 정성스럽게. 신중히. 소중히.
cuidadoso *a.* 조심성 있는. 잘 주의하는. 경계하는. 정성을 들이는. 소중하게 여기는. 용의주도한.
cuidar *v.t.* (…을) 주의하다. 경계하다.
  cuidar (de) …을 소중히 하다. 돌보다. 간호하다.
 — *v.i.* 근심하다. 걱정하다. 관심을 두다. (…라고) 믿다. 주의하다.
 —**se** *v.pr.* 마음에 그리다. 관심을 두다.
cuidoso *a.* =*cuidadoso*.
cuim (1) *m.* (브라질산) 토끼의 일종.
 — (2) *m.* 겨. 쌀겨(米糖).
euité *m. cuitezeira*의 열매. 표주박(조개 어 바가지로 씀).
cuitezeira *f.* [植] (브라질산) 표주박 식물.
cuiú [鳥] 앵무새의 일종.

cucurbitáceas-culpavelmente

cujo *pron. rel. e a.* (관계대명사 또는 형용대명사). (…하는) 그 사람의. 그것의. 그 물건의. 모모의. 하는 것의.
culapada *f.*《卑》뒤로 주저앉음. 볼기가 땅에 닿음.
culapar *v.t.* 뒤로 주저앉다. 볼기가 땅에 닿다.
culatra *f.* ①총의 개머리. 포미(砲尾). ②볼기. ③매음부(賣淫婦).
  Sair pela culatra. 총알이 뒤로 빠져 나오다.《諺》(남을 해치려고 한) 목적이 실패하다.
culatral *a.* (총의) 개머리의. 포미의. 볼기의.
culicideo *m.* 황열병의 병균을 나르는 모기(蚊).
culinária *f.* 요리법. 요리기술.
culinário *a.* 부엌의. 주방(廚房)의. 요리의.
  uso culinário 취사용(도구).
  livro culinário 요리전서(料理全書).
  preparação culinária 음식물의 조리(調理). 요리 만들기.
culminação *f.* 최고점. 절점. 최고조. 전성(全盛). 한창. [天] 자오선 통과.
culminância *f.* 최고점. 절점. 극점. 꼭대기.
culminante *a.* ①최고점의. 절정의. 최고점에 있는. 극도에 달한. ②[天] 천정(天頂)에 있는. 자오선상(子午線上)의.
  ponto culminante 최고점. 극점.
culminar *v.i.* ①최고점(극점·절정)에 달하다. ②《比喩》최고조에 달하다. 전성(全盛)을 극하다. ③[天] 자오선에 닿다. 남중(南中)하다.
culpa *f.* 잘못. 과실. 과오. 오류. 실수. [宗] 죄. 죄악.
culpabilidade *f.* 과실이 있음. 유죄성.
culpado *a.* 잘못한. 실수한. 죄책(罪責) 있는. 유죄의.
 — *m.* 잘못한 사람. 실수한 이. 죄 있는 사람.
culpar *v.t.* 나무라다. 비난하다. 죄과를 (남에게) 돌리다. 죄를 씌우다.
 —**se** *v.pr.* 잘못(죄)을 인정하다. 자백하다.
culpável *a.* 나무랄 만한. 책잡을 만한. 흠잡을 만한. 죄 있는.
culpavelmente *adv.* 유죄로서. 나무랄 만하게.

culposamente *adv.* 잘못하여. 실수하여. 죄를 범하여. 유죄로서.

culposo *a.* 잘못이 있는(많은). 실수 많은. 과실한. 죄 있는.

cultamente *adv.* 친절하게. 정중하게. 은근히. 예의바르게.

culteranismo *m.* = *culturanismo*.

cultismo *m.* 교양 있음. 수양 있음. 훈도(薰陶)되었음.

cultivação *f.* ①경작(耕作). 밭(논)갈이. ②재배. 개발. 양식(養殖). ③양성. 교양. 교화. 수련. 연찬(硏鑽). 세련.

cultivador *m.* 경작하는 사람. 밭(논)갈이 하는 이. 농부. 재배자. 배양자. ②경작기(耕作機). 교토기(攪土機).

cultivar *v.t.* ①밭(논)을 갈다. 경작하다. ②(초목을) 재배하다. 배양하다. ③(재능・품성 등을) 양성하다. 개발하다. 교화하다. ④(예술・학술을) 장려하다. (문학・기예를) 닦다. 연마하다.
— *se v.pr.* 교양을 쌓다. 수양하다. 양성되다. 교화되다.

cultivável *a.* ①경작할 수 있는. (과수 등이) 재배에 적당한. ②교화(教化)할 수 있는.

cultivo *m.* ①밭갈이. 경작. ②재배. 배양. ③교양. 교육. 수양. 교화. 도야(陶冶).

culto *a.* 교양 있는. 수양(修養)한. 예절바른. 교화된. 연구를 많이 한. 문화를 가진. 재배된. 경작된.
— *m.* ①예배. 예배식(禮拜式). 제식(祭式). ②숭배. 존경. 예찬.

cultor *m.* 경작자. 재배자. 연구자. 수양하는 이. 양성하는 사람. 교화하는 자. 존경하는 자. 숭배자. 옹호자.

cultrifoliado *a.* [植] (잎사귀가) 작은 칼 모양(小刀狀)을 이룬.

cultriforme *a.* [植] 작은 칼 모양의.

cultual *a.* 예배의. 종교의. 종교에 관한.

cultuar *v.i., v.t.* 예배하다. 참배하다. 참례(參禮)하다.

cultura *f.* ①경작. 경작법. ②교양. 문화. 세련. 수양. 교화. 도야(陶冶). ③배양. 함양(涵養). 재배.
cultura intelectual 지적(知的) 교육. 지능교육.
cultura moral 정신수양. 도덕적 교육.

cultural *a.* 재배의. 배양(培養)의. 수양의. 교양의. 교화의. 문화의. 인문(人文)의.

culturanismo *m.* 언어・문장 따위의 지나친 수식(修飾). 문체의 수식을 과도하게 하는 버릇.

culturano *a., m. culturanismo*를 과도하게 쓰는 (사람).

cumbeba *f.* [植] (브라질산) 선인장속(屬).

cume *m.* 꼭대기. 정상. 정점(頂点). 최고점. 고비.

comeeira *f.* 산등성이. 산령(山嶺). [建] 마룻대. 지붕.

cumiada *f.* ①산맥. 연이은 산봉(山峰). ②산등성이의.

cumieira *f.* = *cumeeira*.

cumplice *a.* 공범의.
— *m.* 공범자. 종범인(從犯人). 가담자. 연루자(連累者). 패거리.

cumpliciar-se *v.pr.* 공범자가 되다. (사건 등에) 연루하다. 연좌하다.

cumplicidade *f.* 공모관계. 공범. 종범. 연루.

cumprido *a.* 이루어진. 성취한. 완성한. 완수한. 완료한.

cumpridor *a., m.* 이루는 (사람). 성취하는 (자). 완수(완성)하는 (자). 이행하는 (자). 집행하는 (자).

cumprimentador *a., m.* = *cumprimenteiro*.

cumprimentar *v.t.* 인사를 하다. 경의를 표하다. 찬사를 드리다. 칭찬하다.

cumprimeateiro *a., m.* 은근히 인사하는 (사람).

cumprimento *m.* ①인사. 인사의 말. ②완성. 완수. 성취. 달성. ③수행(遂行). 이행(履行). 집행.
cumprimentos (*pl.*) 축사. 조사(弔辭). 축사 또는 조사의 표명. (전해 달라는) 부탁의 말.

cumprir *v.t.* 다하다. 완료하다. 완성하다. (목적을) 이루다. 성취하다. (의무・명령 따위를) 이행하다. 집행하다.
— *v.i.* (…함이) 지당하다. 의무이다. 의무가 있다.
— *se v.pr.* 이루어지다. 성취되다. 완성(완료)되다. 실행(집행)되다.
cumprir os seus deteres 자기의 의무를 다하다.

cumulação *f.* 쌓아올리기. 퇴적(堆積). 누적(累積).

cumular *v.t.* 쌓아올리다. 퇴적하다. 축적

하다. 축재하다.
—se v.pr. 쌓여지다. 누적되다.
cumulativamente adv. 쌓아서. 누적적(累積的)으로. 누가적으로. 점증적(漸增的)으로.
cumulativo a. 쌓는. 퇴적하는. 누적하는. 누가적(累加的). 점가적(漸加的). 겸무(兼務)하는.
cúmulo m. ①더미. 쌓아 놓은 것. 퇴적. 누적. ②많음. 다량. ③꼭대기. 최고점. 극점.
cumulus m.(pl.) [氣象]. 적운(積雲). 층운(層雲).
cuneano a. 쐐기 모양의. 설형의.
cuneiforme a. 설형(楔形)의.
 escrita cuneiforme 설형문자(文字)(옛날 그리스 사람이 쓴).
 folhas cuneiformes 설형엽(楔形葉).
 ossos cuneiformes 설형골(骨).
cunha f. ①쐐기. 쐐기 모양의 물건. ②유력한 알선자(후원자).
cunhada f. 형수. 계수(季嫂). 시누이. 시동생. 처형. 처제. 올케.
cunhado m. 처남. 매부. 형부. 동서(同棲).
cunhador m. 화폐를 주조(鑄造)하는 사람.
cunhagem f. 화폐 주조. 조화(造貨).
cunhar v.t., v.i. ①화폐를 주조하다(만들다). 동전을 찍어내다. ②(거짓말 따위를) 만들어내다. 꾸며내다. (새로운 말을) 창작하다.
cunhete m. 화약통. 화약상자.
cunho m. ①소인(消印). 도장. 스탬프. ②화인(火印). 음각(陰刻)틀. 찍어내는 본. ③특징.
cunicultor m. 토끼를 기르는 사람. 양토업자(養兎業者).
cunicultura f. 양토. 양토법.
cupão m. [商] (공채증서·채권 등의) 이자표(利子票). 떼어내는 표. 회수권의 한쪽. (영화 등의) 할인권. (철도의) 연락승차권.
cupé m. ①쿠페형 마차(2인승(乘) 4륜 유개마차). ②객차 뒤의 작은 방.
cupidez f. 탐욕. 욕심.
cupidineo a. 사랑의 신(神)(큐피트)의. 연애의.
cupido m. [羅神] 큐피트(Venus의 아들로서 사랑의 신. 날개가 달리고 활을 가진 나체의 미소년).

cúpido a. ①욕심 많은. 탐욕한. ②열망하는. 갈망하는.
cupim m. [蟲] 흰개미(白蟻).
cupinzeiro m. 흰개미의 집. 의탑(蟻塔).
cupom m. =cupão.
cupiato m. 제이동염(第二銅鹽).
cúprico a. [化] 제이동(第二銅)의. 구리의. 구리를 포함한. 동질(銅質)의.
cuprífero a. [化] 구리(동)을 포함한.
cuprino a. 구리의. 구리에 관한.
cuprita, cuprite f. [鑛] 적동광(赤銅鑛).
cúpula f. ①둥근 지붕. 둥근 천정. 원정(圓頂). 궁륭(穹隆). ②[動·植] 배상기관(杯狀器官) (잔 모양으로 움푹 패인). 각두(殼斗).
cupulado a. [動·植] 배상기관이 있는. 각두가 있는.
cura (1) f. 병 고치기. 치유(治癒). 치료(법). 치유책. 구제법. 광정(匡正).
 — (2) m. ①목사보(牧師補). 부목사(副牧師). ②《古》 주임 사제(主任司祭). ③목사관구(管區). 사제관구. 교구(敎區).
curabilidade f. 치료가능(성).
curaçau m. 큐라소(홀랜드에서 나는 오렌지 향료의 술).
curado a. ①병을 고친. 병이 나은. 전치(全治)된. 치료한. ②(수육(獸肉) 따위를) 말린. 굳힌.
curador m. ①(병) 고치는 사람. 치료자. ②보호자. 수호자(守護者). 후견인.
 curador dos orfãos 고아보호인.
curadoria f. 후견. 보호.
curandeiro m. 엉터리 의사. 가짜 의사. 돌팔이 의사. 무당. 굿으로 병고치는 사람.
curandice f. ①돌팔이 의사 행실. ②굿으로 병고치기.
curar v.t. ①(병을) 고치다. 치료하다.(건강을) 회복시키다. 바로잡다. ②수육(獸肉)·생선 따위를) 말리다.
 — v.i. ①치료에 종사하다. ②주의하다. 조심하다.
—se v.pr. 스스로 고치다. (치료하다).
curare m. (남미 토인이 사용하는) 화살 끝에 칠하는 독약.
curarina f. 화살독소(失毒素).
curarizar v.t. curare로 해치다.
curativo a. 치료의. 치료하는 힘이 있는. 치료에 쓰는.
 — m. [外] ①치료. 치료법. ②치료약.

curável *a.* 고칠 수 있는. 치료 가능한.

curculionídeos, curculiontos *m.(pl.)* [蟲] 코끼리벌레속. 상비충류(象鼻蟲類).

curiculum-vitae *m.* 이력서(履歷書).

curcuma *f.* [植] (인도산) 생강과의 식물. (특히) 삼황(카레 가루 원료).

curêta *f.* [醫] 큐렛.

cúria *f.* ①지구(地區) (옛 로마의 행정구분). 그곳 주민의 집회소. ②옛 로마의 원로원. ③(중세의) 재판소. 법정.

curial *a.* [史] 원로원의. 로마 교황청의.
— *m.* 옛 로마 교황청의 직원. 원로원의 의원(議員).

curicaca *f.* [鳥] 학의 일종.

curimã *m.* [魚] (브라질산) 숭어의 일종.

curiosamente *adv.* 신기한 듯이. 호기심으로. 기묘하게.

curiosidade *f.* 기묘함. 신기함. 호기심.

curioso *a.* 신기한. 진기한. 기묘한. 기이(奇異)한. 알고싶어 하는. 보고싶어 하는. 호기심이 강한. 불가사의한.
— *m.* 신기하게 여겨보는 사람. 호기심이 강한 사람.

curiuva, curiy *m.* [植] 브라질 소나무.

curral *m.* (가축을 수용하는) 우리. 울타리. 가축수용소.

curralagem *f.* 가축우리(수용소) 사용에 대한 임대료.

curraleiro *a.* (가축우리에) 들어가는. 수용되는. 수용하는.
— *m.* 가축우리(수용소)를 돌보는 이.

curriculum-vitae, currículo *m.* 이력서(履歷書).

currucú *m.* [鳥] (아세아·아메리카산) 까치의 일종.

curruera *f.* (브라질산) 뱁새(鶴).

cursante *m., f.* =*cursista*.

cursar *v.t.* ①(걸어서) 돌아다니다. 순회하다. ②던지다. 쏘다. 날리다. ③(학교에) 다니다. 통학(通學)하다.
— *v.i.* 여행하다. 편력하다. 순항(巡航)하다. (바람이) 불다.

cursista *m., f.* 어떤 학과를 배우기 위하여 다니는 통학생. (특히 대학생)

cursivo *a.* 흘림글씨의. 초서 서체의.
letra cursiva 흘림글씨. 초서.
— *m.* 흘림글씨. 초서. 흘림글씨의 편지(원고).

curso *m.* ①진행. 경과. ②(경주·경기의) 코스. (특히) 경마장. ③노정. 도정(道程). 노순(路順). 수로(水路). 물줄기. ④방침. 방향. ⑤학과. 과목. 과정(課程). ⑥(화폐의) 유통. 통용.

cursor *m.* [機] 활동부(滑動部). 활자(滑子) (수학·천문·측량기계 등의 전후로 움직이는 부분). 활금(滑金). 활판(滑瓣). (총 따위의) 유표(遊標).

curtamente *adv.* 짧게. 모자라게. 부족하게. 불충분하게.

curteza *f.* ①짧음. ②모자람. 부족. 결핍. ③《比喩》학식·기능 따위의 부족. 상식 부족.

curtido *a.* (가죽을) 무두질한. 물에 적셔 부드럽게 한. 햇볕에 태운(탄). 단련된. 숙련한. 숙달한.

curtidor *m.* 무두장이. 제혁공(製革工).

curtidura *f.* ①무두질하기. 햇볕에 태움. 물에 적셔 부드럽게 함. ②무두질하는 법. 제혁법(製革法). ③《俗》채찍질. 학대.

curtimento *m.* ①무두질하기. 햇볕에 태우기(태워서 굳히기). ②물에 담금물에 적셔 부드럽게 하기(浸解). 《俗》학대. 두드려 못살게 굴기.

curtir *v.t.* ①(가죽을) 무두질하다. 탄닌을 먹이다. 햇볕에 태우다. 태워서 굳히다. ②물에 담그어 연하게 하다. 침해(浸解)하다. ③《俗》때리다. 채찍질하다. 학대하다.
—*se v.pr.* 햇볕에 타다. 타서 굳어지다. (피부 따위) 햇볕에 타서 검어지다. 마찰되어 튼튼해지다.

curtir couros 가죽을 무두질하다.
curtir azeitonas 올리브 열매를 소금물에 담그다.
curtir o linho 삼(麻)을 물에 담그어 연하게 하다. 침해(浸解)하다.

curto *a.* ①짧은. ②모자라는. 부족한. 결핍한. 얼마 안되는. ③간단한. 간략한. 간결한. ④잠시의. 단기의. ⑤마음이 좁은.
ter a vista curta 근시(近視)이다. 먼 곳을 보지 못하다. 선견지명(先見之明)이 없다.

curtume *m.* (가죽을) 무두질하기. 무두질하는 법. 제혁법.

curva *f.* ①곡선. 굴곡. 만곡부(彎曲部). 곡선규(曲線規). ②(배의) 늑재(肋材). ③[解] 부골(跗骨). ④[野球] 곡구(曲球).

curva plana 평면곡선.

curvado *a.* ①곡선을 이룬. 굽은. 휜. 만곡한. 곡선 모양의. ②굴복한. 복종한.

curvar *v.t.*, *v.i.* 굽히다. 꾸부리다. 꾸부러지게 하다. 곡선을 그리다. 휘게 하다. (휘다). 굴복시키다.(하다).

— se *v.pr.* 꾸부러지다. 휘다. 허리를 굽히다. 머리를 낮추다. 굴복하다.

curvatura *f.* ①만곡(彎曲). ②[數] 곡률(曲率). [機] 곡도(曲度).

curveta *f.* [乘馬] 등약(騰躍): 두 발 앞이 땅에 닿기 전에 뒷발로 뛰는 아름다운 도약). 도약(跳躍).

curvetear *v.i.* (말이) 뒷굽으로 뛰다. 등약하다. 도약하다.

— *v.t.* (기수가) 말을 등약시키다.

curvicóneo *a.* 뿔이 꾸부러진. 꾸부러진 뿔의.

curvifóliado *a.* [植] 잎사귀가 꾸부러진. 꾸부러진 잎사귀(曲葉)의.

curvilíneo *a.* 곡선의. 곡선을 이룬. *ângulos curilíneos* 모가 곡선으로 된 각(角). 곡선각(曲線角).

curvípede *a.* 다리가 휜. 휜 다리(彎脚)의. 꾸부러진 다리의.

curvo *a.* 꾸부러진. 휜. 곡선의. 곡선을 이룬. 궁형(弓形)의. 평평하지 못한. 허리가 굽은. 글럭힌.

cusparada *f.* (뱉어진) 많은 침. 많은 타액.

cuspidato *a.* [植] 끝이 뾰족한. 뾰족한 끝이 있는.

cúspide *f.* 뾰족한 끝. 첨단(尖端). 첨두(尖頭). [植] 잎의 끝. [數] (두 곡선의) 첨점(尖點). [天] (초승달의) 끝.

cuspideira *f.* 타구(唾具). 담통(침 뱉는 그릇).

cuspidela *f.* = *cuspidura*.

cuspido *a.* ①침을 뱉은. ②(타인으로부터) 침뱉음을 당한. 모욕 당한.

cuspidor *m.* 침뱉는 사람. 침 뱉는 버릇 있는 사람.

cuspidura *f.* ①침을 뱉기. ②많은 침. ③침같은 거품.

cuspinhador *m.* 부질없이 자주 침뱉는 사람.

cuspinhadura *f.* 부질없이 자주 침뱉기. 침뱉는 버릇.

cuspinhar *v.i.* 자주(항상) 침을 뱉다.

cuspinheira *f.* ①자주 침을 뱉기. ②많은 침.

cuspinho *m.* 작은 양(少量)의 침.

cuspir *v.i.* ①침을 뱉다. ②싫어하다. 배척하다.

—se *v.pr.* 토하다. 토하듯 발언하다.

cuspo *m.* 타액. 침. 특히 뱉어진 침.

custa *f.* 《古》값. 가격. 대가(代價). 원가. 생산비. 부담. (시간·노력 등의) 희생. 손실. 고통. 애쓴 것.

custas (*pl.*) [法] 소송비용.

á custa de ...의 비용(부담)으로.

custar *v.i.*, *v.t.* ①(비용이 얼마) 들다. 걸리다. (사람에게 얼마를) 쓰게 하다. ②(시간·노력 등이) 걸리다. 들다. ③애쓰다. 노고하다. ④(…이) 생기다. 발생하다. 야기(惹起)하다.

custa Cr 500.^{00} 오백 그루제이로 든다.
custa caro 비싸게(高價로) 걸리다(먹다).
custa a crer 믿기 어렵다.
custe o que custa 비용이 얼마든지 간에. 어떤 일이 있든. 만난을 배제하고.

custeamento *m.* ①(드는) 비용. ②지출. 지출액. ③경영비. 유지비.

custear *v.t.* (비용을) 지불하다. (경비를) 지출하다.

custeio *m.* = *custeamento*.

custo *m.* ①값. 가격. 대가. ②비용. 실비. 지출액. 노고. 고통. 애쓰기. ③원가 생산비. ④(시킨·노력 등의) 희생. 손실.

preço de custo 원가.

a todo custo 많은 비용을 들여. 어떤 희생이 있든간에.

custódia *f.* ①보관. 보호. 관리. ②감시. ③감금. 구금. 구류. ④보관소. 구류소. 유치장.

custodiar *v.t.* 보관하다. 보호하다. 관리하다. 감시하다. 감금하다.

custódio *a.* 보호의. 보호(守護)의. *anjo custódio* 수호천사(天使).

— *m.* 보안관. 관리인.

custosamente *adv.* 많은 비용을 들여. 고가를 지불하여. 겨우.

custoso *a.* ①값이싼. 고액의. 고가의. 비용이 드는. ②힘드는. 곤란한.

cutâneo *a.* ①피부의. 외면의. ②피상적.

doenças cutâneas 피부병.

cutela *f.* 큰 칼. 고기 베는 칼. 식도.

cutelaço *m.* 도살용의 큰 칼.

cutelaria *f.* ①칼붙이. ②칼붙이 만드는 직업. ③칼붙이 공장.

cuteleiro *m.* =*cutileiro*.
cutelo *m.* 고기 베는 칼. 도살용 칼. 만도(彎刀). (선원들의) 단검.
cutia *f.* [動] (브라질 북부에 사는) 모르모트 비슷한 짐승.
cutícula *f.* [解] 표피(表皮). [植] 겉껍질. 얇은 껍질.
cuticular *a.* 표피의. 겉껍질의. 외피의.
cutículo *m.* 표피. 겉껍질. 얇은 껍질(薄皮). 막(膜).
cutilada *f.* 칼에 벤 상처(切傷). 칼에 다친 상처(刀傷).
cutilão *m.* (*cutelo*의 지대사(指大辭)). 아주 큰 칼. 도살용 큰 칼.
cutilaria *f.* 칼붙이. 칼붙이 만드는 법. 칼붙이 공장.
cutim *m.* 이불잇감.

cútis *f.* [解] 피부. 진피(眞皮). [植] 겉껍질.
cutisação *f.* 표피조성(表皮組成). 막(膜)조성.
cutisar *v.t.* 표피를 조성하다. 막(膜)을 만들다.
cutucar *v.t.* (주의를 끌기 위하여 손가락·팔꿈치 등으로) 슬쩍 찌르다. 꾹꾹 찌르다. 찔러서 알리다.
cutucular *v.t. cutucar*.
cuvaú *f.* [魚] 잉어과의 물고기.
cuvilheira *f.* 《古》 여관(女官). 시녀(侍女).
cuxiú *m.* [動] (아마존 지방에 있는) 일종의 원숭이.
czar *m.* 옛 러시아 황제의 칭호.
czarina *f.* 옛 러시아 황후(왕비).

D, d *m.* 포르투갈어 자모의 넷째 글자. (로마 숫자) 500. [樂] D음. D조(調).

d *Dom*, 또는 *Dona*의 약자(略字).

da ①(전치사 *de*와 관사 *a*의 결합형). …의. …으로부터.

da ②(전치사 *de*와 대명사 *a*의 결합형). …그것의. 그것으로부터.

dação *f.* 《廢》주기. 수여 ; 남의 손에 넘기기. [法] 반환(返還).

dacriadenite *f.* [醫] 누선염(淚腺炎).

dacriociste *m.* [醫] 누낭(淚囊).

dacriocistite *f.* 누낭염(炎).

dacriolito *m.* [醫] 누석(淚石).

dactílico *a.* [損] 장단단격(長短短格)의 강약약격(强弱弱格)의.

dactílino *a.* 손가락 같은. 손가락만의.

dáctilo *f.* [醫] 지염(指炎).

dactlio *m.* [損] 장단단(-⌣⌣)격. 강약약(-××)격.

dactilografar *v.t.* =*datilografar*.

dactilografio *f.* =*datilógrafia*.

dactilógrafo *m.* =*datilógrafo*.

dactilóide *a.* 손가락 모양(指形)의.

dactilologia *f.* 시화법(指話法).

dactilóscopia *f.* 지문법(指紋法).

dadaismo *m.* 다다이즘(예술 사상의 허무주의).

dádiva *f.* ①증여(贈與). 기증. ②선물. 선사.
dadiva celeste 하나님이 주신 선물.

dadivar *v.t.* 기증하다. 선사하다.

dadivoso *a.* ①선사(선물)하기 좋아하는. 선심 잘 쓰는. 물건을 아끼지 않는. ②관대한. 관후(寬厚)한.

dado (1) *a.* ①준. 수여한. 선사한. 기증한. ②허락한. 허가한. ③…에 몰두한. ④사람이 좋은. ⑤(…의) 날짜로 된. (…)일부(日附)의.
— (2) *m.* ①주사위. ②입방체. 6면체. ③자료(資料). 재료. ④알려져 있는 양(量).

dador *m.* 주는 사람. 수여자. 선사하는 이. 기증자.

dafne *f.* [植] 팥꽃나무. 서향(瑞香). [希神] 요정(妖精) 다프네(*Apollo* 신에 쫓기어 계수나무가 되었다는).

dafnina *f.* [化] 서향소(瑞香素).

daguerreotipar *v.t.* 은판(銀板) 사진을 찍다. 실사(實寫)하다.

daguerreotipia *f.* (발명자인 프랑스의 *Louis Daguerre*의 이름에서) (옛날의) 은판 사진(술).

daguerreótipo *m.* ①은판사진기(銀板寫眞機). ②정사(正寫). 실사.

daí (전치사 *de*와 부사 *aí*의 결합형). 거기서부터. 그것으로부터. 그 때부터. 그 때 이래.
daí por diante 또는 *daí em diante* 그 때부터. 그 때 이후. 그 후.
Bem, e daí? 좋아. 그 다음에는(어떻게 한단 말이냐)?

dala *f.* ①선측(船側)의 배수구(排水口). ②골짜기. ③골짜기 사이의 길.

dalém *adv.* 전치사 *de*와 부사 *alem*의 결합형). 그 곳에서부터. 먼 곳으로부터.

dali (전치사 *de*와 부사 *ali*의 결합형). (비교적 먼) 그 곳으로부터. 저기서부터.

dália *f.* [植] 달리아. 천축모란. 달리아 홍색.

dalmatica *f.* [宗] 일종의 법의(法衣).

dalmaticado *a.* 법의를 입은.

daltônico *a.* (특히 초록빛과 붉은 빛을 분간 못하는) 색맹의.
— *m.* 색맹인 사람.

daltonismo *m.* (선천성) 홍목색맹(紅綠色盲).

dama *f.* ①부인. 귀부인. 숙녀 ②(트럼프의) 여왕. (장기의) 여왕. ③여배우. ④무도(춤)의 상대를 하는 여성.
jogos de damas 서양바둑(흑·백 24개의 쪽으로 노는).
dama de honra 신부의 들러리 서는 젊은 처녀.
dama de honor [法] 여관(女官).

aamasceno *a.* =*damasquino*.

damasco (1) *m.* [植] 살구. 살구빛. 장미색.
— (2) *m.* 무늬 좋은 비단. 능직.

damasqueiro *m.* 살구나무.

damasquilho, damasquim *m.* 자개박기. 상감(象嵌).

damasquinaria *f.* 금속상감술(象嵌術).

damasquino *a.* 상감을 한. 자개를 박은.

damice *f.* ①여자의 애교. 교태(嬌態). 애교부리기. 환심사기. 점잔빼기. ②여성의 예민한 감정.

danação *f.* ①노여움. 분노. ②욕설. 악평.

③광란(狂亂). ④광견병(狂犬病)에 걸림. ⑤지옥에 떨어뜨림. 천벌. 파멸. ⑥《廢》처형(處刑). 형(刑)의 선고.

danado *a.* ①화낸. 성난. 분노한. ②광견병에 걸린. ③잔꾀 많은. 교활한. 시시껄렁한. [宗] 영겁(永劫)의 죄를 짊어진. 저주받은.

danador *a.m.* 손해를 끼치는 (사람. 유해물).

danaide *f.* ①[蟲] 나비의 일종. ②[植] 선회수차(旋回水車).

danamento *m.* =*danação*.

danar *v.t.* ①화나게 하다. 성나게 하다. ②미치게 하다. 광란(狂亂)시키다. ③광견병(狂犬病)에 걸리게 하다. ④비난하다. 견책하다. 저주하다. ⑤《稀》못쓰게 만들다. 상하게 하다.
— *se v.pr.* 화나다. 분노하다. 격노하다. 광란하다. 광견병에 걸리다.

dança *f.* ①춤. 무도. 무용. ②무도곡(曲).
salão de dança 무도실(室).
professor de dança 무도(무용) 선생.

dançadeira *f.* ①춤추는 여자. 무용가. ②춤추기 좋아하는 여성.

dançador *a., m.* 춤추는 (사람). 댄서. (전문적) 무용가.

dançante *a.* 춤의. 무도의. 무용의. 춤추는. 무도가 있는.
chá dançante 무도가 있는 다회(茶會). 다과회(茶菓會).

dançar *v.i.* ①춤추다. 무도를 하다. ②뛰어 돌아다니다. 날뛰다.
— *v.t.* (무도를) 하다. (춤을) 추다. (곰 따위를) 춤추게 하다.

dançar *m.* 춤추기. 무도. 무용.

dançarás *m.(pl.)*《俗》무도. 댄스.

dançarina *f.* 춤추는 여자(기생). 무용가.

dançarino *m.* 춤추는 사람. 댄서(남자).

dandi *m.* ①멋쟁이. 잘 차린 남자. ②훌륭한 물건.

dandismo *m.* 멋. 치장.

danificação *f.* [法] 손상(損傷). 훼손(毀損). 피해. 손상행위.

danificador *a., m.* 손해 끼치는 (사람). 손상하는 (사람 또는 물건). 훼손하는 (사람·물건).

danificar *v.t.* [法] 손상하다. 훼손하다. 손해를 끼치다. 파손하다. 상하게 하다.

danífico *a.* 상하게 하는. 손해되는. 손상케 하는. 나빠지는. 해가 되는. 유해(有害)의.

daninhar *v.t.* 해를 끼치다. 해를 가하다. 못 쓰게 하다.
— *v.i.* (아이가) 나쁜 장난을 하다.

daninho *a.* ①해로운. 해가 되는. 유해의. ②심술궂은. 마음이 나쁜.
ervas daninhas 잡초. 해초(害草).

dano *m.* 해. 손해. 훼손(毀損). 손실. 손상. 피해.

danos *m.(pl.)* 덴마크 사람. [史] 데인 사람. (영국에 침입한 북구인(北歐人)).

danosamente *adv.* 해롭게. 해를 끼치며.

danoso *a.* 해를 끼치는. 손해나게 하는. 해나는. 해로운. 유해(有害)의.

dantes *adv.* 이전에. 지난날.

dantesco *a.* 단테식의. 장중(莊重)한.

dantismo *m.* (이태리의 시인) 단테식(式). 단테의 시풍(詩風).

daquêle (전치사 *de*와 대명사 *aquêle*의 결합형). 그것의. 저것의. 그 사람의.

daquí (전치사 *de*와 부사 *aquí*의 결합형). 여기서부터. 지금부터.
《俗》*É daquí!* 아주 좋다. 최고품이다. 가장 예쁘다. (이 말은 자기의 귀밑(여자로 말하면 귀걸개가 달리는 곳)을 두 손톱으로 쥐어 당기면서 해야 그 뜻이 난다).

daquílo (전치사 *de*와 대명사 *aquílo*의 결합형). 저것의. 그 건(件)의.

dar *v.t.* ①주다. 수여하다. ②물려 주다. 맡기다. 위탁하다. ③치다. 때리다. ④생기다. 일어나다. ⑤바치다. 봉헌(奉獻)하다. ⑥(트럼프) 카드를 돌리다. 분배하다.
Dar os bons dias. "안녕하십니까." 하는 인사를 하다.
Dar os parabéns. "축하합니다."라는 인사를 하다.
dar gritos 소리를 지르다.
dar o lugar 장소를 내드리다. 앉기를 권하다.
dar passagem (지나갈 수 있도록) 비키다. 비켜서다. (막아 섰던) 통로를 열다.
dar o sim 승낙하다.
dar pêsames 애도(哀悼)하다.
dar uma pancada (주먹으로) 치다. 후려 갈기다.
dar alarme 경종(警鐘)을 울리다. 경보하다.
dar uma lição (educação) ①학과(學

科)를 가르치다. ②훈계(訓戒)하다. 알아 듣도록 벌을 주다.
dar horas 시계가 (시간을 쳐서) 알리다.
dar conta 계산하다. 정산(精算)하다.
dar vozes 구령(口令)을 내리다.
dar saltos 뛰다. 도약(跳躍)하다.
dar luz (불빛을) 비추다. 등불 켜다.
dar à luz uma obra 저작물을 출판하다.
dar à luz um menino 남아(男兒)를 낳다. 분만(分娩)하다.
dar um abraço 껴안다. 포옹하다.
dar fiado 외상을 주다. 외상 놓다. 신용하다.
dar na vista ①눈에 띄게 하다. 주의를 끌다. ②눈에 띄다. 발견되다.
dar a máquina ①기계를 돌리다. 기계가 돌게 하다. ②기계를 주다.
dar uma mão (페인트·횟가루 따위) 초벌칠을 하다.
dar mão a algum 아무를 도와 주다. 거들다.
dar corda ao relógio 시계에 태엽을 주다(감다).
dar no alvo ①과녁(목표물)에 맞히다. 맞게 하다. ②과녁을 향하여 쏘다.
dar a alma a Deus 죽다.
dar partida 노름(도박)을 시작하다.
dar parte. ①몫을 주나. (할당된) 부분을 주나. ②통지하다. 알리다.
dar a saber 알게 하다. 깨닫게 하다.
dar o mão ã palmatória 잘못 인정하게 하다. (잘못을 깨닫다).
dar um erro ①틀리게 하다. 잘못하게 하다. ②틀리다. 실수하다.
dar em terra 넘어뜨리다. (지상에) 넘어지게 하다.
Dême um cigarro! 담배 한 대 주시오.
Demos uma festa. 우리는 연회를 차렸다.
Êles lhe deram os parabéns. 저분들이 당신께 축하의 인사를 했습니다.
dar ela por ela 같은 보복(반격)을 하다. 오는 말에 가는 말을 하다.
— *v.i.* ①(+*em*). (…을) 치다. 때리다. 구타하다. ②(+*com*). (…와) 만나다. 마주치다. (…와) 대하다. ③(+ *para*) (…에) 향하다. 면(面)하다. ④(양(量)적으로 그만하면) 되다. 충분하다. ⑤할 수 있다. 될 수 있다.
dar fé a …을 믿다. 신봉하다.

dar as costas ①(반대의 뜻으로) 돌아서다. 등을 보이다. 배면(背面)하다. ②도망가다. 물러가다.
dar uma volta ①(어떤 지역을) 한 바퀴 돌다. ②산책하다.
dar voltas (여러 번 돌다) 돌아다니다.
dar um passeio 산책하다. 소요(逍遙) 하다.
dar à vela 돛배가 가다. 범주(帆走)하다.
dar com ①(…와) 일치하다. ②(…을) 만나다. ③(…와) 친교를 유지하다.
dar com alguem 아무를 만나다. 상면하다.
dar em doido 《葡》 *doudo*. 미치다.
ir dar a ①…에 이르다. 도달하다. ②…로 끝나다.
o navio deu contra o recife 배가 암초에 부딪쳤다.
o quarto dá para o jardim 방(房)은 정원쪽으로 향하여 있다.
a janela dá para o mar 창(窓)은 바다에 면하여 있다.
isto dã (이것으로) 충분하다. 됐다.
Será que dá? (이것으로) 충분할까요? 될까요?
ir dar por …을 깨닫다. 느끼다.
Quem me dera! 원컨대! (…했으면) 좋으련만!
dê por onde der 무엇이 되든(일어나든) 간에.
quem me dé disso 상관할 바 없다.
—*se v.pr.* ①종사하다. ②헌신하다. 몸을 맡기다. ③나타나다. 출현하다. ④(+*com*). (…와) 일치하다. (…와) 사이좋게 지내다. 친교를 맺다. ⑤양보하다. ⑥항복하다. 귀순하다.
pouco se me dá 그까짓 아무런 관계도 없다. 상관치 않는다.
dar-se bem Comalguem (…와) 사이좋다. (…와) 친하게 지내다.
dar-se a conhecer ①자기를 광고(廣告)하다. ②인지(認知)하다.
dar-se por …인 체하다.

dardejamento *m.* ①창(槍)을 던지기. 투창(投槍). ②투사(投射). ③번쩍거림.
dardejante *a.* ①(창을) 던지는. 내던지는. ②빛(光線)을 뻗는. 투광(投光)하는. 투사(投射)하는. ③격노하는.
dardejar *v.t.* ①(창을) 던지다. 뒤흔들어

던지다. ②쏘다. 발사하다. ③투광하다.
— *v.i.* ①(던진 창처럼) 날아가다. 돌진하다. ②빛을 보내다. 투사(投射)하다. 투광(投光)하다. 번쩍이다.

dardo *m.* ①던지는 창. 투창(投槍). ②(창모양의) 가시. ③(벌레 특히 독충의) 가시. 바늘. ④급격한 돌진. ⑤《比喩》독설(毒舌).

darese-tomares *m.(pl.)* 말다툼. 논쟁. 쟁의. 알력(軋轢). 불화.

daroès *m.* (회교의) 탁발승(托鉢僧).

dartos *m.* [解] 음낭(陰囊)의 내막(內膜).

dartro *m.* [醫] 포진(疱疹). 복행진(匐行疹).

dartroso *a.* 포진이 있는. 포진 투성이의.

darwiniano *a.* 다윈의. 다윈설의.
— *m.* 다윈설 신봉자.

darwinismo, daruinismo *m.* 자연도태설. 다윈의 진화론.

darwinista, daruinista *m., f.* 다윈설 신봉자.

dasimetria *f.* 가스 밀도계산(법). 대기(大氣) 측량법.

dasímetro *m.* 가스 밀도계(密度計). 대기 측량기.

dasiuro *m.* [動] 유대(有袋) 고양이(호주 또는 다스마니아산의 수상(樹上)에 사는 육식·유대의 작은 동물).

dasocrático *a.* 영림(營林)의.

dasonomia *f.* 산림학(山林學). 산림경제학.

dasonómico *a.* 산림(경제)학의.

data *f.* ①날짜. 기일. 연월일. ②시대. 연대. ③분량(分量). 일정한 양. 많은 양.
data errada 틀린 날짜.
pôr a data (편지·문서에) 날짜를 넣다. 시일을 정한다.
em data de …의 날짜로. …의 일부(日附)로.
até a data presente 오늘까지. 현금(現今)까지.

datar *v.t.* (편지·문서 등에)날짜를 넣다. 연월일을 기입하다. 날짜(시일)를 정하다.
— *v.i.* ①날짜가 적히다. 날짜가 들어 있다. ②(…의 날짜로) 시작하다. 기산(起算)하다.
datar de hoje 오늘부터 세기 시작하다. 오늘부터 기산하다.

dataria *f.* ①로마 교황청의 비서국(秘書局). ②외사원(外赦院): 로마 교황의 전권사항(專權事項). 예를 들면, 은사(恩赦)·

면역(免役) 등을 취급하는 관방(官房)).

datário *m.* 로마 교황청의 비서국장.

dátil *m.* 대추야자의 열매.

datilado *a.* 대추야자 빛을 띤.

datileira *f.* 대추야자.

datilografar *v.t.* 타이프라이터로 찍다. 타자하다.

datilografia *f.* 타이프라이터술. 타이프 사용. 인자법(印字法).

datilógrafo *m.* 타이피스트. 타이프라이터로 찍는 사람.

datiloide *a.* 손가락 같은. 지형(指形)의.

datilologia *f.* 지화법(指話法).

datilonomia *f.* 손가락으로 수(數)를 세기 (세어 보는 법).

datiloscópia *f.* 지문법(指紋法).

datumo *m.* [修] 동의어(同義語)의 반복. 중복 사용.

dativo *m.* [文] 여격(與格). 제3격.
— *a.* ①[文] 여격의. ②[法] 유언에 의하여 지정된. 법관(法官)이 선정한.

datura *f.* 흰독말풀속(屬)(曼陀羅花).

de *prep.* ①(소유·소속) …의. …의 소유인. …에 속하는.
casa de Paulo 빠울로의 집.
Banco do Brasil. 브라질 은행.
Consulado geral da Corea. 한국 총영사관.
cônsul dos Estados Unidos 미국 영사.
Este caderno é de aluno. 이 공책은 생도의 것이다.
②(同格·關係) …의. …라고 하는. …되는.
cidade de São Paulo 상파울루시(市).
Niteroi. capital do estado do Rio 리오데 쟈네이로주(州)의 수도 니떼로이.
③(分量·程度·包括) …의.
um copo de leite 한 컵의 우유.
④(出身·出處) …의. …의 태생인. …으로부터(의).
Sou do Ceará. 나는 쎄아라주(州) 출신이다.
Ele é de origem nobre. 저분은 명문가의 태생이다.
Eles são de portugal. 저 사람들은 포르투갈 출신이다.
⑤(공간적·시간적 출발 또는 시작의 뜻) …으로부터. …에서.
de São Paulo ao Rio 상파울루에서 리오까지.

do Salvador ao Norte 살바돌(시)로부터 이북(으로).

da cidade até o campo 도시에서 들(캠프)까지.

de porta em porta ①한 집에서 다른 집으로. ②문마다. 집집마다.

de hoje em diante 금후. 오늘부터.

de hoje a um ano 금후(오늘부터) 일 년.

da uma às duas 한시부터 두 시 사이.

de segunda a sexta feira inclusive 월요일부터 금요일까지.

de dia a dia 나날이.

Vim da Coréia. 나는 한국에서 왔습니다.

Veio do Japão. 저 사람은 일본에서 왔습니다.

Trouxe dos Estados Unidos. (나는·저 사람은) 미국에서 가져왔습니다.

⑥(距離) …에서. 의 거리를 두고.

fica a duas horas de Belo Horizonte (벨로 오리존떼)에서 두 시간 걸리는 거리에 있다.

⑦(分離·離脫) …에서. …으로부터.

tirei o livro da estante 책장(冊欌)으로부터 그 책을 꺼내다.

levantou-se du cama 그 분은 침대에서 일어났다.

sai da casa (그 사람은) 집으로부터 나가다.

caiu do céu 하늘에서 떨어졌다.

⑧(단체·집단중의 일부분) …의 가운데서. …의 중에서.

Destes rapazes 3 são estudantes. 이 청소년들 중에 3명이 학생입니다.

Algumas destas minas são muito produtivas. 이 여러 탄광 중에 몇 개소는 산출(채굴)량이 대단히 많습니다.

⑨(材料·規格·모양) …으로. …으로 만든(된).

relógio de ouro 금시계.

coroa de flores 꽃다발. 화관(花冠).

pudim de ameixas 서양추리로 만든 푸딩.

cercar de muros 담(담벽)으로 에워 싸다.

cobrir de pano 헝겊으로 씌우다.

alimentar-se de frutas 과일의 자양물을 주다. 과일을 섭취하다.

um prédio de 30 andares 30층의 건물.

cortina de 2 metros 2미터의 커튼.

⑩(性質·形相의 묘사) …의. …모양의.

moça de cabelos louros 금발(金髮)의 젊은 여성.

moço de olhos azuis 파란 눈의 젊은이.

homem de bigode prêto 검은 수염이 있는 남자.

⑪(옷차림·복장 ; 그 색깔) …의. …의 옷을 입고(있는).

vestido de branco(prêto) 흰(검은)옷.

mulher de roupa vermelha 붉은 옷을 입고 있는 여성(부인).

aluno de uniforme amarelo 노란 운동복을 입고 있는 생도.

⑫(時間·時節) …에. …의.

ae dia 낮에.

de noite 밤에.

de tarde 오후에.

de madrugada 새벽에.

amanhã de manhã 내일 아침.

ao cair de tarde 저녁 무렵.

o mês de maio 오월(에).

⑬(교통·운반 수단 등의 이용) …으로서. …을 타고.

viajar de trem 기차로 여행하다.

ir de avião 비행기로 가다.

voltar de navio 배로(기선으로) 돌아오다.

passear de carros 자동차를 타고 돌아다니다.

andar de bicicleta 자전거를 타고 다니다.

(例外) *a pé* : 걸어서. 도보로.
  a cavalo : 말타고.

⑭(교통기관 또는 운반수단으로서 그 소속을 가리키는 경우) …의 회사의. …을 경유하여.

viajar no trem da central 중앙선(中央線)의 열차로 여행하다.

chegar no avião da pan-America 판아메리카회사 비행기로 도착하다.

⑮(장소·위치) …에서. …으로.

estar de lado 옆(측면)에 있다.

estar de frente para …에 향한 면에 있다. …의 정면에 있다.

⑯(立場·境遇·狀態·環境) …에. …의 상태에. …의 환경에. …의 자세로.

estar bem sade 건강히 있다.

estar de cama 침대에 누워 있다 ; 앓고 있다.

estar de luto 몽상(蒙喪)하다.

estar de mau humor 기분 나빠 있다. 뚱해 있다.

estar de pé ①서 있다. ②(…의) 직전에 있다.

pôr-se de joelhos 무릎 꿇다. 굴복하다.

⑰(한 상태(형편)에서 다른 상태(형편)로 이행(移行)하는 뜻) …에서. …으로.

ir de mal a pior 점점 나빠지다. 악화하다.

passou de pobre a milionário 빈곤(가난)으로부터 백만장자가 되었다.

⑱(원인·動因·作因·起因) …으로. …으로서. …에 의하여. …의 때문에.

morrer de fome 굶어 죽다.

tremer de frio 추위로 떨다. 덜덜 떨다.

pular de contente 기뻐 날뛰다.

um ferimento de faca 칼에 다친 상처.

⑲(형용사와 명사(대명사)의 중간에 놓아 강조의 뜻).

coitado do Pedro. 가엾은(딱한) 뻬드로.

pobre de Paulo 구차한(불쌍한) 빠울로.

⑳*ter de*(부정법의 동사) …하지 않으면 안 된다. …을 해야 하다.

ter de ir a escola 학교에 가야 한다.

temho de partir 나는 출발해야 한다.

㉑(*de*를 동반하는 몇 가지 동사; 습관적인 것은 동사와 합쳐 외울 것).

precisar de …을 필요(로)하다.

gostar de …을 좋아한다.

começar de …으로(로서) 시작하다.

acudir de …을 호소하다. 제소하다.

desconfiar de …을 의심하다. 수상히 여기다.

prometer de …을 약속하다.

dea *f*. 《詩》여신(女神).

deado *m*. [宗] 부(副)감독의 직(직위). 지방부 감독의 직(직위).

dealbação *f*. 희게하기. 표백; 정화(淨化).

dealbar, dealvar *v.t*. 희게 하다. 하얗게 하다. 표백하다. 정화하다.

deambulação *f*. 이리저리 거닐기. 유보(遊步). 산책.

deante *adv. prep*. 《古》= *diante*.

deanteira *f*. = *dianteira*.

deanteiro *a*. = *dianteiro*.

deão *m*. ①[宗] 부감독. 지방부감독. ②《古》사제장(司祭長). ③(단과대학의) 학장. (학부의) 부장. ④최고(最高) 선임자.

dearticulação *f*. 똑똑히(명확한) 발음. (언어(言語)의) 명석(明晳).

dearticular *v.t*. 똑똑히(명확한) 발음하다.

debacle *m*. ①(강의) 얼음이 깨짐. 해빙. ②(地質) 사태. 무너짐. 와해(瓦解). ③궤주(潰走).

debaixo *adv*. (…의) 밑에. 밑으로. 아래쪽으로.

debaixo de ①…의 아래에(밑에). ②…의 지휘하에.

debalde *adv*. (= *de balde*). 헛되이. 쓸데없이. 공연히.

debandada *f*. ①[軍] 대열을 흐트림; 흐트러진 상태. 사산(四散). ②궤주(潰走). ③해산; 제대.

em debandada 뿔뿔이 흩어져. 사산하여.

debandar *v.t*. ①대열을 흩트리다; 사산케 하다. 해산시키다. ②궤주케 하다.
— *v.i*. ①대열이 흐트러지다. 사산(四散)하다. 뿔뿔이 흩어지다. ②궤주하다. ③해산하다.

debate *m*. 토론. 토의. 논쟁.

debater *v.t*. 토론하다. 토의하다. 논쟁하다.
—se *v.pr*. ①토론하다. 토의하다. ②몸부림치다. 발버둥하다. 발악하다.

debatidura *f*. (붙잡는 새·닭 따위가 도망가려고) 몸부림치기. 발버둥하기.

debelação *f*. 정복. 진압. 퇴치.

debelador *m*. 정복자. 퇴치자. 진압하는 자.

debelar *v.t*. 정복하다. 진압하다. 퇴치하다. 박멸(撲滅)하다.

debêntura *f*. 채권. 사채(社債). ②(세관의) 환세(還稅)증명서.

debenturista *m., f*. 채권소유자.

debicar *v.i*. ①(새가) 쪼다. 쪼아 먹다. 야금야금 먹다. ②조롱하다. 야유하다.

débil *a*. 약한. 힘없는. 연약한. 허약한. 유약한. 빈약한. 우유부단한. 의지가 굳지 못한. 무른. 깨지기 쉬운.

debilidade *f*. 약함. 연약. 험약. 유약(柔弱). 의사박약. 무기력. 유약(幼弱).

debilitação *f*. 쇠약. 허약.

debilitado *a*. 기운 없는. 맥 없는. 쇠약한. 초췌(憔悴)한.

debilitador *a., m*. = *debilitante*.

debilitamento *m*. 쇠약함. 허약함. 초췌함.

debilitante *a*. 약하게 하는. 쇠약하게 하는. 기운을 없애는.
— *m*. 쇠약하게 하는 것. 약하게 하는 약(藥).

debilitar *v.t*. 허약(박약)하게 하다. 약하게 하다.

—se *v.pr.* 약해지다. 쇠약하다. 박약해지다.

debilmente *adv.* 약하게. 쇠약(허약・박약)하게.

debique *m.* 놀려대기. 야유. 조롱. 조소.

debiqueiro *a.* 야금야금 먹는. 조금씩 먹는. 소식(小食)의.
— *m.* 조금씩 먹는 사람. 소식가(小食家).

debitar *v.t.* [經] 차변. 부채(에 기입하다).

débito *m.* [經] 차변. 부채(負債).

deblaterar *v.i.* 욕하다. 악담하다.

debochado *a., m.* 방탕하는 (자). 방종하는 (자). 음분(淫奔)하는 (자).

debochar *v.t.* ①타락시키다. 방종(방탕)하게 하다. 더럽히다. ②놀려대다. 야유하다.
— **se** *v.pr.* 방탕하다. 방종하다. 방일(放逸)하다. 타락하다. 처신이 어지러워지다.

deboche *m.* 방탕. 방종. 방일(放逸). 음분. 행실이 더러워짐.

debruado *a.* 가장자리를 단. 옷단을 댄. 옷단 대기를 한. 선을 두른. 장식한.

debruar *v.t.* (옷 따위에) 가장자리를 달다. 선을 두르다. 장식하다. 윤색(潤色)하다.

debruçado *a.* (몸을) 앞으로 굽힌.

debruçar *v.t.* (몸을) 앞으로 굽히게 하다 (구부리게 하다).
— **se** *v.pr.* 몸을 앞으로 굽히다(구부리다).
não se deiruceea janela 창문 앞으로 몸을 굽히지 마라.

debruços *adv.* (몸을) 앞으로 굽혀서.

debrum *m.* (천・옷 따위의) 가장자리. 옷단. (특히) 접어 넘긴 가장자리. 옷단 대기. 감침질.

debulha *f.* 마당질. 타작. 탈곡(脫穀), (과실 따위의) 탈피(脫皮).

debulhador *a.* 타작하는. 탈곡하는.
— *m.* 타작(탈곡)하는 사람. 타작기.

debulhadora *f.* [農] 탈곡기. 타작하는 기계.

debulhar *v.t.* (도리깨 따위로) 곡식을 두드리다. 떨다. 탈곡하다. 타작하다. 마당질하다. 과피(果皮)를 벗기다.
— **se** *v.pr.* (+em). (눈물 따위로) 젖다.
debulhar-se em lágrimas 몹시 울다.

debulho *m.* (탈곡하고 남는) 깍찌. 왕겨(粃穀); 썬 짚. 여물.

debuter *v.i.* 시작하다. 착수하다.

debute *m.* 시작. 제일보.

debuxador, debuxante *m.* 견취도를 그리는 사람. 스케치하는 자. 윤곽을 그리는 자. 초안자. 도안자.

debuxar *v.t.* 견취도를 그리다. 스케치하다, 윤곽을 그리다. 도안을 그리다. 초안 잡다.

debuxo *m.* 초벌 그림. 견취도. 스케치. 약도. 초안. 도안. 초고(草稿).

década *f.* 10개 한 벌. 10권. 10편. 10일간. 10년간.
decada de 70 70년대.

decadactilo *a.* 열 손가락(10指) 있는.

decadência *f.* ①퇴보. 타락. 쇠미(衰微). ②(문학・미술 뜻의) 퇴폐(頹廢). 쇠운(衰運). 내리막. ③후손(朽損).

decadente *a.* 쇠퇴해가는. 퇴폐하는. 쇠운해가는. 내리막길에 들어선. 퇴화(退化)해가는. 퇴폐적. (예술) 퇴폐기의.

decadismo *m.* 데카당파.

decadista *a.* 데카당파의.
— *m., f.* 데카당파의 예술가(문인).

decaedro *a.* [幾] 십면(十面)의 (있는).
— *m.* 십면체(體).

decafilo *a.* [植] 잎사귀가 열 개(十葉) 있는.

decagonal *a.* 십각형의. 십변형의.

decágono *m.* [幾] 십각형(十角形). 십변형(十邊形).

decagrama *m.* 데카그램(10*grams*; 약 2.66돈쭝).

decaida *f.* 쇠미(퇴폐)하고 있음. 퇴화된 상태.

decaido *a.* 쇠미한. 퇴폐한. 퇴화한. 퇴보한. 저하(低下)한.

decaimento *m.* ①부패. 부식. ②쇠미. 쇠퇴. 퇴화. 퇴폐. ③쇠운(衰運). 내리막.

decair *v.i., v.t.* ①부패(부식)하다. 썩다. 썩히다. ②조락(凋落)하다. 쇠퇴하다. 세력이 떨어지다. 영락하다. 쇠운해가다. 퇴화하다.

decalcar *v.t.* (인쇄된 그림 위에 딴 종이를 놓고) 그려내다. 도본 뜨다. 복사하다.

decalcomania *f.* 인쇄된 그림 위에 딴 종이를 대고 그려내는 법. 유리 그릇 같은 데에 그림 따위를 넣는 법; 그림.

decalitro *m.* 데시리터(10 리터: 약 다섯 되).

decálogo *m.* [宗] 십계(十戒). 천주십계.

decalque *m.* 도본 뜨기. 사본 찍기.

decameron, decamerão *m.* 데카메론(이태리의 소설가 *Boccaccio*가 쓴 열흘 이야기) 10편으로 된 이야기.

decâmetro *m.* 데카미터(약 33척).

decampamento *m.* 진지철거(陣地撤去). 철영(撤營).

decampar *v.i.* ①진(陣)을 걷어치우다. 찰영하다. ②도망하다.

decanado *m. decano*의 직(위).

decandria *f.* [植] 십웅예속(十雄蕊屬).

decandro *a.* [植] 십웅에 있는.

decangular *a.* 열 개의 각도(角度)가 있는. 10개 각도의.

decania *f.* ①*decano*의 자격 또는 직분. ②십인조(十人組).

decano *m.* ①(단과대학의) 학장. (학부의) 부장. ②(단체의) 대표자. 조합장. ③고참(古參) 선임자. 고참자. 수석. ④최연장자.
decano do corpo diplomático 재외(파견). 외교단의 (수석)대표.

decantação *f.* (앙금·잔재 따위가 일어나지 않게) 가만히 붓기. [化] (액체를) 기울여 따르기.

decantado *a.* ①(특히 시를 읊은 데 대하여) 칭찬받은. 찬양한. ②가만히 부은. 기울여 따른.

decantar (1) *v.t.* (특히 시를 잘 읊은 데 대하여) 칭찬하다. 찬양하다.
— (2) *v.t.* (앙금이 일어나지 않게) 가만히 붓다. 기울여 따르다. (유리병에) 조용히 옮겨 붓다.

decapitação *f.* ①목 자르기. 단두(斷頭). 참수형. ②두목을 제거하기. 물체의 머리 부분을 따버리기.

decapitar *v.t.* ①목을 자르다. 참수형(斬首刑)에 처하다. ②두목(首領)을 없애버리다. ③물체의 머리 부분을 제거하다.

decapode, decapodeo *a.* 다리가 열 있는. 십각류의.
— *m.* [動] 십각류(十脚類).

decassílabo *a.* 십음절의. 십철음(十綴音)으로 되는.
— *m.* 십음절(十音節).

decastere *m.* 10입방미터(10m³).

decasterio *m.* =*decastere*.

decastilo *m.* [運] 십주식(十柱式)(현관).

decatlo *m.* 십종경기(十種競技).

decenal *a.* 십년 간의. 십년 계속하는. 십년째의. 십년마다의. 십년마다 거행하는.

decenário *a.* 열로 나뉜. 십년간의.
— *m.* 10년간. 10년째.

decência *f.* (언어·동작 등의) 단정. 점잖음. 예절. 예의바름.

decendial *a.* [法] 10일간의.

decendio *m.* 10일간.

decênio *m.* 10년간.

decente *a.* ①흉하지 않은. 꽤좋은. (집·복장·수입 등) 상당한. 어지간한. ②점잖은. 단정한. 청결한.

decentemente *adv.* 단정하게. 점잖게. 고상하게.

decenvirado, decenvirato *m.* ①(옛 로마의) 십대관(十大官)의 직(또는 그 기간). ②십두정치.

decênviro *m.* ①[로마史] 십대관(十大官)의 한 사람. ②십인 패의 한 사람.

decepado *a.* ①(손·발이) 잘린. 불구의. 병신의. ②실망한. 의기저상(意氣沮喪)한.

decepador *m.* ①(손·발을) 자르는 사람. 병신 만드는 사람. ②실망케 하는 사람. 희망. 기대 따위를 꺾는 사람.

decepamento *m.* ①(손·발을) 자르기. 불구자로 만들기. ②세력을 꺾기. (계획을) 좌절하기. 희망·기대를 꺾기. ③제거. 저지. 차단.

decepar *v.t.* (손·발을) 자르다. 병신 만들다. 불구가 되게 하다. 못쓰게 하다. (세력·기세를) 꺾다. (계획을) 좌절하다. (희망·기대를) 꺾다. 제거하다. 차단하다.

decepção *f.* ①실망. 낙심. 기대에 어긋남. ②속아 넘어감. ③기만. 기만 수단. 눈속임.

decepcionante *a.* 기대에 어긋나는. 실망케 하는. (계획·의욕 등을) 좌절시키는. 꺾는. 속이는.

decepcionar *v.t.* 실망케 하다. (계획·희망 등을) 꺾다. 좌절시키다.
— *v.i.* 실망하다.

decerto *adv.* 확실히. 의심없이. 자신있게.

decididamente *adv.* 결정적으로. 단연코.

decidido *a.* 결정한. 기결(旣決)한. 결심한. 해결한. 결정적인. 강의(剛毅)한. 단호한.

decidir *v.t.* 결정하다. 결의하다. 결심하다. 해결하다. 단정하다. 확정하다. [法] 판결을 내리다. 종결하다.
—se *v.pr.* (+*a*). …하고자 결심하다.

decíduo *a.* [動·植] 탈락성(脫落性)의. 낙엽성(落葉性)의.

decifração *f.* (암호·상형문자 등의) 해석. 판독. 판단.

deeifrador *a., m.* (암호·상형문자 등을) 해석하는 (사람). 판독하는 (자).

decifrar *v.t.* (암호·상형문자 등을) 해석하다. 판독하다. (수수께끼를) 풀다. 판단하다.

decifrável *a.* 판독할 만한. 해독할 수 있는.

decigrama *m.* 데시그램($^1/_{10}$ gram).

decilitro *m.* 데시리터($^1/_{10}$ litro. 약 반 홉).

décima *f.* 10분의 1세(稅) (보통 물품으로 납입함). [數] 10분의 1.

decimal *a.* [數] 십진법(十進法)의. 소수(小數)의. 십부문(十部門)의.
sistema aecimal 십진법.
fracção decimal 소수(小數).
— *m.* 소수(小數).

decimável *a.* 10분의 1세(稅)를 과세할 수 있는.

decímetro *m.* 데시미터($^1/_{10}$ metro).

decimo *a.* ①열째의. ②10분의 1의.
décimo primeiro 제11의. 열한 번째의.
em décimo lugar 열째의. 열 번만에.
— *m.* 제10. 열 번째. 10분의 1.

decisão *f.* ①결정. 결단(決斷). 과단(果斷). 재재. 판결. ②결심. 결의. ③해결.

decisivamente *adv.* 결정적으로. 단연코.

decisivo *a.* 결정적. 과단적. 단호한.
momento decisivo 결정적인 순간. 운명을 결정하는 때.
batalha decisiva (승패를 좌우하는) 결전(決戰).
resposta decisiva 최후의 확답(確答).
voto decisivo 결정 투표. 결선(決選) 투표.

decisório *a.* [法] 종결적. 결정적. 확정적.

declamação *f.* ①낭독(법). 낭송(朗誦)하기. 낭음(朗吟). ②연설. 열변. 강의. 강연. ③호언장담.

declamador *m.* 소리높이 읽는 사람. 낭독자. 낭송하는 이. 연설자. 열변을 토하는 이. 변사. 호언장담하는 자.

declamante *a., m.* 낭독하는 (자). 낭송하는 (이). 소리높이 읽는 (사람). 연설하는 (자).

declamar *v.t.* ①(신문·편지 따위) 낭독하다. 소리 높이 읽다. ②시를 (높이) 읊다. 낭음(朗吟)하다. 낭송하다.
— *v.i.* 유창하게 연설하다. 열변을 토하다. 호언장담하다.
declamar contra 공공연히 비난하다. (…을 반복하여) 매도(罵倒)하다.

declamatoriamente *adv.* 낭독조로.

declamatório *a.* 낭독조의. 연설투의. 낭송(朗誦)의. 낭음(朗吟)의. 호언장담적.

declaração *f.* ①선언(宣言). 발표. 포고. 진술. 신고(申告). ②신고서. 선언서. 성명서. 격문. [法] 공술(供述). 증인의 선언.
declaração de bens 재산 신고.
declaração de renda 소득(所得) 신고.
declaração de guerra 선전포고.
declaração de vontade 의사 표시.
declaração de amor 사랑의 고백.

declaradamente *adv.* 공공연히. 숨김없이. 명백하게.

declarado *a.* ①선언한. 선명한. 언명한. 신고한. 진술한. (의사를) 표시한. ②명백한. 공공연한. 뚜렷한.
valor declarado 가격표기(表記).
inimigo declarado 뚜렷한 적(敵).

declarador *a., m.* 선언하는 (자). (신고하는 (자). 진술하는 (자). (의사를) 표시하는 (이).

declarante *m.* ①[法] 신고자. 긴술자. 주장자. ②원고(原告).

declarar *v.t.* 선언하다. 성명하다. 포고하다. (의사를) 표시하다. 표명하다. 언명하다. (세관에서) 신고하다. 제출하다. [法] 진술하다.
—*se v.pr.* 선언(성명)하다. 의사 표시하다. [法] (원고로서의) 주장을 신립하다.
declarar por …의 편을 들다.
declarar guerra a …에 선전포고를 하다.
declarar-se com algum (…사람에게) 자기의 소신(所信)을 피력하다.

declarativo, declaratório *a.* 선언의. 선고(宣告)의. 신고의. 진술적.

declinação *f.* 기울음(傾). 하경(下傾). 쇠운(衰運). 기울어지기. 사행(斜行). 편위(偏位). [理] 자침(磁針)의 편차. [天] 적위(赤緯). 방위각(方位角). [文] (어미의) 변화. (색깔·색체의) 퇴화. 퇴색.

declinador *m.* 편차의(偏差儀). 적위계(赤緯計).

declinante *a.* 기우는. 기울어지는. 하경하

는. 쇠미(衰微)하는. 쇠운의. 편차의.
declinar *v.i.* ①기울다. 기울어지다. 아래로 향하다. (해가 기울다). ②쇠미해지다. 타락(퇴보)하다. 감퇴하다. 쇠운의 길에 들어서다. 끝에 가까워지다. ③(자침에) 편차가 생기다.
— *v.t.* ①기울이다. 늘어뜨리다. 경사(傾斜)가 되게 하다. ②[文] (동사의) 어미를 변화시키다. 격(格) 변화시키다.
declinável *a.* [文] 어미변화 할 수 있는. 격변화할 만한.
declínio *m.* ①경사(傾斜). 내리받이. 기울기. ②쇠퇴. 쇠미. 쇠운.
declive *a.* 기울은. 기울어진. 경사진. 내리막을 이룬.
— *m.* 기울기. 경사. 경사면. 내리받이. 경향. 쇠미(衰微).
declividade *f.* 기울음. (특히 토지의) 경사.
declivo *a.*, *m.* = *declive*.
declivoso *a.* 기울은. 기울어진. 비탈로 된. 경사진. 내리받이를 이룬. 경사의.
decoada *f.* 잿물. 세탁용 알칼리액.
decoar *v.t.* 잿물에 적시다(담그다).
decocção *f.* (약 따위를) 달이기. 달인 즙(약).
decocto *a.* 달인. 졸인.
— *m.* 졸인 즙. 달인 약.
decolagem *f.* [航] 이륙(離陸) (비행기가 땅으로부터 뜨는 것).
decolar *v.i.* (비행기가) 뜨다. 이륙하다.
decomponente *f.* ①분해하는. 해체하는. 분해(해체)를 촉진하는. ②허물어뜨리는.
decomponível *a.* 분해(분석)할 수 있는. 해체 가능한.
decompor *v.t.* 분해시키다. 해체하다. 분석하다. 썩히다. 변질케 하다.
— *v.i.*, —se *v.pr.* ①분해되다. 해체되다. ②변하다. 썩다.
decomposição *f.* ①분해(작용). 해체(과정). 와해. 용해. 분석. ②부패. 부란(腐爛). ③(단체·동맹 따위의) 분열.
decor *adv.* 암기로. 기억으로.
decoração *f.* ①장식하기. 장치하기. 장식법. ②무대 장치. 배경. ③훈장. 훈장 수여.
decorador (1) *m.* ①장식하는 이. 실내 장식업자. 무대 장치하는 사람. ②훈장을 수여하는 사람. 훈장을 달아 주는 이.
— (2) *m.* 기억력이 좋은 사람.

decorar (1) *v.t.* 장식하다. 훈장을 수여하다. (달아 주다).
— (2) *v.t.* 암기하다. 기억하다.
decorativo *a.* 장식의. 장식적. 장식용.
arte decorativa 장식술.
decoro *m.* ①단정(端正). 품행이 좋음. 훌륭한 처신. ②예절. 예모. 예의. ③체면. 면목.
sem decôro 단정치 못하게. 보기 흉하게.
decorosamente *adv.* 얌전하게. 단정히. 예절 있게. 예모 바르게. 고상하게.
decoroso *a.* 얌전한. 단정한. 품격 있는. 예절 있는. (행실이) 점잖은. 훌륭한. 고상한.
decorrente *a.* 경과하는. 지나가는. [植] (잎이) 줄기 아래로 뻗는(땅굽성).
decorrente de (…을) 미치게 하다. (…을) 초래하다.
decorrer *v.i.* ①(시간이) 지나다. 경과하다. ②(사건이 일어나다) 발생하다.
decorrido *a.* ①(시간이) 흐른. 지나간. 경과한. ②종결한. ③(사건이) 발생한. 초래된.
decorticação *f.* 나무껍질(樹皮)을 벗기기.
decorticar *v.t.* (+*a*). 나무껍질을 벗기다.
decotado *a.* ①(소용 없는) 나무가지를 베어 낸(쳐 버린). ②(부인복의) 어깨와 목을 들어내게 한.
decotador *a.*, *m.* (나무의) 가지를 베어내는 (사람).
decotar *v.t.* ①(소용 없는) 나무가지를 베어 내다. 나무를 자르다. ②(부인복의) 어깨와 목을 드러나게 하다(짧게 자르다). 목 아래 부분을 넓히다.
—se *v.pr.* (부인복의) 어깨와 목을 드러내다. 가슴 위를 노출하다.
decote *m.* ①(나무의) 가지를 자르기. (특히) 나무의 윗부분을 자르기. ②(부인복의) 어깨와 목을 드러내기. (특히) 목 아랫부분을 넓히기.
decrepidez *f.* = *decrepitude*.
drcrepitar *v.i.* —se *v.pr.* 늙어가다. 노쇠해지다. 기력이 없어지다.
decrépito *a.* 늙어간. 노쇠한. 노망한. 병약한.
decrepitude *f.* 늙음. 노쇠. 노후(老朽). 망령. 노망.
decrescença *f.* = *decrescimento*.
decrescendo *adv.* [樂] 점점 약하게.

decrescente *a.* 점점 줄어드는. (달이) 이즈러지는. 감소하는. 감퇴하는.

decrescer *v.i.* ①점점 줄어들다. 감소하다. 작아지다. ②(달이) 이즈러지다. ③(온도가) 내리다. ④(힘이) 약해져가다. 쇠약해지다.

decrescimento *m.* 점점 줄어듦. 감축(減縮). 점점 약해짐. 쇠약해져 감. 감쇠(減衰). 감퇴.

decréscimo *m.* 감축. 감쇠. 감퇴.

decretação *f.* ①법령(法令) 발포. 발령(發令). 포고. ②[宗] 교령(敎令).

decretal *f.* (로마 교황의) 교령 또는 교서(敎書).
— *a.* 법령의. 법령에 적혀 있는.

decretalista *m.* (교황의) 교령에 정통한 사람. 종전(宗典)에 밝은 사람.

decretalmente *adv.* 법령으로서.

decretamento *m.* = *decretação*.

decretar *v.t.* 법령으로서 발포(發布)하다. 발령하다. 법령으로서 정하다.

decreto *m.* ①법령. 포고령. 발령. ①(재판소의) 명령. 판결. ③[宗] 교령(敎令); 천명. 섭리(攝理).
decreto imperial 칙령(勅令).
decreto presidencial 대통령령(令).

decretoriamente *adv.* 결정적으로. 단연코.

decrotório *a.* 결정적인. 고비가 되는.
dias decretórios (병세의) 위험기. 고비.

decrua *f.* ①개간(開墾). ②생사(生絲)의 세정(洗淨).

decruagem *f.* ①개간하기. ②생사를 씻어 깨끗하게 하기.

decruar *v.t.* ①땅을 처음으로 갈다. 개간하다. ②생사(生絲)를 씻어 깨끗이 하다.

decúmano *a.* 《古》열 번째의.

decumbente *a.* 가로 누운.

decupiar, decuplicar *v.t.* 열 곱하다. 10배하다.

décuplo *a.* 열 곱의. 십 배의. 10 겹의.
— *m.* 열 곱. 10 배.

decúria *f.* ①(옛 로마 군대의) 10인조. ②(학급의) 반(班).

decuriado *m.* 10인조 조장의 지위.

decurião *m.* 10인조의 조장. 학급의 반장.

decursivo *a.* [植] (잎이) 줄기 아래로 뻗는.

decurso *m.* ①(시간의) 경과. 소요 시간. 지속 시간. ②도정(道程). 노정(路程).
— *a.* 《稀》(시간이) 경과한. 지나간.

dedada *f.* ①손가락에 묻은 양(量). 극소량. ②손가락 자국. 지적(指跡); (특히) 지문(指紋)의 자국.

dedal *m.* ①(재봉용) 골무. ②[機] 씌우는 고리(통). ③(액체의) 작은 양. ④[植] 디기달리스.
erva dedal 디기달리스.

dedaleira *f.* [植] 디기달리스(현삼과(玄蔘科)의 약초.

dedáleo *a.* 《詩》손가간 있는. 교묘한.

dédalo *m.* ①미궁(迷宮). 미로(迷路). [庭園] 미로원(園). ②(사건 등의) 섞갈림. 착잡(錯雜).

dedeira *f.* 손가락 색(指囊: 부상한 손가락에 씌우는 고무로 만든 것).

dedicação *f.* ①드림. 헌납. 봉헌(奉獻); 헌신. ②헌당식(獻當式); 헌제사(獻題辭).

dedicado *a.* 드린. 헌납한. 헌신한. 몸을 바친. 봉헌한. 충실한.

dedicador *m.* 드리는 사람. 헌납하는 자. 헌신하는 이. 헌제자(獻題者).

dedicar *v.t.* 드리다. 헌납하다. 봉헌하다. (친애를) 바치다.
—se *v.pr.* 몸을 맡기다(바치다). 헌신하다. (…에) 일신을 바치다. (…에) 전심전력하다.

dedicatória *f.* (책 따위에 쓰이는) 제기(題寄)의 말. (지지(著者)가 쓴 책을 신물힐 때 그 책에 경의(敬意)·친애(親愛) 등의 뜻을 쓰는 것). 헌사(獻辭).

dedicatório *a.* 드리는. 헌납하는. 헌제(獻題)의.

dedilhação *f.* = *dedilhamento*.
— *m.* 손가락으로 만져보기. 손가락으로 악기를 타기(뜯기). [樂] 손가락 쓰는 법(運指法).

dedilhar *v.t.* 손가락으로 만지작거리다. (악기를) 손가락으로 타다(뜯다).

dedo *m.* ①손가락. ②손가락 폭(약 3/4인치). ③작은 양. ④손가락 재주(솜씨).
dedo polegar 엄지손가락.
dedo indicador 지명지. 둘째손가락.
dedo anular 무명지. (반지 끼는 손가락).
dedo médio 가운뎃손가락.
dedo mínimo 작은손가락(새끼손가락).
dedo do pé 발가락.
um dedo de vinho 작은 양의 포도주(술잔에 2센치도 되나마나한 분량).
meter os dedos pelos olhos (남을) 강제

하다. 강요하다.
estar a dois dedos da morte 죽음의 직전에 처해 있다.
dedução *f.* ①덜음. 삭감. 공제(控除). 공제액. ②추론(推論). 추정(推定). 추단(推斷). ③[論] 연역법(演繹法).
dedutivo *a.* 추론적. 추정의. [論] 연역적.
deduzir *v.t.* ①빼다. 제하다. 삭감하다. 공제하다. ②추론하다. 추정하다. 계통을 밟다. ③[論] 연역하다.
defecação *f.* ①맑게 하기. 정화(淨化). ②배변(排便). 뒤보기.
defecado *a.* ①맑게 한. 정화된. ②배변한. 뒤본.
defecar *v.t., v.i.* ①맑게 하다(맑아지다). 깨끗이 하다. 정화하다. ②(더러운 것을) 치워 없애다.
defecatório *a.* 배변(排便)의. 배변을 촉진하는. 뒤를 보고 싶은.
defecção *f.* ①배반. 변절(變節). ②탈당. 탈퇴. ③(의무의) 불이행. 태만. ④자취를 감추기. 도주. 도망.
defectibilidade *f.* 결함이 있음. 불완전. 불구.
defectível *a.* 결점(결함)이 있는. 불완전한. 빠진 데가 있는. 불구의. 흠 많은; 틀리기 쉬운.
defectivo *a.* 흠(결함)이 있는. 결점의. 불구의. 모자라는. 부족한. 불완전한. [文] 불구(동사)의 (변화형이 갖춰지지 않는).
verbo defectivo 불구동사(不具動詞).
defeito *m.* ①흠. 결함. 결점. 약점. 단점. 불비(不備)된 점. ②불완전. 불구. ③나쁜 버릇(습관). ④《古》결핍. 부족.
defeituosamente *adv.* 불완전하게. 흠(결함)을 남기면서.
defeituoso *a.* 흠(결함·결점)이 있는. 흠이 많은. 불완전한. 불구의. 나쁜 버릇(습성)이 있는.
defendente *a., m.* 변호하는 (사람). 답변하는 (자). 자기의 주장을 고집하는 (사람).
defender *a.* ①막다. 지키다. 수호하다. 수비하다. 방어하다. ②[法] 변호하다. 항변하다. 주장하다. 변명하다.
—**se** *v.pr.* ①자기의 몸을 지키다. 자위(自衛)하다. ②자기의 주장을 내세우다. 변명하다. 항변하다.
defendimento *m.* 막기. 지키기. 수비. 수호. 방어. 옹호. 변호. (자기의 의견을)

주장하기(고집하기).
defendível *a.* 지킬만한. 방어할 수 있는. 변호(옹호)할 수 있는.
defensa, detensáo *f.* =*defesa*.
defensar *v.t.*《古》=*defender*.
defensável *a.* =*defensível*.
defensiva *f.* ①수세(守勢). ②변호 ; 방어(책).
tomar a defensiva 수세를 취하다.
defensível *a.* 막을 수 있는. 수비할 만한. 방어 가능한.
defensivo *a.* 방어의. 수비의. 수세의. 자위상(自衛上)의. 방어적. 방비용의.
— *m.* 방어물. 예방물. 예방약.
defensor *m.* ①막는 사람 ; 방어자. ②변호인. 옹호자. 수호자. ③[競] 우승(선수)권 보유자.
defensório *a.* 수호(守護)의. 옹호의. 변호의. 방어로 되는. 방어용의. 방어적.
deferência *f.* 존경. 공경. 은근. 겸손. 겸양(謙讓).
deferente *a.* ①경의를 표하는. 공손한. 겸손한. 은근한. ②[解] 수송(輸送)하는.
canal deferente 수정관(受精管).
deferentite *f.* [醫] 수정관염(炎).
deferido *a.* (원서 따위를 받고) 허가한. 승낙한. (진정서·탄원서 등) 접수된. 수락된.
deferimento *m.* (요구·청원 등에 대한) 승인. 응낙. 허가. 허용. 순종.
deferir *v.t* (요구·탄원 등을) 들어주다. 응낙하다. 승낙하다. 수락하다.
— *v.i.* (요구 조건에) 따르다. 순종하다. 양보하다.
(注意) *diferir* : 연기하다. 지연하다.
deferível *a.* (요구·탄원 등) 들어줄 만한. 응낙할 수 있는.
defesa *f.* ①방어. 방비. 수비 ; 방어대책. ②변호. 옹호. ③피고의 답변. 옹호론. ④금지(禁止). 금제(禁制).
defes a nacional 국방.
defesa legítima 정당방위.
defesas *f.(pl.)* 동물(특히 코끼리·산돼지 등)의 엄니. 버드러진 이.
defeso *a.* 금지한. 금지된.
lugar defeso 금지구역(禁止區域).
— *m.* 수렵 금지 기간(期間).
defesso *a.*《古》피로된. 녹초가 된. 지친.
défice *m.* 적자(赤字). 부족(不足).

deficiência *f.* 부족. 결핍; 부족량. 액체 감량. 결손.

deficiente *a.* 모자라는. 부족한. 불충분한. 결함 있는.
núumero deficiente 부정수(不整數).

deficit *m.* 모자람. 부족(액). 지출 초과 (액). 결손. [簿] 적자.
deficit comercial 수입초과(輸入超過).

deficitário *a.* 모자라는. 부족의. 결손의 ; 적자의.

definhado *a.* ①쇠약한. 허약한. 병약한. ②초췌한. 피폐한.

definhamento *m.* ①쇠약. 쇠퇴, 조락. ②초췌(憔悴). 피폐(疲幣).

definhar *v.t.* 여위게 하다. 쇠약하게 하다.
— *v.i.*, —se *v.pr.* 점점 여위다. 점점 쇠약해지다. 운세가 점점 기울어지다. 퇴화하다. 피폐하다. 초췌하다.

definição *f.* 한정(限定). 정의(定義). 명확.

definido *a.* 한정한. 정한. 일정한. (뜻을) 명백히 한.
artigo definido [文] 정관사(定冠詞).
— *m.* 한정한 것. 한정된 것.

definidor *m.* 한정하는 사람. 정의(定義)를 내리는 사람.

definir *v.t.* (언어의 뜻을) 명확하게 하다. 뚜렷하게 하다. 정의를 내리다. (경계·범위를) 한정하다. 정하다. (임무·입장 등을) 밝히다.

definitivamente *adv.* 결정적으로. 확정적으로. 결국.

definitivo *a.* 한정적(限定的). 정의적(定義的). 결정적. 최후의. 종국(終局)의.

definito *a.* ①한정된. 일정한. 명확한. ②[數] 정수(定數)의.
— *m.* 한정된 것. [文] 한정어(限定語).

definível *a.* 한정할 수 있는. 정의(定義)를 내릴 수 있는. 해석할 수 있는.

deflação *f.* (통화의) 수축(收縮). 디플레이션.

deflagração *f.* [理] 돌연히. 불타기. 폭연 (爆燃).

deflagrador *m.* [化·電] 돌연기(突燃器).

deflagrar *v.i., v.t.* 맹렬히 타다(타게 하다). 돌연히 불타다(불타게 하다).

deflexão *f.* 빗나감. 치우침. 휘어짐. [理] 치우침. 편의(偏倚). 편차(偏差). [工] 요도(撓度). 수도(垂度). [空] (주익(主翼) 의) 굽음(屈撓).

defloração *f.* ①꽃이 떨어짐. ②꽃을 땀; 미(美)를 빼앗기. 더럽히기. ③처녀 능욕 (강간).

deflorado *a.* ①꽃이 떨어진. ②꽃을 딴. 미를 빼앗은. 더럽힌. ③(처녀를) 능욕한. 강간한. ④청춘의 활기를 잃은.

deflorador *m.* 미를 빼앗는 자. 처녀를 능욕(강간)하는 자.

defloramento *m.* =*defloração*.

deflorar *v.t.* ①꽃을 따다(헤치다). ②(…의) 미(美)를 빼앗다. 망치다; 더럽히다. ③(처녀를) 능욕하다(강간하다).

defluir *v.i.* 흐르다. 흘러나오다.

deflúvio *m.* 흐름. 흘러나옴. 유출(流出).

defluxão *f.* ①[醫] (카타르 등에 의한) 액질 (液質)의 분비. ②비(鼻)카타르.

defluxo *m.* [醫] 비(鼻)카타르.

deformação *f.* ①형상훼손(形狀毀損). 개악(改惡). 기형. 불구. [理] 변형. ②모양없는 것. 보기 흉한 것.

deformado *a.* 형상이 훼손된. 모양이 변한. 기형이 된. 불구의. 개악(改惡)한. 보기 흉한.

deformador *m.* 형상을 훼손하는 자. 개악하는 자. 기형으로 만드는 자. 보기 흉하게 하는 자.

deformar *v.t.* 모양없이 하다. 보기 흉하게 하다. 기형으로 하다. [理] 변형시키다.
—se *v.pr.* 형상이 훼손되다. 모양없이 되다. 보기 흉해지다. 기형이 되다.

deforme *a.* 모양이 변한. 찌그러진. 보기 흉한. 미운. 기형의.

deformidade *f.* ①부정형(不整形). 기형 (崎形). 불구. ②못생김. 추악함.

defraudação *f.* 사기. 사취(詐取). 속여서 빼앗기. 사기행위. 횡령.

defraudador *m.* 속여서 빼앗는 사람. 사기사. 횡령자.

defraudamento *m.* =*defraudação*.

defraudar *v.t.* 속여서 빼앗다. 사기하다. 속이다. 사기횡령하다.

defrontação *f.* 마주 서기, 마주 향하기. 대항.

defrontar *v.i.* (+ *com*). (…와) 맞대다. 직면하다. 대항하다.
— *v.t.* (얼굴을) 맞대게 하다. 직면시키다. 대치(對置)시키다.

defronte *adv.* 마주 향하여. 맞대고. 대조(對照)하여. 비교하여.

defronte de …의 앞에. …의 정면에.

defumação *f*. 연기를 냄. 연기를 쪼임. 그슬림, 고무액(液)의 건조법.

defumado *a*. 연기를 뿜은. 그을린. 연기를 쪼인. 훈제(燻製)한.

defumador *m*. 향로(香爐).

defumadura *f*. 그을리기. 연기를 쪼이기. 연기를 쬐기. 훈제(燻製).

defumar *f*. 연기 피우다. 내나게 하다. 그을다. 연기 쪼이다. 연기를 쬐다. 훈제하다. 향(香)을 피우다.
—se *v.pr*. ①연기를 뿜다. 내나다. ②(몸에 향수를 뿌려) 향기를 풍기다.

defunção *f*. 사망(死亡). 사거(死去). 서거(逝去).

defunto *a*. ①죽은. 사망한. ②없어진.
— *m*. ①죽은 사람. 고인(故人). (사체(死體).
caixão de defunto 관(棺).
carro de dejunto 영구차.

degelador *a*. (얼음 따위를) 녹이는. (동결한 것을) 용해하는. 해빙(解氷)하는.

degelar *v.t*. (눈·얼음 따위를) 녹이다. 풀리게 하다. (언 물을) 용해하다.
—se *v.pr*. (눈·얼음 따위가) 녹다. 풀리다. 용해하다. 빙석(氷釋)하다.

degêlo *m*. ①(눈·얼음 따위) 녹음. 해빙. 해동. 빙석(氷釋). ②마음 풀리기; 마음 터놓기.

degeneração *f*. ①타락. 퇴보. 퇴폐. 악화. ②[生物] 퇴화. 퇴축(退縮). [病理] 변성(變性). 변질.

degenerado *a*. 퇴화한. 타락한. 퇴보한. 악화한. 나빠진. 변질한. 변성한.

degenerar *v.i*. 타락하다. 퇴보하다. 나빠지다. 악화하다. [生物] 퇴화하다. [病理] 변질하다.

degenerativo *a*. 퇴화적. 변성적. 변질성의. 퇴화한. 악화한.

degenerescência *f*. 퇴화, 악화; 변성. 변질.

deglutição *f*. 삼키기. 연하(嚥下). 삼키는 작용. 삼키는 힘.

deglutir *v.t*., *v.i*. (꿀떡) 삼키다. 연하(嚥下)하다.

degola *f*. 《俗》= *degolação*.

degolacao *f*. 목 자르기. 참수(斬首). 단두.

degolador *m*. 목 자르는 자. 참수인.

degoladura *f*. 목 자르기. 참수형에 처하기.

degolar *v.t*. 목을 자르다. 참수하다. 참수형(斬首刑)에 처하다.《俗》해직(파면)하다. 불합격시키다.

degradação *f*. ①(관직·벼슬 등) 박탈. 면직. 파면. 좌천. ②계급을 낮추기. 강등(降等). 폄강(貶降). ③품질을 나쁘게 하기. ④품위(品位)를 낮추기. ⑤저락. 타락. 퇴화. 퇴폐. ⑥[化] 분해(分解). [地] 점붕(漸崩).

degradante *a*. ①면직(파면)하는. ②강등(펌강)하는. ③품격을 떨어뜨리는; 질을 나쁘게 하는. ④퇴화케 하는. 타락시키는.

degradar *v.t*. ①(관직·버슬을) 박탈하다. 면직하다. 파면하다. ②지위를 낮추다. 계급을 떨어뜨리다. 폄강(貶降)하다. ③품질을 나쁘게 하다. 악화시키다. 저락케 하다. ④(빛(光線)·색채 따위) 점점 희미하게 하다.
— *v.i*., —se *v.pr*. ①지위가(신분이) 내리다. 벼슬(관직)을 잃다. 강등(降等)하다. 강등 당하다. ②면목을 잃다. 체면이 손상하다. ③타락하다. [生物] 퇴화하다. [病理] 변질하다.

degrau *m*. ①(계단의) 일단(一段). 층계. ②급(級). 등급. 계급. 정도.
Não ponha os pés nos degraus! (버스 등의 입구에 있는) 계단에 서지 말라!

degredado *a*. 멀리 쫓겨간. 추방 당한. 유형(流刑)에 처한.
— *m*. 추방 당한 자. 쫓겨난 사람.

degredar *v.t*. 멀리 쫓아 보내다. 추방하다. 정배 보내다.

degredo *m*. ①귀양. 정배. 유형(流刑). ②유형지(地). 정배지(定配地).

degressivo *a*. 점점 줄어드는. 체감적(遞減的). (*progressivo*의 對).

degustação *f*. (음식물의) 맛을 보기. 시식(試食).

degustar *v.t*. (음식을) 맛보다. 시식하다.

deicida *a*. 신을 죽인. 예수를 죽인.
— *m*. ①신(神)을 죽이기. 그리스도의 못 박음. ②살신자(殺神者). 그리스도를 죽인 자.

deicídio *m*. ①신을 죽이기. 살신(殺神). ②그리스도를 못 박아 죽이기.

deicola *m*. 자연신교신자(自然神教信者).

deidade *f*. ①신화(神話)에 나오는 신. ②전설의 미인.《轉》절세의 미인.

deificação *f*. 신으로 섬기기. 신성시. 신화

(神化). 신체(神體).

deificador *a.*, *m.* 신으로 섬기는 (사람). 신성시하는 (자).

deificar *v.t.* 신으로 받들다. 신으로 섬기다. 신처럼 숭경하다. 신성시하다.

deifico *a.* 《詩》신의. 신성(神性)의. 신에서 나온.

deiforme *a.* 신(神) 같은. 신처럼 거룩한. 신명(神明)한.

deipara *f.* ①신의 어머니. 신을 낳으신 이. ②성모 마리아의 칭(稱).

deiscência *f.* [植] 터져 벌어짐. 열개(裂開) : 시기(時期)가 오면 과피(果皮)가 저절로 벌어지는 것).

deiscente *a.* [植] (시기가 닥쳐와 콩꼬투리 같은 것이) 열개(裂開)하는. 열개성(性)의; 입을 벌리는.

deísmo *m.* [哲] 자연신교(론)(自然神教)(論).

deísta *m.*, *f.* 자연신교 신자.

deitada *f.* 눕기. 누워 있음; 누워 있는 상태.

deitado *a.* 누운. 엎딘. 누워 있는. 엎드려 있는. 넘어져 있는. 가로 누운.

deitar *v.t.* ①눕히다. 뉘다. 가로 뉘다. ②수평으로 놓다. ③엎드리게 하다. ④넘어뜨리다. 기울어지게 하다. ⑤던지다. 뿌리다. 뿌려 팽개치다. ⑥떨어뜨리다. ⑦(액체를) 부어넣다. 배출(排出)시키다.
deitar fôra 버리다, 던지다
deitar por terra 땅에 던지다.
deitar de fôra 외부에 노출하다. 내밀다. 외부(外部)에 눕다.
deitar um balão 풍선(또는 기구(氣球))를 띄우다.
deitar ôvos (새・닭 등이) 알을 낳다.
deitar rede 그물(投網)을 던지다.
deitar sangue 피나게 하다.
deitar um remendo (해진 곳을) 헝겊을 대고 깁다.
— *se v.pr.* (땅・마루・침대 등에) 눕다. 가로 눕다. 엎드리다. 몸을 던지다. 달려들다.
deitar-se na cama 침대에 눕다.
deitar-se tarde 늦게 자다. 자지 않고 일어나 있다.
deitar-se ao rio 강에 몸을 던지다.
(註) (조동사로서의) (*deitar*+a+동사의 부정법)이면. …하기 시작하다.
deitar a correr 뛰기 시작하다. 뛰어 나가다.

deixa *f.* ①유산(遺産). 유증(遺贈). 전승물(傳承物). ②[劇] 대사(臺詞)의 마지막 말. 희곡에서 다음 배우가 이어받아 하도록 넘겨 주는 말.

deixado *a.* 그만 둔. 내버려 둔. 버린. 버림받은. 남겨 놓은. 잊은.

deixar *v.t.* ①놓다; 놓고 가다. 남겨 두다. 버리고 가다. ②(벼슬・직위・일자리 등을) 그만 두다. 중지하다. 내버리다. 포기하다. 집어치우다. ③…을 허락하다. 하도록 내버려 두다. ④(물건 따위를) 놓은 자리를 잊어버리다.
— *v.i.* (+*de*). (…하는 것을) 그만 두다. 중지하다. 스스로 금하다. 자중하다.
deixar recado 전언(傳言)・부탁의 말을 써 두다. 써놓다.
deixar vida (삶을 버리다) 죽다.
deixar para outro dia 다른 날로 연기하다.
Ele deixou de vir. 그는 더 오지를 않는다(오는 것을 그만 두었다).
Deixe comigo! (내가 처리하도록) 내게 맡겨 주시오!
(註) *deixar*를 조동사로 쓸 때는 : (…을) 시키다. (…하도록) 내버려 두다.
deixar ver 보게 하다.
deixar estar 그냥 두다. 내버려 두다.

deixar-se *v.pr.* 그만 두다. 끊어버리다. 몸을 맡기다. 되는 대로 내버려 두다. 자중(自重)하다.
Deixe-me em paz. 나홀로 조용히 있도록 해주시오. (나를 제발 건드리지 마시오).

dejeção *f.* ①낙담. 낙심. 의기저상(意氣沮喪). ②기운 없는 모습. ③[生理] 배출(물). 배설물(排泄物). ④(화산 등의) 분출물(噴出物).

dejejuar *v.i.* (단식을 그만 두고) 아침 식사를 하다. 아침의 간단한 음식을 먹다.

dejetar *v.t.* 배변(排便)하다. 뒤보다. 《卑》똥을 누다.

dejeto *m.* ①배변. 배변하기. 탈분. ②《卑》똥.

dejetório *m.* 변소. (특히 병사(兵舍)・병원 등의) 공동변소. 뒷간.

dela (전치사 *de*와 대명사 *ela*의 결합형). 그 여자의.

delação *f.* 고소(告訴). 고발. 밀고.

delamber-se *v.pr.* ①(개・고양이 따위가) 자기 몸을 핥다. ②기뻐하다.

delapidação *f.* =*dilapidação*.
delapidar *v.t.* =*dilapidar*.
delatar *v.t.* ①고소하다. 고발하다. 적발하다. ②밀고(密告)하다. 탄핵(彈劾)하다.
delatàvel *a.* 고소(고발·적발)할 수 있는.
delator *m.* 고소인. 고발자. 밀고자.
delatório *a.* 고소의. 고발의. 밀고의. 고소(고발·밀고)에 관한.
del-credere *m.* [商] 사는 사람의 지불 능력 보증.
dele (전치사 *de*와 대명사 *ele*의 결합형) 그 사람의. 그 사람 것의. 그것의.
delegação *f.* ①대표 임명. 위임. 대표 파견. ②(총칭적으로) 대표위원(단). 파견위원. ③특파원(일행).
delegacia (1) *f. delegado*의 임무. 직책 또는 사무실.
— (2) *f.* 경찰서.
delegacia de polícia 경찰서. 경찰국.
delegado (1) *m.* ①대리자. 대의원. ②대표. 사절. 파견 의원. 총대(總代), 위원.
— (2) *m.* (지구) 경찰서장. (지방) 보안 책임자.
delegante *a.* 권리를 위임하는. 대표(자)로 하는. 대리로(지명)하는. 위원으로(선출)하는. 파견하는.
— *m., f.* 대리 지정인. 권리를 위임하는자. (대리인에 대한) 본인.
delegar *v.i.* 대표자(대리자)로 파견하다. 대표를 위임하다. 위탁하다. 권리를 넘겨주다.
delegatório *a.* 위임의.
deleitação *f.* =*deleitamento*.
— *m.* 즐거움. 열락(悅樂). 즐거운 것. 유쾌함. 쾌락. 쾌감을 가짐.
deleitante *a.* 즐겁게 하는. 기쁘게 하는. 유쾌하게 하는.
deleitar *v.t.* 기쁘게 하다. 즐겁게 하다. 유쾌하게 하다. 쾌감을 주다.
—*se v.pr.* (…을) 기뻐하다. 즐겨하다. 즐기다. 열락(悅樂)하다. 몹시 유쾌하다. 황홀해지다.
deleitavel *a.* 매우 즐거운. 대단히 기쁜. 유쾌하기 짝이 없는.
deleitávelmente *adv.* =*deleitosamente*.
deleite *m.* ①기쁨. 환희. 즐거움. 열락(悅樂). ②즐겁게(기쁘게)하는 물건. ③쾌감. 육체의 쾌락.
deleitosamente *adv.* 기쁘게. 즐겁게. 유쾌히.
deleitoso *a.* 매우 즐거운. 대단히 기쁜. 몹시 유쾌한.
deleixo *m.* 부주의. 태만. 둔함. 게으름.
deletar *v.t.* 삭제(削除)하다.
deletério *a.* ①(특히 건강에) 해로운. 유해한. 유독한. ②(사회를) 해롭게 하는. 인심을 타락케 하는. 나쁘게 만드는. ③해독을 유포하는.
deletrear *v.t.* 《稀》(낱말을) 맞추다. 엮다. 철자하다.
delével *a.* 지울 수 있는. 소멸할 만한. 말살 가능한.
delfim *m.* [動] 돌고래. 돌고래 무늬 장식. [天] 돌고래좌(海豚座).
delfinino *a.* 돌고래속(屬)의.
delfininos *m.(pl.)* 돌고래속(海豚屬).
delfinio *m.* [植] 참제비고깔.
delgadamente *adv.* 얇게. 가늘게. 섬약하게. 희박하게.
delgadeza *f.* ①가늘음. 홀쭉함. 여윔. ②섬약(纖弱). 빈약. 박약. ③희박. ④얇음.
delgado *a.* ①(손가락·철사 따위가) 가느다란. 가는. ②(허리가) 홀쭉한. 날씬한. 여윈. 마른. 섬약한. ③(천·판자 따위). 얇은. 섬세(纖細)한.
— *m.* (물체의) 가느다란 부분.
delibação *f.* 맛보기. 혀를 대보기. 핥아보기.
delibar *v.t.* 맛보다. 혀를 대보다. 빨아보다. 마셔보다.
deliberação *f.* 숙고(熟考), 심의(審議). 토의(討議). 협의. 결의(決議).
deliberadamente *adv.* 잘 생각하여. 신중히. 결정적으로. 결의상으로.
deliberado *a.* ①잘 생각한. 숙고한. ②심의한. 결의한. 결정한.
deliberante *a.* ①꼼꼼히 생각하는. 신중한. ②토의하는. 심의하는. 결의하는.
deliberar *v.t.* 심의(審議)하다. 토의하다. 협의하다. 평의(評議)하다.
— *v.i.* 잘 생각하다. 꼼꼼히 생각하다.
—*se v.pr.* 결심(決心)하다. 결의(決意)하다.
deliberativo *a.* ①꼼꼼히 생각한. 신중한. ②심의의. 토의의. ③결의의.
voto deliberativo 결의권(決議權).
delicadamente *adv.* 우아(미)하게. 정묘(精妙)하게. 미묘하게. 섬세히.

delicadeza *f.* ①우미(優美). 미묘(美妙). ②(용모·차림·자세 따위의) 우아. 단려(端麗). 단아(端雅). 고상. 정치(精緻). ③섬세. 정묘(精妙). ④부드러움. 온후(溫厚). 온공(溫恭). 온화. ⑤친절. 은근. 정중. ⑥민감. 예민. ⑦가냘픔. 섬세(纖細). 섬약(纖弱). 연약. ⑧맛좋음. 쾌감.

delicado *a.* ①우아한. 우미한. 단려(端麗)한. 단아한. 고상한. ②정묘한. 정치한. 미묘한. 교묘한. 고른. 섬세한. ④힘없는. 연약한. ⑤부드러운. 온화한. 온량(溫良)한. ⑥조심해야 할. 주의하여 취급해야 할. ⑦(문제가) 까다로운. 풀기 어려운. 하기 힘든.

delícia *f.* ①비할 수 없는 즐거움. 무상(無上)의 쾌락(환희). ②훌륭한 맛. 진미(珍味). 육감적 쾌락.

deliciar *v.t.* 대단히 기쁘게 하다. 몹시 즐겁게 하다. 유쾌하게 하다.
— *v.i.*, —*se v.pr.* 대단히 즐겁다. 매우 기쁘다. 더 이상 없는 유쾌함을 느끼다. 쾌락에 빠지다.

deliciosamente *adv.* 맛있는. 대단히 기쁘게. 몹시 즐겁게.

delicioso *a.* ①대단히 맛있는. 진미(珍味)의. ②유쾌한. 상쾌한. 기쁜. 재미 있는. ③좋은. 훌륭한. 매혹적인.
fruta deliciosa 아주 맛있는 과일,
vida deliciosa 유쾌한 생활.
sítio delicioso 상쾌한 농원.
deliciosa vista 절경(絶景).

delimitação *f.* ①한계를 긋기. 경계를 짓기. 구획(區域)을 한정하기. ②한계. 구획.

delimitador *a., m.* 한계를 긋는 (사람). 경계를 짓는 (사람). 한정(限定)하는 (자).

delimitar *v.i.* 한계를 긋다. 경계(境界)를 짓다. 구역을 한정하다.

delineação *f.* ①윤곽을 그리기. 화고(畫稿). 도화. 초안. 도해(圖解). ②묘사. 서술(敘述). 기술(記述). ③경계 설정 분계(分界). 구획(區劃).

delineador *m.* ①윤곽을 그리는 사람. 초안 잡는 이. 도형(圖形) 제도자. 도안자. ②(윤곽의) 사출(寫出器). ③묘사하는 자. 기술자(記述者). ④경계를 설정하는 사람.

delineamento *m.* = *delineação*.

delinear *v.t.* 윤곽을 그리다. 선으로 초벌을 그리다. 초안 잡다. 도형(圖形)을 그리다. 기술하다. 서술(敘述)하다. 묘사하다. 경계선을 긋다. 구획을 나누다.

delineativo *a.* 초안의. 화고(畫稿)의. 도안의. 묘사의. 기술(記述)의. 서술적. 계획적.

delinqüência *f.* ①과실(過失). ②비행. 범죄. ③태만.

delinqüente *a.* ①잘못이 있는. 죄가 있는. 죄를 지은. ②체납하는. ③의무를 다하지 않은. 게으른. 태만한.
— *m.* ①과실자. 위반자. 범죄자. ②직무태만자.

delinqüir *v.i.* 법에 벗어난 행동을 하다. 법에 저촉하다. 죄를 짓다.

deliquar *v.t.* 조해하다. 액화하다.

deliqüescência *f.* [化] 조해(潮解). 액화(液化). 융화(融化).

deliqüescente *a.* 조해(융해)하는. 조해(융해)성의.

delíquio *m.* ①[化] 조해. 액화. 융화(融化). ②현기. 기절. 인사불성.

delir *v.t.* ①지우다. 삭제하다. 말살하다. 소멸시키다. ②눈에 띄지 않게 하다. ③[化] 녹이다. 용화(溶化)하다. 액화(液化)하다.

delirado *a.* 정신착란을 일으킨. 헛소리하는. 신바람이 난.

delirante *a.* ①정신착란(錯亂)의. 헛소리하는. ②신바람이 난. 열광하는. 기뻐 날뛰는.

delirar *v.i.* ①정신착란을 일으키다. 헛소리를 하다. ②(…에) 미치다. 열광하다. 열중하다. 기뻐 날뛰다.

delírio *m.* ①실신 상태. ②일시적 정신착란. ③열중. 열광. 헛소리. 망상.

delirioso *a.* ①정신착란의. 정신착란을 일으킨. ②신바람이 난. 열광하고 있는.

delirium-tremens *m.* [醫] 알콜 중독에 의한 섬망증(譫妄症)(정신착란하며 떠는).

delitescência *f.* 잠복(潛伏)(상태). [醫] (질병·상처 등의) 급속한 소실(消失). 돌연소멸.

delito *m.* [法] 불법행위; 범죄. 죄악.
em flagrante delito 범죄 현장에서. 연행중에. *corpo de delito* (의사의 진단에 해당하는) 피상체(被傷體).

delituoso *a.* 죄의. 범죄의. 범죄로 되는.

delonga *f.* 늦춤. 지연. 지체. 천연(遷延). 유예(猶豫).
sem delonga 지체함이 없이. 당장. 곧.

delongador *m.* 지체하게 하는 자. 지연시키는 자. 연기하는 사람.

delongamento *m.* =*delonga*.

delongar *v.t.*, *v.i.* 늦어지게 하다. 늦다. 지연시키다. 지연하다. 연기시키다. 연기하다. 지체하다. 우물쭈물하다.

delta *m.* ①델타(그리스 자모의 넷째 자. 즉, *Δ*). ②*Δ*자꼴의 물건 ; (특히) 삼각주(三角洲).

deltoidal *a.* =*deltóide*.

deltóide *a.* 델타꼴의. 세모꼴(三角形)의. 삼각주 모양의.
— *m.* [解] 삼각근(三角筋).

deltoideano *a.* [解] 삼각근의.

deltoideo *a.* 삼각형의. 삼각근의.

deluir *v.t.* 속이다. 어리벙벙하게 하다.

delusão *f.* 미혹. 기만. 미망(迷妄). 망상. 잘못된 생각.

delusório *a.* ①속이는. 어리벙벙하게 하는. ②허위의. 기만의. ③망상적. 미망적.

demagogia *f.* ①민중 선동. ②민중(民衆) 정치. 과격 민주 정치.

demagógico *a.* ①민중 선동적(농락적). ②(민중의) 인기만 끄는 것을 목적하는. ③데마의.

demagogo *m.* (옛날의) 민중(군중)의 괴수. 선동 정치가. 간웅(奸雄).

demais *adv.* 그 외에. 더욱. 더욱 더. 과도하게. 따로.
por demais 헛되게. 무익하게.
— *a.* 그 외의. 그 밖의. 딴.
os demais 딴 사람들. 그 외의 사람들. 딴 물건들.

demanda *f.* ①청구. 요구. ②최고(催告). 힐문(詰問). ③소송. 송사(訟事). 재판사태(沙汰). ④논쟁. 언쟁.
em demanda de …을 찾아서. …을 탐구하여.
em demanda a …의 방향으로. …의 쪽으로 향하여.

demandador *m.* ①요구자. 청구인. ②소송인. 원고.

demandante *a.* ①요구하는. 청구하는. ②소송하는.
— *m.*, *f.* ①요구자. 청구인. ②[法] 소송인. 원고(原告).

demandar *v.t.* ①요구하다. 청구하다. ②힐문하다. ③소송하다. ④(+*a*). …에 향하여 가다. …을 찾으러 가다. 《古》 청원하다.
— *v.i.* ①(…의) 필요가 있다. ②소송을 일으키다. ③(…와) 다투다.

demandista *m.*, *f.* 소송하는 사람. 소송하기 좋아하는 이.

demão *f.* ①(페인트·회칠 등의) 한번 칠. ②도움. 방조.
primeira demão 첫 칠(초벌 칠).
última demão 마지막 칠.

demarcação *f.* ①경계. 한계. 구획. ②경계 획정(劃定). 한계 설정.
linha de demarcação 경계선(線).

demarcadamente *adv.* 경계를 지어서.

demarcado *a.* 경계를 정한. 한계를 그은.

demarcador *a.*, *m.* 경계를 정하는(사람).

demarcar *v.t.* 경계를 정하다. 한계(限界)를 긋다. 한정하다. 구별하다. 분리하다.

demarcativo *a.* 경계의. 한계의. 경계용(用)의.

demasia *f.* ①과다(過多). 과잉. 초과. ②초과액. 여분. ③과도. 지나침. ④불신. 부절제(不節制). ⑤월권(越權).
em demasia 과도하게. 여분으로.

demasiadamente *adv.* 과도하게. 과대히. 엄청나게. 지나치게.

demasiado *a.* 과도의. 여분의. 지나친. 엄청난.
— *adv.* 과도로. 지나치게. 과대히. 엄청나게. 매우.

demasiar-se *v.pr.* 정도를 넘다. 초과하다.

demência *f.* [醫] 정신착란(錯亂). 실성(失性). 치매(癡呆). ②발광. 미침. 미쳐날뛰기.

dementado *a.* 정신착란한. 정신이상이 생긴. 미친. 발광한.

dementar *v.t.* 정신착란을 일으키게 하다. 미치게 하다.

demente *a.* ①미친. 발광한. ②난심(亂心)한. 광란적(狂亂的)인.

demérito *m.* ①결점. 단점. ②과실. 실수. ③실태(失態). 부덕(不德). ④죄과(罪過).
— *a.* ①공적(功績)을 잃은. ②면목을 잃은. 면목이 없는.

demissão *f.* 파면. 면관(免官). 해고. 해임.

demissionário *a.* 파면의. 면직의. 해임하는. 사직하는.
— *m.* 사표를 제출한 자. 사직한 자.

demissório *a.* ①파면의. 면직의. 해임의.

사직의. ②사표를 낸. 사직한.
demitido *a.* 파면된. 면직 당한. 해임 당한. (자리를) 쫓겨난.
demitir *v.t.* (자리를) 물러나게 하다. 퇴거시키다. 해고(해임)하다. 파면(면직)하다. (권리를) 버리다. 포기하다.
— **se** *v.pr.* 물러나다. 떠나다. 그만두다. 사직하다. 사임하다.
demiurgo *m.* (그리스 철학의) 조물주.
demo *m.* 《俗》①악마. 귀신. 마귀. 마왕. 사탄. ②몹시 떠드는 녀석. 잠시도 가만있지 않는 놈. 엉큼한 놈. 몹시 설치는 놈.
democracia *f.* 민주정치. 민주정체. 민주주의. 평민주의. 민주주의. 평민계급.
democrata *m., f.* 민주정체론자. 민주주의자. 민주당원.
democraticamente *adv.* 민주적으로. 민주주의적으로.
democrático *a.* 민주정체의. 민주주의(적)의. 민주당의. 평민적인.
democratismo *m.* 민주주의. 민본주의.
democratização *f.* 민주화(民主化). 민주주의로 하기.
democratizado *a.* 민주화한. 민주주의로 된.
democratizar *v.t.* 민주적으로 하다. 민주화하다. 민주제(民主制)로 하다. 민주정체(政體)로 하다.
— **se** *v.tr.* 민주주하다. 민주정체로 되다.
demografia *f.* 인구학. 인구통계학.
demográfico *a.* 인구학의. 인구통계(학)의.
demografista *m., f.* 인구학자. 인구통계학자.
demografo *m.* 인구통계자.
demolhar *v.t.* 즙(汁)에 담그다 ; 적시다.
demolição *f.* (건물 따위) 허물어뜨림. 허물기. 파괴. (특권 등의) 타파.
demolido *a.* (건물 따위) 허물어뜨린. 허문. 파괴한.
demolidor *a., m.* 허물어뜨리는 (사람). 파괴하는 (자).
demolir *v.t.* ①(건물을)허물다. 파괴하다. 깨뜨리다. ②(특권제도 따위를) 타파하다. 분쇄하다. ③(계획 등) 전복시키다.
demolitório *a.* [法] 파괴의. 파괴명령의.
demonete *m.* (*demôntio*의 지소어(指小語)). 잠시도 진정 못하는 소년. 장난이 세찬 아이. 못된 장난만 하는 아이.
demonetização *f.* 본위화폐로서의 가치를 잃게 함. 통화의 사용 폐지. 폐화(廢貨).
demonetizar *v.t.* 화폐 가치를 없애다. 통화의 자격을 잃게 하다. 본위화폐의 자격을 빼앗다.
demoníaco *a.* 악마의. 악귀의. 귀신의. 악마와 같은. 귀신같은. 마력을 가진. 귀신들린.
demónico *m.* =*demonete*.
demônio *m.* 악마. 귀신. 사신(邪神). 악의 화신. 마귀. 《轉》악마같은 놈. 추악한사람. 떠들석하는 녀석. 악동.
demoniomania *f.* 악마의 힘(위력)을 믿음.
demonismo *m.* 마신 신앙(魔神信仰). 사교(邪神敎).
demonografia *f.* 귀신론. 마귀론.
demonógrafo *m.* 귀신론자.
demonólatra *m.f.* 귀신 숭배자.
demonolatria *f.* 귀신 숭배.
demonologia *f.* 귀신학(론). 악마 연구.
demonólogo *m.* 귀신학(론)자.
demonstrabilidade *f.* 논증가능성(論證可能性). 증명할 수 있음.
demonstração *f.* ①논증. 증명. 입증. 증거. ②실물(실험) 교수. 실연(實演). ③(감정의) 표명. ④시위 운동. ⑤견제(牽制) 운동. [軍] 양동(陽動).
demonstrado *a.* 논증한. 증명한. 설명한. 시설(示說)한. (감정을) 표시된. 시위된.
demonstrador *a.* 논증하는. 증명하는. 시위하는.
— *m.* 논증자. 증명자. 실지 교수자. 실물교시자(實物敎示者). 시설(示說)하는자. 시위 운동자.
demonstrante *a.* 논증적. 증명적. 표시하는. 현시(顯示)하는.
demonstrar *v.t.* 논증하다. 증명하다. 현시하다. (감정을) 표시하다. (모형·실험 등으로) 설명하다. 시설(示說)하다. (상품을) 보이며 선전하다.
— *v.i.* 시위(운동)하다. [軍] 시위하다. 양동(陽動)하다.
demonstrativamente *adv.* 논증적으로. 증명적으로. 표명적으로. 시위적으로.
demonstrativo *a.* 논증적. 증명적. 시위적. 명시적(明示的). 감정을 나타내기 쉬운. (감정이) 밖에 나타나는. [文] 지적의. 지시적.
adjetivo demonstrativo 지시형용사.
pronome demonstrativo 지시대명사.

demonstrável *a.* 논증할 수 있는. 증명되는. 시설(示說)할 수 있는. 시위할만한.

demora *f.* ①지체. 지연, 지각(遲刻). ②체류. ③유예. ④연기. (기차 따위의) 정차 시간.
sem demora 곧. 지체함이 없이.

demoradamente *adv.* 시간이 걸려서. 우물쭈물하여.

demorado *a.* ①(…하는 데) 시간이 걸린. 시간을 끈. 지체된. ②늦은. 늦어진. ③체류한. 체재한.

demorar *v.t.* 늦어지게 하다. 시간 끌게 하다. 시간 걸리게 하다. 지연시키다. 연기시키다.
— *v.i.* 체류하다. 지체하다.
—*se v.pr.* ①늦어지다. 지각하다. ②시간이 걸리다. 시간 끌다. ③시간을 빈둥빈둥 보내다. 우물쭈물하다. 망설이다. ④체류하다. 체재하다.

demoroso *a.* 느린. 더딘. 완만한. 우물쭈물하는. 늦게 오는. 지각한.

demostração *f.* 보이기. 표시. 현시(顯示). 실증(實證)하기.

demostrar *v.t.* 보이다. 표시하다. 실증하다.

demover *v.t.* ①옮겨 놓다. 옮기다. (자리를) 바꾸어 놓다. ②(…하고자 하는 것을) 그만두게 하다. 단념시키다.
—*se v.pr.* ①이전(移轉)하다. 이동하다. ②다시 생각하다. 단념하다.

demudadamente *a.* 변화하여. 변형하여.

demudado *a.* 변화한. 변형한. 변태(變態)한. 괄목할 만큼 변한.

demudamente *m.* 변화. 변형(變形). (용모의) 변태.

demudar *v.t.* (형상을) 변화시키다. 형태를 바꾸게 하다. 변태케 하다.
—*se v.pr.* (병·놀라움 등으로 인하여) 용모가 변하다. 얼굴빛이 변하다. 혈색이 나빠지다.

demulcente *a.* [醫] 자극을 완화하는. 진통시키는.
— *m.* 완화제. 진통제.

denário *a.* 십진(十進)의.
— *m.* 옛 로마의 은화(銀貨).

dende *m.* [植] 덴데에(브라질 북부에 있는 종려수의 일종 ; 그 가느다란 잎꼭지(絲狀葉柄)는 비 만드는 재료가 됨). 덴데에 열매.

dendezeiro *m.* [植] 덴데에 나무.

dendrite, dendrito *m.* [鑛] 모수석(模樹石).

dendrítico *a.* 나뭇가지 모양의. 모수석 모양의.
pedra dendritica 나무 모양(樹木狀)의 돌.

dendrografia *f.* 수목론(樹木論).

dendróideo *a.* 나무모양(樹木狀)의.

dendrólito *m.* 수목의 화석(化石). 화석 식물.

dendrologia *f.* 수목화(樹木學). 수목론(論).

dendrómetro *m.* 측수기(測樹器) (높이를 재는).

denegação *f.* ①[法] 부정(否定). 부인(否認). ②거부. 거절. ③부결. 각하(却下) ④부동의(不同意). ⑤(사실에 반대됨에 대한) 반박. 취소.

denegar *v.t.* 부정(부인)하다. (요구를) 거절하다. 거부하다. (서류를) 각하하다. 부결하다. 사절하다. (사실에 반대된다고) 취소하다. 반박하다.

denegrecer *v.t.* =*denegrir*.

denegrido *a.* ①검정빛이 된. 까맣게 된. ②더러워진.

denegrir *v.t.* ①검은색(검정빛)이 되게 하다. 까맣게 하다. ②(구두 따위를) 까맣게 닦다. ③(명예·신용 등을) 어지럽히다. 더럽히다.
— *v.i.* 까매지다. 검은빛을 띠다. 더러워지다.

dengoso *a.* ①정숙한 체하는. 얌전빼는. 지나치게 수줍어하는. ②아양부리는. 졸라대는.
menino dengoso 몹시 졸라대는 아이. 엄마 치맛자락에서 떠나지 않는 아이. 자칫하면 우는 아이.

dengue (1) *a.* 아양부리는. 졸라대는.
— *m.* ①아양부리기. 졸라대기. ②졸라대는 아이.
— (2) *f.* [醫] 뎅그 열(熱). 골통열(骨痛熱) (열대지방의 유행병).

denguice *f.* ①정숙한 체함. 근신(勤愼)함. ②수줍어함. 부끄러워함. 점잖빼기.

denodadamente *adv.* 용감하게. 대담하게. 꿈쩍도 않고.

denodado *a.* 용감한. 대담한. 담이 큰. 맹렬한.

denôdo *a.* ①대담. 비겁성이 없음. 용감. ②맹렬.

denominação *f.* ①이름 짓기. 명명. ②명칭. 명의.
denominador *a.* 이름 짓는. 명명하는.
— *m.* ①이름 짓는 사람. 명명자. ②[數] 분모(分母).
denominar *v.t.* 이름 짓다. 명명하다. (…라고 일컫다. (…라고) 부르다.
—se *v.pr.* (…라고) 불리다. (…라고 스스로) 칭하다.
denominativo *a.* ①표시하는. 지시하는. 명명하는. 명명적(命名的). 명칭적(名稱的). ②[論] 외연적(外延的). [文] 지시적.
denotação *f.* ①표시. 지시 ; 표. ②명칭 ; (명사(名辭)의) 의미. ③[論] 외연(外延).
denotador *a.*, *m.* 표시하는(것). 지시하는(것).
denotar *v.t.* (…기호로) 표시하다. 보이다. …의 표지이다. 의미하다. [論] 포괄(包括)하여 표시하다.
densamente *adv.* 조밀하게. 빽빽하게. 울창하게.
densidade *f.* ①조밀성(稠密性). 치밀성(緻密性). 빽빽한 정도. 밀도. 농도. (안개 따위의) 깊이. [理] 비중(比重).
densidão *f.* 조밀. 치밀. 빽빽함. 농후. 농밀. 밀도. 농도(濃度).
densifoliado *a.* [植] (잎사귀가) 무성한. 우거진.
densimetria *f.* 밀도측정(密度測定). 비중측정.
densimetro *m.* 밀도계. 비중계.
denso *a.* 조밀한. 치밀한. 빽빽한. 울창한. 무성한. 밀도가 큰. 울밀(鬱密)한. (안개가) 깊은. (명암(明暗)의) 도가 강한.
dentada *f.* ①(이빨로) 물기. ②물린 상처(咬傷·嚙傷). ③물린 자국(嚙痕). ④찔린 상처. 신랄한 말씨. 호된 언사.
dentado *a.* ①(이빨로) 문. 물린. ②이가 있는. ③톱니 모양의.
roda dentada 톱니바퀴(齒車).
dentadura *f.* ①[齒科] 치열(齒列). ②한 벌의 틀니(義齒). (치차(齒車)의) 전체 톱니.
dentadura artificial (전체의) 틀니(義齒).
dental *a.* 이(齒)의. 치아의. 치과(용)의. [音聲] 치음의. 이(치아)소리의.
— *f.* 치음(齒音). 치음자(字).
dentalgia *f.* 충식통(蟲蝕痛).
dentão *m.* 경기류(硬鰭類)의 물고기(치열(齒列)이 뻐드러져 나온).
dentar *v.t.* ①(이빨로) 물다. 깨물다. ②톱니를 만들다.
— *v.i.* 이(치아)가 나기 시작하다.
dentario *a.* 이의. 치아의.
nervos dentários 치신경(齒神經).
carie dentária 구치(蝸齒).
dente *m.* ①이. 치아(齒牙). ②치아처럼 생긴 것. 치형(齒形)의 돌출물. [動·植] 치상돌기(齒狀突起). [機] (빗·톱니바퀴 등의) 이(齒).
dentes incisivos 앞니(門齒).
dentes caninos 견치(犬齒). 송곳니.
dentes de leite 유치(乳齒).
dentes cavalgados 출치(出齒). 뻐드렁니.
dentes molares 어금니(臼齒).
dentes postiços 틀니(義齒).
dentes do siso 사랑니. 지치(智齒).
dente de leão [植] 민들레. 포공영(蒲公英).
dentes de roda 톱니바퀴(齒車)의 톱니.
dentes de serra (톱의) 톱날. 톱니.
dente careado 충치(蟲齒).
dôr de dentes 치통. 이앓이. 충식통(蟲蝕痛).
arrancar um dente 이를 뽑다.
falar por entre os dentes 입속으로 중얼거리다.
lutar com unhas e dentes 결사적으로 싸우다.
mostrar os dentes 위협하다.
denteação *f.* 톱니모양(鋸齒狀)으로 만들기. 두틀두틀하게 만들기. 치륜(齒輪)을 만들기. 아륜(牙輪)을 해 넣기.
denteado *a.* 톱니 모양으로 된. 요철(凹凸)을 붙인. 톱니 모양의.
dentear *v.t.* 톱니를 만들다. 톱니 모양(鋸齒狀)이 되게 하다. 요철을 붙이다.
dentebrum *m.* *dentebrura*.
— *f.* [植] 양치속(羊齒屬).
dentelar *v.t.* =*dentear*.
dentelete *m.* [建] 이 모양의 장식형(齒形飾).
dentelo *m.* =*dentículo*.
dentição *f.* ①이나기. 치아 발생(의 결과). ②생치기(生齒期).
denticulado *a.* 작은 이 모양(小齒形)을 한. 작은 이 모양의 돌기(小齒形突起)가 많은.

denticular (1) *a.* 작은 이 모양의. 소치형(小齒形)의.
— (2) *v.t.* 작은 이를 만들다. 작은 이 모양의 돌기(小齒形突起)를 만들다.

dentículo *m.* 작은 이(小齒). 작은 이 모양의 돌기. [建] 이 모양의 장식(齒形飾). [植] 잎사귀의 가장자리(葉邊)가 작은 톱니 모양을 이룬 것.

dentificação *f.* 치아의 구조(構造).

dentiforme *a.* 이 모양의. 치아형(齒牙形)의.

dentifrício *a.* 이를 닦는. 이 닦는 데 쓰는.
— *m.* 이 닦는 재료(치약·치아분 따위).
pó dentifrício a 치마분(齒磨粉).

dentífrico *a.* = *dentifrício*.

dentilabial *a.* = *dentolabial*.

dentilhão *m.* ①큰 이(大齒). ②[建] 이 모양의 장식돌. 대치석(待齒石): 건물의 벽에 이곳저곳에 불쑥불쑥 나오게 한 돌(또는 벽돌).

dentina *f.* (이의) 상아질(象牙質). [醫] 치질(齒質). [解] 치골(齒骨).

dentista *m., f.* 치과의(사).

dentola *f.* ①[俗] 큰 이. ②뻐드렁니.

dentolabial *a.* [音聲] 이와 입술의.
— *m.* 순치음(脣齒音) (F.V. 따위).

dentona *f.* 뻐드렁니(큰 이)가 있는 여자.

dentro *adv.* 안에. 안으로. 속에. 내부에. 집 안에. 마음 속(心中)에; 이내(以內).
por dentro 안에. 마음 속에.
para dentro 안으로. 내부로 향하여.
dentro de 또는 *dentro em* …의 안에. …의 내부에.
de dentro parafora 안으로부터 밖으로.
dentro de poucos dias 수일 내에.
dentro em breve (em pouco) 오래지 않아서. 곧. 일일 중.

dentuça *f.* 《俗》 큰 충치(蟲齒).
— *m.* 큰 뻐드렁니가 있는 사람.

dentuço *a., m.* 이가(齒列이) 고르지 않은 (사람).

dentudo *a.* (이가) 고르지 않은. 툭 튀어져 나온. 뻐드렁니의.
— *m.* [魚] 큰 상어(상)의 일종.

denudação *f.* ①발가벗기. 나체가 되기. 발가숭이(의 상태). ②노출. ③남벌(濫伐).

denudar *v.t.* ①발가벗기다. 나체로 하다. 옷을 벗기다. ②노출시키다. ③(껍질을) 벗기다. 박탈하다. ④남벌하다.
—se *v.pr.* 옷을 벗다. 발가벗다. 나체가 되다.

denúncia *f.* ①고발. 밀고. ②탄핵(彈劾). ③경고적(위협적) 통고. ④신랄한 비난. 통박(痛駁).

denunciador *a.* ①고발하는. 밀고하는. ②탄핵하는. 통박하는. 경고적으로 통고하는.
— *m.* 고발인. 밀고자. 탄핵하는 자. 통박하는 자.

denunciante *a.* 고발하는. 밀고하는. 탄핵하는. 비난하는.
— *m., f.* 고발자. 적발인(摘發人). 탄핵자.

denunciar *v.t.* 탄핵(彈劾)하다. 고발하다. 기소(起訴)하다. 위협적으로 선언하다. 비난하다. (조약·휴전 등의) 종결을 통고 (선언)하다. 파기하다.
— *v.i.,* —se *v.pr.* 자수(自首)하다. 자현(自現)하다.

denunciativo *a.* 탄핵의. 탄핵적. 비난의. 독설을 퍼붓는. (조약) 파기를 통고하는.

denunciatório *a.* 탄핵의. 탄핵적인. 고발적인.

denunciável *a.* 탄핵할 만한. 고발해야 할.

deontologia *f.* [哲] 의무론(義務論). 도의론(道義論).

deparador *a., m.* 갑자기 발견한 (사람). 돌연히 나타나는 (사람). 불쑥 만난 (사람).

deparar *v.t.* 갑자기 나타나게 하다(나타나 보이다). (돌연히 …을) 만나다. (…을) 발견케 하다. …을 주다. 제공하다.
— *v.i.* 갑자기 눈에 띄다(발견하다. 만나다).
—se *v.pr.* 갑자기 나타나다(일어나다. 발생하다). (뜻하지 않게) 기회가 닥쳐오다. 우연히 서로 만나다.

departamental *a.* (관청의) 부문(국·과·청)의. 성(省)의.

departamento *m.* (관청의) 국(局). 청(廳). 과. 원(院). 성(省). (프랑스의) 현(縣).
departamento de meteorologia 기상국(氣象局).
departamento de saúde 보건국(보건국).
departamento de educação 교육부. 문교부.

departir *v.t.* 《古》 나누다. 분할한다. 구분(區分)하다.

depauperação *f.* 가난하게 하기(되기). 빈곤화(貧困化). 빈약하게 하기(되기). 불모화. 피폐.
depauperamento *m.* 가난하게 하기. 빈곤케 하기. 피폐(疲幣)시키기.
depauperar *v.t.* 가난하게 하다. 빈곤케 하다, 빈약하게 하다. (토질을) 메마르게 하다. 허약하게 하다. 쇠퇴케 하다.
depenado *a.* 깃털을 뽑은. 깃털이 뽑힌. 발가벗은. 무일물(無一物)이 된.
galinha depenada 깃털이 뽑힌 닭(털 뽑은 암탉).
Ficou depenado no jogo. 그 사람은 도박(투전)에서 무일푼이 되었다.
depenador *m.* 깃털을 뽑는 사람. 도박으로 (속여서) 돈을 빼앗는 사람.
depenar *v.t.* ①깃털을 잡아 뽑다. ②도박으로 (속여서) 돈을 빼앗다.
dependência *f.* ①의지(依支). 의존(依存). ②종속(관계). 부속. 예속(隷屬). 복종. ③종속물. 부속물. ④속국(屬國). 영지(領地).
dependencias (*pl.*) 딴 채. 헛간. 별관(別舘). 부속관(附屬舘).
dependente *a.* ①(다른 데) 의존하는. 종속하는. 종속 관계의. 예속하는. 예속적. ②…여하에 따르는. …나름인. ③매어 달린. 늘어진.
dependentemente *adv.* 의존하여. 종속(부속)하여.
depender *v.i.* (+*de*) …에 매달리다. 의지하다. 의(依)하다. 의존하다. …나름이다. (…에) 종속하다. 부속하다. (…에) 관련하다.
dependura *f.* 매달기. 매달림. 매달린 상태. 매달린 물건. 어려운 처지(환경).
estar na dependura 어려운 처지에 놓여 있다.
dependurado *a.* 걸린. 매달린.
dependurar *v.t.* 걸다. 매달다. 늘어뜨리다.
depenicar *v.t.* ①깃털을 한 대씩 한 대씩 뽑다. 조금씩 뽑다. ②조금씩 먹다.
— *v.i.* 야금야금 먹다. 조금씩 먹다. 까먹다.
deperecer *v.i.* 점점 쇠약해지다. 기운 없어지다. 죽음에 가까워가다. 점점 시들다.
deperecimento *m.* 점점 쇠약해지기. 점차 시들어감. 점차 소멸해감.
depilação *f.* 털뽑기. 탈모(脫毛).
depilar *v.t.* 털을 뽑다. 탈모시키다.
depilatório *a.* 털 없애는. 털 없애는 효력이 있는. 탈모용의.
— *m.* 탈모제(脫毛劑).
depleção *f.* ①배설(排泄). 감액법(減液法). 방혈(放血). ②[醫] 사혈(瀉血).
depletivo *a.* 감소시키는. 제혈성(除血性)의.
— *m.* 방혈치료. 혈액감소제(血液減損劑).
deploração *f.* 비탄. 통탄(痛嘆). 애도. 통곡.
deplorador *m.* 몹시 슬퍼하는 사람. 비탄하는 자. 애도하는 이.
deplorar *v.t.* 몹시 슬퍼하다. 애도하다. 한탄하다. 뉘우치다. 개탄하다.
—*se* *v.pr.* 비탄에 잠기다. 통탄하다.
deplorável *a.* 한탄할 만한. 몹시 슬픈. 비참한. 가련한.
deploravelmente *adv.* 한탄스럽게. 슬프게. 불쌍하게.
deplumar *v.t.* =*desplumar*.
depoente *m.f.* [法] 선서증인(宣誓證人). 공술자(供述者).
verbo depoente [文] 이태동사(異態動詞).
depoimento *m.* ①[法] 증언. 공술. ②공술서. 청취서.
fazer um depoimento 입증하다. 공술하다.
depois *adv.* ①(順序) 뒤에. 다음에. ②(時) 후에. 그 후에.
depois de …의 후에. 다음에.
depois que …의 때부터. …이래(이후). …하자마자.
logo depois 계속하여. 곧. 직후에. 뒤미처.
depolarização *f.* [電] 분극(分極) 방지 작용. 복극(復極). 멸극(滅極).
depolarizar *v.t.* ①[電・磁] 복극하다. 소극(消極)하다. [光] 편광방향(偏光方向)을 바꾸다. ②(확신・편견 등을) 뒤집다. 해소시키다.
deponente *a.* =*depoente*.
depopularização *f.* 인망을 떨어뜨리기. 인기실추(人氣失墜).
depopularizar *v.t.* 인망(人望)을 떨어뜨리다. 인기 없게 하다.
—*se* *v.pr.* 인망이 떨어지다. 인기를 잃다.
depor *v.t.* ①(…의) 아래에 놓다. ②내려 놓다. 옆에 놓다. 옆에 따로 놓다. 따로 두다. ③저장하다. 저축하다. (은행에) 저금하다. ④맡기다. 위탁하다. ⑤(앙금・잔재 따위가) 가라앉게 하다. ⑥집어치우다. 버리다. 포기하다. ⑦(높은 지위로부터) 쫓아내다. 면직시키다. ⑧(왕을) 폐하다. ⑨[法] 증언하다.

depor as armas 무기를 버리다. 항복하다.

depor a vida (삶을 버리다) 죽다.

depor um emprego 직장을 버리다.

depor um empregado 직공을 해고하다.

depor o rei (왕을) 폐하다.

depor o dinheiro no banco 은행에 저금하다.

— *v.i.* 증언하다. 입증하다. 공술(供述)하다.

—se *v.pr.* (앙금·잔재 따위) 가라앉다. 침전(沈澱)하다.

deportação *f.* 쫓아 버리기. (국외) 추방. 유형(流刑).

ordem de deportação 퇴거 명령. 추방령(令).

deportado *a.* 쫓겨난. 추방 당한. 유형 당한. 정배 보낸.

— *m.* 추방된 사람. 쫓겨난 사람. 정배간 사람.

deportar *v.t.* (국외로) 쫓아 버리다. 추방하다. 정배 보내다. 귀양 보내다.

deporte *m.* ①쫓아내기. 추방. ②수송(輸送). 이송(移送).

deposição *f.* ①관직 박탈. 파면. 면직. 폐위(廢位). 폐출(廢黜). ②[法] 공술(供述). 증언. 조서.

depositador *m.* 《稀》 = *depositante*.

depositante *a.* 예금하는. 저금하는. 공탁하는.

— *m., f.* ①예금자. 저금자. 공탁자. 기탁자. ②침전기(沈澱器).

depositar *v.t.* ①놓다. ②(알을) 낳다(낳아 놓다). ③가라앉히다. ④맡기다. 공탁하다. ⑤예금하다. 저금하다. 저축하다. 저장하다.

—se *v.pr.* 가라앉다. 침전하다. 침적(沈積)하다.

depositário *m.* ①수탁인(受託人). 보관인. 신임할 만한 사람. ②공(수)탁소. 보관소.

depósito *m.* ①맡기기. 맡음. 공탁(供託). ②예금. 예금액. 적립금. 보증금. 기탁물. ③보관소. 저장소. 창고. ④침전물(沈澱物). 침적물(沈積物). 퇴적물. ⑤[鑛] 광상(鑛床).

depósito dágua 물 받아두는 탱크.

depósito de bagagens 소지품 맡는 곳. 수하물 보관소.

depósito de óleo 기름 탱크(기름 저장소).

deposto *a.* ①맡긴. 공탁한. ②(높은 지위로부터) 쫓겨난. 파면 당한. 폐위(廢位)된.

depravação *f.* ①(정신상의) 부패. 타락. (풍속상의) 퇴폐. 패덕(敗德). ②악화. 변성(變性). ③증오.

depravadamente *adv.* 무패하여. 타락하여. 퇴폐하여.

depravado *a.* 부패한. 타락한. 변성한. 비열한. 불량한.

depravador *a.* (정신적으로) 부패케 하는. 타락케 하는. 좋은 풍속을 깨뜨리는(문란케 하는).

— *m.* 부패케 하는 자. 사회 풍습을 문란케 하는 자. 사회를 어지럽게 하는 자.

depravar *v.t.* (정신적으로) 부패하게 하다. 타락시키다. (풍기를) 문란케 하다. 퇴폐케 하다. 악화시키다.

—se *v.pr.* 부패하다. 타락하다. 퇴폐하다. 악화되다. 변성(變性)하다.

deprecação *f.* ①청원. 탄원. 애원. 기원(祈願). 기도. ②죄를 용서해 줄 것을 탄원하기.

deprecar *v.t.* 간절히 바라다. 애원하다. 탄원하다. (+*a*). …을 기원(祈願)하다.

deprecativamente *adv.* 간절히 원하여. 애원하듯이.

deprecativo *a.* 탄원적. 애원적.

deprecatório *a.* 애원의. 탄원의. 탄원의 형식을 갖춘.

depreciação *f.* ①값을 낮춤. 가치 저락. 하락(下落). ②얕보기. 과소 평가. 멸시. 경멸.

depreciador *a., m.* 값을 낮추는 (사람). 가치를 저락시키는 (사람). 멸시(경멸)하는 (자).

depreciar *v.t.* ①값을 낮추다. (시장) 가치를 저락시키다. 감소시키다. ②깔보다. 얕보다.

—se *v.pr.* ①값이 내리다. (시장) 가격이 저락하다. ②자기의 인간성을 과소 평가하다.

depreciativo *a.* 값을 낮추는. 가치 저락의. 값이 떨어지는 경향의. 멸시적. 경멸적. 멸시하는. 얕보는.

depreciável *a.* ①값을 낮출 만한. 가치를

depredação f. ①약탈. 겁탈. ②약탈행위.
depredador m. 약탈자. 겁탈자.
depredar v.t. ①강제적으로 빼앗다. 약탈하다. 겁탈하다. 말끔히 쓸어가다. ②파괴하다.
depredatório a. 약탈의. 약탈적.
depreender v.t. ①이해하다. 눈치채다. (의미·진상 등) 파악하다. 발견하다. ②추론(推論)하다. 추단하다.
depreensão f. ①이해. 납득. (의미·진상 등의) 파악. 발견. ②범행(犯行) 현장에서 체포하기.
depressa (=*de pressa*) adv. 빨리. 급히. 어서.
  vamos depressa. 빨리(어서) 갑시다.
depressão f. ①내려 누르기. 억압. ②저하. 침하(沈下). (지반의) 함몰. 파인 곳. 움푹한 땅. ③의기소침(意氣銷沈). 우울. ④불황. 불경기.
  depressão atmosférica 저기압.
depressivo a. 억누르는. 억압적. 침울한. 울적한.
depresso a. =*deprimido*.
depressor a. 억누르는. 억압하는. 저하시키는.
  — m. 억압자. [醫] 압저기(壓低器)(설압자(舌壓子) 따위).
deprimente a. 억누르는. 억압하는.
deprimido a. ①억눌린. 억압된. 풀꺾인. 기가 죽은. ②(노상(路床) 따위) 내려 앉은. 움푹 들어간. ③활기가 없는. 불경기의. (주(株)가) 하락한.
deprimir v.t. 내려 누르다. 억압하다. 기가 죽게 하다. 의기 소침케 하다. (목소리 따위를) 낮추다(약하게 하다). (시세 따위를) 저하(저락)시키다. 불경기로 만들다.
  —*se* v.pr. ①억눌리다. ②저하하다.
depuração f. 정화(淨化). 정화작용.
depurador a. 정화하는.
  — m. 정화장치. 정화제. 청정제(淸淨劑).
depurar v.t. 정화(淨化)하다. 깨끗하게 하다.
  — v.i., —*se* v.pr. 정화되다. 깨끗해지다.
depurativo a. 정화적. 정혈작용(淨血作用)의. 청정용의.
  — m. 청정제(淸淨劑).

depuratório a. 청정용의.
deputação f. ①대리(행위). 대표. 대리파견. ②파견위원(전체). 대표단. 사절단.
deputado a. 대리로 임명된. 대리로 파견된.
  — m. ①대리(인). 파견원. 사절. ②대의사(代議士). 의원(議員). 하원의원.
deputar v.t. 대리를 명하다. 대리로서 파견하다. (일·직권을) 위임하다. 대행(代行)시키다.
dereleição f. 버리기. 포기. 유기(遺棄).
derelito a. 버린. 포기한. 유기한.
de-repente adv. 갑자기. 별안간. 불쑥. 돌연히.
derisão f. =*derrisão*.
deriscar v.t. =*derriscar*.
derisor m. =*derrisor*.
derisório a. =*derrisório*.
deriva f. [海] 풍압(風壓). 풍압차(差).
derivação f. ①(근원에서) 끌어내기. 유도. ②유래. 전래(傳來). 기원. ③(언어의) 파생. 어원. ④파생물. ⑤항로(航路)의 항행. [數] 유도(誘導). [軍] 탄도(彈道) 외로 빗나가기.
derivado a. ①(근원에서) 이끌어 낸. 분파된. ②유도한. ③유래한. 전래(傳來)한. [法] 전래된. [文] 파생한.
  — m. ①[文] 파생어(派生語). 유래어(由來語). ②[數] 유도함수. ③[醫] 유도제(誘導劑). [化] 유도체.
derivante a. ①(근원에서) 갈라져 나오는. 파생하는. 분파하는. ②전래하는. 유래하는.
derivar v.t. ①(다른 물건 또는 근원에서) 이끌어내다. 파생시키다. ②(혈액(血液)을) 유도하다. ③[化] 유도하다. ④유래를 찾다. ⑤[言] 어원의 발전을 표시하다.
  — v.i. 흘러 나오다. (…에서) 오다. (…에서 생기다. (…으로부터) 전래하다.
  —*se* v.pr. (…에서) 유래하다. (…에서) 갈라져 나오다. 파생하다. (…으로부터) 전래하다.
derivativo a. 유래의. 유래하는. 유도의. 파생의. 파생적.
  — m. ①[醫] 유도제(誘導劑). ②파생물. [文] 파생어.
derivatório a. [醫] 유도하는. 유도성(性)의.
derivável a. (근원으로부터) 이끌어낼 만한. 유도할 수 있는.
derma f., m. =*derme*.

dermalgia, dermatalgia *f.* [醫] 피부통(皮膚痛).

dermatite *f.* [醫] 피부염(皮膚炎).

dermatografia *f.* 피부론(論), 피부병론.

dermatóide *a.* 피부같은.

dermatol *m.* [化] 데르마톨(차몰식자산창연(次沒食子酸蒼鉛)의 약명(略名).

dermatologia *f.* 피부과학. 피부병학.

dermatológico *a.* 피부과학의. 피부병학(상)의.

dermatologista *m.* 피부병학자. 피부병(전문)의사.

dermatopatia *f.* 피부병.

dermatose *f.* = *dermatopatia*.

dermatoterapia *f.* 피부병 치료법.

derme *m.f.* [解] 피부. 진피(眞皮).

dérmico *a.* 피부의. 진피의. 피부에 관한.

dermoide *a.* 피부같은. 피부조직(皮膚組織)의.

dermologia *f.* = *dermatologia*.

derrabado *a.* 꼬리를 짧게 자른. 절미(切尾).

derrabar *v.t.* ①(동물의) 꼬리를 짧게 자르다. ②옷자락을 잘라 버리다.

derradeiramente *adv.* 마지막으로. 최후에.

derradeiro *a.* 마지막의. 끝의. 최후의.
por derradeiro 마지막으로. 최후에.

derrama (1) 흐름. 흘러나옴. 넘침. 넘쳐 흐르기. 엎질러지기.
— (2) *f.* 《古》 부가세(附加稅). 지방세(地方稅).
— (3) *f.* (나무의) 가지 끝을 잘라버리기.

derramação *f.* 《稀》 = *derramamento*.

derramadamente *adv.* ①흘려서. 흐르듯. ②대충 잡아. ③아낌없이.

derramado *a.* ①(가루・액체 따위를) 흘린. 흘러 나온. ②흘러서 흩어진. 산산히 흩어진. ③(물이) 넘쳐난. 넘쳐 흐른. 엎지른. 엎질러진. 떨어뜨린.

derramador *a.*, *m.* ①흘리는 (사람). 엎지르는 (사람). ②헤쳐버리는 (자). 산포하는 (자). 낭비자.

derramamento *m.* ①흘리기. 흘러나오기. 유출. 분출. [醫] 삼출(滲出). ②엎지르기. 넘쳐나기. 넘쳐흐르기. ③헤쳐 놓기. 퍼뜨리기. 전파(傳播). 유포(流布). ④보급. ⑤만연.

derramar (1) *v.t.* ①(액체・가루 따위를) 흘리다. (피를) 흘리다. ②(물을) 엎지르다. 뒤집어엎다. ③넘쳐 흐르게 하다. ④유포(流布)하다. 뿌려 흩으리다. 살포하다. ⑤헤쳐버리다. ⑥보급하다.
—se *v.pr.* 흐르다. 흘러나오다. 넘쳐나다. 넘쳐 흐르다. 흩어지다. 산포하다. 전파하다. 유포하다. 보급되다.
— (2) *v.t.* (필요 없는) 가지를 잘라버리다. 가위로 (필요 없는) 잎사귀를 자르다.

derrame *m.* = *derramamento*.

derrancado *a.* 썩기 시작한. 썩은. 부패한 (밥 따위) 쉰. (과일・고기 따위) 상한. 변질한. 나빠진.

derrancamento *m.* 부패(작용). 썩음. 썩어감. (과일・고기・청량음료 따위) 상함. 못 쓰게 됨. (밥이) 쉼.

derrancar *v.t.* ①썩히다. 부패케 하다. (밥이) 쉬게 하다. (과일・고기 따위) 상하게 하다. ②못 쓰게 하다. 더럽히다. ③노하게 하다. 화나게 하다.
—se *v.pr.* ①썩다. 썩어가다. 부패하다. ②(밥이) 쉬다. ③(고기・과일 따위) 상하다. 나빠지다. ④노하다. 화내다.

derranco *m.* = *derrancamento*.

derrapagem *f.* 미끄러지기. (특히 갑자기 멈춘 자동차가 타력(惰力)에 의하여) 미끄러져 나가기.

derrapar *v.i.*, *v.t.* 미끄러지다. 옆으로 미끄러져 나가다.

derreado *a.* (타박 또는 피로로 인하여) 허리를 쓸 수 없는. 허리를 펼 수 없는. 몸을 일으킬 수 없는.

derreador *a.*, *m.* 허리를 쓸 수 없게 하는 (것).

derreamento *m.* 허리를 쓸 수 없음(일으킬 수 없음).

derrear *v.t.* ①허리를 꾸부리게 하다. 등을 휘게 하다. (지나치게 노동을 시켜) 허리를 못 쓰게 하다. ②신용을 떨어뜨리다.
—se *v.pr.* ①허리가 꾸부러지다. 등이 휘다. ②허리를 쓸 수 없을 정도로 피로하다. 기력(氣力)이 없어지다.

derredor *m.* 둘레. 주위. 주변.
em derredor de …의 주변에. 주위에.
— *adv.* 주위에. 주변에. 사방에.

derregar *v.t.* 밭갈이한 땅(경지)에 배수구(排水溝)를 파다.

derrengado *a.* 허리를 쓸 수 없는. 몸을 일으킬 수 없는.

derrengar *v.t.* 허리를 상하다.

derretedura *f.* 녹이기. 융해. 용해(熔解).

derreter *v.t.* ①(금속을) 녹이다. 용해(熔解)하다. ②(얼음·눈 따위를) 녹이다. 용해(熔解)하다. 액화(液化)하다. ③(마음을) 녹이다. 움직이다. 감동시키다. ④소비하다. 낭비하다.
—*se v.pr.* ①녹다. 용해하다. 용해하다. ②(마음이) 녹다. 녹는 듯하다. 사랑에 빠지다. ③(구름·안개 따위) 흩어지다. 소산하다. ④도망가다.
derreter-se na bôca 입 안에서 녹다.

derretido *a.* ①녹은. 용해한. 용해한. ②사랑에 빠진.

derretimento *m.* ①녹기. 녹음. 용해(작용). 용해(작용). ②마음이 풀리기. 사랑에 빠짐. (여자에게) 녹음.

derribador *a., m.* (땅 위에) 넘어뜨리는 (것). 파괴하는 (사람·물건).

derribamento *m.* ①(건물을) 허물기. 넘어뜨리기. 도괴(倒壞). ②파괴. 타파. 파열. 전복.

derribar *v.t.* (땅 위에) 넘어뜨리다. 밀어서(또는 때려서) 넘어뜨리다. (건물을) 헐다. 무너뜨리다. 도괴(倒壞)하다. (과일 따위) 쳐서 떨구다. 거꾸러뜨리다. 전복하다. 파괴하다. 없애 버리다.
—*se v.pr.* (땅 위에) 넘어지다. 몸을 내던지다. (건물이) 무너지다. 쓰러지다. 파괴되다. 거꾸러지다. 전복되다.

derriça *f.* ①(남녀의) 희롱. 사랑을 노름삼아 하기. 가지고 놀기. ②이(치아) 또는 손톱으로 찢기(째기).

derriçador *m.* 희롱하는 사람. 놀려대는 사람. 여성에게 쓸데없이(치근치근) 말 거는 사람. 사랑을 구하는 사람.

derriçar *v.i.* ①(여자를) 희롱하다. 놀려대다. 가지고 놀다. 사랑의 말을 건네다. 연애코자 하다. ②이 또는 손톱으로 찢다(째다).

derriço *m.* ①(남녀의) 속삭임. 연애걸이. 정화(情話). 구애(求愛). 마음 들뜨기. ②희롱. 야유. 놀려대기.

derrisão *f.* 조소(嘲笑). 조소거리. 웃음거리.

derriscar *v.t.* (글자를) 줄을 지어 지워버리다. 말살하다.

derrisor *m.* 조소(조소)하는 사람. 야유하는 이.

derrisoriamente *adv.* 웃음거리로 사람을 놀리듯. 희롱하여. 조롱적으로.

derrisório *a.* 우스운. 희롱거리의. 희롱의.

조롱(조소)하는. 건방진. 무례한.

derrocada *f.* ①넘어지기. 허물어지기. 무너지기. ②쓰러짐. 붕괴. 도괴(倒壞). 파괴. 폐허.

derrocado *a.* (땅에) 넘어진. (건물 따위) 무너진. 붕괴한. 파괴한. 파괴된. 헐어 팽개친.

derrocador *a., m.* 허물어뜨리는 (사람). 헐어버리는 (사람). 파괴하는 (자).

derrocamento *m.* 허물어뜨리기. 무너지기. 도괴. 붕괴. 파괴. 폐허.

derrocar *v.t.* ①허물어뜨리다. 넘어지게 하다. 타도하다. 파괴하다. ②거꾸로 되게 하다. ③(오만한 태도를) 꺾다. (세력·권력 따위를) 없애다. ④(제도를) 타파하다.
—*se v.pr.* 무너지다. 허물어지다. 붕괴하다. 몰락하다. 파괴되다. 폐허가 되다.

derrogação *f.* ①법규(法規)의 일부 폐지 또는 개정. ②취소. 무효. ③(가치 등의) 감손. 훼손.

derrogador *m.* ①법규의 일부를 폐지 또는 개정하는 자. ②(가치 등을) 감손 (또는 훼손)하는 것.

derrogamento *m.* = *derrogação*.

derrogante *a.* ①법규의 일부를 폐지 또는 개정하는. ②취소하는. 무효로 하는. ③가치를 감손 또는 훼손하는.

derrogar *v.t.* ①법규의 일부를 폐지 또는 개정하다. (명예·품격 등을) 떨어뜨리다. 훼손하다. (가치·권리 등을) 감손하다. 무효로 하다.

derrogatório *a.* ①법규의 일부를 폐지 또는 개정하는. ②무효로 하는. 감손시키는. ③명예를(품격을) 손상하는.

derrota (1) *f.* 격파. 패배. 패주. 궤주(潰走). 격멸. (음모·계획 따위의) 좌절.
— (2) *f.* ①(배의) 항로(航路). 침로(針路). 진로. ②노정(路程). 코스. ③ [天] 궤도(軌道). ④《俗》인생의 행로(行路).

derrotado *a.* ①쳐부순. 격파한(된). 격퇴한(당한). 패배한(당한). ②실패한. 좌절한. ③피로한. ④(배가) 항로를 벗어난.

derrotador *a., m.* 쳐부수는 (자). 격파하는 (자). 격퇴하는 (자). 패배시키는 (자).

derrotar (1) *v.t.* 쳐부수다. 격파하다. 패배시키다. 패주케 하다. 타파하다. 약하게 하다. 피로케 하다.
— (2) *v.t.* (배를) 항로로부터 벗어나게 하다. 진로(進路)를 이탈케 하다.

— *v.i.* (배가) 항로(침로)를 벗어나다.
derroteiro *m.* 항로도(航路圖). 수로지(水路誌). 교통망을 그린 지도.
derrotismo *m.* 패배주의. 패전주의적 행동.
derrotista *m., f.* ①패배주의자. 패배를 믿는 자. ②《俗》염세가(厭世家).
derruba *f.* 벌목(伐木). 벌채(伐採).
derrubada *f.* 벌목(벌채)된 상태. 허물어진 상태.
derrubado *a.* (나무를 베어) 넘어뜨린. (건물을) 헐어버린. 허물어진. 도괴(倒壞)한. 거꾸러진.
derrubamento *m.* (나무 따위) 베어 넘어뜨리기. 벌목. (건물 따위) 허물기. 헐어버리기. 파괴.
derrubar *v.t.* (나무 따위) 베어 넘어뜨리다. 벌목하다. (건물을) 허물다. 헐어버리다. 파괴하다. 밀어서 넘어뜨리다. 거꾸러뜨리다. 전복시키다.
derruido *a.* ①(건물이) 무너진. 허물어진. 붕괴한. ②파괴된. 황폐된.
derruir *v.t.* ①(건물 따위를) 허물다. 헐어버리다. 파괴하다. 깨뜨리다. ②황폐되게 하다. ③면직(파면)하다.
derviche *m.* =*dervis*.
dervis, dervixe *m.* (회교의) 탁발승(托鉢僧).
desabado *a.* (햇볕을 가리기 위하여 모자의) 가장자리(또는 테두리)를 내려뜨린.
desabafadamente *adv.* 숨김없이. 감추지 않고. 흉금을 열고. 공공연히. 솔직하게.
desabafado *a.* ①뚜껑(덮개가) 없는. 활짝 열어제친. ②노출한. 폭로한. 숨김없는. 감추지 않은. 자유로운. 편한.
lugar desabafado 서늘한(시원한) 바람이 부는 곳.
vista desabafada 앞이 활짝 열린 전망.
erpirito desabafado (아무런 걱정·숨김·의심 등 없는) 개방(開放)된 정신.
desabafamento *m.* ①뚜껑(덮개)을 벗기기. 장애물을 없애기. ②노출. 폭로. ③(심정을) 터놓게 하기. 토로(吐露).
desabafar *v.t.* ①뚜껑(덮개)을 벗기다(제거하다). 장애물을 없애다. ②노출시키다. 폭로하다. 있는 그대로 드러내 놓다.
— *v.i.* 자유롭게 호흡하다. (의사 표시를) 자유로 하다. (의도를) 터놓고 이야기하다. (기탄없이) 흉금을 열고 이야기하다.
—se *v.pr.* ①편해지다. ②기탄없이 말하다.
desabafo *m.* ①자유로 하는 것. 편하게 하는 것. ②마음 풀림. 심정을 터놓기. ③(마음이) 흐뭇함. (기분이) 상쾌함.
desabaladamente *adv.* ①엄청나게. 도에 넘치게. 매우 급하게. 허둥지둥.
desabalado *a.* ①엄청난. 막대한. 도에 넘친. ②매우 급한. 황급한. 창졸한.
desabamento *m.* ①부스러뜨리기; 허물어뜨리기. 무너뜨림. ②붕괴. 도괴(倒壞)
desabar *v.t.* ①부스러뜨리다. 허물다. ②(모자의)가 (테두리)를 내려뜨리다.
— *v.i.* ①부스러지다. ②허물어지다. 붕괴하다. 무너지다.
desabe *m.* 건축물이 허물어진 것. 붕괴 (상태)
desabitado *a.* 사람이 살지 않는. 주민이 없는. 무인의.
desabitar *v.t.* ①(전쟁·천변·기후 조건 등으로 인하여) 주민을 살지 못하도록 하다(살지 않도록 하다). ②주민을 절멸(絕滅)하다.
desabito *m.* 습관이 없음. 습관을 잃음.
desabituação *f.* 습관을 잃기. 습관을 버리기.
desabituar *v.t.* 습관을 버리게 하다. 버릇을 없애다.
—se *v.pr.* 습관을 버리다.
desabonadamente *adv.* 신용을 잃고. 망신하여.
desabonado *a.* ①신용을 잃은; 인망(명성)이 떨어진. 실총(失寵)한. 불신의. ②자격을 상실한.
desabonador *a.* ①신용을 떨어뜨리는. 명성(인망)을 없게 하는; 중상하는.
desabonar *v.t.* 신용하지 않다. 불신임하다. 의심하다. 평판을 나쁘게 하다. 중상하다.
—se *v.pr.* ①신용을 잃다. ②명성(인망)이 없어지다. 망신하다.
desabono *m.* ①명성(인망)의 실추(失墜). 불신용. 불심임. ②실총(失寵). ③망신.
falar em desabono de algum (아무를) 중상하다.
desabordamento *m.* (연결된) 배와 배를 떼기. (계류(繫留)된) 양선분리(兩船分離).
desabordar *v.t.* (연결된) 배와 배를 떼다 (분리하다).
desabotoadura *f.* =*desabotoamento*.

— *m.* (의복의) 단추를 벗기기.
desabotoar *v.t.* 단추를 벗기다. 열다.
— *v.i.* 마음을 열어놓다. 흉금을 열. [植] 싹트다. 발아(發芽)하다.
—**se** *v.pr.* 단추가 (저절로) 벗어지다. 의도를 토로(吐露)하다.
desabraçar *v.t.* 껴안은(포옹한) 것을 떼다 (물러나다).
desabridamente *adv.* 거칠게. 난잡하게. 날카롭게.
desabrido *a.* 거칠은. 난잡한. 난폭한. 불유쾌한. 엄한. 날카로운.
tempo desabrido 거칠은 날씨.
resposta desabrida 횡폭한 대답(회답).
palávras desabridas 폭언.
voz desabrida 예리한(날카로운) 목소리.
desabrigadamente *adv.* 뚜껑(덮개) 없이. 노출하여. 무방비로.
desabrigado *a.* ①뚜껑이(덮개가) 없는. 노출된. 개방된. 보호물(엄호물)이 없는. 피난처를 잃은. ②보호자가 없는. 버림받은.
desabrigar *v.t.* ①뚜껑(덮개)을 벗기다. 보호물을 없애다. ②의지할 곳이 없게 하다. 버리고 돌보지 않다.
—**se** *v.pr.* 비호물(庇護物)을 잃다. 보호처를 잃다. 버림받다.
desabrigo *m.* 뚜껑(덮개) 없음 ; 노출상태. 비·바람·추위 따위를 피할 곳이 없음. 보호치를 잃음.
desabrimento *m.* (행실이) 거칠음. 버릇없음. 무례. 조야. (성격이) 난폭함. 우악함. (더위·추위 등) 엄함. 맹렬함.
desabrir *v.t.* 《稀》버리다. 버리고 돌보지 않다.
—**se** *v.pr.* …에 대하여 기분나빠 하다.
desabrochamento *m.* ①[植] 꽃이 핌. 개화(開花). ②(단추·갈고리 따위) 벗어짐.
desabrochado *a.* ①[植] 꽃봉오리가 열린. 꽃핀. ②(단추가) 벗어진. 빠진.
desabrochar *v.i.* [植] 꽃이 피다. (단추 따위) 빠지다. (저절로) 열리다.
— *v.t.* 단추를 벗기다. 빼다.
desabrolhar *v.i.* ①꽃피다. 눈트다. ②발생하다.
desabusadamente *adv.* 버릇없이. 건방지게. 불손하게.
desabusado *a.* 버릇없는. 무례한. 불손한. 건방진. 염치없는. 아니꼬운. 사양하는 마음이 없는.

desabusar *v.t.* 오해를 풀다. 수수께끼를 풀다. 깨닫게 하다.
—**se** *v.pr.* 오해가 풀리다. (틀린 것을) 깨닫다. 각성하다. 환멸을 느끼다.
desabuso *m.* 오해를 풀기. 의혹(疑惑)을 풀기. (틀린 것을) 깨닫기. 각성.
desacanhado *a.* 부끄러움이 없는. 사양성이 없는. 수줍어하지 않는. 쾌활한.
desacanhar *v.t.* 부끄러움을 타지 않게 하다. 사양하지 않게 하는. 수줍어 하지 않게 하다. 쾌활케 하다.
—**se** *v.pr.* 부끄러워하지 않다. 사양하지 않다. 쾌활하다.
desacatadamente *adv.* 불경(不敬)스럽게. 무례하게. 버릇없이. 모독하여.
desacatamento *m.* =*desacato*.
desacatar *v.t.* (…을) 우러러보지 않다. 존경하지 않다. (…을) 무례하게 대하다.
desacato *m.* 불경(不敬). 불손(不遜). 무례. 신(神)을 모독하기.
desacaudilhado *a.* 대장(隊長)을 잃은. 단장을 잃은.
desacauteladamente *adv.* 조심성 없이. 경솔하게. 앞뒤를 생각지 않고.
desacautelado *a.* 조심성 없는. 부주의한. 경솔한. 경박(輕薄)한. 경조(輕佻)한. 분별없는.
desacautelar-**se** *v.pr.* (…을) 소심하지 않다. (…에) 부주의하다. 둔한히하다.
desacavalar *v.t.* 겹쳐 있는 것을 내려 놓다. 똑바로 잡아 놓다.
desacertadamente *adv.* (목적에) 맞지 않게. 틀리게. 잘못하여. 경솔하게.
desacertado *a.* ①(목표 따위에) 빗맞은. 맞추지 못한. ②틀린. 잘못한. 실수한. 실패한; 부적당한.
desacertar *v.t.* ①(목표·과녁 따위에) 맞추지 못하다. 빗맞추다 ; 실수하다. ②틀리다. 잘못하다.
— *v.i.* 그릇된 행동을 하다. 그릇된 처치를 하다. 잘못된 일을 하다. 과오을 범하다.
—**se** *v.pr.* 실패로 끝나다. 실패로 돌아가다.
desacerto *m.* ①(목적물을) 빗맞추기. (목적을) 틀리기. 실수. ②(처사를) 잘못함. 틀림. 실패. 과오.
desacidificação *f.* (…으로부터) 산분(酸分)을 없애다. 신맛(쓴맛)을 빼내다.

desacidificar *v.t.* 신맛을 빼내다. 신맛을 없애다.

desaclimado *a.* 지방 풍토에 적당치 않는 (알맞지 않는).

desaclimar, desaclimatar *v.t.* 지방 풍토에 맞지 않게 하다. 새로운 풍토에 젖게 못하다.

desacochar *v.t.* 당황하게 하다. 어리벙벙하게 하다.

desacolchetar *v.t.* 갈고리를 벗기다. (의복 따위의) 옷을 벗기다.

desacomodadamente *adv.* 불편하게. 자유롭지 못하게.

desacomodado *a.* ①편하지 않은. 불편한. 부자유스러운. ②비좁은. 답답한. ③부적당한. ④직업을 잃은.

desacomodar *v.t.* 편하지 못하게 하다. 불편케 하다. 부자유롭게 하다. 답답하게 하다. 질서없게 하다. 흐트려 놓다. 불안에 빠뜨리다. 직업을 잃게 하다.

—**se** *v.pr.* 불편해지다. 자유로운 감을 못가지다. 답답해지다. 직업을 잃다. 지위를 잃다. 불안에 빠지다.

desacompanhadamente *adv.* 동료없이. 동반자 없이. 홀로. 단독으로.

desacompanhado *a.* 동료(동반자) 없는. 단독의. 홀로의. 고독한. (집 따위) 독채의. 이웃이 없는.

desacompanhar *v.t.* 동반하지 않다. 동반하던 것을 그만 두다. 헤어지다. 보호를 중지하다.

desaconchegar *v.t.* 접근된 것을 떼다(분리하다). 접근 못하게 하다. 멀리하다. 부자유롭게 하다.

desaconselhado *a.* ①충고 없는. 일러 주는 말이 없는. ②조심하지 않은. 부주의한. 사려 없는. 경솔한. 분별 없는.

desaconselhar *v.t.* (…을) 못하게 권고하다. 단념시키다. (…의) 생각을 그만 두게 하다. 만류하다.

desaconselhável *a.* 권할 수 없는. 안하는 것이 나은. 연결을 풀다. (매어 놓은) 끈을 풀다.

desacoplar *v.t.* [電] 절연하다. 떼어 놓다. 분리하다.

desacordado *a.* 기절한. 졸도한.

desacordante *a.* (의견의) 일치하지 않는. 불일치의. 불협화의. 부조화(不調和)의.

desacordar *v.t.* 일치하지 않게 하다. 의견이 틀리게 하다. 사이 나쁘게 하다. 조화(調和)되지 않게 하다.

— *v.i.* ①의견이 틀리다. 조화하지 않다. 일치되지 않다. 지각(知覺)을 잃다. ②졸도하다.

—**se** *v.pr.* ①(…와) 조화되지 않다. ②(서로) 사이가 나빠지다.

desacordativo *a.* 불일치의. 불협화의. 부조화(不調和)의. (소리가) 맞지 않는. 귀에 거슬리는.

desacorde *a.* 조화(調和)하지 않는. 일치하지 않는. (소리가) 맞지 않는. 불협화의. 귀에 거슬리는.

— *m.* 불협화음(不協和音).

desacrdo *m.* ①불일치. 의견상의. 부조화(不調和). ②사이가 나쁨. 불화(不和). 알력. ③지각상실(知覺喪失). 인사불성. 기절. 졸도.

desacoroçoado *a.* 낙심한. 낙담한. 의기소침한.

desacoroçoar *v.t.* 낙심(낙담)케 하다.

— *v.i.* 낙심(낙담)하다. 실망하다.

desacorrentar *v.t.* 쇠사슬을 풀다(벗기다). 해방하다.

desacostumado *a.* 습관되지 않는. 익숙치 않는. 습관을 버리는. 습관을 깨뜨린. 예외의. 관례(慣例) 아닌. 보통 아닌.

descostumar *v.t.* (+*de*) …의 습관을 버리게 하다. (…의) 습관을 깨뜨리다.

—**se** *v.pr.* 습관되지 않다. 익숙하지 못하다. 습관을 버리다.

desacreditado *a.* 신용을 잃은. 명성이 떨어진.

desacreditador *a., m.* 신용(명성)을 떨어뜨리는 (사람). 명예를 훼손하는 (자).

desacreditar *v.t.* ①신용을 떨어뜨리다. ②평판이 나쁘게 하다. 명예를 훼손하다. 중상하다. ③비난하다. 욕하다. ④신용하지 않다.

—**se** *v.pr.* 신용을 잃다. 신망이 없어지다.

desadoração *f.* ①숭배하지 않음. 예배하지 않음. ②예배(숭배)의 거절. ③싫어하기. 증오.

desadorado *a.* 숭배(예배)하지 않는. 싫은.

desadorar *v.t.* ①숭배하지 않다. 예배를 거절하다. ②싫어하다. 증오하다.

desadormecer *v.t.* 잠을 깨우다. 눈뜨게 하다.

— *v.i.* 잠을 깨다. 눈뜨다.

desadornadamente *adv.* 아무런 꾸밈이 없이. 장식함이 없이. 단순히.

desadornado *a.* 장식이 없는. 장식을 없앤. 단순한.

desadornar *v.t.* 장식을 없애다. 장식물을 제거하다.

desadôrno *m.* 장식이 없음. 문식(文飾)이 없음. 미(美)를 없앤 것. 아치(雅致)하지 않은 것.

desadunado *a.* [植] 분리(分離)되어 있는. 따로따로 된.

desadvertido *a.* ①알지 못하는. 눈치 못채는. 경고가 없는. ②방심한. 소홀한. 무심결의.

desadvertir *v.t.* 소홀히 하다. 등한시하다.

desafamar *v.t.* 명예(인망)를 훼손하다. 신용을 떨어뜨리다.

desafeição *f.* ①싫음. 혐오의 감정. 애정을 잃음. 염증. ②불만. ③반대. 적대시.

desafeiçoado *a.* ①싫은. 싫어진. 애정을 잃은. 염증난. ②(정부에) 불만을 품은. 인심이 떨어진. 반대하는. 적대하는. ③형상(形狀)이 찌그러진. 형태가 변한.

desafeiçoar (1) *v.t.* 애정을 잃게 하다. 싫어지게 하다. 인심이 물러나게 하다.

— *v.i.*, —se *v.pr.* ①싫어지다. 애정을 잃다. ②인심이 물러나다.

— (2) *v.t.* 모양을 찌그러뜨리다. 형상(形狀)을 변하게 하다. 보기 흉하게 하다.

desafeito *a.* 습관되지 않은. 익숙하지 못한.

desaferrar *v.t.* ①갈고리(또는 볼트)로 채운 것을 벗기다. ②붙잡은 것을 놓아주다. ③(…의 생각을) 그만두게 하다. ④[海] 닻을 올리다.

—se *v.pr.* ①갈고리(또는 볼트)가 벗겨지다(저절로) 빠지다. ②자유로 되다. ③(…할 생각을) 그만두다. 단념하다.

desaferrolhar *v.t.* (문)빗장을 벗기다. (죄였던 것을 풀고) 해방하다. 놓아주다.

—se *v.pr.* 해방하다. 자유로운 몸이 되다.

desafetação *f.* ①장식(수식)이 없음. 있는 대로임. ②솔직함. 담박(淡泊)함.

desafetamente *adv.* 있는 그대로 꾸밈없이. 솔직하게.

desafetado *a.* ①(아무런) 장식이 없는. 있는 그대로의. ②솔직한. 담박(淡泊)한.

desafeto *a.* ①애정을 잃은. 싫어진 ; 마음이 떠난. 인심이 물러간. ②불만스러운. 불평을 가진.

— *m.* ①애정을 잃음. 애정이 없음 ; 싫증. 혐오의 마음. ②반대. 적대심.

desafiado *a.* 도전(挑戰)한. 도전 당한.

— *m.* 도전 당한 사람. 결투에 응하는 자.

desafiador *a.*, *m.* 싸움 거는 (사람). 도전하는 (자).

desafiante *a.* 싸움을 거는. 시비를 거는. 도전하는.

— *m.*, *f.* 도전자.

desafiar (1) *v.t.* ①싸움 걸다. 도전하다. 결투를 제의하다. ②자극 주다. ③얕보다. 업신여기다. 멸시하다. ④유인하다.

— (2) *v.t.* (칼날을) 무디게 하다. 둔하게 하다. 칼이 들지 않게 하다.

— *v.t.* 칼이 무디다(무디어지다). 둔해지다.

desafinação *f.* (소리가) 일치하지 않음. (음성의) 부조화. 불협화(不協和). [理] 비공진(非共振).

desafinado *a.* (소리가) 맞지 않는. (음성이) 협화하지 않는. 장단이 안 맞는.

desafinamento *m.* =*desafinação*.

desafinar *v.t.* 소리가 맞지 않게 하다. 음조가(장단이) 틀리게 하다.

— *v.i.* ①(악기의) 음조가 맞지 않다. 쟁탄이 틀리다. ②노하다. 화내다.

—se *v.pr.* (+*com*). 기분에 거슬리다. 성내다.

desafio *m.* 싸움걸기. 도전(挑戰) ; 도전 장(狀). 결투 ; 결투장.

aceitar o desafio 결투에 응하다.

desafivelado *a.* (잠겨 있던) 조임쇠가 풀려져 있는(벗어진).

desafivelar *v.t.* 조임쇠(혁대쇠·버클 등)를 벗기다. 조임쇠에서 벗기다.

desafixar *v.t.* (풀로) 붙여 있는 것을 떼다 (뜯어 버리다).

desafogadamente *adv.* 마음 편하게. 기분이 맑게.

desafogado *a.* ①(기분이) 맑은. (고통을 면하여) 정신이 맑아진. (빚돈 따위를 갚음으로) 마음이 시원한. ②말쑥한. 활짝 열린. 여유 있음. 한가한. 명랑해진.

casa desafogada 전망이 활짝 개인 집.

horas desafogadas 휴식(한가한) 시간.

desafogar *v.t.* (기분을) 맑게 하다. 명랑하게 하다. (압박·부담·걱정·부자유 등으로부터) 편해지게 하다. (고통을) 면하게 하다(벗어나게 하다).
— *v.i.* (마음껏 …을 하여) 기분이 상쾌해지다. 답답한 심정을 풀다.
—se *v.pr.* (압박·고통·걱정 등을 면하여) 마음이 맑아지다. 기분이 편해지다. (우울한) 기분이 가라앉다. 스스로 위로하다.
desafogar-se com logrimas 실컷 울어 마음을 풀다.

desafogo *m.* ①(압박·고통 따위를) 덜하기. 덜한 상태. (무거운 부담을) 완화(緩和)하기. 완화된 상태. ②(걱정을 던) 편한 기분. (빚을 갚은) 속시원한 감. (숨막히는 데서 나온) 자유로운 감. ③자유. 위안.
viver com desafôgo 마음 편하게 살다.

desaforadamente *adv.* 염치없이. 뻔뻔하게. 건방지게. 거만(오만)하게.

desaforado *a.* 염치없는. 철면피한. 뻔뻔한. 버릇없는. 무례한. 언어도단의. 괘씸한. 횡포한. 폭언을 던지는.

desaforamento *m.* ①염치 없음. 파렴치. 철면피. 뻔뻔함. 예모 없음. 건방짐. 거만. 오만. ②《古》(차지료(借地料)·연부금(年賦金) 따위의) 면제(免除).

desaforar *v.t.* 《古》(차지료·연부금 따위를) 면제하다.
—se *v.pr.* 버릇없는(무례한) 행동을 하다. 폭언을 던지다. 욕설 퍼붓다.

desafôro *m.* 버릇없는(무례한) 행동. 염치 없는 노릇. 뻔뻔함. 난폭한 태도.
trocar desafôros 서로 횡포한 말을 던지다.

desafortunadamente *adv.* 불행하게. 불운하게.

desafortunado *a.* 불행한. 불운한.

desafreguezado *a.* (상점에) 손님이 없는. 고객을 잃은.

desafreguezar *v.t.* (상점에) 손님이 없게 하다. 고객을 잃게 하다.
—se *v.pr.* 손님이 발을 끊다. (상점이) 한산해지다.

desafronta *f.* 복수. 보복. 원한풀이. 앙갚음.

desafrontado *a.* ①(압박·고통 등으로부터) 벗어난. (걱정·근심을) 덜한. ②복수(보복)한 ; 원한을 푼. 기분이 가뿐한.

desafrontador *a.*, *m.* 복수하는 (사람). 복수하는 (자).

desafrontar *v.t.* ①(…의) 원수를 갚다. 복수하다. 보복하다. 원한을 풀다. 명예를 회복하다. ②(고통·압박 등을) 면하게 하다. (답답한 기분을) 편케 하다. 숨돌리게 하다. (피로를) 풀게 하다.
— *v.i.*, —se *v.pr.* 원수를 갚다. 원한을 풀다. (압박·고통 등을) 면하다. (곤경을) 벗어나다.

desagarrar *v.t.* 붙은 것을 떼다. 껴안은 것을 놓다(놔주다). 부둥켜 안은 것을 떼다. 비끄러맨 것을 풀다.

desagasalhado *a.* (바람·비·추위 따위를) 막을 곳이 없는. 의지할 곳이 없는. 위에 덮은 것이 없는. 옷을 충분히(따뜻이) 입지 못한.

desagasalhar *v.t.* 보호물을 없애다(벗기다) 의지할 곳(유숙처)을 없애다. 비바람을 맞게 하다. 옷을 헐입히다.
—se *v.pr.* (비·바람·추위 등) 막을 것이 없게 되다. 의지할 곳(비호처)이 없어지다. (추위에도) 잘 입지 못하고 있다.

desagasalho *m.* ①(비·바람·추위 등) 막을 것이 없음. 의지할 곳(庇護處)이 없음. ②잘 입지 못함. 따뜻이 입지 못함.

desagastamento *m.* 노여움이 풀어짐. 분한 마음이 가라 앉음. 진정함. 조용해짐.

desagastar *v.t.* 노여움을 풀다. 분노가 사라지게 하다. 마음을 진정시키다. 울분을 덜게 하다.
—se *v.pr.* 노여움이 풀어지다. 분노가 사라지다. 마음이 진정되다. 울분이 없어지다.

desageitado *a.* 솜씨없는. 손재간이 서투른. 보기에 어색한. 졸렬한.

desaglomerar *v.t.* 쌓여 있는 것(堆積物)을 흩어지게 하다. 흩트러뜨리다.

desagoniar *v.t.* 고통을 없애다. 고민을 면케 하다.
—se *v.pr.* 고통이 없어지다. 고민을 면하다.

desagradado *a.* 기분 나쁜. 불쾌한. 비위에 거슬리는.

desagradar *v.t.* 기분 나쁘게 하다. 마음을 거슬리다. 성나게 하다.
—se *v.pr.* 기분 나쁘다. 불쾌해지다. 마음에 거슬리다. 싫어지다.

desagradável *a.* 기분 나쁜. 불유쾌한. 마음에 들지 않는. 싫은.

desagradavelmente *adv.* 기분 나쁘게.

불쾌하게.
desagradecer *v.t.* (…을) 고맙게 생각지 않다. 감사하지 않다. 은혜를 모르다.
desagradecidamente *adv.* 고마움은 모르고. 은혜를 잊고. 배은망덕하게.
desagradecido *a.* 고맙게 생각하지 않는. 은혜를 모르는. 망은(忘恩)의. 배은망덕한.
desagradecimento *m.* 고마움(감사함)을 모름. 은혜를 잊음. 망은배덕.
desagrado *m.* ①마음에 들지 않음. 싫음. 기휘(忌諱). ②기분 나쁨. 불유쾌. 불친절.
desagravador *a.*, *m.* (남에게 끼친) 손해를 갚는 (사람). 잘못을 고치는 (사람).
desagravar *v.t.* (남에게 끼친) 손해를 갚다. 보상하다. 잘못을 고치다. (의무·부담·죄 따위를) 덜어 주다. 경감(輕減)하다.
—**se** *v.pr.* (모욕당한 것을) 복수하다. 보복하다. 원한을 풀다. 명예를 회복하다.
desagravo *m.* ①(남에게 끼친) 손해 배상. 보상(補償). ②잘못을 고쳐 주기. 고치기. 시정(是正). 광정(匡正).
desagregação *f.* 분리(分離) ; 분해.
desagregante *a.* ①떼어 놓는. 분리하는. ②분해하는.
desagregar *v.t.* ①떼어 놓다. 분리하다. ②분해하다.
— *v.i.* ①분리하다. ②분해되다. ③무너지다. 허물어지다.
desagregável *a.* 뗄 수 있는. 분리할 만한. 분해되는.
desaguadeiro, desaguadouro *m.* 배수구(排水溝). 배수도랑. 하수도.
desaguador *a.m.* 배수하는 (사람). 도랑을 파서 물흐르게 하는 (인부).
desaguamento *m.* 도랑을 내기. 방수로(放水路)를 만들기. 배수(排水). 배수시설.
desaguar *v.t.* ①물을 빼다. 배수하다. ②물기를 없애다. 고갈(枯渴)시키다.
— *v.t.* 물이 빠지다. 흘러 없어지다. 배수되다. (늪 등이) 말라버리다.
desaguisado *m.* 싸움. 분쟁. 갈등. 불화.
desaire *m.* 아름다움이 없음. 아치(雅致)하지 못함. 보기 흉함. 볼 모양이 어수선함.
desairosamente *adv.* 아름답지 못하게. 보기 흉하게. 어수선하게.
desairoso *a.* 아름답지 못한. 볼 모양이 흉한. (옷차림이) 어수선한. 꼴 모양이 없는. 미운.
desajeitado *a.* 솜씨 없는. 수완이 없는. 무재간의. 서투른. 졸렬(拙劣)한.
desajoujar *v.t.* (특히 소·말 따위) 매어 있는 것을 풀어 놓기. 자유롭게 하다. 편하게 하다.
—**se** *v.pr.* ①…와 헤어지다. ②…을 떠나다.
desajudado *a.* 도움을 받지 않는. 도움이 없는. 도와줄 사람이 없는.
desajudar *v.t.* 돕지 않다. 도와 주지 않다. 방해하다.
desajuizado *a.* 사려가 없는. 분별하지 못하는. 어리석은. 경솔한. 무모한.
desajuizar *v.t.* 분별하지 못하게 하다.
desajuntar *v.t.* (합쳐 있는 것을) 떼다. 분리하다. 따로따로 하다.
desajustar *v.t.* 결합 또는 조립(組立)되어 있는 것을 분리하다. (기계 따위) 분해하다. 뜯다. (구성물(構成物)을) 허물다. (기계의) 조절이 맞지 않게 하다. 혼란되게 하다. (조약·협약 따위를) 파기(破棄)하다.
—**se** *v.pr.* 분리하다. 분해하다. 흐트러지다. 혼란하다. 파약(破約)하다.
desejuste *m.* ①분리. 분해. 이산(離散). ②파약(破約). (조약의) 파기. ③혼란. 혼란 상태. 교란.
desalagar *v.t.* 고인 물 또는 침수된 물을 빠지게 하다. 배수하다. 물을 없애다. 믈 밑으로부터 끌어 올리다.
desalagar um navio 침몰선(沈沒船)을 끌어 올리다.
desalastrar *v.t.* 배의 밑창(船底)에 있는 짐을 없애다(제거하다).
desalcançar *v.t.* (…까지) 도달하지 못하다. 미치지 못하다.
desalegrar *v.t.* 우울하게 하다. 섭섭하게 하다.
desalegre *a.* 우울한. 침울한. 수심에 잠긴. 섭섭한.
dia desalegre 침울한 날. 불유쾌한 날.
desalentado *a.* 맥풀린. 용기를 잃은. 낙담한. 기운이 없는.
desalentador *a.*, *m.* 기운 없게 하는 (사람). 용기를 꺾는 (사람). 낙담(실망)케 하는(사람 또는 사물).
desalentar *v.t.* 기운 없게 하다. 의지(용기)를 꺾다. 낙담(실망)케 하다.
— *v.t.* 용기를 잃다. 낙담(실망)하다. 의기소침하다.
desalento *m.* 용기를 잃음. 맥풀림. 낙담.

실망. 의기소침.
desalgemar *v.t.* 수갑(手匣)을 벗기다(풀다). 석방하다. 자유롭게 하다.
desaliança *f.* 동맹관계를 끊음. 동맹파기(破棄). 절교.
desaliar *v.t.* 동맹을 깨뜨리다. 동맹을 파기하다. 동맹에서 이탈케 하다.
—**se** *v.pr.* 동맹에서 탈퇴하다. 절교하다.
desalijar *v.t.* ①짐(하물)을 가볍게 하다. 덜다. 비다. ②경감(輕減)하다. 완화하다.
desalinhadamente *adv.* 정돈이 흐트러지게. 단정치 못하게.
desalinhado *a.* ①정돈되지 않은. 흐트리다. ②단정치 못한. 처신 사나운. 행실 나쁜. ③더러운. 나태한.
desalinhar *v.t.* 정렬(整列)을 흐트리다. 정돈(상태)을 문란케 하다. 단정치 못하게 하다.
desalinho *m.* ①정돈(정렬)되어 있지 않음. 흩어져 있음. 무질서. 규율이 없음. ②보기 흉함. 미관(美觀)이 없음. ③(옷차림이) 단정하지 못함. 어수선함. ④처신(행실)이 나쁨. ⑤나태(懶怠)함.
desalistar *v.t.* 명단(명부)에서 (이름을) 빼내다. 제명하다. [軍] 제대시키다.
—**se** *v.pr.* 이름이 빠지다. 제명되다. 제대하다.
desaliviar *v.t.* 모든 부담을 덜게(면하게) 하다.
desalmadamente *adv.* 박정하게. 비인도적으로. 무자비하게.
desalmado *a.* ①인정(人情) 없는. 박정한. 양심 없는. ②도의심 없는. 비인도적인. 무자비한. 잔인한. 흉악한.
desalmamento *m.* 《稀》무정. 비인도적임. 무자비. 잔인. 만행.
desalojamento *m.* (거주처로부터) 물러가게 하기. 퇴거시키기. 쫓아 버리기. 추방. 치워 버리기.
desalojar *v.t.* (살던 곳으로부터) 물러가게 하다. 퇴거시키다. 추방하다. [軍] (진지에 있는 적을) 몰아내다. 구축하다.
— *v.i.* 물러가다. 퇴거하다. [軍] 진지를 버리다. 철수하다.
desalterar *v.t.* 논쟁(다툼)을 그만두게 하다. 진정시키다.
—**se** *v.pr.* 다시 평온해지다. 진정하다.
desalugado *a.* (집·사무실·창고 따위) 세들지 않은. 빌리지 않는. 비어 있는.

desaluminado *a.* ①빛을 없앤. 광명이 없는. 어두운. ②무지(無智)한. 몽매한.
desamabilidade *f.* 귀여움이 없음. 따뜻한 면이 없음. 호의(好意)가 없음. 불친절.
desamado *a.* 사랑을 못 받은. 애정을 잃은. 애정이 없는.
desamalgamar *v.t.* 합병(合倂)된 것을 갈라 놓다. 혼합된 것을 분리하다.
desamamentar *v.t.* 젖을 떼다. (부모의) 슬하를 떠나게 하다. 독립시키다.
desamar *v.t.* 사랑을 잃다. 사랑하던 것을 그만두다. 싫어하다. 미워하다.
desamarrar *v.t.* (노끈·밧줄 따위로) 동여 맨 것을 끄르다. 풀다. 풀어 놓다. 석방하다.
— *v.i.* 풀리다. 벗어지다. 헐거워지다.
—**se** *v.pr.* 풀어지다. 끌러지다. 벗어지다. 해방되다.
desamarrotar *v.t.* 주름살 진 것(꾸겨진 것)을 펴다.
desamável *a.* 귀염성이 없는. 무뚝뚝한. 불친절한.
desambição *f.* 야심이 없음. 욕심이 없음.
desamigar *v.t.* 우정을 없애다. 절교하다.
—**se** *v.pr.* 우정이 없어지다. (더 이상) 친구가 안 되다. 사이가 나빠지다.
desamizade *f.* 친우 관계의 해소. 우정 상실.
desamodorrar *v.t.* ①깨우다. ②자극하다. 환기하다. 활기를 북돋우다. 분발(奮發)케 하다. 분기(奮起)시키다.
—**se** *v.pr.* 분발(분기)하다.
desamontoar *v.t.* 쌓여 있는 것을 흐트리다(허물다).
desamor *m.* ①애정이 없음. 싫어하기. 증오. ②깔보기. 경멸.
desamorado *a.* 애정이 없는. 사랑을 못 받은. 사랑해 주지 않은. 인정(人情)이 없는. 냉정한.
desamorável *a.* 정이 일어나지 않는. 사랑스럽지 않는. 냉정한.
desamoroso *a.* =*desamável*.
desamortização *f.* [法] 계사한정(繼嗣限定)을 폐제(廢除)하기.
desamortizar *v.t.* [法] 계사한정을 폐제하다.
desamotinar *v.t.* 소란(소동·폭동)을 진압하다.
desamparado *a.* ①버림받은. 의지할 곳

desamparador–**desaparelhar**

없는. 고립된. 고독한. ②보호가(후견이) 없는.

desamparador *m.* 버리는 사람. 버리고 돌보지 않는 자.

desamparar *v.t.* 버리다. 버리고 돌보지 않다. 고립시키다. 도와 주지 않다.
— se *v.pr.* 버림받다. 의지할 곳이 없어지다. 고독해지다.

desamparo *m.* ①버림. 방치(放置). ②버림받음. 의지할 곳이 없음. ③고립. 고립무원(無援). ④빈곤. 가난.
ao desamparo 의지할 곳 없이. 고립하여.

desamuado *a.* 《俗》노여움이 풀린. 다시 명랑해진.

desamuar *v.t.* 화가(노여움이) 풀리게 하다.
— se *v.pr.* 화가 풀리다. 노여움이 가라앉다.

desancamento *m.* ①주먹으로 연거푸 때리기. 연타(連打). ②타도(打倒).

desancar *v.t.* 주먹으로 연거푸 치다 ; 때려 뉘다.

desancorar *v.t.* 닻을 들어 올리다. 발묘(拔錨)하다. 닻을 감다.
— *v.i.* 출범(出帆)하다.

desanda *f.* ①잔소리 ; 꾸지람. 질책(叱責). 견책. 비난. ②《俗》때리기. 구타.

desandador *m.* 드라이버. 나사돌리개.

desandar *v.t.* ①(왔던 길을) 되돌아가게 하나. 되돌려 보내다. 역행(逆行)시키다. 역전(逆轉)시키다. ②(나사못을) 반대로 돌리다. ③힘있게 치다. 때리다.
— *v.i.* 왔던 길을 되돌아가다. 역행(逆行)하다. 뒷걸음질하다. 퇴보하다. 퇴화하다.

desando *m.* 왔던 길을 되돌아가기. 갔던 길에서 돌아오기. 역행 ; 퇴보(退步).

desanelar *v.t.* (똘똘 말린 것을) 도로 펴다. 풀다.

desanexação *f.* ①(붙은 것을) 떼기. 떼어놓기. ②(병합(倂合)된 것을) 갈라놓기. 분리시키기. 이탈시키기.

desanexar *v.t.* ①(붙은 것을) 떼다. 떼어놓다. ②(병합한 것을) 갈라 놓다. 분리시키다. 이탈케 하다.

desanexo *a.* 뗀. 떼어낸. 떨어진. 분리한. 분별된.
— *m.* 떼어낸 것. 떨어진 것. 분리된 것

desanimação *f.* ①활기 없음. 무기력. 부진(不振). ②의기저상(意氣沮喪). 낙담.

desanimadamente *adv.* 활기 없이. 풀이 죽어서. 낙심(실망)하여.

desanimado *a.* 활기 없는. 기운 없는. 용기를 잃은. 풀이 죽는. 낙담한. 실망한. 부진(不振)한.

desanimar *v.t.* ①활기 없게 하다. 기를 꺾다. 용기를 없애다. ②낙담(낙심)케 하다.
— *v.i.*, —se *v.pr.* 활기를 잃다. 기운이 (용기가) 없어지다. 맥빠지다. 풀꺾이다. 낙심(낙담)하다.

desànimo *m.* 활기 없음. 의기저상(意氣沮喪) 낙담. 낙심.

desaninhar *v.t.* (새를) 보금자리로부터 내쫓다(나가게 하다).
— se *v.pr.* (새가) 보금자리를 떠나다. 숨은 곳(피난처)으로부터 나가다. 거처를 떠나다.

desanuviado *a.* 구름 없는. 맑은.

desanuviar *v.t.* 구름을 없애다. (하늘이) 맑게 개다. 개이게 하다.
— se *v.pr.* 구름이 없어지다. 하늘이 개다. 맑아지다.

desapadrinhar *v.t.* 돌보던 것을 그만 두다. 후견(後見)을 중지하다. 내버려 두다.

desapaixonadamente *adv.* 인정에 사로잡히지 않고. 공평하게. 편파함이 없이.

desapaixonado *a.* ①인정에 사로잡히지 않은. 정실 관계를 떠난. 공평(무사)한. 편파성 없는. ②애정을 잃은. 정욕(情慾)이 없어진.

desapaixonar *v.t.* 애정을 없애 버리다. 인정을 떼다. 정실 관계를 떠나게 하다. 공평되게 하다.
— se *v.pr.* 인정에 사로잡히지 않다. (개인적) 감정을 억제하다.

desaparafusar *v.t.* 나사못을 돌려 빼다(느슨하게 하다).
— se *v.pr.* 나사못이 (저절로) 빠지다 (느슨해지다).

desaparecer *v.i.* ①보이지 않게 되다. 사라지다. 없어지다. 행방불명이 되다. ②숨다 ; 잃다. ③죽다.

desaparecido *a.* 사라진. 없어진. 행방불명이 된 ; 숨은.

desaparecimento *m.* 사라져버림. 없어짐. 간 곳이 보이지 않음. 행방불명. 실종(失踪). 소실(消失).

desaparelhar *v.t.* ①(말 따위의) 마구를 끄르다(풀다). 장구 · 장비 따위를 없애다.

②갑옷을 벗기다. 무장해제시키다. ③(두 개 한 벌로 된 것의) 한 짝을 잃게 하다(없애다).
— v.i. 배가 돛을 잃다.
desaparelho m. 마구(馬具)를 끄르기. 장비 제거.
desaparentado a. 친척이 없는(없게 된).
desaparição f. ①보이지 않음. 없어지기. 소실(消失). ②숨기. 행방을 감춤.
desapartar v.t. 떼어 놓다. 분리하다.
desapavorar v.t. 공포를 느끼지 않게 하다. 놀라지 않게 하다.
desapegado a. ①떨어진. 이탈한. 분리한. ②애정을 잃은. 냉담(冷淡)한. 무관심한.
desapegamento m. ①(붙은 것을) 떼기. 떨어지기. 분리. 이탈. ②애정이 식음. 냉담. 무관심. 태연자약(泰然自若).
desapegar v.t. (붙은 것을) 떼다. 분리하다. 이탈시키다. (애정·인심 따위) 떨어지게 하다.
—se v.pr. (+de). 떨어지다. 분리되다. 이탈하다. 인심이 떠나다. 애정이 식다. 마음에 안 두다. 무관심해지다.
desapego m. 인정이 떨어짐. 애정이 없음. 냉담. 무관심. 태연함.
desaperceber v.t. ①(무엇을 하는지) 눈치채지 못하게 하다. 알 수 없게 하다. 관심을 돌리지 않게 하다. ②준비 없게 하다.
—se v.pr. (무엇을 하는지) 알지 못하다. 눈치를 못채다. 주의를 돌리지 않다. 주목하지 않다. 준비가 없다.
desapercebido a. (무엇을 하는지) 알지 못한. 눈치 못 챈. 주목하지 않은. 등한한.
desapercebimento m. (남이 무엇을 하는지) 눈치 못차림. 부주의. 등한(等閑). 우활(迂闊).
desapertar v.t. 느슨하게 하다. 늦추다. 풀다.
—se v.pr. (꽉 죄였던 것이) 느슨해지다. 풀리다. 늘어지다. 완화되다. 자유롭게 되다.
desaperto m. (죄었던 것이) 느슨함. 이완(弛緩). 헐거움.
desapiedadamente adv. 무자비하게. 냉정하게.
desapiedado a. 무자비한. 무정한. 냉정한. 잔인한.
desapiedar v.t. 무자비케 하다. 냉혹(冷酷)하게 하다.
—se v.pr. 무자비해지다. 무정해지다. 냉혹해지다.
desaplaudir v.t. ①칭찬하지 않다. 찬성하지 않다. 불찬성하다. ②비난하다.
desaplauso a. ①불찬성. 불복(不服). ②비난.
desaplicação f. ①응용(적용)하지 않음. ②근면하지 않음. 열성이 없음. ③부주의. 등한. 소홀.
desaplicadamente adv. 근면치 못하게. 열성이 없이.
desaplicado a. ①응용(적용)하지 않은. ②근면치 못한. 열성이 없는. ③부주의한. 등한한. 태만한.
desaplicar v.t. ①응용(적용)하지 않다. 응용(적용)하던 것을 그만 두다. (…에) 주의하지 않다. 마음을 딴 곳에 두다.
—se v.pr. (…에) 열성이 없다. (…함에) 전심(전력)하지 않다.
desapoderado a. 소유권을 잃은(빼앗긴).
desapoderar v.t. (줬던 것을) 도로 빼앗다. 박탈하다.
—se v.pr. 소유했던 것(또는 소지권)을 잃다(빼앗기다). 소유권을 포기하다.
《古》영지(領地)가 반환되다.
desapoiar v.t. 지지하던 것을 중지하다. 지지하지 않다. 더 도와 주지 않다.
—se v.pr. 지지를 잃다. 의지(의뢰)하던 것을 잃어 버리다. 후원이 없어지다.
desapoio m. 지지를 잃음. 더 받들어 주지 않음. 원조 없음. 고립.
desapontadamente adv. 기대에 어긋나게. 낙담(실망)하여.
desapontado a. 기대에 어긋난. 낙담(실망)한.
desapontamento m. 기대에 어긋남. 낙담. 실망.
desapontar v.t. 기대에 어긋나게 하다. (아무의 기대 목적을) 배반하다. 목적에 빗맞게 하다. 낙담(실망)케 하다.
desapossar v.t. 소유물을 빼앗다(박탈하다). 몰수하다.
—se v.pr. 소유물을 빼앗기다(박탈당하다. (토지 따위) 몰수당하다.
desaprazer v.i. 기분이 나빠지다. 불유쾌해지다.
desapreciar v.t. 업신여기다. 낮춰보다. 얕보다. 멸시하다.

desapreço *m.* 업신여기기. 과소 평가. 멸시.

desaprender *v.t.* 배운 것을 잊다. 망각하다.

desapropositado *a.* ①알맞지 않는. 부적당한. ②초점이 어긋나는. ③도리에 안 맞는.

desapropriação *f.* =*desapropriamento*.
— *m.* 소유물 또는 소유권을 박탈하기. 몰수하기. 차압.

desapropriar *v.t.* 소유물 또는 소유권을 빼앗다. 박탈하다. 몰수하다. 포기케 하다.
—se *v.pr.* 소유물 또는 소유권을 빼앗기다. 박탈당하다. 몰수되다.

desaprovação *f.* 불찬성. 부결(否決). 채택하지 않음. 부인(否認). 반대.

desaprovador *a.*, *m.* 안 된다고 하는 (사람). 불찬성하는 (자). 부결(否決)된 (자).

desaprovar *v.t.* 마땅치 않다고 하다. 불찬성하다. (안(案)을) 부결하다.

desaprovativo *a.* 안 된다고 하는. 불찬성의. 부결(부인)의. 비난의.

desaproveitado *a.* ①이용하지 않은. (토지 따위) 경작하지 않고 있는. 이용할줄 모르는. ②헛되게 하는. 낭비한.

desaproveitamento *m.* 이용하지 않음. 그냥 내버려둔 대로 있음. (토지 따위) 경작하지 않음. (집터 따위를) 비워두고 있음.

desaproveitar *v.t.* 이용하지 않다. 사용하지 않다. (쓸 수 있는 것을) 내버려두다. (토지 따위) 경작하지 않다. (집터 등을) 비워 두고 있다. 헛되게 하다. 낭비하다.

desaproximar *v.t.* (거리상으로) 멀리하다. 멀리 떨어지게 하다.

desaprumar *v.t.* ①수직선(垂直線)에서 옆으로 빗나가게 하다. 한 쪽으로 쏠리게 하다. 감소하다. (세력 따위를) 기울어지게 하다 ; 꺾다.
— *v.i.* 수직선으로부터 밖으로 빗나가다. 한쪽으로 쏠리다. 기울다.

desaprumo *m.* 수직선(垂直線)에서 밖으로 빗나감. 수직선이 되어 있지 않음. 한쪽으로 쏠림. 기울어짐.

desapuro *m.* 단정하지 못함 ; 조심성 없음.

desaquartelar *v.t.* [軍] 병영(兵營)으로부터 철거시키다. 《俗》숙소로부터 몰아내다. 쫓아내다.

desaquecer *v.t.* (일단 더워진 것을) 차게 하다. 냉각시키다.

desar *m.* ①불행. 불운. ②결과 없음. 일의 실패. 차질(蹉跌). ③나쁜 행실. 부정 행위. 파렴치한 수작. ④미(美)가 없음. 아치(雅致)하지 못함.

desaranhar *v.t.* ①거미줄을 쓸어 버리다. ②정신을 상쾌하게 하다(맑게 하다).

desarborizar *v.t.* ①(심어 있는) 나무를 베어 없애다(뽑아 버리다). ②(산 또는 들에) 나무 없게 하다.

desarear *v.t.* (…으로부터) 모래를 없애다.

desarmação *f.* 조립(또는 구성)되어 있는 것을 해체하기. 분해하기. (상점 내의) 시설을 제거하기.

desarmador *m.* 해체자(解體者). 무장을 해제하는 자. 군비를 해제(또는 축소)하는 자.

desarmamento *m.* 무장 해제. 군비 축소. 군비 철폐.

desarmar *v.t.* ①무기를 빼앗다. 무장을 해제하다. 군비를 철폐시키다. ②조립(또는 구성)된 것을 분해하다. 해체하다. 헐다. 헐어 버리다. (방안의) 장식을 제거하다. (상점 내의) 시설을 뜯다. ③실패케 하다. 무효로 하다. ④노여움을 풀게 하다. 진정시키다.
— *v.i.*, —se *v.pr.* 무장을 해제하다. 군비를 축소(폐지)하다. (노여움이) 가라앉다. 화가 풀리다.

desarmonia *f.* 조화(일치)하지 않음. 불협화(不協和). [音] 불협화음.

desarmônico *a.* 조화(調和)되지 않는. 일치하지 않는. 화합하지 않는. 불협화(음)의.

desarmonizador *m.* 조화(일치)되지 않게 하는 사람.

desarmonizar *v.t.* 조화(調和)되지 않게 하다. 일치되지 않게하다.
—se *v.pr.* 조화(일치)되지 않다. 협화하지 않다.

desaromar, desaromatizar *v.t.* 향기를 없애다. 방향(芳香)을 없애다.

desarraigamento *m.* 뿌리를 뽑기. 근절. 박멸.

desarraigar *v.t.* 뿌리를 뽑다. 근절하다. 박멸하다.

desarrancar *v.t.* 힘을 주어서 잡아 뽑다.

desarranchar *v.t.* 조(組)・반(班) 따위로부터 제외하다(빼 버리다).
— *v.i.* 조(또는 반)에 가입하지 않다.
—se *v.pr.* 조(또는 반)로부터 떠나다.

desarranjado *a.* ①정돈(정리)되지 않은. 흐트러진. 산만한. ②조정(조절)이 맞지 않는. 고장 있는.

desarranjador *a.m.* ①정돈(정리)된 것을 흐트리는 (자); (순서 따위를) 틀리게 하는 (사람). ②(조절 따위) 맞지 않게 하는 (자).

desarranjar *v.t.* ①(정돈된 것을) 흐트리다. 산만케 하다; (질서를) 문란케 하다. (순서를) 혼란케 하다. ②(계획 따위) 어긋나게 하다. ③조정(또는 조절)이 잘 안 맞게 하다. 고장나게 하다.
— *se v.pr.* (정돈이) 흐트러지다. 산만해지다. (순서 따위) 뒤죽박죽이 되다. 혼란해지다. 조정(조절)이 맞지 않다. 고장나다.

desarranjo *m.* 정돈(정리)되어 있지 않음. 산만한 상태. 무질서. 난맥(亂脈). 혼란. (정신적) 착란(錯亂). (악기·기계 따위의) 변조(變調); 고장 사고.

desarrazoado *a.* 불합리한. 조리(이치)에 안 맞는. 도리에 어긋나는. 이성이 따르지 않는. 무리한.

desarrazoamento *m.* ①조리에 안 맞음. 이치에 어긋남. 불합리. ②망언(妄言). 어리석은 이야기. 헛소리.

desarrazoar *v.t.* 조리에 안 맞는(이치에 어긋나는) 말을 하다. 상식을 벗어난 이야기를 하다.

desarrear *v.t.* 마구(馬具)를 끄르다(풀다). 마구를 내려 놓다.

desarredondar *v.t.* (이미 둥근 것을) 둥글지 않게 하다. 원(圓)을 깎아 버리다(없애다).

desarrimar *v.t.* 더 도와 주지 않다. 원조를 중지하다. 보호를 없애다.
— *se v.pr.* 원조(보호)를 잃다.

desarrimo *m.* 원조(또는 보호)가 없음. 고립.

desarrochar *v.t.* 꽉 죄인 것을 느슨하게 하다.

desarrolhar (1) *v.t.* (병 따위의) 마개를 빼다. (죄어 있는 것을) 느슨하게 하다.
— (2) *v.t.* 가두었던 가축을 내놓다.

desarrufar *v.t.* 노한 기분을 풀게 하다(나쁜 사이를) 화해시키다.
— *se v.pr.* 노여움이 풀리다. 명랑해지다. 화해하다.

desarrufo *m.* 노한 기분이 풀리기. (싸웠던 사이의) 화해. 화목(和睦).

desarrugamento *m.* 주름살진 것을 펴기.

desarrugar *v.t.* 주름살진 것을 펴다. 매끄럽게 하다.
— *v.i.* 주름살이 펴지다. 매끄럽게 되다.

desarrumação *f.* 정돈된 것을 흐트리기. 산만케 하기. 질서를 문란케 하기. 난잡. 혼란.

desarrumado *a.* 정돈된 것을 흐트린. 질서를 문란케 한. 산만해진. 뒤죽박죽이 된. 난잡한.

desarrumar *v.t.* ①정돈된 것을 흐트리다. 질서 있는 것을 뒤죽박죽되게 하다. ②지위를 잃게 하다. 실직(失職)시키다.
— *se v.pr.* 흐트러지다. 산만해지다. 난잡해지다. 뒤죽박죽이 되다. 지위를 잃다. 실직하다.

desarticulação *f.* 관절탈구(關節脫臼). 분해. 관절을 뽑기.

desarticular *v.t., v.i.* 관절을 뽑다(빼다). 탈구(脫臼)하다. 분해하다. 관절(關節)부터 절단하다.

desarvorado *a.* ①곧게 세웠던 나무가 넘어진. ②(폭풍에) 돛대가 꺾여진. 돛대를 잃은.

desarvoramento *m.* ①곧게 세웠던 나무를 넘어뜨리기. ②(폭풍에) 돛대가 부러지기(꺾여지기).

desarvorar *v.t.* ①곧게 세운 나무를 넘어뜨리다. ②(폭풍이) 돛대를 앗아가다(꺾어 넘어뜨리다).
— *v.i.* (폭풍 때문에) 돛을 잃다. (배가) 표류하다.

desassanhar *v.t.* 노여움을 풀어 주다.
— *se v.pr.* 노여움(홧김)이 풀리다.

desassazonado *a.* 계절(季節)이 아닌. (…할) 시기가 못되는. 시기가 적당치 않는.

desasseado *a.* 더러운. 불결한.

desassear *v.t.* 더럽히다. 불결하게 하다.

desasseio *m.* 더러움. 불결함.

desassemelhar *v.t.* 비슷하지 않게 하다. 같은 것이 안 되게 하다. 유사한 점을 없애다.

desassestar *v.t.* 겨눈 방향을 바꾸다.

desassimilação *f.* 부동화(不同化). 이화작용(異化作用).

desassimilar *v.t.* 동화(同化)시키지 않다. 동화되지 못하게 하다. 동일한(同一) 것이 안 되게 하다. 동화를 깨뜨리다.

desassimilhar *v.t.* =*desassemelhar*.

desassisadamente *adv.* 어리석게. 분별 없이. 바보처럼. 철없이. 정신없이.

desassisado *a.* 분별이(사려가) 없는. 어리석은. 철없는. 얼빠진.

desassisar *v.t.* 분별이 없게 하다. 철없게 하다. 어리석게 만들다. 얼빠진 사람으로 만들다.

desassiso *m.* ①사려가 없음. 철없음. ②분별없는 행동. 광태(狂態).

desassocegado *a.* 평안하지 못한. 불안한. 불온한. 적정이 되는. 근심스러운.

desassocegador *a., m.* 불안(不安)하게 하는 (사람). 걱정을 품게 하는 (사람). 소란을 일으키는 (자).

desassocegar *v.t.* 평안히 있지 못하게 하다. 불안하게 하다. 근심(걱정)을 품게 하다. 불온(不穩)한 상태에 빠뜨리다. 동요케 하다.
— se *v.pr.* 불안을 느끼다. 걱정(근심)하다. 동요하다.

desassocêgo *m.* ①불안. (사회적) 불온(不穩). ②걱정. 근심. ③동요.

desassociar *v.t.* 조합 또는 회사를 해산하다. 동업(同業)을 그만 두게 하다.
— se *v.pr.* 조합・회사 따위가 해산하다. 폐사하다. 동업을 그만 두다. 탈회(脫會)하다.

desassombrado *a.* ①그늘이 없는. 해가 잘 드는. ②넓은. 광활한. ③두려움이 없는. 겁을 타지 않는. 대담한.

desassombrar *a.* ①그늘이 없게 하다. 그늘이 안 지게 하다. 해가 잘 들게 하다. 밝게 하다. ②걱정(두려움・공포・의혹)을 없애다. 안심시키다.
— se *v.pr.* (걱정・의혹・공포 등이 없어짐으로) 정신이 명랑해지다. 마음이 풀리다. 안심하다.

desassombro *m.* ①그늘이 없음. 해가 잘 듦. ②걱정(근심)할 바 없음. 두려움이 없음. ③대담함.

desassossegado *a.* = *desassocegado*.

desassossegar *v.t.* = *desassocegar*.

desassossêgo *m.* = *desassocêgo*.

desassustar *v.t.* 공포 또는 놀라움을 없애다. 안심시키다.
— se *v.pr.* 공포 또는 놀라움이 없어지다. 마음이 놓이다. 안심하다.

desastradamente *adv.* 불행하게도. 불운하게도.

desastrado *a.* ①불행한. 불행을 가져오는. 재난을 초래하는. 재앙이 되는. ②서투른. 솜씨 없는.

desastre *m.* 재난. 재앙. 앙화(殃禍). 참사(慘事). 큰 교통사고. 커다란 불행. 액운(厄運).
desastre de aviação 비행기 사고(참사).

desastroso *a.* ①재난의. 재앙. 재난(재앙)이 많은. 참사의. ②손해를 가져 오는. 실패로 돌아가는.

desatadamente *adv.* 구속됨이 없이. 자유로. 석방하여.

desatado *a.* (꾸러미 따위의) 맨 매듭을 푼. 끄른. 풀어 놓은.

desatadura *f.* 《稀》= *desatamento*.

desatamento *m.* ①(맨) 매듭을 끄르기. 풀기. 풀어 놓기. 풀어 주기. 놔주기. ②해제. 해결.

desatar *v.t.* ①(꾸러미 따위의) 맨 매듭을 풀다. 끄르다. (동여맨 것을) 풀다. 풀어 놓다. 풀어 주다. ②놔주다. 석방하다. 해방하다. ③해제하다. 취소하다. 무효로 하다.
— *v.i.* (…을) 하기 시작하다. 개시하다.
desatar a rir 웃음이 터지다.
desatar a chorar 울기 시작하다.
desatar a fugir 갑자기 도망가다.
— se *v.pr.* (매듭이) 풀어지다. 끌러지다. (동여매었던 것이) 벗어지다. 해방되다.

desatarrachar, desatarraxar *v.t.* 나사못을 돌려 빼다(뽑다).

desataviado *a.* (장신구 따위) 몸에 지닌 것이 없는. 간소한.

desataviar *v.t.* (장신구 따위) 몸에 지닌 것을 떼 버리다. 장식품을 없애다.
— se *v.pr.* ①몸에 지닌 장식품을 스스로 없애다. 몸차림을 간소하게 하다. ②화장하지 않다. ③벗다. 발가벗다.

desatavio *m.* ①몸에 지닌 장신구를 없애 버림. 아무것도 지니지 않음. ②화장하지 않음.

desatemorizar *v.t.* 공포를 느끼지 않게 하다. 무섭지 않게 하다. 용기를 돋구어 주다.

desatenção *f.* ①조심하지 않음. 부주의. 방심(放心). 등한. ②게으름. 태만. ③버릇 없음. 실례.

desatencioso *a.* ①조심하지 않는. 주의를 돌리지 않는. ②무심한. 등한한. 게으른.

③버릇 없는. 예모 없는. 실례의.

desatender *v.t.* (손님을) 대하지 않다. 수부(受付)하지 않다. (신청을) 접수하지 않다. 주의를 돌리지 않다. (…에 대하여) 인사가 없다. 예의를 지키지 않다. 실례하다. (돌봐야할 것을) 내버려 두다. 게을리하다. 등한시하다.

desatendível *adv.* 주의를 돌릴 만한 가치가 없는. 별로 관심할 바가 못되는.

desatentamente *adv.* 부주의하여. 돌보지 않고. 버릇 없이. 무례하게.

desatentar *v.t.* (+*em*). (…에) 주의를 돌리지 않다. (…을) 돌보지 않다. (…에) 관심을 두지 않다.

desatento *a.* 조심하지 않는. 부주의한. 소홀히 하는. 등한시 하는. 게으른.

desaterrar *v.t.* ①(쌓아 올린) 흙을 파내리다. 땅을 고르다. ②(비행기가) 뜨다. 이륙(離陸)하다.

desatêrro *m.* ①(쌓아 올린) 흙을 파내리기. (융기(隆起)된) 땅을 깎아내리기. ②땅을 고르기. ③발굴. 개착(開鑿). ④(비행기의) 이륙(離陸).

desatilado *a.* ①서투른. 솜씨 없는. ②굼뜬. 둔한.

desatinação *f.* 앞·뒤를 가리지 않는 행동. 철부지한 언행. 미친 노릇.

desatinado *a.* 앞·뒤를 가리지 않는. 분별 못하는. 경솔한. 철부지한. 미친 듯한.

desatinar *v.i.* 앞·뒤를 헤아리지 못하다. 사려(思慮)가 없다. 미친 노릇하다.
— *v.t.* 사려(분별) 못하게 하다. 얼빠진 사람으로 만들다. 미치게 하다.

desatino *m.* 앞·뒤를 모름. 사리 분별이 없음. 경거망동. 망언(妄言). 미친 노릇.

desatolar *v.t.* ①진창으로부터 끌어 올리다. ②오명(汚名)을 벗게 하다. 나쁜 버릇(惡癖)을 버리게 하다.

desatordoar *v.t.* 제정신이 들게 하다. 정신 차리게 하다.
— *v.i.* 정신 차리다. 본정신이 들다.

desatracação *f.* 닻을 감기(올리기). 자유로 하기.

desatracar *v.t.* (배의) 닻을 감다. 매었던 밧줄을 끄르다.
— *v.i.* 닻을 올리다.
—se *v.pr.* 행동이 자유롭게 되다. 해방되다.

desatrancar *v.t.* (문)빗장을 벗기다.

desatravancar *v.t.* 장애물을 제거하다. 구속하는 것을 없애 버리다.

desatravessar *v.t.* (길에) 가로 놓여 있는 나무를 치우다. (길가의) 방해물을 제거하다.
—se *v.pr.* (배가) 횡단했던 그 방향을 바꾸다. 옆으로 피하다.

desatrelar *v.t.* 가죽 끈을 풀다(벗기다). 속박을 풀다.

desatoração *f.* 품격을 떨어뜨리기. 지위를 낮추기. 폄직(貶職). 벼슬을 박탈하기.

desautorado *a.* 품격을 떨어뜨린. 지위를 낮춘. 폄직 당한. 벼슬을 빼앗긴.

desautorar *v.t.* 품위를 떨어뜨리다. 지위를 낮추다. 폄직(貶職)하다. 벼슬을 박탈하다.
—se *v.t.* 품위가 떨어지다. 지위가 낮아지다. 폄직 당하다.

desautoridade *f.* 직권(職權)의 정지. 권한 박탈. 위신이 없어짐.

desautorização *f.* 직권을 빼앗기. 권능을 박탈하기. 위신을 잃음. 신용 저락.

desautorizar *v.t.* 직권을 빼앗다. 권능을 행사 못하게 하다. 위신 없게 하다. 신용 잃게 하다.
—se *v.pr.* 직권이 없어지다. 위신(신용)을 잃다.

desauxiliar *v.t.* 도와 주지 않다. 원조를 중지하다.

desavença *f.* ①의견의 다름. 의견 충돌. 불일치. ②불화(不和). 알력(軋轢). 내분.

desavergonhado *a.* 부끄러움을 모르는. 파렴치한. 뻔뻔스러운. 몰염치(沒廉恥)한.

desavergonhamento *m.* 부끄러움을 모름. 파렴치. 몰염치. 뻔뻔함. 철면피.

desavergonhar *v.t.* 《稀》부끄러움을 모르게 하다.
—se *v.pr.* 부끄러움을 모르다. 뻔뻔해지다.

desavindo *a.* (의견이) 일치하지 않는. 적합하지 않는. 조화(調和)되지 않는. 서로 어긋나는. 저어(齟齬)하는. 모순된.

desavir *v.t.* 사이가 나쁘게 하다. 이간(離間)하다.
—se *v.pr.* (+*com*). (…와) 일치하지 않다. 서로 용납하지 않다. 사이가 나빠지다.

desavisado *a.* 아무런 생각도 없는. 아무런 예고도 없는. 방심한. 무심한. 경솔한.

desavisar *v.t.* ①(먼저 보낸) 통지를 취소하다. 취소통고를 하다. ②경솔한 처사를 하다.

desaviso *m.* ①취소통지(取消通知). 경솔한 일.

deazado *a.* ①서투른. 솜씨 없는. ②날개 없는. 날개를 잃은. ③(꽃병 따위의) 손잡이가 떨어진.

desazar *v.t.* ①날개를 떼어내다. ②(꽃병 따위의) 손잡이를 떼 버리다.

desazo *m.* 솜씨 없음. 서투름. 맵시 없음. 어색함.

desbagoar *v.t.* (과일로부터) 씨(종자)를 빼내다.

desbancar *a.* ①(도박장에서 돈잃은 사람을) 자리로부터 물러가게 하다. 판에 있는 돈을 훑다. ②(…에) 이기다. (…을) 지우다. 낯을 더 못들게 하다.

desbandeirar *v.t.* 기(깃발)를 내리다(철거시키다).

desbarado *a.* ①쳐부순. 때려 부순. 격퇴한. 궤주(潰走)시킨. ②낭비한. 탕진한.

desbaratador *a., m.* ①쳐부수는 (자). 격퇴하는 (자). 궤주시키는 (자). ②낭비(탕진하는 (자).

desbaratamento *m.* ①쳐부수기. 격파. 격멸. 패배시키기. ②낭비(浪費). 탕진 (蕩盡).

desbaratar *v.t.* ①쳐부수다. 패배시키다. 궤주케 하다. 혼란에 빠뜨리다. ②낭비하다. 탕진하다.
— se *v.pr.* ①지다. 패배하다. 격파당하다. 파멸하다. ②탕진되다.

desbarate, desbarato *m.* ①패배. 궤주. 파멸. ②낭비. 남비(濫費). 탕진. ③대손해.

desbarbado a. 수염이 없는.

desbarbar *v.t.* ①수염을 없애 버리다. ②(보리의) 까르라기를 떼어 버리다.

desbarrar *v.t.* (문) 빗장을 벗기다. 가름나무를 빼다. 문고리를 벗기다(열다).

desbastação *f.* =*desbatamento*.

desbastador *a., m.* ①울퉁불퉁한 것을 고르는 사람(또는 물건); 농토(農土)의 높은 데를 깎아내리는(사람 또는 기계). ②나무를 깎아 가늘게 만드는 (사람 또는 도구). ③거칠게 깎는 일종의 대패.

desbatamento *m.* ①농지의 고저(高低)를 없애기. 높은 곳을 깎아내리기. 땅을 고르기. ②나무를 깎아 가늘게 만들기. 대패로 밀어 얇게 만들기. ③필요없는 것을 삭제하기. ④(엄한)태도를 부드럽게 하기.

desbastar *v.t.* ①땅의 높은 데를 깎아내리다. 고르다. ②(나무 따위를) 거칠게 끊다(깎다); 깎아서 점점 홀쭉하게 만들다. ③(숫돌 따위에) 갈아서 점점 얇게 만들다. ④태도를 고치다. ⑤(엄한 풍속 따위를) 완화하다.

desbaste *m.* (나무 따위를) 거칠게 자르기(깎기). 깎아서 점점 홀쭉하게 하기. 갈아서 점점 얇게 하기. [農] 빽빽하게 심은 것을 솎다. (솎아내다).

desbastear *v.t.* 빽빽하게 심은 것을 솎다. 희박(稀薄)하게 하다.

desbatocar *v.t.* 통마개를 빼다.

desbloquear *v.t.* 포위망을 뚫다. 봉쇄를 타파하다.

desbocado *a.* 입 사나운. 입 더러운. 악담 잘하는. 불근신(不謹愼)한.

desbocamento *m.* 말버릇이 나쁨. 점잖치 못함.

desbocar-se *v.pr.* ①(말이) 갑자기 도망치다. (재갈이 빠져) 억제할 수 없게 되다. ②상스러운 언사를 던지다. 음탕한 말을 하다.

desbotado *a.* 퇴색한. 변색한 ; 혈색(血色)이 나쁜.

desbotadura *f.* =*desbotamento*.
— *m.* 변색. 퇴색. 광채를 잃기. 흐림.

desbotar *v.t.* 색깔이 낡게 하다. 퇴색(褪色)케 하다. 광채를 잃게 하다. 흐리게 하다.
— *v.i.* 변색(퇴색)하다. 광채가 없어지다. 희미해지다. 흐리다.

desbragado *a.* ①족쇄(足鎖)를 풀어 놓은; (말의) 굴레가 벗어진. 구속되지 않은. ②방일(放逸)한. 방탕한.

desbragar *v.t.* ①(말의) 재갈을 빼내다. 굴레를 벗기다. 고삐를 놔주다. 《古》족쇄를 끄르다. ②해방하다. 자유로 하다.

desbravar *v.t.* ①야수(野獸)를 길들이다. 유순하게 하다. ②황무지를 개간하다.
— se *v.pr.* (야수가) 길들다. 온순해지다.

desbridado *a.* (말의) 재갈을 벗긴. 고삐를 끄른.

desbridar (1) *v.t.* (말의) 재갈을 벗기다(빼다) 고삐를 끄르다.
— se *v.pr.* (물렸던) 재갈이 빠지다. 고삐가 풀리다. 구속을 벗어나다. 해방되다.

— (2) *v.t.* [外] 상처를 절개(切開)하다.

descabelado *a.* ①(머리의) 털이 없는. 탈모(脫毛)한. ②화가 머리끝까지 치민. 격노한. 과격한.

descabelamento *m.* ①탈모(상태). ②몹시 노함. 격노.

descabelar *v.t.* 머리털을 잡아 뽑다.
—se *v.pr.* (자기의) 머리털을 쥐어 뜯다. 격노하다.

descaber *v.i.* ①(…안에) 전부 들지 못하다. 다 수용하지 못하다. ②넘쳐 나다. 초과하다. ③(넣기에) 적당하지 못하다.

descabido *a.* 적당치 않은. 알맞지 않는. 어울리지 않는. 타당치 않는.

descadeirar *v.i.*, *v.t.* (부딪쳐) 허리를 다치다. 허리를 못 쓰게 하다.

descaída *f.* 아래로 기울기. 기울음.

descaido *a.* ①기울어진. 경사를 이룬. ②늙은. 노후(老朽)한.

descaimento *m.* ①기울어짐. ②아래로 향함. 내리막. ③쇠약해지기. 쇠퇴. 쇠미(衰微).

descair *v.t.* 기울어지게 하다. 쇠약(쇠퇴)케 하다.
— *v.i.* ①기울다. 아래로 향하다. (태양이) 점점 기울다. ②(세력이) 약해지다. ③(바람이) 자다. ④허리가 휘다(구불다). 쇠약(쇠퇴)해지다.
—se *v.pr.* 실언(失言)하다. 비밀을 누설하다.

descalabro *m.* 대손실. 큰 손해. 큰 실패. 재난. 참화(慘禍).

descalçadura *f.* ①신·바지·장갑 따위를 벗기. ②쐐기를 빼기.

descalçar *v.t.*, —se *v.pr.* ①신발·장갑·바지 따위를 벗기다(벗다). 맨발이 되다. ②쐐기를 빼다. ③길에 깐 돌(鋪裝石)을 제거하다.

descalço *a.* ①신을 벗은. 발 벗은. 맨발의 ; 준비 없는. ③(길에) 자갈을 깔지 않은. ②쐐기가 빠진.

descambada *f.* 비탈. 경사(면).

descambadela *f.* ①미끄러져 넘어지기. ②불근신(不謹慎)한 언사. 실언. 주책없는 말.

descambado *a.* 미끄러져 넘어진.
— *m.* 비탈. 경사(면).

descambar *v.i.* ①미끄러져 넘어지다. ②빗나가다. 바른 길에서 벗어나다.

descambar em …에 빠지다
—se *v.pr.* ①실언하다. 불근신한 언사를 던지다. 주책없는 말을 하다. ②바른 길에서 벗어나다. 빗나가다.

descaminho *m.* ①바른 길에서 벗어남. 옆길에 들어섬. 길을 잘못 들기. ②잊어버리기. 분실(紛失). 위탁금(委託金)의 악용(횡령·사취).

descamisa, descamisada *f.* ①셔츠가 없음. 셔츠를 벗은 상태. ②옥수수의 껍질을 벗기기 ; 벗긴 상태.

descamisado *a.* 셔츠를 벗은(입지 않은). 덥수룩한. 누덕누덕한. 가난한.
— *m.* 누더기를 입은 사람. 부랑아.

descamisar *v.t.* ①셔츠를 벗다. ②옥수수 껍질을 벗기다.

descampado *m.* 넓은 들. 광야. 평원.

descampar *v.i.* 넓은 들(광야)에서 뛰어 돌아다니다.

descangar *v.t.* 멍에를 벗기다.

descansadamente *adv.* 편안히. 조용히. 안심하여.

descansadeiro *m.* 휴게실. 휴식처.

descansado a. 쉰. 쉬고 있는. 휴식한. 편안한. 한가한. 안심하고 있는. 조용한. 평온한.

descansar *v.t.* ①쉬게 하다. 휴식시키다. 안정하게 하다. 안심시키다. 안도감을 주다. ②(넘어지지 않게) 받치다. 지지하다.
— *v.i.* 쉬다. 휴식하다. 눕다. 몸을 편히 하다. 잠자다. 안심하다. (넘어지지 않게) 기대어대다.

sem descansar 쉴새 없이. 끊임 없이.

descanso *m.* ①쉬기. 쉬는 것. 휴식. 휴게. 휴양. 정양. 한정(閑靜). ②마음의 평안(평화). 안심. ③안면(安眠). 수면. ④쉬는 시간. 휴식 기간(期間). ⑤[宗] (성도의) 영면(永眠). 안식처 ; 묘(墓). ⑥(넘어지지 않게) 받치는 것. 지지하는 대(支架). 올려 놓는 대(架臺). ⑧[樂] 휴지부(休止符).

em descanso 안심하여. 마음 놓고.
sem descanso 쉬지 않고. 쉴 새 없이. 끊임없이.

descantear *v.t.* 모(角)를 없애다. 모를 잘라버리다. 모를 죽이다.

descapitalizar *v.t.* 고정 자본을 운용하다.

descaracterização *f.* 특성(특질)을 잃게 하다.

descaracterizado *a.* 특성(특질)을 잃은. 특성이 없어진.

descaracterizar *v.t.* 특성(특질)을 잃게 하다.
—se *v.pr.* 특성(특질)을 잃다. 특징이 없어지다.

descarado *a.* 부끄러움 모르는. 뻔뻔한. 파렴치한. 몰염치한. 철면피의.

descaramento *m.* 부끄러움을 모름. 뻔뻔함. 파렴치(破廉恥).

descarar-se *v.pr.* 부끄러움을 모르다. 뻔뻔해지다.

descarbonização *f.* 탄소(炭素)를 빼기.

descarbonizar *v.t.* 탄소를 빼다.

descarga *f.* ①짐을 내려놓기. 짐을 부리기. ②[解·醫] 배설(排泄). 배출. 방출. 유출(流出); 유출량(量). ③[重] 방전(放電). ④[軍] 일제사격. ⑤《俗》(욕설·질문 등의) 연발.
descarga elēetnca 방전.

descargo *m.* ①해임. 해고. 면직. 제대. ②해제. 면제. ③(채무(債務)의) 변제(辨濟). ④책임 수행. 의무의 이행(履行).

descaridade *f.* 자선(자비)심이 없음. 인자하지 못함.

descaridoso *a.* 자비하지 않은. 자선심이 없는. 무정한. 용서 없는.

descarinhosamente *adv.* 인정 없이. 냉정하게. 가혹(혹독)하게. 무자비하게.

descarinhoso *a.* 인정 없는. 무자비한. 냉정한. 가혹한. 혹독한.

descarnado *a.* ①(뼈에서) 고기를 베어낸. 탈육(脫肉)한. ②살없는. 약한. 여윈.

descarnador *a.* 뼈를 바른. 고기를 베어낸.
— *m.* 뼈와 고기를 갈라내는 칼. 치과의사가 쓰는 일종의 수술용 칼.

descarnadura *f.* 뼈에서 고기를 베어내기. 뼈와 고기를 갈라내기.

descarnar *v.t.* ①뼈에서 고기를 베어내다. 뼈를 발라내다. 뼈와 고기를 분리하다. 약하게 하다. ②(나무의 뿌리 부분·건물의 초석 주변을 파서) 노출시키다.
—se *v.pr.* (뼈에서) 고기를 발라내다(떨어지다). 약해지다.

descaroçador *a.* 씨를 빼내는. 핵(核)을 뽑는.
— *m.* 종자제거기(種子除去機). 조면기(操棉機).

descaroçamento *m.* (특히 솜의) 씨를 뽑기. 핵(核)을 제거하기.

descaroçar *v.t.* (특히 솜의) 씨를 뽑다. 핵을 제거하다.

descarregador *m.* 짐을 풀어 내리는 사람. 짐부리는 사람.

descarregamento *m.* ①짐을 풀어 내리기. 짐 부리기. ②(부담·걱정·고통 등의) 제거. 덜어주기. ③책임 수행. 의무의 이행.

descarregar *v.t.* ①(배 또는 차의) 짐을 풀어 내리다. 짐을 부리다. 짐을 하륙(下陸)하다. ②(고통·폐단 등을) 제거하다. (부담을) 면제하다. 덜해 주다. ③(책임을) 완수하다. (의무를) 이행하다. ④총을 쏘다. 발사하다. ⑤붓다. 부어 넣다.
—se *v.pr.* ①(부담·의무 따위를) 면하다. 면제되다. ②비다(아무것도 없게 되다). ③편해지다.

descarrilado *a.* 탈선한. 궤도를 벗어난.

descarrilamento *m.* 탈선(脫線).

descarrilar *v.t.* (기차를) 탈선시키다. 궤도를 벗어가다. 탈선하다. 나쁜 길에 들어서다.

descartar *v.t.* ①(트럼프)(필요 없는) 카드를 버리게 하다. ②귀찮은 것을 멀리하다.
—se *v.pr.* (필요 없는) 카드를 버리다. 귀찮은 것으로부터 스스로 멀리하다.

descarte *m.* ①(필요 없는) 카드를 내버리기. ②내버린 카드. ③귀찮은 것을 멀리하기. ④핑계. 구실.

descasadura *f.* =*descasamento*.
— *m.* 결혼해소. 이혼.

descasar *v.t.* 결혼을 해소하다. 이혼시키다. 배우자를 따로따로 하다. (두 개 한 짝이 된 것을) 갈라놓다. 짝짝이 되게 하다.
—se *v.pr.* 이혼하다. 짝짝이 되게 하다.

descascação *f.* =*descascamento*.

descascador *m.* 껍질을 벗기는 사람. 탈피기(脫皮機). 탈곡기(脫穀機).

descascadura *f.* 《稀》=*descascamento*.

descascamento *m.* 껍질을 벗기기. 거피(去皮). (콩·팥 따위의) 깍지를 벗기기. 가죽을 벗기기.

descascar *v.t.* (사과·감자 따위의) 껍질을 벗기다. (콩·팥 따위의) 깍지(깍대기)를 벗기다. 나무 껍질을 벗기다. 가죽을 벗기다.
— *v.i.* 껍질 또는 깍지 따위가 벗겨지다. 가죽이 벗겨지다.

descaso *m.* 주의하지 않음. 무관심. 내버려두기.

descasque *m.* 껍질 또는 가죽을 벗기기. 거피(去皮).《稀》(몸의 때를 벗기기).

descasquejar *v.t.*《稀》껍질을 벗기다; 때를 벗기다.

descaudado *a.* 꼬리가 없는. 무미(無尾)의.

descaudar *v.t.* 꼬리를 자르다.

descaudato *a.* =*descaudado*.

descaulino *a.* [植] 줄기가 없는. 무경(無莖)의.

descautela *f.* 조심성 없음. 부주의. 경계성(警戒性) 부족.

descavalgamento *m.* 말에서 내리기. 하마(下馬).

descavalgar *v.t.* ①말에서 내리게 하다. 하마케 하다. ②대포를 포가(砲架)로부터 내리다.

— *v.i.* 말에서 내리다. 하마하다.

descendência *f.* ①자손. 후손. 후예(後裔). ②혈통. 가문(家門). 가계(家系).

descendente *a.* ①내려가는. 강하적. ②아래로 향한. 하향성(下向性)의. ③세습의. 전래(傳來)의.

— *m.*, *f.* 자손. 후예.

linha descendente (직계의) 족보.

maré descendente 퇴조(退潮).

descender *v.i.* ①내려가다. 내리다. ②(사람이 …의) 계통을 가지다. 계통(系統)을 잇다.

descendimento *m.* 강하(降下). 내리받이. 전락.

descensão *f.* =*descenso*.

descensional *a.* 내려가는. (아래로) 떨어지는. 강하의.

decenso *m.* 강하(降下); 하산(下山); 저하.

descente *a.* ①내려가는. 내려오는. 하산하는. ②아래로 향한. 하향성(下向性)의.

— *m.* 강하(降下). 하강(下降).

descentralização *f.* (중심으로부터 밖으로의) 분산. 분포. 지방분권(地方分權).

descentralizador *m.* 분산시키는 사람. 지방분권 주장자.

descentralizar *v.t.* (행정권・조직 등을) 분산시키다. 지방분권으로 하다.

descer *v.t.* ①(차・말 등으로부터) 내리다. 내려오다. ②(계단을) 내려가다; (산으로부터) 내려오다. ③(값 따위) 떨어지다. 하락하다. (+*a*). (…을 따라) 내려가다. (+*de*). (…으로부터) 전래(傳來)하다. 유래(由來)하다.

— *v.t.* 내리게 하다. 내려 보내다.

—*se* *v.pr.* (타고 있는 것 또는 올라간 곳으로부터) 내려오다. 내리다.

descercar *v.t.* 에워싼 것을 뚫다(뚫고 나오다). 포위망을 타파하다.

—*se* *v.pr.* 포위망을 헤치고 도망가다.

descêrco *m.* 에워싼 것을 뚫기. 포위망을 타파.

descerrar *v.t.* 봉(封)한 것을 열다. 봉인을 떼다. 꼭 들러붙은 것(밀착한 것을 떼다). 밀집(密集)한 것을 흩트리다.

descristianização *f.* 기독교를 포기하기.

descristianizar *v.t.* 기독교 신앙을 포기하다. 기독교 신자가 된 것을 그만 두게 하다.

descida *f.* ①강하(降下). 하행. ②(가격 따위의) 저락. 저하. ③아래로 향함. 내리받이. 내리막길.

descimento *m.* 강하; 하산(下山).

descingido *a.* 띠를 끄른. 띠를 늦춘.

descingir *v.t.* 띠를 풀다. 띠를 끄르다. 띠를 풀어 늦추다.

desclassificação *f.* 실격(失格). 자격 상실. 등급에서 빠지기.

desclassificado *a.* 실격한. 자격을 잃은. 등급에서 빠진(제외된). (시험에서 떨어진).

— *m.* 실격한 자. 자격 상실자. 등급에서 빠진 자. 낙오자.

desclassificar *v.t.* 합격 못하게 하다. 실격시키다. 무자격으로 만들다. 등급에서 빼다(제외하다). 명예・신용 따위를 잃게 하다(떨어뜨리다).

descoagulação *f.* 응결물을 액체로 하기. 응결물(凝結物)의 용해(溶解).

descoagulante *a.* 응결물을 용해하는(액체로 만드는). 용해력(溶解力) 있는.

descoagular *v.t.* 응결물을 용해하다(액체로 만들다).

—*se* *v.pr.* 응결물이 녹아서 액체가 되다.

descoalhar *v.t.* 응결물을 녹이다(녹다).

descoberta *f.* ①발견(물). 발견지. ②발각. ③[軍] 정찰.

descoberto *a.* (*descobrir*의 과거분사). ①덮여 있지 않는. 포장되지 않는. 노출된; 폭로된. ②발견된. 발각된

descobertura *f.* =*descoberta*.

descobiçoso *a.* 욕심(욕망)이 없는. 욕심부

리지 않는.
descobridor *a.* 찾아내는. 발견하는. 탐험하는. 정찰하는.
— *m.* 발견자. 탐험가. [軍] 정찰병. 척후병.
descobrimento *m.* ①찾아내기. 발견. 탐험. ②발각된 사실. ③(비밀의) 폭로 ; (내용의) 간파(看破).
descobrir *v.t.* ①(…에 있는 것을) 찾아내다. 발견하다. ②(비밀 등을) 적발하다. 폭로하다. ③(…내용을) 간파하다. (…을) 알아채다. ④정찰하다. ⑤씌워 있는(덮여 있는) 것을 벗기다. ⑥발명하다.
— *v.i.* 나타나다 ; 노출되다. (하늘이) 맑아지다. 청명해지다.
—**se** *v.pr.* 발견되다. 나타나다. 폭로되다. 발각되다. 모자를 벗다. 옷을 벗다.
descolagem *f.* 이륙(離陸).
descolar *v.t.* (풀로 붙인 것을) 떼다.
descoloração *f.* 색깔을 없게 함. 퇴색. 변색. [化] 탈색(脫色).
descolorar *v.t.* (특히 염색한) 색깔을 없애다. 색깔을 지워버리다. 퇴색(褪色)케 하다.
— *v.i.* 색깔이 없어지다. 퇴색되다. 변색하다.
descolorir *v.t.* (특히 개새한) 색깔을 없애다. 변색케 하다. 퇴색케 하다. 퇴색시키다.
— *v.i.* 색깔이 없어지다. 퇴색되다. 변색하다. 더러워지다.
descomedidamente *adv.* 과도하게. 도에 넘치게. 엄청나게.
descomedido *a.* ①무절제한. 절제 않는. ②과도한. 도에 넘친. 보통 아닌. 엄청난.
descomedimento *m.* ①절도(절제)가 없음. ②점잖치 못함. 불친절. ③야비함. 야속함.
descomedir-se *v.pr.* 절도(절제)를 잃다. 예절을 잃다. 불근신한 처신을 하다.
descomer *v.i., v.t.* ①(더러운 것을) 치워 없애다. 깨끗이 하다. ②《卑》 탈분(脫糞)하다.
descomodidade *f.* ①불편. 부자유. ②뜻과 같지 않음. ③귀찮음 ; 귀찮은 물건.
descompassado *a.* 도외의. 도에 넘친. 범위를 넘는. 상규(常規)를 벗어나는. 과도한. 엄청난.
descompassar *v.t.* 도에 넘치게 하다.
—**se** *v.pr.* 도에 넘치다. 범위를 넘다.

상규(常規)를 벗어나다.
descompasso *m.* ①상규(常規)를 벗어나는 것. 범위를 넘는 것. ②불규칙. 부조화(不調和).
descompor *v.t.* ①정돈된 것을 흩트리다. 질서를 문란케 하다. 혼란되게 하다. ②옷차림을 헝클다. ③뒤집어엎다. 망치다. 실패케 하다. ④꾸짖다. 나무래다. 비난하다. ⑤모욕하다. ⑥불안케 하다. 마음 조이게 하다.
—**se** *v.pr.* ①정돈이 흐트러지다. 질서가 문란해지다. 산만해지다. 혼란해지다. ②화내다. 성내다. 몸(신체)의 일부 또는 전체를 노출하다.
descomposição *f.* 정돈이 되어 있지 않음. 무질서. 산만(한 상태). 난잡. 혼란. 문란. 뒤죽박죽. 옷차림이 헝클어짐.
descomposto *a.* (*descompor*의 과거분사). 정돈되어 있지 않은. 흐트러진. 무질서한. 난잡한. 뒤죽박죽이 된. 어수선한.
descompostura *f.* ①질서 없음. 정돈되어 있지 않음 ; 불규칙. 난잡. 혼란. 문란. ②몸(옷)차림이 나쁨. ③불근신. 무례. 모욕(侮辱).
descomunal *a.* 도외(度外)의. 과도의. 분에 넘치는. 비범한. 엄청난. 거대한. 막대한.
descomunalmente *adv.* 과도하게. 분에 넘치게. 상당히.
desconceito *m.* 불명예. 망신. 인기 없음.
desconceituado *a.* 신용을 잃은. 인기 없는. 명성이 떨어진. 명예를 잃은.
desconceituar *v.t.* 신용을 떨어뜨리다. 인기 없게 하다.
—**se** *v.pr.* 신용을 잃다. 인기가(명성이) 떨어지다. 평판이 나빠지다.
desconcertado *a.* ①조절(조정)이 잘 맞지 않는. ②(기계 따위) 어딘가 고장이 있는. ③(계획 등이) 방해된. 뒤집힌. 차질이 생긴.
desconcertador *a., m.* ①조점(조정)이 잘 맞지 않게 하는(사람). 고장나게 하는(사람). ②혼란(혼잡)하게 하는(사람 또는 물건).
desconcertante *a.* 조정(조절)이 잘 맞지 않게 하는. 조화(調和)되지 않게 하는 ; 혼란케 하는.
desconcertar *v.t.* ①조정(조점)이 잘 맞지 않게 하다. 혼란시키다. ②(계획 등을) 방해하다. 잘못되게 하다. 뒤집어엎다. ③당황하게 하다. 어리벙벙하게 하다. ④고장나게 하다. 나쁘게 하다.
— *v.i.* 조정(調整)이 잘 안 맞다. 일치하지 않다.
—se *v.pr.* ①조절이 안 맞다. (기계가) 잘 움직이지 않는다. 혼란해지다. ②몸맵시가 없다. 보기 흉하다.

desconcêrto *m.* ①조정(調整)이 맞지 않음. 변조(變調). 불일치. 부조화(不調和). ②불규칙. 혼란. ③불화(不和). 알력. ④옷맵시가 없음. 옷차림이 헝클어져 있음. 보기 흉함.

desconchavar *v.t.* 사이가 나쁘게 하다. 이간하다.
— *v.i.*, —se *v.pr.* ①의견을 달리하다. 서로 반목하다. 사이가 나빠지다. ②어리석은 짓을 하다 : 상규(常規)를 벗어난 행동을 하다. 얼토당토 않는 말을 하다.

desconchavo *m.* 어리석은 짓. 앞뒤를 헤아리지 못하는 행동. 경거망동. 얼토당토 않은 말. 망언(妄言).

desconchegar *v.t.* ①접근해 있는 것을 떨어지게 (멀리) 하다. ②비좁게 하다. 부자유롭게 하다. 거북하게 하다.

desconchego *m.* 불편. 부자유. 비좁음. 답답함.

desconciliação *f.* 조정(調停)을 그만두기. 조정 중단(中斷).

desconciliar *v.t.* 조정을 그만두게 하다. 조정하지 못하게 하다.

desconcordação, desconcordância *f.* ①(의견의) 불일치. ②부조화(不調和). 불균형(不均衡). ③모순. ④불화(不和). ⑤[音] 불협화(음).

desconcordante *a.* 의견의 달리 하는. 일치하지 않는. 조화하지 않는. [音] 불협화(음)의.

desconcordar *v.t.*, *v.i.* 의견을 달리하다. 서로 틀리게 하다(틀리다). 일치하지 않다. 조화(調和)하지 않다. 조정(調節)이 잘 맞지 않다. 모순되다.

desconcorde *a.* =*desconcordante*.

desconcordia *f.* 불일치. 의견상위(相違). 부동의(不同意). 불화.

desconexão *f.* ①연락이 없음. 절단(切斷). ②절연(絶緣). 분리. [重] 단선(斷線). 무연락.

desconexo *a.* 연락이 없는. 연락이 끊어진. 연접하지 않는. 절단된. 절연된. [電] 단선이 된.

desconfiadamente *adv.* 의심을 품고. 의아하게.

desconfiado *a.* 믿지 않는. 신용하지 않는. 불신임의. 의심하는. 수상한.

desconfiança *f.* 믿지 않음. 불신(不信). 의심. 의혹(疑惑). 시의(猜疑).

desconfiante *a.* 좀처럼 믿지 않는. 의심을 품는. 수상스러운. (…라고) 억측하는. (…이) 아닌가고 생각하는.

desconfiar *v.t.* (…이) 아닌가고 생각하다. (…이라고) 추측하다. 억측하다.
— *v.i.* 믿지 않다. 의심하다. 수상하게 생각하다. 시의(猜疑)하다.

desconforme *a.* ①일치하지 않는. 서로 달리하는. 상반(相反)하는. 부동(不同)의. ②매우 큰. 엄청나게 큰. 표준규격보다 너무나 다른.

desconformemente *adv.* ①일치하지 않게. 상반하여. ②엄청나게.

desconformidado *f.* ①의견이 서로 틀림. 불일치. 상위(相違). 부동의(不同意). ②어울리지 않음. 불균등(不均等). 불균형. ③불화(不和). 반대.

desconfortamente *adv.* 비좁게. 불편하게. 거북하게. 부자유스럽게. 불안하게.

desconfortar *v.t.* 불편케 하다. 부자유롭게 하다. 비좁은감을 느끼게 하다. 위안이 없게 하다. 실망케 하다. 낙담케 하다.

desconfortável *a.* 편하지 않은. 불편한. 거북한.

desconfôrto *m.* ①편안치 못함. 불편. 부자유. 비좁음. 거북함. ②실망. 낙담.

descongelação *f.* (얼었던 것이) 녹음. 해빙. 해동.

descongelar *v.t.* (얼었던 것을) 녹이다.
—se *v.pr.* (눈·얼음 등이) 녹다. 풀리다. 해빙하다.

descongestionante *a.* 무르게 하는. 연하게 하는. 녹이는. (응결한 것을) 풀어 놓는.
— *m.* 무르게 하는 것. 녹이는 것. (응결한 것을) 풀게 하는 약(藥).

descongestionar *v.t.* ①충혈(充血)·울혈을 풀다. 풀게 하다. ②위(胃) 안에 정체(停滯)된 것을 녹이다. 무르게 하다. ③자동차 따위 좁은 곳에 몰려 혼잡을 이루는 것을(이곳 저곳으로 빠져 나가게 하여) 완화하다.

desconhecedor *a., m.* ①알지 못하는 (사람). 본 일이 없는 (사람). 기억에 남지 않는 (사람). ②잊어버린 (사람). ③망은자(忘恩者).

desconhecer *v.t.* ①모르다. 알지 못하다. ②기억이 없다. 생각이 안 나다. ③은혜를 잊다(모르다).

desconhecido *a.* 알려져 있지 않는. 알려지지 않는. 미지의. 미상의. 모르는.
— *m.* ①미상(未詳). 미지(未知). ②알려지지 않는 사람. 일자 면식이 없는 사람. 미지의 인물.

desconhecimento *m.* 모름. 알지 못함. 본 일이 없음. 기억하고 있지 못함. 인식 없음. 망은(忘恩).

desconhecível *a.* 알 수 없는. 분간하기 어려운.

desconjunção *f.* = *desconjutamento*.
— *m.* ①분리. 분단(分斷). ② [論] 이접(離接). ③분열. 와해(瓦解).

desconjuntar *v.t.* 이은 것을 떼다. 분리시키다. 분열시키다. 해체하다.
—se *v.pr.* (붙었던 것이) 떨어지다. 따로따로 떨어지다. 분리되다. 분열하다. 와해하다. 해체되다.

desconjunto *a.* (붙었던 것이) 떨어진. 따로따로 갈라진. 분리된. 분리한. 연락이 없는

desconjuntura *f.* = *desconjunção*.

desconsentimento *m.* 동의(同意)하지 않음. 승낙(허가)하지 않음. 거부.

desconsentir *v.i., v.t.* 동의하지 않다. 찬동하지 않다. 승낙(허락·허가)하지 않다. 거절하다.

desconsideração *f.* 존경하지 않음. 존중시 하지 않음. 고려하지 않음. 돌보지 않음. 무시. 도외시.

desconsiderar *v.t.* 존경하지 않다. 고려하지 않다. 무시하다. 도외시하다. 무례하게 대하다.
—se *v.pr.* 존중(중요시)되지 않다. 고려되지 않다.

desconsolação *f.* 위안이 없음. 서러움. 비탄. 우울. 불유쾌.

desconsolado *a.* 위안이 없는. 위안받지 못한. 올 가망한. 설움에 잠긴. 비탄하고 있는. 유쾌하지 못한. 《俗》 아무 맛도 없는. 슴슴함.

desconsolador *a.* 위안이 없게 하는. 서러움에 잠기게 하는. 유쾌하지 못하게 하는.

desconsolar *v.t.* 위안이 없게 하다. 서러움(비탄)에 잠기게 하다. 낙심케 하다.
—se *v.pr.* 위안되지 못하다. 서러움(비탄)에 잠기다.

desconsolativo *a.* 위안이 없게 하는. 서글프게 하는. 비탄케 하는.

desconsolo *m.* 위안이 없음(없는 상태). 서러움. 우울. 불유쾌.

descontar *v.t.* [商] 할인(割引)하다. 값을 깎다(내리다). 덜다. 감하다. 에누리하다.

descontentadiço *a.* 좀처럼 만족하지 않는. 불평이 많은.

descontentamento *m.* 불평. 불만. 불만스러운 생각. 불만족. 불만의 원인(原因).

descontentar *v.t.* 불만케 하다. 불평을 일으키게 하다. 불쾌하게 하다.
—se *v.pr.* 만족하지 않다. 불만을 품다. 불평하다.

descontentativo *a.* 불만케 하는. 불평을 일으키게 하는. 불만의. 불평의.

descontente *a.* 불만하는. 못마땅해 하는. 불평하는.

descontento *m.* 불만. 불만족. 불평. 불유쾌.

descontinuação *f.* 불연속. 중단(中斷). 단절. 중지.

descontinuadamente *adv.* 띠엄띠엄. 중단하여.

descontinuado *a.* 중도에서 끊어짐. 중단된. 단절한.

descontinuar *v.t.* (계속하는 일을) 그만두게 하다. 중단케 하다.
— *v.i.,* —se *v.pr.* 중도에서 끊다(끊어지다). 받는 것(지불하는 것)을 끊다(그만 두다). 중지(중단)하다.

descontinuidade *f.* ①불연속. 단절. ② [數] 단속함수(函數).

descontínuo *a.* 연속하지 않는. 중도에서 끊어진. 중단된.

desconto *m.* ①할인(割引). 공제(控除). 에누리. ②[商] 할인액(額). 할인율. 할인대차(貸借).

descontratar *v.t.* 계약을 파기하다. 파약하다.

desconvencer *v.t.* 다시 생각하게 하다. 잘 고찰하도록 하다. (…)할 생각을 그만두게 하다.

desconveniência *f.* 적당치 않음. 적절하

desconveniente *a.* 알맞지 않는. 부적당한.
desconvidar *v.t.* 초대(초청)를 취소하다.
desconvir *v.i.* 마음에 들지 않다(내키지 않다). 기분에 맞지 않다. 적당치 못하다.
descôr *f.* 색깔(빛깔)이 없음. 무색(無色).
descorado *a.* ①색깔이 없는. 색깔이 벗어진. 퇴색한. 변색한. ②(얼굴빛이) 창백한. 파랗게 질린.
descoramento *m.* 색깔이 없어짐. 혈색(血色)이 나쁨. 창백. (얼굴빛이) 파랗게 질리기.
descorante *a.* 색깔을 없애는. 빛깔을 지우는.
— *m.* 표백제.
descorar (1) *v.t.* 색깔을 없애다(지워버리다). 퇴색되게 하다. 변색시키다.
— *v.i.*, —se *v.pr.* ①색깔이 없어지다. 퇴색하다. 변색하다. ②(얼굴빛이) 창백해지다. 파랗게 질리다.
— (2) *v.t.* 암기한 것을 잊어버리다.
descorçoar *v.t.* =*descoroçoar*.
descornar *v.t.* 뿔을 자르다(빼다. 꺾다).
—se *v.pr.* (짐승) 뿔이 없게 되다.
descoroar *v.t.* ①관(冠)을 벗기다. ②물건의 꼭대기(頂上)에 얹은 것을 제거하다.
descoroçoado *a.* 용기를 잃은. 기가 죽은. 낙담한.
descoroçoar *v.t.* 기를 꺾다. 낙담(낙심)시키다.
—se *v.pr.* 맥빠지다. 기가 죽다. 낙담(낙심)하다.
descortês *a.* 예의가 없는. 예절이 없는. 무례한. 버릇없는. 실례되는.
descortesia *f.* 예의(예절) 없음. 버릇이 없음. 불공(不恭). 실례(되는 일). 난폭한 언행.
descortesmente *adv.* 예절(예모) 없이. 버릇없이.
descortinar *v.t.* ①막(幕)을 열다(들어 올리다). ②(경치 따위 눈앞에) 전개하다. 전망(展望)하다. 발견하다.
descortino *m.* ①막을 열기. (배경이) 눈앞에 전개되는 것. ②전망. 발견.
descosedura *f.* 기운 것을 도루 풀기. 기운 실밥을 풀어내기. 찢음. 찢어 열어젖힘.
descoser *v.t.* 기운 것(실밥)을 도로 풀다. ②기운 데를 찾다. 열어젖히다. 찢어 열다. ③비밀을 누설하다. 탄로나다.
—se *v.pr.* ①(기운) 실밥이 풀리다. (기운 것이) 저절로 풀리다. ②터놓고 이야기하다.
descosido *a.* ①기운 것(실밥)을 도로 푼. 실밥이 풀린. 기운데를 찢은. 기운데가 째진. ②붙인 것이 떨어진. 연락이 없는. 지리멸렬(支離滅裂)한.
descostume *m.* 습관이 없음. 습관을 버림.
descravejar *v.t.* (말굽에 붙인) 편자를 떼다. 제철을 뽑다. 못을 빼다.
descravizar *v.t.* 노예를 해방하다.
descreditar *v.t.* 믿지 않다. 신용하지 않다.
descrédito *m.* 믿지 않음. 신용이 없음. 면목을 잃음. 불명예.
descremar *v.t.* (우유에서) 크림을 분리하다.
descrença *f.* ①믿지 않음. 불신. ②의심하기. 의혹. ③신앙심이 없음. 불신앙(不信仰).
descrente *a.* 믿지 않는. 신용하지 않는. 신앙심이 없는.
— *m.*, *f.* 믿지 않는 사람. 신앙심이 없는 사람.
descrer *v.t.*, *v.i.* 믿지 않다. 신용하지 않다. 신앙을 버리다.
descrever *v.t.* 묘사하다. 서술하다. (줄·도형을) 그리다.
—se *v.pr.* (총알·탄도탄 따위가) 곡선을 그으며 가다.
descrição *f.* ①기술(記述). 서술. 기재. 서술적 묘사. ②(물품의) 설명서. 해설.
(注意) *discrição* : 분별. 식별 ; 사려. 신중. 조심성.
descrido *a.* 믿지 않는. 의심을 품은. 불신앙의.
descriminar *v.t.* 죄를 용서하다. 무죄로 하다. 사면(赦免)하다.
(注意) *discriminar* : 구별하다. 차별하다.
descristianização *f.* 기독교 포기. 비기독교화.
descristianizar *v.t.* 기독교 신자임을 그만두게 하다. 기독교를 포기하게 하다.
descritivo *a.* 기술적(記述的). 서술적. 묘사의. 기사체(記事體)의. 도형 묘사의. *geometria descritiva* 도형(화법) 기하학. *estilo descritivo* 기사체(記事體).
— *m.* 기술. 서술. 서술적 묘사. 서사문.
descrito *a.* 기술한. 서술한. 묘사한.
descritor *a.*, *m.* 서술하는 (사람). 묘사하는 (사람).

descruzar *v.t.* 십자로 한 것(된 것)을 떼다. 십자로 되지 않게 하다. (교차된 것을) 교차되지 않게 하다.

descuidado *a.* ①부주의한. 등한한. 잘 돌보지 않은. ②조심하지 않은. 내버려 둔. 방치(放置)한. ③태만한. 소홀한. 경솔한.

descuidar *v.t.* ①잘 돌보지 않다. 조심(주의)하지 않다. 내버려 두다. ②등한히 하다. 게을리 하다.
—se *v.pr.* 자신을 돌보지 않다. 자기의 옷차림을 가꾸지 않다. 주의하지 않다.

descuido *m.* ①부주의. 등한. 소홀. 태만. ②단정하지 못함. ③실수. 과실. ④무관심. 방치(放置).
a descuido 무심코. 깜빡.
por descuido 부주의로. 등한한 탓으로.

descuidoso *a.* 조심(주의)하지 않는. 잘 돌보지 않는. 등한(等閑)한.

desculpa *f.* ①변명. 변해(辨解). 사죄. 사과. 진사. ②평계. 구실. ③용서. 용서를 바라기.
Peço desculpa. 용서하시오. 미안합니다.
em desculpa de …의 변명으로서.

desculpado *m.* 사죄한 사람. 실수(과실)하여 상대방의 용서를 받은 사람.

desculpador *a., m.* (사죄·사과함에 대하여) 용서해 주는 (사람). 양해하는 (사람).

desculpar *v.t.* ①용서하다 ②변명하다
—se *v.pr.* 사과하다. 진사(陳謝)하다. 변해(辨解)하다.
Desculpe me! 용서하시오. 미안합니다.
Desculpe o meu atraso. 늦게 와서 미안합니다. 지각한 것을 용서해 주십시오.

desculpável *a.* 용서할 수(받을 수) 있는. 변명이 서는.

descultivar *v.t.* 밭갈이 하지 않다. 경작을 중지하다.

descurado *a.* 등한한. 무관심한. 소홀한. 태만한. 부주의한.

descuramento *m.* 등한(等閒). 무관심. 부주의. 내버려두기. 방치(放置). 태만.

descurar *v.t.* (…을) 부주의하다. 게을리 하다. 내버려두다. (…을) 돌보지 않다.
— *v.i.* (+*de*) 무관심하다. 등한해 있다. 태만하여 …않다.

descurvar *v.t.* 휜 것을 펴다. 꾸부러진 것을 곧게 하다.

desdar *v.t.* ①(주었던 것을) 도로 찾다. 도로 가지다. (부여했던 것을) 회수하다. 주던 것을 중지하다. ②맨 것을 풀다(끄르다). 매듭(結節)을 풀다.
desdar um nó (맨)매듭을 풀다.

desde *prep.* (…으로)부터. 이래. 이후.
desde agora 지금부터. 자금이후(自今以後). 향후(向後).
desde já 지금 이순간부터. 지금부터.
desde aquí 여기서부터.
desde menino 아이 때부터.
desde que nasci 출생 이래.
desde então 그 때부터.
desde quando 언제부터.
Não comi nada desde ontem. (나는) 어제부터 아무것도 안 먹었다.
desde logo 곧. 이어서. (…하면서)부터.
Desde logo que ele cheque começa a trabalhar. 그 분은 도착하자마자 일하기 시작했다.
desde que (…하기) 때문에. …하는 이상.
Desde que não temos dinheiro não opodemos comprá-lo. (우리는) 돈이 없기 때문에 그것을 살 수가 없습니다.

desdém *m.* ①얕보기. 깔보기. 멸시. 경멸. 괄시(恝視). ②건방짐. 버릇없음. ③희롱. 조롱. 조소.
olhar com desdém 업신여기다. 깔보다. 얕보다. 멸시하다.
ao desdém 건방지게. 버릇없이. 그롱적으로.

desdenhador *a., m.* 얕보는 (사람). 멸시하는 (자). 업신여기는 (이). 괄시하는 (사람).

desdenhar *v.t.* 얕보다. 업신여기다. 멸시하다. 괄시하다.

desdenhativo *a.* ①멸시적. 경멸적. ②건방진. 사람을 놀리는 (듯한).

desdenhável *a.* 멸시(경멸)할 만한. 괄시할 만한. 업심받을 만한.

desdenhoso *a.* ①깔보는. 얕보는. 멸시하는. ②건방진. 경멸적인.

desdentado *a.* 이(치아)가 없는. 무치(無齒)의.

desdentados *m.(pl.)* [動] 빈치류(貧齒類).

desdentar *v.t.* 이(치아)를 뽑다. 부러뜨리다.
—se *v.pr.* 이(치아)가 없어지다. 이가 빠지다.

desdita *f.* ①불행. 불운. ②불우(不遇).

desditado *a.* = *desditoso*.

desditosamente *adv.* 불행하게. 재수 없이.
desditoso *a.* 불행한. 불운한. 불우한. 재수 없는.
desdizer *v.t.* 말한 것을 취소하다. 철회하다. 부정하다. 반박하다. 동의(同意)하지 않다.
— *v.i.* (+*de*). (…와) 모순되다. (…에) 반대되다.
—*se v.pr.* 이미 말한 것을 취소하다. 약속을 깨뜨리다.
desdobramento *m.* ①접어 갠 것을 도로 펴기. ②전개. 발전.
desdobrar *v.t.* 접어 갠 것을 도로 펴다. 펼치다. 전개(展開)시키다.
—*se v.pr.* (접은 것이) 펴지다. 전개되다.
desdobre *m.* 전개(展開). 발전.
desdouramento *m.* 도금(鍍金)을 벗기기. 도금이 벗어지기. 광채를 잃음. 명예. 신용 따위의 훼손.
desdourar *v.t.* 도금을 벗기다. 명예. 신용 따위를 훼손하다.
—*se v.pr.* 도금이 벗어지다. 광채를 잃다. 명예·신용 등이 훼손되다.
desdouro *m.* 도금이 벗어짐(벗어진 상태). 광채가 없음. 신용·명예 등의 훼손. 면목이 없음.
deseclipsar *v.t.* 흐려 가린 것을 없애다. 흐린 것을 맑게 하다. 명예·신용 따위를 회복케 하다.
— *v.i.*, —*se v.pr.* ①(일식·월식에서) 하늘이 다시 밝아지다. ②다시 세상에 나오다. ③명예 따위를 회복하다.
desedificação *f.* ①나쁜 표본. 나쁜 예(惡例). ②신앙을 어지럽게 하는 것. 신앙파괴(信仰破壞)의 선동. 악마의 손길.
desedificar *v.t.* 나쁜 예(惡例)를 들다. 신앙을 버리도록 교사(敎唆)하다.
desegual *a.* =*desigual*.
desegualar *v.t.*, *v.i.* =*desigualar*.
desegualidade *f.* =*desigualidade*.
desejador *a.*, *m.* 원하는 (사람). 욕망하는 (자). 요구하는 (사람). 희망하는 (이).
desejar *v.t.*, *v.i.* 바라다. 요망하다. 욕망하다. 원하다. 희망하다. 욕구하다.
desejável *a.* 있으면 싶은. 했으면 싶은. 얻고 싶은.
desejo *m.* 바라는 것. 욕망. 욕구(慾求). 욕념(欲念). 희망. 소망. 요구.

desejosamente *adv.* 바람직하게. 바라건대.
desejoso *a.* 바라는. 바라고 있는. 원하는. 희망하는. 소망하는. 갈망하는. 욕망하는. 욕구하는.
deselegância *f.* 우아(優雅)함이 없음. 아치(雅致)하지 못함. 조야(組野). 아취(雅趣) 없는 행위(말시·문체).
deselegante *a.* 우아하지 않는. 기품이 없는. 조야한.
desemalar *v.t.* 트렁크를 열다. 꾸러미를 끄르다. 트렁크에서 꺼내다.
desemaranhar *v.t.* 얽힌 것을 풀다. 어려운 문제를 풀다. 해명하다.
—*se v.pr.* 얽힌 것이 풀어지다(해명·해결되다).
desembaciar *v.t.* (유리 따위) 흐려진 것을 닦다.
desembainhar *v.t.* (칼집으로부터) 칼을 뽑다.
desembalagem *f.* 묶음을 풀기. 포장물을 끄르기.
desembalar *v.t.* 묶음을 풀다. 포장물을 끄르다.
desembandeirar *v.t.* (꽂힌) 깃발을 빼 버리다. 장식된 기(旗)를 철거시키다.
desembaraçado *a.* ①장애물 또는 방해되는 것을 없엔. 구속됨이 없는. 귀찮은 것을 떼버린. 자유로운. ②(문제가) 풀기 쉬운. 번잡성이 없는. 얽힌 것이 풀어진. ③빠른. 민첩한. ④(말하는 것이) 유창한.
desembaraçar *v.t.* ①귀찮은 것을 떼버리다(치우다). 장애물(또는 방해되는 것)을 없애다. 자유롭게 하다. ②(문제 따위) 얽힌 것을 해결하다. (희미한 것을) 명백하게 하다.
—*se v.pr.* ①구속을 벗어나다. 귀찮은 것을 면하다. 자유롭게 되다. ②복잡한 문제가 풀리다. 얽힌 사건이 해결되다.
desembaraço *m.* ①얽힌 것을 풀어내기(풀린 상태). 착종(錯綜)한 분규의 해결. 귀찮은 것을 떼버리기. 방해(장애)물을 제거하기. ②자유. 민첩. ③자유스러움. ④(표현이) 유창함. (하는 말에) 거침이 없음.
desembaralhar *v.t.* 혼란한(난잡한) 것을 정리하다. 혼효(混淆)된 것을 따로따로 하다. 얽힌 것을 풀다.
desembarcação *f.* ①상륙하기. ②상륙지.
desembarcadouro *m.* 상륙지. 짐을 풀어내리는 곳. 부두.

desembarcar *v.t.* (선객(船客)을) 하선(下船)시키다. 상륙시키다. 배의 짐을 부두에 풀어 내리다. 부두에 쌓다. 《稀》하차(下車)시키다.
— *v.i.* 상륙하다.

desembargador *m.* 고등법원의 판사.

desembargar *v.t.* (배의) 출항 정지를 해제함. (상품 수출 금지 등을) 해금(解禁)하다. 자유롭게 하다.

desembargo *m.* ①(선박의) 억류·출입항 금지 등의 해제. 수출 해금(輸出解禁). ②해방.

desembarque *m.* 육지로 올리기. 양륙(揚陸). 상륙. 하선(下船)짐을 풀어 내리기. *tropa de desembarque* 상륙부대.

desembebedar *v.t.* 술취한 것을 깨게 하다.
—se *v.pr.* 술이 깨다.

desembestado *a.* 방종한. 억제할 수 없는.

desembestar *v.t.* 《古》 노(弩)를 쏘다.
— *v.i.* ①(노로부터) 발사되다. ②화살처럼 가다. 재빨리 도망가다.

desembocadura *f.* 하구(河口). 운하구(運河口).

desembocar *v.t.* (강이 바다쪽으로) 흘러가다. 물이 새다. 하수도가(…의 방향을 향하여) 방수(放水)하다. 고이거나 막혀 있는 것이 풀려 나가다. 도로(道路)가 …에 도달하다, 이르다.

desembolsar *v.t.* 지갑에서 (돈을) 꺼내다. 지불하다. 지출하다.

desembolso *m.* 돈 치르기. 지출. 지출금. 지불금.

desemboscar *v.t.* (동물을) 숲으로부터 내쫓다(내몰다). 숨은 적을 몰아내다.
— *v.i.*, —se *v.pr.* 숲으로부터 나오다. 숨은 곳으로부터 나타나다.

desembotar *v.t.* 칼날을 세우다. 예리하게 하다.

desembravecer *v.t.* (사나운 짐승을) 길들여서 온순하게 하다. 유순하게 하다.
— *v.i.*, —se *v.pr.* 온순해지다. 유순해지다.

desembrear *v.i.* 자동차의 클러치를 떼다. 단동(斷動)하다.

desembrenhar *v.t.* ①가시덤불로부터 나오게 하다. ②가시덤불을 없애다.
—se *v.pr.* ①가시덤불로부터 나오다. ②어려운 처지에서 벗어나다.

desembrulhar *v.t.* 꾸러미를 풀어 헤치다. 포장을 열다(풀다). 포장에서 꺼내다. 얽힌 것을 풀다. 복잡한 것을 해결하다. 흐린 점을 해명하다.

desembrulho *m.* ①포장을 열어(풀어) 헤치기. ②(복잡한 문제·사건 따위를) 명백하게 하기. 해명. 천명(闡明).

desembrutecer *v.t.* 무지(無智)한 것을 계몽(啓蒙)하다. 계발(啓發)하다.

desembuçar *v.t.* (다른 사람이 쓰고 있는) 두건(頭巾) 또는 면포(面布)를 추켜들고 들여다 보다. 베일을 벗기다(벗기고 보다). 명백히 하다. 폭로하다.
—se *v.pr.* (자기가 쓰고 있는) 두건 또는 면포를 벗고(남에게) 낯을 보이다.

desembuchar *v.t.* 토하게 하다. 게우게 하다. (막힌 것을) 통하게 하다.
— *v.i.* 생각나는 대로(되는 대로) 이야기하다.

desempachar *v.t.* 귀찮은 것을 제거하다. 방해물을 없애다. (위험·곤란 등으로부터) 구해내다. 탈출케 하다.
—se *v.pr.* 곤경을 벗어나다. 탈출하다. 귀찮은 것으로부터 면하다.

desempacotamento *m.* 포장을 풀어(열어) 헤치기.

desempacotar *v.t.* 포장을 풀다. 꾸러미를 헤치다.
— *v.i.* (포장이) 풀어지다.

desempapelar *v.t.* 싼(포장한) 종이를 풀어 헤치다.

desemparedar *v.t.* 벽으로 둘러싸인 곳으로부터 나가게 하다(내보내다). 감옥으로부터 나오게 하다.

desemparelhar *v.t.* (두 개 한 벌로) 짝지어 있는 것을 갈라 놓다. 짝짝이 되게 하다.
—se *v.pr.* ①짝짝이 되다. ②위치가 산만해지다. ③이혼이나 다름없는 처지가 되다.

desempatar *v.t.* 가부동수(可否同數)를 재결(裁決)하다. [競] (무승부를 없애다) 결승전을 하다.

desempate *m.* 가부동수의 재결. 결정투표. [競] 무승부·동점을 깨뜨리기. 결승전.

desempeçar *v.t.* 얽힌 것을 풀다. 복잡한 문제(분규)를 해결하다. 장애되는 것을 없애다.

desempêço *m.* 얽힌 것을 풀기. 분규의 해결. 장애물이 없음. 방해되는 것이 없음.

desempedernir *v.t.* (돌처럼 굳은 것을) 무르게 하다. 연하게 하다. 연화(軟化)하다.

desempedrar *v.t.* 돌을 집어 치우다. 길에 깐돌(鋪裝石)을 제거하다. 밭에 있는 자갈돌을 없애 버리다.

desempenadeira *f.* 미장이 쓰는 일종의 평삭판(平削板).

desempenado *a.* ①휘지 않은. 꼬이지 않은. 비틀리지 않은. ②곧은. (체격이) 날씬한. ③민첩한. 경쾌(輕快)한.

desempenar *v.t.* 휜 것을 펴다. 꼬인 것을 도로 펴다. 비틀린 것을 제대로 하다. 곧바로하다.
—**se** *v.pr.* 휜(꼬인·비틀린) 것이 곧바로 되다. (제대로 되다).

desempenhar *v.t.* ①저당(抵當) 잡힌 것을 도로 찾다. ②빚돈을 다 갚다. ③(의무·약속 등) 이행(履行)하다. 수행하다. 완수하다. ④(배우로서 …의) 역할을 하다.
—**se** *v.pr.* ①빚돈이 없게 되다. 부채가 판상(辦償)되다. ②(의무·약속 등) 완수되다.

desempenho *m.* 저당된 것을 도로 찾기. 부채의 판상. (의무·약속 등의) 이행. 완수. (배우가 하는 …의) 역할. (…의) 연출.

desempeno *m.* ①(휜 것·편 것·비틀린 것 등의) 곧바르로 된 상태. 곧음. 평평함. ②목수가 쓰는 일종의 자(定規)(휜 것을 검사해 보는). ③자세가 날씬함. 우미. 우아.

desemperrar *v.t.* 성격을 부드럽게 하다. 고집 따위를 부리지 않게 하다.
—**se** *v.pr.* 부드러워지다. 유순해지다.

desempestar *v.t.* ①독을 없애다. 소독하다. ②악역(惡疫)을 면케 하다.

desempilhar *v.t.* 더미를 이룬 것(山積物)을 허물어 뜨리다.

desemplumar *v.t.* 깃털을 뽑다. 깃털로 장식된 것(羽飾)을 없애 버리다.

desempoado *a.* 가루·먼지 따위를 털어 버린. 미신·억측 따위를 없애 버린.

desempoar *v.t.* 가루·먼지 따위를 털다. 미신·억측 따위를 없애 버리다.
desempoar o espírito 마음을 깨끗이 하다.

desempobrecer *v.t.* 가난을 없애다. 빈곤하지 않게 하다. 부유하게 하다.
— *v.i.* 가난(빈곤)을 면하다. 부유해지다.

desempoçar *v.t.* 우물의 물을 전부 퍼내다. 우물을 말리다.

desempossado *a.* 소유물을 잃은. 빼앗긴. 지위를 쫓겨난.

desempossar *v.t.* 소유물을 빼앗다.

desempregado *a.* 직업을 잃은. 직업이 없는. 실업한. 실업의. 실업자의.
— *m.* 실업자. 실직자.

desempregar *v.t.* 직업을 잃게 하다. 해고하다. 면직하다.

desemprego *m.* 실직. 실업(상태).

desemproar *v.t.* 오기(傲氣)를 꺾다. 교기(驕氣)를 꺾다.

desencabar *v.t.* 자루 또는 손잡이를 없애다(떼다).
—**se** *v.pr.* 자루(손잡이)가 떨어지다(없어지다).

desencabrestar *v.t.* (말의) 굴레를 벗기다. 고삐를 놔주다.
— *v.i.*, —**se** *v.pr.* 굴레를 벗다. 제멋대로 행동하다.

desencadeamento *m.* 쇠사슬을 벗기기. 쇠사슬을 끊기. 연락을 끊어 버리기.

desencadear *v.t.* 쇠사슬을 풀어 놓다. 쇠사슬을 끊다. 연락을 끊다. 연접된 것을 떼다. 자물쇠를 열다. 해방하다. 자유롭게 하다.
—**se** *v.pr.* ①쇠사슬이 풀리다. (벗어지다). 자유롭게 되다. 자유로 활동하다. ②대풍(大風)이 일어나다. 거친 일이 (연이어) 발생하다. 돌발사가 일어나다.

desencadernação *f.* 책·공책 따위 꿰맨 것을 풀기(끄르기).

desencadernar *v.t.* 책·공책 따위 꿰맨 것(裝綴)을 풀다(끄르다).
—**se** *v.pr.* 책·공책 따위(꿰맨 것이) 스스로 풀어지다(떨어지다).

desencaixamento *m.* 꼭 채운 것을 열기. 잘 물려 잠긴 것을 떼어놓기.

desencaixar *v.t.* 꼭 채운 것(또는 잠근 것)을 열다(빼다). 맞물린 톱니바퀴(齒車)를 떼다. 연접된 것을 분리하다. 이탈시키다.
—**se** *v.pr.* 꼭 채운 것이 열리다. 빠져나오다. 이탈하다.

desencaixe *m.* =*desencaixamento*.

desencaixotamento *m.* (물건이 들어 있는) 상자를 열기. 짐짝을 끄르기.

desencaixotar *v.t.* 상자(궤짝)를 열다(열어 헤치다). 짐짝을 끄르다.

desencalhar *v.t.* ①좌초(坐礁)한 배를 끌

어내리다. 다시 뜨게 하다. ②막힌 길(閉塞道)을 열어 통하게 하다. 곤란을 배제하다. 애로를 타개하다.
— v.i. 좌초된 배가 끌려 내려가다. 이초(離礁)하다.
desencalhe m. 좌초한 배를 끌어 내리기 (다시 뜨게 하기).
desencaminhador a., m. 나쁜 길로 인도하는 (사람). 타락시키는 (사람).
desencaminhamento m. 나쁜 길로 이끌기(들어서기). 타락하기. 타락케 하기.
desencaminhar v.t. 나쁜 길로 인도하다. 타락시키다. 틀리게 하다. 잃게 하다. (세관에서) 탈세하다.
—se v.pr. 올바른 길에서 벗어나다. 나쁜 길로 들어가다. 길을 잃다. 타락하다.
desencantamento m. 마법이 풀리기. 매력이 없어지기. 각성.
desencantar v.t. ①마법을 풀다. ②각성케 하다. 꿈을 깨우다. ③잃은 물건 또는 좀처럼 찾을 수 없는 물건을 발견하다. 비결을 찾아내다.
desencanto m. =desencantamento.
desencapelar v.t. 머리에 쓴 수건(頭巾)을 벗기다. [海] 돛 위에 걸려 있는 밧줄을 벗기다.
— v.i. (바다가) 잔잔해지다. 고요해지다.
desencapotar v.t. 남의 외투 또는 맏토를 벗기다.
desencaracolar v.t. 딸딸 말린 것을 풀다 (펴다).
desencarapinhar v.t. 곱슬털(고수머리칼)을 곧게 펴다.
desencarcerar v.t. 출옥(出獄)시키다. 방면(放免)하다. 석방하다. 자유롭게 하다.
—se v.pr. 감옥으로부터 나오다. 방면되다.
desencardimento m. ①때를 씻음(벗김). 세정(洗淨). 세탁. ②희게 하기. 표백.
desencardir v.t. ①때를 없애다. 세탁(세정)하다. 희게 하다. 하얗게 하다. 표백하다.
desencarecer v.t., v.i. 값을 낮추다(떨어지다).
desencarregar v.t. 의무·책임 등을 해제하다. 부담을 면케 하다. 임무를 그만 두게 하다. 해임하다.
desencastelar v.t. ①성(城)에서 내쫓다. 성으로부터 나가게 하다. ②성(성곽)을 파괴하다.
desencavernar v.t. 동굴로부터 내쫓다.
desencerar v.t. 초(蠟) 바른 것을 벗기다. 밀초를 닦아내다.
desencharcar v.t. 고인 물을 빼게 하다. 말리다.
desencher v.t. (내부를) 비게 하다. 비우다.
desencolerizar v.t. 노여움을 풀게 하다. 진정하게 하다.
—se v.pr. 노여움이 풀리다.
desencolher v.t. 움츠려진 것을 펴다. 수축된 것을 펴다.
—se v.pr. ①(움츠렸던) 몸을 펴다. ②두려워하지 않다. 떳떳해지다.
desencolhimento m. 움츠려진 것을 펴기 (수축(收縮)의 신장(伸張)). 두려워하지 않음. 떳떳함.
desencomendar v.t. 주문(注文)을 취소하다.
desencontrado a. 서로(길이) 어긋난. 만나지 못한.
desencontrar v.t. 서로 어긋나게 하다(딴 길을 걸어) 만나지 못하게 하다.
— v.i. 서로 의견이 일치하지 않다. 합의하지 않다.
—se v.pr. 서로 어긋나다. (딴 길을 걸어) 만나지 못하다. 서로 (의견이) 일치하지 않다.
desencontro m. ①서로 어긋나기. (딴 길을 걸어) 못만남. ②의견의 불일치. 합의 되지 않음.
desencordoar v.t. 악기의 줄을 떼다. (화물 자동차 또는 달구지의) 짐짝을 묶은 밧줄을 끄르다.
desencorpar v.t. 체적을 작게 하다. 축소하다.
desencostar v.t. 기대어 댄 물건(支持物)을 없애다. 의지하던 물건을 제거하다. 의뢰(依賴)하지 못하게 하다.
—se v.pr. 기대어 댄 것으로부터 물러나다. 의지했던 것을 떼 버리다. 재립(再立)하다.
desencovar v.t. 구멍(동굴)에서 나오게 하다(몰아내다). 파내다. 찾아내다. 발견하다.
desencravar v.t. 꽂힌 것(꽂은 것)을 뽑다. 못 따위 박힌 것을 빼다.
desencrespar v.t. 주름(살)을 없애다. 주름을 펴다. 곱슬곱슬하게 감긴 것을 풀어 펴다. 파상(波狀)진 것을 평평하게 하다.

desencurralar–**desenganador**

―**se** *v.pr.* 주름이 펴지다. 꾸부러진 것이 펴지다. (바다가) 잔잔해지다.
desencrespar-se o mar 바다가 잔잔해지다. 파도가 멎다.

desencurralar *v.t.* 가축을 축사(畜舍)로부터 나가게 하다. 외양간·마구간 등으로부터 내몰다. 해방하다.

desendeusar *v.t.* 신(神)으로 섬기던 것을 중지하다. 신성(神性)을 없애다. 신격(神格)을 빼앗다.

desendividar *v.t.* 빚(債務)을 벗어나게 하다. 빚을 갚게 하다.
―**se** *v.pr.* 빚을 벗어나다. 부채(負債)가 없어지다.

desenfadadiço *a.* 울분이 없어진. 우울하던 것이 없어지고 다시 명랑해진. 위로하는. 즐겁게 하는.

desenfadamento *m.* =*desenfado*.

desenfadar *v.t.* 우울한 것이 없어지게 하다. 명랑하게 하다. 정신이 맑아지게 하다. 기운나게 하다. 용기를 북돋아 주다.
―**se** *v.pr.* ①울분(우울하던 것)이 없어지다. 명랑해지다. 정신이 상쾌해지다. ②기분이 좋아지다. 즐거워하다. ③휴양하다.

desenfado *m.* ①우울함이 없음. ②기분이 좋음. 즐거움. ③휴양. 보양. 오락. 위안. 안심.

desenfaixar *v.t.* (…의) 띠를 풀다. 붕대를 풀다. (아기의) 포대기를 끄르다.
―**se** *v.pr.* 자기의 허리띠를 풀다(끄르다).

desenfardar *v.t.* (나무) 묶음을 풀다. (노끈·새끼 따위로) 묶은 것을 끄르다.

desenfardo *m.* 묶음을 풀기(끄르기).

desenfarpelar-**se** *v.pr.* 옷을 벗다. 발가벗다.

desenfastiadiço *a.* 입맛나게 하는. 식욕을 자극하는. 식욕촉진의. 기분을 좋게 하는.

desenfastiar *v.t.* ①입맛을 나게 하다. 식욕을 자극하다. 식욕을 촉진하다. ②기분을 돋구다. 갑갑증을 없애다. 즐기다.

desenfeitar *v.t.* 장식한 것을 없애다. 장식물을 제거하다. 화장한 것을 지워 버리다.
― *v.i.*, ―**se** *v.pr.* 몸에 지닌 장식품을 없애다. 분바르고 화장한 것을 지워 버리다.

desenfeitiçar *v.t.* 마법을 풀다. 매력을 잃게 하다. 수수께끼를 풀다. 각성시키다. 꿈을 깨우다.
―**se** *v.pr.* 꿈이 깨다. 각성하다.

desenfeixar *v.t.* 노끈·밧줄 따위로 묶은 것을 풀다. 나뭇단(짚단)을 끄르다.

desenferrujar *v.t.* (쇠에) 녹슨 것을 벗기다. 녹을 없애다.
―**se** *v.pr.* 녹이 떨어지다.

desenfiar *v.t.* 실에 낀 것을 도로 뽑다. (바늘 따위에) 끼어 있는 실을 도로 뽑다.
―**se** *v.pr.* 실에 낀 것이 빠지다.

desenforcar *v.t.* 목에 맸던 밧줄을 벗기다. 교수용(絞首用) 밧줄을 풀다.

desenfreado *a.* 말굴레가 벗어진. 재갈이 빠진. 고삐가 풀어진. 구속한 것이 없어진. (자동차의) 브레이크가 듣지 않는. 통제할 수 없는. 제멋대로 하는. 방종한.

desenfreamento *m.* ①굴레 또는 고삐를 벗김(없음). 구속되지 않음. ②(자동차의) 브레이크 고장. 제어되지 않음. 통제할 수 없음. ③방종. 방일. 멋대로 하기. (행실 따위) 어찌할 도리가 없음.

desenfrear *v.t.* 굴레를 벗기다. 재갈을 빼다. 고삐를 풀다(놔주다).
―**se** *v.pr.* 굴레·고삐 따위 벗어지다. (자동차의) 브레이크가 안 듣다. 사람이 방종해지다. 제멋대로 하다. 돌진하다. 갑자기 화를 내다. (성격이) 난폭해지다. (말이) 제어할 수 없게 되다.

desenfronhar *v.t.* 베갯잇(枕覆)을 빼내다.

desengaçar *v.t.* ①포도 열매를 (줄기에서) 떼다. 따다. ②게걸스레 먹다.

desengace, desengaço *m.* 포도 열매를 따기.

desengaiolar *v.t.* ①새장(새우리)에서 나오게 하다. ②감옥에서 나가게 하다. 출옥시키다. 석방하다.
―**se** *v.pr.* 새장(새우리)에서 나오다. 자유롭게 되다.

desengajar *v.t.* 해약(解約)하다. 해제하다.

desenganado *a.* ①그릇된 것을 깨우친. 잘못을 깨달은. 각성한. 수수께끼가 풀린. ②솔직한. 있는 대로의. 거짓이 없는. (환자를) 단념한.
desenganado dos médicos 의사(醫師)의 단념 ; 가망성 없음.

desenganador *a.*, *m.* 그릇된 것을 깨우쳐 주는 (사람). 잘못을 뉘우치게 하는 (사람). 각성케 하는 (자).

desenganar *v.t.* ①그릇된 것을 깨우쳐 주다. 잘못을 깨닫게 하다. 각성시키다. ②희망을 잃게 하다. 수수께끼를 풀다. *O medico a desenganou.* 의사가 그 여자의 병에 대하여 단념했다.
—**se** *v.pr.* ①그릇된 것을 깨닫다. 비로서 각성하다. ②수수께끼가 풀리다.

desenganchar *v.t.* 갈고리로 건(걸린) 것을 벗기다. 낚시(고리)에 걸린 것을 벗기다.

desengano *m.* 그릇된 것을 깨우치기. 잘못을 뉘우치기. 수수께끼를 풀기. 각성. *desenganos* (*pl.*) 쓴(쓰라린) 경험.

desengarrafar *v.t.* (유리)병에 넣은 것을 꺼내다. 병을 비우다(비게 하다).

desengasgar *v.t.* 목구멍(咽喉) 막힌 것을 통하게 하다.

desengastar *v.t.* (보석 따위) 박아 넣은 것을 빼내다. 감입(嵌入)한 것을 뽑다.

desengatar *v.t.* 고리·쇠사슬 따위에 걸린 것을 벗기다. 말·소 따위를 차체(車體)에서 풀어내다. 멍에를 벗기다.

desengatilhar *v.t.* (총의) 방아쇠를 당기다. 쏘다. 발사하다. 던지다.

desengenhoso *a.* 솜씨 없는. 서투른. 무능한. 무지한.

desenglobar *v.t.* 둥글게 뭉친 것을 깨뜨리다. 구형(球形)을 허물어뜨리다. 한데 뭉친 것을 흐트리다.

desengodar *v.t.* 유혹으로부터 각성하다. 수수께끼를 풀다.

desengomar *v.t.* 풀 바른 것을 닦아내다. 풀기를 없애다.

desengonçado *a.* ①돌쩌귀가 빠진. 흐느적흐느적 하는. ②비틀거리는. 흔들리는.

desengonçar *v.t.* 돌쩌귀를 벗기다(빼다). 비틀거리게(흔들리게) 하다.

desengonço *m.* 돌쩌귀를 빼기. 흔들리기. 비틀거리기.

desengordar *v.t.* 지방질(기름기)을 없애다. 여위게 하다.
— *v.i.* 지방질이(기름기가) 없어지다(감소하다). 여위다.

desengordurar *v.t.* 지방(脂肪)을 없애다. 지방을 빼다. 기름때(脂垢)를 벗기다.

desengraçado *a.* ①아치(雅致)하지 못한. 애교성이 없는. 귀염성이 없는. ②재미 없는. 흥미 없는. 살풍경한.

desengraçar *v.t.* 귀엽지 않게 하다. 재미(흥미)없게 하다. 살풍경으로 하다.

desengrenar *v.t.* (기계의) 기어를 넣은 것을 빼다(분리하다). (서로 물린) 톱니바퀴를 떼다.

desengrenhar *v.t.* 머리칼을 흩트리다. 난발(亂髮)되게 하다.

desengrossar *v.t.* (동체(胴體)를) 가늘게 하다. 여위게 하다.
— *v.i.* 가늘어지다. 여위다.

desenguiçar *v.t.* 불운(불행)을 면하게 하다. 운이 트게 하다.
—**se** *v.pr.* 불운(불행)을 면하다. 운이 트다.

desenhador *m.* 도안하는 사람. 제도하는 자. (=*desenhista*).

desenhar *v.t.* 줄을 그어 그리다. 초벌 그림(도안)을 그리다. 제도하다. 설계하다. 안을 세우다.
— *v.i.* 그림 그리다. 묘사하다.
—**se** *v.pr.* 그려지다. 나타나다. 윤곽이 드러나다.

desenhista *m., f.* 도안하는 사람. 제도사. 설계사.

desenho *m.* 초벌 그림. 의장(意匠). 도안. 제도; 설계. 설계도.

desenjoar *v.t.* 구역을 없애다. 토하고 싶은 기분을 없애다. 멀미를 멎게 하다. 염증을 없애다.
—**se** *v.pr.* 구역질이 멎다. 토하고 싶은 기분이 없어지다. 멀미를 없애는 약을 먹다.

desenjoativo *a.* 구역(토하고 싶은 기분)을 없애는. 멀미를 안하게 하는.
— *m.* ①멀미나지 않게 하는 약. ②식욕을 촉진하는 식품(食品).

desenlaçamento *m.* 노끈·실 따위의 매듭을 풀기.

desenlaçar *v.t.* ①매듭을 풀다. ②해결하다. 해명하다.
—**se** *v.pr.* 매듭이 풀어지다.

desenlace *m.* ①매듭을 풀기. ②엇갈린 이야기·복잡한 연극 등을 해득하기. ③끝. 종말. 결론. ④해결.

desenlamear *v.t.* (묻은) 흙을 떨다(닦아내다).
—**se** *v.pr.* 몸에 묻은 흙을 떨다. 신용(명예)을 회복하다.

desenleado *a.* (동여맨 것이) 풀어진. 곤란·애로 따위를 면한.

desenlear *v.t.* 동여맨 것을 풀다(풀어내다). 얽힌 것을(분규를) 해결하다. 장애물을 제거하다.
—**se** *v.pr.* 동여맨 것이 풀어지다(풀리다). 장애·곤란·애로 등을 모면하다.

desenleio *m.* 동여맨 것을 풀기 ; 풀어지기(풀어진 상태). 곤란·애로 따위를 면하기(면한 결과).

desenlevar *v.t.* 마음이 사로잡힌 것(홀린 것)을 깨우쳐 주다. 각성시키다. 매력을 없애다.

desenliçar *v.t.* (직물(織物)의) 짠 실을 풀다(풀어내다).

desenlodar *v.t.* 흙을 떨다. 흙을 없애다 ; 소제하다.
—**se** *v.pr.* 흙구덩(진창)에서 벗어나다. 몸에 묻은 흙을 떨다.

desenlouquecer *v.t.* 미친 것을 고치다.
— *v.i.* 미쳤던 것이 낫다. 정신이 바로 들다. 평상으로 돌아가다.

desenlutar *v.t.* 상(喪) 또는 몽상(蒙喪)을 가볍게 하다. 위로하다.
—**se** *v.pr.* ①상(몽상)이 끝나다. ②기분이 맑아지다. 명랑해지다.

desenodar *v.t.* 물들어 어지럽힌 것(汚染)을 지우다. 얼룩을 없애다. 오점(汚点)을 씻다(닦아 내다).

desenovelar *v.t.* (공처럼) 둥글게 감긴 실꾸러미를 풀다. 구형(球形)의 실태를 풀어내다.
—**se** *v.pr.* 실꾸러미가 풀리다.

desenquadrar *v.t.* (벽에 있는) 사진틀 또는 초상화 틀을 떼다. 틀에서 사진 또는 초상화를 분리하다.

desenraizar *v.t.* 뿌리를 뽑다. 근절하다.

desenramar *v.t.* (나무의) 가지를 자르다. 가지를 없애다.

desenrascar *v.t.* 얽힌 것을 풀다. 분규를 해결하다. 복잡한 것을 면케 하다.
—**se** *v.pr.* 복잡성 또는 곤란을 모면하다.

desenredador *m.* 얽힌 것을 푸는 사람. 분규를 해결하는 자.

desenredar *v.t.* ①얽힌 것을 풀다. 분규를 해결하다 ; 복잡한 내용을 해설하다. ②(음모 따위를) 탐지하다. 조사하다.
—**se** *v.pr.* 얽힌 것이 풀리다. 착종(錯綜)한 것이 해결되다. 귀찮은 것을 피하다. (복잡한 것이) 뚜렷해지다.

desenrêdo *m.* 얽힌 것을 풀기. 얽힌 것이 풀리기. 분규의 해결.

desenrijar *v.t.* 무르게 하다. 부드럽게 하다. 연(軟)하게 하다.
— *v.i.*, —**se** *v.pr.* 부드러워지다. 연해지다.

desenriquecer *v.t.* 부(부유)하지 못하게 하다. 부를 빼앗다. 가난하게 하다.
—**se** *v.pr.* 부(재원·재산 따위) 를 빼앗기다. 가난해지다.

desenrodilhar *v.t.* 꼬인 것을 풀다. 비틀린 것을 도로 펴다. 감긴 것을 풀어 늘이다. 전개(展開)하다.

desenrolamento *m.* 감긴 것을 풀어내기. 감은 것을 펼치기.

desenrolar *v.t.* ①감긴 것을 풀다. 감은 것을 펼치다. ②자세히 설명하다. ③부연(敷衍)하다.
—**se** *v.pr.* 감긴 것이 펴지다. 전개되다.

desenroscar *v.t.* 꾄 것(비틀린 것)을 도로 펴다.
— *v.pr.* 꾄 것(비틀린 것)이 제대로 되다.

desenrugamento *m.* 주름펴기. 구겨진 것을 펴서 매끄럽게 하기.

desenrugar *v.t.* 주름을 펴다. 구겨진 것을 바로 펴다. 매끄럽게 하다.
—**se** *v.pr.* 주름이 펴지다. 매끄럽게 되다.

desensaboar *v.t.* (세탁물 따위의) 비눗물을 없애다.

desensacar *v.t.* 주머니에서 꺼내다. 누설(漏說)하다.

desensebar *v.t.* (의복의) 기름 얼룩(脂染)을 지우다.

desensinador *m.* 배운 것을 잊게 하는 것.

desensinar *v.t.* 배운 것을 잊게 하다.

desensino *m.* 배운 것을 잊음.

desensombrar *v.t.* 그늘을 없애다. 그늘이 (그림자가) 안 지게 하다. 밝게 하다. 해 들게 하다.

desensopar *v.t.* 물에 담근 것(흠뻑 젖은 것)을 말리다.

desensurdecer *v.t.* 귀가 먼 것을 고치다.
—**se** *v.pr.* 귀먼 것이 낫다. 들리다.

desentabuar *v.t.* 판자 댄 것을 떼다. 판자로 칸 막은 것을 헐다.

desentalar *v.t.* (골절했을 때 대는 나무) 부목(副木)을 떼다. 부목을 떼고 팔(또는 다리)을 자유롭게 하다. 애로를 면케 하다.
—**se** *v.pr.* 곤란·애로 등을 면하다.

desentarraxar *v.t.* 나사(스크루)를 반대로

돌리다(돌려 빼다).
desentender *v.t.* ①이해(해득(解得)) 못하다. ②알아듣지 못한 체(모르는 체)하다.
—**se** *v.pr.* 서로 이해 못하다.
desentendido *a.* 알아듣지 못한. 모르는. 모르는 체(알아듣지 못한 체) 하는.
fazer-se ae desentendido 또는
dar-se por desentendido 알아듣지 못한 체하다.
desentendimento *m.* 알아듣지 못함. 이해하지 못함. 모름. 우매(愚昧).
desenterrado *a.* 땅 속에서 파냄. 발굴한.
desenterrador *a., m.* 땅을 파내는 (사람). 발굴하는 (자).
desenterramento *m.* (파묻은 것을) 도로 파내기. 발굴. 시체발굴(屍體發掘).
desenterrar *v.t.* ①파묻은 것을 도로 파내다. 발굴하다 ; 시체를 파내다. ②깊이 숨은 것을 발견해내다.
—**se** *v.pr.* 땅 속으로부터 나오다. 숨은 곳으로부터 나오다.
desentesar *v.t.* 팽팽한 것을 느슨하게 하다. 오만한 태도 또는 교기(驕氣)를 꺾다. 굴복시키다.
—**se** *v.pr.* 느슨해지다. 오만(거만)한 기세가 꺾이다.
desentoação *f.* (소리의) 불일치. 부조화. 협회.
desentoado *a.* (소리가) 일치하지 않는. 조화되지 않는. 귀에 거슬리는.
desentoar *v.t.* (소리가) 맞지 않다. 일치하지 않다. 조화(調和)하지 않다. 곡조가 맞지 않게 노래 부르다.
—**se** *v.pr.* 되는대로 이야기하다.
desentonar *v.t.* 교기(驕氣)를 꺾다.
desentorpecer *v.t.* 마비된 상태로부터 회복케 하다. 기운을 돋구어 주다.
—**se** *v.pr.* 기운을 북돋우다. 활기 띠다. (원기를) 회복하다. 소생하다.
desentorpecimento *m.* 마비 상태로부터의 회복. 활기 띠기. 소생.
desentrançar *v.t.* (편물 따위) 짠 것을 풀다.
desentranhar *v.t.* ①창자를 빼내다. 내장을 꺼내다. ②(의론 따위) 골자를 빼내다. ③(비밀 따위를) 애써서 찾다. ④깊은 데 있는 것을 꺼내다.
desentrincheirar *v.t.* [軍] 참호(塹壕)로부터 몰아내다 ; 참호를 파괴하다.
desentristecer *v.t.* ①기운을 돋구워 주다. 격려하다. ②(우울했던 기분이) 명랑해지다.
—**se** *v.pr.* 활기 띠다. (우울했던 기분이) 명랑해지다.
desentulhar *v.t.* 쓰레기통을 깨끗이 하다. 하수도 따위에 고인 나쁜 것을 퍼내고 소제하다.
desentulho *m.* 드럼통을 소제하기. 하수도 따위를 청결히 하기.
desentupimento *m.* 막힌 것을 통하게 하기 ; 연통 소제.
desentupir *v.t.* (수도 파이프·하수도 구멍·연통 따위의) 막힌 것을 통하게 하다 (소제하다).
— *v.i.* 아는 것을 그대로 이야기하다.
desenturvar *v.t.* 흐린 것을 맑게 하다.
desenvencilhar *v.t.* (노끈·밧줄 따위로) 동여 맨 것을 풀다. 박승(縛繩)을 끄르다. 얽힌 것을 풀다.
—**se** *v.pr.* (동여 맨 것이) 풀어지다 ; 해방되다.
desenvenenar *v.t.* 독을 없애다. 해독하다. 소독하다.
desenvergar *v.t.* 돛(帆布)을 떼다. 돛을 내리다.
desenvernizar *v.t.* 와니스를 벗기다. 윤(潤)을 없애다.
desenvincilhar *v.t., v.pr.* =*desenvencilhar*.
desenviscar *v.t.* 애교·갓물 따위를 벗기다.
desenvolto *a.* ①민첩한. 민활한. ②방종한. 방탕한. 마음대로의. 사양성 없는. 불근신한. 음분(淫奔)한. 음탕한.
desenvoltura *f.* ①민첩. 민활. ②사양성 (부끄러움) 없음. 불근신. ③방종(放縱). 방탕. 음란. 음탕. ④나쁜 장난. 떠들썩하기.
desenvoluente *a.* 발전(발달)케 하는. 발육(성장)케 하는. 번식시키는.
desenvolver *v.t.* 발전케 하다. 발달시키다. 발육시키다. 전진케 하다.
—**se** *v.pr.* ①발육하다. 발전(발달)하다. ②확장(확대)하다. ③증진(增進)하다. 번식하다.
desenvolvida *f.* [數] 전개(展開). 전개 곡선(曲線).
desenvolvido *a.* ①발육한 ; 발전한. 발달한. 전개한. ②확충한. 확장한.
desenvolvimento *m.* ①발육. 성장. ②발

전. 발달. 전개(展開). ③확대. 확장.
desenxabidez *f.* 맛이 없음. 무미. 무미건조. 묘미가 없음. 흥미 없음.
desenxabido *a.* 맛없는. 무미의. 무미건조한. 슴슴한. 묘미 없는. 재미(흥미) 없는.
desenxovalhar *v.t.* ①씻다. 씻어 깨끗이 하다. ②주름(구김살) 없게 하다.
desequilibrado *a.* 균형이 없는. 균형이 잡히지 않은. ②《俗》(정신이) 좀 들고 있는.
desequilibrar *v.t.* 균형을 잃게 하다. 균형이 잡히지 않게 하다.
—**se** *v.pr.* 균형을 잃다. 《俗》(정신이) 좀 들다.
desequilíbrio *m.* 균형이 없음. 균형이 잡혀있지 않는 상태. 《俗》머리가 돎.
deserção *f.* 도주. 도망. 탈주. [軍] 탈영(脫營). 탈함(脫艦). 탈당. 유기(遺棄).
deserdação *f.* 폐적(廢嫡). 자식과의 의절(義絶). 상속권을 빼앗기.
deserdado *a.* ①내어 쫓긴. 추방 당한. 버림받은 ; 집 없는. ②[法] 폐적한. 상속권을 빼앗긴.
— *m.* ①쫓긴 사람. ②폐적 당한 자. 상속권을 빼앗긴 자.
deserdar *v.t.* 폐적(廢嫡)하다. 상속권을 빼앗다. 자식과 의절(義絶)하다.
desertar *v.t.* ①버리다. 버리고 돌보지 않다. 포기하다. ②사람이 못살게 하다. 주민(住民)을 없애다. (사람 없는) 황량한 지대로 만들다.
— *v.t.* 도망하다. 탈주하다. 탈영하다. 탈당하다.
desertico *a.* 사막처럼 황량(荒凉)한.
deserto *a.* ①사람이 없는. 사람이 살지 않는. 인연(人煙)이 없는. 무인지대의. ②사막같은. 황무한. 불모의. ③적적한. 쓸쓸한.
— *m.* ①사람이 살지 않는 곳. 무인지대. ②멀리 떨어진 곳. 벽지(僻地). ③황야. 사막.
desertor *m.* 도망자. 탈주병. 탈함병. 탈당자.
desesperação *f.* ①희망을 잃음. 희망이 없음. 절망. ②분노. 울분. ③자포자기.
desesperado *a.* ①희망을 잃은. 절망한. 절망적인. ②분노한. 분만(憤懣)한. 울분한. ③자포자기한.
desesperança *f.* 희망이 없음. 절망. 낙망. 낙담. 자포자기.

desesperançar *v.t.* 희망을 잃게 하다. 낙담(낙심)케 하다.
—**se** *v.pr.* 희망을 잃다. 낙담(낙심)하다.
desesperar *v.t.* 희망을 잃게 하다. 절망(낙망)케 하다. 분노케 하다. 울분하게 하다.
— *v.i.* (+*de*). 절망하다. 낙망하다.
—**se** *v.pr.* 격분하다. 분만(憤懣)하다.
desespero *m.* ①절망. 낙담. ②분노. 울분. ③자포자기.
desestima, desestimação *f.* 멸시. 업신여김. 경멸(輕蔑).
desestimador *a.*, *m.* 멸시하는 (사람). 업신여기는 (자).
desestimar *v.t.* 멸시하다. 업신여기다. (가치를) 낮추어 평가하다.
desfabricar *v.t.* 제 작품을 깨뜨리다. 파괴하다.
desfaçado *a.* 뻔뻔한. 부끄러움 모르는.
desfaçar-se *v.pr.* 뻔뻔해지다. 부끄러움 모르다. 거만(오만)해지다. 불손해지다.
desfaçatez *f.* =*desfaçamento*.
— *m.* 뻔뻔함. 부끄러움 없음. 철면피. 불손. 버릇 없음.
desfalcamento *m.* 위탁금 소비. 유용(流用). 배임(背任).
desfalcar *v.t.* ①(불법적으로) 써버리다. 위탁금을 소비하다. 유용하다. ②모자라다. 부족하다.
desfalência *f.* =*desfalecimento*.
desfalecente *a.* 쇠약하게 하는. 쇠약해 가는.
desfalecer *v.t.* ①힘 없게 하다. 약하게 하다. 기력을 잃게 하다. ②까무러뜨리다. 졸도케 하다.
— *v.t.* ①점점 쇠약해가다. 힘(기력)이 없어지다. 활기를 잃다. ②현기증 나다. 어질어질해지다. ③기절하다. 졸도하다. 까무러치다. 혼절(昏絶)하다.
desfalecido *a.* ①약한. 힘없는. 쇠약한. ②어질어질한. 현기증 난. ③기절한. 까무러친. ④(소리·색깔·생각 등이) 희미한. 가냘픈. 몽롱한.
desfalecimento *m.* ①쇠약. 무기력. 활기 없음. ②초췌(憔悴). 무기개(無氣慨). ③(음·색·생각 등의) 희미. 가냘픔. 몽롱. ④기절. 까무러치기. 혼절(昏絶).
desfalque *m.* ①(허락 없이) 써버림. 위탁금 소비. 유용(流用). 사취. ②결손. 부족.

desfastio *m.* ①구미가 당김. 식욕이 있음. ②기분이 좋음. ③유흥. 오락. 놀이. 기분 발산.

desfavor *m.* 호의(好意) 없음. 불친절. 냉대. 싫어함. 실총(失寵).

desfavorável *a.* ①형세가 나쁜. 환경이 여의치 않은. ②불리한. 불편한. ③호의 없는. 동의하기 어려운.

desfavoravelmente *adv.* 형세가 여의치 않게. 불리하게. 호감을 가질 수 없이.

desfavorecedor *a., m.* 별로 도움이 안 되는 (인물). 호의를 베풀지 않는 (사람). 찬성하지 않는 (사람). 방해가 될 수 있는 (사람).

desfavorecer *v.t.* (…에) 눈 돌리지 않다. 별로 관심을 돌리지 않다. 호의를 품지 않다. 돕지 않다. 찬성하지 않다. 반대하다.

desfavorecido *a.* 기분이 내키지 않는. 호의를 품지 않는. 찬성하지 않은. 동의하지 않은.

desfazedor *a.* 깨뜨리는. 파괴하는. 망치는.
— *m.* 깨뜨리기 좋아하는 사람. 망쳐 놓는 사람.

desfazer *v.t.* ①(일단 한 것·만든 것을) 원상태로 해놓다. ②취소하다. 파기하다. ③부수다. 깨뜨리다. 파괴하다. 망치다. 해체하다. ④(붙인 것을) 떼버리다. 이탈시키다. ⑤(맨 것을) 풀다. 매듭을 풀다. ⑥(굳힌 것을) 녹이다. 융해되다. ⑦(모인 것을) 해산시키다. 흩어지게 하다. ⑧(모은 재산을) 다 써 버리다. 탕진하다.

desfazer um contrato (계약을) 해약하다. 파약하다.

desfazer uma venda 판매를 취소하다.

desfazer um nó 매듭을 풀다.

desfazer um casamento 결혼을 취소하다. 파혼하다.

desfazer um êrro 잘못을 고치다.

desfazer um engano 오해를 풀다.

desfazer uma meia 양말을 찢다.

desfazer uma fortuna 재산을 탕진하다.

desfazer em alguém 남의 흠만 찾다. 험담하다.

desfazer alguma coisa …을 낮추어 보다. 과소 평가하다.

—*se v.pr.* 형체가 변하다. 찌그러지다. 깨뜨러지다. 파괴되다. 분산되다. 해산되다. 녹다. 용해하다. (매듭이) 풀어지다. (의심이) 밝혀지다.

desfazer-se de um officio 직업을 내던지다.

desfazer-se da vida 자살하다.

desfazer-se em lágrima 울기 시작하다.

desfazer-se como o fumo 연기처럼 사라지다.

desfazimento *m. desfazer*의 행위 또는 동작.

desfear *v.t.* 밉게 하다. 형상(形狀)을 찌그러뜨리다.
—*se v.pr.* 미워지다. 형체가 찌그러지다.
(注意) *desfiar*: (직물의) 실을 풀다. 끼운(꽂은) 실을 뽑다.

desfechar *v.t.* ①(총을) 쏘다. 발사하다. 발포하다. ②편지(봉투)를 뜯다. 개봉하다. 갑자기 뛰어나가다. 돌발하다.

desfechar um riso 큰 웃음이 터지다. 홍소(哄笑)하다.

desfecho *m.* ①(이야기·연극 따위의) 결말. 종결. ②결론. 결과.

desfeita *f.* ①모욕. 능욕(凌辱). 무례. 망신. ②패배.

desfeiteador *m.* 모욕하는 자. 능욕하는 자.

desfeitear *v.t.* ①모욕하다. 능욕하다. ②무례한 짓을 하다.

desfeito *a.* (*desfazer*의 과거분사) ①(일단 만든 것을) 원상태로 해 놓은. 원상태로 된. ②형체가 바뀐. 형상이 찌그러진. ③깨뜨려진. 파괴된. 해체된. ④(계약 따위) 무효로 된. 취소당한. 실패로 돌아간. 패배한. 끝난.

desferir *v.t.* ①(배의) 돛을 펴다. ②우산(양산)을 펴다. ③(칼을) 휘두르다. ④(악기를) 울리다. ⑤(기를) 흔들다. ⑥(활을) 쏘다.
— *v.i.* (배가) 돛을 펴고 달리다. 출범(出帆)하다.

desferrar *v.t.* (말의) 제철(蹄鐵)을 벗기다. (떼다).
—*se v.pr.* 제철이 떨어지다. 편자가 떨어지다.

desferrolhar *v.t.* 돌쩌귀를 벗기다. 자물쇠를 열다.

desfervoso *a.* ①열(熱)이 없는. ②열성이 없는. 열정(熱情)이 없는.

desfiado *a.* ①직물(織物)이 풀어진. 짰던 것이 우스스 흩어진. ②자세히 설명한.

desfiadura *f.* 직물을 풀어 다시 실로 만들기.

desfiar *v.t.* ①직물(織物)을 풀다. 풀어서

desfibramento-desfrutador

실이 되게 하다. 끼운(꽃은) 실을 뽑다. ②자세히 설명하다.
(注意) *desjear*: 형체를 찌그러뜨리다. 밉게 하다.
—**se** *v.pr.* 포목이 풀리다. 풀려서 다시 실이 되다.

desfibramento *m.* 섬유(纖維)를 분리하기. 섬유를 빼내기.

desfiguração *f.* ①형체가 찌그러짐. 모양이 나빠짐. ②낯(얼굴)을 밉게 하기.

desfigurado *a.* 형체가 찌그러진. 모양이 나빠진. 변악(變惡)한. 낯(얼굴)이 미워진. 추안이 된. 보기 흉한.

desfigurar *v.t.* 형체를 찌그리다. 모양을 나쁘게 하다. 얼굴을 밉게 하다. (…의) 미관을(가치를) 손상하다.
—**se** *v.pr.* 형체가(모양이) 찌그러지다. 나쁘게 변하다. 얼굴이 미워지다. 추안이 되다.

desfilada *f.* ①열을 지은 상태. ②계속되는 것. 연속물(連續物). ③[軍] 일렬종대. 종대 행진. 분열식(分列式).
correr em desfilada (쉴 새 없이) 계속해서 뛰다.

desfiladeiro *m.* ①좁은 골짜기. 협곡. 좁은 길. ②애로. 난관.

desfilar *v.i., v.t.* 일렬종대로 행진하다(시키다). 열병(閱兵)하다.

desfile *m.* 일렬종대. 종대행진. [軍] 열병. 관병식(觀兵式).

desfilhar *v.t.* ①[植] 필요 없는 싹(芽)을 자르다. 순을 따 버리다. ②꿀벌의 일부를 딴 통으로 옮기다. 분봉(分蜂)하다.

desfloração *f.* ①꽃을 따기. 꽃을 떨어뜨리기. ②꽃이 떨어짐. 낙화. ③처녀 능욕(강간). 남벌(濫伐).

desflorador *a., m.* ①꽃을 따는 (사람). ②처녀를 능욕(강간)하는 (자). ③남벌자(濫伐者).

desfloramento *m.* =*desfloração*.

desflorar *v.t.* ①꽃을 따다. 꽃을 없애다. ②처녀를 능욕(강간)하다. ③남벌하다.

desflorecer *v.i.* ①꽃이 떨어지다. 조락(凋落)하다. ②신선미를 잃다. 순결성이 없어지다. 광채를 잃다.

desflorecimento *m.* ①꽃이 떨어짐. 시들어 떨어짐. ②신선미가 없어짐. 순결성이 어지러워짐.

desflorido *a.* 꽃이 떨어진. 꽃이 없는. 조락한.

desflorir *v.i.* =*desflorecer*.
—**se** *v.pr.* 없어지다. 소멸하다.

desfolha *f.* 낙엽. 낙엽기(落葉期).

desfolhação *f.* ①잎사귀가 떨어짐. 낙엽. ②낙엽병(病).

desfolhada *f.* 옥수수의 포피(包皮)를 벗김 (벗긴 상태).

desfolhador *m.* ①잎사귀를 벗기는 사람. ②옥수수의 포피(열매를 싸고 있는 잎)를 벗기는 사람.

desfolhadura *f.* =*desfolhamento*.
— *m.* 옥수수의 포피를 벗기기. 옥수수 껍질을 벗기기.

desfolhar *v.t.* ①잎사귀를 떼다. 꽃잎(花瓣)을 뜯다. ②옥수수의 껍질(포피)을 벗기다. ③소멸시키다.
—**se** *v.pr.* 잎사귀가 떨어지다.

desfôlho *m.* =*desfolhada*.

desforçado *a.* ①교정한. 광정(匡正)한. ②보복한. 복수를 한.

desforçador *m.* 보복(복수)하는 자.

desforçamento *m.* =*desforço*.

desforçar *v.i.* (모욕 당한 것을) 복수하다. 보복하다.
—**se** *v.pr.* ①교정되다. 광정되다. ②도로 찾다.

desforço *m.* ①(모욕·침해 등에 대한) 보복. 복수. 앙갚음. ②광정(匡正). ③도로 빼앗기. 탈회.

desforra *f.* (남에게 모욕 당한 것·운동 경기에서 패배당한 것 등에 대한) 보복. 복수. 설욕(雪辱). 설욕전(戰).

desforrar *v.t.* ①(양복 따위 내측에 받쳐 있는) 안을 도로 떼다. ②복수하다. 설욕하다.
—**se** *v.pr.* 보복하다. 복수하다. 앙갚음하다.

desfortuna *f.* 불행. 불운.

desfranzir *v.t.* 치마 주름을 없애다. 주름을 펴다.
—**se** *v.pr.* 치마 주름이 펴져 보이지 않게 되다.

desfrear *v.t.* =*desenfrear*.

desfrechar *v.i., v.t.* 화살을 쏘다.

desfreqüentado *a.* (사람이) 자주 드나들지 않는. 출입이 적은. 사람이 가지 않는.

desfrutação *f.* =*desfrute*.

desfrutador *m.* ①[로마法] 용익권(用益

權)이 있는 자. ②남의 신세를 지는 사람. 식객(食客). ③《俗》놀려대는 자. 야유하는 자.

desfrutar *v.t.* 열매(果實)를 따다. (…의) 열매를 얻다. 용익권(用益權)을 가지다. 남의 신세를 지다. 신세지며 살다. 놀려대다. 야유하다.

desfrute, desfruto *m.* ①[로마法] 용익권(用益權). ②《俗》조롱. 조소. 야유.

desgalhar *v.t.* (나무의) 가지를 자르다. 꺾다.

desgarrado *a.* ①바른 길에서 벗어난. 모르는 길(나쁜 길)에 들어선. ②대담한.

desgarrão *a.* (배가) 항로를 벗어난. 침로를 이탈한.
— *m.* 심한 충동.

desgarrar *v.t.* 항로를 벗어나게 하다. 옆길에 들어서게 하다.
— *v.i.*, —**se** *v.pr.* ①항로(침로)를 벗어나다. ②길을 잃다. ③(가축이) 무리를 떠나다.

desgarre *m.* ①바른 길(正路)에서 벗어남 (이탈). ②대담. 호방.

desgastar *v.i.* ①점점 소모되게 하다. 마찰하여 감소하다. 마멸(磨滅)하다. ②소화(消化)시키다.
—**se** *v.pr.* 점차 소모되다. 마찰하여 감소되다. 닳아서 없어지다. 마멸하다.

desgaste, desgasto *m.* 점점 소모되기. 마찰하여 감소되기. 닳아서 없어지기. 마멸.

desgostante *a.* 싫게 하는. 싫은감을 일으키는.

desgostar *v.t.* 싫게 하다. 기분 나쁘게 하다. 염증을 느끼게 하다.
— *v.i.* 좋아하지 않다. 싫어하다.
—**se** *v.pr.* (+*de*). (…을) 싫어하다. 좋아하지 않다. 염증을 느끼다.

desgosto *m.* 싫음. 염증. 기휘(忌諱). 불유쾌. 좋지 못한 감정.
*a desg*ô*sto* 싫으면서. 마음에 없이.

desgostoso *a.* ①싫은. 싫증나는. 구역질나는. 염증나는. ②슬픈. 한탄스러운.

desgovernação *f.* 지배(통치)를 잘못함. 악정(惡政). 학정(虐政). 실정(失政).

desgovernado *a.* ①지배(통치)를 잘못한. 취체(통제)를 잘못한. 운전(조종)을 잘못한. ②소비한. 낭비한. 남비적(濫費的)인 불경제적인.

desgovernar *v.t.* ①지배(통치)를 잘못하다 (그릇되게 하다). (자동차의) 운전을 잘못하다. (배의) 조종을 잘못하다. ②허비하다. 낭비하다.
—**se** *v.pr.* (자동차가 브레이크 고장으로) 길을 벗어나다. 자제력(自制力)을 잃다. (배가) 표류하다.

desgoverno *m.* ①지배(통치)를 잘못함(잘못된 상태). 악정. 실정(失政). ②허비. 남비(濫費). ③품행(조행)이 나쁨. 처신이 어지러운 것.

desgraça *f.* ①불행. 불운. 불행한 결과. ②재난. 재해. 불상사. 참변. 참사(慘事). ③궁상(窮狀). 극빈 상태(極貧狀態). 적빈무의(赤貧無衣).
Que desgraça! 참으로 불행한 일이다.
Nunca uma desgraça vem só. 불행(재난)은 반드시 또 다른 재해를 가져온다. 설상가상(雪上加箱).

desgraçada *f.* 불쌍하고 가난한 여자. (몹시 빈곤하여) 몸 파는 여인. 매음부.

desgraçadamente *adv.* 불행하게. 불운하게.

desgraçado *a.* ①불행한. 불운한. ②불쌍한. 가엾은. ③몹시 가난한. 극빈한. ④부끄러움을 모르는. 뻔뻔한. ⑤서투른. 부적당한. ⑥잘못 만든. 엉망진창이 된.
— *m* 몹시 불쌍한 사람. 극빈한 사람. 비천한 인간.

desgraçar *v.t.* 불행(불운)하게 하다. 재난(재앙)을 끼치다.
—**se** *v.pr.* 불운해지다. 불행한 처지에 빠지다.

desgracioso *a.* 우미(우아)하지 못한. 아치(雅致)하지 못한. 정숙하지 않는.

desgrenhado *a.* ①머리칼이 흩으러진. 난발된. ②(날씨가) 사나운. ③(언어·문장이) 조잡한. 거칠은.

desgrenhamento *m.* 머리칼이 흐트러짐. 난발(亂髮).

desgrenhar *v.t.* 머리칼을 흩트리다.
—**se** *v.pr.* 머리칼이 흐트러지다. 난발이 되다.

desgrudar *v.t.* 풀·아교 따위로 붙인 것을 떼다.
—**se** *v.pr.* 풀로 붙인 것이 떨어지다. 밀착(密着)한 것이 떨어지다.

desguardar *v.t.* 보관을 중지하다. 보관을 잘 하지 않다.

desguarnecer *v.t.* ①장식물(품)을 떼 버리다. 실내의 비품을 없애 버리다. ②수비병(守備兵)을 철거(철수)시키다. ③무기·탄약 따위를 회수하다.

desguedelhado *a.* =*desgrenhado*.

desguedelhar *v.t.* =*desgrenhar*.

desideratum *m.* 꼭 있으면 싶은 것. 절실한 요구.

desídia *f.* 게으름. 나태. 태만.

desidioso *a.* 게으른. 나태한. 태만한. 등한한. 돌보지 않는.

desidratação *f.* 물기(水分)을 없앰. [化] 탈수(脫水).

desidratar *v.t.* 물기를 없애다. 수분을 빼다. 말리다.

desidrogenação *f.* 수소(水素)를 없애기 (빼내기).

desidrogenar *v.t.* 수소를 없애다. 빼내다.

designação *f.* ①지적. 지명. 임명. 선임(選任). 선정(選定). ②명칭. 칭호.

designadamente *adv.* 지명(지적)하여. 특히.

designador *a.m.* 지명하는 (자). 지적하는 (자). 임명(선정)하는 (자). 이름을 붙이는 (사람).

designar *v.t.* ①지적하다. 지명하다. ②전형하다. 선임하다. 선정하다. 임명하다. ③이름을 짓다. 명명하다.
designar para …을 (어떤 역할에) 지명하다.
designar com …라고 부르다.

designativo *a.* ①지시적인. 지명적인. ②특징적인. 특징을 나타내는.

desígnio *m.* ①계획. 기도(企圖). ②도안(圖案). 초벌 그림. 설계. ③의장(意匠). 의향(意向). 의도. 목적. 구상. 취지.

desigual *a.* ①같지 않은. 동등하지 않은. 부동한. ②고르지 못한. 불공평한. 불평탄(不平坦)한. 고저가 있는. 균형을 잃은.

desigualar *v.t.* 같지 않게 하다. 동등치 않게 하다. 불공평하게 하다. 균형이 잡히지 않게 하다. 고르지 못하게 하다.
— *v.i.*, —*se v.pr.* (…와) 같지 않다. (가치·성질 등이) 동등치 않다. 부동하다. 불공평하다. 균형을 잃다.

desigualidade *f.* 같지 않음. 불일(不一). 부동. 부동등. 불평등. 불공평. 불평탄(不平坦). 불평균. 불규칙. (처사의) 편파(偏頗).

desigualmente *adv.* 고르지 못하게. 공평하지 않게. 부동하게.

desiludido *a.* 오해가 풀린. 미혹(迷惑)에서 깬. 각성한. 환멸을 느낀.

desiludir *v.t.* 오해를 풀다. 미혹을 깨우쳐 주다. 각성시키다. 환멸 느끼게 하다.

desilusão *f.* 오해가 풀림. 미혹에서 깨어남. 각성. 환멸(幻滅).

desimaginar *v.t.* 상상(공상)을 없애다. (…의) 생각을 그만 두게 하다.
—*se v.pr.* 상상(공상)이 없어지다. (…의) 생각을 그만 두다.

desimpedido *a.* (행동을 제한할) 아무런 장애(지장)도 없는. 장애물이 제거된. 자유로운.

desimpedimento *m.* 장애물(방해물)을 제거하기. 통행을 자유롭게 하기. 개통(開通).

desimpedir *v.t.* 방해물을 없애다. 장애물을 제거하다. (행동에 아무런) 지장이 없게 하다.

desimpressionar *v.t.* (…의) 인상(印象)을 없애다.
—*se v.pr.* (…의)인상이 없어지다.

desinchar *v.t.* 부은 것이 내리게 하다. 부풀은 것이 수축(收縮)하게 하다. (공·타이어 따위의) 공기를 빼다. 거만한 마음(교기)를 꺾다.
— *v.i.* 부은 것(부풀은 것)이 내리다.

desinclinado *a.* 기울어진 것이 다시 곧바로 된.

desinclinar *v.t.* 기울어진 것을 곧바로 잡다.

desincompatibilizar *v.t.* 모순된 점을 없애다. 양립성(兩立性)을 제거하다. 상용(相容)케 하다. 병존(竝存)시키다.

desincorporação *f.* 법인(法人) 또는 사단(社團). 조직의 해체. 분리(分離).

desincorporar *v.t.* 법인 또는 사단 조직을 해체하다. 합동성(合同性)을 빼앗다.
—*se v.pr.* 합병 또는 편입된 단체가 분리되다. 사단 조직이 해체되다.

desinência *f.* ①[文] 어미(語尾). [植] 말단(末端). ②종말. 종국.

desinfamar *v.t.* 명예를 회복하다. 설욕(雪辱)하다.

desinfecção *f.* 소독(消毒). 살균.

desinfeccionar, desinfecionar *v.t.* =*desinfetar*.

desinfectador *a.* 소독의. 소독하는. 소독용의.

desinfectante–deslaçar

— *m.* 소독기(消毒器). 소독 기구.
desinfectante *a.* 소독하는. 살균성의. 나쁜 냄새를 없애는.
— *m.* 소독제. 방취제(防臭劑).
desinfectar *v.t.* 소독하다. 살균하다. 나쁜 냄새를 없애다.
—se *v.pr.* 소독되다. 나쁜 냄새가 없어지다.
desinfectario *m.* 소독 장소(場所).
desinfestar *v.t.* 적·도적·나쁜 병 따위를 모면케 하다. 괴롭히는 것을 없애 버리다(박멸하다).
desinfetante *a.*, *m.* =*desinfectante*.
desinfetar *v.t.* =*desinfectar*.
desinflamação *f.* [醫] 염증(炎症)을 없애기. 부은 것을 내리게 하기.
desinflamar *v.t.* 염증을 없애다. 불에 덴 것을 낫게 하다.
—se *v.pr.* 염증이 가라앉다. 부은 것이 내리다.
desinfluir *v.t.* 영향이 미치지 않게 하다. 세력을 잃게 하다. 활기를 없애다.
desinquietação *f.* 불온(상태). 근심스러운 환경. 불안. 동요.
desinquietador *a.*, *m.* 불안케 하는(것·사람). 뒤숭숭하게 하는(것·사람). (환경을) 걱정스럽게 하는(것·사람).
desinquietar *v.t.* 불안에 빠뜨리다. 인심을 소란케 히더. 긱찡(근심)스럽게 하다. 동요케 하다.
desinquieto *a.* 조용하지 않은. 불온한. 불안한. 진정치 못하는.
desintegração *f.* ①허물어짐. 분해. ②혜성(彗星)의 분산(分散). ③[化] 방사성 원소(放射性元素)의 괴변(怪變) 붕괴에 의한 변화. ④[地質] 풍화 작용.
desintegrador *m.* ①분해(붕괴) 작용을 일으키는 물건. ②분쇄기(粉碎機). (제지용) 타해기(打解機).
desintegrar *v.t.* 허물다. 무너뜨리다. 분해시키다.
— *v.i.*, —se *v.pr.* 무너지다. 허물어지다. 분해하다.
desinteligência *f.* 사이가 나쁨. 불화. 반목. 알력. 갈등. 적의(敵意). 증오.
desintencionado, **desintencional** *a.* 고의(故意) 아닌. 본의(本意) 아닌. 마음에 없는. 무심결의.
desintender *v.t.* =*desentender*.

desinteressado *a.* 이해관계가 없게 된. 관련(관심)이 없는. 사심(욕) 없는. 공정한. 공평한. 청렴한.
desinteressante *a.* 흥미가 없는. 아무런 재미도 없는.
desinteressar *v.t.* ①이해관계를 없애다. 이해 관계를 끊게 하다. ②이익을 빼앗다.
—se *v.pr.* ①사욕을 버리다. 이해관계가 없어지다. ②포기하다.
desinteresse *m.* 이해 관계 없음. 무사무욕(無私無慾). 청렴(淸廉). 무관심.
desinteresseiro *a.* 《稀》이해관계 없는. 무사 공평한. 무관심한.
desinternar *v.t.* ①내부로부터(밖으로) 나가게 하는. ②기숙생(寄宿生) 자격을 잃게 하다.
desinvestir *v.t.* (직권·직위·위임권 등을) 박탈하다. 파면하다. 해임하다.
—se *v.pr.* (권리·지위 따위를) 잃다. 박탈당하다.
desirmanado *a.* 짝을 잃은. 짝이 없는. 배필을 잃은. 배우자가 없는. 따로따로 된.
desirmanar *v.t.* 짝지은 것을 떼다. 갈라놓다. 배우자를 갈라 놓다. 짝짝이 되게 하다. 형제간의 사이를 이간하다.
—se *v.pr.* 짝을 잃다. 배필이(배우자가) 갈라지다. 형제간의 사이가 벌어지다. 절교하다.
desiscar *v.t.* 낚시에 끼어 있는 먹이(미끼)를 떼다. 물고기가 미끼를 떼어 가다(떼어 먹다).
desistência *f.* ①그만 두기. 단념. 포기. 기권. ②거절.
desistente *a.m.* (…할) 생각을 그만 두는 (사람). 단념하는 (자). 포기하는 (자).
desistir *v.t.* (+*de*) (…할) 생각을 그만 두다. 단념하다. 포기하다. 기권하다. 거절하다.
desistivo *a.* [文] 종지(終止)의. (동사의 작용에 대한 말).
desjejuar *v.i.* ①단식을 그만 두다. ②(간단한) 아침 식사를 하다.
desjejum *m.* (단식 후의) 조반. (간단한) 아침 식사.
desjungir, desjunjir *v.t.* (소·말 따위에 메운) 멍에를 벗기다.
deslaçamento *m.* 매듭을 풀기. 해결.
deslaçar *v.t.* (줄·노끈 따위의) 매듭을 풀다. 해결하다.

—se *v.pr.* ①매듭이 풀리다. ②(문제가) 해결되다.

deslacrar *v.t.* 땜질한 초 또는 봉랍(封蠟)을 떼다.

desladrilhar *v.t.* 벽에 붙인 또는 마루에 깐 타일을 떼다.

deslastrador *m.* 배 밑에 실은 짐을 풀어 내리는 인부.

deslastrar *v.t.* 배 밑에 실은 짐(船底荷)을 풀어내리다.

deslastre *m.* 배밑의 짐을 풀어 내리기.

deslavado *a.* ①색깔이 벗어진. 퇴색한. 광택이 없는. ②맛없는. 슴슴한. 취미가 없는. ③《俗》부끄러움 모르는. 뻔뻔한. 태연스러운.

cara deslavada 철면피(녀석).

deslavamento *m.* 색깔이 벗어짐. 퇴색.《俗》부끄러움을 모름. 뻔뻔함. 태연함.

deslavar *v.t.* ①색깔을 지우다. 광택을 없애다. ②맛없게 하다. 슴슴하게 하다. ③《俗》부끄러움을 모르게 하다.

desleal *a.* 충실하지 않은, 불충(不忠)한. 불의의. 진실하지 않은. 성실하지 못한. 믿을 수 없는.

deslealdade *f.* 불충실. 불성실. 불의(不義). 무의무신(無義無信).

деslealmente *adv.* 충실하지 못하게.

desleixação *f.* = *desleixo*.

desleixado *a.* 조심성 없는. 부주의한. 등한한.

desleixamento *m.* 부주의. 태만. 등한. 소홀.

desleixar *v.i.*, **—se** *v.pr.* (+*em*) (…을) 조심하지 않다. 부주의하다. 게을리 하다. 태만하다. 등한하다.

desleixo *m.* 부주의. 등한(等閒). 게으름. 태만.

deslembrado *a.* 잊은. 생각나지 않는. 쉽게 잊어버리는. 기억력이 나쁜.

deslembrança *f.* ①생각나지 않음. 잊음. 망각. 건망성. ②마음에 간직하지 않음. 등한.

deslembrar *v.t.* (…을) 잊어버리다. (…을) 생각해내지 못하다.

—se *v.pr.* 잊어버리다. 망각하다.

desligado *a.* ①(연결된 것이) 떨어진. 끊어진. (이은 것을) 떼 놓은. 분리한. ②관계를 끊은. 손을 뗀. ③(전기) 스위치를 떼 놓은.

desligadura *f.*《稀》= *desligamento*.

desligamento *m.* (연결된 것을) 떼기. 분리. 끊기. 절단. 절연. 이탈.

desligar *v.t.* ①(연결된 것을) 떼다. 분리하다. 이탈시키다. 끊다. ②(전기의) 스위치를 돌리다(끄다). ③(매듭을) 풀다. 끄르다.

—se *v.pr.* (연결된 것이) 끊어지다. 떨어지다. 분리되다. 이탈하다. (관계가) 끊어지다. (매듭이) 풀어지다.

deslindação *f.* = *deslindamento*.

deslindado *a.* 조사한. 조사하여 밝힌. 해명한. (복잡한 문제를) 해결한.

deslindador *m.* 조사하여 밝히는 자. 얽힌 것을 해명하는 사람.

deslindamento *m.* ①조사. 조사하여 밝히기. (내용의) 탐구. ②착종(錯綜)한 문제의 해명. 분규의 해결. ③경계의 설정. 토지 측량.

deslindar *v.t.* ①조사하다. 조사하여 밝히다. 탐구하다. ②(복잡한 문제를) 해명하다. (분규를) 해결하다. ③경계(境界)를 설정하다.

—se *v.pr.* 해명되다. 해결되다.

deslinde *m.* = *deslindamento*.

deslinguado *a.* ①《稀》혀(舌)가 없는. ②발언이 호된. 비방적인. 독설적인.

deslinguar *v.t.* 혀를 끊다(자르다).

—se *v.pr.* 욕설(악담)하다. 독설 퍼붓다. 비방하다.

deslisura *f.* 성실성이 부족함. 이심(二心). 표리부동.

deslizadeiro *m.* ①미끄러지기 쉬운 땅(地面). ②급경사.

deslizamento *m.* ①미끄러짐. 활주(滑走). ②(발을) 헛디디기. 실각(失脚). ③탈선. 이탈. ④실수. 실책. 과오.

deslizar *v.i.*, **—se** *v.pr.* ①미끄러지다. 활주하다. (발을) 헛디디다. ②(올바른 길에서) 이탈하다. 빗나가다. ③탈선하다. 실수하다.

deslize *m.* ①《稀》미끄러짐. ②실수. 실책. 과실.

deslizo *m.* = *deslizamento*.

deslocação *f.* (위치의) 이동. 전위(轉位). [醫] 탈구(脫臼). 탈골(脫骨). 어긋나기. [地質] 단층(斷層).

deslocado *a.* 자리를 바꾼. 위치가 바뀐. [醫] 뼈가 전위한. 탈구(탈골)한.

deslocamento *m.* ①위치를 옮기기. 이동. 전위(轉位). ②[醫] 탈구. 탈골. ③(배의) 배수톤수(排水噸數).

deslocar *v.t.* ①위치를 옮기다. 이동(이전)하다. (자리를) 바꾸어 놓다. ②(뼈를) 어긋나게 하다. 탈구(탈골)시키다.
— **se** *v.pr.* 옮기다. 이동하다. 이전하다. (뼈가) 어긋나다. 탈골하다. 탈구(脫臼)하다.

deslodar *v.t.* 흙을 털다. 털어 소제하다.

deslouvar *v.t.* (남의) 흠을 들다. 헐뜯다. 비난하다.

deslumbrador *a., m.* 눈부시게 하는 (것). 황홀케 하는 (것). 뇌살하는 (것).

deslumbramento *m.* ①(빛이) 눈부심. (광채가) 찬란함. ②특히 눈에 뜨이는 것. 황홀케 하는 것. ③미혹. 현혹(眩惑). 일시적인 현훈(眩暈). 뇌살(惱殺). ④화려.

deslumbrante *adv.* 눈부신. 찬란한. 황홀한. 미혹적인. 현혹적인. 화려한.

deslumbrar *v.t.* 눈부시게 하다. 현혹케 하다. 황홀케 하다. 뇌살시키다.
— **se** *v.pr.* 눈부시다. 현혹하다. 황홀해지다.

deslumbrativo *a.* 눈부신. 찬란한. 현혹의. 미혹의.

deslumbroso *a.* 눈부신. 찬란한. 현혹적인. 매혹적인. 황홀한. 화려한.

deslustrador *a.* ①윤(潤)을 없애는. 광택(光澤)을 없애는. ②명성을 떨어뜨리는.

deslustral *a.* 윤이 없는. 광채(光彩)가 없는. 광택이 없는.

deslustrar *v.t.* ①윤을 없애다. 광택을 잃게 하다. 흐리게 하다. ②명성을 떨어뜨리다. 더럽히다.
— **se** *v.pr.* 윤이 없어지다. 광택을 잃다. 흐리다. 명성을 잃다.

deslustre, deslustro *m.* 윤이 없음. 광택을 잃음. 불명예. 면목이 없음. 오욕(汚辱).

deslustroso *a.* ①윤이 없는. 윤을 없애는. 광채 없는. 광택을 잃은. 광택을 없애는. ②희미한. 흐린. ③명성을 더럽히는. 면목 없게 하는.

desluzido *a.* ①윤이 없는. 광택이 없는. ②색갈이 희미한. 흐린.

desluzimento *m.* ①광채(광택)를 잃음. 윤이 없어짐. ②빛깔이 희미함. ③명성을 어지럽히기. 오명.

desluzir *v.t.* ①윤(광채·광택)을 없애다. ②빛갈이 희미하게 하다. ③명성을 더럽히다.

desmagnetização *f.* 자성제거(磁性除去). 멸자(滅磁).

desmagnetizar *v.t.* 자기성(磁氣性)을 없애다.

desmaiado *a.* ①기절한. 졸도한. 실신한. 까무러친. ②혈색이 나쁜. 창백한. ③몽롱한. 《古》 기력이 없는. 멍한.

desmaiar *v.t.* ①기절케 하다. 실신케 하다. 까무러치다. ②창백하게 하다.
— *v.i.* ①기절하다. 실신하다. 졸도하다. 까무러치다. ②(얼굴빛이) 창백해지다. 힘(기운)이 없어지다. (색깔이) 희미해지다. 흐리다.

desmaio *m.* ①기절. 졸도. 실신. 혼절(昏絶). ②힘 없음. 맥빠짐. ③의기저상(意氣沮喪). 낙담. 창백. ④쇠약. 쇠미(衰微).

desmalicioso *a.* 악의(惡意) 없는. 악심(惡心) 없는.

desmama, desmamação *f.* (젖먹이에) 젖을 떼기.

desmamar *v.t.* ①(젖먹이에) 젖을 떼다. ②《轉》 부모의 슬하를 떠나게 하다. 독립시키다.

desmanar *v.t.* 짐승(가축)을 떼로부터 떨어지게 하다. 무리를 이탈하게 하다.
— **se** *v.pr.* (소·양 따위) 무리를 떠나다.

desmanchado *a.* ①깨뜨러진. 부서진. 분해된. 해체된. 거꾸로 된. ②(정돈이) 흐으러진. (질서가) 문란한. ③(약속을) 취소한. 파약한.

desmancha-prazeres *m., f.* 즐거운 분위기를 깨뜨리는 자. (극장·영화관 등에서) 소리 지르며 좌흥(座興)을 냉각하는 자.

desmanchar *v.t.* ①깨뜨리다. 부수다. 분해하다. 해체하다. ②(정돈을) 흩트리다. (질서를) 문란케 하다. ③(약속을) 취소하다. 파약(破約)하다.
— **se** *v.pr.* 허물어지다. 깨뜨러지다. 분해되다. 해체되다. (질서가) 문란해지다. (약속이) 취소되다.

desmancho *m.* 깨뜨리기. 부수기. 파괴. 파기. 해체. 분해. 정돈을 흩트리기. 질서 문란.

desmandamente *adv.* 명령을 어기고. 복종함이 없이.

desmandar *v.t.* 《稀》 명령을 취소하다.

—se *v.pr.* 명령을 위반하다. 법칙에 벗어나다. 상규(常規)를 이탈하다.
desmando *m.* 명령 위반. 불순종. 불복종. 무질서.
desmantelado *a.* ①허물어뜨린. 파괴한. ②(배의) 장구(裝具) 또는 의장(艤裝)을 떼어 낸. 돛대를 없앤. ③해체된. (정돈을) 흩트린. 난잡한.
desmantelamento *m.* ①성(城) 또는 요새(要塞) 따위의 파괴. ②(배의) 의장해제(艤裝解除). 돛을 떼기. ③해체. ④무질서.
desmantelar *v.t.* ①성(요새)을 파괴하다. ②(배의) 의장을 해제하다. 돛을 떼 버리다. 해체하다. ③(정돈을) 흩트리다.
—se *v.pr.* 허물어지다. 파괴되다. 해체되다.
desmantelo *m.* =*desmantelamento*.
desmarcado *a.* 도외의. 엄청난. 막대한. 비상한.
desmarcar *v.t.* ①표해 놓은 것을 지우다. 도장을 지우다. 목표를 제거하다. ②도(절제)를 넘게 하다.
desmascaramento *m.* 가면을 벗기기. 폭로.
desmascarar *v.t.* 가면을 벗기다. 폭로하다.
—se *v.pr.* 가면을 벗다. 정체(正體)를 나타내다. (본심을) 실토하다.
desmastrar *v.t.* =*desmastrear*.
desmastreamento *m.* 돛대를 제거하기. 장간(檣竿)을 깨뜨리기.
desmastrear *v.t.* 돛대를 제거하다.
— *v.i.*, —se *v.pr.* 돛대가 없어지다. 무장(無檣) 상태가 되다.
desmazelado *a.* 등한한. 게으른. 나태한. 소홀히 하는. 잘 돌보지 않는.
desmazelamento *m.* =*desmazêlo*.
desmazelar-se *v.pr.* 등한하다. 게으르다. 태만하다. 잘 돌보지 않다.
desmazêlo *m.* ①등한함. 소홀. 태만. 게으름. ②솜씨 없음. 무재간. 옷차림(복장)이 단정치 못함.
desmedido *a.* 도에 넘친. 규격을 벗어난. 과도한. 엄청난. 막대한. 거대한. 장대(長大)한.
desmedir-se *v.pr.* ①도를 넘다. 규격을 벗어나다. 과도해지다. ②규칙에서 벗어나다. 절제(節制)하지 않다.
desmedrado *a.* 자라지 않는. 발육에 지장이 있는. 생산력이 부족한. 부진한. 별로 쓸모 없는.

desmedramento *m.* =*desmedrança*.
— *f.* ①잘 자라지 않음. 발육 불량(不良). ②초췌(憔悴). 쇠약.
desmedrar *v.i.* ①잘 자라지 않다. 이상(異狀) 발육하다. ②감손(減損)하다. 약해지다. 어딘가 못 쓰게 되다. 악화하다.
desmelancolizar *v.t.* 우울하지 않게 하다. 우울증을 없애다. 명랑하게 하다.
desmembração *f.* ①팔·다리를 끊기. 사지(四肢) 절단. ②국토 분할. 분리. ③무기력.
desmembrado *a.* ①팔·다리를 끊은. 사지를 절단한. ②[政] 나라를 분할한. ②기력(氣力)을 잃은.
desmembramento *m.* ①팔·다리를 끊기. 사지 절단. 국토의 분할. ②무기력(無氣力).
desmembrar *v.t.* 팔·다리를 끊다. 사지를 절단하다. 영토를 분할하다. 구분하다.
—se *v.pr.* 분할(分割)되다. 분열되다.
desmemória *f.* 기억 상실. 자주 잊음. 건망성.
desmemoriado *a.* 잊기 잘하는. 기억이 나쁜. 기억력이 부족한. 건망성의.
desmemoriar *v.t.* 기억을 잃게 하다. 잊게 하다.
—se *v.pr.* 기억 못하다. 잊어버리다.
desmentido *m.* (오보(誤報)의) 취소. 부정(否定). 반박.
— *a.* (오보를) 부인(否認)한. 부정한. 취소한.
desmentir *v.t.* ①(그릇 보고된 것을) 취소하다. ②부정하다. 허위임을 폭로하다. (사실이 아니라고) 반박하다.
—se *v.pr.* 모순된 이야기를 하다.
desmerecedor *a.*, *m.* 상·상품·훈장 따위를 받을 가치가 없는 (사람). 수상(受賞)의 자격이 없는 (자). …에 해당하지 않는 (사람).
desmerecer *v.t.* 상품 따위 받을 가치가(자격이) 없게 하다. 공로에 해당 못 되게 하다.
— *v.i.* ①(상·훈장 따위) 받을 자격이 없다(자격을 잃다). ②(남에게서) 받던 존경을 잃다. ③색깔이 벗어지다. 퇴색하다.
desmerecimento, desmérito *m.* 공로의 부족. 상찬(賞讚)할 가치가 없음. 명성 또는 신용의 저락.

desmesurabilidade *f*. 잴 수 없음. 측정 불가능.

desmesurado *a*. 잴 수 없는. 도외의. 엄청난. 거대한. 막대한. 방대한.

desmesurar-se *v.pr*. 절제(節制) 없이 대처하다. 불근신(不謹愼)한 행동을 하다.

desmesurável *a*. ①잴 수 없는. 측정할 수 없는. ②한없는. 거대한. 막대한. 방대한.

desmetódico *a*. 순서가 서지 않는. 규칙이 없는. 정연(整然)하지 못한.

desmilitarização *f*. 비군사화(非軍事化).

desmilitarizar *v.t*. 비군사화하다. 군사조직을 없애다.

desmiolado *a*. ①《稀》뇌를 빼낸. 뇌가 없는. 지각없는. 속골이 없는. ②(빵의) 속이 없는.
cabeca desmiolada 소견머리 없는 사람. 지각 없는 인간.

desmiolar *v.t*. 뇌를 빼다. (빵 따위의) 속을 빼다.

desmobiliado *a*. 가구(家具)가 없는. 없앤.

desmobiliar *v.t*. 가구를 없애다. 집어치우다.

desmobilização *f*. [軍] 동원해제. 복원(復員).

desmobilizar *v.t*. 동원을 해제하다. 복원하다.

desmoídeo *a*. 인대(靭帶)의. 인대질(質)의.

desmologia *f*. 인대학(靭帶學).

desmonetização *f*. 본위화폐로서의 가치를 잃게 함. 통화의 사용 폐지. 폐화(廢貨).

desmonetizar *v.t*. 화폐의 가치를 없애다. 통화의 자격을 잃게 하다. 본위화폐의 자격을 빼앗다.

desmonopolizar *v.t*. 독점하지 못하게 하다. 전매(專賣)를 취소하다.

desmontada *f*. 말에서 내림. 하마(下馬).

desmontado *a*. ①말에서 내린. 하마한. ②(기계를) 분해한. 뜯은.

desmontagem *f*. (기계의) 분해. 해체. 뜯기.

desmontar *v.t*. (+*de*). ①(특히 말에서)내리게 하다. ②(기계를) 분해하다. 뜯다. (조립된 것을) 해체하다. ③순서를 뒤죽박죽되게 하다.
— *v.i*., —**se** *v.pr*. 말에서 내리다. 하마하다.

desmontável *a*. 분해할만한. 해체할 수 있는.

desmonte *m*. ①(기계의) 분해. 해체. ②말에서 내림. ③하차(下車).

desmoplogia *f*. 인대염(靭帶炎).

desmopatia *f*. 인대병(病).

desmoralização *f*. 풍속의 퇴폐. 도덕적 부패. [軍] 군기(軍紀) 문란. 사기 저하.

desmoralizado *a*. 풍기가(풍속이) 퇴폐한. 도덕적으로 부패한. 군기가 문란한. 사기가 떨어진.

desmoralizador *a*., *m*. 풍속을 퇴폐케 하는 (사람·사물). 사회 도덕을 부패케 하는 (사람·사정). 군기를 문란케 하는 (자). 사기를 떨어뜨리는 (것).

desmoralizar *v.t*., *v.i*. 풍기(풍속)를 퇴폐케 하다. (해지다). 사회 도덕을 부패케 하다(부패해지다). 군기(軍紀)를 문란케 하다. 사기를 꺾다(꺾이다).

desmoronadiço *a*. 깨뜨려지기 쉬운. 허물어지기 쉬운.

desmoronamento *m*. ①부스러뜨리기. 허물어뜨리기. ②산산이 무너지기. 붕괴(崩壞). ③사태(沙汰). 산붕(山崩).

desmoronar *v.t*. 부스러뜨리다. 부수다. 가루로 하다. 허물어뜨리다. 황폐(荒廢)케 하다.
—**se** *v.pr*. 부스러지다. 가루가 되다. 허물어서나. 붕괴하다. 와해(瓦解)하다. 황폐해지다.

desmorrer *v.i*. (죽으려고 하다가) 죽지 못하다.

desmotivado *a*. 원인이(동기가) 없는. 이유 없는.

desmurar *v.t*. 벽·토벽·성벽 따위를 허물다.

desnacional *a*. 국민성이 없는. 국민성을 잃은. 비국민적인.

desnacionalização *f*. ①국가의 독립성 폐지. ②국유해제(國有解除). 국제화. ③국민성 타파.

desnacionalizar *v.t*. 독립국가인 자격을 박탈하다. 국유성(國有性)을 없애다(폐지하다). 국민성을 타파하다.

desnarigado *a*. 코가 없는. 코가 아주 작은.

desnarigar *v.t*. 코를 베다. 코를 없애다.

desnasalizar *v.t*. 비음(鼻音)을 없애다.

desnatação *f*. (우유로부터) 크림을 빼내기 (걷어내기).

desnatadeira *f*. 크림 분리기(分離器).

desnatar *v.t.* (우유로부터) 크림을 빼내다 (걷어내다).

desnaturação *f.* ①자연성을 없애기. 부자연화(不自然化). ②변질(變質).

desnaturado *a.* ①자연(법칙)에 어긋난. 부자연한. 천리(天理)를 어긴. 도리(道理)에 반대되는. ②변질한. 변성(變性)한.

desnatural *a.* 부자연한. 부자연의. 자연 법칙에 어긋나는. 기괴한. 이상한.

desnaturalidade *f.* 자연성이 없음. 부자연함. 비자연 상태.

desnaturalização *f.* 국적 상실. 국민권 박탈. 귀화권(歸化權) 박탈. 제적(除籍).

desnaturalizar *v.t.* 국민된 특권을 빼앗다. 국적을 박탈하다. 귀화권을 취소하다. 제적하다.

—**se** *v.pr.* 국적을 빼앗기다. 제적당하다. 국민권(귀화권)이 없어지다(상실하다). 국적을 벗어나다. 스스로 국적을 변경하다.

desnaturar *v.t.* ①부자연화(不自然化)하다. 부자연하게 하다. 변성케 하다. 변질케 하다. ②국적을 빼앗다. 귀화권을 빼앗다. 제적하다.

desnavegável *a.* 항행(航行)할 수 없는. 항행 불가능한.

desnecessário *a.* 필요 없는. 불필요한. 쓸데 없는. 무익한.

desnecessidade *f.* 필요 없음. 불필요.

desniquelar *v.t.* 니켈 도금(鍍金)을 벗기다.

desnível *m.* 수평(水平)이 아님. 평탄치 않음.

desnivelado *a.* 수평이 아닌. 수평되지 않은. 평탄치 못한. 고저가 있는.

desnivelamento *m.* 수평이 안 되게 함. 불평탄하게 만들기.

desnivelar *v.t.* 수평이 안 되게 하다. 평탄치 못하게 하다. 고저가 있게 하다.

desnorteado *a.* 방향을 잃은. 지침을 잃은. 갈 곳을 모르는. 헤매는. 판단력을 잃은.

desnorteante *a.* 방향을 잃게 하는. 갈 곳을 혼돈케 하는. 잘못 이끄는.

desnortear *v.t.* 방향을 잃게 하다. 어리둥절하게 하다.
— *v.i.*, —**se** *v.pr.* 방향을 잃다. 갈 곳을 몰라 헤매다. 당황하다. 판단력을 잃다.

desnublado *a.* 구름 없는. (하늘이) 개인. 맑은.

desnublar *v.t.* ①구름을 없애다. 개이게 하다. ②명백하게 하다. 명료하게 하다.
—**se** *v.pr.* ①(하늘이) 개다. ②명백해지다. 뚜렷하다.

desnudação *f.* = *desnudamento*.
— *m.* 발가벗음. 발가숭이(의 상태). 노출. [地質] 삭박작용(削剝作用).

desnudar *v.t.* ①발가벗기다. ②(껍질) 벗기다. ③노출시키다.
—**se** *v.pr.* 발가벗다. 나체가 되다. 노출하다.

desnudez *f.* 발가벗음. 발가숭이(…의 상태). 나체. 적나라(赤裸裸).

desnudo *a.* 발가벗은. 노출한. 적나라한.

desnutrição *f.* 영양실조(榮養失調). 영양장애.

desobedecer *v.i.* 말 듣지 않다. 순종하지 않다. 복종치 않다. 거역하다. 명령을 어기다. 항명(抗命)하다.

desobedecido *a.* 말 듣지 않는. 복종(순종)하지 않는. 명령을 거역하는.

desobediência *f.* 불복종. 불순종. 명령 위반. 항명(抗命). 불효(不孝).

desobediente *a.* 순종하지 않는. 복종하지 않는. 명령을 위반하는. 불효한.

desobedientemente *adv.* 순종치 않고. 거역하여.

desobrigação *f.* 의무 면제. 책임 해제.

desobrigado *a.* ①의무 또는 책임을 면한. ②구속받음이 없는. 자유로운.

desobrigar *v.t.* 의무 또는 책임을 면케 하다.
—**se** *v.pr.* 의무 또는 책임을 완수하다. 책임이 없어지다. (…할) 의무가 없다.

desobscurecer *v.t.* (어두운 것을) 밝게 하다.

desobstrução *f.* ①장애물 또는 방해되는 것을 없애고 통하게 함. 애로의 타개. ②장내(腸內)를 깨끗이 함.

desobstruente *a.* ①장애물을 제거하고 통하게 하는. (애로를) 타개하는. ②장내(腸內)를 깨끗이 하는.
— *m.* 개통약(開通藥).

desobstruir *v.t.* 장애가 되는 것을 없애고 통하게 하다. 애로 따위를 타개하다. 막힌 것을 제거해 버리다.

desobstrutivo *a.* = *desobstruente*.

desocupação *f.* 여유 시간. 여가(餘暇). 한

가한 때. 일하지 않는 때. ②[軍] 철수. 철거(撤去).

desocupadamente *adv.* 하는 일 없이. 한가하게.

desocupado *a.* ①여가의. 여유 시간의. 일하지 않는 때의. 안한(安閒). 한가한. ②(가옥·창고·사무실 따위) 비고 있는. 사람이 들고 있지 않는. 사용하고 있지 않는. ③[軍] 점령하지 않고 있는.
casa desocupada 빈 집.
lugar desocupado 빈 자리. 공석(空席).

desocupar *v.t.* (집·창고·사무실 따위를) 비게 하다. 명도(明渡)하다.
—se *v.pr.* ①비우다. 비우고 떠나다. ②스스로 물러가다. 인퇴(引退)하다. ③하던 일을 그만두다. 직장을 내 놓다. ④자유로 되다. 할 일이 없게 되다.

desodorante *a.* 냄새를 막는(없애는). 방취의.
— *m.* 방취제(防臭劑).

desodorizar *v.t.* 냄새를 없애다.

desolação *f.* ①황량(荒凉). 황폐. 폐허. 인가전무(人家全無). ②쓸쓸함. 적막함. ③비탄. 비애.

desolado *a.* 황량한. 황폐된. 쓸쓸한. 적막한. 고독한. 서러운.

desolador *a.* 황량하게 하는. 황폐하게 하는. 서럽게 하는. 쓸쓸하게 하는. 괴롭히는.

desolar *v.t.* ①인가(人家)를 없애다. 황량하게 하다. 황폐하게 하다. 보기에도 쓸쓸한 광경을 만들다. ②서럽게 하다. 비탄에 잠기게 하다.

desoneração *f.* 의무 또는 책임의 면제.

desonerar *v.t.* 의무·책임·부담 등을 면하게 하다.

desonestamente *adv.* 부정직하게.

desonestar *v.t.* 명예를 훼손하다. 명성을 떨어뜨리다.
—se *v.pr.* 부정직한 행동을 하다. 면목을 잃다.

desonestidade *f.* 부정직(不正直). 불성실. 불성의. 부정(不正). 파렴치. 추태.

desonesto *a.* 정직하지 못한. 곧지 못한. 옳지 않은. (언행에) 성의가 없는. 성실하지 못한. (맡은 일에) 착실하지 못한. (사상에) 진실성이 없는.

desonra *f.* 불명예. 면목 없음. 망신. 수치꺼리. 낯에 흙칠하는 것. 모욕. 치욕(恥辱). 굴욕(屈辱).

desonrar *v.t.* ①(…의) 명예를 빼앗다(더럽히다). 면목을 잃게 하다. 체면을 손상시키다. ②(여자를) 능욕하다. 정조를 빼앗다.
—se *v.pr.* 명예를 잃다. 면목이 없어지다. 이름이 더러워지다. 모욕 당하다. 망신하다. 더러운 행동을 하다.

desonrosamente *adv.* 불명예스럽게. 면목 없이.

desonroso *a.* 불명예스러운. 면목 없는. 창피한. 수치스러운. 비루한. 비열한.

desopilação *f.* 막힌 것을 없애고 통하게 함. [醫] 개통(開通).

desopilante *a.* (막혀 있는 것을) 통하게 하는. 개통하는.

desopilar *v.t.* 막힌 것을 없애고 통하게 하다. 개통시키다.

desopilativo *a.* (막힌 것을) 통하게 하는. 개통하는. 기분 좋게 하는.
— *m.* [醫] 개통약(開通藥). 일종의 흥분제.

desoportuno *a.* =*inoportuno*.

desopressão *f.* 압박을 면케 하기. 압제(壓制)를 없애기. 편하게 하기.

desopressor *a., m.* 압박을 면케 하는 (자).

desoprimido *a.* 압박을 면한. 압제를 벗어난. 편해진.

desoprimir *v.t.* 압박을 면케 하다. 압제를 벗어나게 하다. 숨돌리게 하다. 편케 하다.

desordeiro *a.* (사회의) 질서를 문란케 하는. (치안을) 교란하는. 폭행하는. 날치는.
— *m.* 질서를 문란케 하는 자. 교란자. 폭행자. 폭동자. 깡패.

desordem *f.* ①(사회적) 무질서. 규율이 없음. 문란. 혼란. ②무순(無順). ③소란. 소동. 폭동.

desordenadamente *adv.* ①질서 없이. 문란하게. ②소란스럽게. ③순서 없이.

desordenado *a.* ①질서 없는. 규율 없는. 혼란한. 난잡한. ②절제(節制) 없는. 다루기 힘든. 방종한. 방일(放逸)한. [法] 치안 방해의. 풍기 문란의.

desordenador *a., m.* 질서를 문란케 하는 (자).

desordenar *v.t.* (사회의) 질서를 문란케 하다. 교란하다. 치안 방해를 하다. 혼란케 하다.
—se *v.pr.* 질서 없이 되다. 문란해지

desorelhado *a.* ①귀가 없는. (개 따위) 귀가 떨어진. ②귀고리를 벗긴.

desorelhar *v.t.* ①(개 따위의) 귀를 베다. 없애다. ②귀고리를 벗기다.

desorganização *f.* 조직의 해체. 기구(機構)의 와해. 분열.

desorganizador *a., m.* 조직을 해체하는 (자). 기구를 와해시키는 (자). 분열시키는 (자).

desorganizar *v.t.* 조직(체)을 해체하다. 헝클다. 기구(機構)를 와해시키다. 분열케 하다.

—**se** *v.pr.* 조직(체)이 해체되다. 헝클어지다. 기구가 와해하다. 분열하다.

desorientação *f.* 방향을 잃게 함. 틀리게 함. 잘못 인도하기. 그릇된 향도(嚮導). 어리둥절케 하기.

desorientado *a.* 방향을 잃은. 방향을 잘못 잡은. 어리둥절한. 당황한. (자녀로서) 교육 또는 지도를 잘못 받은. 못된 짓하는.

desorientar *v.t.* 방향을 잃게 하다. 방향을 틀리게 하다. 잘못 인도하다. 어리둥절하게 하다.

—**se** *v.pr.* ①방향을 잃다. 틀린 방향에 들어서다. 잘못 인도되다. ②탈선하다. 어리둥절하다.

desornado *a.* 장식하지 않은. 장식물(품)이 없는.

desornar *v.t.* 장식을 없애다. 장식물(품)을 떼다.

—**se** *v.pr.* (몸에 지닌) 장신구들을 없애다.

desossado *a.* 뼈를 발린. 뼈를 뽑은(생선 따위).

desossamento *m.* 뼈를 바르기. 뼈를 뽑아내기.

desossar *v.t.* (생선 따위의) 뼈를 바르다. 뼈를 뽑다. 뼈를 없애다.

desova, desovação *f.* =*desovamento*.

desovamento *m.* ①(물고기·개구리·조개·새우 따위가) 알을 낳음. 산란(産卵). 산란기(期). ②(알에서 갓 깐) 어린 물고기.

desovar *v.t.* (물고기·개구리·조개·새우 따위가) 알을 낳다. 낳아 놓다. 산란하다.

desoxidação *f.* 산소 제거. [化] 환원(還元). 탈산(脫酸).

desoxidante *a.* 산소를 제거하는. 산화를 막는.

desoxidar *v.t.* [化] 산소를 제거하다. (산화물을) 환원하다. 산화(酸化)를 막다.

desoxigenação *f.* 산소 제거.

desoxigenante *a.* 산소를 제거하는.

desoxigenar *v.t.* 산소를 제거하다.

—**se** *v.pr.* 산소가 제거되다.

despachado *a.* ①빠른. 신속한. 민첩한. 민활한. ②(일을) 처리한. 해결한. ③(일 또는 임무를) 맡긴. ④(서류를) 발송한. 처리한.

despachador *a., m.* 일을 빨리 처리하는 (사람).

despachante *a.* (일을) 빨리 처리하는. (서류 따위를) 신속히 해결하는. 원서 따위를 속히 결재 맞는. (급히) 발송하는. (급히) 파견하는.

— *m.* ①(서류를) 신속히 처리하는 사람. ②세관의 화물취급인(貨物取扱人).

despachar *v.t.* (급히) 발송하다. 급히 파견하다. (일을) 빨리 해치우다. 처분하다. 처리하다. (증명서 따위의) 취득을 알선하다.

— *v.i.*, —**se** *v.pr.* 신속히 처리하다. 처치하다. (원서 따위를) 재결하다.

despacho *m.* ①신속한 사무 처리. ②(서류의) 급송. 송부(送付). 속달편(速達便) 긴급 공문서. 급파(急派). ③통관수속(通關手續).

despacho alfandegário 통관 수속.

despacho de navio 선박의 출항 수속.

despautério *m.* 어리석은 수작. 바보 같은 노릇. 미련한 행위.

despavorir *v.t.* 놀라게 하다. 무섭게 하다.

despedaçado *a.* 바순. 분쇄된. 촌단(寸斷)한.

despedaçador *m.* 쪼개는 사람. 바수는 사람.

despedaçamento *m.* 토막 치기. 바수기. 분쇄(粉碎). 촌단(寸斷).

despedaçar *v.t.* 토막 치다. 촌단하다. 바수다. 분쇄하다. 쪼개다. 째다.

—**se** *v.pr.* 부스러지다. 분쇄하다. 째지다.

despedida *f.* ①고별(告別). 작별. 이별. ②고별 인사. 작별 인사. ③끝. 종말.

jantar de despedida 송별연(연회).

despedido *a.* ①고별한. 작별한. ②해고 당한.

despedimento *m.* ①내보냄. 퇴거(退去). 퇴거 허락. ②해고(解雇). 면직. 파면. 퇴학(退學). ③발사(發射). 투사(投射). 방

사(放射).

despedir *v.t.* 퇴거시키다. 퇴거를 허락하다. 일을 그만 두게 하다. 해고하다. 면직하다. 파면하다. (총을) 쏘다. 발사하다.
—**se** *v.pr.* (+*de*). (…와) 헤어지다. 작별하다. 고별하다. 송별하다. 작별 인사를 하다.

despegado *a*. (붙은 것을) 뗀. 떼어낸. 떨어진. (…에서) 이탈한. (…에서) 갈라져 나온. 독립한.

despegar *v.t.* 붙은 것을) 떼다. 떼어내다. 갈라놓다. (…에 열중하고 있는) 마음을 떼다. 애착심을 없애다.
— *v.i.*, —**se** *v.pr.* (+*de*). (…으로부터) 떨어지다. (…에서) 이탈하다. (…을) 벗어나다.

despêgo *m*. 마음의 이탈. 애착심(愛着心)이 없음. 애정이 떨어짐. 냉정.

despeitado *a*. ①심술궂은. 분한 나머지의. 울분을 품은. 앙심 깊은. ②기분 나쁜. 노한. 화낸. 성난.

despeitar *v.t.* ①짓궂은 짓을 하다. 괴롭히다. ②앙갚음하다. ③불만케 하다. 기분 나쁘게 하다. 화나게 하다. 노하게 하다.
—**se** *v.pr.* 울분을 품다. 원한을 품다. 애타다. 불만하다. 화나다. 성나다.

despeito *m*. ①심술궂음. 울분한 마음. ②애타는 심정. 원한. 유한(遺恨). ③앙심. 악의. ④성남. 분노.
a despeito de …에도 불구하고.
por despeito 화풀이로.

despeitoso *a*. 심술궂은. 울분을 품은. 불만스러운. 애타게 하는. 원한 품게 하는.

despejado *a*. ①(속 또는 내부가) 빈. 텅 빈. 아무 것도 없는. 장애물을 없애 버린. ②사양하는 마음이 없는. 이목(耳目)을 부끄러워하지 않는. 안하무인지경인. ③경솔한. 불근신한.

despejar *v.t.* (그릇 따위를) 비우다. 속(내부)에 있는 것을 꺼내어 옮겨 놓다. (집·장소 따위를) 비우다. 내놓다. 명도(明渡)하다. 장애물을 없애다.
— *v.i.*, —**se** *v.pr.* ①비다. 텅비다. ②불손(不遜)해지다. 뻔뻔스럽게 되다.

despejo *m*. ①비우기. 비게 하기. (집·창고 따위를) 내놓기. 명도(明渡). ②잡동산이. 보잘 것 없는 것. 폐물(廢物). 쓰레기. 오물. 부엌 쓰레기. 고기 찌끼. (먹을 수 없어 버리는) 창자. ③뻔뻔함. 부끄러움 없음. 불근신(不謹愼). 경솔.

despela *f*. (동물의) 가죽을 벗기기, (나무의) 껍질을 벗기기. 박락(剝落).

despelar *v.t.* 가죽을 벗기다. (나무) 껍질을 벗기다. 박락(剝落)하다.

despenar *v.t.* 고통을 면케 하다. 노고(勞苦)를 없애다. 고생(수고)하지 않게 하다.

despencar *v.t.* 바나나(전체)를 나무에서 베어내다.

despendedor *m*. 헛되게 써버리는 사람. 낭비자.

despender *v.t.* (헛되게) 쓰다. 남비하다. 소비(소모)하다. (돈을) 다 써 버리다. (시간을) 헛되게 보내다. (쓸 데 없는 데에) 머리를 쓰다. (물을) 붓다.

despendurar *v.t.* 걸려 있는 것을 벗기다. 매달린 것을(풀어서) 내려놓다.

despenhadeiro *m*. ①벼랑. 절벽. 낭떠러지. ②위험. 위기. ③재액(災厄).

despenhamento *m*. 벼랑(절벽)에서 떨어짐. 높은 곳에서 떨어지기. 추락(墜落). 위험에 빠짐.

despenhar *v.t.* 벼랑에서 떨어지게 하다. 높은 곳에서(떠밀어) 떨어뜨리다. 추락시키다. 위험에 밀어 넣다.
—**se** *v.pr.* 벼랑(절벽)에서 떨어지다. 높은 곳으로부터 낙하하다. 추락하다. 위험에 빠지다.

despenho *m*. =*despenhamento*.

despenhoso *a*. 절벽이 많은. 곳곳에 벼랑이 있는. 산맥이 험한.

despensa *f*. ①식료품 보관실(保管室). ②식기실(食器室).

despenseiro *m*. 식료품 관리자. 식기(그릇) 취급인.

despentear *v.t.* 머리카락을 풀어 흩으리다. 헝클다.
—**se** *v.pr.* 머리카락이 풀어지다. 헝클어지다. 난발(亂髮)이 되다.

desperceber *v.t.* (…을) 깨닫지 못하다. (…을) 모르다.
—**se** *v.pr.* (시간이 흐르는 것을) 모르고 있다. (뜻하지 않은 것이 박두하고 있음을) 깨닫지 못하고 있다.

despercebido *a*. (앞으로 발생할 것을) 모르고 있는. (…을) 깨닫지 못하고 있는. 경계(예방) 대책이 전혀 없는.

despercebimento *m*. (시간이 지나가는 것

또는 뜻하지 않는 것이 접근하고 있는 것을) 모르고 있음. 깨닫지 못하고 있음. 생각조차 하지 않음.

desperdiçadamente *adv.* 낭비(허비)하여. 아깝지 않게. 아까운 줄 모르고.

desperdiçado *a.* ①낭비한. 다 써 버린. ②비경제적인. 소모성의. 아낌 없는.
— *m.* 아낌없이 써 버리는 사람. 낭비자.

desperdiçador *m.* 소비자. 낭비자. (금전을) 헛되게 쓰는 사람. 재산 탕진자.

desperdiçar *v.t.* 헛되게 소비하다. 낭비하다. 아낌 없이 주다. 탕진하다.

desperdício *m.* 낭비. 남비(濫費). 헛되게 쓰기.
desperdício de força 힘(에너지)의 낭비.
desperdicios (pl.) (기계 따위를 소제하는 데 쓰는) 실찌기. 헝겊 조각.

desperfilar *v.t.* 줄 또는 열(列)을 흩트리다.
—*se v.pr.* 열에서 벗어나다. 정렬(整列)이 흐트러지다.

despersonalização *f.* 개성(個性)을 버림. (행동함에 있어서) 자기의 인간성 또는 성격을 버리기.

despersonalizar-se *v.pr.* 개성을 버리다. 자기의 성격에 반대하여 행동하다.

despersuadir *v.t.* (…할 생각을) 그만 두게 하다. 의지(意志)를 변경하도록 하다.
—*se v.pr.* …할 생각을 그만 두다. 포기하다. 의지를 변경하다.

despertador *a.* 잠을 깨우는, 각성시키는.
— *m.* ①잠종 시계. ②각성시키는 자.

despertar *v.t.* 잠을 깨우다. 깨우치다. 눈 뜨게 하다. 각성시키다. 환기시키다.
— *v.i.* 잠을 깨다. 눈뜨다. 각성하다.

desperto *a.* (*despertar*의 과거분사) 잠을 깬. 눈 뜬. 각성한.

despesa *f.* ①소용경비(所用經費). 비용. 지출(금). …비. ②손실. 실비(失費).
despesas miúdas 또는 *pequenas despesas* 소소한 경비. 잡비.
despesas gerais 일반 잡비.

despicar *v.t.* 복수하다. 보복하다.
—*se v.pr.* (…에) 복수하다. 앙갚음하다.

despiciente *a.* 깔보는. 멸시하는. 업신여기는.

despido *a.* ①(옷을) 벗은. 발가벗은. 적나라(赤裸裸)한. ②(나무에) 잎사귀가 없는. 낙엽진.

despiedade *f.* 무자비. 무정. 냉혹. 잔인.

despiedado *a.* 무자비한, 인정 없는. 냉정한. 박정한. 잔인한.

despiedosamente *adv.* 무자비하게. 냉정하게.

despiedoso *a.* 무자비한. 냉정한. 냉혹한. 잔인한.

despimento *m.* 옷을 벗음. 발가벗기. 나체.

despintar *v.t.* (그림) 그린 것을 지워 버리다. (염색한) 빛깔을 없애다.
—*se v.pr.* 색깔이 없어지다.

despique *m.* 복수(復讐). 앙갚음. 보복.

despir *v.t.* ①옷을 벗기다. 발가벗기다. ②피복물(被覆物)을 벗기다. ③껍질을 벗기다. ④(사람으로부터 …을) 빼앗다.
—*se v.pr.* 옷을 벗다. 발가벗다. 나체가 되다.

despistar *v.t.* 궤도에서 벗어나게 하다. 탈선시키다. 잘못 이끌다(인도하다).
—*se v.pr.* 궤도를 벗어나다. 탈선하다. (바른 길에서) 이탈하다.

desplantar *v.t.* (식물을 옮겨심기 위하여) 뿌리 주변을 파서 들어내다. 옮겨 심다. 이식(移植)하다.

desplumar *v.t.* 깃털을 뽑다. 우모(羽毛)를 제거하다.

despojador *a., m.* 약탈하는 (자). 겁탈하는 (자).

despojamento *m.* 탈취. 약탈. 겁탈(刦奪). 노략(擄掠).

despojar *v.t.* 강제로 빼앗다. 약탈하다. 겁탈하다. 노략(擄掠)하다. 횡령하다. 장비물을 떼내다.
—*se v.pr.* 빼앗다. 약탈 당하다. 박탈 당하다. 피복물(被覆物)이 벗어나다. 옷을 벗다.

despojo *m.* ①빼앗은 것. 약탈물(품). 노획물. 전리품. ②바른 가죽(剝皮). 뽑은 깃털. 떨어진 잎사귀.
despojos (pl.) 나머지. 잔존물(殘存物). 유해(遺骸). 유골.

despolarização *f.* [電] 분극(分極) 방지 작용. 복극(復極). 멸극(滅極).

despolarizar *v.t.* [電·磁] 복극하다. 소극(消極)하다. [光] 편광방향(偏光方向)을 바꾸다.

despolir *v.t.* (빛나게) 닦은 것을 지워 버리다. 윤을 없애다. 광채를 없애다. (투명한 유리 따위를 들여다 볼 수 없도록) 흐리게 하다.

despolpador *m.* (커피의) 탈피기(脫皮機).

desponderar *v.t.* 생각하지 않다. 고찰(考察)하지 않다.

despontado *a.* ①끝을 자른. 끝이 없는. ②(칼날이) 무딘. 들지 않는. 잘 베어지지 않는.

despontar *v.t.* ①끝을 잘라 버리다. ②칼날 또는 뾰족한 끝을 무디게 하다.
— *v.i.* 나타나기 시작하다. 출현(出現)하다.
—se *v.pr.* 칼날 또는 뾰족한 끝이 무디게 되다. 둔해지다.

despopularizar *v.t.* 인기를 없애다. 인망(人望)을 떨어뜨리다.
—se *v.pr.* 인기를 잃다. 인망이 없어지다.

desporte *m.* =*desporto*.

desportista *m., f.* 체육가. 체육 잘하는 사람.

desportivo *a.* 운동의. 체육의. 스포츠의. 유희의.

desporto *m.* ①운동. 야외 운동. 체육. 경기. ②유희. 노름. 오락.

desposado *a.* 약혼한. 결혼한. 결합한.

desposar *v.t.* ①(…와) 약혼하게 하다. 결혼시키다. ②(…을) 결합하다. 작배(作配)하다.
—se *v.pr.* ①(…와) 약혼하다. 결혼하다. ②결합되다.

desposório *m.* 약혼. 결혼.

despossado *a.* 소유물을 빼앗긴. 소유권을 박탈당한. 소유권이 없는.

despossessão *f.* 소유물을 빼앗기. 소유권 박탈.

despossuido *a.* 소유물이 없는. 소유물을 빼앗긴. 소유권을 박탈당한.

despossuir *v.t.* 소유물을 빼앗다(탈취하다). 몰수하다.
—se *v.pr.* ①소유물을 빼앗기다. 소유권을 박탈 당하다. 몰수 당하다. ②(소유물. 토지 따위를) 내놓다. 내주다. 버리다. 넘겨 주다. 인도(引渡)하다.

déspota *m.* 전제군주(專制君主). 독재자. 폭군.

despóticamente *adv.* 전제적으로. 독재적으로.

despótico *a.* ①전제적인. 독재적인. 압제적인. ②포학(暴虐)한. 횡포한.

despotismo *m.* ①전제정치. 독재정치. 폭정. 학정(虐政). 가정(苛政). ②독재. 전횡(專橫).

despovoação *f.* ①주민(住民)을 절멸하기. 주민 소탕(掃蕩). ②인구 감소.

despovoado *a.* ①주민이 없는. 인가전무(人家全無)한. ②(정치적·군사적 목적으로 일정한 구역의) 주민을 철거시킨. 퇴거당한. ③거주민을 소탕한.
— *m.* 주민을 없앤 곳. 인가(人家)가 없는 곳. 무인지대. 거주금지구역.

despovoador *a., m.* ①주민을 없애는(퇴거시키는) 사람. 거주민을 소탕(절멸)하는 자. ②인구를 감소시키는 사람(사물).

despovoamento *m.* ①주민을 없앰. 주민을 못살게 함. 거류민을 퇴거시키기. ②(일정한 구역 내의) 주민을 절멸하기. ③인구 감소.

despovoar *v.t.* ①주민을 없애다(퇴거시키다). (일정한 구역에) 인가가 없게 하다. ②인구를 감소시키다. ③식목(植木)을 제거하다. 황폐되게 하다.
despovoar de árvores 나무를 없애다.
—se *v.pr.* ①주민이 없어지다. 거류민이 퇴거하다. ②거주민이 절멸 당하다(전쟁·악역(惡疫) 등 때문에). ③인구가 줄다.

despratear *v.t.* 도은(鍍銀)을 벗기다. 은빛(銀色)을 없애다(지워 버리다).

desprazer (1) *m.* 불유쾌. 쾌쾌한 것. 불만(의 원인). 불흥(不興). 기분 나쁨. 귀찮음.
— (2) *v.i.* 기분이 상하다. 불쾌해지다. 싫어지다. 염오(染汚)의 감을 품다.

desprazimento *m.* =*desprazer*(1).

desprazível *a.* 기분이 상하는(상하게 하는). 불쾌한. 싫증나게 하는.

desprazívelmente *adv.* 기분 나쁘게. 불쾌하게.

desprecatadamente *adv.* 조심성 없이. 부주의하게.

desprecatado *a.* 조심성 없는. 부주의한. 경계(警戒)하지 않는.

desprecatar-se *v.pr.* ①…을 조심하지 않다. …에 주의를 돌리지 않다. 경계하지 않다. ②…을 게을리 하다. 방심(放心)하다.

desprecaver *v.t.* (…을) 조심하지 않다. (…을) 경계하지 않다.
—se *v.pr.* (+*de*). (…에 대하여) 조심하지 않고 있다. 아무런 주의(대책)도 없

이 있다.

despregado (1) *a*. 못을 뺀. 뽑힌. 못이 빠진. — (2) *a*. ①(접은 것이) 펼쳐진. 펼친. ②(넓게) 전개한. 활짝 열린. ③건방진. 불손한. 횡포한.
　velas despregadas 활짝 펼친 돛.

despregadura *f*. ①못(압정)을 빼기(뽑기). ②접은 것을 펴기. 펼치기. (치마 따위의) 주름을 펴기. ③전개(展開).

despregar (1) *v.t*. 못(압정)을 빼다(뽑다). **—se** *v.pr*. ①못이 (저절로) 빠지다. ②헐거워지다. 느슨해지다. ③성의(열성이) 없어지다. 성의 없이 일하다.
— (2) *v.t*. ①(접은 것을) 펴다. 펼치다. (치마 주름 따위를) 쭉 펴다. ②전개(展開) 시키다.
—se *v.pr*. ①(접은 것이) 펴지다. 펼쳐지다. ②전개하다. 넓어지다.

despremiar *v.t*. 상품(상장)을 주지 않다. 보수(報酬)하지 않다.

desprendado *a*. 솜씨(수완) 없는. 재간이 없는. 기능이 없는. 서투른.

desprender *v.t*. (감긴 것·동여맨 것을) 풀다. 끄르다. 풀어 주다. (박승을) 끄르다. 놔주다. 자유롭게 하다.
—se *v.pr*. ①(동여맨 것이) 풀리다. 속박을 벗어나다. 해방되다. ②자유로워지다. …을 면하다.

desprendido *a*. (박승이) 풀린. 속박을 벗어난. 구속 받지 않는. 자유로 된. 멋대로 하는.

desprendimento *m*. ①(동여맨 것을) 풀기. 끄르기. ②(박승을) 풀어 놓기. 구속을 면케 하기. 해방. 자유. ③애타주의(愛他主義). 애타심(愛他心). 희생. 헌신. 무아(無我). ④무감동. 냉담.

despreocupação *f*. ①걱정(근심)이 없음. ②마음에 두지 않음. 상관치 않음.

despreocupado *a*. 근심하지 않는. 걱정할 바 없는.

despreocupar *v.t*. 걱정(근심)하지 않도록 하다. 마음 쓰지 않도록 하다.
—se *v.pr*. 걱정(근심)하지 않다. …에 마음을 쓰지 않다.

desprestigiar *v.t*. 위엄성이 없게 하다. 위신을 저락시키다. 면목을 상실케 하다.
—se *v.pr*. 위엄성(위신)이 없어지다. 면목을 잃다.

desprestígio *m*. 위엄성이 없음. 위신 저락. 면목 상실.

despretenção *f*. ①거만(오만)하지 않음. 뽐내지 않음. ②겸손. 겸양. 정숙. ③야심이 없음.

despretecioso *a*. ①거만(오만)하지 않는. 뽐내지 않는. ②겸손한. 점잖은. ③야심 없는.

desprevenção *f*. 예측(豫測)하지 않음. (앞으로의 일에 대한) 경계심이 없음.

desprevenidamente *adv*. 예고 없이. 뜻밖에. 예측하지 못하고.

desprevenido *a*. 예측(예견)하지 않은. 사전에. 깨닫지 못한. 경계하지 않은. 준비 없는.

desprevenir *v.t*. ①(사전에) 아무런 주의도 하지 않다. ②(어떤) 예고도 하지 않다.
—se *v.pr*. 예측(예견) 못하다. 깨닫지 못하다. 사전 준비(경계심) 없이 있다.

desprezado *a*. 업신여김을 받은. 멸시 당한. 괄시(恝視)받은. 과소평가된.

desprezador *a*., *m*. 업신여기는 (사람). 깔보는 (사람). 얕보는 (자). 괄시(恝視)하는 (사람). 과소평가하는 (사람).

desprezar *v.t*. 업신여기다. 깔보다. 얕보다. 멸시하다. 괄시하다. 과소평가하다. 천하게 보다.
—se *v.pr*. ①괄시받다. 멸시 당하다. ②부끄러움을 느끼다. ③스스로 천하게 생각하다. 비굴해지다.

desprezível *a*. ①업신여길 만한. 멸시할 만한. 괄시받기 쉬워. ②수치스러운. ③천한. 비열한.

desprezivelmente *adv*. 비열하게. 천하게.

desprezo *m*. 업신여김. 얕봄. 깔보기. 멸여(蔑如). 멸시. 경멸. 괄시(恝視).

desprimor *m*. ①예쁘지 않음. 아름답지 못함. 흉함. ②업신 여김. 예의 없음. 무례. 불친절. ③우아(우미)하지 못함.

desprimorar *v.t*. ①우아(우미)하지 못하게 하다. ②아름답지 못하게 하다. ③명성(인망)을 떨어뜨리다. 영광을 없애다.
—se *v.pr*. 명성이 떨어지다. 명예롭지 못하게 되다.

desprimoroso *a*. 예모(예절이) 없는. 무례한. 우아(우미)하지 못한.

desproporção *f*. ①어울리지 않음. 불상당(不相當). 불균형(不均衡). 불균등(不均等). ②엄청나게 큼.

desproporcionadamente *adv*. 어울리지

않게. 균형이 없이. 평균치 못하게. 불균형하게.

desproporcionado *a.* ①(…에) 알맞지 않는 불상당(不相當)한. 불균형한. 어울리지 않는. ②엄청나게 큰.

desproporcionar *v.t.* 어울리지 않게 하다. 균형을 잃게 하다.
— **se** *v.pr.* 어울리지 않다. 알맞지 않다. 균형이 잡혀 있지 않다.

despropositado *a.* ①(…에) 알맞지 않는. 적당치 않은. 시기(時期)가 적절하지 않은. ②이치(도리)에 맞지 않는. 엉뚱한.

despropositar *v.i.* 이치가 맞지 않는 이야기를 하다. 엉터리(터무니) 없는 소문을 내다. 앞뒤를 헤아리지 않는 행동을 하다.

despropósito *m.* 무의미(無意味). 전후의 조리가 맞지 않는 이야기. 엉뚱한 소리. 엉터리 수작. 경거망동. 어리석은 생각.

desproteção *f.* 보호 없음. 원조 없음.

desproteger *v.t.* 보호하지 않다. 보호를 중지하다. 내버려 두다.

desproveito *m.* 이용하지 않음. (쓸 수 있는 것을) 쓰지 않고 내버려 둠.

desprover *v.t.* 필수품을 빼앗다. 필수품을 없애버리다. 필수품 공급을 중지하다.

desprovido *a.* 필수품이 없는(부족한). 필수품 공급을 못 받은.

desprovimento *m.* 필수품의 부족. 공급 중지. 필수품 공급이 중단된 상태.

desqualificação *f.* 자격을 빼앗기. 무자격자로 하기. 자격 상실. 불합격. 실격(失格).

desqualificado *a.* 자격을 잃은. 무자격자로 된. 실격한. 불합격한.

desqualificador *a.*, *m.* 자격을 빼앗은 (사람). 무자격자로 만드는 (자). 실격시키는 (자).

desqualificar *v.t.* 자격을 잃게 하다. 실격시키다. 무자격자로 만들다.

desqueixado *a.* (아래) 턱이 없는. 턱이 부서진. 턱이 물러난.

desqueixar *v.t.* 턱을 부수다. 턱을 빼다.

desquerer *v.t.* 《稀》싫어하다. 좋아하지 않다.

desquitação *f.* 이혼(離婚). 합법적인 별거(別居).

desquitar *v.t.* 이혼케 하다. 부부 별거토록 하다.
— **se** *v.pr.* 이혼(이별)하다. (…와의) 관계를 끊다.

desquite *m.* (재판상의) 부부의 별거(別居). (합법적인) 부부 이별. 이혼(離婚).

desramar *v.t.* ①(나무의) 가지를 베어버리다. ②끊다. 절단하다.

desratização *f.* 쥐를 퇴치하기. 쥐를 박멸하기.

desratizar *v.t.* 쥐를 없애다. 쥐를 퇴치하다.

desregradamente *adv.* 아무런 질서 없이. 불규칙적으로. 규율 없이.

desregrado *a.* 규칙이 없는. 불규칙적인. 절제(절도)가 없는. 문란한.

desregramento *m.* ①규율 없음. 문란함. ②절세(절도) 없음. ③방자(放恣). 방종. 방탕.

desregrar *v.t.* 규칙(규율)이 없게 하다. 절제(절도) 없게 하다. 문란케 하다.
— **se** *v.pr.* 아무런 규율이 없다. 규칙이 없다. 문란해지다. 방종하다. 방탕하다.

desrespeitador *a.*, *m.* 존경하지 않는 (사람).

desrespeitar *v.t.* 존경하지 않다. 우러러 보지 않다.

desrespeito *m.* 존경하지 않는 것. 불경(不敬). 무례. 실례.

desresponsabilizar *v.t.* 책임을 면케 하다. 책임을 없애다.

dessabença *f.* 《古》무식. 무지무학.

dessabor *m.* ①맛이 없음. 슴슴한. ②무미 건조. 흥미 없는.
(注意) *dissabor*: ①무미. 무취미. ②불쾌.

dessaborar *v.t.* ①맛없게 하다. 맛을 없애다. ②흥미(재미) 없게 하다.
(注意) *dissaborear*: ①흥미 없게 하다. ②불쾌하게 하다.

dessaborido *a.* 맛이 없어진.

dessaboroso *a.* ①맛없는. 슴슴한. ②흥미(재미) 없는.

dessalgado *a.* ①소금기 없는. 염분이 없는. 짭짤한 맛이 없는. 싱거운. ②흥미(재미) 없는.

dessalgar *v.t.* 소금기가(염분이) 없게 하다. 싱겁게 만들다. 흥미(재미) 없게 하다.

dessangrar *v.t.* ①피를 빼다. ②말리다. 고갈케 하다. ③피폐(疲弊)케 하다.
— **se** *v.pr.* ①(신체의) 피가 없어지다. ②마르다. 고갈하다.

dessatisfação *f.* 불만. 불만족. 불평.

desse 전치사 *de*와 대명사 *esse*의 결합형.

그것의. 그것으로부터의. 그것에 관하여.
dessecação *f.* =*dessecamento*.
— *m.* ①말리기. 건조. 고갈(枯渴). ②신체의 일부 위축(萎縮). ③무감각(無感覺). 저리는 것.

dessecante *a.* ①말리는. 건조시키는. 고갈케 하는. ②감각이 없게 하는.

dessecar *v.t.* ①잘 말리다. 건조시키다. 고갈케 하다. ②(신체의 일부를) 저리게 하다. 감각이 없게 하다.
—**se** *v.pr.* 마르다. 건조하다. 고갈다. (신체의 일부가) 저리다. 감각이 없어지다. 냉정해지다.

dessecativo *a.* 말리는. 건조시키는. 건조력 있는. 건조용의.
— *m.* 건조제(乾燥劑).

dessedentar *v.t.* 갈증(渴症)을 없애다. 목을 축이다.

dessegurança *f.*《古》안정성이 없음. 불안(不安). 불안정(不安定).

dessemelhança *f.* 부동성(不同性). 비슷하지 않음. 불사(不似). 서로 다름(相違).

dessemelhante *a.* 같지 않은. 비슷하지 않는. 서로 다른.

dessemelhar *v.t.* 같지 않게 하다. 다르게 하다.

dessentir *v.t., v.i.* 감각(感覺)하지 않다. 느끼지 않다.

dessepultar *v.t.* ①(파묻은 것 또는 매장한 시체를) 도로 파내다.

dessepulto *a.* (파묻은 것 또는 매장한 시체를) 도로 파낸.

desserviço *m.* 이롭지 못한 행동. 남을 돌보지 않음. 불친절한 행위. 충실하게 봉사하지 않음.

desservido *a.* (행동이) 이롭지 못한. 남을 돌보지 않는. 불친절한. 봉사심(奉仕心)이 없는.

desservir *v.t.* 이롭지 못한 행동을 하다. 남을 돌보지 않다. 해하다. 학대하다.《稀》충실하게 봉사하지 않다.
—**se** *v.pr.* 일을 잘하지 않다. 봉사를 게을리하다.

dessexuado *a.* 성별이 없는. 성기(性器) 없는. [生物] 무성생식(無性生殖)의.

dessimetria *f.* 비대칭(非對稱). 균형되지 못함.

dessimétrico *a.* 고르지 못한. 불균형된. 반대(좌우) 대칭(對稱)의.

dessoalhar *v.t.* 마루를 도로 떼다. 뜯어내다.

dessoldar *v.t.* 납땜한 것을 떼다. (…의) 납땜을 벗기다.

destacado *a.* ①떼어 낸. 분리한. 이탈한. ②[軍] 분견(分遣)한. ③뛰어난. 걸출한. (그림이) 뚜렷히 나타나는. 확연(確然)한.

destacamento *m.* ①[軍] 분견대(分遣隊). 지대(支隊). ②《稀》떼어내기. 떨어지기. 분리. 이탈.

destacar *v.t.* ①[軍] 파견하다. 분견하다. ②떼어내다. 분리하다. (공책의) 종이를 찢어내다. ③뚜렷이 나타나게 하다. 뛰어나게 하다.
—**se** *v.pr.* ①떨어지다. 분리(이탈)하다. ②뚜렷이 나타나다. 뛰어나다. 걸출하다.

destampado *a.* 뚜껑을 연. 마개를 뺀.

destampar *v.t.* 뚜껑을 열다(떼다). 마개를 빼다.

destapamento *m.* 뚜껑을 열기(떼기). 마개를 빼기. 개통(開通).

destapar *v.t.* 뚜껑을 열다(떼다). 마개를 빼다. 막힌 것을 통하게 하다.

destaque *m.* 뚜렷함. 현저(顯著). 이채(異彩). 걸출. 탁월.

deste 전치사 *de*와 대명사 *este*의 결합형. 이것의. 이것에 관하여.

destecedura *f.* ①직물(織物)의 실을 도로 풀기. ②얽힌 것을 착잡한 문제의 해결.

destecer *v.t.* 직물의 실을 도로 풀다. 짠 것을 원상태로 해놓다.
—**se** *v.pr.* ①포목이 풀리다. ②얽힌 문제가 해결되다.

destelhamento *m.* (지붕의) 기와를 벗기기.

destelhar *v.t.* 기와를 벗기다. 기와를 내리다.

destemer *v.t.* (…을) 무서워하지 않다. 무섭게 생각하지 않다.

destemeroso *a.* 무서워하지 않는. 대담한.

destemidamente *adv.* 두려움 없이. 대담하게.

destemidez *f.* 무서워하지 않음. 두려움 없음. 대담. 용감.

destemido *a.* 무서워하지 않는. 대담한. 용감한.

destemor *m.* 무서움이 없음. 대담. 호담(豪膽).

destêmpera *f.* 강철(鋼鐵)을 무르게 하기.

연하게 하기. 강도(强度)를 무르게 하기. 덜하기.

destemperado *a.* ①(강철의) 강도를 무르게 한. ②(술 따위) 도수를 희박하게 한. 김빠진. ③절제(節制) 없는. 절도(節度) 없는. ④분별이 없는. 난폭한. ⑤(페인트·물에 탄 횟가루 따위) 바람맞아 못쓰게 된.

destemperamento *m.* ①온도 또는 열도(熱度)를 내리기. ②(술 따위) 도수를 약하게 하기. 김이 빠진. 자극성을 중화하기. ③(강철 따위) 강도를 무르게 하기. ④맛을 없애기.

destemperança *f.* ①절제 없음. 절도(節度) 없음. 방종. ②폭음. 폭식(暴食).

destemperar *v.t.* ①온도 또는 열도를 내리게 하다. ②(술 따위) 도수를 약하게 하다. 희박하게 하다. 김빠지게 하다. 자극성을 중화하다. ③(강철 따위) 강도를 무르게 하다. ④맛을 없애다. ⑤절제(節制) 없게 하다. ⑥흩으러뜨리다. ⑦조절이 맞지 않게 하다.
—**se** *v.pr.* ①강도가 무르게 되다. ②도수가 약해지다. 김빠지다. ③절제 없이. 처신없이. ④(페인트·횟가루 따위) 바람맞아 못쓰게 되다.

destempero *m.* ①조절이 맞지 않음. ②철 없는 행동. 망언. 미쳐 날뛰기.

desterrado *a.* 국외(國外)로 추방 당한. 다른 나라에 귀양간.

desterrar *v.t.* 국외로 추방하다. 귀양 보내다.
—**se** *v.pr.* ①본국을 떠나다. 귀양살이를 가다. 망명하다. ②외국에 이주(移住)하다. (자기 나라를) 멀리 떠나다.

desterro *m.* ①국외 추방. 유형. 망명. ②유형지(地). ③벽원한 땅.

destilação *f.* 증류(蒸溜). 증류법.

destilador *a.* 증류하는. 증류용의.
— *m.* (특히 알코올의) 증류자(蒸溜者). 증류기(器).

destilar *v.t.* (물방울을) 돋게 하다. 증류하다. 증류해서 만들다(얻다). (…의) 정수(精髓)로 뽑다.
— *v.i.* (물방울이) 돋다. 배어 나오다. 증류되다. 증류법을 쓰다.

destilaria *f.* 증류공장. 주정증류(酒精蒸溜).

destilatório *a.* 증류의. 증류용의.
aparelho destilatório 증류기(蒸溜器).

destinação *f.* ①목적지. ②예정 목적(目的).

destinador *a., m.* 운명짓는 (사람). 장래를 정하는 (자). 목적 또는 용도(用途)를 정하는 (사람).

destinar *v.t.* ①운명짓다. 장래를 정하다. ②(어떤 목적·용도에) 예정해 두다. 충당(充當)하다. ③보내다. 명령하다.
—**se** *v.pr.* ①몸을 맡기다. ②시도(試圖)하다. 대처하다.

destinatário *m.* 편지 받을 사람. 수신인. 하수인(荷受人).

destingir *v.t.* (염색한) 빛깔을 없애다.
—**se** *v.pr.* 색이 낡다. 퇴색하다. 색깔이 없어지다.

destino *m.* ①운명. 숙명. 말로(末路). ②목적지. 도착지. 행방. ③(상품) 보낼 곳. 송달처. ④예정의 목적(目的). 용도(用途).
sem destino 목적도 없이. 허턱대고.

destinto *a.* (일단 염색한 포목의) 색이 낡은. 퇴색한. (채색한) 빛깔이 없어진. 탈색(脫色)한.
(注意) *distinto* : 다른. 딴. 구별적. 차별적. 뚜렷한. 명료한.

destituição *f.* ①관직(官職) 박탈. 파면. 면직. ②부족. 결핍.

destituído *a.* ①벼슬을 박탈 당한. 파면된. 면직 당한. ②없는. 결핍된. ③난민(難民). 피난민. 이재민.

destituir *v.t.* 벼슬을 박탈하다. 파면(면직)하다.

destoante *a.* 소리가 맞지 않는. (소리가) 귀에 거슬리는. 변조(變調)의.

destoar *v.i.* ①소리가 맞지 않다. 귀에 거슬리는 소리를 내다. ②일치하지 않다. 서로 용납하지 않다.

destocador *m.* [農] 발근기(拔根機).

destocar *v.t.* (나무의) 그루를 파내다. 뿌리를 뽑다.

destoldar *v.t.* (햇볕가리기 위하여) 씌운 것을 벗기다. 차일(遮日)을 제거하다. 밝게 하다.
—**se** *v.pr.* 밝아지다. 환해지다. 뚜렷해지다.

destom *m.* (소리의) 부조화(不調和). 변조(變調). 일치하지 않음.

destorcer *v.t.* 꼰 것 또는 꼬아 합친 것을 도로 풀다. 비틀린 것을 제대로 하다.
— *v.i.* 꼰 것 또는 비틀린 것이 풀리다 (제대로 되다).

destorcido *a.* 교묘한. 솜씨 있는. 재간 있는. 숙달한. 민첩한.

destorcimento *m.* 꼰 것(꼬아 합친 것)을 풀기. 비틀린 것을 제대로 하기(펴기).

destra *f.* 오른손. 바른손.

destrambelhado *a.* 어리석은. 바보다운.

destramente *adv.* 교묘하게. 재주 있게. 영리하게.

destrancar *v.t.* (문)빗장을 벗기다. 가름나무를 빼다. (감옥 따위의) 문고리를 벗기다. 열다.

destravar *v.t.* 지퍼를 풀다. 끄르다.

destreza *f.* ①손재간이 있음. 교묘함. ②기민(機敏).

destrimano *a.* 오른손을 쓰는. 오른손잡이의. (왼손보다) 오른손을 더 잘 쓰는.

destrinça *f.* 세별(細別). 상술(詳述). 세목.

destrinçadamente *adv.* 세별하여. 하나씩 하나씩 들어.

destrinçar *v.t.* 갈래에 따라 세밀히 구별하다. 세별하다. 일일이 이름을 들다. 상술하다. 세밀히 기입하다. 명세서에 기입하다.

destripular *v.t.* 승무원을 내리게 하다. 하선(下船)케 하다.

destro *a.* ①오른쪽의. 오른쪽 손의. ②솜씨 있는. 재간 있는. 능란(能爛)한. 기민한. (재주가) 비상한.

destroa *f.* 바꾼 것을 도로 물리기. 교환 취소.

destroçador *a.*, *m.* 두드려 부수는 (사람). 격파하는 (자). 타파하는 (자). 파괴하는 (자).

destrocar (발음 : 데스뜨로깔) *v.t.* (일단 교환한 것을) 도로 물리다. 교환을 취소하다.

destroçar (발음 : 데스뜨로쌀) *v.t.* 때려 부수다. 타파하다. 격파하다. 타도하다. 파괴하다. 파멸시키다.

destroço *m.* 두드려 부수기. 타파. 격파. 파멸. 파괴. 패주(敗走)시키기.
destroços (*pl.*) 파괴되고 남은 것. 폐허. 옛터.

destronamento *m.* 왕을 쫓아냄. 폐위(廢位). 퇴위(退位).

destronar *v.t.* 왕을 몰아내다. 폐위(退位)시키다.

destroncar *v.t.* ①나무줄기(樹幹)에서 가지를 베어내다. ②(짐승 따위의) 사지(四肢)를 잘라내다.

destruição *f.* ①깨뜨리기. 파괴. ②파멸. 박멸. 멸각(滅却).

destruidor *a.*, *m.* ①깨뜨리는 (사람). 파괴하는 (자). 파멸하는 (자). ②구축함(驅逐艦).

destruir *v.t.* 깨뜨리다. 파괴하다. 파멸하다. 격멸하다. 박멸하다. 멸각하다.

destrutibilidade *f.* (피)파괴성. 멸망성.

destrutivamente *adv.* 파괴적으로. 멸망적으로.

destrutível *a.* 깨뜨러지기 쉬운. 파괴될 수 있는.

destrutivo *a.* 깨뜨리는. 파괴하는. 파괴적인. 파괴성의.

desunhar *v.t.* 손톱을 빼다. 손톱을 없애다.
—**se** *v.pr.* (말(馬)이) 발굽을 상하다.

desumanamente *adv.* 비인도적으로. 무자비하게.

desumanidade *f.* 인간 도덕에서 벗어남. 비인도(非人道). 무자비.

desumano *a.* 비인도적인. 인간 도덕에서 벗어나는. (행실이) 인간답지 못한. 인정 없는. 무자비한. 잔인한.

desunião *f.* 분리(分離). 분열. 불통일(不統一). 불일치(不一致). 불화. 내홍(內訌). 알력(軋轢).

desunidamente *adv.* 분리하여. 분열하여.

desunificar *v.t.* 통일되지 못하게 하다. 합일(合一)하지 못하게 하다.

desunir *v.t.*, *v.i.* 떼다. 떨어지다. 분열시키다. 분열하다. 화목하지 못하다. 알력을 일으키다.

desusado *a.* ①지금 쓰지 않는. 현재 사용되고 있지 않은. ②폐지된. 진부한.

desusar *v.t.* 쓰지 않다. 사용을 중지하다. 폐지하다.
—**se** *v.pr.* 사용되지 않다. 폐지되다.

desuso *m.* 안 쓰기. 쓰지 않음. 폐치(廢置). 폐지.
cair em desuso 못쓰게 되다. 폐물이 되다.

desvaidade *f.* 허영심이 없음. 자부(自負)하지 않음.

desvairado *a.* ①환각(幻覺)을 일으킨. 정신착란(錯亂)한. 헛소리를 하는. 광란(狂亂)한. ②(…에) 열중하는.

desvairamento *m.* ①일시적 정신착란. 환각. 헛소리. 망상. 광란. ②열중. 열광.

desvairar *v.t.* 환각(幻覺)을 일으키게 하다. 정신 착란케 하다. 미치게 하다.
— *v.t.*, —*se v.pr.* 사려(思慮)를 잃다. 환각을 일으키다. 정신 착란하다. 헛소리 하다. (미친 사람처럼) 정신없이 지껄이다. 이유없이 고함지르다.

desvaler *v.t.* 가치를 잃게 하다. 아무런 쓸모도 없게 하다.
— *v.i.* 가치를 잃다. 쓸모가 없어지다. 아무런 도움도 안 되다.

desvalia *f.* ①무자력(無資力). ②보호 또는 원조가 없음. 의지할 곳을 잃음.

desvalido *a.* ①쓸모가 없는. 이용(사용) 가치가 없는. ②보호(원조)가 없는. ③빈곤한.

desvalimento *m.* =*desvalia*.

desvalor *m.* ①가치가 없음. 가치 저락. ②신용이 없음. 불신(不信). 실총(失寵). ③용기가 없음. 대담하지 못함.

desvalorização *f.* ①진가(眞價) 이하의 평가. ②가치를 낮춤. 가치 저락. 평가절하(平價切下). [商] 감가소각(減價消却)(상각). 감가견적(積見).

desvalorizar *v.t.* ①진가 이하로 평가하다. ②(화폐의) 평가를 낮추다. ③(특히 시장) 가치를 저하(감소)시키다.

desvanecedor *v.t.* ①자랑하는. 우쭐하는. 뽐내는. ②(적의 계략을) 헛되게 하는. 좌절시키는.

desvanecer *v.t.* ①쫓아버리다. 흩트리다. ②사라지게 하다. 소산(消散)케 하다. (구름·안개 등) 흩트러뜨리다. (우울·설움 등) 없애다. ③빛깔이 낡게 하다. ④(적의 계략을) 헛되게 하다. 좌절시키다. ⑤뽐내게 하다. 우쭐하게 하다.
—*se v.pr.* ①사라지다. 소산하다. (우울·설움 등) 없어지다. ②색깔이 낡다. 퇴색하다. ③기억에서 사라지다. 잊어버리다. ④우쭐하다. 뽐내다. 자랑하다.

desvanecido *a.* ①사라진. 소산한. 소실한. ②색깔이 낡은. 퇴색한. ③뽐내는. 우쭐하는.

desvanecimento *m.* ①사라짐. 소산(消散). 소실. ②자랑. 자부(自負). 우쭐하는. 뽐내기.

desvantagem *f.* ①불리(不利). 불편. ②손실. ③불리한 처지(환경).

desvantajoso *a.* 이(利)가 되지 않는. 불리한. 불편한.

desvão *m.* 다락방. 고미다락방. 지붕 밑 방. 보잘 것 없는 작은 방. 계단 아래의 빈 곳. 숨는 곳.

desvario *m.* ①일시적인 정신착란(精神錯亂). 어처구니없는 판단. ②광태(狂態). ③발광. ④부조화(不調和). 부적합.

desvelado (1) *a.* ①조심하고 있는. 경계하고 있는. 잘 감시하고 있는. ②자지 않고 있는. 밤을 새는.
— (2) *a.* ①나타난. 노출한. ②폭로된. 공개된. ③밝은. 명랑한.

desvelamento *m.* =*desvêlo*.

desvelar (1) *v.t.* ①밤을 새게 하다. 자지 못하게 하다. ②(…을) 조심하다. 감시하다.
—*se v.pr.* (힘을) 쓰다. (…에) 열성을 들이다. 조심하다. 경계하다.
— (2) *v.t.* 나타나게 하다. 노출시키다. 폭로시키다. 공개하다. 뚜렷하게 하다.
—*se v.pr.* 폭로되다. 공개되다.

desvelo *m.* ①주의. 조심. 유의(留意). ②부지런함. 근실(勤實). 전념(專念). 정려(精勵).

desvencilhar *v.t.* (동여맨 것을) 풀다. 얽힌 것을 풀다. 해결하다.
—*se v.pr.* 풀어지다. 풀리다. 해결되다.

desvendar *v.t.* (수건·헝겊 따위로) 눈감긴 것을 떼다. 폭로하다.

desveneração *f.* 존경(숭배)하지 않음. 불경(不敬).

desvenerar *v.t.* 존경하지 않다. 숭배하지 않다. 우러러보지 않다.

desvenosa *a.* [植] (잎에) 맥(脈)이 없는. 엽맥(葉脈)이 없는.

desventrar *v.t.* 배를 가르다. 창자를 꺼내다.

desventura *f.* 불행. 불운. 곤액(困厄).

desventurado *a.* 불행한. 불운한.

desventurar *v.t.* 불행(불운)케 하다.

desventuroso *a.* =*desventurado*.

desverdecer *v.t.* 초록빛(綠色)이 없어지다. 신선한 맛이 없어지다. 신선미를 잃다. 생기를 잃다.

desvergonha *f.* 부끄러움을 모름. 파렴치.

desvergonhamento *m.* 파렴치한 행동. 부끄러움을 모르게 됨.

desvestir *v.t.* 옷을 벗기다. 발가벗기다.

desviacionismo *m.* 수정주의(修正主義).

desviado *a.* (바른 길에서) 벗어난. 빗나간. 이탈한. 방향을 바꾼.

desviamento *m.* (바른 길에서) 벗어나기. 이탈하기. 탈선.

desviar *v.t.* ①(바른 길에서) 벗어나게 하다. 빗나가게 하다. 탈선케 하다. ②의도・의사・목적・방향 따위를 전환시키다. 돌리다. ③(타격을 받지 않도록) 슬쩍 피하다. 비키다. 공금(公金)을 유용(流用)하다.
　—**se** *v.pr.* ①(바른 길에서) 벗어나다. 이탈하다. ②(방향・목적 따위를) 바꾸다.

desvigiar *v.t.* 감시하던 것을 중지하다. 조심하지 않다. 경계하지 않다.

desvigorar, desvigorizar *v.t.* 활기를 없애다. 기력을 빼앗다. 효력이 없게 하다.

desvincar *v.t.* 구김살을 펴다. 주름을 펴다. 접은 자리 또는 끈으로 동여맨 자리를 없애다.

desvincular *v.t.* 계사한정(繼嗣限定)을 폐지하다.

desvio *m.* ①(바른 길에서) 벗어남. 이탈. 탈선. ②편의(偏倚). 쏠림. [生物] 편차(偏差). (통계상의) 오차. ③[海・空] 항로 변경. ④과실(過失). 과오. ⑤핑계. 구실. ⑥(금전의) 부정 사용. 유용(流用). ⑦(철도의) 대피선(待避線). 전철기(轉轍器).

desvirar *v.t.* ①(안밖을) 뒤집다. ②거꾸로 놓다.

desvirginar *v.t.* 처녀를 능욕하다. 순결을 더럽히다.

desvirtuação *f.* 덕행(德行)을 훼손하기. 위신・명예 따위를 저락시키기. 비방(誹謗).

desvirtuar *v.t.* 덕행을 훼손하다. 위신・명예 따위를 떨어뜨리다. (남의) 선행을 비방하다.

desvirtude *f.* 덕행이 못됨. 패덕(悖德). 미덕(美德)이 아님. 도의심이 없음.

desvirtuoso *a.* 덕이 없는. 부덕(不德)한. 패덕(悖德)한.

detalhar *v.t.* 자세히 설명하다. 상세히 묘사하다.

detalhe *m.* ①상세. 세부(細部) 세목. ②상설(詳說). 상기(詳記). ③세목도(細目圖). 분해도. 계획도. ④(사건 따위의) 경위(經緯). 전말. 위곡(委曲).
　em detalhe 자세히.

detectar *v.t.* 간파(看破)하다. 발견(發見)하다. 검출(檢出)하다.

detector *m.* ①간파자(看破者). 발견자. ②[無線] 검전기. 검파기. [化] 검출기(檢出器).

detença *f.* ①늦어짐. 지체(遲滯). 지연. 천연(遷延). ②체류(滯留). 두류(逗溜).

detenção *f.* ①유치(留置). 억류. 구류. 구금. 감금. 수감(收監). ②구금 장소. 유치장.
　casa de detenção 유치장. 미결감(未決監).

detento *m.* 피억류자. 피유치인. 관리하에 있는 자.

detentor *m.* ①(임시로) 가두는 사람. 붙드는 사람. 억류하는 자. 유치하는 자. ②[法] 소지자(所持者). 점유자(占有者).

deter *v.t.* (가는 사람을) 멈추게 하다. 사람을 붙들다. 억류하다. 체류시키다. [法] 유치하다. 구금(감금)하다. 수감(收監)하다.
　—**se** *v.pr.* ①멈추다. 체류하다. ②갇히다. 억류(구류) 당하다. ③자중하다. 자제(自制)하다. 극기하다.

detergência *f.* 씻어서 깨끗이 하기. 세정(洗淨). 세척(洗滌).

detergente *a.* 씻어 깨끗하게 하는. [醫] 세척용의. 청정력(淸淨力) 있는.
　— *m.* 청정제(淸淨劑). 세척제(洗滌劑).

detergir *v.t.* (상처를) 씻어내다. 닦다.

deterioração *f.* =*deterioramento*
　— *m.* ①악화. 변질. 부패. ②퇴보. 퇴폐. ③훼손. 손상.

deteriorante *a.* 나빠지는(경향 있는). 악화시키는. 변질케 하는. 부패케 하는.

deteriorar *v.t.* 나쁘게 하다. 악화시키다. 열등(劣等)하게 하다. 저하(低下)시키다.
　—**se** *v.pr.* ①나빠지다. 악화하다. ②타락하다. 퇴폐(頹廢)하다. 훼손되다.

deteriorável *a.* 나빠지기 쉬운. 악화(퇴보)하기 쉬운. 부패(변질)하기 쉬운.

determinação *f.* ①결심. 결의(決意). ②결정. 단정(斷定). ③규정하기. 정의(定義)를 긋기. [論] 한정(限定). ④[法] 판결. 종결(終決).

determinado *a.* 결심한. 결의한. 결정한. 규정한. 정의를 그은. 확정적인.

determinador *a., m.* 결정하는 (자). 확정하는 (자). 한정하는 (자). 제정(制定)하는 (자).

determinante *a.* 결정하는. 결정적인. 확정적. 한정적.
　— *m.* [數] 행렬식(行列式).

determinar *v.t.* ①결심시키다. 결정하도록 하다. ②확정하다. ③제정하다. 지정하다. ④결말을 짓다. 해결하다. ⑤[文] 한정하다.
　—**se** *v.pr.* (굳게) 결심하다. 결의(決意)하다. 확정되다.

determinativo *a.* 결정하는. 결정적인. 제정의. 지정의. [文] 한정의. 한정적.
　adjetivo determinativo 한정형용사(限定形容詞).

determinável *a.* 결정(확정)할 수 있는.

determinismo *m.* [哲] 결정론. 정명론(定命論).

determinista *m., f.* 결정론자.

detersão *m.* [醫] 세척(洗滌). 세정(洗淨).

detersivo, detersório *a.* 씻어내는. 깨끗하게 하는. 청정력(淸淨力) 있는.

detestação *f.* 싫어함. 꺼림. 염기(厭忌). 기휘(忌諱). 염오(厭惡). 증오.

detestando *a.* 싫은. 싫어하는. 미워하는.

detestar *v.t.* 싫어하다. 꺼리다. 미워하다. 증오하다.

detestável *a.* 싫어하는. 꺼리는. 미워하는. 증오할 만한. 밉살스러운. 가증(可憎)한.

detestávelmente *adv.* 밉살스럽게. 가증하게. 지긋지긋하게.

detetive *m.* 형사(刑事). 탐정.

detetivo (-a) *m., f.* 형사(刑事).

detido *a.* 붙들린. 구금 당한. 억류된. 유치당한. (당국에) 걸린.
　— *m.* 피억류자. 관리하에 있는 자.

detonação *f.* 폭발. 폭렬(爆裂). 폭명(爆鳴).

detonakte *a.* 폭발시키는. 폭발하려고 하는.

detonar *v.t., v.i.* 폭발시키다(하다). 폭렬(爆裂)하다.

detração *f.* ①명예훼손. 중상. ②비방. 욕.

detraidor *m.* 중상하는 자. 비방하는 자.

detrair *v.t.* ①명예를 훼손하다. 신용을 떨어뜨리다. 중상하다. 비방하다. ②(가치를) 떨어뜨리다. 깎아내리다. (이익을) 감하다.
　— *v.i.* (+*de*) (…을) 욕하다. 악담하다.

detrás *adv.* 뒤에. 뒤쪽에. 배후에.
　detrás de (…의) 뒤에.
　poredetras (…의) 뒤로부터. (…의) 배후에서.

detrativo *a.* 명예를 훼손시키는. 중상적. 비방적인.

detrator *m.* 중상하는 자. 비방하는 자.

detrição *f.* 마멸(磨滅). 마손(磨損).

detrimento *m.* 해(害). 상해(傷害). 파손(破損). 손실. 손해.

detrito *m.* 퇴폐물. 깨진 부스러기. [地質] 바위 부스러기.

deturbação *f.* 동요시키기. 혼란. 문란.

deturbar *v.t.* 동요케 하다. 혼란(문란)케 하다.

deturpação *f.* (형체를) 찌그러뜨림. 찌그러진(상태). 미관을 손상함. 보기 흉함.

deturpador *a., m.* 찌그러뜨리는(사람 또는 물건).

deturpar *v.t.* (형체 또는 모양을) 찌그러뜨리다. 비틀다. 개악(改惡)하다. 보기 흉하게 하다.

Deus *m.* ①신(神). ②조물주. 천주. 상제(上帝). 하나님. ③신과 같은 것. 무엇보다도 귀중한 것. ④신과 같이 숭배하는 사람.
　graças a Deus 하나님 덕분에.
　por amor de Deus 제발. 제발 좀.
　Meu Deus! (실수·과실·불행한 경우의 말) 하나님 맙소사! 아뿔사! 야단났구나!
　Deus o sabe …인 것을 하나님을 두고 맹세한다.
　Vá com Deus! (작별한 때의 말) 일로 평안히! 하나님 동반하시라!
　Deus te guarde! 신이 너를 보호하시기를!
　Deus nos livre! 하나님 도우시라! (나를 좀 편하게 해 주시오!).
　O homem põe e Deus dispõe. 하는 것은 사람이지만 성패는 신에 달려 있다.
　se Deus quiser (하나님께서 허락하신다면) 사정이 허락하면.
　Cada um por si e Deus por todos. 사람마다 자기를 위하지만 신은 전체를 위한다.
　Deus pai Filho e Espirito Santos. 성부(聖父)·성자(聖子)·성령(聖靈)(성삼위(聖三位)를 말함).

deusa *f.* 여신. 《比喩》 숭배 또는 동경의 대상이 되는 부인. 절세의 미인.

deuteria *f.* [醫] (산후(産後)의) 여병(餘病).

deuterogamia *f.* 재혼(再婚).

deuterogamo *m.* 재혼자(者).

deuterologia *f.* 태반학(胎盤學).

deuteronômio *m.* 신명기(申命記: 구약성경의 한권).

deuteropatia *f.* [醫] 병발증(倂發症). 여병(餘病).

deutoxido *m.* [化] 이산화물(二酸化物).
devagar *adv.* 천천히. 서서히.
Devagar se vai ao longe. 《諺》 천천히 가면 멀리 도달한다. (조급하면 실패한다는 뜻).
devaneador *a., m.* 명상하는 (자). 망상하는 (자). 공상하는 (자).
devanear *v.t.* ①공상하다. 망상하다. 꿈꾸다. ②명상하다.
devaneio *m.* ①공상. 망상(妄想). 환상(幻想). ②방언(妄言). 섬언(譫言). 헛소리.
devassa *f.* 《古》 심문(審問). 심리(審理). ②예심조서(豫審調書).
devassado *h.* ①개방(開放)한. 공개한. ② 《古》 심문한. 심리한.
devassador *a., m.* 여러 사람에게 공개하는 (사람). 폭로하는 (사람).
devassamento *m.* 개방. 공개(公開).
devassante *a.* 《古》 심문하는. 심리하는.
devassar *v.t.* ①개방하다. 공개하다. ②금지된 구역에 들어가다. 허가없이(무단)입장하다. 침입하다.
— *v.i.* (+*de*). (…을) 심문하다. 조사하다.
—*se* *v.pr.* ①개방되다. 공개되다. ②처신이 추잡해지다. 타락해지다. 음분(淫奔)해지다.
devassidade, devassidão *f.* 절제 없는 행실. 방종. 방탕. 음분함. 음탕함. 타락한 상태.
devasso *a.* 절제없이 행동하는. 방탕한. 방종한. 난봉피는. 음분한. 처신이 개방적인.
— *m.* 방탕한 자. 난봉장이. 음분한 인간.
devastação *f.* 유린. 황폐. 참화(慘禍).
devastador *a., m.* 유린하는 자. 약탈(파괴)하는 자.
devastar *v.t.* 유린하다. 약탈하다. 황폐시키다.
deve *m.* ①[簿] 차변(借邊). ②빚. 부채(負債).
devedor *m.* ①빚지고 있는 사람. 차주(借主). 채무자. ②은혜(의무)를 진 사람.
dever *v.t.* ①(…)의 의무를 지다. (…)의 책임이 있다. ②(…)을 고맙게 생각하다. ③(…)을 하지 않으면 안된다.
Que devemos fazer? (우리는) 무엇을 해야 합니까?
Você deve me pagar esta conta. 당신은 나에게 이 금액을 물어야 한다.
deve ser assim 반드시 그렇게 되어야 한다.
Devo lhe 100 cruzeiros. 나는 당신에게 100그루제이로스의 빚이 있다.
—*se* *v.pr.* 스스로 …의 책임을 지다. (…이) 되어야 한다. (…을) 해야 한다.
deve-se obedecer ás leis 법을 지켜야 한다. 법을 준수해야 한다.
Não deve-se acreditar em tudo que diz. 소문은 다 믿어서는 안 된다.
— *m.* 의무. 책임. 본분(本分). 직분(職分).
cumprir o dever 책임(직분)을 완수하다.
devéras *adv.* 참으로. 진실로. 참된.
Um amigo na necessidade é devéras amigo. 어려운 때 도와주는 친구야말로 참된 벗이다.
deveza *f.* ①토지경계선(土地境界線)에 심은 나무. ②수목(樹木)으로 둘러싼 토지.
devidamente *adv.* 올바르게. 당연히. 규칙대로. 틀림없이.
devido *a.* 빚을 지고 있는. 채무(債務) 있는. 반드시 (…을) 해야 할. 응당 치러야 할. 당연한. 정당한.
devido a …의 원인에 의한. …에 기인하여. …때문에.
— *m.* 빚. 부채(負債).
devoção *f.* ①신앙. 신심(信心). 숭배. 기도. 정성. ②헌신. 전심(專心). 경주(傾注). 골몰. 애착.
devolução *f.* 돌려보내기. 반환(返還). [法] ①귀속(歸屬). ②권리의 양도(讓渡). 이양(移讓).
devolucionário *m.* 기도서(祈禱書).
devolutive *a.* [法] 귀속의. 이양의.
devoluto *a.* ①돌려보낸. [法] 귀속한. ②(땅을) 묵히고 있는. 놀리는. 사용하지 않는. 미개간의.
terra devoluta 휴경지(休耕地).
devolutório *a.* =*devolutivo*.
devolver *v.t.* ①돌려 보내다. 돌려 주다. 반각하다. 반환하다. ②물리다. 이양하다. 양도하다. ③받지 않다. 사절(謝絶)하다.
devoniano, devonico *a.* [地質] 데본기(紀)의.
devoração *f.* ①게걸스레 먹기. 탐식(貪食). ②다 먹어 치우기. 한 번에 전부 삼

devorador *a., m.* 게걸스레 먹는 (사람·동물). 탐식하는 (자).

devorante *a.* 게걸스레 먹는. 탐식하는. 다 먹어 치우는.
— *f.* 기아(饑餓).

devorar *v.t.* ①게걸스레 먹다. 다 먹어 치우다. 한 번에 전부 삼켜 버리다. ②다 없애 버리다. 탕진하다. ③닥치는대로 읽다. 탐독(貪讀)하다. ④(모욕 당한 것을) 꾹 참다. 인내하다.

devorismo *m.* ①낭비하기. 탕진하기. ②공급 횡령. 부정사건(不正事件).

devorista *a.* ①낭비의. 탕진하는. ②공급 횡령의.
— *m., f.* ①낭비자. 탕진자. ②공급을 횡령하는 자. 유용(流用)한 자.

devotadamente *adv.* 헌신적으로. 충실하게. 열심히.

devotado *a.* 골독(汨篤)한. 헌신적인. 충실한. (…에) 잠긴. 잠겨 있는. (…에) 열중한. 열중하는. 열렬히 사랑하는.

devotamente *adv.* 독실한 신앙으로. 경건한 마음으로(태도로).

devotamento *m.* ①헌신. 봉헌(奉獻). 진심. 골돌. 경주(傾注). ②충실. 충성.

devotar *v.t.* (몸·노력·시간을) 바치다. 드리다. 편입하다. (생애를) 바치다. 맡기다. 전용(專用)하다.
—*se v.pr.* …에 몸을 바치다. …에 전심 전념하다.

devoto *a.* ①믿음 깊은. 신앙심이 두터운. 경건한. 헌신적인. ②마음 속에서 우러나는. 열렬한.
— *m.* ①(열렬한) 신봉자(信奉者). 신심가(信心家). ②헌신적인 사람. 열성가. 열렬히 사랑하는 사람.

dextra *f.* 오른손.

dextrina *f.* [化] 호정(糊精). 덱스트린.

dextrocardia *f.* [醫] 심장우경(心臟右傾). 우심증(右心症).

dextrogiro *a.* 오른편으로 도는. 우선(右旋)의. 우경(右傾)의.

dez *a.* 열의. 열 개의. 열 사람의.
— *m.* ①열. 십(10). ②10개. 10인. ③10개 한 벌. ④10의 기호. ⑤로마 숫자의 X(10을 나타냄).

dezanove *a.* 《葡》=*dezenove a.*《브》.

dezasseis *a.* 《葡》=*dezesseis a.*《브》.

dezassete *a.* 《葡》=*dezesete a.*《브》.

dezembro *m.* 십이월(十二月).

dezena *f.* ①십위(十位). ②10개 한 벌. 10인 한 조. ③약 열개. 10개 가량.

dezenove *m., a.* 열아홉(19)의. 열아홉개(의).

dezesseis *m., a.* 열여섯(16)의. 열여섯개(의).

dezessete *m., a.* 열일곱(17)의. 열일곱개(의).

dezoito *m., a.* 열여덟(18)의. 열여덟개(의).

dia *m.* ①날. 낮. ②하루. 일주야. 일(日). ③축일(祝日). 개최일. …데이. 기일. 약속한 날. ④시절. 시기(時期).
dias (pl.) 시대(時代).
de dia 낮에. 주간(晝間)에.
em pleno dia 대낮에. 백주에.
todo o dia 하루 종일. 온 종일.
todos os dias 매일.
dia a dia 매일매일. 일익(日益).
cada dia 매일. 매일매일.
um dia 어느 날. 옛날 옛적(에).
dia de semana (일요일을 제외한) 보통 요일.
dia feriado 휴일. 축일(祝日).
dia de anos 생일. 생신.
dia de Natal 크리스마스. 성탄절.
dia de casamento 결혼식날. 결혼기념일.
dia de pagamento 지불하는 날.
dia sim dia nao 하루 건너.
ao romper do dia 동틀 무렵.
ha dias 수일 전. 몇일 전.
há oito dias 8일 전. 일주일 전.
Bom dia! 안녕하십니까. (아침 인사).
estar de dia 숙직일. 당직일.
dia santo 종교상의 제일(祭日).
dia de São João 성 요한의 제일(祭日).
dia de Finados 만령절(萬靈節) (11월 2일).
dia de reis 12일절(크리스마스 후 12일째의 1월 6일).
dia de juizo 최후의 심판날. 세상의 끝 날. 《古》판결날.
em nossos dias 현대. 현금(現今).

diabetes [醫] 당뇨병(糖尿病).

diabético *a.* 당뇨병의.
— *m.* 당뇨병 환자.

diabo *m.* ①악마. 귀신. 도깨비. 마귀. 마왕. 사탄. ②괴상한 우상. 사신(邪神).

③극악한 사람. ④악동. ⑤불쌍한 인간. ⑥나쁜 동물.
Que diabo! 이게 웬일이냐!
pobre diabo 가엾은 녀석.
Vā para o diabo! 망하다. 영락(零落)하다. (命令法) 죽어라!

diabolicamente *adv.* 악마처럼. 극악하게.
diabólico *a.* ①악마의. 악마 같은. 마성(魔性)의. ②무서운. 극악한. 흉악한. ③몹시 힘든. 지난(至難)한. ④장난이 심한.
diabrete *m.* ①작은 악마. 작은 귀신. ②악동. 장난꾸러기 아이. ③카드놀이의 일종.
diabrura *f.* ①악마의 짓. 도깨비 장난. ②악한 행위. 악사(惡事). 악업(惡業). ③나쁜 장난.
diaconal *a.* (영국 교회·가톨릭회) 부제의. (그리스교회) 보제의. (신교) 집사의.
aiaconato *m. diácono*의 직(신분).
diaconisa *f.* 여자 집사. (기독교의) 자선부인회원.
diácono *m.* (영국 교회·가톨릭회) 부제(副祭). (그리스 교회) 보제(補祭). (신교) 집사.
diacrítico *a.* 구분적. 구별할 수 있는.
sinal diacrítico 구별적 발음부호. 구분부(區分符).
diadema *m.* ①왕관(王冠). 여왕의 영락(瓔珞). 화관(花冠). ②면류관.
diadérmico *a.* [醫] 피부의.
diadexia *f.* [醫] 병상이변(病狀異變).
diafaneidade *f.* 투명성(透明性). (종이의) 비쳐 보이는 정도. [寫] 투명도(透明度).
diáfano *a.* 투명한. 들여다보이는.
diafanometria *f.* 투명도측정법(透度測定法).
diafanometro *m.* 대기투도계(大氣透度計). 투도측정계(測定計).
diaforese *f.* [醫] 발한(發汗).
diaforético *a.* 발한성의. 발한의. 발한에 효력나는.
— *m.* 발한제(發汗劑).
diafragma *m.* ①[解] 횡격막(橫隔膜). [植] 격막(隔膜). ②격벽(隔壁). 장막. 격판(隔板). (조개류의 내부의) 분벽(分壁). (기계류의) 격판(隔板). 격반(隔盤). (축음기·전화기) 진동판. 차광판(遮光板). (사진기) 렌즈의 조르개. 차광면(遮光面).
diafragmático *a.* 횡격막의. 격막의. 격벽의. 격판의. 격반의.

diafragmite *f.* [醫] 횡격막염(炎).
diagnose *f.* [醫] 진단(診斷). 진단법.
diagnosticador *a.* 진단하는.
— *m.* 진단자(診斷者).
diagnosticar *v.t.* 진단하다.
diagnosticável *a.* 진단할 수 있는.
diagnóstico *a.* 진단의. 진찰상의. [生物] 특징적.
— *m.* 진단법. 병의 징후(徵候). 특수증상(症狀).
diagonal *a.* 대각선의. 맞모금의. 빗긴. 어금막힌. (그림이) 어금막혀 그려진. (천이) 어금막혀 짜인.
— *f.* ①대각선(對角線). 맞모금. 기울어진 물건. ②능직(綾織).
diagonalmente *adv.* 비스듬히. 경사지게. 어금막히게. 비뚜로.
diágrafo *m.* 분도척(分度尺). 작도기(作圖器). 확대 사도기(寫圖器).
diagrama *f.* 도표. (기하학적) 도식(圖式). 도해. 일람표.
dialetação *f.* 방언(사투리)을 쓰기. 방언구성(方言構成).
dialetal *a.* 방언의. 사투리의.
dialética *f.* ①논리(論理). 논리적 토론술. ②[哲] 변증법.
dialeticamente *adv.* 변증법적으로. 논리적으로.
dialético (1) *a.* 논리의. 변증(법)적인. 변증 잘하는
— *m.* 변증가. 변증법학자. 변론가.
— (2) *a.* 방언의. 사투리의.
dialetismo *m.* 방언(사투리)을 쓰기.
dialeto *m.* 방언. 사투리. 통용어.
dialetologia *f.* 방언학. 방언연구.
dialisador *m.* 투석기(透析器). 삼투분석기(參透分析器).
dialisar *v.t.* [化] 투석하다.
dialise *f.* ①분리. 분해. [化] 투석(透析). 여막분석(濾膜分析).
dialogado *a.* 문답체로 된. 대화체로 된.
dialogal *a.* 문답식의. 문답체의. 대화체의.
dialogalmente *adv.* 문답식으로. 대화체로.
dialogar *v.t.* 대화체로 (글을) 쓰다. 문답체로 쓰다.
— *v.i.* 대화하다. 문답하다.
dialógico *a.* =*dialogal*.
diálogo *m.* ①문답(問答). 대화(對話). 대화체(體). 대화극. ②(소설의) 대화의 부

분. 대사(臺詞).
diamagnético *a*. [理] 반자성적(的).
diamagnetismo *m*. [理] 반자성(反磁性).
diamante *m*. 다이아몬드. 금강석.
  diamante de vidraceiro 유리 끊는 칼.
  — *a*. 다이아몬드 활자의(活字).
diamantífero *a*. 다이아몬드를 포함한. (토지가)금강석을 산출하는.
diamantino *a*. ①(경도(硬度) 또는 광택이) 다이아몬드 같은. ②철석같은 반석의. ③귀중한.
diamantista *m.f*. 다이아몬드 상인. 금강석 가공직공(加工職工).
diamantóide *m*. 다이아몬도 유사석(類似石)(경도(硬度)는 같으나 광택이 없음).
diamba *f*. [植] 대마(大麻)의 일종.
diametral *a*. 직경의. 지름의.
diâmetro *m*. ①직경. 지름. ②배(倍)(擴大單位).
diana *f*. [羅神] ①다이애너스(달의 여신으로서 처녀성과 사냥의 수호신). ②《詩》달. ③여자 사냥꾼. 사냥하는 여자. 여기사(女騎士).
diante *adv*. 앞에. 전방(前方)에.
  diante de …의 앞에. …의 면전에.
  em diante 앞으로. 금후.
  daqui em diante 지금부터. 금후. 향후.
  por diante 계속하여.
  para diante 앞으로. 전방에.
  ir por diante 전진하다. 계속하다.
dianteira *f*. ①전방(前方). 전면(前面). ②앞부분. 전부(前部). ③선두(先頭). 선구(先驅).
  porta dianteira 앞문. 전문.
  tomar a dianteira 앞지르다. 선행하다.
dianteiro *a*. 앞의. 전방의. 앞에 있는. 선두(先頭)의. 선구(先驅)의.
diapasão *m*. 《雅》조음(調音). 화해(和諧). [樂] 전협화음. 원해음(原諧音). 8도 음정.
diária *f*. 일급(日給). 일비(日費). 하루의 양식(糧食).
diáriamente *adv*. 매일. 나날이. 일상적으로.
diário *a*. 그날그날의. 매일의. 나날의. 일상적인.
  — *m*. 일기. 일지(日誌). 일간문. 일간신문. 일보(日報). 매일 지출하는 비용. [商] 일기장.

diário ae escola 학급일지.
diarista *m., f*. 일급일부(日給人夫). 일급으로 채용된 사람.
diarréia *f*. [醫] 설사.
diarréico *a*. 설사의.
  — *m*. 설사환자.
diaitrose *f*. [解] 자재관절(自在關節). 전동(全動) 관절. 가동(可動) 관절.
diastase *f*. 디아스타제. 전분발효소(澱粉醱酵素). [化] 당화소(糖化素). [醫] 탈골(脫骨). 탈구(脫臼).
diastasico *a*. 디아스타제의. 당화소의.
diástole *f*. [生理] 심장확장(心臟擴張). 심장확장기(期). 동맥(動脈)팽창.
diastólico *a*. 심장확장(기)의. 동맥팽창의.
diatermanismo *m*. [理] 열이 통하는 것. 투열성(透熱性).
diatermano *a*. [理] 열이 통하는. 열을 통하는. 투열(성)의.
diatermia *f*. 전열요법(電熱療法).
diatérmico *a*. 전열요법의.
diátese *f*. [醫] 병적 소인(素因). 특이 소질(特異素質). (병의) 소인.
diatomáceas *f.(pl.)* [植] 규조식물(硅藻植物).
diatomo *m*. [植] 규조(硅藻).
diatómico *a*. (발음 : 지아또오미꼬). [化] 2원가(성)이. 2가(二價)이.
diatónico *a*. (발음 : 지아또오니꼬). [樂] 전음계(全音階)적. 일음적(一音的).
diatribe *f*. 혹평. 욕. 비방.
dicacidade *f*. 혹평. 독설(毒舌). 비방. 비웃기.
dicaz *a*. 혹평의. 독설의. 비방의. 비웃는.
dicção, dição *f*. 말씨. 말. 용어. 어법.
dicéfalo *a*. [動] 머리가 둘 있는. 이두(二頭)의. [植] 이두상화(二頭狀花)의.
dicionário *m*. 사전. 자전. 옥편.
dicionarista *m., f*. 사전편찬자.
dicline *a*. = *diclino*.
diclinismo *m*. [植] 자웅이화(雌雄異花).
diclino *a*. [植] 자웅이화의. 암수 다른 꽃의. 단성(單性)의.
dicogamia *f*. [植] 암술·수술이 다른 시기에 성숙하는 것. 분숙수정(分熟受精).
dicotiledôneas *f.(pl.)* [植] 쌍자엽(雙子葉) 식물.
dicotiledôneo *a*. [植] 쌍자엽 식물의.
dicotomia *f*. 양분(兩分). [論] 이분법(二分

法). [植·生物] 두 갈래로 갈림(二肢區分). 마주나기. 대생(對生). [天] 반달.

dicotómico, dicótomo *a*. 양분의. 두 갈래의. 두 갈래로 나뉜. [植] 잎이 마주 나는. 대생의.

dicroismo *m*. 이색성(二色性). (다른 각도에서 보면 빛깔이 다르게 나타나는 성질).

dicromático *a*. 두 색깔을 가진. 이색성(二色性)의. [動] 이변색성(二變色性)의.

dicroscópio *m*. 이색경(二色鏡).

dicrotismo *m*. [醫] 중복맥(重複脈). 이박(二搏).

dicroto *a*. [醫] 중복맥의.

didática *f*. 교수법(教授法). 훈육학(訓育學).

didáticamente *adv*. 교육적으로. 교훈적으로.

didático *a*. 교수법의. 교수용(用)의. 교육적.

diédrico *a*. 두 개의 평면으로 된. 두 면(二面)의.

diedro *m*. [幾] 이면. 이면체(二面體).

dielétrico *a*. [重] 부전도성(不傳導性)의. 유전성(誘電性)의.
— *m*. [電] 절연체(絶緣體). 유전체.

diérese *f*. [文] (음절의) 분절(分切). 분음표(分音標). (접속하는 두 모음의 앞글자에 붙여서 뒤의 모음과 별개의 음절임을 표시하는. …의 부호. *eloqüencia, frequencia* 따위). [醫] 절단(切斷). [外] 분리(分離). 분할(分割).

dierético *a*. 분절의. 분음표의. 절단의.

dieta (1) *f*. [醫] (의사가 환자에게 정해 주는) 규정 음식. 정량된 양식. 음식조섭(飮食調攝).
— (2) *f*. (일본·덴마크·스웨덴 등의) 의회. 국회.

dietética *f*. 식이요법(食餌療法). 음식섭생법(攝生法).

dietético *a*. 섭생상(攝生上)의. 섭생법의.
— *f*. 식이요법. 섭생법.

dietista *m., f*. 영양학자. 영양사(榮養士).

difamação *f*. 명예훼손. 중상. 무함(誣陷). 비방(誹謗). 욕지거리.

difamador *a., m*. 명예를 훼손하는 (자). 무함하는 (사람). 신용을 떨어뜨리는 (자). 중상하는 (자).

difamante *a*. 명예를 훼손하는. 신용을 떨어뜨리는. 중상(비방)하는.

difamar *v.t*. (…의) 명예를 훼손하다. 신용을 떨어뜨리다. 중상(비방)하다.

—**se** *v.pr*. 자기의 명예를 더럽히는 행동을 하다. 스스로 신용을 잃다. 면목 없는 노릇을 하다.

difamatório *a*. 명예훼손의. 중상의. 중상적. 비방적. 욕지거리의.

diferença *f*. 다름. 상위(相違). 차이. 차별. 구별. 차이점. [數] 차(差). 차액. [論] 차이(差異).
diferenças (*pl.*) 의견의 차이. 불일치. 불화. 다툼. 알력.
jaz grande diferença 큰 영향이 있다. 큰 차이가 있다.
não faz diferença 아무 영향도 없다. 다른 점이 없다.
sem diferença 차이점이 없이.

diferençar *v.t*. 구별 짓다. 차별하다. 다르게 하다.
—**se** *v.pr*. …와 다르다. 구별되다. 차별되다.

diferençável *a*. 구별(차별)할 수 있는. 다른 것으로 할 수 있는.

diferenciação *f*. 차별. 차별 대우. [數] 미분. [生物] 분화(分化). 파생. 특수화. 변이(變異).

diferencial *a*. 차별적. 특이(特異)한. [數] 미분의. [理·機] 차동적(差動的)인.
calculo diferencial 미분산(微分算).
— *f*. [數] 미분. 미분법. [生物] 특이형태(特異形態). [商] (차별적) 세(稅). 관세. 차별액.
— *m*. (자동차의) 차동장치(差動裝置).

diferenciar *v.t*. ①[數] 미분하다. 미분수(微分數)를 구하다. ②차별하다. 구별하다. 가리다.
—**se** *v.pr*. 구별되다. [生物] 분화(分化)하다.

diferente *a*. 다른. 딴. 같지 않는. 별개의. 차(差)가 있는. 여러 가지의. 각종의. 각이(各異)한.
diferentes vezes 종종. 여러 번. 수차.

diferentemente *adv*. 다르게. 달리. 딴 방법으로. 여러 가지로.

diferir *v.t*. 연기하다. 지연하다.
— *v.i*. (…와) 일치하지 않다. (…와) 다르다. 차이가 있다. 맞지 않다.

difícil *a*. 어려운. 알기 힘든. 곤란한. 용이하지 않은. 고생스러운. 다난(多難)한.
tempo difícil 어려운 시국(時局). 곤란한 시기.

genio difícil 까다로운 성격.
dificílimo *m*. (*difícil*의 최상급) 몹시 어려운. 가장 힘든(곤란한). 지난(至難)한.
dificilmente *adv*. 어렵게. 힘들게. 겨우. 간신히.
dificuldade *f*. ①어려움. 곤란. 난사(難事). ②난국. 궁경(窮境). 곤경. (특히) 재정적 곤란. ③고장. 지장. 장애.
sem dificuldade 어려움 없이. 쉽게.
dificultação *f*. (일을 어렵게 하기. 까다롭게 하기.
dificultar *v.t*. (일을) 어렵게 하다. 까다롭게 하다. 곤란하게 하다.
— *se v.t*. (일이) 어려워지다. 곤란해지다.
dificultosamente *adv*. 어렵게. 곤란하게.
dificultoso *a*. 어려운. 힘든. 곤란한. 까다로운.
difidencia *f*. ①믿음성이 없음. 불신(不信). 불신용. ②의심. 시의(猜疑).
difilo *a*. [植] 두 개의 잎사귀로 되는. 복엽(複葉)의. 중엽(重葉)의.
difluência *f*. 흘러 퍼짐. 유포(流布). 유출(流出). 유동성(流動性).
difluente *a*. 흐르는. 유포하는. 유출성의. 분류성(分流性)의.
difluir *v.i*., *v.t*. 흐르다. 흘러 나오다. 흘러서 사방으로 퍼지다. 유포(流布)하다.
difração *f*. [理] 회절(回折).
difratar *v.t*. (광파·음파·전파 등을) 회절하다.
difrativo *a*. 회절적인. 회절시키는.
difringente *a*. 회절시키는. 회절하는.
difteria *f*. [醫] 디프테리아.
diftérico *a*. 디프테리아성(性)의. 디프테리아에 걸린.
difterite *f*. =*difteria*.
diftongal *a*. 이중음의. 이중 모음의.
diftongo *m*. [音聲] 이중음(二重音). [文] 이중 모음(母音)(*at, au, oi* 따위). 모음의 연자(連字)(*ae, oe* 따위). (한 모음을 나타내는) 중자(重字).
difundir *v.t*. 퍼뜨리다. 산포(散布)하다. 유포(流布)하다. 보급하다. 전하다.
— *se v.pr*. ①퍼지다. ②(빛·열·냄새 따위) 발산하다. 유포하다. ③[理] 확산하다. ④보급되다.
difusão *f*. ①산포(散布). 유포(流布). 전파(傳播). ②방송. 보급. ③[理] 확산(擴散).
difusível *a* 퍼지는. 보급할 수 있는. 확산성의. 전파할 수 있는.
difusivo *a*. 산포적. 확산적. 산포의. 유포의. 전파의.
difuso *a*. 퍼뜨린. 퍼진. 산포한. 전파한.
difusor *a*. 퍼뜨리는. 산포하는. 전파하는. *a rádio difsora* 라디오 방송 장치(방송국).
digama *m*. 초기 그리스 글자의 F([W]로 발음).
digamo *a*. 남녀 양성(男女兩性)이 있는. 양성을 가진. [植] (같은 화탁(花托)에) 자웅 두 꽃술이 있는.
digástrico *m*., *a*. [解] 이복근(二腹筋)(의).
digerido *a*. 소화(消化)한. 소화된.
digerir *v.t*., *v.i*. ①소화하다. ②이해하다. 납득하다. ③[化] 침지(浸漬)하다. ④(모욕을) 참다. 인내하다.
digerível *a*. 소화할 수 있는. 소화하기 쉬운. [化] 침지의. 분해성의.
digestão *f*. ①소화(작용). 소화력. ②납득. 이해. [化] 침지(浸漬). 분해. (모욕 따위를) 참기. 인내.
digestibilidade *f*. 소화성. 소화력 있음. 소화율. [化] 분해성.
digestível *a*. =*digerivel*.
digestivo *a*. ①소화의. 소화력 있는. 소화를 돕는. ②[化] 침지하는. ③빨리 곪게 하는. 화농촉진의.
— *m*. ①소화제. 건위제(健胃劑). ②화농촉진제(化膿促進劑).
digesto *a*. 소화한. 소화된. (=*digerido*).
— *m*. ①집성(集成). 강령. 법률전서(全書). ②(동로마황제) *Justinian* 제왕의 명령으로 편찬한 법률학설대전. 로마 법전.
digestor *a*. 소화시키는. 소화용의.
— *m*. ①[料理] 끓이는 그릇(냄비). ②[化] 침지기(浸漬器). 압열관(壓熱罐).
digestório *a*. 소화력 있는.
digitação *f*. 손가락 모양을 하고 있음. 지상(指狀).
digitado *a*. 손가락 모양을 한. 지상(指狀)의.
digital *a*. 손가락의. 손가락 모양의.
— *f*. [植] 디기탈리스. 구미초(狐尾草).
digitalina *f*. 디기탈리스 초(草)에 내포되어 있는 독소(毒素).
digitiforme *a*. 손가락 모양(指狀)의.
digitígrado *a*. [動] 발가락으로 걷는.
— *m*. 지행동물(趾行動物) (개·고양이 따위).

dígito *m.* 사람의 손가락 또는 발가락. [動] 발가락. [天] 식분(蝕分) (해・달의 직경의 $1/12$).
— *a.* 손가락의. 발가락의.
número dígito 하나부터 열까지의 숫자 (손가락으로 셀 수 있는 숫자).

digladiador *m.* ①(특히) 칼 또는 검으로 싸우는 자. 검객(劍客). ②격론하는 자.

digladiar-se *v.pr.* ①(특히) 칼 또는 검으로 싸우다. ②격론(激論)하다.

dignação *f.* 《稀》영예・자비・호의・상품 등의 수여.

dignar-se *v.pr.* ①황송하옵게도 …하시다 (하여 주다). ②(…에) 호의가 있다. 호의를 품다. 기꺼이 해 주다. ③…의 영광을 받다. 겸손해지다. 공손하다.

dignidade *f.* ①위엄. 존엄(성). 장엄. 품위. 품격. ②높은 벼슬. 현직(顯職). ③중요한 고관. 현관(顯官). 고승(高僧).

dignificação *f.* 품위(품격)를 높임. 위엄(존엄성) 있게 함.

dignificar *v.t.* 위엄을 갖추다. 품위(품격)를 높이다. 고귀하게 하다. 벼슬을 주다. 점잖빼다.

dignitário *m.* 고관. 고위성직자(高位聖職者).

digno *a.* 고귀한. 품위 있는. 단정한. ($+de$) …에 해당하는. …에 상당한. …의 가치가 있는. …에 알맞은.

digono *a.* [幾] 이각(二角)의.

digrama *m.* [文] 한 소리를 나타내는 두 글자(F로 발음되는 Ph 따위) 양자일음자(兩字一音字).

digressão *f.* ①탈선. 원제목을 떠난 말. 객담(客談). ②사는 곳을 멀리하기. 주유(周遊). 유력(遊歷). [天] 이각(離角).

digressionista *m., f.* 편력(遍歷)하다. 유람하다.

digressivo *a.* (이야기가) 탈선한. 본론을 떠난. 말초(末稍)에 흐르는.

digresso *m.* =*digressão*.

dilação *f.* 지연(遲延). 지체. 연기(延期). 유예(猶豫).

dilaceração *f.* 째기. 찢기. 토막을 치기. 촌단(寸斷). 사분오열(四分五裂).

dilacerador *a., m.* 째는 (사람). 토막을 치는 (사람).

dilacerante *a.* 째는. 찢는. 토막 치는. 촌단하는.

dilapidação *f.* ①황폐. 부폐(腐廢). 허물어지는 것. 붕궤(崩壞). ②낭비. 남비. (재산의) 탕진.

dilapidador *m.* ①파괴하는 자. 허무러뜨리는 자. 황폐케 하는 자. ②낭비자. (재산을) 탕진하는 사람.

dilapidar *v.t.* ①황폐시키다. 파괴하다. 헐다. 허물어뜨리다. ②낭비하다. (재산을) 탕진하다.
— *v.i.* 황폐하다. 파괴하다.

dilatabilidade *f.* 팽창성(율).

dilatação *f.* ①팽창(膨脹). 확장. 연장. 신장(伸張). ②부연(敷衍). ③전개.

dilatado *a.* ①팽창한. 확장한. 확대한. 넓힌. 연장한. ②넓은. 광대한. ③부연한. ④전개한.

dilatador *a.* 팽창케 하는. 확장하는.
— *m.* [解] 확장근(擴張筋). [醫] 확장기(器).

dilatante *a.* 팽창케 하는. 확장하는. 확대하는. 부풀게 하는.

dilatar *v.t.* ①팽창시키다. 확장하다. 넓히다. 부풀리다. 연장하다. ②연기하다. ③자세히 설명하다. 심정을 토로하다.
—*se v.pr.* 팽창하다. 확장되다. 넓어지다. 부연(敷衍)되다. 연기되다.

dilatável *a.* 팽창(확장)하는(할 수 있는). 팽창성의.

dilatório *a.* ①느린. 더딘. ②연기하는. 연기되는. 연기하기 위한. 천연적(遷延的)인.

dilecto *a.* =*dileto*.

dilema *m.* [論] 딜레마. 양도논법(兩刀論法). 진퇴유난. 궁지(窮地).

dilemático *a.* 양도논법의. 진퇴양난한.

dilemante *a.* 예술에 매우 취미 있는.
— *m.* 문학・예술의 애호가. (전문가 아닌) 미술광(美術狂). 음악광.

dilematismo *m.* 직업적이 아닌. 문예 취미. 도락(道樂).

dileto *a.* 귀여운. 가장 사랑하는. 총애하는.

diligência *f.* ①부지런함. 근면. 근실. 근검(勤儉). ②조사・수사. ③빠름. 민속(敏速). ④(프랑스의) 승합 마차. 승합 자동차.

diligenciar *v.t.* (…에) 열심하다. 노력하다. 애쓰다. 최선을 다하다.

diligente *a.* ①부지런한. 근면한. 근실한. ②조심성 있는. (일을) 빨리 하는. 신속한.

diligentemente *adv.* 부지런히. 근면하게.
diluente *a.* ①희박하게 하는. 묽게 하는. ②희박하게 한. 묽게 탄. 희석(稀釋)한. ③[醫] 담혈(淡血)의.
diluição *f.* =*diluimento*.
— *m.* ①묽게 하기. 희박. ②희석도(度). ③희석물. ④박약화(薄弱化).
diluir *v.t.* 묽게 타다. 희석케 하다. 희박하게 하다.
—**se** *v.pr.* ①묽게 되다. 희박해지다. ②녹다.
diluto *a.* ①묽은. 희박한. ②녹은. 용해한.
diluvial, diluviano *a.* (특히 *Noah*의) 대홍수의. 대홍수로 생긴. [地質] 홍적(洪積)의. 홍적기(期)의. 넘쳐흐르듯 많은.
chuva diluviana 폭우. 큰 비.
diluvião *f.* [地質] 홍적층(洪積層). 홍수기 성층(洪水期成層).
diluviar *v.t.* 큰 비(豪雨)가 내리다.
dilúvio *m.* ①큰 물. 대홍수. [劇] (노아의) 대홍수. ②범람(氾濫). 큰 비. ③다량(多量). 풍부.
diluvium *m.* =*diluvião*.
dimanação *f.* ①물이 흘러 나옴(솟아남). 유출(流出). ②유래(由來). 기인(起因).
dimanante *a.* …에서 오는. …에 기인하는. …으로부터 생기는(일어나는.
dimanar *v.i.* 흘러나오다. (…으로부터) 생기다. (…에) 유래하다. 기인하다.
dimensão *f.* ①(길이·넓이·두께 등의) 치수. ②면적. 용적. 크기. 부피. 규모. 범위. ③[數] 차원(次元).
as tres dimensões, comprimento, largurae grossura 3차원. 즉 길이와 폭과 두께.
dimensível *a.* 치수로 잴 수 있는. 측량 가능한.
dimensório *a.* 측량의. 측량용의.
dimetro *a.* [韻] 이보행(二步行)의.
verso dimetro 이보행의 시. (이보(二步)로 된 시행(詩行)).
diminuendo (1) *m.* ①[樂] 점차 약음. 점차 약해지는 악구(樂句). ②[數] 피감수(被減數).
— *a.* [樂] 차차 약한.
— (2) *adv.* 차차 약하게(기호: >).
diminuente *a.* 줄이는. 감소하는. 약해지는.
diminuição *f.* ①감소(減少). 감손(減損). 축감(縮減). 축소. ②감소액(額). ③[數] 감법(減法).
diminuidor *a.* 줄이는. 감소하는. 감손하는.
— *m.* 감수(減數).
diminuir *v.t.* 덜다. 감하다. 줄이다. 축소하다. [樂] 반음 낮추다.
— *v.i.*, —**se** *v.pr.* ①줄다. 감소되다. 작아지다. ②(소리가) 약해지다. ③여위다. ④소멸하다.
diminuir a velocidade 속도를 낮추다.
diminutivamente *adv.* 작게. 지소사로서.
diminutivo *a.* 감소하는. 축소하는. 작은. 자그마한. [文] 지소(指小)의. 시소(示小)의.
— *m.* ①지소어(指小語). 시소사(示小辭). 지소접미어(接尾語). 축소형(縮小形). ②축소한 것.
diminuto *a.* 작은. 미소한. 미세한. 사소한. 대수롭지 않은.
dimissórias *a., f.(pl.)* (다음의 합성어로만 씀).
cartas dimissorias [宗] (감독이 내는) 성직추천장(聖職推薦狀). 목사의 전임(轉任) 허가장.
dimorfia *f.* =*dimorfismo*.
— *m.* [生] 동종이형태(同植二形態). [鑛] 동질이형상(同質二形狀).
dimorfo *a.* [生·鑛·化] 동종이형태의. 동질이형항의.
dina *m.* [理] 다인(1그램의 물체에 매초 1cm씩의 가속도를 일으키는 힘).
dinamarquês *a.* 덴마크의.
— *m.* 덴마크 사람(말).
dinamia *f.* 동력의 단위(1톤의 중량을 일정시(一定時)에 1미터의 높이로 올리는 힘).
dinâmica *f.* ①동력. 원동력. ②역학(力學). 동력학.
dinâmico *h.* 동력의. 역학의. 역학상의. 동적(的)인. 정력적(精力的)인.
eletricidade dinâmica 유전기(流電氣).
pressão dinâmica 동압(動壓).
dinamismo *m.* 동력론(動力論). [哲] 역본설(逆本說: 모든 우주 현상은 자연력의 작용에 기인한다는 학설).
dinamista *m., f.* 동력론자.
dinamitar *v.t.* 다이너마이트로 폭파하다.
dinamite *f.* 다이너마이트(니트로글리세린을 주성분으로 하는 폭약).
dinamitista *m..f.* ①다이너마이트 제조

인, ②다이너마이트를 사용하는 흉한(兇漢).
dinamização *f*. [醫] 활동력 집중(集中).
dinamizar *v.t.* [醫] 활동력을 집중하다.
dínamo *m*. 다이너모. 발전기.
dinamomagnético *a*. 자석전력(磁石電力)의.
dinamometria *f*. 동력측정법.
dinamométrico *a*. 악력계의. 동력계의.
dinamometro *m*. 악력계(握力計). 동력계. [植] 액압계(液壓計).
dinasta (발음: 디나스따) *m*. (옛날 유럽의) 작은 나라 군주(君主). (세습적인) 주권자. (역대의) 군주.
dinastia (발음: 디나스찌이아) *f*. (역대의) 왕조(王朝). 대(代). 왕대(王代).
dinástico *a*. 왕조의. 왕가의. 왕대(王代)의.
dinheirada, dinheirama *f*. =*dinheirão*.
dinheirão *m*. 많은 돈. 큰 돈. 거액.
dinheiro *m*. ①돈. 금전. 화폐. 통화. 동전. ②자본. ③《俗》부(富). 재산.
dinheiro de contado 현금. 현찰.
dinheiro corrente 통화(通貨).
dinheiro falso 가짜 돈. 위조지폐
dinheiro miúdo 잔돈.
fazer (또는 *ganhar*) *dinheiro* 돈벌이하다.
dinheiro ganha dinheiro 돈이 돈을 벌다.
com dinheiro tudo se arranja 금전만능.
estar sem dinheiro 돈이 한 푼도 없다 (없이 있다).
Tempo é dinheiro. 《諺》시간은 돈이다.
dinheiroso *a*. 돈 많은. 재산이 있는. 부자의.
dinossauro *m*. [古生] 공룡(恐龍).
dinotério *m*. [古生] 공수(恐獸). 흉맹수(兇孟獸).
diocesano *a*. [宗] 사교관구(管區)의.
— *m*. 사교관구의 신자(信者).
diocese *f*. [宗] 사교(주교)관구. 감독관구.
dioico *a*. [植] 자웅이주(雌雄異株)의.
dionisiacas *f.(pl.)* 술의 신(神) 디오니서스. 디오니서스제(祭).
dionisíaco *a*. 술의 신(酒神)의. 디오니서스(숭배)의.
dióptrica *f*. 굴절광학(屈折光學).
dióptrico *a*. 광선굴절의. 광선굴절을 이용한(렌즈 따위).

dioptro *m*. (외과용의) 반사경(反射鏡).
diorama *m*. 디오라마. 투시화(透視畵). 디오라마 관(館).
diorámico *a*. 디오라마의. 투시화의.
diorite, diorito *m*. [鑛] 섬록암(閃綠岩).
dipétalo *a*. [植] 두 개의 꽃잎이 있는. 이화판(二花瓣)의.
diplegia *f*. [醫] 양측마비(兩側痲痺).
diplocefalo *m*. 일체양두(一體兩頭)의 괴물.
diplococo *m*. [生物] 쌍구균(雙球菌).
diploma *m*. (특히 학위) 수여장(授與狀). 졸업장. 면허장. 상장(賞狀). 감사장.
diplomacia *f*. 외교. 외교술. 외교적 수완. 권모술수(權謀術數). 교섭.
diplomado *a*. 졸업장을 받은. 학위를 받은. 학위 있는. 면허장이 있는.
diplomar *v.t.* 졸업시키다. 학위를 수여하다. 면허장을 주다.
— *v.i.*, —*se* *v.pr.* 졸업하다. 학사호를 얻다. 졸업생 칭호를 받다. 면허장을 받다.
diplomata *m., f*. ①외교관. 외교가. ②교제를 잘 하는 이.
diplomática *f*. 고문서학(古文書學).
diplomáticamente *adv*. 외교적으로. 외교상.
diplomático (1) *a*. ①외교의. 외교적. ②외교에 관한. ③외교관의. ④외교에 수완 있는. 교섭이 능한. ⑤친절한. 은근한.
corpo aiplomático 외교단(外交團).
— (2) *a*. ①졸업장에 관한. 면허장에 관한. ②고문서학의.
— *m*. 고문서학자(古文書學者).
diplomatista *m., f*. ①외교관. ②외교를 잘하는 사람.
diplopia *f*. [醫] 복시(複視). 중시증(重視症).
dipneus, dipneustas *m.(pl.)* [動] 이폐류(二肺類).
dipode *a*. [動] 두 발 있는. 이족(二足)의. 이각(二脚)의.
dipsomania *f*. 술을 좋아함. 술미치광이. 주기적 음주광(週期的飮酒狂).
dipsomaníaco *m., a*. 술미치광(음주광)(의).
díptero *a*. [蟲] 날개가 두 개 달린. 쌍시(雙翅)의.
— *m*. [建] 쌍복도 있는 이중열주당(二重列柱堂).
dípteros *m.(pl.)* [蟲] 쌍시류(雙翅類).

dipterologia *f.* 쌍시류학(學).
dipterólogo *m.* 쌍시류학자.
dipticos *m.*(*pl.*) ①둘로 접은 물건, ②(옛날의) 둘로 접은 글판(書板). ③(제단(祭壇) 뒤의) 둘로 접은 그림(조각).
dique *m.* ①둑. 제방. 방파제(防波堤). ②선거(船渠). 도크. ③방벽(防壁). 방어수단. ④장애(障碍). 방해.
direção *f.* ①방향. 방면. 방위(方位). ②방침. ③지휘. 지도. 감독. 관리. 경영. 지배. ④(편지의) 저편 주소. ⑤[機] 조종장치. (조종하는) 키.
em direção …의 방향으로.
direita *f.* ①오른편. 우측. [政] 우익. 우파(右派).
á direita 오른쪽으로. 오른편에. 우측에.
para a direita 오른쪽으로 향하여.
Á direita volver! [軍] 우향우!
direitamente *adv.* 곧게. 똑바로. 직선으로. 곧장. 직접.
direiteza *f.* ①곧음. 곧바름. 똑바름. ②정직. 품행단정(端正).
direitinho *a.* (*direito*의 지소어) 바른. 올바른. 똑바른.
— *adv.* 똑바르게. 잘.
direitista *a.* 오른편의. 우측의. 우익의.
— *m., f.* 우익. 우익당원(右翼黨員). 보수파의 정객.
direito *a.* ①오른편의. 오른쪽의. 우측의. ②똑바른. 직선의. 곧은. ③정직한. ④직접적.
— *adv.* 똑바로. 곧게. 일직선으로. 곧장. 솔직하게. 직접.
a direito 정당하게. 올바르게. 도리에 맞게.
de direito 법률에 의하여. 합법적으로. 정당히.
— *m.* ①오른편. 우측. ②정당(正當). 정의. 공정. ③바른길. 곧은 것. ④올바른 상태. ⑤권리. 특권. ⑥법. 법규(法規). ⑦표면(表面). 겉. ⑧세(稅). 조세(租稅).
direito civil (*privado*) 민법(民法). 사법(私法).
direito netural 자연의 법칙.
direito internacional 또는 *direito das gentes* 국제공법(公法).
direito de alfandega 관세(關稅).
direito de importação 수입세(輸入稅).
doutor em direito 법학박사.
a torto e a direito 옳든 그르든. 가부간.
Contra a força não há direito. (폭력 앞에는 정의도 없다.) 《諺》 힘은 정의다.
direitos de cais 선창료. 선창 사용료.
direitura *f.* ①곧음. 똑바름. ②정직. 품행단정. ③일직선. ④솔직함.
em direitura a …의 방향에. …의 쪽으로.
diretivo *a.* ①가리키는. ②[無線] 지향성 있는. ③지도하는. 지도적. 지휘적. ④지휘의. 관리의.
direto *a.* ①곧은. 똑바른. 직선의. ②직행(直行)의. ③직계(直系)의. 정통(正統)의. ④직접의. 직접적인. ⑤정직한. 솔직한. 우직한. ⑥정확한.
combóio direto 직행열차.
diretor *a.* 관리하는. 지휘하는. 지배하는.
— *m.* ①지배인. 관리인. 국장. 원장. 청장(廳長). 총무. 총장. ②학부장. 교장. ③(은행의) 전무. 중역. ④(신문의) 편집부장.
diretor de escola 교장.
diretor de orquestra 오케스트라(관현악).
diretora *f.* *diretor*의 여성형(여지배인·여관리인·여교장·여성국장 등).
diretorado *m. diretor*의 임무 또는 임기(任期)
diretoria *f.* ①관리. 경영. 지휘. ②지배인(관리자·국장·원장·부장 등)의 직분. 그 사무실. ③이사회(理事會). 역원회. 관리국.
diretorial *f.* ①지휘상의. 지도하는. ②지배인의. 지휘자의. 관리인의. 역원의. 주사(主事)의.
diretório *a.* 지휘하는. 지도하는. 관리하는.
— *m.* ①지도서(指導書). ②[法] 훈령(訓令). ③주소성명록(姓名錄). 상공명감(商工名鑑). ④[宗] (교회의) 예배규칙서.
diretriz *f.* ①*diretor*의 여성형. ②[數] 지도선(指導線). 준선(準線).
dirigente *a.* 이끄는. 지휘하는. 지도하는. 지배하는.
— *m.* 지휘자. 지도자. 영도자. 지배인.
dirigir *v.t.* ①이끌다. 지도하다. 지휘하다. 지배하다. 관리하다. 경영하다. ③(배를) 조정하다. (차를) 운전하다. 유도(誘導)하다. ④(편지 따위를) 발송하다. 보내다.

—se *v.pr.* (+*a* 또는 *para*). …에 향하다. …에 향하여 가다.

dirigível *a.* 조종(操縱)할 수 있는. 유도(誘導)할 수 있는.
— *m.* 풍선. 유도기구(誘導氣球). 비행선.

dirimente *a.* 무효로 하는. 취소하는. 파기(破棄)하는.
impedimento dirimente (혼인을 무효로 하는) 절대장애(障碍).

dirimir *v.t.* ①무효로 하다. 취소하다. 파기하다. 폐기하다(廢棄). (사건을) 해결하다. 낙착 짓다. 결말을 맺다.

diro *a.* 《詩》잔인한. 흉악한. 맹악한. 무서운. 소름이 끼치는.

dis *pref.* 반대·부정·분리·제거·쌍(雙) 따위를 나타내는 접두사.

disbasia *f.* [醫] 보행곤란증(步行困難症).

discar *v.t.* (전화의) 다이얼을 돌리다. 다이얼을 돌려 자동 전화를 걸다.

discente *a.* ①배운. 배우는. 교육받는. ②학생에 관한.

disceptação *f.* 논쟁. 토론. (잡지·신문지 상의) 논전.

discernente *a.* 잘 분간하는. (머리가) 명석한. 통찰력 있는. 총명한. 잘 판단하는.

discernimento *m.* 식별력(識別力). 총명. 통찰력. 안식(眼識).

discernir *v.t.*, *v.i.* 잘 분간하다. 잘 판단하다. 식별(識別)하다.

discernível *a.* 분간할 수 있는. 식별할 만한.

disciforme *a.* [植] (잎사귀가) 평원형(平圓形)인. 반형(盤形)의.

disciplina *f.* ①훈련(訓練). 훈육. 단련. 훈도(薰陶). ②기율(紀律). 규율. 풍기(風紀). ③징벌(懲罰). 징계.
disciplina militar 군기(軍紀).

disciplinadamente *adv.* 규율적으로. 엄격한 기율로. 일사불란(一絲不亂)하게.

disciplinado *a.* 잘 훈련된. 잘 교육받은. 규율이 잘 되어 있는. 풍기 엄정한. 기율(紀律)이 확립되어 있는. 일사불란한.

disciplinador *a.*, *m.* ①훈련하는 (자). 훈육하는 (자). ②규율을 엄격히 지키는 (사람). (규율에) 엄격한 사람.

disciplinamento *m.* ①훈련. 훈육(訓育). ②규율 확립. 풍기 단속. 기율 엄정. ③징계(懲戒). 징벌.

disciplinante *a.* 징벌 받는.
— *m.* 징계처분 당하는 자. 피징벌자(被懲罰者).

disciplinar (1) *v.t.* ①훈련하다. 훈육(訓育)하다. 훈도(薰陶)하다. ②규율을 지키게 하다. ③징계하다. 징벌하다.
—se *v.pr.* 스스로 수양(修養)하다. 스스로 단련하다.
— (2). *a.* 훈련상의. 훈육의. 훈도의. 훈계의. 규율상(規律上)의. 징계의.
penas disciplinares 징계처분.

disciplinável *a.* 훈련할 수 있는. 규율 있게 할 수 있는. 취체(取締)가능한. (죄 따위) 벌받아야 할.

discípula *f.* 여생도(女生徒). 여학생. 여자 제자(弟子).

discípulo *m.* ①생도. 학생. 제자. 문하생(門下生). ②예수 12사도(*Apostles*)의 한 사람.

disco *m.* 넓적하고 둥그런 표면. 둥근 접시. (경기용) 원반(圓盤). (축음기의) 레코드. [植] 화반(花盤).
disco voador 비행접시.
disco de gramofone 축음기의 레코드.

discóbolo *m.* (옛날의) 원반 투수(圓盤投手). [競技] 원반던지기.

discóide *a.* 둥근 쟁반 모양의. 원반형의. 평원형(平圓形)의.

díscolo *a.* ①질이 나쁜. 악마의. 친하기 어려운. 버릇없이 대하는. 난폭한. 말듣지 않는. ②성미가 맞지 않는. 의견을 달리하는.

discordância *f.* ①일치하지 않음. 어울리지 않음. 불일치. 부조화(不調和). [樂] (소리의) 불협화(不協和). [地質] 부정합(不整合). ②알력(軋轢).

discordante *a.* 일치하지 않는. 조화(調和)되지 않는. (음성이) 불협화음이. 귀에 거슬리는. 내기 싫은. [地質] 부정합의.

discordar *v.t.* ①일치하지 않다. 조화하지 않다. 의견을 달리하다. ②[樂] (소리가) 협화하지 않다. 장단이 맞지 않다.

discorde *a.* ①일치하지 않는. 조화하지 않는. ②(음성이) 협화하지 않는. 장단이 맞지 않는. ③불상용(不相容)의. 모순되는. 반대의.

discordemente *adv.* 조화되지 않게.

discórdia *f.* ①불일치(不一致). 상위(相違). ②불화. 반목. 알력. 갈등. ③모순.

discorrer *v.i.* ①여기저기 뛰어다니다. ②연설하다. 강연하다. 설교하다. 자세히

discrasia *f.* ①체질 불량. 병약 체질. ②혈액부조(血液不調). ③악질. 악성.

discrasico *a.* 체질 불량의. 혈액부조의. 악성의.
— *m.* 혈액부조 환자.

discrepância *f.* ①서로 어긋남. 상위(相違). 저어(齟齬). ②차이. 차별. ③모순. 배치(背馳).
sem discrepância 이의(異議)없이. 만장일치로.

discrepante *a.* ①서로 어긋나는. 서로 다른. 의견을 달리하는. ②앞뒤가 맞지 않는. 모순되는.
nemine discrepante 《L》이의 없이. 만장일치로.

discrepar *v.i.* 서로 달리하다. 상위(相違)하다. 일치하지 않다.

discretamente *adv.* 조심성 있게. 신중히. 비밀을 지켜.

discretear *v.i.* 신중히 말하다. 조심성 있게 말하다. 침착하게 이야기하다.

discretivo *a.* 분별하는. 식별하는.

discreto *a.* (말·행실이) 신중한. 분별 있는. 조심성 있는. 침착한. 현명한. 비밀을 잘 지키는. 마음이 굳은. 잘 나타나지 않는. (색채가) 화려하지 않은.

discrição *f.* 분별. 식별. 시려(思慮). (밀·행실이) 신중함.
idade de discrição 분별 있는 연령(年齡).
á discrição 마음대로. 임의로. 생각나는 대로 무조건으로.
(注意) *descrição* : 기술(記述). 서술. 서술적 묘사.

discricionário *a.* 임의(任意)의. 자유재량(裁量)의.

discrime *m.* 차이(差異). 차별. 상위(相違). 다름 부동(不動).

discriminação *f.* ①구별. 차별. 분별(력). 식견(識見). ②차별대우.

discriminador *m.* 구별(차별)하는 사람.

discriminar *v.t.* ①구별하다. 차별하다. ②차별 대우하다. ③식별하다. 분간하다.
(注意) *descriminar* : 죄를 용서하다. 방면하다.

discromania *f.* [醫] 피색변상(皮色變狀).

discromatopsia *f.* [醫] 빛깔이 혼동해 보이는 일종의 색맹증(色盲症).

discursador *m.* 연설하는 사람. 연사(演士). 변사.

discursar *v.t.* ①자세히 설명하다. 해석하다. ②논하다.
— *v.i.* ①연설하다. 강연하다. ②추론(推論)하다. 추리(推理)하다.

discursista *m.,f.* 연설하는 사람. 연사. 변사.

discursivo *a.* ①여러 갈래(광범위)에 걸친. 산만한. ②추론적. 추리적(推理的).

discurso *m.* ①연설. 강의. 강연. 강화(講話). ②쓸데없는 긴 이야기. ③경과기간.

discussão *f.* ①토론. 토의. 심의. 거론(擧論). ②논문. 논고(論考). ③말다툼. 언쟁.

discutidor *m.* 토론(토의·의론·심의)하는 사람.

discutir *v.i., v.t.* 토론하다. 토의하다. 잘 검토하다. 논의(論議)하다.

discutível *a.* 토론(검토)할 만한. 논의해야 할. 의문의 여지가 있는.

disenteria *f.* [醫] 이질(痢疾).

disentérico *a.* 이질의. 이질성(性)의.
— *m.* 이질 환자.

disentesia *f.* [醫] 감각지둔(感覺遲鈍).

disfarçado *a.* 변장한. 가장한. 위장한. 가면 쓴. …인 체하는. 속이고 있는.

disfarçar *v.t.* ①변장하다. 위장하다. ②속이다. (사실을) 숨기나. (의사·삼성날)감추다.
— *se v.pr.* ①변장하다. 가장하다. ②…인 체하다.

disfarce *m.* ①변장(變裝). 가장. 위장(僞裝). ②(사람의 눈을 속이는) 거짓 행동.

disfonia *f.* [醫] 발성곤란(發聲困難).

disforme *a.* ①볼 모양이 없는. (옷차림이) 단정치 못한. 보기 흉한. 기분 나쁜. ②이상한. 몹시 큰. 거대한.

disformidade *f.* 볼 모양이 없음(나쁨). 보기 흉함. (옷차림이 단정치 못함).

disgenesia *f.* [醫] 생식기의 병적변상(病的變狀).

disgenésico, disgenético *a.* 생식기능이 불완전한. 생식력(生殖力)이 완전치 못한.

disjunção *f.* 분리. 분열. 분단(分斷). [論] 이접(離接). 선언(選言). [文] 연락이 없음(不連絡).

disjungir *v.i.* (소·말 따위의) 멍에를 벗기다. 묶인 것을 풀어 놓다.

disjuntivo *a.* 분리된. 나뉜. 나누는. 이반적(離反的). [文] 이접적(離接的). [論] 선언적(選言的).

disjunto *a.* 분리한. 분리된. 따로따로 된. (생각·문장 등에) 연락이 없는. 문맥(文脈)이 서지 않는. (이야기의) 앞뒤가 맞지 않는.

dislate *m.* ①어리석은 노릇. 바보다운 행실(말). ②시시한 이야기. 앞뒤가 맞지 않는 이야기.

dislexia *f.* [醫] 독서곤란(讀書困難).

dismenia, dismenorréia *f.* [醫] 월경불순. 월경곤란.

disnesia *f.* [醫] 기억력 쇠약(衰弱)(쇠퇴).

díspar *a.* 다른. 같지 않는. 닮지 않은. 부동(不同)의.

disparada *f.* ①(짐승의 떼가) 놀래어 우르르 도망침. 흩어져 달아남. ②사산(四散)한 상태. 간 곳을 모름.

disparado *a.* ①(총을) 쏜. 발사한. ②(화살처럼) 뛰어나간.
sair em disparado 화살처럼 뛰어나가다. 황급히 도망가다.

disparador *m.* 쏘는 사람. 사수.
— *a.* (가축이 울타리로부터) 황급히 뛰어나가는. (붙잡으려는 짐승이) 재빨리 도망가는.

disparar *v.t.* ①(총을) 쏘다. 발사하다. ②(욕설을) 퍼붓다.
— *v.i.* (가축이) 뛰어나가다. 황급히 도망치다.
—*se* *v.pr.* 발사(發射)되다.

disparatado *a.* ①엉뚱한. 가량없는. ②(요구·대가의) 엄청난. ③덤비는.

disparatar *v.i.* 분별 없는(어리석은) 이야기를 하다. 앞뒤가 맞지 않는(조리 없는) 이야기를 하다. 망언하다.

disparate *m.* 분별 없는 말. 엉뚱한 이야기. 어리석은(사려 없는) 행실. 앞뒤를 가리지 않는 행동.
dizer disparates 어리석은(엉뚱한) 이야기를 하다.

disparidade *f.* ①부동(不同). 불일치. 불균정(不均整). 불균형. ②연령상(年令上) 차이. 성격상의 다른 점. ③[商] 가격·이율(利率)의 차이(차액). ④어리석은(사려 없는) 언행.

disparo *m.* ①분배(分配). 분할(分割). 분리. ②쏘는. 발사. 폭발.

dispartir *v.t.* ①나누다. 분해하다. 분할하다. ②분리하다..
—*se* *v.pr.* 나뉘어지다. 분해되다. 갈라지다. 분리(分離)되다. 따로따로 되다.

dispêndio *m.* ①지출. 경비. 비용. 소요액수. ②손실. 손해.

dispendiosamente *adv.* 비용 들여서. 비싸게. 많은 돈을 써가며.

dispendioso *a.* 비용이 드는. 지출이 많은. 값이 비싼. 고가(高價)의.

dispensa *f.* ①(조세·병역 등의) 면제. 해제. ②허락. 허용.

dispensabilidade *f.* 면제될 수 있음.

dispensação *f.* ①면제하기. ②허락하기.

dispensado *a.* ①면제된. (…을) 안해도 좋은. 필요 없는. ②(…을) 면허한. 허락한.

dispensador *m.* 면제하는 자. 허락하는 자.

dispensar *v.t.* ①면제하다. 해제하다. ②허락하다. 허용하다. ③빌려 주다. 대여(貸與)하다.
—*se* *v.pr.* (+*de*). 면제되다. 허락하다. 용서받다.

dispensário *m.* ①시료원(施療院). (무료) 진료소(診療所).

dispensativo *a.* ①면제의. 면제하는. 면제의 이유로 되는. ②허락하는. 허용의.

dispensatório *m.* ①약국. 약방. ②약방문. 처방. 약품해설.

dispensável *a.* ①면제(해제)할 수 있는. 생략할 수 있는. ②없어도 무방한. 필요치 않는. 면허할만한.

dispepsia *f.* [醫] 소화불량(消化不良). 식체(食滯), 위약(胃弱).
dispepsia cronica 구체(久滯).

dispéptico *a.* 소화불량의. 위가 약한.
— *m.* 소화불량에 걸린 사람.

dispermo *a.* [植] 두 개의 씨(종자)가 있는. 씨가 둘씩 붙는.

dispersador *a., m.* 흩트리는 (사람·물건). 분산시키는 (사람·사물).

dispersamente *adv.* 뿔뿔이 흩어져. 분산하여.

dispersão *f.* ①흩트리기. 분산(시키기). 이산(離散). 산포(散布). 산란(散亂). [光] 분산. [醫] (염증의) 소산(消散). [軍] 산개(散開). (적의) 궤주(潰走).

dispersar *v.t.* ①흩트리다. 흩어지게 하다. 분산시키다. (국민·가족을) 사방으로 이산시키다. (군중을) 해산시키다. ②

(적을) 쫓아버리다. ③(군대를) 산개시키다. ④(구름·안개를) 소산시키다.
— *v.i.*, —*se v.pr.* ①흩어지다. 분산하다. 뿔뿔이 헤어지다. 이산하다. (떼·무리가) 해산하다. 사산(四散)하다. ②(군대가) 산개하다. ③(적이) 궤주하다. 패주하다. ④(구름·안개가) 소산하다.

dispersivo *a*. 흩트리는. 분산하는. 분산의. 분산적. 산재적(散在的).

disperso *a*. 흩어진. 분산한. 이산(離散)한. 산재한. 뿔뿔이 헤어진. (적이) 궤주한.

displicência *f*. ①불유쾌. 불만(의 원인). 기분 나쁜 것. ②재미(흥미) 없음. 무미건조.

displicente *a*. 불쾌한. 기분 나쁜. 비위에 거슬리는. 재미(흥미) 없는. 무미건조한. 싫은.

dispnea, dispnéia *f*. [醫] 호흡곤란.

disponete *a*. ①…을 위한. ②처분하는. 처리하는. ③[軍] 배치하는. 배열하는.

disponibilidade *f*. ①유효성(有效性). 이용력(利用力). 효력. ②자유로 처분할 수 있음. 임의로 사용할 수 있음.

disponível *a*. ①마음대로 처리할 수 있는. 임의로 사용할 수 있는. ②유효한. ③대기중(待期中)인. 휴직중(休職中)인.

dispor *v.t.* ①배열(排列)하다. (군대를) 배치하다. ②정리하다. ③처리하다. 처분하다. ④장치하다. 설치하다. ⑤쓸 수 있도록 해 놓다. 준비하다. ⑥…할 마음이 내키게 하다. ⑦규정하다. ⑧분부하다. (…을) 하도록 하다.
— *v.i.* (+*de*). 쓸 수 있게 되다. 사용(이용)되다. (…을) 의지하다. 의뢰하다. 양도하다. 차지(占有)하다. 소유하다.
—*se v.pr.* ①(+*a* 또는 *para*). 준비하다. 갖추다. …할 생각이 나다. 마음의 준비가 되다. 하려고 하다. (…에) 응하다. ②결의하다. 각오하다.
Estou a seu dispor. (무엇이든 할 준비가 되었으니) 분부만 하십시오.

disposição *f*. ①배열(排列). 배치. ②준비. 설비. ③처분. 처리. 처분의 자유(권리). ④경향. 의향. 버릇. 성벽(性癖). 기질. 성질. ⑤기분. 심정. 마음씨. ⑥결의(決意). 각오. [法] 양도. 양여(讓與) [軍] 배치. 배비(配備).

dispositivo *a*. ①규정하는. 명령하는. ② 결정하는. 확정하는.

— *m*. ①장치. [機] 연동장치(聯動裝置). ②구조. 조립(組立). ③규정(規定).

dispositor *a*., *m*. 배열(배치)하는 (사람). 처분하는 (사람). 처리하는 (자).

disposto *a*. ①배열한. 배치한. 배치된. ②(필요한 것을) 갖춘. 준비한. ③(…에) 적당한. (…의) 능력 있는. ④(…의) 경향 있는. 버릇 있는. ⑤(…을) 하고자 하는. 의향 있는. 마음이 내킨. ⑥규정된. ⑦분부(명령)를 받은.
estar bem disposto 기분이 좋다. 마음이 내키다. 흥이 나다.
estar mal disposto 기분이 나쁘다. 마음이 내키지 않다.
— *m*. 규정사항(規定事項).

disputa *f*. ①말다툼. 언쟁. 논쟁. 논의. ②쟁의. 계쟁(係爭). 싸움. ③(경기에서의) 승부를 다투기.

disputador *m*. 언쟁하는 사람. 다투기 좋아하는 사람. 승부를 다투는 사람 (선수).

disputante *a*., *m*. 말다툼하는 (사람). 경쟁하는 (자). 승부를 다투는 (선수).

disputar *v.t.* ①말다툼하다. 언쟁하다. 논쟁하다. ②항쟁(抗爭)하다. (승부를) 다투다. 경쟁하다.
— *v.i.* (+*sobre* 또는 *cerca de*). (…에 관하여 또는 …에 대하여) 다투다. 경쟁하다. 논쟁하다.

disputável *a*. 싸울 수 있는. (승부를) 다툴만한. 논의할 여지 있는. 의문의 여지 있는.

disquisição *f*. ①(조직적인) 탐구. 연구. 조사. ②논고(論考). 논문.

dissabor *m*. ①기분 나쁨. 불쾌. 불만족. ②맛없음. 무미. 무미건조.
(注意) *dessabor*: 맛없는. 무미한. 싱거운.

dissaborear *v.t.* 기분 나쁘게 하다. 불만케 하다. 불쾌하게 하다.

dissaboroso *a*. ①맛없는. ②불쾌한. 기분 나쁜.

dissecação (=*dissecção*) *f*. ①절개(切開). 해부. 해부체(모형). ②자세한 조사. 세밀한 연구.

dissecar *v.t.* [醫] 잘게 자르다. 가르다. 자세히 조사하다. 세밀히 연구하다. 해부하다.

dissemelhança *f*. 같지 않음. 닮지 않음. 부동(不同). 상위(相違).

dissemelhante *a*. 같지 않은. 유사한 점이

없는. 다른.
dissemelhar *v.t.* 다르게 하다. 같지 않게 하다.
disseminação *f.* ①파종(播種). 산포. ②전파(傳播). 퍼뜨리기. 유포(流布). 보급. [植] 종자의 자연 살포(撒布).
disseminar *v.t.* ①씨를 흩어 뿌리다. 파종하다. ②산포(散布)하다. 전파하다. (설·의견 등을) 유포하다. 선전하다.
—se *v.pr.* ①전파되다. ②뿔뿔이 흩어지다.
disaensão *f.* ①의견이 다름. 의견 충돌. ②불화(의 씨). 분쟁. 알력(軋轢). ③반대. 모순.
dissentáneo *a.* ①의견이 다른. 마음이 서로 합치지 못하는. ②이해가 틀리는. ③불일치의. 불화의.
dissentimento *m.* ①의견 차이. 의견 충돌. 이해가 다름. ②이의(異議). 이론(異論). 부동의(不同意).
dissentir *v.i.* (+*de*). 의견을 달리하다. 의견이 일치하지 않다. 이의를 말하다.
dissertação *f.* ①논문. 논설. ②학위논문.
dissertador *m.* 논하는 사람. 학위논문을 쓰는 사람.
dissertar *v.i.* 논하다. 논문을 쓰다.
dissetor *m.* ①가르는 사람. ②해부하는 자. ③해부서(解剖書). ④해부용 기구.
dissidência *f.* ①(의견·성격 등의) 상위. 불일치. 이의(異議). ②(종교·당파·단체 등의) 분열. 분리(分離).
dissidente *a.* 의견을 달리하는. 일치하지 않는. 불찬성의. 이의(異議)가 있는.
— *m.,f.* 이의를 부르짖는 자. 반대자. 분당자(分黨者).
dissidiar *v.t.* ①분열시키다. 분리하다. ②나누다. 구분(區分)하다.
dissídio *m.* ①의견이 틀림. 의견 불일치. 의견 충돌. ②불화. 알력. 분열.
dissilábico *a.* 이음절(二音節)의. 이음절로 된.
dissílabo *a.* 이음절의.
— *m.* 이음절. 2음절어(語). 이철음(二綴音).
dissimétria *f.* 비대칭(非對稱). 균형이 되지 못함. 반대(좌우) 대칭(對稱).
dissimétrico *a.* 고르지 못한. 불균형한. 반대(좌우) 대칭의.
dissimilar *a.* ①(…과) 같지 않는. ②이종(異種)의. 이류(異類)의.
dissimilitude *f.* 같지 않음. 부동. 상위(相違). 다른 점. [修] 대비(對比).
dissimulação *f.* 시치미 떼기. 은폐. 허위. 위선.
dissimuladamente *adv.* 시치미 떼고. 거짓으로. 은폐하여. 가만가만.
dissimulado *a.* (감정 따위를) 감춘. 숨긴. 시치미 떼는. 허위의.
dissimulador *a.m.* (감정 따위를) 감추는 (사람). 시치미 떼는 (사람). 위선자.
dissimular *v.t., v.i.* (감정·공포심 등) 속여 감추다. 시치미 떼다. 모르는 체하다. (결점을) 숨기다.
—se *v.pr.* 숨다.
dissimulável *a.* 속여 감추는. 감출 만한. 숨겨야할. (정체를) 판단키 어려운.
dissipação *f.* ①사라짐. 소산(消散). ②헛되게 쓰기. 낭비. 남비. 탕진. 산재(散財). ③방탕. 유흥.
dissipadamente *adv.* ①소산하여. ②낭비(탕진)하여. 방탕하게. ③뿔뿔이.
dissipado *a.* ①소산한. 뿔뿔이 흩어진. ②낭비한. 탕진한. 방탕한. 난봉피는.
dissipador *m.* 소산시키는 사람. 낭비하는 (자). 방탕자. 난봉꾼.
dissipar *v.t.* (구름·안개 등을) 흐트러뜨리다. 사라지게 하다. 소산시키다. (우울·설움 등을) 없애다. 씻다. 낭비하다. 탕진하다.
—se *v.pr.* 사라지다. 소산하다. (구름 등) 흐트러지다. 소실(消失)하다. 소멸하다. 산재(散財)하다.
dissipável *a.* 사라지기 쉬운. 소산할 만한.
disso (전치사 *de*와 대명사 *isso*의 결합형). 이 일의. 이 건에 관하여.
dissociabilidade *f.* 분해성(分解性). 분리성(分離性). 분열성.
dissociação *f.* 분리. 분해. [化] 해리(解離).
dissociar *v.t.* 가르다. 떼다. 분리시키다. 분열시키다. (조합 따위를) 해산시키다. [化] 해리하다.
—se *v.pr.* 갈라지다. 분리되다. 분열하다. 해산하다.
dissolubilidade *f.* [化] 분리성. 용해성(溶解性). 융해성. 용해(융해)될 수 있음.
dissolução *f.* 분리. 분해. [理] 용해. 융해(融解). (의회·단체·조합 등의) 분열. 와해. 해산. (결혼·조약 등의) 해소. 파약. (기능의) 소멸. 사멸(死滅).
dissolutamente *adv.* 타락하여. 방탕하여.
dissolutivo *a.* 녹이는. 용해하는. 융해하는. 분열시키는. 해산케 하는. 해리(解離)하는.
dissoluto *a.* 자포자기의. 타락한. 난봉 피는. 방탕한.
dissolúvel *a.* 분리할 수 있는. 용해성의. 해소(해제·해산)할 수 있는. 무효로 할만한.
dissolvente *a.* ①녹이는. [化] 융해하는. 용해력(溶解力) 있는. ②부패케 하는. 타락케 하는.
— *m.* 용제(溶劑). 용매(溶媒). [醫] 해응제(解凝劑).
dissolver *v.t.* ①분해시키다. 녹이다. 용해시키다. ②(의회·단체 등을) 해산하다. ③해체하다. ④해소하다. 해제하다. 취소하다. 무효로 하다. ⑤없애 버리다. 소멸하다.
—*se v.pr.* 녹다. 용해(융해)하다. 해산하다. 소산(소멸)하다. 해제(해소)되다. 취소(무효로)되다.
dissonância *f.* ①[音聲·樂] 불협화음(不協和音). [理] 비공진(非共振). ②불일치. 부조화(不調和). 불화.
dissonante *a,* (소리가) 어울리지 않는. 화합 않는. 일치하지 않는. [樂] 불협화의. 귀에 거슬리는.
dissonar *v.i.* 소리가 맞지 않다. 어울리지 않다.
díssono, dissonoro *a.* 소리(음조)가 틀리는. 맞지 않는. 협화하지 않는.
dissuadir *v.t.* (말려서) 그만 두게 하다. 단념시키다.
—*se v.pr.* (…의 생각을) 그만 두다. 단념하다.
dissuasão *f.* ①말림. 만류. 단념시키기. ②충고.
dissuasivo, dissuasório *a.* (…의) 생각을 그만 두게 하는. 말리는. 제지적(制止的).
distância *f.* ①거리. 노정(路程). ②간격. (두 음 사이의) 음정(音程) ③먼 데. 먼 곳. 유원(悠遠). ④소원(疎遠). 격심(隔心). [畵] 원경(遠景). ⑤시간의 격리(隔離). 경과. ⑥심한 차이(差異). 현격(懸隔).
a (또는 *em*) *distância* 멀리. 먼 곳에.
manter à distância (자동차 따위) 간격을 유지하다.

distanciar *v.t.* (…을) 멀리하다. 간격을 두다. (두 물체의) 사이(거리)를 유지하다.
—*se v.pr.* (…와) 멀어지다. (거리상으로) 떨어지다.
distante *a.* ①먼. 먼 곳에 있는. 원격한. (거리상으로) 떨어져 있는. ②오랜 옛적의. 옛날의.
distantemente *adv.* 멀리. 멀리 떨어져서. 멀찍이.
distar *v.i.* ①(…와) 멀리하고 있다. 멀리 떨어져 있다. ②(…와) 매우 틀리다. 다르다.
distender *v.t.* 펴다. 전개시키다. 팽창시키다. 늘이다.
— *v.t.,* —*se v.pr.* 전개하다. 팽창하다. 늘다.
distensão *f.* 팽창(膨脹). 신장(伸長). 부풀음. 뻗치기. 늘이기. 펴기. 발전. [醫] 확장.
distenso *a.* 펼친. 팽창한. 부풀은. 뻗은. 늘인.
distermasia *f.* [醫] 체온 부족.
disticado *a.* [植] 이종열(二縱列)의. 대생(對生)의.
dístico *a.* 대련의. 연립(聯立)의.
— *m.* ①[韻] 대련(對聯). 대구(對句). ②(책의) 제구(題句). 표어.
distinção *f.* ①구별. 차별. ②차이. ③(구별이 되는) 특질. 특징. 특이성(特異性). 특이점(點). ④(성적의) 우수. 우등. (공로·수완의) 탁월. 현저. 저명(著名). (인품의) 고귀. 고상.
distinguir *v.t.* 식별(識別)하다. 분간하다. 구별하다. 차별하다. 분류하다. 가리다.
— *v.i.,* —*se v.pr.* 구별되다. 뚜렷이 나타나다. 두각을 나타내다. 탁월하다.
distinguível *a.* 확실히 분간할 수 있는. 뚜렷이 구별되는.
distintamente *adv.* ①확실하게. 명확하게. 또렷이. 똑똑히. ②탁월하게. 특출하게.
distintivo *a.* 구별적. 구별 있는. 특수한. 특색 있는. 특징(특이성)을 나타내는. 굴지(屈指)의.
— *m.* ①특징. ②휘장(徽章). 식별장(識別章). 뺏지.
distinto *a.* ①아주 다른. 특별히 나타나는. 확연한; 또렷한. 뚜렷한. 명료한. ②특수한. 특이한. ③(공로·수완 등) 탁월한. 발군(拔群)한. 현저한. 저명한. 굴지(屈

disto(전치사 *de*와 대명사 *isto*의 결합형) 이것에 관하여. 이것에 대하여.

distocia *f.* [醫] 난산(難産).

distocíaco *a.* 난산의.

distoma *m.* 디스토마 무리. 이구충(二口蟲).

distomiase *f.* [醫] (간장(肝臟)의) 디스토마병.

distomo *a.* 입이 둘 있는. 이구(二口)의.

distração *f.* ①정신이 흩어짐. 주의산만(散漫). 얼빠짐. 마음이 어수선해짐. ②허심(虛心). 방심(放心). 허탈 상태. ③기분 전환. 울적한 심정을 푸는 것. 오락. ④(자금(資金)의) 유용(流用). 횡령.

distraidamente *adv.* 허심(방심)하여. 얼빠지게. 등한히. 모르는 새에.

distraído *a.* 딴 곳에 주의를 돌리고 있는. 방심하고 있는. 마음 놓고 있는. 마음이 어수선한. 얼빠진.

distraimento *m.* =*distração*.

distrair *v.t.* ①(마음·주의 등을) 흐트러뜨리다. 마음을 딴 곳에 돌리고 있다. ②(어수선한) 기분을 전환케 하다. (정신적) 위로를 받게 하다. 즐겁게 하다. ③(자금 따위를) 딴 목적에 써버리다.
— se *v.pr.* 방심하다. 허심 상태에 있다. (마음·주의를) 딴 곳에 돌리고 있다. 기분 전환을 하다. 즐기다. 놀다. 잊어버리다.

distrate *m.* =*distrato*.

distrativo *a.* 울적한 기분을 푸는. 기분 전환하는. (마음·주의 등) 딴 곳에 돌리게 하는. 위안이 되는. 오락이 되는.

distrato *m.* (약속·조약·계약 따위의) 파약(破約). 취소. 파기. 무효.

distribuição *f.* ①벼름. 분배. ②배급. 할당. 배당(配當). ③배열(配列). 배치. 배비(配備). ④반포(頒布). 분포(分布). [博] 분포 상태. [印] 해판. 활자를 골라 넣기. [經] 배급 방법. (생산물의) 배급 과정. 이윤 분배(利潤分配). 배부(配付).
distribuidor postal 우편배달.
distribuição de mantimentos 식료품 배급.
distribuição de tropas 군대의 배치. 배비(配備).

distribuidor *a.* 나누어 주는. 분배하는. 배부(配付)하는. 배급하는. 배달하는. 구분하는.
— *m.* 분배자. 배급하는 사람. 배달인. 분류(分類)하는 사람. [機] 활판(滑瓣). 분배기(分配器). 배전기(配電器). 배전자(子). [印] 해판공(解版工).

distribuir *v.t.* ①벼르다. 분배하다. 나누어 주다. ②구분하다. 분류(分類)하다. ③분포(分布)하다. ④배치하다. [電] 전하다. [印] 해판하다.

distributivo *a.* 분배의. 배부(配付)의. 배분하는. 분배적. [文] 개별적(個別的). 배분적(配分的).
justiça distributiva 공평한 상벌(賞罰).

distrital *a.* 구의. 지구의. 시구(市區)의. 관할구의. 행정구의.

distrito *m.* 구(區). 지구. 시구(市區). 정구.
distrito eleitoral 선거구(選擧區).
distrito policial 경찰관할(管轄).
distrito federal 연방구(聯邦區)(중앙정부 직할구).

distrofia *f.* [醫] 영양 불량. 영양 장애(障碍).

distrófico *a.* 영양 불량의. 영양 장애의.

disturbar *v.t.* 흐트러뜨리다. (사회 질서를) 교란하다. 혼란케 하다. 방해하다. 괴롭히다. 번거롭게 하다. 불안하게 하다.

distúrbio *m.* 소동. 소란. 불안. 불온(不穩). 교란. 난동(亂動).

disúria *f.* [醫] 배뇨곤란(排尿困難).

disúrico *a.* 배뇨곤란의.
— *m.* 배뇨곤란한 환자.

dita *f.* ①좋은 일. 길사(吉事). 행운. ②성공. 좋은 성과.

ditação *f.* 받아쓰기. 서취(書取).

ditado *m.* ①받아쓰기. 구수(口授). ②격언(格言). 이언(俚語).

ditador *m.* ①지령자. ②(특히) 독재집정관. 독재자. ③불러 주는 사람. 받아 쓰게 하는 사람.

ditadura *f.* ①독재. 독재권. ②독재자의 직위. ③전재. 전횡(專橫).

ditame *m.* ①(신·이성(理性)·양심 등의) 명령. 지령. 지시. 지도(指導). ③권고.

ditar *v.t.* ①받아 쓰게 하다. 불러 주다. ②(강화(講和) 조건·방침 등을) 명령하다. 요건을 알려주다.

ditatorial, ditatório *a.* 독재의. 독재자의.

ditirâmbico *a.* ①주신송가(酒神頌歌)의. ②열광적.

ditirambo *m.* (옛 그리시아) 주신(酒神).

바커스(Bacchus) 송가(頌歌). 흥분적 시가(詩歌).
dito *a.* 이미 말한. 이미 언급한. 상술(上述)한.
— *m.* ①말한 것. 이미 논한 것. 언급한 것. ②동상(同上). 동전(同前). 동양(同樣). ③격언(格言). ④한담(閑談). 세상 공론.
dito e feito 말하자마자. 즉시.
ditongação *f.* [文] (단모음(單母音)의) 이중모음화(二重母音化).
ditongrar *v.t.* 이중모음으로 하다. 이중모음화하다. (이중모음으로 발음하다).
ditongo *m.* [文] 이중모음(ai, au, oi 따위). 모음의 연자(連字) (æ, œ 따위).
ditosamente *adv.* 운이 좋게. 요행이. 풍요(豊饒)한. 비옥(肥沃)한.
diurese *f.* [醫] 이뇨(利尿).
diurético *a.* 이뇨의. 배뇨촉진(排尿促進)의.
— *m.* 이뇨제(劑).
diurnal *a.* 낮(동안)의. 주간(晝間)의. 나날의. 매일의. 매일 일어나는. 《古·詩》날마다의. [植] 낮에 피는. [動] 낮에 활동하는. [天] 일주(日週)의.
— *m.* [宗] 일과기도서(日課祈禱書).
diurno *a.* =*diurnal*.
trabalho diurno 주간 노동 (*trabalho noturno* 야간 노동의 대(對)).
circulo diurno 일주권(日週圈).
movimento diurno [天] 일주 운동(日週運動).
diuturnidade *f.* 영속성(永續性). 지속성(持續性). 지구성.
diuturno *a.* 오래가는. 오래 견디는. 영속성의. 오래 사는.
diva *f.* ①[詩] 여신(女神). ②(가족의) 주역 여가수(主役女歌手). 인기 여배우.
divã *m.* (벽 옆에 놓는) 긴 의자. 침대 겸용의 긴 의자.
divagação *f.* ①헤매임. 방황(彷徨). 떠다님. ②(이야기가) 빗나감. (말의) 탈선. 여담(餘談).
divagador *m.* 헤매는 사람. 방황하는 사람. 떠다니는 이. 유랑하는 자.
devagante *a.* 헤매는. 떠다니는. 방황하는.
divagar *v.i.* ①헤매다. 방황하다. 떠돌아다니다. 유랑하다. ②이것저것 생각하다. 쓸데없는 사색에 잠기다. ③화제를 돌리다. (말이) 탈선하다.

divergência *f.* 분기(分岐). (의견이) 갈라짐. 상위. [數·理] 발산(發散). [心] 이산(離散). [植] (잎의) 개도(開度). [光] 분산(分散).
divergente *a.* ①갈래나는. (의견이) 갈라지는. 달리하는. 분기(分岐)하는. ②끝이 퍼지는. 다른 방향으로 가는. ③서로 멀어지는. ④발산하는.
lentes divergentes 발산 렌즈.
séries divergentes [數] 발산급수(發散級數).
raios divergentes 발산 사선(射線).
opiniões divergentes 이론(異論).
divergir *v.i.* 갈래가 나다. 분기(分岐)하다. (의견이) 갈라지다. (이야기가) 엇나가다. 점점 서로 멀어지다. 발산하다.
diversão *f.* ①곁으로 돌리기. 전환(轉換). ②기분 전환. 즐기기. 즐거운 놀이. 여흥. 위안. [軍] 견제. 견제 운동.
diversidade *f.* ①다름. 부동(不同). 차이. ②다양성(多樣性). 잡다(雜多). 여러 가지로 변함.
diversificação *f.* 다양화(多樣化). 여러 가지 변화를 일으키게 함.
diversificante *a.* 여러 가지로 변하게 하는. 변하는. 변화가 많은. 다양성의.
diversificar *v.t.* …에 (여러 가지) 변화를 일으키다. 여러 가지로 하다. (…의) 단조로움을 깨뜨리다.
— *v.i.* 다양화(多樣化)하다. 여러 가지로 변하다.
diversificável *a.* 여러 가지로 변할 수 있는. 다양화할 수 있는.
diversivo *a.* 전향(轉向)하는. 전환하는.
diverso *e.* 다른. 서로 다른. 별종(別種)의.
diversos (*pl.*) 여러 가지의. 여러 가지로 다른. 갖가지의. 잡다한. 형형색색의.
mercadorias diversas 여러 가지 상품.
divertidamente *adv.* 즐겁게. 재미있게.
divertido *a.* ①즐긴. 재미있게 논. ②즐기고 있는. 즐기는. 재미있어 하는. ③주의를 딴 곳에 돌리고 있는.
divertimento *m.* ①(마음·주의를) 딴 곳에 돌림. ②기분 전환. 즐기기. 여흥. 연예(演藝). 오락. 소창(消暢).
divertimento *m.* 기분 좋음. 오락(娛樂).
divertir *v.t.* ①전환하다. 곁으로 돌리다. (마음·주의를) 딴 곳에 돌리게 하다. ②기분 전환시키다. 즐겁게 하다. 기쁘게 하다. 재미있게 하다.
—se *v.pr.* 즐기다. 재미있게 놀다. 유흥하다.

dívida *f.* ①빚. 빚돈. 부채(負債). ②(남에게 지고 있는) 의리(義理)・의무(義務). ③빚지고 있는 상태.
dívida consolidada 이부장기부채(利附長期負債).
dívida flutuante 임시차입금(借入金).
dívida de honra 신용 빚(信用借).

dividendo *a.* 할당되는. 배분(配分)되는.
— *m.* [數] 피제수(被除數). 공채이자. [商] (주식(株式)의) 이익배당. 배당금. 할당금. (파산 청산의) 분배금.

dividir *v.t.* 나누다. 쪼개다. 같이 나누다. 가르다. 분배하다. 구분하다. 분리하다. 나누다. [數]
—se *v.pr.* 나뉘어지다. 분할되다. 구분되다. 갈리다. 사이가 벌어지다. 불화(不和)하다.

dividuo *a.* 나뉘어지는. 갈리는. [哲] 가분성(可分性)의.

divinação *f.* ①점(占). ②예언. 예견.

divinal *a.* =*divino*.

divinalmente, divinamente *adv.* 신의 힘(덕)으로. 신과 같이. 성스럽게.

divinatório *a.* 점(占)에 쓰는.

divinidade *f.* ①신성(神性). ②신력(神力). 신위(神威). 신덕(神德).

divinização *f.* 신으로 섬김. 신으로 숭배.

divinizante *a.* 신으로 섬기는. 신으로 모시는(숭배하는). 신으로 취급하는.

divinizar *v.t.* 신으로 섬기다. 받들다. 신성시(神聖視)하다.
—se *v.pr.* 신으로 자처하다.

divino *a.* 신의. 신성(神性)의. 신성(神聖)한. 신이 준. 천래(天來)의. 신에 바친. 신같은. 인력이 미치지 않는. 비범한. 완전한.
— *m.* 신(神). 신처럼 거룩한 것.

divisa *f.* ①휘장(徽章). 문장(紋章). 제명(題銘). ②상징되는 물건. 뺏지. ③(군인의) 완장(腕章). ④(가축에 찍는) 소인(燒印). ⑤경계표(境界標).

divisamente *adv.* 나누어서. 분할하여. 구별하여.

divisão *f.* ①나누기. 분할. 분배. 분리(分離). 분열. ②구별. 구분. 구획. (나누어진) 한 구역. [數] 나누기. 제법(除法). [軍] 사단. 사단관구. [海軍] 전대(戰隊). 분함대(分艦隊).

divisar *v.t.* ①(멀리 나타난 것을 보고) 분간하다. 알아내다. ②발견하다. ③똑똑히 보다. 주목하다. 응시하다.

divisibilidade *f.* 나눌 수 있음. 가분성(可分性). [數] 나누어짐. 정약성(整約性). 정제성(整除性). [法] 분할 가능성. [理] 분성(分性).

divisional *a.* ①분할성의. 구분적. 일부분적. 분구(分區)의. ②[數] 나누기(제법)의. ③[軍] 지구의. 사단의. 사단관구의. 전대(戰隊)의.

divisionário *a.* [軍] 사단의. 사단에 속하는.

divisível *a.* 나눌 수 있는. 가분성(可分性)의. 분할(分割)할 수 있는. [數] 나누어지는.

diviso *a.* 나눈. 나뉜. 분할한. 분리한.
— *m.* [數] 나누는 수. 제수. 약수.
divisor comum 공약수(公約數).

divisória *f.* 분계선(分界線). 경계선.

divisório *a.* 나누는. 분할하는. 구분하는.
— *m.* [印] (활자를 맞추는) 조판대.

divo *a.* 《詩》신(神)의. 신성(神性)의. 신성(神聖)한.
— *m.* ①신. ②신으로 받드는 인물.

divorciar *v.t.* 이혼케 하다. 이별시키다. (…와) 인연(因緣)을 끊게 하다.
—se *v.pr.* 이혼하다. (부부) 이별하다. 인연을 끊다. 절연하다.

divórcio *m.* ①[法] 이혼. 결혼 해소. ②《轉》분리. 절연(絶緣).

divulgação *f.* ①공개(公開). 공포(公布). 광고. ②폭로. (비밀의) 누설. ③선전보급.

divulgador *a., m.* ①공개하는 (사람). 공포(公布)하는 (자). (비밀을) 누설하는 (사람). 폭로하는 (사람).

divulgar *v.t.* ①공개하다. 공포(公布)하다. 공표(公表)하다. (널리) 발표하다. ②(진상을) 폭로하다. (비밀을) 누설하다. ③광고하다. 선전하다. 보급하다.
—se *v.pr.* ①세상에 널리 알려지다. 공개되다. ②발표되다. ③보급되다. 선전되다.

divulsão *f.* ①잡아 째기. 집아떼기. ②[醫] 절개(切開). 개장(開張).

dizedor *m.* 이야기하는 사람. 설화자(說話者).

dizer *v.t., v.i.* ①말하다. 이야기하다. 진

술하다. 언급하다. ②사실(의견·의사)을 전하다. 고하다. ③주장하다. ④(…을) 뜻하다. (…의) 뜻을 나타내다. 표현하다.
dizer a verdade 사실(진실)을 말하다.
dizer uma mentira 거짓말을 하다.
dizer uma história 하나의 이야기를 하다. 한 토막의 역사를 말하다.
dizer um segredo 비밀을 이야기하다. 비밀을 진술하다.
dizer missa 미사를 읽다. 미사를 올리다.
dizer o nome 이름을 전하다.
dizer adeus 작별의 인사를 하다.
dizer ao ouvido ①귓속말하다. 속삭이다. 중얼거리다. ②밀고하다.
dizer bem de (alguém) (아무를) 칭찬하다.
dizer mal de (alguém) (아무를) 내리깎다(욕하다).
dizer cobrus e lagartos 몹시 험담하다. 있는 말 없는 말 되게 평하다.
dizer mal da sua vida 자기의 삶에 대하여 몹시 투덜거리다.
não dizer mais 이젠 그만. 그만 말을 하지 않다.
Diga-me o que quer. 무엇인지(무엇을 원하는지) 말 좀 하시오. 뜻하는 바를 나에게 이야기하오.
não ter que dizer …에 알 바 아니 없다.
É isto o que eu queria dizer. 내가 말하고자 한 것이 바로 이것이다.
Éle disse o que tinha a dizer. 말하고자 한 것(해야할 말)을 했습니다.
não é preciso dizer …은 말할 것도 없다. …은 말할 필요도 없다.
quer dizer 말하자면. 환언하면.
Que quer dizer isso? 그것은 대관절 무슨 뜻입니까?
isso náo quer dizer nada 그것은 아무런 뜻도 없다.
para melhor dizer (좀더) 명확히 말하면. 더 알기 쉽게 말하면.
Digamos 5,000 cruzeiros. 5,000 끄루제이로라고 합시다. (이야기 할 때 가정하는 말).
como quem diz
como diz o outro ㅣ이른바. 소위. 말하는 바와 같이. 속담에도 있는 것과 같이.
como o outro que diz
como se costuma dizer 늘 말하는 바와 같이.
por assim dizer ①그렇게 말하다. ②말하자면. 소위.
para assim dizer 말하자면.
achar que dizer ①화제를 찾다(만들다). ②허물을 찾다.
segundo dizem 말하는 바에 의하면. 소문에 따르면.
Digo eu. ①《俗》 내 말이(남과의 말을 다시 남에게 전할 때의 말). ②(강조의 뜻으로) 내가 …라고 말하지 않소!
Digo que não. 나는 그렇지 않다고 생각하오. 나는 부정(否定)합니다.
Digo ue sim. 나는 그렇다고 생각하오.
Não dizer sim nem não. 찬성인지 반대인지 도무지 밝히지 않는다. 승낙도 없고 반대의 말도 없다.
Não diga! ①제발 그런 이야기를 마세요! ②참 별 이야기도 다하네! ③설마 그런 일이 있을 수야!
Não me diga. 나에게는 그런 말을 하지 마오.
Não diga a ninguém. 아무에게도 이야기하지 마시오.
Não digo menos disso. ①그 점에 대하여 더 할 말이 없다. ②나는 반대하지 않는다.
tornar a dizer 한 말을 되풀이 하다. 다시 말하다.
Está dito. 됐어. 됐다. 알았다.
Éle disse "bom dia" ao amigo. 그 이는 치구에게 "안녕하십니까"라고 말했다.
dizer uma coisa e fazer outra 말대로 하지 않다. 말과 실천이 다르다.
Mais fácil dizer que fazer. 《諺》 말하기는 쉽고 행하기는 어렵다.
Quem diz A, também diz B. 한번 시작한 것은 끝까지 하라.
Dize-me, com quem andas e dir-te-ei quemés. (누구와 사귀는지 나에게 말하면 나는 너에게 그가 어떤 사람인지 말하겠다). 사람은 사귀고 있는 그 친구를 보고 알 수 있다.
Digam o que disserem. 그 사람이 뭐라 하든 내버려둬라.
—*se v.pr.* ①말하다. ②(…라는) 이야기가 있다. (…라는) 말이 전해지고 있다.
diz-se (=dizem). (소문으로는) …라고 한다.

— *m.* ①말. 말씀. 언사. ②이야기. 설(說). 설화. ③(광고·간판 등의) 설명 내용.
o dizer da gente 사람들의 이야기. 백성의 여론.

dízima *f.* ①10분의 1세(稅) (수확의 10분의 1을 교회에 바치는). ②《雅》10분의 1. ③[數] 소수(小數).

dizimação *f.* ①(로마 시대에) 반란을 일으킨 병사 10명에 대하여 한 명을 사형에 처한 형벌(刑罰). ②대량 살해(殺害).

dizimador *m. dizimação*의 형(刑)을 집행하는 사람.

dizimar *v.t.* ①(옛 로마 시대에 처벌로) (반란병) 열 사람에 한 사람씩 죽이다. ②(전염·전쟁 등이) 많은 생명을 없애다(죽이다). ③10분의 1세를 바치다. ④일부분을 없애다.

dizimeiro *m.* 10분의 1세를 거두는 사람(徵收吏).

dízimo *a.* 10분의 1의.
— *m.* ①10분의 1. ②10분의 1세(稅).

dizível *a.* 말할 수 있는. 의사표시 가능한.

do (전치사 *de*와 정관사 *o*의 결합형). 그것의. 그것으로부터.

dó (1) *m.* ①불쌍히 여김. 동정. ②비탄. 상(喪).
— (2) *m.* [樂] 도(전음계적 장음계(全音階的長音階)의 제1음). 기음(基音).

doação *f.* ①기부. 기증(寄贈). [法] 증여(贈與). ②기증물. 기부금. 의연금.
doação entre vivos (=*intre vivos*) 생자간 증여(生者間贈與).
doação por morte 유증(遺贈). 사인증여(死因贈與)(기증자의 사망으로서 실효(實效)되는).

doado *a.* 기부를 받는. 기증물의 양도를 받는.
— *m.* 수증자(受贈者).

doador *m.* 기부하는 자. 기증자(寄贈者).

doar *v.t.* 기부하다. 기증하다.

doário *m.* =*doação*.

dobadeira *f.* ①실 감는 여자. 물레질하는 여공. ②실 감는 기구(물레·실패 따위).

dobadoura *f.* 실감는 기계. 물레. 방차(紡車). 《轉》몹시 분주한 것.
andar numa dobadoura 눈부시게 돌아가다. (몹시 분주하다).

dobagem *f.* 실감기. 물레질하기.

dobar *v.t.* 물레(紡車)에 실을 감다. 물레질하다. (물레를) 빙글빙글 돌리다.
— *v.i.* (물레에) 실이 감기다. 빙글빙글 감기다. (물레가) 돌다. 회전하다.

doble *a.* ①안과 밖이 다른. (천 따위) 안 팎이 두 가지 색깔로 되는. 표리부동한. ②두 마음(二心) 있음. 이중인격의. ③허위의. 거짓의.

doblete *m.* 모조보석(模造寶石) (수정체(水晶體)의 뒷면에 색깔을 넣는 것).

doblez *f.* ①안팎이 다름. 표리부동(表裏不同). ②말과 행동이 다름. 이중인격. ③허위. 거짓.

dobra *f.* 접음. 접은 주름. 치마 주름.

dobrada *f.* ①소의 창자. ②창자를 끓인 요리. ③지면(地面)의 파상(波狀).

dobradamente *adv.* 두 겹으로. 이중으로. 두 곱으로.

dobradeira *f.* ①종이 접는 주걱(나무·뼈·금속으로 만든). ②종이를 접는 여직공(女工). ③책·신문 등 접는 기계.

dobradiça *f.* 돌쩌귀.

dobradiço *a.* 접기 쉬운. 잘 접혀지는. 유연(柔軟)한.

dobradinha *f.* 소의 창자로 만든 요리.

dobrado *a.* ①접은. 접힌. ②두 겹의. 이중(二重)의. ③두 곱의. 이배(二倍)의.
— *m.* [軍] 행진곡. 군가(軍歌).

dobrador *m.* (종이·헝겊 따위를) 접는 사람. 접어 겹치는 사람.

dobradura *f.* ①접기. 접어 넘기기. 위기. 꺾어서 접기. ②접은 자국(주름).

dobrão *m.* 스페인 또는 포르투갈의 옛 금화(金貨)의 이름(1파운드에 해당).

dobrar *v.t.* ①접다. 접어 넘기다. 꺾다. ②(자동차의 핸들을 왼쪽 또는 오른쪽으로) 돌리다. 꺾다. ③두 겹으로 하다. 이중(二重)으로 하다. ④두 곱으로 하다. 이배(二倍)로 하다. ⑤되풀이하다. 반복하다.
— *v.i.*, —*se* *v.pr.* ①접히다. 꺾이다. 휘다. ②굴복하다. ③겹치다. 두 겹(이중)이 되다. 두 곱이(이배가) 되다.

dobrável *a.* 접는. 접을 수 있는. 꾸부릴 수 있는. 겹칠 수 있는.

dobre *a.* 이중(二重)의. 두 가지(방법)의. 두 마음(二心) 있는. 표리부동한. 마음과 행동이 다른. 거짓의.
— *m.* 종소리. (특히) 장례식 때의 종소리.

dobrez, dobreza *f.* =*doblez*.

dôbro *m.* ①곱. 배(倍). 이배(二倍). 이중(二重). 중복. ②겹친 것. 주름.
em dôbro 곱으로. 갑절로. 두 가지로.
dôbro ou nada (놀음·돈내기 등에서) 곱이 되느냐 전부 잃어 버리느냐. 갑절이 되나, 그렇지 않으면 전부 잃을 것인가.

doca (1) *f.* 독. 선거(船渠). 조선소. 박선소(泊船所). 부두. 선창(船艙).
doca sêca 건선거(乾船渠)(造船用).
— (2) *a.* 외눈의. 독안(獨眼)의. 애꾸의.

doçaria *f.* ①많은 과자. ②과자방. 과자 상점. ③과자(특히 당과) 공장.

doce *a.* ①단. 달콤한. ②맛좋은. 향기로운. ③온순한. 유순한. ④(음악의) 좋은 소리의. 멜로디의. ⑤유쾌한. 기분 좋은.
agua doce 단물. 담수(淡水).
— *m.* ①과자. 당과(糖菓). 캔디. 잼. ②감미(甘味).
— *adv.* 부드럽게. 가볍게. 조용히. 친절하게.

doceira *f.* 과자(특히 당과)를 만드는 여자. 그것을 파는 여자.

doceiro *m.* 과자(당과) 만드는 사람. 그 장수.

docel *m.* 천개(天蓋)(제단(祭壇)·옥좌(玉座) 등의). 천개 모양으로 위를 가리운 물건.

docemente *adv.* 부드럽게. 싹싹하게. 조용히. 가볍게. 친절하게.

docente *a.* ①가르치는. ②교원의.
corpo docente 교직원.
— *m.* 강사(講師). 교원(教員).

dócil *a.* ①가르치기 쉬운. (동물 따위) 길들이기 쉬운. 순량(馴良)한. ②온순한. 유순한. ③다루기 쉬운.

docilidade *f.* ①가르치기 쉬움. 길들이기 쉬움. ②양순. 유순. 온량(溫良). ③취급하기 쉬움.

docilizar *v.t.* 유순하게 하다. 온순하게 하다. 가르치기 쉽게 하다.

docílimo *a.* (*dócil*의 최상급) 가장 온순한.

docilmente *adv.* 온순하게. 유순하게. 부드럽게.

documentação *f.* 문서(文書) 작성. 문서 제출. 증거 서류의 제시(提示).

documentadamente *adv.* (증거)서류에 의하여. (증거)서류를 첨부하여.

documentado *a.* 서류로 입증한. 증거 서류를 제출한. 문서를 작성한.

documental *a.* 문서의. 증거서류의. 문서(서류)에 의한.

documentar *v.t.* 문서를 작성하다. 증거서류를 제출하다. 문서(증거서류)로서 증명하다.

documentário *a.* 문서의. 증거서류의. 증서의.

documento *m.* 문서(文書). 문건. 서류. 조서(調書). 증서. 증권(證券).

doçura *f.* ①담. ②단맛(甘味). 방향(芳香). ③(소리의) 아름다움. (태도의) 부드러움. 싹싹함. 친절. 점잖음.

doçuras (*pl.*) 부드러운 말씨. 달콤한 이야기. 감언이설(甘言利說).

dodecaédrico *a.* 12면체의.

dodecaedro *m.* [結晶] 12면체(面體).

dodecagonal *a.* 12변형의.

dodecágono *m.* [幾] 12변형(邊形). 12각형.

dodecandria *f.* 12웅예(雄蕊)의 식물류(植物類).

dodecapétalo *m.* 꽃잎이 열두 개 있는. 12화판(花瓣)의.

dodó *m.* [鳥] 도도(지금은 없어진 해오라기 비슷한 새의 이름. 《英》 *dodo*(도도).

dodói *m.* 《小兒語》 아픔. 병(病).

doença *f.* ①병. 질병. ②악폐(惡弊). 병폐(病弊). 병벽(病癖). ③약점.

doente *a.* ①병난. 병에 걸린. 앓는. ②병적인. ③악폐(惡弊)에 물든.
— *m.* 앓는 사람. 환자. 병인. 병자.

doentio *a.* 병에 걸리기 쉬운. 병약한. 병이 많은. (기후 따위) 건강에 나쁜. 유해한.

doer *v.t.* 아프게 하다. 아픈감을 주다.
— *v.i.* ①아프다. 쑤시다. 아리다. 앓다. ②슬프다. 고통스럽다. ③탄식하다. 후회하다.
O que é que lhe dói? 어디가 아픕니까?
Dói-me a cabeça (A barriga, o dente). 머리(배·치아)가 아픕니다.
Aqui me dói. 여기가 아픕니다.
—*se v.pr.* ①앓다. ②고통을 느끼다. ③탄식하다. 애석하게 느끼다. 불쌍히 생각하다. 동정하다. ④조위하다. 조상하다.

doestador *a.m.* (명예·감정을) 해치는 (자). 훼손하는 (자). 모욕하는 (자). 악담하는 (자).

doestar *v.t.* (명예를) 훼손하다. (감정을) 해치다. 모욕하다. 창피를 주다.

doesto *m.* ①버릇없는 말씨(행실). 명예훼손. 모욕. ②악평. 중상. 악담.

dogado *m.* *doge*의 직분(직위).

doge *m.* 공화정 총독(옛 *Venice* 및 *Genoa*의).

dogma *m.* ①교리(敎理). 교의(敎義). ②(총괄적으로) 교조(敎條). 신조. ③정론. 정칙(定則). 정설(定說). (특히) 독단적 주장. 독단(설).

dogmàticamente *adv.* ①교리상. 교의상. ②교조적으로. ③독단적으로.

dogmático *a.* 교리상의. 교의상의. 교리에 관한. [哲] 독단주의적인. 독단적.
— *m.* ①(基督敎) 교리론. 신조론. 교학. ②교리주의자.

dogmatismo *m.* 독단론(설). 독단주의. 독단적인 버릇. 교리주의. 교조주의.

dogmatista *m., f.* 교리주의자. 교조주의자. 독단가. 독단주의의 철학가.

dogmatizador *m.* 독단적인 이론가. 독단론자.

dogmatizante *m.* =*dogmatista*.

dogmatizar *v.t.* 교리(교의)를 강요하다.
— *v.i.* 독단론을 주장하다. 독단적으로 주장하다.

dogmatologia *f.* 교리론(敎理論). 교의론(敎義論).

dogue *m.* [動] 발바리.

doidamente *adv.* 미친 듯이. 미친 사람처럼. 광란(狂亂)하여. 분별없이. 앞뒤를 생각지 않고.

doideira *f.* ①광기(狂氣). 정신착란. ②미친 노릇. 앞뒤를 생각지 않고 하는 일. 오망. ③광희(狂喜). 열광.

doidejo *m.* 광태(狂態). 광망(狂妄). 미친 노릇. 아주 어리석은 행실.

doidice *f.* ①광기(狂氣). 정신착란. ②미친 노릇. 앞뒤를 헤아리지 않고 어는 일. 함부로 날뛰기. ③광란(狂亂). 열광(熱狂).

doidivanas *m.(pl.)* 경거망동하는 사람. 함부로 날뛰는 인간. 머저리. 무모한 인간.

doido *a.* ①미친. 미친 듯한. 제정신이 아닌. ②몰상식한. 매우 어리석은. ③열광하는. 미쳐 날뛰는.
doido varrido 아주 미쳐서.
— *m.* 미친 사람. 미친 듯한 사람. 미쳐 날뛰는 자. 열광하는 자.

doído *a.* (*doer*의 과거분사). 아픈. 아픔을 느낀. 고통스러운.

doirada *f.* =*dourada*.

doirado *a.* =*dourado*.

doiradura *f.* =*douradura*.

doirar *v.t.* =*dourar*.

dois *a.* 둘의. 두 개의. 두 사람의.
— *m.* 둘. 2의 기호. 두 개. 두 시. 두 살. 두 사람.
o dia dois 초이틀. 제2일.
dois a dois 둘씩.
dois por dois. 2×2.
dois mais dois. 2+2.
dois é bom três é demais 둘이면 적당하고(동반자가 되고). 셋이면 많다(무리가 된다).

dolabriforme *a.* [植] (잎사귀가) 도끼 모양(斧形)을 한.

dólar *m.* (미합중국의 돈 단위) 달러.

dolente *a.* 슬픈. 비통한. 가련한.

dolerite *f.* [地質] 조립현무암(粗粒玄武岩)의 한 종류.

dolico *m.* [植] 변두(藊豆). 백(白)변두.

dolicocefalia *f.* [人種] 장두(長頭) (폭이 길이의 75% 이하 되는 두개(頭蓋)).

dolicocéfalo *a.* 장두의.

dolicopode *a.* [人種] 장각(長脚)의.

dólmã *m.* ①터키식의 긴 웃옷. ②경기병(輕騎兵)의 소매 긴 외투(또는 망토식 재킷). ③(부인용) 케이프식 소매 달린 망토.

dólmen, dólmin *m.* [考古] "돌멘" 고인돌 (여러 개의 자연석(自然石)을 열 짓게 하고 그 위에 한 개의 넓적한 돌(巨石)을 올려놓은 지석(支石)).

dolménio, dolmético *a.* 돌멘의.

dolo *m.* 사기. 협잡. 부정(不正).

dolomita, dolomite *f.* [鑛] 백운석(白雲石).

dolomítico *a.* 백운석 질의. 백운석을 함유한.

dolor *m.* 《廢》 =*dôr*.

dolorido *a.* ①아픈. 쓰린. 쓰라린. 슬픈. 비통한. ②괴로운.

dolorífico *a.* 아픔을 느끼게 하는. 슬프게 하는. 슬픈.

dolorosamente *adv.* 아프게. 슬프게. 비통하게.

doloroso *a.* 아픈. 쓰린. 쓰라린. 슬픈. 비통한. 비장한. 고통스러운. 가통(可痛)한.

dolosamente *adv.* 속여서. 사기 수단으로. 협잡하여.

doloso *a.* 사기적. 사기의. 협잡의. 부정(不正)의.

contrato doloso 사기 계약. 협잡에 걸린 계약.
balança dolosa (속여서 달아 파는) 틀린 저울.

dom *m.* ①선물. 기증(寄贈). ②기증물(품). ②(체득한) 솜씨. 재주. 재간. ③(천부의) 재능. 자질(資質).

Dom *m.* (포르투갈·브라질의 귀인·고승의 이름에 붙이는 경칭).
Dom Pedro I 돈 뻬드로 일세(一世).

domador *m.* (야수(野獸) 등을) 길들이는 사람.

domar *v.t.* (야수 등을) 길들이다. 순화(馴化)하다. 온순하게 하다. 나약하게 하다. 복종시키다.
—**se** *v.pr.* ①길들다. 유순해지다. ②스스로 억제하다. 자중하다.

domável *a.* 길들일 수 있는. 순화할 만한.

domesticação *f.* 길들이기. 순화(馴化). 교화.

domesticador *a., m.* 길들이는 (사람).

domesticamente *adv.* ①길들여서. 가정에 정들어서. 가정적으로.

domesticar *v.t.* ①(짐승을) 길들이다. ②가정(토지)에 정들게 하다. (야만인을) 교화하다.
—**se** *v.pr.* 길들다. 순화하다. 교화(敎化)되다.

domesticável *a.* 길들이기 쉬운. 가정에 정들이기 쉬운. 순화(馴化)할 만한. 교화 가능한.

domesticidade *f.* ①가정생활. 가정적임. ②집안에 들어붙어 있기. 가정에 대한 애착. ③(머슴꾼·하인 등) 가정에서 동거하는 상태. ④(동물이) 가축화(家畜化)한 상태. 길들어 가정에서 함께 사는 것. ⑤순화(馴化).

doméstico *a.* 가정의. 가사의. 살림에 적합한. 가계(家計)의. 자가제(自家製)의. 국내의. 내지의. (외제에 대한) 국산의. 집에서 기르는. 가축의.
— *m.* 하인. 소사. 머슴살이하는 이.

domiciliado *a.* 정주(定住)하는. 호적(戶籍)을 둔.

domiciliar (1) *v.t.* …의 거처를 정해 주다. (일정한 장소에서) 살게 만들다.
—**se** *v.pr.* 거처를 정하다. 정주하다. 호적을 두다.

domiciliar (2) *a.* 주소의. 거주의. 가정의.

domiciliário *a.* 주소의. 거주지의. 주택의. 자택(自宅)의.

domicílio *m.* ①주소. 주택. 가택(家宅). ②[法] (법률상의) 거주지. 본적지.

dominação *f.* ①통치. 지배. 관리. 관할(管轄). ②우세(優勢). 제압(制壓).

dominador *a.* 지배하는. 통치하는.
— *m.* 지배자. 통치자. 주권자.

dominante *a.* 권력을 장악한. 지배하는. 지배적. 가장 유력한. 우위를 차지하고 있는. [遺傳] 우성(優性)의.
classe dominante 지배계급.

dominar *v.t.* (…을) 지배하다. 위복(威服)시키다.
— *v.i.* 주권을 장악하다. 지배하다. 통치하다. 군림하다. 우위(優位)를 차지하다.
—**se** *v.pr.* 감정을 억제하다. 정욕(情慾)을 억제하다.

dominativo *a.* 《稀》 =*dominante*.

dominável *a.* 지배(통치)할 수 있는. 우위를 차지할 만한.

dominga *f.* [宗] =*domingo*.

domingo *m.* 일요일. 주일.
Domingo de Páscoa 부활제날.
Domingo de Romanos 성지(聖枝) 주일. (부활제 전의 일요일).

domingueiro *a.* 일요일의. 일요일에 쓰는(입는).
roupas domingueiras 일요일에 입는 옷.

dominial *a.* 주권의. 관할의. 영토의.

dominical *a.* 주의. 천주의. 주일의. 일요일의.
escola dominical 주일학교.

dominicano *a.* ①성(聖) 도밍고의. (가톨릭교의 일파) 도밍고회(會)의. ②(서인도) 도미니카공화국의.
— *m.* ①도밍고회의 수사(修士). ②도미니카공화국 사람.

domínio *m.* ①지배. 통치. 통제. 관할. ②지배권. 통치권. 주권. [法] 소유권. 영유권. ③(영주의)영분(領分). 영지(領地). 영토. 관할지. 자치령. ④범위. 영역. 세력 범위.

dominó *m.* ①도미노 가장복(假裝服)(무도회에서 쓰는 두건(頭巾) 혹은 작은 가면붙은 외의(外衣)). 그것을 입는 사람. 도미노 가면(얼굴의 상반부를 가리는). ②도미노 패(牌)(뼈 혹은 상아제의 장방형(長方形)패). ③도미노 노름(28매의 패를 가지고 하는 점수 맞추기).
Dom-João *m*. ①방탕 생활을 한. 스페인의 전설적 귀족. ②방탕자. ③《卑》오입쟁이. 색골.
domo *m*. (공을 둘로 나눈 것 같은) 둥근 지붕. 원개(圓蓋). 궁륭(穹窿). 둥근 지붕 모양의 물건. 반구형(半球形) 건물.
dona *a*. (*dono*의 여성형). ①주부(主婦). 여주인. 부인. ②부인의 이름 앞에 붙이는 존칭(영어의 Mrs.에 해당).
dona de casa 가정주부. 여주인.
donaire *m*. ①아름다움. 미(美). 정숙. 애교. ②우아. 우미. ③화장(化粧).
donairoso *a*. ①아름다운. 고운. ②정숙한. 귀염성 있는. 애교 있는. 우아한. 멋진.
donatário *m*. 선물 받는 자. 수증자(受贈者).
donativo *m*. ①기부. 기증(寄贈). [法] 증여. ②기증물. 기부금. 의연금(義捐金).
donato *m*. 평인수도사(平人修道士).
donde (전치사 *de*와 부사 *onde*의 결합형). 어디서부터. 어느 곳으로부터.
doninha (1) *f*. (*dona*의 지소어) 작은 부인. 작은 주부.
— (2) *f*. [動] 족제비.
dono *m*. 소유주(所有主). 주인.
dona da firma 상사(商社)의 주인.
donoso *a*. =*donairoso*.
donzel *a*. 순결한. 순수한.
— *m*. 《古》귀공자(貴公子).
donzela *a*. ①미혼의. 처녀의. ②순결한.
— *f*. ①미혼 여성. 숫처녀. 소녀. ②《古》여관(女官).
donzelinha *f*. [動] 잠자리.
donzelona *f*. ①나이 많은 미혼 여성. ②노처녀.
doque *m*. [動] (인도차이나산의) 원숭이.
dor *f*. ①(정신적·육체적) 고통. 아픔. 쓰라림. 슬픔. 비통(悲痛). ②동정. 연민(憐憫). ③깊은 뉘우침. 회한(悔恨).
dor de barriga 배아픔. 복통.
dor de estômago 위아픔. 위통.
dor de cabeça 머리 아픔. 두통.
dor de dentes 이아픔. 치통.
dores do parto 진통. 해산의 괴로움.
estar com dor de garganta 목구멍이(인후가) 아프다.
doravante (=*de*+*ora*+*avante*). 금후. 지금부터(只今以後).

dórico *a*. [建] (고대 그리스 건축) 도리아식의.
doridamente *adv*. 아프게. 괴롭게. 비통하게.
dorido *a*. 아픈. 앓고 있는. 슬픈. 쓰라린. 가슴 아픈. 애도하는.
— *m*. 애도하는 자. 몽상(蒙喪)하는 자.
dormência *f*. ①무감각. 마비. (손발이) 저림. (얼어서) 감각을 모름. ②고요함. 평온.
dormente *a*. 잠자는(듯한). 동면(冬眠)하는. 칩거(蟄居)하는. (싹·씨가 겨울에) 발육 휴지중인. 휴식 상태에 있는. 잠복하(고있)는. 활기 없는. 정체(停滯)하고 있는. 정지(停止)하고 있는. 감각을 잃은. 마비된. 저린.
— *m*. (철길에 까는) 침목(枕木).
dormida *f*. ①잠자기. 잠자는 상태. 잠자는 시간. ②잠자는 곳. 숙소. ③날짐승·야수(野獸) 등이 자는 곳(보금자리·나무·동굴 따위).
dormideira *f*. [植] 양귀비(罌粟).
dormidor *m*. 잠이 많은 사람. 잠꾸러기.
dorminhoco *a*. 잠을 잘 자는. 잠이 많은. 자기 좋아하는. 졸리운.
— *m*. 잠 잘 자는 녀석. 잠꾸러기.
dormir *v.i.*, *v.t*. ①자다. 잠자다. 재우다. 숙박하다(시키다). ②활동하지 않다. 고요하다. 조용하다. ③(돌아가는 팽이가) 멎은 듯 가만 있다. ④영면(永眠)하다.
dormir a sesta 낮잠 자다. 오수(午睡)하다.
dormir fòra da casa 밖에 나가 자다. 외박하다.
dormir ao relento 노천에서 자다. 노숙하다.
dormir como uma pedra 푹 자다.
dormir sòbre um assunto 문제가(사건이) 질질 끌며 좀처럼 해결되지 않다.
fogo dorme 불이 꺼지다. 진화(鎭火)하다.
Durma bem! 잘 주무십시오! 잘자라!
— *m*. 잠. 잠자기. 수면.
ter mau dormir 잘 자지 못하다.
dormitar *v.i.* 선잠 자다. 얕은 잠을 자다. 꾸벅꾸벅 졸다. 활동을 휴지(休止)하다. 잠깐 정온(靜穩) 상태에 있다.
dormitivo *a*. 잠들게 하는. 잠자게 하는. 최면의.

— *m.* 수면제. 최면약(催眠藥).
dormitório *m.* 침실. (기숙사의) 공동 침실. (승원(僧院)의) 큰 침실.
dorna *f.* 큰 통. 포도주 양조통(釀造桶).
dornada *f.* 큰 통에 하나 가득한 분량.
dorsal *a.* [解・動・植] 등의. 등부(背部)의. 배(背)의. 등 모양의.
espinha dorsal 척골(脊骨).
barbatana dorsal 등지느러미(鰭).
dorsífero *a.* [植] 등에 나는. 등 부분에 생기는.
dorsifixo *a.* 등에 붙어 있는. 등에 고착(固着)하는.
dorso *m.* ①[解・動・植] 등. 등부(背部). ②배후(背後). 이면(裏面).
dorso da máo 손등.
dorso de livro 책등.
dos (전치사 *de*와 정관사 *os*의 결합형) 그것들의. 그것들에 관하여.
dosagem *f.* 약의 분량을 정하기. 투약(投藥). 조제(調劑).
dosar *v.t.* 투약하다. 조약(調藥)하다. 약을 넣다. 한 번 먹을 분량을 정하다.
dose *f.* (약의) 일복(一服). 일회분의 양. 복용량(服用量).
doseamento *m.* =*dosagem*.
dosear *v.t.* =*dosar*.
dosificar *v.t.* 한 번 쓸 양(一服分)으로 나누다. 분복(分服)하다.
dosimetria *f.* ①복약량측정(服藥量測定).
dosimétrico *a.* 복약량측정의. 복용법의.
dossel *m.* (제단 뒤의) 휘장.
dotação *f.* ①지참금(持參金)을 주기. 출가시(出嫁時) 기본 재산을 주기. 남에게 기본 재산을 기부하기. ②자재(資財). 가자(嫁資).
dotado *a.* 지참금을 받은. 기본금으로 기부 받은.
dotador *m.* 지참금을 주는 사람. (출가시) 기본 재산을 기증하는 사람.
dotal *a.* 아내가 가져온 재산의. 지참금의.
dotalício *a.* 지참금의. 지참금에 관한(…에 속하는).
dotar *v.t.* (…에게) 결혼지참금(持參金)을 주다. 출가시 기본 재산을 기증하다.
— *se v. pr.* 지참금으로 하다.
dote *m.* ①결혼지참금. 출가시에 몰려 받는 기본 재산. ②과부산(寡婦産)(과부가 살아 있는 동안 분배되는 망부(亡夫)의 재산. ③수도원에 들어가는 부인(婦人)의 지참 재산. ④타고난 재능(성품).
dourada *f.* ①[魚] 도미의 일종. ②[植] 흰 포도의 일종.
douradinha *f.* [植] 양치속(羊齒屬).
dourado *a.* ①금박을 입힌. 도금한. ②금빛으로 칠한. ③금빛의. 황금색의.
— *m.* 금박(金箔). 도금(鍍金).
dourador *m.* 도금사(鍍金師).
douradura *f.* ①금박 입히기. 도금법. 도금술(鍍金術). ②입힌 금. 금박(金箔). 금가루.
douramento *m.* 금박 입히기. 도금하기.
dourar *v.t.* ①금박을 입히다. 도금하다. ②금빛으로 칠하다. 황금빛이 나게 하다. 광채가 나게 하다. ③겉치레 좋게 꾸미다. (…의) 겉치장을 하다.
dous 《古》 =*dois*.
doutamente *adv.* 해박하게.
douto *a.* ①많이 배운. 학문이 넓은. 학식이 많은. ②해박(該博)한. 통달한.
doutor *m.* ①박사. 의학박사. 의사. 학자. ②학문이 넓은 사람. ③학자인 체하는 사람.
doutôra *f.* (*doutor*의 여성형) 여박사. 여의사. 여류학자. 규수문학자(閨秀文學者).
doutoraço *m.* 학자인 체를 하는 사람. 현학자(衒學者).
doutorado *a.* 박사호(號)가 있는. 학위가 있는.
— *m.* ①박사호(號). 박사의 학위. ②박사호를 가지고 있는 사람.
doutoral *a.* ①박사의. 학자의. 학위 있는. 권위 있는. ②학자인 체하는.
doutoramento *m.* 박사호(학위)를 받음.
doutorando *m.* 박사의 후보자.
doutorar *v.t.* 박사호를 주다. 학위를 주다.
— *se v. pr.* 박사호(학위)를 받다.
doutrina *f.* ①교리(敎理). 교의(敎義). 교지(敎旨). ②주의. 원칙. 학설. ③배움의 길.
doutrinação *f.* =*doutrinamento*.
doutrinado *a.* 교훈 받은. 훈도(薰陶)된.
doutrinador *m.* 교의 또는 교리를 가르치는 사람.
doutrinal *a.* 교의상(敎義上)의. 학리상의. 교훈의. 교지(敎旨)의. 교리적. 훈계적.
doutrinamento *m.* 교리를 가르치기. 주의・사상을 주입하기.
doutrinante *m.* 교리(교의)를 가르치는 사

doutrinar *v.t.* 교의(교리)를 가르치다. 교훈하다. 주의(학설)를 주입하다. 불어 넣다.

doutrinário *a.* 교의상의. 학리상의. 교훈의. 교지의. 훈계적.

doutrinável *a.* 교리(교의)를 가르칠 수 있는. 교육할 만한.

doxologia *f.* [宗] 송영가(頌榮歌). 찬영가(讚榮歌). (특히) 영송(榮誦).

doze *a.* 12의. 12(열두)개의. 열 두 사람의. — *m.* 12(개·사람). 12시. 열 두 살. (集合的) 한 타스.

dracma *f.* (옛 그리스) 드라크마 은화($9^3/_4$펜스).

draconiano *a.* (옛 아테네의 집정관(執政官)) 드라코(*Draco*)식의. 준엄한. 가혹한.

draga *f.* [海] 준설(浚渫). 준설기(機).

dragado *a.* 물 밑을 친. 준설한.

dragador *m.* ①준설 인부(浚渫人夫). 준설기. 준설선(浚渫船). ②끄는 그물 사용자.

dragagem *f.* (항만·운하·강 등의) 물 밑을 치는 작업. 준설 작업.

dragão *m.* ①용(龍: 전설의 괴수(怪獸)). [天] 용좌(龍座). ②《轉》 성질이 나쁜 사람. ③(남미 또는 인도산의 도마뱀의 일종). ④《古》 용기병(龍騎兵).

dragar *v.t.*, *v.i.* (항만·운하·개천 등의) 물 밑을 치다. 그물을 물에 쳐서 끌다.

drago *m.* 《詩》 용.

dragoeiro *m.* [植] 용혈수(龍血樹: 백합과의 교목(喬木)).

dragomano *m.* (아라비아·터키·이란 등의) 통역.

dragona *f.* (장교복의) 견장.

dragonete *m.* [紋章] 입을 벌린 용머리(龍頭).

dragontino *a.* 용의.

drainagem *f.* = *drenagem*.

drainar *v.t.* = *drenar*.

draino *m.* 배수관(排水管). 방수로(放水路).

drama *m.* ①한 편의 희곡(戲曲). 극시(劇詩). 각본(脚本). ②극문학(劇文學). 극. 연극. 신파연극(新波演劇). ③(인생의) 극적 사건. ④비극. 참극.

drama histórico 사극(史劇).
drama cômico 희극(喜劇).
drama lírico 가극. 오페라.

dramaticamente *adv.* 극적으로.

dramaticidade *f.* 극적임.

dramático *a.* ①희곡(戲曲)의. 각본의. 연극의. 연극에 관한. ②극적인. 마음을 움직이는.

dramatização *f.* 각색(脚色). 극화(劇化).

dramatizar *v.t.* ①극으로 만들다. 각색하다. ②극적으로 표현하다.

dramatologia *f.* 극작술(劇作術).

dramaturgia *f.* ①극작술. ②각본(극)의 상연(연출)법.

dramaturgo *m.* 극작가. 각본 작가. 희곡 작가.

drástico *a.* 극렬한. 철저한. (약 효과가) 대단한.
— *m.* 준하제(峻下劑).

drenagem *f.* ①물 빠지기. 배수(排水). 배수법. ②배수 장치. 선체 하수. ③배수 공사.

drenar *v.t.* 배수하다. 방수(放水)하다. 물기를 없애다.

dreno *m.*(*pl.*) 도랑. 방수로(放水路). 어채. ②하수(시설). 배수관. 지하수로(地下水路). 은구(隱溝).

driça *f.* [海] 동색(動索): 기(旗)·돛(帆布) 따위를 올렸다 내렸다 하는 밧줄).

droga *f.* ①약. 약품. 약재(藥材). ②여러 가지 혼합물. ③안 팔리는 상품. 보잘 것 없는 물건.

drogaria *f.* ①약방. 약국. 약종상(藥種商). ②약품류(藥品類).

droguista *m.*, *f.* 약장사. 약품상. 매약업자(賣藥業者).

dromedário *m.* 단봉(單峰) 낙타(혹이 하나 있는. 아라비아산).

dromometro *m.* 속도계(速度計).

drosometria *f.* 노량(露量) 측정법.

drosométrico *a.* 노량 측정의.

drosômetro *m.* 노량계(露量計).

drúida *m.* 옛 Gaul 및 Celt 족(族)의 승려 (예언자·승려·시인·재판관·요술쟁이 등을 포함한).

druídico *a.* = *drúida*.

druidismo *m.* 드루우이드교(敎).

drupa *f.* [植] 핵과(核果). 다육과(多肉果) (복숭아·서양추리 따위).

drupáceo *a.* [植] 핵과성(核果性)의. 다육과의. 핵과를 맺는.

drupáceas *f.*(*pl.*) [植] 핵과류(核果類).

drupeola *f.* 소핵과(小核果).

drusa *f.* [鑛] 정선(晶腺), 정동(晶洞). 정족(晶族).

dual *a.* ①둘의. 둘을 나타내는. 양자(兩者)의. 이체(二體)의. ②겹의. 이중(二重)의. 이중성의. 두 부분으로 된. 이원적(二元的)인.
— *m.* [文] 양수(兩數). 쌍수(雙數).

dualidade *f.* 이중성(二重性). 이원성(二元性). 이질(二質).

dualismo *m.* 이중임. 이원임. 이원성. [哲] 이원설(二元說), 이원론(論). [宗] 이원교(敎). [神] 그리스도 이성론(神人二性論).

dualista *a.* 이원성이 있는.
— *m., f.* 이원론자. 이원설 신봉자(二元說信奉者). 양역(兩役)을 겸하는 사람.

dualístico *a.* 이원적인. 이원설의. 이원론적의.

dualizar *v.t.* 겹치다. 이원적으로 간주(看做)하다.

duas *a. dois*의 여성형. 둘의.
duas vêzes 두 번. 이회(二回).
duas côres 두 가지 색. 이색(二色).

dubiamente *adv.* 의심스럽게. 의심을 품고. 반신반의로.

dubiedade *f.* ①의심스러움. 수상함. 반신반의(半信半疑). 의혹(疑惑). 의념(疑念). ③불확실. 애매.

dúbio *a.* 반신반의의. 수상한. 의심스러운. 모호한. 분명치 않은. 불확실한. 애매한.

dubitação *f.* ①의심. 의혹. 반신반의. ②주저. ③[修] 의혹어법(疑惑語法).

dubitativamente *adv.* 의심스럽게. 의심을 품고.

dubitativo *a.* 의심스러운 듯한. 반신반의의. 수상한. 주저하는.

dubitável *a.* 의심스러운. 수상한. 의문이 되는.

duc *m. duque*의 고체(古體).

ducado *m.* ①공국(公國). 공작령(公爵領). ②공작의 지위.

ducal *a.* 공작의. 공작에 속하는. 공작령의.

ducentésimo *a.* 제이백(第二百)의. 이백 번 째의.

ducha *f. duche.*
— *m.* (주로 의료상(醫療上)의). 주수(注水). 관주(灌注). 관주법.

duchar *v.t., v.i.* 물을 붓다. 주수하다. 관수욕(灌水浴)을 하다.

dúctil *a.* ①(금속 같은 것의) 늘여 펼 수 있는. (늘여 펴기 쉬운). 가연성(可延性)의. ②점질(粘質)의. 부드러운. ③유순한. 순진한.

ductilidade *f.* ①연성(延性). 전성(展性). (아스팔트의) 신도(伸度). ②유연성(柔軟性). ③순진한 품.

dueto *m.* 송수관(送水管). [生理] 관(管). 수송관(輸送管). [植] 물관(導管). 맥관(脈管).

duelar *a.* 결투(決鬪)의. 결투에 관한.

duelista *m., f.* 결투자. 투쟁자.

duelo *m.* (특히) 결투(決鬪). 투쟁.
bater-se em duelo 결투하다.

duende *m.* 유령. 도깨비. 귀신.

dueto *m.* [樂] 듀엣. 이중창. 이중주(二重奏), [舞蹈] 듀엣 무곡(舞曲). 《俗》두 사람만의 대화.

dulcificação *f.* ①달게 함. 감미화(甘味化). 단맛을 넣어서. 쓴맛·신맛·매운맛·떫떠름한 맛 등을 없앰. ②부드럽게 하기.

dulcificado *a.* 달아진. 달게 한. 부드러워진.

dulcificante *a.* ①달게 하는. 감미(甘味)를 띠게 하는. ②부드럽게 하는. (고통 따위를) 가볍게 하는.

dulcificar *v.t.* ①(맛을) 달게 하다. 감미를 넣다. ②(기분을) 부드럽게 하다. 완화(緩和)하다.

dulcífico *a.* ①단맛이 있는. 감미(甘味)를 띤. ②부드러운. 온화한.

dulcífluo *a.* ①《詩》감로(甘露)가 흐르는 (듯한). ②부드럽게 말하는.

dulcíloquo *a.* 부드러운 말씨의. (말씨가) 달콤한.

dulcinéia, dulcinea *f. Don Quixote*가 여인(戀人)으로 택한 농부의 딸. 《轉》이상적인 애인. 연인(戀人).

dulcisono (=dulcissono) *a.* 아름다운 소리의. 미음(美音)의. 멜로디의. 가조(佳調)의.

dulcíssimo *a.* (*doce*의 최상급) (맛이) 가장 단.

dum (전치사 *de*와 부정관사 *um*의 결합형)

dum-dum *m.* 덤덤탄(彈).

duna *f.* (사막 또는 해변의) 모래 언덕. 사구(沙丘). 사산(砂山).

dundum *m. =dum-dum.*

duo *m.* [樂] =*dueto.* 이부 합창. 이부곡

(二部曲). 이중주(二重奏).

a duo 이부 합창으로. 이중주로.

duodecimal *a.* 12진법(進法)의. 12분의. 12분 소수(小數)의.

sistema duodecimal [數] 12진법(進法).

duodécimo *a.* 열두 번째의. 제12의.

— *m.* 열두 번째. 제12. 12분의 1.

duodécuplo *a.* 열두 곱(12倍)의.

duodenal *a.* 십이지장(十二指腸)의.

duodenário *a.* (한 단위가) 12의. 열두 곱(12倍)의. 12진법의.

duodenite *f.* [醫] 십이지장염(炎).

duodeno *f.* [解] 십이지장(指腸).

duplamente *adv.* 두 곱(二倍)으로. 이중으로. 중복하여.

duplex *a.* 중복된. 2련식(二聯式)의. 겹의. 이중의.

duplicação *f.* 겹. 이중(二重). 중복(重複). 복제(複製). 복사(複寫).

duplicadamente *adv.* 두 곱으로. 두 겹으로. 이중으로. 두 가지 양식으로. 두 통(二通)으로.

duplicado *a.* 중복된. 이중의. 두 곱으로 된. 한 쌍(雙)의. 똑같은. 복제(複製)한. 복사한(여별의).

— *m.* (같은 것의) 두 통 중의 하나(여벌). 부본(副本). 복제. 복사. 복제물(複製物). 사본.

em duplicado 정부 두 통(正副二通)으로.

duplicador *a.*, *m.* 이중으로 하는 (것). 복제자(複製者). 복사기(複寫器)(機).

duplicar *v.t.* 겹(두 곱)으로 하다. 복사하다. 두 통으로 만들다.

duplicata *f.* (같은 것의) 두 통 중의 하나(여벌). 부본(副本). 사본. 복제물(複製物).

em duplicata 정부(正副) 두 통으로.

duplicativo *a.* 겹의. 이중(二重)의. 두 곱으로 하는.

duplicável *a.* 겹칠 수 있는. 두 곱으로 할 만한.

dúplice *a.* ①중복된. 겹의. 이중(二重)의. 2聯式(二聯式)의. ②두 가지 말하는. 표리부동(表裏不同)한.

duplicidade *f.* ①중복. 이중성(二重性). ②두 가지 말하는 것. 이심(二心). 표리부동. 불성실(不誠實).

duplo *a.* 두 곱의. 이중의. 중복된.

chope duplo 곱배기 생맥주(특히 큰 컵에 따른 것).

— *m.* 두 곱. 곱절. 이배(二倍). 이중.

duque *m.* ①공작(公爵). 공(公). ②(트럼프) 두 끗 카드. 주사위의 두 점 눈.

gran duque 대공(大公).

duquesa *f.* 공작부인(公爵夫人). 여공작. (공국(公國)의 여공) (女公).

durabilidade *f.* 내구성(耐久性). 내구력. 영속성. 지속성(持續性).

duração *f.* 지속(持續)(기간). 존속(存續)(기간).

duradouro *a.* 오래 견디는. 오래 가는. 영속성 있는. 항구성 있는. (품질이) 든든한.

duralumínio *m.* 듀랄루민(알루미늄에 구리·망강·마그네슘을 섞어서 만든 경합금(輕合金). 항공기 재료).

dura-máter *f.* [解] 경뇌막(硬腦膜).

durame *m.* [植] 중심목질(中心木質). 심재(心材).

duramente *adv.* 굳게. 딱딱하게. 엄하게. 힘들게.

durante *prep.* (…하는) 동안. …중.

durante o dia 낮 동안. 주간(晝間)에.

— *m.* 윤 있는 일종의 모직물(毛織物).

durar *v.i.* 지속(持續)하다. 존속하다. (…에 오래 견디다. 지탱(支撑)하다.

durável *a.* 오래 견디는. 연속성 있는. 항구성 있는. (품질이) 든든한.

durázio *a.* ①[植] 외피(外皮)가 굳은. 딱딱한. ②꽤 나이 먹은. 중년(中年)의.

dureza *f.* ①경도(硬度). 경성(硬性). ②굳음. 딱딱함. 단단함. ③굳은 마음. ④냉정. 무정. ⑤엄함. 준엄(峻嚴). 가혹.

duro *a.* ①굳은. 딱딱한. 단단한. 견고한. 튼튼한. ②어려운. 힘든. 곤란한. ③(날씨가) 모진. 거칠은. 호된. ④(문장·말씨가) 부드럽지 못한. 거칠은. ⑤고집이 센. 완고한.

dútil *a.* = *dúctil*.

duúnvirato *m.* ①(옛 로마의) 이인 연대직(連帶職). 그의 임기(任期). ②이두 정치(二頭政治).

duúnviro *m.* (옛 로마사) 이두 정치의 한 사람.

dúvida *f.* 의심. 의혹. 반신반의(半信半疑). 수상함. 의문. 불심(不心). 불확실.

duvidador *m.* 의심하는 사람. 의심이 많은 사람.

duvidar *v.t.* 의심하다. 수상히 생각하다. 이상히 여기다. 의혹을 품다.

— *v.i.* 의심하다. 의혹을 품다. 의아하게 생각하다. 걱정하다.
Duvido muito disso. 나는(이 건에 대하여) 매우 의심스럽게 생각한다.
não há que duvidar 의심할 바 없다.
Você duvida de minha palavra? 당신은 내 말을 의심합니까?

duvidosamente *adv.* 의심스럽게. 애매하게. 수상히.

duvidoso *a.* 의심스러운. 수상한. 반신반의의. 의문이 생기는. 애매한. 이상한. 못미더운. 미타(未妥)한. 어찌될지 모를. 확실성이 없는.

duzentos *a.* 이백의.
— *m.* 이백(二百). 200. 200개.

dúzia *f.* (같은 종류의) 한 타스(一打). 12개. 12개 한 벌.
dúzias (pl.) 《俗》많은 수(량).
meia dúzia 6개. 반 타스(半打).
dúzia de padeiro 빵장수의 다스(13개).

[E]

E, e *m.* ①포르투갈어 자모의 다섯째 글자. ② 제5의 기호. ③*leste* (동쪽)의 약자(略字).

e *conj.* …와. 과. 및. 더욱. 그래서. 역시. 그러면.
ê*le e ela* 그이와 그 여자.
o primeiro e o segundo capitulo 제1장과 제2장(章).

e 동사 *ser*의 3인칭 단수 직설법 현재(直說法現在).

ebanáceas *f.(pl.)* [植] 흑단무리(黑檀屬).

ebanco, ebanino *a.* 흑색의. 흑단처럼 새까만.

ebanista *m., f.* 흑단으로 세공(細工)하는 사람.

ebanizar *v.t.* 흑단 비슷하게 하다. 흑단색으로 하다.

ébano *m.* ①[植] 흑단(黑檀). 흑단 재목. ②흑단처럼 새까만 것.

ebonite *f.* 에보나이트. 경질(硬質) 고무.

eborário *m.* 상아세공사(象牙細工士).

ebóreo *a.* 상아색의. 상아로 만든.

ebriático, ebriátivo *a.* 술에 빠진. 곤드레 만드레 취한.

ebriedade *f.* ①술에 빠짐. 취함. 명정(酩酊). ②열광(熱狂). 몰두.

ébrio *a.* ①술에 빠진. 술취한. ②(…에) 도취한. 열중하고 있는. ③열망하고 있는.
— *m.* 술취한 사람. 술주정뱅이. 취한(醉漢).

ébrioso *a.* 자주 취하는(버릇 있는).

ebulição *f.* ①끓음. 끓이기. 비등(沸騰). ②(감정의) 격발(激發). 폭발. 발발(勃發). 홍분. 분발.

ebuliente *a.* ①끓는. 끓고 있는. 비등하는. ②(힘·원기 등이) 넘쳐흐르는. 북받쳐오르는. 용솟음치는.

ebuliometro, ebulioscópio *m.* 비등점 측정기(沸騰點測定器).

ebúrneo *a.* 상아(象牙)같은. 상아빛의. 상아로 만든.

eça *f.* ①기념비. 전사자(戰死者) 기념비. ②관대(棺臺).

ecbólice *a.* (약 따위) 유산(流産)에 쓰는. 유산케 하는.

echarpe *f.* 스카프.

eclampsia *f.* [醫] 급작스러운 경련(痙攣). 급간(急癎).

eclamptico *a.* 급작스러운 경련의.

eclesiástico *a.* (기독교) 교회에 관한. 성회(聖會)의.
— *m.* (기독교의) 성직자(聖職者). 종교가. (다른 교도와 구별하여) 정통교회 신도.

ecléctico *a.* [古哲] 절충학파(折衷學派)의. 절충주의의. 취사선택(取捨選擇)하는. 절충적.
— *m.* 절충학파의 철학자. 절충주의자.

ecletismo *m.* 절충주의. 절충학파적 방법. 절충설.

eclimetro *m.* 경사측정기(傾斜測定器).

eclípsar *v.t.* ①[天] (일식·월식 등에서 천체가) 먹다. 가리다. (빛·등대 광선을) 어둡게 하다. ②(명성 등의) 빛을 빼앗다. …을 무색(無色)하게 하다. ③능가(凌駕)하다. 압도하다.
—**se** *v.pr.* 보이지 않게 되다. 없어지다. 숨다.

eclipse *m.* ①[天] (해나 달의) 이지러짐. 일식. 월식. (별의) 가리움. ②빛의 상실(喪失). 실광(失光). ③(등대 불빛의) 주기적인 소멸(消滅). 일시적인 어두움.

eclíptica *f.* [天] 황도(黃道).

eclíptico *a.* (천체의) 이지러진. 이지러지는. 식(蝕)의. 황도의.

écloga *f.* 목가(牧歌). 전원시(田園詩).

eclusa *f.* 출수문(出水門). 방조문(防潮門).

eco *m.* ①메아리. 산울림. 반향(反響). ②[希神] 메아리. 산(山)의 요정(妖精). 숲의 여신(女神). ③(세론(世論)의) 반향. 평판. ④(똑같은) 흉내. 모방(模倣). 공명(共鳴). [樂] 되풀이하기. 반복(反復).

ecoar *v.i.* 반향하다. 울리다. 널리 울리다.
— *v.t.* (음향을) 반향하다. (감정을) 반영하다.

ecoico *a.* 반향적. 반향하는.
verso ecoico 반향운시(反響韻詩).

ecologia *f.* 생태학(生態學).

ecológico *a.* 생태학의.

ecologista *m., f.* 생태학자.

ecólogo *m.* 생태학자.

ecometria *f.* 음향측정법.

ecométro *m.* 음향계(音響計).

economia *f.* ①경제. 경제학. 이재(理財).

②절약. 절용(節用). 절검(節儉). 검약(儉約).
economia agrcola 농업경제.
economia domestica 가정(家政).
economia politica 국가경제. 정치경제학.
economia social 사회경제학.
fazer economia 절약하다.
economias (*pl.*) 저금. 축재(蓄財).

economicamente *adv.* 경제적으로. 경제상.
econômico *a.* 경제(상)의. 경제적인. 절약적. 절약하는.
caixa econômica 저축은행(貯蓄銀行).
— *m.* 절약하는 사람. 경제가.
economista *m., f.* ①경제학자. ②경제적인 사람. 절약(검약)하는 사람.
economizador *a., m.* 절약하는 (사람).
economizar *v.t.* 절약하다. 절약하여 쓰다. 경제적으로 쓰다.
— *v.i.* 경제를 꾀하다. 절약하다. 낭비를 없애다.
ecônomo *m.* 가정(家政)을 처리하는 사람. 가계(家計)를 주관하는 이. 가사관리인(家事管理人). 수도원(修道院)의 회계사.
écran *m.* [映] 영사막(映寫幕).
ectoderme *m.* [植] 외배엽(外胚葉). 외피(外皮).
ectoparasito *m.* [動] 외부기생체(外部寄生體). 체외(體外) 기생충.
ectopia *f.* ①밀골(脫骨). 틸구(脫口). 진위(轉位). ②장기(臟器)의 탈출(脫出).
ectozoário *m.* 외피기생충(外皮寄生蟲).
ecumenicamente *adv.* 전반적으로. 만국적으로. 만국 공통으로.
ecumenicidade *f.* 전반적임. 만국적(萬國的)임. 세계적임.
ecumênico *a.* 전반적인. 보편적인. 만국의.
concilio ecumênico 세계사교회의(世界司教會議).
ecúmem *m.* 전반(全般). 전체적 형세(全體的 形勢). 만국공통(萬國共通).
eczema *m.* [醫] 습진(濕疹).
eczematoso *a.* 습진성(性)의. 습진에 걸린.
edade *f.* =*idade*.
edacidade *f.* 탐식(貪食). 대식(大食). 탐욕.
edaz *a.* 게걸스레 먹는. 정신없이 먹는. 탐식하는. 식욕이 왕성한.
edema *m.* [醫] 수종(水腫)의 일종. 부종(浮腫).
edematoso *a.* 수종성의. 부종성의. 부종에 걸린.

Eden *m.* ①에덴 동산(인류의 시조 *Adam*과 *Eve*가 살았다는 낙원). ②낙원. 무릉도원(武陵桃源). ③극락(極樂) 상태.
edénico *a.* 에덴 동산의. 낙원의. 낙원 같은.
edeologia *f.* 생식기론(生殖器論).
edeoscopia *f.* [醫] 생식기의 검사(檢査).
edição *f.* ① …판(版). (초판·재판 등의) 판. ②출판. 발행. 간행(刊行).
edição extraordinaria 특별판. 임시증판.
edificação *f.* ①건축. 건립. 조영(造營). ②덕성(德性)의 함양(涵養). 계발(啓發). 훈도(薰陶). 교훈. 교화(教化). 감화(感化).
edificador *a., m.* ①건축하는 (자). 건립하는 (자). ②훈도하는 (자). 계발하는 (자).
edincamento *m.* =*edifiçacão*.
edificante *a.* 훈도하는. 교화하는. 선도(善導)하는. 덕성을 함양하는. 계발하는. 유익(有益)한.
edificantemente *adv.* 선도하여. 모범이 될 수 있게.
edificar *v.t.* ①(집·건물 따위를) 짓다. 건축하다. 건립하다. ②구성하다. 창립하다. 설립하다. ③교화(教化)하다. 훈도하다. 선도하다. 덕성을 함양하다.
—*se v.pr.* 감화를 받다. 교화되다.
edificativo *a.* ①덕성을 함양하는. 계발하는. ②교화의. 선도의.
edifício *m.* ①건물. 건축물. 대아(人廈). 빌딩. ②조직. 구성(構成). ③작문(作文). 작곡.
edil *m.* ①[史] 조영사(造營師) (옛 로마에서 공사(公私)의 건축물·도로·보안경찰 같은 것을 다스린 관리). ②시참의회원(市參議會員).
edilíco *a.* =*edil*.
edilidade *f.* ①*edil*의 직위(직책). ②시참의회.
edital *a.* ①공고의. 게시의. ②법령의. 명령의.
— *m.* 공고(公告). 게시(揭示).
editar *v.t.* ①공고하다. 발표하다. ②편찬하다. 편집하다. 편집 발행하다. 출판하다. 간행하다.
édito *m.* ①포고. 명령. ②조령(條令). 훈령. 법령.
editor *m.* ①출판인(출판업자). 발행인. ②공포자. 발표자.
— *a.* 출판하는. 발행하는.
editôra *f.* ①출판사. 출판서점. ②*editor*의

editorial-**efetivel**

여성형. *editôra a* =*editor a*.
editorial *a.* ①편집장의. 편집주간(主幹)의. 편집 발행인의. ②편집자의. 편집(상)의.
  artigo ediorial 사설(社說).
edredao *m.* ①북유럽 연안 산의 물오리 (*eider*의) 솜털을 넣은 이불. ②침상보. 이불. ③《轉》편안. 안락.
educabilidade *f.* 교육할 수 있음. 도야성(陶冶性).
educação *f.* ①교육. 훈육. 훈도(薰陶). 교양. ②예의(禮儀). 예절. 점잖은 태도. ③(동물의) 훈련. 조교(調敎).
  educação moral 덕성교육.
  educação física 신체교육.
  educação intelectual 지성(知性)교육.
  sem educação 교양이 없음. 무례함.
educacional *a.* 교육(상)의. 교육적. 교양의.
educacionista *m., f.* 교육가. 교육관계자.
educado *a.* 교육받은. 교양 있는. 점잖은.
educador *m.* 교육자. 선생. 교사(敎師).
educanda *f.* 여학생. 여생도.
educandario *m.* 가르치는 곳. 학당. 학사(學舍). 서당.
educando *m.* 남학생. 생도.
educção *f.* 이끌어냄. 계발. 추단(推斷). 배출. [化] 추출(抽出). 추출물.
educar *v.t.* 교육하다. (정신을) 훈육하다. 육성하다. 양성하다. (특수 능력・취미 등을) 기르다. 훈련하다. (동물을) 길들이다.
  —*se v.pr.* 교육되다. 교육받다.
educativo *a.* 교육적인. 교육상 유익한.
educável *a.* 교육(훈육・양성)할 수 있는. (동물을) 길들일 수 있는.
educcção *f.* =*educção*.
educto *a.* =*eduto*.
edulcoração *f.* ①신맛(짠맛・떫은맛 등)을 빼내기. 달게 하기. ②[化] 가용성 물질(可溶性物質)(혼합물)을 빼내기.
edulcorar *v.t.* ①신맛(짠맛・떫은맛 등)을 빼내다. 달게 하다. ②[化] 가용성 물질(혼합물)을 빼내다. (물로써) 산(酸)・염분을 씻어내다.
édulo *a.* 먹을 수 있는. 식용(食用)으로 되는. 식용의.
eduto *a.* (숨어 있는 능력 등을) 끌어 낸. 추론(推論)을 이끌어 낸. 추단한. [化] 추출(抽出)한.
eduzir *v.t.* (숨어 있는 능력 등을) 끌어 내다. 추론을 이끌어 내다. 추단(推斷)하다. 연역(演繹)하다. [化] 추출하다.
efebo *m.* ①(특히 사춘기의) 청년. 젊은이. ②묘령(妙齡). 《古》장정(壯丁).
efeito *m.* ①결과. ②효과. 효력. 효험(效驗). 보람. ③영향. ④실행(實行). 수행. ⑤사실. 실제. ⑥어음. 증권.
  com efeito 참으로. 실제적으로. 과연.
efeituação *f.* =*efetuação*.
efeituar *v.t.* =*efetuar*.
efemeras *f.(pl.)* [蟲] 하루살이.
efemeridade *f.* 단명(하루살이처럼 몹시 명이 짧은 것). 조생모사(朝生暮死). 덧없음.
efemérides *f.(pl.)* 천문력표(天文曆表).
efémero *a.* 하부의. 일일간의. 하루에 한(限)한. 조생모사의. 수명이 매우 짧은. 잠시의.
efémeros *f.(pl.)* [蟲] 하루살이류(蜉蝣類).
efeminação *f.* ① 여자 같음. 나약(懦弱) 유약(柔弱). ②여성화(女性化). 나약(懦弱)하게 하기.
efeminadamente *adv.* 연약하게. (거동・행실 등이) 여자처럼. 여자답게.
efeminado *a.* 여자 같은. 여성적인. 여류(女流)의. 사내답지 못한. 나약한. 유약한.
efeminar *v.t.* (행실・거동 등을) 여자처럼 되게 하다. 여성화하다. 나약하게 하다. 겁을 먹게 하다.
  —*se v.pr.* 여성적이 되다. 여성화하다. 나약해지다.
efeminizar *v.t.* =*efeminar*.
eferente *a.* ①[生理] 배출하는. 수출(도출)성의. 원심성(遠心性)의. ②나르는. 수송하는.
  vasos eferentes 수출관(輸出管).
efervescência *f.* ①비등(沸騰). 거품남. ②감격. 흥분. 열광(熱狂). ③동요. 소동.
efervescente *a.* ①끓어오르는. 비등하는. 거품 나는. ②흥분한. 열광하는.
eferverscer *v.i.* ①(탄산수 등이) 거품 내다. 끓어오르다. (가스가) 거품이 되어 나오다. ②들뜨다. 흥분하다.
efetivação *f.* ①효과 있게 함. ②(목적・계획 따위를) 이루기. 실현. 실행.
efetivar *v.t.* 효과 있게 하다. 발효(發效)케 하다. (목적・계획 등을) 이루다. 다하다. 실행하다. 실현하다. 실시하다.
efetivel *a.* 실현(실행)할 수 있는.

efetividade *f.* ①실효(實效). 유효. ②실현(實現).

efetivo *a.* ①효력 있는. 유효한. 효력을 발생하는. 효과적인. ②현실적인. 실제적인. ③유력한. 유능한.
— *m.* ①실제(實際). 실재(實在). ②현직(現職), 현원(現員). [軍] 동원된 병력. 정병(精兵). (곧 동원할 수 있는) 병력.

efetuação *f.* ①유효케 함. ②실현(화). 달성. 성취. ③실행. 수행. 이행(履行).

efetuador *a., m.* 달성하는 (자). 실행하는 (자). 실제화(실현화)하는 (자).

efetuar *v.t.* ①유효케 하다. 효과가 나타나게 하다. ②실현시키다. ③성취하다. 달성하다. 이루다. 실시하다.

efetuoso *a.* 유효한. 효과 있는.

efialta *f.* ①악몽(惡夢). ②몽마(夢魔). 수마(睡魔) (수면 중에 사람을 누르며 괴롭힌다는).

eficácia *f.* 효력. 효험(效驗). 유효.

eficaz *a.* 효력 있는. 효과가 나타나는. 효과적인. 효험 있는. 유력한.

eficazmente *adv.* 효과 있게. 효과적으로.

eficiência *f.* 효력. 효율(效率). 능률. 능력. 실력.

eficiente *a.* 효과 있는. 유효한. 유능한. 실력 있는.
causa eficiente 동인(動因), 기성원위(期成原因).

efigie *f.* (특히 우표·화폐 등에 그린) 초상(肖像). 화상. 우상.

eflorescência *f.* ①꽃피기 시작함. 개화(開花). 개화기(期). ②[化] 풍화(風化). 풍해(風解). 풍화물. ③[醫] 여드름. 발진(發疹).

eflorescente *a.* ①꽃이 피는(피기 시작하는). ②[化] 풍화하는. ③[醫] 여드름이 돋는. 발진하는.

eflorescer *v.i.* ①꽃이 피다(피기 시작하다). ②[化] 풍화하다. (땅·벽(壁) 등에) 염분이 나타나다. ③[醫] 여드름이 돋다. 발진(發疹)하다.

efluência *f.* ①빛을 비추기. 조사(照射). 방사(放射). ②(액체의) 유출. ③(전기의) 방출.

efluente *a.* 흘러나오는. 유출하는. 방출하는. 방사하는.

efluir *v.i.* (빛·열·김·향기 등이) 발산하다. 퍼지다.

eflúvio *m.* ①나쁜 냄새. 악취. ②증발. 발산. ③(유기체에서 나오는) 발산기(發散氣).
eflúvios magnéticos [理] 자기소(磁氣素).

efluxo *m.* (액체·공기·가스 등의) 유출. 방출. (유체의) 방류(放流).

éforo *m.* ①(옛 그리스) 민선장관(스파르타의 민선(民選) 5장관의 한 사람). ②그리스의 장관.

efúgio *m.* 핑계. 둔사(遁辭).

efundir *v.t.* 흘리다. 흘러 나오게 하다. 쏟아내다.
— *v.i.* 흘러 나오다. 퍼지다.

efusao *f.* ①흘러 나옴. 유출(流出). 분출. [醫] 삼출(渗出). ②(언어·감정·시문 등의) 토로. 유로(流露). 넘치는 열정.

efusivo *a.* 흘러(쏟아져) 나오는. 넘치는. 심정을 토로하는.

efuso *a.* 흘러 나오는. 쏟아져 나오는. 넘치는.

égide *f.* ①방패. 방순(防楯). ②보호. 비호(庇護). 보호물.

egipcíaco *a.* 이집트(나라)의.

egípcio *a.* 이집트의.
— *m.* 이집트 사람.

egíptico *a.* = *egipcíaco*.

egiptologia *f.* 이집트학. 이집트 고문학(古文學).

egiptólogo *m.* 이집트 학자(古物學者).

égloga *f.* 목가(牧歌), 전원시(田園詩).

ego *m.* ①[哲] 나. 자아(自我). ②[佑] 자부(自負). 이기(利己).

egocêntrico *a.* 자기 중심의. 이기적인.

egoísmo *m.* [哲·倫] 이기주의. 이기설(利己說). 주아설(主我說). 이기심. 자본본위. 아욕(我慾).

egoísta *a.* 이기주의의. 자기 본위의. 이기심의.
— *m., f.* 이기주의자. 자기 본위의 사람.

egoístico *a.* 자기 본위의. 이기적인. 주아적(主我的)인. 이기주의의.

egotismo *m.* ①자기 일만을 말(생각·기록)하기(이야기할 때 자주 쓰는 버릇). 자부(自負). ②이기(利己). 아욕(我慾). 주관주의(主觀主義).

egotista *a.* 자기 일만을 말(생각·기록)하는 자부심이 강한.
— *m., f.* 자부심이 강한 자.

egrégio *a.* 뛰어난. 발군(拔群)한. 탁월한.

현저한. 우수한. 훌륭한. 고상한.
egressão *f.* 황급히 밖으로 나감. 퇴거.
egresso *a.*, *m.* 교회에서 나간 (사람). 수도원에서 퇴거한 (사람). 전에 중이었던 (사람).
egreta *f.* ①[鳥] 백로. 큰 해오라기. ②백로 깃 장식. 털깃 장식. ③[植] (민들레 따위의) 관모(冠毛).
égua *f.* ①암말. ②《卑》매춘부.
eguada *f.* 암말의 떼(群).
eia *interj.* ①(놀랐을 때의) 저런! 그랫! (격려할 때의) 잘해! 됐어! 용기를 내라!
ei-la (*eis*와 *a*의 수축형). 그 여자(또는 여성 명사의 물체)가 여기에 있다.
ei-lo (*eis*와 *o*의 수축형). 그 사람(또는 남성 명사의 물체)이 여기에 있다.
Ei-los. 여기에 바로 그 사람들이 있다.
eira (1) *f.* ①탈곡장(脫穀場). (곡물·야채 등의) 건조장. ②제당소(製糖所) 내의 사탕수수 쌓는 곳. ③염전(鹽田)의 소금 거두는 곳.
— (2) *m.* (남미 파라과이의) 들고양이(野獝)의 일종.
eirado *m.* 대지(臺地). 축대(築臺). 노대(露臺). 고대(高臺). (마당 같은 데 있는) 단(壇).
eiró, eiróz *f.* [魚] 뱀장어의 일종.
eis *adv.* 여기에 (있다). 바로(이것이다). (註) *eis*는 다음과 같이 합쳐 쓴다.
eis aquí (바로) 여기에 있다.
eis alí (바로) 저기에 있다.
eito *m.* 연속. 계속.
a eito 계속하여. 연속적으로. 끊임없이.
eiva *f.* ①조개진(갈라진) 틈. 균열(龜裂). 깨진 금. ②과일이 썩어서 흠집이 생긴 것. ③결점. 오점(汚點).
eivado *a.* ①틈이 생긴. 금간. (과일이 썩어서) 흠집이 생긴. 상한. ②결점 있는.
eivar *v.t.* ①흠지게 하다. 상처나게 하다. 썩히다. ②나쁜 풍습에 물들게 하다. 타락시키다.
—**se** *v.pr.* 흠이 생기다. 상하다. 썩다. 더러워지다. 나쁜 풍습에 물들다. 타락하다.
eixo *m.* ①굴대. 축(軸). 차축(車軸). ②[幾·機] 축선(軸線). 중심선. ③[政] 추축(樞軸) (관계). ④상규(常規). ⑤요점(要點).
andar fóra dos eixos 규칙을 벗어나다.
ejaculação *f.* ①[生理] (분비액 등의) 사출. 사정(射精). ②[植] (화분(花粉)의) 투사(投射). ③갑작스러운 부르짖음. 절규(絶叫).
ejaculador *a.* 사출하는. 사정하는.
— *m.* 사출하는 것. [解] 사출근(射出筋). 갑작스레 부르짖는 사람.
ejacular *v.t.* (액체를) 사출하다. 사정(射精)하다. 투사(投射)하다. 갑자기 소리지르다. 욕설을 퍼붓다.
ejaculatório *a.* 사출의. 사출용(用)의.
musculos ejaculatórios 사출근(筋).
canais ejaculatórios 사정관(射精管).
ejeção *f.* ①방출(放出). 배출. ②분출물. 방출물. 배설물. ③[法] 퇴거 요구. 방축(放逐).
ejetor *m.* ①내쫓는(방출)하는 사람. ②배출기(器). 배출관(管). 배기기(排氣機). 배수기(排水機).
ela *pron.* 그 여자. 저 여자. 그 여자는. 그 여자가.
ela própria 그 여자 자신.
elaboração *f.* ①공들임. 추고. 조탁(彫琢). ②정교(精巧). 정치(精緻). ③힘들인 노작(勞作).
elaborador *m.* 힘써(공들여) 만드는 사람. 추고인(推敲人).
elaborar *v.t.* 공들여 만들다. 정교히 만들다. 추고하다.
—**se** *v.pr.* 노력을 더하다. 한층 더 빛나게 하다. 공들여 완성되다.
elação *f.* 《詩》의기 양양. 의기 충천. ②우쭐하기. 오만.
elaidina *f.* [化] 응고유분(凝固油分). 유소고(油素膏).
elaiometro *m.* 지방비중계(脂肪比重計). 올리브유계(油計).
elanguescer *v.i.* ①생기가(기운이) 없어지다. 쇠약하다. ②풀이 꺾이다. ③신음하다. 번민하다.
elar *v.i.*, —**se** *v.pr.* (특히 포도 따위의) 덩굴로 감다. 덩굴에 감기다.
elastério *m.* ①탄력(彈力). ②반동력. 반충력(反衝力).
elasticamente *adv.* 탄력(적)으로. 신축자재하게.
elasticidade *f.* 탄력. 탄력성. 유인성(柔韌性). 신축성. 신축자재(伸縮自在). 순응성(順應性). 융통성.
elástico *a.* ①탄력 있는. 탄성(彈性)의. 유

인(柔靭)한. 신축성 있는. 신축자재의. ②
융통성(순응성) 있는. 반발력 있는.
— m. 고무줄. 고무천. 고무고리.

elaterite f. 탄성역청(彈性瀝青).

elaterômetro m. 기압계(氣壓計). 가스 압력계.

elator a. [解] *musculo elator* 발기근(發起筋)

eldorado m. (남미 아마존 강반(畔)에 금은 보배가 많다고 상상된) 황금향(黃金鄉).

êle *pron*. 그 분. 그 이. 그 사람. 그 분은. 그 분이.

electrão m. [理・化] 전자(電子). [輕合金] 일렉트론(마그네슘 합금；소이탄 등에 사용).

electrocução f. 전기 처형(處刑).

electrode m. =*eleciródio*.

electrodinâmica f. 전기역학(力學). 유전학(流電學).

electrodinâmico a. 전기역학의. 유전학의.

electródio, electródo m. 전극(電極).
electródio positivo 양전극(陽電極).
electródio negativo 음전극.

electróforo m. [理] 전기분(盆). 기전반(起電盤).

electrografia f. 전위기록술(電位記錄術). 전기판조각술(電氣版彫刻術). 사진전송술.

electrografo m. 전위기록기(器). 전기판조각기(器).

electroímã m. 전자석(電磁石).

electrolisar v.t. 전기분해(電解)하다.

electrolisável a. 전기 분해할 수 있는. 전해성(電解性)의.

electrólise f. 전기 분해. 전해(電解).

electrolitico a. 전해의. 전해할 수 있는.

electrólito m. 전해질(電解質). 전해액. 전해물.

electromagnete m. 전자석(電磁石).

electromagnético a. 전자석에 의하여 생기는. 전자기(電磁氣)의.
fôrça electromagnética 전자력(力).
teoria electromagnética 전자론(論).

electromagnetismo m. 전지기(電磁氣). 전자기학(學).

electrometalurgia f. 전기야금(冶金)(술).

electrometria f. 전류측정법(電流測定法). 전위차(電位差)를 재는 법.

electrômetro f. 전기계. 전위차계(電位差計).

electromotro m. 전기 모터. 전동기(電動機). (전기 따위의) 전원(電源).

electronegativo a. 음전기의. 음전성의.
— m. 음성물(陰性物：전기 분해할 때 양극(陽極)에 오는 것).

eléctron, elétron m. ①[理・化] 전자(電子). ②[輕合金] 일렉트론.

electrónico a. 전자의. 전자이론(학)의.

electropositivo a. 양전기의. 양전성(陽電性)의.

electro-química f. 전기화학.

electro-químico a. 전기화학의.

electroscópia f. 검전법. 험전법.

electroscópio m. 검전기(檢電器). 험전기(驗電器).

electrostática f. 정전기학(靜電氣學).

electrostático a. 정전기(학)의.

electrotécnia f. 전기공예(工藝). 전기공예학.

electrotécnico a. 전기공예의.

electroterapeuta m., f. 전기치료자.

electroterapeutica f. [醫] 전기치료법. 전기치료학(學).

electroterapeutico a. 전기치료법의.

electroterapia f. [醫] 전기치료(법).

electrotermia f. 전열(電熱).

electrotermio m. 전열의. 전기열의.

electrotipia f. 전기만슬(電氣版術). 전기제판(製版).

electrotipo m. 전기판(電氣版).

electuário m. 연약(煉藥) (가루약을 꿀・시럽 등과 섞어 빚은).

elefancia f. [醫] 상피병(象皮病).

elefanta f. 암코끼리.

elefante m. [動] 코끼리.
elefante branco 귀찮은 선물. 필요 없는 물건.
elefante marinho 해표(海豹)의 일종.

elefantíaco a., m. 상피병의. 상피병에 걸린 (사람).

elefantíase f. [醫] 상피병(象皮病).

elefántico a. 코끼리의. 코끼리에 관한.

elefantino a. 코끼리의. 코끼리 같은. 거대한.
dentes elefantinos 상아(象牙). (=*marfim*).

elefantóide a. 코끼리 같은(비슷한).

elegância f. ①우아. 우미. 아치(雅致). 단아(端雅). 단려(端麗). 정미(情味).

②아름다움. 정숙성.

elegante *a.* ①우아한. 우미한. 아취 있는. 아름다운. 정숙한. ②(예술·문학·문체 등) 기품 있는. 고아(高雅)한. ③훌륭한.
— *m., f.* 우아한 옷차림. 우미한 태도. 품위 있는 사람.

elegantemente *adv.* 우아하게. 아취 있게.

elegantizar *v.t.* 우아하게 하다. 우미하게 하다. 기품 있게 하다.

elegendo *m.* ①피선거인(被選擧人). ②후보자.

eleger *v.i.* (대표를) 뽑다. 선출하다. 선택하다. 선거하다. 선정(選定)하다.

elegia *f.* 비가(悲歌). 애가(哀歌). 만가(輓歌). 애조(哀調調)의 시.

elegíaco *a.* ①슬픈 노래조(調)의. 만가 형식의. 슬픈 만가풍의. 애조(哀調)의.

elegiada *f.* 비가. 애가. 만가.

elegibilidade *f.* ①피선거 자격. 피선거권. ②적임(適任).

elegível *a.* 뽑힐 자격 있는. 적임의. 피선거 자격 있는.

eleição *f.* ①(대표자를)뽑기. 선거. 선임(選任). ②선택.
eleição ilegal 부정 선거.

eleicoeiro *a.* 선거에 관한.

eleito *a.* (*eleger*의 과거분사). 뽑힌. 피선(당선)된. 선출된.
— *m.* ①뽑힌 사람. 당선자. ②[宗] 선민 (選民)(특히 이스라엘 사람을 가리킴).

eleitor *m.* 뽑는 사람. 선출하는 자. 선거인. 유권자. [史] 선거후(選擧侯) (신성 로마 제국의 황제 선출 권리를 가졌던).

eleitora *f.* 부인(女性)선거인. 부인유권자.

eleitorabo *m.* ①선거민(民). 선거유권자. ②선거권. ③[史] 선거후(選擧侯)의 지위 (관할) 또는 영토.

eleitoral *a.* ①선거의. 선거인의. 선거에 관한. [史] 선거후(選擧侯)의.
direito eleitoral 선거권.
lei eleitoral 선거법.
distrito eleitoral 선거구(區).

elemental *a.* = *elementar*.

elementar, elementário *a.* ①원소의. 요소의. 기본적의. 본질적의. ②(기본) 원리의. ③초보의. 초등(初等)의.

elemento *m.* ①[化] 원소(元素). ②요소 (要素). 성분. 구성분자(構成分子). ③소인(素因). ④원리. 원칙.

elementos (*pl.*) ①(학문의) 초보. 대의(大意). ②(생물의) 고유환경(固有環境). 활동 영역. (사람의) 제영역.

elemi *f.* 엘리미(열대산의 방향수지(芳香樹脂); 고약·니스 등에 사용).

elenco *m.* ①표(表). 목록. 명부. 명단. ②출연(出演)하는 배우 전체. (곡마단원의) 한패(一團).

eletivamente *adv.* 골라서. 선거로.

eletivo *a.* 선거의. 선거에 의한. 선거에 관한.
comara eletiva 민선의원(民選議員). 하원(下院).

eletricidade *f.* 전기(電氣). 전기학.

eletricista *m., f.* 전기학자. 전기기사. 전공(電工).

elétrico *a.* ①전기의. 전기를 띤. 전기를 일으키는. 전기를 전하는. ②전기 장치의. ③전기와 같은. 전격적인.
corrente elétrica 전류(電流).
luz elétrica 전등(電燈). 전광(電光).
carro elétrico 전차(電車).
descarga elétrica 방전(放電).
— *m.* (포르투갈에 있어서) 전차(電車).

eletrificação *f.* ①충전. 대전(帶電). ②감전. ③전력 사용. ④(철도 등의) 전화(電化).

eletrificar *v.t.* ①전기를 통하다. 대전시키다. 충전하다. 전화(電化)하다.

eletriz *f.* (=*electriz*). 부인(婦人) 선거인. 여성 유권자.

eletrização *f.* ①통전(通電). 대전(帶電). 충전. ②발전. ③감전(感軍). ④전력 사용. (철도의) 전화(電化).

eletrizador *a., m.* 전기를 일으키는 (것). 전기를 전하는 (것). 충전하는 (것).

eletrizar *v.t.* 발전시키다. 전기를 전하다. 충전하다. 전화(電化)하다. 감전케 하다.
—**se** *v.pr.* ①전기가 통하다. 발전하다. 감전하다. ②감격하다. 감동(感動)하다.

eletrizável *a.* 전기가 쉽게 일어나는(통하는). 감전(感電)하기 쉬운.

eletrocussão *f.* 전기 처형(處刑).

eletrocutar *v.t.* 전기 사형에 처하다. 전기로 죽이다.

eletrcuar *v.i.* = *electrolisar*.

eletrólise *f.* = *electrólise*.

eletroterapia *f.* = *electroterapia*.

elevação *f.* ①올리기. 높이기. 발양(發揚). 등용. 승급. 승진(昇進). 향상(向上). ②(지면의) 융기(隆起). 높은 곳. 고지. ③높이. 고도. 해발(海拔). ④품위. 고상. 숭고(崇高). ⑤앙각(仰角). 사각(射角). 조준각(照準角). ⑥[建] 정면도(正面圖). ⑦[宗] 성체거양식(聖體擧揚式).
elevação do pullo 맥박(脈博)의 앙진(昂進).
elevação da voz 목소리(음성)의 앙양(昂揚).
elevação do preo 등귀. 앙등(昂騰). 물가의.
elevação de renda 수입증가(輸入增加).

elevadamente *adv.* 높게. 고상하게.
elevado *a.* ①높인. 높게 한. ②(지위를) 올린. ③높은. 고도의. ④고상한. 숭고한.
elevador *a.* 높이는. 올리는. 상승시키는. 들어 올리는.
— *m.* ①물건을 올리는 장치 또는 사람. 지렛대. 양곡기(糧穀機). 양수기(揚水機). ②엘리베이터. 승강기. ③[空] 승강타(昇降舵). ④[解] 거근(擧筋).
elevar *v.t.* ①올리다. 들어 올리다. 높이다. 상승(上昇)시키다. 받들다. ②지위를 높이다. 등용(登用)하다. ③(포(砲)의) 앙각(仰角)을 주다. ④(뜻·마음을) 고상하게 하다. 향상시키다. ⑤세우다. 건립하다.
—*se v.pr.* 오르다. 올라가다. 상승하다. (지위가) 높아지다. 등용되다. 승급(승진)하다. 고상해지다. 향상하다. (산이) 높이 솟다.
elfo *m.* 꼬마 요정(妖精). 작은 사람. 장난꾸러기. 작은 짐승.
elicito *a.* 《廢》①(진리 등) 끌어낸. 추출(抽出)한. ②(대답·웃음 등을) 꾀어 낸.
elidir *v.t.* [文] (모음·음절을) 생략하다. 발음을 약하다.
elidiveli *a.* (발음을) 생략할 수 있는.
eliminação *f.* 제거. 삭제. 배제(排除). 말거(抹去). 삭거(削去). [數] 소거(消去). 소거법.
eliminador *a., m.* 제거하는 (사람). 삭제하는 (것). 배제기(排除器). [無電] 교류수신 장치.
eliminar *v.t.* ①덜어내다. 제거하다. 삭제하다. 떼 버리다. 배제하다. ②[生理] 배출하다. 배설(排泄)하다. ③쫓아내다. 몰아내다. ④[數] 소거(消去)하다.
—*se v.pr.* ①제거(삭제)되다. ②제외되다. ③소거되다. ④자살하다.

eliminatório *a.* ①제거(삭제)하는. 배제하는. 배설하는. ②제거의. 제외의. [競] 예선의.
eliminável *a.* 떨어내릴 만한. 제거(삭제)할 수 있는. [數] 소거할 수 있는. [競] (예선에서) 떨어뜨릴 만한.
elipse *f.* [文] 약문법(略文法). 생략법(*essa coisa e bôa*)하는 문장에서 *coisa*를 생략하고 *essa e bôa*라고 하는 따위. [幾] 타원(橢圓)(형).
elipsiógrafo *m.* 타원을 그리는 컴퍼스.
elipsoidal *a.* 타원체의. 타원형의.
elipsóide *m., a.* [數] 타원체(의). 타원형(의).
elipticamente *adv.* 생략법에 의하여. 생략하여. 타원형으로.
elipticidade *f.* ①타원형임. ②타원율(率).
elíptico *a.* 타원(형)의. [文] 생략하는. 생략법의.
elisão *f.* [文] 모음(또는 음절)의 생략.
elisio *m.* ①[希神] 극락. ②행복의 이상향. 최상의 행복.
elite *f.* [佛] ①선출된 사람들. 선발(選拔). 정예(精銳). ②사회의 중추. 상류인사.
elitrite *f.* [醫] 질염(腟炎).
élitro *m.* ①[動] 굳날개. 시초(翅鞘). 시개(翅蓋). (갑충류(甲蟲類)의) 전시(前翅). 막질로 된 비늘. ②[解] 질(腟).
elitrocele *m.* [醫] 질(腟)헤르니아.
elitróide *a.* [醫] 질(腟)의.
elitrorragia *f.* [醫] 질출혈(腟出血).
elixir *m.* 연금약(鍊金藥) (비(非)금속을 금으로 만든다는 약).
elixir da vida 불로장수약. 특효약.
elmo *m.* 철모. 철갑모자.
elo *m.* ①(사슬의 한 토막) 고리. 암수 단추. (뜨개질의) 코. 끈 꿰는 구멍. (순대의) 한 토막. ②[機] 링크. 연접(連接)한. ③[植] (포도의) 덩굴(卷鬚). 덩굴 같은 물건. ④연쇄(連鎖). 이음.
elo das vinhas 포도의 덩굴(卷鬚).
elocução *f.* ①말하는 방법. 발성법(發聲法). 연설법(演說法). 웅변술. ②문체(文體).
elocutório *a.* 발성법의. 연설법의. 발성법에 관한.
eloendro *m.* [植] 서양협죽도(夾竹桃).

elogiaco *a.* ①칭찬의. 찬사의. 표상의. ② 송사(頌辭)의.

elogiador *a.*, *m.* 칭찬하는 (사람). 찬미하는 (자).

elogiar *v.t.* 칭찬하다. 찬사(讚辭)를 바치다. *elogiar-se a si próprio* 자기 자랑을 하다. 자찬(自讚)하다. 허풍을 떨다.

elogio *m.* 칭찬. 찬양. 찬사. 송사(頌辭). 송덕(頌德). 송덕표(表).

elogioso *a.* 칭찬하는. 칭송하는.

elongação *f.* ①연장(선). 길어진 부분. ② [天] 태양과 행성(行星) 간의 각차(角差). 이각(離角).

eloqüência *f.* ①웅변. 능변. ②웅변술. 수사법. ③《俗》청산유수(青山流水).

eloqüente *a.* 말 잘하는. 웅변의. 의사 표시가 능숙한. 사람의 마음을 움직이는. 감명을 주는.

eloqüentemente *adv.* 웅변으로. 유창하게.

elucidação *f.* 설명. 해명. 천명(闡明).

elucidar *v.t.* 밝히다. 설명하다. 천명하다.

elucidário *m.* 해설. 설명(서). 해명서. 천명서.

elucidativo *a.* 설명(해명)적인. 천명의. 설명하는.

elucubração *f.* 등(燈) 아래에서의 공부. 절차탁마(切磋琢磨). 야간 작업까지 하여 (…에) 열심히 함. 노작(勞作).

elucubrar *v.t.* 등 아래에서 공부하다. 노고(勞苦)하다. 고생하여 저술하다.

eludir *v.t.* 잘(교묘하게) 피하다. (몸을) 재빨리 회피하다. (…을) 민첩히 면하다.

elutriação *f.* ①조용히 붓기. 거르기. ② [化] 씻어 깨끗이 함.

elrevir *a.* 네덜란드의 인쇄업자 *Elzevir* 가(家)에서 출판한.
— *m. Elzevir*판의 책(서적). *Elzevir*의 활자.

elzeviriano *a. Elzevir*식 활자로 인쇄한.

em *prep.* ①…에. …에서. …의 안에. …의 위에. …의 사이에. …에 관하여. ②(방향을 가리키는 *a*의 대신으로 쓸 때). …에.
em cima 위에.
em baixo 아래에.
em frente 앞에. 정면에.
em casa 집에. 집안에.
Ela está em casa. 그 여자는 집에 있습니다.
em nossos dias 현금(現今). 현대.
em dois dias 2일(이틀) 동안에. 2일 이내에.
de dois em dois dias 이틀씩 사이를 두고. 이일(二日)마다.
trama em três atos 삼막(三幕)으로 된 극(劇).

ema *f.* [鳥] 에마(브라질산의 타조(蛇鳥). 타조 같은 거조(巨鳥).

emaçado *a.* 줄로 쓸어 버린. 울퉁불퉁한 것을 없애 버린. ②묶음으로 만든. 일괄(一括)한.

emaçar *v.t.* ①줄로 쓸다. 울퉁불퉁한 것을 없애 버리다. ②묶음으로 만들다. 요철(凹凸)을 없애다.

emaciação *f.* 야윔. 마름. 쇠약.

emaciado *a.* 야윈. 마른. 쇠약한.

emaciar *v.t.* 야위게 하다. 쇠약케 하다.
— *v.i.* 야위다. 마르다. 쇠약해지다.

emadeirado *a.* 나무(판자)를 댄. 나무를 엮은. 나무 또는 판자로 조립한.

emadeiramento *m.* 판자를 대기. 판자로 엮기. 나무로 역은 구조(木組構造). (건축물의) 나무로 만든 골조(骨組).

emadeirar *v.t.* 나무(판자)를 대다. 나무를 엮다. 나무 또는 판자로 조립하다.

emadeixado *a.* 실꾸리미가 된. 머리칼이 뭉친. 땋은.

emadeixar *v.t.* 털실(毛絲) 또는 솜실(綿絲)을 꾸러미로 만들다. 타래로 만들다. 합쳐 묶다. 땋다.

emadurecer *v.i.* = *amadurecer*.

emagotar *v.t.* 대(隊)를 형성하다. 조를 짜다.
— *se v.pr.* 떼를 짓다.

emagrecer *v.t.* 야위게 하다.
— *v.i.* 야위다. 마르다. 쇠약하다. 빈약해지다.

emagrecimento *m.* 야윔. 마름. 쇠약.

emalado *a.* (옷을) 트렁크에 넣은. 의복(특히 외투 따위)을 (들고 다니기에 편하게) 똘똘 말은.

emalar *v.t.* (의복을) 트렁크에 넣다. 휴대용 가방에 넣다. 외투 따위를 (휴대하기 편하게) 똘똘 말다.

emalhetado *a.* [建] 장부구멍을 판. 장부구멍을 파서 맞춘.

emalhetamento *m.* [建] 장부구멍을 파기.

emalhetar *v.t.* 장부구멍을 파다. 장부구멍을 파서 맞추다.

emanação *f.* ①발산. 방사. ②방산물. 방

사물. 유출물(流出物). ③근원. 출처(出處). [化] 에마니티온(방사능원소(放射能元素).

emanante *a.* 발(發)하는. 발산하는. 방산하는. 흘러 나오는. 유출하는. (…에) 기인하는.

emanar *v.i.* (+*de*). (…으로부터) 흘러 나오다. (빛·열·김·향기 등이) 발산하다. 퍼지다.

emancipação *f.* ①친권(親權) 해제. 후견 해제. (로마法) 부권(父權) 또는 부권(夫權) 면제. ③노예 해방(석방). 자유로 하기. ④이탈. 해탈(解脫). ⑤속령(屬領)의 독립.

emancipado *a.* 친권이 해제된. 해방된. 석방된. 자유로 된. 독립한. 관습에 얽매이지 않는. (종주국(宗主國)으로부터) 이탈한.

emancipador *a., m.* 친권을 해제하는 (자). 해방(석방)하는 (자). 독립시키는 (자).

emancipar *v.t.* 친권을 해제하다. 후견을 해제하다. (노예를) 석방하다. 해방하다. (속령을) 독립시키다. (로마法) (아이들이나 아내를) 부권(父權) 또는 부권(夫權)에서 면제시키다.
　—**se** *v.pr.* 친권의 해제를 받다. 자유로운 몸이 되다. 해방되다. 독립하다.

emanquecer *v.i., v.t.* 절뚝발이가 되다; 되게 하다.

emaranhado *a.* ①얽힌. 혼란한. 착잡해진. ②미개척(未開拓)의.

emaranhamento *m.* 얽힘. 얽힌 상태. 착잡(錯雜). 혼란. [軍] 녹채(鹿砦 : 가시 붙은 나무를 꺾어 길에 눕혀 적을 막는 장애물).

emaranhar *v.t.* ①얽히게 하다. 엉키어 감기게 하다. 뒤죽박죽되게 하다. ②혼란하게 하다. ③(함정·곤란에) 빠뜨리다. 끌어 넣다.
　—**se** *v.pr.* 얽히다. 복잡해지다. 혼란해하다. (함정·곤란에)빠지다. (그물에) 걸리다. 연루(連累)하다.

emarar-se *v.pr.* (배가) 연안을 멀리 떠나다. 바다 쪽으로 향해가다.

emarear *v.i.* 배멀미를 하다.

emasculação *f.* ①불까기. 거세(去勢). ②골수빼기. 유약. 나약(懦弱).

emasculado *a.* ①불깐. 거세된. ②무기력한.

emascular *v.t.* ①불까다. 거세(去勢)하다. ②힘을 빼다. 약하게 하다.

emassado *a.* (밀가루 따위) 반죽한. 이긴. 으깬. 이겨 덩어리가 된.

emassar *v.t.* (밀가루 따위) 반죽하다. 이기다. 으깨다. 이겨서 덩어리로 만들다.

emastrear *v.t.* (배에) 돛대를 세우다. 돛대를 달다.

embaçadela *f.* ①깜짝 놀람. ②《俗》속이기. 기만.

embaçado *a.* ①(색·빛·소리 따위가) 희미한. 똑똑치 않은. ②(유리가) 흐린. 투명치 않은. ③얼굴빛이 변한. 아연(俄然)한.

embaçamento *m.* ①(놀라서) 가슴이 싸늘해짐. 아연실색. 얼빠진 모습. ②속이기. 기만.

embaçar *v.t.* ①(색·빛·소리 따위를) 희미하게 하다. ②(유리를) 흐리게 하다. ③(놀래어) 가슴이 서늘케 하다. 얼빠지게 하다. ④속이다. 기만하다.
　— *v.i.* ①(놀라서) 얼굴빛이 변한다. 아연하다. 망연자실(茫然自失)하다. ②맥풀리다. 기력이 없어지다.
　—**se** *v.pr.* 틀리다. 잘못하다.

embaciado *a.* ①광채가 희미해진. 색깔이 없어진. ②(유리가) 흐린. (소리가) 똑똑치 않은. ③어지럽힌. (명성이) 훼손된.

embaciar *v.t.* (색·빛·소리 따위를) 희미하게 하다. 흐리게 하다. 어지럽히다. (명성을) 훼손하다.
　— *v.i.*, —**se** *v.pr.* ①광채를 잃다. 소리가 뚜렷하게 들리지 않다. (유리가) 흐리다. ②더러워지다.

embaido *a.* ①속은. 기만당한. ②유혹에 빠진. 꾀임 당한. 감언(甘言)에 넘어간.

embaidor *a., m.* 속이는 (사람). 기만하는 (자). 유혹하는 (자). 감언으로 꾀는 (사람).

embaimento *m.* ①속이기. 기만. 사기. 부정 수단. ②감언(甘言)으로 유인하기. 사람을 꾀기.

embainhado *a.* ①(칼을) 칼집에 넣은. 꽂은. ②가장자리를 단. 가장자리를 꿰맨. 감친.

embainhar *v.t.* ①(칼을) 칼집에 넣다; 꽂다. ②가장자리를 달다(꿰매 달다). 옷을 달다. 감치다.

embair *v.t.* 속이다. 속여 넘기다. 감언으로 꾀다. 유혹하다. 어르다.

embaixada *f.* 대사관. 대사관 직원. 대사

일행(一行). 대사의 임무(사명). 사절(일행). 사절의 임무.
embaixada da coréia no Brasil 브라질 주재 한국대사관.

embaixador *m*. 대사. 사절(使節).
embaixador coreano em Braslia. 브라질리아의 (주브) 한국대사.

embaixadora *f*. 여대사(女大使). 여사절. 《稀》대사의 부인(夫人). 사절의 부인.

embaixatriz *f*. 대사의 부인. 사절의 부인. 《稀》여대사. 여사절.

embaixo *adv*. 아래. 아래에.

embaladeira *f*. (상점에서) 상품을 (종이에) 싸 주는 여자. 포장하는 여자.

embalagem *f*. 포장하기. 짐꾸리기.

embalançar *v.t*. 흔들다.
—**se** *v.pr*. 흔들리다.

embalançoso *a*. 흔드는. 흔들리는. 흔들흔들하는.

embalar (1) *v.t*. (요람을) 흔들다. 흔들어 아기를 재우다. 달래다. 어르다. 속이다.
—**se** *v.pr*. 흔들리다.
— (2) *v.t*. (상품을) 종이에 싸다. 포장하다. 짐을 꾸리다. ③ 총알을 재다. 장탄하다.

embalçar *v.t*. =*embalsar*.

embalde *adv*. 헛되게. 공연히.

embalo *m*. ①흔들기. 흔들어 움직이기. ②(바다에) 파도 일기. 물결치기. 너울거리기.

embalsamação *f*. 향유(香油)를 뿌림. 시체(屍體)에 향유를 뿌려 냄새를 막음. 방부보전(防腐保全). 미라를 만들기.

embalsamador *m*. (시체에) 향유를 뿌리는 사람. 향유로 처리하는 사람. 방부 보전하는 사람.

embalsamar *v.t*. 향유(香油)를 뿌리다. 향기를 가득 채우다. 약으로 부패를 막다. (시체에) 방부 처치를 하다. 미라를 만들다.
—**se** *v.pr*. 좋은 냄새를 풍기다. 향기가 가득하다.

embalsamento *m*. (술 또는 발효 원료액(醱酵原料液)을) 큰 통에 넣기.

embalsar *v.t*. ①(술 또는 발효하는 액체를) 통에 넣다. ②《稀》숲속에 숨기다.
— *v.i.*, —**se** *v.pr*.《俗‧稀》숲속에 숨다.

embandeirado *a*. 기를 꽂은. 기를 띄운. 국기를 게양한.

embandeirar *v.t*. 기를 꽂다(담다). 돛대에 기를 올리다(띄우다). 기를 달고 경축하다.
—**se** *v.pr*. ①기로 장식되다. 기가 꽂히다(달리다). ②(옥수수의) 수(穗)가 나오다.

embaraçadamente *adv*. 방해가 되도록. 난처하게. 까다롭게.

embaraçado *a*. ①방해가 되고 있는. 곤란에 빠져 있는. 난처한. 어찌할 바를 모르는. ②까다로운. 착잡한.

embaraçador *a*., *m*. 방해하는 (사람 또는 물건). 까다롭게(복잡하게)하는 (사람).

embaraçamento *m*. =*embaraço*.

embaraçar *v.t*. 방해하다. 곤란하게 하다. 난처하게 하다. 복잡하게 하다. 얽히게 하다.
—**se** *v.pr*. 얽히다. 복잡해지다. 번잡해지다. 까다롭게 되다. 당황하다.

embaraço *m*. ①얽힘. 까다로움. 혼란. 분규(紛糾). ②난처함. 난국(難局). ③곤란. 궁색. 빈곤. ④(사건‧사고 따위의) 배태(胚胎). ⑤임신(妊娠).

embaracosamente *adv*. 까다롭게. 복잡하게 얽히어.

embaraçoso *a*. 까다로운. 얽힌. 뒤섞인. 복잡한. 난처한. 곤란한. 당황한.

embaralhar *v.t*. ①(트럼프‧화투장 따위를) 섞다. 뒤섞다. ②질서를 흩트리다. 혼란케 하다. 교란하다.
—**se** *v.pr*. 섞이다. (질서가) 흐트러지다.

embarbascar *v.t*. ①감각을 잃게 하다. 망연(茫然)케 하다. ②(물속에 약 또는 약초(藥草)를 넣어서) 물고기를 마비시키다.
—**se** *v.pr*. (보습이 흙속에 파묻혀) 빠지지 않다.

embarbecer *v.i*. 턱수염이 나오다(자라다).

embarcação *f*. ①배(물 위에서 탈 수 있는 물건의 총칭). ②배를 타기. 승선(乘船). ③배에 짐을 싣기. 선적(船積).

embarcadiço *a*. 배타는 것을 직업으로 하는. 배타는 직업의.
— *m*. 뱃사공. 사공. 주자(舟子). 선승업자(船乘業者).

embarcadouro *m*. ①부두. 선창. ②상륙장(上陸場). 양륙장(揚陸場). ③(철도의) 플랫폼.

embarcamento *m*. ①배를 타기. 승선. ②승차(乘車). ③배에 짐을 싣기.

embarcar *v.t.* ①배를 타게 하다. ②짐을 싣다.
— *v.i.*, —**se** *v.pr.* ①배를 타다. 승선하다. ②차를 타다.
embarcar em canoa furada 사기에 걸리다.

embargado *a.* 방해된. 중지 당한. 차압 당한. 출항 정지(出港停止)된.
embargado da fala 벙어리가 됨.
embargado dos membros 중풍(中風)에 걸림.

embargador *a.*, *m.* (…을) 못하게 하는 (사람). (배의) 출항 또는 입항 금지를 명하는 (자). 선박을 억류하는 (자). (통상을) 정지하는 (자). [法] 이의(異議)를 제출하는 (자). 차압하는 (자).

embargamento *m.* ①금지. 저지. 방해. ②(배의) 출(입)항 정지. ③[法] 이의(異議)의 신고(申告).

embargante *a.*, *m.* =*embargador*.

embargar *v.t.* ①막다. 못하게 하다. 금지하다. ②방해하다. ③(배의) 출항 또는 입항을 정지하다. ④곤란케 하다. 난처하게 하다.

embargável *a.* 중지할 수 있는. 차단할 만한. (배의) 출입항 정지가 될 수 있는.

embargo *m.* ①(계속하고 있던 일을) 못하게 하기. 저지. 금지. 방해. ②차압(差押). ③[海] 출항 또는 입항 정지. ④[法] 이의(異議).
embargo de navio 선박 출항 정지.
sem embargo 그러나. 그렇지만.
sem embargo de …임에도 불구하고.

embarque *m.* ①배를 탐. 승선. ②승차. 탑재(搭載). ③배에 짐을 싣기. 적재(積載).

embarracar *v.t.* 바라크에 넣다. 바라크에서 살게 하다.
—**se** *v.pr.* 바라크에 들어가다. 바라크에서 유숙하다.

embarrador *m.* 흙 바르는 사람. 미장이. 토공(土工).

embarramento *m.* (벽 따위에) 흙칠하기.

embarrancado *a.* ①(땅이) 움푹 들어간. 구멍이 되어 있는. ②웅덩이에 빠진. 구멍에 떨어진.

embarrancar *v.t.* 웅덩이에 빠지게 하다. 구렁에 떨어지게 하다. 진창에 파묻히게 하다.
— *v.i.*, —**se** *v.pr.* 웅덩이에 빠지다. 진창에 파묻히다.

embarrar (1) *v.t.* ①(벽에) 흙칠하다. ②흙으로 더럽히다. 흙투성이되게 하다.
— (2) *v.i.* 부딪치다. 앞길이 막히다. 궁지(窮地)에 빠지다.

embarreirar *v.t.* 울타리 또는 장벽을 두르다.
— *v.i.*, —**se** *v.pr.* ①울타리 또는 장벽을 뛰어 넘다. ②비탈을 기어 올라가다. ③장애물을 설치하고 방어하다.

embarricado *a. borrica* (중배가 불룩한 일종의 나무통)에 넣은.

embarricar *v.t.* ①*barrica*에 넣다. 채워 넣다. ②(모래·돌 따위를 넣은) 통을 쌓고 방어하다. ③바리케이드를 구축하다.

embarrilado *a. barril* (중배가 불룩한 나무통)에 넣은. 《卑》속임수에 넘어간. 기만 당하고 있는.

embarrilar *v.t.* ①*barril*에 넣다. ②《卑》속이다. (문제 등) 혼란케 하다.

embasamento *m.* 기초(基礎). 기초공사.

embasbacado *a.* ①(놀라서) 멍한. 망연자실(茫然自失)한. 아연실색한. 눈이 휘둥그래진. ②마비된. 감각을 잃은.

embasbacador *a.* 아연실색케 하는. 어리둥절케 하는.

embasbacar *v.i.* (놀라서) 멍하다. 아연실색하다. 눈이 휘둥그래지다.
— *v.t.* 아연실색케 하다. 멍하게 하다.

embastecer *v.t.* ①진하게 하다. 농후(濃厚)하게 하다. 농밀(濃密)하게 하다. ②(나무 따위) 무성하게 하다.

embastido *a.* 진한. 농후한. 농밀한. 무성한. 빽빽한. 밀생(密生)한.

embate *m.* ①부딪침. 충돌. ②타격. 충격. 격동. 진동. 저항(抵抗).
embates (*pl.*) 뜻하지 않은 발생사. 급작스러운 타격.
os embates da vida 인생의 시련(고난).

embater *v.i.* (+*em*) (…에) 세게 부딪치다.
—**se** *v.pr.* 충돌하다. 알력(軋轢)이 생기다.

embatocar *v.t.* ①통마개를 하다. 마개를 꽉 채우다. ②말 못하게 하다. 침묵시키다.
— *v.i.* 말문이 막히다. 막혀서 말이 안 나오다. 침묵하다.

embatocado *a.* ①통마개를 한. 마개로 꽉 막은. ②말문이 막힌. 침묵을 지키고 있는.

embatucar *v.t.* =*embatucado*.
— *a.* =*embatocar. embatocado*.
embatumar *v.t.* 틀어 넣다. 다져 넣다.
embebedado *a.* 술취한. 명정(酩酊)한. 주정부리는.
embebedar *v.t.* 취하게 하다. 도취케 하다.
—*se v.pr.* 술에 취하다. 도취하다. 취하여 아무것도 모르다.
embeber *v.t.* ①(솜·헝겊 따위를) 물에 적시다. 물에 담그다. ②수분을 빨아 들이게 하다. ③(술 따위를) 마시다. (양분 따위를) 흡수하다. 섭취하다. ③물들이다. ④소비하다. ⑤(감정을) 억제하다.
—*se v.pr.* ①물에 흠뻑 젖다. 물에 담겨지다. ②물들다. ③몹시 취하다. ④열중하다. 전념(專念)하다.
embeberar *v.t.* ①(소·말 따위에) 물 먹이다. ②물에 담그다.
—**se.** *v.pr.* 배우다. 학습하다.
embebição *f.* ①침지(沈漬). 습윤(濕潤). ②흡수. 흡입(吸入).
embebido *a.* ①물든. 침투한. ②마음속 깊이 새겨진. 파고 들어간. ③(…에) 열중하고 있는. 도취한. 꿈같은. 무아의 경지인.
embeguacá *f.* 브라질산 천남성과(天南星科)의 식물.
embeiçado *a.* ①마음을 빼앗기고 있는. (…에) 사로잡힌. 사랑에 빠진. ②무뚝뚝한.
embeiçar *v.t.* 감언(甘言)으로 꾀다. 마음을 빼앗다. 뇌살(惱殺)시키다.
— *v.i.* 사랑에 (지나치게) 열중하다. (마음이) 사로잡히다.
embelecador *a.*, *m.* 감언으로 꾀는 (사람). 유혹하는 (자).
embelecar *v.t.* (사람을) 달래다. 어르다. 유혹하다. 감언으로 꾀어 …을 하게 하다.
embelêco *m.* 감언이설로 (사람을) 꾀기. 속이기. 사기 수단. 기만.
embelecer *v.t.* 아름답게 하다. 미화(美化)하다. 보기 좋게 장식하다.
—*se v.pr.* 아름답게 되다.
embelezado *a.* 아름답게 된. 미화한. 훌륭한.
embelezamento *m.* ①아름답게 하기. 미화(美化). ②장식. 꾸임. ③윤색. 수식. 문장의 꾸임.
embelezar *v.t.* ①아름답게 하다. 예쁘게 하다. ②잘 꾸미다. 장식하다. ③이목 (耳目)을 끌게 하다. 인심을 매혹시키다. ④경탄케 하다.
—*se v.pr.* ①아름답게 하다. 예뻐지다. ②미화하다. ③훌륭해지다. 광채를 띠다.
embelezo *m.* 《古》=*embelezamento*.
embesourado *a.* 움츠리고 있는. 동한. 기분 나쁜 (표정의).
embetesgar *v.t.* 궁지(窮地)에 빠뜨리다. 탈출할 수 없는 곳에 몰아 넣다.
—*se v.pr.* 궁지에 빠지다. 진퇴유곡의 처지에 이르다.
embevecer *v.i.*, —*se v.pr.* 열중하다. (…에 도취하여) 어찌할 바를 모르다. 황홀해지다. 무아의 경지에 이르다.
embevecimento *m.* 열중. 환희(歡喜). 광희(狂喜). 황홀. 무아경(無我境).
embezarrado *a.* 기분 나쁜(표정을 짓고 있는. 동한. 화내고 있는.
embezarrar *v.i.* 불만족한 표정을 짓다. 동한하다. 화내다. 눈살을 찌푸리다.
embicado *a.* 새주둥이처럼 뾰족한. 새주둥이 모양의.
embicar *v.t.* (새주둥이처럼) 끝을 뾰족하게 하다.
— *v.i.* (말(馬)이) 절뚝거리다. 비틀거리다.
embiocado *a.* ①목도리를 두른. 두건(頭巾)을 쓴. 가면을 쓴. 얼굴을 가린. ②감춘. 숨긴.
embiocar *v.t.* 두건을 씌우다. 가면을 씌우다.
—*se v.pr.* 두건을 쓰다. 가면을 쓰다. 낯을 가리다.
embira *f.* [植] 엠비라(브라질산 섬유식물(纖維植物) 몇 가지의 총칭). ②엠비라 섬유로 만든 밧줄 또는 끈. ③덩굴로 만든 밧줄.
embirra, embirração *f.* ①고집. 외고집. 완고. ②싫어함. 증오. 염오(嫌惡).
embirrante *a.* ①고집 부리는. 완고한. 치근치근한. (자기의 주장만) 우겨대는. ②반감을 품게 하는. 염오의 정을 일으키는.
embirrar *v.i.* ①(+*em*). (…을) 고집을 부리다. 굽히지 않다. 자기의 의견을 고집하다. ②(+*com*). …을 증오하다. 염오의 감정을 품다. 짜증내나. 화내다.
embirrativo, embirrento *a.* ①완고한. 고집 센. ②굽히지 않는. 말 잘 듣지 않는. ③싫은. 반감을 품게 하는. 염오의 정을 일으키는.

embirrussu *m.* [植] 엠비루쑤(브라질산 오동나무의 일종). 엠비루쑤의 수지(樹脂).

emblema *f.* ①상징(象徵). 휘장(徽章). 표상(表象). ②상징적인 무늬(문장). 뺏지.

emblemar *v.t.* 상징하다. 휘장으로 나타내다. 기호(記號)로 표시하다.

emblematicamente *adv.* 상징적으로. 기호로서.

emblemático *a.* 상징의. 휘장의. 표상의. 기호의.

embocadura *f.* ①(피리·퉁수 등의) 악기의 주둥이. 입대는 곳. ②(말의) 재갈. 물부리. ③수도의 물꼭지. ④하구(河口). 가로(街路)의 입구. ⑤경향(傾向). 성벽(性癖).

embocar *v.t.* ①(피리·퉁수 따위의) 주둥이에 입을 대다. 입을 대고 불다. ②(말에) 재갈을 물리다. ③하구(河口)에 배를 들여 대다. ④좁은 곳으로 들어가게 하다.

emboçar *v.t.* ①(벽의) 울퉁불퉁한 곳을 맛싸(massa)로 때다. 맛싸로 고르게 하다. ②(벽의) 초벌칠을 하다.

emboço *m.* ①(벽의) 울퉁불퉁한 곳에 맛싸를 바르기. ②(벽의) 초벌칠.

embodegar *v.t.* 더럽히다. 불결하게 하다.

embófia *f.* ①거만. 오만. 불손. ②자존심이 강함. ③허풍. ④꾸민 말. 엉터리 이야기.
— *m., f.* 《稀》 건방진 녀석. 자존심이 강한 사람.

embolação *f.* ①금가루(金粉)를 녹여서 둥글게 만들기. ②소의 뿔(牛角)에 공 모양의 물체를 달기. ③얽힘. (문제의) 복잡화.

embolar *v.t.* ①금가루를 녹여서 구형(球形)으로 만들다. ②소의 뿔에 둥근 것을 씌우다(둥글게 싸다). ③얽히게 하다. 복잡하게 하다. 한데 뭉치다.

embolia *f.* [醫] 전색(栓塞: 혈관이 막히는 것). 혈전(血栓).

embólico *a.* 전색의. 전색증(症)의.

embolismal *a.* 윤달(閏月)의. 윤년(閏年)의.

embolismico *a.* 윤이 있는.
més embolismico 윤달.

embolismo *m.* 윤년(달·일) 넣는 것. [醫] 전색(栓塞). 전색 형성(形成).

êmbolo *m.* [機] 피스톤.

embolorecer *v.i.* 곰팡이 피다. 곰팡이 냄새 나다.

embolsar *v.t.* ①호주머니에 넣다. ②(돈을) 지갑에 넣다. ③돈을 받다. ④빚진 돈을 갚다. 상환(償還)하다.
—*se v.pr.* 돈을 받아 넣다. 이미 지출한 돈을 회수하다.

embolso *m.* ①호주머니에 넣기. ②돈을 지갑에 넣기. ③돈을 받기. 수금(受金). ④빚을 갚음. 상환. 변상.

embondo *m.* 장애(障碍). 고장.

embonecado *a.* 인형(人形)처럼 옷을 입은 (입힌). 깜찍하고 멋진.

embonecar *v.t.* 인형처럼 옷을 입히다.
—*se v.pr.* 인형 같은 옷차림을 하다. 성장(盛裝)하다.

embora *conj.* 가령 …라 해도. 가령 …라 할지라도. …함에도 불구하고. 그래도. 어쨌든.
embora trabalhes, não enriquecerás 일함에도 불구하고 (좀처럼) 부해지지 않는다.
— *adv.* 때마침. 다행히.
— *interj.* 떠나라! 달아나라!
Ir-se embora! 떠나다. 가버리다.
Vai-te embora! (너는) 가라! 물러가라!
Vá-se embora! (당신은) 가라! 가버리세요!

emboras *m.(pl.)* 축사(祝詞).

emborcação *f.* 그릇(특히 병. 용기 등 좁은 주둥이가 있는 것)을 거꾸로 하기. 그릇을 거꾸로 하여 안에 있는 것을 비게 하기. [醫] 환부(患部)에 액체의 약(藥液)을 부어 넣기.

eaborcar *v.i.* (병·옹기 등) 주둥이가 있는 그릇을 거꾸로 하다. 거꾸로 하여 안에 있는 것을 비게 하다.

embornal *m.* ①가축의 먹이·마초 따위를 넣는 주머니. 사엽대(飼葉袋). ②[海] 갑판의 물 뽑는 구멍. 배수관.

emborque *m.* 병·옹기 따위를 거꾸로 들기.

emborrachado *a.* ①고무를 씌운. ②술취한.

emborrachar *v.t.* ①고무를 씌우다. 고무를 붙이다. ②술에 취하게 하다.
— *v.i.,* —*se v.pr.* 취하다.

emborralhado *a.* ①아직 온기 있는 잿불 속에(감자 따위를) 넣은. ②재를 씌운. 재투성이 된.

emborralhar *v.t.* ①(감자 따위를 굽거나 덥게 하기 위하여) 잿불 속에 넣다. 따뜻한 재로 덮어 버리다. ②재투성이 되게 하다. 재로 더럽히다.

—se *v.pr.* 잿불에 더러워지다. 재투성이 되다.

emborrascar *v.t.* ①화내게 하다. 노하게 하다. 안달하게 하다. ②구름으로 덮다. 흐리게 하다. 침울하게 하다.

—se *v.pr.* 흐리다. 어두워지다.

emboscada *f.* ①매복(埋伏). 복병(伏兵). ②매복소(埋伏所). ③함정. 계략.

emboscado *a.* 숨어 기다리는. 복병을 숨겨 둔. 매복한.

emboscar *v.t.* [軍] 복병을 배치하다(숨겨 두다). 계략에 빠뜨리다.

—se *v.pr.* 숨어 기다리다. 매복하다.

embostar *v.t.* 소똥으로 더럽히다. 소똥칠 하다.

embostear *v.t.* 소똥으로 더럽히다. 소똥 투성이 되게 하다.

embostelado *a.* ①부스럼 투성이의. ②더러운. 불결한. ③기분 나쁜. 싫은.

embostelar *v.t.* 부스럼 투성이 되게 하다. 더럽히다.

—se *v.pr.* 부스럼 투성이 되다. 더러워지다.

embotado *a.* ①(칼 따위의) 날이 무딘. 잘 베어지지 않는. ②둔감(鈍感)한. 둔한. 뚱한.

embotador *a.* (칼날을) 무디게 하는. 둔하게 하는.

embotadura *f.* (칼날이) 무딤. 둔해짐. 잘 베어지지 않음.

embotamento *m.* ①(칼날 따위) 무디게 하기. 둔하게 하기. ②[醫] 기능쇠약(機能衰弱). 감각지둔(感覺遲鈍). 둔열(鈍劣).

embotar *v.t.* 둔하게 하다. 무디게 하다. ②감각이 없게 하다. 쇠약하게 하다.

—se *v.pr.* ①(칼날 따위) 둔해지다. 무디게 되다. ②감각이 없어지다. 힘없어지다. 약해지다.

embotar a vista 시력이 약해지다.

embotelhar *v.t.* 병에 넣다.

embotijar *v.t. botija.* (도자기로 만든 일종의 병)에 넣다.

embraçadara *f.* =*embracamento*.

— *m.* 움켜잡기. 붙잡기. 두 팔로 끌어안기.

embraçar *v.t.* 팔로 붙잡다. 끌어안다.

embrace *m.* 커튼을 졸라매는 고리.

embrancar *v.t.* 희게 하다. 표백(漂白)하다.

—se *v.pr.* 희게 되다. 하얗게 되다.

embrandecer *v.t.* ①부드럽게 하다. 연하게 하다. ②누그러지게 하다. ③약하게 하다.

— *v.i.* 부드러워지다. 연해지다. 누그러지다. 약해지다.

embranquecer *v.t.* 희게 하다. 하얗게 하다.

— *v.i.* 희게 하다. 하얗게 되다. (머리 칼이) 백발이 되다.

embravecer *v.t.* ①거칠게 하다. 사납게 하다. ②골을 내게 하다.

— *v.i.,* —se *v.pr.* ①(날씨가) 거칠어지다. ②(성미가) 사나와지다. 횡포해지다. 당황해지다. ③화내다. 골을 내다. 노발대발하다.

embravecido *a.* ①(날씨가) 거칠은. 맹렬한. ②(성미가) 사나운. 횡포한. 당황한. ③격노한. 화를 낸.

embravecimento *m.* ①거칠음. 맹렬함. ②사나움. 횡포. 흉폭(兇暴). 맹악(猛惡). ③대노(大怒). 격노.

embreado *a.* 콜타르를 칠한.

embrear *v.t.* 콜타르를 칠하다.

embrenhar *v.t.* (덤불 또는 수풀 속에) 숨기다. 감추다.

—se *v.pr.* (덤불 또는 수풀 속에) 숨다.

embriagado *a.* ①술취한. ②환락(歡樂) 등에 빠진. 열중하고 있는. 몰두한.

— *m.* ①술취한 사람. ②환락에 빠진 사람. 열중하고 있는 사람.

embriagador, embriagante *a.* ①취하게 하는. ②도취케 하는. 열중(몰두)하게 하는.

embriagar *v.t.* ①술에 취하게 하다. 도취케 하다. ②(환락 등에) 빠지게 하다.

—se *v.pr.* ①취하다. 도취하다. ②(환락에) 빠지다. 열중하다. 기뻐 날뛰다. 열광하다.

embriago *m.* 《古》=*embriagado*.

embriaguz *f.* ①술에 취함. 명정(酩酊). 도취. ②몰두. 열중. 열광. 광희(狂喜).

embrião *m.* ①태아(胎兒). ②[動・植] 배(胚). 배아(胚芽). ③유충(幼蟲). ④움틈 (발달의) 초기.

embridado *a.* (말에) 굴레를 씌운. 재갈을 물린. 구속된.

embridar *v.t.* ①(말에) 굴레를 씌우다. 재갈을 물리다. ②구속하다. 억제하다.

— *v.i.,* —se *v.pr.* (말이) 턱을 숙이

고 머리를 세우다.
embriogenia *f.* 배발생(胚發生). 배태(胚胎) 작용.
embriogénico *a.* 배발생의. 배태 작용의.
embriologia *f.* 태생학(胎生學). 발생학(發生學).
embriologista *m.f.* 태생학자. 발생학자.
embrionado *a.* 배가 생긴. 배아(胚芽)가 있는.
embrionar *v.t.* ①배태(胚胎)케 하다. 발생시키다. ②안(案)을 구상하다.
embrionário *a.* ①배(胚)의. 배자(胚子)의 배자상(狀)의. 태아(胎兒)의. [植] 태아(胎芽)의. ②발생 과정에 있는. 아직 발달하지 않은. ③초기의. 시초의.
embrionífero *a.* =*embrionado*.
embrionologia *f.* =*embriologia*.
embrionológico *a.* 태생학의. 발생학의.
embriotomia *f.* [醫] (난산(難産) 때의) 태아절할법(胎兒截割法).
embriotomo *m.* 태아절할기(器).
embrocação *f.* ①칠하기. 바름. 습윤(濕潤). ②바르는(칠하는) 액체. ③[醫] 찜질. 약수(藥水) 마찰.
embroma, embromação *f.* 말을 이리저리 피하며 똑바로 대지 않는 것. 주문 맡은 것을 이리저리 구실을 부쳐 날짜만 연기하는 것.
embromador *a., m.* 이리저리 구실을 부쳐 좀체 해결하지 않는 (사람).
embromar *v.t.* 이리저리 핑계대다. 똑바로 대지 않다. 거짓말하며 실행하지 않다. 속이다.
embrulhada *f.* ①얽힌 상태. 착종(錯綜)된 상태. ②혼란. 혼잡. 분규. 혼돈. ③속이기. 속아 넘어간 상태.
embrulhado *a.* ①(종이・헝겊 등에) 싸여 있는. 포장된. ②얽힌. 복잡해진. 착종한. ③속은. 속임수에 넘어간. ④(날씨가) 흐린.
embrulhador *a., m.* ①얽히게 하는 (사람). 혼란케 하는 (사람). 분규를 일으키는 (자). ②속이는 (사람).
embrulhamento *m.* ①(종이・헝겊 등에) 싸기. 포장(包裝). ②혼란. 혼돈. 착종(錯綜). *embrulhamento be estomago* 위속(胃內)이 뭉글뭉글하는 것. 구기(嘔氣).
embrulhar *v.t.* ①싸다. 포장하다. ②얽히게 하다. 혼돈되게 하다. 복잡하게 하다.
③속이다. 기만하다.
—*se v.pr.* ①얽히다. 착종(錯綜)해지다. 혼란해지다. 혼돈되다. ②(날씨가) 흐리다.
embrulho *m.* ①(종이・헝겊 등에) 싸기. 포장. ②싼 것. 꾸러미. 포장된 물건. ③혼란. 혼잡. 착종. 분규. ④속이기. 술책. 깜찍한 장난.
cair (또는 *ir-se*) *no embrulho* 속아 넘어가다. 술책에 빠지다.
embruscar *v.t.* ①흐리게 하다. 어둡게 하다. ②음침하게 하다.
— *v.i.*, —*se v.pr.* ①흐리다. 어두워지다. 기분이 상하다. 골을 내다. 화를 내다.
embrutecer *v.t.* 야수처럼 만들다. 난폭하게(취급)하다. 사납게 하다. 미련케 하다.
—**se** *v.pr.* ①야수처럼 되다. 난폭해지다. 사나워지다. ②무지하게 되다. 미련해지다.

embrutecimento *m.* ①난폭. 횡폭. 야수 같은 성미. ②우둔함. 어리석음. 무지.
embruxado *a.* 매혹(魅惑) 당한. 홀리운. 요술에 걸린.
embruxar *v.t.* 매혹하다. 홀리다. 요술을 걸다. 황홀하게 하다.
embuçado *a.* ①헝겊 또는 두건(頭巾)으로 머리 전체를 덮은. 복면(覆面)한. ②정체를 감춘. 속이고 있는.
embuçar *v.t.* (헝겊・두건 따위로) 머리를 싸다. 머리에 덮어 씌우다. 낯을 가리다.
—**se** *v.pr.* ①(헝겊・두건 따위로) 낯을 가리다. 복면을 쓰다. ②정체를 감추다. 남을 속이다. …인 체하다. ③똑바른 이야기를 하지 않다. 알고도 모르는 체하다. 입속으로 중얼거리다.
embuchado *a.* ①실컷 먹은. 배불리 먹은. 많이 먹어서 숨이 막힐 듯한. ②화가 치밀어 말이 안 나오는. (마음 속에) 불만이 가득한.
embuchar *v.t.* 《俗》 (닭 따위가) 밥통에 채워 넣다. 실컷 먹다.
— *v.i.* ①실컷 먹다. 포식(飽食)하다. 너무 많이 먹어서 목구멍이 막힐 듯하다. ②하고 싶은 말을 못하고 고민하다. 불만을 가득 품다.
embuço *m.* ①(망또에 달린) 두건(頭巾). ②낯을 가리기. 복면(覆面). ③거짓. 허위.
embudamento *m.* 물고기가 독어제(毒魚

劑)에 중독되는 것. 중독된 상태.
embudar *v.i.* 물고기가 독어제에 중독되다.
— *v.t.* 독어제(毒魚劑)를 물에 넣어 물고기를 중독시키다.
embude *m.* 엠부데(毒魚劑)(일종의 독초(毒草)를 돌 또는 망치로 때려 뽑은 액체. 물고기가 그 거품을 먹으면 마비된다고 함).
emburerembó *m.* [植] 엠부레렘보오(브라질 북부. 빠라주(州) 원산의 선화속(旋花屬).
emburi *m.* [植] 엠부리(브라질산 종려수의 일종).
emburrado *a.* ①나귀가 갑자기 멈추고 움직이지 않는. ②어리석은. 바보 같은.
emburrar *v.i.* ①나귀가 갑자기 멈추고 움직이지 않다. ②불만스러운 표정을 짓다. 노하다.
embuste *m.* 잔꾀. 술책. 속임수. 기만. 협잡. 허위. 거짓말.
embustear *v.t.* 속이다. 술책을 쓰다. 기만하다.
embusteiro *m.* 속이는 자. 사기사. 협잡꾼. 거짓말쟁이. 허풍선이.
embusteria, embustice *f.* =*embuste*.
embutido *a.* 상감 세공을 한. 상안 세공을 한. 나무에 무늬를 새겨 넣은.
— *m.* 상감 세공(象嵌細工). 상감(象嵌) 세공. 각색 조각 나무를 모아 박은 세공. 무니 장식.
embutidor *a.* 상감하는. 상감을 만드는. 무늬를 새겨 넣는.
— *m.* 상감 세공사. 상감사(象嵌士).
embutidura *f.* 상감(세공). 감목(嵌木). 각색 조각 나무를 모아 무늬를 만들기. 무늬를 새겨 넣기.
embutir *v.t.* ①상감을 하다. 각색 나무 조각으로 무늬를 만들어 넣다. 무늬 장식을 하다. 새겨 넣다. ②(억지로) 떠맡기다. 강요하다. 강제하다.
embuzir *v.i.*, —*se v.pr.* 싫어지다. 권태하다. 불쾌해지다.
emelar *v.t.* ①꿀처럼 달게 하다. 꿀을 넣다. 꿀을 바르다. ②기분 좋게 하다. 유쾌하게 하다.
—*se v.pr.* ①꿀처럼 달게 되다. ②꿀에 묻다. 꿀에 덮이다. 꿀 발리다. 꿀투성이가 되다.

emenagogo *a.* [醫] 월경을 촉진하는.
— *m.* 통경제(通經劑).
emenda *f.* ①수정. 교정. 정정(訂正). ②개선. 개량. 수리. 보수(補修). ③교정한 곳. ④수정안(修正案).
emendadamente *adv.* 수정하여. 교정하여.
emendado *a.* 수정한. 교정한. 수리한.
emendador *a.*, *m.* 수정하는 (자). 교정하는 (자). 수리하는 (자). 개량(개선)하는 (자).
emendar *v.t.* ①(틀린 것을) 고치다. 수정하다. 정정하다. 교정하다. ②수리하다. 보수(補修)하다. 개량하다. ③(바늘로) 기워대다. 이어대다. 깁다. ④갚다. 보상하다.
—*se v.pr.* 고쳐지다. 교정되다. 개량되다. 개심(改心)하다. 개전(改悛)하다.
emendável *a.* 고칠 수 있는. 정정(수정)할 수 있는. 수리(보수)할 만한. 갚을 수 있는.
emeninecer *v.i.* ①(어른으로서 행실을) 아이답게 하다. 아이처럼 되다. ②젊어지다. 아주 어려 보이다.
ementa *f.* ①각서(覺書). ②적요(摘要). 적요서. 개요(概要). 경개(梗概). ③일람표(表).
ementar *v.t.* 각서를 쓰다. 적요하다. 적요서를 쓰다. 생각나게 하다.
ementário *m.* 비망록(備忘錄). 총명기(聰明記).
emergência *f.* ①떠오름. 나타남. 출현. 노출. ②비상시. 긴급 사태. 위기. 위급. ③초미(焦眉). 급변. 사변. 돌발 사건.
emergente *a.* ①(불시에) 나타나는. 떠오르는. 빠져 나오는. 노출하는. ②긴급한. 비상 시의. 응급의. 의외의.
emergir *v.i.* ①(물속·어둠 속에서) 나오다. 나타나다. 떠오르다. 노출하다. ②(뜻하지 않은 것이) 발생하다. (문제가) 일어나다. (새로운 사실이) 드러나다.
emérito *a.* ①공로(功勞) 있는. ②숙련한. 노련한. 정통한. ②명예퇴직(名譽退職)한. *professor emérito* 명예교수.
emersão *f.* ①떠오름. 나타남. 출현. 노출. ②[天] 재현(再現).
emerso *a.* (*emergir*의 과거분사). 떠오른. 나타난. 노출한.
emeticidade *f.* 토사성(吐瀉性).
emético *a.* [醫] 토하게 하는. 구토(嘔吐)하게 하는.
— *m.* 토제(吐劑). 토약(吐藥).
emetina *f.* 에메찌나(천초과(茜草科)의 작

emetizar *v.t.* 토제(吐劑)를 조합하다. 토제를 넣다.

emetologia *f.* 구토학(嘔吐學). 토제론(吐劑論).

emetrope *a.* [醫] (눈의) 정시(正視)의.

emetropia *f.* [醫] 정시(正視)(근시 따위에 대한).

emfim *adv.* 마침내. 드디어. 결국. 필경.

emigração *f.* ①(다른 나라에) 이주하는 것. 출국이민(出國移民). ②동물의 이서(移棲).
(註) 입국이민은 *imigração*.

emigrado *a.* (다른 나라에) 이주해 간. 이민한.
— *m.* 이주자(移住者). 출국 이민.

emigrante *a.* (다른 나라에) 이주하는. (출국) 이민하는.
— *m., f.* 출국 이민. 이주자.
(註) 입국이민은 *imigrante*.

emigrar *v.i.* ①해외로 이주하다. 다른 나라에 이민가다. ②동물이 이서(移棲)하다.
(注意) *imigrar*.

emigrável *a.* (출국) 이민할 수 있는. (동물을) 이서(移棲)시킬 만한.

eminência *f,* ①높음. 높은 곳. ②(지위가) 높은 것. 고위(高位). 고귀. ③저명(著名). 탁월. 발군(拔群). ④[醫] 돌기(突起). 융기(隆起). ⑤[가톨릭교] 추기경의 존칭. 전하(殿下).
(注意) *iminência* : 절박. 급박.

eminencial *a.* 덕이 높은. 고덕(高德)한.

eminente *a.* ①(지위·신분이) 높은. 고위의. 고귀한. ②현저한. 뛰어난. 탁월한. 훌륭한. ③비범한. ④굴지(屈指)의.
(注意) *iminent* : 임박한.

eminentemente *adv.* 현저하게. 뛰어나게.

eminentíssimo *a.* (*eminente*의 최상급). 가장 우수한. 가장 탁월한. (추기경에 대한 존칭) 가장 거룩하신…

emir *m.* ①(아라비아의) 태수(太守). 장군(將軍). ②*Mohammed*의 자손. ③터키의 고관의 칭호.

emissão *f.* ①(빛·열·향기 등의) 발산. 방사. ②발산물. 방사물. ③(지폐·채권 등의) 발행(고). ④배출(排出). 분비(分泌).
emissão de voz 액센트를 붙여 발음하다.

emissário *a.* ①(사명을 띠고) 파견되는.
②(빛·열 등을) 발사하는. 발출(發出)하는. 송출하는. 배출하는.
— *m.* ①사신(使臣). 밀사. ②간첩. 스파이.

emissivo *a.* 발사의. 방사의. 복사(輻射)의. 방사성(放射性)의. 발산하는. 방사(사출)하는.

emissor *a.* ①(지폐를) 발행하는. ②방출하는. ③(라디오) 방송하는.
banco emissor 태환권(兌換券) 발행은행.
estação emissora 방송국.
— *m.* ①(지폐 따위의) 발행인. ②송달자. 전달자 ; 전도물. ③(무전의) 송파기. 송신기(送信機). 송화기. ④방송국.

emissora *f.* 방송국(=*estação emissora*).

emitir *v.t.* ①(빛·열·향기 등을) 방사하다. ②(소리를) 전파하다. ③(지폐를) 발행하다. ④(법령 등을) 발포하다. ⑤(사명을 띠어 사람을) 보내다. ⑥언급하다. 표명하다.
emitir uma opinião 의견을 표명하다.

emoção *f.* ①감동. 가격. (마음의) 동요. ②[心] 정서(情緒). 감정.

emocional *a.* 감정의. 감정적. 감격적. 감동하기 쉬운. 정에 움직이기 쉬운. 주정적(主情的).

emocionante *a.* ①감동시키는. 마음을 움직이는. ②비상한. 애처러운.

emoldar *v.t.* ①(부속품 따위의) 틀(型)에 넣다. 틀에 넣고(형체를) 찍어내다. ②둘러싸다. 에워싸다.

emoldurar *v.t.* ①(사진틀·문틀·따위의) 틀(수)에 넣다. 틀에 끼우다. 테두리를 붙이다.

emoliente *a.* 무르게 하는. 부드럽게 하는. 완화(緩和)적.
— *m.* 연화약(軟化藥). 완화제(緩和劑).

emolir *v.t.* [醫] 무르게 하다. 부드럽게 하다.

emolumento *m.* ①이익. 이득. 소득. ②보수. 사례. 사례금. 봉급. ③세(稅). ④수수료. ⑤임시 수입. 임시 수당.

emordaçar *v.t.* ①(개·말 등에) 자갈을 물리다. ②말 못하게 하다. 침묵시키다.

emostado *a.* 포도의 액체에 담근. 장액(漿液)이 된. 포도를 달게 한.

emostar *v.t.* 포도를 익히다. 포도를 달게 하다. 포도즙에 담그다.

emotividade *f.* 감동성.

emotivo *a.* 감동적. 감정적. 주정(主情)적. 감동시키는.

emouquecer *v.t.* 귀먹게 하다. 듣지 못하게 하다.
— *v.i.* 귀먹다. 들리지 않다. 듣지 못하다.

empa *f.* 버팀 기둥 또는 버팀목(支持木 : 배·사과 등의 과실 나무의 가지가 아래로 처지지 않게 받치는 나무).

empacar (1) *v.t.* ①방해하다. 저지하다. ②좌절시키다. 실망케 하다.
— (2) *v.i.* 말이 멈추고 움직이지 않다.
— (3) *v.t.* 싸다. 포장하다.

empachado *a.* ①가득찬. 충만한. ②(짐을) 너무 많이 실은. 초과 적재한. ③방해되고 있는. 곤란에 처한. ④너무 먹은. 과식한. ⑤내성적인.

empachamento *m.* = *empacho*.

empachar *v.t.* ①(안에) 채우다. 가득 차게 하다. 충만케 하다. ②위(밥통이)에 채우다. ③과도하게 짐을 싣다. ④방해하다.
—*se v.pr.* ①과중한 부담을 지다. ②(선박에) 지나치게 적재되다. ③배부르게 먹다. 포식하다. ④방해되다. 저지당하다.

empacho *m.* ①가득 채우기. 충만. ②초과 적재(積載). ③지나치게 먹기. 포식. 과식. ④방해. 저지. ⑤곤란. 당황. ⑥내성적임. 부끄러움타기.

empachoso *a.* ①방해되고 있는. 장애가 되는. ②귀찮은. 까다로운. 어려운. ③내성적인. 부끄러워하는.

empacotadeira *f.* (농작물을) 묶는 기계(自動束杷機). 포장하는 기계.

empacotador *a.*, *m.* (상품을) 싸는 (사람). 포장하는 (사람). (짐을) 꾸리는 (사람).

empacotadora *f.* = *empacotadeira*.

empacotamento *m.* ①(물건을) 싸기. 포장하기. ②짐꾸리기.

empacotar *v.t.* ①(물건을) 싸다. 포장하다. ②(짐을) 꾸리다. ③주머니에) 넣다.

empada *f.* 파이(고기 또는 과일을 가루반죽에 넣어서 구운 것).

empado *a.* ①(과수(果樹)의 가지가 처지지 않게) 버팀목을 댄. ②(포도의 덩굴을) 시렁으로 받친.

empáfia *f.* 거만. 오만. 자만. 자존심이 강함.
— *m.*, *f.* 거만(오만)한 사람.

empalação *f.* 《古》천자(穿刺)의 형(刑) (옛날에 죄인의 항문(肛門)에 말뚝을 꿰뚫어 죽인 일종의 형벌).

erapalamado *a.* ①《俗》고약을 많이 바른. 고약 투성이의. ②흠집이 많은.

empalar *v.t.* 《古》천자(穿刺)의 형에 처하다.

empalhação *f.* ①(볏짚·밀짚 따위의) 짚으로 싸기. 짚으로 속을 채워 넣기. 새·짐승 등의 박피(剝皮) 속에 짚 또는 솜을 채워 넣는 것. ②구실. 핑계. 거짓 약속. 납품 날짜를 번복·연기하는 것.

empalhado *a.* ①짚으로 싼(포장한). ②짚으로 짠. ③박제(剝製)한.
— *m.* ①(문 앞에 걸치는) 발(蓆). ②짚으로 만든 깔개.

empalhamento *m.* = *empalhação*.

empalhar *v.t.* ①(곡간·창고 등에) 짚을 채워 넣다. ②짚으로 싸다. 짚을 깔다. ③박피(剝皮) 속에 짚을 틀어 넣다. 박제하다. ④《俗》구실을 부쳐 날짜를 연기하다. 핑계 대다.

empalidecer *v.i.* 낯빛이 갑자기 변하다. 창백해지다.
— *v.t.* ①얼굴빛을 변하게 하다. ②색깔을 없애다. (잎사귀의) 초록빛을 없애다. (노랗게 하다).

empalmação *f.* 손아귀에 감추기. 수중에 넣기. 교묘하게 빼들기. 소매치기.

empalmado *a.* 손아귀에 감춘. 수중에 몰래 넣은. 감쪽같이 입수한. 교묘하게 훔친.

empalmadela *f.* = *empalmação*.

empalmador *a.*, *m.* ①손아귀에 감추는 (사람). 감쪽같이 수중에 넣는 (사람). 좀도둑. ②요술쟁이.

empalmar *v.t.* ①손아귀에 감추다. 수중에 몰래 넣다. 슬쩍 쥐다. 교묘하게 훔치다. ②요술부리다.

empanar (1) *f.* 큰 파이(*empada* 로서 큰 것).
— (2) *f.* [建] (종이 또는 천을 댄) 오르내리창.

empanado *a.* ①무딘. 둔한. ②어스름한. 흐린. ③더럽힌.

empanamento *m.* ①어스름함. 몽롱(朦朧). 흐림. ②[鑛] 얼룩. 녹. 오점.

empanar *v.t.* ①형겊으로 싸다 ; 덮다. ②(유리 따위를) 흐리게 하다. 으스름하게 하다. ③(명성·인망 따위를) 중상하다. 더럽히다.

empancar *v.t.* 저지(沮止)하다. 제지하다. 막다. 방해하다.

empandeirado *a.* 가득한. 충만한. 팽창한. 부풀은. (돛이) 바람을 안은.

empandeiramento *m.* 가득함. 충만. 팽창. 부풀은 상태. (돛이) 바람을 안은 상태(滿帆). 《卑》 속이기.

empandeirar *v.t.* ①가득 채우다. 충만시키다. 부풀게 하다. 팽창시키다. (돛이) 바람을 안다. ②배척하다. ③낭비(浪費)하다. 《卑》 속이다.
— se *v.pr.* 거만(오만)해지다. (행실이) 거칠어지다. 난폭해지다.

empandilhar *v.t.* (도박 따위에서) 공모하여 한 사람을 속이다. 결탁하여 빼앗다. 교묘하게 훔치다.
— se *v.pr.* 공모(결탁)하다.

empandinado *a.* 부푼. 팽창한.

empandinar 부풀게 하다. 팽창시키다.
— se *v.pr.* 부풀다. 팽창하다.

empantanado *a.* ①땅이 물에 잠긴. ②진창이 된. 진흙투성이 된.

empantanar *v.t.* (땅이) 물에 잠기게 하다.
— se *v.pr.* (땅이) 물에 잠기다. 진창이 되다. 진흙에 덮이다.

empantufado *a.* ①*pantufos*를 신고 있는. ②우쭐하는. 으쓱대는. 뽐내는.

empantufar-se *v.pr.* ①*pantufos* (안에 털을 댄 일종의 단화)를 신다. ②우쭐하다. 으쓱대다. 뽐내다.

empanturrado *a.* ①배부르게 먹은. 싫도록 먹은. ②배를 내민. ③거만한. 오만한.

empanturrar *v.t.* 배불리 먹이다. 실컷 먹게 하다.
— se *v.pr.* ①배불리 먹다. 실컷 먹다. ②오만해지다. 거만해지다.

empanzinador *a., m.* ①배불리 먹게 하는 (사람). ②놀라게 하는 (사람). ③속이는 (사람).

empanzinamento *m.* ①실컷 먹기. 폭음포식. 포만(飽滿). ②갑자기 놀라게 하기. ③속이기.

empanzinar *v.t.* ①싫도록 먹게 하다. 배를 채우게 하다. ②깜짝 놀래다. 가슴이 서늘케 하다. ③속이다.
— se *v.pr.* 욕심내어 먹다. 걸귀같이 먹다. 탐식하다.

empapado *a.* ①(액체에) 적신 ; 담근. 흠뻑 젖은. 축축한. ②죽이 된. 죽 모양 (粥狀)의.

empapar (1) *v.t.* ①(액체에) 담그다. 적시다. 흠뻑 젖게 하다. ②죽처럼 만들다. 미음 모양이 되게 하다. ③(맥주양조(麥酒釀造)에 있어서) 보리눈(麥芽)을 용해시키다. ④포화시키다. 흡수시키다. ⑤(전통·풍습 등에) 젖게 하다.
— (2) *v.t.* (새·닭 따위가) 밥통을 채우다.

empapelado *a.* 종이에 싼. 종이에 말린.

empapelador *m.* 종이에 싸는 사람.

empapelamento *m.* 종이에 싸기. 종이 포장하기.

empapelar *v.t.* ①종이에 싸다. 종이 포장하다. (담배 따위) 종이에 말다. ②(어린애에게) 옷을 많이 입히다.
— se *v.pr.* ①종이에 말리다. ②(옷을) 두껍게 입다. 많이 껴입다.

empapelo *m.* ①포장용 종이. 포장지. ②종이에 싼 묶음. 소포(小包). ③종이 주머니에 넣기. ④(담배 따위) 종이에 말기.

empapuçado *a.* 부푼. 부어 오른.
olhos empapuçado 부은 눈.

empapuçar *v.t.* 붓게 하다. 부풀게 하다.
— se *v.pr.* 붓다. 부풀다.

empar *v.t.* (과수(果樹)·포도덩굴 등에) 버팀 기둥을 세우다. 버팀목을 대다. 시렁을 만들다.

emparaisar *v.t.* ①낙원(樂園)처럼 만들다. 《俗》 천국(天國)에 보내다.

emparceirar *v.t.* 짝 맞추다. (한) 쌍이 되게 하다.

empardecer *v.i.* 갈색(褐色)이 되다. 갈빛을 띠다.

emparedado *a.* 담을 두른. 담벽에 둘러 싸인.

emparedamento *m.* ①담벽으로 둘러싸기. ②유폐(幽閉).

emparedar *v.t.* ①담을 쌓다. 담벽으로 둘러싸다. ②(사태 따위를 막기 위하여) 담을 쌓아 무너지지 않게 하다. ③담벽으로 둘러싼 곳에 들어가게 하다. 유폐하다.
— se *v.pr.* ①담벽에 둘러싸이다. ②유폐되다. ③담벽처럼 곧추서다. 직립(直立)하다.

emparelhado *a.* ①짝을 맞춘. (한) 쌍이 된. (두 개) 한 벌이 된. ②병행한. 가지런한.

emparelhamento *m.* 짝 맞추기. 한 쌍으

emparelhar *v.t.* ①짝을 맞추다. (한) 쌍이 되게 하다. 배합하다. 두 사람(또는 두 마리) 한 조가 되게 하다. ②…와 비등(比等)하게 하다. 똑같게 하다. ③대조하다.
— *v.i.* (+*com*). (…와) 동등해지다. 비견(比肩)하다.
—**se** *v.pr.* ①한 쌍이 되다. (두 개) 한 벌이 되다. 두 사람(또는 두 마리) 한 조가 되다. ②동등해지다. 병행되다. 가지런해지다. ③같은 숫자(同數)가 되다.

emparrado *a.* 포도의 잎사귀에 덮인.

emparrar *v.t.* 포도의 잎사귀로 덮이다.
—**se** *v.pr.* 포도의 잎사귀에 덮이다. (포도나무에서) 잎사귀가 나오다.

emparvoecer *v.t.* 어리석게 만들다. 얼빠진 사람으로 만들다.
— *v.i.* 바보가 되다. 얼빠진 인간이 되다. 천치가 되다. 멍청이가 되다.

empascoar *v.i.* [宗] 부활절을 쇠다; 축하하여 지내다.

empastação *f.* = *empastamento*.

empastado *a.* ①풀·크림·그림물감 등을) 진하게 바른. 반죽을 한. 페인트를 두껍게 칠한. 풀 바른. 풀로 붙인. ②목초(牧草)가 우거진. ③(가축이) 목초를 충분히 먹은.

empastador *m.* 종이 또는 포목을 풀 발라 합치는 기계 또는 도구.

empastamento *m.* ①풀칠하기. 풀 바르기. ②(유지(油脂)·크림 등을) 두껍게 바르기. 칠하기. ③(가루를) 반죽하기. 으깨기. ④(풀로써) 종이 또는 헝겊을 합쳐 붙이기.

empastar *v.t.* ①풀칠하다. 풀로 바르다; 발라 덮다. ②(유지(油脂)·크림 따위를) 두껍게 바르다. ③채색(彩色)을 진하게 하다. ④(가루를) 반죽하다. 으깨다. ⑤(그림·간판 따위 그릴 때) 두꺼운 초벌칠을 하다.
— *v.i.*, —**se** *v.pr.* (풀 따위) 말라붙다. 반죽이 되다. 반죽이 굳어지다.

empaste *m.* (가루 따위를) 반죽하기. 으깨기. (종이 또는 포목을) 풀로 발라 합치기.

empastelar *v.t.* [印] 활자를 뒤섞다; 뒤섞어 모으다. 조판을 흩으려 뒤죽박죽되게 하다.

empatado *a.* ①승부가 없는. 무승부의. 비긴. 동점인. ②(투표에 있어서) 가부동수(可否同數)의. 대등한. ③저지된. 방해된.

empatar *v.t.* ①가부(可否)의 수를 같게 하다. 대등(동등)하게 하다. [競] 동점이 되게 하다. 무승부로 하다. ②저지(沮止)하다. 방해하다.

empate *m.* ①가부동수. 동점. 무승부. 비김. ②저지(沮止). 정체(停滯). ③결정을 못 내림. 주저(躊躇). ④압수. 차압(差押). ⑤[醫] 체하기. 식체(食滯).

empaturrado *a.* = *empanturrado*.

empaturrar *v.t.* = *empanturrar*.

empavesado *a.* ①(배의) 현측(舷側)에 방어 시설을 두른. ②기(旗)로 장식한. ③성장(盛裝)한. 멋지게 차린. ④과시(誇示)하는. 뽐내는. 의기양양한.

empavesar *v.t.* ①(배의) 현측(舷側)에 방어 시설을 두르다. ②(배를) 기로 장식하다. (배에) 기를 띄우다.
— *v.i.*, —**se** *v.pr.* ①여러 가지 기(旗)로 장식되다. 잘 꾸며지다. ②성장(盛裝)하다. ③과시하다. 의기양양하다.

empavonar *v.t.* 우쭐하게 하다. 뽐내게 하다.
—**se** *v.pr.* 우쭐하다. 뽐내다. 뻐기다. 의기양양하게 활보하다.

empeçado *a.* ①(여러 가지 물건이) 뒤섞인. 뒤죽박죽이 된. 혼잡한. 얽힌. ②방해되고 있는.

empeçar *v.t.* ①(여러 가지 물건을) 뒤섞어 놓다. 뒤죽박죽되게 하다. 혼잡하게 하다. 얽히게 하다. ②방해하다.
— *v.i.* 방해되다. 차질(差跌)하다.
—**se** *v.pr.* 뒤섞이다. 뒤죽박죽이 되다. 혼란해지다. 얽히다.

empecer *v.t.* ①해치다. 상(傷)하게 하다. 손해를 입히다. ②방해하다.
— *v.i.* ①해를 입다. 상하다. 손해를 보다. ②방해되다.

empecilho *m.* ①방해. 장애. 고장. ②방해물. 장애물.

empecimento *m.* 《稀》방해하기. 손해를 끼치기. 해가 되기.

empecível *a.* ①방해의. 방해가 되는. ②해로운. 유해한.

empêço *m.* = *empecilho*.

empeçonhamento *m.* ①독(毒)을 넣기. ②못쓰게 만들기. 악화(惡化). ③괴란(壞亂).

empeçonhar, empeçonhentar *v.t.* ①넣

다. 독소(毒素)를 넣다. ②중독케 하다. 악화시키다. (전통·미풍 등을) 나쁘게 만들다. 나쁜 습관에 물들이다.

empedernecer *v.i.*, *v.t.* =*empedernir*.

empedernido *a.* ①돌이 된. 석화(石化)한. ②돌처럼 굳어진. ③감각이 없어진. 무정한.

empedernir *v.t.* ①돌이 되게 하다. 석화하다. ②돌처럼 굳어지게 하다. 무정(無情)하게 만들다.
— *v.i.*, —**se** *v.pr.* 돌이 되다. 석화(石化)하다. 돌처럼 굳어지다. 무정해지다.

empedrado *a.* ①(길에) 돌을 깐. 돌로 포장한. ②돌처럼 굳어진. 돌이 된. 석화한. ③[醫] (신장(腎臟)·간장(肝臟) 따위에) 결석(結石)이 생긴.
— *m.* 돌을 깐 길. 부석포도(敷石鋪道).

empedrador *m.* 길에 돌을 까는 사람. 포석공(鋪石工).

empedradura *f.* =*empedramento*.
— *m.* 길에 돌을 깔기. 포석(鋪石) 작업. 포도(鋪道) 공사.

empedrar *v.t.* ①길에 돌을 깔다. 포석하다. ②(우물 따위를 팔 때 그 안쪽 벽을) 돌로 쌓아 올리다. ③돌처럼 굳게 하다. (딱딱하게 하다).
—**se** *v.pr.* ①돌이 되다. 석화하다 ②돌처럼 굳어지다.

empelo *m.* (빵을 만들 때) 으깬 반죽에서 똑같은 덩어리로 잘라낸 것. (벽돌 만들 때의) 틀에서 뽑아낸 똑같은 흙덩어리.

empena *f.* [建] 박공·박공 지붕(의 처마 또는 덮이). 《英》 *able*.

empenachado *a.* 장식용 깃털(飾毛)을 꽂은.

empenachar *v.t.* (군모(軍帽) 또는 부인용 모자에) 장식용 깃털(飾毛)을 꽂다. 달다.

empenado (1) *a.* 깃털(羽毛)이 많은. 깃털에 덮인.
— (2) *a.* 뒤틀어진. 휜. 왜곡된.

empenamento *m.* 뒤틀기. 뒤틀어지기. 휘기. 구부러지기. 꾸부리기. (판자 따위) 안쪽으로 휨.

empenar (1) *v.t.* 휘게 하다. 뒤틀다. 구부리다.
— *v.i.* 휘다. 뒤틀리다. 구불어지다. 비틀어지다. (성격 등이) 편벽해지다.
— (2) *v.t.* 깃털을 꽂다. 깃털로 장식하다.
— *v.i.* 깃털이 나다.

—**se** *v.pr.* ①(새 따위) 깃털로 덮이다. ②깃털로 장식되다.

empenhado *a.* ①저당잡힌. 저당에 넣은. 담보에 넣은. ②책임을 진. 약속한. ③알선(斡旋)한.

empenhador *a.*, *m.* ①저당에 넣는 (사람). ②돌보는 (사람). ③알선하는 (사람).

empenhamento *m.* ①저당에 넣기. 저당잡히기. ②빚을 짐. ③약속서약(誓約). 맹세. 담보에 넣기. ④돌보기. 알선하기.

empenhar *v.t.* ①저당 잡히다. 담보에 넣다. ②강요하다. 어찌할 수 없게 하다. ③책임을 지우다. ④애쓰다. 노력하다. ⑤약속하다. 맹세하다.
—**se** *v.pr.* ①빚을 지다. ②(+*em*, *por* 또는 *para*). (…하고자, …얻고자) 애쓰다. 노력하다.

empenho *m.* ①(동산의) 저당. ②저당에 넣기(잡히기). ③저당물. 담보물. ④약속. 언질. 서약. 맹세. ⑤알선. 돌보기. ⑥애쓰기. 노력하기. ⑦갈망. 열망.

empenhoramento *m.* 저당에 넣기. 저당잡히기.

empenhorar *v.t.* 저당에 넣다.

empeno *m.* =*empenamento*.

empepinado *a.* ①오이 모양을 한. 오이맛이 나는. ②굳은. 딱딱한. 무뚝뚝한.

emperlar *v.t.* 진주(眞珠) 모양으로 하다. 진주로 장식하다. 진주빛을 띠게 하다.
— *v.i.*, —**se** *v.pr.* ①진주 꼴(形)이 되다. ②진주로 장식되다. 진주 같은 물건이 되다.

emperrado *a.* ①(서랍·문·자물쇠 등) 빡빡한. 빡빡하여 열리지 않는. (톱니바퀴 따위) 꼭 물려 잘 돌지 않는. 딱딱한. ②고집이 센. 완고한. ③(표정이) 무뚝뚝한.

emoerramento *m.* ①(서랍·문·자물쇠 등) 빡빡함. 빡빡하여 잘 열리지 않음. (톱니바퀴 따위) 빡빡하여 잘 돌지 않음. ②(태도 따위의) 강경. 완고(頑固).

emperrar *v.t.* 빡빡하게 하다. 뻣뻣하게 하다. 움직이지 않게 하다. 굳게 하다.
— *v.i.* ①(서랍·문·자물쇠 등) 빡빡하다. 빡빡하여 잘 열리지 않다. (톱니바퀴 따위) 꼭 물려 잘 돌지 않다. ②굳어지다. 움직이지 않다. ③(태도를) 강경히 하다. (의견을) 관철하려고 하다.

empêrro *m.* =*emperramento*.

empertigado *a.* ①곧은. 똑바로 선. 직립

(直立)한. ②뽐내는. 우쭐하는. 거만한.
empertigar *v.t.* 곧추서게 하다. 똑바로 서게 하다. 뻣뻣하게 하다. 굳게 하다.
— **se** *v.pr.* ①곧추서다. 곧바로 서다. 직립하다. ②(자세가) 굳어지다. 뻣뻣해지다. ③뽐내다. 우쭐하다. 저잘난 체하는.
empestado *a.* ①페스트에 걸린. ②나쁜 병에 전염된. ③해로운. 유해한. ④나쁜 냄새를 발산하는.
empestamento *m.* ①페스트에 걸림. 열병 전염. ②나쁜 병(惡疫)에 걸리게 하기. ③나쁜 풍습에 물들게 하기. 풍기의 부패. (사회에) 해독을 끼치기.
empestar *v.t.* ①페스트에 걸리게 하다. ②나쁜 병에 전염케 하다. ③나쁜 풍습에 물들게 하다. 썩게 하다. (사회를) 해독하다.
empiema *m.* ①《古》 축농증(蓄膿症). 늑막축농(肋膜蓄膿). ②흉농(胸膿).
empiemático *a.* 늑막축농의. 흉농의. 흉농에 관한. 흉농에 걸린.
empiese *f.* [醫] (눈의) 축농(蓄膿).
empilhado *a.* 쌓아 올린. 산적(山積)한. 퇴적한.
empilhamento *m.* 쌓기. 쌓아 올리기. 산적. 퇴적.
empilhar *v.t.* 쌓다. 쌓아 올리다. 산적하다. 퇴적하다.
empinado *a.* ①곧추선. 직립(直立)한. ②경사가 심한. 험준(險峻)한. ③오만한. 거만(倨慢)한. 제잘난 체하는. ④(말이) 뒷다리로 곧추선.
empinar *v.t.* ①일으키다 ; 높이다. ②꼭대기(정상)에 올려 놓다. ③(술잔 따위 추켜 들고) 건배하다.
— *v.i.* ①(말이) 날뛰며 나아가다. ②오연(傲然)히 걷다. 활개치며 걷다.
— **se** *v.pr.* ①높아지다. 높은 자리에 위치하다. 꼭대기(정상)에 오르다. 으쓱대다. 뽐내다. 거만(오만)해지다. (말이) 뒷다리로 곧추서다.
empino *m.* ①곧음. 직립(直立). 수직(垂直). ②오만(傲慢). 거만. 뽐낸 태도. ③(말이)뒷발로 곧추선 자세. ④꼭대기에 오름.
empioramento *m.* 더 나쁘게 하기. 더 악화하기.
empiorar *v.t.* 더 나쁘게 하다. 더 악화시키다.
empipocar *v.i.* ①옥수수 알이(불에 구어져서) 튀다. 팝콘(《英》 *popcorn*)이 되다. ②부스럼 또는 여드름 같은 것이 생기다.
empíreo *m.* ①가장 높은 하늘. 구천(九天 : 순화세계(純化世界)로서 후에는 신들이 사는 곳으로 믿어진). ②천국. 극락(極樂).
— *a.* ①가장 높은 하늘의. 구천의. 천상의. ②천국의. 극락의. ③신의. 최고의.
empireuma *m.* [化] 초성취미(焦性臭味). (동물 또는 식물이 밀폐기(密閉器) 안에서 탔을 때의 냄새).
empiricamente *adv.* 경험에만 의하여.
empírico *a.* 경험에만 의존한. 경험을 주로 하는.
— *m.* ①경험파(經驗派) 철학자. ②학술에 의하지 않고 경험에 입각하여 병을 고치는 의사. ②경험주의의 과학자.
empirismo *m.* 경험주의. [哲] 경험론. (의학상의) 경험 의존(依存)주의. 비과학적 요법(療法). 돌팔이 의사 치료.
emplasmado *a.* ①고약을 많이 바른. 고약 투성이의. ②부스럼 투성이의.
emplasmar *v.t.* 고약을 붙이다.
emplastado *a.* ①고약처럼 납작하게 편. ②고약을 붙인. 고약 투성이 된.
emplastagem *f.* ①고약을 붙이기. ②고약처럼 진하게 바르기.
emplastamento, emplastramento *m.* ①벽토를 칠하기. 도벽하기. ②석고(石膏)일하기. ③고약을 붙이기(바르기).
emplastar, emplastrar *v.t.* ①벽토를 칠하다. ②석고일을 하다. ③고약을 붙이다. 고약처럼 잔뜩 발라 붙이다.
emplástico *a.* 고약질(膏藥質)의. 고약용의.
emplasto, emplastro *m.* ①벽토. ②석고(石膏). ③[醫] 고약(膏藥). 고약을 붙여 치료하기. ④서툰 수리(修理). ⑤약을 쓰기 좋아하는 사람. 병이 많은 사람. 활기 없는 사람. ⑥솜씨(재간) 없는 사람.
emplumação *f.* ①깃털(羽毛)이 나기. 깃털로 덮이기. ②깃털로 장식하기.
emplumado *a.* ①깃털이 난(나온). 깃털로 덮인. ②깃털로 장식한. 깃털을 꽂은.
emplumar *v.t.* 깃털로 장식하다. 깃털을 붙이다(꽂다).
— **se** *v.pr.* 깃털이 나오다(생기다). 깃털에 덮이다.
empoado *a.* ①가루를 뿌린. 가루에 덮인. 가루 투성이 된. ②먼지를 쓴.

empoamento *m.* ①가루를 뿌리기. 가루칠하기. 가루 투성이가 되게 하기. ②먼지 투성이 됨.

empoar *v.i.*, *v.t.* 가루를 뿌리다. 가루 칠하다. 가루(먼지)투성이로 만들다(되다).

empobrecer *v.t.* ①가난하게 하다. 빈곤하게 하다. ②(땅을) 메마르게 하다. ③피로케 하다. 쇠약하게 하다.
— *v.i.*, —**se** *v.pr.* ①가난해지다. 빈곤해지다. ②땅이 메마르다. ③피로해지다. 야위다. 쇠약해지다.

empobrecimento *m.* ①가난하게 만들기. 가난해짐. 빈곤화(貧困化). ②땅이 메마름. ③피로. 쇠약. 야윔.

empoçado *a.* ①우물에 넣은. ②웅덩이에 빠진. ③웅덩이가 생긴.

empoçar *v.t.* 우물에 넣다. 웅덩이에 넣다. 진창에 들어가게 하다.
— *v.i.* 웅덩이가 되다. (땅에) 물이 고이다. 이녕지(泥濘地)가 되다.
—**se** *v.pr.* ①웅덩이가 되다(생기다). ②웅덩이에 빠지다. ③우물에 빠지다.

empoderar-se *v.pr.* =*apoderar-se*.

empoeilgar *v.t.* 돼지굴에 넣다; 들여보내다.

empoeirado *a.* 먼지에 덮인. 먼지 투성이 된.

empoeirar *v.t.* 먼지를 쓰게 하다. 먼지 투성이가 되게 하다.
— *v.i.*, —**se** *v.pr.* ①먼지를 쓰다. 먼지 투성이가 되다. ②먼지가 일어나다.

empôla *f.* ①피부의 부푼 데. 물집(水泡). ②(사진판의) 기포(氣泡). ③토지의 융기(隆起).

empolado *a.* ①부은. 부풀은. 물집이 생긴. ②(땅이) 융기한. ③과장(誇張)한. 호언 장담한. 큰소리 친.

empolar *v.t.* 물집이 생기게 하다. 물집으로 부풀게 하다.
— *v.i.* 붓다. 부어오르다. 물집이 생기다. (땅이) 높아지다. 융기(隆起)하다.
—**se** *v.pr.* ①바다가 거칠어지다. 파도가 일다. ②으쭐하다. 뻐기다. 뽐내다.

empoleirado *a.* ①(새가) 횃대에 앉아 있는. ②높은 자리를 차지하고 있는.

empoleirar *v.t.* ①(새 따위를) 횃대에 앉게 하다. ②높은 자리에 앉히다.
—**se** *v.pr.* ①횃대에 앉다. ②높은 자리에 앉다. 높은 자리(高地位)를 차지하다.

empolgante *a.* ①감동(感動)시키는. 마음을 끄는. ②흥이 나게 하는. (마음을) 들뜨게 하는. ③압도적인.

empolgar *v.t.* ①(마음을) 끌다. 감동케 하다. ②흥이 나게 하다. (마음이) 들뜨게 하다. ③붙잡다. 움켜쥐다. (매·독수리 따위) 발톱으로 움켜잡다.

empolhado *a.* (새·닭 따위) 알을 안은. 알을 깐.

empolhar *v.t.*, *v.i.* (새·닭 따위) 알을 안다. 알을 까다. 둥우리에 들다.

emporcalhar *v.t.* 어지럽히다. 더럽히다.
—**se** *v.pr.* 어지러워지다. 더러워지다.

emporético *a.* 여과용(濾過用)의.

empório *m.* ①큰 시장. 중앙 시장. ②상업 중심지. 중요 시장. ③식료품 상점. ④식료품 창고.

empossado *a.* ①소유한. 입수(入手)한. ②차지한. 점령한.

empossar *v.t.* 차지하다. 점령하다. 점유(占有)하다.
—**se** *v.pr.* (+*de*) (…을) 차지하다. 점령하다. 점유하다.

emposse *f.* ①소유. 입수(入手). 취득. ②차지하기. 점유. 점령.

emprazado *a.* ①호출 당한. 소환된. ②출두할 날짜가 정해진. ③둘러싼.

emprazador *a.* 부르는. 호출하는. 소환하는. 기일을 정하는.
— *m.* ①호출하는 자. 소환자. 기일(期日)을 지정하는 자. ②(수렵 등에서) 동물을 몰아내고 에워싸는 사람.

emprazamento *m.* 부르기. 호출. 소환. 날짜의 지정.

emprazar *v.t.* ①(날짜를 정하여) 부르다. 호출하다. ②(출두할) 날짜를 정하다. ②(수렵에서) 동물을 에워싸다.
—**se** *v.pr.* 서로 만날 날짜를 정하다.

empreendedor *a.* 기업심(企業心)이 많은. 진취의 기상(氣象)이 강한. 마음 먹은대로(크게) 해보는.
— *m.* 기업가. 사업가. 투기적인 실업가(實業家).

empreender *v.t.* ①(어떤 사업을) 계획하다. 기도(企圖)하다. ②기업을 일으키다. 모험하다.
— *v.i.* 늘 마음에 그리다. 늘 …해 볼 생각을 품다.

empreendimento *m.* ①(사업에 대한) 계획. 기도(企圖). 시도. ②기업(企業). ③

empregada *f.* ①가정 일을 돕는 여자. 하녀. 식모. ②여자 종업원.

empregada doméstica 가정 식모. 하녀.

empregado *a.* (회사·기업체 등에) 채용된. 고용된. (어떤 공사에) 사역되고 있는.
— *m.* ①채용된 사람. 고용자. 종업원. ②종. 머슴. 하인.

empregado público 관리. 공리(公吏). 공복(公僕).

empregador *m.* 일꾼을 쓰는 사람. 채용하는 사람. 고용주. 고주(雇主).

empregar *v.t.* (사람을) 쓰다. 채용하다. 고용하다. 사역(使役)하다.
—**se** *v.pr.* ①채용되다. 고용되다. ②근무하다. 종사하다. ③봉사하다.

emprego *m.* ①사용. 용도(用途). 용법(用法). ②취직자리. ③직장. 일터. ④직업.

empreitada *f.* 청부(請負). 청부 공사. 청부 계약.

de (또는 *por*) *empreitada* 청부로서. 도급으로서.

trabalhar por empreitada 청부로 일하다. 도급으로 일하다.

empreitado *a.* (어떤 일을) 도급으로 맡은. 청부한.

empreitar *v.t.* ①(어떤 공사를) 도급으로 맡다. 청부하다. ②도급으로 맡기다. 청부 지우다.

empreiteiro *m.* 공사를 맡아 집행하는 사람. 청부인(請負人).

empreito *m.* (공사의) 청부.

emprenhar *v.t.* 임신케 하다. 수태(受胎)케 하다. (동물이) 새끼를 배게 하다. [生物] 수정시키다.
— *v.i.* 임신하다. 수태하다. (동물이) 새끼를 배다.

emprêsa *f.* ①사업. 기업(企業). ②기업을 일으키기. ③기업체. 사업단체. ④경영.

empresarial *a.* 기업(가)의. 회사의.

empresário *m.* ①기업가. 사업가. ②(공사에 대한) 계약. 체결인. ③(연극 따위의) 흥행주. ④영화제작자.

emprestado *a.* ①(돈을) 꾼. 빌려 쓴. (타인으로부터 어떤 물건을) 빌려 쓴. 차용(借用)한. ②(타인에게) 빌려 준.

dar emprestado 빌려 주다. 꿔주다. 빌리다.

pedir emprestado 빌려 주기를 원하다. 꾸다.

emprestador *m.* (타인에게) 빌려 주는 사람. 꿔주는 사람.

emprestar *v.t.* 빌려 주다. 꿔주다. 빌리다.

empréstimo *m.* ①빌려 주기. 대부(貸付). 대차. ②대부금. 대차물. ③차관(借款).

emprisionar *v.t.* =*aprisionar*.

emproado *a.* 으쓱대는. 뽐내는. 오만한. 허영심 있는.

emproar-se *v.pr.* 으쓱하다. 뽐내다. 뻐기다.

empubescer *v.i.*, —**se** *v.pr.* ①털이 나다. 사춘기에 도달하다. ②성인이 되다.

empubescido *a.* ①묘령(妙齡)의. 사춘기의. ②[動·植] 보드러운 털이 난. 유모(柔毛) 있는. 연모(軟毛)로 덮인. 솜털이 빽빽한. 밀생(密生)한.

empulhar *v.t.* 놀려대다. 야유하다. 희롱하다.

empunhado *a.* (손잡이 따위를) 쥔. 잡아 쥔.

empunhadura *f.* ①칼자루. 창(槍)자루. ②손으로 잡기. 잡아 쥐기.

empunhar *v.t.* 손으로 쥐다. 잡아 쥐다. 움켜 쥐다.

empurra *f.* 밀기. 밀치기. 떠밀기.

jogo de empurra 잘못(또는 책임)을 떠밀기. 책임전가(責任轉嫁).

empurrão *m.* 꽉 밀기. 힘세게 떠밀기. 밀어 치우기. 밀고 나가기.

empurrar *v.t.*, *v.i.* ①밀다. 떠밀다. 밀고 나아가다. 밀어 자빠뜨리다. 떠밀어 치우다. 내밀다. ②강요(强要)하다.

empuxamento, empuxão *m.* 당기기. 끌어당기기. 힘세게 당기기.

empuxar *v.t.* 당기다. 끌어당기다. 힘세게 당기기.

emudecer *v.t.* 말 못하게 하다. 침묵시키다.
— *v.i.* ①침묵하다. ②벙어리가 되다.

emulação *f.* ①경쟁. 겨룸. 대항. 길항(拮抗). ②경쟁심.

emulador *a.*, *m.* =*êmulo*.

emular *v.t.* 우열(優劣)을 다투다. 겨루다. 경쟁하다.
— *v.i.* (+ *com*). …와 겨루다. 경쟁하다.

emulativo *a.* 경쟁적인. 지지 않으려 하는. 경쟁심을 일으키게 하는.

emulgente *a.* ①짜내는. ②[解] 신장정맥(腎臟靜脈)의.

êmulo *a.* 다투는. 경쟁하는. 경쟁의. 경쟁

적인. 지지 않으려 하는. 명성을 얻고자 하는.
— m. 경쟁자. 적대자. 적수. 라이벌.

emulsão f. 유제(乳劑). 유탁액(乳濁液). 유과(乳菓).

emulsionado a. 유제로 만든. 유제로 된. 유화(乳化)한.

emulsionar v.t. ①유제로 만들다. 유화하다. ②(술 따위에) 유과(乳菓)를 섞다.

emulsivo a. ①유제질(乳劑質)의. 젖같은. 젖같이 되는 성질이 있는. ②짜서 기름이 나는.

emunctório a. [生理] 배설(排泄)의.
— m. 배설관(管). 배설기관.

emundação f. (마음을) 깨끗이 하기. 청정(淸淨).

emurchecer v.t. 시들게 하다. 마르게 하다.
— v.i., —se v.pr. 시들다. 이울다. 조락(凋落)하다. 말라 죽다.

emurchecido a. 이울어진. 시든. 조락한. 말라 죽은.

enaltecer v.t. ①높이다. (지덕(智德) 따위를) 고상하게 하다. ②(신용을) 더 두텁게 하다. (명예를) 더 빛나게 하다. ③칭찬하다. 찬탄하다. 격찬하다.

enaltecimento m. ①높이기. ②증대(增大). 확대.

enamorar v.t. ①마음에 들게 하다. ②(마음을) 빼앗다. 매혹하다. 도취케 하다. 반하게 하다.
—se v.pr. 마음이 끌리다. 도취하다. (이성(異性)에) 반하다.

enantema m. [醫] 피하발진(皮下發疹).

enantico a. 술에 관한. 술의 향기(香氣) 있는.

enantiopatia f. [醫] 대증요법(對症療法).

enantiopático a. 대증요법의.

enartrose f. [解] 구와관절(球窩關節).

enastrado a. 리본(비단·인조 비단·우단·비로드·호박(琥珀) 단 따위로 예쁘게 접은 것)으로 장식한. 리본으로(머리칼을) 묶은.

enastrar v.t. 리본으로 장식하다. 리본으로(머리칼 따위를) 묶다.

enatado a. 크림을 씌운. 크림 칠한.

enatar v.t. 크림을 칠하다. 크림을 입히다.
— v.i. 크림에 덮이다.

encabadouro m. 자루 또는 손잡이를 꽂는 구멍.

encabar v.t. 도끼·망치 따위에 자루를 끼다(달다). 칼자루를 꽂다. 손잡이를 붙이다(달다).

encabeçado a. ①…을 수령(首領)으로 하는. …에 이끌리는. ②…의 선두에 선. …을 이끄는. ③주요한. 으뜸가는. ④꼭대기에 올려 놓은. ⑤자립(自立)의.

encabeçamento m. ①세습 재산의 구성(構成). ②인두세(人頭稅). 조세(租稅). ③과세조사(課稅調査). ④머릿말. 서언(序言). 모두(冒頭).

encabeçar v.t. ①수령(首領)이 되게 하다. 선두에 서게 하다. ②이끌다. 영도하다. ③유산(遺産)을 계승시키다. ④(세금을) 사람 수에 따라 할당하다. (세금을) 부과시키다. ⑤과세조사를 하다. ⑥두 개(또는 여러 개)의 물건의 윗부분을 묶다. ⑦머릿말을 쓰다. 서언하다. ⑧표제(表題)를 붙이다. ⑨이해(理解)하게 하다. 납득시키다.
—se v.pr. 납득(納得)하다.

encabelado a. 털(머리칼)이 많은. 털복숭이의. 머리칼이 긴. 장발의.

encabeladura f. ①털(머리칼)이 많음. ②장발(長髮). ③털 또는 머리카락의 발생. 발육.

encabelar v.i. 털(머리칼)이 나오다. (동물 따위의 탈모후(脫毛後)) 다시 털이 나오다.

encabrestadura f. (말·소 따위) 굴레로 인하여 생긴 상처. 긁힌 상처. 찰상(擦傷).

encabrestamento m. ①굴레를 씌우기. ②복종시키기.

encabrestar v.t. ①(말·소에) 굴레를 씌우다. ②구속하다. 속박하다. 복종시키다.
—se v.pr. ①굴레를 쓰다. ②속박 당하다. 복종하다.

encabritar-se v.pr. ①(짐승 특히 말·곰 따위가) 우뚝 서다. ②(말이) 날뛰며 나아가다.

encabruado a. ①《俗》무뚝뚝해 있는. 골내고 있는. 어딘가 못마땅한 표정을 짓고 있는. ②고집이 센.

encabulado a. ①부끄러워하고 있는. 수줍어하는. (부끄러움으로) 낯을 붉히고 있는. ②수치를 당한. 창피를 당한. ③실패한.

encabular v.t. ①부끄럽게 하다. 창피를 주다. 면목을 잃게 하다. 모욕하다. ②화내게 하다. 골내게 하다.

— *v.i.* ①창피당하다. 망신당하다. ②부끄러워하다. ③실패하다. 화내다.
encachachado *a.* 사탕수수로 만든 술(*cachacha*)에 취한.
encachado *a.* 허리를 두르는 간단한 옷(*encacho*)을 두른.
encachar *v.t.* *encacho*를 두르다.
encacho *m.* 토인(土人)들이 허리에 두르는 간단한 옷. (=*tanga*).
encadeação *f.* =*encadeamento*.
— *m.* ①사슬로 연결함. 연쇄(連鎖). ②연결. 연계(連繫). 연락. ③연속(連續).
encadear *v.t.* 사슬로 묶다. 연결하다. 사슬로 비끄러매다.
—**se** *v.pr.* ①사슬에 묶이다. 연결되다. ②연락되다. ③연속하다.
encadeirar *v.t.* ①의자(椅子) 위에 올려 놓다. ②의자에 앉히다. ③의자를 설치하다.
encadernação *f.* ①책만들기. 제본(製本). ②(책의) 표지(表紙).
encadernado *a.* 책이 된. 제본한.
encadernador *m.* 책 만드는 사람. 제본사. 제본업자.
encadernar *v.t.* (특히 공책 따위의) 책을 만들다. 책으로 꿰매다. 제본하다.
encafifar *v.t.* ①부끄럽게 하다. ②창피(수치)를 주다.
— *v.i.* ①부끄러워하다. 수줍어하다. ②승부에 지다. ④창피 당하다. ⑤골내다. 노하다.
encafuar *v.t.* ①동굴(洞窟) 속에 넣다. ②남모르는 곳에 감추다.
—**se** *v.pr.* ①동굴 안에 숨다. 몸을 감추다. 잠복하다.
encafurnar *v.t.* =*encafuar*.
encaibrar *v.t.* [建] 서까래를 붙이다. 연목(椽木)을 달다.
encaiporar *v.t.* (특히 도박 따위에서) 상대자를 불운하게 만들다. 실패시키다.
encaixado *a.* ①통에 넣은. 상자에 들어 있는. ②(상자를 만들 때 모퉁이의) 요철(凹凸)을 맞물린. 꼭물린.
encaixamento *m.* ①통(상자)에 넣기. 통에 가득 채우기. ②(상자를 만들 때) 모퉁이의 요철을 맞물리기. 감입(嵌入). ③삽입(挿入). ④아래의 (上·下) 두 부분으로 된 상자를 합쳐 맞추기.
encaixar *v.t.* ①통(상자)에 넣다. 궤짝에 가득 채우다. ②(궤짝 따위 짤 때) 모퉁이의 요철(凹凸)을 맞물리다. 감입하다. ③상하(上下) 두 부분으로 된 통을 맞춰 닫다. ④뚜껑을 꼭 채우다.
— *v.i.* (상자의) 요철이 맞물리다. 꼭 채워지다. 맞춰지다.
—**se** *v.pr.* ①상자 속에 들다. 쳐박히다. ②집 안에 박혀 있다. 잠복하다. ③꽂히다. (보석 따위) 박히다.
encaixe, encaixo *m.* ①꽂는(끼는) 구멍. 축받이. 자루 꽂는 데. 감입부(嵌入部). ②접합부(接合部).
encaixilhado *a.* (사진틀 같은) 네모진 틀에 넣은. 틀에 끼운. 테를 두른.
encaixilhar *v.t.* ①네모진 틀에 넣다. 끼다. ②테두리를 두르다.
encaixotado *a.* ①(상품 따위를) 상자에 넣은. 상자로 짐을 꾸린. ②짐꿰미이 된.
encaixotamento *m.* 상자(또는 궤짝) 속에 넣기. 상자로 짐을 꾸리기.
encaixotar *v.t.* 상자 속에 (상품을) 넣다. 궤짝 안에 (물건을) 채워 넣다. 짐짝을 만들다.
encalacração *f.* ①속이기. 기만. ②곤경에 빠뜨리기.
encalacrar *v.t.* ①속이다. 기만하다. ②어려운 처지에 빠뜨리다. 곤경에 처하게 하다.
—**se** *v.pr.* ①곤경에 빠지다. 역경에 처하다. ②(빚돈 때문에) 꼼짝달싹 못하게 되다.
encalçar *v.t.* 뒤를 따르다. 추적하다. 미행하다.
encalço *m.* ①뒤를 따르기. 추적(追跡). 미행(尾行). ②지나간 자취. 발자국.
ir no encalço de alguém 사람의 뒤를 따라가다.
encalecer *v.i.* 피부의 겉허물(皮齒)이 생기다.
encalecido *a.* 피부의 겉허물이 생긴. 겉허물이 된.
encalhação *f.* ①(배가) 암초에 걸림. 좌초(坐礁). ②좌절(挫折). 가도 오도 못함.
encalhado *a.* 암초에 걸린. 좌초한. 가도 오도 못하게 된. 곤란에 빠진.
encalhamento *m.* =*encalhação*.
encalhar *v.t.* ①(배가) 암초에 걸리게 하다. 좌초시키다. ②(계획 따위를) 좌절시키다.
— *v.i.* ①(배가) 암초에 걸리다. 좌

하다. ②가도 오도 못하다. 진퇴유곡에 처하다.

encalhe *m.* ①좌초(坐礁). 암초(暗礁). 은암(隱巖). ②장애. 고장. ③가도 오도 못하는 환경. ④《俗》 신문 따위 다 팔리지 않아(다음날) 본사에 돌려 보내는 것. 서적·잡지 등 파손으로 인하여 반환되는 것.

encalho *m.* ①해변 또는 강변의 모래 있는 얕은 곳. 여울. 천탄(淺灘). ②배가 좌초할 수 있는 곳. 암초. ③(배가) 암초에 걸림. 좌초하기.

encalistrado *a.* ①부끄러워하고 있는. 수줍어하는. ②(양과 같이) 온순한. 얌전한. 지각 있는.

encalistrar *v.t.* ①부끄럽게 하다. 수줍게 하다. ②브끄러움을 주다. 수치를 끼치다. 곤란케 하다. 괴롭히다.
— *v.i.* ①부끄러워하다. ②노하다. 화내다.

encalmadiço *a.* ①더위에 허덕이는. 더위를 타는. ②곧잘 화내는. 성 잘 내는.

encalmado *a.* ①더위에 허덕이는. 더위를 타고 있는.

encalmamento *m.* 더위에 허덕임. 더위로 숨이 막힐 듯함. (체질상) 쉽게 더위를 탐.

encalmar *v.t.* ①덥게 하다. 더위로 숨막히게 하다. ②괴롭히다. ③성나게 하나. 회내게 하다.
—se *v.pr.* ①더위를 느끼다. 더위를 타다. (더위로 인한) 괴로움을 느끼다.

encalvecer *v.i.* 머리가 벗어지다. 대머리가 되다.

encalvecido *a.* ①머리가 벗어진. 대머리가 된. 대머리의. ②(산에) 나무가 없는.

encamado *a.* ①층층으로 겹친. 겹쳐 놓은. 겹쳐서 쌓은. 중첩(重疊)한. (병으로 인하여) 침대에 누워 있는.

encamar *v.t.* 층층으로 겹쳐 놓다. 겹쳐 쌓다. 중첩되게 하다.

encamber *v.t.* (주판알처럼) 한 줄에 끼다. 연잇다. 연연히 줄짓게 하다.

encambulhado *a.* 작은 나뭇가지(小技) 또는 노끈에 주렁주렁 낀.

encambulhar *v.t.* 작은 나뭇가지 또는 노끈에 주렁주렁 끼다. (잡은 물고기처럼) 한 줄에 끼다.

— *v.pr.* (사건 따위에) 관련하다. 연좌(連座)하다.

encame *m.* ①산돼지가 사는 굴. ②야수의 굴.

encaminhado *a.* ①이끌린. 인도(引導)된. ②전진한. ③(…에) 향한. ④(상품 따위) 송달중인. 가는 도중에 있는. ⑤(서류 따위) 수속을 밟고 있는. 수속중인. (해당 관청에) 송달된.

encaminhador *a.*, *m.* 도로 안내인. 향도(嚮導)하는 사람. 지도자. (사건) 취급인. (일을) 진척케 하는 사람. (서류 따위) 수속밟는 사람.

encaminhamento *m.* ①이끌기. 인도(引導). 길 안내. ②지도. 향도(嚮導). ③(일의) 진척. 촉진. (사건의) 처리. ④(서류 따위의) 수속.

encaminhar *v.t.* ①이끌다. 길을 가르치다. 인도하다. ②지도(향도)하다. ③…에 향하게 하다. 진행시키다. ④(일을) 진척시키다. ⑤(사건을) 처리하다.
—se *v.pr.* (+*a* 또는 *para*). …의 방향에 향하다. 향하여 전진하다.

encampação *f.* 임대차(賃貸借) 계약의 해약. 파약(破約). 대여 중지(貸與中止). 토지의 수용(收用). 재산의 몰수.

encampar *v.t.* 임대차 계약을 취소하다. 파약하다. 토지 또는 재산을 수용(收用)하다. (합법적 방법으로) 몰수하다.

encampado *a.* 종 모양을 한. 종상(鍾狀)의.

encanado *a.* 배수관(排水管)을 묻은. 수노설비가 되어 있는.
água encanada 수도(水道). 수돗물.

encanador *m.* 수도를 설치하는 사람. 수도 공사인. 파이프 수리공.

encanamento *m.* ①(상수(上水)·하수·가스 등의) 관을 설치하기. 배관(配管). 배관 공사(工事). 수도 시설. ②수로(水路). 운하 개착(運河開鑿).

encanar *v.t.* ①(수도·가스 등의) 관을 설치하다. 배수관을 묻다. 배관(配管)하다. ②수로를 만들다. 운하를 개척하다. ③[醫] (절골 또는 탈출관절(脫出關節)에) 부목(副木)을 대다. 곁대는 나무를 붙이다. 정골(整骨)하다. [植] 줄기가 형성되다. 줄기(莖)가 나오다.

encanastrado *a.* ①(갈대 따위를 짜서) 바구니를 만든. 광주리가 된. ②바구니(광주리)에 넣은.
— *m.* 갈대로 만든 세공물(細工物).

encanastrar *v.t.* ①(갈대 따위로) 바구니를 만들다. ②바구니(광주리)에 넣다.

encancerado *a.* ①탈저(脫疽)의. 괴저증(壞疽症)의. ②암(癌)이 생긴. 암종이 된.

encancerar *v.i.* ①괴저가 생기다. 괴저증에 걸리다. ②암이 생기다.

encandear *v.t.* ①등불로써(물고기를) 유인하다. 유혹하다. ②눈부시게 하다. 현혹케 하다.
　—**se** *v.pr.* ①눈부시다. 현혹하다. ②(방향을) 혼동하다. 유혹 당하다.

encendecer *v.t.* 백열(白熱)케 하다.
　— *v.i.*, —**se** *v.pr.* 백열화(化)하다.

encandecido *a.* 백열한. 백열화한.

encandilado *a.* (설탕이) 결정(結晶)한.

encandilar *v.t.* (설탕을) 결정시키다.
　—**se** *v.pr.* 결정당(結晶糖)이 되다. 입살(粒狀) 사탕이 되다.

encanecer *v.t.* 점점 희게 하다. 흰 머리칼이 나오게 하다.
　— *v.i.*, —**se** *v.pr.* 점점 흰털이 나다. 백발이 나기 시작하다. 백발이 되다. 늙다.

encanecido *a.* ①흰털이 나온. ②백발이 된. 늙어진. ③노숙(老熟)한. 노련(老練)한. 많은 경험을 쌓은.

encangar *v.t.* (소에) 멍에를 씌우다. 매우다.

encaniçado *a.* ①대·갈대 따위로(여러 가지) 세공물을 만든. ②대·갈대로 울타리를 만든.

encaniçar *v.t.* ①대(竹)·갈대(葦) 등으로 바구니·광주리·발·깔개 등을 만들다. ②대·갈대로 울타리를 만들다.

encantação *f.* =*encantamento*.

encantadiço *a.* 부질없이 감탄하는. 별로 대단치 않은 것을 찬탄하는.

encantado *a.* 감탄케 하는. 감탄하고 있는. 황홀해진. 혼을 빼앗기고 있는.

encantador *a., m.* 요술부리는 (사람). 매혹케 하는 (사람). 혼을 빼앗는 (것). 황홀케 하는 (것). 마술사.

encantadora *f.* 여자 요술사(마술사).

encantamento *m.* ①요술. 마술. ②(사람을) 홀리기. 혼을 빼앗기. 황홀케 하기. ③경탄(驚歎). 경이(驚異).

encantar *v.t.* 요술을 걸다. (사람을) 홀리다. 혼을 빼앗다. 황홀케 하다. 매혹(魅惑)시키다. 경탄케 하다. 환희(歡喜)케 하다.
　—**se** *v.pr.* 경탄하다. 감탄하다. 환희하다

encanteirado *a.* 화단(花壇)으로 나눈(구분한).

encanteirar *v.t.* 화단으로 나누다; 구분하다.

encanteirar as plantas 묘목(苗木)을 화단에 옮겨 심다.

encanto *m.* ①요술. 마술. ②마력(魔力). 매력. ③황홀. 혼을 빼앗기. 뇌살(腦殺). ④경탄. 환희. ⑤경탄(감탄)시키는 것.
É *um encanto* 참으로 훌륭하다.

encantoado *a.* ①구석에 놓은. 구석에 쫓겨간. ②(사람) 축에 끼지 못한. 제외된. ③은퇴한. 은거(隱居)한.

encantoar *v.t.* ①구석에 놓다. 구석에 몰아넣다. ②(사람들) 축에 끼워 주지 않다. ③인간 세계로부터 멀리하다. 은퇴시키다.
　—**se** *v.pr.* 구석에 위치하다. 구석에 가 있다. 사람들 축에 못 끼다. 은퇴하다.

encanudado *a.* 관상(管狀)의. 통형(筒形)의.

encanudar *v.t.* ①관처럼 만들다. 관상으로 하다. 통형으로 만들다. ②관에 넣다.
　—**se** *v.pr.* 관 모양이 되다. 통형이 되다.

encanzinado *a.* ①고집이 센. 완고한. ②노한. 화낸.

encanzinar-se, encanzoar-se *v.pr.* ①우기다. 고집부리다. 버티다. ②화내다. 골내다.

encapar *v.t.* ①망토로 덮다. 덮어 씌우다. ②(의자 따위에) 헝겊 또는 가죽을 씌우다. ③(책에) 표지를 씌우다. 커버를 하다.

encapelado *a.* ①(바다가) 거친. 파도가 거센. ②쌓아 올린. ③예배당의 부속재산으로 된.
　— *m.* 예배당의 부속재산(附屬財産).

encapeladura *f.* ①파도가 일어남. ②(배의) 색구(索具) 준비.

encapelar *v.t.* ①(바다에) 파도가 일어나게 하다. ②예배당의 부속재산으로 하다.
　— *v.i.*, —**se** *v.pr.* (바다가) 거칠어지다. 파도가 일어나다.

encapoeirar *v.t.* (닭을) 우리에 넣다. 비좁은 곳에 가두다.

encapotado *a.* ①(소매 없는) 외투를 입은; 그것으로 덮은. ②감춘. 숨은. ③거짓의.

encapotar *v.t.* ①(소매 없는) 외투를 입히다; 덮다. 덮어 씌우다. ②감추다.
　— *v.i.*, —**se** *v.pr.* (소매 없는) 외투를 입다; 덮어쓰다. (하늘이) 몹시 흐리

다. 어두워지다.

encaração *f.* 찬찬히 보기. 응시(凝視).

encaracolado *a.* 곱슬곱슬하게 감긴(감은). 나선(螺線) 모양의. 나선 모양으로 감긴. (털이) 꼬부라진. (잎사귀가) 두루루 말린.

encarado *a.* 용모의. 표정의. 인상의.
bem encarado 인상이 좋은. 좋은 표정의.
mal encarado 인상이 나쁜. 나쁜 표정의.

encaramelar *v.t.* ①얼게 하다. 얼리다. 동결(凍結)시키다. ②응결(凝結)케 하다.
— *v.i.*, —*se v.pr.* ①얼다. 얼음이 되다. 동결하다. ②응결하다.

encaramenado *a.* 슬픈 듯한. 서러운 듯한. 우울한.

encaramonar *v.t.* 슬프게 하다. 수심에 잠기게 하다.
—*se v.pr.* 기분 나쁜 표정을 짓다. 쓴 낯을 짓다.

encarangado *a.* 《俗》 (류머티스로 인하여) 마비된.

encarangar *v.i.* (류머티스로 인하여) 감각을 잃다. 마비되다.

encarapinhado *a.* (머리털이) 곱슬곱슬해진. 고수머리의; 곱게 지진.

encarapinhar *v.t.* (머리털을) 곱슬곱슬케 하다. 곱게 지지다.
— *v.i.*, —*se v.pr.* ①(미리칼이) 곱슬곱슬해지다. 고수머리가 되다. ②응결하다.

encarapitar-se *v.pr.* 횃대에 앉다. 걸터앉다.

encarapuçar-se *v.pr.* 까라쁘싸 모자(일종의 누두형 모자(漏斗形帽子))를 쓰다.
— *v.t.* 까라쁘싸 모자를 씌우다.

encarar *v.t.*, *v.i.* 찬찬히 보다. 응시(凝視)하다. 마주(쳐다) 보다. 깊이 생각하다.
—*se v.pr.* 서로 흘겨보다. 서로 똑바로 쳐다 보다. (+*com*). …와 대항하다.

encarcerado *a.* 옥에 갇힌. 투옥 당한. 수감(收監)된. 옥에 갇힌 자. 투옥된 자. 감금 당한 자.

encarceramento *m.* ①옥에 가둠. 투옥. 감금. 수감(收監). ②감금 기간.

encarcerar *v.t.* 옥에 가두다. 투옥하다. 감금하다.
— *se v.pr.* ①옥에 갇히다. ②칩거(蟄居)하다.

encardir *v.t.* 때를 묻히다. 더럽히다. (잘 씻지 않고) 더러운 것을 남기다.
— *v.i.*, —*se v.pr.* 때가 묻다. 더러워지다. (잘 씻지 않아) 더러운 것이 남다.

encarecedor *a.*, *m.* ①값을 올리는 (사람·사물). 등귀케 하는 (것·사람). ②과장(誇張)하는 (사람). 큰소리 치는 (사람).

encarecer *v.t.* ①값을 올리다. ②(이야기를) 과장하다. 침소봉대(針小棒大)하다. ③지나치게 칭찬하다. ④앙양(昂揚)하다. ⑤값이 오르다.
—*se v.pr.* 자기 칭찬을 하다. 자찬하다 ; 붇다.

encarecidamente *adv.* 절실히. 간절히. 간곡하게.

encarecido *a.* ①값이 오른. 등귀한. ②과장된. ③절실한. 간절한.

encarecimento *m.* ①값이 오름. 물가 등귀 ; 등귀된 상태. ②과장(誇張). ③간절(간곡)히 바라기.

encargo *m.* ①담임(擔任). 담당. ②책임. 의무. 임무. 직무. 부담. ③나쁜 영향. 나쁜 결과. ④후회.

encarna *f.* ①벤 자리. ②자루(손잡이) 끼는 구멍. 감입부(嵌入部).

encarnação *f.* ①육체를 부여함. 인간화. 육체화. ②[醫] 육아발생(肉芽發生). ③(신의) 성육(成肉). 탄신(誕身 : 인간을 구원하기 위하여 예수가 하나님의 아들로서 육신(肉身)과 인간성을 가지고 지상에 태어난 일). ④고기빛(肉色)을 띠게 함.

encarnado *a.* ①육체를 갖춘. 화신(化身)한. 육체화한. ②육화한. ③고기 빛이 된. 육색의. 담홍색(淡紅色)의.
— *m.* ①살빛. 붉은빛. 담홍색. ②(화상(畵像)·조상(彫像) 등에) 육색을 띠우는 것.

encantador *m.* (화상·조상 등에) 육색으로 착색(着色)하는 사람.

encarnar *v.t.* ①육체를 부여하다. ②구체화하다. 실현시키다. ③형성(形成)하다. ④살빛(肉色)으로 하다. 육색으로 착색(着色)하다. ⑤(매·사냥개 따위에 생기(용기)를 북돋우기 위하여) 고기 먹이를 주다.
— *v.i.* ①(신이) 인간의 형체를 갖추다. 화신(化身)하다. ②육화(肉化)하다.

encarne *m.* ①육화(肉化). ②(매·독수리·사냥개 따위에 주는) 고기먹이(肉餌).

encarneirado *a.* (파도의) 거품이 일어난.

encarneirar-se *v.pr.* (파도칠 때) 거품이 일어나다.

encarnicadamente *adv.* 맹렬하게. 완강히.
encarniçado *a.* ①(매·사냥개 따위에) 고기 먹이를 줘서 흥분시킨. 흥분한. 자극받은. ②맹렬한. 횡포한. 살기를 띤. 살벌(殺伐)한. 몹시 성난. ③(눈이) 충혈된; 빨갛게 된.
olhos encarnicados 충혈된 눈. 살기 있는 눈.
encarniçamento *m.* ①(매·사냥개 따위에) 고기먹이를 줘서 자극 주는 것. 흥분시키는 것. ②횡포. 맹렬. 잔인. ③살기(殺氣), 살벌(殺伐). 분격(奮激). ④완강히 싸움. 분투.
encarniçar *v.t.* ①(매·사냥개 등에) 고기먹이를 줘서 흥분시키다. 자극 주다. ②혈기 띠게 하다. 맹렬해지게 하다. 횡포하게 하다. ③살기 띠게 하다. 살벌케 하다. 격노시키다.
—**se** *v.pr.* ①흥분하다. 자극 받다. ②혈기 띠다. 용감해지다. 맹렬해지다. 횡포해지다. ③살기 띠다. 살벌해지다. 격노하다.
encarquilhado *a.* 주름살 진. 주름이 많은. 구겨진.
cara encarquilhada 주름살 많은 얼굴.
fôlha encarquilhada 마른잎사귀(枯葉).
encarquilhamento *m.* 주름살이 잡힘. 주름살이 생김.
encarquilhar *v.t.* 주름살지게 하다. 구기다.
—**se** *v.pr.*. 주름살지다. 구겨지다.
encarrancar *v.t.* (눈살을 찌푸려서) 기분 나쁜 내색을 보이다. 쓴 얼굴로 대하다.
— *v.i.*, —**se** *v.pr.* ①눈살을 찌푸리다. 상을 찡그리다. ②싫어하다. ③(사물이) 험상스럽다. ④(하늘이) 흐리다.
encarrapitar *v.t.* ①높은 데 앉히다. 정상(頂上)에 놓다. ②(머리칼을) 머리꼭대기에 묶다.
—**se** *v.pr.* ①높은 데 앉다. 높은 곳에 위치하다. ②(새가) 횃대에 앉다.
encarrar *v.t.* 수레(달구지)에 싣다.
encarrascar-se *v.pr. carrascao* (몹시 센 술)에 취하다.
encarregado *a.* ①담당하는. 담임하는. ②위탁받은.
— *m.* ①담당자(擔當者). 담임자. ②대리인. 대변인. 대표자. ③계원(係員). ④집지기. 문지기.
encarregado de negócios ①대리대사(代理大使) 또는 대리공사. ②상사지배인.
encarregar *v.t.* ①(일을) 맡기다. 위탁하다. 위임하다. 담임(담당)시키다. ②(책임을) 지우다. 부담시키다. ③압박하다.
—**se** *v.pr.* ①(일을) 맡다. 인수(引受)하다. 담임하다. 담당하다. ②책임을 지다. ③(맡은 일을) 처리하다. 돌보다.
encarrego *m.* ①(일을) 맡기기. 위탁. 위임. ②(맡은) 임무. 직무. 직책. ③《俗》마음의 부담(무거운 짐).
encarretar *v.t.* ①수레(달구지)에 싣다(올려 놓다). ②대포를 포가(砲架)에 올려 설치하다.
encarrilar, encarrilhar *v.t.* ①(기차·전차 따위를) 궤도에 올려 놓다. ②올바른 길을 따라가게 하다. 선도(善道)하다. ③(일을) 진척시키다.
— *v.i.* ①궤도에 오르다. ②바른 길을 따라가다. ③똑바르게 행동하다.
encartação *f.* ①(트럼프) 카드를 끼워 섞기 (좌·우 두 손에 반반씩 나눠 쥐고 합칠 때 한 장씩 끼워지게 하는 것). ②직업면허장을 주기. ③《古》추방(追放).
encartado *a.* ①(트럼프) 카드를 끼워 섞은. ②면허를 받은. ③숙련(熟練)한. 숙달한. 《古》추방된.
encartamento *m.* = *encartação*.
encartar *v.t.* ①(트럼프) 카드를 끼워 섞다. ②(직업상의) 면허를 주다. ③《古》추방하다.
— *v.i.* (트럼프 놀이에서) 같은 카드를 내던지고 이기다.
—**se** *v.pr.* 면허를 받다.
encarte *m.* (트럼프) 카드를 끼어 섞기; 끼어 섞은 상태. ②같은 카드를 내던지고 이기는 것.
encartolado *a.* 고모(高帽)를 쓴; 쓰고 있는.
encartolar *v.t.* 고모(옛날 외교관 또는 고급 관리가 쓰던)를 쓰다.
encartuchado *a.* (화약 따위) 종이로 만든 통(紙筒)에 넣은. 지통으로 된.
polvora encartuchada 탄약통(彈藥筒)에 든 화약.
dinheiro encartuchado 길게 돌돌 말아 싼 돈.
encartuchar *v.t.* ①지통(紙筒)을 만들다. ②약포를 만들다. ③두꺼운 종이를 돌돌 말아 약포 모양이 되게 하다.
encarvoado *a.* ①숯에 더러워진. 숯가루 칠

encarvoar *v.t.* ①숯으로 더럽히다. 숯가루 칠하다. 숯투성이 되게 하다. 숯처럼 까맣게 하다. ②《稀》숯을 만들다.
　—se *v.pr.* ①숯에 더러워지다. 숯투성이 되다. 숯처럼 까맣게 되다. ②《稀》숯이 되다. 탄화(炭化)하다. 한. 숯가루 투성이 된. ②《稀》숯이 된.

encarvoejar *v.t.* 숯으로 더럽히다. 숯처럼 까맣게 하다.

encasacar-se *v.pr.* 연미복(燕尾服)을 입다.

encasamento *m.* (凹凸 따위) 맞물리기. 꽂아 맞추기. 감입(嵌入). 접합(接合).

encasar *v.t.* (凹凸을) 맞물리다. 꽂아 맞추다. 감입하다. 접합하다. 상하(上下) 두 부분으로 된 통을 꼭 채우다.
　— *v.i.*, —se *v.pr.* ①(凹凸이) 맞물리다. 맞다. 꽂히다. ②(풍습에) 익숙해지다. 습관되다.

encascado *a.* 수피(樹皮)가 새로 나온. 외피가 형성된. 가죽에 덮인. 싸인. (말·소 따위) 발톱이 길어진. (벽을) 덧바른. 덧칠한.
　parede encascada (보드러운 자갈·벽돌 조각 따위로) 보강한 벽(壁).

encascar *v.t.* ①외피(外皮)를 씌우다. 가죽으로 싸다. (자갈·벽돌 부스러기 따위로) 벽을 보강하다. 넛마르다.
　— *v.i.* 나무 껍질이 새로 나오다. 외피가 생기다. 표면이 굳어지다. 딱딱해지다. (짐승의) 발톱이 나오다 ; 길어지다.

encasquetar *v.t.* ①(갓·모자 따위를) 쓰다. 머리에 얹다. 머리를 덮다. ②믿게 하다. 신용하게끔 하다.
　—se *v.pr.* ①(갓·모자 따위를) 얹다. 머리 위에 덮이다. ②깨닫다. 이해하다. ③고집하다. 고집부리다.

encasquilhar *v.t.* ①얇은 금속판을 씌우다. ②(배를 갑판에) 얇은 철판을 깔다.
　—se *v.pr.* 멋부리다.

encastelado *a.* ①성곽(城郭)을 강화한. ②농성(籠城)한.

encastelamento *m.* ①성곽을 쌓고 방비를 굳게 하기. ②(성곽처럼) 높이 쌓아 올리기.

encastelar *v.t.* ①성곽을 쌓다. 성곽을 강화하고 방비를 굳게 하다. ②(물건을) 높이 쌓아 올리다. 퇴적하다.
　—se *v.pr.* (군사가) 농성하다. 성을 굳게 지키다.

encastoado *a.* ①(지팡이에) 손잡이가 달린. ②감입세공(嵌入細工)을 한. (보석 따위를) 박아 넣은. (보석 따위가) 박혀 있는.

encastoar *v.t.* ①(지팡이 따위에) 손잡이를 달다. ②감입세공을 하다. (보석 따위를) 박아 넣다.

encatarrado, encatarroado *a.* 카타르에 걸린. 감기에 걸린.

encatarrar-se, encatarroar-se *v.pr.* 카타르에 걸리다. 감기에 걸리다.

encaustes *m.* 달군 쇠로 그림 그리는 사람. 납화공(蠟畫工).

encáustica *f.* ①달구어서 그림 그리기. 납화법(蠟畫法). ②달구어서 그린 그림. 납화. ③가구용(家具用)의 윤내는 초(蠟).

encáustico *a.* 달궈 붙인. 구워 넣은 그림의. 납화의.

encava *f.* [建] 접합재(接合材).

encavação *v.t.* ①(곡괭이 자루·망치 자루 등을 꽂을) 구멍을 파기. ②구멍을 파고 자루를 꽂아 맞추기. ③화냄. 성냄. 짜증부리기.

encavacado *a.* ①나무를 자른 ; 깎은. ②화낸. 성낸. 기분 나쁜. 짜증부리는. ③부끄러워하는.

encavacar *v.t.* 나무를 자르다 ; 깎다.
　— *v.i.* ①성내다. 화내다. 짜증부리다. ②입을 뾰족 내밀다. ③부끄러워하다.

encavado *a.* ①구멍을 판. 구멍이 된. 쑥 (우묵히) 들어간. ②구멍 안에 들어간. 웅덩이에 떨어진. ③구멍에 꽂힌 ; 꽂혀 있는. ④손잡이(자루)를 단.

encavalado *a.* (말) 타고 있는. 위에 걸터앉은. 위에 놓여 있는.
　dentes encavalados 덧니(위에 겹쳐 있는 치아).

encavalgar *v.i., v.t.* 말을 타다(태우다). 승마하다.

encavar *v.t.* (곡괭이 자루·망치 자루·손잡이 등을 꽂을) 구멍을 파다. 구멍을 파고(자루를) 꽂다. 자루를 달다. 구멍에 넣다. 우묵한 곳에 들어가게 하다.

encavernar *v.t.* 동혈(洞穴)에 들어가게 하다. 굴(동굴)에 숨기다.

encavilhar *v.t.* [建] 큰 못·담장못·스파이크·보드 따위를 박다. 박아 붙이다.

encavo *m.* (서랍 따위에 있는) 손으로 당기기 쉽게 판 작은 홈. 움푹한 곳.

encefalagia *f.* [醫] 뇌통(腦痛). 심한 두통.

encefalágco *a.* 뇌통성의.
encefalia *f.* 뇌병.
encefálico *a.* ①뇌의. 뇌수의. 뇌조직의. ②머리의.
encefalite *f.* [醫] 뇌염(腦炎).
encefalítico *a.* 뇌염의.
encéfalo *m.* [解] 뇌. 뇌수(腦髓).
encefalóide *a.* 뇌상(腦狀)의.
— *m.* [醫] 뇌상종(腦狀腫).
encefalolito *m.* 뇌석(腦石).
encefalolgia *f.* 뇌수학(腦髓學).
encefalólogo *m.* 뇌수학자.
encefalomalacia *f.* 뇌연화증(腦軟化症).
encefalopatia *f.* 뇌질환(腦疾患).
encefalorragia *f.* 뇌출혈.
encefalotomia *f.* 뇌해부(腦解剖). 뇌절개(腦切開).
encegar *v.i.* 눈부시다. 어질어질해지다. 보지 못하다.
encelar *v.t.* ①닫다. 닫아 버리다. 막다. 밀폐하다. ②감방(監房)에 넣다. ③유폐(幽閉)하다.
enceleirado *a.* 곡물창고(穀物倉庫)에 넣은. 곡물을 저축한.
enceleirar *v.t.* 곡물창고에 넣다. (장래를 위하여) 저장하다. 저축하다.
encelialgia *f.* [醫] 장통(腸痛).
encelite *f.* [醫] 장염(腸炎).
encenação *f.* 상연(上演); 각색.
encenar *v.t.* ①상연하다. ②각색하다.
encentrar *v.t.* ①중앙(중심)에 놓다. ②집중하다.
enceração *f.* ①밀칠하기. 밀초를 바르기. 밀로 닦기. 밀(밀초)처럼 무르게 하기.
enceradeira *f.* (집 안의) 마루에 초를 바르고 윤내는 기계(전기 장치로 되고 자유자재로 이동할 수 있는).
encerado *a.* ①밀칠한. 밀초를 바른. 밀로 닦은. ②초(밀초) 빛깔의. 황갈색의.
— *m.* 밀초를 바른 헝겊. 납포(蠟布); 기름에 전 베, 유포(油布); [船] 타르 칠한 방수천(돛).
encerador *m.* 밀칠하는 사람(또는 기구). 밀바르고 닦는 사람(또는 기구).
enceradura *f.* =*enceramento*.
— *m.* 밀칠하기. 밀초를 바르기. 밀로 (마루를) 닦기.
encerar *v.t.* (마루에) 밀칠하다. (가구에) 밀을 바르다. (헝겊·노끈 등에) 밀초를 씌우다. (마른 것을) 밀로 닦다.
— **se** *v.pr.* 밀빛깔이 되다. (헝겊·나무 따위에) 밀이(밀초가) 배다.

encerra *f.* ①야외가축수용소. ②노루 따위를 몰아 넣고 붙잡기 위한 울타리.
encerraor *a.*, *m.* ①막아 버리는 (것). 폐색하는 (것). 밀폐하는 (것). ②끝내는 (사람). 폐회하는 (사람).
encerramento *m.* ①막아버림. 폐색. 폐쇄(閉鎖). ②끝맺기. 종결. 폐회(閉會). ③포위(包圍). ④포함(包含). 포장(包藏). ⑤칩거(蟄居).

encerramento das contas 결산(決算).

encerrar *v.t.* ①닫다. 닫아버리다. ②막다. 폐색하다. 폐쇄하다. ③포함하다. (…을) 내포하다. ④에워싸다. 포위하다. ⑤끝내다. 끝막다. 폐회하다. 폐막하다. ⑥(신청서·원서 등의 접수를) 종결하다. 마감하다.
— **se** *v.pr.* ①폐쇄되다. 폐쇄되다. ②끝나다. 종결되다. ③포함되다. ④(집안에) 틀어 박히다. 칩거하다.

encerro *m.* ①닫음. 막음. 폐색. 폐쇄. ②유폐(소). ③끝맺기. 종결.
encetado *a.* ①시작한. 착수한. 개시한. ②(음식물 따위에) 손을 댄. 먹기 시작한.
encetadura *f.* ①시작. 개시. 착수. ②(음식물 따위) 먹기 시작함. (빵·케이크 따위) 자르기 시작함. ③(치즈·과일 따위를) 맛보기 위하여 베어낸 조각.
encetamento *m.* 시작. 개시. 착수.
encetar *v.t.* 시작하다. 착수하다. 손을 대다. (빵·치즈 따위를) 손으로 자르기 시작하다. (유리병 또는 나무통에 들어 있는 청량 음료를) 마시기 시작하다.
— **se** *v.i.* 처음으로 해보다. 제일 먼저 하다.
enchafurdar *v.i.*, *v.t.* 진창에 빠지다(빠지게 하다). 더러워지다.
encharcada *f.* 빵·우유·달걀 따위로 만든 푸딩.
encharcadiço *a.* ①물 고이는. 물 고이기 쉬운. 진창이 되기 쉬운. ②물이 밴. 축축한. ③진흙의. 진흙 투성이의.
encharcado *a.* ①물이 고인. 물에 젖은. 흠뻑 젖은. ②진창이 된.
encharcar *v.t.* ①물에 적시다. 물에 담그다. ②물 고이게 하다. 진창이 되게 하다.
— **se** *v.pr.* ①물에 젖다. 흠뻑 젖다. 물

에 잠기다. ②물이 고이다. 물웅덩이 되다. 진창이 되다. 진창에 빠지다. 진창 투성이 되다.
enchente *f.* ①가득함. 가득 참. 충만(充滿). ②많음. 다량. ③(물의) 범람. (육지에) 넘쳐 흐름. 홍수. 침수.
  enchente do mar 만조(滿潮). 참. 참때.
  enchente da lua 만월(滿月). 보름달.
  — *a.* 가득 채우는. 만월이 되는.
encher *v.t.* ①(물·액체 등을) 가득 채우다. 가득 담다. (솜·털 따위를) 가득 쳐넣다. 다져 넣다. 충만케 하다. (빈 곳을) 메우다. ②성취하다. 완성하다. ③《卑》괴롭히다. 귀찮게 굴다.
  encher saco 《卑》귀찮은 잔소리.
  — *v.i.* 점점 가득해지다. 충만해지다.
  —*se* *v.pr.* 가득 차다. 충만해지다 ; 만족하다.
enchido *a.* 가득한. 가득 찬. 충만한.
  — *m.* ①가득 채운 물건. 충전물(充塡物). ②《稀》순대.
enchimento *m.* ①(빈 것을) 가득 채우기. 메우기. 틀어넣기. 다져넣기. ②충만(充滿). 풍만(豊滿). ③충전물(充塡物).
enchouriçar *v.t.* ①소시지 순대를 만들다. ②소시지 순대 모양이 되게 하다.
  —*se* *v.pr.* 골내다 성내다,
enchumaçar *v.t.* (옷·이불 따위에) 솜을 두다. (이불·방석 등에) 부드러운 깃털을 넣다 ; 메워 넣다. (침대의 짚요에) 마른 풀·털 따위를 채워 넣다.
enchuva *f.* [魚] 엔쇼봐(멸치의 일종).
encíclica *f.* 회장(回狀)(특히 로마교황이 전 성직자에게 보내는).
encíclico *a.* 회장의. 회람(回覽)의. 회송(回送)의.
enciclopédia *f.* 백과사전. 백과전서.
enciclopédico *a.* 백과사전의. 백과사전적. 지식이 해박(該博)한.
  dicionário enciclopédico 백과사전.
enciclopedista *m.*, *f.* ①백과사전 편찬자. ②모든 학문에 통달한 사람.
encilhamento *m.* (말에) 배띠(腹帶)를 졸라매기. 마구(馬具)를 달기.
encilhar *v.t.* (말에) 배띠를 졸라매다. 마구를 달다.
encimado *a.* (…의) 위에 놓여 있는. (…을) 위에 얹고 있는.
  — *m.* 문장(紋章)의 꼭대기.

encimar *v.t.* (…의) 위에 놓다. 얹다.
encinzar *v.t.* 재를 뿌리다. 재를 덮다. 재로 어지럽히다.
encinzeirado *a.* (하늘이) 재를 뿌린 듯이 어두운. 음울한.
encistado *a.* =*enquistado*.
encistar *v.t.*, *v.i.* =*enquistar*.
enclaustrado *a.* 수도원에 들어간. 절간에 들어간. 수도원에 가둔. 처박혀 있는.
enclaustrar *v.t.* 수도원에 들여 보내다. 수도원에 가두다. 은거(隱居)케 하다.
enclausurado *a.* 수도원(절간)에 들어가 있는. 둔세(遁世)한. 은둔(隱遁)하고 있는. 처박혀 있는.
enclausurar *v.t.* 수도원(절간)에 들어가게 하다. 조용한 곳에 처박혀 있게 하다.
  —*se* *v.pr.* 수도원(절간)에 들어가 있다. 은둔하다. 은거(隱居)하다. 세상을 멀리하다.
enclavinhar *v.t.* (두 손을 마주잡고) 손가락을 섞어 끼다.
  enclavinhar os dedos 손가락을 섞어 끼다.
ênclise *f.* [文] 소리의 편의상 앞말의 한 부분과 같이 발음되기.
enclítica *f.* [文] 소리의 편의상의 접합어(接合語).
enclítico *a.* [文] 소리의 편의상 앞말의 한 부분과 같이 발음되는. 연속된 소리의.
encoberta *f.* ①위를 덮음. 차폐(遮蔽). ②숨는 곳. 은폐소. ③구실. 핑계. 둔사(遁辭). ④시치미 떼기. 허위. 위선. ⑤속임수. 책략(策略).
  as encobertas 숨어서. 감쪽같이. 비밀리에.
encobertamente *adv.* 숨어서. 남몰래. 비밀리에.
encoberto *a.* ①숨은. 숨긴. (물건을) 감춘. 보이지 않는. 표면에 나타나지 않는. ②(정체를) 감춘. 시치미 떼는. 거짓의. ③비밀의. 암암리의. ④(하늘이) 흐린.
  — *m.* ①숨은 것. 감춘 것. ②남몰래 하는 일. 감춘 사실. 비밀로 해 두는 것. ③이상한 일. 은밀한 것.
encobrideira *f.* =*encobridora*.
encobridor *a.*, *m.* ①감추는 (사람). 은닉자(隱匿者). ②남이 물건을 감추는 것(또는 훔치는 것)을 보고도 모르는 체하는 (사람).

encobridora *f.* 감추는 여자. 감춰 주는 여자.
encobrimento *m.* ①위를 덮어 씌우기. 차폐(遮蔽). ②감추기. 감춰 주기. 은폐. 은닉. ③잠복. ④시치미떼기 ; 허위. 거짓. 가장(假裝).
encobrir *v.t.* ①(위를) 가리다. (못 보게) 씌워버리다. (…을) 덮어버리다. 싸다. 감싸다. ②감추다. 숨기다. 은닉하다. ③남이 모르게 하다. 비밀로 하다. ④속이다. ⑤시치미떼다 ; 거짓을 부리다.
— *v.i.*, —*se v.pr.* ①몸을 감추다. 숨다. 잠복하다. 은신하다. ②본성을 감추다. 정체를 속이다. (…인) 체하다. 가장하다. ③(하늘이) 흐리다. 구름이 끼다.
encodeado *a.* ①겉껍질로 덮인. 외피에 싸인. 굳은 껍질이 생긴. 딱지가 생긴. 때가 앉은.
encodeamento *m.* ①딱딱한 껍질이 생김. 외피(外皮)로 덮임. ②표면이 굳어짐. 때가 앉음. 더덕이가 됨. (옷에 묻은) 기름이 말라 더덕이를 이룸.
encodear *v.t., v.i.* ①굳은 껍질이 생기다. 겉껍질로 덮다. 외피(外皮)로 싸다. ②때가 끼다. 때 또는 묻은 기름이 더덕이를 이루다.
encofrar *v.t.* 금고(金庫)에 넣다.
encoifado *a.* 머리그물(髮網)을 쓴.
encoifar *v.i., v.t.* 머리그물을 쓰다(씌우다). [史] 밀착두건(密着頭巾)을 쓰다.
encolamento *m.* 풀바르기. 풀칠하기.
encolar *v.t.* 풀 바르다. 풀칠하다.
encoleirar *v.t.* (개 따위에) 목걸이(頸輪)를 채우다.
encolerizado *a.* 노발대발한. 격노한. 격분한.
encolerizar *v.t.* 몹시 노하게 하다. 격분하게 하다.
— *v.pr.* 노발대발하다. 격노하다.
encolha *f.* ①줄어들기. 졸아들기. 위축(萎縮). ②수축. 단축.
encolher *v.t.* ①졸아들게 하다. 움츠러들게 하다. ②줄이다. 단축하다. ③억제하다.
— *v.i.*, —*se v.pr.* ①졸아들다. 움츠러들다. 위축하다. ②줄다. 단축되다. 수축(收縮)하다. ③몸을 웅크리다. 몸을 감추다. ④절약(節約)되다.
encolher os ombros 두 어깨를 으쓱 추켜들다. (모른다거나 할 수 없다는 표현일 할 때).

encolhido *a.* ①(천 따위) 졸아든. 수축한. ②(몸을) 움츠린. 위축(萎縮)한. ③단축된. ④마음이 작은. 용기 없는. ⑤수줍은. 내성적인.
— *m.* 졸아든 물건. (몸을) 움츠리고 있는 사람. 용기(결단심) 없는 사람. 내성적인 사람.
encolhimento *m.* ①졸아듦. 수축. ②움츠림. 위축(萎縮). ③단축(短縮). ④수줍음. 내성적임.
encomenda *f.* ①주문(注文). 발주(發注). ②주문품.
encomenda postal 소포우편(小包郵便)(물).
encomendação *f.* ①주문(하기). 발주(發注). 위탁(하기). ②《稀》주의(注意)를 주기. ③[宗] 매장전(埋葬前)의 기도(祈禱).
encomendado *a.* ①주문한. 주문받은. ②부탁한. 부탁받은. ③주의(注意)받는.
encomendar *v.t.* ①주문하다. (만들어달라고) 맡기다. ②위탁하다. 부탁하다. 의뢰하다. ③주의를 주다. ④분부하다. 명령하다.
encomendeiro *m.* ①주문받기 위하여 다니는 사람(일종의 외교원). ②(상사·관청·군대 따위로부터) 물건을 주문 받고 납품하는 사람(일종의 중매인).
encomiar *v.t.* ①칭찬하다. 찬사를 올리다. 상찬(賞讚)하다. 찬미(讚美)하다. ②송사를 쓰다.
encomiasta *m., f.* ①찬사(讚辭)를 올리는 사람. 찬미하는 사람. ②송사필자(頌詞筆者).
encomiástico *a.* 칭찬의. 상찬의. 찬사의. 찬미의. 송사의.
encômio *m.* 칭찬. 찬양. 상찬. 찬미. 찬사(讚辭). 송사(頌詞). 송덕(頌德).
enconcar *v.t.* 기와처럼 안으로 휘게 하다. 요면(凹面)을 만들다.
— *v.i.*, —*se v.pr.* 기와처럼 안으로 휘다. 요면이 되다. (가운데가) 움푹 들어가다.
enconchado *a.* ①조개껍질 모양(貝殼狀)을 한. ②조가비에 싸인. 조가비 속에 들어간. ③잘 보호된. ④(몸을) 웅크리고 있는.
enconchar *v.t.* 조가비(貝殼)로 싸다. 조가비 속에 넣다.
—*se v.pr.* ①조가비속으로 쑥 들어가

encondroma *m.* [醫] 연골종(軟骨腫).
encontrada *f.* =*encontrão*.
encontradiço *a.* ①우연히 만나는. ②자주 만나는.
encontrado *a.* ①(우연히) 만난. 상봉(相逢)한. ②부딪친. ③반대한.
encontrão *f.* 한번 떠밀기. 몸을 부딪치기. 상충(相衝).
encontrar *v.t.* ①(…을) 우연히 만나다. 우연히 발견하다. ②(…에) 마주치다. (…에) 부딪다. 접촉하다. 충돌하다. ③(…을) 반대하다. (…에) 반항하다. ④[商] 대차(貸借)를 상쇄(相殺)하다.
— *v.i.* ①만나다. (두 끝이) 하나로 되다. 합류(合流)하다. ②반대하다. 대항(對抗)하다.
—*se v.pr.* ①(우연히) 서로 만나다. 상봉(相逢)하다. 해후(邂逅)하다. ②서로 마주치다. 상충(相衝)하다. 충돌하다. ③발견되다. ④(+*com*). (…와) 반대의 위치에 서다. 다투다. 경쟁하다. ⑤[軍] (적과) 조우(遭遇)하다. 회전(會戰)하다. ⑥결투(決鬪)하다.
encontro *m.* ①서로 만나기. 상봉. 해후. 회합. ②(강의) 합류(合流). ③합류섬. ④[軍] (적과의) 조우(遭遇). 회전(會戰). 상전(相戰). ⑤결투. 격투. ⑥항쟁. 반대. ⑦장애(障碍). 방해. ⑧[商] 상쇄(相殺).
ir ao encontro de …을 맞이하러(영접하러) 가다.
encontroar *v.t.* ①떠밀다. 밀치다. ②(…에) 부딪치다.
encopar *v.t.* ①(둥글게) 부풀게 하다. ②(정원·공원 등에 있는 나무들) 가위로 가지를 곱게 잘라 수관(樹冠)을 둥글게 하다.
encorajamento *m.* 기운을 돋우어 주기. 격려(激勵). 고무(鼓舞).
encorajar *v.t.* 기운을 돋우어 주다. 격려하다. 고무하다.
encordoação *f.* (현악기의) 줄을 팽팽하게 하기. 줄을 조이기.
encordoado *a.* 줄을 팽팽하게 한; 조인. (배의) 밧줄을 팽팽하게 친.
encordoadura *f.* (현악기의) 줄의 한 벌. 한 벌의 줄(絃).
encordoamento *m.* ①(현악기의) 줄을 팽팽하게 하기. ②(돛의) 밧줄을 팽팽하게 당기기. ③불만스러운 표정. 노하기.
encordoar *v.t.* ①(현악기의) 줄을 팽팽하게 하다. 조이다. ②(돛의) 밧줄을 팽팽하게 치다. 긴장시키다.
— *v.i.* ①의심하다. 수상하게 생각하다. ②부풀다. 부어오르다. ③노하다. 불만의 뜻을 보이다.
encoronhado *a.* (특히 말의) 발족이 불완전한. 발굽이 갈라진.
encoronhar *v.t.* (총신에) 총상(銃床)을 대다. (총신(銃身)을) 총상에 붙이다.
encorpado *a.* 두꺼운. 굵은 (밀도가) 빽빽한. 짙은. (액체 따위) 진한. 걸쭉한. (도수가) 강한. (체구가) 뚱뚱한. 비대(肥大)한.
encorpadura *f.* =*encorpamento*.
— *m.* ①(종이·포목 따위) 두꺼움. 두툼함. ②(액체가) 진함. 짙음. (도수가) 강함. ③(체구가) 비대함.
encorpar *v.t.* ①두껍게 하다. 부피 있게 하다. ②(액체를) 진하게 하다. 걸쭉하게 하다. (술의 도수 따위) 강하게 하다.
— *v.t.*, —*se v.pr.* ①두꺼워지다. 진해지다. 걸쭉해지다. 강해지다. ②빽빽해지다. ③뚱뚱해지다. 비대(肥大)해지다. ④증대(增大)하다.
encorporação *f.* =*incorporação*.
encorporante *a.* =*incorporante*.
encorporar *v.t.*, *v.i.* =*incorporar*.
encorreado *a.* (물질이) 가죽 비슷한.
bifes estao encorreados 구운 쇠고기가 가죽처럼 질기다.
encorreadura *f.* 혁구(革具).
encorreamento *m.* ①혁대로 비끄러매기. 피대(벨트)를 씌우기. ②(낡은 가죽처럼) 딱딱한 주름이 잡히게 하기.
encorrear *v.t.* ①가죽띠로 비끄러매기. ②피대를 씌우다.
— *v.i.* ①(질이) 가죽처럼 되다. 딱딱한 주름살이 생기다.
—*se v.pr.* 가죽처럼 딱딱해지다(굳어지다). (불에 달군 가죽처럼) 쭈글쭈글해지다. 졸아들다.
encortelhar *v.t.* 축사(畜舍)에 넣다.
encortiçar *v.t.* ①(꿀벌을) 벌통에 넣다. ②나무껍질로 덮다. 싸다. 코르크 피(皮)로 싸다. 코르크 피(皮)처럼 만들다.
— *v.i.*, —*se v.pr.* 나무껍질(樹皮)처

럼 되다. 코르크처럼 되다. 층피(層皮)를 이루다.

encoscorado *a.* ①주름이 잡힌. 주름살이 많은. ②구겨진.

encoscorramento *m.* ①주름이 잡힘. 구겨짐. ②줄어듦. 쭈그러듦. 쭈그러짐.

encoscorrar *v.t.* ①주름지게 하다. 구기다. ②줄어들게 하다. 쭈글쭈글하게 하다. — *v.i.*, —*se v.pr.* 주름살지다. 쭈글쭈글해지다.

encospas, encospias *f.(pl.)* 장화 만드는 틀. (발목부터 장판지까지의 부분을 떠내는 틀(型)로서 두 개를 합침으로써 장판지 꼴을 이룸).

encosta *f.* 경사. 사면(斜面). 비탈. 내리막. 내리받이.

encostadela *f.* ①(남에게) 기대어 대기. 약간 밀치기. ②귀찮게 굴기. ③(돈 따위를) 치근치근 요구하기. 졸라대기.

encostado *a.* 기댄. 기대어 댄. 버틴. 지지된. — *m.* (남에게) 의지하는 사람. 남의 신세를 지고 있는 사람. 타인의 보호를 받는 사람. 부하.

encostador *a., m.* ①기대어 대는 (사람). ②(남에게) 의지하는 (사람). 타인의 신세를 지는 (사람). 치근치근 요구하는 (사람). 졸라대는 (이).

encostamento *m.* ①(사람 또는 담벽 따위에) 기대기. 기대어 대기. ②(남에게) 의지하기. 신세를 지기.

encostar *v.t.* ①기대다. (기둥 따위 넘어지지 않게) 버팀대를 대다. 지지하다. ②치근치근 요구하다. (하고 싶은 것 또는 먹고 싶은 것을) 졸라대다.
—*se v.pr.* ①몸을 기대다. 의지하다. ②스스로 버티다. ③침대에 눕다. ④(일을) 게을리하다.

encostes *m.(pl.)* ①[건] 버팀 기둥. 기대는 나무. ②지지(支持). 원조.

encosto *m.* 의자(椅子)의 뒤에 등을 기대는 것. 등을 받치는 것.

encouraçado *a.* ①흉갑(胸甲)을 댄. ②철갑(鐵甲)을 두른. 장갑(裝甲)한. 철갑선(鐵甲船). 장갑선.

encouraçar *v.t.* ①흉갑을 대다. ②철판을 씌우다. ③(배에) 철갑판(鐵甲板)을 두루다.
—*se v.pr.* 갑철로 보장되다. 스스로 방어하다.

encovado *a.* ①구멍 속에 들어가 있는. 동굴 안에 있는. ②우묵한 곳에 숨어 있는. 파묻혀 있는. ③우묵한. 움푹한. 우묵하게 패어 들어간.
olhos encovados 움푹 들어간 눈.

encovar *v.t.* ①구멍에 넣다. 동굴 안에 들어가게 하다. 굴 속에 넣고 닫아버리다. ②말 못하게 하다. ③파묻다. 감추다.
— *v.i.* 말문이 막히다. 답변 못하다.
—*se v.pr.* ①움푹 패다. (병 따위로 눈이) 움푹 들어가다. ②구멍(동굴) 속에 들어가다. ③숨다. ④은퇴하다. 은둔(隱遁)하다. 은서(隱棲)하다.

encravação *f.* =*encravamento*.

encravado *a.* ①못이 박힌. 못에 찔린. ②(총알이) 박힌. (파편이) 들어간. 꽂혀 들어 간. ③(보석 따위) 박아 넣은. 박혀 있는. 감입(嵌入)한. ④곤경에 빠진.
unha encravada 살에 파고든 손톱(발톱).
terreno encravado (쐐기 모양으로) 남의 땅에 쑥 들어간 토지.

encravadura *f.* ①제철(蹄鐵)의 못(전부). ②편자(제철) 신길 때 생기는 못 상처(釘傷).

encravamento *m.* ①못을 박기. ②(보석을) 감입하기. 감입된 상태. ③(총알·파편 따위) 박혀 있는 상태. ④(말굽에) 제철(蹄鐵)을 대기. 편자를 신기기. ⑤(토지가) 타인의 소유지로 삼면(三面)이 둘러싸여 있는 상태.

encravar *v.t.* ①못을 (빠지지 않게) 깊이 박다. ②(말에) 제철을 대다. 편자를 신기다. ③(보석을) 박다. 감입(嵌入)하다. 꽂아 넣다. ④《俗》속이다.
—*se v.pr.* ①(못에) 찔리다. ②(보석이) 박히다. 감입되다. ③(총알·파편 등) 박히다. ④곤경(困境)에 빠지다.
encravar no lôdo 진창(진흙) 속에 빠지다.

encravo *m.* ①못에 찔리기. ②못에 찔린 상처(釘傷). (특히 말굽에) 제철을 댈 때 (실수하여) 입힌 상처.

encrenca *f.* ①말썽. 시비. 갈등. 알력. ②소동. 풍파. ③혼란. 난맥(亂脈).

encrencar *v.i., v.t.* 말썽부리다. 시비하다(걸다). 갈등 일으키다. 소동하다. 분규를 빚다. 혼란케 하다.

encrespado *a.* ①(머리칼을) 곱게 지진. 곱슬곱슬해진. ②파상(波狀)을 이룬. ③(바다에) 파도가 일어난. 파도치는.
cabelo encrespado 곱슬곱슬한 머리칼.

mar encrespado 파도치는 바다.

encrespador *m.* ①머리털을 곱게 지지는 인두. ②천(옷감)에 주름을 만드는 일종의 도구.

encrespadura *f.* =*encrespamento*.

— *m.* ①머리털을 곱게 지지기. ②지지는 방법. ③머리칼이 곱슬곱슬해진 상태.

encrespar *v.t.* ①(머리털을) 곱게 지지다. 곱슬곱슬하게 하다. ②천(옷감)에 주름 잡다. 파상(波狀)이 되게 하다. ③파도가 일게 하다.

—*se* *v.pr.* ①(머리털이) 곱슬곱슬해지다. 파상을 이루다. ②주름이 잡히다. ③(바다에) 파도가 일어나다. ④노하다. 성내다.

ecristado *a.* ①(닭 따위의) 볏이 있는. 관모(冠毛)가 있는. ②관모 또는 새깃으로 장식한. ③머리를 치켜든. ④우쭐하는. 뽐내는. 빼기는.

encristar-se *v.pr.* ①볏을 일으키다. ②새 깃으로 장식되다. ③머리를 치켜들다. ④우쭐하다. 뽐내다.

encrostado *a.* ①딱딱한 껍질이 있는 ; 껍질이 생긴. ②더께가 낀. ③헌데 딱지가 생긴.

encrostar-se *v.pr.* ①겉껍질(外皮)이 생기다. ②(빵이 구워져서) 껍질(層皮)을 이루다. 막시가 생기다. ③네께가 끼다.

encruado *a.* ①익지 않은. 미숙한. ②반숙(半熟)된. ③소화(消化)하지 않는 ; 되지 않은.

encruamento *m.* ①익지 않음. 미숙(未熟). 반숙. ②소화되지 않음(不消化). ③(병의) 재발(再發).

encruar *v.t.* ①익지 않게 하다. ②소화되지 않게 하다. ③화내게 하다. 노하게 하다. ④냉정하게 하다. 냉혹(冷酷)하게 하다.

— *v.i.* ①익지 않다. 덜 익다. 반숙되다. ②성내다. 노하다.

—*se* *v.pr.* ①화내다. 성내다. ②냉정해지다. 냉혹해지다.

encrudelecer, encrudelescer *v.t.* 잔인하게 하다.

—*se* *v.pr.* ①잔인해지다. 가혹해지다. ②격노하다.

encrudescer *v.t.* 무겁게 하다. 가중(加重)하게 하다.

encruecer *v.i.*, —*se* *v.pr.* 잔인해지다. 잔학(殘虐)해지다. 흉악해지다.

encruzada *f.* =*encruzilhada*.

encruzado *a.* 교차된. 교차해 있는.

encruzamento *m.* ①건너지르기. 교차. 교차하기. ②교차점(交叉点).

encruzar *v.t.* ①엇갈리게 하다. 교차시키다. ②가로줄을 긋다. ③건너지르다. 횡단케 하다.

—*se* *v.pr.* ①서로 가로지르다. 교차하다. ②(두 다리를) 도사리다. 거좌(踞坐)하다.

encruzilhada *f.* (도로의) 교차점. 십자로.

encruzilhado *a.* 교차되어 있는. 엇갈린.

encruzilhar *v.t.* =*encruzar*.

encubadeira *f.* 조산아(早産兒)를 넣어서 달을 채우는 일종의 기구. 보육기(保育器).

encubado *a.* (술 따위를) 양조용의 큰 통에 넣은.

encubar *v.t.* ①(술 따위를) *cuba*(양조용의 큰 통)에 넣다. ②병아리 따위(추위 또는 더위를 피하도록) 따뜻한 곳 또는 서늘한 곳에 들어가게 하다 ; 숨기다. 보존하다.

encumeado *a.* 꼭대기(정상)에 놓은.

encumear *v.t.* 꼭대기(정상)에 놓다.

encurralamento *m.* ①(가축을) 울타리에 몰아 넣기. 몾우리에 (사슴·코끼리 따위를) 몰아 넣기. ②유폐(幽閉). 가두기.

encurralado *a.* (가축을) 울타리에 몰아 넣은. 가둔. 유폐된.

encurralar *v.t.* ①(가축을) 울타리에 몰아넣다. 우리에 가두다. ②(사슴·코끼리 따위를) 몾우리에 몰아넣다. 더 도망갈 수 없는 좁은 곳에 몰아넣다. ③유폐(幽閉)하다. ④감금하다. ⑤포위하다.

—*se* *v.pr.* ①몸을 감추다. ②(쫓겨서) 좁은 곳에 몰려 들어가다. (우리 따위에) 갇히다. ③포위되다. ④농성(籠城)하다.

encurtado *a.* 짧아진. 단축된. 축소된. 단축한.

encurtador *a.*, *m.* 짧게 하는 (사람). 단축하는 (사람). 축소하는 (사람).

encurtamento *m.* ①짧게 하기. 단축(短縮). 축소. ②생략(省略).

encurtar *v.t.* ①짧게 하다. 단축하다. 축소하다. ②생략하다.

—*se* *v.pr.* 짧아지다. 축소되다.

encurvação *f.* =*encurvamento*.

encurvado *a.* 활 모양으로 휜. 굽힌. 굴곡(屈曲)한. 몸을 꾸부린.

encurvadura *f.* ①활 모양(弓形)으로 휨. 굽음. ②굴곡한 상태. 만곡(彎曲). ③뒤틀기. ④곡률(曲率).

encurvamento *m.* 활 모양으로 휘게 함. 꾸부리기. 굴곡(屈曲). 굴곡부(部).

encurvar *v.t.* ①활 모양으로 휘게 하다. 굽히다. 꾸부리다. ②굴복시키다.
— *v.i.*, —**se** *v.pr.* ①활 모양으로 휘다. 꾸부러지다. 굴곡을 이루다. ②(허리를) 굽히다(낮추다). 굴복하다.

endecha(=**endeixa**) *f.* 만가(輓歌). 비가(悲歌). 도가(悼歌).

endechar, endeixar *v.t.* 만가(비가)를 부르다.

endefluxado *a.* 코(卑)감기에 걸린.

endefluxar-se *v.pr.* 코감기에 걸리다.

endemia *f.* 풍토병. 지방병(地方病).

endemicidade *f.* 풍토성(風土性). 지방고유성(地方固有性).

endêmico *a.* (질병·동식물 등) 한 지방의 특유한. 한 지방 특산의. 풍토의.
molestia endêmica 풍토병.

endemoninhado *a.* ①귀신 들린. ②악마의. 악마 같은. 간악(奸惡)한. ③못된 장난만 하는. 몹시 떠들썩하는.

endemoninhar *v.t.* ①귀신 들리게 하다. ②악마의 성격을 갖게 하다. ③몹시 노하게 하다.
—**se** *v.pr.* ①못된 장난만 하다. ②몹시 노하다. ③보채다. 날뛰다.

endentação *f.* 톱니바퀴(齒車)의 이를 서로 맞물리기.

endentado *a.* ①두 톱니바퀴를 서로 맞물린. ②톱니가 있는.

endentar *v.t.* 두 톱니바퀴의 이를 서로 맞물리다.

endentecer *v.i.* (아기의) 이가 나기 시작하다.

endereçamento *m.* 주소를 써넣기. 기록하기.

endereçar *v.t.* (봉투에) 보낼 곳을 적다. (수신인의) 주소를 기입하다.
—**se** *v.t.* (…에) 향하다. (…의) 방향으로 가다.

endereço *m.* 주소(住所). 거주지.
enderço postal 우편주소.

endérmico *a.* [醫] 피부의. 피부에 적용하는. 피부 조직 중의.

endeusado *a.* 신(神)으로 섬긴. 신과 같은. 신으로부터 나온. 신성(神性)을 띤. 신화(神化)한.

endeusamento *m.* 신으로 섬기기. 신격으로 만들기. 신성시. 신화(神化). 신체(神體).

endeusar *v.t.* 신으로 섬기다. 신으로 숭배하다. 신처럼 숭경(崇敬)하다. 신격(神格)으로 올리다.
—**se** *v.pr.* (스스로) 신으로 자처하다. 만심(慢心)을 품다.

endez *m.* 새집의 밑알. 유소란(留巢卵 : 알을 품는 장소에 놔 두는 알). 저금의 밑돈.

endiabrado *a.* ①악마에 홀린. 귀신 들린. ②악마 같은. 극악한. ③몹시 떠들고 돌아다니는. 장난이 유달리 심한. 보채는.

endinheirado *a.* 돈 많은. 부자인. 유복한.

endireitado *a.* (비뚤어진 것을) 곧바로 한. 곧바로 잡은. 교정(矯正)한.

endireitar *v.t.* ①(비뚤어진 것을) 곧게 하다. (편 것을) 곧곧하게 하다. ②직선이 되게 하다. ③똑바로 잡다. ④(틀린 것을) 고치다. 교정하다.
— *v.i.* ①똑바로 서다. 똑바로 전진하다. 직행하다. ②(문제 등) 맞히다.
—**se** *v.pr.* ①(비뚤어진 것이) 곧게 되다. 곧곧해지다. ②똑바로 서다. 직립(直立)하다. ③직선이 되다. ④교정(矯正)되다. 바로 잡히다. ⑤명예·신용 따위를 회복하다.

endiva, endívia *f.* [植] ①꽃상추(네덜란드 꽃상추(샐러드용)). ②귀버섯.

endividado *a.* 빚을 많이 진. 부채(負債)가 많은.

endividar *v.t.* ①많은 빚을 지게 하다. ②(무거운) 의무를 지우다. 은혜를 지게 하다.
—**se** *v.pr.* ①많은 빚을 지다. 부채(負借)되다. ②부담(負擔)하다. 의무를 지다.

endocárdio *m.* [解] 심장내막(心臟內膜).

endocardite *f.* [醫] 심장내막염(炎).

endocárpo *m.* [植] 과실의 내피(內皮). 내과피(內果皮).

endocranio *m.* [解] 뇌개내면(腦蓋內面).

endócrina *f.* [生理] 내분비(內分泌).

endócrino *a.* 내분비의.
glandulas endócrinas 내분비선(腺).

endoderma *m.* ① [動] 내배엽(內胚葉). 내피(內皮). ② [植] 내피.

endodontite *f.* [醫] 치근막염(齒根膜炎).

endoenças *f.(pl.)* [宗] 재해. 간난(艱難).

고통.
quinta feira de endoenças [聖] 세족목요일(洗足木曜日).
endogamia *f.* 동족결혼. 동부족 내 혼인(同部族內婚姻).
endógamo *a.* 동족결혼의. 동부족 내 혼인의.
— *m.* 동족결혼을 하는 자.
endgastrite *f.* [醫] 위점막염(胃粘膜炎).
endógeno *a.* [植] 내부로부터 성장하는. 내생적(內生的)의. (*exogeno*: 외생적(外生的)의 대(對)).
endoidecer *v.t.* ①미치게 하다. 발광(發狂)시키다. ②정신착란을 일으키게 하다.
— *v.i.* 미치다. 발광하다.
endoidecimento *m.* ①미치게 함. 미침. 발광(發狂). ②난심(亂心).
endolinfa *f.* [解] (귀의) 미로임파(迷路淋巴). 내임파(內淋巴).
endometrite *f.* [醫] 자궁내막염(子宮內膜炎).
endomingado *a.* ①특히 명절·일요일 등에 입는) 좋은 옷을 입은. ②잘 차린. 멋진.
endomingar-se *v.pr.* 잘 차려 입은.
endoparasito *m.* [醫] 체내기생충(寄生蟲).
endoplasma *m.* [生] 내부원형질(原形質). 내형질.
endoscopia *f.* 내관기에 의한 검사법.
endoscópio *m.* [醫] (상내(腸內)·요도(尿道) 등의). 내관기(內觀器). 직달경(直達鏡).
endosmose *f.* [理] 삼입(滲透). 삼투 현상(滲透現象) (액체가 체내로 삼입하는 현상).
endosmótico *a.* 삼입(삼투)에 관한.
endosperma *m.* [植] 내배유(內胚乳).
endossado *a.* (어음 따위에) 이서(裏書)한. 전서한.
— *m.* 피전서인(被轉書人). 피이서인(被裏書人). 양수인(讓受人).
endossador *a., m.* =*endossante*.
endossamento *m.* (서류·어음 등의 뒤에) 이서하기.
endossante *a., m.* 이서하는 (사람). 전서인. 양도인(讓渡人).
endossar *v.t.* (이름을 서류·어음 따위의) 뒤에 전서하다. (보증하는 의미로).
endosse, endôsso *m.* ①전서(轉書). 이서(裏書). ②보증.
endosteite *f.* [醫] 골내막염(骨內膜炎).

endotélio *m.* [解] 내피세포(內皮細胞). 내피.
endotelioma *m.* [醫] 내피세포종(腫).
endotérmico *a.* [化] 내열적(內熱的)의. 흡열(吸熱)의.
reação endotérmica 흡열 반응.
endovenoso *a.* [解] 맥관내(脈管內)에 있는.
endro *m.* [植] 시라향(蒔蘿).
endurecer *v.t.* ①굳게 하다. 딱딱하게 하다. 강직(剛直)하게 하다. ②튼튼하게 하다. 견고(堅固)하게 하다. 강고(强固)하게 하다. ③무정하게 만들다.
— *v.i.*, —*se v.pr.* ①굳어지다. 딱딱해지다. 경화(硬化)하다. ②견고해지다. ③무정(無情)해지다. 냉혹해지다. ④(고생에) 익숙해지다. 노고(勞苦)에 단련되다. ⑤(나쁜 습관·버릇·범죄 등) 고칠 수 없게 되다. 교정 불가능하게 되다.

endurecido *a.* ①굳은. 굳어진. 딱딱한. 경화(硬化)한. ②마음이 냉정해진. 무정해진. ③고집 센. 완고한. (나쁜 버릇·습관 따위) 고치기 어려운.
endurecimento *m.* ①굳어짐. 경화(硬化). ②굳은 상태. ③응결된 것. ④《稀》근육이 굳어진 것. 혹(瘤). ⑤냉정. 무정. ⑥고집. 완고.
eneagonal *a.* 구각형의. 구변형의.
eneágono *m.* 구각형(九角形). 구변형(九邊形).
enegrecer *v.t.* ①검게 하다. 까맣게 만들다. ②더럽히다. (명예·신용 따위를) 손상시키다.
— *v.i.* ①검어지다. 흑색이 되다. 까맣게 되다. ②캄캄해지다. 암흑이 되다.
enegrecimento *m.* ①검게 하기. 까맣게 만들기. ②까맣게 되기. ③캄캄함. 어두어짐. 암흑(暗黑). (명예·신용 따위를) 더럽히기. 훼손.
êneo *a.* 놋쇠의. 황동(黃銅)의. 유기(鍮器)의.
energetica *f.* 에너지론(論). 세력학(勢力學).
energia *f.* ①힘. 세력. 정력. 기력. 기운. ②활동력. ③[理] 에너지. ④(약의) 효능(效能).
energicamente *adv.* ①힘있게. 굳세게. 정력적으로. ②강경(强硬)히.
enérgico *a.* ①힘있는. 체력 있는. 강한. 정력 있는. 정력적인. 원기 왕성한. ②활동적인. ③강경한.

energúmeno *m.* ①악마에 사로잡힌 사람. 귀신 들린 사람. ②…에 몰두하고 있는 사람. …에 열광하는 사람.

enervação (1) *f.* (=*enervamento*). 기력상실(氣力喪失). 쇠약. 허약. 무기력.
— (2) *f.* 신경(神經)의 분파(分派). 신경작용.

enervado *a.* 기운 없는. 무기력한. 쇠약한.

enervamento *m.* =*enervação* (1).

enervante *a.* 기운 없게 하는. 정력을 잃게 하는. 쇠약게 하는.

enervar *v.t.* ①기운 없게 하다. 정력을 없애다. ②기운(기력)을 빼앗다. 쇠약하게 하다. 신경이 날카롭게 하다. ③[植] 엽맥(葉脈)을 뻗게 하다.
—**se** *v.pr.* ①기운(기력)이 없어지다. 정력을 잃다. ②쇠약해지다. ③신경이 날카로워지다. 신경질 부리다.

enevoado *a.* ①안개 낀. 구름이 낀. 흐린. ②어둠 침침한. ③희미한. 몽롱한.

enevoar *v.t.* 안개 끼게 하다. 흐리게 하다.
— *v.i.*, —**se** *v.pr.* ①안개 끼다. 구름이 끼다. 흐리다. ②희미해지다. 몽롱해지다. ③(기억이) 어렴풋하다.

enfadadiço *a.* ①싫증나는(나게 하는). 권태케 하는. 갑갑하게 하는. ②더 이상 할 수 없는. ③성급한. ④신경질 부리는. 짜증 잘 내는.

enfadado *a.* ①싫증나는. 권태한. 갑갑한. ②피로한. ③싫은. 기분 나쁜. 불유쾌한.

enfadamento *m.* =*enfado*.

enfadar *v.t.* ①싫증나게 하다. 권태증 느끼게 하다. ②피로케 하다. ③시끄럽게 굴다. 괴롭히다. 기분 나쁘게 하다.
—**se** *v.t.* ①(+*com* 또는 *de*). 싫증나다. 권태하다. 싫어지다. 갑갑해지다. 피로해지다. ②기분 나쁘다. 정이 떨어지다. ③화내다.

enfado *m.* ①싫증. 권태. 갑갑증. 염증(厭症). ②피로. ③불유쾌.

enfadonho, enfadoso *a.* ①싫증나게 하는. 권태를 느끼게 하는. 갑갑하게 하는. ②귀찮은. 기분 나쁜. 시끄러운.

enfaixado *a.* 끈·띠·테이프 따위로 감은 (동여맨·묶은).

enfaixar *v.t.* 끈·띠·테이프 따위로 감다 (동여매다·묶다).
—**se** *v.pr.* 감기다. 묶이다.

enfarado *a.* (특히 음식물에 대하여) 싫은. 싫증난. 냄새만 맡아도 염증이 나는.

enfarmento *m.* 싫증. 싫음.

enfarar *v.t.* (특히 음식물에 대하여) 싫증 나게 하다. 염증 느끼게 하다.
— *v.i.* (+*de*). 싫어지다. (보기만 해도) 염증 느끼다.

enfardadeira *f.* (솜·곡식 따위를) 묶는 기계.

enfardado *a.* (물건을) 묶은. 꾸린. 포장한.

enfardador *a.*, *m.* 묶는(꾸리는·포장하는) 사람.

enfardamento *m.* (물건을) 묶기. 꾸리기. 포장하기.

enfardar *v.t.* (물건을) 묶다. 꾸리다. 포장하다.

enfardelado *a.* ①여행용 주머니(旅囊)에 넣은. ②양식을 휴대용으로 포장한. 보따리를 만든.

enfardelar *v.t.* ①여행용 주머니에 넣다. ②(양식을) 휴대용으로 포장하다. 보따리를 만들다.

enfarelar *v.t.* ①밀기울(麩)을 만들다. ②밀기울 또는 겨를 뿌리다. ③밀기울 또는 겨를 섞다.

enfarinhado *a.* 가루를 덮어 쓴. 가루투성이 된.

enfarinhar *v.t.* 가루를 뿌리다. 끼얹다. 가루투성이가 되게 하다.
—**se** *v.pr.* 가루를 덮어 쓰다. 가루투성이가 되다.

enfaro *m.* (특히 음식물에 대한) 싫증. 입맛이 없음. 입맛이 나지 않음. [醫] 식욕 결핍(食慾缺乏).

enfarpelar *a.* 새옷을 입히다. 새로 지어 입히다.
—**se** *v.pr.* 새옷을 입다.

enfarrapado *a.* 남루한. 남루한 옷을 입은. 누더기를 걸친.

enfarrapar *v.t.* 남루(襤褸)한 옷을 입히다. 누더기를 걸치게 하다.
—**se** *v.pr.* 남루한 옷을 입다. 폐의(敝衣)를 두르다.

enfarruscado *a.* 석탄가루·숯가루·그을음 따위로 더럽힌. (더러움으로) 새까맣게 된.

enfarruscar *v.t.* 석탄가루·숯가루·그을음 따위로 더럽히다. 그을음투성이로 만들다. 새까맣게 하다.
—**se** *v.pr.* 석탄가루·그을음 따위로 더러워지다. 그을음투성이가 되다. 새까맣게

되다.

enfartado *a.* ①배부른. 만복(滿腹)의. ②꽉 찬. ②막힌. 폐색된. ④(선(腺) 따위) 부풀은.

enfartamento *m.* =*enfarte*.

enfartar *v.t.* ①배부르게 먹이다. 배를 채우게 하다. ②가득 채우다. ③막다. 폐색하다.
— *se v.pr.* ①배부르게 먹다. 포식(飽食)하다. ②막히다. 폐색되다.

enfarte *m.* ①배부름. 만복(滿腹). [醫] 기관폐색(氣管閉塞).

enfase *f.* ①(감정·표현 등의) 강조(強調). (어떤 사실·사상·주의 등의) 중요성. 중점(重点). ②[修] 강세법. ③강조. 역설(力說). 어세(語勢).

enfastiadamente *adv.* 싫증나게. 권태하여.

enfastiadiço *a.* 싫증나게 하는. 권태케 하는. 염증느끼게 하는.

enfastiado *a.* ①싫증난. 싫어진. 권태를 느낀. ②입맛이 없는. 식욕을 잃은.

enfastiamento *m.* ①싫증나게 하기. 염증을 느끼기. 권태를 일으킴. ②입맛이 없음. 식욕을 잃음.

enfastiar *v.t.* 싫증나게 하다. 권태케 하다. 식욕을 없애다.
— *se v.pr.* ①싫증나다. 권태하다. ②입맛을 잃다

enfastioso *a.* =*enfastiadiço*.

enfaticamente *adv.* 강조하여. 힘차게. 단연(斷然).

enfático *a.* ①(표현상) 힘있는. 어세(語勢)가 강한. 명확한. ②강조된. ③눈에 띄는. 현저한.

enfatuado *a.* ①거만한. 오만한. ②몹시 잘난 체하는. 으쓱대는. 자랑 많이 하는.

enfatuar *v.t.* ①자만(自慢)케 하다. ②으쓱대게 하다. 뽐내게 하다.
— *se v.pr.* ①자만하다. ②으쓱하다. 우쭐하다. 제잘난 체하다. ③허풍치다.

enfeitado *a.* ①곱게 꾸민. 치장한. 화장한. ②장식한.

enfeitador *a.*, *m.* 꾸미는 (사람). 장식하는 (사람).

enfeitar *v.t.* 곱게 꾸미다. 장식하다. 미화하다. (상품을) 보기 좋게 가꾸어 놓다.
— *se v.pr.* ①곱게 치장하다. 화장하다. (자기의 몸을) 장식하다. 모양내다. 맵시내다. 멋부리다. ②결점을 감추다. ③

(+*para*). 열망하다. 동경하다.

enfeite *m.* ①장식(裝飾). 미식(美飾). ②장식물(품). 장신구(裝身具). ③차림새. 맵시.

enfeitiçado *a.* (정신이) 홀린. 매혹 당한. 요술에 걸린. (무당 따위의 말에) 속고 있는.

enfeitiçar *v.t.* 홀리다. 요술 걸다. 매혹하다. (굿으로) 사람을 속이다. 황홀케 하다. 뇌살(惱殺)하다.
— *se v.pr.* 요술에 걸리다. 매혹되다. 황홀해지다.

enfeixar *v.t.* ①한 묶음으로 묶다. 다발로 만들다. ②일괄(一括)하다. ③한데 모으다.

enfermagem *f.* ①간호사(看護師)의 직분. ②간호법.

enfermar *v.t.* (+*de*). (…의) 병에 걸리게 하다. 앓게 하다.
— *v.i.* (…의) 병에 걸리다. 앓다.

enfermaria *f.* 병실(病室). 병동(病棟).

enfermeira *f.* 간호사(看護師). 간호원.

enfermeiro *m.* 간호인(남자). 간호병(看護兵).

enfermiço *a.* ①병에 걸린. ②병약한. 허약한.

enfermidade *f.* ①병. 질병(疾病). 질환. ②오래도록 지니고 있는 병. 고질(痼疾). 난치의 병. ③병약. 허약. ④《稀》결점. 약점.

enfêrmo *a.* ①병든. 앓는. 낫지 않는. ②병적인. 불건강한.
— *m.* ①병든 사람. 앓는 사람. 병인. 환자. ②병약한 사람. 건강이 아주 좋지 않은 사람.

enferrujado *a.* ①녹슨. ②녹빛의. ③(날이) 무딘.

enferrujar *v.t.* 녹슬게 하다.
— *v.i.*, — *se v.pr.* ①녹슬다. ②부식(腐蝕)하다. ③(사용하지 않아) 무디게 되다. ④[植] 녹병에 걸리다.
enferrujar-se a memória 기억력이 무디다.

enfesta *f.* 꼭대기. 정상(頂上). 절점. 산봉우리(山峰). 지붕꼭대기.

enfestado *a.* (필로 된 포목이) 길이로 한 번 접힌.

enfestar (1) *v.t.* ①(필로 된 포목·옷감 따위를) 길이로 한 번 접다. 길이로 꺾어서 겹치다. ②보태어 이야기를 하다. 과장(誇張)하다.

— (2) 특히 연회장소(宴會場所)를 꾸미다. 장식하다.

enfesto *a.* 《古》 높이 솟은. 가파른. 험한.
— *prep.* …의 위에. …의 꼭대기에.

enfeudação *f.* 《古》 영지(領地)를 주기. 봉(封)하기. 봉강(封疆)하기.

enfeudado *a.* 영지를 받은. 봉토(封土)를 한. 봉강한.

enfeudar *v.t.* 《古》 ①(제후에게) 영지를 주다. 봉하다. ②예속시키다.
—*se v.pr.* …에 몸을 바치다. …에 예속하다. (신하로서) 봉사하다.

enfezado *a.* ①발육이 불량한. 난쟁이가 된. 곱사등이 된. [植] 위축(萎縮)한. ②괴로운. 귀찮은. 화난.

enfezamento *m.* ①발육 불량. ②발육 과정에 병신되는 것. ③난쟁이가 되기. 구루(僂傴). ④[動·植] 발육 방해. 위축. ⑤괴롭히기. 귀찮게 굴기. 화나게 굴기.

enfezar *v.t.* ①(동·식물의) 발육을 방해하다. 기형이 되게 하다. ②괴롭히다. 귀찮게 굴다. 참을성을 잃게 하다. 성나게 하다.
—*se v.pr.* ①발육이 불량해지다. 발육과정에 (곱사등이·난쟁이 따위의) 병신이 되다. [植] 위축하다. ②화내다. 성내다.

enfiação *f.* = *enfiamento*.

enfiada *f.* ①(곶감처럼) 질러 낀 것. (주판알처럼 연이어 낀 것. (줄에 낀 구슬처럼) 연속된 물건. ②열지은 것. 일렬. 행렬. ③계속. 속행(續行).
de enfiada 계속하여. 연속하여.

enfiado *a.* ①(바늘에) 실을 낀. (구슬 따위를) 노끈에 낀. 주판알처럼 낀. 꿰뚫은. ②열(줄)지은. 드나들어서 창백해진.

enfiadura *f.* ①바늘에 낀 실. 주판알처럼 꿰뚫은 것. ②실·노끈 따위를 끼기(끼는 동작).

enfiamento *m.* ①(바늘에) 실을 끼기. 찔러서 끼기. 관통하기. 주판알처럼 연이어 끼기. 열(줄)짓기. ②놀라서 낯빛이 변하기.

enfiar *v.t.* ①(바늘·단추 등에) 실을 끼다. (물고기 따위를) 찔러서 한 줄로 끼다. (여러 개의 구슬을) 줄에 끼다. ②(옷을) 입히다. (신을) 신기다. ③꿰뚫다. 관통하다. ④계속시키다.
— *v.i.* ①속으로 들어가다. 뚫고 들어가다. 침입하다. ②일직선으로 전진하다. ③놀라서 낯빛이 변하다. 창백해지다.

—*se v.pr.* ①깊이 들어가다. 침입하다. 몰래 들어가다. 계속되다.

enfileirado *a.* 열 지은. 줄 지은. 한 줄로 놓은. 정렬한.

enfileirar *v.t.* 열 짓다. 줄 짓다. 일렬이 되게 하다. 한 줄로 놓다.
— *v.i.*, —*se v.pr.* 일렬(한 줄)이 되다. 정렬하다. 열(列)에 가입하다.

enfim *adv.* 마침내. 결국. 최후로. 드디어.

enfisema *m.* [醫] 기종(氣腫).

enfistular *v.t.* [醫] (내부에 깊이 들어간) 궤양에 걸리게 하다. 누(瘻) 또는 누관(瘻管)이 되게 하다.
—*se v.pr.* 궤양(潰瘍)이 되다. 누 또는 누관이 되다.

enfitar *v.t.* 리본을 달다. 리본으로 장식하다.

enfiteuse *f.* (로마법) 영대차지(永代借地). 장기임대차(長期賃貸借).

enfitenta *m.*, *f.* 영대차지인. 영원한 소작인.

enflorar *v.t.* ①꽃피게 하다. ②꽃으로 장식하다. ③번영케 하다.
— *v.i.*, —*se v.pr.* 꽃이 피다. 개화하다. 꽃으로 장식되다. ②(상업 따위) 번영하다.

enflorescer *v.t.*, *v.i.* = *florescer*.

enfolhamento *m.* 잎사귀가 나옴. 잎사귀로 덮임.

enfolhar *v.i.* 잎사귀가 나오다(생기다).
— *v.t.* 잎사귀로 덮다.

enforcado *a.* 목매어 죽은(죽인). 달아 맨. 교살당한. 교수형에 처한.
— *m.* ①목매어 죽은 사람. 교살자(絞殺者). ②교살당한 자.

enforcamento *m.* 목매 죽이기. 교살(絞殺). 교수형(絞首刑).

enforcar *v.t.* ①목을 매어 죽이다. 교살하다. 교수형에 처하다. ②버리는 값으로 팔다. ③포기하다.
—*se v.pr.* 목매 죽다. 목매고 자살하다.

enforjar *v.t.* ①(철공소의) 단로(鍛爐)에 넣다. ②꾸며내다. 날조(捏造)하다.

enformado *a.* (신·모자 따위를) 틀에 넣은.

enformar (1) *v.t.* (신·모자 따위 만들 때) 틀에 넣다. 틀(型)에 넣어 만들다. 형태를 갖추게 하다.
— (2) *v.i.* 근육이 좋아지다. 잘 발육하다.

enfornado *a.* (빵 굽는) 가마에 넣은. 화덕

에 넣은.
enfornar *v.t.* (빵 따위 굽는) 가마에 넣다. 화덕에 넣다.
enforro *m.* ①의복(衣服)의 안. 안쪽. ②안에 대는 천. 안감.
enfractico *a.* [醫] 기공(氣孔)을 막는. 폐색하는.
— *m.* 폐색약(閉塞藥).
enfraquecer *v.t.* 약하게 하다. 쇠약하게 하다.
— *v.i.*, —**se** *v.pr.* ①약해지다. 쇠약해지다. ②(의지가) 박약해지다. ③희박(稀薄)해지다.
enfraquecido *a.* ①약해진. 쇠약해진. 기력을 잃은. ②박약한. 미약한. ③희박해진.
enfraquecimento *m.* ①쇠약. 기력 상실. ②허약. ③박약. ④미약(微弱). ④희박.
enfrascado *a.* ①작은(유리)병에 담은. ②몰두(沒頭)하고 있는.
enfrascar *v.t.* 병에 담다.
—**se** *v.pr.* (향수가) 스미다. 배어들다. 술에 취하다.
enfraxia *f.* [醫] 막힘. 폐색(閉塞).
enfreado *a.* ①(말에) 재갈을 물린. 굴레를 씌운. [機] 브레이크를 건. 제동된. ③억제된.
enfreador *a.*, *m.* ①재갈을 물리는 (사람). ②브레이크를 거는 (사람), ③억제하는 (자).
enfreamento *m.* ①재갈을 물리기. 굴레를 씌우기. ②[動] 브레이크를 걸기. 제동(制動). ③억제. 행동 제한.
enfrear *v.i.* ①(말에) 재갈을 물리다. 굴레를 씌우다. 구속하다. ②(자동차 따위의) 브레이크를 걸다. 제동하다. ③행동을 제한하다. 억제하다.
—**se** *v.pr.* 자중하다. 절제하다.
enfrentar *v.t.* …에 마주 향하다. 마주 서다. 정면으로 대항하다.
enfreatado *a.* 금이 간. 틈이 생긴. 균열(龜裂)이 생긴.
dentes enfrestados 틈(齒間)이 많은 치아.
capa enfrestada 째진 비옷. 낡은 우의(雨衣).
enfriar *v.t.* 차게 하다. 냉각시키다.
enfronhado *a.* ①베갯잇을 씌운. ②정통(精通)한. 연구를 많이 한.
enfronhar (1) *v.t.* ①베갯잇을 씌우다. ②급히 의복을 입히다. 급히 신을 신기다.

③클럽 또는 단체에 가입시키다.
—**se** *v.pr.* (자기와 관계없는 단체에) 가입하다. 참견하다.
— (2) *v.t.* ①잘 알도록 하다. 정통(精通)케 하다. ②가르치다. 정보를 주다. ③속이다.
—**se** *v.pr.* 학습하다. 연구하다. 지식을 얻다. (+*em*) …인 체하다. …인 것처럼 보이다.
enfrouxecer *v.t.* (팽팽한 것을) 늦추어 놓다. 느슨하게 하다.
enfueirada *f.* *fueiro*에 하나 가득한 짐.
enfueirado *a.* *fueiro* (마차·달구지 등에 부피있는 짐을 실을 때 양쪽에 넘쳐나지 않게 받쳐 대는 나무)를 댄.
enfueirar *v.t.* ①(마차·수레 따위에) *fueiro*를 대다. ②*fueiro*의 높이로 짐을 가득 싣다.
eafulijar *v.t.* 숯으로 더럽히다. 그을음으로 더럽히다.
enfumaçado *a.* 연기에 싸인. 연기에 덮인. 연기에 그을린.
enfurnar, enfumarar *v.t.* 연기로 싸다. 덮다. 연기로 검게 하다.
enfunado *a.* (돛이) 바람을 안은. 바람으로 (돛이) 부푼.
velas enfunadas 바람에 부풀은 돛(滿帆).
enfunar *v.t.* ①(돛이) 바람을 안게 하다. 바람에 부풀게 하다. ②뽐내게 하다. 뻐기게 하다.
—**se** *v.pr.* ①(돛이) 바람을 안다. 부풀다. ②뽐내다. 뻐기다. 《俗》 화내다. 골내다.
enfunilado *a.* 깔대기 모양을 한.
enfunilar *v.t.* ①깔대기 모양으로 만들다. ②깔대기로(액체를) 부어 넣다.
enfurecer *v.t.* 몹시 노하게 하다. 성나게 하다.
— *v.i.*, —**se** *v.pr.* 노발대발하다. (바람이) 맹렬하다. (파도가) 격심하다. 격랑(激浪)이 일어나다.
enfurecido *a.* ①몹시 노한. 노발대발한. 미친듯이 화를 낸. ②격렬한. 맹렬한.
enfurecimento *m.* ①격노. 격분. 광폭(狂暴). 격렬. 맹렬. (폭풍·병 따위의) 맹위(猛威).
enfuriado *a.* =*enfurecido*.
enfuriar *v.t.* =*enfurecer*.
enfurnar *v.t.* ①굴(동굴) 속에 넣다. ②감

enfuscado *a.* ①어스름한. 어둑어둑한. ②불명확한. 몽롱한.

enfuscar *v.t.* ①으스름하게 하다. 어둑어둑해지다. ③흐리게 하다. ④거무스레하게 하다.
— *v.i.*, —se *v.pr.* 으스름해지다. 어둑어둑해지다. 흐리다. 어슴프레하다. 몽롱해지다.

enga *f.* 《俗》 사료(飼料).

engabelar *v.t.* =*engambelar*.

engabelo *m.* =*engambelo*.

engaço *m.* (포도·귤 따위의) 즙을 짜고 난 찌끼.

engaiolado *a.* ①(새 따위) 새장에 들어 있는. 우리에 넣은. 우리에 가둔. 《俗》 유치장에 들어가 있는. 갇혀 있는. 감금 당한.

engaiolar *v.t.* ①(새를) 새장에 넣다. 우리에 가두다. ②《俗》 영창에 넣다. 가두다. 구금하다.
—se *v.pr.* ①갇히다. ②집 안에 박혀 있다. 은둔하다.

engajado *a.* ①(병적(兵籍)에) 입적된. (군대의) 복무 연장을 한. ②(인부로서) 모집된. (노동자로서) 고용 계약을 한.

engajador *a.*, *m.* ①병적에 넣는 (사람). ②(인부를) 모집하는 (사람). 고용 계약을 하는 (사람).

engajamento *m.* ①(병적에의) 입적. ②인부 모집.

engajar *v.t.* ①병적(兵籍)에 넣다. ②복무 기한을 연장하다. ③(노동자를) 모집하다. (노동자와의) 임금 계약을 하다.
—se *v.pr.* ①(병적에) 입적되다. ②(노동자·인부 등의) 모집에 응하다.

engalanar *v.t.* ①화려하게 꾸미다. 장식하다. ②(문장을) 수식하다.
—se *v.pr.* 잘 차려 입다. 성장(盛裝)하다.

engalar *v.t.* (말이) 머리를 치켜들다.

engalfinhar-se *v.pr.* 서로 부둥키다. 부둥켜 안고 씨름하다. 부둥키고 싸우다. 격투하다.

engalhardear *v.t.* =*engalhardetar*.

engalhardetado *a.* 장식기(裝飾旗)로 장식한.

engalhardetar *v.t.* 장식기로 장식하다.

engambelar *v.t.* 유혹하다. 감언이설로 꾀다(속이다).

engambelo *m.* ①유혹(誘惑). 유인. ②속이기.

enganadamente *adv.* 잘못 생각하고 오해하여. 모르고. 잘못하여.

enganadiço *a.* ①틀리기 쉬운. 잘못하기 쉬운. 오해하기 쉬운. ②기만 당하기 쉬운. 속기 쉬운.

enganado *a.* ①잘못 생각하고 있는. 오해한. 틀린. 틀려 있는. 잘못한. ②속은. 속고 있는. 기만 당한.

enganador *a.*, *m.* ①틀리게끔 하는 (사람). 오해케 하는 (사람). ②속이는 (사람). 착각하게 하는 (사람).

enganar *v.t.* ①틀리게끔 하다. 잘못되게 하다. 오해케 하다. ②속이다. 기만하다.
—se *v.pr.* ①잘못 생각하다. 오해하다. 착각하다. ②잘못하다. 틀리다. ③실수하다.

enganehar *v.t.* 걸쇠에 걸다. 갈고리로 걸다.
—se *v.pr.* 걸쇠(갈고리)에 걸리다. 연결되다.

engano *m.* ①잘못 생각하기. 그릇된 생각. 오해. ②(을(乙)을 갑(甲)으로) 착각하기. ③(자신이 모르는) 잘못. 실수. ④(남을) 속이기. 기만.
por engano 잘못하여. 오해로.

enganosamente *adv.* 속여서. 사기적으로.

enganoso *a.* ①틀리기 쉬운(쉽게 하는). 사람을 홀리는. ②기만적인. 사기적인.

engarapar *v.t.* ①*garapa*(사탕수수의 즙)을 넣다(주다). ②감언(甘言)으로 달래다. 꾀다. 유혹하다. 속이다.

engarrafadeira *f.* (액체 따위를) 병에 넣고 마개를 하는 기계.

engarrafado *a.* 병(유리병)에 담은(넣은).

engarrafagem *f.* =*engarrafamentom*. 병에 넣기. 병에 담기. 병조림 만들기.

engarrafar *v.t.* 병(瓶)에 넣다(담다).

engarupar-se *v.pr.* 말 엉덩이 위에 올라앉다.

engasgado *a.* ①(물고기 뼈 따위) 목에 걸린. (삼킨 떡덩어리 따위) 목구멍에 막힌. ②숨이 막힌. 말문이 막힌. ③(코르크 따위의) 병마개가 끊어져. 병 주둥이에 막혀 있는.

engasgalhar-se *v.pr.* 좁은 곳에 끼다. 좁은 곳에 끼어 빠지지 않다. 어려운 처지(진퇴유곡)에 빠지다.

engasgamento *m.* =*engasgo*.

engasgar *v.t.* ①목에 걸리게 하다. 목이 막히게 하다. 목메게 하다. ②숨이 막히게 하다. 목을 조르다.
—se *v.pr.* ①목이 막히다. 목이 메다. ②숨이 막히다. ③말문이 막히다. (연설 도중에) 말이 막혀 망설이다.

engasgo, engasgue *m.* ①(물고기 뼈 따위) 목에 걸림. (연하물(嚥下物)로) 목이 막힘. ②숨이 막힘. 질식. ③인후폐색(咽喉閉塞). ④말문이 막힘.

engastado *a.* (보석 따위를) 박아 넣은. 새겨 넣은. 감입(嵌入)한.

engastador *a., m.* 박아 넣는 (사람). 새겨 넣는 (사람).

engastar *v.t.* (보석 따위를) 박아 넣다. 꽂아 넣다. 새겨 넣다. 맞춰 넣다. 감입하다.

engaste *m.* 박아 넣기. 새겨 넣기. 맞추어 넣기.

engastoar *v.t.* 꽂아 넣다. 맞추어 넣다. 꽂아 맞추다.

engatado *a.* ①*engate*로 연결한. ②(연결기(連結器)로 철도차량이 연결된.

engatador *m.* ①*engate*로 연결하는 사람. ②철도차량(鐵道車輛)의 연결수(連結手).

engatar *v.t.* *engate*로 연결하다. 철도의 차량을 연결하다.

engate *m.* [機] 연접간(連接釬). 링크. 큰 걸쇠. 맞물리는 걸쇠. (철도차량을 연결하는) 연결기(連結器).

engatilhado *a.* ①(총의) 격철(擊鐵)을 일으킨(세운). ②(총 또는 대포의) 발사 준비를 한. ③…의 준비가 된.

engatilhar *v.t.* ①(총의) 격철을 일으키다 (세우다). (총 또는 대포의) 발사 준비를 하다. ②…의 준비를 하다.

engatinhar *v.i.* ①(네 발로) 기다. 포복(匍匐)하다. 기어가다. ②배우기 시작하다. 학습(學習) 시작하다.

engavetar *v.t.* (책상 따위의) 서랍 속에 넣다.

engejopar, engejupar *v.t.* 《卑》속이다. 장난삼아 속이다.

engelhado *a.* 주름살진. 졸아든. 시든.

engelhar *v.t.* ①주름살지게 하다. 구기다. ②시들게 하다. 이울게 하다. 졸게 하다.
—se *v.pr.* ①주름살지다. ②시들다. 이울다. 졸다.

engendrar *v.i., v.t.* ①생기다. 발생하다. 낳다. ②(특히 감정 따위를) 일으키다. 일어나다. 발생케 하다. ③양성(釀成)하다. 야기(惹起)하다.

engenhador *a., m.* ①고안하는 (사람). 구상하는 (자). 발명하는 (사람). ②다방면으로 재간 있는 사람.

engenhar *v.t.* ①생각해 내다. 고안(考案)하다. 창작하다. 발명하다. (계획을) 짜내다. 꾸며내다. ②(거짓말을) 만들어 내다. 날조하다.

engenharia *f.* 공학(工學). 기관학.
engenharia civil 토목공학.
engenharia naval 조선학(造船學).
engenharia militar 공병학.
arma de engenharia 공병단(工兵團).

engenheiro *m.* 기사(技師).
engenheiro civil 토목기사. 토목학자.
engenheiro naval 조선기사.
engenheiro agrônomo 농업기사(농과대학 졸업생).
engenheiro de minas 광산기사.

engenho *m.* ①재간. 솜씨. 기능. ②교묘. 정묘. ③천재. 천품(天稟). ④발명력(發明力). ⑤계략. 술책. ⑥《俗》기계. ⑦(바람·물·증기 등을 이용한) 제분기. 연자간. 수차(水車). 제분소.
engenho de açucar 제당소(製糖所). 제당.
engenho de serra 제재소(製材所)
homem de engenho 지혜 있는 사람.

engenhoca *f.* ①깜찍한 재간. 작은 솜씨. ②서투른 솜씨. 서투른 장치. 임시 변통. ③기만 수단. ④작은 제분소. 작은 제당소.

engenhosamente *adv.* 영리하게. 솜씨 있게. 교묘하게.

engenhoso *a.* ①연구심이 많은. 발명의 재주 있는. ②솜씨(재간) 있는. 교묘한. 정묘한. 영리한.

engenioso *a.* 《古》= *engenhoso*.

engessador *m.* 석고(石膏)를 바르는 사람.

engessadura *f.* ①석고를 바르기. 석고 세공.

engessar *v.t.* ①석고를 바르다. ②석고로 (여러 가지) 형태를 만들다.

englobadamente *adv.* 총괄적으로. 통틀어.

englobar *v.t.* ①둥글게 하다. 구형(球形)으로 만들다. ②한데 뭉치다. 일괄(一括)하다.

engodado *a.* 꾀임에 넘어간. 감언이설에 속은. 유혹에 빠진. 유인 당한.

engodador *a., m.* 꾀는 (사람·물건). 유혹하는 (자). 감언이설로 어르는 (사람).

engodar *v.t.* ①(미끼·먹이 따위로) 새·물고기 등을 꾀다. ②감언이설로 유인하다. 속이다. 유혹하다.

engodativo *a.* 미끼로 낚는. 유혹의. 유혹적인.

engodilhado *a.* ①(밀가루 따위) 가루 속에 덩어리가 있는. 굳은 알이 많은. ②(실에) 매듭이 있는. ③얽힌. 혼란한.

engodilhar *v.t.* ①가루 속에 덩어리가 생기게 하다. ②(실에) 매듭을 만들다. 매듭이 많아지게 하다. ③방해하다. ④엉키게 하다.
— *v.i.* ①(밀가루 따위의) 가루 속에 덩어리가 생기다. 굳은 입상(粒狀)이 많이 생기다. ②실에 매듭이 생기다.

engôdo *m.* ①꾀는 물건. ②(새·물고기 따위를 낚는) 미끼·먹이. 모이. ③꾀어내는 장치. 유혹 수단. ④(미끼·먹이 등으로) 꾀기. 유혹하기. ⑤섞기. 혼합. 혼합물.

engoiado *a.* ①야윈. 영양 부족의(…에 걸린). ②위축(萎縮)한.

engoiar-se *v.pr.* ①야위다. ②위축하다.

engolfado *a.* ①(배가) 연안을 멀리 떠난. 바다쪽으로 멀리 간. ②깊은 곳에 떨어진. 갈아앉은. 와중(渦中)에 휩쓸린.

engolfar *v.t.* 깊은 곳에 떨어지게 하다. 심연(深淵)에 빠지게 하다. 소용돌이 속에 들어가게 하다.
—*se v.pr.* ①(배가) 육지를 멀리 떠나다. ②깊은 곳에 떨어지다. 가라앉다. 와중(渦中)에 휩쓸리다. ③…에 몰두하다. 열중하다.

engolição *f.* (꿀떡) 삼켜서 넘김. 연하(嚥下).

engolidor *a.m.* ①삼키는 (사람). ②없애 버리는 (사람). 소멸하는 (자).

engolipado *a.* (꿀떡) 삼킨. 삼켜서 넘긴.

engolipar *v.t.* 《戱語》삼키다. 삼켜서 넘기다.

engolir *v.t., v.i.* ①(꿀떡) 삼키다. 삼켜 버리다. ②병탄(倂呑)하다. ③없애 버리다. 탕진하다.

engomadeira *f.* (세탁물에) 풀 먹이고 다리는 여자.

engomadela *f.* =*engomadura*.

engomado *a.* (세탁물을) 풀 먹이고 다린.
— *m.* 다림질한 옷.

engomadura, engomagem *f.* (세탁한 옷에) 풀 먹이고 다리기.

engomar *v.t.* ①(세탁한 옷에) 풀 먹이다. 옷을 다리다. ②다려서 주름을 펴다. 확대하다.
ferro de engomar 다리미.

engonçado *a.* 돌쩌귀를 단. 돌쩌귀가 달려 있는.

engonçar *v.t.* 돌쩌귀를 달다. 맞추다.

engonço *m.* ①돌쩌귀. ②요점.
boneco de engonços 손·발·머리 등을 움직일 수 있게 만든 인형. 일종의 꼭두각시.

engorda *f.* ①(가축·가금 따위를) 살찌게 기르기. 살이 찜. ②살찐 상태.

engordado *a.* 살찐. 뚱뚱한. 비대(肥大)한.

engordamento *m.* (가축·가금 따위를) 살찌게 기르기.

engordar *v.t.* 살찌게 하다. 기르다.
— *v.i.* ①살이 찌다. 뚱뚱해지다. 비만해지다. ②윤택해지다. 풍부해지다. 부유해지다.

engôrdo *m.* [植] 화초(禾草 : 말먹이로 되는 일종의 목초(牧草)).

engordurar *v.t.* 유지(油脂)를 바르다. 기계를 바르다. 기름으로 더럽히다.
—*se v.pr.* ①비계가 많이 끼다. 기름투성이 되다. 기름(油脂)에 더러워지다.

engraçadamente *adv.* ①우습게. 재미 있게. ②귀엽게. ③애교 있게. 우아하게.

engraçado *a.* ①우스운. 우스꽝스러운. 재미 있는. ②귀여운. ③애교 있는. 우아한. ④괴상한. 이상한.

engraçar *v.t.* ①우습게 하다. 재미 있게 하다. 즐기게 하다. ②귀엽게 만들다. 마음들게 하다. ③아름답게 하다. 우아하게 하다.
— *v.i.* 즐기다. 기뻐하다. 재미있어 하다.
—*se v.pr.* (+*com*). 마음에 들다. 흡족하게 느끼다. 귀여움을 받다.

engradamento *m.* ①창틀. (배의 승강구의) 창살 뚜껑. ②[建] (토대의) 칼짜기. ③난간. 난간 재료.

engradar, engradear *v.t.* ①창틀을 만들다(엮다). ②쇠살대를 달다. 쇠창살을 붙이다. ③화포(畫布)를 쭉 펴서 틀에 붙이다.

engrandecer *v.t.* 더 크게 하다. (부피를)

증대(增大)시키다. (힘을) 더 강대하게 하다. (범위를) 확장하다. 더 풍부하게 하다. (기위를) 높이다. 더 위대하게 하다.
— v.i., —se v.pr. 더 커지다. 증대하다. 강대하다. (지위가) 높아지다. 향상되다. 더욱 위대하게 되다. (세력 범위가) 확장되다.

engrandecimento m. 더 커짐. 증대. 더 자람. 증장(增長). (세력 범위 등의) 확장. 확대. (지위의) 향상. 위대화(偉大化).

engravatado a. 넥타이를 맨.

engravatar-se v.pr. 넥타이를 매다.

engravecer, engravescer v.i. 더 나빠지다. 악화하다. (병이) 위독해지다.

engravitar-se v.pr. ①위로 향하다. 거역하다. 반항하다.

engraxadela f. =engraxamento.

engraxado a. ①(구두를) 약칠하고 닦은. 빛나게 닦은. ②(기계 따위에) 기름을 칠하고 광택을 낸. ③《戱語》(머리칼을) 까맣게 물들인.

engraxador m. 구두닦는 사람. 구두닦기.

engraxamento m. ①구두닦기. 약칠하고 닦는 것. ②여러 가지 가죽 제품(革製物)을 닦기.

engraxar v.t. ①구두를 닦다. 약칠하고 빛나게 닦다. ②까맣게 칠하다. (머리칼 따위) 까맣게 물들이다. (올리고 내리고 하는 철문 따위) 빠빡히지 않게 기름칠하다.

engraxate m. 구두닦기(하는 사람).

engrelar v.i., —se v.pr. 곧추서다. 곧바로 서다. 직립(直立)하다.

engrenagem f. ①톱니바퀴 장치(齒車裝置). 연동 장치. ②톱니바퀴를 맞물림.

engrenar v.t., v.i. 톱니바퀴를 맞물리다 (맞물다). 톱니바퀴가 서로 물려서 돌다.

engrimanço m. ①애매한 문구(文句). 불명확한 말씨. 엇갈리는 이야기. ②꾀임수. 속임수.

engrimpar-se v.pr. 꼭대기에 이르다. 정상에 도달하다. 높은 곳에 기어 올라가다.

engrinaldar v.t. ①꽃다발(花環)로 장식하다. ②곱게 꾸미다. 미화(美化)하다.

engripar-se v.pr. 감기에 걸리다.

engrolado a. ①채 익지 않은. 반숙(半熟)의. 미숙한. ②서투른. 불완전한. ③아는 것이) 피상적인. ④우물쭈물한. 입속으로만 중얼거린.

engrolador m. ①채 익지 않은 것. 반숙된 것. ②서투른 요리사. ③서투르게 일처리 하는 사람. (일에) 미숙한 사람.

engrolar v.t. ①완전히 익히지 않다. 반숙하다. (열 따위로) 그슬리다. ②서투르게 일하다. ③우물우물 씹다. 속이다.
— v.i., —se v.pr. ①채 익지 않다. 반숙하다. 서투르게 하다. ③(어떤 일이) 중도에서 흐지부지되고 말다. ④입속으로 중얼거리다. 중얼중얼 말하다.

engronador m. 아첨하는 사람. 알랑거리는 사람. 추종자(追從者).

engrossamento m. ①(통을) 더 굵게 하기. (부피를) 더 두껍게 하기. (농도를) 더 진하게 하기. ②증대. 강대. 성대(盛大).

engrossar v.t. ①더 굵게 하다. 더 두껍게 하다. 더 진하게 하다. ②증대하다. 강대하게 하다. ③(가축 따위) 살찌게 하다. ④아첨하다. 알랑거리다.
— v.i., —se v.pr. 더 굵어지다. 더 두터워지다. 진해지다. 증대(강대)해지다.

engrunhido a. ①(추위로) 몸을 움추린. 위축한. ②감각이 없는. 마비된.

enguia f. [魚] 뱀장어.
enguia-elétrica 전기뱀장어.

enguiçado a. ①불행한. 불운한. 재앙에 당면한. ②[動·植] 발육이 나쁜. 기형적으로 자란. ③[機] 고장난. 움직이지 않는. 못쓰게 된.

enguiçador m. 사귀지 못할 사람. 사귀면(나에게) 손해를 끼치는 사람. 불길한 인간.

enguiçar v.t. ①불행을 초래케 하다. 운 나쁘게 하다. 실패케 하다. ②[動·植] 발육을 방해하다. 기형으로 자라게 하다. ③해를 끼치다. [機] 고장나게 하다. 움직이지 않게 하다. 못쓰게 만들다. 파손하다.
— v.i. (기계가) 고장나다. 고장으로 움직이지 않다.

enguiço m. ①불길(不吉). 불행. 불운(不運). 실패. ②불길한 예감. [動·植] 발육 불량한 상태. [機] 고장. 파손. 고장으로 인한 정지(停止).

engulhado a. 메스꺼운. 욕지기나는. 현기증 나는. 기분 나쁜.

engulhamento m. 메스꺼움. 욕지기. 토하고 싶은. 기분 나쁨. 잠깐 동안의 현기증.

engulhar v.t. 메스껍게 하다. 욕지기나게 하다. 어지럽게 하다.
— v.i., —se v.pr. ①메스껍다. 토하

고 싶다. 기분 나쁘다. ②염증 느끼다. 싫어지다. 염오(嫌惡)의 정이 우러나다.

engulho *m.* ①메스꺼움. 욕지기. ②어지러움. 잠깐 동안의 현기증. ③멀미. ④사심(邪心). 사욕(邪慾).

engulhoso *a.* ①메스껍게 하는. 욕지기나게 하는. 토하고 싶은. ②어지럽게 하는. 현기증 나게 하는. 어질어질한. ③싫은. 꺼리는. 미워하는. 염증나는.

engulição *f.* = *engolição*.

engulidor *a.*, *m.* = *engolidor*.

engulipado *a.* = *engolipado*.

engulipar *v.t.* = *engolipar*.

engulir *v.t.*, *v.i.* = *engolir*.

enharmonia *f.* [樂] 반음 이하의 음정(音程). 사분음계(四分音階).

enharmónico *a.* [樂] 반음 이하의 음정의. 사분음계의.

enho *m.* (한 살 미만의) 사슴의 새끼. 작은 사슴.

enigma *m.* 수수께끼. 수수께끼 인물. 불가사의한 일.

enigmar *v.t.* 수수께끼로 하다. 알지 못하게 하다. 풀기 어렵게 하다.

enigmáticamente *adv.* 수수께끼같이. 애매하게. 모호하게. 알 수 없게.

enigmático *a.* 수수께끼의. 수수께끼같은. 알기 어려운. 풀 수 없는. 모호한. 정체불명의.

enigmatista *m.*, *f.* 수수께끼를 만드는 사람.

enjangado *a.* 뗏목으로 엮은. (나무를) 뗏목처럼 짠.

enjangar *v.t.* (대·통나무 따위로) 뗏목을 엮다(만들다).

enjaular *v.t.* (동물 따위를) 우리에 가두다. (새 따위를) 둥지에 넣다.

enjeitado *a.* ①버린. 내버린. ②버림받은. ③배척당한. ④거절당한. 부결된.
— *m.* ①버린 아이. 기아(棄兒). ②부모에게 버림받은(쫓겨난) 자식. ③의지할 곳 없는 사람.

enjeitador *a.*, *m.* 버리는 (사람). 포기하는 (사람). 배척하는 (자). 아이를 버리는 (사람).

enjeitamento *m.* ①버리기. 포기. ②배척. ③거절. 각하. 부결. ④기아(棄兒). 유기(遺棄).

enjeitar *v.t.* ①버리다. 포기하다. ②아이를 버리다. 유기하다. ③(새가) 보금자리를 버리다. ④배척하다. ⑤거절하다. 거부하다.

enjoadiço *a.* 욕지기나기 쉬운. 곧잘 메스꺼워 하는. (무엇이든 타면) 멀미를 하는. 멀미하기 쉬운.

enjoado *a.* ①싫어진. 싫증난. 염증 느낀. ②(배·기차·비행기 등에) 멀미하고 있는. 멀미난. 욕지기 난. 진절머리 나는.

enjoamento *m.* = *enjôo*.

enjoar *v.t.* 싫증나게 하다. 욕지기나게 하다. 멀미나게 하다. 기분 나쁘게 하다. 몸서리치게 하다.
— *v.i.*, —*se v.pr.* ①싫어지다. 싫증나다. ②욕지기나다. 구역질나다. 토하고 싶다. ③멀미나다. ⑤몸서리치다.

enjoativo *a.* ①멀미나게 하는. 멀미나게 하는. ②욕지기나게 하는(날듯한). ③싫은. 염증나는. ④몸서리나는. ⑤아니꼬운.

enjoo *m.* ①싫증. ②메스꺼움. 욕지기. ③배멀미. 차멀미. ④현기증. ⑤(임신 중의) 입덧. ⑥염오(嫌惡).

enlaçado *a.* ①끈으로 코를 만든. ②끈으로 동여맨. ③연결한. 얽힌. 끌어안은. 포용한.

enlaçadura *f.* **enlaçamento** *m.* ①끈으로 코를 만듦. 고리 모양의 매듭을 만듦. (끈·밧줄 따위) 얽어매기. ②(그물의 몸을 이룬) 낱낱의 코. 그물눈. ③연락. 연결. ④관련(關聯).

enlaçar *v.t.* ①끈으로 코를 만들다. 고리 모양의 매듭을 만들다. ②얽어매다. 동여매다. ③얽히게 하다. ④(동여서) 붙잡다. ⑤끌어안다.
— *v.i.* 연락하다. 연결되다. (…와) 관련하다.
—*se v.pr.* ①(끈으로서의) 고리 모양의 코가 되다. 얽히다. ②연락하다. 연결되다. ③끌어안다. 부둥키다. ④(…와) 관계를 맺다. 연합하다.

enlace *m.* ①끈으로 코를 만들기. 고리 모양의 매듭을 만들기. ②(그물의 몸을 이룬) 코. (매듭 모양의) 고리. ③결합. 연결. 연합. ④결혼. ⑤관련.

enladeirado *a.* 경사가 급한. 가파른. 급경사를 이룬.

enladeirar *v.t.* 가파르게 하다. 급한 경사를 이루게 하다.

enlaivado *a.* 얼룩이 낸. 오점(汚點)이 많은.

enlaivar *v.t.* 얼룩이 배게 하다. 얼룩지게

하다. 오점(汚點)을 남기다.

—se *v.pr.* 얼룩이 배다. 오점이 생기다. 더러워지다.

enlambujar *v.i.* ①침을 흘리다. (어린 아이가 아이스크림·당즙(糖汁)·우유 따위를 먹을 때) 입을 더럽히다. 입을 더럽히며 먹다. ②기름으로 더러워지다.

— *v.t.* (기름 따위로) 더럽히다. 수지(獸脂)를 바르다.

enlambuzadela *f.* (기름·우유 등으로) 입을 더럽히기. (음식물로) 입이 더러워진 상태.

enlambuzado *a.* (기름·우유 등으로) 입을 더럽힌. (음식물로) 아래·위의 입술이 더러운.

enlambuzar *v.t.* 기름으로 더럽히다. 기름칠하다. (음식물로) 입술을 더럽히다.

—se *v.pr.* 기름에 더러워지다. (음식물로) 아래·위의 입술이 더러워지다.

enlameado *a.* ①흙(진흙)으로 더럽힌. 흙투성이 된. ②낯에 흙칠한. 면목을 잃은. 수치스러운.

enlameadura *f.* ①진흙(진창)을 튀김. 흙(진흙)투성이로 만듦. ②낯에 흙칠하기. 이름을 더럽히기. 면목상실.

enlamear *v.t.* ①흙(진흙)으로 더럽히다. 흙(진흙) 투성이를 만들다. ②낯에 흙칠하다. 면목을 잃게 하다

— *v.i.*, —se *v.pr.* ①진흙(또는 진창)이 튀다. 흙(진흙)으로 더러워지다. 흙투성이 되다. ②낯에 흙칠 당하다. 면목을 잃다. 자기의 신용 또는 명예를 스스로 떨어뜨리다.

enlaminar *v.t.* ①금속판(金屬板)을 만들다. ②금속판을 대다(붙이다).

enlanguescer *v.i.* ①기운(기력)이 없어지다. 쇠약해지다. ②풀꺾이다. 초췌(憔悴)하다. ③시들다. ④신음하다. 번민하다.

enlapado *a.* 굴 속에 들어간. 동굴 안에 있는.

enlapar *v.t.* ①굴(동굴) 속에 들어가게 하다. 굴속에 감추다. ②자취를 감추다.

—se *v.pr.* ①굴(동굴) 속에 들어가다. 굴 안에 숨다. ②자취를 감추다.

enlatado (1) *a.* 양철통에 넣은. 깡통에 넣어 있는. 통조림으로 된.

— (2) *a.* 《稀》 대 또는 갈대 따위로(포도·박·오이 등 덩굴 식물을 받쳐 대는) 시렁을 만든. 창살담을 만든.

enlatamento *m.* 양철통(깡통)에 넣기. 통조림 만들기.

enlatar (1) *v.t.* 양철통(깡통)에 넣다. 통조림을 만들다.

— (2) *v.t.* 대·갈대 따위로(포도·박·오이 등의 덩굴 식물을 받쳐 대는) 시렁을 만들다. 창살담을 만들다.

enleado *a.* ①동여 맨. 얽어 맨. ②끈으로 코를 만든. 고리 모양의 매듭을 만든. ③얽힌. 혼란한. 착종(錯綜)한. ④결심 못하는. 우물쭈물하는. 망설이는. 어찌할 바를 모르고 있는.

enlear *v.t.* ①동여매다. 비끌어매다. 얽어매다. ②(그물눈 따위의) 코를 만들다. 고리같은 매듭을 만들다. ③얽히게 하다. 착종하게 하다. 혼란되게 하다. ④결정(결심) 못 내리게 하다. 망설이게 하다. 당황하게 하다. ⑤마음을 빼앗다. 매혹하다. ⑥끌어 넣다. 유치(誘致)하다.

—se *v.pr.* ①동여매어지다. 얽어매어지다. ②얽히다. 혼란해지다. ③결정 못하고 망설이다. 당황하다. 주저하다.

enleio *m.* ①매는 끈. 리본. ②합쳐 꼬인 것. 섞어 짠 것. ③얽힌 것. 엇갈린 것. 혼잡. 착잡(錯雜). ④곤란. 난처한 일. 난국(亂局). 분규. ⑤망설이기. 주저(躊躇).

enlevação *f.* =enlevamento.

— *m.* ①환희(歡喜). 광희(狂喜). 무한한 기쁨. ②무아(無我)의 경지. 입신(入神)의 경지. ③감탄.

enlevado *a.* 환희작약(歡喜雀躍)한. 무한히 기뻐하는. 황홀해 있는. 무아의 경지에 있는 감탄하고 있는.

enlevar *v.t.* 마음을 끌다. 매혹하다. 뇌살하다. 황홀케 하다. 환희케 하다. 무아의 경지에 빠뜨리다.

—se *v.pr.* ①환희(작약)하다. 무한히 기뻐하다. 광희하다. ②무아의 경지에 빠지다. 황홀해지다. ③감탄하다.

enlêvo *m.* ①환희작약. 대환희(大歡喜). 광희(狂喜). 커다란 기쁨. ②무아의 경지. 뇌살. 황홀. ③무한히 기쁘게 하는 물건. 마음을 빼앗는 것. 감탄케 하는 사물.

enlodado *a.* 흙(진흙)으로 더럽힌. 흙투성이 된.

enlodar *v.t.* ①흙으로 더럽히다. 흙투성이 되게 하다. ②더럽히다. 모독하다.

enlouquecer *v.t.* 미치게 하다. 발광(發狂) 시키다.

enlouquecimento— *v.i.* 미치다. 발광하다. 광란(狂亂)하다.

enlouquecimento *m.* 미침. 발광. 정신착란.

enlourado *a.* ①월계수(月桂樹)로 장식한. 월계관(冠)을 쓴. ②영광을 얻은. ③승리한. 대성공한.

enlourar *v.t.* ①월계수로 장식하다. ②월계관을 씌우다. ③박수하다. 찬양하다.

enlourecer *v.t.* ①황금색으로 하다. 금발(金髮)로 만들다. 예쁘게 하다.
— *v.i.* 황금색이 되다. 금발이 되다. 예뻐지다.

enlousado *a. lousa* 점판암(粘板岩)을 뜬 판석(板石) 또는 석반석(石盤石)을 씌운. *lousa* 를 깐. ②슬레이트로 (지붕을) 덮은.

enlousamento *m.* ①*lousa*를 씌우기. *lousa*를 깔기. ②슬레이트로 (지붕을) 덮기.

enlousar *v.t.* ①*lousa*를 씌우다. 판석을 깔다. ②슬레이트로 (지붕을) 덮다.

enlutado *a.* 몽상(蒙喪)하는. 상복(喪服)을 입고 있는. 몹시 슬픈. 비탄에 잠긴. 비통한.

enlutar *v.t.* 비탄(슬픔)에 잠기게 하다.
— *v.i.*, —**se** *v.pr.* ①몽상하다. ②몹시 서러워하다. 비탄에 잠기다. ③침울해지다. (앞이) 캄캄해지다.

enluvado *a.* 장갑을 낀.

enluvar-se *v.pr.* 장갑(掌匣)을 끼다.

enobrecedor *a.*, *m.* ①귀하게 하는 (것). 고상하게 하는 (것). ②작위를 주는 (사람).

enobrecer *v.t.* ①귀하게 하다. 고상(고귀)하게 하다. ②품위를 높이다. ③작위(爵位)를 주다. 귀족으로 만들다. ④훌륭하게 하다. 아름답게 하다.
—**se** *v.pr.* ①고상(고귀)해지다. 숭고(崇高)해지다. ②품위가 높아지다. ③작위를 받다. 귀족이 되다. ④훌륭해지다.

enobrecimento *m.* ①귀하게 함. 고상하게 함. ②품위를 높임. ③수작(授爵). 귀족으로 만듦. ④훌륭하게 함.

enodar *v.t.* ①마디가 되게 하다. ②매듭을 짓다.

enodo *a.* [植] 마디가 없는.

enodoado *a.* ①얼룩이 밴. 더러운 물이 든. 오점(汚点)이 찍힌. 더러워진. ②명예를 훼손한.

enodoar *v.t.* ①얼룩이 배게 하다. 더러운 물이 들게 하다. 오점(汚点)을 찍다. ②(명예를) 훼손하다. 더럽히다. (식욕을) 떨어뜨리다.
—**se** *v.pr.* 더러워지다. 얼룩이 배다. 오점이 생기다. 더러운 물이 들다. (명예·신용 등을) 손상하다.

enofilo *a.* 술을 좋아하는. 술을 즐겨 마시는. 술을 좋아하는 사람.

enofobia *f.* 술을 싫어함. 술을 좋아하지 않음.

enofobo *a.*, *m.* 술을 싫어하는 (사람).

enogado *a.* [植] 마디가 많은. 마디두성이의.

enoitar *v.i.*, *v.t.* = *enoitecer*.

enoitecer *v.t.* 어둡게 하다.
— *v.i.* ①어두워지다. ②밤이 되다. 적적해지다. 적막해지다.

enojadiço *a.* ①기분 나쁘게 하는. 기분 상하게 하는. ②염증을 일으키게 하는. ③싫은. ④화나게 구는. ⑤욕지기나게 하는.

enojado *a.* ①기분 나쁜. 불쾌한. ②싫은. 염증을 느낀. ③메스꺼운. 욕지기 난. ③기분이 상한. 노한. 성낸.

enojador *a.*, *m.* 기분 나쁘게 하는 (것). 기분 상하게 구는 (것). 싫증나게 하는 (것). 욕지기나게 하는 (것). 진절머리나게 구는 (사람·사물).

enojamento *m.* ①(더러운 것 또는 나쁜 것을 보았을 때의) 기분 나쁜 것. 불쾌. ②(보기만 해도) 기분이 상함. 염증. 권태. ④갑갑함. 적적함.

enojar, enojoar *v.t.* ①기분 나쁘게 하다. 기분 상하게 하다. ②염증 느끼게 하다. 싫어지게 하다. ③메스껍게 하다. 구역이 나게 하다. ④노하게 하다.
—**se** *v.pr.* ①기분 나쁘다. 기분 상하다. ②싫어지다. 염증 느끼다. ③욕지기 나다. 구역이 날 것 같이 속이 메스껍다. ④화내다. 골내다.

enôjo *m.* = *enojamento*.

enojoso *a.* ①기분 나쁘게 하는. 기분 상하게 구는. ②싫증나는. 염증 느끼게 하는. 권태케 하는. ③욕지기나게 하는. 메스껍게 하는. 진절머리 나게 하는. ④귀찮은. 골나게 하는.

enol *m.* 약용(藥用)으로 되는 포도주.

enolina *f.* 붉은 포도주의 색소(色素).

enologia *f.* 포도주 양조술. 조주법.

enologista, enólogo 포도주 양조기술자.

enomância *f.* 포도주에 의한 점(占).

enomania *f.* ①주광(酒狂). ②술중독.
enometria *f.* 주정계량(酒精計量).
enometro *m.* 주정을 재는 기구(定量計).
enorme *a.* 방대한. 막대한. 상당한.
enormemente *adv.* 엄청나게. 막대하게.
enormidade *f.* 몹시 큼. 막대함. 엄청남.
enostose *f.* [醫] 골내종(骨內腫). 내발골종.
enovar *v.t.* 새로 하다. 시 하다.
enovelar *v.t.* 실을 공 모양으로 감다.
enquadramento *m.* 틀을 짜기. 틀에 넣기.
enquadrar *v.t.* 틀을 짜다. 틀에 넣다.
enquadrilhar-se *v.pr.* 여러 사람이 모여 조를 짜다. 패를 짓다.
enquanto (발음: 엔꽌뚜) *a.* …하는 동안에. …하는 사이에. …하는 때까지.
enqailhar *v.t.* [造船] 용골(龍骨)을 달다.
enquimose *f.* 충혈(격분했을 때 눈빛).
enquistado *a.* 낭 또는 포에 싸인; 싸여 있는.
enquistamento *m.* 낭(囊) 또는 포로 싸기.
enquistar *v.t.* 낭 또는 포로 싸다(을 쓰다).
enrabar *v.t.* ①꼬리를 붙잡다. ②뒷말의 말고삐를 앞말의 꼬리에 비끄러매다. ③뒤를 따라가다. 《卑》계간(鷄奸)하다.
enrabichado *a.* ①꼬리를 단. 머리칼을 꼬리 모양으로 땋은. 변발(辮髪). ②《俗》사랑에 빠진. 반한. 이성에 열중하는.
onrabichar *v.t.* ①꼬리를 달다. (특히 장난할 때 본인 모르게 옷의 뒷자락에 꼬리를 붙이는 것). ②머리칼을 (꼬리 모양으로) 땋다. 변발(辮髪)하다. ③사랑에 빠지게 하다. 반하게 하다. ④속이다. 모르게 하다.
enraiado *a.* (수레의) 바퀴살을 댄.
enraiar *v.t.* 바퀴살(輻)을 대다.
enraivar, enraivecer *v.t.* 몹시 노하게 하다.
— *v.i.*, —se *v.pr.* 노발대발하다. 격분(격노)하다. 미치듯 성내다.
enraizado *a.* ①[植] 뿌리가 돋은. 뿌리가 생긴. ②뿌리 얻은. 뿌리박은. ③고정된. 근거를 정한. 기초를 잡은(쌓은).
enraizar *v.t.* ①뿌리 뻗게 하다. 뿌리를 박게 하다. ②(한 곳에) 고정시키다.
enramada *f.* ①지엽(枝葉)이 보기 좋게 덮임; 우거짐. 보기 좋은 수관(樹冠). ②가지와 잎사귀로 아름답게 장식한 것.
enramado *a.* ①가지와 잎사귀가 보기 좋게 덮여 있는. 지엽(枝葉)이 무성한. ②지엽으로 장식한.
enramalhar *v.t.* 가지와 잎사귀로 장식하다.
enramalhetar *v.t.* ①꽃을 따서 묶다. ②꽃으로 장식하다.
enramamento *m.* ①가지와 잎사귀가 보기 좋게 덮임. ②가지와 잎사귀로 장식하기. ③가지와 잎사귀를 모아 다발로 묶기.
enramar *v.t.* ①가지와 잎사귀를 덮다. 그것으로 장식하다. ②지엽(枝葉)을 한 묶음으로 묶다.
— *v.t.*, —se *v.pr.* 가지와 잎사귀가 보기 좋게 덮이다; 우거지다.
enrançar *v.t.* (썩은 비계같은) 고약한 냄새 나게 하다.
enranchar *v.t.* 한 조(한 떼·일 단)로 만들다.
—se *v.pr.* 한 조가 되다. 한 떼를 이루다.
enrarecer *v.t.* 드물게 하다. 희박하게 하다. 드물다. 희박해지다. 희소(稀疎)해지다.

enrascada *f.* ①(스스로 초래한) 고생. 곤란. 곤경(困境). 궁경(窮境). 난처함. ②당황(唐慌). ③엉킴. 분란(紛亂). ④속임(수).
enrascadela *f.* 속임수. 계책. 사기 수단. 《俗》당황.
enrascadura *f.* ①엉킴. 엉킨 상태. 분규(紛糾). 분란(紛亂). 혼미(昏迷). ②곤경에 빠짐. 곤경. 난치된 환경. ③명황. 어찌할 바를 모름.
enrascar (1) *v.t.* ①(밧줄·돛(帆)·기(旗) 따위가) 엉키게 하다. 뒤범벅하게 하다. ②복잡하게 만들다. ③곤란하게 하다. 분규를 빚어내다. 당황하게 하다. ④속이다.
—se *v.pr.* ①서로 엉키다. 얽히다. 복잡해지다. 분란(紛亂)해지다. ②곤란에 빠지다. 당황하다. ③속다. 기만 당하다.
— (2) *v.t.* (끌어당기는) 그물로 물고기를 잡다. 어로(漁撈)하다.
enredado *a.* ①그물처럼 짠. 그물처럼 얽힌. ②복잡한. 착잡한. ③휩쓸린. 연루(連累)한.
enredador *a., m.* 엉키게 하는 (사람·사물). 혼란케 하는 (사람·물건). 분규를 일으키는 (자). 음모를 꾸미는 (자).
enredar *v.t.* ①그물처럼 짜다. ②그물을 느리다. ③그물로 잡다(붙들다). 그물에 걸리게 하다. 얽히게 하다. 혼란하게 하다. ⑤궁리하다. 꾀하다. 술책을 부리다. 책략하다. 음모하다.

—**se** *v.pr.* ①그물에 걸리다. 술책에 빠지다. ②분규에 휩쓸리다. 연루(連累)하다. 도가니 속에 들어가다. ③얽히다. 혼란해지다. 착잡해지다.

enredear *v.t.* =*enredar*.

enredo *m.* ①그물처럼 짠 것. ②얽힌 상태. ③분규. 분란(紛亂). 혼란. [文] (문장의) 착종(錯綜). [劇] 복잡한 줄거리. ④꾸민 술책. 밀계(密計). 책략. 간책(奸策). 음모. 암중비약(暗中飛躍).

enredoso *a.* ①엉킨. 얽힌. 혼란한. 착종한. 착잡한. ②다난한. 반근착절(盤根錯節)한.

enregelado *a.* ①얼어붙은. 얼음이 된. 동결(凍結)한. ②몹시 찬. 대단히 추운.

enregelamento *m.* ①얼리기. 동결. 냉각.

enregelar *v.t.* ①얼게 하다. 동결시키다. ②차게 하다. 냉각시키다. ③정열이 식게 하다. 가슴이 서늘하게 하다.
— *v.i.* 얼다. 차다. 차지다.
—**se** *v.pr.* ①얼다. 동결하다. ②얼음처럼 차지다. ③정열이 식다. 냉담(冷淡)해지다. 냉각하다.

enresinado *a. resina*(나무의 진·송진)를 바른. 송진과 같은. 수지질(樹脂質)의.

enresinar *v.t.* ①나무의 진(송진)을 바르다(으로 처리하다). ②나무의 진을 섞다. 경화(硬化)시키다.
— *v.i.*, —**se** *v.pr.* ①나무의 진으로 덮이다. 송진투성이 되다. ②수지질(樹脂質)이 되다. 경화하다.

enrevesar *v.t.* ①뒤집다. 안팎(안과 밖)을 바꾸다. ②바꾸어 쥐다. 잘못 쥐다.

enricar *v.t.*, *v.i.* =*enriquecer*.

enrijamento *m.* 딱딱하게 함. 경화(硬化). 굳게 하기. 강하게 하기. 강고(强固). 견고(堅固).

enrijar *v.t.* 딱딱하게 하다. 경화시키다. 굳게 하다. 견고하게 하다.
— *v.i.* 딱딱해지다. 굳어지다. 경화하다. 견고(堅固)해지다.

enriquecer *v.t.* ①부(富)하게 하다. 풍부하게 하다. (수량을) 늘리다. 증가시키다. ②(지식을) 많이 쌓다. 해박(該博)하게 하다. ③번식시키다. ④번영케 하다. 성황케 하다. ⑤아름답게 꾸미다. 윤색(潤色)하다. 고상(高尚)하게 하다.
—**se** *v.pr.* ①부해지다. 풍부해지다. 윤택해지다. ②더 번영하다. 융성하다. ③번식하다. 증가하다.

enriquecimento *m.* ①더 풍부하게 하기. 풍성(豊盛)되게 하기. 풍유(富裕)하게 만들기. ②번영. 성황. 성대(盛大). ③증식. 번식.

enristado *a.* 창(槍)을 겨누어 쥔. 창들고 방어 태세를 취한.

enristar *v.t.* 창을 비스듬히 겨누다. 겨누어 쥐다. 기사(騎士)가 창을 비스듬히 들다.

enriste *m.* 창을 비스듬히 겨눔. 겨누어 쥠.

enrocado *a.* 《古》 바위가 많은. 암석이 많은.

enrocamentos *m.*(*pl.*) (댐 공사 따위를 할 때 기초로 되는) 큰 바윗돌(大岩石).

enrodelado *a.* ①(오이·무·순대 따위) 한 토막으로 잘라 낸. ②납작하고 둥근. ③원순(圓盾)이 있는.

enrodelar *v.t.* ①(오이·무·순대 따위를) 납작하고 둥근 모양으로(토막으로) 잘라내다. ②원순(圓盾)으로 방어하다.
—**se** *v.pr.* =*encaracolar-se*.

enrodilhado *a.* ①*rodilha*(머리 위에 물건을 이고 다닐 때 받치는 것) 모양을 한. 똬리같은. ②똘똘 말린. 감긴. ③엉킨. ④서투르게 싼.

enrodilhar *v.t.* ①*rodilha*를 만들다. 똬리처럼 똘똘 말다. 감다. ②얽히게 하다. 복잡하게 하다. 착종(錯綜)하게 하다.

enroladeira *f.* (포목 따위를) 감는 기계.

enrolado *a.* ①감은. 똘똘 말린. 둥글게 감긴. ②말려 들어간. 휩쓸린.

enroladouro *m.* 실·털실 따위를 공 모양으로 감을 때 그 속으로 되는 것. 사구(絲毬)의 심(心).

enrolamento *m.* (실·털실·전선·천·종이 따위를) 감기. 말기. 똘똘 말기. 둥글게 말기.

enrolar *v.t.* ①감다. 똘똘 말다. 둥글게 말다. ②꼬다. 삐다. ③싸다. ④감추다.
—**se** *v.pr.* ①감기다. 말려 들어가다. ②휩쓸리다.

enroscado *a.* ①빙글빙글 감긴. 감은. 똘똘 말린. ②꼬인. 엉킨.

enroscadura *f.* =*enroscamento*.
— *m.* ①빙글빙글 감기. 감는 동작. ②나상(螺狀)으로 빙글빙글 돌기.

enroscar *v.t.* ①빙글빙글 감다. 나상으로 감다. ②배배 꼬다. 똘똘 말다. 감아서 얽

enroupado–ensamarrado

히게 하다.
—se *v.pr.* ①빙글빙글 감기다. 딸딸 말리다. ②나선형(螺旋形)을 이루다. ③(고양이가 잘 때처럼) 몸을 둥글게 구부리다. (뱀이) 똬리를 틀다.

enroupado *a.* 옷을 껴입은. 겹쳐 입은. 많이 입은.

enroupar *v.t.* 옷을 껴입히다. 겹쳐 입히다.
—se *v.pr.* (여러 벌의) 옷을 껴입다. 겹쳐 입다.

enrouquecer *v.i.*, *v.t.* (목이) 쉬다. 쉬게 하다. 쉰소리를 내다.

enrouquecimento *m.* ①목쉰 소리. 애성(嗄聲). ②(폭풍·천둥·강 따위의) 소음(騷音).

enroxar-se *v.pr.* 붉은 빛을 띤 자색이 되다. 자적색(紫赤色)이 되다.

enrubecer, enrubescer *v.t.* 빨갛게 하다. 빨강색으로 만들다.
—se *v.pr.* ①빨강색이 되다. ②(낯이) 빨개지다. 얼굴을 붉히다. 부끄러워하다.

enruçar *v.i.*, —se *v.pr.* ①어스름히 검어지다. 회백색(灰白色)을 띠다. ②어스름히 어두워지다.

enrudecer *v.t.* 거칠게 하다. 조폭하게 하다.
— *v.i.* 거칠어지다. 깔깔해지다. 조폭(粗暴)해지다.

enrufar *v.t.* ①깃털(羽毛)을 일으키게 하다. ②화나게 하다. 골나게 굴다. 귀찮게 굴다.
—se *v.pr.* 화내다. 골내다. 불만한 기색을 나타내다.

enrugado *a.* 구겨진. 주름살진. 주름투성이의.

enrugamento *m.* 구기기. 주름살 지우기.

enrugar *v.t.* 구기다. 주름살지게 하다.
—se *v.pr.* 구겨지다. 주름살지다. 주름투성이 되다.

ensaboadela *f.* ①비누칠하기. 비누칠하고 문지르기. 《轉》꾸지람. 질책(叱責).

ensaboado *a.* 비누칠한. 비누먹인. 비눗물에 담근. 비누칠하고 씻은.
— *m.* 비눗물에 담근 빨랫감.

ensaboadura *f.* ①(빨래감을) 비눗물에 담그기. 비누칠하기. ②비누칠하고 씻기.

ensaboamento *m.* 비누칠하기. 비누먹이기. 비눗물에 담그기. 비누칠하고 세탁하기.

easaboar *v.t.* (세탁물에) 비누칠하다. 비눗가루를 뿌리다. 비눗물에 담그다. 비누먹이고 씻다. 《轉》잔소리하다. 꾸짖다. 질책하다.

ensaboar a cara 뺨을 치다.

ensaburrar *v.t.* (차고) 축축하게 하다. 냉습(冷濕)하게 하다.
—se *v.pr.* (차고) 축축해지다. 끈적끈적해지다. 냉습하다.

ensacado *a.* ①주머니에 넣은. 채워 넣은. 삼부대(麻袋)에 넣은. ②(고기 따위를) 창자에 다져 넣은. 순대가 된.
carne ensacada 순대. 소시지류(類).

ensacador *m.* ①부대에 채워 넣는 사람. ②커피 도매 상인.

ensacamento *m.* 부대에 넣기. 부대를 채우기.

ensacar *v.t.* ①주머니에 넣다. 부대를 채우다. ②(잘게 썬 고기를) 창자에 다져 넣다. 순대를 만들다.

ensaiado *a.* 시험해본. 실험한. 분석한. 시금한. 시연(試演)한. 연습한.

ensaiador *m.* 실험하는 자. 시연자(試演者). 시연 지휘자(指揮者). 시금자(試金者). 분석자.

ensaiamento *m.* =*ensaio*.

ensaiar *v.t.* ①(물건의 품질 따위를) 분석하다. 시험하다. 실험하다. 시금(試金)하다. ②시연히디. 연습(演習)히다. ③해보다. 시도하다. 기도하다.
—se *v.pr.* 시험(실험)되다. 시연되다.

ensaibrameato *m.* 자갈을 깔기. 자갈을 덮기.

ensaibrar *v.t.* 자갈을 깔다. 자갈을 덮다.

ensaio *m.* ①해보기. 시험. 실험. ②시금(試金). 분석. 평가분석(評價分析). ③시연(試演). ④소론(小論). 평론. 수필.

ensaísta *m.*, *f.* 수필가. 논문가. 실험자.

ensalada *f.* 《古》혼성시(混成詩: 여러 나라말 또는 운율(韻律)로 되는).

ensalmador *m.* 주문(呪文) 외는 사람.

ensalmar *v.t.*, *v.i.* (병이 나으라고) 주문을 외다. 주술(呪術)로 병을 고치다.

ensalmo *m.* ①주문(呪文). 주사(呪辭). (무당이 비는 어구). ②주술(呪術).

ensalmourar *v.t.* 소금물에 절이다.

ensamarrado *a.* ①*samarra*(양가죽으로 만든 외투·웃옷 또는 관포(寬袍))를 입은. 두르고 있는. ②승의(僧衣)를 입은. 입고 있는.

ensamarrar *v.t.* *samarra*를 입히다.
— **se** *v.pr.* ①*samarra*를 입다. ②승의를 입다(두르다).

ensamblador *m.* 나무를 깎아 맞추는 사람. 나무를 맞추어 조립(組立)하는 사람. 나무로 감입(嵌入)하는 사람.

ensambladura *f.* 나무를 깎아 맞추기. 꽂아 맞추기.

ensamblagem *f.* 나무를 깎아 맞추는 일. 엮어 조립하는 일. 감입작업(嵌入作業).

ensamblamento *m.* = *ensamblagem*.

ensamblar *v.t.* 나무를 깎아 맞추다. 맞추어 꽂다. 맞추어 조립하다. 감입하다.

ensancha *f.* ①(의복의) 솔기. ②확장할 여유가 있음. ③확장. 부연(敷衍).

ensanchar *v.t.* ①솔기를 꿰매다. ②(솔기를 뜯어) 넓히다. 확장하다.

easandecer *v.t.* ①미친 사람으로 만들다. ②어리석게 만들다. 바보되게 하다.
— *v.i.* ①미치다. ②어리석은 인간이 되다. 바보가 되다.

ensangüentado *a.* ①피에 젖은. 피투성이 된. ②유혈적(流血的)인. 살벌한. 잔인한. 참혹한.

ensangüentar *v.t.* 피로 물들게 하다. 피투성이 되게 하다.
— **se** *v.pr.* 피에 젖다. 피에 물들다. 피투성이 되다. 잔인해지다.

ensanguinhar *v.t.* 피투성이 되게 하다. 피칠하다.
— **se** *v.pr.* 피가 되다.

ensaque *m.* 잘게 썬 고기 따위를 창자에 다져넣기. 순대를 만들기.

ensarilhado *a.* ①물레(紡車)에 실을 감은. ②물레 모양을 한. ③얽힌. 복잡한. 교착된.

ensarilhar *v.t.* ①물레에 실을 감다. ②한데 모으다. ③얽히게 하다. 교착(交錯)하다.
ensarilhar as armas 총을 모아 세우다. (세 자루 이상의 총을 피라밋형(角錐狀)으로 모아 세우는 것).

ensarnecer *v.i.* (옴 따위의) 피부병에 걸리다.

ensaucado *a.* (제골(蹄骨)의) 제삼지골(第三祉骨)이 있는.

enscenar *v.t.* = *encenar*.

enseada *f.* ①개(浦). 소만(小灣). ②강의 입구(入口). ③물굽이.

ensebado *a.* ①수지(獸脂)를 바른. 쇠기름(牛脂)를 바른. ②윤활유(潤滑油)를 칠한. ③기름으로 더럽힌.

ensebar *v.t.* ①수지(특히 소의 기름)를 바르다. ②윤활유(구리스) 칠하다. ③수지(기름)로 더럽히다.

ensecar *v.i.*, *v.t.* = *secar*.

ensejar *v.t.* ①기회(機會)를 노리다. 엿보다. ②기회를 주다.

ensejo *m.* 좋은 기회. 호기회. 적절한 시기.

ensifero *a.* 《詩》칼을 쥔. 칼을 차고 있는.

ensiforme *a.* 칼 모양을 한. 검상(劍狀)의.
folhas ensiformes 검상엽(劍狀葉).
cartilagem ensiforme 검상연골(軟骨).

ensilagem *f.* ①(말·소의) 먹이를 신선하게 저장하기. ②목초저장법.

ensilar *v.t.* (말·소의) 먹이를 저장하다.

ensimesmar-se *v.pr.* 명상(瞑想)으로 정신통일을 하다.

ensinação *f.* = *ensinamento*.

ensinadela *f.* ①(부모 또는 선생이 주는) 벌. 질책(叱責). 징계(懲戒). ②고생하여 얻은 경험.

ensinado *a.* ①가르친. 가르침을 받은. 교육된. 교육한. ②(동물 따위에) 재간을 배워 준.

ensinador *a.*, *m.* 가르치는 (사람). 훈육하는 (사람). 길들이는 (자).

ensinamento *m.* ①가르치기. 교육. 교수(敎授). 교도. ②(동물 따위) 길들이기. 순양(馴養). ③교훈(敎訓). 교의(敎義).

ensinança *f.* = *ensino*.

ensinar *v.t.* ①가르치다. 교육하다. ②교도하다. 지도하다. ③(동물에) 재간을 배워주다. 길들이다. 조마(調馬)하다. ④(선생이 학생에게) 벌을 주다.
ensinar a nadar 수영(법)을 가르치다.
ensinar a caminho 방향을 가르쳐 주다.

ensino *m.* 가르침. 교육. 교도. 지도.
ensino primário 초등교육. 기초교육.
ensino profissional 전문(직업)교육.
ensino agrícola 농업교육.

ensoado *a.* ①햇볕에 탄. ②물듯이 더운. 후덥지근한. [植] (과일이 익기 전에) 더위로 시든. 조위(凋萎)한.

ensoamento *m.* 햇볕에 타기. (더위로) 초목이 시듦. (특히 과일이 익기 전에) 더위로 시드는 것.

ensoar *v.i.*, — **se** *v.pr.* 햇볕에 타다.

(더위로) 초목이 시들다. (과일이 익기 전에) 마르다.

ensoberbecer *v.t.* 뽐내게 하다. 우쭐하게 하다.
　—**se** *v.pr.* 뽐내다. 우쭐하다. 자랑하다. 자만하다. 저 잘난 체하다. (폭풍・파도 따위) 거칠어지다. 넘실넘실하다.

ensobradar *v.t.* ①(이미 있는 건물 위에) 한 층 더 만들다. 한 층 더 증축하다. ②상층(上層)을 만들다. 상층에 넣다.

ensoleirar *v.t.* 문지방(閾)을 만들다. 문턱을 만들다.

ensolvado *a.* (고장으로 인하여) 대포가 발사하지 않은.

ensolvar *v.t.* (화약이 젖거나 기타 고장으로) 발포 안 되게 하다.

ensombrar *v.t.* ①그늘지게 하다. 어둡게 하다. ②음침하게 하다. 침울케 하다.
　—**se** *v.pr.* ①그늘지다. 그늘에 덮이다. 응달이 되다. ②음침해지다. 침울해지다.

ensombrecer *v.i.* 그늘지다. 그늘이 되다. 흐리다. 어둑어둑해지다.

ensombro *m.* ①그늘지게 하는 것. 차광물(遮光物). ②보호. 비호(庇護).

ensopado *a.* ①물에 담근(잠긴). 물에 흠뻑 젖은. ②스프(고기국)에 적신. 스프처럼 된.
　estar ensopado em água 물에 흠뻑 젖다.
　— *m.* 스튜(요리).

ensopar *v.t.* ①물에 담그다. 물에 적시다. 흠뻑 젖게 하다. ②스프처럼 만들다. ③스튜(요리)를 만들다.
　—**se** *v.pr.* ①물에 잠기다. 물에 흠뻑 젖다. ②스프처럼 되다. ③[競] 쾌승(快勝)하다.

ensossar *v.t.* 소금기를 없애다. 짭짤한 맛이 없게 하다. 싱겁게 하다. 맛 없게 하다.

ensosso *a.* 소금기 없는. 짭짤한 맛이 없는. 싱거운.

ensumagrar *v.t.* 참옻나무・붉나무・오배자 따위로(가죽을) 무두질하다.

ensurdecedor *a.* ①귀멀게 하는. ②귀멀 정도로 떠드는. 몹시 소란스러운.

easurdecência *f.* 귀먹음. 귀가 들리지 않음.

easurdecer *v.i.* ①귀가 멀다. 들리지 않다. 귀머거리 되다. ②(하는 말을) 듣지 않다. 들으려고 하지 않다. ③못들은 체하다.
　— *v.t.* 귀멀게 하다. 귀머거리를 만들다.

ensurdecimento *m.* ①들리지 않음. 귀먹음. ②귀를 기울이지 않음. 들으려고 하지 않음.

entablamento *m.* [建] 돌림띠(軒・軒蛇腹).

entabuado *a.* 널판지를 깐. 널판지로 둘러 싼. 널판으로 우리를 만든. 널판지처럼 굳은.

entabuamento *m.* (바닥에) 널판지를 깔기. 널판지로 벽을 만들기. 널판지로 울타리를 만들기. 판책(板柵).

entabuar *v.t.* (바닥에) 널판지를 깔다. (벽에) 널판을 대다. 널판지로 칸을 막다. 널판지로 둘러싸다. 판책(板柵)을 만들다.
　—**se** *v.pr.* 널판지처럼 굳어지다. 널판으로 강화되다.

entabulamento *m.* = *entablamento*.

entabular *v.t.* ①정리(整理)하다. 처리하다. ②시작하다. 착수하다. 개시(開始)하다. ③설정(設定)하다. 설립하다. ④계획하다. 기도(企圖)하다.

entaipado *a.* 타이파 벽(널판지와 널빤지 사이에 흙을 넣은 벽)으로 된. 타이파 벽으로 둘러 싸인. 어도우비 벽돌로 (담을) 만든.
　— *m.* 타이파 담으로 쌓은 공사. 어도우비 벽돌로 만든 축조물(築造物).

entaipar *v.t.* ①타이파 벽을 만들다. 다이파 벽으로 둘러싸다. 어도우비 벽돌로 담을 만들다. ②에워싸다. 포위하다. ③유폐(幽閉)하다.
　—**se** *v.pr.* ①둘러싸이다. 포위되다. ②유폐되다. 처박히다.

entala *f.* = *entalação*.

entalação *f.* ①(특히 절골했을 때) 부목(副木)을 대고 죄는 것. (붕대 따위로) 빽빽하게 죄기. ②궁경(窮境)에 빠뜨리기.

entaladamente *adv.* 틈바구니에 끼어. 궁경에 빠져. 진퇴유곡에 처하여.

entaladela *f.* = *entalação*.

entalado *a.* ①부목(뼈 부러졌을 때 대는 나무)을 대고 꽉 조인. ②틈바구니에 낀. 좁은 곳에 틀어 박힌. 궁경에 빠진.
　estar entalado 궁경에 빠지다. 진퇴유곡에 처하다.

entaladura *f.* = *entalação*.

entalar *v.t.* ①부목(副木)을 대고 죄다. 꽉 죄다. ②비좁은 곳에 처박히다. 궁경에 처하게 하다.
　—**se** *v.pr.* ①부목을 대고 죄어지다. ②비좁은 곳에 처박히다. 궁경(곤경)에 빠지다.

entalha *f.* (나무에) 새기기. 목조각(木彫刻).
entalhador *m.* ①조각사. 조판공(彫版工). ②(나무에) 홈을 파는 도구.
entalhadura *f.* =*entalhamento*.
— *m.* ①(나무에) 새기기. 조각하기. ②(나무에) 홈을 파기. ③조각물. (특히) 목조물(木彫物).
entalhar *v.t.* ①(나무에 글 또는 그림을) 새기다. 조각하다. ②(조각용 끌로) 도려내다. 홈을 파다.
entalhe *m.* ①(나무에 글 또는 그림을) 새기기. 조각하기. ②새긴 것. 조각물.
entalho *m.* ①(조각용 칼 또는 끌로) 한번씩 도리기. 썩 베기. 나무를 파기. ②조각하기. ③조각물.
entanguecer *v.i.* ①(추위로) 얼다. 얼어서 감각을 잃다. ②(추위로) 몸을 움츠리다.
entanguido *a.* ①(추위로) 언. 몸이 언. 몹시 찬. 얼어서 감각을 잃은. ②(추위로) 몸을 움츠린.
entanto *adv.* (=*entretanto*). ①…하는 동안. 그 동안. ②그럼에도. 그렇지만.
no entanto 그래도. 그렇지만. 그럼에도 불구하고.
então *adv.* 그 때. 그 당시. 그런 경우.
desde então 그 때부터. 그 후.
até então 그 때까지.
— *interj.* 그렇지! 그래서! 그러니까! 그리고서는. 그런데 왜!
entardecer *v.i.* ①늦다. 늦어지다. ②밤이 가까워오다.
entase *f.* [建] 엔터시스. 기둥몸의 동배.
ente *f.* ①존재. 생존. ②존재물. 사물. ③살아있는 물건. 인간. 생물(生物).
ente supremo 신(神). 하느님.
ente real 실존물(實存物). 실재물(實在物).
enteada *f.* 의붓딸. 의녀(義女).
enteado *m.* 의붓아들. 의자(義子).
entear *v.t.* (직물을) 짜다. 뜨다. 편물하다.
entecer *v.t.* (직물을) 얽어 짜다. 역어 짜다. 합쳐 짜다. 떠서 맞추다.
entediar *v.t.* 지루하게 하다. 싫증나게 하다. 권태케 하다.
entejo *m.* ①지루함. 싫증. 권태. ②싫어함. 혐오. 미워하기.
enteléquia *f.* [哲] (형이상학의) 원현(圓現). 절대경(絕對境). 원극(圓極).
entendedor *a.* 이해하는. 알아듣는. 깨닫는. 현명한.

— *m.* 이해하는 사람. 요해하는 사람. 알아듣는 사람. 현명한 사람. (어떤 일에) 정통한 사람.
entender *v.t.* ①(사람의 말 따위를) 알다. 알아듣다. 이해하다. ②(참뜻·설명·원인·성질 등을) 알아채다. 납득하다. 양찰(諒察)하다. ③생각하다. 추측하다.
— *v.i.* ①알다. 이해하다. ②들어 알다. ③(…에) 정통하다. (…의) 지식이 있다. (…을) 할 줄 알다.
—*se* *v.pr.* ①알다. 요해(了解)하다. 깨닫다. ②판단하다. 간주하다. ③관계하다. ④일치하다.
(注意) *intender* : 관리하다. 감독하다. 지배하다.
entender *m.* 의견. 생각. 설(說).
no meu entender 나의 의견으로는.
entendido *a.* ①알아듣는. 요해된. 이해한. ②깨달은. ③(…로) 알고 있는. 간주하는. ④(…의) 지식이 있는. (…에) 정통한. 잘 아는. ⑤솜씨 있는. 숙련한.
dar-se por entendido 아는 체하다. 알아들은 체하다.
nao se dar por endendido 모르는 체하다. 알아 못들은 체하다.
bem entendido 확실히. 물론.
entendimento *m.* ①알기. 알아듣기. 이해. 해득. ②깨닫기 ③이해력. 인식력. ④지혜. 현명. ⑤(…에 대한) 지식 ⑥분별. ⑦의견. 관념. 의지.
entenebrar, entenebrecer *v.i.* ①어둡게 하다. ②음침하게 하다. 침울케 하다. 적적하게 하다.
— *v.i.*, —*se* *v.pr.* 어두워지다. 음침해지다.
enteralgia *f.* [醫] 장통(腸痛).
enterdénio *m.* [解] 장임파선(腸淋巴腺).
enterectasia *f.* [醫] 장확대(腸擴大).
enterelcose *f.* [醫] 장궤양(腸潰瘍).
enteerenfraxia *f.* [醫] 장폐색(腸閉塞).
entérico *a.* 장(腸)의. 창자의. 장에 관한.
enterite, enteritis *f.* 소장염(小腸炎).
enteritico *f.* 소장염의. 장염의.
enternecedor *a.* ①부드럽게 대하는. (마음이) 싹싹한. ②마음을 움직이는. 감동하는.
enternecer *v.t.* (마음을) 부드럽게 하다. 마음을 움직이게 하다. 감동케 하다. 동정 느끼게 하다.
—*se* *v.pr.* ①(마음이) 부드러워지다. ②

감동하다. 동정하다. 동정심이 우러나다.
enternecidamente *adv.* 마음 부드럽게. 온정을 품고.
enternecido *a.* ①마음이 부드러운. 온정(溫情)한. ②동정을 느낀. 감동한.
enternecimento *m.* ①(마음의) 부드러움. 온정. ②연민의 정(情). 동정. 감동. ③유화(柔和).
enteróclise *f.* [醫] 장세척(腸洗滌).
enterocolite *f.* [醫] 소장병결장염(小腸幷結腸炎).
enterodinia *f.* [醫] 장산통(腸疝痛).
enterografia *f.* 장해부론(腸解剖論).
entero-hemorragia *f.* [醫] 장출혈(腸出血).
enterólito *m.* 장결석(腸結石).
enterologia *f.* 장론(腸論).
enterorragia *f.* [醫] 흑토증(黑吐症: 장통(腸痛)을 일으켜 위(胃)로부터 검은 것을 토하거나 설사를 함).
enterose *f.* [醫] 장질환(腸疾患).
enterotomia *f.* [外] 장관절개(腸管切開).
enterozoário *m.* (동물에 있는) 장내기생충(腸內寄生蟲).
enterração *f.* =*enterramento*.
enterrado *a.* (땅속에) 파묻힌. 파묻은. 매장된.
enterrador *a.*, *m.* ①(땅속에) 파묻는 (사람). ②매장하는 (사람). ③무덤 파는 (사람).
enterramento *m.* ①파묻기. 매장(埋葬). 장사(葬事). ②장례식(葬禮式). 장의식. ③파묻힘. 매장(埋葬).
enterrar *v.t.* ①(땅속에) 파묻다. 묻어두다. 묻어 보관하다. ②(시체를) 묻다. 매장(埋葬)하다. ③죽이다. 멸망시키다. ④쿡 찌르다. ⑤숨기다. ⑥굴복시키다.
— **se** *v.pr.* ①파묻히다. 매몰(埋沒)되다. ②매장되다. ③(폭신폭신한 의자 따위에) 몸이 파묻히듯 내려가다. ④은둔(隱遁)하다. ⑤망(亡)하다. 자멸하다.
enterreirar *v.t.* ①땅을 고르다. (높고 낮은 것을) 평평하게 하다. (일을) 원활하게 처리하다.
enterro *m.* ①파묻기. 매장(埋藏). ②매장(埋葬). ③장례식. 장의식.
entesado *a.* ①굳은. 딱딱한. 강직(強直)한. ②빳빳한. ③뻣뻣한. 긴장한.
entesadura *f.* ①굳다. 딱딱하다. 강직(強直). 경강(硬剛). ②팽팽함. 긴장.

entesar *v.t.* ①빳빳하게 하다. 딱딱하게 하다. 굳히다. 강직(強直)하게 하다. ②(밧줄 따위) 팽팽하게 하다. 팽팽하게 늘이다. 펴다.
— **se** *v.pr.* ①굳다. 딱딱해지다. ②팽팽해지다. 빳빳해지다. ③(바람 따위) 심해지다.
entesar-se com alguem …사람에 대하여(누그러졌던 태도가) 강경해지다. 반항하다.
entesourador *a.*, *m.* 재산을 모으는 (사람). 축재자. 축적하는 (자).
entesouramento *m.* ①축재(蓄財). ②축적(蓄積). 저장(貯藏).
entesourar *v.t.* ①재산을 모으다. 축재하다. ②저장하다. 축적하다. ③(마음속에) 잊지 않도록 간직하다.

entestar *v.i.* (+*com*). (…와) 접(接)하다. (…와) 경계를 짓다. (…의) 이웃이 되다. ②(…에) 대하다.
entibecer *v.i.* =*entibiar-se*.
entibiamento *m.* ①미지근함. 미온(微溫). ②(정열이) 식음. 열성이 없음. 불활발. ③기운(활기) 없음. 나른함. 느림. ④말(고삐 따위) 느슨해짐. 이완(弛緩).
entibiar *v.t.* ①미지근하다. ②(정열 따위) 식게 하다. 활발치 못하게 하다. ③느리게 하다. 나른하게 하다. 야위게 하다. ④느스러지게 하다.
— *v.i.*, — **se** *v.pr.* ①미지근해지다. ②(정열 따위) 식다. ③활발치 못하게 되다. 나른해지다. ④기운(활기) 없어지다. ⑤(잘하던 공부·일 따위에) 게을러지다. 태만하다.
entidade *f.* ①실재(實在). 실재물. ②본체. 본질. 실체(實體). ③사람. 인물. ④중요한(저명한) 인사.
entijolado *a.* 벽돌 모양을 한. 벽돌 같은. 벽돌처럼 굳은. 벽돌 색깔의. 벽돌로 만든. 벽돌을 쌓은.
entijolar *v.t.* 벽돌 모양으로 만들다. 벽돌처럼 보이다. 벽돌을 쌓다.
— **se** *v.pr.* 벽돌 같은 것이 되다. 벽돌 모양이 되다.
entijucar *v.t.* 흙으로 더럽히다. 흙투성이 되게 하다.
entimema *m.* [論] 생략추리법(省略推理法). 생략삼단논법(三段論法).
entimemático *a.* 생략추리법의.

entisicar *v.t.* ①*tísica*(몸이 몹시 쇠약하게 하는 일종의 폐병)에 걸리게 하다. 쇠약해지게 하다. ②귀찮게 굴다. 괴롭히다. 못살게 굴다.

— **se** *v.pr.* *tísica*(폐병)에 걸리다. 몹시 야위다. 기력을 소모하다. 점점 약해지다.

entoação *f.* ①송독(誦讀). 읊음. 음영(吟詠). ②[音樂] 억양(抑揚). 음조. 어조. ③[樂] 조음법. 종교악 ; 노래 첫머리의 악구. ④무면(無綿). 조정. 조음(調音). ⑤(색깔의) 배합(配合). 배색(配色).

entoado *a.* 음조(音調)가 잘 맞는. 조율(調律)된. 가조(佳調)의.

entoador *a.*, *m.* 음조(음률)를 바로 잡는 (사람). 소리를 조정하는 (사람).

entoar *v.t.*, *v.i.* ①(기도문 따위를) 읊다. 음영하다. 억양을 붙이다. ②음조를 맞추다. 소리를 조정하다. ③조율(調律)하다. (합창을) 지휘하다.

entoderme *m.* [生理] 내배엽(內胚葉).

entófito *m.*, *a.* 내기성 식물(內寄性植物)(의).

entoftalmia *f.* [醫] 안내염(眼內炎).

entómico *a.* 곤충의. 곤충에 관한.

entomofago *a.* 곤충을 먹는 ; 먹고 사는.

entomofilo *a.* [植] 충매성(蟲媒性)의.

— *m.* ①[植] 충매. ②곤충수집자(昆蟲收集者).

entomologia *f.* 곤충학(昆蟲學).

entomológico *a.* 곤충학(상)의.

entomologista *m.*, *f.* 곤충학자.

entonar *v.t.* (머리를) 거만스럽게 일으키다. 위로 훌쩍 들다.

— **se** *v.pr.* 거만(오연)하게 머리를 들다. 우쭐하다. 뻐기다. 저잘난체하다.

entono *m.* ①거만. 오만. 불손한 태도. 저잘난 체하는 태도. ②자존심. 자부심. 자만. ③허영심.

entontecer *v.t.* ①망연(茫然)케 하다. ②현혹(眩惑)케 하다. 어질어질하게 하다.

— **se** *v.pr.* 망연하다. (일시적으로) 현기증을 느끼다. 어질어질해지다.

entontecimento *m.* 망연(茫然). (일시적) 현기증. 어질어질함.

entornado *a.* (액체·가루 따위를) 흘린. 흐른(물이) 넘쳐 흐른.

entornadura *f.* (물·액체·가루 따위를) 흘리기. 흐르기. 넘쳐 흐르기. 흘러 떨어지기.

entornar *v.t.* ①(액체·가루 따위를) 흘리다. (물을) 흘리다. (그릇에서) 넘쳐 흐르게 하다. 새어 떨어지게 하다. ②(광선을) 비치다. 쬐다. ③(음향을) 전파하다. ④산포(散布)하다. ⑤낭비(浪費)하다.

— **se** *v.pr.* ①(그릇에서) 넘쳐나다. 넘쳐 흐르다. 흘러 떨어지다. ②흩어지다. 산포(散布)되다.

entorpecente *a.* 감각을 없애는(잃게 하는). 마비시키는.

— *m.* 마비시키는 것. 마취약. 마약.

entorpecer *v.t.* ①감각을 잃게 하다. 마비시키다. ②활력을 없애다. ③둔하게 하다.

— **se** *v.pr.* ①감각을 잃다. 감각이 없어지다. 마비되다. ②세력이 없어지다. 활발치 못하게 되다. ③둔해지다. 무디어지다.

entorpecido *a.* ①감각을 잃은. 무감각의 ; 마비된. ②활기 없는. 무딘. 둔한.

entorpecimento *m.* ①감각을 잃음. 무감각. 마비. ②무기력. 불활발. 나른하고 졸림. ③지둔(遲鈍).

entorroar *v.t.* 흙덩어리가 되게 하다.

— **se** *v.pr.* 흙덩어리가 되다. 토괴(土塊)를 이루다.

entorse *f.* (발목 따위) 삐기. 접질림. 전근(轉筋).

entortadura *f.* ①구부리기. 휘게 하기. 삐기. 비틀기. ②올바른 길(正路)에서 벗어남.

entortar *v.t.* ①구부리다. 휘게 하다. 삐게 하다. 비틀다. 삐뚤어지게 하다. ②바른 길에서 벗어나게 하다.

— **se** *v.pr.* ①구부러지다. 휘다. 비틀리다. 삐다. 꾀어지다. ②바른길에서 벗어나다.

entoxicação *f.* =*intoxicação*.

entoxicante *a.* =*intoxicante*.

eatoxicar *v.t.* =*intoxicar*.

entozoários *m.*(*pl.*) (동물의 체내에 끼는) 내기생충(內寄生蟲).

entozoologia *f.* 내기생충학(學).

entrabrir *v.t.* =*entreabrir*.

entrada *f.* ①(안으로) 들어가기. 입장(入場). ②들어가는 곳. 입구. 어귀. ③항구(港口). 하구(河口). ④(어떤 단체에의) 가입. 입회(入會). ⑤입성식(入城式). ⑥(월부로 살 때의) 입금(入金). ⑦시작. 시초. ⑧수입(輸入).

entrada de favor 또는 *entrada de*

carona (극장·경기장 등 돈 내고 들어가야 하는 곳에) 돈 안 내고 들어가는 것. 무료 입장.
entrada franca (박물관 따위) 입장 자유. 공개 입장.
entrado *a.* ①들어간. ②시작한.
entralhado *a.* ①그물에 걸린. ②얽힌. 분란(紛亂)한.
entralhar *v.t.* ①그물을 뜨다. 그물 눈을 만들다. (그물처럼) 네모지게 짜다. ②그물에 걸다. 그물에 걸리게 하다. ③그물로 붙잡다.
— *v.i.* ①그물(눈)에 걸리다. 붙잡히다. ②얽히다. 곤란에 처하다.
entramar *v.i.* 혼돈하다. 혼란하다.
entrança *f.* ①시작. 착수. 개시. ②발단(發端). 단서(端緖).
entrançado *a.* (끈·줄 따위를) 짠. 꼰. 땋은. 땋아 내린. (편물 따위) 섞어 짠. 합쳐 꼰.
— *m.* 짠 끈. 꼰 줄. 땋은 머리칼.
entrançador *m.* 짜는 사람. 꼬는 사람. 땋는 사람.
entrançadura *f.* (끈·줄 따위를) 짜기. 꼬기(편물 따위) 섞어짜기. 합쳐 꼬기. (머리칼 따위) 땋기. 땋아 내리기.
entrançar *v.t.* (끈·줄 따위를) 짜다. 꼬나. (실·밀실 나위글) 헙スィ 꼬다. 쉬이 짜다. (머리칼을) 땋다. 땋아 내리다.
eatrancia *f.* ①시작. 개시. 착수. ②발단. 단서(端緖).
(註) *entrança*와 같으나 법적 용어로 흔히 씀.
entranhadamente *adv.* 마음속으로. 진심으로. 마음에 사무쳐.
entranhado *a.* ①깊은. 깊이 뿌리박힌. 길이 사무친. 마음속 깊이 간직한. ②마음속으로부터 우러나온. 진심으로의.
entranhar *v.t.* ①깊이 넣다. ②깊이 감추다. ③(마음속 깊이) 간직하다. ④깊이 파내려가다. ⑤깊이 찌르다.
—**se** *v.pr.* ①뿌리박다. 깊이 파묻히다. ②마음속에 사무치다. ③몰두하다. 전념하다.
entranhas *f.(pl.)* ①내장(內臟), 장부(臟腑). ②마음속. 심중(心中). ③심정(心情). ④내부. ⑤[解] 자궁 ; 배. 태내(胎內).
entranhável *a.* 마음속으로부터 우러나는. 충심의. 진심의. 밀접한.

amigo entrahável 심복(心腹)의 친우.
entranhavelmente *adv.* 마음속으로. 충심으로. 밀접하게. 친밀하게.
entranqueirar *v.t.* ①바리케이트를 쌓다 (쌓고 방어하다). ②차단(遮斷)하다.
entrante *a.* ①들어가는. 들어가고 있는. ②새달 또는 새해에 접어드는 ; 접어들어가는.
mês entrante 내달(來月). 오는 달.
entrapado *a.* ①남루(襤褸)한 옷을 입은. 누더기를 두른. ②헝겊 조각에 싸인. ③고약을 붙인.
entrapar *v.t.* ①남루한 옷을 입히다. 누더기를 두르게 하다. ②헝겊 조각으로 싸다. ③고약을 붙이다.
—**se** *v.pr.* 남루한 옷을 입다. 누더기를 두르다. 헝겊 조각에 싸이다.
entrar *v.t.* ①(안으로) 들어가게 하다. 들여보내다. 넣다. 입학시키다. 입회시키다.
— *v.i.* (+*a, em, com*). ①(안으로. …에) 들어가다. 입회하다. 들다. 참가하다. 입학하다. ②침투하다. 침입하다. ③(…을) 시작하다. 개시하다.
entrar na universidade 대학에 들어가다.
entrar por …을 통하여 들어가다.
—**se** *v.pr.* (+*de*). (…에) 사로잡히다. (에) 지배되다. (에) 끌리다.
entravar *v.t.* ①(말·소 따위의 발에) 무거운 나무를 매어 두다 ; 족쇄를 채우다. ②속박하다. 구속하다. 방해하다.
entrave *m.* ①(말·소 따위의 발에 매어 두는) 무거운 나무(足桎), 족쇄. ②속박. 기반(羈絆). ③방해. 장애.
entre *prep.* …의 사이에. …의 중간에. …의 가운데서. …의 안에.
entre Deus e mim 하느님과 나 사이에.
aqui entre nós 우리 사이에 있어서는.
Entre mim e ti nãs há secreto. 나와 너 사이에는 비밀이 없다.
enter vivo e morte 생사의 판가름. 반(半)죽음의.
Passei por lá entre ás duas e três. 두 시와 세 시 사이에 거기에 들르겠다.
entre si 자기의 마음속으로.
dêntre (=*de entre*) …의 안에 있어서.
o primeiro entre os primeiros 첫째 가는 것(一級中) 중에서의 수위(首位).
entreaberta *f.* ①반쯤 열려 있음. 반개(半

開) 상태. ②약간 열려 있음. 꼭 닫혀 있지 않은 상태.

entreaberto *a*. ①반쯤 열려 있는. 반개한. ②약간 열린.

entreabrir *v.t*. 반쯤 열다. 조금 열다. 약간 열다.

― *v.i.*, ―**se** *v.pr*. (꽃봉오리가) 반쯤 열리다. (문 따위) 조금 열리다. 약간 열리다. (구름이) 때때로 개어 푸른 하늘이 보이다.

entreato *m*. 막간(幕間). 막간극(劇). 막간 여흥. 중간시(中間時). [樂] 간주곡(間奏曲).

entrebater-se *v.pr*. 서로 싸우다. 격투하다.

entre-branco *a*. 약간 흰.

entrecasca *f*. [植] 내피(內皮).

entrecerrar *v.t*. (문 따위) 거의 닫다. 아주 조금 열어 놓다.

entrechado *a*. (극(劇) 따위로) 꾸민. 각색된.

entrecho *m*. (연극의) 줄거리. 골자 ; 각색(脚色).

entrechocar-se *v.pr*. ①서로 충돌하다. ②상반(相反)하다. 상치(相馳)하다.

entrechoque *m*. ①충돌. 상충(相衝). ②상치(相馳).

entre-coberta *f*. (배의) 두 갑판(兩甲板) 사이.

entrecolunio *m*. 기둥 사이(柱間).

entreconhecer *v.t*. ①약간 알다. ②약간 기억하다.

―**se** *v.pr*. 서로 알다. 상호인지(相互認知)하다.

entre-correr *v.i*. ①많은 물건의 사이 또는 인파(人波)를 헤치고 뛰어 돌아다니다. ②…의 사이(中間)에 발생하다.

entrecortado *a*. ①중도에서 끊어진. 중절된. ②(칼 따위로) 반쯤 베인. 중절(中切)한.

entrecortar *v.t*. ①중도에 끊다. 도중에서 끊어지게 하다. ②가로지르다. ③(칼 따위로) 반쯤 베다. 중절(中切)하다.

―**se** *v.pr*. ①중단되다. 도중에서 끊어지다. 중절되다. ②(선·면 따위) 엇갈리다. 교차(交叉)하다.

entre-corte *m*. 천장(天障)과 지붕 사이.

entrecto *m*. ①등골뼈. 분수령(分水嶺). ②(식수(食獸)의) 등심(고기).

entrecruzar-se *v.pr*. 교차(交叉)하다.

entrededo *m*. 손가락 사이(指間).

entredevorar-se *v.pr*. (뱀 따위) 서로 물다 ; 물고 뜯다.

entredizer *v.i*. 혼자 말하다. 독백(獨白)하다.

entre-dormido *a*. 선잠을 잔. 졸기만 하고 자지 못한.

entre-dúvida *f*. 반신반의(半信半疑).

entre-escolher *v.t*. 대강 고르다. 신중한 생각이 없이 선택하다.

entrefechado *a*. 반쯤 닫은. 반폐(半閉)의. (*entreaberto*의 반대어).

entrefechar *v.t*. 반쯤 닫다. (*entreabrir*의 반대어).

entrefôlha *f*. 인쇄물 사이에 꽂아 넣는 (흰) 종이. 삽입지(揷入紙). 삽입 백지(白紙).

entrefôlho *m*. ①내부(內部). 쑥 들어간 안쪽. ②숨는 곳.

entrefôrro *m*. ①(양복의) 안과 겉의 중간. ②양복의 안과 겉의 중간에 넣는 속(특히 어깨나 등 부분을 두툼하게 하는).

entrega *f*. ①넘겨 주기. 인도(引渡). 교부(交付). 수교(手交). ②납품(納品). 상품 송달. ③배반(背反). 내통(內通). [軍] 귀순. 투항. 항복.
fazer entrega (물품을) 송달하다. 배달하다. 납품하다. 넘겨 주다. 교부하다.
tomar entrega 받다. 맡다. 인수(引受)하다.

entregador *m*. ①(물건을) 배달하는 사람. 송달하는 자. 납품자. ②교부(수교)하는 자. ③[軍] 귀순자. 투항자.
entregador de pão(leite) 빵(우유) 배달인.

entregar *v.t*. ①(물건을) 넘겨주다. 납품하다. 전하다. 송달하다. ②(서류증명서 따위를) 교부하다. 수교하다. 인도하다. ③(+*a*). 맡기다. 위임하다. ④상환(償還)하다. 환부(還付)하다. ⑤반역적 행동을 하다. ⑥(비밀을) 누설하다.

―**se** *v.pr*. ①…에 몰두하다. 전념(專念)하다. ②몸을 맡기다. 몸을 바치다. ③항복하다. 투항하다. ④복종하다.

entregue *a*. ①(*entregar*의 과거분사). (물건을) 전달한. 넘겨 준. 납품한. (서류를) 교부한. 수교한. 받은. ②(+*a*). …에 열중하고 있는. 전념하는.

entrelaçado *a*. ①(실·털실 따위를) 합쳐 짠. 섞어 짠. (끈·줄 따위를) 합쳐 꼰. 짜서(떠서) 맞춘. ②교차된. 엇갈린. ③서로 엉킨. 얽힌.
entrelaçamento *m.* ①합쳐 짜기(뜨기). 섞어 짜기. 합쳐 꼬기. ②서로 얽힘. ③교차(交叉).
entrelaçar *v.t.* ①(실·털실 따위를) 합쳐 짜다. 섞어 짜다. (끈·줄 따위를) 합쳐 꼬다. ②서로 엉키게 하다. ③교차시키다.
entrelinha *f.* ①(인쇄된) 글의 윗줄과의 사이. 행간(行間). 두 줄 사이(兩線間). ②(악보(樂譜)의). 선간(線間). ③글줄 사이에 주석을 써 넣은 것. 행간 주석(行間註釋).
entrelinhar *v.t.* ①(인쇄할 때) 글줄 사이를 두다. 행간(行間)을 놓다. 한 줄씩 걸러 인쇄하다. 글줄 사이(行間)에 글을 써 넣다. 행간 주석을 하다.
entrelopo *a.* ①밀수하는. 밀매(密買)하는. ②모험의.
entreluzir *v.t.* ①(광선이) 비치기 시작하다. ②희미하게 비치다. 어렴풋이 비치다. ③희미하게 나타내다.
entremaduro *a.* ①(과일 따위) 반쯤 익은. 반숙(半熟)의. ②(술이) 반쯤 뜬. 반쯤 양숙(釀熟)한.
entrematar *v.t.* 서로 죽이다.
entremeado *a.* …의 가운데(中間)에 놓여 있는. …의 새에 낀. …의 틈바구니에 있는.
entremear *v.t.* ①…의 가운데에 놓다. 중간에 끼다. ②뒤섞다. 혼합하다.
— se *v.pr.* ①개입(介入)하다. ②섞이다. 혼합하다.
entremeio *a.* …의 가운데(중간)에 있는. 개재(介在)하는.
— *m.* 중간. 중간에 놓인 물건. 개재물(介在物).
neste entremeio 그러는 사이에. 이럭 저럭하는 동안에.
entremente, entrementes *adv.* …하는 동안에. 그럭 저럭하는 사이에.
— *m.* …하는 사이. 차제(此際)에.
neste entremente 그동안. 차제에.
entremesa *f.* 식사 시간. 식사에 보내는 시간(소요 시간).
— *adv.* 식사 과정에. 식사 도중에.
entremeter *v.t.* (=*intrometer*). ①삽입하다. 송입(送入)하다. …의 중간에 들여보내다. 이끌어 넣다. 유인(誘引)하여 넣다.
— *v.i.*, — se *v.pr.* 삽입되다. 개입하다.

entremetido *a.* (=*intrometido*). ①삽입된. 중간에 꽂힌. ②중간에 놓인(들어간). 게재하는. ③간섭 당한.
entremetimento *m.* ①삽입. 중개(中介). ③중재(仲裁). 조정.
entremez *m.* 막간극(幕間劇). 막간의 여흥(餘興). 막간의 연주(演奏). 간주곡(間奏曲). 중간시(中間時).
entremontano *a.* 산간(山間)에 있는. 산간에 사는. 산간의.
entremostrar *v.t.* 약간 보이다. 흘깃 보이다. 일별(一瞥)시키다.
entre-nó *m.* [植] (대·갈대 따위의) 마디와 마디 사이. 절간(節間).
entrenoite *adv.* 밤중에. 야간에.
entrenublado *a.* 구름 사이에 있는. 구름이 가리어 있는.

entreolhar-se *v.pr.* 서로 쳐다 보다. 서로 찬찬히 바라 보다.
entreouvir *v.t.*, *v.i.* ①약간 듣다. 희미하게 듣다. ②간신히 들리다.
entrepassar *v.t.* …의 사이(中間)를 지나가다(통과하다).
entrepausa *f.* [音樂] 중간묵부(中間黙符).
entreponte *f.* [船] 갑판 사이(甲板間).
entrepor *v.t.* (…의) 사이(중간)에 놓다. (넣다).
— se *v.pr.* …의 사이에 놓이다. …의 중간에 위치하다. 개입(介入)하다.
entreportas *adv.* 입구에서. 문간에서.
entreposto, entreposito *m.* ①(특히 식료품) 창고. 보관고. ②보세창고(保稅倉庫). ③상업 중심지.
entressachado *a.* ①뒤섞인. 혼합된. ②섞어 짠.
entressachar *v.t.* ①뒤섞다. 혼합하다. ②…의 사이에 섞어 넣다. ③(직물 따위) 섞어 짜다.
— se *v.pr.* ①뒤섞이다. 혼합되다. ②섞어 짜지다. ③개입(介入)되다.
entressola *f.* (구두 따위의) 밑창 가죽 사이(底革間)에 넣는 것.
entressôlho *m.* =*entressolo*.
entressolo *m.* [建] 중이층(일층과 이층 사이의 낮은 중간층). [稀] 마루밑.
entressonhado *a.* ①잠이 어렴풋한. 자는둥 마는둥한. ②몽롱한. ③몽상(夢想)하는.

entressonhar *v.t.*, *v.i.* 어렴풋한 잠을 자다. 잠결에 있다. 의식이 몽롱하다. 망연(茫然)하다. 몽상(夢想)하다.

entretanto *adv.* 그동안. 그러는 동안. 이럭 저럭하는 사이.
— *conj.* 그렇지만. 그러나.
— *m.* (…하는) 시간. (시간적) 틈.

entretecedor *m.* 섞어 짜는 사람. 합쳐 짜는 사람.

entretecer *v.t.* ①섞어 짜다(뜨다). (다른 실과) 합쳐 짜다. 합쳐 뜨다. 떠서 합치다. ②꽂아 넣다.
—**se** *v.pr.* ①섞어 짜지다. 합쳐 짜지다. ②섞이다. 혼합되다.

entretecimento *m.* 섞어서 짜기(뜨기). (다른 실과) 합쳐 짜기(뜨기).

entretela *f.* (양복의) 거죽과 안의 중간에 넣는 속(어깨・겨드랑이 따위 부분에 대는 두터운 천 ; 아마포(亞麻布) 따위). 두 겹의 안.

entretelar *v.t.* (양복의) 거죽과 안의 사이에 두터운 속을 넣다. 두 겹으로 안을 넣다(대다).

entretenimento *m.* 위로 ; 오락. 즐김. 여흥. 유흥.

entreter *v.t.* ①오락으로 기분을 좋게 하다. (산만한) 기분을 전환시키다. 위로하다. 즐기게 하다. 재미있게 놀게끔 하다. ②머무르게 하다. 체류케 하다. ③유지하다.
—**se** *v.pr.* ①즐기다. 놀다. 오락으로 기분 전환하다. 재미있게 놀다. ②(어떤 일에) 열중하다. 몰두하다. ③머무르다. 체류하다. ④유지하다.

entretrópico *a.* ①[天] 남북회귀선 사이(南北回歸線間)의. ②열대간(내)의.

entrevação *f.* 마비. 불수(不隨).

entrevado *a.* 마비된. 불수가 된. 불수의.
— *m.* 마비된 사람. (반신)불수.

entrevar (1) *v.t.* 마비시키다. (반신)불수가 되게 하다.
— *v.i.*, —**se** *v.pr.* 마비되다. 불수가 되다. 운동의 자유를 잃다.
— (2) *v.t.* 어둡게 하다. 으스름하게 하다. 어두운 곳에 넣다(들어가게 하다).
—**se** *v.pr.* 어두워지다.

entrevecer *v.i.*, —**se** *v.pr.* = *entrevar* (1).

entrevecimento *m.* = *enlevação*.

entrever *v.t.* 약간 보다. 흘낏 보다. 희미하게 보다.
—**se** *v.pr.* ①희미하게 보이다. 엇갈려 보이다. 간신히 알아보다. ②회견(會見)하다.

entreverar *v.t.* 섞다. 뒤섞다. 혼동(混同)하다.

entrevero *m.* 뒤섞기. 혼효(混淆). 혼동.

entreviga *f.* 들보 사이(梁間).

entrevinda *f.* (손님 또는 배(船) 따위의) 뜻하지 않게 오는 것. 예견하지 않은 내도(來到). 불시 입항(入港).

entrevista *f.* 회견(會見). 회합. 회담.

entrevistar *v.t.* (+*com*). 서로 보다. 회견하다. 회담하다. (기자가) 요인(要人)을 만나다.

entrincheirado *a.* [軍] 참호(塹壕)를 판. 참호로 방어 진지를 만든. (전투원이) 참호에 들어가 있는.

entrincheiramento *m.* 참호를 파기. 참호를 파서 방어 진지를 구축하기.

entrincheirar *v.t.* [軍] 참호를 파다. 참호를 파서 방어 진지를 만들다.
—**se** *v.pr.* 참호를 파고 방어하다. 참호에 배치되다. 참호 내에 숨다.

entristecer *v.t.* ①서럽게 하다. 슬프게 하다. 섭섭하게 하다. ②침울하게 하다. 적적하게 하다.
— *v.i.*, —**se** *v.pr.* ①슬프다. 섭섭하다. ②침울해지다. (하늘이) 흐리다. ③시들다. 이울다.

entristecimento *m.* ①서러워짐. 섭섭해짐. 슬픔. ②침울. 우울. ③흐림. 어둑어둑함.

entronar *v.t.* = *entronizar*.

entronado *a.* 어깨 폭이 넓은. 체격이 훌륭한.

entroncamento *m.* 접합점(接合點). (특히 철도의) 분기점(分岐点). 교차점.

entroncar *v.t.* (지선을) 본선 또는 간선(幹線)에 합치다. 지부(支部)를 본체(本體)에 합치다.
— *v.i.* ①줄기(幹)가 되다. ②(지선이) 본선과 합치다.

entronchado *a.* [植] 줄기(莖)가 형성된. 줄기가 굵은.

entronchar *v.i.* [植] 줄기가 형성되다. 줄기가 굵어지다.

entronização *f.* 왕위에 오르게 함. 왕위에 오름. 즉위(卽位).

entronizar *v.t.* ①왕위에 오르게 하다(올리다). ②높은 자리에 올려 앉히다.
— **se** *v.pr.* 왕위에 오르다. 즉위하다. 높은 자리에 앉다.

entronquecer *v.t.* 줄기(幹)가 굵어지다.

entronquecido *a.* [植] 나무 줄기가 굵어진 (굵은).

entropeçar *v.t.* = *tropeçar*.

entrópio *m.* [醫] 안검내번증(眼瞼內翻症).

entrós, entrosa *f.* 톱니바퀴(齒車). 톱니바퀴 달린 굴대. 톱니바퀴 사이(齒車의 齒間).

entrosagem *f.* [機] 연동 장치(톱니바퀴가 맞물려 돌게 된 장치).

entrosar *v.t.*, *v.t.* 톱니바퀴를 맞물리다.
— *v.i.* 톱니바퀴가(서로) 맞물다.

entrouxar *v.t.* 싸다. 한데 모아 싸다. 묶음을 만들다. 묶음 속에 넣다.

entroviscada *f.* = *troviscar*. 독어초(毒魚草)(일종의 독 있는 풀을 돌 또는 곤봉으로 때려 거품을 일으킨 것)를 물에 넣기. 그것으로 물고기를 잡기.

entroviscar *v.t.* = *troviscar*. (독어초)로써 물고기를 잡다.

entroviscar-se *v.pr.* ①하늘이 흐리다. ②혼란하다. 분란(紛亂)해지다.

entrudada *f.* 카니발 기간에 떠들며 노는 것. 카니발의 환희주간(歡喜週間).

entrudar *v.i.*, *v.t.* (특히 카니발 때의) 떠들썩하게 놀다. 왁자거리며 놀다. 춤추며 희희낙락하다.

entrudesco *a.* 카니발의. 카니발적 유흥(遊興)의. 유락(遊樂)의.

entrudo *m.* 카니발제(祭). 사육제(謝肉祭). 통회절(痛悔節: 통회의 화요일 전의 토요일부터 통회의 화요일까지).

entufado *a.* ①부은. 부어 오른. ②거만한. 으쓱대는.

entufar *v.i.* ①부풀다. 부어 오르다. ②으쓱하다. 뽐내다.

entulhado *a.* ①가득한. 가득찬. 충만한. ②배부른. 만복(滿腹)된.

entulhar *v.t.* ①(헛간에) 먹이를 채워 넣다. ②(구멍·홈·웅덩이 따위에) 돌·벽돌 부스러기 따위를 채우다. 막아 버리다. ③쌓다. 퇴적(堆積)하다.
— **se** *v.pr.* ①가득 차다. 충만해지다. ②막히다.

entulho *m.* ①부스러기. 파괴물의 파편.
②(깨진 기와·깨진 벽돌·횟가루 찌끼 따위의) 무지. 퇴적물. [地質] (산기슭 또는 절벽 밑에 쌓인) 바위 부스러기.

entunicado *a.* [植] (구근(球根)처럼) 층의 (層衣)가 있는. 피막(被膜)이 있는.

entupido *a.* ①(관(管)·연통 따위가) 막힌. 멘. (내부가) 꽉 막힌. 폐색(閉塞)된. ②목이 막혀 말할 수 없는. ③알아듣지 못하는. 우둔한.

entupimento *m.* ①(연통·파이프 따위) 막힘. 막힌 상태. ②폐색. 메워서 채움.

entupir *v.t.* ①(틀어) 막다. 막아 버리다. 메게 하다. 폐색하다. ②방해하다.
— **se** *v.pr.* ①(관(管)·연통 따위가) 막히다. 메다. 폐색되다. ②(당황하여) 말문이 막히다. ③(우둔해서) 이해하지 못하다. ④둔해지다.

enturbar *v.t.* = *enturvar*.

enturvado *a.* ①(물이) 흐린. 혼탁(混濁)한. ②(하늘이) 흐린. ③문란한. 교란한.

enturvar *v.t.* ①(물 따위) 흐리게 하다. ②(질서를) 문란케 하다. 교란하다. ③방해하다.
— **se** *v.pr.* ①(물이) 흐려지다. 혼탁(混濁)해지다. ②(하늘이) 흐리다. ③(질서가) 문란해지다. 교란하다. ④노하다.

enturviscar *v.i.*, — **se** *v.pr.* (물이) 흐리다. (하늘이) 흐리다.

entusiasmado *a.* 감격한. 열광한. 회색 만면의. 기뻐서 어쩔 줄 모르는.

entusiasmar *v.t.* 감격케 하다. 열광시키다. 몹시 기쁘게 하다.
— **se** *v.pr.* 감격하다. 열광하다. 대단히 기뻐하다.

entusiasmo *m.* ①감격. 감분(感奮). ②열광. ③열정(熱情). ④커다란 기쁨. 의기충천.

entusiasta *a.*, *m.*, *f.* 감격하는 (사람). 열광하는 (사람). 열중하는 (자). 의기충천한 (사람).

entusiasticamente *adv.* 감격하여. 열광적으로.

entusiástico *a.* 감격의. 감격적인. 열광적인. 정열에 넘치는. 의기충천한.

enucleação *f.* ①(어떤 사유를) 밝히기. 해명. 설명. ②[植] 과일의 핵(核)을 적출(摘出)하기. ③[外] 유종척출(瘤腫剔出).

enuclear *v.t.* 밝히다. 해명하다. 설명하다. [植] (과일의) 핵을 뽑아내다. [外] 유종을 척출하다. 발라내다. 도려내다. 적출(摘出)하다.

ênula *f.* [植] 목향(木香). 하국(夏菊).

enumeração *f.* ①계산. 숫자를 순서로 기록하기. ②낱낱이 들기. 열거(列擧). 매거(枚擧), 열기(列記). ③자세한 설명. ④세목.

enumerador *a.*, *m.* (하나씩 하나씩) 세는 (사람). 순서로 기록하는(사람 또는 기구). 열거하는 (사람).

enumerar *v.t.* ①(하나씩 하나씩) 세다. 순서로 세다. ②낱낱이 들다. 열거하다. 열기(列記)하다. ③순서 있게 자세한 설명을 하다.

enumerável *a.* 셀 수 있는. 순서로 기록할 만한. 열거(열기)할 수 있는.

enunciação *f.* (감정·의사 등의) 표시. 표현. 표명. 진술. (이론주의 따위의) 선언. 언명. 주장.

enunciado *a.* 표시한. 표명한. 진술한. 발표한. 언명한. 선언한. 주장한. 단언(斷言)한.
— *m.* ①표시한 것. 표명한 것. 설명. 진술. ②주장.

enunciador *a.*, *m.* 표명하는 (사람). 선언하는 (사람). 주장하는 (자).

enunciar *v.t.* (감정·의사 따위를) 표시하다. 표명하다. 발표하다. 진술하다. (이론·주의 등을) 선언하다. 언명하다. 주장하다.
—**se** *v.pr.* 의견 발표를 하다. 심중을 밝히다. 소신(所信)을 피력하다.

enunciativo *a.* ①표현의. 표명의. 표시의. 진술의. ②언명하는. 선언적(宣言的). ③설명적. 서술적.

enurese, enuresia *f.* [醫] 유뇨(遺尿). 유뇨증(症).

envaginado *a.* [植] 잎집(벼과의 잎자루 끝)이 있는. [解] 질(膣)의. 질 모양의.

envaginante *a.* [植] 잎집(葉鞘) 모양으로 줄기(幹) 또는 가지(枝)를 덮는(덮어 싼).

envaidar *v.t.* =*envaidecer*.

envaidecer *v.t.* 허영심을 품게 하다. 허영 부리게 하다.
— *v.i.*, —**se** *v.pr.* ①허영하다. (실속 없이) 겉만 차리다. ②으쓱하다. 뻐기다.

envalar *v.t.* (토성(土城) 따위의 주변에) 호를 파다. 호(壕)로써 에워싸다.
—**se** *v.pr.* 호(참호)를 파고 방어하다.

envasadura (1) *f.* ①선체(船體)에 기둥을 받치기. ②조선지주(造船支柱).
— (2) *f.* (술통·양조용 통 따위의) 용기에 넣기. 넣어 저장하기.

envasamento *m.* 기둥의 토대. 주대(柱臺).

envasar *v.t.* 술통·양조용 통 따위에 넣다. 넣어서 저장하다.

envasilhado *a.* (술통·양조용 통 따위의) 용기에 들어 있는. 용기에 넣어 저장된. 유리병에 들어 있는.

envasilhamento *m.* ①(통 따위의) 용기에 넣기. 넣어서 저장하기. ②유리병에 담기. 유리병에 넣어 저장하기.

envasilhar *v.t.* (술통·양조용 통·큰 유리병 따위의) 그릇(容器)에 넣다. 담다. 넣어 저장하다.

enveja *f.* =*inveja*.

envelhecer *v.t.* 늙게 하다. 늙어 보이도록 하다.
— *v.i.* ①늙다. 나이 들다. 노쇠해지다. ②마멸(磨滅)되다. ③낡아 빠지다.

envelhecido *a.* ①늙은. 나이 먹은. ②늙어 보이는.

envelhecimento *m.* ①늙어감. 노령이 됨. ②늙어 보이기.

envelope *m.* 봉투. 종이 봉투. 편지 봉투. 종이 주머니.

envencilhado *a.* ①(새끼 또는 밧줄로) 동여 맨. 비끌어 맨. ②박승된. 체포된. ③얽힌. 혼잡한.

envencilhar *v.t.* ①새끼 또는 밧줄로 동여 매다. 묶다. ②포박(捕搏)하다. 체포하다.
—**se** *v.pr.* ①포박 당하다. ②(끈·새끼 따위) 얽히다. 헝클어지다.

envenenado *a.* ①독에 넣은. 독 있는. 독기(毒氣)가 포함된. ②독으로 해친. 독으로 상한. ③독살된. ④(정신·마음 등이) 썩은. ⑤중독된. ⑥유해한.

envenenador *a.*, *m.* ①독을 넣는 (사람). 독으로 해치는 (사람). 독살하는 (자). ②중독시키는 (사람·사물).

envenenamento *m.* ①독을 넣기. 독으로 해치기. 독으로 죽이기. 독살. ②(사람·마음 등의) 부패. 중독.

envenenar *v.t.* (음식물에 독을 넣다(타다·섞다·뿌리다). ②독으로 해치다. 독살하다. (사람·마음 등을) 부패케 하다.
—**se** *v.pr.* 독을 먹다. 음독하다. 중독

enverdecer, enverdejar *v.t.*, *v.i.* ①초록빛으로 하다(되다). 초록색으로 물들다(물들다). 풀빛이 되다. ②기운을 회복하다. ③젊어지다.

enveredar *v.i.* ①작은 길(오솔길)을 따라가다. ②경로(經路)를 밟아가다. 일정한 방향을 향하여 가다.
— *v.t.* 이끌다. 인도하다.

envergado *a.* ①휜. 구부러진. 만곡(彎曲)된. ②(돛대에) 도리(帆桁)를 올린. 뻗친. ③몸에 지닌. 입은.

envergadura *f.* ①도리(帆桁)의 길이(넓이). ②새 날개(鳥翼)의 펼친 폭(幅). 날개 길이. (비행기의) 날개폭(翼幅). ③한 뼘(엄지 손가락과 가운뎃손가락을 벌린 길이). ④능력(能力). 재능.

envergamento *m.* ①휨. 구부림. 휜 상태. 만곡. ②돛(帆)을 도리(帆桁)에 달기. ③날개를 퍼기.

envergar *v.t.* ①구부리다. 휘게 하다. ②돛을 도리에 달다. ③날개를 펴다. ④(소매에) 손을 끼다. (옷을) 입다.
—**se** *v.pr.* 휘다. 구부러지다.

envergonhado *a.* 부끄러운. 부끄러워하고 있는. 수줍어하는.

envergonhar *v.t.* 부끄럽게 하다. 수치를 끼치다 창피를 주다. 면목을 잃게 하다.
—**se** *v.pr.* 부끄러워하다. 수치를 당하다. 창피하다. 면목을 잃다. 부끄러움으로 낯이 붉어지다.

envermelhar *v.t.* 빨갛게 하다. 빨강색으로 물들이다. (쇠를) 빨갛게 달구다.
— *v.i.*, —**se** *v.pr.* 빨갛게 되다. 빨개지다. 붉게 물들다. (쇠가) 빨갛게 달다.

envermelhecer *v.i.* 빨개지다. 붉은 빛을 띠다. (얼굴을) 붉히다.

envernizado *a.* 니스를 바른(칠한). 광채를 띤.

envernizador *m.* 니스 칠하는 사람(직공).

envernizar *v.t.* 니스를 바르다(칠한다). 빛나게 닦다. 광채를(윤을) 띠게 하다.

enverrugado *a.* 주름살진. 구겨진.

enverrugar *v.t.* 주름살지게 하다. 주름 투성이가 되게 하다. 구기다.
— *v.i.* ①주름살지다. 구겨지다. ②(과일에) 벌레가 먹다.

envés *m.* 반대면(反對面).

envesgar *v.t.* 슬그머니 보다. 넌지시 보다. 곁눈질하다. 사팔눈으로 보다. 사시(斜視)하다.

envessado *a.* (안팎이) 뒤집어진. (안과 밖을) 뒤집은.

envessar *v.t.* (안팎을) 뒤집다. 안과 밖이 반대가 되게 하다. 뒤집어 접다(재끼다).

envêsso *m.* =*avêsso*.

enviado *a.* (사람·서류 따위를) 보낸. 발송한. 송달한. 파견한. 파견된.
— *m.* 파견원. 파송원(派送員). 사절.

enviamento *m.* 보내기. 발송. 송달. 파견.

enviar *v.t.* (사람·서류 따위를) 보내다. 발송하다. 송달하다. 파견하다.

enviatura *f.* ①보냄. 파견. ②파견원의 임무(사명).

envidar *v.t.* ①요청하다. 요망하다. ②애쓰다. 노력하다.

envidraçado *a.* ①유리(유리판)를 끼운. 유리를 박은. ②흐린. 흐릿한.
olhos envidraçados 흐리마리한 눈.

envidraçamento *m.* 유리(유리판)를 해 넣기. 박아 넣기. 끼워 넣기.

envidraçar *v.t.* 유리를 해 넣다. 끼워 넣다.
—**se** *v.pr.* 흐리다. 흐리마리해지다. (눈빛(眼光)이) 부옇게 되다.

enviés *m.* ①경사. 사면(斜面). ②빗긴 선(斜線). +선에 대한 X선(線).

cnvicsado *a.* ①기울어진. 경사신. ②빗긴. 비스듬한. ③(직물)의 사호(斜縞)의.

enviesar *v.t.* ①기울이다. 경사지게 하다. 비스듬히 하다. 비스듬히 놓다. ②(직선으로 가는 것을) 비스듬히 옆길로 가게 하다. 방향을 틀리게 하다.
—**se** *v.pr.* ①기울어지다. 경사지다. 비스듬히 되다. ②(똑바로 가다가) 비스듬히 옆길로 들어가다. 방향을 돌리다.

envilecer *v.t.* ①비열케 하다. 비천하게 하다. ②(…의) 가치를 낮추다. 타락시키다.
— *v.i.*, —**se** *v.pr.* 비열해지다. 비루해지다. 비천해지다. 자기의 인품(인격)을 낮추다. 타락하다.

envilecimento *m.* ①비열(卑劣). 비루(鄙陋). 비천(卑賤). ②가치를 떨어뜨리기. 인품(인격)의 저하. 타락.

envinagrado *a.* 초(식초)를 친. 초를 섞은. 초가 들어 있는. 식초에 절인. 식초맛이 있는.

envinagrar *v.t.* ①초(식초)를 넣다(치다·섞다). ②시게 하다. ③자극 주다. ④노하게 하다.
—se *v.pr.* ①식초맛을 띠다. 시게 되다. ②자극 받다. 노하다. 눈을 찡그리다.
envincilhado *a.* =*envencilhado*.
envincilhar *v.t.*
—se *v.pr.* =*envencilhar*.
envio *m.* 보내기. 발송. 송달. [軍] 파견.
enviscar, envisgar *v.t.* (새 잡는) 끈끈이를 바르다. 끈끈이로 붙잡다.
—se *v.pr.* 끈끈이에 걸리다. 붙잡히다.
enviuvar *v.i.*, *v.t.* 과부 또는 홀아비가 되다(되게 하다).
enviveirar *v.t.* ①길러 번식하는 곳에 넣다. ②(물고기・조개 따위를) 양어장(養魚場)에 넣다. ③(새 따위를) 양금장(養禽場)에 넣다. ④(묘・묘목 따위를) 묘포(苗圃)에 심어 기르다.
envolta *f.* 《廢》 혼잡. 난잡. 훤소(喧騷). *envoltas* (*pl.*) 음모. 계략. 밀계(密計). *de envolta* 혼잡(난잡)하여. 뒤죽박죽되어.
envôlta *f.* ①붕대. ②플라넬.
envolto *a.* 싼. 말린. 말려 들어간. 휩쓸려 들어간.
envoltório *m.* ①(물건을) 싸는 것. 보자기. 보자(褓子). ②커버.
envoltura *f.* ①싸기. 말아싸기. ②(아기를 싸는) 포대기.
envolvedor *a.*, *m.* 싸는(사람 또는 물건).
envolver *v.t.* ①싸다. 말아 싸다. 말아 넣다. ②에워싸다. 둘러싸다. ③포용(包容)하다. ④뒤섞다.
—se *v.pr.* ①말려 싸이다. 말려들어가다. ②휩쓸려 들어가다. 연좌(連座)하다.
envolvimento *m.* ①싸기. 말아 싸기. 말아 넣기. ②휩쓸어 넣기. 휩쓸리기.
enxada *f.* [農] 괭이. (서서 김매는) 자루가 긴 호미.
enxadada *f.* ①괭이로 한 번 파기. 호미로 한 번 긁기. ②괭이 또는 호미로 판 상태.
enxadão *m.* (나무 뿌리 따위를 파내는) 큰 괭이.
enxadar *v.t.*, *v.i.* 괭이로 파다. 호미로 김매다.
enxadrezado *a.* ①서양 장기판 모양의 무늬가 있는. ②바둑판 모양으로 줄이 그어 있는.
enxadrezar *v.t.* ①서양 장기판 모양의 무늬를 넣다. 바둑판 무늬로 하다. ②바둑판 모양으로 금을 긋다.

enxadrista *a.* 장기의.
— *m.*, *f.* 장기(將棋) 두는 사람. 장기꾼. 기객.
enxaguadela *f.* =*enxaguadura*.
enxaguado *a.* 헹군. 씻은. 가신.
enxaguadura *f.* (세탁물을) 헹구기. 씻기. 가시기.
enxaguar *v.t.* (세탁물을) 헹구다. 씻다. 가시다.
enxamagem *f.* 분봉시(分蜂時) 꿀벌들이 떼를 지어 나는 것. 꿀벌들이 뭉치를 이루어 날아가는 상태.
enxambrado *a.* 반쯤 마른. 반건(半乾)된.
enxambrar *v.t.* 반쯤 말리다.
— *v.i.*, —se *v.pr.* 반쯤 마르다.
enxame *m.* ①(특히 분봉시의) 꿀벌의 떼. 뭉치를 이룬 떼. ②떼. 집단.
enxamear *v.t.* ①(꿀벌을) 벌통(密房)에 수용하다. ②혼잡되게 하다.
—se *v.pr.* ①꿀벌이 운집(雲集)하다. 모여 뭉치를 이루다. ②군서(群棲)하다.
enxaqueca *f.* [醫] 편두통(偏頭痛). 우울증.
enxárcia *f.*(*pl.*) 돛대 밧줄(돛대 꼭대기에 서양 뱃전에 치는). 횡정색(橫靜索).
enxarciar *v.i.* 돛대 밧줄(횡정색)을 치다.
enxaropar *v.t.* 시럽을 마시게 하다. (먹이다).
enxêco *m.* ①손해. 손실. ②방해. 지장.
enxerea *f.* ①말리기. 건물(乾物)로 만들기. ②말린 물건. 건물.
enxercar *v.t.* (고기 따위를) 말리다.
— *v.i.* (고기 따위가) 마르다. 건물이 되다.
enxerco *m.* [植] 잡초(雜草). *erva de passarinho*의 별명.
enxêrga *f.* ①짚을 넣은 작은 방석. 작은 짚이불. ②초라한 침상(寢床).
enxergão *m.* ①큰 짚이불. 마른풀 또는 깃털을 넣은 매트리스. ②스프링 이불.
enxergar *v.i.* ①간신히 보다(보이다). 희미하게 보다(보이다). 약간 눈에 띠다. ②보고 알다. 식별하다. ③(먼 곳에 있는 것을) 발견하다. 인정하다. 바라보다. 전망하다.
enxertadeira *f.* 접목용 칼.
enxertador *a.* 나무를 붙이는, 접목(椄木)하는. 접목용(用)의.
— *m.* 접목하는 사람(接木師). 접목용 도구.

enxertadura *f.* 접붙이기. 접욕. 접목법. [建] 목재를 서로 맞추어 잇는 법. [醫] 이식법(移植法). 접피법(接皮法).

enxertar *v.t.* ①나무를 맞붙이다. 접붙이다. 접목하다. ②꽂아 넣다. 삽입하다. ③끌어 넣다. 가입시키다. ④[醫] 식피(植皮)하다. 식육(植肉)하다. (조직을) 이식하다.

enxertário *m.* [船] 도리(船桁)의 중앙부(中央部)의 양측에 달려 있는 색구(索具). 《英》 *parrel.*

enxertia *f.* 접목법(接木法). =*enxertadura.*

enxêrto *m.* [農] 접목. 접목한 나무.

enxó *f.* (나무를 찍는) 자귀.

enxofrado *a.* ①황을 섞은. 황을 뿌린. 황 냄새 나는. ②골낸. 뚱한.

enxofrador *m.* 황살포기(黃撒布器).

enxoframento *m.* 황을 섞기. 뿌리기. 황으로 그슬리기.

enxofrar *v.t.* ①황(黃)을 섞다. 뿌리다. 황으로 그슬리다. ②골내게 하다. 화내게 하다.
—*se v.pr.* 《俗》 골내다. 화내다.

enxofre *f.* 황(黃).
flôr de enxôfre 황화(黃華).

enxofreira *f.* 황갱(黃坑).

enxofrento *a.* 황이 있는. 황을 함유한.

enxotador *a., m.* 쫓아 버리는 (섯). 몰아내는 (것).

enxotadura *f.* (개·파리·모기 따위를) 쫓아 버리기. 쫓기. 몰아내기.

enxota-môscas *m.* ①파리를 쫓기. ②파리잡는 종이(파리가 앉으면 떨어지지 않는 것).

enxotar *v.t.* (개·파리 띠위를) 쫓다. 쫓아 버리다. 몰아내다.

enxova *f.* [魚] 메기(鯷)의 일종.

enxoval *m.* ①시집갈 때 입는 의상(衣裳) 전부. 출가(出嫁) 세간. ②미리 준비하여 가지고 가는 산의류(産衣類). ③여행용품. ④장사 기구. 세대 도구.

enxovalhamento *m.* ①더럽히기. ②(명성을) 어지럽힘. 오욕(汚辱). 모독(冒瀆).

enxovalhar *v.t.* ①더럽히다. 불결케 하다. ②오욕하다. 모욕하다. 모독하다.
—*se v.pr.* 더러워지다. 더러운 물이 들다. 불결하다. 신용을 잃다. 명성이 떨어지다.

enxovalho *m.* ①더럽힘. 더러움. 불결. ②명성을 어지럽힘. 오욕(汚辱). 모욕(侮辱).

enxovedo *m.* 우둔한 사람. 바보. 멍청이.

enxovia *f.* (성(城) 안에 있는) 토굴(土窟). 지하의 움. 지하의 감옥.

enxugador *m.* 말리는 기계. 건조기(乾燥機).

enxugadouro *m.* 말리는 곳. 건조장.

enxugar *v.t.* ①물기(水分)를 없애다. 수분을 짜내다. 습기를 없애다. ②말리다. (빨래를) 널다.
enxugar uma garrafa (술)병을 비우다 (안에 있는 것을 전부 딸아 내다).
enxugar as láhgrimas 눈물을 닦다.
— *v.i.* ①물기가 없어지다. 마르다. ②국물이 없어지도록 끓다. 바싹 쫄다.

enxugo *m.* 수분을 없애기. 물기를 짜내기. 말리기.

enxúndia *f.* 지방(脂肪). 지육(脂肉). (돼지의) 비계(豚脂).

enxundioso *a.* 지방이 많은. 비계가 많은. 비계투성이의.

enxurdar-se *v.pr.* 진흙(진창)에 빠지다. 진흙투성이가 되다.

enxurdeiro *m.* 진창. 이녕(泥濘). 이녕지.

enxurrada *f.* ①큰비. 폭우. ②큰비로. 폭포처럼 흐르는 물. 분류(奔流). 격류(激流). ③홍수. (강의)범람. 《俗》 숭부. 다량.

enxurrar *v.t.* 빗물(雨水)이 흘러넘치게 하다. 범람(氾濫)케 하다.
— *v.i.* ①넘쳐흐르다. 범람하다. ②큰비 내리다. 비가 억수로 퍼붓다.

enxurreiro *m.* 빗물이 세차게 흘러 내려가는 곳.

enxurro *m.* ①세차게 흐르는 빗물. ②더러운 물 또는 더러운 물건이 갑자기 흘러 내려가는 것.

enxuto *a.* ①수분이 없는. 마른. 건조한. ②비가 없는. 한발(旱魃)의.
sopa enxuta 수분이 없는 국. 졸아든 국.
estação enxuta 건조기(乾燥期).

enzima *f.* 효소(酵素).

enzóico *a.* [地] 상시원통(上始原統)의. [地質] 화석(化石)이 많은.

enzona *f.* 《古》 ①불화(不和). 알력(軋轢). ②미워함. 증오. 혐오(嫌惡).

enzonar *v.t.* 사이가 나쁘게 하다. 알력을 일으키게 하다.

enzootia *f.* 짐승의 지방병(地方病).
enzoótico *a.* 짐승의 지방병의(에 관한).
eocénio, eoceno *m.*, *a.* [地] 제3기 시신세(始新世)(의). 제3기 하층(下層)(의).
eólico, eólio *a.* ①바람의 신(神)의. ②[地] 바람의 작용에 의한. ③(소아시아의 한 지방) 이오올리스의. 이오올리스 사람의.
eolo *m.* ①[神話] 바람의 신(神). ②강풍(強風).
eosina *f.* [化] 에오신(산뜻한 대홍빛(大紅色)의 산성 색소(色素). 세포질의 염색에 씀).
epacta *f.* 양력의 1년이 음력보다 초과하는 일수(약 11일).
epagogo *f.* [論] 귀납법. 귀납추리(歸納推理).
epanotose *f.* [修] 환언법(換言法 : 한 번 쓴 말을 철회하고 다른 적당한 말로 바꿔 쓰는 것).
ependima *m.* [解] 피막(被膜).
epêntese *f.* [文] 문자삽입(文字揷入). 음절삽입(揷入).
epiblasto *m.* [生物] 외배엽(外胚葉).
epicalicia *f.* [植] (당아욱 따위의) 악상총포(萼狀總苞).
epicamente *adv.* 서사시적으로. 서사체(敍事體)로.
epicarpico *a.* 외과피의.
epicarpo *m.* [植] 외과피(外果皮).
epicaule *a.* [植] 다른 식물의 줄기(莖)에 기생(寄生)하는.
epicea *f.* [植] 전나무(樅)의 일종.
epicédio *m.* 애도가. 만가(輓歌). 비가(悲歌). 추도가(追悼歌).
epiceno *a.* [文] (명사의) 양성공통(兩性共通)의. 통성어(通性語)의.
epicentro *m.* 진앙(震央 : 진원(震源)의 바로 윗지점).
epiciclo *m.* 주전원(周轉圓 : 그 중심이 다른 큰 원의 주위를 회전하는 작은 원). 《英》 *epicycle*.
epicicloidal *a.* 외파선의.
epiciclóide *f.* [數] 외파선(外擺線).
épico *a.* ①서사시(敍事詩)의. 사시(史詩)의. ②웅장한. 장중한. 위대한.
— *m.* 서사시 작가(作家).
epicránico *a.* 두피의. 두개의.
epicránio *m.* 두피(頭皮). 두개(頭蓋).
epicúreo *a.* [哲] ①에피큐러(*epicuro*) 주의의. 육욕주의의. 향락주의의.
epicurismo *m.* ①에피큐러(*epicuro*)의 철학. ②육욕주의(肉慾主義). 향락주의. 쾌락주의. 미식(美食)주의.
epicurista *m. f.* 에피큐러 주의자. 육욕주의자. 향락주의자. 음탕자(淫蕩者).
epidemia *f.* ①유행병. 전염병. ②유행물.
epidemiar *v.t.* …에 전염케 하다.
epidemicidade *f.* 유행성. 전염성.
epidêmico *a.* ①유행성의. 전염성의. ②유행하고 있는.
epidemiolgia *f.* 유행병학. 전염병학.
epidemiologista, epidedemiólogo *m.* 유행병 학자. 전염병 학자.
epiderme *f.* [解·動·植] 표피(表皮). 외피(外皮). 세포성 표피(細胞性表皮). 외층(外層). 피부.
epidérmico *a.* 표피의. 외피의. 겉가죽의. 피부의.
epididimite *f.* 부고환염(副睾丸炎).
epidídimo *m.* 부고환(副睾丸).
epifania *f.* ①[宗] 구세주의 나타남. 주현제(主顯祭 : 1월 6일. 크리스마스날부터 12일째 날). ②(초인(超人)의) 출현. 나타남.
epifenomeno *m.* [醫] 부현상(副現象). 수반현상(隨伴現象).
epifilo *a.* [植] 잎사귀의 위의. 엽상(葉上)의. (균(菌) 따위) 잎사귀 위에서 사는.
epifise *f.* [解] 골단(骨端). 상생체(上生體).
epifitia *f.* 식물(植物)의 유행병.
epifito *m.* 착생식물(着生植物). 기생(寄生) 식물.
— *a.* 표피에 착생하는.
epifleose *f.* 식물의 상피(上皮).
epifonema *m.* [修] 감탄적 결어(感嘆的結語). 영탄적(詠嘆的) 결어.
epifora *f.* [醫] 누루(淚漏). 유루증(流淚症).
epifrase *f.* [修] 부연어법(敷衍語法).
epigastralgia *f.* [醫] 상복통(上腹痛).
epigástrico *a.* 윗배의. 상복부(上腹部)의.
epigástrio, epigastro *m.* [解] 윗배. 상복부. 위부(胃部).
epigenese, epigenesia *f.* [生物] 배종(胚種)·기관(器官)의 신생(新生). 후성설(後成說). 점성설(漸成說 : 생물의 발생은 점차 분화에 의한다고 함).
epigenia *f.* 결정체(結晶體)의 변질 현상.
epigeo *a.* [植] 지상(地上)의. 지상생(生)의.

epigino *a.* [植] 자방하위(子房下位)의. 암술상위(雌蕊上位)의.

epiginomeno *m.* [醫] 우발증후(偶發症候).

epiglote *f.* [解] 에피글로티스.

epiglótico *a.* 에피글로티스의.

epígrafe *f.* ①제명(題銘). 비명(碑銘). 비문(碑文). ②(책머리의) 제사(題詞). 제사(題辭). ③인용구(引用句). ④표어. 격언(格言).

epigrafia *f.* 비명 연구. 금석학(金石學). 제명학.

epigráfico *a.* ①제명의. 비명(비문)의. ②제사의. 제명학(題銘學)의.

epigrama *m.* ①풍자시(諷刺詩). 짤막하고 교훈되는 말 또는 시. ②경구(警句). 경어(警語).

epigramático *a.* 풍자시(적)의. 경구적. 경구 같은.

epigramatista *m., f. epigrama* 작가. 경구가(警句家).

epigramatizar *v.t., v.i.* 경구로 짓다. 풍자시를 짓다. 풍자시투로 짓다.

epilação *f.* 털뽑기. 탈모(脫毛).

epilatório *a.* 털을 없애는. 탈모케 하는. 털 없애는 데에 효력이 있는.
— *m.* 탈모제(脫毛劑).

epilepsia *f.* [醫] 지랄병. 간질병(癎疾病). 전가(癲癎).

epiléptico, epilético *a.* 지랄병의. 간질병의. 전간의. 간질성(性)의.
— *m.* 지랄병 환자.

epileptiforme *a.* 간질유사(癎疾類似)의.

epilogação *f.* 결론짓기. 종사(終詞)를 달기. 종곡(終曲)하기. 후주하기.

epilogar *v.t.* 결론을 짓다. 끝말(終詞)을 짓다. 종곡(終曲)을 하다. 요약하다.

epílogo *m.* ①(문예작품의) 발(跋). ②[劇] 끝말. [樂] 종곡(終曲). 후주(後奏). ③(문장·시가(詩歌) 등의) 결론. 결문(結文). 결어(結語).

epinício *m.* 개선가(凱旋歌).

epipétalo *a.* [植] 화판상(花瓣上)에 나는.

epiplocele *f.* [醫] 장망막(腸網膜) 헤르니아.

epiploite *f.* [醫] 장망막염(炎).

epíploo, epíploon *m.* [解] 장망막(腸網膜).

epiquirema *m.* [論] 견강추리(牽强推理). 견강삼단론법(牽强三段論法).

episcopado *m.* ①[敎會] 비숍 제도. ②감독정치. ③감독(주교·사교)의 직(임기).

episcopal *a.* 비숍(사교(司敎)·주교(主敎)·감독)의.

episódico *a.* 삽화의. 삽화적인. 대화의.

spisódio *m.* ①[옛 그리스 悲劇] (두 합창 사이에 넣는) 대화(對話). [樂] 삽입곡. [映] 연속극(連續劇)의 한 토막. ②(소설·극의) 삽화. ③삽화적 사건.

epispástico *a.* 자극성의.
— *m.* 자극제.

episperma *m.* [植] 외종피(外種皮).

epispermático *a.* 외종피의.

epistaxe, epistaxis *f.* [醫] 코피(鼻出血).

epistílio *m.* [建] 갓나무. 평방(平防). 처마도리.

epístola *f.* ①편지. 서한. 신서. (옛날의) 서한체의 시문(詩文). ②[聖] 사도서한. 사도서(신약성경 중의).

epistolar *a.* 편지의. 서한의. 서한문체의. 편지에 의한.

epistolário *m.* ①성한(聖翰 : 사도서의 발췌). ②미사중에 낭송(讀誦)하는 사도서.

epistolografia *f.* 서한문 작성법(書翰文作成法).

epistológrafo *m.* 서한문 편찬자. 서한문학자.

epístrofe *f.* [修] 결구반복(結句反覆). 첩구(疊句) : 시의 절구 끝마다 같은 말을 되풀이 하는 것.

epitáfio *m.* 비명(碑銘). 비문(碑文). 비문체의 시문(詩文).

epitalâmico *a.* 축혼가의.

epitalâmio *m.* 축혼가(祝婚歌).

epitelial *a.* [解] 상피(上皮)의. 상피성의. 상피 세포의. 피막의.

epitélio *m.* [解·生理] 상피(上皮). 상피 세포. 피막(皮膜).

epitelioma *m.* [醫] 상피종양(上皮腫瘍).

epitetar *v.t.* 형용사를 달다. 별명을 붙이다.

epitético *a.* 성질을 표시하는 형용사(명사)의. 품질 형용사의. 별명의.

epíteto *m.* ①성질을 표시하는 형용사 또는 명사. 품질형용사(品質形容詞). ②별명.

epitomador *m.* 발췌를 만드는 사람. 요약(개요)하는 사람.

epitomar *v.t.* …의 발췌(개요)를 만들다. 요약하다.

epítome *m.* 발췌(拔萃). 개략(概略). 대요(大要). 초록(抄錄).

epitróclea *f.* [解] (팔꿈의) 척골(尺骨)의

끝(때리면 짜릿한 뼈).
epizoário *a*. 체외기생(충)의.
epizoários *m*.(*pl*.) 체외기생충(體外寄生蟲).
epizootia *f*. 가축 전염병; 말의 전염성 감기.
epizootico *a*. 가축 전염병의; 말의 전염 감기의.
época *f*. ①신기원(新紀元). ②(중요한 사건이 일어난) 시대. ③[地質] 기(期). 기(紀). 세(世). ④시절. 계절(季節).
fazer época 새로운 시대를 열다.
napuela época 그 시대에. 그때에.
epodo *m*. (로마의 샤인 호라스가 쓴) 옛 서정시형. 가요의 제삼단.
epônio *m*. =*epônia*.
— *f*. 이름의 시조(始祖). (나라·땅·건물 따위의 이름의 유래가 되는 인명).
epopéia *f*. ①(한편의) 서사시(敍事詩). 사시(史詩). ②사시적 대사건(史詩的 大事件). 역사상 기념되는 사적(史蹟).
epsomita *f*. [化] 사리염(瀉利鹽: 황산마그네슘).
epuabilidade *f*. 평등. 균등(均等). 일양(一樣).
epuação *f*. ①같게 하기. 균분법(均分法). ②[數] 방정식(方程式). ③[天] 시차(時差). 균차(均差).
epuação química 화학방정식.
apuação do tempo 시차(時差).
equador *m*. 적도(赤道). 적도선. 주야 평분선(平分線).
equador magnético 자적도(磁赤道).
Equador *m*. (남미) 에콰도르 공화국(共和國).
equânime *a*. ①(마음이) 고요한. 평온한. 침착한. 태연자약한. ②공평한.
equanimidade *f*. (마음의) 고요함. 평정. 침착. 태연자약.
equatorial *a*. 적도의. 적도 근처의.
— *m*. 적도의(赤道儀).
equatoriano *a*. 에콰도르(공화국)의.
— *m*. 에콰도르 사람.
equável *a*. 한결같은. 고른. 균등한. 평등한.
eqüestre (발음: 에꿰에스뜨레) *a*. 말타는. 말타기의. 승마(乘馬)의. 기마(騎馬)의. 마술(魔術)의.
estátua eqüestre 승마상(像).
exercícios eqüestre 곡마(曲馬).
eqüevo (발음: 에꿰에보) *a*. 같은 연령(同齡)의. 같은 연세의. 동갑의.

eqüiângulo *a*. 등각(等角)의.
triângulo eqüiângulo 등변삼각형(等邊三角形).
eqüidade *f*. ①공평. 공정. 공명정대. 정의(正義). 정리(正理). ②[法] 형평법(衡平法: 공평 과정에 관한 점에 있어서 관습법(불문률)의 불비를 보충하는 법률).
eqüídeo *a*. 말(馬)의. 말 같은.
eqüídeos *m*.(*pl*.) [動] 말. 말과(馬科).
eqüidistância *f*. 등거리(等距離).
eqüidistante *a*. 거리가 같은. 등거리의.
eqüidistar *v.i*. (+*de*). (…으로부터의) 등거리를 유지하다.
équidna *f*. [動] 바늘두더지(호주산; 난생(卵生). 포유(哺乳). 개미를 먹음).
eqüilateral, eqüilátero *a*. 등변(等邊)의.
— *m*. 등변형(形).
eqüilibração *f*. 평형. 균형. 평균 상태.
equilibrado *a*. 잘 평균된. 평형(균형)이 잡힌.
equilibrante *a*. 균형잡는. 평형케 하는. 균형을 유지하는.
— *m*. 평형력(平衡力).
equilibrar *v.t*. (두 개의 물건) 평형시키다. 균형 있게 하다. 평균하다.
—*se* *v.pr*. 균형을 갖다. 평균되다. 세력 균형을 유지하다.
equilíbrio *m*. 평균. 균형. 평형. 균세(均勢).
equilibrista *m*., *f*. ①평균 잡는 사람. ②줄타는 곡예사(曲藝師).
equimosar-se *v.pr*. (심한 타박상 따위로 인하여) 혈반(血斑)이 생기다. (피부에) 자홍색(紫紅色)의 얼룩이 생기다.
equimose *f*. (심장병 또는 심한 타박상 따위로 인하여 생기는) 혈반(血斑). 피하일혈(皮下溢血).
equimóstico *a*. 혈반의. 혈반성(性)의. 피하일혈(증)의.
eqüimúltiplo *m*., *a*. [數] 등배수(等倍數)(의). 등배량(量)(의).
equino *m*. [建] 만두형(饅頭形: 도리아와 이오니아식 건축 양식의 주관(柱冠)을 이루는 아치형).
eqüino *a*. 말(馬)의. 말 비슷한. 말에 관한.
equinocial *a*. 주야평분(平分)의. 주야평분시(時)의. 춘분의. 추분의.
flores equinociais 일정한 시간에 피거나 지는 꽃(定時開閉花).

equinócio *m.* 주야평분시(晝夜平分時). 춘분. 추분. [天] 춘분(추분)의 분점(分點). *equinócio da primvera* 춘분(春分)(점). *eqninócio do outono* 추분(秋分)(점).

equinococo *m.* [蟲] 포충(胞蟲 : 조충(條蟲)의 유충시대(幼蟲時代)).

equinodermas, equinodermes *m.(pl.)* [動] 극피동물(棘皮動物 : 불가사리·성게·해삼 등).

equinoftalmia *f.* [醫] 안검내면염(眼險內面炎).

equinoides *m.(pl.)* 성게. 성게류(類).

equinoxial *a.* =*equinocial*.

equinóxio *m.* =*equinócio*.

equipagem *f.* ①선원(船員). 승무원. 수행원. 일행. ②여행장비. 장구(裝具). 필요한 물건의 한 벌. ③군수(軍需). 군장(軍裝).

equipamento *m.* ①비품을 갖추기. 장구를 준비하기. 장비. [造船] 의장(艤裝). 의장용구(用具). [軍] 군장(軍裝).

equipar *v.t.* ①(사람에게 필요한 것을) 갖추어 주다. ②(배의) 의장을 하다. ③(군대를) 장비하다. 군수품을 공급하다. ④선원을 태우다.

equiparar *v.t.* …과 같다. …와 맞먹게 하다. 비견되게 하다.
—**se** *v.pr.* 맞먹다. 필적하다. 비견되다.

equiparável *a.* 대등(對等)하는. 비견(比肩)되는. 필적(匹敵)하는.

equipe *f.* ①(주로 운동·경기의) 팀. 파견단. ②조(組). 반(班).

equípede *a.* 똑같은 다리가 있는. 같은 크기의 다리가 있는. 동족(同足)의. [蟲] 같은 수(同一數)의 다리가 있는.

equipendência *f.* 동중(同重). 동가(同價). 대등(對等). 균력(均力).

eqüipolência *f.* ①힘의 균등. 균세(均勢) ; 등가치(等價値). ②같은 의의(同一意義).

eqüipolente *a.* 가치가 같은. 동등한. 균등한.
— *m.* 등가치물.

equiponderância *f.* 균중(均重). 균력(均力). 평균.

equiponderante *a.* 무게가 같은 동중(同重)의. 균중의. 균력의.

equiponderar *v.t.* 무게를 같게 하다. 평형되게 하다.
— *v.i.*, —**se** *v.pr.* 무게가 같아지다. 평형되다.

equipotencial *a.* [理] 등위(等位)의.

equisetáceas, equissetáceas *f.(pl.)* [植] 속새속(屬).

equissonância *f.* 이음(二音)의 협화음.

equíssono *a.* 두 소리가 같이 울리는. 두음이 협화하는.

equitação *f.* 승마법. 마술(馬術).

equitativo *a.* 공정한. 공평한. 정의(正義)의. 정당한. [法] 형평법상(衡平法上)의.

equivalênicia *f.* ①동가(同價). 등치(等值). 등량(等量). 균력. ②[化] 원자가. 원자등량. ③동격.

equivalente *a.* 동등의. 등가치(량)의. 비등한. 대등한. [化] 동가(同價)의.
— *m.* ①같은 가치. 등가(等價). ②동등한 물건 ; 동량물(同量物). ③[文] 동등어. 상당어구. [數] 대등(對等). [化] 등가량(等價量).

equivaler *v.i.* 가치를 같게(동일하게) 하다. 수량이 같아지다. 필적(匹敵)하다.

equivalve *a.* [解·動] (두 개의) 판 또는 판막(瓣膜)이 똑같은. (조개의) 두 껍질이 똑같은. 동판(同瓣)의. 양판동대(兩瓣同大)의.

equivocação *f.* ①애매한 언사를 쓰기. 모호한 말을 써서 속이기. ②잘못. 틀림. 오류.

equivocamente *adv.* 애매하게. 두 가지 뜻(兩意)으로, 모호하게.

equivocar *v.i.* ①모호한 말을 쓰다. 애매하게 말하다. ②틀리기 쉽게 말하다. 틀리게 하다.
—**se** *v.pr.* 판단을 그르치다. 생각을 잘못하다. 착각하다. 틀리다.

equívoco *a.* ①두 가지 뜻으로 생각할 수 있는(해석되는). 다의성(多義性)의. ②애매한. 모호한. 수상한. 의심스러운.
— *m.* ①두 뜻(兩意). 다의성(多義性). ②(뜻의) 애매모호(糢糊). ③오류(誤謬).

equoreo *a.* [時] 바다의. 대해(大海) 같은. *equoreos campos* 대해원(大海原).

era *f.* 기원(紀元). 시대. 연대(年代). 연호(年號).

erado *a.* [動] 다 자란. 다 큰. (완전히) 성장한.

erário *m.* 《古》 국고(國庫). 재무부.

ereção *f.* ①직립(直立). 기립(起立). ②건

eréctil, erecto－erodente

설. 창설. 건립. ③건설물. ④설립. ⑤[生理] 발기(勃起).

eréctil, erecto *a*. ＝*erétil ereto*.

eremita *m*., *f*. 속세를 버린 사람. 둔세자(遁世者). 은자(隱者). 은둔자. 선인(仙人).

eremitério *m*. 외따로 떨어져 있는 집. 은자의 암자(庵子). 초암(草庵). 적적한 곳. 벽지(僻地).

eremítico *a*. 은자(隱者)의. 은자적.
vida eremítica 은둔생활.

éreo *a*. 청동(靑銅)의. 구리의. 청동으로 만든. 동제(銅製).

erétil *a*. 곧게 일으켜 세우는. 발기(勃起)시키는. 발기성(性)의. 꼿꼿이 바로 설 수 있는.

eretismo *m*. [醫] 자극. 과민증(過敏症). 이상흥분(異狀興奮). [生理] 발기(勃起).

ereto *a*. ①세운. 건립한. 건설한. 꼿꼿이 선. 기립한. 발기(勃起)한. 강직(强直)한.

eretor *a*. 세우는. 서게 하는. 기립(起立)시키는. 발기케 하는.
musculos eretores 발기근(勃起筋).
— *m*. 설립자. 창설자. 건설자. 건립하는 사람.

erg *m*. [理] 에르그(에네르기의 단위 ; 1 *dyne*의 힘이 물체에 작용하여 1cm 이동시키는 일의 양(量)).

ergástulo *m*. 감옥.《古》고대 로마의 지하감옥.

ergo *conj*. 그래서. 그렇기 때문에. 즉.

ergografo *m*. 작업기록계(計). [醫] 근력기록계(筋力記錄計).

ergometro *m*. 근력계(筋力計).

ergotina *f*. [藥] 에르고틴. 맥각소(麥角素).

ergotismo *m*. 맥각중독(麥角中毒). 맥각형성. 이삭이 사그라지는 병.

erguer *v.t*. ①올리다. 들어 올리다. (손을) 들다. 일으키다. 똑바로 세우다. ②짓다. 건설하다. 건립하다. ③높이다.《稀》인품을 높이다. 고상(高尙)하게 하다.
— **se** *v.pr*. ①오르다. 올라가다. (위로) 들리다. 높아지다. ②(누워 있는 자세로부터) 일어나다. 기립하다. ③나타나다. 발생하다.

erguido *a*. 일어난. 일어선. 기립한. 건립한. 설립한. (산(山)이) 솟은.

ericáceas *f*.(*pl*.) [植] 석남과(石南科) ; 석남의 꽃.

eriçado *a*. 머리털이 곧추 일어선. (공포 따위를 느낄 때의) 머리카락이 선뜻해진.

eriçar *v.t*. (머리털을) 곧추 일어서게 하다. 뻣뻣하게 하다.
— **se** *v.pr*. 머리카락이 곧추 일어서다 ; 선뜻해지다.

ericíneas *f*.(*pl*.) ＝*ericáceas*.

erigir *v.t*. ①(건물을) 짓다. 건립하다. ②창립하다. 창설하다. 설치하다. ③높이다. 오르게 하다. 승격(昇格)시키다.

eril *a*. ＝*éreo*.

erináceo *a*. 고슴도치의. 고슴도치 같은.

erinacídeos *m*.(*pl*.) [動] 고슴도치류(猬類).

erisimo *m*. [植] 십자과(十字科)의 식물.

erisipela *f*. [醫] 단독(丹毒).

erispelar *v.i*,. *v.t*. [醫] 단독에 걸리다(걸리게 하다).

erispelatoso *a*. 단독의. 단독성의.

eritema *m*. [醫] 홍진(紅疹). 홍반(紅斑).

eritrina *f*. 고발토화(華).

eritrocarpo *a*. [植] 붉은(紅色) 열매를 맺는.

eritrócito *m*. [生理] 적혈구(赤血球).

eritróide *a*. 대홍색(帶紅色)의.

eritrófilo *a*. [植] 빨간 잎사귀가 있는. 적엽(赤葉)의.

eritropsia *f*. [醫] 적색맹(赤色盲).

eritroxileas *f*.(*pl*.) [植] 고가과(古柯科) 식물.

ermar *v.t*. (어떤 지방에) 사람이 못 살게 하다. 인가(人家)를 없애다 ; 적막한 땅으로 만들다. 황폐케 하다.
— **se** *v.pr*. 인가가 없어지다 ; 적막해지다. 황폐해지다.

ermida *f*. ①외따로 떨어져 있는 절간. 산사(山寺). 궁벽한 곳(벽지)의 교회. ②은자(隱者)의 암자(庵子). 초암(草庵).

ermitania *f*. (외딴 곳에 있는) 절의 지기(寺院守)의 직책.

ermitão *m*. ①은자(隱者). 은둔자. ②벽지(僻地)의 절간지기. ③[動] 게(蟹)의 일종.

ermitério *m*. ＝*eremitério*.

ermitôa *f*. ＝*ermitão*의 여성형.

ermo *a*. ①사람이 살지 않는. 주민이 없는. 무인지대의. ②적적한. 적막한. 쓸쓸한. 외로운. ③부족한. 결핍되는.
— *m*. 주민이 없는 곳. 무인지대. ②적막함. 쓸쓸함. 외로움.

erodente *a*. 썩는. 썩히는. 부식(腐蝕)하는. 침식(浸蝕)하는. (마음을) 좀먹는. 풍식(風蝕). ②[醫] 미란(糜爛).
erosão f. 침식(浸蝕). 부식(腐蝕).
erosivo a. 부식성의. 침식성의. 침식적.
erotemático a. [修] 의문체(疑問體)의.
eroticas f.(pl.) 연애시(詩). 연애론(論).
erótico a. 연애의. 색정(色情)의. 애욕(愛慾)의.
— m. 연애. 색정.
erotismo m. 성애(性愛). 성애적 기분. 정욕(情慾). 호색성(好色性). [醫] 성욕앙진(性慾昂進).
erotomania f. 색에 미치기. 색광(色狂). [醫] 색정광(色情狂).
erotomaníaeo, erotomano m. 색에 미친 사람. 색정광자(者).
erpetografia f. 파충론(爬蟲論).
erpetologia f. 파충학.
erpetologista m., f. 파충학자.
erpetólogo m. 파충연구가. 파충학에 정통한 사람.
errabundo a. 떠돌아 다니는. 방랑의. 유랑(流浪)의.
erradamente adv. 잘못하여. 실수하여. 부정(不正)하게. 그릇되게.
erradicação f. ①근절(根絶). ②뿌리를 뽑기. 발근(拔根).
erradicante a. ①[醫] 근절하는. ①뿌리 빼는(뽑는).
erradicar v.t. 뿌리째 빼다. 근절하다.
erradicativo a. 근절적. 근절하는.
erradicável a. 뿌리째 뺄 수 있는; 근절 가능한.
erradio a. 떠돌아다니는. 방랑(放浪)하는. 유랑하는. 방황(彷徨)하는. 사도(邪道)에 들어간.
errado a. 틀린. 잘못한. 실수한. 길을 잘못 접어든. 방향을 잃은.
ligação errada [機·無線] 틀린. 연결 번호가 맞지 않음.
andar errado 그르치다. 잘못하다.
errante a. ①틀리게 하는. 잘못되게 하는. 실수케 하는. 여러 곳으로 돌아다니는. 유랑하는. 방랑하는. 거처부정(居處不定)의. 헤매는. 방황하는.
errar v.t. ①틀리게 하다. 실수케 하다. ②(…을) 잘못하다.
— v.i. ①그르치다. 잘못하다. 실수하다. ②생각을 잘못하다. ③처신을 잘못하다. ④길을 잘못 들다. 방향이 틀리다. ⑤

방랑하다. 유랑하다.
errar a conta 계산을 잘못하다. 오산하다.
errar o alvo 목표(과녁)에 잘못 맞추다.
errata f. 오류(誤謬). 오자(誤字). 오식(誤植).
erratas (pl.) 정오표(正誤表).
errático a. 떠돌아다니는. 방랑하는. 유랑(流浪)하는. [醫] 이동하는. 변동하는. [地質] 표이성(漂移性)의.
estrelas erráticas 떠돌이별. 행성(行星). 혹성(惑星).
febre errática 부정간헐열(不整間歇熱).
errino a. 재채기하게 하는.
— m. 재채기하게 하는 물건. 최체물(催嚔物).
erro m. ①잘못. 오류. 잘못된 생각. 오착(誤錯). ②과오. 과실(過失). 실수. 유견(謬見). ③이정(離正). 비행. [數·科字] 오차(誤差). [法] 착오. 오심(誤審).
erro tipográfico 인쇄의 착오. 오식(誤植).
erro crasso. 큰 실수. 실책.
errôneo a. 틀린. 잘못한. 착오의. 그릇된.
erronia f. =*êrro*.
eructação f. 트림하기. 내뿜기. 토출(吐出). 분출.
eructar v,t. 트림하다. 내뿜다.
erudição f. 박학(博學). 박식.
eruditamente adv. 학문이 넓게.
erudito a. 학문이 넓은. 박학한. 박식한.
— m. 학문이 넓은 사람. 학자.
eruginoso a. 녹슨. 녹에서 생긴. [植] 녹병에 걸린.
erupção f. ①(화산의) 폭발. 분화. (용암 간헐천(間歇泉) 등의) 분출(噴出). ②[醫] 발진(發疹). 뽀루지의 발생. ③(분노·울분의) 폭발. (병·전쟁 등의) 발생. 발발.
eruptivo a. 분출의. 분화의. 분화에 의한. 분출성의. 폭발적. 폭발성의. [醫] 발진성의.
erva f. 풀(草). 초목. 초본(草本).
erva-andorinha 애기똥풀(농동우 미나리아재비).
erva-babosa 노회속(蘆薈屬)의 약초.
erva-botão 꽃이 피는 일종의 약초.
erva-canuda 목초(牧草)의 일종.
erva-crina 매트리스 따위의 속에 넣는 재료로 되는 일종의 잡초(雜草).

erva-diuretica 석남과(石南科)의 약초.
erva-cidreira 향수 박하(薄荷).
erva-doce 대회향[미나리과].
erva-leiteira 우유같은 진이 있는 약초.
erva-mate 맛떼차(파라과이 차).
ervas (*pl.*) 야채.

ervaçal *m.* 풀밭. 초원(草原). 목장·목초지(牧草地); 잡초.

ervado *a.* ①풀이 나 있는. 풀이 자란. 풀 많은. ②(화살 따위에) 약초의 진을 바른.

ervagem *f.* ①풀이 무성한 곳. 잡초가 빽들어선 땅. ②야채류(野菜類).

erval *m.* 맛떼차 밭.

ervanário *m.* (옛적의) 식물학자. 본초가(本草家). 약초상(藥草商).

ervar *v.t.* (화살 따위에) 독초(毒草)의 진을 바르다.

ervateiro *m.* ①맛떼차(茶) 장수. ②맛떼차를 채취하는 사람.

ervecer *v.i.* (땅에) 풀이 나다. 풀이 자라다.

ervedeiro *m.* [植] 석남과(石南科)의 작은 나무(딸기 비슷한 열매를 맺음).

ervilha *f.* [植] 완두(豌豆)(콩).
ervilha de cheiro 사향연리초. 스위트 피. 《英》*sweet pea*.

ervilhaca *f.* [植] 새콩속(鳩豆). 살갈키속.

ervilhal *m.* 완두콩 밭.

érvodo *m.* =*ervedeiro*.

ervoso *a.* ①풀많은. 풀이 무성한. ②풀의.

esbaforido *a.* 숨이 가쁜. 숨찬. 헐떡거리는.

esbaforir-se *v.pr.* 숨차다. 헐떡거리다.

esbaganhar *v.t.* 삼깍지(麻殼)를 제거하다 (훑다).

esbagoar *v.t.* (포도 따위의 여러 개 모여 달린 "송이"에서) 열매 하나를 떼다.
— *m.* 열매가 떨어지다.

esbagulhar *v.t.* 씨를 떼내다. 핵(核)을 제거하다.

esbandalhado *a.* ①떼. 무리. 단체 등에서 떠난. ②흩어진. 이산(離散)한. ③부서진. 깨어진. 조각 난. 파괴된. ④찢진. ⑤패배한. ⑥혼란에 빠진.

esbandalhar *v.t.* ①떼. 무리. 단체 등에서 떠나게 하다. 떨어지게 하다. ②흐트러뜨리다. 분산시키다. ③산산이 조각나게 하다. 바수다. ④깨다. 찢다. ⑤바수다. 파괴하다. ⑥패배시키다.
—*se v.pr.* ①떼·무리 등을 떠나다. 단체에서 떨어지다. 흩어지다. 분산하다.

esbanjado *a.* ①허비한. 낭비한. 남비(濫費)한. 탕진한. 아낌없는(쓰는 데에) 통이 큰. ③풍부한.

esbanjador *a., m.* 막 써버리는 (사람). 허비(낭비) 하는(자).

esbanjamento *m.* 막 써버리기. 허비. 낭비. 남비. 탕진.

esbanjar *v.t.* ①막 써버리다. 허비하다. 낭비하다. ②(재산을) 탕진하다. 산재(散財)하다.

esbarbar *v.t.* 껄껄한 면(粗面)을 매끄럽게 하다. 두틀두틀한 것을 평평하게 하다.

esbarrar *v.i.* ①(+com). (…에) 부딪치다. 우연히 만나다. 마주치다. (…와) 충돌하다. ②어찌할 바를 모르다. 진퇴유곡에 처하다.

esbarro *m.* ①부딪치기. 마주치기. 충돌. ②서로 밀치기. 떠밀기. ③가도 오도 못함. 진퇴유곡한 (상태).

esbarrocamento *m.* ①허물어짐. 붕괴(崩壞). ②떨어짐. 추락(墜落).

esbarrocar *v.i.,* —*se v.pr.* ①(땅 또는 쌓아올린 것이) 허물어지다. 붕괴하다. 떨어지다. 떨어져 들어가다. 추락하다.

esbarrondadeiro *m.* 낭떠러지. 절벽. 애(崖).

esbarrondamento *m.* ①허물어지기. 붕괴. ②분쇄(粉碎). 추락(墜落).

esbarrondar *v.t.* 허물어뜨리다. 깨뜨리다. 바수다. 가루로 만들다.
— *v.i.* ①(땅이) 허물어지다. 붕괴하다. ②산산이 부서지다. ③낭떠러지(絶壁)에서 떨어지다. ④(높은 곳으로부터) 추락하다.

esbater *v.t.* ①(그림을) 떠오르듯이 그리다. (농담(濃淡)으로) 윤곽이 선명하게 하다. ②부조(浮彫)하다.

esbatido *m.* ①(색의 농담으로) 그림의 윤곽을 뚜렷하게 하기. ②부조(浮彫).

esbatimento *m.* ①(그림을) 떠오르게 그리기. (농담으로) 윤곽을 선명하게 나타내기. ②(조각(彫刻)의) 부출(浮出).

esbeiçar *v.i.* 입술을 내밀다.

esbeltar *v.t.* 우미(우아)하게 하다. 날씬하게 차리게 하다.

esbeltez, esbelteza *f.* ①우아. 우미. 화사(華奢). ②날씬함. 홀쭉함.

esbelto *a.* ①우아한. 우미한. ②날씬한. 홀쭉한. ③가는. 약한.

esbirro *m.* ①(옛 로마의) 잡무를 주관하는

esboçado *a.* 대강 그린. 윤곽을 그린. 초안을 뜬. 초서한. 스케치한.

esboçar *v.t.* 대강 그리다. 윤곽을 그리다. 초안을 잡다. 초서하다. 스케치하다.

esboceta *m.* 작은 스케치. 작은 모형.

esbôço *m.* ①(그림 그리기 전의) 대강 그린 것. 윤곽을 그리기. 점묘(點描). 그림 초안(草案). 도안(圖案). 초서. ②(조각하기 전의) 대강 새기는 것. 윤곽을 도려내기. ③모형.

esbodegado *a.* ①몹시 피곤한. 녹초가 된. 늘어진. 나른한. 기운 없는. ②몸맵시 없는. 돌보아 줌이 없는. 질서 없는. (말고삐 따위) 느스러진. 느슨한.

esbodegar *v.t.* ①몹시 피로케 하다. 녹초 되게 하다. ②상하게 하다. 못쓰게 만들다. 깨뜨리다. 《俗》토막토막 끊다.
—**se** *v.pr.* ①기진맥진하다. 늘어지다. 녹초가 되다. ②(말고삐 따위) 느스러지다.

esbofado *a.* ①기진맥진한. 녹초가 된. ②숨이 찬. 헐떡거리는.

esbofar *v.t.* ①피로케 하다. 녹초가 되게 하다. ②숨차게 하다. 헐떡거리게 하다.
— *v.i.*, —**se** *v.pr.* ①몹시 피로하다. 녹초가 되다. ②숨차다. 헐떡거리다.

esbofetear *v.t.* 뺨을 치다.
—**se** *v.pr.* 지기의 뺨을 치다.

esbombardear *v.t.* =*bombardear*.

esborcelar, esborcinar *v.t.* 가장자리를 떼어 버리다. 모를 자르다. 모서리를 깎다(죽이다). 언저리를 없애다. 모난 면(面)을 깎아 버리다.

esbordoar *v.t.* 곤봉으로 때리다(치다).

esbornia *f.* 술마시고 노래 부르며 떠드는 것. 유흥.

esboroamento *m.* 분쇄. (흙덩어리를) 깨뜨리기.

esboroar *v.t.* 가루로 만들다. 바수다. 부스러뜨리다. 분쇄하다. 산산히 조각나게 하다.
—**se** *v.pr.* 가루가 되다. 부서지다. 산산히 조각나다. (흙덩어리가) 깨뜨러지다.

esborôo *m.* =*esboroamento*.

esborrachado *a.* 눌러 찌그러뜨린. 밟아서 깨뜨린.

esborrachar *v.t.* 눌러 찌그러뜨리다. 밟아 깨뜨리다.

esborralhar *v.t.* ①(화로 또는 부엌 안의) 붙는 불을 뒤지다. ②허물어뜨리다. 깨뜨리다. ③분열시키다.
—**se** *v.pr.* ①허물어지다. 붕괴하다. ②경솔하게 말하다.

esborratar *v.t.* (잉크 등의) 오점을 찍다. 얼룩을 만들다. 더럽히다.

esbracejar *v.i.*, *v.t.* ①팔을 흔들다. 팔을 움직이다. 팔을 쓰다. ②(물체가) 흔들리다. 움직이다. ③싸우다.

esbraguihado *a.* 바지(쓰봉)의 단추가 열려 있는.

esbranquiçado *a.* 약간 흰.

esbraseado, esbrazeado *a.* ①붉게 탄. (쇠가) 붉게 단. 빨갛게 된. 작열한. ②낯이 붉어진. 빨강.

esbrasear, esbrazear *v.t.* 붉게 태우다. (쇠 따위) 빨갛게 달구다. 작열(灼熱)케 하다.
— *v.i.* ①붉게 타다. (쇠가) 빨갛게 달다. 작열하다. ②낯을 붉히다.

esbravear *v.t.*, *v.i.* =*esbravejar*.

esbravejar *v.t.*, *v.i.* ①흥분하여 이야기하다. 노하여 고함지르다. 격노하다. ②(기성이) 거칠어지다. ③(사자·범 따위가) 포효하다. 사나워지다.

esbugalhado *a.* (눈이) 튀어 나온. (눈을) 부릅뜬.
olhos esbugalhados 튀어 나온 눈(밤처럼 생긴 눈: 율안(栗眼).

esbugalhar *v.t.* ①(나무에서) 밤을 따다. 밤을 벗겨내다. 마늘 알을 뜯다. ②눈을 부릅뜨게 하다.
— *v.i.* (눈을) 부릅뜨다. 눈알을 희번덕거리다.

esbulhador *a.*, *m.* 속여서 빼앗는 (사람). ②약탈하는 (자). 박탈하는 자. 치탈자(褫奪者).

esbulhar *v.t.* ①(+*de*). (사람에게서) 속여서 빼앗다. 횡령하다. ②약탈하다. 박탈하다. 치탈하다.

esbulho *m.* ①약탈. 박탈. 횡령. ②빼앗은 물건. 약탈물. 전리품(戰利品).

esburacado *a.* 구멍이 뚫린. 구멍이 많은. 구멍투성이의.

esburacar *v.t.* (구멍을) 뚫다. 파다.
—**se** *v.pr.* 구멍이 뚫리다. 구멍투성이 되다.

escabeche *m.* ①소스의 일종(생선 요리에

escabelado *a.* 머리칼이 흐트러진. 헝클어진. 빗지 않은. 난발(亂髮)의.

escabelar *v.t.* (머리카락을) 헝클다. 흩트리다.
—**se** *v.pr.* 머리카락이 헝클어지다. 난발(亂髮)이 되다.

escabêlo *m.* ①(등을 기대어 대는 것이 없는) 의자(椅子). ②(구두 따위 신을 때의) 발 올려 놓는 대. 답대(踏臺).

escabichador *m.* ①보잘것없는 것을 탐색 (연구)하기 좋아하는 사람. ②뒤지기 좋아하는 이. ③호기심이 많은 사람.

escabichar *v.t.* ①보잘 것 없는 것을 탐색 (연구)하다. ②부질없이 뒤져보다. ③닭이 (먹을 것을 찾기 위하여) 땅을 긁어 파다. 파헤트리다.

escabiosa *f.* [植] 채꽃속(屬).

escabioso *a.* 옴에 걸린. 헌데. 딱지투성이의.

escabreação *f.* ①몹시 화냄. 격노. ②믿지 않음. 불신(不信). 의심.

escabreado *a.* ①몹시 화낸. 격노한. ②믿지 않는.

escabrear *v.t.* ①화나게 하다. 골나게 하다. (신경을) 날카롭게 하다. ②괴롭히다. 못살게 굴다. ③의심하다.
— *v.i.* ①성나다. 화내다. 노하다. 진정 못하다. ②의심하다. 믿지 않다. ③걱정하다. 깜짝 놀라다.

escabrosidade *f.* ①거칠음. 울퉁불퉁함. 요철(凹凸)이 심함. ②바위가 많음. 험준(險峻). 간난(艱難). 노고(勞苦). 다난(多難). ③조잡함. 야비함. 인색함.

escabroso *a.* ①거친. 까끌까끌한. 울퉁불퉁한. ②험한. 험준한. ③어려운. 곤란한. 다난한. ③조잡한. 야비한. 인색한.

escabulhar *v.t.* 각피(殼皮)를 없애 버리다.

escacar *v.t.* 바수다. 파편으로 만들다.

escachar *v.t.* 쪼개다. 길이로 쪼개다. 찢다. 분열시키다. 두 동강이 나게 하다. (장작·화목 따위를 패다).

escachelado *a.* 쇠약한. 노쇠(老衰)한.

escada *f.* ①계단(階段). 층층대. 층층다리. ②사다리.
Aum:escadaria, escadório.

escada de mão 사다리.
escada de abrir 열고 닫는 사다리.
escada de corda 밧줄 사다리(야곱이 꿈에 보았다는 "하늘까지 닿는 사다리").
escada caracol 빙글빙글 돌아서 올라가는 계단(나선형 계단).
escadaria salva-vida 피난장치(사다리).

escadaria *f.* ①계단. ②(계단의) 한 단. 한 층. 층대.

escadelecer *v.i.* 졸리다. 잠들다.

escadinha *f.* ①작은 사다리. ②[植] 고가 속(古柯屬).

escafandrar *v.t.* ①잠수(潛水)하다. ②깊이 탐구(探究)하다.

escafandrista *m., f.* 《古》잠수부(潛水夫).

escafandro *m.* 잠수복(服). 잠수기(器).

escafeder-se *v.pr.* 살그머니(슬쩍) 도망가다. 달아나다. 뺑소니치다. 감쪽같이 없어지다.

escafocéfalo *a.* 주상두(舟狀頭)의.

escafóide *m.* [解] 주상골(舟狀骨)(손·발 따위의 꼴의).

escala *f.* ①척도(尺度). 측적. 축척(縮尺). ②저울눈. 자눈. (계량기의) 눈. ③비례척. ④비례(比例). 비율(比率). ⑤정도. 규모. ⑥(세)율. 세법(稅法). ⑦등급. 계급. ⑧(배의) 기항지(寄港地). (비행기의) 임시 정착지. [樂] 음계. 도레미파.
em grande escala 대규모로. 대량으로. 대폭.
em pequena escala 소규모로.
fazer escala [海·空] 기항하다. 중계 정착하다.

escalada *f.* 사다리로 오르기. [軍] 사다리로 성벽(누벽)에 오르기. (산 같은 데) 기어오르기.

escalado *a.* 사다리를 디디고 올라간. 기어오른.

escalador *m.* ①(성 따위를 공격할 때) 사다리를 디디고 올라가는 군인. 반성병(攀城兵). ②물고기를 말리는 사람.

escalamento *m.* =*escalada*.

escalão *m.* ①계단의 한 단(一段). ②[軍] 제형배치(梯形配置).

escalar (1) *v.t., v.i.* ①사다리를 디디고 올라가다. (성벽을) 사다리 타고 오르다. ②(산 같은 데) 기어 오르다. ③뛰어 넘어가다. ④파괴하다. 유린하다.
— (2) *v.t.* ①축척으로 그림을 그리다.

일정한 비율로 하다. ②(일을) 순번으로 배당하다.
— (3) *v.t.* 물고기를 말리다.

escalavrado *a.* 약간 부상(負傷)한. 경상을 입은.

escalavradura *f.* = *escalavramento*.
— *m.* 약한 타박상. 가벼운 부상. 경상(輕傷).

escalavrar *v.t.* ①약한 상처를 입히다. 긁힌 상처 나게 하다. ②표면을 깎다. 흠가게 하다.

escalavro *m.* 경상(輕傷).

escaldadela *f.* ①물 끓이는 그릇. 국 끓이는 냄비. ②끓는 물에 넣기. ③끓는 물에 데기(火傷).

escaldado *a.* ①물이 끓은. ②끓는 물에 넣은. ③끓는 물을 퍼부은. ④(달걀 따위) 끓는 물에 삶은. ⑤열탕(熱湯)에 덴. 화상한.

escaldador *a.* 끓는 물에 넣는. 끓는 물에 헹구는. 열탕에 데게 하는.
— *m.* 물 끓이는 사람(또는 그릇).

escaldadura *f.* ①끓는 물에 넣기. 헹구기. 끓는 물을 퍼붓기. ②끓는 물에 데기. 탕상(湯傷). 화상(火傷).

escaldante *a.* ①몹시 덥게 하는. 찌는 듯 더운. ②끓는 물(열)에 데게 하는.

escaldão *m.* ①끓는 물에 넣기. ②열탕에 넣기. 탕상(湯傷).

escaldar *v.t.* ①(그릇 따위를) 끓는 물에 넣다(헹구다. 소독하다). ②끓는 물을 붓다. ③끓는 물에 데게 하다. ④마르게 하다. ⑤생산력을 없애다.
— *v.i.* (물이) 끓다. 뜨거워지다. 데다.
—se *v.pr.* 물이 끓다. 끓는 물에 데다.

escaleno *a.* [幾] (삼각형의) 부등변(不等邊)의. [解] 사각(斜角)의. 비스듬한. *músculos escalenos* 사각근(斜角筋).

escaler *m.* 작은 배. 보트. 구명정.

escalfado *a.* 끓는 물에 넣은. (특히 달걀을 까서) 끓는 물에 넣어 삶은. 반숙한. *ovos escalfados* 까서 반숙한 달걀.

escalfador *m.* ①물 끓이는 그릇. 식탁용 풍로. 약탕관(藥湯罐). ②가열기(加熱器).

escalfar *v.t.* 달걀을 까서 끓는 물에 넣어 삶다. 반숙하다.

escalonar *v.t., v.i.* [軍] 사다리꼴(梯形)의 진을 치다(이루다).

escalpamento *m.* 머릿가죽(頭皮)을 벗기기.

eacalpar *v.t.* ①머릿가죽을 벗기다. ②욕을 퍼붓다.

escalpelar *v.t.* ①외과용의 메스로 베어 헤치다. 절개(切開)하다. ②분석 비판하다.

escalpélo *m.* 외과용의 작은 메스. 수술용 칼.

escalpo *m.* 머리칼이 붙어 있는 두피(頭皮)(북아메리카 토인들이 전리품으로서 포로의 머리에서 벗긴).

escalvado *a.* (산에) 나무가 없는.

escalvar *v.t.* ①나무(樹木)를 없애다. ②(토지 따위) 마르게 하다. 불모(不毛)의 땅으로 만들다. 황무지로 만들다.

escama *f.* ①(물고기의) 비늘. 비늘 모양의 물건. ②갑옷 비늘. 갑엽(甲葉). ③[植] (꽃눈의 봉오리를 보호하는) 아린(芽鱗). ④인편(鱗片). 인모(鱗毛). ⑤껍질. 깍지. [醫] 비듬.

escamação *f.* (물고기의) 비늘을 벗기기. 떼기.

escamadeira *f.* 비늘을 벗기는 여자.

escamado *a.* ①비늘을 벗긴. 비늘이 떨어진. ②기분 나쁜. 말버릇이 나쁜.

eacamador *m.* (물고기의) 비늘을 벗기는 (떼는) 사람.

escamadura *f.* 비늘을 벗기기(떼기).

escamar *v.t.* ①(물고기의) 비늘을 벗기다. 떼다. ②가죽을 벗기다. ③기분 상하게 하다. 노하게 하다.
— *v.i., —se v.pr.* ①비늘이 떨어지다. ②(칠한 페인트 또는 횟가루가) 푸석푸석 떨어지다. ③기분 나쁘다. 기분 상하다. 골내다.

escambar, escambiar *v.t.* 물물 교환하다. 교역(交易)하다.

escambo, escâmbio *m.* ①물물 교환. 교역. ②교역품(交易品).

escameado *a.* 비늘이 있는. 비늘에 덮인.

escamento, escameo *a.* = *escamoso*.

escamifero *a.* 비늘 있는. 유인(有鱗)의.

escamiforme *a.* 비늘 모양의. 인상(鱗狀)의.

escamígero *a.* 《詩》 비늘 있는. 비늘이 생기는.

escamisar *v.t.* = *descamisar*.

escamonea *f.* [植] 스카모니아(메꽃과: 시리아·소아시아산). 그 뿌리에서 얻는 수지(樹脂)(下劑).

escamoso *a.* (물고기 따위) 많은 비늘에 덮

escamoteação *f.* ①요술. 기술(奇術). ②손재주. 속임수.
escamoteador *m.* ①요술쟁이. 마술쟁이. 기술사(奇術師). ②손재주로 속이는 사람.
escamoteagem *f.* = *escamoteação*.
escamotear *v.t.*, *v.i.* 요술 부리다. 손재주 부리다. 눈을 속이다. 기만하다.
escampado *a.* 바람·비 따위 막을 것이 없는. 음폐소가 없는. 광야에 방치되어 있는.
— *m.* 바람·비 따위를 막을 것이 없는 곳.
escampo *a.* = *escampado*.
escamudo *a.* (물고기 따위) 비늘이 많은. 비늘투성이의.
escâmula *f.* 작은 비늘. 소인편(小鱗片).
escanção *f.* 식당의 급사. (특히) 손님에게 술(포도주)을 부으며 도는 급사.
escancara *f.* 뚜렷함. 명료함.
a escancara 또는 *as escancaras* 뚜렷하게. 공개적으로. 개방하여.
escancarado *a.* (문·창문 따위) 활짝 열린. 개방된.
escancarar *v.t.*, *v.i.* (입·문·창문·대문 따위를) 넓게 열다. 활짝 열어 놓다. 열리다. 개방하다. 개방되다.
escancelar *v.t.* (눈을) 크게 뜨다. (입을) 크게 벌리다.
escanchar *v.t.* 가운데로부터 양쪽으로 벌리다. 양쪽으로 펼치다. 양쪽으로 열어 놓다.
— *v.i.*, —*se v.pr.* 두 발을 벌리다. 벌리고 서다. 앉다. 다리를 벌리고 (말을) 타다.
escandalizador *a.*, *m.* 파렴치한 행동을 하 는 (자). 불명예로운 짓을 하는 (이). 부정 사건을 일으키는 (사람). 사도(邪道)에 이끄는 (사람).
escandalizar *v.t.* ①파렴치한 행동을 하다. 불명예로운 일을 하다. 부정 사건을 하다. ②반감을 일으키다. 분개시키다. ③중상하다. 험담하다. 죄를 씌우다. ④(상처를) 악화시키다.
—*se v.pr.* ①(파렴치한 행동·부정사건 등으로) 면목을 잃다. ②반감을 품다. 분개하다.
escândalo *m.* ①치욕. 불명예. 면목이 없음. ②추문. 추태. 의혹(疑惑) ③부정 사건. ④중상. 험담.
escandalosamente *adv.* 면목없이. 명예롭지 못하게. 파렴치하게. 수치스럽게.
escandaloso *a.* ①명예롭지 못한. 면목없는. ②수치스러운. 파렴치한. ③추문이 분분한. 추태를 벌이는. ④의혹을 자아내는. 부정한. ⑤더러운. 추잡한. 패륜한.
escandea *f.* 밀(小麥)의 일종.
escandescência *f.* ①백열(白熱). 작열(灼熱). ②열광.
escandescente *a.* ①백열의. 작열의. 백열케 하는. ②열광(하게) 하는.
escandescer *v.i.*, *v.t.* 백열하다(시키다). 작열하다(시키다). 타오르다. 끓다. 열광하다. 열광하게 하다.
escandinavo *a.* 스칸디나비아의.
— *m.* 스칸디나비아 사람. 북유럽 사람.
escandir *v.t.* 《詩》 음률을 맞추다. 음각(音脚)으로 나누다.
escanelado *a.* 다리가 가는. 몹시 쇠약한.
escangalhado *a.* ①부서진. 산산조각난. 파쇄(破碎)된. 허물어진. ②깨진. 훼손(毁損)된.
escangalhar *v.t.* ①부수다. 산산조각내다. 파쇄하다. 허물다. ②깨뜨리다. 훼손하다.
—*se v.pr.* 부서지다. 조각나다. 허물어지다. 깨지다. 손상하다. 훼손하다.
escangalho *m.* ①파괴. 파멸. ②혼란. 무질서. ③(산사태 따위를 막는) 방벽(防壁).
escanhoador *m.* 수염을 깨끗이 깎는 사람.
escanhoar *v.t.* 수염을 깨끗이 깎다. 면도를 깨끗이 하다.
—*se v.pr.* 자기의 수염을 깨끗이 깎다.
escanifrado *a.* (뼈와 가죽만 있는 듯이) 몹시 야윈.
escanifrar *v.t.* ①(뼈와 가죽만 있는 듯이) 몹시 야위게 하다. ②(용적(容積)을) 줄이다. ③(식물을) 말리다.
escanífre *m.* 뼈와 가죽만 남은 사람. 몹시 야윈 사람.
escaninho *m.* ①(오락장·홀 등의 공중이 모이는 곳에 있는) 소지품·모자·외투 따위를 넣어 두는 선반. ②서류함(書類函) 따위의 안을 구분한 것. ③금고(金庫) 내의 분벽(分壁). ④방구석. 비밀실(秘密室). 숨는 곳.
escano *m.* = *escabêlo*.
escansão *f.* ①(시의) 운율 분석. 운율에 따라 낭독하기. ②(텔레비전) 주사(走査).

escantelo *m.* 모. 모퉁이. 귀(隅). 구석진 곳. [競] 코너 킥.

escantilhão *m.* ①재거나 다루는 본위(本位). 표준. 표준 척도(尺度). 척도의 원기(原基). ②나무 또는 채소 따위를 심을 때 그 간격을 일정하게 하는 표준자(標準尺).

escanzelado *a.* 몹시 야윈. 매우 쇠약한.

escapada *f.* ①빠져 나감. 탈출. ②회피. 도피. (일의) 태만. ③경솔한 행동. ④과실.

escapadela *f.* ①빠져나가기. 탈출. ②도피. 기피. 회피.

escapamento *m.* ①빠져 나가기. 도주. 도망. 도피. ②(액체 따위) 새어 나오기. 누출(漏出). 누출량(量). [商] 누손(漏損). (전화 또는 비밀의) 누설. 탄로.

escapar *v.i.* ①새다. 새어 나가다. 빠져 나가다. ②(+de). 도망가다. 도주하다. 이탈하다. ③(병을) 면하다. (위험으로부터) 벗어나다. 피하다.
— **se** *v.pr.* ①몰래 뛰다. 도망가다. 뺑소니치다. ②의무를 회피하다. 일을 태만하다. 꾀부리다. ③(액체가) 새다. 새어 흐르다.

escapatória *f.* = *escaptório*.
— *m.* ①(질문 등에 대한) 핑계. 구실. 둔사(遁辭). 둔책(遁策). 변명. ②(의무의) 회피. 기피.

escape *m.* ①탈출(脫出). 탈주(脫走). 도주. 도망. 삼십육계(三十六計). ②(위험을) 회피하기. 면하기. ③(시계 톱니바퀴의) 방탈 장치(防脫裝置). 정동기(整動器).

escapo (1) *a.* (위험을) 면한. (위기를) 탈출한. 벗어난. 빠져 나온. 자유로 된.
— (2) *m.* (시계의) 방탈 장치. (시계) 정동기. (승강기 따위의) 통로. 환기갱(換氣坑). [機] 용광로의 연관(烟管). [植] 화경(花梗·花莖). [建] 기둥몸(柱身). 주체(柱體).

escapula (발음 : 에쓰까뿔올라) *f.* ①면함. 벗어남. ②회피. 기피. ③탈출. 도망. ④둔책(遁策).

escápula (발음 : 에쓰까아불라) *f.* ①일종의 구부러진 못(折釘). ②[解] 견갑골(肩胛骨).

escapular *a.* 어깨뼈의. 견갑골의.
veia escapular 견맥관(肩脈管).

escapulário *m.* ①수도사(修道士)의 어깨에 걸쳐 입는 옷. ②목에 거는 호신패(악마를 물리치며 몸을 보호한다는).

escapulir *v.t.* 놓치다. 놔버리다. 빠져 나가게 하다. 모면하게 하다.
— *v.i.*, **-se** *v.pr.* 빠져 나가다. 탈출하다. 탈옥(脫獄)하다. 도주하다. 달아나다.

escaqueado *a.* (紋章) 서양 장기판의 밭처럼 된.

escaqueirado *a.* (부서져) 가루가 된. 분쇄된. 산산조각난.

escaqueirar *v.t.* 깨뜨려 가루로 만들다. 분쇄하다.

escaques *m.(pl.)* 서양 장기판의 밭.

escara *f.* (부스럼·헌데 따위가 나은 뒤의) 흠집. 허물. 뜸자리. [醫] 썩은 살. 딱지. (양의) 개선(疥癬).

escarabídeos *m.(pl.)* [蟲] 갑충류(甲蟲類).

escarafunchador *m.* = *escabichador*.

escarafunchar *v.t.* ①(닭 따위) 땅을 휘젓치다. 땅을 긁어 파헤치다. 땅을 뒤지다. ②보잘 것 없는 것을 세심히 탐구하다. ③샅샅이 찾다. 수색하다. ④낱낱이 캐 묻다. 신문(訊問)하다.

escaramuça *f.* 작은 싸움. 작은 충돌. 소전투.

escaramuçador *a., m.* 작은 싸움하는 (자). 소전투를 하는 (군인). [軍] 척후병. 전방 수색병.

escaramuçar *v.i.* 작은 싸움을 하다. 사소한 논쟁을 하다. 소전투를 하다.

escaravelhar *v.i.* 무당벌레처럼 움직이다.

escaravelho *m.* [蟲] 무당벌레. 갑충(甲蟲).

escarcela *f.* (허리에 차는) 가죽주머니. 엽낭(獵囊).

escarcéu *m.* ①《詩》물결. ②큰 물결(巨浪). ③시끄러움. 함성.

escarcha *f.* ①서리(霜). ②설편(雪片).

escarchado *a.* 서리에 덮인.

escarchar *v.i., v.t.* 서리에 덮이다(덮이게 하다). 상해(傷害)를 입다(입히다).

escardilhar *v.t. escardilho*로 풀을 베다.

escardilho *m.* 풀 베는 일종의 괭이 또는 호미.

escarduçador *m.* 얼레빗으로 빗는 사람. 솔질하는 사람.

escarduçar *v.t.* 얼레빗으로 (양털을) 빗질하다. 솔질하다.

escareador *m.* 구멍을 크게 하는(뚫는) 연장(송곳의 일종).

escarear *v.t.* 구멍의 입구를 크게 하다. 넓

히다(나사못 따위를 꽂기 위하여).
escaricação *f.* [醫] 난자(亂刺). 난절(亂切). 방혈(放血). [農] 흙뒤지기.
escarificador *m.* ①[醫] 난자(난절)하는 사람. ②난절도(亂切刀). ③[農] 흙뒤적이는 기구, 교토기(攪土機). ④스파이크가 달린 도로 파괴기.
escarificar *v.t.* ①[醫] 난자하다. [外科] 난절하다. 방혈하다. ②[農] 흙을 뒤적이다.
escarlata *f.* ①심홍색. 황적색. 비색(緋色). ②심홍색의 비단(絹布).
escarlete *m., a.* 황적색(黃赤色)(의). 심홍색(深紅色)(의). 비색(緋色)의.
escarlatina *f.* [醫] 성홍열(猩紅熱). (때로는 형용사로도 씀).
  febre escarlatina 성홍열.
escarlatiniforme *a.* 성홍열 같은. 성홍열성(性)의.
escarlatino *a.* 황적색(黃赤色)의. 진홍색의.
escarmenta, escarmentação *f.* =*escarmento*.
escarmentado *a.* ①책벌 받은. 징계 받은. 견책 당한. ②책벌 받고 깨달은. 반성한. ③쓴 경험을 쌓은.
escarmentar *v.t.* 책벌하다. 징계(징벌)하다. 견책(譴責)하다.
  — *v.i.,* **—se** *v.pr.* ①벌 받다. 징벌 받다. 징계되다. ②벌 받고 깨닫다. ③쓴 경험을 얻다.
escarmento *m.* ①견책(譴責). 벌. 징벌. 징계. ②쓴 경험.
escarnação *f.* 뼈와 살을 발라내기(갈라내기). 뼈를 바르기.
escarnador *m.* ①[外] 란셋드. ②고기를 베는 칼. ③탐구자(探究者).
escarnar *v.t.* ①[外] 뼈와 고기를 분리하다. ②탐구하다.
escarnear *v.t.* =*escarnecer*.
escarnecedor *a., m.* 조롱하는 (자). 희롱하는 (자). 모욕하는 (자). 창피 주는 (자).
escarnecer *v.t., v.i.* ①(+*de*) (…을) 조롱하다. 희롱하다(당하다). 조소(嘲笑)하다. 창피를 주다(당하다). ②업신여기다. 경멸하다.
escarnecido *a.* 희롱 당한. 창피를 당한. 모욕 당한. 조롱 받은.
escarnecimento *m.* =*escárnio*.
escarnecível *a.* 조롱(희롱)할 만한. 모욕에 해당하는. 창피 받을 만한.

escarninho *a., m.* ①조롱하는 (사람). 희롱하는 (자). 야유하는 (자). 업신여기는 (사람). ②*escárnio*의 지소어.
escárnio *m.* ①조롱. 조소. 야유. 희롱. 기롱(譏弄). 놀려대기. ②창피주기. 모욕하기. ③경멸. 멸시.
escarnir *v.i.* =*escarnecer*.
escarola *f.* [植] 귀버섯(생채 요리에 쓰임).
escarolado *a.* ①(송치에서) 옥수수를 까낸. ②(기름기·먼지·때 따위를) 씻어 깨끗히 한. 잘 손질한. ③모자 없는. 무모(無帽)의. ④대머리의. ⑤뻔뻔한. 부끄러움을 모르는. ⑥경솔한.
escarolar *v.t.* ①(옥수수 따위) 낟알을 까다. ②(기름기·먼지·때 따위를) 씻어 깨끗이 하다. 잘 손질하다. ③지출하다. 지불하다.
  —se *v.pr.* 모자를 벗다. 탈모하다.
escarótico *a.* 부식성의. 가성(苛性)의.
  — *m.* [醫] 부식제.
escarpa *f.* ①심한 비탈. 가파른 경사. 낭떠러지. ②험한 고개. ③사단면(斜斷面). ④[築城] (바깥 호의) 안쪽 둑.
escarpado *a.* 가파른 경사를 이룬. 비탈이 심한. 험준한. (절벽이) 깎은 듯한.
escarpadura *f.* =*escarpamento*.
  — *m.* 심한 경사. 가파른 비탈. 낭떠러지. 절벽. 험한 고개.
escarpar *v.t.* ①경사를 가파르게 하다. 땅을 깎아 절벽처럼 되게 하다. ②[築城] 호(참호)의 안쪽 둑을 만들다.
escarpes *m.(pl.)* 쇠로 만든 신(鐵靴)(옛날에 고문하는 데에 쓰던).
escarpim *m.* ①무도화(舞蹈靴). ②일종의 슬리퍼.
escarradeira *f.* ①담토(痰吐). ②타구(唾具).
escarado *a.* ①침·가래 따위를 내뱉은. ②《俗》 있는 그대로의. 실물과 똑같은.
escarrador *m.* 침·가래 따위를 자주 뱉는 사람.
escarradura *f.* ①침·가래를 내뱉기. ②내뱉은 가래(痰).
escarranchar *v.t., v.i.* 다리를 벌리게 하다(벌리다). 벌리고 말타게 하다. 말타다.
escarrapachar *v.t.* =*escancharr*.
escarrar *v.t., v.i.* ①침·가래·피 따위를 내뱉다. ②폭언(暴言)을 던지다.
  escarrar sangue 피를 토하다.
escarro *m.* ①침·가래(痰). ②가래를 내뱉

기. ③침을 뱉을 만큼 더러운 사람 또는 사물.

escarva *f*. 꽂아 넣기. 감입(嵌入). 감접(嵌接).

escarvador *a*. 깎는. 꽂아 넣을 홈을 파는.
— *m*. 깎는(홈을 파는) 도구.

escarvar *v.t.* ①지면(地面)을 깎다. 땅을 뒤적이다. ②홈을 파다. ③침식(侵蝕)하다. 식배(蝕坏)하게 하다.

escarvoar *v.t.* 숯으로 그림 그리다. 숯으로 낙서하다.

escassado *a*. 부족하는. 모자라는. 결핍된. 희소한. 희귀한. (저금 따위) 다 써버린.

escassamente *adv*. 부족하게. 결핍하여. 불충분하게.

escassear *v.t.* 없어지게 하다. 결핍되게 하다. 부족되게 하다. 모자라게 하다.
— *v.i.* ①없어지다. 결핍되다. 부족하다. 모자라다. ②줄다. 감소되다. ③(수중에) 돈 한 푼 없이 되다.

escassez, escasseza *f*. ①결핍. 부족. ②희소. 희귀. ③인색(吝嗇). ④궁상(窮狀). ⑤기근. 흉년.
escasseza de dólares 달러의 부족.
escasseza de dinheiro 금전 부족.
escasseza de homens 사람(인력) 부족.

escassilho *m*. 작은 파편(小破片).

escasso *a*. ①(식량·금전 기타 생활 필수품이) 부족하는. 적은. 결핍하는. ②드문. 희귀한. 진기한. ③빈약한. 인색한.
— *m*. 인색한 사람. 깍쟁이.

escatologia *f*. ①[醫] 분변학(糞便學). ②(옛 생물의) 분석학(糞石學). ③외설문학(猥褻文學).

escatofago *a*. [蟲] 똥을 먹는. 똥을 먹고 사는.

escatofilo *a*. [蟲] 똥을 먹는. 먹고 사는. 똥 속에서 생육(生育)하는.

escava *f*. =*escavação*.

escavacado *a*. ①나무 조각으로 된. 부서진. ②초체(憔悴)한.

escavação *f*. ①땅을 파기. 발굴. ②파내려 간 곳. ③탐색(探索).

escavado *a*. ①땅을 판. 발굴한. ②구멍이 된.

escavador *a*. 땅을 파는. 탐색하는.
— *m*. ①땅파는 사람 또는 도구. ②탐색자.

escavar *v.t.* ①땅을 파다. 굴을 파다. 웅덩이를 만들다. 지면을 뒤적이다. ②나무(樹木)의 뿌리 둘레를 파다. ③탐색하다.
—*se v.pr.* 홈이 되다. 웅덩이가 되다. 발굴되다.

escaveirado *a*. 해골처럼 야윈. 뼈와 가죽만 남은. 병약한. 창백한. 혈기 없는.

escaveirar *v.t.* 몹시 야위게 하다. 뼈와 가죽만 남게 하다.

esclarecer *v.t.* ①밝히다. 명백하게 하다. 분명케 하다. 해명하다. 설명하다. ②고상하게 하다.
— *v.i.* (날이) 밝아오다. 환해지다. 뚜렷해지다. (하늘이) 맑아지다.

esclarecido *a*. ①밝은. 맑은. 환한. ②(애매한 점을) 밝힌. 명백하게 한. 분명한. ③해명한. 설명한.

esclarecimento *m*. ①밝히기. 명백하게 하기. 고상(高尙). 고귀.

esclavina *f*. 순례자가 입는 일종의 망토(외투).

esclerema *m*. [醫] 세포막(細胞膜)의 경화(硬化). [植] 세포벽(壁)의 경화.

esclerite *f*. 공막염(鞏膜炎).

esclerodermos *m.(pl.)* 경피어류(硬皮魚類).

escleroftalmia *f*. [醫] 건성안염(乾性眼炎).

escleroma *m*. [醫] 경질종(硬質腫).

esclerose *f*. [醫] 경화(硬化). 경화증(症).

escleroso *a*. 섬유질(纖維質)의. 섬유가 많은. 힘줄이 많은.

esclerótica *f*. [解] 백막(白膜). 공막(鞏膜).

esclerotite *f*. =*esclerite*.

esclusa *f*. 승강운하(昇降運河 : 수면(水面)의 고저를 여러 개의 수문(水門)으로 막아 물의 수평을 지으며 단계적(段階的)으로 통과하는).

escoado *a*. ①(액체·가스·증기 따위가) 샌. 새어 나온. ②흘러 나온. 스며 나온. 여투(濾透)한.

escoadouro *m*. ①배수구(排水溝). 배수관(管). ②배수구에 고인 물.

escoadura *f*. ①배수. ②배수량(量).

escoamento *m*. ①물을 빼게 하기. 배수. 하수. ②하수도랑. ③여과(濾過).

escoar *v.t.* ①하수도 설비를 하다. 물이 빠지게 하다. 조금씩 흘러 나가게 하다. (물·액체 따위) 조금씩 새게 하다. 한 방울씩 떨어지게 하다.
—*se v.pr.* ①(배수구를 통하여) 물이 흘

러 나가다. ②(액체·증기·가스 따위가) 새다. 한 방울씩 떨어지다. 조금씩 흐르다. ③시일이 경과하다. ④슬그머니 도망가다. 없어지다. 보이지 않게 되다. ⑤(비밀 따위가) 누설되다.

escocês *a.* 스코틀랜드의.
— *m.* 스코틀랜드 사람(언어).

escôda *f.* 석공(石工)이 쓰는 일종의 도구 (평평하게 하는).

escodar *v.t. escoda*로써 표면(表面)을 평평하게 하다.

escodear *v.t.* ①때를 벗기다. ②(방 따위의) 굳은 딱지를 떼다. ③굳은 겉껍질을 떼다. ④나무껍질을 벗기다. 곡식의 깍지(殼皮)를 벗기다.

escoimar *v.t.* ①과료(科料)를 면제하다. ②비난을 면케 하다.

escol *m.* ①정화(精華). 정수(精髓). ②선출된 사람. 인기 있는 선수 또는 배우. 정예(精銳). [軍] 정예부대.

escola *f.* ①학교. 학당. 배움터. 교실. ②수양(修養)의 수단. ③학파(學派). ④전교생(全校生). ⑤학설. 주의(主義). ⑥경험. 예(例).
escola primária 초급(초등)학교.
escola secundária 중등학교. 우급학교.
escola superior 분과대학.
escola normal 사범학교.
escola profissional 직업(공예)학교.
escola dominical 주일(主日)학교.
ir para a escola 학교에 가다.
sair da escola 학교에서 나오다. 퇴교하다.

escolar *a.* 학교의. 학교에 관한.
— *m., f.* 학생. 생도. 학도. 학자(學者).

escolástica *f.* 중세기(中世紀)의 스콜라 철학.

escolástico (1) *a.* 학교의. 학교에 관한. (옷차림·생활 등의) 학생적인. 학자(교사)식의.
— *m.* 학생.
— (2) *a.* 스콜라 철학의. 번쇄 철학자적.
— *m.* 스콜라(번쇄) 철학자.

escolecologia *f.* 연충학(蠕蟲學).

escolha *f.* ①골라잡기. 선택. 선발. ②정선(精選). 선거. 선정(選定). ③(여러 개 중에서 그 어느 하나를) 좋아하기.

escolhedor *m.* 고르는 사람. 뽑는 사람. 선택하는 자. 선출하는 자.

escolher *v.t.* ①(여러 개 중에서 하나를) 고르다. 골라잡다. 선택하다. 가리다. ②(선수·대표 등을) 뽑다. 선발하다. ③선거하다. 선출하다. 선정(選定)하다.
escolher entre A e B
A와 B의 그 어느 하나를 택하다. 양자택일(兩者擇一)하다.

escolhidamente *adv.* 골라서. 선택하여.

escolhido *a.* 고른. 골라 낸. 선택한. 뽑힌. 선출된.

escolhimento *m.* = *escolha*.

escolho *m.* ①암초(暗礁). 해안의 암석(岩石). ②위험. ③장애. 곤란.

escoliar *v.i.* 주해(註解)하다. 평주(評註)하다.

escoliaste *m.* 고전주해자. 평주자. 훈고자 (訓詁者).

escólio *m.* (그리스·로마의) 고전주해(古典註解). 주석. 평주(評註).

escolta *f.* ①호위. 경호(警護). 호송(護送). ②호위병. 호송선(船).
escolta de honra 의장병(儀仗兵).

escoltar *v.t.* 호위하다. 호송하다. 경위하다.

escomberóides *m.(pl.)* 고등어속(屬).

escombro *m.* [魚] 고등어.

escombros *m.(pl.)* 집(건축물)이 허물어진 잔재. 잔해(殘骸). 폐잔물(廢殘物).

escomunal *a.* = *descomunal*.

escondedor *m.* ①감추는 사람. 숨기는 사람. ②은닉자.

escondedouro *m.* = *esconderijo*.

escondedura *f.* 감추기. 숨기기. 은닉(隱匿). 은폐.

esconder *v.t.* ①감추다. 숨기다. 은닉하다. 모르게 두다. 덮어 버리다. 싸서 두다. 비밀로 하다. 잘 모르게 하다. ②얼굴을 내밀지 않다. 보이지 않다.
— *se v.pr.* 숨다. 잠복하다. 몸을 피하다. 피신하다. (사회의) 이목(耳目)을 피하다.

esconderijo *m.* ①숨는 장소. 잠복소(潛伏所). ②숨는 곳. 은닉처(隱匿處).

escondidamente *adv.* 숨어서. 감쪽같이. 남모르게. 암암리에.

escondidas *f.(pl.)* (아이들의) 숨박꼭질. (= *jogo das escondidas*).
às escondidas 숨어서. 비밀로.

escondido *a.* 숨은. 숨긴. 감춘. 은닉한. 은폐된. 잠복한.

escondimento *m*. 감추기. 숨기기. 은닉. 은폐.

eaconjuntar *v.t.* =*desconjuntar*.

esconjuração *f*. ①악마를 쫓아내기. 귀신을 물리치기. ②푸닥거리. ③귀신 쫓아내는 주문(呪文).

esconjurador *a.*, *m*. (귀신 쫓는) 주문을 외는 (사람). 푸닥거리 하는 (사람).

esconjurar *v.t.* ①서약(誓約)하다. 신(神)에 빌다. ②비는 말을 외다. (귀신 쫓는) 주문을 외다. ③귀신을 물리치다. 악마를 내쫓다.
——*se v.pr*. 한탄하다. 탄식하다.

esconjuro *m*. ①(귀신 물리치는) 주문(呪文). 저주(咀呪). ②푸닥거리. 악마를 쫓아내기.

esconso *a*. ①경사진. 비탈의. 언덕바지의. ②경사를 이룬. ③부정(不正)의. 불공평한. ④숨은. 비밀의.
à esconso 몰래. 비밀히.
—— *m*. ①경사. 기울기. ②숨은 장소.

escopeiro *m*. (선박용(船舶用)의) 역청(瀝青)을 칠하는 일종의 솔.

escopeta *f*. 15·16세기에 쓴 일종의 총 (小銃).

escopetada *f. escopeta*의 일제사격.

escopetar *v.t. escopeta*로 쏘다.

escopeteiro *m. escopeta*를 휴대한 병사. 《古》 소총병(小統兵).

escopo *m*. ①목적. 목표. 표적(標的). ②겨눔. 조준.

escopro *m*. (조각용의) 끌. 정.

escora *f*. ①기둥. 버팀대. 지주(支柱). 가름대(支桿). ②지지(支持). 원조. 보호.

escorado *a*. ①버팀대로 받친. (넘어지지 않게) 받친. ②지지받는. 보호된.

escoramento *m*. ①버팀대로 받치기. 괴기. ②도움. 원조.

escorar *v.t.* ①버팀대로 받치다. 버티다. 괴다. ②지지하다. 돕다. 보호하다.
——*se v.pr*. ①버팀대에 지지되다. 의지되다. ②…에 기대다. 기대어대다. 의지하다.

escorbútico *a*. [醫] 괴혈병(성)의. 괴혈병에 걸린.
—— *m*. 괴혈병 환자.

escorbuto *m*. [醫] 괴혈병(壞血病). 혈반병(斑病). 스콜부트.

escorçar *v.t.* [畵·彫刻] 원근법(遠近法)에 의하여 축화(縮畵)하다. 원근을 넣어서 그리다(파다).

escorchado *a*. (동물·나무 등) 가죽이 벗어진. 박피(剝皮)된.

escorchador *m*. ①(동물·나무 등의) 가죽을 벗기는 사람. ②꿀(蜂蜜)을 뽑는 사람. ③강탈자(强奪者).

escorchamento *m*. ①가죽을 벗기기. 박피(剝皮). ②꿀을 뽑기. ③빼앗기. 강탈.

escorchar *v.t.* ①(동물·나무 따위의) 가죽을 벗기다. 벌거벗기다. ②꿀집(꿀통)에서 꿀을 뽑아내다. ③빼앗다. 강탈하다. ④손해를 끼치다. ⑤외국말을 서투르게 하다.

escorcioneira *f*. [植] 국화과의 약초.

escôrço *m*. [畵·彫刻] 원근법에 의한 축화(縮畵). 축사(縮寫). 전면화법(前面畵法).

escória *f*. ①부스러기. 찌끼. 쇠똥(鎔滓). ②화산암재(火山岩滓). ③최하층민(最下層民). ④사회의 기생충적인 인간. 인간의 찌끼.

escoriação *f*. ①(동물·나무 등의) 가죽을 벗기기. 박피(剝皮). ②(과일의) 껍질을 깎아내기. ③피부에 상처를 입히기. ④벗겨진 자리. ⑤피부 벗어진 상처.

escoriar *v.t.* ①(동물 또는 나무의) 가죽을 벗기다. ②(과일의) 껍질을 깎다. ③피부를 벗겨 상처를 입히다. 스쳐 상처를 내다.

escorificação *f*. ①하소(煆燒). 금속 중에 포함되어 있는 이질물(異質物)을 달구어 뽑아내기. ②정련(精練).

escorificar *v.t.* ①하소법(煆燒法)에 의하여 금속 또는 광석 속의 찌끼를 빼내다. ②정련하다.

escorificatório *m*. 하소명(煆燒皿). 소용명(燒鎔皿).

escornar *v.t.* ①(소 따위) 뿔로 찌르다. 뿔로 떠밀다. ②학대하다. 천대하다. ③모욕하다. 경멸하다.
—— *v.i.* 뿔로 찌르듯 머리를 좌우로 흔들다.

escorneador *a*. 뿔로 찌르는(버릇 있는).

escornear *v.t.*, *v.i.* 뿔로 찌르다. 찌르는 버릇이 있다.

escornichar *v.t.* 자주 뿔로 찌르다.
——*se v.pr*. (동물의) 뿔에 찔리다.

escorpião *m*. ①[動] 전갈(全蝎)(무서운 독이 있음). ②[天] (황도성좌의 이름) 갈좌(蝎座). 천갈궁(天蝎宮).

escorpióide *a*. 전갈의 꼬리 모양을 한. 갈

미상(蝎尾狀)의. [植] 전갈의 꼬리처럼 감은(꼬부라진).
escorraçar *v.t.* ①몰아내다. 쫓아 버리다. ②천대하다. 학대하다.
escorralhas *f.* =*escorralho*.
escorralho *m.* (술통의 바닥에 남은 또는 테두리 등에 붙어 있는) 술찌끼.
escorrega *m.* 미끄러지기. 활주(滑走).
escorregadela *f.* ①미끄러지는 것. 한 번 미끄러지기. ②실수. 실각(失脚). 실착(失錯). 실책.
escorregadiço *a.* ①미끄러지기 쉬운. 빤질빤질한. 매끄러운. ②타락하기 쉬운.
escorregadio *a.* ①미끄러지기 쉬운. 잘 미끄러지는. ②위험한. 발디디기 어려운. ③곤란한.
escorregadouro *m.* 미끄러지기 쉬운 곳.
escorregadura *f.* ①미끄러지기. 슬라이드. 미끄럼 타기. 활주. ②실수. 실각(失脚).
escorregamento, escorregão *m.* ①미끄러지기. 미끄럼 타기. 활주. ②실각. 실수. 실책.
escorregar *v.i.* ①미끄러지다. 미끄러져 들어가다. ②실수하다. ③(나쁜 풍습·범행 등에) 빠져 들어가다. ④(세월이) 모르는 새 경과하다.
escorregável *a.* ①잘 미끄러지는. 미끄러지기 쉬운. ②위험에 빠지기 쉬운.
escorreito *a.* ①건강한. ②풍채가 좋은. ③원만한.
escorrer *v.t.* ①(물을) 짜내다. 흘러 내려가게 하다. ②한 방울씩 떨어지게 하다. ③다 써버리다.
— *v.i.* 물이 한 방울씩 떨어지다. 조금씩 흐르다. 흘러 내려가다.
escorrido *a.* ①(물을) 짜낸. 조금씩 흐른. 흘러 나온. 물이 다 빠진. (도랑을 따라) 물이 다 흘러 내려간.
escorrimento *m.* ①(물을) 짜내기. 퍼내기. (도랑 따위를 통하여) 흘러 내려 보내기. ②물방울을 떨구기.
escorropichadela *f.* (컵 또는 병에 든 술 따위를) 한 방울도 남김없이 다 마시기. 다 마셔버린 상태.
escorropichar *v.t.* 한 방울도 남기지 않고 다 마시다.
escorticação *f.* 나무껍질을 벗기기. 박피(剝皮).
escorticar *v.t.* 나무껍질을 벗기다.
escorva *f.* ①(옛날의 총·대포 등에) 화약 다져넣는 데. ②도화약(導火葯). 뇌관(雷管). ③점화공(点火孔).
escorvador *m.* 불붙이는 도구. 점화기(点火器).
escorvar *v.t.* [史] 화약을 재다. 뇌관을 달다. 발포 준비를 하다.
escova *f.* 브러시. 솔. *escova de dente* 칫솔.
escovadela *f.* ①솔질. ②구타(毆打). ③견책(譴責). 비난.
escovado *a.* 솔질한. 솔로 떨어 치운.
escovador *m.* 솔질하는 사람.
escovar *v.t.* ①솔로 떨어 치우다. 스쳐가다. 솔질하다. ②견책하다. 비난하다.
escoveiro *m.* 솔 만드는 사람. 솔장수.
escovém *m.* [船] 닻줄 구멍. 묘쇄공(錨鎖孔).
escovilha *f.* 금은세공물(金銀細工物)의 찌끼(깎아낸 끌테기 또는 줄로 쓴 가루 따위).
escrava *f.* 여자 노예(奴隸).
escravagem *f.* =*escravatura*.
escravaria *f.* 노예의 떼. 노예의 일단(一團).
escravatura *f.* ①노예 매매(賣買). ②노예의 경우(또는 상태).
escravidão *f.* ①노예의 신분. ②노예제도. ③노역(奴役). 고역(苦役).
escravista *a.* 노예의. 노예매매의.
— *m.* 노예제도 옹호자.
escravizar *v.t.* ①노예로 만들다. 노예로 취급하다. 노예로 일시키다. 사역하다. ②사로잡다. ③혼을 빼앗다.
escravo *m.* ①노예(奴隸). ②예속자(隸屬者). ③포로(捕虜). ④노예처럼 일하는 사람.
escravoneta *f.* 루비 비슷한 보석(寶石).
escrevaninha *f.* =*escrivaninha*.
escrevedor *a.*, *m.* ①글쓰는 (사람). ②흘려쓰는 사람.
escrevente *m.*, *f.* 글쓰는 사람. 서기. 서생(書生).
escrever *v.t.* (글씨를) 쓰다. (…을) 저술하다.
— *v.i.* 글씨를 쓰다. 글을 쓰다. 저술하다. (+*a*). (…에게) 편지를 쓰다.
escrevinhador *m.* ①흘려쓰는 사람. 갈겨쓰는 사람. ②보잘 것 없는 저작자.
escrevinhar *v.t.* ①흘려쓰다. 갈겨쓰다.

난필로 쓰다. 낙서하다. ②서투른 글체로 쓰다. ③보잘 것 없는 문장을 짓다.

escriba *m.*, *f.* 필기자. 필경(筆耕). 서가. 글씨 잘 쓰는 사람. 대서인. 서기. 카피하는 사람. (유태史) (기록관·법률가·신학자를 겸한) 학자.

escrínio *m.* ①(보석·귀중품 따위를 넣는) 작은 상자. ②작은 금고. ③작은 책장. 책상자.

escrita *f.* ①글. ②글쓰기. 습자(習字). ③서도(書道).

escrito *a.* 글 쓴. 씌어 있는.
— *m.* ①글 쓴 것. 쓴 글자. 문서. ②저작물. 저술물.

escritor *m.* 글 쓴 이. 저작자. 소설가.

escritório *m.* ①사무소. 사무실. ②서재(書齋).
escritório de advocacia 변호인 사무소.

escritura *f.* ①《古》 글. 문자(文字). ②증문(證文). 증서(證書). 공정증서(公正證書). 계약서.
escritura sagrada 성서(聖書). 성경.

escrituração *f.* ①부기(簿記). 장부등록. 기록. ②부기법.
escrituração mercantil 상용부기(商用簿記).

escriturado *a.* 장부(대장)에 기록된. 등록된, 공증문(公證文)으로 작성된. (게서서 따위에) 법문으로 적혀 있는.

escriturário *m.* ①서기(書記). 기록계. ②사무원. 사원.
— *a.* 성서(聖書)의. 성경의.

escrivania *f.* 재판소 서기(書記)의 직분.

escrivaninha *f.* 책상. 서랍 있는 책상.

escrivão *m.* (특히 재판소·관청 등의) 서기. 《俗》 공증인.

escrobícula *m.* ①[解] 소와(小窩). ②심와(心窩).

escrófula *f.* [醫] 연주창. 선병(腺病).

escrofulária *f.* [植] 현삼(玄蔘).

escrofulariáceas *f.(pl.)* [植] 현삼속(屬).

escrofulse *f.* 선병질(腺病質).

escrofuloso *a.* 연주창에 걸린. 선병질의.
— *m.* 연주창에 걸린 환자.

escrópulo *m.* 약(藥)분량의 단위(약 3푼 5리).

escroque *m.* 사기꾼. 협잡꾼.

escroto *m.* [解] 음낭(陰囊).

escrotocele *f.* 음낭 헤르니아.

escrupularia *f.* 몹시 걱정하기. 대현념(大懸念). 큰 꺼리낌.

escrupulizar *v.t.* 걱정하게 하다. 늘 염두에 두게 하다.
— *v.i.* ①걱정하다. 현념하다. ②늘 염두에 두다. ③세심히 일을 처리하다. 신중(愼重)히 하다.

escrúpulo *m.* ①주저. 머뭇거림. 양심의 가책. ②꺼리낌. ③꼼꼼함. 세심(細心). 면밀주도(綿密周到). ④(일의 정사(正邪) 또는 당부(當否)에 있어서의) 의심.
homem sem escrúpulo 예사로 나쁜 짓을 하는 사람.

escrupulosamente *adv.* 세심히. 꼼꼼하게. 면밀주도하게. 신중히. 양심적으로.

escrupulosidade *f.* ①세심성. 면밀성. 조심성. ②견실하고 고지식함. 양심적임. ③지나친 걱정. 현념(懸念). ④정확함. 철저함.

escrupuloso *a.* ①꼼꼼한. 세심한. 면밀 주도한. ②고지식한. 양심적인. ③정확한. 철저한.

escrutador *m.* 탐구하는 자. 정사(精査)하는 자. 천착(穿鑿)하는 자.

escrutar *v.t.* 탐구하다. 천착하다. 정사하다. 면밀히 검사하다. 음미(吟味)하다.

escrutinador *m.* 투표 감시인. 개표입회자(開票立會者).

escrutinar *v.i.* 투표를 감시(監視)하다. 투표에 입회하다. 면밀히 검사하다.

escrutínio *m.* ①투표. 투표 검사. 투표 감리.
escrutínio secreto 비밀 투표. 무기명 투표.

escudar *v.t.*, —*se v.pr.* 방패로 막다. 방순(防楯)으로 방어하다.

escudeiro *m.* ①방패(방순)를 소지한 기사(騎士). ②(옛날) 임금의 호위병. ③시종(侍從).

escudete *m.* ①작은 방순(防楯). ②자물쇠의 구멍을 막는 작은 뚜껑(좌우로 밀치고 열쇠를 꽂는 것). ③(새 따위의) 각린(脚鱗). ④명찰. 표찰(標札).

escudo *m.* ①방패. 방순(防楯). ②방어물. 보호물. ③방순 모양의 휘장(徽章). ④포르투갈의 동전(銅錢).

esculachar *v.t.* 땀 흘리게 하다. 고역(苦役)에 종사케 하다. (곤봉으로) 때리다.

esculápio *m.* ①[神話] 약(藥)의 신(神).

②《俗》의사.

esculca *m.* ①《古》야경(夜警). ②파수병. 망보는 이.

esculente *a.* 먹을 수 있는. 식용(食用)에 적당한.

esculpido *a.* (글씨·그림 따위를) 새긴. 판. 조각한.

esculpir *v.t.* (글씨·그림 따위를) 새기다. 파다. 조각하다.

escultor *m.* 조각사(彫刻師).

escultura *f.* ①(글씨·그림 따위를) 새기기. 조각. ②조각술. ③조각물.

escultural *a.* 조각의. 조각적인. 조각술의.

escuma *f.* (=*espuma*). ①거품. 물거품. 침 거품. 비누 거품. 포말(泡沫). ②부유물(浮遊物). ③물 위에 떠 있는 찌꺼.

escumadeira *f.* 특히 거품을 거두어 내는 국자(구멍이 있음). 거르는 기구.

escumado *a.* 거품을 떠낸 ; 거두어 낸. 거품을 없앤.
— *m.* 거품. 물거품. 포말(泡沫).

escumador *a.*, *m.* 거품을 일으키는 (것). 거품을 내는 (물건).

escumalha *f.* ①(특히 선반 따위에서 갈아 나오는) 쇠찌끼. (쇠톱으로 쇠를 잘라낼 때 나오는) 쇳가루. ②인간의 찌끼.

escumalho *m.* 쇠찌끼. 쇠똥.

escumante *a.* 거품을 일으키는. 거품을 내는.

escumar *v.t.* ①거품을 일으키게 하다. ②거품을 거두다.
— *v.i.* ①거품이 일어나다. ②흥분하다.

escumilha *f.* ①(새 따위를 잡는) 산탄(散彈). ②비단의 일종.

escumoso *a.* 거품이 있는. 거품을 일으키는. 거품이 많은.

escuna *f.* 스쿠너 배.

escuramenté *adv.* ①어둡게. 어둑어둑하게. 어슴푸레하게. ②남 모르게. 숨어서.

escurão *m.* 해진 뒤의. 어둑어둑한 것. 황혼.

escuras *adv. às escuras.* ①어둠 속에서. 어둑어둑한 때. ②영문 모르고. 내용도 모르고.
deixar às escuras 미결(未決)대로 내버려 두다. 애매한 대로 방치하다.

escurecedor *a.* 어둡게 하는. 광명을 없애는. 희망을 잃게 하는.

escurecer *v.t.* ①어둡게 하다. 흐리게 하다. 캄캄하게 하다. ②광명을 없애다. ③마음을 어둡게 하다. ④알지 못하게 하다.
— *v.i.* 어두워지다. 밤이 되다.
—se *v.pr.* 어두워지다. 흐리다.
— *m.* 어두워지는 것. 어둑어둑함. 황혼(黃昏).

escurecível *a.* ①어둡게 하는. ②잘 모르게 해야 할. 숨기지 않으면 안 될.

escurentar *v.t.* =*escurecer*.

ecsureza *f.* =*escuridão*.

escuridade *f.* ①어두움. 암흑. ②애매함. 불명료.

escuridão *f.* ①어두움. 캄캄함. 암흑. ②음암(陰暗). 암담(暗澹). ③침울. 우울. ④애매함. 수상함. 몽매(蒙昧).

escuro *a.* ①몹시 흐린. 어둑어둑한. ②어두운. 캄캄한. ③(색깔이) 까무스름한. 짙은. 농후한. ④똑똑치 않은. 불명료한. 막연한. ⑤(이유·원인 따위) 분명치 않은. 잘 모를. ⑥의심스러운. 수상한. ⑦적적한. 침울한. 음산한.
— *m.* ①어두움. 암흑. 어둠속. ②어두운 곳.

escusa *f.* ①변명. 변해. ②용서. ③(의무·책임 따위의) 면제. 해제.

escusação *f.* 면제하기. 해제하기.

escusadamente *adv.* 쓸데없이. 무익하게. 헛되게.

escusado *a.* ①쓸데없는. 불필요한. 무익한. ②용서받은. 면제된.

escusador *m.* ①변해하는 사람. 변명하는 자. ②용서하는 자.

escusamente *adv.* 남몰래. 비밀히. 뒤에서.

escusar *v.t.* ①변명하다. 핑계를 대다. 정당화하다. ②용서하다. 용서해 주다. 관용을 베풀다. ③면제하다. 해제하다. ④(…을) 피하다.
— *v.i.* (*de*). (…이) 필요 없다. (…의) 필요를 느끼지 않다.
—se *v.pr.* ①용서받다. 용서되다. ②면제되다.

escusatório *a.* 핑계가 되는. 구실을 만드는. 변명이 서는.

escusável *a.* ①용서할 수 있는. 크게 봐줄 만한. ②구실(핑계)이 서는.

escuso (1) *a.* ①면제된. 해제된. ②거부된. 허가되지 못한.
— (2) *a.* ①숨은. ②적적한. 사람이 다니지 않는.

por porta escusa 숨어서. 비밀리에.
escuta *f*. ①(귀를 기울여) 들음. 경청(傾聽). ②엿듣기. 숨어 듣기. 도청(盜聽). ③도청 장치. 몰래 엿듣는 사람. ④엿듣는 장소.
escutador *a*., *m*. 귀를 기울여 듣는 (사람). 몰래 엿듣는 (사람). 경청인(傾聽人).
escutar *v.t.*, *v.i.* ①(남의 이야기를) 주의해서 듣다. 귀를 기울여 듣다. ②엿듣다. 몰래 듣다. ③청진(聽診)하다.
escuteirismo *m*.《葡》= *escoteirismo*.
escuteiro *m*.《葡》= *escoteiro*.
esdruxulez *f*. 기괴(奇怪). 기이(奇異). 기묘. 이상함. 불사의(不思議).
esdrúxulo *a*. 기괴한. 기묘한. 이상한. [文] 마지막으로부터 세 번째 음절(音節)에 어세(악센트)가 있는.
— *m*. [文] 마지막으로부터 세 번째의 음절에 어세가 있는 낱말(*abóbora, pálido* 따위).
esfacelado *a*. ①[醫] 탈저(脫疽)에 걸린. ②부패한. 악화. ③파괴된. 파멸한. 몰락한.
esfacelar *v.t.* ①파괴시키다. 파멸시키다. 몰락케 하다. ②썩히다. 부패케 하다. 악화시키다. ③[醫] 탈저에 걸리게 하다.
—*se v.pr.* ①파멸하다. 몰락하다. ②썩다. 부패하다. 악화하다. ③탈저(脫疽)에 걸리다.
esfacelo *m*. [醫] 탈저(脫疽).
esfaimado *a*. = *esfomeado*.
esfaimar *v.t.*, *v.i.* = *esfomear*.
esfalfado *a*. 피곤한. 피로한. 녹초가 된. 맥이 다 빠진.
esfalfamento *m*. ①피로 극진. 녹초가 됨. 정력소모(精力消耗). ②빈혈(貧血).
esfalfar *v.t.* 피로케 하다. 녹초가 되게 하다. 기운 없게 하다.
—*se v.pr.* 피로하다. 피곤하다. 녹초가 되다. 정력을 다 소모하다.
esfanicado *a*. ①잘게잘게 분쇄된. 가루가 된. ②빈약한. 쇠약한. 섬약한.
esfanicar *v.t.* 잘게잘게 분쇄하다. 가루로 만들다.
esfaquear *v.t.* (칼로) 막 끊다. 난절(亂切)하다. 토막을 치다. 촌단(寸斷)하다.
esfarelado *a*. ①겨가 된. 밀기울이 된. ②가루가 된. 부서진. ③괴저(壞疽)에 걸린.
esfarelar *v.t.* ①겨(밀기울)로 만들다. ②

가루로 만들다. 바수다. 산산이 조각내다. ③괴저에 걸리게 하다.
—*se v.pr.* ①겨가 되다. 밀기울이 되다. ②가루가 되다. [醫] 괴저(壞疽)에 걸리다.
esfarpado *a*. ①(옷 따위) 찢어진. 째진. 해진. ②부서진.
esfarpar *v.t.* (옷 따위를) 찢다. 째다. (옷감의 실 따위를) 풀다. 풀어 남루하게 만들다.
—*se v.pr.* 째지다. 찢어지다. (헝겊의 실 따위) 풀리다. (옷 따위) 해지다.
esfarrapado *a*. 산산이 찢어진 ; 해진. 남루(襤褸)해진. 촌단(寸斷)된. 지리멸렬한.
esfarrapamento *m*. 산산이 찢기 ; 째기. 촌단하기. 지리멸렬(支離滅裂).
esfarrapar *v.t.* 산산이 찢다. 째다. 잘게 끊다. 촌단하다.
esfatiar *v.t.* 얇게 자르다(썰다). 얇게 베다.
esfenoidal *a*. [解] 설상골(楔狀骨)의.
esfenóide *m*. [解] 설상골. 설형정(楔形晶).
esfera *f*. ①구(球). 구형. 구체. 구면. ②천체(天體) ; (항성(恒星)의) 궤도. ③범위. 활동 범위. 세력 범위. ④영역. 구역. 한계. ⑤지위. 신분. 계급.
esfera terrestre 지구의(地球儀)
esfera de interesse 이익권(利益圈)
esfera de influência 세력 범위.
esferiáceas *f*. [植] 핵균속(核菌屬).
esfericamente *adv*. 둥글게. 구형으로.
esfericidade *f*. 구형(球形). 원체(圓體).
esférico *a*. ①둥근. 구형의. 구체의. 원체의. ②배가 불룩 나온. [醫] 변복(便腹)의.
esferoidal *a*. 등형(橙形)의. 등형체의. 편구의.
esferóide *m*. 등형체(橙形體). 타원체(橢圓體). 편구(扁球). 구상체(球狀體).
esferóideo *a*. = *esferoidal*.
esferometria *f*. 호도법(弧度法).
esferómetro *m*. 구면계(球面計). 호도기(弧度器).
esférula *f*. 소구(체)(小球)(體). [植] 구상세포조직(球狀細胞組織).
esfervelho *m*.《俗》침착하지 못한 사람. 덤비는 사람.
esfervilhar *v.i.*, *v.t.* ①휘젓다. 뒤섞다. ②분기시키다. 분기하다. ③활동하고 있다.
esfiada *f*. (직물(織物) 따위의) 실이 풀린 상태.

esfiar *v.t.* (직물 따위의) 실을 풀어내다.
esfigmografia *f.* [醫] 맥파지학(脈波誌學).
esfigmografo *m.* 맥파묘사기(脈波描寫器).
esfigmologia *f.* [醫] 맥박론(脈搏論).
esfigmomanometro *m.* 혈압계(血壓計).
esfigmometro *m.* 맥파제(脈波計).
esfincter *m.* [解] 괄약근(括約筋).
esfinge *f.* ①[希神] 여자 머리에 사자 몸을 하고 날개 있는 괴물. ②(이집트의) 스핑크스상(像). ③수수께끼의 인물.
esflorado *a.* ①꽃이 떨어진. 꽃이 없어진. ②피부가 스친. 피부가 약간 벗어진.
esflorar *v.t.* ①꽃을 떨구다. 꽃을 없애다. ②피부를 약간 벗기다 ; 약간 스치다.
esfogueado *a.* 낯을 붉힌. 얼굴에 핏기를 올린.
esfoiçar *v.t.* 낫으로 (풀 따위를) 베다.
esfola *f.* =*esfolamento*.
esfoladela *f.* ①가죽을 벗기기. ②사기. 속이기.
esfolador *a., m.* ①가죽을 벗기는 (사람). ②돈을 사취하는 (자). 사기사.
esfoladura *f.* ①가죽을 벗김. 박피(剝皮). ②[醫] 피부의 박리(剝離). ③피부가 벗어져 생긴 상처. 찰상(擦傷).
esfolamento *m.* ①가죽을 벗기기. ②피부가 벗어지기. 찰상(擦傷).
esfolar *v.t.* ①가죽을 벗기다. ②피부를 스치다, 피부를 스쳐 상처를 입히다. ③물건을 비싸게 팔다. 폭리를 취하다. ④사기로 돈을 빼앗기. ⑤무거운 세금(重稅)을 물게 하다.
—**se** *v.pr.* 피부가 벗어지다. 스쳐 상하다.
esfolhada *f.* ①잎사귀를 떨굼. 잎사귀를 없애기(따기). ②잎사귀가 없는 상태. 낙엽(落葉) 상태. 옥수수의 잎사귀를 뜯은 상태. 벗긴 상태.
esfolhador *m.* ①(나무의) 잎사귀를 떨구는 (따는) 사람. 잎사귀를 없애는 사람. ②옥수수의 잎사귀(包皮)를 벗기는 사람.
esfolhar *v.t.* ①(나무의) 잎사귀를 떨구다 ; 따다. 없애다. ②옥수수의 잎사귀(포피)를 벗기다.
—**se** *v.pr.* 잎사귀가 떨어지다. 낙엽지다.
esfolhoso *a.* [植] 잎사귀가 없는. 무엽(無葉)의.
esfoliação *f.* ①나무의 껍질이 벗어짐(樹皮剝落). ②피부의 박락(剝落). 박탈(剝脫).

esfoliado *a.* 껍질이 벗어진. 피부가 박락한.
esfoliar *v.t.* 가죽을 벗기다. 껍질을 벗기다.
—**se** *v.pr.* 껍질이 벗어지다. 박락(剝落)하다.
esfoliativo *a.* 껍질(가죽)을 벗기는. 박락의.
esfomeado *a.* 굶은. 굶고 있는. 굶주린. 배고픈. 시장한. 기아의.
esfomear *v.t.* ①배고프게 하다. 굶주리게 하다. 굶기다. 식량을 없애다. ②병량공격(兵糧攻擊)을 하다. (적의 군량이 떨어지고 보급 못하게 하는).
— *v.i.* 굶주리다. 시장하다.
esforçadamente *adv.* 애써서. 노력하여.
esforçado *a.* ①애쓴. 노력한. ②굳세게 한. 보강한. ③힘을 준. 용기를 북돋운. ④용감한.
esforçador *a., m.* ①굳세게 하는 (사람). 보강하는 (사람). 노력하는 (자)
esforçar *v.t.* ①굳세게 하다. 보강하다. ②용기를 돋우어 주다. ③(…를 얻으려고) 애쓰다. 노력하다.
— *v.i.* ①용기를 얻다. ②애쓰다. 노력하다.
—**se** *v.pr.* ①굳세게 되다. 보강되다. ②용기를 얻다. ③있는 힘을 다하다. 몹시 애쓰다. 크게 노력하다.
esforço *m.* ①노력. 노고. ②힘. 기력. 세력. ③용기. 정력.
sem esforço 힘들이지 않고. 고생함이 없이.
esfrangalhado *a.* (옷·직물·커튼·융단 따위) 산산이 찢어진. 찢어지고 낡은 ; 몹시 해진.
esfrangalhar *v.t.* (옷·직물·커튼·융단 따위를) 산산이 찢다. 남루(襤褸)하게 만들다.
esfrega, esfregação *f.* ①마찰하기. 문지르기. 비누칠하고 북북 닦기. 걸레로 닦기. 솔질하기. ②노력이 드는 일. 잡일(雜事). ③귀찮은 일. ④꾸지람. 견책(譴責).
esfregadela *f.* 닦기. 문지르기. 마찰하기. ②걸레 따위로 닦은 상태. 문지른 상태.
esfregado *a.* (걸레·솔·수세미·비누 따위로) 닦은. 문지른. 마찰한. 씻은.
esfregador *m.* ①(걸레로) 닦는 사람. (수세미로) 문지르는 사람. (솔 따위로) 마찰하는 사람. ②닦거나 문지르거나 마찰하는데 쓰는 물건. (걸레·수세미·솔 따위).
esfregalho *m.* =*esfreãgo*.

esfregamento-esgaravatar

esfregamento *m.* ①(걸레·수세미·솔·비누 따위로) 닦기. 문지르기. 마찰하기. ② 걸레질하기. (마루 따위를) 물로 씻고 닦아내기.

esfregão *m.* 걸레. 행주.

esfregar *v.t.* (걸레·수세미·솔·비누 따위로) 닦다. 문지르다. 씻다. 마찰하다. 윤나게 하다. 걸레질하다.
　—se *v.pr.* 자기의 몸을 닦다(마찰하다).

esfria *m.* 《俗》좌홍을 깨뜨리는 자. 말썽 부리는 자.

esfriado *a.* ①(더웠던 것이) 식은. 차진. 냉각한. ②(정열이) 식은. 열의(熱意)가 내린. ③용기가 없어진.

esfriador *a.* (더웠던 것을) 식히는. 차게 하는. 냉각하는.

esfriadouro *m.* ①냉각기(冷却器). ②냉각실(室).
　— *m.* 냉각기. 냉각물(冷却物).

esfriamento *m.* ①식히기. 차게 하기. 냉각(작용). ②으슬으슬 추움. ③냉병(冷病).

esfriar *v.t.* (더운 것을) 식히다. 차게 하다. 냉각하다. 정열이 내리게 하다. 냉각작용을 하다.
　— *v.i.*, —se *v.pr.* ①식다. 차지다. 냉각하다. ②냉담(冷淡)해지다. 정이 식다. ③상처(傷處)가 마르다.

esfumação *f.* [畫] 찰필(擦筆)로 바림하기. 흐리게 하기. 그늘 지우기.

esfumaçar *v.t.* 연기로 가득 차게 하다. 내게 하다.

esfumado *a.* (연필 그림을) 찰필로 바림한. 흐리게 한.

esfumar *v.t.* [畫] 찰필(擦筆)로 바림하다. 아웃시키다. 그림자지게 하다.
　—se *v.pr.* 연기가 되다. 연기가 되어 올라가다. 연기처럼 사라지다.

esfumear *v.i.* 연기나다. 내다. 연기가 올라가다.

esfuminho *m.* 찰필(擦筆: 연필 그림 따위에 바림하는).

esfuziada *f.* 《古》일제사격(一齊射擊). ②(총·포의) 연발.

esfuziar *v.i.* 휘파람불다. (새가) 지저귀다. (바람이) 확 불다. (총알 따위가) 팽하고 나르다. 기적을 울리다.
　— *v.t.* 휘파람으로 신호하다.

esgadanhar *v.t.* 손톱으로 할퀴다. 막 긁다.
　—se *v.pr.* 자기 몸을 긁다. 할퀴다.

esgaivar *v.t.* 땅을 뒤적이다. (땅에) 구멍을 파다.

esgaivotado *a.* ①갈매기 같은. ②쇠약한.

esgalgado *a.* 몹시 마른. 몹시 여윈. 수척(瘦瘠)한.

esgalgar *v.t.* 몹시 마르게 하다. 수척하게 하다. 여위게 하다.

esgalhado *a.* (나무의) 가지를 자른. 가지를 친.

esgalhar *v.t.* 가지를 자르다. 새로 나온 가지를 없애다. (쳐버리다).

esgalho *m.* ①나무의 가지. 새로 돋아난 가지. ②사슴의 뿔. 녹용(鹿茸).

esgana, esganação *f.* ①목을 조르기. 목졸라 죽이기. ②욕심 부리기. 탐욕(貪慾). ③열망. 갈망.

esganado *a.* ①욕심 부린. 욕심 많은. 탐욕스러운. ②열망하는. 갈망하는. 돈을 몹시 아끼는. 인색한.
　— *m.* ①욕심 많은 사람. 탐욕스러운 사람. ②열망하는 자. 갈망하는 자. ③인색한 사람. 깍쟁이.

esganar *v.t.* 목을 졸라 죽이다. 질식시키다. (하품을) 억제하다. (제안을) 묵살하다.
　—se *v.pr.* ①숨막혀 죽다. 질식해 죽다. ②몹시 부러워하다. 갈망하다. 금품에 눈이 어두워 있다. 못 견딜 지경으로 가지고 싶다.

esganiçar-se *v.pr.* (공포·분노·급작스런 고통 등 했을 때의) 외마디 소리를 지르다. 귀에 거슬리는 큰 소리를 치다. 귀에 거슬리는 소리로 노래하다.

esgar *m.* 쓴 얼굴. 찌푸린 얼굴. 찡그린 상.

esgarabulhão *m.* ①큰 팽이: 팽이처럼 도는 물건. ②《俗》잠시도 가만히 있지 않고 서두르는 사람.

esgarabulhar *v.i.* ①팽이처럼 돌다. ②잠시도 가만 있지 않고 움직이다. 침착하지 못하다.

esgaratujar *v.t.* (글을) 막 쓰다. 낙서하다. 되는 대로 쓰다.

esgaravatador *a.* 쑤시는. 젓는. 휘젓는.
　— *m.* 쑤시는 물건. 쑤시개. 부지깽이.
esgaravatador para os dentes 이쑤시개.
esgaravatador para os ouvidos 귀쑤시개.

esgaravatar *v.t.* (쑤시개로) 귀를 쑤시다. (이쑤시개로) 이를 쑤시다. (손가락으로) 콧구멍을 쑤시다. (닭이) 땅을 허적이다. 땅을 뒤적이다. (부젓가락으로)

불을 뒤적이다.
— *v.i.* 천착(穿鑿)하다. 정밀히 조사하다.
esgarçar *v.t.* ①(짠 것·뜬 것·바느질한 것 등의) 실을 풀다. 풀어내다. ②(헝겊 따위를) 찢다. 째다. ③(과일의) 껍질을 벗기다.
— *v.i.* ①실이 풀리다. ②(헝겊이) 째지다.
esgardunhar *v.t.* 손톱으로 할퀴다.
esgargalar *v.t.* 어깨와 가슴 위를 드러내다. 그런 옷을 입다.
esgarrado *a.* 배가 항로(航路)에서 벗어난. 침로(방향)를 잃은. 상규(常規)를 이탈한.
esgarrar *v.t.* ①(배를) 항로의 밖으로 나가게 하다. 진로를 잃게 하다. ②갈 방향을 모르게 하다. ③떼(무리)에서 떨어지게 하다. ④타락케 하다.
— *v.i.* 배가 항로의 밖으로 밀려 나가다. 진로(進路)를 잃다. 길을 잘못 들다. 떼(무리)에서 이탈하다.
—**se** *v.pr.* 길 잘못 들다. 사도(邪道)에 들어가다. 타락하다.
esgazeado *a.* (색깔이) 낡은. 퇴색한. 희끄무레한.
esgazear *v.t.* ①(그림 따위의) 색깔이 벗어지게 하다. 퇴색케 하다. ②(눈을) 동그랗게 뜨다.
esgotado *a.* (물·기름 따위를) 다 퍼낸. 다 써 버린. 고갈된. (책·신문 따위) 다 팔린. 품절이 된.
esgotador *a.m.* 다 써 버리는 (사람). 다 없애 버리는 (사람). 고갈케 하는 (사람). 품절케 하는 (자).
esgotadura *f.* =*esgrotamento*.
— *m.* ①다 써 버림. 다 퍼냄. 다 팔아 버림. 고갈. 매진(賣盡). 품절(品切). ②극도의 피로. 지침. ③배수(排水).
esgotante *a.* ①다 써 버리는. 다 없애 버리는. 고갈케 하는. ②정력을 없애는. 녹초되게 하는.
esgotar *v.t.* ①(물·기름 따위를) 다 퍼내다. 다 꺼내다. 다 써 버리다. 다 없애 버리다. 마지막 한 방울도 남기지 않다. 고갈시키다. ②다 팔아 버리다. 품절케 하다. ③물을 빼다. 배수(排水)하다.
—**se** *v.pr.* ①다 없어지다. 고갈되다. 품절되다. ②정력(精力)이 다 없어지다. 극도로 피로해지다. 지치다. 녹초가 되다.
esgotável *a.* 다 할 수 있는. 다 써 버릴만한. 고갈시킬 수 있는.
esgoto *m.* 하수(下水). 하수도랑. 하수구(溝). 배수. 배수구.
esgrafiar *v.t. esgrafito*를 그리다.
esgrafito *m.* (옛날 고적의 벽 또는 바위에) 긁어서 그린 그림. 부출벽화(浮出壁畵).
esgravatar *v.t.* =*esgaravatar*.
esgrima *f.* 검도. 검술(劍術). 펜싱.
esgrimador *m.* =*esgrimista*.
esgrimir *v.t.*, *v.i.* ①검술을 쓰다. 칼싸움하다. ②신랄한 언쟁을 하다.
esgrimista *m.*, *f.* 칼쓰는 사람. 검술가. 검객(劍客).
esgrouviado *a.* ①학(鶴)같은 (몸집을 한). 자세를 취한. ②학처럼 키 크고 여윈. 몹시 수척한.
esguardar *v.t.* 《廢》고려하다. 주목하다.
—**se** *v.pr.* 조심하다. 경계하다.
esguardo *m.* 고려(考慮). 유의(留意). 조심. 경계.
esguedelhar *v.t.* 머리털을 헝클다. 묶은 머리칼을 풀다.
—**se** *v.pr.* 머리털이 헝클어지다. 난발(亂髮)이 되다.
esgueirar-se *v.pr.* ①몰래 훔치다. ②감쪽같이 빼앗다. ③살금살금 도망치다. 뺑소니치다.
esguelha *f.* 비뚤어짐. 경사. 경도(傾度). 사도(斜度).
de esguelha 비스듬히. 비뚤어지게.
olhar de esguelha 흘겨 보다. 사시(斜視)하다.
esguelhadamente *adv.* 비스듬히. 비뚤게.
esguelhado *a.* 비뚤어진. 비스듬한. 경사진. 기울어진. 정면에서 약간 오른쪽(왼쪽)의.
esguelhão *m.* ①《古》옆구리. ②측면.
esguelhar *v.t.* 비뚤게 놓다. 비스듬히 놓다. 기울이다.
esguichadela *f.* 내뿜기. 분출(噴出). 사출(射出).
esguichar *v.t.*, *v.i.* 뿜다. 내뿜다. 분출하다. 사출하다. 뿜어 나오다. 용솟음쳐 나오다. (고래가) 물을 뿜다.
esguicho *m.* ①물의 분출(噴出). 뿜어나기. ②물총. ③(카니발 때 사람들에게) 향수를 사출하는 기구(器具).
esguio *a.* 키 크고 몹시 약한. 홀쭉한.
roupa esguia 몸에 꼭 맞는 옷.

esladroamento *m.* [植] 필요 없는 흡지(吸枝)를 잘라 버리기.

esladroar *v.t.* [植] 필요 없는 흡지를 잘라 버리다. 눈(芽)을 따다.

eslavismo *m.* 범(凡) 슬라브 주의. 슬라브인 기풍.

eslavo *a.* 슬라브족(族)의. 슬라브 말의.
— *m.* 슬라브 사람(언어).

eslovaco *m.*, *a.* 동부 체코슬로바키아 주민(언어)(의).

esmaecer *v.i.* ①물이 남다. 퇴색하다. ②기운이 없어지다. ③정신이 몽롱해지다. ④의식을 잃다.
—**se** *v.pr.* 기절하다. 졸도하다.

esmaecimento *m.* ①기운이 없어짐. 의기저상(意氣沮喪). ②의식을 잃음. ③기절. 졸도.

esmagador *a.*, *m.* ①짓밟는 (사람). 유린하는 (자). 눌러 찌그러뜨리는 (사람). 분쇄하는 (사람). ②압도하는. 압도적인.

esmagadura *f.* = *esmagamento*.
— *m.* ①짓밟기. 유린. ②압도(壓倒). 제압(制壓). ③분쇄. 격파. 격멸.

esmagar *v.t.* ①짓밟다. 유린하다. ②눌러 찌그러뜨리다. 오그러뜨리다. 밟아 부수다(깨뜨리다). ③(절구방아 등에 넣고) 찧다. ④분쇄하다. ⑤(적을) 압도하다. 격멸하다. ⑥괴롭히다. 못 살게 굴다. 압박하다.

esmagriçado *a.* 여윈. 수척한.

esmaiar *v.i.* = *desmaiar*.

esmaio *m.* 《古》= *desmaio*.

esmaltado *a.* 에나멜을 칠한. 법랑(琺瑯)을 입힌.

esmaltador *a.*, *m.* 에나멜을 칠하는 사람. 법랑을 입히는 사람.

esmaltar *v.t.* ①에나멜(법랑)을 칠하다. ②광택제(光澤劑)를 바르다. ③채식(彩飾)하다. 칠하여 아름답게 꾸미다.

esmalte *m.* ①에나멜. 법랑(琺瑯). 유약(油藥). ②에나멜 도료. 광택제(光澤劑). ③(손톱에 칠하는 것) 매니큐어. ④광채(光彩). ⑤선명한 색깔.

esmar *v.t.* ①계산하다. ②추산하다. 추량(推量)하다. 견적하다.

esmarrido *a.* ①열매를 맺지 않는. 불모(不毛)의. ②미개한. 야생의. ③생산력이 없는.

esmarte *a.* 스마트한. 멋있는. 맵시 있는. 재치 있는.

esmeradamente *adv.* 정성스럽게. 공을 들여.

esmerado *a.* ①정성을 들인. 공들인. ②성심성의로 만든. 알뜰하게 만든. ③완전한. 아주 잘된. 훌륭한.

esmeralda *f.* ①[鑛] 에메랄드. 취옥(翠玉). ②에메랄드 빛깔. 선록색(鮮綠色).

esmeraldino *a.* 에메랄드색의. 선록색의.

esmerar *v.t.* ①정성스럽게 만들다. 공들여 만들다. ②(일을) 성심히 하다. 최선을 다하게 하다. ③연마(鍊磨)하다. 완전무결하게 하다.
— *v.pr.* 정성을 들이다. 공들이다. 최선을 다하다.

esmeril *m.* 금강사(金剛砂).

esmerilado *a.* 금강사에 간. 연마한. 잘 닦은.

esmerilador *m.* 금강사로 닦는 사람. 금강사에 가는 직공.

esmerilar *v.t.* 금강사로 닦다. 갈다. 연마하다.

esmerilhação *f.* ①금강사로 갈기. 닦기. 연마. ②정밀히 조사하기.

esmerilhado *a.* ①금강사로 간. 닦은. 연마한. ②정밀히 조사한.

esmerilhador *m.* ①금강사로 닦는 사람. 금강사에 가는 사람. ②자세히 천착(穿鑿)하는 사람. 정밀히 조사하는 자.

esmerilhão *m.* [鳥] 새매의 일종.

esraerilhar *v.t.* ①금강사(金剛砂)로 갈다. 닦다. ②탁마(琢磨)하다. ③자세히 천착(穿鑿)하다. 정밀히 조사하다.

esmêro *m.* ①정성(精誠). 공들이기. 정교(精巧). ②연마. 탁마(琢磨). ③완성(完成). 완전. ④돌보기. 보호. ⑤근심. 걱정. 현념(懸念).

esmigalhado *a.* 잘게 깨뜨린. 세편(細片)으로 만든. 분쇄한.

esmigalhadura *f.* 잘게잘게 깨뜨리기. 분쇄(粉碎).

esmigalhar *v.t.* ①잘게잘게 깨다. 바수다. 빻다. 세편(細片)으로 만들다. ②손아귀에 쥐고 힘주어 깨뜨리다.
—**se** *v.pr.* 잘게잘게 부서지다. 세편이 되다.

esmiolado *a.* ①뇌수(腦髓)가 없는. ②어리석은. 사고력이 모자라는. ③내용(內容)이 없는. 골자가 없는. ④(빵 따위의)

esmiolar *v.t.* ①뇌수를 없애다. ②내용 또는 골자를 빼버리다. ③(빵 따위의) 속을 빼다. 알맹이를 없애다.

esmiuçadamente *adv.* 잘게. 세밀히. 면밀하게.

esmiuçado *a.* ①잘게 한. 세분(細分)한. ②세밀히 조사한. 치밀(緻密)히 연구한.

esmiuçador *a.*, *m.* ①세분하는 (사람). ②세밀히 조사하는 (사람). 면밀히 연구하는 (자).

esmiuçar *v.t.* ①잘게 하다. 세분(細分)하다. 잘게 깨뜨리다. ②가루로 만들다. ③세밀히 조사하다. 면밀하게 연구하다.

esmiudar, esmiunçar *v.t.* =*esmiuçar*.

esmo *m.* 견적(見積). 개산(概算). 평가. 가치 판단.

a esmo 눈짐작으로. 대강. 확정한 목표도 없이.

atirar a esmo 겨누지 않고 아무데나 쏘다. 난사(亂射)하다.

falar a esmo 되는대로 이야기하다.

esmoer *v.i.* (이빨로) 씹다. 저작(咀嚼)하다.

esmoitar *v.t.* ①(나무의) 가지를 잘라 버리다. 치아. ②잡목(雜木)을 베어 버리다. 잡초를 없애다. ③개척하다.

esmola *f.* ①동냥. 보시(布施). ②희사(喜捨). 희사금. 의연품. ③자선(慈善). 자혜(慈惠).

esmolador *a.*, *m.* (구제 대상자에) 보시하는 (사람). (중·거지 등에게) 동냥을 주는 (사람). 자선가(慈善家).

esmolambado *a.*, *m.* 남루(襤褸)한 옷을 입고 있는 (사람).

esmolar *v.t.* (중·거지 등에게) 동냥을 주다. 보시하다.

— *v.i.* ①동냥을 청하다(바라다). 구걸하다. ②희사하다. 보시하다.

esmolaria *f.* [史] 의연품을 분배하는 관리의 직분 또는 분배하는 장소.

esmoleira *f.* 동냥 주머니. 희사대(喜捨袋).

esmoleiro *m.* 동냥 구하여 돌아다니는 중(僧). (구걸하는) 거지. 탁발승(托鉢僧).

esmolento *a.* 보시하는. 동냥 주는. 자선하는.

esmoler *m.*, *f.* 중세(中世)의 승원(僧院)·왕실 등의. 의연품분배리(義捐品分配吏).

esmoncar *v.t.* 콧물을 닦다. 닦아 주다.

—**se** *v.pr.* 자기의 콧물을 닦다.

esmondar *v.t.* =*mondar*.

esmordaçar *v.t.* 다시 물다. 여러 번 물다.

esmordicar *v.t.*, *v.i.* =*esmordaçar*.

esmorecer *v.t.* ①용기를 잃게 하다. 기력을 없애다. ②낙담케 하다. 실망케 하다. ③위축(萎縮)케 하다.

— *v.i.* ①용기를 잃다. 기운이 없어지다. 맥풀리다. ②실망하다. 낙담하다. 희망을 잃다. ③망연(茫然)하다. ④쇠퇴하다.

esmorecido *a.* ①용기를 잃은. 기력이 빠진. ②낙담한. 실망한. ③초췌한. 저상한.

esmorecimento *m.* ①용기를 잃음. 기운이 없음. 기력이 빠짐. ②의기저상(意氣沮喪). 낙담. 상심. ③쇠약.

esmoutar *v.t.* =*esmoitar*.

esmurrado *a.* 주먹으로 친. 주먹에 맞은.

esmurrar *v.t.* 주먹으로 치다. 주먹으로 때려 상처를 입히다.

esmurregar *v.t.* 주먹으로 치다. 계속적으로 때리다.

és-não-és *m.* 아주 작은 분량. 근소(僅少).

por um és-não-és 겨우. 간신히.

Êle escapou por um és-não-és. 그분은 간신히 도망쳤다.

esnobe *m.* 신사인 체하는 속물(俗物). 귀족 숭배자.

esnocar *v.t.* 나무의 줄기(樹幹)를 꺾다. 가지를 꺾다.

esnoga *f.* 《古》유태교회(猶太敎會). 유태인 회당.

esoces *m.*(*pl.*) 새우속(鰤屬).

esofagiano *a.* =*esofágico*.

esofágico *a.* 식도의.

esofagismo *m.* 식도경련(食道痙攣).

esofagite *f.* [醫] 식도염(食道炎).

esôfago *m.* [解·動] 식도(食道).

esofagotomia *f.* 식도절개술(切開術).

esotérico *a.* ①[哲] 비교적(秘敎的). 비교의. 비전(秘傳)의. ②비밀의. 극비의. 내밀의.

esoterismo *m.* [哲] 비교(秘敎). 비전(秘傳).

espaçadamente *adv.* 간격을 놓고. 서서히.

espaçado *a.* ①간격을 놓은. 유지한. ②천천한. 느린. ③연기(延期)된.

espaçamento *m.* 날짜의 연기. 연장. 유예(猶豫). 회의의 연기 또는 정회(停會).

espaçar, espacear *v.t.* ①간격(間隔)을 놓다. 사이를 두다. ②연기하다. 연장하다.

③(경계선 따위를) 확장하다.

espaçamento *m.* 행간(行間)의 간격을 놓기. 어간(語間)의 사이를 두기. 활자간(活字間)의 간격을 두기.

espacejar *v.t.* (줄과 줄 사이(行間)·활자와 활자 사이(活字間)의) 간격을 두다. 사이를 떼어 놓다.

espacial *a.* 공간의. 공간적.

espaço *m.* ①공간(空間). 허공. ②빈 곳. 빈 장소. 거리. ④[印] 행간(行間). 격연(隔鉛) ⑤[樂] 보선(譜線) 사이. 선간. ⑤틈. ⑥창공. 우주. 우주 공간. ⑦면적. ⑧시간적 사이. 기간. 기한. ⑨연기. 유예(猶豫).
de espaço 천천히. 서두르지 말고. 사이를 두고.
a espaços 때때로. 일정한 시간을 두고.
com espaço (시간적) 사이를 두고.

espaçosamente *adv.* 넓게. 광활하게.

espaçoso *a.* 넓은. 광활(廣闊)한. 광대한.

espada *f.* ①칼. 긴 칼. 검. ②무력. 병력.
espadas (*pl.*) (트럼프) 스페이드.
espada branca 진검(眞劍).
espada preta 검술(劍術)용 검.
espada nua 뽑은 칼(拔刀).
embainhar espada 칼을(칼집에) 꽂다.
desembcnhar espada 칼을 빼다. 빼내다.
peixe espada [魚] 횡새치. 밀치.

espadachim *m.* ①칼 들고 싸우는 사람. ②결투를 좋아하는 사람. 싸움꾼. 젠체하는 사람. ③싸움(決鬪)을 좋아하기.

espadagão *m.* 큰 칼. 대검(大劍).

espadana *f.* ①물의 분출(噴出). 사출(射出). ②검상(劍狀)으로 사출하는 물. ③검상의 물건. ④[植] 수선창(水仙菖: 뾰족하거나 이빨 모양으로 깔쭉깔쭉한 가장자리를 한 잎사귀가 있는 식물). ⑤(물고기의) 지느러미. ⑥(혜성(彗星)의) 꼬리.
espadana de fogo 뾰죽한 불길. 화염(火焰).
espadana de água 물의 용출(湧出).

espadanada *f.* 분출(噴出). 사출(射出). 용출.

espadanado *a.* ①(땅에) 수선창이 많이 돋은. 돋아난. ②(물이) 솟아 나오는. 용출하는. 분출하는. ③용출한. 분출한.

espadanal *m.* 수선창(水仙菖)이 많이 나온 곳.

espadaneo *a.* [植] 수선창의 잎사귀 같은.

검상의. 검상엽(劍狀葉)의.

espadanar *v.t.* ①(물을) 내뿜다. 용솟음쳐 개하다. ②수선창으로 덮다.
― *v.i.* 뿜다. 내뿜다. 분출하다. 사출하다. 용솟음쳐 나오다.

espadão *m.* 큰 칼. 큰 검.

espadar *v.t.* =*espadelar*.

espadarte *m.* [魚] 황새치. 기어(旗魚). 갈치.

espadaúdo *a.* 어깨폭이 넓은. 체격이 훌륭한.

espadeira *f.* (포르투갈산) 검은 포도의 일종.

espadeirada *f.* ①칼(검)로 한 번 찍기. ②칼(검)에 찍힌 상처. 도상(刀傷).

espadeirão *m.* 긴 칼(長刀·長劍).

espadeirar *v.t.* 칼(검)로 찍다. 찍어 상처를 입히다.

espadeiro *m.* ①도검사(刀劍師). 도검상(商). ②검객(劍客). ③[植]=*espadeira*.

espadela *f.* ①타마기(打麻機). 타면기(打綿機). ②배를 젓는 노(櫓)의 일종.

espadelar *v.t.* (삼·대마·솜 따위를) 두드리다. 처서 가리다.

espadice *m.* [植] 육수화(肉穗花).

espadíceo *a.* [植] 육수화 모양의.

espadilha *f.* (트럼프) 스페이드의 한 점(一點).

espadim *m.* 작은 검. (분관 능이) 예복에 차는 칼.

espádua *f.* ①어깨. ②[解] 견갑골(肩胛骨).

espaduar *v.t.* 견갑골을 떼다. 견갑관절(關節)을 전위(轉位)시키다.
― *v.i.* 견갑골이 빠지다. 견갑관절이 전위하다.

espairecer *v.t.* (번잡한 정신을) 오락으로 잊어버리게 하다. 위안(위로)하다.
― *v.i.* ①(걱정·번민 등을) 오락으로 잊다. 딴 곳에 돌리다. ②산책(散策)하다.

espairecimento *m.* ①(걱정·번민·번잡한 정신 등을) 오락으로 잊어버리기. 딴 곳에 돌리기. ②(걱정·번민 등을 잊어버리기 위한) 오락. 위로. 위안. ③산책.

espalda *f.* ①《廢》 어깨. ②의자(椅子)의 뒤에 붙은 것.

espaldão *m.* (성곽(城郭)의) 견장(肩牆).

espaldar *m.* ①의자(椅子)의 뒤에 등을 대는 것. ②[築城] 측면의 방벽(防壁).

espaldear *v.i., v.t.* ①배가 뒷걸음으로 가다(가게 하다). 배진(背進)하다. ②퇴각하

espaldeirada–**esparadrapo**

다. 지키다.

espaldeirada *f.* 칼(검)로 찍음. 검의 일격(一擊).

espaldeirar *v.t.* 칼(검)로 한 번 찍다. 일격하다.

espalha *m.* 말 많이 하는 사람. 떠들썩하는 자.

espalhada *f.* ①산포(散布). 산란(散亂). ②유포(流布). 전파(傳播). ③떠들썩하는 소리. 소음. 훤소. ④뽐내기. 자랑하기.

espalhadamente *adv.* ①사방에 흩어져서. 뿔뿔이. 산란하게. ②유포되어. 전파하여.

espalhadeira *f.* (마른 풀·짚 따위를 흩트리는) 쇠스랑. 가달이 있는 갈퀴.

espalhado *a.* ①(사방으로) 흩어진. 산재(散在)한. 산포(散布)된. ②유포(流布)한. 전파한.
— *m.* 시끄러운 소리. 소음. 잡음.

espalhador *a., m.* (사방으로) 흩트리는 (사람). 산포(散布)하는 (사람). 전파하는 (자).

espalhafato *m.* ①떠들썩하는 소리. 훤소. 소음. ②소동. ③《俗》큰소리. 호언장담.

espalhafatoso *a.* ①떠들썩하는. 소란한. 시끄러운. ②그럴듯하게 꾸민(차린). (옷차림 따위) 사람의 이목(耳目)을 끄는. ③큰소리치는.

espalhamento *m.* (사방으로) 흩트림. 살포. 산포(散布). 유포(流布). 전파(傳播).

espalhar *v.t.* ①뿌리다. 흩뿌리다. 뿌려 흐트러뜨리다. ②분산시키다. 소산(消散)시키다. ③유포하다. 전파하다.
— *v.i.*, —*se v.pr.* 흩어지다. 분산하다. 산재하다. 소산하다. 궤주(潰走)하다. 유포되다. 전파(傳播)되다. (탄환이) 산발하다.

espalmado *a.* (손바닥처럼) 평평한. 편평(扁平)한.

espalmar *v.t.* ①(손바닥처럼) 평평하게 하다. 수평(水平)되게 하다. ②(말(馬)에 제철 신길 때) 발굽을 평평하게 깎아내다.

espanadeira, espanadela *f.* 먼지를 털기.

espanador *m.* ①먼지떨개. 먼지떨이. 먼지 소재기. ②먼지를 떠는 사람.

espanar *v.t.* (먼지떨이로) 먼지를 떨다.

espanascar *v.t.* ①잡초(雜草)를 베어 버리다. ②깡패·악도들을 소탕하다. 일소(一掃)하다.

espancador *a., m.* ①곤봉으로 때리는 (사람). ②싸움하기를 좋아하는 (사람).

espancamento *m.* 곤봉으로 때리기. 채찍으로 치기.

espancar *v.t.* ①곤봉 또는 채찍으로 때리다. ②때려 쫓다. 쫓아 버리다.

espanejador *m.* 먼지떨이. 먼지 떠는 솔(헝겊).

espanejar *v.t.* (솔·헝겊·먼지떨이 등으로) 먼지를 떨다.
—*se v.pr.* (새·오리 따위) 깃털을 부추기다.

Espanha *f.* 스페인.

espanhol *a.* 스페인(나라·사람·말)의.
— *m.* 스페인 사람. 스페인어(語).

espanhola *f.* 스페인 여자.
— *a.* 스페인의.

espanholada *f.* ①스페인 사람이 가지고 있는 말투(말버릇). 스페인어풍(語風). ②과장(誇張)한 말씨.

espanholado *a.* 스페인화(化)한. 스페인식으로 된.

espanholar *v.t.* 스페인식으로 하다. 스페인화하다.

espantadiço *a.* ①자주 놀라는. 사소한 일에도 겁을 먹는. ②담이 작은.

espantado *a.* 놀란. 깜짝 놀란. (놀라서) 앙천(仰天)한. 가슴이 싸늘한. 놀래어 망연(茫然)한.

espantador *a., m.* 놀라게 하는 (사람). 공포를 일으키게 하는 (사람).

espantalho *m.* ①허수아비. ②(바보나 어린아이들이 놀랄 정도로 유치한) 위협. ③볼모양이 없는 사람. 무능한 사람.

espantar *v.t.* ①깜짝 놀라게 하다. 위협하다. ②(새 따위를) 놀래어 쫓다.
—*se v.pr.* 놀라다. 깜짝 놀라다. (놀라서) 가슴이 싸늘해지다. (놀래어) 얼빠진 모양을 하다.

espantável *a.* ①놀랠 만한. ②놀랄 만한. 무서운. 무시무시한.

espanto *m.* ①놀람. 놀라움. 경악. 경아(驚訝). 경도(驚倒). ②위협.

espantosamente *adv.* ①무섭게. 겁에 질려. ②놀랄 만큼. ③엄청나게. 굉장히 심하게.

espantoso *a.* ①놀랄 만한. 무서운. 무시무시한. 경악할 만한. ②경이적(驚異的)인. 경탄할 만한.

esparadrapo *m.* 반창고(絆瘡膏). 붙이는

고약.

espardeque *m.* 상갑판.

espargido *a.* 흐트러진. 산포한. 산재한.

espargimento *m.* ①뿌려 흩트리기. 산포(散布). ②(씨를) 퍼뜨려 뿌리기. 파종(播種). ③(액체를) 뿌리기. 이곳저곳에 흘리기. ④방산(放散).

espargir *v.t.* ①(씨를) 뿌리다. 뿌려 흩트리다. 산포하다. ②(액체를) 흘리다. 이곳저곳에 떨구다.

espargo *m.* [植] 아스파라거스(백합과).

esparralhar *v.t.* =*espalhar*.

esparramado *a.* 흩어진. 흩트린. 산재한.

esparramar *v.t.* (정신을) 흩트리다. 산만케 하다. 사려(思慮)를 잃게 하다.
— *v.i.* (정신이) 산만해지다. 사려를 잃다.

esparrame *m.* 허세를 부리기. 과시(誇示). 허식(虛飾).

esparrela *f.* ①올가미. 덫. ②계략. 속임수. *cair na esparrela* 올가미에 걸리다. 계략에 빠지다.

esparso *a.* ①흩어진. 흩어져 있는. 산재한. ②(인구 따위) 희박한. 드문드문한. ③보급된.

espartal *m.* =*esparto* 가 무성한 곳.

espartano *m., a.* ①(옛 그리스의 도시) 스파르타(의). ②엄숙(한).

espartão *m.* *esparto*로 만든 지물(織物).

espartaria *f.* *esparto* 섬유 공장 또는 판매소.

esparteina *f.* *esparto* 풀에서 빼낸. 알칼로이드(심장의 보제(補劑) 이뇨제(利尿劑) 등에 씀).

esparteiro *m.* *esparto*로(밧줄·바구니·깔개·발 따위의) 여러 가지 제품을 만드는 사람.

espartenhas *f.(pl.) esparto*로 만든 짚신.

espartilhar *v.t.* 코르셋을 입히다.
—*se v.pr.* 코르셋을 입다(달다).

espartilheira *f.* 코르셋을 만드는(또는 파는) 여자.

espartilheiro *m.* 코르셋을 만드는(또는 파는) 사람.

espartilho *m.* 코르셋.

esparto *m.* [植] 아프리카 나라새(화본과 (禾本科)의 갈대 모양(蘆葦狀)의 풀로서 밧줄·발. 바구니·깔개 등의 제품을 만드는 재료도 되고 제지(製紙)원료도 됨).

esparzir *v.t.* =*espargir*.

espasmar *v.i., v.t.* 경련을 일으키다(일으키게 하다).

espasmo *m.* ①경련(痙攣). 발작. ②무아(無我). 무아몽중(夢中).

espasmódico *a.* 경련(성)의. 발작적인.

espasmologia *f.* 경련병학(痙攣病學).

espata *f.* [植] (주걱 모양의) 큰 화포(花苞).

espatela *f.* 주걱. 인두. [醫] 압설기(壓舌器).

espatifado *a.* ①《俗》산산이 조각난. 토막토막이 된. 촌단(寸斷)된. 분쇄된. ②탕진(蕩盡)한.

espatifar *v.t.* ①산산이 부수다. 토막을 치다. 촌단하다. 분쇄하다. ②탕진하다.

espato *m.* [鑛] 섬광광석(閃光鑛石). 스파.
espato calcario 방해석(方解石).
espato fluor 형석(螢石).
espato adamantino 강옥석(鋼玉石).

espátula *f.* 주걱. 종이칼.

espatulado *a.* [植] 주걱 모양의.

espatuleta *f.* 작은 주걱.

espaventado *a.* ①깜짝 놀란. 경악한. 공갈받은. 위협당한. ②뽐내는. 우쭐하는. 거만한. 오만한.

espaventar *v.t.* 놀라게 하다. 위협하다. 공갈(恐喝)하다.
—se *v.pr.* ①깜짝 놀라다. 경악하다. ②재빨리 체하다. 으쓱하다. 허세를 부리다. ③그럴듯하게 꾸미다.

espavento *m.* ①깜짝 놀람. 경악(驚愕). 경구(驚懼). ②화려한 겉치레. 허식(虛飾).

espaventoso *a.* ①보기에 화려한. 의견을 그럴 듯하게 꾸민. 굉장히 차린. 잘 보이려고 하는. ②으쓱대는. 거만한.

espavorecer *v.t.* =*espavorir*.

espavorido *a.* 놀랜. 무서워하고 있는. 겁을 먹은. 공포 속에 있는.

espavorir *v.t.* ①놀라게 하다. ②무섭게 하다. ③공갈하다.
—se *v.pr.* 놀라다. 무서워하다. 공포에 떨다.

espavorizar *v.t.* =*espavorir*.

especial *a.* ①특별한. 각별한. 특수한. 독특한. 특종의. ②전문(專門)의. 전문적인. 전공(專攻)의. 전수(專修)의. 전업(專業)의. ③희유(稀有)의. 우등의.
em especial 특별히.

especialidade *f.* ①특수함. ②특별. 각별. ③특성. 특질. 특색. ③특별품. 특제품.

④전문. 전공. 전업. ⑤특종. 독특.

especialista *m., f.* 전문가. (어떤 사물에) 정통한 자. 전업가(專業家). 전문의(專門醫).

especialização *f.* ①특수화. 전문화(專門化). ②[生物] 분화. ③(뜻의) 한정(限定). 특정.

especializar *v.t.* ①특수화하다. 전문화하다. ②[生物] 분화시키다. ③(의미·진술을) 한정하다. ④(딴 것과) 구별하다. 차별하다.
— **se** *v.pr.* ①특수화하다. ②분화하다. ③전공하다. ④(…보다) 뛰어나다. 탁월하다. 두각(頭角)을 나타내다.

especialmente *adv.* 특별히. 각별히. 전문적으로.

especiaria *f.* 향료. 조미료. 양념.

espécie *f.* ①[生物] 종(種). 종속(種屬). ②종류. 질(質). ③품질. 품종. ④성질. 바탕. 본성(本性). ⑤계급. 신분. ⑥유(類). ⑦생각. 의견. ⑧상태. 외관(外觀). ⑨놀라움. 경악(驚愕). ⑩특별한 경우.

especieiro *m.* ①식료품 장수. 식료·잡화 상인. ②반찬가게.

especificação *f.* ①분류(分類). 종별(種別). ②상술(詳述). 열거(列擧). 명시(明示). ③명세서. 설명서. ④[民法] 가공(加工)(품).

especificadamente *adv.* 일일이. 예를 들어. 열거하여.

especificado *a.* ①분류된. ②열거한. 상술한. 세밀히 기록된.

especificador *a., m.* 분류하는 (자). 열거하는 (자). 상술하는 (자). 세밀히 기록하는 (자).

especificamente *adv.* 분류하여. 종별하여. 비중상(比重上).

especificar *v.t.* ①일일이 이름을 들다. 자세하게 기록하다. ②명세서에 기입하다. ③세목으로 가르다. ④특징을 보이다.

especificativo *a.* ①상술(詳述)하는. ②분류하여 설명하는. ③세밀히 기록하는.

específico *a.* ①종(種)의. 종에 관한. (명칭 따위) 특정의. (목적·의미 등이) 특별한. ②특유(特有)의. 독특한. ③특종(特種)의. ④(약이) 특효 있는.
pêso específico 비중(比重).
calor específico 비열(比熱).

espécime, espécimen *m.* 견본. 표본(標本).

especiosamente *adv.* 그럴 듯하게.

especiosidade *f.* 그럴 듯함. 진실 같음. 겉으로 번드르함.

especioso *a.* 외양은 좋은. 그럴 듯한. 진짜 비슷한. 가면을 쓴.

espectáculo *m.* =*espetáculo*.

espectador *m.* 구경꾼. 관람인. 관객(觀客). 목격자.

espectral *a.* 유령의. 요괴(妖怪)의. 괴기한. 무시무시한. [光] 스펙트럼의. 분광(分光)의.
análise espectral 분광분석(分析).

espectro, espetro *m.* 유령. 망령. 요괴. 도깨비. 무서운 것(사람). [光] 분광.

espectrologia *f.* 스펙트럼 분석학. 요괴학(妖怪學).

espectrometria *f.* 분광법(分光法). 분광술(術).

espectrométrico *a.* 분광법의. 분광술의.

espectrometro *m.* 분광계(分光計).

espectroscopia *f.* 분광학.

espectroscópico *a.* ①분광학의. ②분광법의. ③분광기의. 분광기에 의한.

espectroscópio *m.* 분광계(分光計).

especulação *f.* ①사색(思索). 사유(思惟). 심사(沈思). 억측. 추리(推理). 추구. 공론. 공리(空理). ②투기(投機). 투기 사업. 투기 거래.

especulador *m.* ①사색가. 이론가. 추론자. 추리하는 자. 공론가. ②투기사. 투기업자. 투기상.

especular (1) *a.* (닦은 금속이) 거울같은. 반영하는. 반사하는. [醫] 검경(檢鏡)의.
— (2) *v.i., v.t.* ①사색하다. 사색적으로 말하다. 추측하다. 억측하다. ②투기(投機)를 하다.

especularia *f.* 반사광학(反射光學). 반조학(反照學).

especulativa *f.* 사색력(思索力). 고찰력(考察力). 관찰력.

especulativo *a.* ①사색의. 사색적. 순이론적. 추론적(推論的). 연역적. 억측의. 공론의. ②투기적인. 위험한.

espéculo *m.* ①[醫] 검경(檢鏡)(자궁경(子宮鏡). 이문경(耳門鏡) 따위). ②금속경. 반사경.

espedaçar *v.t.* 깨뜨리다. 부수다. 토막치

다. 째다.
—se *v.pr.* 부서지다. 깨뜨러지다. 분쇄되다. 째지다. 갈라지다.

espedregar *v.t.* (땅 위에 흩어진) 돌을 없애다. 돌을 집어치우다.

espeleologia *f.* 동혈연구(洞穴研究). 동굴학(洞窟學).

espeleológico *a.* 동혈의. 동굴의. 동혈에 관한.

espeleólogo, espeleologista *m., f.* 동혈연구가. 동굴 학자.

espelhado *a.* ①거울처럼 잘 닦은. ②반사하는. ③투명한.

espelhar *v.t.* ①거울처럼 닦다. ②비추다. ③반사하다. 반영시키다.
—se *v.pr.* ①거울에 반사되다. 비추다. ②거울로 보다.

espelharia *f.* ①거울제조소. ②거울상점.

espelheiro *m.* ①거울 만드는 사람. ②거울 장수.

espelhento *a.* 거울처럼 비추는 ; 반사하는.

espelhim *m.* [鑛] 석고. 정질석고(晶質石膏). 깁스(Gips).

espelho *m.* ①거울. 반사경. ②거울같은 수면(水面). ③경판(鏡板).《轉》모범. 귀감(龜鑑). 표본.

espelina *f.* [植] (브라질산) 호로과(葫蘆科)의 초본(草木).

espelta *f.* [植] 밀의 일종.

espelunca *f.* ①동혈(穴). 동굴. ②소굴. ③더러운 집. 불결한 여인숙. 도박 소굴.

espepue *m.* ①[機] 지렛대. ②지주(支柱). 버팀 기둥. ③지지. 후원. 보호.

espera *f.* ①기다리기. 기대(期待). 고대(苦待). ②기다릴 장소. ③매복(埋伏). 복병. [法] 유예(猶豫). 집행유예. 유예기간. 연기.
sala de espera 대합실.

esperadamente *adv.* 기대하여 희망을 걸고.

esperado *a.* ①기다린. 기대한. 고대하는. ②예기한. 소기(所期)의. ③연기된.
não esperado 기다리지 않은. 예기하지 않은. 뜻밖의.

esperador *m.* 기다리는 사람. 기대하는 이. 고대하는 자.

esperadouro *m.* 기다리는 곳. 기다릴 장소. 만나기를 약속한 곳.

esperança *f.* ①희망. 소망. 기대(期待). ②예기. 예견. ③희망하는 것. 바라는 물건.

esperançado *a.* 희망하고 있는. 기대하는.

예기하는.

esperançar *v.i.* (…을) 희망하게 하다. 희망을 품게 하다. (…을) 예기하도록 하다.
—se *v.pr.* (+*em* 또는 *de*). …에 희망을 걸다. …에 기대를 두다. …을 예기하다.

esperançoso *a.* 희망 있는. 유망(有望)한.

esperantista *m., f.* 에스페란토어(語)를 사용하는 자 또는 보급하는 자.

esperanto *m.* 에스페란토어(語).

esperar *v.t.* (…을) 기다리다. 기다리게 하다. (…을) 희망하다. 기대하다.
— *v.i.* (+*por*). …을 기다리다. 기다리고 있다. (+*em*). …에 기대를 걸다. …에 희망을 품다.
Espero que sim. 그렇다고 생각합니다.
Quem espera sempre alcança. 항상 염두에 두고 있으면 기필코 달성한다.

esperável *a.* 기대할 만한. 희망성 있는. 유망한. 있음직한.

esperdiçado *a.* ①낭비(浪費)한. 남비(濫費)한. ②낭비하는. 허비하는.
— *m.* 낭비(남비)하는 자. 허비하는 자.

esperdiçar *v.t.* 낭비(남비)하다. 허비하다. 탕진하다.

esperdício *m.* 낭비(浪費). 남비. 허비.

esperma *m.* [生理] 정액(精液).

espermacete *m.* 고래콜. 성랍(鯨蠟).

espermático *a.* 정액의. 정낭(精囊)의. ②《轉》종자가 되는. 생식의.
animalculos espermáticos 정충(精蟲)
nervos espermáticos 정계근(精系筋)

espermatizado *a.* 정액을 포함한. 정액이 들어 있는.

espermatizar *v.t.* 사정(射精)하다. 수태(受胎)케 하다.

espermatogenece *f.* 정자생성(精子生成).

espermatografia *f.* [植] 종자지(種子誌).

espermatologia *f.* 정액학(精液學). 정자학.

espermatorréia *f.* [醫] 유정(遺精). 몽정.

espermatose *f.* 정액생성(精液生成). 정액분비.

espermatozóide *m.* [動] 정충(精蟲). 정자. 정사(精絲).

espermina *f.* 정액소(素). 고환침액(睾丸浸液).

espernear *v.i.* ①(어린아기가) 발을 버둥거리다. 발을 막 흔들다. ②(타이르는 말을 듣지 않고) 발을 구르며 떼를 쓰다. ③

(마음이 들떠서) 가만히 못 있다.

espernegado *a.* ①넘어진. 자빠진. ②다리를 뻗고 누워 있는.

espernegar *v.t.* ①넘어뜨리다. 자빠뜨리다. ②다리를 뻗고 눕게 하다.
　—**se** *v.pr.* 넘어지다. 자빠지다. 다리를 뻗치고 눕다.

espertalhão *a.* ①교활한. 간교한. 내숭떠는. 잔꾀 많은. 엉큼한. 장난꾸러기의. ②익살맞은. 우스운. ③영리한. 똑똑한.
　— *m.* 교활한 사람. 엉큼한 녀석. 잔꾀 부리는 놈.

espertamento *m.* ①잠을 깨움. 눈뜨게 함. 각성시키기. ②고무. 격려(激勵).

espertar *v.t.* ①잠을 깨우다. 눈뜨게 하다. 각성시키다. ②주의를 환기시키다. 고무(격려)하다.
　— *v.i.,* —**se** *v.pr.* ①눈뜨다. 각성하다. ②분발하다. 분기하다.

esperteza *f.* ①기민(機敏). 혜민(慧敏). ②영리함. 총명함. 빈틈없음. ③교활함.

espertina *f.* 잠잘 수 없음. 자지 못함. 불면상태. [醫] 불면(不眠)(증).

espertinar *v.t.* ①자지 못하게 하다. ②(잠을) 자지 못하다.

esperto *a.* ①자지 않고 있는. 눈뜨고 있는. 매어 있는. ②각성한. ③기민한. 민첩한. 빈틈없는. ④영리한. 똑똑한. ⑤활발한. 활기 있는. ⑥강력한. 맹렬한. ⑦교활한. 엉큼한. 깜직한.

espertor *a.* ①잠을 깨우는. 눈뜨게 하는. 각성시키는. ②고무하는. 진흥(振興)하는.
　— *m.* ①잠 깨우는 사람. 각성케 하는 자. ②자명종시계.

espesoçar *v.t.* 포도나무의 뿌리 주변을 파다.

espessamente *adv.* 두껍게. 굵게. 진하게. 무성하게. 조밀(稠密)하게.

espessar *v.t.* ①진하게 하다. 농후(濃厚)하게 하다. ②조밀하게 하다. 빽빽하게 하다. 무성하게 하다. ③두껍게 하다. ④굵게 하다.
　—**se** *v.pr.* 진하게 되다. 농후(농밀)해지다. 조밀(치밀)해지다. 빽빽해지다. 밀생(密生)하다. 무성하다. 굵어지다.

espessidão *m.* ①짙음. 농후. 농밀(濃密). 조밀. ②치밀. ③굵음. 두꺼움.

espesso *a.* ①진한. 짙은. 농후한. ②조밀한. 치밀한. 빽빽한. (직물(織物)이) 첩첩한. 밴. ③굵은. ④두꺼운. ⑤불투명한.

espessura *f.* ①두께. ②굵기. ③밀도. 조밀(稠密). 조밀성. ④농후. 농밀(濃密). ⑤빽빽함. 무성함.

espetacular *a.* 구경거리의. 볼 만한. 장관의. 눈부신. 풍경의. 극적인.

espetáculo *m.* ①구경거리. 흥행물. 쇼. ②광경. (볼 만한) 경치. 경관(景觀). 기관(奇觀).
　servir de espetáculo 또는
　dar espetáculo 남의 웃음거리가 되다. 창피한 꼴을 보다.

espetaculoso *a.* 볼 만한. 굉장한. 현저하게 눈에 띄는. 사치한. 속되게 화려한.

espetada *f.* ①(칼·창 따위로) 쿡 찌르기. 찔러 꿰뚫기. ②찔린 상처. 자상(刺傷). ③(굽거나 그슬리기 위하여) 물고기·쇠고기·닭고기 따위를 쇠꼬챙이에 낀 것. 관자(串刺)한 것.

espetadela *f.* ①(칼·창 따위로) 찌르기. ②찔린 상처. 자상(刺傷). ③못된 장난. 엉터리. ④사기. 속이기. 속여먹는 데 쓰는 것. ⑤남에게 손해 끼치기. ⑥민망한 사람. 보기와 다른 사람(물건).

espetado *a.* ①(칼·창·송곳 따위로) 찌른. 찔린. 꽂힌. 꿰뚫은. 꿰뚫린. 쑤신. ②목적에 맞지 않는. 실패한. ③(못된 장난에) 애먹는. 처치할 방도가 없는.

espetanço *m.* ①엉터리. 속이기. 사기. ②협잡(수단). 속여서 먹는 데 쓰는 것. ③보기와 다른 사람(물건). ④쇠꼬챙이·창 따위로 찌르기. 찌른 상태.
　dar um espetanço 여지없이 실패케 하다.

espetão *m.* 가닥. 쇠가닥(鐵叉). 갈퀴. 포크. 뾰족한 끝. 쇠꼬챙이.

espetar *v.t.* ①(쇠꼬챙이·창·긴 칼 따위로) 찌르다. 꿰뚫다. 찔러 뚫다. ②(쇠고기·닭고기·물고기 따위를) 쇠꼬챙이에 끼다. ③쑤시다. ④애먹게 하다. 고생시키다.
　—**se** *v.pr.* ①찔리다. 꽂히다. 뚫리다. ②애먹다. 고생하다. 처치 곤란해지다. ③실패하다. ④손해를 입다.

espeto *m.* (종이 꽂는) 핀. (바늘 같은) 못. (불고기할 때 쓰는) 쇠꼬챙이.

espevitadeira *f.* (불켜는 초 따위의) 심지 자르는 가위.

espevitado *a.* ①(촛불 끝의) 심지를 자른. 심지 끝의 불똥(빨간 방울 같은 것)을 자

espevitador–**espigão**

른. ②활기를 띤. 기운난. ③명랑한. 쾌활한. ④(언어가) 유창한. ⑤흥분하고 있는. 자극받은.

espevitador *m.* ①(촛불 따위의) 심지 자르는 가위. ②활기 띠게 하는 것. 흥분시키는 것.

espevitar *v.t.* ①(촛불 끝의) 심지를 자르다. 심지 끝에 돋은 불똥을 자르다. ②활기 띠게 하다. 자극 주다.
— **se** *v.pr.* ①자극받다. 흥분하다. ②활기 띠다. 쾌활해지다.

espezinhado *a.* 짓밟힌. 억압된. 압박 당한. 괴로움 받고 있는. 학대받는.

espezinhar *v.t.* ①짓밟다. ②억압하다. 압박하다. ③학대하다. 몹시 괴롭히다.

espia, espi (1) *m., f.* ①간첩. 스파이. 정탐군. ②척후병(斥候兵).
— (2) *m.* 배를 끌어당기는 밧줄(曳索). 계선색(繫船索).

espiada (1) *f.* ①몰래 엿보기. 구멍으로 둘여다보기. ②정탐. 정찰.
— (2) *f.* 끌어당기는 밧줄로 (배를) 연결한 상태. 계선색(繫船索)으로 연결하기.

espiador *a., m.* ①(구멍을 통하여) 들여다보는 (사람). ②몰래 엿보는 (사람). 정탐하는 (자). 스파이. 간첩.

espiadeira *f.* 흘깃 보기. 별견(瞥見). 엿보기.

espiagem *f.* ①(구멍을 통하여) 들여다보기. 몰래 엿보기. ②정탐하기. ③간첩행동.

espião *m.* 간첩. 스파이. 밀정. 정탐군.

espiar (1) *v.t.* ①몰래 들여다보다. 엿보다. ②비밀을 탐지하다. 정탐하다. 정찰하다. 간첩행동을 하다.
— (2) *v.t.* (배를) 끌어당기는 밧줄로 연결하다.

espicaçado *a.* ①(부리・주둥이 따위로) 찍은. 찍어서 구멍을 만든. ②구멍이 많이 뚫린. ③가슴 아픈. 괴로움 당한.

espicaçar *v.t.* ①(부리・주둥이 따위로) 찍다. 쪼아 먹다. ②쪼아 구멍을 뚫다. ③찌르다. ④상하게 하다. ⑤가슴 아프게 하다. 괴롭히다.

espicanardo *m.* [植] 감송향(甘松香).

espicha *f.* ①(아가미(鰓)를 통하여) 작은 물고기를 주렁주렁 낀 것. ②끝이 뾰족한 쟁기(무기). ③[船] 사강(斜杠)(돛을 펼쳐내는 데 쓰는).

espichadela *f.* 찌르기. 꿰뚫기. (꼬챙이에) 끼기. (통에) 구멍을 뚫기.

espichar *v.t.* 여러 마리의 작은 물고기를 (아가미를 통하여) 주렁주렁 끼다. (뾰족한 꼬챙이로) 쇠고기 따위를 끼다. 꽂다. 구멍을 뚫다. 찔러서 관통하다.
espichar um barril 큰 통 (나무통・간장통・술통 따위)에 구멍을 뚫다.
espichar couro 날가죽(生皮)을 말리기 위하여 쭉 펼쳐 놓고 나무못 따위로 고정하다.

espiche (1) *m.* ①(술통・맥주통 따위의) 주둥이 사구(蛇口). 마개. 틀어 막는 것. ②소화전(消火栓). ③[軍] 화문(火門) 마개. 총구멍 마개. ④[電] 플러그. ⑤못. 나무못.
— (2) *m.* 《英》*speech*의 전래어. 연설. 강연.

espicho *m.* ①= *espiche*. ②날가죽을 말리기 위하여 쭉 펼치고 고정시키는 작은 말뚝 또는 나무못. ③《轉》약하고 키 큰 사람. 수척(瘦瘠)한 사람.

espiciforme *a.* [植] 이삭 모양의. 수상(穗狀)의.

espicilégio *m.* ①시집(詩集). 시선(詩選). 명문집. ②계약서 철(綴). 중요 서류철(綴).

espícula *f.* [植] 작은 이삭. 작은 고갱이.

espiculado *a.* ①이삭 모양을 한. ②이삭이 된.

espicular *v.t.* 이삭처럼 끝을 뾰족하게 하다.

espículo *m.* ①바늘 모양의 물체. ②[植] 이삭의 끝. 벼고갱이의 끝. ③벌의 (쏘는) 바늘. [動] (해면 따위의) 침골(針骨).

espiga *f.* ①(특히 옥수수의) 이삭. 이삭의 끝. ②뾰족한 끝. 못의 끝. 바늘 끝. ③[木工] 장부. ④[機] 핀(톱니바퀴 따위를 굴대(軸)에 고정하기 위하여 꽂는 못・바늘). ⑤귀찮은 일. 성가신 일.

espigado *a.* ①이삭이 나온. 이삭이 있는. ②다 자란. 키 큰. ③방해된. ④속은. 기만 당한.

espigadote *a.* ①여원. 호리호리한. ②(소년 따위 연령에 비하여) 키가 큰. (지능에 앞서) 키만 큰.

espigame *m.* ①많은 이삭. ②이삭을 줍기.

espigão *m.* ①[建] 지붕 마룻대. (천막의) 들보 재목. ②끝 말뚝. ③콧날. ④융기(隆起). ⑤[動] 바늘가시. 벌의 독침. 독아(毒牙). ⑥[植] 가시털. 쏘는 털.

espigar *v.i.* ①이삭이 나오다. ②(심은 씨가) 눈트다. ③자라다. 성장하다.
— *v.t.* 이삭을 줍다. 이삭을 긁어 모으다.

espigoso *a.* ①이삭이 있는. 이삭이 많은. ②수상화(穗狀花) 같은.

espigueira *f.* 이삭 줍는 사람.

espigueiro *m.* ①옥수수 이삭을 넣는 헛간(창고). ②곡창(穀倉).

espigueta *f.* 작은 이삭. 작은 수상화.

espiguilha *f.* 금·은실로 수놓은(술을 단) 가장자리 장식.

espiguilhado *a.* 금·은실로 수놓은 가장자리를 단. 가장자리에 술을 붙인. 자수(刺繡)한.

espiguilhar *v.t.* 금·은실로 가장자리를 꾸미다. 가장자리에 술을 붙이다. 자수하다.

espinafrar *v.t.* ①《俗》조롱하다. 조소하다. ②꾸짖다. 야단치다. ③비난하다. 체면을 손상시키다.

espinafre *m.* [植] 시금치. [轉] 키 크고 빼빼 마른 사람.

espinal *a.* ①[解] 척골(脊骨)의. 척추의. 척수(脊髓)의. 척골에 관한. 척골 모양의. ②가시의. 바늘의. 가시 모양 돌기(突起)의.

espinalgia *f.* [醫] 척골돌기통(脊骨突起痛).

espinça *f.* (솜을) 틀기. (직물을) 가리기.

espinçar *v.t.* [紡績] 빗질하다. 가리다.

espinel *m.* = *espinela*.
— *f.* [鑛] 첨정석(尖晶石). 홍(紅)첨정석.

espineo, espinescente *a.* [植] 가시가 있는. 가시 같은. 가시가 돋는. 가시로 덮인.

espinescido *a.* 가시가 돋은. 가시 같은.

espineta *f.* [史] 옛날의 피아노.

espingarda *f.* 총. 소총. 라이플.
espingarda de vento 공기총.
espingarda de caço (또는 *caçadeira*) 사냥총.
espingarda de repetção 연발총.

espingardada *f.* 총의 발사.

espingardão *m.* 강선(腔線)이 들지 않은 구식 소총.

espingardaria *f.* ①총의 연발. ②많은 총. 《古》총병(統兵).

espingardear *v.t.* 총으로 쏘다. 총살하다.

espingardeira *f.* 《古》총안. 사안(射眼).

espingardeiro *m.* ①총포 대장장이. 총공(銃工). ②총포상인(銃砲商人). ③총사(統士). 보병.

espinha *f.* ①[解] 척골(脊骨). 추골(椎骨). 융골(隆骨). ②[植] 줄기. ③물고기의 뼈. 가시. ④[醫] 종기(腫氣). 뾰루지. 부스럼. 여드름. ⑤곤란. 어려움. ⑥장애. 까다로운 일. ⑦몹시 쇠약한 사람.
espinha dorsal 등골뼈. 분수령.

espinhaço *m.* ①척골. 척주(脊柱). ②(말(馬)의) 등골뼈. ③산맥(山脈). ④[植] 줄기.

espinhado *a.* ①가시에 찔린. 가시가 꽂힌. ②(목구멍에) 물고기 뼈(가시)가 걸린. ③노한. 화낸.

espinhal (1) *a.* 척골의. 척추의.
nervo espinhal 척추신경.
— (2) *m.* 가시밭. 가시덤불.

espinhar *v.t.* ①가시로 찌르다. ②자극하다. 화내게 하다.
—*se v.pr.* ①가시에 찔리다. ②자극받다. ③화내다. 골내다. 약오르다. ④진정하지 못하다.

espinheira *f.* = *espinheiro*.
— *m.* [植] 가시. 형극(荊棘). ②가시나무. 가시 있는 식물.

espinheiral *m.* 가시밭. 가시덤불.

espinhel *m.* = *espinel*.

espinhela *f.* [解] 흉골(胸骨)의 연골(軟骨).

espinheta *f.* = *espineta*.

espinho *m.* ①가시. ②나무의 가시. 풀에 돋는 가시. ③가시 있는 물건. ④가시처럼 끝이 예리한 물건.

espinhos (*pl.*) ①귀찮은 일. 힘든 일. ②곤란. 장애. ③걱정. 근심. 불안.
estar sobre espinho 바늘 디디듯 아슬아슬하다. 얇은 얼음 위에 있듯 아슬아슬하다.

espinhoso (1) *a.* 가시가 많은. 고생스러운. 어려운. 고난한. 다난한.
— (2) *a.* 뼈같은. 골상(骨狀)의.

espinhotear *v.i.* (말·소 따위가) 뛰다. 뛰어오르다. 도약(跳躍)하다.

espinhotele *m.* (말·소의) 뛰기. 도약.

espiolhar *v.t.* ①이를 잡다. 이(虱)를 퇴치하다. ②남의 결함을 찾다. ③꼬치꼬치 캐다(묻다).

espionagem *f.* ①간첩행위. 밀정질하기. 탐정역할. ②간첩단(團).

espionar *v.t.*, *.v.i.* 몰래 엿듣다. 탐정하다. 간첩(밀정) 행동을 하다.

espipar *v.t.*, *v.i.* (샘이) 쾰쾰 솟다. 분출하다. 용출하다. (시내가) 거품 일며 흐르다.

espique *m.* [植] ①(특히 야자수·바나나 나무 등의) 줄기. ②엽병(葉柄). 균병(菌柄).

espiqueado *a.* [植] 줄기 있는. 줄기 모양을 한. 간상(幹狀)의.

espira *f.* ①나선(螺線). 나선(螺旋). ②나선이 한 번 도는 것. ③[解] 헬릭스. ④잡선(匝線).

espiráculo *m.* ①환기공(換氣孔). 통풍공. ②숨구멍. 숨문. ③호흡. 숨.

espiral *a.* 나선(螺旋)의. 나선 모양의. 빙빙 꼬인. 나선 장치의. [數·幾] 잡선의.
— *f.* ①나선. 나상선(螺狀線). ②나선형의 물건. ③(시계의) 나선 태엽. ④잡선탄기(彈機). ⑤나선비행. [幾] 잡선(匝線).

espiralado *a.* [植] 나선의. 나상(螺狀)의. 빙빙 꼬인. 빙빙 감긴.

espiralar *v.t.* 나선으로 만들다.
—**se** *v.pr.* 나선 모양(螺狀)이 되다.

espirante *a.* ①숨쉬는. 호흡하는. ②살아 있는. 살아 있는 듯한. ③(향기를) 풍기는. 내뿜는.

espirar *v.t.* ①숨을 쉬다. 호흡하다. (숨을) 내쉬다. ②발산하다. 방산하다.
— *v.i.* 숨쉬고 있다. 살아 있다.

espirea *f.* [植] 수선국속(繡線菊屬).

espiricula *f.* [植] 나상화사(螺狀花絲).

espirilo *m.* 나선균(螺旋菌)(분생균족(分生菌族)).

espirita *a.*, *m.*, *f.* =*espiritista*.

espiritado *a.* ①악마에 사로잡힌. 귀신들린. ②악마같은. ③몹시 떠드는. 장난이 심한.

espiritar *v.i.*, *v.t.* ①악마에 사로잡히다(사로잡히게 하다). 귀신들리다. ②몹시 떠들다.

espiritismo *m.* ①강신술(降神術). 신을 불러 내리기. 정령숭배. ②강신설(降神說). 교령설(交靈說). [哲] 유심론(唯心論).

espiritista *m.*, *f.* 강신술자. 무당.
— *a.* 강신술의. 신을 불러 내리는. 강신설의.

espírito *m.* ①정신. 혼. 심령(心靈). 신령(神靈). ②영혼. 유령(幽靈). 망령. 악령. 악마. 요정(妖精). ③주정(酒精). 알코올. ④기운. 기력. 생기. 기백(氣魄). 활기. ⑤참된 뜻. 진의(眞意). ⑥지혜. 재간. 기지(機智).
espírito de vinho 주정(酒精).
homem de espírito 유능한 사람.
Espírito Santo 성령(聖靈).
em espírito 마음으로. 정신으로.

espiritual *a.* 정신의. 정신적인. 영(靈)의. 영적인. 형이상(形而上)의. 신비(神秘)의. 영계(靈界)의. 종교상의. 종교적. 교법상(敎法上)의. 지혜 있는. 기지(機智)가 많은.

espiritualidade *f.* 정신적임. 영적임. 영성(靈性). [宗] 경건(敬虔). 구도(求道).

espiritualismo *m.* ①강신술(降神術). 신을 불러 내리기. ②[哲] 유심론. ③심령실재설(心靈實在說).

espiritualista *m.*, *f.* ①강신술자. 심령설을 믿는 자. ②유심론자.

espiritualização *f.* 영화(靈化). 정신화. 정화(淨化). [化] 정화(精化). 추정(抽精).

espiritualizar *v.t.* 정신적(영적)으로 하다. 심령적으로 하다. 영화(靈化)하다. 정화하다. 《俗》(술로써) 용기를 북돋아 주다. 기운 얻게 하다.
—**se** *v.pr.* ①영화(靈化)되다. ②힘을 얻다.

espiritualmente *adv.* 정신적(영적)으로. 신성하게. 추상적으로. 무형적(無形的)으로.

espirituoso *a.* ①많은 알코올을 포힘힌. 주정(酒精)이 많이 들어 있는. ②지혜 있는. 재간이 많은.

espiróide *a.* 나선 모양의. 나상(螺狀)의.

espirómetro *m.* 폐량계(肺量計). 폐기계(肺氣計).

espirra-canivetes *m.*, *f.* 성질이 급한 사람. 짜증 잘내는 사람.

espirrador *a.*, *m.* 재채기하는 (사람).

espirrar *v.i.* 재채기하다. ②(타는 나무에서) 바짝바짝 소리내다. 폭명(爆鳴)하다. ③(물·액체 따위를) 내뿜다. 사출(射出)하다. ④노하다. 화내다. ⑤사소한 싸움을 하다. 말다툼하다.
— *v.t.* 내뿜게 하다. 사출시키다.

espirro *m.* ①재채기. ②재채기하기.

esplanada *f.* ①요새(要塞)·건축물 등 앞에 있는 광장(廣場). 요새와 시가 사이의 빈 땅. ②[築城] 성박 호(壕)의 바깥쪽의 경사진 둑. ③전망이 좋은 장소. (특히 바다에 면한) 산책지. 《英》 *esplanade*.

esplancnico *a.* 내장의. 내장에 관한.

esplancnologia *f.* 내장학(內臟學). 내장론.

esplancnotomia *f.* 내장 해부.

esplandecente, esplendecente,
esplenndente *a.* 빛나는. 찬란한. 혁혁한. 광채 있는.

esplandecer, esplendecer *v.i.* 찬란하게 비치다. 번쩍이다. 광채를 내다.

esplenalgia *f.* [醫] 비통(脾痛). 지라가 아픔.

esplendidamente *adv.* 찬란하게.

esplendidez, esplendideza *f.* ①광휘(光輝). 광채. 찬란. 혁혁함. ②화려(華麗). 장려(壯麗). 훌륭함.

esplêndido *a.* ①빛나는. 찬란한. 광채 있는. 광휘(光輝) 있는. 눈부신. 혁혁한. ②화려한. 장려한. 장엄한. 훌륭한. 멋있는. 감탄할 만한.

esplendor *m.* ①빛남. 광휘. 광채. ②훌륭함. 볼 만함. 당당함. 장려(壯麗). 장엄. 화미(華美).

esplendoroso *a.* =*esplêndido*.

esplenético *a.* 비병(脾病)의. 비병에 걸린. — *m.* 비병환자(患者).

esplénico *a.* ①비장의. 지라의. ②기분 좋지 않은. 우울한. 성미 까다로운. 짓궂은. — *m.* ①비병환자. ②까다로운 사람. 성미 빠른 사람. ③비병약.

esplenificação *f.* [醫] 비상변질(脾狀變質)[肺의].

esplênio *m.* [解] (목에 있는) 협판근(夾板筋).

esplenite *f.* [醫] 비염(脾炎).

esplenocele *f.* 비장탈(脾臟脫).

esplenografia *f.* 비장론(論).

esplenologia *f.* 비장학(學).

esplenomegalia *f.* 비장 이상비대증(異狀肥大症).

esplenoncia *f.* 비장 종대증(腫大症).

esplenotomia *f.* 비장절개(切開). 비장척출(剔出).

espoar *v.t.* (가루・모래 따위를) 체로 다시 치다. 재벌 키질하다.

espodita *f.* 화산회(火山灰).

espojadouro *m.* 가축이 땅에 몸을 비비는 장소.

espojadura *f.* 가축 따위가 땅에 딩굴어 몸을 비비기. 비벼대기.

espojar-se *v.pr.* 가축 따위가 땅에 딩굴어 몸을 비비다. 모래 또는 먼지땅에 딩굴다.

espojeiro *m.* =*espojadouro*.

espoldra *f.* (포도나무의) 소용없는 가지를 두 번째 베어내다.

espoldrar *v.t.* 소용없는 가지를 재벌 베어내다(자르다).

espolêta *f.* ①(총・포의) 신관(信管). 뇌관(雷管). 도화관(導火管). (전기의) 퓨즈. ②《俗》두목의 신변을 보호하는 자. 달고 다니는 호위병. ③허세부리는 자.
espolêta de tempo 시한(時限)신관.

espoliação *f.* ①(특히 교전국이 중립국 선박에 대한) 약탈. 강탈. 겁탈(劫奪). ②횡령. 강청. 주구(誅求). ③[法] 문서변조.

espoliador *a.*, *m.* 약탈하는 (자). 강탈하는 (자). 횡령하는 (자).

espoliante *a.*, *m.* =*espoliador*.

espoliar *v.t.* 약탈하다. 겁탈하다. 강탈하다. 노략(擄掠)하다. 횡령하다. 훔치다.

espoliário *m.* 약탈행위. 노략(擄掠).

espoliativamente *adv.* 약탈적으로. 횡령하여.

espoliativo *a.* ①약탈적. 겁탈적. 강탈적. 횡령적. ②[醫] 탈피(脫皮)의. 탈피용(用)의.

espolim *m.* (베틀의) 작은 북(小鼓). 일종의 실꾸릿대.

espolinhar-se *v.pr.* =*espojar-se*.

espólio *m.* ①유산(遺産). ②약탈물. ③전리품. 노획물.

espondaico *a.* [韻] 양양격의. 강강격의.

espondeu *m.* [韻] 양양격(揚揚格). 강강격(强强格).

espondilite *f.* 척추염(脊椎炎).

espôndilo *m.* 척추. 추골(椎骨).

espongiário *m.*(*pl.*) 해면류(海綿類).

espongite *f.* 해면석(海綿石). 다공석(多孔石).

esponja *f.* ①해면. 목욕. 용해면. ②흡수물. ③카스테라(과자). ④술꾼. 술고래.

esponjar *v.t.* 해면으로 닦다. 해면으로 지워버리다. 해면으로 흡수해 버리다. 해면처럼 흡수케 하다.

esponjeira *f.* [植] 아카시아.
esponja do japão 체당화(棠花).

esponjosidade *f.* 해면질. 해면 같음. 푹신푹신함.

esponjoso *a.* 해면 같은. 해면질의. 푹신푹신한. 해면처럼 작은 구멍이 많은.

esponsais *m.*(*pl.*) ①약혼. 허혼. 혼인약

속. ②약혼식.
esponsal *a.* 약혼의. 약혼에 관한. 부부에 관한.
esponsálias *f.(pl.)* =*esponsais*.
esponsalício *a.* 혼인(婚姻)의. 혼인에 관한.
esponta *f.* 식물의 눈(芽)을 자르기(따기).
espontaneamente *adv.* 임의로. 자발적으로. 스스로. 자연적으로.
espontaneidade *f.* 자발성. 자생(自生). 천연성. 자연(發생). 임의(任意).
espontâneo *a.* 자발성의. 자생의. 천연적인. 자연의. 임의의. 무의식적.
espontar *v.t.* 가위로 끝을 베다(잘라 버리다). (식물의) 눈을 따버리다. 잘라버리다.
espora *f.* ①박차(拍車). ②자극. 자극물. ③[植] 참제비고깔속(屬). 그 꽃.
esporada *f.* ①박차를 넣기. ②자극주기. ③학대.
esporadicidade *f.* [醫] 특발성(特發性). 산재성(散在性).
esporádico *a.* [醫] 특발성의. 산재성의. 때때로 일어나는. ②(식물 종류 따위) 드문드문한. ③고립한.
esporango *m.* [植] 아포낭(芽胞囊). 포자낭(胞子囊).
esporão *m.* ①큰 박차(拍車). ②(새·독수리 따위의) 발톱. ③[建] 부벽(扶壁). 보벽(堡壁). ④이물(뱃머리)의 물결 헤치는 날. ⑤(물이 쉽게 갈려 흐르게 하기 위한) 다리 기둥의 뾰족하게 날선 등. 《英》 *cut water*. ⑥[植] 맥각증(麥角症).
esporar *v.t.* =*esporear*.
esporear *v.t.* ①박차를 넣다. ②자극하다. 격려하다.
esporeira *f.* [植] 참제비고깔속(屬).
esporeiro *m.* 박차(拍車) 만드는 사람. 그 장수.
esporim *m.* ①작은 박차. ②화륜(花輪)이 없는 박차.
esporo *m.* [植·生物] 아포(芽胞). 포자(胞子).
esporte *m.* 《英》 *sport*의 전래어. 경기. 운동. 체육. 운동정신.
esportista *m., f.* 운동가. 체육가. 경기자.
esportivo *a.* 운동의. 경기의. 체육의.
espórtula *f.* 보수. 사례금. 위자료. 팁.
esportular *v.t.* 보수를 주다. 팁을 주다.
esposa *f.* 처. 혼인한 여자. 《俗》 내인(內人).
esposado *a.* 약혼한. 결혼한. 기혼(旣婚)의.

esposar *v.t.* ①부부가 되게 하다. ②장가 보내다. 시집 보내다. ③배필짓게 하다. ④(주의·학설 등을) 지지하다. 옹호하다. ⑤돌보다.
—*se v.pr.* 결혼하다.
esposo *m.* 남편.
esposório *m.* ①약혼. 혼인. ②결혼 축하.
espostejado *a.* 얇게 자른. 얇게 썬. 잘게 썬. 토막친. 촌단(寸斷)한. 분단된.
espostejar *v.t., v.i.* ①얇게 자르다(썰다). 잘게 썰다. 저미다. 잘라내다. 분할하다. 토막치다. 촌단하다.
espraiado *a.* ①(풍랑(風浪)으로 인하여) 해안 또는 강언덕에 밀려 올라온. ②퍼뜨러진. ②흐트러진. 산포(散布)된. 전파(傳播)한.
espraiamento *m.* ①(풍랑으로 인하여) 해안 또는 강언덕에 밀려 올라가기. ②퍼뜨리기. ③산포. 유포. 전파.
espraiar *v.t.* ①언덕에 올려보내다. 해안에 밀려 올라가게 하다. ②퍼뜨리다. 흐트리다.
— *v.i.* ①(해안 또는 강언덕이) 밀려오는 파도에 씻기다.
—*se v.pr.* ①파도가 물러가고 해안이 넓어지다. ②퍼지다. ③흩어지다. 산포되다. 유포(流布)되다. 전파(傳播)되다.
espreguiçadeira *f.* =*espreguiçado*.
— *m.* 일종의 긴 안락의자.
espreguiçamento *m.* (잠을 깨고 난 뒤의) 기지개켜기. 팔·다리를 펴기.
espreguiçar *v.i., v.pr.* 기지개를 켜다. 팔다리를 펴다. (손을 치켜들고) 크게 하품하다.
espreguiceiro *m.* =*espreguicadeira*.
espreita *f.* ①엿보기. 몰래 들여다보기. ②망보기. 감시.
á espreita 망보며. 감시하며.
espreitadeira *a.* 들여다보는.
— *f.* 들여다보는 틈(짬·구멍).
espreitadela *f.* 들여다보기. 몰래 엿보기. 기회를 노리기.
espreitador *m.* 들여다보는 사람. 엿보는 사람. 망보는 자. 기회를 노리는 자.
espreitança *f.* =*espreita*.
espreitar *v.t.* (남몰래) 엿보다. 들여다보다. 숨어서 보다. 망보다. 파수서다. 감시하다. 기회를 엿보다.
—*se v.pr.* 자기의 주변을 잘 살피다.

조심하다.
espremedor *a.* ①누르는. 압박하는. ②압착하는. 압축하는. 짜내는.
— *m.* 압착하는 것. 압축기(壓縮機). 압축기계.
espremedure *f.* ①누르기. 압박. 압착(壓搾). 압축. ②짜내기. 착출(搾出). ③착취.
espremer *v.t.* ①꽉 누르다. 압박하다. 압착하다. 압축하다. ②눌러 짜다. 비틀어 짜내다. 착출하다. ③눌러 찌부러뜨리다. ④세밀히 조사하다. 꼬치꼬치 캐다.
—se *v.pr.* 눌리다. 압축되다. 짜지다.
espremido *a.* ①눌린. 압박된. 압착된. 압축한. ②짜낸. 착출된. ③눌려 찌그러진. ④착취된.
espremível *a.* 누를 만한. 압착(압축)할 수 있는. 짜낼 만한.
espressão *f.* 《廢》①누르기. 압박. ②압축. 압착.
espriguiçar *v.t.* = *espreguiçar*.
espulgar *v.t.* 벼룩을 잡다. 벼룩을 퇴치하다.
espuma *f.* 거품. 물거품. 포말(泡沫).
espumadeira *f.* 국자. 물뜨는 국자. 거품 거두는 국자.
espumante *a.* 거품이 일어나는. 거품을 일으키는. 거품이 뜨는. 《轉》흥분한. 화낸.
— *m.* 값싼 샴페인.
espumar *v.t.* 거품을 거두다. 떠내다.
— *v.i.* 거품이 일어나다(생기다).
espumejar *v.i.* 거품이 일어나다.
espumeo *a.*《詩》거품이 일어나는. 거품 투성이의.
espumifero *a.* 거품이 일어나는. 거품이 있는.
espumosidade *f.* (술 따위의) 거품이 일어나는 것.
espumoso *a.* 거품이 일어나는. 거품이 나오는. 거품이 일어나기 쉬운. 거품투성이의.
espurcicia *f.* ①더러움. 불결. ②불순(不純). 부정(不正).
espuriedade *f.* ①서출(庶出). 사생(私生). ②불순(不純). ③변조(變造). 위조.
espurgar *v.t.* 《廢》= *expurgar*.
espúrio *a.* ①가짜의. 위조의. 그럴듯한. 겉치레의. ②사생아(私生兒)의. 잡종의. ③[生物] 비슷한. 의사(擬似)의. 가(假)의.
esputação *f.* 자주 침을 뱉음.

esputar *v.i.* 침을 내뱉다. 자주 침을 뱉다.
esputo *m.* ①[醫] 침. 타액(唾液). ②침을 뱉기.
esquadra *f.* ①함대(艦隊). ②(보병의) 소대(小隊). ③조직된 단체. ④직각으로 된 자(直角定規).
esquadrado *a.* ①직각으로 놓은. 직각으로 만든. ②방형(方形)으로 끊은. ③(바둑판 금처럼) 가로·세로 네모 반듯하게 줄친.
esquadrão *m.* ①기병중대(騎兵中隊). ②소함대(小艦隊). 전대(戰隊). ③습격단(襲擊團). 도적의 떼.
esquadrar (1) *v.t.* ①직각으로 놓다. ②네모지게 자르다. ③사각(四角)으로 만들다. ④(바둑판 모양으로) 가로·세로 네모 반듯하게 줄치다.
— (2) *v.t.* [軍] 기병중대를 조직(편성)하다.
esquadrejamento *m.* (재목을) 방형(方形)으로 켜서 가름.
esquadrejar *v.t.* (목재를) 방형으로 켜서 가르다.
esquadria *f.* ①직각(直角). ②직각자(定規). ③(돌 따위를) 네모나게 자름. 네모지게 자른 돌. 사각형(四角形)으로 싼 문틀. ④규칙적임. 똑바름. 방정(方正).
esquadriar *v.t.* = *esquadrar*.
esquadrilha *f.* ①작은 함대(小艦隊). ②비행편대. 비행중대.
esquadrilhado *a.* ①(함대·편대·중대 등으로부터) 제외된.
esquadrilhar *v.t.* 조직 또는 편성된 단체로부터 제거하다. 물러나게 하다.
esquadrinhador *m.* ①탐색자. 탐구자. ②정밀히 검사하는 자. 자세히 조사하는 자.
esquadrinhadora *f.* = *esquadrinhamento*.
— *m.* ①탐색. 탐구. ②천착(穿鑿). 정사(精査).
esquadrinhar *v.t.* ①자세히 검사하다. 세밀히 조사하다. ②파고 들다. 천착하다. ③탐구하다. 탐색하다.
esquadro *m.* ①네모짐. 직각. 방형(方形). ②직각자.
esqualidez *f.* ①더러움. 불결. 천박. ②단정치 못함. (옷차림 따위) 어수선함. ③(용모·태도 등의) 초췌(憔悴). ④추태. 추행.
esquálido *a.* ①지저분한. 누추한. 더러운. 천박한. ②단정치 못한. 어수선한. ③초췌한. 창백한.

esqualo *m*. [魚] 상어.

esqualor *m*. =*esqualidez*.

esquamodermos, esqoamodermes *m*. (*pl*.) 피인어류(被鱗魚類).

esquarroso *a*. 비누에 덮인. 깔깔한. 두툴두툴한. 매끄럽지 못한. 평평하지 않은.

esquartejado *a*. ①네 부분으로 나누인. 4등분한. ②사지(四肢)를 잘라낸.

esquartejadura *f*. (도살장에서) 식수(食獸)의 사지를 자르기.

esquartejamento *m*. ①네 부분으로 나누기(四分). 사등분하기. ②사지(四肢)를 잘라내기.《古》사열형(四裂刑: 사지를 찢어 죽이는 옛날의 형별).

esquartejar *v.t*. ①네 부분으로 나누다. 사분하다. ②사지를 자르다. ③《古》사열형(四裂刑)에 처하다. ④명예·신용 등을 여지없이 떨어뜨리다.

esquartelado *a*. [紋] (방패의 면을) 사분(四分)한.

esquarteladura *f*. (방패의 면을) 세로·가로줄로 사분하기.

esquartelar *v.t*. [紋] (방패를) 세로·가로줄로 네 쪽 내다.

esquecediço *a*. 잊기 잘하는. 자주 잊는. 기억이 나쁜. 건망의.

esquecedor *a*. 잊어버리게 하는. 잊어버리는.

esquecer *v.t*., *v.i*. 잊다. 망각하다. 놓고 잊어버리다. 게을리하다. 등한히하다.
—se *v.pr*. 자기를 잊다. 본분(本分)을 잊다.

esquecidiço *a*. =*esqnecediço*.

esquecido *a*. ①잊은. 잊어버린. 망각한. 자주 잊는. ②게을리한. 등한한. ③감각을 잃은. 마비된.
fazer-se esquecido 잊어버린 것처럼 하다 (알면서). 잊어버린 듯한 태도를 취하다.
horas esquecidas (잊을 정도로) 오랫동안.
Quem não aparece, esquece 나타나지 않으면 잊는다. 보지 않으면 잊어버리게 된다.
Jamais esquecerei a sua bondade 당신의 친절은 결코 잊지 않겠습니다.
Esqueci como se fazisso. 이것을 어떻게 하는지 나는 잊었다.
Deve-se esquecer o passado. 과거는 다 잊어 버려야 한다.
— *m*. 잊기 잘하는 사람. 기억이 나쁜 사람. 망각자.

esquecimento *m*. ①잊음. 망각. 망치(忘置). 실념(失念). 유실(遺失). ②무감각. 마비.
rio do esquecimento [希神] 망천(忘川: 저승의 개울인데 이 물을 마시면 생전의 모든 일을 잊어버린다고 함).
Ausências causam esquecimento. 불참(不參)은 망각의 원인이 된다.

esquelético *a*. 해골의. 해골같은. 해골처럼 여원.

esqueleto *m*. ①해골(骸骨). 고골(枯骨). 뼈대. ②골격. ③윤곽. 개략. ④(건물·배 따위의) 골조(骨組). ⑤(문장·연설 등의) 골자. 요령. ⑥《俗》몹시 쇠약한 사람. 뼈와 가죽만 남은 사람.

esquema *m*. ①도해(圖解). 도식(圖式). 도표. 약도. ②[文·修] 비유. 형용. 구법(句法). ③개념. 강령. 대의(大意). 경계. 윤곽. [論] (삼단논법의) 격(格).

esquemático *a*. 도표의. 도식(圖式)의.

esquentação *f*. ①뜨겁게 하기. (음식물 따위) 데치기. 가온(加溫). 가열. ②격렬한 논의. 격론.

esquentada *f*. 최고온(最高溫)의 시겁(時點).

esquentado *a*. ①뜨거워진. 뜨겁게 한. 데친. 가열된. ②화낸. 성낸. 흥분한.

esquentador *m*. ①물끓이는 기계(기구). 온상기(溫床器). [機] 급수 가열기(보일러에 넣기 전에 뜨겁게 하는 것).

esquentamento *m*. ①덥히기. 뜨겁게 하기. ②임질(淋疾).

esquentar *v.t*. 덥히다. 뜨겁게 하다. 가열하다. ②몹시 화나게 하다. 성나게 하다.
— *v.i*., —se *v.pr*. ①더워지다. 뜨겁게 되다. ②화내다. 노하다. 몹시 흥분하다.

esquerda *f*. ①왼쪽. 좌측. ②왼손. ③좌익.
á esquerda 왼쪽으로. 좌측으로.

esquerdista *m*., *f*. ①좌익 (분자). 좌익당원. ②좌경한 사람.

esquerdo *a*. ①왼쪽의. 왼편의. 좌측의. 왼손잡이의. ②비뚤어진. 서투른. 부적당한.
— *m*. ①왼쪽. 좌측. ②왼손잡이.

esqui *m.* 스키.

esquiar *v.t.* 스키를 타다.

esquifado *a.* 작은 배모양(小舟形)의. 관(棺) 비슷한.

esquife *m.* ①관(棺·柩). ②작은 배.

esquila *f.* [植] 해총(海忽). 그 구근(球根).

esquilo *m.* [動] 다람쥐.

esquimos *m.(pl.)* 에스키모 사람.

esquina *f.* 각(角). 귀퉁이. 구석. (거리의) 모퉁이.
 esquebrar as esquinas 거리를 돌아다니다. 방황(彷徨)하다.

esquinado *a.* 각이 있는. 각이 많은. 모퉁이를 이룬.

esquinal *a.* 각(角)의. 각이 되어 있는. 모퉁이의.

esquinar *v.t.* 각을 만들다. 모퉁이 되게 하다. 각이 되게 자르다.

esquinência *f.* [醫] 후두염(喉頭炎). 편도선염(扁桃腺炎).

esquipação *f.* ①(배의) 의장(艤裝). 장비. 선용구(船用具). ②군장(軍裝). ③복장. 의복의 한벌. 《俗》 기이(奇異)함. 기묘함. 정상과 다름.

esquipado *a.* ①의장을 한. 장비를 한. ②옷을 차려 입은. ③빠른. 신속한.

esquipador *m.* (말(馬)이) 질주하는.

esquipamento *m.* (배의) 의장(艤裝). 장비.

esquipar *v.t.* ①의장하다. 장비하다. ②몸에 갖추다. 지니다.
 — *v.i.* 배가 달리다. 주항(走航)하다.

esquipático *a.* 이상한. 묘한. 교묘한. 기이한. 괴상한.

esquírola *f.* [外] 부서진 작은 뼈. 골편(骨片). 쇄편(碎片).

esquisitamente *adv.* 이상하게. 기이하게. 기묘하게. 괴상하게. (성격이) 까다롭게.

esquisitice *f.* ①이상함. 기이함. 기묘함. 괴상함. ②정상과 다름. 기태(奇態). ③(성격의) 까다로움. 비뚤어짐.

esquisito *a.* 이상한. 기이한. 묘한. 기묘한. 괴상한. 교묘한. 절묘(絕妙)한.

esquisitório *a.* 아주 신기한. 퍽 기묘한. 비범한.

esquiva *f.* (타격 따위 받을 찰라의) 몸을 비키는 것. 회피.

esquivamente *adv.* ①몸을 비키고. 회피하여. ②깔보고. 얕보고. ③마음 내키지 않게. 싫으면서.

esquivança, esquivância *f.* ①(칼·주먹 등으로 치려고 할 때의) 몸을 슬쩍 피하기. 회피. ②얕보기. 깔보기. 업신여기기. 멸시. ③마음이 내키지 않음. 꺼림직함.

esquivar *v.t.* ①(…을) 피하다. 회피하다. ②배척하다. 상대를 하지 않다. ③(…을) 업신여기다. 깔보다.
 —*se* *v.pr.* ①(칼·주먹 등으로 치려고 할 때) 몸을 슬쩍 피하다. 비켜 서다. 회피하다. ②피신하다. 도망치다.

esquivez, esquiveza *f.* =*esquivância*.

esquivo, esquivoso *a.* ①좀처럼 말하지 않는. 사람과 사귀기 싫어하는. ②다루기 어려운. 까다로운. 처치(취급)하기 어려운. 말을 잘듣지 않는. ③길들지 않는.

esquizofrenia *f.* [醫] 조발치매증(早發癡呆症).

esquizofrênico *a.*, *m.* 정신분열환자.

essa (1) *f.* ①(뚜껑 없는)영구차(靈柩車). 관대(棺臺). 상청. 궤연. ②기념비.
 《英》 *catafalque*.
 — (2) *pron.*, *adj.*, *dem.* =*esse*의 여성형.

esse *pron.*, *adj.*, *dem.* 그의. 그것은. 바로 그것. (말하는 사람으로부터 가까운 것을 가르킴).

essência *f.* ①본질. 원질(原質). 원소. 요소. 본체. ②수(粹). ③정유(精油). 휘발성. 향유(香油). ④요정. 골자.
 quint a essência 정수(精髓). 본질.

essencial *a.* 본질의. 원질의. 본체(本體)의. 긴요한. 중요한. 순정(純情)한.
 — *m.* 본질적 요소. 주요점. 골자.

essencialidade *f.* ①본질. 본성. 본체. 원질. ②요건. 정수. 요점. 골자. ③긴요성. 필수성.

essencialmente *adv.* 본질적으로. 필연적으로. 근본적으로. 필수적으로. 특히.

essoutro *pron. dem.* 다른 그것. 또 다른 것.

esta *pron. adj. dem.* =*êste*의 여성형.

estabando *a.* 어리석은. 바보같은. 미친.

estabelecedor *m.* 건설자. 설립자. 창립자. 창설자. 설정하는 사람. 제정하는 사람.

estabelecer *v.t.* 건립하다. 설립하다. 창립하다. 창설하다. 설정(設定)하다. 제정(制定)하다.
 —*se* *v.pr.* ①거처(居處)를 정하다. ②출세(出世·出身)의 기반을 닦다. ③건립

되다. 설정(제정)되다.

estabelecido *a.* 건립된. 창립된. 설립한. 설정한. 제정된. 주소(거처)를 정한.

estabelecimento *m.* ①건립. 설립. 창립. 창설. ②설정. 제정. ③확립(確立). ④확증. 확정. 증명. ⑤설립물(학교병원. 상점·여관 등의). ⑥입신(출세)의 기반(닦기). ⑧식민지.

estabilidade *f.* ①견고(堅固). 공고(鞏固). 확고. 안정. 부동(不動). ②안전성. 영구성(永久性). 지구성. 견인불발(堅忍不拔). ③[機] 안정. (특히 선박의) 복원력(復原力).

estabilização *f.* (화폐 가치 등의) 안정; 안정정책.

estabilizador *m.* ①안정시키는 사람(사물). ②안정제(安定劑). ③[機] 안정장치.

estabilizar *v.t.* 안정시키다. 안정장치를 하다. 공고히 하다.
— **se** *v.pr.* 안정되다. 공고해지다.

estabulação *f.* (소·염소·양 따위를) 축사(畜舍)에 가두어 기르기.

estabular (1) *v.t.* (가축을) 축사에 가두어 기르다.
— (2) *a.* 축사(畜舍)의. 외양간의. 축사 사양(飼養)의.

estábulo *m.* 가축우리. 외양간. 축사(畜舍). 마구(馬廐). 마구간.

estaca *f.* ①말뚝. 날목(抹木). 땅에 박아 넣는 기둥(건물 지을 때의). ②과수(果樹)를 받쳐대는 버팀 기둥. 토마토·오이 등을 받치는 작은 기둥.

estacada *f.* ①말뚝을 박기. 말뚝을 박은 상태. ②굵은 나무를 열지어 박은 울타리(棚). (가축우리 따위). ③방책(防柵). 항구폐색책(港口閉塞柵). ④(고층 건물의 기초로 되는) 항초(杭楚). 기항(基杭).

estacado *a.* ①말뚝을 박은. 항초(杭礎)를 한. ②(움직이지 않게) 고정한. ③오도 가도 못한.
— *m.* = *estacada*.

estação *f.* ①정거장. 역. ②정박소. 요항(要港). ③전화교환소. ④관측소. ⑤(경찰의) 분서. 파출소. ⑥계절. 시기. 기(期). 시후(時候).
estação transmissora 방송국. 전신국.
estação emissora 무선전신국.
estação rádio-difusora 방송국.
estação telefônica 전화국. 전화교환소.
estação rodoviária 장거리 버스 발착소.
estação balneária 해수욕장.
estação de água 광천. 온천. 광천장. 탕치장(湯治場).
estação de chuva 우기(雨期).

estacar *v.t.* 말뚝을 박다. (식물을) 말뚝을 박아 고정시키다. 움직이지 못하게 하다.
— *v.i.* 갑자기 멈추다. 가도 오도 못하게 되다.

estacaria *f.* ①많은 말뚝. ②말뚝을 쌓아 올린 장소. ③열 지은 말뚝. 말뚝으로 만든 방파제(防波堤). ④말뚝 기초(基礎).

estacional *a.* 정지하는. 멈추는. 움직이지 않는.

estacionamento *m.* ①멈춤. 정지. 머무르게 함. ②주차(駐車). ③주차장.

estacionar *v.i.* 서다. 멈추다. 정지하다. 정차하다. 주차(駐車)하다.
— *v.t.* 멈추게 하다. 정지시키다. 정차(주차) 시키다. 움직이지 못하게 하다.

estacionário *a.* ①멈춘. 정지해 있는. 움직이지 않는. 정체(停滯)하고 있는. 주차 중인. 주둔하고 있는. 전진(前進)하지 않는. ②정지의. 정체의. 주차의. ③[醫] 내구성(耐久性)의.

estada *f.* ①(한 곳에) 머무름. 체재. 체류. 두류(逗留). ②(선박의) 정박 기간.

estadão *m.* 《俗》 화려함. 장임함. 훌륭함. 사치스러움.

estadeador *m.* 잘 차리고 으쓱하는 사람. 보라는 듯이 자랑하는 자. 과장하는 자.

estadear *v.i.*, — **se** *v.pr.* 우쭐하다. 뻐기다. 뽐내다. 자랑하다. 젠체하다.

estadia *f.* ①= *estada*. ②[商] 선적 기간(船積期間). 양륙(揚陸) 기간.

estádio *m.* ①경기장. 스타디움. ②시기. 시대(時代). ③(병의) 간헐기(間歇期).

estadista *m.*, *f.* ①정치가. 위정자(爲政者). ②경세가(經世家).

estadística *f.* 정치학. 경세학(經世學).

estadísticamente *adv.* 정치학상. 정치학의 법칙에 의하여.

estadístico *a.* 정치학에 관한. 정치상. 정치적.

estado *m.* ①상태. 환경. 형세. 정황. ②신분. 경우. (처한) 입장. ③직업. ④주(州). ⑤나라. 국가. 정부. ⑥목록. 표(表). 각서.
estado civil 호적상의 신분(주로 혼인

estado de coisas 사태(事態).
estado interessante 임신기(期). 임신 상태.
estado de sítio 계엄(戒嚴) 상태.
razão de estado 국가적 이해. 국시(國是).
chefe do estado 국가의 원수.
ministro de estado 내각수반.
estado de São Paulo 쌍 파울로 주(州).
Os Estados Unidos (북미) 합주국(合州國). (合衆國).
em bom estado 좋은 상태의(에 있는).

estado-maior *m*. 참모부. 참모본부. 군사령부.

estadual *a*. 주(州)의. 주에 관한.
deputado estadual 주회의원.
colégio estadual 주립중학교.

estadulho *m*. =*fueiro*.

estadounidense *a*. 미국의. 미 합중국의. 미국 사람의.
— *m., f.* 미국인. (=*norteamericano*).

estafa, estafadeira *f*. =*estafamento*.

estafado *a*. ①피로한. 고생한. ②평범한. 보통의. 진부(陳腐)한. ③소모한.

estafador *a*. 피로케 하는. 고생시키는. 괴롭히는.
— *m*. ①피로케 하는 사람. 고생시키는 사람. ②사기사. ③《俗》 살인범인.

estafamento *m*. ①피로하게 함. 피로함. 고생시킴. 고생함. ②어려운 일. 힘든 일. 고역(苦役). ③사기. 기만.

estafante *a*. 피로케 하는. 고생시키는. 괴롭히는.

estafar *v.t*. ①피로케 하다. 고생시키다. 괴롭히다. ②(말(馬)을) 몹시 채찍질하다. 못살게 굴다. ③《俗》죽이다. ④시끄럽게 굴다. ⑤잔소리를 몹시 하다. 꾸지람 말을 되풀이하다. ⑤속이다. 사기하다.
— *v.i.*, —*se v.pr.* 피로하다. 녹초가 되다. 고생하다.

estafeiro *m*. 《古》 말을 돌보는 이(馬丁).

estafêrmo *m*. ①(철갑을 두르고 방패를 쥔) 무사(武士)의 인형. ②허수아비. 가치없는 인간.

estafêta, estafête *m*. ①급사(急使). ②외국에 순례할 때 따라다니는 시종. ③승마우편 배달부.

estafileáceas *f.(pl.)* [植] 성고유과(省沽油科).

estafilino *m*. [蟲] 은시충(隱翅蟲).

estafilococo *m*. [細菌] 포도상구균(球菌).

estafiloma *m*. [醫] (안구(眼球)에 생기는) 포도종(葡萄腫).

estafisagria *f*. [植] 참제비고깔속(飛燕草屬).

estafim *m*. 《古》 가죽채찍.

estagiário *a*. 견습중의. 견습 기간의. 연습 중의.
— *m*. 견습생. 견습 직공.

estágio *m*. ①견습. 실습(實習). ②견습(실습) 기간.

estagnação *f*. ①정체(停滯). 침체. ②불활발(不活潑). 무활기. ③(경제 상태의) 부진(不振). 불경기. 불황(不況).

estagnado *a*. 정체된. 침체된. 활발치 못한. 부진한. 불경기의.

estagnar *v.t*. ①정체케 하다. ②(경제 사정 따위) 부진케 하다. 활발치 못하게 하다. ③가라앉게 하다. 침체시키다.
—*se v.pr*. ①정체되다. 부진하다. 활발하지 않다. ②가라앉다.

estagnícola *a*. 고인물(溜水)에서 사는.

estagno *m*. 물 고인데. 작은 늪.

estai *m*. [海] 지색(支索). 유지색(維持索).

estalactifero *a*. 종유석이 있는.

estalactite *f*. [鑛] 종유석(鐘乳石).

estalada *f*. ①폭음(爆音). 탄음(彈音). ②몹시 시끄러운 소리. 큰 소리. 큰 소음. ③소동. 쟁론(爭論).

estalado *a*. 폭렬(爆裂)한. 작렬(炸裂)한. 파열(破裂)한.

estalagem *f*. 여숙(旅宿). 여인숙. 간이 숙박소. 값 싼 여관.

estalagmite *f*. [鑛] 석순(石筍).

estalagmítico *a*. 석순의. 석순 모양(石筍狀)의. 석순질의.

estalagtite *f*. [鑛] 석종유(石鐘乳).

estalajadeira *f*. 여숙(여인숙)의 여주인.

estalajadeiro *m*. 여숙(여인숙)주인(남자).

estalão *m*. ①도량형(度量衡)의 기준. 표준. 원기(原基). ②신장계(身長計).

estalar *v.i., v.t*. ①(폭죽 같은 것이) 바작바작 튀다. 작렬(炸裂)하다. 파열하다. ②바짝하고 깨지다. 깨뜨리다. 금이 가다. 금가게 하다. 부수다.

estaleiro *m*. 조선소. 조선대(造船臺).

estalia *f*. =*estadia* (2).

estálido *m.* ①바짝바짝하는 소리. ②요란한 박수소리.

estalo *m.* ①바짝바짝 튀는(치는) 소리. 터지는 소리. 쪼개지는 소리. ②(회초리 따위로) 착착 때리는 소리. 채찍질 소리. ③(혀를) 찍찍 갈기는 소리. 《俗》귀뺨을 찰싹 때리기(때리는 소리).

estambrar *v.t.* (비단·털실 등을) 꼬다. 짜다.

estambre *m.* ①모직방사(毛織紡絲). 소모사(梳毛絲). ②털·비단 따위를 꼰 실.

estame *m.* ①[植] 수꽃술. 웅예(雄蕊). ②방사(坊絲). 직사(織絲).

estamenha *f.* 일종의 거친 능나사. 거친 나사.

estamináceo *a.* [植] 수꽃술의. 웅예에 속하는.

estaminado *a.* 수꽃술이 있는.

estaminal *a.* ①[植] 수꽃술의(에 관한). ②기운을 돋우는.

estaminífero *a.* 수꽃술이 있는.

estaminoso *a.* 꽃에 비하여 수꽃술이 튀어 나온.

estaminula *f.* [植] 부전웅예(不全雄蕊).

estampa *f.* ①찍은 그림. ②판화(版畵). 인화(印畵). ③그림 인쇄. ④인쇄의 자리. 흔적. ⑤스탬프.

estampado *a.* (특히) 판화·석판화 따위를 찍어 낸. 찍은. 인쇄한.

estampador *m.* ①판화·석판화 따위를 찍는 사람. 판화공(版畵工). ②스탬프 찍는 사람.

estampagem *f.* 판화·석판화 따위를 찍기. 인쇄하기. (서류·천 따위에) 스탬프를 찍기.

estampar *v.t.* ①판화 또는 석판화를 찍다. 인쇄하다. ②(종이 또는 천에) 스탬프를 찍다. 누르다. ③(…의) 인상을 주다. 명기(銘記)시키다.
— *v.i.*, —se *v.pr.* 찍히다. 인쇄되다. (…의) 인상(印象)을 받다.

estamparia *f.* ①판화인쇄소. 판화. 인화 따위의 상점. ②화판(畵版) 만드는 곳.

estampeiro *m.* ①판화·인화(印畵) 따위 찍는 사람. ②판화 상인.

estampido *m.* ①(탕 하고) 울린 포성(砲聲). (탕 하는) 폭탄 소리. 폭음. ②격향(激響).

estampilha *f.* (*estampa*의 지소어). ①작은 판화. ②인지(印紙). 수입인지. ③우표. ④조각판(彫刻板).

estampilhado *a.* 인지 또는 우표를 붙인.

estampilhar *v.t.* 인지를 붙이다. 우표를 붙이다.

estancação *f.* (액체가) 흘러 나오는 것을 막기. 못 나오게 틀어막기. (출혈(出血) 등을) 멈추게 하기. 정체(停滯)시키기.

estancadeira *f.* [植] 갯솔무리의 해안식물.

estancamento *m.* = *estancação*.

estancar *v.t.* ①(액체 따위) 흘러 나오는 것을 막다. 틀어막다. (피가) 흘러 나오는 것을 멈추게 하다. 얹게 하다. ②정체(停滯)시키다. 한 방울도 남기지 않고 다 써버리다. 고갈케 하다.
— *v.i.*, —se *v.pr.* ①(흘러 나오던 것이) 멎다. 정체되다. 막히다. ②마르다. 고갈되다.

estanca-rios *m.* 강물 또는 우물의 물을 퍼내는 기계.

estanceiro *m.* 재목상. 목재상. 나무장수.

estância *f.* ①거처. 거주지. 주소. ②정거장. 정류소. 역. ③정박소. 주둔지. ④목재·숯 따위 쌓은 것. ⑤목장(牧場). ⑥시골 별장. 전원(田園) 주택.

estanciar *v.i.* 살다. 거주하다. (별장 따위에) 묵다. 체재하다. 기류(寄留)하다.

estanco *m.* 《葡》 팀배가게(브라실에서는 : *tabacaria*).

estandardização *f.* 표준화. (규격 따위의) 통일. 획일(劃一).

estandardizar *v.t.* 표준화하다. 표준에 일치시키다. (규격 따위를) 통일하다.

estandarte *m.* ①기(旗). 기치(旗幟). 군기(軍旗)(특히 기병연대기). 당기(黨旗). 단체기. ②(주의 주장의) 기치. ③[植] 기판(旗瓣). ④표준. 본위. 규구준승(規矩準繩).

estanguido *a.* 《古》 허탈한. 쇠약한. 초췌한.

estanhação *f.* 주석을 입히기. 석도금(錫鍍金).

estanhado *a.* ①주석을 입힌. 솥·냄비 따위에 백랍을 씌운. ②(수면(水面)이) 반사작용으로) 반짝반짝하는. 잔잔한.

estanhador *m.* 주석을 입히는 사람. 석도금 직공.

estanhadura, estanhagem *f.* = *estanhação*.

estanhar *v.t.* 주석을 입히다. 솥·냄비 등에 백랍을 씌우다. (거울에) 석니(錫泥)를 씌우다.

estanho *m.* 주석(朱錫). 백랍(白蠟: 주석(錫)·납(鉛)의 합금).

estanque *a.* ①(공기·물 등이) 새지 않는. 스머들지 못하는. ②흐르지 않는. 고인. 정체(停滯)된. ③마른. 고갈한.
— *m.* ①새거나 스머드는 것을 막는 것. ②독점(獨占). 판매(販賣) 독점. ③작은 담배가게.
fazer estanque 독점하다. 매점(買占)하다.

estanqueira *f.* 담배가게의 여주인.

estanqueiro *m.* ①담배가게의 주인. ②판매를 도맡아하는 사람(販賣獨占人).

estante *m.* 책장. 서가(書架). 책 꽂는 대(臺).
— *a.* 《廢》있는. 살고 있는.

estapafúrdio *a.* ①기이한. 괴상한. 이상한. 별난. ②특출한. 종착없는. 변덕스러운. ③무모한. 법없는.

estapedico *a.* [解] 등골(鐙骨)의.

estaquear *v.t.* 말뚝을 박아 받치다(버티다).

estar *v.i.* ①있다. 존재하다. 현존하다. ②나타나다. 출현하다. ③(…의) 상태에 있다. ④(…로) 되다. (…에) 적당하다. (…와) 관계가 있다.
estar bom (*mal*) 좋다(나쁘다).
[1] *estar*+동사의 과거분사. …의 상태에 있다. …을 하고 있다.
   estar sentado 앉아 있다.
   estar deitado 누워 있다.
   estar parado 멎어 있다. 정지해 있다.
   estar morto 죽었다(죽어 있다).
[2] *estar de*…. …을 하고 있다. 입고 있다. 느끼고 있다.
   estar de pé 서 있다.
   eslar de luto 몽상(蒙喪)하고 있다. 상중에 있다.
   estar de volta 돌아오다. 돌아오는 중에 있다.
   estar de camisa branca 흰 셔츠를 입고 있다.
[3] estar com…. …을 느끼고 있다. …의 상태에 있다.
   estar com fome 배고프다. 시장하다.
   estar com sede 목마르다.
   estar com frio 춥다.
   estar com pressa 서두르고 있다. 급하다.
[4] *estar por*…. 승낙하다. 동의하다.
[5] *estar que*…. …로 생각되다.
   estou que…. 나의 의견으로는.
[6] *estar*+*a*+(동사의)부정법 또는 *estar*+*para*+부정법. …을 방금 하려고 하다.
   Estou a sair. 나는 지금 막 외출하려고 한다.
   Estamos para trabalhar. 우리는 곧 일하려고 한다.
[7] *esta*+동사의 현재분사. …을 하는 중에 있다.
   (*Eu*) *Estou estudando.* 나는 공부하는 중이다.
   (*Êle*) *Está dormindo.* 그이는 자는 중이다(자고 있다).
기타
   Estar entre a espada e a parede. 몹시 곤란한 처지에 있다. 생사의 판가름에 있다.

estardalhaço *m.* ①떠들썩하기. ②훤소. 대소동. ③허세(虛勢). 허영. ④과시(誇示).

estardalhar *v.t.*, *v.i.* ①떠들썩하다. 몹시 소란하다. ②허세부리다. 과시(誇示)하다.

estarola *m.* = *estroina*.

estarrecer *v.t.* 깜짝 놀라게 하다. 무섭게 하다. 공포에 떨게 하다. 위협하다.
— *v.i.* 깜짝 놀라다. 경악하다. 공포에 떨다. 놀래어 기절하다.

estase *f.* ①[病理] 울혈(鬱血). 혈액순환의 정체. ②마비. 무감각. 저림.

estatal *a.* 주(州)의. 주에 관한.

estatelado *a.* 움직이지 않는. 정지(靜止)한. ②(지상에) 넘어진. 누워 있는.

estatelar *v.t.* (땅 위에) 자빠뜨리다. 넘어뜨리다. 타도하다.
—*se* *v.pr.* (지상에) 자빠지다. 큰 대자(大字)로 넘어지다.

estática *f.* 정력학(靜力學).

estático *a.* (동상처럼) 움직이지 않는. 부동의. 정지적(靜止的)인. 정력(靜力)의.
monento estático 정력률(率).
eletricidade estática 정전기(靜電氣).

estatística *f.* ①통계(統計). 통계표. ②통계학.

estatístico *a.* 통계의. 통계학(상)의.

— *m*. 통계학자.
estatométrica *f*. 도량형(度量衡)의 응용법.
estátua *f*. ①상(像). 조상(彫像). ②《轉》기력이 없는 사람. 활기 없는 사람. 결단성 없는 사람.
estátua pedestre 입상(立像).
estátua eqestre 승마상(乘馬像).
estatuária *f*. 조상(술)(彫像)(術). 소상(塑像)(術).
estatuário *m*. 조상가. 소상가.
— *a*. 조상의. 소상의. 소조(彫塑)의.
coluna estatuária 상주(像柱).
estatueta *f*. 작은 상(小像).
estatuir *v.t*. 규칙・정관(定款)에 의하여 정하다.
estatura *f*. 키. 신장(身長).
estatura mediana 중키. 보통 키.
estaturário *a*. ①성문법에 의한(관한). ②법정(法定)의. 법령의(에 관한).
disposições estaturários 정관에 의한 규정.
estatuto *m*. (주로 복수로 사용함). ①성문법(成文法). 법규(法規). ②(회사・단체 등의) 정관(定款). 회칙(會則). 규약(規約). 규정.
estau, estão *m*.《古》고관(高官)의 숙박소.
estaurólito *m*. [鑛] 십자석(十字石).
estavanadamente *adv*. ①침착하지 못하게. 마음이 들떠서. ②경솔하게. 어리석게. ③바보처럼.
estavanado *a*. ①침착하지 못한. 마음이 들뜬. ②경솔한. 앞뒤를 생각지 못한. ③미친. 무모한. ④어리석은. 멍청이 같은.
estável *a*. ①변하지 않는. 불변한. ②움직이지 않는. 고정된. 안정된. ③확고한. 견고한. ④오래 계속되는. 항구적인. 지구적(持久的)인.
tempo estável 변치 않는 날씨.
estazado *a*. (말이) 몹시 피로한. 기진맥진한.
estazamento *m*. ①(말의) 심한 피로. ②피로케 하기.
estazar *v.t*. (말이) 피로케 하다. 기진맥진케 하다.
este *m*. ①동쪽. 동녘. ②동풍(東風).
— *pron*., *a*. 이것. 이 일. 이. 이의. 이 사람의. (말하는 사람부터 제일 가까운 것을 가르침).
Quero este livro. (이때는 형용사임). 나는 이 책을 요구한다.
Dos vários livros, Prefiro este. (이때는 대명사임). 나는 여러 가지 책 중에서 이것(이책)을 택한다.
estear *v.t*. ①(나무・말뚝 따위로) 받치다. 버티다. ②지지(支持)하다. 원조하다. 옹호하다.
estearato *m*. [化] 스티아린산염(酸鹽). 경지산염(硬脂酸鹽).
esteárico *a*. [化] 스티아린의.
ácido esteárico 스티아린산(硬脂酸).
vela esteárica 스티아린 초(불켜는).
estearina *f*. [化] 스티아린(양초제조용). 경지(硬脂).
estearinária *f*. ①스티아린 제조소. ②스티아린 양초공장.
esteatite *f*. 동석(凍石). 비누돌(재봉사용 청묵(青墨)).
esteatoma *m*. [醫] 지방종(脂肪腫).
esteatose *f*. [醫] 지방변성(脂肪變成). (간장・심장 등의) 병적지방형성(病的脂肪形成).
esteganografia *f*. 암호법(暗號法).
esteganógrafo *m*. 암호를 쓰는 사람. 암호수.
esteganopodes *m*.(*pl*.) [動] 막족류(膜足類).
estegnose *f*. [醫] ①협착(狹窄). 수축(收縮). ②변비(便秘).
estegómia *f*. 황열병(黃熱病)을 전염시키는 모기.
esteio *m*. ①버팀대. 버팀나무. 지주(支柱). ②지지하는 물건(支持物). ③지지. 원조. 옹호.
esteira *f*. ①발. 명석. 돗자리. 거적. 다미. 가마니. ②신바닥 문지르는 것. 깔개. ③배 지나간 자국. 항적(航跡). ④진로. 방향.
ir na esteira …의 자국을 쫓아가다. …을 모방하다.
esteirado *a*. 돗자리를 깐. 다다미를 깐.
esteirão *m*. ①큰 돗자리. 큰 명석. 큰 다다미. ②거친 깔개. 거친 거적.
esteirar *v.t*, *v.i*. 돗자리를 깔다(덮다). 거적을 펴다. 매트를 짜다.
— *v.i*. 항해(航海)하다. 항행(行)하다.
esteireiro *m*. 돗자리. 거적. 다다미 따위를 만드는 사람. 그 장수.
esteiro *m*. 조수(潮水)가 드나드는 늪 또는

estela *f.* [古考] 석주(石柱). 석비(石碑). (옛 그리스·로마시대에 쓴) 돌로 된 비석(기둥). 석탑(石塔).

estelante *a.* 《詩》①별이 많은. 별같은. ②별처럼 반짝이는. 찬란한.

estelar *a.* ①별의. 별에 관한. ②별같은. 별 모양의. 성상(星狀)의.

estelerídeos *m.(pl.)* [動] 불가사리속(屬).

estelião *m.* [動] 잔등에 별 모양의 반점(斑點)이 있는. 도마뱀.

estelífero *a.* 《詩》①별 있는. 별이 뜬. 별 많은. ②별처럼 반짝거리는. ③별같은. 별 모양의.

estélio *m.* = *estelião*.

estelionatário *m.* ①[法] 이중전매범인(二重典賣犯人). ②위탁금 소비자. 횡령사용자(橫領私用者).

estelionato *m.* ①[法] 이중전매(죄). ②착복. 위탁금 소비.

estema *m.* ①꽃다발. 화환(花環). ②계통(系統). ③수목식계도(樹木式系圖). ④부족. 종족.

estendal *m.* ①물건을 펴서 말리는 곳. ②확장. 부연(敷衍). ③과시(誇示).
fazer estendal 시위하다. 과시하다.

estendedor *a., m.* ①펴는 (사람). ②확장하는 (사람). 부연하는 (자). ③과장하는 (자).

estendedouro *m.* 펴서 말리는 장소. 건조장.

estendedura *f.* ①펴기. 펴서 말리기. ②확장. 전개. 부연. ③과장(誇張).

estender *v.t.* ①펴다. 펼치다. 전개하다. ②늘이다. 연장하다. 신장(伸張)시키다. ③팽팽히 늘이다. 긴장시키다. ④(손을) 내밀다. 뻗치다. ⑤퍼뜨리다. 유포(流布)하다. 전파(傳播)시키다. ⑥부연(敷衍)하다. ⑦보태어 말하다. 과장하다. ⑧(의론으로) 패배시키다.
— *v.i.* 펼쳐지다. 전개하다. 늘어나다. 신장(伸張)되다. 연장되다.
—*se v.pr.* ①퍼지다. 전개하다. ②늘다. 연장되다. 자라다. ③유포되다. 전파되다. ④몸을 펴다. ⑤(나무가) 가지를 뻗다. ⑥전달되다. 도달하다. ⑦《俗》의론·토론 등에 지다. 패배하다. ⑧시험에서 큰 실수를 하다. 낙제하다.

estenderete *m.* ①일종의 카드 놀이. ②실수. 실패.

estendidamente *adv.* 전개하여. 넓게. 뻗고.

estendido *a.* ①편. 펼친. 뻗은. 전개한. ②늘인. 연장한. 확장한. ③긴장된. ④전파한. 유포한.

estendível *a.* 펼 수 있는. 뻗을 수 있는. 확장 가능한. 연장할 만한. 전개(展開)할 만한.

estenia *f.* [病理] 과력(過力). 강장(强壯). 기관작용(器官作用)의 흥분.

estenocardia *f.* [醫] 협심증(狹心症).

estenocefalia *f.* [醫] 협착두개(狹窄頭蓋).

estenografar *v.t.* 속기하다.

estenografia *f.* 속기. 속기술. 속기법(速記法).

estenográficamente *adv.* 속기로. 속기하여.

estenográfico *a.* 속기의. 속기술의. 속기에 관한.

estenografo *m.* 속기자.

estenose *f.* [醫] 맥관협착(脈管狹窄).

estentor *m.* 음성이 큰 사람. 음량(音量)이 풍부한 사람.

estentório *a.* 목소리가 큰. 고성의.

estepe *f.* 스텝(특히 시베리아 남부지방의 나무 없는 광막한 초원지대).

estercada *f.* ①거름을 주기. 시비(施肥). ②거름을 준 상태.

estercado *a.* 거름을 준. 시비한.

estercador *m.* 거름을 주는 사람.

estercadura *f.* (밭에) 거름을 주기. 시비(施肥).

estercar *v.t.* (밭에) 거름을 주다. 시비하다.
— *v.i.* (동물이) 탈분(脫糞)하다. 《卑》똥을 누다.

estêreo *m.* ①거름. 퇴비(동물의 똥·썩은 짚·오물 등). ②더러운 물건. ③비열한 인간.

estercoral *a.* 똥의. 분(糞)의. 분에 관한.

estercorário *a.* 똥에 생기는. 분에 관한. 분질(糞質)의.
— *m.* [鳥] 도둑갈매기. 큰갈매기.

estercoreiro *m.* 똥벌레. 분생충(糞生蟲).
— *a.* 분의. 분에 관한.

estercoroso *a.* ①똥의. 분의. 똥이 많은. ②더러운. ③야비한. 비열한. 비루한.

estere *m.* (재목을 재는 단위) 스테르(입방미터).

estereocromia *f*. 고체채색법(固體彩色法).
estereodinámica *f*. 고체역학(固體力學).
estereofonia *f*. 입체음향.
estereofónico *a*. 입체음향의.
estereografia *f*. 입체화법. 입체평화법(立體平畵法). 묘형술(描形術).
estereográfico *a*. 입체화법의. 입체평화법의. 묘형술의.
estereometria *f*. 구적법(求積法). 입체기하학. (체적에 의한) 비중측정법.
estereómetro *m*. 체적계(體積計). 비중계.
estereorama *m*. 지형도(地形圖).
estereoscópico *a*. 실체경의. 쌍안 사진기의.
estereoscópio *m*. 실체경(實體鏡). 쌍안 사진기(雙眼寫眞機).
estereotática *f*. 고체정학(固體靜學). 고체중학(重學).
estereotático *a*. 고체정학의. 고체중학의.
estereotipagem *f*. 스테레오 인쇄. 스테레오판 제조.
estereotipar *v.t*. 스테레오판으로 하다. 스테레오판으로 인쇄하다.
estereotipia *f*. 스테레오 인쇄술. 스테레오판 제조법.
estereótipo *m*. ①스테레오판(版). 연판(鉛版). ②스테레오판 제조. 스테레오판 인쇄.
estereotomia *f*. ①분체학(分體學). 절체학(切體學).
estéril *a*. ①불임(不姙)의. 수태(受胎)하지 못하는. 단종(斷種)의. [醫] 불임증의. ②불모(不毛)의. 생산하지 못하는. 출산이 없는. ③결과가 없는. 헛된. ④무익한. 쓸모없는.
flor estéril 열매 맺지 않는 꽃.
mulher estéril 임신 못하는 여자(石女).
terra estéril 불모의 땅.
dia estéril 아무 일도 하지 않고 보낸 날. 허송세월.
ano estéril 과실이 잘 맺지 않는 해(과일 흉년).
esforço estéril 헛된 수고.
esterilidade *f*. ①불임(不姙). 수태하지 못함. [醫] 불임증. ②열매를 맺지 않음. 생산 못함. 단종(斷種). ③불모(不毛). ④무익. 무효. 결과 없음. 헛수고. ⑤무의미. 내용이 없음. 사상결핍(思想缺乏).
esterilização *f*. ①불임(불모)케 하기. 단종. ②생산력을 잃음(잃게 함). ③살균 소독.
esterilizado *a*. ①생산력을 없앤. 멸종한. ②살균한. 살균 소독한. ③정기(精氣)가 빠진.
algodão esterilizado 소독면(消毒綿).
leite esterilizado 살균된 우유.
esterilizador *a*. ①불임(불모)케 하는. ②생산 못하게 하는. ③살균 소독하는.
— *m*. 살균소독기(殺菌消毒器). 살균제.
esterilizar *v.t*. ①불임케 하다. 불모케 하다. ②생산 못하게 하다. 멸종하다. ③살균 소독하다. ④무의미하게 하다. 내용이 없는 것으로 만들다.
— *se v.pr*. 임신 못하다(못하게 되다). 불모(不毛)해지다. 생산력을 잃다. 살균 소독되다. 무균(無菌)해지다.
esterilmente *adv*. 헛되게. 무익하게.
esterlino *a*. ①영화(英貨)의. 파운드의. ②《英》법정의 순금(은)을 함유한.
libra esterlina 영화 파운드.
esternal *a*. 흉골의(에 관한).
esterno *m*. ①[解] 흉골(胸骨). ②(곤충류의) 흉판(胸板).
esterno-maxilar (말의) 경하근(頸下筋).
esternutação *f*. 재채기(하기).
esternutatório *a*. 재채기하게 하는.
— *m*. 재채기하게 하는 약. 최체제(催嚔劑).
esterqueira *f*. = *esterqueiro*.
— *m*. ①거름을 모은 곳. 퇴비 장소. ②불결한 곳. 오물(汚物).
esterquilino *m*. ①거름을 모아 놓은 장소. ②더러움. 불결. 추악.
esterroada *f*. (괭이로) 흙덩어리를 부수기. 쇄토(碎土).
esterroar *v.t*. (괭이 따위로 밭에 있는) 흙덩어리를 부수다. 깨뜨리다. 흙을 고르다.
estertor *m*. ①(임종의) 마지막 숨소리. 코고는 듯한 소리. ②[醫] (폐(肺)의) 수포음(水泡音). ③임종의 괴로움.
estertorar *v.i*. (임종의) 마지막 숨을 쉬다. 코고는 듯한 소리로 호흡하다.
estertoroso *a*. 괴롭게 숨쉬는. (임종의) 마지막 숨의. 거의 죽어가는 소리의. [醫] (폐의) 수포음의.
estese *f*. 미(美)에 대한 감각.
estésia *f*. [醫] 감각(感覺).
esteta *m., f*. 유미주의자(唯美主義者). 심미

가(審美家). 미학자(美學者). 미술광(狂).
estética *f.* 미학. 심미학.
estético *a.* 미의. 미학의. 미적(美的). 심미적.
estetoscópio *m.* [醫] 청진기(聽診器).
esteva (1) *f.* (밭가는) 쟁기의 손잡이. 쟁기의 꼬리.
— (2) *f.* [植] 시스터스(물푸레나무과).
esteval *m.* 시스터스 밭.
estevão *m.* [植] 시스터스의 일종.
estevar *v.t.* 보습을 조종하다.
estiada *f.* =*estigem*.
estiado *a.* (비 멎고) 하늘이 개인. 건조하고 청명한.
estiagem *f.* ①(비 멎고) 하늘이 개는 것. 수분을 걷은 맑은 날씨. ②건조하고 청명함. 쾌청(快晴). ③(하천·호수의) 감수(減水). ④가뭄.
estiar *v.i.* ①비가 멎다. 비멎고 날씨가 풀리다. ②수분을 거두고 말쑥한 날씨가 되다. 청명해지다. ③감수(減水)하다.
estibiado *a.* [化] 안티모니 같은. 안티모니를 함유한.
tartaro estibiado 토주석(吐酒石).
estibiato *m.* [化] 안티모니산염(酸鹽).
estibina *f.* [鑛] 휘안석(輝安石). 황안은(黃安銀).
estíbio *m.* [化] 안티모니.
estibiureto *m.* [化] 안티모니 화합물.
estibordo *m.* 우현(右舷). (비행기의) 우측.
estica (1) *f.* ①불건강. ②야윔. 수척.
— (2) *f.* 포도나무의 일종.
esticado *a.* ①잡아늘인. 팽팽하게 한. (밧줄 따위를) 팽팽하게 늘인(친). ②긴장한. ③성장(盛裝)한. 멋지게 입은.
esticador *a.* 당겨 펴는. (줄·밧줄 따위를) 잡아당기는. 팽팽하게 하는. 쪽 펴는. 긴장시키는.
— *m.* 팽팽하게 늘이는(당기는) 사람. 쪽 펴는 사람. 신장구(伸張具). 화포(畫布)를 쪽 펴는 틀.
esticar *v.t.* ①잡아 늘이다. (줄·밧줄 따위를) 잡아당기다. ②(그물·모기장 따위를) 팽팽하게 치다(늘이다). ③(화포(畫布) 따위를) 쪽 펴다. ④내뻗치다.
— *v.i.* ①뻗다. 펴지다. 팽팽해지다. 긴장하다. ②《卑》 몸을 뻗다. 빳빳해지다. 죽다.
estigma *f.* ①오명(汚名). 치욕(恥辱). ② (노예나 죄인에게 찍은) 낙인(烙印). (말·소 따위의 엉덩이 부분에 찍는) 소인(燒印). ③[醫] 소반(小斑). 얼룩. 홍반(紅斑). 출혈반(出血斑). (상처가 나은 뒤의) 창흔(創痕). 헌뎃자리. 반흔(瘢痕). ④[植] 주두(柱頭). ⑤[解·動] 얼룩. 숨구멍. 기공(氣孔). ⑥[宗] 성흔(聖痕).
estigmático *a.* ①불명예스러운. 낙인이 찍힌. 추한. ②흠집의. (찍힌) 자국의. 흔적의. ③[醫] 소반의. 얼룩의. [動] 기공의. 숨구멍의. ⑤[植] 주두의. ⑥[宗] 성흔이 있는.
estigmatização *f.* 오명을 씌우기. 낙인찍기.
estigmatizar *v.t.* ①오명을 씌우다. 낙인을 찍다. 치욕을 주다. ②소인을 찍다. 흠집을 만들다. 자국을 남기다.
estigmologia *f.* 문자기호학(文字記號學).
estilar *v.t.* =*destilar*.
estilbita *f.* [鑛] 휘비석(輝沸石).
estilete *f.* [鑛] ①[外科] 탐침(探針). 소식자(消息子). ②[植] 화주(花柱).
estilha *f.* ①찢어진 조각. 부서진 조각. 파편. ②(도끼·자귀 따위로 찍어낸) 나뭇조각(木片).
estilhaçar *v.t.* (찢어) 조각을 만들다. (잘라서) 조각을 내다. (부스러뜨려) 찌끼로 만들다. (도끼·자귀 따위로) 찍다 ; 쪼개다. (찍어) 파편을 만들다.
estilhaço *m.* (*estilha*의 지대어(指大語)) 큰 조각. 큰 파편. 쇄편(碎片).
estilhaço de bala 탄편(彈片).
estilhar *v.t.* 쪼개다. 찢다. 쪼가내다. 토막치다. 촌단(寸斷)하다.
— *se v.pr.* 쪼개지다. 찢어지다. 토막이 되다. 파편이 되다.
estilicidar *v.t.* ①(물방울을) 거르다. ②증류(蒸溜)하다. ③증류해서 만들다(얻다). ④(휘발성 물질을) 증류해서 뽑다.
estilicídio *m.* ①물방울을 거르기. 점적(點滴). ②(처마 따위에서) 빗방울이 뚝뚝 떨어지는 것.
estiliforme *a.* 첨필(尖筆) 모양의. 바늘 모양의. [植] 화주상(花柱狀)의.
estilingue *m.* (옛 무기) ①석궁을 내쏘는 활. ②투석기(投石機).
estilismo *m.* 문체천착(文體穿鑿). 문체구애(拘泥).

estilista *m.*, *f.* ①문장가. 명문가. ②문체에 구애하는 자.

estilística *f.* 문체학(文體學). 문체론(論).

estilístico *a.* 문체학의. 문체론의.

estilo *m.* ①첨필(尖筆). 철필. 《詩》연필. 펜. 붓. ②필법(筆法). 문체(文體). ③식(式). 양식. 형식. ④(독특한) 체(體). 형(型). ⑤축음기의 바늘. ⑥해시계의 바늘. ⑦[解] 필상돌기(筆狀突起). ⑧[植] 화주(花柱).

estilo moderno 현대풍(現代風).

estilóbato *m.* [建] 주초(柱礎). 연주반(連柱盤). 평대(平臺).

estilógrafo *m.* ①첨필(尖筆). 철필. ②철필 모양의 만년필.

estilóide *a.* ①첨필 모양의. 경상(莖狀)의. ②[解] 경상돌기(莖狀突起)의.

estilométria *f.* 원주계법(円柱計法).

estilómetro *m.* 원주계.

estima *f.* ①존경. 존중. 진중(珍重). ②애호. ③(가치의) 평가. (항정(航程) 따위의). 개산(槪算). ④견적(見積). 어림.

estimação *f.* ①존경하기. 존중하기. ②[商] 평가하기. ③견적하기. 어림하기. 겉잡기. 겉짐작.

estimadamente *adv.* ①존경(존중)하여. 애호하여. ②개산적(槪算的)으로. 겉짐작으로.

estimado *a.* ①존경 받은. 존중되는. 진중하는. ②평가된. 추산(推算)된. ③견적된.

estimador *m.* ①존경(존중·진중)하는 자. ②평가하는 자. 어림하는 사람.

estimar *v.t.* ①존중하다. ②평가하다(얼마라고). ③어림하다. 견적하다. ④추산하다. 개산하다.

—**se** *v.pr.* ①존경받다. ②(높이) 평가되다. 인망을 얻다. ③자부(自負)하다.

estimativa *f.* ①평가. 감정(鑑定). 판정. ②견적. 어림.

estimativo, estimatatrlo *a.* ①존중하는. 진중하는. ②평가의. ③견적의. ④존중에 도움이 되는. 평가력을 가진.

juizo estimativo 추단(推斷). 추측. 판단. 판단력.

estimável *a.* ①존경할 만한. 존경해야 할. 귀중히 여길 만한. (높이) 평가할 수 있는. 견적(어림) 할 만한.

estimulação *f.* ①자극주기. 흥분시키기. ②장려. 격려. 고무. 사주(使嗾).

estimuladamente *adv.* ①자극받고. 자극을 주어. ②《俗》흥분하여. ③격노하여.

estimulado *a.* ①자극 받은. ②격려(고무)된. 사주(使嗾)한. ③흥분한.

estimulador *m.* 자극주는 사람(물건). 격려하는 사람. 고무하는 자.

estimulante *a.* ①자극하는. ②장려(獎勵)하는. 격려하는. 고무하는. ③흥분케 하는. — *m.* ①자극 주는 물건. ②자극제. 흥분제.

estimular *v.t.* ①자극하다. 흥분하게 하다. ②격려하다. 장려하다. 고무하다. 분발케 하다.

—**se** *v.pr.* ①자극받다. 흥분하다. ②분발하다. 분기하다. (감정이) 격발하다.

estímulo *m.* ①자극. 격려. 사주(使嗾). ②자극하는 물건. 격려하는 것. ③(가축·코끼리 따위를 모는) 막대기.

estímulo da consciência 양심의 가책.

estímulo de honra 명예심. 명예에 관한 것.

estimulina *f.* 혈액중에 있는 항독소(抗毒素).

estimuloso *a.* =*estimulante*.

estingar *v.t.* 교색(絞索)으로 돛을 돌돌 말다. 교범(絞帆)하다.

estingue *m.* [船] 돛을 마는 밧줄. 교색. 교범색(絞帆索).

estinha *f.* 벌집(密房)으로부터 꿀을 두 번째 뽑기.

estinhar *v.t.* 꿀을 두 번째 뽑다.

estio *m.* ①여름. ②《比喩》한창 때. 한창. 청춘. 장년기(壯年期).

estiolado *a.* ①(식물이 빛과 공기의 차단으로 인하여) 빛깔을 잃은. 퇴색한. 창백해진. 시든. ②쇠퇴한.

estiolamento *m.* ①식물이 일광과 공기의 차단으로 창백해지기. 창백화(蒼白化). 퇴색. 시듦. 위축(萎縮). ②쇠퇴.

estiolar *v.t.* ①[植] (빛과 공기의 차단에 의해) 창백하게 하다. 퇴색하게 하다. ②사람 또는 피부를 창백하게 하다. ③쇠퇴하게 하다.

— *v.i.*, —**se** *v.pr.* ①창백해지다. 퇴색하다. ②쇠퇴하다. 쇠약해지다.

estiomenar *v.t.* [醫] 부식(腐蝕)시키다.

estiómeno *a.* [醫] 부식성의. 부식케 하는. — *m.* 배저(坏疽).

estipe *m.* =*estípite*.

estipendiar *v.t.* ①삯전 또는 급료를 정하다. 지불하다. ②삯전 또는 급료를 지불하고 채용하다.

estipendiário *a.* 삯돈을 받는. 노임(勞賃)을 받는. 급료를 받는. 유급(有給)의.
— *m.* 유급자(有給者). 월급장이. 노임을 받는 사람.

estipêndio *m.* 삯전. 삯돈. 품삯. 노임. 급료. 월급. (목사・판사 등의) 봉급.

estipitado *a.* [植] 줄기 있는. 축(軸)이 있는.

estípite *m.* ①[植] 줄기(幹・莖). ②혈통(血統). 선조(先祖).

estíptico *a.* [醫] 출혈을 멈추는. 수렴성(收斂性)의.

estípula *f.* [植] 턱잎(托葉).

estipulação *f.* ①약정. 계약. ②규약. 규정. ③명기(明記). 명문화. ④조관(條款). 조항.

estipulado (1) *a.* ①약정한. 계약한. ②규정한. ③명기한. 명문화한. ④조관한.
— (2) *a.* [植] 턱잎이 있는.

estipulador *m.* 약정자. 계약자. 규정하는 사람.

estipulante *a.* 약정하는. 계약하는. (조건을) 규정하는.
— *m.* =*estipulador*.

estipular (1) *v.t.* 약정하다. 계약하다. (계약서・조항 등을) 규정하다. 명기(明記)하다. 명문화하다.
— (2) *a.* [植] 턱잎(托葉).

estipuloso *a.* 턱잎이 있는.

estiraçar *v.t.*, *v.i.* =*estirar*.

estiraço *m.* =*estirada*.
— *f.* =*estirão*.

estirado *a.* ①늘인. 잡아늘인. 신장(伸張)한. ②연장한. 확장한. ③편. 펼친. ④뻗은. (땅위에) 축 늘어진. 큰 대(大)자로 누운.

estiramento *m.* ①늘이기. 잡아늘이기. 신장(伸張). ②연장(延長). 확장. 부연(敷衍). ③뻗음. 큰 대자로 놓기.

estirão *m.* ①늘이기. 신장(伸張). ②세게 끌기. 잡아당기기. 끌어들이기. ③꽤 먼길. 먼거리(遠距離). ④원거리를 걷기. ⑤시끄러운 일. 귀찮은 일.

estirar *v.t.* ①늘이다. (당겨서) 더 길게 하다. 연장하다. 신장(伸張)하다. ②확장하다. 부연하다. ③뻗게 하다. 큰 대(大)자로 눕히다. ④(법칙 따위) 범위를 벗어나게 적용하다. (법문(法文) 따위를) 광의(廣義)로 해석하다.
—*se v.pr.* ①늘다. 더 커지다. 넓어지다. 확대되다. ②뻗다. 큰 대(大)자로 눕다. ③굴종(屈從)하다.

estirpe *f.* ①(식물의) 뿌리. ②근본. 근원. ③혈통(血統). 계통(系統). ④종족. 가문(家門). 문벌(門閥). ⑤계도(系圖). 혈통표. ⑥순종가축(純種家畜).

estiticidade *f.* [醫] 수렴성(收斂性).

estitico *a.* [醫] 수렴성의. 수렴 있는. ②인색한.

estiva *f.* ①(배의) 바닥짐(底荷: 배에 실은 짐이 적을 때 배의 안전을 위해서 바닥에 싣는 돌・모래 따위). ②선창(船艙). 선창의 연자판(連子板). ③마구간의 마루. 상판(牀板). ④(배에) 짐을 싣기. (배 안에) 짐을 쌓기. ⑤보세창고(保稅倉庫). ⑥세관세칙(稅則).

estivação *f.* ①(배에) 바닥짐을 싣기. 짐을 넣어 쌓기. ②통관(通關)하기. ③[植](꽃 피기 전의) 눈(花芽)의 발생. ④[動]하안(夏眼).

estivadamente *adv.* 세관세칙(稅關稅則)대로. 규정대로.

estivado *a.* ①(배에) 바닥짐을 실은. ②통관을 끝마친. ③복장 정돈이 잘 된.

estivador *m.* (배의) 짐 싣는 인부. 부두 노동자. 짐 쌓는 사람. 선창일꾼.

estivagem *f.* ①바닥짐(底荷)을 싣기. (배 안에) 짐을 쌓기. ②짐 싣는 일. 하역(荷役).

estival *a.* 여름의. 여름철(夏季)의. 여름에 나는(생기는). 여름에 피는. 여름에 유행하는. 여름에 거행하는.

estivar *v.t.* ①(배에) 바닥짐을 싣다. 깔다. ②짐을 가감하여(배・비행기의) 균형을 잡다. ③선창(船艙)에 연자판(連子板)을 깔다. 마루판을 깔다. ④세칙(稅則)에 따라 통관 수속하다. ⑤(복장・옷 모양을) 정돈하다. 가다듬다.

estivo *a.* =*estival*.

esto *m.* ①조수(潮水). 조류. 만조(滿潮). ②열(熱). 작열(灼熱). ③극렬(劇烈). 맹렬(猛烈).

estocada *f.* ①가시로 찌르기. 칼끝으로 찌르기. ②(뾰족한 끝에) 찔린 상처. 돌상(突 突). ③돌연한 비보(悲報). 가슴을 찌르는 듯한 심정. ④나쁜 계획. 간책(奸策).

estôfa *f.* ①(비단·솜·털·삼 따위의) 직물(織物). 포목. 피륙. ②(이불·방석·안락의자 따위의) 속에 넣는 물건(깃털·솜·스프링 따위). (안락의자 따위의) 겉천. ③계급. 종류.

estofado *a.* ①(이불·방석·안락의자 따위에) 속을 넣은. 채워 넣은. ②(안락의자 따위에) 겉천을 댄. 모직물·나사 따위를 씌운.

estofador *m.* ①모직물·나사 따위의 천으로 씌우는 직공. (안락의자 따위에) 겉천을 대는 사람. ②(이불·방석·안락의자 따위에) 속을 넣는 사람. ③실내장식상(室內裝飾商). 안락의자를 전문적으로 만드는 사람.

estofar *v.t.* ①(모직물·나사 따위의) 천을 씌우다. 헝겊으로 바르다. 씌우개를 달다. ②(이불·방석·안락의자 따위에) 속을 넣다. 스프링을 넣다. 겉천을 대다. ③융단·포장·자루 따위로 장식하다.

estôfo (1) *m.* ①(삼(麻)·솜·비단·털 등으로 짠) 직물의 총칭. 포목. 피륙. ②(이불·방석 안락의자 등의) 속으로 되는 재료(솜·연모(軟毛)·깃털(羽毛) 따위).
estôfos (*pl.*) 겉에다 헝겊·모직물 따위를 씌우거나 속에다 솜·털 따위를 넣는 가구류(안락의자·소파 따위).
— (2) *a.* 늘지도 않고 줄지도 않은. 정체(停滯)하고 있는. 정지한.
maré estôfa 정지한 조수(潮水). 괸 물.

estoica *f.* = *estoicismo*.

estoicamente *adv.* 엄하게. 가혹하게. 격렬하게.

estoicidade *f.* ①격렬. 혹독. 엄격. 엄중. 가혹. ②굳은 의지. 강의(剛毅). 견인불발(堅忍不拔).

estoicismo *m.* ①스토아 철학(주의). ②극기. 금욕. 냉정. 태연. ③강의(剛毅). 견인(堅忍). 고락(苦樂)을 개의(介意)하지 않음. 희비(喜悲)를 나타내지 않음.

estóico *a.* ①스토아 철학의. 스토아 학파의. 금욕주의의. ②엄한. 엄격한. 가혹한. 혹독한. ③강의한. 견인불발한. 의지가 굳은. 고락을 개의하지 않는.
— *m.* 스토아 학도(學徒). ②금욕가. 극기가(克己家). ②엄한 사람. 견인불발한 사람.

estoirada *f.* ①여러 개 한 번에 폭발하는 소리. (무너지는 순간의) 요란한 소리. (천둥·대포의) 굉음(轟音). ②큰 꾸지람. 모진 잔소리. ③격론(激論).

estoirado *a.* = *estourado*.

estoirar *v.t., v.i.* 터뜨리다. 터지다. 폭발시키다. 폭발하다.

estoira-verde *m.* 성급한 사람. 무모한 인간.

estôjo *m.* ①작은 궤 또는 작은 케이스(여행용 화장 도구·의과용 도구·제도용 도구·재봉용 도구 따위를 넣는 것). ②(때때로) 도구의 한 벌.
estojo de costura 바늘상자.
estojo da barba 면도 도구 케이스.
estojo de desenho 제도용 도구 일절. 한 벌의 제도 기구.
estojo de viagem 여행용 화장대(袋).

estola *f.* ①[가톨릭] 스톨라(겉옷 깃에 드리는 것). ②《俗》법의(法衣).

estolão *m.* (*estola*의 지대어(指大語)) 큰 스톨라.

estolho *m.* [植] 새로 나온 가지. 흡지(吸枝).

estolhoso *a.* *estolho*가 있는.

estolidamente *adv.* 우둔하게. 어리석게. 경솔히.

estolidez *f.* ①우둔. 우매(愚昧). 분별 없음. 사고력이 모자람. ②어리석음. 경솔함.

estólido *a.* ①우둔힌. 우매한. 분별 없는. 사려없는. 바보 같은. ②어리석은. 경솔한.

estoma *m.* [解·動] (혈관·털 따위의) 작은 구멍. 소공(小孔). [植] 기공(氣孔).

estomacal *a.* 위(胃)의. 위를 좋게 하는. 건위(健胃)의.
— *m.* 건위제.

estomagado *a.* 《俗》성난. 노한. 기분이 상한.

estomagar *v.t.* 《俗》성나게 굴다. 노하게 하다. 기분 상하게 하다.
—*se* *v.pr.* 성내다. 노하다. 화내다. 기분 상하다.

estômago *m.* ①[解] 위(胃). 위부(胃腑). ②기분. 의향(意向).

estomáquico *a.* = *estomacal*.

estomático *a.* 입속에 생기는 병(口中病)에 쓰는(약 따위에 대한 말).

estomatite *f.* [醫] 구내염(口內炎). 구점염(口粘液炎).

estomato *m.* = *estoma*.

estomatologia *f.* 구강의학(口腔醫學).

estomatoscópio *m.* [醫] 개구기(開口器).

estomentado *a.* ①(삼·솜 따위를) 쳐서 가린. 타면(打綿)한. ②꾸지람 들은. 욕을 먹은. ③매맞은.

estomentar *v.t.* (삼·솜 따위를) 쳐서 가리다. (삼 두드리는) 막대기로 삼을 두드리다.

estonado *a.* (나무의) 껍질을 벗긴. (동물의) 가죽을 벗긴. 외피를 제거한. 깍지를 벗은.

estonadura *f.* =*estonamento*.
— *m.* 껍질을 벗기기. 가죽을 바르기. 거피(去皮). 박피(剝皮).

estonar *v.t.* ①(나무의) 껍질을 벗기다. (곡식의) 깍지를 벗기다. ②가죽을 바르다. 피부를 벗기다.

estonio *a.* 에스토니아(발틱 연안에 있던 나라)의.
— *m.* 우랄알타이어(語).

estonteado *a.* ①정신이 멍한. 망연(茫然)한. (놀래어) 눈을 휘둥그렇게 뜬. 어리둥절한. 당황한. ②어지러운. 현기증 나는.

estonteador *a.* 정신을 멍하게 하는. 망연케 하는. 어리둥절케 하는. 당황하게 하는. 어지럽게 하는.

estonteamento *m.* ①정신이 멍함. 망연(茫然)함. 정신이 몽롱하기. ②현기증. 어질어질한 감. 실신(失神).

estonteante *a.* 어리둥절케 하는. 당황케 하는. 정신을 멍하게 하는. 망연하게 하는.

estontear *v.t.* (정신을) 어리둥절케 하다. 멍하게 하다. 망연케 하다. 어찌할 바를 모르게 하다. (때려서) 기절케 하다. 혼내다.
—*se* *v.pr.* ①정신이 멍해지다. 망연하다. 어리둥절하다. ②(일시적으로) 정신을 잃다. 실신하다.

estopa *f.* ①(기계를 닦거나 소제할 때 쓰는) 실찌끼. 삼부스러기. 솜찌끼. ②[海] 뱃밥.

estopada *f.* ①*estopa*로 닦은(또는 문지른) 상태. ②액체 또는 기름이 묻은 실찌끼 또는 삼찌끼. ③속 또는 안을 넣는 데 쓰는 일종의 솜찌끼(또는 씨끼솜). ④성가시게 굴기. 괴롭히기. 귀찮은 일.

estopar (1) *v.t.* 실찌끼 또는 솜찌끼로 속을 채우다. 틀어막다. (배의) 뱃밥으로 틀어막다(널판지 틈에 물이 새지 않게 하는 것). 《俗》성가시게 굴다. 괴롭히다.
— (2) *a. prego estopa* (배에 쓰는) 머리

가 평평한 못.

estopim *m.* 《古》화승(火繩). 문선(門線). (선사(線絲)를 가루 화약과 주정성 액체(酒精性液體)에 담구어 만든 것으로서 폭발의 점화(點火) 또는 도화선 점화에 쓰는 것).

estopinha *f.* [植] 가는 아마(亞麻). 아마섬유(纖維).
falar as estopinhas 쓸데없는 이야기를 많이 하다.

estoque (1) *m.* 가늘고 긴 쌍날칼(주로 결투용의).
bengala estoque 속에 칼을 꽂은 지팡이.
— (2) *m.* ①축적. 어장품. 재고품. ②원료. 재료.

estoquear *v.t.*, *v.i.* 쌍날칼로 찌르다.

estoraque *m.* 안식향과(安息香科)의 식물. (그것에서 빼낸) 안식향.

estorcegão *m.* ①(위치의) 이동. 전위(轉位). ②(특히 뼈의) 삐기. 탈구(脫臼). ③힘세게 비틀기. 삐기.

estorcegar *v.t.* 힘세게 비틀다. 삐다. 세게 꼬집다.

estorcer *v.t.* 힘세게 비틀다. 삐다. 비꼬다. (발목 따위를) 삐게 하다. 어긋나게 하다.
—*se* *v.pr.* 몸을 비틀다. (관절이) 어긋나다. 탈구하다.

estorcimento *m.* ①힘세게 비틀기. 삐기. ②(위치의) 이동. 전위(轉位).

estorço *m.* [畵] (그린 인물(人物)의) 부자연성. 무리한 자세(姿勢). 굳어진 태도.

estore *m.* ①덧문. (창문 밖의) 햇빛 가리는 것. 발(簾). 문발. ②막(幕). 병풍. ③영사막(映寫幕). 은막(銀幕).

estornar *v.t.* ①[商] (대장에 잘못 기입된) 대차(貸借) 계산을 정정(訂正)하다. ②(특히 해상보험 따위의) 계약을 취소하다.

estorninho *m.* [鳥] 찌르레기(椋鳥). ②[土木] 물막이 말뚝.

estôrno *m.* [商] ①대장에 잘못 기록하기 (대방(貸方)에 기록할 것을 차방(借方)에 또는 그 반대로 기록한 것). ②잘못 기록된 것을 정정하기. ③(특히 해상보험의) 계약취소. 파약.

estorricado *a.* 불로 잘 말린. 화력에 잘 건조한.

estorricar *v.t.* ①불로(화력으로) 잘 말리다. 바싹 말리다. ②볶다. 굽다. 태우다.
—*se* *v.pr.* 잘 마르다. 바싹 마르다. 타다.

estorroar *v.t.* =*esterroar*.
estortegadela, estortegadura *f.* =*estorcegão*.
estortegar *v.t.* =*estorcegar*.
estorva *f.* 방해. 저해(沮害). 저지(沮止).
estorvas (*pl.*) (선측면(船側面)의) 아래 위의 접합부(接合部)
estorvador *a., m.* 방해하는 (사람). 저해하는 (자).
estorvamento *m.* =*estôrvo*.
estorvar *v.t.* 방해하다. 저해하다. (…을 못하게) 막다. 저지하다.
—*se v.pr.* 방해되다. 저지 당하다.
estorvilho *m.* *estôrvo*의 지소어(指小語).
estorvo *m.* 방해. 장애. 저해(沮害). 고장.
estourada *f.* =*estoirada*.
estourado *a.* ①터진. 폭발한. 작렬(炸裂)한. 파열(破裂)한. ②폭발하여 울리는. ③뛰어 나온. 돌출(突出)한.
estourar *v.t.* ①터뜨리다. 폭발시키다. ②(감정을) 격발하게 하다. 성나게 하다.
— *v.i.* ①터지다. 튀다. 폭발하다. 작렬하다. 파열(破裂)하다. 폭발하여 울리다. ②감정이 격발하다. 더 참지 못하고 (드디어) 화를 내다. 격노하다.
estouro *m.* ①터뜨림. 폭발. ②폭발하는 소리. ②(감정의) 격발. (더 이상) 인내하지 못함. ③격론(激論). ④뜻하지 않은 일. 돌발시. ⑤그 등. 혼단. 《俗》 귀뺨 때리기.
estouro da boiada (짐승의 떼가) 놀라서 우르르 도망가는 것. 앞을 다투어 도망치는 것. 왁 몰려가기(오기).
estouvado *a.* ①사고력이 모자라는. 앞뒤를 헤아리지 않는. 분별없는. 무모한. 경솔한. ②성급한. 조급한.
estouvamento *m.* ①사고력 부족. 앞뒤를 헤아리지 않음. 무분별. 철없음. ②우둔. 우매(愚昧). ③지각없음. 경솔. 소홀. ④조급. 성급.
estrabar *v.i.* (동물이) 똥을 누다. 탈분하다.
estrábico *a.* 사팔눈의. 사시(斜視)의. 가로 보는. 곁눈질 하는.
— *m.* 사팔뜨기.
estrabismo *m.* [醫] 사시(斜視).
estrabo *m.* ①(동물의) 똥. ②(동물의) 탈분.
estrabotomia *f.* [醫] 사시수술(斜視手術).
estracinhar, estraçoar *v.t.* 잘게 부수다. 토막내다. 촌단(寸斷)하다.
estrada *f.* 길. 도로. 대로. 공도(公道). 가도(街道). 신작로(新作路).
estrada de rodagem 공도. 하이웨이.
auto-estrada 자동차 도로. 고속도로(高速道路).
estrada de ferro 철도. 철로.
por estrada de ferro 철도로.
estrada de ferro subterrânea 지하철.
estrada em zguezague 비뚤비뚤한 길. Z자꼴의 길.
estradado (1) *a.* ①길 있는. 도로를 낸. 신작로를 만든. ②일정한 방향으로 가고 있는.
— (2) *a.* ①단(壇)을 만들어 놓은. ②마루를 깐.
estradar (1) *v.t.* ①길을 만들다. 도로를 내다. ②일정한 방향으로 가다(이끌다).
— (2) *v.t.* ①단(壇)을 쌓다(만들다). ②마루를 깔다.

estrado *m.* ①(식장·관람석 등에 설치하는) 단(壇). 연단. 대(臺). ②마루. ③플랫폼.
estraga-albardas *m.* 《俗》 ①부랑아. 건달. ②낭비하는 자. 나쁘게 하는 자.
estragação *f.* ①상하게 하기. 못쓰게 만들기. 훼손. ②타락. 부패. ③낭비(浪費). 남비(濫費).
estragadamente *adv.* 상하게 하여. 못쓰게 만들고.
estragado *a.* ①상한. 못쓰게 된. 썩은. 부패한. ②흠간. 찌그러진. 깨진. ③손해를 입은. 손해 난. ④나쁜 풍습에 물든. 타락한. 방종한. 방탕한. ⑤낭비한.
estragador *a.* ①상하게 하는. 못쓰게 만드는. ②찌그러뜨리는. (형체를) 나쁘게 하는. ③손해 끼치는. ④타락케 하는. 부패케 하는. ⑤낭비하는.
— *m.* 상하게 하는 자. 낭비하는 자.
estragamento *m.* =*estrago*.
estragão *m.* [植] 더위지기. 물쑥. 《英》 tarragon.
estragar *v.t.* ①상하게 하다. 못쓰게 만들다. 찌그러뜨리다. (형체를) 나쁘게 하다. 훼손하다. ②썩히다. 부패케 하다. ③나쁜 풍습에 물들게 하다. 타락케 하다. ④손해 끼치다. 피해를 입히다. ⑤낭비하다. 허비하다.
—*se v.pr.* ①상하다. 못쓰게 되다. 찌그러지다. 흠가다. ②썩다. 부패하다. ③나쁜 풍습에 물들다. 타락하다. 방탕하

다. ④(재산을) 낭비하다. 탕진하다.
estrago *m.* ①상함. 못쓰게 됨. ②찌그러짐. 훼손(毁損). ③썩음. 부패. 악화. ④손해. 손상. ⑤(인간성의) 타락. ⑥방일. 방종. ⑦(재산의) 탕진. 낭비.
estralada *f.* =*estalada*.
estralar, estralejar *v.i.* =*estalar*.
estralheira *f.* [海] 고패. 녹로. 도르래(活車). 움직 도르래.
estrambótico *a.* (동작·옷맵시·취미 등의) 이상한. 괴상한. 별난. 기묘한. 우스운.
estramonio *m.* [植] 흰독말 풀. 그 말린 잎 (진통·천식에 씀).
estrangeirada *f.* 외국인(外國人)의 집단. 외래자의 떼.
estrangeirado *a.* ①외국의 풍물을 흉내낸. 외국식을 본받은. ②외국인인 체하는. 외국인이 말하는 것처럼. 이야기하는.
estrangeirar *v.t.* 외국식으로 하다. 외국식을 따르다. 외국 취미를 본받다. 외국인을 모방하다.
estrangeirice *f.* ①외국식. ②외국인에게 맞도록 만든 것. ③외국인처럼 말하기. ④외국 것이라면 뭐든지 모방하거나 따르는 것.
estrangeirismo *m.* ①항상 외국어를 쓰기. ②외국어적인 말씨. ③외국어의 모방(남용(濫用)). ④외국어 사투리.
estrangeiro *a.* ①외국의. 외국에 관한. 외국산의. ②(나와 또는 우리와는) 관계 없는. 문외(門外)의. ③면식이 없는. 모르는.
— *m.* ①외국인. ②알지 못하는 사람. 타인. 문외한(漢).
estrangulação *f.* ①목을 조름. 목을 졸라 죽임. 교살. ②[醫] 내겸돈(內箝頓). 괄약(括約). 협착(狹窄). 염전(捻轉).
estrangulador *a., m.* 목을 조르는 (사람). 목을 졸라 죽이는 (사람). 교살하는 (자).
estrangulamento *m.* =*estrangulação*.
estrangular *v.t.* 목을 조르다. 목을 졸라 죽이다. 교살하다. 숨을 못쉬게 하다. 질식하게 하다. 억압하다.
—*se v.pr.* 스스로 목매고 죽다.
estrangúria *f.* [醫] 유통성이뇨(有痛性利尿).
estranhado *a.* ①평상보다 다른. 이상한. 별난. ②(보고) 알 수 없는. 모른. 낯선. ③습관되지 않은. 미숙한. 생소한. 부끄러워하는. 수줍어하는. ⑤비난받은.
estranhamento *m.* ①평상보다 다름. 이상함. 이상하게 생각되기. ②낯선 것. 습관되지 않는 것. ③비난(非難).
estranhão *a., m.* 몹시 부끄러워하는 (사람). 수줍어하는 (사람).
estranhar *v.t., v.i.* 이상하게 생각하다. 평상보다 다르다. 낯설다. (풍속·습관·기후 등의) 예외적인 차이(差異)를 느끼다. 기이하다.
estranhável *a.* ①이상하게 생각되는. 보지 못한 인상을 주는. 낯선. 기이하게 여기는. ②비난할 만한. 흠잡을 만한.
estranhez, estranheza *f.* ①(평상보다) 아주 다름. 이상함. 기이(奇異)함. 기괴함. ②일상 습관과 별다른 것. (아기가 보지 않던 사람을 봤을 때의) 낯설어하는 것.
estranho *a.* ①(평상보다) 다른. 이상한. 기이한. 묘한. 별난. 변해 보이는. ②본 일이 없는. 생소한. 낯선. ③익숙되지 않은.
— *m.* 보지 않던 사람. 일자 면식없는 사람. 알지 못하는 사람.
estrapada *f.* ①매달아 올리기. ②매다는 형벌(刑罰)(죄인의 손을 뒤로 묶어 높은 곳에 매다는).
estratagema *m.* ①전략(戰略). ②병법(兵法). 용병학. ③계략(計略). 술책. 모략.
estratégia, estratégica *f.* ①전략. 군략(軍略). ②병학(兵學). 용병학. ③(군사적) 책략. 계략.
estrategicamente *adv.* 전략상으로. 전략적으로.
estratégico *a.* 전략상. 군략상. 전술상. 전략적인. 계략의. 책략의.
pontos estratégicos 전략적 요점.
jona estratégica 요새지대(要塞地帶).
estrategista *m., f.* 전략가. 전술가. 병법가(兵法家). 모사(謀士). 군사(軍師).
estratificação *f.* ①층을 이룸. 누층(累層). ②[地質] 성층(成層). 층첩(層疊).
estratificado *a.* 층을 이룬. 층층으로 쌓인. 중첩한.
estratificar *v.t.* 층으로 하다. 층층이 쌓다.
—*se v.pr.* 층을 이루다. 층층이 쌓여지다. 중첩하다.
estratiforme *a.* 층 모양(層狀)의.
estratigrafia *f.* 지층학(地層學). 지사학(地史學).

estratigráfico *a.* 지층의. 지층학(상)의.
estrato *m.* ①[地質] 지층. ②층. ③층운(層雲).
estratocracia *f.* ①군벌정치. 무단정치. ②군정(軍政).
estratografia *f.* 병론(兵論). 병서(兵書).
estratosfera *f.* [氣象] 성층권.
estravar *v.i.* =*estrabar*.
estreante *m.*, *f.* ①처음으로 나온 배우. ②처음으로 사교계에 나서는 사람.
estrear *v.t.*, *v.i.* 처음으로 하다. 처음으로 쓰다. 처음 입다. 처음으로 장사(거래)하다.
　　—se *v.pr.* ①처음으로 실시되다. 시작되다. ②첫 출연을 하다. 처음으로 무대에 나서다. 처음으로 사교계에 나서다. ③취임식을 하다. 낙성식을 하다.
estrebaria *f.* ①마구(馬廐). 마구간. ②(때로는) 소외양간. 축사(畜舍).
estrebuchamento *m.* 몸부림. 손발로 버둥거리기.
estrebuchar *v.i.* 몸부림치다. 손발을 흔들며 버둥거리다. 악전고투(惡戰苦鬪)하다.
estrecer-se *v.pr.* 줄다. 감소(減少)하다. 감퇴하다. 감축하다.
estréia *f.* ①(처음으로의) 시작. 개시. 제일보. 시초. 발단. ②첫장사. (옷 따위) 처음 입어보기. (기계 따위) 처음 움직여보기. (차·비행기 따위) 처음 타보기. 첫 출연(出演). 첫 상연. (글·소설 따위) 처음 지음.
estreita *f.* 《古》 빈궁(貧窮). 궁핍.
estreitador *a.*, *m.* 좁히는 (사람). 긴축시키는 (사람). 긴밀하게 하는 (사람).
estreitamente *adv.* ①좁게. 편협하게. 거북스럽게. ②엄숙(엄격)하게. ③친밀하게. 밀접하게. ④곧. 지체없이.
estreitamento *m.* ①좁음. 협애(狹隘). 편협(偏狹). 협소. ②긴밀. 긴축(緊縮). ③축소(縮小).
estreitar *v.t.* ①좁게 하다. 빽빽하게 하다. 가늘게 하다. 협애(狹隘)케 하다. ②긴축하다. 축소하다. ③긴밀(緊密)케 하다. (유대를) 강화하다. 밀접한 사이로 만들다. ④졸라매다. 죄다.
　　— *v.i.*, —se *v.pr.* 좁아지다. 협소(狹小)해지다. 편협(偏狹)해지다. 가늘어지다. (사이가) 긴밀해지다. (유대가) 강화되다.
estreiteza *f.* ①좁음. 협소. 협애(狹隘). 마음이 좁음. 협량(狹量). ②(상호 관계의) 긴밀. 밀접(유대)의 강화. ③엄격. 엄정(嚴正). ④결핍. 부족. 핍박(逼迫). ⑤간소(簡素).
estreito *a.* ①좁은. 협소한. 편협한. 마음이 좁은. 협량(狹量)한. ②(사이가) 긴밀한. 밀접한. ③긴축한. ④엄중한. 엄격한. ⑤검소한. 간소한. 인색한. ⑥곤란한. 핍박한.
　　— *m.* ①해협(海峽). ②좁은 길(狹道). 애로(隘路). ③궁박(窮迫). 궁핍. 위기.
estreitura *f.* =*estreiteza*.
estrela *f.* ①별. 항성(恒星). ②별 모양의 물건. 성장(星章). [印] 별표(★). (말 이마에 있는) 성반(星斑). ③스타. 인기 배우. 인기 있는 사람. 명사(名士). 큰 인물. 대가(大家).

estrela cadente 유성(流星). 운석(隕石).
estrela de alva 샛별(금성·때로는 화성·토성·목성).
estrela de cinema 영화배우.
estrela polar 북극성.
ter bôa estrela 좋은 운명을 지고 태어나다.
ter uma bôa estrela 운이 좋다.
estrela de terra 국화의 일종.
estrelado *a.* 별이 뜬. 별(많은 별)에 덮인. 별 많은. 별로 장식(수식)한. 별 모양으로 만든.
cavalo estrelado 이마에 성반(星斑)이 있는 말.
ovos estrelados 기름에 튀긴 달걀.
estrelado mar 불가사리.
estrelante *a.* ①별처럼 반짝이는. 찬란한. ②별로 장식한.
estrelar *v.t.* ①별(星章)을 달다. ②별 모양으로 만들다. ③달걀을 기름에 튀기다.
　　— *v.i.* 별이 비치다. 번쩍이다.
　　—se *v.pr.* 많은 별이 나타나다. 많은 별로 장식되다. 별처럼 산재(散在)하다.
estrelário *a.* 별 같은. 별 모양(星形)의.
estreleiro *a.* (말이) 머리를 치켜드는.
estrelejar *v.i.* ①별이 뜨다. ②별처럼 반짝이다.
estrelinha *f.* ①작은 별(小星). ②별표(★). ③별 모양으로 잘게잘게 만든 일종의 국수 (특히 스프에 넣음).
estrém *m.* [海] ①큰 밧줄. ②닻줄(錨綱).
estrema *f.* 국경. 경계(境界). 경계선. 경

계표.

estremado *a.* ①경계를 지은. 국경을 이룬. 분계(分界)된. ②구별(區別)된. ③뛰어난. 탁월한. 걸출한. 우수한.

estremadura *f.* ①경계. 분계(分界). ②경계선. 국경선. ③제한(制限).

estremar *v.t.* ①경계를 설정하다. 분계선(分界線)을 긋다. 국경을 정하다. ②구별하다. 구분하다.
— **se** *v.pr.* ①분계가 되다. ②구분되다. 구별되다. ③뛰어나다. 탁월하다. 두각(頭角)을 나타내다. 현저해지다.

estremável *a.* 경계선을 설정해야 할. 분계선을 그을만한. 구분(구별)할 수 있는.

estreme *a.* 순수한. 순전(純全)한. 다른 것이 섞이지 않은. 순종(純種)의. 진짜의.

estremeeção *f.* 몸떨림. 진동(振動). ②떨림. 전율(戰慄).

estremecer *v.t.* ①흔들다. 흔들어 움직이다. 내흔들다. 진동시키다. ②떨게 하다. 전율케 하다. ③열렬히 사랑하다.
— *v.i.*, —**se** *v.pr.* ①흔들리다. 진동하다. ②벌벌 떨다. 전율하다. ③몹시 걱정하다. 근심하다.

estremecido *a.* ①흔들린. 진동한. ②벌벌 떠는. 전율하는. ③열렬히 사랑한.

estremecimento *m.* ①흔들기. 진동. ②벌벌 떨기. 전율. 몸서리. ③열렬한 사랑.

estremunhado *a.* ①갑자기 잠을 깬. 졸리운. 졸리는.

estremunhar *v.t.* 갑자기 잠을 깨우다. 흔들어 깨우다.
— *v.i.* 잠을 깨어 멍해 있다. 졸리다.
—**se** *v.pr.* 망연자실(茫然自失)하다. 졸다.

estrenuamente *adv.* 용감히. 대담하게. 활발히.

estrênuo *a.* ①힘찬. 굳센. 용감한. 대담한. ②활발한.

estrepada *f.* ①estrepe에 찔리기. 그에 찔린 상처. ②극상(辣傷).

estrepado *a.* estrepe에 찔린. 그에 상한.

estrepar *v.t.* ①estrepe를 설치하다. ②송곳 같은 것으로 상처를 입히다.
—**se** *v.pr.* estrepe에 찔리다.

estrepe *m.* ①(옛 무기) 마름쇠(棱鐵 : 참호에 설치하는 일종의 장애물). ②가시. ③《俗》애교성 또는 매력이 없는 여자.

estrepitante *a.* 시끄러운. 떠들썩하는. 소음이 많은.

estrepitar *v.i.*, *v.t.* 시끄러운 소리를 내다. 떠들썩하다.

estrépito *m.* 시끄러운 소리. 떠들썩하는 소리. 소음. 훤소.

estrepitosamente *adv.* 떠들썩하여. 시끄럽게. 소란스럽게.

estrepitoso *a.* 떠들썩하는. 시끄러운. 몹시 분주한. 소란한.

estrepsíteros *m.(pl.)* [蟲] 연시류(撚翅類)

estreptococo *m.* 연쇄상구균(連鎖狀球菌)

estreptomicina *f.* [藥] 스트렙토마이신.

estresse *m.* 스트레스.

estria (1) *f.* ①[生物·地質] 선. 줄기(筋). 줄자국(條痕). 줄무늬. ②가는 도랑(細溝). ③[建] 기둥의 조구(條溝). 세로난 홈. 쇠시리줄.《英》*stria*.
— (2) *f.* 흡혈귀(吸血鬼)

estriado *a.* ①선(條線)이 있는. 줄자국이 있는. ②가는 도랑으로 된. [建] 조구(條溝)가 있는. 조구를 만든.

estriagem *f.* ①가는 도랑(細溝)을 만들기. ②(기둥에) 세로 난 홈을 파기.

estriamento *m.* 조선(條線)을 만들기. 줄무늬를 넣기. 좁은 도랑을 파기. [建] 조구를 만들기.

estriar *v.t.* 좁고 긴 홈을 파다. 줄(선)무늬를 넣다. 종선(從線)을 달다. [建] 조구를 파다. 세로 난 홈을 파다.

estribado *a.* ①등자(鐙子)를 밟고 있는. 확고하게 디디고 있는. ②지지하고 있는. ③(입장이) 확고한. ④(…에) 근거를 둔. (…에) 의거(依據)하는.

estribar *v.t.* ①등자를 밟다. ②《古》(전차(電車)의 옆에 달린) 발판을 디디다. ③받쳐 들다. 지지하다. ④(…을) 기초로 하다. (…에) 근거를 두다.
— *v.i.*, —**se** *v.pr.* ①등자를 밟고 확고한 자세를 취하다. ②지지(支持)하다. ③(+*em*). (…에) 의지하다. 의거하다.

estribeira *f.* ①등자(鐙子). 등자쇠. 등자가죽. 등자띠. ②[海] 등색(鐙索). ③(자동차·전차 등의 옆에 달려 있는) 디디는 대(臺). 도대(蹈臺).
perder as estribeiras 기초가 무너져 어찌할 바를 모르다. 방향을 잃어 당황하다. 낭패하다.

estribeiro *m.* ①말을 잘 다루는 사람. ②《古》마구간·마차·마구(馬具) 따위를 맡아보며 손질하는 이.

estribilho *m.* ①(노래의) 반복구(反復句). 첩구(疊句). 후렴. ②표어. 슬로건. 제명(題銘).

estribo *m.* ①등자. 등자쇠. ②(자동차·전차·기차 등의 옆에 달린) 발디디는 대. 도대(蹈臺). ③[解] (귀에 있는) 마등골(馬鐙骨). ④[建] 우엽(隅葉). ⑤근거. ⑥지지. 원조.

estricnico *a.* 스트리키니네의.

estricnina *f.* [化] 스트리키니네. 스트리키닌.

estricnismo *m.* 스트리키니네 중독.

estricto *a.* =*estrito*.

estridência *f.* ①소리가 날카로움. 예음(銳音). ②귀에 거슬림. 거침.

estridente *a.* 날카로운 소리를 내는. 째는 듯한 소리가 나는. 귀에 거슬리는. 시끄러운.

estridor *m.* 날카로운 소리. 예음(銳音). 거친 음향. (횡하는) 거센 바람소리. (팽하는) 총알 나는 소리.

estridulação *f.* 떨리고 날카로운 소리(매미·귀뚜라미 따위의 울음소리 같은 것). 전음(顫音).

estridulante *a.* 떨리고 날카로운 소리를 내는.

estridular *v.i.* 떨리고 날카로운 소리를 내다. (매미·귀뚜라미 따위가) 애처러운 소리로 울다.

estrídulo *a.* =*estridulante*.

estriduloso *a.* 떨리고 날카로운 소리를 내는. 소리가 애처러운. *ruidos estridulosos* (매미·귀뚜라미 따위가 우는) 떨리고 날카로운 소리. 나성(囉聲). 전음(顫音). 마찰음.

estriga *f.* ①실감대(紡錘)에 감긴 실. ②실감길 때 하나 가득한 분량의 실(一紡錘量의 生絲). ③섬유(纖維)의 한 묶음. ④한 타래의 머리털.

estrigado *a.* ①(실이) 실감길대에 감긴. ②비단처럼 보드럽고 매끄러운. ③섬세(纖細)한.

estrigar *v.t.* ①삼실(麻絲)을 실감길대에 감다. ②비단처럼 보드럽고 매끄럽게 하다. ③섬세하게 하다.

estrige *f.* ①(미국산) 수리부엉이. ②흡혈귀(吸血鬼). ③송장귀신(동방 회교 나라에서 무덤을 파헤치고 살을 먹는다고 하는).

estrilar *v.i.* 《俗》노하다. 화내다.

— *v.t.* 소리 지르다.

estrinca *f.* =*estringque*.

estrinchar *v.t.* 기뻐 날뛰다. 희희낙락하다.

estrinque *m.* [海] (배의) 승강구. 창구(艙口).

estripação *f.* ①내장을 꺼내기. 내장을 도려내기. ②배를 가르기. 할복(割腹). ③살육(殺戮). 도살(屠殺).

estripado *a.* 내장을 꺼낸(도려낸). 배를 가른.

estripar *v.t.* ①내장을 꺼내다. 도려내다. ②배를 가르다. ③죽이다. 도살하다.

estritamente *adv.* 엄밀하게. 정확하게.

estrito *a.* 엄한. 엄격한. 엄정(嚴正)한. 엄밀한. 정밀한. 정확한.

estritura *f.* 압축(壓縮). [醫] 협착(狹窄).

estro *m.* ①(시인·예언자 등의) 천래(天來)의 감흥. 영감(靈感). ②시재(詩才). 예술적 재능. 발명적 재능(才能). ③기상.

estróbilo *m.* [植] 구과(毬果). 원추형(圓錐形)의 과일.

estrofe *f.* ①(옛 그리스의 합창대의) 왼편 전향(轉向). 좌방무가장(左方舞歌章). ②(시(詩)의) 절(節). 《英》*strophe*.

estrófico *a.* 왼편 전향의. 좌방무가장의. 《詩》절의.

estróina *a.* ①앞뒤를 헤아리지 않는. 분별 없는. 칠없는. ②심쿵한. 성냥한. 루노한. ③책임성 없는. ④방탕한. 방종한. ⑤허비하는. 낭비하는.

— *m.* 분별하지 못하는 사람. 철없는 이. 경망스러운 사람.

estroinar *v.i.* 앞뒤를 헤아리지 않고 행동하다. 철없는 짓을 하다. ②방탕하다. 방종하다. ③낭비하다. 허비하다.

estroinice *f.* ①사려 없음. 무분별. 철부지. 우둔. ②경망. 무모. 경거망동. ③방종. 방탕. ④허비. 낭비.

estromania *f.* 여자 음란증(淫亂症).

estrombo *m.* [貝] 수패속(袖貝屬).

estrompado *a.* 상한. 못쓰게 된. 째진. 터진. ②(말이) 피로한.

estrompar *v.i.* ①상하게 하다. 못쓰게 만들다. 째다. 터뜨리다. ②(말을) 피로케 하다.

— *se v.pr.* ①상하다. 못쓰게 되다. ②(말이) 피로하다.

estrompido *m.* 튀는 소리. 터지는 소리. 파열음(破裂音). 깨지는 소리.

estronca *f.* ①무거운 것을 들어 올리는 일종의 갈퀴. 건초용(乾草用) 큰 포크. ②지주(支柱). 버팀 기둥.

estroncado *a.* ①줄기(幹)를 끊은. ②손·발을 절단한.

estroncamento *m.* ①줄기를 절단하기. ②(동체(胴體)에서) 손발을 잘라내기. 사지절단(四肢切斷).

estroncar *v.t.* ①줄기를 절단하다. ②(동체로부터) 손·발을 자르다. 잘라버리다.

estronciana *f.* [化] 스트론튬산화물.

estrôncio *m.* [化] 스트론튬(금속 원소의 하나).

estrondar *v.i.* =*estrondear*.

estrondeante *a.* 큰소리(大音響)를 내는.

estrondear *v.i.* ①큰소리를 내다. 울리다. ②큰소리를 지르다. 외치다.

estrondo *m.* ①요란한 소리. 대음향. ②떠들썩하는 소리. ③굉장한 겉치레. 장려(壯麗). ④자랑.

estrondosamente *adv.* ①요란한 소리로. 대음향을 내고. 장려하게. 굉장하게. 당당하게.

estrondoso *a.* 요란한 소리나는. 대음향이 울리는. 멀리 울려가는. ②속되게 화려한. 굉장히 차린. 겉치레가 번드르르한. 화려한.

estropalho *m.* ①접시 닦는 헝겊. 걸레. ②보잘 것 없는 물건. 가치 없는 것.

estropeada *f.* ①많은 사람이 모여 혼잡을 이룬 상태. 잡답(雜踏). ②많은 짐승이 모여 웅성대는 것.

estropiadamente *adv.* ①병신이 되어. ②무질서하게. 지리멸렬(支離滅裂)하여.

estropiado *a.* ①(손·발이 잘려) 병신이 된. 불구가 된. 절름발이가 된. ②잘못이해한. 서투르게 읽는. 서투르게 노래 부르는.
— *m.* 손 또는 발이 없는 사람. 불구자.

estropiar *v.t.* ①(손·발을 잘라) 병신을 만들다. 절름발이 되게 하다. ②형태를 찌그러뜨리다. 못쓰게 만들다. ③서투르게 읽다(노래 부르다). ④(의미를) 잘못 알다. 오해하다.
— *v.i.*, **—se** *v.pr.* (손 또는 발 없는) 병신이 되다. 불구자가 되다.

estropício *m.* ①나쁜 짓. 못된 행실. ②해(害). 손해.

estropo *m.* [海] (도르래의) 띠끈. 고리끈.

estrotejar *v.i.* (말 따위가) 빨리 뛰다. 총총걸음으로 달리다. 급히 걷다.
— *v.t.* 빨리 뛰게 하다. 빠른 걸음으로 가게 하다.

estrugido *m.* ①기름에 튀기기. 튀기는 소리. ②시끄러운 소리. ③스튜(요리).

estrugimento *m.* ①소리·음향 따위가 울리는 것. 귀먹을 정도로 요란한 소리가 울리기. ②(사자 등의) 포효. 요란한 외침.

estrugir *v.t.* ①(사이렌·종 따위로) 크게 울리다. 큰 음향을 일으키다. ②기름에 튀기다.
— *v.i.* 소리가 울리다. 천동하다. ②(사자·범 따위가) 포효하다. 크게 외치다.

estruma *f.* [醫] 연주창. 선병(腺病).

estrumação *f.* 비료를 주기. 거름하기. 시비(施肥).

estrumada *f.* 비료(거름)의 퇴적.

estrumado *a.* 비료를 준. 거름한. 시비한.

estrumar *v.t.* (밭에) 비료를 주다. 거름하다. 시비하다.

estrume *m.* ①비료. 거름. ②(마·소의) 똥. 분비물.
estrume de curral 퇴비(堆肥).

estrumeira *f.* ①비료(거름)을 쌓은 곳. 마·소 따위의 똥을 모으는 장소. ②불결한 장소. 더러운 물건.

estrumeiro *m.* 비료를 밭에 나르는 사람. 거름을 주는 사람.

estrumoso *a.* ①연주창의. 선병질(腺病質)의. ②연주창에 걸린.

estrupida *f.* =*estrupido*.
— *m.* ①(무너지는 순간의) 요란한 소리. ②폭음(爆音). ③소음(騷音).

estrutura *f.* ①(건물의) 구조. 골조. 조립(組立). ②조직. ③[文] 구성(構成).

estrutural *a.* 구조의. 골조의. 조립의. [文] 구성의.

estuação *f.* ①강한 열. 초열(焦熱). 작열(灼熱). ②빨갛게 타오르기. ③백열광. 작열광. ④비등(沸騰).

estuante *a.* ①타는. 타는 듯한. 태우는. ②치열한. 격렬한. ③끓이는. 끓게 하는.

estuar *v.i.* ①타다. 타오르다. 작렬하다. ②달아서 빛나다. 백열(白熱)하다. ③끓다. ④(바다가) 거칠어지다.

estuário *m.* ①하구(河口). 강구(江口). ②해안선의 구부러진 곳.

estucado *a.* ①벽토를 칠한. ②고약을 바른.

estucador *a.*, *m.* 벽토를 칠하는 (사람). 고약을 붙이는 (사람). 칠장(漆匠).

estucamento *m.* ①(치장)벽토 칠하기. 칠장일. ②고약을 바르기(붙이기).

estucar *v.t.* (치장)벽토를 칠하다. 고약을 바르다(붙이다).
— *v.i.* (치장)벽토 세공을 하다.

estucha *f.* ①(쇠 또는 나무로 만든) 쐐기. ②고정시키는 큰 못. 담장 못. ③유력한 후원자.

estuchado *a.* ①쐐기를 꽂은. 쐐기로 죈. ②큰 못 또는 담장못으로 고정한. ③유력한 후보자가 있는.

estuchar *v.t.* 쐐기로 죄다. 큰 못(담장못)으로 움직이지 않게 하다.

estuche *m.* =*estucha*.

estudadamente *adv.* ①잘 연구하여. 구체적으로 조사하고. ②고의적(故意的)으로. 생각하는 바가 있어서.

estudado *a.* ①공부한. 잘 배운. 깊이 연구한. ②교육 받은. 학식 있는. ③정성드린. ④모방한. 흉내 낸. 가장한.

estudantaço *m.* 공부 잘하는 학생. 좋은 학생.

estudantada *f.* 학생의 떼. 학생단(團).

estudantado *m.* ①학생직임. ②학생생활. ③학생신분.

estudantal *a.* 학생의. 학생풍(風)의.

estudantão *m.* =*estudantaço*.

estudante *m.*, *f.* 학생. 생도. 연구생.
estudante de direito 법과생(法科生).
estudante de engenharia 공과생(工科生).
os melhores (piores) estudantes 가장 우수한(열등한) 학생들.

estudantesco *a.* 학생의. 학생적인. 학생풍(風)의. 학생생활의.

estudantil *a.* 학생의. 학생식의. 학생적인.
motim estudantil 학생폭동. 학생봉기.

estudantina *f.* 학생합창대(合唱隊). 학생음악대.

estudar *v.t.* ①배우다. 공부하다. 연습하다. ②연구하다. 조사하다. ③(대사(臺詞) 따위를) 외우다. 암기하다. ④흉내내다. 모방하다. ⑤고안(考案)하다.
— *v.i.* ①공부하다. 배우다. ②연구하다. 조사하다. ③학문을 닦다. 수업(修業)하다. 습득하다.
—*se* *v.pr.* 깊이 생각하다. 잘 연구하다. 반성하다.

estúdio *m.* 화실(畫室). 촬영실. 조각실.

estudiosamente *adv.* 열심히. 근면하게. 부지런히. 잘 공부하여.

estudiosidade *f.* 공부에 열심함. 학문에 대한 열성. 학문을 좋아함. 호학(好學).

estudioso *a.* 공부를 잘하는. 공부에 열심한. 공부하기를 좋아하는. 독학(獨學)한. 연구를 즐기는.
— *m.* 공부 잘하는 사람. 배움에 열성 있는 사람. 연구하기 좋아하는 사람.

estudo *m.* ①배움. 공부. 학습. 면학(勉學). 수업(修業). ②복습. 연습. ③연구. 조사. ④학과(學課). ⑤배움터. 자습실(自習室). ⑥(미술·조각 등의) 모범. 표본. ⑦용의주도. 일편단심.

estufa *f.* 난로(煖爐). 히터. 건조로(乾燥爐). 온실. [外] 살균기(殺菌器). 소독기.

estufadeira *f.* 찌는 냄비(솥). 스튜 냄비.

estufado *a.* ①증기로 찐. 스튜한. ②부은. 부풀어 오른.
— *m.* 찐 것. 스튜한 고기.

estufagem *f.* ①화덕에 넣기. 화덕에 넣어 굽기. ②찌기. 스튜하기. ③온실(溫室)에 넣기.

estufar *v.t.* ①화덕에 넣다. ②스튜하다. ③찌다. ④건조로(乾燥爐)에 넣다. 온실에 넣다. ⑤부풀게 하다.

estufeiro *m.* *estufa*를 믿므는 사람. 그 장수.

estufim *m.* (식물을 덮어 보호하는) 종 모양의 유리그릇. 또는 유리판을 댄 상자.

estugar *v.t.* 더 빠르게 하다. 촉진하다.

estultamente *adv.* ①뒤를 헤아리지 않고. 철없이. ②어리석게. ③바보처럼.

estultice *f.* =*estultícia*.

estultícia *f.* ①앞뒤를 분간하지 못함. 무분별(無分別). 철없음. ②우둔(愚鈍). 우로(愚魯). ③어리석은 노릇. 바보스런 수작.

estultificação *f.* 어리석게 만들기. 우둔하게 만들기.

estultificar *v.t.* 어리석게 만들다. 우둔하게 하다.
—*se* *v.pr.* 어리석게 되다. 우둔해지다. 바보가 되다.

estultilóquio *m.* ①어리석은 이야기. 바보 같은 말. ②어리석은 수작. 우사(愚事).

estulto *a.* 앞뒤를 분간 못하는. 철없는. 우둔한. 어리석은. (지혜가) 모자라는. 무능한. 아무 쓸모도 없는.

estumar *v.t.* ①(개를) 부추기다. 사촉하다. ②자극 주다. 선동하다. 격려하다.

estuoso *a.* ①찌는 듯이 더운. 타는 듯이 뜨거운. 초열(焦熱)의. ②(기후·바다 등이) 몹시 거친. ③비등(沸騰)하는.

estupefação *f.* ①깜짝 놀램. 경악(驚愕). ②망연. ③[醫] 마비. 마취.

estupefaciente, estupefativo *a.* 깜짝 놀라게 하는. 어리벙벙하게 하는. 망연케 하는. [醫] 저리게 하는. 마비시키는. 마취시키는.
— *f.* 마비약. 마취제.

estupefato *a.* 깜짝 놀랜. 경악한. 놀라서 어리둥절한. 망연한. [醫] 감각을 잃은. 마비된.

estupefazer *v.t.* 깜짝 놀라게 하다. 놀래어 어리둥절케 하다. 망연케 하다.

estupeficante *a.* 감각을 잃게 하는. 마비시키는.

estupeficar *v.t.* ①감각을 잃게 하다. 마비시키다. ②깜짝 놀라게 하다. 어리둥절케 하다.

estupendamente *adv.* 놀랄 정도로. 참으로. 훌륭하게.

estupendo *a.* ①놀랄 만한. 놀랄 정도의. ②참 훌륭한. 상쾌한. 쾌적의. ③굉장한. 엄청난.

estupidamente *adv.* 어리석게. 우둔하게.

estupidarrão *m.* 몹시 어리석은 사람. 천치. 바보.

estupidez *f.* ①지혜가 모자람. 우둔함. 우매함. 우졸(愚拙). 우치(愚癡). ②우둔한 행동. 바보 수작.

estúpido *a.* ①우둔한. 우매한. 몹시 어리석은. 무지한. 바보같은. ②몰상식한. 이치에 어긋나는. ③싫은. ④[醫] 마비된.
— *m.* 우둔한 사람. 바보. 천치. 무지한 인간. 얼간이. 미련장이.

estupificar *v.t.* = *estupidificar*.

estupor *m.* ①무감각. 마비. ②인사불성. 혼수(昏睡). ③기절. 실신. 중풍(中風). ④망연(茫然). 황홀.

estuporado *a.* ①나빠진. 악화된. 상한. ②질이 나쁜. ③서투른. 솜씨없는. 잘못 만든. ④잘못된. ⑤마비된. 중풍에 걸린.
trabalho estuporado 서투른 일. 솜씨 없는. 세공(細工).
carater estuporado 비뚤어진 성격.
tempo estuporado 몹시 거친(불순한) 날씨.

estuporar-se *v.pr.* ①나빠지다. 악화하다. 상하다. 부패하다. ②비열해지다. ③마비되다.

estuprador *m.* 강간하는 자. 강탈하는 자. 폭행자.

estuprar *v.t.* 강간하다. 강탈하다. 폭행하다.

estupro *m.* 강간(強姦). 강탈. 폭행.

estuque *m.* ①벽토. 고약. ②벽토 바르기. 고약 붙이기.

estúrdia *f.* ①불근신(不謹愼). 경솔. 경조(輕躁). ②분별없는 행동. 무법. 난폭. ③까불며 장난치기. 떠들어대며 놀기. ④대환락.

esturdiar *v.i.* 경솔한 행동을 하다. 경거망동하다. 까불며 장난하다. 난잡(난폭)한 짓을 하다. 못된 수작을 하다. 몹시 희롱하다.

estúrdio *a.* 경솔한. 경조(輕躁)한. 버릇없는. 분별없는. 경거망동하는. 난폭한. 법을 모르는.
— *m.* 경솔한 인간. 버릇없는 놈. 경거망동하는 자. 까불며 나쁜 장난하는 자.

esturjão *m.* [魚] 철갑상어(鱘).

esturrado *a.* ①잘 구운. 잘 그을린. 잘 태운. ②격렬(激烈)한. 흥분한. ③완고한.
— *m.* 완고한 사람. 고집불통.

esturrar *v.t.* 잘 굽다. 잘 그을리다. 잘 태우다.
—**se** *v.pr.* ①잘 구워지다. 잘 그을리다. 타다. ②흥분하다. 화내다.

esturricar *v.t.* 불로 잘 말리다. 건조시키다.
— *v.i.* (불에) 잘 마르다.

esturro *m.* ①(고기 따위) 잘 굽기. 그을리기. ②고기가 탐. ③흥분.

esturvinhado *a.* ①《俗》의식이 몽롱한. 아슴프레한. ②현혹(眩惑)된. ③잠꼬대를 하고 있는.

esula *f.* [植] 등대풀(대극과(大戟科)의 약초로서 그 액체는 티눈약으로 씀).

esurino *a.* 식욕(食慾)을 촉진하는.

esvaecer *v.t.* ①지워 버리다. 없애 버리다. 소멸하다. 소산시키다. ②뽐내게 하다. 자만(自慢)케 하다.
— *v.i.* ①기운이 없어지다. 맥빠지다. ②활기를 잃다. ③어질어질해지다. 현기증나다.
—**se** *v.pr.* ①없어지다. 소멸하다. 소산

esvaecido–eterno

하다. 증발하다. ②기운이 없어지다. 쇠퇴하다. 의기저상(意氣沮喪)해지다.

esvaecido *a.* ①소멸한. 소산한. 증발(蒸發)한. ②기력이 없어진. 맥빠진. 의기저상한. ③쇠약한. 쇠퇴한. ④의식이 몽롱한.

esvaecimento *m.* ①소실(消失). 소산(消散). 소멸. ②기력이 없어짐. 의기저상. ③쇠약. ④현훈(眩暈). 현기. ⑤자랑. 자부(自負).

esvaído *a.* ①소산한. 소멸한. 없어진. ②힘없는. 약한. 활기(용기) 없는. ③증발한. ④의식(意識)을 잃은. 실신한.

esvaimento *m.* ①소산. 발산(發散). 증발(蒸發). ②기력이 없음. 활기 없음. ③쇠약. ④어질어질하기. 현훈. ⑤의식을 잃음. 실신(失神).

esvair *v.t.* 소산시키다. 증발시키다.
— **se** *v.pr.* ①소산하다. 발산하다. 증발하다. ②(기력이) 쇠퇴하다. 기운이 없어지다. ③현기증이 나다. (머리가) 아찔아찔해지다. 의식을 잃다.

esvanecer *v.t.*, — **se** *v.pr.* = *esvaecer*.

esvão *m.* = *desvão*.

esvaziamento *m.* (그릇 따위) 비우기. (안에 있는 것을 전부 끄집어내기) 비게 하기.

esvaziar *v.i.*, *v.t.* (그릇 따위를) 비우다. 비다. 비게 하다. 공기(가스)를 빼다. 움츠리듯에 하나. [經] (통화를) 수축하다.

esventar *v.t.* 포신(砲身)의 습기를 없애다 (약간의 화약을 태워서).

esverdeado *a.* 초록빛을 띤. 초록색의.

esverdear *v.t.* 초록색으로 만들다. 초록빛을 띠게 하다.

esverdinhado *a.* 초록빛을 약간 띤. 박록색(薄綠色)의.

esviscerado *a.* ①(동물의) 내장을 꺼낸. 창자를 들어낸. ②잔인한. 무자비한.

esviscerar *v.t.* ①(동물의) 내장을 꺼내다. 창자를 들어내다. ②(의논 따위의) 글자를 빼내다. ③잔인하게 하다.

esvoaçar *v.i.* 날개치다. 해치다. 날개치며 날다. (나비 같은 것이) 펄펄 날다. 날아다니다. (기(旗) 따위) 펄럭이다. 펄럭거리다.

esvurmadela *f.* 고름을 짜내기.

esvurmar *v.t.* (곪은 것을) 짜서 고름이 나오게 하다.

etal *m.* 예탈(鯨臘素鹼化物). = 《英》 *ethyl alcohol*.

etapa *f.* ①사병(士兵)하루분의 양식(행군 중 또는 야영 중의). ②행군막사(幕舍). 행군 중의 휴식처. 정지지점. ③(노중(路中)의) 역(驛). ④행정(行程). ⑤[醫] (병의) 기간.

etático *a.* 연령에 관한.
estatistica etática 연령통계(年齡統計).

et-cetera *adv.* 기타 등등. 이하(以下) 등등. (보통 *etc.*로 생략하여 씀)

éter *m.* ①[理] 에테르(빛·열·전자기(電磁氣)의 복사현상(輻射現象)의 가상적 매체(假想的媒體)). [化] 에테르. ②(옛 사람의 소위) 정기(精氣). 영기(靈氣). 《詩》 하늘. 대공(大空). 창공.

etéreo *a.* ①[理·化] 에테르의. 에테르성(性)의. ②영기성(靈氣性)의. 공기 같은. 매우 가벼운. 《詩》 하늘의. 천상의.

eterificação *f.* [化] 에테르로 만듦. 에테르화. 에테르 생성(生成)(알코올을 에테르화(化)하기). 기화(氣化). 정화(精化).

eterificar *v.t.* 에테르로 만들다. 기화하다. 정화하다.
— **se** *v.pr.* 에테르화하다.

eterismo *m.* 에테르 마취(瘋醉).

eterização *f.* [化] 에테르를 섞기. [醫] 에테르 마취(법·상태).

eterizar *v t* [化] 에테르화하다. [醫] 에테르 마취를 하다.

eternal *a.* = *eterno*.

eternamente *adv.* 영원히. 영구히. 언제나. 무한히. 무궁하게.

eternar *v.t.* = *eternizar*.

eternidade *f.* ①영원. 영구(永久). 영겁(永劫). 무궁. 무한. ②무시무종(無始無終). ③(끝없는 것처럼 생각되는) 긴 기간. 긴 시일. 구원(久遠). ④불사(不死). 불멸(不滅). 불후(不朽).
desde tôda a eternidade 유사이전(有史以前)부터.

eternizar *v.t.* ①영원하게 하다. 영구하게 하다. ②영원성을 주다. (명성 따위) 불후케 하다. 자손만대에 영원히 전하도록 하다. ③무기 연기하다.
— **se** *v.pr.* 영원히 계속되다. 영속(永續)하다. 영존(永存)하다. 불후(不朽)히 전달되다. 장기간 체류하다.

eterno *a.* 영원한. 영구한. 만고(萬古)의. 영원의. 영구의. 영겁(永劫)의. 변함 없는. 만대불역(萬代不易)의. 불후의. 불멸의. 끝없는.
— *m.* 신(神).

ética *f.* 윤리학(倫理學). 윤리학서(書). ②도학(道學). 도덕학. ③도덕. 윤리. 인륜(人倫). 수신(修身).

ético *a.* 윤리의. 윤리적. 윤리학상의. 도덕의. 도덕적인.

etileno *m.* [化] 에틸렌(炭化水素).

etílico *a.* [化] 에틸성(性)의. 에틸을 함유한.

etilo *m.* [化] 에틸.

étimo *m.* 어원(語原). 어근(語根).

etimologia *f.* ①어원학. 사학(辭學). ②어원연구. 어원의 연혁(沿革).

etimológico *a.* 어원학의. 어원의. 어원적인.

etimologista *m., f.* 어원학자. 어원연구가.

etiologia *f.* [哲] 추원론(推原論). 원인론. 원인의 결정. [醫] 병원학(病原學). 병인학(病因學).

etiológico *a.* 추원론의. 원인론의. 병원학의.

etíope *a.* 에티오피아(나라)의. 에티오피아 사람의.
— *m.* ①에티오피아 나라. ②에티오피아 사람.

etiopico *a.* 에티오피아의.

etiopio *m.* 에티오피아 사람. 그 언어.

etiopisa *f.* 에티오피아 여자.

etiquêta *f.* ①예식(禮式). 예의(禮儀). 예법. 예절. 의식(儀式). ②찌지. 첨지(籤紙). 안표 딱지. 부전(附箋). 레테르.

etiquetar *v.t.* 찌지를 붙이다. 부전을 붙이다.

etite *f.* [鑛] 독수리돌(鷲石).

etmoidal *a.* [解] 체 모양의. 사골의.

etmóide *m.* [解] 사골(篩骨).

etmoideo *a.* =*etmoidal*.

etmoidite *f.* [醫] 사골염(篩骨炎).

etnicismo *m.* 이교(異敎). 이교의 교의(敎義). 이단.

étnico *a.* ①이교의. 이교도의. 우상교도의. ②지방고유(地方固有)의. ③민족의. 종족적. 인종적. 인종학상의.
— *m.* 이교도(異敎徒).

etnogrenia *f.* 인종기원학(人種起原學).

etnografia *f.* 기술적 인종학(記述的人種學). 토속학(土俗學).

etnografo *m.* 인종지 연구가(人種誌研究家). 토속학자.

etnologia *f.* 인종학. 민족학.

etnológico *a.* 인종학적.

etnologista *m., f.* 인종학자.

etnólogo *m.* 인종학자. 민족학자. 인종연구가.

etocracia *f.* 도덕본위(道德本位)의 정치.

etografia *f.* 인성지(人性誌). 풍속지(風俗誌).

etologia *f.* 인성학(人性學). 품성론(品性論).

etológico *a.* 인성학의. 품성론의.

etologo *m.* 인성학자. 풍속학자.

etopeia *f.* ①정성론(情性論). 정성도해(圖解). ②습성론(習性論). 습성도해.

etopeu *m.* 정성론자. 습성론자.

etrusco *a., m.* (옛날 이태리 서부에 있던 나라) 에투우리아의. 에투우리아 사람.

etungula *f.* [鳥] 독수리의 일종.

eu *pron. pess.* 나. 나는. 내가. 제가. 저는.
Sou eu. 저올시다. 나입니다.
eu mesmo 저 자신. 나 스스로.

eucalipto *m.* [植] 유카리 나무(도금 양속).

eucaristia *f.* [宗] 성만찬(聖晩餐). 성체(聖體). 성체원소(元素). 성만찬에 쓰는 물건(빵과 포도주). 사은(謝恩).

eucarístico *a.* [宗] 성만찬의. 성체의. 감사의.

eucinesia *f.* [醫] 규칙적 동작.

eucológio *m.* 기도서(祈禱書).

eucrásia *f.* [醫] 양성(良性). 양질(良質).

eucromo *a.* 《詩》 아름다운 빛을 띤.

eudeometria, eudiometria *f.* [化] 유우디오미터에 의한 공기 중의 산소 측정(법). 가스 용적 측정(법).

eudeómetro, eudiómetro *m.* [化] 유우디오미터(공기 중의 산소를 측정하는 기구).

eufemicamente *adv.* 완곡하게.

eufémico *a.* 완곡어법의. 완곡한.

eufemismo *m.* 완곡어법(婉曲語法). 완곡어구(語句).

eufonia *f.* 음조의 아름다움. 듣기 좋음. 발음편의화.

eufónico *a.* 음조가 아름다운. 듣기 좋은. 어조(語調) 좋은. 어조에 의한. 발음편의상의.

eufono *a.* 음조가 좋은. 듣기 좋은.

euforbiáceas *f.(pl.)* [植] 땅빈대.

eufórbio *m.* [植] 등대풀속(屬)의 각종

식물.
euforia *f.* [醫] 건전. 건강. 무병. [心] 십전악(十全惡). 행복악(幸福惡).
eufórico *a.* 건강한. 병 없는.
eufrásia *f.* [植] 좁쌀풀.
eufuísmo *m.* 과식(誇飾). (화려)한 문체. 아름답게 꾸민 문체. 미사여구(美辭麗句).
eufuista *m., f.* 과식한 문체를 쓰는 사람.
eufuístico *a.* 과식적(誇飾的). 과식체의.
eugenia *f.* 우생학(優生學). 인종개량학(人種改良學). 생물개량학.
eugénico *a.* 우생학적. 인종(생물) 개량 상의.
eugenista *m., f.* 우생학자. 인종(생물) 개량학자.
eugenizar *v.t.* 인종을 개량하다.
eumatia *f.* ①습득력. ②동화력(同化力).
eumolpo *m.* [蟲] 포도의 잎사귀를 해치는 갑충(甲蟲)의 일종(俗名 : *escrivão*).
eunuco *m.* 《古》 내시(內侍). 환관(宦官). 거세(去勢)된 사람.
eunuquismo *m.* 환관임. (옛날 중국) 궁실(宮室)의 여감(女監)의 신분.
eupatia *f.* ①고통을 참기. 인내(忍耐). ②인종(忍從).
eupepsia *f.* [醫] 소화정상(消化正常). 소화양호(良好).
eupeptico *a.* 소화가 정상적인. 소화가 잘 되게 하는.
Eurásia *f.* 유라시아. 구아(歐亞).
eurasiano, eurasiático *a.* 유라시아의 구아(歐亞)의. 구아혼혈종(歐亞混血種)의.
— *m.* 구아혼혈아. 구아의 트기.
eureca *interj.* 알았다! 됐다! (아르키메데스가 왕관(王冠)의 금의 순도(純度)를 측정하는 방법을 발견하였을 때에 지은 소리).
eurema *m.* 계약(契約)의 효력을 보증하기 위한 예방책.
eurematico *a.* 위의 예방책의.
euripo *m.* ①불규칙적인 운동. ②동요.
euritmia *f.* ①모양이 잘됨. 조화가 잘 잡힘 (건물・조각물・그림 따위의 여러 부분의). ②[醫] 맥박정조(脈搏正調).
eurítmico *a.* 모양이 보기 좋은. 조화가 잘 잡힌. 배합이 알맞은(잘된).
euro (1) *m.* 《詩》 동풍(東風).
— (2) *a.* (=*europeu, a*)(주로 합성어). *euro-asiático* 유럽・아시아의. 유라시아의. 구아(歐阿)의.

euro-africano 유럽・아프리카의. 구아(歐阿)의.
Europa *f.* 유럽. 구주. 유럽의 여러 나라.
europeização *f.* 유럽화.
europeizar *v.t.* 유럽식으로 하다. 유럽화하다.
europeu *a., m.* 유럽의. 유럽 사람.
criado europeu. 유럽인 종업원(고용자・하인).
criada europeia. 유럽인 여자.
eusemia *f.* [醫] 좋은 징후(好徵候). 좋은 전징(前徵).
eutanásia *f.* (잠자는 듯한) 편한 죽음. 안락사(安樂死). [醫] 안락사술(편히 죽게 하는 법).
eutaxia *f.* 신체의 각 부분의 균형이 잘 잡혀 있음. 좋은 배합.
eutimia *f.* 마음의 안정(편안). 안심.
eutocia *f.* [醫] 안산(安産).
evacuação *f.* ①비어 주기. 명도(明渡). ②배제(排除). ③[醫] 배설. 배설물(똥・오줌・고름 따위). ④[軍] 철수. 철퇴. 철병(撤兵).
evacuante *a.* ①배설케 하는. 배설을 돕는. ②설사하게 하는. ③배제하는. ④철수하는.
— *m.* 배설제(排泄劑). 하제(下劑). 설사약.
evacuar *v.t.* (…속에 든 것을) 비게 하다. 비워 주다. (대변 등을) 배설하다. (고름 등을) 짜내다. (집 등을) 비우다. 내 놓다. 명도(明渡)하다. [軍] 철퇴하다. 철병하다.
—*se v.pr.* 배설하다. 자연히 배변되다(뒤보다).
evacuativo *a.* ①배설의. 배제의. ②철퇴의. 철수의.
evacuatório (1) *a.* =*evacuativo*.
— (2) *m.* 하제(下劑). 설사약. 배설제.
evadir *v.t.* 피하다.
— *v.i.*, —*se v.pr.* 피신하다. 도망치다. 탈주하다. 정체를 감추다.
evagação *f.* 기분산만(氣分散漫). 산정(散情). (정신적인) 방황(彷徨).
evalve, evalvo *a.* [植] (과실 따위) 불개열(不開裂)의.
evanescente *a.* 오래가지 않는. 짧은 동안의. 쉬 지나가 버리는. 점점 사라지는. 곧 사라지는. 속절없는.
evangelho *m.* ①[宗] 복음. 복음서. ②기

evangélico *a.* ①복음의. 복음전도의. 복음을 믿는. ②자비(慈悲)의. ③신교(新敎)의.

evangelismo *m.* 복음전도. 복음포교(布敎). 복음주의.

evangelista *m., f.* ①신약성경 사복음서(四福音書) 저작자. 복음사가(史家). ②복음포교자(布敎者). 전도사. 순회 설교사.

evangelização *f.* 복음전도. 복음포교.

evangelizader *a.* 복음 설교하는. 전도하는.
— *m.* 복음설교자. 전도사.

evanhelizar *v.t.* 복음을 설교하다. 복음포교하다. 전도하다.

evaporação *f.* ①증발(蒸發). 증발 작용. 발산. ②증발 탈수법(脫水法). 증발 건조. ③소산(消散). 소실(消失).

evaporar *v.t.* 증발케 하다. 발산시키다. 소실케 하다.
— *v.i.*, —**se** *v.pr.* 증발하다. 발산하다. 소산하다. 없어지다.

evaporativo *a.* 증발의. 증기화(化)의. 증발하기 쉬운.

evaporatório *a.* 증발시키는. 증발용의.
— *m.* 증발기(蒸發器). 증화기(蒸化器). (과실 등의) 증발 건조기.

evaporável *a.* 증발성의. 증발하기 쉬운.

evaporizar *v.t.* = *evaporar*.

evasão *f.* ①(책임·의무 등의) 회피. 기피. ②모면. 핑계. 회피하는 언귀(遁辭). ③도망. 도주.

evasiva *f.* 핑계의 말. 둔사(遁辭). 구실.

evasivamente *adv.* 회피적으로. 구실로.

evasivo *a.* ①핑계의. 구실의. 회피적인. 모면적인. 붙잡기 어려운. ②뚜렷하지 않은. 속임의.

eveccção *f.* [天] 출차(出差)(태양의 작용에 의한 달 운행의 변동의 하나).

evencer *v.t.* 박탈하다. [法] 추탈(追奪)하다. (일단 양도했던 것을 도로 찾는 것).

evento *m.* 사건. 사변. 돌발사. 발생사. 대사건.

eventração *f.* [醫] ①복벽(腹壁) 헤르니아. ②자상(刺傷)(절상(切傷)) 때문에 장(腸)이 노출하는 것.

eventual *a.* ①우연(성)의. 우발(성)의. 불시(不時)의. 일어날지도 모르는. 불확정한. ②결과로서. 결국의.

eventualidade *f.* 발생할 수 있는 것. 있을 수 있음. 일어날지도 모름. 예측 못할 일. 만일의 경우. 우연한 발생.

eventualmente *adv.* 우연히. 뜻하지 않게. 불확정하게. 필요에 따라. 임기응변(臨機應變)의.

eversão *f.* ①파괴. 전복(顚覆). ②[醫] 외번(外翻). (눈거풀·내장 등) 뒤집음.

eversivo *a.* ①파괴하는. 전복하는. 파괴적인. 뒤집는. ②[醫] 외번의.

eversor *m.* 파괴하는 자.

evicção *f.* (일단 줬던 것을) 도로 찾음. 뺏음. [法] 추탈(追奪) : 이미 양도(讓渡)된 것을 권리자인 제삼자가 탈취하는 것).

evicto *a.* 빼앗긴. [法] 추탈 당한.
— *m.* 빼앗긴 자. 피추탈자(被追奪者).

evictor *m.* (줬던 것을) 도로 빼앗는 자. 도로 찾는 자. [法] 추탈자.

evidência *f.* 명백. 명료. 분명함. [法] 명백한 증거. 흔적. 증빙(證憑).

evidenciar *v.t.* 명백하게 하다. 명료하게 하다.
—**se** *v.pr.* 뚜렷이 나타내다. 명료해지다.

evidente *a.* 뚜렷한. 명백한. 명료한.

evidentemente *adv.* 뚜렷하게. 명백하게.

evisceração *f.* ①내장(창자)을 꺼냄. ②골자를 빼냄.

eviscerar *v.t.* ①내장을 거내다. 장부(臟腑)를 적출하다. ②(의론 따위의) 골자를 빼내다. 알맹이를 빼 버리다.

evitação *f.* = *evitamento*.
— *m.* 피함. 회피. 모면.

evitar *v.t.* 피하다. 회피하다. 면하다. (범죄·사고 등을) 사전에 방지하다.

evitável *a.* 피할 수 있는. 피해야 할. (발생하지 않도록) 사전에 막을 만한.

eviternidade *f.* 유시무종(有始無終)함. 무궁(無窮).

eviterno *a.* 시작은 있으나 종말이 없는. 유시무종의. 무궁한.

evo *m.* 《詩》우주(宇宙)의 한 시대. 연기(年紀). 영세. 영겁(永劫).

evocação *f.* 불러내기. 호출. 소환. 환기(喚起). 초혼(招魂). 강신(降神). [法] 이심(移審). 소송이송(訴訟移送).

evocador *m.* 불러내는 사람. 호출(소환)하는 자.

evocar *v.t.* ①불러내다. 호출하다. 소환하

다. ②환기(喚起)하다. ③(죽은 사람의) 영혼을 부르다. 초혼하다. ④[法] 이심(移心)하다.

evocarvo *a.* =*evocatório*.

evocatóro *a.* ①…을 환기하는. ②[法] 이심의. 이심하는. 소송이송(訴訟移送)의.

evocável *a.* 이심할 수 있는. 이심해야 할.

evolar-se *v.pr.* ①날아 올라가다. 날다. 비상(飛翔)하다. ②소산(消散)하다. 발산하다. 없어지다.

evolução *f.* ①진화. 진전(進展). 발전. 발달. ②[數] 개방(開放). ③[軍] 기동(機動). 대형변환(隊形變換). ④(무용 등의) 전개동작. 선회(旋回).

evolucionar *v.i.*, —**se** *v.pr.* 진화(進化)하다. 발전되다. 진전하다. [軍] 기동하다. 대형 변환을 하다. (+*para* 또는 *em*). …로 변하다.

evolucionário *a.* [軍] 기동의. 기동하는. 기동연습(機動演習)을 시행하는.

evolucionismo *m.* 진화론(進化論). 진화주의.

evolucionista *a.* 진화론의.
— *m.*, *f.* 진화론. 진화주의자.

evoluir *v.i.* =*evolucionar*.

evoluta *f.* [數] 축폐선(縮閉線).

evolutivo *a.* 진화의. 진전(발전)의. 진화적 경향의.

evolutò *a.* [貝] (조개 따위) 나사 모양으로 말린. 나상(螺狀)의. 나선(螺線)의.

evolvente *a.* 신개(伸開)하는.
— *f.* [幾] 전개곡선(展開曲線). 신개선(伸開線).

evolver *v.i.*, —**se** *v.pr.* ①열다. 전개하다. ②진화하다.

evulsão *f.* ①끌어내기. 뽑아내기. ②[外] 빼내기. 발출(拔出).

evulsivo *a.* 끌어내기 위한. 뽑아내기 위한.

ex *pref.* 분리・전래(傳來)・초과・추출(抽出) 외부 등의 뜻을 가진 접두사. 관명(官名)・직명(職名) 등의 앞에 놓일 때는 전(前)・전직(前職) 등의 뜻을 가짐.

ex-abrupto *adv.* ①돌연히. 갑자기. ②난폭하게.

exabundáncia *f.* 과다(過多). 과잉(過剰). 과분(過分).

exabundante *a.* 넘쳐날 정도로 많은. 과다의. 분에 넘치는.

exabundar *v.i.* 넘쳐날 정도로 많다. 남을 정도로 많다. 과다해지다.

exação (=*exacção*). *f.* ①강요. 강청(強請). 가혹한 요구. ②억지로 받아내는 돈. 가혹한 세금. 부당 징수(不當徵收). ③확실. 정확. 적확(的確). 엄정.

exacerbação *f.* ①악화. (병세의) 더함. 위독. 항진(亢進). ② 격분. 분격.

exacerbar *v.t.* ①(고통・병・원한 등을) 더욱 심하게 하다. 악화시키다. ②(아무를) 노하게 하다.
—**se** *v.pr.* ①(병세가) 악화하다. 위독해지다. ②(고통・원한 등) 더 심해지다. ③격노하다. 격분하다.

exactidão *f.* =*exatidão*.

exacto *a.* =*axato*.

exageração *f.* 과대시(過大視). 과장 ; 과장된 표현.

exageradamente *adv.* 과장하여. 침소봉대격으로.

exagerado *a.* (이야기 따위) 보탠. 과장한. 과장적인. 침소봉대(針小棒大)한. 엄청난.
— *m.* ①보탠 이야기. 과장한 것. ②일을 크게 부는 사람. 허풍 떠는 자.

exagerador *m.* 보태서 말하는 자. 과장하는 자. 침소봉대격으로 말하는 사람. 허풍 떠는 자.

exagerar *v.t.*, *v.i.* ①과대시하다. ②보태어 말하다. 허풍 떨다. ③큰소리 치다.

exagertivo *a.* 과장의. 과장하는. 과대시하는.

exagero *m.* ①과대시(過大視). 과장(誇張). 큰소리. ②과장된 표현. ③(실물보다) 엄청나게 큼. 침소봉대적임.

exagitado *a.* ①펄럭거리는. 날개치는. ②매우 동요하는. ③몹시 화낸. 격노한.

exagitar *v.t.* ①펄럭거리게 하다. ②매우 동요하게 하다. 떠들썩하게 하다. ③몹시 노하게 하다.

exalação *f.* ①발산. 증발. ②증발기(蒸發器). 발산기(氣). ③(가스 따위의) 누출(漏出). 새는 냄새.

exalar *v.t.* ①(숨・공기 등을) 내쉬다. 내뿜다. ②(물기(水分)・취기(臭氣) 따위를) 발산시키다. 증발시키다. 소산시키다. ③(가스 따위를) 새게 하다. 누출(漏出)케 하다. ④방출(放出)하다. 토출(吐出)하다. ⑤(노기 따위를) 내다.
— *v.i.*, —**se** *v.pr.* ①숨을 내쉬다. ②향기 따위를 발산하다. ③증발하다. 발

exalçamento–**exaustivo**

산하다. ④소산하다. 소멸하다.
exalçamento *m.* =*exaltação*.
exalçar *v.t.*, *v.i.* =*exaltar*.
exaltação *f.* ①높이기. 올리기. 고양(高揚). 발양(發揚). ②상승(上昇). 승진(昇進). ③칭찬. ④심한 자극. 지나친 흥분. ⑤항진(亢進). ⑥기고만장. 의기양양. [冶] 순화(純化). 정련(精鍊).
exaltadamente *adv.* 매우 흥분하여. 격분하여. 의기양양하게. 용감히.
exaltado *a.* ①높인. 올라간. ②몹시 흥분한. ③과격한. ④흥분하기 쉬운. 곧잘 화내는. 성급한.
exaltamento *m.* =*exaltação*.
exaltar *v.t.* ①(신분·지위·권력 등을) 높이다. 올리다. 앙양(昂揚)하다. 고상하게 하다. ②추켜 주다. 칭찬하다. ③심한 자극을 주다. 몹시 흥분케 하다. 몹시 발휘(發揮)시키다. ⑤(말을) 강조하다. (빛을) 짙게 하다. ⑥[化] 승화(昇華)시키다.
— *v.i.*, —*se v.pr.* ①높아지다. 올라가다. 고도에 도달하다. 고상해지다. ②몹시 자극 받다. 지나치게 흥분하다. ③격분하다. ④순화(純化)하다. ⑤자랑하다. 뽐내다.
exalviçado *a.* 흰빛을 띤. 약간 하얀.
exame *m.* ①시험. 성적고사. ②검사. 심사. 조사. (학설·문제 등의) 고찰. ③음미(吟味). 진찰. [法] (증인) 심문. 심리.
exame de admissão 입학시험.
exame de consciência [宗] 반성. 내성.
exame vestibular (대학에의) 입학시험.
examina *f.* [宗·俗] 교의(敎義)에 관한 시험.
examinação *f.* [屬] =*exame*.
examinador *m.* 시험관(試驗官). 검사원. 심사원. 음미(吟味)하는 자. 심문하는 자.
examinando *m.* 수험자(受驗者). 피심리자(被審理者).
examinar *v.t.* ①시험치다. 성적고사를 하다. ②심사하다. 조사하다. 검사하다. ③진찰하다. [法] 심리하다. 심문하다.
—*se v.pr.* 반성하다. 내성하다.
examinável *a.* 시험해봐야 할. 조사할 만한. 고찰(검사)할 수 있는.
exangue *a.* ①피가 없는. 핏기(血氣)가 없는. ⑤쇠약한.
exania *f.* [醫] 탈항(脫肛).
exanimação *f.* 기절. 실신(失神). 가사(假死).
exanime *a.* ①죽은. 생명 없는. ②기절한. 실신한. ③가사 상태의. 생기 없는.
exantema *m.* [醫] 피부발진(皮膚發疹)(홍루지·여드름 따위).
exantemático, exantematoso *a.* 피부발진의. 발진성(發疹性)의.
exarar *v.t.* (돌·금속 등에) 글자를 새겨 넣다. 파다.
exarca *m.* ①(비잔틴 제국의) 태수(太守). 총독. ②(그리스 교회의) 주교(主敎).
exarcado *m. exarca*의 직(권한·관구).
exarticulação *f.* =*desarticulação*.
exartiema, exartrose *f.* [醫] 탈구(脫臼).
exasperação *f.* ①격분(激憤). 분노(憤怒). ②(병세의) 악화. 위독.
exasperar *v.t.* ①격분(분노)케 하다. ②(병세를) 악화시키다. 더하게 하다.
—*se v.pr.* ①격분하다. 분노하다. 갑자기 화를 내다. ②(병세가) 악화하다. 더 심해지다.
exaspero *m.* =*exasperação*.
exatamente *adv.* 아주 정확하게. 일초(일푼)도 틀리지 않게. 똑. 꼭맞게. 엄정히.
exatidão *f.* ①정확(성). 정밀(성). 적실(的實). ②엄밀. 엄정. ③(의무·약속 등의) 엄수. 꼼꼼함. 차근차근함.
exato *a.* ①(일초도 틀리지 않게) 정확한. 꼭맞는. 정밀한. 엄정한. ②꼼꼼한. 차근차근한.
exator *m.* 강요하는 사람. 가혹하게 받아내는 사람. 부당한 수세리(收稅吏).
exaurir *v.t.* (물자를) 다 써버리다. (물 따위를) 다 퍼내다. (기름을) 다 뽑아내다. (국고(國庫)를) 비우다. (자원을) 고갈시키다. (기운·정력을) 다 없애다. 다 빠지게 하다.
— *v.i.*, —*se v.pr.* 다 없어지다. 전부 소모되다. 고갈하다. 정력이 다 없어지다. 극도로 피로하다.
exaurível *a.* 다 써버릴 수 있는. 고갈시킬 수 있는.
exaustação, exaustão *f.* ①다 써버림. 다 없애버림. 소모. 고갈. 극도의 피로. 지침. 비곤(憊困); [理] 배기(排氣). ②(문제 등의) 철저한 구명(검토).
exaustar *v.t.* =*exaurir*.
exaustivo *a.* 다 써 버리는. 다 소모하는. 남김 없는. 고갈적. 소모적. 철저적(徹底的).

exausto *a.* ①다 써버린. 전부 소모한. 남김 없는. 고갈한. 텅 빈. ②(극도로) 피로한. 녹초가 된.

exautoração *f.* 관위치탈(官位褫奪). 직권박탈.

exautorar *v.t.* 관위를 치탈하다. 직권을 박탈하다. 벌(刑)받은 군인의 휘장을 떼어내다.
　—*se v.pr.* 벼슬을 잃다. 직권을 박탈당하다.

excarcerar *v.t.* 출옥(出獄)시키다.

exceção *f.* (=*excepção*). ①제외(除外). ②예외(例外). ③이의(異議). ④《俗》별난 사람. 이상한 인간.
　a exceção de …을 제외하고, …의 이외는.

excecional *a.* =*excepcional*.

excecionar *v.t.* =*excepcionar*.

excedente *a.* 넘는. 넘치는. 초과하는. 능가하는. 남는. 여분의. 과잉(過剩)의.
　— *m.* 초과(액). 여분.

exceder *v.i., v.t.* ①(…의 한도를) 넘다. ②우월하다. 능가하다. 초월하다.
　—*se v.pr.* ①한도를 넘다. 넘치다. 초과하다. 초월하다. ②탁월하다. 걸출하다. ③(음식 등에) 도를 지나치다. ④매우 노력하다. 있는 힘을 다하다.
　exceder as ordens 월권행위를 하다. 권한을 넘어 행사하다.

excedível *a.* 한도를 넘을 수 있는. 초과할 수 있는. 능가할 만한.

excelência *f.* ①탁월. 우수. 걸출(傑出). ②탁월한 점. 장점. 미점. 미덕(美德). ③(소유대명사가 선행(先行)하면) 각하(閣下).
　sua excelência 각하.
　por excelência 뛰어나서. 유달리.

excelente *a.* 탁월한. 우수한. 우량한. 훌륭한.

excelentemente *adv.* 탁월하게. 출중하게. 우수하게.

excelentíssimo *a.* (*excelente*의 최상급) 가장 거룩한. 가장 훌륭한.
　Excelentíssimo Senhor. 귀하. 선생님. (특히 서한·진정서 등에 흔히 쓰이며 보통 *Exmo. Sr.*라고 간략하여 씀).

excelsamente *adv.* 매우 높게. 고상하게. 장엄(壯嚴)하게. 훌륭하게.

excelso *a.* 매우 높은. 고상한. 숭고한. 장엄한. 훌륭한.

excelsa virtude 고덕(高德).
excelso herói 뛰어난 영웅.

excêntricamente *adv.* 중심에서 멀리 떨어져서. 매우 이상하게.

excentricidade *f.* ①중심에서 멀어짐. 이심(離心). 편심(偏心). ②[幾] 이심률(離心率). ③[機] 편심거리(偏心距離). ④보통과 다름. 괴벽(怪癖). 편벽(偏僻). 기행(奇行).

excêntrico *a.* ①중심을 떠난(벗어난). 이심(離心)의. 편심(偏心)의. ②보통이 아닌. 별난. 묘한. 이상한. (사람·행동 등이) 정도(正道)를 벗어난.
　— *m.* [機] 편심기(偏心器). 편심륜(輪). ②이상한 사람. 기인(奇人).

excepção *f.* ①제외(除外). ②예외(例外). ③이의(異議); 이의 제출. 항변(抗辯). ④《俗》별난 사람. 이상한 사람. ⑤[文] 파격(破格).
　à excepção de …을 제외하고, …의 이외는.

excepcional *a.* 예외의. 예외적인. 비상한. 드문.

excepcionalmente *adv.* 예외로. 예외적으로. 비상하게. 특별하게.

excepcionar *v.i.* [法] 이의(異議)를 말하다.

excooptivo (exeotivo) *a.* [法] 이의의. 이의가 있는. 불복(不服)의.

excepto (exeto) *prep.* …을 제외하고. …외에는.

exceptuar *v.t.* (…을) 제하다. 제외하다. 빼 버리다. [法] 이의를 제출하다. 항변(抗辯)하다.
　— *v.i.* 이의(異議)를 말하다.
　—*se v.pr.* 제외되다. 빠지다.

excerto *m.* 발췌(拔萃). 발초. 초록(抄錄). 따온 글. 인용구.

excessivamente *adv.* 과대히. 과도하게. 엄청나게. 대단히. 몹시.

excessivo *a.* ①과도의. 과대한. 보통 아닌. 비상한. 대단히. ②여분의. 과다(過多)한. ③극심(極甚)한.

excesso *m.* ①과다(過多). 과잉. 과도. 초과(양·액수의). 여분. ②제한외의(制限外). 최고점. 극점. ③지나침. 불근신. 월권(越權). 불절제(不節制).
　excessos (pl.) 폭음난식(暴飲亂食). 괘씸한 행동. 방종. 방일.

excetivo *a.* ①제외적. ②[法] 이의(異議)의. 이의가 있는. 불복(不服)의.

exceto *prep.* =*excepto*.

excetuado *a.* …을 제외한. …을 뺀. (…이) 빠진.

excetuar *v.t., v.i.,* **—se** *v.pr.* =*exceptuar*.

excídio *m.* 《詩》 파괴. 황폐. 참화.

excipiente *m.* 보약(補藥). 융해제(融解劑).

excisão *f.* [外] 베내기. 오려내기. 할거(割去). 제거.

excisar *v.t.* [外] 베다. 오려내다. 재거하다.

excitabilidade *f.* 흥분하기 쉬운 성질. 흥분성. 감격성.

excitação *f.* ①자극. 사주. 선동. 격려. ②흥분(상태).

excitado *a.* ①자극 받은. 선동된. 격려 받은. ②흥분한.

excitador *a.* 자극하는. 선동하는. 격려하는. 흥분케 하는.
— *m.* ①자극하는 사람. 선동자. ②자극물. [電] 여자기(勵磁器).

excitamento *m.* =*excitação*.

excitante *a.* 자극 주는. 흥분케 하는. 자극성의. 흥분성의.
— *m.* 자극제. 흥분제.

excitar *v.t.* ①(신경 등을) 자극하다. 흥분시키다. ②격려하다. 선동하다. ③(개 따위를) 부추기다. 추켜서 집적이다.

excitativo, excitatório *a.* ①자극(성)의. 자극하는. 흥분시키는. 도발적인. ②재미있는. 아슬아슬한.

excitatrz *f.* [電] 여자기(勵磁器).

excitável *a.* 흥분하기 쉬운. 성 잘 내는. 자주 노하는.

exclamação *f.* ①외침. 절규(絶叫). ②감탄. 영탄(詠嘆). ③[文] 감탄사(感嘆詞). 간투사; 감탄문(文).

exclamador *a.m.* 외치는 (사람). 절규하는 (자). 감탄하는 (이).

exclamar *v.t., v.i.* (감탄적으로) 외치다. 고함치다. 절규하다. 감탄하다. 소리쳐 말하다.

exclamativamente *adv.* 절규하여. 감탄하여. 감탄적으로.

exclamativo, exclamatório *a.* 외치는. 절규하는. 절규의. 감탄의. 감탄적인. 영탄적인.

excludo *a.* 제외된. 제명된. 생략된. 빼낸. 빠진. 쫓겨난.

excluir *v.t.* ①제외하다. 빼내다. 따돌리다. 생략하다. 제명하다. ②내쫓다. ③배제하다. 거부하다.
— *se* *v.pr.* 제외되다. (명단 따위에서) 빠지다. 쫓겨나다. 제거되다. (+*de*). 스스로 그만 두다. 자중하다.

exclusão *f.* ①제외. 제거. 제명. ②배제. 배척. [法] 제척(除斥).
com exclusão de …을 제외하고. …을 계산에 넣지 않고.

exclusiva *f.* 배제권(排除權). 거부권(拒否權).

exclusivamente *adv.* …을 제외하고. …을 계산에 넣지 않고. 배타적으로. 독점적으로. 단지.
de janeiro a maio exclusivamente 1월부터 4월말(末)까지(즉, 5월을 계산에 넣지 않고).

exclusive *adv.* 《L》 =*exclusivamente*.

exclusividade *f.* 배타(排他). 제외. 독점.

exclusivismo *m.* 배타주의. 독점주의. 편고(偏固)주의.

exclusivista *m., f.* 배타주의자. 독점주의자.

exclusivo *a.* ①배타적인. 배외적(排外的)인. ②배제하는. 서로 용납하지 않는. ③독점의. 독점적인. 전속(專屬)의. ④배제권 또는 거부권이 있는. ⑤특권 있는.
— *m.* 독점권(獨占權).

excluso *a.* =*excluido*.

excogitação *f.* ①생각해 냄. 고안함. ②고안물.

excogitar *v.t.* 생각해내다. 고안하다.

excomungado *a.* ①[宗] 파문(破門)당한. 제명당한. ②나쁜. 사악한. 부정의. ③음탕한. 증오할만한. 심술궂은. 성미가 비꼬인.
— *m.* 파문당한 자. 제명처럼 받은 자.

excomungar *v.t.* [宗] 파문하다. 《轉》 제명(처분)하다. 배척하다. 내쫓다. 증오하다.

excomunhão *f.* [宗] 파문(破門). 성찬정지(聖餐停止). 《轉》 제명. 추방.
excomunhão maior 대파문(교회로부터 추방하는 것).
excomunhão menor 소파문(비적참가(秘蹟參加) 제외).

excoriação *f.* ①가죽 벗김. 박피(剝皮). ②

피부 벗겨진 자리 ; 벗겨진 상처. 피부 터진 곳.
excoriar *v.t.* ①가죽을 벗기다. ②(사람의) 피부를 벗기다. ③피부를 스쳐 상처를 입히다.
excorticação *f.* 나무껍질(樹皮)을 벗김.
excorticar *v.t.* 나무껍질을 벗기다.
excreção *f.* ①배설(排泄). 분비(分泌). ②배설물. 분비물.
excrementício *a.* 배설물의. 분뇨(糞尿)의. 분성(糞性)의.
excremento *m.* 배설물. 분뇨(똥·오줌 따위).
excrementoso *a.* = *excrementício*.
excrescência *f.* ①(자연적인) 성장품(손톱·머리틸 따위). ②혹·군더더기살. 무용지물.
excrescente *a.* 병적으로 두드러져 나온. 군더더기살의. 혹의. [醫] 혹이 되는. 군더더기살이 되는.
excrescer *v.i.* ①[醫] 혹이 되다. 군더더기살이 되는. ②(살이) 붓다. 부풀어 오르다.
excretar *v.t.* 배설하다. 분비하다.
excreto *a.* 배설한. 분비한.
— *m.* 배설물. 분비물(分泌物).
excretor *a.* 배설하는. 배설케 하는. 분비하는. 분비케 하는. 배설의. 분비의.
canal excretor 배설관(排泄管).
orgãos excretores 배설기관.
excretório *a.* = *excretor*.
excriociante *a.* 괴롭히는. 고통 주는. 슬프게 하는. 아픈.
excruciar *v.t.* ①괴롭히다. 고통 주다. 아프게 하다. ②슬프게 하다. ③고민케 하다.
exculpação *f.* = *desculpa*.
excursão *f.* ①짧은 여행. 수학여행. ②소풍. 유람. 만유. ③(말·글 따위) 본문제에서 벗어남. 탈선(脫線).
excursar *v.i.* ①길을 빗나가다. ②(말·글 등이) 탈선하다. 본론을 떠나 지엽적인데로 흐르다.
excursionar *v.i.* 원족(遠足)가다. 소풍가다. 짧은 여행을 하다. 유람하다. 만유(漫遊) 하다.
excursionismo *m.* 유람 취미. 만유를 즐기다.
excursionista *m.*, *f.* 유람자. 만유하는 자. 소풍가는 사람.

excurso *m.* ①원제목을 떠나기. 탈선. ②원제목을 떠난 말(글). 객담(客談). ③[天] 이각(離角).
excursor *m.* = *excursionista*.
excurvado *a.* 바깥쪽으로 휜(구부러진). 외반(外反).
excurvar *v.t.* 바깥쪽으로 휘게 하다. (구부리다.
excussão *f.* [法] 채무자(債務者)의 재산을 강제 처분하는 것.
excutir *v.t.* 채무자의 재산을 강제 처분하다.
execração *f.* ①저주. 주문(呪文). 저주하는 말 ; 저주받은 사람(물건). ②몹시 싫어함. 염오(厭惡). 사갈시(蛇蝎視). ③구적(仇敵). 원수. ④[宗] 독성(瀆聖).
execrando *a.* 저주할 만한. 언어도단의. 괘씸한. 고약한. 밉살스러운.
execrar *v.t.* 몹시 미워하다. 괘씸히 생각하다. 증오하다. 저주하다.
— *se v.pr.* 자조자책(自嘲自責)하다.
execratório *a.* 저주의. 저주적.
execrável *a.* 밉살스러운. 괘씸한. 고약한. 저주할 만한. 언어도단의.
execravelmente *adv.* 고약하게. 밉살스럽게. 괘씸하게. 언어도단으로. 진절머리날 만치.
execução *f.* ①실행. 실시. 집행. 이행(履行). 완수. ②[法] 사형집행. 강제집행. ③[樂] 연주(演奏). [劇] 상연. ④(예술의) 제작.
execução capital 사형집행.
executado *a.* 실행한. 실시된. 집행된. 이행한.
— *m.* ①[法] 강제집행 당한 자. 재산차압(差押)당한 자. 공매처분(公賣處分) 당한 자. ②사형집행당한 자.
executante *m.* ①[法] 강제집행하는 자. 실행자. ②[樂] 연주자.
executar *v.t.* ①실행하다. 결행(決行)하다. 이행하다. 수행(遂行)하다. 집행하다. 처분하다. ②[法] 강제집행하다. 재산차압을 하다. ③사형집행하다. ④[樂] 연주하다.
— *se v.pr.* 실행되다. 집행되다.
executável *a.* 실행할 수 있는. 집행 가능한.
executivanente *adv.* 실행적으로. 결단적으로. 단호히.

executivo *a.* ①실행의. 집행의. ②행정의. 행정상의. ③(약의) 효능 있는.
poder executivo 행정권. 행정부(行政府).
comite executivo 집행위원(執行委員). 상무위원.

executor *m.* 실행자. 집행자. 수행자.

executória *f.* 강제집행판결소.

executóriamente *adv.* 집행명령에 의하여. 강제집행에 의하여.

executório *a.* 집행되어야 할. 실행되어야 할. [法] 강제집행에 걸리는.

exegese, exegésis *f.* (특히 성경·경전의) 주석. 해석.

exegeta *m.* (성경·경전의) 주석자. 해석자.

exegética *f.* (성경·경전의) 해석학. 주석학. 훈고학(訓詁學).

exegético *a.* 주석의. 해석적 성질의. 석의(釋義)상의.

exempção *f.* (조세·병역 등의) 면제.

exemplar *a.* 모범이 되는. 모범적인. 전형적인. 표본이 되는. 귀감이 되는.
— *m.* ①모범. 표본. 귀감(龜鑑). ②견본. 등본. ③(출판물의) 부수(部數). ④사본(寫本).

exemplaridade *f.* 모범적임. 모범할만함.

exemplário *m.* 모범문집(模範文集). 예문집(例文集).

exemplarmente *adv.* 모범적으로. 모범이 되도록. 견본적으로. (보여주기 위한) 징계적. 교훈적으로.

exemplificação *f.* ①예(例)를 들어 설명함. 예증(例證). 입증(立證). 예시(例示). ②모범. 표본. 적례(適例). ③[法] 공정등본(公正謄本).

exemplificar *v.t.* 예를 들다. 예를 들어 보이다. 예시(例示)하다. 예증(例證)하다. 예를 들어 입증하다.

exemplificativo *a.* 예증(例證)의. 예시의. 예시하는. 좋은 예가 되는. 모범이 되는.

exemplificável *a.* 예를 들 수 있는. 예증할만한. 모범이 될 수 있는.

exemplo *m.* ①예(例). 본보기. [數] 예제. ②견본. 표본. ③(행정의) 본보기. 귀감(龜鑑). ④모범. ⑤전례(前例). ⑥유례(類例). 비류(比類). ⑥격언(格言).
por exemplo 예를 들면.
a exemplo de …에 따라. …을 본받아.
dar o exemplo 모범을 보이다. 시범(示範)하다.
propor um exemplo 실례를 들다. 본보기를 제기하다.
fazer exemplo 예를 들다.
sem exemplo 전례(前例) 없는.

exemptamente *adv.* 면제되어. 아무러한 제재도 없이. 자유로.

exemptar *v.t.* (조세·병역 등을) 면제하다. (의무를) 면제하다.

exempto *a.* (조세·병역·의무 등을) 면한. 면제된. 면역(免疫)된.

exenteração *f.* ①장(腸)을 꺼내기. ②안구(眼球)를 빼내기.

exequatuar *m.* (주재국(駐在國) 정부에서 타국 영사 또는 무역사무관에게 주는) 인가장(認可狀).

exequial *a.* ①《詩》 장의(葬儀)의. ②슬픈.

exéquias *f.(pl.)* ①장의(葬儀). 장례식. ②장례나가는 열(例).

exequibilidade *f.* 실행할 수 있음. 실시 가능함.

exequido *a.* 실행된. 실시한.

exequível *a.* 실행할 수 있는. 실시 가능한. 이행해야 할.

exerase *f.* [醫] 배출(排出)(토출(吐出)·배뇨(排尿)·배변(排便)·기침 등에 의한).

exercer *v.t.* ①(좋은 일을) 행하다. 실행하다. 실시하다. (의무·책임 따위를) 이행하다. ②(일에) 종사하다. 근무하다. ③배우다. 습득하다. 연습하다. (+*em*). (…의 위에) 작용을 미치게 하다.

exercício *m.* ①(정신력을) 쓰기. 행사. 사용. ②(좋은 일을) 행하기. 실시. 실행. ③(신체의) 운동. 체조. ④연습. 훈련. 실습. 수련. ⑤연습문제. 과제연습(課題練習). ⑥직책. 직분. ⑦근무. 집무(執務). ⑧[軍] 훈련. 연습(演習). ⑨[經] (회계 연도·영업연도(營業年度) 등의) 연도(年度).

exercitação *f.* ①실습. 실천. 연습. 단련. 조련(操練). (문장 또는 연설의) 연습. ②직무집행.

exercitador *a., m.* ①연습하는 (사람). 실습하는 (자). ②[軍] 교련하는 (자). 훈련하는 (자). 훈련시키는 (자).

exercitante *a.* 연습하는. 연습시키는. 실습케 하는. 훈련하는. 교련하는.
— *m., f.* 연습하는 자. 실습하는 자. 훈련에 참가한 자.

exercitar *v.t.* (기관·기능·상상력 등을) 작용시키다. 쓰다. (권력을) 행사하다. (위력 등을) 발휘하다. (맡은 일을) 다하다. 종사하다. (좋은 일을) 행하다. (손발을) 놀리다. 움직이다. (아동을) 훈련시키다. [軍] 교련시키다. 훈련하다. (개·말 따위를) 운동시키다. 가르치다.
　— *v.i.*, **—se** *v.pr.* 연습하다. 단련(鍛鍊)하다. 운동하다. 체조하다.

exército *m.* ①군(軍). 육군. 군대. 군세(軍勢). ②조직적 단체. 집단.
　exército permanente 상비군.
　Exército Salvação 구세군(救世軍).

exerdação *f.* 폐적(廢嫡). 자식과의 의절(義絕).

exérese *f.* [外] 유해물의 절제(切除). 빼내기.

exergo *m.* (화폐·상패의 보통 뒷면의) 도형의 하부와 가장자리 사이(연월일·제조소 따위를 새긴 데).

exfetação *f.* [醫] 자궁외임신(子宮外妊娠).

exfoliação *f.* = *esfoliação*.

exfoliar *v.t.* = *esfoliar*.

exibição *f.* ①공개. 전람. ②전람회. 공진회(共進會). 박람회. ③출품. 진열품. ④[法] (증거 서류의) 제출. 제시(提示).

exibicionismo *m.* [病理] 노출증(露出症). 남의 눈에 띄게 하는 것을 좋아하는 버릇. 스스로 음부(陰部)를 노출하는 정신적 이상.

exibicionista *m., f.* 노출하기 좋아하는 사람. 노출증이 있는 사람.

exibir *v.t.* ①보이다. 나타내다. 노출하다. ②(전람회 따위에) 출품하다. 진열하다. ③[法] (증거물로서) 제시(提示)하다. 제기하다.
　—se *v.pr.* (남에게) 자기를 보이다. 현시(顯示)하다.

exibitório *a.* [法] 제시(提示)의. 제기(提起)의.

exicial *a.* ①치사(致死)의. 치명적인. 파멸적인. ②몹시 해로운. 큰 화(禍)가 되는.

exício *m.* ①파멸. 멸망. 죽음. ②황폐.

exido *m.* (마을의) 공유지(共有地). 울타리 없는 황무지. 교외(郊外)의 유원지(遊園地).

exigência *f.* ①요구. 요청. 신청. 강요. ②긴급. 급박. 위급. ③긴급한 지경 또는 시기. 궁경(窮境).

exigente *a.* ①(간절히) 요구하는. 요청하는. 요구가 많은. ②위급한. 긴급한. 급박한. ③(살아가기) 힘든. 괴로운.

exigibilidade *f.* [法] 요구가능(要求可能). 요청할 수 있음.

exigir *v.t.* 요구하다. 청구하다. 신청하다. 강요하다. (…을) 할 필요가 있다.

exigível *a.* 요구할 수 있는. 청구해야 할.

exiguidade *f.* ①극히 작음. 근소(僅少). 과소(寡少). ②매우 좁음. 가느다람. ③불충분.

exíguo *a.* ①아주 적은. 근소한. ②매우 좁은. 가느다란. ③불충분한.

exilado *m.* (국외로) 추방된 자. 귀양간 자. 유죄인(流罪人). 망명객.

exilar *v.i.* ①(국외로)추방하다. 귀양 보내다. 정배 보내다. ②가정 또는 사회로부터 추방하다.
　—se *v.pr.* 고국을 떠나다. 망명(亡命)하다. 타향에서 유랑(流浪)하다.

exile *a.* 《詩》 가난한. 빈한(貧寒)한. 궁색한. 없는.

exilio *m.* ①국외 추방. 귀양 보내기. 유형(流刑). 배적(配謫). ②유형지. 성배지(定配地).

eximenia *f.* = *exina*.

eximiamente *adv.* 뛰어나게. 걸출하게. 우수하게.

eximição *f.* 《古》 면하기. 면제되기.

exímio *a.* 뛰어난. 걸출한. 탁월한. 우수한.

eximir *v.t.* 면하게 하다. 면제하다.
　—se *v.pr.* (+*de*). 면제되다. (…을) 면하다. (…을) 벗어나다. 자유롭게 되다.

exina *f.* [植] 화분외막(花粉外膜).

exinanição *f.* ①(안에 있는 것을) 비우기. 공허(空虛)로 하기. ②고갈. 완전 소모. ③절멸(絕滅). ④기력쇠퇴(氣力衰退). 허탈.

exinanir *v.t.* ①(그릇 따위) 비우다. 비게 하다. ②고갈시키다. 절멸시키다. 다 없애다.
　—se *v.pr.* ①텅 비다. 고갈하다. ②다 없어지다. 절멸하다. ③지나친 배설(排泄)로 인하여 피로 극진해지다. 굶주림으로 인하여 극히 쇠약해지다.

existência *f.* ①존재(存在). 현존. 생존. 생활. ②존재물(實在物).

existencial *a.* 존재의. 생존의. 생활의. [論] 존재상의. 실체론상(實體論上)의.

existencialismo *m.* [哲] 실존주의(實存主義).

existencialista *m.*, *f.* 실존주의자.
existente *a.* 있는. 존재하는. 생존하는. 현존하는. 실존(實存)하는.
— *m.* ①기존(旣存). ②존재물. 실재물.
existir *v.i.* ①(특수한 조건 또는 장소에) 있다. 실재(實在)하다. 현존하다. 존재하다. ②생존하다. 생활하다.
êxito *m.* ①결과(結果). 성과(成果). ②성적. 실적(實積).
bom êxito 좋은 결과. 좋은 실적.
grande êxito 대성과. 대성공.
ex-libris *m.* 《L》 장서표(藏書票).
exocardite *f.* [醫] 심장외막염(心臟外膜炎).
exocete *m.* [魚] 비어(飛魚)의 일종.
exodo *m.* (많은 사람의) 출발. 떠나감. (이민 등의) 출국(出國). 이스라엘 사람의 이집트 출국(퇴거). [聖] 출애굽기(出埃及記).
ex-officio, ex-oficio *adv.* 《L》 직권상. 직권에 의한.
exoftalmia *f.* [醫] 안구돌출(眼球突出)(증)(症).
exogamia *f.* 족외결혼제도(族外結婚制度). 이족결혼.
exógamo *a.* 이족결혼(異族結婚)의.
exógeno *a.* ①밖으로부터 생긴. 외부적 원인에 의한. [植] 외장(外長)의. 외장경식물(外長莖植物)의.
exomologese *f.* 《古》 공중(公衆) 앞에서 죄를 고백하는 것.
exoneração *f.* ①용서. 면죄(免罪). ②의무면제. 책임해제.
exonerar *v.t.* ①(…의) 원한을 풀다. (원죄(寃罪)에서) 풀어 주다. 무죄가 되게 하다. ②(의무·책임 등을) 면제하다.
—**se** *v.pr.* ①무죄가 되다. ②(의무·책임 등을) 면하다. ③그만두다. 사직하다.
exonfalia *f.* [醫] 출제(出臍).
exonirose *f.* [醫] 유정(遺精).
exorar *v.i.* 간절히 원하다(빌다). 탄원하다.
exorável *a.* 탄원을 들어 줄 만한. 동정할 만한.
exorbitância *f.* 엄청남. 과대(過大). 과도(過度).
exorbitante *a.* (욕망·요구·가격 등) 엄청난. 어림없는. 과대한. 과도의. 도외의. 가당찮은. 만부당(萬不當)한.
exorbitantemente *adv.* 엄청나게. 과대하게. 어림없이. 과도히. 도외(度外)로.

exorbitar *v.i.* 제한을 벗어나다. 도를 넘다. 초월하다. 과대해지다. 월권(越權)하다.
exorcismar *v.t.* 악마를 내쫓다. 귀신을 몰아내다. 소리높이 외치다.
exorcismo *m.* 악마를 내쫓기. 귀신을 몰아내기. 푸닥거리. 굿. 귀신 쫓아내는 주문(呪文). 재난(災難)을 없애는 기도.
exorcista *m.*, *f.* 악마(귀신)를 물리치기 위하여 기도드리는 사람. 무당.
exordial *a.* 머리말의. 서론(序論)의. 전제의.
exordiar *v.t.* ①시작하다. ②머리말하다. 서론하다.
exórdio *m.* ①머리말. (강연·설교 등의) 서론. ②전치(前置). ③시작. 발단(發端).
exornação *f.* ①꾸미기. 장식. ②윤색(潤色). 문식(文飾).
exornar *v.t.* ①꾸미다. 장식하다. 곱게 치장하다. ②윤색하다. 문채(文采)를 가하다.
exornativo *a.* 꾸미는. 장식의. 윤색의.
exortação *f.* ①권유. 권하기. 권고. 훈계. 설득. ②의식문(儀式文)의 창송(唱誦).
exortador *m.* 권유(권고)하는. 훈계하는. 설득하는.
exortar *v.t.* 권유(권고)하다. 훈계하다. 설득하다. 장려하다.
exortativo *a.* 권하는. 권고하는. 권유의. 훈계의. 설득의.
exortatório *a.* = *exortativo*.
exosmose *f.* [理] 삼출(滲出): 세포체내(細胞體內)의 액체가 삼투(滲透)에 의하여 체외(體外)로 흘러 나가는 현상).
exosmótico *a.* [理] 삼출의.
exostose *f.* [醫] 외골종(外骨腫). 배생골류(培生骨瘤). [植] 나무의 혹(木瘤).
exotérico *a.* ①[宗·哲] (문외한(門外漢)에게) 개방적인. 공교적(公敎的). 현교적(顯敎的). ②공개적. 통속적인. 보통의.
exóticamente *adv.* 기이하게. 기묘하게. 이상하게.
exótico *a.* ①외국산의. 외래(外來)의. 외국식의. 이국(異國)의. 이국 정조의. 외국 취미의. ②기이한. 기묘한. 별난. ③서툰. 솜씨 없는.
exotismo, exoticismo *m.* ①(예술상의) 이국 취미. 이국정조(異國情調). ②이국 특유의 어법. 외국식의 표현.

expandir *v.t.* ①넓히다. 펴다. ②(범위를) 확장하다. 확대하다. ③(부피를) 팽창하다. ④발전시키다. [數] 전개하다.
— *v.i.*, —**se** *v.pr.* 넓어지다. 퍼지다. 확장되다. 확대되다. 팽창되다. 발전하다.

expansão *f.* 넓힘. 폄. 확장. 확대. 팽창. ②전개. 발전. 부연(敷衍). ③전파(傳播). ④쾌활(快活).

expansibilidade *f.* ①확대성(擴大性). 팽창성(膨脹性). 신장력(伸張力). 신장성. 발전성. ②쾌활(快活)한 성격.

expansionismo *m.* (영토·상업 등의) 확장발전론(주의). 《俗》영토확장론. 팽창론.

expansível *a.* ①확장(확대)할 수 있는. 전개할 수 있는. 팽창성 있는. ②쾌활성의. 양성(陽性)의.

expansivo *a.* ①팽창력 있는. 팽창성의. 확장적. 전개적(展開的). ②광대한. 광활한. 포용력이 큰. 활달(瀾達)한. 거리낌 없는. 개방적인.

expatriação *f.* 국외 추방. 본국 퇴거. [法] 국적 이탈.

expatriado *a.*, *m.* 국외로 추방된 (사람). 본국을 떠난 (사람). 망명한 (자). 국적 상실자.

expatriar *v.t.* ①국외로 추방하다. ②(귀화하기 위하여) 국적을 벗어나다.
—**se** *v.pr.* 본국을 떠나다. 국적을 잃다.

expectação *f.* ①기대(期待). 예기. 예상. ②가망(성). 바라는 목표. 장래의 희망. ③[醫] 기대요법(期待療法). 자연요법.

expectador *m.* 기대하는 자. 예기하는 자. 대망하는 자.

expectante *a.* 고대하는. 기대하는. 바라고 있는. 희망하는. (성과를) 기다리는. *metodo expectante* 기대요법.

expectantismo *m.* [醫] 기대요법. 자연요법.

expectativa *f.* ①기대(期待). 예기(豫期). 희망. ②바라고 있는 것. 희망을 걸고 있는 것.

expectoração *f.* ①가래침 뱉기. 객담(喀痰). ②뱉어낸 것(가래침 따위).

expectorante *a.* 가래를 뱉게 하는(나오게 하는). 객담하게 하는.
— *m.* 거담제(去痰劑).

expectorar *v.i.*, *v.t.* ①가래침을 뱉다. ②(지켜야 할 말을) 토로하다. (경솔하게) 말해 버리다.

expedição *f.* ①발송. 파송. 파견. ②출정(出征). 원정(遠征). ③원정대. 토벌군(討伐軍). ④탐험. 탐험여행. ⑤신속. 민활(敏活). ⑥일을 신속히 처리하기.

expedicionário *a.* 발송의. 파견의. 출정의. 원정의.
— *m.* ①발송인. 파견인. ②원정(탐험)대원. ③운송업자.

expedida *f.* ①발송허가. 출정허락(出征許若). ②《古》고별(告別). 작별.

expedidor *a.*, *m.* 발송하는 (자). 파견하는 (자).

expediente *a.* ①민활(敏活)한. 민첩한. ②일하는 것이 빠른. 사무처리가 신속한.
— *m.* ①집무(執務). 집무 시간. 사무취급(처리). ②임기(臨機)의 조치(措置). ③편한 방법(수단).

expedimento *m.* ①보냄. 발송. ②사무를 신속히 처리하기.

expedir *v.t.* ①보내다. 발송하다. 파견하다. ②일을 신속히 처리하다. 진척(進陟)시키다. 촉진시키다. ③(명령·포고문 등을) 발표하다. ④배출(排出)하다. 배척하다. ⑤《古》작별하다. 이별하다.
—**se** *v.pr.* ①(일이) 진척되다. 신속히 처리되다. ②(귀찮은 것을) 면하다. ③《古》각별히다. 고별히다.

expeditamente *adv.* ①빠르게. 신속히. 민첩하게. ②유창(流暢)하게.

expeditivo *a.* 빠른. 신속한. 민첩한. *processo expeditivo* 빠른 솜씨. 신속한 방법.

expedito *a.* ①빠른. 신속한. 급속한. 민첩한. ②유창한.

expelir *v.t.* ①던지다. 뿌리다. ②내쫓다. 추방하다. 구축하다. ③배제(排除)하다. 발사하다. ④말을 문득 해 버리다. 방언(放言)하다.

expender *v.t.* ①(의견을) 발표하다. 개진(開陳)하다. ②자세히 설명하다. (특히 성경을) 설명하다. 해석하다. ③(돈을) 쓰다. 지출하다.

expensas *f.(pl.)* ①지출. 지출금. ②비용.
a expensas de …의 출자(지출)로.
a expensas próprias 자비(自費)로.

experiência *f.* ①경험. 체험(體驗). ②시험. 실험(實驗).
homen de experiência 경험이 풍부한 사

experiente *a., m.* 경험 있는 (사람). 숙련한 (사람). 노련한 (사람).

experimenta *f.* 해보기. 시험. 실험.

experimentação *f.* 시험. 실험. 실지연습(實地練習).

experimentado *a.* 시험해 본. 실험해 본.

experimentador *a., m.* 시험하는 (자). 실험하는 (자).

experimental *a.* 실험상. 실험적. 실험에 의한. 실험용의. 경험적.

experimentalmente *adv.* 실험상으로. 실험적으로.

experimentar *v.t.* ①해보다. 시험해 보다. 실험해 보다. 노력해 보다. 입어 보다. 먹어 보다. (기계를) 움직여 보다. 돌려 보다. (사람을 채용하기 전에) 솜씨를 떠보다. 재간을 시험해 보다. ②(…을) 경험하다. ③느끼다. ④받다. 만나다.
—*se v.pr.* 경험을 얻다(쌓다).

experimentável *a.* 해볼 만한. 시험할 수 있는. 실험 가능한.

experimento *m.* (특히 과학상의) 실험.

experto *a.* 숙련한. 노련한. 능란(能爛)한. 전문가다운.
— *m.* ①숙련한 사람. 노련한 사람. ②전문가. 기사(技師). 감정인(鑑定人).

expiação *f.* [宗] 속죄(贖罪). 죄를 멸각(滅却)하기.

expiar *v.t.* 속죄시키다. 보상하게 하다.
—*se v.pr.* 속죄하다. 보상하다. 결백해지다.

expiatóriamente *adv.* 속죄하여.

expiatório *a.* 속죄(贖罪)의. 속죄하는. 보상하는. 죄를 멸각하는.

expiável *a.* 속죄할 수 있는. 보상할 만한.

expilação *f.* ①[法] 상속인(相續人)이 결정되기 전에 재산의 일부가 탈루(脫漏)하는 것. 문서변조(文書變造). ②횡령. 약탈. ③훔치기.

expilar *v.t.* ①[法] 상속인이 결정되기 전에 재산의 일부를 빼앗다(탈취하다·횡령하다). ②약탈하다. 훔치다.

expiração *f.* ①숨을 내쉬기. 내쉬는 숨. 호기(呼氣). ②숨을 거둠. 숨짐. 죽음. ③종결. (기간의) 만료(滿了). (권리 등의) 만기.

expirador *a.* 숨을 내쉬는. 내쉬는 숨의.

expirante *a.* 숨이 거의 끊어지려고 하는. 거진 죽어가는.

expirar *v.t.* ①숨을 내쉬다. ②(심정·감정 등을) 털어 놓다. 토로(吐露)하다. ③(향기를) 풍기다. 방산(放散)하다.
— *v.i.* ①숨을 거두다. 숨이 끊어지다. 절명하다. ②(등불 등이) 꺼지다. ③종식(終熄)하다. 소멸하다. ④(기한이) 끊어지다. 만기되다. (칭호 등이) 없어지다.

explanação *f.* 설명. 해명. 해석. 석명(釋明).

explanador *a., m.* 해명하는 (자). 설명하는 (자).

explanar *v.t.* (사실·입장 등을) 설명하다. 해명하다. (문구 등을) 해석하다. 밝히다. 명백히 하다. (행위를) 변명하다. (오해없도록) 석명(釋明)하다.

explanatório *a.* 설명적. 해명적. 해석상의.

expletivamente *adv.* 허사적으로. 조사적으로.

expletiva *f.* 허사(虛辭). 조사(助辭).

expletivo *a.* 부가적. 보충의. 덧붙이는. 사족(蛇足)의. 허사의. 조사의.
— *m.* 허사. 조사(助辭).

explicação *f.* ①설명. 해명. 해석. 강의(講義). ②변명. 변해.

explicadamente *adv.* 설명적으로. 해석적으로. 상세히.

explicador *a., m.* 설명하는 (자). 해명하는 (자).

explicar *v.t.* ①(사실·입장 등을) 설명하다. 해명하다. 천명(闡明)하다. ②(문구를) 해석하다. 명백히 하다. (애매한 점을) 밝히다. ③(사유를) 변명하다.
—*se v.pr.* ①설명되다. ②의지를 표명하다. 의견을 개진(開陳)하다. ③변명하다.

explicativamente *adv.* 설명적으로.

explicativo *a.* 설명적. 천명적. 의의(意義)를 명백히 하는. 표명적인. 해석적인.

explicável *a.* 설명할 수 있는. 천명(闡明)할 만한.

explicitamente *adv.* 명백히. 분명히. 확연하게. 더욱이. 특히.

explícito *a.* 명백한. 분명한. 확연한. 명시(明示)된. 숨김 없는.

explodir *v.t.* 폭발시키다. 터뜨리다.
— *v.i.* ①폭발하다. 파열하다. ②(감정이) 격발(激發)하다.

exploração *f.* ①(실지) 답사(踏査). 탐색(探索). 탐험. ②(문제 등의) 탐구. 구명.

③채굴(採掘). 채광(採鑛). ④개발(開發). 개척. ⑤기도(企圖). 기업(起業). ⑥폭리를 취하기. ⑦악용(惡用). ⑧[醫] 진찰. 촉진(觸診).

explorador *a.* 답사하는. 탐색하는. 탐구(구명)하는.
— *m.* 답사하는 자. 탐구자. 탐험가. 개척자. 개발자. 폭리를 얻는 자. [軍] 척후(斥候). [醫] 탐침(探針).

explorar *v.t.* ①(실지를) 답사하다. 탐색하다. 탐험하다. ②(문제 등을) 탐구하다. ③조사하다. ④채굴(채광)하다. 개발(개척)하다. ⑤사업을 일으키다. ⑥폭리를 얻다. ⑦나쁘게 이용하다. 악용하다. ⑧[醫] 진사(診査)하다. 탐침으로 쑤셔 보다.

exploratatório *a.* (실지) 답사의. 탐색의. 탐구의.

explorável *a.* 답사할 수 있는. 탐색할 만한. 탐험 가능한. 개발(개척)될 수 있는. 채굴 가능한.

explosão *f.* ①폭발. 파열. 폭렬(爆裂). ②폭음. 폭성. ③(웃음·분노의) 격발. ④(염증(炎症)의) 돌발.

explosível *a.* 폭발성의. 폭렬성의.

explosivo *a.* ①폭발하는. 폭발성의. 폭발적. ②[音] 파열음의.
— *m,* 폭발물. 화약.

expoente *m.* ①설명자. 해설자. ②(음악의) 연주자. ③(전형적) 대표자. ④진정자(陳情者). 신청인. ⑤주장하는 자. ⑥[數] 지수(指數). 대수(對數). (대수(對數)의) 지표.

expolição *f.* [文] 부연(敷衍). 추고(推敲).

exponencial *a.* [數] 지수의.
— *f.* 지수.
equação exponencial 지수방정식(指數方程式).
curva exponencial 지수곡선(指數曲線).

exponente *m.* =*expoente*.

expor *v.t.* ①(볕·비·바람 등에) 쏘이다. 내놓다. ②[寫] (필름을) 노출하다. 노광(露光)하다. ③(공격·위험같은 상태에 몸을 드러내다. ④(물품을) 진열하다. 전람시키다. 출품하다. ⑤진술하다. 설명하다. ⑥(아이를) 버리다. ⑦(트럼프) 카드를 보이다.
—*se v.pr.* (+*a*). …에 자기를 드러내다. 자기 몸을 노출하다. 위험에 직면하다.

exportação *f.* 수출(輸出). 수출품.

exportador *m.* ①수출자. 수출상인. ②수출상(商).

exportar *v.t.* 수출하다.

exportável *a.* 수출할 수 있는. 수출용의.

exposição *f.* ①진열. 전람(展覽). 출품. ②전람회. 박람회. 진열소(陳列所). ③(영아(嬰兒)의) 유기(遺棄). ④진술. 설명. 표명.

expositivo *a.* 설명적. 해설적. 진술적. 진정적.

expositor *m.* ①설명하는 사람. 해설자. ②출품인(出品人). ③아이를 버리는 사람.

exposto *a.* ①드러낸. 노출된. 바람맞는. ②(위험에) 직면한. ③출품한. 진열한. ④진술된.
— *se.* ①노출물(露出物). 진열품(陳列品). ②버린 아이. 기아(棄兒).

expressamente *adv.* ①명백히. 분명히. 확실히. ②특히. 더욱이.

expressão *f.* ①(사상·감정 등의) 표현. 표명. ②표현 방법. 말하는 태도. ③표정. 안색(顔色). 용모. ④짜내기. 착출(搾出). ⑤[數] 식(式).

expressar *v.t.* (감정 등을) 표시하다. 표현하다. (사상 따위를) 표명하다. (사실을) 진술하다. 서술하다. (부호를) 나타내다.
—*se v.pr.* 자기가 생각하는 바를 말하다. 의견을 피력하다. 의지(意志)를 말표하다.

expressionismo *m.* [藝術] 표현주의. 표현파.

expressionista *a.* 표현주의의. 표현파의.
— *m., f.* 표현파의 사람.

expressiva *f.* 연설하는(시를 읊는) 표정.

expressivo *a.* (감정 등을) 나타내는. 의미심장한. 뜻깊은. 표현(표정)이 풍부한. 힘있는.

expresso *a.* ①명시된. 명백한. 명확한. 분명한. ②특기(特記)한. ③특수한. 특별한. ④급행의. 속달의.
comboio expresso 급행열차.
— *m.* ①급행열차. ②속달편(速達便). ③급사(急使). 특사.

exprimir *v.t.* ①(감정을) 나타내다. 표시하다. 표현하다. ②(사상을) 표명하다. ③(사실을) 진술하다.
—*se v.pr.* 자기의 의견을 피력하다. 의지(意志)를 타개하다.

exprimírel *a.* 말로써 (참된 뜻을) 알릴만

한. 나타낼 수 있는. 의사 표시 가능한.
exprobração *f.* ①꾸짖는 말. 질책(叱責). 견책. ②비난.
exprobrador *a., m.* 꾸짖는 (사람). 질책하는 (자). 견책하는 (자). 비난하는 (사람).
exprobrante *a.* ①꾸짖는. 나무라는. 질책하는. 견책하는. ②비난하는. 모욕하는.
exprobrar *v.t.* ①꾸짖다. 나무라다. 견책하다. ②비난하다. 모욕하다.
exprobratório *a.* 허물잡는. 비난적인. 비난(비방)의 뜻이 함유된.
expropriação *f.* (토지 등의) 수용(收用). 징수. (재산의) 몰수(沒收). 소유권 박탈.
expropriador *a., m.* 수용하는 (사람). 몰수하는 (자).
expropriar *v.t.* ①(토지 따위를) 수용하다. (법으로) 매수하다. ②몰수하다. 소유권을 빼앗다.
expugnação *f.* ①공격하여 함락시킴. 공략(攻略)(하기). ②승리를 거둠. ③커다란 목표의 달성(획득).
expugnador *a., m.* ①공략하는 (자). ②승리를 거두는 (자).
expugnar *v.t.* ①공격하여 점령하다. 공략하다. ②승리를 거두다. ③획득하다.
expugnável *a.* 공략 가능한. 승리를 거둘 수 있는.
expulsão *f.* ①쫓아내기. 추방. 제명. 축출. 척축(斥逐). ②배제. [醫] 배출(排出). 배설(排泄).
expulsar *v.t.* ①내쫓다. 추방하다. 추출하다. 제명하다. 구축(驅逐)하다. ②배설하다. 배설시키다.
expulsivo *a.* ①몰아내는. 구축력 있는. 추방의. ②배설의. 배제성의.
expulso *a.* (*expulsar*의 과거분사). 쫓겨난. 추방된. 제명된.
expulsor *a., m.* 쫓아내는 (사람). 추방하는 (자).
expulsória *f.* 추방명령.
expulsório *a.* 추방의. 구축의. 추방에 관한.
expultriz *a., f.* 구축하는 (것). 배제하는 (것). 배설케 하는 (것).
faculdade expultriz 구제력(救除力).
expunção *f.* 지워 버림. 삭제(削除). 삭거(削去).
expungir *v.t.* (글자를) 지우다. 지워 버리다. 멸각(滅却)하다. 삭제하다. 깎아 버리다.

expurgação *f.* ①삭제. 수정. ②고쳐서 깨끗이 함. 정화(淨化). ③세척(洗滌).
expurgador *a., m.* 지우는 (사람). 삭제하는 (자). 고쳐서 깨끗이 하는 (사람).
expurgar *v.t.* ①(기사(記事)의 잘못된 부분을) 지워 버리다. 말살(抹殺)하다. 깎아버리다. (서적을) 수정하다. 삭제하다. 고쳐서 깨끗이 하다. (불량배·깡패 따위를). 일소(一掃)하다 ; 없애 버리다. ③ [醫] 세척(洗滌)하다. 하제(下劑)를 쓰다. ④가죽을 벗기다.
— *se v.pr.* ①말살되다. 수정되다. 삭제되다. 깨끗해지다. 정화(淨化)하다.
expurgatório *a.* ①삭제 수정의. 정정의. 순화의. ②(특히 종교 도덕에 위반되는 기사를) 고쳐 바로 잡는. ③깨끗하게 하는. 청정(淸淨)의.
expurgo *m.* = *expurgação*.
exquisa *f.* 《占》 취조(取調). 심문(審問).
exsangue *a.* = *exangue*.
exsição *f.* ①바싹 말리기. [化] 건조(乾燥). ②[醫] 허탈(虛脫). 비감(痺疳).
exsicante *a.* 바싹 말리는.
— *m.* 건조약(乾燥藥).
exsicar *v.t.* 바싹 말리다. 건조시키다.
exsicativo *a.* 바싹 말리는. 건조의.
exsuar *v.t., v.i.* = *exsudar*.
exsucaçã *f.* 피하일혈(皮下溢血). 혈반(血班).
exsudação *f.* ①스며 나옴. ②삼출액(滲出液). 누출액(漏出液). ③수액(樹液)의 누출. ④분비물(分泌物). ⑤[醫] 발한(發汗).
exsudar *v.i.* 스며 나오다. 삼출하다. 땀이 나오다. 땀처럼 배어 나오다.
— *v.t.* 스며 나오게 하다.
êxtase, extasis *m.* 무아(無我)의 경지. 황홀함. (시인 등의) 입신(入神)의 경지. 무한한 기쁨. 도취. 꿈속. [醫] 의식 혼탁 상태(意識混獨狀態). 정신 혼미(精神昏迷).
extasiado *a.* 무아의 경지에 있는. 황홀한. 꿈속에 있는. 도취한. [醫] 의식이 혼탁 상태에 있는.
extasiar *v.t.* 무아의 경지에 이르게 하다. 황홀케 하다.
— *v.i.,* — *se v.pr.* 무아의 경지에 이르다. 꿈속에 있다. 무한한 기쁨을 느끼다. [醫] 정신이 혼미해지다.
extaticamente *adv.* 꿈같이. 황홀하여. 도

취하여. 혼(魂)을 빼앗기고.
extático *a.* 무아지경의. 꿈같은. 황홀한. 도취한. 혼을 빼앗긴. 정신이 혼미한. 의식이 혼탁한.
extemporaneamente *adv.* 사전(事前)에 준비 없이. 즉석에서. 불시(不時)에. 엉뚱하게.
extempotaneidade *f.* ①사전 준비 없음. 즉석에서 하는 것. 즉흥적임. ②때가 아님. 적절한 시기가 못됨.
extemporâneo *a.* ①즉시의. 즉석(卽席)의. 준비없이 하는. 일시적. 임시의. ②때가 아닌. 시기를 놓친. 불시의. 엉뚱한.
extendal *m.* =*exiendal*.
extendedor *a.*, *m.* =*exiendedor*.
extender *v.t.* =*exiender*.
extensamente *adv.* 널리. 광범위하게.
extensão *f.* ①늘음. 폄. 벌림. 확장. ②늘음. (연장·확장된) 부분. (선로의) 연장선. ③증축(增築). 증설. ④신장력(伸長力). 신장도(度). 신장량(量). ⑤[文] (뜻의). 부연(敷衍). 확충. ⑥[電話] 연결선. ⑦[醫] 신장(伸張). [論] 외연(外延). ⑧면적(面積). 범위.
extensibilidade *f.* 연장성(延長性). 신장성(伸張性). 확장 가능성.
extensidade *f.* =*extensão*.
extensivamente *adv.* 널리. 광범하게. 광의적(廣義的)으로.
extensível *a.* 펼 수 있는. 연장(확장) 가능한.
extensivo *a.* 넓은. 광대한. 범위가 넓은. 광범한. 명막(冥漠)한.
extenso *a.* 넓은. 광대한. 광활한. 광막한. 광범한. 긴. 길다란.
por extenso 생략함이 없이. 전문(全文)대로.
extensor *a.* 넓히는. 넓게 하는. 늘이는. 신장(伸張)하는.
— *m.* ①넓히는 것. ②[解] 신근(伸筋). 신장근(伸張筋).
extenuação *f.* ①쇠약. 쇠마. 허약. ②극도의 피로. ③(죄의) 경감(輕減). 사정 참작. 정상 고려.
extenuadamente *adv.* 쇠약하여. 허약하여. 극도로 피로하여. (죄를) 가볍게 하여.
extenuado *a.* ①쇠약한. 허약한. 가는. ②극도로 피로한.
extenuador *a.*, *m.* ①쇠약하게 하는 (것).

극도로 피로케 하는 (것). ②경감하는 (것).
extenuante *a.* =*extenuador*.
extenuar *v.t.* ①쇠약하게 하다. 야위게 하다. ②몹시 피로케 하다. ③(죄를) 가볍게 하다. (가치를) 떨어뜨리다.
—*se* *v.pr.* 야위다. 쇠약해지다. 허탈하다. 극도로 피로해지다. 녹초가 되다.
extenuativo *a.* =*extenuador*.
exterior *a.* 밖의. 외부의. 외면(외관상)의. 외계의. 외국의. 대외적인. 외교상의.
— *m.* ①외부. 외면(外面). 외형(外形). ②외모(外貌). 외견(外見). ③외국. ④거죽.
ministro do exterior 외무부장관.
exterioridade *f.* ①외부. 외부의 사정. ②외형. 외모.
exterioridades (*pl.*) 외관(外觀). 외견.
exteriorização *f.* 외부에 나타냄. 외면적으로 함.
exteriorizar *v.t.* 외부에 나타나게 하다. 외면적으로 하다.
exteriormente *adv.* 밖에. 외부에. 외면에. 외면으로. 외견상(外見上). 외형상. 외적으로.
interior e exteriormente 내외적으로.
exterminação *f.* ①절멸. 박멸(撲滅). 진멸. 근절. ②구축(驅逐). 추방.
exterminador *a.* 절멸하는. 박멸하는. 근절하는. 구축하는.
— *m.* 근절자. 절멸제(絶滅劑). 해충(害蟲). 해수(害獸) 등을 구제(驅除)하는 사람.
exterminar *v.t.* ①근절하다. 절멸하다. 진멸하다. 박멸하다. (해충·해수를) 없애버리다. ②쫓아버리다. 구축하다.
exterminável *a.* 근절할 수 있는. 절멸(박멸)할 만한. (해충·해수 따위를) 구제해야 할. 구축할 수 있는.
extermínio *m.* ①근절. 절멸. 박멸. 진멸(殄滅). ②구축. 방축(放逐).
externação *f.* 외부에 나타나게 함. 외부로 함.
externamente *adv.* =*exteriormente*.
externar *v.t.* 외부에 나타나게 하다. 외부로 하다. 외면적으로 하다. 외부에 놓다.
externato *m.* 주간학교(晝間學校). 통학학교(기숙학교의 반대).
externo *a.* 밖의. 외부의. 외면의. 외형의. 외모의. 외국의. 외국에 관한. 외계의. 표면의. 피부의. 신체 외부의. 외용(外用)의.

aluno externo 교외생.
— *m*. 통학생(通學生)(기숙생의 반대).
exterritorialidade *f*. 치외법권(治外法權).
extinção *f*. ①불을 끔. 소화(消火). 진화(鎭火). 흡광(吸光). ②종식(終熄). 소멸. 멸망. 멸각(滅却). ③(가계(家系)의)폐절(廢絶). ④[法] (권리·부채 등의) 소멸. 취소. ⑤(회사·조합·단체 등의) 해산. ⑥(형(刑)의) 사면(赦免).
extinguir *v.t*. ①(불·빛 등을) 끄다. ②죽이다. 망하게 하다. 없애다. 절멸하다. 멸각하다. ②(열정·희망 등을) 잃게 하다. [法] (부채를) 상환하다. 상각(償却)하다. (회사·조합·단체 등을) 해산시키다.
—se *v.pr*. ①불이 꺼지다. 진화하다. ②죽다. 멸망하다. ③(희망이) 끊어지다. ④(단체가) 해산하다. 폐지되다.
extinguível *a*. 불을 끌 수 있는. 죽일 수 있는. 망하게 할 만한. 절멸 가능한. 없애야 할.
extinto *a*. (*extinguir*의 불규칙 과거분사).
①(불이) 꺼진. 진화한. ②(생명이) 끊어진. 죽은. 망한. 사멸한. 절멸한. ③(희망이) 끊어진. 없어진. ④(가계가) 단절된. 폐절된. (작위(爵位) 따위) 없어진. ⑤(제도 따위) 폐지된.
— *m*. 죽은 사람. 고인(故人).
extintor *a*. (불을) 끄는. 진화하는. 소화(消火)용의.
— *m*. 소화기(消火器).
extintor de incêndio 소화기.
extipulação *f*. [植] 탁엽(托葉)이 없는.
extirpação *f*. ①근절. 절멸. 전멸(全滅). ②[外·醫] 적출(摘出). 절제(切除). 적출(절제)술.
eitirpador *a*. 근절하는. 절멸하는. 박멸하는.
— *m*. ①근절자. 박멸자. ②풀 베는 낫 (일종의 보습).
extirpamento *m*. =*extirpação*.
extirpar *v.t*. ①(나무·잡초 등을) 베어버리다. ②근절하다. 절멸하다. 박멸하다. 일소하다. 퇴치하다. ③[醫·外] 적출하다. 절제하다. 제거하다. ④(종족·사교 악풍 따위를) 없애 버리다.
extirpável *a*. 근절할 수 있는. 절멸할 만한. 구제(救除)해야 할. [醫·外] 적출(절제)할 수 있는.

extíspice *m*. 점장이(옛날 로마에서 희생 동물의 내장이나 천연현상(天然現象)을 보고 점치던).
extorquidor *m*. 강요(強要)하는 사람. 가혹하게 받아내는 사람. 강제로 빼앗는 자.
extorquir *v.t*. ①강요하다. 강청(強請)하다. (약속·금전·자백·고백 등을) 무리하게 요구하다. (의미를) 억지로 갖다. 붙이다. ②강제로 빼앗다. 공갈 취재(取財)하다.
extorsão *f*. ①강청. 강요. 강탈. 늑탈(勒奪). ②[法] (관리의) 직무상의 부당취득(不當取得). 공갈취재(恐喝取財). 불법수세(不法收稅). 수검죄(收檢罪).
extorsionário *a*. 강청의. 강탈의. 착취적.
extorsivo *a*. 강요의. 강청의. 강청적. 강탈적. 수탈적. 부당한. 터무니없는. 억지의. 무리의.
extorso *m*. =*extorção*.
extortor *a*., *m*. 강청(강요)하는 자. 부당히 청구하는 자. 수탈자. 공갈 취재하는 자.
extra (1) *pref*. 과잉·여분·이외(以外)·임시·추가 등의 뜻이 있는 접두사(接頭詞).
— (2) *a*. ①여분의. 임시의. 임시 세출(세입)의. ②비상한. 비범한. 이상한. 괴상한. ③특파의. 특명의.
edição extra 호외. 증간(增刊).
— (3) *m*. ①여분의 물건. 증간. ②가외. 순서외. ③호외. 임시 증간. 특별호. ④특등품. ⑤임시 고용. 임시 채용 배우(臨時採用俳優). 하급 배우.
extração *f*. ①뽑아냄. 빼냄. 발취(發取). 적출(摘出). 적출법. 채굴(採掘). 채수. 캐서 모으기. ②(약물 등의) 졸여냄. (즙(汁)·기름 등의) 짜냄. 빼낸 것. 정수(精粹). ③장구(章句)의 발췌(拔萃) 인용어구. ④[化] 추출(抽出). ⑤[數] 개방(開方). ⑥혈통(血統). 계통.
extractar *v.t*. =*extratar*.
extractivo *a*. =*extrativo*.
extracto *m*. =*extrato*.
extradição *f*. (외국의 위탁(委托)에 의한) 도망 범죄인의 인도(引渡). 망명 범인(망명자) 송환.
extraditar *v.t*. (외국으로부터 본국 관헌에) 도망 범죄인을 넘겨 주다. 송환시키다; 송환하다.
extradorso *m*. [建] (아치의) 바깥 둘레. 외면. 외호면(外弧面).

extrafino *a.* (품질이) 아주 좋은. 최상의. 최량(最良)의.

extrair *v.t.* ①뽑다. 뽑아내다. (이빨 등을) 빼다. ②정수(精粹)를 빼내다. 짜내다. 증류해내다. 졸여내다. ③(장구(章句)를) 발췌(拔萃)하다. (서적에서) 초록하다. ④(원리 등을) 끄집어내다. ⑤(쾌락을) 얻다. (지식·정보 등을) 얻다. 탐지하다. ⑥[數] 개방(開方)하다. 근(根)을 구하다.

extraível *a.* 뽑을 수 있는. 빼낼 만한. 짜낼 수 있는. 증류할 수 있는. 채취할 만한. 채굴 가능한.

extrajudicial, extrajudiciário *a.* 사법관할외(司法管轄外)의. 사법수속에 의하지 않는. 재판사항외(裁判事項外)의.
atos extrajudicials 재판사항외의 행위.

extralegal *a.* (=*ilegal*). 법률로서 어찌할 수 없는. 불법의. 위법의.

extralegalmente *adv.* 불법적으로. 위법으로.

extramundano *a.* 세계외의. 물질계(物質界)외의. 현세(現世)외의. 우주외의.

extramural *a.* 성외(城外)의. 성곽외의. 교외(郊外)의. 대학 구외(構外)의.

extramuros *a.* 벽외(壁外)의. 담벽 밖의.

extranatural *a.* 자연외의. 조자연(超自然). 천연외(天然外)의. 자연법칙에 벗어나는.

extranaturalmente *adv.* 초자연적으로. 자연을 초월하여.

extranormal *a.* 보통과 다른. 정상이 아닌. 이상(異常)한. 이상(異狀)의.

extranumeral *a.* 정수외(定數外)의. 정수 이상(以上)의. 정원(定員)외의.

extranumerário *a.* 정수외의. 정수 이상의. 정원외의.
— *m.* 정수외의 것. 정원외의 직원. 임시 채용 인원.

extraoficial *a.* 공적(公的)이 아닌. 공식(公式)이 아닌. 관용(官用)이 아닌. 공사외(公事外)의. 직권외의. 직무외의.

extraordinamente *adv.* 비상하게. 비범하게. 엄청나게. 엉뚱하게. 특별히. 특수하게. 이상하게. 임시로.

extraordinário *a.* ①보통이 아닌. 비상한. 비범한. ②특별한. 특파의. 특명의. 임시의. ③드문. 희유(稀有)의.
— *m.* ①심상치 않은 일. 비상한 일. 드물게 보는 일. 진괴(珍怪)한 일. ②비상(非常). 임시 ; 격외(格外).

extra-parlamentar *a.* 원외(院外)의.
comissão extra-parlamentar 원외위원회(院外委員會).

extratar *v.t.* 뽑다. 빼내다. 발췌(拔萃)하다. 짜내다. 졸여내다. 단축하다. 생략하다. [化] 추출(抽出)하다.

extraterritorial *a.* ①영토외(領土外)의. ②치외법권(상)의.

extraterritorialidade *f.* 치외법권(治外法權).

extrativo *a.* 뽑는. 빼내는. 짜내는. 발췌하는. 발췌의. 추출(抽出)의. 추출할 수 있는.
— *m.* 추출물. 졸여낸 즙(汁). 엑스제(劑). (정)(精). 인용구(引用句). 초본.

extrato *m.* 추출물(抽出物). 발췌(拔萃).

extrator *m.* ①뽑는 (사람). 추출하는 (사람). 발췌하는 (자) ②발취기(拔取器). 추출기(抽出器). 추출 장치. 빼내는 도구. 분리기(分離器).

extravagância *f.* ①무절제. 방종한 행동. 난행(亂行). ②부조리(不條理). 무법(無法). ③낭비(浪費). 남비(濫費). ④사치(奢侈). 궁사극치(窮奢極侈).

extravaganciar *v.t.* ①절제 없는 행동을 하다. 앞뒤를 가리지 않고 처신하다. 방종하다. 방탕하다. ②낭비하다. 남비하다. 물처럼 쓰다.

extravagante *a.* ①절제 없는. 가량없는. 엉뚱한. 조리 없는. 몰상식한. 무법적(無法的)인. ②(요구·대가 등이) 엄청난. 부당한. ③사치한. 낭비하는.

extravagantemente *adv.* ①절제 없이. 방종하게. ②조리 없이. ③엉뚱하게. 엄청나게. 사치하게.

extravasar *v.i.* ①떼(무리)에서 이탈하다. 뿔뿔이 흩어지다. ②길을 잃다. 헤매다. 방황하다. 유랑(流浪)하다.

extravasão *f.* =*extravasamento*.
— *m.* (임파액 등의) 넘쳐 흐름. (혈관 밖으로) 스며 나옴. 일혈(溢血).

extravasante *a.* 넘쳐 흐르는. 스며 나오는.

extravasar *v.t.* (혈액·임파액 등을 혈관으로부터) 흘러 나오게 하다. 새어 나가게 하다.
— *v.i.* 넘쳐 흐르다. 흘러 나오다. 스며 나오다.

extravasedo *a.* [醫] 혈관(血管)으로부터 흘러 나오는.

extraviado *a.* ①바른길(正道)에서 벗어난. 탈선한. 길을 잃은. 사도(邪道)에 들어선. ②분실(紛失)된.

extraviador *m.* ①바른길을 벗어난 사람. 탈선하는 자. 사악의 길에 들어가는 사람. ②위탁금(또는 공탁금)을 유용(流用)한 사람. 사취하는 자.

extraviar *v.t.* ①바른길에서 벗어나게 하다. 옆길에 들어서게 하다. 사악의 길(邪道)에 들어가게 하다. 길을 잃게 하다. ②올바른 수속을 밟지 않게 하다. 밀수입(密輸入)하다.
— *v.i.*, **—se** *v.pr.* 바른길에서 벗어나다. 이탈하다. 탈선하다. 발을 잘못 디디다. 길을 잃다. 사도(邪道)에 들어가다.

extravio *m.* ①바른길에서 벗어나는 것. 옆길에 들어감. 탈선(脫線). 길을 잃음. ②기탁금(공탁금)을 써버림. 공금 착복. ③사악(邪惡). 패덕(敗德). 나쁜 풍습(惡風).

extrema *m.* ①경계(境界). ②경계선(線). 경계표. ③말기(末期). 임종(臨終). ④(축구의) 엔드 플레이어(*end player*).

extremadamente *adv.* ①극도로. 극단히. ②분리되어. 떨어져서. 따로따로.

extremadela *f.* ①《俗》 경계를 설정하기. 분계(分界). ②구별짓기. 구별하기. ③분리(分離).

extremado *a.* ①맨끝의. 말단의. 가의. 가장 끝의. 앞끝(뒷끝)의. ②극도의. 극한의. 과격한. ③최종의. 최후의. ④구별된. 선별(選別)된. 나뉜. 분계(分界)한. ⑤우수한. 탁월한. 뛰어난. 걸출(傑出)한. ⑥적절한.

extremadura *f.* 경계(境界). 국경.

extremamente *adv.* 극단(적)으로. 극도로. 지극히. 과격히. 심히.

extremar (1) *v.t.* ①나누다. 구분하다. 분계(分界)를 긋다. 경계를 짓다. ②구별하다. 선별(選別)하다.
—se *v.pr.* ①나뉘어지다. 분계되다. ②구별되다. 차별되다. ③뛰어나다. 두각(頭角)을 나타내다. 현저해지다.
— (2) *v.t.* 높이다. 올려 추다. 칭찬하다. 찬탁하다.

extrema-unção *f.* [가톨릭] 종부(終傅)의 비적(秘蹟). 종부성사(終傅聖事).

extremável *a.* 나뉘어지는. 분계(分界)되는. 나눌 만한. 구별할 수 있는.

extreme *a.* ①순수(純粹)한. 순전(純全)한. 다른 것이 섞이지 않은. ②단순한. …에 불과한.

extremidade *f.* ①맨 끝. 말단(末端). ②극단. 극도. ③궁경(窮境). 궁지(窮地). ④경계. 경계선.

extremismo *m.* 극단론. 과격주의(過激主義).

extremista *m.*, *f.* 극단론자. 과격주의자. 극단가.

extremo *a.* ①가의. 맨 끝의. 말단의. 가장 끝의. ②최종의. 최후의. ③극도의. 극한의. 극단의. 과격한. 급격한.
— *m.* ①맨 끝에 있는 것. 처음 또는 마지막의 것. ②극단. 극도. ③극단의 수단. 과격한 방법. ④[數] 외항(外項)(초항(初項)) 또는 말항(末項)). [論] (명제의) 주사(主辭) 또는 빈사(賓辭).
por extremo 또는 *em extremo* 극도로. 심히.

extremosamente *adv.* ①도에 넘치게. 과도로. 심히. ②(커다란) 애정을 품고. 총애(寵愛)하여.

extremoso *a.* 도에 넘친. 과도한. 지나친. 심한. ②몹시 사랑하는. 총애하는.

extrinsecamente *adv.* 외부적으로. 외적으로. 비본질적으로. 부대적(附帶的)으로.

extrínseco *a.* 외부의. 외부로부터의. 외부적. 외적(外的). 부대적(附帶的). 본질적이 아닌.
valor extrínseco 법정가격(法定價格).
causa extrínseco 외적원인(外的原因).

extrofia *f.* [醫] 외번(外飜).

extroso *a.* [植] (약(葯)이) 겉쪽으로 향하는 외향(外向)의.

extroversão *f.* [醫] 외번(外飜)(특히 방광(膀胱)에 대한 말). [心] (인간 성격의) 외향성(外向性).

exuberância *f.* ①무성(茂盛). 풍부. ②충만(充滿). 과다(過多).

exuberante *a.* ①무성한. ②원기왕성한. (기력·건강 등이) 넘쳐 흐르는. ③(상상·천분(天分) 등이) 풍부한 ; (언어·문체 등이) 풍려(豐麗)한. ④과다한.

exuberantemente *adv.* 무성해서. 번성하여. 풍부히. 넘쳐 흐르게. 왕성하게. 충만하게.

exuberar *v.t.* 무성하게 하다. 풍부하게 하

다. 번성시키다. 넘쳐 흐르게 하다. 충만(充滿)케 하다.
— v.i. 무성해지다. 풍부하게 되다. 번성하다. 가득 차다. 충만해지다. 넘쳐 흐르다.

exúbere a. [醫] 젖을 뗀. 이유(離乳)한.

êxul a., m. 추방된(자). 유형(流刑) 당한 (사람). 귀양간 (사람).

exular v.i. 고국(본국)을 떠나다. 망명하다.

exulceração f. ①[醫] 궤양(潰瘍). ②정신상 고통.

exulcerante a. 궤양이 되게 하는. 정신상의 고통을 주는.

exulcear v.t. ①궤양이 되게 하다. (…에 걸리게 하다). ②괴롭히다. (정신상의) 고통을 주다.
—se v.pr. 궤양이 되다. 괴로워하다.

exulcerativo a. 궤양성(潰瘍性)의.

exultação f. 환희(歡喜). 큰 희열(喜悅). 환희작약(歡喜雀躍).

exultante a. 몹시 기뻐하는. 환희작약하는. 의기양양한.

exultantemente adv. 크게 기뻐서. 의기양양하여.

exultar v.i. 기뻐 날뛰다. 환희(작약)하다.

exumação f. ①시체발굴(屍體發掘). ②애써서 찾아내기.

exumar v.t. ①시체를 발굴하다. (특히 분묘를) 파내다. 발굴하다. ②고서(古書)를 뒤져 찾다.

exuvia f. (뱀·곤충 등) 벗어 놓은 허물(껍질). 잔해. 유물.

exuviabilidade f. 허물벗기. 탈피(脫皮). 피부 탈락(뱀·매미 따위가 가죽 또는 껍질을 가는 것). 선탈(蟬脫).

exuviável a. 허물 벗는. 피부 탈락하는. 선탈하는.

ex-voto m. 《L》기도할 때 맹세한 대로; (보통 ex-vote) 봉납물(奉納物).

F, f *m.* 에페(포르투갈어 자모의 여섯째 글자).

fá *m.* [樂] F음. F조(調).

fã *m., f.* (축구·야구·영화 등의) 애호가. 열심가. 팬.

fabela *f.* 짧은 우화(寓話). 작은 동화(童話).

fabordão *m.* [樂] (소리의) 불협화(不協和). 부조화.

fábrica *f.* ①제조. 제작. 공작. ②제조소. 제작소. 공작소. 공장. ③만드는 방법. ④구조. 기구(機構). 체제(體制). 조직.
 fábrica de papel 제지공장(製紙工場).
 fábrica de cimento 시멘트공장.
 fábrica de cerveja 맥주양조장.
 preco de fábrica 공장원가(原價). 제작비.
 marca de fábrica 상표(商標).

fabricação *f.* ①만들기. 제조. 제작. ②만드는 방법. 제작법. ③제품. ④위조. 날조(捏造).

fabricado *a.* ①만든. 만들어진. 제작된. ②위조의. 날조된. 허구한.

fabricador *a.* ①만드는. 제작하는. ②꾸며내는.
 — *m.* ①만드는 사람. 제조인. 제작자. ②날조하는 사람.

fabricante *m., f.* ①제조인. 제작자. ②제조업자. 공장주.
 fabricante de pregos 못제조인.

fabricar *v.t.* ①만들다. 제조하다. 제작하다. ②조립(組立)하다. 건조(建造)하다. ③(사실인 것처럼) 꾸며내다. 날조하다. (문서 따위를) 위조하다.

fabricário *m.* 교회위원(집사). 교회의 회계; 교회의 기구(器具) 보관인.

fabricável *a.* 만들 수 있는. 제작(제조) 가능한.

fábrico *m.* ①만들기. 제작. 제조. ②제작술. 제조법. ③제품. ④경작(耕作).

fabril *a.* 제조의. 제작의.

fabriqueiro *m.* =*fabricário*.

fábula *f.* ①우화(寓話). 동화(童話). ②꾸며낸 이야기. 거짓말. 허언(虛言). 허탄(虛誕). ③(극(劇)의) 각본. (이야기의) 줄거리. 구상(構想).

fabulação *f.* ①이야기를 꾸며내기. ②꾸며낸 이야기. 옛이야기. 설화. 우화적 교훈. ③허위 날조.

fabulado *a.* 우화의. 동화적인. 꾸며낸 이야기같은. 참말이 아닌. 허공의. 가공적인.

fabulador *a., m.* ①우화(동화)를 만드는 (사람). ②거짓말을 꾸며내는 (사람).

fabular *v.t.* ①우화를 지어내다. 동화를 꾸며내다. ②(…을) 공상해 내다. 날조하다.
 — *v.i.* ①우화(동화)를 이야기하다. 꾸며낸 이야기를 하다. ②거짓말하다.

fabulário *m.* 우화집. 동화집(童話集).

fabulista *m., f.* ①우화 작가. ②꾸며대기 잘하는 사람. 거짓말쟁이.

fabulizar *v.t.* 우화(동화)로 꾸며내다.

fabulosamente *adv.* ①전설적으로. 전설로서. 믿을 수 없으리만큼. 터무니없는. ②우화적으로.

fabuloso *a.* ①우화적인. 전설적인. 전설상의. 신화(神話)의. 야담적(野談的). 터무니없는. 비사실적(非史實的). ②이야기에 있는 것 같은. 기괴(奇怪)한.
 fabulosa idade 신화시대(神話時代).

faca *f.* 칼(칼붙이의 총칭). 식탁에 놓는 칼. 취사용 칼.
 faca de mesa 식탁에 놓는 칼(식사할 때 쓰는).
 faca de trinchar 고기 베는 칼.
 faca de mato 사냥용 칼(포수가 휴대하는).
 faca de rasto 산 또는 숲속에 다닐 때 휴대하는 칼(나무를 찍거나 표시하는 데 쓰는).
 faca de papel 종이 자르는 칼 (큰 칼).
 amolador de faca 칼 가는 숫돌(그라인더).
 faca afiada 벼린 칼.
 a faca 맹탕. 제멋대로.
 ter a foca e queijo namão 모든 실권을 쥐다. 만사를 제마음대로 할 수 있는 지위에 있다.

facada *f.* ①칼로 치기. 칼로 한번 썩 베이기. ②칼에 맞는(베어진) 상처. 침해(侵害). ③협박. ④경악(驚愕).
 dar uma facada (돈을 빼앗거나 강요하기 위하여) 칼들고 덤벼들다. 대들다.

facalhão *m.* =*facão*.

facaneia *f.* 《古·詩》 (특히) 부인이 타는 말.

façanha *f.* ①장한 일. 위업(偉業). 장엄한 행동. 대담한 일. ②큰 공훈. 훈공(勳功).

③성적(成績).

façanheiro *a.* 자랑하는. 자랑거리 이야기를 하는. 허풍떠는.
— *m.* 자랑하는 사람. 자만가. 허풍선이.

façanhosamente *adv.* 장엄하게. 장렬(壯烈)하게. 경탄할만치. 눈부시게.

façanhoso *a.* 장한. 장엄한. 용감한. 용감무쌍한. 놀랄 만한. 눈부신.

façanhudo *a.* ①영웅적인. 용감한. 씩씩한. ②《俗》위세당당한. 뽐내는. 으쓱대는. 이름날리는. ③싸움하기 좋아하는.

facão *m.* ①큰 칼. 넓은 칼. 백정이 쓰는 칼. (미국식) 사냥용 칼. (농민들의) 나무를 찍거나 수숫대를 치는 칼. ②도로의 중앙이 높고 긴 곳(차가 다니기에 어려운).

fação, facção *f.* (당내(黨內)의) 파(派). 파벌. ②당파. 도당. 결사(結社). ③분쟁. 내홍(內訌). ④군사계획(軍事計劃). 군사행동. ⑤무훈(武勳). 무공.

faca-sola *adv.* 홀로 걸어서. 단신도보(單身徒步)로.

face *f.* ①얼굴. 안면(顔面). 낯. 뺨. ②얼굴 표정. 낯 모양. ③표면. 전면(前面). 정면(正面). (동전 또는 훈장패의) 한 면(一面). 입방체(立方體)의 한 면. ④국면(局面). 징세. 형세.
face da moeda 동전의 면.
de face 사방에서 볼 수 있도록. 사면에 향하여.
face a face 서로 마주하여.
á face de …의 전면에.
em face de …의 앞에. …에 향하여. …에 기인하여.

faceado *a.* 면이 된. 면을 이룬.

facear *v.t.* 면을 만들다. (특히 돌을 깎아) 면이 되게 하다.

facécia *f.* 익살. 우스운 짓. 우스운 말. 농담. 해학(諧謔).

facecioso *a.* ①익살맞은. 우스운. 해학적인. ②재미있는. 농담적인.

faceira *f.* ①동물의 턱. 아래턱. ②(소의) 볼따귀 고기(頰肉). ③살찐 볼. 풍협(豊頰). ④멋부리는 여자. 맵시 피는 여성.
— *m.* 어리석은 인간. 젠체하는 사람. 익살꾼.

faceiramente *adv.* ①우습게. 익살맞게. ②멋지게. 맵시 있게.

faceirar *v.i.* 멋부리다. 맵시 내다. 애교부리다. 젠체하다. 바람 피우다.

faceirice *f.* ①멋. 멋부리기. 맵시. 애교. 바람 피우기. ②우스운 용모(태도). 익살.

faceiro *m.* 멋 부리는 사람. 맵시 내는 사람. 젠체하는 사람. 싱거운 인간. 바람둥이.

facejar *v.t.* = *facear*.

faceta *f.* (결정체·보석 따위의) 일면. 작은 면(글라스의) 깎은 면. 간면. [蟲] (곤충의 겹눈을 구성하는) 홑눈(單眼).
olhos em focetas (곤충의) 겹눈. 복안(複眼).

facetado *a.* 작은 면(面)을 이룬. 깎은 면이 있는.

facetamente *adv.* 우습게. 익살스럽게.

facetar *v.t.* (보석 따위를) 깎아 면을 만들다.

facetear *v.t., v.i.* 놀려대다. 희롱하다. 야유하다. 조롱하다. 조소하다.

facêto *a.* 익살맞은. 해학(諧謔)한. 우스운. 재미있는.

facha (1) *f.* ①횃불. 거화(炬火). ②조명등(照明燈). ③광명. ④《比喩》지식의 빛. 계몽.
— (2) *f.* 얼굴. 《卑》상통.

fachada *f.* ①(건물의) 앞. 정면(正面). ②표면. 표제(表題). ③(책의) 뚜껑. ④외모. 표정.

facheiro *m.* ①횃불 피우는 대(臺). ②횃불(서와)글 드는 사람. 횃불로 신호하는 사람.

fachineiro *m.* (= *faxineiro*). ①(군대의) 잡역부(雜役夫). ②(회사·공장 등의) 청소부(淸掃夫).

facho *m.* ①횃불. 거화(炬火). 봉화(烽火). ②가로등. 조명등. 표등(標燈). [軍] 발염관(發炎管). 유발물(誘發物). ③《比喩》지식의 빛. 광명. 계몽.

facial *a.* 낯의. 얼굴의. 면(面)의. 안면의.
ângulo facial [結晶] 면각(面角). (人類) 안면각(顔面角: 그 크고 작음에 따라 지능(智能)이 발달되고 안 됨을 앎).

fácies *f.* ①형상(形狀). 형태. ②낯빛. 안색(顔色). 용모.

fácil *a.* ①쉬운. 용이한. 편이한. 경이(輕易)한. 힘들지 않는. (문제 따위) 알기 쉬운. 풀기 쉬운. (사람이) 친하기 쉬운. 사귀기 쉬운. ②(도구 따위) 쓰기에 간편한. 편리한. ③평범한. 보통의. ④(행동 따위) 경솔한. 경조(輕躁)한.
mulher fácil 정조 관념이 박약한 여자.

facilidade *f.* ①쉬움. 용이함. (문제 등의)

facílimo-fada

알기 쉬움. 풀기 쉬움. 평이(平易). ②친하기 쉬움. 사귀기 쉬움. ③(필요한 것을) 손쉽게 얻을 수 있음. ④(용이하게 배우거나 행하는) 재간. 솜씨. ⑤경솔한. 행동. 경조(輕躁).
facilidades (*pl.*) 편의(便宜). 편의한 방법. 편익(便益). (마음의) 거든함. 넉넉함.

facílimo *a.* (*fácil*의 최상급) 가장 쉬운. 극히 용이한.

facilitação *f.* 쉽게 함. 알기 쉽게 함. 용이하게 함. 편리하게 함. 편의를 도모함.

facilitador *m.* 쉽게 하는 사람. 쉽게 해 주는 사람. 편의를 도모하는 사람. 조장자(助長者).

facilitar *v.t.* ①쉽게 하다. 쉽게 해 주다. 편의(使宜)를 주다. 편의를 도모하다. ②촉진하다. 조장하다. 돕다. 원조하다.
facilitar para pagamento 지불 방법을 (장기 월부 등으로) 쉽게 하다.
— *se v.pr.* ①쉬워지다. 용이해지다. 편해지다. ②편의를 얻다. ③정통(精通)하다. ④하는 것이 용이해지다. 쉽게 하다. (일하는 방법에) 능숙하다. ⑤쉽게 친하다. 쉽게 서로 사귀다.

facilmente *adv.* 쉽게. 용이하게. 힘들지 않게. 편하게. 자유롭게. 유유하게.

facínora *m.* 큰 죄를 지은 사람. 범죄인. ②《俗》 나쁜 놈. 악인. 배덕한(背德漢).

facinoroso *a.* ①큰 죄를 지은. ②흉악한. 극악무도한. 악독한.
— *m.* 큰 죄인. 흉악한 죄인. 극악무도한 놈. 배덕한.

facionar, faccionar *v.t.* ①분파를 일으키다. 파벌을 형성하다. 파벌로 나누다. ②반란(反亂)하다. 폭동을 일으키다.

facionário, faccionário *m.* 파벌. 당파. 도당.
— *a.* 파벌의. 당파의. 도당의.

faciosidade, facciosidade 분파적임. 당파적임.

faciosismo, facciosismo ①파벌주의. 당파 싸움. ②당파심. 도당심(徒黨心). ③반역적임.

facioso, faccioso *a.* ①분파적인. 파벌적인. 편당(偏黨)의. ②반란(反亂)하는. 폭동하는. 교란을 기도(企圖)하는. 불온한.

facistol *m.* ①접을 수 있게 된 의자. 예배용의 접는 의자. ②교회 성가대석(聖歌隊席)의 악보가(樂譜架).

facocele *f.* [醫] 안수정체(眼水晶體) 헤르니아.

facoide *a.* 편두형(扁豆形)의.

facomalacia *f.* [醫] 안수정연화(軟化).

facometro *m.* 초점계(焦點計).

facosclerose *f.* [醫] 안수정경화(眼水晶硬化).

façoila *f.* ①넓은 얼굴. ②《俗》 애교. 사내를 녹여내기.

fac-símile *m.* (필적 따위의) 원본. 그대로의 복사. 모사(模寫). 판에 박은 듯이 옮겨쓰기.

factício *a.* 인조(人造)의. 인공의. 모조(模造)의. 부자연한. 작위(作爲)의.

factitivo *a.* [文] 작위의. 두 가지의 움직임을 나타내는.

factível *a.* 실행할 수 있는. 성취 가능한. 일으킬 수 있는. 가능성이 있는. 있음직한.

facto *m.* = *fato*.

factor *m.* = *fator*.

factótum *m.* ①잡역꾼. 무엇이든지 하는 사람. ②용인(用人). 집사(執事). 비서. ③대변인(代辯人).

façudo *a.* 《俗》 ①둥근 얼굴의. 살찐 볼의. 풍협(豊頰)한. ②뚱뚱한. 비만(肥滿)한.

façula *f.* 《俗》 큰 얼굴. 넓적한 낯.

fácula *f.* [天] (태양의) 흰 반점. 흰 무늬.

faculdade *f.* ①특권. 권능(權能). ②능력. 활력. 힘. 성능. 기능(機能). ③재간. 기능(技能). ④(종합대학의) 학부(學部). 분과(分科). (학부의) 교수단(敎授團). ⑤기회(機會).
faculdcdes (*pl.*) 부(富). 재산.

facultar *v.t.* 권능(權能)을 부여하다. 기능 있게 하다. (취득에 대한) 편의를 도모해 주다. 소득(所得)케 하다. 쉽게 획득하게 하다.

facultativo *a.* ①권능 있는. 특권이 있는. 능력이 있는. 정신 능력의. ②수의(隨意)의. 인의(任意)의.
— *m.* 의사(醫師). 내과의(內科醫).

facultoso *a.* 부유(富有)한. 자산(資産) 있는. 유복(有福)한. 충만한. 충실(充實)한.

facundia, facundidade *f.* 능변. 웅변(雄辯).

facundo *a.* 능변한. 웅변한.

fada *f.* ①선녀(仙女). 요정(妖精). ②《轉》 매력 있는 여자. 아름다운 여성. ③운명(運命).

fadado *a.* (이미) 운명이 결정된. 숙명적인.
fadar *v.t.* ①점을 치다. 판단하다. ②운명을 결정하다.
fadário *m.* ①운명. 숙명(宿命). ②인생의 어려움. 노고(勞苦). 신고(辛苦). ③마음의 고통. ④운명의 여신(女神). ⑤운명의 길.
fadejar *v.i.* 운명에 맞기다.
fadiga *f.* ①피로. 피곤. 곤비(困憊). ②힘드는 일. 고생. 노고. ③괴로운 일. 고통.
fadigar *v.t.* =*fatigar*.
fadigoso *a.* ①피로케 하는. 피로를 느끼는. 피로한. ②힘든. 고생스러운. 괴로운.
fadista *m., f.* ①(포르투갈의 리스본시에서) *fado*(민요)를 부르며 다닌 자타락(自墮落)한 사람들(을 가리킨 말). ②게으르고 타락한 인간.
fadistagem *f. fadista*의 떼 ; 그들의 타락한 생활.
fado (1) *m.* 운명. 숙명(宿命).
fados (*pl.*) 신의(神意). 천명(天命).
— (2) *m.* (포르투갈 리스본시의) 일종의 민요. 그 민요에 맞추어 추는 춤. 타락생활(墮落生活).
facton, faetonte *m.* ①[希·羅神] 페에톤 (태양의 신 *Helios*의 아들로 이비기의 마차를 잘못 몰아 천지에 큰 화재를 일으켰기 때문에 *Zeus*신이 노하여 전광(電光)으로 죽였음). ②일종의 경쾌(輕快)한 사륜마차(四輪馬車).
fagedénico *a.* [醫] 침식성 궤양의.
fagedenismo *m.* [醫] 침식성 궤양(侵蝕性潰瘍).
fagócito *m.* [生理] 균을 먹는 세포(백혈구 등).
fagocitose *f.* 식균작용(食菌作用). 식균성(性).
fagote *m.* 저음을 내는 목관악기(木管樂器). 바순.
fagotista *m., f. fagote*(바순)를 부는 사람.
fagueiro *a.* ①자애(慈愛)하는. 총애(寵愛)하는. 귀여워하는. 몹시 그리운. ②온화한. 유화(柔和)한. 조용한. 잠잠한. ③유쾌한. 즐거운.
brisa fagueira 조용한 바람. 산들 바람.
faguice *f.* 자애. 총애. 애무.
fagulha *f.* ①불꽃. 불똥. ②잠시도 진정치 못한 사람. 가만히 있지 않는 사람. ③참견 잘하는 이.
fagulhar *v.i.* ①불꽃이 일어나다. 튀다. ②(불빛이) 비치다.
fagulhento *a.* ①불꽃이 튀는. [電] 스파크하는. ②잠시도 진정하지 못하는. 참견하기 좋아하는.
faia (1) *f.* [植] 너도밤나무.
— (2) *f.* [印] 행간(行間)(활자의 윗줄과 아랫줄 사이). 선간(線間). 연간(鉛間).
faial *m.* 너도밤나무숲. 너도밤나무밭.
faiança *f.* 《F》 프랑스식으로 구운 그릇(채색한 프랑스의 도기(陶器)).
faiante *m.* ① =*fadista*. ②무단결석생도.
faiar *v.t.* ①[印] 행간을 두다. 선간(線間)을 두다. ②홈치다. 좀도둑질하다.
faile *f.* 《F》 파유(가볍고 광택을 없앤 줄진 비단).
faina *f.* ①일정한 일. 일상의 일(과정). ②힘드는 일. ③선내작업(船內作業).
faisão *m.* [鳥] 꿩.
faísca *f.* ①불꽃. 섬광(閃光). 전광(電光). 번개치는 빛. ②사금(砂金). 금싸라기.
faiscador *m.* 사금채수자(砂金採收者).
faiscante *a.* 불꽃이 튀는. 비치는. [電] 스파크하는. (번갯불처럼) 번쩍이는.
faiscar *v.i.* 불꽃이 튀다. [電] 스파크하다. (번갯불이) 번쩍이다.
— *v.t.* 사금(砂金)을 찾다. 채수(採收)하다. 불꽃을 일으키다 ; 튀게 하다.
faisqueira *f.* 사금갱(砂金坑). 소금갱(小金坑).
faisqueiro *m.* 사금을 찾아 돌아다니는 사람. 사금채수자.
faixa *f.* ①띠. 대(帶). 벨트. ②댕기. ③대상물체(帶狀物體). [天] 대(帶). [紋章] 중대선(中帶線). [建] (처마밑의) 띠 모양의 벽면 널판.
faixado *a.* 띠를 두른. 띠를 맨. 벨트를 맨. [紋章] 중대선이 있는.
faixar *v.t.* =*enfaixar*.
fajardice *f.* 홈치기. 좀도둑(질).
fajardo *m.* 좀도둑.
fala *f.* ①말. 언어. ②말하기. 발언. ③대화. 연설.
estar à fala 말이 들릴 정도로 가까이 있다.
ficar sem fala 말이 없다. 말없이 있다.
vir à fala 이해하다. 납득이 가다.
falace *a.* =*falaz*.

falácia (1) *f.* 시끄러운 말소리. 떠들썩하는 소리. 훤소(喧騷).
— (2) *f.* ①오류(誤謬). 그릇된 의견. 미망(迷妄). ②[論] 허위. ③속이기. 사기. 협잡.

falacioso *a.* 그릇된. 오류의. 사람을 현혹(眩惑)하는. 홀리는. 믿을 수 없는. 허위의. 사기적.

falacrose *f.* [醫] 탈모증(脫毛症).

falada *f.* 소문. 평판. 화제. 화제거리.

faladeira *f.* 말 많이 하는 여자. 수다쟁이.

falado *a.* ①이미 말한. 언급한. 진술한. ②화제에 오른. 유명한. ③말로써 정한. 구두로 합의한.

falador *a.* 말 많이 하는, 연설하는.
— *m.* 말하는 사람. 말 많이 하는 사람. 요설가(饒舌家). 잔소리쟁이.

falange *f.* ①(옛 그리스) 방진(方陣)(창병(槍兵)을 네모꼴로 배치하는 진형(陣形)). ②[軍] 밀집부대(密集部隊). ③[解] 지골(指骨). 지골(趾骨).

falangeal, falangeano *a.* [解] 지골(指骨·趾骨)의.

falangeta *f.* [解] 제삼지골(第三指骨·趾骨).

falangico *a.* 지골의.

falanginha *f.* [解] 제이지골(第二指骨·趾骨).

falangista *m.* (옛 그리스) 방진(方陣)의 군인; 창병(槍兵).

falansterianismo *m.* 푸리에주의(프랑스의 *Fourier*가 주장한 공산사회주의).

falansteriano *m.* 동상(同上) 공산사회주의 당원; 그 단체의 (촌락의) 일원.

falanstério *m.* 프랑스 사람 *Fourier*가 이상으로 하는 공산주의 단체; 그 단체의 공동주택(촌락).

falante *a.* 말하는. 이야기하는. 이야기 잘 하는.
bem falante 말재간이 있는. 웅변의.
— *m.* ①말하는 사람. 이야기 잘 하는 사람. ②말만 하고 실천이 없는 사람.
alto falante 확성기.

falar *v.t., v.i.* ①말하다. 이야기하다. 옛 이야기하다. ②지껄이다. 담화하다. ③연설하다. ④사실(의견·사상 등)을 전하다. 표시하다.
(*+com*). …와 회담하다. 회화하다.
(*+em*). …의 건(件)을 이야기하다. …에

관하여 말하다.
falar claro 분명하게 이야기하다. 똑똑히 말하다.
falar francamente 솔직하게 말하다. 터놓고 이야기하다.
falar alto 소리 높게 말하다.
falar baixo 낮게(낮은 소리로) 말하다.
falar bem de …을 좋게 말하다. …을 칭찬하다.
falar mal de …을 내리깎다. 악담하다.
falar de coração 진심으로 말하다.
falar à toa 어처구니없는 이야기를 하다. 막연한 말을 하다.
falar pelos cotovelos 쉴 새 없이 말하다.
falar como um livro 이야기를 잘하다. 잘 표현하다.
falar verdade 사실을 말하다.
falar sem fundamento 근거없는 이야기를 하다.
falar entre os dentes 소리 죽여(입속으로) 말하다.
falar com os seus botões 혼자 말하다.
Quanto menos fala, melhor 말은 적게 할수록 좋다.
Và falar isso para outro. 무의미한 소리마라! 그런 소리는 내게 하지마라!

falario *m.* 시끄러운 말소리. 떠들썩하는 소리.

falatório *m.* ①이야기. 잡담. ②쓸데없는 이야기. 공론(空論). ③떠들썩하는 말소리.

falaz *a.* ①그릇된. 오류(誤謬)의. ②허위의. 믿을 수 없는. 사기적인. 속이는. 사람을 현혹(弦惑)하는.

falca *f.* ①각재(角材). ②[海] 배의 파제판(波除板)《英》*side board*. ③포가(砲架)의 횡량(橫梁)에 달려 있는 협판(頰板).

falção *m.* [鳥] 매.

falcato *a.* [解·動·植] 낫 모양의 겸상(鎌狀)의. 겸형(鎌形)의.

falcatrua *f.* 속이기. 속임수. 기만. 기망(欺罔).

falcatruar *v.t.* 속이다. 그럴듯하게 속여 넘기다. 사기하다.

falcifero *a.* 《詩》낫을 지니고 있는. 낫을 휴대하고 있는.

falcifoliado *a.* [植] 낫 모양의 잎사귀(鎌形葉)가 있는.

falciforme *a.* 낫 같은. 낫 모양의. 겸형의.

falcipede *a.* [動] 발 또는 다리가 낫 모양을

falcoada–falsamente

한. 낫 모양(鎌狀)으로 휜.
falcoada *f.* 매의 떼(鷹群).
falcoado *a.* 매에 쫓기고 있는. 매가 뒤를 쫓는.
falcoaria *f.* ①매 부리는 법(鷹使術). ②매를 기르는 법. ③매사냥.
falcoeiro *m.* 매 길들이는 사람. 매 사냥꾼.
falconete *m.* ①작은 매. ②《古》(16세기의) 경포(輕砲).
falconídeo *a.* 매같은. 매에 속하는.
falconídeos *m.,(pl.)* [鳥] 매과(鷹科).
falcular *a.* 낫 같은. 낫 모양(鎌形)의.
falda *f.* =*fralda*.
faldistório *m.* [宗] (비숍(主敎)의) 접을 수 있게 된 의자. 예배용의 접는 의자.
falecer *v.i.* ①죽다. 사망하다. 별세하다. ②없어지다. 부족되다. 결핍되다.
falecer de …의 필요를 느끼다.
falecido *a.* ①죽은. 사망한. 별세한. ②없어진. 부족한. 결핍된. 필요를 느끼는.
— *m.* 죽은 사람. 고인(故人).
falecimento *m.* ①죽음. 사망. 별세. ②없음. 없어짐. 결핍. 부족.
falência *f.* ①부족. 결핍. ②파산(破産). 도산(倒産). 파탄(破綻). ③오류(誤謬). 과실.
sem falência 틀림없이.
falerno *m.* 팔레르노 포도주(이탈리아 *Falerno* 산의 백포도주).
falésia *f.* 낭떠러지. 벼랑. 절벽.
falha *f.* ①(갈라진) 금. (조금 열린) 틈. 짬. 균열(龜裂). ②흠. 결점. 결함. ③탈락(脫落). ③[印] 탈자(脫字)(인쇄한 글이 안 나온 것). ④잘못. 과실. 실패(失敗). ⑤[地質] 단층(斷層).
falhado *a.* ①(갈라져) 금이 간. 틈이 생긴. 균열(龜裂)한. ②흠 있는. 결함 있는. ③(인쇄한) 글자가 보이지 않는.
falhar *v.t.* ①(쪼개어) 금가게 하다. 틈이 생기게 하다. 균열(龜裂)하다. 홈을 만들 틈이 생기다. 균열(龜裂)하다. 홈을 만들다.
— *v.i.* ①(짝하고) 금이 가다. (갈라져) 짬이 생기다. 균열(龜裂)하다. ②(일이) 실패로 돌아가다. (겨눈 것이) 빗맞다. ③발을 잘못 디디다. 실수하다. ④(저울 따위에 단 분량이) 모자라다. (저울눈이) 틀리다. 속이다. 기회를 놓치다.
Os nossos planos falham. 우리들의 계획은 실패했다.
falho *a.* ①금이 간. 틈이 생긴. 균열한. ②(저울에 단 분량이) 모자라는. (중량이) 부족한. ③(일이) 실패한. 잘못된. ④틀린.
falibilidade *f.* 잘못할 수 있음. 실수(실패)할 수 있음. 틀릴 가능성. (겨눈 것이) 빗맞기 쉬움. 불확실.
falido *a.* ①잘못된. 깨진. ②파산(破産)한. ③모자라는. 부족한. ④(호도 따위) 속이 빈.
— *m.* 파산자(破産者).
falimento *m.* ①실수. 실패. ②잘못. 과오(過誤). ③부족(不足).
falir *v.t.* ①(일이) 실패하다. 잘못되다. ②(겨눈 것이) 빗맞다. ③(저울에 단 분량이) 모자라다. 부족되다. 결핍하다. ④(지불해야 할 것을) 다 치르지 못하다. ⑤파산하다. 도산(倒産)하다.
falite *f.* [醫] 음경염(陰莖炎).
falível *a.* 틀리기 쉬운. 실패할 수 있는. (겨눈 것이) 빗맞을 수 있는. 과오를 범하기 쉬운. 파산 가능성이 있는.
falìvelmente *adv.* 틀리기 쉽게. 불확실하게.
falmega *f.* =*fagulha*.
falo *m.* 음경(陰莖). 음경상(像).
falodinia *f.* [醫] 음경병(陰莖病).
falpórria *m.,f.* ①나쁜 사람. 악당. 무뢰한. 불한당. 못된 장난하는 놈. 남을 놀려주기 좋아하는 인간. ②뽐내는 사람. 으쓱하는 사람.
falporrice *f.* ①나쁜 행동. 고약한 행실. ②근성이 나쁨. 비열함.
falqueador, falquejador *m.* (도끼·자귀 등으로) 나무를 네모지게 깎는 사람.
falquear, falquejar *v.t.* (도끼·자귀 등으로) 나무를 네모지게 깎다. 네모진 재목을 만들다.
falqueta *f.* [撞球] (알(球)의) 뛰어 넘는 것. 도월(跳越).
falripas *f.(pl.)* ①한 줌(한 묶음)의 머리털. 부드럽고 긴 머리칼. ②난발(亂髮).
falsa *f.* [音·樂] 허음(虛音). 불협화음. (소리의) 부조화(不調和).
falsa-braga *f.* [築城] 의보(外堡). 부루(副壘). 망루. 성문탑.
falsador *m.* ①위조자(僞造者). 날조자. ②위증자(僞證者).
falsamente *adv.* 거짓으로. 속여서. 부정직하게. 불충실하게.

falsa-quilha *f.* [船舶] 부용골(副龍骨).
falsar *v.t.* ①위조(僞造)하다. ②(근(斤)·저울 따위의 눈을) 모르게 속이다. 분량을 감쪽같이 모르게 하다. ③(겨눈 것이) 빗맞게 하다. 헛되게 하다. ④(일을) 실패케 하다. (계획을) 좌절케 하다. ⑤(소리가) 안 맞게 하다. 박자를 틀리게 하다.
— *v.t.* ①거짓말하다. 속이다. ②금가기 시작하다. 깨지기 시작하다. ③(겨눈 것이) 빗맞다. ④[音·樂] 소리가 안 맞다. 음조가 틀리다.

falsa-rédea *f.* [馬具] (굴레를 연결하는) 일종의 가죽끈.

falsário *m.* ①위조자. 날조자. ②문서변조인(文書變造人). ③위증자(僞證者).

falseamento *m.* ①거짓 전하기. 잘못 전하기. 속이기. ②허위. ③(계획 등을) 좌절시키기. 실패케 하기.

falsear *v.t., v.i.* ①잘못 전하다. 거짓 전하다. 속이다. ②(일을) 실패케 하다(실패하다). (겨눈 것이) 빗맞게 하다(빗맞다). ③[音] (음조가) 안 맞게 하다. 틀리다. ④오해하다. 곡해(曲解)하다.

falsete *m.* ①지어서 내는 목소리. [音] 가성(假聲). ②가성을 쓰는 가수(歌手).

falsetear *v.i., v.t.* 지어서 내는 목소리로 노래 부르다. 부자연한 높은 소리로 노래 부르다.

falsidade *f.* ①허위. 허망. 허구(虛構). ②틀림. 오류(誤謬). ③진실하지 못함. 믿을 수 없음. 위선(僞善). ④거짓말.

falsídico *a.* 허위의. 허망한. 허구한. 거짓의. 위선의. 거짓말하는.

falsificação *f.* 위조. 변작. 변조. 가장(假裝). 곡필(曲筆). 곡해. 반증.

falsificador *m.* 위조자. 변조자. 날조자. 거짓말쟁이. 곡필가(曲筆家).

falsificar *v.t.* ①위조하다. 날조하다. (식료품 따위를) 변조(變造)하다. 나쁜 것을 섞다. ②꾸며내다. 속이다. 거짓말하다. ③곡필(曲筆)하다.

falsificável *a.* 《廢》 위조할 수 있는.

falso *a.* ①거짓의. 허위의. 허구의. 가짜의. ②위조의. 날조의. ③틀린. 잘못된. 옳치 않은. 부정(不正)의. ④속이는 믿음성이 없는. 믿지 못할.
concordância falsa [文] 성·수·격(格) 등의 불일치.
ataque falso [軍] 거짓 공격(佯攻).
chave falsa 위조 열쇠.
parta falsa (홀낏 보기에 문갈지 않은) 비밀문. 의문(擬門).
costelas falsas 가늑골(假肋骨). (기익(機翼)의) 보조소골(輔助小骨).
— *adv.* 거짓으로. 잘못하여.
em falso 잘못하여. 올바르지 못하게.
passo em falso 걸림. 실책
pôr um pé em falso 발을 잘못 디디다. 실책하다.
— *m.* ①거짓. 허위. 무실(無實). ②가짜. ③거짓말. ④거짓말쟁이.

falta *f.* ①부족. 모자람. 결핍. ②부족량. 결손. ③결석. 불참(不參). ④사망(死亡). ⑤잘못. 실수. 과실. [競技] 반칙(反則).
fazer falta de …의 부족을 느끼다. (…이) 그립다.
cometer uma falta 실수하다. 잘못을 저지르다.
á falta de 또는 *por falta de* …의 부족 때문에.
passar falta 없이 부족하게 살다,
a falta é minha 내 잘못이다. 잘못은 내게 있다.
sem falta 틀림없이. 꼭. 기어코. 기필코.

faltar *v.i.* ①모자라다. 부족하다. 결핍되다. (…의) 필요를 느끼다. ②결석하다. 불참(不參)하다. (약속 따위를) 어기다. (의무·직분 따위를) 다하지 않다. ③잘못하다. 틀리다. 실수하다. 실패하다. ④잃다. ⑤죽다.
faltar à palavra 약속을 어기다.
faltar à aula 학과(學課)에 결석하다.

falto *a.* (+*de*). (…이) 모자라는. 부족한. (…이) 없는.

falua *f.* 짐 싣는 거롯배. 바닥이 평평한 짐배.

falucho *m.* 펠러커션(船)(지중해 연안을 항행하는 돛대 셋에 삼각돛을 단 작은 범선).

falueiro *m. falua*의 사공.

fama *f.* ①(좋은 뜻의) 소문. 평판. 풍문(風聞). ②명성(名聲). 명망(名望),
de boa fama 평판이 좋은. 호평의. 명성이 있는.
de má fama 평판이 나쁜. 악평의.
ter fama 명성을 얻다. 유명해지다.
adquirir a fama 명성을 얻다.

famanaz *a.* ①평판이 좋은. 명성이 있는.

②유력한. 세력 있는.

famelga *m.*, *f.* 몹시 쇠약하고 굶주려 보이는 사람.

famélico *a.* ①배고픈. 굶주린. 기아의. ②갈망하는. 열망하는.

famigerado, famígero *a.* 이름 높은. 유명한. 명성(名聲)이 있는. 알려져 있는.

família *f.* ①가족. 가정(家庭). 식구(전체). ②일가(一家). 일족(一族). 일문(一門). 친척. ③종족(種族). 민족. ④[言] 어족(語族). [動·植] 과(科). 속(屬).
pai de família 가장(家長).

familial *a.* 가족의. 가정의. 세대의. 가족에 관한.
reunião familial 일가단란(一家團欒).
afectos familiais 가정애(愛).

familiar *a.* ①가족의. 가정의. ②가정적인. 가정용의. 세대용의. ③친한. 친밀한. ④잘 알려져 있는. 잘 아는. ⑤습관된. 익숙한. ⑥쉬운. 보편적인. 통속적(通俗的)인.
— *m.* ①가족의 일원(一員). 식구 중의 한 사람. ②가족과 같은 사람. 아주 친밀한 사람. ③가복(家僕). 하인. 종.

familiaridade *f.* 친밀. 친교. 허물 없음.
A muita familiaridade é causa do menosprêzo. 지나친 친밀은 경멸의 원인이 된다.

familiarizado *a.* ①친해진. 친하게 된. ②습관된. 익숙한. (…을) 잘 아는.

familiarizar *v.t.* ①친하게 하다. 친밀되게 하다. ②(…에) 습관되게 하다. 익숙하게 하다.
—*se v.pr.* (+*com*). ①(…와) 친해지다. (…와) 사이가 좋아지다. ②(…에) 습관되다. (…에) 익숙해지다. (…을) 잘 알다 ; 정통(精通)하다.

familiarmente *adv.* ①친하게. 친밀하게. 허물없이. 치근치근하게. ②익숙하게 되어.

familismo *m.* 가족 구성(構成)에 관한 건(件).

faminto *a.* ①배고픈. 굶주린. 기아(饑餓)상태의. ②갈망하는. 열망하는. ③열렬한.

famosamente *adv.* ①이름 높게. 유명하게. ②훌륭히. 굉장히 좋게. ③현저하게.

famoso *a.* ①유명한. 이름 높은. 이름난. ②명성이 있는. 평판이 좋은. 현저한. ③훌륭한. 굉장히 좋은.

fâmula *f.* 하녀(下女). 식모. 여종.

famulento *a.* =*faminto*.

fâmulo *m.* 《古》하인. 가복(家僕). 사내종. [宗] 사교(司敎)의 종복(從僕). 사교의 수행원.

fanal *m.* ①(해안·항구 등의) 등대. 등불. 신호등(信號燈). ②선등(船燈). ③(자동차·기관차 등의) 조명등(照明燈).
fanal da esperança 희망의 서광(曙光).

fanático *a.* 광신적(狂信的). 열광적.
— *m.* 광신자. 열광자. …광(狂).

fanatismo *m.* 열광. 광신(狂信). 광신적 신앙.

fanatizador *m.* 열광하는 (사람). 광신하는 (사람).

fanatizar *v.t.* 열광시키다(하다). 광신시키다(하다).

fancaria *f.* ①(셔츠·내의속·양말 따위의) 잡화상(雜貨商). ②값싼 상품. 싸구려 잡화.
obra de fancaria 서투른 바느질(제품). 값싸고 번쩍거리는 물건.

fandango *m.* 스페인의 쾌활한 무도의 일종 ; 그 곡(曲).

fandanguear *v.i. fandango*를 추다.

fandangueiro *m. fandango*를 추는 사람.

faneca *f.* ①[魚] 대구무리. 뱅어. ②빵의 작은 조각.
ao pintar da faneca 꼭 알맞는 때에. 아슬아슬한 때에.

faneco *m.* 작은 조각(小片). 작은 양(小量).
— *a.* 《俗》아직 익지 않은. 시든. 이운.

fanerogamia *f.* [植] 현화(顯花).

fanerogâmicas *f.*(*pl.*) 현화식물.

fanerogâmico *a.* ①현화식물의. ②생식기(生殖器)를 현시(顯示)하는.

fanerógamo *m.* [植] 현화식물(顯花植物).

fanfar *v.i.* =*fanfarrear*.

fanfarra *f.* ①관악기(管樂器)만으로 구성된 악대(樂隊). 취주악대(吹奏樂隊). 브라스밴드.《英》*brass band.* ②화려한 트럼펫의 합주. ③장담(壯談). 허세(虛勢). 과시(誇示). 우쭐하기. 뽐내기.

fanfarrão *m.* 장담하는 자. 과시하는 자. 우쭐하는 사람. 허세부리는 자. 허풍 떠는 자.

fanfarrear, fanfarronar *v.i.* 우쭐하다. 뻐기다. 으쓱대다. 뽐내며 걷다. 활보하다. 허세부리다. 허풍 떨다. 자랑하다.

fanfarrice, fanfarronice *f.* 장담(壯談).

큰 소리. 허갈(虛喝). 과시(誇示). 우쭐하기. 뽐내기. 뻐기기. 허세. 허장성세(虛張聲勢). 활보. 허풍떨기.

fanfarronada *f.* =*fanfarrice*.
fanfurrinice *f.*《俗》=*fanfarrice*.
fanha *m.*, *f.* 콧소리로 말하는 사람.
fanhoso *a.* 콧소리의. 콧소리 내는. 콧소리로 말하는.
— *m.* 콧소리로 말하는 사람.
fanicar *v.i.*《俗》작은 양(小量) 또는 작은 소득(所得)에 만족하다.
fanico *m.* ①작은 조각(小片). 세편(細片). ②부서진 조각. 파편(破片). 단편(斷片). (옷감 따위) 재단하고 남은 것. 찌꺼기. ③작은 일. 소소한 일. 소소한 품삯. ④《俗》기절. 졸도(卒倒). 지랄병의 발작.
faniqueiro *a.*《俗》소소한 일(작은 돈벌이)만 찾아다니는. 싸구려 품일하며 다니는. 에누리를 붙여 싸구려로 파는.
fanqneiro *m.* ①작은 포목상. 서투른(바느질·솜씨).
fanquito *m.* 기절. 졸도. 실신(失神). 지랄병 발작.
fantascópio *m.* 환등영화기(幻燈映畵機).
fantasia *f.* ①환상(幻想). 환영(幻影). 공상. 기상(奇想). 상상(想像). ②일시적 기분. 내키는 생각. 변덕. 색다른 취미. ③상상력. 상상물. 상상화. ④《樂》환상곡. *baile de fantasia* 가장(假裝舞蹈會).
fantasiador *a.*, *m.* 환상하는 (사람). 공상하는 (사람).
fantasiar *v.t.* 환상하다. 공상하다. 상상하다.
fantasioso *adv.* 환상하여. 공상하여. 환상적으로. 색다르게. 기묘하게. 진기하게. 환상의. 환영(幻影)의. 상상의. 공상의. 기묘한. 진기(珍奇)한. 공상이 가득찬. 가공적인.
fantasista *a.* 실제적이 아닌. 상상(공상)에만 의하여 작위하는. 실용이 아닌.
— *m.*, *f.* ①상상화가(想像畵家). ②몽상가(夢想家). 공상가.
fantasma *f.* ①환상. 환영(幻影). 공상. 상상. ②유령. 요괴(妖怪). 도깨비. ③유명무실. 허상. ④유령처럼 여윈 사람. 전율케 하는 물건.
fantasmagoria *f.* ①환상. 환영. 망상(忘想). 착각. ②변화불측한 광경. 화면의 변화. 환상적 영화(幻想的映畵).

fantasmagórico *a.* 환상의. 환상적인. 환영의. 공상의. 변화불측한.
fantástico *a.* ①환상의. 공상의. 공상적. 환상적 영화의. ②색다른. 기이한. 진기(珍奇)한. ③믿을 수 없는. 말이 안 되는. 일시적 기분의.
contos fantásticos 괴담(怪談). 진담(珍談).
ideia fantástica 기상(奇想).
venda fantástica. 다 팔림. 매진(賣盡).
fantil *a.* (특히 말이) 순혈종(純血種)의. 양종(良種)의.
fantochada *f.* ①인형극(人形劇). ②어리석은 수작. 바보같은 이야기.
fantoche *m.* 꼭두각시. 괴뢰(傀儡). 앞잡이. *exército de fantoche* 괴뢰군.
faqueiro *m.* ①대소(大小) 여러 가지 칼을 넣는 통(특히 식사용 칼·식기 등 넣는 것). ②칼붙이 만드는 사람; 그 장수.
faquinha *f.* (*faca*의 지소어). 작은 칼.
faquino *m.* (교회의) 청소부. 소제부.
faquir, fakir *m.* 회교·바라문교(婆羅門教)의 고행자(苦行者). 수도사. 동냥중.
faquirismo *m.* 수도사의 고행. 탁발수행(托鉢修行).
faquista *m.* ①칼붙이(흉기)를 쓰는 사람. ②살해자. 가해자.
farádio *m.* [電] 패럿(정전기 용량(容量)의 실용단위).
faradização *f.* [醫] 유도전기요법(療法).
faradizer *v.t.* [醫] 유도전기를 일으키다.
faramalha *f.* ①쓸데없는 잡담. 공론(空論). ②잘난 체하기.
farândola *f.* 남루한 옷(누더기 옷)을 입은 부랑자의 떼. 깡패도당.
farandolagem *f.* 부랑자의 집단. 깡패(행실).
faraó *m.* 파로. 파라오(옛날 이집트의 왕).
faraónico *a.* 파로의. 파라오의.
farar *v.t.* (…을) 찾다. 찾아다니다. (…을) 줍다. 주으며 다니다.
farauta *f.* 늙은 암양.
faraute *m.* ①《古》통역(通譯). 전달자(傳達者). 사자(使者). ②(숙사 따위의 준비를 위한) 선발자(先發者). 선구자. ③참견하기 좋아하는 사람.
farda *f.* ①정복(正服). 제복(制服). 군복(軍服). 경찰복. ②《俗》군인생활.
farda de criado 마련해 준 옷. 정복.
fardado *a.* 제복을 입은. 군복을 입은.

fardagem *f.* ①《古》여행짐 전체. 고리짝 전부. ②피륙. 직물(織物).

fardalhão *m.* 화려한 군복(제복).

fardamento *m.* 제복(制服). 경찰복. 군복 관복(官服).

fardão *m.* 큰 예복(大禮服). 군인의 정장(正裝).

fardar *v.t.* 제복(군복)을 지급하다. 제복(군복)을 입히다. (호텔 종업원·하인 등에) 정복(正服)을 입히다.
— **se** *v.pr.* 제복(군복)을 입다.

fardel *m.* =*farnel*.

fardelagem *f.* 많은 묶음. 많은 짐짝(고리짝).

fardeta *f.* ①(사병이 작업할 때 입는) 짧은 군복. 작업복. ②작은 정복. 작은 제복.

fardete *m.* 작은 묶음. 작은 소포.

fardo *m.* ①묶음. 소포(小包). 짐궤짝. ②부담(負擔). (…의) 하중(重荷).
o fardo da vida 고생스러운 인생. 삶의 무거운 부담.

farejar *v.t., v.i.* 냄새 맡다. 냄새로 찾아내다(알아채다). (…을) 깨닫다. 간파(看破)하다. 탐지하다.《俗》조사하다. 심사하다. 밝히다.

farejo *m.* 냄새 맡기. 냄새로 찾기(알아채기). 깨닫기. 간파(看破).

fareláceo *a.* 밀기울 같은. 겨 비슷한. 밀기울이 되는.

farelada *f.* ①많은 밀기울. 겨투성이 된 상태. ②물에 섞은 밀기울.

farelagem *f.* 작은 양(少量)의 밀기울(겨).《俗》아주 작은 분량. 근소(僅少). 보잘 것 없는 것.

farelento *a.* 밀기울이 많은. 밀기울(겨) 투성이의. 밀기울을 많이 내는.

farelhão *m.* ①작은 곶(小岬). ②바위가 많은 작은 섬. 암초(暗礁). ③낭떠러지. 벼랑. 절벽.

farelice *f.* ①장담(壯談). 큰소리. 자랑. 과시(誇示). 자만.

farelo *m.* ①밀기울. 겨. ②사소한 것(일). 보잘 것 없는 물건.

farelório *m.* ①(밀기울처럼 별로) 가치 없는 것. 보잘 것 없는 것. 쓸모 없는 것. 사소한 것. ②상대할 바도 못되는 말(일). ③적은 금액.

farfalha *f.* 줄질하는 소리. 금속을 깎는 소리. 시끄러운 소리.

farfalhas (*pl.*) 줄밥. 금속찌끼. 쇠찌끼. 가치 없는 것. 보잘 것 없는 것.

farfalhada *f.* ①줄질하기. 금속을 깎기. ②줄질하는 소리. 쇠를 깎는 거친 소리. 소음(騷音). ③떠들썩하기. 쓸데없는. 잡담. 공론(空論). 큰 소리. 대포. 허풍.

farfalhador, farfalhão *m.* ①떠드는 사람. 소음을 일으키는 사람. ②말을 많이 하는 사람. 쓸데없이 지껄이는 사람. ③호언장담하는 자. (과장한) 자랑을 하는 자. 허풍선이.

farfalhar *v.t., v.i.* ①줄질하다. 금속을 깎다. 줄질하는 시끄러운 소리를 내다. ②떠들다. ③생각나는대로 무책임하게 말하다. ④장담(壯談)하다. 큰소리치다. 허풍떨다. 자랑하다.

farfalharia, farfalheira *f.* =*farfalhada*.
— (*pl.*) 부인복(婦人服)의 목 둘레에 다는 장식용(裝飾用)의 리본.

farfalheiro *a.* 말재간이 있는. 말 많은. 떠들썩하는. 과장(誇張)해서 이야기하는. 부는. 허풍 떠는.

farfalhento *a., m.* ①말 잘하는 (사람). ②말을 많이 하는 (사람). 떠들썩하는 (자). ③보태어 이야기하는 (사람). 허풍 떠는 (사람).

farfalhice *f.* ①쓸데없는 소리. 시시퀸 잡담. ②호언장담. 큰소리. 대포불기. ③우쭐하기. 제 잘난 체하기. 뽐내기. 허세(虛勢).

farfalho *m.* ①되는대로 하는 말. 앞뒤를 생각지 않은 발언. 방담(放談). 방언(放言). 허풍. ②[醫] 아구창(牙口瘡).

farfalhoso, farfalhudo *a.* 생각나는대로 무책임하게 말한. 전후를 헤아리지 않고 발언한. 쓸데없이 호언장담하는. 큰소리 치는. 허풍 떠는.

farfancia *f.* =*farfalhice*.

farfante *a., m.* =*farfalhento*.

farinação *f.* 가루로 만들기. 제분(製粉).

farináceo *a.* 가루의. 가루를 내는. 가루같은. 녹말질의. 전분질(澱粉質)의.
— *m.* 전분성 물질.

farinar *v.t.* 가루로 만들다. 제분하다.

faringe *f.* [解] 인두(咽頭).

faríngico, faríngeo *a.* [解] 인두의.

faringite *f.* [醫] 인두염(咽頭炎).

farinha *f.* ①가루. 곡분(穀粉). ②(특히) 밀가루.

farinha de trigo 밀가루.
farinha de milho 옥수수가루.
farinha de mandioca 만죠까가루.
farinha de pau 만죠까가루의 별명.
ser da mesma farinha 같은 종류(同類)이다.
fazer farinha com alguém …사람과 사이좋게 살다.

farinhada *f.* ①많은 양(大量)의 가루. ②가루(특히 만죠까가루)를 만드는 곳.
farinheira *f.* ①돼지고기와 밀가루(또는 빵의 속)을 넣는 순대(소시지). ②(특히) 만죠까가루를 담는 그릇.
farinheiro *m.* 밀가루 장수. 밀가루를 배달하는 사람.
farinhento *a.* 가루의. 밀가루의. 분질(粉質)의. 가루 같은. 가루를 씌운(입힌). 전분질이 있다.
farinhoso *a.* 가루가 많은. 가루투성이의. 전분질이 풍부한.
farinhudo *a.* 전분질(澱粉質)이 풍부한.
farisaico *a.* 바리새 사람(주의)의. 형식에 구애되는. 위선(僞善)의.
farisaísmo *m.* 바리새 주의(파). 형식주의. 위선.
fariscar *v.t., v.i.* =*farejar*.
fariseu *m.* 바리새(파의) 사람. 종교상의 형식주의자. 위선자.
farmacêutico *a.* 약제학의. 제약학(製藥學)의. 조제학의. 조제법의.
— *m.* 약제사. 조제사(調劑師).
farmácia *f.* ①약방. 약국. ②약제상. 제약업. ③약종(藥種). ④제약술. 조제술. 약학.
farmacologia *f.* 약학. 약물학(藥物學).
farmacológico *a.* 약학의. 약물학의.
farmacopéia *f.* 약국방(문). 약전(藥典). 약종(藥種). 약물류. 제약서(製藥書).
farmacopola *m., f.* ①약제사. 조제사. ②엉터리 의사. 돌팔이 의사.
farnel *m.* ①여행용 휴대 양식. ②휴대 양식을 넣는 주머니.
faro *m.* ①동물(특히 개)의 후각(嗅感). 후력(嗅力). ②(짐승의) 냄새. ③흔적. 형적(形跡). 발자국.
farofa *f.* 만죠까가루에 기름을 약간 넣고 미숫가루로 한 것.
farofeiro *m.* 자랑하는 사람. 허풍 떠는 사람.

farófia *f.* ①만죠까가루를 주성분으로 한 식품(食品). ②《俗》 별로 보잘 것 없는 것. 시시한 것. ③내용이 없는 자랑거리. 허세(虛勢). 불기. 큰소리. 호언장담. 허풍.
farol *m.* ①등대(燈臺). ②선등(船燈). 장등(橋燈). (돛대 머리에 있는 횐등). ③(기관차·자동차 등의) 전조등(前照燈). (헤드라이트).
faroleiro *m.* 등대지기.
farolete *m.* 작은 등(小燈). 스포트라이트. (자동차의) 뒷등. 미등(尾燈)(테일라이트).
farolim *m.* ①작은 등대. ②작은 등(燈). 작은 신호등.
farota *f.* =*farauta*.
farpa *f.* ①가시. 미늘. 갈고리. ②(투우용(鬪牛用)의) 자창(刺創). ③인체(人體)에 꽂혀 있는 가시. ④갈라진 틈. 약간 열린 짬. 삼각형의 기(旗).
farpado *a.* ①가시 있는. 미늘 돋친. 갈고리가 있는. ②째진. 찢어진. 갈라진.
arame farpado 가시철(有棘鐵線).
farpante *a.* ①미늘 돋친. ②째는. 찢는. 가르는. 토막치는. 촌단(寸斷)하는.
farpão *m.* ①미늘(갈고리) 있는 창(槍). 투창(投槍). ②고래 작살. 물고기 찌르는 갈고리. 정신상의 타격.
farpar *v.t.* ①갈고리를(미늘을) 달다; 걸다. ②째다. 찢다. 토막치다.
— *v.i.* 째지다. 토막이 되다. 촌단(寸斷)되다.
farpear *v.t.* (미늘 있는) 창으로 찌르다. 자창(刺槍)으로 투우를 찌르다. 창으로 상처를 입히다.
farpela (1) *f.*《卑》옷. 의복.
— (2) *f.* (편물할 때 쓰는) 바늘. 갈고장이 바늘.
farra *f.* ①술을 차리고 떠들기. 마시며 노래 부르기. ②《俗》 매음굴. 창녀(娼女)의 집.
farragem *f.* 주워 모은 것. 잡동사니.
farrancho *m.* ①휴일의 향락자(享樂者). ②부랑자의 떼. 깡패.
farrapada *f.* 많은 누더기 ; 넝마.
farrapagem *f.* ①여행짐. 고리짝. ②여러 벌의 남루(襤褸)한 옷.
farrapão *m.* 누더기를 입은 더러운 사람. 부랑아.
farrapar *v.t.* =*esfarrapar*.
farraparia *f.* 많은 누더기 ; 넝마. 넝마의

더미.

farrapeira *f.* 더러운 헝겊을 줍는 사람. 누더기를 모으는 사람.

farrapeiro *m.* 누더기를 파는 사람. 넝마상인.

farrapilha *m.* =*farroupilha*.

farrapo *m.* 넝마. 누더기. 남루(襤褸). 아주 헌옷. 폐의(敝衣).

farricoco *m.* 《俗》(장례식 때) 관을 들고 가는 사람. 사체운반부(死體運搬夫).

farripas *f.* =*falripas*.

farrista *a.* 까불며 장난하는. 떠들어대며 노는. 환락하는.
— *m.*, *f.* 까불며 장난하는 사람. 술잔치에서 떠들썩하는 자. 주정꾼.

farro *m.* ①보리죽. ②일종의 케익.

farrobeira *f.* [植] (지중해산) 쥐엄나무 비슷한 상록교목.

farronca *f.* ①둑한 목소리. ②장담(壯談). 큰소리. ③우쭐하기. 으쓱대기. 허세. 고만(高慢).

farroupa, farroupilha *m.*, *f.* ①넝마를 두른 사람. 누더기를 걸친 더러운 사람. ②《卑》불쌍한 인간.

farroupinho *m.* 작은 돼지. 돼지새끼.

farroupo *m.* 한 살된 돼지.

farrusca *f.* ①숯이 묻은 찌국. 오점(汚點) 검은 얼룩. ②낡고 녹슨 칼.

farrusco *a.* ①숯이 묻은. 숯으로 더러워진. 검은 얼룩이 간. 까맣게 더러워진. ②녹슨.

farsa, farsada *f.* 익살. 소극(笑劇). 웃음거리. 해학(諧謔). 해학극(劇).

farsalhão *m.* 재미없는 소극. 별로 우습지 않은 익살.

farsanta *f.* 소극(笑劇) 여배우.

farsante *m.*, *f.* 익살꾼. 소극 배우. 못난 짓하는 사람.

farsantear *v.i.* ①익살떨다. 익살부리다. 소극하다. ②놀려대다. 희롱하다. 야유하다.

farsista *m.*, *f.* 익살꾼. 소극 배우.
— *a.* 희롱하는. 치근치근 구는.

farsola *m.* ①못난 짓. ②허풍. 헛된 소리. ③익살쟁이. 희롱적 농담을 잘 하는 사람. ④부는 사람. 호언장담하는 자. 허풍선이.

farsolar *v.i.* ①놀리다. 희롱하다. 조롱하다. 떠들다. ②못난 짓하다. 익살떨다.

③불다. 호언장담하다. 허풍떨다.

farsolice *f.* ①우스운 짓. 못난 짓. ②익살. 해학(諧謔). ③장담(壯談). 큰소리. 불기. ④야유. 희롱. 조롱.

fartação *f.* 가득함. 충만(充滿). 풍만(豊滿).

fartadela *f.* ①배부르게 먹음. 포식(飽食). 만복(滿腹). ②많음. 풍부.

fartamente *adv.* 가득하게. 충분히. 충만하게.

fartar *v.t.* 배부르게 먹이다. 실컷 먹이다 (마시게 하다). 만족시키다. 욕망을 채워주다.
— *v.i.*, —**se** *v.pr.* 배부르게 먹다. 만족하다. 싫어지다.
a fartar 배부르게. 배가 가득차게. 실컷.

farte, fartem *m.* 편도(扁桃)로 만든 케이크. 아몬드 과자.

farteza *f.* =*fartura*.

farto *a.* ①배불리 먹은. 실컷 먹은. 배부른 (너무 먹어서) 싫증난. ②가득한. 충만한. 풍부한. 흡족한. ③비옥(肥沃)한.

fartote *m.* ①너무 많음. 차고 넘치는 것. 배부른 것. 포만(飽滿). ②(상품 따위) 공급과잉. 재하과다(在荷過多).

fartum *m.* 곰장이 핀 냄새. 썩은 냄새. 고약한 냄새. 역한 냄새. 기분 나쁜 냄새. 악취.

fartura *f.* ①많음. 풍부. 풍족. 충만. 충실(充實). 흡족(治足). ②배부름. 만복(상태).

fás *m.* 올바름. 정의(正義).
por fás e por nefas 정부정(正不正)에 상관없이. 어떤 수단을 써서라도.

fascal *m.* 짚(볏짚)의 더미.

fasces *m.*(*pl.*) 권력 표시의 막대 다발(옛 로마의 고관의 선구(先驅)인 *Lictor*가 받들던 권표(權標); 묶은 막대 사이에서 도끼날이 내보이게 한 것).

fascia *f.* [解] 근막(筋膜: 피부·근육(筋肉) 기타 조직. 혹은 기관(器官) 사이에 있는 막(膜)).

fasciação *f.* [植] 대화현상(帶化現象).

fasciculado *a.* ①조그만 묶음으로 된. 섬유상(纖維狀) 다발의. 총생(叢生)의. ②분책(分冊)으로 된.

fascicular *a.* 조그만 묶음의. 속상(束狀)의. 총생의. 섬유상 다발의.

fascículo *m.* ①[植] 밀산화서(密繖花序). (꽃잎 등의) 다발(叢生). 밀속(密束). [解]

신경·근육 기타 섬유상 조직(纖維狀組織)의 다발. ②(나누어 출판하는 책의) 한 권. 분책(分冊).

fascinação *f.* 매혹(魅惑). 고혹(蠱惑). 마음을 홀리게 함. 요염(妖艶). (최면술의) 감응(感應). (뱀의) 노려봄. 황홀.

fascinador *a.*, *m.* 매혹하는 (것). (정신을) 홀리는 (것). 요염한 (미인). 마술쟁이.

fascinante *a.* 매혹하는. 매혹적. 홀리는. 황홀케 하는.

fascinar *v.i.* 매혹하다. 홀리다. 뇌쇄(惱殺)케 하다. 황홀케 하다. (뱀이 개구리 따위를) 노려보다. 쏘아 보아서 움츠리게 하다.

fascínio *m.* 매혹. 고혹(蠱惑). 마음을 홀리기. 노리기. 요염(妖艶).

fascíola *f.* ①(양의 간(肝)에 기생하는) 디스토마. ②[植] 은화(隱花) 식물의 일종.

fascismo *m.* 파시즘. 국수주의(國粹主義). 독재적 국가사회주의.

fascista *a.* 파시즘의. 국수주의의.
— *m.*, *f.* (이태리의) 파시스트 당원. 파시즘 신봉자.

fase *f.* ①상(相). 형상(形相). 사상(事相). [天] 달의 위상(位相). 차고 기울기. [醫] 반응 시기. [理·電] 상. 상상(狀相). 위상. 페이즈. ②국면. 정세. 상태. 위상.

faséolo *m.* *feijão*. (콩)의 학명(學名).

fasquia *f.* [建] 외(椳∶지붕·벽·바닥의 대(가는 나뭇가지)). 또는 창살(덧문의 재료인 가느다란 나뭇조각).

fasquiar *v.t.* 외를 깔다. 외를 엮다. 외를 붙이다.

fastidiosamente *adv.* 싫증나게. 염증느끼게. 심술궂게. 까다롭게.

fastidioso *a.* ①싫증나게 하는. 권태케 하는. 식욕을 잃게 하는. ②심술궂은. 괴팍스러운. 비뚜러진. 짖궂은.

fastiente *a.* ①싫증나게 하는. 권태케 하는. 입맛을 없애는.

fastigiado *a.* [植] ①윗머리가 뾰족한. 끝이 가느다란. ②(나무가) 높고 무성하게 자란.

fastigio *m.* ①지붕꼭대기. 나무의 꼭대기. ②최고점. 절정. ③극치(極致).

fastio *m.* ①식욕결핍(食慾缺乏). 입맛이 없음. ②실증. 권태.

fastioso *a.* =*fastidoso*.

fasto (1) *a.* ①행복한. ②번영하는.
— *m.* ①겉치레. 허식. 자랑. ②화려. 장려(壯麗). 호사(豪奢).
— (2) *a.* (옛 로마) 공사(公事)를 맡아보는(취급하는).

fastos *m.*(*pl.*) (옛 로마) 연중행사 기록표(年中行事記錄表). 연대기(年代記). 연보(年譜).

fastosamente *adv.* 화려하게. 호사스럽게. 부귀영화를 누리며.

fastoso, fastuoso *a.* 화려한. 장려(壯麗)한. 호사스러운. 부귀영화의.
— *m.* 호사한 사람. (물질을) 아끼지 않고 쓰는 사람.

fataça *m.* [魚] 숭어(鯔).

fatacaz *m.* ①(빵·치즈 등의 베어낸) 큰 조각. 후편(厚片). ②애정(愛情).

fatal *a.* ①운명적인. 숙명적인. 치명적인. ②필연(必然)의. 필연적인. 필연코 오고야말. 어찌할 수 없는. 피할 수 없는. ③불행한. 불운한.

fatalidade *f.* ①운명. 숙명. 천명(天命). 피할 수 없는 것. (인간의 힘으로) 어찌할 수 없는 것. ②인과(因果). 불운. 불행. 재앙(災殃).

fatalismo *m.* ①운명론. 숙명관(宿命觀). 결정론(決定論)(사람에게는 의지(意志)의 자유가 없다는 설). ②필연코 닥쳐올 일. 불행한 일. 재화(災禍). 재앙.

fatalista *a.* 운명론의.
— *m.*, *f.* 운명론자. 숙명론자.

fatalmente *adv.* ①운명적으로. 숙명적으로. ②필연적으로. 필연코. 틀림없이. 피할 수 없이. ③불행하게.

fateixa *f.* ①네 갈고리 닻(적의 배나 작은 배를 걸어잡기 위한 작은 닻(小錨)). ②(쇠고기·돼지고기 등을) 달아 매는 갈고리(吊錨).

fateixar *v.i.* *fateixa*로 걸다(고정시키다. 닫다).

fateusim *a.* 영대대차(永代貸借)의.
— *m.* 영대차지(借地).

fatia *f.* ①(빵·치즈·고기 등의) 얇은 조각(薄片). ②뜻하지 않은 선물. (땅 속에서 파낸 보물같은) 생각도 안한 것.

fatiar *v.t.* (빵·치즈·고기 등을) 얇게 베다 ; 끊다 ; 썰다.

fatidicamente *adv.* 운명적으로. 숙명적으로. 치명적으로. 운명을 예언하여.

fatídico *a.* 운명적인. 피할 수 없는 숙명을 지닌. 치명적인. 운명을 예언하는. 예언의 힘이 있는. 불길한. 불행한.

fatigado *a.* ①피로한. 고단한. ②싫증난.

fatigador *a.*, *m.* 피로케 하는(것·사람). 싫증 느끼게 하는(것·사람).

fatigamento *m.* ①피로. 피곤. 쇠곤(衰困). ②힘드는 일. ③고생. 노고(勞苦).

fatigante *a.* 피로케 하는. 싫증나게 하는. 권태를 느끼게 하는.

fatigar *v.t.* ①피로케 하다. 피곤하게 하다. ②싫증나게 하다. 권태케 하다.
— *v.i.*, —*se* *v.pr.* 피로하다. 싫증나다. 권태하다.

fatigoso *a.* =*fatigante*.

fatiloquente, fatiloquo *a.* 《詩》운명을 예언하는. 예언의 힘 있는.

fatiota *f.* ①의복. 의상(衣裳). 《轉》(여러 벌의) 남루한 옷. 넝마의 더미.

fatitivo, fatível *a.* =*factitivo. factível*.

fatniorragia *f.* 치조출혈(齒槽出血).

fato (1) *m.* ①옷. 의복. ②양떼(羊群). ③가구(家具). 가재(家財).
— (2) *m.* ①(실지로 있은) 일. 사실. 실제(實際). 기실(其實). ②(범죄의) 사실. 현행. ③진술한 사실. ④사리(事理).
de fato 실제로. 참으로. 과연.
estar ao fato de …을 잘 알고 있다.

fator *m.* ①실행자. 집행자. (어떤 현상의) 요소. 요인(要因). 원동력(原動力). ③[數] 인수(因數). 인자(因子).

fatuidade *f.* ①어리석음. 얼빠짐. 저능(低能). 천치(天痴). ②자부심이 강함.

fátuo *a.* ①얼빠진. 어리석은. 우둔한. 저능한. 천치의. ②자부심이 강한. 멋없이 으쓱대는. 뽐내는.
fogo fátuo ①도깨비불. 인화(燐火). ②일시적인 영예. 일시적인 기쁨.

fatura *f.* [商] 송장(送狀). 계산장(計算狀).
tirar uma fatura 송장을 만들다.

faturamento *m.* 송장작성(送狀作成). 계산장(計算狀)에 기입하기.

faturar *v.t.* [商] 송장을 만들다. 송장(계산장)에 기입하다.

fauce *f.* [植] (꽃받침·꽃부리 따위의) 밑부분. [解] 인두(咽頭). 인후. 목구멍.

faular *v.t.*, *v.i.* 불꽃이 튀다. 스파크하다.

faulha *f.* ①불꽃. ②보드러운 가루. ③아주 적은 분량. 근소(僅少).
faulhas (*pl.*) 아무런 가치 없는 물건. 보잘것없는 것.

faulhento *a.* ①불꽃이 튀는(번쩍이는). ②가루가 일어나는. 먼지가 일어나는.

fauna *f.* (한 지방 또는 한 시대의) 동물의 무리. 동물구계(動物區系). 동물지(動物誌).

fauniano *a.* 동물분포의. 동물구계의. 동물지적인.

fauno *m.* [羅神] 목양신(牧羊神 : 목동·농부들이 숭배하는 반인 반양의 신(神)).
fauno dos bosques 원숭이.

fausto *a.* ①행복한. 번영하는. ②볼 만한. 화려한. 장려(壯麗)한. 자랑할만한. 허식적인.
— *m.* 굉장한 광경. 장관. 장려. 화려. 영화(榮華). 화미(華美).

faustoso, faustuoso *a.* ①행복한. ②볼만한. 화려한. 장려한. ③호사(豪奢)스러운. 영화를 누리는.

fautor *a.*, *m.* ①감싸주는 (자). 옹호하는 (자). ②조장하는 (자). 선동하는 (자). 교사하는 (자).

fautoria *f.* ①옹호. 방조. 지지. ②조장(助長). 장려. 교사. 선동.

fautorizar *v.t.* ①옹호하다. 비호(庇護)하다. 방조하다. 조장하다. 장려하다. 교사하다. 선동하다.

fautriz *f.* 옹호하는 여자. 선동(교사)하는 여자.

fava *f.* 잠두(蠶豆). 말의 시큐료 되는 잠두.
javas contadas 틀림없는. 확실한.
Vá à fava. 인제는 그만해라! 네 일이나 봐! 물러가라!

faval *m.* 잠두밭.

favaria *f.* ①많은 잠두. ②잠두밭.

favela *f.* 빈민굴(貧民窟). 빈촌. 빈민가(街).

favelada *f.* ①빈민굴에 사는 여자. ②빈민의 정착 상태.

favelado *m.* 빈민굴에 사는 사람.

favila *f.* ①재(灰). ②재에 덮인 숯불.

favo *m.* ①벌집. 꿀벌집. ②벌집 모양(蜂巢狀)의 편물. ③달콤한 물건.

favonear *v.t.* =*favorecer*.

favónio *m.* (의인화(擬人化)된) 서풍(西風). 《詩》연한 바람. 화풍(和風).

fovor *m.* ①친절. 호의(好意). ②은혜. 은총(恩寵). 혜택. ③돌보기. 보호. 옹호. ④편의(便宜). 편의를 도모하기. 특전(特典)을 주기. ⑤도와주기. 방조. 원조. ⑥찬의(贊意). 찬성. ⑦청(請). ⑧[商] 서한. 귀한(貴翰). ⑨편애. 두둔.

a favor de 또는 *em favor de* …을 위하여. …의 편의를 위하여.
com o favor de …에 의하여. …의 덕분으로.
faça o favor de (또는 *faça me o favor de*) 제발 …을 해 주십시오.
por favor 원컨대. 제발. 어서.

favorável *a*. 유리한. 편의한. 촉망되는. 바람직한. 택할 만한. 호의적인. 찬성의. 찬성할 만한.

favoravelmente *adv*. 유리하게. 편의하게. 순조롭게. 뜻하는대로. 찬성할 만하게.

favorecedor *a*., *m*. 호의를 베푸는 (사람). 편의를 도모해 주는 (사람). 마음들게끔 하는 (것). 도와주는 (사람).

favorecer *v.t.* 호의를 베풀다. 편의를 도모하다. 혜택을 주다. (잘 되게끔) 도와 주다. 마음에 들도록 한다. 유리하게 하다.
—**se** *v.pr*. 호의를 받다. 혜택을 받다. 도움을 받다. 마음에 들다 ; 내키다.

favorita *f*. 친애하는 여자. 총애하는 여성. 가장 마음에 드는 사람 (여성).

favoritismo *m*. 편애(偏愛). 두둔. 편들기. 편파(偏頗). 정실(情實).

favorito *a*. 가장 사랑하는. 지극히 좋아하는. 마음에 드는.
— *m*. ①가장 사랑하는 사람 (남자). 정든이. 마음에 드는 분. ②인기정치가(人氣政治人). 총아(寵兒). 총신(寵臣). ③[競馬] 마음에 드는 말. ④특히 좋아하는 물건. 애호물.

favorizar *v.t.* 《古》=*favorecer*.

faxina *f*. ①나뭇단. 동나무. ②[工·軍] 나뭇다발(흙을 흘러 내리지 못하게 하는). ③《俗》파괴. 황폐. 유린.

faxineiro *m*. 청소부. 잡역부(雜役夫).

fazedor *m*. ①만드는 사람. 제작자. ②행하는 사람. 행위자.

fazedura *f*. ①만들기. 만드는 동작. ②행위.

fazenda (1) *f*. 농장. 농원. 경작지. 목장. 시골의 저택. 별장을 낀 전원(田園).
— (2) *f*. 옷감. 천. 피륙.
fazenda de lã 비단.
fazenda de linho 아마포(亞麻布). 린넬.
fazenda de fantasia 여러 가지 별난 색깔 또는 모양있는 옷감.
loja de fazendas 포목상점. 피륙상점.
— (3) *f*. 재정(財政). 재산.
fazenda pública 국유재산.
problema de fazenda 재정문제. 재정계획.
ministrio da fazenda 재무부.
ministro da fazenda 재무부장관.

fazendário *a*. 재정의. 국고(國庫)의.

fazendeiro *m*. ①농부. 경작자. 농업. ②농장주(主). 목장주.

fazendola *f*. 작은 농장. 작은 경작지.

fazer *v.t.*, *v.i.* 만들다. 제작하다. 행하다. 행사하다. 애쓰다. 노력하다.
fazer alguma coisa 무엇인가 하다.
fazer uma bôa ação 좋은 행동을 하다. 좋은 연기(演技)를 하다.
fazer um favor 호의를 베풀다. 돕다.
fazer um serviço 일하다. 봉사하다. 돌보다.
fazer uma gentileza 친절을 베풀다.
fazer o seu dever 자기의 의무를 이행하다.
fazer nada 아무것도 하지 않다.
fazer negócio 상사거래를 하다. 장사를 하다. 협상하다.
fazer justiça (정의의 행동을 하다) 정당히 취급하다. (옳고 그른 것을) 공평히 평가하다.
fazer loucura 어리석은 짓을 하다. 미친 노릇을 하다.
fazer penitência 참회를 하다.
fazer um exercício 연습(복습)을 하다.
fazer uma tarefa 맡은 일(과업)을 하다.
fazer algo às escondidas …을 비밀히 해치우다. …을 몰래 하다.
fazer compras 물건을 사들이다. 장을 보다.
fazer uma sujeira 비열한 일을 하다. 부정(不正)한 일을 하다. (경제적으로) 더러운 행동을 하다. (정치적·인격적으로) 깨끗하지 못한 짓을 하다.
fazer uma confissão 고백하다. 고해를 하다.
fazer um discúrso 연설하다.
fazer uma declaração 선언하다. 성명(聲明)하다.
fazer concessões 양보하다.
fazer um juramento 선서(宣誓)하다.
fazer promessa 약속하다.
fazer proposta 제안하다.
fazer uma guerra (*paz*) 전쟁(평화)을 하다.

fazer uma visita 방문하다.
fazer um brinde 축배를 들다.
fazer uma festa 연회를 차리다.
fazer presente 선물을 하다.
fazer progresso 발전하다.
fazer um tratado 조약을 체결하다.
fazer uma viagem 여행하다.
fazer uma conta 계산하다.
fazer conta de 마음에 간직하다. 유심(留心)하다.
fazer de conta que 가정(假定)하다.
fazer caretas 얼굴을 찌푸리다.
fazer uma careta 상을 찡그리다.
fazer bem 잘하다. 맞게 하다.
fazer mal 나쁘게 하다. 해롭다.
fazer uma experiencia. (기술적 직장에 취직할 때의) 능력을 시험하다.
fazer água 물이 나오게 하다. 물이 새게 하다. 물이 스며들게 하다.
fazer fogo 불놓다. 불지르다.
fazer frio (*color*) 날씨가 춥다(덥다).
fazer frente 대항하다.
fazer medo 두려워하다. 무섭게 하다.
fazer menção 언급하다.
fazer a borba 면도하다.
fazer cara feia 상을 찌푸리다. 험상(險相)을 짓다.
fazer falta 보사나냐. 부족뇌세 하나.
fazer cruzes na boca 굶주리다. 아무것도 안 먹다.
fazer o melhor que se pode 최선을 다하다.
fazer tudo que se pode 가능한 것을 다하다.
fazer o que se quer 원하는 것을 하다.
fazer a vontade de Deus. 신(神)의 뜻에 따라 하다.
fazer muitos anos 오래되다. 여러 해 되다. 수년이 걸리게 하다.
Faz 5 anos que o vi. 그 사람을 본지 5년이 된다.
dar que fazer 수고를 끼치다.
dito e feito 말하자마자. 즉시. 즉석에.
Ela fez de chorar 그 여자는 울면서 했다.
Chá me faz bem (*mal*). 차(茶)는 나에게 좋다(나쁘다).
Este remédio faz me bem. 이 약은 나에게 좋다. (나의 병에 효능이 있다).

Linda plumagem faz belos pássaros. 깃털이 고우면 새도 아름답다.
São as gotas de água que fazem o oceano. 대양(大洋)을 만드는 것도 물방울이다. 티끌모아 태산.
A ocasio faz o ladrão. 기회가 도둑심을 일으킨다.
Verdadeira felicidade está em fazer osoutros felizes. 진정한 행복은 남을 즐겁게 해줌에 있다.
3 vezes 3 fazem 9. 3에 3승하면 9이다.
조동사(助動詞)로 쓰일 때는 : 시키다. 하게 하다. 하도록 하다.
fazer vir 오게 하다.
fazer ver 보게 하다.
fazer entrar 들어오게 하다.
fazer se entender 이해케 하다. 알도록 하다.
fazer crer 믿게 하다.

fazer-se *v. pr.* 되다. …의 행동을 하다. …인 체하다.
fazer-se tolo 바보인 체하다. 바보의 흉내를 내다.
fazer-se doente 가병(假病)하다. 꾀병부리다.
fazer-se à vela (배가) 항해하다.

fazimento *m*. 함. 행함. 만듦.
fazível *a*. 힐 수 있는. 행할수 있는. 만들 수 있는. 성취할 만한.
faz-tudo *m*. 《俗》 무엇이든지 하는 사람.
fé *f*. ①믿음. 신뢰. 신앙. 신념. ②신조(信條). 교지(敎旨). 교의(敎義). ③신의(信義). 성실. 충신(忠信). ④신용. 믿음성. 신빙(信憑).
bôa fé 선의(善意). 성실.
má fé 악의. 불성실. 불신(不信).
fé conjugal 정조(貞操).
dar fé a …을 신용하다. 믿다.
dar fé de …을 주목하다.
em fé de …의 증거로서.
homem digno de fé 믿을 만한 사람. 성실한 사람.

fealidade *f*. ①못생김. 미움. 추함. 보기싫음. 모양이 없음. ②추악. 추태. 추루(醜陋). ③(인격・제도 등의) 결함. 불비.
feanchão *a*. 몹시 미운. 아주 보기 싫은. 극히 추한. 몸서리치는.
— *m*. 미운 것. 보기 싫은 것.
febeu *a*. 《詩》 해의. 태양의.

febo *m.* 《詩》태양(太陽).

febra *f.* ①섬유(纖維). ②[植] 수근(鬚根). ③《俗》(섬유상의) 줄. 근(筋). ④힘. 근력. ⑤뼈・비계 등을 베어낸 고기(純肉).

febrão *m.* ①대단한 열. 고열(高熱). ②갑자기 오른 열.

febre *f.* ①열(熱). ②발열. ③열정. 열중. 열광. ④열병(熱病).
febre amarela 황열병.
febre intermitente (=*febre errática*) ①간헐열(間歇熱). ②학질. 오한(惡寒).
febre puerperal 산욕열(産褥熱).

febricitante *a.* ①열을 내는. 열을 올리는. ②열병에 걸린. ③열중하고 있는. 열광하는. ④열망하는.

febricitar *v.i.* 열이 나다. 열병에 걸리다.

febricula *f.* [醫] 작은 열(小熱). 가벼운 열.

febriculoso *a.* 열이 있는. 발열성의.

febrífugo *a.* 해열(解熱)의.
— *m.* 해열제(劑).

febril *a.* ①열의. 열성(熱性)의. 열이 나는. 발열에 기인하는. 열병을 위한. ②열광적인. 맹렬한.

febriologia *f.* 열병학.

fecal *a.* ①찌끼의. ②배설물(排泄物)의. 분(糞)의. 대변의. 《卑》똥의.
materiais fecais 배설물. 대변.

fecaloide *a.* (토한 것에서) 똥내 나는. 분취(糞臭)의.

fechado *a.* ①닫은. 닫힌. 잠겨진. ②봉(封)한. 밀폐한. ③사방(四方)이 막힌. 둘러싸인. 봉쇄된. ④(일・계산・회의 따위를) 끝낸. 종결한.
— *m.* ①편물 따위 마지막에 풀리지 않게 하는 매듭. ②《稀》밀림(密林).
de olhos fechdos 살펴보지도 않고. 맹목적으로.

fechadura *f.* 자물쇠.

fechamento *m.* ①닫음. 잠그기. 폐쇄(閉鎖). ②마감. 종결. 종료(終了). ③[建] 요석(要石). 설석(楔石).

fechar *v.t.* ①(문・창문 따위를) 닫다. (자물쇠 따위로) 잠그다. ②봉(封)하다. 막다. 폐쇄하다. ③끝내다. 결말짓다. 낙착짓다. 마감하다.
— *v.i.* — *se v.pr.* 닫히다. 닫겨지다. 잠겨지다. 폐쇄되다. 막히다. (방・실내 등에) 처박히다. 갇히다. 끝나다. 완료하다.
fechar a porta (*janela*) 문(창문)을 닫다. 폐문하다.
fechar a loja 상점을 닫다.
fechar a bolsa (부인들의) 손가방(핸드백)을 닫다.
fechar a boca ①입을 다물다. ②함구(緘口)하다.
fechar os olhos ①눈을 감다. ②(보고도) 보지 못한 것으로 하다.
fechar dentro 안에 넣고 잠그다. 안에 가두다.
fechar as contas 결산(決算)하다. 총계를 하다.
fechar o circuito [電] 회로(回路)를 막다.
fechar uma compras 그만 사다. 구매(購買)를 완료하다.
fechar ã chave 열쇠로 잠그다.

fecharia *f.* ①[機] 기갑(氣閘). ②《古》(옛날 총의) 발화 창치(發火裝置).

fêcho *m.* ①닫기. 잠그기. ②잠그는 고리. 꽂아 잠그는 쇠꼬챙이. 거는 갈고리. 빗장. 문쇠사슬(門鎖). ③닫고 열지 못하게 하는 모든 물건. ④마감. 끝. 종결. ⑤결론. 결문(結文).
fecho da abóbada [建] (홍예꼭대기의) 종석(宗石).
fechos da espingarda 방아쇠. (구식 총의) 발화 장치.

fécula *f.* ①전분(澱粉). ②침전물(沈澱物). 찌끼. 앙금.

fecularia *f.* 전분공장.

feculência *f.* ①전분성(澱粉性). ②침전물. 앙금. ③더러운 것. 쓰레기.

feculento *a.* ①전분질이 있는. ②잔재(殘滓)가 많은. 찌끼가 있는. ③더러운. 불결한.

feculista *m., f.* 전분 만드는 사람.

feculóideo *a.* 전분 같은. 전분질의.

feculoso *a.* =*feculento*.

fecundação *f.* ①[生物] 수태작용(受胎作用). 수태. 수정(受精). ②생산력을 증장함. 번식력을 증대시킴. (땅을) 비옥하게 하기. 풍요(豊饒).

fecundador *a., m.* 생산력을 증장하는 (것). 번식력을 증대시키는 (것). 비옥하게 하는 (사물・사람).

fecundamente *adv.* 다산(多産)하게. 번식력이 크게. 비옥하게. 풍요하게. 풍부하게.

fecundante *a.* ①많이 낳게 하는. 생산력을 증장하는. 비옥하게 하는. 풍요(豊富)하게 하는.

fecundar *v.t.* ①수태(受胎)시키다. 수정(受精)시키다. ②많이 낳게 하다. 번식력을 증대시키다. 생산력을 증장하다. (땅을) 비옥하게 하다. 풍요하게 하다.
— *v.i.* ①수태하다. 수정하다. 많이 낳다. 다산(多産)하다. (농작물 따위) 많이 생산하다. 크게 번식하다. ②비옥해지다. 풍부해지다. 풍요해지다.

fecundez, fecúdia, fecundidade *f.* ①(풍부한) 생산력. 번식력. ②다산(多産). 풍요(豊饒). 비옥(肥沃). ③(창작력·상상력 등의) 풍부.

fecundizar *v.t.* =*fecundar*.

fecundo *a.* ①생산력이 풍부한. 번식력이 왕성한. 다산의. (과일 따위) 많이 열리는. ②옥(沃)한. (토지가) 비옥한. ③(창작력·상상력 등이) 풍부한.

fedegosa *f.* [植] 명아주속(屬).

fedegoso *a.* 악취를 발산하는. 냄새가 고약한. 구린.

fedelho *m.* ①젖먹이. 젖내나는 아기(乳臭兒). ②《卑》미숙한 녀석. 덜된 자식. …새끼.

fedentina *f.* 고약한 냄새. 코를 들 수 없는 악취.

feder *v.i.* 악취를 내다(풍기다). 취기가 무럭무럭하다. 구리다. 아주 싫어지다.

federação *f.* ①연방(聯邦). 연방제도. ②연합. 연맹. ③결사(結社). 조합.

federado *a.* 연방으로 된. 연방제도로 된. 연합한. 연맹(聯盟)에 가입한.
— *m.* ①연방(聯邦)의 하나. ②연맹자(聯盟者).

federal *a.* 연방의. 연방정부의.
governo federal 연방정부.
distrito federal 연방구(聯邦區)(연방정부 소재지).

federalismo *m.* 연방주의. 연방제도. 연방조직.

federalista *a.* 연방제도를 주장하는.
— *m., f.* 연방주의자.

federalizar *v.t.* 연방제도로 하다. 연방에 넣다.

federar *v.t.* 연방제도를 만들다; 연방제하에 두다. 연방조직을 하다.
—**se** *v.pr.* 연방으로 되다. 연방조직체의 일원이 되다. 연합(聯合)하다.

federativo *a.* 연방(제도)의. 연방조직의. 연합의. 연합하는.

fedor *m.* 나쁜 냄새. 악취. 구린내.

fedorenta *f.* [植] 규나속(規那屬)의 속명(俗名).

fedorentina *f.* =*fedentina*.

fedorento *a.* 나쁜 냄새 나는. 구린내 나는. 코를 들 수 없는.
— *m.*《俗》근성이 나쁜 사람. 심술궂은 인간.

feiamente *adv.* 밉게. 보기 싫게. 볼 모양 없이.

feição *f.* ①모양. 형상(形狀). 형태. ②용모(容貌). 생김새. ③자세(姿勢). 태도. 풍채. ④광경(光景). 상황(狀況). ⑤성질. 기질.

feijão *m.* 콩. 단콩. 강낭콩. (공(豆類)의 총칭).
feijão soja 콩. 대두(大豆).

feijoada *f.* 말린 고기. 소시지 등을 넣고 푹 끓인 콩죽.

feijoal *m.* 콩밭. 강남콩밭.

feijoca *f.* 큰 강남콩.

feijoeiro *m.* (식물(植物)로서의) 콩. 콩나무.

feio *a.* ①미운. 못난. 못생긴. 보기 흉한. 보기 싫은. 추한. ②더러운. 누열(陋劣)한. ③천한.
— *m.* ①미운 사람. 보기 흉한 사람. 못난 사람. 보기 싫은 것. 미운 것. 누추한 일.
fazer um feio 더러운 짓을 하다. 부정(不正)한 행위를 하다.
feio como um bode 아주 밉다(염소만치 밉다).
Quem o feio ama, bonito lhe parece. 밉게 생겨도 사랑하는 그 사람에게는 예쁘게 보인다.

feira *f.* ①장(場). 시장(市場). 이동시장. 야점(夜店). ②잡답(雜沓). 혼잡. ③(월·화·수·목·금의) 요일에 붙이는 보어(補語).
segunda feira 월요일.
terça feira 화요일.
quarta feira 수요일.
quinta feira 목요일.
sexta feira 금요일.
(註) *sábado*: 토요일. *domingo*: 일요일.

feirante *m., f.* 장에서 물건 파는 사람. 시장 상인. 노점 상인.

feirão *m.* 큰 장. 큰 시장.

feirar *v.t.* 장(시장)에서 사다. 노점에서 사다. 장을 보다.
— *v.i.* 장에서 팔고 사다. 매매하다. 상거래를 하다.

feita *f.* ①행위. 작위(作僞). ②(한 번·두 번하는) 번(番). 회(回). 횟수(回數). ③기회.
desta feita 이번. 이번에는.

feitiçaria *f.* ①마술. 요술. 무술(巫術). ②마력(魔力). 매력(魅力). 고혹력(蠱惑力).

feiticeira *f.* ①무당(巫堂). 마술녀(요술녀(妖術女)). ②요부(妖婦). 요염(妖艶)한 여자. ③마물(魔物).

feiticeiro *m.* 마법사. 마술사. 요술사.

feiticismo *m.* 배물주의(拜物主義). 배물교적 미신(拜物敎的迷信). 서물숭배(庶物崇拜).

feiticista *m.*, *f.* 배물주의자. 서물숭배자.

feitiço *a.* 거짓의. 허위의.
— *m.* ①마술. 요술. 굿. ②매혹. 매혹물. 뇌쇄물. ③목에 거는 호신패(귀신 쫓는다는).

feitio *m.* ①모양. 형(形). 형상(形狀). 형태. ②만든 구조. 만들어진 것. ③세공(細工). 수공(手工). ④만드는 방법(절차). ⑤종류. 품질(品質).

feito *a.* (*fazer*의 불규칙 과거분사). ①만든. 만들어진. 제작한. 된. 꾸민. ②(동작·행위를) 한. 행한. ③낙착된. 결말 지은. 자리 잡은. ④익은. 성숙한. 숙련한.
bem feito 잘 됐다. 훌륭하다.
mal feito 잘못됐다. 잘못했다.
dito e feito 말하자마자. 곧. 말이 떨어지자마자.
roupa feita 기성복(旣成服).
— *m.* ①(일어난) 사실. 사건. 진상. ②행위. 소행. ③요점. 요지. ④[法] 소송(訴訟).

feitor *m.* ①대리인. 대리로 맡아보는 이. (특히) 토지 또는 농장관리인. ②…의 역할을 하는 이.

feitoria *f.* ①*feitor*의 여성형. ②토지 또는 농장관리. ③재외상관(在外商館). ④(기계설비가 있는) 공장. 식민지의 공장. ⑤창고. 저장소.

feitorzar *v.t.* 대리하여 관리(管理)하다. (특히) 토지 또는 농장을 맡아보다.

feitura *f.* ①만드는 방법. 제작 절차. 생산 방식. ②생산 작업. 공작(工作). ③만든 형태. 장치.

feixe *m.* ①다발. 묶음. ②많은 양. 다수.
feixe de feno 짚단(짚의 묶음).
feixe de trigo 밀짚단.
feixe de lenha 나뭇단. 장작 묶음.

fel *m.* ①(특히 동물의) 쓸개즙. 쓸개. 담즙(膽汁). 담낭(膽囊). ②쓴맛. ③괴로움. 고통. ④기분 나쁨. 싫음. 싫증. ⑤원한. 유한.
amargo como fel 쓸개처럼 쓰다. 몹시 쓰다.
Não há mel sem fel. 고생 없이 낙이 없다.

feldspático *a.* 장석을 함유한. 장석질(長石質)의. 장석성의.

feldspato *m.* [鑛] 장석(長石).

féleo *a.* 쓸개의. 쓸개즙의. 담즙의.

felga *f.* 흙덩어리. 한 줌의 흙덩어리.

felgudo *a.* 흙덩어리 같은. 흙덩어리가 많은.

felgueira *f.* [植] 양치(羊齒)식물의 무리. 그것이 많이 자란 곳.

felicidade *f.* ①행복. 행운. 호운. 요행(僥倖). ②기쁨. 즐거움.

felicissimo *a.* (*feliz*의 최상급). 가장 행복한.

felicitação *f.* ①축하. 경하(慶賀). ②축사(祝辭).

felicitador *a.*, *m.* 축하하는 (사람). 축사를 드리는 (사람).

felicitar *v.t.* ①축하하다. 축사를 드리다. 경하하다. ②행복하게 하다.
—*se v.pr.* (생신 따위를 맞이하여) 스스로 축하(祝賀)하다. 행복되게 생각하다. 스스로 기뻐하다.

felídeos, felídios *m.*(*pl.*) 고양이과(科)의 동물.

felino *a.* ①고양이 같은. 고양이과(猫科)의. ②음흉한. 음험한. 교활한. 엉큼한.
— *m.* 묘족동물(猫族動物).

feliz *a.* ①행복한. 다행한. 다복(多福)한. 행운의. ②즐거운. ③좋은 결과의. 만족스러운. 흡족한.
— *m.* 행복한 사람.

felizão, felizardo *m.* 《俗》 행운아. 운좋은 녀석.

feloderme *f.* [植] 코르크 피층(皮層).

felogenio *m.* [植] 코르크 형성 조직(形成組織).

felonia *f.* ①불충(不忠). 반역(反逆). ②잔인(殘忍). 맹악(猛惡).

fêlpa *f.* 거친 털. 조모(粗毛). (직물 특히 나사 등의) 보풀. 《古》보풀나게 짠 천.

felpado *a.* =*felposo*.

fêlpo *m.* =*fêlpa*.

felposo, felpudo *a.* 거친 털이 있는(많은). 잔털이 많은. 덥수룩한. [動·植] 융모(絨毛)가 있는. 길고 부드러운 털이 있는.

feltrador *m.* 펠트로 만든 사람.

feltragem *f.* 펠트 제조. 제전법(製氈法).

feltrar *v.t.* 펠트로 만들다. 모전(毛氈)으로 덮다.

fêltro *m.* 펠트. 전. 모전(毛氈). *chapéu de feltro* 펠트 모자. 중절모.

felugem *f.* =*fuligem*.

felugento *a.* ①검댕의. 검댕같은. 그을음이 낀. 그을음 투성이의. 검댕으로 더러워진. ②검댕색의. 거무죽죽한.

fêmea *a.* ①여성의. 여자의. [動] 암컷의. [植] 암술의. [機] 암쇠의.
— *f.* ①여성. 여자. [動] 암컷. 암놈. [植] 암술. ②[機] 어미나사. 스크루 너트. 암쇠. ③훅 단추의 구멍. ④《卑》계집. (註) 동물의 이름으로서 남녀통성(男女通性)일 때는 *fêmeaz*를 붙여 분별한다.
jacaré fêmea (macho) 암(수) 악어.
onça fêmea (macho) 암(수) 표범.
cobra fêmea (macho) 암(수) 뱀.

femeaço *m.* 《輕蔑語》여자들의 떼. 많은 계집.

femeal *a.* =*feminil*.

femeeiro, femeieiro *a., m.* 여자를 좋아하는 (사람). 여자의 꽁무니만 쫓는 (녀석).

fementido *a.* ①성실하지 못한. 충성심이 없는. 불의(不義)의. 정조성 없는. ②속이는. 기만적인. 엉큼한.

femeo *a.* 여성의. 여자의. [動] 암컷의. [植] 암술의.

feminal *a.* =*feminil*.

feminidade *f.* 여성다움. 여성의 특질. 부인 기질(氣質).

feminil *a.* 여성의. 여자의. 여자다운. 상냥한. (남자가) 계집아이 같은 티가 나는. 유약한. [文] 여성의.

feminilidade *f.* 여성적임. 여자다움. 여자 기질. 사내답지 못함.

feminino *a.* 여성의. 여성다운. 여성 고유(固有)의. [文] 여성의. 여격(女格)의.

feminismo *m.* 남녀동등권주의. 여권(女權) 확장운동. 여성해방론.

feminista *m., f.* 여권주장자. 여권확장론자.

feminização *f.* 여성화(女性化). 여자답게 만들기.

feminizar *v.t.* 여성화하다. 여성적으로 만들다. 여자처럼 (성질을) 온화하게 하다. [文] 여성으로 하다.
—*se v.pr.* 여성처럼 되다. 여성이 되다.

femoral *a.* 넓적다리의. 대퇴부의. [解] 대퇴골의.

fêmur *m.* [解] 넓적다리뼈. 대퇴골(大腿骨). 넓적다리. 대퇴부. [蟲] 퇴절(腿節).

fenação *f.* 목초재배법(牧草栽培法). 목초보존법.

fenar *v.t.* 목초를 재배하다. 보존하다.

fenato *m.* 석탄산화물(石炭酸化物).

fenda *f.* 갈라진 금. 틈. 균열(龜裂).

fendedor *a., m.* 금내는 (것). 쪼개는 (것). 패는 (것).

fendeleira *f.* ①쐐기. 쐐기 모양의 물건. ②쪼개는 끌.

fendente *a.* 금내는. 쪼개는. 패는.

fender *v.t.* ①금가게 하다. 금내다. 쪼개다. 가르다. 깨다. ②나누다. 분열시키다. ③마음을 움직이다.
—*se v.pr.* 금가다. 쪼개지다. 균열(龜裂)이 생기다

fendimento *m.* ①금이 감. 금내기. 쪼개기. 째기. 패기. ②갈라진 금. 열린 짬. 쪼개진 틈.

fenecer *v.i.* ①끝나다. 죽다. ②시들다. 이울다. 말라 죽다.

fenecimento *m.* ①끝. 종말. ②죽음.

feneiro *m.* 목초(말린 풀)를 두는 헛간.

fenestrado *a.* [動·植] 창 모양의 조그마한 구멍(반점)이 있는. 구멍이 많은. 다공(多孔)의.

fenestral *a.* [建] 창(문)의. 창(문)에 관한.

fenianismo *m.* 피니어회의주의(운동)(아일랜드 사람의 독립을 목적으로 1858년 재미(在美) 아일랜드 사람들이 결성한 단체 및 그 정책).

feniano *m., f.* 피니어회원.

fenício *a.* 페니키어(시리아 연안의 옛 나라)의.
— *m.* 페니키어 사람(말).

fênico *a.* [化] 석탄산의.
ácido fênico 석탄산(石炭酸).

fenix *f.* ①(이집트 神話). 불사조(不死鳥). (아라비아의 황원(荒原)에 500년 또는 600년에 한 번씩 스스로 타죽고 그 재 속에서 다시 젊은 모양으로 나타난다고 하는 영조(靈鳥)). ②대천재. ③희세(稀世)의 인물. 일인자(一人者). ④[天] 봉황좌(鳳凰座).

feno *m.* 말린 풀. 건초(乾草). 꼴. 건초용의 파란 풀.
feno grego [植] 호로파(胡蘆巴).

fenol *m.* 페놀. 석탄산(石炭酸).

fenomenal *a.* ①현상(現象)의. 외관상의. ②《俗》비상한. 놀랄 만한. 드문. 기묘한. 불가사의.

fenomenalidade *f.* [哲] 현상성(現象性). 이상현상(異狀現象)임.

fenomenalmente *adv.* 현상상. 드물게. 기묘하게.

fenômeno *m.* 현상(現象). 사상(事象). 사건(事件).

fenomenologia *f.* [哲] 현상학.

fera *f.* ①야수(野獸). 맹수. ②잔인한 인간.

ferace *a.* =*feraz*.

feracidade *f.* 비옥(肥沃). 풍요(豊饒). 다산.

feral *a.* ①장례의. 장의의. ②슬픈. 서러운.

feramente *adv.* (야수처럼) 사납게. 잔인하게. 흉악하게.

feramina *f.* [鑛] 황철광(黃鐵鑛).

feraz *a.* ①(토지가) 비옥한. (열매가) 많이 열리는. ②다산(多産)의. 풍요한.

fere-fôlha *m.*, *f.* 참을성이 없는 사람. 참견하기 좋아하는 사람. 간섭 잘하는 이.

feretro *m.* ①관(棺). ②관 올려 놓는 대(臺).

fereza *f.* 사나움. 잔인함. 흉악함. 야만(성).

féria *f.* ①휴업일(休業日). ②[宗] 평일(平日)(토요일과 일요일을 제외한 날). ③주일(週日)(일요일 이외의 날). ④일주일분의 임금(賃金). 주급.
férias (*pl.*) 휴일. 휴가.
estar em férias 휴가중이다.

feriado *a.* ①휴일로 정한. 휴일로 된. ②휴식의.
dia feriado 휴일. 노는 날. 명절.
— *m.* 노는 날. 휴일. 축일(祝日). 제일(祭日).
feriado nacional 국가적 명절.
feriado religioso 종교적 명절(부활절·승천제 따위).
feriado facultativo 수의(隨意)의 휴일. (돌발적인 경사 또는 국가적 저명한 사람이 죽었을 때 선포되는 임시적인 것).
feriado bancário 은행휴일. 공휴일.

ferial *a.* ①휴일의. 축제일의. ②[宗] 평일의.

feriar *v.i.* 일을 그만 두고 쉬다. 휴가를 가지다.
— *v.t.* 휴가를 주다. 쉬게 하다.

férias *f.*(*pl.*) 휴가(休暇).

feriável *a.* 휴일로 되는. 축일(祝日)로 될 수 있는. 휴일로 할만한.

ferida *f.* ①상함. 부상(負傷). ②(명예의) 손상. 훼손. ③(마음의) 괴로움. 고통. ④상처.

ferido *a.* ①상한. 부상한. 다친. ②타격받은.
— *m.* 부상자.

feridor *a.*, *m.* 상하게 하는 (사람). 상처를 입히는 (사람).

ferimento *m.* ①상처를 입히기. ②상함. 부상함. 창이(創痍). ③괴로움. 고통.

ferino *a.* ①사나운. 맹수와 같은. ②잔인한. 맹악한. ③(병(病)이) 악성의.

ferir *v.t.* ①다치다. 상처를 입히다. (칼붙이 따위로) 해치다. 상하게 하다. 부상하게 하다. ②치다. 때리다. ③감정을 상하게 하다. 노하게 하다. ④슬프게 하다. 마음 아프게 하다.
ferir fogo (또는 *lume*) (부싯돌·쇠꼬챙이 등을 쳐서) 불을 일으키다.
— *se v.pr.* ①상하다. 부상하다. ②괴롭다. 고통을 느끼다. ③슬프다. 가슴이 아프다.

feríssimo *a.* (*fero*의 최상급). 가장 사나운.

fermença *f.* 《古》 믿음. 신념. 신앙.

fermentação *f.* ①[化] 발효(醱酵). 발효작용. ②《轉》 사회가 뒤숭숭해짐. 인심의 비등(沸騰). 소란. 동란.

fermentáceo *a.* =*fermentante*.

fermentante *a.* 발효시키는. 발효용의.

fermentar *v.t.*, *v.i.* ①발효시키다(하다). (정열 등이) 끓어 오르다(오르게 하다). 소요를 일으키다(일어나게 하다). 자극하다. 격동(激動)하다.

fermentativo *a.* 발효를 촉진하는. 발효력이 있는. 발효성의.

fermentável *a.* 발효성의. 발효할 수 있는.

fermentescente *a.* 발효하기 시작하는. 발효 상태에 있는. 발효성의.

fermentescibilidade *f.* 발효성.

fermentescível *a.* =*fermentescente*.

fermento *m.* ①효소(酵素). 발효(醱酵). ②(물 끓듯한) 소란. 격동. 동란. ③기인(起因). 소인(素因).

fermentoso *a.* 발효력 있는. 발효성의. 발효로 인하여 생긴.

fero *a.* 사나운. 포악한. 흉악한. 맹악한. 격렬한.

ferocia, ferocidade *f.* 사나움. 맹악함. 흉악함. 잔인(성). 야만적임.

feroz *a.* ①사나운. 영맹(獰猛)한. ②맹렬한. 호된. ③잔인한.

ferozmente *adv.* 사납게. 영맹하게. 흉폭하게. 잔인하게.

ferra *f.* ①석탄부삽. 삽. ②가축에 낙인(烙印)하기.

ferrã *f.* ①(가축의 먹이로 되는) 꼴. 마초. ②(사료로 되는) 보리. 호밀.

ferrabrás *m.* 허풍선이. 약한 사람에게 뽐내는 인간. 으쓱하는 자. (학교의) 싸움 대장.

ferrado *a.* ①쇠를 입힌. 쇠를 씌운. (말에) 편자를 박은. (달구지의 바퀴에) 쇠테를 끼운. ②단단한. 굽힐 수 없는. ③완고한. 고집이 센. ④(헤인 띠위에) 비기기 많은. ⑤낙인(烙印)의.
— *m.* ①출생한 아기의 첫 똥. ②오징어의 먹물(적의 위험을 피하여 토하는 새까만 것). ③착유통(窄乳桶).

ferrador *m.* 편자를 박는 사람. 제철공(蹄鐵工).

ferradura *f.* ①편자. 말편자. ②신바닥에 박는 쇳조각. ③편자 모양의 (U형의) 물건.

ferrageiro *m.* 철물상. 철기상(鐵器商).

ferragen *f.* ①철물. 철기구. 철제품. ②편자. 편자를 박기.
ferragens (*pl.*) (=*loja de ferragens*) 철물상점. 철기상(鐵器商).

ferragista *m.* 철물(철기) 만드는 사람; 그 장수.

ferrajaria *f.* 철기제조소(鐵器製造所). 철제 쟁기공장.

ferral *a.* 쇳빛의. 철색(鐵色)의. 쇳빛을 띤.

ferramenta *f.* 철물쟁기. 철공구(鐵工具). 세공도구(細工道具).
caixa de ferramenta 도구상자.

ferran *f.* =*ferrã*.

ferrão *m.* ①뾰족한 쇠끝(尖鐵). 송곳 끝. 칼 끝. ②[動·蟲] (쏘는) 바늘가시. 침. 게 엄지발(螯). 집게발.

ferrar *v.t.* ①(…에) 철구를 달다. 철판을 씌우다. ②(말에) 편자를 박다. ③낙인을 찍다. 소판(燒判)을 찍다. ④힘있게 집어 넣다; 박아 넣다. 꽂다. ⑤(억세게) 깨물다. ⑥닻을 내리다. 투묘(投錨)하다. ⑦(+*com*) 던지다.
ferrar à água 달군 쇠를 물에 넣다.
ferrar as velas 돛을 감아 올리다; 접다.
—*se v.pr.* (의견 따위를) 우기다. 고집하다.
ferrar-se a uma ideia 의견을 고집하다.

ferraria *f.* ①대장간. 철공장. 금속기구제조소. ②철물상. 철기상(鐵器商). ③철재(鐵材)의 더미.

ferrato *m.* [化] 철염산(鐵鹽酸).

ferregial *m.* ①보리밭. 호밀밭. ②목초원(牧草原). 목장(牧場).

ferreiro *m.* ①대장장이. 철공(鐵工). ②[鳥] 갈매기의 일종.
Casa de ferreiro espeto de pau. 대장장이 집에 식칼이 없다(놀다). 구두장이에게 온전한 신발이 없다.

ferrejar *v.t.*, *v.i.* ①(가축의 사료로 되는) 연한 풀을 베다. 꼴을 베다. 목초를 베어 들이다. ②보리를 베다.

ferrejial *m.* =*ferregial*.

ferrejo *m.* =*ferrá*.

ferrenho *a.* ①쇳빛의. 철색(鐵色)의. 쇠비슷한. 쇠처럼 굳은(강한). ②고집이 센. 완고한. ③제멋대로 하는. 전횡적(專橫的)인.

férreo *a.* ①쇠의. 철의. 철제(鐵製)의. (물에) 철분이 있는. ②좀처럼 움직이지 않는. 완고한. 억센. ③쇠처럼 찬. 냉정한. 무정한. 용서 없는. 잔인한.
linha férrea 철로(鐵路).
àgua férrea 함철수(含鐵水).

ferrête *m.* ①낙인찍는 쇠도장. 소판(燒判). ②낙인(烙印). 누명. 오명(汚名).
azul ferrête 농남색(濃藍色). 짙은 청색.

ferreteamento *m.* 낙인을 찍기. 누명을 씌우기.

ferretear *v.t.* ①쇠도장을 달구어 찍다. 낙인하다. 소판(燒判)하다. ②누명을 씌우다.

ferretoada *f.* ①(송곳・칼끝 등) 뾰족한 쇠끝으로 찌름. [蟲] 바늘가시에 찔림. 게엄지발에 집힘. ②찔린 상처. 척상(刺傷). 게 엄지발에 집힌 자국. 오흔(螯痕). ②몹시 나무래기. 꾸짖음.

ferretoar *v.t.* ①(뾰족한) 쇠끝으로 찌르다. 바늘가시로 쏘다. 게 엄지발로 집다. ②몹시 꾸짖다. 잔소리하다. 조롱하다.

férrico *a.* 철의. 철질(鐵質)의. 철분이 있는. [化] 제이철(第二鐵)의.

ferricoque *m.* [俗] 난쟁이.

ferrífero *a.* (돌・따위) 철을 내는. 철분이 있는. 함철(含鐵)의.

ferrinhos *m.(pl.)* 삼각형의 금속성 타악기(打樂器). 트라이앵글.

ferro *m.* ①쇠. 철. ②쇠로 만든 것. 철물. 철구(鐵具). 철공구. 쇠로 만든 쟁기. 쇠그릇. 다리미. 인두. 난인 찍는 쇠도장. 닻(錨). 뾰족한 쇠. 창끝. 칼끝. (골프의) 철두봉(鐵頭棒). ③[樂] 철제(鐵製). ④쇠처럼 강한 것. 강의(剛毅). 견인(堅忍).

ferros (*pl.*) 수갑(手匣). 족쇄.
ferro fundido 주철(鑄鐵).
ferro gusa 선철(銑鐵).
ferro batido 단철(鍛鐵).
ferro laminado 얇은 쇠판.
ferro em folha 철판. 판철(板鐵).
ferro acerado 강쇠.
ferro velho 고철(古鐵).
ferro elétrico 전기 다리미.
ferro de engomar 다리는 인두.
coração de ferro 쇠처럼 냉정한 마음. 무정.
cabeça de ferro 완고한 머리. 고집불통.
lançar ferro 닻을 내리다. 투묘(投錨)하다.
levantar ferro 닻을 올리다. 발묘(拔錨)하다.
a ferro e fogo 총칼로. [政] 무단정치로.
passar a ferro 다림질하기.
malhar em ferro frio 효과 없는 일을 하다. 헛수고를 하다.
Malhar no ferro enquanto está quente. 철을 달궈 있는 동안에 두드린다(제때에 교육하다).
Quem com ferro fere com ferro será ferido. 쇠불이로 남을 해치는 자는 쇠불이에 상한다.

ferroada *f.* ①뾰족한 쇠로 찌르기. 바늘가시 따위로 쏘기. ②신랄(辛辣)한 언사. 호된 꾸지람 ; 질책.

ferroar *v.t.* 뾰족한 쇠끝으로 찌르다 ; 찔러 상처를 입히다.

ferrolhar *v.t.* ①걸쇠를 걸다(채우다). 빗장으로 잠그다. ②붙잡다. 붙들다. 구속하다.

ferrolho *m.* (열쇠 없이 열고 닫는) 걸쇠. 빗장. 자물쇠.

ferropear *v.t.* ①《古》(죄인에게) 족쇄를 채우다. ②수갑(手匣)을 채우다.

ferropeia *f.* 《古》족쇄(足鎖). 수갑(手匣).

ferroso *a.* 철분이 있는. 철질(鐵質)의. [化] 제이철(第二鐵)의.

ferro-velho *m.* ①고철(古鐵). ②고철상(商). 고물상. 낡은 쟁기상점.

ferrovia *f.* 철도. 철로(鐵路).

ferrovial *m.* 철도의. 철로의. 철길의.

ferroviário *a.* 철도의. 철로의. 철도에 관한.
— *m.* 철도종업원(鐵道從業員).

ferrugem *f.* ①녹. 쇠녹. 철수(鐵鏽). ②[植] 녹병. (밀에 생기는) 흑수병(黑穗病). 깜부기. ③정신상 부패. 타락. ④나태. 무위도식(無爲徒食).

ferrugem de chaminé 그을음. 연매(煙煤).

ferrugento *a.* ①녹슨. ②부식한. 곰팡이 핀. ③[植] 녹병에 걸린. ④낡은. 낡아빠진. 케케 묵은. 진부한.

ferrugíneo *a.* 녹빛을 띤. 녹슨 것처럼 검은. 검정색의. 거무죽죽한.

ferruginosidade *f.* 함철질(含鐵質).

ferruginoso *a.* ①철분을 함유한. 철성분(鐵成分)의. 쇠녹빛의. 철주색(鐵鏽色)의.
— *m.* 철제(鐵劑).

fértil *a.* ①(땅이) 비옥한. 많이 생산되는. 많이 열리는. ②풍부한. 풍요한.

fertilidade *f.* 비옥(肥沃). 다산(多産). 풍부. 풍요.

fertilização *f.* ①(토질의) 비옥화(化). 시비(施肥). 풍요(단산)하게 함. ②[生理] 수정(受精).

fertilizador *a., m.* 비옥하게 하는 (물건 또는 사람). 산출력을 증진하는 (사람・사물). 생산력을 돕는 (것).

fertilizante *a.* 비옥하게 하는. 비옥하게 하는 데 쓰는. 산출력을 증진하는.
— *m., f.* 비옥하게 하는 (사람 또는 물건).

fertilizar *v.t.* ①(토질을) 비옥하게 하다.

많이 산출되게 하다. ②풍요하게 하다. 풍부하게 하다.

fertilizável *a.* 비옥하게 할 수 있는. 비옥하게 해야 할. 산출력을 증진할 만한. 풍요(풍부)하게 할 수 있는.

fèrtilmente *adv.* 비옥하게. 많이 산출되게. 풍요하게.

férula *f.* ①(지팡이·양산 등의) 쇠끝. 쇠테. 쇠둘레. ②아이들(특히 생도들)의 손바닥을 때리는 나무막대기. 체벌용(體罰用)의 채찍. ③[植] 아위(阿魏).

feruláceo *a.* [植] 아위의. 아위속(屬)의.

fervedouro *m.* ①(물이) 끓음. 비등(沸騰). ②끓는 상태. ③(인심 또는 사회가) 물끓듯이 소란함. 소요(騷擾). ④(인파(人波)의) 혼잡(混雜). 잡답(雜沓).

fervedura *f.* =*fervura*.

fervelhar *v.i.* =*fervilhar*.

fervença *f.* ①끓음. 비등(沸騰). ②(감정의) 격발(激發). ③열렬함.

ferventar *v.t.* ①반숙(半熟)하다. ②너무 데우다. (열 따위로) 그을리다.

fervente *a.* ①끓는. 끓고 있는. 비등하는. ②열렬한. 열정적(熱情的)인. ③인심이 뒤끓는. 격동하는.

ferver *v.t.* (물을) 끓이다. 비등시키다. (고기·달걀 따위를) 삶다.
— *v.i.* ①끓다. 비등하다. 삶아지다. ②(정열이) 타오르다. (노하여) 펄펄뛰다. 인심이 뒤끓다. ③(벌레 따위) 무리지다. 꾀다. 버글버글하다. (장소가) 가득 차다.

fervescente *a.* =*fervente*.

fervido *a.* ①끓는. 끓인. 비등한. 삶은. 삶아진. ②(정열이) 타오르는. 열렬한. 열광한. ③(감정이) 격발한. 격분한. 격노한.

fervilha *m., f.* 활동가(活動家).

fervilha *v.i.* ①부글부글 끓다. 막 끓다. ②쉬지 않고 움직이다. 눈부시게 활동하다. 동분서주(東奔西走)하다. ③(곤충 따위) 무리지다. 꾀다. 우글우글하다.

fervor *m.* ①펄펄 끓음. 비등. 비등 상태. ②열렬함. 열정. 열중. 열심.

fervorosamente *adv.* 열렬히. 열심히. 열성있게.

fervoroso *a.* 열렬한. 열심한. 열중하는. 열성적인.

fervura *f.* ①펄펄 끓음. 비등(沸騰). ②(인심이) 들끓음. 들끓듯이 떠들기. ③격분. 격노.

dar uma fervura 펄펄 끓이다.

festa *f.* ①축연(祝宴). 향연. 연회. 만찬회. 잔치 파티. ②축전(祝典). 제례(祭禮). 제전. ③축일(祝日). 경축일.
festas (*pl.*) 애무(愛撫).
festa do Natal 크리스마스 파티.
festa nacional 국경일(國慶日). 국가적 축일.
Boas festas. 축하합니다(새해·크리스마스 등 축제일을 맞이하여 하는 인사의 말).
fazer festas 애무(愛撫)하다.

festança *f.* ①명절을 맞이하여 법석 떠들고 노는 것. 대환락(大歡樂). 유흥. ②술잔치.

festão (1) *m.* ①꽃줄. 화강(花綱: 꽃·잎·리본 등을 새끼 모양으로 걸어 늘인 장식). ②[建] 현화장식(懸花裝飾), ③자수세공(刺繡細工)의 한 가지.
— (2) *m.* 큰 명절. 큰 축연(祝宴). 큰 잔치. 명절을 맞이하거나 큰 잔치를 차리고 법석 떠드는 것. 떠드는 것.

festeiro *m.* ①축제. 축전(祝典) 등을 주최하는 사람. ②잔치하는 사람. 연회하는 사람. ③잔치 또는 연회에 초대된 사람. ④연회를 좋아하는 사람.
— *a.* ①연회를 좋아하는. 명절되는 것을 좋아하는. ②애정 깊은. 자애로운. 상냥한.

festejado *a.* ①연회를 한. 잔치를 한. ②축하된. ③칭찬받은. 찬사(讚辭)를 받은.

festejador *a., m.* ①축하(祝賀)하는 (사람). 경축하는 (사람). ②연회를 하는 (사람). 잔치를 하는 (사람). 관대하는 (사람). 환대하는 (사람). ③잔치의 손님.

festejar *v.t.* ①축하하다. 경축하다. ②연회를 하다. 잔치를 하다. 향연을 베풀다. 음식 대접하다. 관대(寬大)하다. 환대(歡待)하다. ③칭찬하다. 찬사를 드리다.

festejo *m.* ①축제(祝祭). 축전(祝典). 제례(祭禮). ②축일(祝日). ③즐기기. ④향연. 잔치. 관대(寬大). 환대(歡待).

festim *m.* 작은 연회. 작은 잔치.

festíval *a.* ①축제의. 축전의. ②경축할만한. ③기쁜. 즐거운.

festivalmente, festivamente *adv.* 경축하여. 즐겁게. 기쁘게.

festividade *f.* ①환락(歡樂). 축전(祝典). 축제(祝祭). 제례(祭禮). ②잔치. 향연. 연락(宴樂).

festivo *a.* ①축전의. 축제의. 제례의. 기

쁜. 즐거운. 유쾌한. ②*dia festiva* 즐거운 날. 환락일(歡樂日).

festo (1) *m*. ①(직물의) 필(疋)의 폭(幅). ②필(疋)을 길이로 접기; 꺾어 접기.
— (2) *a*. =*festivo*.

festoar *v.t*. 꽃줄(花綱)을 만들다. 꽃줄을 달다. 꽃줄로 장식하다.

fetação *m*. 태아형성(胎兒形成).

fetal (1) *a*. 태(胎)의. 태아(胎兒)의.
— (2) *m*. 고사리 재배지(온실). 고사리(羊齒植物)가 무성하게 자란 곳.

feteira *f*. 무성한 고사리(羊齒).

fetiche *m*. 물신(物神: 야만인이 영험한 신으로 숭배하는 나무조각·돌조각·동물 따위). 미신의 대상. 미신.

fetichismo *m*. 배물주의(拜物主義). 배물교적미신(拜物教的迷信). 서물숭배(庶物崇拜).

fetichista *m*., *f*. 배물주의자. 서물숭배자.

feticida *f*., *m*. 태아(胎兒)를 죽인 자. 타태죄.

feticídio *m*. ①태아를 죽이기. ②타태죄(墮胎罪).

fetidez *f*. 냄새가 고약함. 코를 들 수 없음.

fétido *a*. 고약한 냄새를 내는(풍기는). 악취가 대단한. 코를 들 수 없는. 구린.
— *m*. 나쁜 냄새. 고약한 냄새. 악취. 구린내.

feto (1) *m*. ①태아(胎兒). 밴아기. ②성형기(成形期).
— (2) *m*. [植] 양치(羊齒)식물의 무리. 고사리.

feudal *a*. 봉건의. 봉건제도의. 봉토(封土)의. 영지(領地)의.
tempo feudal 봉건시대.

feudalidade *f*. 봉건. 봉건적임. 봉건주의.

feudalismo *m*. 봉건제도. 봉건주의(封建主義).

feudalista *a*. 봉건제도의.
— *m*., *f*. 봉건제 주장자.

feudatário *a*. 봉건의. 봉토의. 영지의. 봉토를 받는.
— *m*. 봉토(封土). 봉신(封臣). 가신(家臣). 제후(諸候).

feudista *m*., *f*. 봉건제도에 정통(精通)한 자. 봉건제도 연구가.

feudo *m*. 봉토. 영지(領地).

fêvera, fevra *f*. (=*fibra*). 섬유(纖維). 근(筋). [植] 수근(鬚根). 《俗》 섬유의 줄. 타태죄인(墮胎罪人). 섬유질. 섬유조직.

fevereiro *m*. 이월(二月).

fez *m*. 터키 모자. 테가 없는 모자.

fézes *f*.(*pl*.) ①찌끼. 재강. 잔재(殘滓). 부스러기. 나머지. 쇠똥. ②배설물. 대변. 똥. ③《轉》 인간의 찌끼. 사회의 좀.

fiação *f*. ①제사(製絲). 방적(紡績). 방적법. 방적공장. 제사공장. 제사공업.
fábrica de fiação 방적공장.
fiação e tecelagem 잣기와 짜기. 방적과 방직.

fiacre *m*. 피아크르 마차(프랑스의 사륜마차).

fiada *f*. ①(돌 또는 벽돌의) 한 줄. 일렬. 배열. ②열(列)지어 있는 것.

fiadeira *f*. 실잣는 여자. 여자방적공(紡績女工).

fiadeiro *m*. 실잣는 사람. 방직공.

fiadilho *m*. 실찌끼. 찌끼실. 《俗》 풀솜. 명주솜.

fiado (1) *a*. (실을) 잣은.
— *m*. 방사(妨絲).
— (2) *a*. ①믿는. 신뢰하는. 신용한. ②외상의.
a fiado 외상으로.
— *m*. 외상. 외상으로 사기(팔기).

fiador *m*. ①보증. ②보증인. 보석보증인(保釋保證人). ③보석(保釋). 보석금. ②칼자루에 늘어뜨린 끈(줄).
ser fiador 보증인이 되다. 보증 서다.
servir de fiador 보증 서다. 보증인으로 되다.

fiadoria *f*. 신원보증. 신원인수(身元引受).

fiadura *f*. ①(실을) 잣기. 방적. ②신원보증.

fiambre *m*. ①냉동(冷凍)한 햄. 찬 햄. ②조리(調理)한 햄.

fiança *f*. ①보증. 담보(擔保). ②보증금. 보석금. 담보품. 저당품.

fiançado *a*. 약혼한. 약혼중의.

fiancé *a*. 약혼중의. 약혼한.
— *m*. [佛] 약혼중의 남자.

fiandeira *f*. (물레를) 잣는 여자. (특히) 과년한 노처녀. 미혼부인.

fiandeiro *m*. (물레를) 잣는 사람.

fiapo *m*. 가는 실(細絲).

fiar (1) *v.t*. ①잣다. 방적(紡績)하다. 실을 만들다. ②(유리 같은 것을) 잣는 듯이 내다. ③기도(企圖)하다. 꾸며내다.
— *v.i*. 실이 되다.
— (2) *v.t*. (+*de*). (…을) 믿다. 신뢰하

다. (…을) 보증하다. (…에) 보증 서다. (…을) 믿고 팔다. 외상으로 팔다(사다).
— *v.i.* (+*de*). …을 믿다.
—se *v.pr.* (+*em* 또는 *de*). …을 믿다 ; 신용하다. 신임하다.
É *tolo quem fiarse nisso*. (이것을 믿는 것은 바보다). 믿을 바가 못 된다.

fiasco *m.* ①(연주 등에서의) 실패. 큰 실수. ②불성공. 결과 없음.

fiável *a.* 잣을 만한. 실로 만들 수 있는. 방적 가능한.

fibra *f.* 섬유(纖維). 근(筋). [植] 수근(鬚根). 《俗》 섬유의 줄.

fibrila *f.* ①가는 섬유. 원섬유(原纖維). ② [植] 모근(毛根). 사상지근(絲狀技根).

fibrilar *a.* 가는 섬유의. 가는 섬유로 되어 있는. 원섬유의.

fibriloso *a.* 가는 섬유가 있는. 가는 섬유가 많은 섬유질의.

fibrina *f.* 섬유소(素).

fibrino *a.* 섬유의. 섬유에 관한.

fibrinoso *a.* 섬유소가 있는. 섬유소질의 섬유소성(性).

fibrocartilagem *f.* 섬유연골(纖維軟骨).

fibróide *a.* 섬유성의.

fibroma *m.* [醫] 섬유종(纖維腫)(섬유성 조직으로 된 종양(腫瘍)).

fibroso *a.* 섬유가 있는(많은). 섬유상(狀)의. 심유필의.

fibulação *f.* 꺾쇠·버클 따위로 죄기(죄는 동작).

fibula (1) *f.* [解] 비골(腓骨)(가느다란 쪽의 장딴지뼈).
— (2) *f.* 꺾쇠. 버클. 안전 핀.

ficada *f.* 거주. 체재. 영주(永住). 영구체재(永久滯在).

ficar *v.i.* ①머물다. 남아 있다. 잔류하다. 체류하다. 체재하다. ②(으로서) 되다. 성립하다. ③(…을) 유지하다. 지키다. 간직하다. ④(…을) 정하다. ⑤(…을) 맡다. 인수하다. ⑥맞추다.
ficar em casa 집에 있다. 집에 머물러 있다.
ficar zangado 화내다. 노하다.
ficar doente 병들다. 병에 걸리다.
ficar neutro 중립을 지키다.
ficar para amanhã 내일로 미루다.
ficar bem (옷·신·기계의 부속품 따위가) 잘 맞는다.
ficar mal 안 맞는다.
ficar no ar (허공에 있다). 어떻게 하면 좋을 지 모르다.
ficar sem …을 잃어 버리다. (…이) 없이 있다.
Não ficou nada. 아무것도 남지 않았다.
Não posso ficar aqui por muito tempo. 여기에 오래 머물러 있을 수 없습니다.
—se *v.pr.* ①머물다. 멈추다. 중지하다. ②수중(手中)에 넣다. 가지다.

ficção *f.* ①만들어낸 것. 꾸민 것. ②지어낸 이야기. 소설. ③가설. 가정. 허구. ④ [法] 의제(擬制). 가정.

ficha *f.* 표. 기록표. (일람표를 만들거나 주소·성명 등을 기입하는) 카드. 두꺼운 종이.

fichário *m.* 기록표·카드 따위를 꽂는 것 ; 철하는 것. 기록표를 보관하는 상자 (서랍).

ficheiro *m.* 파일.

ficiforme *a.* 무화과(無花果) 같은. 무화과 모양을 한.

ficóide *a.* 조류(藻類)의.

ficologia *f.* 조류학(藻類學).

ficticiamente *adv.* ①가작적으로. 소설적으로. 허구하게.

fictício *a.* ①지어낸. 꾸며낸. 가작적(假作的)인, 소설적인 가설적인. ②기상의. 상상의. 추리의. ③[法] 의제(가상)의. 의제적인.

ficto *a.* 거짓의. 허위의. 꾸민.

fidalga *f.* 여자 귀족. 고상한 부인. 고귀한 부인.

fidalgal *a.* 귀족의.

fidalgamente *adv.* 귀족적으로. 고상하게.

fidalgaria *f.* ①점잖음. 예절바름. ②가문이 좋음.

fidalgarrão *m.* ①대귀족(大貴族). ②《轉·卑》 귀족인 체하는 사람.

fidalgo *a.* ①귀족의. 고상한. 고귀한. ②관대한. 도량이 큰.
— *m.* 귀족(貴族). 화족(華族). 경(卿).

fidalgote *m.* ①소군주(小君主). 너절한 귀족. ②소지주. 시골신분.

fidalguia *f.* ①귀족의 신분. 고귀한 가문. ②귀족사회. 귀족예급. ③고귀. 고결. 숭고. 고상. ④관대.

fidalguice *f.* ①귀족인 체하기. 귀족적인 태도(행실). ②오만(傲慢). 불손.

fidalguinho *m.* [植] 수레국화.

fidedigno *a.* 믿을 만한. 신통할 만한. 신빙성(信憑性)이 있는.

fideicomissário *m.* [法] 개립유증(介立遺贈)을 받는 사람.
— *a.* 개립유증의.

fideicomisso *m.* [法] 개립증여(介立贈與). 개립유증.

fidejussória *f.* [法] 보증. 담보.

fidejussório *a.* 보증의. 담보의.

fidelidade *f.* ①충실. 성실. 독실(篤實). 충성. (신하로서의) 순종. ②신의(信義). 정절(貞節). ③진실. 정확. 확실.

fidelíssimo *a.* (*fiel*의 최상급). 가장 충실한.

fidéus *m.*(*pl.*) 서양국수(의 일종).

fido *a.* =*fiel*.

fidúcia *f.* ①자신(自信). ②자부(自負). 자존심. ③호담(豪膽). 자감.

fiducial *a.* ①굳게 믿는. 자신 있는. 확신하는. ②신앙이 굳은. ③[天] 기준의. 기점(基点)의.
linha fiducial 관측의(觀測儀)의 기준선.

fiduciário *a.* 신용하는. 신용상의. 신용발행의. 신탁(信託)의.
moeda fiduciária 지폐.
— *m.* 피신탁자(被信託者). 수탁자(受託者).

fieira *f.* ①(철사제조용) 잡아 뽑는 판. 정선판(整線板). 나사판. 나사 깎는 기구. ②(곤충의) 사생기관(絲生器官). ③(팽이의) 줄·끈. ④일렬(一列).

fiel *a.* 충실한. 충성스러운. 충성심 있는. 진실한. 독실한. 진정한. 정절한. 정직한. 신용 있는. 믿을 만한(이야기·번역 따위가) 정확한.
amigo fiel 가장 신용있는 벗(心腹之友).
espôsa fiel 정숙(貞淑)한 처(妻).
cópia fiel 정확한 사본(寫本).
— *m.* ①보관계(保管係). 창고지기. ②회계의 조수. ③(특히 천주교) 신자.
fiel de armazém. 창고지기.
fiel da balança (저울(天稱)의) 지침(指針).

fieldade *f.* ①충실. 충성. 성실(신하로서의) 순종. ②신의(信義). 정절(貞節). ③안전. 보증.

fielmente *adv.* 충실하게. 성실하게. 정직하게. 정확하게.

fieza *f.* 《詩》 믿음. 신뢰. 신용. 신임(信任).

fifia *f.* ①귀에 거슬리는 소리. 거친 소리. ②[樂] 소리의 불일치. 부조화. 불협화. [理] 비공진(非共振).

figa *f.* 일종의 부적(符籍) 또는 호신패(護身牌)(엄지손가락을 지명지(指名指)와 가운뎃손가락 사이에 끼며 주먹 쥔 모양을 한 조각물; 재난을 막고 행복을 갖다 준다는 뜻).

figadal *a.* ①간장(肝臟)의. ②깊이 느끼는. 속에 사무친.
ódio figadal 마음 속에 사무친 증오.
inimigo figadal 철천지 원수.

figadalmente *adv.* 마음속 깊이. 뼈에 사무치게.

figadeira *f.* 짐승(獸類)의 간장병. 간장염(肝臟炎).

fígado *m.* ①[解] 간장(肝臟). ②(송아지·돼지·닭 같은 것의) 간육(肝肉). ③도량. 용기. 대담성. ④기질(氣質). 성질.
homem de maus fígados 성질이 나쁜 사람.

fígaro *m.* 《俗》 이발사.

figle *m.* 취주악기(吹奏樂器)의 일종. (풍금의) 대설관(大舌管). 리드 관(管).

figo *m.* 무화과(無花果)(열매의 일종).

figueira *f.* [植] 무화과나무.
figueira do inferno [植] 산검양옻나무(의 열매).

figueiral, figueiredo *m.* 무화과 나무숲. 무화과나무를 많이 심은 곳.

figulina *f.* 《古》 토기(土器).

figulino *a.* ①진흙의. 도토(陶土)의. ②으스러서 마음대로 할 수 있는. 어떤 형태도 만들 수 있는. ③《轉》 다루기 쉬운. 가르치기 쉬운. 온순한. 유순한.

figura *f.* ①모양. 꼴. 형상(形狀). ②사람의 모양. 자세. 용모. 얼굴. 낯. ③관상. 인상(人相). ④외관. 외모. 풍채. ⑤화상(畵像). 초상(肖像). 표상(表像). ⑥인물. 인사(人士). ⑦[文] (수식상의) 변칙. 파격(破格). [論] (삼단론법의) 격(格). 도식(圖式). [修] 전의(轉義). 어의(語義)의 비유적 전용(轉用). [音] 음의 수식.
fazer figura 중요한 직에 있다. 군중의 눈에 띄다. 두각을 나타내다. 이채를 띠다.
fazer triste figura 실수하다. 서투른 연기(演技)를 하다.

figuração *f.* ①형체를 부여(賦與)함. ②모

양. 형태. ③비유적 표현. ④(도안 등에서 하는) 장식. ⑤[劇] 보역(補役)의 전체.

figurado *a.* ①꼴을 이룬. 모양을 한. 모양으로 나타난. 형태를 이룬. 윤곽을 드러낸. ②그림으로 나타난. 묘출(描出)한. 머리 속에 그린. ③비유(比喩)의. 비유적으로 전용(轉用)된. [文] 형용(形容)한. 형용적.
sentido figurado 전의(轉義).

figural *a.* 형(形)의. 형체의. 모양의. 모양으로 보이기 위한. 표상용(表象用)의.

figuralidade *f.* 성형성(成形性). 구형성(具形性).

figuranta *f.* 발레의 여자 댄서.

figurante *m.* ①발레의 남자 댄서. ②[劇] 보역(補役). 중요치 않은 역(役)(무대에 나와서 대사를 말하지 않는). ③《轉》타인의 턱 또는 손짓에 따라 움직이는 사람. 꼭두각시.

figurão *m.* ①《俗》큰 인물. 거물. 명사(名士). 달인(達人). ②크게 보이기. 과시(誇示).

figurar *v.t.* ①형태로 나타내다. 모형으로 나타내다. 윤곽을 보이다. 그림으로 나타내다. 본뜨다. ②상징(象徵)하다. ③상상하다. 머리 속에 그리다. ④비유적으로 표시하다.
— *v.i.* ①(어떤 인물로서) 나타나다. (무대에) 나타나다. 구실을 하다. ②요직(要職) 또는 요점을 차지하다. 남의 눈에 띄다. 두각을 나타내다.
—*se* *v.pr.* ①머리 속에 그리다. 상상하다. ②뚜렷이 나타나다. ③출연(出演)하다.

figurativa *f.* [文] 동사의 활용(活用). 어미의 변용(變用).

figurativo *a.* ①표상적(表象的). 상징적. 회화적(繪畵的). 조소적(彫塑的). ②형용적의. 비유적의. 전의(轉義)의.

figurilha *f.* ①(금속·상아·도토(陶土)·플라스틱 따위로 만든) 작은 인물 모형(小立像). ②축소화(縮小畵). 소화상(小畵像). 세밀화(細密畵). 《轉》작은 사나이. 작은 인물. 풍채가 없는 사람.

figurinha *f.* =*figurilha*.

figurino *m.* ①모형. 축소형. ②본. 모델. ③유행복장도(流行服裝圖). 유행복 잡지. ④항상 유행복을 입고 있는 사람.
figurinos (*pl.*) 멋쟁이. 여자에게 상냥한 남자.

figurismo *m.* [宗] 비유주의(比喩主義).

figurista *m.f.* 비유주의자. 비유가(比喩家).

figurona *f.* =*figurão*의 여성형.

fila (1) *f.* 열(列). 줄. 대열(隊列). 행렬.
em fila 열을 짓고. 줄지어.
formar fila 열을 만들다. 열짓다.
primeira fila 전열(前列).
última fila 후열.
estacionar em fila dupla 이열(두 줄)로 주차(駐車)시키다(하다).
— (2) *f.* 붙잡음. 포착(捕捉).
cão de primeira fila 맹견(猛犬)의 일종.

filaça *f.* 사조(絲條). 삼(麻)부스러기.

filacterio *m.* ①부적. ②성물함(聖物函). ③신앙이 독실한 체하기.

filamentar *a.* 심지의. 섬유 모양의. 화사(花絲)의. 화사 모양의.

filamento *m.* 가는 실. 고운 실. 섬사(纖絲)(방적 섬유). [植] 화사(花絲). (전구·진공관의) 필라멘트. (백열) 심지.

filamentoso *a.* 실 모양의. 섬유 모양의. 섬조질(纖條質)의.

filandra *f.* [動] 유대류(有袋類)의 결지수(結趾獸).
filandra gigante 인도산의 캉가루.

filandras *f.*(*pl.*) ①가는 실(細絲). ②(가을 컵에 높이 치는) 기미풀(蛛網).

filandroso *a.* ①(살코기에) 힘줄이 많은. ②섬유가 많은.

filantropia *f.* 박애(博愛). 인애(仁愛). 인자(仁慈). 범애(汎愛).

filantrópico *a.* 인정 많은. 박애의. 인애의. 범애(파)의.

filantropismo *m.* 박애주의. 범애주의(汎愛主義). 인애(仁愛).

filantropo *m.* 박애주의자. 자선가.

filão *m.* ①광맥(鑛脈). ②정맥. 혈관. ③기질. 성질.

filar *v.t.* ①(…을) 꽉 붙잡다. 포착하다. ②(개를) 부추기다. 물게 하다.
— *v.i.* (개가) 달려들어 물다. (특히 사냥한 것을) 입에 물다.
—*se* *v.pr.* 꼭 붙들리다 : 붙잡히다. 꽉 물다.

filária *f.* [醫] 사상충(絲狀蟲). 필라리아충(蟲).

filariose *f.* [醫] 사상충증(絲狀蟲症).

filarmônica *f.* ①악단(樂團). 음악단. ②

filarmônico *a.* 음악을 좋아하는. 음악애호의(흔히 음악협회의 이름에 쓰임).

filástica *f.* ①삼부스러기 ; 특히 낡은 밧줄이 풀어진 부스러기. ②[海] 뱃밥.

filatelia *f.* 우표수집. 인지류(印紙類)수집.

filatélico *a.* 우표수집의.

filatelismo *m.* 우표수집. 우표를 모으는 취미(버릇).

filatelista *m., f.* 우표를 수집하는 사람. 우표 모으기 좋아하는 사람.

filatório *a.* 방적의. 방적하는.
— *m.* 방적기(紡績機).

filáucia *f.* ①자애(自愛). 이기(利己). ②독단. 개인의 의견. ③자부심. 자만. ④허영(심).

filaucioso *a.* 자존심이 강한. 자부심이 강한. 허영심이 있는.

filé *m.* ①소원. 희망. 대망(大望). ②기대하는 것. ③(소·돼지의) 뱃살(허리 아래쪽의 연하고 좋은 살코기).

fileira *f.* ①열(列). 줄·대열(隊列). ②[軍] 오(伍). 종렬. 단종렬(單縱列). ③현역(現役).

filête *m.* ①가는 실(細絲). 가는 노끈. 리본. ②[解] (띠 모양의) 섬유. 근초(筋鞘). ③[建] (두쇠시리 사이의) 평연(平緣). 막면(幕面). (두리기둥의 홈과 홈 사이의) 이랑. ④[機] 나사(螺絲). ⑤[植] 화사(花絲). 약평(葯莖). ⑥[製本] (표지의) 윤곽선(輪郭線). ⑦[料理] 지느러미살 ; (어육(魚肉)의) 저민 조각.

filha *f.* ①딸. 여식(女息). ②계집아이.

filhação *f.* =*filiação*.

filhador *m.* 양자로 삼는 사람.

filhamento *m.* 양자삼기.

filhar *v.t.* 양자로 삼다.
— *v.t.* [植] 새로운 가지가 나오다. 흡지(吸枝)가 나오다.

filhardar *f.* 자식이 많음. 아들딸 부자. 대가족(大家族).

filharar *v.i.* [植] 새로운 가지가 나오다.

filheiro *a.* 아이를 좋아하는. 자식이 많은.

filhento *a.* ①아이를 많이 낳는. 다산(多産)의. ②자식이 많은. ③풍요(豊饒)한. 다작(多作)의.

filhinha *f.* (*filha*의 지소어 또는 애칭). 작은 딸. 작고 예쁜 딸.

filhinho *m.* (*filho*의 지소어 또는 애칭). 작은 아들. 귀염둥이. 옥동자(玉童子).

filho *m.* ①아들. 자식(子息). ②사내아이. 사내놈. ③금수(禽獸)의 새끼. ④[植] 새로운 가지. 새싹. ⑤태어남. 산출(産出)(물).

filho primogénito 맏아들. 장자.

filho legítimo 적자(嫡子).

filho ilegítimo 또는 *filho bastardo* 서자(庶子). 사생아.

filho adotivo 양자.

filho póstumo 아버지가 죽은 뒤에 태어난 아들. 유복자.

filho das ervas 주운 아이. 버린 아이. 기아(棄兒).

filho de Deus 신의 아들(예수).

filho de peixe sabe nadar (그 아버지에 그 아들). 전통은 갈 데 없다. 부전자전(父傳子傳).

filhos (*pl.*) 자손. 후예(後裔).

Somos todos filhos de Adão. 우리는 모두 아담의 자손이다.

meu filho! 《轉》애야! 너! 자네! 이녀석!

filhó *m.* [料理] 사과·오랜지 등을 얇게 잘라서 버터에 튀긴 것.

filhote *m.* ①원주민. …에서 난 사람. …의 산(産). ②젖먹이. 갓 낳은 아기. [動] 새새끼. 갓 깐 병아리.

filhotinho *m.* 작은 아기. [動] 작은 새끼.

filiação *f.* ①어버이 자식의 관계. ②양자관계. ③직계통(直系統). ④(언어 등의) 파출(派出). 분파. ⑤종속(從屬).

filial *a.* ①자식으로서의. ②갈라진. 피출한. ③지사의. 지점의. 분점의.
— *m.* 지사(支社). 지점(支店). 분점(分店).

casa filial 분가(分家). 분점. 지점(支店).

filiar *v.t.* ①양자로 삼다. ②가입(加入)시키다. ③발생케 하다. ④지부(支部)로 삼다.
—**se** *v.pr.* ①(+*em*). …에서 발생하다. …에 기인하다. ②…에 가입하다.

filicida *m., f.* 아들을 죽인 자. 자식 살해자.

filicídio *m.* 아들을 죽임. 자식 살해.

filicologia *f.* 양치연구(羊齒研究).

filifolha *f.* [植] 양치. 고사리.

filiforme *a.* 실 모양의. 사상(絲狀). 선상(線狀)의. 섬유상(纖維狀)의.

pulso filiforme 미약한 맥박(脈博).

filigrana *f.* 금은사세공(金銀絲細工). 섬세

한 세공 장식.
filigranar *v.i.*, *v.t.* 금은사 세공을 하다. 섬세한 세공 장식을 하다.
filigraneiro *m.* 금은사 세공을 하는 사람.
filipêndula *f.* [植] 미나리의 일종.
filípica *f.* (*Demosthenes*가 *Philip*에 또는 *Cicero*가 *Antony*에 대하여 말한) 격렬한 공격 연설; 통론(痛論).
filipino *a.* 필리핀의.
— *m.* 필리핀 사람.
filisteu *m.* ①체구(體軀)가 크고 조폭(粗暴)한 사나이. ②거인(巨人).
filistria *f.* 나쁜 장난. 위험한 노름.
filmadura *f.* [寫] 필름에 찍기. [映] 촬영하기. (소설 같은 것을) 영화화 하기.
filmagem *f.* 필름에 찍기. 영화촬영.
filmar *f.* [寫] 필름에 찍다. [映] 촬영하다. (소설같은 것을) 영화화(映畵化)하다.
filme *m.* ①필름. 감광막(感光膜). 건판. ②영화. 영화극(劇).
filme sonoro 또는 *filme falado* 발성영화. 음화(音畵).
filo *m.* [植] 악편(萼片).
filó *m.* 그물눈. 그물의 작은 코. 모기장 따위의 작은 눈.
filocínico *a.* 개를 좋아하는.
filode *f.* =*filodio*.
— *m.* [植] 가엽(假葉: 엽병(葉柄)이 평평하여 잎사귀 모양을 이룬 것).
filófago *a.* 잎사귀를 먹는(먹고 사는). 엽식(葉食)의.
filogenia *f.* [生物] 계통발생(系統發生). 계통발생학. 종족발달(種族發達).
filoginia *f.* 여자를 좋아함. 부인숭배(婦人崇拜).
filogínio, filógino *a.* 여자 좋아하는.
— *m.* 여자를 좋아하기.
filóide *a.* 잎사귀 모양의. 엽형(葉形)의.
filologia *f.* 언어학(言語學). 문헌학.
filológico *a.* 언어학(상)의.
filologista, filólogo *m.* 언어학자(연구자).
filomatia *f.* 학문(특히 수학)을 좋아하기.
filomático *a.* 학문을 좋아하는.
filomela *f.* 《詩》 미성(美聲)의 가수. [鳥] 밤꾀꼬리. 나이팅게일. 밤에 우는 새.
filônio *m.* 아편기(阿片基)의 진정제(鎭靜劑).
filoptosia *f.* [植] 낙엽병(落葉病).
filosofal *a.* 철학의. 철학성의. 철학적인. [古義] 이학(理學)의. 물리학상의.

pedra filosofal 현자의 돌(비금속을 황금화하는 힘이 있다고 하여 옛날 연금술사들이 애써 찾은 것); 실현 불가능의 이상. 치부(致富)하는 길.
filosofar *v.i.* ①철학적 고찰을 하다. 철학적으로 추궁하다. 사색하다. 궁리하다. ②철학자인 체하다.
— *v.t.* 철학적으로 설명하다.
filosofia *f.* ①철학(哲學). 형이상학(形而上學). ②철학체계. 철학. ③철리(哲理). 원리. ④냉정. 허심탄회. ⑤도를 깨달음 (통함). ⑥체념(諦念). 태평.
filosofia moral 윤리학(倫理學). 인생철학.
filosofia natural 자연철학.
filosòficamente *adv.* 철학상으로. 철학적으로.
filosófico *a.* ①철학의. 철학상의. 철학적의. ②이학(理學)의. ③철학자다운. 이성적인. 현명한. 냉정한.
filosofismo *m.* 사이비철학(似而非哲學). 궤변. 철학남용.
filosofista *m.*, *f.* 사이비철학자. 궤변자.
filósofo *m.* ①철학자. 철학연구가. 철인. 현인(賢人). ②추리론자. 이론가(理論家).
filotaxia *f.* [植] 엽서(葉序).
filotecnia *f.* 공예를 좋아함.
filotécnico *a.* 공예를 좋아하는.
filotimia *f.* 명예욕(名譽慾).
filoxera *f.* ①포도뿌리의 진딧물(포도의 큰 해충). ②포도충병(葡萄蟲病).
filoxerado *a.* 포도충병에 걸린.
filoxerar *v.i.*, *v.t.* 포도충병에 걸리다(걸리게 하다).
filoxericida *a.* 포도뿌리의 진딧물을 구충하는. 포도충을 죽이는.
filoxérico *a.* 포도충의. 포도충병의.
filtração *f.* ①거르기. 여과. 여과작용. 여과법. ②삼투(滲透).
filtrador *a.* 거르는. 여과하는. 여과용의.
— *m.* 물거르는. 물건. 여과기(濾過器). 여과장치. [寫·光] 여광기(濾光器). [無線] 여파기(濾波器). 여과물(여과 작용을 하는 헝겊·숯·자갈 등).
filtragem *f.* =*filtração*.
filtramento *m.* 여과(濾過). 여과작용. 여과법.
filtrar *v.t.* 거르다. 여과시키다. (액체를) 스며나오게 하다.
— *v.i.*, —**se** *v.pr.* 여과하다. 스며들

filtreiro–**findo**

다. 스며나오다. 삼출(滲出)하다.

filtreiro *m.* =*filtro*.

filtro (1) *m.* 여과시키는 것(헝겊·종이·숯 따위). 여과장치. 여과기(濾過器). 여광기(濾光器).
— (2) *m.* 미약(媚藥). 춘약(春藥). 격음제(激淫劑).
— (3) =*filula*.

filula *f.* [植] 엽병(葉柄)이 떨어진 자국(痕迹).

fim *m.* ①끝. 종말. 종결. ②결론. ③목적. 이유. ④죽음. 끝장.
fim da semana 주말(週末).
fazer fim 또는 *pôr fim* 끝내다. 끝마치다. 완료하다.
em fim 결국. 마침내. 끝내.
por fim 결국. 최후로. 마지막으로.
sem fim 끝없이. 무한히. 그지없는.
a que fim? 무슨 목적으로?
a fim de …의 목적으로. …을 위하여.
com o fim de …때문에.

fima *f.* [醫] 유종(瘤腫).

fimatose *f.* [醫] 결핵병(=*tuberculose*).

fimbrado *a.* 술이 달린. 가두리 장식을 한. [紋] (다른 색의) 좁은 띠로 선을 두른.

fimbria *f.* ①술. 선도리. 가장자리. ②가두리 장식. ③드리운 앞머리. [動·植] 털난 가장자리. 송이털.

fimbriado *a.* 술 달린. 가장자리를 단. 선도리로 장식한.

fimicola *a.* (벌레 따위가) 똥 속에서 사는. 분중(糞中)에서 발육하는.

fimose *f.* [醫] 포경(包莖).

finado *a.* ①끝난. ②죽은. 사망한.
— *m.* 죽은 사람. 고인(故人).
dia de finados 11월 2일에 지내는 사자(死者)의 영제(靈祭). 성묘(省墓)의 날.

final *a.* 끝의. 종말의. 마감의. 최후의. 최종의.
— *m.* 끝. 종말. 종점. 최후. 최종. [文] 마지막 음절(音節).
ponto final 종점(終點).
a final 결국에. 끝내. 마침내. 필경.

finalidade *f.* ①최후적임. 종국성(終局性). ②결국. 결착. 결말. ③최후적인 일. 종국적인 목적. 구극성(究極性).

finalista *m.*, *f.* ①결승전에 출전하는 선수. ②마지막 학년(學年)의 학생. 졸업을 앞둔 학생.

finalização *f.* 끝냄. 종결함. 종료(終了).

finalizar *v.t.* 끝내다. 마감하다. 종결짓다. 결론을 맺다.
— *v.i.* 끝나다. 종료하다. 종결되다. 멎다.

finalmente *adv.* 최후로. 결국. 마침내.

finamente *adv.* 고상하게. 우아하게. 점잖게.

finamento *m.* ①끝냄. 종결함. ②소모. 소비. 비폐. ③죽음.

finanças *f.(pl.)* ①(나라의) 재원(財源). ②재정. 재무. ③재정상태. ④재정학. 이재학(理財學). ⑤현찰.
ministério das finanças 재무부.

financear *v.t.*, *v.i.* =*financiar*.

financeiro *a.* ①재정의. 재정상의. 재정에 관한. ②융자하는. 자금을 조달하는.
— *m.* ①재정관(財政官). 이재가(理財家). ②자본가.

financial *a.* 재정의. 재정상의. 재무의. 금융의.

financiamento *m.* 융자(融資).

financiar *v.t.*, *v.i.* ①돈을 융통하다. 융자하다. 자금을 조달(공급)하다. 전주(錢主)가 되다. ②재정을 주관하다.

financista *m.*, *f.* ①금융업자. 자본가. ②이재가.

finar-se *v.pr.* 소모되다. 없어지다. 끝나다. 죽다.

finca *f.* ①버팀대. 지주(支柱). ②원조. 부조.

finca-pé *m.* 두 다리로 굳세게 디디고 버티는 것. 받침대. 거점(據点).
fazer finca-pé 굳세게 버티다(조금도 양보함이 없이) 주장하다(고집하다).

fincar *v.t.* ①고정시키다. 움직이지 않게 꽉 박다(꽂다). ②버티다. ③고집하다. 주장하다.
—se *v.pr.* ①고정되다. 꽂혀져 움직이지 않다. 깊이 박히다(찔리다). ②(+*em*). 고집하다. 주장하다.

findador *m.* 끝내는 사람. 끝막음질하는 직공(기계). 완성자.

findar *v.t.* 끝내다. 끝마치다. 종결시키다. 이루다. 완성하다. 성취하다.
— *v.i.* 끝나다. 끝장나다. 그치다. 종결하다. 완성되다.

findável *a.* ①끝이 있는. 유종(有終)의. 끝이 날. ②끝낼 수 있는.

findo *a.* 끝난. 끝마친. 종결한. 종료한. 완

fineza *f.* ①가늘음. 세치(細緻). 섬세(纖細). ②미묘. 절묘(絶妙). ③(모양 같은 것의) 훌륭함. 아름다움. (품질의) 우량. ④친절. 은근(慇懃).

fingidamente *adv.* 꾸며서. …체하고. 거짓으로.

fingido *a.* 거짓의. 허위의. 가짜의. 가장(假裝)한. 체하는. 위선적인.
sono fingido 거짓잠(자지 않으면서 자는 체하는).
lágrimas fingidas 거짓 눈물.
mármore fingido 인조(人造)대리석.

fingidor *m.* 거짓을 부리는 사람. (아닌 것을) …인 체하는 자. 가장하는 사람. 위선적 인물.

fingimento *m.* ①…인 체하기. 거짓부리기. ②허위. 위선. ③가장(假裝). 가짜. 모방하기. ④속이기. (정체를) 감추기.

fingir *v.i.*, *v.t.* (…인) 체하다. (…을) 가장하다. …인 것처럼 보이다. (…인 체) 흉내내다. 모방하다. (문서 따위를) 위조하다. 모르게 하다. (말을) 꾸며내다. 《古·詩》 상상하여 만들어내다.
—**se** *v.pr.* 사람의 눈을 속이다. …인 체하다. (알고도) 모르는 체하다.
fingir-se de morto 죽은 체하다.
fingir que não vê 못 본 체하다.

finidade *f.* 끝 있음. 유한성(有限性). 한정(限定).

finítimo *a.* 한계가 있는. 경계(境界)가 있는. 경계를 접하는.

finito *a.* 한정(限定)되어 있는. 유한(有限)한. 정한된. 제한된. 〖文〗 정한적(定限的)의.
número finito 유한수(有限數).

finlandês *a.* 핀란드의. 핀란드 나라의.
— *m.* 핀란드 사람(말).

fino *a.* ①가느다란. 가냘픈. 얇은. ②(알(粒)이) 보드러운. 미세(微細)한. 잔. ③치밀(緻密)한. 정치(精緻)한. ④완전한. 순수(純粹)한. ⑤(모양이) 날씬한. 우미한. ⑥(태도가) 점잖은. 예의 있는. ⑦(물·액체 따위) 희박한. ⑧(칼 따위) 예리한. 날카로운. ⑨즐거운. 재미있는. ⑩재치 있는. 빈틈 없는. 영리한.
areia fina 보드러운 모래.
pedras finas 보석.

finório *a.* ①재치 있는. 빈틈 없는. ②교활한. 잔꾀 있는. ②아주 가는. 몹시 가냘픈.
— *m.* 빈틈 없는 사람. 교활한 인간.

finta *f.* ①세금. 조세(租稅). 연공(年貢). ②소득세.

fintar (1) *v.t.* 세금을 내게 하다. 과세하다.
—**se** *v.pr.* 갹출(醵出)하다.
— (2) *v.i.* …체하다. 공격하는 척하다. 속이다.

finura *f.* ①(바탕이) 가늘음. 섬세함. ②(모양같은 것의) 절묘. 교묘. 기교(技巧). ③민첩. 기민. ④교활함. 간사스러움. 깜찍함.

fio *m.* ①실. 줄. 노끈. 선. 전선. ②(칼의) 날. ③(화제의) 줄거리. ④연결물. ⑤쭈룩쭈룩 흘러 나오는 물(액체). ⑥댕기.
fio d'água 가는 물줄기(細流). 실처럼 가늘게 흘러 내리는 물.
fio de perola 진주를 한 줄에 낀 것. 일련(一連)의 진주(眞珠).
fio de algodão 무명실. 면사(綿絲).
fio de prumo 연추(鉛錘)를 달아 맨 노끈.
fio de serra (톱의) 벤 자국.
a fio 또는 *fio a fio* 계속하여. 연속적으로.
semanas a fio 매주(每週). 휴일 없이 매주.
telegrafia sem fio 무선전신.
passar ao fio de espada 칼(劍)로 찍 베다. 칼로 베어 죽이다.

firma *f.* ①사인. 서명(署名). 기명(記名). ②가호(家號). 점포명(店鋪名). 상사명. ③〖商〗상점. 상사(商事). 회사. 공사(公司). ④인감(印鑑). 도장. ⑤중점(重点).
bôa firma 신용 있는 사람.
firma reconhecida 공증(公證)된 사인.

firmação *f.* ①확실하게 함. 확인함. ②공고(鞏固) 히 하기.

firmador *m.* 확인하는 사람. 시인(是認)하는 자. 공고히 하는 사람.

firmal *m.* ①깃바늘 흉침(胸針). 브로치. ②〖宗〗 (일종의) 사리함(舍利函). 성골함(聖骨函). 유물상자. 성물상자.

firmamental *a.* 하늘의. 창공의. 천계의.

firmamento *m.* ①기초. 근거(根據). ②하늘. 창공. 천계(天界).

firmar *v.t.* ①굳게 하다. 공고히 하다. 움직이지 않게 하다. 든든하게 하다. ②확실하게 하다. 확인하다. 시인하다. ③서명하다. 사인하다. 비준(批准)하다. ④…을(…

firme *a.* ①든든한. 확고한. 확고부동한. 움직이지 않는. 고정된. ②견실(堅實)한. [商] 제때에 지불하는. (고객으로서) 지불이 좋은. 정기거래(定期去來)의.
terra firme (특히 아마존강 유역의) 홍수 때에 물에 잠기지 않는 땅.

firmemente *adv.* 든든히. 확고하게. 굳세게. 꽉. 꽉꽉.

firmeza *f.* ①굳음. 견고(堅固). 강고(強固). 뇌고(牢固). 확고부동. ②굳은 마음. 강의(剛毅). 결단. ③확실성.

fiscal *a.* ①세금을 관리하는. 감사역(監査役)의. 수세(收稅)에 관한. ②국고(國庫)의.
— *m.* 감사관(監査官). 검사관. 세금관리인. 세관리(稅關吏).

fiscalização *f.* 세금을 관리하기. 감사(監査). 감시. 감독(監督).

fiscalizador *a., m.* 세금을 관리하는 (사람). 감사인. 감독자. 검열관. 장학관. 감시자(監視者).

fiscalizar *v.t.* ①(세금관계를) 살펴보다. (재정관계를) 감사(監査)하다. 감독하다. 감시하다. ②통제하다. 지배하다.

fiscela *f.* ①(개·고양이 따위의) 입 부분. 코 부분. (동물의) 콧등 부분. ②재갈. 입마개.

fisco *m.* ①국고(國庫). 재무부. ②세무서(稅務署).

fisga *f.* ①(물고기를 찔러 잡는) 작살. 고래 작살. 갈고리. (새잡는) 일종의 투석기. ②갈라진 틈. 쪼개진 짬.

fisgador *a., m.* 작살을 쓰는 (사람). 갈고리를 던지는 (사람).

fisgar *v.t.* ①작살을 던지다. 작살로 찌르다. 갈고리를 쓰다. ②낚다. 붙잡다. ③(뜻을) 깨닫다. (내용을) 알아채다. 간파(看破)하다.

fisica *f.* 물리학. 이학(理學).

fisicamente *adv.* 물리적으로. 물리학상으로. 물질적으로. 형이하적(形而下的)으로. 체격상. 신체상.

fisicismo *m.* 물리적 현상설(物理的現象說) : 우주의 여러 현상은 모두 물리의 힘에 의한다는).

fisicista *m., f.* ①물리학자. 자연과학자. ②[生物] 생명물원론자(物源論者).

fisico *a.* ①자연의. 천연의. ②물질의. 형이하(形而下)의. 물질적. ③신체의. 육체의. ④물리학(上)의. ⑤자연과학연구에 몰두하는.
— *m.* ①체격. 신체. ②형체. 모양. ③물리학자. ④내과의(內科醫).

fisico-matemático *a.* 물리수학의.

fisico-químico *a.* 물리화학의.

fisiocracia *f.* 중농주의(重農主義). 중농론.

fisiocrata *m., f.* 중농주의자. 중농론자.

fisiogenia *f.* 유기체(有機體)의 자연적 발육.

fisiognómico *a.* 관상술(觀相術)의. 인상학(人相學)의.

fisiognomonia *f.* 인상학(人相學). 관상학.

fisiognomónico *a.* 인상학의. 관상학의.

fisiognomonista *m., f.* 인상학자. 관상학자.

fisiografia *f.* 지문학(地文學). 지상학(地相學).

fisiográfico *a.* 지문학의. 지상학의.

fisiografo *m.* 지문학자.

fisiologia *f.* 생리학.
fisiologia humana 인체생리학(人體生理學).
fisiologia vegetal 식물생리학.

fisiològicamente *adv.* 생리학상으로. 생리학적으로.

fisiológico *a.* 생리학상의. 생리학의.

fisiologista *m., f.* 생리학자.

fisiólogo *m.* 생리학자. 생리학에 정통한 사람.

fisionomia *f.* ①인상(人相). 관상(觀相). 인상학. 골상학(骨相學). ②낯모양. 용모. 면상(面相). ③[生物] 상모학(相貌學). 이형. 의관.

fisionômico *a.* ①인상(人相)의. 인상학의. 관상(술)의. ②낯 모양의. 얼굴의. 용모의.

fisionomismo *m.* 관상법(觀相法).

fisionomista *m., f.* 인상학자. 관상보는 자. 상학자(相學者).

fisioterapia *f.* 자연력(自然力)을 응용하는 물리적 요법(物理的療法).

fisoide *a.* 방광모양(膀胱狀)의.

fissifloro *a.* [植] 화관(花冠)이 분열(分裂)되어 있는.

fissil *a.* 갈라지기 쉬운. 분열성(分裂性)의.

fissiparidade *f.* [動] 분열생식(分裂生殖).

fissiparo *a.* 분열에 의하여 번식하는. 분체번식(分體繁殖)의.

fissípede, fissípide *a.* [動] 발굽이 갈라진. 열제(裂蹄)의. 열족(裂足)의.

fissipene *a.* [鳥] 날개가 갈라진. 열익(裂翼)의.

fissirrostros *a.* [鳥] 부리가 갈라진. 열취(裂嘴)의.
— *m.(pl.)* 열취류(裂嘴類).

fissura *f.* 갈라진 곳. 터진 곳. 틈. 금. 균열(龜裂). [解·植] 열구(裂溝). [病理] 파열(破裂). 열창(裂創). 열창상(傷). [生物] 분열.

fissuração *f.* 열개(裂開). [生物] 분열. 분체(分體). 분체생식(分體生殖). [醫] 내장의 소엽분열(小葉分裂).

fistula *f.* ①[蟲] 관(管) 모양의 기관(器管). ②(고래의) 기공(氣孔). ③[醫] 누(瘻). 누관(瘻管). 내부에 깊이 들어간 궤양(潰瘍).

fistulado *a.* ①누가 된. 누관이 된. ②공관꼴의. 속이 빈.

fistular *a.* [植] 공관(空管)꼴의. 속이 빈. [醫] 누성(瘻性)의. 누관의.
— *v.i.* 누가 되다. 누관이 되다.

fistuloso *a.* 누같은. 누관성의. 관상(管狀)의. [植] 공관(空管)꼴의.

fita *f.* ①리본. 끈. ②(종이·헝겊 등의) 가는 조각. ③영화 필름. ④타이프라이터의 줄.
fita metrica 테이프식으로 된 미터. 미터자.
fita isolante [電] 절연(絶緣) 테이프.

fitaceo *a.* [植] 잎사귀가 리본 모양을 한.

fitar *v.t.* 시선(視線)을 집중하다. 주목하다. (말(馬)이) 귀를 세우다(듣고자).
—*se v.pr.* ①주목하다. 응시(凝視)하다. 서로 쳐다보다. ②눈에 띠다.
fitar as orelhas (말이) 귀를 치켜들다(듣고자).

fitaria *f.* 많은 리본(줄).

fiteiro *m.* ①리본 만드는 사람. ②(업신여기는 뜻으로 부르는) 연극배우. ③《俗》 허영부리는 사람.

fitilho *m.* =*nastro*.

fito *a.* ①주목하는. 겨누는. 귀를 기울이고 있는. ②움직이지 않는. 부동(不動)의.
— *m.* ①목표. 표적(標的). ②목적(目的). 뜻. 의향(意向). ③주목. 응시(凝視). 귀를 기울임.

pôr o fito em …을 겨누다. …을 응시하다.
com o fito de …할 작정으로. …할 목적으로.

fitobiologia *f.* 식물생리학(植物生理學).

fitobiológico *a.* 식물생리학의.

fitofagia *f.* 식물을 상식(常食)으로 함.

fitófago *a.* 식물을 먹는(먹고 사는). 식초(食草)의.

fitogeneo *a.* 식물로서 되는.

fitogenese, fitogenia *f.* 식물의 발생론(발달론).

fitogeografia *f.* 식물지리학(植物地理學).

fitognomia *f.* 식물조직학(組織學).

fitografia *f.* 해설식물학(解說植物學).

fitográfico *a.* 해설식물학의.

fitografo *m.* 해설식물학자.

fitoide *a.* 식물에 관한. 식물유사(類似)의.

fitolito *m.* 식물화석(化石).

fitologia *f.* 식물학(=*botanica*).

fitológico *a.* 식물학의. 식물학상의.

fitonomia *f.* 식물기능학(機能學).

fitonómico *a.* 식물기능학의.

fitonose *f.* 식물병(植物病)의 총칭.

fitosanitário *a.* 식물위생의. 식물검역(檢疫)의.

fitotomia *f.* 식물해부. 식물해부학.

fitotómico *a.* 식불해부(학)의.

fitozoário *a.* 반식반동물(半植半動物)의.
— *m.* 식물과 동물의 중간물(中間物). 반식반동물.

fitozoários *m.(pl.)* 식충류(食蟲類).

fivela *f.* 조임쇠. 혁대쇠. 버클.

fivelão *m.* 큰 조임쇠. 큰 버클.

fiveleta *f.* 작은 조임쇠. 작은 버클.

fixa *f.* ①가시못. 비늘 달린 볼트. ②(돌쩌귀에 꽂는) 쇠못.

fixação *f.* 고착(固着). 정착(定着). 고정. 응고(凝固). [寫] 정착. [染色] 탈색되지 않게 하기. [化] 불휘발성화(不揮發性化). 고정(固定).

fixador *a.* 붙이는. 고착시키는. 정착케 하는. 빛이 날지 않게 하는.
— *m.* [寫] 정착제(定着劑). 정착액(液). (染色) 빛이 날지 않게 하는 약. 모발정조제(毛髮整調劑).

fixagem *f.* 고착시키기. (사진을) 정착시키기. 변색하지 않게 하기.

fixamente *adv.* 정착하여. 고정하여. 굳게

꼼짝 않고.

fixar *v.t.* ①고착(固着)시키다. 정착(定着)시키다. 붙이다. ②[染色] 빛이 날지 않게 하다. 변색하지 않게 하다. (사진을) 정착시키다. ③(의견·관념 따위를) 고정시키다. (값·날짜 등을) 정하다.
fixar o preço 값을 정하다.
fixar a data do casamento 결혼 날짜를 정하다.
— *v.i.*, **—se** *v.pr.* ①고정하다. 고착하다. 붙다. (눈이) 움쩍 않다. 가만 있다. ②(시선·관심 따위가 …에) 가다. 머물다. ③정주(定住)하다. 낙착하다.
fixar-se em …을 뚫어지게 보다.

fixativo *a.* 고정(고착)력 있는. 정착성(定着性)의. 빛이 날지 않게 하는. [寫] 정착용(定着用)의.

fixidez, fixidade *f.* 정착. 고착(固着). 고정(固定). 정착성. 응고성(凝固性). [化] 불휘발성. 불변성.

fixo *a.* ①붙은. 고정된. 움직이지 않는. 부동의. 일정(一定)한. ②확고한. 불변의. ③응고(凝固)한. 불휘발성(不揮發性)의.
preço fixo 정가(定價).
capital fixo 고정자본.
estrelas fixas [天] 항성(恒星).
renda fixa 일정한 수입(收入).
corpo fixo 불휘발체(不揮發體).

flabelação *f.* 부채질 하기.

flabelado *a.* 부채 모양을 한. 선형(扇形)의.

flabelar (1) *a.* [植] 부채 모양의. 선형의.
— (2) *v.t.*, *v.i.* 부채로 부치다. 부채질하다.

flabelífero *a.* ①부채를 쥐고 있는(들고 있는). ②부채 모양을 한. 선형의.
— *m.* 《古》 부채질하는 것을 직업으로 한 노예(奴隷).

flabelifoliado *a.* [植] 부채 모양으로 잎사귀가 퍼진. 잎사귀가 부채꼴을 한.

flabeliforme *a.* 부채 모양의. 선형(扇形)의.

flabelo *m.* ①《古》 부채. 부채꼴의 물건. ②[動] 선상우(扇狀部). 선상기관(器管).

flacidez *f.* ①연약. 유약(柔弱). 기맥이 없음. 무기력. ②[醫] 무긴장성(無緊張性).

flácido *a.* ①축 늘어진. 맥풀린. ②(정신 따위가) 연약한. ③쇠약한. ④탄력이 없는. 팽팽하지 못한. ⑤힘없는. 원기 없는.

flagelação *f.* ①채찍질. 태형(笞刑). ②학대. ③고통. 고뇌(苦惱).

flagelador *a.*, *m.* 채찍질하는 (사람). 태형하는 (자). 괴롭히는 (사람).

flagelante *a.* 채찍질하는. 태형하는. 괴롭히는.
— *m.* ①스스로 채찍질하는 고행자(苦行者). (13·14세기 때 자기 스스로를 매질함으로서 속죄(俗罪)가 소멸한다고 믿은 광신도(狂信徒)). ②채찍질하는 사람.

flagelar *v.t.* ①채찍질하다. 매질하다. 태형에 처하다. ②몹시 괴롭히다.

flagelativo *a.* ①채찍질하는. 매로 때리는. ②태형의. ③괴롭히는. ④재난의. 수난(受難)의.

flagelífero *a.* [植] 편모(鞭毛)가 있는. 편모 모양의.

flageliforme *a.* [植] 편모 같은. 가늘고 녹신녹신한.

flagelo *m.* ①[動] 편모(鞭毛). [植] 포복지(怖匐枝). ②[稽] 채찍. 회초리. ③《俗》 채찍질하기. 괴롭히기. ④고통. 고뇌(苦惱). ⑤화(禍). 재난(災難). 지변(地變). ⑥나쁜 병. 악역(惡疫).

flageolet *m.* [樂] 플래절렛(일종의 은(銀) 통소). (파이프 오르간의) 플래절렛 음전(音栓).

flagício *m.* ①포학무도(暴虐無道). 잔학. 폭행. 흉행(兇行). ②대죄(大罪).

flagicioso *a.* ①포학무도한. 잔학한. 극악한. 지독한. 비인간적인. ②큰 죄를 범한.

flagrância *f.* ①타고 있음. 타오름. 백열상태. 작열(灼熱). ②치열(熾烈). ③명료(明瞭). 명백.

flagrante *a.* ①타는. 타고 있는. 타오르는. ②시뻘겋게 달고 있는. 작열하는. 백열하는. ③뚜렷한. 명료한. 명백한. ④현행(現行)의. …을 하는 중인. ⑤눈에 띄게 나쁜. 극악한. 흉악한.
— *m.* …때. 그 시기. 찰나. 즉시.
em flagrante 현장에서. 목전(目前)에.
apanhar em flagrante 현장 체포하다.
flagrante delito 현행범(現行犯).
neste flagrante 이때. 차제(此際)에.

flagrar *v.i.* 타다. 타오르다. 빨갛게 달다.

flaino *m.* ①이리저리 거닐기. 산책. 소요. ②방랑.

flama *f.* ①불꽃. 화염(火炎). ②정열(情熱). 격정. 타는(듯한) 생각. 정화(情火).

flamância *f.* ①타오르기. ②불꽃. 불길.

화염. ③찬란한 빛. 반짝거리는 빛. ④화려. 화미(華美).

flamante *a.* ①타오르는. 불길이 올라가는. 화염을 일으키는. 이글이글하는. 불타는 듯한. 정열에 불타는. ②빛나는. 찬란한. 반짝이는. ③화려한.

flame *m.* [獸醫] 방혈침(放血針: 관절 정맥(靜脈)에서 나쁜 피를 빼내는 침).

flamear *v.i.* =*flamejar*.

flamejante *a.* ①타는. 타오르는. 타는 듯한. ②(번갯불이) 번쩍이는. ③[建] *Flamboyant* 식(式)의. 화염식(火焰式)피. 불꽃 모양의.

flamejar *v.i.* ①불길을 내다(뿜다). 화염을 일으키다. ②빛나다. 발광(發光)하다. 번쩍이다. ③(연정(戀情)의 불길이) 북받쳐 오르다. ④불끈 화를 내다.
— *v.t.* (격노하여 눈에서) 불빛을 내다.

flamengo *a.* 플란더즈(벨기에・폴란드의 남쪽 지명; 프랑스의 북부에 걸쳐 북해에 면한 옛 나라)의.
— *m.* ①폴란드 사람(말). ②플라맹고 (*Rio de Janeiro*의 프로 축구단의 하나).

flâmeo *a.* =*flamante*.

flamífero, flamígero *a.* 불길을 일으키는. 화염(火焰)을 내는.

flâmine *m.* (옛 로마) 신주. 제사(祭司).

flamingo *m.* 플라밍고. [鳥] 홍학(紅鶴).

flamivomo *a.* 《詩》불길을 내뿜는. 화염을 토하는.

flâmula *f.* ①작은 불길. 작은 불꽃. ②기다란 삼각기(三角旗). 장기(長旗). (기병(騎兵)의) 창기(槍旗).

flanar *v.i.* ①이리저리 거닐다. 소요하다. ②떠돌아다니다. 배회(徘徊)하다.

flanco *m.* ①옆. 측면. ②(신체의) 옆구리. ③(건물의) 측면. ④[陸海軍] 대열의 측면. ⑤선측(船側). ⑥[築城] 측면보루(側面堡壘).

flandeiro *m.* ①양철공. 함석으로 여러 가지 제품을 만드는 사람. ②양철제품상점.

flandrea *m.* *folha de flandres* 함석판. 아연판(亞鉛板).

flanela *f.* ①플란넬. ②플란넬 제품(운동복・양복바지 등).

flange *f.* 플랜지. 불쑥 나온 테두리. (달구지 바퀴의) 테두리의 가장자리. (철도 레일의) 나온 귀. (철관(鐵管) 끝의) 테두리.

flanquear *v.t., v.i.* …의 측면에 서다(…을 지키다. 방어하다. 공격하다. 돌아가다); (요새(要塞) 등이) 측면을 접하고 있다.

flato *m.* ①바람기(風氣). 위장 내에 차 있는 가스. 헛배. ②공허(空虛). 허세. 허영심. 자부(自負). 자만. ③[醫] 신경과민증. 히스테리 상태.

flatoso *a.* 바람기가 나게 하는. (위장 내에) 가스가 생기는; 가스가 차는.

flatulência *f.* ①바람기(風氣). 고창(鼓脹: 위장 내에 가스가 생기는 것). ②공허. 허세. ③[醫] 히스테리.

flatulento *a.* 바람기 있는. 가스로 배가 부른. 헛배 부른. (이야기가) 공허한. 허세의.

flatuloso *a.* =*flatuoso*.

flatuosidade *f.* ①바람기. 고창(鼓脹). ②(위장 안의) 가스. 헛배. ③한 줄기의 숨. 기식(氣息). ④히스테리.

flatuoso *a.* 바람기가 나기 쉬운. (위장에) 가스가 차 있는(차기 쉬운).

flauta *f.* 플루트. 피리. 저. 통소.
— *m.* 플루트(피리・통소) 부는 사람.

flautado *a.* ①피리 모양을 한. 통소 같은. ②피리소리 나는. 좋은 소리 나는.

flautar *v.i.* 플루트를 불다. 피리소리 내다. 피리 같은 소리로 노래 부르다.

flautear *v.t.* ①플루트(피리・통소)를 불다. ②속이다. 잘 노트게 하다. 혼도되게 하다.

flauteiro *m.* 피리(통소) 부는 사람.

flautim *m.* 작은 플루트. 작은 피리(통소).

flautista *m., f.* ①플루트(피리・통소) 부는 사람. ②피리(통소)를 만드는 사람; 그 장수.

flavescente *a.* ①황금색이 되는. 황금색으로 만드는. ②노래지는. 노란색깔을 띤.

flavescer *v.i.* 황금색이 되다. 금갈색(金褐色)이 되다. 노란색깔을 띠다.

flavo *a.* 《詩》황금색의. 금갈색의. 노란.

flebectasia *f.* [醫] 정맥팽창.

flebico *a.* 정맥에 관한.

flébil *a.* ①우는. 눈물 흘리는. ②눈물나게 하는. 슬프게 하는. ③슬픈.

flebite *f.* [醫] 정맥염(靜脈炎).

flebografia *f.* 정맥론(論).

flebolito *m.* 정맥결석(結石). 정맥석(靜脈石).

flebologia *f.* 정맥학(靜脈學).

flebomalacia *f.* 정맥의 병적연화(病的軟化).

fleborragia *f.* 정맥파열(破裂). 정맥출혈.

flebotomia *f.* [醫] 자각(刺胳). 방혈(放血).

flebotomo *m.* 자각도(刺胳刀).

flecha *f.* ①화살. 화살 모양의 물건. 화살표. ②각탑(角塔). ③[幾] 시선(矢線).

flechada *f.* ①활로 쏘기. ②활에 맞음.

flectir *v.t.* [解] (근육이 관절을) 굽히다. 구부리다.

flegmão *m.* [醫] 봉과직염(蜂窠織炎). 급성결체조직염(急性結蹄組織炎).

flesmasia *f.* ①[醫] 염증(炎症). ②열소(熱素).

flertar *v.t.* 갑자기 튀기다. 가볍게 던지다. — *v.i.* 사랑을 노름삼아 하다. (남녀가) 희롱하다. 가지고 놀다. 농락하다.

flêrte *m.* (남녀의) 희롱. 농락질. 교태(嬌態). 연애유희.

fleugma, fleuma *f.* ①가래. 점액질(粘液質). [廢] 점액(4체액(體液)의 하나). ②냉담(冷淡). 냉정(冷靜). 침착. 둔감(鈍感).

fleugmático, fleumático *a.* ①담이 많은. 점액질의. 혈액 순환이 나쁜. ②냉담한. 냉정한. 침착한. 무기력한.

flexão *f.* ①굴곡(屈曲). 만곡(彎曲). ②굽음. 굽히는 작용. ③근(筋)의 굴신(屈伸). ④어형변화(語形變化).

flexibilidade *f.* ①휘는 성질. 굴곡성(屈曲性). ②곡절자재(曲折自在). 신축자재. ③휘기 쉬움. 굽히기 쉬움. ④적응성. 융통성.

fléxil *a.* = *flexível*.

flexional *a.* 굴곡성의. [文] 어형변화상의. 어형변화를 가지는.

flexipede *a.* 다리가 휜. 곡족(曲足)의.

flexível *a.* ①휘기 쉬운. 굽히기 쉬운. 곡절자재의. 녹신녹신한. ②유연(柔軟)한. 유순한. 유인(柔軔)한.

flexivo *a.* [文] 어미(語尾) 변화를 하는.

flexor *a.* 굽히는. 굴절시키는. 굴곡케 하는. [解] 굴근의.
— *m.* [解] 굴근(屈筋).

flexuosidade *f.* ①꾸불꾸불함. ②굴곡성(屈曲性). (물결 모양의) 구부러짐. 요곡(撓曲).

flexuoso *a.* 꾸불꾸불한. 구부러지는. 굴곡성의. 물결치는 모양으로 움직이는. 동요하는.

flexura *f.* [解] 굴곡부(屈曲部). 관절(關節). ②굴곡작용(屈曲作用). ③유화(柔和). 유약(柔弱).

flibusteiro *m.* ①18세기 경에 남미(南美)에서 도량(跳梁)한 해적(海賊). 도적. ②약탈을 일삼는 모험가(冒險家). ③모사(謀士). 책사(策士).

flocado *a.* ①엷은 조각의. ②떨기털 같은. 송이털 모양의. ③털부스러기 같은.

floco *m.* ①연한 털(柔毛). 떨기털(叢毛). 양털송이. ②털부스러기. 솜부스러기. 넝마. ③엷은 조각. ④눈송이. 불티.
floco de neve 눈송이. 설편(雪片).

flocoso *a.* 연한 털이 있는. 연한 털 같은. 유모성(柔毛性)의. [植] 떨기털이 있는.

flóculo *m.* 조그마한 털뭉치.

flogístico *a.* ①열소(熱素)의. 연소(燃素)의. ②염증의.

flogisto *m.* (옛 화학자가 말한) 열소(熱素).

flogose *f.* [醫] 경염증(輕炎症).

flor *f.* ①꽃. 화초. ②꽃 모양(花形). ③꽃장식. ④(원기의) 한창임. 청춘. 성년(成年). 한시대. 전성시대(全盛時代). ⑤영화(榮華). ⑥정화(精華). ⑦보드러운 가루(細粉). ⑧표면(表面). ⑨비등면(沸騰面)의 거품.
à flor de …의 표면에.
à flor dágua 수면(水面)에.

flora *f.* ①(한 지방·한시대에 특유한) 식물군(植物群). 식물구계(區界). 분포식물(分布植物). ②꽃의 여신(女神).

floração *f.* ①꽃핌. 개화(開花). ②꽃피는 시기.

floral *a.* 꽃의. 꽃에 관한. 꽃과 비슷한.

florão *m.* 꽃 모양의 장식. 화채(花彩).

flor-de-enxofre *f.* 유황화(硫黃花).

flor-de-lis *f.* ①붓꽃. ②붓꽃 모양의 문장(紋章).

floreado *a.* ①꽃 같은. ②화려한. 찬란한.
— *m.* 꽃그림. ③ [樂] 화식(華飾). [樂] 화주(華奏). 광상곡(狂想曲).

floreal *m.* 《F》꽃피는 달(4월 20일부터 5월 19일까지; 프랑스혁명(革命曆)의 여덟째달).

florear *v.t.* ①꽃을 피우다. ②꽃으로 장식하다. 꽃 모양으로 꾸미다. ③(글을) 꾸며 쓰다. 문식(文飾)하다. ④(무기·채찍 따위를) 휘두르다. (칼을) 번쩍거리다.
— *v.i.* ①꽃이 피다. 개화하다. ②무성하다. 번창하다. 융성(隆盛)하다. ④(문사·화가들이) 때를 만나다. 활약하다. ⑤[樂] 화려한 연주(演奏)를 하다.

florecer–fluidificar

florecer *v.t.*, *v.i.* =*florescer*.
floreio *m.* ①꽃장식(花飾). ②문식(文飾). 문채(文彩). 윤식(潤飾). 아름다운 말과 고운 문구. ③나팔의 유려한 취주(吹奏). [樂] 화려한 연주. ④(무기·손 따위를) 재빠르게 휘두르기. ⑤무성. 번영. ⑥《稀》결과 없음. 저어(齟齬). 실패. 패배(敗北).
floreira *f.* ①꽃병. 화분(花盆). ②꽃 파는 여자.
floreiro *m.* ①꽃장수. ②꽃상점. 화초집.
florejante *a.* ①꽃이 많은. 꽃으로 덮인. 꽃으로 장식된. ②무성하는. 융성(隆盛)하는. 번영하는.
florejar *v.t.* 꽃으로 장식하다. 글을 꾸며 쓰다. 문식(文飾)하다.
— *v.i.* 꽃으로 덮이다. 꽃으로 가득 차다.
florença *f.* (이탈리아의 플로렌스산) 얇은 비단.
florente *a.* =*florescente*.
florentino *a.* (이탈리아의 도시) 플로렌스의.
— *m.* ①플로렌스 사람(말). ②능견(綾絹)의 일종.
flóreo *a.* 꽃핀. 꽃을 피운. 꽃으로 장식한.
florescência *f.* ①꽃필(開花). 꽃필 때. 개화기(開花期). ②꽃시절. 번영기. 한상. 전성시대(全盛時代).
florescente *a.* ①꽃이 핀. 꽃을 피우는. ②꽃철의. 꽃시절의. ③번영하는. 융성하는. 한창인. 전성을 이루는.
florescer *v.t.* 꽃을 피우다. 꽃으로 장식하다.
— *v.i.* ①꽃피다. 개화하다. 만발하다. ②번영하다. 융성하다. 번창하다.
florescimento *m.* 꽃핌. 개화.
floresta *f.* 숲. 산림(山林). 삼림(森林). 산림지.
florestal *a.* 숲의. 산림의. 임야(林野)의.
floreta *f.* 꽃 모양(花形模樣)의 장식.
florete *m.* (칼끝에 솜방망이를 붙인) 연습용 펜싱 칼. 검술용(劍術用) 칼.
floreteado *a.* ①꽃으로 장식된. 칼(검)처럼 끝이 뾰족한.
floretear *v.t.* ①꽃으로 장식하다. ②(칼을) 휘두르다.
— *v.i.* 검도를 하다. 펜싱을 하다.
floretista *m.* 검객(劍客). 검술가.
floricultor *m.* 화초재배자. 꽃을 기르는 사람.
floricultura *f.* 화초재배(법).
floridamente *adv.* 꽃이 무성하게. 꽃으로 장식되어. 화려하게.
florido *a.* 꽃핀. 꽃이 만발한. 꽃으로 덮인. 꽃같은. 꽃 모양의. 꽃으로 꾸민(장식한).
flórido *a.* ①꽃이 많은. 꽃처럼 아름다운. ②화려한. 찬란한. 멋진. 사치스러운. ③번창한. 번영하는.
florífago *a.* (곤충이) 꽃을 먹는. 꽃을 먹고 사는. 화식(花食)의.
florífero, florígero *a.* 꽃이 있는. 꽃이 피는. 꽃이 되는. 꽃이 많은.
floriforme *a.* 꽃 모양을 한. 화형(花形)의.
florilégio *m.* ①꽃모아 놓은 것. 화보(花譜). ②명시선(名詩選). 사화집(詞華集). 가구집(佳句集).
florim *m.* 플로린 화폐(1849년 이래 영국에서 쓰이는 2실링 은화).
florir *v.i.* ①꽃피다. 개화하다. ②무성하다. 번창하다. 번영하다. 발전하다.
— *v.t.* …에 꽃을 놓다. …에 꽃을 꽂다.
florista *m.*, *f.* ①화초 재배자. ②꽃 만드는 사람. 조화사(造花師). ③꽃장수. ④꽃을 전문적으로 그리는 화가(畫家).
florista artificial 꽃 만드는 사람. 조화사(造花師)
flormania *f.* 꽃을 몹시 좋아하기. 꽃도락(道樂). 꽃에 미침.
flósculo *m.* 조그마한 꽃. [植] (국화과 식물의) 소통화(小筒花).
flosculoso *a.* 조그만 꽃으로 된. 조그만 꽃 모양의.
flostria *f.* 떠들어대며 놀기. 까불며 장난치기. 법석 떠드는 유회.
flotilha *f.* 소함대(小艦隊). 정대(艇隊).
flox *m.* [植] 플록스(원예식물). 온실화초.
flucticola *a.* =*fluticola*.
fluctigeneo *a.* =*flutigeneo*.
fluência *f.* ①유동(流動). 유동성(性). ②유창(流暢). 달변(達辯). (이야기 따위) 물흐르듯 함. ③많음. 풍부.
fluente *a.* ①흐르는. 유동하는. ②(연설 따위) 물흐르듯 하는. 유창한. 능변인. 말 잘하는. 말재간이 좋은.
fluidez *f.* ①유동성(流動性). 유동질(質). ②(언어·문장 등의) 유창함. 달변.
fluidificação *f.* 액체화(液體化).
fluidificar *v.t.*, *v.i.* 액체로 만들다. 액체

fluidificável *a.* 액체로 만들 수 있는. 액화 가능한.

fluido *a.* ①흐르는. 유동(流動)하는. ②액체와 같은. 액상(液狀)의. 물렁물렁한. 탄력이 없는. ③유창한. (이야기 따위) 물흐르듯 하는.
— *m.* 유동체(流動體). 액체.
fluido gasoso 기체(氣體).
fluido magnético 전류(電流).

fluir *v.i.* ①흐르다. 흘러 나오다. 조수(潮水)가 밀다. [醫] 출혈하다. ②(+*de*). 생기다. 기인하다. 유래(由來)하다.
— *v.t.* 흐르게 하다.

flume, flumen *m.* 《詩》시내. 하천(河川). 강.

fluminense *a.* ①강(江)의. 하천의. ②*Rio de Janeiro* 주(州)에 속하는.
— *m.* (발음 : 홀루우미낸쎄). ①리오 데 자네이로 주민(州民). ②리오 데 자네이로 프로 축구단의 하나.

flumineo *a.* =*fluvial*.

fluor *m.* 유동성(流動性).

flúor *m.* ①[化] 불소(弗素)(非金屬元素 ; 기호 F). ②[鑛] 형석(螢石). ③[醫] 설사. 장(腸)카타르.

fluorescência *f.* [理] 형광성(螢光性). 형광.

fluorescente *a.* 형광성의. 형광을 내는. 형광이 있는.

fluoreto *m.* [化] 불화물(弗化物).

fluorídrico *a.* 불화수소(弗化水素)의.

fluorina *f.* [化] 불소(弗素).

fluorite *f.* [鑛] 형석(螢石).

fluoritico *a.* (광물이) 형석을 함유하는. 형석질의.

fluoroscópio *m.* 형광투시경(螢光透視鏡).

flutícola *a.* 《詩》바다에 사는. 물에서 사는.

fluticolor *a.* 《詩》 바다 색깔의. 바닷빛의.

flutigeno *a.* 《詩》바다에 생기는.

flutuabilidade *f.* 부동성(浮動性). 부범성(浮泛性). 뜨는 성질.

flutuação *f.* ①물 위에서 떠다님. 부동. 부범(浮泛). ②(시세·열 따위의) 오르고 내리는 것. 고하(高下). ③파동(波動). 변동. 동요. ④부침(浮沈). 흥망성쇠.
linha de flutuação 흘수선(吃水線).

flutuador *m.* 물 위에 떠다니는 것. 뗏목. 물끌어 당기는 판자. 부표(浮標). (낚시줄·어망에 달린) 찌. (물통의 마개를 조절하는) 부구(浮球).

flutuante *a.* ①(물 위에) 떠다니는. 떠 있는. 부동(浮動)하는. 너울너울 움직이는. ②(바람에) 너울거리는. 펄럭거리는. ③변동하는. 일정하지 않은.
divida flutuante 부동공채(浮動公債).
doca flutuante 부동선창(浮動船艙). 뜨는 부두.
— *m.* ①뗏목. ②(특히 아마존 강에 있는) 물위에 떠 있는 집. (굵은 통나무를 물 위에 띄우고 그 위에 지은 집 ; 이동할 수 있음).

flutuar *v.i.* ①(물 위에) 뜨다. 떠오르다. 떠다니다. 부동(浮動)하다. 표류하다. ②(시세·열 따위에) 변동이 있다. 오르내리다. ③동요하다. 파동치다. ④(깃발 따위가 바람에) 너풀거리다.

flutuável *a.* (물 위에) 뜰 수 있는. 띄울 수 있는. 부동가능(浮動可能)한.

flutuosidade *f.* 부동성(浮動性). 부범성(浮泛性).

flutuoso *a.* =*flutuante*.

fluvial *a.* 하천(河川)의. 강(江)의. 하류작용(河流作用)의. 하천에 있는(생기는). 하천에 사는.
passeio fluvial 뱃놀이. 선유(船遊).
peixe fluvial 하천어(河川魚). 민물고기.
policia fluvial 수상경찰(水上警察).

fluviátil *a.* 하류 작용의. 하천 특유의. 하천서식성(河川棲息性)의.

fluviométrico *a.* 수준표의.

fluviómetro *m.* 수준표(水準標). 하천수고계(水高計).

flux *m.* (=*fluxo*).
a flux 풍부히. 대량으로.
levar tudo a flux 하나도 남김없이. 전부.

fluxão *f.* ①《古·稀》유동(流動). ②유출(流出). 누출(漏出). ③[醫] 충혈(充血). 일혈(溢血). ④[數] 유율(流率). 미분(微分).
fluxão de sangue 충혈(充血).

fluxibilidade *f.* 지구력(持久力)이 없음. 내구력(耐久力)이 없음.

fluxionário *a.* [數] 유분(流分)의. 유동성의.

fluxível *a.* 일시적인. 감정적인. 변하는.

fluxo *a.* 일시적(一時的)인. 잠시의. 잠깐 동안의. 유전(流轉)하는.
— *m.* ①흐름. 유동(流動). ②밀물. 조수의 간만(干滿). ③[醫] (혈액·배설물

등의) 유출. 배출(排出).《古》이질. ④[理] 유량(流量). 유동률. ⑤[數] 연접동(連接動). 유동. ⑥유전(流轉). 변전무상(變轉無常). 부침(浮沈). ⑦많음. 다량. 풍부.
fluxo de sangue 혈액의 유출. 이질(痢疾).
fluxo de ventre 설사.
fluxo branco 백혈(白血).
fluxo e refluxo 오르내리기. 흥망성쇠.

fobia *f.* [醫] 공포증(恐怖症).

fobofobia *f.* 질병공포증(병을 두려워하여 약용·위생 등에 지나치게 마음 쓰는 것).

foca *f.* ①[動] 바다표범(海豹). 물개. ②구두쇠. 수전노. 인색한 사람. ③《俗》풋나기. 시골 신문기자.
— *a.* 미숙한. 서투른. 습관되지 않은.

focaceos *m.(pl.)* [動] 바다표범속.

focal *a.* 초점(焦點)의. 초점에 있는. 중심의. 중심을 이루는.
distância focal 초점거리.
linha focal 초선(焦線).

focalização *f.* 초점 맞추기. 초점 집중.

focalizar *v.t.* 초점을 맞추다. 초점에 모으다.

focar *v.t.* 초점을 모으다. 초점을 정하다. 초심을 맞추다. 주초(準焦)하다.

foçar *v.t.* ①뿌리를 뽑다. 끌어내다. ②(동물의 주둥이 또는 부리로) 땅을 뒤지다.

focinhada *f.* (돼지 따위의) 긴 코 또는 주둥이로 쿡 찌르기(받기).

focinhar *v.t., v.i.* 긴 코 또는 코 등으로 쿡 찌르다(받다).

focinheira *f.* ①(개·고양이의) 입·코 부분. (돼지의) 긴 코. (동물의) 콧등 부분. ②(말의) 재갈가죽(鼻革).

focinho *m.* ①(동물의) 콧등 부분. 비면(鼻面). ②《輕蔑》사람의 코. 보기 흉한 코. 《卑》상통. 찌푸린 얼굴.

focinhudo *a.* ①콧등 부분이 유달리 큰. 코가 길다란. ②길다란 상통을 한. 얼굴이 부은. 상을 찌푸린.

foco *m.* ①[理] 초점. 발광체(發光體)의 중심. ②중심점. 중점(中點). ③근원(根源). 기점(起点). ④(풍로·화로 등의) 화상(火床).
foco de vício (죄악 따위의) 근원. 온상(溫床).

fofa *f.* 음탕한 춤. 음란한 무도(댄스).

fofice *f.* ①물렁함. 연함. 연약(軟弱). ②마음이 들뜸. 허영.

fôfo *a.* ①해면 같은. 해면성의. 폭신폭신한. 반응이 전혀 없는. ②과장한. 자만하는.
— *m.* (특히 부인복의) 소매의 불룩한 것(부분).

fogaça *f.* 일종의 케이크(제삿날(祭日) 사원(寺院)에 보내던 일종의 큰 과자).

fogaceira *f.* *fogaça*를 공양하기 위하여 들고 가는 처녀.

fogacho *m.* ①작은 불. ②작은 불꽃(小火焰).

fogagem *f.* ①[醫] 구진(丘疹). 여드름. ②감정의 격발. 격앙(激昂). 흥분.

fogaleira *f.* 부삽. 화삽.

fogão *m.* ①취사용의 스토브. ②화로. 난로. ③(포(砲)의) 화문(火門).

fogareiro *m.* 작은 스토브. 작은 난로. 풍로.

fogaréu *m.* ①작은 불길. 화롯불. ②(등유(燈油)의) 등명대(燈明臺). ③[建] 불꽃 장식. 화염식(火焰飾).

fogo *m.* ①불. ②불길. 화염. ③화재(火災). 불난리. ④열. ⑤등불(燈火). 횃불. ⑥(총포의) 사격. 발포(發砲). 포화(砲火). ⑦불같은 성격. 격정(激情). 화성(火性). ⑧열정. 정열. 정화(情火). ⑨화형(火刑). ⑩부엌. ⑪집. 일가(一家). 일호(一戶).
fngn de vistas (= *fogo de aritfíbio*) 꽃불(花火).
fogo fátuo 도깨비불. 동출서몰하는 것.
fogo de palha 재빨리 타버리는 불. 일시적인 정열. 일시적 소동.
fogo de mocidade 젊은 기질.
fogo giratório 윤전(輪轉) 꽃불.
arma de fogo 화기(火器). 총화기.
olhos de fogo 격노한 눈초리. 불빛이 나는 눈.
em fogo 불타는. 불에 싸인. 열렬한.
fazer fogo 불피우다. 불지르다. 발포하다.
Fogo! 쏫! 쏴라!
fogo cruzado 십자포화(十字砲火).
cessar o fogo 사격 중지를 하다. 정전(停戰)하다.
errar o fogo 잘못 쏘다. 착탄(着彈)이 틀리다.
tocar o fogo 불지르다. 방화하다.
pegar o fogo 불달리다. 불이 붙다.
atiçar o fogo (숯·장작 따위의) 불을 붙이다.

fogosamente–folguedo

deitar lenha no fogo 붙는 불에 부채질하다. (들뜬 민심 따위를) 선동하다.
a fogo e ferro 모든 수단을 다하여.
pôr a mão no fogo 생명을 걸고 …하다.
brincar com fogo 불장난하다. 위험한 쟁기를 쓰다.
Não há fumo sem fogo. 《諺》아니 땐 굴뚝에 연기 날까?

fogosamente *adv.* 열화같이. 맹렬하게. 열광적으로.

fogosidade *f.* ①타오름. 연소(燃燒). ②열성(熱性). 격렬성(激烈性). 맹렬함. ③성급(性急). 성급한 동작. ④열광(熱狂).

fogoso *a.* ①타는. 타오르는. ②불같은. 열화같은. ③(정열이) 불같은. 열정적인. 열광적인. 맹렬한. ④(말이) 기운차게 뛰어 돌아다니는.

foguear *v.t.* 태우다. 때다. 불때다.
— *v.i.* ①불빛이 나다. 화기(火氣)가 나다. ②살다. 거주하다.

fogueira *f.* ①(축하의) 큰 횃불. 축화(祝火). ②화롯불. ③정화(情火). ④화형주(火刑柱).
morrer na fogueira 화형주에 매어 죽다 (타죽다).

fogueiro *m.* (특히 기관차·기선의) 화부.

foguetada *f.* ①불꽃을 연속적으로 터뜨리기(터뜨린 상태). 연속적으로 터지는 불꽃소리. ②많은 화전(火箭). 많은 로켓.

foguetão *m.* ①(기선에서 쓰는) 신호용 화전(火箭). ②함대용 로켓.

foguetaria *f.* = *foguetão*.

foguete *m.* ①불꽃(火花). ②화전(火箭). 신호화전. 로켓. ③횃불. 거화(炬火). ④심한 꾸지람. 견책(譴責). 질책(叱責). 비난.

feguetear *v.i.*, *v.t.* 불꽃을 터뜨리다. 화전(火箭)을 쏘다. 로켓을 발사하다.

fogueteiro *m.* 불꽃 만드는 사람. 불꽃장수.

foguetório *m.* 많은 화전. 많은 로켓.

foguinho *m.* 작은 불.

foguista *m.* (기관차·기선 등의) 화부(火夫).

foiçada *f.* 낫으로 한번 썩 베이기(베인 상태).

foiçar *v.t.* 낫으로 베다.

foice *f.* (풀베는) 낫. 자루가 긴 낫.

foiciforme *a.* [植] 낫 모양을 한. 겸형(鎌形)의.

foicinha *f.* = *foicinho*.
— *m.* 작은 낫.

fojo *m.* ①함정(陷穽). ②깊은 수렁. 진흙구덩이. ③이갱(泥坑). ④유혹. 실패.

folar *m.* 부활제 장식용의 색칠한 달걀(부활제의 선물). 부활제 때 선물로 되는 과자.

folclore *m.* ①민속(民俗). 민간전승(傳承). ②민속학(民俗學). ③전설집(傳說集). 민요집.

folclórico *a.* 민속의. 민속학의.

folclorista *m.*, *f.* 민속학자. 민요학자.

fole *m.* ①풀무. (사진기의) 주름통. 어둠상자. (풍금의) 바람통. ②작은 가죽주머니 (革囊). ③《俗》위(胃). 염통.

fôlego *m.* (= *fôlgo*). ①숨. 호흡. ②휴식. 휴양. ③휴식시간.
tomar fôlego 숨을 돌리다. (연속된 긴장 속에) 잠깐 쉬다.
sem fôlego 숨 돌릴 사이도 없이. 쉬지 않고.

foleiro *m.* ①풀무질하는 사람. (풀무에) 바람을 넣는 사람. ②풀무를 만드는 사람.

folga *f.* ①쉼. 휴식. ②휴식 시간. 여유 시간. 여가. ③휴양. 오락.
dia de folga 휴일.
estar de folga 휴식중이다. 휴가중이다. 시간적 여유가 있다.
de folga 비근무중. 비당번(非當番).

folgadamente *adv.* 여유 있게. 넉넉하게. 편하게. 안일하게.

folgado *a.* 여유 있는. 여가 있는. 아무 일도 하지 않는. 한가한. 안일한. 안연(安然한.
passar vida folgada 안일하게(한가하게) 세월을 보내다.

folgador *m.* = *folgazão*.

folgança *f.* ①휴가. 휴양. ②오락. 유흥. ③오락회. 위안회(慰安會).

folgante *m.* 희롱하며 뛰노는 사람. 장난치며 노는 사람.

folgar *v.t.* 쉬게 하다. 휴식시키다. 편하게 하다. (고되거나 슬픈) 기분을 전환시키다. 위로하다. 즐기게 하다.
— *v.i.* ①쉬다. 휴식하다. 휴양하다. ②(시간적) 여유를 가지다. 놀다. 즐기다. 유흥하다. 소창하다.

folgazão *a.*, *m.* 놀기 좋아하는 (사람). 희롱하며 뛰노는 (사람). 장난꾸러기.

folgazar *v.i.* = *folgar*.

folgo *m.* = *fôlego*.

folguedo *m.* ①위로. 위안. ②오락. 유흥. 즐기기.

fôlha *f.* ①잎사귀의 총칭. 나무잎. 풀잎. 꽃잎. ②(종이·책 따위의) 장. 장수. 매(枚). 페이지. ③(금속·유리 등의) 엷은 판. (나무의) 판자. ④칼날.
fôlha de flandres 함석. 아연판.
fôlha de ferro 철판.
fôlha de ouro 금판(金板).
fôlha corrida 품행증명서(品行證明書)(범죄기록서).
fôlha de pagamento 지불기록표. 월급대장.
fôlha de ponto 근무시간 기록표.
ao cair da fôlha (잎사귀가 떨어지는 때에). 가을에.
virar a fôlha 목적을 바꾸다. 문제를 변경하다. 마음을 변경하다.
novo em fôlha 아주 신품(新品)인.

folhada *f.* ①많은 낙엽. 쌓인 잎사귀(積葉). ②[植] 인동속(忍冬屬).

folhado *a.* ①잎사귀 모양의. 엽상(葉狀)의. 잎과 같은. ②잎사귀가 많은. 잎이 우거진. ③잎사귀처럼 얇은.
— *m.* ①잎사귀로 장식한 것. 엽식(葉飾). ②과장(誇張). 헛소리.

folhagem *f.* ①(한 나무에 있는) 전체의 잎사귀. 우거진 나뭇잎. 나뭇잎이 무성한 상태. ②잎으로 상식하기. 엽식(葉飾). ③나뭇잎사귀 모양(木葉模樣).

folhame *m.* 우거진 잎. 무성한 잎사귀.

folhão *m.* ①큰 잎사귀(大葉). ②발굽바닥에 굳은 혹(또는 군더더기살)이 있는 말(馬). 잠시도 가만히 있지 않는 말(馬).

folhar *v.t.* ①잎사귀가 나게 하다. ②잎사귀처럼 만들다. 잎사귀 모양(葉形)으로 만들다. 잎사귀로 장식하다. ③(나무·금속·자개 등의) 엷은 조각(薄板)을 씌우다(대다).

folharia *f.* = *folhagem*.

folheação *f.* ①잎이 남. 발엽(發葉). ②발엽상태. 발엽시(發葉時). ③[建] 잎 모양의 장식(을 하기).

folheáceo *a.* 잎사귀 모양의. 엽질(葉質)의. 잎이 있는. [鑛] 얇은 조각으로 된. 박판상(薄板狀)의.

folheado *a.* ①잎이 있는. ②(나무·금속·자개 등의) 얇은 판(薄板)을 씌운(댄). 베니어판을 붙인.
— *m.* 합판. 합판용(合板用)의 얇은 판자. 붙인 나무. 덧붙인 판자.

folhear (1) *v.t.* ①(책의) 페이지를 뒤지다. 한장씩 한장씩 넘기다. 페이지를 뒤지며 재빨리 읽다. ②얇은 판자를 대다(붙이다). 합판을 대다(붙이다).
— (2) *a.* 잎사귀의. 잎사귀로서 되는. 잎사귀에 생기는. 잎사귀뿐인.
espinhos folheares 엽침(葉針).
boto folhear 잎봉오리(葉芽).

folheatura *f.* ①잎이 남. 발엽. 발엽기(發葉期). ②(책의) 페이지를 뒤지기.

folheca *f.* 눈송이. 설편(雪片).

folhedo *m.* (집합적으로) 낙엽(落葉).

folheio *m.* (책의) 페이지를 뒤지기.

folhelho *m.* 덧잎. 옥수수의 껍질. (콩·팥 따위의) 꼬투리의 껍질. 깎지. 외피(外皮).

folhento *a.* 잎사귀가 많은. 잎이 무성한.

folheta *f.* 조그마하고 얇은 판(안전 면도칼 같은 아주 얇은 것).

folhetear *v.t.* ①합판을 붙이다(대다). ②(나무·돌 등을 상아·대리석·진주 등으로) 덧붙이다. ③박(箔)을 입히다. 보석 밑에 박을 깔다.

folhetim *m.* (신문의) 문예란. 문예란의 기사(소품·비평·연재 소설 등).

folhetinista *m., f.* 문예란 담당기자(記者).

folhetista *m.* *folheto*를 쓰는 사람.

folheto *m.* ①작은 책. 팜플렛. ②(특히 종교의) 소책자(小冊子). [가톨릭] 속창(續唱).
folheto de propaganda 선전재료. 선전 팜플렛. 배포물(配布物).

folhinha *f.* ①(*folha*의 지소어(指小語)). 작은 잎사귀. ②달력. 캘린더. ③(삐라)(광고) 낱장으로 된 인쇄물. 예배규칙서. 의식서(儀式書)

fôlho *m.* ①말발굽 바닥에 생기는 혹(또는 군더더기 살). ②(부인복 스커트의) 주름장식. 옷깃 장식. 치맛단. ③[洋裁] 가장자리 장식. 주름잡은 변두리.

folhoso *a.* 잎사귀가 많은. 잎이 무성한.
— *m.* 반추동물(反芻動物)의 제3위(胃).

folhudo *a.* 잎사귀가 많은. 잎이 우거진. 잎사귀에 덮인.

folia *f.* ①일종의 활발한 댄스(무도). ②뛰면서 즐기기. 마시며 노래 부르며 떠들썩하기. 대환락.

foliação *f.* = *folheação*.

foliáceo *a.* 잎사귀 모양을 한. 잎과 같은. 엽질(葉質)의.

foliado *a.* ①잎이 달려 있는. 잎사귀가 있

folião-fonografia

는. ②얇은 판(薄板)을 씌운(붙인).
folião *m*. 익살광대. 익살꾼. 희극배우.
foliar *v.i. folia*를 추다. 그 춤을 추며 즐기다. 희희낙락하며 놀다.
folicular *a*. [解] 소낭(小囊)의. 선관(腺管)의. 여포성(濾胞性)의. [植] 골돌(蓇葖)의.
foliculário *m*. 팜플렛 저자(著者). 서푼짜리 문사(文士).
folículo *m*. [解] 소낭(小囊). 여포(濾胞). 난포(卵胞). 선관(腺管). [植] 골돌(蓇葖). [蟲] 누에고치.
foliculoso *a*. 소낭이 있는. 여포가 있는. 골돌이 있는.
folifago *a*. 잎사귀를 먹는(먹고 사는). 엽식(葉食)의.
folifero *a*. 잎이 있는. 잎이 많은.
foliforme *a*. 풀무와 같은. 풀무 모양의.
fólio *m*. ①한 번 접은 전지(全紙)(두 장이 붙어 페이지 수가 넷. 소위 이절(二折)). ②[製本] 전지 이절판 크기의 책. ③(고본(稿本)·인쇄본의 표면에만 페이지 수를 붙인) 한 장. ④[印] 서적의 장 수. ⑤[簿] (대변(貸邊)·차변(借邊)의 좌우 상대되는) 양 페이지의 일면(같은 페이지 수가 적혀 있음).
foliolado *a*. [植] 작은 잎(小葉)이 있는.
folíolo *m*. [植] 작은 잎. 소엽. 복엽(複葉)의 한 잎. 악편(萼片). [動] 소엽상기관(小葉狀器管).
folipa *f*. =*folipo*.
foliparo *a*. [植] 잎사귀뿐이고 열매를 맺지 않는.
folipo *m*. ①피부의 물(불)로 부푼 데. 물집. ②(사진판의) 기포(氣胞). ③작은 눈송이(小雪片).
fome *f*. ①배고픔. 굶주림. 공복. 기아. 기근·허기(虛飢). 식량결핍. ②갈망. 열망.
fome canina 병적 식욕(病的食慾). 굶주려 빠진 상태.
ter (또는 *estar com*) *fome* 시장하다. 배고프다. 허기지다.
morrer de fome 굶어 죽다. 기사(饑死)하다.
matar á fome 굶기다. 굶겨 죽이다.
A boa fome não h mau pão. 《諺》 시장이 반찬. 기자감식(饑者甘食).
fomenica *m., f*. 인색한 사람. 수전노. 깍쟁이. 구두쇠. 욕심 많은 사람. 탐욕한 사람.

fomentação *f*. ①찜질. 찜질법. ②(불만 등의) 자극. 조장. 유발(誘發). ③선동. 장려. 고무(鼓舞).
fomentador *m*. 조장자(助長者). 선동자. 온증기(溫蒸器). 탕파(湯婆).
fomentar *v.t*. ①찜질을 하다. 환부(患部)를 덥게 하다. ②(나쁜 뜻으로) 조장하다. (반란 따위를) 선동하다. 고무(격려)하다.
fomentativo *a*. 선동하는. 고무하는. 장려하는. 조장하는. 진흥(振興)하는.
fomentista *m., f*. 조장자. 선동자.
fomento *m*. ①찜질. ②촉진. 진흥(振興). ③자극. 조장. 고무. 장려(獎勵). ④보호. ⑤완화(緩和). 경감(輕減).
fona *f*. 불꽃. 스파크. 발광(發光).
andar numa fona 마음이 진정치 못하다. 쉴 새 없이 활동하다.
— *m., f*. 인색한 사람. 깍쟁이. 구두쇠.
fonação *f*. 소리를 냄. 발성. 발음.
fonador *a*. 소리를 내는. 발성의. 발음의.
fonalidade *f*. 일국어(一國語)의 발음의 특징.
fonautografo *m*. 기음기(記音器). 음파자기기(音波自記機).
fone *m*. ①악기의 주둥이. 입 대는 곳. ②송화구(送話口). (통화기의) 주둥이. (수도의) 물꼭지.
fonema *m*. 음소(音素). 음운(音韻: 한국어 가운데서 보통 동일음으로 취급되는 일단의 유음(類音)의 하나).
fonendoscópio *m*. 미음청진기(微音聽診器).
fonética *f*. 음성학(音聲學). 발음학(發音學).
fonèticamente *adv*. 음성적으로. 발음적으로. 발음대로.
foneticismo *m*. =*fonetismo*.
foneticista *m.f*. 음성학자. 발음학자. 음표철자법 주장자.
fonético *a*. 음성의. 발음의. 발음대로의.
fonetismo *m*. 음성을 기호로 표시하기. 음표철자주의(법).
fónica *f*. 조음법(調音法).
fonice *f*. ①욕심 많음. 탐욕. ②인색함. 인색한 행위.
fónico *a*. 음(音)의. 음성의. 음성학의. 발음상의.
signais fónicos [電信] 포니크 기호(記號).
fonofobia *f*. [醫] 높은 소리로 말하는 것을 두려워하는 공포증(恐怖症).
fonografia *f*. 표음속기(술). 기음법(音記法).

fonográfico *a.* 속기의. 속기문자로 쓴. 표음의. 표음문자의.

fonógrafo *m.* ①축음기(보통 납관(蠟管) 구식의 것). ②녹음기. ③음표문자.

fonograma *m.* ①속기(速記)의 표음자. ②(축음기의) 레코드.

fonólito *m.* [地質] 향암(響岩)(망치로 치면 울리는 소리가 난다는 화산암(火山岩)의 일종).

fonologia *f.* 발음학. 음운론(音韻論 : 음운 조직과 체계를 연구하는 언어학의 일부분).

fonológico *a.* 발음학(상)의. 음운론(적)의.

fonometria *f.* 측음법(測音法). 음파측정법(音波測定法).

fonómetro *m.* ①음파측정기(器). ②(해상에서 짙은 안개가 끼었을 때 배에서 쓰는) 음향기(音響器).

fontainha *f.* 작은 샘(小泉). 작은 분천(噴泉).

fontal, fontanal *a.* ①샘의. 원천의. 분천의. ②근원의. 근원이 되는. 원인이 되는.

fontanário *a.* 샘의. 원천(源泉)의. 분천의. 샘에 관한.

— *m.* ①샘. 원천. ②공동우물. 수도(水道). (건물 내에 둔) 분수장치.

fontanela *f.* [解] 신문(囟門) (유아 두개(頭蓋)의 화골(化骨)이 되지 않은 곳). 숨구멍.

fonte *f.* ①샘. 수원(水源). 분천(噴泉). 원천(지)(源泉)(地). ②분수(공설의) 분수탑. 분수전(栓). ③공동우물(수도). ④근원. 본원.

fonte baptismal [宗] 세례반(洗禮盤).

fontenário *m.* =*fontanário*.

fontícula *f.* =*fontículo*.

— *m.* 작은 샘. 작은 분천(小噴泉).

fora *adv.* 밖에. 외(外)에. 외부에. 옥외(屋外)에. 국외(國外)에. 범위 외에.

jogar fora 버리다. 내던지다.

deitar fora 버리다. 포기하다.

fora disso 그 밖에. 그 외에.

lá fora 밖은. 옥외는. 국외는. 해외는.

está frio lá fora 밖은 춥다.

deixe o cão fora 개를 (밖으로) 내보내라.

fantar fora 밖에서 식사하다. 외식하다.

por fora 밖에. 밖으로.

para fora 밖으로.

sair para fora 밖으로 나가다.

tirar o prego para fora 못을 빼내다.

de fora 밖에. 밖으로부터.

estar de fora 밖에 있다. 외출중이다.

gente de fora 타인(他人). 국외자(局外者). 외국인.

temos gente de fora 손님이 많이 와 있다.

— *prep.* (*fora de*로서 전치사구를 이룸) 밖에. 밖에서. ⋯외에.

fora de casa 집밖에. 옥외에(서). 야외에(서).

dormir fora de casa 밖에서 자다. 외박하다.

fora de horas 시간 외에. 때아닌. 너무 늦게.

fora de dúvida 의심할 바 없이. 물론.

um lugar fora do caminho 올바른 길에서 벗어난(어떤) 곳.

sair fora do caminho 정로(正路)에서 이탈하다. 궤도를 벗어나다.

fora de si 제 정신이 아니다. ⋯에 몰두하고 있다.

— *interj.* 가라! 물러가라! 비켜라! (안에 있을 때는) 나왓! 나오라!

foragido *a.* 나라를 떠난. 외국에 도망간. 망명한. 실종(失踪)한. 행방을 감춘.

— *m.* ①불법(不法). ②법망을 피한 자. ③방랑자. 사도(邪道)를 헤매는 사람.

foragir-se *v.pr.* ①외국에 이주(移住)하다. ②(죄인의) 도망하다. 행방을 감추다.

foral *m.* ①《古》영유지(領有地)의 지배권을 주는 사람. ②(주권자ㆍ정부가 내린) 특허장. 면허장. 특권.

forame *m.* [解ㆍ動ㆍ植] 작은 구멍. 소공(小孔). 주공(珠孔). 배공(胚孔). 열공(裂孔).

foraminíferos *m.(pl.)* 유공충류(有孔蟲類).

foraminoso *a.* 구멍이 있는. 구멍이 많은.

foramontão *m.* 《古》수렵세(狩獵稅).

forâneo *a.* 다른 나라의. 타국의. 이국(異國)의.

forasteiro *a.* 외국의. 타국의. 이국의.

— *m.* ①외국인. ②낯선 사람. 만유객(漫遊客). ③《俗》문외한(門外漢). 국외자(局外者).

forca. *f.* 교수대(絞首臺). 효수대(梟首臺). 교수형(刑).

força *f.* ①힘. 완력. 근력(筋力). 체력(體力). 기력. ②능력. 권력. 자력(資力). 재력(財力). 세력. 병력(兵力). 무장력. 부대(部隊). 동력(動力). ③다량. 다수.

força motriz 원동력.
força elétrica 전력(電力).
força hidráulica 수력(水力).
força armada 무력(武力). 무장력. 무장대.
força aérea 공군.
força viva [力學] 운동량(量). 타성(惰性). 활세(活勢)(물체의 질량과 속도와의 상승적(相乘積)).
força maior 내 힘으로 어찌할 수 없는 것. 불가항력(不可抗力). 타율적(他律的)임.
É um caso de força mair. 개인의 힘으로 어찌할 수 없는 일(件)이다. 상사기관(上司機關)의 처리 여하에 따른 일이다.
á forço de …의 힘으로서. …의 힘에 의하여.
por força 강제적으로. 완력으로.
na força do inverno 겨울에 가장 추운 때에. 대한지제(大寒之際)에.

forcada *f.* 분기(分岐). 분기점. 가지. 갈라진 상태.

forçadamente *adv.* 힘으로. 완력으로. 폭력으로. 강제적으로. 무리하게. 할 수 없이.

forcado *m.* ①가닥(叉). 갈퀴. 건초용 포크. ②음차(音叉). ③갈퀴로 한 번 긁은 량(量).

forçado *a.* 강제된. 강요된. 강행적인. 안 할 수 없는. 부자연한.
marchas forçadas 강행군(强行軍).
trabalhos forçados 강제노동. 도형(徒刑).
— *m.* ①유죄선고를 받은 자. (기결)죄수. ②도형수(徒刑囚).

forçador *m.* 강제하는 자. 강요하는 자. 강행(强行)하는 사람. 폭행하는 자.

forcadura *f.* 가닥(갈퀴)의 사이. 차간(叉間).

forçamento *m.* 강제. 강요. 강행. 폭행. 무리.

forcar *v.t.* 갈퀴로(마른 풀을) 긁다 ; 긁어 올리다. 건초용 포크로 (풀을) 긁다.

forçar *v.t.* 강제하다. 강요하다. 무리하게 시키다. 강행(强行)하다. 강권(强權)을 쓰다. 힘으로 빼앗다. 폭력을 가하다.
— *v.i.* 노력하다. 있는 힘을 다하다. 전력하다.
—**se** *v.pr.* 참다. 스스로 억제하다.

forcejar *v.i.* (+*por*). 애쓰다. 노력하다. 전력을 다하다.
—**se** *v.pr.* (+*em*). 노력하다. 면려(勉勵)하다. 싸우다. 분투하다.

forcejo *m.* 애씀. 노력. 면려. 분투.

fórceps, forcipe *m.* [外] 집게. 핀셋. (산과용(産科用)의) 겸자(鉗子). [解・動] 핀셋처럼 생긴 기관.

forçosamente *adv.* 힘으로. 강압적으로. 강제로. 무리하게.

forçoso *a.* ①힘있는. 힘센. 강력한. ②피할 수 없는. 부득이(不得已)한. ③꼭 필요한. 필수적(必須的)인.

forçura *f.* =*fressura*.

foreira *f.* =*foreiro*의 여성형.

foreiro *a.* 연세(年稅)를 바치는. 소작의. 소작인의. …할 의무가 있는.
— *m.* 소작인. 임차인(賃借人). 차지인(借地人). 영대차유자(永代借有者).

forense *a.* 법정(法廷)의. 재판소의. 재판소에 관한.

fórfex, fórfice *m.* [外] 집게 모양의 일종의 기구(器具).

forficula *f.* [蟲] 협충(鋏蟲).

forficulários *m.(pl.)* 협충류(類).

forja *f.* ①철공소. 대장간. ②(대장간의) 풀무. 용철로(鎔鐵爐).
estar na forja 준비중이다. 진행중이다.

forjado *a.* ①(쇠를) 벼린. 제련된. 단련된. ②꾸민. 위조한.

forjador *a.* ①(쇠를) 벼리는. 벼려 만드는. 단철(鍛鐵)의. ②꾸미는. (비슷한 것을) 만들어 내는. 위조하는.
— *m.* 철공. 대장장이. 꾸며내는 사람. 위조자.

forjadura *f.* =*forjamento*.
— *m.* ①철공작업. (쇠를) 벼리기 ; 두드리기. ②꾸며내기. 날조. 위조.

forjar *v.t.* ①(쇠를) 벼리다. 벼려 만들다. 철을 두드리다 ; (쇠망치로) 힘세게 치다. ②(계획 등을) 안출하다. 고안해내다. (거짓말을) 꾸며내다. 위조하다. 모조하다.

forjicar *v.t.* 위조하다. 모조하다.

forma *f.* ①모양. 형(形). 형태. ②상태. 조건. [體育] 컨디션. ③형식. 양식. 방식. 방법. ④예식(例式). 서식(書式). ⑤[軍] 정렬(整列). [文] 어열(語列).
forma pública 공증서류의 양식(樣式). 신청서 용지(用紙).
em (또는 *em devida*) *forma* 규칙대로. 합법적으로. 정식으로.
de certa forma 일정한 방법으로. 상례

(常例)대로.

em forma de …와 같이. …처럼. …의 모양을 한.

de forma que …처럼.

desta forma 이렇게. 이런 방식으로.

de forma alguma 결코. …가 아니다(하지 않다).

de qualquer forma 어떻게 해서든지. 어쨌든 간에.

forma *f.* ①(모자·구두·과자 따위를 만들 때 쓰는) 형(型). 골. 꼴. 틀. 모양. 모형. ②[印] 활자 넣는 상자 ; 케이스.

forma de sapateiro 구두의 골.

forma de chapéu 모자의 틀(型).

formação *f.* 형성. 구성. 편성. 조직. 구조. 형태. [文] 문장 구성. [軍] 대형(隊形). (부대의) 편성(編成). 편제.

formado *a.* ①형성된. 구성된. 편성된. ②(전문 학업을) 졸업한. (대학을) 나온.

formado em direito 법과를 졸업한.

formador *a., m.* 형성하는 (사람). 구성하는 (자). 편성(조직)하는 (자). 골(틀)을 만드는 (사람). (도자기의) 조형공(造型工).

formadura *f.* 형성하기. 구성하기. 편성하기. [軍] 대형을 짓기.

formal *a.* ①꼴의. 모양의. 외형의. ②형식(성)의. 상식외. 양식대로의. ③정식(正式)의. 합법의. ④예식의. 의례적(儀禮的). 형식에 사로잡힌. 딱딱한. 까다로운. ⑤명시(明示)된. 명백한.
— *m.* 유산분배(遺産分配)의 증서(證書).

formalidade *f.* ①형식에 사로잡힘. 형식적임. 딱딱함. ②정식. 본식. 합의(合宜). 의례(儀禮). 상례(常例), 일상규칙. ③수속(手續).

formalina *f.* [化] 포르말린(살균·소독제).

formalismo *m.* ①형식에 사로잡힘. ②(종교·예술상의) 형식주의. 형식론. 허례(虛禮).

formalista *m., f.* (지나치게) 체모를 차리는 사람. 형식주의자. 형식론자.

formalizado *a.* ①형식적으로 한. 정식으로 한. 법식(法式)에 맞게 한. ②모욕(侮辱) 당한. 경멸(輕蔑) 당한. 불쾌한. 노한. 골난.

formalizar *v.t.* 형식대로 하다. 정식으로 하다. 법식에 따라 하다.
—*se v.pr.* ①굳어지다. 엄숙해지다. ②기분상하다. 불쾌해지다. 노하다.

formalmente *adv.* ①형식대로. 예식대로. 법식에 따라. 정식으로. ②확고하게. 단호(斷乎)히.

formão *m.* (나무를 파는) 끌.

formar *v.t.* ①꼴을 이루다. 모양을 만들다. (…을) 형성하다. 구성하다. 조립(組立)하다. 조직하다. ②성립하다. 창립하다. ③계획하다. 안출(案出)하다. 기도(企圖)하다. ④희망을 품다. ⑤[軍] 대형을 짓다. 정렬시키다. [文] 파생하다. 어미를 변화시켜서 만들다.
— *v.i.* ①꼴을 이루다. ②(생각·신념·희망 등이) 생기다. ③[軍] 열(列)을 짓다. 정렬하다.
—*se v.pr.* ①형태 또는 모양이 이루어지다 ; 형성되다. 구성되다. 성립하다. ②(대학을) 졸업하다. 수학(修學)하다. 수업(修業)하다.

formativo *a.* 꼴(형)을 만들기 위한. 틀을 짜기 위한. 구성(構成)하기 위한.
— *m.* [文] (동사의) 어미변화(語尾變).

formato *m.* ①(물체의) 크기. 사이즈. ②규격. 모양. ③(서적의) 체재(體裁). 형(型). 판(判).

formatura *f.* ①학사(學士)의 학위를 받음. (대학을) 졸업함. ②[軍] 배진(配陣). 정렬. 진열. 군세.

formeiro *m.* 구두의 골(靴型)을 만드는 사람.

formena *f.* [化] 메탄가스. 소기(沼氣).

formiato *m.* [化] 의산염(擬酸鹽).

formica *f.* [醫] 수포진(水泡疹). 헤르페스.

formicação *f.* [病理] 의주감(蟻走感 : 개미가 피부를 기어다니는 것 같은 가려운 증세).

formicante *a.* 개미에 물린 듯한. 개미가 피부 위를 기어다니는 듯한 감각이 있는.

formicário *a.* 개미의. 개미와 같은.

formicários *m.(pl.)* 개미속(蟻屬). 개미과(蟻科).

formicida *m.* 개미 죽이는 약. 살의제(殺蟻劑).

formicidio *m.* 개미를 죽이기. 의퇴치(蟻退治).

fórmico *a.* 개미의. [化] 개미산(蟻酸)의. 개미산성의.

ácido fórmico 개미산.

formicular *a.* 개미의. 개미같은. 개미에 관한.

formidando *a.* 무서운. 무시무시한. 공포를 품게 하는. 놀랄 만한.

formidável *a.* ①무서운. 가공한. 놀랄 만한. 끔찍한. ②거대한. 광대한. 방대(尨大)한. 엄청나게 많은. 굉장한. ③유력한.

formidàvelmente *adv.* 무섭게. 가공하게. 맹렬하게. 몹시 훌륭하게.

formidoloso *a.* ①무서운. 놀랄 만한. ②겁을 먹게 하는. (사물을) 두려워하는.

formiga *f.* 개미. 《轉》축재가(蓄財家). 검약가(儉約家).

formiga branca 흰개미.

à formiga 하나씩. 조금씩. 살금살금. 남모르게.

formigamento *m.* 의주감(蟻走感). 의양(蟻痒).

formigante *a.* 개미가 피부를 기어 다니듯 근질근질한. 가려움감을 느끼게 하는. 가려운.

formigão *m.* ①큰 개미. ②콘크리트.

formigão armado 철근 콘크리트.

formigão de pólvora 폭약도화선(暴藥導火線).

formigar *v.i.* ①개미가 피부를 기어다니는 듯한 감을 느끼다. 근질근질하다. (개미에 물린 듯이) 몸이 얼얼하다. 띠끔띠끔하다. ②개미가 모여들다; 우글우글하다. ③개미처럼 모여 들다. 운집(雲集)하다.

formigo *m.* [獸醫] 제차부란(蹄叉腐爛).

formigueiro *m.* ①개미집. 개미굴. 개미탑(塔). ②개미의 떼. ③[蟲] 개미지옥(명주잠자리과(科)의 곤충의 유충). ④[動] 개미핥기(개미를 핥아먹는 동물). ⑤개미가 피부를 기어다니는 듯한 느낌. 의주감(蟻走感). 근질근질하기.

ladrão formigueiro. 좀도둑.

formigulho *m.* [獸醫] 제차부란(蹄叉腐爛)(말발굽에 구멍이 생기는 일종의 병).

formista *m.f.* 골(꼴)을 만드는 사람. 조형공(造型工).

formol *m.* [化] 개미산(蟻酸) 알데히드. 포름알데히드.

formoso *a.* ①아름다운. 고운. 보기에 기분 좋은. 훌륭한. ②유쾌한. 명랑한. ③선량(善良)한.

formosura *f.* ①아름다움. 고움. 미려(美麗). 염려(艷麗). 미관. 미용(美容). ②미인(美人). ③선량.

formula *f.* ①법식(法式). 정칙(定則). (습관상의) 일정한 방식. 예식(禮式). 서식(書式). ③[宗] 신앙형식. 신조(信條). ④[醫] 처방. 처방서(處方書). ⑤[數] 공식(公式). [化] 식(式).

preencher a formula (신청서・기록서 따위의) 양식(樣式)에 기록하다. 기록하여 난(欄)을 채우다.

formulas sociais 교제상 예절.

formulação *f.* 공식화. 공식표시(公式表示). 계통적 서술(敍述). 서식에 따라 쓰기(서식대로 인정하기).

formular *v.t.* 공식으로 하다. 공식으로 표시하다. 명확히 계통을 세워 말하다. 서식에 따라 쓰다(인정하다). [醫] 처방을 쓰다. [數] 공식을 세우다. 식(式)으로 하다.

formulário *m.* ①공식집(公式集). 서식집(書式集). 예문집(禮文集). ②[宗] 의식집(儀式集). 기도서(祈禱書). ③처방서(處方書).

fornaça *f.* =*fornalha*.

fornaceiro *m.* 화폐 주조로(貨幣鑄造爐)의.

fornada *f.* ①(먹는 빵・도기(陶器) 등의) 한 가마의 양(量). 한 솥의 분량. 한 번 구워내는 양(量). ②일단(一團).

fornalha *f.* ①화로. 아궁이. 용광로. ②(기관차・보일러 따위의) 화실(火室). ③아주 더운 곳. 초열지(焦熱地).

fornear *v.i.*, *v.t.* (빵・질그릇 따위를 만들기 위하여) 화덕에 넣다. 화로에 넣다. 화덕일을 하다.

fornecedor *a.*, *m.* 공급하는 (자). 보급하는 (자). 조달하는 (상인).

fornecedor de víveres 양식을 마련하는 사람. 식량조달인(食糧調達人).

fornecer *v.i.* 공급하다. 보급하다. 조달하다. (양식을) 마련하다. 준비하다.
—*se* *v.pr.* 공급받다. 보급받다. 마련되

fornecido *a.* 공급한. 보급한. 보급받은. (양식 따위를) 마련한. 준비한.

fornecimento *m.* ①공급. 보급. 조달(調達). 용달. ②공급품. 지급물. 보급물자.

forneira *f.* 화덕에서 일하는 여자.

forneiro *m.* 화덕에서 일하는 사람.

fornejar *v.i.*, *v.t.* =*fornear*.

fornicação *f.* 사통(私通). 간음(姦淫). 《卑》남녀의 성교.

fornicador *m.* 사통자. 간음자.

fornicar *v.i.*, *v.t.* (미혼 여자와) 사통하다.

(미혼자끼리) 간음하다. 《卑》성교하다.

fórnice *m*. [建] 궁륭(穹窿). 반원형의 천장.

fornido *a*. ①공급받은. 보급된. (양식 따위) 마련한. 준비한. ②많은. 풍부한.

fornilho *m*. ①작은 화덕(화로). 작은 풍로. ②용철로(鎔鐵爐)의 중심부(불덩어리가 이글이글 하는 데). ③담배물부리의 담뱃불 있는 데.

fornimento *m*. ①공급. 지급. ②판자깔기. [集合的] 판자. 판재(板材).

fornir *v.t*. ①공급하다. 지급하다. ②굳세게 하다. 보강하다.

forno *m*. ①솥. 가마. 화로. (서양 요리의) 화로. 화덕. ②몹시 뜨거운 곳. 초열지(焦熱地).
forno de pão 빵굽는 화덕.
forno de cal 석회가마(窯).
forno de catalão [冶] 괴철로(塊鐵爐).
alto forno 용광로(鎔鑛爐).

foro *m*. ①차지(借地)의 연세(年稅). 차지대(借地代). 차가료(借家料). 집세. ②차유권(借有權). ③법률. 법도(法度). 관습(慣習). 불문율(不文律). ④재판소. ⑤관할(管轄).
foro intimo 양심(良心). 양심의 판단.
foros (*pl*.) 특전(特典). 권리.

forqueadura *f*. 갈래를 이룸. 갈라짐. 분기(分岐). 분기점. [植] (나무 줄기의) 살매진 부분. 차분(叉分). [音] 음차(音叉).

forquear *v.t*., *v.i*. ①두 갈래로 나누다(나뉘다). 갈래를 이루다. 갈라지다. ②포크로 찌르다. ③(땅을) 뒤지다.

forqueta *f*. ①갈래진 나무. (기둥으로 쓰는) 차지(叉枝). ②(식사할 때 쓰는) 포크. ③건초용(乾草用)의 포크. 세 갈래난 갈퀴.

forquilha *f*. 건초용의 포크. 세 갈래 난 갈퀴

forquilhoso *a*. 갈래꼴의. 갈래꼴로 나뉜. [植] (나무줄기가) 두 갈래진.

fôrra *f*. ①[海] 범대(帆帶). ②(양복의) 안. 속. ③(대리석(大理石)의) 복판(覆板).

forração *f*. (양복 따위의) 안을 댐. (상자 따위의) 안을 바름.

forrado *a*. (양복 따위의) 안을 댄. (상자 따위의) 내측을 바른. 덧붙인.

forrador *m*. ①안을 대는(바르는) 사람. ②《俗》수전노. 구두쇠. 깍쟁이.

forrageador *m*. 마초징발대원(馬草徵發隊員). 겁탈하는 (전쟁 때의) 약탈자.

forrageal *m*. (가축의 먹이로 될 수 있는) 풀이 무성한 곳. 목초지(牧草地).

forragear *v.t*. ①꼴(말꼴)을 베다. 마초(馬草)를 모으다. (전시에) 말먹이를 징발하다. ②겁탈하다.
— *v.i*. ①가축의 먹이를 마련하다. ②(문장을) 표절(剽竊)하다.

forrageiro *m*. = *forrageador*.

forragem *f*. ①가축의 먹이(꼴. 말꼴. 말린 풀). ②[軍] 마량비(馬量費).

forraginoso *a*. ①목초(牧草)가 많은 (많이 나는). ②가축의 먹이로 되는 (먹이)로 할 만한.

forramento *m*. (양복 따위의) 안을 대기. 속을 넣기. ②《俗》석방. 해방(증서).

forrar (1) *v.t*. ①(양복 따위에) 안을 대다. 내측(內側)을 덧바르다. (외투 따위에 털가죽의) 안을 붙이다. (상자 따위의) 내부를 덧대다(덧붙이다). ②《古》(의복) 속을 넣다.
— *se v.pr*. 《稀》옷을 입다.
— (2) *v.t*. ①(노예를) 해방하다. 석방하다. 자유를 주다. ②아껴쓰다. 검약하다.
— *se v.pr*. 다시 찾다. 손실(損失)을 메우다. 보상되다.

forrejar *v.t*., *v.i*. = *forrageаr*.

forreta *m*., *f*. 인색한 사람. 깍쟁이.

forrіel *m*. [軍] 급양계(給養係).

forro (1) *a*. ①(노예가) 해방된. 석방된. ②(의무 책임 등을) 면한.
— (2) *m*. (양복 따위의) 안에 대는 천(옷감). (이불·방석·베개 등의) 속에 넣는 것(솜·보드라운 털·보드라운 풀·푹신묵신한 해면 등). (의자·소파 따위에 대는) 겉천. (상자 따위의) 내측을 바르는 것(종이·얇은 판자 따위).
forro de chapeu 모자의 안감(裏地).
forro de navio 배 밑바닥의 피복(被覆).

fortalecedor *a*., *m*. 굳세게 하는 (사람·물건). 강화하는 (사람·사물). 경고하게 하는 (것).

fortalecer *v.t*. 세게 하다. 굳세게 하다. 강하게 하다. 강화하다. 견고하게 하다. 공고히 하다.
— *se v.pr*. 굳세게 되다. 강화되다.

fortalecimento *m*. 굳세게 함. 경고히 하기. 강화. 보강.

fortaleza *f*. ①강고(強固). 공고(鞏固). ②군셈. 강장(強壯). 견인(堅忍). 강의(剛毅). ③

요새(要塞). 성새. 성채. 포대(砲臺).
fortaleza voadora 공중 요새.

forte *a*. ①센. 힘센. 기운 있는. 굳센. 강한. 강장(强壯)한. 경고한. 든든한. 강력한. 견실한. ②견실한. 확고한. ③(술이) 독한. (맛이) 강한.
cabeça forte 의지가 강한 사람.
casa forte 금고(金庫).
vinho forte 독한 포도주. 센 술.
— *m*. ①힘센 사람. 강자. 유력한 자. ②요점(要点). (사람의) 장점(長點). ③요새. 보루(堡壘).
— *adv*. 힘세게. 굳세게. 강하게. 맹렬하게. 호되게.

fortidão *f*. ①강도(强度). 견고성(堅固性). ②견실성. ③(맛의) 강함.

fortificação *f*. ①강화하기. 견고히 하기. ②[軍] (진지의) 보강. ③축성. 축성술(築城術).

fortificado *a*. (진지를) 강화한. 보강한. 방어설비가 된.

fortificador *a*., *m*. 굳세게 하는 (사람). 강화하는 (자). 축성하는 (자).

fortificante *a*. 힘 주게 하는. 굳세게 하는. 강화하는. 강장(强壯)하게 하는.
— *m*. 강장제(强壯劑).

fortificar *v.t*. 굳세게 하다. 강하게 하다. 강화하다. 든든하게 하다. 견고하게 하다. (진지를) 보강하다. 축성하다. 방어설비를 두르다.
—*se v.pr*. 굳세게 되다. 강화되다.

fortificativo *a*. 강하게 하는. 굳세게 하는.

fortim *m*. 작은 요새(小要塞).

fortuitamente *adv*. 우연히. 돌연히. 불쑥.

fortuito *a*. 우연한. 돌연한. 뜻밖의. 예기치 않은. 그때그때의. 임시의.
caso fortuito 우연한 사고.

fortum *m*. 코를 찌르는 냄새. 역한 냄새. 악취.

fortuna *f*. ①운. 행운. 불운. 운명. ②우연한 일. ③부(富). 재산. ④운에 맡기기. 모험. ⑤(점성(占星)의) 길상(吉祥).
por fortuna 다행히. 요행히.
fazer fortuna 재산을 모으다.
correr fortuna 위험을 무릅쓰고 감행하다.
roda da fortuna 인생의 부침(浮沈). 운명의 성쇠(盛衰).

fortunado *a*. 운이 좋은. 행운의. 요행의. 행복한.

fortunar *v.t*. 행복되게 하다. 축복하다.

fortunosamente *adv*. 운이 좋게. 다행히. 행복하게.

fortunoso *a*. 운이 좋은. 다행한. 행복한.

forum *m*. (옛 로마의) 국민회의장(國民會議場).

fosca *f*. ①무언극. 가면무도(假面舞蹈). ②거짓. 가짜. 허위.

foscagem *f*. (광택을) 흐리게 하기. 윤을 없애기.

foscar *v.t*., *v.i*. (광택을) 흐리게 하다(흐리다). 윤을 없애다. 희미해지다.

fosco *a*. 광택(光澤)이 없는. 윤이 나지 않는. (색깔이) 어두운. 흐린. ②침침한.
tinta fosca 광택이 없는(무광택) 페인트.

fosfatado *a*. [化] 인산염화(燐酸鹽化)한. 인산염을 함유한.

fosfático *a*. 인산염의. 인산염으로 되는. 인산염을 포함한. 인성(燐性)의.
cal fásfático 인산석회(燐酸石灰).

fosfato *m*. [化] 인산염(燐酸鹽). 인산염 비료.

fosfena *f*. =*fosfeno*.
— *m*. [化] 인화수소(燐化水素).

fosfito *m*. [化] 아인산염(亞燐酸鹽).

fosforado *a*. [化] 인화합물.

fosforar *v.t*. 인(燐)과 화합시키다. 인화(燐化)하다. 인을 가하다.

fosforear *v.i*. 인처럼 빛이 나다. (어두운 데서) 불빛을 내다.

fosforeira *f*. 성냥갑(통).

fosforeiro *m*. 성냥 제조인. 성냥 만드는 직공.

fosforejar *v.i*. 인처럼 빛이 나다(타다).

fosfóreo *a*. 인소(燐素)의.

fosforescéncia *f*. ①인광(燐光)을 냄. 인처럼 비침. 인광성(性). ②(야광충이 발하는) 야광(夜光).
fosforescéncia do mar 도깨비불. 부지화(不知火).

fosforescente *a*. 야광을 내는. 야광처럼 비치는. 인광성의.

fosfoiescer *v.i*. 인처럼 비치다. 야광을 내다.

fosforeto *m*. [化] 인화물(燐化物).

fosfórico *a*. 인의. 인소(燐素)의. 인처럼 빛나는. 인으로부터 빼낸.

ácido fosfórico 인산.
luz fosfórico 인광(燐光).
fosforífero *a.* 인광을 내는.
fosforismo *m.* [醫] 인중독(燐中毒).
fosforista *m.f.* 성냥 만드는 사람.
fosforita, fosforite *f.* [鑛] 인회토(燐灰土). 인광(燐鑛).
fosforito *m.* =*fosforita*.
fosforização *f.* 인산칼리의 기화작용(基化作用).
fosforizar *v.t.* 인화하다. 인산염으로 하다.
fósforo *m.* ①인(燐). 인소(燐素). ②성냥.
riscar um fósforo 성냥을 긋다.
fosforoscópio *m.* 인광시험기(燐光試驗器).
fosforoso *a.* 인소(燐素)의.
ácido fosforoso 아인산(亞燐酸).
fosgenio *m.* [化] 포스겐(산화(酸化)클로로탄소). [軍] 독가스.
fosquinha *f.* [史] 무언극(無言劇). 가면무도(假面舞蹈). ②허례(虛禮).
fossa *f.* ①구멍. 작은 굴. ②도랑. 작은 개천. ③《稀》(웃을 때 생기는) 보조개. 움푹 들어간 곳.
fossa nasal 콧구멍.
fossada *f.* ①구멍 또는 굴 판 상태. ②파낸 도랑. 호(壕). ③구멍을 많이 판 땅.
fossado *a.* 구멍이 된. 굴이 된. 호가 된. 호될 만.
— *m.* ①구멍. 작은 굴. 호. 도랑. ②침략. 원정(遠征).
fossar *v.t.* ①(땅에) 작은 굴을 파다. 도랑(개천)을 파다. ②(돼지가 콧등으로) 땅을 파다.
— *v.i.* 힘든 일을 하다. 힘드는 일에 종사하다.
fossário *m.* ①많은 웅덩이. (호)가 파 있는 곳. ②(예배당 구내의) 묘지. 매장지(埋葬地).
fosseta *f.* =*fossete*.
— *m.* 작은 웅덩이. 작은 호. 작은 도랑(小溝).
fóssil *a.* ①화석(化石)의. ②땅 속에서 파낸. ③낡은. 구폐의. 시대에 뒤떨어진.
— *m.* (동·식물의) 화석. 발굴물.
fossilífero *a.* (토지에) 화석이 있는(나는).
fossilismo *m.* ①화석연구(化石硏究). ②폐용(廢用)(의 경향). 노폐(老廢). (기관·부분의) 위축. 시세(時勢)의 역행. 퇴화.
fossilista *m.f.* 화석연구가. 고생물학자(古生物學者).

fossilização *f.* ①화석화(化石化). 화석작용. 화석상태. ②구식되게 함. 시대에 뒤떨어지게 함.
fossilizar *v.t.* 화석으로 만들다.
— *v.i.*, —**se** *v.pr.* ①화석이 되다. ②시대에 뒤떨어지다. 퇴보하다.
fôsso *m.* ①웅덩이. 굴. 호(壕). ②도랑.
fossula *f.* 작은 웅덩이. 작은 굴. [解] 소와(小窩).
fota *f.* (회교도의) 터번(모자 위나 머리에 둘둘 감는).
fotismo *m.* [心] 환시(幻視).
foto *f.* (*fotografia*의 준말). 사진.
fotocartografia *f.* 사진지도(寫眞地圖) 제작법.
fotocerámica *f.* 도기사진술(陶器寫眞術). (도자기에 사진을 찍어 넣는 법(寫眞燒付)).
fotocópia *f.* 사진복사(술). 포토카피.
fotocromia *f.* 채색(彩色) 사진술. 천연색 사진술.
fotocrómico *a.* 채색 사진(술)의. 천연색 사진의.
fotoelétrico *a.* 광전(光電)의. 전광(電光)을 보내는.
fotofobia *f.* 광선을 싫어함. [醫] 광선혐기(光線嫌忌). 수명(羞明)(광선을 싫어하는 병). 주맹(晝盲).
fotofone *m.* 광선전화기(光線電話器). 평음기(光音器).
fotogenia *f.* 빛을 냄. 발광(發光).
fotogénico *a.* 빛을 내는. 광선에 의하여 생기는. 사진판에 잘 나타나는. 촬영에 적당한.
fotogliptica *f.* 광선 작용에 의한 금속판 조각술(金屬版彫刻術).
fotoglíptico *a.* 사진 조각술의. 광선 조각술의.
fotografação *f.* 사진을 찍음. 촬영. 사진묘사.
fotografar *v.t.* 사진 찍다. 촬영하다. 실사하다.
— *v.t.* 사진 찍다. 사진에 박히다.
fotografia *f.* 사진. 사진술. 촬영술.
tirar uma fotografia 사진 찍다.
fotografia de corpo tinteiro 전신(全身) 사진.
fotográficamente *adv.* 사진에 의하여. 촬영하여.
fotográfico *a.* 사진의. 사진술의. 촬영의.

fotógrafo-frade

máquina fotográfica 사진기.
aparelho fotográfico 사진기. 촬영장치.
fotógrafo *m.* 사진사.
fotograma *m.* 《稀》 사진. 사진술. 사진복사법.
fotogravura *f.* 사진 요판(凹板).
fotolitografia *f.* 사진 석판(石版). 사진 석판술.
fotologia *f.* 광학(光學).
fotológico *a.* 광학(상)의.
fotometria *f.* 광도측정(光度測定)(법). 광도술.
fotométrico *a.* 광도측정의.
fotómetro *m.* 광도계. 검광계(檢光計). [寫] 노출계(露出計).
fotomicrografia *f.* 현미사진(顯微寫眞)(술).
fotominiatura *f.* 사진축사법(寫眞縮寫法).
fotopsia *f.* [醫] 섬광자각증(閃光自覺症). 비문자각장(飛紋自覺症).
fotoquímica *f.* 광화학(光化學).
fotoquímico *a.* 광화학(작용)의.
fotoscultura *f.* 사진 조각술(彫刻術).
fotosfera *f.* [天] (태양 따위의) 광구(光球) (태양·항성 등의 표면에서 흰빛을 내는 곳). 백열권(白熱圈).
fototactismo *m.* [植] 일광감응작용(日光感應作用).
fototaxia *f.* [植] 굴광성(屈光性: 식물이 일광 방향으로 굴곡하는 성질). [生物] 추광성(趨光性).
fototelegrafia *f.* 사진전송(술). 전송사진(술).
fototerapia *f.* [醫] 광선요법.
fototerápico *a.* 광선요법의.
fototipia *f.* 사진 철판술(凸版術). 사진 인쇄술.
fototipar, fototipiar *v.t.* 사진 인쇄하다.
fototipo *m.* 사진 철판. 사진 인쇄. 사진 철판화(畫).
fotografia *f.* 사진(寫眞).
fotozincografia *f.* 사진아연철판(寫眞亞鉛凸版)(술).
fotozincográfico *a.* 사진 아연 철판(술)의.
fouçada *f.* ①낫으로(한번. 썩) 베임. ②낫에 다친 상처.
fouçar *v.t.* (자루가 긴) 낫으로 풀을 베다.
fouce *f.* (자루가 긴) 풀 베는 낫. 큰 낫.
fouciforme *a.* 낫 모양을 한. 겸상(鎌狀)의.
foucinha *f.* 작은 낫.

fourierismo *m.* 푸리에주의(프랑스의 *Fouries*가 주장한 공산사중주의).
fourierista *m.,f.* 푸리에 주의자.
fouveiro *a.* (말의) 적갈색 바탕에 흰 반점(白斑)이 있는.
fouvente *a.* 순조로운. 편의한. 뜻대로 되는. 좋은.
foz *f.* ①강(江)의 입구. 하구(河口). 어귀. ②협로(陜路).
fracalhão *a., m.* ①몹시 쇠약한 (사람). ②겁이 많은 (사람). 담이 작은 (사람).
fracamente *adv.* 약하게. 힘없이.
fração (fracção) *f.* ①나눔. 갈라짐. 분할(分割). ②세분(細分). 작은 조각. 단편. ③남는 수. [數] 분수(分數). ④부분(部分). ⑤부대(部隊).
fração decimal 소수(小數).
fração ordinária 보통 분수.
fraca-roupa *m.* 누더기를 입은 더러운 사람. 가난하면서도 뽐내는 사람.
fracassar *v.t.* 소리를 내며 부수다 ; 깨뜨리다.
— *v.i.* 부서지다. 무너지다. 실패하다.
fracasso *m.* ①물체가 부서지는 소리. 파쇄(破碎)하는 소리. ②붕괴. 파괴. ③재난(災難). 불행. ④실패. 불성공(不成功).
fracionamento, fraccionamento *m.* 나눔. 분할(分割). 세분(細分).
fracionar, fraccionar *v.t.* 나누다. 분할하다. 조각을 만들다. 세분하다.
fracionário, fraccionário *a.* 분할의. 세분의. 분수(分數)의. 남는 수의. 단편의.
número fracionário 분수를 동반한 숫자.
fraco *a.* ①약한. 연약한. 허약한. 빈약한. ②깨지기 쉬운. 든든치 못한. 무른. ③결단력이 없는. 우유부단(優柔不斷)한. ④(증거 따위) 불충분한. ⑤(술 따위의 도수가) 약한. 희박한.
— *m.* ①약한 사람. 약자. ②약점(弱點). 약한 곳. 약한 맛.
fractura *f.* = *fratura*.
fracturar *v.t.* = *fraturar*.
fradalhada *f.* ①《卑》 중. 승려(僧呂). 승도(僧徒). ②승려사회. 수도원.
fradalhão *m.* 풍풍한 중. 동작이 둔한 중.
fradaria *f.* = *fradalhada*.
frade *m.* ①중. 수도승(修道僧). 탁발승(鉢僧). 수도사. ②도로의 표석(標石). ③ [印] 페이지 가운데 선명치 않은 곳(잉크의 부족으로).
frade leigo 평인수도사(平人修道士).
frade carmelita 카르멜회(會)의 수도사.
fradeiro *a*. 중(僧侶)을 좋아하는.
fradépio *m*. ①《卑》중. 승려. ②(길을 표시하는) 표주(標柱). 표석(標石).
fradesco *a*. ①중의. 승려의. ②수도원의. 절간의. ③중을 면장이는.
fradice *f*. 승려의 언행(言行).
fradinho *m*. 작은 중. 나이 어린 중.
feijão fradinho [植] 붉은 꽃 강낭콩(열대 아메리카산).
fraga *f*. ①바위. 암석. ②(특히) 높이 솟은 바위. 암산(岩山). ③낭떠러지.
fragária *f*. [植] 딸기나무.
fragata *f*. 옛날의 범주전함(帆走戰艦). 상하 갑판에 28내지 60문의 대포를 설치해 놓은 목조로 된 쾌속순양함(快速巡洋艦). 프리기트함(艦). ②[鳥] 군함조(軍艦鳥: 열대산의 거대한 맹금(猛禽)).
capitão de fragata 해군중령.
fragatear *v.i*. 멋부리다. 바람피우다. 게으르게 살다. 빈둥빈둥 놀다. 하는 일 없이 돌아다니다.
fragateiro *m*. ①멋부리는 사람. 바람피는 이. 하는 일 없이 돌아다니는 사람. ②(거룻배의) 선장. (짐배의) 선원. 배꾼.
frágil *a*. ①부서지기 쉬운. 깨지기 쉬운 ②(체질이) 약한. 약질의. ③실수하기 쉬운. 죄를 범하기 쉬운. ④위태로운.
fragilidade *f*. ①부서지기 쉬움. 깨지기 쉬움. 취약성(脆弱性). ②허약. 박약. ③허무함. 덧없음.
fragilmente *adv*. 부서지기 쉽게. 단단치 못하게. 약하게.
fragmentação *f*. 부스러뜨리기. 분쇄(粉碎). 세분(細分).
fragmentar *v.t*. 부스러뜨리다. 잘게 깨뜨리다. 분쇄하다. 세분하다.
fragmentario *a*. 조각의. 쇄편(碎片)의. 파편의. 단편의. 단편적인.
fragmento *m*. 부서진 조각. 쇄편. 파편(破片). 단편(斷片). 단장(斷章). 발체(拔萃).
frago *m*. ①짐승(특히 야수)의 똥. ②짐승이 지나간 자취.
fragor *m*. 부서지는 소리. 허물어지는 요란한 소리. 파향(破響).
fragoroso *a*. ①부서지는 소리가 들리는.

요란한 소리가 울리는. ②시끄러운. 떠들썩하는.
fragosidade *f*. ①바위가 많음. 험준(險峻). 차아(嵯峨). 기구(崎嶇). ②곤란(困難).
fragoso *a*. 바위가 많은. 거암(巨岩)이 중첩한. 험준한. 기구한. 몹시 가파른. 대단히 거칠은.
fragrância *f*. 향기. 방향(芳香). 복욱(馥郁).
fragrante *a*. 향기로운. 방향이 있는. 복욱한. 방향성의.
frágua *f*. ①화로(火爐). 용광로. ②고초(苦楚). 신고(辛苦). 심한 시련.
fraguedo *m*. 암석이 많음. 바위투성이임.
fragueiro *a*. ①(험산(險山)에서) 발섭(跋涉)하는. ②몹시 힘드는 일을 하는. 고초에 견디는. 시련에 이겨내는. 불요불굴(不撓不屈)의. ③거칠은. ④무정한.
— *m*. 산속에서 힘드는 일을 하는 사람.
fragura *f*. 암석이 많음. 요철(凹凸)이 많은 땅. 바위와 웅덩이가 많은 땅.
fralda *f*. ①(셔츠·코트 등의) 뒷자락. (치마·스커트 등의) 아랫부분(下邊). 내려드린 부분. ②(아기에게 채우는) 기저귀. ③(산(山)의) 기슭. 언덕 밑.
fralda do monte 산기슭.
fralda do mar 해변가.
fraldar *v.t*. ①(옷의) 뒷기락을 달다. 옷지락을 달다.
fraldejar *v.i*. 산기슭을 따라가다.
fraldilha *f*. (특히 대장장이가 앞에 두르는) 가죽으로 만든 앞치마. 혁제(革製) 에프론.
fraldiqueiro *a*. ①옷자락의. (셔츠 따위의) 뒷자락의. ②사내답지 못한. 여성적인. 연약한.
cão fraldiqueiro 무릎에서 떠나지 않는 개. 항상 옷자락을 따라다니는 개.
homem fraldiqueiro 여자에게 치근치근 따라다니는 사나이.
fraldoso *a*. ①옷자락이 긴. (스커트·치마 등) 아래로 길게 내려드림. ②(이야기가) 지루한. 오랜.
framboesa, framboeza *f*. [植] 딸기(열매). 나무딸기.
framboezeiro *m*. [植] 딸기나무(숲).
frâmea *f*. 던지는 창(投槍) (의 일종).
França *f*. 프랑스.
francalete *m*. 가죽끈. 손잡이 가죽. 버클

등에 달려 있는 가죽 조각.
franças *f.(pl.)* ①엽상체(葉狀體)(잎과 줄기의 구별이 안 됨). ②(나무의) 꼭대기 가지.
franca-tripa *m.* 노끈에 움직이는 꼭두각시.
francear *v.t.* (나무의) 꼭대기의 가지를 베다(치다).
francelho *m.* [鳥] 황조롱이. 《轉》 말 많은 사람. 요설가.
francês *a.* 프랑스의.
— *m.* 프랑스 사람(말).
francesia *f.* 프랑스식을 따르기(모방하기). 프랑스 사람인 체를 내기.
francesiar *v.i.* ①서투른 프랑스어를 하다. 프랑스어를 서투르게 말하다. ②프랑스식을 흉내내다.
francesismo *m.* 프랑스어식(語式). 프랑스말투. 프랑스 사람을 모방함.
francesista *m.* 프랑스식을 따르는(모방 하는) 사람.
franchado *a.* [紋章] 비스듬히 두 갈래로 나뉜. 중사선(中斜線)으로 양분(兩分)된.
franchinote *m.* 장난꾸러기 소년. 까부는 아이. 망나니.
franciscano *a.* [宗] 성프란시스코 교단의. 프란시스코(수도)회의.
— *m.* 프란시스코회 수도사.
franco (1) *f.* ①자유로운. 개방된. 부담이 없는. 무료(無料)의. 무상(無償)의. 세금 없는. 무세의. ②솔직한. 담백(淡白)한. 내키는 대로의. 관대한.
entrada franca 무료 입장(출입 자유). 무세 통관.
cidade franca 자유시(自由市). 독립시.
porto franco 자유항.
franco a bordo 자유(무료) 승선(乘船).
franco de porte 무료 송달. 우세 면제(郵稅免除).
— (2) *adv.* 자유롭게. 솔직하게.
— (3) *m.* (프랑스의 돈) 프랑크.
— (4) *f.* 프랑스와 다른 나라의 관계를 표시하는 전접사(前接辭)(불…).
sociedade franco-brasileira 불백협회(佛伯協會).
franco-atirador *m.* ①프랑스 의용단 경보병(義勇團輕步兵). ②숨어서 불법 사격하는 자.
francófilo *a.*, *m.* 친불(親佛)의. 친불파의 사람.
francolim *m.* [鳥] 들꿩의 수컷. 뜸부기류.

franco-mação *m.* 공제비밀결사회원(共濟秘密結社會員).
franco-maçonaria *f.* 공제비밀결사. 자유결사. (평등상린(平等相憐)을 주의로 하는 비밀결사의 하나).
frandulagem *f.* ①남루한 옷(敝衣)을 입은 부랑자의 떼. 망나니 집단. ②잡동사니.
franduleiro *a.* 《廢》 외국의. 외래의. 낯선.
franduno *a.* 부자연한. 꾸민. 모방한.
— *m.* 외국식이면 무엇이든지 따르려고 하는 자. 외국숭배자(外國崇拜者).
franga *f.* 암평아리. 암탉으로서 중치(中形).
frangainha *f.* (병아리보다 큰) 작은 암탉.
frangainho *m.* (병아리보다 큰) 작은 수탉.
frangalheiro *a.* 남루한 옷을 입은. 누더기를 걸친.
frangalho *m.* 넝마. 넝마 조각. 처진 헝겊. 누더기옷. 남루(襤褸).
frangalhona *a.*, *f.* 남루한 옷을 입은 (여자). 누더기를 걸친 (여인).
frangalhote *m.* ①자라난 수평아리(병아리의 수컷) 어린 수탉. ②장난이 심한 소년. 결기 있는 젊은이. 까부는 이.
franganada *f.* 병아리의 떼.
franganito, franganote, frangão *m.* =*frangalhote*.
frangibilidade *f.* 부서지기 쉬움. 깨지기 쉬움. 취약성(脆弱性).
frangipana *f.* ①[植] (열대 아메리카산) 협죽도과의 관목; 그 꽃으로 만든 향수. ②프란지파니(편도(扁桃)・설탕・크림을 속에 넣은 과자).
frangir *v.t.* =*franzir*.
frangível *a.* 부서지기 쉬운. 깨지기 쉬운. 취약성의. 실수하기 쉬운.
frango *m.* 수탉(크지도 않고. 작지도 않은 중닭).
frangolho *m.* 밀가루로 만든(일종의) 죽.
franja *f.* 술. 가두리 장식. 드리운 앞머리. (동・식물의) 털난 가장자리. 송이털.
franjado *a.* 술을 단. 술이 달린. 가두리 장식을 한. [動・植] 털난 가장자리가 있는. 송이털이 있는.
franjar *v.t.* 술을 달다. 가두리 장식을 하다.
franquear *v.t.* ①공개하다. 개방하다. (부담・세금 등)면제하다. ②자유로 하다. 임의(任意)로 하게 하다.
—*se v.pr.* 비밀을 타개하다. 남이 하라는 대로 하다.

franqueável *a.* 공개되는. 개방되는. 면제되는. 공개할 수 있는. 면제할 만한.

franqueza *f.* ①솔직. 담백. 은휘(隱諱)하지 않음. 검박(儉朴). ②자유. 개방. ③관대. 크게 보기.

franquia *f.* ①면제. 면세(免稅). 무세통관. ②면세의 특전(特典). 우세불필요(郵稅不必要). ③자유. 개방. ④피난처.

franzido *a.* 주름잡힌. 구겨진. 문지른. 움츠러든. 준. 작아진.
— *m.* 주름잡힌 상태. 구겨진. 움츠러든 것. 준 것.

franzimento *m.* 주름잡음. 꾸김. 문지름. 움츠러들게 함. (이마에) 주름살이 짐.

franzino *a.* 얇은. 홀쭉한. 가는. 가느다란. 쇠약한. 연약한. 병약한.

franzir *v.t.* 주름잡다. 구기다. 문지르다. 움츠러들게 하다. 줄이다. 작아지게 하다.

fraque *m.* (발음 : 프라께). 모닝코트. 연미복(燕尾服).

fraquear, fraquejar *v.i.* ①약해지다. 쇠약해지다. 기운없어지다. ②속도가 점점 떨어지다.

fraquete *a.* 약한. 연약한. 미약한.

fraqueza *f.* ①약함. 쇠약. 허약. 병약. 무기력. ②미약. 활기 없음. 의지 박약. ③약점(弱點). 단점.

fraquinho *a.* 힘없는. 아주 약한.

frasca *f.* ①(접시·사발·국그릇 따위의) 취사기구. ②여러 가지 접시.

frascagem *f.* ①많은 수량의 작은 병(小甁). ②취사 기구(여러 가지 접시. 국그릇·밥그릇 따위).

frascaria *f.* ①많은 병. 많은 플라스크(작은 병). ②품행이 나쁨. 행실이 추잡함. 방탕. 타락.

frascário *a.* ①품행이 나쁜. 행실이 추잡한. ②방탕한. 자포자기의. ③[聖] 음란한. 음탕한.

frasco *m.* 플라스크. 작은 병(小甁).

frase *f.* ①구(句). 성구(成句). 숙어. 관용구. 문장. ②어법(語法). 말씨. ③[樂] 악구(樂句). 악절(樂節).

fraseado *a.* 구(句)로 된. 문장이 된. 성문(成文)한.
— *m.* 어법. 성구법(成句法).

fraseador *m.* 구를 만드는 사람. 문구를 잘 쓰는 사람. 말씨 표현이 능한 사람.

frasear *v.i.* 말로 표시하다.

— *v.t.* 문구를 만들다. 성구(成句)하다.

frase, feita *f.* 표현. 표명. 말. 언어.

fraseologia *f.* 말씨. 어법. 성구법(成句法). 문체(文體). 숙어집.

fraseológico *a.* 어구의. 어법의. 문구의. 성문법의.

frasqueira *f.* 플라스크(작은 병)를 넣는 상자. 여러 가지 병을 올려 놓는 대(臺). (식당의) 술병·잔을 넣어두는 장. 포도주 저장실(貯藏室).

frasqueta *f.* [印] 프리스켓. 종이 집게.

frasquinho *m.* 작은 병.

fraterna *f.* ①타이르기. 충고. ②꾸지람. 견책(譴責). ③비난. 징계.
fazer uma fraterna 타이르다. 꾸짖다. 견책하다.

fraternal *a.* 형제의. 형제 간의. 형제와 같은. 형제처럼 사이가 좋은. 친목의. 우애있는.

fraternalmente *adv.* 형제와 같이. 친목되게. 우애있게.

fraternidade *f.* 형제의 사이. 형제 간의 사랑(정). 우애. 박애. 동포애.

fraternização *f.* 친화(親和). 친목. 친밀하게 살기(사귀기). 우애적 협조. 합심협력(合心協力).

fraternizar *v.t.* 형제처럼 친하게 하다(친하게 사귀게 하다). 친목되게 하다. 합심협력케 하다.
— *v.i.* (+*com*). 형제간처럼 친하다(친해지다). 우애적으로 합심협력하다.

fraterno *a.* 형제의. 형제 간의. 형제와 같은.

fratricida *m.f.* 형제(자매) 살해(자·죄).
— *a.* 형제(자매)를 죽이는. 동포를 죽이는. 상잔(相殘)하는. 형제(자매) 살해죄의.

fratricídio *m.* 형제(자매) 살해(행위).

fratura *f.* ①부수기. 깨뜨리기. 파쇄(破碎). 분열. ②[外] 골절. 좌골(挫骨). 좌상(挫傷). ③[鑛] 단구(斷口). ④[音聲] 음의 분열(단모음의 이중모음화).

fraturar *v.t.* 부수다. 깨뜨리다. 때려 쪼개다(분열하다). (뼈를) 꺾다. 삐다.
—*se v.pr.* 부서지다. 깨지다. 분열하다(뼈가). 꺾어지다. 삐다.

fraudação *f.* 속임. 사기. 협잡. 횡령.

fraudador *a.*, *m.* 속이는 (사람). 사기하는 (자). 협잡하는 (자). 횡령하는 (자).

fraudar *v.t.* ①속이다. 기만하다. 속여서

fraudatório-frenesi

빼앗다. 협잡하다. 횡령하다. ②밀수입하다. ③성공하지 못하게 하다. 수포로 돌아가게 하다.

fraudatório *a.* 사기의. 사기적. 협잡의. 횡령의.

fraudável *a.* 속기 쉬운. 사기에 걸리기 쉬운. 협잡 당할 가능성 있는.

fraude *f.* 기만. 사기. 협잡. 횡령. 밀수입. 밀매(密賣). (상품·상표 따위의) 위조.

fraudulência *f.* ①사기 수단. 협잡 행위. 부정 사건. ②나쁜 술책.

fraudulentamente *adv.* 사기적으로. 부정 수단으로.

fraudulento *a.* 사기적인. 협잡하는. 협잡성의. 횡령적. 부정 수단의(에 의한).

frauduloso *a.* 사기적. 기만적. 거짓이 많은.

frautear *v.t.* ①피리를 불다. 피리소리를 내다. ②속이다.

fraxíneas *f.(pl.)* [植] 서양 물푸레나무속(屬).

fraxinela *f.* [植] 검화. 자래초.

fraxíneo *a.* 물푸레나무의(에 관한).

fraxinina *f.* 물푸레나무에서 채취한 유기염산(有機鹽酸).

frear *v.t.* 브레이크를 걸다. 제동(制動)하다.

frecha *f.* (=*flecha*). ①화살. 전(箭). ②[植] 쇠귀나물속(屬)의 식물.
de frecha 곧바로. 일직선으로.

frechada *f.* (=*flechadada*) ①활로 쏘기. ②화살에 맞은 상처. 시상(矢傷). ③풍자(諷刺).

frechal *m.* [建] 지붕의 대들보. 큰도리(桁). 횡재(橫材).

frechar *v.t.* ①(활을) 쏘다. 화살로 상처를 입히다. 화살처럼(일직선으로 가게) 던지다. ②풍자하다.
— *v.i.* 화살을 쏘다. 화살처럼 날아가다.

frecharia *f.* 많은 화살.

frecheira *f.* 엿보는 구멍. 총쏘는 구멍. 공기 빼는 구멍.

frecheiro *m.* ①《古》궁병(弓兵). ②활로 사냥하는 자. ③궁술가(弓術家).

freeiro *m.* (말의) 고삐를 만드는 사람. 재갈 만드는 사람.

frege (**frege-môscas**) *m.* 값싼 요리점(특히 생선튀김 같은 것을 해 주는 하천한 음식점).

fregona *f.* 취사부에서 일하는 하녀(식모).

freguês *m.* ①물건 사는 또는 주문하는 손님. 고객. 단골손님. 드나드는 상인. ②거래처. ③녀석. 놈. ④[宗] 교구민(敎區民).

freguesia *f.* ①(총괄적으로) 고객. 단골손님. ②거래처. [宗] 작은 교구 ; 그 교구 내의 주민.

frei *m. freire*의 준말.

freima *f.* 참지 못함. 인내 못함. 참을성이 없는 것. 성급. 조급. 초조. 불안.

freimático *a.* 참지 못하는. 참을성 없는. 성급한. 안달하는. 조바심치는.

freio *m.* ①(말입에 물리는) 재갈. 말고삐. [機] 브레이크. 제동기. [解] 계대(繫帶). ②구속. 억제. ③장애.
freio de vácuo 진공 브레이크.
freio de cepo 폐색(閉塞) 브레이크.

freira *f.* 수녀. 여승(女僧).
freira leiga 평인수도녀(平人修道女).

freiral *a.* ①수도원의. 수도원적인. 수도승(修道僧)의. 녀수의.
— *m.* 수도원에 출입하는 사람. 절간 같은 곳을 좋아하는 사람.

freirar *v.i.* 수도생활(修道生活)을 하다.
—*se v.pr.* 중이 되다. 승려가 되다. 수녀가 되다.

freirático *a.* 수도원의. 수도승의. 수녀의. 수도녀의.
— *m.* = *freiral*.

freire *m.* 중. 수도승(修道僧). 수도사(修道士).

freiria *f.* 여자 수도원. 수녀원.

freirice *f.* 수녀의 소행(풍습).

freixal *m.* [植] 물푸레나무숲.

freixo *m.* [植] 물푸레나무 ; 그 재목.

fremebundo *a.* = *fremente*.

fremente *a.* ①흔들리는. 진동하는. ②(동물이) 으르렁대는. 노호하는. ③감동하는.
raiva fremente 심한 노여움. 격분.

fremir *v.i.* ①떨다. 떨리다. 흔들다. 진동하다. ②(동물이) 외치다. 으르렁대다. 노호하다. ③감동하다. 감격하다.

frêmito *m.* ①흔들림. 진동. ②감동. 감격. ③(동물의) 노호. 포효(咆哮).

frenalgia *f.* [醫] 정신병. 우울증.

frendente *a.* 이를 가는. 이를 악무는.

frender *v.i.* ①이를 갈다. 이를 악물다. ②격노하다.

frendor *m.* 이를 갈기. 이를 악물기.

frenesi *m.* ①뇌염(腦炎). ②심한 흥분. 광란

frenesiar *v.t.* 격분시키다.

frenèticamente *adv.* 열광적으로. 열중하여.

frenético *a.* ①미친듯한. 광란하는. 미쳐 날뛰는. 광폭(狂暴)한. 노기충천한. ②열광적인. 제정신이 아닌.
— *m.* 미쳐 날뛰는 사람. 격노한 사람.

frênico *a.* [解] 횡격막(橫隔膜)의.
contrações frenicas 횡격막경축(痙縮).

frenite *f.* [醫] 횡격막염(炎).

frenocardia *f.* [醫] 심장신경증(心臟神經症).

frenogastrico *a.* [解] 횡격막과 위(胃)의.

frenologia *f.* 골상학(骨相學). 성상학(性相學).

frenológico *a.* 골상학의. 성상학(性相學)의.

frenologista *m.*, *f.* 골상학자.

frenólogo *m.* 골상에 정통한 자. 골상연구가.

frenopata *m.*, *f.* 정신병자.

frenopatia *f.* 정신병.

frenopático *a.* 정신병의.

frente *f.* ①앞. 정면(正面); 전면(前面). ②이마. ③선두(先頭).
em frente …의 앞에. 정면에. …에 대하여. 마주.
de frente 앞에서.
em frente de …의 앞에서.
à frente 앞에. 전방에. 앞으로, 앞으로 향하여.
frente fria 한파(寒波).
frente popular 인민전선.

frequência *f.* ①자주 있음. 빈발(頻發). 빈번(頻繁). ②(맥박의) 빈도(頻度). 횟수. ③사회적 교제. ④통학(通學). 빈번한 왕래.
com frequência 자주. 빈번히.

frequentação *f.* ①자주 일어남. 자주 왕래함. 빈번한 방문. (학교·병원 등에) 자주 다니기. ②(빈번한) 교제.

frequentador *a.*, *m.* 자주 다니는 (사람). 빈번히 왕래하는 (사람). 늘 방문하는 (자). 자주 오는 (손님). 상객(常客).

frequentar *v.t.*, *v.i.* ①자주 가다(오다). 빈번히 왕래하다. 자주 방문하다. (영화관·극장·오락장 등에) 자주 출입하다. ②(프랑스적 용법) 항상 교제하다. ③자주 일어나다. 빈발(頻發)하다.

frequentativo *a.* [文] (움직임이) 반복되는. *verbo frequentativo* 반복동사(反復動詞).

frequente *a.* ①자주 일어나는. 빈번한. 때때로의. ②(맥박이) 보통 때보다 빠른. ③항상 …하는. 상습적인. ④근면한. 부지런한.

frequentemente *adv.* 자주. 빈번히. 항상.

frequentíssimo *a.* (*frequente*의 최상급).

fresca *f.* ①선선함. 선들선들함. ②(아침·저녁의) 선선한 때.
pela fresca (아침·저녁의) 선선한 때에.
tomar a fresca 상쾌한 공기를 마시다.

frescal *a.* 신선한. 생생한. 새것의. (생선이) 신선한.

frescalhote *a.* 생생한. 생기 있는. 발랄(潑剌)한. 말쑥한. 맑은.

frescata *f.* 교외산책(郊外散策). 야외놀이. 즐기기. 유흥. 환락.
— *m.* 산책하며 즐기는 사람. 야외놀이 하는 자.

fresco *a.* 신선한. 상량(爽凉)한. 청량(清凉)한. 선들선들한. 날것의. 생생한. 청신(清新)한. (생선이) 신선한. (인상 등의) 새로운. (계란 등) 방금 낳은. 최근의. 기분 좋은. 상쾌한. 맑은. 말쑥한. 발랄한.
tempo fresco 선선한 날씨. 청량한 때.
ovos frescos 새계란.
água fresca 깨끗한 물.
carne fresca 신선한 고기(生肉).
— *m.* ①선선함. 청량. 상량(爽凉). ②냉기(冷氣). 시원한 바람. 선들선들한 기분.
de fresco 최근에. 새로.
tomar o fresco 시원한 바람을 쏘이다.

frescor *m.* ①청량(清凉). 선선함. ②시원한 공기. ③생생함. 신선(新鮮)함. ④활발함. 원기왕성. 발랄(潑剌).

frescura *f.* ①청량함. 선선한 기분. 선들선들한 감각. 냉기(冷氣). 시원한 바람. 청풍(清風). ②(보기에) 생생함. 청신(清新). 생기(生氣). 활기. 원기왕성. 발랄. ③(말씨의) 호방(豪放). 호담(豪膽).

fresquidão *m.* 서늘함. 서늘한 기분. 냉기(冷氣).

fresquinho *a.* (*fresco*의 지소어) 꽤 선선한. 선들선들한. 생생한. 꽤 신선한.
— *m.* 선선한 바람. 시원한 바람. 청풍(清風). 냉기(冷氣).

fressura *f.* (동물 특히 소·돼지·양 따위

의) 내장.
fressureira *f.* 내장을 파는 여자.
fressureiro *m.* 내장을 파는 사람.
fresta *f.* ①짜개진 틈. 터진 금. ②(들여다 보는) 구멍. 엿보는 구멍. 공기 빼는 구멍. ③좁고 작은 창문. (지붕의) 원창(圓窓) (햇빛이 들어오도록 기와 대신에 유리를 덮은 곳). ④치아 사이(齒間)의 틈.
frestado *a.* ①틈이 생긴. 금이 간. (들여다 보는) 구멍을 만든. (햇빛이 들어오게) 작은 창문을 단. ②[紋章] 뇌문(雷文) 모양의. 만자(卍字) 모양의. 교차상(交叉狀)의.
frestão *m.* [建] 좁은 아치형의 창문.
fretado *a.* (배・자동차 따위를) 대절(貸切)한. 차용(借用)한.
navio fretado 빌린 배. 용선(傭船). 대절선.
fretador *m.* ①(배・자동차・비행기 따위를) 빌려 쓰는 자. 대절하는 자. 용선자. ②화물운송업자. ③(화물의) 탁송인(託送人). 하주(荷主).
fretagem *f.* ①배를 빌림. 용선(傭般). ②화물의 수상운송(水上運送). ③운송화물(運送貨物). 배를 빌려 쓰는 삯. 용선료(料). 운반요금. ④화물적재(積載). ⑤전세(專貰). 대절(貸切).
fretamento *m.* ①(배・비행기・자동차 따위를) 빌기. 대절하기. 전세. (배・자동차 등의) 임대차(賃貸借). ②용선계약(傭船契約). ③화물적재. 화물운송(특히 수상운송). ④용선료. 운임(運賃).
fretar *v.t.* ①(배・기차・자동차・비행기 등에) 화물을 싣다. 적재하다. 운반하다. 운송하다. ②(짐을 운반하기 위하여 배・기차・자동차 등을) 대절하다. 임대차 계약을 하다. 빌려 쓰다.
frete *m.* ①(배・자동차 등에) 짐을 실기. 적하(積荷). ②운송. 운수. 운반. ③운임. 운송료. 용선료(傭船料). 《轉・俗》매춘부(賣春婦).
frete de ida 편도(片道) 운임.
frete de volta 환송(還送) 운임. 귀환 운임.
frete de ida e volta 왕복 운임.
fretejador *m.* 짐나르는 사람. 화물 운반인.
fretejar *v.t.* 짐을 나르다. 화물 운반하다.
fretenir *v.i.* (매미가) 울다. 시끄러운 소리를 내다. 시끄럽게 하다.
freto *m.* 《詩》해협(海峽). 만(灣).

freza *f.* ①[機] 평삭(平削). 평삭 작업. ②평삭기(平削機).
frezador *m.* 평삭 작업하는 사람. 평삭공.
friabilidade *f.* 부서지기 쉬움. 깨지기 쉬움. 취약성(脆弱性). 연약성.
friacho *a.* ①《俗》약간 추운. 냉랭한. 싸늘한. ②활기 없는. 느린. 완만한. 결단성이 없는.
— *m.* 냉기(冷氣). 냉한(冷寒).
friagem *f.* ①(날씨의) 싸늘함. 냉기. 냉한. ②(식물의) 냉해(冷害).
frialdade *f.* ①(날씨가) 싸늘함. 냉한(冷寒). ②(온기(溫氣)의) 냉각. ③냉정. 냉담(冷淡). 박정(薄情). 무관심. 등한(等閑). ④무기력. 활발치 못함.
friamente *adv.* ①차게. 냉랭하게. ②냉정하게. 냉담하게. ③무관심하게. 모르는 척. 시치미떼고.
friável *a.* 부서지기 쉬운. 깨지기 쉬운. (바위・흙벽 따위) 허물어지기 쉬운. 취약한. 연약한.
fricandó *m.* [洋食] 프리깡도(송아지 또는 칠면조 고기로 만든 스튜).
fricassé *m.* [洋食] 프리커시(새・송아지・토끼 따위의 고기를 가늘게 썬 것으로 만든 스튜 또는 프라이).
fricativa *f.* [文] 마찰음(摩擦音).
fricativo *a.* 마찰하는. 마찰의. 비비는 (소리가) 마찰되어 나오는.
fricção *f.* ①마찰(摩擦). 비비기. 알력(軋轢). ②도찰제(塗擦劑).
friccionar *v.t.* (+*em*). 마찰하다. (몸을) 문지르다. 비비다. 문질러 닦다.
fricote *m.* 《俗》정숙한 체하기. 점잖빼기.
frieira *f.* [醫] 동상(凍傷).
frieza *f.* ①참. 냉기. 냉한(冷寒). ②냉정. 냉담. 무표정. 표정 불변. ③활기 없음.
frieza de animo 침착. 태연자약.
frigideira *f.* 프라이팬. 번철(燔鐵).
— *m.*, *f.* 《俗》허영심이 강한 사람.
frigidez *f.* ①참. 냉기. 한랭(寒冷). ②냉담. 무정. ③쓸쓸함. 재미없음. ④[醫] 불감증.
frígido *a.* ①참. 차가운. 한냉한. 냉랭한. ②냉담한. 무정한. ③활발치 못한. 기력이 없는.
frigio *a.* 프리지아의.
— *m.* 프리지아 사람(말).
frigir *v.t.* 기름에 튀기다. 프라이하다. 볶다.

— *v.i.* 과시(誇示)하다. 자랑하다. 뽐내다.
frigorífero *a.* =*frigorífico*.
frigorificar *v.t.* (고기 따위를) 차게 하다. 냉동(冷凍)하다. 냉장(冷藏)하다.
frigorífico *a.* (고기 따위를) 차게 하는. 냉동하는. 냉장하는.
— *m.* ①냉각기(冷却器). 냉동기(冷凍機). ②한제(寒劑). 빙결제(氷結劑).
frigoterapia *f.* [醫] 냉각요법. 저온요법(低溫療法).
frimário *a.* 프랑스공화국력(曆)의 제3월.
frincha *f.* 쪼개진 틈. 갈라진 금. 균열(龜裂).
frio *a.* ①찬. 추운. 한랭(寒冷)한. ②냉정한. 따뜻한 정이 없는. 박정한. 무정한. ③불친절한. 무뚝뚝한. 무표정의. 활기 없는.
coração frio 냉정한 마음. 박정.
pintura fria 묘미 없는 그림.
ter frio 춥다. 추위를 느끼다.
a sangue frio 침착하게. 냉혈(冷血)적으로. (인심이) 목석(木石)같이.
malhar em ferro frio (냉철(冷鐵)을 두드리다). 헛수고를 하다.
frioleira *f.* ①(실·새털 따위의) 술. 송이. ②사소한 것. 소량(小量). 적은 금액.
friolento *a.* 추위하는. 추위를 타는. 으실으실 추운.
frisa *f.* ①(직물의) 축모(縮毛). 조방모직물(粗妨毛織物). ②(극장의) 모퉁이 좌석. ③[築城] 든든한 나무말뚝. 대울타리.
frisado *a.* (털실·머리칼 따위를) 지진. 파마한. 곱슬곱슬하게 한. 파상(波狀)을 이룬. 권축(卷縮)한.
— *m.* 지진 머리. 퍼머넌트(한 머리).
frisador *m.* ①머리털을 지지는 도구. 축모용(縮毛用) 인두. (모직물의) 축모기(縮毛機). ②지지는 직공. 축모직공.
frizador de cabelo 퍼머하는 도구.
frisagem *f.* 털실 또는 머리칼을 지지기. 곱슬곱슬하게 하기.
frisante *a.* ①꼭 맞는. 알맞는. 적당한. (…)에 순응하는. 맞게 하는. ②의미하는. 그럴듯하게 생각되는.
frisão *m.* 프리즈랜드 말(馬). 큰 말.《詩》준마(駿馬).
frisar *v.t.* 털실이나 머리칼을 지지다. 곱슬곱슬하게 하다. 파상(波狀)을 이루게 하다.
— *v.i.*, —*se v.pr.* ①자기의 머리를 지지다. 퍼머하다. ②파상을 이루다. (바다가) 파도치다. 거칠어지다. ③(…)에 맞다. 적합하다. 순응하다. ④(…)에 가까이 가다. 접근하다. ⑤언급(言及)하다. 똑똑히 밝히다.
friso *m.* ①[建] 띠 모양의 장식벽. 요선(腰線). 조각대(彫刻帶). ②(바지의) 주름. 구김살. 접은 자국.
frita *f.* ①(녹기 전의) 유리 원료. 백옥(白玉)(도자기 겉칠약을 만드는 유리질의 조합물). ②유리 원료를 용해(熔解)하기. ③용해하는 데 걸리는 시간(時間).
fritada *f.* (물고기·새우·야채 따위의) 기름에 튀긴 것. 튀김.
fritar *v.t.* 기름에 튀기다. [化] 용소(熔燒)하다.
frito *a.* 기름에 튀긴. 프라이한, 볶은.
— *m.* (달걀·생선·새우 따위의) 기름에 튀긴 것. 튀김.
fritura *f.* ①기름에 튀기기 ; 볶기. ②기름에 튀긴 것.
friura *f.* ①찬. 추움. 한랭(寒冷). ②추운 상태. ③냉정. 박정. 냉담. 냉혹(冷酷). ④무기력. 무활발.

frivolamente *adv.* 천박하게. 경솔하게. 어리석게.
frivolidade *f.* ①천박(淺薄). 경박(輕薄). 경조(輕躁). 경솔. ②경솔한 언행. 녹록치 않은 일. 사소한 일.
frívolo *a.* 천박한. 경박한. 경조한. 경솔한. 어리석은. 시시한. 너절한.
— *m.* 유약한 사나이. 지나치게 감상적인 사람.
frocado *a.* 술이 달린. (부인복 따위에) 치마단이 있는.
— *m.* =*frocadura*.
frocadura *f.* 술. 술로 만든 장식. (부인복의) 치마단.
froco *m.* ①털 또는 비단의 술. 술로 만든 가장자리. 술장식(總飾). ②셔니일 실(가장자리 장식용의 실의 일종 ; 그것으로 짠 직물). ③쪼개진 조각. 엷은 조각. 설편(雪片).
froixel *m.* 《古》=*frouxel*.
froixelado *a.* 《古》=*frouxelado*.
froixidão, froixidade 《古》 =*frouxidão. frouxidade*.

fronda *f.* (佛史) 프롱드당(黨).

fronde *f.* [動·植] 엽상체(葉狀體)(잎과 줄기의 구별이 안 됨). (양치(羊齒)·종려 따위의) 잎. 군엽(群葉).

frondear *v.t., v.i.* =*frondejar*.

frondecer *v.i.* =*frondescer*.

frondejante *a.* 잎사귀가 많은(우거진). 지엽(枝葉)이 많은.

frondejar *v.t.* 잎사귀가 우거지게 하다. 잎으로 덮다.
— *v.i.* 잎사귀가 많이 나오다. 잎으로 덮이다. 잎이 무성해지다.

frondente. frôndeo *a.* 잎사귀가 많은; 무성하게 덮인. 넓고 두터운 잎사귀의.

frondescência *f.* 많은 잎사귀가 나옴. 잎이 무성함. 우거진 지엽(枝葉).

frondescente *a.* 잎이 많이 나온; 무성한.

frondescer *v.i.* 잎사귀가 나기 시작하다. 잎이 우거지다. 잎사귀로 덮이다.

frondícola *a.* (곤충 따위) 나무잎에 사는. 수엽(樹葉)에 기생하는. 엽상서식(葉上棲息)의.

frondífero *a.* 잎이 나는. 잎이 있는. 잎이 많은.

frondosidade *f.* 많은 잎. 엽총(葉叢).

frondoso *a.* 나무잎이 우거진. 잎사귀가 많은.

fronha *f.* 베갯잇. 베개 커버.

frontal *a.* 이마의. 전두부(前頭部)의.
— *m.* ①[解] 이마뼈. 두정골(頭頂骨). ②(제단의) 정면에 드리운 막(덮는 보). ③《古》(창 위의) 작은 박공(博工).

frontaleira *f.* (제단의) 정면에 드리우는 보. 덮는 장식보(飾布).

frontão *m.* [建] 박공(博工). 박공벽.

frontaria *f.* ①(건물의) 전면. 정면. ②표면. 외면.

fronte *f.* ①이마. ②(건물의) 정면.
de fronte …의 정면에. …의 앞에.
fronte à fronte 서로 정면으로 대하여. 상대(相對)하여.

frontear *v.t., v.i.* …에 면하다. …에 대(對)하다. …에 향하다. …의 앞에 있다.

fronteira *f.* 국경. 경계선.

fronteiriço *a.* 국경의. 국경에 있는. 경계선에 관한. 경계선에 사는. 인접한.

fronteiro *a.* ①(+*a*). …에 면한. …에 향한. …에 대한. ②국경의. 국경에 있는. 변경(邊境)의. ③…와 인접한.
— *m.* 국경수비대장(國境守備隊長). 국경경비사령관.

frontino *a.* (말의) 이마에 흰 반점(白斑)이 있는.

frontispício *m.* ①(건물) 정면의 주요부. ②책머리에 넣는 그림. 서적의 뚜껑 다음 장. (책의) 표제(標題).

frota *f.* 함대(艦隊). 수송선대(船隊).

frotinha *f.* 소함대. 정대(艇隊).

frouva *f.* (유럽산) 땅까마귀.

frouxamente *adv.* 느슨하게. 느즈러지게. 헐겁게.

frouxel *m.* (새의) 솜털. 부드러운 털(柔毛). (민들레·복숭아 따위에 돋는) 솜털. 연한 털.

frouxelado *a.* 솜털 모양의. 유모성(柔毛性)의. 부드러운 털이 있는(많은). 솜털에 덮인.

frouxeza *f.* ①헐거움. 긴장성이 없음. 팽팽하지 못함. 해이(解弛). 이완(弛緩). 완만(緩慢). ②힘 없음. 활기 없음. 느림. (동작이) 굼뜸. ③게으름. 나태(懶怠). 태만.

frouxidade, frouxidão *f.* =*frouxeza*.

frouxo *a.* ①헐거운. 느슨한. 느러진. 나른한. 풀린. 매지 않은. 흐느적한. ②느린. 굼뜬. 꾸물거리는. 활발하지 못한. 기운 없는. ③게으른. 나태한. 태만한.
— *m.* 일혈(溢血). 유출(流出).
a frouxo 풍부히. 만장일치로.

frufu, frufru *m.* 잎사귀가 살랑살랑 하는 소리. 옷 스치는 소리.

frugal *a.* ①소박한. 검소한. 알뜰한. ②(식생활이) 간소한. 조식(粗食)하는. ③과실을 먹고 사는.

frugalidade *f.* 절약. 검약. 검소. 소박. 간소. ②검약한 생활.

frugalmente *adv.* 소박하게. 검소하게. 검박하게. 알뜰하게.

frugífero *a.* 열매가 많이 달리는. 많은 과실을 맺는. (과일) 다산의.

frugívoro *a.* 과일을 먹고 사는. 과일을 상식(常食)으로 하는. 과식(果食)의.

fruição *f.* ①결실. 달성. 실현. 성취. 수익(收益). ②향유(享有). 향수(享受). 즐김. 기쁨.

fruir *v.i., v.t.* ①즐기다. 즐게 하다. 향유(享有)하다. ②결실하다. 성취하다. 달성하다.

fruiteira *f.* 열매 맺는 나무. 과수(果樹).
fruitivo *a.* 즐거운. 유쾌한. 향유하는. 향수하는.
frumentáceo *a.* 곡물(穀物)의. 곡물 같은. 곡물로 된. 곡질(穀質)의.
frumental *a.* 곡물의. 곡물파종의.
frumentário, frumentício *a.* 곡물 같은. 곡물로 된. 곡물에 속하는. 곡물에 관한.
frumento *m.* ①(양종(良種)의) 밀. ②곡물.
frumentoso *a.* 곡물(특히 밀)이 풍부한.
fruncho, frunco *m.* [醫] 부스럼. =*furúnculo*.
frustração *f.* ①(적의 계략 따위를) 헛되게 하기. 좌절. 타파. ②차질(蹉跌). 오산. 실패. 불성공. ③횡령. 사기.
frustradamente *adv.* 헛되게. 무익하게. 쓸데없이.
frustrado *a.* (계획이) 수포로 돌아간. 기대에 어긋난. 실패한. 좌절한.
frustador *a., m.* (적의 계략을) 헛되게 하는 (자). 좌절시키는 (자). 실패케 하는 (자). 사기하는 (자). 횡령하는 (자).
frustrâneo *a.* 결과 없는. 헛된. 무익한. 불성공의. [植] 열매를 맺지 않는.
frustrar *v.t.* ①(계략·계획 따위를) 헛되게 하다. 좌절시키다. 수포로 돌아가게 하다. 실패시키다. ②속이다. 사기하다. 횡삽하다. 횡령하다.
— *v.i.* (계획 따위) 수포로 돌아가다. 실패하다.
frustratório *a.* ①좌절케 하는. 실패케 하는. 수포로 돌아가게 하는. 헛되게 하는. ②사기(횡령)를 목적으로 하는.
fruta *f.* ①과실(果實). 과물. ②열매. ③결과. 성과. (노력의) 대가.
tempo da fruta 과실이 나는 계절(과일 시장에 범람하는 때).
fruta do tempo ①계절에 따라 산출되는 과일. ②한 계절의 수확성과(收穫成果).
fruta de conde [植] 번려지(蕃荔枝).
frutear *v.t.* (열매를) 맺게 하다 ; 열게 하다.
— *v.i.* 열매를 맺다. 결실(結實)하다.
fruteira *f.* ①과일 맺는 나무. 과수. ②과일 담는 그릇. ③과일 파는 여자.
fruteiro *a.* ①열매 맺는. 결실하는. 과수(果樹)의. ②과일을 좋아하는.
— *m.* ①과물상인. 과일 담은 바구니.
frutescência *f.* ①과실이 익음. ②과실 성숙기(成熟期).
frutescente *a.* 과실을 맺는(맺게 하는).
frutice *m.* 작은 나무. 관목(灌木).
fruticeto *m.* 과수원(果樹園).
fruticose *a.* 작은 나무가 많은. 관목이 많은.
fruticultor *m.* 과수재배자.
fruticultura *f.* 과수재배(법).
frutífero *a.* ①과일이 맺는. 결실(結實)하는. 결실성(性)의. ②성과 있는. 성과적인. 유익한.
frutificação *f.* [植] 결실(結實). 결실기(期). (고사리 등의) 결실기관(器管).
frutificante *a.* 열매를 맺게 하는. 결실케 하는.
frutificar *v.i., v.t.* ①열매를 맺다[맺게 하다]. 과일을 산출하다. ②좋은 결과를 거두다. 이익이 오르다.
frutificativo *a.* 열매를 맺게 하는. 결실케 하는. 결실의. 좋은 결과의.
frutivoro *a.* 과일을 먹고 사는. 과실을 상식(常食)으로 하는. 과식(果食)의.
fruto *m.* ①과실. 과일. 과물(菓物). ②노고(勞苦)의 결과. 고생하여 얻은 것. 수익(收益). ③이득. 이익.
dar fruto 열매가 맺다. 효과를 내다.
fruto proibido [聖] "금단의 나무"의 열매.
o fruto do nosso trabalho 우리들의 노고의 결과(성과).
frutuosamente *adv.* 좋은 결과로. 유익하게. 유리하게.
frutuoso *a.* ①많은 열매가 달리는. 과실을 많이 산출하는. ②유리한. 유익한. ③돈벌이가 잘 되는. 수입이 좋은.
ftálico *a.* 나프탈린의. 나프탈린에서 빼낸.
ftiriase *f.* [醫] 슬생병(虱生病). 슬증(虱症). [植] 소충병(小蟲病).
ftislologia *a.* [醫] 폐병학. 폐병론(肺病論).
fubá *m.* 옥수수 가루.
fubana *f.* 《俗》 매음부(賣淫婦).
fuco *m.* [植] 해초의 일종 "푹구스".
fúcsia *f.* [植] 퓨우셔(바늘꽃과에 달린 열대 아메리카산의 관상용 관목).
fucsina *f.* [化] 푹신(일종의 아닐린 염료). 당홍(唐紅).
fueiro *m.* 우차(牛車)·마차 등에 짐을 실을 때 옆으로 떨어지지 않게 받쳐 세우는 기둥. 책주(柵柱).

fúfia *f.* 《卑》멋부리는 여자. 젠체하는 여인. 건방진 여자.

fuga *f.* ①도주. 도망. 탈출. 삼십육계(三十六計). [軍] 패주(敗走). ②(가스의) 누출(漏出). 새는 구멍. ③공기 구멍. 통풍공. (풍구의) 바람 구멍. ④[樂] 둔주곡(遁走曲).

fugace *a.* 어느덧 지나가는. 재빨리 없어지는. 아주 빠른. 허무한. 덧없는. (=*fugaz*).

fugacidade *f.* 재빨리 지나감. 붙잡기 어려움. 비산(飛散)하기 쉬움. 조락하기 쉬움. 허무함. 무상함. [理] 도산능(逃散能). 비산성. 휘발성.

fugaz *a.* 어느덧 지나가는. 붙잡기 어려운. 재빨리 없어지는(시드는). 조락하기 쉬운. 비산성(飛散性) 발산성의. 휘발성의.

fugida *f.* ①도주. 도망. 탈주. 도피. ②둔사(遁辭).

de fugida 황급히. 창황(倉惶)하게.

fugidiço, fugido *a.* ①달아나는. 달아나려고 하는. 달아나기 어려운. 뛰고 싶어하는. ②몹시 빠른. 붙잡을 수 없는. ③망명의.

fugido *a.* 달아난. 도망간. 도주한. 탈주한.

fuginte *a.* 뛰는. 달아나는. 도망가는. (시야에서) 사라지는. 멀어지는.

fugir *v.i.* ①달아나다. 도망가다. 도주하다. 뺑소니치다. 탈주하다. ②…을 피하다. 회피하다. 벗어나다. ③(액체 따위) 새다. 누출(漏出)하다.
— *v.t.* (…을) 피하다. (…을) 멀리하다.

fugitivo *a.* ①도망하는. 도주하는. ②재빨리 없어지는. 어느덧 지나가는; 변하기 쉬운. 순식간의.
— *m.* 도주자. 도망자. 탈주자.

fuinha *f.* [動] 담비. 담비의 모피.
— *m., f.* ①말라서 뾰족한 얼굴이 된 사람. 몹시 쇠약한 사람. ②인색한 사람.

fuinho *m.* [鳥] 나무발발이. [植] 덩굴식물의 일종.

fujão *m.* 자주 도망가는 사람. 도망가는 버릇이 있는 사람. (죄인으로서) 재삼재사 도망한 자.

fula *f.* ①서두름. 조급. 급속(急速). ②축융기(縮絨機)(롤러의 일종).

fulano *m.* 모모(某某). 수모(誰某). 아무. 아무개.
Fulano. Sicrano e Beltrano. 너나 할 것 없이.

fulcro *m.* ①[機] (지레의) 받침점(支點). 거점(據點). ②지주(支柱). ③축(軸). [植] 줄기.

fulgência *f.* (휘황하게) 빛남. 번쩍임. 찬란(燦爛). 광휘(光輝).

fulgente *a.* (휘황하게) 빛나는. 번쩍이는. 찬란한.

fulgido *a.* (휘황하게) 비치는. 번쩍거리는. 휘황한 빛을 띠고 있는. 찬란하게 비친.

fulgir *v.i.* (휘황하게) 비치다; 번쩍거리다. 찬란한 광채를 내다.
— *v.t.* 찬란하게 비치게 하다. 번쩍거리게 하다.

fulgor *m.* ①휘황한 빛. 찬란한 광채. 광휘. 광명. ②휘황하게 비치기.

fulguração *f.* 번갯빛. 전광(電光). 섬광(閃光). [醫] 전격장해(電擊障害).

fulgural *a.* 번갯빛의. 전광의. 뇌전(雷電)의.

fulgurante *a.* 번개같이 번쩍이는. 전광을 내는. 섬광(閃光)을 내는. [醫] 전격상(電擊狀)의.

fulgurar *v.i.* ①번개같은 빛을 내다. ②전광(電光)을 내다. 섬광을 내다. 휘황한 광채를 내다. 번쩍이다.

fulgurite *f.* [地質] 전관(電管). 전통(電筒: 전광(電光)의 작용으로 모래 속이나 바위 속에 생기는 유리 모양의 통).

fulguroso *a.* =*fulgurante*.

fulharia, fulheira *f.* (도박장에서) 속이기. 속이는 수단. 사기행위.

fulheiro *m.* (특히 도박에서) 속이는 사람. 사기꾼. 협잡꾼.

fuligem *f.* 그을음. 검댕. 연매(煙煤). 숯검댕.

fuliginosidade *f.* ①그을음이 생김. 검댕이 낌(쌓임). ②[醫] (치아(齒牙) 또는 혀(舌)에 생기는 그을음이끼(煤苔).

fulginoso *a.* ①그을음이 낀. 검댕이 붙은. 그을음투성이의. 검댕으로 더러워진(새까맣게 된). ②[醫] 그을음이끼(煤苔)가 낀.

fulmi-algodão *m.* 면화화약(綿火藥).

fulminação *f.* ①폭명(爆鳴). 벼락치는 소리. 뇌전(雷電). ②번갯불. ③전격(電擊). (순식간의) 파멸; 파괴. ④[宗] 파문(破門).

fulminado *a.* ①폭명하는. 뇌전하는. ②벼락치는. 벼락맞은. 전격 당한. 감전(感電)한. ③순간적으로 이루어진.
— *m.* 전격 당한 자. 감전한 사람.

fulminador *m.* ①우뢰같은 소리를 내는 사람. ②뇌신(雷神: 옛 로마의 주신(主神) 주피터). ③폭발시키는 사람(또는 사물). ④(순식간에) 파멸시키는 사람(또는 사물).

fulminante *a.* ①뇌전같은. 뇌전처럼 맹렬한. ②천둥이 울리는. 폭명(爆鳴)하는. 번개치는. 폭발시키는. 폭발적인. ③순식간에 파멸하는(죽이는). ④처참한. 극렬한. 비통한. ⑤[醫] 전격성(電撃性)의.
— *m.* (총탄의) 뇌관(雷管). 폭발 장치.

fulminar *v.i.*, *v.t.* ①폭발하다(시키다). 폭명하다. ②벼락치는 소리를 내다. 번갯불이 번쩍이다. 전광(電光)을 내다. 섬광을 발하다. 뇌전(雷電)하다. ③맹렬히 달려들다. 전격하다. (벼락치듯) 순식간에 죽이다. ④노갈(怒喝)하다. ⑤[宗] 파문하다.

fulminato *m.* [化] 뇌산염(雷酸鹽). 폭발분(爆發粉).

fulminatório *a.* ①번갯불의. 천둥의. 폭명의. 노갈(怒喝)의. 맹렬한 비난의.

fulmíneo *a.* 번개의. 전광(電光)의. 번개빛처럼 번쩍이는. 뇌전적(雷電的).

fulmínico *a.* 뇌산(雷酸)의. 뇌산에서 빼낸. 폭발성의. 폭명성(爆鳴性)의.

fulminoso *a.* 번갯불 같은. 뇌전의. 뇌전성이. 뇌전적인.

fulo *a.* ①누르스름한. 황흑색(黃黑色)의. ②(얼굴빛이) 회흑색(灰黑色)이 된. 몹시 노한.

fulvido *a.* =*fulvo*.

fulvo *a.* 황갈색(黃褐色)의. 노루빛의.

fumaça *f.* ①연기. 내. ②담배 연기. ③허영(虛榮).

fumaçada, fumaceira *f.* ①많은 연기. 가득찬 연기. ②우쭐하기.

fumada *f.* ①(담배) 한 모금의 연기. ②신호의 연기. 모닥불.

fumadeira *f.* 담배물부리. (담배) 대통. 연관(煙管).

fumador *a.*, *m.* 연기를 내뿜는 (사람). 담배피는 (사람).

fumagem *f.* (물고기·돼지고기 등을) 연기에 그슬리기. 불김을 쐬이기. 훈제(燻製).

fumante *a.* 연기를 내는(뿜는). 담배 피는. 김을 내는. (물)거품을 일으키는.
— *m.* 연기나게 하는 사람. 담배 피는 사람.

fumar *v.t.* ①연기를 내다. 연기를 뿜다. 내나게 하다. ②(연기에) 그슬리다. 연기로 검게 하다. ③(담배를) 피우다.
— *v.i.* 연기나다. 연기를 토하다. 김오르다. 담배를 피우다. 흡연하다.

fumarada *f.* ①많은 연기. 자욱한 연기. ②《俗》허영. 자만(自慢). 자부. 덧없이 우쭐하기.

fumarar *v.i.* 내나다. 연기나다. 연기를 올리다(뿜다).

fumarato *m.* [化] 푸말산염(酸鹽).

fumarento *a.* 내나는. 연기 있는. 연기나는. 연기를 뿜는. 연기 많은. 연기가 가득찬.

fumária *f.* [植] 서양현호색(玄胡索) 무리의 식물(약초).

fumariáceas *f.(pl.)* [植] 서양현호색무리.

fumárico *a.* 서양현호색에서 빼낸(채취한).

fumarina *f.* 서양현호색에 포함된 성분.

fumarola *f.* (화산(火山)에서 분출하는) 흰 구름 같은 분연(噴煙).

fumatório *a.* 담배 피우기 위한. 흡연용(吸煙用)의.
— *m.* 담배 피우는 홀. 흡연실(室).

fumável *a.* ①(담배가) 피우기에 적당한. 흡연에 좋은. ②흡연할 수 있는. 담배 피울만한.

fumear *v.i.* =*fumegar*.

fumegante *a.* 내나는. 연기나는. 연기나게 하는.

fumegar *v.i.* ①내나다. 연기나다. 연기를 내뿜다. ②김 오르다. ③(술 따위에서) 거품 같은 김이 나다. ④심정이 타다.

fumeiro *m.* ①연통. 연통의 내부. ②많은 연기. 가득찬 연기. ③(돼지고기 따위를) 그슬리는 곳. 훈제소(燻製所). ④(훈제한) 소시지.

fumeo *a.* 연기를 내뿜는. 연기가 가득찬. 연기투성이의.

fumífero *a.* 연기 있는. 유연(有煙)의.

fumífico *a.* ①연기의. 연기같은. ②연기를 뿜는. 김 오르는.

fumiflamante *a.* 연기를 내며 타는. 연기를 뿜으며 타는.

fumífugo *a.* 연기를 없애는. 연기를 막는.
— *m.* 방연장치(防煙裝置).

fumigação *f.* 연기로 그슬림. 훈증(燻蒸). 훈증 소독하기. 훈연법(燻煙法). 연기(향) 피우기.

fumigar *v.t.* 연기로 그을리다. 연기를 쏘이다. 불김을 쐬다. 훈증하다. 훈증 소독하다. 향을 피우다.
　—**se** *v.pr.* 연기에 그슬다. 훈증되다.
fumigatório *a.* 훈증의. 훈증용의. 훈증 소독성(消毒性)의.
　— *m.* 훈증 소독. 훈연법.
fumista *m., f.* ①(상습적) 흡연가. ②담배 만드는 사람.
fumivomo *a.* 《詩》= *fumante.*
fumivoro *a.* 연기를 빨아들이는(흡인하는). *aparelho fumivoro* 제연기(除煙器).
fumo *m.* ①연기. ②담배. 연초. ③(술의) 거품. 거품 일 때 나는 김. ④향기. ⑤연기처럼 허무한 것 ; 야속한 것. 일시적인 것. ⑥평판. 소문. ⑦(그레이프의) 조장(吊章)(모자・소매에 두르는).
planta de fumo 연초 식물.
fumo do rolo (또는 *corda*) 굵은 밧줄처럼 꼰 담배(소비자에게 잘라서 팜).
fumosidade *f.* 연기. 연기를 냄.
fumoso *a.* ①연기 있는. 연기를 내는. ②연기가 찬. 연기가 자욱한. ③김 오르는. (술이) 거품 내는. ④으쓱대는. 거만한.
funambuleoco *a.* ①줄타는. ②기괴한. 기묘한.
funambulismo *m.* 줄타기. 줄타는 재간.
funâmbulo *m.* 줄타는 사람(광대).
função *f.* ①기능. 작용. 관능(官能). ②직능. 직무. 직분. 맡은 역할. 직장(職掌). ③의식(儀式). 식전(式典). 제전. 축전(祝典). ④[數] 함수(函數). ⑤[文] 기능.
funchal *m.* 회향풀밭. 회향원(回香園).
funcho *m.* [植] 회향풀속(屬).
funcional *a.* 기능의. 관능의. 직무(직장)상의. (생리) 작용의.
funcionalismo *m.* ①관제(官制). 관료주의. 법문욕례. 관리근성. ②관계(官界). 관공리사회.
funcionamento *m.* ①(기관의) 작용. 활동. (기계의) 움직임. (사무・직무 등의) 집행. 실행. ②기능. 역할.
funcionar *v.i.* 직무를 맡아보다. 권능을 행사하다. 임무를 집행하다. (맡은 일에) 종사하다. …의 역할을 하다. 활동하다. (기계가) 고장없이 움직이다. 잘 작용하다.
funcionário *m.* 직원(職員). 역원(役員). 관리. 관공리(官公吏). 공무원.
funcionário público 정부관리. 공복(公僕). 문관.
funda *f.* ①투석기(投石器). 딱총. ②[醫] 어깨에 거는 붕대. 걸빵. 탈장대(脫腸帶). ③[建] 트러스 구형(構桁). ④[海] 물건을 매다는 밧줄(사슬). 정주(艇柱)에 보트를 달아맬 때 죄는 가죽띠. ⑤작은 통. 작은 케이스.
fundação *f.* ①창립. 창설. 창건. 설립. ②기본금 유지회(維持會). 재단(財團). ③기초. 근거. 근저(根底). ④바탕. 토대. ⑤기금. 기부금.
fundado *a.* 창설한. 창건한. 설립된. 창립된. 근거 있는. 기초를 둔.
dívida fundada 정리공채(整理公債).
fundador *a.* 창립하는. 창설하는. 창건하는. 기초를 만드는. 기반을 닦는.
　— *m.* 창립자. 창설자. 건설자. 개조(開祖). 발기인. 기금갹금자(醵金者).
fundagem *f.* 침전물(沈澱物). 앙금. 잔재.
fundamentado *a.* (…에) 근거를 둔. (…에) 기초를 둔.
fundamental *a.* ①기초의. 기반의. 근거의. 기초로 되는. 근거로 되는. 기본으로 되는. ②기초적인. 본질적인. ③재단의.
fundamentalmente *adv.* 근본적으로. 본질적으로.
fundamentar *v.t.* 기초를 세우다. 창건(창시)하다. (기본금을 기부하여) 설립하다. (…을) 토대로 하고 만들다. (…을) 근거로 하다. (…에) 기인하다.
　—**se** *v.pr.* …에 기초를 두다. 근거를 두다. …에 기인하다.
fundamento *m.* ①기초. 기반. 토대. ②근본. ③근거(根據). ④기본 원인 ; 이유. ⑤기초공사. 기반닦기.
O boato não tem fundamento. 그 소문은 근거가 없다.
fundão *m.* ①소용돌이(渦). ②깊은 곳. 깊은 웅덩이. 깊은 바다(深底).
fundar *v.t.* 기초를 만들다. 기반을 닦다. 토대를 쌓다. ②(재단을) 창립하다. 설립하다. 창건(창시)하다. ③(학교・병원 등을) 세우다. ④(+*em*) …에 근거를 두다. …에 기인하다. ⑤깊게 하다.
　— *v.i.*, —**se** *v.pr.* ①창립되다. 창건되다. 수립되다. ②(깊이) 뿌리박다. 자리잡다. ③깊이 들어가다. 깊이 내려가다. ④(+*em*) …에 기인하다. …에 근거를 두다.

fundável *a.* 토양(土壤)이 깊은. 경토(耕土)가 두터운.

fundeado *a.* 닻을 내린. 투묘(投錨)한. 정박한.

fundeadouro *m.* 닻을 내린 곳. 투묘지. 정박지(碇泊地).

fundear *v.i.* ①(배의) 닻을 내리다. 투묘하다. 정박하다. ②(물체가) 가라앉다. 물속으로 내려가다. 해저(海底) 또는 하저(河底)에 닿다.
— *v.t.* 닻을 내리고(배를) 정박시키다.

fundeiro (1) *a.* 깊은 바닥에 있는. 심저(深底)에 있는. 몹시 깊은.
— (2) *m.* ①투석기(投石器)를 만드는 사람. 투석기(딱총)로 쏘는 사람. ②탈장대(脫腸帶) 또는 멜빵 따위를 만드는 사람. ③[建] 트러스 구형(構桁). …을 만드는 사람.

fundente *a.* (쇠 따위를) 녹이는. 용해시키는 용해성(熔解性)의. 용해되는.
— *m.* 용해물(熔解物).

fundiário *a.* 토지에 관한. 전답(田畓)에 관한.

fundibulário *m.* 투석기(投石器)로 싸우는 사람. 투석자.

fundição *f.* ①(철물을) 녹임. 용광(熔鑛). 용해(熔解). ②주조(鑄造). ③주조물. ④창의(創意).

fundido *a.* ①(쇠가) 녹은. 용해된. 쇳물이 된. 쇳물을 부어 넣은. 주조한. ②두드려 하나로 만든. 합병(合併)한.
ferro fundido 주철(鑄鐵).

fundidor *m.* 주조자. 주조사(師). 주물사(鑄物師). 제련공.

fundilhos *m.(pl.)* ①바지(팬티) 등의 엉덩이 닿는 부분. ②엉덩이 부분에 덧댄 헝겊.

fundir *v.t.* ①(철물을) 녹이다. (금속을) 용해하다. 고체(固體)를 열로 녹여 액체로 만들다. 제련하다. 주조하다. ②두드려 하나로 만들다. 합동시키다. 합병(合併)케 하다. ③소비하다. 탕진하다.
— *v.i.* ①(쇠·광석 따위) 녹다. 용해되다. ②열매를 맺다. 많이 열리다. 많이 산출하다. 좋은 결과를 가져오다.
—**se** *v.pr.* ①녹다. 용해되다. ②하나로 합병되다. ③(무게로 인하여) 밑으로 내려가다. 가라앉다.

fundível *a.* 녹기 쉬운. 가용성(可溶性)의.

액화할 수 있는.

fundo *a.* 깊은. 깊숙한. 심원(深遠)한. 조예 깊은. (동정 따위) 심심한. 마음에서 우러나는. 의미심장한.
— *m.* ①깊음. 심연(深淵). 심오(深奧). ②깊은 곳. 쑥 들어간 곳. 오지(奧地). (건물의) 쑥 들어간 내부. ③밑. 밑바닥. 저부(底部). ④깊이. 심도(深度). ⑤(유화(油畵) 따위 그리기 전의) 바닥칠. 밑칠. ⑥깊은 마음. 깊은 뜻.
fundos (pl.) 기금. 자본금.
fundos de reserva 예비기금.
fundos amortizáveis 감채(減債)기금.
fundos públicos 공금(公金). 공채.
fundo do mar 해저(海底).
artigo de fundo 신문의 사설.
fundo da agulha 바늘귀. 바늘구멍.
ir ao fundo 가라앉다. 침몰하다.
no fundo 본질상. 실제로는. 저의(底意)는.
— *adv.* 깊이. 깊게. 심원(深遠)하게. 심오하게.
a fundo 깊이. 세밀히. 철저히.
saber a fundo 정통(精通)하다.

fundura *f.* ①깊이. 심도(深度). ②심원. 심오(深奧). 유현(幽玄). 오묘. 심연(深淵).

fúnebre *a.* ①장송의. 장례의. 장례식에 알맞는. 슬픈. 애처러운. 불쌍한. 음침한.
cortejo fúnebre 장렬(葬列).

funeral *a.* 장송의. 장례의. 상사(喪事)의. 장례식의. 장사용의.
— *m.* 장례. 장례식.
acompanhar um funeral 회장(會葬)하다.

funerário *a.* ①장례의. 장례식의. 장송의. 매장용의. 슬픈. 애처러운. 음침한.
urna funerária 유골을 넣는 항아리.
coluna funerária 묘표(墓標).

funéreo *a.* = *fúnebre* 또는 *funerário*.

funestação *f.* 불행하게 됨. 불행한 처지에 이름. 불상사(不祥事). 슬프게 하는 것. 비탄에 잠기게 하는 것.

funestador *a., m.* 불행하게 하는 (것). 슬픔을 가져오는 (것).

funestamente *adv.* 불행하게. 슬프게. 애처럽게. 유해(有害)하게.

funestar *v.i.* 불행하게 하다. 불행에 빠뜨리다. 슬프게 하다. 해를 끼치다.
— *v.i.* 불행하게 되다. 슬프게 되다. 애처러워지다.

funesto *a.* ①불행한. 불길한. 원통한. 슬픈. 애처러운. ②(가정에) 죽음을 가져오는. 흉한. 불상(不祥)한. ③치명적(致命的)인. 치사(致死)의. ④해로운. 독(毒)이 있는.

fungada *f.* ①코멘소리. 코로 훌적거리기. 코로 우는 소리. ②코담배를 훅 맡음.

fungadeira *f.* 코담배갑. 코.

fungão (1) *m.* 코멘소리 내는 사람. 코로 훌적훌적하는 사람. 코담배를 맡는 사람. ②[植] 식용 버섯의 일종. 까마종이.
fungão do centeio [植] 맥각병(麥角病).

fungar *v.i.* 흥흥 콧소리내며 말하다. 코멘소리를 내다. 코로 들이쉬다. 코담배를 맡다. 맡아보다.
— *v.t.* (해안의 공기. 코담배 등을) 코로 들이쉬다. 들이마시다.

fungicida *f.* 살균(殺菌). 살균제.

fungiforme *a.* 균 모양의. 균상(菌狀)의.

fungina *f.* 균소(菌素).

fungível *a.* ①소비할 수 있는. ②다른 것으로 대용할 수 있는. 대체성(代替性)의.

fungo *m.* ①균. 균류(菌類). ②[植] 버섯. 목이(木耳) 버섯. ③[醫] 균종(菌腫). 해면종(海綿腫).

fungosidade *f.* ①균상으로 되어 있음. ②[醫] 균성(菌性). 해면상(海綿狀).

fungoso *a.* ①균성(菌性)의. 균질(菌質)의. 균상(菌狀)의. 균과 같이 유연한. ②[醫] 균성의. 균종(菌腫)의. 균과 같이 갑자기 생기는.

funicalar *a.* (긴장력을 응용한) 밧줄의. 밧줄 모양의. 색조(索條)로 되는. 강색(鋼索)의. [解] 섬유색(纖維索)의. 탯줄의. [植] 주병의.
estrada de ferro funicular 강색철도. 등산 케이블 철도.

funículo *m.* [植] (배(胚)의) 주병(珠柄). [解] 섬유색. 탯줄. 정제(精系).

funil *m.* ①깔때기. ②(깔때기 모양의) 통풍통(通風筒). 채광(採光) 구멍. (기관차·기선 따위의) 연통. ③불공평(不公平). 편파(偏頗).
justiça de funil 불공평한 처분.

funilaria *f.* 생철(양철) 제품점. 생철로 여러 가지 세공품(細工品) 만드는 공장.

funileiro *m.* 생철 일하는 사람. 주석세공장인(匠人). 양철세공품 장수.

fura-bôlo *m., f.* 참견하기 좋아하는 사람. 수다쟁이.

fura-bolos *m.* 《俗》둘째손가락.

furacão *m.* (발음 ; 후라까웅). 선풍(旋風). 폭풍. 태풍. 구풍(颶風).

furadeira *f.* [機] 구멍뚫는 기계. 착공기(鑿孔器).
furadeira elétrica 전기 착공기.

furado *a.* ①구멍이 뚫린. 구멍 뚫은. 구멍 있는. ②헛된. 실패한. 실책(失策)한.
semana furada 휴일이 하루 더 있는 주(週). 일하지 않은 날이 있는 주.
— *m.* 구멍.

furador *m.* ①구멍 뚫는 사람. ②구멍 뚫는 도구(송곳·착공기 따위).

fura-greve *m.* 파업방해자. 파업 중에 일하는 노동자. 변절자. 사기꾼.

furão *m.* [動] 흰족제비. 《轉》열렬한 수색가. 천착가(穿鑿家). 어떤 곳이든 들여다보고 지나가는 사람.

fura-paredes *m.* 빈틈 없는 사람. 기민(機敏)한 사람.

furar *v.t.* ①구멍을 뚫다(파다). 꿰뚫다. 찔러 관통하다. ②실패케 하다.
— *v.i.* 구멍 뚫고 나가다. 관통하다. 곤란을 극복하다.

furável *a.* 꿰뚫을 수 있는. 관통할 만한.

fura-vidas *m., f.* 열심히 일하는 사람. 부지런한 일꾼.

furfuráceo *m.* 겨 모양의 인포(鱗苞)로 덮인. [醫] 비듬 모양의.

furgão *m.* 유개화차(有蓋貨車). 수확물차. 유개자동차(특히 가구·육류(肉類)·피아노 따위를 운반하는 트럭).
furgão de socorro (鐵道) 구난차.

fúria *f.* ①격노. 격분. ②광란(狂亂). 광포(狂暴). 격렬. 맹렬. 맹위(猛威). ③[希神] 복수의 여신. 표독스러운 계집.
fúrias (*pl.*) 복수의 3여신.

furial *a.* =*furioso.*

furibundo *a.* 성질이 사나운. 난폭한. 자주 노하는. 노기(怒氣)에 찬. 분노가 격발할 듯한.
olhares furibundos 노기에 찬 눈(시선).

furiosamente *adv.* 격노하여. 노발대발하여. 광포하게.

furiosidade *f.* ①격노. 격분. 심한 분노(憤怒). ②광란(狂亂). 광포. 격렬. 맹렬. 맹위(猛威).

furioso *a.* 노발대발한. 격노한. 미친듯이 화난. 몹시 성난. 광조(狂躁)한.

furna *f.* ①굴. 동굴(洞窟). ②움. 지하실.

furo *m.* ①구멍. ②도(度). 정도(程度). ③수단. 방책(方策).
furos (*pl.*) 색채(色彩)의 부조화. 그려낸 화면(畵面)의 수정(修整).

furor *m.* 격노. 격분. 분노. 일시적 난심(亂心). 광란(狂亂). 광포. 맹렬. 격렬.

furriel *m.* [軍] 임시 계급 하사의 이등병·일등병.

furta-côr *a.* 변하는 색깔의. 보는 각도에 따라 색깔이 달라 보이는. 비둘기색의. 엷은 회색의.
— *m.* 여러 가지로 변해 보이는 색깔. 보는 각도에 따라 달라 보이는 색깔(천).

furtadamente *adv.* 몰래. 살그머니. 감쪽같이.

furtadela *f.* 내밀. 몰래함. 몰래 감춤. 살그머니 훔치기.
às furtadelas 몰래. 살금살금.

furtado *a.* (몰래) 감춘. 훔친. (재산을) 떤. 떨린. 감쪽같이 들어온(도망간).

furta-fogo *m.* 빛을 가리는 장치가 되어 있는 제등(提燈). 불빛을 가린 초롱.

furta-passo *m.* (말(馬)이) 살금살금 걸어감. 소리 없는 걸음.
a furta-passo 소리 없는 발걸음으로. 살금살금.

furtar *v.t.* ①훔치다. 도적질하다. 빼앗다. (금품·재산 따위를) 떨다. 약탈하다. ②몰래 가버리다. 살금살금 들어오다(나가다). 행방을 감추다. ③위조하다.
furtar criança 아이를 유괴(誘拐)하다.
—*se v.pr.* 도피하다. 피신하다. 도망가 숨다.

furtivamente *adv.* 몰래. 숨어서. 감쪽같이.

furtivo *a.* 몰래 하는. 아무도 모르게 하는. 내밀의. 은밀한. 비밀리에 이루는(꾸미는).
caçador furtivo 밀렵자. 밀어자. 무단침입자.

furto *m.* ①훔침. 도적질. 절도. 절취(竊取). 투취(偸取). ②훔친 물건. 절도품.
a furto 남모르게. 살그머니. 살짝.

furúncular *a.* 부스럼의.

furúnculo *m.* [醫] 부스럼. 종기(腫氣). 정(疔).

furanculose *f.* 부스럼이 생김. 절창병(癤瘡病).

furunculoso *a.* 부스럼의. 부스럼이 생긴.

절창의.

fusa *f.* [樂] 32분음표.

fusada *f.* ①방추(紡錘)에 하나 가득한 분량(分量). ②방추로치기.

fusão *f.* 용해(鎔解). 용해(融解). 융합. 합병(合倂). (단체·회사 따위의) 합동. 합체.

fuscina *f.* [化] 갈색소(褐色素).

fusco *a.* ①황갈색(黃褐色)의. 후엽색(朽葉色)의. ②약간 어두운. 거무스름한. ③음울한.

fuseira *f.* 큰 방추(紡錘).

fuseiro *m.* 방추 만드는 사람. 방추로 일하는 사람.

fusela *f.* [紋章] 긴 마름모꼴. 장릉형(長菱形).

fuselado *a.* ①긴 마름모꼴을 한. 장릉형의. ②방추형(紡錘形)의.

fuselagem *f.* [航] (비행기의) 동체. 기체(機體).

fuselo *m.* (베틀의) 북. 방추. [機] 축(軸). 굴대.

fusibildade *f.* 녹기 쉬움. 가용성(可熔性). 가용성(可融性). 용도(熔度).

fusiforme *a.* [博] (베틀의) 북 모양의. 방추 모양의.

fusil (1) *a.* 녹는. 녹기 쉬운. 가용성의. 용해하는.
— (2) *m.* (사슬의 한 토막) 고리(環). 쇄환(鎖環).

fusionista *m., f.* (정치상 또는 산업상의) 합병주의자. 합동(융합)주장자.

fusível *a.* [化·冶金] 녹기 쉬운. 녹일 수 있는. 가용성의.
— *m.* [電] 퓨즈. 가용편(可熔片).
os fusíveis fundiram 퓨즈가 끊어졌다.

fuso *m.* ①(베틀의) 북. 방추(紡錘). ②긴 마름모꼴을 한 물건. ③축(軸). 굴대.

fusório *a.* 주조(鑄造)의. 주조물의.
arte fusória 주조술(術).

fusta *f.* [海] 종선. 함재정(艦載艇). [史] 돛대가 두 개 있는 작은 배.

fustalha *f.* 많은 종선. 많은 함재정.

fustão *m.* 퍼스티언 직(織)(일종의 능직면포(綾織面布). 골덴 면. 벨벳의 종류).
fustão branco 줄무늬가 있는 무명(이불·휘장에 사용).

fuste *m.* 화살대. 창(槍)의 자루. 긴 자루. [植] 대. 줄기. [機] 축(軸). 굴대. [建] 기둥몸(柱身). 추체(柱體).

fustigação, fustigadela *f.* ①몽둥이로 때림. 막대기로 치기. 채찍질. 태형(苔刑). ②징계.

fustigar *v.t.* ①몽둥이・막대기로 때리다. 채찍질하다. 태형에 처하다. ②징계처벌하다. ③비가 몹시 퍼붓다(땅을 때리듯).

fustigo *m.* 몽둥이로 때리기. 채찍질. 태형.

futebol *m.* 축구(사커).
jogador de futebol 축구선수. 축구경기자.

futebolista *m., f.* 축구선수.

fútil *a.* 쓸모없는. 용도없는. 쓸데없는. 효과없는. 무익한. 가치없는. 시시한.

futilidade *f.* 쓸데없음. 무익. 무효. 무익한 언행(言行).

futilizar *v.i.* 쓸데없는 이야기를 하다. 헛된 소리를 하다. 무익한 언행을 하다.

fútilmente *adv.* 쓸데없이. 무익하게. 헛되게.

futrica *f.* ①선술집. 목로집. ②대학거리 사람(대학거리에 거주하여 대학에는 관계가 없는 사람).

futricada. futricagem *f.* ①《卑》누추한 언행. ②가치없는 골동품. 폐물.

futura *f.* 약혼중의 여성. 《俗》미래의 아내.

futuração *f.* 예보. 예언. 예견(豫見). 예상(豫想).

futurar *v.t.* ①예고하다. 예언하다. 예시(豫示)하다. ②추측하다. 억측하다.

futurição *f.* 미래에 일어날 일. 장래의 발생. [宗] 미래의 생활. 내세(來世).

futuridade *f.* ①미래. 장래. 장래적임. 미래에 일어날 일. ②후세. 후대(後代). ③내세.

futurismo *m.* 미래파(1910년경 이탈리아에 일어난 예술상의 신주의로서 입체주의(=*cubism*)가 발전한 것).

futurista *m.f.* 미래파 예술가. [神學] 미래신자.

futuro *a.* 미래의. 장래의. 앞날의.
— *m.* ①미래. 장래. 앞날. 전도(前途). ②앞일. 미래에 있을 수 있는 일. ③미래의 남편. ④운명. 장래희망. ⑤[文] 미래시제(時制).
para o futuro 미래에. 장래에. 앞날을 위하여.
no futuro 장래에는. 앞날에는.

futurologia *f.* 미래학(未來學).

futurologo *m.* 미래학자.

futuroso *a.* 장래가 있는. 전도 유망한. 앞길이 양양한.

fuxicar *v.t.* ①뒤지다. 샅샅이 찾다. ②꾸미다. 음모하다. ③꾸기다. 못쓰게 만들다. 망치다. ④서투르게 만들다. ⑤욕하다. 악담하다.

fuxico *m.* ①서투르게 만든 것. 졸작(拙作). ②서투른 꾸임. ③욕. 악담.

fuzil *m.* ①부싯돌. 라이타돌. 발화기(發火器). ②번갯불. 전광(電光). ③수발총(燧發銃). 총. ④(쇠사슬의) 한 고리(環・鐶).

fuzilação *f.* ①부싯돌로 불을 일으킴. 발화(發火). ②반짝 일어나는 불빛. 번갯불. ③(총・포의 발사로 일어나는) 요란한 소리.

fuzilada *f.* ①부싯돌을 쳐서 (반짝하는) 불을 일으키기. ②반짝하는 불빛. 번쩍인 번갯불. ③(총의) 일제사격. 맹사격. ④총살.

fuzilador *m.* 총살하는 자.

fuzilamento *m.* 총살(銃殺). 총살형.

fuzilante *a.* 번쩍하는. 불빛이 일어나는. 번개치는.

fuzilar *v.t.* ①(총으로) 쏘다. 발사하다. ②총살하다.
— *v.i.* (부싯돌 따위에서) 반짝하는 불빛이 일어나다. 번개치다. 전광(電光)이 번쩍이다.

fuzilaria *f.* ①(소총의) 일제사격. 소총사격전. ②소총대(小銃隊).

fuzileiro *m.* ①[史] 수발총병(燧發銃兵). 수발총부대. [現] 경보병(輕步兵).
fuzileiro naval 해병대원.

fuzilhão *m.* (조임쇠・버클 등의) 혀(舌).

fusível *m.* =*fusível*.

fuzuê *m.* ①떠들썩하는 소리. 소음. ②떠들며 놀기. ③혼란.

G, g 포르투갈어 자모의 일곱째 글자.
gabação, gabadela f. ①칭찬하기. 찬양하기. ②상찬(賞讚), 찬송. 칭송(稱頌).
gabadinho a. 칭송하는. 축하하는.
gabador a., m. 칭찬하는 (자). 상찬하는 (자).
gabamento m. 칭찬하기. 찬양하기. 상찬하기.
gabáo m. 찬사를 드리는 사람. 송사(頌詞)를 쓰는 사람.
gabar v.t. 칭찬하다. 찬양하다. 상찬하다.
— se v.pr. 자랑하다. 자찬(自讚)하다. 자만하다, 뽐내다. 우쭐하다.
gabardine f. ①늘어진 긴 웃옷. ②개버딘 천.
gabardinha f. 개버딘 천(능직방수복지(防水服地)).
gabarito m. 본뜨는 판. 형판(型版). [機] 지그. 표준. 치수. [建] 보받이. 형(桁) 받이.
gabarola m. = gabola.
gabarolice f. 우쭐하기. 허풍떨기.
gabarra f. ①짐배. 큰 거룻배(艀). ②땅을 훑는 그물.
gabarreiro m. 큰 거룻배 인부(사공).
gabião m. ①[築城] 보람(堡藍). ②[土木] (댐 따위 기초 공사에 쓰는) 돌 담는 통.
gabinete m. ①사실(私室). 서재(書齋). 별실. 사무실. ②관방(官房). ③회의실. ④내각(內閣).
gabinete dentário 치과의사(醫師)의 사무실.
gabinete de leitura 독서실.
gabinete ministerial 내각.
reuniáo de gabinete 각의. 국무회의.
gabionada f. ①[築城] 보람장(堡藍墻). ②[土木] *gabião*으로 만든 제방(堤防).
gabionar v.t. 보람을 만들다. 보람장을 만들다. *gabião*으로 제방을 만들다.
gabiru m. ①《俗》 악당. 무뢰한. 불한당. ②이상한 사람. 우스운 인간.
gabo m. ①칭찬. 찬양. 상찬. ②우쭐하기. 자만.
gabola m. ①칭찬(찬양)하는 사람. ②우쭐하는 사람. 허풍떠는 자.

G, g-gafeirento, gafeiroso, gafento

gabolice f. 자랑하기. 허풍떨기.
gabordo m. [海] 용골익판(龍骨翼板).
gabrito m. 어망(漁網)의 일종.
gacho m. 황소의 목덜미.
gadanha f. ①[農] 큰 낫. 풀 베는 낫. ②국자.
gadanhar v.t. 큰 낫으로 베다.
gadanheira f. 풀 베는 기계. 제초기(除草機)
gadanheiro m. 풀 베는 사람. 벼, 보리 따위를 수확하는 자.
gadanho m. (짐승의) 날카로운 발톱. (게의) 집게발. (못뽑이의) 끝. (발톱 모양의) 손잡이. 갈고리.
gadaria f. ①가축(특히 소를 가리킨). ②가축의 떼.
gadelha f. = *gadelho*.
— m. = *guedelha*.
gadelhudo a. = *guedelhudo*.
gado m. 가축. 가축의 떼.
gado grosso 큰 가축(소·말 따위).
gado miudo 작은 가축(양·염소·돼지 따위).
gado lanígero 양 특히 면양.
gado vacuum 유각(有角) 가축. 축우(蓄牛).
gudo do curral (목장의) 젖소와 송아지.
gaélico a. 게일족(말)의.
gafa f. ①문둥병. (짐승의) 옴. 개선(疥癬). ②(독수리·매 따위의) 구부러진 발톱. ③갈고릿대.
gafado a. ①"가파"병(올리브 나무에 생기는 병)에 걸린. ②문둥병에 걸린.
gafanhão m. 큰 메뚜기(大蝗).
gafanhoto m. 메뚜기. 황충(蝗蟲). 방아깨비.
gafar v.t. (짐승에게) 옴을 전염시키다. 가려움증에 걸리게 하다. 문둥병에 걸리게 하다.
— v.t. ①옴에 걸리다. 문둥병에 걸리다. 가려운 병독(病毒)이 옮다. ②나쁜 풍습에 물들다.
gafaria f. 문둥병원.
gafe f. 큰 실수. 대실책. 과실(過失).
gafeira f. (짐승 특히 개·소의) 옴. (양의) 개선(疥癬). 가려움증.
gafeirento, gafeiroso, gafento a. 옴에 걸린. 문둥병에 걸린. 가려운. 딱지투성이의. 더러운.

gafetope *m.* [海] 꼭대기 돛(사항(斜桁)의 위에 걸림).

gafo *a.* 옴(가려움증)에 걸린. 문둥병에 걸린.

gaforina *f.* 흐트러진 머리칼. 헝크러진 털.

gagá *a.* 노쇠(老衰)한. 병약한.
— *m.* 몹시 늙고 쇠약한 사람.

gago *a.* 말을 더듬는.
— *m.* 말더듬이.

gugueira *f.* 말더듬기. 웅얼거림. 구눌(口訥).

gaguejar *v.i., v.t.* 말을 더듬다. 더듬으며 말하다. 웅얼거리다.

gaguez, gaguice *f.* 말을 더듬기. 웅얼거리기. 구눌(口訥).

gaiatada *f.* 장난꾸러기의 떼.

gaiatar *v.i.* (아이들이) 나쁜 장난을 하다. 철없는 짓을 하다.

gaiatice *f.* (아이들의) 나쁜 장난.

gaiato *a.* 장난이 심한. 나쁜 장난하는.
— *m.* ①장난꾸러기. 악동. ②《卑》자식. 새끼.

gaifonar *v.i.* 얼굴을 찌푸리다.

gaifonas *f.(pl.)* (멸시 또는 불쾌한 표정을 나타내는) 찌푸린상. 상을 찌푸리기.

gaifonice *f.* =*gaifonas*.

gaio (1) *a.* 쾌활한. 명랑한. 양적(陽的)인 교활한. 엉큼한. 빈틈없는.
verde gaio 연한 초록빛(薄綠色).
— (2) *m.* [鳥] (유럽산의) 언치. 견조(樫鳥).

gaiola *f.* ①새장. 새우리. ②흔들리는 집. 약한 가옥. ③감옥. 옥사(獄舍). ④(건물의) 하부 구조. ⑤(가구 운반용의) 나무 틀. ⑥(목재 운반용의) 무개화차.

gaioleiro *m.* 새장 만드는 사람; 그 장수.

gaiolim *m.* 작은 새장.

gaita *f.* ①피리. ②(가죽으로 만든) 통소. ③하모니카. ④나무뿌리가 땅 위로 두드러지게 나온 것.
gaita de foles (가죽으로 만든) 일종의 통소. (스코틀랜드 고지 사람이 쓰는).

gaitear *v.i.* 통소를 불다.

gaiteiro *a.* 쾌활한. 명랑한. 양적인. 놀기 좋아하는.
— *m.* 통소부는 사람.

gaivagem *f.* ①개울. 작은 시내. ②깊은 호(壕). 심구(深溝).

gaivão *m.* [鳥] 제비갈매기.

gaivota *f.* [鳥] 갈매기.

gajão *m.* 빈틈없는 사람. 엉큼한 인간.

gajeiro *m.* [海] 장루원(檣樓員).

gajo *m.* 《卑》놈. 녀석. 새끼.

gala *f.* ①제전(祭典). 제례(祭禮). 경사(慶事). ②화려(華麗). ③명절에 입는 화려한 옷. 성장(盛裝).
dia de gala 경사의 날. 축제일.

galã *m.* ①부녀에게 친절한 사나이. ②연애극(劇)에 나오는 남자 주인공. 멋쟁이. ③정부(情夫). 오입쟁이.

galactagogo *a.* [醫] 젖 잘나게 하는.
— *m.* 최유제(催乳劑).

galactita, galactite *f.* 유석(乳石).

galactocele *f.* [醫] 유낭종(乳囊腫). 유선 확장(乳腺擴張).

galactofagia *f.* 젖을 먹음. 젖 먹고 자라기. 젖 먹여 키우기. 유양(乳養).

galactófago *a.* 젖을 먹는. 젖 먹고 자라는. 젖 먹여 키우는. 유양의.

galactómetro *m.* 유즙 농도계(乳汁濃度計). 유즙 비중계(比重計).

galactorreia *f.* 유즙 과다(過多).

galactose *f.* [化] 갈락토오스(유당(乳糖)의 성분).

galanice *f.* ①우아. 우미. ②번지르르한. 화려. (이성(異性)을) 녹여내기.

galantaria *f.* ①부녀에게 대한 은근. 지나친 친절. ②염문(艷聞). 정사(情事)의 말 또는 행실. ③용감. 무용(武勇). 의협(義俠).

galante *a.* ①우아한. 우미한. 화려한. 호화로운. 번지르르한. ②훌륭한. ③씩씩한. 용감한. 당당한. ④부녀에게 은근한. 친절한. 애교 있는. ⑤연애의. 정사의.

galanteador *m.* 부녀에게 친절한 사람. 부녀의 뒤를 따라다니는 사람. 정사를 좋아하는 이. 오입쟁이.

galantear *v.t., v.i.* 부녀에게 친절을 베풀다. 치근치근 따라다니다. 알랑거리다. 유혹하는 말을 걸다. 여자에 반하다.

galanteio *m.* 부녀에 대한 은근. 지나친 친절. 치근치근 따라다니기. 추종. 아첨. 정사(情事).

galantemente *adv.* 우아하게. 훌륭하게. 은근하게. 친절히. 용감하게. 씩씩하게.

galanteria *f.* 잘 보이려고 애쓰기. 애교 떨기. 아양 떨기. 달콤한 이야기로 속삭이기.

galantina *f.* ①[植] 눈꽃. 스노드롭. ②[料

理] 갤런터(닭고기·쇠고기 등의 뼈를 뽑고 향미를 넣어 삶은 음식. 식혀서 먹음).
galão (1) *m*. (때때로 금·은실을 짜 넣은 무명 또는 명주의) 가는 끈. 모자·소매 등에 있는 줄.
— (2) *m*. 갤런(용량의 단위).
galápago *m*. [獸醫] 포도창(葡萄瘡 : 말다리에 생기는).
galardão *m*. ①상품(賞品). 보수(報酬). ②명예. 영예.
galardoador *a*., *m*. 상품 주는 (사람). 보답하는 (사람).
galardoar *v.t*. 상품을 주다. 보수로 주다. 보답하다. 갚다. 보상하다.
galarim *m*. 최고점. 절정. 전성(全盛).
galate *a*. 갈라디아의. 갈라디아 사람의.
— *m*. ①갈라디아 사람. ②[聖] 갈라디아서(書).
galáxia *f*. [天] 은하(銀河). 은하수.
gálbano *m*. [植] 갤버넘. 풍지향(楓脂香)(일종의 고무 모양의 나뭇진).
galé *f*. ①[史] 갤리배(옛적 노예나 죄수들에게 노를 젓게 한 돛배). 옛 그리스·로마의 전함. ②[印] 갤리(활자의 조판). 갤리 교정쇄(校正刷).
galés (*pl*.) 벌주기. 저벌.
gálea *f*. 투구. [軍] 철모. 헬멧 모자. [動·植] 도상체(兜狀體).
galeado *a*. [植] 투구 모양을 한 철모와 같은. 헬멧 모자 꼴을 한.
galeão *m*. [史] 갤리온선(옛날 스페인의 3~4층 갑판의 대범선(大帆船)).
galear *v.i*. 화려하게 입고. 잘 차리다.
galego *a*. (스페인의) 갈리자주(州)의.
— *m*. 갈리자 사람. 조폭(粗暴)한 사람.
galena *f*. [鑛] 방연광(方鉛鑛).
galénico *a*. 그리스의 의사 게이렌(*Galen*)식의. 초근목피의.
— *m*. 본초약물(本草藥物). (게이렌식) 약제(藥劑).
galeno *m*. 《稽》의사. 내과의(內料醫).
galeota *f*. (옛적 지중해의) 범요양용선(帆橈兩用船給)(돛을 달수도 있고 노를 저어 갈 수도 있는 배).
galeote *m*. [史] 갤리배를 젓는 노예. 조역수(漕役囚). 고역자(苦役者).
galera *f*. ①= *galé*. ②용광로(熔鑛爐).
galeria *f*. ①복도. 회랑(回廊). 주랑(柱廊). ②노대(露臺). 높이 불쑥 나온 별석

(別席). (값싼) 관람석. (의회의) 방청석. ③(집합적으로 미술관의) 진열품. 진열관. ④(광산의) 갱도(坑道).
galeriano *m*. [史] 갤리배를 젓는 노예. 조역수(漕役囚). 고역자(苦役者).
galerno *a*. 온화한. 잔잔한. 신선한.
— *m*. 잔잔한 바람. 미풍(微風). (포르투갈에서의) 북서풍(北西風).
galês *a*. 웨일즈의. 웨일즈 사람의.
— *m*. 웨일즈 사람.
galfarro *m*. 《古》집달리. 집행리. 토지관리인. 간수(看守). ②대식가. 포식가. ③놈팽이. 부랑자.
galga *f*. (날렵한 사냥개) 그레이하운드의 암컷.
galgado *a*. 휘었던 것이(제대로) 펴진. 구부러졌던 것이 다시 꼿꼿하게 된.
galgar *v.t*. ①뛰다. 도약하다. 뛰어넘다. 뛰어 올라가다. ②휜 것을 펴다(바로 잡다). (구부러진 것을) 꼿꼿하게 하다.
galgaz *a*. ①*galgo* 비슷한. ②가느다란. 마른. 살이 없는.
galgo *m*. (날렵한 사냥개) 그레이하운드.
galgueira *f*. 길고 좁은 수로(水路).
galha *f*. ①몰식자(沒食子). 오배자(五倍子). ②종기.
galhada *f*. ①가지(枝), 가지 모양의 물건. ②(사슴의) 가지진 뿔. 녹용(鹿茸).
galhado *a*. 가지진. 가지가 많은.
galharda *f*. 일종의 옛날 무도.
galhardamente *adv*. 우아하게. 우미하게. 화려하게. 잘 차리고. 성장(盛裝)하여. 쾌활하게. 친절하게.
galhardear *v.i*. ①잘 차리다. 성장(盛裝)하다. 화려하게 차리다. 점잔 빼며 걷다. 활보하다. 의기양양하다.
— *v.t*. 과시(誇示)하다.
galhardete *m*. 삼각형 또는 제비꼬리형의 깃발. 창에 다는 기. 돛 위에 꽂는 깃발. 장기(長旗). (근무함(勤務艦)에 다는) 장식기(裝飾旗).
galhardia *f*. ①잘 차림. 성장(盛裝). ②우아. 우미. ③부녀에 대한 은근함. 친절. ③아량(雅量). 관대. ④용감. 무용(武勇).
galhardo (1) *a*. 잘 차린. 예쁘게 차린. 성장한. 옷맵시가 있는. ②자세가 좋은. 우아한. 우미한. ③부녀에 대하여 은근한. 친절한. ④아량 있는. 관대한. ⑤쾌활한. 명랑한. ⑥씩씩한. 용감한.

— (2) *m.* ①(배의) 뒷갑판. ②(옛날 군용선의) 선수루(船首樓). ③(군함의) 앞쪽 갑판.

galheiro *m.* [動] 큰 노루(사슴)의 일종.

galheta *f.* 양념병. (식탁 위에 놓는) 기름병. 식초병. 약병. [宗] 제단에 놓는 병. [가톨릭教] 미사 때 쓰는 성수병(聖水甁).

galheteiro *m.* 양념그릇대(여러 가지 양념병을 올려 놓는).

galho *m.* ①(나무의) 가지. 작은 가지. ②(짐승의) 뿔. ③(포도의) 한 송이.

galhofa, galhofada *f.* ①유쾌히 노는 모임. 환락. ②까불며 장난하기. 농담하기.

galhofar *v.i.* ①희롱하며 놀다. 장난치며 떠들다. 까불다. 유쾌히 놀다. 즐기다. 농담하다.

galhofaria *f.* =*galhofa*.

galhofear *v.i.* =*galhofar*.

galhofeiro *a.* ①떠들썩하며 즐기는. 사람을 웃기는. 걸작스러운. ②까불며 노는. 농담하며 떠들썩하는.

galhudo *a.* ①(나무의) 가지가 많은. ②가지가 많은. ③가지진 뿔이 있는. ③차각(叉角)을 이룬.

galicanismo *m.* 갈리아주의(主義)(로마교황의 절대권에 대하여 교회의 독립자치를 요구한 주의 주장).

galicano *a., m.* 프랑스 천주교의 교도.

galicismo *m.* 프랑스 말투(語風). 프랑스말의 흉내. 프랑스어의 전래(傳來).

gálico *a.* 오배자의. 몰식자성(沒食子性)의. *ácido gálico* 몰식자산(酸).

galimatias *m.* ①애매한 말. 해석하기 어려운 어구. 무슨 곡절인지 알 수 없는 연설. ②쓸데없는 이야기. 잡담.

galináceo *a.* [鳥] 닭의. 곽계류(鶉鷄類)에 속하는. *galináceos* (*pl.*) [鳥] 곽계류(닭·꿩·자고새 등).

galinha *f.* 암탉.《俗》정조 관념이 없는 여자. *galinha dángola* 아프리카 색시닭. *galinha assaba* 불에 구운 닭. *galinha choca* 알을 품고 싶어하는 암탉. 새끼치는 닭.

galinhaça *f.* 닭똥. 계분(鷄黃).

galinhaço *m.* ①닭똥. 계분. ②닭무리. ③불길(不吉).

galinheira *f.* 닭을 파는 여자.

galinheiro *m.* ①계사(鷄舍). 닭우리. ②닭장수. ③(극장의) 하등석. 값 싼 관람석. ④《轉》범인(죄인) 호송차.

galinhola *f.* [鳥] 누른 도요. 뜸부기. 쇠물닭.

galinhota *f.* 수금(水禽)의 일종.

galinicultura *f.* 양계(養鷄). 양계법.

galispo *m.* 어린 수탉. 수평아리.

galo *m.* ①수탉. ②유력한 자. ③[魚] 점도미. ④《俗》(얼굴 또는 이마에 얻어맞은) 혹.
galo silvestre [鳥] 붉은 뇌조의 수컷.
galo de briga 싸움용 수탉. 투계(鬪鷄).
memória de galo 짧은 기억. 방금 들은 말을 잊어버리기.

galochas *f.*(*pl.*) 고무로 만든 덧신. 오버슈즈.

galocrista *f.* ①(새나 닭의) 볏. ①[植] 맨드라미.

galofobia *f.* 프랑스를 싫어함. 공불증(恐佛症).

galófobo *a.* 프랑스를 싫어하는. 공불의.

galopada *f.* (말의) 네 발로 뛰기. 질구(疾驅). 습보(襲步).

galopado *a.* ①(말이) 네 발로 뛰는. 질구하는. ②(말을) 네 발로 잘 뛰게 훈련시킨 (훈련된).

galopador *m.* ①말을 (네 발로) 뛰게 하는 사람. ②네 발로 뛰는 말. 질구(疾驅)하는 말.

galopante *a.* 네 발로 뛰는. 질구하는.
tísica galopante 분마성 폐결핵(奔馬性肺結核).

galopar *v.i.* (말이) 네 발로 뛰다. 질구하다. 전속력으로 뛰다.
— *v.i.* 네 발로 뛰게 하다.

galope *m.* (말의) 네 발로 뛰는 것. 질구(疾驅). 구치(驅馳). 습보.
a galope 질구하여. 전속력으로.

galopim *m.* ①장난꾸러기(소년). 장난이 세찬 아이. ②선거운동 하는 사람.
galopim eleitoral 선거운동자.

galopinagem *f.* ①장난꾸러기의 소행(수작). ②선거운동.

galopinar *v.i.* ①장난하며 돌아다니다. ②선거운동을 하다.

galpão *m.* 벽은 없고 지붕과 기둥만 있는 건물. 건물에 달린 차고(車庫). (야외의) 자동차수리소. (비행기의) 격납고.

galra *f.*《俗》①많은 이야기. 긴 이야기.

②이야기하기.
galrão *m.* ①말 많이 하는 사람. 요설가(饒舌家). ②우쭐하는 사람. 뽐내는 이.
galrar *v.i.* ①쓸데없는 말을 많이 하다. 이야기를 늘어놓다. ②우쭐하다. 뽐내다.
galreador *m.* ①말 많이 하는 요설가(사람). ②말을 띄엄띄엄하는 사람. ③우쭐하는 사람.
galrear *v.i.* 말을 많이 하다. (아이가) 몹시 지껄이다. (아이가 혀가 잘 돌지 않아) 뜻 모를 말을 제멋대로 하다.
galrejador *m.* =*galrão*.
galricho *m.* (물고기를 잡는) 깔때기꼴을 한 그물(위가 넓고 아래가 좁은).
galrito *m.* =*galricho*.
galvânico *a.* ①유전기(流電氣)의. 동전기(動電氣)의. ②(웃음 등이) 경련적인. 발작적인.
galvanismo *m.* ①유전기. 동전기. ②[醫] 전기치료법.
galvanização *f.* ①유전기를 통하는 것. ②전기 치료. ③전기 도금(鍍金).
galvanizadoado *a.* ①유전기를 통한. ②전기 도금을 한. ③(철판에) 아연을 입힌. *ferro galvanizadoado* 아연(亞鉛)을 입힌 철. 생철. 함석.
galvanizador *m.* 유전기를 통하는 사람. 전기 도금하는 자.
galvanizante *a.* ①유전기를 통하게 하는. ②전기 도금. ③전기로 소생(蘇生)시키는.
galvanizar *v.t.* ①유전기를 통하다. ②전기 도금을 하다. ③전기로 소생시키다. 기운(원기)을 북돋구다.
galvanijar o ferro 철에 아연을 입히다.
galvanocáustica *f.* 전기 소작법(電氣燒灼法).
galvanocáustico *a.* 전기 소작의.
galvanocutério *m.* [外] 전기 소작도(燒灼刀).
galvanografia *f.* 전기 제판술(製版術).
galvanogravura *f.* 전기 조각(彫刻).
galvanomagnético *a.* 전자기(電磁氣)의.
galvanomagnetismo *m.* 전자기(電磁氣). 전자학(電磁學).
galvanômetro *m.* 검류계(檢流計). 전류계(電流計).
galvanoplasta *m.* 전기 도금사(鍍金師).
galvanoplastia *f.* 전기 도금법(鍍金法).

전기 판술(版術).
galvanoplástico *a.* 전기 도금의.
galvanoterapia *f.* [醫] 전기 치료.
gama (1) *f.* [動] 암사슴. 황갈색에 흰무늬 있는 사슴(馴鹿)의 암컷.
— (2) *f.* ①중세 음계의 최저음(最低音). ②전음계. 음역(音域).
gamado *a.* 갈고리 모양의.
cruz gamada 만자(卍). 만자 십자.
gamão *m.* 서양 주사위놀이. 서양 주사위판(盤).
gamarra *f.* ①가슴걸이. ②[海] 제이사장(第二斜檣)의 아랫밧줄.
gambeá *m.* [動] 주머니쥐속(袋鼠屬).
gambérria *f.* [레슬링] 되차기. 헛디딤. 걸리기.
gambeta *f.* ①신속하고 교묘하게 몸을 피하기. ②거짓 동작.
gambiarra *f.* 무대(舞台) 위의 등(燈). 열등(列燈).
gâmbias *f.* 《俗》다리(脚).
gambito *m.* ①(씨름·레슬링 등에서 상대방을) 쓰러뜨리는 수. (장기의) 수. 묘수 푸는 수.
gamboa *f.* [植] 마멜로의 일종.
gamboeiro *m.* [植] 마멜로의 나무.
gamboinā *f.* (특히 도박에서) 속이는 수단. 사기.
gamela (1) *f.* (가축에 먹이를 주거나 세탁할 때 쓰는) 나무그릇(木器). 여물통. 구유. 나무종발. 목발(木鉢). 죽사발. 죽접시.
— (2) *f.* 어린 숫노루(사슴).
gamelada *f.* 나무그릇(여물통·구유·나무종발)에 하나 가득한 분량.
gamelão *m.* (*gamela* (1)의 지대어(指大語)) 큰 여물통. 큰 구유. 큰 목발.
gamelo *m.* 가축의 먹이를 담는 큰 통; 소여물통. 큰 구유.
gamelote *m.* (*gamela* (1)의 지소어(指小語)) 작은 여물통. 작은 구유. 작은 목발.
gamenho *m.* 멋부리기. 맵시내기.
gamo *m.* 수사슴. 순록(馴鹿)의 수컷.
gamopétalo *a.* [植] 합성화판(合性花瓣)의. 합편(合片)의
gamossépalo *a.* [植] 합생악(合生萼)의. 합편의.
gamote *m.* [海] (뱃바닥에) 괸 물을 푸는 그릇.
gana *f.* ①굶주림. 공복(空腹). ②바라는

ganacha *f.* (말의) 아래턱.

ganadeiro *m.* 가축을 사양(飼養)하는 사람. 가축을 돌보는 사람. 가축 소유주(所有主).

ganância *f.* ①욕심 많음. 탐욕. ②부정 수단으로 돈벌이를 꿈꾸는 사람. ③부정 이득(不正利得). 소득(所得).

ganancioso *a.* 욕심 많은. 탐욕한. 돈벌이에만 머리를 쓰는. 이익(利益)만을 목적으로 하는.
— *m.* 욕심쟁이.

ganapão *m.* ①운반인. 짐꾼. 노동자. ②작은 그물.

ganchar *v.t.* 갈고리(갈퀴)로 걸다.

gancheado *a.* 갈고리 같은. 구형(鉤形)의. [植] (갈고리처럼 끝이) 구부러진. 기형(畸形)의.

gancho *m.* ①(물건을 달아매는) 갈고리. 갈퀴. 갈고랑쇠. ②(머리칼을 흐트러지지 않게 집는) 핀. ③U자형(字形)의 핀. 클립. ④어망(漁網)의 일종. ⑤[俗] 괴상한 직업. 색다른 일. ⑥(본직업 외의) 용돈버는 것. 부업.

ganchorra *f.* [海] 갈고리가 달린 막대기 (작은 배를 끌어당길 때 쓰는).

ganchoso *a.* 갈고리 모양을 한. 갈고리처럼 구부러진.

gandaeiro *a., m.* 쓰레기통을 뒤지며 다니는 (사람). 게으른 (사람). 태만한 (인간).

gandaia *f.* ①쓰레기를 뒤지며 다니기. ②나태한 생활. 게으름. 부랑(浮浪).

gandaiar *v.t.* 쓰레기를 뒤지다. 하는 일없이 이리저리 돌아다니다. 나태한 생활을 하다.

gândara *f.* 모래땅. 사지(砂地). 불모의 땅.

gandarez, gandarês *a.* 모래땅에 사는. 사지서식(砂地棲息)의.

ganga *f.* ①[鑛] 맥석(脈石). 모암(母岩). ②[鳥] 개암빛의 닭. 멧닭. 산계속(山鷄屬). ③침침한 황색. ④낭킹 무명.

gangliforme *a.* 신경절 같은. 신경절 모양의.

gânglio *m.* [解] 신경절(神經節).

ganglionar *a.* 신경절의.

ganglionite *f.* [醫] 신경절염(炎).

gangorra *f.* ①[植] (브라질산) 종려수의 일종. ②널뛰기. 시소.

gangoso *a.* 콧소리의. 비음(鼻音)의. 콧소리나는.

gangrena *f.* ①[醫] 회저(壞疽: 질병으로 인한 일부 조직의 파괴). 탈저(脫疽). ②부식병(腐蝕病). ③(풍기·도덕 등의) 퇴폐. 부패. 타락의 근원. 폐해. 해독.

gangrenado *a.* 회저를 일으킨. 회저가 된. 탈저에 걸린. (풍기·도덕 따위가) 퇴폐한. 부패한.

gangrenar *v.t.* 회저를 일으키게 하다. 탈저를 일으키게 하다. (도덕·풍기 등을) 퇴폐케 하다. 부패케 하다.
— *v.i.*, —*se v.pr.* 회저를 일으키다. 탈저에 걸리다.

gangrenoso *a.* 회저성의. 탈저성의.

ganhadeiro *m.* 품팔이하는 사람. 일급(日給) 노동자.
— *a.* 얻는. 취득하는. 쟁취하는.

ganha-dinheiro *m.* ①돈벌이하는 이. 품팔이 노동자. ②돈버는 일. 이윤이 큰 일.

ganhador *a.* (그날그날) 품팔이하는. 돈을 버는. 이익을 내는. 취득하는. 쟁취하는.
— *m.* ①품팔이하는 노동자. 일급(日給) 노동자. 돈벌이하는 자. ②수득자(收得者). 수익자(收益者). (상품 따위를) 타는 사람. 쟁취자. (승부에서) 이긴 사람. 승자.

ganhamento *m.* =*ganhança*.
— *f.* ①돈벌이하기. 돈벌이. ②노동(노력)하여 얻은 것. 번 돈. 수입. ③이익.

ganhão *m.* 노동으로 생계를 유지하는 사람. (생계를 유지하기 위하여) 무슨 일이든지 하는 사람. 일용(日傭) 고용자.

ganha-pão *m.* 생계(生計). 호구(糊口). 호구지책. 품팔이에 필요한 도구(道具). 휴대용 기구.

ganha-perde *m.* (처음에 진 사람이 나중에 이기게 된) 노름의 일종. 특히 골패놀음의 일종.

ganhar *v.t.* ①(필요한 것을) 얻다. 취득하다. 획득하다. ②(돈을) 벌다. 이익을 내다. ③(상품·선수권 등을) 쟁취하다. (승부에서) 이기다. ④(병에) 걸리다. ⑤도달하다. (…에) 이르다.
— *v.i.* (*a, em* 또는 *com*). 이득을 보다. 이롭게 되다. 이기다. 잘되다.
ganhar o prémio 상품을 타다.
ganhar a batalha 싸움(전투)에서 이기다.
ganhar a vitória 승리를 얻다.
ganhar a fama 평판(호평)을 얻다.
ganhar tempo 시간을 얻다.

ganhar vantagem 이(利)를 보다. 이익을 얻다.
ganhar a vida como professor 선생으로 생활하다(살아가다).
ganhar adianteira a alguem (아무를) 앞지르다. 선행(先行)하다.
Eu ganho 1,000 cruzeiros por mês. 나는 한 달에 1,000그루제이로를 번다.
Quem não se aventurou, nem perdeu nem ganhou. 모험하지 않은 사람은 아무 것도 얻지 못한다.

ganhável *a.* ①얻을 수 있는. 취득(획득)할 수 있는. ②돈벌 수 있는. 이익을 올릴만한. ③(상품 따위) 쟁취할 수 있는. (승부에서) 이길만한.

ganha-vida *m.* =*ganha-pão*.

ganho *a.* (*ganhar*의 과거분사). 얻은. 획득한. (돈을) 번.
— *m.* ①얻은 것. 소득물. 번돈. ②이득. 이익. ③승리.
ganhos e perdas 얻음과 잃음. 득실. 성공과 실패. [商] 이익과 손실의 계산 (대조).

ganhoso *a.* ①이(利)가 많이 나는. 돈벌이가 잘되는. ②이익 올리는 데만 노력하는. 돈벌이에만 전념하는.

ganido *m.* ①(개가) 짖음. ②컹컹 짖는 소리. 귀에 거슬리는 소리.

ganir *v.i.* (개가) 짖다. 컹컹 짖다.

ganizes *f.* (특히 아이들의 장난감으로 되는) 골편(骨片).

ganja *f.* 자부(自負). 자부심.

ganóideo, ganóide *a.* [魚] 경린어의.

ganóideos, ganóides *m.(pl.)* [魚] 경린어 (硬鱗魚)(철갑상어 따위).

gansa *f.* [鳥] 암거위.

ganso *m.* [鳥] 거위. 거위의 수컷. 거위류. 게사니.
ganso bravo 기러기.

garabulha *f.* ①말다툼. 언쟁. ②분규. 혼란. 혼잡. ③흘려쓰기. 갈겨쓰기. 난필. 낙서. 악필(惡筆).

garabulhento *a.* ①(성격이) 부드럽지 않은. 거칠은. 조폭한. ②문제를 일으키는. 분규를 빚어내는.

garabulho *m.* =*garabulha*.

garafunhos *m.* 흘려쓰기. 난필(亂筆). 악필. 낙서.

garagem *f.* 차고(車庫). (자동차) 수리장. (비행기의) 격납고.

garança *f.* [植] 꼭두서니속(屬)의 식물; 그것에서 빼낸 물감.

garançar *v.t.* 꼭두서니에서 빼낸 물감으로 물들이다.

garanceira *f.* 꼭두서니 밭(들).

garanhão *m.* ①종마(種馬). ②《卑》여자를 좋아하는 이. 호색가.

garante *m.* 보증인. 인수인(引受人).

garantia *f.* ①보증. 보장. ②담보. 담보금. 담보물.

garantido *a.* 보증된. 보장한. 보험에 붙은.
— *m.* 보증할 수 있는 사람. 보증된 사람. 《俗·稀》(정직하고 틀림없다는 뜻에서의) 일본사람.

garantir *v.t.* 보증하다. 보증 서다. 보장하다. 인수(引受)하다.

garapa *f.* ①사탕수수를 짜낸 즙(청량음료 (淸凉飮料)로 하여 컵에 따라서 판). ②《轉》쉽게 얻을 수 있는 물건.

garapeiro *m.* *garapa*를 만드는(짜내는) 사람.

garatuja *f.* ①흘려쓰기. 갈겨쓰기. 난필. 낙서. ②얼굴을 찌푸리기. 찌푸린 상.

garatujar *v.t.*, *v.i.* 흘려쓰다. 갈겨쓰다. 낙서하다.

garatusa *f.* 속임수. 사기행위.

garavato *m.* ①갈고리. ②갈고리 달린 삭대기.

garavéto *m.* (과일 따위를 딸 때 쓰는) 끝에 갈고리 있는 막대기. 갈퀴 달린 작대기.

garbo *m.* ①우아(優雅). 우미. ②멋진 자세. 풍채 있는 모습. ③은근. 기품. 점잖음.

garbosamente *adv.* 우아하게. 멋지게. 정숙하게.

garboso *a.* 우아한. 우미한. 멋진. 풍채 있는. 정숙한. 점잖은. 품격 있는. 훌륭한.

garça *f.* [鳥] 왜가리.
garaca branca 백로(白露).

garção *m.* (특히 호텔·식당 등에서 손님을 안내하는) 젊은이. 심부름하는 이. 급사.

garceiro *a.* 왜가리를 사냥하는.
— *m.* 왜가리 사냥에 이용하는 매(鷹).

garço *a.* 하늘색의 푸른빛을 띤. 대청색(帶靑色)의.
olhos garços 푸른 눈. 벽안(碧眼).

garçom *m.* =*garção*.

garçota *f.* 작은 왜가리.

gardenia *f.* [植] 치자.

gardunha *f.* =*gardunho*.
— *m.* [動] 담비. 담비의 모피.
gare *f.* ①(정거장의) 플랫폼. ②정거장. 역.
garela *f.* 교미기(交尾期)의 메추라기. 반시(半翅).
garfada *f.* ①포크로 한 번 찌르기. ②포크에 하나 가득한 분량(分量).
garfar *v.t.* 포크로 찌르다. 포크를 사용하다.
garfeira *f.* 포크 넣는 통.
garfilha *f.* (화폐·메달 등의) 주변. 주연(周緣).
garfo *m.* ①[食器] 포크. ②쇠스랑. [農] 건초용(乾草用)의 갈래진 갈퀴.
gargalaçar *v.t.* 병주둥이를 입에 대고 마시다.
gargaleira *f.* 병주둥이. (생맥주 따위의) 통주둥이.
gargalhada *f.* 크게 입을 벌리고 웃음. 홍소(哄笑). 대소(大笑). 가가대소(呵呵大笑).
gargalhar *v.i.* 크게 입을 벌리고 웃다. 홍소하다.
gargalheira *f.* ①[史] (노예·죄수 등의 목에 채운) 목걸이. 경환(頸環). ②개목걸이. ③철쇄(鐵鎖). ④학대. 책벌.
gargalho *m.* 짙은 가래. 농담(濃痰). 청담(青痰).
gargalo *m.* ①(병·꽃병 따위의) 목. 목부분. ②좁은 입구. ③《卑》목. 인후(咽侯).
garganta (1) *f.* ①인후(咽喉). 식도(食道). 기관(氣管). ②좁은 입구. 좁은 길. *garganta inflamada* 인후염(咽喉炎).
— (2) *f.* 《俗》우쭐하기. 뽐내기.
— *m.* 우쭐하는 사람. 뽐내는 사람. 허풍선이.
gargantão *a., m.* 게걸스레 먹는 (사람). 탐식하는 (자).
garganteado *a.* ①떨리는 목소리를 낸. ②떨리는 목소리로 노래부르는.
— *m.* 떨리는 목소리. 떨리는 소리로 부르는 노래.
garganteador *m.* 떨리는 목소리로 노래부르는 사람.
gargantear *v.t., v.i.* 떨리는 소리로 말하다(노래부르다). 떨리는 소리를 내다.
garganteo, gargantejo *m.* 떨리는 목소리. 떨리는 소리로 노래부르기.
gargantilha *f.* 장식용 목걸이. 경식(頸飾).
gargarejamento *m.* 목을 가시기. 양치질.
gargarejar *v.i., v.t.* ①목을 가시다. 양치질하다. ②《俗》보도(步道) 또는 창문가에서 여자와 사랑의 이야기를 하다(연애하다).
gargarejo *m.* ①목을 가시기. 양치질. ②목가시는 약. ③《俗》창문가에서 여자와 속삭이기.
gargueiro *m.* =*gargalo*.
gárgula *f.* [建] (건축에 있어서 도깨비 모양으로 만든) 비 홈통 주둥이. 그로테스크식(인간·동물·식물 등의 공상적인 형상)의 분출구(噴出口).
gari *m.* 도로 청소부.
garimpar *v.i.* 다이아몬드를 찾다(찾아다니다).
garimpeiro *m.* (특히 특허권 없이 사적으로 산간벽지·하천(河川) 등에서) 다이아몬드를 찾아다니는 사람. 금강석 탐색자.
gariteiro *m.* 도박집 주인.
garito *m.* 도박집.
garlopa *f.* [木工] 큰 대패.
garnacha *f.* [史] 법관(法官)·승려(僧侶) 등이 입던 긴 옷옷).
garnear *v.t.* 닦는 막대기로 가죽을 문질러 윤을 내다.
garnisé *m.* ①[鳥] 갈니제에(계과(鷄科)의 작은 닭으로서 성질이 몹시 사나움). ②《轉》장난꾸러기. 악동.
garoa *f.* 이슬비. 세우(細雨).
garoar *v.i.* 이슬비 오다.
garota *f.* ①10세 전후의 여아(女兒). 소녀. 《卑》계집애.
garotada *f.* ①장난꾸러기의 떼. 불량소년(소녀)의 일단. ②장난꾸러기들의 언행. 불량소년(소녀)의 행실.
garotice *f.* 불량소년(소녀)의 언행; 그들이 저지른 일.
garoto *m.* ①아이. 소년. ②장난꾸러기. 불량소년.
garoupa *f.* [魚] 농어속(屬).
garra (1) *f.* ①(맹수·맹금의) 날카로운 발톱. (게 등의) 집게발. 거친 손. (발톱 모양의) 손잡이. 갈고리. (못뽑이의) 끝. [補] 덩굴손. 권수(卷鬚). ②주구(誅求). 학정(虐政).
— (2) *f.* 배가 닻을 끌며 밀어내기. 표류(漂流). 항로이탈(航路離脫).
garrafa *f.* 병(瓶). 유리병. 술병. *garrafa térmica* 마법병(魔法瓶). 보온병(保溫瓶).

grarrafada *f.* ①한 병 가득한 분량(分量). ②병에 가득 담은 상태. ③많은 병.

garrafal *a.* 병 모양의. 병 모양을 한. 둥근. *letra garrafal* 굵은 글자.

garrafão *m.* (*garrafa*의 지대어) 큰 병. 큰 술병. (채롱으로 싼) 목이 가는 큰 병.

garrafeira *f.* 병에 담은 여러 가지 술(맥주·포도주)을 보관하는 곳.

garrafinha *f.* (*garrafa*의 지소어) 작은 병. 작은 술병. 약병.

garraio *m.* ①숫송아지. 어린 황소. ②《轉》사회의 경험이 없는 사람.

garralada *f.* ①송아지의 싸움. ②송아지의 떼.

garrana *f.* 암망아지. 성질이 난폭한 암말.

garrancho *m.* ①꼬불꼬불한 나무. 꼬부라진 가지. ②(말의) 제병(蹄病).

garranchoso *a.* [植] 꼬불꼬불한. 꼬부라진.

garrano *m.* 숫망아지. 힘찬 작은 말.

garrar *v.t.* (배가) 닻을 끌며 밀려가다. 표류하다.

garrento *m.* [魚] 숭어.

garriça, grarricha *f.* [鳥] 굴뚝새(바위 종달새에 가까운 종류).

garrida *f.* 작은 종(小鍾).

garridamente *adv.* 멋있게. 맵시 있게. 보기좋게. 화려하게.

garridice *f.* ①우아. 우미. ②멋짐. 보기좋은 옷차림.

garrido *a.* 멋있는. 맵시가 있는. 보기 좋게 입은. 잘 차린. 화려한.

garrir *v.i.* ①(새 특히 제비가) 지저귀다. ②(아이들이) 새가 지저귀듯이 이야기하다. 재잘대다. 희희낙락(喜喜樂樂)하다.

garrocha *f.* ①가축을 모는 막대기. ②투우사의 창(槍).

garrochada *f.* 가축을 모는 막대기로 때리다(찌르다).

garrochão *f.* 가축을 모는 큰 막대기. 투우사의 큰 창.

garrochar *v.t.* ①막대기로(가축을) 때리다 ; 찌르다. ②자극 주다.

garrotar *v.t.* 교살형(絞殺刑)에 처하다.

garrote (1) *m.* ①교살형. 교형구(絞刑具). 교살대. ②교살형.
— (2) *m.* 송아지(두 살부터 네 살까지의).

garrotilho *m.* [醫] 크루프. 위(의)막성후두염(僞膜性喉頭炎).

garrucha (1) *f.* (죄인을 고문할 때 쓰는) 일종의 도르래(滑車).
— (2) *f.* [海] (돛의 변두리 귀에 단) 눈고리. (밧줄을 꿰기 위한) 색안(索眼).
— (3) *f.* (두 개의 방아쇠가 있는) 큰 권총.

garrular *v.i.* (특히 어린아이가) 재잘거리다. 종알거리다.

garrulice *f.* ①(특히 어린아이가) 재잘거리기. 종알거리기. ②말이 많음. 쓸데없이 지껄이는 것. 요설(饒舌).

gárrulo *a.* ①(어린아이가) 서투르게 말하는. 재잘거리는. ②지껄이는. 말이 많은. 수다스러운. (새가) 시끄럽게 지저귀는.
— *m.* ①재잘거리는 아이. ②말많은 사람. 요설가. 수다쟁이.

garupa *f.* ①(말의) 엉덩이. ②(안장 뒤에 다는) 여낭(旅囊). ③《稀》(사람의) 엉덩이.

gás *m.* ①가스. 기체(氣體). ②(등불용(燈火用) 또는 연료용) 가스. ③[炭坑] 폭발가스. [重] 독가스.
gases (*pl.*) 《俗·卑》 하품. 방구.
gás de água 수성(水性) 가스.
gás de iluminação 석탄 가스.
gás lacrimogêneo 최루(催淚) 가스.
gás carbônico 탄산 가스.
gás hilariante 웃음 가스. (치과의사가 마취용으로 쓰는) 아산화질소 가스.
carvão de gás 가스 원료 석탄.
instalação de gás 가스 시설하는 장치.
fornalha de gás 가스로(爐).
fogão de gas 가스 난방기(暖房器).
tubo de gás 가스관(管).
contador de gás 가스계량기.
poço de gás 천연 가스 샘(泉).
máscara de gás 방독 마스크. 방독면.

gasalhado *m.* 덮어씌운 것(또는 장소). 풍우(風雨)를 막는 곳. 피난처. 숨는 곳.

gasalhar *v.t.* = *agasalhar*.

gasalho *m.* = *agasalho*.

gascão *m.* 자기 자랑 잘하는 사람. 허풍선이.

gasconada *f.* 자랑. 자만(自慢).

gaseificação *f.* 가스화. 기화(氣化).

gaseificar *v.t.* 가스로 만들다. 기화하다.
—**se** *v.pr.* 가스가 되다. 기화되다.

gaseificável *a.* 가스로 변할 수 있는. 기화될 수 있는.

gaseiforme *a.* 가스 체의. 기체의. 가스 같은. 가스상(狀)의.

gasganete *m.* 《俗》목구멍. 인후.
gasofactor *m.* 가스 제조기.
gasogénio, gasógeno *m.* 탄산(소다)수 제조기.
gasolina *f.* 가솔린. 휘발유.
gasolito *a., m.* 가스로 될 수 있는 물질.
gasomêtria *m.* 가스계(計量).
gasométrico *a.* 가스 계량의.
gasómetro *m.* 가스 계량기. 가스 탱크. 가스 저장기.
gasosa *f.* 소다수. 탄산수.
gasoso *a.* 기체의. 가스 모양의. 가스가 있는. 가스질의.
gasparino, gasparinho *m.* 복권(福券)의 마지막 분수(分數).
gáspea *f.* (구두의) 앞끝에 대는 가죽. (구두의) 복사뼈 옆쪽에 대는 앞딱지.
gaspear *v.t.* *gáspea*를 대다(붙이다).
gastado *a.* 다 써버린. 소비한. 소모한. 마멸(磨滅)된.
gastador *a.* 아낌없이 쓰는. 물쓰듯 쓰는. 낭비하는. 소모하는.
— *m.* 돈을 아낌없이 쓰는 사람. 낭비자(浪費者).
gastalho *m.* 나무통(맥주통) 따위를 만들 때 널판지를 조여 붙이는 꺾쇠(버클).
gastamento *m.* ①소비하기. 소모하기. 마멸. ②지출(支出). 비용.
gastão *m.* 지팡이의 손잡이. 곤봉의 끝.
gastar *v.t.* ①(물건을) 쓰다. 돈을 쓰다. 소비하다. 소모하다. ②(숫돌 따위에) 갈아서 닳게 하다. 마멸하다.
— *v.i.*, —**se** *v.pr.* ①소비되다. 소모되다. 써서 없어지다. ②(옷 따위) 입어서 낡아지다. (먹·구두 밑바닥·숫돌 따위) 갈려서 닳다 ; 축나다. ③시간이 걸리다. 날을 보내다. ④피로하다. 맥빠지다. 쇠약해지다.
gastável *a.* 쓸 수 있는. 소비할 수 있는. 아낌없이 쓸만한. 마멸될 수 있는. 마멸성의.
gasterópedes, gaterópodos *m.(pl.)* [動] 연체동물(軟體動物). 복족류(腹足類)(달팽이 따위).
gasto *a.* (*gastar*의 과거분사). ①(물건을) 써버린. 소비한. 소모한. ②(돈을) 쓴. 지출한. ③(갈려서) 닳은. 마멸된. 없어진. (옷 따위) 해진. 지친. ④정력을 소모한. (노동으로) 기운이 다 빠진. 피로한.

— *m.* ①소비. 소모. ②돈 치르기. 지출. 비용. 실비.
gastos (*pl.*) (…에 소요된) 비용. 지출액. 생산비.
gastos miúdos 잡비. 소소한 비용.
incluidos todos os gastos 모든 비용이 포함되다.
gastralgia *f.* [醫] 위통(胃痛). 배앓이.
gastrálgico *a.* 위통의. 배앓이의.
gastrectasia *f.* 위확장(胃擴張).
gastrica *f.* [醫] 위열(胃熱).
gástrico *a.* 위의. 위부의.
suco gástrico 위액(胃液).
gastrite *f.* [醫] 위염(胃炎). 위 카타르.
gastrocele *m.* [醫] 위 헤르니아.
gastro-enterite *f.* [醫] 위장염(胃腸炎). 위장 카타르.
gastroespasmo *m.* [醫] 위경련(胃痙攣).
gastrohepatite *f.* [醫] 위간염(胃肝炎).
gastrointestinal *a.* 위장(胃腸)의.
gastrólatra *m.* 식도락(食道樂). 미식가(美食家). 대식가. 폭식가.
gastrologia *f.* 요리학. 할팽술(割烹術).
gastrólogo *m.* 요리 잘하는 사람. 할팽에 능숙한 사람.
gastronomia *f.* 미식학(美食學). 요리법.
gastronômico *a.* 미식학의. 요리법의.
gastrônomo *m.* ①음식에 정통한 사람. 요리 잘하는 사람. ②미식가(美食家).
gastropatia *f.* [醫] 위병(胃病)의 총칭.
gastroperitonite *f.* 위복막염(胃腹膜炎).
gastroplegia *f.* 위의 마비(痲痺).
gastroptose *f.* 위하수(胃下垂).
gastrose *f.* =*gastropatia*.
gastrotomia *f.* 위절개술(胃切開術).
gata *f.* [動] 암코양이. [海] (돛대 셋 있는 배의) 셋째 돛대.
gatafunhos *m.(pl.)* 갈겨쓰기. 흘려쓰기. 낙서(落書).
gataria *f.* (발음 : 가따리이아) 여러 마리의 고양이. 고양이의 떼.
gatária *f.* (발음 : 가따아리아). [植] (고양이가 잘 먹는) 개박하.
gatarrão *m.* 큰 고양이.
gatázio *m.* ①고양이의 발톱. ②《俗》(사람의) 손가락.
gateado *a.* ①(말털의) 황적색(黃赤色)의. ②꼭쇠로 바짝 죈.
gatear (1) *v.t.* ①발톱으로 할퀴다. 긁어

파다. ②(고양이처럼) 살금살금 기다. 포복하다.
— (2) *v.t.* 꺾쇠로 바짝 죄다. 속박하다.
— (3) *v.t.* 《俗》 (아이·사환 따위를) 꾸짖다. 잔소리하다.

gateira *f.* ①고양이가 다니는 구멍. ②선창(船艙)의 출입구. ③(지하실·천정 등의) 통풍구(通風口). 《俗》 술을 많이 마시기. 술에 취하기.

gateiro *m.* ①고양이를 좋아하는 사람. ②고양이를 기르는 사람.

gatesco *a.* 고양이의(에 관한).

gaticida *f.* 고양이를 죽이기. 살묘(殺描).

gaticido *m.* 고양이의 죽음. 고양이의 변사(變死).

gatilho *m.* (총의) 방아쇠.

gatimanhos *m.(pl.)* ①(아이의) 몸짓. 몸부림. 우스운 용모. ②(낯을) 찌푸리기.

gatinha *f.* 작은 암고양이. 암고양이 새끼.
andar de gatinhas ①(아기가) 기다. 기어 다니다. ②포복하다.

gatinho *m.* 작은 수고양이. 고양이 새끼.

gato *m.* ①[動] 고양이. ②교활한 사람. 엉큼한 인간. ③꺾쇠. 리벳. ④물건을 들어 올리는 갈고리.
Gato escaldado de água fria tem medo. (더운 물에) 덴 고양이는 찬물도 무서워한다. 불에 덴 아이는 불을 무서워한다.

gato-tigre *m.* [動] 호묘(虎猫) (중남미에 삶).

gatum *a.* [稀] = *gatesco*.

gatunagem *f.* ①쥐의 떼. ②도적의 떼(一團). 건달(부랑자) 생활.

gatunar *v.i.* 훔치다. 좀도둑질하다. 소매치기하다.

gatunha *f.* [植] (토끼풀 비슷한) 뿌리가 질긴 잡초.

gatunice *f.* 훔침. 좀도둑질. 도둑행실. 날치기.

gatuno *m.* ①좀도둑. 소매치기. ②부랑자. 일하지 않는 건달.

gauchada *f.* *gaúcho*의 행실.

gauchar *v.i.* *gaúcho*의 생활을 하다. 목축업에 종사하다.

gaúcho *m.* ①가우쇼(브라질의 최남단(最南端)에 있는 *Rio grande do Sul* 주(州)의 주민을 부르는 별명). ②일반적으로 남부 브라질에서 목축업에 종사하는 사람. ③소·말 따위를 기르는 사람. 목동. 카우보이.

gáudio *m.* ①쾌락. 향락(享樂). 환락. 환희. ②오락. 위안이 되는 것.

gaulês *a.* (옛 프랑스의) 고을(사람)의.
— *m.* 고을 사람(말).

gavarro *m.* [獸醫] 조위염(爪圍炎). 표저(瘭疽). (말의) 화농성(化膿性) 제관염(蹄冠炎).

gávea *f.* [海] ①장루(檣樓). ②중간 돛(主檣). 상장범(上檣帆).

gavela *f.* (곡물의) 묶음. (벼·보리 따위의) 한 단. 한 묶음.

gaveta *m.* (책상·장롱·경대 등의) 서랍.

gavetão *m.* 큰 서랍.

gavial *m.* [動] 인도 악어(턱이 긺).

gavião *m.* ①[鳥] 새매. ②[植] 덩굴손. 권수(卷鬚). ③《俗》 멋쟁이. 난봉 피는 사람. 색골.
gaviões da vide 포도의 덩굴손.

gavinha *f.* [植] 덩굴손. 권수(卷鬚).

gavinhoso *a.* [植] 덩굴손이 많은.

gavota *f.* 가보트(쾌활한 프랑스 무도; 그 곡).

gaza. gaze *f.* 성기고 얇은 천. 거즈(일종의 거칠은 무명).

gazão *m.* ①잔디. 잔디풀. ②잔디밭.

gazeador, gazeante *a., m.* ①학과(學課)를 게을리 하는 학생. 학교에 가지 않고 딴 곳에서 노는 (아이). ②부난설근사.

gazear *v.i.* 학교에 가지 않고 놀다. 무단결석하다. 일하지 않고 돌아다니다.

gazeio *m.* 학과를 게을리 함. 학교에 가지 않고 딴 곳에서 놀기. 무단결석(결근).

gazela *f.* [動] 가젤 영양(羚羊).

gázeo *a.* 하늘빛의. 담청(淡靑)색의.
de olhos gázeos 각막(角膜)이 혼탁한 눈. (물고기 따위의) 크고 반짝반짝하는 눈.

gazeta *f.* ①신문. 잡지. ②학과에 결석하기. 직장에 결근하기. 직무태만.
fazer gazeta (학생이) 학교에 가지 않고 딴 곳에서 놀다. 일하지 않고 놀다.

gazetear *v.i.* = *gazear*.

gazeteiro *m.* ①신문기사. 잡지기사 등에 대한 멸시적 칭호. ②잡보기자. 서푼짜리 문사. ③학교에 가지 않고 딴 곳에서 노는 학생. 무단결석자.
— *a.* 통학을 게을리 하는. 직무를 태만하는.

gazetilha *f.* ①(신문의) 사회란. 비평란. ②작은 신문.

gazetista *m., f.* 신문기자. 관보(발행)기자.

gazofilácio *m.* 예루살렘 사원(寺院) 내의 성물(聖物)·봉납물(奉納物) 따위를 보관하는 곳. 보장(寶藏).

gazua *f.* 자물쇠 여는 도구. (자물쇠를 열기 위하여) 꼬부려 만든 쇠줄.

geada *f.* 서리. 언 이슬.

gear *v.i.* 서리 내리다. 서리에 얼다. 서리로 덮이다.
— *v.t.* 서리로 얼게 하다. 서리 맞게 하다.

geba *f.* (잔등에 생기는) 혹. 육봉(肉峰). 곱사등.

gebada *f.* (모자를 두들겨) 움푹 들어가게 하기.

gebar *v.t.* 《俗》(모자를 두들겨) 움푹 들어가게 하다.

gebice *f.* 곱사등이의 거동 또는 자세.

gêbo *a.* 곱사등의. 곱추의.
— *m.* ①옷차림이 어수선한 사람. 복장 정돈이 안 된 사람. ②[動] (인도의) 혹 있는 소.

geboso *a.* (등에) 혹이 있는. 육봉이 있는. 곱추의. 곱사등 같은.

geco *m.* [動] 도마뱀붙이. 《英》*gecko*.

geena *f.* 지옥. [聖] 초열(焦熱) 지옥.

geira *f.* 《古》①토지 면적의 단위. ②한 쌍의 소가 하루에 가는 토지(면적). ③하루의 노동.

gêiser *m.* 간헐온천(間歇溫泉).

geito *m.* ①모양. 형태. ②몸짓. 손짓. 거동. ③방법. 수단. 수법. ④손재간. 솜씨. 수완.
a geito 솜씨 있게.

geitosamente *adv.* 모양 있게. 솜씨 있게. 재간 있게.

geitoso *a.* 모양 있는. 솜씨 있는. 손재간 있는. 쓰기에 편리한. 취급하기 좋은. 융통성이 있는.

gelada *f.* ①서리. ②(야채·과일 등의) 서리맞은 상태. 상해(霜害).

geladeira *f.* 냉장고. 냉동기. 얼음통.
geladeira doméstica 가정용 냉장고.
geladeira comercial (음식점·바 등에서 쓰는 큰 냉장고).

gelado *a.* ①언. 동결한. ②얼음처럼 찬. 전혀 활기 없는. ③(놀라움·분노 등으로 인하여) 감각을 잃은.
— *m.* 아이스크림.

gelador *a., m.* 얼리는 (것). 동결시키는 (것). 몹시 차게 하는 (것).

geladuro *f.* 서리 맞음. (식물의) 상해(霜害). (나무·돌 따위의) 얼어서 갈라지기. 동열(凍裂).

gelar *v.t.* ①얼리다. 동결시키다. ②얼음처럼 차게 하다. ③(추위로) 감각을 잃게 하다. 떨게 하다.
— *v.i.*, —*se v.pr.* ①얼다. 얼어 붙다. 동결하다. ②몹시 차지다. 냉각하다. ③(추위로) 떨다. ④(식물이) 서리에 상하다. (추위로) 시들다. ⑤감각을 잃다.

gelatina *f.* 젤라틴. 아교. 갖풀.

gelatiniforme *a.* 젤라틴 비슷한. 아교 모양의.

gelatinoso *a.* 젤라틴 모양의. 젤라틴 질(質)의. 아교질의.

geléia *f.* 젤리(과실 또는 고기류의 국물을 끓여서 엉기게 한 것). 과밀(果密) 젤리. 우무. 잼.

geleira *f.* ①빙하(氷河). 빙산(氷山). 큰 얼음 덩어리. ②제빙기(製氷機). 냉동기(冷凍機). 아이스크림 제조기.

gelhas *f.* ①[植] 시든 이삭. 시들은 이삭. ②주름살.

gélido *a.* ①언. 동결한. ②얼음 같은. 얼어붙는 듯한. 매우 추운. ③마비된. 감각이 없는.

gelina *f.* 젤라틴의 원질(元質).

gelo *m.* ①얼음. ②빙점(氷点). ③냉담. 무정.

gelosia *f.* ①창살. ②창살 있는 창문.

gema *f.* ①(달걀의) 노른자위. ②[質] 싹눈. 봉오리. 자아(子芽). ③[動] 아체(芽體). ④중심(中心). ⑤보석. 보옥. 옥(玉). 주옥(珠玉). ⑥수(粹).
sal gema 암염(岩鹽).
gema do ovo 계란의 노른자위.
português de gema 순(純) 포르투갈 사람. (이종(異種)이 섞이지 않은 100%의 포르투갈 사람).

gemação *f.* [植] 싹틈. 발아(發芽). 발아기(期). 발아 상태. [生物] 세포발아(細胞發芽). 발아증식(發芽增殖).

gemada *f.* 난주(卵酒)(달걀·설탕·우유를 섞은 술).

gemado *a.* ①[植] 싹튼. 발아한. ②싹을 접목(接木)한. ③(달걀의) 노른자위 빛의.

gemante *a.* 《詩》보옥(寶玉)처럼 빛나는.
gemar *v.t.* ①[植] 싹을 접목하다. ②(달걀의) 노른자위를 넣다. 노른자위로 요리를 하다.
— *v.i.* [植] 싹트다. 발아(發芽)하다.
gemebundo *a.* 몹시 으르렁거리는. 끙끙하는. 끙끙 앓는. 신음하는. 비탄에 잠긴. 괴로워하는.
gemedor *a.*, *m.* 으르렁거리는 (사람). 끙끙 앓는 (사람). 큰 소리로 우는 (사람). 통곡하는 (자).
gemelipara *a.* 쌍둥이를 낳는.
gemelos *a.* [解] 쌍둥이의. [植] 쌍생의. 한 쌍을 이루는.
musculos gemelos 쌍자근(雙子筋).
gemente *a.* 으르렁거리는. 끙끙 앓는. 신음하는.
gêmeo, gêmio *a.* 쌍생(雙生)의. 쌍생아의. 쌍둥이의.
— *m.* 쌍둥이. 쌍생아의 한 사람.
gêmeos, gêmios *m.*(*pl.*) ①[天] 쌍둥좌(雙童座). 쌍자궁(雙子宮). ②*Zeus*의 쌍둥아들(*Castor*와 *Pollux*).
gemer *v.i.*, *v.t.* ①으르렁거리다. 끙끙 앓다. 신음하다. 몹시 괴로워하다. ②비탄하다. 슬피 울다. 통곡하다. 호읍(號泣)하다. (일종의 새가) 슬피 울다.
gemicar *v.i.* 비교적 낮은 소리로 으르렁거리다. 신음하다.
gemido *m.* ①으르렁거림. 끙끙 앓기. 신음. ②슬피 우는 소리. 비탄하기. ③악기(樂器)의 애처러운 소리.
gemifero *a.* ①보석을 산출하는. [植·動] 싹트는.
geminação *f.* ①겹치기. 이중(二重). 배가(倍加). 중복. 반복. [文] 자음 중복. [音樂] 자운(子韻) 중복. ②쌍생(雙生).
geminado *a.* 이중의. [植] 쌍생의. 한 쌍의.
geminar *v.i.*, *v.t.* 겹으로 하다(되다). 겹치게 하다. 이중으로 하다. 중복하다. 배가하다. 반복하다. 쌍으로 늘어 놓다. 짝을 짓다.
gémino *a.* ①이중의. 겹치는. ②[植·動] 쌍을 이루는. 짝을 짓는. 쌍생의.
gemiparidade *f.* [植·動] 아체 형성(芽體形成). [生物] 싹으로 번식하기.
gemíparo *a.* [生物] 싹으로 번식하는. 싹을 이루는. 아체 형성의.
gemónias *f.*(*pl.*) 옛 로마에 있어서 죄인의 시체(해골)를 들어 내놓는 곳.
gêmula *f.* [植] 어린 눈. [動] 아구(芽球). 소아체(小芽體).
genal *a.* [群] ①뺨의. 볼의. ②안면(顔面)의.
genciana *f.* 초롱담(인동과).
gencianáceas, genciâneas *m.*(*pl.*) [植] 초롱담과(科)의 식물.
gencianela *f.* [植] 노란 초롱담(黃龍膽).
gendarmaria *f.* 《F》 헌병대.
gendarme *m.* 헌병(憲兵).
gene *f.* [生物] 유전인자(因子). 유전원질.
genealogia *f.* ①족보. 가계(家系). 혈통. 계도(系圖). ②[動·植·言] 계통. 계보(系譜). 출처. 본원. ③족보학. 계도학.
genealógico *a.* 족보의. 혈통의. 계통의. 계보의.
arvore genealógica 수목식(樹木式) 계도.
genealosrista *m.* 족보학자. 계보(系譜)학자.
genebra *f.* 진(洋酒).
genebrada *f.* 물에 진·설탕·레몬 따위를 섞은 것.
general *m.* 장군. 장관(將官). 장성. 《古》 장수.
general de brigada 소장.
general de divisão 중장.
general de exercito 대상.
generala *f.* 《葡》 ①장군(장성)의 처. ②여성 장군.
generalado, generalato *m.* 장관의 직(지위 신분). 대장감.
generalidade *f.* ①일반적임. 일반성. 보편성. ②개략. 개요. 개론. 통칙. ③대다수. 과반수.
no generalidade 대개. 개략적으로.
generalidades (*pl.*) 개념. 개론. 대의(大意).
generalíssimo *f.* 대원수(大元帥). 총통. 총사령관.
generalização *f.* ①일반화. 보편화. 일반적으로 하기. ②종합상태(綜合狀態). 총괄상태(總括狀態).
generalizar *v.t.* 일반화하다. 보편적으로 하다.
—*se v.pr.* 일반적이 되다. 보편화되다. 일반에게 보급되다. 개괄(概括)되다. [醫] 온몸(全身)에 퍼지다.
generante *a.* ①낳는. 생산하는. 산출하

는. ②생기는. 일어나는. 발생하는.
generativo *a*. 생산하는. 생산의. 생산적. 생산력 있는. 생식의. 번식의.
genericamente *adv*. 속(屬)에 관해서. 속적으로. 종속적(種屬的)으로. 총칭적으로. 종류에 의하여. 일반적으로.
genérico *a*. 속(屬)의. 종속의. 속에 특유한. 한 가지 종류에 속하는. 일반의. 일반적인. 총칭적인. 보편의.
gênero *m*. ①[생물] 속(屬). 종속(種屬). 유(類). 종류. ②질(質). 품성(品性). ③방법. ④물품. ⑤[文] 남녀(男女)의 성(性).
gêneros (*pl.*) 상품. 생산물. 물산(物産).
gênero humano 인류(人類).
gênero feminino [文] 여성.
generosamente *adv*. 너그럽게. 관대하게. 관용하게. 친절하게. 자비스럽게.
generosidade *f*. ①관대(寬大). 관용(寬容). 너그러움. ②친절. 간독(懇篤).
generoso *a*. ①너그러운. 관대한. 관용한. 도량이 큰. 마음이 넓은. ②친절한. 간독한. 선심(인심) 쓰는. ③강한. 용감한. ④(술이) 독한. 흥분성의. (빛깔이) 진한. (토지가) 비옥한. 기름진.
gênese *f*. ①번식(繁殖). 종족의 발달. ②산출. 생산. ③발생. 발상(發祥). 기원(起原). 근원(根源). ④발생한 유래. 발생 양식. ⑤창시(創始).
— *m*. [聖] 창세기(創世記).
genesíaco *a*. (종족의) 발달의. 기원의. 근원의. 유전학적. 생식의. 번식의. 발생의. 기원(근원)에 관한.
genésico *a*. 기원의. 발생의. 생식(生殖)의. 번식의. 유전학적.
instinto genésico 생식 본능.
genésis *f*. =*gênese*.
— *m*. [聖] (구약의) 창세기.
genética *f*. 유전학.
genético *a*. 기원의. 발생의. 유전적. 발생학적.
genetliaco *a*. 출생의. 출산의.
genetriz *f*. ①낳는 자. 생산자. ②어머니.
gengibre *m*. [植] 생강. 생강의 뿌리.
gengiva *f*. [解] 잇몸. 치은(齒齦).
gengival *a*. 잇몸의. 잇몸에서 나는.
gengivite *f*. [醫] 치은염(齒齦炎).
genial *a*. ①천성(天性)의. 천재의. 타고난. 재간의. ②성질의. 특성의. 특질의. ③즐거운. 기분 좋은. 유쾌한. 쾌적(快適)의.
genialidade *f*. 천자(天資). 천품(天稟). 천성. 천분(天分). 타고난 성질.
geniculado *a*. 무릎같이 굽은. (무릎 같은) 마디가 있는.
gênio *m*. ①천자. 천품. 천성. 천분. 소성(素性). ② 훌륭한 재간. 천재. 수재. ③기질. 성질. 소질. ④(인종·언어·법률·제도 따위의) 특징. 특질. 진수(眞髓). ⑤《古》정령(精靈). ⑥《俗》짜증.
homem de gênio 천재적 인물(人物).
gênios (*pl.*) (사람·토지·시설의) 수호신.
genioso *a*. ①성질의. 기질의. 성미의. ②기분의. 변덕스러운. 신경질 있는. 짜증 내는.
genipada *f*. =*jenipada*.
genipapeiro *m*. =*jenipapeiro*.
genipapo *m*. =*jenipapo*.
genital *a*. 생식(生殖)의. 다산(多産)의. 생식상의.
órgão genital 생식기(生殖器).
genitivo *m*. [文] 속격(屬格). 소유격. 제이격(第二格).
génito *a*. (아버지가) 자식을 본. 생기게 하는.
— *m*. 아비. 부친.
genitor *m*. 생기게 하는 자. 산출자. 자식을 보는 자.
genitoriz *f*. =*genelriz*.
genito-urinário *a*. [解] 비뇨(泌尿)생식기의.
genitura *f*. 출생. 출산. 생식(生殖).
genocídio *m*. 민족(정치·문화)의 근절. 대량 살륙.
genovês *a*. (이태리의) 제노아시(市)의.
— *m*. 제노아 사람.
genro *m*. 사위.
gentaça, gentalha *f*. 하층민(下層民). 천민(賤民).
gente *f*. ①사람. 사람들. 민중. ②인간. 인간들. ③동료. 동류. ④가족. ⑤국민. 인민.
minha gente 우리집 사람들. 나의 가족. 친척.
tôde a gente 모든 사람.
a gente diz 백성(국민)들은 말한다.
direitos das gentes 국제공법(國際公法).
gentil *a*. ①점잖은. 공손한. 귀품 있는. 고상한. ②(성질·성격이) 온화한. 순한. 부드러운. 고분고분한. ③(행동거지(行動擧

止)가) 예모 있는. 예절 바른. 은근한. 훌륭한.

gentileza *f.* ①점잖음. 공손함. ②우아. 우미. ③예모 있음. 예절 바름. 친절함. ④(성질·성격이) 온화함. 순함. 귀여움성 있는. 예쁜. 훌륭한.
gentilezas (*pl.*) (문장·미술 등의) 아치(雅致).

gentil-homem *m.* ①점잖은 사람. 신사. 군자. ②귀족.

gentilicamente *adv.* 이교도적으로.

gentílico (1) *a.* (유대인이 말하는) 이방인의. 이교도의. 우상(偶像) 교도의. 무종교의.
— (2) *a.* 국적을 나타내는. 민족의. 종족의.

gentilidade *f.* (유대인이 보는) 이방인(異邦人). 이교도. 이단(異端)임. 무종교. 야만. 만풍.

gentilismo *m.* 이교. 사교(邪敎). 이단(異端). 이교의 교의(敎義). 이교정신. 우상숭배. 만풍.

gentilizar *v.t.* 이교에 귀의(歸依)케 하다. 이교도로 만들다.
— *v.i.* 이교를 신봉하다. 이교도가 되다.

gentilmente *adv.* 얌전하게. 온순하게. 친절하게. 공손히.

gentio *a.* ①이교를 믿는. 우상을 숭배하는. ②문명치 못한. 미개한. 야만적인.

gentinha *f.*《卑》하층민(下層民). 오합지중(烏合之衆).
— *m.* 이교도(異敎徒). 우상숭배자. 이단자(異端者). ②《俗》군중. 대중(大衆).

genuflectir *v.i.* (특히 예배볼 때) 무릎을 꿇다.

genuflexão *f.* 무릎을 꿇기. 무릎을 꿇고 예배하기.

genuflexório *m.* 무릎을 꿇고 예배하는 대(臺). 기도대(祈禱臺).

genuinamente *adv.* 진정으로. 성실히.

genuinidade *f.* ①순종(純種). ②순정(純正). 진정(眞正). 진실. 성실.

genuíno *a.* ①순종의. 진짜의. ②진정한. 진실한. 진지한. 성실한. 거짓이 없는.

geo *f.* (지구(地球)…)의 뜻을 나타내는 복합형.

geocêntrico *a.* 지구 중심의. 지구를 중심으로 하고 보는. 지구에서 측량한.

geocentrismo *m.* 지구중심설.

geode *m.* [地質] 정동(晶洞). 이질정족(異質晶族).

geodésia *f.* 측지학(測地學). 양지학(量地學). 삼각측량(三角測量).

geodesicameate *adv.* 측지학(상)으로.

geodésico *a.* 측지학의. 측량의. 삼각측량의.

geodinâmica *f.* 지구역학(地球力學).

geodo *m.* =*geode*.

geofagia *f.* 흙먹는 버릇. [醫] 식토병(食土病).

geófago *a.*, *m.* 흙을 먹는 (사람·곤충). 토식(土食)의.

geofísica *f.* 지구물리학.

geofísico *a.* 지구물리학(상)의.

geogenia *f.* 지구창조학. 지원학(地原學).

geognosia *f.* ①지구구조학(構造學). 지구지질학. 지구물질학. ②지방지질학.

geognóstico *a.* 지구구조학의. 지구지질학. 지방지질학상.

geografia *f.* 지리학. 지리. 지세. 지리책. 지지(地誌).
geografia física 지문학(地文學). 자연지리학.
geografia poltica 정치지리.
geografia linguística 언어분포지역.
geografia matemática 수학지리학.

geograticamente *adv.* 시리악상. 시리셕으로. 지세에 의하여.

geografico *a.* 지리학적. 지리학상의.
carta geográfica 지도.
posição geográfica 지형(地形). 지리적 위치.

geógrafo *m.* 지리학자.

geóide *m.* 지구구체(球體).

geologia *f.* 지질학(地質學). (한 지방의) 지질.
geologia dinâmica 동력지질학(動力地質學).
geologia histórica 지사학(地史學).

geológico *a.* 지질학(상)의. 지학의.

geólogo *m.* 지질학자. 지학자(地學者).

geomancia *f.* 흙점(土占). 토복(土卜)(흙 한 줌 가량을 땅위에 던지거나 또는 종이 위에 뿌려 생긴 선이나 점의 모양을 보고 길흉을 가리는 점).

geómetra *m.* 기하학자(幾何學者).

geometral *a.* ①기하학(상)의. ②실측(實測)의.

geometria *f.* 기하학. 기하학책.
geometria plana 평면기하학.
geometria analítica 해석기하학.
geometria no espaço 입체기하학.

geometricamente *adv.* 기하학상. 기하학적으로. 규칙있게. 질서정연하게.

geométrico *a.* ①기하의. 기하학(상)의. ②규칙적인. 질서정연한.

geopolítica *f.* 지정학(地政學).

geoponia *f.* ①밭갈이. 경작. ②농업.

geopónico *a.* ①밭갈이의. 경작의. ②농업의.

georgiano *a.* (코커서스의) 조지어의.

geórgicas *f.(pl.)* 로마의 시인 *Virgil*이 지은 농사시(農事詩). 전원시(田園詩).

georgico *a.* 농업의. 농사의. 전원의.

geoso *a.* ①얼음의. (물이) 어는. 결빙(結氷)하는. ②서리 내리는.

geostática *f.* 지압(地壓).

geostático *a.* 지압의.

geotaxia *f.* =*geotropismo*.

geotermia *f.* 지온(地溫). 지열(地熱).

geotérmico *a.* 지온의. 지열의.

geotermometro *m.* 지온계(計). 지열계(計).

geotrópico *a.* [植] 굴지성의.

geotropismo *m.* [植] 굴지성(屈地性). 향지성(向地性).
geotropismo positivo 향지성(向地性).
geotropismo negativo 배지성(背地性).

geração *f.* ①산출. 출생. 생식. ②발생. 생성(生成). ③자손. 혈통. ④대(代). 세대. ⑤시대. 같은 시대의 사람. ⑥[數] 작성. 산작(產作).
gerações futuras 후대(後代). 미래의 자손.

gerador *a.* 낳는. 산출하는. 발생케 하는. 생식력 있는.
— *m.* ①낳는 자. 산출자. 생산자. 생식자. ②아버지. 부친. ③원조(元祖). 시조(始祖). 창립자. ④[機] 발전기. (가스·증기 같은 것의) 발생기(器). ⑤근원. 기원. 발생. 원인. 원동력.

geral *a.* ①일반의. 보통의. 공통적인. 전반적인. 통속적인. 전체의. 총체의. 총적인.
— *m.* ①일반적인. 전반(全般). 보편. 보통. ②[劇] 맨 위층 보통 관람석. (경기장(競技場)의) 일반석(一般席).
em geral 일반적으로. 차별 없이. 보통으로.

geralmente *adv.* 일반적으로. 보통으로. 널리. 대체적으로.

geranio *m.* [植] 제라늄. 양아욱.

gerar *v.t.* 낳다. 산출하다. 생기게 하다. (…을) 일으키다. 발생시키다.
— *v.i.*, —se *v.pr.* 태어나다. 생기다. 일어나다. 발생하다.

geratriz *a.* 낳는. 산출하는. (…을) 일으키는. 발생케 하는. …의 기본으로 되는. (…의) 씨(種子)가 되는.
— *f.* 발생기. 발전기. [數] (선·면·입체를 생기게 하는) 모점(母點). 모선(母線). 모면.

gerbão *m.* [植] 보통 마편초.

gerbo *m.* [動] 비서(飛鼠).

gerência *f.* ①지배. ②관리. 경영. 행정. ③사무취급.

gerente *a.* 지배하는. 관리하는. 다스리는.
— *m.*, *f.* 지배인. 관국인. 경영자. 행정관(行政官). 업무취급인(業務取扱人).

gereraca *f.* [動] 제레라까(브라질산 독사의 일종).

gergilim *m.* [植] 참깨. 호마(胡麻).

gergilada *f.* 참깨를 묻힌 일종의 케익(과자).

geriatria *f.* 장수법(長壽法)의 과학적 연구.

gerico *m.* 나귀. 노새(=*jerico*).

gerifalte *m.* (아이슬란드 등의) 큰 매.

geringonça *f.* ①횡설수설. 뜻모를 이야기. ②(한 사회의) 통어. 도적놈들 사이의 암호말. 결말.

gerir *v.t.* ①지배하다. 관리하다. 경영하다. ②조정하다. ③처리하다.

germanada *f.* 형제간(兄弟間).

germanal *a.* 형제의.

germanar *v.t.* 똑같게 하다. 동일하게 하다.

germánico *a.* 독일(식)의. 독일 사람의. 튜튼 민족의
— *m.* 독일어.

germanismo *m.* 독일 정신. 독일 특질(기질). 독일 편물기. 독일 말씨(어법). 독일주의.

germanista *m.*, *f.* 독일 어학자. 튜튼 언어학자. 독일주의자.

germanização *f.* 독일(식으로)화하기. 독일어 번역. 독일 지배하에 두기.

germanizar *v.t.*, *v.i.* 독일(식으로)화하다. 독일풍으로 하다(되다). 독일식 방법

을 사용하다. 독일어로 번역하다. 독일 지배하에 두다.

germano *a.* ①같은 부모로부터 태어난. 부모가 같은. ②순수(純粹)한. 진정한. 진실한.
irmão germano 친형제. 친형. 친동생.
irmã germano 친자매. 친누나. 친누이동생.
primo germano 종(從)형제. 사촌형제.

gérme, gérmen *m.* ①[生物] 유아(幼芽). 배종(胚種). ②세균. 병원균(病原菌). 병균. ③싹트기. 싹 나기. ④근원. 원인. ⑤초보. 시작.
em gérme 싹트는 중에. 아직 발달하지 않은.

germelim *m.* [植] 참깨.

germicida *m.* 살균제(殺菌劑).

germinação *f.* 싹트기. 싹 나기. 발아(發芽). 맹동(萌動). 피기. ②발생. 발달.

germinador *a.*, *m.* 싹트게 하는 (것). 발생시키는 (것).

germinal *a.* ①싹의. 배종(胚種)의. 배종이 있는. 태아(胎芽)의. 원자(原子)의. ②본원의. 근원의. 원시의.
— *m.* 프랑스역(曆)의 제칠월(第七月).

germinante *a.* ①싹트는. 발아하는. 피는. 발생하는. ②처음의. 발단의. ③(…을) 야기(惹起)하는.

germinar *v.i.* 싹이 트다. 눈트다. 발아하다. 맹아(萌芽)하다. 피다. 발생하다. 발달하다.
— *v.t.* 싹트게 하다. 피게 하다. 발생시키다. 야기(惹起)시키다.

germinativo *a.* 싹트는. 싹트게 하는(힘 있는).

germinista *m.*, *f.* 배종발달론자(胚種發達論者).
— *a.* 배종의.

gerocomia *f.* 노인섭생법(老人攝生法).

gerontologia *f.* 노령학(老齡學).

gerúndio *m.* [文] 동사적 명사. 동명사(어미 *r*을 *ndo*로 변한 것).

gerundivo *m.* [라틴文法] 동사상(狀) 형용사. (*ndus*로 끝나는 라틴 동사의 형).

gessada *f.* 벽토칠. 석고(石膏)칠. 금박(金箔)하기 전의 초벌칠.

gessal *m.* (초크를 채취하는) 백악갱(白堊坑).

gessar *v.t.* 벽토(석고)를 바르다. 백악칠을 하다.

gesseira *f.* 백악갱. 석고산(石膏山). 석회갱(石灰坑).

gesseiro *m.* 석고사(石膏師).

gêsso *m.* ①(조각용의) 석고. [畵·彫刻] 석고가루. 석고의 바탕. ②석고세공(細工).

gessoso *a.* 석고가 있는. 석고질의.

gesta *f.* 공(功). 공적(功績). 공훈. 무용(武勇).

gestação *f.* ①임신. 회임(懷姙). ②임신기간. 회태기간(懷胎期間). ③(영화 따위의) 창안.

gestante *a.* 임신 중인. 회태하고 있는.
— *f.*《稀》임신부(妊娠婦).

gestão *f.* ①관리. 지배. ②사무처리(취급). 직무집행.

gestatório *a.* ①회태(懷胎)의. ②운반할 수 있는.
cadeira gestatório 들고 다닐 수 있는 의자. 가의자(駕椅子)(로마교황이 의식을 올리다가 자리를 옮길 때 사용하는 의자).

gesticulação *f.* 손짓 또는 몸짓하기(…으로 말하기).

gesticulado *a.* 손짓으로 알리는. 몸짓으로 보이는.
— *m.* 손짓. 몸짓.

gesticulador *a.*, *m.* 손짓 또는 몸짓으로 알리는 (사람). 손짓(몸짓)하는 (사람).

gesticular *v.i.* 손짓 또는 몸짓으로 알리다.

gesto *m.* ①손짓. 몸짓. 거동. ②용도. 얼굴의 표정. 의사표시. ③눈치. 기맥.
fazer gesto 손짓(몸짓)하다.

gestor *m.* 관리인. 감독. 지배인. 소장(所長). 처장.

giba *f.* ①철(凸)꼴. 철꼴 융기(隆起). ②곱추. (등에 있는) 혹.

gibão *m.* ①[史] 일종의 속조끼(15~17세기경의 남자의 의복). ②[動] (말레이 반도의) 장수원(長手猿).

giboia *f.* [動] (남미산의) 큰 구렁이. 고리모양의 무늬가 있는 큰 뱀.

gibosidade *f.* ①철(凸)꼴. 철꼴 융기(隆起). ②곱추. 낙타의 등에 있는 혹(背瘤).

giboso *a.* ①철꼴의. 철면(凸面)의. 철꼴 융기의. (달이) 만월과 반월 사이의. ②곱추의(잔등에) 혹이 있는.

giesta *f.* [植] 금작화(金雀花).

giestal *m.* 금작화가 많이 핀 곳. 금작화가

핀 들판.
giesteira *f.* ①비(箒). ②비로 사용되는 금작화(식물).
giga *f.* 큰 바구니. 큰 광주리.
giganta *f.* 몸집이 큰 여자. 거녀(巨女).
gigante *a.* 거대한. 엄청나게. 거인적인. 위대한.
— *m.* 거인(巨人). 대한(大漢). 거수(巨獸). 거목(巨木).
gigantéa, gigantéia *f.* [植] 아티초크. 똥딴지.
gigantear *v.i.* 엄청나게 커지다. 거대해지다.
gigânteo *a.* =*gigantesco*.
giantescamente *adv.* 거대하게. 엄청나게 크게. 방대하게. 대규모로.
gigantesco *a.* ①엄청나게 큰. 거대한. ②방대한. 대규모의. ③위대한. 비범한.
gigantico *a.* =*gigantesco*.
gigantomaquia *f.* [神話] 거인과 신(神)의 싸움.
gigo *m.* ①대 또는 넝쿨로 만든 바구니(광주리). ②과일이 달려 있는 가지.
gigote *m.* 작은 바구니.
gilbarbeira *f.* [植] 도금양속(桃金孃屬).
gilete *f.* ①안전 면도칼. ②얇은 금속판.
giló *f.* [植] 가지속(茄科)의 식물.
gilvaz *m.* ①얼굴을 베기. ②(얼굴의) 베인 상처. 절상(切傷). 베인 자국. 상흔(傷痕).
gim *f.* (철도의) 레일을 구부리거나 곧게 펴는 기구.
gimnospermas *f.(pl.)* 나자식물(裸子植物)의 일종.
gimnospermico *a.* 나자의. 나자가 있는.
ginasial *a.* 체조의. 체육의. 운동의.
ginásio *m.* ①(옛 그리스의) 연무장(演武場). ②체육관. 체조관. ③체육학교. ④라틴어 또는 희랍어 학교. ⑤중등(中等)학교. 중등과.
ginasta *m., f.* 체조가. 체육가. 체육선생.
ginástica *f.* 체조. 체육. 체조술.
ginástico *a.* 체조의. 체육의.
gineceu *m.* ①(옛 그리스의) 부인실. ②[植] 자성기관(雌性器管). 자예권(雌蕊圈).
ginecocracia *f.* 부인정치. 내주장(內主張).
ginecocrático *a.* 부인정치의.
ginecologia *f.* ①부인과학(婦人科學). 부인병학(病學). 부인과의학(醫學). ②산부인과(産婦人科).
ginecológico *a.* 부인과학의. 부인과의학의. 부인병학의.
ginecologista *m., f.* 부인과 의사. 부인생리학자.
ginecomania *f.* [醫] (부인의) 정욕과다(情慾過多).
gineta *f.* ①[動] 사향묘(麝香猫)의 일종. 그 가죽. ②(자세가 좋은) 작은 암말.
ginetaço *m.* 몸 자세와 걸음걸이가 좋은 말(馬).
ginete *m.* ①(스페인의) 작은 말. ②자세가 좋은 작은 말. ③《稀》군마(軍馬).
ginetear *v.t.* 솜씨 있게 말을 타다.
gineto *m.* [動] 사향 고양이의 일종; 그 모피.
ginga *f.* ①[海] (작은 배의) 노. 스컬. ②스컬배.
gingante *a.* 몸을 좌우로 흔들며 걷는. 비틀거리는.
gingão *a., m.* ①몸을 좌우로 흔들며 걷는 (사람). 비틀거리는 (사람). ②건방진 (녀석). 싸움하기 좋아하는 (사람). ③게으름뱅이. 나태한 인간.
gingar *v.t., v.i.* ①스컬로 젓다. ②몸을 좌우로 흔들다(흔들며 걷다).
gingeira *f.* =*ginjeira*.
gingelim *m.* =*gergelim*.
gingiva *f.* 잇몸. 치은(齒齦).
ginglimo *m.* [解] 경첩 관절. 접관절(蝶關節).
ginja *f.* [植] 검은 앵두.
ginjal *m.* 검은 앵두나무밭. 검은 앵두원(園).
ginjeira *f.* [植] 검은 앵두나무.
ginocarpo *a.* [植] 나과(裸果)의.
ginofobia *f.* 여자를 싫어함.
ginofobo *m.* 여자를 싫어하는 사람.
ginospermas *f.(pl.)* =*gimnospermas*.
ginospermico *a.* =*gimnospermico*.
ginoto *m.* [魚] 뱀장어속(屬).
ginoto elétrico 전기뱀장어.
ginuro *a.* [動] 나미(裸尾)의.
ginuros *m.(pl.)* [動] 원숭이의 일종.
gio *m.* [海] 횡재(橫材).
gipaeto *m.* [鳥] 큰 독수리(大鷲)의 일종.
gipseo *a.* 석고질(石膏質)의. 석고와 비슷한. 석고로 만든.
gipsifero *a.* 석고가 있는. 석고를 함유한.

gipso *m.* [鑛] 석고(石膏). 깁스.
gipsófila *f.* [植] 대나물.
giquitaia *f.* (브라질의) 작은 붉은 개미.
gira *a.* 정신없이 돌아다니는. 제 정신이 아닌.
— *f.* 이리저리 거닐기. 정신없이 돌아다니기.
— *m.* ①얼빠진 사람. 멍청이. ②환상가. 몽유환자.
giração *f.* 빙빙 돌기. 선회(旋回). 회전(回轉).
girador *a.*, *m.* 회전하는 (것). 선회하는 (것). 빙글빙글 돌게 하는 (것).
girafa *f.* [動] 기린(麒麟). 지라프. [天] 기린좌(座). 《俗·轉》키 크고 목이 긴 여자.
girândola *f.* ①가지가 달린 촛대. ②일종의 회전 꽃불. ③분수(噴水).
girante *a.* 빙빙 도는. 회전하는. 선회하는.
girar *v.i.* ①빙빙 돌다. 회전하다. ②걸어 돌아다니다. 뛰어 돌아다니다. ③(화폐가) 유통하다. 돌다. 순환하다.
— *v.t.* (원을) 긋다 ; 그리다. (…을) 돌다.
girassol *m.* [植] 해바라기.
girata *f.* 《俗》산책. 소풍.
giratório *a.* 빙빙 도는. 회전하는. 선회하는. 순환하는.
cadeira giratória 회전의자.
giria *f.* ①사투리. 일시저 유행어. ②힘설수설. 암호말. 곁말. ③간사한 지혜. 간지(肝智). 교활함. ④악의(惡意).
gíria de ladrão 도적의 암호말(곁말).
giribanda *f.* ①가슴걸이. ②《俗》꾸지람. 욕.
girigote *m.* 악한. 악당. 무뢰한. 부랑자.
girino *m.* [動] 올챙이.
girio *a.* ①사투리를 쓰는. ②암호말(곁말)을 쓰는. ③간사한. 교활한.
giro *m.* ①회전(운동·선회·나선형으로 돌기). ②순환(循環). 교대(交代). ③순번(順番). ④완곡(婉曲). 완곡한 표현. 넌지시 하는 말. (답변을) 회피하기. ⑤《俗》산책. 한번 돌기.
dar um giro 산책하다. 이리저리 거닐다. 휘 한번 돈다.
girofle *m.* [植] 정향나무(도금양(桃金孃科)).
giropiloto *m.* 로봇 조종사.
giroplano *m.* 오토자이로. 풍차식 비행기.
giroscópio *m.* 자이로스코프. 회전의(回轉儀). 환동륜(環動輪).

gitano *m.* =*cigano*.
gito *m.* 녹인(용해한) 금속을 주형(鑄型)에 부어 넣는 관(管).
giz *m.* 분필. 백묵. 초크.
gizamento *m.* 초벌 그림. 스케치. 견취도. 약도. 초고. 초안.
gizar *v.t.* 분필로 쓰다(그리다). 스케치하다. 도안(圖案)하다.
glabela *f.* [解] 눈썹 사이. 미간(眉間).
glabro *a.* [解] 털 없는. 털 빠진. 빤질빤질한. [植] (잎사귀에) 털이 없는. 매끄러운.
glacial *a.* ①얼음의. 얼음 덩어리의. ②얼음처럼 찬. ③냉정한. 냉담한.
zona glacial 한대(寒帶).
glaciar *m.* =*geleira*.
glaciário *a.* ①얼음의. ②빙하(氷河)의.
período glaciário 빙하시대.
glaciarista *m.*, *f.* 빙하학자. 빙하연구가.
gladiador *m.* (옛 로마) 검투사(劍鬪士).
gladiar-se *v.pr.* ①검(劍)을 들고 싸우다. ②투쟁하다.
gladiatório *a.* 검투사의.
gládio *m.* ①《詩》검. 단검(短劍). ②투쟁. 전쟁. ③힘. 위력.
gladíolo *m.* [植] 글라디올러스.
glandado *a.* [紋] 끝이 도토리 모양을 한.
glande *f.* [植] 도토리. 떡갈나무의 열매.
glandífero *a.* 《詩》도토리가 생기는. 도토리를 산출하는.
glandiforme *a.* 도토리 모양의.
glandívoro *a.* 도토리를 먹는(먹고 사는).
glândula *f.* ①[生理·植] 선(腺). 액낭(液囊). ②작은 도토리.
glandulação *f.* 선(腺)의 위치(조직 또는 상태).
glandular, glanduloso *a.* 선(腺)의. 선성(腺性)의. 선상(腺狀)의. 선질(腺質)의.
glanduliforme *a.* 선과 같은. 선상(腺狀)의.
gláucia *f.* [植] 양귀비속(屬)의 식물.
gláucico *f.* [化] *gláucia*에서 빼낸.
glauco *a.* 바다빛의. 해록색(海綠色)의. 청록색의.
glaucoma *m.* [醫] 녹내장(綠內障).
glaucomatoso *a.* [醫] 녹내장의.
gleba *f.* ①흙덩어리. 토괴(土塊). ②경작지. ③광석이 나는 땅. 광토(鑛土). 유광질 토괴(有鑛質土塊).
glena *f.* [解] 움푹한 홈. 관절와(關節窩).
glenoidal, glenoide *a.* [解] 움푹한 홈의.

gleucometro–**glote**

관절와(關節窩)의.
gleucometro *m.* 당분계량기(糖分計量器).
glicerato *m.* 글리세린 조제(調劑).
glicereo *a.* 글리세린 기(基)의.
glicérico *a.* 글리세린의.
  ácido glicérico 글리세린산(酸).
glicerina *f.* [化] 글리세린.
glicinia *f.* [植] 등(藤)나무.
glicocola *f.* [化] 글리코콜. 교당(膠糖).
glicogênese, glicogenia *f.* [生理] 당질형성(糖質形成).
glicogênico *a.* 당질형성의.
glicogênio *m.* [化] 글리코겐. 동물성 간장(肝臟). 전분(澱粉).
glicol *m.* [化] 글리콜(글리세린과 에틸알코올과의 중간 물질).
glicometro *m.* =*gleucometro*.
glicônico *a.*《詩》(그리스・라틴시 시형의 일종). 글라이콘 시형(詩形)의.
glicose *f.* [化] 포도당(葡萄糖). 포도당소(糖素).
glicosúria *f.* [醫] 당뇨(糖尿).
glifo *m.* [建] 선홈. 홈줄. [考古] 상형문자. 부조상(浮彫像).
glíptica *f.* (보석) 조각술(彫刻術).
gliptodonte *m.* (古生) 조치수(彫齒獸).
gliptografia *f.* ①보석조각술. ②고대조석학(古代彫石學).
global *a.* ①둥근. 구체(球體)의. ②지구의. 전부의. 전체의. 세계적인.
globalmente *adv.* 전체적으로. 세계적으로.
globífero *a.* [植] 공 모양의 과일을 맺는. 방울 모양의 열매가 달리는.
globo *m.* ①공. 구(球). 구체(球體). ②지구. 지구의(地球儀). 천체(天體)(태양・항성 등). 천체의(天體儀). ③공 같은 물건. ④눈알・안구(眼球).
  em globo 통틀어서. 일괄하여.
globosidade *f.* 공 모양. 구형(球形). 원체(圓體).
globoso *a.* 공 모양의. 구상(球狀)의. 동그스름한.
globular *a.* 공 모양의. 둥근. 구형의. 구상의.
globulina *f.* [化] 혈구소(血球素).
glóbulo *m.* ①작은 공(小球). 작은 공 같은 물체. ②혈구(血球). ③환약(丸藥).
globuloso *a.* 공 모양의. 방울 모양의. 소구(小球)의.

glomerar *v.t.* 공 모양으로 감다(모으다).
glória *f.* ①영광. 영예. 명예. 영화. 광휘(光輝). 찬란. ②후광(後光). 원광(圓光).
gloriar *v.t.* 영광을 드리다. 영광을 더하다. 영예 있게 하다. 명예를 주다. 명예롭게 하다.
  —**se** *v.pr.* ①영광스럽게 되다. ②자랑하다. 자부하다.
glorificação *f.* ①신(神)에 영광을 돌리기. 영광되게 함. 영예롭게 함. ②명예를 줌. ③찬양. 찬미(讚美). 찬송. 칭찬.
glorificador *a., m.* 영예를 주는 (사람). 영광스럽게 하는 (자). 찬미자.
glorificante *a.* 영광을 돌리는. 영광스럽게 하는. 영예롭게 하는.
glorificar *v.t.* ①영광을 드리다. 영광되게 하다. 영예롭게 하다. 명예스럽게 하다. 명예를 주다. ②(사람・행동을) 칭찬하다. 찬양하다. ③찬미하다. 찬송하다.
  —**se** *v.pr.* 영광스럽게 되다. 영예를 받다.
gloriosamente *adv.* 영예롭게. 영광스럽게. 빛나게. 명예혁혁하게.
glorioso *a.* 영광스러운. 영예로운. 영예 있는. (명성이) 혁혁한. 빛나는. 장한.
  estar glorioso de …을 자랑으로 하다.
glosa *f.* ①주해(註解). 해석. 어구주석(語句註釋). 평주. 설명. ②《詩》첩구(疊句). ③비난.
glosador *m.* 주해하는 자. 주석자. 해설자. 비평자.
glosar *v.t., v.i.* ①(…에) 주석을 달다. (…을) 주해하다. ②시구(詩句)를 부연(敷衍)하다. ③비평하다. 비난하다.
glossário *m.* 어휘(語彙). 단어편. 용어해설. (어려운 말・폐어・사투리・술어 등의) 작은 사전. 고어(古語) 사전.
glossite *f.* [病理] 설염(舌炎).
glossocele *m.* 혀를 불쑥 내미는 병적 작용.
glossografia *f.* ①고어연구(古語研究). 난어(難語)연구. ②[解] 혀(舌)의 해부적 설명. 설지(舌誌).
glossógrafo *m.* ①주석자. 주해자. ②고어연구가. 난어연구자.
glossologia *f.* ①언어학. 술어해석. ②[醫] 설과(舌科). 설론(舌論).
glossotomia *f.* [外] ①혀(舌)의 절개. ②혀를 짜르기. 혀의 절단(切斷).
glote *f.* [解] 성문(聲門).

glotica *f.* 언어분류학(言語分類學). 어원학.

glótico *a.* [解] 성문(聲門)의. 성문에 속하는.

glótiga *f.* [解] 성문(聲門).

glotite *f.* [醫] 성문염(聲門炎).

glotologia *f.* 언어분류학(인류학(人類學)의 한 부문).

glotólogo *m.* 언어분류학에 정통한 사람.

gloxinia *f.* [植] 글록시니아.

glucose *f.* [化] 포도당.

gluglu *m.* (칠면조의) '골골' 우는 소리.

gluma *f.* [植] 영(穎). 영포(穎苞).

glumáceas *f.(pl.)* [植] 영포류(穎苞類).

glumáceo *a.* 영포가 있는. 영(穎)모양의.

glutão *a.* 게걸든. 많이 먹는. 폭식하는.
— *m.* ①대식가. 폭식가. ②탐심 많은 사람. (일을) 탐하는 사람. 탐닉가(耽溺家).

glúten *m.* [化] 글루텐. 식물성 아교질.

glúteo *a.* 엉덩이의. 엉덩이에 속하는.

glutina *f.* 식물점액소(植物粘液素).

glutinar *v.t., v.i.* 아교풀로 붙이다(붙다). 점착(粘着)시키다(하다). 교착(膠着)시키다(하다).

glutinativo *a.* =*glutinoso*.

glutinosidade *f.* 점착성(粘着性). 아교질.

glutinoso *a.* 아교질의. 교질(膠質)의. 찐득찐득한. 점착력(粘着力) 있는.
arroz glutinoso 찹쌀.

glutona *f., glutão*의 여성형.

glutonaria, glutonia *f.* 대식(大食). 다식(多食). 폭식. 폭식하는 버릇. 탐식벽(貪食癖).

glutónico *a.* 탐식의. 폭식의. 대식의.

gneiss *m.* [地質] 편마암(片麻岩).

gneto *m.* [植] 마황(麻黃).

gnoma *f., m.* 격언. 금언(金言). 잠언(箴言).

gnómico *a.* 격언의. 금언의. 잠언의. 격언다운.

gnomo *m.* ①(땅속에 있는 보물을 지킨다는) 땅신령. 작은 귀신. ②난쟁이. 주유(侏儒).

gnòmon *m.* ①(옛날의) 해시계. (해시계의) 바늘. ②[數] 경절형(磬折形).

gnomónica *f.* 해시계의 구조원리(構造原理). 해시계 제조법.

gnomónico *a.* 해시계의. [數] 경절형의.

gnose *f.* 영계의 지식. 신비로운 지식. 영지(靈智). 신비적 직관(神秘的直觀). [哲] 직관설(直觀說).

gnosticismo *m.* ①[宗] (그)노우시스파의 이단설(異端說). ②노스딕교. [哲] 직관설. 신비적 직관.

gnóstico *m.* (그)노우시스파(*gnosis*의 개념으로 기독교의 본질을 성명하려고 한 기원 2세기 경의 이단 기독교도(異端基督敎徒)).
— *a.* (그)노우시스파의. 신비로운 지식의. 영지(靈智)의.

gnu *m.* [動] 암소 비슷한 일종의 영양(羚羊)(남아프리카산).

gobião *m.* [魚] 다문절망둑.

godo *m.* 조약돌. 둥근 자갈. 마노(瑪瑙).

gôdo *a.* 고트 사람의. 고트 사람 같은. 교양 없는. 야만적인. 무례한. [建] 고딕양식의
— *m.* ①고트 사람(3세기부터 5세기에 걸쳐 동·서양 로마제국을 유린하고 이탈리아·프랑스·스페인에 왕국을 건설한 튜튼 민족의 일파). ②야만인. 난폭한 사람.

goela *f.* [解] 위관(胃管). 식도(食道). 목구멍. 인후(咽喉).

goelar *v.i.* ①소리 지르다. ②말 많이 하다. 수다스럽다.

gogó *m.* 결후(結喉). 인후골(咽喉骨).

gôgo *m.* 닭·오리 따위의 혓병(舌病).

goiaba (발음: 고이아바) *f.* [植] 빈식튜(빌대 아메리카산의 작은 관목); 그 과실.

goiabada *f.* 번석류로 만든 잼(또는 과자).

goiabeira *f.* [植] 번석류나무(그 과일로 젤리·잼 등을 만듬).

goiano *a.* (브라질의) 고이아스주(州)의. 고이아스 사람의.
— *m.* 고이아스 주민(州民).

goiva *f.* 둥근 끌. 원착(圓鑿).

goivadura *f.* 둥근 끌로 파기(새기기).

goivar *v.t.* 둥근 끌로 파다(새기다).

goiveiro *m.* [植] 아라세이도(십자화과(科)에 속하는 한해살이 풀).

goivo *m. goiveiro*의 꽃; 그 꽃봉오리.

gol, golo *m.* 골. 득점(得點).

gola *f.* ①(셔츠의) 카라. ②목부분. 경갑(頸甲). ③[築城] 능보(稜堡)의 인후부(咽喉部).

gole *m.* 꿀꺽 마시기. 들이키기. 한 모금. 한 모금의 분량.
tomar um gole 한 모금 마시다.

goleiro *m.* (축구) 문지기. 골키퍼.

golelhar *v.i.* 말 많이 하다. 지껄이다. 쓸데없는 소리를 하다.

golelheiro *m.* 말 많이 하는 사람. 쓸데없이 지껄이는 사람. 요설가.

goles *m.* [紋] 붉은 색.

goleta (1) *f.* 스쿠너 배(보통 둘 혹은 세 개의 돛대를 갖춘 종범식 범선).
— (2) *f.* (바다·강·호수의) 후미. 개. 작은 만(灣). (강의) 입구.

golfada *f.* ①솟아 나옴. 용출. 분출. 내뿜기. 토출(吐出). 사출(射出). ②감정의 폭발. ③한 번 내뿜는(사출하는) 양.

golfão, golfam *m.* [植] 수련(睡蓮).

golfar *v.i.* ①흘러 나오다. 솟아 나오다. 용솟음쳐 나오다. 뿜다. 용출하다. 분출하다. 토출(吐出)하다. 사출(射出)하다. ②뛰어 나오다. 갑자기 나타나다.
— *v.t.* 흘러 나오게 하다. 내뿜게 하다. 사출시키다.

gôlfe *m.* (=*gôlfo* (1)). 골프.

golfinho *m.* [動] 돌고래. 해돈(海豚). 《轉》땅딸보.

gôlfo (1) *m.* 골프.
— (2) *m.* ①만(灣). ②깊은 바다. 심연(深淵).

gólgota *m.* ①골고다(그리스도가 십자가에 못박힌 언덕). 그리스도가 처형당한 곳. ②잔인한 형벌(刑罰).

golpada *m.* ①《俗》대타격(大打擊). ②큰 상처.

golpe *m.* ①한번 침. 일격(一擊). 강타(强打). 심한 타격. ②공격. 습격. ③불시에 발생한 것. 뜻하지 않은 재앙. 재해(災害). ④때린 상처. 베어진 자국. 절상(切傷).
golpe de vento 일진(一陣)의 바람.
golpe de estado 쿠데타. 무력정변(政變).
de um golpe só 단 한번의 타격으로.
errar o golpe 잘못 치다. 빗 때리다. 무력정변을 이루지 못하다(실패하다).

golpeado *a.* ①한번 맞은. 강타한. ②때려 상처를 입힌. 베인. 베인 자국이 있는.
manga golpeada (맛들이기 위하여 칼로) 금을 그은 망고(열매).

golpear *v.t.* ①한 번 세게 치다. 강타하다. ②(정신상의) 타격을 주다. ③때려 상처를 입히다. 찔러(베어) 상처를 입히다. ④(형겊을) 째다.

goma *f.* 나무의 진. 수교(樹膠). 점성(粘性) 고무. 고무풀.

goma arábica 아라비아풀.
goma elástica 탄성(彈性) 고무.
goma de mascar 껌.
goma de peixe 부레.

gomar (1) *v.t.* 고무를 바르다. 고무(질)로 칠하다.
— *v.i.* 고무질(質)을 분비하다.
— (2) *v.i.*, *v.t.* [植] 꽃봉오리를 맺다. 싹트다. 싹이 나게 하다.

gomeleira *f.* [動] 빨판. 흡반(吸盤). [植] 흡지(吸枝). 새로 나온 가지. 뿌리에서 돋은 눈.

gomil *m.* 목이 가는 단지(항아리). 주둥이가 좁은 주전자.

gomo *m.* [植] ①싹. 꽃봉오리. ②과과(果顆)(귤처럼 껍질을 벗기면 여러 개의 조각이 모여 이룬 전체 과일 중의 한 조각).
gomo de laranja 귤의 조각.

gomosidade *f.* 풀 같음. 호질(糊質). 점착성(粘着性). 진득진득함. 고무 성질.

gomoso *a.* 풀 같은. 호질의. 풀이 되는. 진득진득한. 고무 성질의. 고무 모양의.

gôndola *f.* 곤돌라(베니스의 유람선). (비행선의) 조선(吊船). 기구(氣球)의 조롱(吊籠). 일종의 합승차. (철도의) 기름차(油槽車). 바닥이 평평한 배.

gondoleiro *m.* 곤돌라의 사공.

gonete *m.* 나사 송곳. 나선추(螺旋錐).

gongórico *a.* [文] 과식적(誇飾的). 과식체의.

gongorismo *m.* [文] 과식(誇飾). 화려한 문체(文體). 아름답게 꾸민 글. 미사여구(美辭麗句).

gongorista *m.*, *f.* 화려한 문체를 쓰는 사람.

goniometria *f.* 각도 측정. 측각술(測角術).

goniométrico *a.* 각도 측정의. 측각술의.

goniômetro *m.* 측각기(특히 광물 결정의 면각(面角)을 측정함에 사용함).

gonococia *f.* [醫] 임독전염(淋毒傳染).

gonocócico *a.* 임균의. 임독의.

gonococo *m.* 임균(淋菌). 임독성 분열균(分裂菌).

gonorréia *f.* [醫] 임질(淋疾).

gonorréico *a.* [醫] 임질의. 임독성의.

gonzo *m.* (문에 달린) 돌쩌귀. 요점. 사북. 목.

gorar *v.i.*, —**se** *v.pr.* ①(달걀 따위) 부화 안 되다. 썩다. ②《俗》실패하다.

— *v.t.* 부화(孵化) 안 되게 하다. 썩히다. 실패케 하다.
goraz *m.* 도미과의 식용어(魚).
gordaço, gordalhudo, gordalhão *a.* 몹시 뚱뚱한. 대단한 비만체인. 토실토실한.
górdio *a.* (다음의 숙어와 함께 씀).
nó gordio 난문제(難問題). 어려운 일.
gordo *a.* ①살찐. 뚱뚱한. 비만한. ②지방질의. 지방질이 풍부한. ③(토질이) 비옥한. 기름진.
gordos (*pl.*) 소의 지방(脂肪). 동물유(動物油).
terra gorda 기름진 땅. 비옥한 토지.
gordote, gorducho *a.* 살찐. 뚱뚱한. 토실토실한.
— *m.* 《俗》 뚱뚱보.
gordura *f.* ①기름기. 지방. 비계. ②비만(肥滿). 비대(肥大). 살찐 상태.
gordura de porco 돼지의 비계.
gordurento *a.* 지방이(기름이) 많은. 기름(비계)에 더럽혀진(묻은). 기름투성이인.
gorduroso *a.* 지방질의. 지방성의. 지방(기름기) 많은. 지방(비계)으로 만든.
gorgolão *m.* =*golfada*.
gorgolar *v.i.* =*gorgolhar*.
gorgolejar *v.i.* (물·물약 따위로 목구멍을 가시기 위하여) 꼬로록하다. 꼴록꼴록 소리내다.
gorgolejo *m.* (목구멍을 가실 때의) 꼬로록하는 소리. (물의) 풍풍(꼬로록)하는 소리.
gorgolhão *m.* 작은 양(量)의 물을 내뿜기. 용출. 분출. 사출(射出).
gorgolhar *v.i.* =*golfar*.
gorgomilos *m.*(*pl.*) 식도(食道). 목구멍. [解] 인후.
gorgona *f.* [俗] 몹시 미운 여자. 아주 못생긴 여인.
gorgorão *m.* 일종의 견모 교직물(중국산).
gorgulho *m.* [蟲] 바구미. (딱정벌레 따위의) 유충(幼虫).
gorila, gorilha *m.* [動] 고릴라. 대성성(大猩猩).
gorja *f.* [海] 용골(龍骨)의 앞부분.
gorjal *m.* ①갑옷의 목가림. 목가린 갑옷. ②(부인의) 목을 가리우는 천. 목도리 칼라. (장교 예복의) 반달 모양의 목걸이. ③(새의) 목에 있는 반문(斑紋).
gorjeador *a.* ①(새가) 지저귀는. (사람이) 지저귀듯 떨리는 소리로 노래 부르는.

gorjear *v.i.* (새가) 지저귀다. (사람이) 떨리는 소리로 노래 부르다.
gorjeio *m.* ①(새가) 지저귐. 지저귀는 소리. ②(아이들의) 재갈재갈 이야기하며 떠드는 소리.
gorjeira *f.* (17~18세기의 부인 복장의) 깃에 대는 천. 목을 가리우는 천. 목도리 칼라.
gorjeta *f.* 팁. 사례금.
gorne *f.* 도르레바퀴 홈.
gornir *v.t.* 도르레(滑車)에 밧줄 걸다(통하게 하다).
gôro *a.* ①(달걀 따위) 부화하지 않은. 썩은. ②《俗》 실패한. 실패로 돌아간.
ovo gôro 썩은 계란.
gororoba *f.*《俗》 구더기.
gorovihas *f.* ①(옷의) 접은 주름. ②구김살. 구겨진 주름.
gorra *f.* (테가 없는) 모자. 보닛.
gorro *m.* 둥근 모자. 주머니 같은(袋形) 모자. 챙이 없는 모자.
gosma *f.* ①(닭·오리 등의) 혓병(舌病). ②[獸醫] (말 따위의) 호흡관의 화농성염증. 전염성 카타르. ③《俗》 가래. 점액(粘液).
gosmar *v.i.* ①기침하다. 기침하여(가래·침 등을) 뱉다. ②말을 불쑥 해버리다.
gosmento *a.* ①(닭·오리 따위가) 혓병에 걸린. ②(말 따위가) 호흡관의 화농성염증에 걸린. ③(가래·침 등을) 자주 뱉는. ④병약한.
gostar *v.t.* ①(음식·취미 등을) 좋아하다. 즐기다. 즐겨하다. ②(사람을) 좋아하다. 사랑하다. ③맛보다. 시식(試食)하다.
— *v.i.* 좋아하다. 애호하다. 즐기다. 향락(享樂)하다. 사랑하다.
gostável *a.* ①맛있는. 맛좋은. ②기분 좋은. 유쾌한. 재미있는. 쾌적(快適)의.
gôsto *m.* ①맛. 풍미(風味). ②미각(味覺). ③취미. 기호(嗜好). ④쾌락. 즐거움. ⑤재미 있음. 흥미. ⑥희망.
a gôsto 또는 *por gôsto* 마음대로. 뜻대로. 임의로.
esteja a gôsto 어서 편하게 계십시오.
com gôsto 기쁘게.
A clara do ovo não tem gôsto. 달걀의 흰자위는 맛(味)이 없다.
homem de gôsto 취미있는 사람(문예를 이해하는 사람).

Os gostos diferem. 《諺》백인백색(百人百色).

dá gôsto vê-lo 그 분을 만난다는 것은 기쁜 일이다.

Não há gôsto sem desgosto. 《諺》고생이 없는 낙이 없다.

gostosamente *adv.* 맛있게. 맛좋게. 기쁘게. 만족하여.

gostoso *a.* ①맛있는. 맛좋은. 진미의. ②기쁜. 즐거운. 유쾌한. 쾌적(快適)의.

gôta (1) *f.* 물방울. 한 방울의 분량. 물약의 한 방울. 적량(滴量). 액체의 미량(微量).

gôta a gôta 한 방울씩.

ás gôtas (물방울이) 연속적으로. 주룩주룩.

— (2) *f.* [醫] 통풍(痛風). 신경통. [建] 노옥(露玉).

gôta coral 지랄병.

gôta serena 흑내장(黑內障).

gotado *a.* ①물방울이 듣든. ②[紋] 듣든 모양의. 수주 모양(水珠模樣)의.

gotear *v.i.* =*gotejar*.

goteira *f.* ①(처마의) 낙수 홈통. ②길가의 도랑. 물흐른 자국. ③빗물이 새는 곳.

gotejamente *m.* 물방울이 (뚝뚝) 떨어지는 것.

gotejante *a.* 물방울이 떨어지는.

gotejar *v.i.* 물방울이 떨어지다. 뚝뚝 흐르다. 쭈룩쭈룩 떨어지다.

— *v.t.* (한 방울씩) 흐르게 하다.

gótico *a.* (=*gôdo*) 고트 사람의. 고트 사람 같은. 교양 없는. 무례한. 버릇 없는. 야만적인. [建] 고딕식의.

goto *m.* [解] 기관(氣管). 숨통. 《俗》성문(聲門).

dar no goto ①(음식물이 목구멍에 걸려) 숨막히다. ②기쁘게 하다. 즐기게 하다.

gotoso *a.* [醫] 신경통에 걸린. 통풍(痛風)에 걸린.

governação *f.* 다스리기. 통치(統治). 통할(統轄). 지배. 통제. 관리.

governadeira *f.* 가정(家政)에 능숙한 여성.

governador *m.* 다스리는 자. 통치자. 총독. 지사(知事). 《古》태수(太守).

governador geral 총독.

governadora *f.* *governador*의 여성 여지사(女知事).

governamental *a.* 정부의. 정부에 관한. 정부가 시행하는. 정부측의. 정부파의.

partido governamental 여당.

— *m.* 정부당(政府黨). 여당(與黨).

governamento *m.* =*governação*.

governança *f.* =*govêrno*.

governanta *f.* 가정부(家政婦). 집안 살림을 맡아 보는 이. 으뜸 식모.

governante *a.* 다스리는. 통치하는. 지배하는. 관리하는. 지배적.

— *m.*, *f.* ①다스리는 사람. 통치하는 자. 지배자. 관리자. 위정자(爲政者). ②(배 따위를) 조종하는 사람.

governar *v.t.* 다스리다. 통치하다. 시정(施政)하다. 관리하다. 지배하다. (배 따위를) 조종하다.

— *v.i.* (배가) 항로를 따르다. 조종타(操縱舵)에 지배되다.

—**se** *v.pr.* ①자기의 몸을 간직하다. ②자치(自治)하다.

governativo *a.* ①통치의. 관할의. 지배의. 지배적. ②지휘의. ③정부의. 정체(政體)의.

governatriz *a.* 통치의. 통치상의. 통치하기 위한.

— *f.* =*governador*의 여성형.

governável *a.* 다스릴 수 있는. 통치 가능한. 지배할 수 있는. 조종할 만한.

governismo *m.* 정부전권주의(全權主義). 정부만능주의. 정부론(政府論).

governista *a.* 정부를 지지하는. 정부파의.

— *m.*, *f.* 정부를 지지하는 자. 정부파의 정객.

governo *m.* ①정부. 행정부. 통치기관. ②정치. 시정(施政). 지배(권). 행정(권). 정체(政體). (공공기관의) 관리. 지배. 통어(統御). ③내각. ④지휘. 조종. [海] 키놀리기. 운전. ⑤가정(家政).

reunião do governo 각의. 국무회의.

governo da casa 가정(家政).

gozado *a.* ①즐긴. 즐기는. 향락하는. ②좋아하는. 애호하는. ③재미있어 하는. ④이용하는. ⑤《俗》이상한. 괴상한. 걸작의.

gozar *v.t.* 향락하다. 즐기다. 즐겁게 하다. 즐기게 하다. (…의) 혜택을 받게 하다.

— *v.i.* (삶을) 즐기다. 즐겨 살다. 향락하여 살다. 기뻐하다. 좋아하다.

—*se v.pr.* (+*de*) 만족하다. 기뻐하다. 즐기다.

gozo *m.* ①즐김. 향락(享樂). 쾌락. 유쾌.

②이용하기. ③수익(收益).
gozoso *a.* ①즐거운. 기쁜. 반가운. ②향락한. 쾌락한. 유쾌한. 재미있는. ③즐거운 듯한. 기쁜 듯한.
grã (1) *f.* 연지벌레(의 암컷). 연지(臙脂). (광물성) 양홍(洋紅)(선홍색의 황화안티몬).
— (2) *grande*의 준말(접두어로만 씀).
Grã-Bretanha *f.* 대영제국(大英帝國).
graça *f.* ①아름다움. 우아함. 온아(溫雅). (문체·표현 따위의) 아치(雅致). ②(신(神)의) 은총(恩寵). 가호. 혜택. 은혜. 덕분. 애고(愛顧). 편들기. 호의. ③관용. 자비. 용서. 사죄(赦罪). ④체면. 면목. ⑤성명. 이름. 명함.
graças (*pl.*) 감사. 사은(謝恩).
de graça 무료(無料)로. 그저.
em graça …을 위하여. …의 때문에.
por graça ①웃음거리로. 농담으로. ②…의 덕분으로.
graças a …의 덕분에. …의 덕택으로. …의 도움에 의하여.
pela graca de Deus 신의 은총(恩寵)으로.
as três graças [希神] (아름다움·우아·기쁨을 상징한) 세 자매의 여신(女神).
Qual é a sua graça? 선생님의 존함은? 귀하의 성명은 무엇입니까?
gracejador *a.*, *m.* 사람을 웃기는 (자). 걸 자스러운 (사림). 희롱(농담) 잘하는 (사람).
gracejar *v.i.*, *v.t.* ①(사람을) 웃기다. 농담하다. ②놀려대다. 희롱하다. 야유하다.
gracejo *m.* 웃기기. 웃음거리. 농담. 희롱. 야유. 놀려대기. 치근거리기.
graceta, gracinha *f.* 작은 웃음거리. 작은 농담(희롱).
grácil *a.* 가느다란. 가냘프고 아름다운. 연약(纖弱)한.
gracilidade *f.* 가늘음. 가냘프고 아름다움. 연약함. 섬약함. 세미(細微). 미묘(微妙).
graciosamente *adv.* 귀엽게. 우아하게. 우미하게. 은근히. 친절히. 다정하게. 무료로. 무상으로.
graciosidade *f.* ①귀여움. 애교 있음. ②우미. 은근. 우아(優雅). 친절. 무료. 무상(無償).
gracioso *a.* ①귀여운. 애교성 있는. ②아름다운. 우미한. 우아한. ③품위 있는. 정숙한. 정중한. 친절한. ④재미있는. 우스운. 걸작스러운. ⑤이상한. 괴상한. ⑥무료의. 무상의.
— *m.* (사람을) 웃기는 이. 농담 잘하는 사람. 익살꾼.
graçola *f.* 하찮은 농담. 나쁜 말로 희롱하기.
— *m.* 놀려대는 사람. 희롱하는 자. 비웃는 자. 조롱하는 자.
gradação *f.* ①순서를 정하기. 등급을 정하기. 계급별로 하기. ②순서. 차례. 등급. 등차. ③천천히 변화하는 것. 점점 전진하는 것. 누진(累進). 점차 증가하는 것. 점차 감소하는 것. 점차 이동하는 것. [修] 점층법(漸層法).
gradador *m.* ①써레질하는 사람. 써레로 땅을 고르는 사람. ②(정신적으로) 괴롭히는 자. ③약탈하는 자. 겁탈자.
gradadura, gradagem *f.* ①써레질하기. 써레로 땅을 고르기. ②(정신적으로) 괴롭히기. ③약탈. 겁탈.
gradar (1) *v.t.* 써레질하다. 써레로 땅을 고르다.
— (2) *v.i.* 점점 자라다. 증대하다. 증가하다. 높아지다. 등귀하다.
gradaria *f.* (감옥 등의) 쇠창살. 쇠살대. 울타리의 나무살대(柵). 난간살대(말둑)의 열(列). 난책(欄柵).
gradatim *adv.* 《L》 한 길음씩. 섬차로. 차차.
gradativo *a.* 점진(漸進)적인. 누진(累進)적인. 점증(漸增)의.
grade *f.* ①나무창살. 쇠창살. 쇠살대. 가름대. ②난간. 울타리. ③(면회용의) 창문. ④(그림을 끼우는) 틀. (타일·벽돌 등 만드는) 틀. 형(型). ⑤[農] 써레. ⑥말빗.
gradeado *a.* 나무(쇠) 창살을 댄. 가름대로 둘러막은. 난간을 만든.
gradear *v.t.* ①창살을 대다. 가름대로 둘러 막다. 난간을 만들다. ②써레질하다. 써레로 땅을 고르다.
gradeza *f.* (곡식의) 낱알이 큼. 대립(大粒).
gradil *m.* 난간. 울타리. 난간 재료. 창살. 창살 뚜껑.
gradil de ferro 쇠창살.
gradim *m.* 조각용(彫刻用)의 끌(정).
grado *a.* ①(알이) 굵은. 큰. ②으뜸가는. 중요한 자리에 있는.
— (2) *m.* 의지(意志). 의향. 호의(好意).
de bom grado 기쁘게. 스스로. 자진하여.

de mau grado 본의없이. 본심에 어긋나게. 싫으면서.
— (3) *m.* [數] 직각의 백분의 일.
graduação *f.* ①(눈·도수·치수·양의) 금을 그은 것. (도수·치수) 눈. 분도(分度). ②등급별. 등급을 붙이기. ③계급. 등급. 관등(官等). ④학위를 얻기. 졸업.
graduadamente *adv.* 등급에 따라. 계급별로.
graduado *a.* ①도수(치수)를 매긴. ②등급별로 된. 등급으로 배열한. 계급을 붙인. ③누진적인. ④학위를 받은. 졸업한. ⑤[軍] (계급상) 대우의.
graduador *m.* (그릇 따위에) 도수(치수)를 매기는 사람. 등급(계급)을 붙이는 사람. 검량관(檢量官). 분도기(分度器).
gradual *a.* ①(눈·도수·치수·양 따위의) 금을 긋는. ②등급을 매기는. 계급을붙이는. ③누진(累進)의. 점진(漸進)의. 점진적인. 서서히 하는. 점감(漸減)의.
— *m.* [宗] (미사 성제(聖祭)의) 승계송(昇階誦).
gradualmente *adv.* 점점. 점차로. 점차적으로.
graduamento *m.* = *graduação*.
graduar *v.t.* ①(눈·도수·치수·양 따위를 표시하는) 금을 긋다. ②눈으로 표시하다. ②등급을 매기다. 계급별로 하다. ③누진적으로 하다. ④학위를 주다. (대학을) 졸업시키다. …의 대우를 하다.
— **se** *v.pr.* 학위를 받다. (대학을) 졸업하다.
graeiro *m.* ①(곡식의) 낟알. 곡립(穀粒). ②연(鉛)의 알.
grafar *v.t.* ①(낱말을 어떻게) 맞추다(엮다). ②(글) 쓰다. (그림) 그리다. 그림으로 나타내다. 도해하다.
grafia *f.* ①철자법. ②서법(書法). 도법(圖法).
grafica *f.* ①도표(圖表). 도해(圖解). ②제도법. 그래프 산법(算法).
gráfico *a.* ①붓으로 쓴. 쓰여진. 그려진. 그림(도표)으로 나타낸. 도해한. 그래프식의. 기호(記號)에 의한. ②실사적(實寫的)인. (서술 등이) 생생한.
— *m.* ①도표. 그래프. ②인쇄.
grã-finismo *m.* 맵시 있는 차림. 멋진 태도. 사치스러움.
grã-fino *a.* 맵시 있는. 멋있는. 사치스러운. 허풍 떠는.
— *m.* 맵시 있는 사람. 멋쟁이. 스마트한 사람.
grafite *f.* (연필 속의 재료가 되는) 흑연(黑鉛). 석묵(石墨).
grafitico *a.* 석묵의. 흑연의. 석묵성(질)의. 흑연을 함유하는.
grafologia *f.* 필적학(筆蹟學). (필적으로 사람의 성격을 추측하는) 필적관상법. 문자판단(文字判斷). [數] 도표법. 그래프법.
grafológico *a.* 필적학의. 필적관상법의. 필적학에 관한.
grafólogo *m.* 필적학자. 필적관상쟁이. 문자를 판단하는 사람.
grafómetro *m.* 표고측정기(標高測定器). 측각기(測角器).
grafonomia *f.* 서체연구(書體姸究).
grainha *f.* 포도씨.
graixa *f.* = *graxa*.
gral *m.* 약절구. 유발(乳鉢).
gralha *f.* ①[鳥] 그랄랴(까마귀의 일종; 유럽산 갈까마귀. 땅까마귀. 작은 까마귀 따위). ②[印] 활자가 거꾸로 찍힌 것 또는 자리를 바꾸어 찍힌 것. 활자의 오식(誤植). ③[轉] 말 많은 여자. 수다쟁이.
gralhada *f.* ①많은 까마귀의 울음소리. ②(귀에 거슬리는) 떠들썩하는 잡담.
gralhador *m.* 잘 지껄이는 사람. 요설가.
gralhar *v.i.* (까마귀가) 까옥까옥 울다.
grama (1) *f.* [植] 잔디. 마디풀. 개밀의 일종. 《英》 *knotgrass*.
— (2) *f.* 그램(미터법의 단위: 4°C 물 1cm³의 중량).
gramadeira *f.* 삼(麻)을 두드리는 막대기. 쇄마봉(碎麻棒).
gramado (1) *a.* (쇄마봉으로) 삼을 두드린. 쳐서 가린.
— (2) *a.* 잔디가 있는(자란). 잔디가 많은. 잔디에 덮인.
— *m.* 잔디. 잔디밭. 《稀》 축구경기장.
gramalheira *f.* 불 위에 냄비 따위를 매다는 S자형 고리. 고리 달린 막대기(뜨거운 냄비를 들 때 씀). 불 위에 솥을 거는 조색(吊鎖).
gramão *m.* [植] 개밀.
gramar (1) *v.t.* ①삼망치로 삼을 두드리다. ②(꿀떡) 삼키다. ③탐닉하다.
— (2) *v.t.*, *v.i.* 잔디를 심다. 잔디가 자라다. 잔디로 덮다(덮이다).

gramática *f.* ①문법. 어법. 문법학. ②문법론. 문전(文典). 문법책.

gramatical *a.* 문법상의. 문법에 맞는.

gramaticamente *adv.* 문법상. 문법적으로.

gramaticão *m.* 문법가. 문법학자. 문법책 저자. 고전어학자.

gramático *a.* 문법의. 문법에 관한.
— *m.* 문법가. 문법학자.

gramatiqueiro *m.* 학자 체를 내는 문법가.

gramatiquice *f.* ①문법에 구애(拘礙)하기. 꼬치꼬치 캐기. ②학자인 체하기.

gramíneas *f.(pl.)* [植] 화본과(禾本科)의 식물.

gramíneo *a.* [植] 화본과 식물의. 벼과 식물의. 풀이 많은.

graminho *m.* [木工] 줄치는 자막대기. 평행선 긋는 도구.

graminoso *a.* 잔디가 많은. 풀이 무성한.

gramofone *m.* 축음기. 유성기.

grampa *f.* [船具] 조여붙이는 데 쓰는 나사못. 돌려 꽂는 일종의 꺾쇠. 거멀못.

grampeador *m.* ①[製本] 고리못을 박는 기계. (제본할 때의) 고리못을 박는 직공.

grampear *v.t.* [製本] 고리못을 박다.

grampo *m.* ①고리못. 책 매는 못. 형의 못. ②헤어핀.

granada *f.* ①[軍] 수류탄(手榴彈). ②[鑛] 석류 석(石榴石). [賣占] 가닛. ③(석류 색깔의) 비단의 일종.
côr de granada 가닛색. 암홍색.

granadeiro *m.* 수류탄 던지는 사람. 척탄병(擲彈兵).

granadilho *m.* ①[植] 시계초과(時計草科)의 식물; 그 열매. ②자단(紫檀). 자단재(材).

granadino (1) *a.* 석류색의. 가닛색의. 암홍색의.
— (2) *a., m.* 스페인 남부의 주(州). 그 수도(옛 서(西)사라센 왕국의 수도)에 사는 사람.

granal *a.* 알(粒)의. 알 모양의. 입상(粒狀)의.

granalha *f.* 금속(金屬)의 보드러운 알(細粒).
granalha de chumbo 납(鉛)의 부드러운 알.

granar *v.t., v.i.* 알로 만들다. 알이 되다. 입상(粒狀)으로 하다.

granate *m.* [鑛] 석류석(石榴石). 가닛.

grança *f.* 체로 친 부스러기. 체를 빠져나온 왕겨.

grandalhão *a.* 엄청나게 큰. 굉장히 큰. 거대한. 크고 높은.

grande *a.* 큰. 거대한. 장대(壯大)한. 위대한. 중대한. 성대한. 대량의.
grande quantidade 막대한 양. 방대한 수.
homem grande (육체적으로) 큰 사람.
grande homem 위대한 인물.
(註) 형용사의 위치에 따라 뜻이 다름.
à grande ①성대하게. 화려하게. ②충분히. 풍부히.
em grande 크게. 많이. 대량으로. 굉장히. 장엄하게.
— *m.* 세력가. 큰 인물. 귀한 인물. 위인. 고관.

grandeira *f.* 짚(밀짚)을 두두리는 망치.

grandemente *adv.* 크게. 거대하게. 성대하게. 위대하게. 풍부히.

grandevo *a.* 노령(老齡)의. 고령(高齡)의. 아주 나이 많은.

grandeza *f.* ①큼. 거대함. 장대(壯大)함. 웅대함. 성대함. 위대함. 고귀함. ②광대(廣大)함. ③크기. ④[數] 양(量). ⑤(별의) 광도(光度).
grandezas (pl.) 관록(貫祿). 위엄(威嚴).

grandiloqüência *f.* ①내홍변(大雄辯). 숭고한 문사(文辭). 화려한 문장. ②과장하는 말. 호언장담.

grandíloquo *a.* ①대웅변의. 숭고한 문사의. 문체가 화려한. ②과장하는. 호언장담하는.

grandiosamente *adv.* ①크게. 웅대하게. 성대히. 장엄하게. 숭고하게. 화려하게. ②과장해서. 호언장담으로. 과대하게.

grandiosidade *f.* 대단히 큼. 웅대함. 장대(壯大)함. 성대(盛大)함. 장엄함. 화려함. 숭고(崇高)함.

grandioso *a.* 몹시 큰. 웅대한. 장대한. 성대한. 광대한. 장엄한. 화려한. 훌륭한. 숭고한.

granel *m.* ①(농가의) 헛간. 곡물 창고. ②[印] 종이 조각에 박은 교정쇄.
a granel 쌓여서. 산적(山積)하여.

grangeador *m.* =*granjeador*.

grangear *v.t.* =*granjear*.

grangeiro *m.* =*granjeiro*.

granido *a.* 점각(點刻)한. 점선(點線)으로

그린.
— *m.* 점각(법). 점화(법)(點畫)(法). 점채법(点彩法).
granífero *a.* [植] 낟알이 열리는(달리는). 곡식을 생산하는.
graniforme *a.* 낟알 같은. 알 모양의. 입상(粒狀)의.
granir *v.t.* 점각(點刻)하다. 점채하다. 점선(點線)으로 그리다.
granita *f.* ①알 모양의 물체. ②(염소·말 따위의) 입상분(粒狀糞)(알 모양의 똥).
granitar *v.t.* 알(모양)을 만들다. 작은 덩어리로 만들다. 작은 공 모양(小球形)이 되게 하다.
granítico *a.* 화강석의. 쑥돌의. 화강암질(質)의.
granito *m.* 화강석(花崗石). 쑥돌.
granitóide *a.* 화강석 같은. 쑥돌 비슷한.
granitoso *a.* =*granítico*.
granívoro *a.* 곡물(穀物)을 먹는(먹고 사는).
— *m.* [鳥] 곡식조(穀食鳥).
granizada *f.* ①우박. 싸라기눈. ②우박처럼 떨어지는 것. 우박 같은 발사(發射).
granizar *v.i.* 우박이 내리다. 싸라기눈이 오다.
granizar miúdo 진눈깨비가 오다.
granizo *m.* 우박. 싸라기눈.
granizo miúdo 진눈깨비.
granja *f.* ①농가(農家). ②농장. 농원. ③(곡식을 두는) 헛간. 곡창(穀倉). ④양계장.
granjeador *m.* 밭갈이 하는 사람. 경작인. 품팔이 하는 사람. (노력으로) 돈벌이 하는 사람.
granjear *v.t.* (토지를) 경작하다. 밭갈이 하다. 농사짓다. 들에서 일하다. 품팔이 하다. 노력으로 돈을 벌다. (…을) 애써 획득하다.
granjeio *m.* ①경작(耕作). 밭갈이. ②들에서 일하기. 노력으로 돈을 벌기. ③노력의 대가. 수확.
granjeiro *m.* ①밭갈이 하는 사람. 경작인. 농부. 농민. ②농장 주인. 밭주인.
granjola *f., m.* 키 크고 뚱뚱한 사람.
granoso *a.* 낟알 같은. 낟알이 많은. 미립(微粒)이 많은. 과립(顆粒)이 있는.
granulação *f.* ①알로 만들기. 알 모양을 이룸. 알 모양이 됨. ②[植] 과립(顆粒). 입괴(粒塊). ③[醫] 새살이 나옴. 새살.

granulado *a.* 알이 된. 알 모양을 한. 미립(微粒)의. 과립이 있는.
granulagem *f.* 알로 만들기. 입상(粒狀)으로 되기. 과립(顆粒)을 형성하기.
granular (1) *a.* ①알의. 알 모양의. 입상(粒狀)의. 미립의. 과립의. 과립으로 된.
— (2) *v.t.* 알 모양으로 만들다. 알이 되게 하다. 미립상(微粒狀)으로 하다.
granuliforme *a.* 알 모양의. 미립상(微粒狀)의. 과립 같은.
grânulo *m.* ①알. 잔알. 미립(微粒). 과립(顆粒). ②알약. 환약(丸藥).
granuloso *a.* 알의. 알이 많은. 미립이 많은. 알 모양을 이룬.
granza *f.* ①[植] 꼭두서니속(屬)의 식물. ②[染料] 인조물감.
granzal *m.* 꼭두서니속의 식물이 많은 곳(들).
grão (1) *a. grande*의 준말.
— (2) *m.* ①곡물의 알(穀粒). 낟알. ②(모래알·소금알·금싸라기 등의) 입상물(粒狀物). ③작은 알약. ④《古》무게의 단위(그램의 1/20). ⑤《卑》불알. 고환. (닭이 낟알 하나씩하나씩 삼켜 밥통을 채우다). [部] 티끌 모아 태산.
grão-de-bico [植] 이집트 콩.
grão-duque 대공(大公).
grão-ducado 대공국(大公國).
grapa *f.* [獸醫] (말다리에 생기는) 포도창(葡萄瘡). 피선(皮癬).
grasnada, grasnadela *f.* ①(까마귀의) 까악까악 우는 소리. (개구리의) 개굴개굴 우는 소리. ②떠들기. 훤소(喧騷).
grasnador *a., m.* 까악까악(개굴개굴)우는 (것).
grasnante *a.* 까악까악 하는. 개굴개굴 하는.
grasnar *v.i.* (까마귀가) 까악까악 울다. (개구리가) 개굴개굴 울다. (집오리·거위 따위가) "꽥꽥" 하다.
— *m.* 까악까악(개굴개굴) 우는 소리.
grasno, grasnido *a.* =*grasnada*.
grassar *v.i.* (질병 따위가) 유행하다. 전염하다(소문·테마·화재 따위가) 퍼지다. 전파하다.
grassento *a.* 지방질(脂肪質)의. 지방성의. 기름기 많은. 기름투성이의. 매끈매끈한.
grasso *a.* 기름기(지방질) 있는.
gratamente *adv.* 감사하게. 고맙게. 즐겁게.

gratidão *f.* 고마움. 감사. 감은(感恩). 감사의 표시.

gratificação *f.* ①감사의 뜻을 표하기. ②보수를 주기. 위자료를 주기. ③수당(手當). 팁.

gratificador *m.* 감사의 뜻을 표하는 사람. 상을 주는 자. 보수(수당)를 주는 사람. 팁을 주는 자.

gratificar *v.t.* 감사의 뜻을 표하다. 상을 주다. 보수(수당)를 주다. 팁을 주다.

gratífico *a.* 고마워하는. 감사에 넘친. 감사의 뜻을 나타내는. 호의를 베푸는.

grátis *adv.* 거저. 무료로. 무상으로. 보수 없이.

grato *a.* 고마운. 고마워하는. 감사하고 있는. 은혜를 지고 있는. 기쁘게 생각하는. 흡족한.

gratuitamente *adv.* 거저. 무료로. 무상으로. 보수 없이.

gratuitidade, gratuidade *f.* 보수 없음. 무보수. 무료(無料)임. 무상(無償)임.

gratuito *a.* ①무료의. 무상의. 보수 없는. 호의(好意)의. ②근거 없는. 이유 없는. 무턱대는.

gratulação *f.* 축사(祝辭)를 하기. 축의(祝意)의 표시. 감사의 뜻을 나타내기.

gratular *v.t.* ①축사를 하다. 경하(慶賀)하다. 축하하다. ②(…에) 감사하다.

gratulatório *a.* 축사(축의)를 표시하는. 축사의 뜻을 나타내기 위한. 킵사의 뜻을 표시하기 위한.

discurso gratulatório 축사(祝辭).

grau *m.* 급. 등급. 정도. [理] 도(度). [三角] 도(度). [數] 차(次). [法] 친등(親等). 촌(寸). [樂] 계(階). [文] 급(級). (학교의) 점수.

grau positivo [文] 원급.
grau comparativo 비교급.
grau superlativo 최상급.
por graus 점차. 점차적으로.
de grau em grau 점점. 한 계단씩 더.

graúdo *a.* ①(알이) 굵은. 큰. ②성장한. 성숙한. ③뛰어난. 으뜸가는. 우수한. 유력한.
— *m.* 세력가. 권력가.

graúlho *m.* 포도씨.

gravação *f.* ①조각. 조각술. 조판술(彫版術). ②더 무겁게 함. 가중(加重) ③억누르기. 박해. 괴롭히기.

gravado *a.* ①(금속・돌 등에) 새긴. 조각한. ②더 무겁게 한. 가중한. 억누른. 박해한. 괴롭힌. ③무거운 세금을 부과시킨.

gravador *m.* 조각사(彫刻師).

gravadura *f.* ①조각하기. 새기기. ②무겁게 하기. 위태롭게 하기.

gravame *m.* ①무거운 부담. 무거운 책임. 과중한 짐. ②고난. 난사(難事). ③박해. ④불평의 씨. 불평의 원인.

gravar (1) *v.t.* (금속・돌・나무 따위에) 새기다. 조각하다. (마음속에) 그리다. 명심하다.

gravar em (…을) …에 새기다.

— (2) 무겁게 하다. 무거운 책임(부담)을 지우다. 위태롭게 하다. 괴롭히다.

gravata *f.* 넥타이.

gravatão *m.* 많이 아는 체하는 사람. 저 잘난 체하는 자.

gravataria *f.* ①넥타이 공장(상점). ②많은 넥타이.

gravateiro *m.* ①넥타이 만드는 사람. ②넥타이 장수.

gravatil *m.* 홈파는 대패.

gravato *m.* =*garvato*.

grave *a.* ①중대한. ②엄한. 엄격한. 심한. ③(병이) 어려운. 위독한. ④(정세가) 위태한. 심상치 않은. ⑤고상한. 진지한. 정색의. ⑥무게 있는 ⑦[音聲] 억음(抑音)의. 눈음(鈍音)의.

acento grave 억음부(抑音符).
homem grave 엄격한 사람.
crime grave 중죄(重罪). 무거운 죄.
doença grave 중병(重病). 병의 위독한 상태.

— *m.* ①무게 있는 물체. ②[音聲] 억음. 둔음. [文] 중음(重音).

gravela (1) *f.* [醫] 신사(腎砂). 요사(尿砂). 요결석(尿結石).
— (2) *f.* 포도의 찌끼(재강).

gravemente *adv.* 무겁게. 중대하게. 엄하게. 엄격하게. 위독하게. 위태롭게.

graveolência *f.* 나쁜 냄새. 시체 썩는 냄새.

gravetos *m.(pl.)* ①베어낸 가지. ②휘추리. ③덤불. 교목(喬木). ④나무단.

gravidade *f.* ①[理] 중력(重力). 인력(引力). ②중대한. 중대성. ③엄중. 엄격. 엄숙. ④[醫] 중태. 위독. ⑤[樂] 음조(音調)가 낮은 것.

centro de gravidade 중심(重心).

gravidar v.t. 임신케 하다.
gravidez f. ①회임(懷妊). 임신(姙娠). 임신 상태. ②(사건·사고 따위의) 배태(胚胎).
grávido a. ①무거운. 중대한. ②가득한. 충만한. ③의미 있는. 함축성 있는. ④임신한. 아기를 밴.
mulher grávida 임신부(姙產婦).
gravimetro m. 일종의 비중계(比重計).
gravimétrico a. 비중계의.
gravitação f. 중력(重力). 인력(引力).
grivitação universal 만유인력.
gravitante a. 중력에 의하여 끌리는(내려가는). 인력에 작용하는.
gravitar v.i. 인력(引力)에 의하여 끌리다. (가라앉다). 자연히 끌려오다.
gravoso a. 부담이 큰. 책임이 중한. 무거운. 짐이 되는. ②힘이 드는. 성가신. 귀찮은.
gravura f. ①판화(版畵). 인화(印畵). 조각판(彫刻版). ② 조판술(彫版術).
graxa f. ①유지(油脂). (기계에 바르는) 진한 기름. (윤활유(潤滑油) 따위의) 기름. ②구두 기름. 구두약. ③[獸醫] 수자병(水疵病).
graxo a. 기름기 있는. 지방(脂肪)이 많은. 미끈미끈한.
grazina a. 말 많은. 불평하는. 끙끙하는.
— m., f. 말 많은 사람. 요설가. 불평하는 사람. 투덜거리는 사람.
grazinada f. 말이 많음. 요설(饒舌). 쓸데없는 잡담. 불쾌스러운 이야기. 툴툴거리기. 투덜거리기.
grazinador a., m. =grazina.
grazinar v.t., v.i. 말 많이 하다. 쓸데없는 이야기를 하다. 불평대다. 투덜거리다. 끙끙하다.
Grécia f. 그리스.
grecismo m. ①그리스식. ②그리스 말투(어법). ②그리스 정신(기질).
grecizar v.t. 그리스식으로 하다. 그리스화하다.
greco f. (그리스의…) 뜻을 나타내는 복합형.
greco-latino a. 그리스와 라틴의.
grecomania f. 그리스 도취.
greco-romano a. 그리스와 로마의.
greda f. 점토(粘土). 도토(陶土). 이회토(泥灰土)(비료 또는 시멘트 원료). 백악(白堊).

greda branca 백악.
gredoso a. 진흙의. 점토(粘土)의. 점토가 있는. 이회질의. 이회암 모양의. 백악같은.
grega f. [建] (뇌문형(雷文形)의) 연속된 모양. 뇌분(雷文). [紋] 교차상(交叉狀)의 끈.
gregal a. ①떼지어 사는. 군거성(群居性)의. ②[植] 송이를 이루는. 족생(族生)의. ③(가축의) 무리의. 떼의.
gregário a. 떼를 지어 사는(다니는). 군거성의. [植] 송이를 이루는. 족생의.
animals gregários 군서동물(群棲動物).
grego a. ①그리스(식)의. 그리스 말투의. ②《俗》알 수 없는. 분명치 못한.
— m. 그리스 사람. 그리스어.
É grego para mim. 나에게는 전혀 알 수 없는 일이다.
gregoriano a. (로마의 교황) 그레고리의.
gregotins m.(pl.) =garatujas.
grei f. ①(양·돼지 따위의) 떼. 무리. ②사람의 떼. 단체. ③《俗》사회. ④[宗] 교구민단(敎區民團).
grelado a. [植] 싹튼. 발아(發芽)한.
grelar (1) v.i. 싹이 트다. 발아하다.
— (2) v.t. (…을) 주목하다. 찬찬히 보다.
grelha f. 굽는 쇠그물. 석쇠. 적철(炙鐵). 고기 굽는 그물. 적쇠. [史] 화형용(火刑用)의 포락(炮烙).
grelhado a. 적철로 구운. 적쇠(석쇠)에 구운.
grelhar v.t. 적철로 굽다. 적쇠로 굽다. 태우다. 달구다.
grelo m. ①[植] 새싹(新芽). 어린 싹. ②싹트기.
gremilha f. [魚] (담수산(淡水産))농어의 무리.
grêmio (1) m. 무릎. 무릎 부분.
— (2) m. ①(중세의) 상인단체. 길드. ②(근래의) 동업조합. 상사(商事). 결사. 단체. 협회. 클럽.
grêmio da igreja 교회 내의 체육·오락·소년단 등의 단체(클럽).
grenha f. ①흩어진 머리칼. ②사자의 긴 머리털. ③잡목 숲. 총립(叢林). 덤불.
grenho a. (머리칼의) 흐트러진. 흐트러뜨린. 위로 솟은.
grés m. ①[地質] 사암(砂岩). 사석(砂石). ②천연 숫돌. ③돌그릇.

gresiforme *a.* 사암과 같은. 사석질(砂石質)의.

greta *f.* (갈라진) 금. (쪼개진) 틈. 균열(龜裂).

gretado *a.* 금이 간. 틈이 생긴. 균열된.

gretadura *f.* (갈라져) 금가기. 틈이 생기기. 균열되기.

gretar *v.t.* 금이 가게 하다. 틈이 생기게 하다.
— *v.i.*, —**se** *v.pr.* (짤각하고) 금이 가다. (재끈하고) 틈이 생기다. 균열되다. 열개(裂開)하다. (추위 등으로 손등 또는 발등이) 트다. 금이 생기다.

greva *f.* ①(갑옷의) 정갱이받이. ②무릎 아래에 대는 것.

greve *f.* 파업(罷業). 동맹파업. 스트라이크. (학생의) 동맹휴교.
pôr-se em greve 동맹파업하다.

grevista *m., f.* 동맹파업자. 파업에 참가한 사람.

grifa *f.* (짐승의) 날카로운 발톱. (게의) 집게발. 발톱 모양의 손잡이.

grifado *a.* [印] 이탤릭의. 사체(斜體)의. 이탤릭체로 쓴(인쇄한).

grifar *v.t.* ①(머리털을) 지지다. 꼬부리다. ②(글을) 이탤릭체로 쓰다. 이탤릭체로 인쇄하다.

grifo (1) *m.* 이탤릭체의 글자. 사체문자(斜體文字).
— *a.* 이탤릭(체)의. 사체의.
— (2) *m.* [希神] 독수리의 머리·부리·날개·발톱. 그리고 똑바로 선 귀와 사자의 몸통을 가진 괴상한 짐승(숨은 보물을 지킨다고 함).

grilhão *m.* ①(옛날 죄수의 다리에 채운) 일종의 족쇄(足鎖). ②쇠사슬. ③질곡(桎梏). ④시계줄. 상패(메달)에 달린 줄.

grilheta *f.* ①족쇄. 차꼬. 쇠고랑. ②구속. 속박. 기반(羈絆). 질곡(桎梏).
— *m.* ①잡힌 몸. ②유죄 선고를 받은 죄인. (기결)죄수.

grilo *m.* [蟲] 귀뚜라미. 《俗》(호각을 쥔) 교통순경. 야경인.

grima *f.* ①유한(遺恨). 원한. 앙심. ②미움. 증오.

grimpa (1) *f.* 바람개비.
— (2) *f.* 물체의 꼭대기. 정상(頂上).
abaixar a grimpa 교기를 꺾다. 인격을 떨어뜨리다.

grimpar *v.i.* ①반항하다. ②대들다. 달려들다. ③건방진(거친) 대꾸를 하다. ④불순한 행동을 하다.

grinalda *f.* ①(머리 또는 목에 두르는) 화환(花環). 화관(花冠). 꽃줄(花綱). 화식(花飾). 엽식(葉飾). ②[建] 화환 모양. 화식 모양(花飾模樣). ③보석의 줄.

gripado *a.* 유행성 감기에 걸린.

gripal *a.* 유행성 감기의. 인플루엔자의.

gripar *v.i.*, —**se** *v.pr.* 유행성 감기(인플루엔자)에 걸리다.

gripe *f.* 유행성 감기. 인플루엔자.

gris *a.* 회색의. 쥐색의.
— *m.* 회색. 쥐색. 엷은 먹빛.

grisalho *a.* 회색(쥐색)이 되기 시작한. (머리털·수염 등이) 흰. 서리 같은. 반백(半白)의.
cabelo grisalho 반백의 머리.

grise *m.* 회색. 모직물의 일종.

grisén *a.* (푸른 빛을 약간 띤) 회색의. 잿빛의. 엷은 먹빛의.

grisu *m.* (탄광 내의) 탄화수소(炭化水素) 가스. 폭발성 메탄가스.

grita *f.* 외침. 고함소리. 함성. 규환. 부르짖음.

gritada *f.* ①외친 소리. 고함 소리. ②말다툼. 언쟁.

gritadeira *f.* 외치는 여자. 고함치는 여자.

gritador *a., m.* 외치는 (사람). 고함지르는 (사람). 말다툼하는 (사람).

gritar *v.i.* 외치다. 소리 지르다. 부르짖다. 큰소리로 부르다. 비명을 올리다. 떠들어대다.
gritar por 큰소리로 …을 부르다.

gritaria *f.* 외침. 소리 지르기. 고함. 함성. 규환. 비명.
gritaria infernal 아비규환(阿鼻叫喚).

grito *m.* ①외치는 소리. 고함소리. 함성. 규환. 절규. ②비명. 째는 듯한 소리. ③(맹수의) 포효(咆哮).

groenlandês *a.* (북미 동북에 있는 섬) 그린란드의.
— *m.* 그린란드 사람.

grogue *m.* 람(*Rum*) 술에 물을 탄 음료. 또는 람 술에 물·설탕·레몬 등을 넣은 음료.
— *a.* 술에 취한. 비틀거리는.

grosa (1) *f.* 눈이 거친 줄(鑢). 강판.
— (2) *f.* [商] 그로스(12타스 즉 144개).

grosar *v.t.* 눈이 거친 줄로 쓸다(갈다).
groselha *f.* [植] 까치밤나무; 그 열매.
groselheira *f.* =*groselheiro*.
— *m.* 까치밤나무(숲).
grossaria *f.* ①(삼·무명 따위의) 거친 직물. 부대(주머니) 따위를 만드는 포목. ②초라한 것. 조잡(粗雜). 조악. ③(행실의) 거칠음. 난폭. 버릇없음.
srosseiramente *adv.* 거칠게. 난폭하게. 버릇없이. 조잡하게. 초라하게.
grossirão *a.* 몹시 거친. 매우 난폭한. 아주 버릇없는. 예절이 전혀 없는.
— *m.* 버릇없는 녀석. 망나니. 난폭한 인간.
grosseiro *a.* ①거친. 난폭한. ②(사람이) 깨지 못한. 교양 없는. ③(말씨(언사)가) 비루한. 음탕한. ④(품질이) 나쁜. 하등(下等)의. ⑤(알·가루 등이) 굵은. 깔깔한.
grosseria *f.* 거침. 조잡함. 조악(粗惡). 조야(粗野). 조폭(粗暴). 난폭. 버릇없음.
grossete *a.* ①약간 거친. 약간 굵은. 약간 두툼한. 약간 두꺼운. ②비교적 큰.
grossidão *f.* (부피가) 큼. (천·포목·종이가) 두꺼움. (안개가) 짙음. (목소리가) 굵음. 큼. (성격이) 거칠음. 난폭함. (행실의) 조잡. 조악.
grosso *a.* (통이) 굵은. (천·종이 따위가) 두꺼운. 거친. (색깔·농도 따위) 짙은. 진한. (목소리가) 굵은. 큰. (알·가루 따위가) 부드럽지 않은. 굵은. (날씨가) 거친. 불순한. (체구가) 뚱뚱한. 비대한. (성격이) 난폭한. 조폭한.
tempo grosso 거친 날씨. 불순한 시기.
mar grosso 거친 바다. 황해(荒海).
— *m.* ①(가장) 굵은 부분. 중요한 부분. 주체(主體). ②대부분. 다수(多數).
— *adv.* 굵게. 거칠게. 조잡하게. 대충 잡아. 한데 뭉쳐. 크게. 몹시.
vender em grosso 도매(渡賣)하다.
por grosso 대량으로. 크게.
grossulária *f.* [植] 구즈베리(관목).
grossura *f.* 굵기. 두께. 부피. 크기. 농도(濃度). 비만(肥滿)의 정도.
grota *f.* 깊은 계곡. 어둑어둑하고 습기 있는 깊은 곳. (비오면) 물 고이는 곳. 골짜기의 비탈.
grotesco *m.* ①[美術·建] 그로테스크식(인간·동물·식물 등의 공상적인 형상을 결합시킨 무늬 또는 장식). 기괴주의(奇怪主義). ②괴상한 물건(모양·얼굴·사람).
— *a.* ①그로테스크식의. ②그로테스크한; 기괴한.
grou *m.* [鳥] 학. 두루미. [機] 기중기(起重機).
grua *f.* [機] ①데릭(기중기의 일종)의 도르레(滑車). ②기중기. ③[鳥] 두루미의 암컷.
grudado *a.* (풀·아교 따위로) 붙인. 붙은. 바른. 꼭붙은. 밀착한. 점착(粘着)한.
grudador *a.*, *m.* 붙이는 (것). 발라 붙이는 (것). 교착시키는 (것).
grudadura *f.* (풀·아교 따위로) 붙임. 바르기. 점착. 교착(膠着).
grudar *v.t.* (풀·아교 따위로) 붙이다. 발라 붙이다. 바르다.
— *v.i.*, — *se v.pr.* 붙다. 들러붙다. 점착(粘着)하다. 교착하다. 접합(결합)하다. 일치하다.
grude *f.* (바르는) 풀. 아교.
grude de peixe 부레풀.
grugru *m.* (칠면조의) 골골 우는 소리.
grugulejar *v.i.* (칠면조가) 골골 울다.
grulha *f.* ①서투른 말로 지껄이는 어린애. ②말 많이 하는 사람. 요설가. 수다꾼.
grulhada *f.* ①두루미(학)의 울음소리. ②외치는 소리.
grulhar *v.i.* 시끄럽게 지껄이다. 떠들썩 이야기 하다.
grulhento *a.* 시끄럽게 지껄이는. 떠들썩하는. 몹시 자랑하는.
grumar *v.t.* (피·우유 따위) 덩어리지게 하다. 응결시키다.
— *v.i.* 덩어리지다. 응결하다. 응고(凝固)하다. (알이) 뭉치다.
grumecência *f.* 덩어리를 이룸. 응결[상태]. 응괴상(凝塊狀).
grumecer *v.t.* =*grumar*.
grumetagem *f.* 여러 명의 사역부. 캐빈보이들. 수명(數名)의 견습수병.
grumete *m.* (배의) 사역부(使役夫). 선부(船夫). 캐빈보이. [軍] 견습수병(水兵).
grumiro *m.* ①쥐. ②사기꾼. 노름꾼. ③파업방해자.
grumo *m.* (혈액·우유 등의) 덩어리진 것. 응괴(凝塊). 입괴(粒塊).
grumoso *a.* 덩어리 된. 엉긴. 응고한. 응괴상(狀)의. [植] (뿌리가) 과립(顆粒)이

grúmulo *m.* 작은 덩어리(小凝塊).
grunhidela *f.* =*grunhido*.
grunhido *m.* (돼지의) 꿀꿀대는 소리.
grunhidor *a.* ①(돼지가) 꿀꿀대는. ②으르렁거리는. ③불평대는. 툴툴하는. 투덜투덜하는.
grunhir *v.i.* ①(돼지가) 꿀꿀대다. ②투덜투덜 불평하다. 툴툴거리다.
grupamento *m.* 떼를 이루기. 단체를 형성하기. 조(組)를 짜기. 대(隊)를 편성하기.
grupar *v.t.* 떼(무리)를 이루게 하다. (조를) 짜다.
— *v.i.* 떼(단체)를 이루다. 한 뭉치가 되다. 집단을 형성하다.
grupelho *m.* 작은 떼. 일대(一隊). (악한 놈의). 일단(一團).
grupo *m.* ①떼. 무리. 조. 단체. 단(團). 집단. ②덩어리. 뭉치. ③(동·식물 분류의) 군(群). [數] 군(群). [化] 기(基). 단(團). ④(브라질의) 초등학교 (=*grupo escolar*).
gruta *f.* ①굴. 동굴(洞窟). 암굴(巖窟). ② 동굴 모양으로 된 집.
grutesco (1) *a.* 동굴의. 암굴의.
— (2) *a.*, *m.* =*grutesco*.
guache (1) *m.* 수채화(水彩畵) 용의 그림물감(고체(固體)임).
— (2) *m* [鳥] 노랑꼬리가 있고 비눌기만큼 큰 검은 새.
guacho *m.* =*guache* (1).
guaiaco *m.* [植] 유창목(癒瘡木). 유창목 기름.
guaiacol *m.* 유창목에서 빼낸 산화액(酸化液).
gualdir *v.t.*《俗》먹다. 먹어버리다. ② 써버리다. 탕진하다.
gualdra *f.* 서랍의 손잡이에 달린 고리.
gualdrapa *f.* 안장싸개. 안장방석.
gualdripar *v.t.*《俗》훔치다. 도적질하다.
guano *m.* 바다새의 똥(海鳥糞)(페루의 태평양 연안에서 남; 인조 질소 비료).
guante *m.* (승마·검도·크리켓 등에 쓰는) 쇠 또는 가죽으로 만든 긴 장갑.
guapamente *adv.* 씩씩하게. 용감하게. 고상하게. 우아하게. 우미하게.
guapice *f.* ①씩씩함. 용감함. 늠름함. ② 우아함. 멋짐.
guapo *a.* 씩씩한. 늠름한. 사내다운. 용감

한. 기품 있는. 우아한. 우미한.
guaraná *f.* 과라나(아마존 유역산의 반연식물(攀緣植物). 씨에서 자극제·흥분 음료를 제조함).
guaraní *m.* 과라니이어(語).
guarnanís (*pl.*) (브라질 남부 및 파라과이 일대에 걸쳐 사는) 토인 민족(土人民族)의 하나.
guarda *f.* ①보관. 보존. ②돌보기. 보호. 가호(加護). ③망보기. 감시. ④간수(看守). 수위(守衛). ⑤[農] (접목의) 접지(接枝).
— *m.* 지키는 사람. 파수병(把守兵). 초병. 간수.
guarda agulha ①바늘통. 바늘 꽂는 것. ②(철도의) 전철수.
guarda bosqtues 삼림지기. 삼림관(森林官).
guarda de armazém 창고지기.
guarda cabras 염소 기르는(치는) 사람.
guarda de alfandega 세관관리.
guarda nacional 국민병(國民兵).
guarda de honra 의장병(儀仗兵).
anjo da guarda 수호천사. 수호신(神).
estar de guarda 망 보는 중에 있다. 보초 중에 있다.
entrar de guarda 보초 서기 시작하다. 번(上番)하다
render a guarda 보초를 교대하다. 하번하다.
guarda-barreira *m.* 철도와 도로의 교차점을 지켜보는 이. 건널목 지키는 사람.
guarda-braço *m.* 완장.
guarda-calhas *m.* ①(철도의) 신호수. ② 열차경비원
guarda-cancela *m.* 문지기.
gnarda-chaves *m.* 열쇠보관계(係). 열쇠보관소.
guarda-chuva *m.* 우산. 박쥐우산.
guarda-comida *m.* 음식물에 쥐·파리 따위의 침해를 막는 일종의 그물.
guarda-costas *m.* ①해방함(海防艦). (세관의) 해상감시선(監視船). ②호위병.
guardador *m.* ①망보는 사람. 파수병. 간수. ②보관계(保管系).
— *a.* ①지키는. 지켜보는. 망보는. 감시하는. ②보관하는. 저 심이 있는. 검약(儉約)한.
guarda-fato *m.* 옷장.

guarda-fio m. 전신·전화 등의 보선계(保線係).

guarda-fogo m. ①스토브 앞에 있는 불 가리는 판. ②방화벽(防火壁).

guarda-freio m. 제동기(制動機)를 다루는 사람. 전차운전수.

guarda-joias m. ①왕실(王室)의 보석보관계(寶石保管係). ②보석함(函). ③(보물 따위를 넣어 두는) 금고(金庫).

guarda-lama m. (차바퀴의) 진흙받이.

guarda-leme m. [海] 함미포(艦尾砲)(추격함을 쏘기 위한 포).

guarda-linhas m., f. (철도의) 보선계(保線係).

guarda-livros m. 장부계(帳簿係). 계리사(計理士).

guarda-louça m. 찬장. 식기 넣는 선반.

gruarda-mancebos m.(pl.) [海] (사다리 옆의) 붙잡고 오르내리는 밧줄.

guarda-marinha m. 해군소위. 해군소위 후보생.

guardamento m. 보관하기. 보존하기. 보호하기. 지켜보기. 간수(看守).

guarda-mor m. [史] (왕·사령관의) 권표(權標). 옛날 여러 가지 관청의 장관(長官)에 붙인 관명.
guarda-mor de alfândega 세관장(稅關長).

guardanapo m. 냅킨.

guarda-móveis m. ①창고. 보관고. ②도매점. 큰 상점.

guarda-noturno m. 야경인(夜警人).

guarda-pó m. ①먼지가 묻지 않도록 입는 외투. ②먼지떨이.

guarda-porta m. ①문 앞에 내려 드리운 커튼. ②덧문.

guarda-portão m. 문지기.

guarda-pratas m. (금·은제의) 식기. 접시류 따위를 넣어두는 곳. 찬장.

guarda-quedas m. 파라슈트. 낙하산. (=*para-quédas*).

guardar v.t. ①간직하다. 지니다. 맡아두다. ②보관하다. 보존하다. ③지키다. 망보다. 감시하다. ④보호하다. 돌보다. ⑤유지하다. 보류하다. ⑥남겨두다. 저축하다.
guardar a palavra 약속을 지키다.
guardar as leis 법을 준수하다.
guardar pobreza 가난에 만족하다.

—*se* v.pr. 조심하다. 주의하다. …을 피하다. 막다. 참다. 억제하다.
Guarda-te de má companhia. 나쁜 친구를 멀리 해라(피해라).

guarda-raios m. 피뢰침(避雷針).

guarda-redes m. ①(축구의) 문지기. 골키퍼. ②어망(漁網) 따위를 보관하는 사람.

guarda-rios m. ①[鳥] 쇠새. ②하천감시관(河川監視官).

guarda-roupa m. ①옷장. ②의류보관소. ③의상계(衣裳係).

guarda-sol m. 양산(洋傘). 파라솔.

guarda-soleiro m. ①양산(우산) 만드는 사람. ②우산 세우개.

guarda-vento m. (출입구에 놓는) 바람막이. (자동차의) 바람막이 유리.

gnarda-vestidos m. (특히) 부인복을 넣는 옷장.

guarda-vidas m. 인명구조자(人命救助者). 수난(水難) 구조원.

guarda-vista m. (눈에 쓰는) 차광기(遮光器). 전등의 갓. 남포갓.

guardaiania f. 후견(직·권). 보호. 수호.

guardião m. ①보호자. 수호자. ②기관장. 수부장(水夫長). 장범장(掌帆長).

guarida f. ①굴. 동굴. 맹수가 사는 굴. 악한들의 소굴. ②숨는 장소. 피난처.

guarita f. (나무로 만든) 감시병의 막사. 초사(哨舍). 보초막. 파수막.

guarnecedor a., m. ①장식하는 (사람). 보기 좋게. 꾸미는 (사람). ②설비하는 (자).

guarnecer v.t. ①(필요한 물품을) 마련하다. 준비하다. 공급하다. ②장식하다. 보기 좋게 하다. ③(비품을) 설치하다. ④[軍] (요새·성새 등에) 수비병을 배치하다. 굳게 지키게 하다.

guarnecimento m. ①(필수품의) 준비. 공급. ②(비품의) 설비. ③장식. 장식품. ④[軍] 수비병의 배치(配置). 수비를 든든히 하기.

guarnição f. ①수비대. 주둔병. [軍] 위수병(衛戌兵). ②(한 배의) 승무원 전체. ③(옷에 걸치는) 장식품. 장구(裝具). ④마구(馬具)의 한 벌.
—**s** (pl.) (부인복 스커트의) 주름장식. 치맛단.

guarnido a. ①장식한. ②주름 장식한. 치맛단을 댄.

guarnir *v.t.* 《古》 =*guarnecer*.

guaxinim *m.* [動] 곰의 일종.

gude *m.* ①대리석. 대리석 조각물. ②(어린애들의 유희용) 뒤김돌.

guadelha *f.* 긴 머리털. 장발(長髮). 편발(鞭髮).
　guedelha de lã 양털의 한 송이.

guedelhudo *a.* 긴 머리털의. 장발의. 편발의. 털이 많은.

gueja *f.* [機] (철도의) 궤간(軌間).

guela *f.* 위관(胃管). 식도(食道). 인후.

guelras *f.(pl.)* (물고기의) 아가미(鰓).

guerra *f.* ①전쟁. 전란(戰亂). 큰 동란. 난리. ②전법(戰法). 전술. ③투쟁. 박멸.
　guerra civil 내전(內戰). 내란.
　teatro de guerra 전쟁터. 전지(戰地). 전투무대.
　em guerra com …와 전쟁중에.
　fazer guerra 전쟁하다.
　fazer guerra aos vícios (아편·마약 등의) 해악박멸을 하다. 악덕을 없애다.

guerreador *a.* ①전쟁하는. 싸우는. ②전쟁의. 군사의. 상무(尙武)의. 호전적.
　— *m.* 군인. 전투원. 《古》 무사.

guerrear *v.t., v.i.* …와 싸우다. …와 전쟁하다. 교전하다. …에 적대행동을 하다. 전쟁을 선포하다.

guerreiro *a.* ①전쟁의. ②호전적인. 상무(尙武)의.
　— *m.* 군인. 전사. 전투병. 무사(武士). 무인(武人).

guerrilha *f.* ①게릴라전. 유격전. 비정규전. ②유격대. 별동대. 빨찌산. 의용군(義勇軍).

guerrilheiro *m.* 유격대원. 별동대원. 빨찌산. 비정규병. 의용병(義勇兵).

guia (1) *f.* 안내. 지도(指導). 인도(引導). 통지서. 화물송장(送狀). 적하증(積荷證). (짐짝의)전표(傳票). [機] 도판(導板).
　— (2) *m.* 안내서(案內書). 여행안내서. 편람.
　— (3) *m., f.* 안내인. 길잡이. 인도하는 사람. 지도원. 향도. 충고자.

guiador *a.* 안내하는. 이끄는. 인도하는. 지도하는.
　— *m.* ①안내자. 인도자. 지도자. ②(장부 따위의) 색인(索引). 보기.
　guiador de bicicleta 자전거의 핸들.

guiagem *f.* 통과세(通過稅). 이송세(移送稅).

guiamento *m.* 이끎. 지도. 인도. 향도. 안내. 지휘. 조종.

guião *m.* ①(행렬의 앞에서 들고가는) 선두기(先頭旗). [軍] (기병대의) 삼각기(三角旗). 삼각기의 기수(旗手). ②목표. ③(자전거의) 핸들.

guiar *v.t.* ①이끌다. 인도하다. 안내하다. 길을 가르치다. 향도하다. ②지도하다. 지휘하다. ③조종하다. 운전하다. ④갈 방향을 표시하다.
　—*se v.pr.* …에 향하여 가다. 올바르게 행동하다; 처신하다.

guichê *m.* 표파는 창문. 수부구(受付口). 출찰구(出札口).

guidom *m.* [海] 타륜(舵輪). (자전거의) 핸들.

guieiro *a.* (양떼·소떼 따위의) 맨 앞에서 가는. 선도(先導)의.

guiga *f.* 경주용의 작은 배.

guilherme *m.* [木工] 거칠게 미는 데 쓰는 대패. (나무 따위에) 사개를 파는 대패.

guilho *m.* (돌절구·맷돌 등의) 추축(樞軸). 큰 맷돌의 중쇠.

guilhotina *f.* ①단두대(斷頭臺). ②(종이 등의) 절단기.

guilhotinado *a.* 단두기로 목을 자른. 단두형(刑)에 처한.

guilhotinar *v.t.* ①단두기로 목을 자르다. 단두형에 처하다. ②(종이 등의) 절단기로 자르다.

guimba *f.* ①[鳥] 도요. ②《俗》 내던진 빨다 남은 꽁초. 여송연 꽁초.

guina *f.* 바라기. 욕망. 욕구(慾求).

guinada *f.* ①[海] (배의) 이물을 좌우로 흔드는 것. (배가) 침로를 벗어나 옆길로 가기. 편주(偏走). 편향(偏向). ②말이 등을 구부리고 갑자기 도약하기. ③[醫] 급작스러운 아픔. 급격한 통증. ④갑자기 터뜨리는 웃음소리. 외치는 소리. ⑤돌발사건. (진로에서 빗나가) 옆길로 달리다.

guinar *v.i.* ①[海] (배가) 이물을 좌우로 흔들다. (진로에서 빗나가) 옆길로 달리다. ②갑자기 기울다. 비틀거리다.

guinchada *f.* =*guinchado*.
　— *m.* (공포·고통·분노 등의) 외마디 소리. 찢는 듯한 소리. 끽끽(삐걱삐걱)하는 소리.

guinchar *v.i., v.t.* 외마디 소리를 지르

다. 꽥 소리치다. 아우성치다. (개·여우 등이) 깽깽대다. (올빼미 같은 것이) 날카로운 소리로 울다. (구두에서) 삐걱삐걱 소리나다.

guincho *m.* ①《俗》외마디소리. 찢는 듯한 소리. 귀에 거슬리는 소리. ②[鳥] 비둘기의 일종. ③[機] 감아 올리는 기계. 윈치. 크랭크.

guinda *f.* 기중기(起重機)의 밧줄(강색).

guinda-amaina(=**guindamaina**) *f.*《古》바다에서 배가 서로 만났을 때 깃발을 띄우거나 잠시 내려서 인사하는 것.

guindado *a.* ①긴장한. 부자연스러운. ②과장(誇張)한. 과대(誇大).

guindagem *f.* 밧줄로 끌어 올리기. 기중기의 강색(鋼索)으로 감아 올리기.

guindalete *m.* 기중기의 줄(로프).

guindar *v.t.* ①밧줄로 끌어 올리다. 기중기의 줄로 감아 올리다. ②올리다. 추켜들다. ③높은 자리에 오르게 하다(올려 보내다). ④과장(誇張)하다.
—**se** *v.pr.* ①끌려 올라가다. 감겨 올라가다. 들리다. 높아지다. ②젠 체하다. 우쭐하다. 재다.

guindaste *m.* 기중기(起重機). 감아 올리는 기계.

guiné *f.* [鳥] (서아프리카산의) 꿩과의 새의 이름.

guineense *m.* 기니아 사람.
— *a.* 기니아의.

guinéu *m.* 영국의 옛 금화(지금의 21실링에 해당함).

guipura *f.* 레이스의 일종(두껍고 큰 무늬를 오려 붙인).

guirlanda, guirnalda *f.* [海] 색환(索環).

guisa *f.* 방법. 방식.
em guisa de …처럼. …과 같이.

guisado *m.* 스튜.

guisar *v.t.* ①약한 불로 끓이다. 찌다. 스튜로 요리하다. ②마련하다. 준비하다. ③기회를 주다.

guita *f.* 짐꾸리는 줄(바). 가는 바. 꼰실. 노끈.

guitarra *f.* ①(악기의 일종) 기타. 십이현금(十二絃琴). ②《俗》위조지폐인쇄기(僞造紙幣印刷機).

guitarrada *f.* ①기타 치기. ②기타 치는 소리.

guitarrear *v.i.* 기타를 치다.

— *v.t.* 기타의 반주에 맞추어 노래 부르다.

guitarreiro *m.* ①기타 만드는 사람. ②기타 치는 사람.

guitarrista *m., f.* ①기타를 치는 사람. ②기타 선생.

guizeira *f. guizo*에 낀 고리(가락지).

guizo *m.* 작은 방울. 작은 종. 특히 소의 목에 다는 방울. 경령(頸鈴). 워낭.

gula *f.* ①대식(大食). 폭식. ②많이 먹는 버릇. ③식도락(食道樂). ④[建] 반곡(反曲). ⑤[木工] 이을 자리를 다듬는 데 쓰는 대패.

gulodice *f.* ①대식. 폭식. 게걸스럽게 먹음. ②폭음 폭식하는 버릇. ③맛좋은 음식물. 간식(間食). 군음식.

gulosar *v.i.* 이것저것 주워 먹다. 닥치는 대로 먹다. 간식을 좋아하다.

guloseima, gulosice *f.* ①좋은 맛. 진미(珍味). ②맛있는 것. 간식. 군음식. 과자류.

guloso *a.* ①욕심 많은. 탐욕한. ②게걸스럽게 먹는. 탐식하는. 폭음 폭식하는. ③간식(군음식)을 좋아하는. ④입이 더러운.
— *m.* ①욕심쟁이. 탐욕가. 혼자 먹는 사람. 혼자 가지려고 하는 사람. ②많이 먹는 사람. 폭음 폭식하는 자. 대식가.

gume *m.* ①(칼의) 날. ②예민(銳敏). *espada de dois gumes* 쌍날칼(양쪽 또는 아래 위에 날이 있는 칼).

gumífero *a.* 고무를 내는. 고무가 생기는. 고무를 뽑을 수 있는. 고무 성질이 있는. 고무를 포함한.

gumoso *a.* 고무의. 고무 성질의. 고무로 덮인. 진득진득한.

gune *m.* 굵은 삼베. 즈크. 황마포(黃麻布). (주머니·부대 따위를 만드는 데 쓰는 인도산의) 일종의 대마(大麻).

gunga *m.*《俗》우두머리. 대장.

guri *m.* 아이. 소년.

gurizada *f.* ①아이들. 어린 소년들. ②작은 동물. 작은 생물. 알에서 갓 깐 물고기. 벌의 새끼.

gurpés *m.* [海] 이물에서 앞으로 나온 사장(斜檣). 제일 사장.

gusa *f.* 선철(銑鐵).

gusano *m.* [蟲] 좀조개. 무두충(無頭蟲).

guta-percha *f.* 구타페르카(말라야 군도산 열대수(熱帶樹)의 나무진을 말린 고무와 같은 물질).
guteria *f.* [植] 자황(雌黃). 등황(藤黃).
gutural *a.* 목구멍의. 목구멍 소리의. [音聲] 후음(喉音)의.

letra gutural 후음자(喉音字).
guturalização *f.* 후음화(喉音化).
guturalizar *v.t.* 목구멍으로 소리내다. 후음화하다.

[H]

H, h 포르투갈어 자모의 여덟째 글자.

hábil *a.* ①(…을) 할 수 있는. (…의) 능력 있는. 자격 있는. ②손재간 있는. 묘한. ③영리한. 똑똑한. 총명한. 현명한.

habilidade *f.* ①할 수 있음. 손재간 있음. 솜씨(수완) 있음. ②재능. 능력. ③똑똑함. 영리(怜悧)함. 현명함.
habilidades (*pl.*) 예능(藝能). 손요술.

habilidosamente *adv.* 손재간 있게. 솜씨 있게. 능숙하게. 묘하게. 영리하게. 현명하게.

habilidoso *a.* 손재간 있는. 솜씨 있는. 수완 있는. 능숙한. 숙련한. 똑똑한. 영리한. 현명한.

habilitação *f.* ①자격. 능력. 재능. 솜씨. ②[法] 권능(權能). ③임관 자격을 얻음.
habilitações (*pl.*) 자격증명서류.

habilitado *a.* ①자격 있는. 능력을 구비한. ②적임(適任)의. (…에) 적당한.

habilitador *a., m.* 자격을 주는 (자). 능력을 부여하는 (자).

habilitanço *m.* 특히 도박에서 상대방에게 빌려 주는 돈.

habilitando *a.* 자격을 준비하는. 능력을 갖추는.
— *m.* 자격(능력)을 갖춘 자. [法] 자격증명자.

habilitante *a., m.* [法] 자격증명을 신청하는 (자).

habilitar *v.t.* (…을) 할 수 있게 하다. (…의) 능력을 부여하다. (…에 대한) 자격을 주다. [法] 권능을 주다.
—*se v.pr.* …의 능력을 갖추다. 자격을 소유하다. 할 수 있는 모든 조건을 구비하다. 자격자가 되다.

habilmente *adv.* 솜씨 있게. 교묘하게. 능숙하게. 재빠르게. 똑똑하게. 영리하게.

habitação *f.* ①거주(居住). ②인가(人家). 민가(民家). 사는 집.

habitacional *a.* 거주의. 주택의. 주택에 관한.

habitáculo *m.* 작은 거주처. 작은 주택.

habitador *m.* (일정한 장소·지역에) 거주하는 사람. 주민.

habitante *a.* 거주하는. 사는.
— *m., f.* 사는 사람. 거주자. 주민.

habitar *v.t.* (일정한 장소·지역에) 거주시키다. 살게 하다. 서식(棲息)케 하다.
— *v.i.* (+*em*). (…에서) 살다. 거주하다. (+*com*). (…와) 함께 살다. 동서(同棲)하다.

habitat *m.* [生物] (동식물의) 서식범위(棲息範圍). 생존지. 산지(産地).

habitável *a.* 살 수 있는. 거주할 수 있는. 거주에 적당한.

hábito *m.* ①버릇. 습관. ②[動·植] 습성(習性). ③기질. 성질. ④(사회적) 관례. ⑤[宗] 수도복(修道服). ⑥의관. 의모.
hábitos (*pl.*) 《俗》 상습(常習).
O hábito é segunda natureza. 버릇은 제이의 천성이다.

habitual *a.* ①습관적. 습관의. 관례의. 습성의. 버릇의. ②평소의. 일상적인. ③재래(在來)의.

habitualmente *adv.* 습관적으로. 습관상. 관례에 따라. 일상적으로. 평소에.

habituar *v.t.* 습관되게 하다. 익숙하게 하다.
—*se v.pr.* 버릇이 되다. 습관되다. 익숙해지다.

hacaneia, hacanéa *f.* 《古》 부인이 타는 말(馬). 유순한 말. 느리게 걷는 말.

há-de-haver *m.* [簿] 대변(貸邊). 대방(貸方).

hagiografia *f.* 성인전(聖人傳). 성인전학.

hagiógrafo *m.* 성전적기자(聖典籍記者). 성인전작자(作者).

hagiologia *f.* 성전적학. 성인전.

hagiológico *a.* 성전적학의. 성인전의.

hagiológio *m.* =*hagiologia*.

hagiólogo *m.* 성전적연구가(聖典籍研究家). 성인전연구가.

haliléutica *f.* 어론(漁論). 어법(漁法). 어로(漁撈).

haliléutico *a.* 고기잡이의. 어로의. 어로에 관한. 어론의. 어법의.

hálito (발음 : 아알리뚜) *m.* ①숨. 내선 숨. 호기(呼氣). ②[醫] 입내. 악취나는.

halito (발음 : 알리이뚜) *m.* [鑛] 암염(岩鹽).

halo *m.* ①(해·달의) 무리(暈). ②(성상(聖像)의) 후광(後光). 광륜. ③《比喩》 영광. 광휘(光輝). ④[解] 유방륜(乳房輪).

halofilo *a.* [植] 염지(鹽地)에 나는 ; 돋는.

halogéneo *m.* [化] 할로겐. 염소(鹽素).

— *a.* 할로겐의. 염소의.
halogénico *a.* 할로겐의.
halografia *f.* 염론(鹽論). 염류연구(鹽類研究).
halográfico *a.* 염론의. 소금연구의.
halógrafo *m.* 소금(염류) 연구가.
halóide *a.* ①할로겐의. ②할로겐과 금속의 화합으로 되는.
— *m.* [化] 할로겐(염). 성염소(成鹽素).
halologia *f.* =*halografia*.
halomancia *f.* 소금으로 점치기. 염복(鹽卜).
halorágeas *f.(pl.)* [植] 수생다판화류(水生多瓣花類).
halotecnia *f.* 공업염(工業鹽)제조법.
halotécnico *a.* 공업염 제조법의(에 관한).
haltere (=**haltera**) *a.* 아령(啞鈴). 《英》 *dum bell*.
hamadria, hamadriade *f.* [稀神] 나무의 요정(妖精). 수령(樹靈).
hamadrias *m.* [動] 비비(狒狒).
hamítico *a.* 햄(족)의. 햄어족(語族)의.
hangar *m.* 《英》 (비행기 따위의) 격납고 (格納庫). 큰 헛간.
hansa *f.* [史] ①(중세 북유럽의) 상인조합. ②한자동맹(중세의 북유럽 상업도시의 정치적·상업적 동맹).
hanseático *a.* 한자 동맹의. 상인조합의(에 관한).
haraquiri *m.* 《日》 배를 가르기. 할복(割腹)(자살).
harém *m.* ①하아렘. 회교국의 부인 합숙소. ②살탄 왕궁에 있는 부인방. 규방(閨房). 규방사람들. ③《轉》 첩의 방.
harenque (=**arenque**) *m.* [魚] 청어. *harenque de fumo* 훈제(燻製)의 청어.
harmonia *f.* 조화(調和). 일치. 화합. 융화(融和). [樂] 화성. (음의) 협화.
harmónica *f.* [樂器] 하모니카.
harmonicamente *adv.* 조화되게. 협화하여. 화합하게. 일치하게. 사이좋게.
harmónico *a.* 조화되는. 협화하는. 협화적. 어울리는. [樂] 화성의. [數] 조화의.
harmónio *m.* 작은 풍금(風琴). 리드가 달린 풍금(의 일종).
harmoniosamente *adv.* 조화되어. 협화하여. 사이좋게. 친목되게.
harmonioso *a.* ①조화(調和)되는. 화합하는. 협화하는. ②사이좋은. 화목한. 친목한. 균형이 잘 잡힌.
harmonista *m., f.* 화성학자(和聲學者).
harmonizar *v.t.* ①조화되게 하다. 협화되게 하다. 일치되게 하다. 융화시키다. ②화해(和解)시키다. 사이를 조종하다. ③균형 잡히게 하다.
— *v.i.*, —**se** *v.pr.* 조화하다. 조화를 이루다. 화합하다. 협화하다. 일치하다. 화해(和解)하다. 균형이 잡히다. 어울리다.
harmonómetro *m.* 화성계(和聲計).
harpa *f.* [樂器] 하프.
harpagão *m.* 욕심 많은 사람. 욕심꾸러기.
harpão *m.* (고래) 작살.
harpar, harpear, harpejar *v.i., v.t.* 하프를 타다.
harpejo *m.* 하프를 타기. 하프 연주.
harpia *f.* ①[希神] 하아피(여면여신(女面女神)으로 새의 날개와 손톱을 가진 욕심 많은 괴물). ②욕심꾸러기.
harpista *m., f.* 하프 연주자.
harto (1) *a.* 든든한. 센. 강장(强壯)한.
— (2) *adv.* 충분히. 많이. 남을 정도로.
hasta *f.* 창(槍).
hasta publica 공매(公賣).
hastado *m.* =*hastato*.
hastato *a.* 창을 쥐고 있는. 창을 휴대한.
— *m.* 《占》 창병(槍兵).
haste *f.* (창 따위의) 손잡이. 나뭇대. 장대 (기를 매는) 나뭇대. 낚싯대. [植] 줄기. 수간(樹幹). [機] 간(桿). 연간(連桿).
hasteado *a.* 기(旗)를 올린; 띄운. 게양한.
hastear *v.t.* (나뭇대에) 기를 매어 띄우다. 기를 올리다. 기를 게양(揭揚)하다.
— **se** *v.pr.* (기가) 높이 올라가다. 게양되다.
hastil *m.* 창(槍)의 손잡이. 창신(槍身). [植] 가는 줄기.
hastilha *f.* 작은 막대기. 작은 창대. 작은 지팡이. 나뭇조각.
haurir *v.t.* ①(우물을) 다 퍼내다. 말리다. (그릇을) 비우다. ②다 써버리다. 고갈시키다. ③《詩》 삼키다. 빨아 버리다.
haurível *a.* 다 퍼낼 수 있는. 말릴 수 있는. 비울만한. 다 써버릴 만한.
hausto *m.* ①마심. 들이킴. 꿀떡 삼킴. ②한 모금; 한 모금의 분량. [醫] (마시는 약의) 일회분. ③음약(飮藥).
havaiano *a.* 하와이(사람)의.

Havana *f.* Cuba의 수도.

havana *f.* 하바나 엽(葉)궐련.

havanês *a.* (중미의) 하바나의.
— *m.* 하바나 사람.

havano *m.* =*havana*.

haver (1) *v.t.* 가지다. 가지고 있다. 있다. 존재하다.
— (2) 주(主)동사로 쓰이는 경우.

[1] (所有・取得) 가지고 있다. 소유하다. 가지다. 취득하다.

haver à mão ①(손으로) 붙잡다. 수중에 넣다. ②(…에) 미치다. 파급하다. 도달하다.

Nao sei donde haveremos o dinheiro. 우리가 그 돈을 어디서 마련(갹출)할 것인지 나는 모르겠다.

[2] (存在・所在) 있다. 존재하다(주어(主語)의 수(數)에 관계없이 항상 3인칭 단수로만 씀).

há (…에) 있다.
não há (…에) 없다.
haverá 있을 것이다.
não haverá 없을 것이다
havia (늘) 있었다.
não havia 없었다.
há um homen 한 (어떤) 사람이 있다.
há homens 사람들이 있다. 인류가 존재하다.

Haverá festas no salão. 대청(강당)에서 연회가 있을 것이다.

Não haverá danças no clube. 클럽에서는 댄스가 없을 것이다.

havia guerras 전쟁이 늘 있었다.
não havia paz 평화라고는 없었다.

Houve muita gente na estação. 역(정거장)에는 많은 사람이 있었다.

Enquanto houver homens, haverá guerras. 인류가 존재하는 한 전쟁은 있을 것이다.

Há uma enorme variedade de peixe no mar. 바다에는 가지 가지(갖가지)의 물고기가 있다.

Há alguns bons e outros maus. 좋은 것(사람)도 있고 나쁜 것(사람)도 있다. 어떤 것은 좋고 어떤 것은 나쁘다.

Aquí não há que ver. 여기에는 볼 것이 없다.

Há quartos para alugar? 방을 빌릴 것이 있습니까?

Havia ali uma caverna. 거기에 큰 동굴이 있었다.

Há tal coisa? 그런 것이 있을까?

que distância há de São paulo ao Rio?

Resolva as dificuldades que houver. 앞으로 있을 곤란(장애)을 해결하라.

caso não haja dijiculdades 곤란이 (장애가) 없는 경우.

Que hã de novo? 무슨 새소식이 있습니까?

Não há nada de novo. 새로운 것(뉴스)은 아무 것도 없습니다.

[3] (시간의 경과. …以前. …以後)

há um ano 일년 전.

Vi-o há um mês. 나는 한 달 전에 그 분을 봤다.

Eles chegaram há uma semana. 그 분들은 일주일 전에 도착했다.

há pouco tempo 조금 전. 얼마 전.
há muito tempo 오래 전.
há muito muito tempo 아주 오래 전. 옛적에.

[4] (사정・환경・경우)

O que é que há com você? 어찌된 일입니까? 무슨 일이(사고가) 있었습니까?

O que há com ele? 그 분은 어찌된 셈인지?

Mal haja! 망할 것! 아차! 빌어먹을!

haja o que houver 무슨 일이 있든 간에. 어쨌든.

[5] *haver por bem* ①적당하다. 적절하다. ②좋게 해석하다. ③인정하다. 시인하다.

haver por mal ①부적당하다. ②나쁘게 해석하다. 노하다. ③인정하지 않다.

[6] (義務・決意)

haver de ①…을 해야 한다. …하지 않으면 안 된다. ②…을 할 것이다.

Hei de vencer. 나는 이기겠다. 나는 극복하겠다.

Haveremos de vencer. 우리는 이겨야 한다. 우리는 극복할 것이다.

Ontem havia de ir a Santos. (나는) 어제 싼토스에 가야 했다(갈 것이었다).

Se havia de falar, não falou. (그 사람은) 말해야 할 것인데 말하지 않았다.

Eu hei de realizar a obra. 나는 그 작품(저작물・공사)을 완성한다(실현한다).

Eu havia ae realizar a obra. 나는 그 작품을 완성하는 중이었다(쓰곤 했다).
Eu haverei de realizar a obra. 나는 그 작품을 완성할 것이다(실현할 것이다).
[7] (行動·處身)
haver-se …의 행실을 하다. …의 행동을 하다. …으로 자처(自處)하다.
Houve-se como cavalheiro. (그 분은) 신사답게 행동했다.
Os soldades houveram-se como leão. 사병(士兵)들은 사자와 같이 행동했다.
(=)조동사로 쓰이는 경우. *haver*+과거분사.
Ele havia partido. 그 사람은 떠났다.
Nós havemos previsto o desastre. 우리는 사고 발생을 예견한다(또는 예견했다).
Nós havíamos previsto o desastre. 우리는 사고 발생을 예견했었다.
Nós haveremos previsto o desastre. 우리는 사고 발생을 예견할 것이다(알게 될 것이다).
— (3) *m.* [商·簿] 대변(貸邊). 대방(貸方).
haveres *m.(pl.)* (=*teres*). 부(富). 재산.
haxixe *m.* ①(담배 대용으로 되는) 인도대마(印度大麻)의 잎사귀(아라비아·이집트·터키 사람들이 피우거나 씹음). ②그 잎에서 만든 마취제.
heautognose *f.* 자기인식(自己認識). 자아인지(自我認知).
hebdômada *f.* 일곱 개의 것. 7인. [聖] 주(週).
hebdomadariamente *adv.* 매주(每週). 주간마다.
hebdomadário *a.* 매주의. 일주 일회의. 주간(週刊)의.
— *m.* 일주 일회의 출판물. 주간잡지(신문).
hebdomático *a.* 일곱의. 일곱 개의. 일곱을 나타내는 수(數)의. 7의.
ano hebdomático 운수가 모질고 사나운 해. 액년(厄年).
hebetação *f.* (특히 청춘기·춘기 발동기에) 머리가 둔해지는 것. 감각지둔(感覺遲鈍).
hebetar *v.t.* (춘기 발동기(春期發動期)에) 머리가 둔해지게 하다. 우둔하게 하다.
— *se v.pr.* 머리가 둔해지다. 우둔해지다.
hebetismo *m.* ①(춘기 발동기의) 우둔해진 상태. ②우둔. 바보.

hebraico *a.* 히브리(어)의.
— *m.* 히브리 사람. 히브리어(語).
hebraismo *m.* 히브리어풍(語風).
hebraista *m., f.* 히브리어 연구가.
hebréia *f.* 히브리 여자. 유대 여자.
— *m.* 히브리 사람(유대인·이스라엘 사람). 옛 히브리어.
hecatombe *f.* ①(옛 그리스) 황소 백 마리의 희생. ②《比喩》다수의 희생. 대살육(大殺戮).
hectare *m.* (미터法) 헥타르(100아르. 약 1만 평방미터).
héctica *f.* [醫] ①소모열(消耗熱). 홍조(紅潮). ②소모열 환자.
héctico *a.* 소모열의. 소모열이 있는. 병적으로 얼굴이 붉어진.
febre héctica 소모열(消耗熱).
hecto *f.* 백(百)을 의미하는 접두사.
hectógrafo *m.* 젤라틴판. 곤약판.
hectograma *m.* (미터法) 헥토그람(100그람).
hectolitro *m.* (미터法) 헥토리터(100리터).
hectómetro *m.* (미터法) 헥토미터(100미터).
hectowatt *m.* 《英》100와트.
hédera *f.* [植] 담쟁이.
hederáceas *f.(pl.)* [植] 담쟁이속(屬).
hederáceo *a.* 담쟁이의. 담쟁이 비슷한.
hedorooo 담쟁이가 많은.
hediondamente *adv.* ①밉게. 추악하게. ②소름끼치게. 전율할 정도로. 몸서리치게.
hediondez, hediondeza *f.* ①미움. 추악. 추루(醜陋). ②기분 나쁨. 싫음. 염기(厭忌). ③소름끼침. 무서움. ④악취. 구린내.
hediondo *a.* ①미운. 추한. 추악한. 추루한. ②무서운. 소름끼치는. 전율할만한. ③싫은. 기분 나쁜. ④악취를 풍기는. 구린.
hedónico *a.* 쾌락의.
hedonismo *m.* [哲] 쾌락주의. 향락주의. [倫] 쾌락설. [心] 쾌락론.
hedonista *a.* 쾌락의. 쾌락주의의.
— *m., f.* 쾌락주의자.
hegemonia *f.* 지배권. 지도권. 패권. 헤게모니.
hegemónico *a.* 지배권의. 지배하는. 패권을 쥐는. 헤게모니를 잡는.
hégira *f.* 회교(헤지라) 기원(예수기원 662년).
heim, hein *interj.* 헤에! 야아! 어이! 뭘!

그래! 그렇지! (기쁨·놀람·심문·주의 등의 소리).
helcologia *f*. [醫] 궤양학(潰瘍學).
helcose *f*. 궤양(潰瘍).
heleborina *f*. [植] 금난초·은난초 따위를 닮은 몇 종의 난초과 식물.
heleboro *m*. [植] 미나리아재비과의 식물; 그 분말(살충제).
helénico *a*. 그리스의. 그리스 사람(말)의. 그리스에 관한.
helenismo *m*. ①그리스(희랍) 문명. ②그리스 말투. ③그리스 문화주의.
helenista *m*., *f*. 그리스어학자. 그리스 말을 쓰는 사람. 그리스(희랍) 양식을 따르는 사람.
helenizar *v.t*. 그리스식으로 하다. 그리스화하다.
— *v.i*. 그리스말(희랍어)을 연구하다.
heleno *m*. 순수 그리스 사람.
helenos (*pl.*) 그리스 민족.
helíaco *a*. 태양에 가까운. 태양과 같은 때 뜨는(지는)(별에 대한 말).
helianto *m*. [植] 해바라기. 해바라기 무리의 식물.
hélice *f*., *m*. ①나선(螺線). ②나선(螺旋). [解] 헬릭스. [動] 달팽이속. [建] (기둥 머리의) 소용돌이(나선) 장식. [機] 추진기(推進機). 스크루. 프로펠러.
helicídios *m.*(*pl.*) 달팽이속.
helicóidal, helicóide *a*. 달팽이 껍질 모양의. 나상(螺狀)의. 나선형(螺旋形)의.
helicóide *m*. 나선체(螺旋體). 나선면(面).
heliconio *m*. 일종의 대형 관악기.
helicóptero *m*. 헬리콥터.
hélio *f*. ①(태양…)의 뜻을 나타내는 복합형. ②[化] 헬륨(稀氣體元素; 기호 He).
heliocêntrico *a*. 태양 중심의.
heliocromia *f*. 천연색 사진술.
heliocrómico *a*. 천연색 사진술의.
heliografia *f*. ①태양면기술(太陽面記述). 태양론(太陽論). ②일광사진술. 사진제판법(製版法). 회광신호법(回光信號法).
heliográfico *a*. 태양면 기술의. 태양론의. 일광사진의. 일광에 의한.
heliogravura *f*. 사진 요판(凹版)(술). 사진 조각(寫眞彫刻). 사진 판화(版畵).
heliométrico *a*. 태양의(太陽儀)의.
heliometro *m*. [天] 태양의(太陽儀).
helionose *f*. [醫] 일사병(日射病).

helioscópia *f*. 태양 관측경에 의한 태양 관측.
helioscópico *a*. 태양 관측의.
helioscópio *m*. [天] 태양 관측경(觀測鏡). 태양경(太陽鏡).
heliostático *a*. 일광 반사경의.
helióstato *m*. 일광 반사경(日光反射鏡).
helioterapia *f*. [醫] 일광요법(療法).
heliotropia *f*. =*heliotropismo*.
heliotrópico *a*. 굴일성(屈日性). 향일성(向日性)의.
movimento hejiotropico 굴일운동.
heliotrópio *m*. [植] ①헬리오트로프; 그 색(엷은 자색). 그 꽃의 향기. ②[鑛] 혈옥수(血玉髓). ③회조기(回照器). 회광기(回光器).
heliotropismo *m*. [植] 굴일성(屈日性). 향일성(向日性).
heliporto *m*. 헬리콥터항(港).
hélix *m*. [解] 헬릭스. (=*hélice*).
helmintiase *f*. [醫] 기생충병. 회충병(蛔蟲病). 장충병(腸蟲病).
helmíntico *a*. (장내) 기생충의. 회충의. 장충의. 기생충을 구제하는.
— *m*. 장충구제제(腸蟲驅除劑). 구충제(驅蟲劑).
helminto *m*. 장내(腸內)기생충. 회충. 장충.
helmintóide *a*. ①장내기생충 같은. 회충 비슷한. ②벌레 모양의.
helmintologia *f*. 장내기생충학. 장충학(腸蟲學).
helmintológico *a*. 장내기생충학의.
helmintologista *m*., *f*. 기생충학자. 장충학자.
helofito *a*. [植] 소지(沼地)에 나는; 돋는.
helvécio *a*. 헬베티아(현재의 스위스)의. 헬베티아 사람의.
— *m*. 헬베티아(스위스) 사람.
helvético *a*. =*helvécio*.
hemacronia *f*. =*hematina*.
hemadinamica *f*. 혈액순환론.
hemalopia *f*. [醫] 눈의 일혈(溢血). 혈안(血眼).
hematemese *f*. [醫] 위출혈(胃出血).
hematia *f*. 적혈구(赤血球).
hematina *f*. [化] 헤마틴(피의 색소). 혈색소.
hematita, hematite *f*. [鑛] 적철광(赤鐵鑛). 혈석(血石).

hematocefalo *m.* 뇌혈종(腦血腫).
hematocele *m.* 혈종(血腫). 음낭(陰囊) 혈종.
hematodo *a.* 혈질(血質)의. 혈액과 비슷한.
hematografia *f.* 혈액학(血液學).
hematografo *m.* 혈액학자.
hematóide *a.* 피 같은. 혈액유사(혈액유사)의.
hematologia *f.* 혈액론(학).
hematológico *a.* 혈액론의. 혈액학의.
hematoma *m.* [醫] 혈종(血腫).
hematosar-se *v.pr.* (정맥혈이) 동맥혈로 되다.
hematose *f.* 정맥혈(靜脈血)을 동맥혈화(動脈血化)하는 것. 혈액의 산화(酸化).
hematosina *f.* =*hematina*.
hematoxilina *f.* 염색소(染色素).
hematozoário *m.* 혈충(血蟲).
hematúria *f.* [醫] 혈뇨증(血尿症). 혈뇨. 요혈(尿血).
hematúrico *a.* 혈뇨증의. 혈뇨의.
— *m.* 혈뇨증 환자.
hemeralopia *f.* [醫] 야맹증(夜盲症).
hemeralópico *a.* 야맹증의. 야맹증에 걸린. (밤에 못보는) 새눈 같은.
— *m.* 야맹증 환자(患者).
hemeropata *f.* =*hemeralopia*.
hemi 반(半)의 뜻을 나타내는 복합어.
hemialgia *f.* [醫] 편두통(偏頭痛). 우울증. [獸醫] 현운증.
hemianestesia *f.* 반신마비(半身痲痺).
hemiciclo *m.* 반원(半圓). 반원형(의 건물·투기장·방).
hemicilindrico *a.* 반원통형의.
hemicrania *m.* 반원통형(半圓筒形).
— *f.* =*hemialgia*.
hemiedria *f.* [結晶] 반광면(半光面). 결면(缺面).
hemiedrico *a.* [結晶] 반광면의.
hemifacial *a.* (얼굴의) 반면(半面)의.
hemíona *f.* =*hemíono*.
— *m.* 반나귀(半驢)(몽고(蒙古)산의 야생 나귀).
hemiopia, hemiopsia *f.* [醫] 반시증(半視症). 반맹증(半盲症).
hemiplegia *f.* [醫] 반신불수.
hemiplégico *a.* 반신불수의.
hemíptero *m.a.* [蟲] 반시류(半翅類)(의).
hemisférico *a.* 반우(半球)의. 반구상(狀)의. 반구체의.
hemisfério *m.* 반구(半球). 반구체. (지구·하늘의) 반구.
hemisfério boreal (또는 *setentrional*) 북반구.
hemisfério austral (또는 *meridional*) 남반구.
hemisferóidal *a.* 반구상의. 반구체의.
hemisferóide *a.* 반구상의. 반구체의. 반구 비슷한.
— *m.* 반구형체(半球形體).

hemistíquio *m.* [韻] 반행(半行). 불완전행.
hemitropia *f.* [鑛] 대쌍정(對雙晶).
hemo 피(血)를 나타내는 복합어.
hemodiagnostico *m.* [醫] 혈액검사에 의한 진단(診斷).
hemodinamometro *m.* 혈압계(血壓計).
hemoglobina *f.* [化] 헤모글로빈(적혈구 중의 혈색소). [醫] 혈홍소(血紅素).
hemopatia *f.* [醫] 혈액병. 괴혈병(壞血病).
hemoptico *a.* 각혈의. 각혈에.
hemoptise *f.* [醫] 각혈(喀血). 객혈(喀血).
hemorragia *f.* [醫] 출혈(出血). 일혈(溢血).
hemorragia nasal 코피. 코피 나옴.
hemorragia cerebral 뇌일혈.
hemorrágico *a.* 출혈성(出血性)의. 일혈성의.
hemorroidal *a.* 치질의.
hemorroidário *a.* 치질에 걸린.
— *m.* 치질환자.
hemorróidas *f.* [病理] 치질(痔疾).
hemoscópia *f.* 혈액검사.
hemostase, hemostasis *f.* ①[醫] 체혈(滯血). ②지혈법(止血法).
hemostático *a.* 피를 막는. [醫] 지혈의.
— *m.* 지혈제(止血劑).
homotexia *f.* [醫] 혈액의 분해(分解).
hemotorax *m.* 기관지출혈(氣管支出血).
hena *f.* [植] 들국화의 변종. 이집트의 원산으로 천굴채과(千屈菜科)의 낙엽관목(落葉灌木)(그 잎사귀로 염료(染料)를 만듦).
hendecagonal *a.* 십일각형의.
hendecágono *m.* 십일각형(十一角形).
hendecassílabo *a.* [文] 십일음절(十一音節)의.
— *m.* 십일음절로 된 시구(詩句).
hendíadis *f.* [修] 중언법(重言法: 형용사를 가진 명사를 쓰는 대신 두 개의 명사를 *e*로 연결하여 표현하는 법).

henequem *m.* 헤네퀸(멕시코 *Yucatan*산) 용설란의 일종.
hepatal *a.* 간장(肝臟)의.
hepatalgia *f.* [醫] 간장신경통.
hepatica *f.* [植] 설앵초(雪櫻草).
hepático *a.* ①[醫] 간장의. 간장에 좋은. ②[植] 간장색의. 암갈색의.
hepatite *f.* ①[醫] 간장염(肝臟炎). ②[鑛] 간장석(肝臟石). 간장빛을 띤 보석.
hepatocele *m.* [醫] 간장 헤르니아.
hepatogastrico *a.* 간장과 위(胃)의.
hepatografia *f.* 간장 해설(解說). 간장지(誌).
hepatologia *f.* 간장학(肝臟學).
hepatoptose *f.* 간장 하수(下垂).
hepatotomia *f.* 간장 절단(截斷).
heptacórdio *a.* 칠현(七絃)의.
— *m.* 칠현악기(七絃樂器). 칠음음계(七音音階).
heptaedro *m.* 칠면체(七面體).
heptagonal *a.* 칠각형의. 칠변형의.
heptágono *m.* 칠각형(七角形). 칠변형(七邊形).
heptámetro m. [韻] 칠음보구(七音步句). 칠각구(七脚句).
heptandria *f.* [植] 칠웅예식물(七雄蕊植物).
heptandro *a.* 칠웅예의.
heptarquia *f.* ①(英史) *Angles*와 *Saxons*의 칠왕국(七王國). ②칠인 정치(七人政治). 칠인 정치하의 나라.
heptarquico *a.* 칠왕국의. 칠인 정치의.
heptassílabo *a.* 칠음절의. 칠음절로 되는.
— *m.* 칠음절(七音節)의 시구(詩句).
heptateuco *m.* 구약성경의 처음 7편.
hera *f.* [植] 담장이. 사철칡.
heráldica *f.* 문장학(紋章學). 문장.
heráldico *a.* 문장(紋章)의. 문장학의.
— *m.* 문장해설자(紋章解說者).
herança *f.* ①유산(遺産). 상속재산. 세습재산. ②선조 전래(傳來)의 물건. ③부동산. 유증.
herbáceo *a.* [植] 풀의. 초본의. 풀잎 모양의. 초질(草質)의.
herbanário *m.* 식물학자. 본초가(本草家). 약초상(商).
herbário *m.* (건조(乾燥)) 식물표본집. 식물표본책. 식물표본실(室)·관(館).
herbático *a.* 풀의. 본초(本草)의. 풀에 관한.
herbífero *a.* 풀이 나는. 풀이 자라는.
herbívoro *a.* 풀을 먹는. 초식(草食)의. 초식성(性)의.
— *m.* 초식동물(草食動物).
herbolário *m.* ①식물채집가. ②(옛적의) 식물학자. 본초가(本草家). 약초상(藥草商).
herborização *f.* 식물(약초) 채집.
herborizador *m.* 식물(약초) 채집하는 사람.
herborizar *v.t.* 식물(약초)을 채집하다. 식물을 연구하다.
hercúleo *a.* ①[希神] 헤라크레스의. 헤라크레스 같은. ②큰 힘이 있는. 초인적(超人的)인.
hercúles *m.* ①[希神] 헤라크레스(*Jupiter* 신의 아들로 열 두가지 어려운 일을 수행한 힘센 영웅). ②힘이 장사인 사람. ③[天] 헤라크레스좌(座).
herdade *f.* ①상속재산. 세습재산. ②선조 전래의 물건. 유물(遺物). ③가산. 재산. 자산(資産). ④농장 내의 저택.
herdar *v.t.* ①(재산을) 상속시키다. (자손에게) 물려주다. ②계승시키다.
— *v.i.* (+*de*). (…의) 재산을 상속하다 (물려받다). (…을) 계승하다.
herdeira *f.* ①여자상속인. ②여자후계자.
herdeiro *m.* ①[法] 상속인. 사자(嗣子). 후사(後嗣). ②《比喩》후계자. 계승자.
hereditariamente *adv.* 상속에 의하여. 세습적으로.
hereditariedade *f.* ①[法] 상속권(相續權). ②세습. ③유산(遺産). ④유전. 유전성.
hereditário *a.* ①상속의. 상속에 의한. ②세습의. 선조 전래의. ③유산(遺産)의. ④유전의. 유전적인. 유전성의.
doença hereditária 유전병(遺傳病).
herege *a.* ①(그리스도교에서 본) 이교의. 이단의. ②신을 믿는 마음이 없는. 불신심(不信心)의. 이설(異說)을 부르짖는.
— *m.* (가톨릭교에 대한) 이교도. 이단자(異端者). 신앙심이 없는 사람.
heresia *f.* 이교(異教). (교의)이단. 이설(異說). 사교(邪教). 사설(邪說).
heresiarca *m.*, *f.* 이교(異教)의 시조(始祖).
herético *a.* 이교의. 사교의. 이단의.
— *m.* 이교도. 이단자.
herma *f.* (밑에 대(臺)가 있는) 반신상(半身像).

hermafrodita *a.* 남녀 양성을 구비한. 자웅동체의.
— *m.* ①남녀추니. 어지자지. ②[動] 암수 한 몸. [植] 자웅동화(양전화(兩全花)). 양성화(兩性花).

hermafroditismo *m.* 양성구유(兩性具有). [動] 암수 한몸. 자웅동체(雌雄同體).

hermeneuta *m.* ①[宗] 성경해석자. ②법문(法文)해석자.

hermenêutica *f.* (특히 성경) 해석자.

hermenêutico *a.* 해석의. 새김의. (특히 성경) 해석학의.

hermes *m.* [希神] 신들의 사자(使者). 과학·변설(辯說) 등의 신(로마신화의 *Mercury*).

hermeticamente *adv.* 밀봉[밀폐]하여.

hermeticidade *f.* 밀봉(密封). 밀폐(密閉).

hermético *a.* ①밀봉한. 밀폐한. ②《古》연금술(練金術)의.

hernia *f.* [醫] 헤르니아. 탈장(脫腸).

herniado *a.* 헤르니아에 걸린.

hernial *a.* 헤르니아의. 탈장의.

herniário, hernico *a.* =*hernial*.

hernioso *a.* 헤르니아의. 헤르니아에 걸린.

herodes *m.* ①[聖] 헤롯왕(유태의 왕. 잔학하기로 유명함). ②[比喩] 잔인무도한 놈.

herói *m.* ①《原義》(옛 그리스의) 신인(神人). 반신적(半神的)인 용사. ②영웅. 영걸. 용사. 위인. ③(시·소설·극·사건 등의) 주인공. 영웅. 인물. 주동자.

heroicamente *adv.* 영웅적으로. 용감하게. 씩씩하게. 장렬하게. 호걸답게.

heroicidade *f.* 영웅적 자질(資質). 장렬. 의열(義烈). 장용(壯勇). 영웅적 행위. 장거(壯擧).

heróico *a.* 영웅의. 영웅적. 위인다운. 호걸같은. 용감한. 씩씩한. 장렬한.

heroi-cómico *a.* [文藝] 영웅희극적(英雄喜劇的 : 장용(壯勇)과 해학(諧謔)을 섞은).

heroificar *v.t.* 영웅으로 만들다. 영웅화하다.

heroína *f.* ①반신여(半神女). 열부(烈婦). ②여장부. 여걸. ③(소설·극·사건 등의) 여주인공.

heroísmo *m.* ①영웅적 행위. 장렬한 행동. ②대담. 호담. 장용. ③영웅주의. 의협심(義俠心).

herpes *m.(pl.)* [醫] 헤르페스. 수포진(水疱疹). 해독(害毒)의 전염.

herpético *a.* 헤르페스의. 수포진(성)의.

herpetismo *m.* 헤르페스(수포진)의 발생.

herpetografia *f.* 파충류학(爬蟲類學).

herpetologia *f.* 파충류학.

herpetologista *m.f.* 파충학자(爬蟲學者).

hertziano *a.* [電] 헤르츠(독일의 물리학자 *Hertz*) 전파(電波)의 헤르츠파(波)의. *ondas hertzianas* [電] 헤르츠파. 전파(電波).

hesitação *f.* 망설임. 머뭇거림. 주저(躊躇). 결단을 내리지 못함.

hesitante *a.* 망설이는. 머뭇거리는. 우물쭈물하는. 주저하는. 결단을 내리지 못하는.

hesitar *v.i.* 망설이다. 주저하다. 머뭇거리다. 결단을 내리지 못하다. (말을) 우물쭈물하다.

hespanhol *a., m.* =*espanhol*.

hesperides *f.(pl.)* [希神] 황금사과밭을 지킨 네 자매(姉妹).

hespério *a.* 《詩》서방(西方)의. 서국의. 서쪽땅의.

hesperonis *m.* [古生] 황혼새(黃昏鳥)(아메리카대륙산).

hesterno *a.* 《詩》어제의. 작일의. 전날의.

hetera *f.* (옛 그리스의) 첩(妾). 창기. 논다니.

heterismo *m.* ①공공연한 축첩(蓄妾). ②[考古] (등부극 내의) 삽혼(雜婚)(태고의 결혼제도).

hetero 타(他)…, 이(異)…의 뜻을 나타내는 복합형.

heterocarpo *a.* [植] 이형화과(異形花菓)의 (같은 그루에 딴 모양의 꽃 또는 다른 열매를 맺는 것).

heteróclito *a.* [文] 불규칙 변화의. 불규칙으로 변하는.
— *m.* 불규칙명사.

heterodactilos *m.(pl.)* [動] 이지류(異趾類).

heterodoxia *f.* (가톨릭교에서 본) 이단의 설(說). (가톨릭교의와) 다른 교의(敎義).

heterodoxo *a.* 가톨릭교의와 다른. 이교의. 이단의. 이설(異說)의. 이풍(異風)의.

heterofilo *a.* [植] 여러 가지로 다른 모양의 잎사귀가 있는.

heterogeneidade *f.* 이종(異種). 이류(異類). 불균질(不均質). 이류혼효(異類混淆). 이성분.

heterogéneo *a.* 전혀 다른. 비슷도 하지 않은. 이종의. 이류의. 불균질의. 이성분의. [數] 이차(異次)의.

heterogenesia, heterogenia *f.* [生物] 이형 발생(생식). 이태세대교번(異態世代交番).

heteromorfia *f.* ①변형. 이형. 동종이형(同種異形). 동질이상(同質異像).

heteromórfico *a.* 변형의. 이형의. 동종이형의. 동질이상의.

heteromorfismo *m.* ①[生物] 변형. 이형(異形). ②[結晶] 동질이상(同質異像).

heteromorfo *a.*=*heteromórfico*.

heteromorfose *f.* [生物] 절단된 사지의 재생현상(再生現象).

heteronomia *f.* ①타율(他律). 타율성. ②[生物] 이규(異規).

heterónomo *a.* ①타율의. ②[生物] 이규의. 분화하는.

heteropatia *f.* 대증요법(對症療法).

heteropetalo *a.* [植] 이형화판(異形花瓣)이 있는.

heteroplasia *f.* [醫] 이조직신생(異組織新生).

heteroplasma *m.* 환부(患部)에 다른 사람의 부분을 이식(移植)하는 법.

heteroplástico *a.* (약품 따위의) 고체(固體)를 액체로 변하는.

heteropodes *m.*(*pl.*) [動] 이족류(異足類: 복족류(腹足類)의 하나).

heteropteros *m.*(*pl.*) 이시류(異翅類).

heterotaxia *f.* [醫] 내장변위(內臟變位). [地] 지층변위.

heterotecnia *f.* 기술적 방법과 실천의 상위(相違).

heterótipo *a.* [生物] 이형(異形)의.

heterozoários *m.*(*pl.*) 해면속(海綿屬).

heteus *m.*(*pl.*) 옛 가나안 민족(파레스틴 부근에 산).

hévea *f.* (브라질 북부산) 빠라아고무나무.

hex '육(六)'의 뜻을 나타내는 복합형.

hexaciclo *a.* 여섯바퀴(六輪) 있는. 육원(六圓)의.

hexacordo *m.* [樂] 육성음계(六聲音階).

hexadáctilo *a.* 여섯 손가락이 있는. 육지(六指)의.

hexaédrico *a.* 여섯 면이 있는. 육면(六面)의.

hexaedro *m.a.* 육면체(六面體)(의).

hexafilo *a.* [植] 여섯 잎사귀가 있는. 육엽(六葉)으로 되는. 육엽편(片)의.

hexagino *a.* [植] 육웅예(六雄蕊)의.

hexagonal *a.* 육각형의. 육변형의.

hexágono *m.* 육각형(六角形). 육변형(六邊形).

hexagrama *m.* ①[幾] 육선형(六線形). 육망성형(六芒星形). ②[文] 육자합성(六字合成).

hexamétrico *a.* 육각음으로 된.

hexámetro *m.* [韻] 육보격(六步格). 육각음(六脚音). 육음보(六音步)의 시(詩).

hexandro *a.* =*hexagino*.

hexapétalo *a.* [植] 여섯 화판이 있는. 육화판(六花瓣)의.

hexápode *a.* [蟲] 다리 여섯이 있는. 육족(六足)의.

hexápodes *m.*(*pl.*) 육족충류(六足蟲類).

hexáptero *a.* [蟲] 날개 여섯이 있는. 육시(六翅)의.

hexassílabo *a.* 철자 여섯이 있는. 육철자(六綴字)의.

hexastilo a. [建] 여섯 기둥의. 육주(六柱)의.
— *m.* 여섯 기둥이 있는 현관(玄關).

hiacintino *a.* 히아신스의(같은).

hiacinto *m.* ①[植] 히아신스((希神) 죽은 미소년 *Hyacinthus* 핏속에서 피어 나왔다는). ②히아신스색. 보라색. ③[鑛] 풍신자석(風信子石). 일종의 보석.

hiade *f.* [天] 히아데스 성단(星團)(황소좌 중의 다섯개의 군성(群星)).

hialino *a.* 유리 모양의. 파리정질(玻璃晶質)의. 투명하는.

hialite *f.* ①[鑛] 옥적석(玉滴石: 무색투명한 담백석(淡白石)). ②[醫] (안구(眼球)의). 유리 모양의 막에 생기는 염증. 초자체염(硝子體炎).

hialito *m.* 차광(遮光) 유리.

hialografia *f.* 유리조각술(彫刻術).

hialógrafo *m.* ①유리 조각하는 데 쓰는 도구. ②유리조각사.

hialóide *a.* [解] (안구(眼球)의) 유리 모양의. 투명한.
— *f.* 유리 모양의 막(膜).

hialóideo *a.* 유리 모양의 막의.

hialotecnia *f.* 유리공예(工藝). 유리공업.

hialotecnico *a.* 유리공예의. 유리공업의.

hialurgia *f.* 유리제조술.

hialúrgico *a*. 유리제조술의.

hiante *a*. 《詩》(입을) 크게 벌린. 굶주린.

hiato *m*. ①틈. 깨진 틈. 터진 곳. 짬. ②궐문(闕文). 탈문(脫文). 탈자. ③[文] 모음접속(모음으로 끝나는 말과 모음으로 시작하는 말과의 사이의 중단). [論] (논증의) 연쇄중단(連鎖中斷). ④[醫] 열공(裂孔).

hibernação *f*. ①동면(冬眠). 동면기(期). ②칩거(蟄居).

hibernáculo *m*. ①[植] 월동체(越冬體: 겨울에 새싹을 보호하기 위하여 싸는). ②동면하는 곳.

hibernal *a*. ①겨울의. 겨울철의. 동기(冬期)의. 동계(冬季)의. ②겨울에 나는. 겨울에 피는.

hibernante *a*. 동면(冬眠)하는. 피한(避寒)하는. 칩거하는.

hibernar *v.i*. ①(동물이) 동면하다. (사람이) 피하다. ②칩거(蟄居)하다. 틀어박혀 있다.

hibêrnico *a*. 아일랜드 (사람)의.
— *m*. 아일랜드 사람.

hiberno *a*. 겨울의. 동기(冬期)의. 한랭한.

hibisco *m*. [植] 서양 촉규화(蜀葵花).

hibridação *f*. 잡종산출. 잡종법. 잡종번식. [言] 혼성(混成).

hibridez *f*. [動·植] 잡교(雜交). 잡종. 혼종(混種). [言] 혼성. [文] 혼성어.

hibridismo *m*. ①잡종임. 혼종임. ②잡종육성.

hibridista *m., f*. 잡종육성자.

híbrido *a*. 잡종의. 잡교의. 혼종의. 혼혈의.
— *m*. ①[生物] 잡종. 트기. ②혼성물. ③[言] 혼종(混種). 혼성어(混成語).

hidartrose *f*. [醫] 관절수종(關節水腫). 수포(水胞).

hidático *a*. 포충(胞蟲)의. 포충에 관한.

hidátide *f*. (촌뱀충의) 포충(胞蟲).

hidra *f*. ①[希神] 구두사(九頭蛇: *Hercules*가 죽인 괴상한 뱀. 머리 하나를 자르면 곧 머리 두 개가 생겼다는). ②《比喩》근절시키기 어려운 것. 큰 화근. ③[動] 히드라속. ④[天] 해사좌(海蛇座). (남천의 성좌).

hidrácido *m*. [化] 수소산(水素酸).

hidragogo *a*. [醫] 이수(利水)의. 구수(驅水)의.
— *m*. 이수약. 구수약(驅水藥).

hidrângea, hidranja *f*. [植] 수국(水菊).

hidrante *m*. 소화전(消火栓). 수도전(水道栓).

hidrargiria *f*. [醫] 수은제(水銀劑) 사용에 의한 피부발진(皮膚發疹).

hidragírico *a*. 수은의. 수은이 든. 수은을 함유한. 수은으로 되는.

hidrargírio *m*. 수은(水銀).

hidrargirismo *m*. 수은중독.

hidrargiro *m*. =*hidrargírio*.

hidrargirose *f*. [醫] 수은마찰(水銀摩擦).

hidratação *f*. [化] 수화(水化). 수화작용.

hidratado *a*. [化] 수화한. 물과 화합한. 함수(含水)의.

hidratar *v.t., v.i*. [化] 수화시키다(하다).

hidratável *a*. [化] 수화(水化)할 수 있는.

hidratico *a*. 수화물의. 수산화물의.

hidrato *m*. [化] 수화물(水化物). 수산화물(水酸化物).

hidráulica *f*. 수력학(水力學). 동수학(動水學). 유체중학(流體重學).

hidraulicidade *f*. 수경성(水硬性).

hidráulico *a*. 수력학적인. 수력응용의. 수력의. 수압의. 동수(動水)의. 수경의. 수경성의.

cimento hidráulico 수경(水硬) 시멘트.
carneiro hidráulico 자동 양수기(揚水機).
potência hidráulica 물의 힘. 수력.
obra hidráulica 수도. 급수 설비. 급수소.
— *m*. 수력기사(技師). 수력학자.

hidravião *m*. =*hidroavião*.

hidria *f*. (옛 그리스의) 물병.

hidrião *m*. (*hidria*의 지대어) 큰 물병.

hidriatria *f*. 해수(海水)·담수(淡水). 광천수(鑛泉水) 등을 응용하는 치료법.

hídrico *a*. [化] 수소의. 수소를 포함한.

hidroario *m*. [醫] 난소(卵巢)의 수종(水腫).

hidroavião *m*. 수상비행기. 수상기.

hidróbio *a*. 물속에서 사는. 수중서식(棲息)의.

hidrocarbono, hidrocarbureto *m*. [化] 탄화수소(炭化水素).

hidrocefalia *f*. [醫] 뇌수종(腦水腫).

hidrocéfalo *a*. 뇌수종의. 뇌수종에 걸린.
— *m*. 뇌수종 환자.

hidrocele *f*. [醫] 음낭수종(陰囊水腫).

hidrocianico *a*. [化] 시안화수소(-化水素)의.

ácido hidrocianico 청산(靑酸).

hidrodinâmica *f.* 유체역학(流體力學). 액체력학. 동수학(動水學). 동유체역학.

hidrodinâmico *a.* 유체(액체)역학의. 동수학의. 수력의. 수압의.

hidro-elétrico *a.* 수력전기의. 수력발전의.

hidrófilo *a.* 물을 빨아들이는. 흡수성(吸水性)의. (특히 의료용(醫療用)의 솜에 대한 말).

  algodão hidrófilo 탈지면(脫脂綿).

hidrofobia *f.* 물을 싫어함. 공수(恐水). [醫] 공수병(恐水病). 광견병(狂犬病).

hidrofobo *a.* 물을 싫어하는. 물을 두려워하는. 공수성의. 공수병의. 공수병에 걸린. — *m.* ①물을 무서워하는 사람. ②공수병 환자.

hidrofone *m.* 수중청음기(水中聽音器). 전기경보기(잠수함 등이 습격을 군함·군항에 알리는). 청류기(聽流器).

hidrofugo *a.* 방수(防水)의. 물기를 막는.

hidrogenação *f.* 수소(水素)와 화합하기.

hidrogenado *a.* 수소와 화합한.

hidrogenar *v.t.* 수소와 화합(化合)시키다. 수소를 포화시키다. 수소로 처리하다.

hidrogêneo *m.* =*hidrogênio*.

hidrogênio *m.* [化] 수소(水素).

  hidrogênio sulfrico 황화수소(黃化水素).

hidrografia *f.* 수리학(水理學). 수로학(水路學). 수로측량술.

hidrográfico *a.* 수리학의. 수로학의. 수로측량술의.

  carta hidrográfica 수로도(水路圖).

hidrografo *m.* 수리학자(水理學者). 수로학자. 수로기사. 수로측량기.

hidróide *a.* 히드라충의.

didrolatra *m.* 물을 좋아하기. 물을 좋아하는 사람.

hidrólise *f.* [化] 가수분해(加水分解).

hidrologia *f.* ①수학(水學). 수질학(水質學). ②수문학(水文學: 육지상의 물의 성능·현상·법칙 등을 연구하는).

hidrológico *a.* 수학의. 수학상의. 수문학의.

hidrologista *m., f.* 수문학자(水文學者).

hidrólogo *m.* 수문학자. 수학자(水學者).

hidrománcia *f.* 물로 점치기. 수점(水占). 수복(水卜).

hidromania *f.* [醫] 투수병(投水病).

hidromantico *a.* 수점의. 수복의. — *m.* 수점가(水占家).

hidromecânica *f.* ①[理] 유체역학. 액체역학. ②수력기계(水力機械).

hidromecánico *a.* 수력기계의.

hidromel *m.* 꿀물(蜂密水).

hidrometria *f.* ①액체비중측정(液體比重測定). ②수속측정(水速測定). 수량측정. ③양수학(量水學).

hidrométrico *a.* 액체비중측정의. 측류(測流)의. 수량측정의.

hidrômetro *m.* 액체비중계. 수속계(水速計). 수량계(水量計). (수도(水道)의) 계량기.

hidrópata *m.* ①[醫] 수치료법(水治療法). ②수치료법가. 수치의사(水治醫師).

hidropatia *f.* [醫] 수치법(水治法). 수료법(水療法).

hidrópico *a.* 수종(水腫)의. 수종성의. — *m.* 수종환자.

hidropisia *f.* [醫] 수종(水腫). 수종병.

hidroplano *m.* 수상(비행)기. 수상활주정(滑走艇).

hidroquinone *m.* [寫] 히드로키논(現像劑).

hidroscopia *f.* (지하수의 존재를 찾는) 탐천법(探泉法).

hidroscópico *a.* 탐천법의.

hidroscópio *m.* 잠사경(潛斜鏡)(수중안경. 심도계(深度計).

hidroscopo *m.* 탐천자(探泉者).

hidrosfera *f.* (지구의) 수권(水圈). 수계(水界). (대기중의) 수기(水氣).

hidrostática *f.* 유체(액체) 정력학(靜力學). 정수학(靜水學).

hidrostático *a.* 정수(靜水)의. 정수학의. 유체정력학적.

hidrotenia *f.* 급수학(給水學).

hidrotécnico *a.* 급수학의.

hidroterapia *f.* 수치료법(水治療法).

hidroterápico *a.* 수치료법의.

hidrotermico *a.* 물과 열의. 열수(熱水)의. 열수작용의.

hidrótico *a.* [醫] 땀흘리게 하는. — *m.* 발한촉진제(發汗促進劑).

hidrotórax *m.* 흉수(胸水). 흉수종(腫).

hidróxido *m.* [化] 수산화물(水酸化物).

hiemação *f.* ①겨울. 겨울철. 동기(冬期). ②겨울을 나기. 월동(越冬). 피한(避寒). ③동면(冬眠).

hiemal *a.* ①겨울의. 겨울철의. 동기의. ②동면의. 피한의.

hiena *f.* ①[動] 하이에나(아시아·아프리

카산 식육수의 하나 : 특히 죽은 고기를 먹고 짖는 소리는 악마의 웃음소리에 비유됨). ②《俗》잔학한 사람. 배반자. 욕심꾸러기.

hierarca *f.* [宗] 교주(敎主). 고승(高僧).

hierarquia *f.* ①천사(天使)의 계급의 하나. 천사의 지배(통치). 천사군(天使群). ②교권제도. 성직정치. 계급조직(단체). [生物] (분류)체계.

hierarquico *a.* 교직계급제(敎職階級制)의. 등급의.

hierático *a.* ①성직자 계급의. 사제(司祭)의. 제사(祭司)의. 승려의. ②종교적 전통의.

hierofante *m.* 종교상의 비밀교의(敎義) 해설자. (옛 그리스) 신비의식사제(神秘儀式司祭).

hieroglífico *a.* ①(고대 이집트) 상형문자식의. 상징적. ②알기 어려운. 난해(難解)한.

hieróglifo *m.* ①상형문자(象形文字). 상형문자의 문서. 그림 문자. ②《轉》비어(秘語). ③알기 어렵게 쓴 것. 악필문자(惡筆文字).

hierologia *f.* (고대 이집트의) 상형문자의 연구. 성전학(聖傳學). 경전문학.

hífen *m.* 하이픈. [文] 연자부호(連字符號).

higidamente *adv.* 섭생적으로. 섭생(위생)상.

higido *a.* 섭생(攝生)의. 섭생에 관한. 위생에 관한.

higiene *a.* ①섭생. 섭생법. 건강법. ②위생학(衛生學). ③위생. 청결.

higienicamente *adv.* 위생상. 위생적으로.

higiénico *a.* 위생의. 위생적인. 위생학상의.
— *m.* 위생가.

higienista *m., f.* 위생학자.

higiologia *f.* 섭생론(攝生論). 위생론. 위생학.

higioterapia *f.* 섭생요법(療法).

higro 습기(濕氣)·액체의 뜻을 나타내는 복합형.

higrobio *a.* 물속에서 사는. 수중서식(棲息)의.

higrofilo *m.* 물을 좋아하는.

higrofobia *f.* =*hidrofobia*.

higrologia *f.* 습도학(濕度學). 습도연구.

higrometria *f.* [理] 습도측정(測定).

higrométrico *a.* 습도측정의. 습도계상(上)의.

higrómetro *m.* 습도계(濕度計).

higroscópico *a.* 험습기의. 습도계의.

higroscópio *m.* 험습기(驗濕器).

hilare *a.* 《詩》명랑한. 즐거운.

hilariante *a.* 명랑하게 하는. 즐기게 하는. 기쁘게 하는. 웃기는.
gás hilariante [化] 웃음가스 (일산화질소(一酸化窒素)).

hilaridade *f.* ①명랑함. 즐거움. 유쾌함. ②우스움. 환희. 떠들며 놀기.

hilo *m.* [植] 배꼽(씨가 껍질에 붙은 곳). [解] (기관(器管)의 혈관이 출입하는) 문.

hilogenia *f.* 물질형성(物質形成).

hilota *m.* ①옛 스파르타의 노예. ②농노(農奴). 노예. 천민.

hilozóico *a.* 만물유생론의. 물활론의.

hilozoismo *m.* 만물유생론(萬物有生論). 물활론(物活論).

hilozoista *m., f.* 물활론자.
— *a.* 물활론의.

himaláico *a.* 히말라야 (산맥)의.
— *m.* 히말라야 산맥.

hímen *m.* ①[希神·羅神] 혼인(婚姻)의 신(神). ②혼인. 결혼(의 축가(祝歌)). ③[解] 처녀막(處女膜). ④[植] 포(胞).

himeneu *m.* [希神·羅神] 혼인의 신(神). 혼인. 결혼. 축혼가(祝婚歌).

himenio *m.* [植] 자실층(子實層).

himenografia *f.* 막학(膜學). 막질학(膜質學).

himenologia *f.* 막론(膜論). 막질론(論).

himenopode *a.* [鳥] 지간(趾間)에 막이 있는.

himenoptero *a.* [蟲] 막시류의.

himenopteros *m.(pl.)* [蟲] 막시류(膜翅類 : 개미·벌·말벌 따위).

hindi *m.* 힌디말(북부 인도 지방말로 인구어계).

hindu *a.* 힌두의. 힌두스단의. 인도교(印度教)의.
— *m.* 힌두 사람(아이리안 인종에 속하는 인도인으로 인도교를 신봉하는). (일반적으로) 인도교도. 인도인.

hinduismo *m.* 힌두교. 인도교.

hindustani *m.* 힌두스단 말. 인도관용어(慣用語).

hinico *a.* 성가(聖歌)의. 찬송가의.

hinista *m., f.* 찬송가 작가.

hino *m.* 성가(聖歌). 송가(頌歌). 찬송가. 송덕가.
  hino nacional 국가(國歌). 애국가.
hinografo *m.* 찬송가(찬미가) 작가.
hinologia *f.* 찬미가학(讚美歌學). 찬송가 연구.
hinólogo *m.* 찬미가학자. 찬송가에 정통한 사람.
hióide *m.* [解] 설골(舌骨). U자형.
hióideo *a.* [解] 설골의. U자형의.
hiosciama *f.* =*hiosciamo*.
  — *m.* [植] 히오시 암풀(草).
hiosciamina *f.* [化] 히오시아민.
hipálage *f.* [文·修] 변환법(變換法). 환치법.
hiper 초월(超越)·상(上) 과도로 따위의 뜻을 나타내는 복합어.
hiperacidez *f.* [醫] 위산과다(胃酸過多).
hiperacido *a.* 위산과다의.
hiperacusia *f.* 청각과민(聽覺過敏).
hiperalgesia *f.* [醫] 통각(痛覺)과민.
hiperbato, hiperbaton *m.* [文] 전치법(轉置法).
hipérbole *f.* ①[修] 과장법(誇張法). 과장적 비유법(比喩法)('이 과자는 돌보다 더 굳다' 하는 따위). 장유(張喩). ②[幾] 쌍곡선(雙曲線).
hiperbólico *a.* ①과장법의. 과장의. 과대한. 장유의. ②[幾] 쌍곡선의.
hiperboliforme *a.* 쌍곡선 모양의.
hiperbolismo *m.* 과장체(誇張體)의 사용. 과장벽(誇張癖).
hiperbolizar *v.i.* (이야기를) 과장하다. 보태어 말하다.
hiperbolóide *m.* 쌍곡선체(雙曲線體).
hiperbóreo *a.* 극북(極北)의. 극북에 사는 몹시 추운. 나라의 최북부의.
hipercardia *f.* 심장비대(心臟肥大).
hipercatarse *f.* 배변과도(排便過度).
hiperceratose *f.* 백막확장(白膜擴張).
hipercrinia *f.* 분비과도(分泌過度).
hipercrítica *f.* 혹평(酷評).
hipererítico *a.* 혹평의.
  — *m.* 혹평가.
hipercritismo *m.* 혹평.
hipercromia *f.* 피부의 색소과도(色素過度).
hiperemia *f.* [醫] 충혈(充血). 다혈(多血).
hiperstesia *f.* [醫] 지각과민. 감각과민.
hiperfisico *a.* 물질이상(物質以上)의. 초(超)자연한. 초(超)물리적인.
hipergenesia *f.* [醫] 이상발달(異狀發達). 발육과도.
hipergenético *a.* 이상발달의. 발육과도에 관한.
hiperidrose *f.* [醫] 발한과다(發汗過多). 다한증(多汗症).
hiperlinfia *f.* 임파과다(淋巴過多).
hipermetro *m.* [韻] 남는 음절(音節). 남는 글자. 남는 구(句).
hipermetropia *f.* [醫] 원시(遠視). 원시안(眼).
hipermiopia *f.* [醫] (극도의) 근시안(近視眼).
hipermístico *a.* 매우 신비한. 몹시 현묘(玄妙)한.
hiperope *a.* 원시안의. 원시안에 걸린.
hiperopia *f.* [醫] 원시(遠視). 원시안.
hipersónico *a.* [理] 초음속의.
hipertese *f.* [文] 철자(綴字) 중의 자운(字韻)을 바꿔 놓는 것(*desvariado*를 *desvairado*라고 하는 따위).
hipertro *a.* (특히 고대 그리스·로마에서) 한데의. 지붕 없는.
  — *m.* 지붕 없는 예배당.
hipertofia *f.* [醫] (영양과다에 의한) 이상비대(異狀肥大). 확장. 《比喩》이상발달.
  hipertrofia de coração 심장비대.
  hipertrofia de estómago 위확장(胃擴張).
hipertrofiado *a.* 비대한. 확장한.
hipertrofiar *v.t.* 비대시키다. 확장시키다.
  —*se* *v.pr.* 비대하다. 확장하다.
hipiatra *m.* 마의(馬醫). 수의(獸醫).
hipiatria, hipiatrica *f.* 마의학(馬醫學). 말에 관한 것.
hipiátrico *a.* 마의학의. 마의학에 관한.
hipico *a.* 말의. 말에 관한.
hipismo *m.* 경마(競馬). 마상구희(馬上球戲). 말타고 하는 스포츠.
hipnagogico *a.* 최면(催眠)의. 환각(幻覺)의.
hipnofobia *f.* 공면(恐眠). 수면 중에 일어나는 공포 악몽.
hipnografia *f.* 수면론(睡眠論).
hipnologia *f.* 수면학. 최면학(催眠學).
hipnólogo *m.* 수면학자.
hipnose *f.* 최면상태.
hipnótico *a.* 최면의. 수면의.
  — *m.* 최면제(劑).
hipnotismo *m.* 최면술. 최면상태. 최면적

여러 가지 현상.
hipnotista *m.f.* 최면술사(師).
hipnotização *f.* 최면술을 걸음. 매혹함.
hipnotizador *m.* 최면술을 거는 사람.
hipnotizar *v.t.* 최면술을 쓰다(걸다). 《比喩》매혹하다.
hipocampo *m.* ①[動] 해마(海馬). 해마속. ②[神話] 해마(해신의 수레를 끄는 마두어미(馬頭語尾)의 괴물). ③[解] (뇌의) 해마(海馬).
hipocastāneas *f.(pl.)* [植] 상수리과(橡科).
hipocausto *m.* ①(옛 로마) 온돌. ②(온실의) 마루 밑의 난방장치.
hipocentauro *m.* 반인반마(半人半馬)의 괴물.
hipoclorico *a.* [化] 차아염소산의.
hipoclorito *m.* [化] 차아염소산염(次亞鹽素素酸鹽).
hipocondria *f.* [醫] 히포콘드리아증(症). 우울증.
hipocondrico *a.* 히포콘드리아증의(에 걸린). — *m.* 히포콘드리아 환자. 우울증에 걸린 사람.
hipocondrio *m.* [解] 하복(下腹). 소복(小腹).
hipocorístico *a.* [文] 친애를 표시하는. 애칭의.
hipocrático *a.* (의조(醫祖)라는) 히포크라테스의.
hipocraz *m.* [史] 향료를 넣은 포도주.
hipocrisia *f.* ①위선(僞善). ②가식(假飾).
hipócrita *a.* 위선의. 위선적. 허위의. — *m., f.* 위선자. 협잡꾼.
hipocritamente *adv.* 위선적으로. 허위적으로.
hipodérmico *a.* [醫] 피하(皮下)의. [解] 피하에 있는.
injeção hipodérmica 피하주사.
hipodromia *f.* 경마술(競馬術).
hipódromo *m.* 경마장(場).
hipofagia *f.* 말고기를 먹음. 말고기 먹는 습성.
hipofaringe *f.* (막시충(膜翅蟲)의) 설하인두(舌下咽頭).
hipogástrico *a.* 하복부의. 위(胃) 아래의.
hipogástrio *m.* 하복부(下腹部). 위하부(胃下部).
hipogeu *m.* [建] 지하실. 《古》 시체(屍體)를 보관하기 위한 움.
hipoginia *f.* [植] 자예하위(雌蕊下位).
hipogínio, hipogino *a.* [植] 자예하위의.
hipoglosso *a.* [解] 설하(舌下)의. 설하운동의.
— *m.* 설하신경(舌下神經).
hipógrifo *m.* [神話] 말 몸뚱이에 독수리 머리를 하고 날개가 있는 괴물.
hipólito *m.* 말의 장(腸) 또는 간장(肝臟)에 생기는 황색석(黃色石).
hipólogia *f.* 마종연구(馬種研究). 마학(馬學).
hipólogo *m.* 마종연구가. 마학자.
hipomania *f.* 말을 몹시 좋아하기. 애마(愛馬). 마광(馬狂).
hipomaníaco *a.* 말을 몹시 좋아하는.
hipopode, hipopodo *a.* 《詩》말다리가 있는. 마각(馬脚)의.
hipopótamo *m.* ①[動] 하마(河馬). 《轉》 뚱뚱하고 보기 흉한 체구.
hipossulfito *m.* [化] 차아황산염(次亞黃酸鹽).
hipóstase *f.* ①[哲] 본질. 실체. 실재. ②[宗] (예수의) 인성(人性). 삼위일체의 하나. ③[醫] 침하울혈(沈下鬱血).
hipostáticamente *adv.* 본질적으로. 실체적으로. [宗] 삼위일체적으로.
hipostático *a.* ①본질의. 실재의. 실체의. ②침하적. [宗] 삼위일체의 하나인.
hipostenia *f.* [醫] 허탈(虛脫).
hiposténico *a.* 허탈의. 허탈케 하는.
hipostilo *a.* [建] 다주식(多柱式)의.
hipoteca *f.* (부동산의) 저당(抵當). 저당권(抵當權). 담보권.
hipotecar *v.t.* 저당(담보)에 넣다.
hipotecariamente *adv.* 저당으로. 담보하여.
hipotecário *a.* 저당의. 저당에 관한. 저당권 있는.
banco hipotecário 권업은행(勸業銀行). 부동산담보 대부은행.
hipotenusa *f.* [幾] 직각삼각형의 사변(斜邊).
hipótese *f.* ①가정(假定). 가설(假說). 억설(臆說). ②…의 경우. 예(例).
hipotèticamente *adv.* 가정하여. 가설적으로.
hipotético *a.* 가정의. 가설의. 가설적인. 억설의.
hipotipose *f.* [修] 활사(活寫)(사물을 눈으

로 보는 듯이 그리는 묘사). 생생한 묘사.
hipotrafia *f.* 영양불량(榮養不良).
hipsografia *f.* 측고학(測高學). 측고법.
hipsometria *f.* 측고술(術). 측고법.
hipsométrico *a.* 비등측고술의.
hipsómetro *m.* 비등측고기(沸騰測高器) (액체의 비점을 재어 토지의 높이를 아는).
hircino *a.* 염소 같은. 염소의. 산양(山羊)에 관한. 호색(好色)의.
hircismo *m.* 겨드랑이 냄새. [醫] 액취(腋臭).
hirco *m.* (가축으로서의) 염소.
hircoso *a.* =*hircino*.
hirsuto *a.* 털 많은. 깎지 않은. 털복숭이의. [動·植] 강모질(剛毛質)의 긴 털로 덮인.
hirteza *f.* 빳빳함. 강직(强直). 휘지 않음.
hirto *a.* ①빳빳한. 강직한. 휘지 않는. 꼿꼿한. 움직이지 않는. ②험한. 거칠은. 조폭한.
hirundino *a.* [鳥] 제비의. 제비 같은.
hispánico *a.* 스페인의. 스페인 사람(말)의.
hispaniense *a.* 스페인(사람)의.
— *m., f.* 스페인 사람.
hispano (1) '스페인'의 뜻을 나타내는 복합어.
hispano-brasileiro 스페인·브라질의.
hispano-luso 서포르투갈의.
hispano-coreano 서한(西韓)의.
— (2) *a.* 스페인(나라)의.
hispidez *f.* 빳빳한 털이 많음. 털복숭이임.
híspido *a.* 빳빳한 털이 있는(많은). 털복숭이의.
hissom *m.* 희춘(熙春: 중국 녹차(綠茶)의 일종).
hissopada *f.* [宗] 성수(聖水)를 살포하기.
hissopar *v.t.* (성수기로) 성수를 살포(撒布)하다.
hissope *m.* [宗] [가톨릭] 성수기(聖水器).
hissopo *m.* [植] 히솝풀(옛날 약용으로 쓴 박하의 일종).
hissopo bravo 야생백리향(百里香).
histeranto *a.* [植] 잎사귀에 앞서 꽃이 피는. 잎사귀보다 꽃이 먼저 피는.
histeria *f.* [醫] 히스테리. 《比喩》 병적 흥분.
histérico *a.* 히스테리의. 히스테리에 걸린.
— *m.* 히스테리에 걸린 사람. 발작적으로 흥분한 자.

histeriforme *a.* 히스테리 증세의.
histerismo *m.* 히스테리 상태.
histerocele *f.* [醫] 자궁(子宮) 헤르니아.
histerografia *f.* 자궁론(子宮論).
histerolito *m.* 자궁결석(結石).
histeroloxia *f.* [醫] 자궁전위(轉位).
histerotomia *f.* [醫] 자궁절개술(切開術).
histerotomo *m.* 자궁절개기(切開器).
histogenia *f.* 조직형성. 조직발생.
histografia *f.* 유기체조직론(有機體組織論).
histologia *f.* 조직학(組織學: 생물 조직의 구조·발생·분화 등을 연구함).
histologia botânica 식물조직학.
histológico *a.* 조직학의.
história *f.* ①역사. 사학(史學). 연혁. ②…사(史). 사서(史書). 전기(傳記). ③이력. 경력. 내력. 유래. ④이야기. 옛이야기. 전설.
historia da carochinha 황당무계한 이야기(동화).
Conte-nos uma história. 옛이야기 하나 하시오.
historiador *m.* 역사가. 역사편찬자. 사학가(史學家). (사건을) 체계 세워 이야기하는 사람.
historiar *v.t.* ①역사를 편찬하다. 옛이야기를 하다. ②《俗》 장식하다. 치장하다.
históricamente *adv.* 역사상. 역사적으로.
histórico *a.* 역사의. 역사상의. 역사적인. 역사적으로 유명한. 사실(史實)에 근거한.
tempos históricos 유사시대(有史時代).
histórico-geográfico *a.* 역사지리의.
historieta *f.* 사화(史話). 옛이야기. 일화. 짧은 소설.
historiografia *f.* 역사편찬법. 전기법(傳記法). 수사(修史). 사료편찬.
historiógrafo *m.* 역사가. 사료편찬위원. 수사관(修史官).
historíola *f.* =*historieta*.
histrião *m.* (옛 로마의) 익살 광대질. (무대의) 희극배우.
histrício *m.* [動] 호저(豪猪).
histriónico *a.* 배우의. 연극계의. 연극상의.
hodiernamente *adv.* 최근에. 근경에.
hodierno *a.* 최근의. 근래의. 금일의. 일경(日頃)의. 오늘날의. 현대의.
hodometria *f.* 노정측정법(路程測定法).
hodométrico *a.* 노정측정의.
hodômetro *m.* 노정계(路程計: 차륜의 회

전측정계·윤회계(輪回計) 등).
hoje *adv.* 오늘(에). 금일(에). 현재(에).
— *m.* 오늘. 금일.
hoje em dia 오늘날. 금일. 지금은.
de hoje em diante 오늘부터. 금일 이후.
de hoje a um mês 오늘부터 한달 (후).
Holanda *f.* 홀란드.
holandês *a.* 네덜란드의. 네덜란드 사람(말)의.
— *m.* 네덜란드 사람(말).
holandilha *f.* 양복의 안재료로 되는 일종의 생마포.
holocausto *m.* ①[宗] 전번제(全燔祭 : 짐승을 통째로 구워 바치는 유태 제사). ②《比喩》전시전소(全市全燒). 전군 몰살. 대학살. 대파괴.
holoedro *m.* 완전면(完全面)의 결정체.
holofote *m.* 완전조광경(完全照光鏡). 탐해등(探海燈). 서치라이트.
holografo *m.* 자필(自筆). 자필증서.
holómetro *m.* [天] 측거기(測距器).
holotúria *f.* [動] 해삼무리의 동물. 해서(海鼠).
hombridade *f.* ①사내다움. 남성적임. ②씩씩함. 용감함. ③고상(高尙)함.
homem *m.* ①사내. 남자. ②어른. 성인. ③대장부. 사내다운 사람. ④인간. 사람. 인물(人物). ⑤《俗》남편.
homem moço 젊은 남기.
homem de idade 나이 많은 분.
homem de talento 재능이 있는 사람.
homem de letras 문사(文士). 문필가.
homem de negócio 거래 잘 하는 사람. 상인.
homem de palavra 약속을 지키는 사람.
homem de bem 정직한 사람.
homem malcriado 버릇없이 자란 놈. 형용사의 위치에 따라 *homem*의 뜻이 다소 달라지는 경우가 있다. 예를 들면.
{ *grande homem* 위인(偉人). 위대한 인물.
homem grande 체구가 큰 사람. 거인.
pobre homem 불행한 사람. 가엾은 인간.
homem pobre 돈 없는 사람. 가난한 자.
rico homem 고상한 사람.
homem rico 돈 많은 사람. 부자.
homenagear *v.t.* (…에) 경의(敬意)를 표하다. 축하하다.

homenagem *f.* ①(신하로서) 충성을 맹서하기. 신하의 예절. ②경례. 경의. 존숭(尊崇).
fazer homenagem 경의를 표하다. 축하하다.
prestar homenagem a …에 경의를 표하다.
homenzarrão *m.* (육체적으로) 큰 사람. 거인.
homenzinho *m.* (육체적으로) 작은 사람. 소인.
homeopata *m.* 동독요법가(同毒療法家). 동종(同種)요법의사(醫師).
homeopatia *f.* 동독요법. 이독제독(以毒制毒)의 요법.
homeopático *a.* ①동독(동종)요법의[에 의한]. ②[俗] 조금씩의. 소량의.
homérico *a.* ①(옛 그리스 시인) Homer (식)의. Homer가 만든. Homer 시풍(詩風)의. ②웅장한. 위대한.
homestead *m.* 《英》가산제도.
homicida *a.* 살인의. 살인범의.
— *m., f.* 살인자. 살인범. 살해자.
homicidiar *v.t.* 사람을 죽이다. 살인죄를 범하다.
homicídio *m.* ①살인(殺人). 살해. ②살인죄.
homicídio involuntário 과실치사.
homicídio voluntário 모살(謀殺). 고살(故殺).
homília *f.* ①설교(說敎). ②《轉》긴 설교. 긴 훈계. 도덕적 강연(道德的講演).
homiliar *v.i.* ①설교하다. ②훈계하다. 도덕적인 강연을 하다.
homiliário *m.* 설교집.
homiliasta *m., f.* 설교사(師).
hominal *a.* ①사람의. 인간의. 인류의. 사람에 관한. ②사람과 비슷한. 사람의 유(類)에 속하는.
hominalidade *f.* ①사람임. 인격(人格). 인간의 본질. ②인력(人力).
hominido *a.* 사람에 속하는. 사람(인간)과 동등한.
hominidos, hominideos *m.(pl.)* [動] 인과(人科 : 유인류(類人類)·사람 등 이에 속함).
homiziação *f.* = *homízio*.
homiziado *m.* (법망을 피하여) 숨어다니는 범죄인.

homiziar *v.t.* (죄인을) 숨겨두다. 감춰두다. — *v.i.*, —**se**. *v.pr.* (죄를 짓고) 법망을 피해 다니다. 숨어다니다. 자취를 감추다.

homízio *m.* (법망을 피하여) 숨어다니기. 자취를 감추기. ②숨는 장소. 도피장소. ③《古》살인.

homo 동일(同一)·유사(類似) 등의 뜻을 나타내는 복합어.

homocentricidadae *f.* 같은 중심. 동중심(同中心).

homocertrico *a.* 동심(同心)의. 같은 중심을 가지는.

homocentro *f.* [幾] 공유중심(共有中心).

homocrónico *m.* 같은 빛의. 동색(同色)의.

homoetnia *f.* 유사종족(類似種族).

homofilp *a.* [植] 같은 잎사귀가 있는(나오는).

homofonia *f.* ①동음(同音). 동음성. 단음(單音). 동일 발음. ②동음적 창가.

homofónico *a.* ①같은 음의. 동음의. ②동음이의(同音異義)의.

homofono *a.* ①같은 음의. 동음의. [文] 동음자의.
— *m.* 동음성. 동음자(同音字)(*C*(*S*)와 *S*. 또는 *C*(*K*)와 *K* 등). 동음이어(同音異語).

homogamia *f.* ①[植] 동성화(同性花: 한 나무의 모든 꽃이 동일한 성(性)을 가진 것). ②[生物] 유종교식(類種交殖).

homógamo *a.* ①[植] 동성화가 있는. 동종화(同種花)가 있는. ②[生物] 유종교식의.

homogeneamente *adv.* 동질(同質)로. 동성(同性)으로. 동종으로. 균질하게.

homogeneidade *f.* 동질. 동성. 동류. 동질. 균질. [數] 동차성(同次性).

homogeneizar *v.t.* 같은 질로 하다. 같은 성으로 하다. 같은 종류로 하다.
—**se** *v.pr.* 같은 질이 되다. 같은 종류가 되다. 같은 성이 되다.

homogéneo *a.* 동종(질·성)의. 동(균)질의. [數] 동차(同次)의.

homogenesia *f.* [生物] 순일발생(純一發生).

homogenia *f.* ①[生物] 발생구조(發生構造)의 상동(相同). ②동종(同種). 동성(同性).

homografia *f.* ①[言] 일자일음주의(一字一音主義)의 철자법. ②[幾] 상사(相似). 이선(二線)의 상대관계(相對關係).

homogràficamente *adv.* 상사적으로. 상관적으로.

homográfico *a.* ①[言] 철자는 같으나 뜻이 다른. 동형이의(同形異義)의. ②[幾] 상사의. 상관의.

homógrafo *m.* [言] 철자는 같으나 뜻이 다른 낱말. (*Real* (참된. 실재의. 현실의)과 *Real*(왕의. 왕실의)같은 것). 동형이의어.

homologação *f.* [法] (서로 일치함을) 확인하기. 확정(確定)하기.

homologar *v.t.* [法] (친족회의의 결정·유산분배·파산판정 따위를) 확인하다. 일치되게 하다.
— *v.i.* 서로 일치하다. 동족화(同族化)하다. (성질·위치 등이 각각) 대응하다.

homologia *f.* ①상사관계(相似關係). ②[生物] (이종의 부분·기관의) 상사(相似). ③[化] (화합물의) 동족관계. ④[修] 같은 말(同語)의 반복. ⑤[幾] 상사. 상관(相關).

homólogo *a.* ①(성질·위치·구조 등의)서로 일치하는. ②[生物] 상동(기관)의. ③[化] 동족의. ④이체동형(異體同形)의. ⑤[幾] 상사의.
corpos homólogos [化] 동족체(同族體).

homomorfismo *m.* 동형이물(同形異物). 이체동형(異體同形).

homomorfo *a.* 동형의. 이체동형의.

homonímia *f.* 발음은 같고 뜻이 다름(同音異義). 이름은 같으나 사물이 다름(同名異物).

homônimo *a.* 동음이의의. 동명이물의.
— *m.* 동음이의어(同意異義語). 이물동명(異物同名). 동명이인(異人).

homopata *a.*, *m.* =*homeopata*.

homoplasia *f.* [生物] 동형이물(同形異物).

homópteros *m.*(*pl.*) [蟲] 동시류(同翅類).

homoptoto, homoptoton *m.* [修] 동의동사(同義動詞)의 중복(重複).

homossexual *a.* 동성애의.

homossexualismo *m.* 동성애(同性愛).

homotermal. homotérmico *a.* 동온도(同溫度)의. [植] 같은 온도가 있는.

homotetia *f.* [紫] 상사(相似). 상당(相當).

homotético *a.* 상사의.

homotipia *f.* [生物] 동형(同型). 동범(同範).

homotípico *a.* 동형의. 동범의.

homotipo *m.* [生物] 동형. 동범.

homúnculo *m.* 난쟁이. 작달이.

honestamente *adv.* 정직하게. 충실하게. 공정하게. 공명정대하게. 예의바르게.

honestar *v.t.* ①정당화하다. 명분을 세우다. 죄 없음을 밝히다. 정직함을 증명하다. ②영예있게 하다.
　—se *v.pr.* ①정확함이 증명되다. 죄없음이 밝혀지다. ②(자신의 영예나 명예를) 더럽히지 않게 처신하다. 자중하다. 근신(謹愼)하다.

honestidade *f.* ①정직(正直). 충실. ②예절바름. 단정. ③공명. 공명정대. 정의(正義). ④공평.

honesto *a.* ①정확한. 곧은. 충실한. ②성실한. 근실한. 도의심(道義心)이 있는. 예절 있는. ③청렴(淸廉)한. ④공명한. 공명정대한. ⑤영예스러운. 영광 있는.

honor *m.* honra의 고체(古體).
　dama de honor 여관(女官). 전시(典侍).

honorabilidade *f.* 거룩함. 존귀(尊貴)함. 명예나 존경을 받을 자격이 있음.

honoràriamente *adv.* 명예상(名譽上). 명예적으로. 명예 있게.

honorário *a.* 명예의. 명예상의. 명예직의.
　— *m.* (의사·변호사·계리사(計理士) 등의 자유직업자에 대한) 임의적 보수. 보수(금). 사례(금).

honorificar *v.t.* 명예를 주다. 영예롭게 하다. (…에게) 영광 있게 하다.

honorificência *f.* ①명예. 영예. ②영광스러움. 존귀(尊貴).

honorífico *a.* ①명예의. 명예상의. 거룩한. ②존경할 만한. 경의를 표할.
　título honorífico 존칭(尊稱).
　termo honorífico 경어(敬語).

honra *f.* ①명예. 영예. 영광. 광영. ②면목. 체면. 염치. 정절. 숙덕(淑德)의 명망. ③덕심의. 정의심. 도의심. 자존심. ④고위. 고관. 각하.
　honras (*pl.*) ①존엄. 위엄. 존엄성. 품위. ②경례. 경례의 표시. ③명예직.
　palavra de honra 명예를 걸고 한 약속. (꼭 지키겠다는 언약).
　pela minha honra 맹세코.
　código da honra 사교상 명예(특히 결투)에 관한 관례.
　as últimas honras 장례식. 회장(會葬).

honradamente *adv.* 정직하게. 충실하게. 성실히. 명예스럽게.

honradez *f.* 정직함. 염직(廉直)함. 청검(淸儉). 청렴. 지조 있음. 수치를 암. 체면을 존중함. 정절(貞節)함.

honrado *a.* ①정직한. (행실이) 바른. 지조 있는. 정절한. 부끄러움을 아는. ②장한. 영광스러운. 명예로운. 훌륭한. 고귀한.

honrador *a.* 명예스럽게 하는. 영광스럽게 하는. (인품을) 높이는. 거룩되게 하는. 존경하는.

honrar *v.t.* ①명예스럽게 하다. 영광스럽게 하다. 영예를 주다. (인품을) 높이다. ②[商] (환어음 따위를) 받고 지불하다.
　—se *v.pr.* 명예(영광)스럽게 되다. 거룩해지다. 존경받다.

honraria *f.* ①영예. 영전(榮典). ②현직(顯職)의. 영광. 숙덕(淑德)의 명망. ③존엄. 거룩.

honrosamente *adv.* 영예롭게. 영광스럽게. 고귀하게. 훌륭하게.

honroso *a.* 영광스러운. 명예로운. 고귀한. 거룩한. 존경할만한.

hoplita, hoplite *m.* (옛 그리스의) 장갑보병(裝甲步兵).

hora *f.* ①한 시간. 하루의 24분의 1. ②시. 시각(時刻). ③기회. 시기(時機). (…할) 때.
　meia hora 반시간(30분).
　uma hora 한 시간.
　cada hora 매시(每時). 시간마다.
　toda hora 늘. 쉴새 없는. 전(全)시간에.
　há 5 horas 다섯 시간 전에.
　a última hora 최후의 순간.
　a esta hora 지금쯤.
　(em) bôa hora 적절한 때. 좋은 시기. 제때(에).
　(em) má hora 나쁜 때. 정당치 못한 시기.
　Que horas são? 몇 시입니까?
　É uma hora. 한 시입니다.
　É hora meia. 한시 반입니다.
　São duas (três) horas. 두(세)시입니다.
　hora de jantar 저녁 식사시간.
　hora de verão 여름시간(서머타임).
　fazer horas 시간을 보내다. 시간을 허비하다. (작업시간 중) 일하지 않고 놀다.

horaciano *a.* (옛 로마의 서정시인(抒情詩人)). Horacio의; 그 시풍(詩風)의.

horário *a.* (발착(發着)시각. 집무시간 등의) 시간을 표시하는. 시간에 관한.
　— *m.* 시간표(時間表).

horda *f.* ①(중앙아시아 초원의) 유목민(遊牧民)의 무리. ②대약탈단(大掠奪團). ③《輕蔑》큰 떼. 오합지중(烏合之衆). ④(동물의) 이동군.

hordeáceas *f.(pl.)* [植] 보리(속). 대맥(大麥). 대맥속(屬).

hordeáceo *a.* 보리(大麥)의. 보리와 비슷한.

hordeolo *m.* [醫] (눈)다래끼. 맥립종(麥粒腫).

horizontal *a.* ①수평선(水平線)의. 지평선의. 수(지)평선상의. 지평선에 가까운. 횡적(橫的)인. ②수평면의. 평면의. 평탄한.

horizontalidade *f.* 수평 상태(위치). 지평 상태.

horizontalmente *adv.* 수평으로. 지평적으로. 옆으로.

horizonte *m.* ①수평선. 지평선. 지평권(地平圈). 지평선에 가까운 하늘. ②[地質] 지평층. 층위(層位). ③시계(視界). 안계(眼界). ④전도(前途). 앞길. 전망.

hormone *f.* = *hormônio*.

hormônio *m.* [生物] 호르몬.

horneblenda *f.* [鑛] 각섬석(角閃石).

horografia *f.* 해시계(日時計) 제조법. (시계·저울·나침반 따위의) 지침면(指針面) 또는 (라디오·자동전화기 등의) 다이얼 따위를 만드는 기술.

horográfico *a.* 해시계 제조법의.

horologia *f.* ①시진의법(時辰儀法). 시계학. ②시계구조법.

horologial *a.* 시진의(時辰儀)에 관한. 시계상의. 시계학상의; 시간계산의(에 관한).

horologista *m.*, *f.* 시계사(학자).

horoscopar *v.i.* (탄생 때) 성점(星占)을 치다. 운세(運勢)를 말하다. 예언하다.

horoscópico *a.* 성점의. 성점에 관한.

horoscopio, horóscopo *m.* [占星] (탄생시의) 천체의 위치관측. 천궁토(天宮圖). 십이궁도(十二宮圖).

horrendamente *adv.* 무섭게. 소름이 끼칠 정도로. 무시무시하게.

horrendo *a.* (뻗친 털같이) 거꾸로 선. 소름이 끼치는. 무시무시한. 지독한. 전율하는. 전율케 하는.

horrente *a.* 《詩》(뻗친 털같이) 거꾸로 서는. 소름이 끼치는. 지독한. 무서운. 무시무시한.

horribilidade *f.* 무서움. 끔찍함. 지독함. 전율할 만한 것.

horrido *a.* = *horrendo*.

horrífero *a.* = *horrífico*.

horríficamente *adv.* 무섭게. 전율하게. 무시무시하게. 지독하게.

horrífico *a.* 무서운. 무섭게 하는. 소름이 끼치는. 소름이 끼치게 하는. 전율케 하는.

horripilação *f.* 소름. 몸서리. 전율(戰慄). (오한(惡寒) 등으로) 부들부들 떨기.

horripilante *a.* 소름이 끼치게 하는. 무섭게 하는. 전율케 하는. 후들후들 떨게 하는.

horripilar *v.t.* 공포심을 일으키게 하다. 소름이 끼치게 하다. 무섭게 하다. 머리털이 선 듯 일어나게 하다. 전율케 하다. 떨게 하다.

—se *v.pr.* 공포심을 느끼다. 소름이 끼치다. 전율하다. (오한 등으로) 후들후들 떨다.

horríssmo *a.* 무서운 소리를 내는.

horrível *a.* ①무서운. 끔찍한. 소름이 끼치는. ②처참한. ③몹시 미운. 아주 싫은. 극히 나쁜. 너무나 심한.

horrívelmente *adv.* 무섭게. 무시무시하게. 소름이 끼칠 정도로. 지독하게. 끔찍히.

horror *m.* ①몹시 무서움. 공포. 공포의 전율. 오싹함. 소름이 끼칠만한 일(사건). (사고의) 처참성. 몹시 무서운 것. ②심한 증오. 대단한 염기(厭忌).
horrores (*pl.*) 참사. 참화(慘禍). 재해. 재난.

horrorífico *a.* = *horrífico*.

horrorizar *v.t.* 공포심을 일으키게 하다. 무섭게 하다. 소름이 끼치게 하다. 전율케 하다.

—se *v.pr.* 공포심을 일으키다. 공포에 떨다. 소름이 끼치다. 전율하다.

horrorosamente *adv.* 무섭게. 소름이 끼치게. 전율할 정도로. 끔찍하게.

horroroso *a.* ①무서운. 소름이 끼치는. 끔찍한. 처참한. 전율할만한. (뻗친 털같이) 거꾸로 서는. ②몹시 불쾌한. 염기(厭忌)할만한. 아주 싫은. 침뱉을만한. 추악한.

horta *f.* 채마밭. 채원(菜園). 야채 재배지.

hortaliça *f.* 야채. 채소. 청과물.

hortaliceira *f.* 야채 재배하는 여자. 여자 채소장이. 청과물을 심는(파는) 여자.

hortaliceiro *m.* 야채 재배자. 채소장이. 청과장수.

hortar *v.t.* 채마밭을 만들다(손질하다).

hortativo *a.* ①권고(勸告)의. 권고적인. ②권하는. 종용하는. 자극 주는.

hortelã *f.* [植] 박하(薄荷).
hortelã das cozinhas 네덜란드 박하.

hortelão *m.* 채마밭을 돌보는 사람. 야채재배자.

horteloa *f.* ①채마밭을 돌보는 여자. ②야채재배자의 처(妻).

hortense *a.* 채마밭(채원)의. 채마밭에 관한(…에 속하는. …에서 나는).

hortensia *f.* [植] 수국(水菊); 자양화(紫陽花).

horticola *a.* 원예(園藝)의.

horticultor *m.* 원예가. 관상식물(觀賞植物)을 기르는 사람.

horticultura *f.* 원예술. 원예학(園藝學).

horto *m.* 작은 채마밭. 원예시험장.

hortulana *f.* [鳥] 맵새의 무리.

hosana *f.* ①[聖] 신을 찬미하는 말. 송찬(頌讚)의. 성가(聖歌) ②감탄하는 말. 갈채.

hóspeda *f.* ①여자 손님. 여자 숙박객(宿泊客). ②숙소를 제공하는 여자. 여숙(旅宿)의 여주인.

hospedador *m.* 숙소를 빌려 주는 사람. 숙박시키는 사람.

hospedagem *f.* ①숙소를 빌려 주기. 숙박시키기. ②(숙박객을) 친절히 접대하기. 관대(款待). 후대. ③숙박소(宿泊所) ④숙박비(費).

hospedal *a.* 숙박의. 숙박객의.

hospedamento *m.* =*hospedagem*.

hospedar *v.t.* 숙소를 빌려 주다. (제공)하다. 기숙시키다.
— *se v.pr.* 숙박하다. 기숙(寄宿)하다. 숙박객이 되다.

hospedaria *f.* ①(유료 또는 무료) 숙소소. ②여관. 여숙. 하숙. 기숙소.

hospedável *a.* 숙박할 수 있는.

hóspede (1) *m.* ①(여관·하숙 등의) 손님. 숙박객. 기우자(寄寓者). ②숙소를 빌려 주는 사람. 숙박시키는 사람.
hóspede nacional 국빈(國賓).
— (2) *a.* 모르는. 낯선.

hospedeira *f.* (여관·여인숙·하숙 등의) 여주인.

hospedeiro *m.* ①(여관·하숙 등의) 주인. 숙박시키는 사람.
— *a.* 손님을 잘 대하는. 친절히 대하는. 관대하는. 후대하는.

hospício *m.* ①여인접대소(旅人接待所)(특히 종교적인 사원을 순례(巡禮)하는 사람을 유숙시키는).

hospital *m.* 병원.
hospital de sangue 야전병원.
navio hospital 병원선(病院船).

hospitalar *a.* ①병원의. ②무료숙박소의. 양로원의. ③손님 접대를 잘하는. 친절히 대하는. 후대하는.

hospitalario *a.* 병원의. 병원에 속하는.
— *m.* 애호사(愛護士): 종교적 자선단직원). 자선기사단(십자군사 중의 상병자의 병구원 또는 순례자의 접대를 위하여 조직된 기사단.

hospitaleiro *a.* ①숙소를 빌려 주는(제공하는). ②손님을 잘 대접하는. 친절히 대하는. 관대(후대)하는. 공손한. ③병원에 근무하고 있는.
— *m.* 애호사(종교적 자선단 직원).

hospitalidade *f.* (손님 또는 편력하는 사람을) 친절히 대접하기. 관대(款待). 후대.

hospitalização *f.* 입원시킴. 병원수용. 입원가료.

hospitalizar *v.t.* 병원에 들어가게 하다. 입원시키다.

hoste *f.* ①《詩·雅》군. 군세(軍勢). ②《比喩》무리. 떼, 다수 단체.

hóstia *f.* [宗] 성체(聖體). 성병(聖餠). 제병(祭餠)(성찬식의 빵). [醫] 오브라아드.

hostiário *m.* 성체함(函).

hostil *a.* 적의(敵意) 있는. 적대하는. 적성(敵性)을 나타내는. 적개심을 품은. 도전적인.

hostilidade *f.* 적의(敵意). 적대. 적대행위. 적개심. 반감.
hostilidades (*pl.*) 전쟁행위. 전쟁.
romper as hostilidades 개전(開戰)하다.

hostilizar *v.t.* (…에) 반감을 품다. 적개심을 나타내다. 적대하다. 적대행위를 하다.

hotel *m.* 호텔. 큰 여관. 객관(客館).

hoteleiro *m.* 호텔 주인. 호텔(여관) 소유자; 경영자.

hotentote *m.* 호텐툿 사람(남아프리카의 토인). 호텐툿말. 《比喩》미개인. 야만인.
— *a.* 호텐툿(사람)의.

hucha *f.* (특히 농가에서) 곡물을 넣는 큰 궤.

huchão *m.* 식료품 창고지기.

hucharia *f.* 식료품 창고.

huguenote *m.* [史] 위그노교도(16세기경

hulha–**humilhante**

의 프랑스의 신교도).
hulha *f*. [化] 석탄(石炭).
hulha gorda 역청탄(炭). 흑탄(黑炭).
hulha branca 발전용수력(동력원으로서의 폭포·급류(急流)).
hulheira *f*. ①탄광. ②탄갱(炭坑).
hulheiro *m*. ①(탄광의) 광부. ②석탄상(商).
hulhífero *a*. (지질이) 석탄을 포함(함유)하는. (토지에) 석탄이 나는. 석탄을 산출하는.
hum *interj*. 헴. 에헴. 그랫. 앗차. (의심·주저·초조 등 할 때의 소리).
humanado *a*. 인간화(人間化)한. 인성(人性)이 부여된.
humanal *a*. ①사람의. 인간의. 인류의. ②인정 있는. 인간다운.
humanamente *adv*. 인간답게. 인정 있게. 인간의 판단으로.
humanar *v.t*. 인간이 되게 하다. 인성(人性)을 부여하다. 사람답게 하다.
—*se v.pr*. ①(신의 아들이라는 뜻으로서의) 사람이 되다. 인간화하다. 인간답게 되다. ②인정 있게 되다. 교화(敎化)되다.
humanidade *f*. ①인성(人性). 인간성. 사람의 속성. ②인간. 인류. ③인정. 인도(人道). 인륜(人倫). 자애. 인애(仁愛).
humanidades (*pl*.) 자선행위. 중등교육(中等敎育)의 학과(學科). (중등·고등과의) 고전학(古典學).
humanismo *m*. 인본주의(人本主義). 인도주의. 인문학. 인류(人倫).
humanista *m.f*. 인성연구자. 인문주의자. (특히) 고전문학 연구가.
humanitário *a*. ①인도주의의. 인도적. 인류적. ②박애를 꿈꾸는.
— *m*. ①인도주의자(人道主義者). ②몽상적 박애주의자.
humanitarismo *m*. 인도주의. 박애주의. 인류애. 기독인간설(基督人間說).
humanização *f*. ①인간화(人間化). 인성부여(人性賦與). ②교화(敎化).
humanizar *v.t*. 인간화하다. 이성을 부여하다. 문아(文雅)하게 하다. 다정하게 하다. 교화하다.
humano *a*. 사람의. 인간의. 인성(人性)있는. 인간으로서의. 인륜(人倫)의. 인정의. 자비심 있는.
humanos (*pl*.) 인간. 인류. 사람.

humará *m*. [鳥] (아마존지방산) 야비조(夜飛鳥).
humectação *f*. 축축하게 하기. 적시기. 습윤(濕潤). 누기(漏氣).
humectante *a*. ①축축하게 하는. 누기있게 하는. ②묽게 타는. 희석하게 하는.
— *m*. [醫] (혈액의) 희석제(稀釋劑).
humectar *v.t*. 습기 있게 하다. 축축하게 하다. 적시다.
—*se v.pr*. 습기 끼다. 축축해지다. 누기(漏氣) 차다.
humectativo *a*. 축축한. 습기 있는. 습윤의. 누기의. 습기 차게 하는.
humedecer *v.t*. 습기 차게 하다. 눅눅하게 하다. 물에 적시다.
—*se v.pr*. 습기 차다. 눅눅해지다. 누기 차다.
humedecido *a*. 축축한. 눅눅한. 습기 있는. 누기찬.
humedecimento *m*. = *humectação*.
humente *a*. 축축한. 습기 있는. 누기 있는. 습기(누기)차게 하는. 희석(稀釋)케 하는.
humidade *f*. ①습윤(濕潤). 습기. 누기(漏氣). ②습도(濕度). 수분. ③밤이슬.
húmido *a*. 눅눅한. 습기 있는. 누기찬. 수분이 있는.
olhos húmidos 눈물이 글썽글썽한 눈.
húmil *a*. 《詩》겸손한. 검박한. 수수한. 천한. 비굴한. 보잘 것 없는. 조잡한.
humildação *f*. = *humilhação*.
humildade *f*. 겸손. 겸양(謙讓). 검박(儉朴). 공순(恭順). 유순(柔順). 내성적 태도.
humildar *v.t*. ①겸손케 하다. 검박케 하다. ②굴욕(屈辱)을 주다. 창피를 주다. 굴복시키다. 비천케 하다.
humilde *a*. ①겸손한. 겸양한. 검박한. 수수한. ②천한. 보잘것 없는. 대수롭지 않은. ③(태도가) 내성적인. 나타나지 않는.
humildosamente *adv*. 겸손하여. 죄송하여. 검박하게. 수수하게. 천하게. 비굴하게.
humildoso *a*. = *humilde*.
humilhação *f*. ①겸손함. 겸양함. 검박(儉朴)함. ②비굴함. 스스로 자기 인격을 낮추기. 굴복. 굴종. ③창피주기. 창피. 모욕. 부끄러움.
sofrer humilhações 굴욕을 담게 받다. 황송하여 사죄하다.
humilhante *a*. ①겸양케 하는. 겸손케 하

는. 비굴케 하는. ②죄송해 하는. 스스로 낮추는. ③굴욕을 주는. 창피를 주는 ; 면목 없는.

humilhar *v.t.* ①교기(驕氣)를 꺾다. 굴욕을 주다. 창피를 주나. 비굴케 하다. 굴종시키다.

—**se** *v.pr.* ①겸손(겸양)해지다. 죄송해 하다. ②스스로(자기의 인격을) 낮추다. 비굴해지다. 굴복하다.

humílimo *a.* (*humilde*의 최상급). 가장 겸손한. 가장 검박한. 가장 비굴한.

homo *m.* [農] 부식토(腐植土). 부식질(質).

humor *m.* ①(혈액・담즙・췌액・침 따위의) 체액(體液). ②기분. 일시적 기분. 변덕. 기질. 성질. 익살. 해학(諧謔). 우수꽝스러움.
bom humor 좋은 기분.
mal humor 나쁜 기분.

humorado *a.* ①액(체액)이 있는. ②(좋은・나쁜) 기분의 ; 기분 있는. 제멋대로 자란. 제멋대로의. ③익살맞은. 해학의.

humoral *a.* [醫] 액의. 체액의. 체액성의.

humorismo (1) *m.* 체액병원선(體液病源說). 체액병리학(病理學).

— (2) *m.* [文] 해학체(諧謔體). 해학문학. 해학소초.

humorista (1) *m.*, *f.* 체액병원설 주장자.
— (2) *m.*, *f.* 해학가. 해학 소설가. 유모어 작가. 익살맞은 배우.

humoristicamente *adv.* 해학적으로. 익살맞게. 우수꽝스럽게.

humorístico *a.* 해학의. 해학적 작품의. 익살맞은. 우수꽝스러운. 유머적인.

humoroso *a.* (좋은・나쁜) 기분의. 해학적인. 유머적인.

humoso *a.* 부식토(腐植土)의. 부식토가 있는. 식물지층의.

húmus *m.* 부식토. 부식질(質). 식물지층(植物地層).

hungarês *a.* 헝가리(사람・말)의.
— *m.* 헝가리 사람(말).

húngaro *a.* 헝가리의.
— *m.* 헝가리 사람(말).

huno *a.* 흉노(匈奴)의.《比喩》함부로 파괴하는.

hunos *m.*(*pl.*) ①훈족(族). 흉노(匈奴)(4∼5세기에 유럽을 침략한 아시아의 유목민). ②《比喩》파괴자. 야만인.

hurrah *interj.* 만세! 후라아!
— *m.* 환호(만세)의 소리.

hussar, hussardo *m.* [軍] 경기병(輕騎兵).

hussita *m.* (15세기의 종교개혁자) *John Huss* 의 무리,

I, i 포르투갈어 자모의 아홉째 글자.
ia (동사 *ir*의 변화형) 반과거 1인칭·3인칭 단수.
iaça *m.* 일종의 작은 거북.
iambo *m.* 《詩》 억양격(抑揚格). 약강격(弱强格).
iamologia *f.* 약물학(藥物學).
iamológico *a.* 약물학의.
iamotecnia *f.* 제약법(製藥法).
ianque *a.* 양키의. 양키식의.
— *m.* 양키. 뉴잉글랜드 사람. 미국 북부 여러 주 사람. 《英俗》 미국인.
ião *m.* [理] 이온.
iaque *m.* [動] (티베트산) 야크.
iate *m.* 요트. 쾌속정. 쾌유선(快遊船).
iatroquímica *f.* 의화학(醫化學).
iatroquímico *a.* 의화학의.
— *m.* 의화학을 응용하는 사람.
iatrofísica *f.* 이학응용의학(理學應用醫學).
iatrofísico *a.* 이학응용의학의.
Ibéria *f.* 이베리아(스페인 반도의 옛 이름).
ibérico, ibério, ibérino *a.* (스페인 반도의 옛 이름) 이베리아의.
peninsula ibéria 이베리아 반도.
iberismo *m.* 스페인·포르투갈 합병파(合倂派).
ibero *a.* 이베리아(반도)의. 스페인·포르투갈의.
— *m.* 이베리아 사람(말).
ibidem *adv.* 같은 책에. 같은 장(章)·절(節)에. 같은 곳에. 동상(同上). (*ib.* 또는 *ibid.*로 줄여 씀).
íbis *m., f.* [鳥] 따오기 비슷한 새(나일강에 많음 ; 옛 이집트의 영조(靈鳥)).
içar *v.t.* ①(특히 기(旗)를) 달다. 띄우다. 올리다. ②끌어 올리다. 감아 올리다. ③세게 끌어 당기다. 잡아 당기다.
icário *a. icaro*의(와 같은). 앞뒤를 헤아리지 않는. 모험적인.
icaro *m.* [希神] 이카루스(초로 붙인 날개로 *Crete* 섬에서 날았을 때 태양에 접근한 까닭으로 초가 녹아 바다에 떨어져 버린 전설적 인물).
icástico *a.* 자연적인. 있는 그대로의. 아무런 꾸밈도 없는. 형용(形容)하지 않은.

icebergue *m.* (바다에 떠 있는) 큰 얼음 덩어리. 빙산(氷山). 유빙(流氷).
icnêumone *m.* ①[動] 족제비의 일종. ②[蟲] 기생막시류(寄生膜翅類).
icnografia *f.* ①평면도법(平面圖法). ②평면도.
icnográfico *a.* 평면도(법)의.
ícone *m.* (그림·조각의) 상(像). 초상. 우상. (그리스教) 성화상. 성상(聖像).
icónico *a.* ①상(초상·우상)의. 성상의. ②[彫刻] 인습적인.
iconoclasma *m.* 성상파괴. 우상파괴(주의). 인습타파.
iconoclasta *a.* 성상파괴의. 우상파괴의.
— *m., f.* 성상파괴자. 우상파괴(주의)자.
iconografia *f.* ①초상화법. 초상연구. ②도해법(圖解法).
iconográfico *a.* 초상화법의. 초상연구의.
iconógrafo *m.* 초상연구가. 고비(古碑)·우상 등의 도해를 연구하는 사람.
iconólatra *m.* 성상숭배자(성상파괴자들이 가톨릭교도를 가리켜 하는 말).
iconolátria *f.* 성상숭배.
iconologia *f.* 고비(古碑)·우상(偶像) 등의 연구 또는 감정(鑑定).
iconológico *a.* 고비·우상 연구(감정)의.
iconologista, iconólogo *m.* 고비·우상 등을 연구하는 사람.
icor *m.* ①[希神] 신의 혈맥에 흐르는 영액(靈液). ②[醫] 농(膿). 고름.
icoroso *a.* 고름의. 화농성(化膿性)의.
icosaedro *m.* [結晶] 이십면체(20面體).
icosandria *f.* [植] 이십웅예식물(二十雄蕊植物).
icosandro *a.* [植] 20개(또는 그 이상)의 웅예가 있는.
ictericia *f.* [醫] 황달. 달병(疸病). 달증(疸症).
ictérico *a.* 황달의. 황달성의. 황달에 걸린.
— *m.* 황달에 걸린 사람.
icteróide *m.* 황열병균(黃熱病菌).
ictíaco, íctico *a.* 물고기의. 물고기에 관한.
ictiocola *f.* 어교(魚膠).
ictiodonte *m.* 어치(魚齒)의 화석(化石).
ictiofagia *f.* 물고기를 먹고 살기. 어식(魚食).
ictiófago *a.* 물고기를 먹는(먹고 사는). 어식의.
— *m.* 어식가(魚食家). 어식동물.

ictiografia *f*. 어류기재학(魚類記載學). 어류지(誌). 어론(魚論).

ictiográfico *a*. 어류기재학의. 어류지의. 어론의.

ictiográfo *m*. 어류기재학자. 어론가(魚論家).

ictióide *a*. 물고기꼴의. 어상(魚狀)의.
— *m*. 어태류(魚態類). 어상양서류(魚狀兩棲類).

ictiol *m*. [藥] 이히티올.

ictiolito *m*. 물고기의 화석(化石).

ictiologia *f*. 어류학(魚類學).

ictiológico *a*. 어류학의.

ictiólogo *m*. 어류학자.

ictiosaurio *m*. (古生) 어룡(魚龍).

ictiose *f*. [醫] 어린선(魚鱗癬). 인피증(鱗皮症).

ida *f*. ①가는 것. 가기. ②출발.
ida e volta 갔다 오기. 왕복.
idas e vindas 왕래(往來).
bilhete de ida e volta 왕복표(往復票).

idade *f*. ①나이. 연령. ②연(年). 연도. 시대. …기(期). ③생애(生涯). 수명(壽命).
idade média 중세기(中世紀).
idade pueril 유년(幼年).
idade viril 성년. 성인.
idade de pedra 석기시대.
idade de bronze 청동기시대.
homem de meia idade 중년(中年)남자.
Que idade tem? 당신의 연령은? 자네의 나이는?
Perguntei-lhe a idade. 그 분께 나이를 물었다.
(*Êle tem vinte e cinco anos*. 그 분은 스물다섯살이다.).

ideação *f*. 마음에 그림. 관념구성. 상상작용(想像作用).

ideal *a*. ①이상(理想)의. 이상적인. ②관념의. ③공상의. 상상의. 상상으로서의. 가공의.
— *m*. 이상(理想). 이상적임. 극치. 전형(典型).

idealidade *f*. ①이상적임. 이상경(境). ②이상경. ③공상.
idealidades (*pl*.) 망상. 환상.

idealismo *m*. [哲] 관념론. 유심론. 이상주의(理想主義). 이상주의의 철학관. 망상.

idealista *a*. 관념론의. 유심론의. 이상주의적.
— *m*., *f*. 관념론자. 유심론자. 이상가. 이상주의자.

idealístico *a*. 관념론의. 유심론적. 이상주의(적)의.

idealização *f*. 이상화. 관념화(觀念化).

idealizador *a*., *m*. 이상화하는 (사람). 관념화하는 (사람).

idealizar *v.t*. 이상화하다. 이상적으로 하다. 이상적이라고 생각하다. 관념화하다.
—*se v.pr*. 이상화되다. 이상적이 되다.

idealmente *adv*. 이상적으로. 관념적으로. 상상적으로.

idear *v.r*. 마음에 그리다. 상상하다. 생각해내다. 안출(案出)하다. 계획하다.

ideável *a*. 상상할 수 있는. 생각해볼만한.

idéia *f*. ①생각. 상념(想念). 의견. 견해. 사상. 창의. 착상. 취향. 고안. 목적. 계획. 의도. 관념. 지식. 상상. ②[哲] 이데아. 이념(理念). 관념. 표상(表象).
idéia genial 영감(靈感). 묘안.
idéia iluminosa 총명한 이념.
ter idéia …의 생각을 가지고 있다. …을 기억하다.
fazer idéia de …을 상상하다. 생각해보다.
mudar de idéia 구상을 변하다.
Este livro da uma boa idéia deste país. 이 책은 이 나라에 좋은 이념을 주게 한다.

idem *adv*. 같게. 동양(同樣)으로. 동상(同上). 동일저자(同一著者)에 있어서.
— *m*. 같은 말. 같은 책. 같은 곳.

identicamente *adv*. 동일하게. 같게.

idêntico *a*. 꼭같은. 동일한. 동등한.

identidade *f*. 같음. 동일함. 동양. 일치.
identidade pessoal 동일한 사람임에 틀림없음. 본인(本人)임이 증명됨.
bilhete (*carta*) *de identidade* 신분(신원)증명서.
carteira de identidade. 감식수첩(鑑識手帖).

identificação *f*. ①동일시(同一視). 동일하다는 증명(확인). ②[法] 개인식별(個人識別).

identificar *v.r*. 동일시하다. (동일하다고) 간주하다. (…에) 틀림없다고 확인하다(증명하다). 감정하다.
—*se v.pr*. 동일하다. (…와) 꼭같다. (…와) 일치하다.

ideografia *f*. 표의문자론(表意文字論). 표

ideográfico-ignivomo

의문자 사용.
ideográfico *a.* 표의문자의.
ideograma *m.* 표의문자(한자(漢字) 기타의 상형문자).
ideologia *f.* ①관념학. 공리공론. ②[社會] 이데올로기. 관념 형태.
ideológico *a.* 관념학의. 관념 형태의. 이념론적. 사상적. 공상적.
ideólogo *m.* 관념학자. 형이상(形而上) 학자. 이론가. 이상가(理想家). 공상가.
idílico *a.* 전원시의. 목가적인. 한가한.
idílio *m.* 전원시(田園詩). 목가(牧歌). 시적 연애(戀愛).
idilista *m., f.* 전원시인. 목가 작가(作家).
idilizar *v.t.* 전원시로 하다.
idioma *m.* (어떤 언어에 특유한) 관용어. 이디엄. (어떤 언어의 일반적) 어법. 어풍.
idiomático *a.* 관용어적으로. 관용어처럼. 관용어의. 이디엄의.
idiopata *f.* [病理] 특발증(特發症).
idiossincrasia *f.* (개인·민족 등의) 특질. 특징. [醫] 특이체질(特異體質). 특이질.
idiossincrásico *a.* 특질의. 특징의. 특이질의.
idiota *a.* 바보의. 천치의. 백치(白痴)의. 저능한.
— *m., f.* 바보. 천치. 백치. 저능아. 치인(癡人).
idiotia *f.* 저능(低能). 우둔. 치우(癡愚).
idiótico *a.* 바보의. 천치의. 백치의. 저능한. 무지한. 우둔한.
idiotismo *m.* ①저능. 무지. 백치. 천치같은 행위. ②[文] (어떤 언어에 특유한) 관용어의 사용. 이디엄의 표현 방식.
idólatra *a.* 우상을 숭배하는. 우상을 깊이 사랑하는.
— *m., f.* 우상예배자. 우상교도. 이교도.
idolatrar *v.t., v.i.* ①우상화하다. 우상을 숭배하다. ②맹목적으로 숭배하다.
idolatria *f.* ①우상 숭배. 우상교(偶像敎). 사신(邪神) 숭배. ②맹목적 숭배. 심취(心醉).
idolátrico *a.* 우상 숭배의. 사신(邪神) 숭배하는.
ídolo *m.* ①우상. 우상신. 사신(邪神). ②우상시되는 사람. 숭배물.
idoneamente *adv.* 적임자로서. 자격 있게.
idoneidade *f.* ①적임(適任). 적당. 적합. ②자격(능력) 있음.

idôneo *a.* 적임의. 적당한. 적합한. 자격(능력) 있는.
idos *m.(pl.)* (옛 로마) *Nones* 후의 여드레째날(3월·5월·7월·10월은 15일. 다른 달은 13일).
idoso *a.* 나이 많은. 늙은. 노년의.
iene *m.* 엔(円 : 일본의 화폐 단위 기호 : ¥, ￥).
igaçaba *f.* (물·가루·곡식 따위를 넣는) 아구리 넓은 항아리. 진흙으로 구워 만든 단지.
igapó *m.* 홍수 때면 물에 잠기는 강변의 낮은 땅. 숲속(林中)의 저습지(低濕地).
igara *f.* 작은 배(小舟). 카누.
igarapé *m.* 좁은 운하. 작은 배가 다닐 수 있는 작은 강. 작은 시내.
igarité *m.* 작은 배(*igara*보다 약간 큰 것). 큰 카누.
ignaro *a.* ①배우지 못한. 무식한. 무학(無學)의. 문맹의. (어떤 일을) 모르는. ②우매한. 무지한.
ignávia *f.* ①게으름. 나태(懶怠). 나타(懶惰). 느림. 무위도식. ②비겁. 겁약(怯弱). 겁나(怯懦).
ignavo *a.* ①게으른. 태만한. 나태한. 하는 일 없는. 놀고 있는. 느린. ②겁 있는. 비겁한.
ígneo *a.* ①불로 인하여 생긴. 화성(火成)의. ②불같은. 불색(火色)의.
rocha ígnea [地質] 화성암(火成岩).
ignescente *a.* (쇠로 치면) 불꽃이 튀는. 불이 되는. 타는.
ignição *f.* ①점화(點火). 발화(發火). ②내연기관(內燃機關) 내의 혼합기(混合氣)의 점화. ③탐. 연소(燃燒).
ignícola *a.* 배화(拜火)의.
— *m.* 배화교도.
ignífero *a.* 불을 일으키는. 불을 전하는(옮기는). 도화성(導火性)의.
ignificação *f.* 불을 일으킴. 탐. 연소(燃燒).
ignifugo *a.* 불을 막는. 방화(防火)의.
— *m.* 방화성물(防火性物).
ignipuntura *f.* [醫] 작소요법(灼燒療法) (환부(患部)를 불침(火針)으로 태워 치료하는).
ignispício *m.* 불로 점치기. 화점(火占). 화복(火卜).
ignito *a.* 불붙는. 타는.
ignivomo *a.* 《詩》 불을 토하는(내뿜는).

분화(噴火)하는. 화염(火焰)을 토하는.
ignivoro *a.* 불을 먹는(삼키는). 화식(火食)의.
ignizar *v.t., v.i.* 불지르다. 불붙이다. 발화하다. 불붙다.
ignóbil *a.* 천한. 미천한. 비천한. 비열한.
ignobilidade *f.* 천함. 비천(卑賤)함. 비열함.
ignobilmente *adv.* 천하게. 비열하게.
ignomínia *f.* 면목 없음. 불명예. 치욕. 수치(스러운 행동). 추행(醜行). 오명(汚名).
ignominiar *v.t.* (…의) 명예를 더럽히다. 면목을 떨어뜨리다. 모욕(창피)을 주다. 능욕(凌辱)하다.
ignominiosamente *adv.* 면목 없이. 불명예롭게. 수치스럽게.
ignominioso *a.* 면목 없는. 불명예스러운. 수치스러운. 부끄러운.
ignorado *a.* 알려져 있지 않은. 미지의. 숨은. 알지 못하는.
ignorância *f.* ①무식. 무지. 부지(不知). 무지몰각(無知沒覺). ②낯익지 않음. 모름. 몰상식.
ignorantão *a.* 아주 무식한. 아무것도 모르는.
— *m.* 아주 무식한 사람. 무지한 인간. 저능아. 열등생. 아는 체하는 바보.
ignorante *a.* 모르는. 무식한. 학문이 없는. 아는 바 없는. 문맹의. 몰상식한.
— *m., f.* 무식한 사람. 학문이 없는 사람. 몰상식한 인간.
ignorantemente *adv.* 모르게. 무식하게. 몰상식하게.
ignorantismo *m.* 몽매화(蒙昧化). 학문유해론. 학문배척주의. 개화반대론.
ignorar *v.t., v.i.* 모르다. 알지 못하다. 무지하다. 아무런 경험이 없다.
—**se** *v.pr.* ①알려고 하지 않다. ②자기를 모르다. 자신을 판단 못하다.
ignoto *a.* ①알려져 있지 않은. 미지(未知)의. 알지 못하는. 일자무식인 없는. ②확실치 않은. 애매한.
igreja *f.* (기독교의) 예배당. 교회. 교회당.
igreja católico 가톨릭교의 교회당.
igrejinha *f.* 작은 교회.
igual *a.* 같은. 동일한. 동등한. 균등한. 필적(匹敵)하는. 적당한.
por igual 동일하게. 같게. 평등하게.
sem igual 같은 것이 없는. 필적하는 것

이 없는. 무쌍의.
Nunca vi coisa igual. 같은 것은 본 일이 없다.
— *m., f.* 같은 것. 동일한 것.
igualação *f.* =*igualamento*.
igualado *a.* 같게 한. 동일하게 한. 동등(평등)하게 한.
igualador *a., m.* 같게 하는 (사람). 동등하게 하는 (자). 평등하게 하는(자).
igualamento *m.* 같게 하기. 동등화. 평등화. 균등하게 함.
igualar *v.t.* 같게 하다. 동일하게 하다. 평등하게 하다. 고르게 하다. 한결같이 하다.
— *v.i.,* —**se** *v.pr.* (…와) 같게 되다. 동등해지다. 평등해지다. (…와) 맞먹다. 필적(匹敵)하다. 비견(比肩)되다. [競技] 동점이 되다.
igualável *a.* 동등하게 할 수 있는. 필적할 만한. 같게 할 수 있는.
igualdade *f.* 같음. 동등. 평등. 균등. 대등(對等). [數] 등식(等式).
igualdar *v.t.* =*igualar*.
igualha *f.* ①(사회적으로) 동일한 계급. 같은 계층. ②동격(同格). 동류(同類).
igualismo, igualitarismo *m.* 평등주의(平等主義). 평등제도.
igualitário *a.* 평등주의의.
— *m.* 평등주의자. 평등제도주장자.
igualmente *adv.* 동일하게. 동등하게. 평등하게. 똑같이. 균등히.
igualzinho *a.* (*igual*의 지소어; 그 뜻은 더 강함). 아주 같은. 꼭같은. 전혀 동일한.
iguana *f.* =*iguano*.
— *m.* [動] 이과나속(날도마뱀에 유사함).
iguapá *m.* (홍수 때) 물에 잠긴 땅.
iguaria *f.* ①맛좋은 음식. 진미(珍味)한 것. ②식료품.
ilação *f.* ①추리(推理). 추정. 추론. ②결론. 귀결.
ilaquear *v.t.* 올가미·덫 따위로 (짐승을) 붙들다. 붙잡다. 함정에 빠뜨리다. 유혹하다.
— *v.i.,* —**se** *v.pr.* ①올가미(덫)에 걸리다. 붙잡히다. 붙들리다. ②함정에 빠지다. 유혹에 넘어가다. 술책에 넘어가다.
ilativo *a.* 추론의. 추리의. 추정의. 추론적.
ileáceas *f.(pl.)* [植] 동청과(冬靑科)의 일종.

ilegal *m.* 불법의. 위법의. 비합법적인.
ilegalidade *f.* ①불법. 위법(違法). 비합법. 부정(不正). 불법행위.
ilegalmente *adv.* 불법하게.
ilegibilidade *f.* 읽기 어려움. 판독곤란(判讀困難).
ilegitimamente *adv.* 위법으로. 조리에 안맞게.
ilegitimidade *f.* ①불법. 위법. ②적당하지 못함. 불합리(不合理). 조리에 안 맞음. ③[法] 사생(私生). 서출(庶出).
ilegítimo *a.* ①불법적인. 비법적인. ②조리에 안 맞는. 불합리한. ③사생의. 서출의.
filho ilegítimo 서자(庶子). 사생아.
ilegível *a.* 읽기 어려운. 판독 곤란한.
íleo *m.* [解] 회장(回腸).
íleo-cecal *a.* [解] 회장과 맹장(盲腸)의.
ileologia *f.* 장론(腸論).
íleon *m.* =*íleo.*
ileso *a.* 무사한. 무난한. 별고 없는. 상하지 않은. 손해를 보지 않은. 완전한.
escapei ileso 무사히 탈출했다.
iletrado *a.* 무식한. 글 쓸줄 모르는. 배우지 못한. 문맹의. 무학의.
— *m.* 무식한 사람. 글 쓸줄 모르는 이.
ilha *f.* ①섬(島). ②(변두리의) 산재가옥(散在家屋). (도시의) 외딴 빈민굴.
ilhas (*pl.*) 군도(群島).
ilhal *f.* ①옆구리. ②(쇠고기 따위의) 옆구리살. ③(건물·산 따위의) 측면. ④(좌우의) 날개.
ilhar *v.t.* ①《稀》섬으로 만들다. ②(섬처럼) 고립시키다. ③(외따로) 격리시키다.
ilharga *f.* (신체의) 옆구리. 협복(胁腹). (물체의) 측면.
ilhargas (*pl.*) ①(상자(궤짝)의) 사면널판자(四面板子). ②[軍] 아군(我軍). ③고문. 상담역. 충고자.
de ilharga 옆구리에. 측면에. (산의) 측사(側斜)에.
de mão na ilharga (손을 허리에 대고) 거만스럽게.
ilhéo *m., a.* =*ilhéu.*
ilhéu *m.* ①섬에 사는 사람. 도민(島民). ②작은 섬. 암도(岩島).
— *a.* 섬의. 섬나라의. 섬사람의. 도민의.
ilhó *m.* ①(실·노끈 따위를 꿰는) 구멍. 바늘 구멍. 작은 구멍. 들여다보는 구멍. ②고달이.

ilhoa *f.* 섬에 사는 여자.
ilhoa a (=*ilhéu a*) 나의 여성형(女性形).
ilhota, ilhote *f.* 작은 섬. (해중의) 암도(岩島).
ilíaco *m., a.* [解] 장골(腸骨)(의). 측복부(側腹部)(의).
ilibação *f.* ①홈(홈집)을 없앰. 오점(汚点)을 지워버림. ②결백하게 하기. 명예를 회복하기. 복권(復權).
ilibado *a.* 홈(홈집)을 없앤. 오점을 지워버린. 결백한. 죄없음이 밝혀진. 명예를 회복한. 복권한.
ilibar *v.t.* 홈(홈집)을 없애다. 오점을 지워버리다. 죄없음을 밝히다. 결백하게 하다. 명예를 회복하다. 복권하다.
iliberal *a.* ①도량이 좁은. 협량한. 관대하지 못한. ②인색한. 억압적인. ③자유가 아닌. 비자유의.
iliberalidade *f.* 도량이 좁음. 협량(狭量). 편협(偏狭). 인색. 압제(壓制).
iliberalismo *m.* 협량한 행동. 편협한 주장. 압제주의(壓制主義).
iliberalmente *adv.* 편협하게. 인색하게.
ilicitamente *adv.* 불법하게. 불의(不義)하게. 도덕에 어긋나게.
ilícito *a.* 불법의. 불의(不義)의. 부정(不正)한. 비도덕적인.
relação ilícita 밀통(密通). 간통(姦通).
ilídimo *a.* ①불법의. 위법의. ②사생(私生)의. 서출(庶出)의.
ilidir *v.t.* 논박하다. 논파(論破)하다. (허위임을) 설파(說破)하다.
ilidível *a.* 논박할 만한. 논파할 수 있는.
ilimitado *a.* 한없는. 무한의. 무제한의. 묘망한.
ilimitável *a.* 한정(限定)할 수 없는. 제한할 수 없는.
ílio *m.* [解] 장골(腸骨). 협골(胁骨).
ilíquido *a.* 결제(決濟)되지 않은. 청산하지 않은. 분명한 해결을 짓지 않은. 불명료한. 혼돈(混沌)한.
iliterado *a.* 무식한. 글 쓸줄 모르는. 교육을 못 받은.
ilmenita *f.* [鑛] 티탄 철광. 티탄 합금(合金).
ilocável *a.* 놓을 수 없는. 놓을 자리가 없는. 장치할 수 없는. (어떤 자리를) 차지할 수 없는.
ilogicamente *adv.* 비논리적으로. 불합리

하게.
ilógico *a.* 비논리적인. 불합리한. 조리에 맞지 않는. 체계가 서지 않는. 만부당(萬不當)한.

ilogismo *m.* 논리에 맞지 않음. 불합리. 부조리(不條理).

iludente *a.* 착각적(錯覺的)인. 착각하기 쉬운. 착각하게 하는. 미혹(迷惑)케 하는. 속이는.

iludir *v.t.* 착각을 일으키게 하다. 미혹하다. 그르치게 하다. 속이다.
— *v.i.*, —*se v.pr.* 착각하다. 미혹되다. 속다. 스스로 환상에 사로잡히다. 꿈꾸다.

iludível *a.* 착각하기 쉬운. 미혹하기 쉬운. 속기 쉬운. 속일만한.

iluminação *f.* ①(불빛으로) 비추기. 조명(照明). ②일루미네이션. 전기 장식(電飾). 식광(飾光). ③(정신적) 광명. 계몽. 해명. (사본의) 채식(彩飾).
iluminação a gás 가스등.
iluminação pública 가로등(街路燈).
iluminação elétrica 전등.

iluminado *a.* ①(불빛 따위로) 비춘. 조명한. 일루미네이션을 한. 채식(彩飾)된. ②계몽된. 계발(啓發)한.
— *m.* ①계몽된 사람. ②완성(꿈)을 꽃는 사람. 망상가. 몽상가.

iluminador *a.* 비치는. 비쳐 주는. 조명하는. 채식하는. 계몽하는. 계발하는.
— *m.* 빛을 주는 사람(물건). 조명기. 발광체. 계몽자. (사본을) 채식하는 사람.

iluminante *a.* ①비치는. 조명하는. 빛을 내는. 발광(發光)하는. ②계발(啓發)하는. 계몽하는.

iluminar *v.t.* ①등불을 켜다. 비추다. 조명하다. 일루미네이션(전기 장식)을 하다. ②광채 띠게 하다. (사본(寫本) 따위 를) 빛깔무늬·꽃글자 따위로 꾸미다. 채식(彩飾)하다. ③계몽하다. 계발하다. 교화(敎化)하다. 문명으로 이끌다.
—*se v.pr.* ①비쳐지다. 빛을 받다. 조명되다. ②계몽(계발)되다. 깨닫다.

iluminativo *a.* 빛을 내는. 밝게 하는. 광명을 주는. 조명의. 계몽의. 계발의.

iluminismo *m.* 천계론(天啓論). 견신론(見神論).

iluminura *f.* 글자장식(文字裝飾). 빛깔무늬·꽃글자 따위로 꾸미기. (상아·가죽 따위에) 채식하기.

ilusão *f.* 착각(錯覺). 환각(幻覺). 환시(幻視). 착시(錯視). 환상. 공상. 꿈같은 것. 헛것. 속이는 것. 광혹(誑惑).

ilusionismo *m.* 미망설(迷妄說 : 일체의 실재 세계는 하나의 환영이라고 하는). 요술. 손재간 피우기.

ilusionista *m., f.* 미망설론자. 요술쟁이.

ilusivo *a.* 착각적. 착각을. 일으키는. 감각을 틀리기 쉬운. 미혹시키는. 빈. 공허의. 아무것도 없는.

iluso *a.* 착각하고 있는. (요술 따위에) 홀리고 있는. 속고 있는. 속임 당한.

ilusor *a., m.* 착각하게 하는 (것·사람). 미혹하는 (사람·물건). 속이는 (사람·물건).

ilusòriamente *adv.* 어리둥절하게. 착각적으로.

ilusório *a.* 착각케 하는. 미혹하게 하는. 그르치게 하는. 틀리기 쉬운. 속이는. 허망한. 헛잇의. 공허의.

ilustração *f.* ①예를 듦. 실례. 예증(例證). 예해(例解). 도해(圖解). 그림으로 설명하기. (책의) 삽화(揷畵). 삽도(揷圖). ②이름을 높임. 고명(高名). 저명.

ilustradamente *adv.* 저명하게. 저명하게.

ilustrado *a.* ①도해(圖解)한. 도해 실리이 있는. 삽화(揷畵)가 있는. 주해(註解)를 붙인. ②박학(博學)한. 박식한. 현저한. 저명한.

ilustrador *m.* ①예를 드는 사람. 예증되는 물건. 도해하는 자. 삽화화가(揷畵畵家). ②저명하게 하는 사람(물건).

ilustrante *a.* ①예를 드는. 예증하는. 도해(설명)하는. ②저명하게 하는. 현저하게 하는.

ilustrar *v.t.* ①예증(例證)하다. 도해 해설하다. 설명하다. (책 따위에) 그림을 넣다. 삽화하다. ②저명하게 하다. 현저하게 하다.
—*se v.pr.* 저명해지다. 현저하게 되다.

ilustrativo *a.* ①설명적. 예증이 되는. 예증하는. 도해 설명하는. ②천명(闡明)하는. 저명하게 하는.

ilustre *a.* 유명한. 저명한. 현저한. 고명한. 고귀한. 탁월한. 뛰어난. 굴지(屈指)의. 역력한. 혁혁한.

ilustríssimo *a.* (*ilustre*의 최상급). 가장 거룩한. 가장 고귀한.

Ilustríssimo Senhor. (보통 *Ilmo. Sr.* 로 줄여 씀). 귀하. 귀관(의 존칭어·경어). 흔히 편지 봉투의 수신자 앞에 씀. *Ilmo. Sr. Antonio* 하면 "*Antonio* 선생"을 뜻함.

imã *m.* ①자석(磁石). 자철. 지남철. ②끌어당기는 물질.
natural imã 또는 *pedra imã* 천연자석(天然磁石). 흡인력(吸引力) 있는 물건.

imaculado *a.* ①흠 없는. 흠집 없는. 결점 없는. 죄 없는. [動] 얼룩 없는. ②깨끗한. 순결한.
imaculada conceição (성모 마리아의) 무구수태(無垢受胎).

imaculabilidade *f.* 흠집을 만들 수 없음. (순결성을) 더럽힐 수 없음.

imaculadidade *f.* 흠집 없음. 깨끗함. 순결함. 결백함.

imaculatismo *m.* [宗] (성모 마리아의) 무구수태(無垢受胎)를 주장하는 교의(敎義).

imaculável *a.* (순결성을) 더럽힐 수 없는. 더럽혀서는 안 되는.

imagem *f.* ①상(像). 초상. 조상(彫像). ②화상. 영상(影像). 우상. ③흡사한 사람. 꼭 같게 보이는 사람. 흡사(恰似). ④[光] (거울 또는 눈망막의) 영상. ⑤영징. 화신. ⑥[修] 직유(直喩). 은유(隱喩). ⑦[心] 심상(心像). 표상(表像). 개념.

imaginação *f.* 상상. 상상력. 구상력. 착상력. 상상의 소산. 관념. 심상(心像). 공상. 망상. 환상.

imaginado *a.* 상상한. 착상한. 마음 속에 그린. 생각해 낸.

imaginador *m.* ①상상하는 자. 망상하는 자. 마음 속에 그리는 사람. ②초상화가. 우상조각사.

imaginante *a.* ①상상하는. 공상하는. ②생각해 내는. 고안하는. 창작하는.

imaginar *v.t., v.i.,* —se *v.pr.* 상상하다. 생각하다(해내다). 마음 속에 그리다. 착상하다. 창의(創意)하다. 산 것 같이 그리다. 묘사하다. 혼자 …라고 결정하다.

imaginário *a.* 상상의. 상상적의. 가상의. 공상의. 가공적(架空的)인. 허구의. [數] 허(虛)의.
número imaginário [數] 허수(虛數).
quantidades imaginárias [代] 허량(虛量).
doente imaginário (실제로 병에 걸린 것이 아니고) 스스로 병에 걸렸다고 믿는 사람.

imaginativa *f.* 상상력. 착상력. 창작력(創作力).

imaginativo *a.* 상상의. 상상적. 상상력이 많은. 창작력이 풍부한.

imaginável *a.* 상상할 수 있는. 공상할 수 있는. 창작할 만한.

imaginoso *a.* 상상력(창작력)이 풍부한. 발명심이 있는. (문학·예술 따위의) 상상적. 기상적(奇想的).

imaleabilidade *f.* 두들겨 펼 수 없음. 비단성(非鍛性). 부전연성(不展延性).

imaleável *a.* 두들겨 펼 수 없는. 불가단성(不可鍛性)의. 부전연성의.

imame, imamo *m.* 회교국의 종교적 수령. (회교 사원의) 사식승(司式僧). 도사(導師).

iman *m.* =*imã*.

imanar *v.t.* ①자기(磁氣)를 띠게 하다. 자화(磁化)하다. ②이끌다. 매혹하다.

imane *a.* ①거대한. 방대한. 광대한. ②잔인한. 맹악한. 비인간적인.

imanência *f.* [哲] 내재(內在). 편재(遍在). 항구성(恒久性).

imanente *a.* [哲] 내재의. 내재적인. 항구(恒久)의. 고유의. 본래의. [神學] 우주편재의.

imanidade *f.* ①거대(巨大). 방대(厖大). ②잔인성. 비인도(非人道).

imanização *f.* 자화(磁化).

imanizar *v.t.* 자화하다. 자기(磁氣)를 띠게 하다. 이끌다. 매혹하다.
— *v.i.* 자기를 띠다.

imarcescibilidade *f.* 결코 시들지 않음. 불멸(不滅).

imarcescível *a.* 퇴색(退色)하지 않는. 결코 시들지 않는. 불멸의.

imarginado *a.* [植] 연(緣)이 없는. 변(邊)이 없는.

imaterial *a.* ①실체 없는. 무형의. 비물질적의. ②중요하지 않은. 사소한.
— *m.* 형체 없는 것. 무형물(無形物).

imaterialidade *f.* 무형성(無形性). 비물질성.

imaterialismo *m.* 비물질론. 비유물론. 유심론.

imaterialista *m.f.* 비물질론자.

imaterializar *v.t.* 형체 없이 만들다. 비물질적으로 하다.

imaturidade *f.* 익지 않음. 성숙하지 않음. 미숙(未熟). 미완성(未完成).

imaturo *a.* 익지 않은. 성숙하지 않은. 미숙한. 미성(未成)의. 미완성의. 아직 이른. 시기상조인.

imbecil *a.* 심신이 허약한. 저능한. 우둔한. 어리석은. 의지박약한.
— *m.* [法] (날 때부터의) 심신허약자(心身虛弱者). 저능한 사람. 우둔한 사람. 바보. 천치. 치인(癡人). 멍청이. 풋나기.

imbecilidade *f.* ①정신허약. 저능. 우둔. 치매(痴呆). ②미숙. 철부지. ③겁약(怯弱).

imbecilitar, imbecilizar *v.t.* 어리석게 만들다. 정신 허약하게 하다. 저능아로 만들다.

imbecilmente *adv.* 우둔하게. 철없이. 바보처럼.

imbele *a.* 싸움(전쟁)에 적당치 않은. 겁이 많은. 비겁한. 소심(小心)한.

imberbe *a.* ①수염 없는. [植] 꺼끄러기 없는. ②젊은. 미숙한. 풋나기의.

imbibição *f.* ①빨아들임. ②액체에 담그기. 적시기. ③동화(同化).

imbricação *f.* 기와(지붕) 모양(의 구조). 비늘같이 겹치기. 인상배열(鱗狀配列).

imbricado *a.* (기와 따위가) 비늘같이 겹쳐 놓은. 인상배치한.

imbricar *v.t.* (기와 따위를) 비늘 모양으로 겹쳐 놓다. 인상배치(鱗狀配置)하다.

imbrífero *a.* 《詩》 비오게 하는. 비가 되게 하는.

imbróglio *m.* ①(연극의) 복잡한 구성. ②(정계의) 분규. ③혼란. 난잡.

imbúia *f.* [植] (브라질산) 호두나무. 호두나무 재목(가구용으로 흔히 씀).

imbuir *v.t.* ①(물·액체 등에) 적시다. 담그다. 침투시키다. 물들이다. ②뿌리박게 하다. 고정시키다. 《比喩》 (注意) 사상 등을 불어 넣다. 고취(鼓吹)하다.
—**se** *v.pr.* (+*de*). …에 물들다. 감염(感染)하다.

imburi *m.* [植] 야자속(屬).

imbuzeiro *m.* [植] 아카시아나무의 별명.

imediação *f.* ①(바로 이웃에)접근해 있음. 인접함. ②부근(附近). ③직접. 즉시.
imediações (*pl.*) 인접지(隣接地). 부근. 교외(郊外). 변두리.

imediatamente *adv.* 즉시. 즉각적으로.

직접. 직접적으로.

imediato *a.* ①즉시의. 직접의. ②바로 이웃에 있는. 바로 옆의. 인접한. 접근해 있는. ③…에 계속되는.
resposta imediata 즉답(卽答).
causa imediata 직접 원인.
— *m.* 차장(次長). 부장(副長). 부함장(副艦長).

imedicável *a.* (병을) 고칠 수 없는. 약을 쓸 수 없는. 낫지 않는. 돌이킬 수 없는.

imemorado *a.* 기억하지 않은. 기억에 없는. 잊은.

imemorável *a.* 기억할 수 없는. 생각이 안 나는.

imemorial *a.* 인간의 기억에 없는. 먼 옛날의. 태고의. 태고적부터의.
tempos imemorials 태고(太古).

imemoriável *a.* 기억할 수 없는. 기억에조차 없는.

imensamente *adv.* 광대하게. 방대하게. 막대하게. 한없이. 한량없이.

imensidade, imensidão *f.* 광대(廣大). 방대. 막대. 무한한 공간. 광대무변.

imenso *a.* 광대한. 방대한. 막대한. 거창한. 광대무변한. 한 없는. 한량 없는.

imensurável *a.* 잴 수 없는. 헤아릴 수 없는. 측량(측정) 불가능한. 한 없는. 한량(限量) 없는.

imerecido *a.* (상 주기에) 적당치 않은. 공로가 없는. 공없이 얻은 (훈장 따위). 분에 적당치 않는. 분에 지나친.

imergente *a.* ①(물에) 잠그는. 담그는. (물 속에) 가라앉는. ②침투하는. (광선이) 투사(透射)하는.

imergir *v.t.* (물에) 잠그다. 적시다. 침투시키다. (물 속에) 가라앉히다. 잠수(潛水)케 하다.
— *v.i.*, —**se** *v.pr.* ①가라앉다. 침몰하다. ②…에 몰두하다. 생각에 잠기다. ③휩쓸려 들어가다. …에 빠지다.

imérito *a.* 공로 없는. 공훈을 세우지 않은. (훈장 따위를 주기에) 부적당한. 분에 넘치는.

imersão *f.* ①침입(侵入). 잠그기. 적시기. ②가라앉음. 침하(沈下). 침몰. ③(광선의)투사(透射). ④[天] 잡입(潛入) (한 천체가 다른 천체의 뒤 또는 그늘에 숨는 것).

imersível *a.* 빠질 수 있는. 가라앉을 수 있

imersivo *a.* 가라앉히는. 빠지게 하는. 가라앉는. 침하하는. 빠져 들어가는. …에 몰두하는.

imerso *a.* (*imergir*의 과거분사). 가라앉은. 침하한. 침몰(沈沒)한. (물에) 빠진.

imersor *a.*, *m.* 가라앉히는 (것). 침몰시키는 (사람·사물). 빠지게 하는 (사람·사물).

imigo *m.* 적(敵).
— *a.* 적의(敵意) 있는. 반목하는. 적대하는.

imigração *f.* 다른 나라에서 이주해 오는것. (입국) 이주. (일정한 기간 내의) 이민. (註) *emigração*는 출국이민.

imigrado *a.* (다른 나라로부터) 이민해 온. (입국) 이주한.
— *m.* 외래이민(外來移民). 내주자(內住者).

imigrante *a.* 이민하는. 이민해 오는. 내주하는.
— *m.*, *f.* (입국) 이주자. 외래이민.

imigrar *v.i.* 이민가다. 이주해 오다. 내주(內住)하다. 이민하다.

imigratório *a.* 이민의. 이민에 관한.

iminência *f.* 다가오기. 절박(切迫). 급박. 위급.
(注意) *eminência* : 높은 곳 ; 탁월. 초월.

iminente *a.* 닥쳐온. 임박한. 절박한. 급박한. 초미(焦眉)의. 위급의. 다급한.

imiscibilidade *f.* 혼합할 수 없음. 불혼화성(不混和性).

imiscível *a.* 혼합할 수 없는.

imiscuir *v.t.* 간섭시키다. 개입시키다. 손대게 하다.
—**se** *v.pr.* 간섭하다. 개입하다. 쓸데없는 참견을 하다. 관계하다.

imitação *f.* ①흉내내기. 모방(模倣). 모의(模擬). 모조(模造). ②모의물. 모조품. 비슷하게 만든 것. 위조품. 가짜.
à imitação de …을 모방하여. …을 흉내내어.

imitado *a.* 흉내 낸. 모방한. 본뜬. 모조한. 위조한. 가짜의.

imitador *m.* 흉내 내는 사람. 모의하는 자. 모방자. 본뜨는 사람. 모조자. 위조자.

imitante *a.* 흉내 내는. 모방하는. 모의하는. 모조하는.

imitar *v.t.* 흉내 내다. 모방하다. 본을 따르다. 본을 뜨다. 모조하다. 위조하다.

imitativo *a.* 모의의. 모방의. 본 잘 뜨는. 모조에 재간 있는.

imitável *a.* 흉내 낼 수 있는. 모방할 수 있는. 본뜰 수 있는. 모조(위조) 가능한.

imo *a.* 가장 구석의. 마음 제일 속의. 내심(內心)의. 내부에 깊숙이 있는. (감정 따위) 깊이 감춘.

imobiliário *a.* 부동산의. 부동산에 관한. 부동산으로서 되는.

imobiliários *m.*(*pl.*) 부동산(不動産).

imobilidade *f.* ①부동. 부동성. ②휴지(休止).

imobilismo *m.* 비(非)진보주의. 보수주의.

imobilização *f.* ①고정시키기. 움직이지 않게 하기. (군대·함대를) 이동할 수 없게 하기. ②진보를 방해하기. ③부동산으로 하기(취급하기).

imobilizar *v.t.* ①고정하다. 움직이지 못하게 하다. 활동 못하게 하다. ②진로를 방해하다. ③부동산으로 만들다(취급하다).
—**se** *v.pr.* 고정되다. 움직이지 않다.

imoderação *f.* 무절제(無節制). 과도(過度). 방종하기.

imoderado *a.* 무절제한. 과도한. 지나친. 방종한.

imodestamente *adv.* 버릇없이. 염치없이.

imodéstia *f.* ①불근신. 무례. ②염치 없음. 뻔뻔스러움. 파렴치. ③거만. 불손.

imodesto *a.* ①무례한. 버릇없는. ②염치없는. 뻔뻔한. 근신치 못한. ③거만한. 불손한.

imodicidade *f.* 지나침. 과도함. 엄청남.

imódico *a.* 지나친. 과도의. (값이) 너무 비싼. 엄청난.

imodificável *a.* 바꾸어 고칠 수 없는. 변경할 수 없는. 변개(變改) 불가능한.

imolação *f.* ①희생으로 바치는(되는) 것. ②희생. ③살육(殺戮).

imolador *m.* 희생을 바치는 자.

imolado *a.* 희생된. 희생을 바친.

imolar *v.t.* (희생을) 죽여서 바치다.《比喩》희생하다.

imoral *a.* 비도덕적인. 패덕한. 품행이 나쁜. 음탕한. (책·그림 따위가) 음란한.

imoralidade *f.* ①비도적(非道德). 행실 나쁨. 추잡함. 음탕. 음란. 외설(猥說). ②패덕행위(悖德行爲). 추행.

imorigerado *a.* 품행이 나쁜. 자포자기의.

imorredouro–**impecabilidade**

난봉 피는. 방탕한. 음탕한.

imorredouro *a.* 죽지 않는. 불사(不死)의. 불멸의. 불후의.

imortal *a.* 죽지 않는. 불사의. 불멸의. 불후의.
— *m.* 죽지 않는 사람. 명성이 없어지지 않는 사람(특히 작가).

imortalidade *f.* 죽지 않음. 불사. 불멸. 불후(不朽). 불후성. 불마(不磨). 만고불역(萬古不易).

imortalização *f.* 죽지 않게 함. 불멸화. 후화. 자손만대에 전하기.

imortalizar *v.t.* 죽지 않게 하다. 불멸케 하다. 불후하게 하다.
—**se** *v.pr.* 불멸하다. 만대(萬代) 죽지 않다. 무궁히 전하다.

imoto *a.* ①움직이지 않는. 부동(不動)의. 가만 있는. ②확고한. 견고한.

imóvel *a.* 움직일 수 없는. 움직이지 않는. 부동의. 정지한. 확고한. 고정한.
— *m.* 움직이지 않는 것. 움직일 수 없는 것.
imóveis (*pl.*) [法] 부동산(不動産).
bens imóveis 부동산.

imovelmente *adv.* 움직이지 않고. 부동하게. 확고히.

impaciência *f.* 참을성 없음. 인내할 수 없음. 성미 빠름. 초조함. 조급함. 안타까움. 갈급(渴急). 애탐.

impacientar *v.t.* 참지 못하게 하다. 못 견디게 하다. 조급하게 하다. 안타깝게 하다.
—**se** *v.pr.* 참지 못하다. 애타다. 안달하다. 초조하다. 조급하다. 갈급하다.

impaciente *a.* 참지 못하는. 참을성 없는. 견디지 못하는. 성미 빠른. 안달하는. 조급한. 초조한. 갈급(渴急)한. 조바심 치는. 애타는. 애태우는.

impacientemente *adv.* 참지 못하게. 애타게. 초조하게. 안달하여.

impacto *m.* ①찌르기. 충격. 충동. ②충돌. ③《俗》영향.

impagável *a.* ①지불할 수 없는. 지불할 성격이 못되는. 지불해서는 안 되는. 돈으로 살 수 없는. 대단히 귀중한. ②굉장히 재미있는. 몹시 우스운. 기괴한.

impalpabilidade *f.* ①다칠 수(만질 수) 없음. 만져서 알 수 없음. 촉지 불가능(觸知不可能). 무형(無形). ②《比喩》이해하기 어려움. 파악할 수 없음.

impalpável *a.* 다칠 수 없는. 만져서 알기 어려운. 무형의. 실체가 없는. 미세(微細)한. 《比喩》쉽사리 이해할 수 없는. 파악하기 곤란한.

impaludação *f.* 말라리아(학질)에 걸림.

impaludismo *m.* [醫] (일종의) 말라리아. 학질.

ímpar *a.* 기수(奇數)의 (둘로 한 벌이 되는) 한 짝의. 짝 맞지 않는.
número ímpar 기수(奇數).

impar *v.i.* ①흐느끼다. 헐떡거리다. 숨이 쁘다. ②너무 먹다(마시다). 과식(과음)하다. ③뽐내다. 우쭐하다.

imparcial *a.* 편역 들지 않는. 공평한. 공평 무사한. 편파 없는.

imparcialidade *f.* 공평(公平). 공평무사. 불편(不偏). 편파성(偏頗性)이 없음.

imparcialmente *adv.* 공평하게. 편파없이.

imparidade *f.* 짝이 없음. 기수성(奇數性). [解] 좌우부대칭(左右不對稱).

imparissílabico *a.* [文] 철음수가 같지 않는(고르지 않는).

imparissílabo *m.* [文] 같지 않는 철음수 (綴音數)(주격(主格)과 속격(屬格) 사이에 있어서).

impartibilidade *f.* 나눌 수 없음. 불가분성 (不可分性).

impartível *a.* 나눌 수 없는. 분할(分割)할 수 없는. [數] 나누어지지 않는.

impasse *m.* 막다른 목(골목). 궁경(窮境). 난국. 정체 상태.

impassibilidade *f.* 고통을 느끼지 않음. 무감각. 무감동. 태연자약.

impassível *a.* 고통을 느끼지 않는. 무감각한. 감동 없는. 태연한.

impassívelmente *adv.* 고통을 느끼지 않고. 감각 없이. 태연하게.

impatriótico *a.* 애국심이 없는. 비애국적인.

impatriotismo *m.* 애국심 없음. 비애국적임.

impavidamente *adv.* 용감하게. 대담하게.

impavidez *f.* 무서움을 모름. 용감함. 대담함.

impávido *a.* 무서움을 모르는. 용감한. 용맹한. 대담한.

impecabilidade *f.* 죄를 범하는 경향이 없음. 죄를 짓지 않음. 과실이 없음. 결점이 없음. 무고.

impecável *a.* 죄를 범하는 일이 없는. 죄를 짓지 않는. 과실하지 않는. 결점이 없는. 무고(無辜)한. 결백한.

impecavelmente *adv.* 죄를 범하는 일이 없이. 과실 없이. 결백하게.

impedição *f.* 방해. 저지(沮止). 저해.

impedido *a.* 방해된. 저지된. 저해한. 차단한. 거절된.
— *m.* (장교의) 종졸(從卒). 당번병(當番兵).

impedidor *a.* 방해하는. 저지하는. 저해하는. 차단하는. 거절하는. 금지하는.
— *m.* 방해자. 저지자.

impediente *a.* 방해하는. 방해물이 되는. 장애가 되는. 저지하는. 저해하는. 금지하는.

impedimento *m.* ①방해. 장애. ②저지(沮止). 차단. 금지. ③[法] 장해(障害). ④고장. 지장.
impedimento dirimente (혼인을 무효로 하는) 절대장애(障碍).

impedir *v.t.* ①방해하다. 지장을 주다. ②못가게 하다. (통행을) 저지하다. 차단하다. 금지하다.

impeditivo *a.* 방해가 되는. 장애가 되는. 저지되는. 금지하는.

impelente *a.* 추진하는. 추진시키는. 재촉하는. 모는. 충동하는. 격려하는.

impelir *v.t.* 추진시키다. 재촉하다. 몰다. 억지로 …을 시키다.

impendente *a.* 내려 걸린. 절박해 있는. 임박한. 초미(焦眉)의.

impender *v.i.* 위기에 걸리다. 내려 걸리다. (사건·위험 따위가) 임박하다. 절박하다.

impene *a.* [鳥] 날개가 불완전한.

impenetrabilidade *f.* ①뚫기 어려움. 침입(侵入)할 수 없음. 불관통성(不貫通性). [理] 불가입성(不可入性). ②추측할 수 없음. 불가해.

impenetrado *a.* 들어간 일이 없는. 침입(侵入)한 적이 없는. 꿰뚫지 못한. 인적부도(人跡不到)의.
florestas impenetradas 인적이 이르지 않은 삼림(森林).

impenetrável *a.* ①좋기 어려운. 둘어갈 수 없는. 침입(侵入) 불가능한. 불가입성의. 불관통성의. ②추측할 수 없는. 짐작하기 어려운. 불가해의(신비(神秘) 따위).

impenetravelmente *adv.* 들어갈 수 없게. 뚫지 못하게. 관통할 수 없이. 추측(짐작)할 수 없게.

impenitência *f.* 뉘우치지 않음. 회오(悔悟)하지 않음. 개전(改悛)의 기미가 없음.

impenitente *a.* 뉘우치지 않는. 회오하지 않는. 개전의 기미가 없는.
— *m.* [宗] 개전(改悛)의 마음이 없는 죄인.

impensadamente *adv.* 아무 생각도 없이. 불쑥. 경솔하게.

impensado *a.* 생각지도 않은. 뜻밖의. 불연간. 의외의.
de impensado 갑자기. 불쑥. 돌연히.

impensável *a.* 생각할 수 없는. 생각조차 못할. 도저히 있을 것 같지 않는.

imperador *m.* 황제. 천황. 제왕(帝王).

imperante *a.* 다스리는. 통치하는. 군림하는.
— *m.* (임금으로서) 다스리는 자. 제왕. 주권자.

imperar *v.t.* (임금으로서) 거느려 다스리다. 통치하다. 지배하다.
— *v.i.* 주권을 장악하다. 군림하다.

imperativamente *adv.* 명령적으로. 억지로. 주권으로서. 전횡적으로.

imperativo *a.* 명령적.
— *m.* [文] (동사의) 명령법(命令法). 명령어(문).

imperatória *f.* [植] 오가(五加)의 류(類).

imperatório *a.* ①황제의. 천황의. ②제왕 같은. 임금다운. ③명령적인.

imperatriz *f.* 여왕. 여제(女帝). 황후(皇后).

impercebível *a.* 알아볼 수 없는. 이해하기 어려운. 눈치 챌 수 없는. 감지(感知)하지 못할.

imperceptibilidade *f.* ①눈에 안 보임. 알 수 없음. 감지 불가능. ②극미(極微). 미세(微細).

imperceptível *a.* 눈에 안 보이는. 알아 볼 수 없는. 느낄 수 없는. 알아 챌 수 없을만한. 극히 세밀한.

imperdível *a.* ①잃어버릴 수 없는. 분실서는 안 되는. ②실패한 일이 없는. 이기는(승리하는). 반드시 꼭 이겨야 할.

imperdoável *a.* 용서할 수 없는. 용납해서는 안 될.

imperecedouro *a.* =*imperecível*.

imperecível *a.* 불멸의. 불사(不死)의. 불

후의.

imperfectibilidade *f.* 완전하게 할 수 없음. 완전무결함이 없음.

imperfectível *a.* 완전(무결)하게 할 수 없는.

imperfeição *f.* 불완전. 미완성(未完成). 결함. 결점.

imperfeiçoar *v.t.* 불완전케 하다.

imperfeitamente *adv.* 불완전하게. 불충분하게.

imperfeito *a.* 불완전한. 불충분한. 미완성의. 결함(결점)이 있는. [文] 미완료의. 반과거(半過去)의.
― *m.* ①불완전한 것. 미완성물. ②[文] 미완료(未完了). 반과거(半過去). 미완료시상.

imperfuração *f.* 구멍이 없음. [解] 폐색(閉塞).

imperfurado *a.* 구멍이 없는. [解] 폐색한.

imperial *a.* ①제국(帝國)의. ②황제의. 임금의. ③최고권을 가진. ④장엄한. 당당한.

imperialismo *m.* 제정(帝政). 제국주의. 영토확장주의. 《轉》침략주의.

imperialista *a.* 제정의. 제국주의의.
― *m., f.* 제정론자. 제국주의자.

imperialmente *adv.* 제국으로서. 황제로서. 임금답게. (절대적인) 주권으로.

imperiante *a.* 거만한. 건방진. 횡포한. 불손한.

imperícia *f.* ①재간 없음. 수완이 없음. 서투름. ②미숙. 미숙련. 졸렬.

império *m.* ①제국. 왕국. ②제국의 판도(版圖). ③절대적인 주권. 대권(大權). 패권. ④권세. 세력.

imperiosamente *adv.* 명령적으로. 횡포하게.

imperiosidade *f.* ①(패왕(霸王) 같은) 위풍 당당한 세력. ②건방짐. 존대. ③명령적임.

imperioso *a.* ①위세 당당한. 권세를 부리는. 큰 세력이 있는. 항거할 수 없는. 절대적인. ②명령적인. 건방진. 횡포한. ③어쩔 수 없는. 피할 수 없는. 긴급한. 중대한.

imperitamente *adv.* 서투르게. 솜씨 없이. 졸렬하게.

imperito *a.* 재간 없는. 솜씨 없는. 서투른. 미숙한. 미숙련의. 졸렬한.

impermanência *f.* 영구적이 아님. 비항구성(非恒久性). 비영속성. 무상(無常).

impermanente *a.* 영구적이 아닌. 비항구적인. 오래 계속 안 되는. 영속성(永續性)이 없는. 일시적인. 부정(不定)의.

impermanentemente *adv.* 영구성(영속성)없이. 비항구적으로. 일시적으로.

impermeabilidade *f.* 불삼투성(不滲透性).

impermeabilizar, impermear *v.t.* (물·공기 따위가) 못 들어가게 하다. 방수(防水) 장치를 하다.

impermeável *a.* (물·공기 따위가) 스며들지 않는. 배어 들지 못하는. 불삼투성의. 방수의.
― *m.* 방수(防水). 방수 외투(레인코트). (고무로 만든) 방수포(布).

impermutabilidade *f.* ①치환불가능(置換不可能). ②교환할 수 없음.

impermutável *a.* 바꿔 넣을 수 없는. [數] 순열(順列)로 만들 수 없는. 치환할 수 없는.

imperscrutável *a.* 미루어 알 수 없는. 불가해한. 수수께끼 같은. 도저히 추측할 수 없는.

impersistente *a.* 변덕스러운. 변하기 쉬운. 일정치 않는. 변화무쌍한. 오래가지 않는.

impersonalidade *f.* 비인격성(非人格性). 개인에 관계 없음. [文] 비인칭(非人稱).

impertérrito *a.* (아무것도) 겁내지 않는. 무서워하지 않는. 꿈쩍도 하지 않는. 대담한. 용감한.

impertinência *f.* ①건방짐. 무례. 예의 없음. 버릇 없음. ②적절치 못함. 어긋난 짐작. ③주제넘음. ④치근치근함. 불평이 많음. 귀찮음.

impertinente *a.* 버릇 없는. 건방진. 무례한. 주제넘은. 적절하지 못한. 치근치근한. 시끄러운. 귀찮은. 불평 많은. 심술 있는.

imperturbabilidade *f.* 침착. 자약. 냉정. 확고부동. 교란(攪亂)되지 않음.

imperturbado *a.* (어떤 소리에도) 동요하지 않는. 태연자약한. 침착한. 냉정한. 확고부동한.

imperturbável *a.* ①시끄럽게 굴어서는 안 되는. 교란할 수 없는. 방해되어서는 안 될. ②냉정한. 침착한. 초연한. 동요치 않는. 확고부동한.

impérvio *a.* 통해 보내지 않는. 스며들지

impessoal *a.* ①인격을 가지지 않는. 개인에 관계 없는. 비개인적(非個人的)인. ②특정한 사람을 가리키지 않는. 보편적인. 일반적인. ③[文] (동사의) 비인칭의.
verbo impessoal 비인동사.

impessoalmente *adv.* 비인격적으로. 인격 없이. 개인에 관계 없이. 보편적으로. [文] 비인칭동사로서.

impetiginoso *a.* [醫] 소농포진의. 소농포진성(性)의.

impetigo *m.* [醫] 소농포진(小膿疱疹: 부스럼이 생기는 피부병).

impeto *m.* ①[機] 운동량. 원동력. 자극. 반동력. ②성급(性急). 격정(激情). 맹렬성. 돌진(突進).
com impeto 성급하게. 충동적으로. 맹렬하게.

impetra *f.* 청원(請願). 탄원. 간원(懇願). 기원(祈願). 애원.

impetrabilidade *f.* 청원할 수 있음. 탄원하여 얻을 수 있음.

impetração *f.* 청원하기. 탄원하기. (…을 얻기 위하여) 간절히 빌기. [宗] (공개적인) 기도.

impetrante *a.* 청원하는. 탄원하는. 간절히 비는. 애원하는.
— *m., f.* 청원자. 탄원자. 애원하는 사람.

impetrar *v.t.* 청원하다. 탄원하다. 애원하다. 간절히 빌다. 청원하여 …을 얻다. 탄원하여 …을 취득하다.

impetrativo *a.* 청원적. 탄원적. 기원적(祈願的).

impetratório *a.* 청원의. 탄원의. 간원의.

impetrável *a.* 청원할 수 있는. 탄원할 만한. 애원하여 얻을 수 있는.

impetuosidade *f.* 격렬. 맹렬(猛烈). 성급(性急). 성급한 동작. 성내기 쉬운 기질.

impetuoso *a.* 격렬한. 맹렬한. 열렬한. 성급한. 충동적인.

impiamente *adv.* 신앙심 없이. 무자비하게. 잔인하게.

impiedade *f.* ①불신앙(不信仰). 신앙심이 없음. 경건치 않음. 불경(不敬). 불효. ②무자비. 잔인함.

impiedosamente *abv.* 무자비하게. 잔인하게. 사정없이. 용서함이 없이.

impiedoso *a.* 무자비한. 사정 없는. 용서 없는. 무정한. 잔인한.

impigem *a.* [醫] 헤르페스. 수포진(水疱疹). 피진(皮疹).

impingir *v.t.* ①거짓을 사실인 것처럼 이야기하다. 가르치다. 속여서 불어 넣다. 주입하다. 잘 못 이해시키다. ②강요하다. 강제하다. ③(속여서) 비싼 값으로 팔다.

ímpio *a.* 신앙 없는. 종교에 반대되는. 경건치 않은. 불경(不敬)한. 불효의. 사악한. 잔인한.

implacabilidade *f.* 달래기 어려움. 앙심 깊음.

implacável *a.* 달래기 힘드는. 화해하기 어려운. 앙심 깊은.

implacàvelmente *adv.* 달래기 어렵게. 앙심 깊게. 용서치 않고.

implantação *f.* 부식(扶植). 주입(注入). 고침.

implantar *v.t.* 부식하다. 쑤시어 넣다. 주입하다. 불어넣다. (마음에) 빨리 박히게 하다.
—*se* *v.pr.* 부식되다. 뿌리박히다. 교육받다. 수립(樹立)되다.

implante *m.* = *implantação*.

implemento *m.* ①용구. 기구. 도구. 가구 일식. ②실행(實行). 이행(履行).

implexo *a.* 얽힌. 착잡(錯雜)한. 혼잡한.

implicação *f.* ①얽힘. 엉킴. 착잡. 착종(錯綜). 분규. ②[法] 연루(連累). 관여. 연좌(連座). 휩쓸려 넣기. ③모순. 당착(撞着). ④사이가 나쁨.

implicado *a.* 얽힌. 엉킨. 꾸려 놓은. 포함(함축)한. 휩쓸린. 연루한. 관여한.

implicador *a., m.* 엉키게 하는 (사람). 휩쓸리게 하는 (사람)

implicância *f.* = *implicação*.

implicante *a.* 얽히게 하는. 엉기게 하는. 까다롭게 하는. 분규를 빚어내는. 휩쓸어 넣는. 연루케 하는.

implicar *v.t.* ①얽히게 하다. 엉기게 하다. 분규(紛糾)를 빚어내다. ②꾸려 넣다. 휩쓸리게 하다. 관여하게 하다. 가담시키다. 연좌(연루)케 하다. ③함축(含蓄)하다. 포함하다.
— *v.i.* (+*com*). (…와) 다투다.
—*se* *v.pr.* (+*com*). (…와) 사이가 나빠지다. 분규하다. (+*en*). …에 휩쓸리다. 가담하다. 연좌하다.

implicativo *a.* ①엉키는. 분규하는. ②함

축적인. 무언중의.

implicatório *a.* ①얽히게 하는. 엉키게 하는. 복잡하게 하는. ②시비를 거는. 문제를 일으키는. 사이를 나쁘게 하는.

implícito *a.* 함축적. 무언중의. 암묵리(暗黙裡)에. 암시적(暗示的)인.

imploração *f.* (울면서) 애원하기. 탄원하기. 간원(懇願)하기.

implorador *a.*, *m.* (울면서) 애원하는 (사람). 탄원하는 (자). 간절히 비는 (사람).

implorante *a.*, *m.* =*implorador*.

implorar *v.t.* (울면서) 애원하다. 탄원하다. 간절히 빌다.

implorativo *a.* 애원적. 탄원적. 간원적.

implorável *a.* 애원할 수 있는. 탄원할 만한.

implume *a.* [鳥] 깃털이 없는. 깃이 아직 나지 않은.

implúvio *m.* (옛 로마) 안뜰(*atrium*)의 한 가운데의 빗물 모으는 통.

impolarizável *a.* (광선이) 분극(分極)되지 않는. 편광(偏光)할 수 없는. 극성(極性)을 줄 수 없는.

impolidamente *adv.* 무례하게. 버릇없이. 불친절하게.

impolidez *f.* ①탁마(琢磨)되지 않음. ②무례(無禮). 버릇없음. 불친절.

impolido *a.* ①닦여지지 않은. 탁마되지 않은. ②무례한. 버릇없는. 불친설한.

impolítica *f.* ①졸책(拙策). 부득책(不得策). ②적당치 않음. 불리함. ③무례. 버릇없음. 버릇없는 행동. 건방진 행실.

impolítico *a.* ①좋은 계책이 못되는. 졸책의. 졸렬한. ②적당치 않은. 불리한. ③예절 모르는. 버릇없는. 실례되는.

impoluto *a.* 얼룩이 없는. 오점(汚點)이 없는. 더럽혀지지 않은. 결백(潔白)한. 순수(純粹)한.

imponderabilidade *f.* 무게 없는 상태. 양이 극히 적음. (저울에) 달 수 없음. 불가량성(不可量性).

imponderado *a.* ①앞뒤를 헤아리지 않는. 사려성이 없는. ②소홀한. 경솔한. 경조(輕躁)한. ③무모한.

imponderável *a.* ①저울질할 수 없는. 불가량성(不可量性)의. 극히 가벼운. 무게가 없는. ②평가할 수 없는. ③참작할 가치 없는.

imponência *f.* 위엄. 위세(威勢). 위풍(威風). 존엄. ②장엄(莊嚴). 웅대. 장대(壯大). 장려(壯麗). 장관(壯觀).

imponente *a.* 위엄 있는. 위세(위풍) 있는. 장엄한. 웅대한. 당당한. 훌륭한.

impontual *a.* 꼼꼼치 못한. 차근차근하지 못한. 알뜰하지 않은. 정확지 못한. 시간·약속 등 잘 지키지 않는.

impopular *a.* 인망이 없는. 인기 없는. 평판이 좋지 못한. 유행하지 않는.

impopularidade *f.* 인망이 없음. 인기 없음. 평판이 나쁨. 민의(民意)에 따르지 못함.

impopularizar *v.t.* 인기 없게 하다. 인망을 떨어뜨리다.

impor *v.t.* ①(+*em* 또는 *sobre*). …의 위에 놓다. 위에 올려 놓다. [印] 판(版)을 정리하다. [宗] 안수(按手)하다. ②(세금 따위를) 부과(賦課)하다. 과하다. (임무·책임 따위를) 지우다. ③강제하다. 강요하다.
— se *v.pr.* ①(세금·비용 따위가) 부과되다. 물게 되다. ②(책임·의무 따위를) 지다. 떠맡다. ③강요 당하다. 어찌할 수 없게 되다.

importação *f.* 수입(輸入). 수입품.

importador *m.* 수입자. 수입상(商).

importância *f.* ①중요성. 중대성. ②권력. 세력. ③신용. ④가치. ⑤금액. 액수.

importante *a.* ①중요한. 중대한. 귀중한. 긴급한. 긴요한. ②세력 있는. 권력 있는. 유력한. ③신용 있는. ④거드름 부리는. 젠 체하는.
— *m.* 중대함. 중대성. 요점.

importantemente *adv.* 중대하게. 중요하게. 귀중히.

importar *v.t.* ①(상품 따위를) 수입하다. 끌어들이다. ②(… 의 결과로서) 생기다. 야기(惹起)하다. (…을) 초래하다. ③(얼마간의 액수로) 계산하다.
— *v.i.* (…에) 맞다. …의 가치가 있다. …에 해당하다. …에 도달하다. …을 필요로 하다.
—se *v.pr.* (+*com*). …에 주의하다. 유의(留意)하다. …와 관계 있다. …의 결과가 되다.

Isso não me importa. 그것은 나에게 하등 상관없다. 나에게는 아무런 관계없다.
Isso pouco me importa. 그까짓 것 아무런 관계없다. 걱정할 바 못 된다.

importável *a.* (상품 따위를) 수입할 수 있는.

importe *m.* ①액수. 총액(總額). ②대가(代價). 원가(原價).
importunação *f.* 지분지분거리기. 성가시게 굴기. 떼쓰며 보채기. 극성스럽게 하기.
importunador *a., m.* 지분지분거리는 (사람). 성가시게 구는 (사람). 애쓰며 요구하는 (사람).
importunar *v.t.* 지분지분거리다. 성가시게 굴다. 떼쓰며 보채다. 극성스럽게 하다.
importunamente *adv.* 성가시게. 지분지분하게.
importunidade *f.* 성가심. 지분지분함. 극성스러움.
importuno *a.* 성가신. 지분지분거리는. 극성스러운. 떼쓰며 보채는. 졸라대는.
— *m.* 성가시게 구는 사람. 지분지분하는 사람. 극성스럽게 요구하는 사람.
imposição *f.* ①에게 놓기(두기). [印] 정판(整版). [宗] 안수(按手). ②과세. 부과(賦課). 부과물. 세(稅). 부담.
imposição das mãos 안수례(按手禮).
imposição do nome 명명식(命名式).
impossibilidade *f.* 불가능. 불가능성. 불가능한 일.
impossibilitado *a.* (…할) 힘 없는. 능력이 없는. 무능한.
— *m.* 무력한 자. 무능력한 자.
impossibilitar *v.t.* 무능력하게 하다. 불가능하게 하다.
— **se** *v.pr.* (…할) 힘 없이 되다. 무능력해지다. 불가능하게 되다.
impossível *a.* ①(…할) 힘이 없는. 무력(無力)한. 무능한. ②(…을) 할 수 없는. 불가능. ③있을 수 없는. 믿을 수 없는. ④아주 곤란한. 지난(至難)의.
— *m.* 불가능한 일.
tentar o impossível 불가능한 것을 해보려고 하다.
imposta *f.* [建] 홍예(아치의). 내륜(內輪)의 기점. 홍기석(弘基石).
impôsto (1) *a.* (*impor*의 과거분사) 위에. 놓인. 놓여 있는. 부과(賦課)된.
— (2) *m.* 세금(稅金). 부과세. 조세.
impôsto de vendas 판매세.
impôsto de vendas e consignações 위탁판매세.
impôsto de consumo 소비세.
impôsto de renda 소득세.
impôsto imobiliário 부동산세.

impostor *m.* 사기꾼. 협잡꾼.
impostoria *f.* 추측. 가정. 추정의 이유. 있음직함. 됨직함.
impostura *f.* 속이기. 사기. 협잡. 위선(偽善).
iraposturar *v.t., v.i.* 자랑하다. 자부하다. 자만하다.
impotabilidade *f.* (음료수로) 마시기에 부적당함.
impotável *a.* 음료수로 부적당한. 마실 수 없는. 마셔서는 안 될.
impotência *f.* 기력이 없음. 기운이 없음. [生理] 성교불능(性交不能). 음위(陰萎).
impotente *a.* 기운 없는. 무력한. 무능한. 허약한. 성교할 수 없는. 음위의.
— *m.* 기운 없는 사람. (특히) 성교할 수 없는 사람.
impotentemente *adv.* 기운 없이. 무력하게.
impraticabilidade *f.* ①실행 불가능. 통행 불가능. ②버거움. 억척. 고집 셈.
impraticável *a.* 실행 불가능한. 실천할 수 없는. 억척스러운. 버거운. 고집 센. (도로 따위) 통행할 수 없는.
imprecação *f.* ①(특히 산신(山神)·지신(地神)·귀신 따위에) 빌기. 기도. ②저주(詛呪). 악담.
imprecar *v.t.* ①빌다. 기도드리다. ②저주하다. 악담하다.
imprecatado *a.* 부주의한. 방심한. 경솔한.
imprecativo *a.* 저주적(詛呪的). 저주의 뜻을 함유한.
imprecatório *a.* 저주하는. 저주의. 악담의.
imprecaução *f.* 부주의(不注意). 방심. 소홀. 경솔.
imprecisão *f.* 정확치 못함. 정밀치 못함. 꼼꼼하지 않음.
impreciso *a.* 정확하지 않은. 정밀치 못한.
impreenchível *a.* ①(안에) 채워 넣을 수 없는. 메울 수 없는. ②바꿀 수 없는. 대치할 것이 없는.
impregnação *f.* ①임신. 수태(受胎). 수정(受精). ②주입(注入). 삼투(滲透).
impregnar *v.t.* ①임신(수태)시키다. [生物] 수정시키다. ②포화(飽和)시키다. ③(마음에) 물들게 하다. 주입하다. 불어 넣다. ④침투(浸透)시키다.
— **se** *v.pr.* 임신(수태)하다. 수정(受精)하다. 마음에 간직하다(품다). 납득하다. 삼투(滲透)하다.

impremeditação *f.* 미리 생각하지 않음. 고의 아님. 우연.

impremeditado *a.* 미리 생각하지 않은. 고의(故意) 아닌. 우연의. 즉석의.

imprensa *f.* ①인쇄기(印刷機). 압착기(機). ②인쇄소. 활판소. ③인쇄물. ④신문계(界). ⑤신문업. 출판업. ⑥(집합적 뜻으로) 신문. 출판.
liberdade de imprensa 출판의 자유.

imprensador *m.* ①인쇄 직공(특히 인쇄기를 움직이는 사람). 압착기(壓搾機)를 다루는 사람. ②《轉》신문기자(업자).

imprensadura *f.* (인쇄기로) 눌러찍기. 인쇄출판. (압축기로) 누르기. 압축. 압착.

imprensar *v.t.* 눌러 찍어내다. 인쇄하다. 출판하다. (압착기로)누르다. 압축하다.

impresciência *f.* 예지(叡智)하지 못함. 선견지명이 없음.

imprescindível *a.* 빼놓을 수 없는. 절대 필요의. 필요불가결의. 필수의. (의무 따위) 피할 수 없는.

imprescritabilidade *f.* [法] 시효(時效)에 관계 없음. 출소기한(出訴期限)에 관계 없음.

imprescritível *a.* 시효에 걸리지 않는. 출소 기한에 관계 없는.

impressão *f.* ①도장누르기(찍기). 날인. ②[印] 찍기. 인쇄. (원킨대로의) 중쇄(增刷). ③자국. 흔적. ④영향. 효과. ⑤인상. 느낌. 감명. ⑥생각. 의향.
impressão digital 손가락 도장. 지문(指紋).
Esta é a minha impressão. 이것이 나의 인상이다.

impressibilidade *f.* 인상감수성(印象感受性). 피감동성.

impressionabilidade *f.* 감수성. 민감(敏感).

impressionante *a.* 인상을 주는. 인상적인. 영향 주는. 감명 느끼게 하는.

impressionar *v.t.* (…의) 인상을 주다. 감명을 주다. 감동케 하다. [理] 작용하다.
—se *v.pr.* (…의) 감을 느끼다. 감명 받다. 감동하다. 인상을 받다.

impressionável *a.* (마음에) 느끼기 쉬운. 감동하기 쉬운. 감수성이 강한. 인상받기 쉬운.

impressionismo *m.* [藝術] 인상파(印象派).

impressionista *m., f.* 인상파의 화가(조각가·작가).

impressivo *a.* 강한 인상을 주는. 인상적인. 감동시키는. 감명 느끼게 하는.

impresso *a.* (*imprimir*의 과거분사) 인쇄한. 날인한.

impressos *m.(pl.)* 인쇄물. 우송(郵送) 인쇄물.

impressor *m.* ①인쇄공(印刷工). ②인쇄업자.

impressora *f.* 인쇄기(印刷機).

imprestável *a.* 쓸모 없는. 용도 없는. 무익한.

impretendeate *a.* 지망(志望)하지 않는. 소망하지 않는. 욕심이 없는.

impreterível *a.* 피할 수 없는. 모면하지 못할. 필연의.

imprevidência *f.* 선견지명이 없음. 생각 없음.

imprevidente *a.* 선견지명(先見之明)이 없는. 앞을 내다 보지 못하는. 짧은 견해의. 준비성 없는.

imprevisão *f.* 미리 알 수 없음. 예측할 수 없음.

imprevisível *a.* 미리 알 수 없는. 예측할 수 없는.

imprevisto *a.* ①미리 알 수 없는. 예측할 수 없는. ②예견하지 않은. 뜻밖의. 의외의. 우연한.
— *m.* 앞뒤를 생각지 못하는 사람. (마음의) 준비가 없는 사람.

imprimadura *f.* [畵] 화면(畵面) 아래의 초벌칠. 밑칠.

imprimar *v.t.* (화면 밑의) 초벌칠을 하다.

imprimidor *m.* 인쇄하는 사람. 눌러 찍어 내는 사람.

imprimir *v.t.* ①인쇄하다. 찍어내다. 밀다. ②스템프를 찍다. ③(직물(織物)에) 모양을 찍다. ④인상을 주다.
—se *v.pr.* ①찍히다. 인쇄되다. ②인상을 받다. 감명을 느끼다.

improbabilidade *f.* ①있음직하지 않음. 사실같지 않음. 참말답지 않음. ②불확실성. 불개연성(不蓋然性).

improbidade *f.* 정직하지 않음. 불성실. 불충실.

improbo *a.* ①정직하지 않은. 불성실한. ②심술 있는. 악의 있는. ③힘드는. 고생스러운. ④(날씨가) 거칠은.

improcedência *f.* 출처(出處)가 없음. 근

improcedente *a.* 출처가 없는. 근거 없는. 이유 없는.

improcedentemente *adv.* 출처 없이. 근거 없이.

improdução *f.* 생산이 없음. 무산출(無産出).

improducente *a.* 생산하지 않는. 아무 것도 나지 않는. 불모(不毛)의.

improdutível *a.* 생산하지 않는. 생산할 수 없는. 산출되지 않는. 비생산적인.

improdutividade *f.* 생산이 없음. 아무 것도 나지 않음. [經] 불생산(不生産).

improdutivo *a.* 생산이 없는. 비생산적. 불모의. [商] 이익이 없는.

improferível *a.* ①말할 수 없는. 이루 말할 수 없는. 발음할 수 없는. ②순전한.

improficiência *f.* 능숙하지 못함. 미숙련. 서툶.

improficiente *a.* 능숙하지 못한. 능란하지 못한. 미숙련의. 서툰. 무익한.

improficuidade *f.* 결과 없음. 성과 없음. 헛된 수고. 도로(徒勞).

improfícuo *a.* ①결과 없는. 성과 없는. ②이익이 없는. 수지가 안 맞는. ③헛된. 무익한. 쓸데없는.

improgressivo *a.* 진보하지 않는. 발달하지 않는. 발전이 없는.

improlífico *a.* 생식(生殖)하지 않는. 열매를 맺지 않는. 생식력이 없는. 불모의.

improperar *v.t.* ①야단치다. 꾸짖다. 책망하다. 견책하다. ②비난하다. ③면목을 손상하다. 창피를 주다. 모욕하다.

impropério *m.* ①야단치기. 꾸짖기. ②비난. 견책. ③창피. 창피 주기. 모욕.

improporcionado *a.* 고르지 않는. 불균형한. 비례가 되지 않는.

improporcional *a.* 균형이 없는. 비례(比例)가 안 되는. 비례를 취할 수 없는.

impropriar *v.t.* 부적당하게 하다. 알맞지 않게 하다. 타당치 못하게 하다.

impropriedade *f.* ①부적당. 온당치 않음. ②부정. 잘못. ③창피. 창피한 것. ④경우에 맞지 않음. ⑤못된 행위. 몹쓸짓.

impróprio *a.* 부적당한. 맞지 않는. 온당치 못한. 타당하지 않는. 못마땅한. 잡상스러운. 자격 없는.

improrrogável *a.* 연기할 수 없는. 연기해서는 안 될.

impróspero *a.* ①번영하지 않는. 번창하지 않는. 융성이 없는. ②불운한. 불상(不祥)의.

improvar *v.t.* 마땅치 않다고 하다. 안 된다고 말하다. 안(案)을 인정치 않다. 비난하다.
— *v.i.* 불찬성하다. 비난하다.

improvável *a.* ①있음직도 하지 않은. 일어날 것 같지 않은. ②증명할 수 없는. 증거로 할 수 없는. [法] 입증 불가능한.

improvidência *f.* 선견지명(先見之明)이 없음. 생각이 없음. 부주의. 소홀(疏忽).

improvidente *a.* ①선견지명이 없는. 생각 없는. 부주의한. 소홀한. ②저축심이 없는. 준비성 없는. 마련하지 않는.

impróvido (역점이 있음) (1) *a.* 앞을 내다보지 못하는. 예측하지 않는. 아무 생각도 없는.
— (역점이 없음) (2) *a.* 준비하지 않은. 마련하지 않은. 대책이 없는. (아무런) 보급이 없는.

improvisação *f.* 즉석에서 함. 즉흥시(곡). 즉음(卽吟). 즉석에서 만든 것. 예기치 않은 일.

improvisador *a.* 즉석에서 하는. 즉석에서 만드는. 즉흥적인.
— *m.* 즉흥 시인. 즉흥 연주가. 즉석 화가(畵家).

improvisar *v.t.* (시·음악 따위를) 즉석에서 짓다(연주하다). 즉석에서 그리다. 아무런 준비 없이 만들다. 되는대로 이야기하다.
—**se** *v.pr.* 재빨리 변하다.

improviso *a.* ①예기하지 않은. 뜻밖의. 의외의. ②준비 없는. 즉석의.
— *m.* 즉석 처치. 즉석 연설. 즉흥시. 즉석에서 만든 작곡(그림). 즉음(卽吟). *de improviso* 불쑥. 돌연히. 대뜸.

imprudência *f.* ①경솔. 경홀(輕忽). 지각 없음. 경망함. ②경거망동. 경솔한 언행.

imprudente *a.* 경솔한. 지각없는. 경망한. 경홀(輕忽)한. 몰각한.

imprudentemente *adv.* 경솔하게. 경망하게. 지각없이. 무모하게.

impuberdade *f.* 아직 사춘기에 이르지 않음. 나이 차지 않음. 혼기미달(婚期未達). 사춘기전(思春期前)의 연소시대.

impúbere *a.* 사춘기에 이르지 않은. 나이 차지 않은. 결혼 연령에 미달한.

impubescência *f.* 사춘기에 도달하지 않음. 결혼 적령기(適齡期)가 못 됨.

impubescente *a., m., f.* 아직 사춘기에 이르지 않은(사람). 결혼 적령기가 못 되는(사람).

impudência *f.* 뻔뻔함. 몰염치. 건방짐. 경솔. 무모.

impudente *a.* 뻔뻔한. 몰염치한. 건방진. 경솔한. 염치없는.

impudentemente *adv.* 뻔뻔하게. 염치없이. 건방지게.

impudicamente *adv.* 파렴치하게. 음탕하게. (행실이) 추잡하게.

impudicícia *f.* 염치없음. 파렴치. 음탕함. 음란한 언행. 의설(猥褻). 추행. 무절조(無節操).

impúdico *a.* 염치없는. 파렴치한. 음탕한. 음분한. 음란한. 추태스러운. 행실이 고약한.

impudor *m.* 부끄러움을 모름. 파렴치. 몰염치. 철면피. 뻔뻔함.

impugnação *f.* 반박. 논박(論駁). 항변. 항론.

impugnador *m.* 반박하는 자. 논박하는 자.

impugnar *v.t.* 반박하다. 논박하다. 항변하다. 항론하다. 반항하다. 비난·반대하다. 공격하다.

impugnativo *a.* 반박하는. 논박하는. 반박색. 논박적, 항변적.

impugnável *a.* 반박할 수 있는. 논박할 수 있는. 항변할만한.

impulsão *f.* ①추진. 추진력. ②추동. 충동. 자극. 장려. ③충격. 결기.

impulsar, impulsionar *v.t.* ①밀다. 추진하다. ②충동하다. 충격을 주다. ③자극하다. 장려하다. 고무하다.

impulsivo *a.* ①충동적인. 욱기의. ②미는. 추진하는. ③충동하는. 충격을 주는. ④자극 주는. 고무하는. 선동하는. [理] 순동(瞬動)의.

impulso *m.* ①충격. 추진력. ②[力學] 순동(瞬動). 순간력. [理] 역적(力積)(힘과 시간과의 적(積)). ③충격량. ④충동. 기동(起動). 자극. ⑤결기. 일시적 감정. ⑥추진. 촉진.

impulsor *a.* 미는. 추진하는. 자극하는. 장려하는. 충격을 주는.
— *m.* 충격을 주는 자. 충동하는 자. 추진자. 자극 주는 자. 선동자.

impune *a.* 벌(罰) 받지 않은. 처벌되지 않은.

impunemente *adv.* 벌받지 않고. 처벌됨이 없이. 무벌로.

impunidade *f.* ①형을(벌을·해를) 받지 않음. 면벌(免罰). ②무난. ③(죄과의) 묵살(黙殺).

impunido *a.* 형을(벌을) 받지 않은. 면벌한. 무난한.

impunível *a.* 형을 내릴 수 없는. 벌할 수 없는. 처벌해서는 안 될.

impuramente *adv.* 더럽게. 불결하게. 불순하게.

impureza *f.* ①더러움. 불결. 부정(不淨). 오탁(汚濁). ②도덕에 배치됨. 불륜(不倫). 부정(不貞).
impurezas (*pl.*) 불순물. 혐잡물. 찌끼. 잔재.

impurificar *v.t.* 더럽히다. 더럽게 하다. 불순하게 하다. 깨끗치 못하게 하다.
—se *v.pr.* 더러워지다. 불결해지다. 불순해지다.

impuro *a.* ①더러운. 불결한. 불순(不純)한. 깨끗치 못한. ②절조(節操) 없는. 부정(不貞)한. ③음탕한. 음란한. [宗] 죄로 더럽혀진.

imputabilidade *f.* (죄·잘못 따위를) 돌릴 수 있음. 건기(轉嫁)될 수 있음. 탓으로 할 수 있음.

imputação *f.* ①(죄·잘못 따위를) 돌리기·떠밀기. 전가. ②비난. 계책. 오명.

imputador *a., m.* (죄·잘못 따위를) 돌리는 (사람). 떠미는 (사람). 책임지우는 (자).

imputar *v.t.* (죄·잘못·책임 등을) 돌리다. 떠밀다. 전가하다. (…의) 탓으로 하다. 씌우다.

imputativo *a.* 탓으로 하는. 전가하는. 뒤집어 씌우는.

imputável *a.* 전가할 수 있는. 떠밀 수 있는. 돌릴 만한.

imputrefação *f.* 썩지 않음.

imputrescibilidade *f.* 썩지 않음. 비부패성(非腐敗性).

imputrescível *a.* 썩지 않는. 비부패성의.

imudável *a.* 변치 않는. 변경되지 않는. 불변의.

imundícia *f.* =*imundície*.

imundície *f.* ①더러움. 불결함. 부정(不

imundo — **inafiançável**

淨). ②비의(卑猥). 음란. 음탕. 음탕한 행동.

imundo *a.* ①더러운. 불결한. 부정한. ②추잡한. 음란한. 음탕한. 추악한. ③싫은. 기분 나쁜. 역한. 《俗》지독한.

imune *a.* ①(공격・전염병・병독 따위를) 면한. 면역성의. 면제된. ②책임 없는. 부담 없는.

imunidade *f.* ①(전염병・병독 따위의) 면역(免疫). 면역성(性). 면역질. ②(부담・책임・의무 따위의) 면제. 면제의 특전.

imunização *f.* 면역법. 면제.

imunizar *v.t.* 면역(면제)되게 하다. 면역성을 주다.

imunologia *f.* 면역학(免疫學).

imutabilidade *f.* 불변(성). 변하지 않음. 불역(不易).

imutável *a.* 변치 않는. 변경되지 않는. 항구불변(恒久不變)의. 불역(不易)의.

inabalável *a.* 움직이지 않는. 흔들리지 않는. 동요하지 않는. 꿈쩍도 하지 않는. 확고부동한.

inabdicável *a.* 기권(포기)할 수 없는. 퇴위해서는 안 될.

inábil *a.* 무능한. 무능력한. 자격 없는. 서투른.

inabilidade *f.* 무능함. 무능력함. 자격 없음.

inabilitação *f.* 무능하게 함. 무자격자로 함.

inabilitar *v.t.* 무능(무능력)하게 하다. 자격이 없게 하다.

inabitado *a.* 사람이 살지 않는. 주민이 없는.

inabitar *v.t.* (일정한 지역에) 사람이 거주하지 못하게 하다. 주민(住民)을 없애다.

inabitável *a.* (사람이) 살 수 없는. 거주하기 부적당한.

inabordável *a.* 접근하기 어려운. 가까이하기 힘든. (배를 부두에) 댈 수 없는. 닿을 수 없는.

inacabado *a.* 끝나지 않은. 끝내지 않은. 완성되지 않은. 미완료(未完了)의.

inacabável *a.* 끝낼 수 없는. 완성 불가능한. 끝이 없는. 영구(永久)한.

inação (=*inacção*) *f.* ①무활동(無活動). 불활동. 불활발. 휴지(休止). ②무위(無爲). 하는 일 없음.

inaceitável *a.* 받아들일 수 없는. 수락(접수)할 수 없는. 승낙해서는 안 될.

inacessibilidade *f.* ①가까이가기 어려움. 접근 불가능. 미치지 못함. ②좀처럼 (마음을) 움직이지 않음. 사귀기 어려움.

inacessível *a.* ①가까이하기 힘든. 접근할 수 없는. ②좀처럼(마음을) 움직이지 않는. 사귀기 어려운. 교제하기 힘든. ③이해하기 어려운. 납득이 안가는.

inacomodável *a.* 적합(適合)하지 않는. 순응(順應)하지 않는. 조화(調和)하지 않는. 조정(調整)할 수 없는.

inacreditável *a.* 믿음 수 없는. 믿어지지 않는. 신용할 수 없는.

inactivamente *adv.* 활발치 못하게. 활동함이 없이.

inactividade *f.* ①무활동. 휴지(休止). 정지. ②활발치 못함. 무위. 게으름.

inactivo *a.* 움직이지 않는. 멈추고 있는. 활발하지 못한. 하는 일 없는. 무활동의. 불활성(不活性)의.

inacusável *a.* ①비난(힐난)할 수 없는. ②고발(고소)할 수 없는.

inadaptação *f.* 적응하지 않음. 순응(順應)하지 않음. 적합하지 못함.

inadaptável *a.* 적응(순응)할 수 없는.

inadequado *a.* 적절하지 않은. 적당하지 않는. 타당치 못한.

inaderente *a.* ①(풀 따위로 바른 것이) 붙어 있지 않는. 붙지 않는. 점착(粘着)하지 않는. [植] 착생(着生)하지 않는. ②연합(連合)하지 않는. 제휴하지 않는.

inadiável *a.* ①연기할 수 없는. 미루지 못할. ②긴급한. 초미의.

inadmissão *f.* 허가하지 않음. 승인하지 않음. 채용하지 않음.

inadmissibilidade *f.* 허가(허용・승인)될 수 없음. 채용할 수 없음.

inadmissível *a.* 용서할 수 없는. 용납하기 어려운.

inadvertência *f.* 부주의(不注意). 경솔. 소홀. 실수.

inadvertidamente *adv.* 부주의하게. 무심코. 경솔하게.

inadvertido *a.* 부주의한. 생각지도 않은. 무심한. 방심한. 소홀한. 경솔한.

inadvertir *v.t.* 주의를 돌리지 않다. 등한히 하다.

inafiançável *a.* 보증할 수 없는. 맡을 수 없는. 보석되지 못하는.

inalação *f.* ①흡입(吸入). 흡수(吸收). ②흡입제.

inalador *m.* 흡입기. 흡수기. 공기 여과기(濾過器).

inalante *a.* 빨아들이는. 흡입하는. 흡수하는.

inalar *v.t.* 빨아들이다.
— *v.i.* (담배 연기를 허파까지) 빨아들이다. 흡인하다.

inalienabilidade *f.* 양도 불가능(讓渡不可能). 양여되지 못함.

inalienação *f.* 양도(양여)하지 않음. 양도할 수 없음.

inalienável *a.* 양도(양여)할 수 없는. 누구든 박탈할 수 없는. 누구든 침해할 수 없는.

inalterabilidade *f.* 변하지 않음. 변경하지 않음. 불변성(不變性). 불역(不易).

inalteradamente *adv.* 변함없이. 여전히.

inalterado *a.* 변하지 않은. 변경되지 않은. 여전한.

inalterável *a.* 변경할 수 없는. 변하지 않는. 불변성의.

inamável *a.* 사랑할 수 없는. 귀여움성 없는.

inambú *f.* [鳥] (브라질산) 석계속(石鷄屬)의 새.

inamissibilidade *f.* 잃을 수 없음. 분실(紛失)할 수 없음. 소실(消失)될 수 없음.

inamissível *a.* 잃을 수 없는. 분실(소실)할 수 없는.

inamistoso *a.* 친하지 않는. 친할 수 없는. 사이가 나쁜.

inamovilidade *f.* 옮길 수 없음. 제거할 수 없음. 면관(免官)할 수 없음.

inamovível *a.* ①옮길 수 없는. 제거할 수 없는. 이동(조동)할 수 없는. 면관(파면)할 수 없는.
cargo inamovível 종신직(終身職).
aparelho inamovível 고정 기계(固定機械).

inane *a.* ①빈. 공허(空虛)의. ②헛된. 쓸데없는. 무익한. 시시한. 경박한.

inanias *f.(pl.)* 값 싼 물건. 엉터리 물건. 시시한 것. 보잘 것 없는 것.

inanição *f.* ①빔. 공허. ②[醫] (영양 결핍에 의한) 쇠약. 허탈. 무력.

inanidade *f.* ①아무것도 없음. 빈 상태. 공허(空虛). ②헛된 것. 무익한 일. 허영. ③영양 결핍.

inanimado, inânime *a.* ①활기 없는. 생기 없는. ②생명이 없는. 죽은. 무기서의.

inanir *v.t.* 비우다. 비게 하다.
—**se** *v.pr.* [醫] (영양 결핍에 인하여) 쇠약해지다.

inapelável *a.* ①탄원할 수 없는. 호소할 수 없는. ②공소(控訴)할 수 없는.

inapetência *f.* 식욕 결핍.

inaplicabilidade *f.* 응용할 수 없음. 적용 불가능함.

inaplicação *f.* 응용(적용)하지 않음. 공부하지 않음.

inaplicado *a.* 응용(적용)하지 않은. 공부하지 않은. 근면치 못한.

inaplicável *a.* 응용(적용)할 수 없는. 들어 맞지 않는.

inapreciável *a.* ①눈에 보이지 않을 정도로 작은. 미세(微細)한. ②저울질할 수 없는. 감정(鑑定)하기 어려운. 평가되지 않는.

inaptidão *f.* 부적당. 부적임(不適任). 무능. 솜씨 없음.

inapto *a.* ①부적당한. 적임자가 못 되는. ②무능한. 솜씨 없는.

inarmónico *a.* 부조화의. 조화되지 않는. 협화하지 않는.

inarrável *a.* 말할 수 없는. 말로 표현하기 어려운.

inarrecadável *a.* 수금(收金)할 수 없는. 징수(徵收)하기 어려운. 받아들이기 곤란한.

inarticulado *a.* 말(발음)이 명료치 않은. 음절(音節)이 없는. [動] 관절이 없는.

inarticulável *a.* 발음을 똑똑히 할 수 없는. 음절을 나눠서 발음하기 곤란한.

inartificial *a.* 인공(人工)이 아닌. 인공을 가하지 않은. 세공(細工)하지 않은.

inartificioso *a.* 인공을 가하지 않은. 꾸민 것이 없는. 있는 그대로의.

inascível *a.* 태어날 수 없는. 창조(創造)되지 않는.

inassiduidade *f.* 불면려(不勉勵). 불정려(不精勵). 불근면.

inassimilável *a.* 같게 할 수 없는. 한가지로 할 수 없는. 동화(同化)되지 않는.

inassinável *a.* 서명(사인)할 수 없는.

inatacável *a.* ①공격할 수 없는. ②탄핵(彈劾)할 수 없는. 비난할 수 없는. 흠잡을 점 없는.

inatendível *a.* ①주의를 돌릴 가치가 없는. ②접수할 수 없는. 용납할 수 없는.

inatingível *a.* ①도달(到達)할 수 없는. 미치기 어려운. 미급(未及)한. ②얻기 어려운. ③파악할 수 없는.

inatividade *f.* 활동하지 않음. 불활발. 휴직(休職). [軍] 활동 중지. 예비.

inativo *a.* 활동하지 않는. 움직이지 않는. 휴지(休止)의. 놀고 있는. 하는 일이 없는. 휴직중인. 대기중의.

inato *a.* 타고난. 선천적인. 천부의. 고유(固有)의. [哲] 본유적(本有的)인.

inatural *a.* 부자연한. 천연적이 아닌.

inaudito *a.* 한 번도 들은 바 없는. 전대미문(前代未聞)의. 새로 듣는. 금시초문(今時初聞)의.

inaudível *a.* ①(귀로) 들을 수 없는. 들리지 않는. 알아들을 수 없는. ②방청할 수 없는.

inauferível *a.* 빼앗을 수 없는. 박탈 불가능한.

inaufragável *a.* 파선하지 않는. 조난(遭難)하지 않는.

inauguração *f.* 낙성식. 제막식(除幕式). 개통식. 개업식. 개관식(開館式). 취임식. 발족(發足).

inaugurador *a., m.* 낙성식을 하는 (사람). 개업식을 하는 (사람). 취임식을 하는 (자).

inaugural *a.* 낙성(식)의. 개업(식)의. 개회(식)의. 취임(식)의.

inaugurar *v.t.* ①낙성식을 하다. 개통식을 하다. 취임식을 하다. ②(처음으로) 시작하다. 개회하다.

inautenticidade *f.* 불확실. 부정확(不正確). 비진실(非眞實).

inautentico *a.* 확실치 않은. 정확치 못한. 진실하지 않은.

inavegabilidade *f.* 항행 불가능(航行不可能).

inavegável *a.* 배가 다닐 수 없는. 항행 불가능한.

inca *a.* (페루의) 잉카(족)의.
— *m.* 잉카 사람(말).

incalcinável *a.* 태워서 석회화(石灰化)할 수 없는. [化] 하소(煆燒)할 수 없는. 소성(燒成)하지 않는.

incalculável *a.* (수를) 계산할 수 없는. 헤아릴 수 없는. 견적하기 어려운. 무량(無數)한.

incalculavelmente *adv.* 헤아릴 수 없이. 무수히.

incandescência *f.* ①백열(白熱). ②(인심이) 들끓음. 열광(熱狂).

incandescente *a.* ①백열의. 백열광을 내는. (인심이) 들끓는. 열광하는.

incandescer *v.t., v.i.* 백열시키다(하다). 작열시키다(하다).

incansável *a.* 피로하지 않는. 피곤을 모르는. 권태하지 않는. 꾸준한. 근기(根氣) 있는. 백절불굴의.

incansavelmente *adv.* 피로하지 않게. 피로를 느끼지 않고. 꾸준히. 백절불굴하게.

incapacidade *f.* 무능. 무능력. 무자격. 부적당.

incapacitar *v.t.* (…할) 능력을 없애다. 무능하게 하다. 무자격자로 만들다. 부적당하게 하다.
—**se** *v.pr.* 능력이 없어지다. 무능해지다. 무자격자가 되다. 부적당해지다.

incapacitável *a.* 힘이 모자라는. 무능(력)한. 부적당한.

incapaz *a.* ①(…할) 능력이 없는. 무능한. ②자격이 없는. 알맞지 않는. 부적당한. 쓸모 없는.

inçar *v.t.* ①모여들게 하다. 모으다. 수집하다. 주워 모으다. (식물표본 따위를) 채집하다. ②(병독을) 전파시키다. 만연(蔓延)케 하다.

incarnação *f.* 육체를 부여함. 인간화(人間化). 실현. [宗] (신의) 성육(成肉). 탁신(託身: 인간을 구원하기 위하여 예수가 신의 아들로서 육신(肉身)과 인간성을 가지고 지상에 태어난 일).

incarnado *a.* ①육체를 갖춘. 사람 모습을 한. 화신(化身)한. ②(관념·추상물 등의) 구체화한. 실현된. ③육색(肉色)의. 핑크색을 띤. 진홍색의.

incarnar *v.t.* 육체를 부여하다. (…의) 화신이 되다. 구체화하다. 실현하다.

incasto *a.* 지조 없는. 정절(貞節)하지 못한. 몸행실이 나쁜. 음란한. 음분(淫奔)한. 부정(不貞)한.

incautamente *adv.* 조심성 없이. 등한히.

incauto *a.* 조심성 없는. 부주의한. 경솔한. 등한한.

incender *v.t.* 《稀》불을 켜다. 불달다. 불붙이다.

—se *v.pr*. 불붙다. 타오르다.

incendiado *a*. 불달린. 불붙인. 방화한. 화재가 일어난. 타버린.

— *m*. 불달린 것. 타고 있는 사물. 방화된 것.

incendiar *v.t.* ①불달다. 불붙이다. 불질하다. 방화하다. 화재를 일으키다. 불사르다. ②심한 자극을 주다. 선동하다.

— *v.i.*, —se *v.pr*. ①불붙다. 불달다. 타다. 화재가 일어나다. ②격노하다. 펄펄 뛰다.

incendiário *a*. ①불타는. 불붙이는. 불붙게 하는. 방화의. 화재의. ②선동의. 교사(教唆)의.

bomba incendiária 소이탄(燒夷彈).

— *m*. ①불지른 자. 방화자(放火者). 방화범인. ②선동자. 교사자(教唆者).

incendido *a*. 불단. 불붙는. 타는. 새빨간. ②치열(熾烈)한. 활기 띤.

incendimento *m*. ①불붙이기. 불달기. 불에 태우기. 방화. 화재. ②(격발한 정열로 인한) 새빨간 얼굴. 노발대발하기. ③열중.

incêndio *m*. ①(파괴적인) 큰 불. 화재. 방화(사건). 불난리. ②(전쟁·대재해 등의) 발발. 큰 소동. 대동란. ③격노. ④열중.

incensação *f*. ①분향(焚香). 소향(燒香). ②아첨. 아유(阿諛). 추종(追從).

incensadela *f*. =*incensação*.

incensado *a*. ①향을 올린. 분향한. ②아첨당하고 있는. 지나친 찬양을 받는.

incensador *a*. ①향을 올리는. 분향하는. 소향용(燒香用)의. ②아첨하는. 추종하는.

— *m*. ①향을 올리는 사람. 분향하는 자. ②향로. ③추종자. 아첨하는 자.

incensar *v.t.* ①향을 피우다. 향을 올리다. 분향(焚香)하다. 소향하다. 훈연(薰煙)으로 향기를 풍기다. ②아첨하다. 추종하다.

incensário, incensório *m*. 달아 놓는 향로(香爐). (특히 절간·교회 등에서 쓰는) 향로.

incenso *m*. ①향(香). 훈향(薰香). 말향(抹香). ②아첨. 아유.

incensurável *a*. 비난할 점이 없는. 비난할 수 없는. 올바른.

incentivar *v.t.* 자극 주다. 북돋다. 흥분시키다. 고무하다. 선동하다.

incentivo *a*. 자극 주는. 자극적인. 북돋우는. 흥분케 하는. 고무하는. 장려하는. 선동하는.

— *m*. 자극. 유인(誘因).

incentor *m*. 자극 주는 자. 북돋우는 자. 선동자. 교사자(教唆者).

inceração *f*. 초(밀초)를 바르기. 밀초칠하기. 초(밀초)를 섞기. 밀초와의 혼합(混合).

incerimonioso *a*. 형식적이 아닌. 의식적(儀式的)이 아닌. 사양하지 않은. 탁 터놓은.

incerteza *f*. 불확실. 부정확. 반신반의 (半信半疑). 의혹(疑惑). 애매함.

incerto *a*. 확실치 않은. 정확치 않은. 명확(명료)치 않은. 의심스러운. 의혹적인 애매한.

incessante *a*. 끊임없는. 쉴 새 없는. 꾸준한.

incessantemente *adv*. 끊임없이. 쉴 새 없이. 계속적으로.

incessável *a*. 중단(中斷)할 수 없는. 중절할 수 없는. 계속해야 할.

incessibilidade *f*. [法] 양도할 수 없음. 불가양도성(不可讓渡性).

incessível *a*. 양도할 수 없는.

incestamente *adv*. =*incestuosamente*.

incestar *v.t.* 근친상간(近親相姦)하다. 혈족 간에 불의(不義)의 정을 맺다.

incesto *a*. 근친(혈족) 상간.

incestuosomente *adv*. 근친 상간하여. 불륜하게.

incestusos *a*. 근친(혈족) 상간의. 불륜(不倫)의.

— *m*. 근친(혈족) 상간하는 자. 근친상간.

inchação *f*. ①부어오르기. 붓기. 부풀음. 불룩해지기. 팽창. ②[醫] 종양(腫瘍). 종창(腫脹). 혹. ③《俗》자만. 자부. 자랑.

inchaço *m*. ①부은 것. 종기. 종양(腫瘍). ②자랑. 자부. 자만.

inchado *a*. 부은. 부풀어 오른. 팽창한. ②종기가 생긴. 종양이 생긴. ③거만한. 자만한. 자랑하는.

inchamento *m*. =*inchação*.

inchar *v.t.* ①붓게 하다. 부풀게 하다. 팽창시키다. ②으쓱하게 하다. 뽐내게 하다. ③과장하다.

— *v.i.* ①붓다. 부풀다. (부어) 종기가 생기다. 두드러지다. ②젠체하다. 자만하

다. 뽐내다. 자랑하다.
inchoação *f.* =*incoação*.
inchoado *a.* =*incoado*.
inchoativo *a.* =*incoativo*.
inchume *m.* =*inchação*.
incidência *f.* ①떨어짐. 낙하(落下). 추락(墜落). (사건·영향의) 범위·부담. 귀착(歸着). ②투사(投射). 입사(入射).
incidental *a.* 부수적으로 일어나는. 있을 법한. 우연히 발생하는. 우발적(偶發的)인.
incidente *a.* 잘 일어나는. 있기 쉬운. 우발의. 불의(不意)의. [法] 부수적(附隨的)인. 종적(從的)인. [文] 삽입(挿入)한. [理] 투사한. 입사한.
questão incidente 우발문제(偶發問題).
raio incidente 투사광선(投射光線).
— *m.* 우발사건. 부수적사건(附隨事件). 작은 사건. 발생사. 사고(事故). (소설의) 삽화. [法] 부대적사물(附帶的事物)(부수된 부담 따위).
incidentemente *adv.* 우연히. 우발적으로. [法] 부대적으로. 부수적으로.
incidir *v.i.* ①(어떤 사물 위에) 떨어지다. 낙하하다. ②우연히 발생하다. 돌발하다. ③반사하다. 비치다.
incineração *f.* ①태워서 재로 만듦. 소각(燒却). ②화장(火葬).
incinerar *v.t.* ①태워서 재로 만들다. 소각하다. ②화장하다.
incipiente *a.* 최초의. 초기의. 발단의. 단서의.
— *m.* (초보로부터) 시작하는 사람. 초학자.
incircuncisão *f.* ①할례(割禮)를 받지 않음. ②이방인(異邦人)임.
incircunciso *a.* ①할례를 안 받은. ②《轉》유태인(히브리 사람)이 아닌. 이방인.
— *m.* 할례(割禮)를 안 받는 사람. 이방인.
incircunscritível *a.* 주위(周圍)가 한정되지 않은. 제한할 수 없는.
incircunscrito *m.* 주위가 한정(限定)되지 않은. 무한(無限)한.
incisão *f.* ①째기. ②파기. 새기기. ③쨴곳. 벤 곳. [醫] 절개(切開).
incisar *v.t.* ①째다. 베다. 절개하다. ②새기다. 조각하다.
incisivamente *adv.* 날카롭게. 신랄(辛辣)하게.
incisivo *a.* 째는. 베는. 째기 위한. 베기 위한. 예민한. 날카로운. (말 따위가) 통렬한. 신랄한.
dentes incisivos 송곳니. 견치(犬齒).
— *m.* [解] 앞니. 문치(門齒).
inciso *a.* (칼붙이로) 벤. 쨴. 깊이 쨴.
— *m.* [文] 삽입문(挿入文). 삽입구(句). [樂] 분절(分節).
incisor, incisório *a.* 째는. 베는. 베어 가르는.
— *m.* 째는 것. 베는 것. [解] 앞니.
incisura *f.* =*incisão*.
incitabilidade *f.* 흥분하기 쉬운 성질. 흥분성. 감격성.
incitação *f.* ①자극. 고무(鼓舞). 권면(勸勉). 선동. 교사(敎唆). ②자극물. 유인(誘因).
incitador *a.*, *m.* 자극하는 (사람). 고무하는 (사람). 격려하는 (자). 선동하는 (자).
incitamento *m.* 자극하기. 고무하기. 선동. 사주(使嗾).
incitante *a.* 자극하는. 흥분케 하는. 고무하는. 격려하는. 선동하는. 교사하는. 사주하는.
incitar *v.t.* 자극하다. 흥분시키다. 격려하다. 고무하다. 고취하다. 선동하다. 사주하다. (개를) 부추기다.
incitativamente *adv.* 자극받고. 흥분하여.
incitativo *a.* 자극하는. 흥분시키는. 고무(격려)하는. 교사하는.
incitável *a.* ①자극받기 쉬운. 감수성이 빠른. 흥분하기 쉬운. ②자극줄 만한. 고무(격려)해야 할.
incivil *a.* 예의에 벗어난. 버릇없는. 무례한. 미개한.
incivilidade *f.* 무례. 버릇없음. 미개함.
incivilizado *a.* 무례한. 예절을 모르는. 미개한. 야만적인.
incivilizável *a.* 개화(開化)할 수 없는. 교화하기 어려운. 문명으로 이끌기 힘든.
incivilmente *adv.* 무례하게. 버릇없이.
incivismo *m.* 공민심(公民心)이 없음. 애국심이 없음.
inclassificável *a.* 분류할 수 없는. 유별(類別)하기 어려운. 등급(等級)을 매길 수 없는.
inclemência *f.* ①아량(雅量)이 없음. 관대하지 못함. 관용(寬容)하지 않음. 무자비. ②(기후 따위의) 불순. 험악. 호됨.

inclemente *a.* ①도량이 좁은. 관대하지 못한. 무자비한. 엄한. ②(기후 따위) 불순한. 거친. 험악한. 호된.

inclinação *f.* ①기울어지기. 경사. 기울음. ②[幾] 경도(傾度). 경각. 부각(俯角). ③경향. 성향(性向). ④버릇. 성벽(性癖).

inclinado *a.* ①기울은. 경사진. 경사(傾斜)를 이룬. ②(…의) 경향이 있는. 의향이 있는. (…에) 마음이 쏠리는. 내키는.

inclinar *v.t.* ①기울이다. 갸울이다. 경사지게 하다. ②(머리를) 낮추다. (허리를) 굽히다. ③(…에) 마음이 쏠리게 하다. 내키게 하다. (…의) 의향을 가지게 하다.
— *v.i.* 기울다. 갸울다. …을 하고 싶어 하다. 내키다. …의 경향이 있다.
—*se v.pr.* ①기울어지다. 갸울다. ②허리를 굽히고 인사를 하다. 복종하다. ③(…에) 마음을 두다. (…의) 의향을 품다. (…에) 동의하다.

inclinável *a.* ①기울일 수 있는. 갸울어드릴 만한. ②하고 싶어 하는. 마음이 내키는. 호의 있는.

inclitamente *adv.* 현저하게. 유명하게.

inclito *a.* 현저한. 저명한. 유명한. 평판이 좋은. 고상한.

incluido *a.* (*incluir*의 과거분사). 포함된. 포괄된. 계산에 들어 있는.

incluir *v.t.* 함께 계산하다. 계산에 넣다. 포함하다.
—*se v.pr.* 계산에 들다. 포함되다. 포괄(包括)되다.

inclusão *f.* 계산에 넣기. 산입(算入). 포함. 포괄.

inclusivamente *adv.* =*inclusive*.

inclusive *adv.* 포함하여. 포괄하여. 함께 넣어. 전부 통틀어.
páginas 9 a 27 inclusive 9 페이지부터 27 페이지까지(9페이지·27페이지도 계산에 넣어).

inclusivo *a.* 함께 계산한. 계산에 넣는. 포함하는.

incluso *a.* (*incluir*의 과거분사). 포함된. 안에 들어 있는. (특히 편지 따위의) 동봉(同封)한.

incoação *f.* ①시초. 발단. ②시작. 착수.

incoado *a.* 방금 시작한. 착수한.

incoativo *a.* 시초의. 발단의. 시작의. [文] 동작 개시를 나타내는.
— *m.* [文] 기동동사(起動動詞)(*dormir*에 대한 *adormecer* 같은 것).

incobrável *a.* 돈 받을 수 없는. 징수할 수 없는. 지불청구할 수 없는.

incoercibilidade *f.* 압축 불가능(壓縮不可能). 응축(凝縮) 불가능. 억지로 할 수 없음. 강제로 할 수 없음. 강압 불가능(强壓不可能).

incoercível *a.* 압축(응축)되지 않는. 억지로 안 되는. 강제로 할 수 없는.

incoerência *f.* ①점착(粘着)하지 않음. 붙지 않음. 연락이 없음. 무연락. ②조리가 서지 않음. 지리멸렬(支離滅裂).

incoerente *a.* ①붙지 않는. 접착하지 않는. 연락이 없는. ②조리가 서지 않는. 부합하지 않는. 지리멸렬한.

incoerentemente *adv.* 붙지 않게. 연락 없이. 조리가 서지 않게.

incoesão *f.* 결합하지 않음. [理] (분자의) 응집력(凝集力)이 없음.

incógnita *f.* [數] 미지수(未知數). 미지량(量).

incognitamente *adv.* 아무도 모르게. 미행으로 이름을 바꾸어. 익명으로.

incógnito *a.* ①모르는. 알려지지 않은. 미지의. 숨어 있는. ②이름을 바꾸고 있는. 변명의. 익명의. 미행(微行)의.
viajar incógnito 미행(微行)하다.
fazer bem incógnito 남이 보지 않는 데서 선한 일을 하다.
— *m.* ①변명(變名). 익명(匿名). ②미행. ③변명자. 익명자. 미행자(微行者). ④미상(未詳).

incognoscível *a.* 인지(人智)로서는 알 수 없는. 인간의 지혜가 미치지 않는. 감지(感知)할 수 없는.

íncola *m.*, *f.* 《詩》 주민(住民). 사는 사람.

incolor *a.* 색깔이 없는. 무색(無色)의. 특색이 없는. (글 따위) 문식(文飾)하지 않은. (출판·언론기관 따위) 어느 편에도 기울어지지 않은. 중립의. 정치성이 없는.

incólume *a.* 무난한. 무사한. 무고한. 다친 데 없는. 건전한.

incolumidade *f.* (위험으로부터의) 아무런 사고 없음. 별고 없음. 무난(無難). 무사. 건전.

incombatível *a.* 싸울 수 없는. 공격되지 않는.

incombinável *a.* 타협할 수 없는. 절충되지 않는. 배합(配合)되지 않는.

incombustibilidade *f.* 타지 않음. 불연성(不燃性). 불연질(不燃質).

incombustível *a.* 타지 않는. 불연성의.

incombusto *a.* (불에) 타지 않은.

incomensurabilidade *f.* 같은 표준으로 잴 수 없음. 한량이 없음. [數] 비통약성(非通約性).

incomensurável *a.* 같은 표준으로 잴 수 없는. 비교할 수 없는. [數] 통약(通約)할 수 없는.

incomensuravelmente *adv.* 같은 표준으로 잴 수 없게. 비교할 수 없게.

incomodado *a.* 어딘가 괴로운. 귀찮은. 기분 나쁜. 불쾌한 감을 느끼는. 어딘가 불편한. 마땅찮은.

incomodador *m.* 괴롭히는 사람. 성가시게 구는 사람. 지분거리는 사람.

incomodante *a.* 괴롭히는. 성가시게 구는. 지분거리는. 귀찮게 구는. 불쾌하게 하는. 불편하게 하는.

incomodar *v.t.* 괴롭히다. 괴로움을 끼치다. 민폐 끼치다. 시끄럽게 굴다. 방해를 하다. 지분거리다. 불쾌한 감을 느끼게 하다.
—**se** *v.pr.* 괴로움을 느끼다. 시끄러워 하다. 불편하다. 마땅찮다.
não se incomode 조금도 걱정하지 마시오. (조금도 마음에 두지 마십시오).
Desculpe-me incomodá-lo. 폐단 끼쳐 죄송합니다. 괴로움 끼쳐 미안합니다.

incomodativo *a.* 괴롭히는. 괴로움을 끼치는. 시끄럽게 구는. 불쾌감을 느끼게 하는.

incomodidade *f.* (어딘가) 불편함. 부자유로운 감을 느낌. 마땅치 않음. 마음이 편치 않음. 어색함.

incômodo *a.* (어딘가)불편한. 부자유로운 감을 느끼는. 마땅찮은. 서먹서먹한. 어색한.
— *m.* ①불편. 부자유. 서먹서먹함. 어색함. ②괴로움 끼치기. 폐단. ③난색(難色).

incomparabilidade *f.* 비교되지 않음. 비견할 수 없음.

incomparável *a.* 비교되지 않는. 비교할 수 없는. 무비(無比)의. 비류(比類) 없는. 무쌍한.

incomparavelmente *adv.* 비교 안 될 정도로. 비할 나위 없이.

incompassível *a.* 동정심이 없는. 연민(憐憫)하지 않는. 자비심 없는.

incompassivo *a.* 인정 없는. 무정한. 무자비한.

incompatibilidade *f.* ①불양립성(不兩立性). 서로 용납되지 않음. 불상용(不相容). 모순. ②겸직불가능(兼職不可能). 불겸임성(不兼任性).

incompatibilizar *v.t.* 양립하기 어렵게 하다. 서로 용납되지 못하게 하다.
—**se** *v.pr.* 서로 성미가 맞지 않다. 상용(相容)하지 않다.

incompatível *a.* 성미가 맞지 않는. 양립하지 않는. 서로 용납하지 않는. 불상용의. 공존(共存)하지 않는. 겸직할 수 없는.

incompativelmente *adv.* 서로 용납 안하고. 양립하여. 모순하여.

incompensado *a.* 보상(補償)되지 않은. 보수(報酬)를 못 받은. 보수가 없는. 상쇄(相殺)되지 않은.

incompensável *a.* 보상할 수 없는. 보수 줄 수 없는.

incompetência *f.* 무능력. 무자격. 부적당.

incompetente *a.* 무능력한. 자격이 없는. (어떤 직책에) 적당하지 않은.

incompetentemente *adv.* 무능력하게. 자격이 없이. 부적당하게.

incomplacência *f.* ①(요구·명령 등에) 응낙하지 않음. 순종하지 않음. ②양보성이 없음. ③불친절. 은근하지 못함.

incomplacente *a.* ①(요구 따위를) 안 들어 주는. 응낙하지 않는. (명령·지시 등에) 순종하지 않는. ②불친절한. 은근하지 못한.

incompleto(-a) *a.* 불완전(不完全)한. 미완성(未完成)한.

incomplexidade *f.* 복잡하지 않음. 단순함. 단순성(單純性).

incomplexivo *a.* =*incomplexo*.

incomplexo *a.* 복잡하지 않은. 단순한. 간단한.

incomponível *a.* 화해할 수 없는. 조정(調停) 불가능한.

incomportável *a.* 참을 수 없는. 인내하기 어려운. 오래가지 못하는. 지속하지 않는.

incomportavelmente *adv.* 참을 수 없게. 견딜 수 없을 정도로.

incompreendido (발음 : 인꼼쁘레엔디도).
a. 알아듣지 못한. 이해하지 못한. 무슨 뜻인지 모른.

incompreensão (발음 : 인꼼쁘레엔싸옹).
f. 알아듣지 못함. 이해력이 없음. 불이해(不理解).

incompreensibilidade *f.* 이해하기 어려움. 불가해성(不可解性).

incompreensível *a.* 알아들을 수 없는. 뜻을 알 수 없는. 이해하기 어려운. 납득이 안 가는. 불가해의.

incompressibilidade *f.* 불압축성(不壓縮性). 압착 불가능(壓搾不可能). 억제할 수 없음.

incompressível *a.* 압축(압착)할 수 없는. 억제되지 않는.

incomputável *a.* 헤아릴 수 없는. 무수(無數)한.

incomunicabilidade *f.* ①전(전달)하기 어려움. 통할 수 없음. 통신 불가능. 교통 불가능. ②교제할 수 없음. 접견할 수 없음. ③공동 소유로 할 수 없음.

incomunicável *a.* ①전하기 어려운. 통하지 않는. 통신 불가능한. 교통할 수 없는. 연락이 없는. ②교제할 수 없는. 접견할 수 없는. 공동 소유로 할 수 없는.

incomutabilidade *f.* 교환할 수 없음. 교역(交易) 불가능.

incomutável *a.* 바꿀 수 없는. 교환(교역)할 수 없는.

inconcebível *a.* 납득이 안가는. 도저히 알 수 없는. 인지(人智)로는 생각할 수 없는. 상상도 못할. 믿을 수 없는. 있을 법하지 않는. 괴상 망칙한.

inconcepto *a.* =*inconcebível*.

inconcessível *a.* ①양도할 수 없는. ②승인할 수 없는.

inconcesso *a.* 용인(승인)되지 않은. 금지된.

inconciliabilidade *f.* 화해 안 됨. 조정할 수 없음. 서로 용납하지 않음.

inconciliação *f.* 서로 화해하지 않음. 화해할 수 없음. 조정(타협) 불가능.

inconciliável *a.* 화해 안 되는. 화해할 수 없는. 조정할 수 없는. 서로 용납하지 않는.

iaconcludente *a.* 증거가 되지 않는. 입증(立證)할 수 없는. 조리가 서지 않는. 결론 내릴 수 없는.

inconcordável *a.* 동의(同意)할 수 없는.

inconcusso *a.* ①확고한. 움직이지 않는. ②(사실·증거 따위) 다툴 나위가 없는. 논쟁(논의)할 바 없는. 엄격한.

incondicionado *a.* 조건이 없는. 제한 받지 않는. 절대적(絶對的)인.

incondicional *a.* 무조건의. 조건이 없는.

incondicionalidade *f.* 조건이 없음. 무조건임. 무제약(無制約)임.

incondicionalmente *adv.* 무조건으로.

incôndito *a.* ①(문학작품 따위) 구성이 졸렬한. 조잡(粗雜)한. 난잡한. ②질서 없는. 규칙이 없는.

inconexão *f.* 연락이 없음. 무관련(無關聯).

inconexo *a.* 연락이 없는. 관련하지 않은. 관계 없는.

inconfessado *a.* 고백하지 않은. 자백하지 않은.

inconfessável *a.* 고백할 수 없는. 고백해서는 안 되는.

inconfesso *a.* 고백 안하는. 자백하지 않는.

inconfidência *f.* ①불충(不忠). 불충실. ②믿음성 없음. 불신(不信).

inconfidente *a.* ①불충한. 불충실한. ②믿을 수 없는.

inconfortável *a.* (어딘가) 편하지 못한. 안락(安樂)스럽지 못한. 마땅찮은. 불편한. 서먹서먹한.

inconfundível *a.* 혼동(混同)할 수 없는. 틀릴 수 없는. 명백한. 뚜렷한. 의심할 여지 없는.

incongelável *a.* ①얼릴 수 없는. 동결(凍結)하지 않는. ②응고(凝固)하지 않는.

incongruamente *adv.* ①적합하지 않게. ②적절하지 못하게. 어울리지 않게.

incongruência *f.* 부조화(不調和). 부적합(不適合). 불적절(不適切). 어울리지 않음.

incongruente *a.* 조화 안 되는. 어울리지 않는. 조리 없는. 이치에 맞지 않는.

incôngruo *a.* =*incongruente*.

inconjugável *a.* [文] 변화하지 않는. 활용(活用)할 수 없는.

inconquistado *a.* 정복(征服)되지 않는. 정복할 수 없는. 공략(攻略)되지 않는. 극복할 수 없는.

inconquistável *a.* 정복할 수 없는. 공략할 수 없는. 극복하기 어려운. 불가침(不可侵)의.

inconsciência *f.* ①모르고 있음. 인사불성. 무의식. ②비양심. 무자각(無自覺).

inconscencioso *a.* 양심 없는. 비양심적인. 뻔뻔한.

inconsciente, incôncio *a.* ①모르는. 깨닫지 못하는. ②의식을 잃은. 기절한. 인사불성의. ③부지중에 입밖에 나온. 자기도 모르게 나온. ④무의식의. 자각(지각·의식)을 안 가진.

inconscientemente *adv.* 모르게. 깨닫지 못하게. 무의식적으로. 자기도 모르게. 부지중(不知中).

inconseqüência *f.* 논리적이 아님. 전후 당착(撞着). 모순. 조리 없음.

inconseüente *a.* 논리적이 아닌. 전후가 모순되는. 조화 안 되는.

inconsideração *f.* 지각 없음. 경솔. 부주의. 경홀(輕忽). 무모(無謀). 앞뒤를 가리지 못함.

inconsideradamente *adv.* 지각 없이. 경솔하게. 부주의하게. 앞뒤를 가리지 않고.

inconsiderado *a.* 지각 없는. 분별이 없는. 경솔한. 경홀(輕忽)한. 부주의한. 무모한. 앞뒤를 가리지 못하는.

inconsistência *a.* 불일치. 모순. 당착. 무절조. 무정견(無定見). 불안정. 불철저(不徹底).

inconsistente *adv.* 일치하지 않는. 조화(調和)되지 않는. 모순되는. 정견(定見)이 없는. 절조(節操) 없는.

inconsolabilidade *f.* 위로할 수 없음. 위로 안할 길이 없음.

inconsolado *a.* 위안이 없는. 위로 없는. 위로 되지 않는.

inconsolável *a.* 위안(위로)할 수 없는. 위로할 방책이 없는.

inconsonância *f.* (소리의) 불협화(不協和). 부조화(不調和).

inconsonante *a.* (소리가) 협화하지 않는. 불협음(不協音)의.

inconstância *f.* ①변하기 쉬움. 자주 변함. 부정(不定). 불안정(不安定). ②무정견(無定見). 변덕. 들뜬 마음.

inconstante *a.* 변하는. 변하기 쉬운. 일정치 않은. 불안정한. 변덕스러운. 변화무상(無常)한. 마음이 들뜬.

inconstantemente *adv.* 일정치 않게. 변화무쌍하게. 변덕스럽게.

inconstitucional *a.* 헌법에 위반되는. 위헌(違憲)의.

inconstitucionalidade *f.* 헌법 위반. 위헌(違憲).

inconstitucionalmente *adv.* 헌법에 위반되게. 위헌적으로.

inconsulto *a.* (남과) 상담하지 않은. 상의하지 않은. 남의 의견을 듣지 않은. 깊이 생각하지 않은.

inconsumível *a.* ①소모 안 되는. 소모(탕진)할 수 없는. 다 써버릴 수 없는. ②다 태워 버릴 수 없는. 소각(燒却) 불가능한.

inconsumptível(inconsuntível) *a.* =*inconsumível*.

inconsútil *a.* ①솔기가 없는. 이은 데(꿰맨자리)가 없는. ②한장(一枚)으로 되는. 한 개로 되는.

incontaminado *a.* 나쁜 병에 전염되지 않은. 나쁜 버릇에 물들지 않은. 오염(汚染)되지 않은. 어지러워지지 않은. 순결한.

incontável *a.* 셀 수 없는. (계산하기에는) 너무나 많은. 무수한.

incontentável *a.* 만족할 수 없는. 만족되지 않은.

incontestabilidade *f.* 논의할 여지 없음. 이의(異議)를 제출할 점이 없음.

incontestado *a.* 논의할 바 없는. 다툴 점이 없는.

incontestável *a.* 논의할 여지 없는. 다툴 바 없는. (사실·증거 따위) 확실한. 뚜렷한. 이론할 바 없는.

incontestavelmente *adv.* 논의할 바 없이. 다툴 여지없이. 물론. 확실히.

inconteste *a.* 다툴 점 없는. 명백한. 무경쟁의.

incontinência *f.* ①자제(自制)할 수 없음. 무절제(無節制). 음란(淫亂). 음탕. ②[醫] (대소변의) 실금(失禁). 누변(漏便). *incontinencia de urina* 소변 실금(수면 중에 자기도 모르게 소변을 누는 것). 유뇨(遺尿). 요실금(尿失禁).

incontinente *a.* 자제(自制)하지 못하는. 음란한. 음탕한. 호색(好色)의. [醫] (대소변) 실금의.

incontinenti *adv.* 곧. 즉시. 즉각적으로.

incontingência *f.* 우연적이 아님. 필연(必然). 필지(必至).

incontingente *a.* 필연적인. 필지의. 도리상으로. 귀착하는. 사필귀정인.

incontinuidade *f.* 연속되지 않음. 중단.

중절(中絶).

incontinuo *a.* 연속(계속)되지 않는. 가끔 끊어지는. 중단되는. 중절하는.

incontrariável *a.* 반대할 수 없는. 거역할 수 없는.

incontrastável *a.* ①이겨내기 어려운. 저항할 수 없는. 반박할 수 없는. 취소되지 못하는.

incontroverso *a.* 이의(異議)가 없는. 다툴 여지없는. 의심할 바 없는. 명백한. 뚜렷한.

incontrovertível *a.* 이의를 제기할 수 없는. 다툴 바 없는. 의심할 점이 없는.

inconveniência *f.* ①불편. 부자유. 폐. ②불리(不利). 부적당.

inconveniente *a.* 불편한. 부자유스러운. 불리한. 부적당한. 마땅찮은.
— *m.* ①불편. 부자유. 폐. ②불리. 부적당.

inconvenientemente *adv.* 불편하게. 폐가 되게. 불리하게. 부적당하게.

inconversável *a.* 말상대가 안 되는. 담화할 수 없는. 말해서는 안 되는.

inconversível *a.* 바꿀 수 없는. 태환(兌換) 불가능한. [論] 환위(換位) 못하는.

inconvertível *a.* 바꿀 수 없는. 태환할 수 없는. 《古》개종(改宗) 불가능한.

inconvicto *a.* ①(죄를) 깨닫지 않는. 긍정히지 않는. ②납득이 가지 않는. 이해하지 못한.

incoordenação *f.* 부동격. 부동등.

incorporação *f.* ①결합. 합동. 합병. 편입. [法] 법인격부여(法人格附與). (법인인) 회사 설립. 문서 병합. ②결사. 단체. 단결.

incorporante *a.* 합동한. 결합한. 법인조직의.

incorporar *v.t.* ①합체(합동)시키다. 합병하다. 가입시키다. 편입하다. ②섞다. 혼합하다. 엮어 넣다.
— *v.i.* 커지다. 증대(增大)하다.
—se *v.pr.* 결합하다. 합병되다. 합동(合同)하다. 편입되다.

incorporeidade *f.* 형태(형체)가 없음. 무형(無形). 무형성(性). 무체.

incorpóreo *a.* 형태 없는. 무형의. 무체의. 비물질적인.
substância incorpórea 무형질(無形質). 무형실재(無形實在).

incorreação *f.* 부정확(不正確). 틀림. 과오.

incorrecto *a.* =*incorreto*.

incorrer *v.i.* ①(부채·손실 따위를)짊어지다. 입다. ②(과오를)범하다. (죄 따위에) 빠지다.
— *v.t.* (위험 따위를) 초래하다.

incorreto *a.* 정확하지 못한. 틀린. 잘못된. 고쳐지지 않은.

incorrigibilidade *f.* 바로 잡을 수 없음. 고칠 수 없음. 교정 불가능. 개전(改悛)의 기미가 없음.

incorrigível *a.* 바로 잡을 수 없음. 고치기 어려운. (버릇·범죄 따위) 교정하기 어려운. 개전의 기미가 없는.

incorrimento *m.* (부채·손실 따위를) 짊어지기. 입기. (과오 따위를) 범하기. (위험 등의) 초래.

incorrução, incorrupção *f.* 부패되지 않음. 《稀》매수되지 않음. 청렴.

incorruptamente *adv.* (정신적·물질적으로) 부패함이 없이.

incorrutibilidade, incorruptibilidade *f.* 부패되지 않음. 불부패성(不腐敗性). 부패되지 않은 상태. 매수되지 않음. 청렴(清廉). 지조견고(志操堅固).

incorrutível, incorruptível *a.* 썩지 않는. 부패하지 않는. 매수할 수 없는. 청렴한. 지조견고함.

incorruto, incorrupto *a.* 썩지 않는. 상하지 않는. 매수되지 않은. 청렴한.

increado *a.* =*incriado*.

incredibilidade *f.* 믿어지지 않음. 신용할 수 없음.

incredível *a.* =*incrível*.

incredulidade *f.* 쉽사리 믿지 않음. 의심 많음. 신(神)을 믿지 않음.

incrédulo *a.* ①쉽사리 믿지 않는. 의심 많은. ②신을 믿지 않는(믿을 생각이 없는).
— *m.* 믿지 않는 사람. 회의론자.

incrementar *v.t.* ①늘리다. 증가하다. 증대(增大)시키다. 확대하다. 증진시키다. ②발달(발전)케 하다.

incremento *m.* ①증가. 증대. 증장. 증진. ②증가량. 증액. ③발달. 발전.

increpação *f.* ①꾸짖기. 책망. 질책(叱責). 견책(譴責). ②징계(懲戒). 비난.

increpador *a., m.* ①책망하는 (자). 따지는 (사람). 꾸짖함하는 (이). ②견책(비난)하는 (사람).

increpante *a.* 야단치는. 책망하는. 따지는. 견책(비난)하는.

increpar *v.t.* 야단치다. 책망하다. 꾸짖다. 따지다. 견책하다. 비난하다.

incriado *a.* 창조(創造)됨이 없이 존재하는. 아직 만들어지지 않은.
— *m.* 창조에 의하지 않은 것.

incriminação *f.* 죄를 씌우기. 죄 있다고 인정하기. 원죄(冤罪). 유죄로 함.

incriminar *v.t.* ①죄를 씌우다. 죄를 떠밀다. 죄 있다고 인정하다. 유죄로 하다. ②고소하다. 무고(誣告)하다.

incristalizável *a.* 정화(晶化)할 수 없는. 결정(結晶)하지 않는.

incriticável *a.* 비평할 수 없는. 비난할 점이 없는. 비평(비난)할 정도가 못 되는.

incrível *a.* ①믿어지지 않는. 믿을 수 없는. 신용하기 어려운. 신빙성(信憑性)이 없는. ②엄청난. 놀라운. 대단한. ③기묘한. 기이한. 괴상한.
— *m.* 믿을 수 없는 것(사실).

incrivelmente *adv.* 믿을 수 없게. 참말로는 도저히 믿어지지 않게. 이상하게.

incruentamente *adv.* 피흘림이 없이. 유혈(流血)을 보지 않고.

incruento *a.* 피흘리지 않은. 피에 젖지 않은. 유혈이 없는.

incrustação *f.* ①외피(外皮)로 덮기. 딱지의 형성(形成). 껍데기. 껍질. 물때. 광재(鑛滓). ②[醫] 헌데 딱지. 가피(痂皮). ③박아넣기 세공(嵌入細工). 상감(象嵌). 자개박이.

incrustador *m.* 상감 세공하는 사람. 자개박이하는 이.

incrustante *a.* 외피를 씌우는. 새겨 넣는. 무늬 장식하는. 자개를 박는. 상감(세공)하는.

incrustar *v.t.* ①박아넣기 세공을 하다. 상감(象嵌)하다. 자개박이를 하다. ②외피를 씌우다. 껍질로 싸다. 아로새기다.

incubação *f.* ①알을 안기. 포란(抱卵). 부화(孵化). ②[醫] 잠복기(潛伏期).

incubador *a.* ①(인공으로) 부화시키는. ②알을 안기는.
— *m.* 인공부란기(孵卵器).

incubadora *f.* ①부란기. 인공부화기. 조산아 보육기(早産兒保育器). ②알을 안는 새(암탉). ③세균배양기.

incubar *v.t.* ①알을 안기다. (알을) 안다. 포란하다. 알을 까다. ②(음모 따위를) 꾸미다. 계획하다.
— *v.i.* 알을 안다. 둥우리에 들다.

incubo *m.* (잠자는 여자를 범한다고 일컬는) 몽마(夢魔). 수마(睡魔). 압박하는 사람.
— *a.* ①내려 누르는. ②포란(抱卵)의. 부화중의.

incude *f.* 《詩》모루.

inculca *f.* ①추천(推薦). 추거(推擧). ②알선. 권유. 권고. ③(신원 조사에 대한) 내밀정보. 탐보(探報).

inculcadeira *f.* ①추천(알선)하는 여자. ②여자 밀정. 정보 제공하는 여자.

inculcador *a.*, *m.* ①추천하는 (자). 알선하는 (사람). ②좋은 정보를 제공하는 (사람).

inculcar *v.t.* ①추천(추거)하다. 알선하다. 권유하다. 소개하다. ②(특히 신원에 대한) 조사를 하다. 정보 제공하다. ③가르쳐 주다. 순순히 타이르다.

inculpabilidade *f.* ①죄 없음. 무죄. ②에 걸리지 않음.

inculpação *f.* 죄를 씌우기. 연루(連累)시키기.

inculpadamente *adv.* 죄 없이.

inculpado *a.* 죄를 덮어쓴. (죄의) 혐의를 받은. 무고(誣告)된.

inculpar *v.t.* 죄를 씌우다. 연루시키다. 죄의 혐의를 걸다. 유죄로 인정하다.
—se *v.pr.* ①죄를 쓰다. 연루되다. ②죄를 자인하다. 죄를 자백하다.

inculpável *a.* 죄 없는. 죄가 안 되는. 무고(無辜)한.

inculpavelmente *adv.* 죄 없이.

inculposamente *adv.* 죄 없이. 잘못이 없이.

inculposo *a.* 죄 없는. 잘못이 없는.

incultivável *a.* 경작되지 않는. 개간할 수 없는. 재배(栽培)할 수 없는. 재배되지 않는.

inculto *a.* ①경작되지 않은. 개간되지 못한. 황무(荒蕪)의. ②교육받지 않은. 교양없는. 버릇없는. 조잡한.

incumbência *f.* ①위임. 위탁. 촉탁(囑託). ②성직록(聖職祿) 소유자의 직무(재직기(在職期).

incumbir *v.t.* (+*de*). (…을) 맡기다. 위임하다.
— *v.i.* (책임·역할 따위를) 맡다. 지

다. 담임하다.
—se *v. pr.* (+*de*). 담당하다. 맡다.
incunábulo *a*. 활판술(活版術) 발명 당시의. 초기의. 여명기(黎明期)의. 요람시대의.
— *m*. 활판술 발명 당시에 인쇄된 서적 (AD 1500년 이전에 간행된 책). 초기. 여명기. 요람시대.
incurabilidade *f*. (병을) 고칠 수 없음. 치료 불가능. 불치(不治). 난치(難治).
incurável *a*. (병을) 고칠 수 없는. 낫지 않는. 불치의. 난치의.
— *m*. 고칠 수 없는 병에 걸린 사람. 난치의 환자.
incuravelmente *adv*. 고칠 수 없을 정도로.
incúria *f*. 부주의. 방심. 등한. 태만.
incurial *a*. ①등한한. 부주의한. 조심성 없는. ②정당(正當)하지 못한. 규칙에 따르지 않는. 불규칙한.
incuriosidade *f*. 호기심이 없음.
incurioso *a*. 호기심 없는. 무관심한. 파고들지 않는.
incursão *f*. ①침입. 습격. 유입(流入). ②전염.
incurso *a*. (부채·손실 따위를) 짊어진. 입은. (재난에) 빠진. (죄 따위에) 걸려 들어간. 연루된.
— *m*. 《古》침입. 입구(入寇).
incusa *f*. ①(동전·메달 따위의) 한 면만 그려 있는 것. 한 면만 찍힌 것. ②잘못 찍은 것. 비뚤게 찍힌 것.
incuso *a*. ①(화폐·상패 따위) 한 면만 그려 있는. 새겨 있는. ②잘못 찍은. 비뚤게 찍힌. 면(面)이 찌그러진.
incutir *v. t*. 가르치다. (주의·사상 등) 불어 넣다. 주입(注入)하다. (마음 속에) 스며들게 하다.
indagação *f*. ①질문. 힐문. ②심문. 심사. 조사. 취조(取調). ③수색. 탐구.
indagador *a*., *m*. 묻는 (사람). 심문하는 (자). 조사하는 (사람). 수색하는 (사람).
indagar *v. t*. ①묻다. 질문하다. ②심문하다. 심사하다. 조사하다. ③취조하다. ④조회하다. 수색하다.
indébito *a*. ①해서는 안 되는. 지불할 수 없는. 지불할 성격이 못되는. [法] 부당지출(不當支出)의. (지불) 기한이 되지 않는. ②지나친. 심한. 부적당한. 부당한.
indecência *f*. ①본데없음. 버릇없음. ②외설(猥褻). 음탕한 행위(말).
indecente *a*. ①본데없는. 버릇없는. ②외설의. 음탕한. 음란한. 보기 흉한.
indecidido *a*. 결정되지 않은. 미해결의. 미정의.
indecifrável *a*. (암호·글자 따위를) 판독(判讀)할 수 없는. 알아보기 어려운. 해독할 수 없는.
indecifravelmente *adv*. 판독하기 어렵게. 알아보기 힘들게.
indecisamente *adv*. 결단성 없이. 우물쭈물하여.
indecisão *f*. 결단을 못 내림. 우유부단(優柔不斷). (태도의) 애매.
indeciso *a*. 결단성이 없는. 결심 못하는. 우물쭈물하는. 망설이는. 이러지도 않고 저러지도 않는. (태도가) 애매한.
indeclarável *a*. 성명(聲明)할 수 없는.
indeclinabilidade *f*. ①[文] 변화하지 않음. 무변화(無變化). ②피할 수 없음.
indeclinável *a*. ①[文] (어미) 변화를 하지 않는. ②피하기 어려운. 모면할 수 없는. 진퇴양난의.
indeclinavelmente *adv*. ①[文] 변화함이 없이. ②피할 수 없게.
indecomponível *a*. 분해할 수 없는. 분석(分析)할 수 없는. 분해가 안 되는.
indecoro *m*. 무례. 본데없음.
indecoroso *a*. ①무례한. 버릇없는. 본데없는. ②보기 흉한. 쑥스러운. 행실머리 없는. ③격에 맞지 않는. 부적당한. 어울리지 않는.
indefectibilidade *f*. 틀리지 않음. 결손(缺損)하지 않음. 결점이 없음. 불손성(不損性). 불멸성(不滅性).
indefectível *a*. ①틀리지 않는. 틀릴 수 없는. ②결손하지 않는. ③결점이 없는. ④썩지 않는. 불후(不朽)의.
indefensável, indefensível *a*. 방어하기 어려운. 변호할 여지가 없는.
indefenso *a*. 방어가 되어 있지 않은. 무방비의. 수비(守備)가 없는.
indeferido *a*. (소원·탄원·진정·청원 등을) 받아들이지 않은. 들어 주지 않는. 거부(거절) 당한.
indeferimento *m*. (소원·청원·탄원 따위를) 들지 않음. 받아들이지 않음. 거부. 각하(却下).
indeferir *v. t*. (소원·청원·탄원 따위를)

indeferível–indestrutivelmente

듣지 않다. 받아들이지 않다. 거부(거절)하다. 각하하다.

indeferível *a.* 들어줄 수 없는. 받아들일 수 없는.

indefeso *a.* =*indefenso*.

indefessamente *adv.* 피로함이 없이. 꾸준히. 백절불굴하게.

indefesso *a.* 피로하지 않은. 싫증나지 않은. 꾸준한. 백절불굴의.

indeficiente *adv.* 부족되지 않는. 충분한.

indefinidamente *adv.* 정의(定義)없이. 확정함이 없이. 막연하게. [文] 부정(不定)의 뜻으로.

indefinido *a.* 정의 내리기 어려운. 정(定)해 있지 않은. 명확치 않은. 불확정한. 막연한. 한없는. [文] 부정(小定)의.
adjetivos indefinidos 부정형용사.

indefinito *a.* =*indefinido*.

indefinível *a.* 정의내릴 수 없는. 형용하기 어려운. 확정치 않은. (경계 따위) 막연한. 아직 무어라 말할 수 없는.

indeiscência *f.* [植] 불개열(不開裂)(과일이 익어도 쪼개지지 않는 것).

indeiscente *a.* [植] 불개열의. (익어도) 쪼개지지 않는.
fruta indeiscente 폐과(閉果). 불개열과(果).

indelével *a.* 지울 수 없는. 씻을 수 없는. 소멸하지 않는. 불후(不朽)의.

indeliberação *f.* ①결재(決裁)하지 않음. 재가(裁可)되지 않음. ②결단성 없음. ③활발치 않음. 완만(緩慢). ④사고력의 부족. 사려(思慮) 없음.

indeliberado *a.* ①결재하지 않은. 재가(裁可)되지 못한. ②결단내리지 않은. ③깊이 생각하지 못한.

indelicadamente *adv.* 버릇없이. 무례하게. 본데없이. 야비하게. 조잡하게.

indelicadeza *f.* 버릇없음. 예의를 모름. 점잖치 못함. 조잡함. 야비함. 비루함.

indelicado *a.* 버릇없는. 예의를 모르는. 본데없는. 점잖치 못한. 조잡한. 야비한. 비루한.

indelineável *a.* 윤곽이 뚜렷하지 않은(희미한). 외형(外形)을 그릴 수 없는.

indeminuto *a.* 줄지 않는. 감소하지 않는. 쇠퇴하지 않는.

indemonstrável *a.* ①증명할 수 없는. 증명이 필요치 않는. ②시범(示範)할 필요 없는. 시위할 수 없는.

indene *a.* ①손해 없는. 손해 보지 않는. 손해 없도록 하는. ②무난한. 상하지 않은.

indenidade *f.* 손해를 보지 않음. 보장. 면책. 사면. ②배상(賠償). 변상. 보상. ③(전쟁의) 배상금.

indenização *f.* ①배상하기. 보상하기. 변상하기. ②배상금. 위약금(違約金).
indenização de guerra 전쟁배상금.

indenizador *m.* 배상자. 보상자(補償者).

indenizar *v.t.* (손해에 대하여) 변상하다. 배상하다. 보상(補償)하다.
—se *v.pr.* (손해 없도록) 배상되다. 보상되다.

indenizável *a.* 배상할 수 있는. 배상(보상)되어야 할.

independência *f.* ①독립. 자립. 남의 지배를 받지 않음. 자주(自主). ②독립심. ③정치적·경제적으로 독립할 수 있는 능력. ④[政] 무소속.

independente *a.* 독립의. 자립의. 자주의. 자주적인. 단독의. (남에게) 매어 있지 않는. 소속되지 않는. (…와) 관계 없는. [政] 무소속의. 독립당의.

independentemente *adv.* 독립하여. 독립적으로. (…와) 관계 없이. 별도로.
independentemente de …와 아무런 관계 없이.

independer *v.t.* (+*de*). (…의) 속박(구속)을 받지 않다. (…에) 따르지 않다. 독립하다.

indesatável *a.* (맨 것이) 풀리지 않는. 엉킨 것을 풀 수 없는.

indescritível *a.* 이루 말할 수 없는. 필설(筆舌)로 다할 수 없을 만한. 막연한. 대단한. 놀랄 만한.

indesculpável *a.* 용서할 수 없는. 용납할 수 없는. 변명이 서지 않는.

indesejável *a.* 달갑지 않은. 소망되지 않는. 싫은. 불쾌한. 좋지 못한.

indestrinçável *a.* 풀리지 않는. 해명되지 않는.

indestronável *a.* (제왕을) 폐위할 수 없는. 퇴위해서는 안 될.

indestrutibilidade *f.* 파괴할 수 없음. 불멸성(不滅性).

indestrutível *a.* 부수어 버릴 수 없는. 파괴 안 되는. 파괴해서는 안 되는.

indestrutivelmente *adv.* 부서지지 않도

록. 파괴함이 없이.
indeterminação *f.* 불확정(不確定). 부정(不定). 미결(未決). 미결정. 미결재(未決裁). [數] 부정(不定).
indeterminadamente *adv.* 확정함이 없이. 결정짓지 않고. 미결(未解決) 상태로.
indeterminado *a.* 확정하지 않은. 결정짓지 않은. 결단내리지 않은. 결심하지 않은. 미결된. 막연한.
quantidade indeterminada 부정량(不定量).
indeterminável *a.* 결정지을 수 없는. 결단내릴 수 없는. 확정할 수 없는. 한정(限定)되지 않는. 해결하기 어려운.
indeterminismo *m.* [哲] 비(非)결정론. 자유의지론.
indevidamente *adv.* 부당(不當)하게. 불법적으로.
indevido *a.* 부당한. 불법적인. 부정(不正)한.
indevoção *f.* ①신(神)을 존숭하지 않음. 불경(不敬). ②무신앙(無信仰).
indevotamente *adv.* 불경하게. 불손하게.
indevoto *a.* 신을 존숭(尊崇)하지 않는. 불경한. 불손한.
index *m.* 가리키는 물건. (시계 따위의) 바늘. 지침. ②[解] 식지(食指). 둘째손가락. ③《比喩》 표시. 지표. ④색인(索引). 목록. ⑤[數] 지수(指數). (대수의)시표. 율(率). ⑥[印] 가리킴. 표. 손표[☞].
dedo index 지명지. 둘째손가락.
index expurgatório. [가톨릭] (서적의) 삭제 부분 지시표.
indez *m.* 새집의 밑알. 저금의 밑돈.
Índia *f.* 인도(印度).
indianismo *m.* ①인도말의 어법(語法). 인도어의 관용어조(慣用語調). ②인도학(印度學).
indianista *m.f.* 인도학자.
indianita *f.* [鑛] 입상회장석(粒狀灰長石).
indiano *a.* 인도의. 인도제(製)의. 인도 사람의.
— *m.* 인도인.
indicação *f.* 지시. 표시. 지적. 표적. 징후. [醫] 병증. 적응성(適應性).
indicador *a.* 지시하는. 표시하는. 지적하는.
— *m.* ①지시자. (신호) 표시기. ②[機] 지압계(指壓計). (각종) 지시계기(指示計器). ③지침. 안내서. ④[化] 지시약(指示藥). ⑤주소·성명 따위를 기록하는 책 (명부).
dedo indicador 둘째손가락. 지명지.
indicana *f.* [醫] 남소(藍素).
indicante *a.* 지시하는. 표시하는.
indicar *v.t.* ①가리키다. 지시하다. 지적하다. 표시하다. 지정하다. ②(몸짓 따위로) 암시하다. 알리다. 가르치다. ③증명하다. (…의) 징후를 보이다(나타내다). [醫] (…의) 징조다.
indicativo *a.* ①[文] 지시법의. 직설법의. ②지시하는. 표시하는. 암시하는.
modo indicativo (동사의)직설법.
— *m.* [文] 직설법(直說法).

índice *m.* ①제목. ②목록(目錄). 색인(索引). ③식지(食指). ④지표(指標). [數] 지수(指數). [理] 율(率).
indiciado *a.* 범죄 증거가 나타난. 혐의(嫌疑)를 받은. 고발(告發)된.
— *m.* 범죄 증거가 나타난 자. 피의자(被疑者). 용의자(容疑者).
indiciador *m.* 범죄 증거를 드는(보이는) 사람. 범죄 증거를 들고 고소하는 자(고발자).
indiciar *v.t.* 범죄 증거를 보이다(제시하다). 증거를 들고 고발(고소)하다.
indício *m.* ①지표(指標). ②징후. 징조. 표적. 형적(形跡). ③범죄 증거. 죄적(罪跡).
índico *a.* 인도의.
Oceano índico 인도양(印度洋).
indículo *m.* 작은 색인(索引). 작은 메모.
indiferença *f.* ①차이(差異) 없음. 무차별(無差別). ②무관심. 개의치 않음. 중요치 않음. 냉담(冷淡).
indiferente *a.* ①차이가 없는. 차별이 없는. 무차별적. ②무관심한. 개의치 않는. 냉담한. 모르는 체하는. ③치우치지 않는. 아무래도 좋은.
indiferentemente *adv.* 차이 없이. 동일하게. 무관심하게. 냉담하게. 개의치 않고. 가부간에.
indiferentismo *m.* 불개의주의(不介意主義). 무관심주의. [宗] 신앙무차별론. [醫] 의식불명.
indiferentista *m., f.* 불개의주의자. 신앙무차별론자.
indifusível *a.* 전파(傳播)할 수 없는. 유포

(流布)되지 않는.
indígena *a*. 본토(本土)의. 본토산(産)의. 원산(原産)의. 토착민의. 원주민의.
— *m*., *f*. 토착민. 토민(土民). (동식물 식의) 본토산.
indigenato *m*. ①본토산. ②《稀》공민권. 영주권.
indigência *f*. ①빈곤(貧困). 빈궁. ②궁핍. 결핍.
indigente *a*. 가난한. 빈곤한. 구차한. 궁핍된. 결핍된.
— *m*., *f*. 가난한 사람. 빈민(貧民).
indigentemente *adv*. 가난하게. 빈곤하게. 궁핍하여.
indigerível *a*. 소화(消化) 안 되는. 불소화의.
indigestão *f*. ①소화되지 않음. 소화 안 되는 것. 소화 불량. 체증. 식체(食滯). ②(음식물에 대한) 싫증.
indigesto *a*. ①소화 안 되는. 소화 불량의. 불소화의. ②난잡한. 질서 없는. ③불쾌한. 싫은.
indígete *m*. ①[神話] 반신반인(半神半人). 《比喩》숭배받는 인물. 신처럼 우러러보는 영웅.
indigitar *v.t*. 지적하다. 지시하다. (목적물을) 가리키다. 지명하다.
indignação *f*. 분(憤). 분개(憤慨). 분노. 분기(憤氣). 의분(義憤).
indignadamente *adv*. 분개(분노)하여.
indignado *a*. 분한. 분개한. 분노한.
indignamente *adv*. ①가치 없이. 어울리지 않게. ②비열하게. 수치스럽게.
indignar *v.t*. 분하게 하다. 분개하게 하다. 기분 나쁘게 하다.
— *v.i.*, **—se** *v.pr*. 분하다. 분개하다. 분노하다. 의분을 참지 못하다.
indignidade *f*. ①냉대. 모욕. 천시(賤視). ②버릇없음. 무례. ③불명예. ④상스러움. 속됨. 비열한 언행.
indigno *a*. (인간으로서) 가치 없는. 속된. 천한. 상스러운. 비열한. 파렴치한. 면목 없는.
— *m*. 비열한 사람. 비천한 인간.
índigo *m*. 인디고(藍). 쪽빛. 청람(靑藍). (청색 염료). [植] 인도쪽.
indigoteiro, indigueiro *m*. [植] 남초(藍草). 인디고 식물.
indigotina *f*. 남소(藍素). 남청(藍靑).

indiligência *f*. ①게으름. 나태함. 태만함. ②굼뜸. 활발치 못함.
indiligente *a*. 게으른. 나태한. 태만한. 활발치 못한.
índio *a*. (주로 남미의) 토인의. 본토인의. 인디안의.
— *m*. 토인(土人). 본토인. 인디언. (註) 원래는 아시아의 인도인을 가리킨 말이었으나 오늘 날에는 브라질의 토인을 가리킴.
indireta *f*. 빗대어 빈정거림. 암시.
indiretamente *adv*. 간접적으로. 암암리에.
indireto *a*. 도는. 간접(間接)의. 간접적인. 완곡(婉曲)의. 이차적. 종적(從的).
discurso indireto [文] 간접화법(話法).
indirigível *a*. 이끌 수 없는. 인도(引導)할 수 없는. 유도(誘導)할 수 없는. 운전(조종)할 수 없는.
indiscernível *a*. 보고 분간하기 어려운. 식별(識別)할 수 없는.
indisciplina *f*. 규율 없음. 훈련되지 못함.
indisciplina militar 군기문란(軍紀紊亂).
indisciplinado *a*. 규율이 없는. 규율을 지키지 않는. 훈련되지 않은. 풍기문란한.
indisciplinar *v.t*. 규율을 지키지 않다. 규율을 문란케 하다.
—**se** *v.pr*. 규율이 없어지다. 규율이(풍기가) 문란해지다.
indisciplinável *a*. 규율을 지키게 하기 어려운. 단속(취체(取締))하기 곤란한. 훈련시키기 어려운.
indiscreção *f*. = *indiscrição*.
indiscretamente *adv*. 지각없이. 앞뒤를 생각지 않고. 경솔하게.
indiscreto *a*. ①생각 없는. 지각 없는. 몰각(沒覺)한. 분별 없는. ②근신치 못한. 경솔한. ③비밀을 지키지 않는.
— *m*. 지각 없는 사람. 근신치 못한 사람. 경솔한 사람.
indiscrição *f*. ①생각 없음. 무지각. 분별 못함. 몰각(沒覺). 몰지각(沒知覺). 경솔. 경조. 불근신. ②경솔한 언행. 경거망동. (부녀의) 행실 나쁨. ③비밀 누설.
indiscriminadamente *adv*. 차별 없이. 혼동하여. 난잡하게.
indiscriminado *a*. 차별 없는. 분간 없는. 구별이 없는. 혼동(混同)한.
indiscriminável *a*. 차별(구별)할 수 없는. 분간 못할.

indiscutibilidade *f.* 의론(議論)할 여지 없음. 의심할 바 없음. 명백함.

indiscutível *a.* 의론할 여지 없는. 다를 바 없는. 논의(論外)의. 의심할 점이 없는. 명백한.

indisfarçável *a.* 변장할 수 없는. 위장(僞裝)할 수 없는.

indispensabilidade *f.* 빼놓을 수 없음. 필수불가결(必須不可缺). 긴요성. 불가무(不可無).

indispensável *a.* 없어서는 안 되는. 빼놓을 수 없는. 불가결한. 필수(必須)의. (의무 따위) 피할 수 없는.

indispensavelmente *adv.* 꼭. 반드시. 필연히.

indisponibilidade *f.* 마음대로 할 수 없음. 임의(任意)로 쓸 수 없음. 처분을 자유로 할 수 없음. 이용(통용) 불가능.

indisponível *a.* 임의로 할 수 없는. 자유로 처분할 수 없는. 내키는대로 해서는 안 되는. [法] 양도 불가능한.

indispor *v.t.* ①(…할) 의욕을 꺾다. (…할) 마음을 없애다. ②불쾌하게 하다. 기분을 상하게 하다. 싫증나게 하다. ③화나게 굴다. 노하게 하다. ④정돈을 흩트리다. 배열(排列)을 헤치다. ⑤(+*contra*). (…와) 사이가 나쁘게 하다.
　—se *v. pr.* ①…한 이욕(意慾)을 잃다. …할 마음이 없어지다. ②기분 상하다. 싫증나다. ③(+*com*). (…와) 사이가 나빠지다.

indisposição *f.* ①마음이 내키지 않음. 기분이 나지 않음. 의욕이 없음. ②싫증. 불쾌. ③정돈이 안 되어 있음. 질서 없음.

indisposto *a.* 마음이 내키지 않는. 의욕이 없는. 기분이 나지 않는. …할 마음이 없는. 불쾌한. 싫은.

indisputabilidade *f.* ①논쟁(論爭)할 수 없음. 논의할 여지 없음. 논박할 바 없음. ②당연성 뚜렷함.

indisputado *a.* 다투지 않은. 논쟁하지 않은. 논의할 바 없는. 문제가 안 되는.

indisputável *a.* 논쟁할 수 없는. 항론(반박)할 여지 없는. 싸울 만한 문제가 안 되는.

indissimulável *a.* 속일 수 없는. 감출 수 없는. 덮어버릴 수 없는.

indissolubilidade *f.* 분해(分解)되지 않음. 용해되지 않음. 취소될 수 없음. 해산 불가능. [化] 불용해성(不溶解性). 불분해성(不分解性). 영구성.

indissolução *f.* 용해하지 않음. [化] 불용해.

indissolúvel *a.* 녹지 않는. 분해되지 않는. 취소될 수 없는. [化] 불용해성의.

indistinção *f.* 뚜렷하지 않음. 분명치 않음. 희미함. 애매함.

indistinguível *a.* 구별하기 어려운. 구분할 수 없는. 분간하기 곤란한. 엉킨.

indistintamente *adv.* 뚜렷하지 않게. 희미하게. 애매하게.

indistinto *a.* 뚜렷하지 못한. 희미한. 분명치 않은. 명료하지 않은. 애매한. 구별(차별)이 없는.

indistoso *a.* 불행한. 불운한. 행복하지 못한. 박명(薄命)의.

indium *m.* [化] 인듐(金屬元素. 기호 In).

individuação *f.* ①개별화(個別化). ②개성(個性). ③하나씩 서술하기. 상세히 설명하기.

individuador *m.* 낱낱이 구별하는 사람. 하나씩 서술하는 자. 자세히 설명하는 자.

individual *a.* 낱낱의. 저마다의. 각자의. 개인의. 개개(個個)의 경우에 있어서. 개체의. 개성(個性)의. 독특(獨特)한. 특유(特有)한.

individualidade *f.* ①개성. 개인성. 개별성. ②개체(個體). ③인물. 인격. ④특질. 특성.

individualismo *m.* 개인주의. 개인중심(個人中心). 개인본위.

individualista *a.* 개인주의의.
　— *m., f.* 개인주의자. 자기 본위로 하는 사람.

individualização *f.* 개별화(個別化). 구별. 특기(特記).

individualizar *v.t.* 낱낱이 구별하다. 구별을 보이다. 개성을 발휘시키다.

individualmente *adv.* 낱낱으로. 각각으로. 개별적으로. 개인으로서.

individuante *a.* 낱낱의. 각각의. 개개의. 각자의. 따로따로 하는. 특성을 주는(나타내는).

individuar *v.t.* 낱낱이 따로 하다. 개별화하다. 개성을 부여하다. 상세히 설명하다.

indivíduo (1) *a.* 낱낱의. 저마다의. 개인의. 개체(個體)의.
　— *m.* ①개체. 하나의 사물. 개인. ②사람. 인간. 놈. 자식.

— (2) *a.* 나누어지지 않는. 분할(分割)되지 않는.

indivisamente *adv.* 분할 안 되게. 비분할적으로. 공유하여. 공동 일치하여.

indivisão *f.* ①나눌 수 없음. 나누어지지 않음. ②공유(共有). 공동일치.

indivisibilidade *f.* 불가분성(不可分性). 분할할 수 없음. [數] 나누어지지 않는 것.

indivisível *a.* 분할 안 되는. 불가분의. [數] 나누어지지 않는.
— *m.* 나누어지지 않는 것. 불가분적 사물(不可分的事物). 극소물(極小物).

indivisivelmente *adv.* 불가분으로. 분할 안 되게.

indiviso *a.* ①나눌 수 없는. 분할 안 되는. ②완전된. ③[法] 비분할(非分割)의. 공동의. 공동소유의.

indizível *a.* 말할 수 없는. 이루 말할 수 없는. 말이 안 되는. 언어도단의.

indizivelmente *adv.* 말할 수 없이. 말 못할 정도로.

indobrável *a.* ①휘지 않는. 굽힐 수 없는. ②복종하지 않는.

indochinês *a.* 인도지나의.
— *m.* 인도지나 사람.

indócil *a.* ①(동물 따위) 길들지 않은. 순화(馴化)하지 않은. ②순복(馴服)하지 않는. 순종치 않는. 말 안 듣는.

indocilidade *f.* 길들지 않음. 순복치 않음. 불순종. 불복종.

indocilizar *v.t.* 길들기 어렵게 하다. 말 안 듣게 하다.

indocilmente *adv.* 길들지 않고. 말 듣지 않고. 순종함이 없이. 사납게.

indole *m.* ①천성(天性). 본성. ②성격. 성미. 성질. 기질.

indolência *f.* ①무감각. 무관심. ②게으름. 나태. [醫] 아프지 않음. 무통(無痛).

indolente *a.* ①감각이 없는. 관심이 없는. ②게으른. 나태한. [醫] 아픔을 느끼지 않는. 무통(성)의.

indolentemente *adv.* 감각이 없이. 무관심하게. 게으르게. 나태하게.

indomado *a.* (동물 따위) 길들지 않은. 길들이지 않은. 야성(野性)의. 사나운.

indolor *a.* 아프지 않는. 무통(無痛)의.

indomável *a.* ①길들이기 어려운. 순화(馴化)할 수 없는. 억누를 수 없는. 억제하기 힘든. 굴복시킬 수 없는.

indomesticado *a.* (동물 특히 말 따위) 길들지 않는. 길들이지 못한. 가축으로 되지 않은.

indomesticável *a.* 길들일 수 없는. 길들여 가축(家畜)으로 하기 힘든. 억제할 수 없는.

indoméstico *a.* 길들이지 않은. 길들지 않은. 야생적인. 사나운.

indômito *a.* ①길들지 않은. 야성의. 사나운. ②억누를 수 없는. 억제하기 힘든. 극복되지 않는. ③거칠은. 버릇없는. 거만한.

indonésio *a.* 인도네시아의.
— *m.* 인도네시아 사람.

indo-paquistanês *a.* 인도·파키스탄의. 인파(印巴)의.

indostânico *a.* 인도의. 힌두스탄의.

indoutamente *adv.* 학식이 없이. 무식하게.

indouto *a.* 배우지 못한. 교육 없는. 무식한. 무학의. 무능한. 솜씨 없는. 서투른.

indri *m.* [動] (마다가스칼산의) 여우원숭이.

indu *a.* 인도(힌두)스탄의. 인도의.
— *m.* 인도인(印度人).

indubitado *a.* 의심 없는. 의심될 바 없는. 의심하지 않는.

indubitável *a.* 의심할 수 없는. 의심할 여지가 없는. 확실한. 명백한. 문제없는.

indubitavelmente *adv.* 의심없이. 확실히.

indução *f.* ①끌어 넣음. 유도(誘導). ②(성직) 취임식. ③[論] 귀납법(歸納法). 귀납추리(推理). ④전제(前提). 머리말. 서론. ⑤[電] 유도. 도입(導入). 감응.

inducias *f.(pl.)* ①휴전(休戰). 정전. ②연기(延期). ③유도(誘導). ④(전기의) 감응. ⑤[法] 지불정지(연기). 지불유예령(猶豫令).

indúctil, indútil *a.* 늘어나지 않는. 휘지 않는. 연성(延性)이 없는.

inductilidade *f.* 늘어나지 않음. 휘지 않음. 연성(延性)이 없음. 불신장성(不伸長性).

indulgência *f.* ①관대(寬大). 관용. ②제멋대로 하기. 내키는대로 하기(시키기). ③탐닉(耽溺). 방종. ④[商] 지불유예. [宗] 속죄(贖罪). 사면(赦免). 사유(赦宥).

indulgenciar *v.t.* 관대히 대하다(처분하다. 크게 보다. 용서하다. 마음대로 하다. 시키다).

indulgente *a.* ①관대한. 너그러운. 엄하지 않은. 순한. ②멋대로 하게 하는(시키는). ③느슨한. 가벼운.

indulgentemente *adv.* 관대하게. 엄하지 않게.

indultado *a.* 사면(赦免)된. 감형(減刑)된.
— *m.* 사면된 사람. 감형된 자.

indultar *v.t.* ①(죄를) 용서하다. 사면하다. ②감형하다.

indultário *a.* 사면의. 사면받은.

indulto *m.* ①사면(赦免). 특사(特赦). 감형. ②(법황으로부터 받은) 특권. 특허. [宗] 성총(聖寵).

indumentária *f.* 의상술(衣裳術). 의상역사(歷史).

indumentário *a.* 의상(衣裳)에 관한. 의상술의.

indumento *m.* ①의복. 의상. 옷차림. ②[植] 표피(表皮). 수피(樹皮). 피복(被覆).

induração *f.* ①[醫] 경화(硬化). ②단단하게 됨. 단단하게 굳기. 완고.

indurado *a.* ①[醫] 경화된. ②단단한. 몹시 굳은. 완고한.
cancro indurado 경성암종(硬性癌腫).

indúsia *f.* [解·動] (태아(胎兒)를 싸는) 양막(羊膜). 모래집. [植] 포막(包膜).

industani *m.* 인도(힌두스탄)말 (현재의 인도관용어).

indústria *f.* ①산업. 공업. (특히) 제조공업. 실업(實業). 공예(工藝). ②계략. 재간. 지혜.
indústria metalurgica 야금(冶金)공업.
indústria testeis 방직공업.
indústria brasileira 브라질 산업.
de indústria 고의(故意)로. 일부러.
cavalheiro de indústria 사기꾼. 꼭두각시.

industrial *a.* 산업의. 공업의. 실업의. 산업(工業)상의.
— *m., f.* 산업가. 실업가. 공업가.

industrialismo *m.* 산업주의. 산업(工業)제도. 산업본위.

industrialista *a.* 산업본위의. 공업주의의.
— *m., f.* 산업주의자. 산업노동자. 실업가(實業家).

industrialização *f.* 산업화. 공업화(工業化).

industrializar *v.t.* 산업화하다. 공업화하다.
—*se* *v.pr.* 공업화되다.

industrialmente *adv.* 산업상. 공업적으로.

industriar *v.t.* (산업방면에 종사하도록) 가르치다. 교육하다. 습득시키다. 기술훈련하다. 고취하다.
—*se* *v.pr.* (공예에 관한 것을) 습득하다. (+*com*) (…에) 열심하다. 부지런하다. 근면하다.

industriário *m.* 산업(工業) 노동자. 종업원. 직공.

industriosamente *adv.* 부지런하게. 근면하게. 열심히.

industrioso *a.* ①부지런한. 근면한. 열심한. 꾸준한. ②(공예적인 면에) 솜씨 있는. 교묘한. 예술적인. 교활한. 엉큼한. 수다스러운.

indutância *f.* [電] 자기유도(自己誘導). 자기유도의 계수(係數).

indutar *v.t.* ①씌우다. 덮어 씌우다. ②장식하다.

indutivo *a.* 도입하는. 끌어 넣는. 유도하는. 유도(誘導)의. 감응의. [論] 귀납적(歸納的).
capacidade indutiva 유전력(誘電力).

induto *m.* ①씌우는 것. 커버. 피복(被覆). ②의상(衣裳).

indutor *a.* [電] 유도의. 감응(感應)의.
— *m.* 성직수여자(聖職授與者). [電] 유도자(誘導者).

indúvia *f.* 피복(被覆). [植] 윤생화포(輪生花包).

induviado *a.* [植] 윤생화포로 된. 윤생화포 있는.

induvial *a.* [植] 윤생화포의.

induzidor *m.* 권유자. 유도물. 유인(誘因).

induzimento *m.* ①유인(유도)하는 물건. ②권유(勸誘). 교사(敎唆).

induzir *v.t.* ①도입하다. 끌어넣다. 인도하다. 유인하다. 권하다. 권유하다. ②(자리에) 앉히다. ③(잘못에) 이끌다. 속이다. ④씌우다. 덮어 씌우다. ⑤야기하다. 양성(釀成)하다. ⑥추론(추단)하다. 귀결시키다. ⑦교사하다.
induzir em erro 잘못에 끌어 넣다. 사도(邪道)에 인도하다.

inebriante *a.* ①취하게 하는. 도취(陶醉)하게 하는. ②황홀(恍惚)케 하는.

inebriar *v.t.* ①취하게 하다. 도취케 하다. ②황홀하게 하다. 꿈속에 잠기게 하다.
—*se* *v.pr.* ①취하다. 도취하다. ②황홀해지다. 꿈속에 있다. 열중하다.

inédia *f.* ①단식(斷食). 금식(禁食). ②단식기간.

inédito *a.* 아직 출판되지 않은. 발간(發刊)된 바 없는. 아직 발표(공개)되지 않은.

inefabilidade *f.* 이루 말할 수 없음. 말로 표현할 수 없음. 필설(筆舌)로 나타낼 수 없음.

inefável *a.* 이루 말할 수 없는. 필설로 나타내기 어려운.

inefavelmente *adv.* 말로 표현할 수 없을 만큼.

ineficácia *f.* (약 따위의) 효과없음. 무효력.

ineficaz *a.* ①효과 없는. 효력(효능) 없는. ②능률적이 못된. 쓸데없는. 무능한.

ineficazmente *adv.* 효과없이. 쓸데없이.

ineficiente *a.* 능률적이 아닌. 효력이 없는. 무능한.

inegável *a.* 부정(否定)하기 어려운. 부인(否認)할 수 없는. 명확한. 명백한.

inegàvelmente *adv.* 부정(부인)할 수 없게. 의의없이.

inegociável *a.* ①상거래(商去來)할 수 없는. ②협상(협의)할 수 없는. 교섭하기 어려운.

inelegância *f.* ①아치(雅致)하지 못함. 우아하지 않음. 조야(粗野). ②아치 없는 행위(말씨·문체).

inelegante *a.* 아름답지 않은. 풍치 없는. 조잡한.

inelegibilidade *f.* ①뽑을 만한 것이 못됨. 피선거(被選擧) 자격이 없음. 부적임(不適任). ②선거 불가능.

inelegível *a.* 뽑을 만한 것이 못 되는. 피선거 자격이 없는. 피선거권이 없는.

inelutável *a.* 항거 못할. 불가피한. 면할 수 없는.

inenarrável *a.* 이야기할 수 없는. 말로 표현할 수 없는.

inépcia *f.* ①어리석음. ②바보같은 짓(말). 우사(愚事). 우행. ③지력 부족. 우둔. 무능. 무력의.

ineptamente *adv.* 어리석게. 바보답게. 무능하게.

ineptidão *f.* ①어리석음. 우둔함. ②무능. 무력. ③부적당. 부적임.

inepto *a.* 어리석은. 바보같은. 우둔한. 무능한. 부적당한.

inequilateral *a.* [幾] 부등변(不等邊)의.

inequívoco *a.* 헛갈리지 않는. 모호하지 않는. 틀리지 않는. 의심 없는. 명백한. 솔직한.

inércia *f.* ①[理] 관성(慣性). 타성(惰性). 타성력. ②활발하지 못함. 지둔. 태만. ③생기 없음. [醫] 무기력. 완만(緩慢).

inerência *f.* ①고유(固有). 구비되어 있음. 천부(天賦). ②부착(附着). 떨어지지 않음. 갈라지지 않음(不分離).

inerente *a.* ①고유의. 본래의. 타고난. ②붙는. 들러붙는. 떨어지지 않는. 갈라지지 않는.

inerir *v.i.*(+*a*). (…에) 붙다. 붙어 있다. 떨어지지 않다. 자연에 부속(附屬)하다.

inerme *a.* 무기(武器)를 가지고 있지 않는. 무방비의. 빈손의. [植] 가시 없는. [動] (뿔·발톱·집게발 따위의) 공격 무기를 가지고 있지 않는.

inerradicável *a.* 근절할 수 없는. 뿌리 깊은.

inerrância *f.* 틀리는 일이 없음. 틀릴 우려가 없음.

inerrante *a.* 틀리는 수가 없는. 틀릴 우려가 없는. 변동하지 않는. 일정한.
astros inerrantes 항성(恒星).

inerte *a.* ①움직이지 않는. 활동하지 않는. ②활기 없는. 굼뜬. 지둔한. 천천한. 시간 걸리는. ③[理] 자동력이 없는. [化] 활성(活性) 없는.

inescrupuloso *a.* 예사로 나쁜 짓을 하는. 법을 모르는. 파렴치한. 괴씸한.

inescrutabilidade *f.* 미루어 알 수 없음. 불가측성(不可測性). 불가사의(한 사물). 탐지하기 어려움.

inescrutável *a.* 미루어 알 수 없는. 불가해(不可解)한. 수수께끼같은. 탐지하기 어려운.

inescusável *a.* ①용서할 수 없는. 용납할 수 없는. 변명되지 않는. ②없어서는 안되는. 필수의.

inescurecível *a.* 어둡게 할 수 없는.

inesgotável *a.* ①다 퍼낼 수(파낼 수) 없는. 고갈하지 않는. 그칠줄 모르는. 무진장한. 풍부한. ②피로를 모르는. 불굴의.

inesperadamente *adv.* 갑자기. 돌연히. 불쑥. 뜻밖에. 예기치 않게. 무망중(無望中)에.

inesperado *a.* 예기하지 않은. 생각지도 않은. 뜻밖의. 돌연한. 갑작스러운.

inesquecível *a.* 잊을 수 없는. 잊어서는 안되는.

inestendível *a.* 넓힐 수 없는. 확장 불가능한.

inestético *a.* 미점(美點)이 없는. 비미술적인. 살풍경의.

inestimável *a.* 평가할 수 없는. 측량할 수 없는. 더할 나위 없이 고귀한(귀중한).

inevidência *f.* 분명하지 않음. 명백치 못함. 불명료.

inevidente *a.* 분명치 않은. 명백(명료)하지 않은.

inevitabilidade *f.* 피할 수 없음. 불가피성(不可避性). 필연성(必然性).

inevitável *a.* 피할 수 없는. 불가피한. 필연한.

inevitàvelmente *adv.* 피할 수 없게. 불가피하게.

inexatidão *f.* 부정확(不正確). 부정밀(不精密).

inexato *a.* 정확하지 않은. 엄밀(정밀)하지 못한. 어느 정도 틀릴 수도 있는. 시간을 지키지 않는.

inexaminável *a.* 조사할 수 없는. 검사할 수 없는. 시험칠 수 없는.

inexaurível *a.* 다 없어지지 않는(없어질 수 없는). 고갈(枯渴)시킬 수 없는. 무진장한. 풍부한.

inexausto *a.* ①다 없어지지 않는. 고갈하지 않는. 무진장한. ②피로를 모르는. 불굴의.

inexcedível *a.* 초과되지 않는. 능가(凌駕)할 수 없는. 이겨낼 수 없는. 탁월한.

inexcitabilidade *f.* 흥분하지 않음. 흥분시킬 수 없음. 냉정. 태연.

inexcitável *a.* 흥분하지 않는. 흥분시킬 수 없는. 태연한.

inexcusável *a.* =*inescusável*.

inexecutável *a.* =*inexeqüível*.

inexeqüibilidade *f.* 실시할 수 없음. 실행 불가능.

inexeqüível *a.* 실시(실행)할 수 없는. 이행(履行) 불가능한.

inexigível *a.* 요구(청구)할 수 없는.

inexistência *f.* 존재하지 않음. 비존재(非存在).

inexistente *a.* 없는. 존재하지 않는. 존재 없는. 성립하고 있지 않는.

inexorabilidade *f.* ①(청원·소원·애원 따위를) 듣지 않음. 꿈쩍 안하는 것. ②무정. 냉혹. 가혹.

inexorável *a.* (청원·소원·애원 따위를) 듣지 않는. 들어줄 수 없는. 꿈쩍도 하지 않는. 무정한. 냉혹한. 용서 없는.

inexperiência *f.* 경험이 없음. 미숙(未熟).

inexperiente *a.* 경험이 없는(모자라는). 미숙한. 익숙지 못한. 처음의.

inexperto *a.* 경험이 없는. 미숙한 생소(生疎)한.

inexpiado *a.* 갚지 않은. [宗] 속죄하지 않은.

inexpiável *a.* 갚을 수 없는. 죄 깊은. 달래기 어려운. 앙심 깊은.

inexplicável *a.* 설명할 수 없는. 해석할 수 없는. 뜻을 알 수 없는. 묘한. 별난.

inexplorado *a.* 아직 답사(踏査)하지 않은. 개척되지 못한. 채굴되지 않은. 미채굴(未採掘)의. (사람의 역량 따위를) 이용하지 않은.

inexplorável *a.* 답사할 수 없는. 개척하기 어려운. 채굴할 수 없는. (역량 따위)이용하기 힘든.

inexplosível *a.* 폭발하지 않는. 파열(破裂)하지 않는. 불발(성)의.

inexpressivo *a.* 무표정한. 표정이 나타나지 않는. 말없는. 의미 없는.

inexprimível *a.* 말로 표현할 수 없는. (말하려 해도) 말이 나오지 않는.

inexpugnabilidade *f.* 깨뜨릴 수 없음. 불파성(不破性). (요새 따위) 난공불락(難攻不落).

inexpugnável *a,* 깨뜨릴 수 없는 타파할 수 없는. (요새 따위) 난공불락의. (의논 따위) 논파할 수 없는. 꿈쩍도 않는. 견고한.

inextensão *f.* 불확장. 불신장(不伸張).

inextensibilidade *f.* 연장할 수 없음. 불연장성(不延長性). 불확대성(不擴大性).

inextensível *a.* 연장할 수 없는. 넓힐 수 없는. 확장 불가능한.

inextenso *a.* 넓히지 않은. 확장하지 않은. 연장되지 않은.

inexterminável *a.* 근절(根絶)할 수 없는. 절멸(絶滅)할 수 없는.

inextinguível *a.* 지울 수 없는. 소멸하지 않는. 소멸할 수 없는. 억제할 수 없는.

inextinto *a.* 소멸하지 않는. 절멸하지 않는. 아직 생존하고 있는. 아직 타고 있는. (꺼지지 않은).

inextirpável *a.* 뿌리째 뽑기 힘든. 근절하기 어려운. 절멸(박멸)하기 어려운.

inextricável *a.* ①(엉킨 것이) 풀어지지 않는. 해결할 수 없는. ②얽힌. 착종(錯綜)

infactível—**infecundo**

한. 벗어날 수 없는.
infactível *a.* =*infatível*.
infalibilidade *f.* 틀림 없음. 오류 없음. 절대 확실. 확실성. 정확성.
infalível *a.* 틀리지 않는. 오류 없는. 틀릴 수 없는. 절대 확실한.
infalivelmente *adv.* 틀리지 않게. 절대 확실하게.
infalsificável *a.* 위조(모조)할 수 없는. 변조할 수 없는. 날조 불가능한.
infamação *f.* 명예훼손. 인신공격. 허위 선전. 중상.
infamador *m.* 명예를 훼손하는 자. 인신공격하는 자. 중상 비방하는 자.
infamante *a.* 명예를 훼손하는. 남을 중상하는. 비방하는. 인신공격하는.
infamar *v.t.* 남의 명예를 훼손하다. 중상비방하다. 인신공격하다.
—**se** *v.pr.* 자신의 면목을 잃다. 자기의 이름을 더럽히다. 파렴치한 짓을 하다.
infamatório *a.* 명예훼손의. 불명예의. 면목 없는. 파렴치한.
infame *a.* 오명(汚名)이 높은. 추명(醜名)이 난. 불명예스러운. 부끄러운. 파렴치한. 비열한. 더러운.
— *m.* 수치를 모르는 자. 파렴치한 인간.
infamemente *adv.* 악명(추명) 높게. 불명예스럽게도. 파렴치하게.
infâmia *f.* ①불명예. 악평. 오명(汚名). 수치. 나쁜 짓. 비행. ②인신공격하는 말. 악담. 욕설(辱說).
infanção *m.* (옛날의) 고귀한 사람. 고상한 사람.
infância *f.* ①어릴 때. 유시(幼時). 유년시대. ②(집합적으로) 어린아이. 유아. 아동. ③유치함. ④초기. 요람기.
infando *a.* 말할 수 없는. 무서운. 처참한. 증오할만한. 언어도단의.
infantaria, infanteria *f.* (집합적으로) 보병. 보병과(步兵科). 보병대.
infante (1) *a.* 어릴 때의. 유시(幼時)의.
— *m.* 어린아이. 유아. 아동.
— (2) *m.* 보병 병사(兵士).
— (3) *m.* 옛 스페인·포르투갈 왕의 둘째(셋째) 아들(태자 아님).
infanticida *m., f.* 아이를 죽인 사람. 유아 살해자. [法] 살아범인(殺兒犯人).
infanticídio *m.* 유아(영아) 살해. 살아죄(殺兒罪).

infantil *a.* ①유아의. 영아의. 소아의. ②어린애같은. 어린애다운.
paralísia infantil 소아마비(小兒痲痺).
infantilidade *f.* 어린애같음. 철부지같음.
infantilismo *m.* [醫] 유치증(幼稚症)(어린애의 외모. 특징이 어른에게 병적으로 나타나는 것).
infantilizar *v.t.* 어린애답게 하다.
—**se** *v.pr.* 어린애다워지다.
infantino *a.* =*infantil*.
infantizar *v.t.* 어린애답게 하다.
infatigabilidade *f.* 피로하지 않음. 싫증 느끼지 않음. 백절불굴. 정력절륜(精力絶倫).
infatigável *a.* 피로하지 않는. 피로를 모르는. 끈기 있는. 백절불굴의.
infatível *a.* ①행할 수 없는. 실행 불가능한. ②있을 수 없는.
infaustamente *adv.* 불행하게. 불운하게. 불길하게.
infausto *a.* ①불행한. 불운한. ②불길한. 불상(不祥)한.
dia infausto 흉일(兇日). 불길한 날.
infeção, infecção *f.* ①(병독의) 공기 전염. 감염. ②나쁜 감화. 악영향. ③(정신상의) 부패.
infecionar, infeccionar *v.t.* ①병독을 옮기다. (공기·물 같은 데에) 병독(병균)을 채우다. 전염시키다. ②나쁜 풍습에 물들게 하다. 부패시키다.
infecioso, infeccioso *a.* 전염성의. 옮기 쉬운. 병독이 있는.
infectante, infetante *a.* ①병독 있는. 병균을 옮기는. 전염시키는. ②(정신을) 타락케 하는. 부패시키는.
infectar, infetar *v.t.* 병독을 옮기다. 전하다. 전염시키다. 나쁜 풍습에 물들게 하다. (정신적으로) 부패케 하다.
—**se** *v.pr.* 감염(感染)하다. (정신상으로) 부패하다.
infecto, infeto *a.* ①병독 있는. 병균 있는. 해로운. ②나쁜 풍습에 물든. 오염된. ③악취를 발산하는. 코를 들 수 없는. 혐기(嫌忌)할만한.
infectuoso, infetuoso *a.* 병독의. 병균의. 전염성의. (악역에) 옮기 쉬운.
infecundidade *f.* 열매를 맺지 않는 것. 생산력이 없는 것. 불임(不姙). 불모(不毛). 황무(荒蕪).
infecundo *a.* ①열매를 맺지 않는. 생산력

infelicidade–infibulação

이 없는. ②애기 못 배는. 불임의. ③불모의.

infelicidade *f.* ①불행. 불운. 비운. ②흉변. 재난.

infelicitação *f.* 불행하게 함. 불운하게 됨.

infelicitador *a.*, *m.* 불행하게 하는 (것).

infelicitar *v.t.* 불행하게 하다. 불운케 하다.
—**se** *v.pr.* 불행하게 되다.

infeliz *a.* ①불행한. 불운한. 박명(薄命)의. ②성공 못한.
— *m.* 불행한 사람. 불쌍한 사람.

infelizmente *adv.* 불행하게. 불운하게. 유감스럽게. 비참하게.

infenso *a.* ①반대의. 반대하는. 거역하는. 적대하는. ②성난. 화낸. 노한.

inferência *f.* ①추론(推論). 추리. 추정. 추단. ②결론.

inferior *a.* ①(지위·계급 등이) 낮은. 하위(下位)의.
classes mjeriores 하급(下級).
— *m.* ①(지위가) 낮은 사람. 하급자. 부하. ②손아랫사람.

inferioridade *f.* 하부(下部). 하위(下位). 하급. 하등. 열등(劣等). 열세(劣勢). 열성(劣性).

interiorizar *v.t.* (…보다) 낮게 하다. 열등하게 하다.

inferiormente *adv.* 아래쪽에. 하급으로. 하층에, (…보다) 열등히게.

inferir *v.t.* 추론하다. 추단하다. 추측하다. (결론으로서) 의미하다.

infernal *a.* ①지옥의. 지옥과 같은. ②무서운. 놀랄만한. ③흉악한. 극악한. 극렬(極烈)한. ④악마 같은. 악귀 같은. ⑤[俗] 빌어먹을.
barulho infernal 몹시 떠들썩하기. 심한 소음(騷音).
ter ódio infernal 아주 싫어하다. 몹시 증오하다.

infernalidade *f.* ①극악. 도리에 어긋남. ②몹시 떠들썩하기. 큰 소동. 수라장(修羅場).

infernalmente *adv.* ①지옥처럼. 저승과 같이. ②몹시 요란스럽게. ③악마와 같이. 지독하게.

infernar *v.t.* ①몹시 괴롭히다. 미치게 하다. ②[俗] 지옥에 떨어뜨리다. 황천에 보내다.
—**se** *v.pr.* ①심한 괴로움을 당하다. 광란(狂亂)하다. ②지옥에 밀어지다. 저승에 가다.

inferneira *f.* ①대소동. 대혼란. 수라장. ②광란.

inferno *m.* ①저승. 황천. 명부(冥府). ②지옥. 인간세계의 지옥. 나락(奈落). ③마굴. 마계(魔界). 지옥과 같은 고계(苦界). ④악마. 악귀. 아수라(阿修羅). ⑤몹시 떠들썩하는 장소. 수라장. 대혼란. ⑥수차(水車)의 물 떨어지는 곳. ⑦큰 고통. 고난(苦難).
infernos (*pl.*) [宗] 연옥(煉獄).

infero *a.* ①위치가 낮은. 하부(下部)의. ②아래의. 하위의.
— *m.* ①하부. ②지옥.

infértil *a.* ①비옥하지 못한. 기름지지 않은. 불모(不毛)의. ②생산되지 않는. 성과 없는. 헛된.

infertilidade *f.* 비옥하지 못함. 기름지지 않음. 황무. 불모.

infertilizar *v.t.* 비옥하지 못하게 하다. 황무지로 만들다. 불모하게 하다. 생산이 없게 하다. 성과 없게 하다. 헛되게 하다.
—**se** *v.pr.* 황무지가 되다. 불모의 땅이 되다.

infestação *f.* ①(해충·해적(海賊) 등의)침범. 습격. 횡행. 만연. ②기분 나쁘게 하기. 괴롭히기

infestador *m.* ①침범하는 것. 습격자. 겁탈자. 불쾌하게 하는 (사물) 사람. 괴롭히는 사람 (사물).

infestante *a.* ①(해충·해적 따위가) 해치는. 횡행하는. 겁탈하는. ②괴롭히는.

infestar *v.t.* ①(해충·해적 따위가) 침범하다. 해치다. 횡행하다. 퍼지다. ②괴롭히다. 기분 나쁘게 하다.

infesto *a.* ①해를 끼치는. 해로운. 유쾌한. ②적대(敵對)하는. ③시끄럽게 구는. 괴롭히는.

infetante *a.* (공기·물 같은 데에) 병독을 옮기는. 전염시키는.

infetar *v.t.* (공기·물 같은 데에) 병독을 옮기다. 채우다. 병균을 전염시키다. ②나쁜 풍습에 물들게 하다. ③더럽히다. 오염(汚染)되다. ④(정신적으로) 부패케 하다.

infibulação *f.* ①혹 단추를 잠그기. (고리 모양의) 쇠갈고리를 끼우기. ②《古》음부겸제(陰部箝制)(옛날 투사(鬪士)들이 전선에 나갈 때 처(妻)의 질순(膣脣)

infibular *v.t.* ①혹 단추를 잠그다. 쇠갈고리를 채우다. ②《古》음부겸제를 하다.

inficionação *f.* 병독의 전염. 해독(害毒)의 유포. ②나쁜 감화를 주기. 풍습을 더럽히기. 패덕(敗德).

inficionar *v.t.* ①병균을 옮기다. (공기·물같은 데) 병독을 채우다. 전염시키다. ②나쁜 풍습에 물들게 하다. (정신적으로) 부패케 하다.

infidelidade *f.* ①불충(不忠). 불충실. 불성실. ② 불의(不義). 부정(不貞). 배신. ③신앙심이 없음. 불신(不信).

infidelíssimo *a.* (*infiel*의 최상급). 가장 불충실한.

infido *a.* 《詩》충실하지 않은. 성실하지 못한. 믿지 못할. 배신적인.

infiel *a.* ①불충한. 불실실한. 불성실한. 성의 없는. ②불의(不義)의. 부정(不貞)의. 절조 없는. ③믿을 수 없는. 신임할 수 없는. ④신앙심이 없는.

infielmente *adv.* 불충실하게. 성의 없이. 신앙심 없이. 신앙에 반대하여.

infiltração *f.* 스며들기. 침투. 삼입(滲入). 침입. [醫] 침윤(浸潤).

infiltrar *v.t.* 스며들게 하다. 침투시키다.
— *v.i.*, — *se v.pr.* 스며들다. 침투하다. 침윤하다.

infiltrável *a.* 스며들어갈 만한. 침투할 수 있는. 삼입(滲入)되는.

ínfimo *a.* 가장 낮은. 최저(最底)의. 최하부의. 최하등의. 최하층의.
— *m.* 최하층민(最下層民).

infindamente *adv.* 끝없이. 한없이. 무한히. 무궁하게.

infindável *a.* 끝없는. 한없는. 끝나지 않는. 그칠줄 모르는. 무궁한.

infindo *a.* ①끝없는. 한없는. 무궁한. ② 무량(無量)의. ③영구(永久)한. ④광대무변한.

infinidade *f.* ①끝없음. 한없음. 무한(無限). 무량. 무극(無極). 무궁. ②무한량(無限量). 무한수(數). 무한대(大).

infinitamente *adv.* ①한없이. 끝없이. 무궁히. ②아주 깊게. 엄청나게.

infinitésima *f.* 무한소(無限小). 극소량(極少量). [數] 극미(極微).

infinitesimal *a.* 무한소의. 극소량의. 미소(微少)한. 미분(微分)의.

calculo infinitesimal [數] 미적분학.

infinitesimo *a.* 무한소의. 극미의. 미분의.

infinitivo *a.* [文] 부정법의.
— *m.* [文] (동사의)부정법(不定法).

infinito *a.* 무한(無限)한. 무궁한. 끝없는. 광대무변한. 무량(無量)한. 무수한. [文] 인칭과 수의 제약을 받지 않는.
— *m.* 한없는 것. 무한물(無限物).
— *adv.* 한없이. 무한히. 무궁하게. 엄청나게. 막대하게.

infirmar *v.t.* 약하게 하다. [法] 무효로 하다. 취소하다.

infirmativo *a.* [法] 취소하는. 무효로 하는.
sentença infirmatva 취소 선언.

infixação *f.* ①굴곡. 구부러짐. ②음성의 조절. 억양. [文] 굴절. 어형 변화. 활용.

infixar *v.t.* ①고정(固定)하지 않게 하다. ②[文] 어형 변화시키다. 활용하다.

infixidez *f.* 정착성(定着性) 없음. 고정(固定)되 있지 않음.

infixo *m.* (말의 중간에 끼우는) 삽입자(挿入字). 첨부자(添附字).

inflação *f.* ①부풀기. 팽창. [經] 통화팽창. 인플레이션. ②뽐내기. 과장(誇張). 자부.

inflado *a.* ①(가스·공기 따위로) 부푼. (통화 따위) 팽창한. ②뽐내는. 으쓱하는.

inflacionista *m., f.* 통화팽창(인플레 정책)론자.

inflamabilidade *f.* 가연성(可燃性). 연소성(燃燒性). 인화성.

inflamação *f.* ①발화. 점화(點火). ②연소. ③[醫] 염증(炎症). 열증(熱症). ④(흥분하여) 낯을 붉히는 것. 격노.

inflamado *a.* ①탄. 타고 있는. 연소하는. [醫] 염증을 일으키고 있는. 부은. ②《比喩》화낸. 뚱한.

inflamador *m.* 태우는 것(사람). 염증을 일으키게 하는 것(사람). 부어오르게 하는 것.

inflamar *v.t.* ①태우다. 달구다. 가열시키다. ②《比喩》격분케 하다. 감정을 일으키다.
— *v.i.*, — *se v.pr.* ①타다. 타오르다. 달다. 가열하다. [醫] 염증을 일으키다. 붓다. ②화내다. 격분하다. 노발대발하다.

inflamativo *a.* ①태우는. 연소시키는. 달구는. 가열케 하는. ②격분케 한.

inflamatório *a.* ①염증(성)의. 염증을 일

inflamável *a.* 타기 쉬운. 인화성의. 가연성(可燃性)의. 화 잘내는. 격분하기 쉬운.

inflar *v.t.* ①(공기・가스 따위로) 부풀게 하다. ②[商] (물가 따위를) 올리다. [經] (통화를) 팽창시키다. ③뽐내게 하다. 으쓱하게 하다. 과장(誇張)하게 하다.
— **se** *v.pr.* ①부풀다. 팽창하다. ②뽐내다. 우쭐하다.

inflectir *v.t.* ①(안으로) 굽히다. 굴복시키다. ②기울이다. 비스듬히 하다.
— **se** *v.pr.* 구부러지다. 휘다. [文] 어미변화하다.

inflexão *f.* 구부러짐. 굴곡. 음성의 조절. 억양. [文] 굴절. 어형(어미) 변화. 활용(活用). [幾] 반곡(反曲). 만곡(彎曲). [理] 굴절(屈折).

inflexibilidade *f.* 굽힐 수 없음. 불요성(不撓性). 불굴곡성(不屈曲性). 불요불굴. 강직(剛直). 완고.

inflexível *a.* 굽힐 수 없는. 휘지 않는. 곡절이 없는. 불굴의. 굳굳한. 불요(不撓)의. 완고한. 양보하지 않는. 억척스러운.

inflexivo *a.* 곡절(曲折)이 없는. 굴곡이 없는. [文] 변화 없는.

inflexo *a.* 안으로 휜. 안으로 굽은. 굴곡한. [植] 안으로 굽힌. 내곡(內曲)한.

inflição, inflicção *f.* ①[法] 형벌을 가함. 처형. 처벌. ②고통. 간난.

infligir *v.t.* (구타・상처 따위를) 가하다. 입히다. (벌・형벌 등을) 주다. 과하다. 처하다.

inflorescência *f.* [植] 꽃차례. 화서(花序). (집합적으로) 꽃. 개화(開花).

inflorescente *a.* ①꽃차례의. 화서의. 화서에 관한. ②꽃이 피어 있는.

influença *f.* [醫] 인플루엔자. 유행성감기.

influência *f.* ①영향(影響). 감화(感化). 작용. ②세력. 권세. 위력(威力). ③영향을 끼치는 사람(것). 세력가. ④신용. ⑤[電] 감응(感應). ⑥[醫] 인플루엔자.

influenciação *f.* 영향을 끼침. 세력이 미침. 작용하기. 감화를 주기. 감응(感應)시키기.

influenciar *v.t.* 영향을 끼치다. 감화를 주다. 감응시키다. 좌우하다. 움직이다. (婉曲) 뇌물을 쓰다. 매수하다.

influente *a.* 영향 있는. 영향을 주는. 세력 있는. 유력한. 신용 있는.

— *m.* 영향을 주는 자. 유력가. 세력가.

influenza *f.* [醫] 인플루엔자. 유행성 감기.

influição *f.* ①흘러들어감. ②감화. 영향.

infludo *a.* 영향을 받는. 감화를 받는. 움직이는.

influidor *a., m.* 영향을 끼치는 (사람・것).

influir *v.t.* ①영향을 끼치다. 감화를 주다. 좌우하다. 움직이다. 감응시키다. ②(용기・감정・희망 따위를) 일으키게 하다. 감발(感發)케 하다. 고무하다. 영향 받다. 감응하다. 감발하다. 작용하다.
— **se** *v.pr.* ①영향 받다. ②기뻐서 날뛰다.

influxo *m.* ①흘러들어감. 유입(流入). 들어오는 것. 모여들기. 쇄도. ②영향. 감화. 작용.

in-fólio *a.* 이절(二折). 4페이지의.
— *m.* [製本] 전지(全紙) 이절판 크기의 책. 2절 4페이지형(形)의 책.

informação *f.* ①통지. 통보. 보고. 교시(敎示). ②정보(情報). ③지식. 견문. ④참고. ⑤형체를 줌. 구체화하기.
pedir (또는 *tomar*) *informações* 문의하다. 조회하다.

informador *m.* 통지자. 통보자. 보도자.

informal *a.* 약식(略式)의. 비공식의. 터놓은.

informante *a.* 통지하는. 통보하는. 보도하는. 교시(敎示)하는.
— *m., f.* 통지자. 보도자. 교시자.

informar *v.t.* ①알리다. 고하다. 통지하다. 보도하다. 보고하다. 정보 제공하다. ②가르치다. 교육시키다. ③형체(形體)를 주다. 형체를 이루게 하다.
— *v.i.* 형체를 구비하다. 구성하다. 발육하다.
— **se** *v.pr.* ①문의하다. 조회하다. 조사하다. ②형체가 구비되다. 구성되다.

informe (1) *a.* 형체가 없는. 무형의. 아직 형상을 이루지 않은. 모양이 없는. ②형체가 찌그러진. 볼 모양이 없는. 이상한 모양의. ③규칙(기준)에서 벗어난. 격식이 다른. 법에 따르지 않은. 위법(違法)의. 위례(違例)의.
— (2) *m.* ①통지. 통보. 보고. 보도. ②정보. ③조사. 의견.

informente *adv.* ①일정한 형(形)이 없이. 모양이 없이. ②보기 흉하게. 비공식적으로.

informidade *f.* ①일정한 형(모양)이 없음. 형태가 없음. ②형식(법식)에 따르지 않음. 수속 절차가 틀림. ③위법(違法). 위례(違例).

infortificável *a.* 축성(築城)할 수 없는. 방어 공사를 할 수 없는. 수비 불가능한.

infortuna *f.* 불운. 불행. 역경(逆境).

infortunado *a.* 불운한. 불행한.

infortunar *v.t.* 불운하게 하다. 불행하게 하다.

infortúnio *m.* ①불운. 불행. 역경. ②박명(薄命). ③재난. 화환(禍患). 흉사(凶事).

infortunoso *a.* 불행이 계속되는. 역경에 처한.

infra '밑에・하부에'의 뜻을 나타내는 복합형.

infra-vermelho [理] 적외(赤外)의.

infração, infracção *f.* 위반. 위배(違背). 위범(違犯). 반칙(反則). 위약(違約).

infracto, infrato *a.* 《詩》깨진. 부서진. 터진. 약해진.

infractor, infrator *m.* 위반자. 위배자(違背者). 반칙자(反則者).

infra-escrito *a.* 아래에 기록한. 하기(下記)의.

infrangível *a.* 깨뜨릴 수 없는. 배반(배치)할 수 없는. 침범(침해)할 수 없는.

infrascrito *a.* 아래에 기록하는. 아래에 기록된. 하기(下記)의.

infrene *a.* ①재갈을 물리지 않은. 억제(구속)되지 않은. ②방일(放逸)한. 난폭한. 취체(取締)할 수 없는. 손 댈 수 없는.

infrengível *a.* =*infangíel*.

infreqüência *f.* 어쩌다 있음. 드묾. 왕래가 적음. 통행이 드묾.

infreqüente *a.* 어쩌다 있는. 드문. 통행이 적은. 사람이 어쩌다 나타나는.

infreqüentemente *adv.* 혹간. 드물게.

infringente *a.* 위반하는. 위배(違背)하는. 위약(違約)하는. 반칙하는.

infringir *v.t.* (질서・규율 따위를) 깨뜨리다. 범하다. 침해하다. (법식・법률 등을) 위반하다. 위배하다.

infringível *a.* (규칙・질서 따위를) 깨뜨릴 수 없는. 범하지 못할. 반칙해서는 안 되는. (법 따위) 위반할 수 없는. 어길 수 없는.

infrutífero *a.* 열매 맺지 않는. 생산이 없는. 수입이 없는. 이익이 없는. 성과(效果) 없는. 헛된. 헛수고의. 도로(徒勞)의.

infrutuosamente *adv.* 열매 맺지 않고. 생산이 없이. 수입(이익)없이. 헛되게.

infrutuosidade *f.* 열매를 맺지 않음. 생산이 없음. 수입(이익)이 없음.

infrutuoso *a.* =*infrutífero*.

infumável *a.* (담배의 질이 나빠서) 피울 수 없는. 피우지 못할.

infumígeno *a.* 연기를 뿜지 않는(내지 않는). 연기 없는. (화엿 따위) 무연(無煙)의.

infundado *a.* 근거 없는. 무근거한. 얼토당토 안하는. 이유 없는.

infundibuliforme *a.* 깔때기 모양의.

infundíbulo *m.* 깔때기.

infundiça, infundice *f.* 세탁용(洗濯用) 알카리물.

infundir *v.t.* ①붓다. 주입(注入)하다. 스며들게 하다. ②(약・차・따위를) 달이다. 달여내다. 삶다. ③(주의・사상 따위를) 불어넣다. 감득(感得)하게 하다.
—**se** *v.pr.* ①흘러 들어가다. ②감득하다.

infusa *f.* 물주전자. 술주전자. (손잡이 달린) 항아리. 저그(jug).

infusão *f.* ①부어넣기. 붓기. 주입(注入). ②불어넣기. ③(향료의) 스며나오기. ④주입물. 달인약. 침액(浸液). 침제(浸劑). ⑤혼합물.

infuso de chá 달인 차(茶).

infusibilidade *f.* 녹지 않음. 불용성(不溶性).

infusível *a.* 녹지 않은. 용해(溶解・鎔解)하지 않은. 불용해성의.

infuso *a.* ①부어 넣은. 주입(注入)한. ②끓인. 달인. 삶은. ③자연적으로 얻은. ④타고난. 달인 것(약・차 따위).

infusórios *m.(pl.)* [動] 적충류(滴蟲類).

infustamento *m.* (술통・나무통 등에서 나는) 나쁜 냄새. 악취(惡臭).

infusura *f.* (말(馬)의) 가타성 질환(疾患).

ingá *f.* [植] 잉가제이라나무의 열매.

inganhável *a.* ①이길 수 없는. ②얻기 힘든. 취득(取得) 곤란한. ③돈벌이가 안 되는.

ingazeira *f.* [植] 잉가제이라(브라질산의 콩과(豆科)의 나무).

ingénito *a.* 타고난. 선천적인. 천성(天性)의. 천부(天賦)의.

ingente *a.* 《詩》큰. 거대한. 엄청난. 놀라운. 경이적(驚異的)인.

ingenua *f.* ①[劇] 순진한 소녀(少女)의 역할(役割). 그 역할하는 여배우. ②순진한 여자.

ingenuamente *adv.* ①솔직하게. 담백하게. ②순박하게. 단순하게. 천진난만하게. ③있는 그대로. 꾸밈없이.

ingenuidade *f.* ①솔직. 순진. 천진난만. 담백. ②단순함. (남의 이야기를) 쉽사리 믿음. 경신(輕信). 속기 쉬움. 검박(儉朴).

ingênuo *a.* ①솔직한. 순진한. 천진난만한. ②단순한. 속기 쉬운. ③있는 그대로의. 꾸밈없는.
— *m.* ①솔직한 사람. 순진한 사람. 단순한 사람. ②소박(素朴).

ingerência *f.* ①(음식을) 섭취하기. 섭식(攝食). ②삼키기. 연하(嚥下). ③(간섭). 참견. 개입.

ingerir *v.t.* ①(음식을) 섭취하다. 섭식하다. ②삼키다.
— *se v.pr.* 간섭하다. 참견하다.

ingestão *f.* ①위(胃)에 음식물을 채우기. (음식물의) 섭취. 섭식(攝食). 삼키기.

Inglaterra *f.* 영국. 잉글랜드.

inglês *a.* 잉글랜드의. 영국의. 영국 사람의. 영어의.
— *m.* 영국 사람. 영어(英語).
inglês correto (또는 *puro*) 정통 영어(正統英語).
inglês incorreto 틀린 영어. 엉터리 영어.

inglêsamente *adv.* 영국식으로. 영국 사람처럼. 영국식 말투로.

inglesar *v.t.* ①영국식으로 하다. 영국식을 따르다. 영국 사람이 하는 모양을 따르다. ②(외국어를) 영어화하다.

inglesismo *m.* 영국식. 영국주의. 영국식 말투.

inglêsmente *adv.* = *inglêsamente*.

ingloriamente *adv.* 불명예로. 이름도 없이.

inglório *a.* ①불명예로. 면목 없는. 수치스러운. ②이름도 없이. 무명의.

ingloriosamente *adv.* 불명예스럽게. 수치스럽게.

inglorioso *a.* 명예롭지 못한. 면목 없는. 수치스러운.

ingluvioso *a.* 대식(大食)의. 탐식(貪食)의.

ingovernável *a.* ①다스릴 수 없는. 통치하기 곤란한. 지배하기 어려운. ②조종할 수 없는.

ingracioso *a.* 아치(雅致)하지 않은. 우아하지 못한. 애교성(愛嬌性) 없는.

ingramatical *a.* 문법에 어긋나는. 문법에 맞지 않는. 문법위반의.

ingramaticalidade *f.* 문법에 어긋남. 문법위반.

ingratamente *adv.* 은혜를 모르고. 은의(恩義)를 잊고. 배은망덕하게.

ingratão *m.* 은혜를 모르는 사람. 망은자(忘恩者).

ingratião *f.* 은혜를 모름. 은의(恩義)를 잊음. 망은배은(忘恩). 망은배덕.

ingrato *a.* ①은혜를 모르는. 은의를 잊은. 망은의. 의리(義理) 없는. ②기분 나쁜. 싫은. ③수지가 맞지 않은. 일한 보람이 없는. 헛수고 한.
terra ingrata 불모(不毛)의 땅.
trabalho ingrato 노력한 보람이 없는 일.
caminho ingrato 걷기에 힘든 길.
— *m.* 은혜를 모르는 자. 망은자.

ingratona, ingratatona *f.* 은혜를 모르는 여자. 망은배덕한 여자.

ingrediente *m.* 성분(成分). 합성분. 요소(要素). 구성분자(構成分子).

ingreme *a.* 가파른. 경사가 급한. 험한.

ingremidade *f.* ①가파름. 경사가 심함. ②험함. 험준. ③곤란.

ingresia *f.* ①떠들썩하기. ②소란. 소동.

ingressar *v.t.* (…에) 들이가다. 들이오디. 입장하다. 입회하다. 입사하다.

ingresso *m.* 들어가기. 들어오기. 가입(加入). 입장(入場). 입회(入會). 입사(入社). 입문(入門).
bilhete de ingresso 입장권(券).

ingrunga *f.* 기복(起伏)이 많아 교통이 몹시 불편한 땅(土地).

ingua *f.* [醫] 한 개 혹은 여러 개 임파선의 염증.

inguinal *a.* [解] 사타구니의. 사추리의.

ingurgitação *f.* ①탐식(貪食). 배불리 먹기. ②삼켜버림. 연하(嚥下). ③막힘. 폐색.

ingurgitamento *m.* ①배불리 먹기. 탐식하기. ②삼키기. ③기관폐색(氣管閉塞). 차단(遮斷). 저지(沮止).

ingurgitar *v.t.* ①탐식하다. 배불리 먹다. ②삼키다. 꿀떡꿀떡 마시다. ③막다. 채워 버리다. 폐색하다. ④차단하다. 저지하다.
— *v.i.*, — *se v.pr.* ①배불리 먹다.

배가 가득 차다. ②막히다. 폐색하다. 기관 폐색에 걸리다.

inhambu *m*. [鳥] 티나무(남미산의 메추라기 비슷한 새).

inhame *m*. [植] 마. 참마.

inibição *f*. 금지. 금제(禁制). 제지(制止). [心·生理] 억제. 억압. [醫] (기관의 신경장애로 인한) 기능 중지(機能中止).

inibir *v.t*. ①금하다. 금지하다. 막아 못하게 하다. 방지하다. ②억제하다. 억누르다.

inibitivo, inibitório *a*. 금지의. 금제(禁制)의. 금지된. 억제된.

iniciação *f*. 시작. 개시. 착수. 창시(創始). 창업. 입회식. 입문(식). ②[宗] 비전(비결)을 전하는 것. 전수(傳授).

iniciado *a*. 시작한. 개시한. 착수한.
— *m*. 시작한 사람. 신입생. 새로운 신도(信徒).

iniciador *a*. 시작하는. 개시하는. 착수하는.
— *m*. 시작하는 사람. 개시자. 착수자. 창시자(創始者). 선창자(先唱者). 교도자. 전수자. 기폭약(起爆藥).

inicial *a*. 처음의. 시작의. 최초의. 모두(冒頭)의.
— *m*. 머릿글자. 두문자(頭文字). 이름의) 첫 글자.

inicialmente *adv*. 처음에는. 최초에. 모두에. 벽두(壁頭)에.

iniciar *v.t*. ①시작하다. 개시하다. 착수하다. 일으키다. 창시하다. ②가입(입회)시키다. ③비전(秘傳)을 전하다. 비결을 전하다. 전수(傳授)하다.
—*se v.pr*. 전수를 받다.

iniciativa *f*. ①처음. 솔선. 선창. ②발기(發起). 발의(發議). 기안(起案). ③창업의 재간. 독창성(獨創性). 독창력. 자발성. ④[軍] 기선(機先). 주도권.

iniciativo *a*. ①처음의. 발단의. ②창시적. 진취적.

início *m*. 시초. 발단. 단서(端緒). 개시. 출발.

inigualável *a*. 동일(동등)하게 할 수 없는. 비할 수 없는. 무쌍한.

iniludível *a*. 미혹 당하지 않는. 속지 않는. 틀리지 않는.

inimaginável *a*. 상상하기 어려운. 생각도 못한. 인지(人智)로서는 상상할 수 없는.

inimicícia *f*. ①적의(敵意). 적시(敵視). 적대시. ②불화(不和). 반목.

inimicíssimo *a*. 사이가 아주 나쁜. 불화. 반목이 대단한. 가장 증오하는.

inimigo *a*. 적대하는. 적(敵)의. 원수의.
— *m*. 적. 원수. 적군(敵軍). 적의 함대. 적국(敵國).
inimigo comum 공동의 적.
inimigos figadais (또는 *de morte*) 철천지 원수.

inimitável *a*. 흉내낼 수 없는. 모방하기 어려운.

inimitavelmente *f*. 흉내(모방)할 수 없을 만치.

inimizade *f*. ①불화(不和). 반목. 적시(敵視). ②적의(敵意). 원한. ③심한 증오. 혐기(嫌忌).

inimizar *v.t*. (…을) 적으로 하다. 적대시하다. (…와) 불화하게 하다. 반목케 하다.
—*se v.pr*. (+*com*). …와 사이가 나빠지다. 화목하지 않다. 서로 반목하다. 적의(敵意)를 품다.

ininflamàvel *a*. 불연성(不燃性)의.

in-integrum *adv*. 《L》완전히. 전체적으로. 전부 갖추어서.

inintelectual *a*. 지력(智力)이 아닌. 지적(智的)이 못되는. 지성(智性)에 반대되는.

ininteligente *a*. 지혜가 없는. 영리(怜利)하지 못한. 우둔한. 이해하지 못하는.

ininteligível *a*. ①이해하기 어려운. 납득하기 곤란한. ②분명치 못한. 확연하지 않는.

ininteligivelmente *adv*. 알 수 없게. 이해하기 어렵게. 분명치 못하게.

ininterrompido *a*. =*ininterrupto*.

ininterrupção *f*. (중도에서) 끊어지지 않음. 중단하지 않음. 중지(中止)하지 않음. 연속적임. 지속적(持續的)임. 연면(連綿).

ininterrupto *a*. 중도에서, 끊어지지 않는. 중단하지 않는. 중지하지 않는. 연속적인. 연면(連綿)한.

ininvestigável *a*. 조사할 수 없는. 천착불가능.

iniquamente *adv*. 부정하게. 간악하게.

iniquicia *f*. 《古》=*iniquidade*.

iniquidade *f*. ①불공평(不公平). 부정(不正). 불법. 부당. ②비행(非行). 부정행위. 무도(無道)한 행실.

iníquo *a*. 옳지 못한. 부당한. 불공평한. 부정(不正)의. 불법의. 사악(邪惡)한. 간악한.

injeção *f.* 주사(注射). 주입. 분사(噴射). 주사액(液).
injeção endovernosa (또는 *intravernosa*) 정맥주사(靜脈注射).
injeção hipodérmica 피하(皮下)주사.
injeção intrasmusclar 근육주사.
aplicar (*tomar*) *injeção* 주사를 맞다.

injetado *a.* ①주사한. 주사를 맞은. ②충혈하여. 빨갛게 된.

injetar *v.t.* 주사 놓다. 주입(注入)하다.
—*se v.pr.* ①주사 맞다. (액체가) 주입하다. ②충일(充溢)하다.

injetor *a.* 주사용의. 주입용의. 분사용의.
— *m.* 주사기. 주수기(注水器).

injucundo *a.* ①마음에 안 드는. 의사(意思)에 맞지 않는. ②싫은. 기분 나쁜.

injunção *f.* 명령. 훈령. 지령. [法] 금지(강제)명령.

injungir *v.t.* (순종·침묵 등을) 명하다. 명령하다. 강요하다. 지령(훈령)하다.

injuntivo *a.* 명령적. 강압적.

injúria *f.* ①해. 위해. 상해(傷害). 상처. 손상. 손해. [法] 권리침해. 명예훼손. ②모욕. 창피주기. ③부정(不正). 부당(不當).

injuriado *a.* ①손해(상해). 권리 침해 당한. ②마음에 거슬리는. ③창피한. 모욕당한.

injurlador *m.* 해지는 자. 손해 끼치는 자. 훼손자. 비방(誹謗)하는 자.

injuriante *a.* ①해치는. 손해(상해) 끼치는. [法] 권리 침해하는. 명예 훼손하는. 비방하는. ②모욕하는. 창피 주는.

injuriar *v.t.* ①손해를 주다. 상처를 입히다. (명예·감정을) 해하다. 훼손하다. ②(권리)침해하다. ③비방하다. 창피 주다. 모욕하다.
—*se v.pr.* 상하다. 상처를 입다. 기분 나쁘다. 명예 훼손 당하다. (권리의) 침해 당하다. 모욕 당하다.

injuriosamente *adv.* 침해하여. 훼손하여. 모욕적으로. 무례하게.

injurioso *a.* ①불법한. 부당한. 명예훼손적. 비방적. 무례한. ②해를 끼치는. 손상 주는. (권리를) 침해하는.

injustamente *adv.* 부당하게. 도리에 어긋나게.

injustiça *f.* 부정(不正). 비정의(非正義). 부당(不當). 불법(不法). 무조리(無條理).

injustiçose *a.* 올바르지 못한. 정의가 아닌. 불법적인. 조리(도리)에 어긋나는. 그릇된.

injustificável *a.* 조리에 닿지 않은. 이치에 맞지 않는. 변명할 수 없는.

injusto *a.* 올바르지 못한. 그릇된. 정의(正義)가 아닌. 부정(不正)의. 불법의. 부당한. 불공평한. 조리에 닿지 않는.
— *m.* 정당하지 못한 일. 부정사실(不正事實). 부정사건.

in-limine *adv.* 《L》처음부터.

inobediência *f.* ①불순종. 불효(不孝). ②(명령·법률·규칙 따위에 대한) 위반. 반칙.

inobediente *a.* ①순종치 않는. 복종하지 않는. 불효한. ②(법률·규칙 등을) 어기는. 위반하는.

inobliterável *a.* 지울 수 없는.

inobservado *a.* 준수(遵守)되지 않은. 준봉(遵奉)하지 않은. 관찰되지 못한.

inobservância *f.* ①준수하지 않음. 준봉하지 않음. ②위반. 무시. 부주의. 해태(懈怠).

inobservante *a.* 준수하지 않는. (법률을) 지키지 않는. 부주의한. 태만한.

inobservável *a.* 준수할 수 없는. (법률·규칙 등) 지킬 수 없는. 이행(履行)하기 어려운

inocência *f.* ①결백. 무죄. (도덕적) 무해. ②악의 없음. 천진난만. 무사기(無邪氣).

inocentar *v.t.* 흠없게 하다. 죄없게 하다. 결백하게 하다.

inocente *a.* 흠없는. 깨끗한. 죄없는. 무고한. 악의 없는. 천진난만한. 사람 좋은. 단순한. (도덕적으로) 해가 안 되는.
estar inocente 죄 없다. 결백하다.
— *m., f.* ①결백한 사람. 죄 없는 사람. 무고한 자. ②단순한 사람. 호인. 천진난만한 사람. ③천진난만한 아이. 영아(嬰兒).

inocentemente *adv.* 결백하게. 죄 없이.

inocuidade *f.* (뱀 따위) 독이 없음. 무독. 무해(無害).

inoculabilidade *f.* 접종(接種)할 수 있음. 접붙일 수 있음.

inoculação *f.* [醫] 접종. 접두(接痘). [園藝] 접붙이기. 접목(接木).
inoculação de vacina 종두(種痘).

inoculador *m*. 접종하는 사람.
inocular *v.t.* ①[醫] 병균을 심다. 접종하다. 이식(移植)하다. ②[園藝] 접목하다. 접붙이다. ③(사상 따위를) 부식(扶植)하다.
inoculável *a*. 접종할 수 있는. 접목할 수 있는 접붙일 만한.
inócuo *a*. (특히 뱀의) 독 없는. 무독의. 해롭지 않는.
inocupaao *a*. ①(일정한 장소를) 차지하지 않은. [軍] 점령하지 않은. ②(현재) 일하고 있지 않는. 분주하지 않은. 한가한.
inodoro *a*. ①향기가 없는. ②냄새가 없는. 무취(無臭)의.
gás inodor 무취 가스.
inodula *f*. [醫] 육아(肉芽).
inofensivamente *adv*. 해가 되지 않게. 악의 없이.
inofensivo *a*. 해가 되지 않는. 무해(無害)의. 악의 없는. 숭굴숭굴한.
inoficiosamente *adv*. 정식 수속을 밟지 않고 비공식으로. 부정당하게. 의무를 무시하고.
inoficioso *a*. ①정식이 아닌. 부정당한. ②의무를 무시한. [法] 의무 관념이 없는. 권리를 침해하는.
inolente *a*. 향기 없는. 냄새 없는.
inolvidável *a*. 잊지 못할. 잊을 수 없는. 잊어서는 안 되는.
inominado *a*. (아직) 이름이 없는. 이름을 붙이지 않은. 명명(命名)하지 않은. 무명의.
osso inominado [解] 무명골. 둔골(臀骨). 좌골(坐骨).
inominável *a*. 이름을 붙일 수 없는. 명명 불가능한. (무어라) 말할 수 없는.
inoperante *a*. 효력이 없는.
inópia *f*. ①부족(不足). 결핍. 궁핍. ②빈곤. 가난. 빈궁.
inopinadamente *adv*. 뜻밖에. 갑자기. 불쑥. 무망중(無望中).
inopinado *a*. ①뜻밖의. 의의의. 생각지도 못한. 예기치 않은. ②급작스러운. 돌연한.
inopinável *a*. 예상[예견]할 수 없는. 추축 못할.
inoportunamente *adv*. 때를 놓치고. 시기가 적당치 않게.
inoportunidade *f*. ①시기가 적당치 않음.

(…할) 때가 못됨. ②때 놓침. 실기(失機).
inoportuno *a*. 시기가 적당치 않은. 때가 아닌. 때를 놓친. 적당한 기회가 못되는.
inorgânico *a*. ①[化] 무기(無機)의. 무기성. 무기체의. ②(유기적) 조직이 없는 (사회 따위). ③생활 기능이 없는 무생물의.
inorganismo *m*. 무기물(無機物). 무기체(體). 무생물.
inorganizado *a*. ①무기의. ②조직이 없는. 조직되지 않은. 편성(編成)되지 않은.
inorganizável *a*. 조직[편성]할 수 없는.
inosculação *f*. [醫] 접합. 혈관 접합(크기가 같은 혈관(血管)의 직접 연락).
inospitaleiro *a*. 손님 대접이 나쁜. 푸대접하는. 친절하지 않은.
inospitalidade *f*. 푸대접. 냉대(冷待). 냉우(冷遇). 괄대(括待).
inóspito *a*. ①손님 대접이 나쁜. 푸대접의. 인사성이 없는. 친절하지 못한. 관대(款待)하지 않는. ②숙박할 곳 없는. 황폐한. 황량(荒凉)한.
inovação *f*. 새롭게 하기. 혁신(革新). 쇄신(刷新). 경신(更新). 경장(更張).
inovador *m*. 새롭게 하는 사람. 혁신(쇄신)하는 자. 경신하는 자.
inovar *v.t.* (다시 고쳐) 새롭게 하다. 혁신하다. 쇄신(刷新)하다. 경신하다.
inoxidável *a*. 녹슬지 않는. 산화(酸化)하지 않는. 산화할 수 없는.
inoxio *a*. 해(害) 없는. 해롭지 않은. 상하지 않는. 죄 없는. 결백한.
inqualifcável *a*. 형용할 수 없는. (무어라) 표현할 수 없는. ②비열한. 열등한.
inquartação *f*. [試金] 사분법(四分法). 금・은의 질산분해법(窒酸分解法 : 질산분금법(分金法)의 비례로 은 3, 금 1의 비율로 합금하는 것).
inquartar *a*. 은삼(銀三)・금일(金一)의 비율로 합금하다.
inquebratável *a*. ①깨뜨릴 수 없는. 타파할 수 없는. 깨뜨러지지 않는. 침범되지 않는. ②휘지 않는. 신축성 없는. 딱딱한. 견고한.
inquebrável *a*. 꺾을 수 없는. 깨뜨릴 수 없는. 부러뜨릴 수 없는.
inquérito (발음: 잉께리뚜) *m*. ①심리. 심문. 배심. ②조회. 문의. 질문.
inquestionável (발음: 잉께스찌오나아벨) *a*. 문제 삼을 수 없는. 문제가 안 되는.

의논할 여지가 없는. 의심할 점이 없는. 물론의. 확실한.

inquietação *f*. ①평온하지 못함. 불온. 불안. 동요. ②걱정. 근심.

inquietador *m*. 조용한 환경을 깨뜨리는 사람. 불온하게 하는 자. 소란을 일으키는 사람.

inquietamente *adv*. 불온하게. 불온(不穩)하여. 걱정스럽게.

inquietante *a*. 불온(불안)하게 하는. 소란을 일으키는. 시끄럽게 구는.

inquietamento *a*., *m*. =*inquietação*.

inquietar *v.t*. 평온한 환경을 깨뜨리다. 불온하게 하다. (사회를) 뒤숭숭하게 하다. 동요를 일으키다. ②걱정(근심)하게 하다. ─**se** *v.pr*. 불안(불온)해지다. 불안한 감을 느끼다. 동요하다. 근심(걱정)하다.

inquieto *a*. 조용하지 않은. 평온하지 못한. 불안한. 불온한. 진정하지 못한. 동요하고 있는. 걱정하는. 근심하는.

inquietude *f*. =*inquietação*.

inquilinagem *f*. =*inquilinato*.

inquilinato *f*. ①(토지·가옥 등의) 임대(賃貸). 임차(賃借). ②차지(借地)·차가(借家)계약. 그 계약기간. ③임차권(賃借權).

inquilino *m*. 차가인(借家人). 세든 사람.

inquinação *f*. =*inquinamento*.

─ *m*. ①더럽힘. 오염(汚染). ②불결. ③나락. 퇴폐.

inquinar *v.t*. ①더럽히다. 때문이다. 불결하게 하다. (신성을) 모독하다. ②타락케 하다. 퇴폐케 하다. 부패케 하다.

inquirição *f*. =*inquirimento*.

─ *m*. ①신문(訊問). 심문(審問). 힐문(詰問). 준엄한 추궁. (포로 등의) 심사. 취조.

inquiridor *a*., *m*. 조사하는 자. 신문(심문)하는 자.

inquirir *v.t*., *v.i*. 신문(심문)하다. 힐문하다. 준엄한 추궁을 하다. (용의자·포로 등을) 취조하다. 심사하다. 조사하다.

inquisição *f*. 조사. 탐구. 탐색. (배심의) 심리. 심사. [宗] 종교재판. 이단심리(異端審理).

inquisidor *m*. 조사자. 심문자. 《古》 종교재판관.
inquisdor geral (특히) 스페인의 종교재판소장.

inquisitorial, inquisitório *a*. ①조사자

의. 심문자의. 캐묻고 싶어 하는. ②《古》 종교재판의. 검찰(檢察)의. ③엄격한. 무자비한. 잔인한.

inrestaurável *a*. 회복할 수 없는. 부흥하기 어려운. 복구 불가능한.

insaciabilidade *f*. 만족할 줄을 모름. 탐욕.

insaciado *a*. (…에) 만족하지 않은. 만족할 줄 모르는. 탐내어 마지않는.

insaciavelmente *adv*. (결코) 만족한 감이 없이. 욕심스럽게. 탐내어.

insalivação *f*. ①[生理] (음식물을 소화하기 위한) 타액혼합(唾液混合). 그 혼합작용. ②침흘리기. 유연(流延).

insalivar *v.t*. (입 속에 있는) 음식물에 침을 섞다. 타액을 섞다.

insalubérrimo *a*. (*insalubre*의 최상급). 가장 비위생적인. (기후·장소) 건강에 아주 나쁜.

insalubre *a*. 비위생적인. 건강에 좋지 못한.

insalubremente *adv*. 비위생적으로. 건강에 해롭게.

insalubridade *f*. (기후·장소 등이) 건강에 나쁨. 건강치 못함. 비위생(非衛生).

insalutífero *a*. 건강에 좋지 못한. 위생에 나쁜. 위생적이 못되는.

insanabilidade *f*. 불치(不治). 난치(難治).

insanamente *adv*. 미쳐서. 몰상식하게.

insanável *a*. ①(병을) 고칠 수 없는. 낫지 않는. 불치의. ②교정 불가능한.

insanavelmente *adv*. 낫지 않을 정도로. 고칠 수 없게.

insânia *f*. 정신 이상. (급성) 착란증(錯亂症). 발광. 미친 증세. 광증(狂症).

insano *a*. ①제정신이 아닌. 미친듯. 정신이 이상한. 미친. ②몰상식한. 터무니 없는. 시시한.

insaponificável *a*. 비누화할 수 없는. 검화(鹼化)되지 않는.

insatisfeito *a*. 만족하지 않는. 불만족한. 마음에 맞지 않는. 불충분한.

insaturável *a*. [化] 포화(飽和)하지 않는.

insciência *f*. 아무 것도 없음. 무식. 무학. 모름.

insciente *a*. ①아는 것이 없는. 무식한. 모르는. 무능한.

inscio *a*. =*insciente*.

inscrever *v.t*. ①(비석 따위에) 새기다. 파다. 헌제(獻題)하다. ②(…에) 기입하다. 기록하다(등록). (마음에) 명심하다. ③

inscrição – insignificância

[幾] 내접시키다.

—**se** *v.pr.* 자기의 이름을 써넣다. (등기부 따위에) 서명하다.

inscrição *f.* ①기입. 기재. 등기. 명기(銘記). ②비명(碑銘). 비문. 제명(題銘). ③(화폐 따위의) 명각(銘刻). ④[商] 상호등기(商號登記).

inscritível *a.* 기입(등재)해야 할. 등기(등록)할 수 있는.

inscrito *a.* (*inscrever*의 과거분사) 기입된. 기재된. 등기(등록)한. 명각(銘刻)한. [幾] 내접한.

insculpir *v.t.* (금속·돌 따위에) 새기다. 파다. (사진판·동판 등에) 새기다. 명기하다.

inscultor *m.* 조각사. 조판공(彫版工).

inscultura *f.* 조각술. 조판술. 인각술(印刻術).

insecável *a.* ①마르지 않은. 말릴 수 없는. 고갈시킬 수 없는. ②배수(排水)할 수 없는.

insecticida *a.*, *m.* = *inseticida*.

insecticídio *m.* = *inseticídio*.

insectil *a.* = *insetil*.

insecto *m.* = *inseto*.

inseduzível *a.* 유혹할 수 없는. 유혹에 걸리지 않는.

insegurança *f.* = *inseguridade*.

—— *f.* 불완전. 불확실.

inseguro *a.* ①불완전한. 위험한. ②불확실한.

inseminação *f.* 파종. 수태(受胎).

insensatez *f.* 어리석음. 몰상식함. 무분별(無分別). 우둔함. 철없음. 바보다움. ②망론(忘論). 망설(忘說).

insensato *m.* 어리석은. 몰상식한. 앞뒤를 헤아리지 못하는. 분별없는. 얼빠진. 우둔한. 철없는.

insensibilidade *f.* ①무감각. 불감성(性). 무의식. 인사불성. 무신경. 둔감. 마비. ②무정. 냉담.

insensibilizar *v.t.* 감각을 없애다. 인사불성되게 하다. 마비시키다.

insensível *a.* ①감각이 없는. 아무런 느낌도. 없는. 둔감한. 무신경의. ②냉정한. 무정한.

inseparabilidade *f.* 분리할 수 없음. 불가분성(不可分性).

inseparável *a.* 나눌 수 없는. 분리할 수 없는. 떨어질 수 없는.

amigo inseparável 극친(極親)한 친구.

inseparavelmente *adv.* 나눌 수 없게. 떨어지지 않게.

insepulto *a.* 파묻지 않은. 매장하지 않은. 매장전(埋葬前)의.

inserção *f.* ①꽂기. 끼우기. 삽입(挿入). 삽입물. ②써넣기. 기입하기.

inserido *f.* = *inserto*.

inserir *v.t.* ①꽂다. 끼우다. 삽입하다. ②써넣다. 기입하다.

inserto *a.* (*inserir*의 과거분사). ①꽂힌. 삽입된. 끼운. ②써넣은. 기입한.

insevível *a.* 쓸모 없는. 용도 없이. 쓸데없는.

inseticida *a.* 살충(殺蟲)의.

—— *m.* 살충제(劑). 구충약(驅蟲藥).

inseticídio *m.* 살충. 구충.

insetífero *a.* 벌레가 생기는(꾀는). 벌레가 붙어 있는.

insetifugo *a.* 구충(驅蟲)의. 제충(除蟲)의.

insetívoro *a.* 벌레를 먹는(먹고 사는). 식충(食蟲)의. 식충성.

—— *m.* 식충동물(食蟲動物). 식충식물.

inseto *m.* 벌레. 곤충(昆蟲). 《轉》 벌레와 같은 인간.

insetologia *f.* 곤충학(昆蟲學). (= *entomologia*).

insetologista *m.*, *f.* 곤충학자.

insetoxual *a.* 성(性)이 아닌. 성이 없는. 성적(性的)이 아닌. 비성적(非性的)인.

insídia *f.* ①덫. 올가미. ②매복(埋伏). 복병. ③음모. 계략. 함정. 유혹.

insidiador *m.* 숨어서 기다리는 사람. 매복하는 자. 계략을 꾸미는 자. 음모하는 자.

insidiar *v.t.* ①숨어서 기다리다. 매복하다. ②덫(올가미)에 걸리게 하다. 함정에 빠뜨리게 하다. ③음모를 꾸미다. 속이다.

insidioso *a.* 교활한. 음험한. 나쁜 술책을 부리는. 간책(奸策)을 꾸미는. 맘 놓을 수 없는. [醫] (병의) 잠행성(潛行性)의.

insigne *a.* 저명한. 현저한. 탁월한. 뛰어난.

insignemente *adv.* 저명하게. 현저히. 탁월하게.

insígnia *f.* ①휘장. 훈장. ②기장(旗章). 표장(標章). ③인(印). 기호(記號).

insignificância *f.* 무의미. 취할 나위 없는 것. 사소함. 미천(微賤). 가치 없음.

insignificante *a.* 무의미한. 취할 나위 없는. 사소한. 대수롭지 않은. 미천(微賤)한. 가치 없는.
— *m.* 사소한 것. 보잘것 없는 인간.

insignificativo *a.* 의미 없는. 무의미한. 사소한.

insimular *v.t.* ①죄를 씌우다 (떠밀다). ②무고(誣告)하다. ③고소하다. 고발하다.

insinuação *f.* ①천천히 들어가는 것. 교묘하게 환심을 사기. 마음을 끌기. ②낌새. 암시. 말눈치. ③[法] 등기(登記).

insinuador *m.* 교묘하게 환심사는 사람. 감언이설로 마음 끄는 사람. 암시(暗示)하는 자.

insinuante *a.* ①교묘하게 환심사는. 마음을 끄는. 비위 맞추는. ②암시적인. 시사적(示唆的)인. 낌새를 보이는.

insinuar *v.t.* ①천천히 들어가다. 교묘하게 환심을 사다. 마음을 끌다. ②시사하다. 암시하다. 낌새를 보이다. ③등기하다. 등록하다.
—*se v.pr.* (남모르게) 살그머니 들어가다. 교묘하게 사람을 대하다.

insinuativo *a.* =*insinuante*.

insipidamente *adv.* 멋없이. 싱겁게. 무미건조하게.

insipidez *f.* ①무미(無味). 무미건조. ②무취미. 살풍경.

insípido *a.* ①맛없는. 무미한. 무미신소한. 싱거운. ②취미 없는. 재미없는. 멋없는. ②살풍경의. 단조로운. 갑갑한.

insipiência *f.* ①아는 바 없음. 지혜 없음. 무식. 무학. 몰상식. 이성이 없음.

insipiente *adv.* ①아는 것이 없음. 무식한. 학문이 없는. 무지한. ②어리석은. 몰상식한. 앞뒤를 분간 못하는.
(注意) 同音異義語 *incipiente* : 최초의. 초기의.

insistência *f.* 주장. 고집. 역설(力說). 무리로 권하기. 강요.

insistente *a.* ①주장하는. 고집하는. 역설하는. ②무리로 권하는. 강요하는. 치근치근한.

insistir *v.t.* ①주장하다. 고집하다. 역설하다. ②무리로 권하다. 강요하다. 졸라대다. 끈덕지다.

insisto *a.* 타고난. 생래(生來)의. 천성인.

insobriedade *f.* ①절제(節制) 없음. 폭음(暴飲). ②방종(放縱). 방자(放恣).

insóbrio *a.* 절제 없는. 절도(節度) 없는. 방종한.

insociabilidade *f.* 교제하기 싫어함. 사교성 없음. 붙임성 없음. 수줍음.

insocial *a.* 교제하기 싫어하는. 사교성 없는. 사교적이 못되는. 사교가 서툰. 사회에 진출하기 싫어하는. 수줍은.

insociável *a.* 교제하기 어려운. 사귀기 싫어하는. 비사교적인.

insocivelmente *a.* 사교성 없이. 비사교적으로.

insofismável *a.* ①궤변으로 속일 수 없는. 견강부회(牽強附會)할 수 없는. 쓸데 없는. 이론을 할 수 없는. 의심할 여지없는.

insofridamente *adv.* ①(시끄러워) 견딜 수 없는. 인내하지 못한. ②떠들썩하는. 소란스러운. 거친.

insofrimento *m.* (시끄러워) 견딜 수 없음. 참을 수 없음.

insofrível *a.* 견딜 수 없는. 참을 수 없는. 인내하기 어려운.

insofrivelmente *adv.* 견딜 수 없이. 참을 수 없게.

insolação *f.* 햇볕에 쏘이기(말리기). 일광욕(日光浴). 일광소독. [醫] 일사병(日射病).

insolar *v.t.* 햇볕에 쏘이다(말리다). 일광욕하다. 일광 소독하다.

insolência *f.* ①거만. 오만. 기오(倨傲). 횡포(橫暴). 버릇없음. 무례. 불공(不恭). ②거만한 행동. 불손한 언사. 버릇없는 행실.

insolente *a.* 거만한. 오만한. 불손한. 횡포한. 버릇없는. 무례한.
— *m., f.* 거만한 사람. 횡포한 사람. 버릇없는 놈(년).

insolentemente *adv.* 거만(오만·불손)하게. 버릇없이.

insolidariedade *f.* 상호부조(相互扶助) 없음. 합심협력(合心協力)하지 않음. 의견일치 안 됨.

insolitamente *adv.* 보통과 다르게. 이상하게. 유달리.

insólito *a.* 보통 아닌. 비범한. 이상한. 별난. 유달리. 보기 드문. 듣기 드문. 진귀한.

insolubilidade *f.* ①녹지 않음. 불용해성(不溶解性). 풀리지 않음. 풀 수 없음. 해결되지 않음.

insolúvel *a.* ①녹지 않은. 용해하지 않는.

insolúvelmente 불용해성의. ②풀 수 없는. 해결할 수 없는.

insolúvelmente *adv.* 녹지 않게. 해결할 수 없게.

insolvabilidade *f.* =*insolvência*.

insolvável *a.* =*insolvível*.

insolvência *f.* 지불불능(支拂不能). 채무초과(債務超過). 파산(상태).

insolvente *a.m.* 채무 따위 갚을 자력(資力)이 없는 사람. 지불 불능한 사람. 파산자.

insolvível *a.* 갚을 자력이 없는. 지불 능력이 없는.

insondado *a.* 아직 달아보지 않은. 재보지 않은. 아직 찾아보지 않은. 탐구하지 않은. 미루어 알 수 없는. 설명할 수 없는.

insondável *a.* 잴 수 없는. 깊이를 모르는. 심원한. 저의(底意)를 알 수 없는. 탐색하기 어려운. 예측할 수 없는. 판단하기 어려운.

insone *a.*《詩》잠자지 않은. 잠이 안 오는.

insônia *f.* 잠이 안 옴. 잘 수 없음. [醫] 불면증(不眠症). 불매증(不寐症).

insonolência *f.* =*insônia*.

insonoridade *f.* ①소리나지 않음. (음향이) 울리지 않음. ②음조가 나쁨. 나쁘게 울림.

insonoro *a.* 소리 없는. (음향이) 울리지 않는. 음조가 나쁜.

insonte *a.*《詩》죄 없는. 무고한. 결백한.

insossar *v.t.* 소금기를 없애다. 염분을 빼다. 싱겁게 하다. 맛이 안 나게 하다.

insôsso *a.* ①소금기(염분) 없는. 짜지 않은. 싱거운. ②무미(無味)한.

inspeção *f.* ①시찰. 감사(監査). (서류의) 열람. 검열. 검사. 감독. ②검사관의 직분(職分).

inspeção médica 신체검사. 건강진단.

inspeção de máquinas 기관(엔진) 검사.

inspecionar *v.t.* 시찰하다. 검열(검사)하다. 점검하다. (서류를) 열람하다. 감독하다.

inspectar, inspetar *v.t.* 시찰(검열・점검・검사)하다.

inspector, inspetor *m.* 시찰자. 검열관. 검사원. 감독관. 장학사. 장학관.

inspetor de alunos (대학의) 학생감(學生監).

inspectora, inspetora *f.* 여자 시찰관. 여성 검열관.

inspectoria, inspetoria *f. inspetor*의 직책 또는. 지위.

inspiração *f.* 숨쉬기. 호흡하기. 흡기(吸氣). 들이마시는 숨. 영감(靈感). 영오(靈悟). 신통(神通). 신통한 사상. 영묘한 생각. 창작욕(創作慾). 창조적 정열(情熱). 고취. 고무. 격려. [宗] 신령감응.

inspirador *a.* ①숨을 들이쉬는(쉬게 하는). 숨쉬는 것을 돕는. 흡기작용(吸氣作用)의. ②마음을 움직이는. 영감을 주는.
— *m.* 고취자(鼓吹者). 영감(靈感)을 일으키는 자.

inspirar *v.t.* (숨을) 들이쉬다. (사상・감정을) 불어넣다. 고취하다. 영감을 주다. 감흥(感興)을 일으키게 하다.
—*se v.pr.* 고취되다. 감발(感發)하다.

inspirativo *a.* (숨을) 들이쉬는. 흡기의. 고취하는. 감발의.

inspiratório *a.* ①(숨을) 들이쉬기 위한. 흡기(吸氣)를 돕는. (사상・감정을) 불어넣는. ②영감적. 고취적. 감발의.

instabilidade *f.* 불안정(성). (마음의) 불안정. 변하기 쉬운. 변덕.

instalação *f.* ①설치. 비치. 장치. 안치(安置). 가설(架設). ②임명. 취직. 취임. ③임명식. 임관식. ④정주(定住).

instalação elética 전기가설.

instalador *a.,m.* ①설치하는 (사람). 장치하는 (자). 가설하는 (자). ②임명하는 (자). 취임시키는 (자).

instalar *v.t.* ①설치하다. 비치하다. 장치하다. 시설(가설)하다. ②숙박시키다. 정주케 하다. ③임명하다. 취임시키다. 취직시키다.

instalar a eleticidade 전기가설하다.

—*se v.pr.* ①거처를 정하다. 숙박하다. ②지위를 차지하다. 취임하다. 취직하다.

instância *f.* 절박. 급박. 긴박. 긴급. 화급. ②요청. 간청(懇請). 간구(懇求). ③재판심리.

primeira instância 제일심(재판의).

segunda instância 제이심(第二審).

em última instância 최후의 경우에.

instantaneamente *adv.* 곧. 즉시에. 즉각에. 순간적으로.

instantaneidade *f.* 순간. 찰나(刹那). 즉시. 순식간. 순식간에 이루어지는 것.

instantâneo *a.* ①순식의. 찰나의. 즉시의. 즉석의. 순간의. (사진의) 스냅的.

instante−instrumental

②동시에 일어나는. 동시적.
morte instantânea 즉사(即死).
— *m.* 스냅 사진.

instante *a.* ①긴장한. 즉시의. 즉각의. ②박두(迫頭). 초미(焦眉)의. ③간절한. 강요적.
— *m.* 순간. 찰나. 즉시. 순식간. 돌차(咄嗟).
neste instante 방금. 금시.
a cada instante 순간마다. 순간순간.
num instante 순식간에. 눈깜짝할 사이에.
no instante 그때. 그 순간에.
no mesmo instante 바로 그때. 그 순간에.
por um instante 잠깐만. 잠깐동안.

instantemente *adv.* ①즉시에. 즉각에. 즉석에. ②간절히. 간곡히.

instar *v.i.* ①간절하다. 간곡히 요구하다. 졸라대다. 강요하다. ②주장하다. 재삼재사 역설(力說)하다.

instauração *f.* ①건설. 창설. 설정. ②개시. ③회복. 부흥. 복구.

instaurador *m.* 건설(창설)하는 자. 개시하는 자. 기초(起草)하는 자. 회복(복구)하는 자.

instaurar *v.t.* ①건설(창설)하다. 설정하다. ②개시하다. ③기초하다. ④회복(복구)하다. 수리하다. 개정(개선)하다.

instável *a.* 불안정한. 일정치 않은. 변하기 쉬운.
tempo instável 변하기 쉬운 날씨.

instavelmente *adv.* 불안정하게. 변하기 쉽게.

instagação *f.* 선동. 교사(敎唆). 사주(使嗾). 자극. 장려(獎勵). 고무.

instigador *m.* 선동하는 자. 교사하는 자. 자극 주는 자. 고무하는 자.

instigar *v.t.* 부추기다. 충동하다. 선동하다. 선동하여 …하게 하다. 자극 주다. 장려하다. 고무하다.

instilação *f.* ①적하(滴下). ②(주의·사상 따위를) 불어넣기. ③[醫] 점적(点滴).

instilar *v.t.* 한 방울씩 떨어뜨리다. 스며들게 하다. 알게 가르쳐 주다. (주의·사상 등을) 천천히 불어 넣다.

instintivamente *adv.* 자연적으로. 자기도 모르게.

instintivo *a.* 본능의. 본능적. 직각적. 본능에 의한. 자연적인.

instinto *m.* 본성(本性). 본능. 본능 작용. 자연 작용. 직각력. 영감(靈感).

instintor *m.* (상사(商事)의) 대변인.

institucional *a.* 회(會)의. 협회의. 학회의. 학원의. 회관의.

instituição *f.* ①설립. 창립. 설정. 제정(制定). 제정물(制定物). ②제도. 법령. 관례. ③학회. 학원. 원(院). 단(團).

instituidor *m.* 설립자. 설정자. 창립자. 제정자.

instituir *v.t.* ①세우다. 설립하다. ②제정하다. ③알리다. 통지하다. 통보(通報)하다. ④교육하다. 훈련하다. (동물을) 가르치다. ⑤조사하다. [法] 심리(審理)하다. ⑥(날짜·장소 등을) 지정하다.

instituto *m.* ①학회. 협회. 학원. 연구소. 강습소. 집회. 원(院). ②회칙(會則). 규정. [宗] 수도회칙(修道會則). ③강령(綱領)의 제요(提要). 주석서. 논설서. ④생활법. 목적.

instrução *f.* ①교수. 교육. 교훈. 학습. 훈육. 가르침. ②훈련. 교련. ③학식. 지식.
instruções (*pl.*) ①교시(教示). 훈령(訓令). 지령. 시달(示達). ②예심(豫審). 심리. ③소송서류.

instruendo *m.* 피교육자(被教育者). 피훈련자.

instruído *a.* 배운. 교육받은. 학문 있는. 학식 있는. 정통(精通)한. …할 줄 아는.

instruidor *m.* 가르치는 자. 교육하는 자. 훈육하는 자.

instruir *v.t.* ①가르치다. 교육하다. 교도하다. 훈육하다. [軍] 교련하다. 훈련하다. (동물을) 가르치다. ②지령하다. 명령하다. ③알리다. 통고하다. ④[法] 심리(審理)하다.
— *se v. pr.* 배우다. 학습하다. 연구하다. (…을) 경험하다.

instrumentação *f.* ①기악편성(器樂編成). 악곡배합법(樂曲配合法). 악기조제술. ②기계(기구) 사용. ③수단. 방편. ④[法] 조서작성(調書作成).

instrumental *a.* ①수단이 되는. 도움이 되는. ②기계의. 기구의. 공구(工具)의. 도구로 되는. ③악기(樂器)의. ④[文] 조격의.
— *m.* 관현악기(管絃樂器). ②의료기계 일식(醫療器機一式). ③[文] 조격(수단을 표시하는 격).

instrumentalmente *adv.* 기계로. 악기로. 수단으로써(을 써서).

instrumentalista *m., f.* 주악사(奏樂師). 악기제조인(관현악기의).

instrumentar *v.t.* (악곡을) 기악용으로 편곡하다.

instrumentista *m., f.* 기악가(器樂家). 기악수(器樂手).

instrumento *m.* ①도구(실험용의). 기계. 기구. 쟁기. 연장. ②악기(樂器). ③수단. 방법. 방편. 기관. ④[法] 증서. 문서. *instrumento de cordas* 현악기(絃樂器). 타주악기.
instrumento de sôpro 관악기(管樂器). 취주악기.

instrutivo *a.* 교육적. 교훈적. 유익한.

instrutor *m.* 가르치는 사람. 교사(敎師). 교원. 교관. (대학의) 강사.

insua *f.* (강 또는 호수 안에 있는) 작은 섬.

insuave *a.* ①기분 나쁜. 불쾌한. ②매끄럽지 않은. 원활(圓滑)하지 않은.

insuavidade *f.* ①기분 나쁨. 불유쾌. 은근하지 못함. 정중하지 않음. ②원활하지 않음.

insubmergível, insubmersível *a.* 가라앉지 않는. 침몰(沈沒)할 수 없는.

insubmissão *f.* 불순종. 불복종. 굴복하지 않음. 반항. 항명(抗命).

insubmisso *a.* 순종하지 않는. 복종하지 않는. 굴복하지 않는.

insubordinação *f.* 불순종. 불복종. 굴복하지 않음. 반항. 불온. 항명(抗命).

insubordinadamente *adv.* 복종하지 않고. 반항하여. 거역하여.

insubordinado *a.* 순종하지 않은. 복종하지 않고. 반항한. 항명한.
— *m.* 복종(순종)하지 않은 사람. 반항자. 항명자.

insubordinar *v.i.* 거역하게 하다. 반항(항명)하게 하다. 반란(反亂) 일으키게 하다.
—*se v.pr.* 복종하지 않다. 거역하다. 항명하다. 반란을 일으키다. 폭동하다.

insubordinável *a.* 순종하지 않는. 말을 듣지 않는. 복종시킬 수 없는. 억제할 수 없는.

insubornável *a.* 매수(買收)되지 않는. 매수할 수 없는.

insubsistência *f.* 불안정성. (마음의) 불안정. 변하기 쉬움. 변덕. 존재하지 않음. 존속하지 않음. 불존속성(不存續性). 근거 없음.

insubsistente *a.* 존재하지 않는. 존속하지 않는. 기초 없는. 근거 없는.

insubstancial *a.* ①실물이 없는. 무형(無形)의. 실체(實體) 없는. ②실질이 없는. 공허한. 유명무실한. 비현실적인. 내용이 없는. 요점(要點)이 빠진.

insubstancialidade *f.* 실체가 없음. 무실(無實). 무형. 무형체. 실질이 없는 것. 내용이 없는 것. 요지(要旨)가 없음. 요점이 빠짐(빠진 상태).

insubstituível *a.* 바꿀 수 없는. 교체 불가능한. 대치할 것이 없는.

insucessível *a.* 계속할 수 없는. 계승(繼承) 불가능한.

insucesso *m.* 불성공. 실패.

insueto *a.* 드문. 이례(異例)의. 유다른.

insuficiência *f.* ①부족(不足). 불충분. ②무능력. 무자격. [醫] 기능불완전(機能不完全).

insuficiente *a.* 모자라는. 부족한. 불충분한. 무능한. 부적당한. 알맞지 않은.

insuficientemente *adv.* 부족하게. 불충분하게.

insuflação *f.* (기체·액체·가루 따위를) 몸 속에 불어넣기. 취입법(吹入法).

insuflador *a.* 불어 넣는. 취입용의.
— *m.* 취입기(吹入器). 취분기(吹粉器).

insuflar *v.t.* [醫] (기체·액체·가루를) 몸 속에 불어 넣다. 취입법으로 치료하다. 고취(鼓吹)하다.

insula *f.* 《詩》 섬(島).

insulação *f.* ①섬을 이룸. 도서형성(島嶼形成). ②격리. 고립. [電] 절연. ③(철근(鐵筋)의) 싸개.

insulado *a.* 섬이 된. 섬을 만든. 고립된.

insulano *a.* 섬의. 도서성(島嶼性)의. 섬나라의. 섬에 사는.
— *m.* 섬사람. 섬주민. 도민(島民).

insular (1) *a.* 섬의. 섬으로 된. 섬에 속하는. 격리된. 고립된.
— (2) *v.t.* 섬으로 만들다. 떼어 놓다. 고립시키다. [電·理] 절연하다.

insulcado *a.* ①(밭)고랑을 만들지 않은. 보습자리가 없는. ②수레바퀴 자리가 없는. 항로(航路)가 열리지 않은.

insulina *f.* [化] 인슐린(순수한 췌장(膵臟)

호르몬. 당뇨병 주사약).
insulsamente *adv.* 맛없게. 싱겁게. 멋없이. 무취미하게.
insulsaria, insulsez, insulsidade *f.* 소금기 없음. 싱거움. 맛없음. 무미. 무미건조. 살풍경.
insulso (=*insôsso*) *a.* 소금기 없는. 싱거운. 맛없는. 무미한. 무미건조한. 재미 없는. 멋없는. 취미 없는. 살풍경인.
insultado *a.* 모욕(侮辱) 당한. 창피 당한. 욕설(辱說)받은.
insultador *m.* 욕보이는 사람. 모욕하는 자. 창피 주는 자.
insultante *a.* 욕보이는. 모욕하는. 창피 주는.
— *m., f.* 욕보이는 사람. 모욕하는 자.
insultar *v.t.* 욕보이다. 모욕하다. 창피를 주다.
insulto *m.* ①모욕. 창피. 욕설. ②(병(病) 따위의). 발작. 졸도.
insultuoso *a.* 모욕적. 공격적. (언어·행동 등의) 버릇없는.
insuperável *a.* 이겨내기 어려운. 극복할 수 없는. 능가(凌駕)하기 어려운.
insuperavelmente *adv.* 이겨내기 어렵게. 극복할 수 없이. 능가할 수 없이.
insuportável *a.* 참을 수 없는. 견딜 수 없는. 인내하기 어려운. 지탱 불가능한.
insuportavelmente *adv.* 참을 수 없을 정도로. 견딜 수 없이.
insuprível *a.* ①보충(첨가)할 수 없는. ②바꿀 수 없는. 대치할 것이 없는.
insurdescência *f.* 귀먹음. 귀를 기울이지 않음.
insurgente *a.* 폭동을 일으키는. 반란하는. 봉기하는.
— *m., f.* 폭도. 반도. 봉기자(蜂起者).
insurgir *v.t.* 폭동을 일으키게 하다. 반란케 하다.
—**se** *v.pr.* 폭동을 일으키다. 반란하다. 봉기하다.
insurrecionado *a.* 폭동을 일으킨. 반란한. 봉기한.
— *m.* 폭도. 반도. 반란자. 봉기자.
insurrecional *a.* 폭동의. 반란의. 모반(謀反)의. 봉기의. 폭동적. 폭동(반란)에 관한.
insurrecionar *v.t.* 폭동을 일으키게 하다. 반란케 하다.

—**se** *v.pr.* 폭동을 일으키다. 반란하다. 봉기하다.
insurreição *f.* 폭동. 반란. 봉기(蜂起).
insurreto *a., m.* =*insurgente*.
insusceptível *a.* 감각이 없는. 느끼지 않는. 신경이 없는. 감수성이 없는. 받아 넣지 않는. 받아들이지 않는. 움직일 수 없는.
insuspeito *a.* 의심할 수 없는. 의심받지 않는. 혐의(嫌疑)할 점이 없는. 신용할만한. 올바른. 공정한.
insustentável *a.* ①지킬 수 없는. 막아내기 어려운. ②지지할 수 없는. 주장할 수 없는.
intáctil *a.* 손 댈 수 없는. 만질 수 없는. 접촉되지 않는.
intacto *a.* 접촉하지 않은. 접촉한 바 없는. 손대지 않은. 만지지 않은. (깜쪽같이 그대로) 완전한. 흠없는. 해를 입지 않은. 깨끗한.
intangibilidade *f.* ①손 댈 수 없음. 접촉할 수 없음. ②만져 알기 어려움. 파악할 수 없음. 이해할 수 없음.
intangível *a.* ①손 댈 수 없는. 만질 수 없는. 접촉할 수 없는. ②만져서 알 수 없는 (느낄 수 없는). 실체(實體)가 없는. 형체 없는. 막연한. 흐리멍텅한.
intato *a.* =*intacto*,
integérrimo *a.* 가장 완전한. 완전무결한. 가장 정직한. 가장 공평한.
integra *f.* 전부. 전체. (법문·조약문·연설 따위 등) 전문(全文). 원문 전체(原文全體).
na integra. 통틀어. 전부. 전체로.
integração *f.* ①완성. 통합. ②[數] 적분(積分). 적분법.
integral *a.* 완전한. (완전체를 이루는 데) 꼭 필요한. 불가결의. 전부의. 전체의. 모든. [數] 정수의. 적분(積分)의.
calculo integral 적분학(積分學).
— *m.* 전체. [數] 정수(整數). 적분.
integralismo *m.* 보전주의(保全主義). 국가완성주의. 전체주의.
integralista *m., f.* 보전주의자. 전체주의자.
integralmente *adv.* 통틀어. 전부. 남김없이. 말끔히.
integrante *a.* 필요불가결. 전부를 이루는.
partes integrantes 구성 요소.

integrar *v.t.* (부분·요소를) 전체로 합치다. 통합하다. 완전하게 하다. (온도·풍속·면적 따위의) 총화(평균치)를 가리키다. [數] 적분하다. 적분을 구하다.

integrável *a.* 전체로 할 수 있는. 통합할 수 있는. [數] 적분할 수 있는.

integridade *f.* ①완전. 흠 없는 것. (영토의) 보존. ②전부. 전체. ③고결. 성실. 정직. 청렴. 염직(廉直). ④처녀임.
integridade de territórios 모든 영토보존.

integro *a.* ①전부의. 전체의. 모든. 완전한. 완비한. ②정직한. 염직(廉直)한. 청렴(清廉)한. (품행이) 단정한.

inteiramente *adv.* 완전히. 전적으로. 아주. 오로지. 말끔히. 전연(全然).

inteirar *v.t.* ①완전하게 하다. 완성시키다. 전부로 하다. ②모든 것을 알리다. 전부 알게 하다.
—**se** *v.pr.* ①완전해지다. 완성되다. ②모든 것을 알다. 전부 알아내다.

inteireza *f.* ①완전무결. 완전. 완비. ②건전(健全). ③정직. 염직. 청렴(清廉).

inteiriçado *a.* 굳세게 된. 강해진. 강직(強直)한.

inteiriçar *v.t.* 감각이 없게 하다. (무서움 등으로) 긴장하게 하다. 굳어지게 하다. 강직하게 하다.
—**se** *v.pr.* 무감각해지다. 긴장하다. 굳어지다. 딱딱해지다.

inteiriço *a.* ①하나로 되는. 한 개로써 이루어지는. 합쳐서 된 것이 아닌. 이은 자리(솔기) 없는. ②긴장한.

inteiro *a.* ①모든. 전부의. 전체의. 완전한. 완비(完備)된. 흠 없는. ②확고한. 강직한. ③정직한. 염직(廉直)한.
por inteiro 전적으로. 아주.
número inteiro 완전수. 정수(整數).

inteleção, intelecção *f.* ①지적 작용(知的作用). ②이해함. 요해(了解)함.

intelectivamente *adv.* 지적으로. 지혜로써.

intelectível, intelectivo *a.* 지력(智力)의. 지적인. 지능적인. 이해력의. 지혜에 관한.

intelecto *m.* ①지력(智力). 지성(智性). 지혜. 지능. 이해력. ②지식인. 식자(識者). 지자(智者).

intelectual *a.* 지적. 지력의. 지력이 발달한. 지혜 있는. 총명한. 이해력 있는. 정신상의.
classe intelectual 지식계급.
trabalho intelectual 정신노동. 지적 노동.
— *m.* 지식인. 식자.

intelectualidade *f.* 지력. 지성. 지능. 총명. 지식의 힘.

intelectualismo *m.* 주지설(主知説). 이지주의(理知主義). 지력만능(知力萬能)주의.

intelectualizer *v.t., v.i.* 지성(智性)을 주다. 지성을 사용하다.

intelectualmente *adv.* 지적으로. 지능적으로. 이지적(理知的)으로. 지성에 관하여.

intelegência *f.* ①지능. 이해력. 사고력. ②총명. 영리(怜悧). 발명. 예지. 지혜. 재지(才智). ③해명. 해석. ④침묵. 화합. ⑤기교.

inteligente *a.* 이해력 있는. 총명한. 영리한. 현명한. 똑똑한. 이성적(理性的). (미술 따위의) 교묘한.

inteligentemente *adv.* 총명하게. 현명하게.

inteligibilidade *f.* 이해하기 쉬움. 알기 쉬움. 명료도(明瞭度). 명백. 지성(智性).

inteligível *a.* 이해하기 쉬운. 알기 쉬운. 명료한. 지성적인. 이지적(理智的)인. [哲] 가지적(可智的)인.
— *m.* 명료한 것. 지성적 존재.

inteligívelmente *adv.* 알기 쉽게. 명료하게.

intemente *a.* 무서워하지 않는. 두려워하지 않는. 대담한.

intemerato *a.* 더럽히지 않은. 깨끗한. 순결한. 순수한.

intemperado *a.* 절제(節制)하지 않는. 과도한. 방종한.

intemperança *f.* 절제 없음. 과도. 방종. 탐닉(耽溺). 폭음(暴飲). 폭식. 대주(大酒).
intemperança de linguagem 쉴새 없이 이야기하는 것. 몹시 지껄이기. 요설(饒舌).

intemperante *a.* 절제 없는. 방종한. 폭음 폭식하는.

intempérie *f.* 기후불순(氣候不順). 악천후.

intempestivamente *adv.* 시기(時機)에. 적당치 않게. 때를 놓치고.

intempestividade *f.* 시기가 적당치 않음. 때가 아님.

intempestivo *a.* 시기가 적당치 않음. 때가

아닌. 시기를 놓친. 불시(不時)의. 의외(意外).

intenção *f.* 의견. 의향. 의사. 기도(企圖). 의도. 지향(志向). 계획. 뜻하는 것. 목적. [論] 개념. [醫] 유합(癒合). 유치(癒治).
(注意) *intensão* : 강함. 강렬. 강도.
sem intenção 무심코. 고의가 아닌. 부지불식간의.
ter boas intenções 좋은 의견을 가지다.

intencionado *a.* (…할) 의향이 있는. 의사가 있는. (…을) 뜻하는. 의도(기도)하는.
bem intencionado 선의의.
mal intencionado 악의의.

intencional *a.* (…할) 뜻이 있는. 목적이 있는. 계획적인. 고의의. 고의적인.

intencionalmente *adv.* 계획적으로. 고의로 (…할) 뜻이 있어서. (…의) 의지로써.

intencionável *a.* = *intencinal*.

intendência *f.* ①관리·경리(經理). 지배. 감독. ②관리부. 경리부.

intendente *a.* 관리자. 감독관. 이사(理事). 간사.(幹事). 주간(主幹). 고문. 의논 상대자.

intender *v.i.* 관리하다. 감독하다. 지배하다.
― *v.t.* 강하게 하다. 강도(强度)를 더하다.
(註) *entonder* ; 알다. 이해하다.

intensamente *adv.* 굳세게. 강하게. 더 심하게. 맹렬하게.

intensão *f.* 강함. 강렬. 강도(强度). 엄함. 맹렬.
(註) *intencao* : 의견. 의향.

intensar *v.i.* 강하게 하다. 강렬하게 하다. 맹렬하게 하다. 힘을 보충하는 더 긴장되게 하다. [寫] 증도(增度)하다.
― *v.i.*, ―**se** *v.pr.* 강해지다. 증도하다.

intensidade *f.* 강함. 강렬성. 맹렬성. 강도(强度). 역도(力度). 광도(光度). 열도(熱度). [寫] 명암도(明暗度). 효력.

intensificação *f.* 강하게 하기. 강렬화. 증대. [寫] 증도(增度).

intensificar *v.t.* 강하게 하다. 강렬하게 하다. 힘을 보충하게 하다. 더 긴장되게 하다. 증도하다.
― *v.i.*, ―**se** *v.pr.* 강해지다. 증도되다.

intensivamente *adv.* 강하게. 거세게. 강렬하게. 맹렬하게. 심하게.

intensivo *a.* 강한. 거센. 힘있는. 철저한. 집중적. [文] 강의(强意)의. 강조의. [論] 내포적. [經·農] 집약적(集約的). [醫] 점진적.
cultura intensiva 집약적 경작.

intenso *a.* 강한. 거센. 엄한. 맹렬한. 심한. 철저한. 집중적.

intentar *v.t.* ①(…할) 작정이다. (…하려고) 생각하다. (사람·물건을) 어떤 목적에 향하도록 하다. (…으로 할) 작정이다. 예정이다. (…을) 뜻하다. 가리키다. ②노력하다. 힘쓰다. ③기소(起訴)하다.

intento *m.* 의지. 의향. 목적. 계획. 기도(企圖).
― *a.* (…의) 뜻을 품은. (…을) 하고자 하는. 계획하는.

intentona *f.* 《俗》 어리석은 계획. 미친 생각(기도). [軍] 맹목적 공격. 《稀》 폭동. 반란.

inter '중간·내부·안에·사이' 등의 뜻을 나타내는 복잡형.
inter-americano 범미(汎美).

interarticular *a.* [解] 관절 사이(關節間)에 있는.

intercadência *f.* ①[醫] 맥박이 고르지 못함. ②중절(中絶). 간헐(間歇).

intercadente *a.* (맥박이) 고르지 않는. 간헐적(間歇的)인. 드문드문 일어나는. 드문드문 멎는.
pulso intercadente 간헐맥.

intercalação *f.* ①사이에 넣기. 삽입(揷入). [印] (한 가지 종이와 다른 종이를) 섞어 끼기. ②써넣기. 기입(記入)하기. ③윤달(윤일)을 두기.

intercalar (1) *v.t.* ①(…의) 사이에 끼워 넣다. 삽입하다. [印] 종이를 섞어 끼다. ②써 넣다. 기입하다. ③윤달(윤일)을 넣다.
―**se** *v.pr.* 삽입되다. (…의 중간에) 끼우다. (…의 새에) 들어가다.
― (2) *a.* 삽입한. 끼운. 꽂은. 윤달(윤일)을 넣은.
ano intercalar 윤년(閏年).

intercâmbio *m.* 교환. 교역(交易). 교류(交流). 수수(授受). 교대.
interambio comercial 통상. 무역.

interceder *v.t.*, *v.i.* 사이에 들어 조정하다. 중재하다. 알선하다.

intercelular *a.* 세포 사이에 있는.
espaço intercelular 세포 사이의 공간(틈).

intercepção *f.* ①가로채기. ②(전화 따위를) 엿듣기. ③차단(遮斷). 저지(沮止). 방해.
intercepção de comunicações 교통 차단.

interceptado *a.* 가로챈. 차단된. 차단된. 절단(切斷)된. 저지된.

interceptar *v.t.* ①(사람·물건을) 가로채다. ②(통신을) 엿듣다. ③(빛·열 따위를) 가로막다. ④(도망하는 것을) 막다. 방해하다. (도중에서) 포착(捕捉)하다. (교통을) 차단하다. 절단하다. ⑤[數] 두 점(선) 사이에 끼우다.

intercepto *a.* =*interceptado*.

intercessão *f.* 중재(仲裁). 조정. 화해시키기. 알선.

intercessor *m.* 중재자. 조정자. 알선자.

interciso *a.* 중단한. 절단한. 촌단(寸斷)한.

interclavicular *a.* [解] 쇄골간(鎖骨間)의.

intercolegial *a.* 중학 간의(中學間의). 중학(전문학교) 연합의. 중학 대항의.

intercolonial *a.* 식민지 간(殖民地間)의.

intercolunar *a.* 기둥 사이.

intercolunio *m.* 기둥 사이. 주간(柱間).

intercontinental *a.* 대륙간의. 대륙연합(聯合)의.

intercorrência *f.* ①(…의) 사이에 일어남. ②(병(病)의) 병발(併發). ③맥박이 고르지 않음.

intercorrente *a.* …사이에 오는. 중간의. [醫] 삽입성(挿入性)의. 간발성(間發性)의. 우발성의.

intercossmi *a.* 우주간(宇宙間)에 존재하는. 우주 사이에 운동하는.

intercostal *a.* [解] 늑간(肋間)의.

intercurso *m.* ①교통. ②교제.

intercutáneo *a.* 살과 가죽 사이에. [外科] 피하(皮下)의. 피하 사이에. 피하에 놓인. 피하에서 행하는.

interdependência *f.* 상호의존(相互依存). 상호종속(從屬).

interdependente *f.* 서로 의지(의존)하는.

interdição *f.* 금지. 금제(禁制). 정지. [法] 금치산(禁治産).
interição legal 공권정지(公權停止).

interdigital *a.* 손가락 사이의.

interdito *a.* 금지된. 금제된. 정지된. 금치산 선고를 받은. 성직(聖職)을 정지 당한.

— *m.* 금지(명령). 금령. 금제. [宗] 파문(破門). 성직정지. [法] 금치산자(禁治産者).

interdizer *v.t.* 금지하다. 그만두게 하다. 정지하다. 성무집행(聖務執行)을 금지하다. [法] 금치산이라고 선고하다.

interessadamente *adv.* 흥미를 가지고. 자기만을 생각하여.

interessado *a.* ①흥미를 가진. 관심이 있는. ②이해 관계가 있는.
— *m.* (사건의) 이해 관계자. 당사자.

interessante *a.* ①흥미 있는. 흥미를 가진 재미 있는. ②이해 관계가 있는. ③중대한.
estado interessante 임신상태(姙娠狀態).

interessar *v.t.* ①흥미나게 하다. 재미있게 하다. ②관심을 가지게 하다. 관계가 있게 하다. ③(남의) 마음을 끌다. ④[醫] 상처를 입히다. 아프게 하다.
— *m.* 흥미나다. 재미있다. (…와) 이해 관계를 맺다. 관심을 가지다.
—*se v.pr.* ①흥미를 느끼다. 마음이 끌리다. 관심을 가지다. 관계하다. 관여(關與)하다. ③노력하다. 힘쓰다.

interêsse *m.* ①흥미. 재미. 감흥. 호기심. ②관심사. 취미. ③중요성. ④이해관계. 물권이권(利權). 권익. ⑤이. 이익. 이윤. ⑥이자. ⑦사리. 사심. 사정(私情).

interesseiro *a.* 이기주의의. 이익에만 집착하는. 단지 이익을 위하여 움직이는.
— *m.* 이기주의자. 이익에만 치우치는 자.

interestadual *a.* 각 주 사이의(各州間의).

interfeminoio *m.* [解] 회음(會陰).

interferência *f.* 간섭. 참견. 해방. 저촉(抵觸). [理] (음파(音波)·광파(光波). 전파 따위의) 간섭. [無線] 방해. 혼신(混信).

interferente *a.* 간섭(참견)하는. 쓸데없이 걱정하는. [理] 간섭하는. 저촉하는. 교차(交叉)하는.

interferir *v.i.* 사이에 들다(끼다). 간섭하다. 참견하다. 훼방 놀다. [理] (음파·광파·전파 따위의) 간섭하다. 저촉하다. 교차하다.

interfixo *a.* 일원(一元)의. (지레의) 지점(支點)의 힘(力)과 무게(錘)의 중간에 있는.

interglaciário *a.* [地] 두 빙하 시대 사이의.

interinado, interinato *m.* 임시집무(臨時執務). 임시대리. 직무대리. 임시의. 임시적 처리.

interinamente *adv.* 임시로. 잠정적으로. 임시대리로서. 직무를 대행하여.

interinidade *f.* 직무대리의. 대리기간.

interino *a.* ①임시의. 당분간의. 잠정적인. 당좌(當座)의. ②임시대리의.

interior *a.* ①안의(에 있는). 안쪽의. 내부의. 내측의. 오지의. 내지(內地)의. ②내국(內國)의. 국내의. ③내면적. 내재적. 본질적. ④마음속의.
— *m.* ①내부. 안쪽. 실내. ②오지(奧地). 내지. 내국. ③내무(內務). 내정. ④내심(內心). 마음속. 의중(意中).
ministério do interior 내무부(성).
ministro do interior 내무장관.

interiormente *adv.* 안에. 안쪽에. 내부에. 내면적으로. 내심으로.

interj. *interjeição*의 준말.

interjacente *a.* 사이에 있는. 중간에 끼워 있는. 개재(介在)하는.

interjecional *a.* 감탄사의. 감탄사적인.

interjeição *f.* [文] 감탄사(感歎詞).

interjetivamente *adv.* 감탄사적으로.

interjetivo *a.* 감탄사의. 감탄사적인. 감탄사로 되는.

interlinear *a.* 줄 사이의. 이선 간(二線間)의. 행간(行間)의. 줄 새에 쓴(인쇄한).

interlocução *f.* ①대화. 회화. 문답. ②대화중에 딴 사람이 대리로 말하는 것. ③[法] 종긴 판펄.

interlocutor *m.* 대화자. 문답자. 대담자(對談者). 대화중의 인물. 대표자로서 말하는 사람.

interlocutória *f.* ①[法] 중간 판결. ②중간물(中間物).

interlocutório *a.* 중간의. 중간 판결의.
— *m.* [法] 중간 판결(中間判決).

interlúdio *m.* 중간시(中間時). [劇] 막간(幕間). 막간극. 막간여흥. [樂] 간주곡(間奏曲). (두 중대사건의) 사이에 일어나는 사건.

interlunar *a.* 달 없는(달 뜨지 않은) 사이의. 달이 보이지 않는. 시기의.

interlúnio *m.* 달이 없음. 달이 뜨지 않는 (보이지 않는) 사이. 《詩》무월(無月).

intermaxilar *a.* [解] 상악골(上顎骨) 사이에 있는.

intermedial *a.* = *intermediário*.

intermediar *v.t.* 중간에 있다. 개재(介在)하다. 중간에 위치하다.

intermediariamente *adv.* 중간에 있어서. 개재하여. (…의) 사이에 나서서.

intermediário *a.* 중간의. 중계의. 중개(中介)의. 매개(媒介)의.
— *m.* 중간에 서는 사람. 중개자(仲介者). 중재인(仲裁人). 매개자. 매개물(媒介物).
por intermediário de …을 중개하여. …을 통하여.

intermédio *a.* 사이의. 중간의.
— *m.* ①중간물. 중개물. 매개물. ②중개. 매개. ③중개자. 중개인.

intermenstrução *f.* [生理] 한 월경기(月經期)와 다음 월경기 사이.

interminável *a.* 끝없는. 언제 끝날지 모르는. 한없는. (싫증날 만큼) 지루한.

interminavelmente *adv.* 끝없이. 한없이. 무한히. 몹시 지루하게.

intermino *a.* 《詩》 끝없는. 무한한. 무궁한.

intermissão *f.* 중절(中絶). 중단. (열(熱) 발작의) 간헐(間歇)·간헐기. 휴지기(休止期).

intermitência *f.* 때때로 중단되기. 단속(斷續). 간헐(間歇). 간헐상태.

intermitente *a.* 때때로 중단되는. 단속(斷續)하는. 드문드문 멎는. 간헐성(間歇性)의.
febre intermitente 간헐열(熱).

intermitentemente *adv.* 간헐적으로. 단속적으로. 띄엄띄엄. 드문드문.

intermitir *v.t., v.i.* 일시 그치다. 드문드문 멎다. 중절(중단)시키다(하다). [醫] 간헐하다.

intermúndio *m.* 세계간(世界間). 두 세계의 사이. 양천체간(兩天體間).

intermuscular *a.* 근육 사이(筋肉間)의.

internação *f.* 기숙사에 들여보내기 또는 들어가기. 양로원·고아원 등에 수용하기. (병원에) 입원시키기. (포로 따위를) 일정한 구역 내에 억류하기.

internacional *a.* 국제(상)의. 국제간의. 국제적. 만국(萬國)의.
direito internacional 국제(공)법.
exposição internacional 만국박람회.
questão internacional 국제문제.
— *f.* 만국노동자동맹. 인터내셔널(노래).

internacionalidade *f.* 국제적임. 만국공통임. 국제성.

internacionalismo *m.* 국제주의. 세계주

internacionalista *m., f.* 국제주의자. 세계주의자. 국제법학자. 국제노동자동맹원.

internacionalização *f.* 국제화. 국제관리화. 국제적으로 함.

internacionalizar *v.t.* ①국제화하다. (영토 등을) 국제관리 하에 두다. ②국제적으로 하다. 세계적으로 하다.

internacionalmente *adv.* 국제적으로. 국제상.

internado *a.* (기숙사에) 입사한. (양로원·고아원 등에) 수용된. 들어간. (병원에) 입원한. (일정한 구역 내에) 억류된.
— *m.* (학교의) 기숙생. (병원·양로원·고아원 등에) 수용된 사람. 피수용자.

internamente *adv.* ①안에. 안쪽에. 내부에. ②내적으로. 내면적으로.

internamento *m.* ①(기숙사에) 들어가기. 들여보내기. ②입원(入院). ③(고아원·양로원 등에) 수용하기. ④(포로 따위를) 일정한 곳에 억류하기. 구금. 유치.

internar *v.t.* 기숙사에 넣다. (병원에) 입원시키다. (고아원·양로원 등에) 들여보내다. 수용하다. (포도 따위를 일정한 곳에) 억류하다. 구금하다.
—*se* *v.pr.* (기숙사에) 들어가다. (병원에) 입원하다. (양로원·고아원 등) 수용되다. (제한된 장소에) 억류되다. 구금되다. 처박히다.

internato *m.* ①기숙학교. ②기숙사. ③수용소. 구호소. ④(집합적으로) 기숙생.

interno *a.* ①안의. 안에 있는. 내부의. 내적인. 내면적인. 내재적인. 본질적인. ②내심(內心)의. 의중(意中)의. ③내국(內國)의. 국내의. ④기숙(寄宿)의.
medicamento interno 내복약(內服藥).
doença interna 내증(內症).
— *m.* ①기숙생. ②인턴. 병원에서 살며 연구하는 의사(또는 조수). 실습근무의 학생(實習勤務學生). ③재원자(在院者). 재감자.
interno dos hospitais 병원에서 살며 연구하는(실습하는)의 학생.

internúncio *m.* 로마 교황 공사대리. 사자(使者).

interoceânico *a.* 대양 간(大洋間)의. 양대양 사이의.

interocular *a.* 두 눈 사이(兩眼間)의.

interosso *a.* 뼈와 뼈 사이의. 골간(骨間)에.

interparlamentar *a.* 의회개회중(議會開會中)에 시행하는(하게 되는).

interpelação *f.* ①장관(대신)에 대한 질문. ②당국자의 설명을 요구하기.

interpelador *a., m.* ①(의회의) 질문제출자. 질의안(質疑案) 제출자. ②이야기를 가로막는 사람.

interpelante *a., m.* = *interpelador*.

interpelar *v.t.* ①(특히 의회·국회 등에서 장관(대신)에게) 질문하다. 질의하다. ②남의 이야기를 가로막다.

interpeninsular *a.* 두 반도 사이(兩半島間)의. 두 반도 사이에 있는.

interplanetário *a.* 행성 간의. 태양계 내의.

interpolação *f.* ①보충해 넣기. 개찬(改竄). 가필. 삽입(挿入). ②[數] 보삽법(補挿法). ③중단(中斷). 중지.

interpolado *a.* ①보충한. 보충해 넣은. 가필한. 삽입한. 끼운. 끼워 넣은. [數] (중간 항을) 급수 안에 삽입한. 보삽한. ②중단한.

interpolador *a., m.* 보충해 넣는 (사람). (사본의) 가필자. 개찬자(改撰者). (주석(註釋) 따위를) 써 넣는 자.

interpolar (1) *v.t.* 보충하다. 가필하다. (주석 따위를) 써 넣다. 기입 변경하다. 개찬하다. 삽입하다. [數] (중간 항을) 급수 안에 삽입하다. 보삽(補挿)하다.
— (2) *a.* 두 전극 사이(兩電極間)의.

interpor *v.t.* ①(…의) 사이에 놓다. 중간에 놓다. 사이에 끼우다. (넣다) 삽입(挿入)하다. ②말참견하다. 쓸데없는 걱정을 하다. ③불평대다.
— *v.i.*, —*se* *v.pr.* ①사이(中間)에 놓이다. 사이에 끼다(끼워지다). 개재(介在)하다. ②(두 사람 사이에 들어) 중재(仲裁)하다. ③이의(異議)가 생기다. 고장나다.

interposição *f.* ①사이에 두기. 중간에 놓기. 중간에 놓인 상태. 개재(介在). (사이에) 끼우기. 삽입. 삽입물(挿入物). ②중재(仲裁).

interposto *a.* 사이에 놓인. 개재하는. 중간에 있는. 사이에 끼운. 중간에 뛰어 들어온. 참견한.

interpotente *a.* 삼원(三元)의. (지레의 힘(動力)이 지점(支點)과 무게(錘)의 중간에 있는).

interprender *v.t.* 갑자기 달려들다(빼앗

다). 불의습격하다.

interprêsa *f.* 갑자기 달려들기(빼앗기). 불의습격(不意襲擊).

interpretação *f.* ①해석. 설명. (꿈·수수께끼 등의) 판단. 해명. ②통역(通譯). 역술(譯述). ③[藝術] (자기의 해석에 따른) 연출. 연주.

interpretador, interpretante *a.* 해석하는. 해명하는.
— *m.* 설명자. 해명자. 해석자. 통역자(관). 통변자.

interpretar *v.t.* ①해석하다. 설명하다. (꿈을) 해몽하다. (수수께끼를) 풀다. 해명하다. ②통역하다. ③[藝術] (자기의 해석에 따라) 연출(연주)하다. 의지(意志)를 표현하다.

interpretativamente *adv.* 해석적으로. 해명하여.

interpretativo *a.* 해석의. 해석적. 설명적. 통역의.

interpretável *a.* 해석(설명)할 수 있는. 통역할만한.

intérprete *m., f.* ①통역. 통역자(관). 통변. ②해석자. 설명자.

interregno *m.* ①제왕의 붕어(崩御). 폐위(廢位) 등에 의한 공위기간(空位期間). ②휴지기간(休止期間). 중절기간.

interresistente *a.* 이원(二元)의(지레의 무게(錘)가 힘(力)과 지점(支點)의 중간에 있는).

interrogação *f.* 질문. 신문(訊問). 심문(尋問). 의문(疑問).
ponto de interrogação 의문부호(?).

interrogado *m.* 질문 받은 자. 심문 당한 자. 피신문자(被訊問者).

interrogador, interrogante *a.* 의문의. 질문하는. 심문하는.
— *m.* 질문자. 심문자. 신문자.

interrogar *v.t.* ①질문하다. 심문(신문)하다. ②(물어서) 참조(參照)하다.
—*se v.pr.* 자문(自問)하다. 자성(自省)하다.

interrogativo *a.* 의문의. 의문을 나타내는. 의심스러운. [文] 의문의. 의문적.

interrogatório *a.* 의문의. 질문의. 의문을 표하는.
— *m.* ①의문. 질문. 심문. 신문. ②[法] 신문조서(訊問調書).

interromper *v.t.* 가로막다. 저지하다. (말 따위를) 가로채 방해하다. 중단하다. 중지하다.
—*se v.pr.* (도중에서) 끊어지다. 가로막히다. 차단되다.

interrompidamente *adv.* 단속적(斷續的)으로. 가로막혀서. 중단되어.

interrupção *f.* ①차단(遮斷). 중단. 중절. 불통(不通). ②휴지(休止). 중지. [修] 중지어법(中止語法).
sem inerrutção 끊임없이. 계속하여. 연달아.

interruptamente *adv.* (드문드문) 끊어져서. 단속적(斷續的)으로. 중단하여. 중절하여.

interrupto *a.* (도중에서) 끊어진. 중절된. 중단된. 차단된.

interruptor *m.* 차단하는 사람(사물). (말 따위를) 도중에서 가로채는 사람. [電] (전류) 단속기. 차단기. 전기개폐기. 스위치.
interruptor automático 자동차단기(개폐기).

interseção, intersecção *f.* ①가로지르기. 교차. 횡단. ②십자형(十字形)으로 째기(가르기). ③[幾] 교점(交點). 교선(交線).
ponto de interseção 교점.
linha de interseção 교선.

intersecional *a.* 가로지르는. 교차의.

interserir *v.t.* 사이에 끼우다(넣다). 사이에 꽂아 넣다. 삽입(揷入)하다.

interstelar *a.* 별과 별 사이(星間)의.

intersticial *a.* 간격의. 갈라진 틈의. [醫] 간질(癎疾)의. 간질성의.

interstício *m.* 간격. 간강(間腔). 간질조직(癎疾組織). 째진 틈. 갈라진 구멍.
interstício dos musculos 근육 새(筋間).

intertexto *a.* 서로 얽힌. (실 따위) 섞어 짠. 편합(編合)한.

intertropical *a.* 열대 간(熱帶間)의. 열대 내(內)의. 회귀선내(回歸線內)의.

interurbano *a.* 도시 간(都市間)의. (전화 따위) 장거리의.

intervaladamente *adv.* 간격을 놓고(두고) 드문드문.

intervalar (1) *a.* ①사이에 있는. 중간에 놓인. 개재(介在)한. 끼워 있는. ②사이에 일어난.
— (2) *v.t.* 사이를 두게 하다. 간격을 두

다(유지하게 하다).
— *v.i.* ①사이에 들다. (새에) 끼다. 개재하다. ②사이에 일어나다. ③간섭하다. ③중재(仲裁)하다. ④(친구로서) 어울리다.
—**se** *v.pr.* ①사이를 두다. 간격을 두다. ②(…의) 중간에 놓이다.

intervalo *m.* ①사이. 중간. 간격(間隔). 중간시(中間時). [醫] 간헐시(間歇時). [劇] 막간(幕間). [樂] 음정(音程). (학교 수업 시간 사이의) 휴게시간. ②(정도·질·양 따위의) 차. 현격. 짬.
por intervalo 사이를 두고. 간격을 놓고. 때때로. 드문드문.

intervenção *f.* ①사이에 들기. 개입(介入). ②간섭. 참견. ③중재. 조정(調停). ④소송참가(입회). [醫] 수술.
intervenção cirurgica 외과수술(外科手術).
intervenção militar 군사개입(軍事介入).

interveniente *a.* 사이에 들어오는(들어가는). 간섭(개입)하는. [法] 소송참가(입회)하는.
— *m.* ①소송참가자. ②어음인수인(引受人).

interventivo *a.* 간섭의. 간섭하는. 간섭적.
interventor *m.* 사이에 들어오는 사람. 새 입자. 간섭자. 중재자(仲裁者).

interversão *f.* 거꾸로 하기(되기). 전도(顚倒). 전치(轉置). 전환. 역전(逆轉). [文] 어순전환. [論] 여환법(餘換法). [樂] 전회(轉回). [化] 전화(轉化). [數] 반전(反轉). [醫] 도착(倒錯).

intervertebral *a.* [解] 추골 사이(椎骨間)의.

interverter *v.t.* 역(逆)으로 하다. 반대로 하다. 거꾸로 되게 하다. 전도시키다. 전환하다. [樂] 전회시키다. [化] 전화(轉化)하다.

intervindo *a.* 사이에 들어온. 개입한. 간섭한. 중재한. 사이에 일어난(발생한). 참가한.

intervir *v.i.* ①사이에 들다. 간섭하다. 참견하다. ②중재하다(서다). 조정하다. ③사이에 일어나다. (발생하다). [法] 소송에 참가하다.

intervocálico *a.* 모음 사이(母音間)의.
intestado *a.* 유언이 없는. 유언하지 않고 죽은. 유언서를 남기지 않은.
intestável *a.* 유언할 수 없는. 유언할 능력이 없는. 유언이라고 할 수 없는(인정 불가능한).

intestinal *a.* 장(腸)의. 장성(腸性)의. 장내(腸內)에 있는. 창자에 관한.
suco intestinal 장액(腸液).
úlcera intestinal 장궤양(腸潰瘍).
vermes intestinals 회충(蛔蟲).

intestino (1) *m.* 창자. [解] 장(腸). 《俗》 내장.
intestinos (*pl.*) 장관(腸管).
— (2) *a.* ①체내(體內)의. 내부의. ②마음속의. 내심(內心)의. ③집안(일)의. 가정(적)의. 국내의.
luta intestina 내분(內紛). 내홍(內訌).
guerra intestina 내란(內亂).

intimação *f.* ①불러내기. 소환(召喚). 소환장. ②알리기. 통지. 통고. 고지(告知). 통지서. 통고서.

intimador *a., m.* 부르는 (사람). 소환자. 알리는 (사람). 통지자. 통고자.

intimamente *adv.* 아주 친하게. 친밀하게. 밀접하게. 깊이. 마음속으로부터. 중심으로.

intimar *v.t.* ①[法] 소환하다. ②통지(통고)하다. 고시(告示)하다. 공포하다.
— *v.i.* 명령적으로 단언(斷言)하다. 강조하다.

intimativa *f.* ①명령적 언행(통고). 거만(불손)한 부분. ②확고한 판단. 단언(斷言).

intimativo *a.* 명령적. 통고적. 단언적. 엄한. 엄격한.

intimidação *f.* 겁내게 하기. 위협. 협박.

intimidade *f.* ①친밀. 친교. 간친(懇親). 밀접한 관계. 친밀한 사이. ②내심(內心). ③사통(私通). 정교.

intimidador *a., m.* 겁내게 하는 (사람). 위협하는 (자). 협박하는 (자).

intimidar *v.t.* 겁내게 하다. 위협(협박)하다. 공갈하다. 약자 앞에서 뽐내다.
—**se** *v.pr.* 겁내다. 무서워하다.

intimo *a.* ①아주 친한. 지극히 친밀한. 매우 가까운. ②가장 안쪽에 있는. 가장 구석의. 마음 속의. 내심의. (감정 따위) 깊이 감춘. 내부에 잠재한.
amigo intimo 가장 친한 벗. 가까운 친구.
— *m.* ①가까운 친구. 각별한 우정이 있는 사람. ②내심(內心).
ser intimo de …와 친하다.

intinção *f.* [宗] 성찬의 빵을 포도주에 담

그기.
intitulação *f.* =*intitulamento*.
— *m.* (…의) 칭호를 주기. (…라고) 이름 짓기. 타이틀를 주기. 표제(表題)를 붙이기.
intitular *v.t.* (…의) 칭호를 주다. (…라고) 이름 짓다. 명칭을 달다. 타이틀을 주다. 표제를 붙이다.
—se *v.pr.* 스스로 칭호(타이틀)를 달다. 자칭하다.
intolerância *f.* ①참을 수 없음. 인내할 수 없음. ②(이설(異說)을 용납할) 아량이 없음. 불관용. 편협(偏狹). 혐기(嫌忌).
intolerando *a.* 참을 수 없는. 견디기 어려운.
intolerante *a.* ①참을 수 없는. 견딜 수 없는. ②(용납할) 아량이 없는. 받아들이지 않는. 용서하지 못하는. 마음(도량)이 좁은. 편협한.
— *m.* 참지 못하는 사람. (타인의 이야기를) 받아들이지 않는 자. (종교의 이설(異說)을) 용납하지 않는 자. 용서하지 못하는 자. 마음(도량)이 좁은 사람.
intolerantemente *adv.* 참을 수 없을 정도로.
intolerantismo *m.* (다른 종교(또는 교의)에 대한) 불용납주의(不容納主義).
intolerável *a.* ①참을 수 없는. 견딜 수 없는. 인내 못하는. ②용서(용납)하기 어려운. 싫어서 못 견디는. 얄미운. 괴씸한.
intoleravelmente *adv.* 참을 수 없게. 견디지 못할 정도로.
intonação (=*entoação*) *f.* 송독(誦讀). 읊음. 음영(吟詠). [音聲] 억양(抑揚). 음조. 어조. [樂] 조음법. 노래 첫머리의 악구.
intonso *a.* 머리털(수염)을 깎지 않은. 면도하지 않은. 머리털을 기른.
intorção *f.* 꼬기. 비틀기. [植] 꼬불꼬불함.
intoxicação *f.* [醫] (마약 따위에 대한) 중독. 마취. 도취.
intoxicamento *m.* [醫] 중독되기. 마취되기. 도취.
intoxicante *a.* ①(마약 따위에) 중독되게 하는. 도취케 하는. 중독성의. ②독을 넣는. 독으로 해치는.
intoxicar *v.t.* ①(마약 따위에) 중독되게 하다. 취하게 하다. ②독을 넣다. 독으로 해치다. 독살(毒殺)하다.

—se *v.pr.* 중독되다. 도취하다.
intracraniano *a.* [解] 두개골 내(頭蓋骨內)의.
intradorso *m.* [建] (홍예의) 내윤(內輪).
intraduzível *a.* 번역되지 못하는. 번역할 수 없는.
intragável *a.* ①나쁜 냄새가 나는. 맛이 나쁜. 맛없는. 입에 맞지 않는. ②불쾌한. 싫은. 기분 나쁜. ③(도덕상) 불미스러운.
intramedular *a.* [解] 골수 사이(骨髓間)의.
intra-muros *adv.* 성내(城內)에. 성곽 안에. 성벽(城壁) 안에.
intramuscular *a.* 근육 사이(筋肉間)의.
intranqüilidade (발음 : 인뜨란귈리다지) *f.* ①불안. 불온. 불온 상태. ②걱정. 근심.
intranqüilo *a.* 불안한. 불온한. 걱정(근심)스러운.
intransferível *a.* 옮길 수 없는. 이전(移轉) 불가능한. 양도(讓渡)할 수 없는. 연기(延期)하기 어려운.
intransigência *f.* (정치상의) 비타협적인 태도. 불용납(不容納). 참지 못함. 양보하지 않음.
intransigente *a.* ①비타협적인. 일보도 양보하지 않는. 용서하지 않는. 시종일관한. ②완고한. 고집이 센.
intransitável *a.* ①통행(통과)할 수 없는. 통행이 금지된. ②침투할 수 없는.
intransitivamente *adv.* [文] 자동사적으로(로서).
intransitivo *a.* [文] 자동(사)의.
verbo intransitivo 자동사(自動詞).
intransmissibilidade *f.* 양도 불가능함. 전달할 수 없음.
intransmissível *a.* 양도할 수 없는. 전달할 수 없는. 전달되지 않는.
intransponível *a.* 옮겨 놓을 수 없는. 바꾸어 놓을 수 없는. 치환(置換)할 수 없는.
intransportável *a.* 운반(운수·수송)할 수 없는.
intraocular *a.* [醫] 눈 안에 있는. 안내(眼內)의.
intrapulmonar *a.* 폐 속에 있는. 폐내(肺內)의.
intratado *a.* ①취급되지 않은. 접수(접대)되지 않은. (상대로) 대해 주지 않은. ②해본 일이 없는.
intratável *a.* ①다루기 어려운. 처치(취급)하기 어려운. ②순종하지 않는. 말듣지 않

intra-uterino *a.* [醫] 자궁 내(子宮內)의.
intravenoso *a.* 정맥내(靜脈內)의.
intrepidamente *adv.* 용감하게. 대담하게. 꿈쩍도 하지 않고.
intrepidez *f.* 대담(大膽). 용감. 용맹.
intrépido *a.* 용감한. 용맹한. 대담한.
intricadamente *adv* 혼란하여. 착잡하여.
intricado *a.* 얽힌. 복잡한. 뒤섞인. 착잡한. 어리둥절한.
intricar *v.t.* 얽히게 하다. 혼란시키다. 분규(紛糾)를 일으키다. 착잡(錯雜)하게 하다. 어리둥절하게 하다.
　—se *v.pr.* 얽히다. 혼란해지다. 복잡하게 되다. 착잡해지다. 어리둥절하다.
iatriga *f.* ①음모. 술책. 간책(奸策). 암중비약(暗中飛躍). ②욕설. ③(연극의) 이야기 줄거리. ④밀통. 간통.
intrigalhada *f.* ①얽힌 것. 혼잡한 것. 착잡(錯雜). ②잡담. 한담. 세상공론.
intrigante *a.* ①음모(술책)를 꾸미는. 간책을 쓰는. 암중비약하는. ②밀통하는. 간통하는.
　— *m., f.* 음모자. 모략가. 술책가. 밀통자.
intrigar *v.i.* ①음모를 꾸미다. 술책을 쓰다. 이간책(離間策)을 강구하다. ②밀통하다.
　— *v.t.* ①(두 사람 사이를) 이간하다. 문제를 일으키다. 분규를 빚어내다. ②호기심을(흥미를) 끌다.
intriguista *a., m., f.* =*intrigante*.
intrincado *a.* 얽힌. 복잡한. 혼란한. 착잡한.
intrincar *v.t.* 얽히게 하다. 혼돈되게 하다. 혼란시키다. 착잡하게 하다.
intrinsecamente *adv.* 내측(안쪽)에. 내부에. 내용적으로. 본질적으로. 본래.
intrínseco *a.* ①본래 갖추어진. 고유의. 본연(本然)의. 본질의. 본질적. ②진정한. ③내재(內在)의. 내적(內的)의. 내용의. 내부의.
　valor intrínseco (화폐의) 고유가치(固有價値). 진가(眞價).
introdução *f.* ①박기. 삽입(揷入). ②채용. 창시. 처음 수입(輸入). ③끌어넣기. 유도(誘導) ④소개(紹介). ⑤서문. 서언(序言). 머릿말. ⑥입문(入門). 입문서. 초보. 개론. 서론(緖論). [樂] 서주(序奏).

서곡(序曲).
　carta de introdução 소개장.
introdutivo *a.* ①초보의. 입문의. ②예비의. 소개의. 서론의.
introdutor *m.* 끌어들이는 사람. 처음으로 수입하는 자. 처음 수입자(輸入者). 소개자. 유도자(誘導者).
　— *a.* 끌어넣는. 끌어들이는. 소개하는.
introdutório *a.* 머릿말의. 서문의. 소개의.
introduzir *v.t.* ①소개하다. ②(논문 등에) 머릿말을 달다. ③받아들이다. 처음 수입하다. ④안내하다. 선도하다. ⑤이끌어 넣다. 박아 넣다. 삽입하다. (소식지 (消息紙)를) 넣다. 박다.
　—se *v.pr.* ①들어가다. 파들어가다. (내부로) 쑥 들어가다. 소리없이 기어 들어가다. ②뿌리 박다.
intróito *m.* ①시작. 개시. ②[가톨릭] 입제문(入祭文). 입진송(入進誦)(미사에 있어서 사제가 단에 오를 때 부르는 찬송가 따위).
intrometer *v.t.* 새에 끼우다. 삽입(揷入)하다. 넣다. 들여보내다. 송입(送入)하다.
　—se *v.pr.* (사이에) 들어가다. 참견하다. 간섭하다. 간여(干與)하다.
intrometido *a.* ①(사이에) 들어간. 들어온. 간섭한. 참여한. ②사양성이 없는. 대담한.
　pessoa intrometida 참견하기 좋아하는 사람.
　— *m.* 참견하는 사람. 일봐 주기 좋아하는 사람.
intromissão *f.* ①입장허가. 가입허가. ②삽입. 송입(送入). ③간섭. 간여(干與).
introsca *m.* 잘 떠드는 사람. 말 많이 하는 사람.
introspeção, introspecção *f.* 내성(內省). 내관(內觀). 자아관찰(自我觀察).
introspetivo, introspectivo *a.* 내성의. 내관적의. 자아관찰의. 자기반성하는.
introversão *f.* 내향(內向). 내곡(內曲). 내성. 안으로 휘어짐. 안으로 말려들어 감.
introverso *a.* ①안으로 향한. 안으로 휜(말려들어간). 내향(적)인. 내성적인. ②어떤 일에 열중하는. 정신을 집중하는.
introvertido *a.* 내향한. 내향적인. 내성적인. 안으로 휜.
intrujão *m.* ①속이는 사람. 사기꾼. 협잡군. ②도둑질한 물건을 사는 사람.

intrujar *v.t.* ①속이다. 기만하다. 사기하다. ②훔친 물건을 사다.

intrujice *f.* ①속이기. 사기. 기만. 협잡. ②허위를 참으로 알리다(알기)).

intrusamente *adv.* 무리하게. 강제적으로. (출입 따위의) 무단히.

intrusão *f.* ①(장소에) 강제 침입. 무단 침입(侵入). 난입(亂入). (토지의) 불법점유(不法占有). ②암맥(岩脈)의 관입(貫入). *rochas de intrusão* 관입암(貫入岩).

intruso *a.* 허가 없이 들어온. 무단침입한. 난입(亂入)한. (토지 따위) 제멋대로 차지한(점유한).
— *m.* 무단침입자. 난입자.

intuição *f.* ①직각(直覺). 직관(直觀). ②직각적 지시. 예감. ③《宗》견신(見神).

intuitivamente *adv.* 직각적으로. 직관적으로. 명백히.

intuitivo *a.* 직각적. 직관적. 명백한. 뚜렷한.

intuito *m.* 의지(意志). 의향. 의도. 목적. *O meu intuito é dominar o português.* 나의 목적은 포르투갈 말을 완성하는 것이다.

intumescência *f.* 부어오름. 종창(腫脹). 종기.

intumescente *a.* 부어오르는. 부푸는. 팽창하는. 팽대성(膨大性)의.

intumescer *v.t.* ①부어오르게 하다. 부풀게 하다. 뽐내게 하다. 으쓱하게 하다.
— *v.i.*, —se *v.pr.* 부어오르다. 부풀다. 팽창하다. 뽐내다. 으쓱하다.

inturgescência *f.* 부어오름. 종창. (조직이) 빽빽히 참.

inturgescer *v.i.* 부어오르다. 부풀다. 팽창하다.

intusepção *f.* [生理] 영양작용(榮養作用). 섭취.

intussuscepção *f.* ①[理] 섭취(작용). ②[醫] 장중첩(腸重疊)(창자의 일부가 다른 부분 속에 끼는 것). 중첩감돈(重疊嵌頓). ③《比喩》(사상의) 섭취. 동화.

inula *f.* [植] 하국(夏菊).

inuleas *f.(pl.)* 하국속(屬).

inulto *a.* 복수하지 않은. 원수를 갚지 않은. 벌 주지 않은. 벌 받지 않은.

inultrapassável *a.* 초과할 수 없는. 능가(凌駕)할 수 없는. 이겨낼 사람이 없는.

inumação *f.* 매장. 토장(土葬).

inumanamente *adv.* 인정 없이. 잔인하게. 인도에서 벗어나게.

inumanidade *f.* 몰인정(한 행위). 비인도(非人道). 잔인(성). 무자비.

inumano *a.* ①인정 없는. 몰인정(沒人情)한. 무자비한. 인도에서 벗어난. 비인간적인. 인간답지 못한. 냉흑한. 잔인한. ②《古》사람의 힘(人力)이 미치지 않는. 초인적(超人的)인. 인간 이상의.

inumar *v.t.* (땅에) 묻다. 매장하다. 토장(土葬)하다.

inumerabilidade *f.* 헤아릴 수 없음. 셀 수 없음. 무수(無數). 무량(無量).

inumerável *a.* 헤아릴 수 없는. 무수한. 부지기수의.

inumeràvelmente *adv.* 헤아릴 수 없이. 셀 수 없는 정도로. 무수하게.

inúmero *a.* 헤아릴 수 없는. 무수한. 부지기수의.

inundação *f.* ①넘쳐흐름. 홍수. 범람. 침수. ②충만. 창만(漲滿). 창일(漲溢). ③(물밀어오듯) 쳐들어오기. 쇄도(殺到).

inundante *a.* 넘쳐흐르는. 범람하는.

inundar *v.t.* (육지 등에) 넘쳐흐르게 하다. 범람시키다. 침수(浸水)시키다. 물에 잠기게 하다.
—se *v.pr.* 넘쳐흐르다. 범람하다. 홍수나다. 침수되다. 창일(漲溢)하다.

inundável *a.* 넘쳐흐르기 쉬운. 범람할 수 있는. 물에 잠기기 쉬운. (잠길 수 있는).

inupto *a.* ①결혼하지 않은. 처가 없는. ②독신의.

inurbanidade *f.* 예의 없음. 누추하고 천함. 야비.

inusitado *a.* ①(아직) 쓰지 않은. 사용하지 않은. ②쓸모(용돈) 없는. ③(아직) 알려지지 않은. 기묘한. 드문. ④익숙치 않은. 보통 아닌.

inútil *a.* 쓸데없는. 쓸모없는. 소용없는. 이용가치 없는. 효과 없는. 헛된. 무익한.

inutilidade *f.* 쓸데없음. 쓸모없음. 무용(無用). 무익. (이용)가치 없음. 효과가 없음. 헛된 것.
inutilibades (*pl.*) 폐물. 무용지물(無用之物).

inutilizado *a.* 이용(利用)되지 않은. 이용가치를 잃은. 폐물로 된.

inuntilizar *v.t.* 쓸모없게 하다. 쓸모없게 하다. 이용가치를 없애다. 폐물로 만들다.

—se *v.pr.* 쓸데(쓸모)없게 되다. 이용가치를 잃다. 무용지물이 되다. 폐물이 되다.

inutilizável *a.* 쓸 수 없는. 이용할 수 없는. 폐물이 될 수 있는. 폐물되기 쉬운. 사용 불가능하게 할 수 있는.

inutilmente *adv.* 쓸데(쓸모)없이. 헛되게. 무익하게.

invadir *v.t.* 침입하다. 침략하다. 습격하다. 내습하다. (권리 따위를) 침해하다. 침범하다.

invaginação *f.* [醫] 첩감(疊嵌). 중첩감돈(重疊嵌頓). 창관문합수술(脹管吻合手術).

invaginado *a.* [植] 엽초(葉草)에 들어 있는.

invaginante *a.* (창(脹)의) 감돈(嵌頓)한.

invaginar *v.t.* [植] 엽초에 넣다(끼다). ② 창관(脹管)을 문합(吻合)하다.

invalidação *f.* 무효로 하기(되기). 실효(失效).

invalidade *f.* 효력이 없음. 무효. 실효.

invalidamente *adv.* 효력 없이 무효하게.

invalidar *v.t.*, *v.i.* ①(…의) 가치를 없애다(없어지다). 무효로 하다(되다). 효력을 잃다. 쓸모없이 되다. ②병약하게 하다(되다). 병자(불구자·폐인) 취급을 하다. 상병 군인 명부에 기입하다.

invalidez *f.* ①불구(不具). 폐질(廢疾). ② 무효.

inválido *a.* ①쓸모없는. 이용할 수 없는. 작용 못하는. ②불구의. 폐질의. ③병약한. 허약한. 환자용의. ④[法] 무효의.
— *m.* ①일할 수 없는 사람. 병역에 종사할 수 없는 자. ②불구자. 폐인. 병신.
inválido da guerra 상병병(傷病兵).

invariabilidade *f.* 불변(不變). 불역(不易). 불변성. [文] (어미의)불변화.

invariável *a.* 변하지 않는. 불변의. 일정한. [文] (어미가) 변화하지 않는. (어미의) 변화가 없는.
— *m.* 변치 않는 물건. [文] 불변화어(不變化語). [數] 상수. 불변량.

invariavelmente *adv.* 변함없이. 불변하게.

invasão *f.* ①침입. 침략. 습격. 쳐들어 옴. 내습(來襲). ②(유행병 따위가) 닥쳐옴. ③(권리의) 침해.

invasivo *a.* 침입(침략)하는. 침략적. 습격적. [法] 침해의.

invasor *a.* 침입(침략)하는. 습격하는. 침해하는.
— *m.* 침입자. 침략자. 내습자. [法] (권리 따위의) 침해자. 침법자.

invectar *v.t.*, *v.i.* =*invectivar*.

invectiva *f.* 악담. 독설. 비난.

invectivador *a.*, *m.* 악담하는 (사람). 독설가. 비방자(誹謗者).

invectivar *v.t.* 악담하다. 독설을 퍼붓다. 비방하다.
— *v.i.* (+*com*). 악담하다.

invectivo *a.* 악담의. 독설의. 비방의.

invedável *a.* 막을 수 없는. 그만 두게 할 수 없는. 정지(금지)할 수 없는. 방해할 수 없는.

inveja *f.* 시기. 질투. 선망(羨望). 질투의 근거. 선망의 대상. 부러워하는 것.
com inveja 시기하여. 샘나서. 부러워서.
fazer inveja 부러워하다. 선방하다. 질투하다.
objecto de inveja 선망의 대상.
ter inveja de aluguem 아무를 시기하다.

invejado *a.* 시기한. 질투한. 샘난. 부러워하고 있는.

invejar *v.t.* 부러워하다. 시기하다. 질투하다.

invejável *a.* 부러워할 만한. 부러운. 시기할만한.

invejoso *a.*, *m.* 부러워하는 (사람). 시기하는 (자). 질투하는 (자).

invenal *a.* 팔 수 없는. 판매되지 않는. 비매(非賣)의.

invenção *f.* ①발명. 창안. 창의(創意). ② 발명품. 신안(新案). 새로운 구상(構想). 구안. ③발명의 재능. 발명력. ④꾸며내기. 날조. 허구(虛構).
invençáo de Santa Cruz. [宗] 성십자가 발견제(A.D. 326년 5월 3일 *Constantin*의 어머니 *St. Helena*가 *Jerusalem*에서 그것을 발견한 기념일).
privilégio de invenção 특허권.

invencibilidade *f.* 이겨내기 힘든. 무적(無敵).

invencionar *v.t.* 교묘하게 꾸미다(장식하다).

invencioneiro *a.*, *m.* 교묘하게 꾸미는 (사람). 감쪽같이 모르게 하는 (자). 속여 넘기는 (사람).

invencionice *f.* ①교묘하게 꾸미기. 감쪽

같은 장식. ②(악의 없는) 속임수. (작은) 협잡수단. 사소한 거짓말.

invencionível *f.* ①지우기 어려운. 이겨내기 힘든. 무적의. 극복할 수 없는. 타파할 수는.

invencivelmente *adv.* 이길 수 없게. 극복할 수 없는 정도로.

invendável, invendível *a.* 팔 수 없는. 매도(賣渡)되지 않는. 파는 것이 아닌. 비매(非賣)의.

inventar *v.t.* ①발명하다. 창안하다. 창작하다. 안출하다. 연구해내다. 구상하다. ②(구실·거짓말 따위를) 꾸며내다. 날조하다. 허구한 이야기를 하다.

invetariação *f.* (상품·가재·재산 등의) 목록표 작성. 재고상품 목록표. (선박의) 속구목록(屬具目錄).

inventariante *a., m.* (상품·재산 등의) 목록을 작성하는 (사람).

inventariar *v.t.* (상품 또는 재산을) 목록으로 작성하다. 목록표에 기입하다. (재고) 상품을 조사하다.

inventário *m.* (상품·가재·재산 등의) 목록. 그 목록표. (선박의) 속구목록(표). 재고품(일람표).

inventiva *f.* 발명력. 창작력. 안출력.

inventivo *a.* 발명의(재주있는). 발명에 관한. 발명적.

invento *m.* ①발명. 창작. ②발명품.
privilégio de invento 발명권.

inventor *a.* 발명력이 풍부한. 발명의 재주 있는.
— *m.* 발명자. 안출자. 꾸며내는 자. 장본인(張本人).

inverídico *a.* ①거짓의. 가짜의. 참말(진실)이 아닌. ②정확성이 없는.

inverificável *a.* 확증할 수 없는. 확인하기 어려운. 증거를 세울 수 없는. 증거가 나타나지 않는.

invernada *f.* ①겨울철. 엄동(嚴冬). 엄한(嚴寒). ②(기후의) 혹한.

invernadouro *m.* (가축 등의) 겨울을 지내는 곳. 동기식물보존소(冬期植物保存所). 피한지(避寒地).

invernal *a.* 겨울의. 동기의.

invernar *v.i.* ①겨울을 지내다. 월동하다. 피한하다. 동면(冬眠)하다. ②겨울이 되다. 동기에 들어가다.
— *v.t.* (가축을) 겨울동안 기르다. (식물을) 겨울동안 가꾸다. 《俗》 얼게 하다.

invernia *f.* ①추운 겨울. 엄동. ②(브라질의) 우량이 많고 서늘한 계절.

inverniço *a.* 겨울의. 겨울같이 추운. 동기 (冬期)의. [植] 겨울에 나는. 겨울에 먹는.

inverno *m.* ①겨울. 동삼(冬三). 동삼삭 (冬三朔). ②성상(星霜). 해(年).
inverno de vida 만년(晚年).

invernoso *a.* 겨울의. 겨울같은. 겨울과 같이 추운. 겨울다운.

inverossímil *a.* 있음직하지 않은. 사실같지 않은. 사실(진실)이라고 할 수 없는. 실제적이 못되는.
— *m.* 있음직하지 않는 것. 사실이라고 할 수 없는 것.

inverossimilhança *f.* 있음직하지 않음. 사실과 같지 않음. 실제적이 못 됨.

inversa *f.* 역(逆). 역수. 반대(의 것). [論] 역명제(逆命題).

inversamente *adv.* 역으로. 반대로. 역비로.

inversão *f.* 전도(轉到). 전치(轉置). 도치 전환. [文] 어순 전환. 역순. [樂] 전회(轉回). [化] 전회(轉化). [數] 반전(反轉). [醫] 도착(倒錯).

inversivo *a.* 역의. 반대의. 전도의. [文] 어순 전환의.

inverso *a.* ①역(逆)의. 반대의. ②거꾸로 된 전도한 전환합
razão inversa [數] 반비(反比). 역비.
proporção inversa [數] 반비례. 역비례.
— *m.* 역(逆). 반대. 전위(轉位). 역수.

inversor *m.* 거꾸로 하는 사람(사물). 전도하는 자. 전환하는 것. [電] 역전류(逆電流).

invertebrado *a.* [動] 척추가 없는. 척골이 없는.
— *m.* 무척추동물(無脊椎動物).

inverter *v.t.* 거꾸로 하다. 전도하다. 반대로 하다(놓다). 역(逆)으로 하다. (안팎을) 뒤집다. [樂] 전회시키다. [化] 전회(轉化)하다.
—*se v.pr.* 거꾸로 되다. 전도(轉倒)하다. 뒤집어지다.

invertido *a.* 거꾸로 된. 전도한. 역으로 된. 반대로 된. 전환한.

invertível *a.* 거꾸로 할 수 있는. 전도될 수 있는. 전도되는. 전환되는. 전위(轉位)되는.

invés *a.* ①역의. 반대의. 거꾸로 된. 전도

한. ②빗나간. ③(성격이) 비뚤어진. 심술궂은.
— m. ①이면(裏面). 뒷면. 속셈. 마음속. ②부정(不正). 비행(非行). ③결점. 과실. 과오. 오해.
ao invés 거꾸로. 반대로.

investida f. ①습격. 공격. 돌격. ②(병(病) 따위의) 돌연히 닥쳐옴. 별안간의 개시. ③해보기. 시도(試圖). ④악담하기. 독설 퍼붓기.

investido a. ①(직책·임무 따위를) 맡은. (권한을) 받은. 부여한. 서임(敍任)한. ②습격 받은. 공격 당한.

investidor m. 투자자(投資者).

investidura f. (관직·성직 등의) 수여. 임관 수여식. 임관식. (자격·권한 등의) 부여. 서임(敍任). (봉건시대의) 봉지식(封地式).

investigação f. 조사. 취조. 연구. 연구논문. 조사서. 탐색(探索). 천착(穿鑿).

investigador m. 조사자. 취조자. 연구자. 탐색(천착)하는 사람.

investigante a. 조사하는. 취조하는. 연구하는.
— m. = investigador.

investigar v.t. 조사하다. 취조하다. 연구하다. 샅샅이 찾다. 뒤지다. 깊이 파들어가다. 천착하다.

investigável a. 조사할 수 있는. 취조해 볼 만한. 세밀히 연구해야 할. 천착(탐색)할 수 있는.

investimento m. ①투자(投資). 출자. 투입 자본. 투자금. 투자의 목적물. ②[軍] 공격. 습격. 포위. 봉쇄. ③서임(敍任) 수여.

investir v.t. [商] (돈·자본을) 들이다. 투자하다. 출자하다. [軍] 습격하다. 공격하다. 포위하다. ③입히다. 걸치게 하다. ④(벼슬을) 수여하다. 서임하다. (휘장·훈장 따위를) 주다. (권한을) 부여하다. ⑤욕설하다. 악담하다.
— v.i. 돌진(突進)하다. 매진하다.
—se v.pr. 취임하다.

inveteração f. 뿌리깊은 것. 만성. 고질(痼疾).

inveterado a. 연세가(연한이) 많은. 많은 햇수가 자나간. (병·습관 따위) 뿌리깊은. 만성의. 상습의. 숙원(宿願)의. 고질의.

inveterar v.t. 오랫동안에 걸쳐 깊이 물들게 하다(깊이 뿌리박게 하다).
—se v.pr. (병·습관 따위가) 만성이 되다. 고질(痼疾)이 되다. 인습(因習)이 되다.

inviabilidade f. 실행 불가능(한 일). 버거움. 억척.

inviável a. 실행 불가능한. 버거운. 억척스러운. 고집 센. (도로 따위) 통행하기 곤란한.

invicto a. 진 일이 없는. 패배가 된 바 없는. 무적(無敵)의. 지우기 어려운. 격파 불가능한.

invidador m. ①(도박에서) 맞서는 사람. 재촉하는 사람. ②꾀는 사람. 노력하는 자.

invidar v.t. (도박 따위에서) 맞서다. 꾀다. 노력하다.

invidia f. 《詩》 = inveja.

invidio a. 《詩》 = inveioso.

invigilancia f. 경계(警戒)를 소홀히 함. 조심성 없음. 둔함.

invigilante a. 경계를 태만하는. 둔한히 하는. 조심성 없는. 방심하는.

invio a. 길 없는. 통로(通路) 없는. 통행할 수 없는. 전인미답의.

inviolabilidade f. 침범할 수 없음. 불가침(성).

inviolado a. 침범되지 않은(않고 있는). 상해(傷害)를 받지 않은. 모독된 바 없는.

inviolável a. 침범(침해)할 수 없는. 모독될 수 없는. 상하게 할 수 없는. 위반(違反)될 수 없는. 불가침(不可侵)의. 격파(타파)될 수 없는.

inviolavelmente adv. 침범(침해)되지 않게(도록). 위반함이 없이.

inviolentado a. 강제 당하지 않은. 폭력에 의하지 않은. 자발적인.

inviolento a. 우악스럽지도 않은. 강포하지 않은. 폭력에 의하지 않은. 비폭력적(非暴力的)인.

inviril a. 사내답지 못한. 여자같은. 여성적인.

inviscerar v.t. (마음속에) 사무치게 하다.
—se v.pr. (가슴속에) 사무치다. 골수에 박히다.

invisibilidade f. (눈에) 보이지 않음. 볼 수 없음. 보기 어려움.

invisível a. (눈에) 안 보이는. 볼 수 없는. 보기 어려운. 얼굴을 보이지 않는. 모습을 나타내지 않는.

— *m*. (눈에) 안 보이는 것. 보이지 않는 것.

invisivelmente *adv*. (눈에) 안 보이도록. 눈에 안 뜨이도록. 볼 수 없게. 보기 어렵게.

inviso *a*. 눈에 보이지 않는. 보지 못한.

invitação *f*. 초대함. 초청함. 안내.

invitatório *a*. 초대의. 안내의.
— *m*. [宗] 아침 기도의. 처음에 하는 찬미가.

invite *m*. ①초대. 초대장의. ②(트럼프) 상대방을 유인하는 패(수).

invito *a*. 자발적이 아닌. 강제적인. 타율적인(힘에 못이겨) 억지로 하는.

invocação *f*. (신에의) 기도. 기원(祈願). 구원을 빌기. 신의 가호를 빌기. 시신(詩神)의 영감을 비는 말. (법의) 발동. 악마를 불러내는 주문(呪文).

invocador *a*., *m*. (신의) 가호를 비는 (사람). 기도드리는 (자). 간원하는 (자). 애원하는 (자).

invocar *v.t*. (신의) 가호를 빌다. 기도하다. (법의) 힘에 호소하다. 애원하다. 간절히 바라다.

invocativamente *adv*. 신의 가호를 빌어 (빌며) 기도하여.

invocativo, invocatório *a*. 기도의. 기원(祈願)의. 염원(念願)의. 애원의. 간원의.

invocável *a*. (신의) 가호를 빌어야 힐. 구원을 호소할만한. 애원(간원)할 수 있는.

invogal *a*. 모음(母音)이 아닌. 자음의.

involução *f*. ①감아넣기(넣는 선). 안으로 말기. 회선(回線). ②분규. ③[數] 제곱법. (점열(點列)의)대합(對合). [醫] 내전(內轉). 퇴화(退化). 퇴화기(期).

involucelo *m*. [植] 소총포(小總葡)(중복된 꽃차례). 화서(花序)의 각총포(各總葡).

invólucro *m*. ①[解] 피막. 포피(包皮). [植] 총포(總葡). ②피복물(被覆物).

involuntariamente *adv*. 부지부식간에 생각없이. 본의 아니면서.

involuntário *a*. 무의식중의. 부지부식의. 본의 아닌. 자기도 모를.
ato involuntário 본의 아닌 행동(작위).
musculos involuntários 불수의근(不隨意筋).

involutoso *a*. [植] (잎사귀·꽃잎(花瓣) 따위가) 안으로 말린. 내측으로 말려 들어간. [動] 나사 모양의 회선상(回旋狀)의.

involver *v.t*. =*envolver*.

invulgar *a*. 보통이 아닌. 드문. 진귀한. 희귀한. 희유의. 희한(稀罕)한.

invulnerabilidade *f*. 상하게 할 수 없는 것. 죽지 않은 것. 해칠 수 없음. 비난(중상)할 여지 없음.

invulnerável *f*. 상하게 할 수 없는. 죽지 못하는. 이겨낼 수 없는. 공격되지 않는.

iodar *v.t*. 요오드(沃素)로 처리하다. 옥화하다.

iodato *m*. [化] 요오드염(沃度鹽). 요오드칼리.

iode *m*. =*iodo*.

iodeto *m*. [化] 요오드화물(沃化物).

iódico *a*. [化] 요오드화의.
ácido iódico 제이요오드산(第二沃度酸).

iodidrato *m*. [化] 요오드수산염(水酸鹽).

iodídrico *a*. [化] 요오드수소(水素)의.
ácido iodidrico 요오드수소산.

iodifero *a*. [化] 요오드를 포함한. 요오드가 있는.

iodismo *m*. 요오드 중독(中毒).

iôdo *m*. [化] 요오드(沃度). 요오드(沃素).
tintura de iôdo 요오드 팅크.

iodoformado *a*. [化] 요오드포름을 포함한(섞은).

iodofórmio *m*. [化] 요오드포름.

iodometria *f*. 요오드 정량(沃素定量).

iodometro *m*. (폐환지(肺患者)에 사용하는) 요오드 흡입기(沃度吸入器).

iodureto *m*. [化] 요오드물(沃化物).

iogurte *m*. 요그르트.

ion, ionio *m*. [理] 이온. 전해질(電解質).

ionização *f*. [化] 이온화(化). [電] 전리(電離).

ionizar *v.t*. 이온화하다. 전리하다.

iota *f*. ①이오타(그리스 자모의 아홉째 글자 *J, c*. 로마 글자의 *I, i*에 해당함). ②미소(微少). 티끌.

ipé *m*. [植] (브라질산) 자장과(紫藏科)의 나무.

ipeca *f*. *ipecacuanha*의 준말.

ipecacuanha, ipecucanha *f*. [植] 토근(吐根)(남미원산 꼭두서니과 토근의 뿌리로 토제(吐劑). 하제로 씀).

ir *v.i*. ①가다. 나아가다. 전진하다. 향해가다. ②(…에) 이르다. 도달하다. 미치다. ③경과하다. ④움직이다.
ir a pé 걸어가다.
ir a cavalo 말타고 가다.

ir acima (위로) 올라가다. 오르다.
ir a baixo 내려가다. 내리다.
ir ao ar 공중에(하늘에) 올라가다.
ir ao cabo 끝까지 가다. (일을) 끝내다. 완성하다.
ir adiante (*atrás*) 앞서서(뒤에서) 가다.
ir a passeio (*nadar ; caçar ; pescar*) 산책(수영・사냥・고기잡이)가다.
ir viajar (*longe*) (멀리) 여행하다.
in para a escola (*igreja*) 학교(교회)에 가다.
ir para o trabalho 일하러 가다.
ir para o campo 들에 가다. 야외에 가다. (축구 등의) 운동장에 가다.
ir buscar 찾으러 가다.
i ao encontro. (…을) 만나러 가다. 영접 가다.
ir com ①(…와) 함께 가다. 동행하다. ② 알맞다. 어울리다. 균형이 잡히다.
Vou com você até correio. 당신과 함께 우체국까지 가겠소.
A ondt vai? 어디로 가시오?
Vou para a cidade. 시내(市内)에 갑니다.
já vou 곧 간다.
Como vai? 어떠십니까? 안녕하십니까?
Vou muito bem. 잘 있습니다(直譯 : 잘 되어 갑니다).
Como vão? 여러분 어떻습니까? 다들 평안합니다.
Vamos muito bem. 우리는 다 잘 있습니다.
—*se v.pr*. 떠나다. 물러가다. 가버리다. 죽다.
ir-se embora 가다. 물러가다. 퇴거하다.
Êle-se foi aos 20 anos. 그 사람은 스무살에 죽었다.
Onde se vai? 대관절 어디로 가시오?(가니?)
Vou para a práia. 해변가로 갑니다.
*ir*가 조동사로 쓰일 때는(*ir*+동사의 부정법). 「지금 …하려고 하다」.
Vamos ver isso. 또는 *Vamos ver isso*. (그것을 보러 갑시다.) 어디 그것을 한번 봅시다.
Foram tomar café. 그분들은 커피 마시러 갔다.
Vai haver grandes festas. 큰 잔치(연회)가 있을 것이다.

vai chover 비올 듯하다. 비오려고 한다.
ira *f*. 노여움. 노기. 분. 분노.
iracarura *f*. [植] 이라까루라나무(재목은 건축에 쓰임).
iracundamente *adv*. 성미 급하게. 곧 잘 노하여.
iracundia *f*. 성미가 급함(빠름). 쉽사리 노함.
iracundo *a*. 성미가 급한. 쉽사리 노하는. 성 잘 내는.
iradamente *adv*. 노하여 화나서 분노하여.
irado *a*. 노한. 분노한. 화낸. (바다・기후 따위가) 거칠은.
iraiba *f*. [植] (브라질산) 야자속(椰子屬).
iraniano *a*. 페르시아의. 이란(말)의.
— *m*. 페르시아 사람. 이란 사람(말).
irar *v.t*. 노하게 하다. 골내게 하다. 성내게 하다.
—*se v.pr*. 노하다. 골내다. 성을 내다. 화내다.
irascibilidade *f*. 성미가 급함. 쉽사리 노함.
irascível *a*. 성미가 급한(빠른). 곧잘 화내는. 쉽사리 노하는.
iratim *m*. 꿀벌(蜜蜂)의 일종(그 꿀맛은 여름철에 달고 겨울철에 씀).
irene *f*. ①[希神] 평화의 여신(女神). ②여자의 이름.
iriado *a*. 무지개 빛깔의. 훈색(暈色)의. 진주빛의.
iriante *a*. 무지개 빛깔 같은. 찬란한 빛을 내는.
iriar *v.t*. 무지개 빛깔(훈색)로 하다. 무지개 빛깔 같은. 광채를 내게 하다.
irídeas *f.(pl.)* [植] 붓꽃과의 식물.
iridemia *f*. [醫] (눈알의) 홍채결여(虹彩缺如).
iridescente *a*. 무지개 빛깔을 내는. 훈색(暈色)으로 번쩍이는. 무지개 빛깔의. 훈색의.
iridiano *a*. [醫] (눈알의). 홍채의.
irídio *m*. [鑛] 이리듐(금속원소의 하나).
iridite *f*. [醫] 이리스. 홍채염(虹彩炎).
iridocele *f*. [醫] 홍채 탈출(脫出).
iris *m., f*. ①무지개. ②훈색(暈色). ③[植] 붓꽃속(屬). ④[解] (눈알의) 홍채(虹彩). ⑤[鑛] 단백석(蛋白石). (虹石). ⑥[蟲] 나비의 일종. ⑦《俗》행복의 징후. 길상(吉祥).
irisação *f*. 무지개 빛깔을 내기. 화려한 색

irisar *a.* 무지개 빛깔로 하다. 훈색으로 하다. 화려한 색채를 띠게 하다.

irite *f.* =*iridite*.

iriz *m.* (커피나무에 달려 사는) 일종의 착생식물(着生植物). (커피나무의) 수병(樹病).

irizar *v.i.* (특히 커피나무가) *iriz*의 해를 입다. 착생식물로 인하여 커피나무가 상하다.

irlanda *f.* 아일랜드(나라).

irlandês *a.* 아일랜드(사람·말)의.
— *m.* 아일랜드 사람(말).

irmã, irman *f.* ①누이. 누이동생. 여동생. 자매. ②(수도회의) 수녀(修女). 수도녀. 여승.
irmã germana 동부모자매. 한배자매.
irmã consangüínea 배 다른 자매. 아버지가 다른 자매.
irmã de leite 젖자매.
irmã de caridade ①자선병원의 (처녀) 간호사. ②빈민구호수녀회(1840년 파리에서 창설되었던 가톨릭교의 여자수도회).

irmãmente, irmanmente *adv.* 형제처럼. 친애하게. 동포로서. 동등하게.

irmanar *v.t., v.i.* ①짝을 맞추다. 짝이 되게 하다. 배합(配合)하다. 작배(作配)하다. ②동일하게 하다. 같게 하다.

irmandade *f.* ①형제간. 자매간. 형제(자매) 관계. 형제애(兄弟愛). 뗘센인 섯. 농기. 동포(겨레) 관계. 우애. 박애. 친목. ②회. 단체. 결사. 조합.

irmão *m.* ①(남자) 형제. 형. 동생. 아우. ②동료. 동기생. 동포.
irmos (pl.) ①같은 교회 신자(신자들). ②동업자.
irmão germano 동부모형제. 한배형제.
irmão consangüíneo 배다른 형제.
irmão uterino 동복(同腹) 형제.
irmão de leite 젖형제.
meio irmão 형제간에 참여할 만큼 아주 친한 사이.
irmãos gémeos 쌍둥이.

ironia *f.* ①반어(反語). 역어(逆語). [修] 반어법. ②빈정댐. 풍자. 비꼼.

ironicamente *adv.* 반어적으로. 빈정대서. 풍자적으로.

irónico *a.* 반어의. 반어적. 빈정대는. 풍자적인. 비꼬는. 거슬리는.

ironista *m., f.* 반어를 잘 쓰는 사람. 빈정대는 자. 비꼬는 사람. 풍자가(諷刺家).

iroquês *m.* (북미 뉴욕주에 살던) 아메리카 토인 종족. 이로콰이 사람(말).
— *a.* 이로콰이 사람(말)의.

irosamente *adv.* 노하여. 격노하여. 몹시 성이 나서. 맹렬히.

iroso *a.* 몹시 노한. 격노한. 크게 화낸. 아주 성낸. 맹렬한.

irra *interj.* (혐악·싫음·불만 따위를 표명하는 감탄사). 에익! 에익 빌어먹을!

irracional *a.* 이성(理性)이 없는. 도리를 잘 알지 못하는. 불합리한. [數] 무리수의. 부진근수(不盡根數).
quantidade irracional 무리수. 무리양. 부진량.
— *m.* ①[數] 무리수. ②짐승. 동물.

irracionalidade *f.* 이성이 없음. 불합리함. 조리에 맞지 않음.

irracionalmente *adv.* 이성없이. 불합리하게. 도리를 알지 못하고. 도리에 어긋나게.

irracionável *a.* 이성(理性)이 없는. 도리에 어긋나는. 조리에 안 맞는. 불합리한.

irradiação *f.* ①빛을 비추기. 조사(照射). 방사(放射). (열·전기 따위의) 방산. ②[理] 광삼(光渗): 발광체(發光體)가 실물보다 크게 보이는 현상). ③(라디오) 방송 전파(傳播).

irradiador *a.* 비추는. 방사(放射)하는. 방산하는. ①비추는 것. 방산하는 것 ②=*irradiator*.

irradiante *a.* 빛나는. 방사하는. 방산하는. 방송하는.

irradiar *v.t., v.i.* 비추다. 빛을 주다. 발광(發光)하다. (열·전기 따위를) 방산하다. 방사하다. (사방에) 전파하다. (라디오) 방송하다.
— *se v.pr.* 빛나다. 빛을 내다. 번쩍이다. 방산하다. 사방으로 흩트러지다.

irradiator *m.* (자동차의) 방열기(放熱器). 라지에이터.

irreal *a.* 실재(實在)하지 않는. 상상의. 가공적인. 비현실적인.

irrealizável *a.* 실행할 수 없는. 실현하기 어려운. 성취할 수 없는. 성취되지 않는.

irreclamável *a.* 청구할 수 없는. 호소하기 어려운. 불평 댈 수 없는. 불만을 나타내서는 안 되는.

irreconciliado *a.* 화해하지 않은. 융화하지

않은. 조정(調停)되지 않은. 양립한. 대립한. 불화한(不和).

irreconciliável *a.* 화해하지 않는(하기 어려운). 융화하지 않는. 타협하지 못하는. (할 수 없는) 대립하는. 불상용의.

irreconciliavelmente *adv.* 화해(융화)할 수 없게. 서로 타협하지 않고.

irreconhecível *a.* 인식할 수 없는. 인정(승인)할 수 없는.

irrecorrível *a.* 호소할 수 없는.

irrecuperável *a.* 돌이킬 수 없는. 회복(만회·회수)할 수 없는. 손해(손실)을 메울 수 없는.

irrecuperavelmente *adv.* 돌이킬 수 없게. 회복(회수)할 수 없이.

irrecusável *a.* 거절할 수 없는. 거부하지 못할. 취소하기 어려운. 다툴 수 없는. 반박할 수 없는.

irredentismo *m.* 이탈리아 민족통일주의. (이탈리아 말을 쓰면서 이탈리아에 속하지 않는 지방을 이탈리아에 합병하려는 주의. 1878년 창립된 정당).

irredentista *a.*, *m.*, *f.* 이탈리아 민족(통일)주의자.

irredimível *a.* 되살 수 없는. 교정할 수 없는. 구제하기 어려운. (국채 따위) 상환(償還)되지 않는.

irredutível *a.* = *irreduzível*.

irreduzível *a.* ①덜 수 없는. 삭감할 수 없는. [數] 약분할 수 없는. ②…에 돌릴 수 없는. [醫] 제대로(復位)하기 어려운. 억제할 수 없는.

irreelegível *a.* 재선(再選)될 수 없는(할 수 없는).

irreflectidamente, irrefletidameate *adv.* 경솔하게. 지각 없이. 생각 없이.

irrefectido, irrefletido *a.* 생각 없는. 지각 없는. 경솔한. 부주의한. 소홀한. 앞뒤를 분간 못하는. 반성(反省)할 줄 모르는(반성하지 않은).

irreflexão *f.* ①반사하지 않음. 무반사(無反射). 무반조(無反照). ②사려 없음. 지각 없음. 경솔.

irreflexivo *a.* 반사하지 않는. 반사력(反射力)이 없음. ②사려 없음. 지각 없는. 경솔한.

irreflexo *a.* ①생각 없는. 지각 없는. 경솔한. 반성할 줄 모르는. ②반사하지 않는. 반성하지 않는. 무반사의. 무반조의.

irreformável *a.* 개혁(改革)할 수 없는. 개혁되지 않는. 개혁(개변)해서는 안 되는.

irrefragável *a.* 논박할 수 없는. 논쟁할 여지 없는. 확실한. 거부(거절)할 수 없는.

irrefreável *a.* 억제할 수 없는. 제동(制動)하기 어려운.

irrefutabilidade *f.* 반박할 수 없음. 비난할 여지 없음. 타파(취소)하기 어려움.

irrefutado *a.* 반박되지 않은. 취소되지 않은.

irrefutável *a.* 반박할 수 없는. 논박할 여지 없는. 비난할 수 없는. 타파하기 어려운.

irregenerado *a.* 경신(新)되지 않은. 개혁되지 않은. 쇄신(刷新)하지 않은.

irregenerável *a.* 경신할 수 없는. 개혁(쇄신)하기 어려운.

irregível *a.* ①억제할 수 없는. ②고칠 수 없는. 교정하기 어려운.

irregular *a.* 불규칙한. 변칙(變則)의. 고르지 못한. 같지 않은. 갖추지 못한. (행위 따위) 불법의. 불규율적인. 바르지 못한. 불순(不順)한. (길 따위) 고르지 않은. *verbo irregular* [文] 불규칙동사.

irregularidade *f.* ①불규칙. 변칙. 부정돈(不整頓). 고르지 못함. ②불규칙한 일(물건). 반칙. 불법.

irregularmente *adv.* 불규칙적으로. 변칙으로. 반칙으로. 불법으로. 고르지 못하게. 불규율하게.

irreligião *f.* 무종교(無宗教). 무신앙(無信仰).

irreligosamente *adv.* 종교(신앙)없이. 비종교적으로.

irreligosidade *f.* 종교 없음. 무신앙. 불신심(不信心).

irreligioso *a.* 종교를 믿지 않는. 신앙(심)이 없는. 종교에 반대되는. 반종교적인. 불경(不敬)한.

irremeável *a.* 돌아오지 않는. 돌아올 수 없는. 또다시(재차) 통과할 수 없는.

irremediável *a.* 치료할 수 없는. 회복할 수 없는. 불치의.

irremediavelmente *adv.* 치료하기 어렵게. 어찌할 수 없게. 회복할 수 없이.

irremissibilidade *f.* 용서하기 어려움.

irremissível *a.* 용서하기 어려운. 면할 수 없는.

irremissivelmente *adv.* 용서할 수 없게.

irremiteate, irremittente *a.* (열 따위)

내리지 않는. 감퇴하지 않는.

irremível *a.* 되살 수 없는. 교정할 수 없는. 구제하기 어려운(국채 따위의) 상환(償還)되지 않는. (지폐 따위) 불환의.

irremovível *a.* 옮길 수 없는. 움직일 수 없는. 제거할 수 없는. 이동되지 않는. 이동할 수 없는. 면관하기 어려운. 종신관(終身官)의.

irremunerado *a.* 보수 없는. 무보수의.

irremunerável *a.* 보수할 수 없는. 보상(補償)되지 않는.

irreparabilidade *f.* 고칠 수 없음. 수선(수리) 불가능. 회복(만회)할 수 없음.

irreparado *a.* 고치지 않은. 수선(수리)하지 않은.

irreparável *a.* 고칠 수 없는. 수선(수리)하기 어려운. 회복(만회)할 수 없는. 보상할 수 없는.

irreparavelmente *adv.* 고칠 수 없게. 회복하기 어렵게.

irrepartível *a.* 나눌 수 없는. 분배할 수 없는. 분할하기 어려운.

irreplicável *a.* 답변할 수 없는. 대답하기 어려운. 항변하지 못할.

irrepreensibilidade *f.* 탄핵(彈劾)할 수 없음. 견책(비난)할 점이 없음.

irrepreensível *a.* 탄핵할 수 없는. 비난할 점이 없는. 나무랄 나위 없는. 죄 없는.

irrepresentável *a.* ①표현할 수 없는. 표현되지 않는. ②대표할 수 없는. 대표(代表)되지 못하는. ③상연(上演)할 수 없는.

irreprimível *a.* ①억제할 수 없는. 압박하기 어려운. 통제하기 곤란한. ②견딜 수 없는.

irrequieto *a.* 침착치 못한. 싱숭생숭한. 못 쉬게 하는. 불면(不眠)의. 부단한. 불안한. 불온한. 떠들썩하는. 소란스러운.

irrequietude *f.* 침착하지 못함. 동요. 불안. 불온. 떠들썩함. 쉬지 못함. 불면(不眠).

irresignado *a.* (직책 따위) 그만 두지 않은. 사직하지 않은.

irresignável *a.* ①그만 둘 수 없는. 사직할 수 없는. ②파면할 수 없는.

irresistência *f.* 저항하지 않음. 반항하지 않음. 저항력이 없음(없는 상태).

irresistente *a.* 저항(반항)하지 않는. 저항력이 없는. 견디지 못하는. 지탱하지 못하는. 방어하지 못하는.

irresistibilidade *f.* 저항할 수 없음. 불가항성(不可抗性). 적대할 수 없음. 방어 못함.

irresistível *a.* ①저항하기 어려운. 반항할 수 없는. ②억제(금지)하기 어려운. 불가항력의.

irresistivelmente *adv.* 저항하기 어렵게.

irresolução *f.* 결단성 없음. 결심 못함. 망설이기. 우물쭈물하기. 주저. 우유부단(優柔不斷).

irresolutamente *adv.* 결단성 없이. 우물쭈물. 우유부단하게.

irresoluto *a.* 결단성이 없는. 결심 못하는. 망설이는. 우물쭈물하는. 우유부단의.

irresolúvel *a.* 해결할 수 없는. 분해(分解)되지 않는. 분리(分離)되지 않는. (문제 등이) 풀리지 않는.

irresolvível *a.* ①해결할 수 없는. ②결정할 수 없는. 결단 내리기 어려운.

irrespirabilidade *f.* 호흡하지 못함. 호흡에 적당치 않음.

irrespirável *a.* 호흡하기 어려운. 호흡에 적당치 않은. 호흡에 해로운.

irrespondível *a.* 답변할 수 없는. 변명할 수 없는. 반박할 수 없는.

irresponsabilidade *f.* 책임 없음. 책임지지 않음. 무책임(無責任).

irresponsável *a.* 책임지지 않는. 책임(감) 없는. 무책임한. 믿을 수 없는.

irresponsavelmente *adv.* 책임 없이. 무책임하게.

irrestringível *a.* ①제한할 수 없는. 통제할 수 없는. ②구속할 수 없는.

irrestrito, irrestricto *a.* 제한(制限) 없는. 제한 받지 않는. 통제되지 않는. 구속되지 않는.

irreverência *f.* 불경(不敬). 불손(不遜).

irreverenciar *v.t.* 불손하게 대하다.

irreverencioso, irreverente *a.* 불경한. 불경건(不敬虔)한. 불손한. 무례한.

irreverentemente *adv.* 불경하게. 불손하게.

irrevogabilidade *f.* 다시 부를 수 없음. 취소(철회) 불가능. 변경 불능.

irrevogável *a.* 다시 부를 수 없는. 취소(철회)할 수 없는. 변경할 수 없는.

irrevogavelmente *adv.* 취소(변경)할 수 있을 만큼.

irrigação *f.* [農] 관개(灌漑). 주류(注流).

[醫] 관주(灌注). 관주법(法)

irrigador *a*. 관개하는. 관개의. 관수의.
— *m*. 관개자. 관개차. 관수기(灌水器). 관주기(灌注器). 관장기(灌腸器). 세척기(洗滌器).

irrigar *v.t.* ①(하천에서 토지에) 물을 대다. 적시다. 관개하다. 물을 끌어 넣다. ②(상처 따위를) 씻다. 관주하다.

irrigatório *a*. 관개용(用)의. 관개에 좋은.

irrigável *a*. 관개할 수 있는.

irrisão *f*. 조소(嘲笑). 조소거리. 웃음거리.

irrisor *m*. 조소하는 자.

irrisoriamente *adv*. 웃음거리로. 조소적으로.

irrisório *a*. 조소의. 조소거리의. 웃음거리의.
— *m*. 웃음거리. 우스운 것.

irritabilidade *f*. ①성마름. 성급함. ②(음식물의) 자극성. [醫·生物] 자극감수성(刺戟感受性). 흥분성.

irritação *f*. ①분노. 불만. ②마음이 초조함. 안달. 격앙. ③[醫] 흥분. 자극. 자극 상태. ④자극물.

irritador *a*. 노하게 하는. 화내게 하는. 초조하게 하는. 자극 주는.
— *m*. 노하게(화내게) 하는 사람. 초조하게 하는 자. 자극 주는 사람(사물).

irritamente *adv*. 무효로. 헛되게. 무익하게.

irritamento *m*. =*irritação*.

irritante *a*. ①노하게(화내게) 하는. 성나게 하는. ②자극하는. 자극 주는. 흥분시키는. ③안달하게 하는. 초조하게 하는.
— *m*. 자극물. 자극제(劑).

irritar (1) *v.t.* 성내게 하다. 화내게 하다. 노하게 하다. 초조하게 하다. 안달하게 하다. 자극 주다. 흥분케 하다.
—*se v.pr.* 화내다. 성을 내다. 격분하다. 흥분하다. 초조하다. 안달하다.
— (2) *v.t.* [法] 무효로 하다. 실효(失效)시키다.

irritativo *a*. 자극적인. 자극 주는. 흥분케 하는.

irritável *a*. 화 잘 내는. 성급한. (자극에) 민감한. 흥분성의. 신경질의.

irritàvelmente *adv*. 성급하게.

irrito *a*. 무효의. 실효(失效)의. 무익한. 가치 없는.
irrito e nulo 무효의. 실효의.

irrivalizável *a*. 비교할 것이 없는. 비견될 수 없는. 무쌍한.

irrogação *f*. 형(刑)을 과하기. 죄·책임 따위를 지우기(전가). 오명(汚名)을 씌우기. (구타·상처 따위를) 가하기. 입히기.

irrogar *v.t.* 형(또는 벌)을 과하다. 죄·책임 따위를 지우다. 전가하다. 씌우다. 창피를 주다. 모욕하다. 구타·상처 따위를 가하다. 입히다.

irromper *v.i.* ①터지다. 파열(破裂)하다. (밤알이) 튀다. ②(꽃봉오리가) 피어나다. ③짓찢어지다. ④(자물쇠·문 따위가) 부서져 열리다. ⑤(폭풍우가) 갑자기 일어나다. 갑자기 나타나다. ⑥(방으로) 갑자기 들어가다. 침입하다. 돌입하다.

irroração *f*. ①이슬에 적시기(젖기). ②(분무기(噴霧器) 따위로)물을 뿜어 뿌리기.

irrorar *v.t.* 이슬에 적시다. (물을) 이슬처럼 뿜어 뿌리다.

irrupção *f*. ①갑자기 들어가기. 돌입(突入). ②돌연한 습격. 침입. 내습. 입구(入寇).

irruptivo *a*. (방 따위에) 갑자기 들어가는. 침입하는. 돌입하는. 입구(入寇)의.

isabel *a*. 항갈색(黃褐色)의.
cavalo isabel 황갈색의 말(馬).

isagoge *f*. ①[稀] 머릿말. 서언(序言). 서론(緒論). 기초지식. ②성경서설(聖經序說)(성경 각권의 연혁(沿革).

isca *f*. ①부싯깃. 화승. ②(낚시에 끼는) 먹이. 미끼. 모이. ③유혹물.

iscado *a*. ①(낚시에) 미끼를 낀. 먹이를 단. 유혹물에 걸린. ②더렵혀진. 물든. ③(개를) 부추긴.

iscar *v.t.* ①(낚시에) 미끼를 끼다. 먹이를 달다. 낚시로 낚다. 유혹하다. ②(개를) 부추기다. 부추겨서 집적이다. ③전염시키다. 감염(感染)케 하다.

ischemia *f*. =*isquemia*.

ischiagra *f*. =*isquiagra*.

ischiático *a*. =*isquiático*.

ischio, ischion *m*. =*isquion*.

iscúria *f*. [醫] 요폐(尿閉). 소변 불통.

iscurético *a*. 요폐의. 소변 불통에 효과 있는. 이뇨(利尿)의.

isenção *f*. ①(조세·병역 등의) 면제(免除). ②무관심. ③공평무사.

isentamente *adv*. 무관심하게.

isentar *v.t.* (조세·병역 따위를) 면제하다.

—se *v.pr.* 면제되다. 면하다.
isento *a.* ①의무 따위를 면한. 면제된. 면세(免稅)된. ②무관심한. 사양성 없는.
islã, islame *m.* ①마호멧교. 회교(回教). ②전회교도(全回教徒).
islamismo *m.* 마호멧교. 회교.
islamita *m., f.* 마호멧교도. 회교도.
islamítico *a.* 마호멧교도(의). 회교(도)의.
islandês *a.* 아이슬란드 (사람・말)의.
— *m.* 아이슬란드 사람(말).
iso "등(等)…. 동(同)"을 나타내는 접두사.
isobárico *a.* =*isobarométrico*.
isobarométrico *a.* [氣象] 등압(等壓)을 나타내는. 등압선의.
  linhas isobarométricas 등압선(等壓線).
isochiménico, isochimeno *a.* =*isoquiménico, isoquimeno*.
isoclino *a.* [磁] 등복각(等伏角)의. [地質] 등경사(等傾斜)의. 동사(同斜)의.
isocromático *a.* [光] 같은 색의. 동색(同色)의. [寫] 원색(原色)의 농담(濃淡)을 정확하게 나타내는.
isocromia *f.* 착색석판(着色石版).
isocronismo *m.* [理] 등시성(等時性). 등시진동성(等時振動性).
isócrono *a.* 동시(同時)의. 동시성(性)의. 같은 시간이 걸려 반복되는.
isodátilo *a.* [動] 등기(等指)의.
isodente *a.* 등치(等齒)의. 동대치(同大齒)의.
isodinámico *a.* [理] 등력(等力)의. 등자력(等磁力)의.
  linda isodinámica 등자력선(等磁力線).
isoédrico *a.* [鑛] 등면(等面)의.
  cristal isoedrico 등면결정(結晶).
isofono *a.* 동음(同音)의. 같은 음향의.
isogamo *a.* [植] 동종포(同種胞)의.
isogino *a.* 등방위(等方位)의.
isogónico *a.* [磁] 등편각(等偏角)의. 등각의. 동각의.
isogono *m.* [磁] 등편각. 등각(等角). 동각(同角).
isolação *f.* ①격리. 분리. 교통차단. ②고립. 고독. [化] 단리(單離). [電] 절연(絕緣).
isolacionismo *m.* (美政) 고립주의. 중립주의.
isolacionista *m., f.* 고립주의자. 중립주의자.

— *a.* 고립주의적.
isoladamente *adv.* 고립되어. 격리하여. 고독하게.
isolado *a.* ①고립한. 격리된. [電] 절연된. ②고독한.
isolador *a.* 격리하는. 절연하는(시키는). 고립시키는.
— *m.* [化・電] 절연체(絕緣體). 절연물. 절연기(器). (전기의) 애자(碍子).
isolamento *m.* ①격리. 분리. ②고립. 고독. [化] 단리(單離). [電] 절연.
isolante *a.* 격리하는. 절연하는. 떼는. 고립시키는.
— *m.* 절연체. 절연물. 절연기.
isolar *v.t.* 격리하다. 분리하다. 절연하다. 고립시키다. [化] 단리시키다.
—se *v.pr.* ①격리되다. 절연되다. ②고립하다. 사회를 멀리하다. 사회에서 떨어지다.
isologo *a.* [化] 동질(同質)의.
isomeria *f.* [化] 동분이성(同分異性).
isomérico *a.* [化] (동질)이성의. (동질)이성에 속하는.
isomerismo *m.* [化] (동질)이성.
isómero *a.* [化] ①동분이성(同分異性)의. ②같은 수의 부분(점・기회)으로서 된. [植] 잎(꽃)의 수가 같은.
isomótrico *a.* 같은 크기의. 같은 길이의. 같은 용적(容積)의. 같은 면적의. 등각(等角)의.
isomorfia, isomorfismo *m.* 유질동상(類質同像). 동형이성(同形異性). [鑛] 유질동정(類質同晶).
isomorfo *a.* ①[化] 같은 형의. ②유질동상의. [鑛] 유질동정의.
isonomia *f.* (법에 대한) 평등. 균등(均等). [鑛] 동일결정(同一結晶).
isonomo *a.* [鑛] 동일결정의.
isoperimétrico *a.* [繁] 등주(等周)의.
  poligonos isoperimétricos 등주다각형(等周多角形).
isopode, isopodo *a.* [動] 등각류의.
  isopodos (*pl.*) 등각류(等脚類)의 동물.
isoquiménico, isoquimeno *a.* [地] 등한(等寒)의. 동한(同寒)의.
isósceles *a.* [幾] 이동변(二等邊)의. (삼각형의) 등각(等角)의.
isotérico *a.* =*isotero*.
isotérmico, isotermo *a.* 같은 온도(同溫

度)의. 등온(等溫)의.
linhas isotérmicas 등온선(等溫線).
isotero *a.* [地] 등서(等暑)의. 하기 온도(夏期溫度)가 같은.
isotópico *a.* [化] 동위원소의.
isotope *m.* [化] 동위원소(同位元素).
isqueiro *m.* 불붙이는 것. 불일으키는 것. 점등기(點燈器). 라이터.
isquemia *f.* [醫] 국부빈혈(局部貧血).
isquiagra *f.* [醫] 좌골신경통(坐骨神經痛).
isquiátnco *a.* [解] 좌골의.
isquio *m.* [解] 좌골(坐骨).
israelense *m.* (야곱의 후손 즉) 이스라엘 사람. 유태 사람. 선민(選民).
— *a.* 이스라엘(사람)의.
israelita *a.* 이스라엘의. 이스라엘 사람의. 유태인의.
— *m.*, *f.* 이스라엘 사람. 유태인.
isso *pron. dem.* 그것. 그것은. 그 일. 그 일은.
Isso é. ①바로 그것입니다. ②그렇지요. 그것은 그렇지.
Não é isso. 그것이 아닙니다. 그렇지 않습니다.
É isso mesmo. 바로 그것입니다. 바로 그렇습니다.
por isso 그래서. 그러기 때문에.
por isso mesmo 바로 그 이유로.
É só isso? 그것이 전부입니까? 이것 뿐입니까?
apesar disso 그럼에도 불구하고.
Está muito frio. Nem por isso. 대단히 춥습니다. 과히 그렇게 춥지는 않습니다.
Isso náo me interessa. 그것은 나에게 하등 관계 없다. 그런 일은 나는 모른다.
Não disse nada disso. 그것에 관하여 아무 말도 하지 않았다.
Não quero nada disso. 그것에 대하여 아무 것도 원치 않는다.
istmico, istmio *a.* 지협의.
istmo *m.* 지협(地峽). [解·動·植] 협부(峽部).
isto *pron. dem.* 이것. 이것은. 이 일. 이 일은.
isto é ①그것은 …이다. ②즉. 말하자면. 요컨대.
Isto é o que eu queria saber. 그것이 바로 내가 알고자 했던 것입니다.
Qual você prefere? Isto ou isso? 어느 것을 택하겠습니까? 이것입니까 또는 그것입니까?
Que quer dizer isto? 또는 *Que quer isto dizer?* (대관절) 그것은 무엇을 뜻합니까?
Não posso concordar com isto! 나는 그 일에 동의할 수 없습니다.
itá *m.* 《뚜삐語》 돌. 바위. 암석.
itaúna [*itá* (돌), *una* (검은)] 석탄. 쇠(鐵).
itacava *f.* [植] 이따까아바(브라질의 야생 나무).
Itália *f.* 이탈리아.
italianamente *adv.* 이탈리아식으로. 이탈리아 사람처럼.
italianismo *m.* 이탈리아식(式). 이탈리아 어법(語法).
italianizar *v.t.* 이탈리아식으로 하다. 이탈리아화하다.
italiano *a.* 이탈리아의. 이탈리아 사람(말)의.
— *m.* 이탈리아 사람(말).
itálico *a.* (특히 옛) 이탈리아의. 이탈리아 사람(말)의. [言] 이탈리아어계(語系)의. [印] 이탤릭(사체(斜體))의.
— *m.* [印] (활자의) 이탤릭체. 사체(斜體).
italo '이탈리아…'의 뜻을 나타내는 복합형.
italo-brasileiro 이탈리아·벨기에의.
italo-português 이탈리아·포르투갈의.
itaúba *f.* [植] 장과(樟科)의 나무(그 재목은 주로 건축·조선(造船) 등에 쓰임).
item *adv.* 역시. 같이. 동등하게.
— *m.* 조항(條項). 항목(項目). 조목. 개조(個條).
iteração *f.* 되풀이하기. 반복(反復).
iterar *v.t.* 거듭 말하다. 되풀이하다. 반복하다.
iterativamente *adv.* 되풀이(반복)하여. 재삼재사.
iterativo *a.* 되풀이하는. 반복하는. 반복의. 재삼재사의.
verbo iterativo 반복동사(反復動詞).
iterável *a.* 되풀이할 수 있는. 반복해야 할.
itericía *f.* = *ictericia*.
itérico *a.* = *ictérico*.
iteróide *f.*, *a.* 황열병균(의).
itinerante *a.* 순력(巡歷)의. 순회중의. 순회하는. [法] (순회재판에서)지방순회의.
itinerário *a.* ①여정(旅程)의. 여행진로

의. 코스의. ②순회하는. 순력하는. 편력하는.
— *m.* ①여정. 도정(道程). 노정(路程). (시내의 버스·전차 등의) 운행 코스의. ②여행안내. 여행일기(日記).

itrio *m.* [化] 이트리움[稀有金屬].
itu *m.* [植] *pau ferro*의 별명.
ixia *m.* [植] 익시어(익시어과의 식물로서 남아프리카 원산).

J, j *m.* 포르투갈어 자모의 열째 글자.

J.C. 예수 그리스도의 준말.

já *adv.* ①이미. 벌써. 이제는. ②곧. 방금. 이제 방금. ③이전.
　Vou já (=*já vou*). 곧 가겠다. 지금 가겠다.
　Já foi (=*foi já*). 벌써 갔다.
　Éle já o fez. 그이는 벌써 그것을 했다.
　já se vé 물론. 과연. 확실히.
　já há muito tempo 이미 오래전에.
　Você já foi ao Rio? 당신은 리오에 가봤습니까?
　Já foste a Lisboa? 자네는 리스본에 간 일이 있나?
　desde já 금후. 지금 이후.
　já me lembro 이제야 기억이 난다(생각난다).
　Faça-o já já! 곧(지금 막) 하십시오!
　já que …한 고로. …이므로. …한 이상.

jabiru *m.* =*jaburu.*

jaborandi *m.* (발음:자보란디). 야보란디(남아메리카 열대산 산초과의 식물). 그 말린 잎(이뇨(利尿)·발한제(發汗劑)).

jaboticaba *f.* =*jabuticaba.*

jabuti, jabutim *m.* [動] (들 또는 산에 사는) 거북. 산거북.

jaburu *m.* [鳥] (두루미 비슷한) 새의 일종.

jabuticaba *f. jabuticabeira*의 열매(벚나무 열매 비슷하며 색깔은 검음).

jabuticabeira *f.* [植] 쟈부찌까베이라 나무(도금양속(桃金孃屬)).

jaca (발음:자아까) *f. jaqueira*의 열매. 빵나무 열매.

jacá (발음:자까아) *f.* 다꽈라대(竹)로 만든 바구니(竹籠).

jaça (발음:쟈싸) *f.* ①보석에 있는 반점(斑點). 흠. 결점. 오점. ②《俗》유치장. 구류소. 감옥. ③《卑》침대. 침상(寢牀).

jacacal *m.* [鳥] 브라질 새의 일종.

jacaiol *m.* 브라질의 작은 새.

jacami, jacamim *m.* [鳥] (브라질산) 새의 일종.

jacarandá *m.* [植] 쟈까란다(브라질산의 자단(紫檀)의 일종).

jacaré *m.* (특히 남미산의) 악어.

　jacaré macho 수악어.
　jacaré fêmea 암악어.

jacente *a.* 있는. 존재하는. 가로 누워 있는. 소유주(所有主) 없는. 소유주가 확실치 않는.
　herança jacente 상속인이 불명한 유산(遺産).

jacentes *m.*(*pl.*) 바다의 얕은 곳. 모래톱.

jacintino *a.* 히야신스색의. 보라색의.

jacinto *m.* [植] 히야신스. [鑛] 풍신자석(風信子石: 보석의 일종).

jacobinismo *m.* 쟈코방당의 주의. 과격공화주의. 급진민주당.

jacobino *m.* [宗史] 쟈코방수도사(프랑스의 도미니크회의 수도사). 쟈코방당원(프랑스 혁명의 과격공화주의의 정당원). 《轉》과격정치가. 혁명당원.

jacobita *m.* [英史] *James* II 당원. *Stuart* 왕가파(王家派)의 정론자(政論者).

já-começa *m.* 가려운 것. 옴.

jactância *f.* 자만. 거만. 오만. 뽐내기. 우쭐하기. 불손.

jactanciosidade *f.* ①자랑. 과장(誇張). ②거만. 자만. 뽐냄. 우쭐함.

jactancioso *a.* 자랑하는. 뽐내는. 우쭐하는. 거만한. 오만한.

jactante *a.* 자랑하는. 우쭐하는. 뽐내는.

jactar-se *v.pr.* ①자랑하다. ②자만하다. ③뽐내다. 우쭐하다. 으쓱대다.

jacto *m.* =*jato.*

jacu *m.* [鳥] (브라질산의) 새의 일종.

jacuba *f.* 설탕 가루 등을 섞은 음료수의 일종.

jaculação *f.* 던지기. 투사(投射). 발포(發砲). 사정(射程).

jacular *v.t.* 던지다. 팽개치다. 투사하다. (탄환을) 발사하다.

jaculatória *f.* ①갑작스러운. 부르짖음. 절규(絶叫). ②[生理] (분비액 등의) 사출(射出). 사정(射精).

jaculatório *a.* ①갑작스럽게 부르짖는. 고함치는. ②사출하는. 분출(噴出)하는. ③사출의. 사정(射精)의.

jade *m.* 옥(玉). 경옥(硬玉). 비취(翡翠). [鑛] 부석(斧石).

jaez *m.* ①(짐끄는 말의) 마구(馬具). (말의) 성장(盛裝). ②종류(種類).

jaezar *v.t.* (말에) 마구를 채우다(달다). 차려 입히다.

jafético *a.* 제이페틱계(系)의. 아리안계의.

jágara, jagra *f.* 조당(粗糖). (특히 인도산의) 야자당(椰子糖).

jagodes *m.*《卑》바보. 멍청이. 어리석은 사람. 귀찮은 사람.

jaguar *m.* [動] 재규어(중·남미산의 표범의 일종).

jaguarete *m.* 작은 재규어(표범).

jalapa *f.* [植] 얄랍뿌리(멕시코 우원산의 얄랍뿌리를 말린 설사약).

jalapina *f.* 얄랍에서 짜낸 진(송진).

jalapinha *f.* [植] 얄랍의 일종.

jaleca *f.* =*jaleco*.
— *m.* [史] 일종의 속 조끼(15~17세기경의 남자의 의복).

jalne *a.* 황금색의.

jalofo *m.* ①아프리카 *Sudan* 서부지방·*Senegal*산 부근에 사는 흑인 종족의 하나. ②조폭한 인간. 야비한 사람.

jamais *adv.* 일찍이… 없다. 결코… 아니다. 조금도… 아니다. 언제나(부정의).
Jamais me esquecerei disso. (나는) 결코 이것을 잊지 않을 것이다.
Jamais diga mentrira! 절대 거짓말을 하지마라!

jamaracaú *m.* [植] 선인장속(仙人掌屬)(열매는 식용(食用)으로 됨).

jamba *f.* [建] (입구·창 등의 양쪽의) 쐐폭.

jambeiro *m.* [植] 쟘베이로나무.

jâmbico *a.* [韻] 억양격의. 약강격의.

jambo (1) *m.* [韻] 억양격(抑揚格). 약강격(弱强格).
— (2) *m.* [植] 쟘베이로나무 열매.

jamboeiro *m.* =*jambeiro*.

janeiras *f.*(*pl.*) ①새해 선물. ②새해의 축가(祝歌). 기쁨의 노래.

janeireiro *m.* ①성탄제날밤 찬송가를 부르며 이집저집 돌아다니는 찬양대. ②새해의 축가를 부르는 사람. ③신년 선물을 주는 사람.
— *a.* 정월의.

janeirinho *a.* 정월의. 정월에 출생(탄생)한. 정월에 나타나는.

janeiro *m.* 일월. 정월(正月).

janela *f.* ①창(窓). 창문. ②벽 또는 지붕에 낸 구멍. (담·벽 등의) 깨어진 틈. [印] (활자의) 결자(缺字)로 인하여 생긴 공간. 여러 치아(齒牙) 중에 한 대 빠져 틈이 생긴 것.

janela corrediça 올리고 내리고 하는 창. (온실 등의) 유리창.
peitoril da janela 창문턱.
caixilho da janela 창틀. 창문틀.
entrar pela janela 창문으로 들어오다 (들어가다).
olhar pela janela 창문으로 내다보다.
deitar pela janela for 창문 밖으로 버리다.

janeleiro *a.* 창(창문)가에서 오고가는 것을 바라보는 (버릇이 있는).

jangada *f.* ①떼. 뗏목. ②여러 척(隻)의 작은 배를 연결한 것.

jangadeiro *m.* 떼를 모는 사람. 떼를 만드는 사람. 벌부(筏夫).

jangaz *a.* 다리가 홀쭉한 사람. 키 크고 보기 흉한 사람.

janízaro *m.* [史] 터키의 근위병(近衛兵). 터키병.《轉》압제(독재)의 앞잡이.

janota *a.*, *m.* 멋 부리는 (사람). 맵시 내는 (사람).

janotada *f.* ①멋 부림. 맵시 냄. ②멋 부리는 사람의 떼. 멋쟁이들.

janotar *v.i.* 멋 부리다. 맵시 내다. 치장하다.

janotaria *f.* =*janotada*.

janotice *f.* 멋. 맵시. 치장.

janotismo *m.* 멋 부리기. 맵시 내기. 치장하기.

jansenismo *m.* [가톨릭교의] 얀센파의 주장(네덜란드의 신학자로 수도원장인 얀센의 교회개혁의 정신을 받드는 사상가 단체의 주장).

jansenista *m.*, *f.* 얀센파의 사람.

janta *f. jantar*의 사투리.

jantado *a.* 저녁 식사를 한. 정찬(正餐)을 먹은.

jantar *m.* 저녁 식사. 석반(夕飯). 석찬(夕餐). 정찬. 만찬.
sala de jantar 정찬실(室). 식당.
hora de jantar 정찬 시간.
— *v.t.*, *v.i.* 저녁 식사를 하다. 정찬을 먹다.
jantar fora de casa 밖에서 저녁 식사를 하다.

jantarada *f.* 호화스러운 만찬. 많은 음식을 차린 정찬.

jantarão *m.* (*jantar*의 지대어(指大語)). 큰 만찬. 큰 정찬.

Japão *m.* 일본(나라).
— *a.* 일본의. 일본 사람의.
japim *m.* [鳥] 쟈삥(노랑색의 꼬리에 검은 깃털이 있고 크기는 비둘기만한 새).
japinabeiro *m.* [植] 쟈삐나베이로(브라질의 일종의 과일나무; 그 열매의 즙은 설사 멎는 데에 효과있다고 함).
japona *f.* 쟈켓. 짧은 저고리.
japoneira *f.* (=*Camélia*) [植] 동백나무.
japonês *a.* 일본의. 일본 사람(말)의.
— *m.* 일본 사람. 일본 말.
japonicamente *adv.* 일본식으로.
japônico *a.* 일본(나라)의. 일본 사람의. 일본식의.
japonista *m., f.* 일본말 또는 일본문학연구자. 일본미술품 수집가.
japonizar *v.t.* 일본화하다. 일본식으로 하다. 일본식 취미를 따르다.
japu *m.* =*japim*.
jaqueira *f.* 빵나무.
jaqueiral *m.* 빵나무숲. 빵나무가 많은 곳.
jaqueta *f.* 재킷. 짧은 저고리.
jaquetão *m.* 긴 재킷. 긴 저고리. 넓은 코트.
jararaca *f.* ①[植] (브라질산) 호미속(虎尾屬). ②[動] 독사(毒蛇).
jararacuçú *m.* 쟈라자꾸쑤(브라질의 일종의 독사).
jarda *f.* [英國尺度] 야드(길이의 단위; 0.914399m).
jardim *m.* ①정원. 화원(花園). 채포(菜圃). 과수원. ②뜰. 유원(遊園). ③기름진 땅. 경치 좋은 곳. 낙원.
jardim de infância 유치원(幼稚園).
jardim botânico 식물원.
jardim zoológico 동물원.
jardinação *f.* 정원 손질. 정원(뜰)을 만들기.
jardinagem *f.* 원예(園藝). 조원(造園). 조원술.
jardinar *v.t.* 정원을 만들다. 뜰을 만들다. 원예를 하다.
jardineira *f.* ①화분·꽃병 따위를 올려 놓는 대(臺). ②여자 정원사. 화단 가꾸는 여자. 여성 원예가. ③《俗》지나치게 화장한 여자.
jardineiro *m.* 화단 가꾸는 사람. 정원사. 원정(園丁). 원예가.
jardinista *m., f.* 정원(뜰)을 좋아하는 사람.
jarra *f.* (유리·도자기·금속제 장식용의) 병. 단지. 항아리. 꽃병.

jarrão *m.* 큰 병. 큰 단지. 큰 항아리.
jarreta *m., f.* 고풍(古風)의 옷차림을 한 사람. 유행과 뒤떨어진 옷을 입은 사람(특히 노인들의 옷차림에 대한 말).
jarretar *v.t.* ①관절을 잘라 병신을 만들다. ②못쓰게 만들다. 폐물로 만들다.
jarrête *m.* (네발 짐승의) 과관절(踝關節). (사람의) 오금.
jarreteira *f.* 양말대님(띠).
ordem de jarreteira 가터 훈장(영국의 최고 훈장). 가터 훈위(勳位).
jarro (1) *m.* 물단지. 뚝배기. (손잡이 달린 항아리). (손잡이 있는) 저그.
— (2) *m.* [植] 아룸속(屬)의 식물 또는 그 비슷한 천남성과식물(天南星科植物).
jasmin *m.* [植] 쟈스민. 쟈스민 향수.
jasmináceas *f.(pl.)* 쟈스민속식물.
jasmináceo *a.* 쟈스민의.
jasmin-do-chão *m.* [植] 치자.
jasmineiro *m.* [植] 쟈스민.
jaspe *m.* [鑛] 벽옥(碧玉).
jaspeado *a.* 벽옥 모양을 한. 벽옥 모양의. 장식을 한. 대리석 무늬를 넣은.
jaspear *v.t.* 벽옥 모양으로 하다. 벽옥 모양을 넣다. 대리석 무늬를 넣다.
jato *m.* ①분사(噴射). 쏴냄. 사출(射出). 투사(投射). ②던지기. 뿌리기. ③배변(排便). ④분출구(噴出口). (소방(消防) 호스의 끝에 붙은) 주둥이.
avião a jato 제트 비행기.
bombardeiro a jato 제트 폭격기.
de um jato 한번에. 단번에. 단숨에.
jatoba *f.* [植] 종려속(棕櫚屬).
jatobá *f.* [植] (브라질산) 금규속(錦葵屬).
jau *m.* ①자바 사람. 자바 주민. ②근대 자바어(語).
— *a.* 자바의.
jaú *m.* (브라질산) 담수어(淡水魚)의 일종.
jaula *f.* (맹수의) 우리.
javali *m.* 산돼지.
javalina *f.* 산돼지의 암컷. 암산돼지.
javalino *a.* 산돼지의. 산돼지에 관한.
javanês *a.* 자바의. 자바 사람의.
— *m.* 자바 사람.
javardo *m.* ①=*javali*. ②조폭(粗暴)한 사람. 버릇없는 놈.
jazer *v.i.* ①누워 있다. 엎드리다. 자다. ②(어떤 상태에) 있다. 남아 있다. 움직이지 않고 있다. 위치(位置)하다. ③(광석 따위) 매장되어 있다. 파묻혀 있다. ④(송장이) 묻혀 있다. 지하에 잠들고 있다. 영면(永眠)하다.
Aqui jaz. 여기에 영면하다(묘표(墓標)·비석 등에 새기는 말).
— *m.* 엎드려 있는 상태. 매장된 상태.

jazida *f.* ①누워(엎드려) 있는 자세. 누워 있는 곳. ②매장되어 있는 곳. 광맥(鑛脈). ③(배의) 정박소(碇泊所).
jazida de carvão 탄전(炭田).
jazida de ferro 철(鐵) 매장지.
jazida de petróleo 유전(油田).

jazigo *m.* ①묘(墓). 묘지. 묘비(墓碑). 매장지. ②납골당(納骨堂). ③광맥. 광상(鑛床).

jeca *m.* [俗] 시골뜨기. 망나니. 버릇없는 사람.

jecoral, jecorário *a.* 간장(肝臟)의. 간장에 관한.

jeitão *m.* ①특성. 특징. 특색. ②[俗] 큰 솜씨. 대단한 재간.

jeiteira *f.* =*jeito*.

jeito *m.* ①(체득한) 솜씨. (묘한) 재간. 재주. 묘술. 비결. 요령. ②방법. 수단. ③몸짓. 거동. ④모양. 형태.
com jeito 재주 있게. 교묘하게. 솜씨 있게.
ter jeito para …을 하는 묘한 재간이 있다.
ficar sem jeito 어찌할 도리가(방책이) 없다.
de qualquer jeito 어떤 방법으로든지. 어쨌든.

jeitosamente *adv.* 재주(재간) 있게. 교묘하게.

jeitoso *a.* 재주 있는. 재간 있는. 솜씨 있는. 교묘한. 요령이 있는.

jejuadeiro, jejuador *m.* 단식(斷食)하는 사람. [宗] 재계(齋戒)하는 사람.

jejuar *v.i.* 단식하다. 먹을 것을 먹지 않고 있다. 끊다. (스스로) 금하다. [宗] 재계하다.
jejuar em …에 대한 지식이 없다. 모르다.
jejuar a pão e água 빵과 물만 먹고 살다.

jejum *m.* ①단식(斷食). 단식일. ②[宗] 재계(齋戒). ③고통·결핍 등을 참음.
estar em jejum 아무것도 안 먹고 있다. 단식하고 있다.
quebrar o jejum 단식을 그치다.
ficar em jejum 아무 것도 모르다(모르고 있다).

jejuno (1) *a.* 단식의. 단식하고 있는. 제일(齋日)을 지키고 있는.
— (2) *m.* [解] 공장(空腸). 제이소장(第二小腸)((소장(小腸))의) 십이지장(十二指腸)과 회장(廻腸) 사이에 있는 부분).

jenipapeiro *m.* [植] 제니빠뻬이로나무(그 뿌리는 설사약에 쓰이며, 피부병(상처) 등의 흠집 씻는 데도 쓰고, 열매는 알약 만드는 데에 쓰임).

jenipapo *m.* 제니빠뻬이로 열매.

Jeová *m.* [聖] 여호와(구약성경의 하나님). 전능의 신.

jerarquia *f.* [宗] ①천사(天使)의 세 급(級)의 하나. ②천사의 지배(통치). 천사군(天使群) ③교권제도. 성직정치. ④계급조직(단체). ⑤[生物] (분류)체계.

jerarquico *a.* 성직자 계급의. 사제(司祭)의. 승려의. 교직계급제(敎職階級制)의.

jeremíada *f.* 비탄(悲嘆). 원망. 슬픈 이야기.

jeremiar *v.i.*, *v.t.* (오래도록) 비탄하다. (한없이) 슬퍼하다.

jerepemonga *f.* (브라질의) 물뱀(水蛇)의 일종.

jerico *m.* 나귀. 당나귀.

jerimu, jerimum *m.* [植] 일종의 노랑 호박.

jeroglífico *a.* (=*hieroglífico*). 상형문자(식)의.

jeróglifo *m.* (=*hieróglifo*). 상형문자(象形文字). 상형문자의 문서.

jérsei *m.* 운동용 스웨터. 굵은 털실로 짠 셔츠.

jesuíta *m.* [가톨릭] (이교도 전도를 위하여 조직된) 예수회의 일원. 예수회에 속하는 전도사.

jesuítico *a.* ①예수회의. 예수회교칙(敎則)의. ②광신적. 음흉한. 궤변부리는.

jesuitismo *m.* 예수회 교의(敎義). 교칙(敎則).

Jesus *m.* 예수.

jesus *interj.* 야단났군! 큰일이군! (나를)도와 주시오! (나를) 살려 주시오!

jetica *f.* 고구마의 일종. 감저(甘藷).

jia *f.* (=*rã*) 개구리.

jibóia *f.* [動] 큰 구렁이. [希神] 괴사(怪蛇).

jiga *f.* [舞蹈] 지그(급속도의 활발한 춤). [樂] 지그 무곡(舞曲)(빠르고 경쾌함).

jigajohá *f.* ①《古》 일종의 골패(骨牌) 노름. ②(아이들의) 눈감기고 노는 유희. 소경놀이.

jiló *m.* [植] jiloeiro의 열매.

jiloeiro *m.* [植] 질로에이로[브라질산 가지과(茄科)의 식물].

jingar *v.i.* 몸을 수그리고 걷다. 앞으로 굽히고 걷다. 게으르게(굼뜨게) 움직이다.

jingo *m.* 맹목적 주전론자(主戰論者). 공갈. 침략주의자.
— *a.* 주전론적. 대외강경의.

jingoismo *m.* 주전론. 강경외교정책.

jingoista *m., f.* 주전론자. 대외강경주의자.

jinjibirra *f.* 생강이 섞인 음료의 일종.

jipe *m.* 지프(작은 군용 자동차).

jirau *m.* 나무로 만든 대(臺). 연단. 교단. 강단.

jirimu *m.* = *jerimu*.

jiu-jitsu *m.* [日] 유술(柔術). 유도(柔道).

joalharia *f.* ①보석상. 귀금속상. ②보석·주옥류. ③보석 세공(細工). 주옥 장식. ④장신구.

joalheiro *m.* ①보석상인. 귀금속상인. ②보석 세공하는 사람.

joalheria *f.* 보석점(寶石店). 귀금속점(貴金屬店).

joanete *m.* [海] 중간 돛. 장루(墻樓) 있는 돛. [解] 엄지손가락 매듭뼈. 손가락 관절. (양(羊) 따위의) 척골(蹠骨).

joaninha *f.* 연지벌레(臙脂蟲). (연지벌레의 암컷을 건조시켜서 만든) 코치니일 염료(染料).

joão-de-barro *m.* [鳥] (남미산의) 연작(燕雀)의 일종.

joão-fernandes *m.* = *joão-ninguém*.

joão-minhoca *m.* 인형극(人形劇).

joão-ninguém *m.* 보잘 것 없는 인간. 부랑자. 무뢰한.

joão-paulino *m.* 뜀뛰기 인형.

joão-pestana *m.* ①수면(睡眠). ②잠귀신.

joça *f.* 가치 없는 것. 보잘 것 없는 물건.

jocosamente *adv.* 우습게. 희롱으로. 장난으로.

jocosidade *f.* 익살. 해학(諧謔).

jocoso *a.* 우스운. 걸작스러운. 희롱의.

joeira *f.* ①(눈이 가는) 체(箕). 키. ②바구니. 말광우리.

joeiramento *m.* 체로 치기. 키질하기. 까부르기

joeirar *v.t., v.i.* (낟알·겨 등을) 바람을 일으켜 가리다. 까부르다. 키질하다. (좋은 부분을) 골라내다. (찌꺼기 등을) 체로 쳐버리다.

joeireiro *m.* ①키질하는 사람. 체로 치는 사람. ②키 또는 체를 만드는 사람.

joelhada *f.* 무릎으로 받기(차기).

joelheira *f.* ①슬개골(膝蓋骨). ②(무릎을 보호하기 위하여) 무릎에 대는 것. ③(말(馬)의) 무릎에 입은 상처.

joelheiro *a.* 무릎까지 올라오는(무릎에 도달하는).

joelho *m.* 무릎. (말·개 등의) 완골(腕骨).
de joelhos 무릎을 꿇고.
dobrar os jolhos 무릎 꿇다. 복종하다.
cair de joelhos 무릎 꿇고 절하다(탄원하다).

joelhudo *a.* 무릎이 큰. 큰 무릎이 있는.

jogada *f.* ①던짐. 뿌림. ②(골패장을) 판에 내던지기. 판에 대기. ③움직이기.

jogado *a.* ①운동한. ②움직인. ③던진. 내던진. ④노름한. 도박한.

jogador *m.* ①경기자. 선수. 직업선수. 축구선수. ②노름꾼. 도박꾼. ③배우. 연출자.

jogar *v.t.* ①(…의) 노름하며 놀다. 유희하다. ②도박하다. (돈·재산을) 걸다. ③(지고 이기는) 내기를 하다. ④경기를 하다. 볼을 차다. (칼·창 따위를) 쓰다. ⑤출연하다. 연주하다. ⑥던지다. 내던진다. 버리다. 투사(投射)하다.
jogar a dinheiro 돈내기를 하다.
— *v.i.* ①희롱하며 놀다. ②(서로) 일치하다. 맞다. ③움직이다. 동요하다. (배가) 흔들리다.
—*se* *v.pr.* 몸을 내던지다. 투신(投身)하다.

jogata *f.* 한 번의 시합(試合). 일승부(一勝負). 일회의 유희.

jogatina *f.* (돈·재산을 거는) 내기. 노름. 도박.

jogo *m.* ①유희. ② 승부. (운동·특히 축구의) 경기. ③노름. 도박. 돈내기. ④카드(트럼프) 놀이. 화투치기. ⑤(그릇·제도 기구 따위의) 한 벌. 한 조. 일식(一式). ⑥(배의) 동요. 움직임. (기계의) 시

동(試動).
jogo de máos 손재간. 손요술.
jogo de damas 흑·백 두 가지 쪽으로 노는 일종의 장기.
jogo de axar 노름. 도박. 돈내기.
casa de jogo 노름집. 도박집.
jogo da mola 용수철(스프링)의 한 벌.
jogo dianteiro do carro 사륜차(四輪車)·자동차 등의 앞에 있는 두 바퀴.
jogo de bolsa 주식거래소의 시세.
jogos olímpicos 올림픽 경기.
jogo amistoso 친선시합.

jogral, jogrão *m.* ①[史] 중세시대의 방랑악인(放浪樂人). ②이야기·재담·노래·익살·요술 등으로 웃기는 사람. 요술쟁이. ③농담 잘하는 사람. 익살꾼.

jogralidade *f.* ①익살. 재담. 농담. ②기술. 요술.

joguête *m.* ①희롱. 농담. 야유(揶揄). ②값싼 물건. 싸구려 물건.

joguetear *v.t.* ①희롱하다. 야유하다. ②농담하다. 재담하다. ③칼(검)을 쓰는 흉내를 내다.

jóia *f.* ①보석. 주옥. 귀금속. 장신구. ②《轉》귀중한 사람. 또는 물건. ③입회금(入會金). 가입금(加入金). 입학금. ④총구(銃口)·포구(砲口) 등의 쇠테.
jóia do canhão 포구(砲口)의 굅대(箍帶).
jáia da coluna 기둥머리를 둘러 감은 쇠테.

joio *m.* [植] 독보리의 일종(살갈퀴 따위). ②(왕겨·썬짚·여물 따위의) 불순물.
separar o joio do trigo 밀에서 살갈퀴(또는 왕겨)를 골라내다.
trigo sem joio (살갈퀴 없는 밀). 결함 없는 사람. 결점 없는 물건.

jongar *v.i.* *jongo*를 하다.

jongo *m.* 시골 흑인의 춤. 흑노(黑奴)의 춤.

jônico *a.* 이오니아(사람)의. 이오니아식의.

jóquei *m.* (경마(競馬)의) 기수(騎手).
jóquei clube (또는 *club*) 경마장.

jornada *f.* ①하루의 행진. 하루의 여정(旅程). ②육로의 여행. ③[軍] 행군(行軍). 원정(遠征). ④짧은 인생.

jornadear *v.i.* ①여행하다. ②행군하다.

jornal *m.* ①(일간)신문. 일보. 정기간행물. ②일지(日誌). 일기. ③하루분의 급료. 일급(日給).
Jornal do Brasil. 브라질 일보.
jornal falado 뉴스. 영화.
tarbalhar de (또는 *a*) *jornal* 일급으로 일하다. 날품팔이를 하다.

jornaleco *m.*《輕蔑語》가치 없는 신문지. 작은 신문.

jornaleiro *m.* ①날품팔이 일꾼. 일급노동자(日給勞動者). ②《稀》신문·잡지 판매인. 신문 배달부. 신문파는 애.

jornalismo *m.* 신문·잡지업. 신문·잡지계(界). 신문·잡지문(文).

jornalista *m.f.* ①신문(잡지)기자. 신문인. 문필가. ②신문업자.

jornalístico *a.* 신문의. 신문기자(업자)의. 문필가식의. 신문잡지업자적.

jôrra *f.* ①일종의 역청(瀝青) 물질. 기와·질그릇 따위의 내측(內側)에 바르는 도료(塗料). ②(용광(熔鑛)의) 찌끼.
jôrra de ferro 쇠찌끼. 쇠똥.

jorrão *m.* ①(땅을 고를 때 쓰는) 썰매 모양의 물건. ②(땅 위에서 끄는) 미끄럼대. 슬라이드.

jorrar (1) *v.i.* 뿜어 나오다. 솟아 나오다. 용솟음쳐 나오다. 분출(噴出)하다. 사출(射出)하다. 흘러 나오다.
— *v.t.* 내뿜게 하다. 분출시키다.
— (2) *v.t. jôrra*를 바르다(칠하다).

jôrro *m.* ①솟아 나옴. 용출(湧出). 분출. 사출. ②갑정이 폭발(격발).

josézinho *m.* 소매 없는 짧은 외투(망토).

jota (발음: 죠오따) *m.* ①*J*·*j*자의 발음. ②(매우) 적음. 조금. 미소(微少). 미진(微塵).

joule *m.* (=*julio*). [理] 줄(일·에너지의 절대 단위).

jovem *a.* 젊은. 젊은이의. 소장(少壯)의. 어린. 젊은이다운. 청년의. 청춘시대의.
— *m.*, *f.* ①젊은이. 젊은 여성. 청년(남녀). ②나이 젊음. 연소. 청년시대. 청춘기. 초기. 발육기.
um jovem 젊은 사나이. 청년.
uma jovem 젊은 여성.

jovial *a.* ①쾌활한. 명랑한. 유쾌한. ②즐거운. 기쁜. (술마셔) 기분 좋은. ③(술) 얼큰한.

jovialidade *f.* 쾌활. 명랑. 유쾌. 즐거움. 기분 좋음.

jovializar *v.t.* 쾌활(명랑)하게 하다. 기쁘게 하다. 즐겁게 하다.
— *v.i.* 쾌활(명랑)하게 말하다. 쾌활해

보이다.

jovialmente *adv.* 쾌활하게. 명랑하게. 즐겁게.

juaz *m.* [植] *juazeiro*의 열매.

juazeiro *m.* [植] 쥬아제이로(브라질산의 서이과(鼠李科)의 나무).

juba *f.* 갈기. (갈기같은) 머리털. (수)사자의 텁숙한 머리털.

jubado *a.* 갈기 있는.

jubetaria *f.* ①(복식품(服飾品)의) 값싸고 번지르르한 물건. 번쩍거리는 장식품. ②기성복상점(旣成服商店). 남은 옷을 파는 가게. ③남은 의류(衣類)를 파는 거리.

jubeteiro *m.* ①기성복 상인. ②낡은 의류 장수.

jubilação *f.* ①기쁨. 환희. 희열(喜悅). ②교원(교수)의 연금 붙은 퇴직. 연금받고 퇴직하기.

jubilar *v.t.* ①기쁘게 하다. 즐겁게 하다. (교원 또는 교수에게) 연금 줘서 퇴직시키다.
— *v.i.* 기뻐하다. 좋아하다.
—se *v.pr.* ①환희하다. ②연금 받고 퇴직하다.

jubileu *m.* ①[유태사] 희년(禧年). 요배류(안식(安息)의 해)(유태 민족이 *Canaan*에 들어간 해부터 50년마다의 해). [가톨릭] 성년(聖年). 대사(大赦)의 해. ②50년제 축제. 가절. ③《俗》장기간(長期間).

júbilo *m.* 기쁨. 열락(悅樂). 환희. 희열. 즐거움. 좋아하기.

jubilioso *a.* ①반가운. 기쁜. 즐거운. 좋아하는. 기뻐하는.

juboso *a.* (=*jubado*). 갈기 있는. 갈기 많은.

jucá *m.* ①[植] 숫까아(적철과(赤鐵科)의 큰 나무. 재목은 건축에 흔히 씀). ②곤봉(棍棒).

juciri (발음: 죽씨리). *m.* (브라질산의) 가지과(茄科)의 식물.

jucundamente *adv.* 유쾌하게. 즐겁게. 기쁘게. 쾌활하게. 명랑하게.

jucundidade *f.* 유쾌함. 쾌활함. 명랑함. 기쁨. 즐거움.

jucundo *a.* 유쾌한. 즐거운. 기쁜. 쾌활한. 명랑한.

judaico *a.* 유태인의. 유태민족의. 유태 특유의. 유태인식의. 유태인같은.

judaísmo *m.* 유태교(의). 유태주의. 유태인 기풍.

judaizante *a.* 유태교를 믿는.
— *m.*, *f.* 유태교 신자.

judaizar *v.i.* ①유태교를 믿다. ②유태인식으로 하다. 유태인식이 되다. 유태교인이 되다.

judaria *f.* 《古》 =*judiaria*.

Judas *m.* [聖] 유다(*Judas Iscariot*; 예수를 배반한 사도). 《轉》배반자. 반역자. 역적.

judeu *a.* 유태인의.
— *m.* ①유태인. 유태교도. ②《轉》고리대금업자. 간상배(奸商輩). 수전노(守錢奴). 근성이 나쁜 사람.
cara de judeu 심술궂은 용모. 선하지 못한 사람.

judia *f.* ①유태인 여자. 유태교를 믿는 여성. ②근성이 나쁜 여인.

judiar *v.i.* ①유태교를 믿다. ②비웃다. 조소하다. 조롱하다. ③괴롭히다. 성가시게 굴다. 안절부절하다. 학대(박해)하다.

judiaria *f.* ①유태사람. 유태인 집단. 유태민족. ②[史] (한 도시 내의) 유태인 거리(구역). 유태촌. ③《俗》조소. 조롱. 학대. 박해.

judicative *a.* 재판(소)의. 재판상의. 재판하는. 재판권 있는. 엄한.

judicatório *a.* 재판의. 재판에 관한. 재판하는.

judicatura *f.* ①사법권(司法權). 재판권. ②재판소. 재판관할(구)(管轄)(區). 재판(사법)사무. ③사법관(재판관)의 직책.

judicial *a.* ①사법의. 재판의. 재판상의. 재판소의. 재판에 관한. 법정의. ②판단력 있는. 비판적인. 공평한. 편파치 않은.
ato judicial 재판상의 행위.
inquerito judicial 심문(審問).
processo judicial 재판수속.

judicialmente *adv.* 재판상으로. 재판에 의하여. 비판적으로. 공평히.

judiciar *v.i.* ①재판에서 해결하다. 재판하다. ②판단을 내리다. 재단(裁斷)하다.

judiciário *a.* 사법의. 재판의. 재판상의. 재판소의.

judiciosamente *adv.* 사려 있는. 지각 있게. 분별 있게. 현명하게.

judicioso *a.* 사려(思慮) 있게. 지각 있는. 분별하는. 현명한.

juga *f.* ①산꼭대기. 산정(山頂). ②사물의 꼭대기. 정상.

jugada *f.* ①한 명에에 맨 두 마리의 소 (또는 말). ②(명에를 건) 한 쌍의 소가 하루에 경작하는 토지의 넓이(마지기). ③《古》밭갈이하는 소의 수(數)에 따라 부과한 옛날의 경지세(耕地稅).

jugadeiro *m.* 《古》경지세를 지불하는 사람.

jugal *a.* ①배필의. 부부의. 부부의 연의. ②결혼의.

juglandeas *f.(pl.)* [植] 호도과(胡桃科).

jugo *m.* ①목도채. (양쪽에 짐을 걸고 메는) 작대기. 종을 매어다는 들보. ②(명에에 맨) 한 쌍의 소. ③기반(羈絆). (자유를 구속하는) 굴레. 《俗》피압박. 복종.
sofrer o jugo 지배하의 고통을 받다. 기반에 허덕이다.
sacudir o jugo ①압박에 반발하다. ②명에를 벗다. 기반을 벗어나다.

jugulação *f.* ①인후를 끊기. 교살(絞殺). ②진멸(盡滅). 박멸(撲滅). ③(폭동 따위의) 진압. ④[醫] 대충 치료로 병세의 악화를 막기.

jugular (1) *a.* [解] 경부(頸部)의. 인후부의.
— *f.* 경정맥(頸靜脈).
— (2) *v.t.* ①인후부를 끊다. 교살하다. ②(폭동 따위를) 진압하다. 억제하다. 정복하다. ③[醫] 대충 치료로(병세의 악화를) 막다.

juguleiras *f.(pl.)* 말의 경정맥부(頸靜脈部).

juiz *m.* ①재판관. 법관. 판사. ②심판관. 심사관. 배심판사.
juiz de campo (축구 따위의) 심판관.
juiz de linha (경기의) 선심판(線審判).
juiz de paz 치안판사. 재판관. 변호사. 향사(鄕士).《古》(재판권을 소유한) 지주(地主).

juíza *f.* 여성 재판관(법관). 여판사(女判事). 여자 배심원.

juízo *m.* ①재판. 심판. 판결. ②판단. 판단력. 사려(思慮). 분별(分別). 상식. 지식. ③심사. 감정(鑑定). ④재판소.
homem de juízo 사려있는 사람. 상식이 풍부한 사람.
ter o juízo perfeito 올바른 판단을 하고 있다.
perder o juízo 미치다. 정신 이상이 생기다.
juízo final (신의) 최후의 심판.
dia de juízo (신의) 심판일(이 세상의 최후의).
dente do juízo 사랑니.

jujuba *f.* 대추. 대추열매.

jujubeira *f.* [植] 대추나무.

julepo *m.* ①주울렙수(水)(위스키에 설탕·박하 따위를 넣은 청량음료). ②[醫] 물약. (먹기 힘드는 약에 넣는) 설탕물.

julgado *a.* 판결받은. 선고받은. 판결이 내린. 판정된. 감정(鑑定)한.
— *m.* ①재판결정. ②재판관할(구).

julgador *a., m.* 재판하는 (자). 심판하는 (자). 판정하는 (사람). 감정하는 (사람).

julgamento *m.* ①판결. 선고(宣告). 심판. ②심사. 감정(鑑定). 감식(鑑識). 평가. (금질(金質) 등의) 분석.

julgar *v.t.* ①재판하다. 심판하다. 재단(裁斷)하다. 판결을 내리다. ②심리하다. 심사하다. ③감정하다. 평가하다. ④판단하다. 추측하다. (…라고) 생각하다. 고찰하다.
— *v.i.* 판단(판결)을 내리다. 판정하다. 선고(宣告)하다.
—*se v.pr.* 스스로 …라고 평가하다. 기를 …라고 생각하다.

julho *m.* 칠월(七月).

juliano *a. Julius Caesar* 의 줄리어스 력(曆)의.
Calendário juliano. 줄리어스 력(曆). *Julius Caesar* 가 정한 옛 태양력(人陽曆).
ano juliano 줄리어스력에 의한 일년(365일 6시간을 일년으로 함).
sopa juliana 《F》주울리엔 수프(야채 넣은 고기 수프).

júlio *m.* (=*joule*). [理] 줄(일·에너지의 절대 단위). 전력량 단위(電力量單位).

jumenta *f.* 암나귀. 《轉》어리석은 여자.

jumentada *f.* 바보같은 노릇. 어리석은 행동.

jumental *a.* 나귀의. 당나귀의.

jumento *m.* 나귀. 당나귀. 수나귀. 《轉》바보. 어리석은 인간.

junça *f.* [植] (남부 영국산) 방동사니의 일종.

juncada *f.* ①많은 갈(葦·勝). 많은 골풀. 베어 놓은 많은 갈대. ②갈대로 때리기(치기). ③나뭇가지·잎사귀·꽃 따위를 (장식하기 위하여) 뿌리기.

juncal *m.* 골풀이 많은 곳(무성한 곳). 갈대밭. 등나무가 많은 뜰.

junção *f.* ①접합(接合). 연접. 연락. ②접합점. 연접점(聯接點). 교차점. (강의) 합

류점.
juncar *v.t.* ①갈(갈대)을 베다. ②골풀로 덮어 버리다. ③나뭇가지·잎사귀·꽃 따위로 덮다. 뿌리다. 휘뿌리다.
junco *m.* ①[植] 갈(葦). 갈대. 등나무. 골풀. ②정크(중국 해안의 보통 돛대가 셋이고 밑이 평평한 배).
juncoso *a.* 갈이(갈대가) 많은. 골풀이 많은 (무성한).
jungir *v.t.* ①멍에를 걸다. 멍에로 매다. 이어매다. 멍에(들보)로 연결하다. ③짝짓다. 배필 맺다. ②구속하다. 속박하다.
junho *m.* 유월(六月).
junino *a.* 유월에 있는. 유월에 행사하는.
júnior *a.* ①연소한. 나이 어린. ②하위(下位)의. 후진의.
juniperáceas, juniperíneas *f.(pl.)* [植] 노가주나무속(杜松科).
junípero *m.* [植] 노가주나무.
junqueira *f.* =*juncal*.
junquilho *m.* [植] 노랑 수선화. 노랑 수선 빛(연한 황색).
junta *f.* ①접합. 접합점. ②관절(關節). ③집합(集合). 조합. 합동. 연합. ④(스페인·이탈리아 및 남미 제국의) 의회. 평의회. 위원회. ⑤부(部). 처. 국(局). ⑥[機] 연결 장치. 연결기. 연접할 때 쓰는 두꺼운 종이.
junta comercial 또는 *junta do comércio*. 《美》상업회의소. 《英》상무성. 상무국(商務局).
junta militar 군사위원회.
junta de bois (한 멍에에 맨) 한 쌍의 소.
juntar *v.t.* (=*ajuntar*). ①합치다. 잇다. (접합부로) 이어 맞추다. 붙이다. 연결하다. ②모으다. 집합시키다. 한데 뭉치게 하다. 수집(蒐集)하다. 저축하다. ③채우다.
—**se** *v.pr.* 합쳐지다. 접합하다. 모여들다. 집합하다. 뭉치다. 회합(會合)하다.
junteira *f.* ①접합하는 기구. ②[木工] 이을 자리를 다듬는 데 쓰는 대패.
junto *a.* ①합친. 합쳐 있는. 접합한. 연접한. 결합한. ②아주 가까운. 매우 접근되어 있는. 함께 있는.
— *adv.* 함께. 가깝게. 접근해서. 결합하여.
junto de 또는 *junto a* …의 옆에. …에 접근하여.
por junto a 통틀어서. 일괄(一括)하여. 전부. 한데 뭉쳐서.
juntoira *f.* =*juntouro*.
— *m.* [建] 받침돌. 이음돌.
juntura *f.* ①접합. 연접. 접합점. 연락(소). ②관절(關節). ③어(語)의 연결. 접속(接續).
jupiter *m.* ①[羅神] 주피터신(모든 신의 수령으로 하늘의 지배자). ②[天] 목성(木星).
jura *f.* ①맹서(盟誓). 서약(誓約). 서언(誓言). [法] (법정에서의) 선서(宣誓). ②신명(神名) 남용. 저주(詛呪). 욕설.
jurado *a.* 맹서한. 서약한. 선서한.
— *m.* ①배심원(陪審員). ②[古] 선서자(宣誓者).
inimigo jurado 철권의(불구대천) 원수.
jurador *a., m.* 맹서하는 (자). 서약하는 (자). 선서하는 (자). 저주하는 (사람). 신명을 남용하는 (사람).
juramentar *v.t.* 맹서하게 하다. 서약시키다. 선서시키다.
juramento *m.* ①맹서(盟誓). 서약. 선서. 선서식. ②불경한 말. 독신(瀆神). 욕설.
jurão *m.* (특히 아마존 지방에서 홍수기(洪水期)에 침수되지 않도록) 여러 개의 말뚝을 땅에 박고 그 위에 지은 집.
jurar *v.t., v.i.* ①맹서하다. 서약하다. 선서하다. (강조의 뜻으로) 하나님께 맹서하다. 단언하다. ②욕설하다. 저주하다.
jurar falso 거짓 맹세하다.
jurássico *a.* [地質] 주라계(系)의. 주라기(紀)의.
juratório *a.* 맹서의. 선서의. 서약의. 선서에 관한.
jurema *f.* [植] 쥬레마(브라질산 콩과(荳科)의 나무).
júri *m.* ①[法] 배심(陪審)(보통 시민에서 선정된 12명의 배심원으로 됨). ②(박람회 등의) 심사위원회.
juridicamente *adv.* 법률상으로. 법률적으로. 법률에 의하여.
jurídico *a.* 법률상의. 사법상의. 재판상의.
ato juridico 법률행위.
jurisconsulto *m.* 법률학자. 법리학자. 법률에 정통한 사람. 법률고문. 법학도.
jurisdição *f.* ①사법행정. ②사법(재판)권. 지배(권). 직권(職權). ③재판관할구; 관구(管區). 관할권.

jurisdicional *a.* 사법(재판)권의. 재판관할상의. 관할구의.

jurisperito *m.* 법률에 정통한 사람. 법학전공자. 법리학자.

jurisprudência *f.* 법률학. 법리학(法理學). 법률의 지식. 법률에 정통하기. 한나라(一國)의 법을. 법제(法制). 법률체계.

jurista (1) *m.*, *f.* 법률가. 법학자. 법학도. 법과학생. 변호사.
— (2) *m.f.* ①돈 빌려 주는 사람. 대금업자(貸金業者). ②공채(公債) 소유자(공채의 이자로 생활하는).

juro *m.* ①이자(利子). 이식(利息). 변리. 금리(金利). ②《古》법(法). 법리(法理).
joro composto 복리.
a juros (또는 *a razão de juros*) 이자를 붙여서.
pôr dinheiro a juros 이자를 붙여 돈을 빌려주다(저금하다).

jurubeba *f.* [植] 쥬루베바(가지과(茄科)의 관목(灌木)).

jurumbeba *f.* [植] 쥬룸베바(선인장속(仙人掌屬)).

jururu *a.* 낙심한. 비탄에 잠긴. 애처러운. 쓸쓸한. 침울한. 음침한.

jus *m.* ①법. 법칙. 법규. ②(당연한) 권리. 효력.
fazer ius a 당연히(응당) 되도록 하다 응당 받을 수 있도록 하다.

jusante *f.* ①썰물. 간조(干潮). 퇴조(退潮). ②쇠퇴(衰退).
a jusante. 썰물이 빠지는 쪽으로. 하류에.

justa *f.* ①마상창시합(馬上槍試合); 그 대회(大會). ②투기(投技). ③선수권대회. 토너먼트.

justador *a.*, *m.* 마상창시합하는 (사람). 창으로 싸우는 (자).

justalinear *a.* 줄과 줄이 평행된. 평행선의. 평행해서 놓은.

justamente *adv.* 바로. 바로 그렇게. 정확하게. 틀림없이. 꼭.

justapor *v.t.* 나란히 세우다. 나란히 놓다. 병치(竝置)하다.
—**se** *v.pr.* 나란히 놓여지다. 나란히 열짓다.

justaposição *f.* 나란히 놓기(세우기). 병치(竝置). 병치된 상태.

justaposto *a.* 나란히 세운(놓은).
nome justaposto 복합명사(複合名詞).

justar (1) *v.i.* ①마상창시합을 하다. ②경쟁하다. ③투쟁하다.
— *v.t.* (창을) 휘두르다. 휘젓다. 휘흔들다.
— (2) *v.t.* 《俗》 =*ajustar*.

justeza *f.* ①올바름. 공정(公正). 타당. 정당. ②정확. 적절. 합리(合理).

justiça *f.* ①정의(正義). 공명정대. 공정공평. ②정당. 타당. 당연. ③정당한 권리. 공평한 취급. 당연한 응보(應報). 해당한 처벌. ④사법(권). 재판소.
ato de justiça 정당한 처사. 정의의 행동.
recorrer a justiça 법에 호소(제소)하다.
ministério de justiça 사법성. 사법부.
guena de justiça 정의의 전쟁.

justiçado *a.* ①판정된. 정사(正邪)가 판가름된. ②사형에 처한.
— *m.* ①판결된 자. 판정된 자. ②사형집행 당한 자.

justiçar *v.t.* ①옳고 그른 것을 판가름하다. 판정하다. ②사형에 처하다.

justiceiro, justiçoso *a.*, *m.* 법에 엄격한. (특히 관리). 공평무사한 (사람). 공정한 (사람).

justificação *f.* ①(행위의) 정당화. 정당함을 증명하기. ②[神] 성의(成義). 신에 의하여 정의라고 규정되기. 죄 없다고 규정되기. ③정당하하는 사물. 명분이 서는 주장. 그럴듯한 변명. 법률상의 면책사유(免責事由). ④[印] 활자행간(活字行間)의 정돈. 정판(整版).

justificador *a.*, *m.* 정당화하는 (자). 정당함을 증명하는 (사람). 그럴듯한 변명을 하는 (사람).

justificante *a.*, *m.* 정당화하는 (자). 정당함을 증명하는 (사람). 그럴듯하게 변명하는 (사람).

justificar *v.t.* ①옳다고 주장하다(행위를). 정당화하다. 정당한 이유를 설명하다. 조리(條理)를 세우다. 명분을 세우다. 그럴듯한 변명을 하다. ②(신이 죄인을) 옳다고 하다. 죄 없다고 용서하다. ③[印] (활자를) 정돈하다. 줄사이(行間)를 정돈하다. 정판(整版)하다.
—**se** *v.pr.* 자기의 무죄를 증명하다. 자신의 명백함을 설명하다. 변명하다.

justificativo *a.* 정당화하는. 유력한. 변해의. 변명의. 변명적.

justificável *a.* 정당화할 수 있는. 변명(중

justilho *m.* (부인복의) 보디스. 조끼. 코르셋.

justo *a.* ①바른. 옳은. 공명정대한. 정당한. 지당한. ②정확한. 적절한. 꼭맞는. 알맞는. 꼭 끼는. ③밀접한. 빽빽한. ④충분한. 근거있는.
sapatos justos 꼭 맞는 구두.
é *justo* 정확하다. 꼭 맞다. 옳다.
— *adv.* 올바르게. 정확하게. 꼭 맞게.
— *m.* ①옳은 사람. 정직한 사람. ②정당한 것. 지당한 사유.

justura *f.* ①꼭 맞게 하기. 적합(適合)시키기. ②조정(調整). 조절. 조정(調停).

juta *f.* [植] 황마(黃麻). 황마섬유(纖維).

juvenal *a.* 《廢》 =*juvenil*.

juvenco *m.* (=*novilho*). 송아지.

juvenil *a.* ①나이가 들지 않은. 젊은. ②소년의. 소년다운. 소년을 위한.

juvenília *f.* 청년기의 작품(때때로 저작전집(著作全集)의 제명(題名)으로 씀).

juvenildade *f.* ①연소(年少). 나이 어림. 젊음. ②소년시대. 소년적 사상 또는 언행. 젊은 기상(氣象).

juvenilmente *adv.* 젊게. 젊은이답게. 애티있게.

juventude *f.* ①젊음. 젊은이다움. 연소(年少). 청년. 청춘. ②청춘기. 소년시절. 십대(十代) 청소년. ③청춘기. 소년시절. 소장(少壯). ④젊은 혈기(기운).

juxtalinear *a.* =*justalinear*.

juxtapor *v.t.,* —**se** *v.pr.* =*justapor*.

juxtaposição *f.* =*justaposição*.

juxtaposto *a.* =*justaposto*.

K, k *m.* 이 글자는 포르투갈어 자모에 포함되지 않으며 외래어(外來語)로서만 사용된다.

kaaba *f.* (=caaba). Mecca에 있는 회교도의 영전(靈殿).

kaju *m.* [動] (중앙 아메리카 산의) 작은 원숭이.

kaiser *m.* (독일 황제) 카이젤.

kaki(caqui) *m.* (일본말의 전래어) [植] 감.

kaleidofono, caleidofono *m.* 진동측정기(震動測定器).

kaleidoscópio, caleidoscópio *m.* 만화경(萬華鏡).

kali *m.* [植] 수송나물의 무리.

kan, Khan *m.* 칸(汗: 중앙아시아 제국의 통치자(대관)의 존칭). [史] 몽고・달단 지방의 주권자의 칭호.

kanguru(canguru) *m.* [動] 캥거루(속).

kantiano *a.* 칸트의. 칸트파(철학)의.
— *m.* 칸트 학도.

kantismo *m.* 칸트 철학.

kantista *a.* 칸트 철학의. 칸트 학파의.
— *m., f.* 칸트 학파의 학도.

kaolino(caolino) *m.* 고령토(高嶺土)(도자기송에 사용하는 흰 진흙). [化] 카올린(함수규산(含水硅酸) 알루미늄).

kava *f.* 폴리네시아 산의 관목(灌木); 그의 뿌리로 만든 술.

keepsake *m.* ①기념품. 유물(遺物). ②(19세기 초에 유행한) 선물용의 장식책.
— *a.* 선물책 같은. 곱기만한.

képi(quépi) *m.* 《F》 케피 모자(프랑스군의 위가 넓적한 모자).

keratectomia(queratectomia) *f.* 각막적출(角膜摘出).

keratina(queratina) *f.* [化] 각소(角素). 각질(角質: 모발(毛髮)의 주성분).

keratite(queratite) *f.* [醫] 각막염(角膜炎).

keratocele(queratocele) *m.* 각막 헤르니아.

keratose(queratose) *a.* 각소(角素)의.
— *f.* 표피(表皮)의 각화(角化).

keratotomia(queratotomia) *f.* [醫] 각막절개술(角膜切開術).

kermes(quermes) *m.* 연지벌레(의 암컷); 연지(臙脂). (광물성) 양홍(洋紅: 선홍색의 황화안티몬).

kermesse(quermesse) *f.* (네덜란드 등에서 명절날 열리는) 정기시(定期市). 《美》 자선시(慈善市).

kerosene(querosene) *m.* 석유(石油). 등잔 석유. 등유(燈油). (=petróleo).

khaki(caqui) *a.* 카키색(황갈색)의. 카키색 포목의.
— *m.* 카키색의 양복천(포목). 카키 군복.

kilo(quilo) (1) *m.* *kilograma* (*quilograma*)의 준말.
— (2) *f.* 천(千)의 뜻을 나타내는 복합형.

kilograma(quilograma) *m.* 킬로그램.

kilogrametro(quilogrametro) *m.* [理] 킬로그램미터(일의 단위: 1킬로그램의 무게를 1미터 높이로 올리는 일).

kilolitro(quilolitro) *m.* 킬로리터.

kilometragem(quilometragem) *f.* 천(千) 미터마다 표시(表示)하는 것. (자동차 따위의) 주행거리(走行距離)의 표시.

kilometrar(quilometrar) *v.t.* 천미터마다 표시하다.

kilometricamente *adv.* 천미터마다. 1,000 미터식.

kilometrico(quilométrico) *a.* 킬로미터의. 매 천미터의.

kilometro(quilometro) *m.* 킬로미터.

kilovolto(quilovolto) *m.* [電] 킬로볼트(전압의 단위).

kilowatt(quilowatt) *m.* [電] 킬로와트(전력의 단위).

kimono(quimono) *m.* [日] 일본복(日本服). 의복.

kinetoscópio(quinetoscópio) *m.* (초기의) 활동사진. 영사기. 활동사진경(鏡).

kinkaju(quincaju) *m.* [動] 킹카쥬(남미산의 곰의 일종).

kino(quino) *m.* 키노수지(樹脂).

kiosque(quiosque) *m.* ①(터키 등지의) 정자. ②(프랑스 등의) 신문 파는 곳. 작은 담배가게. 공중전화실. 지하철도 입구. 광고탑.

kirie *m.* ①[宗] 연도(煉禱). "주여 불쌍히 여기소서"란 뜻의 기도문구(가톨릭교・그리스교의 미사 첫머리에 외움. ②[樂] 연도(煉禱) 형식의 악구(樂句).

kleptomania, cleptomania *f.* 절도광(竊盜狂). 병적인 도벽. 도벽정신이상(盜癖

정신이상(精神異狀).
koala *m.* [動] 코알라(호주산의 곰 비슷한 포유동물).
kodak *f.* 소형 휴대 사진기. 코닥. 코닥 상표.
kola(**cola**) *f.* [植] 콜라(벽오동과(碧梧桐科)의 한속(屬)) ; (서아프리카 산)).

koran(**coran**) *m.* 코란(회교의 경전).
korea *f.* =*Coréia*.
koreano *a.*, *m.* =*coreano*.
kúmel, Kummel *m.* 《G》쿠멜술(네덜란드 젤리 열매 등으로 조미(調味)한 리큐어).

L

L, l *m.* 포르투갈어 자모의 열하나째 글자. 로마 숫자의 50.

la (1) *m.* [樂] "라" (*solfa*식(式) 계명창법 (階名唱法) 여섯째 음).
— (2) (*lo*의 여성형). 인칭대명사로서의 *o・a・os・as*가 *-r・-s・-z*로 끝나는(변화된) 동사의 뒤에 따를 때 그 *r・s・z*는 생략되고 *o*는 *lo*, *a*는 *la*, *os*는 *las*로 변형시킨다. 그리고 *nos・vos* 등의 간접보격 인칭대명사(間接補格人稱代名詞)의 뒤에 올 때도 *lo・la・los・las*로 된다.
da(r)-lo 그것을 주다.
tra(z)-la 그것을 가져 오다.
deu-no-la (=*deu-a-nós*) 그것을 우리들에게 줬다.

lá (발음: "라아"에 가까움) *adv.* 저쪽. 저쪽으로. 거기에. 그 때에.
de lá 거기에서. 거기로부터. 결국.
lá em cima 그 위에. 윗쪽으로.
lá em baixo 그 아래에. 아래쪽에.
por lá 그쪽에. 그 근방에.
para lá 저쪽으로. 그쪽으로(향하여)
cá e lá (=*lá e cá*) 여기저기. 이곳저곳. 군데군데
para lá e para cá 이쪽 저쪽에. 이리저리.
lá mesmo 바로 거기에. 바로 그곳에.
lá adiante (멀리) 전방에.
lá se foi tudo (=*lá vai tudo*) 전부 다 버렸다. 다 되었다.
Sei lá. 나는 몰라. 알게 뭐냐.

lã (발음: "량"에 가까움) *f.* ①양털. 양모(羊毛). ②짐승의 털. 수모(獸毛). ③털실. ④모직물. 나사. 모직복. ⑤내성적임. 부끄러움. ⑥부(富). 재산.
lã de carneiro 양모(羊毛).
lã de camelo 낙타의 털.
lã em rama 원모(原毛). 조모(粗毛).
lã churra 거친 양털. 손질하지 않은 양모.
fazenda de lã 모직물.
meia de lã 털실로 짠 양말.
Ir buscar lã e sair tosquiado. (양털가지러 갔다가 수염 깎이고 오다) 혹 떼러 갔다가 혹 붙여 오다.

labaça *f.* [植] 수영・소루쟁이 따위. *Rumex* (屬)의 총칭.

labaçal *m. labaça*가 많은 곳(무성한 뜰).

labaçol *m.* [植] 잎사귀가 넓은 *labaca* 수영 또는 소루쟁이의 일종.

labareda *f.* ①불꽃. 불길. 화염(火焰). ②정화(情火). 정열. 맹렬. ③《俗》흥분. 격분. ④원기. 쾌활.

lábaro *m.* 후 로마제국의 기병기(騎兵旗). (가톨릭교의) 교기.

labdacismo, lambdacismo *m. l*(ㄹㄹ)의 발음을 *r*(ㄹ)처럼 하는 잘못. 또는 *r*을 *l*로 잘못 발음하기. *l*자를 지나치게 사용하기.

labelado *a.* 입술 모양의. 순형(唇形)의.

labélo *m.* [貝] 의순(外唇: 입술처럼 밖으로 휜 가장자리). [植] 순판(唇瓣).

laberca *f.* [鳥] 종다리(의 일종).

labéu *m.* ①얼룩. 티. 흠. 오점(汚点). 녹. ②오명(汚名). 불명예. 치욕. 모욕.

lábia *f.* ①달콤한 말. 감언(甘言). ②잔꾀. 간사함. 엉큼함. 교활함.

labiadas *f.(pl.)* [植] 순형과(唇形科) 식물. 순형화(唇形花). (=*flor labiada*).

labiado *a.* [植] 입술 모양의. 순형의.
flor labiada 입술 모양의 꽃. 순형화.

labial *a.* [解・動] 입술의. 입술 모양의. 순형의 [音聲] 순음의.
— *m.* 순음(唇音). 순음자(字).

lábil *a.* ①[詩] 미끄러운. 잘 미끄러지는. ②일시의. 일시적인. 잠깐 동안의.

lábio *m.* ①입술. ②입. ③(잔・공기・구멍 따위의) 가장자리. ④[樂] (풍금의) 순관(唇管).
lábio superior 윗입술.
lábio inferior 아랫입술.
lamber os lábios (맛이 좋아서) 입술을 빨다. (음식을 기다리면서) 침을 삼키다.
morder os lábios (격분에) 입술을 깨물다.

labio-dental *a.* 순치음(唇齒音)의.

labio-nasal *a.* 순비음(唇鼻音)의.

labirintico *a.* 미궁의. 쉬갈린. 착잡한.

labirinto *m.* ①미궁(迷宮). 미로(迷路). ②[庭園] 미로원(迷路園). ③(사건 등의) 쉬갈림. 착잡. 착종(錯綜). ④[解] 와우각(蝸牛殼). 귓속에 있는 달팽이 껍데기처럼 생긴 뼈.

labor *m.* ①노동. 근로(勤勞). 일. 노무(勞

務). 노역. ②수고. 노력.
laboração *f.* 일하기. 노동하기. 작업. 수고(노력)하기.
laborar *v.i.* ①일하다. 노동하다. 작업하다. 근로(勤勞)하다. 밭갈이하다. ②노력하다. 애쓰다. 수고하다. ③세공(細工)하다.
laboratório *m.* 실험실. 실험소. 연구실(소). 제약소(製藥所). 제련소.
laboriosamente *adv.* 노력하여. 애써서. 힘을 다하여.
laboriosidade *f.* 근로. 근면. 정려(精勵). 노력. 수고.
laborioso *a.* ①힘드는. 수고스러운. 곤란한. ②일 잘하는. 근면한. 부지런한. 몸을 아끼지 않는. ③(문체 등) 애쓴 흔적이 보이는.
labrego *m.* ①시골뜨기. 조야(粗野)한 사람. 버릇없는 사람. ②일종의 보습. 일종의 쟁기. 뿌리 뽑는 쟁기.
labro *m.* ①[魚] 곤들매기. 놀래기(양놀래기과의 특히 놀래속의 해산어(海産魚)). ②(포유 동물의) 윗입술(上脣).
labroides *m.(pl.)* 놀래기속의 해산어. 후순어과(厚脣魚科).
labroso *a.* [貝] (단판패(單瓣貝)의) 입술 모양의. 순상(脣狀)의.
labrosta, labroste *m.* = *labrego*.
labrusca *f.* 검은 포도(黑葡萄)의 일종.
labrusco *a.* ①(토지 따위) 개척하지 않은. ②거친. ③야생의. 야성(野性)의. ④교육 없는. 미개한. 야만의.
labugante, lavagante *m.* [動] (미국산의) 바닷가재. (미국산) 대하.
laburno *m.* [植] 금작화(金雀花: 배나무과에 속하고 독 있는 열매를 맺는 관목의 일종).
labuta *f.* 힘드는 일. 된 일. 노고.
labutação *f.* 힘드는 일(을 하기). 고역(苦役). 고역에 종사하기. 노력.
labutar *v.i.* ①힘드는 일(된 일)을 하다. 고역에 종사하다. 노력하다. 애쓰다. 분투하다.
laca, lacca *f.* [塗料] 래크(래크 벌레가 나뭇가지에 분비하는 엷은 노랑빛 나는 수지(樹脂) 같은 것. 니스의 원료). [染料] 래크 염료(染料).
laçada *f.* 당기면 풀어지는 매듭. 나비매듭 따위.

lacado *a.* 래크 칠한.
lacaia *f.* 《古》 (외출할 때 따라다니는) 시녀(侍女).
lacaiada *f.* ①시녀 또는 종자의 떼. ②시녀 또는 종자의 언행.
lacaio *m.* 종자(從者). 하인. (제복 입은) 마부.
laçar *v.t.* (당기면 풀어지는) 매듭을 매다. (밧줄로) 올가미를 만들다. 올가미를 던져 붙잡다(붙들다). 덫에 걸다.
— **se** *v.pr.* 매듭이 되다. 올가미에 걸리다. 올가미(또는 덫)에 목을 들이밀다.
laçarada *f.* 레이스 장식. (머리 위의) 리본 장식.
laçaria *f.* ①레이스의 매듭 장식. 화채(花綵). 장식적 조각(彫刻). 화채의 조각.
laçarote *m.* 아름답고 많은 레이스 장식.
lacedemónio *a.* (옛) 스파르타(식)의. 상무적(尚武的).
— *m.* 스파르타 사람. 스파르타 출신.
laceração *f.* ①갈갈이 찢음. 쨈. ②찢어진 상처. 상심(傷心). ③(감정 등을) 상하게 하기.
lacerante *a.* ①찢는. 째는. 토막치는. ②가슴 아프게 하는. (감정 등을) 상하게 하는. 괴롭히는.
lacerar *v.t.* (갈갈이) 찢다. 째다. 토막치다. (근육·사지 등을) 잡아찢다. (마음·감정 등을) 상하게 하다. 괴롭히다.
lacerável *a.* (갈갈이) 찢을 수 있는. 찢기 쉬운.
lacertinos *m.(pl.)* 도마뱀 종류(의 동물).
lacete *m.* 작은 레이스.
laciniado *a.* 가장자리에 술 있는. [植·動] 톱니 모양의. 깔쭉깔쭉한.
laço *m.* ①(구두·각반·코르셋 등의) 끈. 엮은 끈. 짠끈. ②옷깃의 장식. 레이스. ③올가미. 당기면 풀어지는 매듭. 덫. 계략(計略). ④연쇄(連鎖).
laço do leite 크림.
laços do casamento 배연(配緣). 배필(配匹).
laços de sangue 혈맹(血盟: 피와 피를 합쳐 맹세하는 것).
armar um laço 올가미를 놓다. 덫을 장치하다.
cair no laço 올가미(덫)에 걸리다. 계략에 빠지다.
ter o laço na garganta 커다란 위험에

laconicamente *adv.* 간결하게. 간단하게.
lacônico *a.* 간단한. 간결(簡潔)한. 간결한 말을 쓰는.
estilo lacônico (문장의) 간결체(體).
lacónio *a.* ①(그리스 남부의 옛 나라) Laconia의. ②간결한.
laconismo *m.* (어구·언사의) 간결(簡潔). (문장의) 간결법.
laconizar *v.t.* 간결하게 하다. 간단하게 하다.
lacrador *m.* (밀초로) 봉인하는 사람.
lacrar *v.t.* (봉투·병마개 따위를) 밀초로 봉인(封印)하다. 봉하다. 밀폐하다.
lacraia *f.* ①[蟲] 지네. 천룡(天龍). ②일종의 작은 배. 카누.
lacrau *m.* [動] 전갈(全蝎: *escorpião*의 속명(俗名)).
lacre *m.* (봉인하는) 밀초. 봉랍(封蠟).
lacreado *a.* 래크 칠한. 옻칠을 한.
lacrear *v.t.* 래크 칠(漆)하다. 옻칠(漆)을 하다.
lacrimação *f.* 눈물을 흘림. 낙루(落淚).
lacrimal *a.* 눈물의. 눈물을 분비하는.
glandula lacrimal 누관(淚管). 누선(淚腺).
— *m.* 눈물병.
lacrimante *a.* = *lacrimoso*.
lacrimatòrio *a.* 눈물의. 최루(催淚)의.
gas lacrimatório 최루 가스. 가스탄.
— *m.* 눈물병(옛 로마 사람의 무덤 속에서 발견되는 목이 작은 병인데 애도자(哀悼者)의 눈물을 넣었다고 함).
lacrimejar *v.t., v.i.* = *lagrimejar*.
lacrimogênio *a.* 눈물의. 눈물 나는. 눈물 나게 하는. 최루(催淚)의.
lacrimoso *a.* 눈물 잘 흘리는. 눈물 많은. 눈물에 젖은. 눈물 나게 하는. 슬픈.
lactação *f.* ①젖을 내기. 젖분비(分泌). ②포유(哺乳). 유양(乳養).
lactante *a.* ①젖을 내는. 젖을 분비하는. ②젖을 주는. 젖을 먹이는. ③젖을 먹는(먹고 자라는). 포유의.
lactar *v.t.* 젖을 내다. 젖을 먹이다. 젖으로 키우다.
— *v.i.* 젖을 먹다(빨다).
lactário *a.* 젖의. 젖같은 액(乳狀液)을 분비하는. 유양(乳養)의.
— *m.* 유아보육소(乳兒保育所).

lactato *m.* [化] 유산염(乳酸鹽).
lactea *f.* 어정(魚精). 백자(白子).
lactente *a.* 아직 젖을 먹는(아기에 대한 말).
— *m., f.* 젖먹는 아기. 젖먹이. 짐승의 젖먹는 새끼.
lácteo *a.* 젖의. 젖이 나는. 젖이 있는. 젖같은. 유상(乳狀)의. 젖빛깔의. [植] 젖같은 액을 분비하는.
dieta láctea 우유요법(牛乳療法).
via láctea (하늘의) 은하(銀河). 은하수.
lactescência *f.* 젖과 같은 성질의 것. 유즙질(乳汁質). 유즙상(狀). 유화(乳化).
lactescente *a.* ①젖같은. ②젖을 내는(분비하는). ③유즙(乳汁)의.
lacticínio *m.* 우유로 만든 식료품. 우유식품(牛乳食品).
lacticinoso *a.* ①젖같은. 젖빛깔의. ②젖을 탄. ③[植] 유액을 분비하는. ④젖에서 얻는. ⑤연약한.
láctico *a.* 젖의. [化] 유즙의.
ácido láctico 젖산(乳酸).
lacticolor 젖빛깔의. 유백색(乳白色)의.
lactifago *a.* 젖을 먹는(먹고 사는). 젖으로 자라는(키우는). 유양(乳養)하는.
lactífero *a.* 젖(같은 액)을 내는. [植] 젖같은 액이 많은(많이 내는). [解] 젖이 들어 있는. 젖을 넣는. 젖이 통하는.
vasos lactíferos 유관(乳管).
lactiforme *a.* 젖같은. 유상(乳狀)의.
lactifugo *a.* 젖의 분비를 멎게 하는. 젖이 못나오게 하는.
— *m.* 지유약(止乳藥).
lactigeno *a.* 젖이 더 많이 나오게 하는. 젖 분비를 늘이는.
lactómetro *m.* 검유기(檢乳器). 젖의 농도계(濃度計). 유즙비중계(乳汁比重計).
lactoscópio *m.* 검유기. 유지방계(乳脂肪計).
lactose *f.* 락토오제. 유당(乳糖).
lactoso *a.* = *leitoso*.
lactucário *m.* [藥] 상추(양상추)의 즙(鎭靜劑)로 쓰임).
lacuna *f.* ①탈락(脫落). 탈자(脫字). 탈문(脫文). 결문(缺文). ②결함. 부족. ③틈. 빈틈. 작은 공간. [解] 와(窩). 소구(小溝). [植] 작은 구멍(小孔).
preencher a lacuna 빈자리(空欄)에 글써 넣다.
lacunar *a.* 빈틈 있는. 작은 구멍이 있는.

lacunário *m.* [建] (소란반자의) 개판(蓋板). 들보와 들보 사이의 짬. 양간(梁間)의 틈(간격).

lacunoso *a.* 작은 구멍이 많은. 틈이 많은. 결함 투성이의. 탈자(脫字)가 많은. 탈문(脫文)이 많은.

lacustre *a.* 호수(湖水)의. 호상(湖上)의. 호수에 사는. 호수에 발생하는.
planta lacustre 호생식물(湖生植物).
habitações, lacustres 호상거주(湖上居住). 호상의 인가(人家).

ladainha *f.* ①[宗] 연도(煉禱). ②오랜 기도. ③데데한 긴 이야기(글).

ladeamento *m.* ①포신(砲身)의 편차(偏差). ②옆으로 피하기. ③말을 꾸며 어물어물(모면)하기. 둔사(遁辭). 구실(口實). 속임.

ladear *v.t.* ①(사람의 옆에서) 가지런히 가다. 병행하여 가다. 옆에 따라가다. 옆을 따라가다. (해안(海岸)·강안(江岸) 따위의) 연안을 따라가다. ②(사냥에서) 장애물을 피해 지나가다. 회피하다. ③[軍] 측면 공격하다.
— *v.i.* ①(말이) 옆길로 들어가다. ②편차가 생기다.

ladeira *f.* 비탈. 오르막. 치받이. 사면(斜面). 경사. 경사지. 물매.

ladeirento *a.* ①가파른. 급히 경사진. 비탈이 된. ②험한. 험준한.

ladeira *a.* 한쪽에 기울어진. 경사를 이룬.
— *m.* 경사지(傾斜地).

ladino *a.* ①순수한. 순전한. 순연(純然)한. ②교활한. 간사한. 엉큼한. 잔꾀 많은. 교묘한. ③[古] 라틴어의. 라전(羅典)의.

lado *m.* ①옆. 옆구리. 측면. ②[입체의] 면(面). [幾] (삼각형 따위의) 변(邊). ③(적측·아방의) 쪽. 편. 방면(方面). ④당(黨). 무리.
lado fraco 가장 약한 곳(중요한 곳). 단소(短所). 급소(急所).
ao lado de …의 옆에. …에 아주 가깝게. …의 편에 서서.
de lado …의 옆에. 기울어서.
de lado a lado 한쪽 끝에서 다른 끝까지.
olhar de lado (= *olhar de meio lado*) 결눈으로 보다. 흘겨보다.

ladra *f.* ①여자 도적. 훔치는 버릇있는 여자. 《卑》 도둑년. ②(나무 위의 과일을 따기 위한) 갈고리 있는 긴 막대.

ladrado *a.* (개가) 짖는.
— *m.* (개) 짖는 소리.

ladrador *a.*, *m.* ①짖는 (개). 노호(怒號)하는 (짐승). 《轉》 욕설하는 (사람).

ladrante *a.* 짖는. 노호하는. 욕설하는.

ladrão *a.* 훔치는. 도둑질하는.
— *m.* ①도적(盜賊). 도둑(놈). 절도. ②사기성이 있는 사람. 나쁜 사람. 악인. ③(나무에 돋아난) 필요 없는 싹. ④술통 또는 기름통에서 새어나온 찌끼.
ladrão de gado 가축 도둑놈.
ladrão de estrada 노상 강도.
ladrão de vela (초의, 심지의) 불똥.
A ocasião fazo ladrão. 기회가 도둑을 만들다. 기회가 도둑심을 일으키게 하다.

ladrar *v.i.* ①(개가) 짖다. 노호(怒號)하다. ②욕설하다.
o cão ladra. 개가 짖는다.
Cão que ladra não morde. 짖는 개는 물지 않는다.

ladravaz, ladravão *m.* 큰 도적. 큰 도둑. 극악한 놈.

ladriço *m.* 말다리를 족쇄(또는 차꼬)에 비끌어 매는 밧줄.

ladrido *m.* (개) 짖는 소리. 짖어대기.

ladrilhado *a.* 타일을 깐(붙인·입힌·씌운).
— *m.* 타일을 깐 것. 타일 공사. 기와를 올리기.

ladrilhador *m.* 타일을 까는 직공. 타일을 붙이는 사람.

ladrilhamento *m.* 타일을 깔기. 타일을 까는 작업. 기와를 올리기.

ladrilhar *v.t.* 타일을 깔다(붙이다. 입히다).

ladrilheiro *m.* 타일 제조인. 기와를 만드는 사람.

ladrilho *m.* 타일. 기와.

ladro (1) *m.* 개짖는 소리. 노호. (거칠게) 고함치는 소리.
— (2) *a.* ①도둑 버릇이 있는. 도둑질하는. 도둑의. 도적의. ②마음을 빼앗는.
piolho ladro 사면발이(毛虱).
— *m.* 사면발이.

ladroa *f.* (= *ladra*). 여자 도둑. 훔치는 버릇있는 여자.

ladroagem *f.* ①훔치려는 마음. 도둑심. ②도적단(盜賊團). ③훔치기. 도둑질하기. 도둑행실.

ladroar *v.t.* ①훔치다. 도둑질하다. ②강

제로 빼앗다.
ladroeira *f.* ①훔치기. 도적질. 도둑질. 도적행위. ②(엄청나게) 비싸게 팔기. 폭리를 취하기. ③도적의 소굴.
ladroeirar *v.i.* ①훔치다. 도적질하다. ②도둑놈 같은 행실을 하다.
ladroice *f.* ①훔침. 도적질. 도둑행실. 도적행위. ②부정행위. 엄청난 값으로 팔기. 폭리를 취하기.
ladrona *f.*《稀》= ladra.
lagalhé *m.* 불량배. 악한. 무뢰한.
lagamar *m.* ①개펄. 짠물 호수. 산호섬 안의 호수. 내만(內灣). 육지에 둘러싸인 항구. ②바다밑(海底) 또는 강 밑의 큰 웅덩이. 움푹 들어간 큰 연못.
lagar *m.* ①과즙(果汁)・기름 따위를 눌러 짜는 기계. 압착기(壓搾機). 착즙기(搾汁機). ②과즙・기름 따위를 짜는 곳. 압착장(場).
lagar de vinho 포도를 짜는 기구(통).
lagarada *f.* ①(과즙・기름 따위) 눌러 짜기. 눌러 짠 상태. ②한 번 압착한 분량. 한 번 짜낸 양(量).
lagaragem *f.* 포도・올리브 등을 짜기. 눌러 짜기. 압착(壓搾).
lagareiro *m.* 포도 또는 올리브 열매를 눌러 짜는 사람. 압착직공.
lagariça *f.* ①(포도를 짜는) 소형 압착기. ②눌러 짠 과즙(果汁)의 일부분. ③압착기에서 나오는 과즙을 담는 통.
lagariço *a.* ①압착기의. 압착기에 관한. 압착기에 속하는. ②압착장(壓搾場)의.
lagaro *m.* (옛날의) 육음보(六音步)로 된 시(詩).
lagarta *f.* ①[蟲] 커서는 나비가 되는 벌레. 모충(毛蟲). 풀쐐기. ②[機] 무한궤도(無限軌道).
lagarteiro *a.*《俗》엉큼한. 교활한.
lagartixa *f.* ①[動] 도룡뇽의 일종. 조그만 도마뱀. 도마뱀붙이. ②《轉》몹시 마른 사람. 아주 수척한 사람.
lagarto *m.* 도마뱀.
Dizer cobras e lagartos de alguêm. 아무에 대하여 얼토당찮은 악담을 하다.
lagena *f.* 손잡이 달린 단지. 도제(陶製)의 병(작은 항아리).
lago *m.* 호(湖). 호수. (공원 따위의) 샘물. 못. 늪.
lagoa *m.* ①작은 호수. 작은 늪. ②소택(沼澤). 관목(灌木)이 많고 습기 있는 황무지. 습지(濕地).
lagoeiro *m.* ①(물 괴는) 웅덩이. 물웅덩이. 괴어 있는 물. ②작은 늪. 소택.
lagosta *f.* [動] 바닷가재. (미국산) 대하.
lagostim *m.* 작은 가재.
lagostomo *a.* [動] 토순(兎唇)의.
lágrima *f.* ①눈물. 한 방울의 눈물. 물방울. 이슬방울. ②(나뭇진 따위의) 방울 같은 조그만 덩어리.
lagrimas (*pl.*) 비애. 비탄. (소리 없이) 우는 것.
lagrimejar *v.i.* 눈물 흘리다. 울다. (소리 없이) 눈물 흘려 울다.
laguna *f.* ①(바다・강 등의) 얕은 곳. 모래톱. ②강의 입구(入口). 강구(江口). ③내만(內灣). 육지에 둘러싸인 항구.
lai *m.* 짧은 서정시(敍情詩). 이야기시(詩).
laia *f.* 종류. 종족. 부문. 부류(部類).
á laia de …와 같이. …처럼.
laicado *m.* (승려에 대하여) 일반신도. 평신자(平信者). 속인(俗人). 문외인(門外人).
laical *a.* (승려에 대한) 속인의. 성직(聖職)에 있지 않는. 성품(聖品)이 없는.
laicalismo *m.* 비성직자(非聖職者)의 행실. 속인의 언행.
laicismo *m.* 비종교적 도덕론(非宗教的道德論). 교육종교 분리주의(教育宗教分離主義). 범속(凡俗)주의.
laicizar *v.t.* 속환(俗還)시키다. 속화(俗化)시키다. 속인에게 맡기다. (공직(公職) 따위를) 속인에게 개방하다.
laico *a.* (승려에 대한) 속인의. 세속의. 현세의. 속세의. 사바(裟婆)의.
lais *m.* [海] 돛가름대의 끝.
laivar *v.t.* 얼룩지게 하다. 더럽히다. 오점(汚點)을 찍다. 흠을 내다.
laivo *m.* 얼룩. 흠. 오점. 오염(汚染). 티. 녹.
laivos (*pl.*) (학문에 대한) 피상적 지식. 천박(淺薄)한 지식.
laja, laje, lágea, lagem *f.* [建] 석판(石板). 판석(板石). 넓게 자른 대리석. 기둥 밑에 받치는 넓적한 돌. (길에) 까는 돌.
lajeado *a.* 판석을 깐. 포석(鋪石)한. 넓적한 돌을 깐.
— *m.* (길 따위에) 돌을 깔기. 돌을 깐 상태. 포석(鋪石)한 노면(路面).
lajeador, lageador *m.* 돌을 까는 노동자.

포석공(鋪石工).

lajeamento, lageamento *m.* 판석을 깔기. 넓적한 돌을 붙이기. 포석작업(鋪石作業).

lajear, lagear *v.t.* 판석(板石)을 깔다. 넓적한 돌을 붙이다(대다). 포석하다.

lajedo, lagedo *m.* 돌을 깐 마루. 석판상(石板床). 석첩(石疊).

lalopatia *f.* [醫] 언어장애(言語障碍). 발어불수(發語不隨).

lama (1) *f.* 진흙. 진창. 수렁. 곤경(困境). 역경.
arrastar pela lama 곤란에 빠뜨리다(빠지다).
Tirar-se da lama e cair no atoleiro. [諺] 작은 곤란을 면하려다가 더 큰 재난을 만나다.
— (2) *m.* (불교의) 라마승.
Grão Lama. 대라마.
Dalai Lama. 달라이 라마(티벳 불교의 법왕(法皇)).
— (3) [動] 라마. 아메리카(특히 페루의) 약대. 라마의 털.

lamaçal *m.* 진흙구덩이. 진창. 수렁. (수렁과 같은) 위태로운 곳. 꼼짝 못하는 곤경.

lamação *m.* =*lamarão*.

lamaceira *f.* =*lamaceiro*.
— *m.* =*lamaçal*.

lamacento *a.* 진흙이 많은. 진흙투성이의. 진흙이 깊은. 진창이 심한. 수렁이. 수렁같은.

lamaico *a.* 라마교의.

lamaismo *m.* 라마교(敎).

lamaista *m.*, *f.* 라마교도(敎徒).

lamarão *m.* ①깊은 진흙 구덩이. 큰 진창. ②(해변의) 침니지(沈泥地). 이녕지(泥濘地).

lamarento, lamaroso *a.* =*lamacento*.

lambada *f.* ①(가죽끈. 회초리 따위로) 찰싹 치기. 때리기. ②《卑》구타(毆打). 모욕. 심한 욕설.

lambamba *m.*《俗》깟씻싸(사탕수수로 만든 술)을 즐겨 마시는 사람. 술꾼.

lambança *f.* ①핥아 먹을 수 있는 것. 먹을 수 있는 것. ②《俗》우쭐하기. 뽐내기. 거만. 오만. ③사기. 속이기.

lambanceiro *m.* ①우쭐하는 사람. 거만한 인간. ②속이는 자. 사기꾼.

lambão *a.* 욕심 많은. 탐욕한. 바보 같은.

— *m.* ①게걸스레 먹는 사람. 많이 먹는 사람. 대식가(大食家). ②굼뜬 사람. 솜씨 없는 사람. ③바보. 멍청이.

lambarar *v.i.* ①게걸스레 먹다. 욕심내어 많이 먹다. 간식(군음식)을 좋아하다 ; 즐겨 먹다.

lambaraz *m.* =*lambareiro*.

lambareiro *a.* ①게걸스레 먹는. 욕심 많은. 탐욕한. ②간식(군음식)을 좋아하는. ③말 많은.
— *m.* 게걸스레 먹는 사람. 탐욕한 사람. 욕심꾸러기.

lambari *m.* (브라질의) 일종의 담수어(淡水魚).

lambarice *f.* ①많이 먹음. 게걸스레 먹음. ②간식(군음식)을 좋아함.

lambaz *a.*《卑》탐식(貪食)하는. 폭음·폭식하는.
— *m.* (배의 갑판용의) 자루 달린 걸레. 소제용 수세미.

lambazar *m.* 걸레질하다. 자루 달린 걸레로 닦아 버리다. 걸레로 훔치다.

lambda *m.* 람다(그리스 자모의 열한째 자. Λ, λ ; 로마 글자의 L, l에 해당됨).

lambdacismo *m.* =*labdacismo*.

lambdoidea, lambdoideo *a.* 람다꼴(Λ)의. 세모꼴의.
sutura lambdoidea [解] 후두골(後頭骨)의 봉합(縫合).

lambear *v.t.* 많이 먹다. 욕심부려 먹다. 탐식하다.

lambedela *f.* ①핥기. 한번 핥기. 핥아보기. ②아첨. 아양 부리기. 추종. ③뜻하지 않게 생긴 것. 예상외의 돈벌이.

lambedine *m.* [俗] 맛 좋은 것. 진미(珍味)한 것.

lambedor *a.* 핥는.
— *m.* ①핥는 사람. ②시럽. ③맛 좋은 것. 진미.

lambedura *f.* =*lambedela*.

lambeiro *a.* 핥는. 핥아 먹는.
— *m.* ①핥는 사람. ②욕심부려 먹는 사람. 탐식가(貪食家).

lamber *v.t.* ①핥다. 핥아버리다. 다 먹어치우다. ②잘 닦다. 정성스럽게 만들다. 공들여 완성하다.
—*se v.pr.* 몹시 기뻐하다.

lambida, lambidela *f.* =*lambedela*.

lambiscar *v.t.*, *v.i.* (입맛이 없는 듯) 조

금 먹다. 약간씩 먹다. 잘게 물어 뜯다. 살짝 물다.

lambisco *m.* (음식물 따위의) 작은 양. 소량(少量).
em um (또는 *num*) *lambisco* 순식간에. 순간적으로.
andar ao lambisco 먹을 것을 찾아 돌아다니다.

lambisgóia *f.* 말 많은 여자. 정숙한 체하는 여자. 점잖빼는 여성. 건방진 여인.

lambisqueiro *a.* 게걸든. 많이 먹는. 욕심많은.

lambrequim *m.* (문·창 따위에) 드리운 장식. (모자·관·갓 따위의) 수포(垂布).

lambril, lambrim, lambris *m.* [建] ① (벽에 둘러 댄) 좁고 긴 판자. 양판 판벽(板壁). 판벽 널. 징두리 판벽. ②벽판 재료(壁板材料). ③판벽 널 끼우기. 벽판을 붙이기. 양판 세공.

lambrisar *v.t.* (벽에) 징두리를 붙이다. 판벽을 대다. 양판 공세를 하다.

lambuça, lambuçadela *f.* =*lambuzadela*.

lambugem *f.* ①대식(大食). 폭식. 욕심부려 먹기. ②군음식. 간식물(과자 따위). ③식사 후의 찌기. 밥찌끼. 잔반.

lambujar *v.t.* ①욕심부려 많이 먹다. ②군음식(간식)을 먹다.

lambujeiro *a., m* ①게걸들린 (사람). 욕심내어 먹는 (사람). ②군음식을 좋아하는 (사람).

lambuzada *f.* ①《俗》(음식물 따위로) 더럽히기. 얼룩지기. (기름 따위 떨어져서 옷이) 더러워지기. 오점(汚點)이 찍힌 상태. ②핥기. 한번 핥기. 살짝 핥기.

lambuzadela *f.* ①(기름 따위가 옷에 떨어져 생긴) 얼룩. 오점(汚點). 티. ②(학문 등의) 겉핥기. 피상적(皮相的) 관념. 천박(淺薄)한 지식.

lambuzar *v.t.* (특히 음식물로 옷 따위를) 더럽히다. 얼룩지게 하다.
—*se v.pr.* (음식물로) 입술이(입옆이) 더러워지다.

lamecha *m.* ①멋쟁이. 여자의 환심을 사는 사람. 여자에 지나친 친절을 베푸는 사람. 여자에 미친 녀석. ②군침 흘리는 사람. 코흘리는 바보.

lamechar *v.i.* ①멋부리다. 맵시 내다. 여자의 환심을 사다. 지나친 친절을 베풀다. ②여자에게 치근치근 굴다.

lamego *m.* =*labrego*.

lameira *f.* 진흙구덩이. 진창구렁. 수렁.

lameirão *m.* 큰 진창. 큰 수렁.

lameirar *v.t.* 진흙투성이로 만들다. 진창이 되게 하다.

lameiro *m.* 소(沼). 소택지(沼澤地). (강변·해변 등의) 풀 많은 습지. 초원(草原).

1amela *f.* 엷은 판자. 엷은 층. 엷은 잎. (금속의)박편(薄片). [植] 균습(菌褶: 버섯의 양산처럼 된 아래에 방사선(放射線) 식으로 뻗은 얇은 잎).

lamelação *f.* 엷은 조각을 만들기. 엷은 판자를 씌우기.

lamelado *a.* 엷은 판자로 된. 엷은 층(잎)을 이룬. 엷은 판자를 붙인(씌운).

lamelar (1) *v.t.* 엷은 판자로 만들다. 박편(薄片)으로 끊다. 엷은 잎(판자)을 붙이다.
— *v.i.* 엷은 판자가 되다. 엷은 층을 이루다.
— (2) *a.* 엷은 판자로 되는. 엷은 층의. 엷은 잎의. 박편의. 박편을 이룬.

lamelibrânquio *a.* [魚] 판새(瓣鰓)의.

lamelibrânquios *m.(pl.)* 판새류(瓣鰓類).

lamelicórneos *m.(pl.)* [蟲] 편각충류(肩角蟲類).

lamelifero *a.* 엷은 조각(薄片)이 있는. 막편(膜片)이 있는.

lameliforme *a.* 박편상(薄片狀)의. 막편상(膜片狀).

lamelipede *a.* [動] 편족(扁足)의.

lameloso *a.* 얇은 판자로 된. 얇은 층을 이룬. 박편(薄片)으로 구성되는. 얇은 잎이 많은.

lamentação *f.* 비탄. 애도. 도석(悼惜). 수상. 통곡. 엉엉 울기. 호읍(號泣). [樂] 애가(哀歌).

lamentador *a., m.* 구슬퍼 하는 (사람). 비탄하는 (사람). 엉엉 우는 (사람). 통곡하는 (사람).

lamentar *v.t.* 한탄하다. 뉘우치다.
— *v.i.,* —*se v.pr.* ①(+*de*) …을 한탄하다. 슬퍼하다. 애도(哀悼)하다. 울다. 통곡하다. ②불평하다. 우는 소리를 하다.

lamentável *a.* 구슬픈. 슬필한. 슬퍼해야 할. 한탄스러운. 불쌍한. 가엾은. 가련한. 딱한. 애석한. 통탄스러운. 가탄(可歎)한.

lamentavelmente *adv.* 슬프게. 불쌍하게. 한탄스럽게. 가련(可憐)하게.

lamento *m.* ①비탄. 한탄. 애도. 통곡. 호읍(號泣). ②만가(挽歌). 비가. 애가(哀歌).

lamentoso *a.* 구슬픈. 슬픔에 잠긴. 비통한. 서러운. 불쌍한. 가엾은.

lamia *f.* ①[希神] 반인반사(半人半蛇)의 여괴(女怪). (사람을 잡아먹고 어린애의 피를 마심; 상반신만 여자 모양). ②요부. 마녀.

lamiliforme *a.* 얇은 판자 모양(薄板狀)의. 얇은 조각 모양의. 얇은 층같은.

lamilirrostro *a.* [動·鳥] 편취(扁嘴)의.

lamilirrostros *m.(pl.)* 편취류(類).

lâmina *f.* ①(금속·유리 등의) 얇은 판. 박판(薄板). 얇은 조각. 박편(薄片). ②얇은 층. ③칼날. (안전용) 면도칼. ④[植] 얇은 잎. 잎사귀. 엽편(葉片). ⑤바보. 멍청이. ⑥공부를 게을리 하는 학생.

laminação *f.* ①(금속 따위를) 얇은 판자로 (조각으로) 만들기. ②신금(伸金)하기. 압연(壓延)하기.

laminador *m.* ①신금기계(伸金機械). 전압기(展壓機). 전연기(展延機). 압연기(壓延機). ②압연직공. 신금직공.

laminagem *f.* = *laminação*.

laminar (1) *v.t.* (금속 따위를) 얇은 판자로 만들다(끊다). 얇은 층(얇은 잎)으로 찢다. 얇은 판자를 씌우다. ②[機] 압연하다.
— (2) *a.* 얇은 판자의. 얇은 조각의. 얇은 판자로 되는. 얇은 층의. 얇은 판자 모양의. 박편상(薄片狀)의.

laminoso *a.* 얇은 판자가 많은. 얇은 조각이 많은. 얇은 층(薄層)이 많은.

lamiré *m.* ①[雅] 조음(調音). 화해(和諧). [樂] 전협화음. 원해음(原諧音). 8도 음정. ②시작(始作)의 표식. ③처음으로 해 보는 것.

lamoso *a.* = *lamacento*.

lampa *f.* ①올 과실(성(聖)요한의 제일(祭日. 6月 24日)에 나무에서 떨어졌다는 과일). ②중국 비단. ③등(燈). 램프.

lâmpada *f.* ①램프. 등. ②전구(電球).
lâmpada de alcool 알코올 램프.
lâmpada de de segurança 안전등(安全燈)
lâmpada elétrica 전등(電燈).

lampadário *m.* 램프 받침. 램프 대(臺). 램프 걸개. 가지장식이 달린 촛대.

lampadeiro *m.* ①램프 만드는 사람. 등(燈) 제조인. ②(가로등의) 점등부(點燈夫).

lampadejar *v.i.* 때때로 번쩍번쩍 빛나다. (등댓불처럼) 켰다 껐다 하다.

lamparina *f.* ①등명(燈明). ②[俗] 귓뺨 때리기.

lampeiro *a.* ①빠른. 민첩한. 급속한. ②일찍된. 조숙한. [植] 조생(早生)의.

lampejante *a.* 빛나는. 번쩍번쩍하는.

lampejar *v.i.* 빛나다. 번쩍이다. 번쩍번쩍하다.

lampejo *m.* 번쩍 비치는 것. 섬광(閃光). 순식간에 보이고 꺼진 불빛.

lampianista *m.* (가로등의) 점등부(點燈夫).

lampião *m.* 각등(角燈). 제등(提燈). 초롱. 가로등. 현관등(玄關燈). 문등(門燈).

lampinho *a.* ①수염 없는. (아직) 수염이 나지 않은. ②풋나기의. ③갈고랑이 없는. 꺼끄러기 없는. 보풀이 없는. 낡아빠진.
— *m.* ①수염 없는 사람. (아직) 수염이 나지 않은 사람. ②보풀이 없는 것. 낡아 빠진 것.

lampiro *m.* 개똥벌레의 학명(學名).

lampo *a.* 일찍 된. 철이른. 조숙(早熟)한. 조성(早成)의. (식물 따위) 조생(早生)의. 일찍 피는.
— *m.* 번갯빛. 섬광(閃光).

lampréia *f.* [魚] 칠성장어. 메기(鯰).

lamúria *f.* ①불평(하기). ②우는 소리. 울며 호소하기. 동정을 구하기.

lamuriante *a.* 끙끙거리는. 불평을 말하는. 우는 소리하는. 울며 호소하는. 비탄하는.

lamuriar *v.i.*, — *se v.pr.* 끙끙거리다. 불평을 말하다. 우는 소리하다. 울며 호소하다. (불행 따위를) 한탄하다. 슬퍼하다.

lamuriento *a.* = *lamuriante*.

lan *f.* = *lã*.

lana-caprina *f.* 소량. 사소한 일. 보잘것 없는 것.
discutir questões de lana-caprina 사소한 문제를 논의하다.

lanada *f.* ①(총구에 화약을 재는) 꼬질대. 처박는 물건. ②포신(砲身)을 소제하는 긴 막대기. ③긴 자루 달린 걸레.

lanar *a.* ①양털의. 양모(羊毛)의. ②솜털의. 보풀의.

lança *f.* ①창(槍). 화살대. ②(수레의)채. ③(포도나무를 버티는) 지주(支柱)와 지주를 연결하는 가름대.

lançaço *m.* 창으로 찌르기.

lançada *f.* ①창으로 (한번 쿡) 찌르기. 창에 찔리기. ②창에 찔린 상처. 창상(槍傷).
lançadeira *f.* (천 짜는 기계의) 북(梭·杼).
lançadiço *a.* ①천한. 말할 수 없이 하천한. 경멸한. ②쓸모 없는. 버릴 만한.
lançado *a.* ①던진. 발사한. ②(사회에) 진출한. (시장에) 나온. 사회의 평이 좋은. (시험삼아) 발표한. 출품한. ③토한.
— *m.* 토한 것. 토출물(吐出物).
lançador *a.* 던지는. 내던지는. 쏘는. 발사하는. 토하는. 토출하는.
— *m.* ①던지는 사람. ②발사하는 사람. ③경매하는 사람. ④토하는 사람. ⑤말(馬)의 교미(交尾)를 돕는 사람.
lançadura *f.* = *lançamento*.
lança-luz *f.* (유럽산) 개똥벌레.
lançamento *m.* ①던지기. 내던지기. (던져) 버리기. ②사출. 발사. 발사(發射). ③(세금 따위의) 과세(課稅). ④[簿] 장부에 기입하기. 대장에 올리기. ⑤(배의) 진수(進水). 진수식(式). ⑥[植] 발아(發芽). ⑦경매에 입찰하기. ⑧(말의) 교미(交尾). 교미시키기.
cavalo de lançamento 종마(種馬).
lançante *a.* ①던지는. 발사하는. ②경매(競買)하는.
lançar (발음: 란싸알 또는 란싸아르) *v.t.* ①던지다. 내던지다. 뿌리다. 던져버리나. ②쏘나. 말사하다. 사출하다. ③토하게 하다. ④(물을) 붓다. 부어 넣다. 주입(注入)하다. (물을) 끼얹다. ⑤[植] 눈트게 하다. 발아(發芽)시키다. ⑥[簿] (장부에) 기입하다. (대장에) 올리다. ⑦(세금 따위를) 물게 하다. 과세(課稅)하다. ⑧(새로 만든 배를) 진수시키다. ⑨(새로 발명한 물건 또는 고안을) 발표하다. (사회에) 진출케 하다. 시정(市井)에 내놓다.
lançar fora 내던지다. 버리다.
lançar luz 빛을 내다. 발광(發光)하다.
lançar linhas 줄을 긋다. 선을 긋다.
lançar em papel 용지(用紙)에 기입하다.
lançar navio 배를 진수(進水)시키다.
lançar *ferro* 투묘(投錨)하다. 닻을 내리다.
lançar os olhos 주목하다.
lançar por terra 지상에 넘어뜨리다.
lançar raizes (땅 속에) 뿌리를 박다(뻗다).
lançar em conta 총계하다. 합계하다.
lançar em rosto (얼굴에 향하여 뿌리다) 욕하다. 모욕하다.
lançar mão 손으로 쥐다. 붙잡다. 빼앗다.
lançar mão de tudo 전부 빼앗다. 걷어 쥐다.
lançar a rede 그물을 던지다. 투망(投網)하다.
lançar uma empresa 상사(기업체)를 일으키다.
lançar os alicerces 기초를 쌓다. 기반을 닦다.
lançar-torpedos 수뢰발사관(水雷發射管).
— *v.i.* 토하다.
—*se v.pr.* 몸을 내던지다. 투신(投身)하다. 뛰어 들어가다. 덤벼들다. 달려들다. 몸을 맡기다. 눕다. 흘러 들어가다. [植] 싹트다. 눈이 나오다.
lance *m.* ①던지기. 뿌려 팽개치기. 투망(投網). ②(우연한) 발생사. 사고. 뚜렷한 사건. ③모험. 위험. 위기. ④변천(變遷). 변전(變轉). ⑤작위(作爲). 시행(施行).
do primeiro lance 첫 단계에 있어서.
de um lance 전부 동시에. 갑자기.
lancear (1) *v.t.* 창으로 찌르다. 창으로 상처를 입히다.
— (2) *v.t.* 그물로 (특히 투망으로) 고기를 잡다.
lanceiro *m.* ①창병(槍兵). 창기병(槍騎兵). ②창 만드는 사람. 창공(槍工). ③창받이. 창가(槍架).
lanceolado, lanceolar *a.* [動·植] 창끝 모양의. 창꼴의. (잎이) 피침형(披針形)의.
lanceta *f.* [外] 란셋. 바소.
lancetada *f.* 란셋으로 절개(切開)하기. 찌르기. 바소로 쩨기.
lancetar *v.t.* 란셋으로 절개하다(찌르다). 바소로 째다.
lanceteira *f.* (자물쇠 제조인이 쓰는) 일종의 줄(鑢).
lancha *f.* 작은 기선. 란치. 기정(汽艇).
lancha a motor 모터 보트. 쾌속정.
lancha a gasolina 휘발유를 연료로 하는 란치.
lanchada *f. lancha*에 가득 실은 짐. 란치 한 배분의 적하(積荷).
lanchão *m.* 짐싣는 큰 거룻배. 바닥이 평평한 짐배. 이층으로 된 유람선.
lanchar *v.i.*, *v.t.* (정오의) 런치를 먹다.

간단한 점심을 먹다.
lanche *m*. 런치. 간단한 점심. 가벼운 식사.
lancinante *a*. ①(할퀴어) 찢는. 찌르는. ②(살을) 찌르는 듯한. 가슴 아프게 하는.
lancinar *v.t*. (할퀴어) 찢다. 찌르다. 가슴 아프게 하다. 괴롭히다.
lanço *m*. ①(주사위·돌·그물·낚싯줄 따위를) 던짐. 던지는 동작. (뿌려) 팽개치기. ②(씨름에서) 던져 넘기기. ③사출(射出). 발사. ④경매에서 값을 붙이기. 입찰(入札)하기. ⑤도로 또는 벽의 연장된 부분. 확정(確定)된 한 구역. ⑥(계단 따위의) 일련속. ⑦(한 그물에 잡힌) 전체의. 물고기. 일망(一網)의 어획량.
lanço de dados 주사위를 던지기.
lanço de olhos 힐끗 보기. 일별(一瞥).
lanço de estrada 도로의 연장된 부분. 구간(區間).
lanço de escada 계단의 일련속(특히 중간 계단지).
cobrir o lanço 경매(競買)에서 입찰하다. 제일 많은 값을 부르다.
landa, lande *f*. [植] 도토리. 상수리.
landau *m*. = *landô*.
landeira *f*. [植] 도토리나무. 떡갈나무.
landgrave *m*. (옛 독일제국의) 방백(方伯)(백작령(伯爵領)의 영주(領主)).
landirana *f*. [植] 란디라아나(브라질산의 야생수(野生樹)).
landô *m*. 《F》앞뒤에서 장막을 칠 수 있는 네바퀴 마차의 일종.
landsturm *m*. 인도(또는 스위스)의 국민군(國民軍).
langor *m*. ①타기(惰氣). 권태. 지루함. 나른함. 무기력. [醫] 이완(弛緩). ②쇠약. 허약.
langorosamente *adv*. 나른하게. 고단하게. 기운 없이.
langoroso *a*. 나른한. 고단한. 기운 없는. 활발치 못한. 지루한. 울적한. 싫증나는. 쇠약한. 허약한.
langue *a*. = *languido*.
languento *a*. 병약(病弱)한. 병신의.
languescer *v.i*. 나른해지다. 기운이 없어지다. 맥빠지다. 풀꺾이다. 생기가(기운이) 없어지다. 쇠약해지다. 시들다.
languidamente *adv*. 기운 없이. 나른하게. 노곤하게. 지루하게. 울적하게. 싫증나게.
languidez *f*. ①나른함. 노곤함. 타기(惰氣). 권태. 싫증. 기운 없음. 생기 없음. 무기력. 울적함. 고단함. ②허약. 쇠약.
lânguido *a*. ①노곤한. 고단한. 피곤한. ②지루한. 싫증나는. 지루해서 기운 없는. ③허약한. 쇠약한. 울적한.
languinhento, languinhoso *a*. ①(근육이) 축 늘어진. 나른한. 느릿한. 기운 없는. 맥이 풀린. ②차고 끈쩍끈쩍한. 습하고 찬.
languir *v.i*. 나른해지다. 노곤해지다. 기운 없어지다. 맥빠지다. 풀꺾이다. 생기를 잃다.
lanhar *v.t*. ①(칼로) 베다. 끊다. ②상하게 하다. 상처를 입히다. ③거칠게 취급하다.
lanhaço *m*. ①깊은 상처. ②(땅의) 깊은 틈새.
lanho *m*. ①(칼로) 베는 것. 베어 상처를 입히는 것. ②벤 상처. 절상(切傷).
lanífero *a*. 양털 있는. 양털 같은.
lanifício *m*. ①양모공업(羊毛工業). ②모직물.
lanígero *a*. 양털 있는. 양털이 나는. 양모를 사용하는.
lanolina *f*. 라놀린(정제양모지(精製羊毛脂)).
lanosidade *f*. ①양털 모양. 양모질(羊毛質). ②양털이 있음.
lanoso *a*. 양털의. 양모(질)의. 양털 같은. 양털이 많은. 양모를 쓰는(사용하는).
lansquené, lansquenete *m*. ①[史] (16세기 경의 독일의) 용병(傭兵). ②(독일의)트럼프 놀이의 일종.
lantejoula *f*. 번쩍이는 철물(철구). 번쩍이는 금박(또는 은박) 조각. 장식용 단추. (별·서리·돌비늘 따위의) 번쩍이는 물건.
lanterna *f*. 각등(角燈). 제등(提燈). 초롱. 차등(車燈).
lanterna traseira (자동차·열차 등의) 꼬리등(燈). 미등(尾燈). 테일라이트.
lanterna elétrica 전기 횃불. 전기거화(炬火).
lanterna mágica 환등(幻燈).
lanterna de furtar-fogo 초롱. 등롱(燈籠).
lanterneiro *m*. ①초롱 만드는 사람. 등롱 제조인. ②(행렬 때) 초롱을 들고 가는 사람. ③(가로등의) 점등부(點燈夫).

lanterneta *f.* [軍] 작은 박격포. 산탄통(霰彈筒).

lanternim *m.* 회전목마 따위에 장식용으로 낀 많은 전구. 화려하게 많은 전구를 단 회전목마(또는 수차(水車)).

lanudo *a.* ①양털 있는. ②보드러운 털(柔毛) 있는. [植] 솜털로 덮인. 솜털이 많다.

lanugem *f.* (민들레·복숭아 따위의) 보드러운 털. 솜털. 유모(柔毛).

lanuginoso *a.* 보드러운 털(솜털)이 많은. 솜털에 덮인.

lanzudo *a.* (=*lāzudo*). 보드러운 털(솜털)이 많은. 솜털 투성이의. 솜털에 덮인.
— *m.* ①닦지 않은 보석. ②교육 받지 못한 사람. 무식한 사람. 《卑》 풋나기. 생무지. 바보.

laociano *a.* (동남 아시아의) 라오스의.
— *m.* 라오스 사람.

lapa (1) *f.* 작은 굴. 동굴. 암굴(岩窟).
— (2) *f.* [貝] 조개의 일종. 진립패(陣笠貝).
— (3) *f.* [解] 슬개골(膝蓋骨). 종주뼈.
— (4) *f.* 《俗》 귀뺨을 치기.

lapão *m.* ①유럽 최북부의 지역 사람. ②《轉》 버릇없는 사람. 조폭한 사람. 비루한 인간.

laparão (1) *m.* [貝] 큰 진립패(陣笠貝).
— (2) *m.* [醫] (미괴·목덜미 띠위에 나는) 큰 종기. 큰 혹.

laparões *m.*(*pl.*) [醫] 연주창. 《英》 king's evel.

láparo *m.* 작은 토끼. 어린 토끼.

laparotomia *f.* [外] 개복수술(開腹手術).

laparotomizar *v.t.* 개복수술을 하다.

lapedo *m.* 굴이 많은 곳. 동굴이 많은 지대.

lapela *f.* (저고리의) 접은 옷깃.

lápida *f.* =*lápide*.

lapidação *f.* ①보석을 자르기. 깎기. ②보석을 닦기. 절차탁마(切磋琢磨). ③(보석의) 닦은 면(面). ④돌을 던지기. 돌로 때리기. 《古》 돌로 쳐죽이기. 석격사형(石擊死刑).

lapidagem *f.* (보석·옥·구슬 따위를) 닦음. 쪼고 갈음. 탁마(琢磨).

lapidar (1) *v.t.* ①(보석·구슬 따위를) 닦다. 쪼고 갈다. 탁마하다. ②(사람을)교화하다. ③돌을 던지다. 돌을 던져서 죽이다.
— (2) *a.* ①돌의. 옥의. ②구슬(보석) 일하는. 구슬을 새기는. 구슬을 깎는. ③돌에 새긴. ④비(碑)에 관한. 비문체(碑文體)의. 비명(碑銘)에 맞는.

lapidaria *f.* 보석·구슬 등의 가공(加工).

lapidária *f.* 비문연구(碑文研究). 비문학(碑文學).

lapidário *a.* 비문(碑文)의.
— *m.* ①보석(구슬) 깎는 사람. 쪼고 가는 사람. 구슬장이. 옥장이. 보석공인(工人). ②보석통(通).

lápide *f.* ①비(碑). 비석. 묘석(墓石). ②[建] 삿갓돌. ③서판(書板). (금속·돌·나무 등의) 평판. 편액(扁額).

lapídeo *a.* 돌같은. 석질(石質)의. 돌처럼 굳은.

lapidescente *a.* 돌처럼 되는. 돌이 되는. 석화(石化)하는.

lapidificação *f.* 석화(石化). 화석(化石).

lapidificar *v.t.* 돌로 만들다. 돌이 되게 하다. 석화하다.
—se *v.pr.* ①돌이 되다. 석화하다. ②돌처럼 굳어지다.

lapidifício *a.* 돌이 되게 하는. 돌을 형성하는. 석화시키는.

lapidoso *a.* 돌처럼 굳은. 돌이 많은.

lápis *m.* (單複同形). ①연필. ②석묵(石墨). 흑연(黑鉛). ③연필의 속대.
lápis tinta 잉그 연필(보통 종이에 쓰면 색깔이 나타나지 않으나 습기 있으면 색이 나타나는 것).
lápis de côr 색연필.

lapiseira *f.* ①연필통. 필통. ②연필 끝에 꽂는 것(뚜껑). ③샤프 펜슬.

lapiseiro *m.* ①연필통. ②연필꽂이. ③연필 만드는 사람.

lápis-lazúli *m.* [鑛] 유리(瑠璃). 청금석(靑金石). [色素] 하늘색. 하늘색 물감.

lapónio *a.m.* 버릇없는 (사람). 본데 없는 (녀석). 조폭한 (인간).

lapso *m.* ①때(時間)의 경과. 추이(推移). 조용한 흐름. ②과실(過失). 과오. 실수. 실태(失態).

lapurdio *m.* =*lapuz*.

lapuz *m.* 시골뜨기. 버릇없는 사람. 본데없는 사람.

laqueação *f.* ①묶기. 잡아매기. (혈관의) 결찰(結紮). ②줄. 바. 띠. 매는 실. ③[外科] 봉합사(縫合絲). 박대(縛帶).

laquear (1) *v.t.* [外科] (혈관을) 결찰하다.

묶다. 결체(結締)하다.
— (2) *v.t.* 래크 칠(漆)하다. 옻칠(漆)하다.

lar *m.* ①난로. 벽로(벽에 붙은 난로). ②난롯가. ③가정(家庭). 한 가정의 단란(團欒). ④고향. ⑤(야수의) 굴. 소굴.
ao pé do lar 난롯가. 《稀》 집근처.

laracha *f.* 농담. 익살. 희롱. 우스운 이야기(연설).

larachear *v.i.* 농담하다. 희롱하다. 우스운 이야기를 하다.

larada *f.* ①(난로의) 타고 남은 재. 타다 남은 것. 잿불. 여진(餘塵). ②얼룩. 오점. 흠.

laranja *f.* ①오렌지. 밀감류(類). ②오렌지색. 등황색.
laranja lima 리마 오렌지(비교적 담).
laranja per a 빼에라 오렌지(비교적 심).
laranja bahia 바이아 오렌지.
laranja-cravo 탠지어 오렌지.
laranja celeta 쎌렛따 오렌지(껍질이 얇고 즙이 많음).
laranja turange 뚜란제 오렌지(큰 오렌지).
suco de laranja 오렌지즙(汁).
meia laranja ① 반으로 쪼갠 그 한 쪽의 오렌지. ②반원형(半圓形)의 물건.

laranjada *f.* 오렌지즙(汁). (청량음료로 되는) 오렌지수(水).

laranjado *a.* 오렌지빛의. 등황색(橙黃色).

laranjal *m.* 오렌지밭(園).

laranjeira *f.* [植] 오렌지나무. 밀감류의 총칭.

laranjinha *f.* ①작은 오렌지. ②오렌지즙.

laranjo *a.* 등색(橙色)의(소에 대한 말).

larapiar *v.t.* 훔치다. 좀도둑질하다.

larápio *m.* 좀도둑. 소매치기.

lardeadeira *f.* 돼지의 비계를 쇠고기에 꽂아 넣는 데 쓰는 일종의 핀(못바늘).

lardear *v.t.* (맛나게 하기 위하여 요리하기 전에)베이컨이나 돼지기름을 넣다. 쇠고기에 돼지기름(또는 비계)를 끼우다. 꽂아 넣다.

lardiforme *a.* 돼지기름 같은. 비계 같은.

lardivoro *a.* (벌레 따위) 돼지의 비계를 즐겨 먹는.

lardo *m.* ①돼지기름. 비계. 라아드. 비계 있는 돼지고기를 얇게 벤것. ②[文] 삽입어(挿入語). 삽입구(句).

laré *m. ao laré* 하는 일 없이. 무위도식(無爲徒食)하여.

lareira *f.* ①(특히 벽에 붙은) 난로. 벽로. ②난로의 내부. 부뚜막의 안.
á lareira 난롯가에. 부뚜막 옆에.
doutor de lareira 돌팔이 의사.

lareiro *a.* ①난로의. 벽로의. 부뚜막의. ②난로 안의. 부뚜막 속의.

larga *f.* ①(손에 쥔 것을) 놓줌. 손을 떼기. ②석방. 해방. ③[木工] 작업대(作業臺)에 판자를 고정하는 일종의 도구.

largada *f.* ①손에 쥔 것(붙든 것)을 놓주기. ②놓준 상태. 손 뗀 상태. ③자유로 된 상태. ④버리고 떠나기.

largado *a.* ①(손에서) 놓준. 풀어준. 석방한. 자유로 된. ②억제할 수 없는. (말(馬)이) 사납게 날뛰는.

largamente *adv.* ①넓게. 광범하게. ②상세히. ③포괄적으로. 대충적으로. ④충분히.

largar *v.t.* ①(손에 쥐었던 것을) 놓주다. ②이탈시키다. 내보내다. ③해방하다. 석방하다. 자유롭게 하다. ④(하던 일을) 그만두다. 손을 떼다. ⑤느슨하게 하다. (밧줄 따위를) 끄르다. ⑥멀리하다. ⑦(돈 따위를) 써버리다.
largar mão de (하던 일을) 그만두다. 포기하다. 손을 떼다.
— *v.i.* (배가) 바다쪽으로 나가다. 출범하다. 떠나가다.
—**se** *v.pr.* 뛰다. 탈출하다.

larghetto *adv.* 《It》 [樂] 좀 느리게.

largifluo *a.* 도도(滔滔)히 흐르는.

largo *a.* ①넓은. 폭넓은. 넓게 뻗은. 광대(廣大)한. ②충분한. 풍부한. 많은. 허다한.
— *m.* ①(네모진) 광장(廣場). ②넓이. 폭.
pelo largo 자세히. 상세하게.
ao largo de …으로부터(멀리) 떨어져서.
— *adv.* 《It》 [樂] 극히 느리게. 더디게.

largueador *a., m.* 돈을 헤프게 쓰는 (사람). 방탕부리는 (사람).

larguear *v.t.* 돈을 헤프게 쓰다. 물 쓰듯이 하다.

largueirão *a.* 《俗》 아주 넓은. 보기 좋게. 광활한.

largueza *f.* ①넓음. 광활함. ②관대함. 관용함. ③남비. 낭비(浪費).

largura *f.* ①폭(幅). 너비. 넓이. ②너비 (일정한 폭이) 있는 피륙.

10 metros de largura 10 미터 폭.
junt ar duas larguras 같은 폭의 두 피륙을 합치다.
larica *f*. ①[植] 독보리. ②(俗) 굶주림. 기아.
laringe *f*. [解] 후두(喉頭).
laríngeo *a*. [解] 후두의. 후두부(部)의. 후두치료용의.
laringite *f*. [醫] 후두염(喉頭炎). 후두 카타르.
laringologia *f*. [醫] 후두학(喉頭學).
laringoscópio *m*. 후두경(鏡).
laringotomia *f*. [外科] 후두절개술(切開術).
laroz *m*. [建] 우진각지붕(용마루와 추녀마루가 합친 지붕).
larva *f*. [蟲] 유충. 유태동물(幼態動物 : 올챙이같이 변태과정(變態過程)이 있는 것). 굼벵이. ②귀신. 유령.
larvado *a*. [醫] 간헐성(間歇性)의. 잠복성(潛伏性)의.
larval *a*. 유충의. 유생(幼生)의. 《詩》요괴의. 유령의. 무서운.
larvar, larvário *a*. ①유충의. 유충같은. 유충 모양을 한; 굼벵이 같은. 땅벌레같은. ②무서운.
larvicola *a*. 유충의 체내(體內)에 기생(寄生)하는.
larviparo *a*. (알을 낳지 않고) 유충을 낳는. 산충(産蟲)의.
lasanha *f*. 밀가루를 으깨어 종잇장처럼 얇게 펴고 넓적넓적하게 자른 것.
lasca *f*. 조각. 단면. 파편. 쇄편(碎片). (고기 따위의) 얇게 베어낸 조각.
lasca de lenha 화목(火木)의 한 조각. 장작개비.
lascado *a*. 조각난. 쪼개진. 째진. 부서 진. 파편이 된. 흠이 간. 금간. (밥그릇 따위에) 이가 빠진.
lascar *v.t.* ①찢다. 쪼개다. 째다. 깨트리다. 바수다. ②(화목 따위를) 패다. ③금가게 하다.
— *v.i.*, —**se** *v.pr.* 찢어지다. 쪼개지다. 째지다. 조각나다. 부서지다. 갈라지다. 흠(틈)이 생기다. (사발·접시 따위에) 이가 빠지다.
lascari, lascarim *m*. ①(외국배 탄) 인도인 수부. 인도 병정(兵丁). ②《轉》엉큼한 사람. 교활한 사람.

lascivameate *adv*. ①음탕하게. 음란하게. ②마음이 들떠서. 바람나서.
lascívia *f*. ①음탕. 음란. 음탐(淫貪). 음황(淫荒). ②마음이 들뜸.
lascivo *a*. ①음탕한. 음란한. 음분(淫奔)한. 호색의. ②마음이 들뜬. 바람난. ③명랑한.
lassidão, lassitude *f*. 나른함. 권태. 마음이 선뜻 내키지 않는 것. [醫] 피로. 쇠약.
lasso (발음 : 랏쏘) *a*. 나른한. 노곤한. 활기 없는 세력이 떨어진. 피로한. 쇠약한. 느슨한. 완만(緩慢)한. 소모한.
lástima *f*. ①불쌍한. 가엾음. 연민(憐愍). 동정. ②애석한 것. 딱한 것. 유감된 것. 불행한 것. ③비탄. 탄식.
lastimadamente *adv*. 가엾은. 슬프게. 탄식하여. 애석하게.
lastimador *a*., *m*. 연민의 정(情)을 일으키게 하는 (것). 불쌍히 느끼게 하는 (것). 슬프게 하는 (것). 탄식하는 (것).
lastimar *v.t.* ①(…을) 불쌍히 여기다. 가엾게 생각하다. 애석하게 여기다. (…을) 동정하다. ②(…을) 후회하다. 뉘우치다. —**se** *v.pr.* 슬퍼하다. 탄식하다. ②(어린애가) 흐느껴 울다. ③우는 소리를 하다. 불평의 말을 하다.
lastimável *a*. 슬픈. 슬퍼할 만한. 애석한. 불쌍히. (가엾게) 생각해야 할.
lastimavelmente *adv*. 불쌍하게. 딱하게. 애석하게.
làstimosamente *adv*. 가엾게. 애석하게. 불쌍하게.
lastimoso *a*. 불쌍한. 가엾은. 애석한. 슬픈. 가련한.
lastração *f*. (배의) 바다짐을 싣기(배에 실은 짐이 적을 때 배의 안전을 위해서 바다에 돌·모래 따위를 싣는 것).
lastrador *a*., *m*. 바다짐을 싣는 사람.
lastragem *f*. =*lastração*.
lastrar, lastrear *v.t.* (배의) 바다짐을 싣다.
lastro *m*. (배의) 바다짐. 저하(底荷 : 배의 짐이 적을 때 배의 안전을 위하여 싣는 돌·모래 따위). ②(기구(氣球) 등의) 모래주머니(부력(浮力)을 조절하기 위하여 싣는 것). ③(길바닥의) 자갈. ④무거운 짐.
navio em lastro (짐 싣지 않는) 빈 배.
lata *f*. ①주석. 서양철. ②주석 그릇. (주석)깡통. 새양철통. ③[建] 외(椳 : 지붕·벽 따위의 대(가는 나무)). ④(포도나무·

토마토 따위를 받치는) 시렁. ⑤《卑》(부끄러움을 모르는) 얼굴. **뻔뻔한 낯**(厚顔).
lata de oleo 기름통.
lata de tinta 페인트 통.
lata de lixo 쓰레기통.

latada (1) *f.* ①[園藝] 가지를 단단히 하기 위한) 과수(果樹)의 받침 시렁. (포도나무의) 엮은 시렁. ②나무로 둘러싼 담. ③(비행기 구조의) 살틀. ④창살. 창살세공. 창살담.
— (2) *f.* ①많은 깡통. ②새 양철통을 두드리기.

latagão *m.* 《俗》 키 크고 힘 센 사람. 몸집이 큰 사람.

latamente *adv.* ①넓게. 넓은 뜻으로. 광의(廣義)로. ②(도량이) 넓게. 관대하게.

latão *m.* ①놋쇠. 황동(黃銅). ②놋쇠 그릇. 유기(鍮器). ③큰 새양철통. 큰 깡통.

lateado *a.* 양철을 댄(붙인). 놋쇠를 씌운(붙인).

latear *v.t.* ①양철(새양철)을 대다. 붙이다. 씌우다. ②놋쇠판(眞鍮板)을 대다; 붙이다.

lategada *f.* 회초리로 때리기. 채찍질. 매질.

látego *m.* ①회초리. 채찍. ②채찍질. 매. 벌. ③화. 화환(禍患). 재해(災禍). ④자극물. ⑤짐을 동여매는 밧줄.

latejante *a.* (가슴이) 두근거리는. 울렁거리는. (맥박(脈搏)이) 고동하는.

latejar *v.i.* ①(가슴이) 두근거리다. 울렁거리다. (맥박이) 고동치다. 동계(動悸)하다. ②(숨을) 헐떡거리다. 숨차 하다.

latejo *m.* (가슴이) 두근거림. 울렁거림. 고동(鼓動). 동계(動悸). (심하게 치는) 맥박.

latente *a.* 숨어 있는. 잠재하는. 잠재적인. 잠복성의.
calórico latente [理] 잠열(潛熱).
período latente (병의)잠복기(潛伏期).
doença latente 잠복중(症).

later *v.i.* ①(가슴이) 두근거리다. (맥박이) 고동(鼓動)하다. ②《古》잠복하다. 잠재하다.

lateral *a.* ①옆의. 측면의. 옆에서의. 옆으로의. ②방계(傍系)의. ③(博) 축생(側生)의. (音聲). 측음(側音)의. (축구)(좌·우의)익(翼)의.
lateral direito (축구의) 라이트 하프(6번).
lateral esquerdo 레프트 하프(4번).

lateralmente *adv.* 옆에. 옆으로. 옆으로 부터.

laterifólio *a.* [植] 잎사귀가 옆으로부터. 돋아나온. 측생엽(側生葉)의.

lateriversão *f.* [醫] 자궁횡전(子宮橫轉).

latex *m.* [塗料] 라텍스(특히 벽칠하는 데 쓰는 것).

látex *m.* [植] 유액(乳液). 유상액(乳狀液). (商) 생고무.

latibulo *m.* ①숨는 장소. 잠복소(潛伏所). ②천국(天國). 천당.

lātice *m.* = *látex*.

laticífero *a.* [植] 유액(乳液)을 내는. 유액이 있는.

laticlavio *m.* *laticlavo* 를 입는 사람.

laticlavo *m.* (옛 로마의 원로원 의원(元老院議員)이 입은) 짙게 붉은 옷(緋衣).

latido *m.* ①개가 짖는 것. 개 짖는 소리. ②큰소리 지르기. ③뉘우침. 회한(悔恨).
latidos da consciência 양심의 가책.

latifoliado *a.* [植] 편엽(扁葉)이 있는.

latifólio *a.* [植] 편엽(扁葉)의.

latifúndio *m. lalifúndia.* (옛 로마의) 광대한 사유지(私有地).

latim *m.* 라틴말. 라틴 사람.
ser latim 알기 어려운 것. 해득하기 곤란한 글.
Isto é latim para mim. 나는 이것을 알 수 없다. 나에게는 알기 어려운 것이다.

latina *f.* [海] 삼각범(三角帆)(의 배).

latinada *f.* ①라틴말 연설. ②라틴어를 틀리게 한 발음 또는 어구(語句). 라틴어의 발음 또는 격(格)을 틀리게 하기.

latinamente *adv.* 라틴어 식으로. 라틴어 풍(語風)으로. 라틴 문법에 따라.

latinar *v.t.* 라틴말을 하다. 라틴어를 쓰다. 라틴말로 번역하다.

latinidade *f.* ①라틴어식(語式). ②라틴문법. ③라틴어 사용.

latinismo *m.* 라틴어식(법).

latinista *m., f.* 라틴어 학자.

latinizar *f.* 라틴화하기. 라틴어화하기.

latinizante *a.* 그리스교를 믿는 지방에 살며 로마교를 신봉하는.

latinizar *v.t.* 라틴말투로 하다. 라틴(어)화하다. 라틴말로 번역하다.
— *v.i.* 라틴말을 쓰다.

latino *a.* 라틴어의. 라틴말의. 라틴 사람의. 라틴 계통의.
— *m.* 라틴말. 라틴 사람. 라틴 민족(프

랑스·스페인·포르투갈·이탈리아·루마니아 등의 제민족).
latino-americano *a.* 라틴 아메리카의.
latinório *m.* 서투른 라틴말. 부정확한 라틴어.
latir *v.i.* ①(개가) 짖다. ②고함치다.
latiro *m.* [植] 연리초(連理草).
latirostro, latirrostro *a.* [鳥] 넓고 평평한 부리 있는 새.
latirostros, latirrostros *m.(pl.)* 광취조류(廣嘴鳥類).
latitude *f.* ①씨줄. 위도(緯度). ②(天)천구위도(天球緯度). 황위(黃緯). ③(위도상으로 본) 지방. ④(견해·사상·행동 등의) 자유. ⑤폭. 광범(廣汎). 부연(敷衍). ⑥기후. 풍토.
latitudinário *a.* ①(규율·견해 등의) 자유주의의. [宗] 교의(신조)에 사로 잡히지 않는. 광교파(廣敎派)의. ②광의(廣義)의. 광범의.
lato *a.* 넓은. 광대한. 광범한. 부연한.
latoaria *f.* ①양철 또는 놋쇠로 여러 가지제품을 만드는 공장. ②양철 또는 놋쇠 놋그릇 만드는 직업.
latoeiro *m.* 놋그릇(만드는) 직공. 놋갓장이. 양철공.
latrante *a.* ①《詩》(개가) 짖는. ②소리지르는. 고함치는.
latria *f.* 신을 섬기기. 상제숭배(上帝崇拜). 예배. 예찬.
latrina *f.* ①공동변소. ②뒷간.
latrinário *a.* ①공동변소의. 뒷간의. ②더러운. 불결한.
latrineiro *m.* ①변소청소부. ②분뇨(糞尿)를 푸는 사람.
latrocinar *v.t.* (…을) 강제로 빼앗다. 강탈하다. 강도질하다.
latrocínio *m.* 약탈. 강탈. 강도(행위). [法] 강도죄. 불법 영득죄(領得罪). 절도죄(범).
lauda *f.* (책의) 페이지. (종이의) 각면(各面). 전·후면.
laudabilidade *f.* 칭찬할 만함. 송찬(頌讚)할만함. 훌륭함.
laudánico *a.* 최면(催眠)의. 마취의.
laudanizado *a.* 아편제를 내포한(함유하는).
laudanizar *v.t.* 아편제(마취제)를 써서 조합(調合)하다.
láudano *m.* 아편제(阿片劑). 아편 팅춰(丁幾). 마취제. 최면약.
laudatício, laudativo *a.* = *laudatório*.
laudatório *a.* 칭찬의. 찬송의. 찬미의. 칭찬하는. 찬송하는.
laudável *a.* 칭찬할 만한. 찬송할 만한. 훌륭한. 갸륵한.
laudémio *m.* 《古》봉건영주(封建領主)에게 봉토(封土)의 양도(讓渡)에 대하여 바친 세금. 납세(納稅).
laudes *m.* (주로 찬송가에서의) 찬양. 찬미. [宗] (기독교회의) 제일 기도 시간. 새벽에 하는 제일 기도.
laudo *m.* ①심판. 판정. 재정(裁定). ②판정서. 감정서(鑑定書). (심판자의) 의견서.
láurea *f.* ①《古》월계관(月桂冠). ②영광. 영예. 명예. ③포상(褒賞): 표창(表彰).
laureado *a.* (명예의) 월계관을 쓴. 영광을 얻은.
laurear *v.t.* ①월계관을 씌우다. ②영광되게 하다. ③포상하다. 표창하다. 칭찬(찬양)하다.
laurel *m.* ①[植] 월계수. ②월계관. ③명예. ④포상.
láureo *a.* 월계수의. 월계수로 장식한.
lauréola *f.* ①작은 월계관. ②(성도(聖徒)의 머리 뒤에 있는) 작은 후광(後光). ③[植] 등대풀(수액(樹液)은 티눈약으로 쓰임).
laurino *a.* = *láureo*.
lausperene *m.* [宗] (포르투갈 리스본 시에서의) 성체(聖體)의 상시공개(常時公開).
lautamente *adv.* 풍부하게. 윤택하게. 호사스럽게. 사치하게. 화려하게.
lauto *a.* 풍부한. 윤택한. 충분한. 호화스러운. 사치한. 화려한. 값비싼. 돈을 많이 들여 아름답게 차린. 장려(壯麗)한.
lava *f.* ①용암(熔岩). 화산석(火山石). ②불길. 화염(火炎). ③열정.
lavabo *m.* ①[宗] 세수식(洗手式): 『미사 때 사제가 손을 씻는 식』. ②세수식 때 외우는 기도. ③세수식용의 수건 또는 대야. ④승원의 세수통. 사제가 세수하는 곳.
lavação *f.* 씻기. 세탁. 세정(洗淨).
lavada *f.* 어망(漁網)의 일종.
lavadaria *f.* 세탁소.
lavadeira *f.* ①세탁하는 여자. 세탁부(婦). ②세탁기(洗濯機). ③[蟲] 잠자리(…의 별명).

lavadeiro *m.* ①세탁하는 사람. ②세탁하기 위하여 채워 놓은 물통. 씻는 장소. 세탁장(場).

lavado *a.* ①씻은. 세탁한. 세척한. ②바람이 잘 통하는. ③(죄·오명 따위를) 벗은. 결백한. 정직한.

lavador *m.* 씻는 사람. 세탁인. 빨래하는 사람.

lavadora *f.* 세탁기(洗濯機).

lavadouro *m.* ①세탁하는 장소. ②빨래판. 세탁할 물을 채우는 통.

lavadura *f.* ①씻기. 세탁. 세척(洗滌). ②씻어버리기. ③씻는 방법. ④씻어낸 더러운 물.

lavagante *m.* 바닷가재. (미국산) 대하.

lavagem *f.* ①씻기. 세탁. 빨래하기. 세척(洗滌)하기. 헹구기. 깨끗이 하기. ②(鑛山) 물로 씻어 선광하기. 세광(洗鑛). 도태(淘汰). ③(영양소보다) 수분이 많은 음식물. 물 많은 밥찌끼. 뜨물. 깨끗이 씻기.
lavagem intestinal 관장(灌腸). 관장제. 사하제(瀉下劑).

lavamento *m.* 씻음. 씻는 동작. 씻는 방법.

lavanco *m.* [鳥] 물오리.

lavandaria (발음 : 라반다리아) *f.* ①세탁소. 세탁실. ②세탁. 빨랫감.

lavandeira (발음 : 라반데이라) *f.* [鳥] 할미새. 물할미새.

lavanderia (발음 : 라반데리아) *f.* 세탁소.

lavandisca *f.* [鳥] 얼룩 있는 할미새.

lavapé *m.* [植] 수레바퀴(모양의) 국화. 시차국(矢車菊).

lava-pés *m.* [가톨릭] 그리스도가 사도(使徒)들의 발을 씻어준 것을 기념하는 성목요일(聖木曜日)에 하는 식(式).

lavar *v.t.* 씻다. 빨다. 세탁하다. 씻어 깨끗이 하다. ②(누명·오명 따위)를 씻어 없애다. 결백하게 하다. ③[鑛山] 물로 씻어 선광하다. (흙 따위의 이물(異物)을 제거하는) 세광(洗鑛)을 하다. 도태(淘汰)하다. ④(파도가) 씻다. 밀려오다. ⑤그림 물감을 표면에 엷게 칠하다. (입히다).
lavar roupa 옷을 씻다. 세탁하다.
lavar a séco (옷을) 드라이크리닝하다.
laver as mãos disto 그 문제에서 손을 떼다.
— *v.i.,* —**se** *v.pr.* ①세수하다. 손·얼굴을 씻다. 몸을 씻다. 목욕하다. ②(직물·색·그림물감 따위가) 씻기다. 세탁이 되다. ③(오명·누명 따위를) 없애다. 자신이 결백함을 보이다. 죄없음을 밝히다.

lavareda *f.* = *labareda*.

lavático, lavativo *a.* 설사하게 하는. 사하성(瀉下性)의. 관장용(灌腸用)의.

lavatório *m.* ①세면대. 세면 장소. ②(변기가 있는) 화장실.《稀》빨랫대. 세탁 장소.

lavável *a.* 씻을 수 있는. 세탁할 수 있는. 세척해야 할.

lavego *m.* [農] 호미의 일종.

laverca *f.* = *laberca*.

lavor *m.* ①수공(手工). 수예(手藝). 손으로 하는 세공(細工). ②바느질 뜨는 일. ③수놓기. 수. 자수(刺繡). ④수식. 장식. ⑤조각(彫刻)일. ⑥(정신적·육체적) 노동. 일.

lavorar *v.t.* 수공(手工)일을 하다. 세공하다.

lavoso *a.* 용암(熔岩)의. 용암질(質)의. 용암이 많은.

lavoura *f.* ①밭갈이. 경작. ②농사. 농업. ③농지(農地). 경지(耕地). ④근력 노동. 일.

lavra *f.* ①밭갈이. 경작. ②광물(鑛物)의 채굴. 채굴 작업. ③만들기. 제조. 제작(製作). ④공들여 완성하기. ⑤저술업.

lavrada *f.* ①밭갈이. 경작. 경전(耕田). ②경작지. 경지(耕地).

lavradeira *f.* ①농사하는 여자. 농업에 종사하는 여자. ②농부의 처(妻). ③수공(手工). 수예(手藝)하는 여성.

lavradeiro *a.* 밭갈이하는 데 쓰는(도움이 되는). 경작용의. 개간용의. (소·말 따위) 경작에 사역하는.
boi lavradeiro 밭갈이하는 소.

lavradio *a.* (밭을) 갈 수 있는. 경작에 적당한. 개간할 수 있는.
— *m.* 농경에 적당한 것. 가경지(可耕地).

lavrado *a.* ①가공(加工)한. 세공(細工)한. ②수놓은. 자수한. ③(금속에) 부조(浮彫)를 한.
— *m.* ①손으로 만든 것. 수공한 것. 세공물. ②수놓은 것. 자수(刺繡). ③부조한 것. 무늬를 양각(陽刻)으로 넣은 것. ④손질한 땅. 밭갈이한 토지. 경토(耕土). 경전(耕田).

lavrador *m.* ①(땅을) 가는 사람. 들일 하는 사람. 경작자. ②농부. 농민. ③농업에 종사하는 사람. 농업가. ④《稀》지주(地主).

lavragem *f.* ①(땅을) 갈기. 경작. ②경작법(耕作法). ②(농경지의 나무를 베고) 가지를 잘라버리기. ③(농사를 위한) 벌목작업.

lavramento *m.* ①밭갈이. 경작. ②(금속에) 부조(浮彫) 하기. 무늬를 양각(陽刻)으로 넣기. ③가공(加工). 세공(細工).

lavrante *a.* ①(땅을) 가는. 밭갈이하는. 경작하는. ②조각하는. 부조하는. ③가공하는. 세공하는.
— *m.* ①부조사(浮彫師). ②조각 도구.

lavrar *v.t.* ①(밭을) 갈다. 경작하다. 밭이랑을 만들다. ②끌로 파다(새기다). 조각하다). 부조(浮彫)를 하다. 무늬를 양각(陽刻)에 넣다. ③[木工] 대패질하다. 평평하게 깎다. (도끼로) 나무를 깎다. 가지를 처버리다. ④광물(鑛物)을 채굴하다. ⑤갈다. 마멸(磨滅)하다. ⑥(서류를) 꾸미다. 작성하다. ⑦(화폐를) 찍어내다. 주조하다.
lavrar moeda 화폐를 찍어내다. 주조하다.
— *v.i.* ①발전하다. 전개하다. ②펼치다. 전파하다. ③(마음속에) 스며들다. 사무치다.

laxação *f.* ①느즈러짐. 흐느적거림. 느슨함. 이완(弛緩). 완화(緩和). (새끼·띠·돛 따위의) 느즈러진 상태. ②[商] 불경기. 불황(不況).

laxamente *adv.* 늘어지게. 느슨하게. 천천히. 완만하게.

laxante *a.* ①흐느적하게 하는. 늦추는. 느즈러지게 하는. 느슨하게 하는. 완화하는. ②설사하게 하는. 사하성(瀉下性)의.
— *m.* 하제(下劑). 사하제(瀉下劑). 완화제.

laxar *v.t.* ①(끈·밧줄 따위를) 늦추다. 느슨하게 하다. 늘어지게 하다. ②(조인 것을) 흐느적하게 하다. 완화하다. ③완만하게 하다.
— *v.i.* 느즈러지다. 안화되다.

laxativo *a.* 설사하게 하는. 사하성의.
— *m. laxante.*

laxidão *f.* = *lassidão.*

laxo *a.* ①늘어진. 느슨한. 헐거운. 흐느적한. ②단단치 않은. 완만한. ③(조임이) 풀어진. 풀린. ④(종이 따위가) 흩어진. ⑤기운 없는. 나른한. 노곤한. 피로한.

lazarento *a.* 문둥병의. 문둥병에 걸린. 부스럼이 많은.

lazareto *m.* ①격리병원. (특히) 나병원(癩病院). ②검역소(檢疫所). 항내(港內) 격리소.

lazarista *m.* 성(聖)라자로회(會)의 전도자.

lázaro *a.* 문둥병에 걸린. 부스럼 투성이의.
— *m.* 문둥병 환자. 문둥이. [聖] (문둥이)거지. 가난뱅이.

lazeira *f.* ①불행. 불운. 재난. 역경. ②배고픔. 시장함. 기아. ③가난함. 빈궁(貧窮). ④문둥병. 나병.

lazeirento *a.* = *lazarento.*

lazer *m.* 틈. 한가(閑暇). 여가(시간).

lâzinha *f.* 일종의 에리노 모직물(부인 옷감).

lâzudo *a.*, *m.* = *lanzudo.*

lazuli, lazulita, lazulite *f.* ①[鑛] 유리(瑠璃). 청금석(靑金石). ②[色素] 하늘색. 하늘색 물감.

lé *m.* (다음의 숙어와 함께 씀).
Lé com lé, cré com cré. [諺] (오리는 오리, 병아리는 병아리) 끼리끼리 모인다. 유유상종(類類相從).

leal *a.* 충실한. 성실한. 착실한. 신실(信實)한. 진실(眞實)한. 의리(義理)있는. (굳은).
— *m.* 옛날 동전(銅錢).

lealdade *f.* 충실. 성실. 신실. 독실(篤實). 진실. 충성(忠誠). 충절.

lealismo *m.* 충실. 충성. 충절(忠節).

lealmente *adv.* 충실하게. 성실하게. 신실히. 신실(信實)히.

leão *m.* ①[動] 사자. ②《俗》용맹한 사람. ③《轉》명물 사나이. 인기 끄는 사람. 유행아. 용사(勇士). 명사. ④[天] 사자궁(宮). ⑤[紋] 사자문(紋). 사자인(印).
a parte de leão 달콤한 즙. 제일 큰 곳(부분).
dente de leão [植] 민들레.

lebracho *m.* 토끼 새끼. 작은 토끼.

lebrada *f.* [料理] 토끼를 스튜한 것.

lebrão *m.* ①큰 토끼. ②수토끼. 산토끼의 수컷.

lebre *f.* ①암토끼. ②[天] 토끼좌. 토좌(兎座).
vender gato por lebre 양두구육(羊頭狗肉; 양(羊)의 머리를 간판에 걸고 개고기를 판다는 말). 속여 팔다. 남을 속이다.
comer gato por lebre (고양이 고기를 양고기로 알고 먹다) 남에게 속다. 속임 당하다.

andar à lebre 무일푼이 되어 돌아다니다.
lebré *m.* 맹견(猛犬)의 일종.
lebreiro *a.* 토끼 사냥의. 산토끼 사냥에 쓰는(에 적당한).
— *m.* (토끼 사냥용) 해리어(Harrier) 개.
lebrel, lebréu *m.* 날렵한 사냥개. (토끼 사냥용) 그레이하운드.
lecanóreas *f.(pl.)* [植] 지의류(地衣類).
lecionação, leccionação *f.* 교수. 수업(授業). 강의(講義).
lecionando, leccionando *a.* 강의를 듣는. 청강의.
— *m.* 강의를 듣는 사람. 청강생(聽講生).
lecionar, leccionar *v.t.* 가르치다. 교수하다. 강의하다. 강연하다. 시험준비를 시키다. 시험에 합격되도록 지도하다.
lecionário, leccionário *m.* [宗] 일과책(日課冊 : 교회에서 암송하여 읽을 성경 발췌문(拔萃文)). 일과표. 사도전(使徒傳).
lecionista, leccionista *m.*, *f.* 교사. 강사. 강의자.
lecitina *f.* [生理] 레시틴(신경세포(神經細胞) 및 달걀노란자위에 있는 지방(脂肪) 비슷한 화합물).
lectivo *a.* = *letivo*.
ledamente *adv.* 기쁘게. 즐겁게. 반가이.
ledice *f.* 기쁨. 즐거움. 열락(悅樂). 반가움.
ledo *a.* 기쁜. 즐거운. 반가운. 유쾌한.
ledor *a.* 읽는 사람. 낭독자. 독자(讀者). 독서가.
legação *f.* 공사관(公使館). [집합적] 공사관원.
legacia *f.* 로마교황 특사(特使)의 직무(職務). 그 관할구(管轄區).
legado (1) *m.* 로마 교황의 특사. 견외사절(遣外使節). 《廢》 공사. 대사(大使). 사절.
— (2) *m.* 유산(遺産). 유증(遺贈).
legal *a.* 법률의. 법률상의. 법률에 관한. 법정(法定)의. 법률이 요구(지정)하는. 합법의. 합법적인. 정당한.
legalidade *f.* 적법(適法). 합법. 정당함. 준법주의(遵法主義).
legalista *a.* 준법주의자. 합법주의자. 형식주의자.
legalijação *f.* ①적법화(適法化). 법률화. 공인(公認). 인증(認證).
legalizar *v.t.* 법률적으로 하다. 적법화하다.
legalmente *adv.* 법률에 따라. 합법적으로. 정당히.
legar *v.t.* [法] 유증(遺贈)하다. 증여(贈與)하다. (후손에) 남기다. 전하다.
legatário *m.* [法] 유산수취인(受取人). 동산수증자(動産受贈者).
legatário universal 포괄(抱括) 수증자.
legenda *f.* ①[史] 성도(聖徒)이야기. 성도전(聖徒傳). ②전설. 전설문학. ③(도표·지도 따위에 있는) 범례(凡例). 주해(註解). ④(메달·화폐면(貨幣面)의) 글(銘).
legendário *a.* 옛 이야기의. 전설의. 전설적. 터무니 없는.
— *m.* 전설집. 성도 얘기 모은 책.
legião *f.* ①(옛 로마) 군단(軍團)(약간의 기병을 포함하여 3,000~6,000 보병으로 이루어짐). ②군대. 군세(軍勢). ③큰 떼. 무리. ④수 많은 사람. 다수.
legiáo estrangeiro (프랑스 육군 중의) 외국인 의용단(團).
legionário *a.* (옛 로마) 군단의. 군단으로 이루어진. 다수의. 무수한.
— *m.* (옛 로마) 군단병(軍團兵). 로마제국 군인.
legislação *f.* ①법률제정. 입법(立法). 입법권. ②법률. 법령. ③법제. 법규.
legislador *a.* 법률을 제정하는. 입법의.
— *m.* 법률제정자. 입법자. 입법관. 국회의원. 입법부의 일원(一員).
legislar *v.i.* 법률을 제정하다. 법을 만들다. 입법하다.
— *v.t.* 법으로 정하다.
legislativamente *adv.* 입법상. 법제상.
legislativo *a.* 법률을 제정할. 입법의. 입법상의. 법제의. 입법권 있는. 입법부의.
poder legislativo 입법권.
legislatório *a.* 법률제정에 관한. 법적권힘이 있는. 합법의.
legislatura *f.* 입법기관. 입법부(立法府). 입법의회(立法議會). 입법의회의 개회기(開會期).
legisperito *m.* = *legista*.
legista *m.f.* 법률에 능통(정통)한 사람. 법학자. 법률가.
legítima *f.* [法] ①(법으로 정한) 분배재산(分配財産). ②(법정(法定)의) 유산배당(遺産配當).
legitimação *f.* ①적법화(適法化). 합법화. 정당화. ②적출(摘出)로 인정하는 것. ③

공인(公認).

legitimado *a.* ①적법화된. 합법화된. 정당화된. ②적출의. 정통(正統)의. ③공인된.

legitimador *m.* 적법으로 하는 자. 적출로 인정하는 자.

legitimamente *adv.* 적법으로. 합법으로. 올바르게. 정당하게.

legitimar *v.t.* 합법(적법)이라 하다. 적출로 인정하다. 옳다고 하다.
—*se* *v.pr.* 합법(적법)화하다. 정당하다고 인정되다.

legitimidade *f.* ①합법성. 적법(適法). ②정당(正當). ③적출(摘出). 정통(正統). 정계(正系).

legitimista *a.m.* 정통주의자(특히 프랑스에서 브르봉 왕가(王家)를 옹호한 사람).

legítimo *a.* ①적법의. 합법의. 합법적인. ②정당의. ③적출의. 정통의. 진정한.
filho legitimo 적출자(摘出子).
legitima defesa 정당방위.

legível *a.* (필적·인쇄 따위를) 읽을 수 있는. 읽기 쉬운. 알기 쉬운.

legivelmente *adv.* 읽을 수 있게. 읽기 쉽게.

legra *f.* [外科] 둥근 톱. 자루 달린 둥근 톱.

legração, legradura *f.* [外科] (두개(頭蓋)의) 천로술(穿顱術).

legrar *v.t.* 둥근 톱으로 수술하다.

légua *f.* ①리이그(거리의 단위: 약 3마일. 5km). ②원거리(遠距離).
légua marítima 해리(海里: 1,852m).
légua da póvoa 아주 먼거리.

legume *m.* ①(콩)꼬투리. 콩과식물. 콩류(類). ②콩과식물의 열매(콩·원두·완두콩·강남콩 따위). ③(엽상(葉狀)이 아닌) 과상채소(顆狀菜蔬: 감자·토마토·무·오이·슈슈 등). 푸성귀. ④야채.

legumeiro *a.* ①콩의. 공과식물의. ②채소의. 푸성귀의. ③야채의.

legumina *f.* [化] 레구민(콩과식물의 씨속에 있는 단백질).

leguminário *a.* 콩(꼬투리·야채·채소)에 관한. 콩의. 콩과식물의.

leguminosas *f.* [植] 콩과식물.

leguminoso *a.* [植] (콩)꼬투리의. 꼬투리로 되는. 콩과식물의.

legumista *m.f.* ①콩(콩과식물) 재배자. ②채소(야채) 재배자.

lei *f.* ①법. 규범. ②법률. 법도. 법령. ③율법(律法). 계율(戒律). ④규칙. 법칙. 정칙. 정률. ⑤법령. 법률학. ⑥법적수단. 소송. 기소. ⑦사회의(일반적) 규칙. 인도(人道). 금위(金位).
lei da natureza 자연법칙.
lei natural 자연법. 자연율(自然律).
lei civil 민법(民法).
lei marcial 계엄령(戒嚴令).
lei de meios 예산법.
lei das nações 국제법. 국제공법.
projecto de lei 법안(法案). 의안(議案).
fora de lei 법에 어긋나는. 비법적인. 법이 없는 법에 적용되지 않는.
impor a lei (dar a lei) 법을 내세우다. 법을 적용하다. 복종시키다.

leicenço *m.* [醫] ①봉과직염(蜂窠織炎). 급성결체조직염(急性結締組織炎). ②생인손(발).

leigaço *m.* 아주 무식한 사람. 무지한 사람.

leigal *a.* (중이 아닌) 속인(俗人)의. 평인(平人)의.

leigo *a.* ①(승려(僧侶)에 대하여) 속인의. 수도원에 근무하는(중이 아닌) 평인의. ②문외(門外)의. 경험이 없는.
— *m.* 속인(俗人). 평인. 본직외(本職外)의 사람. 문외한(門外漢). 무경험자.

leiguice *f.* ①*leigo*의 언행. ②무식한 사람이 언행.

leilão *f.* 경매(競賣). 공매(公賣).
num leilão 경매로.

leiloar *v.t.* 경매하다. 경매로 팔다.

leiloeiro *m.* 경매인(競賣人).

leira *f.* ①꽃밭. ②묘상(苗床). ③이랑. 밭두둑. 논둑. ④변하기 쉬운 마음. 종작 없는 생각. 변덕.

leirão *m.* [動] 들쥐. 산쥐(山鼠).

leitão *m.* 돼지의 젖먹는 새끼(특히 통째로 굽는 요리에 쓰는).

leitar (1) *a.* 젖빛깔의. 우유빛의. 우유처럼 흰.
— (2) *v.i.* (과일·잎사귀 따위가) 젖같은 액을 분비하다. 유액(乳液)을 내다.

leitaria *f.* ①(농장의) 젖짜는 곳. 착유장(搾乳場). ②버터 제조장. ③우유(버터) 판매점.

leite *m.* ①젖. 우유. ②[植] 식물유(植物乳). 유상액(乳狀液). ③유제(乳劑).
leite condensado 연유(煉乳).
leite desnatado 탈지유(脫脂乳). 크림을

빼낸 우유.
irmão de leite 젖형제.
dente de leite 유치(乳齒).
febre do leite (산부의) 유열(乳熱). 산욕열(産褥熱).
mar de leite 《詩》 잔잔한 바다. 거울같은 바다.

leitegada *f*. (한 배의) 전체 돼지새끼. (한 배에서 난) 돼지새끼의 떼.

leiteira *f*. ①젖짜는 여자. ②(식탁에 놓는) 우유 그릇(차주전자 같은 것). ③우유 파는 여자.
leitaria 우유판매점.

leiteiro *a*. ①젖을 내는. 우유를 내는. 유질(乳質)의. ②젖을 짜는 데 쓰는. 착유용(搾乳用)의. ③젖같은. 젖빛깔의.
vaca leiteira 젖소.
erva leiteira 젖같은 액체를 분비하는 열대식물의 속칭.
— *m*. ①우유 짜는 사람. ②우유 장수. ③우유 배달부.

leitelho *m*. 버터 밀크(우유에서 버터를 빼낸 찌꺼기).

leitento *a*. ①젖같은. 유질(乳質)의. ②우유같이 흰. 젖빛깔의.

leiteria *f*. ①(농장의) 젖짜는 곳. ②버터 제조장. ③우유(버터) 판매점. ④(우유가공소의) 우유를 보관하는 통. 저장고.

leito *m*. ①침대. 침상(寢床). ②침대의 뼈대. ③차대(車臺). ④강바닥. 하상(河床). ⑤(돌 또는 벽돌담의) 층(層). ⑥결혼. 혼인.
leito de rio 하상(河床).
leito de estrada (*leito da rua*) 길바닥. 노상(路床). 노반(路盤).
leito mortuário 관(棺).

leitoa *f*. 젖먹이 돼지의 암컷.

leitoada *f*. ①한 배에서 난 돼지새끼의 전체. ②주로 돼지새끼 고기로 요리한 식사(음식).

leitoado *a*. 기름진. 살찐. 토실토실한.

leitor *m*. ①독자(讀者). 낭독자. ②독서가. ③[宗] 독경사(讀經師).

leitorado *m*. [宗] 독경사의 직분. 독경의 계급.

leitoso *a*. ①젖같은. 젖빛깔의. ②유질(乳質)의. ③젖(우유)에 관한.

leituado *a*. = *lactescente*.

leituga *f*. [植] 국화과(菊科)의 식물.

《英》*hawk's beard*.

leitura *f*. ①읽음. 낭독. 숙독(熟讀). 정독(精讀). 통독(通讀). ②독서. ③독본(讀本). 읽는 책.
sala de leitura 독서실.

leiu *m*. (브라질의) 나비의 일종.

leiva *f*. ①흙덩어리. 토괴(土塊). ②논둑. 밭둑. 밭두둑(畦). ③적토(積土).

leixão *m*. ①(해안의) 절벽. 벼랑. ②작은 섬.

lema *m*. ①[數] 해제(解題). 보제(補題). ②[論] 보조정리(補助定理). 부명제(副命題). 주제. ③《詩》 제목(題目). (책의) 제구(題句). ④금언(金言). 격언. 처세훈(處世訓). ⑤표어(標語). 슬로건.

lemático *a*. ①해제의. 보제의. ②보조정리의. 부명제의. ③제목의. 제구의. ④금언의. 격언의. ⑤표어의.

lembradiço *a*., *m*. 기억력이 좋은 (사람).

lembrado *a*. 기억하는. 기억하고 있는. 염두에 두고 있는. 잊지 않고 있는.
estar lembrado 기억하고 있다. 상기하다.

lembrador *a*., *m*. 기억하게 하는 (사람·물건). 생각나게 하는 (사람·물건). 회상시키는 (사람·사물). 추억거리가 되는 (것).

lembrança *f*. ①외우고 있음. 기억. 추억. 추회(追懷). 상기. 회상. ②기억력. 기억범위. ③각서(覺書). 비망록. ④기념. 기념품. 유물.
lembranças (*pl*.) 안부의 전언. 인사.
lembranças minhas a …에게 안부를(전해 주시오).
mandar lembranças 안부 전하다.

lembrar *v.t*. 상기(想起)시키다. 기억시키다. 생각해 내게 하다. 회상시키다.
— *v.i*., —**se**(**de**) *v.pr*. 기억하다. 상기해내다. 회상하다. 외우다. 잊지 않고 있다. 추회하다.
Não me lembro do seu nome. 당신의 이름을 생각해 낼 수가 없습니다.
Lembrei-me de ir visitá-lo. (망각하고 있던 찰나) 아, 그분을 방문해야겠군.

lembrete *m*. ①생각나게 하는 말(문서). 각서(覺書). ②[商] 독촉장. ③주의. 잔소리. ④견책(譴責). 책벌.

leme *m*. ①[海] 키. 자루. 타륜(舵輪). 방향타(方向舵). [機] 타기(舵機). 키조종장치. ②지휘(指揮). 관리(管理).

lemiste *m*. 일종의 검은 나사(羅紗).

lemniscata *f.* =*lemniscato*.
— *m.* [幾] 쌍뉴선(雙紐線). 팔형선(八形線).

lemografia *f.* [醫] 병역론(病疫論). 역병해설(疫病解說).

lempa *f.* 브라질 진주(眞珠).

lemural *a.* 망령(亡靈)의. 사령(死靈)의.

lemure (《稀》 *lemur*) *m.* [動] 여우원숭이.

lemures *m.(pl.)* ①사령(死靈). ②[動] 여우원숭이과.

lemurianos *m.(pl.)* [動] 여우원숭이류(類).

lençaria *f.* ①손수건 만드는 공장 또는 상점. ②린네르(셔츠류・얇은 목면) 파는 상점.

lenço *m.* ①손수건. ②(얇은 천으로 만든) 목도리.
Aum : lençalho.
lenço de assoar 손수건.
lenço de cabeça (부인의) 머릿수건.
lenço de seda 푸라아드로 만든 손수건.
lenço de pescoço 목도리.

lençol *m.* ①요 위에 까는 천. 시트. ②싸는 큰 헝겊. 보자기. ③수의(壽衣).

lenda *f.* ①성도(聖徒) 얘기. 성도전. ②전설. 전설문학. ③터무니없는 이야기. 동화(童話). 우화.

lendário *a.* 전설의. 전설적. 터무니없는. 전설에 관한.

lêndea *f.* (이(虱)나 그 외의 기생충의) 알.

lendeaço *m.* 많은 이알(虱卵). 《俗》 서캐 투성이의 머리털.

lendeoso *a.* 이알이 많은. 서캐 투성이의.

lenga-lenga *f.* 쓸데없는 긴 이야기. 데데한 긴 연설. 조리가 서지 않는 글.

lenha *f.* (연료(燃料)로 되는) 나무. 땔나무. 화목(火木). 장작.
pôr lenha na fogueira (=*deitar lenha nofogo*) [諺] 불붙는 데 키질하기. 설상가상(雪上加霜).
Ir buscar lenha para se queimar. [諺] 스스로 재난(災難)을 초래하다.

lenhador *m.* ①벌목하는 사람. 나무꾼. 초부(樵夫). ②재목상의 고용인. ③벌목기(伐木機).

lenhar *v.t.* 땔나무를 베다. 벌목하다. 장작을 만들다.

lenheiro *m.* =*lenhador*.

lenho *m.* ①통나무. 나무줄기(樹幹)의 잘라낸 한 부분. 재목. ②배(舟).

lenhoso *a.* [植] (풀이) 나무 같은. 목질(木質)의.
— *m.* 목질(木質). 나무 섬유(木纖維).

lenidade *f.* ①온화. 온순. 유순. 온후(溫厚). 너그러움. ②자비(로움). 관대(寬大).

leniente *a.*, *m.* =*lenitivo*.

lenificar *v.t.* [醫] (완화제를 써서) 아픔을 덜다. 진정시키다. 부드럽게 하다.

lenimento *m.* ①진통을 잊게 하는 것. 진정제(鎭靜劑). 완화제(緩和劑). ②고약. 연고(軟膏).

lenir *v.t.* (아픔을) 덜다. (진통제를 써서) 완화하다.

lenitivo *a.* (아픔 따위를) 더는. 완화하는. 진정하는.
— *m.* 완화제. 진정제(鎭靜劑).

lenocínio *m.* ①갈보의 조방. 뚜장이질하기. 매음. ②나쁜 길로 꾀기. 유인. 유혹.

lentamente *adv.* ①느리게. 천천히. 서서히. 완만하게. ②굼뜨게. 게으르게.

lentar *v.t.* 누기(漏氣) 차게 하다. 습기 끼게 하다. 축축하게 하다.
— *v.i.* 누기 끼다. 습기 차다. 눅눅해지다.

lente (1) *a.* (교과서 따위를) 읽는.
— *m.* ①읽는 사람. ②(대학・고등학교 등의) 교수.
— (2) *f.* 렌즈. (눈알의) 수정체.
tipos de lentes 렌즈의 종류.
lente bicôncava 양면요(兩面凹).
lente plano-côncava. 일면평일면요.
lente côncavo-convexa 철원면(凸圓面)에 일면요.
lente plano-convexa 일면평일면철.
lente biconcavexa 양면철원(兩面凸圓).
lente bifocal 쌍초점(雙焦點).
lente ocular 눈알의 수정체.
lente de aumento 확대 렌즈. 확대경.

lenteiro *m.* 늪. 소(沼). 습지.

lentejar *v.t.* 누기 차게 하다. 습기 끼게 하다. 축축하게 하다.
— *v.i.* 습기 차다. 눅눅해지다. 축축해지다.

lentejoula *f.* (흔히 복수로 쓰임). 번쩍이는 금속세품(金屬細品). (별・서리・운모 따위의) 번쩍이는 물건. (연극의 의상에 붙이는) 번쩍이는 금・은박 조각. (옷에 다는) 유리단추.

lentejoular *v.t.* *lentejoula*로 장식하다(꾸

lentescente *a.* 누기 있는. 눅눅한. 습기 있는. 축축한.

lentescer *v.t.*, *v.i.* = *lentar*.

lenteza *f.* = *lentidão*.

lentícula *f.* 작은 렌즈.

lenticular *a.* 렌즈의. 렌즈 모양의.

lentidão *f.* 느림. 천천함. 완만(緩慢). 부진(不振). 활발하지 못함.

lentiforme *a.* ①렌즈 모양의. 렌즈 같은. ②[植] 렌즈콩 같은. 편두상(扁豆狀)의.

lentigem *f.* [醫] 주근깨. 피부의 적반(赤斑). 여드름.

lentiginoso *a.* ①(피부에) 주근깨 많은. 검은 점이 많은. ②여드름이 많은.

lentigrado *a.* 발걸음이 더딘. 보행(步行)이 완만한.

lentilha *f.* [植] 렌즈콩(얇은 양철(兩凸) 랜즈 모양의 식용 콩). 제비콩(扁豆).

lentilhoso *a.* 렌즈콩이 많은(많이 열린).

lentiscal *a.* 유향나무 숲. 유향수원(乳香樹園).

lentísco *m.* [植] 유향나무(乳香樹).

lentisqueira *f.* = *lentiscal*.

lento *a.* ①느린. 굼뜬. 천천한. 완만한. 시간 걸리는. ②활발치 않은. 둔한. ③게으른. 나태한. 매케한. ④습기 있는. 눅눅한.
fogo lento 약한 불. 꺼질 듯한 불.

1entor *m.* = *lentidão*.

lentura *f.* ①습기. 습윤(濕潤). ②밤이슬. ③《俗》땀.

leoa *f.* ①사자의 암컷. 암사자. ②《轉》난폭한 여성. 근성이 나쁜 여자.

leonado *a.* 황갈색의. 담황갈색(淡黃褐色)의.

leoneira *f.* 사자의 동굴. 사자의 우리.

leónico *a.* 사자의.

leonino *a.* ①사자의. 사자같은. ②당당한. 용맹한. ③불의(不義)의. 신실(信實)치 못한. ④편파적인.
contrato leonino 편무계약(片務契約). 편파적인 계약.

leopardado *a.* 표범같은 반점(斑點)이 있는.

leopardo *m.* [動] 표(豹). 표범.

lepidamente *adv.* 즐겁게. 유쾌하게. 명랑하게.

lépido *a.* 즐거운. 기쁜. 유쾌한. 명랑한. 기분 좋은. 쾌활한.

lepidolito *m.* [鑛] 리티아 운모(雲母). 비늘 운모(산화(酸化)리튬이 든 운모).

lepidóptero *a.* 인시(鱗翅)가 있는. 인시류의.

lepidópteros *m.(pl.)* [蟲] 인시류(鱗翅類).

lepidopterologia *f.* 인시류학(學).

leporídeos *m.(pl.)* 토끼류(兎類).

leporino *a.* 토끼에 관한. 토끼의.
lábio leporino 언청이. 토순(兎脣).

lepra *f.* ①문둥병. 나병. ②(도덕적) 폐해. 타락. 악습(惡習).

leprologia *f.* 나병학(癩病學).

leprosaria *f.* 나병원. 문둥병 환자 수용소.

leproso *a.* ①문둥병의. 문둥병에 걸린. ②나쁜 습관에 물든.
— *m.* 나병환자. 《俗》문둥이.

leque (발음 : 렉께) *m.* ①부채. 선형(扇形)의 물건. ②키(箕).

ler *v.t.* ①(글·책·신문 따위를) 읽다. ②소리내어 읽다. 낭독하다. ③(학교에서) 강의(講義)하다. 가르치다. ④(사람의 마음·안색을) 알아채다. ⑤(수수께끼·꿈 따위를) 풀다. 깨닫다.
— *v.i.* 글을 읽다. 독서하다. 소리내어 읽다. 읽고 알다.
ler em voz alto 소리높이 읽다.
ler em silêncio 조용히 읽다.

lerca *f.* 《俗》몹시 쇠약한 암소.

lerdaço *a.* ①촌뜨기 같은. 상스러운. 예모 없는. ②교양 없는. 어리석은.

lerdo *a.* ①무거운. ②둔한. ③우둔한. 바보같은. ④굼뜬. 게으른.

lereia *f.* 쓸데없는 이야기. 잡담. 공론.

léreia *f.* ①꾸며낸 이야기. 허망한 이야기. 헛소리. ②허구적 것. ③속임수. 사기적 수단.

lero-lero *m.* 《俗》①꾸며낸 이야기. 헛소리. 거짓말. ②엉터리. 허망한 이야기(행실). 속임. 기만.

lés *m.* (= *lez*). 다음과 같은 숙어로만 씀. *lés a lés* 또는 *de lés a lés* 한쪽에서 다른 쪽까지. 자초지종(自初至終). 곧바로.

lesado *a.* (재산의) 피해를 입은. 손해를 본.
— *m.* (재산의) 피해자. 손해본 이.

lesador *m.* ①손해를 끼치는 사람. 나쁜 짓하는 사람. ②가해자. 범죄자.

lesa-majestade *f.* 불경죄(不敬罪). 대역죄(大逆罪).
crime de lesa-majestade 불경죄. 대

역죄.
lesão *f.* ①[醫] (조직 기능의) 장애(障碍). 정신적 상해(傷害). ②손해. 손상. 피해. ③부상(負傷). 상해. ④(권리의) 침해. 침범. ⑤(명예의) 훼손. 중상. ⑥모욕. 무례. ⑦능욕(凌辱).

lesar *v.t.* ①해치다. 상처를 입히다. 손상시키다. ②손해를 입히다. ③(명예를) 훼손하다. 중상하다. 모욕하다. ④(권리를) 침해하다. 침범하다.
—**se** *v.pr.* 다치다. 상하다. 해를 보다(받다). 손해보다(입다).

lesbianismo *m.* (여성 사이의) 동성애(同性愛). 여자 상호간의 정교(情交).

lésbio *a.* (*Sappho*의 출생지). *Lesbos*섬(島)의.

lesim *m.* (좁고) 깊게 터진 곳. 갈라진 곳.

lesivo *a.* 상하게 하는. 해치는. 해롭게 하는. 손해를 입히는. 손해를 주는.

lésma *f.* ①[蟲] 괄태충(括胎蟲). 번데기. 유충. 《俗》게으름뱅이. 빈둥거리는 사람. 느릿한 사람(짐승·차).

lés-nordeste *m.* 동북동(東北東)(의 바람).

leso *a.* ①상한. 부상의. 손해를 본. 손해를 입은. ②모욕 당한. ③마비된. 불수(不隨)의.

lés-sueste *m.* 동남동(東南東)(의 바람).

leste *m.* ①동(東). 동쪽. 동방. ②동풍(東風).

lestia *f.* 동풍(東風).

lesto *a.* ①빠른. 재빠른. 신속한. 민첩한. ②기운찬. 활발한. ③(사업 따위) 잘되는. 번창한. ④날씬한. 경쾌한.

letal *a.* 《詩》치사(致死)의. 죽음의. 죽음을 초래하는. 죽음에 관한.
sono letal 악몽(惡夢).

letalidade *f.* ①생사에 관계되는 것. 치사성(致死性). ②죽을 것. 죽을 운명. ③사망수(死亡數).

letalmente *adv.* 치명적으로. 죽을 정도로.

letargia *f.* ①혼수(昏睡). 혼수병. 혼수상태. ②무감각. ③무기력. 활발치 못함.

letargicamente *adv.* 혼수 상태로. 무기력하게. 감각이 없이.

letárgico *a.* 혼수의. 혼수 상태의. ②감각이 없는. 감각을 잃은. ③느린. 완만한. 활발치 못한. 둔감(鈍感)한.
— *m.* 혼수 상태에 있는 사람. 감각을 잃은 사람.

letargo *m.* ①혼수. 혼수 상태. ②무감각. 마비. ③활발치 못함. 지둔(遲鈍). ④잘 잊어버림. 건망(健忘).

leteo *a.* 치명(致命)의. 치사(致死)의.

Letes *m.* [希神] 망천(忘川): 저승의 개울인데 이 물을 마시면 생전의 모든 일을 잊어버린다고 함).

leteu *a.* 망천의. 과거를 잊어버리게 하는. 《F》*letéia*.

letífero *a.* 《詩》죽음을 가져오는(초래하는). 치사의.

letificante *a.* 《詩》기쁘게 하는. 즐겁게 하는. 즐게 하는.

letificar *v.t.* 기쁘게 하다. 즐겁게 하다.

letífico (1) *a.* 《詩》= *letal*.
— (2) *a.* 《詩》기쁘게 하는. 즐겁게 하는.

letivo (=*lectivo*) *a.* ①학교의. 대학의. ②(학교)교육의. 교수의. 수업의. 학기(學期)의.
dias letivos 수업일(授業日). 학교(학생)시대.
tempo letivo 수업 시간. 공부 시간. 공부하는(하던) 시절. 학생시대.

letra *f.* ①글자. 문자(文字). [印] 활자. ② 글체. 서체. 글쓴 모양. ③어음.
letra maiúscula 대문자(大文字).
letra minúscula 소문자(小文字).
letra de câmbio 환어음.
à letra 또는 *letra por letra* 글기 그대로. 정확하게.
letras (*pl.*) ①편지. 서한. 서간(書簡). ②문학. 학문. ③활자(活字).
artes e letras 문학예술.
homem de letras 문사(文士). 문학자. 학자.
letra de favor [商·俗] 융통어음.

letradice *f.* 학자체를 내기.

letrado *a.* 배운. 공부한. 학식있는. 박학한. (글을) 배운 사람. 박학한 사람. 학자. 문학자.

letreiro *m.* ①명(銘). 제명(題銘). ②(신문·논설의) 제목. (영화의) 자막. ③간판(看板). 간판글. 표어(슬로건)에 쓰는 글.

letria *f.* 서양국수(의 일종).

letrismo *m.* 읽고 쓸 수 있음. 읽고 쓰는 것.

letrudo *a.*, *m.* 《卑》= *letrado*.

léu (1) *m.* 기회(機會). 호기(好機). 찬스.
— (2) *a.* 가벼운. 무겁지 않은. 경쾌한.
ao léu 마음대로. 멋대로. 임의로.
cabeça ao léu 모자를 쓰지 않고. 무모

(無帽)로.

leucanto *a.* [植] 흰꽃의. 백화(白花)의.

leuce '흰… 백(白)…'의 뜻을 나타내는 복합형.

leucemia (=**leucocitemia**) *f.* [醫] 백혈병(白血病).

leucina *f.* [化] 류우신. 로이찐[빈혈제]. [醫] 난백소(卵白素).

leucocitemia *f.* =*leucemia*.

leucócito *m.* [生理] 백혈구(白血球).

leucocomo *a.* 백발(白髮)의. [植] 백엽(白葉)의.

leucoflegmasia *f.* [醫] 일종의 전신수종(全身水腫).

leucoflegmático *a.* (일종의) 전신수종의.

leucoma *f.* [醫] 각막백반(角膜白斑). 백점(白點).

leucopatia *f.* [醫] 피부변백증(皮膚變白症). 백피병(白皮病).

leucopenia *f.* [醫] 백혈구감소증(白血球減少症).

leucorréia *f.* [醫] 백혈(白血). 백대하(白帶下). 대하증(帶下症).

leucorréico *a.* 백혈의. 백대하의.

leva *f.* ①닻을 들어 올리기. 발묘(拔錨). ②집단(集團). 단체. ③모집(募集). (軍) (군인의) 소집. 징용.

levação *f.* [醫] 종기. 종양(腫瘍). 종창(腫脹).

levada *f.* ①물길(물레방아 따위에 물을 넣는 길). ②(물길을 따라) 물을 끌어넣기. (강(江)으로부터의) 인수(引水).

levadente *m.* ①견책(譴責). 징계. 비난. ②《俗》이빨로 물기.

levadia *f.* (바다의) 큰 물결. 굽이침.

levadiça *f.* 들어 올리게 된 도개교(跳開橋). 도교(跳橋). (성을 둘러 싼 해자에) 가로 놓인 다리(수시로 뗄 수 있는).

levadiço *a.* 들어 올릴 수 있는. 움직일 수 있는. 개폐자유식(開閉自由式)의. 운반할 수 있는.

ponte levadiça 도개교(跳開橋).

levado *a.* ①가져간. 들고간. 연행(連行)한. (한 지점에서 다른 지점에) 운반한. ②장난 좋아하는. 장난꾸러기의. 말을 안 듣는. 고집이 센. ③해되는. 해로운. 사악한. 심술 있는.

levador *a.* 가지고 가는. 가지고 다니는. 연행하는.

— *m.* 가져가는 사람. 휴대인. 연행자(連行者). 운반인.

levadoura *f.* 기중기(起重機) 있는 짐배.

levamento *m.* ①《稀》가져감. ②훔쳐감.

levandisca *f.* =*luvandisca*.

levantada *f.* ①일어남. 기립. 기상. ②(태양·달·별이) 뜸. 상승. ③들고 일어난 봉기. 반란.

levantadiço *a.* ①(곧잘) 대드는. 반항하는. 거역하는. 선동적인. 치안 방해의. 폭동을 일으키는. 경솔한. ②가만있지 못하는. 조용하지 않는. 불온한.

levantado *a.* ①(위로) 든. 쳐든. 올린. 일으킨. ②일어난. 기립한. ③위로 올려 보낸. ④화낸. 성난. ⑤들고. 일어난. 봉기한. 반란한.

levantador *a.* 드는. 쳐드는. 올리는. 일으키는. 폭동(반란)케 하는.

— *m.* ①드는 사람. 들어 올리는 기계. 엘리베이터. ②일으키는 사람. 일으켜 세우는 자. ③폭동(반란) 일으키는 사람. [解] 거근(擧筋). [外科] 개검기(開瞼器).

levantadura *f.* =*levantamento*.

levantamento *m.* ①(위로) 들어 올리기. 추켜들기. ②일으키기. 일으켜 세우기. 높이기. 흥기(興起). ③들고 일어남. 봉기. 반란. 폭동.

levantamento de planos 토지측량. 실지답사.

levantante *a.* [紋] (사자·알 따위가) 뒷발로 선. 곧추 선.

levantar *v.t.* ①올리다. 들어 올리다. 들다. 쳐들다. ②(눈·얼굴·손을) 들다. ③(계급을) 올리다. 진급시키다. 승진시키다. ④높이다. 늘이다. ⑤(넘어진 것·기둥 따위를) 일으키다. 세우다. ⑥건립(建立)하다. ⑦(먼지를) 피우다. ⑧향상시키다. 진작(振作)시키다. 분기시키다. ⑨향상시키다. 칭찬하다. ⑩(질문·이의를) 제출하다. 제기하다. ⑪(문제·분규 따위를) 일으키다. (사건을) 야기(惹起)하다. ⑫모집하다. 소집하다. ⑬군사를 일으키다. 거병(擧兵)하다. ⑭폭동 일으키게 하다. ⑮(회의를) 폐회하다. ⑯철수시키다. 철수시키다. ⑰멀리하다.

levantar peso 무게를 들다.
levantar os olhos 눈을 들다.
levantar as mãos 손을 들다.
levantar a voz 소리를 지르다.

levantar o preço 가격을 올리다. 인상하다.

levantar o ferro 닻을 올리다. 발묘(拔錨)하다.

levantar pó 먼지를 피우다(일으키다).

levantar voo (비행기가) 뜨다. 이륙하다.

levanta a mesa 식탁을 깨끗이 하다(식사 후 식탁에 있는 여러가지 그릇·남은 음식 따위를 거두는 뜻).

levantar tepestade 폭풍이 일어나다.

levantar o pais 국가를 일으키다. 부흥발전시키다.

levantar a cidade 도시를 일으키다. 신설 도시를 만들다.

levantar gente 사람을 모으다. 인원 모집하다.

levantar exército(*armada*) 군대를 일으키다. 거병하다.

levantar uma lebre (사냥할 때 숨은) 토끼를 몰아내다.

— *v.i.* ①높아지다. 상승하다. ②(가격이) 오르다. 등귀하다. ③(날씨가) 개다. 맑아지다. 비가 멎다. ④커지다. ⑤자라나다. 성장하다.

—**se** *v.pr.* ①(침대에서) 일어나다. 기상하다. ②(앉은 자세에서) 일어서다. 기립하다. ③위로 올라가다. (사건이) 발생하다. 일어나다. ⑤(+*de*). …을 면하다. ⑥(+*contra*). …에 대들다. 반항하다.

levantar-se com as estrelas 새벽별과 함께 일어나다. 일찍 기상하다.

levantar-se da mesa (식사를 끝내고) 식탁에서 일어나다(물러나다).

— *m.* 오르기. 일어서기. 일어나기.

levante *m.* ①떠오름. 상승(上昇). ②해뜨는 쪽. 동방(東方). ③들고 일어나기. 봉기(蜂起). 반란.

sol levante 뜨는 해. 올라오는 태양. 욱일(旭日).

de levante (아무런) 생각도 없이. 경솔하게.

estar de levante 마음이 붙지 않다. (일어나려고 하다). 외출(外出)하려고 하다. 이사(移舍)하고자 하다.

levântico, levantino *a.* 레반트(지중해의 동부 연안지방 ; *Levant*)의.

— *m.* 레반트 사람.

levanto *m.* ①출발. 시작. ②뛰기. 도약(跳躍). ③(사냥에서) 동물을 몰아내기.

cão de levanto 포인터종의 사냥개. [犬] 세터(사냥거리를 지시함).

levar *v.t.* ①가져오다. ②운반하다. 옮기다. ③(지팡이·우산 따위를) 지니다. 휴대하다. ④(옷을) 입고 있다. 입고 다니다. (모자를) 쓰고 있다. 쓰고 다니다. (신·구두를) 신다. 신고 다니다. ⑤이끌다. 인도하다. 전하다. ⑥(시간이) 걸리다. 시간을 없애다. ⑦넣다. 수용하다. ⑧먹다. 마시다. ⑨(무게·짐을) 견디다. 지탱하다. ⑩몰래 가져가다. 훔치다. ⑪(대가(代價)를) 지불케 하다.

levar a cabo 끝까지 가다(끝까지 완성하다).

levar à força 강제로 가져가다. 빼앗다.

levar a mal 나쁘게 해석하다. 잘못 생각하다.

levar a bem 선의로 해석하다. 좋게 생각하다.

levar de vencida 이기다. 지우다. 압도하다.

levar estudado 숙고(熟考)하다. 냉찰하다.

levar mau caminho 사도(邪道)에 이끌다. 나쁜 길로 데려가다.

levar 2 horas 두 시간이 걸리다.

levar pancadas 매맞다. 구타 당하다.

levar pela mão 손으로 이끌다. 이끌고 가다.

levar a mão à espada (칼에 손이 가다) 칼을 뽑다. 싸우려고 하다.

levar vida de cão (개처럼 살다). 무위도식하다.

Levar uma vida miserável. 비참할 정도로 가난한 생활을 하다.

Levar a água aa seu moinho. (자기의 물방아에 물을 끌어넣다). 아전인수(我田引水)하다.

A bala levou-me um braço. 총알이 나의 팔에 맞았다.

— *v.i.* …에 이끌리다. 인도되다. …에 통하다.

—**se** *v.pr.* ①출발하다. ②끌려가다. 운반되다. ③진행하다.

leve *a.* ①가벼운. 거뜬한. 손쉬운. 경편한. ②적재량이 적은(부족한). 짐이 가벼운. ③경쾌한. 날씬한. ④(땅이) 부스러지기 쉬운. 부슬부슬한. ⑤(양적(量的)으로)적은. 미소(微少)한. ⑥(농도가) 희박한.

refeição leve 간편한 식사.
sono leve 가면(假眠).
cabeça leve 사려가 얕은 사람. 경솔한 생각.
de leve 가볍게. 손쉽게. 민첩하게.
levedação *f.* 발효(醱酵). 발효시키기.
levedadura *f.* =*levedura*.
levedar *v.t.* ①효모를 넣다. 발효시키다. ②반죽한 덩어리를 부풀게 하다.
— *v.i.* 발효하다. 부풀다.
—*se v.pr.* 부풀다. 팽창하다.
lêvedo *a.* 효소에 따라 화합물이 분해된. 발효한.
levedura *f.* 효모(酵母). 발효소(醱酵素).
leveiro *a.* =*leve*.
levemente *a.* ①가볍게. 손쉽게. 민첩하게. ②미약하게. 희박하게.
leves *m.(pl.)* 도살수(屠殺獸)의 허파(肺藏).
leveza *f.* ①가벼움. ②가벼운 것. 경쾌(輕快). ③수완이 좋은 것. 민첩. ④부박(浮薄). 경솔. 경조(輕躁). ⑤마음이 들뜸(들뜬 상태).
leviandade *f.* 경솔. 경조. 경박. 경조부박(輕佻浮薄). 불신근(不謹愼). 천려(淺慮).
leviano *a.* 경솔한. 경박한. 들뜬. 착실치 못한. 불근신한.
leviatã, leviatão m. ①[聖] 거대한 바다 짐승. ②거대한 물건. 거선(巨船). 거부(巨富).
levidade *f.* (=*leveza*). ①(무게가) 가벼움. 경쾌. 민첩. ②부박(浮薄). 경솔. 경조.
levidão *f.*《廢》=*levidade, leviandade*.
levigação *f.* 빻기. 가루로 만들기.
levigar *v.t.* 빻다. 가루로 만들다. 가루를 내다.
levipede *a.*《詩》발걸음이 빠른. 재빠른.
levirato *m.* 죽은 자의 형제가 그 형(제) 수와 결혼해야 한다는 관습(모이제의 법률).《英》*Levirate*.
levita *m.* ①(유태사) 레위(*Levi*)족(族) 사람. 레위 사람(특히 유태의 신전(神殿)에서 제사를 보좌(補佐)한 사람). ②성직자(聖職者).
levitação *f.* [心靈] 공중에 떠돌기.
levitar-se *v.pr.* [心靈] 공중에서 떠돌다.
levítico *f.m.* [聖] 레위기(記)[略 *Lev.*].
— *a. fevita* 의.
levulose *f.* [化] 과당(果糖: 포도당의 일종) 좌선당(左旋糖).

lexical *a.* ①(일국어(一國語)의) 어구(語句)의. 어휘(語彙)의. ②사전의. 자전(字典)의.
léxico *m.* (특히 그리스말·히브리말·아라비아말의) 사전. 고문사전(古文辭典).
lexicografia *f.* ①사전편찬(법). ②어사학(語辭學). 어휘학.
lexicográfico *a.* 사전편찬의. 어사학의. 어휘학의.
lexicógrafo *m.* ①사전편찬자. ②어사학자.
lexicologia *f.* [言] 어휘론(語彙論). 어원학(語源學).
lexicológico *a.* 어휘론의. 어원학의.
lexicólogo *m.* 어휘론자. 어원학자.
léxicon *m.* =*léxico*.
léz *m.* =*lés*.
lezíria, lezira *f.* 강안(江岸)의 저습지(低濕地). 침수지(浸水地).
lha. 대명사 *lhe*+*a* 의 간략형.
lhes+*a*=*lhas*.
lhama (1) *m.* [動] ①라마(아메리카 약대). ②라마털.
— (2) *m.* 금·은사(金·銀絲)로 짠 직물의 일종.
lhanamente *adv.* 솔직(담백)하게. 정직하게. 순박하게 있는대로.
lhaneza *f.* ①솔직. 담백. ②검소함. 순수함. ③순박함. 정직함. 진지(眞摯)함. 성실함.
lhano *a.* ①있는대로의. 솔직한. 담백한. ②검소한. 수수한. 순박한. 정직한. 진지한. 성실한. 친절한.
lhe *pron.* 그분에게. 그여자에게. 당신에게. *Eu lhe direi.* 그분(또는 그여자)에게 말하겠다. 당신에게 말할 것이다.
Dou-lhe um livro 당신께 책 한권 드립니다.
lho 대명사 *lhe*+*o*의 간략형 *lhes*+*o*= *lhos*.
lia *f.* ①(술·포도주 등의) 찌끼. 재강. ②잔재(殘滓). 부스러기. 나머지.
liaça *f.* (유리·귀중한 기계 따위를 운반할 때) 짐짝의 안전을 위하여 대는 짚단(볏짚 묶음).
liação *f.* ①(선박의) 늑재(肋材). ②결속(結束). 결합. 접합. 묶기.
liadouro *m.* [石工] 치석(齒石).
liame *m.* ①결속(結束). 속박(束縛). (기반(羈絆). ②연결재(連結材). 접합물(接合

物). 돌 또는 벽돌을 접합하는 데 쓰는 시멘트. ③연분. 인연. 정의(情誼).
liana *f.* [植] 리아나(열대산의 덩굴 식물; =*cipó*).
liança *f.* ①결속(結束). 접합. ②연합(聯合). 합동. 동맹.
liar *v.t.* ①묶다. 동여매다. 비끌어매다. 연결하다. ②연합시키다. 동맹하게 하다.
lias *m.* [地質] 흑주라통(黑侏羅統). (영국 서남부산) 청색석회암.
libação *f.* ①《古》 관전식(灌奠式)(예배 때 술을 붓는 것). 제주(祭酒). 신주(神酒). ②《稀》 음주. 주연.
libanês *a.* (시리아 서남부의) 레바논의.
— *m.* 레바논 사람.
libar *v.i.* 술을 붓다(부어 드리다).
— *v.t.* ①술을 마시다. 음주하다. ②맛을 보다. 약간 입을 대다.
libelinha *f.* [蟲] 잠자리.
libelista *m.f.* 중상자. 비방자. 비방문(誹謗文)을 쓰는 사람.
libelo *m.* 소송서(訴訟書). 비방서류. 훼방하는 글. 명예훼손 문서. [法] 문서비훼(文書誹毁) (죄). [宗] 민사고소장. 모욕이 되는 것.
libelo difamatório (또는 *infamatório*) 풍자문(諷刺文).
libélula *f.* [蟲] 잠자리.
libentimente *adv.* 기쁘게. 즐겁게. 자발적으로. 임의로.
libentíssimo *a.* 가장 즐거운.
liber *m.* [植] 종려의 껍질. 인피(靭皮).
liberação *f.* ①면제. 면책(免責). ②[軍] (복무의) 만기. 만기제대. ③놓주기. 석방. 방면(放免). 해방.
liberal *a.* ①너그러운. 마음이 넓은. ②관대한. 도량이 큰. ③자유로운. 개방적인. 편견이 없는. ④글자 뜻에 구애되지 않는. ⑤풍부한. 물건을 아끼지 않는. ⑥[政] 자유의. 자유주의의. 개방주의의.
teoria liberal 자유이념(理念). 자유학.
partido liberal 자유당.
artes liberais ①교양학과. ②자유기술 (음악·조각·그림 따위).
profissões liberais 고등직업. 자유직업. (의술·법률. 교수 등의).
liberalidade *f.* ①마음씨가 너그러움. 물건을 아끼지 않음. ②관대. 관유(寬裕). 도량이 큼. ③선사. 선물.

fazer liberalidade 선사하다. 선물하다. 은혜를 베풀다.
liberalismo *m.* 자유주의.
liberalista *m.f.* 자유주의자.
— *a.* 자유주의의. 자유주의적.
liberalizar *v.t., v.i.* 너그럽게 하다. 관대하게 하다. 관대하다. 자유를 주다. 자유로 처신하게 하다. 자유로 쓰게 하다(쓰다). 아낌없이 쓰다. 낭비하다.
liberalmente *adv.* 너그럽게. 관대하게. 자유롭게. 개방적으로. 편견없이. 물건을 아끼지 않고. 방탕(방종)하게.
liberar *v.t.* ①(임무·의무·책임 등을) 면하게 하다. 면제하다. ②빚(負債)을 벗게 하다. 편하게 하다. ③구속을 없애다. 자유롭게 하다. 해방하다.
liberativo *a.* 면제되는. 석방되는.
liberatório *a.* 면제의. 면세의. 면책(免責)의. 면역(免役)의. 석방의.
liberdade *f.* ①자유. 자주. 수의(隨意). 방자(放恣). ②자유권. 자유의 몸. 무구속. ③방면(放免). 석방. 해방. ④의사(意思)의 자유. ⑤독립.
liberdade de ação 행동의 자유.
liberdade de opinião 의사의 자유.
liberdade de imprensa 출판의 자유.
liberdade de consciência
(또는 *religião*. 신교(信敎)의 자유. 양심의 자유.
liberdade individual 개인의 자유.
liberdade poliica 참정(參政)의 자유.
liberdade cátedra 학원의 자유. 강좌의 자유.
liberdade civil 공민(公民)의 자유.
liberdade condicional [法] 가석방(假釋放). (출옥자(出獄者)의) 제한된 자유.
demasiada liberdade (지나친 자유). 방종(放縱). 방일(放逸).
em liberdade. 자유로. 마음대로 할 수 있는.
pôr em liberdade 석방하다.
libérrimo *a.* (*liberal*의 최상급). 가장 자유로운.
libertação *f.* ①방면(放免). 석방. 해방. ②자유로운 몸이 됨.
libertador *a.* (억류자를) 석방하는. 놓주는. 자유를 주는. 해방하는.
— *m.* 석방자. 해방자. 구출자.
libertar *v.t.* ①(죄인을) 놓주다. 석방하다.

libertário-licenciar

방면하다. (노예・식민지 등을) 해방하다. ②(채무(債務)・책임 등을) 면케 하다. 자유로 하다.
— **se** *v.pr.* 석방되다. 해방되다. 자유로 되다. 자유로운 몸이 되다.

libertário *a.* 자유의사주의의. 무정부주의의.
— *m.* 자유주의자. 무정부주의자.

liberticida *a.*, *m.* 국민의 자유를 유린하는 (자).

libertinagem *f.* 방종. 방자(放恣). 방탕. 난봉. 도락. 주색. 음탕. 음란.

libertinamente *adv.* 방탕하게. 방종하게. 음탕하게.

libertino *a.* 방종하는. 방탕하는. 난봉피는. 음탕한. ①방종한 자. 방탕자. 난봉쟁이. ②지나치게 자유로 행동하는 사람. 망나니.

libertista *m.*, *f.* 자유주의자. 내키는 대로 행동하는 자.

liberto *a.* (죄인이) 석방된. (노예가) 해방된. 해탈한. 이탈한.
— *m.* ①석방된 자. 해방된 자. 해탈자(解脫者). ②자유로 된 자. 자유민.

líbico *a.* (북부 아프리카의) 리비아의.
— *m.* 리비아 사람. 베르베르 사람.

libidinagem *f.* 음탕한 행실. 음란한 행동.

libidinosamente *adv.* 음탕하게. 음란하게.

libidinoso *a.* 음탕한. 음란한. 호색의. 성적으로 개방된.

libítina *f.* 《詩》 죽음.

libra *f.* ①(무게의) 파운드[略(*lb.*)]. ②(영국의 화폐) 파운드(磅) [略(£)]. ③[天] 천칭좌(天秤座). 천칭궁(天秤宮). (12궁의 일곱번째의 것).

1ibração *f.* 평균하기. 균형을 유지하기. 평균동(平均動). (달의) 칭동(秤動). 평행.

librame *m.* 《俗》 많은 파운드.

librar *v.t.* ①평균하다. 평형(平衡)이 되게 하다. 균형이 잡히다. 균형을 유지케 하다. ②달아매다. ③기초를 두다. 기인(基因)하다.
— **se** *v.pr.* ①균형이 잡히다. 평형되다. 맞먹다. ②(공중에) 내려 드리우다. (새가) 날개를 펴고 멎은듯이 공중에 있다. 날다.

libratório *a.* 평균을 유지하는. 칭동(秤動)하는.
movimento libratósio 평균동(平均動).

libré *f.* ①《古》(봉건 영주가 시종(侍從)에게 정해 준) 옷. ②(하인・종・머슴 등에 입히는) 정복. ③(종업원・조합원 등의) 제복. ④《卑》 겉차림. 외견. 외관. ⑤외복.

libretista *m.*, *f.* (가극의) 가사작자(歌詞作者).

libreto *m.* (가극의) 가사. 가사의 대본(臺本). 각본.

libria *f.* 이슬비. 가랑비.

liça *f.* ①대울타리. (나무로 울타리를 한) 광장・운동장・경기장・시합장. ②경기. 경쟁. 다투기. ③논쟁・논전. 투쟁.
entrar na liça (보통의 논전(論戰)에서) …에 도전(挑戰)하다. …와 도전에 응하다.

licantropia *f.* [醫] 낭광(狼狂: 자기가 이리라고 생각하는 정신병).

licantropo *m.* 낭광환자.

lição *f.* ①학과. 과업(課業). ②(교과서의) 과(課). ③수업. ④교훈. 훈계. ⑤벌. 징계. ⑥[宗] 일과(아침 저녁 기도드릴 때에 읽는 성경 중의 한 부분).
dar uma lição (…을) 가르치다.
tomar uma lição (…을) 배우다. 공부하다.

liceal *a.* [葡] ①학원의. 학회의. ②공립중학의. 중등학교의.
(註) *liceu*를 보라.

licença *f.* ①허가. 인가(認可). 면허. 면허장. 인가증. 감찰(鑑札). ②(군인・관리의) 휴가. 사가(賜暇). ③방종. 방탕. 방일(放逸).
Dá licença. (…해도) 괜찮습니까? (잠깐만) 실례합니다!
estar de licença 휴가중이다.
uma licença de 15 dias 15일 간의 휴가.

licenciado *a.* ①인가 받은. 면허 받은. 감찰을 받은. 세상에서 인정하는. 공인(公認)된. ②(군인・관리가) 휴가 맡은. 휴가중인. 제대한.
— *m.* ①면허 받은 사람. ②휴가 맡은 사람. ③득업생(得業生). 득업생의 칭호를 받은 사람.

licenciamento *m.* ①허가를 줌. 인가함. ②휴가. 사가(賜暇). 제대.

licenciar *v.t.* ①허가하다. 인가하다. 면허를 주다. ②휴가를 주다. 사가(賜暇)하다. ③제대시키다.
— **se** *v.pr.* ①허가받다. 인가되다. 면허되다. ②취업(取業)하다. 취업자가 되다.

licenciatura *f.* 어떤 학과를 배워서 얻은 학위. 득업생(得業生)의 칭호를 주기.

licenciosamente *adv.* 방종하게. 방탕하게. 마음 내키는대로. 제멋대로.

licenciosidade *f.* 방탕. 방종. 음탕함. 음분함.

licencioso *a.* 방종한. 방탕한. 제멋대로 행동하는. 마음대로의. 자포자기의. 타락한. 난봉피는. 음탕한. 음분한.

liceu *m.* 《葡》①(강당·도서관을 가지고 있는) 학원. 학회. ②공립중학교. 중등학교. (註) 브라질에서는 colégio라 함.
— *m.* 구재(舊制)의 중학교(中學校).

lichen *m.* = *liquen*.

lichenáceas *f.(pl.)* = *liquenáceas*.

lichenóide *a.* = *liquenóide*.

lichino *m.* [外科] 린트천(붕대용으로 쓰는 메리야스천).

liciatório *m.* 바디(箴: 천 짜는데 쓰는 일종의 도구).

licitação *f.* [法] 경매(競賣). 살 사람이 값을 다투어 부르게 하며 파는 것. 입찰(入札).

licitador *a., m.* 값을 붙이는 (사람). 입찰하는 (자).

licitamente *adv.* 적법(適法)하게. 합법적으로. 정당하게.

licitante *a.* 값을 붙이는. 입찰하는.
— *m., f.* (경매에서) 값을 붙이는 자. 입찰자. 경매자.

licitar *v.t.* (경매에서) 값을 붙이다. 값을 다투다. 경매에 입찰하다.
— *v.t.* 경매에 붙이다.

lícito *a.* 적법(適法)의. 합법의. 정당한.

licnis *f.* [植] 선옹초속(屬).

licodite *f.* 강력한 폭발약.

licopódio *m.* [植] 석송속(石松屬)의 식물. (특히 석송·비늘석송·만년석송 따위).

licor *m.* ①리큐르(향료·감미 따위를 넣은 강주(强酒)). ②음료액. 달인(졸인) 즙. ③[藥] 용액(溶液).

licoreia *f.* = *licoreiro*.
— *m.* 탠털러스 스탠드(보통 세 개 한 벌의 술병 놓는 대. 병이 눈앞에 있으나 잠겨 있어 열쇠 없이는 꺼낼 수 없음).

licorista *m.* 리큐르 만드는 사람. 그 장수.

licorne *m.* 일각수(一角獸): 이마에 한 개의 비틀린 뿔과 영양(羚羊)의 궁둥이와 사자의 꼬리를 가진 말 비슷한 전설적 동물).
[聖] 외뿔 가진 들소. ②[天] 일각수좌(一角獸座). ③[紋] 일각수표(영국왕실의 문장(紋章). 사자와 서로 대하여 방패의 왼쪽 반면에 표시된]. ④[魚] 일각돌고래). *licorne marinho* [動] 일각고래(한대의 바다에 사는 돌고래과의 동물).

licoroso *a.* = *vinho licoroso*.

licose *f.* 일종의 독있는 거미.

licranço *m.* [動] 밤도마뱀.

lictor *m.* [史] 릭토르(옛 로마에서 몽둥이 (*fasces*)를 가지고 상관(上官) 밑에서 죄인 처벌을 업으로 삼던 관리).

lida *f.* ①일. (가정의) 잡일. 된 일. 고역(苦役). ②애쓰기. 노력. 노고(勞苦). (삶을 위한) 투쟁.

lidador *a., m.* ①된 일 하는 (사람). 고역에 종사하는 (사람). ②애써 노력하는 (사람). ③싸우는 (사람).

lidar *v.i.* ①힘드는 일을 하다. 된 일을 하다. 고역에 종사하다. ②애쓰다. 노력하다. 분투하다. ③싸우다. 투쟁하다.

lide *f.* ①힘드는 일. 된 일. 고역(苦役). ②애쓰기. 노력. 분투. ③다투기. 싸우기. 투쟁.

líder *m.* 지도자. 영도자. 지휘자. 수령(首領). 주장(主將).

liderança *f.* ①지도. 지휘. 통솔. ②통솔력. 지휘권. ③지도자(영도자)이 기이 므는 임무.

liderar *v.t.* ①(앞에 서서) 이끌다. 인도하다. 선도하다. 앞장을 서다. ②(지휘자로서) 인솔하다. 영도하다. 통솔하다. ③유인하다. 끌어넣다.

lidimamente *adv.* 적법하게. 정당하게. 올바르게.

lídimo *a.* ①적법(適法)의. 합법의. 정당한. 공정한. ②정통(正統)의. 적출(嫡出)의. ③진정한. 믿을 만한. 확실한. 근거 있는.

lídio *a.* (소아시아의 옛 나라) *Lydia*의.
— *m.* 라디아(*Lydia*) 사람(말).

lidete *f.* 리다이트(주로 피크린산(酸)으로 된 강력한 폭발약).

lido *a.* ①(글을) 읽은. ②책을 많이 읽은. 많이 아는. 박학(博學)한. 정통(精通)한. *homem muito lido* 많이 아는 사람. 박학한 자.

lied *m.* 《G》 소가곡(小歌曲). 가요곡.

lienal *a.* [解·醫] 비장(脾臟)의.

lienite *f.* [醫] 비장염(炎).

lienteria *f.* [醫] 완곡설사(完穀泄瀉 : 곡물이 소화되지 않고 그대로 나오는 것).

lientérico *a.* [醫] 완곡설사의.
— *m.* 완곡설사 환자.

liga *f.* ①리그. 동맹. 연맹. 연합. 합동. ②맹약(盟約). 제휴(提携). ③혼합. [化] 합금(合金).
ligas (*pl.*) 양복바지의 멜빵.
liga das nações (옛)국제연맹. (註) 현재는 *nações unidas* 국제연합.
ligas das meias 양말대님(띠). 가터.

ligação *f.* ①(두 물체를 하나로) 연결함. 결합함. 연계(連繫). ②(두 개 또는 그 이상의 단체를) 합동하기. 연합하기. 연계하기. ③연속. 접속. ④관련. 관계. ⑤(우의적인) 교제. 우의(友誼). 제휴. ⑥(문체 또는 논리의) 통일. ⑦어(語)의 연속 부호(符號).

ligadura *f.* ①묶는 것. 잡아매는 것. 붕대로 감기. ②(혈관의) 결찰(結紮). ③접합(接合). 결합. ④[外科] 봉합사(縫合絲). 박대(縛帶).

ligame, ligamen *m.* [宗] 혼인장애(婚姻障碍).

ligamento *m.* ①묶기. 잡아매기. 결합. 접합. 연계(連繫). ②결합물. 접합재(接合材). ③끈. 띠. [解] 인대(靭帶).

ligamentoso *a.* 끈의. 끈과 같은. [解] 인대의. 인대와 같은.

ligar *v.t.* ①묶다. 잡아매다. 비끄러매다. 꼭 붙들어매다. ②연결하다. 붙이다. 결합하다. 접합하다. [電] 스위치를 넣다(라디오 따위를) 틀다. 켜다. ③금속을 섞다. (…에) 합금하다. ④혼합하다.
— *v.i.* 붙다. 연결되다. 결합하다. 연합(聯合)하다. 합동(合同)하다. 병합하다. 혼합하다.
—se *v.pr.* ①묶이다. 매어지다. ②구속되다. 속박되다. ②(…와) 관련하다. 관계있다. ④친교를 맺다.

ligatura *f.* = *ligadura*.

ligeiramente *adv.* ①재빠르게. 날쌔게. 민첩하게. ②경쾌하게. 가볍게. 살짝. ③사뿐프게. ④경솔하게.

ligeireza *f.* ①재빠름. 날쌤. 민첩. 솜씨가 빠름. ②가벼움. 경쾌함. (옷차림이) 날씬함. ③경솔. 경조(輕躁).

ligeirice *f.* (동작이) 민첩한 것. 재빠른 것. 날쌘 것.

ligeiro *a.* ①날씬. 재빠른. 민첩한. ②가벼운. 부드러운. (옷차림이) 날씬한. 경쾌한. ③경솔한. 경조한. ④천박(淺薄)한. 피상적인.
— *adv.* 재빠르게. 날쌔게. 민첩하게. 신속히.
de ligeiro 가볍게. 경솔하게.
andar ligeiro 빨리 걷다.

lígneo *a.* [植] (풀이) 나무 같은. 목질(木質)의.

lignificação *f.* 목질화(木質化). 목화(木化).

lignificar-se *v.pr.* 목질로 변하다. 목화하다.

lignina *f.* [化] 목질소(木質素). 리그닌.

lignite *f.* = *lignito*.
— *m.* 갈탄(褐炭). 아탄(亞炭). 매목(埋木).

lignivoro *a.* [蟲] 나무를 먹는(먹고 사는). 목식(木食)의.
— *m.* 목두충류(木蠹蟲類). 목식충(木喰蟲).

lígula *f.* [植] 혀끝 꽃잎. 설상편(舌狀片). 부관(副冠).

ligulado, liguloso *a.* [植] 설상(舌狀)의. 설상편(舌狀片)이 있는.

liguliflora *a.* [植] 설상화관(花冠)이 있는.

liguliforme *a.* [植] 혀꼴을 한. 설상의.

lilás *m.* ①[植] 자정향(紫丁香). 라일락. ②라일락색. 엷은 자색.

liliáceas *f.(pl.)* [植] 라일락. 라일락과(科).

liliáceo *a.* [植] 라일락의. 라일락같은. 라일락과(科)의.

liliputiano *a.* 난장이 나라의. 난장이의.
— *m. Lilliput* 사람. 난장이. 왜소물(倭小物).

lima (발음 : 리마). (1) *f.* [植] 리암과(果) (산초과의 작은나무 : *lemon* 비슷하며 청량음료에 쓰임).
— (2) *f.* ①줄(鑢). (눈이) 거친 줄. ②《比喩》(시문(詩文)의 글귀 등의) 추고(推敲). 탁마(琢磨). 연마. ③잘 고치기. 수정하기. 가꾸기. 완성. ④마멸(磨滅). 소멸. 소모.
lima surda 무딘 줄.

limadamente *adv.* 잘 손질하여. 추고(탁마)하여.

limadeira *f.* 목식충(木喰蟲)의 일종.

limado *a.* ①줄로 쓴. 줄질한. 잘 닦은. 갈은. ②추고한. 탁마한. 손질한. 마감한. ③마멸한. 소모한.

limador *m.* 줄질하는 사람(직공). 갈아(닦아) 완성하는 사람.

limadura, limagem *f.* ①줄로 쓸기. 줄질하기. (보드랍게) 깎아내기. ②《比喩》추고. 탁마. ③마감. 완성.

limalha *f.* 줄질한 찌끼. 줄로 쓸어낸 쇳가루. 줄밥.

limão (발음: 리마옹). *m.* [植] 레몬. 레몬열매. 레몬나무. 레몬빛.

limar (1) *v.t.* 줄질하다. 줄로 쓸다. 줄로 자르다. 깎아내다. 닦아내다. 매끄럽게 하다. 마감일하다. 《比喩》(시문(詩文)의 글귀 따위를) 추고하다. 탁마하다.
— (2) *v.t.* 레몬의 즙(汁)을 넣어서 조미(調味)하다.

limatão *m.* (대장장이가 쓰는) 큰 줄(大鑢).

limbo *m.* ①변. 기슭. 끝. ②(천·직물의) 연(緣). ③(의복 따위의) 가장자리. ④[植] 가장자리. ⑤[宗] 지옥. (지옥의) 변방(邊方).

limeira *f.* [植] 라임의 나무[산초과의 작은 나무]. 감구연수(甘枸櫞樹).

limiar *m.* ①문지방. 문전의 층대. ②[建] 토대. 장선. ③입구. 문간. 현관.

limitação *f.* 한정(限定). 제한(制限). 극한. (지능·능력의) 한도. 한계(限界).

limitadamente *adv.* 제한하여. 한정적으로. 불충분하게.

limitado *a.* 제한된. 한정된. 끝이 있는. 유한(有限)의.

limitar *v.t.* 제한하다. 한정(限定)하다. 경계(境界)를 짓다.
— *v.i.* (+*com*) …와 인접하다. 경계를 이웃이 되다.
—**se** *v.pr.* ①스스로 억제하다. 자중(自重)하다. ②절약(節約)하다.

limitativo *a.* 제한의. 제한적. 한정적.

limite *m.* ①경계. 한계(限界). (일정한) 구역. ②제한(制限). 극한(極限). 한도. (지정된) 범위.

limítrofe *a.* (지역(地域) 따위가) 맞닿는. 접경하는. 인접하는. 경계선에 있는. 변경(邊境)에 있는.

limnologia *f.* 호소학(湖沼學). 육수학(陸水學).

limo *m.* ①(특히 내·바다 밑의) 연한 진흙. 점질이토(粘質泥土). (끈적끈적한) 이사(泥沙). 이광(泥鑛). ②[植] 해초. 해조(海藻). 조류(藻類). ③《俗》더러운 것. 불결한 것. 야비한 것.

limoal *m.* 레몬나무숲. 레몬 수원(樹園).

limoeiro *m.* 레몬나무.

limonada (발음: 리모나아다) *f.* 레몬수(水). 레모네이드. 청량음료.

limonadeiro *m.* 레몬수를 만드는 사람 또는 그 장수.

limónio *m.* [植] 갯솔무리의 해안식물.

limonite *f.* [鑛] 갈철광(褐鐵鑛).

limosidade *f.* ①끈적끈적함. 끈끈함. 점니성(粘泥性). ②몰려 있는 진흙. ③많은 해조(海藻).

limosina *f.* = *limusine*.

limoso *a.* ①진흙이 많은. 진흙투성이의. 진흙을 칠한. ②끈끈한. 미끈미끈한. 끈적끈적한. ③[植] 해조(海藻)가 많은.

limpa (1) *f.* ①깨끗하게 하기. (밭을 만들기 위하여) 필요 없는 나무를 베어버리기. (잡초·돌·장애물 따위를 없애고) 땅을 깨끗이 하기. ②일소(一掃). 소탕(掃蕩).
— (2) *m.* 숲속(林間)의 빈터(空地).

limpa-botas *m.* 구두닦기. 구두닦는 사람.

limpa-calhas *m.* ①낙수 홈통 소제. ②궤도 청소기(軌道淸掃器).

limpa-chaminés *m.* ①연통 소제. ②연통 소제하는 사람(또는 도구).

limpadela *f.* ①소제. 청소. ②소제하는 방법.

limpador *a.* 소제하는. 청소하는. 깨끗이 하는.
— *m.* ①청소부. 소제부. ②깨끗이 하는 것. 맑게 하는 것. ③여과기(濾過器). *limpador de pára-brisa* (비올 때) 자동차의 유리를 닦는 것.
《英》*window-cleaner*.

limpadura *f.* ①소제하기. 청소하기. ②소제하는 방법.

limpamente *adv.* 깨끗하게. 청결하게. 곱게. 단정하게.

limpamento *m.* = *limpeza*.

limpar *v.t.* ①깨끗이 하다. 청결하게 하다. 소제하다. 손질하다. ②(물건을) 정리하다. ③닦다. 씻다. 세탁하다. ④깨끗이 비우다. (술잔을) 비우다. (음식을 먹고) 접시를 내다(비우다). ⑤맑게 하다. 순결하게 하다. 정화(淨化)하다. ⑥소독하다.

limpa-trilhes-lingar

⑦(비로) 쓸어 버리다. 일소(一掃)하다.
⑧소탕하다.

limpar uma nódoa (옷에 묻은) 얼룩을 지워버리다. 오점(汚點)을 씻어 버리다.

limpar a chaminé 연통(굴뚝)을 소제하다.

limpar o prato ①접시를 깨끗이 하다. (씻다). ②(다먹고) 접시를 내다(비우다).
— *v.i.* ①(어둑침침하던 하늘이) 맑아지다. 구름이 없어지다. ②건강이 회복되다.
—*se v.pr.* 깨끗해지다. 청결해지다.

limpa-trilhes *m.* (기관차의 앞에 댄) 장애물 치우는 것 또는 장애물 제거 장치.

limpeza *f.* ①소제. 청소. 청결. 청정(清淨). 불순물을 제거하기. 아담하고 깨끗이 완성하기. ③청렴(清廉). 결백.

limpidez *f.* ①청명(清明). 청정(清淨). 투명. ②명랑. 명료.

límpido *a.* ①깨끗한. 맑은. 청정한. 투명한. ②흠(얼룩)이 전혀 없는. 순결한. 결백한.

limpo (1) *a.* ①깨끗한. 말쑥한. 청결한. 때없는. 어지럽지 않은. 조출한. 청정한. ②흠없는. 결백한. 순결한. 정직한. 거짓 없는. 공명한. ③투명한. ④명랑한.

consciência limpa 진실한 양심(거짓이 아닌).

gente limpa 품행이 좋은 사람. 깨끗한 (정직한) 사람.

porto limpo 병역(病疫)이 없는 항구(港口).

carta limpa (전염병이 없다는) 건강증명서.

de mãos limpas 결백한.

passar a limpo 청서(清書)하다.

tirar a limpo 밝히다. 결백하게 하다.
— *adv.* 깨끗하게. 청결하게. 곱게. 맑게. 말쑥하게. 투명하게.
— (2) *m.* ①[天] 가장자리. 변현(邊弦). 가(해·달의). ②[植] 엽변(葉邊).

limposo *a.* 깨끗한. 말쑥한. 깨끗한 것을 좋아하는. (옷차림의) 산뜻한.

limusine *f.* 리무진형 자동차(운전대가 유개(有蓋)로 된 상자 모양의 큰 자동차).

lináceas *f.(pl.)* 아마속(亞麻屬).

linária *f.* [植] 해란초.

lince *m.* ①[動] 시라소니. 그 모피. ②[天] 산고양이자리(山猫座).

ter olhos de lince 예리한 안광(眼光)이 있다.

linchagem *f.* 사형(私刑) (을 가하기).

linchamento *m.* 사형을 가하기. 린치하기. 사형적용(私刑適用).

linchar *v.t.* 사형(私刑)에 처하다. 사형을 (린치를) 가하다.

linda *f.* ①경계(境界). 경계선. ②예쁜 여자. 아름다운 여성. 여인(麗人).

lindamente *adv.* 아름답게. 예쁘게. 곱게. 훌륭하게.

lindar *v.t.* 경계를 짓다. 경계를 설정하다. 경계표를 세워 지경(地境)을 확정하다.
— *v.i.* …와 경계를 짓다. 절경하다. 인접하다.

linde *m.* = *linda*.

lindeira *f.* [建] 상인방. 상인방돌.

lindeiro *a.* ①…와 경계를 짓는. 인접하는. 접경하는. ②인접의. 다음에 위치하는.

lindeza *f.* 아름다움. 미. 예쁨. 고움. 우아. 우미. 절묘.

lindo *a.* ①아름다운. 예쁜. 고운. 염려(艶麗)한. ②보기 좋은. 훌륭한. 멋진. 절묘한.

vestido lindo 고운 옷.

moça linda 아름다운(젊은) 여성.

linda mulher 어여쁜 여자.

paisagem linda 훌륭한 경치. 절경.

lineal *a.* = *linear*.

lineamentos *m.(pl.)* ①선을 긋기. 줄을 치기. ②윤곽 그리기. 스케치. 초안. ③얼굴. 안모(顔貌). 생김새. ④(신체의)외형. 인상. 특징.

linear *a.* 선의. 직선의. 선 모양의. [數] 일차(一次)의. [植·動] 실 모양의.

equação linear [數] 일차방정식.

desenho linear 선화(線畵).

folhas lineais 선엽(線葉). 사상엽(絲狀葉). 침엽(針葉).

linfa *f.* [生理] 임파(淋巴). 임파액. 《詩》맑은 물.

linfangite *f.* [醫] 임파관염(淋巴管炎).

linfático *a.* 임파의. 임파액의. 임파액을 분비하는. 임파성(체질)의.
— *m.* ①임파선(淋巴腺). 임파관(管). ②임파질(質)의 사람.

linfatismo *m.* [醫] 임파질. 임파성 체질.

linga *f.* [海] (물건을 매다는) 밧줄(사슬). 조색(吊索).

lingar *v.t.* [海] 밧줄로 (물체를) 끌어 올리다. 조색으로 달아 올리다.

lingote *m.* 주괴(鑄塊). (특히) 금·은 덩어리.

língua *f.* ①혀(舌). ②언어. (한 나라의) 국어. …어(語). ③술어. 전문어. 특수 사회의 말. ④어법(語法). 문체. 말씨. ⑤혀처럼 생긴 물건(舌狀物).
 lingua materna 모국어(母國語).
 lingua portuguêsa 포르투갈어(葡語).
 lingua oficial 관용어(官用語).
 lingua moderna 현대어.
 lingua morta 쓰지 않는 말. 폐어(廢語).
 má lingua 독설. 비방자.
 lingua de terra 지협(地峽).
 lingua suja [醫] 설태(舌苔).
 lingua-de-trapos 험담하는 사람. 중상하는 자.
 dar com a lingua nos dentes 배후에서 욕하다.
 não ter papas na lãngua 경솔한 발언. (하지 않아야 할 말을) 생각도 없이 지껄이는 것.
 pôr a lingua de fora 혀를 밖으로 내밀다.
 — *m.* 통역. 통역관.

língua-cervina *f.* [植] 골고사리.
língua-de-cão *f.* [植] 큰 유리새의 일종.
lingua-de-cobra, língua-de-cobramaior *f.* [植] 얼레지속(屬)의 식물.
lígua-de-vaca *f.* [植] 지치과의 약초(藥草).
linguado *m.* ①[魚] 혀가자미. 혀넙치. ②좁고 긴 다시스 용지(用紙). 가늘고 긴 판자 모양의 물건. ③선철괴(銑鐵塊).

lingagem *f.* ①말. 언어. 국어. ②토어(土語). 술어. 용어. ③말씨. 어법. 표현(방법). ④이야기.
 linguagem dos pés 격렬(激烈)한 말. 욕설(辱說).
 linguagem das flores 화사(花詞).
 linguagem dos olhos (마음을 눈으로 알리는) 눈말.
 linguagem dos dedos 맹아자(盲啞者)의 손으로 하는 말. 수화(手話).

lingual *a.* ①[解] 혀의. ②[音聲] 설음(舌音)의. ③말의. 언어의.
 nervo lingual 설신경(舌神經).
 musculos linguais 설근(舌筋).

lingual-alveolar *f.*, *a.* 치경음(齒莖音)(의).
lingual-dental *f.*, *a.* 설치음(舌齒音)(의).
lingual-gutural *f.*, *a.* 후두음(喉頭音)(의).

lingual-palatal *f.*, *a.* 구개음(口蓋音)(의). (혀를 윗턱(上顎)에 대고 발음하는 것).
linguarada *f.* 무례한 말. 폭언. 버릇없는 말씨.
linguaraz *a.* 이야기하기 좋아하는. 잘 지껄이는. 요설가.
 — *m.* 말하기 좋아하는 사람. 잘 지껄이는 이. 요설가.
linguareiro *a.* 말하기 좋아하는. 잡담하는. 공담하는. 지껄이는.
 — *m.* 잡담하는 이. 공담하는 사람. 요설가. 수다쟁이.
linguareiar *v.i.* 《俗》 잡담하다. 공담하다. 지껄이다.
linguaruda *a.*, *m.*, *f.* =*linguareiro*.
linguarudo *a.* =*linguareiro*.
lingueirão *m.* ①큰혀(大舌). ②[貝] 긴맛.
lingüeta *f.* ①작은혀(小舌). ②(걸쇠·빗장 따위의 안에 있는) 혀 모양의 갈고리. ③악기(樂器)의 혀. 향판(響板). ④천칭(天秤)의 지침(指針). ⑤[機] 톱니바퀴를 멈추게 하는 것 또는 그 역회전을 막는 것. ⑥[電] 키(電鍵)를 멈추는 것.
lingüete *m.* [海] 톱니바퀴의 역회전(逆回轉)을 막는 것.
lingüiça *f.* ①소시지. 순대. ②[俗] (신문·잡지의) 빈 자리를 메우는 재료(기사(記事))의 부족을 메우는 것 따위). (리디오·TV방송 등에) 뉴스의 공간을 메우는 것. 불필요한 삽입 문구.
lingüiforme *a.* 혀꼴의. [解·植·動] 설상(舌狀)의.
lingüista *m.*, *f.* 어학자. 언어학자. 외국어에 능통한 사람.
lingüística *f.* 어학. 언어학.
lingüístico *a.* 말의. 언어의. 언어학의.
linguo-dental *a.* =*lingual-dental*.
linguo-palatal *a.* =*lingual-palatal*.
linha *f.* ①끈. 노끈. 밧줄. 낚싯줄. 실. 전선(電線). 통신선. ②선(線). 줄. 묘선(猫線). 운필(運筆). ③[數] 선. 직선. ④(국경의) 경계선. 분계선. ⑤(글자의) 행(行). 한 절(一節). 일필(一筆). ⑥[手相] (손바닥의) 금. 손금. ⑦노정(路程). 진로. 길. (철도의) 선로. 선(線). (배의) 항로. (비행기의) 항공로. ⑧열(列). [軍] 횡대(橫隊). ⑨계열(系列). 역대(歷代). (동시대의) 친척들. 혈통(血統). 핏줄기.
 linha da pesca 낚싯줄.

linha do prumo 추선(錘線).
linha telegráfica 전신선(電信線).
linha de tiro 탄도(彈道).
linha equatorial 적도선(赤道線)
linha férrea 철도. 철길. 선로.
linha de bonde 전찻길.
linha pontilhada 점선(點線).
linha da batalha 전선(戰線).
linha da vida. [手相] 생명선(손바닥의 손금). 수명(壽命)의 끈(운명의 여신이 주는).
a linha está ocupada 통화(通話) 중에 있다.

linhaça *f.* 아마(亞麻)의 씨.
oleo de linhaça 아마유(亞麻油).

linhagem (1) *f.* 족보. 계도(系圖). 혈통. 가계(家系). (언어의) 어원. 유래
— (2) *f.* 아마포(布). 린네르 천.

linhagista *m.* 족보학자.

linhal, linhar *m.* 아마밭.

linheira *f.* 아마여공(亞麻女工).

linheiro *m.* ①아마직공. ②아마상인(商人).

linhite(linhita) *f.* 갈탄(褐炭). 아탄(亞炭). 매목(埋木).

linho *m.* ①[植] 아마(亞麻). ②아마포(布). 린네르.
linho canhamo 삼. 대마(大麻).
pano de linho 아마포. 린네르.

linhol *m.* 구두를 꿰메는 실(縫靴絲). 구두장이가 쓰는 일종의 질긴 솜실.

linhoso *a.* 아마질(質)의. 아마와 같은.

linifício *m.* 아마공업. 아마제품(亞麻製品).

linígero *a.* ①삼이 있는. 아마를 내는. 베옷(린네르옷)을 입고 있는.

linimento *m.* [醫] 도포약(塗布藥). 찰제(擦劑).

linóleo *m.* 리뇨륨(亞麻油布: 마룻바닥 따위에 까는 것).

linótipa *f.* = *linótipo*.

linotipar *v.t.* 리노타이프를 치다. 주조식자(鑄造植字)로 글자를 주어 맞추다.

linotipia *f.* 주조식자법.

linotipista *m.f.* 리노타이피스트. 주조식자공.

linótipo *f.* 리노타이프. 주조식자기(鑄造植字機).

lintel *m.* [建] 상인방. 상인방돌.

lioz *a. pedra lioz* ①석회석(石灰石). ②[地質] 흑주라통(黑侏羅統). (영국 서남부산) 청색 석회암.

liparito *m.* 유문암(流紋岩).

lipase *f.* [化] 리파제(췌액이나 어떤 종류의 씨 속에 있는 데 지방을 지방산과 글리세린으로 분해하는 효소).

lipermania *f.* [醫] 우울증.

lipes *a. pedra lipes.* 담반(膽礬). 황산동.

lipitude *f.* [醫] 안검(眼瞼)의 만성점액루(慢性粘液漏)

lipograma *m.* 제자(除字)의 문장(자모(字母)의 어떤 것을 빼고 작문(作文)하는 것).

lipóide *a.* 지방(脂肪)과 같은. 지방 비슷한.

lipoma *f.* [醫] 지방종(脂肪腫).

lipotimia *f.* [醫] 졸도. 기절. 실신. 인사불성.

lipuria *f.* [醫] 지방뇨(脂肪尿).

liquação *f.* [冶] (금속의) 용석(鎔析). 용석법. 용석술.

liquefação *f.* 액화(液化). 용해(溶解). 용해(熔解).

liquefazer *v.t.* 액체로 하다. 녹이다. 용해시키다.
— *v.i.*, —*se v.pr.* 액체로 되다. 액화하다. 녹다. 용해(熔解·溶解)하다.

liquefeito *a.* 액체로 된. 액체한. 녹은. 용해한.

líquen *m.* [植] 지의(地衣). [醫] 태선(苔蘚)

liquenáceas *f.(pl.)* [植] 지의류(地衣類)의 식물.

liquenóide *a.* 지의같은.

liquenoso *a.* 지의의. 지의 많은. 지의같은.

liquescer *v.i.* (고체 또는 기체가) 액체로 되다. 액화(液化)하다.

liquidação *f.* 빚갚기. (회사의)청산(淸算). 결산. 해소(解消). 파산정리. 전매(轉賣).

liquidador *a.* 청산하는. 결산하는.
— *m.* 청산인. 파산정리자.

liquidar *v.t., v.i.* 빚(부채)을 갚다. (회사·상회(商會)를)청산하다. (전부 팔아) 정리하다. 일소(一掃)하다.

liquidatário *a., m.* = *liquidador*.

liquidável *a.* 청산할 수 있는. 결산해야 할.

liquidez *f.* 유동성(流動性). 유창(流暢).

liquidificação *f.* 액체로 만들기. 액화(液化)하기. 유동체(流動體)로 하기. 용해(溶解).

liquidificador *m.* 액체로 만드는 것. 액체로 만드는 기계. 용액기(溶液器).

liquidificante *a.* 액체로 만드는. 액화하는.

liquidificar *v.t.* 액체로 만들다. 액화하다.
liquidificável *a.* 액체로 만들 수 있는. 액화 가능한.
líquido *a.* ①(고체가 아닌) 액체의. 액상(液狀)의. ②유동성의. 움직이기 쉬운. 불안정한. 융통성이 있는. ③(음·시 따위) 유창한. [音聲] 유음(流音)의. ④[商] 에누리 없는. 순. 알맹이의. 정미(正味)의. ⑤청산한. 결산한.
peso líquido (포장을 제의한) 알맹이의 무게. 정미중량(正味重量).
lucro líquido 순이익(純益).
— *m.* ①액체. 유체(流體). 유동체(流動體). ②[音聲] 유음(流音). 유음자(字) 《L, R》 ③물. 수분(水分). 음료(飮料).
lira *f.* ①(옛 그리스의) 거문고(의 일종). 사현(四絃) 내지 십일현(十一絃). 리라. ②서정시. ③[鳥] 금조(琴鳥). (호주산. 숫놈의 꼬리가 거문고 모양). ④[天] 금좌(琴座). ⑤리라(이탈리아의 은화. 略; L).
lirado *a.* [博] (새의 꼬리·잎 따위가) 거문고 모양을 한.
lírica *f.* 서정시. 시편(詩篇). 가집(歌集).
lírico *a.* ①리라의. 칠현금(七絃琴)의. ②(노래 등이) 거문고에 맞는. 거문고에 맞춰 부르는. ③서정적. 서정시(抒情詩)의. 시편의. 가집의. ④가극의.
teatro lírico 가극장(歌劇場). 오페라극장.
liriforme *a.* 거문고 모양의. 칠현금과 같은.
lírio *m.* ①[植] 붓꽃과의 식물. (특히) 붓꽃속의 식물(꽃창포 따위). 《俗》 나리. 나리꽃. 백합(百合). ②[紋] 나리의 무늬.
lírio amarelo 창포(菖蒲). 붓꽃.
lírio convale 은방울꽃(鈴蘭).
lírio dos montes (또는 *roxo*) 가시랭이 달린 나리.
lirismo *m.* ①서정시체(풍). ②정서의 발로(發露). ③서정적 어구(語句). 서정파(抒情派). ④열정. 감격.
lirista *m.f.* ①거문고를 타는 사람. 칠현금 연주자(演奏者). ②서정시인.
liró *á.* 멋 부리는. 맵시 내는.
lis *m., f.* ①붓꽃. ②붓꽃 모양의 문장 (1147년 이후의 프랑스왕의 문장(紋章)). 프랑스(왕실).
lisamente *adv.* 미끄럽게. 평활(平滑)하게. 쉽게. 평이하게. 순조롭게. 유창하게. 술술.
Lisboa *f.* 리스본(포르투갈의 수도).

lisboeta, lisbonense *a.* (포르투갈의 수도) 리스본의.
— *m., f.* 리스본 사람.
lisimáquia *f.* [植] 큰 까치수염속(屬)의 초본(草本). (특히) 좁쌀풀.
liso *a.* ①미끄러운. (마루 따위가) 평활(平滑)한. (길 따위가) 평탄한. 철요(凸凹) 없는. 우툴두툴하지 않는. ②(수면이) 고요한. (항해 따위) 평온한. 순조롭게 나아가는. ③(말·문체 등이) 유창한. 술술한. (음악이) 호조의. ④[動·植] 미끈미끈한. 털 없는. ⑤솔직한. 꾸밈 없는. 수식이 없는.
lisonja *f.* 아첨. 아유(阿諛). 아부(阿附). 감언(甘言).
lisonjaria *f.* 아첨하는 것. 아유하기. 추종(追從).
lisonjeador *a., m.* 아첨하는 (사람). 아유하는 (자). 알랑거리는 (사람). 알랑쇠.
lisonjear *v.t., v.i.* ①아첨하다. 아부하다. 알랑거리다. (실상 이상으로) 칭찬하다. 춰주다. ②우쭐하게 하다. 뽐내게 하다. ③감언(甘言)으로 속이다. ④기쁘게 하다.
lisonjeiramente *adv.* 아첨하여. 아유적으로.
lisonjeiro *a., m.* 아첨하는 (사람). 알랑거리는 (사람). (실상 이상으로) 칭찬하는 (사람). 감언으로 속이는 (사람). 기쁘게 하는 (자).
lisonjeria *f.* = *lisonjaria*.
lista *f.* ①(종이·헝겊 등의) 좁고 긴 조각. ②표(表). 목록표. 일람표. 가격표. 명부. 명단. ③투표용지. ④줄. 선조(線條). 줄무늬. ⑤배 지나간 자리. 항적(航跡). ⑥매맞은 자국. 회초리로 때린 자국.
lista eleitora 투표지. 투표용지.
lista telefónica 전화대장. 전화책.
lista de assinante 서명자(署名者) 일람표. (성명을 주로 기입한) 전화대장.
lista civil 황실비(皇室費) 및 연금비(年金費).
pano com lista 무늬(줄무늬)있는 천.
listão *m.* ①폭이 넓은 조각. 띠. ②[木工] (목수가 쓰는) 일종의 긴 자. 자막대기. ③(수면의) 배 지나간 자리. 항적(航跡).
listel *m.* ①가장자리. 변두리. (특히 원형물(圓形物)의) 가. 주연(周緣). ②[建] 가장자리선(緣線). 장식으로 두른 선(飾線).
listerina *f.* 리스테린(영국의 의사 *J. Lister*

listra *f.* (천·직물 따위에 있는) 무늬. 줄무늬(縞). (특히) 여러 가지 색깔을 넣은 줄무늬. 채색호(彩色縞).

listrado *a.* (직물에) 줄무늬가 있는. 여러 가지 빛깔의. 줄무늬를 넣은.

listrar *v.t.* (특히 직물에) 무늬를 넣다. 여러 가지 빛깔의 줄무늬를 띠우다.

lisura *f.* ①미끄러움. 평활(平滑). 평탄(平坦). 평온. 정온(靜穩). ②평이(平易) 창함. 술술함. ③솔직. 허심탄회. 정직. 성실.

litania *f.* [宗] 연도(煉禱). 기도서 가운데의 연도.

litão *m.* (말린) 작은 돔발상어.

litargírio *m.* [化] 일산화납(一酸化鉛)(密陀僧).

litchi *m.* [植] (中國) 여지(荔枝)(의 과실).

liteira *f.* (옛적 로마시대에) 앞뒤에 말이 매여 있는 가마(駕馬). ②교군이 메고 가는 가마같은 것. 들것.

liteireiro *m.* 가마를 메는 사람. 가마꾼.

literal *a.* ①글자의. ②글자 뜻으로의. 글자 그대로의. 글자의 뜻에 사로잡힌. 한자한자의. ③융통성이 없는. 실제적인. ④엄밀한. 정확한.

tradução titerd 직역(直譯).

literalmente *adv.* 글자 그대로. 한자한자씩. 융통성 없이. 직역적으로. 일언일구 그대로.

literariamente *adv.* 문학상. 학술상. 문학적으로.

literário *a.* ①문학의. 문학적. 문필의. 문예의. 학문(학술)상의. ②문학에 능통한. 문필을 즐기는. 저술을 직업으로 하는. 문어체(文語體)의.

revista litária 문예잡지.

propriedade literária 저작권(著作權).

talento literário 문학적 소질. 문예의 재능.

literatagem *f.* 《輕蔑語》 저급한 문인들. 서푼짜리 문사들.

literatelho *m.* 난필가. 악필가. 잡문업자. 저급한 문인. 현학자(衒學者).

literatice *f.* 저급(低級)한 문학.

literatico *a.*, *m.* 저급한. 문인(文人). 시골문사(文士). 삼문문사(三文文士).

literatismo *m.* 문학벽(文學癖).

literato *a.* 문학에 조예(造詣)가 깊은.

— *m.* 문학가. 저작가.

literatura *f.* ①문학. 문예(文藝). 저술. 문필업. ②《古》학문. 학식. (특수학과의) 문헌(文獻). 문학서(文學書).

literatura de ficção 추리문학(推理文學) 또는 소설.

litia *f.* [化] 산화리튬.

litíase *f.* ①[醫] 결석병(結石病). ②신사(腎砂). 요사(尿砂). 방광결석(膀胱結石).

lítico *a.* 돌의. 결석(結石)의. 방광결석의.

litigante *a.* 소송에 관계있는.

— *m.*, *f.* 소송당사자(원고 또는 피고).

litigar *v.i.* 소송을 제기하다.

— *v.t.* ①(문제를) 법정에 내놓다. 소송하다. 법정에서 다투다. ②논쟁하다. 논구(論究)하다.

litigável *a.* 소송(訴訟) 일으키는. 소송할만한(해야 할). 법정에서 다툴 수 있는.

litígio *m.* 소송. 기소(起訴). 쟁의(爭議). 논쟁.

litigioso *a.* 소송의. 소송에 관계되는. 소송상. 소송하기 좋아 하는. 소송할 수 있는.

litina *f.* [化] 산화리튬[= *litia*].

lítio *m.* [化] 리튬.

litocola *f.* 보석세공(寶石細工)에 쓰는 시멘트. 옥공용(玉工用) 시멘트.

litocromia *f.* 착색화(着色石版).

litocrómico *a.* 착색석판의.

litocromista *m.*, *f.* 착색석판인쇄자.

litofago *a.* [蟲] ①돌을 뚫고 서식(棲息)하는. ②돌을 먹는. 석식(石食)의.

litofito *m.* 산호충(珊瑚蟲). 암생식물(岩生植物).

litogenesia *f.* ①암석생성(岩石生成). ②암석구조학(構造學).

litoglifia *f.* 보석(구슬)에 새기는 것. 보석조각(술).

litoglifo *m.* 보석(구슬)에 새기는 사람. 보석조각사.

litografar *v.t.* 석판으로 인쇄하다.

litografia *f.* ①석판인쇄(石版印刷). 석판술. 석판화(畵). ②석판인쇄소.

litográfico *a.* 석판의. 석판술의. 석판인쇄.

litógrafo *m.* 석판공. 석판사(石版師).

litóide *a.* 돌같은. 석질(石質)의.

litologia *f.* ①암석학(岩石學). ②[醫] 결석학(結石學). 결석병(病)학.

litólogo *m.* 암석학자. 결석(병)학자.

litontríptico *a.* [醫] 용석성(溶石性)의.

— *m*. 용석제(溶石劑).

litoral *a*. 해안의. 해안을 끼고 있는. 연해(沿海)의.
— *m*. ①해변. 해안. 해안선(海岸線). 연안선. ②해안지대. 연안지방.

litorâneo *a*. 바닷가의. 해변의. 해안의. 해변에 있는.

litóreo *a*. 《詩》해변의. 바닷가의. 해변에 사는.

litosfera *f*. [地質] 지각(地殼). (지구의) 암석권(岩石圈).

litotes *m*. (單複同形) [修] 곡언법(曲言法: 반의어(反意語)의 부정을 사용하여 긍정을 표시하는 어법. 예를 들어 "좋다"는 대신에 "나쁘지 않다"를 쓰는 따위).

litotomia *f*. [外科] (방광결석의) 절석술(切石術).

litotomista *m*., *f*. [外科] (방광결석을) 적출수술(摘出手術)하는 사람.

litótomo *m*. [外科] 결석적출기계(結石摘出機械).

litotricia *f*. (결석의) 쇄석술(碎石術).

litotritor *m*. 결석쇄석기(碎石器).

litro *m*. 리터(약 반 되).

lituano *a*. (발트해 연안의) 리투아니아의. 리투아니아 사람의.
— *m*. 리투아니아 사람(말).

liturgia *f*. [宗] 예배식. 기도문식.

liturgicamente *adv*. 예배식에 의하여. 기도서에 따라서.

litúrgico *a*. 예배식의. 예배식에 관한.

liturgista *f*. [宗] 예배식에 정통한 자. 기도문식을 잘 아는 사람.

livel *m*. =*nivel*.

liverar *v.t*. =*nivelar*.

lividez *f*. ①납색(鉛色). 잿빛. 검푸름. ②창백(蒼白).

lívido *a*. ①납색의. 잿빛의. 검푸른. (얼굴빛이) 창백한. 파랗게 질린. 혈기(핏기) 없는.

livor *m*. =*lividez*.

livador *a*., *m*. ①(위험 따위로부터) 구해내는 (사람). 구조하는 (사람). 석방하는 (자). ②이탈시키는 (자). (…을) 면하게 하는 (자).

livralhada *f*. 많은 책. 산적(山積)한 서적.

livramento *m*. 구출(救出). 구조. 석방. 해방. (위험 등을) 면하게 하기. 이탈시키기.
livramento condicional 가출옥허가(假出獄許可).

livrar *v.t*. ①놔 주다. 석방하다. 자유롭게 하다. ②(위험으로부터) 구출하다. 구해내다. 구조하다. ③면하게 하다. 이탈시키다.
—se *v.pr*. 구출되다. 구조되다. (위험 등을) 면하다. 이탈하다. 자유롭게 되다.

livraria *f*. ①책방. 서점. ②문고(文庫). 장서(藏書). ③《俗》많은 책. 쌓여 있는 책. 서적(書籍).

livre *a*. ①자유스러운. 속박 없는. 구속되지 않은. 규칙에 얽매이지 않은. 제한(제지)받지 않는. 마음대로의. 뜻대로의. ②(위험 따위를) 벗어난. 면한. 탈출한. 구출된. 석방된. ③자주의. 독립의. ④(문체가) 유창한. 유려(流麗)한. ⑤(출입 등) 무료의. 장애가 없는. 자유자재의. ⑥죄 없는. 결백한.
ar livre 노천(露天). 야외. 뜰.
entrada livre 입장무료. 무세통관(無稅通關).
espaço livre 공간.
porto livre 자유항(自由港).
comercio livre 자유무역.
— *adv*. 자유로. 마음대로. 제멋대로.

livre-arbítrio *m*. 자유의사(意思).

livre-câmbio *m*. 자유거래. 자유통상. 교역자유.

livre-cambista *m*. 자유무역자. 사유교역자.

livreco *m*. 작은 책. 보잘 것 없는 책.

livre-de-porte *m*. ①우편요금 무료. 우세기불(郵稅既拂). ②후불(後拂).

livre-docencia *f*. 자유교육.

livreiro *m*. 책장수. 서적상인. 책방주인.

livremente *adv*. 자유롭게. 자유자재로. 마음대로. 제멋대로.

livre-pensador *m*. 자유사상가.

livre-pensamento *m*. 자유사상(自由思想).

livre-roda *f*. 자재륜(自在輪: 페달을 안 밟아도 돌아가는 자전거의 뒷바퀴).

livresco *a*. ①서적상(書籍上)의. ②책(학문)에 열중하는. ③학자인 체하는. 딱딱한. ④박학한.

livrete *m*. 작은 책(小冊子). 수첩. 예금통장. 신분증명서(특히 직공·고용자의).

livrilho *m*. [植] 섬유상(纖維狀)의 내피(內皮). 인피(靭皮).

livro *m*. ①책. 서적. …서(書). ②장부. 대장. ③저술. 저작.

livro diário 일기장. (그날그날의) 매상기입장.

livro de ponto 등록부. 출근부.

livro de cheque 수표첩(手表帖).

livro de caixa 금전출납대장.

livro de referência 참고서.

livro didático 교과서. 교수용 책.

livro de lembrança 비망록(備忘錄). 여러 가지 요건을 적어두는 책.

livro de amostras 견본책.

livro de mercadorias. 상품(재고품)대장.

livro de razão 원장(元帳). 원부. 대장(臺帳).

livro borrão 장부에 올리기 전에 초서한 대장.

livro de atas (회의(會議) 등의) 기록부. 회의록. 의사록.

livro de receitas 요리책. 할팽(割烹)에 관한 책.

livro negro 과실기록서(過失記錄書). 요주의 인물(要注意人物) 기록책.

livrório *m.* 부피만 크고 내용은 보잘 것 없는 책. 내용은 보잘 것 없고 부피만 큰 책.

livroxada, livruxada *f.* 많은 책. 대량의 서적.

lixa *f.* ①표면이 도톨도톨한 가죽. 상어 가죽. ②사포(砂布 : 기제・나무 따위를 닦기 위하여 한쪽에 모래를 붙인 것). 샌드페이퍼.

lixar *v.t.* 사포로 닦다. 닦아내다. 상어 가죽으로 마찰하다.

lixeiro *m.* 청소부. 소제부. 쓰레기 모으는 사람. 쓰레기 치우는 사람.

lixento *a.* = *lixoso*.

lixívia *f.* 잿물(灰汁). 세탁용 알칼리액(液).

lixiviação *f.* ①잿물로 표백(漂白)하기. ②잿물 만들기. [化] 세척에 의한 염분분리(鹽分分離).

lixiviador *m.* 염분을 분리하는 세척기(洗滌器).

lixiviar *v.t.* 잿물로 분리하다. 세척에 의하여 염분을 분리하다.

lixivioso *a.* 잿물(灰汁) 비슷한. 잿물색의. 잿물빛의.

lixo *m.* 쓰레기. 폐물. 찌끼. 쓸데없는 물건.

lixoso *a.* ①쓰레기가 많은. 폐물이 쌓여 있는. ②불결한.

lo 인칭 대명사로서의 *o*, *a*, *os*, *as*가 -*r*, -*s*, -*z*는 끝나는(변화되) 동사의 뒤에 따를 때 그 *r*, *s*, *z*,는 생략되고 *o*는 *lo*, *a*는 *la*, *os*는 *las*, *as*는 *las*로 변형시킨다. 그리고 *nos*, *vos* 등의 간접보격 인칭 대명사(間接補格 人稱代名詞)의 뒤에 올 때도 *lo*, *la*, *los*, *las*로 된다.

para vê-lo (=*para o ver*) 그분을 보기 위하여.

êle fá-lo (=*êle o faz*) 그분이 그것을 한다.

ló *m.* 바람윗녘. 바람 불어오는 쪽. 바람부는 쪽의 현측(舷側).

meter de ló 바람윗녘으로 나가다.

pão de-ló. 카스텔라(폭신폭신한 빵과자).

lôba (1) *f.* [動] 이리의 암컷. 암늑대.

— (2) *f.* 교회성직자의 법의(法衣). 사제평복(司祭平服).

lobacho *m.* 작은 이리. 늑대 새끼.

lobado *a.* 조각있는. 분열(分裂)한. [植] 열편(裂片)의. 열엽상(裂葉狀)의.

lobal *a.* ①이리의. 늑대의. 이리(늑대) 같은. ②잔인한. 맹악한.

lobato *m.* = *lobacho*.

lobaz *m.* 큰 이리. 큰 늑대.

lobecão *m.* ①이리와 개의 잡종(트기). ②이리(잡는) 사냥개.

lobeiro *a.* 이리의. 늑대의. 이리빛깔의.

— *m.* 이리(늑대) 사냥꾼.

lobélia *f.* [植] 숫잔대. (특히 관상용의) 로벨리아.

lobeliáceas *f.*(*pl.*) [植] 숫잔대류(想)의 초본(草本).

lobinho (1) *m.* 작은 이리. 작은 늑대.

— (2) *m.* (머리・목 따위에 나는) 종기. 혹. [醫] 낭종(囊腫). 농포(膿疱).

lobishomem, lobis-homem *m.* (옛 미신에) 이리가 된 인간(낮에는 사람이고 밤에는 이리로 변하여 돌아다닌다는 괴물). 도깨비. 무서운 것.

lobisomem *m.* = *lobishomem*.

(*pl.*) *lobisomems*.

lobo (1) *m.* [植] 엽(葉)(폐엽・간엽 따위). [植] 열편(裂片). 판(瓣). [機] 로우브(왜륜(歪輪)의 돌자(突子)). [空] 로우브. 안정 장치.

lobos do pulmão 폐엽(肺葉).

lobos do cerebro 뇌엽(腦葉).

lobo da orelha 귓불(耳朶).

— (2) *m.* [動] 이리. 늑대. 《轉》 잔인한 인간. 맹악한 사람.

lobo-cerval (또는 *ceval*) [動] 시라소니 (큰 산고양이(山猫)의 일종).

lobo-do-mar. 바다표범(海豹). 뱃상어. 《轉》 노련한 선원(船員).

lobo não come lobo (이리는) 동족상잔하지 않는다.

lobo-tigre *m*. [動] 범 같은 줄무늬 있는 시라소니.

lobrego *a*. 침울한. 음침한. 암담한. 기분 나쁜. 무서운. 처참한. 모호한.

lobrigador *m*. (어슴푸레하게 보이는 것을) 간신히 발견한 사람. 발견자.

lobrigar *v.t.* ①간신히 발견하다. 멀리 눈에 뜨이다. (멀리 있는 것을) 보고 깨닫다. ②미리 알다. 예지(豫知)하다. 예감하다.

lobulado *a*. 소엽(小葉)이 있는. 소엽으로 된. 소열편을 이룬.

lobular *a*. [解] ①소엽의. 소엽상(小葉狀)의. 소열편의. ②소엽 비슷한.

lóbulo *m*. [解] 소엽(小葉). [植] 열편(裂片). 소열편(小裂片).

lóbulo de orelha 귓불(이타(耳朵)).

lobuloso *a*. [植] 소엽으로 나뉜(나뉘어져 있는). [植] 소열편으로 되는.

lobuno *a*. 이리빛을 띤. 갈색(褐色)의 (말(馬)에 대한 말).

loca *f*. ①물고기가 숨는 구멍. ②동굴.

locação *f*. ①놓는 것. 위치 선정. 정주(定住). ②[法] (동산·부동산의) 임대(賃貸). 임대차계약(賃貸借契約). 차용(借用)기간. 임차권(賃借權). ③임대료. 사용료.

locador *m*. (동산·부동산을) 빌려 주는 사람. 대주(貸主). 소유주(所有主). 지주(地主). 가주(家主).

local *a*. ①장소의. 토지의. ②지방의. 지방적인. 한 지방에 특유한. ③국부적인. 국지적인. ④동일 구내의. 시내 배달의.

jornal local 지방신문. 지방지(地方紙).

produto local 지방 생산물.

— *m*. (특정된) 장소. 지방.

— *f*. 지방통신.

localidade *f*. ①지방. 국지(局地). (특정한) 장소. ②지방 특색.

localismo *m*. 지방적인 것. 향토편애(鄕土偏愛). 지방주의. 향당주의(鄕堂主義). 지방적 편견. 지방 근성.

localista *m.f.* (신문의) 지방잡보 기자.

localização *f*. ①거처(居處)를 정함. ②한 지방에 한정(限定)함. 국한(局限). 지방화 (地方化). 국지화(局地化). 국지적 해결.

localizar *v.t.* ①한 지방에 국한하다. 지방화하다. 국지화하다. ②(군대 따위를) 분치(分置)하다. 거처를 정하다. ③(범죄인 따위) 숨는 장소를 적발하다.

—*se* *v.pr.* ①한 지방에 국한되다. 국지화되다. ②일정한 구역에 낙착되다. 정착하다.

localmente *adv*. 한 지방에 한하여. 국지적 (국부적)으로.

locanda *f*. 작은 요리점. 하등 음식점. 값싼 식당. 선술집.

locandeiro *m*. *locanda*의 주인.

loção *f*. ①세정(洗淨). 세척(洗滌). ②몸의 일부분을 약으로 씻기. ③목욕. ④씻는 약. 세척약(洗滌藥). ⑤화장수(水).

locar *v.t.* 빌려 주다. 대여(貸與)하다. 세주다.

locatária *f*. 집을 빌려 쓰는 여자. 세든 여자. 땅을 빌려 쓰는 여자(女子借地人).

locatário *m*. 셋집 든 사람. 차가인(借家人). 차지인.

locativo *a*. ①(동산·부동산의) 임차(賃借)에 관한. ②[文] 장소(위치)를 표시하는.

locomobilidade *f*. 이동성(移動性). 운동성. 운전성.

locomoção *f*. ①운동. 이동. 운전. 전위(轉位). ②운동력. ③교통기관.

locomotiva *f*. 기관차.

locomotividade *f*. 운동력. 운동성.

locomotivo *a*. 운동의. 운동하는. 이동의. 전위(轉位)의. 운동(운전)력 있는. 운동(이동)성의. 운동(운전)에 관한.

faculdade locomotiva 운동 능력.

locomotor *a*. ①운동하는. 운전하는. 운동하게 하는. 운동을 좌우하는. ②운동의. 이동의. 전위의.

locomotriz *a*. *locomotor*의 여성.

locomóvel *a*. 이동할 수 있는. 이동성의. 저절로 움직여 갈 수 있는.

— *m.,f.* ①자동추진차(自動推進車). 견인자동차. 도로기관차. ②이동 증기기관.

locomover-se *v.pr.* 저절로 움직이다. 이동하다. 한 곳에서 딴 곳으로 옮겨가다.

locução *f*. ①말씨. 화법(話法). 어법(語法). ②관용어법. ③(부사·전치사·접속사 등의) 숙어.

loculado *a*. [動·植·解] 소포(小胞)로 된. 소와(小窩)로 분열된. 방(房)으로 나

loculamento *m*. = *lóculo*.
locular *a*. [植・解] ①소포 있는. 방이 있는. 포실(胞室)이 있는. 격막(隔膜)으로 나뉜. ②소포 모양의.
lóculo *m*. [動・植.解] 소포(小胞). 방(房). 포실(胞室).
loculoso *a*. [植] 소포 있는. 방이 있는. 방이 많은.
locupletar *v.t.* ①부(富)하게 하다. 부유하게 하다. 풍부하게 하다. 비옥하게 하다. ②번영케 하다. 번창하게 하다.
— **se** *v.pr*. ①부(부유)해지다. 풍부해지다. ②비옥해지다. 번영하다. 번창하다. ③부자가 되다.
locusta *f*. 메뚜기. 방아깨비.
locustários *m*.(*pl*.) 누리의 총칭(널리 메뚜기과의 곤충으로 말하나 특히 떼지어 농작물을 해치는 황충과(蝗蟲科)).
locutor *m*. 얘기하는 사람. 연설하는 사람. 변사. (특히) 웅변가. 아나운서. 라디오 방송자.
locutório *m*. ①수도원의 담화실(談話室) 또는 응접실. ②형무소 내의 면회실. ③《轉》진찰실. 수술실.
lodaçal *m*. ①늪. 소(沼). 못(澤). 강가의 습지. ②진창. 이녕지(泥濘地).《俗》위태로운 곳. (빠지면) 꼼짝 못하는 곳. ③도덕적으로 부패케 하는 곳. 타락케 하는 장소. ④방탕(타락)한 생활. 자포자기의 생활.
lódão, lódam *m*. ①연(蓮). ②[希神] 로우투스(그 열매를 먹으면 극락의 꿈을 꾸고 세상의 괴로움을 잊는다는). [建] 연꽃무늬.
lodeira *f*. 진창구렁. 수렁이. 이녕지(泥濘地).
lodeiro *m*. 진창. 진창이 많은 땅. 수렁이. 이녕지.
lodicula *f*. [植] 인피(鱗被). 작은 비늘 조각(小鱗片).
lôdo *m*. ①진흙. 진창. 이토(泥土). ②더러운 곳. ③(진흙으로) 더럽히기. ④명예훼손. 오욕(汚辱). 오명(汚名). 추명(醜名).
tirar o pé do lodo 고경(苦境)에서 빠져나오다. (더러운 곳에서 발을 빼다).
lodo solto (특히 내・바다 밑의) 연한 진흙. 물 흐르는 진흙.
lodoso *a*. ①수렁 같은. 진창 깊은. ②진흙 투성이인. 진흙으로 더럽혀진.

loendral *m*. 서양협죽도원(園).
loendro *m*. [植] 서양협죽도(夾竹挑: 남유럽산 보리수의 일종: 야생 올리브). 석남(石南).
logar *m*. = *lugar*.
logarejo *m*. = *lugarejo*.
logarítmico *a*. [數] 대수(對數)의.
logaritmo *m*. [數] 대수(對數).
lógica *f*. ①논리학(서). ②논리. 조리(條理). ③논법. 추리(推理).
logical *a*. [廢] = *lógico*.
lógicamente *adv*. 논리상. 논리에 따라. 이론적으로.
lógico *a*. ①논리학(상)의. ②논리적인. ③(논리상) 필연적인. ④조리가 서는.
— *m*. 논리학자. 논법가.
logo *adv*. ①곧. 즉시. ②얼마 안 가서. 머지않아. 근간(近間). ③(…에) 계속하여. 이어. ④일찍. 속히.
logo que 곧. …하자마자.
logo em seguida 바로 그후. 그 후 곧. 뒤미처. 이어서.
mais logo 조금 후에. 얼마 안 가서.
Até logo. 안녕히. 다시 볼 때까지(인사의 말).
— *conj*. 그래서. 그러기 때문에. 그럼으로.
logografia *f*. 속기술(速記術).
logografo *m*. ①속기자(速記者). ②헤로도투스. 이전의 그리스의 산문사가(散文史家).
logográfico *a*. = *logogrifo*의.
logogrifo *m*. ①일종의 글자 수수께끼. ②풀기 어려운 문제.
logomaquia *f*. 말다툼. 언어상의 논쟁.
logomáquico *a*. 말다툼의.
logorréia *f*. [輕蔑語] 농담. (속이는 뜻이 있는) 재담.
logos *m*. [聖] 말씀(삼위일체의 제이위(第二位)인 그리스도).
logração (1) *f*. 소유. 기쁨. 향유(享有). 향수(享受).
— (2) *f*. ①희롱. 놀림. 농담. ②(희롱으로) 속이기. (농담으로) 착각하게 하기. 기만(欺瞞).
logradar *m*. = *logrador* (1).
logradeira *f*. (농담으로) 속이는 여자. 기만하는 여성.
logrador (1) *m*. (농담으로) 속이는 사람.

기만하는 자. 술책 부리는 자.
— (2) m. (목장 내의) 상축수용소(傷畜收容所).

logradouro m. ①향유(享有)하는 것. 향락(享樂)할 수 있는 것. ②공동소유지(共有地). 공동목장(牧場). ③뒤뜰. 정내(庭內)의 빈터(空地).

logramento m. ①(농담 또는 악의 있는) 속임수. 속이기. 기만. ②미혹(迷惑). 착각하게 하기.

logrão m. 속이는 자. 기만자. 사기꾼.

lograr (1) v.t. (…을) 얻다. 소유하다. 획득하다. 벌다. 이익보다. 성취하다. ②향유하다. 향수하다.
    lograr saúde 건강을 누리다. 건강함을 즐기다.
—**se** v.pr. 이를 보다. 스스로 향유(享有)하다.
— (2) v.t. ①놀리다. 희롱하다. ②(농담으로) 속이다. 기만하다. 착각을 일으키게 하다. ③계략에 빠뜨리다. 협잡하다.

logrativo a. ①속이는. 속여 넘기는. 협잡하는. ②미혹(迷惑)하는. 어리둥절케 하는. 착각의.

logreiro m. 이자 붙여 돈 빌려 주는 사람. 《古》고리대금업자.

logro (1) m. 소유. 향유(享有). 향수(享受). 《廢》이익.
— (2) m. 속이기. 사기. 기만. 협잡. 계략. 부정 수단. 거짓말. 헛된 칭찬. (악의 있는) 농담.
    cair no logro 협잡에 걸리다. 사기에 넘어가다.

loiça f. =*louça*.

loiçaria f. =*louçaria*.

lóio (1) a. 하늘빛의.
— (2) m. [植] 수레국화(矢車菊). 《英》*blue bottle*.
— (3) m. [宗] 신도조합(협회)의 일원.

loira f. =*loura*.

loireiro m. =*loureiro*.

loiro a., m. =*louro*.

loja f. ①상점. 점포. 전포(塵舖). 점방. ②지계(地階) : 고층 건물의 첫째층 : 우리나라의 일층. ③(비밀공제조합원) 집회소.
    lojas em cadeia 연쇄점.
    loja de tecidos 포목점.
    loja de ferragens 철물(철·쟁기) 상점.
    pôr loja. 상점을 열다. 상점을 차리다.
    loja maçônica 비밀공제조합원 집회소.

lojeca f. 작은 상점. 구멍가게.

lojeiro m. =*lojista*.

lojista m., f. 상점주인. 점포를 경영하는 사람.

lomba f. 산등. 산령(山嶺). 고개.

lombada f. ①계속된 산등. 연속된 산령. 연봉(連峯). ②소의 등(牛背) (=*dorso de boi*). ③[製本] 책의 등(=*costas do livro*).

lombar a. [解] 허리의. 요부의.

lombardo m. [史] 6세기 이탈리아를 정복한 게르만 민족 롬바르트 족(族)사람. *Lombardy*. 사람.
— a. *Lombardy*(에 사는 사람)의.

lombeiro a. 허리의. 요부(腰部)의.
— m. 요부의 가죽(皮革).

lombelo m. 소의 허리(腰部).

lombinho m. 돼지의 허리.

lombo m. ①허리. 허리 부분. 요부(腰部). ②(식수(食獸)의) 허리고기. ③고지(高地). 언덕.
    lombo de vaca 소의 허리고기(腰肉).
    lombo de livro [製本] 책 등.

lombrical a. (특히)지렁이의. 구인상(蚯蚓狀)의.
    musculos lombricais. 충양근(蟲樣筋).

lombricídeos m.(pl.) 땅속에 사는 벌레의 총칭. (특히) 지렁이속. 구인류(蚯蚓類).

lombricita f. 지렁이 꼴의 화석(蚯蚓狀化石).

lombricóide a. 지렁이와 같은. 구인상의.
— m. ①지렁이속. 구인류. ②회충(蛔蟲).

lombriga f. ①땅속에 사는 벌레. (특히) 지렁이(俗稱 : *minhoca*). ②《俗》회충(蛔蟲). ③《轉》벌레같은 인간.

lombudo a. 허리가 든든한. 요부(腰部)가 굳센. 《轉》배경이 든든한.

lona f. 돛천. 돛 만드는 무명. 지퍼. 캔버스. 화포(畵布).

londrino a. (영국 수도) 런던의. 런던시의. 런던제의.
— m. 런던 시민.

longa f. [樂] 반음표(♪).

longada f. 먼길. 원거리(遠距離).

longal a. 가늘고 긴. 갸름한. 좀 긴. [動] 장수(長手)의.

longamente adv. 길게. 갸름하게.

longamira f. 원경(遠景). 조망(眺望).

óculo de longamira 망원경.

longânime *a.* ①오래 견디는. 인내성이 강한. 참을성 있는. ②관대한.

longanimidade *f.* ①오래 견디기. ②인내성. 참을성. ③관용(寬容). 용서. ④자제(自制). 삼가기.

longânimo *a.* ①참을성 있는. 인내성 있는. ②관대한.

longe *adv.* 멀리. 멀리에. 아득히. 오래. 훨씬 많이. 상당히.
ao longe 멀리. 아주 멀리. 멀찍이.
de longe 멀리에서. 오래 전부터.
estar de longe (능력이) 한결같이 닿지 못하다. 아주 미급(未及)하다.
de longe em longe (또는 *de longe a longe*) (시간적·공간적으로) 꽤 사이를 두고. 아주 띄엄띄엄.
longe da vista, longe do coração 보지 않으면 정(情)조차 멀어진다.
— *a.* 먼. 먼 곳의. 멀리의.
— *m.* (주로 복수로 씀) (그림의) 원경(遠景). 배경. 먼 곳. 원방.

longemente *adv.* 멀리. 멀리에. 먼곳까지.

longevidade *f.* 오래 삶. 장수(長壽). 장명(長命).

longevo *a.* 《詩》①오래 산. 장수한. 장명한. ②오래 사는. (오래) 영속하는.

longicaule *a.* [植] 줄거리가 긴. 장경(長莖)의.

longicórneo *a.* [動] 뿔이 긴. 장각(長角)의. 긴 뿔이 있는.
— *m.* [動] 장각종(長角種 : 소 따위). [蟲] 장각충(長角虫).

longímano *a.* 손이 긴. 장수(長手)의. 긴 손이 있는.

longimetria *f.* [數] (뚝 떨어진) 이점 간(二点間)의 거리측정(법).

longiquamente *adv.* 멀리. 원방(遠方)에. 원격(遠隔)한 땅에.

longíquo *a.* 거리가 먼. 원거리의. 원방의. 원격한. 뚝 떨어진.

longípede *a.* 다리가 긴. 장각(長脚)의. 장족(長足)의.

longípedes *m.(pl.)* 장각류(長脚類).

longípene *a.* 날개가 긴. 장익(長翼)의.

longípenes *m.(pl.)* [鳥] 장익류(長翼類).

longirróstro *a.* 부리가 긴. 장취(長嘴)의.

longirrostros *m.(pl.)* [鳥] 장취류(長嘴類 : 도요새·마도요 따위).

longitude *f.* [地] 경도(經度). 경선(經線). [天] 황경(黃徑). 《稽》길이. 세로.

longitudinal *a.* 경도의. 날줄의. 세로의. 종(縱)의.
fibras longitudinais 종섬유(縱纖維).

longitudinalmente *adv.* 세로. 길이로.

longo *a.* (길이가) 긴. 길고 긴. 길다란. (거리가) 먼. (시간이) 오랜. 오래동안의. 지루한. 장구한.
a longo prato 장기한(長期限)으로. 장기불(拂)로.
ao longo de …에 따라서. …에 연(沿)하여.

longrina *f.* (철로에 까는) 침목(枕木).

longueirão (1) *m.* [貝] 긴맛.
— (2) *a.* 아주 긴. 길고 긴.

longueza *f.*《廢》= *longura*.

longuidão *f.* ①《稀》(몹시) 김. ②오람. ③길이.

longura *f.* ①(길이가) 김. 길고 김. 연장(延長). ②오래 걸림. 지연(遲延).

lonicera *f.* [植] 인동(忍冬)(의 학명(學名)).

loniceráceas, lonicereas *f.(pl.)* [植] 인동속(忍冬屬).

lonjura *f.* (길이가) 김. (거리가) 멈. 원거리. 장거리.

lontra *f.* ①[動] 수달. ②수달피.
lontra do mar [動] 해다리(獺虎).

loquacidade *f.* 말 많은 것. 떠들썩함. 수다스러움.

loquaz *a.* 말이 많은. 떠들썩하는. 수다스러운. (변설이) 유창한. (새따위) 잘 지저귀는.

loquela *f.* ①말. 언어. ②많은 이야기. 잡담. 한담. ③지껄이기. 다변(多辯).

loqueta *f.*《廢》맹꽁이 자물쇠.

loquial *a.* [醫] 악로(惡露)의.

lóquios *m.(pl.)* [醫] 악로(惡露 : 산후에 자궁(子宮)으로부터 나오는 배설물).

lorcha *f.* 서양선체의 중국배(船).

lorga *f.* ①(토끼·두더지 같은 것이 판) 굴. 구멍. ②토끼굴. ③양토장(養兎場).

loriga *f.* 쇠줄로 얽어 만든 갑옷.

lorigão *m.* (*foriga*의 지대어) 쇠줄로 얽어 만든 큰 갑옷.

loriz *m.* [動] 로리스 원숭이(아시아 남부산의 야행성 수상생활(夜行性 樹上生活) 동물).

loro *m.* 등자(釘子) 가죽. 등자띠. 혁대

(革帶).

lorota *f.* ①꾸민 이야기. 터무니없는 이야기. 거짓말. 대포불기. 자랑. 과장(誇張).

loroteiro *m.* 터무니없는 이야기하는 사람. 거짓말쟁이.

lorpa *a.*, *m.* 어리석은 (사람). 우둔한 (사람). 얼빠진 (인간). 꼴사나운 (녀석). 버릇없는 (놈).

lorpice *f.* 어리석음. 우둔함. 철부지함.

losango *m.* 마름모꼴. 능형(菱形). 능형 방패(楯). [紋] 마름모꼴의 무늬. (보석의) 마름모꼴면. 일종의 마름모꼴 과자(또는 알약).

losna *f.* [植] 쓴쑥(국화과).

lota *f.* ①어로(漁撈)한 물고기에 과세평가(課稅評價)하는 장소 또는 도매하는 곳. ②많은 물고기.

lotação *f.* ①(토지의) 구획분할(區劃分割). 대지(집터)로 나누기. ②(배의) 적재적량(積載定量). (승합자동차 등의) 승객(乘客)의 정원(定員). ③견적(見積)평가. ④(술의) 혼합(混合).

lotador *m.* ①(토지·대지 따위를) 나누는 사람. ②(적재량 따위를) 견적하는 사람. 평가자.

lotar *v.t.* ①(땅·대지 따위를) 나누다. 구분하다. ②할당(割當)을 정하다. ③견적하다. 어림하다. 뱡가하다. 석새당(稅當)을 재다. 추정하다. ④(술을) 섞다. 타다.

lotaria *f.* [菊] ①제비뽑기. 추첨분배. ②복권 파는 곳.
(註) 브라질에서는 *loteria* 라 함.

lote *m.* ①(토지의) 일구획(一區劃). (분할된) 대지. 집터. ②할당(割當). 한 몫. ③(파는 물건 특히 경매품의) 한 더미. 한 무지한 집단. 일조(一組). 일괄(一括). ④일좌(一座). ⑤종류(種類). 품질.
um lote de terreno 분할된 한 대지.

lotear *v.t.* (일정한 토지를) 구분하여 대지로 만들다. 대지(집터)로 나누다.

loteiro *m.* ①[植] (蓮). 토끼풀속(屬). ②[蓮] 트리퍼일. 삼엽(三葉)쇠시이. ③[紋] 세 잎. 삼판화(三瓣花).

loteria *f.* ①제비뽑기. 추첨분배. ②복권(福券). 운. 재수. ③복권파는 곳.
(註) 포르투갈에서는 *lotaria* 라 함.
loteria esportiva (축구경기의 승부를 추첨하는). 경기복권(競技福券).

loto *f.* ①[植] 연(蓮). ②[建] 연꽃무늬. ③[希神] 로우투스. 로우투스 열매(그것을 먹으면 극락의 꿈을 꾸고 세상의 괴로움을 잊는다).
— *m.* 복권추첨(福券抽籤) 비슷한 일종의 드럼프 유희.《英》*Lotto*.

lotóago *m.* 로우투스. 열매를 먹기. 세상의 괴로움을 잊어버리기.

lótus *m.* = *lodão*.

louça *f.* 토기류(土器類)·특히 가정에서 쓰는) 오지그릇. 사기그릇. 질그릇. 도자기(陶磁器).
louça de barro 토기(土器).
louça de barro e vibrada 매끄럽고 광택 있는 토기.
louça fina 윤택나는 오지그릇.
louça estanho 백랍제(白蠟製)의 그릇.
louça de china (또는 *de porcelana*) 도자기(陶磁器).
louça de cozinha 취사장(부엌)에서 쓰는 여러 가지 사기그릇.
louça de prata. 은그릇.
é outra louça《比喩》전혀 다른 사항.

louçainha *f.* ①화려한 의상(衣裳). 잘 차린 것. 성장(盛裝). ②장신구(裝身具). 장식품.

louçainhar *v.t.* 화려하게 하다. 잘 차리게 하다. 곱게 꾸미다. 곱게 장식하다. 훌륭하게 하다.

louçainho *a.* 화려한. 잘 차린. 잘 꾸민. 곱게 장식한.

loucamente (발음 : 로우까멘에) *adv.* 미친 사람처럼. 미친 것처럼. 미친듯이.

louçania *f.* ①화려. 화미(華美). 우아. ②잘 차림. 잘 꾸임. ③멋부리기. 아양부리기.

loução *a.* ①잘 차린. 잘 꾸민. 말쑥한. 깨끗한. ②고운. 아름다운. ③멋부리는. 애교부리는.

louco *a.* ①미친. 발광한. 정신 빠진. 눈알이 뒤집힌. ②미친 사람같은. 정신없이 행동하는. 무모한. ③열광한. 열중한. 몹시 흥분한. ④격노한. 광란(狂亂)한. ⑤바보같은.
— *m.* 미친 사람. 정신 빠진 사람.
ser louco por …에 미치다. 미치듯이 좋아하다.
estar louco 미치다. 정신 빠지다.
como louco 미친 사람처럼.

loucura *f.* ①광기(狂氣). 미친 사람. 정신

louquejar-**lubrificador**

착란. 미친 노릇. 정신 빠진 행위. 광란(狂亂). ②광희(狂喜). 열광. 열중.
casa de loucura 정신병원.
louquejar *v.i.* 정신 빠진 이야기를 하다. 미친 사람처럼 행동하다.
louquice *f.* = *loucura*.
loura *f.* ①금발(金髮). ②금발의 여성.
louraça *m*., *f.* 바보. 얼간망둥이. (세상일에) 깜깜한 인간.
loureiral *m.* 월계수숲. 월계수원(園).
loureiro *m.* [植] 월계수(月桂樹). 로오렐 나무.
lourejante *a.* 황금색으로 하는. 선명한 노란색으로 하는.
lourejar *v.t.* 황금색으로 하다. 금갈색(金褐色)으로 하다.
— *v.i.* 황금빛이 되다. 금갈색이 되다.
lourejo *m.* 황금빛(으로 된 상태). 금갈색.
louro (1) *a.* 황금색의. 금갈색의. 금발(金髮)의.
cabelo louro 금발.
— *m.* 금발의 남자.
— (2) *m.* [植] 월계수(月桂樹).
louros (*pl.*) 영예. 영광. 빛나는 무훈(武勳).
coroa de louro 월계관(冠).
— (3) *m.* [俗] 앵무새(= *papagaio*).
lousa (1) *f.* ①점판암(點板岩). 슬레이트 석반(石盤). 석반석(石). 석판(石板). ②흑판(黑板). ③묘(墓)에 덮는 판석(板石).
— (2) *f.* 토끼굴.
— (3) *f.* 새덫. 함정.
lousar *v.t.* 판석을 깔다. (지붕에) 슬레이트를 올리다.
louseira *f.* 석반갱(石盤坑). 판석채석장(採石場).
louseiro *m.* 슬레이트 직공.
louva-a-deus *m.* [葡] ⎱
louva-deus *m.* [伯] ⎰ [蟲] 버마재비.
louvação *f.* ①평가(評價). 가치판단. 값을 정하기. 평가액. 견적가격. 사정(査定)가격. ②칭찬. 찬양. 찬송.
louvado *a.* ①평가받은. 평가된. 감정(鑑定)된. 가치판단한. ②칭찬받은. 찬양받은. 찬송된.
— *m.* 감정인. 평가자.
louvador *a*., *m.* 칭찬하는 (사람).
louvamento *m.* = *louvação*.
louvaminha *f.* ①지나친 칭찬. 아첨. 아부. 아양부리기. ②(사람을) 달래기. 얼르기. 감언으로 꼬이기.
louvaminhar *v.t.* ①도에 넘친 칭찬을 하다. 올려치다. 아첨하다. 아양부리다. ②달래다. 어르다. (감언으로) 꼬이다.
louvaminheiro *a*., *m.* ①도에 넘친 칭찬을 하는 (사람). 아첨하는 (사람). ②(사람을) 달래는 (사람). 어르는 (자).
louvar *v.t.* ①칭찬하다. 아첨하다. 찬탄하다. 격찬하다. ②감정(鑑定)하다. 평가하다. 격찬하다. ③가치판단하다.
—*se* *v.pr.* 자랑하다. 자찬(自讚)하다.
louvável *a.* 칭찬할 만한. 찬양할 만한. 갸륵한. 훌륭한.
louvor *m.* ①칭찬. 찬양. 찬탄. 격찬. ②찬사(讚辭). ③송가(頌歌).
lovelace *m.* 유혹자(誘惑者). 난봉꾼.
loxodromia *f.* [海] 등사곡선(等斜曲線).
loxodrómico *a.* 등사곡선의.
loxodromismo *m.* 등사(等斜).
lua *f.* 달(月). (지구의) 위성.
lua nova 초승달.
lua cheia 보름달. 만월(滿月).
meia lua 반달.
lua de mel 밀월(蜜月). 신혼여행.
iluminado pela lua 달빛에 비친.
luada *f.* 달의 감화(感化)(인간만사는 달의 영향을 받는다고 믿는).
luar *m.* 달빛. 월광(月光). 월명(月明).
noite de luar 달밤. 월야(月夜).
— *a.* 달의. 태음(太陰)의.
luarento *a.* 달빛에 비친. 달빛이 있는.
noite luarento 달빛이 환한 밤. 월야(月夜).
lubricamente *adv.* 미끄럽게. 평활하게.
lubricar *v.t.* ①미끄럽게 하다. ②기름을 칠하다(바르다). 최활유(催滑油)를 치다.
lubricidade *f.* ①미끄러움. 평활(平滑). 포착하기 어려움. ②음탕. 음분(淫奔). 음란(淫亂).
lúbrico *a.* ①매끄러운. 평활한. 포착하기 어려운. 미끈미끈한. ②음탕한. 음란한. 음분한.
lubrifcação *f.* ①윤활(潤滑). 마찰이 없게 함. ②기관주유법(機關注油法). (기계에 기름칠하기 (넣기). 주유(注油).
lubrificador *m.* ①미끄럽게 하는 사람(물건). (기계에) 기름 바르는 사람(직공). ②기름치는 기계(기구·그릇). 윤활장치.

급유기(給油器). ③[寫] 광택제(光澤劑).
lubricante *a.* 마찰이 없게 하는. 미끄럽게 하는. 기름을 바르는.
— *m.* 미끄럽게 하는 물건. 윤활유(潤滑油). 기계용 기름. (윤)활제(劑).
lubrificar *v.t.* ①(기계에) 기름 바르다(칠하다). (기름을 넣어) 마찰이 없게 하다. 윤활하게 하다. (기름을 쳐서) 미끄럽게 하다. ②[寫] 윤내는 약을 바르다.
lucanário *m.* [建] 들보와 들보 사이. 양간(梁間).
lucarna *f.* 다락방의 창문. 헌창(軒窓).
lucescente *a.* 《詩》비추는. 비추기 시작하는. 비쳐보이는.
lúcia-lima *f.* [植] 마편초속(馬鞭草屬)의 관목(灌木).
lucidamente *adv.* ①빛나게. 찬란하게. 밝게. ②맑게. 투명하게. 명백히. 선명하게.
lucidez *f.* ①밝음. 광휘(光輝). 광명. ②맑음. 투명(透明). 명석(明析). 명료. 선명. ③(미친 사람의) 평정(平靜). 본정신.
lúcido *a.* ①《詩》빛나는. 찬란한. 밝은. ②맑은. 투명한. 선명한. ③[植·蟲] 매끄럽고 윤이 있는. ④《比喩》맑은. 명료한. 알기 쉬운. 명백한. ⑤[醫] (미친 사람이) 진정해 있는. 평정한. 본정신이 든.
lúcido intervalo (미친 사람이) 본정신이 든 사이. (광인(狂人)의) 평정기간(平靜期間).
lúcifer *m.* ①샛별. 금성(金星). ②[聖] 악마.
lucifero *a.* ①빛나는. 번쩍이는. 빛을 주는. ②총명한. 계발적(啓發的).
lucifugo *a.* [博] 일광을 피하는. 배일성(背日性)의. 빛(日光)을 싫어하는.
lucilação *f.* ①번쩍이는 빛. 희미한 빛. ②번쩍번쩍하기. ③힐끗보기. 별견(瞥見).
lucilante *a.* 번쩍거리는. 번쩍번쩍 빛나는(빛내는).
lucilar *v.i.* (번쩍이다. 뻔쩍이다(빤짝빤짝) 빛나다. 찬란히 비추다. ②미광(微光)을 내다.
lucimetro *m.* ①[天] 광도계(光度計). ②[寫] 노출계(露出計).
lucina *f.* 《詩》달.
lúcio *m.* [魚] 열기(유럽·북아시아산 담수어).
luco *m.* ①무성한 나무. ②밀림.
lucrar *v.i.*, *v.t.* ①덕을 보다. 이를 보다. 이익이 나다. 이득(利得)을 보다. 돈벌이되다. ②쓸모 있다. 용도(用途) 있다.
lucrativamente *adv.* 유익하게. 돈벌이되게. 영리적으로. 이가 나도록.
lucrativo *a.* 이(利)로운. 이가 나는. 이윤이 나는. 소득이 있는. 돈벌이 잘 되는. 수지맞는. 영리(營利)의.
lucro *m.* 이(利). 이익. 이윤. 이득(利得). 소득. 수익(收益). 벌이.
lucro liquido 순익(純益).
lucro ilicito 부정이득(不正利得).
lucros e perdas 손득(損得). 득실.
lucroso *a.* 이가 많은. 수입 좋은. 수지맞는. 돈벌이 잘 되는.
lucudração *f.* 등 아래(燈下)에서의 공부(작업). 절차탁마(切磋琢磨). 노작(勞作). 고심한 작품. 야간작업. 야근(夜勤).
lucubrar *v.i.* 등불 아래에서 공부하다(일하다). 노고(勞苦)하다. 고생하여 저술하다. 야간작업하다.
lúcula *f.* 태양면(太陽面)의 가장 빛나는 부분. 광휘점(光輝點)이 강한 부분.

luculiano *a.* 요부한. 호사스런. 사치한.
ludibriante *a.* ①조롱하는. 조소하는. 놀려대는. 우롱(愚弄)하는. ②(희롱적으로) 속이는. 기만하는.
ludibriar *v.i.*, *v.t.* 조롱(조소)하다. 우롱하다. 놀려대다. (장난하며) 속이다. 기만하다.
ludíbrio *m.* ①조롱. 조소. 희롱. 우롱. 놀려대기. 야유. 웃음거리. ②(장난으로) 속이기. 기만(欺瞞).
ludibrioso *a.* 조롱적. 우롱적. 멸시하는. 경멸하는. 조소적인. 비웃는 버릇이 있는. 놀려주기 좋아하는.
lúdicro *a.* 어리숭한. 익살맞은. 우스운. 터무니없는.
ludreiro *f.* ①진흙땅. 진창 있는 곳. 이녕지(泥濘地). 진창 웅덩이. ②더러운 곳.
ludro *a.* ①먼지·기름 따위로 더러운. 흙이 묻은. ②(깎은 양털 따위) 씻지 않은. 때묻은대로 있는. ③(날씨가) 흐린. 우중충한. (액체가)흐린. 혼탁한.
ludroso *a.* ①기름칠한. 기름기 있는. ②기름·먼지·때 따위가 많이 묻은. 더러운. ③(양털 따위) 씻지 않은.
lues *f.* [醫] 매독.
luético *a.* 매독의. 매독성의. 매독에 걸린.
— *m.* 매독환자.

lufa *f.* ①일진광풍(一陣狂風). 질풍(疾風). 한바탕 거세게 부는 바람. ②긴급. 황급. ③떠들썩. 큰 소란.

lufada *f.* ①한바탕 거세게 부는 바람. 갑자기 부는 바람. ②소나기. 갑자기 타오르는 불길. 갑자기 나는 큰 소리. 돌연변이(突然變異). ③(감정의) 격발.
às lufadas 발작적으로. 갑자기.

lufa-lufa *f.* 안달복달. 야단법석. 조급. 서두르기. 창황(倉皇).
à lufa-lufa 황급히. 몹시 덤비며. 야단법석하여.

lufar *v.i.* ①(일진의 바람이) 후욱하고 거세게 불다. 혹 불다. ②숨차다. 숨가쁘다. 헐떡거리다.

lugar *m.* ①장소. (표면의) 곳. 개소(個所). ②위치. 지점. 처(處). ③좌석. 거처. ④지위. 관직. ⑤경우. 입장. 시기(時機). ⑥빈자리. 공간. 여지. 공지(空地). ⑥마을. 부락. 촌(村). 동(洞). 거리.
primeiro lugar (直譯) 제일석(第一席). (경기 등에서) 처음에 도착한 자. 일번. 일등. (학교의 성적 또는 시험에 있어서) 수석(首席).
ultimo lugar (直譯) 말석. 마지막에 도착한 자. 말번.
lugares comuns 보통좌석.
É um lindo lugar. 참으로 아름다운 곳이다.
em primeiro lugar 우선 무엇보다도 먼저.
lugar de …의 대신에. …을 대신하여.
dar lugar …에게 자리를(지위를) 내주다.

lugarejo *m.* ①(*lugar*의 지소어) 작은 장소. 소지점. ②작은 마을. 작은 부락. 소촌락(小村落).

lugar-tenente *m.* ①대리. 대리인. ②대의사(代議士). 의원(議員). ③[宗] 감독대리(결혼 예고(*banns*) 없이 결혼허가를 주는). 종교재판소의 판사대리.

lugente *a.* ①슬픈. 수심에 잠긴. ②울고 있는.

lugre *m.* [海] 일종의 돛배(돛대가 2개 혹은 3개 있는).

lúgubre *a.* ①슬픈듯한. 슬픈. 불쌍한. 애처로운. ②침울한. 음침한. 음울한. 암담한.

lugubremente *adv.* 슬프게. 불쌍하게. 침울하게.

lugubridade *f.* ①슬픔. 비애. 섭섭함. ②애처로움. 불쌍함. ③침울. 음침. 음울.

lula *f.* [動] 오징어.

lumaréu *m.* ①모닥불. ②횃불. 거화(炬火).

lumbagico *a.* 허리신경통의. 요통의. 요통에 관한.

lumbago *m.* [醫] 허리신경통. 요통(腰痛).

lume *m.* ①불. 등불. ②불빛. 등광(燈光). 촉광(燭光). ③광명(光明). 광휘. 광채. ④가르침. 교(敎). 교리(敎理). ⑤예민(銳敏). 영리(怜悧).
lume da água 수면(水面).

lúmen *m.* [理] 광속(光束)의 단위. 단위 시간에 단위 면적을 통과하는 빛의 양.

lumieira *f.* ①천창(天窓). 채광창(採光窓). ②촛대. 촉대(燭臺). ③《俗》개똥벌레.

lumieiro *m.* ①《古》별. ②다락방의 작은 창문. 채광창. ③《俗》개똥벌레.

luminar *a.* ①빛을 내는. 발광(發光)의. ②비치는.
— *m.* ①발광체(태양·별 따위). 명성(明星). ②세상(인류)의 광명이 되는 사람. ③세기에 뛰어난 인재. 영명한 사람.

luminária *f.* ①조명등(照明燈). 램프등. ②등불. 등화(燈火). ③《轉》아는 체하는 사람. 현인인 체하는 사람. 사이비 현인.
luminárias (*pl.*) 장식등. 식광(飾光).

luminescência *f.* ①발광(發光). 발광성. 발광력. ②광휘.

luminosamente *adv.* 빛을 내어. 빛나게. 밝게. 선명하게.

luminosidade *f.* ①광휘(光輝). 광명. ②발광(發光). 발광성(性).

luminoso *a.* ①빛을 내는. 빛나는. 번쩍이는. 밝은. ②총명한. 현명한. 계발적(啓發的)인. 명료한.
idéia luminosa 명안(明案)(名案).

lunação *f.* 삭망월(朔望月): 초승달부터 다음 초승달까지의 기간).

lunar (1) *a.* 달의. 태음(太陰). 달 비슷한. 초승달 모양의. 달로 인한.
ano lunar 음력 일년. 태음력년(太陰曆年).
— (2) *m.* 기미(날 때부터 있는 피부의 반점(斑點)). 주근깨. 사마귀.

lunaria *f.* [植] 루나리아.

lunário *m.* 태음력(太陰曆).

lunático *a.* 정신에 이상 있는. (행동이) 미친듯한. 멍텅구리 같은.

— *m.* 정신이상자. 미치광이. 이상한 사람. 바보.

luneta *f.* ①초승달 모양의 것. ②[建] 활꼴창(弦月窓: 천장의 채광창(採光窓)). ③축성(築城). 안경보(眼鏡堡). ④비안경(鼻眼鏡). 일종의 확대경.

lunícola *m.*, *f.* 《詩》달에 사는 사람. 월주민(月住民).

luniforme *a.* 달 모양의.

luni-solar *a.* 해와 달의. 달과 해의.

lunula *f.* ①초승달처럼 생긴 물건(모양). ②(손톱뿌리 부분의) 반달처럼 생긴 백반(白斑). ③[敎·幾] 월꼴. ④[天] 목성(木星) 또는 토성(土星)의 위성(衛星).

lunulado *a.* 초승달처럼 생긴. (손톱뿌리 부분에) 초승달처럼 생긴 흰 반점이 있는.

lunular *a.* 초승달 모양을 한.

lupa *f.* ①(가축 특히 말의 다리에 생기는) 종양(腫瘍). 종기. ②(확대) 렌즈. 확대경(擴大鏡).

lupanar *m.* 매음하는. 갈보집. 청루. 유곽기루(妓樓).

lupanário *a.* 갈보집의. 청루의. 청루에 관한.

lupancais *f.*(*pl.*) 매년 2월 로마의 *Lupercus*를 기념하는 제사(牧人守神祭).

lúpia *f.* (머리·목 따위에 생기는) 시싱으로 인한 종기. 혹. [醫] 지선낭종(脂腺囊腫).

lupino *a.* 이리의. 이리같은. 이리에 관한.

lupulina *f.* [植] 검은 자주개자리. 토끼풀속.

lúpulo *m.* [植] 호프. 호프 열매(맥주의 방향고미제(芳香苦味劑)).

lúpus *m.* ①[醫] 결핵성 부스럼. ②[天] 이리자리(狼座).

lura *f.* 토끼 사는 구멍(巢穴). 토끼굴.

lurar *v.t.* 굴을 파다. 둥글게 구멍을 파다. 토끼굴을 만들다.

lúrido *a.* 혈색이 나쁜. 흙색의. 누르스름한. 《詩》거무스름한. 검은.

lusbel *m.* 샛별. 금성(金星).

lusco *a.* ①외눈(獨眼)의. ②한눈으로 보는. ③사팔의. 사팔뜨기의. 사시(斜視)의.

lusco-fusco *m.* (해뜨기 전·해진 후의) 희미한 빛. 미광(微光). 황혼(黃昏). 땅거미. 여명(黎明).

lusificar *v.t.* 포르투갈어화(葡語化)하다.

lusificar *m.* 포르투갈(옛날 루지타니아) 말씨. 그 어풍.

lusitânico *a.* 포르투갈의. 루지타니아의. 포르투갈 사람의.

lusitano *a.* 포르투갈(사람)의. 루지타니아(사람)의.
— *m.* 포르투갈 사람.

lusitanismo *m.* =*lusismo*.

luso (1) *a.* (옛날) 포르투갈의.
— (2) '포르투갈, 루지타니아'의 뜻을 나타내는 복합형.
luso-brasileiro 포르투갈·브라질(葡伯)의.
luso-coreano 포르투갈·한국(葡韓)의.

lusque-fusque *m.* =*lusco-fusco*.

lustração *f.* ①정화(淨化). 재계(齋戒). ②광택을 내기. 윤을 내기.

lustradeira *f.* 모직물(毛織物)에 윤내는 기계.

lustradela *f.* 윤을 내기. 광택을 내기. 번들번들하게 하기.

lustrador *a.* 윤(광택)을 내는. 번들번들하게 하는.
— *m.* 윤내는 사람(물건). 닦아 광택을 내는 것.

lustral *a.* [宗] 깨끗이 하는. (제사 지내기 위해서) 재계(齋戒)하는.
água lustral 깨끗이 하는 물(淨化用水).

lustrar *v.t.* ①윤을 내다. 광택을 내다. 빛나게 하다 ②[宗] 정수(淨水)로 깨끗이 하다. ③계몽(啓蒙)하다. 계발(啓發)하다.
— *v.i.* 윤이 나다. 광택이 나다. (닦여서) 빛이 나다.

lustre *m.* ①윤. 광택. ②광채(光採). 광휘(光輝). ③영예. 영광. ④광내는 약. ⑤광택 있는 모직물(毛織物). 윤나는 양털. ⑥상들리에. 여러 개의 가지 달린 촛대.

lustrilho *a.* 윤(광택)이 나는. 번들번들한.
— *m.* 광택이 있는 융(絨).

lustrino *a.* 윤있는. 광택 있는. 번들번들한. 윤을 낸. 광택을 띠게 한.

lustro (1) *m.* ①대재계(大齋戒): 특히 로마에서는 5년에 한번씩 하였던 속죄제(續罪祭)). ②5년간. 5개년.
— (2) *m.* 《俗》윤. 광택(光澤).

lustrosamente *adv.* 윤있게. 빛나게. 번쩍번쩍하게.

lustroso *a.* ①윤나는. 윤있는. 광택있는. 번들번들한. 번쩍번쩍하는. 빛나는. ②혁혁한. 광휘하는. 저명한.

luta *f.* ①싸움. 격투. 투쟁. ②전투. 전쟁.

0)③알력(軋轢). ④레슬링. 씨름. ⑤노력. 분투. 악전고투.
luta livre 레슬링.

lutador *m.* ①싸우는 사람. ②격투자. ③레슬링 선수. 역사(力士). 씨름꾼.

lutante *a.* 싸우는. 격투하는. 분투하는.

lutar (1) *v.i.* ①싸우다. 격투하다. 전투하다. 투쟁하다. 씨름하다. 레슬링하다. ③노력하다. 분투하다. 악전고투하다.
— (2) *v.t.* 봉니(封泥)로 봉하다(막아버리다).

luteranismo *m.* 루터교(敎).

luterano *a.* 루터의. 루터교(파)의.
— *m.* 루터 신봉자(信奉者). 루터교도.
doutrina luterana 루터교의(敎義).

luto (1) *a.* ①상(喪). 상중. ②슬픔. 애도. 비탄. ③상복. 상장(喪章).
luto pesado 정식 상복. 대상(大喪).
luto aliviado 약식 상복(제이기(第二期)의 상(喪)).
estar de luto 상중에 있다. 상복을 입고 있다.
deitar (tomar) luto 몽상(蒙喪)하다.
— (2) *m.* 봉니(封泥 : 진흙 또는 끈끈한 물질로 만들어 공기가 못새게 하는).

lutulência *f.* ①진흙투성이. 진창에 덮임. ②이질(泥質). ③몹시 흐린 상태.

lutulento *a.* ①진흙의. 진창의. 진흙투성이의. ②진흙으로 된. 진흙이 많은. ③몹시 흐린. 혼탁한. 더러운. ④몽롱한.

lutuosa *f.* ①사망기사. 죽은 사람의 약력. ②《古》차지인(借地人)의 사망으로 토지가 지주에게 귀납(歸納)되는 권리.

lutuoso *a.* 슬픔에 잠긴. 서러운. 비통한.

luva *f.* ①장갑. ②권투용 장갑. [野球] 글러브.
luvas (*pl.*) (차지(借地)·차가(借家)·점포 따위가 제삼자에게 양도될 때의) 권리금. 사례금. 보수.

luvaria *f.* ①장갑 상점. ②장갑 제조소.

luveiro, luvista *m.* 장갑 만드는 사람. 장갑 상인.

luxação *f.* [醫] (특히 뼈의) 삐기. 탈구(脫臼). 탈골(脫骨). 좌상(挫傷).

luxar (1) *v.t.* (관절 따위를) 삐다. 탈구하다. 탈골하다.
— (2) *v.i.* (옷을) 잘 입다. 잘 차리다. 화려하게 두르다. 사치스럽게 입다.

luxento *a.* ①《稀》잘 차리는. 화려하게 두르는. ②사치(奢侈)한. 화사한.

luxo *m.* ①사치(奢侈). 화사(華奢). 호사(豪奢). ②화미(華美). 화려. ③향락. 쾌락. 유쾌. ④풍부. ⑤겉모양. 외견(外見). 《俗》점잖빼기. 정숙한 체하기.
objeto de luxo 사치품.

luxuário *a.* 사치한. 화사한.

luxuosamente *adv.* 사치하기. 사치스럽게. 매우 기분좋게.

luxuosidade *f.* 사치함. 호사함. 화사함.

luxuoso *a.* 사치한. 호사한. 값비싼 것을 쓰는. 귀중한 것으로 아낌없이 장식하는. ③화려한. 매우 기분 좋은. ④풍부한.

luxúria *f.* ①색욕. 육욕. 음란(淫亂). 음탕. ②(식물이) 우거짐. 무성함. ③기력 왕성.

luxuriante *a.* ①다산(多産)의. (토지가) 기름진. (식물이) 우거진. 무성한. ②원기 왕성한. (기력·건강 등이) 넘쳐 흐르는. ③(상상·천분 등이) 풍부한. (언어·문체 등이) 풍려(豐麗)한. 현란한. ④《比喩》많은. 풍부한. 과다한.

luxuriar *v.i.* ①색에 미치다. 색사(色事)에 빠지다. (행실이) 음란해지다. ②무성하다. 왕성하다.

luxuriosamente *adv.* 음탕하여. 음분하게. 호색스럽게. 색에 미쳐서.

luxurioso *a.* ①호색의. 음탕한. 음분한. 음란한. ②)방탕한. 방종한. 방자한. ③변덕스러운. 제마음대로의. 멋대로 뛰어 돌아다니는.

luz *f.* ①빛. 광(光). ②광선. ③등. 등불. ④밝음. 광명. 명백함. 명료함. ⑤광휘. 영광.

luze-cu *m.*《俗》개똥벌레.

luzeira *f.*《古》= *lampada*.

luzeiro *m.* ①빛을 내는 것. 발광체(發光體). ②샛별. 금성(金星). 명성(明星). ③등대(燈臺). ④걸출한 위인. 권위자.
luzeiros (*pl.*)《俗》눈(眼).

luze-luze *m.* (유럽산의) 개똥벌레.

luzente *a.* 빛나는. 빛을 내는. 광선을 보내는. 번쩍이는.

luzerna (1) *f.* ①《俗》큰 빛. 큰 광선. 섬광(閃光). 눈부신 빛. 찬란한 빛. ②봉화(烽火).
— (2) *f.* [植] 자주개자리(콩과).

luzerneira *f.* 자주개자리밭.

luzidamente *adv.* ①찬란하게. 혁혁하게.

빛나게. ②화려하게. 장대(壯大)하게. 장려하게.
luzídio *a.* 빛나는. 윤있는. 광택있는. 번들번들한.
luzido *a.* 빛나는. 번쩍이는. 번쩍번쩍하는. 눈부신. 찬란한. 화려한. 장려(壯麗)한.
luzimento *m.* ①빛남. 번쩍임. 눈부심. ②찬란함. ③화려. 장려. 장관(壯觀). ④성대한 의식. 화려한 행렬.

luzir *v.i.* ①빛나다. 번쩍이다. 빛을 내다. 눈부시게 비치다. 찬라하게 비치다. ②이채(異彩)를 띠다(나타내다). 뛰어나다. 걸출하다.
Não luzir na converça. 이야기(화제)에 참신한 점이 없다.
Nem tudo o que luz é ouro. (번쩍이는 것은 전부 금(金)이 아니다).《諺》돌다리도 두들겨 보고 건너가라.

[M]

M, m *m.* ①포르투갈어 자모의 열둘째 글자. ②로마 숫자의 천(千). ③미터의 약자(m).

ma 대명사 *me*와 목적격으로 된 *a*의 결합형.

má *a.* (*mau*의 여성형). 나쁜. 사악한. 좋지 않은. 선하지 못한. 해로운. 유해한. 불길한.
má fé 악의(惡意).

maca (발음 : 마까). *f.* ①(특히 배에서 쓰는) 해먹. 조상(吊床). 달아 맨 그물 침대. ②(부상자를 운반하는 들것(擔架). 또는 손수레(손잡이 잡고 미는 바퀴 둘 달린 조그만 수레).

maça (발음 : 마싸). *f.* ①(옛날 무기로 쓰던) 한쪽 끝이 뭉툭한 몽둥이. 큰 곤봉. 갈고리 달린 철퇴(鐵槌). ②삼 두드리는 막대기(打麻棒).
(注意) 동음이의어 *massa* : 으깬 덩어리. 반죽한 것.

maçã (발음 : 맛쌍). *f.* 사과. 능금.
maçã reineta (프랑스 원산. 식용후) 사과의 일종.
maçã do rosto 광대뼈.

macabro *a.* 무서운. 무시무시한. 소름이 끼치는. 치가 떨리는. 송장같은. 유령같은. 파랗게 질린.
dança macabra 죽음의 무도(춤).

macaca *f.* ①[動] 암원숭이. ②《轉》 미운 여자. 추부(醜婦). ③《俗》 재수 없음. 불운. 불길. 불행.
morrer de morte macaca 비참한 죽음을 하다. 개죽음을 하다. 횡사(橫死)하다.

macacada *f.* ①원숭이 떼(무리). ②원숭이의 수작.

macacal *a.* 원숭이의. 원숭이같은. 원숭이에 관한.

macacão *m.* ①큰 원숭이. ②《俗》교활한 사람. 엉큼한 사람. 심술많고 남에게 해를 끼치는 사람. ③(아래 위가 붙어달린) 작업복.

macacar *v.t.* = *macaquear*.

macacaria *f.* ①원숭이 떼(群). ②많은 원숭이들이 지껄이는 소리. ③원숭이의 수작.

macaco (1) *m.* ①원숭이. ②《俗》엉큼한 인간. 교활한 사람. ③미운 남자.

macaco velho 노련한 사람. 빈틈없는 사람.
morte macaca 변사(變死). 참사(慘死). 횡사(橫死).
— (2) *m.* [機] 작은 기중기(차체(車體) 또는 바퀴를 들어 올릴 때 쓰는). 잭.
— (3) *a.* 교활한. 엉큼한.

macacôa *f.* 가벼운 병. 늘 도지는 병(가벼운 고질병).

maçada *f.* ①몽둥이로 치기. 곤봉으로 때리기. ②힘드는 일. 귀찮은 일. ③성가신 행위. 시끄러운 소리. ④(시시한) 장광설.

macadame *m.* ①머케덤식 도로포장법(道路鋪裝法). ②도로에 까는 쇄석(碎石). 쇄석을 간 포도(鋪道).

macadamização *f.* 머케덤식(도로를) 포장하기.

macadamizar *v.t.* 머케덤식으로(도로를) 포장하다. 쇄석(碎石)・자갈 등을 깔다.

macadamo *m.* = *macadame*.

maçadiço *a.* = *malhadiço*.

maçador *a.*, *m.* 성가시게 구는 (사람). 시끄럽게 구는 (사람). 싫증나는 (일). 진절머리 나는 (일).

maçadoria *f.* = *maçada*.

maçadura *f.* ①몽둥이로 치기. 곤봉으로 때리기. ②타박상(打撲傷). ③안마(按摩). 마사지(손으로 몸을 문지르는 치료법).

macaense *a.* (중국 남쪽) 마카오의. 마까오에 속하는.
— *m.* 마카오 주민.

maçagem *f.* ①안마. 마사지. 마사지하기. ②삼(麻)을 두드려 바수기.

maçagista *m.*, *f.* 마사지(안마)하는 사람.

macaiba, macanba, macaibeira *f.* [植] (브라질산) 종려수.

macaista *m.*, *f.* (중국 남쪽) 마카오 사람.

macajuba, macajubeira *f.* [植] (브라질산) 종려수.

maçal *m.* 탈지유(脫脂乳). 유장(乳漿 : 치즈 만들 때 응유(凝乳)를 걷고 난 물).

macambúzio *a.* ①우울한. 수심에 잠긴. 음산한. ②똥한. 골나서 말하지 않는. 실쭉한.

maçan *f.* = *maça*.

maçanaria *f.* 능금밭. 사과과수원.

maçanêta *f.* ①혹. 마디. 둥글게 부풀은 것. ②(문・서랍 따위의) 둥근 손잡이.

(깃대 끝의) 구상(球狀) 꼭지. (칼자루의) 둥근 끝. ③구슬 모양의 장식. 구형식(球形飾).

maçanilha f. 작은 사과. 작은 능금(林檎).

maçante a. 성가신. 시끄러운. 귀찮은. 진절머리나는. 싫증나는. 고달픈.

macanudo a. 강한. 굳센.

maçanzeira f. [植] (브라질산의) 일종의 과수(果樹).

mação (1) m. (땅을 다지는) 큰 망치. 나무메. 절굿공이. (문어꼴을 한) 큰 방망이. — (2) m. ①석수. 석공(石工). 벽돌장이. ②(중세의 석수의) 숙련공 조합원. ③비밀공제조합원.

maçapão m. 감복숭아《英》almondo와 설탕을 섞은 가루의 반죽. 그것으로 만든 일종의 당과(糖果).

macaqueação f. 원숭이 노릇. 흉내내기. 서툰 모방. 의태(擬態).

macaqueador a. 원숭이 같은. (원숭이처럼) 흉내내는. — m. 흉내내는 사람. 서투르게 모방하는 사람.

macaquear v.t. (원숭이처럼) 흉내내다. 서투르게 모방하다.

macaquice f. (원숭이 같은) 흉내. 서투른 모방. 의태. 《俗》익살맞은 장난. 우스운 몸짓(거동).

macaquinho, macaquito m. 작은 원숭이.

maçar (1) v.t. ①망치로 치다. 쳐서 바수다. ②괴롭히다. 성가시게 굴다. 귀찮게 굴다. — (2) v.t. 문지르다. 마사지하다. 안마하다.

maçaranduba f. [械] =*massaranduba*.

macaréu m. 해소(海嘯). 해일(海溢). (강의 입구(入口)에서 발생하는) 심한 조수(潮水). (인심 또는 인사의) 큰 동요. 대변동.

maçarica f. 작은 암토끼.

maçarico (1) m. 일종의 토끼. — (2) m. 쇠새(동지(冬至)경에 해상에 둥지를 띄워 풍파를 가라앉히고 알을 깐다고 상상됨).

maçarico real [鳥] 마도요.

— (3) m. [化] 부는 관. 취관(吹管). 용접관(熔接管). 용접 램프. 소형 발염 장치(發焰裝置).

maçaroca f. ①방추(紡錘)에 감긴 실. 권사(捲絲). ②방추 하나 분의 실(一紡錘分量). ③옥수수의 수(穗). 옥수수의 열매. ④묶음. ⑤많은 돈.

maçaroco m. 지진 머리털. 곱슬머리. 권모(捲毛).

maçaroquinha f. (기계소제용) 실찌끼.

macarrão m. 마카로니(이탈리아의 국수). 관상(管狀) 국수.

macarroeiro m. 마카로니 만드는 사람.

macarronada f. [料理] 마카로니 국수.

macarrónea a. 라틴어 또는 라틴어미를 현대어에 섞은. 뒤범벅한. 혼효체의. — f. 혼효체광시(混淆體狂詩). 잡곡(雜曲). 뒤범벅.

macarronete m. 가는 마카로니. 가는 관상 국수. 소면(素麵).

macarronicamente a. ①뒤범벅하여. 뒤섞어서. ②혼효체로.

macarrônico a. ①뒤범벅한. 뒤섞은. ②혼효체(混淆體)의. 잡곡(雜曲)의.

macassar f. ①[植] 일종의 콩. ②마깟싸르 기름(식물성 머릿기름의 일종).

macavenco a. ①(두 원(圓)이) 중심을 달리하는. 편심(偏心)의. [天] (궤도가) 편심적인. ②(사람·행동 등) 정도(正道)를 벗어난. 이상한. 괴상한. — m. ①[機] 편심기. ②기인(奇人) 이상한 사람.

macaxera f. [植] 카사아바. 그 뿌리에서 뽑은 전분.

macedónico, macedonio a. (그리스의 북부) 마케도니아 (사람)의. — m. 마케도니아 사람.

macega f. 밭에 돋아나는 잡초. 악초(惡草).

macegal m. 잡초(악초)가 무성한 곳.

maceira f. 사과나무. 능금나무.

maceiro m. (고관 행렬 때) 권표봉(權標棒)을 가지고 다니는 사람.

macela f. [植] 개꽃(건위·흥분제로 씀). 족제비쑥.

macelão m. [植] 잎맨드레미(비듬과). (전설에 나오는) 시들지 않는 꽃.

maceração f. 물에 담그기. 침해(浸解). 침용(浸溶). ②몸을 괴롭히기. 단식하여 수척해짐. 난행고행(難行苦行). 금욕.

macerado a. 물에 담근. 고행(苦行)한. (정신 또는 육체를) 괴롭힌.

maceramento m. =*maceração*.

macerar v.t. ①물에 담그다. 물에 넣어 우

리다. 물에 담구어 부드럽게 하다. 연하게 하다. 분해되게 하다. 물에 녹이다. ②심신(心身)을 괴롭히다. 고행(苦行)하다. (정욕을) 억제하다.

maceria *f.* 돌담. 돌벽(石壁). 돌공사. 석루(石壘). 공사.

macêta *f.* ①[石工] 망치. 쇠망치. ②북채.

macete *m.* 작은 망치. 세공용(細工用) 망치. 조각용 망치. 나무 망치. 도끼(斧槌).

mach (1) *m.* [理] 마하. 초음속도의 단위 (68°F에 있어서 시속 770마일의 음속을 기준으로 하고. 그 배수(倍數)에 따라 측정함).
— (2) 마하 일(이).

machacar *v.t.* 도끼로 찍다. 도끼로 잘라버리다. 도끼질하다.

machacaz *m.*《卑》①모양 없는 사람. 꼴불견한 사람. ②교활한 사람. 잔꾀 쓰는 사람.

machada *f.* [木工] 도끼.

machadada *f.* ①도끼로 쪼개기(패기). 도끼로 찍기. 도끼질. ②도끼로 찍은 상태.

machadar *v.t.* 도끼로 쪼개다(패다). 도끼로 찍다. 도끼질하다.

machadeiro *m.* ①도끼로 패는 사람. 도끼질하는 사람. ②나무꾼. 벌목인.

machadinha *f.* 작은 도끼. 손도끼.

machado *m.* 도끼.

macha-femea *f.* ①돌쩌귀. ②남녀추니. [動] 암수 한몸. [植] 자웅동화. 양전화(兩全花). 양성화(兩性花).

machão *m.*, *f.*《卑》①체통이 크고 눈치 없는 사람. 덩치 큰 얼간이. ②거동이 거친 여자. 잔소리 많은 여자. 바가지 긁는 여자. 표독스런 계집.

macheado *a.* 주름잡은. 주름을 곱접은.
— *m.* (치마 따위의) 주름. 곱접은 주름.

machear *v.t.* (치마 따위의) 주름잡다.

macheiro *m.* = *machieiro*.

machetada *f.* 수렵용 칼로 치기. 짧은 칼로 찌르기.

machete *m.* ①작은 칼. 수렵용의 칼. 단검(短劍). 포병용(砲兵用)의 검(劍). ②[樂器] 일종의 작은 기타.

machial *m.* 떡갈나무. 잡목(雜木) 따위가 많은 땅. 곡식을 심지 않는 목장. 방목지(放牧地). ②나무 없는 야산(野山).

machiar *v.i.* 불모의 땅이 되다. 황무지가 되다. (토질이 나빠서) 식물이 열매를 맺지 않다.

machiavélico *a.* = *maquiavélico*.

machiavelismo *m.* = *maquiavelismo*.

machiavelista *m.*, *f.* = *maquiavelista*.

machiavelizar *v.t.* = *maquiavelizar*.

machieiro *m.* [植] 어린 코르크나무.

machila *f.* (중국·인도·아프리카 등 지방의) 가마. 탈것.

machimbombo *m.* 강색철도(鋼索鐵道).

machina *f.*《古》= *maquina*.

machinação *f.* = *maquinação*.

macho *a.* ①남성의. 남자의. 수컷의. ②남성적인. 굳센. 강한. ③철상(凸狀)의. [植] 수술만 가지고 있는.
— *m.* ①남자. 남성. (동물의) 수컷. 웅성식물(雄性植物). ②[機] 수나사. 철상부분(凸狀部分). (연장의 구멍에 들어가는) 자루 끝. ③《俗》노새.
machos e femeas ①[建] 장부와 장부 구멍. ②(요철(凹凸)이 있는) 혹 단추의 한쌍.

machoa *f.* = *machão*.

machorra *a.* 애기 못 배는. 잉태 못하는. 불임(不姙)의. [動] 새끼를 못 낳는 동물.

machucação *f.* ①박살내기. 파쇄. 눌러 부스러뜨리기. 압착(壓搾). 밟아 찌그러뜨리기. 압복(壓服). 압도(壓倒). ②(때려서) 상처를 입히기. ③타박상(打撲傷). 좌상(挫傷).

machucado *a.* ①부서진. 깨뜨려진. 파쇄한. ②상처를 입은. 타박상을 입은. 상한.
— *m.* ①(맞은) 상처. 타박상. 흠. ②상한 사람. 부상자.

machucador *a.*, *m.* ①박살내는 (사람). 파쇄하는 (자). 밟아 찌그러뜨리는 (사람). 눌러 바수는 (사람). ②(때려) 상처를 입히는 (사람). 난장질하는 (사람).

machucadura *f.* ①바수기. 파쇄. 찧어빻기. 압궤(壓潰). 압착(壓搾). ②(때려) 상처를 입히기. 좌상(挫傷).

machucar *v.t.* ①박살내다. 파쇄하다. 눌러 부스러 뜨리다. 압착하다. 압박(壓迫)하다. ②(때려서) 상처를 입히다. 상하게 하다.

machuca-rolhas *m.* 코르크 압축기(壓縮機).

machucho *m.* ①《俗》재산이 많은 사람. ②유력한 사람.
— *a.* ①재산이 많은. 부유한. ②(사회적으로) 힘있는. 유력한. ③교활한. 빈틈없는.

maciço *a.* ①크고 무거운. 묵직한. 용적감(容積感)이 있는. ②튼튼한. 굳은. 딱딱한. ③속이 있는. 비지 않은. [地] 덩어리 모양의. 괴상(塊狀)의.
— *m.* ①(속이 비지 않은) 금·은 세공물(細工物). ②밀집(密集). ③덩어리진 것. [地] 산괴(山塊). [地質] (화성암체의) 저반(底盤).

macicote *m.* [化] 연단(鉛丹). 산화연(酸化鉛).

macieira *f.* ①[植] 사과나무. ②능금과 나무의 총칭.

maciez, macieza *f.* 부드러움. 연함. 유연(柔軟). 유화(柔和). 유순.

macilência *f.* ①야윔. 마름. 수척(瘦瘠). 쇠약. ②혈색이 나쁨. 창백.

macilento *a.* ①마른. 야윈. 수척한. 쇠약한. ②핏기 없는. 혈색이 나쁜. 창백한. ③열이 없는. 빛이 약한. ④색깔이 나쁜.

macio *a.* ①부드러운. 연한. 유연한. 말랑말랑한. 보들보들한. ②매끄러운. (만져) 기분이 좋은. ③(날씨·계절 등이) 따스한. 온화한. 상쾌한. ④고요한. 조용한. ⑤순조로운. 편한.

macis *m.* 육두구(肉荳蔲) 껍질. 그것을 말린 향미료(香味料).

mackintosh *m.* 고무로 만든 방수포(防水布). 방수 외투.

macla *f.* [鑛] 쌍정(雙晶).

maço (1) *m.* 큰 나무망치. (도로 포장할 때 땅을 다져 굳게 하는) 나무메. 절굿공이.
maço de calceteiro (문어꼴을 한) 큰 나무메. (두 사람이 마주 쥐고 땅을 고르는).
— (2) *m.* 묶음. 종이묶음. 꾸러미. 소포. 포장.
maço de cigarro 한 갑의 담배.
maço de papeis 한 묶음의 종이.
maço de cartas 한 포장의 트럼프(한 갑의 화투).

maçom, maçon *m.* = *mação* (2).

macoma, macombeira, macomeira *f.* [植] (브라질산) 종려나무속(棕櫚屬).

maçonaria *f.* ①석공(石工)의 직. 석공술(石工術). 돌공사. 석조건축. ②공제비밀결사의 주의. 제도. 규약.

maconha *f.* ①[植] 일종의 삼. 그 말린 잎과 꽃. 거기서 뽑은 마취약. ②마약.

maconheiro *m.* 마약 중독자. 마약 상용자(常用者).

macónico *a.* 비밀공제조합의(에 관한).
— *m.* 비밀공제조합원.

macota *m.* (지방의) 유력자. 유지. 거물.
— *a.* 부유한. 유복한. 유력한.

má-criação *f.* 교양 없음. 본데 없음. 버릇없는 행실. 조폭한 언행.

macro '큰…, 긴…'의 뜻을 나타내는 복합형.

macrobia *f.* 장수(長壽). 장명(長命).

macróbio *a.* 오래 산. 장수한. 장명한.
— *m.* 오래 산 사람. 장명자. 고령자.

macrobiótica *f.* 장수법(長壽法). 장명법(長命法). 불로장생술.

macrocefalia *f.* 머리(頭部)의 이상 발달(異狀發達).

macrocéfalo *a.* 큰 머리의. 대두(大頭)의. 두개과대(頭蓋過大)한.
— *m.* 머리가 매우 큰 사람.

macrocósmico *a.* 대우주의. 전범위의.

macrocosmo *m.* 대우주(大宇宙). 전범위(全範圍).

macrodáctilo *a.* 손가락(발가락)이 큰. 장지(長指·長趾)의.

macrodactilos *m.*(*pl.*) [動] 장지류(長趾類).

macrogastria *f.* [醫] 위확장(胃擴張).

macroglosso *a.* [解] 혀가 큰. 대설(大舌)의.

macrologia *f.* [修] 문장이 몹시 긴. 지루한 연설. 장광설.

macropétalo *a.* [植] 꽃잎이 큰. 대화판(大花瓣)의.

macropode, macropodo *a.* [動] 발이 큰. 발이 긴. [魚] 지느러미가 긴. [植] 화경(花梗)이 긴.
— *m.* 장족류(長足類).

macrorrizo *a.* [植] 뿌리가 큰. 큰 뿌리 있는.

macroscelia *f.* [解] 다리의 이상 발달(異狀發達).

macroscópio *a.* 육안(肉眼)으로 보이는.

macruro *a.* 꼬리가 긴. 장미(長尾)의.

macruros *m.*(*pl.*) [動] 장미류(長尾類 : 절족동물 갑각류(節足動物甲殼類)의 일종).

macucú *m.* ①[鳥] (브라질산) 곽계류(郭鷄類)의 들새(野鳥). ②[植] 만쵸까의 일종.

macudo *m.* [鳥] 티나무우(남미산의 메추라기 비슷한 새).

maçudo *a.* ①곤봉(棍棒)꼴을 한. 몽둥이 비슷한. ②귀찮은. 시끄러운. 성가신. 싫

macuim 중나는. ③(문장·연설 따위) 지루한. (注意) 동음이의어. *massudo*: 으깬 덩어리같은. 충실한.

macuim *m*. (브라질산) 모기의 일종.

mácula *f*. 얼룩. 오점(汚點). 흠. 《L》(태양의) 흑점. (광물의) 흠. 사마귀.

maculado *a*. 얼룩진. 녹슨. 흠 있는. 오점이 찍힌. 오명(汚名)을 쓴.

maculador *a*., *m*. ①얼룩지게 하는 (사람). 흠 만드는 (사람). ②(명성·품성 등을) 훼손하는 (자). 오욕하는 (자).

macular *v.t*. 얼룩지게 하다. 녹슬게 하다. 흠지게 하다. 더럽히다. 모독(冒瀆)하다. — *v.i*., —**se** *v.pr*. 얼룩지다. 흠이 생기다. 녹슬다. 더러워지다. 자기의 이름(면목)을 더럽히다.

maculatura *f*. ①더럽게 인쇄한 종이. 잘못 인쇄한 종이. 버릴 종이. ②(파지(破紙)를 모아 재생한) 포장용지(包裝用紙).

maculável *a*. 얼룩지기 쉬운. 흠 생길 수 있는. 더러워지는. 더럽게 되는.

maculiforme *a*. 작은 얼룩 같은. 흠집 같은. 오점(汚點)이 찍힌 듯한. 오점상(汚點狀)의.

maculoso *a*. 얼룩이 많은. 흠 많은. 반점(斑點)이 많은.

macumba *f*. 부우두우교(教). 일종의 마교(魔敎).

macumbeiro *m*. 부우두우교도. 부우두우교의 마술사.

madagascarense *a*. (아프리카 동쪽의 섬) 마다가스카르의.
— *m*., *f*. 마다가스카르 사람.

madama *f*. 부인. 귀부인. 마님. 마담.

madamismo *m*. ①많은 마님. ②귀부인의 회합(會合).

madapolão, madapolam *m*. 일종의 면직물(綿織物).

madefação, madefacção *f*. [醫] 습윤(濕潤).

madefato, madefacto *a*. 습윤한.

madeficar *v.t*. 습윤하다.

madeira *f*. ① 나무. 재목. 목재. 용재(用材). ②널빤지. 판자.
madeira compensada 합판(合板). 베니어판.
madeira de lei ①(톱으로 자른) 원목. 통나무. 굳은 나무. ②건축 재목.

madeirada *f*. ①많은 나무(재목). ②(쌓여 올린) 많은 목재.

madeiral *m*. ①나무(用材)를 해내는 곳. 목재를 베는 곳. ②산림(山林). 숲.

madeiramento *m*. ①목재. 재목. 용재. ②목재 공작. 목조(木組) 작업. 목조 구조(構造). 목조부(木造部). 나무짜기. ③제재(製材).

madeirar *v.t*. 나무를 준비하다. 재목을 만들다. 제재하다. (건축할 때) 나무를 짜다. 조립하다.

madeireiro *m*. ①벌목업자. 재목상. ②목재를 베는 사람. 나무꾼. ③나무를 짜는 사람. 목수. ④재목 운반선.

madeirense *f*. (아프리카 서북방 포르투갈 영도(領島)) 마데이라의.
— *m*., *f*. 마데이라 사람.

madeiro *m*. ①나무줄기(樹身). 통나무. ②[建] 기둥. 주간(柱幹). 대들보. ③재목. 용재(用材). ④《俗》바보. 멍청이.

madeixa *f*. 실타래. 토리(실). 실묶음. 털묶음.
madeixa de cabelo 한 줌(한 묶음)의 머리털.

mádido *a*. ①이슬에 젖은. 눅눅한. 습기있는. ②물에 젖은. 물에 적신.

Madona *f*. 성모 마리아.

madona *f*. ①성모 마리아의 상(像). ②이탈리아 부인.

madorna, madôrra *f*. =*modorra*.

madorrento *a*. =*modorrento*.

madraçaria *f*. 게으름. 나태함. 나태한 생활.

madraceador *a*., *m*. 게으른 (사람). 나태한 (사람). 나태한 생활을 하는 (자).

madracear *v.i*. 게으르다. 게으르게 살다. 나태한 생활을 하다. 빈둥빈둥 놀다. 무위도식하다.

madraceirão *m*. 매우 나태한 사람. 큰 게으름뱅이.

madraceiro *a*., *m*. 게으른 (사람). 나태한 (사람).

madracice *f*. 게으름. 나태함. 나태한 생활. 빈둥빈둥 놀기.

madraço *a*. ①게으른. 나태한. ②하는 일 없이 노는. 건달부리는. ③꿈뜬. 느린. 완만한. ④기능이 둔한. 부진(不振)한.
— *m*. 게으름뱅이. 나태한 인간. 무위도식자. 건달. 공부를 하지 않는 학생.

madrasta *f*. ①계모(繼母). ②애정이 없는

어머니. ③자비심 없는 여자.
madre *f.* ①수녀. 수도녀(修道女). 여승(女僧). 수녀원장(修女院長). ②[解] 자궁(子宮). ③[建] 접합(接合). 들보(梁). ④하상(河床).
madrepérola *f.* 진주모(眞珠母). (조개 내면의) 진주층(眞珠層). 파란 조개(靑貝).
madrépora *f.* [動] 녹석(綠石 : 돌산호과(石珊瑚科)의 일종).
madrepórico *a.* 녹석의. 녹석같은. 녹석에 속하는.
madressilva *f.* [植] 인동덩굴속. 인동(忍冬草).
madria *f.* 흰 물결. 백파(白波).
madrigal *m.* 서정(抒情)의 단시(短詩). 목가(牧歌). [樂] 마드리갈(보통 3내지 6성부(聲部)로 된 반주 없이 하는 성악합창).
madrigalésco, madrigálico *a.* 서정단시의. 목가의. 마드리갈의. 마드리갈식의.
madrigalista *m., f.* 마드리갈 작곡가(가수).
madrigalizar *v.t.* ①서정의 단시를 짓다. ②마드리갈 작곡을 하다.
madrigaz *m.* 몹시 야윈 사람. 초췌(憔悴)한 사람. 보기 흉한 사람.
madrigoa, madrigueira *f.* ①토끼집(굴). ②짐승의 굴. ③악도들의 숨는 곳. 도적의 소굴.
madrija *f.* 암고래.
madrileno, madrilense *a.* (스페인 나라의 수도) 마드리드 시(市)의.
— *m.* 마드리드 주민. 마드리드 사람.
madrinha *f.* [宗] 대모(代母). 여성 후견인(後見人). 보호자.
madrugada *f.* 새벽. 동틀녘. 여명(黎明). 조숙(早熟).
de madrugada 새벽에.
madrugador *a., m.* ①아침 일찍 일어나는 (사람). ②(남보다) 솔선하여 일하는 (사람).
madrugar *v.i.* 새벽에 일어나다. 일찍 일어나다. 남보다 먼저 하다. 솔선하다. 기선(機先)을 제압하다.
A quem madruga, Deus ajuda. 신은 스스로 돕는 자를 도와 준다. (부지런하면 성공한다는 뜻).
maduração *f.* (=*maturação*). ①익음. 성숙(成熟). (인적 재능의) 원숙(圓熟). ②[醫] 화농(化膿).
madurador *a.* 익히는. 익게 하는. 성숙시
키는.
maduramente *adv.* 깊이 생각하여. 숙고하여.
madurar *v.t.* 익히다. 익게 하다. 성숙시키다. 충분히 발달하게 하다.
— *v.i.* 익다. 성숙하다. (인적 재능이) 원숙해지다. 충분히 발달하다. 경험을 쌓다.
madurativo *a.* [醫] 화농의.
— *m.* 화농약. 빨아내는 약.
madurecer *v.i., v.t.* ①익히다. 익다. 성숙하다. 성숙시키다. ②깊이 생각하다. 숙고(熟考)하다.
madureiro *m.* 과일 따위를 (익히기 위하여) 저장하는 곳. 저장하여 익히는 창고 (또는 움).
madurez, madureza *f.* ①익음. 성숙함. 원숙함. ②익은 상태. 성숙한 상태. ③분별하는 연령. 불혹지년(不惑之年). ④심사숙고. ⑤[醫] 화농(化膿). 양농(釀膿).
exame de madureza 종합시험.
maduro (1) *a.* ①익은. 열매가 든. 성숙한. (심신이) 충분히 발달한. (인적 재능이) 원숙(圓熟)한. ②깊이 생각한. 숙고한. (사전에) 잘 생각되는. 덤비지 않는. (선악을) 분별하는. ③[醫] 곪은. 화농한.
idade madura 분별력이 있는 연세. 불혹지년(不惑之年).
plano maduro 완성된 계획. 실천에 옮길 수 있는 계획.
— (2) *m.* 꿀을 넣은 일종의 음료수.
mãe *f.* ①어머니. 모친. ②낳은 자. 생산자. ③원천. 근원.
mãe-pátria 모국(母國).
mãe-prêta 흑인의 유모(할머니).
mãe do rio 하상(河床).
maestoso *adv. a.* 《It》[樂] 장엄하게(한).
maestria *f.* ①대가다움. 주인임. 두목임. ②선생의 직(職). 선장의 직. ③통어(統御). 지배(支配). 지배력.
maestrino *m.* 소가곡(小歌曲)의 작가.
maestro *m.* ①대음악가. 대작곡가. ②(합주단의) 지휘자. 악장(樂長).
mafarrico *m.* ①《俗》악마. 악귀. ②말 안 듣는 애. 장난이 심한 아동.
maga *f.* 여자 마술사. 여자 마법사. 여자 요술장이. 마녀. 무당.
magacia *f.* 마술. 요술.
magana (1) *f.* 고대(古代)의 악곡(樂曲).
— (2) *f. maganão*의 여성형.

maganagem *f.* 나쁜 장난하기. 못된 장난하기. 심술궂은 이야기를 하기. 음탕한 이야기를 하기. 음란한 희롱을 하기.

maganão *a.* ①익살맞은. 우스운. ②장난치는. 장난 좋아하는. 우악스러운. ③악의(惡意) 있는. 심술궂은. ④바람피는. 음탕한 이야기를 하는.
— *m.* 익살광대. 웃기는 자. 장난치는(좋아하는) 자. 악의 있는 자. 심술꾸러기. 음탕한 말을 하는 자. 바람쟁이.

maganear *v.i.* 못된 장난을 하다. 나쁜 짓을 하다. 바람피우다. 음탕한 이야기를 하다. 음란한 농담을 하다. 음분하다.

maganeira, maganice *f.* 못된 짓. 나쁜 장난. 음란한 희롱. 음탕한 이야기. 음분한 행동. 익살맞은 노릇.

magano *a.* ①비천한. 비열한. ②심술궂은. 악의 있는. ③장난 좋아하는. 못된 장난하는. ④음탕한 이야기를 하는. 음분한. ⑤엉큼한. 마음을 놓을 수 없는.
mulher magana 마음이 들뜬 여자. 말괄량이. 익살광대.
— *m.* 못된 장난하는 사람. 음탕한 이야기를 하는 자. 바람피는 자. 비천한 행동을 하는 자.

magarefe *m.* ①백장. 도살자. 고기장수. ②학살자(虐殺者). ③《轉》서투른 외과의사.

magia *f.* ①요술. 마술. 기술(奇術). 마법(法). ②마력. 고혹(蠱惑). 이상한 힘. 불가사의의 힘.
magia branca 기술(천사의 마술).
magia negra 요술(악마의 마술).

mágica *f.* ①=*magia*. ②환극(幻劇). ③여자 요술사. 여자 마법사. 마녀.

mágico *a.* 요술의. 마술의. 기술의. 마법의. 기묘한. 고혹한. 불가사의한. 환혹적(幻惑的)인.
lanterna mágica 환등(幻燈).
— *m.* 마술사. 기술사. 요술쟁이.

magismo *m.* 요술부리는 재간. 요술부리기. 마술실행(實行).

magister *m.* 《俗》스승. 선생. 《轉》위풍당당한 사람. 위엄을 보이려고 하는 사람. 건방진 사람.

magistério *m.* 교원의 직(職). 선생의 직. ②교사단(敎師團).

magistrado *m.* ①장관. 지사. 시장(市長). ②치안판사. 법관. 사법관(司法官).

magistral *a.* ①선생의. 교원의. 선생다운. 장관(법관)다운. ②엄연한. 위풍당당한. 권위있는. ③거만한. 건방진.

magistralidade *f.* 선생인 체하기. 학자티를 내기.

magistratura *f.* 장관·치안판사의 직(임기·관구) 법관·사법관의 임기.

magma *f.* [地質] 용암(熔岩).

magnanimamente *adv.* 마음 넓게. 도량이 크게.

magnanimidade *f.* 아량. 도량이 넓음. 배짱이 큼.

magnânimo *a.* ①아량 있는. 도량이 넓은. 배짱이 큰. ②고결한. 관대한.

magnata, magnate *m.* 대관(大官). 부호. 권력자. 유지(有志). 큰 인물. 거물. …왕.

magnésia *f.* [化] 마그네시아. 고토(苦土). *carbonato de magnésia* 탄산마그네시아.

magnesiano, magnésico *a.* 산화(酸化)마그네슘의(…을 포함한).

magnésio *m.* 마그네슘(금속원소의 하나. (記號; Mg).

magnesite *f.* [鑛] 능고토석(菱苦土石).

magnete *m.* 자석(磁石). 지남철. 자철.
magnete em ferradura 말굽자석(U).

magneticamente *adv.* 자력(磁力)으로.

magnético *a.* 자석의. 자기의. 자기를 띤. 자성(磁性)의. 자질이 있는. 자력 있는. 인력(引力) 있는. 매력 있는. 마음을 끄는. 최면력(催眠力) 있는.

magnetismo *m.* ①자기(磁氣). 자성. 자력(磁力). 매력. (지적(知的)·도덕적인) 인력. 흡인력(吸引力). ②최면술.

magnetista *m.* 자기학자.

magnetite *f.* [鑛] 자철광(磁鐵鑛).

magnetização *f.* 자화(磁化). 자기를 전함.

magnetizador *a., m.* 자화하는 (사람·물건). 자기를 전하는 (사물·사람). 자기를 띠게 하는 (것).

magnetizar *v.t.* ①자기를 띠게 하다. 자화하다. ②이끌다. 매혹하다.
— *v.i.* 자기를 띠다.

magnetizável *a.* 자화(磁化)되는. 자기를 받기 쉬운.

magneto *m.* 자석발전기(자동차 따위의 내연기관에 쓰는).
magneto-elétrico 전자기(電磁氣).

magnetologia *f.* 자기학(磁氣學). 동물(動

物) 자기학.

magnetometro *m.* 자기계(磁氣計). 자력계.

magnifica *f.* =*magnificat*.

magnificação *f.* ①확대. 과장(誇張). [光]배율(位率). ②칭찬. 찬미.

magnificador *m.* 크게 하는 물건. 확대자. 확대경(鏡). 확대 렌즈.

magnificar *v.t.* ①확대하다. 과장하다. ②칭찬하다. 찬미하다.
— **se** *v.pr.* ①증대(增大)하다. ②뻐기다.

magnificat *m.* [聖] 성모 마리아의 송가(頌歌).

magnificatório *a.* (물체를) 확대하는.

magnificência *f.* ①장려(壯麗). 장대(壯大). 장엄함. 화려. 훌륭함. ②도량이 큼. 관대(寬大).

magnificente *a.* ①장려한. 장대한. 웅대한. 화려한. 훌륭한. ②(사상·언어 따위) 품이 높은. 숭고한. ③도량이 큰. 물건을 아끼지 않는.

magnífico *a.* 광대(宏大)한. 장대한. 장엄한. 웅대한. 화려한. 훌륭한. 호화로운. 호사스러운.

magniloquência *f.* 호언장담. 과장된 말 (문체).

magníloquo *a.* 호언장담적. 과장(誇張)된.

magnitude *f.* ①크기, 대소. ②광대(廣大). 장대. 광대(宏大). 웅대. 위대(偉大). 중대(重大).

magno (1) *a.* 몹시 큰. 거대한. 위대한. 중대한. 중요한.
(註) 성명의 다음에 따를 때는 …위인. …대왕(大王).
Alexandre magno 알렉산더 대왕.
— (2) *m.* (페루산의) 연지충(臙脂蟲: 염료(染料)로 됨).

magnólia *f.* [植] 목련(木蓮). 가지꽃나무.

magnoliáceas *f.*(*pl.*) [植] 목련속(屬).

mago *m.* ①옛 페르샤의 중. 현교승(顯教僧). ②마술사. 요술사.
— *a.* 《詩》 매혹하는. 환혹(幻惑)하는. 뇌살하는.

mágoa *f.* ①(타박상(打撲傷)에 의한) 흠집. 검은 사마귀. ②슬픔. 서러움. 비탄. 조위(弔慰). 조의(弔意).
mágoas (*pl.*) 분함. 원통. 억울함.

magoado *a.* ①상처를 입은. (맞아) 상처가 생긴. 짓밟힌. ②슬픈. 불쌍한. 가련한. 억울한.

magoar *v.t.* ①(때려) 상처를 입히다. 흠집을 내다. 맞은 자국을 만들다. 짓밟다. 유린하다. ②슬프게 하다. 서럽게 하다. 원통하게 하다.
— *v.i.*, —**se** *v.pr.* ①상처를 입다. 흠집이 생기다. ②슬프다. 억울하다.

magote *m.* 떼. 무리. 조(組). 대(隊). 군(群).
em magote 떼를 지어.

magreira *f.* =*magreza*.

magrete *a.* ①야윔. 파리한. ②빈약한. 검약한. 절약하는. 인색한.

magreza *f.* 야윔. 마름. 수척. 파리함.

magricela, magrizela *a.* 가죽과 뼈만 있는. 말라 빠진. 몹시 쇠약한. 수척한.
— *m., f.* 가죽과 뼈만 남은 사람. 몹시 야윈 사람. 아주 수척한 사람. 말라깽이.

magro *a.* 야윈. 마른. 수척한. 다리가 홀쭉한. 기름기 없는. 근육이 없는. 메마른. 빈약한. 결핍한.

magrote *a.* 야윈. 수척한. 몹시 마른.

magruço *a.* 다소 야윈. 약간 마른.

magua *f.* =*magoa*.

maguar *v.t.*, *v.pr.* =*magoar*.

maguilho *m.* [植] (일종의) 야생사과나무.

magusto *m.* ①11월초에 밤을 굽는 축하의 큰 헷불. 축회(視火). ②구운 밤(燻栗).

maharajah *m.* (인도의) 대군(大君). 대왕(大王).

mahayana *f.* [佛教] 대승불교(大乘佛教).

mahdi *m.* 이 세상의 종말에 앞서 나타난다는 회교(回教)의 구세주(救世主).

mahometano, mahomético *a.* =*maometano, maomético*.

mahometismo *m.* =*maometismo*.

mãi *f.* =*mãe*.

maia *f.* 오월의 명절. 제절(祭節). 오월제의 유희.

maiêutica *f.* [哲] (소크라테스의) 산파술(産婆術: 사람의 마음 속에 있는 막연한 생각을 문답에 의하여 명확히 의식케 하는 방법).

mainça *f.* 한 줌. 한 손아귀(…의 분량). 작은 양.

mainel *m.* ①[建] 창살. 세문중방. 세운 틀. ②(계단 옆의) 난간(欄干).

maio *m.* 오월(五月).
— *a.* 오월의. 오월에 피는(나는). 오월

maionese 《F》 마요네즈(소스)(달걀 노른자위·올리브 기름·초·레몬 따위로 만듦). 그것으로 요리한 요리.

maior *a.* (*grande*의 비교급). ①더 큰. 더 높은. (양적으로) 더 많은. (면적이) 더 넓은. (신분이) 더 위대한. ②나이 찬. 성년의. 적령(適齡)의.
força maior 불가항력(不可抗力).
estado maior [軍] 참모부.
parte maior 대부분. 큰 부분.
na maior parte 대부분. 대체적으로.
maior do que …보다 큰. …에 비하여 더 큰.
③정관사 *o(a)*＋*maior*이면 최상급이 됨.
o(a) maior 제일 큰. 가장 위대한.
a maior parte 제일 큰 부분. 가장 많은 몫. 《轉》도에 넘친 할당(割當).
— *m., f.* ①성년자. 적령자. 어른.
Você ê o maior. ①당신은 어른이다. ②그대는 위대하오.
Êle já é maior, e por isso é eleitor. 저분은 성년입니다. 따라서 선거권이 있습니다(유권자입니다).
maiores (*pl.*) 조선(祖先). 선조.
os nossos maiores 우리의 선조.
②[樂] 장조(長調). ③[論] 대전제(大前題).
Nego a maior. 당신의 전제(前提)에는 반대합니다.

maioral *m.* 우두머리. 두목. 장(長). 대장격(隊長格).

maioria *f.* ①대다수. 과반수. 반수 이상. ②다수당(多數黨).
maioria absoluta 절대 다수.
maioria esmagadora 압도적 다수.

maioridade *f.* ①성년(成年). 적령(適齡). ②완전한 발달. 성숙(成熟).
atingir a maioridade ①성년이 되다. 적령에 도달하다. ②다수(표)를 얻다.

maiormente *adv.* 주로. 대체적으로. 대부분(…의 경우).

mais *adv.* ①더. 더 많이. 더 크게. 더 길게. 더 넓게. 가일층. 그 위에. ②또한. 다시 한번. 재차. [數] …을 더하여. 플러스(＋).
pouco mais 좀 더. 약간 더.
muito mais 더 많이. 아주 많이.
tanto mais 그만치 많이.
não mais 그 이상 …하지 않다. 지금은 (죽어서) 없다.
nunca mais 다시는 더 (않다). 다시는 …아니다.
a mais 더. 여분으로. 더 많이.
de mais 과도히. 과도하게.
de mais a mais 점점 더. 더욱 더.
mais 10 anos 10년 더. 다시 10년.
Dou lhe 5 a mais. 당신께 다섯 개 더 드립니다.
mais e mais 더욱 더. …할수록 더. 점점.
quanto mais melhor 많을수록 좋다. 다다익선(多多益善).
mais ou menos ①다소(多少). 얼마간. ②대개. 대강. 쯤. ③이럭저럭.
mais ou menos 6 horas da tarde 오후 여섯 시쯤. 오후 6시 전후.
mais hoje mais amanhã 조만간.
mais uma vez 다시 한번. 재차.
as mais das vêzes 대체적으로. 보통.
por mais que 가령 …이라 해도.
não posso esperar mais 더 기다릴 수 없다.
mais cedo 더 일찍.
mais tarde 더 늦게. 나중에. 좀 더 있다가.
— *a.* ①더 큰. 더 긴. 더 많은. (지위·신분 따위) 더 높은. 더 위대한. (행동이) 보다 더 뛰어난. ②여분의. 그 밖의.
mais detalhes 그 외의 세측(細則). 그밖의 상세한 것(내용).
dois mais dois são quatro 2＋2＝4.
— *m.* 더 많은 수(량). 그 이상의 것. 잔여(殘餘). 다른 것. 첨가.
os mais 다른 것. 다른 사람들. 그외의 인원.
os mais dos homens 대부분의 남자들은. 그 밖의 사람들은.
o mais do caminho era pedregulhento 그 나머지의 길(路程)은 돌 많은 길이었다.
sem mais nem menos ①그 후에(밖에는) 별일 없다. ②더도 말고 적게도 말고. 그만그만.

maís *m.* [植] 옥수수(열매). 옥수수 빛. 누런빛.

maisal *m.* 옥수수밭.

maisena *f.* 옥수수가루. 옥수수전분(녹말).

maisquerer *v.t.* (＋*que* 또는 *do que*). …을 더 좋아하다. (…보다) …을 택하다. …을 더 원하다.

maiúscula *f.* (= *letra maiscula*). 대문자(大文字). 첫머리 글자.
maiúsculo *a.* 대문자. 첫머리 글자.
majestada *f.* 〈葡〉 = *majestade*.
majestade *f.* ①위엄. 장엄. 위풍(威風). 장중(莊重). 존엄(尊嚴). ②(국왕·여왕에 대한 경칭) 폐하(陛下). ③천주(天主)·예수 또는 성모(聖母)의 영광의 옥좌(玉座)에 앉은 화상(畵像)(초상).
Sua Majestade. 폐하.
majestático *a.* 지상(至上)의. 최고의. 최상권(最上權)의. 대권(大權)의.
majestosamente *adv.* 장엄하게. 존엄하게. 당당하게.
majestoso *a.* 위엄 있는. 장엄한. 장중한. 존엄한. (위세) 당당한. 가장 거룩한.
major *m.* 육군 소령. 소좌.
majoração *f.* ①증대. 증가(增加). 증장(增長). ②(물가의) 인상(引上). 등귀.
majorar *v.t.* ①더 크게 하다. 더 늘리다. 증가시키다. 증대하게 하다. ②(값을) 올리다. (요금을) 인상하다.
majoria *f.* 소령의 계급. 소령이라는 관위(官位). 소령의 직분.
mal *adv.* ①나쁘게. 서투르게. 옳지 못하게. 해롭게. 불완전하게. ②겨우. 가까스로. 간신히.
fazer mal ①나쁘게 하다. 잘못하다. ②소화(消化)에 나쁘다. 소화하지 않다.
não faz mal ①나쁘게 하지 않다. ②괜찮다.
cheirar mal 나쁜 냄새를 풍기다. 악취가 나다.
pensar mal 나쁘게 생각하다. 오해하다.
levar mal 나쁘게 알다. 오해하다.
dizer mal de …에 대하여 욕(욕설)하다. 뒷소리하다.
falar mal de alguem 아무를 욕하다. 매도하다.
bem ou mal 좋든 옳고 그르고 간에. 가부간.
por bem ou por mal 좋든 나쁘든. 잘되든 못되든. 가부간에.
amalo conheço 겨우 알다. 안면이 거의 없다.
êle andou muito mal 그 사람은 나쁘게 처신했다. 그이는 나쁜 행실만 했다.
estar mal de saúde 건강이 좋지 못하다.
mal sabe ler 그 사람은 겨우 읽는다. 간신히 읽을 줄 안다.
por mal que vá 만일의 경우에는.
mal hajas tu 망할 녀석! 빌어먹을 놈!
de mal a pior 점점 더 나쁘게. 악화일로.
— *a.* ①나쁜. 서툰. 덜된. ②설익은. 반숙(半熟)의. ③해로운. ④옳지 못한.
mal-educado ①교양 없는. ②버릇없는. 무례한.
mal-avisado ①잘 알리지 않는. ②버릇없는. 무례한. ③사려 없는.
mal-disposto ①기분이 언짢은. ②욕심 사나운. 심술궂은. ③악의 있는.
mal passado 설익힌. 반숙(半熟)한.
mal feito ①잘하지 못한. 잘못된. ②실수한.
— *m.* ①나쁨. 악. 사악(邪惡). ②해(害). 폐해. 해독. ③결점. 불량. ④고장. 사고. ⑤질환. ⑥나쁜 일. 나쁜 것.
mal de Hansen 문둥병.
de dois males o menor 두 가지 나쁜 것 중에 덜 해로운 것을 택한다.
Há males que vêm por bem. 《諺》 이 사람의 손실은 저 사람의 이익.
O mal está feito. 고장은(사고는) 발생하고 말았다. 일이 틀렸다. 큰 실수다(무사하지는 못할 것이다. 큰 일이 벌어질 것이다).
O mal nunca vem só. (불행은 필코 홀로 닥쳐오지 않는다). 화(禍)는 병발하는 법이다. 설상가상(雪上加霜).
— *conj.* …하자마자. 곧. 이어.
Mal o vi, fugiu. (내가) 보자마자 (그 사람은) 도망갔다.
Mal eu tinha saído, começou a chover. 내가 (밖으로) 나가자마자 비가 왔다.
mala *f.* 여행가방. 들가방. 손가방. 트렁크.
mala de mão 손가방.
mala de roupa 트렁크.
mala de garupa 안낭(鞍囊: 안장에 다는).
malas de correio 우편 주머니. 행낭(行囊).
malabar *m.* 요술장이의 수작.
jogos malabares (요술장이의) 한 토막의 요술(재간·속임수).
malabárico *a.* = *malabar*.
malabarismo *m.* ①어려운 곡예(曲藝). 아슬아슬한 재주. ②요술. ③속임수. 기만. 트릭.

malabarista *m., f.* ①어려운 곡예를 하는 사람. ②요술장이. ③속이는 사람. 사기꾼.

malaca *f.* 병(病). 병환. (특히) 가벼운 탈.

mal-acabado *a.* 잘 되지 못한. 서투르게 완성한. 보기 흉한.

malacacheta *f.* (=*mica*). [鑛] 운모. 돌비늘.

malacafento *a.* ①기분이 언짢은. ②어딘가 불편한. 몸이 좀 아픈. 앓는. ③병들기 쉬운.

malacênico *a.* [地] 신생대의. 신생계의.
— *m.* 신생대(층(層)).

malachite *f.* =*malaquite*.

malácia *f.* ①고요함. 평온. 평화. ②허약. ③이기(異嗜): 임신부(姙娠婦)가 이상한 음식물을 먹고 싶어하는 것).

malacodermo *a.* [動] 연피(軟皮)의.

malacodermos *m.*(*pl.*) 연피동물. (특히) 말미잘.

malacologia *f.* 연체동물학(軟體動物學).

mal-acondicionado *a.* ①건강 상태가 나쁜. ②심술궂은. 욕심 사나운. ③잘 포장하지 않은. 서투르게 포장한(싼).

malacopterígio *a.* [魚] 연기(軟鰭)의.

malacopterígios *m.*(*pl.*) 연기어류(軟鰭魚類).

malacosteose *f.* [醫] 골연증(骨軟症).

malacostráceos *m.*(*pl.*) 연갑류(軟甲類).

maladia *f.* 《古》 제후(諸侯)의 성(城)·영지(領地) 또는 저택.

malado *a., m.* 《古》 제후의 성 또는 영지에 사는 사람. 그에 속하는 신하(臣下).

mal-afortunado *a.* 불행한. 불운한. 박명(薄命)의.

malagradecido *a.* 감사하지 않는. 고마워하지 않는. 고마운 것을 모르는. 망은(忘恩)의.

malagueta *f.* [植] 일종의 후추(胡椒).

malaio *a.* 말레이(반도)의. 말레이 사람(말)의.
— *m.* 말레이 사람(말).

malandragem *f.* ①부랑자 생활. ②부랑자의 떼. 깡패의 무리. ③부랑배의 행실.

malandrar *v.i.* 부랑자 행실을 하다. 부랑자 생활을 하다. 못된 짓을 하다. 나쁜 장난을 하다.

malandrete *m., f.* 장난꾸러기 아이. 악동.

malandrice *f.* 부랑배의 행실(생활). 추잡한 노릇. 못된 장난.

malandrim *m.* 부랑자. 돌팔이. 무뢰한. 깡패. 좀도둑.

malandrino *a.* 부랑배 같은. 부랑자 행실의.
— *m.* =*malandrim*.

malandro *m.* 부랑자. 돌팔이. 무뢰한. 깡패. 장난꾸러기. 망나니. 까불이. 건달. 나태한 놈. 좀도둑. 말썽꾸러기. 비열한 놈. 못된 녀석.

malandrote *m., f.* =*malandrete*.

malapeira *f.* 일종의 사과 《英》 *pearmain*. 그것이 열리는 나무.

mala-posta *f.* 우편배낭. 우편마차.

malaquite *f.* [鑛] 공작석(孔雀石).

malar *a.* 뺨의. 볼의. 광대뼈의.
— *m.* 광대뼈. [解] 협골(頰骨).

malária *f.* [醫] 말라리아. 말라리아열. 학질.

malassada *f.* 반숙한 달걀.

mal-assombrado *a.* 도깨비의. 유령의. 귀신에 홀린(들린).

malato *m.* [化] 사과산염.

malaventura *f.* 《稀》 불행. 불운. 역경. 재난.

malaventurado *a.* 불행한. 불운한.

mal-avindo *a.* (서로) 어울리지 않는. (의견·취미·생각 등이) 일치하지 않는. 서로 어긋나는. 상반하는.

mal-avinhado *a.* ①(술의) 맛을 버린. (술을) 못쓰게 만든. ②얄미운. 약이 오르는. ③비관적인.

malaxação *f.* ①(가루·밀가루 따위를) 반죽하기. 으깨기. ②덩어리 또는 억센 물건을 부드럽게 하기. 문질러서 연하게 하기.

malaxador *a.* ①반죽하는. 으깨는. ②(밀가루·버터·치즈 따위를) 반죽하는 기계.

malaxar *v.t.* ①(밀가루 따위를) 반죽하다. 으깨다. ②덩어리를 (깨뜨려) 부드럽게 하다. ③문질러 연하게 하다.

malbaratador *a., m.* ①막 쓰는 (사람). 낭비하는 (자). 탕진하는 (자). ②막 팔아치우는 (사람). 버리나 다름없이 두드려 파는 (사람).

malbarata, malbaratear *v.t.* ①막 쓰다. 헤프게 쓰다. 낭비(남비)하다. 탕진하다. ②값싸게 팔다. 버리나 다름없이 팔아치우다.

malbarato *m.* ①낭비. 허비. 탕진. ②버리는 값으로 팔기. 손해 보며 팔기.

mal-casado *a.* 배필이 맞지 않는. 부부의

사이가 나쁜. 격이 맞지 않는 상대자와 결혼한.

mal-cheirante, mal-cheiroso *a*. 구린. 악취 나는.

mal-comido *a*. 잘 먹지 못한. 영양이 나쁜. (음식물을) 충분히 섭취하지 않은.

mal-contentadiço *a*. 만족할 줄을 모르는. 좀처럼 만족하지 않는.

malcontente *a*. 만족하지 않는. 불만족한. 부족한. 불평하는.

malcozer *v.t.* [料理] 잘 삶지 않다. 잘 익히지 않다. 덜 익히다. 덜 끓이다.
— *v.i.* 덜 익다. 채 삶아지지 않다.

malcozinhado *a*. 서투르게 요리한. 잘 요리하지 못한.
— *m*. 솜씨 없이 만든 요리. 잘하지 못한 요리.

malcriadez *f*. 교양 없이 자람. 본데없음. 점잖지 못함. 버릇없음.

malcriado *a*. 가정 교육이 나쁜. 교양 없이 자란. 본데없는. 점잖지 못한. 버릇 없는.

maldade *f*. ①악의(惡意). 악심. 심술. 나쁜 마음. 사념(邪念). 사심(邪心). ②나쁜 짓. 못된 장난. 악사(惡事). 악업(惡業). ③(아이의) 삐뚤어진 성격. 나쁜 버릇. *por maldade* 제멋대로. 나쁜 마음으로.

maldição *f*. 욕설. 악담. 저주.

maldiçoar *v.t., v.i.* 욕설하다 저주하다 [宗] 파문하다. 추방하다.

maldisposto *a*. 마음이 내키지 않는. …할 생각이 없는. 기분 좋지 않은. 동한.

maldita *f*. [醫] 피진(皮疹). 악성 소농포진(小膿疱疹).

maldito *a*. (*maldizer*의 과거분사). 저주받은. 파문 당한. 천벌맞은. 고약한. 벌 받을. 괘씸한. 근성이 나쁜.

malditoso *a*. 불행한. 불운한.

maldizente *a., m*. 악담하는 (사람). 욕설하는 (사람). 구두 비방하는 (자). 중상하는 (자). 말씨가 거칠은 (사람).

maldizer *v.t.* 욕하다. 욕설하다. 악담하다. 구두 비방하다. 중상하다.
— (*+de*). (…을) 욕하다. 저주하다. 탄(嘆)하다.

maldoso *a*. 나쁜. 나쁜 마음이 있는. 해심(害心) 있는. 악심 있는. 심술궂은. 사악한. 뭐든지 악의로 해석하는. 성격이 삐뚤어진.

maleabilidade *f*. 가단성(可鍛性). 전성(展性). 순응성. 온순함.

maleaceo *a*. 나무망치(槌) 비슷한. 나무메 같은.

maleador *m*. 나무망치로 두드리는 사람. 두드려 펴는 사람. 추전공(鎚展工).

malear *v.t.* ①망치로 두드리다. 두드려 펴다. 늘이다. ②휘게 하다. 유순하게 하다.

maleável *a*. 두들겨 펼 수 있는. 전성(展性)의. 휘기 쉬운. 가냘픈. 유순한. 온순한.

maledicência *f*. 악담. 욕설. 비방. 중상. 욕하는(중상하는) 버릇.

maledicente *a., m*. = *maldizente*.

malédico *a*. 악담하기 좋아하는. 비방하는 버릇이 있는.

mal-educado *a*. 교양 없이 자란. 배운 바 없는. 본데없는. 가정 교육이 나쁜. 버릇없는. 조폭한.

maleficamente *adv*. 악심을 품고. 심술궂게.

maleficência *f*. 악의(惡意). 악심. 해심(害心). 나쁜 일. 나쁜 행동.

maleficiar *v.t.* ①남을 해롭게 하다. 남에게 화가 미치게 하다. ②악담하다. 저주하다.

malefício *m*. ①남을 해롭게 하기. 해하기. 악행(惡行). 악업(惡業). ②죄. ③저주.

maléfico *a*. ①해를 미치게 하는. 해롭게 하는. 해를 끼치는. 유해한. ②저주하는. 악담하는.

maleiforme *a*. 망치 같은. 망치꼴(鎚形)을 한.

maleiro *m*. 가방(트렁크) 만드는 사람. 그 장수.

maleita *f*. 말라리아. 학질. 오한. [醫] 격일열. 삼일열. 하루거리.

maleiteira *f*. [植] 자줏빛 등대풀.

maleitoso *a*. 말라리아에 걸린. 격일(삽일)열에 걸린. (토지 따위) 말라리아에 걸리기 쉬운.

mal-encarado *a*. 상을 찌푸린. 쓴낯을 한. (표정이) 샐쭉한. 험악한.

mal-ensinado *a*. 잘 가르치지 못한. 잘못 키운. 버릇없이 자란. 점잖지 못한.

mal-entendido *a*. ①잘 이해하지 못한. 잘못 생각한. ②오해한.
— *m*. 오해. 곡해. 잘못 안 것.

maleolar *a*. 복사뼈의. 과골(踝骨)의. 추골의.

maléolo *m*. 복사뼈. [解] 과골. 추골(추

mal-estar *m.* ①기분이 좋지 않음. 불쾌. ②몸이 편치 않음. 가벼운 병. ③불안. 불안.

maleta (1) *f.* (여행용) 작은 가방. 손가방. 들가방. 슈트 케이스.
maleta de escola 학생용 책가방. 가죽 가방.
— (2) *m.* 졸렬한 투우사(鬪牛士).

malevolamente *adv.* 악의를 품고. 증오하여.

malevolência *f.* 악의. 악심(惡心). 적의(敵意). 증오.

malevente *a.* = *malévolo*.

malévolo *a.* 마음씨 나쁜. 악의 있는. 증오심을 품고 있는. 남의 불행을 기뻐하는.

malfadado *a.* 불운한. 불행이 계속되는. 불행한 운명을 띠고 태어난.

malfadar *v.t.* 불행을 예언하다. 불행하게 하다.

malfalante *a.* = *maldizente*.

malfazejo *a.* 나쁜 짓을 하는. 남에게 해를 끼치는. 사악한. 유해한. 유독(有毒)한.

malfazer *v.i.* 나쁜 짓을 하다. (남에게) 해를 끼치다.

malfeito *a.* 잘 되지 못한. 잘 만들어지지 않은. 나쁘게 된. 잘 못된. 모양이 나쁜. 졸렬한.

malfeitor *m.* 나쁜짓 하는 놈. 못된 행실하는 놈. (남에게) 해만 끼치는 (자). 배덕한(背德漢). 악인. 죄인.

malfeitoria *f.* ①나쁜 짓. 못된 행실. 악행. 악업(惡業). ②죄악. 범죄. ③해(害).

malferido *a.* ①중상(重傷)을 입은. ②잔인한. 살벌(殺伐)한.

malferir *v.t.* ①중상을 입히다. ②잔인하게 하다.

malga *f.* (특히 시골에서 쓰는) 국그릇. 사발. 주발.

malgastar *v.t.* 헛되게 쓰다. 낭비하다. 탕진하다.

malha (1) *f.* ①그물눈. 체눈. 망사(網絲). 그물 세공. ②한 바늘. 한 꿰맴. 한 뜸.
— (2) *f.* 얼룩점. 반점(斑點).
— (3) *f.* 망치로 치기. 《俗》구타.
— (4) *f.* [遊戲] 쇠고리 던지기. (금속으로 만든) 투판(投板) 던지기.
jogar a malha 쇠고리 던지기를 하다.

malhada (1) *f.* ①타작. 타곡(打穀). 도리깨질. ②망치로 치기. 때리기.
— (2) [遊戲] 쇠고리를 던짐. 던진 상태.
— (3) *f.* ①양을 치는 사람(牧羊者)의 파수집(왜옥). ②양우리(羊舍). 양떼(羊群). ③동물의 소굴.
— (4) *f.* 음모. 계략.

malhadeiro *m.* ①(타곡용) 도리깨. ②양봉가(養蜂家). ③웃음거리. 웃음감. ④조롱(야유)의 대상이 되는 사람. ⑤늘 두드려 맞는 사람.
— *a.* 거칠은. 조폭한. 어리석은.

malhadiço *a.* 매를 자주 맞는. 구타 당하는 데에 습관된. 맞아도 감각이 없는. 둔한. 버릇을 고치기 어려운.

malhado (1) *a.* 망치에 맞은. 매맞은. 구타 당한.
— (2) *a.* 반점(斑點)이 있는. 얼룩있는.

malhador *m.* ①도리깨질하는 사람. 타곡자. ②사람을 치는 버릇이 있는 사람.

malhadouro *m.* 타작하는 장소. 탈곡장.

malhal *m.* 포도압착기(葡萄壓搾器)의 가름대.

malhão *m.* ①던지기. 뿌리기. (공 따위를 쳐서) 높이 뜨게 하기. 높이 띄우는 공. ②《俗》일종의 평속한 춤.
de malhão 힘차게. 닥치는 대로. 되는 대로.

malhar *v.t.* ①도리깨로 두드리다. ②망치로 때리다. 망치로 치다. 매질하다. ③구타하다. ④단련하다. ⑤괴롭히다.
malhar em ferro frio (망치로 찬 쇠(冷鐵)를 두드리다). 헛수고 하다.

malheirão *m.* 《It》권희(券戱: 손을 올렸다 내렸다하며 내놓는 상대의 손가락 수를 알아 맞히는 놀이).

malheiro *m.* 고기그물(어망) 만드는 일종의 도구.

malhetar *v.i., v.t.* [木工] 열장 장부촉으로 맞추다.

malhête *m.* ①[木工] 열장 끼움. 열장 장부촉(비둘기 꼬리형으로 만든 돌기(突起)). ②작은 망치.

malho *m.* ①(두 손으로 사용하는 대장간의) 큰 망치. ②(땅을 고르는) 큰 나무메. ③도리깨. ④손재간 있는 사람.

malhoada *f.* 《卑》(음모 따위를) 꾸미기. 밀계. 계책.

mal-humorado *a.* 기분이 좋지 않는. 샐쭉

한. 불쾌한. 성미 까다로운. 억지를 쓰는. 음산한.
malícia *f.* ①나쁜 마음. 악의. 악심(惡心). 해심(害心). 독심(毒心). 심술. ②악의로 해석하기. 곡해(曲解). 비꼬기. ③허위. ④교활함. 음험함.
maliciar *v.t.* 나쁘게 생각하다. 잘못 알다. 오해하다. 곡해하다.
maliciosamente *adv.* 악의를 품고. 심술 궂게. 음험하게.
malicioso *a.* ①악의 있는. 해심 있는. 심술궂은. ②악의로 해석하는. 비꼬는. 음험한.
málico *a.* 사과의.
ácido malico [化] 사과산(酸).
maligna *f.* [醫] 악성(惡性) 열병. 티프스.
malignado *a.* 악성으로 된. 악성의. (병이) 악화한.
malignante *a.* 악의의. (병이) 악성의. [占星] 불길한.
malignar *v.t., v.i.* 악화되게 하다. 악성으로 하다. 악화하다.
malignidade *f.* ①(병의) 악성. 악질(惡質). ②악의. 악심. 해심.
maligno *a.* [醫] 악성의. 악질의. ②해로운. 악의 있는.
tumor maligno 악성 종기.
espirito maligno 악마. 악마의 정신.
malina (1) *f.* 사리(大潮). 삭망조(朔望潮: 음력 초하루와 보름경에 일어나는).
— (2) *f.* ①악성 열병. ②나쁜 냄새. 악취.
malinar *v.t., v.i.* = *malignar*.
mal-intencionado *a.* 악의를 품은. 해심(害心) 있는. 나쁜 계획을 꿈꾸는.
malíssimo *a.* (*mal*의 최상급) 가장 나쁜. 극악한.
malmequer *m.* [植] 금잔화(金盞花). 전리화(轉離花).
malmequer da sécia 과꽃(국화과).
mal-nascido *a.* 불행하게 태어난. 태생이 천한. 불운한.
malo *a.* 성급한. 성 잘 내는. 노하기 잘하는.
alto e malo (복합부사(複合副詞)). 닥치는 대로. 내키는 대로.
malogrado *a.* (계획이) 실패한. 수포로 돌아간. 성공하지 못한.
malograr *v.t.* 실패시키다. 좌절케 하다. 수포로 돌아가게 하나. 성공 못하게 하다.
—*se v.pr.* 실패하다. 수포로 돌아가다. 좌절하다.
malogro *m.* 실패. 좌절. 불성공. 결과 없음.
maloio *m.* 시골 사람. 농촌 사람.
malonico *a.* [化] 사과산에서 빼낸.
malotão *m.* 큰 트렁크.
malote *m.* 작은 가방. 여행 가방.
malparado *a.* 뜻대로 안 되는. 여의치 않는. 불안한 상태에 있는.
malparir *v.t.* 유산(流産)시키다. 조산(早産)시키다. 조산(早産)케 하다.
— *v.i.* 유산(조산)하다.
malpropicio *a.* 적절하지 못한. 온당하지 않은. 부적당한.
malquerença *f.* ①악의. 악심. 독심(毒心). ②아주 싫어함. 염오의 감정. ③적의(敵意). 원한.
malquerente *a.* 악의 있는. 아주 싫어하는. 증오심이 있는. 적의를 품는.
malquerer *v.t.* 악의를 품다. (…을) 몹시 싫어하다. 아주 미워하다. 증오하다. 원망하다.
malquistado *a.* (좋았던) 사이가 나빠진. 불화된. 서로 반목하는. 대립하게 된. 이간한. 불평(불만)을 품은. (정치적) 염증을 느끼는.
malquistar *v.t.* 사이를 나쁘게 하다. 이간하다. 불화(不和)되게 하다.
—*se v.pr.* (+*com*). (…와) 사이가 틀리다. 불화하다. 절교(絶交)하다. (서로) 적이 되다.
malquisto *a.* (*malquerer*의 과거분사) 몹시 싫은. 아주 미운. 미움 받는. 악의를 품은. 원망한.
malregido *a.* 처신을 잘못하는. 행실이 나쁜.
malroupido *a.* 초라한. 누더기꼴을 한. 영락한. 누덕누덕한. 입어서 낡은. 헐어진. 누추한. 더러운.
malsão *a.* 건강하지 못한. 어딘가 몸에 탈이 있는. (환자가) 다 낫지 않은. 완쾌하지 않은.
malsim *m.* ①밀정. 탐정. 간첩. ②세관감시인.
malsinação *f.* ①그릇된 해설. 오해. 악의의 해석. ②나쁜 짓을 사전에 적발하기. 비밀리에 꾸민 것을 좌절하기. 고발(告發).
malsinar *v.t.* ①그릇된 해설을 하다. 악의

로 접수하다. 오해하다. 곡해하다. ②나쁜 짓을 못하게 하다. 비밀리에 꾸미는 것을 폭로하다. ③탄핵(彈劾)하다. 규탄하다.

malsoante, malsonante *a*. 소리가 나쁜. 음조(音調)가 나쁜. 귀에 거슬리는.

malsofrido *a*. 참을성 없는. 인내 못하는.

malta *f*. 천민(賤民)의 떼. 부랑자의 무리. 깡패들. 떠다니는 노동자(농업 노동자)의 집단.

maltagem *f*. 엿기름을 만들기. 맥아(麥芽)를 만들기.

maltês (1) *m*. 떠다니는 노동자(농업 노동자).
— (2) *a*. (지중해에 있는 영국령의 섬) 말타의.
— *m*. 말타(몰타) 사람. 말타 말.

maltesaria *f*. 떠다니는 농업 노동자의 떼.

maltesia *f*. ①떠다니는 농업 노동자의 떼. ②방랑자의 떼. 부랑자의 떼.

maltina *f*. 맥아발효소(麥芽發酵素).

malto *m*. 맥아(麥芽).

maltose *m*. [化] 맥아당(麥芽糖).

maltrapido, maltrapilho *a*. 초라한. 누덕누덕한. 남루한. 헐어진.
— *m*. 누더기를 걸친 더러운 사람. 부랑배. 거지.

maltratado *a*. 학대 받은. 천대 받은. 비인간적인 취급을 당한. 해를 입은.

maltratar *v.t*. ①학대하다. 박해하다. 비인간적으로 취급하다. ②냉대하다. 천대하다.

maltusianismo *m*. 맬터스 주의. 그의 인구론.

maltusiano *a*. 맬터스 주의의.
— *m*. 맬터스 주의자. 맬터스 인구론자.

maluca *f*. 미친 여자. 행실(품행)이 고약한 여자.

malucar *v.i*. 미친 짓을 하다. 미친 사람처럼 행동하다. 광태(狂態)를 연출하다.

maluco *a*. 미친. 미친 사람 같은. 정신 빠진. 얼빠진. 본정신이 아닌.
— *m*. 미친 사람. 정신 빠진 녀석. 광태를 부리는 놈. 얼빠진 인간.
ser maluco …에(미치듯) 열중하다.

maluquear *v.i*. = *malucar*.

maluqueira *f*. 미친 노릇. 광태(狂態).

maluquice *f*. 미친 노릇. 미친 소리. 정신없는 이야기. 얼빠진 행실. 광태. 멋대로 날뛰기. 변덕.

malva *f*. [植] 접시꽃.

malváceas *f*.(*pl*.) [植] 접시꽃속(屬).

malvaceo *a*. 접시꽃의.

malvadamente *adv*. 나쁘게. 사악하게. 못되게. 심술궂게.

malvadez *f*. ①나쁨. 사악(邪惡). 악덕. 부정. ②나쁜 장난. 못된 행실.

malvado *a*. 나쁜. 사악한. 고약한. 악의 있는. 심술궂은. 못된 장난만 하는. 음탕한.
— *m*. 나쁜 사람. 고약한 놈. 악한. 무뢰한.

malvaísco *m*. [植] 촉규속(蜀葵屬).

malvar *m*. 접시꽃이 피는 땅.

malva-rosa *f*. [植] 제라늄. 양아욱. 웅초(翁草).

malvasia *f*. 단 흰포도주(白葡萄酒).

malventuroso *a*. = *malaventurado*.

malversação *f*. 독직(瀆職). 독직행위. 배임(背任). 공금소비(사취). 낭비. 취체의 불철저.

malversado *a*. ①독직의. ②공금을 소비(사취)한. ③관리(행정)를 잘못한. ④옳지 못한.

malversador *m*. 독직자. 공금횡령자. 부정행위하는 자.

malversar *v.t*. ①관리를 그르치다. 행정을 잘못하다. 부정행위를 하다. ②공금을 소비(사취)하다. 독직죄(瀆職罪)를 짓다. ③낭비(浪費)하다.

malversor *a*. = *malversado*.

malvisto *a*. ①싫은. 미운. 증오하는. (여러 가지로) 평판이 나쁜. 소문이 좋지 못한. ②수상한. 의심스러운.

malviz *m*. [鳥] 티티새의 일종.

mama (발음 : 마마) *f*. ①유방(乳房). 젖통이. ②가슴. ③어머니의 젖(母乳). 사람 젖(人乳).
bico da mama 젖꼭지.
criança de mama 젖먹이.

mamã (발음 : 마망) *f*. 《小兒語》 엄마.

mamada *f*. ①젖먹이. ②젖먹는 짐승새끼.

mamadeira *f*. (아기가 빠는) 젖병. 포유기(哺乳器).

mamado *a*. ①《俗》 속은. 속아 넘어간. 기만 당한. ②망연(茫然)한. 실망한.
ficar em mamado 실망하다. 아연해 있다.

mamador *m*. (특히 젖을) 빠는 아기. 빠는

동물.
mamadura *f.* 젖을 먹기(빨기). 젖먹고 자라기. 젖먹여 키우는 시절.
mamãe *f.* (유아 또는 미성년이 부르는) 엄마. 어머니. 《卑》 어미.
mamal *a.* 유방(乳房)의. 유방 있는. 유선(乳腺) 있는.
mamalhudo *a.* 《卑》 큰 유방이 있는. 유방이 큰.
mamalogia *f.* 포유동물학(哺乳動物學).
mamalógico *a.* 포유동물학의.
mamalogista *m.*, *f.* 포유동물학자.
mamaluco *m.* = *mameluco*.
mamão (1) *a.* 젖을 많이 먹는. 젖 뗄 때가 지나도 젖을 먹는.
— *m.* ①짐승의 젖먹이. (젖먹는 시기의) 포유동물. ②한살된 노새(騾).
— (2). *m.* [植] 마몽. 빠빠이아 열매. (별칭: 마마이).
mamar *v.t.*, *v.i.* 젖을 먹다(빨다). 포유(哺乳)하다.
dar de mamar 젖을 먹이다. 젖을 주다.
mamário *a.* 유방(乳房)의. [植] 유방상(狀)의. 유방같은.
veias mamrias 유선(乳腺).
mambira *m.* 시골사람. 야인(野人).
mambuca *f.* 벌(蜂)의 일종.
mamelão, mamilão *m.* 유방상(乳房狀)의 돌기(突起). 원구(圓丘).
mameluco *m.* ①18세기의 이집트의 노예병(奴隷兵). ②백인(白人) 남자와 (브라질) 토인 여자 사이에 태어난 혼혈아(트기).
mamente *adv.* 본의 없이. 마지못해. 싫으면서.
mamífero *a.* 유방 있는. 포유류(哺乳類)의.
mamíferos *m.*(*pl.*) 포유동물.
mamiforme *a.* 젖꼭지 같은. 유방상(乳房狀)의.
mamila *f.* = *mamilo*.
mamilar *a.* 젖꼭지 (모양)의.
mamilo *m.* ①작은 젖꼭지. ②짐승의 목부분에 생기는 젖꼭지 같은 혹.
mamiloso *a.* 젖꼭지 (모양)의.
maminha *f.* 《小兒語》 젖. 엄마의 젖.
mamirá *m.* (브라질산) 약초(藥草)의 일종.
mamite *f.* [醫] 유방염(乳房炎).
mamoa *f.* ①마모에로나무 열매. 빠빠이아. ②원형의 언덕. ③큰 유방(乳房).

mamoeiro *m.* [植] 마모에로나무. 빠빠이아나무. 마미이나무(맛있는 열매를 맺는 열대 아메리카산의 나무).
mamona *f.* [植] 피마자(피마주). 아주까리씨.
óleo de mamona 피마자기름.
mamoneira *f.* = *mamoneiro*.
— *m.* [植] 아주까리나무.
mamoso *a.* 유방 있는. 유방 같은. 유방상(乳房狀).
mamota *m.f.* 거북한 사람. 다루기 어려운 사람. 귀찮은 존재.
mamote *m.* ①젖먹이. 유아(乳兒). ②젖먹이 송아지.
mamparra *f.* 부랑자의 집단. 유탕자(遊蕩者)의 떼.
mamparras (*pl.*) 핑계. 구실. 둔사(遁辭).
mamparreiro *a.*, *m.* 일하는 것처럼 보이며 꾀부리는 (자). 건달. 게으름뱅이.
mamudo *a.* = *mamalhudo*.
mamujar *v.i.* (아기가) 별로 젖먹을 생각이 없으면서 조금씩 빨다. 빨다 그만두고 빨다 그만두고 하다.
mamute *m.* 매머드. 전세계(前世界)의 큰 코끼리.
mana *f.* (가정 내에서 또는 혈친 간에 부르는) 누이. 누나. 누이동생.
maná *m.* ①[聖] 만나(옛날 이스라엘 사람들이 아라비아 광야에서 하나님한테서 받은 음식물). 신이 주는 음식물. 심령의 양식. 만나 비슷한 물건. 하늘에서 온 물건. ②감로(甘露). ③가장 유익한 것. 가장 좋은 것. 가장 유쾌한 것.
manacá *m.* (브라질산) 현삼과(玄蔘科)의 약초.
manada *f.* 큰 가축(특히 소·말의) 떼. 30~40마리의 소 또는 말의 떼.
manadeira *f.* = *manadeiro*.
— *m.* = *manancial*.
manadio *a.* 가축 떼의. (가축이) 떼를 지어 가는.
manancial *m.* ①샘. 샘터. 수원(水源). 원천지. ②근원(根源). 본원(本源).
— *a.* ①용솟음쳐 나오는. 활활 흘러나오는. 쉴 새 없이 흘러나오는. ②끝이 없는. 계속되는.
manancialmente *adv.* (샘처럼) 끊임없이. 계속하여. 계속적으로.
manante *a.* 용솟음쳐 나오는. 용출(湧出)

하는. 흘러나오는.

manápula *f.* 《俗》 크고 보기 흉한 손.

manar *v.t.* ①(물을) 뿜다. 용솟음쳐 나오게 하다. ②흐르게 하다. 흘리게 하다. ③생기게 하다. 발생시키다. (…을) 야기(惹起)하다.
— *v.i.* ①뿜다. 용출하다. 흘러 나오다. ②(…으로부터) 나오다. 발생하다. ③(…에) 유래하다. 근원이 되다.

manatim *m.* [動] 해우(海牛).

mancal *m.* [機] 굴대받이. 축받이. 베어링의 테두리.

mancar *v.i.* (다리를) 절다. 절뚝거리다. 절며 걷다.

manceba *f.* 첩(妾). 정부(情婦). 애인. 《稀》 하녀.

mancebia *f.* ①(남녀의) 정실관계. 비밀히 맺은 사이. ②축첩(畜妾). ③방일(放逸)한 생활.

mancebo *a.* ①젊은. 연소한. ②기운찬. 기세(氣勢)있는.
— *m.* 젊은이. 청년.

mancenilha, mancenilheira *f.* [植] 열대 아메리카산의 독있는 나무.

mancha *f.* ①얼룩. 얼룩진 것. 오점. ②흠. 결점. ③녹.
mancha solar [天] 태양의 흑점.
mancha de ferrugem 쇠녹의 얼룩.

manchado *a.* 얼룩이 생긴. 오점이 찍힌. 반점(斑點)이 있는. 흠이 생긴. 결점 있는. 티 있는.

manchar *v.t.* 얼룩지게 하다. 얼룩점을 찍다. 더럽히다. (인망・명성 등을) 훼손하다.

mancheia *f.* (=*máo-cheia*). 한줌. 한줌의 양.
mancheia de palha 짚단. 건초의 한 묶음.

manchete *f.* 신문제일면(新聞第一面)의 톱기사 제목.

manchil *m.* (고기 자르는) 식칼. 《古》 (풀 베는) 낫.

manchu *a.* (동북아시아의 (옛)) 만주의. 만주인의.
— *m.* (몽고계의 한민족) 만주인.

manco *a.* 한 팔 또는 한 다리가 없는. 짝손(짝다리)의. 절름발이의. 불구의.
— *m.* 한 팔 또는 한 다리가 없는 사람. 짝손. 절름발이.

mancomunação *f.* 공모(共謀). 결탁. (악사(惡事)의) 제휴(提携).

mancomunadamente *adv.* 공모(결탁)하여.

mancomunado *a.* 공모한. 결탁한. 제휴한.

mancomunar *v.t.* (…와 함께) 나쁜 일을 꾸미다. 공모하다. 결탁하다.
—*se v.pr.* (+*com*) …와 공모하다. 함께 모의하다. 결탁하다. 제휴(提携)하다.

manda *f.* (책 또는 서류 안의) 참조 기호(參照記號). 주의부호(注意符號).

mandaçaria *f.* 일종의 벌(蜂).

mandacarú *m.* [植] 일종의 선인장.

manda-chuva *m.* ①큰 바퀴. ②《俗》 (정치상의) 거물. 유력한 자. ③우두머리. 보스.

mandadeiro *m.* 심부름꾼. 사자(使者).
— *a.* 전달(傳達)의. 명령의.

mandado *m.* ①명령. (관청의) 전달. 전달 사항. ②영장(令狀). ③(정치・정책상의) 교서(教書). 사명(使命).
— *a.* ①보낸. 파송(派送)한. 발송한. 파견한. ②명령 받은. 분부한.

mandador *a., m.* ①명령하는 (자). 분부하는 (자). ②보내는 (사람). 발송하기 좋아하는 (사람).

mandamento *m.* ①명령. 구령(口令). 호령. ②계명. 계율(戒律). [宗] 성훈(聖訓). 하나님의 십계(十誡).

mandante *a.* 명령하는. 분부하는. (하라고) 시키는. 지휘하는.
— *m., f.* ①명령자. 분부하는 자. 지휘자. ②선동자. 교사자.

mandão *m.* ①거물(巨物). ②두목. 대장. ③건방지게 시키는 사람. 거만하게 명령하는 자.

mandar *v.t.* ①(윗사람 또는 지휘자로서) 명령하다. 분부하다. ②구령을 내리다. 호령하다. ③(사람・물건 등을) 보내다. 발송하다. 송부(送付)하다. ④(조동사적으로 사용하여) …을 하도록 하다. 시키다.
mandar uma carta 편지를 보내다.
mandar um presente 선물을 보내다.
mandar vir 오게 하다.
mandar entrar 들어오게 하다. 들어오도록 시키다.
mandar chamar 부르게(불러오게) 하다.
mandar dizer 말시키다. 말하게 하다.
mandar buscar 가지러 보내다. 마중해 내다.
mandar fazer um terno 옷 한 벌 맞

기다.
Quem manda aqui? 누가 여기의 책임자냐?

mandarim *m.* ①중국의 고관(高官). ②중국의 관용어(官用語). 중국관화(官話).

mandarinado, mandarinato *m.* 《古》 중국의 관청.

mandatário *m.* 명령 받은 자. 수명자(受命者). ②[法] 위임 받은 자. 수탁자(受託者). 대리인.

mandato *m.* ①명령. 지령. 훈령. ②[法] 위임. 위탁. ③(국제연맹의) 위임통치. ④판결집행명령. (상급재판소에서 하급재판소에 보내는) 명령서.

mandi *m.* (브라질의) 일종의 담수어(淡水魚).

mandiba *f.* [植] 만디바(만쇼까의 일종).

mandibé *m.* (북부 브라질산) 물고기의 일종.

mandíbula *f.* [解] 하악(下顎). 하악골(骨). [鳥] 윗주둥이. 아랫주둥이. [蟲] 위턱. 저작구(咀嚼口).

mandibular *a.* 아래(위)턱의. 하악의. 하악골의. 주둥이의.

mandil *m.* ①(특히 말털로 짠) 모포. 마소직(馬巢織). ②(주인의 가문(家紋)을 넣은) 말의 옷(馬衣). ③거친 앞치마.

mandinga *f.* ①(일종의) 요술. 마술. 마법. ②호리기. 매혹(魅惑). ③어려운 일. 이겨운 문제. 곤란.

mandingar *v.t.* ①매혹하다. 호리다. ②요술걸다. 마술하다. ③주문을 외다.

mandingaria *f.* ①요술. 마술. 마법(魔法). ②매혹.

mandingueiro *m.* 요술부리는 : 매혹하는 자. 주문(呪文) 외는 사람.

mandioca (발음 : 만쇼까) ①[植] 카사아바 (그 뿌리에서 전분(澱粉)을 빼냄). ②카사아바(만쇼까)로 만든 식료품.
farinha de mandioca 만쇼까 가루.

mandiocaba *f.* [植] 만쇼까의 일종(그 뿌리로 *conim* 술을 만듦).

mando *m.* ①명령. 지휘. ②명령권. 사령권. ③권력. (관리) 당국.

mandolim *m. mandolina.*
— *f.* [樂器] 만돌린.

mandonismo *m.* 명령하는 버릇. 부질없이 분부하기.

mandora *f.* [樂器] 큰 만돌린.

mandrágora *f.* [植] 만드레이크(그 뿌리는 유독. 마취제가 됨).

mandria *f.* 게으름. 나타(懶惰). 나태(懶怠).

mandrião *a.* 게으른. 나태한. 나타한. 건달의.
— *m.* ①게으름뱅이. 나태한 인간. 빈둥거리는 자. 건달. 부랑자. ②부인용의 긴 겉옷.

mandriar *v.i.* 게으르다. 나태하다. 빈둥빈둥 놀다. 건달부리다. 무위도식(無爲徒食)하다. 부랑자 생활을 하다.

mandrice *f.* = *mandria.*

mandril (1) *m.* ①[機] (선반의) 심봉. (주조용(鑄造用)의) 심쇠(心金). ②구멍 넓히는 송곳. 찬공기(鑽孔機).
— (2) *m.* [動] (서아프리카산) 원숭이의 일종. 돌원숭이(狒).

mandrilador *m.* ①[機] (선반의) 심봉으로 깎는 사람. ②찬공기(鑽孔機)로 구멍을 뚫는 (넓히는) 사람. ③과일 압착기.

mandrilagem *f.* [機] *mandril* 깎기(매끄럽게 깎기).

mandrilar *v.t.* [機] *mandril*로 깎다. 매끄럽게 하다. 찬공기로 구멍을 뚫다. 넓히다.

mandu *a.* 바보같은. 어리석은.

mandubi (1) *m.* [植] 땅콩. 낙화생.
— (2) *m.* (아마존강에 있는) 일종의 물고기.

manduça *f.* (= *pé de moleque*). 땅콩과 설탕(또는 꿀)로 만든 과자.

manducação *f.* ①씹기. 저작(咀嚼). ②《俗》 먹기. 탐식.

manducar *v.t.* 《俗》 먹다. 게걸스레 먹다.
— *v.i.* 씹다. 깨물다. 저작하다.
Quem náo trabalha náo manduca.
《卑》 일하지 않는 자는 먹지도 말라.

manducável *a.* 씹을 수 있는. 먹을 수 있는.

mané *m.* 무능한 사람. 우둔한 녀석.

manear *v.t.* = *manejar.*

maneável *a.* 손으로 다루기 쉬운. 취급하기 쉬운.

maneio *m.* ①손으로 하는 일. 수공(手工). ②손으로 다루기. 취급. 조작(操作). ③종. 어거. ③지배. 관리. ④다루는 솜씨.

maneira *f.* ①(…하는) 방법. 방식. 양식. 수단. ②(예술 등의) 류(流). 투. 모양. ③풍습. 습관. 버릇. ④거동. 동작. 태도. 행실.

maneiras (*pl.*) 태도가 은근함. 예절이 바름.

á maneira de …처럼. …류(流)의. …의 방법과 같이.

de maneira que …와 같이. …하는 것처럼.

de qualquer maneira que seja 어쨌든. 어떤 일이 있든 간에.

de maneira nenhuma 조금도 …하지 않다.

maneirismo *m.* 매너리즘(문체·예술 창작 등이 너무 기교적인 것). 작가의 버릇. 구습구애(舊習拘礙).

maneirista *m., f.* 매너리즘이 있는 사람. 일정한 버릇이 있는 사람. 틀에 박힌 사람.

maneiro *a.* ①취급하기 쉬운. 다루기 쉬운. ②(동물 따위) 온순한. 잘 따르는. ③휴대에 편리한. 경편(輕便)한. ④친절한. 은근한.

maneiroso *a.* 예의 있는. 예절 바른. 친절한. 은근한.

manejar *v.t.* ①(손으로) 다루다. 취급하다. 조종하다. 운전하다. (소·말 따위를) 어거하다. ②(무기를) 다루다. 잘 쓰다. (창·검 따위를) 솜씨 있게 쓰다. ③관리하다. 처리하다. ④가공(加工)하다. 손질하다. ⑤(외국어를 자국어처럼) 능숙하게 말하다. 통달하다.
— *v.i.* 손으로 다루다. 취급하다. 손일하다. 손으로 움직이다.

manejável *a.* 취급(처리)할 수 있는. 다루기 쉬운. 조종·운전할 수 있는. 어거할 만한. 관리할 수 있는. (외국어 따위를) 통달할 만한.

manejo *m.* ①다루기. 취급. 솜씨 있는 처리. ②조종. 운전. 어거. ③관리. 지배. 경영. 영위(營爲). ④마필훈련. 조마(調馬). ⑤조마장(調馬場). 마술연습소(馬術練習所).

manejos (*pl.*) [軍] 기동연습. (전술적) 계략(計略).

manelo *m.* 한 줌. 한 손아귀에 차는 양. 적은 양.

manema *a.* 아주 우둔한.
— *m.* 우둔. 치우(癡愚).

manembro *m.* 바보. 멍청이. 얼간. 얼간망둥이.

manente *a.* =*permanente*.

menequim *f.* ①난장이. ②인체 해부 모형. ③화가·의상점용(衣裳店用) 모델 인형. 동체 모형. ④《俗》멋부리는 사람. 맵시 내는 이.

manes *m.(pl.)* ①죽은 사람의 영혼. 선조의 망령(亡靈). ②명부(冥府)의 제신(諸神).

maneta *a., m., f.* 한 손 또는 한 팔이 없는 (불구자).

manga (1) *f.* 소매. 옷소매. 수관(袖管). 《稀》호스. 수관(水管).

manga dágua 갑자기 흘러 내려가는 많은 물.

— (2) (발음 : 망가) *f.* [植] 망고나무. 그 열매(망고).

manga-espada 평평하고 끝이 약간 꼬부라진 망고.

manga rosa 장미색을 띤 망고.

manga borbon 둥글고 큰 망고.

manga carlota 작고 단 망고.

mangaba, mangaiba *f.* [植] 망가베이라나무. 그 열매.

mangabal *m.* 망가베이라나무숲. 망가베이라원(園).

mangabeira *f.* 망가베이라나무. 협죽도속(夾竹桃屬).

mangação *f.* 조롱. 조소. 야유. 놀려대기.

mangador *m.* 조롱(조소·야유)하기 좋아하는 사람.

mangal *m.* [植] 망게이라 숲(樹林).

mangalaça *f.* 나태한 생활. 방일한 생활.

mangaló *m.* (브라질산) 콩과(荳科)의 나무.

manganato *m.* [化] 망간산염(酸鹽).

manganês *m.* [化] ①망간(기호 Mn). ②산화망간(유리제조용).

manganésico *a.* =*manganico*.

manganésio *m.* =*manganês*.

mangánico *a.* 망간의. 망간이 있는. 망간 비슷한.

manganifero *a.* 망간을 포함한(내포한). 망간이 나는.

manganilha *f.* ①손재간이 비상함. ②속임수. 사기수단. ③음모(陰謀). 획책.

mangano *m.* =*manganês*.

manganoso *a.* 망간이 있는. 망간을 함유한. 아(亞)망간의.

ácido manganoso 망간산(酸).

mangão *m.* ①큰 망고(열매). ②비웃는 사람. 조롱(조소)하는 자.

mangar *v.t.* 조롱(조소)하다. 야유(揶揄)하다. 놀려대다. 비웃다.

mangaz *a.* 비교적 큰. 꽤 큰. 뚱뚱한. 높

고 뚱뚱한.
mango *m.* ①도리깨의 자루(손잡이). ② [動] 아프리카산 캥거루(袋鼠)의 일종. ③ 《俗》 돈. 돈푼.
mangona *f.* 《俗》 게으름. 나태. 태만.
— *m.* 게으름뱅이.
mangonar *v.i.* 게으르다. 태만하다. 나태하다. 하는 일 없이(빈둥빈둥) 돌아다니다.
mangostão *m.* [植] (동인도산) 망고스틴 나무. 그 열매(과일의 여왕).
mangote *m.* 팔찌. 갑옷의 팔받이. 《俗》 수갑. 활골무.
mangra *f.* ①(식물이) 말라죽는 병. 그 균. 충해(蟲害). ②(식물에 큰 해가 되는) 안개가 자욱하고 훈훈한 대기(大氣). ③서리 온 뒤의 습기(보리의 발육을 해롭힘). ④과수(果樹)를 해치는 이슬.
mangrado *a. mangra*의 해를 받은. (식물이) 시든. 흑수병(黑穗病)에 걸린.
mangrar *v.t., v.i.* ①*mangra*의 해를 보다. *mangra*로 인하여 시들다(말라 죽다). ②못쓰게 하다(되다). 무효로 하다(되다).
mangual *m.* (타곡용) 도리깨.
mangualada *f.* 도리깨로 치기. 도리깨질.
manguço *m.* =*mangusto*.
mangue *m.* ①[植] 홍수(紅樹 : 열대의 강・바닷가에서 나는 교목(喬木) 뜨는 관목(灌木)). ②해안 또는 하안(河岸)에 물이 빠지고 난 이지(泥地). ③망고나무. 그 열매.
mangueira (1) *f.* (물이 통하는) 호스. 소방용(消防用) 호스. [海] 갑판의 물 뽑는 구멍(또는 호스). 사관(蛇管). 포관(布管).
— (2) *f.* [植] 망고나무.
mangueiral *m.* 망고나무 많은 곳. 망고 수원(樹園).
manguito *m.* 머프. 모피로 만든 부인용의 둥근 통 모양의 토시. 벙어리 장갑(손끝만 남기고 손목까지 덮는).
mangusto *m.* [動] 몽구스(뱀을 잡기 위하여 기르는 인도산 족제비 무리).
manha *f.* ①손재간이 묘함. 민첩함. ②빈틈 없음. 엉큼함. 교활. 간책(奸策). ③나쁜 버릇. 악벽(惡癖). 악습(惡習). ④어린애가 이유도 없이 우는 버릇.
manhã *f.* ①아침(朝). 오전. 오전 중. ②초기.
esta manhã 오늘 아침. 금조(今朝).
de (또는 *pela*) *manhã* 아침에. 오전에. 오전 중에.
de manhã cedo 아침 일찍.
amanhá de manhá 내일 아침. 명조(明朝).
de manhã até á noite 아침부터 밤까지.
manhãzinha *f.* 이른 아침.
manhosamente *adv.* 엉큼하게. 간사하게. 교활하게.
manhoso *a.* 교활한. 간사한. 엉큼한. 빈틈 없는. 민첩한. 교묘한. 간지(奸智)에 능한. 간교(奸巧)한. 잔꾀 많은.
manhuço *m.* 한 줌의 양(물건). 한 손에 차는 분량.
mania *f.* ①광란(狂亂). 미치는 버릇(狂癖). ②[醫] 조광(躁狂). ③기벽(奇癖). 편벽(偏癖). ④…광(狂).
maníaco *a.* 광기(狂氣)의. 광란의. 광적(狂的)인. 조광의.
— *m.* 조광(병)환자. 미친 사람(狂人).
maniatar *v.t.* 수갑을 채우다. 손을 묶다. 속박하다. 구속하다. 동작을 방해하다.
manicômio *m.* 정신병환자수용소.
manicórdio *m.* (중세(中世)의) 유건 악기(有鍵樂器).
manicú *m.* [動] 오포섬(북아메리카산. 유대류(有袋類)의 쥐).
manicura *f.* 손톱을 아름답게 하는(직업을 가진) 여자. 여자 미조사(美爪師).
manicuro *m.* ①손톱을 아름답게 하는 기술. 미조술. ②손톱을 아름답게 하는 이. 미조사(美爪師).
manicurto *a.* 손이 모자라는. 손이 작은.
— *m.* 인색한 사람. 깍쟁이. 구두쇠.
manietar *v.t.* =*maniatar*.
manifestação *f.* ①발표. 표시. 표명. 선언. 의사표시. ②시위. 시위운동. ③정견발표. ④[가톨릭] 현현(顯現).
manifestado *a.* 표명한. 발표한. 선언한. 명시(明示)한. 시위한.
manifestador *a., m.* 발표하는 (자). 표명하는 (자). 선언하는 (자). 시위하는 (자).
manifestamente *adv.* 명백하게. 뚜렷하게. 분명히.
manifestante *a., m.* 표시하는 (자). 시위운동하는 (자). 창도자(唱導者).
manifestar *v.t.* ①표시하다. 표명하다. 발표하다. ②나타내다. 보이다. 시위하다. ③명시하다. 증명하다.

—**se** *v.pr.* 스스로 보이다. (자기의) 의견을 표명하다. (견해를) 공표하다. 정견 발표하다. 고백하다.

manifesto *a.* 명백한. 뚜렷한. 현저한.
— *m.* 선언서(宣言書). 성명서. 격문. *manifesto da carga* (선장이 세관에 제출하는) 적하목록(積荷目錄). 하물목록.

maniflautista *m.* 손으로 통소(또는 피리) 소리내는 사람.

maniforme *a.* 손과 같은. 손 모양(手狀)의. 손처럼 생긴.

manigância *f.* 손요술. 기술(奇術).

manigrafo *m.* 정신병의(精神病醫).

maniguete *m.* [航] 후추의 일종.

manilha *f.* ①말찌(腕環). 수갑(手甲). 활골무. 갑옷의 팔받이. ②족쇄. 쇠고랑. 사슬. ③속박. 기반(羈絆). ④(하수도 설비에 쓰는) 토관(土管). ⑤일종의 트럼프놀이.

manilhar *v.t.* ①팔찌를 끼다. 갑옷의 팔받이를 대다. ②토관을 묻다. 매설(埋設)하다.

manilheiro *m.* ①팔찌(갑옷의 팔받이) 만드는 사람. ②토관제조인(土管製造人).

maninelo *a.* ①저능한. 단순한. 얼빠진. ②여자다운. 여성같은.
— *m.* 저능아. 단순한 인간. 여자같은 사람.

maninhado *a.* 경작하지 않은. 휴경상태 (休耕狀態)의.
— *m.* 휴경지(休耕地). 황무지.

maninhar *v.t.* 밭을 묵히다. 밭갈이 하지 않다. 휴경(休耕)하다.

maninhez *f.* 생산력이 없음. (동물이) 새끼를 배지 못함. (토지의) 불모. 메마름. 황지(荒地).

maninho *a.* ①임신 못하는. 불임(不姙)의. ②열매를 맺지 않는. 불모의. 황무한. 초목이 없는. 생산이 없는. ③내용이 빈약한. 신통치 않은. 흥미 없는.
— *m.* 불모의 땅. 황무지.

maniota *f.* (소·말 따위의 다리를 묶는) 새끼족쇄(足鎖).

manipanço, manipanso *m.* ①물신(物神: 야만인이 영험한 신으로 숭배하는 나뭇조각·돌조각·동물 따위). 미신의 대상. ②[卑] 뚱뚱한 사람. 땅딸보.

manipresto *a.* 손재간이 있는. 솜씨가 교묘한. 손동작이 민첩한.

manipueira *f.* 유독액(有毒液)(쓴 가싸아바(일종의 만죠까)에서 빼낸 독 있는 즙).

manipulação *f.* ①(화학재료·약품 따위를) 손으로 능숙하게 취급하기. ②민첩한 손동작. 조작(操作). 솜씨 있는 수공(手工). ③[商] 시가조종(時價操縱). 조종된 가격.

manipulador *m.* ①손으로 능숙하게 다루는 사람. 교묘하게. 취급하는 자. (특히 의) 조작자(操作者). 조종자. ②운동기. ③신체 마찰기. ④전신전송기(電信傳送機). ⑤[寫] 판가(板架). 보관기(保管器).

manipular (1) *v.i., v.t.* ①손으로 다루다. 교묘하게 취급하다. ②능숙하게 조정하다. 처리하다. ③(시장·시가 따위를) 교묘하게 조종하다.
— (2) *a.* (옛 로마 군대의) 중대의. 중대에 속하는.

manipulário *m.* (옛 로마 군대의) 중대장.

manípulo *m.* ①(옛 로마의) 중대(中隊). ②천주교 사제(司祭)가 왼팔에 다는 완대(腕帶). ③한줌. 한 손에 드는 양(量).

manirroto *a.* 막 쓰는. 낭비하는. 허비하는. 아낌없는.

manistérgio *m.* =*manuterg*io.

manita *a.* 한 손이 없는. 짝손의. 외손의.
— *f.* ①작은 손. ②모자라는 손.
— *m., f.* 한 손이 없는 사람.

manite *f.* (마나(*maná*)에서 나는) 감로당(甘露糖). 만나당.

maniva *f.* ①[植] 만죠까의 별명. ②만죠까의 줄기.

manivela *f.* [機] 크랭크. 굽은 자루. 손잡이 핸들.

maniversia *f.* 속임수. 기만. 수단. 사기. 협잡.

manja *f.* ①《俗》 음식을 먹는 동작. ②아이들이 즐기며 뛰노는 것.

manjar *m.* 식물(食物). 식품. 식료품. (맛있는 것의) 한 입.
manjar branco ①흰 젤리의 크림. ②헛소리. 공치사.
— *v.t., v.i.* 먹다.

manjedoura *f.* 구유. 사료 담는 통. (가름 나무가 붙은) 여물통.

manjericão, manjerico *m.* [植] 나눅(唇形科. 車花屬).

manjerona *f.* [植] 꽃박하. 마요라나(약용·요리용).

mano *m.* (친형제 사이에 부르는) 형. 오빠. 아우(동생). (가장 친한 사이에 부르는) 형제. 처남. 매부.

manobra f. ①조종. 운전. 운용(運用). ②배의 조종술. ③[軍] 연습(演習). 기동연습. (군대·군함의) 운용. 책략. 술책.

manobrar v.t. ①(교묘하게) 조종하다. 운전하다. 운용하다. ②(솜씨 있게) 다루다. 조작하다. 능숙하게 사용하다. ③[軍] 연습시키다. 운용하다.
— v.i. [軍] 연습(演習)하다. 기동(機動)하다.

manobreiro m. ①군대를 잘 움직이는 지휘관. 군함 운용에 능한 사령관. ②배를 잘 조종하는 자.

manobrista m. 솜씨 있게 운전하는 자. 배를 잘 조종하는 배꾼.

manojo, manolho m. 한 손에 쥘 만한 묶음. 작은 다발.

manola f. (스페인의 수도 마드리드 시의) 신분이 낮은 여자.

manométrico a. 압력계의. 기압계의. 압력계로 측정한.

manômetro m. 압력계(壓力計). 기압계 (증기 또는 가스의).

manopla f. ①[史] (승마·검도·크리켓 등에 쓰는) 쇠 혹은 가죽으로 만든 긴 장갑. ②마차 모는 사람(車夫)의 채찍. 어거하는 막대기.

manquecer v.i. (손·발 없는) 불구자가 되다. 절름발이 되다. 짝손이 되다.

manqueira f. ①(손·발 없는) 불구. 병신. ②결함. 불비(不備).

manquejar v.i. ①(손·발 없는) 불구가 되다. (다리를) 절다. 절뚝거리며 걷다. ②결함이 생기다. 부족되다.

manquetear v.i. =manquejar.

manquitó m. 절름발이.

mansamente adv. 부드럽게. 온순하게. 유순하게. 온화하게. 조용하게.

mansão f. ①큰 저택. 대궐. …장(莊). …관(舘). 주택(住宅). ②경우(境遇). 상태.

mansarda f. (지붕 바로 아래의) 다락방. 보잘 것 없는 작은 방.

mansarrão a. ①아주 부드러운. 지극히 온순한. 매우 유순한. 대단히 겸손한. ②아주 조용한. 몹시 한가한.

mansidão f. ①온순. 유화. 유순. 겸양. ②점잖음. 온후(溫厚). 친절함. 은근함. ③(말씨가) 부드러움.

mansionário m. 절지기(寺院守).

mansinho a. 아주 부드러운. 매우 온순한.

manso a. 순한. 온순한. 유순한. 겸손한. 부드러운. 온화한. 조용한. (동물 따위) 길들은. 길들인. 순량(馴良)한.
de manso 조용히. 서서히.
manso e manso 조금씩.

mansuetude f. =mansidão.

manta (1) f. ①담요. 모포(毛布). ②침상보. 덮개. 덮어 씌우는 것. ③(소매 없는) 외투. 망토. 두건(頭巾). ④(숲속의) 낙엽층(落葉層). ⑤휴대용 탄환 방패. ⑥포도의 그루와 그루 사이의 깊은 고랑. 두 고랑의 사이.
— (2) f. [蟲] 버마재비의 일종.

mantar v.t. (포도의 그루를 심기 위한) 깊은 고랑을 만들다.

manteação f. 모포(毛布)에 눕히고 흔들어 대기. 모포에 놓고(모포의 네 귀를 쥐고) 쳐올리기.

manteador a.m. 모포에 눕히고(놓고) 흔들어대는 (사람).

mantear v.i. ①모포에 사람(또는 물건)을 눕히고 그 네 귀를 쥐고 추켜 들다(흔들다). ②[鬪牛] 망토로 소(鬪牛)를 유인하다. 골나게 하다. 성나게 하다.

manteiga f. ①버터. 젖기름. 식물성 지방실(脂肪質). ②《俗》 아첨. 아유.
pão com manteiga 버터 바른 빵.
manteiga de porco 돼지기름. 비계.

manteigaria f. ①버터 제조소. ②버터 상점.

manteigoso a. =manteiguento.

manteigueira f. (식탁용) 버터 넣는 그릇. 버터 접시.

manteigueiro m. ①버터 만드는 사람. 그 장수. ②버터를 좋아하는 사람. ③《俗》 아첨쟁이.

manteiguento a. 버터가 많은. 지방분이 많은. 버터 맛이 나는. 버터 냄새 나는.

manteiguilha f. 돼지기름으로 만든 버터.

manteiro m. ①담요(모포) 만드는 사람. ②모포 장수.

mantel m. ①책상보(책상 위에 씌우는 것). ②제단(祭壇)에 덮는 보 또는 까는 천.

mantelete m. ①짧은 망토. 작은 망토. 작은 외투. ②승려(僧侶)들이 입는 짧은 외투 같은 것. ③부인용(婦人用)의 반외투(半外套).

mantença f. ①식물(食物). 식량. ②유지.

mantendedor *a.* 부양하는. 키우는. 유지하는. 지지하는.
— *m.* 부양자. 유지자. 지지자. 보유자(保有者).

manter *v.t.* ①키우다. 부양하다. ②유지하다. 지탱하다. 지지하다. 지속하다. ③주장하다. 고집하다.
manter um segrêdo 비밀을 지키다.
manter a sua palavra 약속을 지키다.
—*se v.pr.* ①부양되다. (생계를) 유지하다. 지탱해 나가다. ②(한곳에) 머무르다. 체류하다. ③고수(固守)하다.

mantéu *m.* (중(僧侶)이 입는) 긴 외투.

manteudo *a.* 부양된. 부양되고 있는. 유지되는.

mantica *f.* 작은 주머니(小囊). 일종의 배낭(背囊).

mantídeo *m.* [蟲] 버마재비.

mantido *a.* 부양된. 부양한. 유지된. 지탱한. 고수하고 있는.

mantilha *f.* ①(특히 스페인 부인이) 머리와 어깨를 덮는 큰 베일. 머리에 쓰는 것. ②작은 망토.

mantimento *m.* ①양식. 식량. 식료. ②유지. 보존. ③유지비. 보존비. ④식량저장.

mantissa *f.* [數] 가수(假數)(대수(對數)의 소수(小數) 부분).

manto *m.* ①망토. 작은 외투. 어깨에 덮는 것. ②상사(喪事) 났을 때의 베일. [動·植] 외피. [鳥] (새의) 덮는 깃털(扇羽).

mantuano *m.* [史] (17~18세기 경 유행한) 부인용 외투.

manual *a.* ①손의. 손으로 하는. 손으로 취급하는. 손으로 만드는. 수공(手工)의 손으로 만든. ②휴대하기에 편한. 휴대용의.
— *m.* 안내서. 편람(便覽). 필휴(必携).

manubial *a.* ①전리품(노획물)에 관한. ②전리품에서 얻은.

manúbrio *m.* 《古》쟁기의 자루(또는 손잡이). 핸들.

manucodiata *f.* [天] 열한 개의 별로 되는. 남쪽의 성좌(星座).

manucódio *m.* [鳥] 풍조(風鳥)의 일종. 극락조(極樂鳥).

manucuro *m.* =*manicuro.*

manudução, manuducção *f.* 손으로 이끌기(인도하기).

manudutor, manuductor *m.* 《古》교회의 합창대의 지휘자.

manufato, manufacto *m.* 수공품(手工品). 세공물(細工物). 제작품.

manufator, manufactor *a.* 제작의. 제조의.
indústria manufatora 제작공업.
— *m.* ①제작자. 제조자. ②공장주.

manufatura, manufactura *f.* ①(대규모의) 제조. 제작. ②제조장. 제작소. ③(어떤 특수한) 제조공업. ④제품. 제조품.

manufaturar, manufacturar *v.i., v.t.* 제조하다. 제작하다.

manufatureiro, manufactureiro *a.* 제조(업)의. 제작(업)의. 공예(工藝)의. 제조업에 종사하는.
— *m.* 제조인. 제작자.

manumissão *f.* 노예해방.

manumitir *v.t.* 노예. 농노(農奴)를 해방하다(석방하다).

manuscrever *v.t.* 손으로 쓰다. 수서(手書)하다.

manuscrito *a.* 손으로 쓴. 육필(肉筆)의. 필사(筆寫)한.
— *m.* 손으로 쓴 것. (인쇄에 대하여) 수서(手書). 손으로 쓴 사본. 필사. 원고.

manuseação *f.* =*manuseamento.*
— *m.* 손을 쓰기. 손을 움직이기. 손으로 움직이기. 손으로 만지기. 손으로 만져 더럽히기.

manusear *v.t.* 손에 쥐다. 손으로 다루다. 손으로 만지다. 손으로 움직이다. 조작(操作)하다. 손으로 만져 더럽히다. 주름이 가게 하다.

manuseio *m.* ①손으로 다루기. 취급하기. 만지기. ②조작(操作). 조종. 운용.

manutenção, manutência *f.* ①지속. ②유지. 보존. 부양(扶養). ③지지. 지탱. ④관리. 경영. 운영. ⑤고수(固守).

manutenível *a.* 유지할 수 있는. 부양할 만한. 지지(지탱)해야 할. 고수할 만한.

manutergio *m.* [宗] 사제(司祭)가 미사 중에 손을 씻을 때 쓰는 손수건.

manzorra *f.* (=*mãozorra*). 큰 손(大手).

máo *f.* ①손. ②(짐승의) 앞발. (맹금(猛禽)의) 발톱. ③(쟁기의) 손잡이. ④한줌에 쥐는 물건. ⑤권세. 권력. ⑥(페인트 칠·벽칠 등에 있어서 초벌칠. 두벌칠하는) 칠의 횟

수. ⑦통행측(通行側 : 교통에 있어서 가고 오는 방향을 말하되 브라질에 있어서는 우측 통행. *contra mão* 통행의 반대측).

a mão 손으로. 손으로서.

ã mão 수중에. 손에 쥐고.

ter na mão (손에 쥐고 있다). 마음대로 할 수 있다. 권력을 쥐고 있다.

mão de papel 종이의 한 첩(24매)

mão de obra 수공전. 임금(賃金). 삯돈.

dar a mão 도와주다.

apertar a mão 악수하다.

abrir mão(s) de …을 그만 두다. 단념하다.

meter mãos ã obra. 일을 착수하다.

cair nas mãos de …의 수중에 들어가다.

primeira mão (페인트칠·벽칠 등에 있어서의) 첫 칠.

segunda mão ①두 번 칠. ②묵은. 헌. 중고품(中古品)의.

fora de mão 우측 통행을 지키지 않고. 통행측 밖에서.

Mãos ao alto! 손들엇!

mão-cheia *f*. =*mancheia*.
— *f*. 한 줌. 한 줌의 분량. 한 손아귀에 차는 양.

de mão-cheia 완전한. 일류(一流)의.

maometano, maomético *a*. 회교의. 마호메트교의.
— *m*. 회교도(回敎徒). 마호메트교도.

maometismo *m*. 회교(回敎). 마호메트교. 이슬람교.

mão-morta *f*. [法] 교회 부속영지 등의 영구 소유. 《英》 *dead hand*.

mão-pendente *f*. 뇌물(賂物).

mãos-postas *f*.(*pl*.) 합장(合掌).

mão-travessa *f*. 한손 폭(2.5~4인치의 길이).

mãozado *f*. ①《俗》 악수. ②한 줌. 한 손에 찬 분량. 적은 양. 소량(少量).

mãozorra *f*. (=*manjorra*). 큰 손.

mãozudo *a*. 큰 손의. 보기 흉하고 큼직한 손의. 큰 손이 있는.

mapa *m*. ①지도(地圖). ②표(表). 일람표. …도(圖).

mapa-mundi *m*. 세계지도. 지구전도(地球全圖).

mapareiba *f*. [植] 망고나무의 일종.

maqueiro *m*. 가마(들 것) 메는 사람. 담가 인부(擔架人夫).

maqueta *f*. (진흙·밀초 따위로 만든) 실물(實物)의 축소형. 건물(建物)의 모형(模型).

maquia *f*. ①《古》 가루방앗간에서 빻는 삯으로 떼어내는 곡물의 일부. ②(되나 말같은) 일종의 계량기.

maquiar *v.t*. 《古》 *maquia*로 재다(달다).
— *v.i*. 가루를 빻는 삯으로 곡물의 일부를 떼어내다. 삯돈 대신에 일부분의 곡물을 받다.

maquiavèlicamente *adv*. 마키아벨리 주의로. 권모술수를 써서.

maquiavélico *a*. (목적을 위해서는 수단을 가리지 않는).
machiavelli 주의의. 권모술수의.
— *m*. =*maquiavelista*.

maquiavelismo *m*. 마키아벨리(*Machiavelli*) 주의(목적을 위해서는 수단을 가리지 않는). 권모술수(權謀術數)의 정책.

maquiavelista *m*., *f*. 권모술수가(家).

maquilagem *f*. 화장(化粧). 메이크업.

maquilar *v.t*. 화장하다.

maquilhar *v.t*., *v.i*. (배우가) 얼굴을 화장하다. 얼굴에 칠하다.

maquilhagem *f*. (배우의) 얼굴 단장(丹粧). 분장(扮裝). 분식(粉飾). 겉치장.

máquina *f*. ①기계. ②기관(機關). 발동기. 엔진. ④재봉틀. 인쇄기계. ⑤기계장치. ⑥기계석으로 움직이는 사람.

máquina de escrever 타자기.

máquina de costura 재봉틀.

máquina de lavar 세탁기.

máquina fotográfica 사진기. 카메라.

máquina de calcular 계산기.

máquina de soldar 용접기.

máquina de polir 연마기(研磨機).

máquina de amolar 그라인더. 분쇄기(粉碎機).

máquina de fazer furos 구멍 뚫는 기계. 천공기.

máquina de serrar madeiras 나무켜는 기계. 제재기.

máquina de vapor 증기기관.

escrever à máquina 타자하다. 타이프치다.

feito da máquina 기계로 만든. (直譯) 기계에 의하여 만들어진.

maquinação *f*. 음모(陰謀). 책모(策謀). 나쁜 계획을 획책하기.

maquinador *m*. 음모자. 모사(謀士).

maquinal *a.* 기계의. 기계로 만든. 기계적인. 창의(創意) 없는. 무의식적. 자기의 의사(意思)가 아닌.

maquinalmente *adv.* 기계로. 기계의 힘으로. 기계적으로. 무의식적으로.

maquinar *v.t.* 음모하다. 획책하다. 나쁜 일을 꾸미다.

maquinaria *f.* ①기계제조술. ②기계류(機械類). ③기관(機關). 기계장치.

maquineta *f.* ①사리함(舍利函). 성골함(聖骨函). 성물상자. 유물상자. ②신상안치용기(神像安置容器).

maquinismo *m.* 기계술. 기계장치. 기계작용. 기구(機構). (소설·극 등의) 꾸밈. 결구(結構).

maquinista *f.* ①기계운전자. 기관사(機關士). ②기계제조인. 기계공. 재봉공(裁縫工). ④(극장의) 도구 다루는 사람.

mar *m.* ①바다. …해(海). 해양(海洋). 대양(大洋). ②(바다와 같이) 많은 양. 무수. 무한.
mar calmo (=mar de leite) 조용한 바다. 잔잔한 바다.
mar banzeiro 파도치는 바다. 굽이치는 바다.
mar grosso 거친 바다. 황해(荒海).
beira-mar 바닷가. 해변.
alto mar 공해(公海). 외해(外海).
em alto mar 공해상에서.
por mar (바닷길로). 해로(海路)로. (*por terro*: 육로의 대(對)).
de alem mar 해외로.
estrela do mar [動] 불가사리.
um mar de sangue 피의 바다. 아주 많은 피.
fazer-se ao mar 바다로 나가다. 출범(出帆)하다.

marabá *m.f.* 백인과 토인의 혼혈아(트기).

marabú *m.* [鳥] (서아프리카 산) 황새의 일종.
marabús (pl.) 황새의 깃털(장식용).

marabuto *m.* ①회교도의 도사(道士). 은자(隱者). 그의 무덤 또는 암자(庵子). ②수부(水夫).

maracajá *m.* (브라질 산) 산고양이(山猫)의 일종.

maracanan *m.* =maracanhã.
— *f.* 브라질의 앵무속(鸚鵡屬)의 총칭.

maracatim *f.* (브라질의 북부 빠라아 (Pará)주에서 쓰는) 일종의 작은 배.

maracha *f.* (해변 또는 강변의) 작은 언덕. 모래 언덕. 작은 제방.

marachão *m.* (해변·강변 등의) 언덕. 사구(砂丘). 제방. 둑.

maracotão *m.* ①(과육(果肉)이 씨에 붙는) 과실. (복숭아 따위). ②살구.

maracoteiro *m.* 마라꼬떼이로나무(말멜로나무에 복숭아 가지를 접목(接木)한 나무).

maracujá (발음 : 마라꾸쟈아) *f.* [植] 시계초과(時計草科)의 식물. 그 열매(청량음료의 원료).

maracujazeiro *m.* [植] 마라꾸쟈제이로 나무.

marafona *f.* ①헝겊 조각으로 만든 인형(人形). ②점잖지 못한 여자. 행실이 난잡한 여자. ③화냥년. 말괄량이. 왈패. 바람난 여자. ④《古》창기(娼妓). 갈보. 음매부.

maraja *m.* [植] 종려수의 일종.

maranduva *f.* 꾸민말. 거짓말.

maranga *f.* (동인도산의) 약초(藥草).

maranha (1) *f.* [植] 히이스. 가시 금작화(金雀花)(밭).
— (2) *f.* ①엉퀸 실. 흐트러진 머리칼. ②솜찌끼. 양털찌끼. ③혼란. 분규. 착잡(錯雜).

maranhão *m.* ①큰 거짓말. ②허구(虛構). 허망(虛妄). 허탄(虛誕).

maranhar *v.t.* =emaranhar.

maranhense *f.* (브라질 북부의) 마라냐오 (*maranhão*)주의. 마라냐옹 주(州)에 사는.
— *m., f.* 마라냐옹 주민(州民).

maranhoso *a.* 얽힌. 엉킨. 분규를 일으키는. 혼란케 하는. 착종(錯綜)한.

marasca *f.* 앵두의 일종(열매로 앵두술을 만듬).

marasmado *a.* 허탈한. 위축(萎縮)한. 위미(萎靡)한.

marasmar *v.t.* [病理] 몹시 쇠약하게 하다. 허탈케 하다. 위축시키다.
—**se** *v.pr.* 마르고 시들다. 몹시 쇠약해지다. 위축하다. 위미하다. 허탈하다.

marasmo *m.* ①몹시 마르고 약함. 시들고 느른함. 위미(萎靡). 위축(萎縮). ②허탈(虛脫). 무기력. 활발치 못함. 위미부진(萎靡不振). ③[病理] 소모증(消耗症).

marasmódico *a.* 쇠약(소모)성의. 허탈한.

marasquino *m*. 앵두술(酒).

marato *m*. [植] 회향풀속(屬). 그 열매.

maratona *f*. ①아테네 동북방의 옛 싸움터. ②마라톤 경주.

marau *m*. ①건달. 부랑자. ②교활한 사람. 엉큼한 사람.

maravalhas *f*. ①(불쏘시개 따위로 되는) 나뭇가지. 가는 가지(細枝). 목편(木片).

maravedi *m*. [史] 옛날 스페인·포르투갈의 금화(약 14실링). 스페인의 동화(1/6펜스).

maravilha (1) *f*. (흔히 복수로 씀). ①놀램. 경탄(驚歎). 경이(驚異). ②놀랠 만한 사람 또는 물건. ③기묘한 것. 신기한 일. *a maravihas* 또는 *às mil maravilhas* 매우 신기(절묘)하게. 아주 훌륭하게. *de* (또는 *por*) *maravilha* 드물게.
— (2) *f*. [植] 분꽃.

maravilhado *a*. 깜짝 놀랜. 경탄한.

maravilhador *a*., *m*. 놀라게 하는 (것). 경탄케 하는 (것).

maravilhar *v.t*. 깜짝 놀라게 하다. 경탄케 하다.
—se *v.pr*. ①깜짝 놀라다. 경탄하다. ②이상하게 여기다. 신기하게 여기다.

maravilhosamente *adv*. 놀랄 정도로. 경탄할만치. 아주 신기하게. 훌륭하게.

maravilhoso *a*. 놀라운. 경탄할만한. 신비스러운, 신기한, 절묘한, 이상한 기적적인. 훌륭한.

marca *f*. ①표(表). 표식. 표기. 기호(記號). 부호. ②검인(檢印). 딱지. ③과녁. 목표. 표적. ④자국. 흠집. 흔적 ⑤특징. 특색. ⑥경계표(境界標).
marcas (*pl.*) 항로표지(航路標識).
marca registrada (등록)상표.
de marca 으뜸가는. 현저한. 중요한.

marcação *f*. 표하기. 표식하기. 기호를 붙이기. (가축에) 낙인(烙印)을 찍기. (극장 등의 좌석을) 지정하기.
marcação de lugares 좌석지정(座席指定).

marcado *a*. ①표를 한. 표를 붙인. 딱지를 붙인. 기호를 단. ②눈을 찍은. 주목한. ③흠(흠집)이 있는. ④지정한. 결정한. ⑤점수를 매긴. 채점한.
— *m*. 《俗》사기꾼. 협잡꾼.

marcador *a*., *m*. 표하는 (자). 기호를 붙이는 (자).

marçagão *m*. 《俗》추운 삼월.

marçano *m*. ①(공장의) 견습공. 조수. ②견습생. 제자.

marcante *a*. ①표하는. 표시하는. 뚜렷이 나타나게 하는. 지적하는. 지정하는. ②뚜렷한. 현저한.

marcar *v.t*. ①표하다. 표시하다. 부호를 달다(붙이다). ②(표하는) 도장을 찍다. (가축에) 낙인하다. ③딱지를 붙이다. 표시(標示)하다. ④(점수를) 매기다. (득점을) 기록하다. (장소들을) 표하여 정하다. 결정하다. 지정(指定)하다.

marcassite *f*. [鑛] 백철광(白鐵鑛).

marcenaria *f*. ①가구(家具) 만들기. 소목일. ②가구류. ③가구 제조술. ④가구 제조소.

marceneiro *m*. 가구 제조인. 가구장이. 소목장이.

marcescência *f*. (식물·꽃 따위가) 마르고 시듦. 고조(枯凋). 조위(凋萎).

marcescente *a*. (꽃·잎사귀 따위가) 말라 시드는. 조위하는.

marcescível *a*. 말라 시들기 쉬운. 고조할 수 있는.

marcha *f*. ①(일정한 보조를 취하여) 힘차게 걷기. 행진. ②[軍] 행군. ③행진의 보조. 보속(步速). ④행렬. [樂] 행진곡. ⑤진전. 진보. 진첩. 발달. ⑥[海] 진항속도(進航速度).
marcha fúnebre 죽음의 행진.
marchas forçadas 강행군.
em marcha 행진중.

marchantaria, marchanteria *f*. ①가축상(家畜商). ②가축상인사무소.

marchante *m*. ①가축상인. ②《古》상인. 장사꾼.

marchar *v.i*. ①(일정한 발걸음으로) 힘차게 걷다. 보조를 맞춰 걷다. ②전진하다. 행진하다. ③[軍] 행군하다. 진군하다. ④(정체된 공사 따위) 진척되다. 촉진되다.
— *v.t*. ①(앞으로) 나아가게 하다. 전진시키다. ②[軍] 행군시키다. ③(공사 따위) 진척케 하다. 발전케 하다.

marche-marche *m*. 강행군.

marchetado *a*. 상감세공(象嵌細工)을 한. 감입세공(嵌入細工)을 한. 무늬를 새겨 넣은. 파 넣은. 여러 가지 색깔로 채식(彩飾)한.
— *m*. 상감세공. 감입세공. 무늬를 새겨 넣은 것.

marchetar *v.t.* 상감세공을 하다. 감입세공을 하다. 무늬를 새겨 넣다. 자개 따위를 박아 넣다. 파 넣기 장식을 하다.

marchetaria *f.* 각색 조각나무를 모아 박는 세공. 무늬를 새겨 넣는 세공. 상감세공(象嵌細工). 감입세공.

marchête *m.* 무늬 장식의 한 조각(부분).

marcheteiro *m.* 무늬를 새겨 넣는 직공. 상감세공하는 이. 가구공(家具工). 농장어.

marcial *a.* 전쟁의. 전쟁에 적당한. 상무(尙武)의. 호전적. 군인다운. 무(武)의. 병(兵)의. 군사의. 육해군의.
lei marcial 계엄령(戒嚴令).
côrte marcial 군법회의.

marciano *a.* 화성(인)의. 화성에 속하는.
— *m.* 화성인(火星人).

márcido *a.* ①생기(生氣) 없는. ②[植] 시든. 고조(枯凋)한.

marcio *a.* 《詩》=*marcial*.

marco *m.* ①경계표(境界標). 도로표(道路標). 이정표(里程標). ②경계. 국경. ③(독일의 화폐 단위) 마르크.

março *m.* 삼월(三月).

marconigrama *m.* 무선전신.

maré *f.* ①조수(潮水). 조석수(潮汐水). (해수(海水)의). 간만(干滿). ②변천. 흥망성쇠(興亡盛衰). ③풍조. 경향. ④기회. 시기(時機). 호기(好機).
maré enchente (또는 *alta*) 밀물. 만조(滿潮).
maré baixa. 썰물. 간조(干潮).

mareação *f.* 배의 조종. 항해술(航海術).

mareagem *f.* 배를 조종하기. 배의 조종구(操縱具).

mareante *a.* 항행(航行)하는. (키를) 조종하는.
— *m.* 선원. 해원(海員). 수부(水夫). 수병(水兵). 항해자.

marear *v.i.* ①(배를) 조종하다. (어떤 방향으로) 키를 돌리다. ②배멀미나게 하다. ③광택(光澤)을 없애다. 흐리게 하다. ④녹슬게 하다. ⑤(명성을) 어지럽히다.
— *v.i.* ①항해(航海)하다. ②배멀미하다. ③광채가 없어지다. 흐리다.
—*se v.pr.* ①(배가) 바른 진로(進路)를 따라가다. ②해수(海水)에 못 쓰게 되다. 녹슬다. 흐리다.

marechal *m.* [軍] 육군 원수(元帥).

marechalado, marechalato *m.* 원수의 관직(官職).

maregrafo *m.* =*mareógrafo*.

mareio *a.* ①(바람이) 바다로부터 불어오는. 육지를 향하여 부는. 해풍(海風)의. ②항해에 적당한.

marejada *f.* 굽이치는 물결. 거친 파도. 해안을 씻는 파도.

marejar *v.i.* ①배어 나오다. 스며 나오다. 누출(漏出)하다. 흘러나다. ②물방울을 흘리다. 똑똑 떨어지다. 적하(滴下)하다. ③눈물지다. 눈물이 글썽글썽하다.
os olhos marejados de lágrimas 눈물이 글썽글썽한 눈.

marel *m.* (말 따위의) 육종(育種).

marema *f.* ①장기(瘴氣) 있는. 해안저지(海岸低地). ②건강에 좋지 못한 해변가.

mare-magnum *m.* (물체가) 몹시 큼. 거대(巨大). (물건이) 아주 많음. 다수(多數).

maremétro, mareómetro *m.* 검조기(檢潮器).

maremoto *m.* 해진(海震).

mareógrafo *m.* (=*marémetro*). 검조기(檢潮器).

maresia *f.* 바다 냄새. 조수(潮水)에서 풍기는 비릿한 냄새.

mareta *f.* 작은 파도. 하천파도(河川波濤).

marfado *a.* 기분 나쁜. 통한. 성난. 화난.

marfar *v.t.* (…의) 감정을 상하게 하다. 성나게 하다. 기분 나쁘게 하다.

marfim *m.* ①상아(象牙). (해마·해상(海象) 등의) 어금니. ②상아세공품.
deixar correr o marfim (일이) 돼가는 대로 내버려 두다.

marfim-vegetal *m.* ①식물 상아(남아메리카산 상아 야자의 배유(胚乳). 상아의 대용품). ②상아야자나무. 상아야자의 열매.

marga *f.* 이회토(泥灰土: 비료 또는 시멘트 원료로 되는).

margaça *f.* [植] 일종의 족제비쑥.

margagem *f.* 이회토를 뿌리기. 이회토로 거르기.

margar *v.i.* 이회토를 뿌리다. 이회토로 거르다.

margárico *a.* [化] 진주산(眞珠酸)의.

margarida *f.* ①[植] 실국화. 마아가렛. ②[鳥] 농병아리의 일종.

margarina *f.* 인조(人造) 버터. 마가린.

margarita *f.* ①값비싼 진주(眞珠). ②진주

조개(貝). ③[植] 실국화. 마아가렛.
margaritáceo *a*. 진주가 생기는. 진주가 나는.
margaritífero *a*. 진주가 있는. 진주를 산출하는.
margear *v.t.* ①연변(沿邊)을 따라가다. 연안을 끼고 가다. ②변두리에 놓다. 변두리에 심다. ③가장자리를 달다(붙이다).
margem *f*. ①변(邊). 연변(沿邊). 변단(邊端). 변두리. ②(물체의) 연(緣). 가장자리. 끝. ③인쇄하지 않은 부분. 여백(余白). 난외(欄外). ④(시간·경비 등의) 여유. (활동 등의) 여지. ⑤경계선.
margem do rio 강가. 강반(江畔).
dar margem …할 기회를 주다. …의 여유를 주다.
lançar à margem 버리다. 내버려두다. 포기하다.
marginado *a*. ①가장자리가 달린. ②여백(餘白)이 있는. ③난외(欄外)에 쓴. 방주(傍註)를 단. (책 따위의) 페이지 바깥 끝에 쓴.
marginador *m*. 가장자리를 붙이는 사람. (…의) 난외에 적는 사람. 방주를 다는 사람.
marginal *a*. ①물가의. 연변의. 연변(沿邊)에 따른. 가장자리의. ②난외의. 여백의. 난외에 적은. 방주를 단. ③한계(限界)의.
notas marginals 난외기입(欄外記入). 방주(傍註).
marginar *v.t.* ①가장자리를 붙이다. ②난외에 적다. 방주(傍註)를 달다.
margoso *a*. 이회암(泥灰岩)으로 된. 이회암 모양의. 이회질의. 비옥(肥沃)한.
margrave *m*. [史] (신성(神聖) 로마 제국의) 변강수령(邊疆守令).
margueira *f*. 이회암이 있는 곳. 이회갱(泥灰坑).
margueiro *m*. 이회암을 캐는(채취하는) 사람.
mari *m*. 콩과(荳科)의 약초.
marial *a*. (성모) 마리아의. 마리아에 관한.
marialva *a*. 마리알바식(式) 마술법칙(馬術法則)에 의한.
— *m*. ①말 잘 타는 사람. ②무위도식자. 빈둥빈둥(하는 일 없이) 돌아다니는 자.
maria-rapaz *f*. 말괄량이.
mariboado *m*. [蟲] 말벌(胡蜂).
maricão, maricas *m*. 사내답지 못한 남자. (하는 일이) 여자같은 남자. 나약한 인간. 몸을 지나치게 아끼는 사람.
maridança *f*. ①결혼시키기. ②부부생활. ③합체(合體). 밀접한 결합. 밀착(密着).
maridar *v.t.* ①시집보내다. 결혼시키다. ②한 몸이 되게 하다. 합체(合體)시키다. 밀착시키다.
— *se v.pr*. ①(여자가) 결혼하다. 남편을 맞이하다. 시집가다. ②합체하다. 밀착하다.
marido *m*. 남편.
marimacho *m*. ①[史] (중세의 종교극(劇) 가운데의) 횡포한 회교신(回教神). ②한부(悍婦). 용부(勇婦). 사나운 여자. 표독스런 계집.
marimba *f*. 목금(木琴)의 일종. 일종의 실로폰. 아프리카 토인의 북. 철금(鐵琴).
marimbar *v.i.* ①*marimbo*에 이기다. ②속이다. 기만하다.
marimbau *m*. (보라질산의) 해어(海魚).
marimbo *m*. 트럼프(또는 골패) 놀이의 일종.
marimbondo *m*. = *maribondo*.
marinas *f.(pl.)* 해초류(海草類). 바다 식물. 해중 식물(海中植物).
marinha *f*. ①해변. 해안. ②해운(海運). 해사(海事). ③해군. 함대. ④육전대원. 해병대원. ⑤바다 경치. 해경(海景). 해화(海畫). ⑥염전(鹽田). 제염장(製鹽場).
soldado de marinha 수병(水兵). 해병.
ministério da marinha 해군성.
marinha mercante 상선(商船). 상선대(隊).
marinha de guerra 해군.
marinhagem *f*. ①전체 선원. (수병의) 어떤 등급의 전원. 승무원(전체). 배꾼들. ②선박조종술.《古》항해술.
marinhar *v.t.* ①(배에) 승무원을 태우다. 선원을 배치하다. ②배를 조종하다.
— *v.i.* ①항해술(航海術)에 정통하다(잘 알다). ②(나무 따위에) 기어오르다. (사다리 따위를 타고) 올라가다.
marinharesco *a*. 선원(수부)에 속하는. 수병에 관한.
marinharia *f*. ①항해술. ②배의 의장(艤裝).
marinheiro *m*. ①선원. 배꾼. 수부(水夫). ②수병(水兵).
— *a*. ①항해의. ②선원의. 수병의.
marinho *a*. 바다의. 해양의. 바다에 사는. 바다에서 나는. 해산(海産)의. 해사(海事)

의. 해운(업)의. 선박의. 해상무역의. 해상근무의.
sal marinho 바다 소금.
plant a marinha 해초(海草).
cavalo marinho (실고기과) 해마속(屬). 해마(海馬).

marino *a.* = *marinho*.

mariola *m.* ①운반인. 짐꾼. (철도 구내)운반부. ②불량자. 건달. 난폭한 인간. 비열한 인간. ③[鳥] 비둘기의 일종.
— *a.* 버릇없는. 본데없는. 비열한. 난폭한.

mariolada *f.* 인부들의 말씨. 건달(부랑자)들의 행실. 난폭한 언행.

mariolagem *f.* ①짐꾼들. (운반을 직업으로 하는) 인부들. 운반인의 떼. ②짐꾼들의 행실. 버릇없는 언행.

marionete *f.* 꼭두각시. 괴뢰. 앞잡이.

maripôsa *f.* ①[蟲] 나방이. 좀벌레. ②나방이꼴을 한 보석 또는 장난감. ③경쾌한 비행기.

mariposear *v.i.*, *v.t.* 날개치다. 날개치며 날다. 훨훨 날다. 날아다니다.

marisca *f.* [魚] 송어.

mariscar *v.t.* 조개를 줍다. 주워 모으다.
— *v.i.* (물새 따위) 조개를 주워 먹다.

marisco *m.* 조개. 갑각류(甲殼類 : 굴(牡蠣)・가재・게 따위 식용으로 되는 바다의 연체동물(軟體動物)).

marisma *f.* = *marema*.

marisqueira *f.* 조개(굴) 따위를 줍거나 파는 여자.

marisquiro *m.* 조개(굴) 따위를 줍는 사람. 그 장수.

marital *a.* ①남편의. 남편에 속하는. ②결혼의. 부부의.
poder marital 부권(夫權 : 남편의 권리).
vida marital 결혼생활.

maritalmente *adv.* 부부와 같이. 부부처럼.

mariticida *f.* 지아비를 죽이기. 남편 살해.

mariticídio *m.* 남편 살해죄.

marítimo *a.* ①해안의. 해변의. 연해(沿海)의. ②바다의. 해사(海事)의. 항해(航海)의.
— *m.* 배타는 사람. 해원(海員). 선원.

marlotar *v.t.* ①구기다. 문질러 구김살을 만들다. ②난장질하다. 상처 내다.

marmanjo *m.* ①어른. 성인(成人). ②버릇없는 사람. 조폭한 사람. ③엉큼한 사람. 교활한 자. ④사기꾼. 협잡꾼.

marmelada *f.* ①마르멜로로 만든 잼. 마아말레이드. ②뒤섞은 것. 혼효(混淆). ③《俗》암거래.

marmeleiro *m.* [植] 마르멜로나무. 팥배나무.

marmelo *m.* ①[植] 마르멜로. 팥배나무. 그 열매. ②엉큼한 사람. 교활한 사람.

marmita *f.* ①(휴대용) 밥통. [軍] 병사용 밥통(데우거나 끓일 수 있도록 된 것). ②뚜껑달린 작은 솥.

marmiteiro *m.* 밥통 끼고 다니는 일꾼. 집에서 점심을 가지고 출근하는 사람.

marmorário *a.* 대리석의.
— *m.* 대리석을 자르거나 가는 사람. 대리석공(大理石工).

mármore *m.* 대리석(大理石). 《轉》무성. 냉담. 굳음.

marmorear *v.t.* 대리석 무늬를 넣다.

marmoreira *f.* 대리석을 캐는 곳. 대리석갱(坑).

marmoreiro *m.* 대리석을 자르는 사람. 대리석을 가는(연마하는) 사람.

marmóreo *a.* ①대리석의. 대리석 비슷한. 대리석으로 되는. ②마음이 돌같은. 무정한. 냉혹한.

marmorista *m.* 대리석을 깎는 사람(직공).

marmorização *f.* 대리석화(大理石化).

marmorizar *v.t.* 대리석화하다. 대리석처럼 하다.

marmoroso *a.* = *marmóreo*.

marmota *f.* [動] 마아못(소위 마르모트와는 다름).

marnel *m.* 비오면 물 괴는 땅. 침수지(浸水地). 습지.

marnoso *a.* = *margoso*.

marnota *f.* ①조수(潮水) 때 물에 잠기는 땅. ②염전(鹽田). 천연염전.

marnoteiro, marnoto *m.* 염전에서 일하는 사람.

maro *m.* [植] (고양이가 잘 먹는) 개박하. (순형과(唇形科)의) 약초.

maroiço *m.* ①놀. 파도. 《詩》물결. ②큰 파도. 거센 파도. 격랑(激浪).

maroma *f.* 큰 밧줄. 줄타는 밧줄.
andar na maroma 지극히 어려운 일을 하다.

maromba (1) *f.* ①(밧줄 타는 사람이 쓰는) 일종의 지팡이. 평균장(平均杖). ②난국

(難局). 위국(危局).

— (2) *f*. 벽돌 만드는 기구(기계).

marombar *v.i.* 《俗》형세를 봐서 이익이 있는 쪽에 편들다.

marosca *f.* ①속임수. 부정 수단. 트릭. ②사기. 협잡. ③반검둥이의 계집아이.

marotagem *f.* ①불량배의 행실. 못된 장난. ②깡패. 부랑자의 떼. 무뢰한의 집단.

marotear *v.i.* 방종하다. 방일한 생활을 하다. 불량배(깡패)의 생활을 하다.

maroteira *f.* 부랑자의 행실. 깡패의 노릇. 못된 장난. 나쁜 짓. 건달 생활. 하는 일 없이(빈둥빈둥) 세월 보내는 이.

maroto *m.* ①방일한 자. 방탕아. ②부랑자. 건달. ③못된 놈. 악인. ④사기꾼. 협잡꾼. ⑤일종의 검은 포도.

— *a.* 잔꾀 있는. 교활한. 간사한. 괘씸한. 악질적인. 횡포한.

marouço *m.* 큰 파도. 거센 파도. 거랑(巨浪).

marquês *m.* 후작(侯爵). …후(侯).

marquesa *f.* 후작부인(미망인).

marquesado *m.* 후작의 신분. 후작령(領).

marquesinha *f.* ①(부인용) 접을 수 있는 양산. ②큰 천막(大天幕). (장교용) 야전 텐트. ③현관 입구의 차양. ④(역(驛) 플랫폼의) 큰 차양. ⑤일종의 흰포도. ⑥나리과의 식물.

marra *f.* ①돌망치. ②(땅파는) 괭이. ③(김매는) 호미. 제초기. ④(아이들의) 일종의 유희.

marrã, marran *f.* ①젖 뗀 암돼지. ②돼지고기.

marraco *m.* (=*enxada*). 괭이. 호미.

marrada *f.* (양·숫양 따위) 머리로 받기. 뿔로 받기.

marrafa *f.* 이마에 내려뜨린 꼬부라진 머리털.

marrafão *a.* ①초라한. 하등(下等)의. 열등의. ②거친.

tabaco marrafão 하등연초.

marralhar *v.i.* ①교묘하게 설득하다. 납득시키다. ②속이다. 기만하다. 태만부리다. 게으르다.

marralheiro *a.* ①교묘하게 설득하는. 납득시키는. ②속이는. 기만하는. 교활한. 엉큼한. ③게으른. 나태한.

— *m.* ①교묘하게 설득하는 사람. ②속이는 자. ③게으름뱅이.

marralhice *f.* ①속이기. 기만. 속임수. 사기수단. ②교활한. ③게으름. 나태함.

marrana *f.* ①(잔등에 생기는) 혹. 불룩 나온 살. 육봉(肉峰). ②작은 암돼지.

marrano *a.* ①저주 받은. 파문 당한. 신(神)에 버림 받은. 괘씸한. 영겁(永劫)의 죄를 지은. 저주할. ②더러운. 불결한.

marrão (1) *m.* 젖을 뗀 돼지. 어린 돼지.

— (2) *m.* [石工] 큰 망치. 돌까는 망치.

marrar (1) *v.t.*, *v.i.* (양·산양·소 따위가) 머리로 받다. 머리로 밀치다. 뿔로 받다.

— (2) *v.t.* 큰 망치로 치다. 두드리다.

— (3) *f.* ①[動] 암오리. ②(잔등에 생기는) 혹. 육봉(肉峰).

marraxo *m.* [魚] (인도양 또는 태평양에 있는) 큰 상어.

— *a.* 교활한. 간교한. 능갈치는.

marreca *f.* ①[動] 암오리. ②(잔등에 생기는) 혹. 곱사등.

— *m.*, *f.* 곱사등이.

marreco *a.* ①날카로운. 예민한. 영리한. 통찰력이 있는. 빈틈없는. 눈치 빠른. 교활한. ②구흉(鳩胸)의. 곱사등의.

— *m.* 오리의 일종.

marreta *f.* [石工] 작은 망치. 돌까는 망치. 광석 따위를 부수는 망치.

marretada *f.* 큰 망치로 치기. 때리기.

marretar *v.t.* 작은 망치로 치다. 돌까는 망치로 까다.

marreteiro *m.* 표 파는 사람.

marroada *f.* 곤봉(몽둥이)으로 치기.

marrom *a.* 밤빛의. 갈색의.

— *m.* 밤빛. 갈색. 다갈색(茶褐色).

marroquim *m.* 모로코 가죽(일종의 염소 가죽).

marroquinar *v.i.* 모로코 가죽을 만들다.

marroquino *a.* (아프리카 북부의 회교국) 모로코의.

— *m.* 모로코 사람.

marroteiro *m.* ①소금 만드는 사람. 제염부(製鹽夫). ②염전감독관(鹽田監督官).

marruá *m.* (네 살 이상의) 황소. 어린 투우(鬪牛).

marruaz *a.* ①고집이 센. 외고집 부리는. ②During.

marrufo *m.* 평인수도사(平人修道士).

marselhês *a.* (프랑스 지중해의 항구) 마르세이유의.

— *m.* 마르세이유 사람.

marselhesa *f.* (프랑스 국가) 마르세이유곡(曲).

marsopa *f.* **marsuíno** *m.* [動] 돌고래(鯨科).

marsupial *a.* [動·解] 주머니의. 주머니 모양의. 유대류(有袋類)의.
marsupiais (*pl.*) [動] 유대동물. 유대류.

marsupios *m.*(*pl.*) 유대류. 유대동물(有袋動物).

marta *f.* 담비. 담비의 모피. 돈피(獤皮).
mart a jibelina 검은 담비. 그 모피.

martagão *m.* [植] 나리의 일종.

marte *m.* ①[羅紳] 군신(軍紳). 전쟁. 용사. ②[天] 화성(火星).

martelada *f.* ①망치로 치기. 망치의 타격(打擊). ②망치소리.

martelado *a.* 망치로 친. 두드린.

martelador *a.*, *m.* ①망치로 치는 (사람). ②귀찮게 구는 (사람). 괴롭히는 (사람). 시끄러운 (사람).

martelagem *f.* 망치로 치기. 단련(鍛鍊).

martelar *v.t.*, *v.i.* ①망치로 치다. 두드리다. ②힘든 일을 하다. ③단련하다. ④귀찮게 굴다. 시끄럽게 굴다. 괴롭히다.

martelete *m.* (구두 못 따위를 박는) 작은 망치.

martelinho *m.* (*martelo*의 지소어(指小語)). 작은 망치. 작은 나무망치. 작은 쇠망치.

martelo *m.* ①망치. 나무망치. 쇠망치. 해머. 장도리. 종 치는 망치. 피아노 줄 때리는 망치(琴鎚). ②망치처럼 생긴 기구(도구). ③[解] 추골(槌骨).
martelo-pilão 기계 망치. 증기 망치(蒸汽鎚).
peixe martelo [魚] 귀상어.
a martelo 무리하게. 강제적으로.

martinete *m.* ①증기 망치. 기계 망치. ②피아노 망치. ③[鳥] 흰털발제비. 바다제비(海燕). ④왜가리의 장식 깃털(飾羽).

mártir *m.*, *f.* 순교자(殉敎者). 열사(烈士). 의사(義士). 순난자(殉難者). 순국자. 주의(主義)의 희생자. 박해 당하는 자.

martírio *m.* ①순교(殉敎). 순국(殉國). 순사(殉死). ②순난(難). 고난. 고통. ③[植] 시계초(時計草).

martirizar *v.t.* (주의·신앙 때문에) 죽이다. 박해하다. 괴롭히다.
—*se v.pr.* 박해 당하다. 순국하다.

martirológio, martirológico *m.* 순교자 열전(列傳). 순교전. 순교사(殉敎史). 순교자 명부.

martirologista *m.*, *f.* 순교사 학자.

marufle *m.* (화포(畵布) 따위의) 두꺼운 천을 붙이는 강력한 풀.

marugem *f.* [植] 별꽃.

marui, maruim *m.* 일종의 작은 파리(倭小蠅 : 물면 가렵고 아픔).

maruja *f.* 선원. 해원(海員).

marujada *f.* (집합적으로) 승무원. 해원. 항해자.

marujo *m.* 배타는 사람. 선원. 해원.

marulhada *f.* ①거친 큰 파도. 거센 파도. ②큰 파동. 동요. 혼란. ③파도처럼 밀려오기. 쇄도(殺到). ④배멀미.

marulhar *v.i.*, —*se v.pr.* ①거센 파도가 치다. 격랑(激浪)이 일어나다. ②크게 파동치다. 동요하다. ③파도처럼 밀려오다. 쇄도하다.

marulheiro *a.* 격랑을 일으키는. 크게 파도치는. 파동하는.

marulho *m.* =*marulhada*.

marulhoso *a.* ①(바다가) 몹시 파도치는. 파도가 거친. 거센 파도의. 파도 소리가 대단한. ②대단히 동요하는. 불온한.

marxismo *m.* 마르크스주의.

marxista *m.f.* 마르크스 주의자.

marzoco *m.* 익살 광대. 어리석은 사람.

mas *conj.* 그러나. 그렇지만. 그래도.
não só, mas também …뿐만 아니라 …도 역시.
— *adv.* 더욱.
— *m.* 곤란. 장애. 결점.

mascador *m.* 씹는 사람.

mascar *v.t.*, *v.i.* ①씹다. 저작(詛嚼)하다. 우물우물 씹다. ②입속으로 중얼대다. ③깊이 생각하다. 심사숙고(深思熟考)하다.

máscara *f.* ①복면. 가면. 탈. 마스크. 방독면(防毒面). ②죽은 얼굴.
usar máscara 가면을 쓰다. 정체를 감추다.
tirar a máscara 가면을 벗다. 정체를 나타내다.
— *m.*, *f.* 탈 쓴 사람. 가장자.

mascarada *f.* ①가장한 사람의 떼. ②가면(가장)무도회. ③가장. 가장복.

mascarado *a.* 탈을 쓴. 가면을 쓴. 가장(假裝)한. 변장한. 위장(僞裝)한. 위선(僞

善)의.
— m. 가면 쓴 사람. 가장한 사람.
mascarão m. [建] (장식으로 만든) 괴인면(怪人面).
mascarar v.t. 가면 씌우다. 가장하다. 가장복을 입히다. [軍] 차폐하다. 엄폐하다. 위장하다. (정체를) 모르게 하다. 속이다. 감추다.
— se v.pr. ①가면쓰다. 가장하다. ②…인듯이 차리다. …인듯이 보이다.
mascarilha f. 반가면(半假面: 얼굴의 상반부를 가린).
mascarra f. ①(얼굴을) 먹·숯·그을음 따위로 더럽히기. ②오점(汚點). 오명(汚名).
mascarrado a. 먹·숯·그을음 따위로 더럽힌.
mascarrar v.t. 먹·숯·그을음 따위로 더럽히다. 기름칠하다. 서투르게 페인트칠(그림 물감 칠)을 하다. 그림을 서투르게 그리다. 글을 더럽게 쓰다.
mascataria f. ①도붓장사. (옷·옷감 따위의) 행상. ②행상인의 상품.
mascate m. 도붓장수. 행상인. 소리치며 파는 상인.
mascatear v.i. 도붓장사하다. (값싼 옷·옷감 따위의) 행상을 하다.
mascavado a. ①(설탕 따위) 정제(精製)하지 않은. 그제(粗製)의. ②불순한. 부정(不正)의.
açuar mascavado 조당(粗糖).
mascavar v.t. ①(사탕을) 상등품과 하등품을 선별(選別)하다. 황설탕과 백설탕을 분리하다. ②열등품을 섞다. 변조(變造)하다. ③(일국어를) 서투르게 말하다. 서투르게 글쓰다.
mascavo a. (설탕 따위) 정제하지 않은.
— m. 정제하지 않은 설탕. 조당(粗糖).
mascotar v.t. ①빻기. 찧다. 가루를 내다. 구식도광기(舊式搗鑛機)로 금속을 깨뜨리다. ②두드리다. 치다.
mascote f. 《俗》 행운을 가져온다는 사람 또는 물건. 일종의 부적.
mascoto m. 공이. 도쇄식(搗碎機). 도광기(搗鑛幾).
masculifloro a. [植] 웅화(雄花)가 있는.
masculinidade f. ①남성임. 남성적임. 남자다움. 남성적 소질. ②남계(男系).
masculinizar v.t. 남성으로 하다. 남성적으로 하다.

—se v.pr. 남성(적)이 되다.
masculino a. ①[文] 남성의. ②남자의. 남자다운. 남성적. 씩씩한. 힘센. 용감한.
nome masculino 남성명사.
— m. [文] 남성. 남성명사.
másculo a. 남성의. 남자의. 수컷의. 남성적인. 씩씩한. 힘센.
masdeismo m. 조로아스터교(陰陽教·拜火教).
masdeista m.f. 조로아스터교도.
masmarro m. ①평인수도사(平人修道士). 무성품(無聖品) 수도사. ②둔한 사람. 버릇없는 사람. 조폭한 사람.
masmorra f. ①지하실. 지하의 움. 토굴. 어둑침침한 방. ②옥사(獄舍). 감옥.
masmorreiro m. 간수. 옥사장. 옥졸.
masmorro m. = *masmarro*.
masoquismo m. 피학대음란증(被虐待淫亂症).
massa f. ①덩어리. 괴(塊). 가루 반죽. 밀가루 반죽. 반죽한 덩어리. 으깬 덩어리. ②밀집(密集). 집단(集團). ③전체. 총체(總體). 총량(總量). ④[軍] 밀집대형. ⑤[理] 질량(質量). ⑥《卑》 돈. 금전.
massas (pl.) 군중. 민중.
em massa 떼를 이루어. 대량으로.
massa de suspiro (과자 따위의) 설탕 입힌 것.
massa de vidraceiro 퍼티(일종의 풀). 유리창 붙이는 데 쓰는 퍼티.
massacrar v.t. 많은 사람을 죽이다. 학살하다. 참살하다. (많은 동물 특히 가축을) 도살하다.
massacre m. 대량 살육(殺戮). 대학살. 참살(慘殺). 도살(屠殺).
massagada f. 주어 모은 것. 잡동사니. 잡다한 사람의 집단. 혼합물.
massagem f. 마사지. 안마(按摩).
massagista m., f. 마사지사(師). 안마하는 사람.
massal m. = *maçal*.
massame m. ①돌일. 석공사(石工事). (특히) 우물파고 그 바닥 또는 내벽을 돌로 하는 일. ②[海] 배의 색구(索具)붙이기. 의장(艤裝). 범장(帆裝).
massamorda f. ①비스킷의 찌꺼기. 빵·과자 따위의 부스러기. ②혼합물. 잡동사니.
massapé m. (검은) 점토질(粘土質)의 토

지. 알칼리가 많은 땅.
massaraniba *f.* [植] 맛싸란디바나무(정향과(丁香科)).
massaranduba *f.* [植] (브라질산) 적철과(赤鐵科)의 나무. 그 열매.
massaruca *f.* 《俗》 큰 돈. 거액.
masseira *f.* (가루 따위의) 개는 통. 반죽 그릇.
masseter *m.* 씹는 근(筋). [解] 교근(咬筋).
masseterico, masseterino *a.* 씹는. 저작(詛嚼)하는. [解] 교근(咬筋)의.
massiço *a.* ①속이 비지 않은. 덩어리대로 있는. 공통(空筒)이 아닌. ②튼튼한. 묵직한. — *m.* ①(금・은 따위) 속이 비지 않은 세공물(細工物). ②밀집(密集). 충실(充實).
massicote *m.* [化] 연단(鉛丹). 산화납(酸化鉛).
massuca *f.* 조철괴(粗鐵塊).
massudo *a.* ①반죽으로 되어 있는. 으깬 덩어리 같은. 속이 비지 않은. 덩어리 모양의. ②(내용이) 충실(充實)한. 조밀(稠密)한. 빽빽한. ③크고 무거운. 묵직한. 튼튼한. ④착실한. (연설・문장 등이) 단조로운. 변함없는.
mastaréu *m.* [海] 작은 돛.
mastiche *m.* =*mastigue*.
mastigação *f.* 씹기. 씹어 깨뜨리기. 저작(咀嚼).
mastigada *f.* 혼란(상태). (논지 등의) 뒤죽박죽.
mastigado *a.* ①씹은. 저작한. 씹어 깨뜨린. ②깊이 생각한. 심사숙고한.
mastigador *a.*, *m.* ①씹는 (사람). 씹어 깨뜨리는 (사람). ②신중히 생각하는 (사람). 경솔하지 않게 처리하는 (자).
mastigar *v.t.* ①씹다. 씹어 깨뜨리다. 깨물다. 저작(咀嚼)하다. ②깊이 생각하다. 신중히 처리하다. ③입속으로 중얼거리다.
mastigatório *m.* 씹는 약. 저작제(咀嚼劑).
mastigo *m.* 《俗》 음식. 먹는 것.
mastim *m.* ①맹견(猛犬)의 일종. 양 지키는 개. 가축을 지키는 개. 몹시 짖는 개. ②《俗》 말씨가 거친 사람. 욕설하는 버릇있는 사람. ③탐정꾼. 형사(刑事).
mastique (1) *m.* 유향(乳香). 유향수지(樹脂). 유향나무. 유향주(터키・그리스의 포도주의 일종).
— (2) *m.* 석회의 일종. 회토교(灰土膠). 경질(硬質) 시멘트.

masto *m.* 《古》 =*mastro*.
mastodinia *f.* [醫] 유방통(乳房痛).
mastodonte *m.* [古生] 마스토돈(유사전 제삼세기(有史前第三世紀)의 큰 코끼리).
mastodóide, mastodoídeo *a.* 젖꼭지 모양의. 유두돌기(乳頭突起)의.
mastologia, mastozoologia *f.* 포유동물학(哺乳動物學).
mastoquino *m.* 짧은 칼. 해병용 칼.
mastreação *f.* ①[海] 돛대를 세우기. 돛을 올리기. ②장재(檣材).
mastrear *v.t.* (배에) 돛대를 세우다. 돛대를 설치하다.
mastro *m.* ①돛(檣). 돛대. 마스트. ②돛대처럼 생긴 기둥. 계류주(繫留柱). 신호주(信號柱). 기를 다는 기둥(旗柱). 깃대.
mastro principal (여러 개의 돛대 중에) 가장 으뜸가는 돛대.
mastro grande 큰 돛대. 주장(主檣).
mastro da mezena (셋 있는 돛 중에) 셋째 돛대.
mastro do traquete 앞 돛대.
mastruço *m.* [植] 개구자리. 놋동이풀(십자과(十字科)의 약초).
mastruço dos rios 논냉이.
masturbação *f.* 수음(手淫).
masturbar *v.i.*, —se *v.pr.* 수음하다.
mata *f.* 숲. 산림. 산림지.
mata virgem 처녀림(處女林). 원시림.
mata-bicho *m.* 한잔의 술(특히 식욕을 돋구기 위하여 식사 전에 마시는 약간의 술).
mata-borrão *m.* 압지(押紙). (잉크 따위를) 흡수하는 종이.
mata-burros *m.* 묻는 도랑. 은구(隱溝). 지하수로.
mata-cachorro *m.* 《俗》 부두 일꾼. 갑판 일꾼.
mata-cana *f.* (브라질산) 현삼과(玄參科)의 약초.
matacão *m.* ①작은 돌. 조약돌. ②암괴(巖塊). ③크게 잘라낸 조각(切片).
matã-cão *m.* [植] ①새퍼런. ②(목)초원.
mata-cães (*pl.*) ①개를 죽이는 약. 독약. ②게으름뱅이. 하는 일없이 빈둥빈둥 돌아다니는 사람.
matação *f.* ①세심(細心)한 주의. 꼼꼼히 살피기. ②걱정. 근심. 우려. ③번민. 고통.
mata-cavalo *m.* [植] 큰 유리새의 일종.

a mata-cavalo 전속력으로. 질구(疾驅)하여.

matachinada *f.* 우스꽝대질. 익살.

mataco *m.* 엉덩이.

matacões *m.(pl.)* 긴 구레나룻. 《英》 *side whisker.*

matador *m.* ①죽이는 사람. 살인자. 살육자. 도살자. ②백장. 백정. 소·돼지 잡는 사람. ③귀찮은 사람. 시끄러운 사람. ④(트럼프) 다른 카드보다 상수의 카드의 일종.
matadores (pl.) (나쁜 뜻으로의) 수단. 방법.
— *a.* ①죽이는. 치명(致命)의. ②아주 매력 있는. 사람의 마음을 끄는. (좋은 뜻으로의) 죽여주는.

matadouro *m.* ①도살장. 공설도살장. ②(전쟁 등의) 살육지(殺戮地). ②건강에 아주 나쁜 땅.

matadura *f.* ①(말(馬)의) 종기. (특히 말의) 스쳐서 벗겨진 상처. ②《轉》 결함. 결점. 흠.

mata-fome *m.* [植] 만죠까(카사아바)의 일종.

matagal *m.* 잡목이 우거진 숲. 잡목림(雜木林). 총림(叢林). 수풀. 덤불.

matagoso *a.* 관목(灌木)이 무성한. 잡목이 우거진. 덤불이 많은.

mata-lobos *m.(pl.)* [植] 바곳.

matalotado *a.* (배에) 양식을 실은. 식량을 적재한.

matalotagem *f.* ①(선원의) 양식. 식량. ②양식을 싣기. 식료품 적재.

matalote *m.* ①배타는 사람. 선원. ②(선내(船內)의) 동료. (선원 사이의) 친구.

mata-moscas *m.* 파리통. 파리 잡는 풀. 파리 죽이는 독풀.

mata-mouros *m.* ①[史] *Iliada*에 나오는 트로이의 전쟁의 용사. ②야단치는 사람. 허세부리는 자. 허풍선이. 우쭐하는 자. 자랑하는 자.

matança *f.* ①(많은 소·돼지 따위를) 죽이기. 도살(屠殺). ②학살. 살육(殺戮). ③아주 힘든 일.

mata-piolhos *m.* 《俗》 엄지손가락.

mata-pulgas *f.* [植] 좁쌀풀의 무리(옛날 눈병 치료에 쓰였음).

matar *v.t.* ①죽이다. 멸하다. 박멸(撲滅)하다. 없애 치우다. 소멸하다. 멸망시키다. 괴롭히다. ②(…을) 면하다. 없애다.
matar o sono 잠자다.
matar a fome (음식을 먹어) 시장함을 없애다. 굶주림을 없애다(배고픈 때의 식사를 말함).
matar a sede 목을 축이다. 갈증을 없애다.
matar o bicho (식욕을 돋우기 위하여) 식사 전에 한 잔의 술을 마시다.
matar o tempo 시간을 보내다. 허송하다.

mata-ratos *m.* ①쥐약. ②《俗》 값싼 담배. 질이 나쁜 담배.
— *a.* 쥐를 죽이는.

mata-sete *m.* = *mata-mouros.*

matassa *f.* 생사(生絲). 명주실.

mate (1) *m.* [將棋] 장군! 장군 부르기.
cheque e mate 장군 불러 꼼짝 못하게 하는 것.
— (2) *m.* 맛떼차(茶) (별명 파라과이 차).
mate-chimarrão 설탕을 넣지 않고 그냥 마시는 맛떼차.
— (3) *a.* (색·빛깔 따위) 희미한. 광택이 없는.

mateiro *m.* ①산림지기. 산림관(山林官). 산림감시인. ②나무꾼. 대목. 초부(樵夫).

matejar *v.i.* ①숲속에서 걸어다니다. ②숲속에서 벌목하다.

matemática *f.* 수학.
matemática pura 순정수학(純正數學).
matemática aplicada 응용수학.

matemático *a.* 수학의. 수리(數理)의. 수학적인.
— *m.* 수학자.

matéria *f.* ①물질. 물체. 유형물. ②재료. 원료. ③(양복의) 감. ④(책의) 내용. ⑤과목(科目). 제목. 제재(題材). ⑥…소(素). 요소. 인재. 인물. ⑦문제. 사항. ⑧이유. ⑨사건. 사태. ⑩[哲] 질료(質料). [論] 명제의 본질. ⑪[生理] 고름. 분비물.
matéria plástica 플라스틱 재료.
matéria prima 원료.

material *a.* 물질의. 물질상의. 물질적. 유형(有形)의. 형이하(形而下)의. 구체적. 육체적. 육체상의. 감각적. 관능적. 야비한.
— *m.* 재료. 원료. 용구. 장비물품.
materials para construção 건축(건설)자재.

materialão *m.* 극단적으로. 물질적인 사람.

materialidade *f.* 물질적임. 유형. 물질적

성질.

materialismo *m*. ①물질주의. 물질만능주의. ②[哲] 유물론(唯物論). ③실물주의. 실질묘사.

materialista *m.f.* 물질주의자. 유물론자.

materialização *f*. 물질화. 실질화(實質化). 실체화(實體化). (무형물의) 유형화(有形化). (영(靈)의) 체현(體現). 구현.

materializador *a*., *m*. 형체를 부여하는 (것). 물질적으로 하는 (사람・사물).

materializante *a*., *m*. =*materialixador*.

materializar *v.t*. 물질화하다. 형체를 부여하다. (영을) 체현하다. 물질(실질)적으로 하다.
— *v.i*. (영이) 체현하다. 구현하다. (원망・계획 따위를) 실현하다.
—*se v.pr*. 물질화하다. 물질적이 되다.

materialmente *adv*. 물질상. 물질적으로. 기계적으로.

maternal *a*. 어머니의. 어머니편의.
amor maternal 모성애(母性愛).

maternalmente *adv*. 어머니로서. 어머니처럼. 어머니와 같은 자비심을 품고.

maternidade *f*. ①어머니임. 모성(母性). ②모권(母權). ③산과병원. 조산원(助産院).

materno *a*. 어머니의. 어머니다운. 어머니편의. 모국(母國)의. 출생국의.
lado materno 어머니편.
avô materno 어머니쪽의 조부(외할아버지).
amor materno 모성애.
língua materna 모국어.

maticar *v.t*. (개가) 짖다. 짖어 알리다.

mático *m*. [植] 마티고(호추과의 식물. Peru산). 그 잎(지혈약(止血藥)).

matilha *f*. ①사냥개의 떼. ②악도(악당)의 무리. 불량배의 집단.

matinada *f*. ①날이 밝음. 동틀녘. 여명(黎明). ②시끄러운 소리. (접시・기계・말굽 등의) 덜걱덜걱하는 소리.

matinal *a*. 아침의. 이른 아침의. 아침 일찍 일어나는.

matinar *v.t*. ①아침 일찍 일어나게 하다. ②(정신상) 각성시키다.
— *v.i*. ①일찍 일어나다. ②아침 기도를 드리다.

matinas *f.(pl.)* ①[宗] 아침 기도. [가톨릭]. 조과(朝課): 최초의 성무일과(聖務日課)). ②《詩》 새의 아침 노래.

matinê, matinêe *f*. ①《F》 주간흥행(晝間興行). 마티네. ②부인의 평상복(平常服).

matino *a*. 아침의. 이른 아침의. 아침에 관한.

matiz *m*. ①(그림의) 그늘. 음영(색체의) 배합. 배색(配色). 농담(濃淡). 색조(色調). 빛깔의 혼합. ③빛깔의 엷고 짙은 정도. 미세한 차이. ④[政] 정치색. 여야의 경향. ⑤(문장・연설 등의) 윤식(潤飾). 문식(文飾).

matizado *a*. ①색을 혼합한. 여러 가지 빛깔을 배합한. 다채롭게 물들인. ②잡색의. 얼룩얼룩한. ③파란 많은. 변화 많은. 다채(多彩)로운. ④(문장 따위) 윤식한.

matizar *v.t*. 색을 혼합하다. 배색하다. 다채롭게 물들이다. 잡색(雜色)으로 하다. 얼룩얼룩하게 하다. (문장 따위) 윤식(潤飾)하다. 문식(文飾)하다.

mato *m*. ①우거진 숲. 산림. ②덤불. 가시덤불. 가시금작화(金雀花)가 많은 곳.

mato-grossense *a*. 맛또 그롯쏘(*mato-grosso*)주의. 맛또 그롯쏘 주(州)에 속하는.
— *m*. 맛또 그롯쏘 주민(州民).

matoso *a*. 숲이 많은. 덤불이 많은.

matraca *f*. ①소리를 내는 나무로 만든 일종의 도구(부활절의 목요일과 금요일에 종 대신 두드리는 것. 따닥따닥하는 소리가 남). ②가로의 행상인이 사람들의 주의를 끌기 위하여 따닥따닥 소리내는 일종의 목기(木器). ③조롱. 조소. 놀려주기.

matraqueado *a*.《俗》 숙련한. 숙달한.

matraqueador *m*. 조롱하는 자. 조소하는 자. 떠들썩하는 자.

matraquear *v.t*., *v.i*. ①*matraca*를 두드리다. 덜걱덜걱(딸각딸각) 소리 내다(나다). 떨렁떨렁(딸랑딸랑) 소리 내다(나다). ②시끄러운 소리를 내다. 떠들썩하다. ③조롱하다. 조소하다.

matraquejar *v.t*., *v.i*. =*matraquear*.

matrás *m*. 달걀 모양의 플라스크.

matreirice *f*. ①엉큼함. 교활함. 약바름. 재치있음. ②숙달함.

matreiro *a*. 엉큼한. 교활한. 빈틈없는.

matriarca *f*. 가장(家長)의 아내. 가장(족장)격의 여자.

matriarcado *m*. 부인가장제(婦人家長制). 모주제(母主制).

matriarcal *a*. 부인가장(제)의.

matricária *f*. [植] 개꽃속(屬). 족제비쑥

(국화과·약초).

matricida *m.*, *f.* 어머니를 죽인 자. 모친 살해 죄인.

matricídio *m.* 어머니를 죽임. 살모죄(殺母罪).

matrícula *f.* ①입학(入學). 입회(入會). 입사(入社). ②대학 입학 허가. ③대학 입학식. ④입회금. 입학금. ⑤회원 명부. 병역 입적(兵役入籍). ⑦명부에 등록하는 것.
matrículas abertas 자유 입학.

matriculado *a.* 입학한. 입회한. 입사한. 《俗》 숙달한.

matricular (1) *v.t.* (회원됨을) 명부에 기입하다.
—**se** *v.pr.* 입학하다. 입회하다. 입사하다.
— (2) *a.* 회원명부의. 명부에 기입된.

matrimonial *a.* 결혼의. 혼인(婚姻)의. 혼인에 관한.

matrimonialmente *adv.* 혼인상. 혼인에 관하여.

matrimoniamento *m.* 결혼함. 혼인함.

matrimoniar *v.t.* 결혼시키다.
—**se** *v.pr.* 결혼하다. 혼인하다. 부부로서 살다.

matrimônio *m.* 결혼. 혼인. 부부생활. 결혼생활.
filho de matrimônio. 결혼하여 태어난 자식. 적출(嫡出).
(註) 결혼하지 않고 태어난 자식은 서출(庶出).
filho do primeiro matrimônio (直譯) 첫 혼인의 자식. 전부(前夫) 또는 전처(前妻)의 아들.

mátrio *a.* 어머니의. 어머니에 속하는.

matriz *f.* ①[解] 자궁. ②모체(母體). (활자의) 모형(母型). ③주형(鑄型). 모형(模型). ④근원(根源). ⑤토지등록부. 납세대장(納稅臺帳). ⑥본교회. ⑦본점(本店).
— *a.* 근본의. 주(主)로 되는.
casa matriz 본점(本店). 본사(本社).

matroca (다음과 같은 부사구(副詞句)로 씀). *à matroca* 우연히. 되는대로. 함부로. 방향도 없이.

matrona *f.* (품격을 갖춘 나이 먹은) 기혼 부인. 주부. 귀부인. 간호부장. 요모(寮母). 《俗》여장부(女丈夫). 결물.

matronaça *f.* 뚱뚱한 여자. 비대한 부인.

matronal *a.* (나이 먹은) 기혼 부인의. 귀부인의. 여장부의.

matula (1) *f.* 부랑자의 떼. 깡패의 무리. 악도의 집단.
— (2) *f.* ①여낭(旅囊). 여행용 배낭. ②휴대 양식.

matulagem *f.* ①나태한 생활. 부랑자 생활. ②부랑도당. 깡패들.

matulão *m.* ①버릇없는 놈. 횡폭한 녀석. 무뢰한. 깡패. ②《俗》몸집이 큰 젊은이.

matulo *m.* 건달. 부랑자. 깡패. 악도.

matungo *a.* (말(馬) 따위) 늙어서 사역할 수 없는.

maturação *f.* ①(과실 따위가) 익음. 성숙(成熟). ②(인격·재능의) 원숙(圓熟). ③(부스럼 따위가) 곪기. 화농(化膿).

maturado *a.* (과실이) 익은. 성숙한. (인격·재능 등이) 원숙한. 숙달한. (부스럼이) 곪은. 화농한.

maturar *v.t.* ①(과실을) 익히다. 익게 하다. 성숙시키다. ②(인격·재능 등을) 원숙하게 하다. 숙달되게 하다. ③(부스럼 따위) 곪게 하다. 화농시키다.
—**se** *v.pr.* 익다. 성숙하다. 원숙하다. 숙달하다. 곪다. 화농하다.

maturativo *a.* 익게 하는. 익히는. 성숙시키는. 곪게 하는.

maturescência *f.* 과실의 성숙. 성숙상태(成熟狀態).

maturidade *f.* ①성숙. 원숙(圓熟). 완전한 발달(발육). ②노련. 숙달.

maturo *a.* 익은. 성숙한.

maturrão *m.* 늙은 말. 노마(老馬). 폐마(廢馬).

matusalem *m.* 고령자(高齡者).

matutação *f.* 깊이 생각하기. 숙고. 명상.

matutar *v.i.* ①깊이 생각하다. 숙고하다. 명상하다. ②조정(調停)하다. 중재하다. ③중간에서 하다.

matutice *f.* ①미개한 지방의 풍습. ②시골식. 시골생활. ③화전민(火田民)의 행실. ④조야(粗野). 야비. ⑤종작없는 생각. 변덕.

matutinal *a.* = *matutino*.

matutino *a.* (이른) 아침의. 이른. 조간(朝刊)의.
edição matutina (신문 따위의) 조간.
— *m.* 조간(신문).

matuto *a.* 오지(奧地)의. 오지에 사는. 시골의. 시골에 사는. 시골(촌)뜨기의. 시골식의. 조야한.
— m. ①시골 사람. 촌뜨기. 화전민. ②교양 없는 사람. 버릇 없는 사람. ③엉큼한 사람. 망나니. ④시골에 파묻힌 사람.

mau a. ①나쁜. 불량한. 불선(不善)한. ②사악한. 흉악한. 고약한. ③해로운. 유해한. ④졸렬한. 서투른. ⑤부적당한. 불편한. 불충분한. ⑥불행한.
mau tempo 나쁜 날씨.
mau hábito 나쁜 버릇. 악습(惡習).
mau hálito [醫] 입에서 나는 냄새. 악취 나는 숨.
maus modos 나쁜 행실. 나쁜 소행. 버릇없는 태도.
más línguas 악담. 욕설.
de mau grado 본의없이. 싫으면서.
— m. ①나쁨. 악. 해. 화. 나쁜 짓. 불선(不善). ②폐해. 해독. 재난. 흉악. ③고통. 불편. ④악인. 근성이 나쁜 사람.

maunça f. 한줌. 한줌의 양.

mauro a. 무어 사람의. (건축 따위) 무어식의.
— m. 무어 사람(마우리다니아 사람).

mauséolo a. 사당 같은. 영묘 비슷한.

mausoleo, mausoléu m. 사당. 영묘(靈廟).

maviosamente adv. 다정하게. 정답게. 자비깊게.

maviosidade f. ①상냥함. 다정함. 인정있음. 애정. ②자비. 자애. 온후. 온정.

mavioso a. 상냥한. 다정한. 인정 많은. 동정심 있는. 애정 있는. 자애로운. 자비한. 감동시키는. 온후한. 온순한. (색깔이) 부드러운.

mavórcio a. 《詩》 군신(軍神)의. 군(軍)의. 무(武)의. 전쟁의.

mavórtico a. =*mavorcio*.

maxila f. ①턱. ②[解] 악골(顎骨). [動] 아래턱. 작은 아가미.

maxilar a. 턱의. 아래턱의. 악골의.
ossos maxilares 악골(顎骨).

maxiloso a. 큰 턱이 있는.

máxima f. ①원리(原理). 공리(公理). ②격언. 금언(金言). 어록(語錄). 처세법. 처세주의. ③[樂] 이장음부(二長音符) 또는 사단음부(四短音符).

maximalismo m. 과격주의(소련 볼셰비키주의).

maximamente adv. 무엇보다도. 우선적으로.

maximário m. 격언집(格言集). 금언집(金言集).

márime adv. 주로. 특히. 무엇보다도.

maximo a. 가장 큰. 최대의. 가장 많은. 가장 높은. 최고의.
— m. 최고점. 최고도. 최대한. 최대량. [數] 극대. 최대수.

maximum m. =*mximom*.

maxinho m. [樂器] 기타의 일종.

maxixar v.i. *maxixe*를 추다.

maxixe m. ①(아프리카 토인의) 일종의 춤. ②[他] 호로과(胡蘆科)의 식물. 그 열매(일종의 오이).

mazama m. (멕시코산의) 노루의 일종.

mazdeismo m. 조로아스터교(陰陽教·拜火教).

mazela f. ①(피부가 벗겨진) 상처. 흠집. 창흔(瘡痕). ②병. 병환. 고통. ③오명(汚名). 오욕(汚辱).

mazelado a. 피부가 벗겨진. 상처가 생긴. 문드러진. 흠집 투성이의. 오점이 많은.

mazelar v.t. ①(피부를 벗겨) 상처를 입히다. 상하게 하다. 흠집을 남기다. ②괴롭히다. 어지럽히다. 더럽히다.

mazelento a. ①상처가 많은. 흠집이 많은. 부스럼 투성이의. ②부상한. 앓고 있는.

mazombo m. ①브라질에 태어난 유럽 사람의 후손(특히 포르투갈 사람을 양친으로 하는). ②《俗》 심보가 삐뚤어진 사람. 심술궂은 사람. 표정이 명랑하지 않은 사람.

mazorca f. ①질서 없음. 문란. 혼란. ②소란. 소동.

mazorral a. 어리석은. 야비한. 졸렬한. 교양 없는. 거친.

mazorro a. 버릇없는. 본데없는. 예의 없는. 조야(粗野)한. 시골뜨기의. 거친.
— m. 버릇없는 사람. 조야한 인간. 시골뜨기.

mazorqueiro m. 난폭한 사람. 불량배. 불량 소년. 싸움을 좋아하는 자.

mazurca f. 마주르카(폴란드의 경쾌한 춤). 마주르카 무곡.

mazurcar v.i. 마주르카를 추다.

me pron. 나를. 나에게.
Dê me uma xícara de café. 커피 한 잔 주십시오.
Ensine-me o português. 포르투갈어를 가르쳐 주십시오.

meação f. ①절반으로 나누기. 반분(半分)

하기. (유산(遺産)의) 절반분할(折半分割). ②두 사람의 공동 소유.

meada *f.* ①(실)토리. 실타래. 한 타래. 한 묶음. ②《轉》엉킴. 혼란.

meado *a.* 한복판의. 중간의. 중부의. 중앙의. 중도의. 중류의. 보통의.
— *m.* 중도(中途). 중간. 중부. 중순(中旬).
meado do mês 달(月)의 중순.
no meado de agosto 팔월(八月) 중순에.
no meado de verão 삼복지절에. 성하에.
(注意) *miado*: '야웅' 하는 고양이의 울음 소리.

mealha *f.* ①조각. 빵부스러기. 빵가루. 극히 작은 양. 소량(少量). ②(옛날의) 작은 동전.

mealheiro *m.* ①작은 돈궤. 저금통. ②작은 액수의 돈. 잔돈. (은행의) 밑돈. ③밑알(달걀을 더 낳게 하기 위하여 둥우리에 남겨 두는 것).
— *a.* 이(利)가 작은. 박리(薄利)의.

meãmente, meanmente *adv.* 중용(中庸)으로. 적당히. 좋지도 않고 나쁘지도 않게.

meândrico *a.* 구비가 있는. 구불구불한.

meandro *m.* ①(강의) 구비. 구불구불한 길. ②우여곡절(好餘曲折). ③엉킴. 분규. 혼란.

meândroso *a.* ①구비 있는. 구불구불한. 굴곡(屈曲)이 많은. 우여곡절이 많은. ②엉킨. 분규 많은. 혼란한.

meante *a.* 절반으로 나눈. 반의. 중도의. 중순의.

meão *a.* 중간의. 보통의. 중위(中位)의. 중등의. 중류의. 이류(二流)의. 좋지도 않고 나쁘지도 않은. 원만한. 그럭저럭한. 적당한.

mear *v.t.* 가운데로부터(둘로) 나누다. 절반씩 나누다. 반분하다.
— *v.i.*, — *se v.pr.* 반으로 나뉘다. 절반이 되다. 반분(半分)되다.

meato *m.* ①[解] 관(管). 도관(導管). ②길. 홈. ③[醫] 변통(便通).
meato urinária 요도(尿道).

meca *f.* 장난이 세찬 계집애.

mecânica *f.* ①기계학(機械學). 역학(力學). 중학(重學). ②기계 장치. 기계적 구성. ③기계에 관한 지식(기술). 테크닉.

mecanicamente *adv.* 기계의 힘으로. 기계적으로. 기계 장치로. 자동적으로.

mecânico *a.* 기계의. 기계적인. 기계로 만든. 기계학의. 기계학상의. 기계 응용의.
oficina mecânica 기계수리소.
— *m.* 기계학자. 기계제조자. 기계공. 기계수리 직공.
mecânico de manutenção 기계기능공.

mecanismo *m.* ①기계 장치. 기계적 구조. ②조직. 구조. ③기관(機關). ④[哲] 우주 기계관.

mecanização *f.* (특히 군대의) 기계화. 기동화.

mecanizar *v.t.* 기계화하다. 기동화하다. 기계적으로 하다.

meças *f.* ①측정. 측량. ②대조(對照).

mecenas *m.* 문학. 예술의 보호자(*Horace, Virgil*의 후원자의 이름에서).

mecha *f.* ①심지. 초의 심지. 부싯깃. 화융. ②도화선(導火線). 신관(信管). ③[史] 도화간(導火桿): 구식 대포의 인화선에 연결된 막대).

mechado *a.* 심지로 그슬린(태운). 황을 넣은. 황으로 그슬린.

mechar *v.t.* 심지로 그슬리다(태우다). 황으로 그슬리다. (황으로) 불김을 쐬다. 연기로 그슬리다.

mecheiro *m.* 램프(등잔)의 심지를 누르는 곳. 등잔이 쇼켓.

meco *m.* 《卑》①녀석. 놈. …치. 건달. 부랑자. 방탕자. ②엉큼한 녀석.

meda *f.* ①(말린 풀·볏짚·보릿짚 따위의) 쌓아 올린 것. 짚가리. 풀더미. 건초더미. 낟가리. ②(많은 물건의) 퇴적(堆積).

medalha *f.* 메달. 상패(賞牌). 훈장. 휘장.

medalhão *m.* ①큰 메달. 큰 훈장(휘장). ②상패(賞牌). ③원형의 양각(陽刻). 인물의 원형 부조(浮彫). 둥근 무늬. ④큰 인물. 유력한 자.

medalhar *v.t.* ①메달을 새기다. ②메달로써 기념하다.

medalhário *m.* 메달 넣는 통(갑).

medalheiro *m.* ①메달(상패) 수집(蒐集). ②메달 넣는 통. ③메달 만드는 사람. 새기는 사람.

medalhista *m.* 상패 조각가. ②상패 받은 이. ③메달 수집가.

medão, medam *m.* (*meda*의 지대어(指大語)). ①큰 짚가리. 큰 건초더미. ②겁이 많은 사람. 몹시 무서움 타는 사람.

média *f.* ①평균. 중간. 중용(中庸). ②보통. ③[數] 평균치. 내율(內率). ④《俗》커피와 우유를 섞은 것(커피잔의 두 곱쯤 되는 분량의).
tirar a média 평균을 잡다.
em média 평균하여. 대개.

mediação *f.* 중재(仲裁). 조정. 화해.

mediado *a.* 둘로 나눈. 양분(兩分)한. 이등분한. 절반의.

mediador *m.* 중재인. 조정자(調停者). 매개자.

medial *a.* 중간에 있는. 중앙의. 평균의. 보통의.
— *m.* [文] 중간 문자(中間文字: 철자 중의 글자). [樂] (말 가운데의) 중간 자음.

mediana *f.* [數] 중수(中數). 중간 수. [幾] 중선(中線).

medianamente *adv.* 중용(中庸)으로. 적당하게.

medianeira *f.* *medianeiro*의 여성형. 《古》갈보집의 여주인. 청루의 여주인.

medianeiro *m.* 중재인. 조정자. 매개인(媒介人). 알선자. 중매장이.

mediania *f.* ①중용(中庸). 범용(凡庸). 평범. 보통. 중위(中位). 중등(中等). ②선측(船側)과 선측의 중간.

medianímico *a.* 영매(靈媒)의. 영매의 역할을 하는.

medianiz *f.* (인쇄물의) 페이지와 페이지의 사이.

mediano *a.* ①중용의. 중등의. 중위(中位)의. 이류의. ②적절한. 보통의. ③중간의. 중간에 있는. 중앙에 있는.
finha mediana [幾] 중선(中線).
nervo mediano 정중신경(正中神經).

mediante *a.* 새에 끼는. 개재하는. 중재하는. 간여하는.
— *prep.* (…에) 의하여. …으로서. (…의) 조건으로. (…의) 조건하에.

mediar *v.t.* ①가운데로부터 나누다. 반을 가르다. 양분(兩分)하다. 이등분하다. ②(…의) 사이에 들어가다. 중간에 끼다. 중재(仲裁)하다. 조정하다.
— *v.i.* ①중간에 있다(존재하다). 중앙에 있다(위치하다). 개재(介在)하다. (두 사람) 사이에 들어오다. 중재인이 되다. ②(장소·시간 등에) 사이를 두다. 간격을 두다.

mediastino *m.* [解] 종격막(縱隔膜).

mediatamente *adv.* 중재(중매)에 의하여. (…의) 간섭으로. 간접적으로.

mediatário *m.* 중재인. 조정인. 매개자.

mediatização *f.* 예속병합(隷屬倂合). 합병.

mediatizar *v.t.* [史] 공국(公國)을 예속시키다. (큰 나라가 작은 나라를) 합병하다.

mediato *a.* ①간접(間接)의. 직접이 아닌. ②예속(隷屬)의.

médica (1) *f.* 여의사(女醫師).
— (2) *f.* [植] 자주개자리.

medicação *f.* ①약으로 치료하기. 약치(藥治). ②투약(投藥). 약물혼합(藥物混合).

medical *a.* (일반적으로) 의술의. 의학의. 의사의. 내과의.

medicamentar *v.t.* ①약으로 치료하다. ②(…에) 약을 넣다. 투약하다.
—**se** *v.pr.* 복약(服藥)하다.

medicamente *adv.* 의학상. 의술로. 의약(醫藥)으로.

medicamento *m.* 약. 의약. 약석(藥石). 약물(藥物). 약제.

medicamentoso *a.* 약(의약)으로 되는. 약성(藥性)의. 약으로 쓸 수 있는. 병을 고치는. 약효(藥效)있는.

medição *f.* ①측정. 측량. ②양(量). 크기. 넓이. 두께. 깊이. 치수. ③도량법. 재는 방법.

medicar *v.t.* 약으로 치료하다. 약을 먹이다. 약을 넣다. 약을 섞다. 조제하다.
—**se** *v.pr.* 약을 쓰다(먹다·삼키다).

medicastro *m.* ①돌팔이 의사. 엉터리 의사. ②큰 의사.

medicatriz *a.* 약으로 쓸 수 있는. 병을 고치는. 의약적 효능이 있는. 의치효능(醫治效能)있는.

medicável *a.* (약으로) 치료할 수 있는. 약치 가능한.

medicina *f.* ①내복약(內服藥). 약. 의약(醫藥). ②약제. ③의학. 의술(醫術). ④내과치료. ⑤위안.

medicinal *a.* 약의. 의약의. 약으로 쓰는. 약으로 쓸 수 있는. 약효과 있는. 병을 고치는. 위안이 되는.

medicinalmente *adv.* ①약으로서. 의약으로. ②의학상. 의학으로서. ③위안적으로.

medicinar *v.t.*, *v.pr.* = *medicar*.

medicineiro *m.* [植] 대극과(大戟科)의

약초.
médico *a.* ①의사의. ②의술의. 의학의.
— *m.* 의사. …의(醫).
médico-legal *a.* 법의학(法醫學)의. 법의적인.
medicomania *f.* 지나치게 약을 쓰기 좋아함. 투약광(投藥狂). 의사의 흉내를 하기 좋아함.
medida *f.* ①도량(度量). 척도(尺度). 치수. 측정(평가・판단)의 표준. ②계량(計量). 측량. 측정. ③(되・자・줄자 따위의) 계량 단위. ④용적. 들이. 길이. 깊이. 넓이. 크기. 두께. 양(量). ⑤정도. 한도. 정량. 절도(節度). 적도(適度). ⑥[樂] 소절. 박자. ⑦[地質] 지층. 층. ⑧[印] 페이지의 넓이. ⑨대책. 방책. 준비. 처치. ⑩방법. 방침.
tomar medida ①재다. 달다. ②준비하다. ③적당한 처치를 하다. 대책을 강구하다.
à medida que …에 따라. …에 기준(基準)하여.
à medida de …와 같이. …대로.
feito sob medida (양복사가) 몸을 재고 (옷을) 만든. 잰 치수대로 만든.
medida de capacidade 용량.
medido *a.* (치수를) 잰. (크기・넓이를) 잰. (양을) 단. 계량한. (정도를) 측정한. (절도를) 맞춘.
medidor *m.* 재는 사람. 측량하는 자.
medidor de terra 토지측량사.
medidor de trigo (되・말・저울 따위) 곡식 재는 것.
medieval *a.* 중세(中世)의. 중고(中古)의. 중세식의.
medievismo *m.* (이상・풍습 등의) 중세 취미. 중세시대정신(사조).
medievista *m.f.* 중세 연구가. 중세 사학자. (예술・종교 등의) 중세 찬미가.
medievo *a.* = *medieval*.
médio *a.* 중간의. 중앙의. 중위(中位)의. 중등의. 보통의. 좋지도 않고 나쁘지도 않은. 평균의.
idade média 중세기(5세기에서 15세기까지).
mediocre *a.* 보통의. 평범한. 크지도 않고 작지도 않은. 좋지도 않고 나쁘지도 않은. 중등의. 중위(中位)의.
mediocremente *adv.* 보통으로. 평범하게.

mediocridade *f.* ①보통. 평범. 중용(中庸). 범용(凡庸). 중위. ②(재산・지위・공적 따위의) 중등. 중류.
medir *v.t.*, *v.i.* ①치수를 재다. 도수・무게 따위를 다루다. 측정하다. 길이(크기・넓이・높이)를 재다. (…의) 길이(폭・높이 등이)…다. (땅을) 측량하다. ②(인물을) 평가하다. 판단하다. ③옳고 그른 것을 가리다. (가치를) 정하다. (일정한 길이를) 정하다.
medir terras 땅을 측량하다.
medir com os olhos 눈짐작으로 재다.
—*se v.pr.* (+*com*) …와 다투다. 경쟁하다.
meditabundo *a.* ①깊이 생각하는. 심사숙고(深思熟考)하는. 명상(瞑想)에 잠긴. ②몹시 걱정하는. 침울한. 우울한. 애수적.
meditação *f.* ①심사묵고(黙考). 숙고(熟考). 천사만고(千思萬考). 명상. ②묵도(黙禱). ③복안(腹案).
meditador *a.*, *m.* 심사묵고하는 (사람). 명상하는 (사람). 깊이 생각하는 (사람).
meditar *v.t.* 고찰(考察)하다. 잘 생각하여 …을 연구하다. 마음 속으로 …을 꾸며내다(계획하다).
— *v.i.* ①숙고(묵상)하다. 명상에 잠기다. 깊이 생각하다. ②두루두루 생각하다. 천사만고하다. 미리를 앓다. ③묵도하다.
meditativo *a.* = *meditabundo*.
meditável *a.* 깊이 생각할 만한. 숙고해야 할.
mediterrâneo *a.* ①육지로 둘러싸인. ②지중해의. 지중해 연안의.
Mar Mediterrâneo 지중해.
médium *m.* ①영매(靈媒). 무당. ②중간물. 매개물. 매체(媒體). 매질(媒質). 도체.
medível *a.* 잴 수 있는. 다룰 수 있는. 측정(측량)할 수 있는.
medo *m.* Media의 주민.
— *a.* Media(사람)의.
mêdo *m.* 무서움. 공포. 다겁(多怯). 우려. 불안.
com mêdo de …의 무서움에. …의 공포로.
ter mêdo de …을 무서워하다. …이 무섭다.
não tenho mêdo (나는) 무섭지 않다.
sem mêdo 무서움(두려움)없이.

medonho *a.* 무서운. 무시무시한. 공포에 떨게 하는. 머리가 선듯하는.

medra, medrança *f.* ①성장(成長). 발육. ②발달. 증진(增進).

medrado *a.* ①자란. 성장한. 발육한. ②발달한. 증장(增長)한. 증진한.

medrançoso *a.* 자라고 있는. 성장하고 있는. 발달(발전) 과정에 있는.

medrar *v.t.* ①(동·식물을) 자라게 하다. 성장케 하다. 무성하게 하다. ②발달(증진)시키다. 번영(번창)하게 하다.
— *v.i.* ①자라다. 성장하다. 무성하다. ②증대하다. 증장하다. 발달하다. ③잘되다. 번영하다. 번창하다. 잘되어 성공하다. 부자가 되다.

medrica, medricas, medrincas *m., f.* 겁많은 사람. 겁장이. 소심(小心)한 인간.

medrio *m.* =*medra*.

medronhal *m.* 소귀나무숲.

medronheiro *m.* [植] 소귀나무. (북아메리카산의) 암리(岩梨) 무리의 만성관목(蔓性灌木).

madronho *m.* 소귀나무 열매. 딸기. 산딸기.

medroso *a.* 무서움 타는. 무서워하는. 기(대)가 약한. 겁이 많은. 겁약(怯弱)한. 마음이 작은. 소심한.

medula *f.* ①[解] 뼈골. 골수(骨髓). 척수. 목수(木髓). 정수(精髓). 심수(心髓). 골자(骨子). ②안목(眼目). 정화(精華). 알자. 실질.

medulante *a.* 뼈골 같은. 골수 비슷한.

medular *a.* 뼈골의. 골수의. 골수로 되는.

medulite *f.* [醫] 골수염(骨髓炎).

meduloso *a.* 뼈골이 있는. 골수가 있는. 골수가 많은.

medusa *f.* ①[希神] *Gorgons*의 한 사람. ②[動] 해파리. ③《俗》 추부(醜婦).

medusário *a.* 해파리 같은. 해파리 비슷한.

meduseu *a.* 무서운. 소름끼치는.

meeiro *a.* 절반의. 이등분의. 반(半)씩 나누어 가지는. 반작(半作)의.
— *m.* 농작물의 반을 받는 사람. 반타작자(半打作者). 수익(收益) 또는 재산의 절반을 받는 사람.

meeting *m.* 《英》 집회. 대회.

mefistofélico *a.* ①(*Faust* 전설 특히, *Goethe*의 *Foust*에 나오는) 악마 같은. 악마적인. ②음험한. 냉소하는.

mefitico *a.* 악취(독기) 있는. 신체에 해로운. *gás metítico* 탄산가스.

mefitismo *m.* 공기의 부패. 독기(毒氣). 악취.

megadínio *m.* [理] 메가다인(*CGS* 단위계(係)의 힘의 단위. =10^6다인).

megafone *m.* 메가폰. 전음기(傳音器). 확성기.

megalítico *a.* 거석(巨石)의. 거석으로 되는. 거석으로 만든.

magálito *m.* [考古] (유사이전(有史以前)의) 거석(巨石).

megalocéfalo *a.* 머리가 큰. 큰 머리의. 거두(巨頭)의.

megalogono *a.* [鑛] (결정면(結晶面)의) 둔각면(鈍角面)의.

megalomania *f.* 과대망상(誇大妄想). 자대광(自大狂).

megalomaníaco *a.* 과대망상광의.

megalômano *m.* 과대망상광(狂).

megalosauro, megalosaurio *m.* [古生] 반룡(斑龍).

meganha *m.* 《俗》 경찰. 순경.

megaptero *m.* [動] 고래속(鯨屬).

megascópio *m.* 확대 카메라. 확대 영사기(映寫機).

megatério *m.* [古生] 대라수(大懶獸).

megera *f.* ①[史] (중세의 종교극(劇) 가운데의) 횡폭한 회교신(回敎神). ②사나운 여자. ③뱀의 일종.

meia (1) *f.* (흔히 복수로 씀). ①양말. (무릎까지 오는) 긴 양말. ②메리야스 제품.
meias de lá 털실로 짠 양말.
meias de nylon 나일론 양말.
— (2) *a. meio*의 여성형.

meia-cana *f.* ①반원형(半圓形)의 줄(鑢). ②반원형. 월형(月形). 반원(半圓). ③[建] (기둥의) 세로홈. 요조(凹彫). 반원 몰딩. 반원 쇠시리.

meia-cara *m., f.* 밀수입(密輸入)한 노예(奴隷).
de meia-cara 대가(代價) 없이. 무상으로. 거저. 거저나 다름 없는 값으로.

meia-dúzia *f.* 반 다스(6개).

meia-esquadria *f.* 직각(直角)을 이분(二分)하는 선(線).

meia-idade *f.* 중년(中年 : 30∼50세).
de meia-idade 중년의.

meia-laranja *f.* ①양분(兩分)한 오렌지의 한쪽. ②반구형(半球形). 반원체(半圓

體). ③(오렌지를 반 잘라 놓는 것 같은) 반구형의 땅. (묘와 같은) 불룩한 땅. ④[天] (타원적 궤도의) 장축단(長軸端). ⑤[海] 뒷갑판 천창(天窓).

meia-língua *f*. 똑똑치 않은 말. 불명료한 언어.

meia-lua *f*. ①반월(半月). ②반달 모양. 반달같은 물건. ③[軍] 반월보(半月堡).

meia-noite *f*. 한밤중. 자정(子正: 밤 열두시).

meia-pausa *f*. [樂] 반쉼표(半休止符).

meias *f.(pl.)* 손익절반계약(損益折半契約). 반씩 나누어 가지기.

ir de meias (아무와) 반씩 나누다.

meia-tinta *f*. [西洋畫] 간색(間色). [水彩畫] 엷은 칠. 반농담(半濃淡).

meia-volta *f*. [直譯] 반주(半周). 반전(半轉). 반대방향.

Meia-volta, volver! [軍] 뒤로 돌앗!

meigamente *adv*. 온순하게. 부드럽게. 친절하게. 점잖게.

meigo *a*. ①(마음이) 부드러운. 인정 있는. 따뜻한. ②온순한. 유순한. 온후한. ③친절한. 점잖은.

meiguice *f*. 부드러움. 온순함. 유순함. 온후(溫厚). 친절. 겸양. 다정(多情).

meiguices (*pl*.) ①(사람을) 달래는 말. 어르는 말. ②추종.

meigulceiro *a*. (마음이) 부드러운 사람. 온화한 사람. 점잖은 사람. 다정다감한 사람.

meijoada *f*. ①밤일. 야간노동. ②밤의 잔치. 향연.

meimendro *m*. [植] 사리풀(가지과의 유독식물). 그것에서 뽑은 독.

meiminho *m*. 《俗》 작은손가락. 새끼손가락.

meio *m*. ①가운데. 복판. 중앙. 중심. 중간. ②중개(仲介). 중재. ③수단. 방법. 방편. 방책. ④능력.

meios (*pl*.) 자력(資力). 재원(財源). 재산.

no meio de …의 가운데에. …의 한복판에.

— *a*. ①가운데의. 복판의. 중앙의. 중간의. ②중위(中位)의. 중등의. ③반의. 절반의. 반분(半分)의.

meia hora 반시간. 30분.

meio caminho 중도(中途).

meio copo de vinho 반 컵의 포도주.

meias palavras 암시. 시사. 힌트.

— *adv*. 반 쯤. 반만큼. 거진. 얼마간.

a meio 반쯤. 반반(半半).

a meio caminho 중도에.

por meio de …에 의하여. …의 방법으로.

em meio de …을 통하여.

de meio a meio 한쪽에서 다른 쪽까지.

às oito horas e meia 8시 반에.

todas as meias horas 매 30분마다.

Espere meio minuto! 잠깐만 기다리시오!

meio-busto *m*. 반신상(半身像).

meio-corpo *m*. 반신. 상반신(上半身).

meia-dia *m*. ①정오(正午). 오정(午正). 대낮. ②반일(半日). 반나절. ③남(南).

ao meio-dia 정오에. 대낮에.

meio-grosso *m*. 코담배의 일종.

meio-morto *a*. 반 죽은. 거진 죽은. 반사(半死) 상태의.

meio-relevo *m*. 낮은 양각(陽刻). 반부조(半浮彫).

meio-sangue *m*. 혼혈(混血). 잡종.

meiose *f*. [生物] 감수분열(減數分裂).

meio-soprano *f*. 낮은 소프라노. 중음부.

meiote *m*. 작은 양말.

meio-têrmo *m*. 중용(中庸). 중위(中位).

meio-tom *m*. [樂] 반음(半音).

meirinhado *m*. *meirinho*의 직책(직분).

meirinhar *v.i*. *meirinho*의 일을 보다. *meirinho*로서 근무하다.

meirinho (1) *m*. ①(법정의) 정리(廷吏). (공판정의) 정정(廷丁). ②(옛날의) 집달리(執達吏). 포리(捕吏). (법정의) 소환제. ③(고대(古代)의) 지방행정관.

— (2) *a*. (이곳저곳) 돌아다니는. 방랑하는. (가축이) 이목(移牧)하는. (산에) 방목(放牧)하는.

lã merinha 메리노 양모(羊毛).

pano merinho 메리노 모직물(부인 옷감).

mel *m*. ①꿀. 벌꿀. ②당밀(糖蜜). 화밀(花蜜). ③온화. 유화(柔和).

lua de mel 밀월(蜜月). 결혼한 그 달. 허니문.

doce como o mel 꿀처럼 단.

cair a sopa no mel 일이 때마침 잘 되어가다. 좋은 기회에 마주치다.

mela *f*. [植] ①말라 죽는 병. (과실의) 위축병(萎縮病). ②위미(萎靡). 시들고 느른

melaceiro-melhor

함. ③탈자(脫字). 탈문(脫文).

melaceiro *m*. 당밀(조청)을 파는 사람.

melacico *a*. 당밀에 포함되어 있는(산(酸)에 대한 말).

melaço *m*. ①당밀(糖蜜). 여러 가지 당질액(糖質液). 조청. ②꿀처럼 단 물건.

melado (1) *a*. (1) 꿀을 넣은. 꿀을 섞은(탄). ②꿀처럼 단. ③꿀빛을 띤 엿색의.
— *m*. 당밀. 당질액. 시럽.
— (2) *a*. [植] 말라죽는 병에 걸린. 위축병에 걸린. (과일 따위) 시든. 시들고 느른한.

meladura *f*. 한 가마(한 솥)에 가득한 분량의 당즙(糖汁). 한 솥분의 사탕수수 즙(汁). 감자액(甘蔗液).

melaína *f*. ①(바다의) 연체동물(軟體動物)이 분비하는 먹물. 검은 액(黑液). ②검은 색소(黑色素).

melancia *f*. 수박(열매로서의).

melancial *a*. 수박 밭.

melancieira *f*. 수박(식물로서의).

melancolia *f*. ①우울. 침울. 음침. ②우울증.

melancòlicamente *adv*. 우울하여. 침울하게.

melancólico *a*. 우울한. 침울한. 음침한. 수심에 잠긴. 서글픈. 서러워하는. 우울증에 걸린.
— *m*. 우울병 환자.

melancolizar *v.t*. 우울하게 하다. 침울하게 하다. 슬프게 하다.
— *se v.pr*. 우울(침울)해지다. 슬프다.

melanemia *f*. [醫] 흑혈증(黑血症).

melanemo *m*. 황열병 환자의 검은 토사물(吐瀉物).

melanésio *a*. 멜라네시아 (사람·말)의.
— *m*. 멜라네시아 사람(말).

melania *f*. 어둑어둑함. 어둑침침함. 음침함.

melanina *f*. =*melaína*.

melanismo *m*. [生物] 검은 색소(色素).

melanizar *v.t*. 검게 하다. 거무스름하게 하다.

melanocéfalo *a*. [動] 머리가 검은. 검은 머리의. 흑두(黑頭).

melanocetas *m*. (대서양 산의) 거두단신(巨頭短身)의 물고기.

melanoma *f*. [獸醫] 검은 종기(黑腫).

melanóptero *a*. 검은 날개가 있는. 흑익(黑翼)의.

melanose *f*. [醫] 흑색반(黑色斑). [生物] (조직체의) 검은 색소의 이상 발달. [植] 포도의 잎사귀에 생기는 흑변병(黑變病).

melantio *m*. [植] 니겔라.

melanúria *f*. [醫] 흑뇨증(黑尿症).

melanuro *a*. [動] 꼬리가 검은. 흑미(黑尾)의.

melão *m*. [植] 사향참외. 머스크 멜론.

melápio *m*. 사과의 일종《英》*pearmain*.

melar (1) *v.t*. 꿀을 넣다(바르다). 꿀로 달게 하다. 꿀로 어지럽히다.
— (2) *v.t*. [植] 말라죽는 병(萎縮病)에 걸리게 하다. (과일이) 시들게 하다.
— *v.i*. 말라죽는 병에 걸리다. (과일이) 시들다. 위미(萎靡)하다.

melcatrefe *a*., *m*. ①녀석. 놈. ②부랑자. 망나니. ③시골뜨기. 본데없는 사람. ④게으름뱅이. 나태한 사람.

meleante *m*. =*meliante*.

meleiro *m*. 꿀장수.

melena (1) *f*. 흐트러진 머리칼. 난발(亂髮). 머리태.
— (2) *f*. [醫] ①흑토증(黑吐症: 특히 황열병 환자가 병의 후기(後期)에 검은 것을 토하는 것). ②흑토물(黑吐物).

méleo *a*. 《詩》꿀같은. 꿀처럼 단.

melga *f*. ①[蟲] (특히 소택지(沼澤地)에 있는) 모기. 각다귀. ②[魚] 가오리의 일종.

melgueira *f*. ①꿀벌의 집. 벌집. 벌집 모양의 물건. ②[轉] 비장(秘藏). 비장의 보물. 뜻밖에 생긴 돈. 예상 외로 크게 번 돈.

melharuco *m*. [鳥] 벌을 잡아 먹는 새. 식봉조(食蜂鳥).

melhor *a*. (*bom*의 비교급). 더 좋은. 더 착한. 더 우수한.
melhor maneira 더 좋은 방법.
melhor artigo 더 좋은 물건.
정관사(定冠詞)를 앞에 놓아 최상급을 만듦.
o(a) melhor 가장 우수한. 제일 좋은.
o melhor jogador 가장 우수한 선수.
os melhores jogadores 가장 우수한 선수들.
— *m*. 더 좋은 것. 우수한 것.
o melhor 가장 우수한 것. 상지상(上之上).
O calado é o melhor. 또는
o melhor é estar calado (아무것도 말하지 않는 것이 제일 좋다. 침묵이 제일이

다). 현명한 사람은 말을 하지 않는다.
— *adv.* 더 좋게. 더 착하게. 더 우수하게.
sinto-me melhor 더 좋아진 감을 느낀다.
tanto melhor 더욱 좋다.
ir a melhor 좋아지다. 호전하다. 진보하다.
melhor possível 가능한대로.

melhora *f.* ①개량. 개선. 진보. 약진. ②능해짐. 상승. 향상.
melhoras (pl.) (병세 따위) 나아감. 점차 좋아짐. 호전(好轉). 좋은 것으로 개선됨.
O doent e tem muitas melhoras. 환자는 건강을 많이 회복했다(환자의 병세는 호전했다).

melhorado *a.* 좋아진. 호전한. 개량된. 개선된.

melhorador *m.* 개량(개선)하는 자. 개혁자.

melhoramento *m.* ①개선(改善). 개량. 개혁. ②진보. 약진. 향상. ③(건물의 증축·신설 따위의) 개선 시설. 개수(改修).
melhoramento na vida 생활 개선.

melhorar *v.t.* 더 좋게 하다. 더 좋아지게끔 하다. 개선하다. 개량하다. 개정하다. 개혁하다. 향상시키다.
— *v.i.*, —*se v.pr.* 더 좋아지다. 호전하다. 개량되다. 향상하다. 승진(昇進)하다. 승급하다. (날씨가) 좋아지다. (병세가) 나아가다.

melhoria *f.* ①개선도(改善)에 있음. 점차 좋아짐. ②(병세 따위) 점점 나아감. 호전(好轉). ③경신(更新). 개수(改修). 증축(增築). ④증진. 증급(增給). ⑤우세.

melhormente *adv.* 더 좋게. 더 좋은 조건으로. 가일층 기쁘게.

mélia *f.* [植] 소태나무. 고련나무(苦楝).

meliante *m.* 게으름뱅이. 건달꾼. 방탕자. 무뢰한.

melícia *f.* 푸딩(보리가루에 사탕·향료 따위를 넣어서 만든 식사 후의 과자).

mélico *a.* [樂] 선율적인. 곡조가 아름다운. 음악적인.

melieiro *a.* ①부드러운. 다정한. 온정(溫情) 있는. ②얼르는. 달래는. ③아첨하는.

melifago *a.* 꿀을 먹는. 꿀 먹고 사는.
— *m.* 흡밀조(吸蜜鳥).

melífero *a.* 꿀이 나는. 꿀이 있는. 꿀을 만드는.

melificação *f.* ①(꿀벌이) 꿀을 만듦. 꿀 생산. ②꿀처럼 달게 하기.

melificador *m.* 꿀을 뽑기 위하여 벌집을 따뜻하게 하는 기구.

melificar *v.t.* ①(꿀벌이) 꿀을 만들다. ②꿀로 달게 하다. ③꿀처럼 달게 하다.
— *v.i.* 꿀을 만들다. 꿀이 되다. 꿀처럼 달아지다.

melífico *a.* ①꿀의. 꿀에 관한. 꿀을 만드는. ②꿀같은. 밀질(蜜質)의. ③좋은. 유쾌한.

melifluidade *f.* (목소리·음악 등의) 부드럽고 아름다움. 쾌조(快調). 유창(流暢).

melífluo *a.* ①꿀처럼 흐르는. 매끄럽게 흐르는. ②(목소리·음악 등이) 아주 부드러운. 유창한. 듣기 좋은.

meliloto *m.* [植] 토끼풀의 일종. 클로버의 일종. 《英》 *sweet clover*.

melindrar *v.t.* (…의) 감정을 상하게 하다. 기분 나쁘게 하다. 애태우다. 성나게 하다.
—*se v.pr.* (기분 또는 감정이) 상하다. 애타다. 안달하다. 성가셔하다. 성나다. 노하다.

melindre *m.* ①너무 꼼꼼함. 지나치게 까다로움. 괴망스러움. ②민감(敏感). ③정숙한 체하기. 점잖빼기. ④조심성 있음. 근신(謹愼)함. ⑤[植] 복숭아의 일종. ⑥꿀·달걀 등을 으깨어 기름에 튀긴 일종의 과자.

melindrosa *f.* 건방진 여자. 젠체하는 여성.

melindrosamente *adv.* ①너무 꼼꼼하게. 지나치게. 까다롭게. ②민감하게. 조심성 있게.

melindroso *a.* ①너무 꼼꼼한. 지나치게 까다로운. 괴망스러운. ②성미 빠른. 화 잘 내는. 노하기 쉬운. ③과민(過敏)한. 민감한. ④아주 조심하는. 세심한. (…에) 머리를 몹시 앓는. ⑤위험이 많은. 불안한. ⑥힘드는. 곤란한.

melinite *f.* 멜리니트(프랑스에서 발명된 강력한 화약).

melissa *f.* ①[植] 멜리싸. 서양산 박하. ②꿀(蜂蜜)의 학명(學名).

melissografia *f.* 봉밀론(蜂蜜論). 봉밀지(誌).

melissugo *a.* 꽃의 꿀을 빠는. 화밀(花蜜)을 빨아먹는.

melita *f.* [鑛] 밀랍석(蜜蠟石).

melito *m.* 밀제(蜜劑: 사탕 대신에 꿀을 사용하는 것).

melivoro *a*. 꿀을 먹는. 꿀을 먹고 사는.
melôa *f*. [植] ①큰 멜론. 큰 참외. 무늬 있는 참외. 작고 둥근 멜론.
meloal *m*. 멜론밭. 참외밭.
melodia *f*. [樂] ①선율(旋律). 가곡(佳曲). 아름다운 곡조. 가락. ②아름다운 음악. 해조(諧調). 멜로디.
melodiar *v.t*. 좋은 소리 나게 하다. 가조(佳調)로 하다. 음률을 맞추다. 좋은 소리로 노래 부르다.
— *v.i*. 선율을 민들다.
melódica *f*. ①[樂器] 일종의 양금(洋琴). ②[樂] 선율학(旋律學).
melódico *a*. 선율의. 가조(佳調)의. 곡조가 아름다운. 소리가 듣기 좋은.
melodiosamente *adv*. 선율적으로. 소리가 아름답게.
melodioso *a*. 선율적인. 곡조가 아름다운. 음악적인. 가조의.
melodista *m., f*. ①선율가. 성악가. ②선율작곡가(旋律作曲家).
melodizar *v.t*. 음률을 맞추다. 좋은 소리가 되게 하다.
— *v.i*. 선율이 맞다. 좋은 소리가 되다.
melodrama *m*. ①멜로 드라마. 권선징악주의(勸善懲惡主義)의 통속극(通俗劇). ②[樂] 음악극. 《古》가극.
melodramático *a*. 멜로 드라마식의. 대중연극적인. 신파연극 같은. 몹시 감상적인.
meloeiro *m*. [植] 멜론(식물). 참외.
melofilo *a*. 음악을 좋아하는.
melofone *m*. 기타 비슷한 악기(樂器)의 일종.
melografia *f*. 악보(樂譜)를 쓰는 방법. 사보술(寫譜術).
melográfico *a*. 사보(술)의.
melografo *m*. 음보를 쓰는 사람. 사보자(寫譜者).
melolonta *f*. [蟲] 풍뎅이.
melomania *f*. 음악광(音樂狂).
melomaníaco *a*. 음악을 몹시 즐겨하는. 음악광의.
— *m*. 음악광.
melômano *m*. 음악을 매우 즐기는 사람. 음악광.
melopéia *f*. ①낭음곡(朗吟曲). [樂] 선율. 곡조. ②(연설・시(詩) 따위의) 음영법(吟詠法).
meloso *a*. 꿀맛이 있는. 꿀처럼 단. 꿀같은.

melro *m*. ①[鳥] 찌르레기의 일종. 개똥지빠귀 무리. ②《俗》갑찍한 사람. 잔꾀 많은 사람. 빈 없는 사람. 좀처럼 속아 넘어가지 않는 사람. 엉큼한 사람.
mélroa *f*. 찌르레기의 암컷.
melroado *a*. (말이)찌르레기의 빛깔을 띤.
melton *m*. 멜톤 나사(羅紗).
membrana *f*. [解] (얇은) 막(膜). 막피(膜皮). [植] 의막(義膜).《古》양피지(羊皮紙).
membrana falsa 의막(義膜).
membrana mucosa 점막(粘膜).
mambranáceo *a*. 막의. 막 모양의.
membraniforme *a*. 막상(膜狀)의.
membranoso *a*. 막의. 막질(膜質)의. 막이 있는.
membrânula *f*. [植] 작은 의막(義膜).
membro *m*. ①신체의 일부. 일부기관(器官). (특히) 손발. ②조직체의 일부분. (단체의) 일원. 회원. 사원. 관원. 조합원. ③정당지부. ④[文] 절(節). 구(句). [數] 항(項). (방정식의) 변(邊). [建] 부재(部材). 구조재.
membro viril 음경(陰莖).
membrudo *a*. 팔・다리가 크고 똥똥한. (나무의) 가지가 굵은.
memento *m*. (보통 복수로 씀). 기념품. 추억의 재료. 경고(警告)하는 물건. 기억. [宗] 기도문의 하나.
memoração *f*. 기념하기. 추억하기.
memorando *a*. 추억할 만한. 기념할 만한. 기념으로할 만한.
memorandum *m*. 비망록(備忘錄). 요기(要記). (외교상의) 각서(覺書). [商] 매매가격. [法] 적요(摘要). 주의서. (조합의) 규약. (회사・단체 등의) 정관(定款).
memorar *v.t., v.i*. 기념하다. 회상하다. 추억하다. 회고하다.
memorativo *a*. 기억하는. 기념하는. 기념적인. 기념의.
momorável *a*. 기억해야 할. 잊어서는 안 되는. 기념할 만한.
memória *f*. ①기억. 기억력. 기억 범위. 기억하고 있는 연한(年限). ②추억. 회상록(回想錄). 기념에 남는 사물. ③기념. ④기념물(품). 기념비. ⑤각서(覺書). 조서. 기록.
memórias (pl.) 외교상의 각서. (저자 자신의) 추억의 기록. 회고록. 회상기(回想

記). 자서전.
de memória 암기로.
fugir da memória 기억에서 사라지다.
na memória dos homens 유사이후(有史以後)의.

memorial *m.* ①비망록. 기념물. 기념비. ②기념하는 습관. 의식. ③청원서. 진정서. 취지서(趣旨書). 교서(敎書).
— *a.* 기념의. 기억의. 회상하게 하는. 기념할 만한.

memorialista *m., f.* 청원서 기초자(起草者). 진정인.

memorião *m.* 기억력이 좋음.

memoriar *v.t.* ①기억하다. 회상시키다. ②각서(覺書)를 쓰다. 진정서에 기록하다.

memorista *m., f.* 전기저술가(傳記著述家). 회상록을 쓰는 사람.

memorizer *v.t.* 암기(暗記)하다.

menagem *f.* ①(봉건시대의) 신하의 예절. 신하로서의 복종. 충성. ②금족(禁足). 연금(軟禁). 두문불출(杜門不出).

menarete *m.* 회교(이슬람교) 교회당의 높은 탑(塔).

menção *f.* 언급. 진술. 기재(記載). 인용(引用). 인증(引證).
fazer menção 언급하다. 진술하다.

mencionar *v.t.* 언급하다. (…에) 관하여 말하다. 진술하다. 인용하다. 예를 들다.

mendacidade *f.* ①허위. 허탄(虛誕). ②거짓말. 거짓말하는 버릇.

mendácula *f.* 도덕상의 결함.

mendaz *a.* ①허위의. 거짓의. 사실이 아닌. 허망한. 거짓말 잘하는.

mendicância *f.* 빌어먹기. 구걸. 거지생활. 구걸하는 버릇.

mendicante *a.* 빌어먹는. 구걸하는.
ordens mendicantes 탁발수도회(托鉢修道會).
— *m.* 빌어먹는 사람. 구걸하는 자. 거지. 동냥.

mendicidade *f.* ①빌어먹기. 구걸. 걸식. ②거지생활. 빌어먹는 버릇. ③거지의 신세.

mendigação *f.* 돌아다니며 빌어먹기. 구걸하기.

mendigagem *f.* ①빌어먹기. ②거지의 생활.

mendigar *v.t., v.i.* 빌어먹다. 구걸하다. 빌어먹으며 돌아다니다. 치근치근하게 물품을 요구하다.

mendigo *m.* 구걸하는 자. 거지. 동냥. 동냥아치.

mendinho *m.* 《俗》작은손가락. 새끼손가락.
disse-mo o meu mendinho 아무개에게 들었다.

mendrácula *f.* (=*mandrógora*). 만드레이크(그 뿌리는 유독. 마취제가 됨).

mendrugo *m.* 거지에게 준 한쪽의 빵.

mendubi, mendubim *m.* [植] 호콩. 땅콩. 낙화생(落花生).

meneador *a., m.* ①(머리·손발·몸 따위를) 흔드는 사람. 움직이는 (사람). 꼬리를 흔드는 (동물). ②취급하는 (자). 조종하는 (자).

meneamento *m.* ①(머리를 부정의 뜻으로) 흔들기. 몸을 좌우로 움직거리기. (동물이) 꼬리를 흔들기. ②움직이기. 취급. 조종. 운전.

menear *v.t., v.i.* ①머리를 (부정의 뜻으로) 좌우로 흔들다. 꼬리를 흔들다. ②다루다. 취급하다. 조종하다.
— *se v.pr.* 몸을 흔들다. (지렁이 따위). 꿈틀거리다.

meneável *a.* ①다루기 쉬운. 움직이기 쉬운. 쓰기 편한. 조종(운전)하기 쉬운. ②유순한.

meneio *m.* ①손발을 흔들기. 머리를 좌우로 흔들기. (동물이) 꼬리를 흔들기. (지렁이가) 꿈틀거리기. ②몸짓. 손짓. 사지의 동작. 거동. ③응용(應用). 적용. ④손재간.

menestrel *m.* ①(중세기의) 음유시인(吟遊詩人). 음송시인. 《詩》시인. 가수. ②편력(偏歷)음악가.

mengar *v.i.* 연애적인 동작을 하다.

menhir *m.* (=*meiur*). [考古] 거석(巨石) (유사이전의 유물).

meniano *m.* ①(집) 앞들(前庭). ②베란다.

menina *f.* 여아(女兒). 소녀. 계집아이. 작은 처녀.
menina do olho [解] 눈동자. 동공(瞳孔).

menineiro *a.* 어린애 같은. 어린애다운. 어린애를 좋아하는.
cara menineira 귀여운 얼굴. 어린애 용모.

meninez *f.* =*meninice*.

meninges *f.*(*pl.*) [解] 뇌막(腦膜).

meningite *f.* [醫] 뇌막염(炎).
meningite-espinal 뇌척수막염(腦脊髓膜炎).

meninice *f.* ①어린 시절. 유시(幼時). 어릴 때. 소년 시절. ②어린애 같음. 어린애의 소행(態度). 철부지.

menino *m.* ①사내 아이. 아동. 소년. ②사회의 경험이 없는 녀석. ③(10대 청년들끼리 친밀한 사이에 부르는) 너. 자네. ④(회사의) 심부름을 하는 소년. 보이. 급사.

meninó *m.*《俗》잔꾀 부리는 녀석. 엉큼한 놈.

meninota *f.* 10대 소녀(少女).

meninote *m.* 10대 소년. 작은 소년.

menir *m.* [考古] 높이 솟은 거석(巨石 : 유사이전의 유물). 기념거석(記念巨石).

menisco *m.* ①메니스크. 요철(凹凸) 렌즈 (접시 모양의). ②[數] 초승달 모양의 도형(圖形).

meniscóide *a.* 반면철반면요(半面凸半面凹)의.

menodilha *f.* [植] 꿀풀. (기타) 참반디. 범의귀(따위)(병에 효험이 있다는 전설에서).

menológio *m.* ①월기(月記). ②그리스교(敎)의 달력. 그 역법(曆法).

menopausa *f.* 월경폐지(月經閉止). 월경폐기(期).

menor *a.* (*pequeno*의 비교급. ＝*mais pequeno*). ①더욱 적은(작은). 적은(작은) 편의. ②(연령이) 더 어린. 연소한. 연하(年下)의. 손아래의. 미성년의. ③못하는. 그다지 중요하지 않은. 둘째가는. 이류(二流)의.
idade menor 미성년.
frade menor 프란시스코회의 수도사.
trazes menores 속내의류(언더셔츠・팬티 따위).
Asia Menor. 소아시아(흑해와 아라비아 사이의 지역).
herdeiro menor 미성년 상속인(相續人). (註) 정관사(定冠詞)를 앞에 놓아 최상급을 만듦.
o(a) menor 제일 작은. 가장 어린. 최소(最小)의.
— *m., f.* ①더 작은(적은) 것. ②미성년 남자(여자).
tribunal de menores 소년 심리원.
Êle é menor. 저 사람은 미성년입니다 (소년입니다).
Ela é menor. 저 여자는 미성년입니다.
Precisam-se menores. (신문의 구인광고 등에서). 소년 수명(數名)(구합니다).
menores (*pl.*) 자손. 후예(後裔).
por menores. 자세히. 상세히.
o menor (부정(否定)의 뜻으로) 조금도 …없는. 조금도 …하지 않는. 아무것도 … 아닌.
nem a menor possibilidade 가망성(가능성)이 전무한.
sem a menor paciência 더 참지 못하고. 그 이상 인내하지 못하고.

menoridade *f.* ①미성년임. ②소수임. 소수당. 소수투표수.

menorífico *a.* 프란시스코회의 수도사의.

menorista *m.* [宗] 하급성품(下級聖品)의 집사. 교회의 서기.

menorita *m.* 프란시스코회의 수도사.

menorragia *f.* [醫] 월경과다(月經過多).

menorrágico *a.* 월경 과다의.

menorreia *f.* [醫] 월경.

menos *a.* ①더 적은. 더 소량(小量)의. ②못한. 덜한.
menos mal 그다지 나쁘지 않는.
Ela e menos alta do que tu. 그 여자는 자네보다 키가 낮다(덜 높다).
Tens menos fôrça do que nós. 너는 우리보다 힘이 약하다(덜 세다).
menos possivel 가능성이 적은.
Quanto menos dinheiro, tanto menos amigos. 돈이 적으면 친구도 적다.
— *adv.* 더 적게. 덜. 못하게. 그다지 중요하지 않게.
ao menos 또는 *pelo menos* 적어도. 그래도. 무어라해도.
a menos que (…이) 아닌 이상. (…이) 아니라면.
ainda menos ①더 적게. 더욱 적게. ② 더군다나 …은 아니다.
cada vez menos 점점 더 적게. 매번 덜하게.
10 cruzeiros a menos 10 그루제이로스 덜.
em menos de uma hora 1시간 이내에.
pouco mais ou menos 다소. 얼마간.
nem mais nem menos 꼭 그만큼. 더도 말고 덜도 말고.
quanto menos melhor 적을수록 좋다.
Não escrevi tanto, escrevi muito

menos. 그렇게 (많이)는 쓰지 않고 훨씬 적게 썼습니다.
— *m*. 더 적음. 더 떨어짐. 못함. 보다 소수(少數).
o(a) menos 제일 적은 것.
— *prep*. …을 제(除)하고. …의 이외에. …의 밖에.
tudo menos isso 이것 밖에는. 이것 이외의 전부.
Tudos saíram, menos eu. 나를 빼놓고 전부 외출했다. 나 이외에는 전부 밖으로 나갔다.
Cinco menos dois são três. 5-2=3.
menoscabador *a., m*. 멸시하는 (사람). 경멸하는 (자). 비방(중상)하는 (사람).
menoscabar *v.t*. ①업신여기다. 경멸하다. 얕보다. 과소 평가하다. ②(타인의 신용·명성 따위를) 떨어뜨리다. 깎아내리다. 헐뜯다. 중상하다. 비방(誹謗)하다.
menoscabo *m*. ①업신여김. 멸시. 과소 평가. ②(명성·신망 따위가) 떨어뜨리기. 중상. 비방.
menosprezador *a., m*. 업신여기는 (사람). 과소 평가하는 (자). 경멸(멸시)하는 (자). 깔시하는 (사람).
menosprezar *v.t*. 업신여기다. 경멸(멸시)하다. 소홀히 여기다. 모욕하다. 깔시(恕視)하다.
—*se. v.pr*. 스스로 자기의 품격을 낮추다. 자기의 역량을 과소 평가하다.
menosprezível *a*. 업신여길 만한. 대수롭지 않은. 경멸(멸시)받을 만한.
menosprêzo *m*. ①업신여김. 멸시. 경멸. 멸여(滅如). ②비방. 중상. ③모욕. 치욕(恥辱). 수치.
mensageira *f*. 여자 사자(使者).
mensageiro *m*. ①사자. 사환. 급사(急使). 각부(脚夫). ②선구(先驅)자. 선구자. 전조(前兆). 예보자(豫報者).
— *a*. ①사자의. ②전조의.
mensagem *f*. ①전하는 말. 전할 소식(서한). 통신. 전보. ②(대통령의) 교서(敎書). ③탁선(託宣). 신탁. 고시. ④(심부름하는 사람이 맡은) 용무. 사명.
mensal 매달의. 매월의. 한 달 한 번의.
mensalidade *f*. ①월액(月額). 월불액(月拂額). ②월급. 매달의 수당(금). 월사금.
mensalmente *adv*. 매달. 매월에. 한 달 한 번.

mensário *m*. 한 달에 한 번 발간하는 것. 월간간행물(月間刊行物). 월간잡지.
menstruação *f*. ①월경(月經). ②월경기간.
menstruada *f*. 월경을 치름. 월경 중.
menstrual *a*. 월경의.
mênstruo *m*. ①[醫] 월경. 경수(經水). ②용매(溶媒). 용제(溶劑).
mensura *f*. 계량. 측량(법). 측정(법). 구적(求積)법.
mensurabilidade *f*. 가측성(可測性).
mensuração *f*. 계량(計量). 측량(법). 측정(법). 구적(법).
mensurador *m*. 측량하는 사람. (죄인의) 신체를 측정하는 자.
mensurar *v.t*. 계량(計量)하다. 측정하다.
mensurável *a*. ①계량할 수 있는. 측량(측정) 가능한. ②[樂] 정률(定律) 있는.
menta *f*. (=*mentha*). [植] 박하속(薄荷屬)의 총칭.
mentagra *f*. [醫] 수종(鬚腫). 모창(毛瘡).
mental (1) *a*. 마음의. 정신의. 심적(心的). 정신적. 지적(知的). 지력의. 《俗》 정신병의.
cultura mental 정신수양.
faculdade mental 지력. 지능.
— (2) *a*. [解] 턱의.
mentalidade *f*. 정신력. 심성(心性). 지성(知性). 정신상태. 심적상태. 인사. 기분.
mentalmente *adv*. 마음으로. 정신적으로. 지적으로.
mentastro *m*. [植] 박하(薄荷)의 일종.
mente *f*. 마음. 마음의 뜻. 의향(意向). 의지(意志). 정신. 지능. 기억.
em mente 마음속으로. 심중에.
de boa mente 기쁘게. 선의로.
ter na nente …을(항상) 염두에 두다.
era minha mente 나의 의도(목적이)였다.
mentecapto *a*. ①미친. 정신 빠진. 앞뒤를 모르는. 이성이 없는. ②어리석은. 바보의.
— *m*. ①미치광이. 얼빠진 사람. 앞뒤를 헤아리지 못하는 사람. ②바보. 천치. 풋내기.
mentha *f*. =*menta*.
mentideiro *a*. 거짓말하는.
— *m*. 사람들이 만나 잡담하는 곳.
mentido *a*. 거짓의. 허위의. 허구의. 근거 없는. 사실무근의. 속인. 속은.
mentir *v.i., v.t*. 거짓말을 하다. 거짓말로

속이다. 기만하다.
mentir redondamente 큰 거짓말을 하다. 허망한 이야기를 하다. 얼토당토않은 이야기를 하다.

mentira *f.* ①거짓말. 꾸민 말. 허언. 망설(妄說). 허구. 무실(無實). 망상. ②사기.
mentira inocente 사소한 거짓말.
mentira cabeluda 큰 거짓말. 허망한 이야기.
é *una mentira* 거짓말이다.
dizer uma mentira 거짓말하다.

mentirada *f.* =*mentirola*.

mentireiro *a.* =*mentiroso*.

mentirola *f.* 사소한 거짓말. 순간적으로 생각해 낸 거짓말. 죄가 안되는 거짓말. 악의없는 속임수.

mentirosamente *adv.* 거짓말로. 거짓으로. 속여서.

mentiroso *a.* 거짓말의. 거짓말하는. 거짓의. 허위의. 허구한.
— *m.* 거짓말쟁이.

mento *m.* 턱. 턱끝. 아래턱. (=*queixo*).

mentol *m.* [化] 멘톨. 박하뇌(薄荷腦).

mentolado *a.* 박하뇌가 든. 박하뇌를 섞은.

mentólico *a.* [化] 멘톨의. 박하뇌의. 멘톨에 관한.

mentor *m.* 스승. 훌륭한 지도자. 훌륭한 충고자(고문).

menu *m.*《F》메뉴. 요리 단자. 차림표. 식단(食單). 음식종목표.

mequetrefe *m.* 참견하는 사람. 일 봐주기 좋아하는 사람. 말 많은 사람.

mera *f.* 서양 노가주나무 기름(杜松油).

meramente *adv.* 오직. 단지. 아주.

merca *f.* ①사들이기. 매입(買入). 구입. ②사들인 물건. 구입물. 구매품(購買品).

mercadejar *v.i.*, *v.t.* ①장사하다. 매매하다. 상거래하다. 무역하다. ②부정이득을 얻다.

mercadejável *a.* 매매할 수 있는. 거래되는.

mercado *m.* ①시장(市場). 상설시장. ②상업중심지. 화물집산지(貨物集散地).
mercado central 중앙시장.
mercado negro 암시장.
pôr no mercado 시장에 내놓다.

mercador *m.* 상인. (특히) 소매상인. 포목상인.
mercador por atacado 도매상인.

mercadora *f.* 여상인. 여자포목상인.

mercadoria *f.* [商] 상품. 일용품. 필수품.
mercadorias (*pl.*) 일반잡화. 식료잡화.

mercancia *f.* ①상품. 물품. ②장사. 거래. 매매.

mercanciar *v.i.*, *v.t.* =*mercadejar*.

mercante *a.* 장사의. 상업의. 상업상의. 무역의.
navio mercante 상선(商船).
marinha mercante (집합적으로의) 상선.

mercantil *a.* ①상업의. 무역의. 무역상의. ②영리본위의. 상리(商利)의.
espírito mercantil 중상주의(重商主義).

mercantilisamo *m.* 상업본위. 중상주의. 상인기질.

mercantilmente *adv.* 장사로서. 상업적으로. 상업상. 영리적으로.

mercar *v.t.* ①(장사하기 위하여) 사들이다. 매입(買入)하다. ②획득하다. 수득(收得)하다.

mercatório *a.* =*mercantil*.

merca-tudo *a.*, *m.* 무엇이든지 사서 파는 (사람). (특히) 낡은 옷·낡은 기구 따위를 사서 다시 파는 (사람).

mercável *a.* 장사할 수 있는. (거래에) 수입이 있음직한. 이가 남을 만한.

mercê *f.* ①삯돈. 임금(賃金). 보수. 급료. 이득. ②은혜. 은총. 은택(恩澤). 혜택. 덕분. 자비. ③호의(好意).
á mercê de …의 처분대로.
mercê de (*Deus*) (하나님)의 은혜로.

mercearia *f.* ①식료품상점. 식료품 잡화상. 반찬가게. ②상품거래. 장사.
mercearias (*pl.*) 식료잡화. 각종 식료품. 건물유(乾物類).

merceeira *f.* 식료잡화 상점의 여주인.

merceeiro *m.* 식료잡화 상점의 주인. 식료품 상인.

mercenário *a.* 돈만 바라는. 돈 때문에 하는. 돈받고 고용된.
— *m.* ①고용자. ②(외국인) 용병(傭兵).

mercenarismo *m.* 돈만 바라는 정신. 돈만 준다면 무엇이든지 하려고 하는 것.

merceologia *f.* 매매학(賣買學). (상업학(商業學) 중의) 취인학(取引學).

mercia *f.* ①비밀거래. 비밀장사. 부정거래. ②물내하는 일. 비밀의 연애.

mercieiro *m.* =*merceeiro*.

mercurial *a.* ①수은(水銀)의. 수은제(劑)의. 수은이 든. ②수성(水星)의.

— *m.* 수은제.
— *f.* [植] (일년생의) 들남꽃.
mercurialismo *m.* 수은중독.
mercurializar *v.t.* ①수은제를 먹이다. 수은으로 처리하다. [寫] 수은 증기를 쏘이다. ②수은 중독을 일으키다.
mercúrico *a.* ①수은의. 수은이 든. ②[化] 제이수은(第二水銀)의.
mercúrio *m.* ①[羅神] 머큐리신(神)(웅변·상업·도적·숙련 등을 주관하는 신). ②[天] 수성(水星). ③[化] 수은. 수은주. 청우계. 온도계. ④중매인. 매개인(媒介人).
mercurioso *a.* (약에) 수은이 든. 수은을 함유한.
merda *f.* 《卑》(마소의) 똥. 대변. 배설물. 더러움. 지저분함. 불결.
merdice *f.* 《卑》①더러운 것. (똥·오줌 따위의) 오물. 불결물. ②더러운 행동. 파렴치한 노릇.
merecedor *a.* (+*de*). (…의) 가치가 있는. (…의) 자격이 있는. (…을) 받을 만한. (…의 공로에) 해당하는. 공적이 있는. 당연히 …을 받아야 할. 훌륭한.
merecer *v.t.* (…의) 가치가 있다. (…의) 자격이 있다. (…에) 해당하다. 당연히 …을 받아야 한다. (…의) 공적이 있다.
merecer bem de …을 받을 자격이 충분하다.
merecer um castigo 처벌에 해당된다. 빌받을 만하다.
merecidamente *adv.* …에 해당하게. …에 알맞게. 지당하게.
merecido *a.* ①…에 해당한. 당연히 …을 받을 만한. 공로 있는. 유덕한. ②당연한. 지당한.
merecimento *m.* ①장점. 취할 점. ②공로. 공적. 공훈. ③상(賞) 또는 벌(罰)할 가치. (학교에서 벌점에 대한) 상점(賞點). 공로에 대한 보수. ④합당한 상벌. 진가(眞價). ⑤(사람 또는 저작물의) 미점.
merencório *a.* =*melancólico*.
merenda *f.* 저녁식사 후에 먹는 가벼운 식사. 점심과 저녁 사이에 먹는 간식(間食) 다과(茶菓)
merendar *v.i.*, *v.t.* (점심 식사와 만찬 사이에) 다과를 먹다. 가벼운 식사를 하다. 간식을 먹다.
merendeira *f.* 한 덩어리의 빵. (간식용의) 작은 빵.

merendeiro *m.* ①한 덩어리의 빵. 작은 빵. ②간식(군음식)을 먹는 사람. 군음식을 먹는 버릇이 있는 사람. ③과자·빵 따위를 넣는 그릇(간식용). ④기와 한 장을 만들 분량의 진흙 덩어리.
merenque *m.* 《F》 머랭(설탕과 계란 흰자위를 섞어 만든 양과자).
meretricio *a.* 매음부의. 매음부 특유의.
— *m.* 매음(賣淫). 매절(賣節).
meretriz *f.* 매음부(賣淫婦). 창기(娼妓). 갈보.
merganço, merganso *m.* [鳥] 비오리. 쇠비오리.
mergulhador *a.* (물속에) 뛰어 들어가는. 잠수하는.
ave mergulhador 잠수조(潛水鳥).
— *m.* ①(물 속에) 뛰어 들어가는 사람. 잠수부(潛水夫). 잠수에 재간이 있는 사람. ②물 속에 들어가는 새. [鳥].
mergulhão *m.* ①[鳥] 아비(바다 오리의 일종). 물 속에 들어가는 새. 잠수조. ②[園藝] 취목(取木).
mergulhar *v.t.* ①(물 속에) 뛰어 들어가게 하다. 잠수시키다. 가라앉히다. 빠지게 하다. ②(…에) 몰두하게 하다.
— *v.i.*, —*se v.pr.* ①잠수하다. 가라앉다. 빠지다. 갑자기 뛰어 들어가다. ②깊이(파) 들어가다 몬두(沒頭)하나. 선념하다. ③자취를 감추다. 몰래 사라지다. 숨다. ④급강하(急降下)하다. ⑤[園藝] 취목하다.
mergulhar a vide 취목으로 포도를 만연(蔓延)시키다.
mergulhia *f.* ①(포도의) 취목(取木)하다. ②압조(壓條)
mergulho *m.* ①물 속에 들어가기. 잠수(潛水). ②[園藝] 취목. 압조.
meridiana *f.* 자오선(子午線). 경선(經線).
meridiano *a.* 자오선의. 정오(正午)의.
— *m.* ①자오선. 자오권(子午圈). ②정오. ③절정. 극점. 한창.
merídio *a.* ①정오(正午)의. ②남쪽의. 남국의.
meridional *a.* ①자오선의. ②꼭대기의. 절정의. 한창의. ③남쪽의. 남유럽(사람)의.
— *m.* 남국(南國)의 주민(특히 남부 유럽 또는 남쪽 프랑스 사람).
merinaque *m.* (부인의 치맛감으로 쓰던 말총으로 짠) 딱딱한 천. (이천이나 고래

뼈) 심을 넣은 치마. 《英》 hoop-petticoat.

merino *m.* (스페인 산의) 메리노 면양(緬羊). 메리노 모직물(부인 옷감). 메리노 양모제(羊毛製). 메리노 옷(실).
— *a.* 메리노 면양의. 메리노 양모제의.

meristema *m.* [植] 분열조직(分裂組織).

meritíssimo *a.* 가장 공로(공훈) 있는. 가장 가치가 있는.

mérito *a.* 공로 있는. 공훈 있는. (…을) 받을 가치 있는.
— *m.* ①공적. 공훈. 공로. ②장점(長點). 미점. 진가(眞價). ③상을 줄만한 일. 표창에 해당하는 일.

meritório *a.* 공로(공훈·공적) 있는. 상을 줄 만한. (…받을) 가치 있는. 갸륵한. 기특한. 훌륭한.

merláo *m.* [築城] 총쏘는 구멍을 낸 보루의 돌출부.

merlo *m.* = *melro*.

mero (1) *a.* 단순한. …에 불과한. 순수한. 참된.
— (2) *m.* [魚] 농어류의 일종.

merocele *m.* [醫] 대퇴부(大腿部) 헤르니아.

merovíngio *a.*, *m.* 메로빙가 왕조(A.D. 486~751년간의 프랑스 왕국 최초의 왕조).

mês *m.* 달. 1개월.
(*no*) *mês passado* 지난 달(에). 전 달(에).
(*no*) *mês que vem* 오는 달(에). 내달(에).
todos os meses 매월. 매달.

mesa *f.* ①상(床). 대(臺). 식탁(食卓). 탁자. 테이블. ②회의 때 마주 앉는 상. 원탁(圓卓). ③(집합적으로) 위원(委員). 평의원. ④(한 상분의) 요리. 음식.
mesa redonda (호텔 등의) 공동식탁. (회의 때에 쓰는) 원탁(圓卓).
mesa de cozinha 주방용(廚房用)의 식탁.
pôr a mesa 식탁을 준비하다.
pôr-se á mesa 식탁에 마주앉다. 식사하기 위하여 앉다.
levantar a mesa 식탁을 깨끗이 하다.
levantar-se da mesa (식사를 마치고) 식탁에서 물러나다.
comer a mesma mesa. 같은 식탁에서 식사하다(늘 함께 먹다).
cama e mesa 식사를 겸하는(하숙).

mesada *f.* 월급(月給).

mesade *f.* 매달 지불하는 액. 월사금. (한 달분의) 수당. (매월의) 부조료(扶助料).

mesário *m.* (위원회의) 위원(委員). (회의의) 의원(議員).

mescia *f.* ①짧고 폭넓은 노. 노 같은 물건. ②국자.

mescla *f.* ①혼합. 혼화(混和). 혼동(混同). ②혼색(混色). 여러 가지 색깔을 넣은 직물(混色織物). 잡색 천. ③혼합물. 주워 모은 것. 잡동사니. 잡록(雜錄).

mesclado *a.* ①혼합한. 혼화한. 여러가지 색깔로 된. 잡색의. ②여러가지 색깔로 하다. 잡

mesclar *v.t.* ①섞다. 혼합하다. 혼화하다. 뒤버무리다. ②여러가지 색깔로 하다. 잡색으로 하다.

mesembriantemeas *f.*(*pl.*) [植] 번행과(蕃杏科)식물(아프리카 원산의 관상용).

mesembriantemo *m.* [植] 번행과 식물의 하나.

mesentérico *a.* [解] 장간막의.

mesentério *m.* [解] 장간막(腸間膜).

mesenterite *f.* [醫] 장간막염(炎).

meseta *f.* 고원(高原).

mesinha *f.* 작은 상. 작은 탁자. 작은 테이블.
mesinha de cabeceira 침대 머리맡에 놓는 작은 탁자.

mesma *f.* 같음. 동일(同一). 동양(同樣). 동일 상태.

mesmamente *adv.* 같게. 동일하게. 동양으로.

mesmeidade *f.* 같음. 동일함. 동일성. 동양성(同樣性).

mesmeriano *a.* 메스멜씨(氏) 학설의 최면술의.

mesmerisomo *m.* 메스멜씨의 학설. 동물자기술(動物磁氣術). 최면술(催眠術). 최면상태.

mesmíssimamente *adv.* 전혀 동일하게. 꼭 같이. 조금도 다른 점이 없이.

mesmissimo *a.* (*mesmo*의 최상급). 꼭 같은. 전혀 동일한.

mesmo *a.* 같은. 동일한. 동양(同樣)의.
(註①) 인칭대명사의 다음에 놓일 때는 "그 자신, 바로 그 사람"을 뜻함.
eu mesmo 나 자신. 바로 제가.
êle mesmo 그 사람 자신. 바로 그 사람이.
(註②) 사람의 성격 또는 성질을 나타내는 형용사의 다음에 놓일 때는 더 강조하

는 뜻을 가짐.
é inteligente mesmo 과연 영리하다.
é complicado mesmo 아주 까다롭다.
ao mesmo tempo 동시에. 같은 시간에.
(註③) 위치의 선후 관계로 뜻을 약간 달리함.
mesmo homem 같은 사람. 같은 남자.
homem mesmo 같은 것. 사나이 스스로.
— *m.* 같은 사람. 같은 것. 같은 일.
tudo é o mesmo 전부 같다. 다 같은 것이다.
— *adv.* …라도. …조차. …까지도. …바로. …꼭.
agora mesmo 지금 바로. 지금 꼭.
assim mesmo ①바로 그렇게. 꼭 그대로. ②《稀》그래도.
mesmo assim 그래도. 그렇다해도.
do mesmo modo 같은 방법으로.
por isso mesmo 바로 그것 때문에.
mesnada *f.* 《古》용병단(傭兵團). (특히 왕후(王侯)·귀현(貴顯) 따위의) 호위병. 호위대.
mesnadeiro *m.* 《古》용병. 호위병. 시종(侍從).
mesnadeiria *f.* 《古》용병(호위병)의 급료.
meso '중간의…, 체재(介在)…'를 뜻하는 복합형.
mesocárpico *a.* [植] 중과피의.
mesocarpio, mesocarpo *f.* [植] 중과피(中果皮).
mesocecum *m.* [解] 복막벽(腹膜壁).
mesocefalite *f.* [醫] 중뇌염(中腦炎).
mesocéfalo *m.* [解] 중뇌(中腦).
mesocolo, mesocolon *m.* [解] 결장간막(結腸間膜).
mesocracia *f.* 중산계급정치.
mesoderme *f.* [動·植] 중배엽(中胚葉).
mesofalange *f.* [解] 지골(指骨)의 중간.
mesofalangeal *a.* 지골 중간의.
mesofilo *m.* [植] 유연조직(柔軟組織). 엽육(葉肉).
mesofrio *m.* [解] 미간(眉間).
mesogastro *m.* [解] 중복부(中腹部). 제부(臍部).
mesolítico *a.* [考古] 중석기시대(中石器時代)의.
mesolobulo *m.* [解] 중뇌엽(中腦葉).
mesologia *f.* 생태학(生態學). [生理] 환경

론. 경우론.
mesomeria *f.* [解] 고간(股間).
mesometro *m.* [解] 자궁간막(子宮間膜).
meso-reto *m.* [解] 직장간막(直腸間膜).
mesotórax *m.* [解] 중흉(中胸).
mesozóico *a.* [地質] 중세기(中世紀)의. 중세대의.
era mesozóica 중세대(中世代).
mesquinhamente *adv.* 인색하게. 깍쟁이처럼. 천하게. 비열하게.
mesquinhar *v.t.* ①돈을 아끼다. 인색하다. 깍쟁이 노릇하다. 값을 깎다. ②누추하다. 비열하다.
mesquinharia, mesquinhez *f.* ①돈을 아낌. 인색함. ②너절함. 초라함. 누추함. 비열함. 천격(賤格)스러움.
mesquinho *a.* ①돈을 아끼는. 인색한. ②너절한. 누추한. 초라한. 보잘 것 없는. 대단치 않은. 비열한. 천격스러운. ③궁색한. 가난한. ④적은. 얼마 안되는. 근소한.
mesquita *f.* 회교사원(回敎寺院).
messagem *f.* 《古》=*mensagem*.
messalina *f.* 방탕한 여자.
messe *f.* ①수확(收穫). 추수. ②수확물. 농작물. 수확고(收穫高). ③소득(所得). 취득. ④[崇] 개심(改心).
messiadade *m.* 구세주의 존엄성(尊嚴性).
messiánico *a.* 구세주의. 그리스도의.
messianismo *m.* ①[宗] 구세주 강세신앙(降世信仰). ②피압박자의 기대(期待).
messias *m.* ①구세주(救世主). 그리스도. ②(피압박자·국가의) 구세주. (피압박자들이) 기다리는 것.
messidor *m.* 프랑스 혁명력(曆)의 열번째 달(第十月).
mesterial *m.* 《古》①수세공인(手細工人). 손일하는 장인. 기공(技工). ②직공.
mester *m.* 《古》①직업. ②…직책. 직책.
mestiçagem *f.* ①(인종 간의) 잡혼(雜婚). ②잡교(雜交). 잡종교배.
mestiçamento *m.* (인종 간에) 잡혼하기. 잡교하기.
mestiçar-se *v.pr.* 잡혼하다. 잡교하다. [動·植] 이종교배하다.
mestiço *a.* 잡종의. 혼혈의. 이종의. 혼성의.
— *m.* 혼혈아. 혼혈종. 잡종. [動] 잡종개. [植] 잡종식물.
mesto *a.* 《詩》슬픈. 음산한. 음침한.

mestra *f.* ①여선생. 여교사. ②교훈이 되는 사물.
— *a.* 중요한. 우두머리.
abelha mestra 여왕벌.
chave mestra (여러 가지 자물쇠에 맞는) 맞열쇠. 걸쇠의 열쇠. 바깥문의 열쇠.
mestra de costura 재봉 또는 자수(刺繡) 선생.

mestraço *m.* (풍자적 표현으로서의). ①…에 정통한 사람. 숙련자. 노련가. ②엉큼한 사람.

mestrado *m.* 주인. 두목. 수령(首領). 부대(군대)의 장(長).

mestrança *f.* ①무기공장. ②해군공창. ③선구창고(船具倉庫). ④직공장들. 간부들.

mestre *m.* ①선생. 교원. 교사. ②우두머리. 두목. ③직공장. 공장장. ④작은 배의 선장. ⑤명인(名人). 대가(大家).
mester-escola 초등학교 선생.
mestre pedreiro 석공(石工)의 우두머리.
mestre-cuco (또는 *mestre-cuca*) 요리사.
mestre de obras 현장주임. 현장감독. 직공장.
mestre de cais 선장주인.
mestre de cerimonias 예식부장(禮式部長).
grão mestre 대가(大家).
— *a.* 중요한. 으뜸가는.

mestria *f.* ①정통(精通). 숙련. ②지배통어력(統御力).

mestrona *f.* ①아는 척하는 여자. 학자체를 내는 여자. ②석학.

mesura *f.* 허리를 굽히는 인사. 절. 경례.

mesuradamente *adv.* 공손하게. 엄숙하게. 은근하게.

mesurado *a.* 공손한. 은근한. 예의바른. 정중한.

mesurar *v.i.* 허리를 굽히며 인사하다. 절하다.

mesureiro *a.* 지나치게 친절을 베푸는. 아양부리는. 아첨하는. 추종하는.

mesurice *f.* ①공손한 인사. 정중한 절. ②아첨. 추종. 아양부리기.

meta '뒤에…. 다음에…. 뒤에 오는. 변하는…' 등의 뜻을 나타내는 접두사.
— *f.* ①한계(限界). 끝. 분계표(分界標). ②표적(標的). ③(경주・경마 등에 있어서의) 결승점(決勝點).

metabole *f.* [術] 어의변환법(語意變換法) (동일어를 반복하여 그 뜻을 변하는). 환구법(換句法: 뜻을 달리하는 어구(語句)를 반복하는).

metabólico *a.* 변화하는. 변형(變形)하는. 변질하는. 신진대사의.

metabolismo *m.* [生物] 동화작용. (세포의) 대사(작용). 신진대사(新陳代謝).

metacárpio *a.* [解] 장부(掌部)의.

metacarpo *m.* [解] 장부. 장골(掌骨).

metacentrico *a.* 경심(傾心)의. 외심점의.

metacentro *m.* 경심(傾心). 외심점(外心點).

metacronismo *m.* 발생한 어떤 사실의 날짜 또는 연대(年代)를 실제보다 더 후세(後世)에 일어난 것처럼 기록하는 역사적 오류.

metade *f.* ①반(半). 절반. 이분의 일. ②《俗》아내. 처.
a minha cara metade 나의 처(애처).

metafisica *f.* 형이학상(形而上學). 순정철학(純正哲學). 심리학. 추상론(抽象論).

metafisicamente *adv.* 형이상학적으로. 순정철학적으로.

metafisicar *v.t.* 형이상학을 연구하다. 형이상학적으로 말하다.

metafisico *a.* ①형이상학의. 순정(순수)철학의. 심리학의. 추상론의. ②공상적인. ③난해(難解)의.
— *m.* 형이상학자. 순정(純正)철학자.

metafonia *f.* [言] 모음전환. [文] 철자의 주음(主音)을 힘있게 발음하는 것.

metafónico *a.* 모음전환의.

metáfora *f.* [修] 은유(隱喩). 암유(暗喩). 비유(比喩).

metaforista *m., f.* 비유가(比喩家). 비유를 즐겨 쓰는 사람.

metaforizar *v.i., v.t.* 비유를 쓰다.

metafrase *f.* 직역. 축어역(逐語譯).

metafrasta *m.* 직역하는 자. 축어적으로 번역하는 자.

metafrástico *a.* 직역의. 축어적인.

metagenese *f.* = *metagenesis*.
— *m., f.* [生物] 세대교번(世代交番). [植] 생대교번(生代交番). (유성생식(有性生殖)과 무성생식의 교번).

metagentico *a.* 세대교번의. 생대교번의.

metagoge *f.* [文] 의인비유법(擬人比喩法).

metal *m.* 금속. 금속원소. 합금. 주철(鑄鐵). 금속제품.
metal precioso 귀금속.

metal amarelo 놋쇠. 황동.

metalepse *f*. [修] 전도어법(轉到語法).

metalicidade *f*. 금속성. 금속질(金屬質).

metálico *a*. 금속의. 금속성의. 금속질의.
— *m*. 경화(硬貨).

metalífero *a*. 금속이 산출되는. 금속을 포함한.

metalicação *f*. 금속화. 금속형성.

metaliforme *a*. 금속같은. 금속상(金屬狀)의.

metalino *a*. 금속의. 금속을 산출하는. 금속을 품은. 금속으로 보이는.

metalista *m*. 야금학자(冶金學者). 광산(鑛山)기사.

metalização *f*. 금속화(金屬化). 금속형성. 야금(冶金). 금속피복법(被覆法).

metalografia *f*. ①금속조직학(組織學). 금속론(金屬論). ②금속판술.

metalografico *a*. 금속조직학의. 금속론의.

metalóide *a*. 금속 비슷한. [化] 비금속의.
— *m*. [化] 비금속(非金屬). 유금속(類金屬).

metalologia *f*. 광물학(鑛物學糖).
(=*mineralogia*)

metaloterapia *f*. 금속접촉요법(金屬接觸療法).

metalurgia *f*. 야금술(冶金術). 야금학.

metalúrgico=*matalurgista*.

metalurgista *m*. 야금가(冶金家). 야금학자.

metâmero *a*. 이성(異性)의. 이성체의.
— *m*. ①[化] 이성체(異性體). ②[動] 분열편(分裂片). 체절(體節).

metamórfico *a*. 변화(변성). 변질의. [地質] 변해서 된. 자연변형의. 변태의.

metamorfismo *m*. [地質] 변성작용(變成作用). 변질작용. 변태. 변형(變形).

metamorfose *f*. ①(마력(魔力) 또는 자연력에 의한) 변형작용. [動] 성형변태(成形變態). 변성(變性). 변질. ②변신(變身).

metamorfosear *v.t*. 성질(모양)을 변화시키다. 변질(변성)하다. 변태시키다. 변화시키다.
—**se** *v.pr*. 변화하다. 변형하다. 변태하다. 변신(變身)하다. 《轉》 일변하다.

metana *f*. =*metanio*, *metano*.
— *m*. [化] 메타가스. 소기(沼氣). 탄화수소가스.

metaplasma *f*. [生物] 후생질(後生質). 부형질(副形質). (원형질 속에 들어 있는 성형(成形) 요소).

metaplasmo *m*. [文] 어형변화(語形變化).

metaplástico *a*. [文] 어형변화의(에 관한).

metargon *m*. [化] 메탈곤(공기 중에 있는 무색무취(無色無臭)의 가스).

metastase *f*. [修] 전가법(轉嫁法 : 자기의 사실을 타인에게 전가하여 말하는 것). [生物] 신진대사. [醫] (한 기관에서 직접 연결되지 않은 기관에의) 질병전이(疾病轉移).

metastático *a*. 전가법의. 질병전이의.

metatarso *m*. [解] 척골(蹠骨). (곤충의) 척절(蹠節). 척부(蹠部).

metátese *f*. [文] 자위전환(字位轉換). 글자 또는 소리의 자리를 바꾸기(*carvoeiro*를 *cravoeiro*라고 하는 따위). [化] 치환(置換). [醫] 환부전위(患部轉位).

metazoario *m*. [生物] 이세포 동물(異細胞動物).

metazóico *a*. [動] 후생동물의. [地質] (지구상에 있어서) 동물 발생 이후의.

metediço *a*. 참견 잘하는. 간섭하기 좋아하는. 말이 많은. 주제넘은. 알고 싶어 (듣고 싶어)하는. 호기심 많은.

metedor *m*. 습기를 막기 위하여 돛대를 감아싸는 천.

metempsicose *f*. (영혼의) 윤회(輪回). 전생(轉生). 윤회설(영혼이 갑(甲)에서 을(乙)에. 을에서 병(丙)으로 전전하며 옮겨간다는).

meteórico *a*. ①대기의. 기상의. 기상에 관한. ②유성의. ③분위기(分圍氣)의. ④눈부신. 번쩍이는. 한 때만 화려한.

influência meteórica 대기작용. 기상작용.

pedra meteórica 운석(隕石).

meteorismo *m*. [醫] 기창(氣脹 : 가스 발생으로 인한 복부팽창(腹部膨脹)).

meteorito *m*. =*meteorite*.
— *f*. 운석(隕石). 운철(隕鐵).

meteorização *f*. [醫] 기창(氣脹)을 일으킴.

meteorizar *v.t., v.i*. [醫] 기창(氣脹)을 일으키다. (복부(腹部)가) 팽창하다. 부풀다.

meteoro *m*. ①유성(流星). 별똥. ②대기 중에 생기는 일시적 현상(무지개·회오리바람·우박·유성 따위). 대기현상. 기상(氣象). ③한 때만 화려한 것.

meteorografia *f*. 기상론(氣象論). 기상지

meteorografo a. 기상학자.

meteorolito m. =*meteorito*.

meteorologia f. 기상학(氣象學). (한 지방의) 기상상태.
meteorologia marítima 해상(海上) 기상학.

meteorológico a. 기상의. 기상학(상)의. 대기현상의.
observações meteorológicas 기상관측.
pôsto meteorológico 측후소(測候所).

meteorologista m., f. 기상학자.

meteoromancia f. 기상점복(氣象占卜). (번개・천둥・유성(流星) 등으로 판단하는).

meteoroscopio m. 기상관측기.

meter v.t. ①놓다. ②꽂다. 꽂아 넣다. 끼우다. 끼워 넣다. ③넣다. 들여 보내다. 찔러 넣다. ④포함시키다. ⑤써 넣다. 기입하다. ⑥착수하다. ⑦발생시키다. (…을) 낳게 하다.
meter no bolso 호주머니에 (손을) 넣다.
meter num chinelo 슬리퍼에 발을 끼우다.
meter no meio 가운데 놓다(끼우다).
meter o nariz 코를 들어 밀다. 참견하다.
meter na cabeça 명심하게 하다. 잘 이해시키다.
meter pena 불쌍히 여기다. 동정하다.
— v.i., —se v.pr. ①들어가다. 꽂히다. ②갈아입다. 함입(陷入)하다. ③종사하다. ④몰두하다. 열중하다. ⑤참견하다. 간섭하다. ⑥시작하다. 착수하다.
meter-se a caminho 여정(旅程)에 오르다. 출발하다.
meter-se pela fruta 과일을 많이 먹다. 실컷 먹다.

meticulosamente adv. 아주 세밀하게. 면밀하게. 지나치게 꼼꼼하게.

meticulosidade f. ①지나치게 세밀함. 면밀주도. 사소한 일에 너무 마음을 쓰기. 몹시 꼼꼼함. ②견실함. 철저함. 양심적임.

meticuloso a. ①아주 세밀한. 면밀한. 용의(用意)한. 사소한 일에 너무 마음을 쓰는. 몹시 꼼꼼한. ②견실한. 철저한. 양심적인.

metido a. ①들어간. 꽂힌. 개입한. 중간에 끼운. 삽입된. ②간섭하기 좋아하는. 주제넘은. ③관련된.

metil m. =*metilo*.

metileno m. [化] 메틸(有機根 : CH).

metílico a. [化] 메틸의. 메틸에서 나는. 메틸이 든.
alcool metílico. 메틸 알코올.

metilo m. [化] 메틸(CH).

metòdicamente adv. 순서있게. 조직적으로. 규율있게.

metódico a. 질서있는. 조직적인. 규율있는. 정연(整然)한. 법식대로의. 법칙에 따른.

metodismo m. ①[宗] 메소포트파(교). 감리교. ②(일정한) 법칙을 따르기. 방식대로 하기.

metodista m., f. ①[宗] 메소디스트교도. 감리교 신자. ②《輕蔑語》 엄격한 종교적 견해를 가진 사람. ③규율(방식・법칙)에 치중하는 사람. 규율가.

metodização f. 순서있게 함. 질서있게 함. 법칙대로 하기. 방식대로 따르기.

metodizar v.t. 순서(조직) 있게 하다. 순서대로 세우다. 질서 정연하게 하다. 법식대로 하다. 법칙을 따르다.

método m. ①방법. 방식. 법식. (특히) 조직 방법. ②질서. 순서. 법칙. 규율. ③수단. ④[博] 분류법(分類法).
Há método na sua loucura. 미쳤어도 조리가 있다.

metodologia f. [哲] 방법론(方法論). 방법학. [博] 계통적인 분류학.

metodológico a. 방법론적. 방법론에 관한.

metonímia f. [修] 환유(換喩). 전유(轉喩). 환유법(*rei* 대신에 *coroa*를 쓰는 따위).

metonímico a. [修] 환유의. 전유의. 환유적.

métope m. [建] 조각으로 장식한 소간벽(小間壁).

metoposcopia f. 관상술(觀相術). 골상학.

metoposcopo m. 관상보는 사람.

metralgia f. [醫] 자궁통(子宮痛).

metralgico a. 자궁통의.

metralha f. ①기관총탄.《古》포도탄(彈). ②다량. ③수단. 방책.

metralhada f. 기관총 사격. 기관총의 일제 사격.《古》포도탄 사격.

metralhador m. 기관총수. 기관총 사격수. 기관포수.

metralhadora f. 기관총. 기관포.

metralhadora pesado 중기관총.
metralhadora antiaérea 고사기관총. 구경이 작은 대공 속사포.
metralhar *v.t.* 기관총 사격하다. 《古》 포도탄을 퍼붓다.
métrica *f.* 운율학(韻律學). 운문학(韻文學). 작시법(作詩法).
métrico *a.* 운율의. 운율을 밟은. 운문의. 작시의.
metrificação *f.* 작시(作詩). 시작(詩作). 작시법 : 시형(詩形).
metrificador *m.* 시작가(詩作家). 시인. 산문을 운문으로 고치는 사람.
metrificar *v.t.* (산문을) 운문(韻文)으로 고치다. 시로 만들다. 시재(詩材)로 하다.
— *v.i.* 시를 짓다. 작시하다.
metrite *f.* [醫] 자궁염(子宮炎).
metro (1) *m.* ①[韻] 운율(韻律). 운율법. 운율의 일절(一節). [樂] 박자. ②미터(39.37in).
metro quadrado 평방미터.
metero cúbico 입방미터.
— (2) *m.* 지하철도의 준말.
metrô *m.* 지하철(地下鐵).
metrocampsia *f.* [醫] 자궁굴(子宮屈).
metrocele *m.* [醫] 자궁 헤르니아.
metrodinia *f.* [醫] 자궁통(子宮痛).
metrografia *f.* ①비교도량형학(比較度量衡學). ②[醫] 자궁조직론(子宮組織論).
metrologia *f.* 도량형학(度量衡學).
metrológico *a.* 도량형의.
metrologista, metrolgo *m.* 도량형 학자.
metromania *f.* 작시광(作詩狂). 시벽(詩癖).
metromaniaco, metromano *a.* 작시광의.
— *m.* 작시광.
metrônomo *m.* [樂] 박절기(拍節器 : 1815년 *J. N. Maelzel* 이 발명한).
metronomico *a.* 박절기의. 박자를 재는.
metrópole *a.* ①수도(首都). ②중심지. 주요도시. ③대사교(大司敎). [감독] 교구본당소재지(本堂所在地). ④[生物] 종속 중심지(種屬中心地). ⑤(식민지에 대한) 본국. 모국(母國).
metropolita, metropolitano *a.* ①수도의. 주요 도시의. ②대사교(감독) 교구의. 본당의.
— *m.* ①[宗] 대사교. 대감독. 대주교. ②수도에 사는 시민. 서울 사람.
metropolitico *a.* [宗] 대사교의. 대감독의.
metroptose *f.* [醫] 자궁하수(子宮下垂).

metrorragia *f.* [醫] 자궁 출혈(出血).
metrorrexia *f.* [醫] 자궁 파열(破裂).
metroscopio *m.* 자궁경(子宮鏡).
metrotomia *f.* 자궁절개(子宮切開).
metuendo *a.* 《詩》 무서운. 소름이 끼치는.
meu *a.* 나의.
meu livro 나의 책.
um amigo meu 나의 한 친구.
Meu rapaz. 얘! 자네!
a meu ver 나의 의견으로는. 나의 관점으로는.
— *pron. poss.* 나의 것.
Isto é meu. 또는 *É o meu.* 이것은 내것이다.
É um dos meus. 이것은 내가 가지고 있는 것 중의 하나다.
meus (*pl.*) 나의 친척. 나의 가족. 나의 편.
mexedela *f.* 휘젓기. 휘젓는 동작. 교반.
mexediço *a.* 침착하지 못한. 진정하지 못한. 잠시도 가만있지 않는. 늘 동요하는.
mexedor *a.* 휘젓는. 뒤섞는. 교반하는. 움직이는. 동요하는.
— *m.* ①젓는 사람. 휘젓는 도구. 교반기(攪拌機). ②선동자. 교란자(攪亂者).
mexedura *f.* ①휘젓기. 뒤섞기. 교반. ②움직이기. 활동. 활약. ③교란. 소란.
mexelhão *m.* 일봐주기 좋아하는 사람. 쓸데없는 참견을 하는 자.
mexer *v.t.* ①휘젓다. 뒤섞다. 교반하다. ②흔들다. 움직이다. ③다치다. 만지다. 주무르다. 가지고 장난하다. ④이동하다. ⑤감동시키다. 동요케 하다. 분기시키다. ⑥건드리다. 노하게 하다. 괴롭히다.
mexerem …에 저촉하다. 만지다.
Nao mexas. 다치지 마라. 만지지 마라.
— *v.t.* 움직이다. 몸을 움직이다. 손을 대다. 주무르다. 동요하다.
—**se** *v.pr.* 흔들다. 움직이다. 동요하다.
mexerica *f.* 탠지어 오렌지.
mexericada *f.* ①(남의 비밀 따위를) 퍼뜨리기. 쓸데없는 얘기를 이곳 저곳서 하기. ②험담. 중상.
mexericar *v.t.* ①(남의 비밀 따위를) 이야기하다. 퍼뜨리다. 쓸데없는 말을 전하다. ②밀고하다. 고해 바치다. ③뒷소리하다. 험담하다. (보지 않는 데서) 중상하다.
— *v.t.* 중상하다. 험담하다. (남의 일을) 떠들며 소문내다.
—**se** *v.pr.* 보이다. 나타내다.

mexerico *m.* ①쓸데없는 이야기를 하기(전하기). (남의 비밀 따위를) 퍼뜨리기. ②(보지 않는 데서) 헐뜯기. 험담. 중상. ③음모. 술책. 이간책.

mexeriqueira *f. mexeriqueiro*의 여성형.

mexeriqueiro *m.* ①쓸데없는 이야기를 하는 자(전하는 자). (남의 비밀을) 퍼뜨리는 자. ②뒤에서 욕하는 자. 험담하는 자. 중상하는 자. ③술책을 부리는 자. 이간책을 쓰는 자. ④고자질하는 자. ⑤허풍선이.
— *a.* 쓸데없는 이야기를 하는. (남의 비밀 따위를) 퍼뜨리는. (뒤에서) 험담하는. 중상하는.

mexeriquice *f.* ①쓸데없는 말을 전하기. 고(告)하기. ②험담. 중상. 악담.

mexerucar *v.t.*《俗》= *mexer*.

mexerufada *f.* ①돼지 먹는 것. (돼지 먹는) 뜨물. ②뒤섞은 것. 혼효물(混淆物).

mexicano *a.* 멕시코(사람)의.
— *m.* 멕시코 사람.

México *m.* 멕시코.

mexida *f.* ①혼란. 혼잡. 난잡. 무질서. ②뒤법석. 혼효(混淆). ③소란. 소동. ④불화(不和). 갈등(渴藤).

mexido *a.* ①움직인. 움직거린. ②침착하지 못한. 가만있지 못한. ③뒤섞은. 휘저은. 교반(攪拌)한. ④혼잡한. 혼동(混同)한.
— *m.* 뒤섞은 음식물. 버무려 놓은 것. *mexidos* (*pl.*) 중상. 술책. 암중비약(暗中飛躍).

mexilhão (1) *a.* 참견하기 좋아하는.
— *m.* 쓸데없는 참견을 하는 자. 참견하기를 좋아하는 이. 간섭자.
— (2) *m.*〔貝〕섭조개(胎貝).

mexilho *m.* 쇠로 만든 작은 쐐기. 작은 핀.

mezanio *m.*〔建〕중이층(中二層: 아래층과 이층 사이의). 〔劇場〕무대의 마루 밑.

mezena *f.*〔海〕뒷돛대의 돛(後尾檣의 縱帆: 돛대 셋 있는 배의). 셋째 돛대.

mezinha *f.* 약. 약품. (특히) 가정에서 만든 약. 가정상비약.

mezinhar *v.t.* 약을 주다. 약을 넣다. 약을 쓰다.
— *se v.pr.* 약을 먹다. 복약(服藥)하다.

mezinheira *f.* 약 쓰기 좋아하는 여자. 약을 남용(濫用)하는 여자.

mezinheiro *m.* 약 쓰기 좋아하는 이. 약을 남용하는 사람. 엉터리 의사. 비의사(非醫師).

mezinhice *f.*《俗》가정약. 의사 아닌 사람. (非醫師의) 치료.

mezzo-soprano *m.*《It》〔樂〕낮은 소프라노. 중음 가수. 중음부(中音部).

mi *m.*〔樂〕(도레미파의) 미. (전음계적 장음(全音階的長音)의 제3음).

miada *f.* 많은 고양이의 울음소리.

miadela *f.* = *miado*.
— *m.* 야옹(하는 고양이의 울음소리). 야옹야옹하기.

miador *a.* 야옹야옹. 야옹야옹하는. (고양이가) 잘 우는.
— *m.* 야옹하는 것(고양이).

miadura *f.* 계속적으로 우는 고양이의 울음소리.

mialgia *f.*〔醫〕근육통(筋肉痛).

miar *v.t.* (고양이가) 야옹야옹하다. 야옹하고 울다.

miasma *m.* ①(습지에서 나는) 독기. 장기(瘴氣). ②썩은 물건(부패물)에서 나는 유독 가스. ③말라리아병독.

miasmático *a.* 독기 있는. 장기(瘴氣) 있는. *febre miasmático* 염병. 장려(瘴癘).

miau *m.* ①고양이의 우는 소리. ②《小兒語》고양이.

miba *f.* 마르멜로의 시럽.

mica (1) *f.*〔鑛〕운모(雲母). 돌비늘.
— (2) *f.* 작은 조각(小片). 작은 파편. 작은 양(小量). 부스러기. 찌끼.

micáceo *a.* 운모의 돌비늘과 같은. 돌비늘을 포함한.

micante *a.*《詩》번쩍번쩍 빛나는. 찬란한.

micaxisto *m.*〔地質〕운모편암(雲母片岩).

micção *f.* 오줌누는 작용. 방뇨(放尿).〔醫〕배뇨(排尿).

micelio *m.*〔植〕균사(菌絲). 곰팡이실. 균사체(菌絲體: 곰팡이실로 되는 식물체).

micetografia *f.* 균론(菌論).

micetologia *f.* = *micologia*.

micha *f.* 한 덩어리의 빵.

micharia *f.* 쓸모없는 것. 보잘것 없는 것. 잡동사니. 사소한 일. 소량(小量). 작은 금액.
Isso é uma micharia. 그것은 보잘 것 없는 것이다.

michela *f.*《卑》갈보. 매음부.

michelos *m.*(*pl.*) ①체색(締索). ②조색

(吊索).

micho *m*. 한 덩어리의 빵(= *micha*).

mico *m*. ①(브라질산의) 율서원(栗鼠猿). 깜찍한 원숭이. 작은 원숭이(小猿). ② 《轉》인상(人相) 좋지 않은 사람. ③악마 《英》*old nick*.

micogenia *f*. 곰팡이 발생.

micogénico *a*. 곰팡이 나는. 곰팡이 생기는 (피는).

micologia *f*. 균류학(菌類學).

micologista, micólogo *m*. 균류학자.

micose *f*. [醫] 해면상종(海綿狀腫). [化] 미제꼬(맥각(麥角)에 있는 탄수화물(炭水化物)).

micro '소(小)…, 극소…, 미(微)…'의 뜻을 나타내는 접두사. [電] 백만분의 일(一).

microbial, microbiano *a*. 미생물의. 세균의. 세균에 의한.

microbicida *a*. 살균(殺菌)의.
— *m*. 살균제(劑).

micróbio *m*. 미생물(激生物). 세균(細菌). (특히 병원균. 양모균(釀母菌)).

microbiologia *f*. 미생물학. 세균학.

microbiológico *a*. 미생물학의. 세균학의.

microbiologista, microbiólogo *m*. 미생물학자. 세균학자.

microcefalia *f*. [醫] 이상소두(異狀小頭). 소두개(小頭蓋). 왜뇌(矮腦).

microcéfalo *a*. [醫] 이상소두의 소두개(小頭蓋)의.
— *m*. ①머리가 지극히 작은 사람. ② [植] 소두화(小頭花).

micrococos, micrococques *m*. 《미》미세균(微細菌). 구상(球狀)세균.

microcópia *f*. 축사(縮寫). 극미복사(極微複寫). (서적 따위의 인쇄물의 내용을 *microfilm*에 축사한 것).

microcósmico *a*. 소우주(小宇宙)의. 소천지(小天地)의. 소세계의.

microcosmo *m*. 소우주. 소천지. 소세계(小世界). (우주의 축도(縮圖). 인간(사회)). 소사회(小社會).

microcosmologia *f*. [哲] 인체우주론(人體宇宙論).

micro-cristalino *a*. [地質] 미정(微晶)의. 미정질(質)의.

microdactilo *a*. [動] 손가락이 짧은. 손가락이 아주 작은.

microdente *a*. [動] 치아(齒牙)가 짧은. 치아가 아주 작은.

microfita *f*. = *microfito*.
— *m*. [植] 미소식물(微小植物). 극미식물. 박테리아.

microfone, microfono *m*. 확성기. (라디오의) 송화기. 미음확대기(微音擴大器).

microfotografia *f*. 현미경 사진술.

microglosso *a*. [解] 혀가 짧은. 소설(小舌)의.

micrograma *m*. 백만분의 일 그램.

micrografia *f*. 현미경 제도(製圖). 미물지(微物地).

micrografico *a*. 현미경 제도의. 미물지의. 현미경학의.

micrologia *f*. ①미물학(微物學). 미물론. ②사소한 일을 캐기.

micrológico *a*. 미물학의. 미물론의.

micrólogo *m*. 미물학자.

micrometria *f*. 측미법(測微法).

micrométrico *a*. 측미의. 측미법의. 측미계에 의한.

micrómetro *m*. 측미계(測微計). [天] 거리측정기.

micromotoscopio *m*. 현미경적 미소(微小)한 물체를 찍는 극미 활동사진기.

mícron *m*. 마이크론(1미터의 백만분의 일).

micro-ondas *f*.(*pl*.) 극초단파(極超短波) (파장 lm, 이하의 전파).

microorganismo *m*. 미생물. 세미유기체(細菌有機體).

micropatologia *f*. 세균병리학(細菌病理學).

micropilo *m*. [植·生物] 난문(卵門). 정공(精孔).

microporo *a*. 미소(微小)한 구멍이 있는.

micropsia *f*. [醫] 소시증(小視症: 물체가 실제로보다 아주 작게 보이는).

microquímica *f*. 미량화학. 현미(顯微) 화학.

microscópia *f*. 현미경 사용(법). 현미경으로 하는 검사. 검경(檢鏡). 현미경학(學).

microscopicamente *adv*. 현미경으로. 현미경으로 볼 수 있는 정도로 (작게).

microscópico *a*. 현미경의. 현미경적. 현미경에 의한. 현미경으로만 보이는. 극미(極微)의.

microscópio *m*. 현미경.

microsporo *m*. [植] 소아포(小芽胞).

microtomo *m*. 미크로톰. 현미경으로 검사하려고 물건을 얇게 써는 칼.

microzoário *m.* 현미경적 동물. 극미동물(極微動物).

mictorio *a.* 배뇨(排尿)를 촉진하는. 이뇨(利尿)의.
— *m.* ①소변기. 수뇨기. 요강. ②소변소.
mictório público 공동변소.

micturição *f.* [醫] 빈뇨(頻尿). 배뇨(排尿).

midriase *f.* 동공산대(瞳孔散大). 산동증(散瞳症).

midriatico *a.* 동공산대의. 산동증에 걸린.

mielina *f.* 신경수질소(神經髓質素).

mielite *f.* [醫] 척수염(脊髓炎).

mieloide *a.* 골수의. 골수 비슷한.

mieloma *m.* [醫] 골수종(骨髓腫).

mielopatia *f.* [醫] 척수병(脊髓病).

miga *f.* ①[具] 쇠고동류(類)의 식용 고동. ②빵죽 《英》 *panada*.

migalha *f.* ①부스러기. (특히) 빵부스러기. 빵가루. ②조각. 세편(細片). ③찌끼. 사소(些少).
migalhas (pl.) 먹고 남은 것. 밥찌끼. 잔존물(殘存物).
às migalhas 조금씩.

migar *v.t.* (잘게) 부스러뜨리다. 가루로 하다. 부수다.

migas *f.(pl.)* 빵죽.

migração *f.* ①이주(移住)(특히 단체적 이주). 전주(轉住). ②(새가 철따라 정기적으로) 옮겨 사는 것. 전서(轉棲). ③(集合的) 이주군(移住群).

migrante *a.* (타국에) 이주하는. 전주하는. 이동하는. 이주성의. 옮겨 사는.
— *m.* ①이주자. ②후조(候鳥).

migratório *a.* 이주하는. 옮겨 사는. 전서(轉棲)하는. 유목(遊牧)의. 표랑하는.

miiase *f.* [醫] 저증(蛆症).

miite *f.* [醫] 근염(筋炎).

mija *f.* 《卑》 ①오줌. 소변. ②오줌 누기. 소변보기.

mijada *f.* 《卑》 오줌 누기. 오줌 눈 상태. 오줌으로 적신 상태.

mijadeiro *m.* 《卑》 ①소변기. 요강. ②소변소.

mijadela *f.* 《卑》 소변. 소변보기. 오줌으로 적시기.

mijadouro *m.* 《卑》 ①소변기. 요강. ②소변소.

mijadura *f.* = *mijadela*.

mijão *a.*, *m.* 《卑》 (잠자리에) 오줌을 자주 누는 아이. 오줌싸개.

mijar *v.t.*, *v.i.* ①오줌 누다. 소변보다. 방뇨(放尿)하다. ②(피 따위가) 오줌과 함께 나오다.
—*se v.pr.* 무의식중에 오줌 누다. 잠결에 오줌 누다. (잠자리를) 오줌으로 적시다.

mijo *m.* 《卑》 오줌(尿). 소변.

mil *a.* 천의. 천 개의. 무수한. 무수의. 다수의.
um mil 천(1,000). 일천.
mil vezes 천 번.
mil e um 무수의. 많은.
um em mil 절세(의 영웅. 미인 따위).
(註) 복수로 쓸 때는 *dez mil*(만).
cemmil(십만).

milagre *m.* 놀랄 만한 일(사람·물건). 경이(驚異). 기이(奇異). 기이한 일. 신비스러운 현상. 기적(奇蹟).
por milagre 기적적으로.

milagreiro *a.*, *m.* 기적을 믿는 (사람). 기적을 행하는 (자).

milagrento *a.* 《俗》 기적을 행하는. 기적처럼 보이는. 기이한 노릇을 하는. 불가사의(不可思議)한 짓을 하는.

milagrosamente *adv.* 기적적으로. 기이하게. 기묘하게. 이상하게. 신기하게.

milagroso *a.* 기적(奇蹟)의. 기적적인. 기적을 행하는. 기묘한. 기이(奇異)한. 신비스러운. 놀랄 만한.
— *m.* 기적적인 것. 불가사의한 것.

milavo *m.* ①천 번째. ②천분의 일.

mildio *m.* 곰팡이. 가루(의) 병균. 노균병(露菌病).

milefólio *m.* [植] 서양 가새풀(국화과).

milenário *a.* 천(千)의. 천으로 된. 천여(千餘)의. 천년(千年)을 지난. 천년간 생존한(하는). 천년기(千年期)의.
— *m.* 천년기. 천년제(千年祭).

milénio *m.* 천년간. 천년기.

milepora *f.* [動] 의혈산호(擬穴珊瑚).

milesima *f.* 천분의 일.

milésimo *a.* 천 번째의. 제천(第千)의.
— *m.* ①천 번째. ②천분의 일.

milesima *f.* 천분의 일.

mil-flóres *m.* 백화정(百花精: 여러 가지 꽃에서 빼낸 엑기스). 진액.

milfolha, milfolhas *f.* = *milefolio*.

milfurada *f.* [植] 금사도속(金絲桃屬).

milfurado *a.* 많은 구멍이 있는. 구멍 투성

이의.

milha *f*. 마일(약 1,609미터 ; 1,760야드).
milha marítima 해리(海哩 : 약 1,852미터).
milha quadrada 평방마일.

milhã, milhan *f*. [植] 돌피(稗).

milhafre *m*. ①[鳥] 솔개. 소리개. 날개 짧은 큰 매. ②협잡꾼. 사기꾼.

milhal *m*. 옥수수밭.

milhaneiro *a*. 솔개 사냥하는.

milhano *m*. =*milhafre*.

milhão (1) *m*. 백만(百萬). 많은 수. 무수(無數).
— (2) *m*. ①(*milho*의 지대어) 큰 옥수수. 알이 굵은 옥수수. ②옥수수의 일종.

milhar *m*. ①천(千). 천 개. ②다수. 많은 수.

milharada *f*. ①많은 옥수수. ②옥수수밭.

milharal, milheiral *m*. 옥수수밭.

milharas *f*.(*pl*.) ①무화과(無花果) 열매의 많은 핵(核)(입상질(粒狀質)). ②어란(魚卵)의 입상질. 수고기의 정액(精液).

milheiro (1) *m*. 천. 일천. 천 개(의 물건). 다수.
— (2) *m*. 옥수수(나무). (식물로서의) 옥수수.

milhem *f*. [植] =*milhã*.

milhete, milheto *m*. [植] 조(粟).

milho *m*. ①옥수수(식물 또는 열매). ② 《俗》돈. 금전.
milho miúdo 조. 좁쌀.
milho painço 가장. 피의 무리.
milho do sol 개쑥갓.

miliar *a*. ①좁쌀 모양의. 속립상(粟粒狀)의. ②[醫] 좁쌀만한. 속립진(粟粒疹)의.

milícia *f*. ①민병(民兵). 의용군. 국민군. ②군대생활. 군사교육. ③무력. 병력. ④전쟁. ⑤(集合的) 군인. 병정.

miliciano *a*. 민병의. 의용군의. 국민의. 군사교육의.
— *m*. 민병(대원). 국민병(國民兵). 의용병.

miligrama *m*. 밀리그램(1그램의 1/1,000).

mililitro *m*. 밀리리터(1리터의 1/1,000).

milímetro *m*. 밀리미터(1미터의 1/1,000).

milionário *a*. 거부의. 백만장자의.
— *m*. 큰 부자. 백만장자.

milionésima *f*. 백만분의 일.

milionésimo *a*. 백만째의. 백만분의 일.
— *m*. 백만째. 백만분의 일.

milipede *m*. [蟲] 쥐며느리. 노리개. 그리마.

militança *f*. ①군사제도. 군인사회(軍人社會). ②군속(軍屬). 군직(軍職). ③교전상태. ④호전성. 투쟁성.

militante *a*. 싸우는. 호전적인. 투쟁적인. 교전상태의.
— *m*. ①《古》전투원. 무사. ②군인.

militar (1) *a*. ①(*civil*에 대하여) 군의. 군대적. 군사(상)의. 군용(軍用)의. 군인의. 병사(兵事)의. ②(*naval*에 대하여) 육군의. ③전투적인. 호전적인.
equipamento militar 군장(軍裝). 군수품.
gasto militar 군사비.
hospital militar 육군병원.
governo militar 군사정부. 군정.
— (2) *m*. 군인. 군대. 군부(軍部).
— (3) *v.t.* 싸우다. 항거하다. 군부(軍部)에 종사하다. 군적(軍籍)에 들어가다. 군인으로서 복무하다.
militar contra (주의・당파 따위를 위하여)…을 반대하여 싸우다.

militarismo *m*. 군국주의(軍國主義). 군국정신. 상무심(尙武心). 무단정치(武斷政治).

militarista *a*. 군국주의의.
— *m*. 군국주의자. 군사전문가.

militarização *f*. 군대화. 군사회(軍事化). 군국화. 군대식(軍隊式)으로 하기.

militarizar *v.t.* 군대화하다. 군국화하다. 군사교육을 실시하다. 군국주의(상무심)를 고취하다.

militarmente *adv*. 군사상. 군사적으로. 군율상(軍律上). 군규(軍規)에 따라.

milococo *m*. [植] (아프리카산의) 조(粟)의 일종.

miloló *m*. [植] 번예지속(蕃荔枝屬).

milorde *m*. 각하. 나리(포르투갈 사람・프랑스 사람이 영국 신사를 부르는 말).

mil-réis *m*. 브라질의 옛 화폐단위(지금은 그루제이로).

miltoneano *a*. 밀톤(풍)의. 장중한.

mim *pron. poss.* (*eu*의 목적격). 나에게. 나를.
a mim 나에게. 나에게 향하여.
de mim 나로부터.
por mim 나를 대신하여. 나 때문에.
para mim 나를 위하여.
Fêz isso para mim (그분의) 나를 위하여

mimalhice *f.* ①귀여워하기. 예뻐하기. 쓰다듬기. 매우. ②감언으로 어르기. 달래기. ③어리광.

mimalho, minanço *a.*, *m.* 귀여워하는 (사람). 예뻐하는 (이). 쓰다듬는 (이). 어리광부리게 하는 (사람).

mimar (1) *v.t.* 귀여워하다. 사랑하다. 쓰다듬다. 희롱하다. 어리광부리게 하다. 응석부리게 하다.
— (2) *v.t.* 손짓으로 알리다.

mimeografar *v.t.* 등사기(판)로 찍어내다. 복사기(複寫器)로 인쇄하다.

mimeógrafo *m.* 등사기. 등사판. 복사기.

mimetismo *m.* [生物] 의태(擬態). [心] 모방성(模倣性). 모의성.

mímica *f.* ①손짓. 몸짓. ②손짓(몸짓)으로 의사를 전하기. ③표정법(表情法). 모의술(模擬術). ④모방. 흉내. ⑤[生物] 의태(擬態). ⑥무언극(無言劇). 동화극. 팬터마임.

mimicamente *adv.* 몸짓으로. 손짓으로. 표정으로.

mímico *a.* ①몸짓하는. 손짓하는. 몸짓(손짓)으로 알리는. ②흉내내는. 모방의. 모조(模造)한. 가짜의.
— *m.* 모방자. 흉내쟁이. 익살꾼. 흉내내는 광대.

mimo (1) *m.* (옛 그리스·로마) 몸짓 연극. 무언극. 무언극 배우 또는 광대. 흉내쟁이.
— (2) *m.* ①선물. 기증물(寄贈物). ②총애(寵愛). 귀여워하기. 애무(愛撫). ③우수. 우아(優雅). ④맛있는 것. 진미(珍味).

mimografia *f.* 표정연구(表情研究). 표정학(學).

mimografo *m.* (옛 그리스·로마) 무언극을 꾸미는 사람. 무언극 배우.

mimosa *f.* [植] 아카시아. 함수초(含羞草).

mimosamente *adv.* 귀엽게. 부드럽게. 우아하게. 우미하게.

mimosear *v.t.* ①(+*com*) …에 선물하다. 기증하다. ②귀여워하다. 쓰다듬다. 어루만지다. 애무하다.

mimoso *a.* ①귀여워하는. 애무하는. 귀여움 받는. ②부드러운. 유연(柔軟)한. ③아주 예쁜. 아름다운. 우미(優美)한. ④절묘한. 미묘한. 정묘한.
— *m.* 귀여움 받는 자. 총아(寵兒). 행복한 사나이.

mina *f.* ①광산(鑛山). 광상(鑛床). 광갱(鑛坑). ②갱도(坑道). ③부원(富源). 재원(財源). 보고(寶庫). ④원천(지). ⑤유리한 사업. [陸軍] 지뢰. 갱도(坑道). [海軍] 수뢰. 기뢰(機雷).
mina de água 수원(水源).
mina de carvão 탄광(炭鑛). 석탄갱.
mina de ouro 금광(金鑛).

minador *m.* 광부(鑛夫). 갱부(坑夫). [軍] 지뢰공병.

minadouro *m.* 수원(水源).

minagem *f.* (갱도를) 파기. (광산을) 채굴하기. 채광하기. 지뢰(기뢰)를 부설하기. 비밀 수단으로 전복하기.

minar *v.t.* ①(갱도를) 파다. 파내려가다. ②(광산 따위를) 채굴하다. 채광(採鑛)하다. ③(오랜 세월에 걸쳐 물방울이 떨어져) 돌에 구멍을 파다. ④밑을 파다. 조금씩 쇠약(쇠모)하게 하다. 점차 침식(侵蝕)시키다. 없애버리다. ⑤지뢰(기뢰)를 부설하다. ⑥비밀 수단 또는 음모로 전복하다(파괴)하다.

minarete *m.* 회교사원(回敎寺院)의 뾰족탑.

minaz *a.* 《詩》 위협적인. 위협하는. 공갈적. 협박의.

mindinho *m.* 《俗》 작은손가락. 새끼손가락.

mineira *f.* ①광물이 풍부한 땅. 광구(鑛區). 광상(鑛床). ②[蟲] 개미의 일종.

mineiro (1) *a.* 광물의. 광산의.
distrito mineiro 광구(鑛區).
— *m.* 광부(鑛夫). 갱부(坑夫). 탄광경영자. 광산주(鑛山主). [軍] 지뢰공병.
— (2) *a.* 미나스 제라이스(*Minas Gerais*)주의. 그 주(州)에 속하는.
— *m.* 미나스 제라이스의 주민(州民).

mineração *f.* 채광(採鑛). 광산 채굴. 광물 정련(精鍊).

mineral *a.* 광물의. 광물성의. 광물을 포함한. [化] 무기(無機)의. 무기성의.
água mineral 광천(鑛泉). 광천수(水).
reino mineral 광물계(界).
— *m.* 광물(鑛物).

mineralização *f.* 광물로 함. 광화(鑛化). 광화작용.

mineralizador *a.* 광화하는. 광화시키는.
— *m.* ①성광제(成鑛劑 : 금속과 화합해

mineralizante *a.* 광화시키는.

mineralizar *v.t.* 광물로 만들다. 광화(鑛化)시키다. 광물을 포함시키다.
— *v.t.* ①광물이 되다. ②광물을 채집하다.

mineralizável *a.* 광물(화)할 수 있는.

mineralogia *f.* 광물학.

mineralógico *a.* 광물학의.

mineralogista *m.* 광물학자.

mineralurgia *f.* 응용광물학(應用鑛物學).

mineralúrgico *a.* 응용광물학의.

minerar *v.t.* 광산을 채굴하다. 채광(採鑛)하다.
— *v.t.* 광산에서 일하다. 채광작업(採鑛作業)에 종사하다.

minério *m.* 광석(鑛石). 광물. 원광(原鑛). 노다지.

minerografia *f.* 광물지(鑛物誌).

minerografo *m.* 광물지 연구가.

minerva *f.* ①[羅神] 지혜와 무용(武勇)의 여신(女神).

minerval *a.* 미네르바 여신의.
— *m.* 학생의 수업료(授業料).

minervista *m.f.* (일종의 소형 인쇄기) 미네르바 인쇄공.

minestra *f.* 책략(策略). 술책.

minestre *m.* 책사(策士).

mingacho *m.* 호리병박(호로병)으로 만든 고기 바구니의 대용품.

mingar *v.t.* = *minguar*.

mingau *m.* ①밀가루(또는 만죠까 가루)에 달걀과 설탕을 넣어 만든 일종의 죽. ②오트밀죽. 야채. 고기 따위를 섞어 끓인 것.

mingua (발음: 미인과아) *f.* ①부족. 결핍. 궁핍. ②불완전. 불구.
á mingua de (dinheiro) (돈)없이.
morrer á mingua 굶어 죽다.
náo fazer mingua 필요치 않다. 부족을 느끼지 않다.

minguá (발음: 밍과아) *f.* [鳥] 바다새(海鳥)의 일종.

minguadamente *adv.* 부족하여. 결핍하여.

minguado *a.* ①부족한. 결핍되는. 궁핍한. ②가난한. 빈궁한. 빈한한. ③적은. 근소(勤少)한. 빈약한. ④필요를 느끼는. ⑤불행한. 불길한. ⑥지혜가 모자라는. 우둔한.

minguamento *m.* ①점점 줄어들기(작아지기). 점감(漸減). ②감소(減少). 감손(減損). ③점점 쇠약해지기. 내리막.

minguante *a.* 점점 줄어드는. 감소하는. 점차 쇠약되어가는. (달 따위) 이지러지는.
— *m.* ①점감(漸減). 감소. 감퇴. ②점쇠(漸衰). ③(달의) 이지러짐.
quarto minguante 초승달.
minguante da maré 썰물. 간조(干潮).

minguar *v.t.* 점점 줄다. 점차 작아지다(적어지다). 감소하다. 감퇴하다. (온도가) 내려가다. 점점 쇠약해지다. (달이) 이지러지다.

minha *a.* (*meu*의 여성형). 나의.
minha case 나의 집.
é *minha culpa* 나의 잘못이다.
— *pron. poss.* 나의 것(여성 명사를 가리킴).
esta revista é sua e aquela é a minha 이 잡지는 당신 것이고 저것은 내 것입니다.

minhoca *f.* ①[蟲] 지렁이. ②낚싯밥.
minhocas (*pl.*) 미신. 기상(奇想). 미친 생각.

minhocada *f.* ①많은 지렁이. ②지렁이를 담은 그릇.

minhoteiro *m.* 작은 나무다리(木橋). 외나무다리. (도랑·배수구 등에 걸터 놓은) 널빤지다리(板橋).

miniatura *f.* ①축소회(縮小畵). 세밀화(細密畵). 소화상(小畵像). ②축도(縮圖). 축상(縮像). ③소형(小形). 작용모형(小型). ④소규모.
em miniatura 세밀화로. 축도로. 소규모로.

miniaturar *v.t.* 세밀화로 그리다. 축사(縮寫)하다. 축도하다. 소형(小型)으로 만들다. 소형으로 표시하다.

miniaturista *a.*, *m.*, *f.* 세밀화가.

mínima *f.* [樂] 반음표.

minimo *a.* ①최소(액·양·한도)의. 최저의. ②극히 작은. 극소의.
salario mínimo 최저임금(最低賃金).
— *m.* 최소액. 최소량. 최소한도. 최저. 극소(極少).
no mínimo 최소한(最小限). 최소한도로.

minimum *m.* 《L》 최소한. 최소량. 최저가(價). [數] 극소(極少).

mínio *m.* 주홍(朱紅). 단사(丹土). 연단(鉛丹). 적연(赤鉛). 광명단(光明丹).

ministerial *a.* ①내각의. 성(省)의. 부(部)

ministerialismo-minutador

의. 행정부의. ②장관의. 대신의. 각원(閣員)의. ③행정(상)의. ④내각을 지지하는.

ministerialismo *m*. 내각옹호(지지). 여당파.

ministerista *m*., *f*. 정부당원. 정부측의 사람. 여당 의원.

ministério *m*. ①내각. 관성(官省). ②(集合的) 내각. 각 부·처·성(部·處·省). ③장관(대신)의 직. 장관 재직기간(在職期間).
Ministério da Guerra 육군성.
Ministério da Marinha 해군성.
Ministério do Ar 공군성.
Ministério do Exterior (*Ministério dos negócios estrangeiros*) 외무부(성).
Ministério do Interior 내무부(성).
Ministério púlico 검사. 공소관(公訴官).

ministra *f*. ①여성집행관. 집정관. ②장관 부인. 공사(公使)의 처.
Primeira ministra. 여수상(女首相).

ministrador *m*. ①공급자(供給者). ②집행자. 집정관. ③섬기는 사람. 보좌관. 보필자.

ministrante *a*. ①섬기는. 보좌하는. 보필하는. ②다스리는. ③복무하는. 봉사하는.
— *m*. ①봉사자. 보좌역. ②사제자(司祭者).

ministrar *v.t*. ①공급하다. 보급하다. ②(장관으로서) 집행하다. 근무하다. 섬기다. 보좌하다. 보필(補畢)하다.

ministrável *a*. ①장관이 될 수 있는. 상(相)·장관이 될 자격이 있는. ②섬길 수 있는. 보필할 만한.

ministrice *f*. 《輕蔑語》장관(대신)의 직무.

ministro *m*. ①장관. 상(相). 대신(大臣). 국무위원. 각원(閣員). ②공사(公使). 사절. ③행정관. 집정관. 실무집행자. ④성직자(聖職者). 목사. ⑤고등재판소 판사.
primeiro ministro 내각수반. 수상. 국무총리. (=*presidente do conselho de ministro*).
Ministro de Estado (특히 미국의) 국무장관.
Ministro da Fazenda 재무장관.
Ministro plenipotenciário 전권(全權) 공사.
Ministro da Justiça 검찰총장.
Ministro dos aliares 사제. 목사. 성직자.

minoração *f*. 덜기. 감소. 경감(輕減). 완화(緩和).

minorar *v.t*. 적게 하다. 작게 하다. 덜다. 감소하다. 축소하다. 줄이다. (고통·아픔 따위를) 덜하게 하다. 편하게 하다. 완화하다.

minorativo *a*. ①더는. 감소하는. 축소하는. 편하게 하는. ②[醫] 설사하게 하는. 사하성(瀉下性)의.
— *m*. 하제(下劑). 사하제(瀉下劑). 완화제(緩和劑).

minoria *f*. 소수. 소수당(黨). 소수파. 소수 투표자. (한 나라의) 소수 민족.

minoridade *f*. =*menoridade*.

minotauro *m*. [希神] 몸은 사람, 머리는 소인 괴물.

minúcia *f*. ①작은 일. 적은 물건. 보잘 것 없는 것. ②세밀. 면밀. ③세목(細目).

minuciar *v.t*. 세밀하게 하다. 세목을 만들다.

minuciosamente *adv*. ①상세하게. 정밀하게. 면밀히. ②잘게. 꼬치꼬치 캐어.

minuciosidade *f*. 상세함. 세밀함. 면밀성. 세미(細微). 미세(微細).

minucioso *a*. ①자세한. 세밀한. 면밀한. 상세한. ②작은 것에도 주의하는. 작은 문제에 구애하는. 아주 꼼꼼한. 꼬치꼬치 캐는.

minudência *f*. 자세. 상세. 세밀. 면밀. ②조심성 있음. 신중함. ③면밀한 관찰. 철저한 고찰. 꼬치꼬치 연구하기. ④근소(勤少)한 것. 보잘 것 없는 것(일).

minudenciar *v.t*. 상세히 서술하다. 면밀히 관찰하다. 꼬치꼬치 캐다.

minuendo *m*. [數] 피감수(被減數).

minuete *m*. 《古》미뉴엣(3박자의 느린 무용 또는 그 음악).

minuir *v.t*. 《稀》=*diminuir*.

minuscula *f*. ①(옛 사본(寫本)의) 초서체의 작은 글자. ②[印] 소문자(小文字).

minúsculo *a*. 작은. 미세한.
letra minúscula 소문자(小文字).
questão minúscula 사세(些細)한 문제.

minuta (1) *f*. 초안. 초고(草稿). 도안. 도형. 적요(摘要). 각서(覺書).
— (2) *f*. (요리집의) 즉석 요리.

minutador *a*., *m*. 초안 작성자. 기초자(起草者). 도형(圖形)을 그리는 사람.

minutar *v.t.* 초안 잡다. 기초(起草)하다. 도안을 그리다.

minuto *m.* ①분(分). 1시간의 60분의 1. 1도의 1/60. ②순간. 잠시. 짧은 시간. *ponteiro dos minutos* (시계의) 분침(分針).
Espere um minuto! 잠깐만 기다리시오!
— *a.* 아주 작은. 미소(微小)한. 미세(微細)한.

minutor *m.* 로마의 법황청에 있어서 명령서를 기초하는 자.

mio *m.* (=*miadela*). 야옹(하는 고양이의 울음소리).

miocárdio *m.* [解] 심근(心筋). 심장실질(心臟實質).

miocardite *f.* [醫] 심근염(心筋炎).

miocele *m.* [醫] 근종(筋腫).

miocene *f.* [地質] 제삼기중신세(第三紀中新世)의. 제삼기중신통(新統)의.

miografia *f.* 근론(筋論). 근지(筋誌).

miografo *m.* 근반응자기계(筋反應自記計).

miolada *f.* ①《俗》동물의 뇌. ②동물의 뇌로 요리한 것.

mioleira *f.*《俗》①뇌(腦). 두뇌. ②지혜. 영리함.

miolo *m.* ①(빵의) 속. (어떤 물체의) 알맹이. ②[植] 목수(木髓). 심수(心髓). [解] 골. 뼈골. ③골자(骨子). ④(문장 따위의) 힘. 필세. ⑤*miolos* (*pl.*) 뇌(腦). 시럭(智力). 판단력.
miolo de noz 호두의 속(알맹이).
miolo dos ossos 뼈골. 골수(骨髓).
cabeça sem miolo 둔한 사람. 아무 것도 모르는 이.

miologia *f.* 근학(筋學). 근육해부학(筋肉解剖學).

miologico *a.* 근학의. 근육해부학의.

mioloso, mioludo *a.* 뼈골이 많은. 골수가 많은. 강한. 간결한. [植] 수(髓)가 많은.

mioma *m.* [醫] 자궁근종(子宮筋腫).

miomalacia *f.* [醫] 근연화중(筋軟化症).

miomerio, miomero *m.* [解] 근절(筋節).

miomotomia *f.* [醫] 자궁근종절제술(子宮筋腫切除術).

miopatia *f.* 근병(筋病).

míope *a.* ①근시의. 근시안의. ②앞을 내다 못보는. 선견지명(先見之明)이 없는.
— *m.*, *f.* ①근시안자(近視眼者). ②견해가 짧은 사람.

miopia *f.* ①[醫] 근시(近視). 근시안. ②견해가 짧음. 선견지명이 없음.

miopico *a.* 근시의. 근시안의.

miopresbita *a.*, *m.* 한 눈이 근시(近視)이고 다른 눈이 원시(遠視)인 사람.

miose, miosis *f.* [醫] 축동증(縮瞳症). 동공축소(瞳孔縮小).

miosota, miosótis *f.* [植] 고온 꽃마리(지치과). 물망초(勿忘草).

mioto *m.* [鳥] 솔개(鳥)의 일종.

miotomia *f.* 절근술(截筋術).

miqueado *a.* 있는 돈을 다 써버린.

miquelete *m.* ①(옛 스페인의) 지방장관의 호위병. ②스페인의 비적(도적).

mira *f.* ①겨눔. 조준(照準). ②목표. 표적(標的). 목적. ③의도(意圖). 기도(企圖).
á mira 주목하여. 응시하여.
por em mira 겨누다. 조준하다.
estar á miro 겨누어보다. 주시하다.
ter em mira 마음먹다. 계획하다. 염두에 두다.

mirabanda *f.* (브라질의) 등애(蝱). 쇠파리(牛螺).

mirabela *f.* [植] 황매(黃梅)의 일종.

mirabolante *a.* 자랑하는. 잘난 체하는. 겉치레뿐인. 허식적(虛飾的). 흥할 정도로 반지르르한. 지나치게 웃치장을 한. 겉만 화려한.

miraculosamente *adv.* 기적적으로. 기이하게. 신비스럽게.

miraculoso *a.* 기적의. 기적적인. 기적을 행하는. 신비스러운. 불가사의(不可思議)한. 놀랄 만한. 기묘한.

mirada *f.* ①힐끗 보기. 얼핏 보기. 잠깐 보기. 일견(一見). ②섬광(閃光).

miradouro, miradoiro *a.* (건축 일각에 부속한) 작은 탑. [軍] 선회포탑(旋回砲塔). (기차의) 차탑(車塔). ②(이탈리아식 고층 건물의) 망대(望臺). 망루(望樓).

miragaia *f.* (브라질산의) 대구(鱈)의 일종.

miragem *f.* 신기루(蜃氣樓). 망상. 공상. 착각.

miramento *m.* 주시(注視). 응시(凝視).

mirante *m.* 망루. 망대.

mirão *m.* =*mirone*.

mira-olho *a.* 보기에 좋은. 맛있음직한.
— *m.* 일종의 큰 복숭아.

mirar *v.t.* ①주목해보다. 주시하다. 찬찬히 보다. ②(…을) 겨누어 보다. ③건너

보다. 내다 보다. ④살펴 보다. ⑤스파이 하다. 탐정하다. ⑤지망(志望)하다.
— v.t. 겨누다. 주목하다. 응시(凝視)하다.
—se v.pr. ①거울을 들여다 보다. 자기의 용모(자세)를 비춰보다. ②만족하다. 혼자 좋아하다. ③으쓱하다. 뽐내다.

miri (1) =miria (일만의…, 무수의…) 뜻을 나타내는 복잡형.
— (2) =mirim. m. (브라질산) 적철과(赤鐵科)의 나무.
— (3) m. (아마존 지방의) 앵무새의 일종.

miríade f. 《古》 일만(一萬). 무수.
miriagrama m. 일만 그램.
miriametro m. 일만 미터.
miriápode a. 다리가 많은. 다족의. 다족류의.
miriapodes m. (미). 다족동물(多足動物) (지네 따위).
miriare m. 일만(一萬) 아르(일킬로평방미터. 《英》 10,000 ares.
miricaceas f.(pl.) [植] 양매과(楊梅科).
mirificamente adv. 놀랍게. 경탄스럽게. 감탄할 정도로. 이상하게 생각하고.
mirificar v.t. 놀라게 하다. 경탄케 하다. 감탄시키다. 이상한 생각을 느끼게 하다.
mirifico a. 놀랄만한. 경탄할 만한. 경이적(驚異的)인. 기묘한. 신기한. 묘한.
miringite f. [醫] 고막염(鼓膜炎).
mirinzal m. 적철과(赤鐵科)나무 숲.
mirmecofago a. [動] 개미를 먹는(먹고 사는).
mirmidão m. 부엌 하인. 요리 조수. 견습 쿡. 요리사.
mirmilão m. 옛 로마의 투사(鬪士).
mirobolante a. =mirabolante.
mirolho a. ①사팔눈의. 사팔뜨기의. ②곁눈질하는. 눈을 가늘게 뜨고 보는.
— m. 사팔눈. 사팔뜨기. 사시(斜視).
mirone m. (특히 도박을 하는 것을) 지켜보는 사람. (노름을) 들여다보는 사람. 관람자. 방관자(傍觀者).
mironga f. ①의심. 의혹. 의념(疑念). 불신(不信). ②논쟁(論爭). 싸움.
mirra (1) f. 몰약(沒藥: 아라비아 남쪽지방과 아프리카 북부지방 원산의 관목(灌木)으로서 그 수지(樹脂)는 향기 있음. 향료·약제용).
— (2) m. ①아주 마르고 기운 없는 사람. 수척하고 핏기 없는 사람. ②인색한 사람. 수전노(守錢奴)

mirrado a. ①수분 없는. 바싹 마른(말린). 건조한. ②위축(萎縮)한. 시든. 고조(枯凋)한. ③야윈. 마른. 수척한. 쇠약한.
mirrador a. ①물기 없애는. 말리는. 건조시키는. ②시들게 하는. 고조(枯凋)하게 하는. 위축시키는. ③몰약(沒藥)으로 조제(調劑)하는.
mirrar v.t. ①몰약(mirra)으로 조제(調劑)하다. ②수분을 없애다. 마르게 하다. 건조시키다. 시들게 하다. ③야위게 하다. 쇠약하게 하다.
— v.i., —se v.pr. ①수분이 빠지다. 마르다. 건조하다. ②시들다. 고조(枯凋)하다. 위축하다. ③야위다. 쇠약해지다. 생기를 잃다. 초췌(憔悴)해지다.
mirtáceas f.(pl.) [植] 도금양속(桃金孃屬)(상록관목).
mirtedo m. 도금양 숲.
mirtil m. [蟲] 인시류(鱗翅類)의 곤충.
mirtilo m. [植] 월귤나무속(屬).
mirto m. [植] 도금양(桃金孃). 만일일초(蔓日日草).
mirtoso a. 도금양(관목)이 많은.
misantropia f. 사람을 싫어하기. 염세(厭世).
misantropismo m. 염세주의.
misantropo m. 사람을 싫어하는 이. 세상을 싫어하는 사람. 염세가.
míscaro m. [植] 독버섯의 일종.
miscelánea f. ①주워 모은 것. 잡동사니. 잡다한 사람의 집단. 여러가지 시시한 단편집. 보잘 것 없는 수필(隨筆). 잡록(雜錄). ②혼잡. 혼동. 뒤법석.
misceláneamente adv. 뒤섞여. 혼합하여. 잡동사니를 이루어.
miscibilidade f. 혼합성(混合性). 혼화성(混和性).
miserível a. 섞을 수 있는. 혼화(혼합)할 수 있는. 혼합되는.
miserabilismo m. 몹시 가난함. 극빈한 상태. 불쌍한 처지. 비참한 환경.
miserabilíssimo a. (miserável의 최상급) 가장 비참한. 가장 불쌍한.
miseração f. 가여움. 불쌍함. 동정하기. 연민(憐憫). 가련.
miseramente adv. =miseravelmente.
miserando a. 불쌍한. 가엾은. 가련한. 비

miserar *v.t.* 비참하게 하다. 불쌍하게 하다.
—**se** *v.pr.* 비참하다. 불쌍해지다. 가엾게 되다.

miserável *a.* ①(생활상태가) 비참한. 몹시 가난한. 곤궁(困窮)한. 불행한. 불쌍한. 가엾은. (육체적으로) 고생스러운. ②인색한. ③천한. 비열한.
— *m.* ①아주 가난한 사람. 극빈자. ②불쌍한 사람. 가련한 사람. 비참한 사람. ③인색한 사람. 비열한 인간.

miseràvelmente *adv.* 비참하게. 가엾게. 불쌍하게. 인색하게. 빈약하게. 보잘것 없이.

miséria *f.* ①(생활상태가) 비참함. 아주 가난함. 비경(悲境). 극빈. 청빈. 육체적(정신적) 고통. (생활상의) 막심한 고생. 도탄(塗炭). ②불쌍함. 가여움. ③인색. 비열.
misérias (*pl.*) ①불행한 일. ②재난. 참화.

misericórdia *f.* ①자비. 인자(仁慈). ②불쌍히 여김. 동정. 연민(憐憫). 인정. ③너그러운 처치. 용서.
— *interj.* (하나님) 용서하소서! (제발) 도와주십시오!

misericordiosamente *adv.* 자비롭게. 인자하게. 불쌍히 여겨. 너그럽게.

misericordioso *a.* 자비로운. 인정 많은. 불쌍히 여기는. 동정심 있는. 자선적인.

mísero *a.* ①불쌍한. 가엾은. ②불행한. 불운한. ③빈곤한. ④인색한. 근소한. 빈약한. 보잘것 없는.
— *m.* 불쌍한 사람. 가엾은 인간. 불운한 녀석.

misérrimo *a.*(*mísero*의 최상급). 가장 불쌍한. 가장 불우한.

misogamia *f.* 결혼을 싫어하기.
misógamo *a., m.* 결혼을 싫어하는 (사람).
misoginia *f.* 여자를 싫어하기.
misógino *a., m.* 여자를 싫어하는 (사람).
misologia *f.* 이치를 따지기 싫어하기.
misólogo *m.* 이치를 따지기 싫어하는 사람.
misoneismo *m.* 새것을 싫어하기. 보수주의(保守主義).
misoneista *a., m.* 새것을 싫어하는 (사람). 보수주의자.
misopedia *f.* 아이를 싫어하기.
missa *f.* 미사(가톨릭교의 성찬식). 미사의 의식. 미사서(書). 미사곡.
missa cantada 대미사. (분향(焚香)·음악이 있는).
missa rezada 독송(讀誦) 미사(분향·음악이 없는).
missa das almas 영(靈)을 위한 미사(모이는 범위가 비교적 넓은 것).
missa de defuntos, missa de requiem 죽은 사람을 위한 미사(가족과 친지가 모이는).
livro de missa 미사서(書).
celebrar a missa 미사의 의식을 하다.
dizer missa 미사를 읽다. 미사 올리다.
ouvir missa 미사를 듣다. 미사에 참가하다.
assistir à missa ir à missa 미사에 참가하다.

missal *m.* [가톨릭] 미사경본(經本). 미사기도서.

missanga *f.* ①작은 유리제품. 작은 유리그릇. 유리구슬. 유리알. ②보잘것 없는 것. 사소한 것.

missão *f.* ①[神學] 성신(聖神)의 파견. [宗] 전도사의 파견. ②사절(使節)의 파견. 특사의 사절단. 시찰단. ③사절의 사명. 특파원의 임무. ④전도단체. 포교(布教)단체. 전도(포교)구. ⑤[美軍] 임무.

missar *v.t.* 미사를 읽다. 미사 올리다.
misseiro *m.* 많은 미사에 참가하는 사람. 미사에 참가하기 좋아하는 신자.
míssil *a.* 던지는. 쏘는. 발사하는. 방사(放射)하는 던질 수(쏠 수) 있는.
— *m.* 날아가는 무기. 미사일. 사기(射器).
míssil intercontinental 대륙간 미사일.

missionar *v.t.* 복음으로 교화하다. 전도하다. 포교하다.
— *v.i.* 전도에 종사하다. 포교하며 다니다.

missionário *m.* ①전도사. 선교사(복음 선전자·보급자(普及者)). ②사절.
missionarismo *m.* 전도(포교)사업.
míssiva *f.* ①신서(信書). 문서. (특히) 공문서. ②편지.
missivista *m.f.* 신서 전달자.
missivo *a.* ①보내는. 발송하는. ②던지는. 발사하는.
armas missivas 날아가는 무기(화살·총알 따위).

mistagogia *f.* 밀교전수(密敎傳授). 신비(神秘) 전수.

mistagogo *m.* 밀교(신비) 해설자.

mistela *f.* ①포도주에 물·설탕 따위를 섞은 것. 잘 조합(調合)하지 않은 청량음료. ②서둘러서 만든 고기요리. 여러 가지 뒤섞어서 만든 요리. 잡탕(雜湯) [法] 재산혼동(財産混同).

mister *f.* ①소용. 필요(必要). ②직무(職務). 업무(業務). 직책. ③용도. 사역(使役).
necessário mister 필수품. 필요불가피한 것.
ser mister 필요로 하다. (아무의) 직분이다.
haver mister 필요가 있다. 필요를 느끼고 있다.
quando for mister 필요할 경우. 필요한 때.

mistério *m.* ①신비(神秘). 비밀. 모호. 진상불명. 유현(幽玄). 불가해(不可解). ②비전. 비결. ③비적(秘蹟). 성찬식. (특히) 성찬례. 종교의 의식(儀式).

misteriosamente *adv.* 신비하게. 이상하게.

misterioso *a.* 신비한. 이상한. 모호한. 현묘(玄妙)한. 유현한. 수수께끼같은. 의미심장한. 까닭이 있는 듯한. 괴괴망측(怪怪罔測)한.

mística *f.* 신비교(神秘教). 신비설(說). 신비학. 비밀. 현묘(玄妙).

misticamente *adv.* 신비하게. 현묘하게.

misticidade *f.* 신비성. 불가사의(不可思議). 괴상(怪常).

misticismo *m.* 신비교. 신비학. 신비주의.

místico *a.* ①비법(秘法)의. 비전의. ②신비적. 불가사의(不可思議)한. 유현(幽玄)한. ③신비설의. 신비주의의. ④영감(靈感)의. 신인영교(神人靈交)의. ⑤《俗》선(善)한. 아주 잘된. 완전한. 훌륭한.
— *m.* 신비가(神秘家). 신비론자.

mistiço *a.*《稀》①《여러 가지 물건을》섞은. 혼합한. ②얼떨떨(어리둥절)하게 하기. ③장난삼아 속이기. 기만.

mistificação *f.* ①신비화(神秘化). ②온갖. 잡탕의. ③잡종의. 트기의.

mistificador *a., m.* 얼떨떨하게 하는 (사람). 어리둥절하게 하는 (사람). 장난삼아 속이는 (사람).

mistificar *v.t.* 신비화하다. 얼떨떨(어리둥절)하게 하다. 장난삼아 속이다. 속여 넘기다.

mistifório *m.* ①여러 가지 섞은 것. 혼효 (混淆). 혼합물. ②주워 모은 것. 잡동사니. ③잡탕.

mistilíneo *a.* [幾] 직선곡선혼동(直線曲線混同)의.

misto *a.* ①섞은. 혼합한. 여러가지 합친. 잡다(雜多)한. ②(특히 경기 등에 있어서) 남녀가 섞인. 혼성(混成)의. ③가지각색 사람으로 이루어진 이종족 간(異種族間)의. ④[樂] 혼성(混聲)의.
comboio misto (객·화) 혼합 열차.
time misto 혼성팀.
salada mista 잡채(요리). 여러 가지 채소의 사라다.
— *m.* ①혼합. 혼화(混和). ②혼합물. 혼합연초. ③잡탕. 여러 가지 야채로 만든 사라다.

mistral *m.* 프랑스 남부지방의 지중해 연안에 부는 찬 동북풍(東北風).

mistura *f.* ①뒤섞기. 혼합하기. 혼성하기. ②섞은 것. 혼합물. 혼화물(混和物). ③혼혈. 잡종. 혼성어(語).

misturada *f.* ①뒤섞은 상태. ②여러가지 혼합한 것. 잡동사니.

misturado *a.* 섞은. 뒤범벅이 된. 혼합한. 혼화한. 혼효(混淆)한. 혼성(混成)된. 잡종의.

misturar *v.t.* 섞다. 혼합하다. 혼화하다. 뒤버무리다. (선수들을) 혼성하다. (사람들을) 서로 사귀게 하다. (형체없는 사물을) 서로 혼동(混同)하다.
— *v.i., -se v.pr.* 섞이다. 섞여지다. 뒤범벅이 되다. ②혼합하다. ③(다른 계통·단체의 사람이) 서로 내왕하다. 교제하다. (단체 따위) 혼성을 이루다. ④참가하다. 관계하다. 간여하다.

misturável *a.* 섞을 수 있는. 혼합할 수 있는.

misula *f.* [建] ①벽이나 기둥에 붙인 선반 (꽃병 따위 비교적 무겁지 않은 것을 올려놓는 대). 벽에 붙은 가스 등(燈) 받침. 까치발. 선반받이.

mitene *f.* 벙어리 장갑. 손가락이 없는 장갑. 부인용 장갑(손끝만 남기고 손목까지 덮는).

miticamente *adv.* 신화적으로. 우화적으로. 신비롭게. 비유적으로.

mítico *a.* 신화(神話)의. 신화적인. 신화시대의. 우화(寓話)적인. 가공(架空)의.

mitificar *v.t.* 신화로 만들다.

mitigação *f.* 완화(緩和). 경감(輕減). 달래기. 마음을 진정시키기. [法] 작량감형(酌量減刑)(의 주장).

mitigador *a., m.* ①완화하는 (것). 경감하는 (것). ②작량감형을 주장하는 (자). ③완화제(緩和劑).

mitigar *v.t.* 완화하다. 풀다. 녹이다. (마음을) 진정시키다. 달래다. (형벌 따위를) 감하다. 감형(減刑)하다.

mitigativo *a.* 완화하기 위한. 경감하기 위한. 가볍게(편하게) 하는. 완화적.
— *m.* 완화제(緩和劑).

mitigável *a.* 완화할 수 있는. 경감(輕減)할 만한.

mitismo *m.* 신화학(神話學).

mito *m.* ①신화(神話). 꾸민 옛 이야기. 비유적 전설. 공상적 이야기. ②신화적 인물(사물).

mitografia *f.* 신화예술(회화(繪畵)·조각 따위). 신화지학(神話誌學).

mitografo *m.* 신화작가. 신화사물(神話事物)을 묘사하는 미술가.

mitologia *f.* ①신화학(神話學). ②(집합적으로) 신화. (특정한 인물·신에 관한) 신화. ③신화집(神話集).

mitológicamente *adv.* 신화적으로. 전설적으로.

mitológico *a.* 신화의. 전설의. 가공(架空)의. 신화시대의.

mitologista, mitólogo *m.* 신화학자(작자).

mitologismo *m.* = *mitismo*.

mitomania *f.* [醫] 허위창조광(虛僞創造狂). 사기적 행위만 꿈꾸기.

mitra *f.* ①(가톨릭교의) 사교관. ②감독·사교의 직(위). ③(요리한) 가금(家禽)의 궁둥이. (식용의) 엉덩이 고기.

mitrado *a.* ①사교관(司敎冠)을 쓴(받은). ②(동물 특히 날짐승이 몸의 일부가) 사교관 꼴을 한. 승모관(僧帽) 비슷한.

mitral *a.* [解] 사교관(司敎冠) 꼴을 한. 승모(僧帽) 모양의.
valvula mitral [解] (심장의) 승모판(僧帽瓣).

mitrar *v.t.* 사교관을 주다. 승려(사교)에 임명하다.

mitridatismo *m.* 미트리다 방독법(방독을 조금씩 써서 면독성(免毒性)을 기르는 것).

mitriforme *a.* 사교관 모양의. 승모형의.

miuça *f.* = *miunças*.

miuçalhas *f.(pl.)* ①적은 양. 소량(少量). 작은 조각. ②(물체의) 작은 부분. 한 조각.

miudamente *adv.* ①잘게. 세밀히. 상세하게. 세심하게. 주의깊게. ②조금씩.

miúdar (1) *v.t.* 반복하다. 되풀이하다. 자주하다. 빈번히하다.
— (2) *v.t.* = *miudear*.

miúde *adv.* 자주. 여러 번. 빈번히.
a miúde 자주. 빈번히. 가끔.

miudear *v.t.* ①잘게 하다. 세밀하게 하다. 영세(零細)하게 하다. ②상세히 설명하다.

miudeja *f.* ①영세(零細). 사소(些少). 잔일. 소소한 일. ②면밀. 세밀. 섬세(纖細). 세심(細心).

miudejas (*pl.*) ①작은 세공물(그릇·제품·일용품 따위). ②값싼 물건. 싸구려 물건. 소소한 잡화(핀·바늘·실·노끈·단추 따위). 복식잡화(服飾雜貨).
loja de miudezas 복식잡화 상점.

miudinho *a.* (*miudo*의 지소어(指小語))아주 작은. 좁쌀처럼 잔. 깜찍한.

miúdo *a.* ①(낱알 따위) 잔. 아주 작은. 적은. 소소한. ②세밀한. 섬세한. 면밀한. 상세한.
povo miúdo 하층민. 오합지중. 폭도.
chumbo miúdo (사냥용) 산탄(散彈).
despesas miúdas 삽비. 제반 삽비.
por miúdo 상세히. 세밀하게.
a miúdo 때때로. 가끔. 자주.
miudos (*pl.*) ①잔돈. 거스름. ②(닭·오리·칠면조 등의) 내장.

miulo *m.* (차의) 바퀴통.

miunças *f.(pl.)* 소소한 물건. 사소한 것. 잔 것. 작은 과일.

miúro *a.* [醫] (맥박 따위) 점점 약해가는. 쇠약해가는.

miva *f.* ①과즙(果汁)과 육즙(肉汁)을 혼합하여 만든 젤리. ②젤리 당과.

mixe *a.* 아무데도 쓸데없는. 아무 가치도 없는.

mixedema *m.* [醫] 점액수종(粘液水腫).

mixoma *m.* [醫] 점액종(粘液腫).

mixomicetos *m.(pl.)* 점액균류(粘液菌類). 점균류(粘菌類).

mixordia *f.* ①여러 가지 섞은 것. 혼합한 것. 잡다한 물건. 긁어 모은 것. ②뒤죽박죽. 난잡(亂雜). 착잡(錯雜). 여러 가지 섞은 음식물. 잡탕.

mixto *a.* =*misto*.
mixta quente 일종의 샌드위치.
mnemônica *f.* 기억술(記憶術).
mnemônico *a.* 기억의. 기억을 돕는. 기억 증진의.
mnemotecnia *f.* 기억술.
mo (대명사 *me*와 목적격 대명사 *o*의 결합형). 그것을 나에게.
mó (1) *f.* 돌절구. 맷돌. 둥근 숫돌. 회전 숫돌.
mó de cima 윗맷돌.
mó de baixo 아랫맷돌.
— (2) *f.* 군집(群集). 다수. 집단.
mó de gente 민중. 대중. 군중.
moabita *m.* (팔레스타인의 옛 왕국) 모아브 사람.
moageiro *m.* 물방앗집 주인. 제분업자. 밀가루 상인.
moagem *f.* ①(가루로) 찧기. 빻기. 제분(製粉). ②맷돌질. ③한번 빻아 낸 분량.
móbil *a.* 움직이는. 움직일 수 있는. 가동성(可動性)의.
— *m.* 동기(動機). 동인(動因). 이유(理由).
mobilação *f.* 가구(家具)를 설비하기.
mobilador *a., m.* =*mobiliador*.
mobilar *v.t.* =*mobiliar*.
móbile *a., m.* =*mobil*.
mobilhar *v.t.* =*mobiliar*.
mobília *f.* 가구(家具). (실내의 움직일 수 있는) 가재(家財).
mobiliado *a.* 가구를 설치한. 가구가 배치되어 있는. (셋집 따위에) 가구가 붙어 있는.
casa mobiliada 가구 있는 (셋)집.
mobiliador *a., m.* 가구를 설치하는 (사람). 실내장식사(室內裝飾師).
mobiliar *v.t.* 가구를 (실내에) 설치하다. 가구를 배치하다. 실내장식을 하다.
mobiliário *a.* 가구의. 가재의. 동산(動産)의.
— *m.* 가구. 가재(家財).
mobilidade *f.* ①가동성(可動性). 이동성(移動性). 운동성. 변동성. ②움직이기 쉬움. 변하기 쉬움. ③변동. 변전(變轉).
mobilização *f.* [軍] 동원. 동원 소집. 동병(動兵).
ordem de mobilização 동원령.
mobilizar *v.t.* (금전. 재산 따위가) 유통(流通)이 잘 되게 하다. [軍] 동원하다.
mobilizável *a.* 동원할 수 있는.
moca (1) *m.* 조롱. 조소. 놀려대기. 조롱하기.
— (2) *m.* 곤봉. 몽둥이.
— (3) *m.* 정제(精製)한 커피의 일종.
moça *f.* 젊은 여성(여사무원. 여점원. 여직공. 여자 안내인. 하녀 등 넓은 뜻의 여성). 아가씨. 처녀.
mocada *f.* ①곤봉으로 치기. ②곤봉의 타격.
moçalhão *m.* =*mocetão*.
mocamans *m.(pl.)* 산속에 도망간 노예의 일단(一團).
mocambeiro *m.* 산속에 도망간 노예(奴隷).
mocambo *m.* ①(밭 가운데 있는) 원두막. 시골집. 오막살이집. ②산속에 도망간 노예들이 숨는 집.
mocanco, mocanquiero *a., m.* (=*moquenco, moquenqueiro*). 감언(甘言)으로 속이는 사람. (꾀는 사람). 우스운 몸짓을 하는 사람. 교활한 녀석.
mocanquice *f.* (=*moquenquice*). ①감언에 의한 기만. 감언이설(甘言利說)(로 꾀기). ②얼굴(상)을 찡그리기. 찌푸린 얼굴. ③추종. 아첨.
moção (1) *f.* ①운동. 이동. 동작. 거동. 몸짓. ②동기. 자극. ③(회의에 있어서의) 동의(動議). 발의(發議).
— (2) *m.* (*moço*의 지대어) 몸집이 큰 젊은이.
mocetão *m.* 체격이 늠름한 청년. 육체가 큰 젊은이.
mocetona *f.* 키크고 건장한 젊은 여자.
mochadura *f.* ①(짐승의) 뿔을 자르기. ②(나무의) 가지를 쳐버리기. ③(손·발을 잘라) 병신을 만들기.
mochar *v.t.* ①(짐승의) 뿔을 자르다. (나무의) 가지를 쳐버리다. (손·발을 잘라) 병신을 만들다. ②속이다. 기만하다.
mocheta *f.* [建] 구슬선 쇠실이. (두리기둥의 홈과 홈 사이의) 이랑. 두리소란. 선조식(線條飾).
mochila *f.* ①배낭(背囊). 행낭. 배낭(군인 또는 여행자의). 잡낭(雜囊). 양식 자루. 륙색. ②안장 방석. ③혹. 군살.
môcho *a.* ①(소의) 뿔 없는. (말의) 귀 없는. (나무의) 가지 없는. 씨(種子) 없는. (배의) 돛대 없는. 불구의.

— *m.* ①[鳥] 올빼미의 일종. ②교제하기 싫어하는 사람.
mocidade *f.* ①젊은 시절. 청년시대. 청춘기. ②청춘. ③(남·녀) 청년들.
moço *a.* ①젊은. 청년의. 청춘의. 소장(少壯)의. ②미숙(未熟)한. 경험이 없는.
— *m.* ①젊은이. 청년. 젊은 일꾼. ②하인. 머슴꾼.
moço de loja (젊은) 점원.
moço da cozinha 주방의 조수. 접시 닦는 이.
moço de estrebaria 마부.
moçoila *f.* 체구가 큰 여자. 건장한 여성.
mocoto *m.* 소의 발쪽(특히 요리한 것).
mocuba *f.* (브라질산) 야생나무.
moda *f.* ①유행(流行). 풍조(風潮). 시속(時俗). ②상류사회의 풍습. ③멋진 차림. ④방법. 양식. 형식. 모양. '스타일'. ⑤유행가.
modas (*pl.*) 부인용 유행품.
moda feminina 부인 유행복. 여성의 유행품.
a última moda 최신 유행.
à moda 유행식으로. 풍조적으로.
andar à moda 유행을 따르다.
introduzir uma moda (…을) 유행시키다.
estar na moda 유행하다.
já não moda 더 유행하지 않나. 철이 지나다.
modal *a.* 양식(樣式)의. 형식(상)의. 형태(상)의. [文] 법(*modo*)의. 서법(敍法)의. [論] 양식의. [樂] 선법(旋法)의. 음계(音階)의.
proposição modal [論] 양식명제(樣式命題).
modalidade *f.* 형태. 양식. 양식적임. [樂] 선법(旋法). [論] (판단의) 양상(樣相).
modelação *f.* (조각(彫刻)의) 모형제작. 소상술(塑像術). [美術] 실체감표현법(實體感表現法).
modelador *a.* 모형의. 모형을 만드는.
— *m.* 모형 만드는 사람. 조형자(造型者).
modelagem *f.* 모형제작. (조각의) 원형제작. 소상(塑像)하기.
modelar (1) *v.t.* 모형을 만들다. (조각의) 원형을 만들다. 본따서 만들다. 틀(본)을 뜨다. 설계하다. 형태(形態)를 주다.
—se *v.pr.* (아무의 모범을 따서) 수신(修身)하다.
— (2) *a.* ①모형(模型)의. 모형이 되는. ②모범의. 모범이 되는.
modelo *m.* ①본. 모델. 원형(原型). 모형(摸型). ②방식. 방법. ③모범. 귀감(龜鑑). ④본보기. 견본.
moderação *f.* 완화(緩和). 경감. 적당. 온화. 온건. 절제(節制). 절도. 중용(中庸).
moderadamente *adv.* 절제하여. 적당히. 온화하게.
moderado *a.* 절제있는. 온건(穩健)한. 온화한. 진실한. 적당한.
moderados *m.*(*pl.*) 온건파. 온화주의자.
moderar *a.* 절제하는. 완화하는. 조절하는.
— *m.* 조절자(調節者). 완화자.
moderante *a.* 절제하는. 조절하는. 완화하는. 경감하는. 온건한. 진실한.
moderantismo *m.* (특히 정치·종교상의) 온건주의(穩健主義).
moderar *v.t.* 절제하다. 조절하다. 완화(緩和)하다. 온화하게 하다.
— *v.i.* 완화되다. 고요해지다. (파도가) 자다.
—se *v.pr.* 절제를 지키다. 스스로 억제하다. 자제(自制)하다. 스스로 조심하다.
moderativo *a.* 조절하는. 절제하는. 조절의. 조절되는.
moderato *adv.* 《It》 [樂] 중용의 속도로.
moderatório *a.* = *moderativo*.
moderável *a.* 절제할 수 있는. 조절할 수 있는. 완화(경감)할 수 있는.
modernamente *adv.* 현대식으로. 근대적으로.
modernice, modernidade *f.* 신식(新式). 현대식(現代式). 현대풍.
modernismo *m.* 현대풍(現代風). 현대어(語). 근대사상. 현대사상. 근대주의.
modernista *a.* 현대(근대)주의의.
— *m.* 신식을 예찬(禮讚)하는 자. 현대주의자. 근대적인 사람.
modernização *f.* 현대화. 근대화.
modernizar *v.t.* 현대적으로 하다. 현대화하다. 당세풍으로 하다. 근대식으로 하다.
moderno *a.* ①(고대에 대한) 근세의. ②현대의. 현대식의. 당세풍(當世風)의. 최신(식)의. 새로운. 근대적의.
— *m.* 현대인(現代人). 근대인. 신(新)사상가.
modestamente *adv.* 겸손하게. 겸손한 태

도로. 적당하게. 정숙하게. 수줍게.
modéstia *f.* 겸손. 수줍음. 정숙. 정절. 수수함.
modesto *a.* ①겸손한. 신중한. 조심성 있는. 수줍어 하는. ②(특히 부인이) 정숙한. 품위 있는. ③수수한. ④정당한. 온당한.
modicamente *adv.* 작은 금액으로. 값싸게. 절약하여.
modicar *v.t.* 적게 하다. (값을) 적당하게 하다. (가격을) 조절하다. 절약(검약)하다.
modicidade *f.* ①근소(僅少). 과소(寡少). 검약(儉約). 절약. ②염가(廉價). 값이 쌈. ③조그만 돈.
módico *a.* ①적은. 근소한. ②값이 싼. (가격이) 적당한. 무리가 없는. ③알맞는. 상당한.
preço módico 싼값. 염가(廉價).
módicos haveres 조그만 재산.
modificabilidade *f.* 변경 가능성.
modificação *f.* ①(일부)변경(變更). 개변(改變). 개정. ②제한. 수식.
modificador *a.* 변경하는. 개변하는. 개정하는. 수정(修正)하는. 가감하는.
— *m.* 변경자. 개변자. 수정자(修正者). 가감하는 사람(물건). [文] 수식어구(修飾語句).
modificar *v.t.* (일부를) 변경하다. 개정하다. 개변하다. (문장 따위를) 수정하다. (교통 방향 따위를) 바꾸다. [文] 의미를 수식하다.
—**se** *v.pr.* 변경되다. 개변되다. 개정되다.
modificativo *a.* 변경적인. 개변적인. 변경하는.
modilhão *m.* [建] (코린트 양식의) 처마내림.
modilhar *v.t.* 쾌활한 가곡(*modilho*)을 부르다.
modilho *m.* 쾌활한 음악 또는 가곡.
modinha *f.* 유행가. 작은 노래. 소가(小歌). 서정가(抒情歌).
modio *m.* (로마 시대의) 곡식을 계량하는 일종의 되(도량형기의 하나로 8.80리터).
modíolo *m.* [建] (코린트 양식의) 처마내림의 공간(처마내림과 처마내림의 사이).
modismo *m.* 관용어(慣用語). 관용어법. (특수)어법. 어풍(語風). 사투리.
modista *f.* (부인복 또는 부인 모자의) 양재사(洋裁師). 부인 재봉사.

modo *m.* ①방법. 양식. 형식. 방식. 수단. ②풍속. 풍습. ③[文] (동사의)법(法).
modos (*pl.*) 예의. 예절. 태도. 거동.
ao modo de …처럼. …와 같이.
de modo que …처럼. …만큼. …에 의하여.
de qualquer modo 암만해도. 어떤 방법으로든.
por modo que …에 의하여. …때문에.
a seu modo 그분 자신의 생각대로. 제 마음대로.
com bons modos 좋은 태도로. 예의 있게.
de mesmo modo …와 같이. 같은 방법으로.
modo de vida 생활양식.
modo de falar 표현방법. 말하는 태도.
de um modo geral 전반적으로. 대체로.
Tenha modos! (아이들에게) 좀 점잖게 굴어라! (어른에게) 좀 예절을 지키시오!
modôrra *f.* ①졸음. 조는 것. ②나른함. 타기(惰氣). 무기력. 혼수(昏睡). ③[獸醫] 양의 어지럼병.
modorral *a.* ①졸리운. ②조는. 졸리는. ③나른한. 활기 없는. 둔한. ④《詩》졸리게 하는. 최면(催眠)의.
modorrar *v.t.* 졸리게 하다. 나른하게 하다.
— *v.i.* ①꾸벅꾸벅 졸다. 졸리다. 취생몽사(醉生夢死)하다. ②나른해지다. ③(양이) 어지럼병에 걸리다.
modorrento, modorró *a.* ①졸리운. 조는. 졸리는. 잠자는 것 같은. ②나른한. 활기 없는. 활치 못한. 무기력한. 둔한. 둔감(鈍感)한.
modulação *f.* [樂] 전조(轉調). 변조(變調). 조음(調音). 조정. [文] (음(音)의)억양(抑揚).
modulador *m.* 조절자(물). [樂] 전조를 잘하는 사람. 음계도(音階圖). 전조도(轉調圖).
modular *v.t.* 조절(조정)하다. 음을 조절하다. (음성을) 변화시키다.
— *v.i.* [樂] 전조(轉調)하다. 변조하다.
módulo ① *m.* [建] 원주(圓柱)의 반경도(半徑度). ②(기둥·굴대 등의) 직경. ③수량(水量) 미터(1초 100리터). ④비례율(比例率). 측정의 표준. ⑤[樂] 선법(旋法). [數·理] 율(率). 계수(係數).

— (2) *a*. [樂] 선율적인. 곡조가 아름다운. 음악적인.
moeda *f*. 화폐. 금전. 주화(鑄貨).
papel moeda 지폐. 지전.
moeda corrente 통화(通貨).
moeda falsa 가짜 돈. 위조지폐.
casa da moeda 조폐국(造幣局).
pagar na mesma moeda 아무에 보복하다. 같은 방법으로 복수하다.
moedagem *f*. ①화폐주조. 조폐(造幣). ②조폐료(造幣料).
moedeira *f*. ①찧어 부수는 기구(방망이·절구 따위). ②피로. 피곤.
moedeiro *m*. 동전 주조자. 주조 직공. 조폐직공.
moediro falso 화폐 위조자. 위조지폐 만드는 사람.
moedor *m*. (절구 따위) 찧는 사람. 찧어 부수는 사람. 가루를 만드는 사람. 제분자(製粉者).
moedura *f*. ①(맷돌·절구 등에) 갈기. 갈음질. 찧기. 찧어 부수기. 가루로 만들기. 제분. ②짜내기. ③일회분의 제분량.
moéga *f*. 가는 가루를 집어넣는 깔때기 목판.
moela *f*. [鳥] 사낭(砂囊: 식도에 있는 모래가 들어 있는 것: 날짐승의 제2 위낭(胃囊)).
moenda *f*. ①돌절구. 맷돌. ②회전 숫돌. ③돌절구(맷돌)로 갈기. 갈음질. 찧기. ④제분소(製粉所). ⑤《古》돌절구(맷돌)에 간 대가로 지불되는 생산물(의 일부분).
moendeiro *m*. 절구(맷돌)에 가는 사람. 찧는 사람. 연자간 주인. 제분업자.
moenga *f*. =*moenda*.
moente *a*. 절구(맷돌)에 가는. 찧는. 빻는.
moer *v.t*. ①맷돌에 갈다. 돌절구에 넣다. 빻다. 갈음질하다. ②(사탕수수를) 짜다. 짜내다. ③되풀이하다. 반복(反復)하다. ④시끄럽게 굴다. 괴롭히다. 피로케 하다.
— *v.i*. 연자방아가 움직이다. 쉬지 않고 일하다. 애써 일하다. 몹시 고생하다.
—*se v.pr*. 괴로워하다. 피로하다.
mofa *f*. ①조롱(嘲弄). 조소. 놀려주기. ②웃음거리. ③경멸.
fazer mofa 놀려대다.
mofador *a*., *m*. 조롱하는 (자). 조소(경멸)하는 자. 놀려대는 (사람).
mofar (1) *v.i*., *v.t*. 조롱(조소)하다. 경멸하다. 놀려대다.
— (2) *v.t*. 곰팡이 나게 하다.
— *v.i*. 곰팡이 나다.
mofatra *f*. 부정판매(不正販賣). 사기적 장사. 협잡.
mofatrão *m*. 사기꾼. 협잡꾼. 고리대금 업자.
mofento (1) *a*. 곰팡이 난. 곰팡내 나는. 낡아빠진. 케케묵은.
— (2) *a*. 불길한. 불운한.
mofeta *f*. 탄산가스. 독가스.
mofina *f*. ①불행한 여자. ②불평 많은 여자. 성미 까다로운 여자. 심술궂은 여인. 귀찮은 여성. ③무명(無名)의 중상문(中傷文). ④비루함.
mofinamente *adv*. 운수 나쁘게. 불행하게. 인색하게.
mofinento *a*. 불행한. 불운한. 운수 나쁜.
mofino *a*. ①불행한. 불운한. ②하찮은. 보잘것 없는. 얼마 안되는. ③인색한. 천한. ④말많은. 시끄러운. 떠들썩하는.
môfo *m*. 곰팡이.
criar môfo 곰팡이 슬다.
cheirar a môfo 곰팡이 냄새나다.
a môfo, (또는) *de môfo* 거저. 무상으로.
mofoso *a*. 곰팡이 슨. 곰팡이 난. 곰팡이 많은.
moganga *f* [植] 호리병박(효로병)의 일종.
mogangueiro *m*. ①몸짓하는 사람. ②얼굴을 찌푸리는 사람.
moganguice *f*. ①해학적인 몸짓. 몸짓으로 표현하기. ②얼굴을 찌푸리기. 상찌푸리기. ③찌푸린 얼굴.
mogiganga *f*. ①무언극. 가면 무도(假面舞踏). 우스운(희극적) 무도. ②보잘것 없는 것. 시시한 것.
mogno, mógono *m*. [植] 마호가니(재목은 가구용).
mogo *m*. 경계표(境界標). 육표(陸標).
mogol *a*. =*mongol*.
moído *a*. ①(맷돌 따위에) 간. 찧은. 빻은. 찧어 부순. 가루를 만든. ②시끄러운. 귀찮은. 피로한. ③(고기·생선 따위) 상한. 썩은. 쉬슨.
carne moída 잘게 간 (쇠)고기.
café moído 가루로 된 커피. 간 커피.
moimento (1) *m*. (맷돌·절구 따위에) 갈기. 찧기. 찧어 가루를 내기. 갈음질하기.
— (2) *m*. 기념비. 사당. 영묘(靈廟).

능(陵). 묘비(墓碑).

moinante, moinanto *a.* 놀기 좋아하는. 게으른. 빈둥거리는.
— *m.* 게으름뱅이. 빈둥거리는 사람.

moinha *f.* ①왕겨. 겉겨. 고은겨. ②(체로 쳐낸) 찌꺼기. ③시끄러운 말을 되풀이하기.
moinha de chá 차(茶) 찌꺼기.

moinho *m.* ①절구. 제분기. 가는 기계(磨機). 분쇄기(粉碎器). ②연자간. 제분소.
moinho de café 커피를 넣는 기계. 커피를 가루로 만드는 기구.

moio *m.* (곡식 따위의) 계량단위.

moira *f.* ①무어 여자. ②마리네이드(식초 또는 포도주에 향료를 넣는 것).

moirama *f.* ①무어 사람의 집단. ②무어인 사회. ③무어인 거주지(북아프리카의 *morocco* 일대).

moirão *m.* 말뚝. (포도덩굴 등의) 시렁. 받치는 나무. 받침대.

moiraria, mouraria *f.* 무어 사람 거주지. 거주구역.

moirejado *a.* 노력하여 얻은. 고생하여 취득한.

moirejar, mourejar *v.i.* 열심히 일하다. 쉬지 않고 일하다. 애써 일하다. 몹시 고생(수고)하다.

moiresco, moirisco *a.* 무어 사람의. 무어식의.

moirisca, mourisca *f.* ①야외의 무언극(無言劇). ②무어 사람의 옛날 춤. ③포도의 일종.

moirisma *f.* ①무어 사람의 거주지. ②무어인 집단. ③무어 민족. ④(인도의) 회교(回敎).

moiro, mouro *m.* 무어 사람(북부 아프리카의 *morocco*에 사는 회교인종). 흑인. (인도의) 회교도.

moita (1) *f.* 숲. 잡목 숲. 덤불 숲. 관목(灌木)이 우거진 곳.
— (2) *interj.* 말하지 마라! 조용햇!

moitão, moutão *m.* 도르래(滑車).

moiteado *m.* 잡목이 우거진 곳.

moiteira *f.* 광대한 잡목 숲.

mola (1) *f.* ①용수철. 스프링. 태엽. 탄기(彈機). ②탄성. 탄력. ③동기(動機). 원동력(原動力). ④발생. 발상.
mola espiral 나선형 용수철.
— (2) *f.* [醫] 기태(奇胎). 자궁 내의 육괴(肉塊).

molada *f.* ①그라인더(숫돌)에 갈 때 끼얹는 물. 먹을 갈기 위하여 벼루에 담는 물. ②한번 갈아 낸 먹물. 한번 칠한 그림 물감.

molagem *f.* 무상이익. 거저 얻은 것.
molagem de 저저. 다른 사람의 부담으로서.

molambo *m.* 누더기. 넝마. 남루(襤褸).

molambudo *a.* 누더기의. 누덕누덕한. 남루한.

molar *a.* ①갈아 부수는. 씹어 부수는. (나무열매 따위를) 깨물어 부수는. ②어금니의. 어금니 근처의.
pedra molar 가는 돌(磨石).
dentes molares 어금니(臼齒).

molarinha *f.* [植] 서양 현호색(玄胡索) 무리의 식물(약초).

moldação *f.* 주형(鑄型)에 부어 넣기. 주형에 넣어 만들기. 틀에 박아 만들기.

moldado *a.* 주형에 넣은. 주형에 넣어 만든. 틀에 박아 만든.
— *m.* 틀에 박아 만든 것. 주조물(鑄造物).

moldador *a.* 조형하는. 주형하는. 틀에 박아 넣는.
— *m.* 조형자(造型者). 주형자(鑄型者).

moldagem *f.* ①주형에 넣기. 주형에 넣어 만들기. 틀에 박아 만들기. ②(콘크리트 공사의) 틀 구조.

moldar *v.t.* ①본뜨다. 틀어 박아 만들다. 주형(鑄型)에 넣다. ②…의 틀을 짜다. 형(型)을 만들다. …의 모양을 만들다. ③(성격을) 형성하다.
—*se v.pr.* 틀에 맞다. 틀에 박히다. 순응하다. 형성되다.

molde *m.* ①틀. 형(型). 모형(模型). 주형(鑄型). ②[印] 자모(字母). ③견본. 표본. 귀감(龜鑑).

moldear *v.t.* = *moldar*.

moldura *f.* 주형. 틀. 사진틀.
molduras (*pl.*) [建] 쇠실이.

moldurágem *f.* 틀에 넣기. 틀에 박아 만들기.

moldurar *v.t.* ①(사진틀 따위의) 틀에 넣다. ②틀을 짜다. 틀을 꾸미다(장식하다).

moldureiro *m.* ①(사진틀 따위) 틀을 짜는 사람. ②조형공(造型工).

mole (1) *f.* ①많음. 대량(大量). 대다수(大多數). 태반(殆半). ②거대한 물건. 거체(巨體).

― (2) *a.* ①무른. 연(軟)한. 부드러운. ②유약한. 활기 없는. ③굼뜬. 게으른. 빈둥빈둥하는.

moleca *f.* (*moleque*의 여성형) 흑인 여아.

molecada *f.* 흑인 아이들의 떼. 장난꾸러기의 떼.

molecagem *f.* (특히) 흑인 아이들의 나쁜 장난. 소년들의 수작. 불량행동.

molecão *m.* 체구가 큰 흑인 소년. 거리의 장난꾸러기.

molecar *v.i.* 흑인 아이처럼 못된 장난을 하다. 나쁜짓을 하다.

molécula *f.* 분자(分子). 미분자(微分子). 극미(極微).

molecular *a.* 분자의. 분자로 된. 분자에 의한(관한). 분자가 있는.
força molecular 분자력(分子力).
calor molecular 분자열(熱).

moleira (1) *f.* 맷돌에 가는 여자. 절구에 찧는 여자. 제분업자의 처(妻). 물방아집 여주인.
― (2) *f.* [解] 유아두개(乳兒頭蓋)의 화골(化骨)되지 않는 곳. 숫구멍.

moleirão *a.*, *m.* ①나약한 (사람). 유약한 (사람). ②아주 굼뜬 (사람). 느린 (사람). 게으름뱅이.

moleirinha *f.* =*moleira* (2).

moleiro *m.* ①맷돌에 가는 사람. 절구에 찧는 사람. ②제분업자. 물방아집 주인.

moleja *f.* ①날짐승의 똥. ②(짐승의) 췌장(膵臟). (송아지의) 지라 또는 흉선(胸腺).

molemente *adv.* 무르게. 연하게. 부드럽게. 느리게. 천천히. 완만하게.

molenga *a.* ①유약(柔弱)한. 나약(懦弱)한. 활기 없는. ②느린. 굼뜬. 게으른.
― *m.*, *f.* 유약한 사람. 나약한 사람. 굼뜬 사람. 게으름뱅이.

molengão *a.*, *m.* (=*molenga*의 지대어) 아주 나약한 (사람). 몹시 굼뜬 (사람). 아주 게으른 (사람).

molengo *a.*, *m.* =*molenga*.

moleque *m.* 흑인 소년. 《俗》깜둥이 머슴 아이.

molequear *v.i.* =*molecar*.

molestador *a.m.* 못살게 구는 (사람). 졸라대는 (사람). 귀찮게 구는 (사람). 괴롭히는 (사람).

molestamente *adv.* 괴롭게. 시끄럽게. 귀찮게.

molestamento *m.* 못살게 굴기. 졸라대기. 괴롭히기. 시끄럽게 굴기.

molestar *v.t.* ①못살게 굴다. 졸라대다. 괴롭히다. 시끄럽게 굴다. ②해롭히다. 불안하게 하다.

moléstia *f.* ①몸의 불편. 가벼운 증세. ②병. 질병. ③불안. 걱정. 두통거리. ④성가심. ⑤불쾌.

molesto, molestoso *a.* ①(몸이) 어딘가 편치 않은. 어딘가 아픈. ②기분 나쁜. 괴로운. ③까다로운. 시끄러운. 귀찮은.

moleta *f.* (그림 물감·약재(藥材) 따위를 가는) 연마기(研磨機).

moletão *m.* ①백조의 껍질. ②두꺼운 플란넬의 일종.

moleza *f.* ①무름. 연함. 부드러움. ②유약(柔弱). 나약(懦弱). ③굼뜸. 느림. 활기 없음. 무기력. 게으름.

molha *f.* =*molhadela*.

molhada *f.* ①물에 적시기. ②물에 젖은 상태. ③큰 묶음. 많은 묶음.

molhadela *f.* 물에 적시기. 물에 담그기. 흠뻑 젖음.

molhado *a.* ①젖은. 축축한. 누기 있는. ②(술에) 취한. 얼근한.
― *m.* ①젖은 얼룩. 젖은 자국. ②축축한 곳. 누기 있는 장소.
molhados (*pl.*) 주류(酒類). 식용유류(食用油類)의 총칭.
secos e molhados (건물(乾物)·음물(飮物)을 포함한) 각종 식료품.

molhadura *f.* ①물에 적시기. 담그기. ②축축하게 하기. ③(물에) 젖은 상태. 눅눅함. ④《轉》술값. 팁.

molhagem *f.* ①물에 담그기. 적시기. ②(특히) 맥주 양조용(釀造用) 보리를 물에 담그기.

molhamento *m.* 물에 적시기. 담그기. 누기끼게 하기.

molhança, molhanga *f.* 많은 양의 소스 (또는 고기국물).

molhar *v.t.* (물에) 적시다. (물에) 담그다. 축이다. 누기있게 하다.
― *v.i.*, ―*se* *v.pr.* (물에) 젖다. 흠뻑 젖다.
Quem anda à chuva, molha-se. (비 올 때 걸으면 젖는다). 《諺》근묵자흑(近墨者黑).

molhe *m.* ①둑. 바다둑. 제방. 방파제. ②

잔교(棧橋). 선창. 부두.
molheira *f*. 소스 담는 그릇.
molhelha *f*. (화물을 운반할 때 어깨·머리에 대는) 받침.
molhe-molhe *m*. 이슬비. 가랑비.
molho (1) *m*. 묶음. 나뭇단(다발).
— (2) *m*. 소스. 국물. 고기국물. 육수.
moli *m*. ①[神話] 흰꽃에 검은 뿌리가 있다는 마초(魔草). ②산속(蒜屬)의 관상식물(觀狀植物).
moliana *f*. 단조로움. 변화 없음.
cantar a moliana 꾸짖다. 견책하다.
molibdene, molibdeno *m*. [鑛] 휘수연광(輝水鉛鑛 : 몰리브덴 광석).
molibdina *f*. 산화(酸化)몰리브덴.
molição *f*. ①힘씀. (위력의) 발휘. ②노력. 진력. 분발.
moliceiro *m*. ①*moliço*를 채집하는 사람. 베어 들이는 사람. ②이사(泥砂)·이광(泥鑛) 따위를 운반하는 배.
molícia, molicie *f*. (=*moleza*). ①연함. 무름. ②유약(柔弱). 나약(懦弱). 무기력. ③(그림에) 색채가 뚜렷이 나타나지 않음.
moliço *m*. ①끈적끈적한 물건. ②(거름으로 되는) 일종의 수초(水草). ③(이엉·지붕을 잇는 데 쓰는) 일종의 풀.
molificação *f*. ①완화. 진정. 경감(輕減). ②달래기. 연하게 하기. 연화(軟化).
molificante *a*. 완화하는. 진정시키는. 무르게 하는. 연화하는.
molificar *v.t*. ①완화하다. 경감하다. ②진정시키다. 위무하다. 달래다. ③무르게 하다. 연하게 하다.
molificativo *a*. =*molificante*.
molificável *a*. 완화할 수 있는. 무르게(연하게) 할 수 있는. 연화(軟化) 가능한.
molime, molimen *m*. ①노력. 분투. ②추진력(推進力). ③[醫] 전구병상(前驅病狀).
molinete *m*. ①감아 올리는(들이는) 기계. ②(출입구의) 회전란(回轉欄). 회전식 문.
molinha *f*. 가랑비. 이슬비.
molinhar (1) *v.i*. 가랑비(이슬비) 내리다.
— (2) *v.t*. 맷돌에 조금씩 갈다. 절구에 찧다.
— *v.i*. 맷돌이 돌아가다. 연마기(研磨機)가 움직이다.
molinheira (1) *f*. 오래 계속되는 이슬비. 궂은비. 장마.
— (2) *f*. 큰 맷돌. 큰 절구. 대마기(大磨機).
molinheiro *m*. =*molinha*.
molinhoso *a*. 이슬비 내리는. 궂은비 내리는.
molinilho *m*. 작은 맷돌. 작은 절구. 수동 연마기(手動研磨機). 커피 가는 기계.
molinote *m*. ①사탕수수를 짜는 기계. ②올리브 압착기.
molito *a*. ①활기 없는. 나른한. ②단정치 못한. 방일(放逸)한. ③게으른. 나태한. ④너절한. 너저분한.
molo *m*. ①배의 짐. 선적하(船積荷). ②뱃삯. 운임.
moloque *m*. [動](호주산의) 도마뱀의 일종.
molosso *m*. ①맹견(猛犬)의 일종. ②《轉》성미 사나운 사람.
molura, molúria *f*. ①무름. 연함. 유연(柔軟). ②부드러움. 점잖음. ③무기력한 사람. ④겁쟁이. 살금살금 몰래 하는 사람. 비열한(卑劣漢). ⑤밤이슬(夜露).
molusco *m*. [動] 연체동물(軟體動物).
moluscóide *m*. 의(擬)연체동물.
molusculo *m*. 작은(小) 연체동물.
momentaneamente *adv*. 즉시. 즉시에. 순간적으로.
momentáneo *a*. 순식간의. 순간의. 찰나의. 찰나적인. 덧없는.
momento *m*. ①순간. 찰나. ②아주 짧은 시간. 촌각(寸刻). 촌음(寸陰). ③(어떤 특정의) 시각. 때. 시기. 기회. 계기(契機). 위기. ④중요성. ⑤[機] 능률(能率).
momento de estabilidade 안전율.
de momento 즉시에. 지금 곧.
num (em um) momento 순식간에. 눈깜짝 할 사이에.
por momento 잠시 동안.
no momento de …의 찰나. …의 순간에.
desde este momento 그순간(그때)부터.
de um momento para outro 얼마 안가서. 곧.
Neste momento entrou o rei. 바로 그때 임금님이 들어 왔다.
momentoso *a*. 긴급한. 절박한. 중대한. 중요한.
questão momentosa 긴급 문제. 초미의 문제.
momice *f*. ①얼굴을 찌푸리는 것. 찌푸린

얼굴. 상찌푸리기. ②허위. 위선(僞善). ③겉치장.
momo *m*. ①무언극. 가면무도(假面舞蹈). ②괴상한 얼굴 표정 또는 몸짓. ③무언극 배우 또는 광대. 흉내쟁이. 모방자.
momordica *f*. [植] 봉숭아의 일종.
mona *f*. ①[動] (아프리카산의) 긴 꼬리 있는 작은 원숭이. ②얼굴에 불만의 표정을 나타내기. ③기분 상함. 불쾌. ④술에 취함. 명정(酩酊).
monacal *a*. 수도원의. 수도원적. 수도생활의. 수도승(修道僧)의. 은둔적(隱遁的).
monacalmente *adv*. 수도승처럼. 수도생활(修道生活)같이.
monacato *m*. ①수도. 수도생활. ②수도자임.
monaquismo *m*. 수도원생활. 수도원제도.
monada *f*. ①찌푸린 상(얼굴). ②원숭이 같은 동작. ③망나니 노릇. 점잖지 못한 행실. ④원숭이 떼(猿群).
mónade *f*. ①[哲] 모나드. 단자(單子). [生] 단자. [化] 1가 원소. ②[動] 단충(單蟲).
monadário *a*. ①단자의. 단자처럼 작은. 단원(單元)의. ②단충(單蟲)의.
monadelfia *f*. [植] 단체웅예식물(單體雄蕊植物).
monadelfo *a*. [植] 단체웅예의.
monadismo *m*. [哲] (라이프니츠 철학의) 단자론(單子論). 단원론(單元論).
monadista *m.f*. 단자론자. 단원론자.
monadologia *f*. [哲] 단원론(單元論).
monandria *f*. ①일부제(一夫制). ②[植] 홑수술.
monanto *a*. [植] 단화(單花)의.
monarca *m*. 군주(君主). 제왕(帝王).
monarquia *f*. ①군주국. ②군주정체(정치). 왕정(王政). ③대권(大權).
monarquia absoluta 전제군주정체.
monarquia constitucional 입헌(立憲) 군주정체.
monárquico *a*. 군주(국)의. 군주제의. 군주정체(정치)의.
— *m*. 군주제 정치 옹호자. 제정당원(帝政黨員). 왕당파(王黨派).
monarquismo *m*. 군주주의. 군주제(君主制). 군주정치주의.
monarquista *m., f*. 군주정치주의자. 군주제주창자. 제정주의자.

monastical *a*. = *monástico*.
monásticamente *adv*. ①수도원적으로. 금욕적으로. ②수도자(修道者)로서. 승려로서.
monástico *a*. 수도원의. 수도승의. 수도원적. 수도생활의.
monazita, monazite *f*. [鑛] 모나지트 모래(돌).
monção *f*. ①계절풍(특히 인도양에서 여름에는 서남에서, 겨울에는 동북에서 불어오는). ②인도의 비오는 철. ③《轉》 순풍(順風). ④좋은 기회. 호기회.
moncar *v.i*. 코 흘리다. 콧물 흘리다.
monco *m*. 콧물. 코. 코딱지.
monco do perú. 칠면조의 늘어진 살.
moncoso *a*. ①콧물 투성이의. 콧물 흘리는. 코딱지 붙은. ②더러운. 불결한. ③천한.
monda *f*. ①풀베기. 제초(除草). 풀뽑기. ②제초기(除草期). ③잡초. 악초(惡草).
mondadeira *f*. ①잡초를 뽑는 여자. 제초하는 여자. ②제초기(除草器: 호미·괭이 따위).
mondadeiro *m*. 잡초를 뽑는 사람. 제초하는 이. 김매는 이.
mondador *a*. 풀베는. 잡초를 뽑는. 제초하는.
— *m*. ①잡초를 뽑는 사람. 김매는 사람. ②제초도구(除草道具).
mondadura *f*. ①잡초를 뽑기. 풀베기. 제초(除草). ②제초기(期). ③(땅·밭을) 깨끗이 하기.
mondar *v.t*. ①풀을 베다. 잡초를 뽑다. 제초하다. 김매다. ②(가위로) 나뭇가지를 자르다; 치다. ③(땅·밭을) 깨끗이 하다. 장애물을 제거하다. ④교정(校正)하다. 정정(訂正)하다.
mondeu *m*. = *mundeu*.
mondonga *f*. ①처신머리 없는 여자. 게으르고 추한 여자. 단정치 못한 여성. ②《稀》 잡년. ③암캐.
mondongo *m*. ①(식용수(食用獸)·가금(家禽) 따위의) 내장. 창자(간·위·심장·허파 따위). ②처신머리 없는 사람. 게으르고 추한 사람. 더럽기 짝이 없는 사람. 비천한 인간. 비루한 사람.
mondongueira *f*. = *mondonga*.
mondongueiro *m*. ①(동물의) 내장을 파는 사람. ②더러운 것을 파는 사람.

mondrongo *m.* 포르투갈의 시골 사람. 포르투갈 사람으로서 본데없이 자란 사람.

mondururú *m.* (브라질의) 야생나무.

monera, monere *f.* [生] 단충(單蟲). 적충(滴蟲).

monetário *a.* 금전의. 금전상의. 화폐(貨幣)의. 통화(通貨)의.
sistema monetário 화폐제도.
correção monetária (인플레에 의한) 화폐가치 재조정. (평가절상(切上)·절하에도 따름).

monete *m.* ①얇은 머리칼의 술. ②권모(卷毛).

monetizar *v.t.* 화폐로 주조하다. 화폐(통화)로 하다. (정하다).

monge *m.* ①중. 승(僧). 수도승(修道僧). 도사(道士). ②은자(隱者). 교제하기 싫어하는 사람.

mongil *m.* ①수녀(여승)의 옷. ②수녀(여승)의 풍습.

mongol *a.* 몽고(사람)의.
― *m.* 몽고 사람(말).

mongólico *a.* 몽고의. 몽고 사람(말)의.

mongolismo *m.* 몽고어연구(蒙古語研究). 몽고학.

mongolista *m., f.* 몽고어 연구가.

mongolóide *a.* 몽고 사람과 흡사한. 몽고 인종적인. 몽고 민족에 속하는.

monguba *f.* (아마존 지방의) 뭉구바나무.

monha *f.* ①장식용 인형. (양장점·미장원 등에 있는 머리 모양의) 모형대. (화가·의상점용(衣裳店用)의) 모델 인형. ②인체 해부 모형. ③투우사(鬪牛士)가 후두부(後頭部)에 내려 드리우는 장식물. ④ 투우(鬪牛)의 목에 다는 리본.

monho *m.* 가짜 머리칼. 인조 머리칼. 가발.

moniforme *a.* 목걸이 비슷한.

monismo *m.* [哲] 일원론(一元論).

monista *m.f.* 일원론자.

monitor *m.* ①권고자. 충고자. 훈계자. (학급의) 반장. 감독생. 상급생. ②저현갑철함(低舷甲鐵艦). ③[動] 도마뱀의 종류. 일종.

monitoria *f.* ①충고. 권고. 경고. (教會法) 소환(召喚). (종교재판소의) 계고(戒告). ②(승정(僧正)·법왕의) 계고서(戒告書).

monitorial *a.* ①권고의. 훈계의. 경고를 주는. ②(학급의) 반장의. 감독생의.

monja *f.* 수녀. 여승(女僧).

mono (1) 단일…. [化] '일원자(一原子)를 포함하는…'의 뜻을 나타내는 복합형.
― (2) *m.* ①원숭이. 큰 원숭이. ②미운 사람. 무뚝뚝한 사람. ③《俗》 아주 단순한 인간. 바보. 얼간망둥이. 멍청이. ④팔리지 않는 물건.
― *a.* ①원숭이의. ②기분 좋지 않은. 뚱한. 무뚝뚝한. 심술궂은.

monoatómico *a.* [化] 단원자(單原子)로 되는. 일원자를 포함하는.

monobásico *a.* 일염기(一鹽基)의.
ácido monobásico 일염기산(酸).

monoblepsia *f.* [醫] 일안시병(一眼視病) (한 눈을 감고서만 볼 수 있는).

monocarpelar *a.* [植] 단심피(單心皮)의.

monocarpico *a.* [植] 한 번만 열매를 맺는.

monocarpo *a.* [植] 단 한 개의 열매를 맺는.

monocefalia *f.* 이신일두(二身一頭)의 기형체.

monocéfalo *a.* 이신일두의. 양체(兩體)일두의.

monoceronte *m.* (= *unicornio*). 일각수(一角獸).

monociclo *a.* 한바퀴의. 단륜(單輪)의. 단원주(單圓周)의.
― *m.* 일륜차(一輪車).

monocórdio *m.* 일현금(一絃琴). 일현의 음악측정기. 음의 조화.

monocotiledôneas *f.(pl.)* [植] 단자엽식물(單子葉植物).

monocotiledôneo *a.* [植] 단자엽의.

monocracia *f.* 일인독재. 일인정치.

monocromático *a.* 단색(單色)의. 단채(單彩)의.

monocromo *m.* 단색화(單色畵). 단색.
― *a.* 한 가지색 (一色)의. 단색의.

monoculizar *v.i., v.t.* 한눈으로 보다(보게 하다).

monóculo *a.* 외눈의. 일안(一眼)의. 단안(單眼)의.
― *m.* 일안안경(一眼眼鏡).

monocultura *f.* [農] 단작(單作). 단일 경작(單一耕作). 단일 재배.

monodáctilo *a.* 손가락(발가락)이 하나인. 일지(一指·一趾)의.

monodelfo *a.* [動] 단자궁포유류의.

monodelfos *m.(pl.)* 단자궁포유류(單子宮哺乳類).

monódia *f.* ①(그리스 비극의) 독창부(獨唱

部). ②(친구의 죽음을 슬퍼하는) 애도사(哀悼詞). 만가(挽歌). ③[樂] 단음가(單音歌). 독창곡.

monódico *a. monódia*의. 슬픈. 가련한. 단조로운.

monodrama *m.* 일인극(一人劇). 독연극(獨演劇).

monofásico *a.* [電] 단상(單相)의.

monofilo *a.* [植] 단엽(單葉)의. 단악편(單萼片)의.

monofisismo *m.* [宗] 그리스도의 일성론(一性論: 그리스도의 신인합일성(神人合一性)을 주장하는).

monofisita *a.* 그리스도의 일성론의.
— *m., f.* 그리스도의 일성론을 믿는 사람(주장하는 자).

monofito *a.* [植] 단계(單系)의. 단종(單種)의.

monofobia *f.* [醫] 고독공포증(孤獨恐怖症).

monofobo *m.* 고독공포증에 걸린 사람.

monogamia *f.* 일부일처제(一夫一妻制). 일부일처주의.

monogámico *a.* 일부일처제의. 일부일처주의의.

monogamista *m., f.* 일부일처주의자. 재혼부정자.

monógamo *a.* 일부일부의. 일자일웅(一雌一雄).
— *m.* 일부일부주의자. 일부일처를 지키는 사람. 재혼부정사.

monogenésico *a.* [生物] 단성생식의.

monogenia *f.* [生物] 단성생식(單性生殖). 무성생식.

monogenio *a.* 인류일원설의.

monogenismo *m.* 인류일원설(人類一元說). 인류동조론(同調論).

monogenista *m.* 인류일원설 주장자. 인류동조론자.

monoginia *f.* ①[植] 암술 한 개. 단자예(單雌蕊). ②일처주의(一妻主義). 일처제. ③[動] 한 암컷과만 교미하는.

monogino *a.* ①[植] 암술 한 개의. ②일처주의의. 한 개의. ③[動] 한 암컷과만 교미하는.

monografia *f.* 전공논문. 특수연구서. 일과기록(一科記錄). 특수기사(特殊記事).

monográfico *a.* 전공논문의. 특수연구서의.

monografo *a.* 특수문제에 관한. 전공논문의.
— *m.* 전공논문을 쓰는 사람.

monograma *m.* (성명 첫 글자 등을) 합쳐 짠 글자.

monogramático *a.* 합쳐 짠 글자의.

monogramista *m., f.* 글자를 합쳐 짜는 사람.

monohidratado *a.* [化] 일수화(一水化)의. 수소(水素)의 일원자(一原子)가 있는.

monohidrato *m.* [化] 일수화물(一水化物).

monolítico *a.* 돌 하나의. 한 개의 돌로 되는.

monólito *m.* 일괴석(一塊石). 돌 하나로만 된 비석(기둥).

monologar *v.i.* ①혼자 말하다. 독백하다. ②회화를 독점하다. ③(연극 따위에서) 혼자 엮다.

monólogo *m.* ①혼자 말하기. 독백(獨白). 자문자답(自問自答). ②독차지하여 이야기 하기. ③독연각본(獨演脚本). 독연극(獨演劇).

monomania *f.* 한 가지 일에만 열중하기. 일사광(一事狂). 외곬으로 빠지기. [醫] 파망상(頗忘想)(욕구).

monomaníaco *a.m.* 한가지 일에만 열중하는. [醫] 파망상의.

monometalismo *m.* [經] (화폐의) 단본위제(單本位制).

monometalista *m.* [經] 단본위제론자.

monométrico *a.* [韻] 일운율시의.

monômetro *m.* [韻] 일운율시(一韻律詩).

monômio *m.* [數] 단항(單項). 단항식 (式).

mononimo *a.* [文] 하나(한 가지)의 뜻만 나타내는. 단일의미(單一意味)를 표시하는.

monope *a.* =*monopse*.

monopétalo *a.* [植] 하나의 꽃잎사귀의. 단화판(單花瓣)의.

monoplano *m.* 단엽(單葉) 비행기. 단엽기.

monoplástico *a.* 한 개로서만 되는. 한 덩어리로서만 이루어지는.

monopodia *f.* 발 하나의 기형(畸形).

monopodio *m.* (상·탁자 따위) 한 다리로 된 것. 일각탁자(一脚卓子).

monopólico *a.* 독점의. 전매(專賣)의. 전매에 관한.

monopolio *m.* 전매. 전매권. 독점. 독점권. 독점회사. 전매회사. 독점(전매)품. 매점(買占).

monopolista *m.f.* 독점자. 전매자. 독점주의자. 전매론자.

monopolização *f.* 독점(獨占). 전매. 전매권을 주기.

monopolizador *m.* 독점(전매)자. 전매론자. 독점주의자.

monopolizar *v.t.* 독차지하다. 독점하다. …의 독점(전매)권을 얻다. 전매(專賣)하다. 매점(買占)하다.

monopse *a.* 일안(一眼)의. 단안(單眼)의.

monoptero *a.* [魚] 단기(單鰭)의. [蟲] 단익(單翼)의. [建] 단열원주(單列圓柱)의.

monorrimo *a.* [韻] 단운(單韻)의.

monosepalo, monossepalo *a.* [植] 단악편(單萼片)의.

monoseriado, monosseriado *a.* 일종류(一種類)의. 일종족(一種族)의.

monositia *f.* 하루 한 끼(一日一食)의 습관.

monospermo *a.* [植] (과일에) 한 개의 씨만 있는. 일종자(一種子)의.

monossilabico *a.* 단음절(어)의. 일음절의.

monossilabismo *m.* 단음절어 사용(하는 버릇). 단음절적 경향(單音節的傾向).

monossílabo *a.* 단음절(어)의. 일음절의. 단음(單音)의.
— *m.* 단음절(單音節)(어). 일음절(어).

monostico *a.* [韻] 일행구의.
— *m.* [韻] 일행구(一行句). 일행시(詩).

monostrofe *f.* [韻] 일장(一章) 또는 일절(一節)로 되는 시. 일장시(一章詩).

monostilo *a.* [植] 단주(單柱)의.

monotéico *a.* 일신교(一神敎)의. 유일신교의.

monoteísmo *m.* [宗] 일신교. 유일신교(唯一神敎).

monoteista *a.* 일신교의. 유일신교의.
— *m.* 일신교(유일신교)의 신자.

monotipo *m.* 단형(單型). [植] 단종류(單種類). [印] 모노타이프. 단식(單式) 인쇄기.
— *a.* 단종류의. 단형의.

monotonia *f.* ①단음(單音). 단조(單調). ②천편일율(千篇一律). 무변화. 무취미. 단조로운 생활.

monótono *a.* ①단조한. 단조로운. 변화 없는. 천편일률의. ②흥미(취미) 없는. 지루한.

monotrematos *m.*(*pl.*) [動] 일혈류(一穴類). 단공류(單孔類).

monotremos *m.*(*pl.*) 일혈류의 동물.

monotropeas *f.*(*pl.*) [植] 수정란속(水晶蘭屬).

monovalência *f.* 일가(一價).

monoxilo *a.* 하나의 통나무로 되는.
— *m.* 하나의 통나무로 된 배(카누). 《古》 독목주(獨木舟).

monquilho *m.* ①양류(羊類)의 병(病). ②개의 인후병(咽喉病).

monroino *a.* 몬로주의의.

monroismo *m.* (미국의) 몬로주의(1823년 *Monroe* 대통령이 각서에서 명시한 외교 방침).

monroista *m.f.* 몬로주의자.

monsenhor *m.* ①각하(閣下). 전하(殿下). ②[植] 국화의 일종.

monsenhorado *m. monsenhor*의 위(位).

monstro *m.* ①괴물(怪物). 도깨비. 거대하고 기괴(奇怪)한 동물. 괴수(怪獸). ②괴기이형(怪奇異形)의 인물 또는 동물. ③이상하게 큰 것. ④극악무도한 놈. 괴한(怪漢).

monstruosamente *adv.* 기괴하게. 거대하게. 대단히.

monstruosidade *f.* ①기형(畸形). 기괴함. 괴물. 기형물(畸形物). ②잔인. 극악무도.

monstruoso *a.* ①기괴한. 거대한. 기형(畸形)의. 괴물같은. ②잔인한. 극악무도한. 무서운. ③엄청난.

monta *f.* ①합계(合計). 총액. 총량(總量). ②금액. ③값. 가격. 가치. 대가(代價). ④원가. 생산비.

montada *f.* ①승마(乘馬)하기. 올라타기. 걸터앉기. ②올려 놓은 상태. (기계 따위) 장치된 상태.

montado (1) *m.* 떡갈나무 숲.
— (2) *a.* ①말을 탄. 승마한. ②(기계를) 장치한. (기계를) 조립(組立)한.

montador *m.* (기계의) 조립공(組立工).

montagem *f.* ①말타기. 승마. ②기계의 조립 또는 조성. ③기계장치(또는 설치). ④(건물 따위의) 축조(築造). 건립. ⑤(극장의) 도구설비. 무대장치.

montanha *f.* ①산. 산악(山嶽). 산맥. ②산더미같은 것. 산처럼 높이 쌓인 것. 산적(山積). 퇴적.

montanheira *f.* 떡갈나무 숲. 참나무 숲.

montanheiro *m.* = *montanhês*.

montanhesco *a.* ①산의. 산악의. 고산(高山)의. ②야생의.

montanhês *a.* ①산에 사는. 산악지방에 거주하는. ②등산의.
— *m.* ①산에 사는 사람. ②등산가.

montanheta *f.* 작은 산. 낮은 산. 야산(野山).

montanhoso *a.* ①산이 많은. 산악이 중첩한. ②산과 같은. 거대한.

montanística *f.* 금속의 채수(採收) 또는 그 용해술(鎔解術).

montano *a.* 《稀》①산의. 산에 사는. ②산이 많은. ③거친. 조폭(粗暴)한.

montante *a.* 올라가는. 오르는. 높아지는. 등귀하는.
— *m.* ①합계. 총액. 총수(량). 금액. ② 밀물. 만조(滿潮). ③《古》두 손으로 쥐고 쓰는 큰 칼(劍). 폭 넓은 칼.

montão *m.* 더미. 쌓아 올린 것. 퇴적(堆積). 산적(山積). 누적(累積).
em montão 쌓여서. 난잡하게.
aos montoes 산더미를 이루고. 산적하여.

montar *v.t.* ①말태우다. ②올려 놓다. 얹어 놓다. ③(기계를) 장치하다. 설치하다. 조립(組立)하다. ④장비하다. 갖추다. ⑤(보석 따위를) 박아 넣다. 끼우다. ⑥건설하다. 건립하다. ⑦평가하다. 견적하다.
montar um cavalo 말을 타다.
montar um negócio 상점을 차리다. 상사를 열다.
— *v.i.* ①말타다. 걸터 앉다. ②오르나 (산에) 올라가다. ③(+*a* 또는 *em*). …에 도달하다. (일정한 금액에) 이르다.
—se *v.pr.* (+*em*). 오르다. 올라가다. (말에) 타다. 걸터앉다.

montaria (1) *f.* 사냥. 사냥터. 수렵지(狩獵地). 수렵법(法). 수렵대(隊).
— (2) *f.* ①승용마(乘用馬). 안마(鞍馬). ②군마(軍馬)의 보충. ③부인용 승마복.

monte *m.* ①산(山). 산봉우리(山峯). ②산적(山積). 누적(累積). 더미. 높이 쌓은 것. ③다량. 다액(多額).
montes (*pl.*) 연산(連山). 연봉.
monte de socorro ①구제회(救濟會). ②공설전당포.
a monte 층층히 쌓여서. 난잡하게.
aos montes 다량으로. 많이.
de monte a monte 한족에서 다른 쪽에 이르기까지. 전체에 걸쳐서.

monteada *f.* 산에서 사냥하기. 산중수렵(山中狩獵).

monteador *m.* 산에서 사냥하는 사람.

montear (1) *v.t.*, *v.i.* 산속에서 수렵하다. 산에서 사냥하며 돌아다니다.
— (2) *v.t.* (건축물의) 설계도를 작성하다. 입면도(立面圖)를 그리다.

montearia *f.* =*montaria* (1).

monteira *f.* ①여자 사냥군. 여자 포수. ②등산가가 쓰는 모자. 농부가 쓰는 챙이 없는 모자.

monteiria *f.* ①사냥하는 방법. 수렵술(狩獵術). 수렵의 수완. ②사냥꾼의 자격. ③수렵지. 지기(監守)의 직분.

monteiro *a.* 사냥의. 사냥용의.
— *m.* ①사냥꾼. ②산림지기. 산림관. ③(왕가의) 사냥터 지키는 사람.

montenegrino *a.* (옛 유고슬라비아의 남서부 지방의) 몬테니그로의.
— *m.* 몬테니그로 사람.

montepio *m.* ①과부 또는 고아(孤兒)들을 위한 부조기금. ②유족부조회(遺族扶助會).

montês *a.* ①산의. ②산에 사는. 산에서 자란. 야생적인. ③거친. 난폭한. 조폭한. 본데없는.

montesinho, montesino *a.* =*montês*.

montevideano *a.* (남미 *Uruguay*국의 수도) 몬테비데오의.
— *m.* 몬테비데오 사람.

montícola *a.* [動·植] 산에 나는. 산에 있는. 산에 사는. 산에서 자라나는. 산악에 피는.
— *m.*, *f.* 산에 사는 사람. 산사람. 산악주민.

montículo *m.* 작은 산. 야산. 언덕. 구릉(丘陵). 흙을 높이 쌓은 것.

montivago *a.* 산속에서 돌아다니는. 산중에서 배회(徘徊)하는.

montoeira *f.* 더미. 산더미. 쌓아 올린 것.

montra *f.* 진열창(陳列窓). 진열 선반.

montuoso *a.* ①산이 많은. 산악이 중첩한. ②기복(起伏)이 많은.

montureira *f.* ①쓰레기더미. ②똥무지. 퇴비(堆肥).

montureiro *m.* 쓰레기를 헤치며(보잘것 없는 것을) 줍는 사람. 넝마조각 따위를 모으는 사람.

monturo *m.* ①쓰레기를 버리는 곳. ②쓰레기더미. 분뇨(糞尿)를 모은 곳. 퇴비.

monumental *a.* ①기념비의. ②기념의. 불멸의. ③엄청난. 비상한. ④장엄(莊嚴)한. 장중한. ⑤화려한. 당당한. 훌륭한.

monumentalizar *v.t.* 기념하다. 영구(永久)히 전하다.

monumento *m.* ①기념비(記念碑). 기념건물. ②기념물. 유적(遺跡). ③큰 건축물.
monumentos (*pl.*) 불멸의 공적·저작 따위.
monumento comemorativo 기념표(標).

moquear *v.t.* (말린 고기를) 불에 굽다. 그을리다. (생선·수육(獸肉) 따위를 썩지 않게 하기 위하여) 불에 쬐다.

moquenco, moquenqueiro *a.*, *m.* ①감언(甘言)으로 속이는 사람(꾀는 사람). ②우스운 몸짓을 하는 사람. ③교활한 사람.

moquenquice *f.* ①감언이설(甘言利說)(로 속이기). 감언으로 꾀기. ②얼굴(상)을 찡그리기. 찌푸린 얼굴. ③게으름. 나태(懶惰).

moqueta *f.* (프랑스제의) 일종의 융단용 모직물. 윌톤 양탄자(영국 *Wilton*에서 생산되었음).

mor *a.* 첫째가는. 두목의. 중요한. 최고의.
mordomo mor (왕가·귀족의) 청지기. 집사장(執事長). 하인 우두머리. (전람회·무도회·경마 등의) 간사(幹事).
monteiro mor 수렵(狩獵)의 달인(達人).

mora *f.* [法] 지체. 지연(遲延). 유예(猶豫). 연기.
juros de mora 지불연체이자(支佛延滯利子 : 지불이 늦어짐으로 덧붙는 이자).

morada *f.* ①거처. 주택지. 거주소. ②체재. 체류. 기류지(寄留地).

moradia *f.* ①사는 집. 주택. 거처. 주소. ②주택수당금. 주택료(住宅料).

morado *a.* 진한 자색의. 농자색(濃紫色)의.

morador *a.* 사는. 거주하는.
— *m.* 거주자. (주택지의) 주민.

moral *a.* ①도의의. 도덕(상)의. 덕행(德行)의. 도덕적인. 교훈적인. ②마음의. 정신적. 형이상(形而上)의. ③[軍] 사기(士氣)의. ⑤[論] 개연적(蓋然的).
força moral 기력(氣力).
faculdades morais 정신작용.
— *f.* ①도의(道義). 도덕. ②수신(修身). 윤리학(倫理學). ③품행. 몸가짐. 처신.
— *m.* 정신. 정신력. [軍] 사기. 풍기.

moralidade *f.* ①도의(道義). 도덕. 도의감(道義感). 도덕적 관념. 도덕(윤리)학. ②(어떤 사회의) 덕의(德義). ③정사(正邪). 선악. ④(개인의) 덕행. 덕성(德性). 품행. ⑤교훈. 우의(寓意).

moralismo *m.* [哲] 도덕주의. 도덕본위설(道德本位説). 도의. (도덕상의) 훈언(訓言). 격언.

moralista *m.*, *f.* 도덕철학자. 도학자. 도덕가.

moralização *f.* ①덕화(德化). 도덕화. 도덕적 해석. 선도(善導). ②설법. 설교. 교화.

moralizador *a.* 도를 가르치는. 도덕적으로 설명하는. 도덕적인 교훈을 주는. 선도(善導)하는.
— *m.* 덕화하는 자. 도덕적으로 해석하는 자. 도학자. 교훈학자.

moralizar *v.t.* 도를 가르치다. 도덕적으로 설명하다. 도덕적 교훈을 주다. 교화하다. 선도하다.
— *v.i.* 도(道)를 말하다(논하다). 교훈이 되다. 덕행(德行)하다. 수양(修養)하다.

moralmente *adv.* 도덕상. 도의상. 도덕적으로. 정신상.

morangal *m.* 딸기밭.

morango *m.* [植] 딸기. 양딸기.

morangueiro *m.* ①딸기(식물). ②딸기 장수.

morar *v.i.* ①살다. 거주하다. (+*em*). (일정한 곳에서) 생활하다. ②(+*em*). 존재 하다.
Moro em São Paulo. 나는 상파울루에 산다.
Êle mora no Rio. 그이는 리오에 산다.

moratória *f.* 지불정지. 지불연기(支拂延期). 지불유예령(猶豫令). 지불유예기간. '모라토리엄'.

moratório *a.* 지불연기의. 지불연기를 인정하는. 연체(延滯)의.
sentença moratória 집행유예.

morbidez, morbideza *f.* ①불건전. 심신(心身)의 쇠약. 병적상태. ②《It》[美術] (색채·살빛 따위가 실물같이 보이는) 섬세미(纖細美).

mórbido *a.* ①불건전한. 병적인. 쇠약한. 병원(病原)이 되는. ②[美術·彫刻] 섬세한. 부드러운. 순수한.

morbífico *a.* 병을 발생시키는. 병원(病原)이 되는. 건강에 장애가 되는.

morbilidade *f.* 환자율(患者率).

morbo *m.* 병. 질병. 병증(病症).

morbocidade *f.* 불건전함. 병적임.

morboso *a.* 불건전한. 병약한. 병적인.

morbus *m.* =*morbo*.

morcas, morcão *m.* ①활기 없는 사람. 음침한 사람. (노인처럼) 기운 없고 나른한 사람. ②멍청한 사람.

morcêgo *m.* [動] 박쥐. 《轉》(낮에는 집에 있고) 밤에 다니기 좋아하는 사람. 밤에 놀기 좋아하는 이.
cego como um morcêgo (박쥐처럼) 눈이 먼.

morcela, morcilha *f.* ①(특히 돼지피를 주로 쓰는) 순대의 일종. 소시지. ②(순대식으로 만든) 과자의 일종.

mordaça *f.* ①입마개. 재갈. ②[外科] 장구기(張口器). ③입을 틀어막기. 발음금지. 언론억압. [議會] 토론종결.

mordacidade *f.* ①묾. ②교성(咬性). ③침식성(侵蝕性). 부식성(腐蝕性). ④가성(苛性). ⑤빈정거림. 독설(毒舌). ⑥(기질이) 신랄함. 혹독함.

mordaz *a.* ①무는. 물어뜯는. ②침식성의. 부식성의. ③신랄한. 호된. 혹독한. 뼈를 쑤시는 듯한. 쓰라린. ④빈정대는. 독설적인.

mordedela *f.* ①물기. 물린 상처. 찔린 상처. 동상(凍傷). 부식(腐蝕).

mordedor *a., m.* 무는 (것). 물어뜯는 (짐승). 《俗》(친구의 돈을) 잘라먹는 (사람).

mordedura *f.* 물기. 물린 상처. 찔린 상처. 동상(凍傷). 부식.

mordente *a.* ①무는. 물어뜯는. ②찌르는. 쑤시는. 자극 주는. ③신랄한. 호된.
— *m.* ①[染織] 착색료(着色料). 매염제(媒染劑). ②금박점착제(金箔粘着劑). 점착액(液). ③금속부식제.

morder *v.t.* ①물다. 깨물다. 물어뜯다. ②(모기 따위가) 쏘다. (게 따위 집게발로) 집다. [機] 톱니가 물리다. (덫이) 땅속에 걸리다. ③(고추·후추 따위가) 자극 주다. 얼얼하게 하다. ④(추위가) 스미다. (서리가) 상하게 하다. (산(酸)이) 부식하다. ⑤ 아프게 하다. 괴롭히다.
— *v.i.* ①물다. 깨물다. (톱니바퀴가) 맞물리다. ②자극 받다. ③맛보다.
morder os lábios 입술을 깨물다. 노여움을 꾹 참다.
morder o pó 쓰러지다(죽다). 패배하다.
—*se v.pr.* 스스로 물다. 절치(切齒)하다. 이를 갈다. 몹시 분해하다.

mordicação *f.* ①자극성(부식성). 액체가 주는 감각(매운감·얼얼한 느낌·쓰라린 느낌 따위). ②따끔따끔 찔리는 듯한 느낌.

mordicante *a.* ①조금씩 무는(깨무는). ②따끔따끔 쏘는. ③혀·코를 찌르는. 얼얼한. 매운. 자극 주는.

mordicar *v.t.* ①조금씩 물다. 깨물다. 살짝 물다. ②(벌레 따위가) 쏘다. (아프게) 찌르다. 자극 주다. ③좀먹다. 부식하다. 침식하다.

mordicativo *a.* =*mordicante*.

mordida *f.* =*mordedela*.

mordimento *m.* ①물기. 깨물기. 물어 상처를 입히기. ②깊은 뉘우침. 양심의 가책. 자책(自責).

mordiscão *m.* ①물기. ②(풀 따위를) 뜯기. 물어뜯기. ③꼬집기.

mordiscar *v.t.* =*mordicar*.

mordomado *m.* 집사의 직분. 집사의 기간(期間). 청지기의 직분.

mordomar *v.t.* 집사(음식조달인)로서 가사를 관리하다.
— *v.i.* 집사(음식조달인)의 직무를 수행하다

mordomia *f.* ①집사직(執事職). 음식조달인(회계)의 직. ②관리. 경영. 처리. 《英》*stewardship*.

mordomo *m.* ①집사. 청지기. 음식조달인. 조달계(係). (조합·단체의) 회계. (왕가·귀족의) 청지기. 하인 우두머리.
mordomo mór 집사장. 하인 우두머리. (왕가의) 청지기.
mordomo da igreja 교회위원(집사).

moréia *f.* [魚] 곰치(열대산 뱀장어무리).

moreira *f.* (=*amoreira*). [植] 뽕나무.

morena *f.* ①살갗이 거무스름하고 머리털과 눈이 고동색의 여자. 황갈색(黃褐色)의 여성. ②[地質] 퇴석(堆石).

morenado *a.* 황갈색을 띤.

moreno *a.* 황갈색(黃褐色)의. 보리빛깔의.
— *m.* 피부가 거무스름하고 머리털과 눈이 고동색인 남자. 황갈색 사람.

morfanho *a.* 콧소리의. 비음(鼻音)의. 콧소리 내는.

morfeia *f.* [醫] 상피병(象皮病).

morfenho *a.* =*morfanho*.

morfético *a.* 몽신(*morfeu*)의. 수면(睡眠)의.

morfeu *m.a.* ①[希神] 몽신(夢神)(의). 수마(睡魔)(의). ②수면의.
nos braços de morfeu 잠들어서.

morfico *a.* 의지표시(意志表示)의. 의지표시에 관한.

morfina *f.* [化] 모르핀.

morfinico *a.* [化] 모르핀의.

morfinismo *m.* [醫] 모르핀 중독.

morfinização *f.* 모르핀 응용(應用).

morfinomania *f.* [醫] 만성 모르핀 중독.

morfinomaníaco *m.* 만성 모르핀 중독자.

morfologia *f.* [生物] 형태학(形態學). [言·文] 어형론(語形論). 형태언어학. [生物·言] 조직. 형태.

morfológico *a.* 형태학(상)의. 어형론의.

morfologista, morfólogo *m.* 형태학자.

morgada *f.* *morgado*의 여성.

morgadete *m.* 《輕蔑語》 작은(보잘 것 없는). 세습재산 소유자.

morgadio *a.* 세습재산의. 세습재산에 관한.
— *m.* ①세습재산(世襲財産). ②세습재산 소유자임.

morgado *m.* ①세습재산. 세습재산 상속인. 세습재산 소유자. ②사자(嗣子). 맏아들(長子).

morganaticamente *adv.* (결혼에 있어서) 신분이 다르게. 신분의 차이로 상속권 없이.

morganático *a.* (혼인에 있어서) 신분이 다른. 신분이 마땅치 않는.
casamento morganàtico 신분이 맞지 않는 결혼. (왕족·귀족이 지체 낮은 여자와 결혼할 경우에 처자는 정식의 예우(禮遇)는 받지만 남편이나 아버지의 신분·재산을 계승할 수 없음)

morgue *f.* 《F》 시체공시소(신분이 불명한 시체(屍體)를 공시하는 곳).

moribundez *f.* 빈사상태(瀕死狀態).

moribundo *a.* 죽어가는. 곧 절명하려고 하는. 빈사 상태의.
— *m.* 죽어가는 사람. 빈사 상태에 있는 사람.

morigeração *f.* ①절제. 중용(中庸). 극기(克己). 온건. 온화. ②(품성의) 도야(陶冶). 성격의 훈련. 예절이 있음. ③훌륭한 처신. 선행. 덕행. 미풍(美風).

morigerado *a.* 절제 있는. 온건한. 예의바른. 품행이 좋은. 지조가 훌륭한.

morigerar *v.t.* 절제하다. 지조를 지키게 하다. 예절 바르게 하다. 잘 교육하다. 훈도(薰陶)하다. 풍속(풍습)을 개선하다.
—*se v.pr.* 올바르게 처신하다. 지조를 지키다. 절주(금주)하여 품행 단정하게 하다.

morígero *a.* 《詩》 =*morigerado*.

morilhão *m.* [蟲] 진디.

morim *m.* 셔츠감. 와이셔츠감. 얇은 솜천.

moringa *f.* =*moringue*.
— *m.* (목이 좁은) 물항아리. 토제(土製) 물단지. 뚝배기.

mormaceira *f.* 무더운 날씨. 찌는 듯한 더위.

mormacento *a.* ①날씨가 무더운. 습기 있는 더위의. ②(말이) 비저병에 걸린.
cavalo mormacento 비저병(鼻疽病)에 걸린 말.

mormaço *m.* 무더운 날씨. 찌는 듯한 더위. 습기 있는 더위.

mormente *adv.* 주로. 특히.

mormo *m.* [醫] 점막마비저(粘膜馬鼻疽: 말의 전염병의 일종).

mormoso *a.* (동물 특히 말이) 비저병에 걸린.

mornar *v.t.* (물 따위를) 미적지근하게 하다. 미지근하게 하다.

mornidão *f.* 미지근함. 열이 없음. 활기 없음. 기운 없음. 열성이 없음.

morno *a.* ①덥지도 않고 차지도 않은. 미지근한. ②열이 없는. 활발하지 못한. 기운 없는. ③조용한. 평온한. ④흥미(재미) 없는. 단조로운.
águas mornas 미지근한 물. 《轉》 고식수단(姑息手段).

moroba *f.* (브라질의) 담수어(淡水魚)의 일종.

morosamente *adv.* 느리게. 굼뜨게. 완만하게.

morosidade *f.* 느림. 굼뜸. 완만함. 지둔(遲鈍).

moroso *a.* ①느린. 굼뜬. 완만한. 천천한. ②시간 걸리는. 늦은. ③둔한. 무거운.

morouço *m.* 더미. 쌓아 놓은 것. 뭉텅이. 퇴적(堆積).

morra *interj.* (신랄한 비난의 말). 타도하라! 때려 부셔라!

morraca *f.* ①부싯깃. 화융(火絨). ②(불쏘시개로 쓰는) 썩은 나무.

morraça *f.* ①물기 많은 술(음료). 나쁜 술. ②더러운 물. (부엌의) 개숫물. ③이 소지(泥沼地)에 나는 비료초(肥料草).
cheiro de morraça 나쁜 냄새.

morrão *m.* ①(불타는) 심지. 초의 심지. ②양초 또는 등잔 불심지가 타서 까맣게 된 부분(끝). ③(광산의) 점화용 폭발물. ④곡물(穀物)의 쭉정이(秕). ⑤[蟲] (식물에 매달리는) 진딧물.

morraria *f.* 연속된 언덕. 구릉(丘陵)의 계속.

morrediço *a.* ①죽으려고 하는. 죽어가는. ②꺼지는.
luz morrediça 꺼져가는 등불.

morredouro *a.* ①죽어가는. 빈사 상태의. 꺼지는. ②노후(老朽)한. ③일시의.
— *m.* ①건강에 아주 나쁜 곳. ②사망자를 많이 내는 곳.

morrer *v.i.* ①죽다. 생명이 끊어지다. (영원히) 멸망하다. ②끝나다. 없어지다. ③(고통·괴로움 등으로) 죽을 것 같다. 죽을 정도로 …하다.
morrer como heroi 영웅처럼 죽다.
morrer como um cão (개처럼 죽다). 횡사하다.
morrer de morte natural 자연사(自然死)하다.
morrer de frio(fome) 추위로 (굶어) 죽다.
morrer de riso (죽을 정도로 우습다). 몹시 웃다.
morrer de amor (죽을 정도로) 사랑에 미치다.
morrer de inveja 가지고 싶어 못 견디다. 몹시 시기(질투)하다.
morrer por alguma coisa …을 가지고 싶어 하다. 대단히 욕망하다.
—**se** *v.pr.* ①죽다. ②죽을 정도로 괴로워하다.

morrião *m.* ①[史] 갑옷의 일종. ②[植] 앵초과(櫻草科)의 식물.

morrinha *f.* ①가축(특히 소)의 전염병. 전염성 양진(痒疹). ②가벼운 중세. 몸의 불편. 기분이 좋지 않음. ③인체(人體) 또는 가축에서 나는 악취.

morrinhento, morrinhoso *a.* ①*morrinha*에 걸린. ②어딘가 (몸이) 불편한. 약간 아픈. 기분이 좋지 않은. 아주 쇠약한. ③고약한 냄새 나는.

morro *m.* 언덕. 구릉(丘陵). 평평하고 낮은 산.

morrudo *a.* ①(몸이) 튼튼한. 강한. 완강한. 기운찬. 건전한. ②몹시 높은. (길이가) 매우 긴.

morsa *f.* [動] 해마(海馬).

morsegão *m.* ①물기. 뜯기. 꼬집기. 깨물어 끊은 조각.

morsegar *m.* 꽉 물다. 깨물다. 깨물어 부수다. 이빨로 끊다.

morso *m.* ①(입으로) 물기. (한 입) 깨물기. ②깨물어 끊은 조각. ③깨문 자국. ④한 입. 한 조각. 소량.

morsolo *m.* 정제(錠劑).

morta *f.* 죽은 여자. 여자의 사체(死體). 시체.

mortadela *f.* 이탈리아식의 일종의 순대 (일종의 소시지로서 얇게 썰어 샌드위치로 함).

mortal *a.* ①죽음의. 죽을. 죽을 운명의. 필멸(必滅)의. 필망. 죽음을 면할 수 없는. 죽음을 초래하는. 치명의. 죽음에 관한. 임종(臨終)의. ②죽어야 할 불구대천(不俱戴天)의. 용서할 수 없는.
pecado mortal 죽음에 해당하는 죄. 큰 죄.
ódio mortal 뼈에 사무친 증오(원한).
— *m., f.* 죽을(운명의) 것. 인간.

mortalha *f.* ①시체(屍體)를 싸는 천. 수의(壽衣). ②덮어씌우는 물건. 큰 보자기. 막. 장막. ③《俗》담배(卷煙草) 마는 종이.

mortalidade *f.* ①죽을 운명. 죽을 성질. 인성(人性). 인류. ②사망수(死亡數). 사망률.

mortalmente *adv.* 치명적으로. 생명에 관계될 정도로.

mortandade *f.* ①학살(虐殺). 도살. 살육(殺戮). ②사망수.

morte *f.* ①죽음. 사망. ②파멸. 멸망. 절멸. 사멸. 소멸
de morte 죽을 정도로. 몹시.
aonsado de morte 대단히 피로. 피로극진.
ferido de morte 치명상(致命傷).
leito de morte 죽음의 자리. 임종.
morte aparente 죽은 체하기. 거짓 죽음. 가사(假死).
ás portas da morte 죽을 지경에 빠져서.

morte-côr *f.* 유화(油畵)의 기본색. 바탕빛. 기색(基色).
morteirada *f.* 박격포 사격.
morteirete *m.* 옛날의 작은 포(小砲).
morteiro *m.* [軍] 박격포.
morte-luz *f.* =*morte-côr*.
mortecínio *m.* 학살. 도살. 살육.
mortiço *a.* ①죽으려고 하는. 죽어가는. 멸망하려고 하는. 죽음에 직면한. ②활기 없는. 몹시 약한.
mortífero *a.* 치명적. 치사(致死)의. 목숨을 빼앗는. 죽고야 말. 죽음과 같은.
veneno mortífero 사람을 죽이는 독약.
mortificação *f.* ①[宗] 난행고행(難行苦行). 욕망의 억제. 육신(肉身)을 괴롭히기. ②활기를 없애기. ③억울. 울분. ④[醫] 탈저(脫疽). 괴저(壞疽).
mertificado *a.* ①육신을 괴롭힌. 욕망을 억제한. 금욕하는. 몹시 고민하는. 번민하는. ②탈저(괴저)에 걸린.
mortificador, mortificante *a., m.* 육신을 괴롭히는 (것). 난행. 고행하는 (사람). 금욕하는 (자). 약올리는 (것). 억울하기 짝이 없는 (것). 활기를 없애는 (것).
mortificar *v.t.* ①(특히 수양하기 위하여) 육신을 괴롭히다. 욕망을 억제하다. 금욕하다. ②활기를 없애다. ③굴욕을 느끼게 하다. 마음을 괴롭히다. 분하게 생각하게 하다. [醫] 탈저에 걸리게 하다.
— *v.i.* 탈저(脫疽)에 걸리다. 활력을 잃어버리다. (조직이)죽다.
—se *v.pr.* 자기의 육체를 괴롭히다. 난행. 고행하다.
mortificativo *a.* =*mortificador*.
mortinatalidade *f.* ①죽어서 태어남. ②사산아(죽어서 태어난 아기)의 수(數).
mortinato *a.* 죽어서 태어난. 사산(死産)의.
morto *a.* (*matar, morrer*의 과거분사). ①죽은. 사망한. 생명이 없는. 사멸한. ②소멸한. 멸망한. ③활동이 정지된. 생기(활기) 없는. ④감각이 없는. 마비된.
animal morto 죽은 동물.
água morta 고인 물. 흐르지 않는 물.
águas mortas =*maré morta*.
maré morta 극히 낮은 조수. (상현(上弦)·하현(下弦) 때의) 소조(小潮). 조금.
letra morta (법률의) 공문(空文).
país morto 산업적으로 부진(不振)한 나라.
morto de alegria 기뻐서 못 견디는.
morto de amor 사랑에 번민하는. 사랑에 병든.
morto de cansaço 녹초가 된. 피로가 극진한.
morto de trabalho 막심한 노동.
— *m.* 죽은 사람. 사체(死體). 시체. 송장.
mortório *m.* ①장례(葬禮). 장의. 장례식. ②심은 씨가(파종한 것이) 싹터 나오지 않은 곳. 싹트지 않은 파종. ③폐지(廢止). 폐용. 지금은 없어진 것.
mortualha *f.* ①많은 시체(송장). ②장례.
mortuário *a.* ①죽음의. 죽음을 기념하는. ②죽은 사람의. 시체의. ③매장의.
casa mortuária (병원 내의) 시체를 임시 두는 방.
mortuorio *m.* 장례(식). 장의(葬儀).
morugem *f.* [植] 별꽃.
morzelo *a.m.* 뽕나무색의(말). 진한 자색의(말).
mosa *f.* [動] 사향노루. 궁노루. (북미산의) 큰 노루.
mosaico *m.* ①모자이크(색이 각각 다른 나무·돌·유리 따위의 작은 조각을 차례로 잇대어 박아 만든 무늬나 모양). 모자이크 세공(細工). 절감세공(切嵌細工). 상안(象眼) 세공. ②《轉》혼성화(混成畵). 모방문.
— *a.* 모자이크(식)의.
mosaista *m., f.* 모자이크(세공)하는 사람. 상감 세공하는 사람.
môsca *f.* ①[蟲] 파리. ②《轉》귀찮은 사람. 성가신 사람. ③아랫입술 바로 밑의 중앙에 난 수염. ④부인이 얼굴을 화장할 때 파리 같은 검은 점을 그리는 것. 검은 반점(斑點).
môsca varejeira 쉬파리. 청파리.
môsca excrementeira 똥파리.
môsca de cavalo 말파리. 등에.
endar às môscas 하는 일없이 세월 보내다.
môsca morta 둔재(鈍才). 느리광이. 시대에 뒤진 사람. 멍청이.
moscada *f.* [植] 육두구. 육두구의 열매.
moscadeira *f.* [植] 육두구 나무.
moscadeiro *m.* 파리채. 파리 잡는 도구.
moscado *a.* 사향(麝香)의. 사향질의. 사향 냄새 나는.
moscão *m.* ①큰 파리. ②음험(陰險)한 사람.

moscar *v.i.* ①파리를 피하다. 도망가다. 숨다. ②파리를 쫓다.

moscardo *m.* [蟲] 등에(䘀). (소 또는 말 따위에 앉는) 큰 등에. 말파리.

moscaria *f.* 파리 떼. 많은 파리.

moscatel *a.* 머스켓 포도로 만든. (포도의) 사향냄새 나는.
vinho moscatel 머스켓종의 포도주. 사향 포도주.
— *m.* (머스켓 포도로 만든) 백포도주. 머스켓 포도주.

mosco *m.* [蟲] ①작은 파리. ②모기.

moscovia *f.* 모스크바 가죽. 러시아 가죽.

moscovita *m., f.* (소련의 수도) 모스크바 사람. 모스크바 시민.

mosqueado *a.* (파리가 앉은 듯한) 검은 점이 있는. (부인들이 화장할 때 얼굴에) 검은 반점을 그린. 주근깨점이 있는.

mosquear *v.t.* (파리가 앉은 듯한) 검은 점을 찍다(그리다). 반점(斑點)을 찍다.

mosquedo *m.* 많은 파리.

mosqueiro *m.* ①파리가 많은 곳. ②파리통. 바리장. 파리 잡는 풀. (천정에 내려드리운) 파리 잡는 종이. 그릇을 덮는 쇠그물(가는 쇠줄로 짠 그물).
— *a.* 파리에 쫓기는. 파리 성화를 받는. (동물 따위) 파리 때문에 잠시도 가만 있지 못하는.

mosqueta *f.* [植] 사향장미(麝香薔薇).

mosquetaço *m.* ①화승총(小銃) 사격. ②소총탄. ③소총사정(小銃射程).

mosquetada *f.* ①화승총(小銃) 사격. ②소총탄. ③화승총(小銃)에 의한 상처(傷處).

mosquetão *m.* 강선(腔線)이 들지 않은 구식 보병총.

mosquetaria *f.* 화승총(小銃)의 일제사격.

mosquete *m.* 화승총(火繩銃). 구식보병총.

mosquetear *v.i., v.t.* 화승총(구식 보병총)으로 쏘다. 발사하다.

mosqueteiro *m.* [史] 화승총병. 총사(銃士). 보병.

mosquiteiro *m.* 모기장.

mosquito *m.* [蟲] 모기. 각다귀.

mossa *f.* ①타박상(打撲傷)의 흠집·흔적. ②V자형으로 새긴 금. 새긴 눈. 자른 눈. 벤 자리. ③충동. 충격. 감동(感動). 깊은 인상(印象).

mostageiro *m.* [植] 아가위나무 속(屬). (특히) 서양아가위나무.

mostarda *f.* ①겨자. 겨자씨. 겨자가루. ②자극(刺戟). ③(작은 새를 잡는) 산탄(散彈).

mostardal *m.* 겨자밭.

mostardeira *f.* ①[植] 겨자(식물로서의). ②겨자 넣는 그릇. 겨자단지(식탁용).

mostardeiro *m.* ①겨자장수. ②겨자 담는 그릇.

mosteiro *m.* 수도원. 승암(僧庵). 정사(精舍).

mosto *m.* ①(포도주되기 전의) 포도액. 포도의 장액(漿液). ②새포도주. ③(과실의) 발효즙(醱酵汁).

mostra *f.* ①보임. 표시(表示). ②전시(展示). 전람. ②(재봉사의) 옷감 견본. (팔기 위한 물건의) 일부분.
mostras (*pl.*) 겉모양. 외견(外見). 보기.
à mostra 드러내 놓고. 공개적으로. 커버 없이.

mostrador *a.* 보이는. 지적하는. 나타내는.
dedo mostrador 지명지(指名指).
— *m.* ①보이는 사람. (물건을) 보여드리는 사람. ②(시계의) 문자판(文字板). ③(상점의) 상품진열대(고객에게 상품을 펼쳐 보이는 곳). 진열선반.

mostrar *v.t.* ①보이다. 보여주다. ②표시하다. 표명하다. ③(상품을) 전시하다. 출품하다. ④지시하다. (특정된 사물을) 시적하다. 가리키다. ⑤증명하다.
—*se* *v.pr.* 자기를 보이다. (남의 앞에) 나타나다. 본성을 드러내다.

mostrengo *m.* ①(덩치 큰) 무뚝뚝한 놈. 모양 없는 뚱뚱보. ②재주 없는 사람. 늘보. 얼뜨기.

mostuário *m.* (상점의) 진열창. 상품진열선반. 판매대.

mota *f.* ①쌓은 흙. 흙더미. (특히) 수목(樹木)의 뿌리 부분을 흙으로 볼록하게 쌓은 것. ②둑. ③성벽. 누벽(壘壁).

mote *m.* ①희롱. 농담. 야유. 풍자(의 말). 익살. ②조롱. 조소. ③표어(標語). 제명(題銘). 좌우명(座右銘). ④금언(金言). 처세훈(處世訓). ⑤인용제구(引用題句).

motejador *a., m.* 조롱하는 (자). 야유하는 (자). 비웃는 (사람). 놀려대는 (사람).

motejar *v.t., v.i.* 조롱(조소)하다. 야유하다. 놀려대다. 비웃다. 비꼬다. 풍자하다.

motejo *m.* 조롱. 조소. 우롱(愚弄). 희롱. 야유. 놀려대기. 풍자. 비꼬기.

motete *m.* ①=*motejo*. ②[樂] 성가(聖歌). 경문가(經文歌).

motilidade *f.* [生物] 운동력. 운동 능력. 자동력(自動力). 자동성(自動性). 가동성(可動性).

motim *m.* ①폭동. 반란. 봉기. ②반항(反抗). 저항.
motim estudantil 학생봉기(소동).
cabeça de motim 반란 주모자.

motinada *f.* (반대하여) 들고 일어남. 봉기. 반란. 폭동.

motinar *v.t., v.i.* 들고 일어나다. 봉기하다. 폭동 일으키다. 반란하다.

motivação *f.* ①자극. ②유도(誘導). 유인(誘引). 초치(招致). ③원인을 보임. ④야기(惹起).

motivado *a.* ①동기(動機)가 된. 원인이 된. ②(…에) 기인한. 근거가 되는. ③소송의 사유로 되는.

motivador *a., m.* 원인을 만드는 (사람). 동기를 만드는 (자). 이유가 되는 (것). 까닭이 되는 (것). 야기하는 (사람·것).

motivar *v.t.* ①동기(動機)를 주다. 움직이다. 자극하다. 유도하다. ②(…을) 야기하다. (…을) 초래하다. ③(…의) 이유를 설명하다.

motivo *a.* ①기동(起動)의. 원동력의. ②동기의. 동기가 되는. 원인이 되는.
— *m.* ①(…을 하게 된) 동기. 동인(動因). 원인. 이유. ②취지. (작품의) 정신. ③목적. 주제(主題). ④[樂] (악곡의) 요소. 주보(主譜).

moto (1) *m.* 표어. 제명(題銘). 좌우명(座右銘). 처세훈(處世訓).
— (2) *m.* ①운동. 운행(運行). ②행동. 동작. 거동. ③발의(發意). (회의의) 동의(動議). ④[樂] 속도(速度).
moto contínuo 계속적 작용(운동).
de seu moto próprio 자진해서. 자발적으로.

motocicleta *f.* 자동 자전거. 오토바이.

motociclista *m., f.* 자동 자전거. (오토바이) 타는 사람.

motociclo *m.* (=*motocicleta*) (광의(廣意)로) 발동기 달린 자전거의 총칭.

motocultor *m.* [農] 자동경작기(自動耕作機).

motoniveladora *f.* 자동평토기(平土機). 일종의 불도저.

motor *a.* 원동(原動)의. 원동력의. 발동의.
— *m.* ①발동기. 전동기(電動機). 모터. 엔진. ②동력(動力). 원동력. ③주동자(主動者). 주모자. 장본인.
motor a gasolina 가솔린 기관(機關).

motorio *a.* 운동의. 운동을 일으키는. 운동 신경의.

motorista *m., f.* ①자동차 운전수. 기차 기관사. 발동기 운전수. ②자동차 상용자(常用者).

motorneiro *m.* ①모터계(係). 《古》 전차 운전수.

motreco *m.* 한 조각. 일편(一片). 작은 덩어리.

motriz *a.* (*motor*의 여성형).
força motriz 기동력. 원동력. 동력.

motu-próprio *m.* 《L》 자발(自發). (의도(意圖)의) 자발성.
de motu-próprio 자발적으로. 자진하여.

moucarrão *a.* 전혀 들리지 않는. 아주 귀가 먼.

mouchão *m.* 하구(河口)의 모래밭. 사주(沙洲). 모래언덕.

mouco *a.* 귀가 먼. 귀먹은. 귀머거리의. 잘 듣지 못하는.
a palavras loucas, orelhas moucas 어리석은 질문에는 대답조차 없이.

mouquice, mouquidão *f.* 귀가 먾. 들을 수 없음.

mourão *m.* (땅에 박은) 말뚝.

mourejado *a.* 고생하여 얻은. 노력하여 취득한.

mourejar *v.i.* 열심히 일하다. 쉬지 않고 일하다. 애써 일하다. 몹시 고생(수고)하다.

mourisco *a.* 무어 사람의. (건축 따위) 무어식의.

mouro *a., m.* 무어 사람(북아프리카의 모로코에 사는 회교인종) ; 흑인.

movediço *a.* 움직이는. 움직일 수 있는. 가동(可動)의. 이동하는. 고정되지 않은. 안정치 않은. 변하기 쉬운.

movedor *a.* 움직이는.
— *m.* 움직이는 사람(물건). 주동자(主動者). 원동자(原動者). 발기인(發起人). 동의(動議) 제출자.

móvel *a.* 움직일 수 있는. 가동성(可動性)의. 이동하는. 변하기 쉬운.
bens móveis 동산(動産).
— *m.* ①동기(動機). 동인(動因). ②움직

일 수 있는 물건. 가구(家具). ③주동자. *móveis* (*pl.*) 동산. 유형(有形) 동산. *os móveis* 가구(家具) 세간. 실내 비품. 비치품.

movente *a*. 움직이는. 움직일 수 있는. *bens moventes* 동산(動産).

mover *v.t.* ①(몸·수족 등을) 움직이다. 위치를 옮기다. 이동시키다. 운전시키다. 동요시키다. ②감동시키다. 감동시키다. (···을) 일으키다. ③동의(動議)를 제출하다. [將幕] 말을 움직이다. ④발생시키다. ⑤격려하다. 촉진하다.
mover às lágrimas 눈물나게 하다.
mover ao riso 웃게 하다. 웃기다.
—— *v.i.* ①(생물이) 움직이다. 몸(수족 등)이 움직이다. 생존하다. 행동하다. 기거(起居)하다. ②(바람·물 등이) 움직이다. 동요하다. (기계가) 돌다. ③앞으로 나아가다. 전지(轉地)하다. (민족이) 이주하다. (특히) 이사하다. ④(사건·사정 등이) 진전하다. (자연물이) 성장하다. ⑤조산(早産)하다. 유산(流産)하다.
—— *se v.pr.* ①움직이다. 운동하다. ②동요하다. 감동(感動)하다. 마음이 쏠리다. (···할) 의욕이 우러나다.

movimentação *f*. ①(활발하게) 움직임. 활동. 운동. 거동(擧動). 이동. ②움직이게 하다. 활동시키기.

movimentar *v.t.* 움식이게 하다. 활동하게 하다. 활기 띠게 하다.

movimento *m*. ①움직임. 운동. ②동작. 행동. ③(기계가) 돌아감. 운전상태. ④(인구의) 동태. (시대의) 동향(動向). 동정(動靜). ⑤(시장의) 활기. 경기. (시세의) 변동. (상점의) 매상상대(賣上狀態). 출회(出廻). 수지상황(收支狀況). ⑥(식물이) 싹트기. 성장과정. 발달의 정도. ⑦(출·퇴근시의) 사람 또는 자동차의 움직임. (빈번한) 왕래. ⑧(정치상의) 운동. ⑨[軍] 기동(機動). [天] 운행(運行).
em movimento 운전중의.
pôr em movimento 움직이도록 하다. 운전하다.

móvito *m*. 조산(早産). 유산(流産).

movível *a*. 움직일 수 있는. 움직이기 쉬운. 가동(可動)의.

moxa *f*. 뜸뜨는 데 쓰는 말린 약쑥깃.

moxama *f*. 연기에 그으린 쇠고기 또는 물고기. 훈제(燻製)한 쇠고기 또는 물고기.

moxamar *v.t.* 쇠고기. 물고기 따위를(연기에) 그을리다. 훈제하다.

moxameiro *m*. 쇠고기. 물고기 따위를 훈제하는 사람. 훈제한 쇠고기 또는 물고기를 파는 사람.

muxinifada, moxurunfada *f*. ①혼합. 혼효(混淆). ②혼합물. 혼화제(混和劑). ③주워 모은 것. 잡동사니. ④[法] 재산혼동(財産混同).

mozeta *f*. [宗] 승정(僧正)이 두르는 망토 또는 케이프. 사교(司敎)의 망토.

mu *m*. (=*mulo*). [動] 수노새.

mua *f*. (=*mula*). 암노새.

muamba *f*. ①(출처 불명의 상품·밀수품·홈친 물건 따위의) 비밀거래. 암거래. 몰래 팔고 사기. ②사기. 기만.

muambeiro *m*. ①몰래 사고 파는 사람. 암거래하는 자. ②속이는 자. 기만하는 자. 사기꾼. 협잡꾼.

muar *a*. 노새의. 노새에 속하는. 노새같은.
besta muar 수(암)노새.
—— *m*. 노새. 노새속(屬).

mucajá *m*. (브라질의) 야생나무(그 열매로 술을 만듦).

mucamba, mucama *f*. 《古》 부인(婦人)을 따라다니는 여자 노예. 시중하는 여아(女兒).

muchacharia *f*. 많은 소년. 아이들의 떼.

muchacho *m*. (스페인어의 전래된 것). ①아이. 소년. 청년. ②장난꾸러기. 악동(惡童).

muchão *m*. 모기의 일종.

mucilagem *f*. 점액(粘液)(동·식물이 분비하는). 끈적끈적한 진. (주로) 고무진.

mucilaginoso *a*. 점액질의. 전액을 분비하는.

mucina *f*. [生理] 점액소(粘液素).

muciparo *a*. 점액을 분비하는. 점액을 내는.

mucivoro *a*. 점액을 먹는.

muco *m*. ①(동·식물의) 점액. ②콧물. 코.

mucosa *f*. [解] 점막(粘膜).

mucosidade *f*. 끈적끈적함. 점액성(粘液性).

mucoso *a*. 점액의. 점액질의. 점액이 있는. 점액을 분비하는.
membrana mucosa 점막(粘膜).
febre mucosa 점액열(熱) (가벼운 티프스열).

muçu, muçum *m*. [魚] 뱀장어의 일종.

muçuan *m*. (아마존 지방산의) 거북의 일종.

mucuim *m.* 작은 벌레(붉은 빛을 띠고 있고 물면 아프다고 함).

muçulmanismo *m.* 회교(回敎). 마호메트교.

muçulmano *a.* 회교의. 회교도의.
— *m.* 회교도(回敎徒).

muçurana *f.* [動] 무쑤라나(브라질의 큰 뱀 ; 독사를 삼키는 사람은 해하지 않는다고 함).

mucuri *m.* (브라질산의) 교목(喬木)의 일종.

muda (1) *f.* ①변화. 변천. (달·조수의) 변화. (기후의) 변화. ②교체. 교환. 전환. [動] 털바꾸기. 탈모(脫毛). 탈피(脫皮). [鳥] 깃털 바꾸기. ③(사춘기의) 목소리의 변화. ④(열차 등의) 전철(轉轍). ⑤이동. 이전(移轉).
— (2) *f.* 묘목(苗木).
— (3) *f.* (*mudo*의 여성형) 여자 벙어리. 말 못하는 여자. 말 없는 여자.

mudadiço *a.* 변하기 쉬운. 변할 수 있는. 가변성(可變性)의.

mudado *a.* 옮긴. 이동한. 이전한. ②변한. 변화한. 변경한. 변전한. ③교체된. 바뀐. 바꾼.

mudador *a., m.* 옮기는 (사람·사물). 이동하는 (사람·사물). 변경하는 (자). 변화시키는 (사람·사물). 교체하는 (자). 바꾸는 (사람·사물).

mudamente *adv.* 말없이. 조용히. 침묵하여.

mudança *f.* ①변화. 변환. 변경. 변동. 개변. 변심(變心). ②이전(移轉). 이동. 이사(移舍). ③교호. 교대.
mudança de domicílio 이전(移轉). 이사.
mudança de velocidade 변속(變速).
mudança de ventos 바람 방향이 바뀜.

mudar *v.t.* ①(사정을) 바꾸다. 변경하다. ②(입장·주장 등을) 변하다. ③(집의) 모양을 고치다. 개조하다. 개변하다. ④바꾸어 입다. 교체하다. ⑤(장소를) 옮기다. 이전하다. 이동하다.
mudar de casaco 상의(上衣)를 바꾸다.
mudar de casa 이사하다. 이전하다.
mudar de rumo 방향을 바꾸다. 침로(針路)를 변경하다.
mudar a ideia 생각(의도)을 바꾸다.
mudar de vida 생활방법(또는 생계)을 바꾸다. 행실을 고치다.
— *v.i.* ①변하다. (달·조수가) 바뀌다. (기후가) 변하다. ②(+*de*). [動] 털이 빠지고 바뀌다. 탈모(탈피)하다. (새의) 깃털이 바뀌다. ③(아이의) 치아(齒牙)가 바뀌다. ④마음이 변하다. (정세가) 변천하다. ⑤갈아 타다. ⑥갈아입다. ⑦이전하다. 이사하다.
—*se v.pr.* ①옮겨 살다. 이사(移舍)하다. ②변하다. 변화하다. 변경되다.

mudável *a.* ①변할 수 있는. 변하기 쉬운. 바꿀 수 있는. 변화시킬 수 있는. 대치 가능한. ②일정치 않는.

mudávelmente *adv.* 변하기 쉽게. 일정치 않게.

mudez, mudeza *f.* ①말못함. 벙어리. ②무언. 침묵. 과묵(寡默).

mudo *a.* ①말못하는 벙어리의. ②말없는. 무언의. 침묵하고 있는. 소리 없는. 소리를 내지 않는.
— *m.* ①벙어리. 말 못하는 사람. ②《轉》 말없는 사람.
surdo-mudo 귀먹은 벙어리. 농아자(聾啞者).
mudo como um penedo (바위처럼 못듣는) 아주 귀가 먼.

mugem *f.* [魚] 숭어속(屬).

mugido *m.* ①(황소의) 울음소리. ②포효(咆哮).

mugidor *a.* (황소가) 큰 소리로 우는.

mugiloides *m.* 숭어과의 바닷물고기.

mugir *v.i.* ①(황소가) 울다. ②소리지르다. 고함치다. (동물이) 포효하다. (바람이) 휭 불다.

mugueira *f.* (=*tainha*). [魚] 숭어.

mui *a., adv.* (=*muito*). 매우. 몹시. 아주. 대단히. 상당히.
mui belo (=*muito belo, belíssimo*) 아주 아름다운. 아름다운.
Fala mui agradavelmente. (=*Fala muito agra-davelmente. Fala agra-dabilíssima-mente*). 아주 부드럽게(기분 좋게) 이야기한다.

muito *a., pron.* ①많은. 숱한. 다량의. ②대단한. 엄청난. ③(시간이) 오랜. 많은 것. 다량.
muita gente 많은 사람.
muito bom 아주 좋은.
muito dinheiro 많은 돈. 거액.
muitas vezes 여러 번. 수차.
muito tempo 오랜 시간. 오랜 세월.
nem muito nem menos 많지도 않고 적

지도 않은.
— *adv.* 많이. 대단히. 상당히. 매우. 심히. 가장.
gosto muito de 나는 (…을) 몹시 좋아한다.
Gosto muito deste livro (*vestido*). 나는 이 책(이 옷)을 몹시 좋아한다.
Muito obrigado. 대단히 감사합니다.
fala muito (그 사람·그 여자는) 말을 많이 한다.
muito melhor 상당히 좋게. 더 이상 말할 나위 없이 잘.
há muito tempo 오래전에.
Cansei-me muito. 나는 녹초가 되었다. 몹시 피로했다.
quando muito 많아야. 기껏. 제일 많아서.
por muito rico que seja 아무리 부자(富者)라 해도.
— *m.* 다수. 다량(多量). 많음.
Muitos poucos fazem muitos. 《諺》 티끌 모아 태산. 진합태산(塵合泰山).
mula *f.* ①[動] 암노새. ②《轉》 나쁜 버릇이 있는 사람. 《俗》 성병(性病)의 일종.
mulada *f.* 노새의 떼.
muladar *m.* ①쓰레기더미. 쓰레기통. ②더러운 것.
mulata *f.* 백인과 흑인 사이의 트기(여성).
mulataria *f. mulato*의 떼.
mulatinho *m.* ①*mulato*의 지소어(指小語). ②콩(豆)의 일종.
mulato *a.* ①백흑 혼혈의. 흑백 잡종의. ②으스름히 검은. 황갈색의.
— *m.* 백인과 흑인 사이의 트기(남성). 흑백 혼혈아.
muleta *f.* ①절름발이의 지팡이. ②버팀목까치발. ③지주(支柱). 지지자. 지지대. ④(보트의) 클러치. 노받침. ⑤투우사(鬪牛士)가 쓰는 붉은 기. ⑥[紋] 모가 다섯 개 또는 여섯개 있는 별 모양.
muletada *f.* ①노새의 떼(騾群). ②절름발이의 지팡이로 치기.
muleteiro *m.* 노새 모는 사람.
mulher *f.* ①여자. 여성. 부인(婦人). 주부. ③처. 아내. ④(멸시하는 뜻으로의) 여자. 계집. 신분이 낮은 여성. ⑤《轉》 여자같은 사나이.
mulher perdida 타락한 여자.
mulher da rua (거리의 여자)《古》 매춘부.

muher-a-toa 처신(행실)이 좋지 못한 여자. 타락한 여자.
mulheraça, mulherona, mulherão *f.* 몸집이 큰 여자. 체구가 큰 부인. 여장부.
mulherada *f.* 많은 여자. 여자의 떼.
mulhereiro, mulherengo *a.* 여자같은. 남자답지 못한. 유약한.
— *m.* ①여자 같은 남자. 사내답지 못한 이. ②여자의 직업에 종사하는 남자.
mulherico *a.* 여자같은. 여자처럼 유약한. 나약한.
mulherigo *a.*, *m.* 여자처럼 나약한 사나이. 의지가 몹시 약한 남자.
mulheril *a.* ①여자의. 여자같은. 여성인인. (옷·직업 따위) 여자에게 적당한. 여성이 하는. ②(남자로서) 여자를 좋아하는.
mulherilmente *adv.* 여자처럼. 여자답게. 유약하게.
mulherinha, mulherzinha *f.* ①작은 여자. ②(멸시적으로) 보잘것없는 여자. 천한 여자. 지각없는 여자.
mulherio *m.* ①많은 여자. 여성들. 여성. 여류(女流).
mulherona *f.* = *mulheraça*.
muliado *a.* ①변태(變態)의. ②기형(奇形)의. 이형(異形)의.
mulo *m.* 나귀(수나귀와 암말과의 사이에 난 잡종).
mulso *m.* 《稀》 = *mulsa*.
— *f.* 꿀물(蜂蜜水).
multa *f.* 벌금. 과료(科料).
multa menor 과료(科料).
pagar multa 벌금을 내다(물다).
multado *a.* 벌금(과료)에 처한. 벌금을 낸.
multar *v.t.* 벌금(과료)에 처하다.
multi '많은…, 여러 가지의…'을 뜻하는 접두사.
multiangular *a.* 모가 많은. 다각(多角)의.
multicapsular *a.* [植] 꼬투리가 많은.
multicaule *a.* [植] 줄기가 많은. 다경(多莖)의.
multicelular *a.* [植] 다세포(多細胞)의.
multicolor, multicor *a.* 여러 가지 색깔의. 다색(多色)의. 다채(多彩)로운.
multicolorido *a.* 여러 가지 색깔로 물들인 (칠한).
multidão *f.* ①많은 사람. 군중. 민중. 대중. ②다수. 많음.
multiface *a.* 면(面)이 많은. 다면(多面)의.

다방면의.

multifário *a.* ①여러 가지의. 여러 가지 모양의. 여러 방면의. 여러 종류의. ②여러 가지로 변하는. 여러 가지 변화가 있는.

multífido *a.* 여러 갈래로 나뉜. 다열(多裂)의.

multifloro *a.* 다화(多花)의.

multifluo *a.* 많이 흐르는. 도도히 흐르는.

multiforme *a.* 여러 가지 형체(多形)의. 여러 가지 모양의.

multiformidade *f.* 여러 가지 형체. 여러 가지 모양. 다양성(多樣性). 천차만별(千差萬別).

multifuro *a.* 구멍이 많은. 다공(多孔)의.

multigeno *a.* 여러 가지 종류의. 여러 가지 종족(多種族)의.

multilatero *a.* 다변(多邊)의. 다면상(多面狀)의.

multilocular *a.* [植] 다방(多房)의. 다실(多室)의.

multiloquo *a.* 말이 많은. 다변(多辯)의. 다언(多言)의. 요설(饒舌)의.

multimodo *a.* 여러 가지 방법의.

multinacional *a.* 다국가(多國家)의.

multinerveo *a.* [植] (잎사귀 따위) 다맥(多脈)의.

multiparidade *f.* 두 아기(二兒) 또는 그 이상의 분만(分娩). 다산(多産).

multíparo *a.* ①다산(多産)의. ②(동물이) 한 번에 여러 마리 낳는. [蟲] 알을 많이 낳는.

multipartido *a.* ①[植] 여러 개의 부분(갈래)으로 나뉜. ②[政] 많은 정당의. 다정당(多政黨)의.

multípede *a.* [動] 다족(多足)의. 다각(多脚)의.

multipetalo *a.* [植] 다판(多瓣)의.

multiplex *a.* 《L》 다양의. 복합의. 복식(複式)의.
telegrafia multiplex 다중전신법(多重電信法).

multiplicação *f.* 증가. 증식. 번식. 배가(倍加). [數] 곱셈. 승법(乘法).

multiplicadamente *adv.* 증가(배가)하여. 곱되게.

multiplicado *a.* 증가한. 증식한. 배가한. 곱한.

multiplicador *a.* 증가하는. 곱하는. 배가하는.

— *m.* 번식자. [數] 승수(乘數). [電·磁] 배율기(倍率器). [理] 배중기(倍重器).

multiplicando *m.* [數] 피승수(被乘數).

multiplicar *v.t.*, *v.i.* 증가하다. 늘리다. 번식하다(시키다). [數] 곱하다. 곱셈을 하다.
—*se v.pr.* 늘다. 증가하다. 번식하다.

multiplicative *a.* ①증가하는. 증식(增殖)의. 증식력 있는. ②곱하기의.
— *m.* [文] 배수사(倍數詞).

multiplicável *a.* 증가할 수 있는. 배로 할 수 있는. 증식 가능한. [數] 곱할 수 있는. 곱셈할 수 있는.

multíplice *a.* (=*multiplex*). 복식(複式)의. 복합(複合)의. 여러 가지의. 수다(數多)한. 다수의. 다양(多樣)의. 복잡한. [數] 배수의.

multiplicidade *f.* 다수. 중복. 복합(複合). 다양성(多樣性). 잡다(雜多).

múltiplo *a.* ①다수의. 여러 가지의. 많은 부분으로 되어 있는. 복잡한. 잡다(雜多)한. ②복식의. 복합의. [數] 배수의.
— *m.* [數] 배수(倍數).

multipolar *a.* [電] 다극(多極)의.
— *m.* 다극 전동기(多極電動機).

multipontuado *a.* 많은 반점(斑點)이 있는.

multipotente *a.* ①여러 가지 능력이 있는 다능(多能)의. ②세력이 있는. 권력이 있는.

multisono, multissono *a.* 여러 가지 소리를 내는(나는).

multitubular *a.* 다관(多管)의.

multivago *a.* 여러 곳을 돌아다니는. 방랑하는.

multivalve *a.* (장치의) 판(瓣)이 많은. 다판(多瓣)의. 밸브가 많은.

multivio *a.* 길이 여러 갈래로 나뉜. 통로가 많은.

múmia *f.* ①(이집트의) 미라. 바싹 마른 시체. ②미라처럼 야윈 사람. 뼈와 가죽만 남은 사람. ③말린 것.

mumificação *f.* 미라로 만듦. 미라화(化).

mumificador, mumificante *a.* 미라로 만드는. 미라화하는.

mumificar *v.t.* ①미라로 만들다(시체를) 말려서 보존하다. ②바싹 말리다.
— *v.i.*, —*se v.pr.* ①미라로 되다. ②바싹 마르다. 뼈와 가죽만 남을 정도로 쇠약해지다. ③시들다.

mumificável *a.* 미라로 할 수 있는.
mumizar *v.t.* =*mumificar*.
mundana *f.* ①나다니는 여자. 놀러 다니는 여자. 행실이 추잡한 여자. ②매음부. 갈보.
mundanal *a.* 세속의. 현세의. 사바의. 우주의.
mundanalidade *f.* =*mundanidade*.
mundanalmente *adv.* 세속으로. 속된 마음으로.
mundanidade *f.* ①속된 마음. 세욕(世慾). 물질적 쾌락. ②세속(世俗). 속사(俗事).
mundanismo *m.* 세속주의(世俗主義). 세속적 향락주의(亨樂主義).
mundano *a.* 세속의. 현세의. 속계의. 사바의. 우주의. 속된 마음의. 세욕(世慾)의.
mundão *m.* ①많음. 큼. ②광대한 면적(面積).
mundial *a.* ①세계의. 세계적인. 세계에 관한. ②전반적인. 일반적인.
paz (guerra) mundial 세계평화(전쟁).
problema mundial 세계적 문제.
banco mundial 세계은행.
campeonato mundial 세계적 경기.
mundícia, mundície *f.* 깨끗함. 청결(淸潔).
mundificação *f.* ①깨끗하게 함. 청결하게 함. 정화(淨化). 청정(淸淨). ②순결.
mundificante *a.* 깨끗하게 하는. 청결하게 하는. 정화하는. 순결하게 하는.
mundificar *v.t.* 깨끗하게 하다. 청결하게 하다. 정화하다.
—**se** *v.pr.* 깨끗해지다. 정화하다. 순결해지다.
mundo (1) *a.* ①깨끗한. 청결한.
— (2) *m.* ①세계. ②천지. 우주. 만물. ③지구. 세상 사람. 인류. 인간. ⑤인간 세상. 세간(世間). 세속. 속세. 인간 사회. ⑥(내세에 대한) 현세. ⑦사교계. ⑧계(界). ⑨다수. 다량.
o novo mundo 신세계(아메리카 ; 서반구를 가리킴).
o velho mundo 구세계(유럽·아시아 및 아프리카 ; 동반구를 가리킴).
o outro mundo 저승. 내세.
todo o mundo 모든 사람. 누구나 다. 만천하.
mundo inteiro 모든 사람. 너나 할 것 없이. 전세계적으로.

este mundo e o outro 이승과 저승.
deixar o mundo 세상을 저버리다. 별세하다.
mundo, diabo e a carne 여러 가지의 유혹물(명리와 육욕과 사념).
mungida, mungidura *f.* ①(가축의) 젖을 짜기. 착유(搾乳). ②짜낸 젖.
mungimento *m.* 젖을 짜기. 착유.
mungir *v.t.* ①(암소의) 젖을 짜다. 짜내다. ②(짜서) 비게 하다.
mungubeíra *f.* (브라질산의) 목면과(木綿科)의 나무(열매가 익으면 열개(裂開)하여 솜같은 것이 나옴).
munhão *m.* ①포이(砲耳 : 포신이 포가에 의지되는 부분). ②[機] 이축(耳軸). 굴대 꼭지. 축두(軸頭). ③(문 같은 데의) 암돌쩌귀.
munheca *f.* 손목. [解] 팔관절.
munhoneira *f.* 포이판(砲耳板).
munição *f.* ①[軍] 군수품. 군용품. 병기탄약(兵器彈藥). ②(유사시의) 필요한 물건. 장비품. ③(엽총의) 산탄(散彈). ④방비. 방어대책.
municiamento *m.* 양식 보급. 식품 공급.
municiar *v.t.* =*municionar*.
munício *m.* ①군용 빵. ②군대 양식.
municionamento *m.* ①군수품을 갖추기. 병기 탄약의 준비. ②군용품 지급. 양식·탄약 공급.
municionar *v.t.* ①군수품을 갖추다. 병기·탄약을 지급하다. …에 음식을 공급하다(싣다). (배 따위가) 식료품을 사들이다(실어 넣다).
municionério *m.* 군수품 공급계(供給係). 보급관(補給官).
municipal *a.* ①시의. 도시의. 군(郡)의. 《古》지방자치의. ②시제(市制)의. 시영(市營)의.
teatro municipal 시립극장.
escola municipal 시립학교.
camara municipal 시회(市會). 군회.
municipalense *a.* 시의. 군(郡)의. 시(군)에 관한.
municipalidade *f.* ①자치체. 자치시(구). ②시청(市廳). 시당국. ③시회(市會). 군회(郡會).
municipalismo *m.* 시제(市制). 지방자치주의.
municipalista *m., f.* 시제주의자. 시제당

municipalizar 국자. 시정에 정통한 사람.
municipalizar v.t. ①시(市) 또는 군으로 하다. ②시제를 실시하다. ③시유(市有)로 하다. 시영화(市營化)하다.
municipalmente adv. 시제상(市制上). 시정상.
munícipe a. (시 또는 군내의) 주민의.
— m., f. ①시민. 군민(郡民). ②지방세 납부자.
município m. ①(옛 로마의) 자치시(自治市). ②(한 주(州) 또는 도(道)를 몇 개로 나눈) 행정구획. 군(郡). ③시청. 시당국. 시정부.
munificência f. 마음이 큼. 도량이 큼. 관대. 관유(寬裕). 아낌없이 주기.
munificente, munífico a. ①마음이 넓은. 도량이 큰. 너그러운. 관대한. 아낌없이 주는. ②개방적인. 편견이 없는.
munido a. 장비(裝備)된. 방비된. (군수품을) 갖춘. 보급받은.
munir v.t. ①군수품을 갖추다. 병기·탄약을 지급하다. 식량 공급을 하다. 장비하다. 구비하다. ②몸에 지니게 하다. 부여(賦與)하다.
—**se** v.pr. 장비하다. 군수품을 갖추다.
munjolo m. ①(옥수수의) 탈곡기(脫穀機). ②(옥수수·밀 따위를 갈아) 가루를 내는 기계. 도쇄기(搗碎器).
munurú m. (아마존 지방의) 야생수(野生樹).
múnus m. 직책. 직무. 임무.
muque m. 《俗》 근육. 완력. (여럿이 무거운 것을 들 때) 단번에 내는 큰 힘.
a muque 힘으로. 완력으로.
muradal m. 쓰레기·찌기·파편·벽돌 부스러기 따위의 더미. 잡동사니.
murado a. (일정한 구역을) 담으로 둘러싼. 성을 두른. 성벽(城壁)을 쌓은.
murador a., m. 쥐를 잘 잡는(고양이 또는 동물).
murajuba f. (아마존산의) 앵무새의 일종.
mural a. ①담의. 담벽의. 성(城)의. 성벽의. ②(식물 따위) 담벽에 돋아나는(생기는·피는).
muralha f. 담. 담벽. 성벽. 누벽(壘壁). 토성.
muralhado a. 담으로 에워싼. 성벽을 두른.
muralhar v.t. =*murar* (1).
muramento m. ①담을 쌓기. 성을 쌓기. ②쌓은 토성. 돌담. 성벽(城壁).
murapinima f. [植] 스네이크 우드(蛇紋木: 브라질산의 뽕나무과의 나무로 뱀 같은 무늬가 있음).
murar (1) v.t. ①담을 쌓다. 담벽을 두르다. 성을 쌓다. ②(성을 쌓고) 방어 공사를 하다.
—**se** v.pr. 담벽(성곽)에 둘러싸이다.
— (2) v.t. (고양이가) 쥐를 노리다. 노려보다.
— v.i. (고양이가) 쥐를 잡다.
murça (1) f. ①(옛날 사람들의) 네모진 큰 외투. ②(로마 교황 또는 가톨릭 대사교(大司敎)가 띠는) 팔륨(양털로 짠 흰 띠). 옛날 승려(僧侶)의 털모자.
murça de peles 사제(司祭)가 어깨에 걸치는 긴 네모꼴의 흰 삼베. 개두포(蓋頭布).
— (2) f. 눈이 가는 줄(鑢). 마감하는 줄.
murcha f. ①시듦. 고조(枯凋). 조락(凋落). ②시든 상태. 위축한 상태. 고조된 상태.
murchar v.t. ①이울어지게 하다. 시들게 하다. 말라 죽게 하다. ②쇠퇴시키다. 약하게 하다. 위축(萎縮)시키다. 움츠러들게 하다.
— v.i., —**se** v.pr. ①이울다. 시들다. 조락(凋落)하다. 고조(枯凋)하다. 말라 죽다. ②생계를 잃다. ③수그러지다(뜨리다). ④윤이 없어지다. 퇴색하다. ⑤(애정·희망 등이) 식다. (사람의) 원기가 쇠하다. 약해지다.
murchidão f. ①시듦. 고조. 조락(凋落). ②시든 상태. 위축상태(萎縮狀態).
murcho a. ①시든. 마르고 시든. 조락한. ②수그러진. 움츠린. 위축한. ③물이 날은. 퇴색한. 윤이 없어진. ④기력을 잃은. 생기 없는. 의기저상한.
muchoso a. [植] ①시드는. 마르는. 고조(枯凋)하는. 조락하는. ②수그러져가는. 움츠리는.
murganho m. 작은 쥐. 생쥐.
muriático a. [化] 염화(鹽化)의. 염소(鹽素)의.
ácido muriático 염산(鹽酸).
muriato m. [化] 염화물(鹽化物).
múrice m. [具] 물고둥속(骨具屬)(자색 염료를 얻는).
muricida a. 쥐를 죽이는. 살서(殺鼠)의.

pós muricidas 살서분(粉).
murideo *a.* 쥐의. 쥐와 같은.
murideos *m.(pl.)* 쥐과(鼠科)의 동물.
murino *a.* 쥐의. 쥐과의. 쥐에 속하는. 쥐에 관한.
propagação murina 쥐의 번식.
— *m.* 쥐과의 동물.
muriti, muritim *m.* 브라질의 야자속(椰子屬)
murmulho *m.* ①=*marulhada*. ②(물결·잎 등의) 살랑거리는 소리. 중얼거림. 불평하는 말. 가는 목소리. [醫] 잡음.
murmuração *f.* ①(입속으로) 중얼거림. ②잡담. 만담. 한담(閑談). 세상공론. ③남의 소문 이야기. 뒷소리. 수근거리기. 험담.
murmurador *a., m.* ①살랑살랑소리 내는 (것). ②낮은 목소리로 이야기하는 (사람). 잡담하는 (자). 세상공론(남의 소문 얘기)하는 (사람). 험담하는 (자).
murmurante *a.* ①중얼거리는. 수근거리는. 투덜투덜하는. ②남의 소문 얘기하는. ③세상공론을 하는. 잡담(한담)하는.
murmurar *v.t.* (…을) 불평대다. …(뒤에서) 나쁘게 이야기하다. 험담하다.
— *v.i.* ①(입속으로) 중얼거리다. 투덜거리다. 낮은 목소리로 수근거리다. ②잡담(한담)하다. ③(물결·잎 등이) 살랑거리다.
murmurinho *a.* ①(물섶·잎 등의) 살랑살랑하는 소리. ②(많은 사람들의) 시끄럽게 이야기하는 소리. 조음(噪音). 잡음.
murmúrio *m.* (물결·잎 등의) 살랑살랑하는 소리. 낮은 목소리로 잡담하는 소리. 중얼중얼 이야기하기. 투덜투덜하는 불평. 수근수근 헐뜯는 이야기.
múrmuro *a.* 《詩》=*murmurante*.
murmuroso *a.* 살랑살랑하는. 중얼거리는. 낮은 목소리로 잡담하는.
muro *m.* ①벽. 담벽. 흙벽. 돌담. ②방어물.
murra *f.* 불 또는 햇볕에 탄 자국.
murraça *f.* ①주먹으로 치기. 강타. ②구타. 싸움.
murro *m.* (=*socco*). ①주먹으로 치기. (강한) 펀치. 강타. ②주먹으로 치며 싸우기. ③권투.
murta *f.* [植] 도금양(挑金孃)(상록 관목).
murtáceas *f.(pl.)* [植] 도금양속(屬).

murtal *m.* [植] 도금양밭. 도금양이 많은 곳.
murteira *f.* =*murta*.
murtinho *m.* 도금양 열매.
murucú *m.* (브라질 토인(土人)이 쓰는) 나무로 만든 창.

murumurú *m.* [植] (북부 브라질산) 종려속(棕櫚屬)
murundú *m.* ①흙더미. 작은 언덕. (브라질 동북부의) 의구(蟻丘).
murungu *m.* (브라질 북부의) 콩과(荳科)의 나무.
musaranho *m.* [動] 뽀족뒤쥐.
musa *f.* ①[希臘] 뮤우즈신(神)(학예·시·음악을 주관하는 9 여신의 하나). ②시신(詩神). 시상(詩想). 시흥(詩興). 시재(詩材). 시가(詩歌). ③시인(詩人).
musal *a.* 뮤우즈신의(에 관한).
muscardina *f.* 누에의 경화병(硬化病).
muscardinico *a.* (누에가) 경화병에 걸린.
muscideos *m.(pl.)* 파리과(蠅屬).
muscineas *f.(pl.)* 선태류(蘚苔類).
muscívoro *a.* 파리를 먹는. 파리를 먹고 사는.
muscoide *a.* 이끼와 같은 선태 비슷한.
muscologia *f.* 이끼의 연구. 선태학(蘚苔學).
muscoso *a.* =*musgoso*.
musculação *f.* 근육작용. 근육운동.
musculado *a.* 근육이 발달한. 근육이 늠름한.
muscular *a.* 근(筋)의. 근육의. 근육적. 근(육)으로 된. 근력 있는. 강한.
força musculr 근력(筋力). 완력.
musculatura *f.* [解] 근육조직. 전체의 근육.
músculo *m.* 근. 근육(筋肉).
musculosdade *f.* 근육이 튼튼함. 강장(强壯).
musculoso *a.* 근(근육)이 많은. 그 골이 튼튼한. 강장한.
museu *m.* ①박물관. ②진열관. 미술관.
musgo *m.* [植] 이끼. 선태(蘚苔). 선류(蘚類).
musgoso, musquento *a.* 이끼가 낀. 이끼가 많은. 이끼같은.
música *f.* ①음악. ②악곡. (집합적) 악보. 악곡집. ③주악(奏樂). 풍악(風樂). 아름다운 음. ④악대. 음악대. 악단(樂團). ⑤*músico*의 여성형.
musical *a.* 음악의. 주악의. 음악적인. 음악이 따르는. 음이 좋은. 음악을 좋아하는. 음악에 재주 있는.

musicalmente *adv.* 음악상. 음악적으로.
musicar *v.i.* 음악을 하다. 주악(奏樂)하다.
musicista *m.*, *f.* 음악을 즐기는 사람. 음악애호가.
músico *a.* 음악의. 음악적의. 음이 좋은. 음악을 좋아하는. 음악에 재주 있는.
— *m.* 음악을 하는 사람. 음악가. 악인(樂人). 악사(樂士).
musicofobia *f.* 음악을 싫어함.
musicologia *f.* 음악학. 음악술.
musicomania *f.* 음악을 몹시 좋아함. 음악광(音樂狂).
musicomano *m.* 음악을 매우 좋아하는 사람.
musiqueta *f.* 소곡(小曲). 속곡(俗曲). 평범한 음악.
musiquim *m.* 《俗》 저급(低級)한 악사(樂士). 악기를 서투르게 타는 사람.
musselina *f.* 면(綿) 모슬린.
mussitar *v.i.*, *v.t.* 《古》 낮은 소리로 말하다. 중얼거리다.
mussulmano *a.*, *m.* = *muçulmano*.
mussúm *m.* [魚] 뱀장어의 일종.
mustelídeo, mustelino *a.* [動] 족제비의. 족제비과에 속하는.
mustelídeos *m.*(*pl.*) [動] 족제비과(鼬鼠科).
mutabilidade *f.* 변하기 쉬움. 무상(無常).
mutação *f.* ①변화. 변이(變異). 전환. 변경. ②[生物] 돌연변이. ③[言] 모음변이. [劇] 장면변화. ④(바이올린의) 손의 위치를 바꾸기. ⑤음성의 변화. 변성(變聲). ⑥(세상의) 변천. ⑦돌연한 인원 이동(人員異動). ⑧[法] 양수(讓受). 재산 양도(讓渡).
mutatório *a.* 변화하는. 변경하는. 변경의. 변경하기 위한.
mutável *a.* (= *mudável*). 변하기 쉬운. 무상(無常)한. 이랬다저랬다 하는. 전환(변경)될 수 있는.
mutilação *f.* (수족의) 절단. 불구로 만듬. 훼손(毀損).
mutilado *a.* (수족이) 절단된. 불구가 된. 훼손한.
— *m.* 손(발)이 없는 사람. 불구자. 훼손자. 어떤 사물의 일부가 없는 것.
mutilador *a.*, *m.* 손(발)을 절단하는 (자). 불구로 만드는 (사람). 훼손하는 (자).

mutilar *v.t.* ①손(발·손가락 따위)을 끊다. 절단하다. (신체의 일부를) 불구가 되게 하다. ②물체의 일부분을 없애어 불완전한 것으로 만들다. 훼손하다.
— *se* *v.pr.* 손(발)이 끊어지다. 불구가 되다. 훼손하다.
mutismo *m.* 벙어리; 침묵. 무언.
mútua *a. mútuo*의 여성형.
— *f.* (사회의) 상호관계.
mutuação *f.* ①서로 하기. 상호작용(相互作用). ②서로 바꾸기. 빌려 주기 또는 빌리기.
mutual *a.* ①서로의. 상호의. 서로 관계 있는. ②공동의. 공통의.
mutualidade *f.* 상호관계. 상관(相關). 상호 부조. 상호 의존(依存).
mutualismo *m.* [倫] 상호부조론(扶助論). [生物] 공서(共棲).
mutualista *m.f.* 상호 부조론자. [生物] 공서 동물.
— *a.* 상호 부조의.
mutuamente *adv.* 서로서로. 피차. 호혜적(互惠的)으로.
mutuante *a.* 서로서로 하는. 상호 관계 있게 하는. 교환적으로 하는. 빌려주거나 비는. 호혜적인.
— *m.* 빌려주는 사람. 대주(貸主).
mutuar *v.t.* 서로 관계 있게 하다. 호혜적(互惠的)으로 하다. 교환적으로 하다. 빌려 주다. 빌다. 대부(貸付)하다.
mutuário, mutuatário *m.* 빌리는 사람. 차용자(借用者). 차주(借主).
mutuca, mutucuna *f.* (아마존 지방에 있는) 말파리. 등에.
mútulo *m.* [建] 도리아식의 처마 장식.
mutum *m.* (브라질의) 곽계류(郭鷄類)의 검고 큰 새.
mútuo *a.* ①서로의. 상호의. 서로 관계 있는. ②공동의. 공통의. ③서로 호혜적인.
— *m.* ①대차(貸借). 대부(貸附). 대차물. 대부금. ②교환(交換). 서로 바꾸기.
muxirão *m.* [農] 수확기 또는 파종기에 농가가 서로 돕는 것.
muxiba *f.* 야윈 살. (늙어서) 느슨해진 피부.
muxoxo *m.* ①(약간 소리내어) 입맞춤. "쪽"하는 키스. ②(멸시·불만의 뜻으로) 혀를 차기. 혀차는 소리.

N

N, n *m*. 포르투갈어 자모의 열셋째 글자.
na *pref*. 전치사 *em*과 관사 *a*의 결합형.
nababesco *a*. ①자랑하는. ②겉치레의. 허식적인. ③사치한. 호화로운.
nababia *f*. *nababo*의 관할지(管轄地).
nababo *m*. [史] (*mogul* 제국시대의) 인도 태수(太守). 《古》 (인도에서 돌아온) 부호. 일반적으로 대갑부.
nabada *f*. 순무로 만든 과자 또는 순무로 만든 감미(甘味)의 식품.
nabal *m*. 순무밭.
nabiça *f*. [植] 작은 순무(잎사귀가 크고 무가 작은 것). 평지.
nabo *m*. [植] 순무. 휜무. 《轉》 멍텅구리. *cabeça de nabo* ①순무의 뿌리. ③우둔한 사람.
comprar nabos em saco 《轉》 내용을 보지 않고 사다. 값이 싸다고 무턱대고 사다.
nacada *f*. 조각. 단편.
nação *f*. 나라. 국가. 국민. 민족.
direito das nações 국제(공)법.
nácar *m*. ①진주모(眞珠母). 진주질의 층(層). 금조개. ②진주빛.
nacarado *a*. ①진주모의. ②진주빛의. 담홍색(淡紅色)의.
nacarar *v.t*. ①진주모를 씌우다. ②진주빛(담홍색)으로 하다.
nacarino *a*. 진주빛을 띤. 담홍색을 한.
nacela *f*. [建] 움푹 파인 쇠시리. 파낸 장식.
nacional *a*. ①나라의. 국가의. 국민의. 민족의. ②국립(國立)의. 국정(國定)의. 공공(公共)의. 국유(國有)의.
nacionals *m*.(*pl*.) 동국민. 동포. 전국민.
nacionalidade *f*. ①국민임. ②국적. 적선. ③국민성. ④국민. 국가. ⑤국체. 국가적 존재.
nacionalismo *m*. 국가주의. 민족주의. 국수주의(國粹主義). 민족자결주의. 애국심.
nacionalista *a*. 국가주의의. 민족주의의.
— *m*. 국가주의자. 국가자치론자. 국민당원. 국수주의자.
nacionalização *f*. ①국민화. 국풍화(國風化). ②국유화. 국영(國營). ③《稀》 귀화(歸化).

nacionalizado *a*. 국가적으로 된. 국민적으로 한. 국유화한. 국영으로 한. 귀화한.
nacionalizar *v.t*. ①한 국민으로(독립국가로) 만들다. ②국가(국민)적으로 만들다. 국풍이 되게 하다. ③국유화하다. 국영으로 하다. ④국적에 넣다. 귀화시키다.
—*se v.pr*. 국풍에 동화(同化)되다. 귀화하다.
nacionalmente *adv*. 국가로서. 국가적으로. 국민적(민족적)으로.
naco *m*. 얇은 조각. 박편(薄片). (빵·고기 따위의) 베어낸 조각.
nada *m*. ①없음. 무(無). 존재하지 아니함. ②허무(虛無). 개무(皆無). ③없는거나 다름 없음. 있으나 없으나 같음. [數] 영. 공. 무가치.
— *adv*. 결코(조금도) …없이.
quase nada 거진 없이. 없으나 다름없게.
daqui a nada 곧. 얼마 안가서.
por nada 그저. 까닭없이. 하마터면.
não é nada 그것은 아무것도 아니다. 아무렇지도 않다.
não é nada mau 아주 나쁘지는 않다. (다소 괜찮다는 뜻).
antes de mais nada 무엇보다도. 우선.
absolutamente nada 전적으로 그렇지 않다. 전혀 아니다.
nada feito (直譯) 아무 것도 안되었디. 틀렸다. 안됐다. 안되겠다.
ou tudo ou nada (흥하느냐 망하느냐) 필사적으로.
nada disso 결코 그런 것이 아니다. 그렇지 않다.
nada de novo 새로운 것은 아무것도 없이. 구태의연(舊態依然).
nadabau *m*. [植] 좀개구리밥. 《英》 *duckweed*.
nadadeira *f*. 지느러미. 지느러미 모양의 기관.
nadador *a*. 헤엄치는. 수영하는.
aves nadadoras 물새.
— *m*. 헤엄치는 사람(동물). 수영선수.
nadadura *f*. 헤엄. 수영(水泳). 유영(遊泳).
nadante *a*. ①헤엄치는. 수영하는. 유영하는. ②뜨는. 떠다니는.
nadar *v.i*. 헤엄치다. 수영(유영)하다. (물 위에) 뜨다. 떠흐르다.
estar a nadar (떠 있다). 아무것도 모르고 있다.

ficar a nadar (들떠 있다). 어쩔줄을 모르다. 어리둥절하다. 무엇을 들었는지(했는지) 모르다.
Filho de peixe sabe nadar. 아버지나 자식이나 비슷비슷하다.

nádega *f.* [解] (한쪽) 엉덩이. 볼기.
nádegas (*pl.*) 엉덩이. 양쪽 엉덩이. 볼기.

nadegada *f.* =*nalgada*.

nadegudo *a.* 엉덩이가 큰. 큰 엉덩이의.

nadegueiro *a.* 엉덩이의.
musculos nadegueiros 둔근(臀筋).

nadinha *m.* ①적은 양. 소량(少量). 근소(僅少). ②잠깐동안. 잠시.

nadir *m.* [天] 천저(天底 : 관측자의 바로아래 있는 점). 최하점. 대척점(對蹠點).

nadiral *a.* 천저의. 천저점의. 대척점의.

nadível *a.* 《廢》 헤엄쳐 건너갈 수 있는.

nadivo *a.* =*nativo*.

nado (1) *m.* 헤엄(치기). 수영. 부유(浮游).
a nado 헤엄쳐서.
— (2) *a.* (=*nato*). ①태어난. ②태어날 때부터의. 생래(生來)의.
sol nado 떠오른 해.
nado e criado (=*nascido a criado*) 출생과 보육(保育).

nafé *m.* [植] 오우크라. 《英》 *okra*.

náfego, náfrico *a.* (말의) 뒷다리가 하나 짧은.
cavalo náfego 뒷다리가 하나 짧은 말.

nafta *f.* 나프타(石腦油). 휘발유.

naftalina *f.* [化] 나프탈린.

naftol *m.* [化] 나프톨(染料).

naiades *f.*(*pl.*) ①[希・羅神] (강・샘・호수의) 물의 요정. ②젊은 여자 수영자.

naipe *m.* (트럼프) 같은 종류의 넉장(四枚). 한 벌.

naja *f.* [動] 나자쟈(뱀)(인도・아프리카산의 독사 ; 일명 안경사(眼鏡蛇). 특히 인도에서 땅꾼(뱀부리는 사람)이 피리를 불어 춤추게 하는 뱀 따위).

nalga *f.* =*nadega*.

nalgada *f.* (땅에) 엉덩이를 찧기. 털썩 주저앉기. 《卑》 엉덩방아.

nambú *m.* [鳥] 남부우(메추라기 비슷한 새).

namoração *f.* =*namôro*.

namorada *f.* 애인. 사랑하는 여자.

namoradamente *adv.* 정답게. 정의(情意)를 품고.

namoradeira *f.* 마음이 들뜬 여자. 바람난 여자. 많은 남자와 사귀는 여자.

namoradeiro, namoradiço *a., m.* 마음이 들뜬 (사나이). 바람난 사람. 쉽사리 여자에게 반하는 남자.

namorado *a.* 사랑하고 있는. 정들이고 있는. 반한.
— *m.* (여자가) 사랑하는 남자. (여자에게) 사랑받는 이. 애인. 정인(情人).

namorador *m.* (여자를) 사랑하는 사람. 연모(戀慕)하는 사람.

namoramento *m.* =*namôro*.

namorar *v.t., v.i.* ①연애하다. 연모하다. 정들이다. (애인끼리) 속삭이다. (서로) 애정을 표시하다. 사랑하다. ②(이성을) 원하다.
—*se v.pr.* 서로 사랑하다. 연애하다. 반하다.

namoricar, namoriscar *v.i., v.t.* 잠시 사모하다. 약간 반하다. 노름삼아 연애하다. 희롱하다.

namorico *m.* ①일시적인 연애. 노름삼아 하는 연애(희롱). ②농락질. 교태. ③어린애 때 사랑. 부박(浮薄)한 사랑.

namoro *m.* ①(남녀의) 사랑. 연애. 연모. 사모. 속삭이기. 사랑을 구하기. ②연인(戀人). 애인.
namoros (*pl.*) 애인끼리.

nana *f.* ①자장가. ②자장가를 불러서 아기를 재우기.
fazer nana 자장가를 불러서 아기를 재우다.

nancurú *m.* [植] (브라질산의) 선인장속(屬).

nanar *v.i., v.t.* 《小兒語》 자장가를 부르다. 자장자장하다. 아기가(자장가에 의하여) 자다.

nandiroba *f.* [植] 난지로바풀(호로과(葫蘆科)의 만초(蔓草)).

nandirobeas *f.*(*pl.*) [植] 난지로바속(屬).

nandú *m.* 남아메리카산의 타조(駝鳥).

nanico *a.* 작은. 왜소(矮小)한. 난쟁이의.

nanismo *m.* [醫] 체구왜소(體軀矮小).

nanocefalia *f.* [醫] 소두개(小頭蓋).

nanocefalo *a.* 머리가 작은. 두개가 작은.
— *m.* 머리(두개)가 아주 작은 사람.

nanquim, nankim *m.* ①낭킹무명(南京木綿). ②(한국・중국・일본 등지에서 쓰는) 먹. 《英》 *Indian ink*.

não *adv.* 아니. 아니요. 아닙니다.

①형용사·명사 앞에 놓일 경우. 부(不)…. 비(非)…. 무(無)…를 뜻한다.
②상대어·반의어(反意語)의 앞에 놓일 경우. 그 반대의 뜻을 나타낸다.
não é grande 크지 않다. 작다.
não é mal 나쁘지 않다. 좋다.
③동사의 앞에 있을 경우. …하지 않는다. …이 아니다.
nao vejo 보지 않는다. 보이지 않는다.
não creio (나는) 믿지 않는다.
não pode 안 된다. 못한다.
não quero (때로는 *quero não*) 원치 않는다. 싫다.
(흔히 뜻을 강하게 하기 위하여 *não*을 중복하여 쓰는 수도 있음 : *não quero não!* 아주 싫다).
Pois não! 네! 그렇지요!(…해도) 괜찮소!
não mais 이미 …없다. 그 이상 …하지 않다. 인제는 됐다. 그만. 인제는 그만 둬라.
ainda não 아직 …않다.
não posso esperar mais 더 이상 기다릴 수 없다.
Está frio, não é verdade? 춥군요. 그렇지 않습니까?
— *m.* 아니라는 말. 부정. 부인. 거절.
não-combatente *m., a.* 비전투원(의).
não-cumprimento *m.* 불이행(不履行).
não eu *m.* [哲] 비아(非我).
não-existência *f.* 존재하지 않음. 실재하지 않음.
não-intervenção *f.* (내정)불간섭. 불개입.
não-me-deixes *m.* [植] ①개쑥갓. ②물망초.
não-pagamento *m.* 지불하지 않음. 지불불능(거절).
não-te-esqueças *m.* [植] 물망초(勿忘草).
napeas, napeias *f.(pl.)* 삼림(森林)의 여신. 숲의 요정.
napeiro *a.* ①졸리운. 조는. 잠만 자는. 잠겨운. 잠자는 듯한. ②나른한. 게으른. 태만한.
napelo *m.* [植] 보통 바곳(草烏). 바곳의 일종. 바곳의 독(毒)(진통제).
napeva *a.* (닭·오리 따위의) 다리가 짧은. 단족(短足)의.
napiforme *a.* [植] 순무와 같은. 순무꼴의.
napoleão *m.* ①(프랑스의) 나폴레옹 황제. ②옛 프랑스의 20프랑 금화.

napoleônico *a.* 나폴레옹 Ⅰ(시대)의. 나폴레옹 Ⅰ 같은.
napolitano *a.* (이탈리아의) 나폴리시의.
— *m.* 나폴리 사람.
naquela 전치사 *em*과 지시대명사 *aquela*의 결합형.
naquele 전치사 *em*과 지시대명사 *aquele*의 결합형. 그것에 관하여. 거기에 있어서.
naquilo 전치사 *em*과 대명사 *aquilo*의 결합형.
narceína *f.* [化] 나르세인(아편에서 빼내는 마취성 알칼로이드).
narceja *f.* [鳥] 도요새.
narcisar-se *v.pr.* 자기도취하다. 자기연애를 하다.
narcismo, narcissismo *m.* [心] 자기숭배. 자기도취(自己陶醉). 자기연애.
narciso *m.* ①[希神] 물에 비친 자기의 모습을 연모하여 빠져 죽어서 수선화가 된 미모의 청년 ; 미모로 자부심이 강한 청년. ②[植] 수선(水仙). 수선화(水仙花).
narcose *f.* [病理] 마취약 중독. 혼수(상태). 인사불성.
narcótico *a.* 마취성의. 마취제의. 최면성의. 마약의.
— *m.* ①마취제. 마약. ②마취약 중독자. 마약 상용자. ③염증 느끼게 하는 사람(또는 사물).
narcotina *f.* [化] 나르코틴(아편 속에 있는 일종의 유기염기(有機鹽基)).
narcotismo *m.* [醫] 마취약 상용습관. 마취 작용.
narcotização *f.* 마취시키기. 마취.
narcotizar *v.t.* (강력한 마취제로) 마취시키다. 혼수상태에 빠뜨리다. 마취제를 섞다.
nardino *a.* 감송(甘松)의. 감송향의.
nardo *m.* ①[植] 감송. 감송향(甘松香).
narguilé *m.* 수연통(水煙筒 : 연기가 물을 통하게 된 담뱃대).
naricula *f.* ①콧구멍. ②작은 코.
narigão *m.* ①큰 코. ②코 큰 사람.
narigudo *a.* 코가 큰. 큰 코 있는.
— *m.* 코 큰 사람.
nariguete *m.* 《俗》 보기 흉한 코를 가지고 있는 사람.
narina *f.* ①콧구멍. ②작은 코.
nariz *m.* ①코. ②짐승의 콧등. ③후각(嗅覺). ④(비행기의) 기수(機首).
narizes (pl.) 얼굴. 상.

nariz achatado 납작코.
nariz arrebitado 개발코. 들창코.
nariz aquilino 독수리코. 매부리코.
nariz de papagaio 앵무새코. 구부러진 코.
ponto do nariz 콧등.
falar pelo nariz 콧소리로 이야기하다.
meter o nariz 참견하다. 간섭하다.

narração *f.* ①이야기. 설화(說話). 서술. ②[文] 화법(話法). 서법(敍法).

narrado *m.* ①(이미) 이야기한 것. 서술한 것. ②이야기.

narrador *m.* 이야기하는 사람. 서술자.

narrar *v.t.* 말하다. 이야기하다. 자세히 서술하다.

narrativa *f.* 이야기. 이야기하는 것. 담화. 서술.

narrativamente *adv.* 이야기체로. 담화식으로.

narrativo *a.* 이야기체(식)의. 서술의. 설화의.

narrável *a.* 이야기할 수 있는. 서술 가능한.

nártex *m.* ①그리스 신전(神殿)의 전면(前面). ②현관.

narval *m.* [動] 일각고래(한대의 바다에 사는 돌고래과의 동물).

nasal *a.* 코의. 코에 관한. 콧소리의. 코에 걸린. [音聲] 비음의.
— *m.* ①콧소리. 비음(鼻音). 비음자(字). ②비골(鼻骨).

nasalação *f.* 비음화(鼻音化).

nasalar *v.t.* 코에 걸려서 발음하다. 비음화하다. 콧소리로 발음하다.

nasalidade *f.* 비음성(鼻音性). 코에 걸림. 콧소리임.

nasalizar *v.t.* 콧소리로 하다. 비음화하다.

nasalmente *adv.* 콧소리로. 코에 걸려서.

nascedouro *m.* ①출생지. 탄생지. 발생지. ②《俗》자궁구(子宮口).

nascença *f.* ①출산. 출생. 탄생. ②발생. 기원(起源). ③출처. 발단. ④혈통. 가문.

nascente *a.* ①생기는. 생기려 하는. 발생하는. ②(해·달)이 떠오르는. 나타나는. 출현하는. ③출생하는.
sol nascente 떠오르는 해. 욱일(旭日).
— *m.* ①동(東). 동쪽. 동방. ②수원(水源). 원천(源泉). 출처. 근본. 근원.
nascente de rio 수원(水源). 하원(河源).

nascer *v.i.* ①태어나다. 탄생하다. 발생하다. 출생하다. ②(해·달이) 올라오다. 떠오르다. ③나타나다. 출현하다. ④시작되다. 일어나다.

nascida *f.* [醫] 종기(腫氣). 부스럼. 농종(膿腫).

nascidiço *a.* 자연의. 자연발생의. 천연(天然)의.

nascido *a.* ①태어난. 탄생한. 출생한. ②생래의. 타고난. 태어날 때부터의.
recém nascido 갓난아기. 영아(嬰兒).

nascimento *m.* ①출생. 탄생. 출산. ②근원. 근본. 기원(起源).
de nascimento 생래(生來)의. 타고난.
dia do nascimento 생일. 탄생일.
sertidão de nascimento 출생증명서.

nascituro *a., m.* ①생긴 것. 태어날 아기. ②태아(胎兒).

nascivel *a.* 태어날 수 있는. 출생 가능한.

nasilar *v.i.* 코에 걸려 이야기하다.

nasituro *a., m.* =*nascituro*.

nassa *f.* (물고기를 잡기 위하여) 버들가지로 만든 광주리. 고리버들가지로 만든 바구니.

nassada *f.* ①많은 광주리. ②광주리에 가득한 물고기.

nastro *m.* (머리칼을 묶는) 가는 리본. 가는 테이프.

nastúrcio *m.* [植] 한련.

nata *f.* ①유지(乳脂). 유피(乳皮). 크림. ②정화(精華). 정수(精髓). ③정선물(精選物).

natação *f.* 수영. 수영술(水泳術). 경영(競泳).

natadeira *f.* 크림 그릇. 크림 뜨는 접시. 크림 분리기.

natado *a.* ①크림을 넣은. 크림을 포함한. 크림이 짙은. ②(얇은 층의) 진흙에 덮인.

natal *a.* 탄생의. 출생의. 태어난.
terra natal 출생지. 고향.
país natal (자기가) 태어난 나라. 출생국. 고국.

Natal *m.* ①크리스마스. 그리스도 성탄제(12월 25일). ②*natal* 생일. 탄생일. 생진.
véspera do Natal 크리스마스 전날(밤).

natalense *m., a.* (*Rio Grande do Sul* 주(州)의 수도). 나딸(*Natal*) 시민.

natalício *a.* 생일의. 생신의. 탄생일의. 생일에 관한.
aniversário natalácio 생일. 탄생일.

natalidade *f.* 출생률(出生率).

natátil *a.* 물에 뜨는. 뜰 수 있는. 수상에서 유영(遊泳)하는.

natatório *a.* 수영의. 뜨게 하는.
bexiga natatória (물고기의) 공기 주머니 (浮囊).
— *m.* ①못. 연못. ②양어지(養魚池). ③풀. 온천장.

nateirado *a.* ①진흙층(泥土層)에 덮인. ②크림을 씌운.

nateiro *m.* 범람(침수) 후에 남는 진흙땅; 얇은 진흙층.

natento *a.* ①크림을 친. 크림을 넣은. 크림이 많은. ②진흙에 덮인. (토지가) 비옥한.

nati-morto, natimorto *a.* 죽어서 태어난. 사산(死産)의.
— *m.* 사산한 아기.

nativamente *adv.* 자연히. 자연(천연)적으로.

natividade *f.* ①출생. 탄생. ②그리스도의 강탄. 성모 마리아 및 여러 성인(諸聖人)의 탄생. 그 탄생축제(祝祭).

nativismo *m.* ①원주민보호주의. 원주민에 유리한 시책(견해). ②[哲] 선천설. 생득설(生得說).

nativista *a.* 원주민의. 원주민에 관한. 원주민 보호(옹호)의.
— *m., f.* ①원주민보호주의자. 외래자(外米者)보다 본토인에 호의를 품는 사람. ②[哲] 생득론자.

nativo *a.* ①자연의. 천연(적)의. ②타고난. 태어날 때부터의. 생래의. 천부(天賦)의. 천성의. ③자국(自國)의. 자기 나라에서 생산되는. ④토착의. 토착민의. 원주민의.
água nativa 샘물(泉水).
— *m.* 원주민. 토착민.

nato *a.* ①태어난. 출생한. ②타고난. 천부의. 선천적인.

natrão *m.* =*natro*.

natro *m.* [化] 탄산 소다. 가성 소다.

natura *f.* 《詩》①자연. 천연. ②자연상태. 천지만물. ③자연성.

natural *a.* ①자연의. 천연의. 자연 그대로의. 난 그대로의. ②자연계에 관한. ③나서부터의. 태생의. 생래의. 본래의. ④(그림 따위) 꼭 닮은. 진실에 가까운. 실물의.
filho natural 사생아(私生兒). 서자(庶子).
lei natural 자연의 법칙. 자연율(律).

sciência (또는 *história*) *natural* 자연과학. 박물학.
tamanho natural 실물대(實物大).
ao natural 자연히. 자연적으로.

naturalidade *f.* ①자연적임. 자연상태. 자연 그대로 있는 것. 본연지성(本然之性). 천진(天眞)함. ②출생. ③귀화(歸化).
a terra da naturalidade 출생지.

naturalismo *m.* [倫] 자연주의(본능에 따라 행동하는 것). [神·哲] 자연주의. 자연론. [藝術] 자연주의(인생의 '진(眞)'의 묘사(描寫)를 본위로 하는 것). 실사파(實寫派).

naturalista *a.* 사연수의. 자연론의. 실사파의.
— *m., f.* [哲·宗·藝術] 자연주의자. 자연론자. 실사파 사람. 박물학자(博物學者).

naturalização *f.* ①자연화. ②귀화. (동·식물의) 풍토화. 이식(移植). ③외국어의 자국어화.
fazer naturalização 귀화(수속)하다.

naturalizado *a.* 귀화한. 순화(馴化)한.
— *m.* 귀화인.

naturalizar *v.t.* ①(+*a*). 귀화시키다. ②풍토에 길들이다. 이식하다. 순화하다. ③(언어 같은 것을) 자국어화하다. 옮겨오다.
— *v.i.*, —**se** *v.pr.* 기회히다. 풍도에 길들다.

naturalmente *adv.* ①자연히. 자연적으로. 있는 그대로. 꾸밈없이. ②당연히. 마땅히. 물론.

natureza *f.* ①자연(현상). 자연 상태. 원시상태. 천연적임. ②자연력. 자연성. ③천성. 본질. 본연지성(本然之性). 본연의 힘. ④천연물(天然物). 천지만물. 실물. 현물(現物).
natureza humana 인성(人性). 인간성.
as leis da natureza 자연의 큰 법칙. 자연율.

nau *f.* 옛날의 배. 범선(帆船). 옛날 군함.
nau almirante 기함(旗艦).
nau de guerra 군함.

naufragado *a.* ①조난(遭難)한. 파선(破船)한. 난파한. ②배가 가라앉은. 침몰한.

naufragante *a.* 조난당한. 파선해 있는. 난파되고 있는.
— *m.* ①조난자. ②난파선(難破船).

naufragar *v.i.* (배가) 조난하다. 파선하다.

좌초하다. 파괴되다. 가라앉다. (사람이) 난선(難船)을 만나다.
— v.t. ①파선시키다. 파괴하다. 파멸시키다. ②좌절시키다.

naufrágio m. ①파선(破船). 난파선. 난선(難船). ②해상 조난. ③(계획의) 좌절. 실패. ④파멸.

náufrago a. 조난한. 난파한. 파선한. 침몰한.
— m. 난선을 만난 사람. 조난자.

naufragoso a. ①파선케 하는. 조난(난파)을 초래하는. ②난파의 위험에 처한. ③침몰시키는.

naumaquia f. ①(옛 로마의) 수전극(水戰劇). ②모의해전(模擬海戰).

náusea f. ①속이 메스꺼움. 욕지기. 몸서리. 배멀미. ②염증. 염기(厭忌).

nauseabundo a. ①속이 메스꺼운. 욕지기나게 하는(날듯한). 몸서리나는. 가슴이. 답답한. ②기분 나쁜. 싫은.

nauseado a. ①속이 메스꺼운. 토하고 싶은. 욕지기난. 뱃멀미난. ②기분이 아주 나쁜. 몸서리난.

nauseante a. =*nauseabundo*.

nausera v.i., v.t. ①속이 메스껍다. 욕지기나다(나게 하다). 몸서리치다(게 하다). 토하고 싶다. 뱃멀미하다. ②아주 싫어지다.

nauseativo a. =*nauseabundo*.

nauseento a. 배만 타면 멀미하는. 멀미 잘 하는. 곧 메스꺼워지는.

nauseoso a. 몹시 메스꺼운. 토하고 싶은. 뱃멀미하는. 뱃멀미가 심한. 가슴이 답답한. 아주 싫은.

nauta m. 배꾼. 선원. 해원. 항해자.

náutica f. 선박조종(운용)술. 항해술.

náutico a. ①해상의. 항해의. 항해에 관한. 항해술의. ③선박의. ④수부(水夫)의.
agulha náutica 선원의 지남철.
— m. 선박조종술(항해술)에 정통한 사람.

náutilo m. ①[貝] 앵무패속(鸚鵡貝屬). 앵무조개. 《古》바다에서 항해한다고 상상된 조개. ②종형잠함(鐘型潛函). 잠수정(艇).

naval a. ①배의. ②항해의. 해상의. ③해군의. 군함의.
batalha naval 해전.
escola naval 군사관학교.
porto naval 군항(軍港).
fuzileiro naval 해병(대).

nava f. ①분지(盆地). ②작은 평야. 평원.

navalha f. ①면도칼. ②(산돼지의) 어금니. ③조개의 일종. ④호된 추위. 엄한(嚴寒). ⑤《俗》자동차를 난폭하게 모는 사람.
navalha de barba (주로 이발소에서 쓰는) 면도칼.
navalha de mola 접는 주머니칼. 《英》*clasp knife*.

navalhada f. ①면도칼로 한 번 썩 베기. ②면도칼로 벤(다친) 상처.

navalhado a. ①면도칼처럼 예리한. 면도칼 같은. ②착공기(鑿孔器)에 있는 예리한 날 (면도칼) 같은.

navalhão m. 면도칼 모양의 큰 칼.

navalhar v.t. ①면도하다. ②면도칼로 베다(새기다). 면도칼로 찌르다.

navalheira f. 갑각류(甲殼類)의 동물. 특히 다리가 긴 게(蟹)의 일종.

navalhista m. 면도칼로 상처를 입히는(죽이는) 사람. 흉악한 깽.

navarca m. 옛 그리스의 함대사령관(艦隊司令官).

nave f. ①《古》배(船). ②(교회당의) 회중석(會衆席). 본당. 전당(殿堂).

navegabilidade f. ①항행할 수 있음. 항행 가능. ②(배·항공기의) 내항성(耐航性).

navegação f. ①항해. 항행(航行). 항공(航空). ②항해학. 항해술. 항공학(술). 항법(航法). ③수운(水運). 해운(海運).
navegação aérea 항공.
navegação de cabotagem 연안무역.

navegado a. 배가 지나간. 항행한.

navegador a., m. 항행자. 항해자. 항해에 정통한 사람. 항공사(航空士).

navegante a. 항행하는. 항해하는.
— m. 항해자(航海者).

navegar v.i. ①(배·항공기를) 조종하다. 항행(항해)하다. 배로 운반하다.
— v.i. 항해하다. 배로 가다. 출범(出帆)하다. 《稀》하늘을 날다.

navegável a. (강·바다 따위) 배가 갈 수 있는. 항행에 적당한. 항행 가능한.

naveta f. ①(베틀의) 북(梭). ②《古》작은 배.

navicula f. [解] 배의 꼴. 주형(舟形). 주상부(舟狀部).

navicular a. [解] 배꼴을 한. 주형의.
osso navicular 주형골(舟形骨).

naviforme a. 《詩》배꼴의. 주형의.

navifrago *a.* 《詩》배를 난파시키는.
navigabilidade *f.* =*navegabilidade*.
navio *m.* ①배(의 총칭). 선(船). 함. 함선. ②배 모양의 그릇. 기구.
navio mercante 상선.
navio escola 연습선.
navio almirante 기함(旗艦).
navio de vela 돛배. 범선(帆船).
navio de vapor 기선(汽船).
navio de cargo 짐배. 화물선.
navio de transporte 수송선.
navio de passageiros 여객선.
navio de guerra 군함.
nazareno *m.*, *a.* 나사렛 사람(의). 기독교도(유태사람·회교도가 말하는).
nazarita *m.f.* 나사렛 사람. 히브리의 수행자(修行者).
nazismo *m.* 독일국가 사회주의. 나치스주의.
nazista *a.* 나치스의.
— *m.*, *f.* 독일국가 사회당원.
neblina *f.* 안개. 노을(霞).
neblinar *v.i.* 안개 끼다.
— *v.t.* 안개로 덮다. 흐리게 하다.
nebrina *f.* =*neblina*.
nebulosa *f.* ①[天] 성운(星雲). 성단(星團). ②[醫] 각막(角膜)이 흐려짐.
nebulosidade *f.* ①안개가 낌. 노을이 짐. ②싱운 상태. (사상·표현의) 막연. 애매.
nebuloso *a.* ①안개 짙은(자욱한). 아지랑이 낀. ②흐리터분한. 명료치 않은. 막연한. 희미한. (의미가) 애매한. ③성운(모양)의.
necear *v.i.* 얼토당토않은 이야기를 하다. 얼간망둥이같은 소리를 하다.
necedade *f.* ①어리석음. 우둔함. 어리석은 행실(생각). 얼토당토않은 수작(말). 헛돌이. ②노둔(老鈍).
necessária *f.* ①세면소. 화장실(변소가 달린). ②변소.
necessariamente *adv.* 필요상. 할 수 없이. 기필코. 꼭. 반드시.
necessário *a.* ①없어서는 안될. 필요한. 필수의. ②필연한. 필연적인. 피할 수 없는.
as coisas necessárias 필요 불가결한. 물건.
Um automóvel é uma coisa necessária à vida moderna. 현대 생활에 자동차는 필요 불가결한 것이다.

— *m.* 필요한 것. 필수품.
necessidade *f.* ①필요. 필수(必需). ②필요한 것. 필수품. ③수요. 요구. 요망. ④필연. 필연성. ⑤궁핍(窮乏). 빈궁(貧窮). ⑥《俗》용변(用便).
gêneros (또는 *artigos*) *de primeira necessidade* 생활필수품.
viver em necessidade 가난하게 살다.
por necessidade 필요상. 부득불(不得不).
em caso de necessidade 필요한 경우. 유사시(有事時).
fazer uma necessidade 소변 보다. 오줌 누다.
fazer as suas necessidades 용변(用便)하다.
A necessidade não tem lei. 방귀나 종기는 장소를 가리지 않는다.
necessitado *a.* ①필요한 형편에 있는. ②가난한. 궁핍한.
estar necessitado …이 필요하다.
— *m.* (…이 없어) 곤란한 사람. 가난한 사람.
necessitante *a.* 필요를 느끼는(느끼고 있는). 부득이하게 되는.
necessitar *v.t.* 필요케 하다. 부득이 (…을) 하게 하다. 곤란(궁경)에 빠뜨리다.
— *v.t.* 필요하다. 필요를 느끼다. 궁경(窮境)에 빠지다 …을 몹시 요구히다.
necessito dinheiro 돈이 필요하다.
necessito viajar 여행을 해야겠다.
necessitário *m.* 숙명론자. 운명론자. 필연론자.
necessitoso *a.* ①필요한. 필요를 느끼는. ②가난한.
necro 죽은 사람. 시체. 괴사(壞死)·회저(壞疽)의 뜻의 복합형.
necrobia *f.* 초시류(鞘翅類)의 곤충(동물의 시체 속에 사는).
necrobiose *f.* [醫] 유괴저(類壞疽).
necrodulia *f.* 사자숭배(死者崇拜). 선조(先祖)숭배.
necrofagia *f.* 송장 또는 죽은 동물의 고기를 먹음(벌레·세균 따위).
necrófago *a.* 죽은(썩은) 고기를 먹는(벌레·세균 따위).
necrofilia *f.* [醫] 시간(屍姦)의 변태적 성욕.
necrofobia *f.* 사체공포증(死體恐怖症).
necrófobo *a.* 공사증(恐死症)의. 사체공포증의.

— *m.* 사체공포증(공사증)에 걸린 사람.

necrografia *f.* 사체해설(死體解說). 사체론(死體論).

necrolatra *m.* 죽은 사람을 숭배하는 자. 사령숭배자(死靈崇拜者).

necrolatria *f.* 사자숭배. 사령숭배.

necrologia *f.* (신문 따위의) 부고. 사망통지. 사망기사(死亡記事). 죽은 사람에 대한 작은 내력서.

necrológico *a.* 사망광고(통지·기사)의. 사망자 명부의. 사망자의 내력의.

necrológio *m.* (신문 따위의) 사망자 명부. 사망표(死亡表). 사자의 간단한 내력서.

necrólogo *m.* 사망광고 쓰는 사람. (사자의) 간단한 내력을 쓰는 사람.

necromancia *f.* 강신술(降神術). 마술(魔術). 요술.

necromante *m., f.* 강신술자. 마술사. 요술쟁이.

necromantico *a.* 마술적인. 요술적인.

necrópole *f.* ①묘지. (특히 옛 도시의) 큰 묘지. 공동묘지. ②묘지처럼 한산한 거리.

necropsia, necroscopia *f.* [醫] 검시(檢屍). 시체해부. 검시법.

necropsiar *v.t.* 검시하다.

necrose *f.* ①[醫] 세포의 병적 사멸. 괴저(壞疽). ②[植] 검정무늬.

necrotério *m.* 시체공시소. 사체수용소(死體收容所: 신분불명의 시체를 임시 두는 곳).

néctar *m.* ①[希神] 신주(神酒). ②달고 맛있는 술. 단맛 있는 음료. 탄산수의 일종. 감로(甘露). ③[植] (식물이 분비하는) 당분. 꽃의 꿀.

nectareo *a.* ①신주의. 신주와 같은. ②[植] 꽃의 꿀의. 꿀같은. 감미있는.

nectarifero *a.* [植] 화밀(花蜜)을 분비하는. 꿀샘(蜜腺)이 있는.

nectário *m.* [植] 꿀샘(蜜腺).

nediez *f.* 기름기 있고 살찜. 포동포동함. 토실토실함.

nédio *a.* ①기름기 있고 살찐. 포동포동한. 토실토실한. ②(얼굴빛·머리칼 따위) 광택이 있는. 번들번들한.

neerlandês *a.* 폴란드(나라)의. 폴란드 사람(말)의.

— *m.* 폴란드 사람(말).

nefandamente *adv.* 흉악하게. 극악하게. 추악하게. 언어도단으로.

nefando *a.* 흉악한. 극악한. 언어도단(言語道斷)의. 이루 말할 수 없는. 가증한. 지긋지긋한. 아주 미운.

pecado ncfando 추악한 죄. 계간죄(鷄奸罪).

nefário *a.* ①흉악한. 극악한. 사악한. ②부정한. 불법의.

nefas *f.* 부정(不正). 불법. 사악(邪惡). 부정행위. 불법행위.

por fas e por nefas 좋든 나쁘든 간에. 아무쪼록.

nefasto *a.* 흉(凶)의. 불길(不吉)한. 나쁜 징조의. 불행한. 불운한.

dia nefasto 흉일. 기일(忌日).

guerra nefasta 불행한 전쟁. 패전(敗戰).

nefelibata *a., m.* 구름 속에 사는 (사람). 구름 속에서 다니는 (사람). 꿈꾸는 (사람). 공상하는 (자).

nefelina *f.* [鑛] 하석(霞石).

nefelio *m.* [醫] 각막예(角膜翳).

nefologia *f.* 운학(雲學).

nefoscopo *m.* 운행관측기(雲行觀測器).

nefralgia *f.* [醫] 신통(腎痛). [病理] 신장동통(腎臟疼痛).

nefrectomia *f.* 신장적출술(摘出術).

nefrina *f.* [醫] 요소(尿素).

nefrite *f.* ①[醫] 신장염(腎臟炎). ②신석(腎石). 요석(尿石).

nefrítico *a.* 신장(염)의. 신장염에 효과 있는.

nefrito *m.* [鑛] 연옥(軟玉).

nefrocele *m.* [醫] 신장 헤르니아.

nefrolito *m.* 신장결석(腎臟結石).

nefrologia *f.* 신장학. 신론(腎論).

nefrotomia *f.* 신장절개술(切開術).

nega *f.* 《俗》부정(否定). 부인(否認). 취소. 거절.

nêga, negres *f.* 《卑》(특히 흑인들 사이의) 귀여운 사람. 애인.

negaça *f.* ①미끼. 만든 미끼. (매쟁이가 매를 꾀어 부를 때 쓰는) 미끼새. 미끼로 사용되는 물건. 모이. ②유인물(誘引物). 꾀어내는 장치. ③매혹. 매력.

negação *f.* ①부정(否定). 부인(否認). 취소. 거절. 반대. ②무(無)(존재·실재의 반대). [論] 부동(不同) 또는 제외의 단정. ③부적당.

negaceador *a., m.* (미끼로 꾀는) 사람. 유혹하는 (자).

negacear *v.t.* (미끼로) 꾀다. 꾀어내다. 유

혹하다. 낚시에 걸리다.
— *v.i.* 유혹하다.
negaceiro *a*. 꾀어내는. 유혹하는.
negador *a*., *m*. 부정하는 (자). 부인하는 (자). 거절하는 (자). 거부하는 (자).
negalha *f*. ①작은 실토리. 작은 실타래.(실이 감긴) 실바퀴. ②재봉용실. 가는 실(細絲).
negamento *m*. =*negação*.
negar *v.t.* 부정(否定)하다. 부인(否認)하다. (요구 등을) 거절하다. 거부하다. (남에게 줄 것을) 주지 않다. (면회를) 사절하다.
— *v.i.* 아니라고 하다. 부정하다.
—se *v.pr.* (+*a*). 거절하다. 부인하다. 기피하다.
negar-se a si mesmo 극기(克己)하다. 자제(自制)하다. 꾹 참다.
negativa *f*. ①부정. 부인. 거부. 거절. ②[文] 부정어(否定語). [論] 부정명제(否定命題). ③[數] 부수(負數). [電] 음전기. (전기의) 음극판. [寫] 원판. 음화(陰畵). ④거부권.
negativamente *adv*. 부정하여. 부정적으로. 거부하여. 소극적으로.
negatividade *f*. 부정. 소극. 음성(陰性). [化] 음전기를 띰.
negativismo *m*. 부정(소극)주의. 부정론. [心] 반항벽(反抗癖). 반대벽(癖).
negativista *a*. 소극주의의. 부정론의.
— *m*. 소극주의자. 부정론자.
negativo *a*. ①부정의. 부인(否認)의. 거부의. 반대의. 거절한. 취소한. ②소극적. 음성(陰性)의. 음극의. 음전기의. 음전기를 내는. [數] 부(負)의. [寫] 음화의.
eletricidade negativa 음전기.
polo negativo 음극(陰極).
prova negativa 부정 증거.
quantidade negativa 부수(負數). 부량(負量).
voto negativo 반대표(反對票).
negatório *a*. 부정적. 거절적. 소극적인.
negável *a*. 부정(부인)할 수 있는. 거절할 만한.
negligência *f*. 태만. 부주의. 등한. 소홀. 소략(辣略). [法] 과실. 무관심. 되는대로 내버려 두기. 단정하지 못함. [藝術] 자유분방함.
negligenciar *v.t.*, *v.i.* 게을리하다. 소홀히 하다. 돌보지 않다. 되는대로 내버려 두다. 간과하다. 태만하여 …않다.
negligente *a*. 태만한. 부주의한. 등한한. 소홀한. 무관심한. 되는대로 내버려 둔. 소략한.
negligentemente *adv*. 소홀하게. 부주의하게. 등한히. 무관심하게.
negociação *f*. ①교섭. 상의(商議). 상담. 협상. 절충(折衝). 담판. ②유통. 양도. ③매매. 거래.
negociador *m*. ①교섭자. 상의하는 자. 협상자. 절충자. 담판하는 자. ②매매하는 자. 거래하는 자.
negociamento *m*. ①교섭. 상의. 협상. 절충. 담판. ②상거래(商去來).
negociante *m*., *f*. ①상인. 소매상인. 무역상인. 도매상인. ②《稀》엉큼한 장사꾼.
negociar *v.i.* ①교섭하다. 상의하다. 상담하다. 협상하다. ②장사하다. 매매하다.
— *v.t.* (담판·증권·수표 따위를) 유통시키다. 돈으로 바꾸다. 팔다. 무역하다.
negociarrão *m*. ①대단히 유리한 사업. 이익이 많이 나는 장사. ②큰 사업. 대무역.
negociata *f*. 사기적 장사(상업). 암거래(闇去來).
negociável *a*. 교섭(상의·협상·담판)할 수 있는. 매매 가능한. 거래하여 이익이 있음직한.
negócio *m*. ①장사. 상업. 상거래. 무역. ②사업. 사무. 업무. ③사건. 문제. ④《俗》뭐라고 하는 물건(사항).
homem de negócio 상인. 무역업자.
homem de negócios 사업가. 기업가.
negócio é negócio 우정과 거래는 별도이다.
o negócio é assim 그(…의) 사실은 다음과 같다.
negociosamente *adv*. ①분주하게. 바삐. ②애써.
negocioso *a*. ①일이 많은. 일이 분주한. 다망한. 장사가 잘되는. (상업이) 번창하는. ②애써 일하는. 쉴 새 없이 일하는. ③부지런한. 꾸준한. 정력적인. ④활발한. 민활한.
negocista *a*. 사기적 장사(암거래)하는.
— *m*. 사기꾼. 고리대금업자.
negra *f*. ①흑인 여자. ②여자 노예. ③(타박상 등으로 인한 피부의) 검은 반점. ④결승전(특히 삼판 양승(兩勝)에 있어서 일

negraço *m.* 아주 검은 남자. (시꺼먼) 검둥이.

negrada, negralhada *f.* 흑인의 떼. 많은 검둥이.

negral *a.* 거무스름한. 거무튀튀한. 거무데데한.

negrão, negralhão *m.* 체구가 큰 흑인. 큰 검둥이.

negraria *f.* 흑인의 떼. 검둥이의 무리.

negregado *a.* ①불행한. 불운한. 운수 나쁜. 불길한. ②까다로운. 힘드는.

negregoso *a.* 아주 검은. 시꺼먼. 까만.

negregura *f.* ①검음. 까망. ②어두움.

negreiro *a.* 흑인의. 흑인 노예의. 흑인에 관한.
— *m.* [史] 노예 매매자. 노예선(船). 노예 수송선.

negrejante *a.* ①까매지는. 까맣게 되는. ②어두워지는. 침울해지는.

negrejar *v.i.* ①까매지다. 까맣게 되다. ②어두워지다. 침울해지다. 음울(陰鬱)해지다.

negrela *f.* [鳥] (유럽산의) 물닭(涉禽類)의 새. 검둥오리.

negridão *f.* =*negrura*.

negrilho *m.* ①흑인 소년. 검둥이 아이. ②[植] 검은 포플라. 검은 사시나무.

negrinha (1) *f.* (*negra*의 지소어) 작은 검둥이 여자. 흑인 여아(女兒).
— (2) *f.* ①[植] (보리 또는 모밀밭에 나는) 일종의 악초(惡草). ②[鳥] 검둥오리.

negrinho *m.* (*negro*의 지소어) 작은 검둥이. 흑인 아이. 검둥이 소년.

negrita *f.* [印] 굵은 글자. 큰 활자.

negrito *m.* =*negrita*.

negro *a.* ①검은. 까만. ②흑인(종)의. 흑인에 관한. ③어두운. 어둑어둑한. ④불길한. 불행한.
Mar Negro. 흑해.
— *m.* ①흑인. 검둥이. ②흑인 노예. 흑노. ③《詩》암흑.

negrófilo *m.* 흑인 편드는 사람. 흑인노예 페지론자.

negróide *a.* 흑인 같은. 흑인 계통의. 흑인종에 속하는.
— *m.* 흑인 계통의 사람.

negror *m.* ①검음. 까망. 검정색. 검정이. ②어두움. 암흑. ③사악. 부정. ④더러움. 오예(汚穢).

negrua *f.* =*negrura*.

negrume *m.* ①검은 구름. ②흐림. 어두움. ③침울. 음울.

negrura *f.* ①흑(黑). 검은. ②검은 빛. 검정색. ③어두움. 암흑. ④악(惡). 사악. 부정. ⑤오물. 오예. 불결한 것. 오점(汚點). 흑색 반점(斑点). 검은 얼룩.

négus *m.* 에디오피아왕(王)(의 칭호).

nela 전치사 *em*과 대명사 *ela*의 결합형.

nêle 전치사 *em*과 대명사 *êle*의 결합형.

nelumbo, nelumbio *m.* [植] 연속(蓮屬).

nem *adv.* …도 않은. 그다지 …하지 않는.
— *conj.* …도 역시 …않다. …도 아니고 …도 아니다.
Nem um nem outro. 이것도 아니고 저것도 아니다. 그 어느 쪽도 아니다.
nem mais nem menos 더도 말고 꼭 같게.
Não está frio nem calor. 춥지도 않고 덥지도 않다.
Nem eu nem ela sabemos. 나도 모르고 그 여자도 역시 모른다. 둘 다 모른다.
nem tanto 그다지(그만큼)도 않다.

nematelminto *m.* 원충류(圓蟲類)(주로 기생충).

nemato *m.* (선충류의) 구더기.

nematoide *a.* 선충(線蟲)의. 선상(線狀)의.

nematoides *m.(pl.)* 선충류(線蟲類).

nembo *m.* [建] 창사이벽.

nemésia *f.* ①[希神] 네메시스 여신(女神)(복수의 여신). ②인과응보.

nemine-discrepante *adv.* 만장일치로.

nemoral *a.* 숲의. 삼림(森林)의. 삼림 속에 있는. 산림에 나는.

nemoroso *a.* 나무가 우거진. 수목이 많은 (에 덮인).

nenê, nenen *m.* 《俗》갓난아기. 영아(嬰兒). 젖먹이.

nenhum *a.* (아무것도) 아닌. (하나도) 없는. (=*nem um*).
Não tenho nenhum cruzeiro. (나에게는) 한 그루제이로도 없다.
Não há nenhuma pessoa. 한 사람도 없다.
Não comi nenhum peixe. 한 마리의 물고기도 안 먹었다.
— *pron.* (아무것도) 아닌 것. (하나도) 없는 것.

nenhures *adv.* (否定의 뜻으로) 아무데도 없다. 어디(何處)를 막론하고 없다. (=*em nenhum lugar*).

nénia *f.* (옛 로마・그리스의) 조가(弔歌). 애가(哀歌). 장례식 때 부르는 슬픈 노래.

nenúfar *m.* [植] 수련(睡蓮)의 일종. 이집트 연꽃.

neo '새…'・'신(新)…'・'근대…'를 뜻하는 복합형.

neo-catolicismo *m.* 신가톨릭교.

neo-classicismo *m.* 신고전주의(新古典主義).

neocomiano, neocomis *a.* [地質] 전녹사통(前綠砂統)의.

neo-fascismo *m.* 신파시즘.

neo-fascista *m.* 신파시즘분자.

neófito *m.* ①[宗] 신개종자(新改宗者). 신귀의자(新歸依者). 새신자. ②[가톨릭] 신임신부. ③신참자(新參者). 초심자(初心者).

neofobia *f.* 새것을 싫어하기.

neofobo *m.* 새것을 싫어하는 사람. 염신가(厭新家).

neogótico *a.* [建] 신고딕식의.

neografia *f.* 신철자(新綴字).

neografo *m.* 신철자 만드는 사람(에 정통한 사람). 신철자 사용자.

neo-humanismo *m.* 신인도주의(新人道主義).

neo-latino *a.* 라틴어에서 온(근대어의).
— *m.* 신라틴어족(語族).

neo-lítico *a.* 신석기시대(新石器時代)의.

neologia *f.* 신어(新語). 신어 사용. 신어 창조.

neológico *a.* 신어의. 신어 사용의. 새말 만드는.

neologismo *m.* 신어. 신어 사용. 새말 만들기. 신조어(新造語). 낡은 말(古語)에 새로운 뜻(新意)을 붙이기. ②[神學] 신설채용(新說採用)(지지).

neologista *m.f.* 신어 창조자. 새말 쓰는 사람. [宗] 신설신봉자.

neoménia *f.* (그리스 사람이 말하는) 새달(新月).

neon, neônio *m.* [化] 네온(氣體元素. 기호 Ne).

neo-nazismo *m.* 신나치즘.

neo-platónico *a.* 신플라톤파 철학의.
— *m.* 신플라톤 철학을 믿는 사람.

neo-platonismo *m.* 신플라톤파 철학.

neoplasma *m.* [醫] 이상신생물(異常新生物). (특히)종양(腫瘍).

neozoico *a.* [地質] 신생계(新生界)의. 신생대의.

nepenta *f.* ①[植] 네펜더스(스마트라산 식충식물). ②《詩》 시름을 없이 하는 약(또는 술).

nepentáceas *f.(pl.)* [植] 네펜더스속(屬).

nepote *m.* 로마 법황의 조카. 법황의 고문역(顧問役).

nepotico *a.* 조카・생질 편드는. 친척을 등용하는.

nepotismo *m.* 친척등용(登用). 족벌주의.

neptuniano, neptuaino *a.*
= *netuniano, netunino*.

neptunismo *m.* = *netunismo*.

neptuno *m.* = *netuno*.

nequícia *f.* 악(惡). 사악(邪惡). 악심(惡心). 악사(惡事).

nereida *f.* ①[希神] 바다의 여신. 바다의 요정. ②[動] 갯지네.

neroli *m.* [化] 등화유(燈火油).

nervação *f.* [動・植] 맥차례(脈序). 맥상(脈狀).

nervado *a.* ①신경이 …한. ②[動・植] 엽맥(葉脈)이 있는. 근(筋)이 있는. (곤충의) 시맥(翅脈)이 있는.

nerval *a.* 신경의. 신경계통의. 신경을 건드리는. 신경성(神經性)의.

nérvio *a.* 신경의. 신경작용의. 신경성의. 신경에 작용하는. 신경질인. 신경과민한. 근이 많은.

nervino *a.* 신경의. 신경에 작용하는.
— *m.* 신경약(神經藥).

nervo *m.* ①신경. ②근육. 힘줄. [解] 건(腱). 근력(筋力). ③담력. 기력. 용기. 강건. 체력. 기골(氣骨). ④활동력. 원동력. ⑤[植] 엽맥(葉脈). [動] 시맥(翅脈).

nervosa *f.* 신경병.

nervosamente *adv.* 신경이 예민하게. 신경질로. 신경과민으로. 힘세게.

nervosidade *f.* 신경질. 신경과민. 애태우기.

nervosismo *m.* 신경질. 신경과민. 신경조직 착란.

nervoso *a.* ①신경의. 신경성의. 신경에 작용하는. 신경질인. 신경과민한. 흥분하기 쉬운. ③힘센. 강장(强壯)한. 기운 있는.

— *m.* 신경과민. 신경병.

nervudo *a.* 근육이 발달한. 강장한.

nervura *f.* [植] 엽맥(葉脈). 엽맥 중에 있는 대맥(大脈). 늑맥(肋脈). (곤충의) 시맥.

nesciamente *adv.* 우둔하게. 무지하게. 바보답게.

nescidade *f.* ①어리석음. 우둔함. 무지. ②어리석은 언행. 바보같은 이야기.

néscio *a.* ①모르는. 무지한. 우둔한. ②어리석은. 바보같은.
— *m.* 아무 것도 모르는 사람. 무지한 인간. 우둔한 녀석. 어리석은 사람. 바보.

nesga *f.* ①삼각형의 헝겊 조각. (옷의) 깃, 섶. ②삼각형의 지면(地面). 구석. ③작은 땅. 소부분.

nêspera *f.* [植] 모과(열매).

nespereira *f.* [植] 모과나무.
nespereira do japão [植] 비파나무.

nessa 전치사 *em*과 대명사 *essa*의 결합형.

nesse 전치사 *em*과 대명사 *esse*의 결합형.

neste 전치사 *em*과 지시대명사 *esta*의 결합형.

nestor *m.* ①*Homer*작 *Iliad* 중의 슬기로운 장군. ②《轉》현명한 노인.

nestorianismo *m.* 네스토리어스의 교의(敎義).

nestoriano *m.a.* 네스토리어스 교파(의).

neta *f.* 손녀(孫女).

neto (1) *m.* 손자(孫子).
netos (*pl.*) 자손.
— (2) *a.* 맑은. 아담하고 깨끗한. 산뜻한. 말쑥한. 청초한. 흠없는. 투명한.

netuniano, netunino, netunio *a.* ①*Neptune*의. 해왕성의. ②[地質] 수성(水成)의. 수성층(層)의. 암석수성론(岩石水成論)의. ③대양(大洋)의.

netunismo *m.* [地質] 암석수성론. 수성설(水成說).

netunista *a..m.* 암석수성론자.

netuno *m.* ①[羅神] 바다의 신(神). ②[天] 해왕성. ③바다. 대양.

neuma *f.* [樂] 단조곡(短調曲).

neural *a.* [解·動] 신경의. 신경계의.

neuralgia *f.* [醫] 신경통(神經痛).

neurálgico *a.* [醫] 신경통의.

neurastenia *f.* 신경쇠약(증).

neurasténico *a.* 신경쇠약(성)의. 신경쇠약에 걸린.
— *m.* 신경쇠약환자.

neurilidade *f.* 신경작용.

neurite *f.* [醫] 신경염(炎).

nenrografia *f.* 신경론(神經論).

neurologia *f.* [醫] 신경학(學).

neurologista *m.*, *f.* 신경학자.

neuroma *f.* [醫] 신경종(神經腫). 신경섬유종(神經纖維腫).

neurone, neurônio *m.* [解] 신경세포. 신경원(原).

neuropata *m.* [醫] 신경과민한 사람. (뇌)신경병자. 신경병 소질자.

neuropatia *f.* [醫] 신경병. 뇌(腦)신경병.

neuropteros *m.*(*pl.*) [動] 맥시충류(脈翅蟲類).

neurose, nevrose *f.* [醫] 신경증. 신경관능증(官能症). [心] 신경감동.
neurose de guerra [醫] 탄진탕(彈震盪) : 근처에서 터진 폭탄으로 인하여 일어나는 치매증(癡呆症).

neurótico *a.* 신경성질의. 신경제(劑)의. 신경병성의. 신경증의.
— *m.* 신경증 환자. 신경병 소질자.

neurotomia *f.* 신경 절단. 신경 해부.

neutral *a.* (당면 문제에) 무관심한. 중립의. 편파 없는. 아무 쪽에도 치우치지 않는. 중립국의. [植] 암컷·수컷의 구별이 없는. [電·化] 중성의.

neutralidade *f.* 중립적임. 중립. 국외중립(局外中立). 중간 상태. [政] 중간 노선(中間路線). [化] 중성(中性).

neutralização *f.* 중립으로 함. 중립화(中立化). 중립상태. [化] 중화(中和). 중성화.

neutralizar *v.t.* ①중립시키다. 국외중립으로 하다. ②[化] 중화하다. 중성(中性)으로 하다. ③효력을 없애다. 지우다.
—*se v.pr.* ①중립하다. 중립적 입장을 취하다. 아무 쪽에도 치우치지 않다. ②[化] 중화되다. 중성이 되다. ③효력을 잃다. 무효로 되다.

neutralmente *adv.* 중립적으로. 국외에서.

neutro *a.* 중립의. 국외중립의. 아무 쪽에도 치우치지 않는. 불편(不偏)의. (당면 문제에) 무관심한. [化] 중성의. [文] (남성도 아니고 여성도 아닌) 중성의. [植] 자웅성(雌雄性)이 없는. 무성(無性)의.
flores neutras 무성화(無性花).
pais neutro 중립국.

nevada *f.* ①눈이 내림. 강설(降雪). ②(내리는) 큰 눈. ③강설량(降雪量).

nevado *a.* 눈으로 덮인. 눈과 같이 흰. 눈처럼 찬. 눈 또는 얼음으로 차게 한.
nevão *m.* 큰 눈(大雪).
nevar *v.i.* 눈이 내리다. 은세계가 되다. 희어지다.
— *v.t.* 눈으로 덮다. 은세계를 만들다. 희게 하다. 눈 또는 얼음으로 차게 하다.
nevasca *f.* ①눈보라. 눈바람. ②큰 눈. 대설(大雪).
neve *f.* ①눈(雪). ②적설(積雪). ③눈같이 흼. 설백(雪白). ④(노인의) 백발.
floco de neve 눈송이.
neveira *f.* ①제빙소(製氷所). ②아이스크림 제조기. ③얼음 창고. 저빙고.
neveiro *m.* ①얼음 만드는 사람. ②아이스크림 장수.
neviscar *v.i.* 눈이 살랑살랑 내리다.
nevo *m.* 검은 점(사마귀).
névoa *f.* ①안개(霧). 놀. ②몽롱(朦朧). 어슴프레함. ③애매(曖昧). 오리무중(五里霧中). ④(눈(眼)의) 각막반점(角膜斑点). 안예(眼翳).
nevoaça *f.* =*nevoeiro*.
nevoado *a.* ①안개가 낀. 놀이 낀. 안개로 흐린. ②어슴프레한. 몽롱한.
nevoar-se *v.pr.* ①안개가(놀이) 끼다. ②어슴프레해지다. 몽롱해지다.
nevoeiro *m.* ①짙은 안개. 농무(濃霧). ②어슴프레할 음암(陰暗). 임팀(暗湛). 농롱. 분명치 않음.
nevoento *f.* 안개가 자욱한(짙은). 어슴프레한. 몽롱한. 분명치 않은.
nevoso *a.* 눈 많은. 눈 많이 쌓인. 눈에 덮인. 안개가 짙은.
nevralgia *f.* =*neuralgia*.
nevrálgico *a.* =*neurálgico*.
nevrite *f.* =*neurite*.
nevrologia *f.* =*neurologia*.
nevroma *m.* =*neuroma*.
nevropata *m.f.* =*neuropata*.
nevropatia *f.* =*neuropatia*.
nevrose *f.* =*neurose*.
nexo *m.* 관계. 연쇄. 관련. 연락. [文] 서술적(敍述的) 관계(표현).
nhandiroba *f.* =*nandiroba*.
nhandú *m.* 타조(駝鳥)의 일종.
nhanhá *f.* (여아(女兒)를 부르는 말) 애야.
nhonhô *m.* (남자 아이를 부르는말) 애야.
nhor *m. senhor*의 약자(略字).

nhora *f. senhora*의 약자.
nica *f.* ①사소한 일. 보잘것 없는 것. ②적은 양. 적은 금액. ③주제넘음. 무례. 건방짐. 방자(放恣).
nicada *f.* (새 따위) 부리로 쪼기.
nicar *v.t.* 부리로 쪼다.
niceno *a.* (소아시아의 옛 도시) 니케아(Nicaea)의.
nicho *m.* ①벽감(壁龕 : 조각품·꽃병 같은 것을 놓는 벽의 움푹 들어간 곳). ②적소(適所). ③비교적 좋은 한직(閑職).
nicles *adv.* 조금도 …없다. 아무것도 …없다.
nicociana *f.* [植] 담배. 연초.
nicotina *f.* [化] 니코틴.
nicotinismo *m.* 니코틴 중독. 담배 중독.
nicotizado *a.* 니코틴 중독에 걸린.
nicromancia *f.* =*necromancia*.
nictação *f.* 눈깜빡거리기.
nictagineas *f.(pl.)* [植] 분꽃속(屬).
nictago *m.* [植] 분꽃.
nictalope *m.f.* ①밤눈 어두운 사람. ②주맹증이 있는 사람.
nictalopia *f.* [醫] 밤눈 어두움. [誤用] 주맹증(晝盲症).
nictalopico *a.* 밤눈 어두운.
nictitação *f.* (=*nictação*). 눈깜빡거리기.
nictitante *a.* 눈깜빡거리는.
nidificação *f.* 새둥지(새집)를 만들기.
nidificar *v.t.* 새둥지(새집)를 만들다.
nidoroso *a.* 썩은 알(腐卵) 같은 악취나는.
nielo *m.* 흑금상감(금·은에 조각하여 그 자국에 검은 색의 합금을 박은 것).
nigela (1) *f.* [植] 니겔라.
《英》*love-inamist*.
nigela bastarda [植] 선옹초.
— (2) *f.* 흑금상감세공(細工).
nigelar *v.t.* 흑금상감(*nielo*)으로 장식하다.
nigérrimo *a.* 아주 까만. 시꺼먼.
nigromancia *f.* =*necromancia*.
nigromante *m., f.* =*necromante*.
nigua *f.* [蟲] 벼룩의 일종(발가락 사이에 기생).
niilismo *m.* 《古》*nihilismo*. [哲·神] 니힐리즘. 허무주의(虛無主義). 허무론. 무신론(無神論). (러시아의) 무정부주의.
niilista *m., f.* 허무주의자. 무정부주의자. 무신론자.
nilgó *m.* [動] (인도산의) 큰 영양(羚羊).

nilometro *m.* 나일강의(특히 홍수 때의) 수위계(水位計).

nimbífero *a.* 《詩》비오게 하는. 비올듯한.

nimbo *m.* ①(불화(佛畵) 등의) 후광(後光). 광윤. ②[氣象] 비구름. 우운(雨雲).

nimboso *a.* 비구름에 덮인. 비구름이 낀.

nimiamente *adv.* 지나치게. 과도하게. 몹시. 엄청나게.

nimiedade *f.* ①여분. 나머지. ②과다(過多). 과도(過度). 지나침. 엄청남. ③지루함. 장황.

nímio *a.* ①남는. 여분의. ②과다한. 과도의. 지나친. 과대한. 엄청난. ③지루한. 장황한.

nina (1) *f.* 자장가. 자장가를 불러 (아기를) 재우기.
— (2) *f.* ①금빛의 작은 원(圓). ②금속환(金屬環).

ninar *v.t.* 자장가를 불러(아기를) 재우다. (아기를) 흔들어 재우다.

ninfa *f.* ①[神話] 님프(산수(山水)의. 정령인 반신반인의 고운 처녀). ②《詩》아름다운 소녀. 처녀. ③[蟲] 어린 벌레. ④[解] 소음순(小陰脣).

ninfeu *a.* =ninfa의.

ninfose *f.* 어린 벌레가 번데기로 되기.

ninfomania *f.* [醫] 남자를 생각하다. 미친 병(여자의 색정광(色情狂)). 여자 음란증(淫亂症).

ninguém *pron.* 《否定語》아무도(누구도) …않다. (없다).
ninguém pode fazer 아무도 할 수 없다.
Estava lá algum? Ninguém. 거기에 누가 있었습니까? 아무도 없었습니다.
Não havia ninguém lá. 거기에는 아무도 없었다.

ninhada *f.* ①새둥지 안에 있는 전체의 새끼. 한배병아리. ②(동물이 낳은) 한 배의 새끼. ③(경멸의 뜻으로) 집 안의 전체 아이들. (멸시적으로) 애새끼들. 패거리. ④묘상(苗床). ⑤소굴(巢窟).

ninharia *f.* ①사소한 것. 쓸모없는 것. 소량. 적은 금액. ②어린애들 수작. 문제도 되지 않는 것.
discutir por ninharia 쓸데없는 것을 논하다.

ninhego *a.* 새둥지로부터 끄집어내다.

ninho *m.* ①보금자리. 깃. 새둥지. 새집. ②(동물의) 소굴. ③피난소. 숨는 집. ④자기나라. 고향. ⑤자기집.
o pátia ninho 자기나라. 자국.

niobato *m.* [化] 니오브산염(酸鹽).

nióbio *m.* [化] 니오븀. 니오브(稀有元素. 본래는 *coumbium*이라고 했음. Nb).

nipa, nipeira *f.* 니이퍼야자(동인도 등지의 물가에 남).

nipo *nipônico*의 약자(略字).
nipo-brasileiro 일본・브라질.

nipônico *a.* [新] 일본의. 일본 사람의. (=*japonês*).
— *m.* 일본 사람.

niqueiro *a.* (덮어놓고) 이론(異論)을 내세우는. 트집잡는. 까다로운.

níquel *m.* ①[鑛] 니켈(금속원소; Ni). 양은(洋銀). 백동(白銅). ②백동화(貨).

niquelagem *f.* 니켈 도금(鍍金).

niquelar *v.t.* 니켈 도금하다. 니켈을 씌우다.

niquelífero *a.* 니켈이 있는(산출하는). 니켈을 함유한.

niquento *a.* ①(덮어 놓고) 이론(異論)을 내세우는. 까다롭게 트집잡는. 억지를 쓰는. 심술궂은. ②변덕스러운. 종작없는. ③주제넘은 무례한.

niquice *f.* ①트집잡기. 억지를 쓰기. ②변덕스러움. 주제넘음. ③건방짐. 무례. 적절치 못한 행위(언사). ④사소한 일. 문제도 되지 않는 것. ⑤심술. 불평.

nirvana *f.* [佛敎] 열반(涅槃).

nirvanismo *m.* 열반도(涅槃道).

nisso 전치사 *em*과 대명사 *isso*의 결합형.

nistagmo *m.* [醫] 안구진탕(眼球震盪).

nisto 전치사 *em*과 대명사 *isto*의 결합형.

nitente (1) *a.* 번쩍이는. 빛나는. 찬란한. 광채 있는.
— (2) *a.* 애쓰는. 노력하는. 분투하는.

nitescencia *f.* 찬란하게 비춤. 광휘. 광채(光彩).

nitidamente *adv.* ①맑게. 깨끗하게. 청초하게. ②밝게. 선명하게. 확연히. ③빛나게. 찬란하게.

nitidez *f.* ①맑음. 아담하고 깨끗함. 청초. 청징(淸澄). 선명(鮮明). ②밝음. 확연함. (윤곽이) 뚜렷함. ③광휘. 광채.

nítido *a.* ①맑은. 아담하고 깨끗한. 청초한. 청징한. ②밝은. 선명한. 확연한. 뚜렷한. ③빛나는. 찬란한.

nitrado *a.* 초석(硝石)을 함유한.

nitral *m.* =*nitreira*.
nitratado *a.* 질산염화(化)한. 초산염화한.
nitrato *m.* [化] 질산염(窒酸鹽). 질산칼리. 질산소다.
nitrato de prata 질산은(銀).
mitreira *f.* ①초석산지(硝石産地). 초석상(床). ②비료의 더미.
nítrico *a.* [化] 질소의. 질소를 포함한. 질소로부터 빼낸.《古》초석의.
ácido mítrico 질산(窒酸).
nitrido *m.* (말의) 울음소리.
nitridor *a.* (말이) 우는.
nitrificação *f.* 질화(窒化). 질산화성(窒酸化成). 질소화합. 질화작용.
nitrificar *v.t.* [化] 질화하다. 니트로화하다.
— *v.i.*, —*se v.pr.* 질화(窒化)되다.
nitrir *v.i.* (말이) 울다.
nitrito *m.* [化] 아질산염(亞窒酸鹽).
nitro *m.* [化] 질산칼리. 질산소다. 초석(硝石). 칠리초석.
nitrobenzina *f.* [化] 니트로벤젠.
nitro-celulose *f.* ①[化] 니트로셀룰로오스 (셀룰로오스와 질산과의 화합물. 폭발약으로 씀). 질산섬유소(窒酸纖維素). ②면화약(綿火藥).
nitro oxplosivo *m.* 니트로 화약.
nitrogênio *m.* [化] 질소(窒素：N).
nitrogeno *a.* 질소를 포함한.
nitrogenoso *a.* 질소를 포함한. 질소실(實)의.
nitroglicerina *f.* [化] 니트로글리세린.
nitro-magnesito *m.* [化] 질산마그네슘.
nitrometro *m.* [化] 질소계(計).
nitrosidade *f.* 질소 함유성(含有性).
nitroso *a.* 질소의. 초석의. 실소를 포함한. 초석성의.
niveal *a.* ①겨울의. 겨울같이 추운. [植] 겨울에 피는. 나는. 겨울에 생기는. 눈속에서 사는.
nível *m.* ①수평(水平). 수평면. 평면(보기). 수평선. ②(같은) 수준. 동등. 동위(同位). 평등. ③수준기(水準器). ④(사회적・정신적) 표준.
ao nível de 수평으로. 같은 수준으로. 동일 정도로.
nivelador *a.* 수평으로 하는. 평등(동등)하게 하는. 같은 정도로 하는.
— *m.* ①수평으로 하는 사람. 평등(동등)하게 하는 자. ②수준기. 수준측량수(水準測量手). ③평등주의자. 평등론자.

nivelamento *m.* ①평탄하게 하기. (땅을) 고르기. ②평등(동등)하게 하기. 수평되게 하기. ③수준측량(水準測量). ④수평운동.
nivelar *v.t.* ①수평되게 하다. ②평탄하게 하다. (땅의 고저를 없애고) 평탄하게 하다. ③(높이를) 같게 하다. 동일 수준으로 하다. ④수준측량하다.
— *v.i.* (+*com*). (…와) 같은 높이가 되다. 수평이 되다.
níveo *a.* 눈(雪)의. 눈같은. 눈많은. 눈에 관한. 눈처럼 흰. 설백(雪白)의.
nivoso *a.*《詩》눈 많은. 눈에 덮인. 눈 쌓인.
no (1) (전치사 *em*과 관사 *o*의 결합형). 그에 있어서. 그 안에서. 거기에서.
no teatro 극장에서.
no campo 들에서.
— (2) 인칭대명사 *o, a, oa, as*가 비모음(鼻母音：*vogal nasal*)로 끝나는 동사의 뒤에 따를 때 *no, na, nos, nas*로 된다.
amam-no 그들은 그 사람(그것)을 사랑하다(좋아하다).
deram-no 그것을 줬다.
nó *m.* ①매듭. 연결점. ②장식용 매는 끈. ③[植] 나무의 마디. 옹이. 넬빤지의 옹이. [解] 마디 혹. 사마귀. ④연(緣). 연분(緣分). ⑤요점(要點). 난관. 난국. 문제의 어려운 점. 어려운 일. ⑥[天] 교점(交點). ⑦해리. 노트(1,852미터).
nó corredio 당기면 풀리게 된 매듭.
nó cego 이중(二重) 매듭.
nó de Adão 목젖. 인두(咽頭).
nós dos dedos 손가락 마디(指節).
dar um nó 매듭을 만들다.
desatar um nó. 매듭을 풀다.
Não dar ponto sem nó! 배포가 있다. 마음에 생각하는 바가 있다.
noa *f.* [가톨릭] 제9시의 기도(하루 7회의 기도 중의 하나로 옛 로마에서는 오후 3시에. 지금은 정오에 행하는 기도).
nobiliário *a.* 귀족의. 화족의.
nobiliarista, nobiliarquista *m., f.* 화족명감연구자 또는 저자(著者).
nobiliarquia *f.* 화족명감(華族名鑑：계도(系圖)・문장(紋章) 따위 있는).
nobiliarquico *a.* 화족명감의.

nobilíssimo *a.* (*nobre*의 최상급). 가장 고결(고상)한.

nobilitação *f.* ①고귀하게 하기. 고상하게 하기. ②작위(爵位)를 주기. 귀족으로 만들기.

nobilitante *a.* ①귀하게 하는. 고상하게 하는. ②작위를 주는. 귀족으로 만드는.

nobilitar *v.t.* ①고귀하게 하다. 고상하게 하다. ②작위를 주다. 귀족으로 만들다.

nobre *a.* ①귀한. 고귀한. 고결한. 고상한. 숭고한. 당당한. 웅대한. 탁월한. 훌륭한.
— *m.* 귀족. 화족.

nobrecer *v.i.*, *v.pr.* = *ennobrecer, enobrecer*

nobremente *adv.* 고귀하게. 고결하게. 고상하게.

nobreza *f.* ①고결함. 고귀함. 고상함. 숭고(崇高). ②위대(偉大). ③고귀한 신분. 귀족(사회). 귀족계급.

noção *f.* ①[哲·心] 개념. (막연한) 관념. ②(어렴풋한) 이해. 생각. 공상. 기상(奇想). ③의견. 견해. 설. 의향. ④기초지식. 대의(大意).

nocaute *m.* [拳鬪] 녹아웃. 《英》*knok-out*.

nocente *a.* 해로운. 유해한. 해를 끼치는.

nocional *a.* 개념의. 개념적. 관념의. 관념상의. 공상의. 기상의. 추상적. 순리적. 대의(大意)의.

nocivamente *adv.* 해롭게. 유독하게.

nocividade *f.* 해로움. 유해(有害). 유독.

nocivo *a.* 해로운. 해가 되는. 독이 있는. 유독한. 불건전한.

noctambulante *a.* 밤에 걷는. 몽유(夢遊)의.

noctambulismo *m.* ①자면서 걸어다니기. ②몽중유행(夢中遊行). 몽유병(夢遊病).

noctâmbulo *m.* ①밤에 걸어다니는 사람. ②몽중유행자. 몽유병자.

noctícolor *a.* 암색(暗色)의. 어두운 빛의.

noctifloro *a.* [植] 밤에 피는. 야간개화(夜間開花)의.

noctifobo, noctífugo *a.* 밤을 싫어하는.

noctiluca *f.* ①《詩》달. ②야광(夜光).

noctiluco *m.* [蟲] 야광충(夜光蟲)(속).

noctivago *a.* 야간배행성의. 야행(夜行)의.

nocturnal *a.* = *noturnal*.

nocturno *a.* = *noturno*.

nodal *a.* ①매듭의. 마디의. ②[醫] 경결종(硬結腫)의. 관절종(關節腫)의. [天] 교점의. [數] 교궤점(交軌點)의.

nó-de-Adão *m.* 목젖. 인두(咽頭). 인후골(咽候骨).

nodifloro *a.* [植] 마디에 꽃이 피는.

nodo *m.* ①[植] 마디(잎이 줄기에 붙은 곳). ②[醫] 경결종(硬結腫). 관절종(關節腫). ③[天] 교점. [數] 교궤점(交軌點: 곡선이 스스로 교차하는 점). [解] 결절(結節). [理] 마디(정상파(定常波)에 있어서 진동이 없거나 또는 매우 작은 부분). ④복잡한 조직의 중심점.

nódoa *f.* ①얼룩. 얼룩점. 오점(汚點). 녹. 흠집. ②오욕(汚辱). 오명.

nodocidade *f.* [植] 다절성(多節性). 마디가 많음. 옹이 많음.

nodoso, nodular *a.* (나무의) 옹이 있는. 옹이 많은. 마디가 많음. 혹(사마귀)투성이의.

nódulo *m.* [植] 작은 마디(小起節). 작은 혹. [地質] 유괴(瘤塊). 덩어리. [鑛] 광류(鑛瘤). 암구(岩球).

noduloso *a.* = *nodoso*.

noete *m.* 양산·박쥐우산 등의 고리쇠. 열고 닫는 사복.

nogada *f.* ①[植] 호두나무의 꽃. ②호두로 만든 과자. ③호두 소스.

nogado *m.* 호두과자(胡桃菓子). 편도(扁桃)과자.

nogal *m.* = *nogueiral*.

nogueira *f.* [植] 호두나무. 호두나무 재목.

nogueirado *a.* 호두나무 빛깔의.

nogueiral *m.* 호두나무숲(胡桃林).

noitada *f.* ①한밤. 하룻밤. ②밤을 새기. 철야(徹夜). ③밤을 새는 작업. 밤을 새며 노름하는 것. ④잠못 자는 밤.

noite *f.* ①밤. 저녁. ②어둠. 암흑. ③맹목. 무지(無智). 몽매. ④몽매상태.
meia noite 밤 열두시(子正). 야반; 삼경(三更).
alta noite 깊은 밤. 한밤중.
esta noite 이 밤. 오늘 밤.
amanhã à noite 내일 밤.
ontem à noite 간밤. 어제 저녁.
de noite 밤에. 저녁에.
durante a noite 밤새도록. 하룻밤 동안.
à boca da noite 해질녘. 저녁 무렵. 황혼시.
fazer-se noite 밤이 되다.
fazer noite em …으로써 밤을 새다.

boa noite (*boas noites*) 저녁에 만날 때 또는 작별할 때의 인사의 말.
Boa noite como vão vocês? 여러분 안녕하십니까?
Vomos-me embora ; boa noite! (저녁 때) 저는 가렵니다 ; (그림) 안녕히!
noitecer *v.i.* =*anoitecer*.
noitibó *m.* ①야명조(夜鳴鳥). ②낮에는 집에 있고 밤에 놀러다니는 사람.
noitinha *f.* 해질녘. 저녁 무렵. 초저녁.
noiva *f.* ①약혼한 여자. 곧 결혼할 여자. ②새색시. 신부(新婦).
noivado *m.* ①약혼. 약혼한 상태. ②약혼식.
noivar *v.t.* ①약혼하다. ②곧 결혼하다. 결혼식을 올리다.
noivo *m.* ①약혼한 남자. 곧 결혼식을 할 남자. ②신랑. 새서방.
noivos (*pl.*) 신랑신부.
nojado *m.* 상중(喪中)에 있는 사람.
nojento *a.* ①욕지기 나게 하는(날듯한). 더러운. 싫은. ②《卑》구역나는. 침뱉을 만한. 치사스러운.
nojo *m.* ①속이 메스꺼움. 욕지기. ②뱃멀미. ③기분 나쁨. 몸서리. 실증. 염기(厭忌). ④서러움. 슬픔. 상(喪).
estar de nojo 몽상(夢喪)하다.
nojosamente *adv.* 메스겹게. 욕지기 나게. 기분 나쁘게.
nojoso *a.* =*nojento*.
nolição *f.* 기분이 나지 않음. 의욕이 없음. 실의(失意).
noli-me-tangere *m.* [植] 봉숭아 (=*balsamina*).
nômada, nômade *a.* 유목의. 방랑의. 유랑(流浪)의.
nômades *m.*(*pl.*) 유목민(遊牧民). 방랑자.
nomadismo *m.* 유목(방랑)생활.
nomancia *f.* 성명판단(姓名判斷).
nomantico *a.* 성명판단의(에 관한).
nomarca *m.* (고대 이집트 또는 현대 그리스의) 지사(知事).
nomarcado *m.* *nomarca*의 직(職) 또는 관할.
nome *m.* ①이름. 성명. 명칭. ②[論·哲] 명사(名辭). [文] 명사(名詞). ③명의. ④면목. 허명(虛名). 평판. 명성(名聲).
nome de batismo 세례명(洗禮名).
de nome …의 이름으로서. 명의상.
em nome de …의 이름에 의하여. …을 대신하여.
pelo nome de …이라는 이름으로. …의 이름에 따라.
sob o nome de …의 명목하에. …의 칭호로.
chamar nomes (여러 사람의) 이름을 부르다. 호명하다.
tomar o nome em vão (특히 신성한) 이름을 남용하다.
nomeação *f.* ①임명. 지명. ②지정. 선정. ③임명권. 지명권.
nomeada *f.* 평판. 명성. 영문(令聞). 영명(令名).
nomeadamente *adv.* 지명(임명)하여. 특히. 주로.
nomeado *a.* ①임명된. 지명된. 지정된. ②평판이 있는. 이름난. 유명한. 저명(著名)한.
nomeador *a.*, *m.* 임명자. 지명자. 선임자(選任者).
nomeadura *f.* =*nomeação*.
nomeante *a.*, *m.* 임명하는 (자). 지명하는 (자).
nomear *v.t.* ①이름을 짓다. 명명하다. ②이름으로 부르다. ③임명하다. 지명하다. 선임하다. ④(사람·시일 등을) 지정하다. ―*se v.pr.* (자신의) 이름을 짓다. (자신을)라고 부르다. (자기외) 이름을 대다.
nomenclador *m.* ①(옛 로마) 손님 등의 이름을 주인에게 알리는 하인. 연회의 좌석계. ②[博] 명명자.
nomenclatura *f.* ①《稀》목록. 명부. ②(전문학의 조직적) 명명법. 전문어. 술어. ③술어집. 용어집. 어류법(語類法).
nomina *f.* (자기의 몸을 수호하는 데에 도움이 된다고 믿는) 기념품·유물·글쓴 종이 따위를 넣는 작은 주머니(호신용(護身用)으로 지님).
nominação *f.* 새로 이름붙이기. 명사를 새로 만들기. 명사의 신조(新造).
nominal *a.* ①이름의. 명칭의. ②명의상의. 이름뿐인. 허명무실한. ③기명(記名)의. 공칭(公稱)의. [文] 명사의. 명사와 같은. 명사를 가리키는.
valor nominal [株券·公債] 액면가격.
nominalismo *m.* [哲] 유명론(唯名論). 명목론(名目論).
nominalista *m.*, *f.* 유명(명목)론자.

nominalmente *adv.* 명의상. 명목상. 이름만으로. 액면가격으로.

nominativo *a.* ①[文] 주격의. ②지명(임명)의. 기명(記名)의.
— *m.* [文] 주격(主格)(어).

nomo '법…', '학…'의 뜻을 나타내는 접두사.

nomocanon, nomocanone *m.* [宗] 종규전집(宗規全集).

nomografia *f.* 법률학(法律學). 법률론.

nomologia *f.* ①법률학. ②(과학의) 법칙학.

nomoteta *m.* 옛 그리스 아테네의 법률조사위원.

nonada *f.* ①보잘것없는(변변치 않은) 사람 또는 사물. ②실재하지 않음.

nonagenário *a.* 90세의. 90대의.
— *m.* 90세의 사람. 90대의 사람.

nonagésima *f.* 90분의 일.

nonagésimo *a.* 90번째의. 제구십의.
— *m.* 90번째. 제구십(第九十).

nonas *f.(pl.)* =*noa*.

nongentésimo *m., a.* 제구백(의). 900번째(의).

nônio *m.* ①부척(副尺). 유표척(遊標尺).

nono *a.* 아홉번째의. 제9의.
nono andar 구층(九層).
— *m.* ①제구(第九). 아홉번째. ②9분의 일.

nónuplo *a.* 아홉 배의. 아홉 겹의. 구중(九重)의.

noologia *f.* 심리학.

nopal *m.* [植] 선인장의 일종.

nora (1) *f.* 며느리. 아들의 아내.
— (2) *f.* 도르래에 달려 있는 일종의 장치(구조).

norça *f.* [植] 부리오니아(유럽산 박과의 덩굴식물). 그 뿌리(下劑).

nordestada *f.* =*nordestia*.

nordeste *m.* ①동북(東北). ②동북풍(風).
— *a.* 동북의.
O Nordeste. (브라질의) 동북지방(*Sergipe* 이북 *Seará, Piauí* 까지).

nordestear *v.i.* 동북으로(향하여) 진로를 잡다. 동북으로 향하여 가다. (자석(磁石)의 편차에 있어서) 북에서 동으로 기울다.

nordesteo *m.* 동북의.

nordestia *f.* 동북풍(東北風).

nordestino *a.* 동북의. 동북지방의.
— *m.* (브라질) 동북지방 사람(東北諸州居住民).

nórdico *a.* 북유럽(北歐)의. 북구인의.
língua nórdicas 북유럽 언어.

norma *f.* ①표준. 기준. 규범. 통칙(通則). ②원칙(原則). ③방식. 법식. ④(노동자의) 표준노동(일일분의 임금을 얻기에 필요한 일의 분량).

normal *a.* ①표준의. 전형적인. ②정상상태(常態)의. 평균의. 보통의. ③규정의. 정규의. 규칙대로의. ④[幾] 수직의.
escola normal 사범학교.
estado normal 정상상태. 상태(常態).
linha normal [幾] 수선(垂線). 법선(法線).
temperatura normal 평온(平溫). 상온(常溫).
— *m.* 상태(常態). 정상. [理] 평균량. [幾] 법선. 수선.

normalidade *f.* 정상. 상태(常態). 규정도.

normalista *a.* 사범학교를 나온(졸업한).
— *m., f.* 사범학교 학생. 사범학교를 졸업한 자. 사범학교를 나온 선생(교원).

normalização *f.* 표준화. 정상화. 상태화(常態化).

normalizar *v.t., v.i.* 표준화하다. 상태로 하다(로 되다). 정상화되다.

normalmente *adv.* 순리로. 정상적으로. 보통으로. 규칙대로.

normando *a.* 노르만디(사람)의.
— *m.* 노르만디 사람. 노르만 사람.

normativo *a.* 표준의. 표준으로 되는. 규범(規範)이 되는.

nor-nordeste *m., a.* 북북동(의). 북북동풍(風).

nor-noroeste *m., a.* 북북서(의). 북북서풍.

noroeste *m., a.* 북서(北西)의. 북서풍.

noroestear *v.i.* 서북으로(향하여) 진로를 잡다. 서북으로 향하여 가다.

nortada *f.* 북방의 찬바람. 한랭(寒冷)한 북풍.

norte *m.* ①북. ②북방. 북부. ③북부지방. 북극(北極). ④북풍(北風). ⑤지침(指針). (기준)방향. ⑥북극성.
— *a.* 북의. 북쪽의. 북부의. 북방의.

norte-americano *a.* 북미(北美)의. 《俗》 미국 사람의.
— *m.* 북미 사람. 미국인.

nortear *v.t.* ①북으로 향하게 하다. ②(옳은 방향으로) 인도하다. 이끌다.

— *v.i.*, —*se v.pr.* 북으로 향하다(향하여 가다). (올바른 방향으로) 인도되다. 이끌리다.

norte-riograndense *a. Rio Grande do Norte* (사람)의.
— *m.* (브라질의 동북부). *Rio Grande do Norte* 사람.

nortista *a.* 북쪽의. 북방의. 북부 출신의 (특히 브라질의 북방 여러 주(州)를 가리킴).
— *m., f.* (브라질의) 북부지방에 사는 사람 또는 그 출신. 북방인.
(註) 남부지방 사람은 *Sulista*.

norueguês *a.* 노르웨이(사람)의.
— *m.* 노르웨이 사람(말).

nos (1) (전치사 *em*과 관사 *os*의 결합형). …에 있어서.
nos predios 여러 건물 내에서.
nos campos 여러 곳의 들에서.
— (2) *pron.* 우리(들)에게. 우리들을.
①직접 목적인 경우.
Êle viu nos. 그이는 우리를 봤다.
②간접 목적인 경우.
Êle nos deu um livro. 그이는 우리들에게 한 권의 책을 줬다.

nós *pron.* 우리는. 우리들은. 우리가.
Nós somos brasileiros. 우리는 브라질 사람이다.
Nós estivemos na escola. 우리는 학교에 있었다.
Nós mesmos o fizemos. 우리들 자신이 그것을 했다.

nosocomial *a.* =*nosocômico*.
nosocômio *m.* 병원(病院).
nosocômico *a.* 병원의. 병원에 관한.
nosofobia *f.* [醫] 질병공포증(疾病恐怖症).
nosofobo *a., m.* 질병공포증에 걸린 (사람).
nosografia *f.* 질병론(疾病論). 질병리학.
nosográfico *a.* 질병론의. 병리학의.
nosologia *f.* 병리학(病理學). 질병분류(학).
nosológico *a.* 병리학(상)의. 병리적.
nosologista *m.* 병리학자.
nosso, nossa *a.* 우리의. 우리들의.
a nossa-casa 우리 집.
o nosso banco 우리 은행.
Êle é um nosso amigo. 그분은 우리의 친구다(우리들의 여러 친구 중의 한 사람이다).
— *pron. poss.* 우리 것. 우리들의 것.
os nossos 우리들의 것.

nostalgia *f.* 향수(鄕愁). 회향병. 홈식.
nostálgico *a.* 향수의. 향수에 잠긴. 고향을 그리는.
— *m.* 향수에 잠긴 사람. 회향병에 걸린 사람.

nota *f.* ①표(標). 표기(標記). 기호(記號). ②[樂] 악보. 음표. ③비망록. 각서(覺書). 노트. 짧은 편지. ④외교문서. 통첩. ⑤(시험의) 점수. 평점(評點). ⑥지폐(紙幣). 어음. ⑦주의. 주목.
notas de música 악보.
nota do banco 지폐. 은행권.
nota promissória 약속어음.
nota fiscal 상품송장(商品送狀)(세관리가 볼 수 있는).
nota diplomática 외교각서.
tomar nota 대강 적어 두다. 요점을 기록하다.

notabilidade *f.* ①저명함. 현저함. ②저명한 사람(사물). 명사(名士). 명물. 명망가(名望家).
notabilíssimo *a.* (*notável*의 최상급) 가장 현저한. 제일 저명한.
notabilizar *v.t.* 현저하게 하다. 저명하게하다. 이름 높게 하다.
—*se v.pr.* 현저(저명)해지다. 이름 높아지다.
notação *f.* (특수한 글자, 부호 등에 의한) 표시법. 기호법(記號法). [數] 기수법(記數法). [樂] 기보법(記譜法). 《稀》 기록.
notado *a.* (특수한 글자·부호로) 표시한. 표를 매긴. 주목해 둔. 눈에 띈. 뚜렷이 보인. 저명한.
notador *a., m.* 표시하는 (사람). 표를 매기는 (자). 주목하는 (사람).
notar *v.t.* ①주의하다. 주목하다. ②(특수한 글자·부호 따위로) 표하다. 기호(記號)하다. ③써 놓다. ④주(註)를 붙이다. [樂] 음표를 붙이다(로 쓰다).
Note bem! 주목하시오! 똑똑히 보시오!
notariado *m.* 공증인의. 직무(職務).
notarial *a.* 공증의. 공증인의.
notário *m.* 공증인(公證人).
notável *a.* 현저한. 저명한. 뚜렷한. 주목할 만한. 굴지(屈指)의.
notavelmente *adv.* 현저하게. 저명하게.
notícia *f.* ①(새로운)정보. 보도. 통신. ②소식. 음신(音信). 편지. ③알리는 말. 통보. ④새로운 사건. (신문의) 기사. 보도란. 뉴스.

notícia de última hora 최신 뉴스.

Que notícias há? 무슨 소식이 있습니까?

Não há notícia nenhuma. 아무런 소식도 없습니다.

Si nãs há notícias, as notícias são boas. (만약 소식이 없다면 그것은 좋은 것입니다).《諺》무소식이 희소식.

As más notícias se espalham rápidamente. 악사천리(惡事千里).

noticiador *m.* 보도자. 통보자. 통신원.

noticiar *v.i.* (소식을) 알리다. 전하다. 보도하다. 통지하다.

noticiário *m.* (*TV*·라디오 등에 의한) 짧은 보도. [映] 뉴스 영화(본 필름 전의). (신문의) 보도란(報道欄). 잡보란(雜報欄).

noticiarista *m., f.* 보도자. (신문의) 잡보기자. 통신원.

noticioso *a.* 기사가 풍부한. 여러 가지 소식이 많은. 보도가 꽉 찬. 새로운 사건을 많이 아는(알리는).

noticolor *a.* (=*nocticolor*). 어두운 빛의. 암색(暗色)의.

notificação *f.* ①통지. 통고. 고지. 고시. ②통지서. 신고서. 공고문. ③[法] 출정통고(出廷通告). 출두통지. 채권차압통지.

notificante *a.* ①소식을 알리는(전하는). ②통지하는. 보도하는.

notificar *v.t.* (소식을) 알리다. 통지하다. 고지(告知)하다. 고시하다. 공고하다. [法] 소환통지를 하다. 출두를 통고하다.

notificativo *a.* 통지(통고)의. 통지(전달)하기 위한.

notificatório *a.* 통지의. 통고의. 공고의. 보도의.

notifloro *a.* [植] 밤에 피는. 야간개화(夜間開花)의.

notifobo, notifugo *a.* 밤을 싫어하는. 어둠을 무서워하는.

notiluca *f.* ①《詩》달. ②야광(夜光).

notiluco *m.* [蟲] 야광충(夜光蟲)(속).

notivago *a.* 밤에 돌아다니는. 야간 배왕성(徘徃性)의.

noto (1) *a.*《詩》알려진. 알고 있는. 기지(旣知)의. 주지(周知)의. ②이름난. 유명한. ③명백한. 뚜렷한.
— (2) *m.* 남풍(南風).

notocordio *m.* [解] 척색(脊索).

notoriamente *adv.* 알려져서. 알려진 바와 같이. 유명하게.

notoriedade *f.* ①다 알려짐. 널리 알려짐. 주지(周知). ②널리 알려진 사실. ③(보통 나쁜 의미의) 평판. 유명. 추명(醜名).

notório *a.* 널리 알려진. 다 아는. 주지한. 기지(周知)의.

notuelitos *m.*(*pl.*) [動] 밤나방과에 속하는 각종 나방이. 야비류(夜飛類).

nótula *f.* [動] 큰 박쥐(영국산).

noturnal *a.* =*noturno*.

noturno *a.* 밤의. 야간의. 야간에 다니는(활동하는). [動] 야행성의. [植] 밤에 피는.
— *m.* ①[宗] 밤기도. 야도(夜禱). ②[樂] 야상곡. 야곡(夜曲). ③[畵] 야경(화). ④야간 열차.

noturnos (*pl.*) 야조(夜鳥).

noutibó *m.* [鳥] 쏙독새(유럽산).

noutro 전치사 *em*과 부정대명사(不定代名詞) *outro*의 결합형.

noutrora *adv.* =*outrora*.

nova *f.* 새로운 일. 새소식. 뉴스. 진담(珍談).

boa nova 좋은 소식. 복음(福音).

Nova-lorque *f.* 뉴욕.

novação *f.* (=*inovação*) [法] (채권·계약따위의) 경신(更新). 개신(改新).

novador *a., m.* (=*inovador*) 새로 하는 (자). 경신하는 (자). 쇄신하는 (자). 혁신하는 (자).

nova-iorquino(-a) *m., f.* 뉴욕시민(의).

novamente *adv.* 새로. 새롭게. 다시. 재차.

novato *m., f.* ①새로 시작하는 사람. 초심자(初心者). 신입생. 신참자(新參者). 새로운 신자. 경험이 없는 자. 미숙련자. (경마) 처음 출전하는 말. ②뉴욕시민.
— *a.* (아직) 경험이 없는. 익숙되지 않은. 미숙(련)한. 처음 해보는. 시작하는.

nove *a.* 아홉의. 아홉개의. 9의. 아홉째의.
— *m.* 아홉. 아홉의 수. 아홉 개. 9(자의 기호). (트럼프) 9점짜리 패.

novecentos *m., a.* 900(의).

novedio *m.* 싹(芽). 꽃봉오리. 발아(發芽).

novel *a.* ①새로운. ②젊은. 어린. ③경험이 없는. 아직 익숙하지 않은. 풋내기의. ④초심(初心)의. 신참(新參)의.

novela *f.* ①단편소설. 사실적(寫實的) 소설. ②꾸민 이야기. ③새로운(이상한) 물건(일).

novela policial 탐정소설. (무시무시한

이야기만 기재한) 값싼 소설.
noveleiro *m*. ①단편 소설가. 소설가. ②꾸며낸 이야기를 하는 자.
— *a*. ①소설의. 소설적인. ②새로 발생한 것을 말하기 좋아하는. 소문내기 좋아하는.
novelesco *a*. (단편)소설같은. (소설처럼) 신기한. 기괴한.
novelista *m*., *f*. 소설가. 단편소설가. 극작가.
novelo *m*. ①(공 모양으로 감은) 실 묶음(편물용 털실 묶음 따위). ②얽힘. 착종. 착잡(錯雜). ③[植] 까마귀밥나무.
novelos de neve (눈싸움할 때 던지는) 눈덩어리.
novembro *m*. 십일월(十一月).
novena *f*. ①[가톨릭] 9일 기도. ②9일간. 구인조(九人組).
novenal *a*. ①[가톨릭] 9일 기도의. ②9일간의. 9인조의.
novenário *m*. 구일기도서(九日祈禱書).
novenio *m*. 9년간.
noveno *a*. (병 따위) 9일째의.
noventa *m*., *a*. 90(의). 90개(의).
noviça *f*. (수도원에 있어서의) 수련수녀(修練修女). 견습 여승(女僧).
noviciado *m*. ①수련기(修練期). 중(여승)의 견습기간. ②견습중(中). 수련중(修練中). ③견습. 수련.
noviciária *f*. [宗] (수도원 내의) 수련소(修練所).
noviciário *a*. ①수련수녀의. 견습여승의. 수련자의. ②수련자(修練者)에 관한.
noviço *m*. ①[宗] 견습수도사(見習修道士). 견습 중(僧). ②견습자. 초보자. 초학자. 초심자(初心者). 풋내기.
— *a*. ①견습하는. 수련하는. ②신참(新參)의. 초심의. 경험이 없는.
novidade *f*. ①새로기. 새로움. 참신(斬新)함. ②새로운 일(물건). 새로운 유행. ③새로운 소식. 뉴스. ④이상한 일(이야기). 진담(珍談).
novidades (*pl*.) [商] 신안물(新案物).
sem novidades 별다른 소식도 없이.
Não há novidade. 새소식이 없다. 이전과 다름 없다.
novilha *f*. 암송아지. 어린 암소.
novilhada *f*. 송아지의 떼.
novilho *m*. 수송아지. 어린 황소.

novilunar *a*. 초승달의. 신월의.
novilúnio *m*. 초승달. 신월(新月).
novissimamente *adv*. 가장 새롭게. 제일 참신하게.
novíssimo *a*. 가장 새로운. 제일 참신한. 아주 최근의.
novo *a*. ①새로운. 처음 듣는(보는). ②최근의. 참신한. ③새것의. 신품의. ④어린. 젊은. 경험 없는. 초심의. 아직 익숙되지 않은.
de novo 새로. 다시. 재차.
— *m*. 새로운 것. 최신. 최근의 것. 신인(新人).
nóxio *a*. (=*nocivo*). 해로운. 해가 되는. 유해한.
noz *f*. [植] 호두(胡桃). 견과(堅果).
noz moscada [植] 육두구(肉豆蔲).
noz vómica [植] 번목별(番木鼈)(의 종자: 스트리키니네의 원료).
nu *a*. ①벌거벗은. 알몸둥이인. 나체의. 드러난. 있는 그대로의. 노출한. 적나라한. ②(나무에) 잎이 없는. 초목이 없는. ③장식(가구) 없는.
— *m*. 나체(裸體). 나체화(畫). 나체상(像).
a ôlho nu 육안(肉眼)으로.
nu em pêlo 아주 벗은. 알몸둥이의.
nua *f*. *nu*의 여성형.
nuamente *adv*. 벌거벗어. 노골적으로. 적나라하게.
nuança *f*. ①《F》빛깔이 엷고 짙은 정도. ②색조(色調). ③(색・음・장단・의미・감정 등의) 미세한 차이.
nubente *a*., *m*., *f*. 약혼한 (자). 곧 결혼할 (사람). 신혼자(新婚者).
nubicogo *a*. 《詩》구름을 모으는.
nubífero *a*. 《詩》구름을 만드는. 구름이 되는. 구름이 생기는.
nubigeno *a*. 《詩》구름에서 생기는. 구름에서 나오는.
núbil *a*. 나이 든. 나이 찬. 혼기에 달한. 결혼할 때가 된. 묘령(妙齡)의. 방령(芳齡)의. 방년(芳年)의. 결혼기의. 결혼할 수 있는.
nubilidade *f*. 나이 듦. 나이 참. 방년. 묘령. 방령. 혼기(婚期). [法] 혼인적령(適齡).
nubiloso *a*. =*nebuloso*.
nubivago *a*. ①구름 속에서 떠다니는. 하늘에 떠 있는. ②높은. 고상한.

nublado *a.* ①구름이 낀. 구름에 덮인. 구름같은. 흐린. ②으스름한. 음울한. 침울한.

nublar *v.t.* ①흐리게 하다. 으스름하게 하다. 어둡게 하다. ②구름 모양으로 채색하다. 침울하게 하다.
— *v.i.*, —*se v.pr.* ①구름이 끼다. 구름에 덮이다. 흐리다. ②으스름해지다. 침울해지다. 근심 빛을 띠다.

nubloso *a.* ①구름이 낀. 구름 많은. 구름에 덮인. 으스름한. 침울한. ③(마음이) 산뜻하지 않는. 기분이 좋지 못한.

nuca *f.* 목덜미.

nucal *a.* 목덜미의(에 관한).

nução *f.* 동의(同意). 찬동. 승낙.

nuciforme *a.* 호두와 같은. 호두 모양(胡桃狀)의.

nucifrago *a.* 호두를 깨는.

nucleal *a.* =*nuclear*.

nuclear *a.* ①[生物] 핵(核)의. ②핵심의. 중심의. 중앙의. 주요의.
energia nuclear 원자핵 에너지.
sciencia nuclear 원자핵과학.
armas nucleares 핵무기.
poderio nuclear [軍] 핵무장력.
teste nuclear 핵실험.

núcleo *m.* ①씨의 알. 심(心). [生物] 세포핵(細胞核). [理] 원자핵(原子核). ②중심. 중축.

nucléolo *m.* [生物] 세포인(細胞仁). 핵인(核仁). 소핵(小核).

nudação *f.* ①벌거벗음. 벌거벗김. ②나체(裸體).

nudamente *adv.* 벌거벗어. 노골적으로.

nulidade *f.* 무효(無效). 무가치(無價值).

nulificar *v.t.* 무효로 하다. 수포로 돌리다. 폐기하다. 취소하다.

nulo *a.* ①무효의. 무익한. ②가치 없는. 자격 없는. 무능력한. ③특징(개성)이 없는. 무표정의. 존재하지 않는. 없는. [數] 영의.

num 전치사 *em*과 부정관사 *um*의 결합형.

numária *f.* 고전학(古錢學). 고전 고패학(古牌學)

numario *a.* 고전학의. 고전 고패학의.

nume *m.* ①신성(神性). 신력(神力). 신위(神位). 신격(神格). ②(이교(異教)의) 신(神). 상제(上帝). ③천재(天才).

numeração *f.* ①계산. 계정. ②번호를 붙이기. ③번호. ④[數] 숫자 읽기. 명수법(命數法).

numerado *a.* 번호를 붙인. 번호를 단. 번호가 있는.

nomerador *m.* ①번호를 붙이는 사람. ②번호 찍는 기계. 번호기(番號機). ③[數] 분자(分子).

numeral *a.* 수(數)의. 숫자의. 번호의. 번호를 표시하는.
adjetivo numeral 수형용사(數形容詞).
— *m.* [文] 수사(數詞).

numeralmente *adv.* 수(자)적으로. 수로서. 번호로.

numerar *v.t.* ①(수를) 세다. 계정하다. ②번호를 붙이다. 번호를 찍다(매기다). 페이지를 만들다.
numerar um livro [製本] 책에 번호를 찍다.

numerário *a.* 돈의. 금전의. 화폐의.
— *m.* 정금(正金). 경화(硬貨). 화폐.

numerativo *a.* =*numeral*.

numerável *a.* 셀 수 있는. 계산 가능한.

numericamente *adv.* 숫자상으로. 숫자로 표시하면.

numérico *a.* 수의. 숫자(상)의. 수에 관한. 숫자로 표시한.

número *m.* ①수. ②숫자. ③번호. 번호표. (신문의) 호(號). ④[文] 수. 수사. [韻·樂] 음률(音律). 운율(韻律). ⑤계산. 계수(計數).
número par 우수.
número impar 기수(奇數).
número quebrado 분수(分數).
números inteiros 완전수. 정수(整數).
número primo 소수(素數).
em número de …의 수로서.
números (*pl.*) [聖] 민수기략(民數紀略).

numerosamente *adv.* 아주 많은 수로. 헤아릴 수 없이 많이. 수없이. 무수히.

numerosidade *f.* 수가 많음. 다수임. 기다(幾多).

numeroso *a.* 수많은. 다수의. 허다한. 《古·詩》 곡조가 아름다운. 가조(佳調)의.

numisma *f.* 고전(古錢).

numismata *m.*, *f.* 고전학자(古錢學者). 고전수집가.

numismática *f.* 고전학. 고전 고패학(古牌學).

numismático *a.* 고전학의. 고전 고패학의.

numismatografia *f.* 고전지(古錢誌). 고전통감(古錢通鑑).

numismatografo *m.* 고전지 저자(著者). 고전통감 저자.

nunca *adv.* 일찍이 …없다. 결코 …아니다. 결코 …하지 않는다.
nunca mais 다시는 …않다.
nunca jamais 일찍이(다시는) …않다 (없다).
mais do que nunca 더욱 더. 점점.
nunca estive lá (나는) 거기에 있은 일 (간 일)이 없다.

nunciar *v.t.* =*anunciar*.

nunciativo *a.* 예보(豫報)의. 전조(前兆)의.

nunciatura *f. núncio*의 직(임기).

núncio *m.* ①(로마) 교황의 특사. 교황사절(使節). ②교황사절관(使節館).

nuncupação *f.* [法] (유언 따위의) 구술(口述).

nuncupativamente *adv.* 구술로서. 구두(口頭)로서.

nuncupativo *a.* [法] 구두의. 구술의(특히 유언에 말함).

nundinal, nundinário *a.* (옛 로마의) 9일시의.

nundinas *f.(pl.)* 구일시(九日市 : 옛 로마에서 9일마다 열린 장날).

nunes *a.*, *m.* 《俗》 기수(奇數).

nupcial *a.* 혼인(婚姻)의. 혼례의. 혼인(혼례)에 관한. 결혼(식)의.

nupcialidade *f.* 결혼율(結婚率). 결혼통계.

núpcias *f.(pl.)* 결혼(식). 혼사.

nutação *f.* ①[天] 장동(章動 : 지축의 미동). [植] (줄기의) 회전성(回轉性). ②아래로 숙이기. 아래로 굽기.

nutante *a.* 약간 진동(振動)하는. 미동하는. [植] (꽃이) 하수성(下垂性)의.

nutar *v.i.* (지축이) 약간 진동하다. 미동하다.

nuto *m.* ①(승낙의 뜻으로) 머리를 끄덕거리는 것. 점두(點頭). 수긍. 목례. ②자유의지(自由意志).

nutrição *f.* ①영양(작용). 영양물 섭취. ②영양물. 음식물. 자양(滋養).

nutricio *a.* 자양분이 있는. 영양이 되는. 자양이 되는.

nutrido *a.* ①영양이 좋은. 자양분이 있는. ②잘 키운. 잘 기른. 잘 자란. ③살찐. 토실토실한.

nutridor *a.* 영양(자양)이 되는. 영양 있게 하는.
— *m.* 영양물. 자양물.

nutriente *a.* 영양(분)이 있는. 자양이 풍부한. 자양분을 주는.

nutrificar *v.t.* (영양분이 있는) 음식물을 주다. 잘 기르다.

nutrimental *a.* 자양분이 있는. 영양이 되는.

nutrimento *m.* ①영양. ②영양물. 자양물. ③식물(食物).

nutrir *v.t.* ①기르다. 자양분을 주다. ②거름 주다. ③《古・雅》 키우다. 양육(養育)하다. 조장(助長)하다. 힘을 주다. ④유지(維持)하다.
—**se** *v.pr.* (+*de*). …을 먹고 살다. 자활(自活)하다. 스스로 유지하다.

nutritício *a.* =*nutritivo*.

nutritivo *a.* 영양(분)이 있는. 자양(분)이 풍부한. 자양분을 주는.

nutriz *f.* 《詩》 유모(乳母).

nuvem *f.* ①구름. ②구름같은 것. ③(뿌연) 먼지・연기(같은 것). ④구름 같은 큰 무리. ⑤흐림. 몽롱. ⑥티. (얼굴・눈살에 어린) 근심. (의혹・불만・비애 등의) 기색. 암영(暗影).
nuvem de gafanhotos 메뚜기의 떼. 황군(蝗群).

nuvioso *a.* ①구름이 낀. 구름 많은. 흐린. ② 흐릿한. 똑똑치 않은. ③(마음이) 산뜻하지 않은. 기분이 좋지 못한.

O, o *m.* ①포르투갈어 자모의 열넷째 글자. ②O자형의 물체. ③[數] 영(零)(zero). ④ *oeste*(西)의 약자.

o *art.* 남성정관사(男性定冠詞)(일반적으로 번역되지 않음).
그. 바로 그.
o sol 태양.
os homens 사람들. 인류(人類).

o *pron.* 그분. 그이. 그거. 그것을.
eu o vi (=*eu vi-o*) 그것을 봤다.
comprei-o 그것을 샀다.
Isto é o que êle diz. 이것이 바로 그분이 말한 것이다.

o *interj.* ①오오! 아아! (놀라움·공포·감탄·기쁨 따위를 나타내는 소리). ②명사의 호격(呼格).
O! Maria, vem ca! 오! 마리아야, 이리 오너라!

oasiano, oasico *a.* 오아시스의.
— *m.* 오아시스에 사는 사람.

oásis *m.* ①오아시스(사막 가운데에 물과 나무가 있는 곳). ②위안의 장소.

obcecação *f.* ①눈이 멂. 실명(失明). ②분별 못함. 맹목. ③억지. 완고. ④냉혹. 무정.

obcecado *a.* ①《古》눈먼. ②(마음 등이) 어두운. 흐린. 분별 못한(못하는).

obcecar *v.t.* ①《古》눈멀게 하다. 눈가림하다. 못보게 하다. ②(마음을) 어둡게 하다. 분간 못하게 하다. 분별하지 못하게 하다.

obducto *a.* 《詩》덮여 있는. 커버한. 가린. 숨은.

obduração *f.* ①경화(硬化). 단단하게 됨. ②(의견 따위를) 굽히지 않음. 억지. 고집. 완고. ③굳은 마음. 무정(無情).

obdurado *a.* ①굳은. 굳어진. 단단한. 경화한. ②고집 센. 완고한. 우기는. ③냉혹한. 무정한.

obdurar *v.t.* 단단하게 하다. 굳게 하다. 경화하다. 무감각하게 하다.
—*se v.pr.* 단단해지다. 굳다. 경화하다. 냉정해지다. 무감각해지다.

obedecer *v.i., v.t.* ①따르다. 따르게 하다. 순종하다. ②복종하다. 굴복하다. ③(명령·규칙 등을) 준봉하다. (자연법칙 등에) 따르다.
obdecer às ordens 명령(규칙)에 따르다.
Obdeço a meu pai. 나는 아버지에게 복종한다.

obediencia *f.* ①복종. 순종. 충순(忠順). ②(명령·질서·규칙 등의) 준봉(遵奉). ③굴복. [宗] 종교상 권위에 대한 복종.
obediencia passiva (또는 *cega*) 맹목적 복종.

obediencial *a.* 순종의. 복종의. 준봉의.

obediente *a.* ①온순한. 유순한. 순진한. ②잘 따르는. 순종하는. 복종하는.

obedientemente *adv.* 온순(순진)하게. 복종하여.

obeliscal *a.* 방첨탑의. 방첨비의. 방첨형(方尖形)의.

obelisco *m.* ①방첨탑(方尖塔). 방첨비(碑). ②방첨형의 물건.

obelo *m.* ①(고대의 사본(寫本) 중에 미심한 어구(語句)에 붙인) 의구표(疑句標)(- 또는 ÷). ②[印] 단검표(+).

oberado *a.* ①빚을 진. 부채(負債)한. ②(…의) 의무를 지고 있는.

oberar *v.t.* ①빚지게 하다. 부채하게 하다. ②의무를 지게 하다.
—*se v.pr.* 빚을 지다. 부채하다. 의무를 지다.

obesidade *f.* 비대(巴大). 비만(肥滿). 비대성(性). 지방과다(脂肪過多).

obeso *a.* 살찐. 비만한. 비대한. 지방과다의.

obfirmadamente *adv.* 고집부려. 우겨서. 완고하게.

obfirmado *a.* ①우긴. 고집부린. ②고집 센. 완고한.

obfirmar *v.i.* 우기다. 고집부리다. 고집하다.

óbice *m.* ①방해. 장애. 장애. 지장. 고장. ②방해물. 장애물.

óbito *m.* 죽음. 사망. (특히 왕의) 붕어(崩御). 서거(逝去).

obituário *a.* 죽은 사람의. 사망의. 사망에 관한.
— *m.* (신문지상의) 사망기사. 사망자 약력. 사망록(死亡錄). 사망통계. [佛教] 과거장(過去帳). 기일표(忌日表).

objeção *f.* ①반대. 이의(異議). 이론(異論). 불복. 못마땅한 것. 항의. ②난점(難點). 결함. ③장애. 지장. 고장(故障).

objetar *v.t.* 반대하다. 반대의 이유를 들다. 이의(異議)를 제창하다. 거절하다.

objetiva *f.* ①[文] 목적격. [軍] 목적지점. 목표. 목적. ②대물(對物) 렌즈. [寫] 렌즈. 대상경(對象鏡).

objetivação *f.* ①객관적으로 하기. ②목표(목적)물로 하기.

objetivamente *adv.* 객관적으로. 대상적으로.

objetivar *v.t.* 객관화(客觀化)하다. 대상화(對象化)하다. 객관적으로(취급)하다. 목표(목적)물로 하다.

objetividade *f.* 객관성. 대상성.

objetivismo *m.* [哲] 객관주의. 객관론(客觀論).

objetivo *a.* ①사물의. 목적의. 대상의. 목표의. ②실재(實在)의. ③[哲] 객관의. 객관적의. ④[文] 목적격(目的格)의.
— *m.* ①목적. 목표. 주지(主旨) ②[文] 목적격. ③[軍] 목적지점. 목표.
objetivo direto [文] 직접목적어.
objetivo indireto 간접목적어.

objeto *m.* ①사물. 물체. 물건. 목표. 목적(物). 대물(對物). ②[哲] 대상. 객관. 객체(客體). ③[法] 목적. 객체. 물건. ④요지. 주지(主旨). (동작·감정의) 대상. ⑤[文] 목적어.

objurgação *f.* 꾸짖음. 질책(叱責). 책망. 비난.

objurgar *v.t.* 꾸짖다. 책망하다. 질책하다. 비난하다.

objurgatória *f.* 꾸짖음. 책망. 질책. 비난.

objurgatório *a.* 꾸짖는. 책망하는. 질책의. 비난의.

oblação *f.* ①[宗] 헌납. 봉헌. 시주. 헌납물. 공양물. 성체(聖體). 성찬(포도주와 빵). ②(보통 기부 등의) 제공. 희사.

oblata *f.* ①제단(祭壇)에 올려 놓는 물건. 공양물. 봉납물(奉納物). [가톨릭] (미사에 있어서의) 성체와 성주(聖酒).

oblato *m.* 《古》 몸을 수도생활(修道生活)에 바친 사람.

oblíqua *f.* [幾] 사선(斜線).

obliquamente *adv.* 비스듬히 기울어서. 사행적으로.

obliquangulo *a.* [幾] 사각(斜角)의.

obliquar *v.i.* ①(비스듬히) 기울다. 구부러지다. 사행(斜行)하다. [軍] 반좌(반우)향으로 가다. ②곡해(曲解)하다. 악의를 품다.

obliqüidade *f.* ①경사. 경도(傾度). 사도(斜度). 경각(傾角). 경사각. ②성의부족(誠意不足). 부정직. ③[부정(행위)]. 사곡(邪曲).

oblíquo *a.* ①비스듬한. 기운. 기울어진. 경사진. ②(도덕적으로) 바르지 못한. 부정(不正)한. 나쁜. ③간접(적)인. 넌지시. 속임수의. [數·幾] 사선의. 사각의. [質] 사격(斜格)의.
caso oblíquo [文] 사격(斜格). 종격(從格).

obliteração *f.* ①말살. 삭제. 몰각. 소멸. 마멸(磨滅). 인멸(湮滅). ②[解] 폐색(閉塞).

obliterado *a.* 소멸한. 마멸한. 말살한. [解] 폐색한.

obliterar *v.t.* ①(문자 따위를) 말소하다. 말살하다. ②인멸(湮滅)시키다. 마멸하다. ③흔적을 없애다. 지워버리다. ④(기억·안상 등을) 없애버리다. 잊다. 망각하다. ⑤[解] 폐색하다. [醫] (혈관을) 막다.
—*se v.pr.* 사라지다. 소멸하다. 없어지다. 마멸하다. (혈관 따위) 막히다. 폐색되다.

oblívio *m.* 잊기 쉬움. 건망성.

oblongo *a.* 가늘고 긴. 장방형(長方形)의. 장타원형(長楕圓形).

obnóxio *a.* ①속죄하는. 불복한. ②노염받고 있는. (위해(危害) 등을) 받기 쉬운. 위험한. 파멸적인.

obnubilação *f.* [醫] 눈이 흐림.

obnubilar *v.t.* (눈이) 흐리게 하다. 아슴푸레하게 하다. 몽롱하게 하다.

oboé *m.* 오보에(목관 취주악기). (풍금의) 오보에.

oboísta *m.*, *f.* *oboé* 취주자.

óbolo *m.* ①옛 그리스의 은화(銀貨). 동화(銅貨). ②소액의 희사(喜捨); 의연금.

oboval, obóveo, obovóide *a.* [植] 난형(卵形)의. 도란형(倒卵形)의. 달걀이 거꾸로 된 모양을 한.

obra *f.* ①세공(細工). 세공물. 공작품(工作品). ②공사(工事). (도시의) 건설사업. (도로·하수도 등의) 보수공사. 건축. 건축물. ③저서(著書). 저작품. 작품.
obra-prima 걸작. 명작; 압권(壓卷).
obras de Shakespeare 세익스피어 작품.
mão de obra 공전. 임금(賃金).

obrador *a.*, *m.* =*obreiro*.

obragem *f.* (기술적) 세공. (세심한) 가공 ; (공공적인) 공사.

obrar *v.t.*, *v.i.* ①(기술적인) 일을 하다. 세공(細工)하다. 가공하다. 제작(製作)하다. ②(건물을) 짓다. (다리·도로 따위의) 공사를 하다. ③저작하다. 저술하다. ④행동하다. 행세하다. ⑤(약 따위) 효력을 나타내다.

obreeiro *m.* **obreia** 만드는 사람.

obreia *f.* ①동그란 풀종이. 봉함지(封緘紙). ②[宗] 성병(聖餠) : 성찬용의 빵). 웨이푸(얇게 빚어 살짝 구운 왜떡). [醫] 오브라이드.

obreira *f.* 여공(女工). 여직공. [蟲] 일벌(蜂).

obreiro *m.* ①일꾼. 노동자. ②직공. 공장(工匠). ③(어떤 사업 또는 주의를 위한) 활동가.

obrepção *f.* 사실을 감춘 진술(陳述). 속이기.

obrepticiamente *adv.* 사실을 감추고. 교묘한 수단으로.

obreptício *a.* 사실을 감춘(감추고 취득한). 속여서 얻은. 교묘한 수단으로 입수한.

obrigação *f.* ①의무. 직책. 책무. 책임. ②(법률상·도덕상의) 의무. ③[法] 날인(捺印)증서. 공채증서. 채권 ; 채무관계. 사채권(社債券). ④은혜. 덕택. 의리(義理). ⑤《俗》 아내. 처. 가족.

obrigacional *a.* 의무의. 책임의. 직책의.

obrigacionista *m.*, *f.* 채권소유자(債券所有者). 사채(社債) 있는 사람.

obrigado *a.* ①의무가 있는. 의무를 진. 책임 있는. 면할 수 없는. ②의리(義理)가 있는. 은혜를 진. 감사하고 있는. 고맙게 생각하는. ③감사의 뜻을 표하는 말.
Muito obrigado. 대단히 고맙습니다. 감사합니다.

obrigante *a.* 할 수 없이 하게 하는. 억지로 시키는. 강제하는. 모면할 수 없게 하는.

obrigar *v.t.* ①할 수 없이 하게 하다. 억지로 시키다. 강제하다. 의무를 지우다. 책임 지우다. ②은혜를 베풀다. (소원을) 들어주다. 만족시키다. 고맙게 여기게 하다.
— *se v.pr.* (+*por*). 의무를 지다. 책임지다.

obrigatário *m.* = *obrigacionista*.

obrigatoriamente *adv.* 의무적으로. 강제적으로. 할 수 없이.

obrigatoriedade *f.* 의무적임. 강제적임.

obrigatório *a.* 의무적인. 의무 있는. 의무로서 하여야만 할. 강제적.
instrução obrigatória 의무교육.
serviço militar obrigatória 의무병역(兵役).

obscenamente *adv.* 음탕(음란)하게. 추잡하게.

obscenidade *f.* ①음탕함. 음분(淫奔)함. 외설(猥褻). ②음란한 말. 음담(淫談).

obsceno *a.* 음탕한. 음란한. 음분한. 추잡한. 더러운. 행실이 나쁜. 사곡(邪曲)한.

obscuração *f.* ①암흑화. 불명료화(不明瞭化) ; 몽롱. 음흑(陰黑). ②[天] 엄폐(掩蔽). 식(蝕). ③몽매화.

obscuramente *adv.* 어둡게. 확연(분명)하지 못하게. 애매하게.

obscurante *a.* 어둡게 하는. 몽매주의의. 비교육론의. 반계몽(反啓蒙)의. 문맹주의의.

obscurantismo *m.* 몽매주의(蒙昧主義). 개화반대론. 비교육론. 우민정책.

obscurantista *a.*, *m.*, *f.* 몽매주의자. 문맹주의자. 반계몽(反啓蒙)주의자. 우민정책 지지자.

obscurantizar *v.t.* 몽매하게 하다. 문맹하게 하다.

obscurecer *v.t.* ①어둡게 하다. 흐리게 하다. 몽롱하게 하다. ②덮어 감추다. ③(발음 같은 것을) 똑똑치 않게 하다. 모호하게 발음하다. ④(명성(名聲) 같은 것의) 빛을 잃게 하다. 무안케 하다. ⑤우울하게 하다. 서럽게 하다. 슬프게 하다.
— *v.i.*, —**se** *v.pr.* ①어두워지다. 흐리다. 몽롱해지다. (명성·영광 따위) 몽매(蒙昧)해지다. ②음울해지다. 서러워지다.

obscurecido *a.* 어두워진. 몽롱해진. 똑똑치 못한. 분명치 않는. 확연하지 못한. 애매한.

obscurecimento *m.* ①어둡게 함. 어두워짐. 암흑화. ②몽롱. 몽매. ③[天] 엄폐(掩蔽). 식(蝕).

obscuridade *f.* ①어둠. 암흑. 몽롱한 상태. ②몽매. 무지. ③불명료. 애매. ④세상에 알려져 있지 않음.

obscuro *a.* ①어두운. 깜깜한. 어두컴컴한. 흐린. 희미한. 몽롱한. ②(빛깔이) 거무튀튀한. ③(글·뜻 따위) 분명하지 않은. 불명료한. 해석하기 어려운. 모호한(이유·원인 따위) 잘 모를. 불심(不審)한. ④눈에 띄지 않는. 궁벽한. 세상에 알려지지 않은. ⑤미천(微賤)한.

obsecração *f*. 간절히 바람. 간청(懇請). 탄원(歎願).

obsecrar *v.t.* 간절히 바라다. 간원하다. 탄원하다. 간청하다.

obseqüente *a*. ①남의 뜻대로 하는. 시키는 대로 하는. 순종하는. ②친절한. 잘 돌봐 주는.

obsequiador *a., m*. 호감을 품고 있는 (사람). 잘 돌봐 주는 (사람). 호의를 베푸는 (사람). 친절한 (사람). 일 잘 하는 (이).

obsequiar *v.t.* ①잘 돌봐 주다. 호의를 베풀다. 친절히 대하다. 관대하다. 정중(鄭重)히 취급하다. ②선물하다. 선사하다.

obsequias *f.(pl.)* 장의(葬儀). 장례식.

obséquio *m*. 호의(好意). 친절. 간독(懇篤).
faça o oséquio de …어서 …을 하여 주십시오. …을 하여 주시기 바랍니다.

obsequiosamente *adv*. 친절하게. 정중하게. 은근히.

obsequiosidade *f*. 잘 돌봐 줌. 친절함. 은근함. 정중함.

obsequioso *a*. 잘 돌봐 주는. 친절한. 은근한. 정중한. 호의를 품고 있는.

observação *f*. ①관찰. 주시. 주목. 전망. ②관측. 실측(實測). [海] 천측(天測). ③관찰력. ④(관찰에 의하여 얻은) 식견(識見)·지식·경험 ; (마음에 느낀) 소감. 소견. ⑤관찰에 의한 언설 강평(講評). ⑥[軍] 시찰. 정찰. ⑦주의. 충고. 타이르는 말. ⑧(규칙 따위의) 준수(遵守). 준봉.

observadamente *adv*. 관찰(관측)하여. 주목하여. 준수하여.

observador *a*. 관찰(관측)하는. 주목(주시)하는. 준봉(준수)하는.
— *m*. ①관찰자. 관측자. [軍] 감시자. ②주목하는 이. ③준수자. 준봉자. ④방관자(傍觀者). 구경하는 사람.

observância *f*. 준수(遵守). 준봉 ; 습관. 인습. 관례(慣例). 행사(行事). ②의식(儀式). [宗] 식전(式典). ③(수도회의) 계율(戒律).

observante *a*. 준수하는. 준봉하는. 엄수(嚴守)하는. 주시(注視)하는.
— *m*. ①《古》엄수자. 준수자. ②[宗] 엄수회(嚴守會)의 수도사.

observantino *m*. [宗] (프랑시스코회중의) 엄수회. 수도사.

observar *v.t.* ①지키다. 준수하다. 준봉하다. ②(기상) 관측하다. (정세를) 관찰하다. (적의 행동 같은 것을) 감시하다. ③(관찰에 의하여) 인정하다. 알게 되다. 알다. ④주목하다. 주시하다. 고찰하다. 진술하다. 말하다. 강평하다.
— *se v.pr.* ①(자기의) 언행을 조심하다. (스스로) 반성하다. ②서로 감시하다.

observatório *m*. ①(천문·기상 등의) 관측소. (특히) 천문대. 기상대. 측후소. ②관측대. 전망대. 감시소. 망루.
observatório astronómico 천문대.
observatório meteorológico 기상대(氣象臺).

observável *a*. 관찰(관측)할 수 있는. 준수(준봉)해야 할. 주목(주시)해야 할. 눈에 뜨이는.

obsessão *f*. ①괴롭히기. 귀찮게 굴기. 괴로움 당하기. ②(귀신 따위) 들리기. 붙어다니는 것. 고착관념(固着觀念). 강박관념(强迫觀念).

obsesso *a*. 괴롭히는. 괴롬 당하는. (귀신따위에) 들린.
— *m*. 귀신·악마 따위에 들렸다고 믿는 사람.

obsessor *a., m*. 괴롭히는 (사람·사물). 귀찮게 구는 (사람). 붙어 따라 다니는 (사람·물건). 치근치근 따르는 (사람).

obsidente *a., m*. ①포위 공격하는 (자). ②치근치근 졸라대는 (사람).

obsidiana *f*. [鑛] 흑요석(黑曜石). 십승석(十勝石).

obsidiante *a*. 에워싸는. 포위하는. 포위 공격하는. ①포위자. 포위 공격자. ②타인의 행동을 감시하는 사람.

obsidiar *v.t.* ①(시가·요새 등을) 포위하다. 포위 공격하다. ②타인의 소행 또는 행동을 감시하다.

obsidional *a*. 포위의. 포위에 관한. 포위 공격법의.

obsoleto *a*. ①(지금은) 쓰지 않는. 안 쓰는 폐용(廢用)의. 없어진. ②낡아 빠진. ③[生物] (위축·퇴화에 의하여) 폐퇴한.
palavra obsoleta 폐어(廢語).

obstáculo *m*. 장애(물) ; 고장. 거침.

obstante *a*. 방해하는. 저지하는.
não obstante …에도 불구하고.

obstar *v.t.* 방해하다. 저지하다. 반대하다.
— *v.i.* 방해가 되다. 장애가 되다. 고장 나다.

obstétrica *f.* =*obstetrícia*.

obstetrical *a.* 산과의. 조산의.

obstrícia *f.* [醫] 산과학(産科). 조산술(助産術).

obstetrício, obstérrico *a.* 산과의. 조산(助産)의. 분만(分娩)의.

obsteriz *f.* 《廢》산파.

obstinação *f.* 완고(頑固). 고집. 외고집. 억지 쓰기. 억척스러움.

obstinadamente *adv.* 완고하게. 고집 세게. 막무가내(莫無可奈).

obstinado *a.* ①완고한. 고집 센. 억지 쓰는. 끈덕진. 말을 안 듣는. ②(병 따위) 낫지 않는. 난치(難治)의.

obstinar *v.t.* 고집 부리게 하다.
—se *v.pr.* 고집 부리다. 우기다. 억지 쓰다. 끈덕지다.

obstricto, obstrito *a.* ①팽팽히 한. 꽉 조인. 긴장한. ②강요한. 강제한.

obstrigir *v.t.* 팽팽하게 하다. 긴장시키다. 꽉 죄다.
— *v.i.* 팽팽해지다. 긴장하다.

obstrução *f.* ①방해. 장애. 지장. 저지(沮止). 저해(沮害). 의사방해(議事妨害). ②차단(물). 폐색(閉塞)물(物). 방해(妨害)물.

obstrucionismo *m.* 의사진행방해(議事進行妨害)(책동). 의사방해주의자.

obstruiconista *a., m.* 의사진행을 방해하는 자.

obstruir *v.t.* ①막다. 가로막다. 통지하지 못하게 하다. 저지(沮止)하다. 차단하다. ②(일 따위를) 못하게 하다. (의사(議事)의 진행을) 방해하다. ③막아 버리다. 폐색하다.
— *v.i.*, —se *v.pr.* 막히다. 차단되다. 저지되다. 방해되다. 폐색되다.

obstrutivo *a.* 방해하는. 방해가 되는. 장애가 되는. 저지하는. 차단하는. 폐색하는.

obstrutor *a., m.* 방해자. 저지자(沮止者). 폐색하는 자.

obstupefacção, obstrupefação *f.* 아연(啞然). 아연실색. 망연(妄然). 놀래어 앙천(仰天)하기.

obstupefacto, obstupefato *a.* 깜짝 놀란. 아연(실색)한. 앙천한. 망연한.

obstupido *a.* 어이없는. 아연(실색)한. 영천한. 망연한.

obtemperação *f.* ①친절하게 대하기. 정중하게 응답하기. ②순종. 복종.

obtemperar *v.t.* 친절하게 대답하다. 정중하게 응하다. ②(…을) 따르게 하다. (…에) 순종하게 하다.
— *v.i.* (+*a*). (명령·요구 등에) 응하다. (규칙에) 따르다. 복종하다. 순종하다.

obtenção *f.* 획득(獲得). 취득. 달성. 향수(享受).

obtenível *a.* 얻을 수 있는. 획득할 수 있는. 달성 가능한.

obtentor *a., m.* 얻은 (사람). 획득하는 (자). 취득하는 (자). 달성하는 (자).

obter *v.t.* 얻다. 입수(入手)하다. 획득하다. 취득하다. 달성하다. 향수(享受)하다.

obtestação *f.* ①간청. 애원. 탄원. [宗] (공개적인) 기도. 기원. (신명(神明)의) 도움을 빌기. ②항의(抗議).

obtestar *v.t.* ①《古》증인을 부르다. ②(신에게) 돕기를 빌다. 간청하다. 빌다. 기원하다.
— *v.i.* ①신명의 돕기를 빌다. ②항의하다.

obtundente *a.* 마비시키는. 둔하게 하는. (칼날 따위를) 무디게 하는.

obtundir *v.t.* 마비시키다. 둔하게 하다. 무디게 하다.

obturação *f.* ①막아버림. 닫아버림. 폐쇄(閉鎖). 폐색(閉塞). ②속을 채워 넣기. 충전(充填).

obturador *a.* 막는. 폐쇄하는. 폐색용의. 폐쇄용(閉鎖用)의.
— *m.* ①폐색기(閉塞器). 마개. ②(사진기의) 셔터. 순간 개폐기. ③[解] 폐색근(閉塞筋).

obturante *a.* 닫는. 막는. 폐색하는. 틀어막는. 충전하는.

obturar *v.t.* 입·구멍(특히 장기(臟器)·구공(口孔)·총포구(銃砲口)를 막다. 폐색하다. (속을) 채워 넣다. 충전(充填)하다.

obtusado *a.* [植] 끝이 뭉툭한. (잎사귀 따위) 둔형(鈍形)의.

obtusamente *adv.* 무디게. 둔하게.

obtusangulado *a.* 각이 무딘. 둔각(鈍角)을 이룬.

obtusngulo *a.* 무딘 각의. 둔각의.

obtusão *f.* 끝이 뭉툭함. 무딤. 둔함. 각감지둔(遲鈍).

obtuso *a.* ①(칼날 따위) 무딘. 예리하지 못한. 들지 않는. 끝이 둔한. 뭉툭한. ②우둔(愚鈍)한. [幾] 둔각(鈍角)의.
angulo obtuso 무딘 각. 둔각.

obumboracção *f.* ①그늘 지음. 어둡게 함. 음폐(陰蔽). ②몽매(蒙昧). 우매(愚昧).

obumbrar *v.t.* 그늘 지우다. 그늘지게 하다. 어둡게 하다. 흐리게 하다. 빛을 빼앗다.
— **se** *v.pr.* 그늘지다. 어두워지다. (빛·광채·광택 따위가) 흐리다. 으스름해지다. (광도(光度)가) 약해지다.

obus *m.* [軍] 곡사포(曲射砲).

obuseiro *a.* 곡사포의. (군함이) 곡사포를 탑재한.

obveensão *f.* ①임시수당. 상여. ②(습관적) 행한. 팁. [法] 임시수익.

obverso *m.* (화폐·메달 따위의) 겉. 표면. 전면(前面).

obviar *v.t.* ①(위험·곤란 등을) 제거하다. 미리 방지하다. 예방하다. 면하다. 피하다. 경계하다. ②(못하게) 막다. 저지(沮止)하다.

obviável *a.* ①(위험·곤란 따위를) 제거할 수 있는. 미리 방지(예방)할 수 있는. 경계해야 할. ②피할 수 있는. 저지할 수 있는.

óbvio *a.* ①(내용이) 변한. (속이) 들여다 보이는. 더 알 민힌. (킹칭 틍이) 완히 나타나는. ②명백한. 명확한.
isso é óbvio 그것을 다 알 수 있는 것이다.

obvir *v.i.* [法] ①복귀(復歸)하다(토지 소유자가 상속인이 없고 유언도 없이 죽었을 때에 그 재산이 국왕 또는 영주에게 귀속되는 것). ②재산이 정부에 귀속하다.

oca (1) *f.* [植] (남미산의) 숭아의 일종.
— (2) *f.* (브라질의) 토인의 집. (특히 밀림 속에 사는) 인디언의 집.

ocar *v.t.* ①움푹 들어가게 하다. (둥글게) 파내다. 도려내다. 동굴을 파다. ②인디언의 집을 만들다.

ocara *f.* = *ocar* (2).

ocarina *f.* 오카리나(질 또는 오지로 만든 달걀꼴의 피리).

ocasião *f.* ①기회. 시기(時機). ②(경축사(慶祝事) 등의) 때. 무렵. 경우. ③근인(近因). 유인(誘因). 근거. 이유. 원인 동기.
por ocasião de …을 맞이하여. …에 제(際)하여.
má ocasião 나쁜 기회. 좋지 못한 기회.
aproveitar a ocasião 기회를 이용하다.
a ocasião faz o ladrão (기회가 도적을 만든다). 《誘》 도둑놈의 씨가 따로 있는 것이 아니다.

ocasionado *a.* (어떤 기회에) 일어난. 야기(惹起)된.

ocasional *a.* ①때때로의. 수시의. 때에 따라서의. ②특별한 경우의. 특정한 시기의. ③우연한. 우발(偶發)의. 뜻하지 않은. 부차적(副次的)인.

ocasionalidade *f.* 우발성(偶發性). 우발사(事).

ocasionalismo *m.* [哲] 기회원인론(機會原因論). 우인론(偶因論).

ocasionalista *a.*, *m.*, *f.* 기회원인론자. 우인론자.

ocasionalmente *adv.* 왕왕. 때때로. 가끔. 간간이. 어떤 기회에 부딪쳐서.

ocasionar *v.t.* ①생기게 하다. 일으키다. 야기(惹起)하다. ②(근심 따위를) 끼치다. ③(남으로 하여금)…하게 하다. 초래하다.

ocaso *m.* ①해가 짐. 일락(日落). ②해 지는 쪽. 서쪽. 서방(西方). 서부(西部). ③해질녘. 노을진 하늘. ④퇴보. 쇠퇴. ⑤말로(末路). 만년(晚年). 몰락. ⑥끝장. 종말. 죽음.

occipicial *a.* = *occipital*.

occipício *m.* [解] 후두부(後頭部).

occipital *a.* [解] 후두의. 후두부의.
— *m.* 후두골(骨).

occiput *m.* [解] 후두부(後頭部).

occisão, ocisão *f.* 《廢》 사람 죽이기. 살인. 살해.

oceania *f.* 대양주(大洋洲: 오스트레일리아 대륙과 태평양에 산재하는 여러 군도(群島)).

oceánico *a.* ①대양의. 대해(大海)의. 대서성의. 대양산의. 대양에 사는(있는). ②대양주(洲)의.

oceânides *f.* [希神] 대양의 여신.

oceano *m.* ①대양(大洋). 해양. 외양(外洋). …양(洋). ②광대(廣大). 무변. 무량(無量).
Oceano Pacífco. 태평양의.
Oceano Atlântico. 대서양.

oceanografia *f.* 해양학(海洋學).

oceanográfico *a.* 해양학의. 해양학상의.

oceanógrafo *m.* 해양학자. 해양연구자.

ocelado *a.* 반점 있는. 얼룩덜룩한. 안상반(眼狀斑)이 있는.

ocelo *m.* [動] (곤충 따위의) 단안(單眼). (겹눈의) 작은 눈. 무척추 동물(無脊椎動物)의 눈처럼 생긴 조직. 눈알처럼 생긴 무늬(공작의 꼬리 또는 곤충의 날개 따위에 있는).

ocelote *m.* [動] (중남미산의) 표범 비슷한 시라소니.

ocidental *a.* ①서쪽의. 서부의. ②서부지방의. ③서구(西歐)의. 서양의. 태서(泰西)의.

ocidentalismo *m.* 서양풍. 서양식. 서양 기질. 서양 숭배.

ocidentalista *m., f.* 서양 숭배자. 서양문화 연구자.

ocidentalizar *v.t.* 서양화하다. 서구화(西歐化)하다.

ocidente *m.* 《詩·雅》서(西). 서쪽. 서부. 서부지방.

Ocidente *f.* 서쪽 나라. 서양. 서반구. 서반구 주민. 서양문명.

ociduo *a.* 《詩》= *ocidental*.

ócio *m.* ①(시간적) 틈. 여가. 여유 시간. 한가(閑暇). ②안일(安逸). 휴식. ③게으름. 태타(怠惰).

ociosamente *adv.* 하는 것 없이. 안일하게. 쓸데없이. 헛되게. 무익하게. 게으르게.

ociosidade *f.* ①무위. 안일. 무위도식. ②게으름. 나태함.

ocioso *a.* ①하는 일 없는. 놀고 있는. 무위의. ②보람 없는. 효과 없는. 무익한. 쓸데없는. ③헛된. 근거 없는.
 — *m.* 게으름뱅이. 나태한 사람.

ocisão *f.* 《廢》사람 죽이기. 살인.

oclocracia 《古》= *ochlocracia*.
 — *f.* 서민정치(庶民政治). 폭민(暴民)정치.

oclocrático 《古》= *ochlocrático*.
 — *a.* 서민(폭민)정치의.

oclusão *f.* ①닫음. 막음. [醫] (장(腸) 따위의) 폐쇄(閉塞). 폐쇄(閉鎖). ②흡수. 교합(咬合).

oclusivo *a.* 닫는. 막는. 가리는. 폐색의. 폐쇄의.

ocluso *a.* 닫는. 닫혀 있는. 막혀 있는. 폐색된.

ocna *f.* (열대산) 관목(灌木)의 일종.

óco *a.* ①빈. 텅 빈. 속이 없는. 의미 없는. ②(내용·가치 등이). 허무한. 공허(空虛)의. 맹랑한. 헛된.

ocorrência *f.* ①(갑자기) 일어나는 것. (우연히) 생기는 것. 발생사. 사건. 사변. ②(광물 등의) 산출.

ocorrente *a.* (갑자기) 일어나는. (뜻밖에) 발생하는. 돌발하는. 우발(偶發)의.

ocorrer *v.i.* ①(모르는 새에) 일어나다. (돌연히) 발생하다. 생기다. 나타나다. ②(갑자기) 마음에 떠오르다. 생각나다. 상기하다. ③같은 날(같은 시각)에 일어나다(봉착하다).

ocra *f.* ①황토(黃土). 붉은 흙(그림 물감의 원료가 되는). ②(그림 물감) 오우커. ③붉은 색. 황갈색(黃褐色).

ocre *a.* 황토색(黃土色)의. 황갈색의.

ocreoso *a.* 황토의. 황토성의. 황토색의. 오우커색의.

ocrodermia *f.* [醫] 피부의 황색화(色化)(빈혈에 기인한).

ocropira *f.* [醫] 황열병(黃熱病), = *febre amarela*).

ocrosia *f.* (식물의) 황화병(黃化病).

oct, octa, octo '8'의 뜻을 나타내는 복합형.

octacordio, octcordo *a.* [樂器] 팔현(八絃)이 있는.
 — *m.* 팔현금(琴).

octaédrico *a.* 팔면(八面)을 가진. 팔면체의.

octaedriforme *a.* 팔면체 꼴의.

octaedro *m.* [幾] 팔면체(八面體).

octaeterite *f.* 8년간. 팔년기(期).

octan, octã *f.* [醫] 팔일열(八日熱).

octano *m.* [化] 옥탄(석유 중의 무색 액체인 탄화수소. 품질이 좋을수록 그 함유율(含有率)이 높음).

octateuco *m.* [宗] 구약성경의 최초의 8편.

octavo *a.* 《古》= *oitavo*.

octilhão, octilião *m.* 《英》100만의 8승(乘) 《伯·美·佛》1,000의 9승(乘: 1에 27개의 0을 가한 수).

octingentésimo *a.* 800번째의.

octofilo *a.* [植] 잎사귀가 여덟 개 있는. 팔엽(八葉)의.

octogenário *a.* 80세의. 80대의.
 — *m.* 80세. 80대. 80대 사람.

octogésimo *a.* 80번째의. 제팔십의.

octognal *a.* 8각형의. 8변형의.

octógono *m.* 팔각형(八角形). 팔변형. 팔

octonado *a.* 여덟 개로 되는. 8개가 한 조를 이루는.

octopétalo *m.* [植] 여덟 개의 꽃잎이 있는. 팔화판(八花瓣)의.

octopode *a.* [動] 다리가(발이) 여덟 개 있는. 팔각(八脚)의. 팔족(八足)의.

octopodes *m.(pl.)* 문어.

octossilabico *a.* 8음절의.

octossílabo *m.* 팔음절의 어(語). 팔음절의 시구(詩句).

octostilo *m.* [建] 팔주식(八柱式: 그리스 신전과 같이 정면에 여덟 개의 기둥이 있는).

octuplicar *v.t.* 여덟곱하다. 팔배(八倍)하다.

óctuplo *a.* 여덟 곱의. 여덟 겹의.
— *m.* 여덟 곱. 팔배.

oculado *a.* ①눈이 있는. 눈을 가지고 있는. ②눈같은 점(眼狀斑)이 있는.

ocular *a.* ①눈의. 눈에 의한. 시각(視覺)②눈으로 본. 목격(目擊)의.
testemunha ocular 목격자. [法] 실견증인(實見證人).
— *m.* 접안경(接眼鏡)(렌즈).

ocularmente *adv.* 눈으로. 육안(肉眼)으로. 목격하여.

oculiforme *a.* 눈같은. 눈 모양(眼狀)의.

oculista *m., f.* ①안과(전문) 의사. ②안경상인.
— *a.* 안과(眼科)의.

oculística *f.* 안과학(眼科學). 안과의학(醫學).

óculo *f.* ①안경(의 총칭). ②망원경. ③공기공(空氣孔). 작은 원창(圓窓). ④(군함의) 포안(砲眼).
óculos (pl.) 안경. 쌍안경.
óculos de côr 색(色)안경.
óculos de aviador 먼지 막는 안경.
usar óculos 안경을 쓰다.

oculoso *a.* 많은 눈이 있는. 다안(多眼)의.

ocultação *f.* ①[天] 엄폐(한 천체가 다른 천체의 뒤에 가려지는). 구름에 가리워짐. 자취를 감춤. ②숨기. 감추기. 은폐. 은닉(隱匿).

ocultador *m.* ①감추는 사람. 은폐(隱蔽)하는 자. 은닉자. ②[天] (광선의) 엄폐장치(掩蔽裝置).

ocultamente *adv.* 숨어서 은폐하여 비밀히.

ocultante *a.* 감추는. 숨기는. 비밀로 하는. 가리는.

— *m.* 감추는 자. 숨기는 자. 숨는 자.

ocultar *v.t.* ①감추다. 숨기다. 은폐하다. 은닉하다. ②가리다. 비밀로 하다.
— *v.i.*, — *se v.pr.* ①숨다. 잠복하다. 타인의 눈을 피하다. ②[天] 엄폐(掩蔽)하다.

ocultismo *m.* 신비주의. 비밀교(秘密敎). 신비학. 신비론. 신비요법.

ocultista *m., f.* 신비학자. 비밀교 신봉자.

oculto *a.* ①숨은. 감춘. 은폐된. 은닉한. 비밀의. ②사람의 지혜가 미치지 못하는 신비한. 신비적인.
sciencias ocultas 신비학(神秘學).

ocupação *f.* ①점유(占有). 점용(占用). 영유. 점령. 점거(占據). ②(어떤 직업의) 종사. 종업. ③일. 직(職). 용무. 사무. 업무.

ocupado *a.* ①점유(점령)하고 있는. 점령된. 점거한. ②(자리·방·집 따위) 차지하고 있는. 들고 있는. 쓰고 있는. ③(어떤 일에) 종사하고 있는. ④(일이) 바쁜. 분주한. 다망(多忙)한.
linha ocupada 통화중(通話中).

ocupador *a.* 점유하는. (땅·집 따위) 차지하는. 드는.
— *m.* 점유자. 점령자. 땅(집) 빌린 사람.

ocupante *a., m.* 점유하는 (자). 점령하는 (자). 들고 있는 (자). 차지하는 (자). 영주자. 거주자.

ocupar *v.t.* ①점령하다. 점거하다. ②점유하다. 영유하다. (지위를) 차지하다. ③차용하다. 거주하다. (방·사무소 등을) 사용하다. (장소·자리 등을) 잡다. (일자리를) 얻다. ④(어떤 일에) 종사하게 하다. 근무시키다. 사역(使役)하다.
— *v.i.* 임신(姙娠)하다.
— *se v.pr.* …에 종사하다. …에 전념하다. …에 몰두하다.

odalisca *f.* ①(특히 터키 궁정의) 여자 종. 시녀(侍女). 첩. 《古》 여자 노예. ②의자(椅子)의 일종(네 사람이 등을 맞대어 앉는).

ode *f.* 송시(頌詩). 부(賦: 특수한 주제로 특정한 사람·사물을 읊는 서정시). [樂] 낭독조(朗讀調)의 가곡. (옛날의) 음영시(吟詠詩).

odeão, odeon *m.* ①(옛 그리스·로마) 주악당(奏樂堂)(가끔 법정으로 사용). ②음악당. 극장.

odiar *v.t.* 미워하다. 증오하다. 염오(厭惡)하다. 싫어하다.

O cão odeia gatos. 개는 고양이를 미워한다.

odiável *a*. 증오할 만한. 밉살스러운. 두 번 다시 보기 싫은.

odiento *a*. 미워하는. 싫어하는. 가증한. 밉살스러운. 지긋지긋한.

ódio *m*. 미움. 증오. 염오. 유한(遺恨). 원한. 앙심.

odiosamente *adv*. 밉살스럽게. 가증하게. 증오하여.

odiosidade *f*. 미움. 증오. 염오.

odioso *a*. 아주 미운. 몹시 싫은. 증오하는. 밉살스러운. 지긋지긋한. 가증(可憎)한.

odisséia *f*. ①오디시(*Homer*의 大叙事詩). ②《轉》장기간의 싫증나는 여행. 모험적 편력(遍歷).

odográfico *a*. 도로표지(道路標識)의. 노표(路標)의.

odometria *f*. 노정측정법(路程測定法).

odômetro *m*. 노정계(路程計 : 차륜의 회전측정계·윤회계(輪回計) 등). 항로기록계(航路記錄計).

odontálgico *a*. 치통의. 이앓이의.
— *m*. 치통약.

odontecnia *f*. 치아보존술(齒牙保存術).

odontiase *f*. 치아발생현상.

odontite *f*. [醫] 치수염(齒髓炎).

odontogenia *f*. 치아발생. 치아발생학.

odontoglosso *m*. [植] 흰 난초의 일종.

odontoide *a*. 이 모양의. 치아상(齒牙狀)의.

odontologia *f*. 치과학(齒科學). 치아해부학(齒牙解剖學).

odontológico *a*. 치과학의. 치과의학상의.

odontologista *m*., *f*. 치과학자. 치과전문의(專門醫).

odontoma *m*. 치골종(齒骨腫).

odontose *f*. [醫] 치아발생.

odontotecnia *f*. 치과기술.

odontotécnico *a*. 치과기술의.

odor *m*. ①냄새. 향기. 향취. ②기색. 기미(氣味).

odorante, odorífero, odorífico *a*. 향내 나는. 향기로운. 《稽》냄새 나는. 코를 찌르는.

odoro *a*. 향기로운. 향내 나는.

odoroso *a*. 향기 있는. 향기로운. 냄새 나는.

odre *m*. ①포도주 넣는 가죽부대. 액체 따위를 넣는 혁낭(革囊). ②《俗》뚱뚱한 사람. 술꾼. 주정뱅이.

odreiro *m*. *odre*를 만드는 사람. 그 장수.

odrezinho, odrinho *m*. 포도주 넣는 작은 가죽부대.

oés-nordeste *m*. 서북동(西北東)(西東北). 서북동의 바람.

oés-noroeste *m*. 서북서(西北西)(西西北). 서북서의 바람.

oés-sudoeste *m*. 서남서(西南西)(西西南). 서남서의 바람.

oés-sueste *m*. 서남동(西南東)(西西東). 서남동의 바람.

oeste *m*. ①서(西). 서쪽. 서부. 서부지방. ②서양. ③서풍(西風).

ofegante *a*. ①숨이 가쁜. 숨찬. 헐떡거리는. ②열망하는.

ofegar *v.i*., *v.t*. 헐떡거리다. 숨가쁘다. 숨차다. 가슴이 몹시 두근거리다.

ofêgo *m*. 헐떡거림. 숨이 가쁨. 숨참. 숨이 막힐듯 함.

ofegoso, ofeguento *a*. 숨가쁜. 숨찬. 헐떡거리는.

ofendedor *m*. ①(법률상의) 범죄자. 위반자. 가해자(加害者). ②남의 감정을 상하게 하는 사람. ③모욕하는 자. 능욕자.

ofender *v.i*. ①(…의) 감정을 상하게 하다. 손상되다. ②[聖] 죄를 범하게 하다. 차질(蹉跌)하게 하다. ③위반하다. 어기다. ④모욕하다. ⑤능욕하다. 폭행하다.
— *v.i*., *-se v.pr*. ①죄(과오)를 범하다. (법률·예의 따위를) 어기다. 위반하다. ②기분 상하다. 불쾌한 감을 품다.

ofendiculo *a*. 방해하는. 차질(蹉跌)하게 하다.

ofendido *a*. ①(감정·기분 따위가) 상한. ②손해를 본. 손상된. 해를 입은. ③모욕당한. 능욕당한. ④침범된. 침해당한.
— *m*. 손해를 본 사람. 침해당한 자. 모욕당한 자.

ofensa *f*. ①죄. 죄과(罪科). 허물. [法] 범죄. 불법. 부당. 반칙(反則). ②무례(無禮). 모욕. 불쾌. 성나는 것. ③능욕. 폭행. 침범. 침해. ④[宗] 죄과. [聖] 죄의 원인. 장애(물).

ofensão *f*. ①=*ofensa*. ②공격. 공세.

ofensiva *f*. [軍] 공격. 공세(攻勢). 공격적 자세.

tomar a ofensiva 공세를 취하다.

A ofensiva é a melhor defesa na guerra. 전쟁에 있어서 공격은 가장 좋은 방어인

것이다.
ofensivamente *adv.* 공격적으로. 공세를 취하여.
ofensivo *a.* ①침해하는. 모욕하는. 모욕적. 무례한. 화나는. ②[軍] 공세의. 공격적. 침략적.
a palavra ofensiva 모욕적 언사.
arma ofensiva 공격용 무기.
aliança ofensiva e defensiva 공수동맹(攻守同盟).
ofenso *a.* ①(감정·기분 따위) 상한. 불쾌한. ②손상 입은. 침해당한. ③모욕당한. 능욕당한.
ofensor *a., m.* 남의 기분을 상하게 하는 (자). 해치는 (자). 침해하는 (자). 모욕하는 (자). 폭행하는 (자). 가해자. 공격자. 침해자.
oferecedor *a., m.* 제공하는 (자). 제출하는 (자). 신청하는 (자). (상품 따위) 팔려고 내놓는 (자).
oferecer *v.t.* ①제공하다. 제출하다. 제의하다. ②신청하다. 신입(申込)하다. ③(손 따위를) 내밀다. 내뻗다. ④나타내다. 표시하다. ⑤[商] (어떤 값으로 물건을) 팔려고 내놓다. 값을 매기다. ⑥헌납(獻納)하다. 드리다. 바치다.
— *v.i.*, —*se v.pr.* ①나타나다. 일어나다. ②몸은 바치다. 헌신(獻身)하다. ③지원하다.
oferecimento *m.* ①제공하기. 제의하기. ②신청하기. 신입(申込)하기. 구혼(求婚)하기. ③물건을 팔려고 내놓기. ④[宗] (교회의) 헌금. 하나님께 바치는 물건. 신 또는 부처에게 바치는 물건. ⑤선물. 선사.
oferenda *f.* [宗] 하나님께 바치는 물건. 공납(물). 제물.
oferendo *m.* 간섭하기 좋아하는 사람. 참견쟁이.
oferente *a., m.* 제공하는 (자). 신입하는 (자). 바치는 (자). 헌납하는 (자).
oferta *f.* ①제공. (상품을) 팔려고 내놓기. ②내놓은 상품. ③공급(供給). ④신청. 신입. ⑤[宗] (하나님께) 바치는 물건. 공납물. 제물. ⑥선물.
oferta e procura 공급과 수요(需要).
ofertamento *m.* *oferecer*의 행위와 결과.
ofertante *m., f.* 내놓는 자. 제공자. 신청자. 신입자. 제의자. 구혼자. 헌납하는 자.
ofertar *v.t.* ①내놓다. 제공하다. ②공급하다. ③드리다. 봉납(奉納)하다. 헌납하다.
ofertório *m.* [가톨릭] 헌금할 때 외우는 (노래하는) 구절 (성가(聖歌)). 봉헌가(奉獻歌).

oficiador *m.* 제식(祭式)을 집행하는 사제(司祭). 식을 집행하는 목사.
oficial *a.* ①공무상(公務上)의. 직무상의. 관(官)의. 공용(公用)의. ②공인(公認)의. ③관청(당국)에서 나온. 관공직에 있는. ④관설(官設)의. 공정(公定)의. 정식(正式)의.
— *m.* 관리. 공리. 관공리. 공무원. 직원. 역원. 기공(技工). 정공원(正工員). [軍] 장교. 사관(士官). 무관.
oficial combatente 일선장교.
oficial reformado 퇴역장교.
oficial superior 상급장교. 영급장교.
oficial inferior 하사관.
oficial subalterno 중·소위(中·少尉).
oficial médico 의무관. 군의장교.
oficial de reserva 예비역장교.
oficial de intendência 보급(경리)장교.
oficial de dia 일직(주번)사관.
oficial do estado maior 참모장교.
oficialão *m.* 능숙한 직공. 숙련공.
oficialato *m.* 관리의 신분 또는 직책.
oficialidade *f.* 장교단(將校團).
oficialismo *m.* ①관제(官制). 관료주의. 법문욕례. 관리근성(根性). ②형식주의.
oficialização *f.* 관제로 하기. 관료화하기.
oficializar *v.t.* ①관공식으로 하다. 관료적으로 하다. ②공적(公的)으로 하다.
oficialmente *adv.* ①관공리로서. 직책상. ②공식으로
oficiante *a.* [宗] 제식(祭式)을 집행하는. 제사(祭祀)하는. 사제(司祭)하는. 식을 올리는.
— *m.* 사제자(司祭者). 목사.
oficiar *v.i.* ①직무를 행하다. 공적(공식)으로 문서를 보내다. 공문 발송하다. ②[宗] (목사가) 제식을 집행하다. 사제(司祭)하다. 제사를 올리다.
oficina *f.* (작은) 공장. (수리를 겸한) 공작소. 작업장소.
oficina mecánica 기계수리소. 기계공작소.
oficina de reparos 수리소(修理所). 원형기관차고(圓形機關車庫).
oficinal *a.* 약용(藥用)의(식물 따위). 약제

용의. 약국의. 약국법(藥局法)의. 약국법에 관한.
plantas oficinais 약초(藥草).

oficio *m*. ①(…의) 업(業). (…의) 일. (…의) 기술. (…의) 역(役). ②업무. 직무. 임무(任務). ③공문(公文). 공용문서. ④[宗] 제사(祭祀). 제식(祭式). 제무(祭務).
ofícios (*pl.*) ①돌보기. 알선. ②사무소. 영업소.

oficiosamente *adv*. ①비공식으로. ②호의적으로. 친절하게.

oficiosidade *f*. ①비공식(적)임. ②호의적임. 친절함. 간독(懇篤).

oficioso *a*. ①비공식(非公式)의. 비공식적인. 공적(公的) 성질을 띠지 않은. 관청에 소속하지 않는. ②반관적(半官的)인. 호의적인. 즐겨 돕는. 보수 없는. ④돌봐주기 좋아하는. 간섭하기 좋아하는. 참견 잘하는.
advogado oficioso 관선(官選)변호사.
jornal oficioso 어용신문.

oficlido *m*. 취주악기(吹奏樂器)의 일종.

ofídico *a*. 뱀의. 뱀에 관한.

ofidio, ofideo *a*. ①뱀의. 뱀같은. 뱀 비슷한. ②뱀류(蛇類)의.
— *m*. [動] 뱀.
ofídios (*pl.*) 뱀류(蛇類).

ofidismo *m*. 뱀의 독(蛇毒) 연구.

ofiofagia *f*. 뱀을 먹음. 사식(蛇食).

ofiófago *a*. 뱀을 먹는(먹고 사는). 사식의.
— *m*. ①[動] 사식동물(蛇食動物). ②사식자(蛇食者).

ofiolatria *f*. ①뱀숭어. ②배사교(拜蛇敎).

ofiologia, ofiografia *f*. 사류학(蛇類學). 사론(蛇論).

ofiológico *a*. 사류학의. 사론의.

ofiologista *m*. 사류학자.

ofita *f*. [鑛] 사문석(蛇紋石)(녹색 대리석의 일종).

ofrenda *f*. = *oferenda*.

oftalmalgia *f*. [醫] 안신경통(眼神經痛).

oftalmia *f*. [醫] 안염(眼炎).

oftálmico *a*. ①눈의. ②안염(眼炎)의. 안염에 효과 있는.
— *m*. ①안염에 걸린 사람. ②안염약.

oftalmite *f*. [醫] 안구염(眼球炎).

oftalmologia *f*. 안과학(眼科學). 안병론(眼病論).

oftalmológico *a*. 안과학의. 안병론의.

oftalmologista *m.f*. 안과의사.

oftalmometria *f*. 안구측정법(眼球測定法).

oftalmometro *m*. 안구측정기(測定器).

oftalmoscopia *f*. 검안술(檢眼術). 안저검경법(眼底檢鏡法).

oftalmoscópio *m*. 검안경(檢眼鏡). 안저(眼底)검사경.

oftalmotomia *f*. 안구수술(眼球手術). 안구절개술.

ofuscação, ofuscamento *m*. ①눈을 가림. 차안(遮眼). 눈을 어둡게 하기. ②눈이 어두워짐. 시야(視野)가 흐림. ③혼미(婚迷). 당황.

ofuscar *v.t.* ①눈을 가리다. (시야를) 어둡게 하다. ②희미하게 하다. 분명치 못하게 하다. ③(마음 등을) 어둡게 하다. 흐리게 하다. 어지럽히다. 난처하게 하다. ③광채를 잃게 하다. ④감추다. 덮어버리다.
—se *v.pr.* 눈이 어두워지다. 시야가 아득해지다. 흐리다. 광채를 잃다.

ogiva *f*. [建] 맞보대대. 첨정식(尖頂式). 아치형. 뾰족한 궁형문(弓形門).

ogival *a*. 맞보대대의. 첨정식의. 아치형의.

ogivela *f*. (*ogiva*의 지소어) 작은 맞보대대.

oh *interj*. 오오! 아아!(놀라움·공포·감탄·기쁨 따위를 나타낼 때의 소리).
Oh Jeus! 아아 하나님!

ohm, ohmio *m*. [理] 옴(전기 저항의 실용단위).

ohmetro, ohmiometro *m*. 옴미터. 전기저항계.

oi *interj*. 어이. 야! 이봐!

oidio, oidium *m*. [植] (포도를 해치는) 곰팡이. 가루병균. 노균병(露菌痛)(특히 포도에 해로운).

oira *f*. 어지러움. 현기증.

oirar *v.i.* 어질어질하다. 현기증나다.

oiriçar, oinço *v.t.* = *ouriçar*, *m.* = *ouriço*.

oiro *m*. = *ouro*.

oitante *m*. (= *outante*). 팔분원(八分圓)(원주의 8분의 1. 즉 45도의 호(弧)). [天] 달이 태양에 대한 45도의 위치 ; 팔분의(八分儀).

oitava *f*. 8분의 1. [樂] 옥타브 ; 8도(八度). 8도 음정(音程). 제8음. [韻] 8행시구(절). [宗] 제일(祭日)부터 8일째(8일간).

oitavado *a*. 팔면(八面)의. 팔각(八角)의.

oitavar *v.t.* ①판변형(八邊形)으로 하다.

팔각으로 하다. ②[樂] 옥타브로 연주하다. ③팔분(八分)하다.

oitavário *m*. [宗] 8일간 계속되는 종교적 경축. 그 기간에 드리는 기도서(祈禱書).

oitavo *m*., *a*. ①8분의 1(의). ②제팔(第八)(의). 여덟째(의). ③《古》1/8세(稅). ④국판(菊版).

oitenta *m*., *a*. 여든(의). 80(의). 80개(의).

oitentão *a*., *m*. = *octogenário*.

oitiva *f*. ①듣기. 청취. ②청력. 청각.

oito *m*., *a*. 여덟(의). 8(의). 8개(의).

oitocentésimo *a*. 800번째의.

oitocentos *m.a*. 800(의).

ojeriza *f*. 악의. 심술. 반감. 염오(厭惡). 싫어함. 앙심. 원한. 유한(遺恨).

olá *interj*. 호오! 저것! (呼稱·경탄·칭찬·誇示·嘲笑 등의 외침).

olala *f*. [植] 유다나무(서양다목의 속명; 유다가 목매었다는 나무).

olaré *interj*. 그럼! 그렇지! (만족·동의(同意) 등의 외침).

olaria *f*. 도기(陶器) 제조소. 질그릇 만드는 곳. 벽돌공장.

olé *interj*. 여보! 여보세오! 이봐! 저런! (호칭·주의·놀램·경탄 등의 뜻을 나타내는 소리),

oleáceas *f.(pl.)* [植] 야생 올리브.

oleado *a*. 기름 바른. 기름에 절은. 기름기 있는.
papel oleado 기름먹은 종이. 장판지(壯版紙).
— *m*. 기름에 절은 베. 리놀륨의 일종. 유포(油布).

oleaginoso, oleagíneo *a*. ①기름의. 유질(油質)의. 기름 같은. 기름기 있는. ②기름을 내는. ③기름 바른. 기름에 절은.

oleandro *m*. [植] 협죽도(夾竹桃).

olear *v.t*. (헝겊·종이 따위에) 기름 바르다. 기름을 먹이다. 기름에 절다. (헝겊에) 초를 먹이다. (기계에) 기름을 칠하다. 기름을 넣다. 주유(油注)하다.

olearia *f*. 제유공장(製油工場). 착유장(搾油場).

oleastro *m*. [植] (남유럽산) 보리수의 일종. 야생 올리브.

oleato *m*. [化] 올레인산염(酸鹽).

oleico *a*. 기름의. 올레인산의. 유산성(油酸性)의.
ácido oleico 올레인산(酸).

oleicola *a*. ①올리브나무 재배의. ②올리브기름 제조의. 제유(製油).

oleicultor *m*. ①올리브나무 재배자. ②올리브 기름 만드는 사람.

oleicultura *f*. ①올리브나무 재배법. ②올리브 기름 제조법. 올리브유(油) 저장법.

oleifero *a*. 기름이 있는. 기름을 내는.

eleificante *a*. 기름이 나는. 기름을 만드는.

oleifoliado *a*. [植] 올리브나무 잎사귀 비슷한.

oleína *f*. [化] 올레인(올레산의 글리세리드). 유산(油酸).

oleiro *m*. 토기(土器)제조인. 도공(陶工).

olente *a*. 향기로운. 향기복욱(馥郁)한. 방향질(芳香質)의.

óleo *m*. ①(각종) 기름. 유류(油類). ②기름같은 물건.
óleo animal 동물유.
óleo vegetal 식물유.
óleo mineral 광물유(鑛物油).
óleo volatil 휘발성 기름.
óleo de rícino 피마자 기름. 아주까리 기름.
óleo de baleia 고래 기름.
óleo de linhaça 아마인유(亞麻仁油).
pintura a óleo 유화(油畫).

oleoduto *m*. ①송유관(送油管). ②기름 파이프.

oleografia *f*. 유화식 석판화(油畫式石版畫). 유적형(油滴形: 수면상의 기름 방울의).

oleográfico *a*. 유화식 석판화의.

oleogravura *f*. 유화식 석판인쇄물(印刷物).

oleómetro *m*. 기름 비중계(比重計).

oleosidade *f*. 유질(油質). 유성(油性). 기름의 미끄러운 성질.

oleoso *a*. 유질의. 기름기 있는. 기름 바른. 기름에 절은. 기름 투성이의. 기름 많은.

olfação, olfacção *f*. 후각(嗅覺). 후감(嗅感).

olfatico, olfactico *a*. 후각의. 후각에 관한.

olfativo, olfactivo *a*. [解·動] 후각의. 후관(嗅官)의.

olfato, olfacto *m*. ①후각. 후관(嗅官). 후감. ②냄새.

olfatório, olfactório *a*. 후각(후관)에 관한.

olga *f*. 좁고 긴 밭. 계곡(溪谷) 사이의 길다란 평야.

olha *f.* ①고기・나물 등을 넣은 잡탕요리; 뒤섞은 것. ②짙은 고기국물.

olha, olhadela *f.* 힐끗보기. 일별(一瞥). 일견(一見). 엿보기.
dar uma olhadela 시선을 던지다. 힐끗 보다.

olhado *a.* ①본. 바라본. 힐끗본. 자세히 본. 주목한. ②남의 눈에 발견된.
— *m.* 악마의 눈초리. 흉안(兇眼).
mal olhado ①흉안(兇眼). ②(부사구로서) 보자마자.

olhador *a., m.* 살펴보는 (사람). 찬찬히 보는 (사람). 관찰하는 (사람). 주목하는 (사람).

olhadura *f.* 살펴보기. 주시(注視)하기. 힐끗보기. 일별.

olhal *m.* ①교각(橋脚)과 교각 사이의 공간. 교각간(橋脚間). (교량의) 아치. ②[海] 고달이.

olhar (1) *m.* ①보는 것. 찬찬히 보기. ②일별. 별견. ③주시(注視). 주목. ④눈표정. 눈치.
olhar fixo 응시(凝視). 주시.
lançar olhares namorados 애교있는. 눈초리를 던지다. 연정(戀情)의 눈짓을 하다.
— (2) *v.t., v.i.* 찬찬히 보다. 주목해 보다. 쳐다보다. 바라보다. 자세히 보다. 살펴보다. 관찰하다.
olha para …에 면(面)하다. …에 향하다.
olhar por (또는 *para*) 살펴보다. 주목하다. 감독하다.
olhar ao espelho 거울을 들여다보다.
olhar em volta 주변을 살펴보다.
olhar de esguelha 곁눈으로 보다. 흘기다. 보기 싫은 눈초리로 보다. 미운듯이 보다.
olhar para si 자신을 살펴보다. (남을 평하지 말고) 자기 일을 조심하다.
olhei o céu e notei que ia chover 하늘을 쳐다보니 비올듯한 낌새가 보인다.
Estou olhando, mas não vejo nada. 살펴보고 있지만 아무것도 안 보인다.
—*se v.pr.* 자기 자신을 보다.

olheirão *m.* ①큰 눈. 대안(大眼). ②샘(泉).
olheirão de água 큰 샘(大泉).

olheiras *f.(pl.)* 눈초리 바로 아래에 생기는 검고 푸른 자국. 으스름한 영권(影圈).

olheiro (1) *m.* 지켜보는 사람. (인부의) 우두머리. 감독. 정차중의 자동차를 감시하는 보조 경찰.
— (2) *m.* ①샘(泉). ②개미굴(구멍).

olhento *a.* 작은 구멍이 있는. 구멍 투성이의.

olhete *m.* ①작은 눈. ②팔(다리)의 관절에 있는 옴폭한 곳(小凹).

olhibranco *a.* 흰눈의. 백안(白眼)의.

olhinegro, olhipreto *a.* 검은 눈의. 흑안의.

olhizaino *a.* 사팔뜨기의. 사시(斜視)의.

olhizarco *a.* 벽안(碧眼)의. (말・고양이 따위) 두 눈빛(眼色)이 서로 다른.

olho *m.* ①눈. ②눈알. 안구(眼球). ③눈매. 눈치. 눈의 표정. ④시각(視覺). 시력(視力). ⑤시선. 힐끗보는 눈. ⑥견지. 견해. ⑦눈같은 물건. ⑧일광이 들어오게 뚫은 각종 구멍. 원창(圓窓). (혹 단추의) 구멍. 작은 구멍. 바늘귀. (괭이・도끼 따위의 자루에 끼는) 가락지. 고리(環). (감자 따위의) 눈. 싹.
olho nu 육안(肉眼).
a olho 눈으로. 눈짐작으로.
de olhos esbugalhados 눈을 부릅뜨고. 크고 둥글둥글한 눈으로.
os olhos da cara 가장 귀여운 것. 총애하는 것.
fechar os olhos 눈을 감다. 못본 체하다.
num abrir e fechar de olhos 순식간에. 눈 깜빡할 사이에.
aos olhos de …의 입회(立會)하에.

olho-dágua *m.* 샘(泉).

olho-de-boi *m.* 일광이 들어오게 한. 작은 창문. 채광창(採光窓). 원창(圓窓).

olho-de-lebre *m.* ①[醫] 토안(兎眼). ②[植] 흰포도의 일종.

olhudo *a.* 통방울눈의. 거안(巨眼)의. 부릅뜬. 눈알이 희번덕거리는.

olíbano *m.* 유향(乳香).

oligarca *m.* 과두정치(寡頭政治)의 집정자(執政者). 소수정치(少數政治)주의자.

oligarquia *f.* 과두정치. 소수독재정치.

oligárquico *a.* 과두정치의. 소수독재정치의.

oligisto *m.* [鑛] 적철광(赤鐵鑛).

oligoceno *a.* [地質] 점신기(漸新紀). 점신통(漸新統: *ecoceno* 다음에 오는).

oligocitemia *f.* [醫] 적혈구 감소(赤血球

減少).
oligoemia *f*. [醫] 빈혈(貧血).
oligotriquia *f*. [醫] 빈모(貧毛).
oligúria *f*. [醫] 요량감소(尿量減少).
olimpíada *f*. ①올림피아기(期). 4년기(紀)(옛 그리스에서 한 올림피아 경기에서 다음 경기까지의 4년간). ②국제올림픽대회.
olímpico *a*. ①올림퍼스의. 올림피아의. ②국제올림픽대회의.
olimpo *m*. ①올림퍼스(그리스의북부 *Thessaly* 의 높은 산. 아주 옛날에 그리스의 여러 신이 그 산꼭대기에 있었다는). ②하늘. 천원(天原). 천당.
oliva *f*. ①[植] 올리브나무(열매). ②올리 브색. 연한 녹색. ③[解] 감람체(橄欖體). *olivas* (*pl.*) [建] 올리브 열매형(形)의 장식.
oliváceo *a*. 올리브빛의. 감람색의. 황록색(黃綠色)의.
olival *m*. 올리브나무가 많은 곳. 올리브원(園).
olivar *a*. 올리브 열매꼴의. 달걀 모양의. [解] 감람형(橄欖形)의.
olivedo *m*. =*olival*.
oliveira *f*. [植] 올리브나무. 감람수(橄欖樹).
oliveiral *m*. =*olival*.
olíveo *a*. 올리브나무의. 올리브나무에 관한.
olivicultor *m*. ①올리브나무 재배자. ②올리브 기름 세조인.
olivicultura *f*. ①올리브나무 재배(법). 올리브 기름 제조(법).
olivífero *a*. 《詩》 올리브가 나는. 올리브가 열리는. 올리브를 생산하는.
olivina *f*. [鑛] 감람석(橄欖石).
olmedal, **olmedo** *m*. 느릅나무숲.
olmeiro, **olmo** *m*. [植] 느릅나무. 느릅나무 재목.
ológrafo *a*. [法] (유언서가) 자필로 된. 친필의.
— *m*. 자필증서(自筆證書).
olopongo *m*. 큰 살모사(독있는 뱀)의 일종.
olor *m*. ①《詩》(꽃 따위가 풍기는) 향기. 방향(芳香). 향기로움. 좋은 냄새. ②향수(香水).
oloroso *a*. 향기를 풍기는. 향기로운. 향기 복욱(馥郁)한. 방향의. 좋은 냄새 나는.
olvidado *a*. 잊은. 망각(忘却)한.
olvidar *v.t.* (…을) 잊다. (…을) 망각하다.
— *v.i.*, —*se v.pr.* 잊다. 잊고 있다.

잊어버리고 있다. 망각하다.
olvido *m*. ①잊어버림. 망각. 건망(建忘). 인멸(湮滅). ②잊기 쉬움. 건망성.
omalgia *f*. 견통(肩痛).
omaso *m*. [動] (반추동물의) 제3위(胃).
ombrear *v.i.*, *v.t.* ①어깨를 나란히 하다. ②어깨를 겨누다. ③필적(匹敵)하다. 경쟁하다.
ombreira *f*. ①(의복의) 어깨 부분. ②[軍] 견장(肩章). ③[建] (문·창문 등의) 측주(側柱).
ombro *m*. ①어깨. 어깨뼈의 관절. ②어깨에 해당하는 부분. (의복의) 어깨. 어깨같은 것. ④(산의) 등성이. ⑤힘. 노력. *Ombro armas!* [軍] 어깨에 총! *caminhar ombro a ombro* 어깨를 맞대고 걷다. 어깨를 나란히 하고 전진하다.
ómega *m*. ①그리스 자모의 마지막 글자. ②끝. 종말.
o alfa e omega 시작과 끝.
omeleta, **omelete** *f*. 오믈렛(계란으로 만든 요리의 일종).
omicro, **omicron** *m*. 그리스 자모의 열다섯째 글자(*O*, *o*).
ominar *v.t.* 징조(徵兆)를 보이다. 예시하다.
ominoso *a*. (특히 나쁜 일의) 전조(前兆)의. 나쁜 징조의. 불길한.
omio *m*. =*ohm*.
omiometro *m*. =*ohmiometro*.
omissão *f*. ①생략. 빠뜨림. 탈락(脫落). 탈자(脫字). 탈루(脫漏). ②태만. 등한. 불찰. [文] 부작위(不作爲).
omisso *a*. ①생략된. 빠뜨린. 퇴락한. 탈루된. ②등한한. 태만한. 부주의한. 불찰한.
omitir *v.t.* (…을) 빠뜨리다. (…을) 생략하다. 게을리하다. (써넣을 것을) 잊어버리다.
omnibus *m*. =*ônibus*.
omnicolor *a*. =*onicolor*.
omniforme *a*. =*oniforme*.
omnigenero *a*. =*onigenero*.
omnilíngue *a*. =*onilingue*.
omnimodo *a*. =*onimodo*.
omnipotência *f*. =*onipotência*.
omnipotente *a.*, *m*. =*onipotente*.
omnipresença *f*. =*onipresença*.
omnipresente *a*. =*onipresente*.
omnisciência *f*. =*onisciencia*.
omniseiente *a*. =*onisciente*.
omnivomo *a*. =*onivomo*.

omnivoro *a.* =*onivoro*.

omoclavincular *a.* [解] 견갑골과 쇄골(鎖骨)에 관한.

omofago *a.* 날고기를 먹는(먹고 사는).
— *m.* 날고기(生肉)를 먹는 사람(또는 동물).

omoplata *f.* [解] 견갑골(肩胛骨).

omotocia *f.* [醫] 조산(早産).

onagra *f.* [植] 달맞이꽃.

onagrarias, onagrariaceas *f.(pl.)* [植] 달맞이꽃속(屬). 월견초속(月見草屬).

onagro *m.* [動] 야생당나귀(서남아시아산).

onanismo *m.* 자위(自慰). 자독(自瀆). 수음(手淫).

onanista *m.* 자위(수음)하는 사람.

onanizar-se *v.pr.* 자위하다. 수음하다.

onça (1) *f.* (무게의 단위) 온스(보통은 16분의 1 파운드: 28.42그램. 금형(金衡)은 12분의 1 파운드: 31.104그램).
— (2) *f.* [動] (브라질산의) 표(豹). 설표(雪豹: 살쾡이의 일종).《轉》용감한 사람. 능숙한 사람. 미운 사람.
amigo de onça 해를 끼치는 친구. 짐승 같은 녀석.

oncologia *f.* [醫] 종양학(腫瘍學).

oncotomia *f.* 종양절제술(切除術).

onda *f.* ①물결. 파도. ②물결 모양. 파상(波狀). 파동. 파문(波紋). 기복(起伏). 구불구불함. ③[理] 파(波). 파동. 전파. 음파. [光] 광파(光波). ④인파(人波).
ondas curtas (*médias, longas*) 단(중·장)파.
onda de frio 한파(寒波).

ondado *a.* 물결치는. 파도치는. 파동(요동)하는. 파동의. 파문의.

ondatra *m.* [動] 사향서(麝香鼠).

onde *adv.* 어디에. 어디로. 어디를. 어디서. 거기에.
a onde (=*aonde*) 어디에(향하여). 어디로.
de onde (=*donde, dónde*) 어디서부터.
por onde 어디를 거쳐서. 어디를 경유(經由)하여.
para onde 어디로. 하처(何處)에.
Onde nasceu você? 어디에서 출생했습니까? 출생지는 어디입니까?
Onde mora? 어디에 삽니까?
Aonde vai? 어디로 갑니까?
Donde vem? 어디서 옵니까?
onde quer que 어디든지. 하처를 막론하고.
Acompanhar-te-ei aonde quer que vás. 자네가 어디로 가든지 나는 동행하겠다.

ondeado *a.* 물결 이는. 파도치는. 파동(동요)하는. 파상(波狀)의. 구불구불한.

ondeante *a.* 파도를 일으키는. 물결치는.

ondear *v.i.* 물결치다. 파도가 일다. 파동하다. (물결처럼) 흔들리다. 동요하다. (머리칼이) 파상을 이루다. (깃발 따위) 펄럭이다.
— *v.t.* 물결치게 하다. 파상을 이루게 하다. 구불구불하게 하다. 흔들다. 휘두르다. (손수건·기 따위를) 흔들어 …의 신호를 하다.

ondina *f.* 물의 정(精)(여자).

ondinha, ondazinha *f.* 작은 파도. 소파(小波).

ondulação *f.* ①굽이침. 파동. 기복(起伏). 고저(高低). 파상(波狀). ②[理] 파동. 진동. 음파. 광파. [醫] 동계(動悸).
ondulação permanente (머리의) 파마.

ondulado *a.* 굽이침. 파동의. 파상의. 파상을 이룬. 구불구불한. 기복이 있는. 고저가 있는.

ondulante *a.* 파도를 일으키는. 물결치는. 파동하는. 파상을 그리는. 기(旗)가 펄럭이는. 휘날리는.

ondular *v.i.* (수면·바람에 불리는 보리밭 따위가) 물결치다. 파동하다. 굽이치다. (토지 따위) 기복(起伏)하다.
— *v.t.* (물결을) 일으키다. (머리칼 따위를) 파상이 되게 하다. 구불구불하게 하다.

ondulatório *a.* 파도를 일으키는. 물결치는. 파동하는. 굽이치는. 파동의. 기복의.
movimento ondulatório 파동(波動).

ondulosamente *adv.* 파상으로. 파도처럼.

onduloso *a.* 파도 같은. 파상의. 기복(고저)있는.

onerado *a.* (의무·책임 따위를) 진. 부담한.

onerar *v.t.* (무거운) 짐을 지우다. 부담시키다. (의무·책임 따위를) 지우다. 무거운 세금(重稅)을 과하다.
—*se v.pr.* 무거운 짐을 지다. 의무. 책임 따위를 지다. 부담하다.

onerário *a.* ①무거운 짐에 견디는. 하물운반용(荷物運搬用)의. ②책임을 진. 의무 있는. 현직(現職)에 있는.

onerosidade *f.* ①(법률상의) 의무·책임이 따름. 의무부담(義務負擔)붙음. ②무거운 부담.

onerosamente *adv.* 부담이 붙어서. 의무·책임이 붙는 조건으로.

oneroso *a.* ①의무·책임 있는. [法] (재산 따위) 의무부담이 붙는. ②부담이 무거운.

onfalocele *f.* [醫] 배꼽(臍) 헤르니아. 출제(出臍)

onfalorragia *f.* ①[醫] 제출혈(臍出血). ②[植] 달맞이꽃.

onglete *m.* (동판 조각에 쓰는) 작은 편지.

onibus *m.* ①승합자동차. ②《古》승합마차. ③버스.
onibus elétrico 전기 버스. 트레일러식 승합자동차.
onibus para excursões 유람(관광) 버스.

onicofagia *f.* 손톱을 무는 버릇.

onicófago *m.* 손톱을 무는 버릇이 있는 사람.

onicolor *a.* 많은 빛깔의. 다색(多色)의. 잡색의.

oniforme *a.* 여러 가지 형의. 각형(各形)의.

onigenero *a.* 여러 가지 종류의. 각종의.

onilíngue *a.* ①여러 나라 말을 아는. 수개 국어에 통하는. ②(한 나라에) 여러 가지 (다른) 언어가 있는.

onimodamente *adv.* 여러 가지 방법으로. 모든 방식으로

onimodo *a.* 여러 가지 방법의. 여러 가지 방식의.

oniparente *a.* 《詩》무엇이든지 나는(산출하는). 만물이 생기는.

onipatente *a.* 누구에게나 알려진. 세상 사람이 다 아는.

onipotência *f.* 전능(全能). 무한한 힘(無限力).

onipotente *a.* 만능의. 전능한.《稽》무엇이든지 할 수 있는.
— *m.* 전능하신 하나님. 신(神).

onipotentemente *adv.* 전능하게. 만능으로. 무엇이든지. 할 수 있게.

onipresença *f.* 보편(普遍). 편재(偏在). 어디에든지 있음.

onipresente *a.* 보편의. 편재하는.

onirocricia, oniromancia *f.* 꿈점(占)치기. 해몽.

oniromante, oniropolo *m.* 꿈점치는 사람. 해몽자.

onisciência *f.* 전지(全知·全智). 전식(全識). 박식(博識).

onisciente *a.* 전지의. 박식의. 무엇이든지 아는.

onivomo *a.* 무엇이든지 먹으면 토하는.

onívoro *a.* ①무엇이든지 먹는. 못먹는 것이 없는 (동물). ②(손에) 닥치는대로 읽는. 욕심부리는.

ônix *m.* [鑛] 줄기문석(文石). 얼룩마노(縞瑪瑙).

onixe *m.* [醫] 조상염(爪床炎).

onomância *f.* 성명판단(姓名判斷).

onomàtico *a.* 성명판단의.

onomastica *f.* 고유명사연구(固有名詞研究). 고유명사휘(彙).

onomástico *a.* 고유명사(연구)의.

onomatico *a.* ①이름의. 이름에 관한. ②기명(記名)의.

onomatología *f.* 고유명사학(學).

onomatológico *a.* 고유명사학의.

onomatólogo *m.* 고유명사연구가. 고유명사에 정통한 자.

onomatopaico, onomatópico *a.* 의성(擬聲)의. 의성어(語)의. 성유법(聲喩法)의.

onomatopéa, onomatopéia *f.* [言] 의성(擬聲). 의성어(語). [修] 성유법(聲喩法).

ontem *adv.* 어제. 작일(昨日).
ontem à noite 어젯밤 간밤. 지난밤.

ontogenese *f.* [生物] 개체발생(個體發生)(발육).

ontogenia, ontogonia *f.* ①[生物] 개체발생(발육). ②개체발생학. 태생학(胎生學). 개체진화론.

ontologia *f.* [哲] 본체론(本體論). 실체론(實體論：세계·물질·정신 등의 실체(實體)의 연구). 순정철학(純正哲學).

ontologicamente *adv.* 본체론적으로.

ontológico *a.* [哲] 본체론(상)의. 실체론의.

ontologista *m.* 본체론자(本體論者).

ônus *m.* ①의무. 책임. 부담. 무거운 짐. ②마음의 부담. 무거운 책임. 중세(重稅). ③빚. 큰 빚. 많은 부채(負債).《轉》

onusto *a.* ①무거운 짐을 진(짐을 실은). ②(화약을) 충전(充塡)한.

onzavo *m.* 11분의 1.

onze *a.* 열하나의. 11의.
século onze
Pio onze 피오 11세(世).
— *m.* 11(의 기호). 열한 개. 열한 사

람. 11일(日).
Enfrentaram-se os onzes. (축구) 11명씩 서로 대전했다.

onze-horas *f.* [植] 정오에 피는 꽃(11시경에 피는 데서 그 이름이 유래함).

onze-letras *m.*, *f.* 뚜쟁이(*alcoviteira*가 열한 자로 된 데에서 나온 말). 갈보조방군. 논다니집 주인. 나쁜 일을 방조하는 사람.

onzena *f.* 일할일푼(一割一分)의 이자. 고리(高利). 폭리. 고리대금.

onzenar *v.i.* ①일할일푼의 이자로 빌리다. 고리로 대금하다. 제한 외의 이자로 돈빌려 주다. 폭리를 취하다. ②고해 전하다. 고자질하다. 이간책을 부리다. ③악담하다. (뒤에서) 욕하다. 중상하다.

onzenário *a.* 일할일부의 이자의. 엄청난 이자를 받는.
— *m.* 고리대금업자.

onzenear *v.i.* = *onzenar*.

onzeneiro *m.* ①고리대금업자. ②고자(告者). 밀고자. ③이간책을 부리는 사람. 중상자.

onzenice *f.* ①나쁜 일을 꾸미기. 이간책을 쓰기. ②악의(惡意)로 남의 내용을 폭로하기. 고자질. 밀고행동.

onzeno *a.* 열한번 째의. 제11의.

ooforalgia *f.* [醫] 난소통(卵巢痛).

ooforectomia *f.* [醫] 난소제거(卵巢除去).

ooforite *f.* [醫] 난소염(卵巢炎).

oogónio *m.* [植] 홀씨(胞子). 주머니(囊). 장난기(藏卵器). 생란기(生卵器).

oolitico *a.* 난석(卵石)의. [地] 이석(鮞石)의.

oólito *m.* 난석(卵石). [地] 이석(鮞石).

oologia *f.* 조란론(鳥卵論). 조란학(學).

oosfera *f.* [植] 난구(卵球: 수정(受精)하지 않은 알).

oosporo *m.* [植] 난자(卵子). 난아포(卵芽胞: 수정(受精)한 알).

opa *f.* 승려(僧侶)가 입는 소매 없는 외투. 소매 없는 긴 웃옷.

opacidade *f.* ①불투명(不透明). 불투명도(度). 불투명체. ②으스름함. 음암(陰暗).

opaco *a.* ①불투명한. 분명치 않은. 으스름한. 흐려서 잘 보이지 않는. ②윤이 없는. 침침한 흐린. ③(열·전기 따위) 통하지 않는. 불전도성(不傳導性)의.

opado *a.* 부은. 부풀은. 수종(水腫)의. 수종에 걸린.

opala *f.* [鑛] 단백석(蛋白石). 오팔.

opalescência *f.* 단백석 빛깔. 젖빛깔(乳光). 불투명한 백색광(白色光).

opalescente *a.* 단백광(蛋白光)의. 젖빛깔의.

opalino *a.* 단백색의. 젖빛깔의.

opalizado *a.* 단백석 모양(蛋白石形)을 한. 단백석 빛깔이 있는.

opção *f.* ①취사(取捨). 선택. ②선택의 자유. 선택권.

ópera *f.* ①오페라. 가극(歌劇). 음악극. ②오페라 극장.
ópera cômica 희가극.

operação *f.* ①일하기. 공작. 작업. 작용. ②효력. 효험. ③(기계 따위의) 운전. 운용. 조작(操作). 다루기. 시행. 실시. ④[軍] 작전. 계획. 운동. [醫] 수술. 절개술(切開術). ⑥[數] 운산(運算). ⑦[商] (시장의) 조작(操作). (시세의 변동을 목적으로 하는) 매매. 거래.

operado *a.* 수술받은.
— *m.* 수술받은 자. 수술환자.

operador *a.* 일하는. 공작하는. 운전하는. 다루는. 조종하는.
— *m.* ①(기계의) 운전사. 기수(技手). ②통신수. 교환수. ③[外科] 수술의(手術醫). 수술자. ④[化] 실험자(實驗者). ⑤경영자. 운영자. 공작자. 중개인. ⑥주동체(主動體).

operante *a.* 일하는. (기계를) 다루는. 조종하는. 조작하는. 운전하는. 작용하는. 시행하는. 실시하는. [軍] 행동하는. 작전하는.

operar *v.t.* ①운전하다. 조종하다. 경영하다. 관리하다. ②성취하다. ④작용(영향)이 미치게 하다. ⑤운산하다. ⑥[醫] 수술하다. [化] 실험하다.
— *v.i.* ①(기계·기관 따위가) 움직이다. 일하다. ②작용하다. 영향을 미치다. 효과를 나타내다. (약 따위) 듣다. ③[軍] 군사행동을 취하다. 작전하다. ④수술하다.
— *se v.pr.* ①성취되다. ②행해지다.

operariado *m.* 노동자계급. 직공계급.

operário *m.* ①직공. 노동자. 노무자. 공원. ②(주의·사회생활 따위의) 활동가.
operário especializado 기공(技工).
— *a.* 직공의. 노동자의.
classe operária 노동자 계급.

operativo *a.* ①일하는. 활동하는. 운전하

operatório *a.* [醫] 수술의. 수술용의. 수술에 관한.
medicina operatória 외과학(外科學).
operável *a.* 수술할 수 있는. 수술 가능한.
operculado *a. opérculo*가 있는.
opercular *a. opérculo*의. *opérculo* 작용을 하는.
operculífero *a. opérculo*가 있는.
operculiforme *a. opérculo* 모양을 한.
opérculo *m.* [解] 판개(瓣蓋). [描] 선개(鮮蓋). [貝] 조개의 겉껍질. (물고기의) 아가미 뚜껑(鰓蓋).
opereta *f.* (단편) 희가극. 경가극(輕歌劇).
operosidade *f.* ①일 잘함. 근면함. 애를 씀. 노력함. ②생산왕성.
operoso *a.* ①일 잘하는. 근면한. ②힘드는. 힘을 들인. 고생스러운.
opiaceo, opiado *a.* 아편이 섞인. 아편을 내포한.
opiar *v.t.* 아편을 섞다. 아편을 넣다.
opiato *m.* 아편제(阿片劑). 진정제.
opífice *m.* 《廢》 = *artifice*.
opifício *m.* ①노동. 작업. 공작. ②(노력을 들이는) 세공. ③(직공 등의) 솜씨. 재간. 기술.
opilação *f.* 막힘. [醫] 폐색(閉塞).
opilante *a.* 막는. 폐색하는.
opilar *v.t.* 막다. 메꾸하다. 폐지(閉止)하다.
opilativo *a.* 막는. 폐색하는. 폐색의.
opimo *a.* ①풍부한. 비옥(肥沃)한. 열매를 잘 맺는. ②우월한. 우수한. ③유리한.
opinante *a.* ①의견을 제출하는. 복안을 말하는. 발언하는. ②자기의 의견을 우기는. 지론(持論)하는.
— *m.* 의견제출자. 발언자. 발의자(發議者). 지론자.
opinar *v.i., v.t.* 의견을 말하다. 발언하다. (자기의) 의견을 고집하다.
opinativo *a.* ①자기의 의견에 근거하는. 자기의 설(說)을 고집하는. ②사견(私見)의. ③미정의. 미결의.
opinável *a.* ①의견을 제출할 만한. 사견(私見)을 내놓을 만한. ②의견을 고집하는(고집부릴 만한).
opinião *f.* ①의견. 견해. 설(說). 지론(持論). 소신. ②여론. 언론. 평판.
opinião pública 여론. 공론(公論).
na minha opinião 나의 의견으로는.
opiniático, opinioso *a.* ①자기의 설을 고집하는. 고집이 센. 억지 쓰는. ②남의 말은 조금도 듣지 않는. 불손한. 거만한.
ópio *m.* 아편(阿片).
opiofagia *f.* 아편 피우기. 아편 상용(常用).
opiófago *m.* 아편쟁이. 아편 중독자.
opiologia *f.* 아편학(阿片學). 아편 연구.
opiomania *f.* 아편 상용벽(癖). 아편 기호증(嗜好症). 아편 피우는 버릇.
opiparamente *adv.* 풍부하게. 사치하게. 화려하게.
opiparo *a.* 풍부한. 호화스러운. 사치한. 값비싼.
opistodomo *m., f.* [建] 그리스 전당(殿堂)의 내진(內陣).
opistografia *f.* (보통 겉면(表面)에만 쓰는 종이의) 후면에 글 쓰는 것. 페이지의 뒷면(裏面)에 글쓰기.
opistógrafo *a.* 후면에도 쓴(페이지의 양면에 쓴).
— *m.* 전후양면(表裏兩面)의 기록서.
opodeldoque *m.* [醫] (유동) 오포델독. 장뇌(樟腦) 비누의 정(精).
opoente, oponente *a.* 적대(敵對)하는. 대항하는. 반대하는. 《稀》 반대측의.
— *m.* 상대자. 반대자. 적대자.
opopónace, opopónax *m.* (향료용의) 일종의 고무 수지(樹脂).
opor *v.t.* 반대시키다. 대항하다. 적대하다. 방해하다. 항의하다. (대조적으로) 맞세우다. 대립시키다.
— *v.i.*, — **se** *v.pr.* 반대하다. 반항하다. 적대하다.
oportunamente *adv.* 좋은 시기에. 때 맞게.
oportunidade *f.* 기회. 호기(好機). 시기. 적시(適時). 기화(奇貨).
oportunismo *m.* 기회주의. 편리주의. 임기응변주의(臨機應變主義).
oportunista *a., m., f.* 기회주의자. 편리주의자.
oportuno *a.* 좋은 시기의. 때 맞은. 형편이 좋은. 적절한.
oposição *f.* ①(위치의) 반대. 대치(對峙). ②(행동의) 반대. 대립. 적대. 대항. 반항. ③(어떤 안(案)에 대한) 반대. 이의(異議). ④[論] 대당(對當). 대우(對偶). ⑤[政] 반대당. 야당. ⑥[天] 대충(對衝). 충(衝: 태양과 행성이 지구의 정반대편에 왔을 때).

oposicionista *m.*, *f.* ①반대자. 대항자. ②반대당원. 야당인사.

opositifólio *a.* [植] (잎사귀가) 대생한. 대생엽(對生葉)의.

opositivo *a.* ①마주 향한. 마주 앉은. 대치되는. 반대측의. ②반대하는. 상반(相反)하는. ③등을 맞대고 있는. ④[植] 대생(對生)의.

opositor *a.* 마주 향하는. 대항하는. 반대하는. 경쟁하는.
— *m.* ①대향자(對向者). ②대항자(對抗者). 반대자. 경쟁자. [政] 야당의원. 야당인사.

opostamente *adv.* ①마주 향하여. 상대(相對)하여. 상반하여. ②반대로. 거꾸로.

oposto *a.* 역(逆)의. 반대의. 반대하는. 대항하는. 대립하는. 맞서 있는. 마주 향한. 맞은 편의. 반대측의. 서로 어울리지 않는. 상극의.
— *m.* 정반대의 위치(또는 사물).

opressão *f.* ①압박. 압제. 억압. ②우울. 불안. (열병의 초기 같은 때의) 권태감. ③고난(苦難).

opressivo *a.* ①압박적인. 압제적인. 포악한. 가혹한. ②우울하게 하는. 숨이 막힐 듯한. ③고압적인. 제압(制壓)의.

opresso *a.* ①압박당한. 억압당한. 억눌린. ②가슴이 답답한. 숨막힐듯한.

opressor *a.* 억누르는. 압박하는. 억압하는. 박해하는.
— *m.* 압박자. 억압자. 박해자. 압제자. 폭군(暴君).

oprimido *a.* 압박당한. 억압된. 박해된. 학대받는. 짓밟힌. 유린된.
— *m.* 압박당한 자. 피압박자. 피압제자. 유린당한 자.

oprimir *v.t.* ①억누르다. 압박하다. 억압하다. 압박감(침울한 느낌)을 주다. ③짓밟다. 유린하다. 학대하다. 《古》압도하다. 제압하다. ⑤심신(心身)을 괴롭히다. 우울하게 하다. 가슴이 답답하게 하다.

opróbrio *m.* ①불명예. 치욕(恥辱). 오명(汚名). 추행(醜行). 추루(醜陋). 파렴치. ②굴욕. 비열. ③욕설. 비난.

oprobrioso *a.* ①무례한. 상스러운. 입버릇이 더러운. 욕을 잘하는. ②수치스러운. 파렴치한. 면목 없는.

optação *f.* ①기원(祈願)을 나타내기. [修] 희구(希求). 희구법(法).

optar *v.t.* (+ *por*). (…을) 고르다. 선택하다. 두 개 중의 하나를 택하다. 양자택일(兩者擇一)하다.

optativamente *adv.* 기원을 나타내어. [文·修] 희구법으로.

optativo *a.* [文] 기원(祈願)을 나타내는. [修] 희구의.

óptica *f.* ①광학(光學). ②시력(視力). ③원경(遠景).
ilusão de óptica 눈의 착각(錯覺).

opticamente *adv.* 광학상. 광학적으로. 시력으로. 시각작용상(視覺作用上).

opticidade *f.* 적시성(適視性).

óptico *a.* [解] 눈의. 시력의. 시각(視覺)의. 시관(視管)의. 광학상(光學上).
(註) *ótico*: 귀의. 이병용(耳病用)의.

optimamente *adv.* = *otimamente*.

optimacia *f.* = *optimates*.
— *m.* (*pl.*) (일국(一國)의) 중요한 고관들. 현관(顯官)들. 대관(大官)들.

optimismo *m.* = *otimismo*.

optimista *m.*, *f.* = *otimista*.

óptimo *a.*, *m.* = *ótimo*.

optometria *f.* 시력검증(視力檢定).

optómetro *m.* 시력검정기(器). 굴절계(計). (굴절 상태 근점(近點)·원점(原點)을 측정하는).

opugnação *f.* ①논란(論難). 논박. 비난. ②공격. 비난 공격.

opugnador *a.*, *m.* 논박하는 (자). 논란하는 (자). 공격하는 (자). 적대하는 (자).

opugnar *v.t.* ①논박(논란)하다. 문제삼다. ②(…에) 반대하여 싸우다. ③공격하다.

opugnatório *a.* 논박(논란)하는. 반대하는. 비난하는. 비난 공격하는.

opulência *f.* ①넉넉함. 풍부함. 풍요(豊饒). ②부유(富裕). 유복(裕福).

opulentamente *adv.* 풍부하게. 풍요하게. 넉넉히.

opulentar *v.t.* ①넉넉하게 하다. 풍부(풍요)하게 하다. ②유복(裕福)하게 하다.
— *se v.pr.* ①풍부해지다. ②부유해지다. 유복해지다.

opulento *a.* ①넉넉한. 풍부한. 풍요한. 흔한. ②부유한. 유복한.

opuncia *f.* [植] 선인장의 일종. 그 열매.

opúsculo *m.* ①소품(小品). 작은 작품(作品). (문학·과학 따위의) 작은 책자. ②소곡(小曲).

ora *conj.* 그래서. 그리고.
Ora vejamos! 그래 어디 봅시다!
(註) *hora*(시간・때)와 혼동하지 말 것.
— *adv.* 지금. 지금은. 이제는.
por ora 당분간.
ora pois 그렇기 때문에.
de ora avante (=*de ora em diante*) 지금부터. 금후. 향후(向後).
ora bom ora mal 때로는 좋게, 때로는 나쁘게. 어떤 때는 좋고, 어떤 때는 나쁘고.
ora um ora outro 어떤 때는 갑(甲)이 되고, 어떤 때는 을(乙)이 되는.

oração *f.* ①연설. 식사(式辭). ②[文] 화법(話法). 문장. 성구(成句). ③[宗] 설교. 기도.
livro de oração 기도서(祈禱書).
oração funebre 조사(弔詞). 추도(追悼).

oracional *a.* 문장의. 문장에 관한. 성구(成句)의.

oracular *a.* 신령의 말씀의. 신탁(神託)의. 신령의 말씀 같은. 수수께끼 같은.
— *v.i.* 신령의 말씀처럼 말하다.

oráculo *m.* ①신령의 말씀. 탁선(託宣). 신탁(神託). ②성단(聖斷). ③[聖] 신의 명령. (예루살렘 신전 안의) 지성소. 신의 사도. 예언자. 예언. ④(신탁과 같은) 권위 있는 말. 절대 권위자의 말.

orada *f.* 기도소(祈禱所).

orador *m.* 연설사. 변사. 연사(演士). 강연자. 웅변가. 능변가.
orador evangélico 설교사.
orador popular 정담(政談) 강연자. 가두연설가.

orago *m.* [宗] ①수호성인. 수호신. ②수호신을 섬기는 예배당.

oral *a.* ①구두(口頭)의. 구술(口述)의. ②[解] 입의.
exame oral 구두시험.
tradição oral 구전(口傳).

oralmente *adv.* 구두로.

orangotango *m.* [動] 성성(猩猩).

orar *v.i.*, *v.t.* ①빌다. 기도하다. 기원하다. 간절히 바라다. ②연설하다.

orate *m.*, *f.* 미친 사람. 광인(狂人).
casa de orates 정신병원.

oratória *f.* ①웅변술. 웅변. 수사(修辭). 과장된 문체. ②[宗] 기도하는 곳. (성서 또는 성도전의 일부를 엮는). 종교극(宗敎劇).

oratoriamente *adv.* 연설적으로. 연설하는. 방법으로.

oratoriano *m.* 오라토리(Oratory)파의 목사.

oratório *a.* 연설의. 웅변의. 연설을 즐기는. 강연의. 수사적(修辭的). 연설투의. 기도의.
— *m.* [宗] ①기도하는 곳. (큰 교회 또는 사사저택(邸宅)의) 조그마한 예배당. ②오라토리파 수도승단(修道僧團)의 숙사(宿舍). ③[樂] 오라토리오. 성담곡(聖譚曲). 신사악극(神事樂劇). ④사형수(死刑囚)가 형집행 전에 기도 드리는 곳.

orbe *m.* ①구(球). 구체(球體). 천체(天體). 지구. 《稀》세계. ②눈. 눈방울. ③전일체(全一體).
orbe terrestre 지구.

orbicular *a.* 둥근. 공 모양의. 반지 모양의. 환상(環狀)의.
musculo orbicular 괄약근(括約筋).
osso orbicular 환골(環骨).
movimento orbicular 원운동(圓運動).

orbicularmente *adv.* 둥글게. 공 모양으로. 원형으로. 환상(環狀)으로.

órbita *f.* ①[解] 눈구멍(眼窩). (새・곤충 따위의) 안구공(眼球孔). ②[天] 궤도(軌道). 《轉》(권력・세력 따위의) 범위.
órbita do ôlho 눈구멍.

orbitário *a.* [解] 눈구멍의. 안구공(眼球孔)의. ②궤도의.

orca *f.* [動] 물호랑이(속).

orça *f.* [海] (옆돛의 양쪽 끝에 달아 놓은) 밧줄. 《英》 *bowline*.

orçado *a.* ①견적(見積)한. 어림한. 개산(槪算)한. ②예산(豫算)한.

orçador *m.* (얼마라고) 평가하는 자. 감정자. 사정인. 견적인. 예산자.

orçamental, orçamentário *a.* 예산(豫算)의. 예산상의. 예산에 관한.

orçamento *m.* ①예산. 예산안. ②견적.
projeto de orçamento 예산안.

orçamentologia *f.* 예산편성법.

orçamentólogo *m.* 예산편성하는 자. 예산편성전문가.

orçar *v.t.* (얼마라고) 어림하다. 평가하다. 감정하다. 견적하다. 예산하다. 예산을 세우다.
— *v.i.* ①(+*por*). 예산되다. ②[海] 배가 바람 부는 편으로 돌다. 이물이 바람 부는 쪽으로 돌다. (요트競走) (상대편

orçaz *f.* 어망(漁網)의 하부(下部).

orco *m.* 《詩》 ①죽음. ②명부(冥府). 황천. 명토(冥土). ③지옥.

ordálio *m.* ①[史] 옛날 튜튼 민족이 행한 죄인 판별법(불 따위를 쥐게 하는). 시죄법(試罪法). ②(인격·인내력 따위의) 엄한 시련.

ordeiro *a.* ①질서를 지키는. 규율이 바른. ②온건한. 온화한. 평화를 좋아하는. 태평(泰平)한.

ordem *f.* ①순서. 차례. 정렬(整列). ②서열. 석차(席次). 계급 ③정돈. 규칙. 예법. ④[軍] 대형. 배열. ⑤명령. 지시. ⑥사회질서. 공안(公安). ⑦정상상태. 건강한 상태. ⑧훈위(勳位). 훈장. ⑨[數] 차(次). 도(度). ⑩[商] 주문(注文). ⑪[建] 주식(柱式). 양식.
estar em ordem 정돈되어 있다.
estar por ordem 순서로 놓여 있다.
estar a ordem (…의) 명령하에 있다.
estar fora de ordem 질서가 흐트러져 있다.
ordem de prisão 체포령.
ordem do dia 일과. (의회의) 의사일정 (議事日程).
em ordem de batalha 전투대형으로.
às suas ordens 마음대로(사용하시오). 좋도록.

ordenação *f.* ①[宗] 서품(敍品). 승직수임식(僧職授任式). 안수식(按手式). ②규정. 규칙. ③명령. ④정리. 정돈. 정렬. 배열.

ordenada *f.* [幾] 종선(縱線). 종선축(軸). 종좌표(縱座標).

ordenadamente *adv.* 질서 있게. 질서 정연하게. 정돈되어.

ordenado *a.* 정돈된. 정렬된. 질서 있는.
— *m.* (일정한) 보수. 급료(給料). 월급. 임금(賃金).

ordenador *m.* ①정리자. 정돈자. ②명령자. 지령 내리는 사람.

ordenamento *m.* = *ordenção.*

ordenança *f.* ①[軍] 조전(操典). 군사 교전 (敎典). ②전령병(傳令兵). 당번병(當番兵). 당번 위생병. (장교의) 종졸(從卒).

ordenar *v.t.* ①질서 있게 하다. 정돈하다. 배열하다. 정렬(整列)시키다. ②명령하다. 분부하다. 지시하다. ③(법률 따위를) 규정하다. 제정하다. [宗] (목사를) 임명하다. 성직(聖職)을 주다.
— *v.i.* 명령을 내리다.
—*se v.pr.* 성직을 받다. 성직에 임명되다.

ordenável *a.* ①정리(정돈)할 수 있는. ②서품(敍品)할 만한. 성직을 줄 수 있는.

ordenha *f.* 젖짜기. 착유(搾乳).

ordenhador *a.* 우유를 짜는. 착유용(搾乳用)의.
— *m.* 우유를 짜는 사람. 착유자.

ordenhar *v.t.* (암소의) 젖을 짜다.

ordinal *a.* 순서의. 차서(次序)의.
número ordinal 서수(序數).

ordinando *a.*, *m.* [宗] 성직을 받은 사람. 수품자(受品者).

ordinante *a.*, *m.* [宗] 성직을 주는 사람. 서품하는 이. 수품자(授品者).

ordinária *f.* (하루분·일개월분·일년분의) 경비. 급여액(給與額). 수당금.

ordinário *a.* ①보통의. 통속적인. 흔히 있는. 평범한. 일상적인. 정상적인. ②서투른. 열등(劣等)의. 하등(下等)의.
de ordinário 보통으로. 상례(常例)로.
— *m.* 보통일. 예사(例事). 보통 먹는 음식. 일상적인 음식. 상식(常食). 일상적인 습관. 상습(常習). 상례(常例).

oréade *f.* [希神·羅神] 산신령. 산의 여신 (女神).

orégão, oregano *m.* [植] 꽃박하. 마요라나 (속).

orelha *f.* ①귀. (특히) 귓바퀴. ②청각(聽覺). 청감. 청력(聽力). ③[植] 탁엽(托葉).
orelhas do martelo 못뽑이의 양쪽으로 갈라진 부분.
dar orelhas 귀를 기울이다.
abanar as orelhas 승낙하지 않다.
ficar de orelhas caidas (귀를 내려 드리우다). 의기저상(意氣沮喪)하다.
torcer as orelhas (귀를 비틀다). 후회하다. 꾸짖다.
orelha-de-rato [植] 물망초.
orelha-de-urso [植] 앵초(櫻草)의 일종.

orelhada *f.* 귀를 당김. 귀를 흔듦.

orelhado *a.* 귀가 있는. 귀같은. [植] 탁엽 (托葉)이 있는.

orelhão *m.* ①귀를 당김. ②[醫] (유행성) 이하선염(耳下腺炎). ③물고기의 일종.

orelheira *f.* ①동물의 귀. (특히) 돼지귀.

②요리한 돼지귀.
orelheira do porco 돼지귀.
orelhete *m.* [植] 작은 탁엽(托葉).
orelhudo *a.* ①귀가 큰. 귀가 긴. 귀가 늘어진. 장이(長耳)의. ②우둔한. 우매한.
— *m.* ①박쥐의 일종. ②《俗》 나귀. 당나귀.
oreografia *f.* =*orografia*.
oreografo *m.* =*orografo*.
órfã *f.* (여자) 고아.
orfanado *m.* 고아가 됨. 고아임. 고아의 신세.
orfanar *v.t.* ①고아로 만들다. 양친을 빼앗다. ②고아원에 넣다.
orfanato *m.* ①고아원. ②(집합적으로) 고아들.
orfandade *f.* ①고아임. 고아의 신세. 고아의 경우. ②고아들. ③의지할 곳이 없음. 고립무원(孤立無援).
orfandogia *f.* 고아연구학. 고아보호(保護).
orfanológico *a.* 고아에 관한. 고아연구(보호)에 관한.
órfão *a.* ①고아의. 부모 없는. ②의지할 곳이 없는. 고독한. 고립무원의.
— *m.* 고아(孤兒).
orfeao *m.* 합창단(合唱團). 창가회(唱歌會).
orfeico *a.* [希神] (무생물까지도 감동시킨 하프의 명인(名人)). 오르페우스(*Orpheus*)의. ②묘음(妙音)의, 아름다운 소리의.
orfeónico *a.* 합창대의. 합창곡의. 창가회의.
orfeonista *m.*, *f.* 합창대 대원. 창가회 회원.
organdi *m.* 얇은 모슬린 천.
organeiro *m.* 풍금제조인.
organicamente *adv.* ①유기적(有機的)으로. 조직적으로. 계통적으로. ②기관(器官)에 의하여.
organicismo *m.* 모든 질환(疾患)은 장기(臟器)의 장해(障害)에 기인한다는 학설.
orgánico *a.* ①유기(有機)의. 유기물의. 유기체의. 기관(器官) 있는. [醫] 장기(臟器)를 해치는. 장기기관(臟器器官)을 해하는. [化] 유기의. ②유기적. 조직적. 계통적. 구성적(構成的). ③기관적(機關的). 도구수단(手段)이 되는. @[言] 본질적. 구조상의. 고유(固有)의.
ácido orgánico 유기산(有機酸).
corpo orgánico 유기체.
doença orgánica 장기병(臟器病).
lei orgánica 《美》 새로 속령(屬領)을 창설한다가 또는 속령을 주(州)로 승격시킬 때 그것의 기본적 구성을 규정한 법률.
organismo *m.* ①유기체(물). 동식물. 생물. ②유기적 조직체(사회·우주 따위). ③조직. 구조. 기관(機關). ④체질(體質).
organista *m.f.* 풍금연주자.
organização *f.* ①조직. 구성(構成). 편제(編制). ②체제. 기구. [生物] 유기체. ③(조직 통제 있는) 단체. 조합. 협회.
organizado *a.* ①조직된. 편성된. ②성립한. 창립(創立)한. ③유기적(有機的).
organizador *a.* 조직하는. 편성하는. 창립하는. 성립하는.
— *m.* 조직자. 편성자. 창립자. 성립자. 발기인.
organizar *v.t.* ①기관(器官)을 주다. 유기체로 만들다. 유기적으로 하다. 생물로 하다. ②계통을 세우다. 조직하다. 편성하다. ③구성하다. 창립하다. 성립하다. 발기(發起)하다.
—*se* *v.pr.* ①조직되다. 편성되다. ②성립하다. 창립하다. 구성되다. ③조직적으로 단결하다.
organizável *a.* 조직할 수 있는. 편성(편제)할 수 있는. 유기체가 될 수 있는.
organogenesia *f.* [生物] 기관발생론(器官發生論). 기관형성론(形成論).
organografia *f.* 생물기기론(生物機器論). 생기론(生機論).
organologia *f.* 기관학(器官學).
organoscopia *f.* 기관검사(器官檢査).
organism *m.* 꼰실. 꼰실로 짠 천.
organsinar *v.t.* ①꼰실로 짜다. ②실을 꼬다.
órgão *m.* ①오르간. 풍금. ②기관(器官). ③기관(機官). 기관지(잡지).
orgãos genitais 생식기(生殖器).
orgãos vitais 생명유지에 없어서는 안 되는 기관(심장·간장·폐장·장 등).
orgasmo *m.* ①격정(激情). 흥분. 격발(激發). ②[生理] 기능항진(機能亢進). 색욕항진(色慾亢進).
orgia *f.* ①[그리스·로마史] (비밀히 행하는) 주신제(酒神祭). ②주연(酒宴). 난음난무(亂飮亂舞). 유흥. 방탕. 무질서.
orgíaco, **orgiástico** *a.* ①주신제의(같은). ②주연의. 술 마시고 떠드는. 방탕한. 문란한. 질서 없는.

orgulhar, orgulhecer *v.t.* 거만하게 하다. 우쭐하게 하다. 뽐내게 하다.
— **se** *v.pr.* 거만하다. 우쭐하다. 뽐내다. 자랑하다.

orgulho *m.* ①자랑. 자기 자랑. 오만. 거만. 불손. ②자존심. 긍지(矜持) ③자랑거리. 득의. 만족.

orgulhosamente *adv.* 거만(오만)하게. 우쭐하게. 자랑으로.

orgulhoso *a.* 거만한. 오만한. 불손한. 우쭐하는. 뽐내는. 자기 자랑하는.
mar orgulhoso 거친 바다. 비바람이 맹렬한 바다.
— *m.* 거만한 자. 불손한 자. 우쭐하는 자. 뻐기는 사람. 자존심이 강한 사람.

orientação *f.* ①방향을 정하기. 방위측정(方位測定). 방위결정법. ②(기도할 때의) 동쪽을 향하기. 동쪽을 찾아내기. ③(건물 따위의) 방위. 방각(方角). [敎育] …방향으로 이끌기. 지도. 보도(輔導). 지남(指南). 길 안내.
orientação profissional (교육의) 직업 지도.

orientador *a.* 방위(방향)를 정하는. 지도하는.
— *m.* 방위(방향)를 정하는 자. 지도자. 동위측정기(東位測定器).

oriental *a.* 동양의. 동방(東邦)의. 동양에서 온.《古》동쪽의. 동방의. 동양 문명의. 동양식의. (유럽에서 본) 근동(近東)의. 발칸 반도(半島)의.
— *m., f.* 동양 사람. 아시아 사람(흔히 복수로 씀).

orieatalidade *f.* 동양적임. 동양식임. 동양에 있음.

orientalismo *m.* 동양식. 동양 말투. 동양의 지식. 동양학(東洋學). 동양 학문. 동양 풍속. 동양 취미.

orieatalista *m.* 동양 학자. 동양(일)에 정통한 사람. 동양문학연구가.

orientar *v.t.* ①동쪽을 중심으로 하여 위치를 정하다. 동쪽으로 향하게 하다. ②방위(方位)를 정하다. 위치를 정하다. ③방침을 정하다. ④방향을 보이다. (…의) 방향으로 이끌다. ⑤지도하다.
— **se** *v.pr.* 방위(방향)를 알다. 사정에 정통하다. 자기의 입장을 알다. 태도를 분명히 하다.

oriente *m.* ①동쪽. 동방(東方). 동쪽 하늘. ②동방(東邦 : 유럽보다 동쪽의 여러 나라). ③시작. 시초. 원시(元始). ④(특히 동양에서 나는 가장 질이 좋은) 진주(眞珠). 진주의 빛깔.
Extremo Oriente. 극동(極東)(제국).
— *a.* 동양(제국)의. 동방의. ②(태양 따위가) 돋는. 솟는. 발생하기 시작하는.
sol oriente 해돋이. 돋는 해.

orifício *m.* 구멍(동굴)의 어귀. (굴뚝·상처 따위의) 뚫린 구멍. 작은 구멍(小孔).
orifício de um tubo 관(管)의 어귀. 관구(管口).

oriforme *a.* [生物] 입 모양을 한. 구형(口形)의.

origem *f.* ①처음. 시초. 시단. 기원(起原). 원인. 기인(起因). 근원. 출처. 출생지. ②본성. 신원(身元). 가문. 혈통. 출신. ③[數] 원점. 기점(原圖). [解] 수점(首點). 파생점(派生點)(근·신경의).
certificado de origem 원산지 증명서(출처에 대한 증명).

originador *a., m.* 시작하는 (것). 생기는 (것). 일으키는 (것). 원인이 되는 (것).

original *a.* ①원시의. 근본의. 근원의. 본래의. 최초의. 초기의. 생래(生來)의. 고유의. ②원형(原型)의. 원작(原作)의. 원문(原文)의. 원도(原圖)의. ③독창적(獨創的)인. 새것을 연구해 내는 재주가 있는. ④신기한. 이상한. 아주 새로운. 기이(奇異)한.
— *m.* ①근원. 기원(起原). ②원물(原物). 원문. 원서. 원도(原圖). 원형(原型). ③기인(奇人). 이상한 인물.
originais (*pl.*) 필사(筆寫). 원고(原稿).

originalidade *f.* ①원시. 근본. 고유. 진정. 본질(本質). ②독창력. 창조력. ③원작. 창작물. 원화. ④아주 새로움. 진기(珍奇). 진품(珍品). 참신(斬新).

originalmente *adv.* 원래. 본래. 처음부터. 처음에는.

originar *v.t.* (처음으로) 일으키다. 시작하다. 창설하다. 창작하다. 창조하다. 발명하다.
— *v.i.,* —**se** *v.pr.* 시작되다. 일어나다. 생기다. 발생하다. 유래(由來)하다. 기인(基因)하다.

originário *a.* 원시의. 원래의. 본래의. 근본의. 본원(本源)의. 원산(原産)의. 본토산의.

origone, orijone *m.* 복숭아의 육과(肉果)를 쪼개어 말린 것.

orilha *f.* (금·은 세공품의) 가장자리. 언저리. 모. 끝.

oriolo *m.* [鳥] 꾀꼬리. 《美》(북아메리카산) 꾀꼬리의 일종.

órion, orião *m.* [天] 오리온자리(星座).

oritografia, orictografia *f.* 화석론(化石論). 화석지(化石誌).

oritográfico, orictográfico *a.* 화석로의. 화석지의.

oritografo, orictografo *m.* 화석론자.

oritologia, orictologia *f.* 화석학(化石學). 고생물학(古生物學).

oritológico, orictológico *a.* 화석학의. 고생물학의.

oritólogo, orictólogo *m.* 화석학자. 고생물학자.

oriundo *a.* ①(…의) 산(産)의. (…의) 출신의. (…의) 출생의. 출처의. ②생래의. 날적부터의.

órix *m.* [動] 큰 영양(羚洋: 아프리카산으로 크고 곧은 뿔을 가졌음).

orizeas *f.*(*pl.*) [植] 벼과(稻科). 벼과식물.

orizícola *a.* 벼를 심는. 벼농사의. 도작(稻作)의.

orizicultor *m.* 벼농사꾼. 도작인.

orizicultura *f.* 벼농사. 도작(稻作). 미작(米作).

orizofago *a.* 쌀을 먹는(먹고 사는). 미식(米食)의.

orla *f.* ①끝. 변(邊). 연(緣). 변두리. 주변. 언저리. (옷의) 자락. 가장자리. 안(岸).

orlado *a.* 끝(변·모·연)이 있는. 가장자리를 붙인. 테를 단.

orladura *f.* ①끝(모·연)을 달기. 가장자리를 붙이기. ②(사진틀 따위의) 틀을 짜기. ③가장자리 장식. 연식(緣飾). ④주연(周緣).

orlar *v.t.* (…에) 끝(모…연)을 달다. 가장자리를 붙이다. 테를 붙이다(달다). 가장자리로 장식하다.

orleã, orleans *f.* 오를리안즈천(면모직(綿毛織)의 일종. 프랑스 중부의 도시 이름에 기인함).

ornador *m.* 보기 좋게 꾸미는 사람. 장식사.

ornamentação *f.* 장식. 수식. 장식술. 장식품. [文] 문식(文飾).

ornamentador *m.* = *ornamentalista*.

ornamental *a.* (실내·정원 따위를) 곱게 꾸미는. 아름답게 장식하는. 장식적의. 장식용의. 장식이 많은. 풍치를 돋우는. 광채를 더하는.

peixe ornamental (특종) 관상어(觀賞魚).

ornamentar *v.t.* 보기 좋게 꾸미다. 장식을 하다. 수식하다. 윤색(潤色)하다. 문채(文采)를 가하다.

ornamentista *m.* 장식가. 의장가(意匠家). 장식화가. 장식조각사.

ornamento *m.* ①꾸임. 장식. ②장식품. 장식물. 광채를 더해 주는 물건. 훈장. ③장식용 세간. ④몸차림. 단장(丹粧). ⑤윤색(潤色).

ornar *v.t.* ①보기 좋게 꾸미다. 장식하다. 차리다. 치장하다. 광채를 더하다. ②문식(文飾)하다. 수식하다.
— *se v.pr.* 몸치장하다. 단장(丹粧)하다.

ornato *m.* ①장식품. 장식물. 광채를 더해 주는 물건. 훈장. ②장식. 문식.

ornear *v.i., v.t.* = *ornejar*.

orneio *m.* = *ornejo*.

ornejador *a., m.* 길게 우는 (나귀). 나귀처럼 우는 (동물).

ornejar *v.i., v.t.* (나귀가) 울다. 나팔소리처럼 울리다.

ornejo *m.* 나귀(당나귀)의 울음소리. 나팔소리.

ornus *m.* 인도 모슬린의 일종.

ornitofilo *a.* 새를 몹시 좋아하는. 애조(愛鳥)의.
— *m.* 애조가(愛鳥家).

ornitolito *m.* [古生] 조류(鳥類)의 화석(化石).

ornitologia *f.* 조류학(鳥類學).

ornitológico *a.* 조류학의.

ornitologista *m., f.* 조류학자.

ornitólogo *m.* 조류학에 정통한 사람. 조류연구가.

ornitomancia *f.* 조점(鳥占: 조류가 나는 모양 또는 울음소리로 길흉을 판단하는 점).

ornitomania *f.* 새를 몹시 즐겨하기. 조광(鳥狂).

ornitorinco *m.* [動] 오리너구리.

ornitotomia *f.* 조류의 해부(解剖).

ornitotrofia *f.* 조류 사양(飼養).

orobanca *f.* [植] 초종용(草苁蓉).
《英》 *broom rape*.

orobanqueas *f.*(*pl.*) [植] 초종용속(屬).

orobo *m*. [植] 쓴 들완두.
orogenia *f*. [地質] (산악의) 단층연구(斷層研究).
orognosia *f*. =*orologia*.
orografia *f*. 산악론(山岳論). 산악지(山岳誌).
orográfico *a*. 산악론의. 산악지의.
orografo *m*. 산악연구자.
orologia *f*. 산맥론(山脈論). 산악형성학.
orosfera *f*. 지구 표면의 고체(固體).
orosférico *a*. 지구 표면의 고체의.
orquesta *f*. ①(옛 그리스 극장의) 무대 앞의(반원형의) 합창단의 자리. ②(무대 앞의) 주악석(奏樂席). ③관현악(管絃樂). 오케스트라. 관현악단.
orquestração *f*. 관현악 편성법. 관현악 편곡(법). 합주작곡(合奏作曲).
orquestral *a*. 관현악의. 오케스트라의.
orquestrar *v.t*. 관현악으로 편곡(編曲)하다.
orquídea *f*. [植] 난초.
orquídeas *f*.(*pl*.) 난초과(科).
orquiocele *m*. [醫] 고환종(睾丸腫).
orquiotomia *f*. 고환적출법(摘出法),
orquite *f*. [醫] 고환염(睾丸炎).
orquitico *a*. 고환염의. 고환염에 효용이 있는.
orreta *f*. (인마(人馬)가 통행하는) 산고개(峠). 산령(山嶺)의 좁은 통로. 산간(山間)의 좁은 계곡.
ortiga *f*. [植] 쐐기풀속(屬). 보통 쐐기풀.
ortigar *v.t*. 쐐기풀로 찌르다(쑤시다). 쐐기풀로 때리다.
ortito *m*. [鑛] 갈렴석(褐廉石).
ortivo *a*. ①(해·달·별이) 떠오르는. 나타나는. 떠오르는 쪽의. ②동쪽의. 동방(東方)의.
orto *m*. ①별이 떠오름. 별의 출현. ②《詩》기원(起原).
ortoclase *f*. =*ortoclásio*.
— *m*. [鑛] 정장석(正長石). 보통 장석(長石).
ortocrômico, ortocromático *a*. [寫] 원색(原色)의. (필름 따위의) 정색성(整色性)의.
ortodonte *a*. 치열(齒列)이 바른. 똑바른 치열이 있는.
ortodontia *f*. [醫] 치열교정(齒列矯正).
ortodontista *m*., *f*. 치열교정 의사(醫師).
ortodoxamente *adv*. 《稀》 정통으로. 교정에 의하여.
ortodoxia *f*. ①정설(正說). [宗] 정교(正教). 정교신봉(正教信奉). 정통고수(正統固守). ②정통파. 통설(通說)(에 따르기).
ortodoxo *a*. ①(특히 종교상의) 정설(正說)의. 정설을 받드는. 정통파(正統派)의. ②그리스 교회의. 정교회의. ③(특히 신상학으로) 널리 옳다고 인정된. 정통의. 시인된. 전통적.
— *m*. 정교도(正教徒). 정통파(正統派).
ortoépia *f*. [文] 정음학(正音學). 정음술. 정음법(바른 발음하는 법).
ortoépico *a*. 발음이 바른. 정음의.
ortofonia *f*. 언어교정법(言語矯正法). 더듬는 말을 바로 하는 법.
ortofônico *a*. 언어교정법의.
ortogonal *a*. 직각(直角)의. 직각 있는. 구형의.
ortogonalmente *adv*. 직각적으로. 직선적으로.
ortogono *a*. 직각을 이루는. 직선의. 수직(垂直)의.
ortografar *v.t*. 철자(綴字)하다. 철자법에 의하여 쓰다.
ortografia *f*. ①정자법(正字法). 철자법(綴字法). ②[文] 문자론(文字論). 철자론. ③직각투상법(直角投像法).
ortograficamente *adv*. 철자법에 따라. 직선(직각)으로.
ortográfico *a*. 정자법의. 철자법의. 철자법이 바른. [幾] 직선의. 직각의. 직선으로 그린. 투사(投射)한.
reforma ortográfica 철자법개정(改正).
ortografista *a*., *m*., *f*. 철자학자.
ortografo *m*. 철자에 정통한 사람.
ortolexia *f*. 정어(正語). 정화(正話).
ortologia *f*. 말을 정확하게 하는 방법. 정화술(正話術).
ortológico *a*. 정화법의. 정화술의.
ortometria *f*. 올바른 작시법(作詩法). 정확한 시작(詩作).
ortopedia *f*. [醫] 정형법(整形法). 정형외과(外科).
ortopédico *a*. 정형법의. 정형외과의.
ortopedista *m*., *f*. 정형외과 의사.
ortoptero (1) *a*. [動] 직시류의.
— *m*.(*pl*.) 직시류(直翅類).
(2) *m*. [空] 우격식 비행기(羽撆式飛行機).

ortose f. [鑛] 정장석(正長石).

orvalhada f. ①이슬맺이. 이슬 맺힐 때. ②이슬. 아침 이슬.

orvalhado a. 이슬이 맺은. 이슬에 젖은. 이슬에 축축해진. 이슬이 내린.

orvalhante a. 이슬로 축축하게 하는.

orvalhar v.i., v.t. ①이슬에 젖다. 이슬(눈물)로 축축하게 하다. 이슬이 내리다. ②상쾌하게 하다. 위로하다.
—se v.pr. 이슬에 축축해지다. 이슬에 젖다. 이슬에 덮이다. 이슬비 내리다.

orvalho m. ①이슬. 이슬방울. ②이슬비. ③신선한 맛. 상쾌한 것. ④《詩》안위물(安慰物).

orvalhoso a. ①이슬 맺은. 이슬에 축축한. 이슬이 많은. 이슬 내리는. ②이슬같은. 《詩》눈물 젖은.

oscilação f. ①진동(振動). 진동(震動). 동요. 변동. ②(마음의) 주저. 헷갈림.

oscilador m. [通信] 발진기(發振器). [理] 진동자(振動子).

oscilante a. 흔드는. 흔들어 움직이는. 진동하는. 동요하는. 흔들거리는. 변동하는. 오르내리는.

oscilar v.i. (시계추처럼) 흔들리다. 진동하다. (마음·의견 따위가) 동요하다. 흔들거리다. 비틀거리다. [無線] 잡음을 내다. (물가·온도 따위가) 오르내리다.
— v.t. 흔들다 집동시키다. 동요케 하나.

oscilatório a. (시계추처럼) 진동하는. 진동성의. 흔들리는. 동요하는.
estado oscilatório 불안상태. 동요상태.

oscilógrafo m. [電] 오실로그래프. 진동기록기.

oscitação f. 하품하기. 하품.

oscitante a. 입을 크게 벌리는. 하품하는.

oscitar v.i. 하품하다. 입을 크게 벌리다.

osculação f. 입 맞춤. 키스. [幾] 접촉(接觸). (면·곡선 따위의) 최대 접촉(最大接觸).

osculador a. 입 맞추는. 키스하는. 접촉하는.

osculante a. ①입 맞추는. ②꼭 붙는. 밀착(密着)하는. ③[博] 양종(兩種)에 공통성을 가진.

oscular v.i., v.t. ①입 맞추다. 키스하다. ②[幾] 면(面)·곡선(曲線) 등이 최대 접촉하다. ③[博] 공통성을 가지다.

osculatório a. ①입 맞추는. 키스의. ②최대 접촉의. 접촉선(接觸線)의.

osculatriz f. [幾] 접촉선.

ósculo m. ①[動] (해면(海綿) 따위의) 배수공(排水孔). (곤충 등의) 흡착기관(吸着器官). 흡반(吸盤). ②입 맞추기. 키스.

osga (1) f. [動] 도마뱀붙이.
— (2) f. 미워함. 증오. 싫어하기. 염오의 정.

osmazoma f. = *osmazomo*.
— m. [化] 고기속(肉中)의 진액분(分) (고기를 삶을 때 생기는 갈색물질(褐色物質)).

ósmico a. [化] 오스뮴의.
ácido ósmico 산화(酸化) 오스뮴.

ósmio, osmium m. [化] 오스뮴(金屬元素；기호 Os).

osmologia f. 향(香)의 연구. 방향학(芳香學). 향기학(香氣學).

osmológico a. 방향학의. 향기학의.

osmonda, osmunda f. [植] 고비.

osmose f. [理] 삼투(滲透). 삼투성(性).

osmótico a. 스미는. 삼투하는. 삼투성의.

osqueite f. [醫] 음낭염(陰囊炎).

osqueocele m. [醫] 음낭 헤르니아.

osqueoma m. [醫] 음낭종(腫).

ossada f. ①많은 뼈. 모여 있는 뼈. ②해골. ③(건물을 허물고 남은) 잔재(殘材). 낡은 골조(骨組). 선체(船體)의 잔해(殘骸).

ossamenta f. ①(특히 동물의) 뼈. 해골. ②건물의 낡은 골조.

ossaria f. ①많은 뼈. 쌓아 올린 뼈. 뼈의 퇴적(堆積).

ossário m. ①뼈를 모은 것. ②뼈를 두는 곳. 납골당(納骨堂).

ossatura f. ①해골. (특히) 짐승의 뼈. ②(건물의) 골조.

osseina f. 골소(骨素).

ósseo a. ①뼈의. 뼈가 있는. 뼈로 되어 있는. 뼈같은. 뼈 비슷한. ②골질(骨質)의.

ossiânico a. (스코틀랜드의 전설적 시인) 오시안(Ossian)의.

ossianismo m. 오시안 시풍(詩風). 오시안 숭배.

ossicos m.(pl.) (말(馬)의) 소골(小骨).

ossiculado a. 뼈가 많은. 작은 뼈투성이의. 골질(骨質)의.

ossicular a. 작은 뼈의. 작은 뼈같은. 소골상(小骨狀)의.

ossículo m. [解·動] 소골(小骨). 소골편(片). 골질(骨質). 각질편(角質片). 석회

질편. [植] 소핵(小核).

ossífero *a.* ①뼈가 있는. 뼈를 내포한. ②뼈가 생기는. 뼈를 만드는.

ossificação *f.* ①뼈가 됨. 성골(成骨). 뼈로 화함. 화골(化骨). ②골격(骨格).

ossificar *v.t.* 뼈로 만들다. 뼈같이 굳게 하다.
— *v.i.*, —**se** *v.pr.* 뼈가 되다. 뼈로 화하다.

ossiforme *a.* 뼈 모양(骨形)을 한. 골상(骨狀)의.

ossífraga *f.* 《詩·古》물수리. (남미·유럽산의) 수염수리.

ossífrago *a.* ①뼈를 연하게(무르게) 하는. ②뼈를 부수는. 쇄골(碎骨)의.

ossinho *m.* ①작은 뼈(小骨). ②[獸醫] (말 다리의) 외골종(外骨腫).

ossívoro *a.* ①뼈를 먹는. 골식(骨食)의. ②[醫] 뼈를 침식(侵蝕)하는. 뼈를 먹어 들어가는.

osso *m.* ①뼈. 골격. ②《俗》힘드는 것. 노고(勞苦).
ossos (*pl.*) 해골.
carne sem osso (뼈 없는 고기)《轉》흡족한 이익.
estar no osso 뼈와 가죽만 남아 있다. 아주 쇠약하다.《轉》자동차가 펑크 났다.
Êle é só pele e osso (=*Êle não tem senão pele e osso*) 그이는 뼈와 가죽만 있듯이 수척하다.
um osso duro de roer (*osso difícil de roer*) 깨물기 어려운 뼈.《轉》참으로 어려운 문제(라는 뜻).
um osso e dois cães (한 개의 뼈에 두 마리의 개)《諺》같은 장사끼리는 화합이 안 된다.

ossuário *m.* ①뼈단지. ②납골당(納骨堂).

ossudo *a.* 굵은 뼈의. 큰 뼈의. 골격이 큰.

ossuoso *a.* ①뼈가 많은. 뼈투성이의 (생선 따위). ②골질(骨質)의.

ostaga *f.* [海] (돛·활죽·깃대 등을 올리고 내리는) 밧줄. 마룻줄. 동색(動索). 활주색(滑走索).

ostais *m.*(*pl.*) [海] 지색(支索). 유지색(維持索).

ostealgia *f.* [醫] 골통(骨痛).

ostealgico *a.* 골통의.

osteína *f.* 골소(骨素).

osteíte *f.* [醫] 골염(骨炎). 골질염(骨質炎).

ostensão *f.* =*ostentação*.

ostensível *a.* 겉치레의. 표면상의. 거죽만의. 눈속임의.

ostensivelmente *adv.* 표면상으로. 겉으로.

ostensivo *a.* ①겉치레의. 표면상의. 거죽만의. ②실물(實物)로서 표시하는. 구체적으로 표시하는.

ostensor *a.*, *m.* 실물로서 표시하는 (사람). 구체적으로 보이는 (사람).

ostensório *a.* 실물로서 표시하는. 구체적으로 보이는.
— *m.* [가톨릭] 성체현시기(聖體顯示器). 성체안치기(安置器).

ostentação *f.* 겉치레. 허식(虛飾). 자랑과시(誇示). (겉으로만) 으리으리함. 화려.

ostentador *a.*, *m.* 겉치레만 하는 (사람). 화려하게 보이게 하는 (자). 허식하는 (자). 자랑하는 (사람). 잘난 체하는 (이).

ostentante *a.*, *m.* =*ostendador*.

ostentar *v.t.* ①겉치레하다. (겉으로만) 화려하게 보이다. 잘 보이려고 하다. 과시하다. ②보이다. 표시하다.
—**se** *v.pr.* 화려하게 차리다. 자랑삼아 보이다. 겉치레만 으리으리하다. 저잘난 체하다. 으쓱하다.

ostentativo *a.* 겉치레하는. (표면상으로만) 잘 보이려고 하는. 자랑하는. 잘난 체하는. 우쭐하는. 과시(誇示)하는.

ostentosamente *adv.* 겉만 으리으리하게. 허식적으로. 과시하여. 자랑하여. 잘난 체하여.

ostentoso *a.* 겉치레하는. (표면으로만) 으리으리한. 외관이 그럴듯한. 어마어마한. 허식적인. 잘난 체하는. 으쓱하는. 뽐내는.

osteocola *f.* 골교(骨膠).

osteocopo *a.* [醫] 매독성 골통(梅毒性骨痛)의.

osteodermo *a.* [生物] 골상피(骨狀皮)의.

osteodermos *m.*(*pl.*) 골피류(骨皮類).

osteófago *a.* 뼈를 먹는. 골식(骨食)의.

osteogenia *f.* 골질형성(骨質形成). 성골(成骨). 화골(化骨).

ostogénico *a.* 골질형성의. 성골(화골)의.

osteografia *f.* 골론(骨論). 골지(骨誌).

osteográfico *a.* 골론의. 골지의.

osteolito *m.* 화석골(化石骨). 골석(骨石).

osteologia *f.* 골학(骨學).

osteológico *a.* 골학의. 골학상의.

ostélogo *m.* 골학자(骨學者).

osteoma *f.* [醫] 골종(骨腫).
osteomielite *f.* [醫] (특히 어린애의) 골수염(骨髓炎).
osteonecrose *f.* [醫] 골괴저(骨壞疽).
osteoplastia *f.* 정골술(整骨術). 골성형술(骨成形術).
osteoplástico *a.* 정골술의.
osteosapira, osteossapira *f.* [醫] 골궤양(骨潰瘍). 골저(骨疽).
osteosarcoma, osteossarcoma *m.* [醫] 골육종(骨肉腫).
osteotomia *f.* [醫] 절골술(截骨術).
osteozoario *a.* 척추(脊椎) 있는.
— *m.* 유척추(有脊椎) 동물.
ostiário *m.* ①[宗] (승)문지기. ②품위(品位)가 제일 낮은 성직자.
ostiolado *a.* [植] 작은 구멍이 있는. 작은 틈이 있는(틈이 생긴).
ostiolo *m.* [植] 작은 구멍(小孔). 뚫린 구멍. 작은 틈(小間隔).
ostra *f.* 굴, 굴조개.
ostraceas *f.*(*pl.*) 굴과(科).
ostráceo *a.* 굴 비슷한. 굴과에 속하는.
ostraceiro *m.* [鳥] 검은머리물떼새.
ostracino *a.* 굴 껍질에 붙어 있는(붙어 사는).
ostracismo *m.* ①(옛 그리스) 패각(貝殼)(조가비) 추방(공안(公安)을 해칠 염려가 있는 인물을 공중투표(公衆投票)에 의해서 10년간(그 후 5년간으로 됨) 구외로 추방한 일. 투표는 조가비 등으로 하였음). ②추방. 방축(放逐). 절교(絶交).
ostracista *m.* 패각 추방을 주장하는 자.
ostracita, ostracite *f.* 굴의 화석(化石).
ostraria *f.* 많은 굴.
ostrearío *a.* 굴의 껍질에 붙어 사는.
ostreicola *a.* 굴을 치는. 굴양식(養殖)의.
ostreicultor *m.* 굴양식가.
ostreicultura *f.* 굴양식(법).
ostreiforme *a.* 굴모양의.
ostreira *f.* ①굴양식장(養殖場). ②굴 파는 여자.
ostreiro *a.* 굴을 채집하는. 굴채집용(用)의.
— *m.* ①굴을 채집하는 사람. ②굴 파는 사람.
ostricultura *f.* =*osteicultura*.
ostrífero *a.* 《詩》 굴이 나는. 굴이 생기는.
ostro *m.* 자줏빛. 짙은 붉은 색. 심차홍색(深茶紅色).
otacustica *f.* 청각학(聽覺學).

otalgia *f.* [醫] 귀앓이. (신경통성의) 이통(耳痛).
otalgico *a.* ①귀앓이의. 이통의. ②귀앓이에 효능이 있는.
otiatria *f.* =*otoiatria*.
ótica *f.* =*óptica*.
oticidade *f.* =*opticidade*.
ótico *a.* 귀의. 청각(聽覺)의. 청력(聽力)의. (註) *óptico* : *a.* 눈의. 청각(聽覺)의. 시력의.
otimamente *adv.* 제일 좋게. 최상으로.
otimismo *m.* 낙천주의(樂天主義). 낙관(樂觀)주의. 낙관. 낙관적 경향. 태평.
otimista *a.* 낙관주의의. 낙관(낙천)적.
— *m.*, *f.* 낙천주의자. 낙천가. 낙관자. 태평가.
ótimo *a.* (*bom*의 최상급) 제일 좋은. 최상(最上)의. 가장 양호(良好)한.
— *m.* 제일 좋은 것. 가장 양호한 것. 상지상(上之上).
otite *f.* [醫] 이염(耳炎).
otite média 중이염(中耳炎).
otodimia *f.* 이통(耳痛).
otografia *f.* 이론(耳論). 이지(耳誌).
otográfico *a.* 이론의. 이지의.
otoiatra *m.* 이과의(耳科醫). 이과전문의사.
otoiatria *f.* 귀의 치료.
otologia *f.* [醫] 이과(耳科). 이과학(學).
otológico *a.* 이과의. 이과학의.
otomana *f.* 쿠션 달린 긴 의자(팔걸이・등받이가 없는).
otomano *a. Othoman* Ⅰ (1259~1326)의 왕조의. 터키 제국의. 터키인(민족)의.
— *m.* 터키인.
otopatia *f.* 이병(耳病).
otorrino *m. otorrinolaringologista*의 준말.
otorrinolaringologia 《古》 *oto-rhino-laryingologia*) *f.* 이비인후과(耳鼻咽喉科).
otorrinolaringologista *m.*, *f.* 이비인후과 의사.
otoscopio *m.* 검이경(檢耳鏡). 이경. 오터스코프.
ototerapia *f.* =*otoiatria*.
ototomia *f.* 귀의 절개(切開).
ou *conj.* 또는. 혹은. 그렇지 않으면. …든가. …든지.
Ou tu ou eu temos de ir. 너든가 나든가(둘 중 하나는) 가야 할 것이다.
ouça (1) *f.* ①듣기. ②청각(聽覺). 청관

(聽官).

— (2) f. 수레채를 멎게 하는 장치의 핀.

oução m. [蟲] 진드기의 무리. 치즈 벌레.

oura f. (=oria). 어지러움. 현기증.

ourar v.i. 어질어질하다. 현기증 나다.

ourela f. 끝. 변. 변두리. 가장자리. (특히) 피륙의 가장자리. 자물쇠의 가장자리쇠.

ourêlo m. (모직물의) 가장자리. 끝. 귀(천의 가장자리가 안 풀리게 바탕과 달리 짠 데).

ouriçar v.t. (머리카락을) 뻣뻣이 일어서게 하다. 털을 곤두세우다.

—se v.pr. (머리털이) 뻣뻣이 일어서다.

ouriço m. (밤(栗))가시.

ouriço-cacheiro. [動] 고슴도치.

ouriço-do-mar. [動] 섬게.

ouringue, ourinque m. ①부표색(浮標色). 부륜색(浮輪索). ②닻(錨)을 고정시키는 밧줄.

ourives m. 금은세공사(金銀細工師). 금은세공품 상인.

ourivesaria f. ①금은세공점(店). 귀금속상. 금방. ②금은세공술. 금은세공하는 곳.

ouro m. ①금. 황금. ②금제품. 금화(金貨). ③부(富). 돈. (금처럼) 귀중한 것. 재보(財寶). ④금가루. 금빛 물감. ⑤금색. 황금색.

ouros (pl.) (트럼프) 다이아몬드.

ouro em pó 사금(砂金).

idade (século) de ouro 황금시대. 전성기.

Nem tudo o que luz é ouro. (번쩍이는 것이 전부 금은 아니다). 《諺》돌다리도 두드리고 건너가라.

ouropel m. 번쩍거리는 금속 조각. 가짜 금. 금·은실의 직물(織物). 번드르르한 값싼 물건. 도금용 금박(鍍金用金箔). 도금물.

ouropigmento m. [鑛] 웅황(雄黃). 석황(石黃).

ousadamente adv. 대담하게. 과감(용감)하게. 감히. 뻔뻔스럽게.

ousadia f. ①대담(大膽). 과감(果敢). 용감. 호방(豪放). ②뻔뻔함. 염치 없음. 건방짐. 오만.

ousadinho a. 약간 대담한. 과감한 듯한. 꽤 뻔뻔한.

ousado a. ①대담한. 과감한. 용감한. 호방한. 앞뒤를 생각하지 않고 행하는. ②뻔뻔한. 건방진. 아니꼬운. 거만한. 오만한.

ousar v.t. 감히 …하다. 감행하다. 단행하다. 모험적으로 하다.

ousio m. =ousadia.

outão m. 건물의 측면·측벽(側壁).

outar v.t. (키로) 까부르다. 키질하다.

outeiro m. ①언덕(丘). 작은 산. ②수도원의 정내(庭內)에서 경축일(慶祝日)을 맞이하여 거행하는 즉음시회(卽吟詩會).

outiva f. 들음. 청취(聽取). 방청(傍聽).

falar de outiva 들은대로 말하다.

aprender de outiva 청취로써 배우다.

outo m. (키로) 까부른 후에 남는 짚·꼬투리·왕겨 (따위).

outonada f. ①추기(秋期). 추계(秋季). 추수기. ②가을의 추수. 수확.

outonal a. ①가을의. 추기의. 가을에 피는. 가을에 익는. ②초로기(初老期)의. 중년(中年)의.

outoniço a. =outonal.

outono m. ①가을. 가을철. 추기. 추수기. 수확기. 성숙기. 조락기(凋落期). 쇠퇴기(衰退期). (인생의) 초로기(初老期).

outono da vida 중년. 초로(初老).

outorga f. ①허가. 인가(認可). 시인. 허용. 승낙. ②수여(授與). 양여. 양도.

outorgadamente adv. 허가를 받고. 승낙을 얻어서.

outorgado a. ①허가된. 인가된. 승낙을 받은. ②양도된 자.

— m. 허가(허락) 받은 자. 수락자. 양수인. 양도된 자.

outorgador a. ①허가하는. 허용하는. 승낙하는. ②수여하는. 양도하는.

— m. 허락자. 교부자. 수여자. 양도인.

outorgamento m. =outorga.

outorgante a. ①허가하는. 허용하는. (요구를) 들어주는. 승낙하는. 시인(是認)하는. ②수여하는. 양도하는.

— m. ①허용자. 동의자(同意者). ②수여자. 양도자. ③공증서작성(公證書作成) 당사자의 한 사람(一方).

outorgar v.t. ①(탄원·간청·요구 조건 등을) 들어주다. 승인하다. 승낙하다. 받아들이다. 인정하다. 허가하다. ②수여하다. 하사하다. ③(법률상 정식으로) 양도하다. (권리를) 이양하다. ④공증서 따위에) 쌍방의 합의 사항을 써 넣다. 진술을 서식화(書式化)하다.

outrem *pron.* 다른 사람. 딴 사람. 타인(他人).

outro *a.* 다른. 딴. 또 그밖의. 또 다른. 별개(別個)의. 저편(쪽)의. 반대의. 다음의. 둘째의. 이외(以外)의.
outra pessoa 딴 사람.
outra coisa 딴 것. 다른 물건. 다른 일.
outra vez 재차. 또.
outra dia 다른 날(他日).
em outra tempo 다른 기회에.
de outra maneira 다른 방식으로.
— *pron.* 다른 것. 다른 사람. 타인. 그만큼한 것.

outrora *adv.* 이전에(는). 옛날에(는). 왕년(往年)에.

outrossim *adv.* (…도) 역시. (…도) 또한. 더욱. 더구나. 같이. 같게.

outubro *m.* 시월(十月).

ouvida *f.* ①듣기. 청문. 들은 것. ②(들은) 소문. 풍문. 전문(傳聞).
testemunha de ouvida 들은 증인. 전문 증인.

ouvido *m.* ①귀. ②청각(聽覺). 청관(聽官). 청력(聽力). ③(구식 대포의) 화문(火門).
de ouvido 청취로써. 들은대로.
ter mau ouvido 잘 들리지 않다. 잘 들을 수 없다.
ter bom ouvido 잘 들리다.
chegar aos ouvidos 귀에 들리다. (…의 이야기가) 귀에 들어가다.
dizer ao ouvido 귓속말하다.
dar ouvidos a …에 귀를 기울이다. 경청(傾聽)하다.
fazer ouvidos de mercador …에 조금도 귀를 기울이지 않다.
entrar por um ouvido e sair por outro 주의하여 듣지 않다. 마이동풍(馬耳東風).

ouvidor *m.* ①듣는 사람. 청취자. 경청자(傾聽者). 청문자(聽聞者). ②배석판사(陪席判事).

ouvidoria *f.* 《古》 배석판사의 직(職).

ouvinte *m., f.* ①듣는 사람. 방청자. 청문자. ②청강생(聽講生). 등록하지 않은 학생.

ouvir *v.t.* ①(…을) 듣다. (…이) 들리다.
— *v.i.* 듣다. 들리다. 귀가 들리다.

ova *f.* ①난자(卵子). 난세포(卵細胞). ②(물고기·개구리·조개·새우 따위의) 알. 어란(魚卵).

ovas (*pl.*) [獸醫] (말다리에 생기는) 일종의 종양(腫瘍).

ovação *f.* ①대인기(大人氣). (대중의) 갈채(喝采). 환호. 대환영. ②(옛 로마) 소개선식(小凱旋式).

ovacionar *v.t., v.i.* 갈채하다. 환호하다.

ovada *f.* 많은 알. 다량의 어란(魚卵).

ovado *a.* 알 모양(卵形)의. 달걀 모양의. 타원형의.

oval *a.* 난형의. 타원형의.
— *f.* 난형(卵形). 타원형(楕圓形).

ovalo, ovano *m.* [建] 몰딩의 일종(단면양 1/4원호로 불쑥 나온). 《英》 *ovolo*.

ovante *a.* ①승리를 쟁취한. 전승을 표시하는. 의기양양한. ②환호하는. 환희에 넘치는.

ovar *v.i.* (물고기·새·벌레 따위가) 알을 낳다. 산란(産卵)하다.

ovariano, ovarico *a.* [動] 난소의. [植] 자방의.

ovário *m.* [解·動] 난소(卵巢). [植] 자방(子房).

ovariotomia *f.* [醫] 난소절개(卵巢切開)(술).

ovarismo *m.* 동물난생설(動物卵生說).

ovarite *f.* [醫] 난소염(卵巢炎).

ovas (1) *f.*(*pl.*) (물고기·개구리·게·새우 따위의) 알, 어란(魚卵) 알에서 금방 난 새끼.
— (2) *f.* [獸醫] (말다리에 생기는) 일종의 종양(腫瘍).

oveiro *m.* ①(조류(鳥類)의) 난소(卵巢). ②(식탁용) 달걀 넣는 컵.

ovelha *f.* ①암양. 면양의 암컷. ②[宗] (집합적으로) 신도(信徒). 신자들.

ovelhada *f.* 양떼(羊群).

ovelheiro *m.* 양치는 사람. 목양자(牧羊者).

ovelhinha *f.* 어린 양. 양의 새끼.

ovelhum *a.* ①양의. 양에 속하는. ②양족(羊族)의.
gado ovelhum 축양(畜羊).

ovém *m.* [海] 돛대 밧줄(돛대 꼭대기에서 양 뱃전에 치는).

óveo *a.* 알이 있는. 알을 가지고 있는. 달걀이 있는.

overio *m.* ①양우리(羊舍). ②양떼(羊群).

ovículo *m.* ①작은 알. 소란(小卵). ②소란형(小卵形)의 장식(물).

ovídeos *m.*(*pl.*) [動] 양속(羊屬). 양과(羊

oviduto *m.* [解] 수란관(輸卵管). 나팔관(喇叭管). (새의) 배란관(排卵管).
ovificação *f.* 알이 됨. 난생성(卵生成).
oviforme *a.* 알 모양의. 난형(卵形)의.
ovil *m.* 양우리. 양사(羊舍).
ovino *a.* 양의. 양에 관한. 양에 속하는. 양족(羊族)의.
oviparidade *f.* [動] 난생(卵生).
oviparo *a.* [動] 난생의. 알에서 태어나는. 산란(産卵)하는.
— *m.* 난생동물(卵生動物).
— *a., m.* 태생(胎生)의. 태생동물.
ovisacco, ovissaco *m.* [解] 알주머니. 난낭(卵囊). 수란기(受卵器).
ovismo *m.* 본체 난소내 선재설(本體卵巢內先在説).
ovívoro *a.* 알을 먹는(먹고 사는). 난식(卵食)의.
ovo *m.* ①알(卵)의 총칭. ②달걀. 계란. 조란(鳥卵). ③[建] 난형장식(卵形裝飾).
ovogenia *f.* ①알의 생성(生成)(과정). 알의 형성(形成)(과정). ②알의 생성 또는 발육 상태의 연구.
ovóide *a.* 알 모양의. 난형(卵形)의. 달걀꼴의.
ovologia *f.* 난학(卵學). 난론(卵論).
ovovivíparo *a.* [動] 난태생(卵胎生)의.
ovulação *f.* [動·鳥] 배란(排卵).
ovulado *a.* 난자(卵子)가 있는. 배자(胚子)가 있는.
ovular *a.* [生物] 소란(小卵)의. [植] 배자의.
óvulo *m.* [生物] 소란(小卵). [植] 배자(胚子).
oxalá *interj.* (염원을 나타내는 첫마디) 바라건대 …성취시켜 주십소서. 원컨대 …이 되어지이다.
oxalato *m.* [化] 수산염(酸酸鹽).
oxálico *a.* [化] 괴승아(酢漿草)에서 만든. 수산(酸酸)의.
ácido oxálico 수산(酸酸).
oxalida *f.* [植] 괴승아속(屬)(酢漿草).
oxalidáceas, oxalídeas *f.(pl.)* 괴승아과(의 식물).
oxidabilidade *f.* 산화하기 쉬움. 산화성(酸化性).
oxidação *f.* ①[化] 산화(酸化). ②녹슬기.
oxidante *a.* 산화시키는. 녹슬게 하는.
oxidar *v.t.* 산화시키다. 녹슬게 하다. (은·동을) 그슬리다.
— *v.i.,* —**se** *v.pr.* 산화하다. 녹슬다.
oxidável *a.* 산화하기 쉬운. 녹슬기 쉬운.
óxido *m.* [化] 산화물(酸化物).
óxido de ferro 산화철(鐵). 녹.
oxidulado *a.* 녹슬기 시작한.
oxigenação *f.* 산소로 처리(處理)하기. 산화(酸化).
oxigenado *a.* 산소로 처리한. 산소와 화합(化合)한. 산화(酸化)한.
oxigenar *v.t.* 산소로 처리하다. 산소와 화합시키다.
—**se** *v.pr.* 산소와 화합하다. 산화하다.
oxigenável *a.* 산화시킬 수 있는. 산소와 화합할 수 있는.
oxigenífero *a.* 산소가 있는. 산소를 함유한.
oxigênio, oxígeno *m.* [化] 산소(酸素) (기호 O).
oxigono *a.* [幾] 예각(銳角)의.
oxiidrico *a.* [化] 수소(水素)와 산소를 섞은.
oximel *m.* 초밀제(酢蜜劑 : 초와 꿀을 섞어 만든 시럽).
oximetria *f.* 산검량법(酸檢量法). 검산법.
oxiosmia *f.* [醫] 후각과민(嗅覺過敏).
oxitónico *a.* 최후의 음절에 양음(揚音)이 있는.
oxítono *a.* = *oxitónico*.
oxiopia *f.* [醫] 시력과민(視力過敏).
oxiosfresia *f.* 후각(嗅覺)의 이상발달(異狀發達).
— *m.* [그리스文法] 최후의 음절(音節)에 양음이 있는 말.
ozena *f.* 축농증(蓄膿症). [醫] 비궤양.
ozenico *a.* 축농증의. 비궤양의.
ozone *m.* [化] 오존.
ozonico *a.* 오존의. 오존성(性)의.
ozonio *m.* (= *ozone*).
ozonização *f.* 오존화. 오존으로 처리하기.
ozonizado *a.* 오존을 포함한. 오존이 있는. 오존화한.
ozonizador *m.* 오존 발생기(發生器). 오존관(管).
ozonizar *v.t.* [化] 오존화하다. 오존으로 처리하다.
ozonometria *f.* 오존 정량법(定量法).
ozonométrico *a.* 오존 정량법의. 오존 정량에 관한.
ozonómetro *m.* 오존계(計).
ozoterita, ozoterite *f.* [鑛] 지랍(地蠟).

P, p *m*. 포르투갈어 자모의 열다섯째 글자. ①*p*자꼴의 물건. ②대문자 P는 *pé*(자(尺))의 약자(略字). ③소문자 *p*는 *polegada* (인치)의 약자. ④*pp.*는 *proximo passado* (지난, 전(前))의 약자.
o més pp. 전달.

pá *f*. ①삽. 가래. ②큰 숟가락. 주걱. (빵 굽는) 나무주걱. ③(추진기(프로펠러) 등의) 날개. ④쓰레받기.
pá do lixo (먼지를 쓸어 담는) 쓰레받기.

pã *f*. [植] 구장(蒟醬).

pábulo (1) *m*. 음식. 영양물. 마음의 양식 (책같은 것).
— (2) *a*. 자부심이 강한. 자만한. 자랑하는. 으쓱하는.

paca (1) *f*. [動] 마르못무리(중・남아메리카산 토끼만한 동물). 《轉》 바보. 명청이.
— (2) *f*. (짐의) 포장. 묶음.

pacabote *m*. =*paquebote*.

pacacidade *f*. =*pacatez*.

pação *a*. 《古》궁전(宮殿)에 봉사하는.

pacatamente *adv*. 평온하게. 조용하게. 평화롭게. 태평하게. 조용히. 침착하게.

pacatez *f*. ①고요함. 조용함. 평온, 평정 (平靜). 태평. ②침착함. 자약(自若)함. 냉정함.

pacato *a*. 고요한. 조용한. 평온한. 잔잔한. 평화로운. 태평한. 침착한. 자약한. 냉정한.

paceiro *m*. 《古》왕궁(王宮)에 자주 드나드는 사람. 조신(朝臣).

pachá, paxá *m*. (터키 및 이집트의) 주지사(州知事). 지방총독.

pacho *m*. =*parche*.

pachola *m*. 《卑》게으름뱅이. 건달 ; 미련한 인간. 눈치 없는 사람. 허풍선이.
— *a*. 허풍떠는. 자랑하는. 으쓱대는. 잘난 체하는.

pacholice *f*. ①《卑》어리석은 노릇. 얼토당토않은 수작. 우사(愚事). 우행(愚行). ②우쭐하기. 잘난 체하기. ③게으름. 나태함.

pachometro *m*. (=*pacometro*) 물건의 두께를 재는 기구. 측후기(測厚器).

pachorra *f*. 게으름. 나태함. 번둥거리기. (동작이) 굼뜸. 완만(緩慢). 지둔(遲鈍).

pachorrento *a*. 천천한. 느린. 굼뜬. 게으른. 나태한. 기운 없는. 무기력한. 둔한.

pachouchada. pachoucheta *f*. ①헛소리. 무의미한 말. 어리석은 생각(노릇). ②음탕한 말. 음란한 이야기. ③불합리. 모순.

paciência (1) *f*. 참을성. 인내(忍耐). 감내 (堪耐). 인내심. 끈기. 불요불굴(不撓不屈).
não ter paciência 참을성이 없다.
perder a paciência 더 이상 참지 못하다.
— (2) *interj*. 참아라! 덤비지 마라!

pacienciouso *a*. 참는. 꾹 참는. 참을성 있는. 인내하는. 인내력 있는. 견디는. 끈기 있는.

pacientar *v.i*. 참다. 꾹 참다. 견디다. 인내하다.

paciente *a*. 참을성 있는. 인내하는. 인내력 있는. 견디는. 견딜 수 있는. 끈기 있는. 불요불굴의.
— *m., f*. 환자. 병자. 외과수술(外科手術) 받는 사람. 외적 작용(外的作用) 받는 사람. 견디는 사람. 수난자(受難者).

pacientemente *adv*. 참을성 있게. 인내하여. 끈기 있게.

pacificação *f*. 평정(平定), 진정(鎮靜). 유화(有和). 위무(慰撫). 긴무(鎮撫). 위무정책.

pacificador *a., m*. 진정시키는 (사람). 위무하는 (자). 평정하는 (자). 화해(和解)하는 (자).

pacificar *v.t*. ①진정시키다. 위무하다.(백성을) 달래다. 유화하다. ②(소요상태를) 평정하다. 평화롭게 하다.
— *v.i*., —*se v.pr*. 진정되다. 평화로와지다. (노기(怒氣) 따위가) 가라앉다.

pacífico *a*. 잔잔한. 조용한. 평온한. 태평한. 안한(安閑)한. 평화적인. 평화의. 평화주의의.
Oceano pacífico. 태평양.

pacifismo *m*. 평화주의. 부전(不戰)주의. 평화론.

pacifista *m., f*. 평화주의자. 부전주의자. 평화론자.

pacigo *m*. 목초. 목장(牧場).

pacó *m*. (인도・아프리카산의) 큰 박쥐.

paço *m*. ①궁전(宮殿). ②큰 저택. 호화로운 건물. ③관청사(官廳舍). ④법정(法廷).

pacometro *m*. =*pachometro*.
pacote *m*. 묶음. 꾸러미. 소포.
pacote postal 우편 소포.
pacotilha *f*. ①(선객(船客)이 반입할 수 있는) 무임 수하물 허용량(無賃手荷物許容量). 휴대상품량. ②조제품(粗製品).
pacotilho *m*. 작은 꾸러미. 작은 소포.
pacoviamente *adv*. 어리석게. 바보처럼. 멍하여.
pacovice *f*. 어리석음. 미련함. 우둔함.
pacovio *a*. 어리석은. 미련한. 우둔한. 얼빠진. 멍한.
— *m*. 어리석은 사람. 미련한 인간. 우둔한 녀석. 저능아(低能兒). 열등생. 재간 없는 사람.
pactar *v.t*. =*pactuar*.
pactário *m*. 계약자. 협정자(協定者). (조약) 체결자.
pactear *v.t., v.i*. =*pactuar*.
pacto *m*. ①약속. 계약. 협약. ②조약. 협정. 약정(約定).
pacto nú 언약. 구두 약속.
pactuante *a*. 계약하는. 협약하는. 협정하는. 조약하는.
pactuar *v.t*. 약정(約定)하다. 협약하다. 협정하다. (계약사항·합의조건 등을) 문서로 규정하다. 조약하다. 조약 체결하다.
— *v.i*. (+*com*) …와 협정하다. 협약하다.
pactuário *m*. 약정자(約定者). 협정자. 조약자. 계약자.
pacú *m*. [魚] 빠꾸우(브라질산 담수어(淡水魚)의 일종).
pacuã, pacuan *m*. (아마존 지방의) 약초(藥草).
pada *f*. ①한 조각의 빵. 한 덩어리의 빵. ②작은 양. 소량(小量). ③(실룽(*celon*)의) 밑바닥이 평평한 작은 배.
padaria *f*. 빵집. 빵 제조소.
padecedor *a., m*. 괴로워하는 (사람). 고통받고 있는 (사람). 수난하는 (사람).
padecente *a*. 고생하는. 고뇌하는. 고통을 느끼는. 수난(受難)하는.
— *m., f*. ①유죄 선고받은 자. 사형받을 죄수. 죄인. 형사피고. ②몹시 앓는 사람. 중환자.
padecer *v.t*. ①몹시 고생하다. 심한 괴로움을 받다. 고통에 견디다. ②(…을) 용서하다. (…을) 용인(容認)하다.

— *v.i*. 수난당하다. 고통당하다. 몹시 앓다. 수난하다.
padecimento *m*. ①고통. 고뇌. 번민(煩悶). ②아픔. 병고(病苦). 질고(疾苦).
padeiro *m*. ①빵 만드는 사람. ②빵 장수.
padejado *a*. ①삽으로 뒤섞은. ②키질한.
padejador *a., m*. 삽(가래)질하는 사람. 삽으로 뒤섞는 사람.
padejar (1) *v.t*. 빵을 굽다(만들다). 기와를 굽다.
— (2) *v.t*. 삽질하다. 삽으로 뒤섞다. 키질하다. 까부르다.
padejo (1) *m*. 빵 굽기. 빵 만드는 일 ; 빵 제조업.
— (2) *m*. 삽질. 가래질. 삽으로 뒤섞기. 키질.
pádelixo *f*. 쓰레받기.
pádepedreiro *f*. 흙손.
padieira *f*. [建] 상인방. 상인방돌.
padinha *f*. (밀가루·설탕·돼지비계 등으로 만든) 작은 케이크.
padiola *f*. (바퀴가 하나 또는 두 개 있는) 손수레. (물건 운반용) 들것(擔架).
padioleiro *m*. 손수레를 미는(끄는) 사람. 들것 드는 사람. 들것 메는 사람.
padralhada *f*. 《輕蔑》 신부들. 사제들. 승려들. 승도(僧徒).
padrão (1) *m*. ① 원형(原型). ②표준. (화폐·도량형 따위의) 본위(本位). 원기(原器). ③(양복·쇠붙이 따위의) 본. 형(型). 모형 ; [洋裁] 종이본. 양식. ④무늬. 체재. ⑤기록문서(記錄文書). ⑥모범. 귀감(龜鑑).
padrão ouro 금본위(金本位)(제).
padrão de vida 생활 양식.
— (2) *m*. (옛날 포르투갈 사람이 새로 발견한 땅에 세우며 다닌) 표석(標石). 표기념비.
padrasto (1) *m*. 의붓아비. 계부(繼父). 《F》 *madrasta*.
— (2) *m*. (시가(市街)가 내려다 보이는) 언덕. 고지. 약간 높은 곳.
padre *m*. 신부(神父). 사제(司祭). 목사. 《古》 아버지.
Padre-Santo. 교황. 법황.
padre-nosso 주기도문(主祈禱文).
padreação *f*. ①번식. 새끼까기. ②종자를 받기. 마필(馬匹)의 교미(交尾).
padreador *m*. 번식동물. 종축(種畜). 종마(種馬).

padrear *v.i.* ①새끼를 낳다. 번식하다. ② 기르다. ③교미(交尾)하다. 종자를 받다.

padreca, padreco *m.* ①《輕蔑》중. 까까중. ②보잘 것 없는 신부(성직자). 작은 신부.

padresco *a.* 《輕蔑》중의. 신부의.

padrice *f.* 《輕蔑》중의 소행. 신부의 행실.

padrinho *m.* ①대부(代父). 교부(敎父). ②결혼증인. ③보호자(庇護者).

padroado *m.* ①후원. 보호. 장려. 격려. ②서임권(敍任權). [宗] 목사추천권(推薦權). 성직수여권(聖職授與權).

padroeira *f. padroeiro*의 여성형.

padroeiro *m.* ①후원해 주는 사람. 패트런. 은인. 장려자(獎勵者). ②[宗] 수호성인. 수호신.
— *a.* 수호하는. 보호하는. 후원하는.

padronização *f.* 표준제정(標準制定). 표준에 맞추기. 표준화. 통일. 획일(劃一).

padronizar *v.t.* 표준에 일치시키다(맞추다). 통일하다.

paga *f.* ①치르기. 갚기. 지불(支拂). ②삯. 임금. 보수. 수당. 급료(給料). ③보복(報復).

pagador *a.* 지불하는. 보수를 주는. 대가를 치르는.
— *m.* 지불인. 지불계(支拂係). 지출자. 보수(보상)하는 자.

pagadoria *f.* 지불사무소. 지불국(支拂局).

pagadouro *a.* (=*pagável*). 지불할 수 있는. 지불해야 할.

pagamento *m.* ①지불하기. 지출하기. 갚음. 보상. 납부(納付). ②지불금(支拂金).
pronto pagamento 현금. 정금(正金).
pagamento adiantado 선불. 선납.
pagamento à vista 일시불(월부의 대(對)).
falto de pagamento 지불 부족.
pagamento contra entrega 납품과 동시의 지불.
dia de pagamento 지불일(日).

paganal *a.* 이교의. 이교도의.

paganismo *m.* (그리스도교에서 본) 이교(異敎). 이교신앙. 이교정신. 우상숭배.

paganização *f.* 이교도(異敎徒)로 하기. 이교에 귀의(歸依)시키기.

paganizar *v.t.* 기교도로 하다. 이교에 귀의시키다.
— *v.i.* 이교도가 되다. 이교도의 행실을 하다.

pagante *a.* 지불하는. 지출하는. 치르는.
— *m., f.* 지불인.

pagão *a.* 이교의. 이교도의. 믿음 없는.
— *m.* ①(그리스도교에서 본) 이교도. 우상숭배자. 다신교(多神敎)를 믿는 자. ②신앙 없는 자. 무신앙자.

pagar *v.t.* ①(남에게) 값(봉급)을 지불하다. 지출하다. 내주다. 납부(納付)하다. 상각(償却)하다. 돌려주다. (…의) 값을 치르다. ②(원수를) 갚다. 복수하다. 보복하다.
pagar a conta (…의) 값을 치르다.
pagar a vista 일시불로 지불하다.
pagar a prestação 월부로 지불하다.
pagar com descontos 할인(割引)하여 지불하다.

pagar uma visita (방문 받은 데 대한) 답례방문을 하다.
pagar caro 비싸게 (많은 돈을) 지불하다. 고생하여 얻다. 많은 비용을 들여 구득(求得)하다.
pagar o bem com o mal 은혜를 원수로 갚다.
pagar na mesma moeda (아무에게) 꼭 같은 방법으로 앙갚음하다.
— *v.i.* 지불하다. 빚을 갚다.
—*se v.pr.* 지불되다. (보수 따위를) 받다. 보상되다.

pagável *a.* 지불되는. 지불할 수 있는. 지불해야 할.
pagável à vista 일시불로 지불할 수 있는.
pagável ao longo prazo 장기불로 지불할 수 있는.
pagavel ao portador (어음 등의) 지참인에게. 지불되는(될 수 있는).

pagela *f.* (전체의) 일부분. 작은 부분.
pagar ás pagelas 분할적으로 지불하다.

pagem *m.* ①[史] 기사견습(騎士見習). ②견습수병(水兵). ③(제복입은) 사환. 몸종. 방자.

página *f.* ①(책의) 페이지. ②지면(紙面).

paginação *f.* 페이지수를 매김. 책장 매김.

paginador *m.* (책의) 장정사(裝幀師). 페이지수를 매기는 사람.

paginar *v.t.* 페이지 수를 매기다. 책장을 매기다.

pago *a.* (*pagar*의 과거분사). 지불된. 갚은. 납부한. 상환한. 보수한.
— *m. paga.*
já está pago 이미 지불되었음.
a conta está paga 계산 지불 완료.

pagode— paládio

em pago de …의 보수로서. …에 대한 인사로서.

pagode *m.* ①(동양식의) 탑. 오중탑(五重塔). 층루(層樓). ②법석 떠들어댐. 술잔치. 유흥. 환락. 소풍.

pagodear *v.i.* 잔치를 베풀다. 마시며 놀다. 법석 떠들며 즐기다. 환락하다. 유흥하다. 들(산)에 놀이가다.

pagodeira *f.* 잔치. 술잔치. 떠들며 놀기. 환락. 유흥. 들(산)놀이. 야외연회.

pagodeiro *a.* 법석 떠들어대는. 잔치하고 즐기는. 환락하는. 유흥하는.

pagodice *f.* 떠들어댐. 잔치하고 즐기기. 통음(痛飮). 환락. 유흥.

pagodista *m., f.* 떠들며 즐기는 사람. 마시며 환락하는 사람. (잔치 차리고) 기쁘게 노는 사람.

pagos *m.(pl.)* ①이웃집. 인가(隣家). ②출생지. 발생지.

paguilha *m., f.* 지불인(支拂人).

pai *m.* ①아버지. 부친. ②창시자. 창설자. 개조(開祖). ③보호자.
pais (*pl.*) ①부모. ②선조(先祖). 조상(祖上).
pai adotivo 양부(養父).
pai da família 가장(家長).
Pai Nosso. 하느님 아버지.
pai de todos 《俗》가운데 손가락. 세번째 손가락.
tal pai tal filho 아버지나 자식이나 비슷비슷하다. 그 아버지에 그 자식.

paina *f.* [植] 빠이나(斑枝花: 흔히 아마존 일대에 있는 나무의 명주같은 섬유로서 이불·요 따위의 안으로 쓰임).

painço *m.* [植] ①기장(稷). 피(稗)의 무리. ②조(粟).

paineira *f.* [植] 빠이나(*paina*) 나무.

painel *m.* ①[畵] (화포(畵布) 대용의) 화판(畵板). 패널 그림(판자에 그린 그림). 네모꼴의 그림. ②[建] 판벽. 널. 양판. ③[木工] 선판(線板).

paio *m.* 소시지의 일종. 돼지고기로 만든 굵은 순대.

paiol *m.* ①[海] 창고. 저장실. ②화약고(火藥庫). 《稀·農》창고. 곡식 헛간.
paiol da pólvora 화약고.

paioleiro *m.* 창고관리인. 화약고지기.

pairar *v.i., v.t.* ①(가던 배가) 서다. 표류하다. ②주저하다. ③(새가) 날개를 펴고 공중에서 멈추다. 높이 날다.

pairo *m.* ①(배의) 진항정지(進航停止). 표류. ②(새가) 공중에서 떠돎. 배회.

pais *m.(pl.)* ①부모. 양친. ②선조.

país (발음 : 빠이이스) *m.* ①나라. ②고향. 향토 국토.

paisagem *f.* ①풍경. 경치. 산수(山水). ②전망. 조망(眺望).

paisagista *m.f.* 산수(풍경) 화가.

paisano *a.* ①(군인에 대하여) 평민인. 민간의. 비전투원의. ②보통의. ③동국(同國)의.
— *m.* 평민. 일반 시민. 민간인. 비전투원. 문관. 군속.

paixão *f.* ①열정. 격정(激情). 정열. ②열중. 열심. ③열망하는 것. ④연애. 정욕. 번뇌. ⑤고통. 수난(受難).
paixão de Cristo 그리스도의 수난.
Semana da Paixão 부활절 직전의 한 주일.
paixao dominante 쏠리는 감정.

paixoneta *f.* 일시적 사랑. 어린 때의 사랑.
paixoneta da mocidade 어린 때의 사랑.

pajem *m., f.* ①[史] 기사견습(騎士見習). ②견습수병(見習水兵). ③사환. 몸종. 방자.

pala *f.* ①(반지의) 보석 박히는 곳. (시계의) 유리알을 끼우는 홈. ②(보안용의) 눈가리개. (모자의) 챙. ③거짓말.

palacego, palaciego *a., m.* = *palaciano*.

palacete *m.* ①작은 궁전(宮殿). ②궁전 같은 작은 저택.

palacianismo *m.* 궁중예식(宮中禮式). 정중(鄭重). 우아. 공손.

palaciano *a.* 궁전의. 궁정(宮廷)의. 궁내의. 궁전에 속하는.
— *m.* 궁전에 봉사하는 사람. 조신(朝臣).

palácio *m.* ①궁전. 왕궁(王宮). ②(대감독·고관의) 관사. (브라질에서는 대통령·주지사 등의) 큰 저택. ③호화로운 건물.

paladar *m.* ①[解] 입천장(口蓋). ②미각(味覺). 맛을 가리는 능력. ③기호(嗜好). 취미.

paladim, paladino *m.* 무사도를 닦은 사람. 무협가(武俠家). 의협(義俠) 있는 사람. 용감한 사람.

paládio *m.* ① *Pallas* 여신의 상(像)(특히 *Troy* 시를 수호하는). ②보장. 수호(守護). ③[化] 팔라듐(金屬元素의 하나; 기

호 Pd).
palafita *m.* 늪(湖上)에 말뚝을 박고 그 위에 지은 집 ; 늪에 박은 말뚝.
palafrém *m.*《古・詩》(특히) 부인이 타는 말.
palafreneiro *m.* ①*palafrém*의 마부. ②여관의 마부. ③(옛날의) 왕실이나 귀족의 말을 맡아보는 관리.
palamenta *f.* (작은 배의) 장비 일절(돛대・가름대・기를 꽂는 막대・닻・노).《廣義》전체의 선속장비(船屬裝備).
palanca *f.* ①(방어하기 위하여 만든) 말뚝 울타리. 책새(柵塞). ②(아프리카산) 영양(羚羊)의 일종.
palancar *v.t.* 말뚝 울타리를 만들다(만들고 방어하다).
palanco *m.* [海] 마룻줄 또는 활주색(滑走索)의 일종.《英》*halyard*의 일종.
palandras *f.*(*pl.*) 주교(舟橋).
palanfório *m.* 수다스러움. 말이 많음. 뒤죽박죽된 이야기. 농담.
palanque *m.* ①대(臺). (건축장의) 발판. ②(야외극장의) 연단(演壇). ③(정거장의) 기차에 오르내리는 곳. 객차의 승강단. ④(말(馬)을 매는) 말뚝. 계주(繫柱).
palanqueação *f.* 말 말뚝(繫柱)에 고삐를 비끄러매기.
palanquear *v.t.* 말 말뚝에 고삐를 매다.
palanqueiro *m.* *palanque* 만드는 사람.
palanqueta *f.* 쌍두탄(雙頭彈) : 옛날 적선(敵船)의 돛대를 파괴하기 위하여 발사하던 것.
palanquim *m.* (중국・인도의) 가마. 탈 것.
paláo *m.* 큰 거짓말. 터무니없는 이야기.
palatal *a.* 입천장(口蓋)의. [音聲] 구개음의.
palatalização *f.* [音聲] 구개음화(口蓋音化).
palatalizar *v.t.* [音聲] 구개음화하다.
palatina *f.* (부인용의) 털로 만든 어깨걸이.
palatinal *a.* =*palatal*.
palatino (1) *a.* 입천장의. 구개의.
— *m.* 입천장 뼈. 구개골(口蓋骨).
— (2) *a.* 궁전(宮殿)의. 궁내의. 궁내관(宮內官)의. 궁전에 봉사하는. 왕가(王家)처럼 큰 저택을 가지고 있는.
— *m.* (옛 로마의) 궁내관(宮內官). 중고(中古) 독일(프랑스)의 대법관(大法官).
palato *m.* [解] 입천장. 구개(口蓋).
palato-faringeo *a.* 구개와 인후(咽喉)의.

palato-labial *a.* 구개와 입술의.
palato-lingual *a.* 구개와 혀(舌)의.
palavra *f.* ①말. 어(語). 단어. 사(詞). 어사(語辭). 언어. 가사(歌詞). (배우의) 대사. ②애기. 담화. 약속. 서약. ③단언.
palavras bonitas 고운 말. 미사여구(美辭麗句).
palavras mansas 부드러운 말. 온화한 말씨.
palavras duras 무뚝뚝한 말. 거친 말.
palaras cruzadas 클로스워드 퍼즐(낱말을 가로・세로로 맞추는 놀이).
de palavra 말로.
em uma palavra 한마디로 말하면.
em poucas palavras 적은 말로.
dar a sua palavra 약속하다. 언질을 주다.
cumprir a palavra 약속을 지키다.
pedir a palavra 발언을 요청하다.
tomar a palavra 말하기 시작하다.
palavra por palavra 한마디 한마디로.
não entende palavra 한마디도 모른다 (알아듣지 못하다).
Desejo aizer-lhe uma palavra. 당신께 한마디 여쭐 것이 있습니다. 귀하에게 한마디 하고 싶습니다.
Palavra! 저런! 이거 참! 그 따위 말!
Palavra de honra! 꼭! 틀림없이!
homem de palavra 약속을 지키는 사람.
palavrada *f.* 거친 말을 던지기. 욕설하기. 추잡한 말을 하기.
palavragem *f.* =*palavreado*.
palavrão *m.* ①발음하기 어려운 기다란 말. 큰 말. ②거친 말. 추잡한 말.《俗》음탕한 말. 음담(淫淡).《卑》상소리.
palavreado *m.* 말 많음. 공론(空論). 헛된 이야기. 지껄이기. 엉터리 이야기. 쓸데없는 농담.
palavreador *a.*, *m.* 말 많은 사람. 지껄이는 사람. 쓸데없는 이야기를 하는 자.
palavrear *v.i.* 말 많이 하다. 지껄이다. 쓸데없는 이야기를 하다. 공론하다.
palavreiro *a.* 말 많은. 수다스러운. 지껄이는.
palavrinha *f.* 이성(異性)을 건드리는 말. 애교있는 말. 희롱의 말. 놀려대는 말. 약간 상스러운 말.
— *interj.* 꼭! 틀림없이! 맹세코.

palavrório *m.* =*palavreado*.

palavroso *a.* ①말 많은. 한 말을 되풀이하는. 대꾸 많은. ②말의. 언론의.

palco *m.* ①(극장의) 무대. 스테이지. ②단. 연단(演壇).

paleáceo *a.* (벼·밀·보리 따위의) 짚의. 짚같은. 고질(藁質)의.

paleantropologia *f.* 원시인류학(原始人類學).

paleiforme *a.* 짚같은. 고상(藁狀)의.

paleio *m.* ①달콤한 말. 감언(甘言). ②쓸데없는 말. 조리가 서지 않는 이야기.

paleo '고(古)', '구(舊)' 등의 뜻을 나타내는 접두사.

paleoarqueologia *f.* (유사 이전의) 고고학(考古學).

paleoetnologia *f.* 고인류학(古人類學).

paleoetnologista *m., f.* 고인류학자.

paleofitologia *f.* 화석식물학(化石植物學).

paleogeografia *f.* 고지리학(古地理學).

paleografia *f.* 옛문서(古文書); 고문서학. 고문학(古文學). 옛글자체(體).

paleograficamente *adv.* 고문서학상. 고문학상. 고자학(古字學)상으로.

paleográfico *a.* 고문(서)의. 고자(古字)의. 고문서학의. 고문학(古文學)의.

paleografo *m.* 고문서학자. 고문학연구가.

paleola *f.* 《古》얇은 조각. 박편(薄片).
ouro de paleo 금박(金箔).

paléola *f.* [植] (화본과의 꽃의) 작은 이삭(小穎).

paleoífero *a.* [植] 소영(小穎)이 있는.

paleolítica *f.* 구석기시대(舊石器時代).

paleolítico *a.* 구석기시대의.

paleologia *f.* 고어학(古語學).

paleólogo *m.* 고어학자.

paleontologia *f.* 고생물학(古生物學). 화석학.

paleontológico *a.* 고생물학의. 화석학의.

paleontologista, paleontólogo *m.* 고생물학자.

paleoterio *m.* 화석단제후피수(化石單蹄厚皮獸).

paleozóico *m., a.* [地質] 고생대(古生代)(의).

paleozoologia *f.* 고동물학(古動物學). 화석동물학.

paleozoologista *m.* 고동물학자. 화석동물학자.

palerma *a., m.* 어리석은 (녀석). 우둔한 (인간). 무지한 (사람). 얼빠진 (자).

palermar *v.i.* 어리석은 짓을 하다. 우둔한 행동을 하다. 바보다운 노릇을 하다.

palermice *f.* 어리석은 노릇. 바보다운 행실. 얼빠진 노릇.

palestina *f.* [印] 파이커(12포인트 크기의 활자. 두 선(二線)이 있는 소(小)파이커.

palestino *m., a.* 팔레스타인(팔레스치나) 사람(의).

palestra *f.* ①(옛 그리스) 씨름도장(道場). 체육장. ②레슬링 학교. ③씨름. 역도. 체육. ④잡담. 공론. 담소(談笑).

palestrador *a., m.* =*palestrante*.

palestrante *a., m.* 말하기 좋아하는 (사람). 세상공론하기 좋아하는 (사람). 지껄이는 (사람).

palestrar, palestrear *v.i.* 잡담하다. 세상공론하다. 소문이야기하다. 지껄이다.

paleta *f.* ①팔레트. 조색판(調色板). ②한 벌의 그림물감. ③(도공(陶工)의) 인두. 소조용(塑造用) 주걱.

paletó *m.* 웃옷. 상의(上衣). 《古》 일종의 품넓은 외투.

palha *f.* ①짚(의 총칭). 고초(藁草). ②볏짚. 밀짚. 보릿짚. 초개(草芥).
chapeu de palha 밀짚모자. 맥고모자(麥藁帽子).
palha de aço 강철솜(쇠붙이·쇠그릇 따위를 닦는).

palhabote *m.* 두 개의 돛대(二柱檣)가 있는 소형 범선(小形帆船)의 일종.

palhaboteiro *m.* *palhabote*의 선원(船員).

palhaçada *f.* 익살.

palhaço (1) *a.* 짚으로 만든. 짚으로 된. 짚을 씌운. 짚으로(지붕을) 이은. 고제(藁製)의.
— (2) *m.* 익살광대. 익살꾼; 뱅충맞이. 뱅충이.

palhada *f.* ①(밀기울 또는 겨와 건초를 섞은) 가축의 먹이. 마량(馬糧). ②수확(收穫) 후의 밭. ③쓸데없는 소리. 바보다운 이야기. 헛소리.

palhagrem *f.* 짚가리. 풀더미.

palhal, palhar *m.* 초가집. 초옥(草屋). 모옥(茅屋).

palhegal *m.* 관(管)·모(茅)·띠 따위의 식물이 무성한 곳.

palheira *f.* (짚·건초 따위의) 묶음. 작은

단. 짚단.
palheirão *m.* ①낟가리. 짚가리. 풀더미. ②[農] 짚을(건초를) 넣는 헛간. ③내용을 분명하게 말하지 않는 사람. 뜻모를 이야기를 하는 사람. ④부피가 크고 보잘것 없는 책.
palheireiro *m.* ①짚을(건초를) 묶는 사람. 짚단 만드는 이. ②짚으로 방석(명석·발·깔개 따위를) 만드는 사람. ③짚을(건초를) 파는 사람.
palheiro *m.* ①(말린 풀·보릿짚 따위의) 퇴적(堆積). 짚가리. 풀더미. ②벼. 볏짚. 보릿짚.
procurar agulha em palheiro 찾을 희망이 없는 것을 찾다.
palheta *f.* ①(악기의) 혀. 리드. 발음판(發音板). (풍금 따위의) 리드관 마개. 설관(舌管) 마개. 공기조절판(調節瓣). ②[畵·美術] 팔레트. 조색판(調色板). ③[庭球] 라켓. ④서양제기 채. 깃털로 만든 판. ⑤밀짚 모자.
palhetada *f.* ①발음판이 흔들리는 소리. ②라켓으로 치기. 라켓의 타격.
palhete *a.* 보릿짚빛의. 담황색의.
palhetear *v.i.* 사람을 놀리며 이야기하다. 속여 넘기며 이야기하다.
palhiça *f.* ①(짚으로 만든) 도롱이(衰). ②명석. 망석(網席).
palhiçar *v.t.* 짚을 짜다(엮다). 짚으로 새 끼날을 싸다. 짚(볏짚·밀짚)으로(지붕을) 이엉하다.
palhiço *a.* ①짚으로 짠. 짚으로 새끼날을 싼. 짚으로 만든. ②짚을 잘게 썬.
capa palhiça 짚으로 만든 어깨걸이. 도롱이.
— *m.* ①짠 짚. 엮은 짚. ②(잘게) 썬 짚.
palhinha *f.* 짚(볏짚·보릿짚)을(가마니 모양으로) 짠 것. 짠 짚. 엮은 짚.
cadeira de palhinha 짚(또는 갈)을 짜서 밑바닥을 댄 의자(椅子).
palhoça *f.* ①짚·갈 따위로(지붕을) 이은 집. 초가집. ②(짚으로 만든) 도롱이(衰) (등에 걸치는 것).
palhoceiro *m.* 짚·갈 따위로 도롱이를 만드는 사람. 방석(명석·망석·돗자리·깔개 따위)만드는 사람.
palhoso *a.* ①짚의. 짚같은. ②짚이 많은. 짚투성이의.
palhota, palhote *m.* 초가집. 초옥(草屋).

pali *m.* 파알리아말(범어(梵語)의 속어).
paliação *f.* ①(병·쑤시는 것의) 일시 진정시키기. 일시적 억제. 고식수단(姑息手段). ②속임수. 평계대어 모르게 하기.
paliador *a.*, *m.* 일시적으로 억제하는 (사람). 고식수단을 쓰는 (사람). 완화하는 (자). 평계대어 모르게 하는 (자). 변명하는 (자). 속이는 (사람).
paliar *v.t.* ①(병·아픔 따위를) 잠시 완화시키다. 고식수단을 쓰다. ②변명하다. 평계대다. ③작량(酌量)하다. 참작하다.
— *v.i.* 일시적 회피를 하다. 평계대다. (당분간 모면하는) 속임수를 쓰다.
paliativo *a.* ①일시적으로 억제하는(억누르는). 완화하는. 경감(輕減)하는. ②변명하는. 평계대는.
— *m.* ①변명. 작량할 사정. ②[醫] 완화제(緩和劑). 고식수단(姑息手段). ③방진제(防塵劑).
paliçada *f.* ①땅에 든든한 말뚝을 박음. ②말뚝으로 둘러 박은 상태. 말뚝 울타리. 책새(柵塞).
palidez *f.* 파랗게 질림. 창백.
pálido *a.* ①파랗게 질린. 창백한. ②(색이) 낡은. 퇴색한. 눈에 잘 뜨이지 않는. 나타나지 않는.
palificação *f.* 말뚝으로써 버티기. 말뚝으로 보강하기.
palificar *v.i.* 말뚝으로 버티다(보강하다).
palimpsesto *m.* 본래 쓴 글을 지우고 그 위에 글을 쓴 양피지(羊皮紙).
palindromo *m.* 거꾸로 읽어도 꼭같은 말이 되는 말.
(보기) *arara·somos·salas* 따위.
palingenesia *f.* [哲] 신생(新生). 재생(영혼의 윤회(輪廻)·갱생); [生物] 반복발생(反覆發生: 개체 발생은 계통 발생(진화) 중 밟아온 조상의 시대를 반복함). 역사순환설.
palingenético *a.* ①신생의. 재생의. 신생한. 재생한. ②반복 발생하는.
palinódia *f.* ①(古) 바꾸어 말하기. 개언(改言). ②취소(取消). 취소의 시(詩).
palinódico *a. palinódia*의(에 관한).
palinodista *m.* 바꾸어 말하는 자. 개정시인(改訂詩人)하는 사람.
palinuro *m.* (詩) 수로(水路) 안내인.
pálio *m.* ①(옛날 사람들의) 네모난 큰 외투. ②(로마 교황 또는 가톨릭 대사교(大

palissandra f. =*palissandro*.
— m. [植] 자단(紫檀).

palitar v.t. 이쑤시개로 (치아를) 쑤시다.
palitar os dentes 이쑤시개로 이를 소제하다.

paliteiro m. ①이쑤시개 만드는 사람; 그 장수. ②(식탁 위에 놓는) 이쑤시개통.

palito m. ①이쑤시개. ②(성냥개비·젓가락 따위의) 작은 나뭇가지. ③아이스케이크에 꽂는 나뭇가지. ④《轉》몹시 수척한 사람.

palma f. ①종려(棕櫚). 야자(椰子). ②종려의 잎. 그 가지(승리 또는 기쁨의 상징). ③승리. 우월. 영예. 표창. ④손바닥.
palmas (*pl*.) 박수.
dar palmas 박수·갈채하다.
bater as palmas 손뼉치다. 박수하다.
palma da mão 손바닥.
levar a palma 승리하다. 영예를 얻다.

palmáceas f.(*pl*.) 종려과(棕櫚科). 야자과(椰子科).

palma-cristi m., f. [植] 아주까리.

palmada f. ①박수. ②손바닥으로 치기(때리기).

palmadesantarita f. [植] 글라디올러스.

palmado a. 손바닥꼴의. [植] 장상(掌狀)의.

palmar (1) a. ①손바닥의. 손바닥만한. ②뚜렷한.
— v.t. 손아귀에 넣다. 훔치다.
— (2) m. ①야자수가 나는 땅. ②야자수림(林).

palmatifido a. [植] (잎사귀가) 손바닥꼴로 펼쳐 있는. 장상첨렬(掌狀尖裂)의.

palmatifloro a. [植] 손바닥꼴의 꽃잎(掌狀花瓣)이 있는. 꽃잎이 손바닥같은.

palmatifoliado a. [植] 손바닥꼴의 잎사귀가 있는. 장상엽(掌狀葉)의.

palmatoada f. *palmatória*로 손바닥을 갈기기.

palmatória f. 체벌용 나무막대기(옛날 학교에서 어린아이들의 손바닥을 때리기 위하여 만든 끝이 달걀처럼 생기고 움뭉 패여 있는 나뭇대).
dar a mão a palmatória 체벌용 나무막대기로 아무의 손바닥을 때리다.

palmear v.t. 박수로 갈채하다.
— v.i. 손벽치다. 박수하다.

palmeira f. [植] 야자수(의 총칭). 종려수.

palmeiral m. 야자수 숲. 야자수원(園).

palmeirim m. ①《古》외국인. ②순례자. 성지참배자(參拜者).

palmeiro (1) m. 팔레스타인 성지순례자(기념으로 종려나뭇가지 또는 잎으로 만든 십자가를 가지고 돌아감); 순례.
— (2) a. (크기가) 손바닥만한. (길이가) 한뼘만한.

palmejar v.t., v.i. =*palmear*.

palmeta f. ①작은 쐐기; 쐐기 모양의 물건. ②포구(砲口)를 올리고 내리고 하기 위하여 포미(砲尾)에 장치되어 있는 쐐기형 기구. ③일종의 주걱. ④손바닥을 치기.

palmetear v.t. 쐐기를 박다(꽂아 넣다).

palmífero a. (토지에) 야자수가 나는(자라는). 야자수가 무성한.

palmiforme a. 손바닥꼴의. 장형(掌形). 장상(掌狀)의.

palmilha f. ①(구두 안에 끼는) 바닥 가죽. ②(양말의) 바닥(천).

palmilhar v.t. ①(구두 안에) 바닥 가죽을 대다. ②밟다. 디디다.
— v.i. 걸어다니다. 돌아다니다.

palmípede a. 오리발의. 복족(蹼足)의.

palmípedes m.(*pl*.) ①유복족류(有蹼足類). ②물새.

palmiste m. ①[植] 대추야자(棗椰子)의 일종. ②야자유(椰子油).

palmital m. *palmito*가 많은 곳(우거진 곳).

palmitato m. [化] 팔미틴산화물(酸化物).

palmítico a. [化] 야자 기름의. 야자 기름에서 빼낸.

palmitina f. [化] 팔미틴(야자유(椰子油)의 중요한 고형성분(固形成分)).

palmito m. ①[植] 대추야자(棗椰子)의 일종. ②야자의 새싹 속의 심수(心髓)(식용). 야자의 송이. ③야자의 가지.

palmo a. ①한뼘(엄지손가락과 가운뎃손가락을 편 사이의 거리. 보통 9인치; 22센티미터 가량). ②짧은 거리. 작은 구역(小區域).
palmo a palmo (한뼘씩). 조금씩.

palmoura (《古》 *palmoira*) f. 오리발새(有蹼鳥)의 다리.

paloma f. [海] 범항삭(帆桁索).

palomba f. [海] 돛가름대의 밧줄.

palombino m. (이탈리아의) 회색빛을 약간 띤 백색대리석(白色大理石)(의 일종).

palonço *a.*, *m.* 《卑》어리석은 (사람). 바보같은 (녀석). 무지한 (인간).

palor *m.* 파랗게 질림. 창백.

palpabilidade *f.* ①촉감으로 알 수 있음. ②뚜렷함.

palpação *f.* (손으로) 만져보기. 촉진(觸診).

palpar *v.t.* (손으로) 만져보다. 만져 진찰하다. 촉진하다. (손으로) 어루만지며 찾다. 더듬다.

palpável *a.* ①만져 알 수 있는. 감촉(感觸)할 수 있는. [醫] 촉진(觸診)할 수 있는. ②뚜렷한. 명백한.

palpavelmente *adv.* 감촉할 수 있게. 분명히.

palpebra *f.* [解] 눈꺼풀. 안검(眼瞼).

palpebrado *a.* [動] 눈꺼풀이 있는.

palpebral *a.* 눈꺼풀의.

palpebrite *f.* [醫] 안검염(眼瞼炎).

palpitação *f.* 고동. 동계(動悸). 마음이 설렘. [醫] 심계항진(心悸亢進).

palpitante *a.* 고동하는. 동계하는. 마음이 설레는. (가슴이) 두근거리는. 떨리는. 감동시키는. 흥미를 일으키는.

palpitar *v.i.* 맥뛰다. 고동(동계)하다. (가슴이) 두근거리다. 떨리다. 감동하다.
— *v.t.* (…을) 알아채다. 깨닫다. 미리 알다 ; 예상하다. 예측하다.

palpite *m.* ①맥뛰기. 고동. 동계. ②예상. 예측. 추측. ③예감. 암시. 힌트.

palpiteiro *a.*, *m.* 알아 맞추는 (사람). 감지(感知)하는 (사람).

palpo *m.* (절족 동물의) 촉수(觸鬚). 촉각(觸角). 촉모(觸毛).

palra *f.* 《俗》잡담. 지껄이는 이야기. 한가로운 이야기.

palração *f.* ①잡담하기. 지껄이기. ②많은 사람들의 이야기 소리.

palrador *a.*, *m.* 잡담하는 (사람). 지껄이는 (자). 말 많이 하는 (사람).

palradura *f.* 잡담하기. 지껄이기.

palrar *v.i.* ①어린애가 혀짧은 말로 재잘거리다. 지껄이다. 쓸데없는 말을 하다. 잡담하다. ②(앵무새가) 말 흉내내다. 지껄이다. (까치가) 울다. 시끄럽게 소리 지르다.

palraria *f.* ①말 많음. 요설(饒舌). ②지껄이는 소리. 떠들썩하는 소리.

palreiro *a.* 말 많은. 수다스러운. 떠들썩하는.

palrice *f.* = *palraria*.

palude *m.* 늪. 소지(沼地). 소택지(沼澤地). 습지.

paludial *a.* ①늪의. 늪 많은. 습지의. 늪에 나는. 늪에 사는. ②말라리아의.

paludismo *m.* [醫] 말라리아. 말라리아 열(熱). 소택병(沼澤病).

paludoso *a.* ①늪의. 늪이 많은. 늪지방의. 습한 땅이 있는. ②장기(瘴氣)에 의하여 일어나는.
febre paludosa 장기열(瘴氣熱). 소택열.

palurdice *f.* 어리석은 노릇. 바보다운 행실. 얼빠진 짓.

palurdio *a.* 어리석은. 바보같은. 얼빠진.

palustre *a.* ①늪에 사는. 늪에 있는. [植] 습지에 나는. ②소질(沼質)의.
febre palustre 말라리아열. 소택열.

pampa *m.* 팸퍼스(남미 특히 아르헨티나의 나무 없는 대초원). 대초원(大草原).

pampano *m.* 포도의 새로 나온 가지. 포도의 새싹. 포도의 잎사귀(덩굴).

pampanoso *a.* 포도의 덩굴에 덮인. 포도잎이 우거진.

pampeiro *m.* (아르헨티나 대초원에서 불어오는) 남서풍(南西風).

pampilho *m.* ①(가축・코끼리들을 모는) 막대기. 자극(물). ②[植] 국화과 식물의 일종.

pampineo *a.* 포노닝물의. 포도의 새로 나온 가지의. 포도덩굴이 많은.

pampinoso *a.* = *pampanoso*.

pamplegia *f.* [醫] 전신마비(全身麻痺). 전신불수(不隨).

pamporcino *m.* [植] 야생 시클라멘.

pan *m.* ①[希神] 판신(神). (염소뿔과 다리가 있고 음악을 좋아하는 목인(牧人)의 신). ②자연계의 요정.
— '전(全)…', '총(總)…'의 뜻을 나타내는 복합형.

panacéa, panaceia *f.* 만능약(萬能藥). 영약(靈藥).

panado *a.* 빵부스러기를 친(씌운). 빵가루를 입힌.

panal *m.* (= *pannal*) ①강보. 두렁이. 포대기. ②보자기.

panamá *m.* 파나마 모자.

panamenho *a.* (중부 아메리카의) 파나마의. 파나마 사람의.
— *m.* 파나마 사람.

pan-americanismo *m.* [政] 범아메리카주

의 전미주(全美洲)주의.

pan-americano *a.* 전(全)아메리카의. 범미(汎美)의. 범미주의의.

panar *a.* 빵의. 빵가루의.
— *v.t.* [料理] 빵가루를 입히다(넣다).

panaria *f.* 《古》 빵저장소.

panarício, panariz *m.* [醫] 표저(瘭疽). (양의) 제관병(蹄冠病).

panascal *m. panasco*가 무성한 곳.

panasco *m.* [植] 띠의 무리.
《英》 *cock foot*.

panasqueira *f.* ①=*panascal*. ②《俗》 벽지(僻地). 벽촌.

panasqueiro *m.* ①=*panascal*. ②벽촌에 사는 사람. 조야(粗野)한 사람.

panca *f.* 나무지렛대.

pança *f.* ①[動] (반추(反芻) 동물의) 첫째 위(胃). ②《俗》 위. 불룩해진 배. 《卑》 올챙이배. 배불뚝이.

pancada *f.* ①강타(强打). 일격(一擊). 급작스러운 타격. ②정신상 타격. ③시계치는 소리. ④고동(鼓動).
de pancada ①한번에. 단번에. ②갑자기. 돌연히.
pancada de chvua (água) 큰 소나기.

pançada *f.* ①《卑》 배부른 상태. 배부름(滿腹). ②손바닥으로 배(복부)를 치기(갈기기).

pancadaria *f.* ①연속적으로 때리기. 계속되는 구타. 난타(亂打). ②연속적으로 치는 소리. ③맞붙어 싸우기. 난투.

pancrácio *m.* 《俗》 우둔한 녀석. 바보. 멍청이. 백치.

pancreas *m.* [解] 췌장(膵臟).

pancreatalgia *f.* 췌장통(痛).

pancreático *a.* 췌장의. 췌장에서 나오는.
suco pancreático 췌액(膵液).
canal pancreático 췌관(膵管).

pancreatina *f.* 췌액소(膵液素).

pancreatite *f.* 췌염(膵炎).

pancromático *a.* [理·寫] 범색성(汎色性)의. 전색(全色)의. 정색(整色)의.

pançudo *a.* 배가 큰. 배가 쑥 나온. 배불뚝이의. 올챙이배의.

panda (1) *f.* (어망(漁網)의) 코르크로 만든 부표(浮標).
— (2) *f.* [動] (히말라야산에 사는) 판다(浣熊科).

pandaneas *f.(pl.)* [植] 영란속(英蘭屬).

pandano *m.* [植] 영란(英蘭).

pandectas, pandetas *f.(pl.)* ①유스티니안 법전(法典). (6세기에 *Justinian* 황제의 명령으로 편찬된 50권의 로마 민법전(民法典)). ②법전. 법전전서(法典全書).

pândega *f.* 마구 떠들고 놀기. 대환락. 들(산)놀이로 즐기기. 잔치 차리고 흥겨워 놀기.

pandegar *v.i.* 마구 떠들다. 대환락하다. 잔치 차리고 흥겨워 놀다.

pândego *a., m.* 마구 떠드는(떠들기 좋아하는) (사람). 잔치 차리고 즐겨 노는 (사람). 대환락하는 (자).

pandeireiro *m. pandeiro*를 만드는 사람. 수고(手鼓)를 치는 사람.

pandeireta *f.* (*podeir*의 지소어). 작은 수고.

pandeiro *m.* (브라질 북부 사람이 흔히 쓰는 악기의 일종. 수고(手鼓)(방울 또는 금속 향판(響板)이 달려 있는 작은 북).

pandemia *f.* [醫] 전국적(세계적) 유행병.

pandemico *a.* (전염성이 넓은 지역에 걸치는) 유행병의.

pandemônio *m.* ①악마전(惡魔殿). 복마전(伏魔殿). ②수라장(修羅場). ③대혼란. 대소동.

pandilha *f.* 속임수. 계책. 계략. 공모(共謀).
— *m.* ①음모사. 사기꾼. ②악한(惡漢). 파렴치한(漢). 갱. ③도적의 떼.

pandilhar *v.i.* 무뢰한의 행실을 하다. 갱의 생활을 하다.

pandilheiro *m.* 악한. 무뢰한. 폭한(暴漢). 갱. 깡패. 도적의 떼.

pandita *m.* 인도의 학자. 범학자(梵學者). 《稽》 박학자. 많이 아는 선생.

pando *a.* 부은. 부푼. 불룩한. 가득한. 충만(充滿)한. 팽창한.

pandora *f.* ①[希神] 판도라(*Jupiter*가 *Prometheus*를 벌주기 위하여 하계로 내려보낸 여자). ②[樂] 삼(사)현비파(三(四)絃琵琶). ③[貝] (스코틀랜드 동해에서 나는) 조개의 일종.

pandorca, pandorga *f.* ①장단이 맞지 않는 음악. 양철 대야·냄비·주전자 따위를 치며 장단 맞추는 음악. ②불룩한 배. 올챙이배. ③뚱뚱한 여자. 몸 자세가 보기 흉한 여자.
— *m.* 뚱뚱하고 보기 흉한 남자.

pandulho *m.* ①배. 아랫배. 복부. ②《俗》

내장. 장부. ③내용. (속)알맹이.
pane *f*. (비행기·자동차 등의) 엔진 고장(機關故障). (비행기의) 공중분해(空中分解).
dar a pane (비행기가) 공중분해하다.
panegírico *m*., *a*. 송사(頌詞)의. 찬사(讚詞).
panegirista *m*., *f*. 송사를 쓰는 사람. 찬사를 말하는 사람.
paneiro *m*. ①바구니. 광주리. 바구니 같은 그릇. ②《古》버들가지로 짠 차체(車體).
panejamento *m*. (회화(繪畫)·조각(彫刻) 같은 데 나오는 인물의) 걸친 의복; 그 미술적 수법.
panejar *v.t*. (의류·포장 따위로) 덮다. (회화·조각 같은 데 나오는 인물에) 의복을 그려 표시하다.
— *v.i*. (돛·커튼 등이) 펄럭거리다.
panela *f*. [料理] ①솥. (바닥이) 깊은 솥. ②남비. ③(땅밑의) 개미굴. 개미집.
panela de pressão 증기솥.
panelada *f*. ①(물·음식물 따위의) 한 솥 분량; 한 솥에 가득함. ②많은 솥. 많은 남비.
paneleiro *m*. 솥(냄비) 만드는 사람. 솥(냄비)장수.
panelinha *f*. ①작은 솥. 작은 냄비. ②(나쁜 일을) 꾸미기. 음모. (사교계의) 동무. 무리, 클럽.
panfletário *a*. 팜플렛의. 작은 책자의.
— *m*. 팜플렛 저자(著者).
panfletista *m*., *f*. 팜플렛(소책자)의 기자(記者).
pamfleto *m*. 팜플렛. 작은 책자.
pangaré *m*. 사역할 수 없는 말(馬).
pangermanico *a*. 범독일주의의.
pangermanismo *m*. 범(汎)독일주의.
pangermanista *m*., *f*. 범독일주의자.
pangolim *m*. [動] 천산갑(穿山甲).
panha *f*. =*paina*.
panhelénico *a*. 범그리스주의의.
panhelenismo *m*. 범그리스주의(운동).
panico (1) *a*. ①공황적(恐慌的). ②당황한. 과도의.
— *m*. ①공포. 당황. 겁먹음. ②[經] 공황(恐慌). 경제적 혼란.
— (2) *m*. [植] 기장·피의 무리.
panicula *f*. [植] 원추화(서)(圓錐花)(序).
paniculado *a*. [植] 원추형을 하고 있는; 원추화서의.
panicular *a*. [植] 원추형의. 원추화서의.

panífero *a*. 《詩》곡식이 나는. 곡물을 생산하는.
panificaçao *f*. 빵 만들기. 빵 제조. [化] 빵화(化).
panificador *m*. 빵 만드는 사람.
panificadora *f*. 빵 만드는 집. 빵 제조소.
panificar *v.t*. 빵을 만들다. 빵을 굽다. 빵으로 하다.
panificável *a*. 빵을 만들 수 있는. 빵으로 할 만한.
paninho *m*. 아마포(亞麻布). 얇은 면포(綿布). 사라사. ②헝겊조각.
panislámico *a*. 범회교계(汎回敎界)의.
panislamismo *m*. 범회교주의(汎回敎主義).
pannal *m*. =*panal*.
pano. ①헝겊. 옷감. 모직물. 나사. ②클로오드. 헝겊 표지. ③(흰빛의) 상보. 행주. 걸레. ④(극장의) 막(幕). (벽에 치는) 커튼. ⑤(배의) 돛. 돛천. 범포(帆布).
pano de linho 아마포. 리넨.
pano de lã 모직물(毛織物).
pano crú 거칠은 천. 조포(粗布).
pano de mescla 잡색천(雜色織物).
pano de cozinha 주방에서 쓰는 여러 가지 헝겊(접시 닦개·행주 따위).
pano de prato 접시 닦는 행주.
pano roto 째진 헝겊. 찢어진 천.
levantar o pano 믹을 올리다.
o pano sobe 막이 올라간다.
a todo o pano [海] 온 돛에 바람을 품고.
panoftalmia, panoftalmite *f*. [醫] 전안염(全眼炎).
panóplia *f*. 투구·갑옷 한 벌.
panorama *m*. ①파노라마. 빙빙 도는 그림. 연달아 나타나는 광경. ②전경(全景). 조망(眺望). ③파노라마관(館).
panorámico *a*. 파노라마(식)의. 파노라마 같은.
panosteite *f*. [醫] 급성골염(急性骨炎).
panqueca *f*. ①팬 케이크(《英》*pan cake*의 전래어: 밀가루·달걀·버터·과일 등을 재료로 만든 것). ②《俗》쉼. 휴식. 게으름.
panria *f*. 게으른 생활. 나태한 삶.
panriar *v.i*. 《俗》게으르게 살다. 나태한 생활을 하다.
panslavismo *m*. 범(汎)슬라브주의. 범슬라브민족규합정책(民族糾合政策).
panslavista *a*., *m*., *f*. 범슬라브주의자.

panspermia *f.* [生物] 배종발달론(胚種發達論).

panspermista *m.*, *f.* 배종발달론자.

pantagruélico *a.* (판타그루엘 같은) 괴상하고 야비한 유머의. 쾌락주의의.

pantaruelismo *m.* 괴상하고 야비한 유머 (프랑스의 작가 *Rebelais*의 작품 중의 인물에서). 쾌락주의.

pantalha *f.* ①램프의 갓. 촉대(燭臺)의 갓. ②(등불의) 반사기(反射器).

pantalão *m.* 아래가 넓은 바지. 나팔바지의 일종(남자용).

pantalonas *f.(pl.)* 아래가 넓은 바지(여자용).

pantana *f.* 사라짐. 소산(消散). 소비. 낭비. 실패. 파멸.
dar em pantana 실패하다. 파멸하다.

pantanal *m.* 큰 늪. 넓은 소택지(沼澤地). 대저습지(大底濕地).

pantanizar *v.t.* 늪으로 만들다. 습지대로 하다.

pantano *m.* 늪. 습지. 소택지.

pantanoso *a.* 늪의. 습지의. 늪이 많은. 곳곳에 소택이 있는. 진창이 깊은. 수렁이 많은.

panteão *m.* ①판데온(萬神殿). ②(위인들의) 합사묘(合祀廟)(특히 파리의 *Church of St. Genevieve*). ③한 국민이 섬기는 제신(諸神). ④(전사·전몰자의) 합사묘(合祀廟).

pantear *v.t.* (…을) 놀려대다. (…을) 조롱하다.
— *v.i.* 조롱하다. 비웃다. 어리석은 이야기를 하다.

panteísmo *m.* 만유신교(萬有神敎). 범신론(汎神論). 다신교(多神敎). 자연숭배.

panteísta *m.*, *f.* 범신론자. 다신교도.
— *a.* 범신론의. 만유신교의. 다신교의.

pantera *f.* [動] 표범. 아메리카범. 《轉》 흉악한 인간.

pantofagia *f.* 무엇이든지 먹음. 닥치는대로 먹는 것.

pantofago *a.*, *m.* 무엇이든지 먹는 (사람·동물).

pantofobia *f.* 무엇이든지 두려워하는 공포증.

pantogamia *f.* 범생식(汎生殖 : 가축 번식의 목적으로 순종(純種)·잡종 가리지 않고 교배(交配)시키는 것).

pantografia *f.* ①전사법(全寫法). 축사법 (縮寫法). ②전도(全圖). ③총론(總論).

pantográfico *a.* 전사법의(에 관한). 축사법의(에 관한). 전사법에 의한.

pantógrafo *m.* 신축사도기(伸縮寫圖器). 축도기(器).

pantologia *f.* 온갖 지식.

pantológico *a.* 온갖 지식의.

pantólogo *m.* 무엇이든지 아는 사람. 모르는 것이 없는 사람.

pantômetro *m.* 판토미터. 정각측기(程角測器 : 모(角)와 길이를 측정하는).

pantomima *f.* ①무언극(無言劇). 동화연극. 팬터마임. ②몸짓. 손짓.

pantomimar *v.i.* ①무언극을 연출하다. ②몸짓(손짓)으로 뜻을 나타내다.

pantomimeiro *m.* ①무언극 배우. ②몸짓으로 뜻을 나타내는 사람. ③무언극작가. ④거짓말쟁이.

pantomímico *a.* ①무언극의. ②몸짓의. 손짓의.

pantomimo *m.* 무언극 배우. 몸짓(손짓)하는 사람.

pantomina *f.* ①거짓말. 허망(虛妄)한 이야기. ②(뜻을) 과장하기. 불기. 큰소리. 허풍. ③사기. 협잡. 나쁜 술책.

pantomineiro *m.* 과장하는 자. 부는 자. 허풍선이. 거짓말쟁이. 허망한 이야기 하는 자. 사기사. 협잡꾼.

pantufa *f.* ①두툼한 슬리퍼. (특히 겨울에 신는) 실내화의 일종. ②저속하게(번지르르하게) 옷을 차린 부인(婦人). ③뚱뚱하고 맵시 없는 여자.

pantufo *m.* ①(특히 두터운 천으로 만든) 슬리퍼의 일종. ②배가 불룩 나온 사람. 올챙이배 같은 체구.

panturra *f.* ①《卑》 불룩한 배. 올챙이배. 배불뚝이. ②으쓱하기. 뻐기기. 자부(自負). 자만. 자랑.

pão *m.* ①빵. 면포(麵麭). 떡. ②양식. 끼니. ③생계(生計). 호구지책. 밥벌이.
pão de centeio 호밀로 만든 빵.
pão-de-ló 카스텔라.
pão caseiro 가정에서 만든 빵.
pão fino 상등(上等) 빵.
pão mole 무른 빵. 푹신푹신한 빵.
pão ázimo 발효(醱酵)시키지 않은 빵.
pão duro ①굳은 빵. ②《俗》 깍쟁이. 구두쇠.
miolo do pão 빵속.

ôdea do pão 빵껍질.
pão com manteiga 버터 바른 빵; 필요한 양식.
a pão e água (=*a pão e laranja*) 조식(粗食) 또는 푸대접의 뜻.
pão pão, queijo queijo 흑백을 명백히 하기.
ganhar o pão 밥벌이하다. 생계를 유지하다.
ganhar o pão com o suor do rosto 땀흘리며 밥벌이하다.

páozinho *m.* 작은 빵. (아침식사용의) 맘빵.
papa (1) *m.* 로마 교황(教皇). 법왕(法王). — (2) *f.* ①《小兒用語》먹는 것. 음식물. ②《古》젖꼭지. ③곡식 가루와 우유로 만든 죽(의 일종).
papá *m.* 《小兒用語》 파파. 아빠.
papa-açorda, (papa-assorda) *f., m.* 결단성이 없는 사람. 느림보. 게으름뱅이.
papada *f.* ①[醫] (유행성) 이하선염(耳下腺炎). ②목 밑의 혹 같은 살. (돼지·닭·칠면조 등의) 턱 밑의 처진 살.
papado *m.* ①로마 교황의 직(職); 그 재위 기간. ②교황권. ③교황제도.
papafigo *m.* ①[鳥] 꾀꼬리의 일종. ②[海] 큰 돛대의 돛. 주범(主帆). 앞돛.
papa-fina *a.* ①맛좋은, 맛있는. ②잘 된. 상등(上等)의.
— *m.* 웃음거리 되는 사람. 우스운 사람. 가소로운 인간. 어리석은 사람.
papa-formigas *m.* [動] 개미핥기. 식의수(食蟻獸). [鳥] 식의조(鳥).
papagaia *f.* 앵무새의 암컷.
papagaial *a.* 앵무새의. 앵무새 같은. 뜻도 모르고 말하는. 경솔하게 말하는.
papagaiar *v.i.* ①앵무새가 말하다. 앵무새가 (사람의) 말을 되풀이하다. ②앵무새처럼 말을 되풀이하다. 말흉내 내다.
papagaio *m.* ①[鳥] 앵무새. ②뜻도 모르고 남의 말을 되풀이하는 사람. 앵무새 같은 사람. ③(종이로 만든) 연.
soltar papagaio 연을 띄우다.
papa-gente *m., f.* ①(전설의) 사람 잡아먹는 사람. 식인인(食人人). ②도깨비. 악귀. 귀신.
papagueamento *m.* 앵무새처럼 말을 되풀이하기. 앵무새처럼 말 흉내내기.
papaguear *v.i., v.t.* 앵무새처럼 말을 되풀이하다. 기계적으로 말을 되풀이하다. 되는대로 말하다. 앵무새처럼 움직이다 (놀다).
papai *m.* 아버지. 《俗》 아빠.
papaia *f.* [植] 파파야; 그 과실.
papaiáceas *f.*(*pl.*) 파파야과(科).
papai-noel *m.* 어린이의 수호성도 싼타클로즈.
papa-jantares *m., f.* 남의 집에 다니며 밥얻어 먹는 사람. 타인의 돈으로만 먹거나 마시는 버릇이 있는 사람. 기식자(寄食者).
papal *a.* ①로마 교황의. 법왕(法王)의. ②가톨릭교의.
papa-léguas *m., f.* 잘 걷는 사람. 건각가(健脚家).
papalino *a.* 교황의. 교황에 속하는. 교황파의.
papalva *f.* 단순한 여자. 우둔한 여자. 여자 바보.
papalvice *f.* 단순함. 하는 일(하는 말)이 철없음. 우둔한 언행. 바보행실.
papalvo *m.* 속기 쉬운 사람. 단순한 사람. 바보. 얼간이. 천치.
papa-môscas *m.* ①[鳥] 반점이 있는 일종의 새(작은 새로서 파리를 잡아먹는 데 유래함). ②파리 잡아 먹는거미. ③《俗》바보. 멍청이. 얼간망둥이.
papança *f.* ①양식. ②좋은 음식. 훌륭한 식사. ③먹고 마시며 떠들기.
papão *m.* (특히 어린애들을 무섭게 하는 말). 도깨비. 요괴. 무서운 것.
papa-ôvos *f.* (브라질산) 독사(毒蛇)의 일종.
papar *v.i., v.t.* 《小兒語》먹다. 삼키다. ②《俗》손에 넣다. 얻다. 획득하다. ③빼앗다.
papa-ratos *m.* ①[鳥] 섭금류(涉禽類)의 새. ②난필(亂筆). 흘려 쓴 것.
paparicar *v.i., v.t.* 조금씩 먹다. 약간씩 먹다. 갉아 먹다.
paparico *m.* ①맛있는 것. 진미. (군음식으로 되는) 과자. ②감언으로 어르기. 어루만지기. 애무.
paparoca *f.* 《俗》 식사. 끼니.
Vamos á paparoca. 자, 식사나 합시다.
paparraz *m.* [植] 참제비고깔속(屬).
paparriba *adv.* 하는 일 없이 누워서. 누운 대로 번둥번둥.
paparrotada, paparrotagem *f.* ①돼지밥. ②(뜨물에 들어갈) 밥찌끼. 잔반(殘飯). ③큰소리. 호언장담. 허세부리기.

paparrotão *m.* 우쭐하는 사람. 뻐기는 사람. 젠체하는 사람. 부는 사람. 큰소리 하는 사람.

paparrotice *f.* 우쭐하기. 뽐내기. 으쓱대기. 젠체하기. 과장. 불기. 큰소리 하기.

paparuca *f.* =*paparoca*.

papa-santos *m.*, *f.* 신앙에 너무나 열렬한 사람. 광신가.

papaveráceas *f.*(*pl.*) [植] 양귀비꽃과(科).

papaveráceo *a.* [植] 양귀비(꽃) 같은.

papear *v.i.* 말 많이 하다. 지껄이다.

papeira *f.* ①[病理] 갑상선종(甲狀腺腫). 경종대(頸腫大). ②[植] (브라질산) 자초과(紫草科)의 덩굴풀.

papel *m.* ①종이. 지물(紙物). ②문서. 서류. ③(…의) 역(役). (…의) 노릇. 구실. 역할(役割). 직분.

papels (*pl.*) 서류.

papel carbono 복사지. 묵지.

papel de carta 편지지. 서간지.

papel moeda 지폐(紙幣).

papel de escrever 사자용지(寫字用紙). 편지종이.

papel higiénico 휴지.

papel vegetal 제도・설계 등의 초안지.

papel de calcar 투사지(透寫紙). 복사지.

papel de desenho 제도용지. 도화지.

papel de pergaminho 모조피지(模造皮紙). 모조양피지. 황산지(黃酸紙).

papel de embrulho 포장지(包裝紙).

papel almasso [洋紙] 푸울스캡판. 대판(大判)(보통 17×13인치 크기).

papel assetinado 윤택나는 종이.

papel de imprensa 신문용지.

papel de couchê 아트 종이(일종의 광택지(光澤紙)).

papel de bloco 잡기장용 종이. 노트 용지.

papel de sêda 얇고 부드러운 종이. 셀로판 종이.

papel de máquina 타자용 종이.

papel de mortalha 담배 마는 얇은 종이.

papel de filtrar 여과지(濾過紙).

papel mata moscas 파리잡는 종이.

papel de forrar paredes 도배지.

papel milimetrado 방안지(方眼紙).

papel quadriculado 방안지(方眼紙).

papel fantasia 다색모양지(多色模樣紙).

papel estampado 판화(版畵)를 찍은 종이.

papel pautado 줄친 종이.

papel imprimido 인쇄한 종이.

papel parafinado 파라핀을 먹인 종이.

uma fôlha de papel 한 장의 종이.

lucro no papel (사실이 아닌) 지상의 이익.

fazer o papel de …의 역할을 하다.

desempenhar o seu papel 자기의 직분을 실행하다.

O ator não sabia o seu papel 그 배우는 자기의 역할을 몰랐다.

fazer papel de bôbo 바보 수작을 하다. 어리석은 짓을 하다.

papelada *f.* ①많은 종이. 종이 더미. ②(정리하지 않은) 많은 서류. 누적(累積)된 서류.

papelagem *f.* =*papelada*.

papelão *m.* ①두꺼운 종이. (종이 상자 따위를 만드는) 후지(厚紙). (책표지용) 마분지. 보오르지(紙). ②우쭐하는 녀석. 젠체하는 사람. 부는 사람. 멍텅구리.

papelaria *f.* 문방구점. 지물상점(紙物商店). 지물포(紙物舖).

papeleira *f.* ①문서함(文書函). ②사무 책상.

papeleiro *m.* ①종이 만드는 사람. 제지공(製紙工). ②종이장수. 문방구상.
— *a.* 제지(製紙)의.

papelejo *m.* 가치 없는 문서. 버릴 서류.

papeleta *f.* ①(광고용으로 써 붙이는) 종이쪽지. 게시문(揭示板). ②광고지. ③《輕蔑》신문지. ④(환자의) 증상기록지.

papelico *m.* ①작은 종이. 종이쪽지. ②가치 없는 글 쓴 종이. 버릴 서류.

papeliço *m.* ①(삼각형의) 종이 봉지. ②작은 종이 포장.

papelinho *m.* 작은 종이. 종이쪽지. 지편(紙片).

papelinhos (*pl.*) (눈송이처럼) 잘게 썬 색종이(카니발제(祭) 등에서 던지는 것; 흔히 팥알만한 크기의 동그란 종이 조각을 가리킴).

papelório *m.* ①종이더미. ②(인쇄소 등에서 나오는 각종) 종이찌끼. 파지(破紙). 폐지(廢紙). 낡은 종이.

papelotes *m.*(*pl.*) 《古》 머리털을 돌돌 마는 데 쓰는 종이.

papelucho *m.* ①종이쪽지. 지편(紙片). ②낡은 종이. 파지. 가치없는 한 장의 서류. ③포장지. ④《輕蔑》(내용이 보잘 것

papila *f.* [解] 젖꼭지. 유두(乳頭); 작은 젖꼭지 모양의 돌기(突起). [植] 연한 작은 돌기.

papilar *a.* 유두(모양)의. 젖꼭지 모양의. 유두가 있는. 연한 작은 돌기의.

papilho *m.* [植] 관모(冠毛). 과실. 종이 등의 윗부분에 있는 치상 돌기(齒狀突起). 작은 돌기.

papilhoso *a.* [植] 관모 있는. 치상 돌기 있는.

papilionáceo *a.* [植] (콩과의 꽃에 흔한) 나비모양(화관)의. 접형(蝶形)의.

papilo *m.* 《古》 종이.

papiloma *m., f.* [醫] 유두종(乳頭腫).

papiráceo *a.* 종이 같은. 종이처럼 얇은. 지질(紙質)의.

papireo *a.* 파피루스의. 지초(紙草)의.

papiro *m.* [植] 파피루스. 지초(紙草). ② 종이(옛 이집트·그리스·로마에서 쓴). ③《古》 사본(寫本). 고문서(古文書)(파피루스에 쓴).

papismo *m.* ① 《輕蔑》 (신교도가 부르는) 가톨릭교(제도). ② 교황의 최상권(最上權).

papista *m., f.* 교황정치예찬자. 《輕蔑》 가톨릭교도.
— *a.* 가톨릭교(도)의.

papo *m.* ① (새·곤충의) 멀떠구니. ② 입내 (頰袋: 원숭이 뺨에 있는). ③ (반추동물 (反芻動物)의) 제4위(胃). 《俗》 염통. 위 (胃). ④ [病理] 갑상선종(甲狀腺腫).
falar de papo 자랑하다. 건방진 말을 하다.
quer umano saco e outra no papo 욕심부리다.

papoula *f.* ① [植] 양귀비. 아편 양귀비(보통 양귀비로 불리는). ② 진홍색.

papuas *m., f.(pl.)* (*New Guinea* 섬의) 파푸아 사람.

papudo *a.* ① (새의) 큰 멀떠구니의. ② 뺨이 (혹 모양으로) 불룩한. 부풀은. ③ [病理] 갑상선종(성)의. ④ 돌기(突起)의. 불룩 나온.

pápula *f.* ① [醫] 구진(丘疹). 여드름. ② [植] 작은 융기(隆起). ③ 유두(乳頭).

papular *a.* 구진상(丘疹狀)의. 여드름의.

papuloso *a.* 구진(여드름)이 많은.

paquebote *m.* 《古》 우편선. 정기선(定期船).

paqueboterio *m. paquebote* 의 선원(배꾼).

paqueta *f.* 《稀》 심부름하는 소녀(少女).

paquête *m.* ① 《古》 우편선. 정기선. ② 상선(商船). 큰 배. ③ 심부름하는 아이. ④ 《俗》 월경(月經).

paquiderma *f. paquiderme. m.*

paquiderme *a.* 두터운 가죽(厚皮)의. 후피동물의.
— *m.* 후피동물(厚皮動物).

paquife *m.* ① 투구(쇠모자)에 단 깃털 장식 (羽飾). ② [建] 잎사귀 장식(葉飾).

paquimeningite *f.* [醫] 경뇌막염(硬腦膜炎).

paquistanês *a.* 파키스탄의.
— *m., f.* 파키스탄 사람.

paquítico *a.* [動] 후피(厚皮)의.

par *a.* ① (둘. 한 벌되는) 짝의. 짝이 되는. 우수(偶數)의. ② (암수) 한 쌍의. 한 조의. ③ 한 켤레의. 한 벌의. ④ 같은. 동등한. 필적(匹敵)하는.
número par 무수(偶數).
48 é o número par. 48은 우수이다.
sem par 비할 것이 없는. 무쌍한.
É uma beleza sem par. 참으로 절색(絕色)이다.
Os pulmões são órgãos pares. 폐는 대생기관(對生器管)이다.
— *m.* ① 한 쌍. 한 켤레. 한 벌. (한 쌍의) 남녀. (특히) 부부. (두) 약혼자. 두 사람으로 구성되는 한조(춤·탁구 등). (동물의) 한 쌍. (한 명에에 맨) 두 필의 말(소). ② 짝으로(켤레로) 된 것의 한 짝(구두·양말 따위의 둘 중의 하나). (춤출 때의) 상대자. (길 떠난) 두 사람 중의 한 사람. 동반자(同伴者). ③ [商] 평가(平價). 액면동가(額面同價). 동등. 정액(定額).
a par 나란히. 병행하여.
par a par (…와) 서로 나란히.
ao par 정액(定額)으로.
valor ao par 액면가격(額面價格).
a par de …에 대하여. …에 비하여.
em par 쌍쌍이.
comprei um par de sapatos (óculos) 한 켤레의 구두(한 개의 안경(두 유리 있는))를 샀다.
Não danço com você porque já tenhe meu par. 나는 이미 상대자가 있기 때문에 당신과는 춤을 안 추겠소.

para *prep.* …에 향하여. …에 대하여. …을 위하여. …의 때문에. …동안. …대신에.

…에 관하여.
para cima 위로. 위로 향하여.
para baixo 아래로. 아래로 향하여.
para com …에 대하여.
para sempre 영원히. 언제까지나.
para onde …어디로. 어디에 향하여.
para que …을 위하여. …하도록.
um terno para verão 여름용 옷 한 벌.
Para que? 무엇 때문에?

pára '근처·양 옆·이상·이외·부정·불규칙'의 뜻을 나타내는 복합형.

pára-água *m*. 우산(雨傘).

parabém *m*. (흔히 *parabéns* (*pl.*)로 씀). 축하. 경하. 축사. 경하하는 말.
dar os parabéns 축하하다. 축사를 드리다.

parabéns *m.*(*pl.*) 축하하는 말.
Parabéns! 축하합니다!

parábola *f*. ①우화(寓話). ②비유(比喩). 격언. 속담. ③[幾] 포물선(抛物線).

parabolicamente *adv*. 비유적으로. 포물선 모양으로.

parabólico *a*. 비유의. 비유적인. 비유담 같은. [幾] 포물선의. 포물선 모양의.

parabolóide *m*. [教·幾] 포물면체(抛物面體). 포물선체.

pára-brisa *m*. (자동차의) 바람막이 유리. 전창(前窓).

paracentese *f*. [醫] 착자술(穿刺術: 충혈(充血)·복수(腹水) 등을 빼기 위하여 신체의 일부 특히 복강(腹腔) 같은 것을 뚫는 것).

pára-choque *m*. (자동차의) 완충기 장치 (緩衝器裝置).

paraciesia *f*. [醫] 자궁외임신(子宮外姙娠).

paracleto *m*. ①[聖] 성령(聖靈). ②변호사. ③중재자(仲裁者). ④위안해 주는 사람.

paracmático *a*. [醫] 병세가 내려가는(감퇴하기 시작하는).

paracronismo *m*. 기사착오(記事錯誤: 연·월·일을 실제보다 뒤로 매기는).

paracusia *f*. 귀에서 소리나는 것. [醫] 이명(耳鳴).

párada *f*. ①멈추기. 정지. 중지. 휴지(休止). 정차(停車). ②멈추는 곳. 정류소. 정착소. 정거장. 역. ③[軍] 정지. 주둔(駐屯); 관병식. 열병. 열병식. ④(검술의) 받아막기. ⑤(도박에서) 내기의 몫돈. 거는 돈(액수).
parada de ônibus 버스 정류소.

paradeiro *m*. ①멈춘 곳. 정지 지점. 정착지. ②숨은 곳. 소재지(所在地).

paradigma *m*. [文] 품사의 어형변화표; 범례(凡例). 모범.

paradigmal *a*. 범례의. 모범의. 예를 들어. 증명하는.

paradisíaco, paradísico *a*. 천국의. 극락의. 낙토(樂土)의. 천국(극락) 같은. 지복(至福)한.

parado *a*. 멈춘. 멈춰 있는. 서있는. 정지한. 움직이지 않는. (공장 따위) 닫힌. 조업하지 않는. 정지 상태에 있는. (일하던 사람이) 실직 상태에 있는. 실업(失業)의 무직의.
Êle está parado. 그분은 활동하지 않고 있다. 실업 상태에 있다.
Eu estou parado. 나는 실직하고 있다.
rosto parado 아무런 표정도 없는 얼굴.
bem parado 잘 되어가기. 잘 진척되기.
mal parado 잘 되어 가지 않기. (투자 대부(貸付) 따위) 불안전함. 불확실.

paradoxal *a*. 역설(逆說)의. 궤변을 농(弄)하는. 이치에 닿지 않는.

paradoxo *m*. ①역설(逆說). 모순된 언설(言說). 궤변. ②역설가. 앞뒤 줄기가 맞지 않은 사물(사정).
— *a*. = *paradoxal*.

paradouro *m*. = *paradeiro*.

paraense *a*. 빠라아(Pará)주(州)의.
— *m., f*. 빠라아(주) 사람.

parafasia *f*. [醫] 언어착오증(錯誤症).

parafernais *m*. (= *bens parafernais*). ①[法] 처의 소유물(주로 의복·장신구로서 남편이 준 물품의 총칭. 예전에는 남편이 마음대로 처분할 수 있었음). ②여러 가지 잔 살림살이. 부속품. 장식품. 설비.
— *a*. (처가 가지고 온 물건(지참물) 외의) 처에 속하는. 처에 속하는 물건의.

parafina *f*. [化] 파라핀. 석랍(石蠟).

parafinagem *f*. 파라핀화(化)하기. 파라핀을 섞기. 파라핀으로 처리하기.

parafinar *v.t*. 파라핀화하다. 파라핀으로 처리하다.

parafrase *f*. 의역(意譯). 알기 쉽게 바꾸어 말하기. (원문을) 다른 언어로 알기 쉽게 번역하기. 해석(解釋).

parafraseador *m*. = *parafraste*.

parafrasear *v.t.* 의역(意譯)하다. 알기 쉽게 바꾸어 말하다. (원문을) 딴 문구로 알기 쉽게 번역하다. 해석하다.

parafraste *m.* 의역하는 자. 해석하는 자.

parafrástico *a.* 의역(意譯)의. 의역적. 해석의.

parafusador *a.* ①나사를 돌리는. 나사를 죄는. ②깊이 생각하는. 숙고하는. 명상하는.
— *m.* ①나사돌리개. 드라이버. ②깊이 생각하는 사람. 사색(思索)하는 자. 명상하는 자. ③간섭자.

parafusar *v.t.* ①나사못으로 붙이다. 나사로 바싹 죄다. 나사로 박다. ②비꼬다. 굽히다.
— *v.i.* ①나사가 죄어지다(돌다). 꾀어지다. ②(몸을) 비비 꼬다. (공이) 비틀려 가다. ③깊이 생각하다. 두루두루 생각하다.

parafuso *m.* 나사. 나사못. 나무나사. 나사 볼트.
chave de parafuso 나사돌리개.

paragem *f.* ①멈추기. 정지. ②멈춘 곳. 정지 지점. 정류소. 정거장. ③항해범위(航海範圍).

paragoge *f.* [文] 어미음첨가(語尾音添加). (보기) *arquiteto*를 *arquitetor*라고 하는 따위.

paragógico *a.* 어미첨가음의. 어미에 덧붙인.

paragonar *v.t.* 《詩》비교하다.

paragrafar *v.t.* 절(節)로 나누다. 항(項)으로 나누다. 항에 기입하다.

parágrafo *m.* ①절(節). 항(項). 단(段). ②절(항)의 부호(§).

paragrama *m.* (철자가 바르지 않는) 오자(誤字).

Paraguai *m.* 파라과이.

paraguaiano, paraguaio *a.* 파라과이(나라)의.
— *m.* 파라과이 사람.

paraibano *a.* 빠라이바(*Paraiba*)의. 빠라이바 사람의.
— *m.* 빠라이바주(州) 사람.

paraiso *m.* ①에덴의 낙원. ②천국. 극락(極樂). ③안락. 지극한 행복.
ave do paraiso 극락조(極樂鳥).

paralalia *f.* [醫] 발성불가능(發聲不可能) (일시적 또는 영구적으로).

pára-lama *m.* (자동차의) 흙받이.

paralactico *a.* 시차(視差)의. 변위의.

paralaxe *f.* [天·光·寫] 시차(視差). 변위(變位).

paralela *f.* ①평행선(平行線). 평행. 병행(並行). 평행 정규(定規). ②[軍] 병행호(並行壕). [印] 병행표(Ⅱ).
paralelas (*pl.*) [運動] 평행봉(平行棒).

paralelamente *adv.* 평행하여. 평행으로. 병행되게.

paralelepípedal *a.* 평행육면체(平行六面體)의.

paralelepípedico *a.* 평행육면체의. 평행육면체로 되는. 목침(木枕)꼴의.

paralelepípedo *m.* ①평행육면체. ②평행육면체의 돌(목침형(木枕形)으로 자른 도로포장용(道路鋪裝用) 돌).

paralelismo *m.* ①병행(並行). ②유사(類似). ③비교. 대응(對應). ④[哲] 병행론(並行論). [生物] 병행현상. [韻] 대구법(對句法).

paralelo *a.* ①평행(平行)의. 병행의. 평행(병행)하는. ②상사(相似)의. 유사한. 대비(對比)하는.
— *m.* ①[地理] 위선(緯線). 위도선(緯度線). ②유사. 상사. ③대조(對照). 대비(對比).

paralelográmico *a.* [幾] 평행사변형의.

paralelogramo *m.* [幾] 평행사변형(四邊形).

paralisação *f.* 마비화(麻痺化). 마비상태. 무력화.

paralisar *v.t.* 마비시키다. 불수(不隨)되게 하다. 무력(무능)하게 만들다. 무효로 하다.
— *v.i., -se v.pr.* 마비되다. 저리다. 중풍중에 걸리다. 마비상태로 되다.

paralisia, paralise *f.* ①[醫] 마비. 중풍. 풍질(風疾). ②무력(無力). 무기력. 무능. 정체(停滯).

paralítico *a.* ①마비성의. 중풍의. 무력한. ②마비한. 중풍에 걸린.
— *m.* 마비환자. 중풍환자.

paralogismo *m.* [論] 유견(謬見). 배리(背理). 반리(反理).

paralogizar *v.t.* 그릇된 추론(推論)을 하다.

pára-luz *m.* 램프의 갓.

paramagnético *a.* 상자성(常磁性)의.

paramagnetismo *m.* [理] 상자성(常磁性). 정자성(正磁性).

paramentado *a.* ①꾸민. 장식한. ②옷(특

paramentar *v.t.* 꾸미다. 장식하다. (옷을) 치장하다.
— **se** *v.pr.* 옷치장하다. 성장하다.

paramenteiro *m.* (특히 성직자의) 법의(法衣). 제복(祭服)·성가대원의 예배 때의 옷 따위를 만드는 사람.

paramento *m.* ①장식물. 건축용 석재(石材)·목재 따위의 면(面).

paramentos (*pl.*) ①교회의 여러 가지 장식 기구. ②성직자의 제복.
paramentos sacerdotais [宗] 법의. 제복(祭服). 제의(祭衣: 일반적으로 성직자·성가대원이 예배할 때 입는 것).

paramétrico *a.* [數] 파라미터의. 매개변수. 통경의.

parâmetro *m.* [數] 파라미터. 매개변수(媒介變數). 통경(通徑).

paramnésia *f.* [醫] 기억착란(記憶錯亂); 그것 때문에 뜻대로 말하지 못하는 것.

páramo *m.* 적막한 광야(廣野). 황량한 평원.

paranaese *a.* 빠라나(*Paraná*)주의.
— *m., f.* 빠라나 주민(州民).

paranaçu *m.* [動] (브라질산) 원숭이의 일종.

parança *f.* ①멈춤. 정지. ②휴지. 휴식. 정체(停滯).

parangona *f.* [印] 패러곤형의 활자(活字).

paraninfa *f.* ①신부 들러리(서는 젊은 처녀). ②대모(代母). 후견인.

paraninfar *v.i.* 결혼의 증인이 되다. 들러리 서다.

paraninfo *m.* ①(결혼 때의) 신랑 들러리. 결혼보증인. ②동반자. 보호자. 대부(代父). ④(대학졸업식 때 초청받는) 지방 유지. 유력한 후견인. 대변인.

paranóia *f.* [醫] 편집병(偏執病).

paranóico *a.* 편집병의.
— *m.* 편집병 환자.

parapeitar *v.t.* *parapeito*를 만들다(쌓다).

parapeito *m.* ①난간(欄干). 나지막한 담장. ②[軍] 흉장(胸牆). 흉벽(胸壁).

paraplegia *f.* [醫] 하반신 불수(下半身 不隨).

paraplégico *a.* 하반신 불수의.

paraplexia, parapolexia *f.* (전신 또는 부분적) 마비증(麻痺症).

pára-quedas *m.* 패러슈트. 낙하산.
saltar de pára-quedas 낙하산으로 강하하다.

pára-quedista *m., f.* 낙하산 타고 내리는 사람. 낙하산병(兵).

parar *v.t.* 멈추다. 멎게 하다. 정지시키다. (달리고 있는 사람을) 막다. 막아서 못 가게 하다. 차단하다. (하고 있는 일을) 막다. 막아서 못하게 하다. 중지시키다.
parei o trabalho 일을 중지했다.
— *v.t.* ①잇다. 멈추어 서다. 정지하다. ②(운전이) 멎다. 그치다. 중지하다. 쉬다. ③징지되다. ④제제하다. (한곳에) 머물다.
parar de repente 갑자기 서다.

pára-raios *m.* 피뢰침(避雷針).

parasanga *f.* 옛 페르시아의 거리 단위(약 5km에 해당).

parásceve *f.* 유태인의 금요일(金曜日).

paraselene *m.* 환월(幻月: 달무리에 둥글게 나타나는 광륜(光輪)).

parasita *m., f.* ①식객(食客). ②기생물(寄生物). 기생충(균). 남의 둥지에 알을 낳는 새. [植] 기생식물. 겨우살이. [鑛] 기생광물(寄生鑛物).

parasitar *v.i.* 기생(寄生)하다. 기식(寄食)하다.

parasitário *a.* 기생하는. 기생체(體)의. 기생적인. 기생체로부터 생기는. [醫] 기생충에서 발생하는.

parasitear *v.i.* = *parasitar*.

parasiticida *a.* 기생물을 없애버리는. 기생충을 구축하는.
— *m.* 기생충구축약(驅逐藥). 기생물구제제(驅除劑).

parasítico *a.* 기생의. 기식의. 기생(기식)적인. 기생물의. 기생체(질)의. 기식(식객 노릇)하는.

parasitismo *m.* ①기생생활. 기식(식객) 생활. ②기생 상태(寄生狀態). ③[醫] (기생물로 생기는) 피부병.

parasito *m.* = *parasita*.

parasitologia *f.* 기생물학. 기생충학.

parasitologista *m.* 기생물(충) 학자.

pára-sol *m.* 파라솔. 부인용 양산.

parasselene *f.* = *paraselene*.

parati *m.* 브랜디(술). 람술. 당주(糖酒).

parau *m.* ①동양(東洋)의 작은 배. ②옛날 인도의 군함.

paravante *m.* [海] 앞쪽 갑판. (배의) 전반부(前半部).

pára-vento *m.* (자동차의) 바람막이 유리. 병풍(屛風).

parca *f.* [神話] 운명의 세 여신.

parcamente *adv.* 소박하게. 검소하게. 아주 절약하여. 인색하게.

parçaria *f.* =*parceria*.

parceiro *a.* ①같은. 유사한. ②한 켤레(한 벌) 중의 하나의. ③협조하는.
— *m.* ①(…을) 함께 하는 사람. ②협조자. 조합원. 사원. ③동류. ④(경쟁·노름 따위의) 상대자. 가담자. ⑤《俗》엉큼한 사람. 빈틈 없는 사람.

parcel *m.* (바다의) 암초(暗礁). 모래톱. 얕은 곳.

parcela *f.* ①(전체 중의) 일부분. 작은 부분. ②소구분(小區分). ③항목(項目). ④[數] 항(項).

parcelar *v.t.* 작은 부분으로 나누다. 구분하다.
— *a.* 작은 부분으로 나눈. 일부분의. 소부분의. 세분(細分)한.

parcelário *a.* 구분(區分)한. 구획(區劃)으로 나눈.

parceria *f.* 협력단체. 공동조합. 상사조합(商事組合). 조합경영.

parcha *f.* 상한 누에꼬치. (누에가 안에서 병으로 죽은) 꼬치.

parcial *a.* ①일부의. 일부분의. 부분적인. ②편드는. 편파직인. 불공평한. 산여(十與)하는. ③충분치 못한.

parcialidade *f.* ①(한쪽에) 치우침. 편중(偏重). 편파(偏頗). 불공평. 사정(私情) 두기. ②유달리 좋아하기. 편애(偏愛). ③국부성(局部性).

parcializar *v.t.* 치우치다. 치우치게 하다. 편견을 품게 하다. 편파하다. 불공평하게 하다.
—*se* *v.pr.* 도당(徒黨)하다.

parcialmente *adv.* 부분적으로. 불공평하게. 치우쳐서. 편파적으로.

parciário *m.* ①한쪽에 치우치는 사람. 편드는 사람. 패거리. 동류(同類). ②[農] 반분법(半分法).

parcimônia *f.* 극도의 절약. 검약(儉約).인색.

parcimonioso *a.* 극도로 절약하는. 몹시 아끼는. 인색한.《俗》깍쟁이 노릇의.

parcíssimo *a.* (*parco*의 최상급) 제일 절약하는. 가장 인색한.

parco *a.* 아주 소박한. 몹시 검소한. 검약한. 알뜰한. 극도로 절약하는. 몹시 아끼는. 인색한.

parda *f.* ①[植] 렌즈콩(엷은 양철(兩凸) 렌즈 모양의 식용 콩). ②[鳥] 쇠새.

pardacento, pardaço *a.* 갈색(褐色)의. 암갈색(暗褐色)의. 진한 회색의.

pardal *m.* ①[鳥] 참새. ②《俗》밀정. 탐정.

pardalada *f.* 참새의 떼.

pardaloca *f.* 참새의 암컷.

pardavasco *m.* 토인(土人)과 흑인의 트기(혼혈아).

pardeeiro *m.* 오두막집. 광. 누옥(陋屋). 초라한 가옥. 맏채. 몸채에 이어 만든 집.

pardelha *f.* [魚] 잉어의 일종.

pardento *a.* =*pardacento*.

pardieiro *m.* =*pardeeiro*.

pardo *a.* 갈색의. 밤색(栗色)의. 어두운 색의.
— *m.* ①갈색 사람. ②백인과 흑인의 트기.

pardoca *f.* [動] 참새(암컷).

pardusco *a.* 밤색이 되어가는. 갈색빛을 띠기 시작하는. 약간 으스름한.

párea *f.* 술통(특히 나무통)의 용량(容量)을 재는 일종의 자.

páreas *f.(pl.)* ①후산(後産). ②태반(胎盤). 태의(胎衣). [植] 태좌(胎座).

parecença *f.* 유사점(類似點) ; 유사함. 비슷함. 어상반(於相半). 닮은 얼굴. 비슷한 외관(외형). 방불(彷彿).

parecente *a.* 비슷한. 닮은. 유사한. 방불하는.

parecer *v.i.* 비슷하다. …인 것처럼 보인다. …인 듯 생각된다. (…을) 닮다. 방불케 하다.
porece ouro 금같다. 금처럼 보인다.
Que lhe parece? 어떻게 생각합니까?
Parece que êles não razão. 그분들은 옳은 것 같지 않다.
parece que vai chover 비올 것 같다.
parece está doente 앓는 것 같다.
—*se* *v.pr.* (+*com*). 닮다.
Ela se parece com a mãe. 그 여자는 어머니를 닮았다.
— *m.* ①의견(意見). 설(說). ②용모. 판단. 힌트. 의견.

parecido *a.* 비슷한. 유사한. 닮은. …처럼 보이는. 그럴듯한.
bem parecido 아름다운. 미모의. 좋게

paredão *m.* 큰 벽. 높고 두꺼운 담벽.

parede *f.* ①담. 벽. 담벽. 바람벽. 성벽(城壁). 분벽(分壁). ②동맹파업(同盟罷業).
parede-meia 칸막이벽. 경계벽(境界壁).
levar alguém á parede 아무를 꼼짝 못하게 하다. 곤경에 빠뜨리다.
Estar entre a espada e a parede. 진퇴양난에 빠져 있다.
As paredes têm ouvidos. 《諺》밤말은 쥐가 듣고 낮말은 새가 듣는다.
fazer parede 동맹파업을 하다.

paredista *m., f.* 동맹파업자.
— *a.* 동맹파업의.

paredro *m.* 대표적 인물. 중요한 인물. 권위자.

paregoria *f.* [醫] 진통(鎭痛).

paregórico *a.* 진통의. 완화성(緩和性)의.
— *m.* 진통제(劑). (소아용) 지사제(止瀉劑).

parela *f.* 술통(특히 나무통)의 용량을 재는 자의 일종.

parelha *f.* ①한 조. 한 팀. (동물 특히 말의) 한 쌍. ②비등(比等). 동등.
correr parelhas 필적(匹敵)하다.

parelhamente *adv.* 같게. 동일하게. 역시.

parelheiro *a.* 병마(騈馬)의. 한 쌍의 말로서 길들인.

parelho *a.* (둘이 서로) 비슷한. 비등한. 필적한. 같은. 동양(同樣)의.

parélio *m.* 환일(幻日 : 햇무리 밖에 나타나는 광륜(光輪)).

parêmia *f.* 짧은 격언(格言). 짧은 비유(譬喩) · 비유담. 속담.

paremiografo *m.* 격언(금언 · 속담 등의) 연구가.

paremiologia *f.* ①격언(금언 · 비유담 · 속담 등의) 연구. ②격언집(集). 속담집. 우화집. ③풍유(諷諭).

parencefalo *m.* [解] 소뇌(小腦).

parenese *f.* ①설유. 설복. 훈계. 권선(勸善). ②교훈적 강화(講話). 수신강좌(修身講座).

parenética *f.* ①설유. 설복. 권선(勸善). 함양문도(涵養薰陶). ②설유하는 방법. ③(교훈되는) 강화집. 수신독본.

parenético *a.* 설유의. 설복의. 교훈적. 수신적. 권선의. 덕성함양의.

parenquima *m.* [解] 선(腺)세포 조직 ; 이상 발달(發育) 조직. [植] 유연조직(柔軟組織).

parenquimatoso *a.* [解] 선세포조직의. [植] 유연조직의.

parenta *f. parente*의 여성형.

parentado *a.* ①친척이 된. 친척 관계가 있는. ②유력한 연고자가 있는. ③제휴(提携)한. 연합한.

parental *a.* 부모의. 양친의.

parentar *v.t.* (…와) 친척 관계를 맺다. 연고자를 만들다.
— *se v.pr.* 친척이 되다. 연고자가 되다.

parente *m.* 친척. 연고자. 혈족. 일가. 친족관계.
parente chegado (próximo) 가까운 친척.
parente afastado 먼 친척.
— *a.* ① 친척의. 연고자의. 혈족의. ② 동류(同類)의.

parenteiro *a., m.* 친척을 잘 돌봐 주는 (사람). 연고자를 보호하는 (사람). 친척의 편을 드는 (사람).

parentela *f.* ①일가 친척. 친족. 일문(一門). ②동족(同族). 종족(種族).

parentesco *m.* ①친척관계. 혈족관계. ②일족(一族). 일문(一門). ③유사. 동종류. ④관련. 연관.

parêntese, parêntesis *m.* [文] 삽입구(挿入句). ②묶음표. 괄호(括弧).

parentético *a.* ①삽구(挿句)의. 삽입구적. ②호형(弧形)의.

páreo *m.* ①이두경마(二頭競馬). ②경마(競馬). ③경마횟수(回數). ④경주(경마)에 붙는 상품.

paresia *f.* [醫] 국부마비(局部痲痺). 부전(不全)마비.

paresiação *f.* 국부(신체의 일부)마비를 하기.

paresiar *v.t.* 국부마비를 하다.

pargo *m.* [魚] 도미과의 식용어.

parhelio *m.* = *parélia*.

pária *m.* 인도(印度)의 하급민(下級民). 인도사회에 있어서 최하급으로 취급하는 백성. 사회적. 종교적 모든 권리가 없는 천민(賤民).

párias *f. (pl.)* = *páreas*.

pariato *m.* 귀족계급. 귀족의 작위(爵位). 《古》귀족원의원(貴族院議員)의 지위. 《英》귀족. 상원의원.

parição *f.* (동물이) 새끼낳기. 《卑》출산(出産).
parida *a.* [動] 새끼를 낳은. 출산한. 《卑》아기를 낳은. 분만한.
— *f.* 새끼 낳은 동물(암소·암말·암퇘지 따위). 《卑》해산한 부인.
paridade *f.* 같음. 동일. 유사(類似). 동등. 동격. [商] 등가(等價). 평가(平價).
parideira *a.* 수태(受胎)할 나이가 된. 새끼 낳을 때가 된.
— *f.* ①새끼를 잘 낳기. 여러 마리 낳기. ②잘 낳는 가축.
paridela *f.* 《俗》 = *parto*.
paridura *f.* = *parto*.
parietal *m.* ①[解] 복강벽(腹腔壁). 체벽(體壁). ②자방벽(子房壁). 노정골.
— *a.* ①강벽의. 체벽의. ②[植] 자방벽의.
osso parietal 노정골(顱頂骨).
parietário *a.* 벽의. 벽에 돋는. 벽에 생기는. 벽에 태좌(胎座)하는.
pariforme *a.* 비슷한. 같은. 같은 꼴의. 동형(同形)의. 동양(同樣)의.
parimento *m.* 《古》 = *parto*.
pari-passu *adv.* 차별 없이. 골고루. 평등하게.
parir *v.t.* ①(동물이) 새끼를 낳다. 출산하다. ②《卑》분만(分娩)하다. ③(사건 따위를) 일으키다. 야기하다.
parir a vaca (égua, porca, ovelha, cadela) 암소(암말·암퇘지·암양·암캐)가 새끼를 낳다.
parir mal ①난산하다. ②유산하다.
parisiene, parisiano *a.* (프랑스의) 파리의.
— *m., f.* = *parisiense*.
parisiense *a.* 파리(사람)의. 파리식의.
— *m., f.* 파리 사람. 파리 시민.
parissílabo *a., m.* 음절의 수가 같은(같음). [文] 같은 수의 음절이 있는. 동수음절(同數音節)의.
parla *f.* 잡담. 쓸데없는 이야기. 지껄이기.
parlamentar (1) *a.* 국회의. 의회(議會)의. 의원(議院)의. 의회에서 제정한. 의회법(議會法)에 의한.
governo parlamentar 의회정치.
regime parlamentar 의회제도.
— *m.* 의회의원(議會議員). 국회의원.
— (2) *v.i.* 휴전(정전) 협상하다. 담판(談判)하다.

parlamentario (1) *a.* 의회(議會)의.
— (2) *a.* (특히 전쟁에서 적과) 회견하는. 담판하는. 군사(軍使)의.
— *m.* 군사(軍使). 휴전기(休戰旗)를 들고 가는 군 대표자.
parlamentarismo *m.* 의회정치(주의). 의원제도(議院制度).
parlamentarista *m., f.* 의회정치파. 의회정치주장자.
parlamentarmente *adv.* 의회적으로. 의회식으로.
parlamentear *v.i.* (특히 전쟁에서 적과) 담판하다. 휴전(정전) 협상하다.
parlamento *m.* 국회. 의회(상·하 양원 합쳐 부름).
parlanda *f.* 《俗》지루한 연설. 장광설. 요설(饒舌).
parlapatão *m.* ①허세부리는 사람. 위선자(僞善者). 허풍선이. ②학식을 자랑하는 사람. 학자인 체하는 이. 현학자(衒學者). ③거짓말쟁이. 협잡꾼. 사기사.
parlapatear *v.i., v.t.* ①허세부리다. 허풍떨다. 큰소리 치다. ②학자인 체하다. ③거짓말하다. 속이다.
parlapatice *f.* ①허세부리기. 으쓱하기. 뽐내기. ②많이 아는 체하기. 학자인 체하기. ③허풍떨기. 과장. 대포. 거짓말하기.
parlar *v.i.* 쓸데없는 말을 하다 지껄이다 잡담하다.
parlatório *m.* ①(수도원·형무소 따위에 있는) 면회실. 담화실. ②잡담(雜談). 한담. 쓸데없는 이야기.
parlenda, parlenga *f.* = *parlanda*.
parmelia *f.* [植] 엽상지의속(葉狀地衣屬).
parmeliáceas *f.(pl.)* 엽상지의류(類).
parmesão *a.* (북이탈리아의 치즈 산지) *Parma*의.
queijo parmesão (크고 굳고 마른) 이탈리아 치즈.
— *m. Parma*산 치즈. 이탈리아 치즈.
parnão *a.* 《俗》①(둘 한 조(한 켤레) 중의) 하나의. 한 짝의. 쌍이 되지 못하는. ②기수(奇數)의. 반(半)의.
parnasianismo *m.* [文] 고답파(高踏派).
parnasiano *a.* ①*Parnaso*산의. ②시(詩)의. 시적(詩的). 고답적.
— *m.* ①고답파 시인. ②고답파(高踏派)(19세기 후반기의 기교를 존중한 프랑스 시인들의 일파).

parnaso *m.* ①그리스 중부의 산봉우리 (*Apollo* 신 및 *Muses* 신의 영지(靈地)). ②문단. (특히) 시단. ③시문집(詩文集).

pároco *m.* 교구에 속한 성직자(사제). 교구의 목사.

paródia *f.* 풍자적 또는 조롱적 개작시문(改作詩文). 서투른 모방. 의작(擬作).

parodiar *v.t.* (타인의 시(詩)를) 우습게 흉내내다. 서투르게 모방하다. 의작하다.

paródico *a.* 개작시문의. 서투른 모방의. 의작(擬作)의.

parodista *m.f.* (남의 시를) 우습게 모방하는 사람. 서투르게 흉내내는 사람. 의작자.

parol *m.* (=*perol*). 사탕수수의 짜낸 즙(搾汁)을 담는 함지(큰 통).

parola *f.* 쓸데없는 이야기. 많은 이야기. 요설. 지껄이기. 세상공론.

parolagem *f.* (쓸데없는) 말을 많이 하기. 세상공론. 잡담. 지껄이기.

parolar, parolear *v.i.* (쓸데없는) 말을 많이 하다. 지껄이다. 잡담하다.

paroleiro *m.* (쓸데없는) 말을 많이 하는 사람. 지껄이는 자. 요설가(饒舌家).

parolice *f.* ①말을 많이 하는 성질(버릇). ②(장소를 가리지 않고) 지껄임. 졸렬한 언사.

parolim *m.* (도박에서) 제1회의 내기 돈(賭金)을 제2회에 가서 곱하는 것. 배도(倍賭).

parolo *m.* ①촌뜨기. 본데없는 사람. ②시골식. 조폭. 거칠음.
cantar um parolo a alguém 아무를 몹시 꾸짓다. 심하게 책망하다.

paronímia *f.* [文] 동원어(同源語)임. (철자는 다르나 어원이 같은 말; 보기 *partidaço*와 *partidão* 따위). ②동음어(類音語)임. (발음은 같고 철자와 뜻이 다른 말; 보기 *concerto*와 *conserto* 따위).

parônimo *a.* 동원어의. 유음어의. 유형어(類形語)의.
— *m.* [文] 동원어(同源語). 유음어(類音語).

paroniquia *f.* [醫] 표저(瘭疽).

paronomásia *f.* 재담. 말재롱(발음이 비슷한 말을 계속 써서 하는).

paropsia *f.* [醫] 시력장애(視力障碍).

paróquia *f.* [宗] 교구(敎區). 교회구(敎會區).

paroqial *a.* 교구의. 작은 교구의. 교구민의. 동리(洞里)의.

paroquiano *m.* 교구민(敎區民).

parosmia *f.* [醫] 이상후각(異常嗅覺).

parótico *a.* 귀 변두리의. 귀밑의. [解] 이하선의.

parótida *f.* [解] 이하선(耳下腺).

parotideano *a.* 이하선의.

parotidite *f.* [醫] (유행성) 이하선염(耳下腺炎).

parouvela *f.* =*parovice*.

paroxísmico *a.* ①발작적인. 격발의. 돌발적으로 일어나는. ②(병세·감정 따위)극도에 달한.

paroxísmo *m.* ①(정기적) 발작(發作). 격발(激發). ②(병세·감정 따위) 극도에 달함. 정점(頂點).
paroxísmos (*pl.*) =*ultimos paroxismos* 임종의 고뇌.

paroxístico *a.* =*paroxísmico*.

paroxitonia *f.* (그리스文法) 철자의 마지막으로부터 두 번째의 음절에 악센트가 있음.

paroxítono *a.*, *m.* (그리스文法) 끝에서 둘째번 음절에 강한 악센트가 있는(말).

parque *m.* ①공원. 공원식 국유지(國有地). ②네거리의 큰 광장. (자동차 따위의) 주차장. ③(옛날 왕이나 귀족이 소유한) 사냥터. ④(훌륭한 저택을 둘러싼) 큰 정원. ⑤[軍] 포창(砲廠). 병기창.
parque de diversões (도시 내의) 큰 유원지. 오락장.
parque industrial 공업지대. 산업구역.
parque de ostras 굴양식장(牡蠣養殖場).

parquete *m.* 조각나무 세공; 그것으로 한 마루(嵌木床). 조각나무 세공으로 마루를 깔기.

parra *f.* ①포도잎사귀. ②헛소리.

parrado *a.* 포도잎이 우거진(무성한).

parrana *a.* 《俗》 (옷 따위 더) 유행하지 않는. 철이 지난. 보기에 어색한. 흉한. 초라한.

parrar-se *v.pr.* 포도잎(또는 덩굴)에 덮이다. 포도의 덩굴이 마구 엉키다.

parreira *f.* (시렁에) 펼쳐진 포도 덩굴(잎사귀). 포도덩굴이 시렁으로 올라가 뻗은 상태.

parreiral *m.* 포도나무의 열(列). 포도나무의 그늘길.

parricida *m.*, *f.* 어버이 죽인 놈. 할아버지 죽인 놈. 어버이 시살자(弑殺者).

parricídio *m.* 어버이 시살(弑殺). 어버이 죽인 죄.

parrilha *f.* 일종의 두껍고 거친 모직물.

parrudo *a.*, *m.* 작달막한 (사람). 뚱뚱하고 키가 작은 (사람).

parse, parsi *m.* ①조로아스터 교도(教徒). 배화교도. ②페르시아 사람(말). (특히 사산왕조(*Sassanid*) 시대의).
— *a.* 조로아스터교의. 배화교의.

parsismo *m.* 조로아스터교. 배화교(拜火教).

partazana *f.* [史] 일종의 창(槍).

parte *f.* ①본분. 일부. 약간. ②(어느 특별한) 부분. ③…분지일. ④중요 부분. 요소. 성분. ⑤(책·희곡·시 따위의) 부(部). 편(篇). 권(卷). ⑥몫. 해야 할 일. ⑦(특정한) 지점. 지구. 지방. 영역(領域). ⑧[樂] 음부(音部). ⑨[文] 품사. ⑩(배우의) 역할. 대사(臺詞). ⑪[法] (계약·소송관계 등의) 일방(一方). 당사자. ⑫파. 당파.
partes (*pl.*) 재간. 기능. 예능(藝能). 능력.
parte interessada [法] 이해관계자. 소송관계자. 계약당사자(일방).
a parte do leão 제일 큰 몫 ; 중요한 부분.
tomar parte (*ter parte*) ①…에 참가하다. …에 간여하다. ②…의 일부를 취하다.
dar parte 알리다. 통지하다.
por minha parte 나로서는.
em tôda parte (*por tôda parte*) 어디든지. 가는 곳마다. 간데 족족.
em nenhuma parte 아무 곳에도 …없다.
por outra parte 그밖에. 다른 면으로는.
pôr de parte …을 제외하다.
a esta parte 여기까지. 오늘까지.
Não devemos ouvir sómente uma das partes. 한쪽 말(일방의 진술)만 들어서는 안 된다.

parteira *f.* 산파(産婆). 조산부.

parteiro *m.* 산과의사(産科醫師).
— *a.* 산과(産科)의.

partejamento *m.* 조산(助産). 분만시키기.

partejar *v.i.*, *v.t.* 조산(助産)하다. 분만시키다.

partejo *m.* ①산파역(産婆役). ②산파술. 산파학.

partenão, parténon *m.* 파르테논(그리스의 *Athens*의 *Acropolis*에 있음 ; 여신(女神) *Athena*의 신전(神殿)).

partenogenese *f.* [生物] 단성 생식(單性生殖). 처녀 생식.

partenogenesico *a.* 단성 생식의. 처녀 생식의.

partenologia *f.* [醫] 처녀연구학.

parterra *m.* 《F》 화단(花壇). 화원(花園).

partição *f.* ①칸막이. 구획. ②분할. 분배. 분리(分離). 분담(分擔). ③[植] 격막(隔膜).

participação *f.* ①참가. 참여. 가담(加擔). 협동. ②알리기. 통지.

participado *a.* ①참가한. 참여한. 가담한. 협동한. ②알린. 통지한.

participador *a.* 참여(참가·가담)하는. 알리는.
— *m.* ①참여자. 참가자. 가담자. 관계자. 협동자. ②통지자.

participante *a.* 참여(참가)하는. 관계하는. 가담하는.
— *m.*, *f.* ①참여자. 참가자. 가담자. 관계자. ②통지자. 통보자.

participar *v.t.* ①(음식을) 같이 하다. 함께 하다. (모임·행사를) 함께 하다. 참가하다. ②관여하다. 관계하다. 협력하다.
— *v.t.* ①참여하다. (…을) 함께 하다. ②(…의) 몫을 가지다. 차지하다. ③알리다. 통지하다

participável *a.* 참여(참가·가담)할 수 있는. 협동할 만한. 알릴 수(통지할 수) 있는.

particípe *a.*, *m.* = *participante*.

participial *a.* [文] 분사(分詞)의. 분사성(分詞性)의. 분사상의.

particípio *m.* [文] 분사(分詞).
particípio presente 현재분사.
particípio passado 과거분사.

partícula *f.* ①분자(分子). 미(微)분자. 입자(粒子). ②극히 작은 조각. 극소량. 티끌. ③[理] 질점(質點). ④[文] 변화하지 않는 말(전치사·접속사·감탄사·접두사·접미사 따위의). 흔히 쓰는 접두(접미)사. ⑤[宗] 성체(聖體)의 일편(小片).
particula sagrada 성병(聖餠). 훼이퍼 (얇게 빚어 살짝 구운 떡).

particular *a.* ①특별한. 특수한 ; 고유(固有)의. 독특한. ②개개의. 각자의. 사적(私的)인. 사사로운. 공적이 아닌. 개인적인. ③이상한. ④현저한. ⑤상세한. 면밀한. 꼼꼼한.

problema particular 개인적 문제.
— *m.* ①개인. 일개인. 각자. 사적 인물. ②특별한 일. 특정한 사항. ③(…한) 점. (…한) 조목.
em particular 개인적으로. 일개인으로.

particularidade *f.* ①특수성. 특별한 사정. 특징. ②(사정 따위) 개인적임. 사사(私事). ③상세. 면밀. 세심한 주의. ④까다로움. 꼼꼼함.

particularismo *m.* ①개체주의(個體主義). 각개독립주의. ②지방주의. 배타주의.

particularização *f.* ①특수화(特殊化). 특별하게 하기. 특필(特筆). ②상술(詳述). 열거(列擧).

particularizar *v.t.*, *v.i.* 특수화하다. 특별하게 하다. 특별히 취급하다. 특기하다. 특필하다. ②자세히 설명(논술)하다. (일일이) 열거하다.
—**se** *v.pr.* 다른 것과 구별되다. 특수화되다.

particularmente *adv.* ①특히. 특별히. 따로. 별도로. ②개인적으로. 사적으로. 비밀로. ③낱낱이. 자세히. 특히.

partida *f.* ①출발. 하직 ; 발족(發足). ②이탈. 이반(離反). ③경기. 시합. (오락·흥의) 승부 ; (승부의) 노름. ④제비. 추첨(抽籤). ⑤조직체. 단체. 파. ⑥[商·簿] 등록. 등기. 기입.
partidas simples [簿] 단식 부기.
partidas dobradas [簿] 복식 부기.
ponto de partida 출발점.
estar de partida (막) 떠나려 하다.
fazer (pregar) uma partida a alguém 아무에 대하여 장난을(또는 악의적인 술책을) 꾸미다.

partidaço *m.* ①좋은 인연. 짝맞는 배필. ②좋은 일. 좋은 취직처. ③좋은 시합.

partidão *m.* ①좋은 연. 짝맞는 결혼. 맞는 결혼. 맞는 배필. ②(경기 따위의) 좋은 승부.

partidário *a.*, *m.* (한쪽에) 편드는 자. 우리. (우리)편. (같은 일의) 동무. 동지. 당원(黨員). 당파(黨派). 창성자.

partidarismo *m.* 당파심(黨派心). 편들기. 가담.

partido *a.* ①나뉜. 갈라진. 분할된. 분리(分離)한. 각각 다른. ②분열(分裂)한 쪼개진. 깨진. 분쇄된. ③출발한. 떠나버린. 가버린.
— *m.* ①파. 당파. 당(黨). 정당(政黨). ②패거리. 일행. 일당. ③(사교상의) 모임. 회합. ④조(組). 대(隊). [軍] 파견대. 부대. ⑤이익(利益). ⑥(혼인상의) 배필(配匹).
partido republicano 공화당.
partido democrático 민주당.
partido democrático-cristão 기독민주당.
partido democrático-repúblicano 민주공화당.
partido liberal (conservador) 자유당(보수당).
partido socialista (comunista) 사회당(공산당).
partido governamental (정부당) 여당.
partido oposto 야당.
um bom partido. 좋은 배필(결혼).

partidor *m.* 쪼개는 사람. 나누는 사람. 분할자(分割者). 분배자. (특히) 유산분배자.

partiduras *f.* (*pl.*) 깃털(內羽)(매 따위의 날개 밑에 있는).

partilha *f.* ①분배. 유산분배(遺産分配). 분할. ②차지할 몫. 할당량(割當量) ; 이익배당.

partilhar *v.t.* 나누다. 분할하다. 분배하다. 나누어 주다.
— *v.i.* ①몫을 차지하다. 분배받다. ②분담하다. ③참가하다. 참여하다.

partimento *m.* ①분할(分割). 구분(區分). (건물 따위의) 칸막이. 구획(區劃). ②[植] 격막(隔膜). (과실과 육피(肉皮)의) 분벽(分壁). ③출발.

partir *v.t.* ①(몫으로) 나누다. 분할하다. 분리시키다. 분배하다. 나누어 주다. ②(둘 또는 여러 부분으로) 쪼개다. 째다. 가르다. 깨뜨리다. 꺾다.
partir o queijo 치즈를 쪼개다.
partir ao meio 반(半)으로 꺾어지다. 양분(兩分)되다. 중심부로부터 양쪽으로 갈라지다.
partir pelo meio 둘로 쪼개다. 양분하다.
— *v.i.* 떠나다. 가버리다. 출발하다. 발차(發車)하다. 출범(出帆)하다. ②(탄알이) 나가다. 발사되다. (…으로부터) 발생하다. 일어나다.
partir para …에 향하여 떠나다.
partir do porto 항구(港口)로부터 떠나가다.
pronto a partir 떠날 준비가 다 되다.

a partir de (*1 de março*) (3월 1일)부터 시작하여. (…으로)부터 출발하여.
—**se** *v.pr.* ①갈라지다. 쪼개지다. 꺾어지다. 분열하다. ②떠나다. 가버리다. 이탈하다.

partista *a.* ①종작없는. 변덕스러운. 까다로운. 말 잘 안 듣는. ②고자질하는. 이간하는. 중상하는.

partitivo *a.* ①분할적(分割的). ②[文] 부분의. 부분을 표시하는.
substantivo partitivo [文] 부분명사(部分名詞).

partitura *f.* [樂] 보표(譜表). 총보(總譜). 연합악보(聯合樂譜).

partível *a.* 나눌 수 있는. 가분성(可分性)의. 분할(분배)할 수 있는.

parto *m.* ①출산(出産). 해산. 분만(分娩). ②산출. 창조.
parto feliz 안산(安産). 순산(順産).
mau parto 난산.
dores de parto 진통(陳痛).
estar de parto 산욕(産褥)에 눕다.

parturejar *v.t.* ①(아기를) 낳다. 출산하다. ②생기다. 창작하다. (…을) 일으키다.

parturição *f.* 자연분만(分娩). 해산.

parturiente *a.* (아기의) 달이 찬. 임산(臨産)의. 산부(産婦)의. 출산에 관한.
— *f.* ①(산전·산중·산후의) 산부(産婦). ②(새끼 넣기 선 또는 새끼 낳은 후의) 어미동물.

parturir *v.i.* =*parir*.

parva *f.* 가벼운 아침식사(조반과 점심식사 사이의).

parvajola, parvajão *m.* 큰 바보. 얼간망둥이. 광대

parvalhão *m.* 우둔한 인간. 바보. 얼간이. 천치. 풋내기. 촌뜨기.

parvalheira *f.* 《俗》 ①지방(地方). 향촌. 시골. ②시골생활

parvalhice *f.* 어리석은 노릇. 바보다운 짓. 얼빠진 행동.

parvamente *adv.* 어리석게. 바보답게. 우둔하게.

parvidade *f.* ①소량(少量). 과소(寡小). ②(지혜가) 모자람. 우둔함. 어리석음.

parvo *a.* ①양이 적은. 소량의. 과소한. ②(지혜가) 모자라는. 단순한; 우둔한.
— *m.* 경솔한 바보. 출랑대는 사람.

parvoa *f. parvo*의 여성형.

parvoalho *m.* 큰 바보. 얼간망둥이.

parvoamente *adv.* =*parvamente*.

parvoeira *f.* 어리석은 행실. 우둔한 언행.

parvoeirão *m.* 큰 바보. 아주 어리석은 인간. 천치.

parvoeirar, parvoejar *v.t.*, *v.i.* 어리석은 소리를 하다. 얼토당토 않는 말을 하다. 바보 같은 이야기를 하다. 바보 행실을 하다. 멍청이 노릇하다.

parvoiçada, parvoice *f.* 우행(愚行). 우사(愚事). 우졸(愚拙).

parvoidade *f.* (언행이) 어리석음. 우둔함. 무지함.

parvoinho *m.* ①(지혜가) 좀 모자라는 사람. 단순한 사람. ②싱거운 사람. 풋내기.

parvonia *f.* 게으른(나태한) 생활. 한가한 세월 보내기.

parvulez, parvuleza *f.* ①아이들 수작. 아이들 장난. 아태(兒態). ②유년시절(幼年時節).

párvulo *m.* 아이. 아동. 아해.
— *a.* ①아주 작은. ②아이다운. 철없는.

pascacice *f.* 우둔. 우둔한 짓. 어리석은 짓.

pascácio *m.* 바보. 천치. 돌머리. 얼간이.

pascal *a.* ①[宗] 부활(復活)의. 부활제의. ②(유태인의) 유월절(踰越節)의.
cordeiro pascal 유월절에 먹는 어린 염소.

pascentar *v.t*, *v.i* ①가축을 목장으로 이끌다. 풀을 먹이다. 목초를 주다. (목초로) 가축을 기르다. ②가르쳐 기르다. 교양(教養)하다. ③즐겁게 하다.
—**se** *v.pr.* ①(가축이) 풀을 뜯다. 풀먹고 자라다. ②수양(修養)하다. 교양되다.

pascer *v.t.* (=*pastar*) ①(가축에) 목초를 주다. 풀을 먹이다. ②기쁘게 하다. 즐겁게 하다. 위로하다.
— *v.i.*, —**se** *v.pr.* ①(가축이) 풀을 뜯다(뜯어 먹다). 목초를 먹고 자라다. ②즐기다.

pascigo *m.* ①목초 ; 목장. ②목축(업).

pascigoso *a.* (들에) 풀이 많은. 목초가 우거진.

páscoa *f.* ①(그리스도의) 부활절(復活節). ②유월절(踰越節) : 3월 15일에 베푸는 유태 사람들의 제사).

pascoal *a.* =*pascal*.

pascoar *v.i.* [宗] 그리스도의 부활을 축하하다.

pascoas *f.* [植] 앵초(櫻草)의 일종. 프리물

pascoela *f.* 부활절 후의 첫 일요일(첫 주일).
pasmacear *v.i.* ①(눈을) 동그랗게 뜨다. 빤히 보다. 응시하다. 멍하니 입벌리고 바라보다. ②놀라다. 아연하다.
pasmaceira *f.* (놀래어) 눈을 동그랗게 뜸. 아연하기. 아연실색. 빤히 쳐다보기. 응시(凝視).
pasmadamente *adv.* 눈을 동그랗게 뜨고. 얼빠지게. 멍해서.
pasmado *a.* ①놀란. 가슴이 서늘한. (머리털 따위) 곤두선. ②멍한. 아연한. 얼빠진.
pasmar *v.t.* 깜짝 놀라게 하다. 놀래어 얼빠지게 하다.
— *v.i.* 깜짝 놀라다. 가슴이 서늘해지다. 아연(실색)하다. 경탄(驚嘆)하다.
pasmatório *m.* 놀래어 멍하기. 아연하기.
pasmo *m.* ①놀람. 놀라서 아연하기. 대경실색(大驚失色). ②경탄. ③기절. 졸도.
pasmosamente *adv.* 놀랄 정도로. 경탄할 만치.
pasmoso *a.* 놀라게 하는. 놀랄 만한. 경탄스러운. 이상한. 불가사의(不可思議)한.
paspalhão *m.* 허수아비. 우둔한 사람. 바보. 천치. 돌머리. 재간 없는 사람. 풋내기.
paspalhice *f.* 우행(愚行). 우사(愚事).
paspalho *m.* =*paspalhão*.
pasquim *m.* ①비방(誹謗). ②풍자. 풍자문(諷刺文). 비꼬기. 중상기사(記事).
pasquinada *f.* ①비방. 풍자. 풍자시(詩). ②혹평. 욕설.
pasquinar *v.t.* 풍자로 공격하다. 비방하다. 혹평하다.
— *v.i.* 풍자시(문)를 쓰다.
pasquineiro *m.* 풍자시(문)를 쓰는 사람. 비꼬는 사람. 비방자.
passa *f.* 건포도(乾葡萄).
passa de corinto 씨 없는 포도.
passa-culpas *m., f.* 부드러운 사람. 관대한 사람. 남의 잘못을 꾸짖지 않고 늘 묵과(용서)하는 사람. 호인.
passada *f.* ①한 발짝. 한 걸음. 일보(一步). ②보조(步調). ③고통.
passadeira *f.* ①(옷)다림질하는 여자. 다림질하는 기구. ②발디딤돌. 징검다리돌. 발디딤대. 비탈대. 비방아. ③계단에 까는 천.
passadiço *m.* ①좁은 통로. (극장・강당 따위의) 좌석 사이의 통로. 보랑(步廊). 낭하. ②선교(船橋).
— *a.* ①지나가는. 통과하는. 통과시키는. ②과도(過渡)의. 일시적인.
passadio *m.* 일상적으로 먹는 음식. 상식(常食).
passado *a.* ①지나간. 방금 지난. 경과한. 기왕(旣往)의. 예전의. [文] 과거의. ②놀란. 아연한. ③(과일 따위) 말린. 건조한.
mês passado 지난달. 전달.
participio passado 과거분사.
ameixa passada (제과용) 말린 서양오얏(추리).
bem passado (비프 따위) 잘 익힌. 잘 구운.
mal passado 덜 익힌. 덜 구운.
— *m.* 과거. 기왕. [文] 과거.
passador *a.* 지나가는. 통행하는. 통과하는. 꿰뚫는.
— *m.* ①지나가는 사람. 통행인. ②지나가는 것. ③(세탁소 등에서) 옷 기다리는 사람. ④거르는 사람. 거르는 그물(기구). 여과기(濾過器). ⑤(몰래) 통과시키는 사람. 밀수입(출)자.
passadouro *m.* ①발디딤돌. 징검다리돌. ②통로. 통행로.
passa-fora *interj.* 가라! 나가라!
passageiramente *adv.* 일시적으로. 잠시. 지나가면서.
passageiro *a.* ①지나가는. 통행하는. 왕래가 빈번한. ②일시적인. 잠시의. 감정적인. ③약간의.
— *m.* ①통행자. ②여객. 승객. 선객(船客).
passagem *f.* ①통과. 통행. 이주(移住). ②수송. 운반. ③여행. 항해(航海). ④통행권(通行券). 표(票). 승차비. 뱃삯. 선임(船賃). ⑤통로. 빠질목. 수로(水路). 항로. 출입구. 복도. 낭하. ⑥경과(經過). ⑦[樂] 악절(樂節).
passagem de ida 편도운임(片道運賃). 한 번 타는 표.
passagem de ida e volta 왕복표. 왕복비.
passagem de nível 고가도(高架道).
passagem subterrânar 지하도.
abrir passagem 통로를 만들다.
passajar *v.t.* 꿰매다. 감치다. (실로) 뜨다.
passal *m.* [宗] 장로 관할구에 속하는 땅. 교구사교(敎區司敎)에 속하는 경지(耕地).
passamanar *v.t.* 금은의 레이스로 장식하다.

passamanaria *f.* 금은 레이스의 제조소(또는 상점). ②금은 레이스 제품.

passamaneiro *m.* 금은 레이스를 만드는 사람. 그 장수.

passamanes *m.(pl.)* 금은(金銀)의 여러 가지 레이스. 금실·은실로 엮은 여러 가지 끈. 장식 끈.

passamento *m.* ①죽음. 사망. ②죽음의 괴로움. 임종의 고통.

passamoleque *m.* 성실하지 못함. 사기 적임.

passante *a.* ①지나가는. 통과하는. ②넘는. 초과하는.
passante de …보다 더. …이상(以上)으로. …보다 뒤에(뒤로).
― *m.* 지나가는 사람. 통행인.

passa-pé *m.* 17세기경 파리에서 유행한 무도.

passaporte *m.* 여권(旅券). 통행권.

passar *v.t.* ①지나가게 하다. 통과시키다. 건너 보내다. 횡단시키다. ②꿰뚫게 하다. 관통시키다. 통하게 하다. ③(물을) 거르다. 여과(濾過)하다. ④(물건·서류 따위를) 넘겨주다. 수교(手交)하다. 부여하다. ⑤나르다. 운반하다. ⑥(의회에서 법 따위를) 통과시키다. 발포(發布)하다. ⑦통용(通用)시키다.
passar certidão 증명서를 교부하다.
passar uma lei 법(法)을 통과시키나.
passar de mão em mão 손에서 손으로 넘어가다. 손을 거치다. 이 사람 저 사람 손에 넘어가다.
― *v.i.* ①지나가다. 통과하다. 건너가다. 횡단하다. ②(때·세월이) 지나가다. 흐르다. ③(좋게 또는 나쁘게) 살다. 세월을 보내다. ④통하다. 통용하다. 인정되다. ⑤(시험에) 합격하다. 통과되다. ⑥넘다. 초과하다. ⑥(술잔이) 돌다.
passar a (또는 *para*) …의 쪽으로 이전하다. 옮겨가다.
passar bem 건강하게 지내다. 잘 보내다.
Ela infelizmente não passa bem. 불행하게도 그 여자는 (요새) 건강하지 못하다.
Passe bem! 안녕히! 잘 계시오!
passar a nado 헤엄쳐 건너가다.
Já passa do meio dia. 벌써 정오(正午)가 지나간다.
passou a chuva 비가 멎었다.
―**se** *v.pr.* ①시일이 경과하다. 지나가다. ②뜻(意志)을 변하다. 주의(主義)를 바꾸다. 변심(變心)하다. 다른 당파에 가 버리다. 적에 투항하다. ③추이(推移)하다. ④발생되다. 야기하다.

passarada *f.* =*passarado*.
― *m.* 많은 새. 새의 떼.

passarão *m.* ①큰 새(大鳥). ②교활한 사람. 간교한 사람.

passareira *f.* 새초롱. 새우리. 금사(禽舍).

passareiro *m.* ①새를 붙잡는 사람. ②새장수. ③새를 좋아하는 사람.

passarela *f.* (특히 도시 내의 고속도로를 횡단하는) 보교(步橋). (보행자를 위한) 횡단교.

passarinha *f.* (동물 특히 돼지의) 비장(脾臟). 지라.

passarinhada *f.* 많은 새(참새). 새의 떼.

passarinhagem *f.* 새를 붙들기. 새잡이(捕鳥).

passarinhar *v.i.* ①새를 붙들다. 새를 잡으며 돌아다니다. ②(말이) 놀라다.

passarinheiro *m.* 새 붙드는 사람. 포조자(捕鳥者).

passarinho *m.* ①작은 새. 참새. ②간사한 사람.

pássaro *m.* ①새(의 총칭). ②작은 새. ③참새. ④조금(鳥禽). ⑤《轉》잔꾀 많은 사람. 깜찍한 사람
Mais vale um pássaro na mão que dois voando (또는 *a voar*).《諺》손에 있는 한 마리의 새는 날고 있는 두 마리보다 더 가치가 있다. 남의 돈 천 량이 내 돈 한 푼만 못하다.

passaroca *f.*《卑》음부(陰部).

passarola *f.* 큰 새.

passa-tempo *m.* 시간보내기. (오락하며) 세월보내기. (직장 등에서) 일하지 않고 꾀부리기. 무단 휴식. 장난.

passavante *m.* ①《英》계보문장료속관(系譜紋章寮屬官). 칙사(勅使). ②[史] 궁전에서 선전포고(宣戰布告) 따위를 맡아 하던 조신(朝臣).

passável *a.* ①지나갈 수 있는. 통과 가능한. ②참을 수 있는. ③괜찮은. 쓸만한. 통용(通用)되는.

passe *m.* ①통과. 통행. ②통행허가. 입장허가. ③패스. 통행권. 무료(유료)승차표. ④《英大學》급제(及第).

passeador *a., m.* 이리저리 걷는 (사람). 산

passeadouro *m.* 산책하는 곳. 유보지(遊步地).

passeante *a.* 이리저리 거니는. 돌아다니는. 순회하는. 산보하는. 산책하는.
— *m.* 이리저리 돌아다니는 사람. 소풍하는 이.

passear *v.t.* 이리저리 거닐게 하다. 걷게 하다. 산책(산보)시키다. (말·개 따위를) 거닐게 하다.
— *v.i.*, — *se v.pr.* ①이리저리 거닐다. 산책하다. 소요(逍遙)하다. (말 또는 차를 타고) 드라이브하다. ②순행(巡行)하다. ③통과하다. 유통(流通)하다.

passeata *f.* 잠깐 동안의 산보. 짧은 거리의 산책. 잠깐 돌아다니기. 소여행.

passeio *m.* ①이리저리 거닐기. 산책. 산보. 소요(逍遙). ②소풍. 소풍(산책)하는 곳. ③보도(步道). 인도(人道).
dar um passeio 산책 나가다.

passeira *f.* ①과일 특히 포도를 말리는 곳. ②말린 과일(건포도)을 저장하는 곳.

passeiro *a.* ①천천히 걷는. 서행(徐行)하는. ②느린. 완만한.

passento *a.* (액체 따위가) 스며드는. 배는. (종이 따위의) 흡수성의.

passe-partout *m.* 《F》①(그림·사진의) 틀. 대지(臺紙). ②맞쇠.

passe-passe *m.* (특히 아이들이 하는) 손요술. 간단한 요술.

passeres *m.(pl.)* 연작류(燕雀類)(의 새).

passibilidade *f.* 감동성(感動性). 감수성(感受性). 수동적(受動的)임.

passiflora *f.* [植] 시계초(時計草).

passifloráceas, passifloreas *f.(pl.)* 시계초과(科).

passiflorina *f.* 시계초의 뿌리에서 빼낸 알칼로이드.

passim *adv.* ①(인용하는 책의) 여기저기. 여러 곳에.

passional *a.* 정(情)의. 정열의. 정열적. 연애의. 정욕(情慾)의. 정욕에 관한. 치정(痴情)의.

passionário *m.* ①사복음서(四福音書)의 고본(稿本). ②성도순교자의 수난기(記).

passionista *m.* ①[가톨릭] 수난회(受難會)의 수도사(修道士). ②정열가.

passiva *f.* [文] 수동태(受動態).

passivamente *adv.* 수동적으로. 피동적으로. 소극적으로. 그저 시키는대로.

passivar *v.t.* [文] (동사를) 수동체(體)로 하다.

passível *a.* ①감동성의. 감수성의. ②벌해야 할. 형(刑)을 가해야 할. ③(…에) 해당하는.

passividade *f.* ①수동성. 피동성. 활동하지 않음. 무저항. 인내. ②냉정(冷靜). ③[化] 부동화(不動態).

passivo *a.* ①수동의. 수동성(受動性)의. 피동의. 타동적(他動的)인. 움직이지 않는. ②무저항의. 순종하는. 순순한. ③[文] 수동태(態)의. ④[醫] 허성(虛性)의. 가성(假性)의. ⑤[空] 발동기를 쓰지 않는.
verbo passivo [文] 수동동사(受動動詞).
voz passiva 수동태.
dívida passiva 무이자공채(公債)(부채).
— *m.* [商] ①책임액. 부담액. ②부채. 채무.

passo *m.* ①걸음. 한 걸음. 일보(一步). ②한 걸음의 길이. 일보의 간격. ③짧은 거리. 보정(步程). ④걸음거리. 보조(步調). 걷는 속도. ⑤발자취. 발자국. ⑥발소리. 걷는 소리. ⑦산길. 좁은 길. 통로. ⑧수속(手續). 수속과정. 진척의 단계(段階). ⑨국면(局面). 상태. 경우. ⑩일어난 일. 발생사.
o cada passo 걸음마다. 일보일보. 늘. 항상. 계속하여.
passo a passo 한걸음씩. 일보 또 일보.
ao passo que …에 따라서. …와 동시에.
a poucos passos 가까운 거리에.
— *adv.* 부드럽게. 조용하게. 살며시. 점잖게. 너그럽게.
— *a.* 마른. 말린. 건조한.
figos passos 말린 무화과(無花果).
uva passa 건포도.

pasta *f.* ①풀(糊). 반죽. ②(가짜 보석을 만드는) 납유리. 반죽해서 만든 것. 이긴 흙. ③고약. ④이 닦는 크림. ⑤종이끼우개. 서류철(綴)하는 데 쓰는 절반 접은 모조지. 손가방. ⑥금속의 얇은 조각. ⑦대신(장관)의 직(職)(특히 프랑스의).
pasta dentifrícia 이 닦는 크림. 치약.

pastagem *f.* ①목장(牧場). ②목초.

pastar *v.t.* ①(가축에) 풀 먹이다. 방목(放牧)하다. ②(토지를) 목장으로 쓰다.
— *v.i.* (가축이) 풀을 뜯어 먹다.

pastejar *v.t.*, *v.i.* =*pastar*.

pastel (1) *m.* ①파스텔. 파스텔화(畵). 파스텔로 그리는 법. ②[植] 대청(大靑). 대청염료.
— (2) *m.* 빠스뗄. 파이(반죽을 엷게 이기고 속에 고기·치즈 따위를 넣어 기름에 튀긴 것).
pastelão *m.* 큰 빠스뗄. 큰 파이.
pastelaria *f.* 빠스뗄 만드는 집 또는 파는 집.
pasteleiro *m.* 빠스뗄 만드는 사람; 그 장수.
pasteurização *f.* 파스퇴르 저온살균법(프랑스의 화학자·세균학자 *Pasteur*씨 이름에서).
pasteurizador *m.* 파스퇴르 씨(氏)식 살균기(殺菌器).
pasteurizar *v.t.* 저온살균법을 행하다. 광견병(狂犬病) 예방접종을 하다.
pastilha *f.* ①향(香)으로 만든 알약. (마름꼴(菱形)의) 알약. 정제(錠劑). ②(당과자·초콜릿 따위의) 넓적한 것. 판상체(板狀體).
pastinaca, pastinaga *f.* [植] 야생 병풍나물.
pastinhar *v.i.* 《俗》①조금씩 맛보다. ②(식욕이 없어) 이것저것 약간씩 먹다.
pastio *m.* 목초가 무성한 땅. 목장.
pasto *m.* ①[집합的] 풀. 먹이풀. 목초. 사료(飼料). ②《稽》정신상의 양식. ③유식.
casa de pastio 하천한 음식점. (시골의) 국밥집.
pastor *m.* ①목양자. 목자(牧者). ②[宗] 목사. 성직자. (정신적) 지도자.
— *a.* 시골의. 전원(田園)의.
pastôra *f.* 양치는 여자. 시골 소녀.
pastoral *a.* ①목양자의. (땅이) 목축에 알맞는. ②시골의. 전원의. 목장의. ③목사의.
— *m.* 《詩》전원(田園). 전원시(詩). 목가(牧歌). ②[樂] 전원곡(曲). 전원가극.
pastorar *v.t.* =*pastorear*.
pastoreação *f.* ①가축을 목장으로 이끌기. 가축에 풀 먹이기. 방목(放牧). (풀먹는) 가축을 망보기. ②지도(指導)하기.
pastorear *v.t.* ①(가축을) 목장으로 이끌다. 가죽에 풀 먹이다. 방목(放牧)하다. 가축을 돌보다. 지켜보다. ②지도하다.
pastoreiro *m.* 목양자의 생활.
pastorejar *v.t.* =*pastorear*.

pastorejo *m.* =*pastoreio*.
pastorela *f.* ①전원시(田園詩). 목가(牧歌). ②시골(田園) 풍경에 목자(牧者)가 나오는 연극.
pastoricio *a.* 목양자의. 목양자에 관한. 목축에 관한.
pastoril *a.* ①목양자의. 목양자 생활의. ②시골의. 전원의. 시골 사람의.
pastorização *f.* =*pasteurização*.
pastorizador *m.* =*pasteurizador*.
pastorizar *v.t.* =*pasteurizar*.
pastoso *a.* 풀(糊) 같은. 밀가루 반죽 같은. 찐득찐득한. 끈끈한. 끈기있는. 점착성(粘着性)의.
pata (1) *f.* [鳥] 암오리.
— (2) *f.* ①(날카로운 발톱이 있는) 짐승의 발. (고양이의) 앞발. ②《卑》폭넓은 큰 발.
patas da âncora 닻미늘(錨爪).
a pata 《俗》도보로. 터벅터벅 (걸어서).
pataca *f.* 옛 브라질의 은화(銀貨)(320 레이스).
patacão *m.* ①옛 포르투갈의 동화(銅貨). ②옛 브라질의 은화(銀貨)(900 레이스).
patacaria *f.* ①많은 동화. 많은 은화. ②많은 돈.
patacho *m.* 쌍돛(二檣)의 범선(帆船).
patachoca *m* 《卑》젊머슴(寺院從僕). 블목하니.
— *f.* 《卑》뚱뚱하고 게으른 여자.
pataco *m.* ①옛 포르투갈의 동화(銅貨) 《英》약 2페니. ②바보. 멍텅구리.
patacos (*pl.*) 《俗》돈. 금전.
patacoada *f.* 어리석은 자랑. 허세부리기. 잘난체하기. 허풍. 과장(誇張).
patada *f.* ①(짐승이) 발로 차기. 발을 구르기. 짓밟기. ②거칠은 행위. 버릇없는 짓. ③추행(醜行). 배덕.
dar patada ①발로 차다. ②버릇없는 짓을 하다. 배은망덕한 행동을 하다.
patagão *a.* (남아메리카 아르헨티나 남쪽의) 파타고니아 지방 (사람)의.
— *m.* 파타고니아 사람.
patagónico *a.* 파타고니아의.
patagónio *a.*, *m.* =*patagão*.
patamar *m.* (층계 중간에 있는) 좀 넓은 장소. 층계참. (높은 계단에 있어서 반쯤 올라가다가 그 계단이 'ㄱ자(字)'로 꺾어질 때의 약간 넓은 곳. 《英》 *landing*.

patão *m.* 큰 오리. 큰 집오리.
pataqueiro *a.* ①싸구려 물건을 파는. ②약간의 돈벌이밖에 안 되는. 값싼.
patarata *f.* 헛된 소리. 허망한 이야기. 허풍. 대포. 거짓 자랑.
— *m.* 헛된 소리하는 사람. 허망한 이야기하는 자. 허풍선이. 거짓말쟁이. (아는 것 없이) 으쓱하는 사람. 바보.
pataratar, pataratear *v.i.* 헛된 소리다. 허망한 이야기를 하다. 허풍 떨다. 불다. 큰소리하다. 거짓말하다.
patarateiro *a., m.* 헛된 소리하는 (사람). 허풍 떠는 (이). 부는 (사람). 큰소리치는 (자). 거짓말하는 (자).
pataratice *f.* =*pataratismo*.
— *m.* 헛된 소리하기. 허망한 이야기하기. 불기. 과장. (아는 것 없이) 우쭐하기. 허세.
patareo, patareu *m.* =*patamar*.
patarras *m.* [海] 돛대 밧줄(돛대 꼭대기에서 양 뱃전에 치는).
patas *m.* =*pataz*.
patau *m.* 바보. 천치. 멍청이.
pagar o patau 남의 잘못을 뒤집어쓰다.
patavina *f.* 아무것도 아님. 아무것도 없음. 무(無).
nem patavina 조금도 …없이. 아무것도 아닌.
não perceber patavina 전혀 모르다. 깨닫지 못하다.
pataz *m.* [動] (서아프리카의) 털 빨갛고 꼬리 긴 원숭이.
pateada, pateadura *f.* 발로 차기. 발로 땅을 구르기. 짓밟기.
patear (1) *v.i., v.t.* (발로) 차다. (땅을) 짓밟다. 구르다.
— (2) *v.i.* (승부에) 지다. 패배하다. 항복하다. 실패하다.
patego *m.* 바보. 멍텅구리. 스라소니.
pateguice *f.* ①바보임. 멍텅구리임. ②바보노릇. 멍청이짓. 얼간망둥이노릇.
pateiro *m.* 오리치는 사람. 오리사양자(飼養者).
patejar *v.i.* (물이) 튀다. 물장난하다. 물에 젖다.
patela *f.* [解] 슬개골(膝蓋骨).
patelar *a.* 슬개골의.
patena *f.* [가톨릭] 파테나(성(聖)빵을 놓는 접시). (쇠로 만든 얇은) 둥근 접시.

patente *a.* ①전매특허의. 전매권의. ②명백한. 현저한. 널리 아는. 공개(公開)한. 개방한. [動] 열린. [植] 넓게 펴지는.
— *m.* ①(임금 또는 정부의) 특허장(特許狀). 전매허증. 면허장. ②특권전매특허권. ③[軍] 계급. 관등.
patente de invenção 전매특허권.
alta patente 높은 계급(군직).
patentear *v.t.* ①공개하다. 개방(開放)하다. 명백히 하다. ②전매특허를 주다. 특허하다.
—**se** *v.pr.* ①명백하게 되다. 현저해지다. ②빛나다.
patentemente *adv.* 명백히. 뚜렷이. 공개적으로.
pátera *f.* (옛 로마) 신주(神酒) 접시. [建] 접시 모양의 장식.
paternal *a.* ①아버지의. 아버지다운. 아버지편의. 세습(世襲)의. ②자부(慈父)같은. 자애(慈愛)있는. 자비한. 온정있는.
paternalmente *adv.* ①아버지답게. 애비로서. 아버지처럼. ②자애있게. 자비롭게.
paternidade *f.* ①아버지임. 아버지의 권리. 아버지로서의 자격. 아버지의 의무(義務). 부자(父子)의 관계(關係). ②부계(父係).
paterno *a.* ①아버지의. 아버지편의. 아버지에 속하는. ②자부(慈父) 같은. 자애의. 자비한. ③출생국의. ④고국의.
avô paterno 친할아버지.
avô materno 외할아버지.
pater-noster *m.* 《L》 [宗] 주기도문(主祈禱文). 기도어(語).
pateta *m., f.* 아주 단순한 사람. 바보. 멍텅구리. 얼간이. 우둔한 사람.
patetar *v.i.* =*patetear*.
patetear *v.i.* 어리석은 말을 하다. 바보같은 이야기를 하다. 우둔한 짓을 하다.
patetice *f.* 미련한 짓. 우둔한 행동. 바보같은 행실. 철없는(어리석은) 이야기.
pateticamente *adv.* 서럽게. 애절하게. 감상적으로. 감동하게.
patético *a.* ①감동시키는. 연민을(비애를) 자아내는. 가련한. 가슴 아픈. 비애에 찬. 서글픈. 감상적인. ②감정적. 감동적.
cenas patéticas (연극 등의) 애처로운 장면.
— *m.* 감동시키는 것. 애감을 일으키는 사유(곡조). 비애. 비장(悲壯). 비수(悲

愁). 비통.

patibular *a.* ①교수대의. 교수대 같은. 교수대를 연상시키는. ②으슥한. 무섭게 하는. 공포를 빚어내다.

patíbulo *m.* ①교수대(絞首臺). 효수대(梟首臺). ②교수형(刑).

patifão *m.* (*patife*의 지대어) 극악무도한 놈. 흉악한 놈.

patifaria *f.* ①몹쓸 짓. 못된 행실. 파렴치한 행동. 악행. ②비행. 부정행위. 악업(惡業).

patife *a.* ①악한 같은. 몹쓸 놈의. 파렴치한 같은. 심술궂은. ②악행의. 비행의.
— *m.* ①악한(惡漢). 무뢰한. 몹쓸 놈. 파렴치한 녀석. 망종. 깡패. ②심술꾸러기. 장난꾸러기. 말썽꾸러기. ③의지가 아주 약한 사람. 겁쟁이.

patifório *m.* 불량자. 건달. 무뢰한. 악한. 악당.

patilha *f.* =*palheta*.

patim (1) *m.* 작은 *patamar*.
— (2) *m.* (흔히 *patins* (*pl.*)로 씀) 스케이트 구두.
patins de rodas 롤러 스케이트.

patina *f.* 녹청(綠靑). [美術] 고색(古色).

patinação *f.* 얼음지치기. 스케이팅.

patinador *a., m.* 스케이팅 타는 (사람).

patinagom *f.* 얼음지치기. 스케이팅.

patinar *v.i., v.t.* 스케이트 구두로 (얼음 위를) 지치다. 스케이트를 타다. 얼음지치다.

patinete *m.* 스쿠터. 한족발 스케이트.

patinhar *v.i.* ①(물을 튀겨) 적시다. 물이 튀다. 물장난을 하다. (손 또는 발로) 수면(水面)을 찰싹찰싹 치다. ②(자동차・자전거 따위가) 미끄러지다. (차바퀴가) 헛돌아가다.

patinho *m.* 작은 오리. 오리새끼. 《俗》 멍텅구리. 바보.
cair como um patinho 계략에 빠지다. 덫에 걸리다.

pátio *m.* (담・울타리 등으로 둘러 있는) 안뜰. (앞집과 뒷집 사이의) 가운데 뜰(中庭). 구내(構內).

patível *a.* 참을 수 있는. 견딜 만한.

pato *m.* ①오리(의 총칭). 집오리. ②《轉》 멍텅구리. 얼간이.
pato doméstico 집오리.
pato bravo [鳥] 물오리.

patoá *m.* 사투리. 방언(方言).

patogénese *f.* 병원(病原). 병원학. 병인학(病因學). 발병론(發病論).

patogenia *f.* [醫] 병원(病原). 병원론.

patogénico *a.* 병원의. 병원학(상)의.

patologia *f.* ①병리학(病理學). ②병리. 병상(病狀).
patologia interna 내과(內科)병리학.
patologia externa 외과병리학.

patológico *a.* 병리의. 병리학적인. 병리학상의.

patologista *m., f.* 병리학자.

patota *f.* ①사기. 협잡. 사기 수단. 부정 수단. ②도박. 사기적 도박. ③노름판. 도박 소굴.

patoteiro *m.* (=*batoteiro*) ①사기꾼. 협잡꾼. ②노름꾼. 도박자.

patranha *f.* ①허무한 이야기. 맹랑한 거짓말. 허구한 보도. ②위조. 날조. 위조품. 가짜(물건).

patranhada *f.* 많은 거짓말. 길다란 거짓말 이야기.

patranhar *v.i.* 허무한 이야기를 하다. 맹랑한 거짓말을 하다. 꾸며대다.

patranheiro, patranhento *a., m.* 뻔뻔스럽게 거짓말하는 (사람). 천연스럽게 꾸며대는 (사람). 거짓말을 대수롭지 않게 하는 (자).

patranhoso *a.* 허구한. 허망한. 맹랑한. 백수거짓말의. 실제적이 아닌. 꾸민.

patrão *m.* ①주인(主人). 고용주(雇用主). (작은 회사의) 사장. (작은 공장의) 공장주. ②(작은 상선・중기선・어선 등의) 선장. 선주(船主). ③보호자. 후원자. 패트런.

patrão-mor *m.* 관영공장장(官營工場長).

pátria *f.* 조국. 모국(母國). 고국. 본국. 출생국. 고향.

patriarca *m.* ①《古》 가장(家長). 족장(族長). ②[가톨릭] 총사교(總司敎). (그리스敎) 총주교(總主敎). 대장로(大長老). ③교단(敎團) 또는 과학의 창시자. 개조(開祖). 원로. ④존경할 만한 노인.

patriarcado *m. patriarca*의 지위(직권・임기・관구(管區)).

patriarcal *a.* ①가장(家長)의. 족장(族長)의. ②총사교(총주교)의. 가장(족장・교장(敎長)) 정치의. ③원로(元老)의. ④존경할 만한. 온량(溫良)한.
— *m.* 사교(총사교)관구(管區).

patriarcalmente *adv.* 가장(족장)식으로. 가장답게. 위엄 있게. 장중하게. 온량하게.

patriciado, patriciato *m.* 귀족사회.

patrício *a.* ①귀족의. 귀족다운. 고귀한. ②같은 나라 사람(同國人)의. 겨레의. 고향 사람의.

— *m.* ①(옛 로마) 귀족. (일반적으로) 귀족. 로마 황제의 대관(代官). 로마황제 또는 법황이 주는 존칭. ②동국인. 겨레. 고향 사람.

patrimoniado *a.* 아버지의 유산을 물려받은. 선조 전래의 재산을 가지고 있는. 세습재산을 소유한.

patrimonial *a.* 세습적. 선조 전래의.

patrimônio *m.* ①세습재산(世襲財産). 가독(家督). ②집에 대대로 전하는 물건. 전승물(傳承物). 전통. ③교회(사원)의 기본 재산.

patrimônio nacional 국유물(國有物).

pátrio *a.* ①조국의. 출생국의. 본국의. 국가의. 고향의. ②아버지의. 어버이의. 부모의.

amor pátrio 조국애. 모국애.

poder pátrio 어버이의 권리. [法] 친권(親權).

patriota *m., f.* 애국자. 우국지사(憂國志士).

patriotada *f.* ①많은 애국자들. ②큰 애국심.

patrioteiro *m.* 《轉》 애국자(우국지사)로 자처하는 사람. 맹목적 애국자. 배외적(排外的)인 사람.

patrioticamente *adv.* 애국적으로. 애국자답게. 애국심을 품고.

patriótico *a.* 애국의. 애국적인. 우국의. 애국심이 있는.

patriotismo *m.* 애국심. 우국심.

patrística *m.f.* 교부의 저서(교의전기(教義傳記))연구. 교부학(教父學).

patroa *f.* ①*patrão*의 여성형. ②주부(主婦). 가정부. 《俗》 처. 아내.

patrocinador *a., m.* 보호자. 옹호자. 후원자. 보증하는 자. 장려하는 자.

patrocinar *v.t.* 보호하다. 수호하다. 후원(後援)하다. 장려하다.

patrocinato *m.* 보호(수호)하기. 후원(장려)하기.

patrocínio *m.* ①보호. 수호(守護). ②후원. 뒷받침. 장려. 격려. ③[商] 단골로 거래해 주기. 애고(愛顧).

sob a patrocínio de …의 후원하에.

patrologia *f.* [宗] ①교부(教父)의 유서연구(遺書研究). ②교부의 유서.

patrona *f.* ①*patrono*의 여성형. ②[軍] 탄약상자.

patronado *m.* = *patronato*.

patronagem *f.* = *patrocínio*.

patronato *m.* ①주인의 권리(자격). 보호자의 권리(자격). ②여러 고용주(雇傭主). 고용주들. ③보호. 수호. 후원.

patronear *v.t.* ①(주인으로서) 돌보다. 보호하다. ②(고용주·공장주로서) 관리하다. 지배하다. ③후원하다. 뒷받침하다. 장려하다.

— *v.i.* 주인(보호자·수호자·고용주)의 역할을 하다.

patronímico *a.* 아버지(조상)의 이름을 딴. 부칭(父稱)의.

patrono *m.* ①후원해 주는 사람. 패트런. 장려자(獎勵者). 은인. ②고용주. ③[宗] 수호성인. 수호신. ④(옛 로마)(법정에서 평민의) 변호인.

patruça *f.* [魚] (유럽산) 넙치. 가자미(類)의 식용어. 가자미류(類).

patrulha *f.* ①[軍] 순찰. 순시(巡視). 순초(巡哨). 망보기. ②척후(斥候). 경계병. 순찰병(대). ③(경찰의) 시내 순찰. ④악당의 떼.

patrulhar *v.i., v.t.* 순찰하다. 순시하다. 순초하다.

patua *m.* ①갈대·버들가지 따위로 만든 바구니. ②가죽 주머니. ③여행할 때 식기(食器) 담는 바구니.

patudo *a.* 발이 넓은. 넓은 발의.

patuleia, patuléa *f.* 1836년 포르투갈 혁명 때 국민파(國民派)가 지닌 칭호(稱號).

— *m., f.* 위의 국민파의 사람.

patulo *a.* ①열린. 펼쳐진. 전개한. ②공개한. 공공연한. ③뚜렷한. 명백한.

patuscada *f.* 술잔치. 잔치 차리고 법석 떨기. 대환락. 통음(痛飮). 떠들며 노는 간친회(懇親會).

patuscar *v.i.* 술잔치 차리고 즐기다(법석 떨다). 모여서 유쾌하게 놀다. 환락(유흥)하다.

patusco *a., m.* ①놀기 좋아하는 (사람). 술 마시고 잘 떠드는 (사람). 장난 좋아하는 (사람). ②바람쟁이. 음분한 사람.

pau *m*. ①나무(자른 나무의 총칭). ②나뭇대. 막대. 몽둥이. 곤봉. 단장. 지팡이. [樂] 지휘봉. ②(잘라 놓은) 나뭇가지. (특히) 둥글고 긴 나무. ③목재. 재목. ④나무질. 목질(木質). ⑤(시험의) 불합격. 실패.

paus (*pl.*) (트럼프)클럽 (*clover*의 표가 있는 카드).

pau de bandeira 깃대. 기간(旗竿).

pau de chocolate 초콜릿의 넓적한 것 (板狀 초콜릿).

pau de vassoura 빗자루.

peixe-pau (저리지 않은) 건어. 건대구.

de pau 나무의. 나무로 만든. 목제(木製)의.

colher de pau 나무숟가락.

pião de pau 나무팽이.

cara de pau 무뚝뚝한 표정. 무감각. 거짓말쟁이.

pau mandado 하인. 종. 추종자. 무엇이든지 "예예." 하고 남이 말하는대로 하는 사람.

bandeira a meio pau 반기(半旗)의 위치. 조기(弔旗).

dar com um pau 몽둥이로 치다(갈기다).

jogar com pau de dois bicos (이중인격) 어느 편이나 좋게 행동하다. 팔방미인 노릇히디.

pau-aloés *m*. [植] 침향(沈香).
pau-amarelo *m*. (브라질산의) 황목(黃木).
pau-brasil *m*. [植] 브라질나무. 붉은 물감을 뽑는 나무(이 나무에서 *Brasil* 국명이 유래함).
pau-campeche *m*. [植] 로그옷(콩과의 작은 교목 ; 염료를 채취할 수 있는). 칸파샤.
pau-catinga *m*. (브라질의) 약초의 일종.
paucifloro *a*. [植] 소수(少數)의 꽃이 있는.
pau-dágua *m*. 술고래. 술망나니.
pau-da-bujarrona *m*. [海] (이물의) 제2사장(斜檣).
pau-ferro *m*. 여문 재목·그 나무. 《英》*iron-wood*.
paúl *m*. 늪. 소택(沼澤). 물 고인 곳. 습지.
paulada *f*. 몽둥이로 치기(때리기). 곤봉타격.
paulama *f*. (벌목한) 많은 나무. 개척지에 있어서 불태운 후에 남은 나무.
paulatinamente *adv*. 천천히. 서서히. 완만하게. 느리게. 점점. 점차적으로.
paulatino *a*. 느린. 완만한. 천천한.
paulificação *f*. 《俗》성가시게 굴기. 성가신 일. 두통거리. 괴로움. 귀찮음.
paulificante *a*. 《俗》성가신. 시끄러운. 골치 아픈. 귀찮은. 싫증나는.
paulificar *v.t*. 성가시게 굴다. 귀찮게 굴다. 못살게 굴다. 싫증나게 하다.
paulista *a*. 쌍빠올로주(州)의. 쌍빠올로주에 관한.
— *m*., *f*. ①쌍빠올로 주민(州民). ②성(聖)파울파(派)의 수도사(修道士).
paulistano *a*. 《稀》쌍빠올로시(市)의.
— *m*. 쌍빠올로 시민(市民).
paulovnia (**paulownia**) *f*. [植] 오동나무(의 무리).

pauperie *f*. ①극빈(極貧). 청빈. ②청빈상태. ③빈민사회.
pauperismo *m*. (구제를 받을 필요가 있는)빈곤상태. 빈민사회. 모든 빈민.
paupérrimo *a*. (*pobre*의 최상급) 제일 가난한. 아주 빈한(貧寒)한. 극빈한.
pau-preto *m*. 검은 나무(울타리용 말뚝 재료로 흔히 씀).
pau-rosa *m*. [植] 자단(紫檀). 향목(香木).
pausa *f*. ①(활동 중 일시적으로) 쉼. 휴지(休止). 중지. 끊임. (얘기가) 끊긴 동안. ②구절. 구두(句讀). 단락(段落). ③[樂] 소리를 길게 뻬기(빼는 기호). [∪표 또는 ⏝표]. 휴음(休音). 중지. 끊김.
fazer uma pausa 쉬다. 잠시 멈추다.
pausadamente *adv*. 드믄드믄 쉬며. 드믄드믄 멈춰서.
pausado *a*. ①드믄드믄 멎은. 멈춘. 가끔 쉼. 구절(句切)한. ②느린. 천천히. 완만한. ③조용한. 잠잠한. 고요한. 쉬고 있는.
pau-santo *m*. 유창목(癒瘡木)(열대지방산).
pausar *v.i*. 쉬다. 끊기다. 머뭇거리다. 구절하다. 적이 생각하다. 기다리다. [樂] 소리를 길게 빼다. 휴음(休音)하다.
— *v.t*. 쉬게 하다. 멈추게 하다. 휴식시키다.
pau-setim *m*. [植] (인도산의) 마호가니 무리의 수목 ; 그 재목(사뗑 같은 광택이 있고 가구에 좋은 재목).
pausimenia *f*. [醫] 월경휴지(月經休止).
pauta *f*. ①종이에 긋는 줄. 괘선(罫線). ②괘지(罫紙). ③[樂] 보표(譜表). 음보용(音譜用)의 오선지(五線紙). ④표(表). 세금표(稅金表). 세관표.

pautação *f*. ①(종이에) 줄긋기. 줄치기. ②괘선(罫線). ③(세금표 따위의) 표에 넣기.

pautado *a*. ①(종이에) 줄을 친. 줄을 그은. 선을 넣은. 괘선이 있는. ②표에 넣은. 세표(稅表)에 포함된. ③순서 있는. 질서 있는. 정연한.

pautador *m*. ①줄긋는 사람. 괘선치는 사람. ②[樂] 오선(五線)긋는 기구. ③보표(譜表)를 쓰는 사람.

pautal *a*. 표(表)의. 표에 관한. 세금표에 관한.

pautar *v.t*. ①(종이에) 줄을 치다(긋다). 괘선을 넣다. ②보표를 쓰다(만들다). ③표에 넣다. 세관표에 포함시키다. ④순서를 세우다. 규칙 있게 하다. 정돈하다.

pautear *v.i*. 쓸데없는 이야기를 하다. 잡담하다.

pauzinho *m*. (*pau*의 지소어). 작은 나무. 작은 막대. 작은 곤봉. 작은 지팡이.
pauzinhos (*pl*.) ① 수. 계략. 밀계(密計). ②잡닭. 만담.
mexer (*tocar*) *os pauzinhos* 뒤에서 수를 부리다(꾸미다).

pavana *f*. ①공작춤(孔雀舞踊: 스페인에서 행한 일종의 춤); 그 곡. ②질책. 견책. 욕설.

pavão *m*. [鳥] 공작(孔雀).

paveia *f*. (곡물의) 단. (벼·보리·밀 따위 베어 묶은) 한 단. 한 묶음. 한 젊단.

pavês *m*. (전신을 막는) 큰 방패(大楯). 《古》현측(舷側)의 방탄순(防彈楯).

pavesada *f*. 큰 방패로 막기. 대순방어(防禦).

pavesado *a*. 큰 방패로 막은.

pavesadura *f*. ①큰 방패로 막기. 대순방어하기. ②대순(大楯).

pavesar *v.t*. 큰 방패로 막다. 대순방어 하다.

pavido *a*. ①겁에 질린. 겁이 난. 무서워하는. 공포에 떠는. 겁많은. ②담이 약한. 머뭇머뭇하는. ③놀란.

pavilhão *m*. ①큰 천막. ②(관람석·선수석·무용좌석 따위의) 휘장을 둘러친 자리. ③누(樓). 각(閣). 정(亭). 관(館). 분관. ④《稚》차일. 닫집. ⑤(배에 다는) 기. 국적을 표시하는 기. 선박기. 국기. ⑥[解] 외이(外耳).
pavilhão da orelha 외이(外耳).

pavimentação *f*. ①(길 따위를) 포장하기.

포장공사(舖裝工事). ②마루를 깔기.

pavimentar *v.t*. (길을) 포장하다. (길) 바닥을 깔다. 마루를 깔다.

pavimento *m*. ①포장(舖裝). ②포장한 마루 (바닥). ③포장용재(用材). ④포장한 길. 포장도로. ⑤[建] 계(階). 층(層).
predio de cinco pavimentos 오층건물.

pavio *m*. ①초의 심지. ②희미한 빛(을 내는 것).
de fio a pavio 처음부터 끝까지.

paviola *f*. = *padiola*.

pavoa *f*. [鳥] 공작(암컷).

pavonaço *a*. 진홍색의. 새빨간 빛의.

pavonada *f*. ①공작이 꼬리를 펼치는 것. 펼친 자세. ②허영의 태도. 허영심. 자부(自負). 우쭐하기. 뽐냄(점잖 빼) 걸음걸이. 으쓱하는 활보.

pavoncinho, pavoncino *m*. [鳥] 떼새의 무리. 푸른 도요. 일종의 갈매기.

pavonear *v.t*. ①(공작이) 꼬리를 활짝 펴다. 찬란한 치장을 하다. ②(보라는 듯이) 번들번들한 치장을 하다.
―**se** *v.pr*. ①꼬리를 펼치다. ②화려하게 차리다. 저속하게 번질번질한 옷을 입다. ③뽐낸 걸음을 하다. 우쭐하다. 저잘난 듯이 어깨를 펴고 걷다.

pavor *m*. ①큰 공포. 몹시 놀라기. 경악. ②큰 두려움. 공포의 원인(대상).

pavorosa *f*. ①무서운 보도. 놀라운 소식. ②대전(大戰) 발발에 면하 쉬쉬 하는 소리.

pavorosamente *adv*. 무섭게. 공포하여. 전율하여.

pavoroso *a*. 아주 무서운. 공포감을 품기 하는. 무시무시한. 전율(戰慄)케 하는.

paxá *m*. ①(터키·이집트의) 주지사(州知事). 지방총독. ②군사령관. 고위 해군지휘관.

paz *f*. ①평화. 평온. 태평. 치안. ②화평. 강화(講和). 강화조약. 화해. 화목. ③안심. 평안. 평정(平靜).
paz mundial 세계평화.
paz de espirito 마음의 평정(平靜).
tempo de paz 평화시.
em paz 평화롭게. 안심하고; 조용히.
paz de alma 고요한 마음(영혼). 안심.
bandeira de paz 평화의 기(旗). 백기.
juiz de paz ①치안판사. ②(혼인등록소의) 담당사무관.
fazer apaz 화해하다. 화목하다.

deixar em paz 조용히 있도록 하다. 건드리지 아니하다.
Paz á sua alma. 그의 영혼이여 고이 잠드소서.

pázada *f.* ①한 삽(한 가래)에 가득한 분량. ②삽으로 치기. 삽의 타격.

pazão *m.* (아프리카·인도의) 영양(羚羊)의 일종.

pé *m.* ①발. 족부(足部). ②(상(床). 기구 따위의) 다리. ③(수목(樹木)의) 그루. 한 나무. ④(식물의) 줄기. ⑤(기둥·돛대 등의) 밑. 기부(基部). 기초. ⑥발판. ⑦산기슭. ⑧부스러기. 찌끼. 앙금. ⑨상태. 상황. ⑩(尺度) 자(尺)(12인치 ; 발의 길이에서 온 명칭).
a pé 걸어서. 도보로.
em pé (=*de pé*) 서서. 기립하여.
estar em pé 서 있다. 직립(直立) 상태에 있다.
ficar de pé 서 있다.
ao pé de …에 가깝게. …에 접근하여.
pé quadrado 평방척(平方尺).
pé cúbico 입방척(立方尺).
um pé de cafeeiro 한 그루의 커피나무.
pé de mastro 돛대의 기부(基部).
pé da montanhã 산기슭.
pé de vento 일진(一陣)의 바람. 선풍.
pé de boi ①느린 마차(달구지). ②구폐가(舊弊家) (오래 전하여 내려오는 폐단을 탈피 못하는 사람).
pés de galinha 눈 옆에 생기는 주름살.
pé de chumbo 무거운 발(발걸음). 느린 발.
pé direito (곧은 자세). 마루에서 천정까지의 높이.
pé de meia ①한짝의 양말. ②둥지의 밑알. ③저축. 저금.
a pé firme 확고(부동)하게.
pé fresco ①찬발. ②게으름뱅이. 무위도식하는 자.
pé ante pé 한발 또 한발 조심스럽게. 삼가살금.
a pé coxinho 깡충깡충 뛰어서.
dos pés à cabeça 발바닥에서 머리꼭대기까지.
preferir ir a pé 도보로 가기를 원하다.
sem pé nem cabeça 머리도 없고(발) 꼬리도 없는.
em pé de guerra 전쟁이 방금 일어나려고 하는 상태.

perdeu o pé e caiu 발을 헛디디고 넘어지다.
retomou pé 발을 다시 바로 디디다.
dar o pé tomar a mão 《諺》한 치를 주니 한 자를 달란다. 봉당을 빌려주니 안방까지 달란다.

peaça *f.* 소(또는 말)를 멍에에 비끌어 매는 가죽 끈.

peageiro *m.* 통행세·다릿세·나룻배 삯 등 거두는 사람.

peagem *f.* 《古》통행세. 다리세(橋梁稅). 나룻배삯. (…의) 사용세.

peanha *f.* 올려 놓는 대(臺). 대좌(臺座). (흉상(胸像) 따위를 놓는) 주춧대. 다리(脚).

peanho *m.* [船] (배 안의) 용골부(龍骨部).

peão *m.* ①보행자. 도보여행자. 잘 걷는 사람. ②《古》보병. ③[將棋] 졸. 병. ④고용농부(雇傭農夫).

pear *v.t.* ①더디게 하다. 시간을 끌게 하다. 방해하다. 저지(沮止)하다. ②소(말 따위)에 족쇄를 채우다. 사슬로 얽다. 속박하다.

peça *f.* ①(전체의) 일부분. 한 조각. 한 부속. ②(고기 따위의) 한 토막. 한 덩어리. ③(옷감 따위의) 한 폭. 한 감. ④(자동차·기계 등의) 한 부속품. 부분품. ⑤(극 따위의) 한 막. 각본. 한 곡(曲). 일편의 시(詩). ⑥(서류 따위의) 일건. ⑦(저작품의) 일편. 일절. ⑧(건물의) 한 방. 한 칸. ⑨(장기의) 한 쪽. ⑩[軍] (일문의) 포. (한 자루의) 총. ⑪(지면의) 일 구획. ⑫견본. 보기. ⑬계략. 술책.
peças acessórias 부대적(附帶的) 부속품. (자동차의 라디오·식등(飾燈) 따위).
peças sobressalentos (자동차 등의) 예비부속품.
novo da peça 아주 새것.

pecadaço *m.* 《卑》(종교상의) 큰 죄. 대죄.

pecadão *m.* [宗] 큰 죄. 대죄(大罪). 큰 잘못.

pecadilho *m.* 작은 죄. 소죄(小罪). 실수.

pecado *m.* ①(종교상·도덕상의) 죄. 죄과. 죄되는 일. ②과실(過失). 위반. ③나쁜 버릇. 악덕.
os sete pecados mortais 일곱 가지의 엄중한 죄. (허영(자부)·욕심(탐욕)·육욕(음분)·노여움(화)·탐식(폭식)·질투(시기·태만(나태)).

pecador *a.* 죄를 짓는. 죄를 범하는. 죄 짓게 하는.
— *m.* (종교상·도덕상의) 죄인. 죄지은 사람. 죄 많은 인간. 나쁜 버릇(습관)이 있는 사람.

pecadora *f.* [宗] 죄지은 여자. 죄를 범한 여자. 부정(不貞)한 여인.

pecadoraço *m.* 《卑》 큰 죄인(종교적·도덕적인).

pecamente *adv.* ①어리석게. 우둔하게. ②(과일이) 덜 익고. 잘못 익고. 익지 않고. 썩어서.

pecaminosamente *adv.* 죄가 되게. 죄 많게.

pecaminoso *a.* 죄가 되는. 죄를 짓는. 죄를 만드는. 죄가 많은.

pecante *a.* ①[宗] 자주 죄를 짓는(범하는). 죄를 짓게 하는. ②[醫] 병들게 하는. 병들기 쉬운; 병원(病原)의.
— *m., f.* 자주 죄를 짓는 사람. 종종 나쁜짓을 하는 사람.

pecar (1) *v.i.* (종교상·도덕상의) 죄를 짓다. 죄를 범하다. 인도(人倫)에 벗어난 행동을 하다. 잘못하다. 과실하다.
— (2) *v.i.* [植] (과일이) 익지 않고 시들다. 상하다. 썩다.

pecari *m.* [動] 산돼지의 일종(남·북아메리카산).

pecável *a.* [宗] 죄를 짓기 쉬운. 범할 수 있는. 잘못을 저지를 수 있는. 과실하기 쉬운.

pecegada *f.* =*pessegada*.

pecegal *m.* =*pêcego*.
— *m.* =*pessegal, pêssego*.

pecegueiro *m.* =*pessegueiro*.

pecha *f.* ①흠. 흠집. 허물. 결점. 오점(汚點). ②실수. 잘못. 나쁜 버릇.

pechincha *f.* 《俗》 뜻하지 않은 큰 이익. 예기치 않은 큰 돈벌이. 폭리(暴利). 싸게 산 물건.
foi uma pechincha 큰 이득이었다. 좋은 거래였다.

pechinchar *v.t., v.i.* 뜻하지 않은 큰 이익을 보다(이익이 생기다). 폭리를 얻다. 아주 싸게 사다. 엄청난 값으로 팔다. 《俗》 노다지가 생기다(파다).

pechincheira *f.* =*pechincheiro*.
— *m.* 뜻하지 않은 큰 이득을 본 사람. 폭리를 노리는 사람. 일확천금(一攫千金)을 꿈꾸는 사람.

pechisbeque *m.* ①금색동(金色銅: 구리와 아연의 합금). 핀취벡크금(金). ②값싼 보석 따위; 가짜.

pechoso *a.* ①흠 있는. 결점 있는. 허물 많은. ②불평 많은. 좀처럼 만족하지 않는. 구실만 찾는.

peciolado *a.* [植] 엽병(葉柄)이 있는.

peciolar *a.* [植] 엽병의. 엽병에 나는.

pecíolo *m.* [植] 엽병(葉柄). 잎꼭찌.

peciolulo *m.* 작은 엽병.

pêco *a.* ①(과일이) 익지 않고 시드는. 마르는. 상하는. 썩는. ②우둔한. 어리석은. 미숙한.
— *m.* ①과일이 시들게(말라죽게) 하는 병. ②과일이 시듦. ③흠. 결함. 결점.

peço (동사 *pedir*의 직설법) 현재 일인칭 단수.

peçonha *f.* ①(독사·벌 따위가 분비하는) 독액(毒液). 독. 독물. 해독물. ②해치려는 마음. 악의(惡意). 앙심.

peçonhento *a.* ①독을 가지고 있는. 유독의. 독선(毒腺) 있는. ②독을 탄. 독을 받은. 중독된. ③악의 있는. 원한을 품은. 유해한.

pécora *f.* 《卑》 추잡한 계집. 추업부(醜業婦).

pectato *m.* [化] 펙틴산염(酸鹽).

pecten *m.* ①[解] 치골(恥骨). ②[動] 빗모양의 돌기(기관)(櫛形突起)(器官).

péctico *a.* [化] 펙틴의. 교소의.
ácido péctico 펙틴산(酸).

pectina *f.* [化] 펙틴. 교소(膠素). 점교질(粘膠質).

pectíneo *a.* 빗 모양의. 즐상(櫛狀)의. 즐치형(櫛齒形)의.

pectinicorneo *a.* [動] 빗 모양의 뿔이 있는.

pectinoso *a.* 빗 모양의. 즐치형의.

pectoral *a.* =*peitoral*.

pectose *f.* [化] 펙토제(아직 익지 않은 과실 따위에 있는 물에 풀리지 않는 물질; *pectina*질의 변형물(變形物)).

pecuária *f.* ①축산(畜産). ②축산업.

pecuário *a.* 축산의. 축산에 관한.
exposição pecuária 축산시람회(示覽會). 가축공진회(共進會).
— *m.* 축산업자.

peculador *m.* 공금을 써버리는(허비하는) 사람. 관물사용자(官物私用者). 수탁금(受託金) 횡령자.

peculatário *a.* 공금을 써버리는(허비하는). 관물을 사용(私用)하는. 수탁금을 횡령하는.
— *m.* =*peculado*.

peculato *m.* 공금을 사사로이 쓰기. 위탁금 횡령. 횡령사용(橫領私用).

peculiar *a.* ①독특(獨特)한. 특수한. 고유의. 자기 특유의. 색다른. …에 한(限)한. ②(재산 따위) 개인적인. 사적(私的)인. ③저금의. 축재(蓄財)의.

peculiaridade *f.* ①특색. 특성. 특질. 독특. 특수한 것. 특유(물). 특권. ②괴상함. 괴상한 버릇. 기습(奇習).

peculiarmente *adv.* ①특별히. 각별히. ②독특하게. ③기묘하게. 이상하게. ④개인적으로.

pecúlio *m.* ①저금(貯金). 축적. 축재. 저축. ②재산. 자산. ③밑돈.

pecúnia *f.* 《俗》돈. 금전.

pecuniário *a.* 돈의. 금전의. 금전상의.
pena pecuniária 벌금형(罰金刑).
recursos pecuniários (출자 가능한) 자금. 재원(財源). 자산.

pecunioso *a.* 돈을 모은. 저금이 많은. 많이 저축한. 축재한. 부자인. 재정적 뒷받침이 큰.

pedacinho *m.* (*pedaço*의 지소어) 작은 조각(小片).

pedaço *m.* ①(빵·고기 따위 베어낸) 한 조각. 일부분. 일편(一片). ②깨진 조각. 파편. 쇄편(碎片). ③헝겊 조각. 쇳조각. 나뭇조각. ④(시(詩) 따위의) 일 편. 일 구절.
a pedaços 여기저기 흩어져서. 산재하여.
em pedaços 갈기갈기. 산산이.

pedagogia *f.* ①아동교육학. 아동교육법. 교수법. ②학자인 체하기.

pedagógico *a.* ①아동교육학의. 아동교육에 관한. 교수법의. ②선생의. ③학자인 체하는.

pedagogismo *m.* ①아동교육(법). ②선생기질(氣質). ③선생인 체하는 것.

pedagogista *m.f.* 아동교육에 정통한 자. 아동교육자.

pedagogo *m.* ①아동교육자. 아동교수. 교원. 선생. ②선생인 체하는 사람. ③《古》종(주인집 어린애(특히 통학아동)에 딸린 노예).

pedal *m.* (미싱·풍금·피아노 따위의) 발판. 발디디개. 답판(踏板). (자전거의) 페달.

pedalada *f.* 발판(페달)을 한 번 밟기; 밟은 상태.

pedalagem *f.* 발판(페달)을 밟기(여러 번 밟는 동작).

pedalar *v.i.* (풍금·미싱 등의) 발판을 밟다(밟아 움직이다). 페달을 디디다. (자전거 따위) 페달을 밟아서 가다.

pedaleiro *m.* 발판 장치. 페달 장치. 페달이 달린 차축(車軸).

pedantaria *f.* 학자인 체하기. 현학(衒學).

pedante *a.* 아는 체하는. 현학적인. 학자인 체하는. 건방진.
— *m., f.* 학자인 체하는 자. 현학자(衒學者). 학식을 자랑하는 사람. 《卑》썩은 선비.

pedantear *v.i.* 학자인 체하다. 많이 아는 체하다. 학식을 자랑하다.

pedantescamente *adv.* 아는 체하여. 학자인체. 건방지게.

pedantesco *a.* 아는 체하는. 현학적. 학자인 체하는. 건방진.

pedantice *f.* 학자인 체하기. 많이 아는 체하기. 건방진 언행.

pedantismo *m.* 학자인 체하는 태도. 학문 자랑. 현학(衒學). 건방진 태도(언행).

pedantocracia *f.* 탁상정치(卓上政治).

pedarquia *f.* (풍자적으로) 아이들 정치.

pé-de-cabra *m.* 쇳지렛대.

pé-de-galo *m.* [植] 호프.

pedegalvo *m.* 흰포도의 일종.

pederasta *m.* 남색자(男色者). 계간자(鷄姦者). 《卑》비역쟁이.

pederastia *f.* 남색. 계간. 《卑》비역.

pedernal *a.* 돌의. 돌같은. 석질(石質)의.
— *m.* 부싯돌. 내화석(耐火石). 규석(硅石).

pederneira *f.* ①부싯돌. 규석. ②무정. 무자비.

pedestal *m.* ①(흉상(胸像)·입상(立像) 따위를 올려 놓는). 주춧대(臺). 다리(脚). 대좌(臺座). 주각(柱脚). ②기초. 주춧돌. 기석(基石).

pedestre *a.* ①걷는. 보행하는. 도보의. 입각(立脚)의.
estátua pedestre 입상(立像).
— *m.* 걷는 사람. 보행자.

pedestremente *adv.* 걸어서. 도보로.

pedestrianismo *m.* ①도보술(徒步術). 도

보여행. 도보경쟁. ②도보주의 ; 산문체. 평범. 단조.

pedestriano *m*. 잘 걷는 사람. 보행자. 도보여행자. 도보경주자.

pé-de-vento *m*. 한줄기 바람. 일진강풍(一陣强風). 질풍(疾風).

pediatra *m*. 소아과 의사(小兒科醫師).

pediatria *f*. 소아과학(小兒科學).

pedição *f*. 《古》 = *petição*.

pedicelado *a*. [植] 작은 화경(小花梗)이 있는. [動] 육경(肉莖)이 있는.

pedicelo *m*. [植] 소화경(小花梗). [動] 육경(肉莖).

pediculado *a*. [植] 작은 화경이 있는. [動] 작은 육경이 있는.

pedicular *m*. [植] 국화의 일종.
— *a*. 이(虱)가 꾀는. 이가 꾄.

pediculo *m*. [植] 작은 화경. 작은 육경.

pedicure *m., f*. 발톱을 소제하고, 닦고, 칠하는 직업을 하는 사람.

pedicuro *m*. ①발병(발에 생기는 티눈・사마귀・물집 따위)을 고치는 사람. ② = *pedicure*.

pedida *f*. ①청원(請願). 청구. ②구혼된 여성. 청혼받은 여자.

pedido *a*. ①부탁한. 의뢰한. ②청원한. 청구한. 신청한. ③주문한.
— *m*. ①부탁. 의뢰. ②청원. 청구. 신청. 간청(懇請). ③[商] 주문.
a pedido de …의 의뢰에 의해. …의 주문에 따라.
pedido de casamento 결혼신청. 청혼.
pedido de demissão 사직(퇴직)신청.
pedido de indenização 배상(보상)청구.
pedido de informação 정보의뢰.
fazer um pedido por escrito 서면으로 주문(신청)하다.
fazer só por pedido 주문에만 따라 만들다.

pedidor *a., m*. ①부탁하는 (사람). 의뢰하는 (자). ②청원자. 신청자. 주문자. ③거지.

pediforme *a*. 발 모양을 한. 발꼴의. 족형(足形)의.

pedigolho, pedigonho *m*. = *pedinchão*.

pedilúvio *m*. 발씻기. [醫] 족욕(足浴).

pedimano *a*. [動] 발이 손과 똑같은 작용을 하는. 발을 손처럼 쓰는.
— *m*. 족수유대류(足手有袋類).

pedimento *m*. 청구하기. 청원하기. 간청하기. 요구하기. 주문하기.

pedincha *f*. 치근치근 요구하기. 절실히 바라기. 애걸.
— *a*. 늘 원하는. 항상 요구하는.

pedinchão *a., m*. 항상 요구하는 (사람). 치근치근 요청하는 (사람). (어려운 일을) 누차 의뢰하는 사람.

pedinchar, pedintar *v.t*. 늘 원하다. 항상 요구하다. 누차 의뢰하다. 치근치근 요청하다. 구걸하다.

pedinchice *f*. 빌어먹는 버릇. 구걸하는 습성.

pedintão *m*. = *pedinchão*.

pedintaria *f*. ①빌어먹는 신세. 거지 신세. ②적빈(赤貧)한 상태.

pedinte *a*. ①주기를 바라는. 요구하는. 애걸하는. ②빌어먹는. 걸식(乞食)하는.
— *m*. ①주기를 바라는 사람. 요구하는 자. 애걸하는 사람. ②빌어먹는 사람. 거지.

pedioso *a*. 발(足)에 관한. 발에 속하는.

pedipalpos *m.(pl.)* [動] 각수류(脚鬚類). (거미류의 일종).

pedir *v.t*. ①주기를 바라다. 원하다. 요구하다. 청구하다. 신청하다. ②(물품을) 주문하다. ③빌다. 구걸하다.
pedir atenção 주의를 요청(환기)하다.
pedir contas ①계산서를 요청하다. ②퇴직(退職)을 요망하다.
pedir um favor a …을 해 줄 것을 바라다. …의 친절을 베풀기를 바라다.
pedir dinheiro 돈을 요구하다.
Peço-lne dinheiro. 돈 주기를 바랍니다.
Pediu-me 100 cruzeiros emprestado. (그분이) 나에게 100 그루제이로를 빌려 달라고 요청했다.

pé-direito *m*. [建] 마루에서 천정까지의 높이.

peditório *m*. ①(자선적인) 기부금 모집. 공공연한 모금. ②반복되는 요청.

pedologia *f*. 아동학(兒童學). 아동연구. 육아학(育兒學).

pedômetro *m*. 보수계(步數計). 측보기(測步器).

pedonomia *f*. 아동교훈집(教訓集).

pedotriba *f*. 체조 선생. 체육 교사.

pedotribia *f*. 《古》 체조.

pedotrofia *f*. 아동체육학(兒童體育學).

pedra *f*. ①돌(의 총칭). ②작은 돌・작은.

쇄석(碎石). ③큰 돌. 바위. 암석. ④석재(石材). ⑤귀금속. 보석. ⑥돌처럼 굳은 것; 우박. [醫] 결석(結石). ⑦[植] (과실의) 핵(核). ⑧(학교의) 흑판. 석판(石版). ⑨[印] 정판석(整版石). ⑩돌머리. 얼간망둥이.
pedra de amolar 숫돌. 여석(礪石). 그라인더.
pedra angular [建] 모퉁이돌 《比喩》 기초. 주석(柱石).
pedra-íma 천연자석(天然磁石). 자철광(磁鐵鑛).
pedra de cevar ①천연자석. ②흡인력(吸引力) 있는 물건.
pedra de sal 소금 덩어리. 돌소금.
pedra pomes 경석(輕石). 부석(浮石).
pedra talhada 잘은 돌. 깎은 돌. 쪼아낸 돌. 절석(切石).
pedra infernal 질산은.
pedra de toque 시금석(試金石). 표준.
pedra preciosa 귀금속(보석).
pedra um e (hume) 명반(明礬).
pedra fundamental 주춧돌. 기석(基石).
carvão de pedra 석탄.
pedra de cantaria 쪼개지 않고 갈라낼 수 있는 돌. 《英》 *freestone*.
pedra de escândalo [聖] 방해물. 장애물.
pedrada *f*. ①돌던지기. 투석(投石). ②돌로 지급. 석격(石擊). ③모욕적인 언사. 악담. 욕설.
pedrado *a*. ①(길·마루 따위에) 돌을 깐. 자갈을 깐. 포석(鋪石)한. ②보석을 박은. 보석으로 장식한. ③말(馬)에 흑백 반점이 있는.
pedral *a*. 돌의. 돌에 관한; 돌 많은. 돌투성이의.
pedraria *f*. 끊은 돌. 쫀 돌; 석재(石材).
  pedrarias (*pl*.) 보석류(寶石類).
pedregal *m*. 돌 많은 장소. 돌밭.
pedregoso *a*. 돌 많은. 돌 천지의.
pedregulhento *a*. 큰 돌이 많은. 곳곳에 바위가 있는.
pedregulho *m*. 큰 돌. 대석괴(大石塊); 바위.
pedreira *f*. 돌 캐는 곳. 채석장. 석갱(石坑).
pedreiro *m*. ①석공(石工). 벽돌공. 벽돌장이. ②=*pedreiro livre*. ③[軍] 선회포. ④[鳥] (날개가 긴) 제비의 일종.
  pedreiro livre [史] (중세의 석수의) 숙련공. 조합원; 공제비밀결사 회원(共濟秘密結社會員).
pedrês *a*. (닭 따위에) 흑백반점(黑白斑點)이 있는. 돌빛깔의.
pedrinha *f*. (*pedra*의 지소어). 작은 돌.
pedrinho *a*. 돌로 만든. 석조(石造)의.
  ponte pedrinha 돌다리(石橋).
pedrisco *m*. ①싸라기눈. 진눈깨비. 우박. ②작은 돌.
pedriscoso *a*. 싸라기눈의. 진눈깨비의. 싸라기눈이 오는. 진눈깨비 내리는.
pedrófilo *a*., *m*. 《稀》 아동을 좋아하는 (사람). 아이들을 유달리 귀여워하는 (사람).
pedroso *a*. 돌질(石質)의. 돌 많은.
pedrouço *m*. 암석이 중첩한 곳.
pedunculado *a*. [植] 화경이 있는. [動] 육경이 있는.
peduncular *a*. [植] 화경(花梗)의. [動] 육경(肉莖)의.
pedunculiforme *a*. 화경(육경) 같은. 화경(육경)꼴을 한.
pedúnculo *m*. [植] 화경(花梗). [動] 육경(肉莖).
pedunculoso *a*. 화경이 있는. 육경이 있는.
pega *f*. ①붙잡기. 붙들기. 포착. 쥐기. 잡아쥐기. ②손잡이(특히 띠 모양의). 쥐는 자루. ③[耳牛] 소의 뿔 잡는 것. ④말싸움. 말다툼. 논쟁.
pêga *f*. ①[鳥] 까치. ②《轉》 잘 재잘거리는 여자. 계집애. 밉쌀스러운 여인(女人). ③[海] 돛대 꼭대기의 돛대이음목. 《英》 *cap*.
pegada *f*. ①발자국(足跡). ②남긴 자취. 흔적(痕跡). 형적(形跡).
pegadiço *a*. ①잘 들어붙는. 끈기 있는. 끈적끈적한. 찐득찐득한. 점착성(粘着性)이 있는. ②옮기 쉬운. 전염하기 쉬운. ③치근치근한. 귀찮은. 시끄러운.
pegadilha *f*. ①알력. 갈등(葛藤). 불화. ②말다툼. 언쟁.
pegado *a*. ①붙은. 들어붙은. 풀 발라 붙은. 부착(附着)한. 점착한. ②아주 가까운. 접근한. 접촉한. 이웃의. ③(식목(植木)이) 땅에 뿌리 뻗은. 뿌리박은. ④(삶은 것이) 타 붙은. 말라붙은. ⑤(말(馬)이) 발을 떼지 않는. 걸으려고 하지 않는. 움직이지 않는. ⑥사이가 나쁜. 불화(不和)의.
  quarto pegado 옆방. 이웃방.
  vila pegada 인접된 마을. 이웃 동리(洞里).

chuva pegada 멎지 않는 비. 계속되는 비.
Ser (estar) pegado ao dinheiro a vida.
임종(臨終)의 마지막 순간까지도 돈보따리를 쥐고 있다. 생명보다 돈에 더 애착을 느끼다.

pegador (1) *a., m.* 붙잡는 (사람). 포착하는 (사람). ②쥐는 것. 손잡이.
— (2) *m.* [魚] 빨판상어.

pegadouro *m.* (쥐는) 자루. 손잡이. 핸들.

pegadura *f.* =*pegamento*.

pega-flor *m.* (=*pica-flor*). [鳥] 벌새. 봉작(蜂雀).

pegajoso *a.* ①들어붙는. 찐득찐득한. 끈적끈적한. 끈기 있는. 점착성(粘着性)의. ②치근치근 매달리는. 졸라대는. 귀찮게 구는.

pegamassa *f.* (=*bardana*). [植] 우엉.

pegamasso *m.* ①차고 끈적끈적한 물건. ②귀찮은 사람. 성가시게 구는 사람.

pegamento *m.* ①붙기. 꽉붙기. 점착. 밀착(密着). ②붙이기. 첨부. ③접함. 결함.

peganhento *a.* 들어붙는. 달라붙는. 끈적끈적한. 찐득찐득한. 점착성의. 여간해서 움직이지 않는. 귀찮게 구는.

pegão *m.* ①큰 지주(支柱). ②[建] 홍예받이. 교대(橋臺). 《英》 *abutment of bridge*; 비연벽받이. 벽날개. 《英》 *buttress*. 버트레스. 버팀벽. 부벽(扶壁). ③대선풍(大旋風). ④큰 소용돌이.
pegão de vento 큰 선풍.

pegar *v.t.* ①풀(아교)로 붙이다. (종이 따위를) 발라 붙이다. 꼭 붙게 하다. 밀착시키다. ②(…을) 붙들다. 불잡다. ③(병독 따위를) 옮기다. 전염시키다. (불을) 달다. 붙이다.
Êle me pegou do braão 그분이 나의 팔을 붙잡았다.
Pegou e rasgou a carta. 편지를 쥐고 찢어버렸다.
— *v.i.* ①붙다. 들어붙다. 말라붙다. 꼭 붙다. 점착하다. 밀착하다. ②쥐다. 붙들다. ③(옮겨 심은 식물 따위) 뿌리 뻗다. 정착하다. ④(약 따위) 효과를 나타내다. ⑤(이웃과) 인접하다. 접근하다. ⑥걸리다. ⑦방해되다. ⑧불붙다. 불달리다.
pegar no sono 잠들다.
pegar fogo 불붙다. 불달리다.
a casa pegou fogo 집이 불붙는다. 불달렸다.
pegou o fogo uma casa 한 집이 불탄다. 불났다.
—*se* *v.pr.* ①들어붙다. 교착(膠着)하다. 밀착하다. ②(끌인 것이) 타붙다. 말라붙다. ③(병독 따위) 전염하다. 옮다. ④(말・소 따위) 걷지 않다. 움직이지 않다. ⑤불붙다. 불달리다. ⑥붙잡히다. 붙들리다.
chuva pegar-se 비가 오래 온다. 멎지 않는다.
pegar-se de palavra 말다툼하다. 언쟁하다.

pegáseo *a.* 《詩》 *pégaso*의(에 관한). *pégaso*에 속하는.

pégaso *m.* ①[希神] 시신(詩神) 뮤즈가 탄 말 이름; [紋] 날개 있는 말. ②[天] 페가수스자리(座). ③시흥(詩興).
pégaso das índias [動] 해룡(海龍).

pegmatite *m., f.* [鑛] 거정화강석(巨晶花崗石). 문상(文象) 화강석.

pego *m.* ①소용돌이. 화방수. ②(땅・바위의) 깊은 틈. 구렁. 움푹한 곳. ③(늪・강・바다 등의) 깊은 곳. 심연(深淵). ④나락. 지옥.

pegueiro *m.* 송진을 빼내는(채집하는) 사람. 피치(역청(瀝青))를 만드는 사람.

peguilha *f.*《俗》싸움을 걸기. 도전(挑戰).

peguilhar *v.i.* 사소한 문제를 들고 시비하다. 싸움을 걸다. 도전하다. 도전적 언사를 던지다.

peguilhento *a.* 시비하기 좋아하는. 도전적 언사를 던지는. 싸우기 좋아하는.

peguilho *m.* ①문제를 걸기. 불평을 제거하기. ②들어붙기. 점착(粘着). 교착(膠着). ③방해. 장애. 저지(沮止). 지장. ④핑계. 구실. 변명.

pegural *a., m.* =*pastoral*.

pegureiro, pegoreiro *m.* ①가축을 지켜보는 사람. 목양자(牧羊者). ②가축을 망보는 개. 사냥개.

peia *f.* ①(소・말 따위의) 발을 매는 밧줄. 족쇠. 사슬. 착고. 쇠고랑. ②수갑. 칼. ③기반(羈絆). 구속. 속박. ④방해. 장애.

peidar *v.i.* 《卑》 방귀 뀌다.

peido *m.* 《卑》 방귀.

peidorrada *f.* 《卑》 계속해서 방귀뀌기. 줄방귀.

peidorreiro *a., m.* 방귀뀌는 (사람). 방귀쟁이.

peidorreta, peidorrenta *f.* =*peidorreto*의

peidorreto, peidorrento *m.* 《卑》(입으로) 방귀 흉내 소리내는 사람.

peita *f.* ①뇌물(賂物). 입막는 돈(물품). ②뇌물쓰기. 증회(贈賄). ③뇌물받기. 수뢰(受賂). ④뇌물먹은 죄. 수뢰죄(受賂罪).

peitar *v.i., v.t.* ①뇌물을 쓰다. 뇌물을 주다. 증회하다. 뇌물로 유혹하다. ②뇌물 주어 거짓맹세(위증(僞證))시키다. 매수하다. ③《古》조세(租稅)를 물다.

peiteiro *a., m.* ①뇌물쓰는 (사람). 뇌물주는 (사람). 증회자(贈賄者). 매수자. ②《古》조세지불인.

peitilho *m.* ①와이셔츠의 가슴 부분. 흉부(胸部). ②가슴에 대는 것.

peito *m.* ①가슴. 흉부(胸部). ②(부인의) 유방(乳房). 유방 부분. ③호흡기관. ④(와이셔츠 등의) 가슴 닫는 부분. ⑤가슴속. 흉중(胸中). 마음속. ⑥용기. 원기.
peito do pé 발등.
de peito 충심으로.
amigo do peito 아주 가까운 친구. 흉금을 열 수 있는 벗.
peito com peito 가슴과 가슴을 가까이 하고.
tomar a peito 퍽 걱정하다. 심히 서러워하다.

peitoral *a.* ①가슴의. ②흉부의. ③폐병외. 폐병에 듣는.
— *m.* ①가슴장식(유태 고승(高僧)의); 가슴의 십자가. ②가슴에 대는 것. 갑옷의 가슴받이. (마·소의) 가슴걸이. ③(옛 로마인이 사용한) 흉갑(胸甲). ④폐병약. 화흉약(和胸藥).

peitoril *m.* 난간(欄干). 나지막한 담장.(벽 위의) 손잡이. 창턱(창밑의 가로 놓인 나무). 하인방(下引枋). [軍] 흉장(胸墻).
— *a.* 가슴높이의.

peituda *a., f.* 가슴이 큰 (여자). 유방(乳房)이 큰 (여성).

peitudo *a.* 가슴이 크고 넓은. 가슴이 나온.
— *m.* 발한제(發汗劑).

peixda *f.* ①많은 물고기. ②생선요리.

peixão *m.* ①큰 물고기. 대어(大魚). 큰 도미(과의 식용어). ②《轉》몸집이 크고 자세가 아름다운 여자.

peixaria *f.* 생선장수.

peixe *m.* ①물고기(의 총칭). ②생선. ③어육(魚肉).

peixe agulha 동갈치.
peixe aranha 눈동미리 무리의 식용어.
peixe espada 황새치. 갈치.
peixe elétrico (아마존산) 전기뱀장어.
peixe boi (아마존산) 해우(海牛).
peixe voador 날치. 비어(飛魚).
escamas de peixe 물고기 비늘.
comida de peixe 물고기 가루(건어(乾魚) 가루).
peixe frito 기름에 튀긴 생선.
peixe grelhado 석쇠에 놓고 구운 생선.
peixe sopado 국끓인 생선.
nem carne nem peixe 정체 모를 물건. 어느 것에 속하는 것인지 알지 못할 물건. 이것도 아니고 저것도 아닌.
Filho de peixe sabe nadar. 전통은 갈데 없다. 부전자승(父傳子承).

peixeira *f.* ①여자 물고기 장수. ②생선요리 담는 접시.

peixeiro *m.* 물고기 장수. 어상인(魚商人).

peixelim *m.* 바닷물고기의 일종.

peixinho *m.* (*peixe*의 지소어) 작은 물고기.

peixota *f.* [魚] 대구무리; 뱅어.

pejada *a.* ①아기를 밴. ②(짐승이) 새끼를 밴.

pejado *a.* ①가득한. 가득 실은. 충만한. ②《稀》임신한. ③부끄러워하는. 수줍어하는. ④지장받는. 방해된. 저지된.

pejamento *m.* ①가득 채우기. 충만하기. 충만(充滿). ②막기. 저지(沮止)하기. 방해하기. 장애. 정지.

pejar *v.t.* ①가득 채우다. 채워 넣다. 충만시키다. 가득 싣다. ②막다. 저지하다. 방해하다. 멈추게 하다. 정지시키다. ③싫증나도록 먹이다.
— *v.i.* ①임신하다. (동물이) 새끼를 배다. ②맺다. 서다.
—*se v.pr.* ①부끄러워하다. 수줍어하다. 낯을 붉히다. ②방해되다. 정지당하다. 저지(沮止)되다.

pejo *m.* 부끄러움. 수줍음. 수치심(羞恥心); 겸손. 염전(鹽田).
ter pejo 부끄러워하다.

pejorativo *a.* ①비방적(誹謗的). ②가치를 낮추는. 멸시하는. 얕보는. ③《稀》악화하는. 개악적(改惡的)인.

pejoso *a.* 부끄러워하는. 수줍어하는.

pela 접속사 *por*와 관사 *a*의 결합형.
pela primeira vez 처음으로. 첫번만에.

pela manhã 아침에.
pela rua 가로를 따라.
pela 2 horas 2시간 동안.
pela força 힘으로. 완력으로.
pela minha parte 나로서는. 나만은.
Levou-me o dinheiro pela força. 강제로 돈을 빼앗아갔다.

péla *f*. 공. 구(球). (유희용) 고무공.
jogo da péla 구희(球戱).

pelada *f*. [醫] 대머리병. 탈모증(脫毛症).

pelado *a*. ①털 없는. 털 빠진. 탈모한. ②머리가 벗어진. 대머리의. ③있는 그대로. 꾸밈없는.
— *m*. 머리가 벗어진 사람. 대머리.

pelador (1) *a., m*. 머리칼이 없게 하는 (것). 탈모시키는 (것). 털을 깎는 (것).
— (2) *a., m*. (동물의) 가죽을 벗기는 (사람). 나무(과일 등)의 껍질을 벗기는 (사람).

peladura (1) *f*. ①털이 빠짐. 탈모. 대머리되기. ②탈모증.
— (2) *f*. 모피를 벗기기. 박피(剝皮).

pelage *f*. =*pelagem*.

pelagem *f*. ①포유동물의 모피(毛皮). ②고운 털.

pelagianismo *m*. 영국의 중 *Pelagius*의 교의(敎義). (원죄(原罪)를 부인하고 인류의 자유의지(自由意志)와 자력구제(自力救濟)등을 주장함).

pelagiano, pelagiano *a*. (영국의 중) *Pelagius*의.
— *m*. *Pelagius* 교도(敎徒).

pelágico *a*. ①바다의. ②먼(깊은) 바다의. 원양(遠洋)에 사는. 해저(海底)의. 심해(深海)의.

pélago *m*. ①먼 바다. 원양. 깊은 바다. 심해. 해저. ③심연(深淵). 심원(深遠). 원대(遠大).

pelagoscopia *f*. 해저경(海底鏡) 사용법.

pelagoscópico *a*. 해저경 사용(법)에 관한.

pelagoscopio *m*. 해저경. 탐해경(探海鏡).

pelagra *f*. [醫] 이탈리아의 문둥병(강렬한 전염성의 피부병). 옥수수홍반(紅斑: 피부병의 일종).

pelagroso *a*. 이탈리아 문둥병의.

pelame *m*. ①얼마간의 모피(毛皮). 수피(獸皮). ②가죽을 무두질하기. (제혁(製革)의)탈모법(脫毛法). 제혁법(製革法).

pelanca *f*. ①느슨하고 처진 피부. 주름살많은 피부. ②기름기 없는 고기. ③쇠고기. 돼지고기 등에서 베어낸 찌끼.

pelangana *f*. 《古》죽사발. 죽접시; 양은사발.

pelar (1) *v.t*. 털을 뽑다. 털을 깎다.
—*se v.pr*. 털이 빠지다. 탈모하다. 대머리가 되다.
— (2) *v.t*. (짐승의) 가죽을 벗기다. 박피(剝皮)하다. 나무(과일)의 껍질을 벗기다.
—*se v.pr*. 가죽이 벗어지다. 탈피하다. 껍질이 벗어지다.

pelargonio *m*. [植] 펠라르고니움.

pelaria, pelataria *f*. ①가죽류(皮類). 각종 수피(獸皮). ②피류상점(皮類商店).

pelasgos *m.(pl.)* 펠라스기족(族: 유사전(有史前) 그리스·소(小)아시아 등에 살던 민족).

pele *f*. ①피부. (동물의) 가죽. 수피(獸皮). 모피(毛皮). ②(나무의) 껍질. 수피(樹皮). (과일의) 껍질. 외피(外皮).
peles (pl.) 모피류(毛皮類).
nu em pele. 발가숭이. 알몸둥이.

pelear *v.i., v.t*. 싸우다. 투쟁(격투)하다. 전투하다. 논쟁하다. (우열을) 다투다. 경쟁하다.

pelechar *v.i*. (동물의) 털이 빠지고 바뀌다. 털을 바꾸다.

peleiro *m*. ①가죽 벗기는 사람. 모피제조인. ② 모피상인.

peleja *f*. 싸움. 투쟁. 쟁투. 분투. 전투.

pelejador *a., m*. ①싸우는 (사람). 격투하는 (자). 투쟁자. 전투자. ②(경기 등) 승부를 다투는 사람.

pelejante *a*. 싸우는. 격투하는. 투쟁하는. 전투하는. (승부를) 다투는. 경쟁하는.

pelejar *v.i., v.t*. 싸우다. 투쟁하다. 격투하다. 전투하다. 논쟁하다. (우열을) 다투다. 경쟁하다.

peleteria *f*. ①각종 가죽. 모피류(毛皮類). ②각종 피혁(皮革) 판매점. 모피류 상점.

pele-vermelha *m., f*. 동색인(銅色人: 북아메리카 토인).

pelexia *f*. [植] 난초의 일종.

pelica *f*. (동물의) 새끼의 가죽. 연한 가죽. 다룬 가죽(鞣皮).

peliça *f*. ①(벨벳 따위로 만든) 부인용. (어린아이용) 외투. ②안에 털 달린 외투. ③연한 모피 외투.

pelicanideos *f.(pl.)* [鳥] 펠리컨 조류(鳥

類).
pelicano *m.* [鳥] 펠리컨. 바다새. 물새.
pelicaria *f.* ①모피류. ②모피상점. ③모피 공장.
peliceiro *m.* =*peleiro*.
pelico *m.* 양가죽(羊皮)으로 만든 옷; 특히 양가죽으로 만든 목양자(牧羊者)의 옷.
película *f.* ①얇은 막. 얇은 가죽(薄皮). ②(사진용) 필름.
película sonora 발성(發聲) 필름.
pelicular *a.* [植] 얇은 막으로 되어 있는. 얇은 막의.
pelintra *m.*, *f.* ①옷차림이 초라한 사람. 누더기꼴을 한 사람. 영락한 자. 보잘 것 없는 사람. ②돈 한 푼 없어도 멋만 피는 사람. 허영심이 강한 가난한 사람.
pelintragem *f.* ①초라함. 누더기꼴. 영락함. ②결핍. 가난. ③인색.
pelitraria *f.* ①초라한 모습. 영락한 신세. ②영락한 사람. 누더기꼴을 한 사람.
pelintrice *f.* ①초라한 차림. 누덕누덕한 꼴. 영락한 신세. ②영락하고도 체면만 차리기. 억지 체모.
pelintrismo *m.* ①(옷차림이나 행실이) 초라함. 인색함. ②영락하고도 체면만 차리기. 돈 없어도 멋만 내기.
peliqueiro *m.* 유피직공(鞣皮職工). 모피(毛皮) 상인.
pelitaria *f.* ①생가죽류(類). 보피류. ②모피상(商).
pelitrapo *m.* ①옷차림이 초라한 사람. 누더기꼴을 한 사람. 폐의(敝衣)를 두른 사람. 영락한 사람. ②남루(襤褸). 입어서 낡아 빠짐.
pelo 전치사 *por*와 관사 *o*의 결합형.
pelo corredor 낭하를 통하여.
viagem pelo mar(ar) 해로(공로)의 여행.
pelo mesmo preço 같은 값으로.
pelo contrário 반대로.
obrigado pelo covite 초대에 대하여 감사합니다.
pelo amor de Jeus. 제발. 제발 좀.
pelo que eu sei 내가 아는 한.
pelo que dizem 듣는 바(소문)에 의하면.
pêlo *m.* ①털(의 총칭). ②동물의 털. (새의) 솜털. ③[植] (민들레·복숭아 따위의) 부드러운 털. 융모(絨毛).
em pêlo 벌거벗고. 나체로. 안장이 없이.
peloso *a.* 털 많은. 덥수룩한. 털 투성이

의; 털 모양의.
pelota *f.* (종이·초 따위를 뭉친) 작은 구(球). 작은 총알(小彈). 작은 알약.
pelotão *m.* ①큰 공(大球). ②[軍] 보병소대. (옛) 보병반중대(半中隊). 일단(一團). ③많은 사람. 군집.
pelote *m.* ①[史] 16~17세기의 남자(가죽) 웃조끼. 소매 넓은 옷. ②《俗》 벌거숭이. *cm pelote* 벌거벗고. 나체로.
peloticas *f.*(*pl.*) ①요술쟁이가 쓰는 작은 공. ②손재간 부리기. 요술하기.
pelotiqueiro *m.* ①요술쟁이. 기술사(奇術師). ②손재간 부리는 사람. 트릭 쓰는 사람. 사기사.
pelourada *f.* 사격. 발포.
pelourinho *m.* 칼(목과 손을 끼우는 형틀).
pelouro *m.* ①(종이·초 따위를 뭉친) 작은 공. 소구(小球). 볼. ②구형 탄환(球形彈丸). 원탄(圓彈). 포사물체(抛射物體).
pelta *f.* (옛 그리스·로마 시대에 사용한) 가죽으로 만든 방패. 혁제순(革製楯).
peltiforme *a.* 방패꼴을 한. 순형(楯形)의.
peltre *m.* 백랍(白鑞): 납과 주석의 합금.
pelúcia *f.* 플러시천(일종의 털 섞인 천).
pelúcido *a.* 투명한. (문체 표현이) 명석(明晳)한. (정신이) 똑똑한. 맑은. 명료한.
peludo *a.* ①털이 많은. 덥수룩한. 털투성이의. ②부끄러워하는, 수줍어하는 ③이심 많은. 신용치 않는.
— *m.* ①털 많은 사람. 털보. ②(행동이) 거친 사람.
pelugem *f.* 온몸(全身)에 덮인 털. 부드러운 털. 유모(柔毛).
peluginoso *a.* 털에 덮인. 부드러운 털이 많은. 솜털(폭신폭신한 털) 모양의. 유모성(柔毛性)의.
pelve, pélvis *f.* [解] 골반(骨盤).
pélvico *a.* 골반의.
pena (1) *f.* ①깃털. 우모(羽毛). ②물방아(水車)의 나무날개. ③펜. 깃으로 만든 펜(촉). ④문체. 문필. 필적. ⑤서가(書家). 작가(作家). 저작가.
pena de escrever 철필촉.
pena de lousa 석필.
— (2) *f.* ①형벌(刑罰). ②벌금. 과료(科料). 위약금(違約金). ③고통. 비통. 동정(同情). 불쌍히 생각하는 마음. 유감.
pena corporal 체형.
pena de morte 사형(死刑).

pena pecuniaria 벌금형(罰金刑).
cumprir pena 형을 끝마치다.
sob pena de …의 벌칙(罰則)에 따라.
ter pena de …을 불쌍히 생각하다.
valer a vena …할 보람이 있다. …할 가치가 있다.
Que pena! 가엾어라! 불쌍하다!

penação *f.* 가슴 아픔. 슬픈 일. 몹시 걱정하기.

penacho *m.* ①깃으로 만든 장식물. 깃털 장식(羽飾). (군모(軍帽) 앞에 꽂는) 깃털로 만든 술. ②뽐내기. 자랑.

penada *f.* ①일필(一筆). 펜으로 한 금 긋거나 한 글자 쓰기. ②펜(또는 붓) 끝에 있는 잉크(또는 먹)의 양(量). ③의견. 설(說). ④문장.

penado (1) *a.* 깃이 있는. 깃털(羽毛)에 덮인.
— (2) *a.* 괴로움을 당하는. 고통 받는. 아픈.

penal *a.* 형(刑)의. 형벌의. 형법의. 형사상(刑事上)의.
código penal 형법(刑法).
colônia penal 유배지(流配地).

penalidade *f.* ①형. 형벌(刑罰). 처벌. ②벌칙(罰則). [競] 벌점(罰點).

penalista *m.* 형법에 정통한 사람.

penalizar *v.t.* ①슬프게 하다. 가슴 아프게 하다. 괴롭히다. ②유죄를 선고하다. ③(경기 등에서 반칙자에게) 벌을 주다.
— *v.i.* 가슴 아프다. 슬프다. 괴롭다.
—*se v.pr.* …을 불쌍히 여기다. …에 동정하다.

penalmente *adv.* 형벌상.

penalogia *f.* 형벌학.

penamar *a.* (진주 따위) 광택이 나지 않는 (없는).

penão *m.* ①(배에 다는) 장기(長旗). ②(삼각형 또는 제비꼬리형의) 깃발. 창에 다는 기.

penar *v.t.* 가슴 아프게 하다. 슬프게 하다. (마음을) 괴롭히다. 걱정되게 하다.
— *v.i.* 가슴 아프다. 슬프다. 우수(憂愁)하다. 몹시 걱정(근심)하다.
—*se v.pr.* 고통 받다. 괴로움을 당하다. 고생하다.

penates *m.(pl.)* ①[羅神] 집지키는 신(神). ②가정(家庭). 가족.

penca *f.* ①(바나나 따위 여러 개가 한데 맺는) 큰 송이. 과일의 타래. 주렁주렁 열린 것. ②두꺼운 잎사귀. ③유달리 큰 코.
em penca (과실 따위 주렁주렁) 많이 달려서. 많이 열려서. 다량(多量)으로.

pencenê *m.* 코안경.

pencudo *a.* 《俗》코가 유달리 큰. 아주 큰 코 있는.

pendão *m.* ①기(旗). 기치(旗幟). ②(삼각형 또는 제비꼬리형의) 깃발. 창에 다는 기. ③[植] (옥수수의) 술. 송이꽃. 총상화서(總狀花序).
levantar o pendão da revolta 반기(反旗)를 들고 일어나다.

pendência *f.* ①쟁의(爭議). 분쟁. 계쟁(係爭). (잡지·신문지상의) 논쟁. ②(문제의) 미결(未決). 현안(懸案). 말썽되는 건(件). ③종속(從屬). 종속 상태.

pendenciador *m.* 싸우는 자. 논쟁자. 분쟁을 일으키는 자.

pendenciar *v.i.* (문제를 둘러싸고) 싸우다. 다투다. 논쟁하다. 쟁의(爭議)하다. 분쟁하다.

pendenga *f.* 언쟁. 논쟁. 계쟁(係爭). 분쟁.

pendente *a.* ①늘어진. 매달린. 매달은. 걸린. 걸어 놓은. 매다는. 내려드린. ②(한쪽으로) 기울어진. 넘어지려고 하는. ③미결(未決)의. 현안중(懸案中)인. ④종속되어 있는. 관계되고 있는. ⑤절박한.
— *m.* ①(특히 목걸이·팔찌 따위의) 늘어프린 장식. 수식(垂飾). 경식(頸飾). ②(일반으로) 늘어진 물건. ③귀고리. ④매단 가스등(燈). 시렁. 샹들리에.

pender *v.t.* ①걸다. 매달다. 늘어뜨리다. 매어 달아 두다. ②(커튼을) 창·입구 등에 걸다. ③(한쪽에) 기울이다. (벽·기둥 따위에) 기대다. ④종속시키다.
— *v.i.* 걸리다. 매달리다. 늘이우다. 늘어지다.
—*se v.pr.* 몸을 기대다.

pendor *m.* ①비탈. 사면(斜面). 경사지. 경사. ②기울기. 경향(傾向). 기호(嗜好). ③버릇. 습성. ④무게. 중량(重量).

pêndula *f.* 흔들리는 추로 움직이는 시계.

pendular *a.* (시계 등의) 흔들리는 추의. 요추(搖錘)의.
movimento pendular 흔들리는 추의 움직임.

pendulifoliado *a.* [植] 잎사귀가 (아래로) 늘어진. 내려드리운. 수엽(垂葉)의.

pêndulo *m.* (시계 등의) 흔들리는 추. 요추(搖錘).

pendura *f.* ①걸림. 매달림. 늘어뜨림. ②걸린 물건. 매달린 물건. 현수물(懸垂物).

pendural *m.* 램프. 가스등(燈) 따위를 걸기 위하여 천정에 꽂은 고리. 조구(吊鉤).

pendurar *v.t.* 걸다. 매달다. 늘어뜨리다.
— *v.i.*, —**se** *v.pr.* 걸리다. 매달리다. 늘어이우다. 현수(懸垂)하다.

penduricalho *m.* (특히 목걸이·팔찌 따위의) 늘어뜨린 장식. 늘어진 물건. 귀걸이. 《稽》훈장(勳章).

penedia *f.* = *penedio*.
— *m.* ①바위가 많은 것. 모여 있는 암괴(岩塊). ②낭떠러지. 현애(懸崖).

penedo *m.* 큰 바위. 거암(巨岩). 반석(盤石).

peneira *f.* ①눈이 가는 체. ②이슬비. 가랑비. ③돈 한 푼 없는 사람.

peneiração *f.* ①체로 치기. 체로 쳐서 가리기. ②정사(精査). 취사(取捨). 도태(淘汰).

peneirada *f.* ①체로 치기. 한 번 쳐 가리기. ②체로 한 번 쳐 낸 분량.

peneirador *a., m.* ①체로 치는 (사람). 체로 쳐서 가리는 (사람). ②정사하는 (자). 취사(도태)하는 (자).

peneirar *v.t.* ①체로 치다. 쳐서 가리다. (모래·가루 따위를) 체로 가리다. ②정사하다. 취사하다.
— *v.i.* 이슬비 내리다.
—**se** *v.pr.* 몸을 좌우로 흔들며 걷다. (오리·발 짧은 뚱뚱보 따위가) 어기적어기적(비척비척) 걷다.

peneireiro *m.* ①체를 만드는 사람. 체장수. ②꿀을 뽑을 때 쓰는 일종의 마스크. ③[鳥] 솔개.

peneiro *m.* 큰 체. 눈이 큰 체. 사분기(篩粉機).

penejar *v.t.* 펜으로 쓰다. 펜으로(그림) 그리다.

penela *f.* ①작은 언덕. 무덤. ②작은 바위.

peneplano *m.* 평평한 언덕. 구릉(丘陵). 구릉평야.

penetra *m., f.* 《俗》①불청객. 초대받지 않고 온 손님. ②염치 없는 사람. 거만한 사람. 건방진 사람. ③난입자(亂入者). 침입자.

penetrabilidade *f.* 가입성(可入性). 투철성(透徹性). 꿰뚫을 수 있음.

penetração *f.* ①꿰뚫고 들어감. (탄약 등의) 관통(貫通). 녹아 들어감. 투철력(透徹力). (아스팔트 등의) 침입도(針入度). 삼입(滲込). 스며듦. 침투(浸透). 침입(侵入). ②안식(眼識). 통찰. 통찰력. 간파(看破). ③예민(銳敏). 명민(明敏).

penetrador *a., m.* 꿰뚫고 들어가는 (사람·물건). 관통하는 (사람). 침입하는 (자·물건). 스며드는 (것). 통찰력 있는 (사람). 간파(看破)하는 (자).

penetrante *a.* ①꿰뚫고 들어가는. 배어드는. 관통하는. 침투하는. 침입하는. ②뼈에 사무치는. ③통찰력이 있는. 알아채는. 잘 이해하는. (지력이) 날카로운. 총명한. (소리 등이) 잘 통하는. 드높은.

penetrar *v.t.* ①…의 안에 들이다. 침투시키다. ②(빛·소리 등이) 꿰뚫다. 관통하다. 돌입하다. ③명심하게 하다. ④알아채다. 통찰(洞察)하다. 이해하다. ⑤(두뇌·마음 등에) 스며들게 하다.
— *v.i.* ①들어가다. 배어들어가다. 침입하다. 침투하다. ②(가슴 깊이) 명심하다. 뼈에 사무치다.

penetrar numa floresta 밀림 속으로 깊이 들어가다.
—**se** *v.pr.* 납득하다. 철저히 이해하다.

penetrativo *a.* ①꿰뚫고 들어가는. 관통하는. 침투하는. ②통찰력이 있는. 예민한. 마음에 사무치는.

penetrável *a.* 가입성(可入性)의. 침투할 수 있는. 꿰뚫을 수 있는. 투입(透入)할 수 있는. 느낄 수 있는. 간파할 수 있는. 통찰할만한.

penfigo *m.* (가축의) 수포진(水疱疹).

penguim *m.* [鳥] (북극산의) 펭귄류.

penha *f.* ①바위. 암석. 대암괴(大岩塊). 반석(盤石). 암층(岩層). ②벼랑. 낭떠러지. 현애(懸崖).

penhascal *f.* 큰 바위가 많은 곳. 작은 암산(岩山). 암구(岩丘).

penhasco *m.* ①큰 바위. 거암(巨岩). ②중첩한 암석. 준험한 암산.

penhascoso *a.* 큰 바위가 많은. 거암이 중첩한. 낭떨어지를 이룬. 곳곳에 현애(懸崖)가 있는.

penhasqueira *f.* 큰 바위가 많은 곳. 계속되는 암구(岩丘). 암산(岩山).

penhor *m.* ①[法] (動産의) 저당. 저당물.

담보품. ②보증. ③서약. 언질(言質).
casa de penhor 전당포(典當舖).
dar em penhor 저당(低當)잡히다.

penhora *f.* ①[法] 차압(差押). 몰수(沒收). ②차압(몰수)집행.

penhorado *a.* ①[法] 차압된. 몰수된. 압수당한. ②고마운. 감사하게 여기는.
— *m.* [法] 피차압인(被差押人).

penhorante *a.* ①고마워하는. 감사하는. ②차압하는.

penhorar *v.t.* ①차압하다. 몰수하다. 압수하다. 차압(몰수) 처분하다. ②보증하다. ③고맙게 느끼게 하다. 감사하도록 하다.
—se *v.pr.* 감사의 뜻을 표하다.

penhorável *a.* 차압되는. 차압(몰수)할 수 있는. 차압(압수) 가능한.

penhorista *a.* 저당에 관한. 저당물에 대한.
— *m., f.* 전당포 주인.

pêni *m.* 1페니(영국의 청동화로 1/12 실링).

peniano *a.* [解] 음경(陰莖)의.

penicilado *a.* [植·動] (모필 모양의) 다발털 있는. 모필 모양의(무늬 있는). 필상(筆狀)의.

penicilina *f.* [藥] 페니실린.

penicilo *m.* [貝] 편각패(片殼貝)의 일종.

penico *m.* 침실용의 변기(便器). 요기(尿器). 요강.

penífero *a.* 깃털이 있는. 깃털(羽毛)이 많은.

peniforme *a.* [植] 깃 모양(羽狀)의.

penígero *a.* 깃털이 있는. 깃털이 나는.

peninervado, peninérveo *a.* [植] 우상맥(羽狀脈)의.

península *f.* 반도(半島).
a Península 이베리아 반도.

peninsular *a.* ①반도의. 반도 모양의. ②이베리아 반도의.
— *m., f.* 반도민(半島民). (특히) 이베리아반도 사람.

pênis *m.* 자지. [解] 음경(陰莖). 남근(男根).

penisco *m.* 솔방울.

penite *f.* [醫] 음경염(陰莖炎).

penitência *f.* ①후회. 참회. 회개(悔改). 회오(悔悟). ②[가톨릭] 고해(告解)의 비적(秘蹟). 속죄(贖罪). 회죄(悔罪). ③고행(苦行)(죄갚음으로 하는). ④벌(罰).
tribunal da penitência [宗] 고해장(告解場).

penitencial *a.* 회오(悔悟)의. 징벌(懲罰)의. 속죄적 고행(贖罪的苦行)의.

penitenciar *v.t.* (죄갚음의) 고행을 하다. 참회(懺悔)시키다. 회개(悔改)시키다. 회전(悔悛)케 하다.
— *v.pr.* 후회(참회·회개·회죄)하다. 죄를 갚다.

penitenciária (1) *f.* (바티칸시국의) 교회재판소. 법황정(法皇廷)의 내사원(內赦院). 《英》 *ecclesiastical court*.
— (2) *f.* ①고해장. 고해하는 곳. ②교도소. 형무소. ③[宗] 교회사(敎海師). 청죄사제(聽罪司祭).

penitenciário *a.* 후회의. 징치(懲治)의. 형무소에 들어갈.
— *m.* 징치감피수용자(懲治監被收容者).

penitente *a.* 후회(참회·회개)하는. 죄를 갚는. 회죄(悔罪)하는. 죄를 깊이 뉘우치는.
— *m., f.* 죄를 깊이 뉘우치는 사람. 참회자. 회오자. 회전자(悔悛者).
penitentes (*pl.*) [가톨릭] 수양을 위하여 연맹한 제교단(諸敎壇)의 단원.

penol *m.* [海] 돛가름대의 끝(帆桁末端).

penosamente *adv.* 아프게. 고통스럽게. 괴롭게. 고생스럽게.

penoso *a.* ①아픈. 고통스러운. 고생스러운. ②힘드는. 괴로운. 귀찮은.

pensado *a.* ①생각한. 깊이 생각한. 숙고한. 이미 생각해 낸. ②미리 계획한. 계획적인. 고의의.
caso pensado 미리 계획한 건(件). 계획적 사건.
de caso pensado 미리 계획하여. 계획적으로. 고의로.

pensador *m.* 잘 생각하는 사람. 사색가(思索家). 사상가.
livre pensador 자유사상가.

pensamento *m.* ①생각하는 것. ②사고(思考). 사색. 사유(思惟). 궁리. ③생각해낸 것. 착상(着想). ④마음. 뜻. 의견. 의향. …하려는 생각. 작정. ⑤사상. 사조. ⑥사고력. 사색력. ⑦심사숙고. 명상.

pensante *a.* ①생각하는. 사고하는. 궁리하는. ②사고력 있는. 사상력(思想力) 있는. ③사색이 깊은. 사려(思慮)가 깊은.

pensão *f.* ①연금(年金). 은급(恩給). ②은급금. 양로연금. ③(예술가·과학자 등에게 주는) 장려금. 부조금. ④하숙(下宿).

기숙사. ⑤하숙비. 기숙료(寄宿料). ⑥의무. 책임. ⑦귀찮은 것. 힘드는 것.

pensar *v.t.* ①생각하다. 사고(思考)하다. 사유(思惟)하다. ②생각하고 있다. 간주(看做)하다. 판단하다. 예기(豫期)하다. ③…하려고 뜻하다. 계획하다. ④(아이를) 돌보다.
  pensar em …에 대하여 생각하다. …을 생각하다.
  Eu penso assim. 나는 이렇게 생각한다.
  Eu penso o seguinte. 나는 다음과 같이 생각한다.
  pensar uma criança 어린애를 돌보다. (목욕시키거나 옷 입히는 것).
  A pensar morreu um burro? 무엇을 멍하니 생각하고 있는가?
  pensar na morte da bezarra 멍하니 생각에 잠겨 있다. 정신 빠져 있다.
  ― *v.i.* ①생각하다. 사고하다. 사려(사색)하다. ②숙고(궁리)하다. ③사상을 품다. ④믿다. 상상하다. ⑤두루두루 생각하다. 머리를 앓다.
  ― *m.* ①생각. 사고. ②의견. ③사상. ④상상. 판단.

pensativo *a.* 깊이 생각하는. 사색에 잠긴. 명상하는.

pênsil *a.* ①매달린. 걸린. 걸어 놓은. 매다는. ②가공(架空)의. 중천에 걸려 있는.
  ponte pênsil 조교(吊橋). 적교.

pensionar *v.t.* ①연금(年金)을 주다. 은급을 주다. ②책임(의무)을 지우다. 무거운 부담을 지게 하다.

pensionário *a.* 연금의. 은급의. 은급에 관한. 연금(은급)을 받는.
  ― *m.* 연금(은급)받는 사람.

pensioneiro *a.* ①장려금을 주는. ②하숙비를 내는. 숙박료를 지불하는.

pensionista *m., f.* ①연금받는 자. 은급받는 자. ②하숙하는 사람. 하숙인. ③기숙생(寄宿生).

penso *m.* ①어린애를 돌보는 것. (옷 따위를 입혀주는) 시중. ②동물을 돌보기. ③(간단한) 상처의 치료.

pensoso *a.* =*pensativo*.

pent, penta, pente '다섯(五)…'의 수를 뜻하는 복합사.

pentacórdio *m.* 다섯 줄의 현악기(五絃琴). [音] 오음음계(五音音階).

pentadactilo *a.* 다섯 손(발)가락 달린. 오지(五指・五趾)의.

pentaedral *a.* [幾] 오면체의.

pentaedro *m.* [幾] 오면체(五面體).

pentagínia *f.* [植] 오자예류(五雌蕊類).

pentagonal *a.* 오변형의. 오각형(五角形)의.

pentágono *m.* ①[幾] 오각형(五角形). 오변형(五邊形). ②[築城] 오릉보(五陵堡).

pentagrama *f.* ①[樂] 오선표(五線表). 보표(譜表). ②별꼴(☆). 오변형.

pentamero *a.* 오절(五節)의. (곤충 따위)다섯 관절로 되는.
  pentameros (*pl.*) 오절류(五節類).

pentámetro *m.* [韻] 오시각(五詩脚). 오운각(五韻脚). 오운각의 시(詩). 애가오보구(哀歌五步句).
  ― *a.* 오시각의. 오운각의. 오운 각시의.

pentandria *f.* [植] 오웅예류(五雄蕊類).

pentandro *a.* [植] 다섯 개의 수꽃술이 있는. 오웅예의.

pentangular *a.* 오각(五角)이 있는.

pentapétalo *a.* [植] 꽃잎이 다섯이 있는. 오화판(五花瓣).

pentapole *f.* 오도시연합(五都市聯合).

pentarca *m.* 오두정치의 한 사람.

pentarquia *f.* ①오두정치(五頭政治). 오인(五人)정치. ②오국연합(五國聯合).

pentassílabo *a.* 오음절(五音節)의.

pentastilo *a.* [建] 오주식(五柱式)의.

pentateuco *m.* [聖] 모세의 오서(五書) (구약의 처음 다섯권).

pentatlo *m.* (옛 그리스의) 오종경기.

pentatónico *a.* [樂] 오음의.

pente *m.* 빗. 얼레빗. [機] (특히 방직기의) 빗 모양의 부속품.
  pente fino 참빗.
  pente grosso 굵은 빗. 얼레빗. 월소(月梳).
  pente de tecelão (방적기의) 바디(筬).

penteadeira *f.* 화장용 탁자(卓子). 경대(鏡臺).

penteadela *f.* 빗질하기. 빗으로 가르기.

penteado *a.* 빗질한. 빗으로 가른.
  ― *m.* ①빗질한 것. 빗질한 상태. ②머리를 땋기. 결발(結髮). ③머리를 닿은 모양. 스타일.

penteador *a.* 머리를 빗는. 머리를 땋는.
  ― *m.* ①머리를 빗는 사람. 땋아 주는 사람. ②머리를 빗을 때 걸치는 에프론(白布). 화장의(化粧衣).

penteadura *f.* 빗질하기. 머리를 땋기.

pentear *v.t.* (빗으로) 머리를 빗다. 머리를 땋다. (양털·삼 따위를) 가르다. (말을) 솔질하다.
Vai pentear macacos! 자네일이나 보게!
— *v.t.*, —**se** *v.pr.* 자기 머리를 빗다. 땋다.
pentear-se para 준비하다.

pentearia *f.* 빗 만드는 곳. 빗 공장.

pentecostes *m.(pl.)* ①[聖] 유월절(*passover*) 후 50일 째에 올리는 유태 사람의 제사. ②성신강림(降臨)의 축일(祝日).

penteeiro, pentieiro *m.* 빗 만드는 사람. 빗 장수.

pentelho *m.* 하복부(下腹部). 또는 음부(陰部) 털.

penteola *f.* [貝] 새조개 껍질.

penugem *f.* [動] 부드러운 털. 나기 시작하는 털(수염). 갓 나온 털. 초생모(初生毛). [植] (민들레·복숭아 등의) 솜털. 면모(綿毛).

penugento *a.* =*penujento*.

penujar *v.i.* 연한 털이 나오다. 솜털이 돋다. 부드러운 털(솜털)에 덮이다.

penujento, penujoso *a.* 부드러운 털(솜털)이 많은. 솜털(연모·유모(柔毛))에 덮인.

penúltimo *a.* 끝에서 두 번째의. [文] 어미(語尾)에서 두 번째의.

penumbra *f.* ①반영(半影). 반음영(半陰影). [畵] 명암농담(明暗濃淡)이 섞인 부분. 명암 교차부분(交叉部分). ②태양 흑점의 반음부. 반암(半暗).

penumbroso *a.* 으스름한. 어슴푸레한. 반음의. 반음영(半陰影)의.

penúria *f.* ①몹시 가난함. 극빈(極貧). 적빈(赤貧). ②결핍. 궁핍.

peonada *f.* =*peonagem*.

peon *m.* [韻] 4음절의 운각(韻脚)(긴 음절 하나와 짧은 음절 셋으로 됨).

peonagem *f.* ①[古] 보병(步兵). 수 명의 보병. ②많은 도보자(徒步者). 도보자의 떼.

peônia *f.* [植] ①작약(芍藥). ②모란(牡丹). 목단.

peonico *a.* [植] 작약의. 모란의. 목단의.

peor *a.*, *adv.* =*pior*.

peoramento *m.* =*pioramento*.

peorar *v.t.*, *v.i.* =*piorar*.

peoria *f.* =*pioria*.

pepinal *m.* 오이밭.

pepineira *f.* ①오이밭. ②묘상(苗床). ③(논지 등의) 뒤죽박죽. 혼란. ④법석 떠들며 놀기. 유흥(遊興). ⑤뜻하지 않은 큰 돈벌이.

pepineiro *m.* [植] 오이(식물을 가르침).

pepino *m.* 오이(식물 및 열매).

pepira *f.* 일종의 해조(害鳥).

pepita *f.* ①금덩어리. 광물덩어리. ②사금(砂金).

peplo *m.* 그리스 여자의 웃옷. 허리만 두르는 짧은 스커트.

peponida *f.* 오이류(瓜類)의 총칭.

pepsia *f.* 위 안(胃中)의 소화작용.

pepsina *f.* 펩신(위액(胃液) 중에 있는 단백질 분해 효소(酵素)). 펩신제(劑).

peptagogo *a.* [醫] 위액 분비를 증진(增進)하는.

péptico *a.* 소화력 있는. 소화를 돕는.

peptona *f.* [生化學] 펩톤(위액과 단백질과의 혼합물).

peptonização *f.* 펩톤화(化)하기.

peptonizar *v.t.* 펩톤화하다.

peptonúria *f.* 펩톤뇨(尿)(오줌 속에 펩톤이 나타나는 것).

peptoxina *f.* 위액 중에 발견되는 독소(毒素).

pepuira *f.* 일종의 왜계(矮鷄).

pequena *a.*, *f.* *pequeno*의 여성형.

pequenada *f.* 많은 아이. 아이들의 떼.

pequenete *a.* 아주 작은.
— *m.* ①작은 아이. ②작은 물건.

pequenez, pequeneza *f.* ①작음. 왜소(矮小). 단소(短小). ②영세(零細). 과소(寡少). ③좁은 마음. 소심(小心). 협량(狹量). ④인색(吝嗇).

pequeninho, pequenito *a.* 아주 작은. 극소(極小)한.
— *m.* ①아주 작은 것. ②아주 작은 아이. 작은 꼬마.

pequenitates *m.* 좀 작은 사람. 중키보다 낮은 사람.

pequeno *a.* ①(모양이) 작은. 소형의. ②(양적으로) 적은. 과소(寡少)한. ③(나이) 어린. 키가 작은. 깜찍한. 어린애 같은. ④마음이 작은(좁은). 협량(狹量)의. ⑤인색한. 아껴 쓰는. 손이 작은.
— *m.* ①어린애. 아동. 꼬마. ②작은 것. *pequenos* (*pl.*) ①(강자(强者)에 대한) 약자(弱者). 힘없는 개개인(個個人). ②영세민(零細民). (사회의) 저층민(低層民).

pequenote *a*. 좀 작은. 다소 작은.
— *m*. ①젊은이. 청년. ②애인(귀엽다는 뜻의).
pequerruchada *f*. 아이들. 아이들의 떼.
pequerrucho *a*. 아주 작은.
— *m*. 작은 아이. 꼬마.
pequice *f*. ①우둔한 언행. 바보같은 이야기(수작). ②여간해서 움직이지 않는 고집. 무서운 억지.
pequinês *a*. (중국) 북경의. 북경 사람의.
— *m*., *f*. 북경 사람.
pequira *a*. 몸집이(형체가) 작은. 소형(小形)의.
— *m*. ①작은 물건. 보잘 것 없는 것. ②작은 사람(동물).
pequitito *a*. ①아주 작은. ②아주 어린.
per *prep*. *por*의 고체(古體).
pêra *f*. ①[植] 배(梨). ②아랫입술 밑에 조금 기른 수염(나폴레온 3세 수염). ③(장롱·경대 따위의 서랍에 달리는) 구형(球形) 손잡이(배꼴을 한 것).
perada *f*. ①설탕에 절여서 찐 배. 스튜우한 배. ②배로 만든 음료(또는 술).
peral *a*. 배의. 배같은. 배꼴을 한.
— *m*. 배나무숲. 이원(梨園). 배과수원.
peralta *m*., *f*. ①멋쟁이. 맵시꾼. 여자에게 상냥한 남자. 잘 차리고 으쓱하는 사람. 건달. 장난꾸러기.
— *a*. 멋 부리는. 맵시내는. 뽐내는. 싱거운.
peraltear *v.i*. 멋 부리다. 맵시내다. 우쭐하다. 뽐내다. 바람 피다. 건달부리다.
peraltice *f*. 멋 부리기. 맵시내기. 번지르르한 치장.
peraltismo *m*. 멋. 치장. 멋 부리기. 맵시내기.
peralvilhar *v.i*. =*peraltear*.
peralvilhice *f*. 멋 부리기. 맵시 내기.
peralvilho *m*. ①멋쟁이. 맵시꾼. 여자에게 상냥한 남자. 모양내는 사람. 젠체한 자. ②번지르르한 물건.
perambulação *f*. ①여기저기 돌아다니기. 산보. 산책. 배회(徘徊). 방황(彷徨). ②순회. 순시(巡視).
perambular *v.i*. ①여기저기 돌아다니다. 배회하다. 방황하다. ②순회하다. 순시하다.
perambeira *f*. ①낭떠러지. 절벽. 현애(懸崖). 심곡(深谷). ②위험.

perante *prep*. ①…의 앞에. …앞에서. …의 면전에서. ②…에 대하여.
pé-rapado *m*. ①몹시 가난한 사람. ②비천한 사람.
péra-pão *m*. 배(梨)의 일종.
perca *f*. ①[魚] 농어류(類)의 담수어. ②손해. 손실(損失). 유실(遺失).
percal *m*. 옥양목(玉洋木).
perca inferior 옥당목(玉唐木).
percalço *m*. ①(예기치 않은) 이득(利得). 수득(收得). 임시 수입(收入). ②결점. 결함. 귀찮은 것.
percale *m*. 일종의 베개 짠 면포(綿布). 당목(唐木).
percalina *f*. ①(안감으로 쓰이는) 약간 윤이 있는 두꺼운 천. ②[製本] 책의 표지에 씌우는 천.
per-capita *adv*. 머릿수로 나눠서. 각각에 대해. 일인당(一人當).
perceber *v.t*. ①눈치채다. 깨닫다. ②(의미·진상 등을) 파악하다. ③지각(知覺)하다. 감지(感知)하다. 듣다. 이해하다. 요해하다.
percebimento *m*. ①눈치채기. 깨닫기. 인지(認知). ②지각(知覺); 지각력. 이해. 요해. ③수득(收得). 취득. 향수(享受).
percentagem *f*. 백분율(百分率). 백분비(百分比)율. 비율.
percepção *f*. ①지각하기. 인지(認知)하기. 이해(理解). ②(임차료(賃借料) 등의) 취득. 취득액(取得額). (세금의) 징수(徵收).
perceptibilidade *f*. 지각(知覺)할 수 있음. 지각력. 이해력. 인지(認知)할 수 있는 상태(성질).
perceptível *a*. 지각(인지)할 수 있는. 이해할 만한. 알아차릴 수 있는. 빤한. 명백한.
perceptivelmente *adv*. 알아차릴 수 있게. 명백하게. 빤히. 이해할 수 있는 정도로.
perceptivo *a*. 지각적. 지각력 있는. 이해력 있는. 총명한.
perceve *m*. [貝] (식용으로 되는) 바닷조개의 일종.
percevejo *m*. ①빈대. 상충(床蟲). ②(도화지 따위를) 눌러 꽂는 제도용 핀.
percha *f*. ①(새 따위가 앉는) 횃대③; 장대. 가름대. ②[海] (뱃머리의) 장식 기둥.
percintado *a*. ①사방을 둘러막은. 둘러싼. ②(곁을) 똘똘 감은. 둘둘 말린.

percintar *v.t.* 똘똘 감다.
perclorato *m.* [化] 과염소산염(過鹽素酸鹽).
percloreto *m.* [化] 과염화물(過鹽化物).
perclórico *a.* [化] 과염소산(酸)의.
percluso *a.* ①절름발이의. 불구(不具)의. ②마비된. 불수(不髓)의. 쓰지 못하는.
percorrer *v.t.* ①걸어 돌아다니다. ②각 지방을 여행하다. 편력(遍歷)하다. ③답사(踏査)하다. ④한번 쭉 읽다. 일독(一讀)하다.
percorrer a cidade 시내를 샅샅이 돌아다니다.
percorrer toda a Europa 유럽 각 지방을 여행하다(돌아다니다).
percuciente *a.* 때리는. 두드리는. 치는. 타격 주는. 충격을 주는.
percudir *v.t.* 《古》=*percutir*.
percurso *m.* ①경로(經路). 노정(路程). 코스. 길. ②편력(遍歷). ③[天] 운행(運行).
percurso de um rio 강줄기. 물줄기.
percussão *f.* ①세게 치기. 강타. 충격(衝擊); 충격하기. ②격발(擊發). 격발장치. ③진동(震動). 격동. ④[醫] 타진(打診). 타진법. ⑤타악기류(打樂器類).
instrumento de percussão 타악기.
percussor *a.* 세게 치는. 충격하는. 충격의. 타진(打診)의.
— *m.* 세게 치는 것. 충격하는 것; (총포의) 격철(擊鐵). (침타총(針打銃)의) 격침(擊針). 격발장치.
percutaneo *a.* (약품 따위) 피부외용(皮膚外用)의.
percutidor *a.*, *m.* =*percussor*.
percutir *v.t.* ①세게 치다. 때리다. 충격을 주다. [醫] 타진하다.
— *v.i.* (+*em*) (…에) 반향(反響)하다.
percutor *a.*, *m.* =*percussor*.
perda *f.* ①상실(喪失). 분실. 유실(遺失). 망실(亡失). 손실물. 손실액. [商] 결손. 감손(減損). 적어짐. [鏡] 실점(失點). (승부에) 진 것. ②없어짐. 멸망. 사망. [軍] 사상자. (전투에서의) 손해.
perdas e danos (전체) 손해액.
perdão *m.* ①용서. 면죄(免罪). 사면(赦免). 용서(赦宥). 가대(假貸). ②(실수 따위를 사과할 때) 용서하시오! 참 안 됐습니다! ③(남의 이야기를 이해 못하여 재차 물을 때. 미안한 뜻이 있으므로) 죄송합니다만. 실례입니다만. ④*Perdão!* 미안합니다! 실례했습니다! 용서하십시오!
Peço perdão. 참 실례했습니다! 노여워 마시기를!
Pedir mil perdões. 대단히 미안합니다.
perdedor *a.*, *m.* …을 잃어버린 (사람). 분실한 (사람). 손해 보는 (사람). (승부에서) 진 사람. 패자. (기회 따위를) 놓친 (사람).
perder *v.t.* ①(…을) 잃다. 분실하다. 유실하다. 상실하다. ②손실하다. 허비하다. ③(길을) 잃다. ④(정신을) 잃다. 못 보고 말다. 못 듣고 말다. ⑤(기회를) 놓치다. 기차·버스 등 놓치다. ⑥(노름·승부 등에서) 지다. 패배하다. 실패하다. ⑦타락하게 하다. 부패하게 하다. ⑧(신용·명성 따위를) 잃게 하다. ⑨없애버리다.
perder um documento 서류를 잃어버리다.
perder o caminho 길을 잃다. 모르다.
perder coragem 용기를 잃다.
perder a ocasião 기회를 놓치다.
perder o cliente 고객을 잃다.
perder o tempo 시간을 허비하다.
perder o tempo sem fazer nada 허송세월하다. 아까운 시간을 다 보내다.
Não percam as oportunidades! 기회를 놓치지 마십시오!
perder cera com ruins defuntos 오래된 논쟁을 되풀이하다. 헛수고를 하다.
perder terreno 기반을 잃다. [軍] 점령지를 잃다. 땅을 빼앗기다.
— *v.i.* 신용을 잃다. 가치를 잃다. 손해를 보다(입다). 실패하다.
perder credito 신용을 잃다.
perder o valor 가치를 잃다.
perder paciência 더 참지 못하다.
—**se** *v.pr.* ①없어지다. 더 안 보이다. 더 들리지 않다. ②길을 헤매다. ③타락하다. ④부패해지다. 썩다. ⑤유실되다. 소실되다. ⑥멸망하다. 죽다. ⑦패하다. 패배하다.
perdição *f.* ①잃음. 멸망함. 파멸. 영원한 죽음. ②지옥에 떨어짐. 지옥. [宗] 영벌(永罰).
perdida *f.* 타락한 여자. 신세를 망친 여자. 매음부.
perdidamente *a.* ①헛되게. 무익하게. 극단적으로. ②정신없이. 열심히. 몰두하여.
perdidiço *a.* 잃어버리기 쉬운. 분실할 수 있는. 없어지기 쉬운.

perdido *a.* ①잃은. 잃어버린. 분실한. 분실된. 유실한. ②(길·방향을) 잃은. 헤매는. ③잊어버린. 망각(忘却)한. 기억력을 상실한. ④(기회를) 놓친. ⑤정신없는. 열중하는. 몰두하는. ⑥썩은. 부패한. 타락한. ⑦(배가) 가라앉은. (비행기가) 행방불명이 된.
homem perdido 길잃은 사람. 헤매는 사람. 타락한 사람.
mulher perdida 타락한 여자. 버린 여자.
tempo perdido 헛되게 보낸 시간. 허송한 세월.
mangas perdidas 길게 내려뜨린 소매.
bala perdida 난사(亂射).
estar perdido de riso 폭소(爆笑)하다.
perdido por um, perdido por cem 한번 시작한 일은 끝까지 ъем.
— *m.* 잃어버린 것. 분실물. 유실물.

perdigão *m.* [鳥] 자고새(鷓鴣). 큰 자고.
perdigôto *m.* ①어린 자고. 자고 새끼. ②《俗》(말할 때) 입에서 튀어나가는 침.
perdigueiro *a.* 자고를 사냥하는.
— *m.* 자고 사냥용 개. 줍기만 하는 사냥개.
perdimento *m.* =*perdição*.
perdível *a.* 잃어버리기 쉬운. 분실(유실)할 수 있는. 분실할 우려성이 있는.
perdiz *f.* ①[鳥] 자고(새)(鷓鴣)(암컷). ②《俗》손해. 손실.
perdoador *a.*, *m.* 용서하는 (사람).
perdoamento *m.* 용서하기. 사면(赦免).
perdoar *v.t.* 용서하다. 사하다. 사면하다.
perdoável *a.* 용서할 수 있는. 용서해야 할. 사면할 수 있는.
perdulariamente *adv.* 허비하여. 낭비하여.
perdulário *a.* 허비하는. 낭비(浪費)하는. 남비(濫費)하는. 방탕하는. 아낌없는.
— *m.* 돈을 헤프게 쓰는 사람. 낭비하는 자. 방탕부리는 자.
perduração *f.* 오랫동안 계속되기. 영속(永續). 지속(持續). 장기존속(長期存續). 존속(영속)기간.
perdurar *v.i.* 오랫동안 계속하다. 오래 견디어 나가다. 장기 지속(존속)하다. 영속하다.
perdurável *a.* 오래가는. 오래 견디는. 영속성(永續性)이 있는. 영원한. 영구(永久)한. 사시장춘(四時長春)한.
perduravelmente *adv.* 오래 가게끔. 오래 견디게끔. 영속할 수 있게. 영원히. 영구히.

perecedor *a.* 없어지는. 멸망하는. 멸망케 하는. 말라 죽게 하는. 소멸하는.
perecedouro *a.* 없어질. 소멸할. 멸망할. 죽을. 말라 죽을. 썩기 쉬운.
perecer *v.i.* 없어지다. 소멸하다. 멸망하다. 죽다. 말라 죽다.
perecimento *m.* 없어짐. 소멸. 멸앙. 죽음.
perecível *a.* ①없어질. 소멸할. 소멸하기 쉬운. 멸망할. 죽을. ②썩기 쉬운. 깨지기 쉬운.
peregrinação *f.* 편력(遍歷). 여행. [宗] (영지(靈地)의) 순례(巡禮). 순배(巡拜).
peregrinador *a.*, *m.* 편력자. 여행자. 순례자.
peregrinamente *adv.* 이상하게. 신기하게. 기이하게. 드물게.
peregrinante *a.*, *m.* 편력하는 (자). 여행하는 (자). 순례하는 (자).
peregrinar *v.i.* 편력하다. (곳곳을) 여행하다. 순례(巡禮)하다. 순례의 길에 오르다.
— *m.* 편력(遍歷). 순례.
peregrino *a.* ①외국의. 외국에서 온. 외국풍(風)의. 이국(異國)의. ②순례중(巡禮中)의. (종교적 유적지를) 순방하는. 이곳저곳 여행하는. 편력하는. ③이상한. 신기한. 드문.
— *m.* 편력자. 순례자.
pereira *f.* [植] 배나무. 서양배나무.
pereiral *m.* 배나무 밭. 배 과수원. 이원(梨園).
perempção *f.* [法] 소송권상실(訴訟權喪失)(일정한 기간이 지난 경우의).
perempto *a.* [法] 소송권을 상실한.
peremptoriamente *adv.* 단호히. 결정적으로. 엄연하게. 독단적으로. 건방지게.
peremptório *a.* [法] (명령 등의) 엄연한. 단호한. 결정적. 확정적. 절대적.
perenal *a.* =*perene*.
perenalmente *adv.* =*perenemente*.
perene *a.* ①사철을 통해서의. 상시(常時)의. 사철 피는. 여러 해 계속하는. [植] 다년생(多年生)의. ②오랫동안 계속하는. 영속(永續)하는. 변함없는. 영구한. 무궁한. 불후(不朽)의. 종신(終身)의.
perenemente *adv.* 사철을 통하여. 상시. 오래 계속되어. 영구히. 변함없이. 무궁하게.

perenidade *f.* 영구성(永久性). 영속성(永續性). 불후성(不朽性). 무궁(無窮). 무진(無盡).

pereguação *f.* 균배(均配). 균분(均分). 균등분(均等分).

perereca *f.* ①청개구리류(類). 작은 두꺼비(의 일종). ②《俗》작은 사람. 작은 동물.
—— *a.* 청개구리처럼 도약하는(뛰는). 진정치 못한. 잠시도 가만있지 않는.

pererecar *v.i.* ①이곳저곳 뛰어 돌아다니다(도약하다). ②빈둥거리다.

pererec *m.* 작은 말다툼. 소소한 언쟁.

perfazer *v.t.* ①수(數)를 채우다. 전수(全數)로 하다. ②끝마치다. 완성하다. 완수하다. ③완전히 익숙되게 하다.

perfazimento *m.* ①수를 채움. 전수(全數). ②완전. 성전(成全). ③완성. 완수(完遂). 성취(成就).

perfectilidade *f.* 완전히 할 수 있음. 완성가능. 성전성(成全性).

perfectível *a.* 완전히 할 수 있는. 완성시킬 수 있는. 성전가능(成全可能)한.

pertectivo *a.* 완전히 하는. 완성시키는. 성전(全)의.

perfeição *f.* ①완전(完全). 완성(完成). 완비(完備). ②극치(極致). 지선(至善). ③(격의) 원만. 완인(完人). (기술적) 원숙(圓熟). (기예(技藝)의) 완전 숙달. 정교(精巧).

perfeiçoar *v.t.* (=*aperfeiçar*). 완성하다. 완수(完遂)하다. 완전하게 하다.

perfeitamente *adv.* 완전히. 더할 나위 없이 훌륭하게. (긍정의 뜻으로) 물론. 그렇고말고.

perfeito *a.* ①완전한. 더할 나위 없이. 훌륭한. 결점 없는. ②정확한. 조금도 틀림 없는. ③숙달한. 아주 익숙한. ④[文] 완료(完了)의. 완전과거의.
—— *m.* [文] 완전과거(完全過去).

perfidamente *adv.* 성실치 못하게. 불충분하게. 배반하여.

perfidia *f.* 불성실(不誠實). 불충(不忠). 배반(背反).

perfidioso *a.* 믿을 수 없는. 불신(不信)한. 불충한.

pérfido *a.* 믿지 못할. 불신한. 불충(不忠)한. 불의(不義)의. 두 가지 마음(二心)이 있는.

perfil *m.* ①윤곽. ②옆모습. 반면상(半面像). (조각의) 측면. ③[建] 종단면도(縱斷面圖). 측면도. ④소전(小傳). 소개적인 간단한 전기(傳記). ⑤[翻] 횡렬(橫列). 횡대정렬(橫隊整列).
de perfil 측면의. 옆모습의. 옆에서.

perfilar *v.t.* ①윤곽을 그리다. 측면도를 그리다. 종단면도를 그리다. ②[軍] 횡대로 정렬시키다.
——*se v.pr.* 흩어진 횡대(橫隊)를 똑바로 하다. 횡대로 정렬하다.

perfilhação *f.* = *perfilhamento*.
—— *m.* 서자(庶子) 또는 사생아(私生兒)를) 양자로 삼기. [法] (사생아의) 인지(認知).

perfilhador *a.*, *m.* 양자로 삼는(사람).

perfilhar *v.t.* (서자 또는 사생아를) 양자로 삼다. 양자로 택하다.

perfulgência *f.* (휘황하게) 빛남. 찬란함.

perfulgente *a.* (휘황하게) 빛나는. 찬란한.

perfumado *a.* ①향기로운. 향기로운 냄새나는. 향수를 바른. 향료를 가한. 방향(芳香) 있게 한.

perfumador *a.* 향기로운. 향기를 피우는. 향내나게 하는.
—— *m.* ①향로(香爐). ②향료상(香料商).

perfumadura *f.* 향기롭게 하기. 향수를 바르기(치기).

perfumante *a.* 향기롭게 하는. 향내를 피우는. 향기 그윽한.

perfumar *v.t.* 향수를 바르다(치다). 향기롭게 하다.
——*se v.pr.* (자기의 몸에) 향수를 바르다. 향기를 풍기다.

perfumaria *f.* ①향수류(香水類). 향료품(香料品). ②향료상점. ③향수(향료) 제조소.

perfume *m.* ①향기. 방향(芳香). ②향수(香水). 향유(香油). 향료. ③향구(香具).

perfumista *m.*, *f.* 향료상(香料商). 향수장수. 향수(향유) 만드는 사람.

perfumoso *a.* 향기로운. 향기 그윽한. 향기가 코를 찌르는.

perfunctoriamente *adv.* 되는대로. 기계적으로. 형식적으로. 철저치 못하게. 표면상으로.

perfuntório *a.* 되는대로의. 기계적. 형식적. 철저치 못한. 겉으로만의. 표면적 피상(皮相)의.

perfuração *f.* 구멍뚫기. 구멍파기. [醫] 천공(穿孔). 꿰뚫음. 천통(穿通).

perfurador *a.* 구멍을 뚫는. 천공용(用)의.
— *m.* 구멍뚫는 기구(송곳). 천공기(穿孔器). 차표 찍는 가위 ; (산과용(産科用)의) 천두기(穿頭器).

perfuradora *f.* 구멍뚫는 기구. 기계 송곳. 천공기.
perfuradora giratória 회전(回轉) 천공기.

perfurante *a.* ①구멍을 뚫는. 구멍을 파는. ②꿰뚫는. 관통하는.

perfurar *v.t.* 구멍을 내다(뚫다). 구멍을 파다. 꿰뚫다. (종이에) 바늘 구멍을 내다.
perfurar um túnel 터널을 파다. 굴을 뚫다.

perfurativo *a.* 천공성(穿孔性)의. 관통할 수 있는. 구멍뚫는 힘이 있는.

perfuratriz *f.* 송곳. 찬공기(鑽孔器). 착암기(鑿岩機).

pergaminháceo, pergamináceo *a.* 양피지 같은. 양피지질(質)의.

pergaminharia *f.* 양피지 제조(법). 양피지상(商).

pergaminheiro *m.* 양피지 제조인. 양피지 장수.

pergaminho *m.* 양피지(羊皮紙). ②양피지에 쓴 문서.

pérgula *f.* (덩굴 따위를 올린 시렁을 지붕으로 한) 정자 또는 오솔길. 그늘길.

pergunta *f.* ①물음. 질문. 질의(質疑). 심문. ②의문나는 일. ③문제. 논점. 현안(懸案).

perguntador *a., m.* 묻는 (사람). 질문자. 심문자. 묻기 좋아하는 사람.

perguntante *m., f.* 질문자.

perguntão *m.* 자주 묻는 사람. 질문하기 좋아하는 사람. 캐물어 보고 싶어하는 사람.

perguntar *v.i.* 질문하다. 묻다. 물어보다. 심문하다. 의심하다. 질의(質疑)하다.

perianto *m.* [植] 화개(花蓋). 화피(花被).

pericárdico, pericardino *a.* 심낭(心囊)의.

pericárdio *m.* [解] 심낭(心囊).

pericardite *f.* [醫] 심낭염(炎).

pericarpico *a.* 과피의. 종피의. 과피(종피)에 관한.

pericarpo *m.* [植] 과피(果皮). 종피(種皮). 포(苞).

pericentral *a.* 주심(周心)의.

perícia *f.* 숙련. 노련. 능숙한 솜씨. 잘함. 교묘.

pericial *a.* 숙련한. 노련한. 익숙한. 잘하는. 교묘한.

periclitante *a.* 위험에 처한. 위험을 무릅쓰는. 모험을 감행하는.

periclitar *v.i.* 위태롭게 되다. 위험에 빠지다(처하다).

pericondrio, pericondro *m.* [解] 연골막(軟骨膜).

pericondrite *f.* [醫] 연골막염(炎).

pericráneo, pericránio *m.* ①[解] 두개골막(頭蓋骨膜). ②기지(機智).

peridotite *f.* = *peridoto*.
— *m.* [鑛] 감람석(橄欖石).

peridromo *m.* [建] 주랑(周廊). 신전(神殿)의 회랑(廻廊).

perielio *m.* [天] 근일점(近日點) : 태양계의 천체가 태양에 가장 가까이 가는 위치.

periféria *f.* 주위(周圍). 주위의 지방 ; [幾] 주위. 윤곽.

periférico *a.* 주위의. 윤곽의.

periforme *a.* 배꼴을 한. 이형(梨形)의.

perífrase *f.* [修] 둘러말하는 표현법. 우설(문)(迂說)(文). 멀리(넌지시) 둘러 말하기.

perifrasear *v.i., v.t.* 멀리(넌지시) 둘러 말하다.

perifrástico *a.* ①둘러 말하는. 우설(迂說)의. ②용장(冗長)한. 긴.

perigalho *m.* ①[海] 뒷돛(後帆) 꼭대기의 마룻줄. ②*perigalhos* (*pl.*) (늙은 사람 또는 야윈 사람의) 턱밑·목덜미 등에 처진 주름잡힌 피부.

perigar *v.i., v.t.* 위험에 처하다(빠지다). 위험에 직면하게 하다. 위험(모험)을 무릅쓰고 감행하다.

perigeu *m.* [天] 근지점(近地點) : 달(月)·행성(行星)이 지구에서 가장 가까워지는 위치.

perigo *m.* ①위험. 위태(危殆). ②위급(危急). 위기(危機). ③위험물.

perigosamente *adv.* 위험하게. 위태롭게.

perigoso *a.* 위험한. 위태로운. 위급한. (병이) 위독한.

perilampo *m.* 《俗》 개똥벌레.

perilha *f.* ①작은 배(梨). ②배꼴(梨形)의 장식(물).

perimetria *f.* [幾] 주변측정(周邊測定). 시야(視野) 측정.

perimétrico *a.* 주변의. 주위의.

perímetro *m.* 주변. 주위(周圍). 주계(周界). ②시야계(視野計). ③[軍] (전선의) 전초선.

perimir *v.t.* [法] (기간경과(期間經過). 해태(解怠) 등으로 인하여) 소권(訴權)을 상실하다.

perineal *a.* [解] 회음(會陰)의.

períneo, perineu *m.* [解] 회음(會陰).

periodical *a.* ①(신문·잡지 따위의) 정기간행(물)의. ②주기적. 정시(定時)의. 이따금 일어나는.

periodicamente *adv.* 정기적으로. 주기적으로. 정시에.

periodicidade *f.* 정기성(定期性). 주기성(週期性). 주기수(數). [醫] 정기발작(定期發作). [天] 정기출현(귀래)(歸來).

periódico *a.* ①정시(定時)의. 정기의. 주기적인. 정기적인. 순환적(循環的)인. ②시대의. ③[修] 완전문의. 장문(長文)의. 도미문(掉尾文)의.
— *m.* (신문·잡지 따위의) 정기간행물.

periodiqueiro *m.* 《輕蔑》 (정기간행의) 잡지기자(記者). 신문기자.

periodismo *m.* ①저널리즘. 신문문학(新聞文學). ②신문업(業). ③신문·잡지기자의 성격 ; 그 기질.

periodista *m., f.* (신문·잡지 따위의) 정기간행물의 기자.

periodização *f.* ①일정한 기간으로 나누기. ②주기적으로 하기. 정기적으로 하기.

periodizar *v.i.* ①일정한 기간으로 나누다. ②주기적(정기적)으로 하다. 정기(定期)에 행하다.

periodo *m.* ①기(期). 계(季). ②…시(時). 시대(時代). 연대(年代). 성대(聖代). 세대. ③말기. 종결. ④[天·理] 주기(週期). ⑤[醫] 과정. 단계. ⑥[文] 종지점(終止點). 종지부. 생략점(……). 구절(句切). ⑦[地質] 기(記). ⑧[數] (순환 소수의) 순환절(循環節). ⑨[樂] 악절(樂節). ⑩시한(時限).

periostal *a.* 골막(骨膜)의.

periósteo *m.* [解] 골막(骨膜).

periostite *f.* [醫] 골막염(炎).

periostose *f.* [醫] 골막종(腫).

peripatético *a.* ①걸어 돌아다니는 ; 널리 다니는. 순회하는. ②[哲] 소요학파(逍遙學派)의.
— *m.* ①《稽》 걸어 돌아다니는 사람. 도붓장수. 행상인. ②소요학파의 사람.

peripatetismo *m.* ①소요학파. ②소요벽(癖). 편력.

peripécia *f.* ①[劇] 처지 또는 운명의 격변(激變). ②(실생활에 있어서의) 환경격변. 돌연이변(突然異變). ③인생의 곡절이 심한 파란. ④《轉》 돌발사고.

peripétalo *a.* [植] 화판(花瓣) 또는 화관(花冠)을 싸는 ; 에워싸는.

périplo *m.* ①《古》 연안주항(沿岸周航) ; 그 기사(記事). ②세계일주여행.

peripneumonia *f.* 늑막폐렴(肋膜肺炎).

peripneumónico *a.* 늑막폐렴의.

periproctite *m.* [醫] 직장주위염(直腸周圍炎).

peripterio, periptero *a., m.* [建] 주위에 기둥을 늘어 세운 (전당(殿堂)).

periquito *m.* [鳥] 잉꼬.

periscios *m.(pl.)* 극권내(極圈內)의 주민(住民).

periscópico *a.* ①사방을 내다보기에 좋은 ; 잠망경의(같은). ②개관적.

periscópio *m.* (잠수함 등의) 잠망경(潛望鏡). 전망경(展望鏡). 페리스코프.

perisperma *m.* [植] (씨의) 외배유(外胚乳). 외유(外乳).

perispermico *a.* [植] 외배유의. 외유의.

perisplenite *f.* 비장부 복막염(脾臟部腹膜炎).

perispómeno *a., m.* (그리이스 문법(文法)) 어미에 억양음부(抑揚音符)가 있는 (말).

perissodactilo *a.* 기이한 발가락을 가지고 있는. 발가락 수(趾數)가 이상한.

perissodactilos *m.(pl.)* [動] 기제류(畸蹄類). 단제류(單蹄類).

perissologia *f.* ①[修] 중복(重復 : 간결한 한마디로 할 수 있는 것을 필요없이 중복하는 것 ; (보기) '역전 앞'이라고 하는 따위). ②쓸데없는 말이 많음.

perissológico *a.* ①[修] 중복의. ②말이 많은.

peristáltico *a.* [解] 연동(蠕動)의.

peristilo *m.* [建] 주주식(周柱式). 열주곽(列柱廓 : 기둥이 주위에 늘어선 장소 또는 안마당).

peristoma *m.* [植] (이끼류의) 치모(齒毛). [動] 입가. 입술. 주구부(周口部).
peristomado *a.* [植] 치모가 있는. [動] 입가의. 입술의. 주구부의.
peritécio *m.* [植] 과피(果皮). 포(苞).
peritiflite *f.* [醫] 맹장주위염(盲腸周圍炎). 맹장포위염(包圍炎).
perito *a.* 솜씨 있는. 숙련한. 노련한. 정통한. 능란한.
— *m.* 노련가(老練家). 숙련자(熟練者). 정통한 자. [法] 감정인(鑑定人).
peritoneal *a.* [解] 복막의.
peritoneu, peritonio *m.* [解] 복막(腹膜).
peritonismo *m.* [醫] 급성복막염 유사증상(急性腹膜炎 類似症狀).
peritonite *f.* [醫] 복막염(炎).
perjurgmente *adv.* ①맹세를 깨뜨리고. 서약을 어기고. 위서(僞誓)하여.
perjurado *a.* 맹세를 깨뜨린. 위증(僞證)한.
perjurar *v.t.* 위서(僞誓)시키다. (신앙을) 버리게 하다.
— *v.i.* 위서하다. 맹세(서약)를 깨뜨리다.
perjúrio *m.* [法] 위서(僞誓). 위증(僞證). 선서위반. 서약을 어기기. 큰 거짓말.
perjuro *a.* 맹세를 깨뜨린. 위서의. 위증의.
— *m.* 맹세를 깨뜨린 자. 위증자.
perla *f.* 《古》 = *pérola*.
perlado *a.* ①진주처럼 고운. 진주를 박아 넣은. ②[樂] 구슬이 구르는 듯한. 구슬을 굴리는 것 같은.
perlar *v.t.* 진주(眞珠)로 꾸미다. 진주를 박아 넣다. 진줏빛 물을 들이다. 진주처럼 드리우다.
— *v.i.* ①구슬처럼 걸리다. 진주 모양으로 되다. ②진주를 캐다.
perlasso *m.* [化] 진주(眞珠)재.
perlífero *a.* (조개가) 진주를 산출하는. 진주를 가지는.
perliquitete, perliquiteto *a.*, *m.* 자부심(허영심)이 강한 사람. 자존자대한 사람. 젠체하는 사람.
perlonga *f.* 지체. 지연.
perlongar *v.t.*, *v.i.* …의 연안(沿岸)을 끼고 가다. …의 곁을 따라가다. 연안 항행(航行)하다.
perlongo *m.* 지붕의 경사면.
perlustração *f.* ①세밀한 관찰. 자세한 검사. 정사(精査). ②숙독(熟讀). 통독.
perlustrador *m.* 세밀히 관찰하는 사람. 자세히 검사하는 자. 정사자. 꼼꼼히 견학(見學)하는 사람.
perlustrar *v.t.* ①세밀히 관찰하다. 자세히 검사하다. 면밀하게 견학하다. 정사(精査)하다. ②숙독하다. 통독하다.
perluxidade *f.* 장황. 지루함. 용장(冗長). 용만(冗漫).
perluxo *a.* ①지루한. 장황한. 길다란. ②자세한. 상세한. 대수롭지 않은.
permanecente *a.* ①오래가는. 지속(持續)하는. 존속(存續)하는. ②체재(滯在)하는. 체류하는.
permanencer *v.i.* ①오래가다. 오래 계속하다. 지속하다. ②오래 머물다. 장기 체재(체류)하다. 영주(永住)하다. ③고집하다. 주장하다.
permanência *f.* ①지속(持續). 존속. 영속(永續). 영구(永久). 항구(恒久). ②장기 체재(체류). 영주(永住). 기류(寄留).
lei da permanência 기류법(寄留法).
em permanência 지속적으로. 영구적으로.
permanente *a.* 영속하는. 지속하는. 영구적. 항구적. 불변의. 상치(常置)의. 상설(常設)의. 오래가는.
permanentemente *adv.* 오래. 영구히. 영속적으로. 항구적으로. 영주적(永住的)으로.
permanganato *m.* [化] 과(過)망간산염(酸鹽).
permangánico *a.* [化] 과망간산염의.
ácido permangánico 과망간산.
permeabilidade *f.* 투수성(透水性). 투과성(透過性). 투과도. [理] 투자성(透磁性). 도자율(導磁率). 삼투성(滲透性).
permeabilização *f.* 투과하기. 삼투하기.
permeabilizar *v.t.* 투과시키다. 삼투시키다.
permear *v.t.* 스며들다. 삼투(滲透)하다. 퍼지다. 미만하다. 보급하다.
— *v.i.* ①스며 퍼지다. 미만하다. 보급되다. ②일어나다. 발생하다. ③사이에 들다. 간섭하다.
permeável *a.* 삼투(투과·투입)할 수 있는. 투과성의. 삼투성의.
permeio *adv.* …의 사이에.
de permeio …의 새에 끼어. …의 중간에.
meter-se permeio …의 새에 끼다. …의 중간에 들어오다. 간섭하다.

permiano *m.*, *a.* [地質] 이첩기(二疊紀)(의).
permico *a.* 이첩기의.
permissão *f.* 허가. 면허. 허용. 허락. 윤허(允許). 인가(認可).
permissível *a.* 허가할 수 있는. 허용(허락)할 만한.
permissivo *a.* 허용의. 허락의. 허용된. 묵인된. 묵인의. 수의(隨意)의.
permisso *m.* =*permissão*.
permissor *a.* 허가(허락)하는. 허가(면허) 있는.
permissorio *a.* 허락하는. 허가하는. 허가 있는. 허용된. 허가의. 인가(認可)의.
permisto *a.* 섞은. 혼합한. 혼효(混淆)된.
permitimento *m.* =*permissão*.
permitir *v.t.* ①허락하다. 허가하다. 인가하다. ②…하도록 내버려두다. 묵인하다. ③가능케 하다. 용납하다. 용인하다.
—se *v.pr.* 허가되다. 허용되다. 용납되다. 지장 없다.
permocarbonico *a.* [地質] 이첩석탄기(二疊石炭紀)의.
permudar *v.t.* =*permutar*.
permuta *f.* ①주고 받기. 바꿈질. 교환. 교역(交易). ②(직위·직무의) 전환. 교체. ④변환.
permutabilidade *f.* 바꿀 수 있음. 교환 가능성. 변환 가능성. 전환성(轉換性).
permutação *f.* ①[政] 순열(順列). 치환(置換). ②교환하기. 교역하기. 변환(전환)하기.
permutador *a.*, *m.* 교환하는 (자). 교역하는 (자). 전환하는 (자).
permutar *v.t.* ①[數] 순열하다. 바꾸어 놓다. ②교환하다. 교역하다. ③(장소·조건 등을) 바꾸다. (지위·직무 등을) 전환하다.
permutativo *a.* 교환의. 교환에 의한. 교환에 관한.
permutável *a.* ①바꿔 넣을 수 있는. 치환(置換) 가능한. ②[數] 순열(順列)로 만들 수 있는. ③교환할 수 있는. 교역할만한.
perna *f.* ①다리. 정강이. (식용(食用) 동물의) 다리. 의족(義足). ③(의자·책상·컴퍼스 등의) 다리. (기계의) 지지부(支持部). 지주(支柱). (의복의) 각부(脚部). 자락.
perna de pau 의족(義足).
de pernas cruzadas 올방자 틀고.
estender as pernas 두 다리를 내뻗다.
pernaça *f.* 큰 다리. 크고 굵은 다리.
pernada *f.* ①발걸음(步幅)를 크게 디디기. 활보(滑步). ②발로 차기. 일축(一蹴). ③나무의 가지가 퍼진 것(퍼진 상태).
perna-longa *f.* [鳥] 섭금(涉禽).
pernaltas *f.(pl.)* [動] 장각류(長脚類).
pernalteiro *a.* [動] 다리가 긴. 긴 다리가 있는.
pernalto *a.* 다리가 긴. 장각(長脚)의.
— *m.* 장각조(長脚鳥).
pernambucano *a.* 뻴남부우꼬주(州)의. 뻴남부우꼬 사람의.
— *m.* 뻴남부우꼬주(州)의 사람.
pernão (1) *m.* 큰 다리. 굵은 다리.
— (2) *a.* (=*parnão*) 기수(奇數)의. 짝이 없는. 짝이 안 되는.
perneador *m.* ①다리를 흔드는 사람. ②차는 사람.
pernear *v.i.* ①다리를 마구 흔들다. ②(자전거 따위 탈 때처럼) 다리를 움직이다. ③차다.
perneira *f.* ①소 다리에 생기는 일종의 병. ②*perneiras* (*pl.*) 각반(脚絆). 가죽 각반. 정강이에 대는 물건.
pernejar *v.i.* =*pernear*.
perneta *m.f.* ①작은 다리. 짧은 다리(短脚). ②절름발이.
pernícia, pernície *f.* ①파괴. 타파. ②파멸.
perniciosa *f.* 악성간헐열(惡性間歇熱).
perniciosamente *adv.* 해롭게. 유해하게.
perniciosidade *f.* [醫] 악성. 위험성. 치명성.
pernicioso *a.* 해로운. 유해한. 유독의. 악성의. 치명적.
pernicurto *a.* 다리가 짧은. 단각(短脚)의.
pernigrande *a.* 다리가 큰. 대각(大脚)의.
pernil *m.* ①돼지의 뒷다리 고기. ②훈제(燻製)의 햄. ③가는 다리. 홀쭉한 다리.
esticar o pernil 《俗》 다리를 뻗다. 죽다.
pernilongo *a.* 다리가 긴. 장각(長脚)의.
— *m.* [蟲] 꾸정모기(長脚蚊). [鳥] 장다리물떼새.
perninha *f.* 작은 다리(小脚).
perni-quebro *a.* 다리가 부러진.
perni-torto *a.* 다리가(안쪽으로) 휜. 만각(彎脚)의.

perno *m.* ①돗바늘. 뜨개바늘. ②송곳바늘. ③긴머리 핀. ④(활자 집는) 핀셋. ⑤도르래(滑車)의 축받이. ⑥굴대꼭지. 축두(軸頭).

pernoitamento *m.* 밤을 샘. 철야.

pernoitar *v.i.* 밤을 새다(밝히다). 일박(一泊)하다.

pernóstico *a.* ①[醫] 예후(豫後)의. 전조(前兆)가 되는. ②전조의. 전징(前徵)의.

pernudo *a.* 다리가 큰(굵은).

pêro *m.* [植] 사과의 일종.

peroá *m.* (브라질의) 민물고기의 일종.

peroba, perobeira *f.* [植] 페로오바(브라질의 단단한 나무의 일종; 건축 재목으로 흔히 씀).

pérola *f.* ①진주(眞珠). ②귀중품. ③전형(典型). 정화(精華). 정수(精髓). ④진주 비슷한 것. ⑤진줏빛.
Jogar pérolas aos porcos. [聖] 돼지에게 진주를 주다.
uma pérola entre as mulheres 많은 여자들 중(미점(美點) 따위) 으뜸 나타나는 여자. 일점홍(一點紅).
— *a.* 진주의. 진줏빛의.

peroleira *f.* ①올리브 열매를 담는 일종의 단지(土器). ②진주조개(眞珠貝).

perolífero *a.* (조개 따위) 진주를 내는. 산출하는. 진주를 가지고 있는.

perolino *a.* 진주 비슷한. 진주 같은.

perolizar *v.t.* ①진주 모양으로 만들다. 진주처럼 되게 하다. ③진줏빛 물을 들이다.

peroneal *a.* 비골(腓骨)의. 비골부(部)의.

peroneu, perónio *m.* 종아리뼈. [解] 비골(腓骨: 가느다란 쪽의 장딴지 뼈). 비골부.
— *a.* 비골의.

peroração *f.* ①(특히 열변적인) 연설의 결론(을 맺기). (연설의)말미(末尾). ②간단하고 감상적인 연설. ③교향악의 말절(末節).

perorador *m.* ①(대중 앞에서) 열변 토하는 사람. 지루한 연설을 하는 사람. ②(긴 이야기의) 결론을 맺는 사람.

perorar *v.i.* ①길게 연설하다. 수다를 늘어놓다. ②지루한 연설의 결론을 맺다.

perota *f.* 철새. 후조(候鳥).

peroxidar *v.t.* [化] 과산화물로 하다.

peroxido *m.* [化] 과산화물(過酸化物).

perpassar *v.i.* ①(…의) 옆을 지나가다. (기슭·변 따위를) 끼고 가다. (연안 따위를) 따라가다. ②(…을) 통과하다. 지나가다. ③경과(經過)하다.

perpassável *a.* ①그대로 보낼 만한. ②묵과(묵인)할 수 있는. 용서할 만한.

perpendicular *a.* ①수직(垂直)의. 직립(直立)의. ②준험한. ③[建] 수직식(式)의.
— *m.* 수선(垂線). 수직선. 수직의 위치(자세).

perpendicularidade *f.* 수직(垂直). 직립(直立). 수직상태.

perpendicularmente *adv.* 수직으로. 직립하여. 곧게 서서.

perpendículo *m.* 수직. 수직선.

perpetração *f.* ①나쁜 일을 범하기(저지르기). ②(저지른) 나쁜 일. 범죄.

perpetrador *a., m.* ①나쁜 일을 범하는(자). ②범인. 범죄자. 가해자.

perpetrar *v.t.* ①(나쁜 일·과오 등을) 저지르다. 범하다. ②나쁜 행동을 하다.
perpetrar um crime 죄를 범하다. 범행하다.

perpétua *f.* [植] 말라도 모양이나 빛깔이 변하지 않는 꽃의 식물(보릿짚·국화·떡쑥 따위). 《英》 *ever-lasting*.

perpetuação *f.* 영구화(永久化). 불후(不朽)하게 함. 불멸(不滅)하게 함.

perpetuador *a., m.* 영구하게 하는 (것). 영속(永續)시키는 (것). 불후하게 하는 (것). 후대까지 전하는 (사람).

perpetuamente *adv.* 영구히. 영속적으로. 변함없이. 끝없이. 무궁하게. 빈번히.

perpetuamento *m.* =*perpetuação*.

perpetuar *v.t.* 영존(永存)시키다. 영속시키다. 불멸케 하다. 불후케 하다. 영원히 전하다.
—se *v.pr.* 영존하다. 영속하다. 영원히 전달되다.

perpetuidade *f.* ①영속(永續). 영존. ②영속물. 영존하는 물건. ③영구(永久). 영원. 불멸. 불후. 무기(無期). 무궁. 만고(萬古).

perpétuo *a.* ①영원히 계속되는. 불후의. 불멸의. 영속(영존)하는. ②오래가는. 변함없는. [植] 사철 피는. ③종신(終身)의. 생애(生涯)의.
neves perpétuas 만년설(萬年雪).

perpianho *m.* [建] 받침돌. 이음돌.

perplexamente *adv.* 당황하여. 난처하여.

perplexidade *f.* ①곤란. 난처한 일. 난국(難局). 분규(紛糾). 혼란. ②당황. 주저.

perplexo *a.* ①난처한. 어찌할 바를 모르는. 어리둥절한. ②헷갈리는. 복잡한. 귀찮은.

perquirição *f.* ①수색(搜索). 탐색(探索). ②정사(精査). 세밀한 조사.

perquirir *v.t.* ①수색하다. 탐색하다. ②정사하다. 세밀한 조사를 하다.

perquisição *f.* =*perquirição*.

perquisitivo *a.* 수색의. 탐색의. 정사의.

perra *f.* ①암캐. ②악녀(惡女). (모욕적 뜻으로) 나쁜 계집. 화냥년.

perraria *f.* ①악의(惡意). 심술궂음. 유한(遺恨). 앙심. 원한. ②심술궂은 장난. 나쁜 희롱. ③조롱・조매(嘲罵). 매도(罵倒).

perreiro *m.* 사냥개를 돌보는 사람.

perrengue *a.* 심술궂은. 성미 까다로운. 성 잘내는. 악의에 찬.
— *m., f.* 심술궂은 사람. 성미 까다로운 사람. 성을 곧잘 내는 사람. 악의에 찬 사람. 억지를 쓰는 사람.

perrexil, perrixil *m.* [植] (유럽산의) 미나리과의 초본(草本)(잎은 간기가 있고 초에 절임).

perrice *f.* ①심술궂음. 까다로운 성미. 나쁜 심보. 억지를 쓰기. 고집부리기. 완고. ③나쁜 장난. 심술부리기.

perro *m.* ①개. 수캐. ②개같은 놈. 고약한 놈. 악당. 무뢰한. 개고기(성격상).
— *a.* ①말 잘 안 듣는. 심술궂은. 억지를 쓰는. 성미 까다로운. ②좀처럼 움직이지 않는. 좀처럼 열리지 않는.
a fechadura está perra 자물쇠가 전혀 열리지 않는다.

perruca *f.* =*peruca*.

persa *a.* 페르시아의. 페르시아 사람(말)의.
— *m.* 페르시아 사람(말). 페르시아 명주.

perscrutação *f.* ①세밀한 조사. 엄밀한 심사. 천착(穿鑿). ②음미(吟味).

perscrutador *a., m.* 세밀히 조사하는 (사람). 엄밀히 심사하는 (자). 천착자. 음미하는 자.

perscrutar *v.t.* 세밀히 조사하다. 세밀히 살펴보다. 정사(精査)하다. 천착하다.

perscrutável *a.* 면밀히 조사할 만한. 세밀히 심사해야 할. 정사할 수 있는.

persea *f.* [植] (열대 아메리카산) 아보카도 나무. 아보카도.

persecução *f.* =*perseguição*.

perseguição *f.* ①(나쁜 사람・요주의 인물 등의) 뒤를 따르기. 추적(追跡). 추구(追求). ②박해(迫害). [宗] 박해. 시기. ③괴롭히기. 졸라댐.
mania de perseguição [病] 피해망상(被害妄想). 피박해망상(被迫害妄想).

perseguidor *m.* ①뒤를 쫓아다니는 사람. 뒤를 캐는 사람. 추적자. ②박해자. 성가시게 구는 사람.

perseguimento *m.* ①추적하기. 추구하기. 추궁하기. ②(신앙・사상・주의에 대한) 박해 행위. ③괴롭히기. 졸라대기. 애먹이기.

perseguir *v.t.* ①뒤를 따르다. 뒤를 쫓아다니다. 쫓다. 추적(追跡)하다. 추구하다. 추궁(追窮)하다. ②괴롭히다. 졸라대다. [軍] 적을 설새없이 공격하여 피로케 하다. 애먹이다. [宗] (이교도를) 박해하다. 학대하다.

persemelhante *a.* 아주 닮은. 흡사(恰似)한.

persentir *v.t., v.i.* ①마음 속에 깊이 느끼다. 감격하다. (당돌히 만나) 가슴이 섬뜩해지다. 마음이 질리다.

persevão *f.* 자동차・마차 등의 바닥. 특히 발을 놓는 부분.

perseverança *f.* ①참을성. 인내. 백절불굴. 견인불발. ②항구(恒久). [宗] 궁극(窮極)구제. ③고집.

perseverante *a.* 참을성 있는. 끈기 있는. 불굴(不屈)한. 항구의. 변치 않는.

perseverantemente *adv.* 참을성 있게. 끈기있게. 백절불굴하게. 굴함이 없이.

perseverar *v.i.* 참다. 인내하다. 감내(堪耐)하다. 굽히지 않고 하다. 부지런히 힘쓰다(노력하다). 고집하다. 끈덕지다.

persiana *f.* 나무나 쇠막대를 엮어 만든 덧문. 덮개문.

pérsico *a.* 페르시아의. 페르시아 말의.

persigal *m.* 돼지우리.

persignação *f.* [宗] 엄지손가락 또는 가운뎃손가락으로(이마・입・가슴의 순서로) 십자를 긋기.

persignar-se *v.pr.* 자기 몸에(엄지손가락 또는 가운뎃손가락으로) 십자를 긋다.

persio *a.* =*pérsico*.

persistência *f.* 고집. 고수(固守). 완강. 영

속성(永續性). 근력이 셈.

persistente *a.* 고집하는. 고수하는. 굴하지 않는. 완강한. 오래 끄는. 영속성 있는. 변하지 않는. 끈기 있는. 지구(持久)의.

persistir *v.i.* 고집하다. 주장하다. 끝까지 하다. 오래 끌다. 지속하다. 존속하다.

persolver *v.t.* 빚을 모두 갚아버리다. 전부 지불하다.

personagem *m., f.* 명사(名士). 인물. 귀인(貴人). (한 단체 또는 한 사회의) 중요한 사람. 인격(人格). (연극·소설 등에 나오는) 등장인물. 역(役).

personalidade *f.* ①개인적 존재. ②개성. 인격. 인품. ③개인. 인간. 명사. ④인물평(人物評). 인신공격(의 재료). ⑤용모. 풍채.

personalismo *m.* 자기중심. 자기중심주의(主義).

personalização *f.* 인성(人性)을 부여하기. 개인적으로 하기. 인격화(人格化).

personalizar *v.t.* 개인적으로 하다. 인성(人性)을 부여하다. 인격화하다. [修] 의 인성(擬人性)을 부여하다. 의인화(擬人化)하다.

personificação *f.* ①전형. 화신(化身). ②인격화(人格化). ④[修] 의인법(擬人法). [文] 의성법(擬聲法).

personificar *v.t.* ①의인(擬人)하다. 인격화하다. 인격(인성)을 부여하다. ②구체화하다. …의 화신(전형)이 되다. 사람으로 간주(看做)하다.

perspectico *a.* = *perspectivo*.

perspectiva, perspetiva *f.* ①원근화법(遠近畵法). 투시(透視)화법. 투시도. ②배경(背景). 원근. 균형. 배합. ③원경(遠景). 조망(眺望). ④전도. 전망.

perspectivação *f.* 원근화법으로 그리기. 원근에 배치하기.

perspectivar *v.t.* 원근화법으로 그리다. 원근에 배치하다.

perspectivo *a.* ①원근화법의. 투사화법의. 원근에 의한. ②배경의. 원경의. ③전망의. 전도의.

perspicácia *f.* 통찰력(洞察力). 형안(炯眼). 명민(明敏). 총명.

perspicaz *a.* ①총명한. 선견지명이 있는. 통찰력이 있는. 명민한. ②눈치 빠른. 눈이 밝은.

perspicazmente *adv.* 통찰력 있게. 총명하게.

perspicuidade *f.* (말씨·문장 등의) 명석(明晳). 명석한 정도. 명백. 명료.

perspícuo *a.* 명료한. 명석한. (말씨가) 명석한.

perspiração *f.* ①[醫] 발한(發汗). 발한 작용. ②땀.

perspirar *v.i.* 땀흘리다. 발산시키다. 증발하다. 분비하다.

perspiratório *a.* 땀의. 땀나는. [醫] 발한의. 발한성의.

persuadir *v.t.* 권고하다. 타이르다. 타일러 …케 하다. 종용(慫慂)하다. 알아듣게 하다. 설득하다. 납득시키다.
— *v.i.* 감정에 호소하다.
—se *v.pr.* 깨닫다. 알아듣다. 납득하다. 믿다.

persuadível *a.* ①알아듣게 할 수 있는. 설복할 만한. ②납득할 수 있는. 알아들을 만한.

persuasão *f.* ①설유. 타이름. 설복. 설득. 종용(慫慂). ②확신. 신념.

persuasivel *a.* = *persuasivo*.

persuasivo *a.* 설복 잘하는. 말 잘하는. 말재주 있는. 납득시키는. 마음을 움직이는.

persuasor *a., m.* 설복하는 (자). 설득하는 (자). 타이르는 (사람). 납득시키는 (사람).

persoasoria *f.* 설득하는 이유(理由).

persuasório *a.* 잘 타이르는. (알아듣도록) 말 잘하는. 설복 잘하는.

persulfureto *m.* [化] 과황화물(過黃化物).

pertença *f.* ①종속(從屬). 소속(所屬). ②부속물. 소속품. 소속영토(所屬領土). [法] 종물(從物).

pertence *m.* 부속물. 부가물(附加物). 부속품. (생물의) 부속기관.

pertencente *a.* (+*a*). …에 속하는. …에 부속하는. …에 관련하는.

pertencer *v.i.* (+*a*). …에 속하다. 소속되다. …에 부속하다. …에 관련되다.
Isto pertence ao meu filho 이것은 나의 아들에게 속하는 것이다.

pertences *m.(pl.)* 소지품(所持品).

pertencimento *m.* = *pertença*.

pertiga *f.* 긴 막대기. 높은 기둥.

pertinácia *f.* 끈기 있음. 불요불굴(不撓不屈). 집요(執拗). 완고. 막무가내(莫無可奈).

pertinaz *a.* 굴하지 않는. 끈기 있는. 집요한. 억척스러운. 악착같은. 고집 센. 완고한. 막무가내한.

pertinazmente *adv.* 굽힘이 없이. 끈기 있게. 집요하게. 완고히.

pertinência *f.* ①적절. 적당 ②=*pertença*.

pertinente *a.* ①적절한. 들어맞는. 꼭 맞는. 요령 있는. ②(…에) 속하는. 소속하는. (…에) 관한. 관계 있는.

pertinentemente *adv.* 적절하게. 적당히. 알맞게.

pertinho *adv.* (*perto*의 지소어) 아주 가까이. 꽤 가깝게(*pertíssimo* 보다 먼 뜻).

pertíssimo *adv.* 제일 가깝게. 아주 가까이. (*pertinho*보다 더 가까운 뜻).

perto *adv.* ①가까이. 근접하여. 이웃해서. ②거의. 근(近).
perto de (…에) 가까이. (…의) 부근에.
perto da casa 집 근처에.
perto da terra 육지에 가깝게.
perto do mar 바다에 가깝게.
de perto 가까운 데서. 인접하여.
seguir de perto (아무의 뒤에서) 가까이 따라가다.
conhecer alguém de perto 아무를 가깝게 알다(잘 알다).
há perto de 10 anos 근 십년 전.
Eram perto das 8 horas. 8시 직전이었다.
Morreram perto de 20 pessoas. 근 20명이 죽었다.
A primavera está perto. 봄은 곧 닥쳐온다(곧 봄이 된다).

perturbabilidade *f.* 소란상태. 교란(攪亂)상태. 혼란상태. 동요하고 있음.

perturbação *f.* ①당황. 불안. 근심. 마음이 흔들림. ②불안(혼란)의 원인. ③교란. 소란. 혼란. 변동. ④(라디오의) 공중방해. ⑤[天] 섭동(攝動).

perturbadamente *adv.* ①소란하여. 교란하여. 혼란되어. ②낭패하여. 당황하여.

perturbado *a.* 교란된. 소란한. 혼란한. 당황한.

perturbador *a., m.* (평온 상태를) 교란하는 (자). 소란일으키는 (자). 문란하게 하는 (자). 방해자.

perturbante *a.* ①교란케 하는. 소란하게 하는. 문란케 하는.

perturbar *v.t.* 교란하다. 혼란하게 하다. 어리둥절하게 하다. 불안하게 하다. (특히) 마음을 어지럽히다. 방해하다. 당황하게 하다. ③[天] 섭동(攝動)시키다.
—**se** *v.pr.* ①불안에 빠지다. 마음이 어지러워지다. 혼란해지다. 교란(소란)해지다. 동요하다. ②당황하다. 낭패하다.

perturbável *a.* 교란되는. 소란하기 쉬운. 소란스러운. (사회 평온에) 방해가 되는. (마음에) 불안을 일으키는.

perturbativo *a.* ①교란(소란)하게 하는. 혼란하게 하는. ②교란의. 소란의. ③방해하는. 낭패케 하는.

perturbatório *a.* ①교란적. 소란적. ②혼란을 야기하는. ③[天] 섭동(攝動)을 일으키는.

Peru *m.* 남아메리카공화국.

peru *m.* [鳥] 칠면조. 《俗》(카드·화투 등의 노름을) 곁에서 구경하는 사람. 노름에서 말참견하는 사람. 훈수꾼.

perua *f.* ①[鳥] 칠면조(의 암컷). ②《俗》술에 취함. 명정(酩酊).

peruano *a.* 페루(나라)의. 페루 사람의.
— *m.* 페루 사람.

peruar *v.t.* ①여자에게 잘 보이려고 하다 (상냥하다). ②(카드·화투 등의 노름을) 옆에서 구경하다.

peruca *f.* 가발(假髮).

perueiro *a.* 칠면조의. 칠면조에 관한.

perunca *f.* 《卑》폭음(暴飮). 만취.

perunzete *m.* 작은 칠면조. 칠면조의 새끼.

peruviano *a., m.* 페루의 (사람).

pervagar *v.t., v.i.* 이곳저곳 돌아다니다. 빈둥거리다.

perversamente *adv.* 심술궂게. 괴벽하게.

perversão *f.* ①곡해(曲解). ②남용(濫用). 악용. ③악화(惡化). 타락. 퇴폐(頹廢). 부패. ④[數·醫] 도착(倒錯).

perversidade *f.* ①심술궂음. 괴팍. 완고. ②사악(邪惡). 사곡(邪曲). 악덕(惡德). 패덕(悖德). 타락. 부패.

perverso *a.* ①심술궂은. 괴팍한. 고집 센. ②성미가 비꼬인. 성마른. ③사악한. 사곡(邪曲)한. ④악덕의. 패덕의. ⑤타락한. 악화한. ⑥(일이) 성가신. 형편이 좋지 못한.

perversor, pervertedor *a., m.* ①곡해하는 (자). 악의로 해석하는 (자). 심술부리는 (사람). 고집부리는 (사람). ②(타인을) 나쁘게 이끄는 (사람). 타락하게 하는 (사람). ③타락해가는 (사람). (정신적으로) 부패한 (인간). 패덕자(悖德者).

perverter *v.t.* ①전도(顚倒)하다. ②곡해(曲解)하다. 악의로 해석하다. ③악용하다. ④그르치다. ⑤유혹하다. 나쁘게 이끌다. ⑥부패(타락)케 하다.
— *v.i.*, —*se v.pr.* ①나쁜 길에 빠지다. 나빠지다. 악화하다. ②타락하다. 부패하다.

pervertido *a.* ①나쁜 길에 들어선. ②악화한. 나쁘게 변한. 부패한. 타락한.

pervicacia *f.* ①완고. 침요. ②끈기 있음. 불요불굴.

pervicaz *a.* ①완고한. 집요한. ②끈기 있는. 불굴의. 악착같은.

pervígil *a.* 자지 않고 망보는. 불면(不眠)의.

pervinca *f.* [植] 빙카(유럽 원산의 협죽도과 식물).

pervinco *m.* 《古》 가까운 친척. 근친자.
— *a.* 아주 가까운.

pervio *a.* ①뚫고 나갈 수 있는. 뚫고 나가게 하는. ②(도리를) 아는. 감수성 있는. ③[動] 열려 있는. 구멍이 있는. [植] 개통한. ④노골적인. 감춤이 없는.

pesada *f.* ①(저울에) 무게를 달기. ②한번 다루는 중량(重量).

pesadamente *adv.* ①무겁게. ②무거운 듯이. 느리게. 완만하게. ③마지못해. 할 수 없이.

pesadão *a.* ①아주 무거운. 무게가 많이 나가는. ②(동작이) 몹시 굼뜬. 아주 느린.

pesadelo *m.* ①악몽(惡夢). 가위눌리기. ②《古·雅》몽마(夢魔: 수면 중 사람을 질식시킨다고 상상되는 마녀). ③무서운 일. 공포감. 불쾌감. 불쾌한 사람 또는 물건.

pesadíssimo *a.* (*pesado*의 최상급). 제일 무거운.

pesado *a.* ①무거운. 무게 나가는. 중량 있는. ②몸이 무거운. 기운 없는. 맥없는. ③활발치 못한. 느린. 둔한. ④(하늘이)음침한. 궂은. 흐리터분한. ⑤(먹은 것이) 내려가지 않은. 체한. ⑥(잠이) 깊은. ⑦힘드는. 곤란한. 고생스러운. ⑧시름많은.
sono pesado 깊은 잠.
comida pesada 기름기 있는(또는 비계 많은) 음식.

pêso pesado (권투) 중량급. 중체중 선수.
luto pesado 정식 상복. 대상(大喪).

pesador *a.* ①(저울 따위에) 무게를 다는. 중량을 재는. ②무게를 달기 위한.
— *m.* ①무게 다는 사람. ②중량을 재는 기구(器具). 형기(衡器).

pesadora *f.* 칭기(秤機). 대칭(臺秤).

pesadume *m.* ①무게. 무게 있음. 무거움. ②(가슴이) 답답함. 기분이 좋지 않음. 불쾌. ③고생. 노고(勞苦). ④많은 걱정. 우수(憂愁).

pesagem *f.* (저울에) 무게를 달기. 중량을 달아보기.

pesa-leite *m.* 검유기(檢乳器). 젖비중계(乳汁比重計). 젖농도계(乳汁濃度計).

pesa-licor *m.* 액체비중계.

pêsame *m.* (흔히 복수 *pêsames*로 씀). ①조의(弔意). 조위(弔慰·弔慰). 조사(弔詞). 조문(弔問). ②애도. 애도의 뜻.
Meus pêsames! 아아 가엾어라!
dar os pêsames 애도의 뜻을 전하다. (표시하다).

pesa-mosto *m.* 포도즙(葡萄汁)의 비중계.

pesa-papéis *m.* 종이 누르는 물건. 서진(書鎭). 문진(文鎭).

pesar (1) *v.t.* ①저울에 달다. 무게를 재다. (중량을) 재다. ②경중(輕重)을 달아보다. (뚜세글) 고려히디. 참작하다.
— *v.i.* ①(…의) 무게가 있다. (…의) 무게가 나가다. 중량(重量)이 있다. ②(음식에) 체하다. ③가슴 아프다. 마음이 괴롭다. 걱정스러워지다.
—*se v.pr.* ①자기의 체중을 달다. ②(새가 날개를 펴고) 하늘에서 멈추다.
— (2) *m.* ①슬픔. 비애. 상심. 우수(憂愁). 비수(悲愁). ②관계. 부득이함.
a pesar 부득불. 본의없이. 싫으면서.
a pesar de (=*apesar de*) …임에도 불구하고.
Irei lá apesar de me proibires. 나를 금지해도 나는 가겠다.

pesarosamente *adv.* 슬퍼하여. 슬픔에 잠겨. 가엾게.

pesaroso *a.* 슬픈. 애석한. 가석(可惜)한. 비애의. 한탄(통탄)스러운. 슬픔에 잠긴.

pesca *f.* ①고기잡이. 고기낚기. 낚시질. 어로(漁撈). 어렵(漁獵). ②어업. 수산업. ③어획물(漁獲物).

ir à pesca 고기잡이 가다.
navio de pesca 어선. 어로선(漁撈船).
pesca à linha 낚시질.
pescada *f*. [魚] 뱅어. 대구무리.
pescadaria *f*. 어시장(魚市場).
pescadinha *f*. (=*pescadinha marmota*). [魚] 뱅어의 일종(맛이나 모양이 *pescada* 비슷하나 작은 뱅어 '*pescadinha*' 라고 하나 그 '*pescada*' 와는 다름).
pescadeira *f*. 뱅어(*pescada*)를 파는 여자. 《古》여자 물고기 장수.
pescadeiro *m*. 뱅어(*pescada*)를 파는 사람. 《古》물고기 장수. 어상인.
pescado *a*. 물고기를 잡은. 낚시질한. 낚은.
— *m*. ①잡은 물고기. 낚은 고기. 어어(漁魚). ②어획(漁獲). ③어류(魚類).
pescador *a*. ①고기를 잡는(낚는). ②어업의.
— *m*. 고기잡는 사람. 낚시꾼; 어부. 어업자(漁業者 : 어업을 생계로 하는).
pescador de cana (또는 *anzol*) 낚시꾼.
pescadora *f*. (*pescador*의 여성형). 고기잡는 여자. 어부(漁婦).
pescanço *m*. (트럼프) 상대자의 카드를 유심히 연구하거나 살펴보는 것.
pescar *v.t*. ①고기를 잡다. 낚시질하다. 반두질하다. ②(어떤 사물을) 낚다. 탐색하다. 찾다. (정보를) 수집하다. ③교묘한 수단으로 획득하다. ④사취(詐取)하다. 착복하다. ⑤(시험에서) 커닝하다.
pescar à linha (또는 *à cana*) 낚시질하다.
pescar notícias 정보를 탐지하다(수집하다).
pescar nas àguas turvas. 혼란한 틈을 타서 이(利)를 보다.
— *v.i*. ①물고기를 잡다. 어업에 종사하다. ②알다. 이해하다.
pescarejo *a*. 어렵(漁獵)의. 어렵법의.
pescaria *f*. ①고기잡이. 고기를 낚기. 낚시질. ②고기잡는 법. 어렵 방법. 어획법(魚獲法). ③일회의 어획량(한 번에 잡은 물고기의 수량).
pescoçada *f*. =*pescoçāo*.
— *m*. 목을 치기; 친 결과. 경부(頸部)의 타격.
pescoceira *f*. 《卑》목. 목덜미.
pescoço *m*. ①목. 목덜미. 경부(頸部); (의 복의) 옷깃. (양 따위의) 목덜미 고기. (그릇 따위의) 목 모양의 부분. [建] (기둥의) 목부분. ②인후(咽喉). 인후부.
pescoçudo *a*. 목이 굵은. 굵은 목이 있는.
pesebre *m*. ①[海] 뱃머리의 물막이칸. ②구유. 여물통.
peso *m*. ①무게. 중량. 무거움. [理] 중력(重力). ②억누르기. 중압(重壓). 무거운 짐. 부담. 종이 누르는 물건. 서진(書鎭). 문진(文鎭); 중점. 요점. 중요한 것. ⑥세력. 위력. 포도를 눌러 짜는 무거운 돌; 분동(分洞).
peso bruto 전체 중량. 전비(全備) 중량.
peso liquido 순무게(알맹이 무게). 순전 중량.
peso-galo (拳鬪) 밴텀급.
pêso-mêdio 미들급.
peso-môsca 플라이급.
pêso-pena 페더급.
peso-pesado 중량급.
peso atômico 원자 무게.
tomar o peso 무게를 달다(달아보다).
a peso 무게로. (…의) 가치로.
a peso de auro. (금 무게로) 아주 귀하게. 비싼 값으로.
em peso 전적으로. 전체로. 완전히.
com peso e medida ①(생각・행동 등을) 신중히. 용의주도하게. ②어느 쪽에도 치우치지 않고. 이중인격적으로.
pespegar *v.t*. ①거짓을 참말인 것처럼 알게 하다. 한수 쓰다. 수를 써서 넘기다. (나쁜 뜻으로) 한방 먹이다. ②치다. 때리다. ③내던지다.
pespegar um sopapo (또는 *uma bofetada*) 뺨을 치다(갈기다).
pespêgo *m*. ①성가신 행위. 귀찮은 일. ②성가신(귀찮은) 사람. 방해가 되는 사람.
pespita *f*. [鳥] 할미새.
pespontador *m*. 박음질하는 사람. 누비는 사람.
pespontar, pespontear *v.t*. (재봉의) 박음질하다. (속을 넣고) 누비다.
pesponteado *a*. ①박음질한. 누빈. ②정성 들여 한. 공들인.
pesponto *m*. (재봉의) 박음질. (솜털・깃털 따위를 속에 넣고) 누비기. 《英》*backstitch*.
pesqueira *f*. ①물고기를 잡도록 그물을 친 곳; 덫을 만들어 놓은 곳. ②어장(漁場).

pesqueiro m. ①물고기가 모여드는 곳. 어장. ②양어지(養魚池).

pesquisa f. ①수색. 탐색. 탐구. ②천착(穿鑿). 세밀한 연구. ③조사. 심사. ④심문(審問). 취조.

pesquisador m. 수색자. 탐색자. 천착하는 사람. 세밀히 연구하는 사람. 조사자. 검사자. 심사원. 취조자.

pesquisar v.t. 탐색(탐구)하다. 천착하다. 세밀히 조사하다. 심사하다. (지하자원 특히 금광 따위를 찾아 어떤 지역을) 답사하다. 탐색하다.

pesquisição f. ①수색. 탐색. ②취조.

pessário m. [醫] 자궁전(子宮栓).

pessegada f. 복숭아로 만든 잼.

pessegal m. 복숭아나무밭. 복숭아과수원.

pêssego m. [植] 복숭아(열매).

pessegueiro m. 복숭아나무.

pessimamente adv. 아주 나쁘게. 가장 열등하게. 최악으로.

pessimismo m. 비관. 비관주의. 비관론. 염세(주의). 염세관(厭世觀).

pessimista a. 비관적. 염세적.
— m., f. 비관론자. 염세가.

pêssimo a. (mau의 최상급) 제일 나쁜. 최악의. 가장 열등한.
situação péssima 제일 나쁜 환경. 최악의 경우.
artigo péssimo 가장 나쁜 물건.

pessoa f. ①사람. 인간. ②인물. 인격. ③[法] 법인. ④[文] 인칭(人稱).
uma pessoa (성을 불문하고) 한 사람. 어떤 사람.
pessoa muito decente 매우 좋은 사람.
pessoa jurídica 법인(法人).
pessoa física 사인(私人).
em pessoa 스스로. 친(親)히.
primeira(segunda, terceira) pessoa [文] 제1(2·3)인칭.

pessoal a. ①개인의. 자기의. 일신상의. 사적(私的). 개인적. 개인에 관하여. ②(사물과 구별하여) 사람의. 본인의. ③[法] 대인(對人)의. 인적(人的)의. 사람에 속하는. ④[文] 인칭의.
pronomes pessoais 인칭대명사(人稱代名詞).
— m. 직원. 역원(役員). (한 조직체의) 구성인원. 전원(全員).

pessoalismo m. 개인주의. 이기주의.

pessoalista m., f. 개인주의자.

pessoalmente adv. 스스로. 몸소. 본인 직접으로. 개인적으로. 하나의 인간으로서.

pessoeiro m. 《古》 가장(家長).

pestana f. ①속눈썹. 눈꺼풀. ②(포켓에 붙은) 뚜껑. (기계의) 용수철 달린 뚜껑. ③자동차의 전등(前燈)에 있어서 모자의 챙 (또는 눈꺼풀) 같은 것이 위에 달린 것.
queimar as pestanas 밤늦게까지 공부하다.

pestanear v.i. = *pestanejar*.

pestanejante a. 눈을 깜빡깜빡하는. (별 따위) 반짝반짝 빛나는.

pestanejar v.i. 눈을 깜빡깜빡거리다. 눈짓을 하다. (별 따위) 반짝반짝하다.

pestanejo m. 눈깜빡거림. (빛·별 등의) 반짝임. 번쩍거림.

pestanudo a. 긴 속눈썹이 있는.

peste f. ①페스트. 흑사병. ②악성 전염병. 역병(疫病). ③해독. 독물(毒物). 독충(毒蟲). ④큰 재화(災禍). 천재(天災). ⑤천벌. 저주. ⑥극악인. 해로운 인간. 골칫덩어리. 말썽거리.
peste branca 폐결핵.
peste bubónica 흑사병. 페스트.

pesteado a. 페스트(악성 전염병)에 걸린.

pestear v.t. 역병을 전염시키다. 페스트에 걸리게 하다.
— v.i. (가축 따위) 역병에 걸리다. 악성 전염병에 걸리다.

pestença, pestenença f. = *pestilência*.

pestífero a. ①(악성) 전염병의. 역병을 전염시키는. ②몹시 해로운. (사회에) 해독을 끼치는. 재화를 초래하는. ③위험한. ④몹시 성가신. 번거로운.

pestilença f. = *pestilência*.

pestilência f. ①페스트. 악질(惡疾). 악성 유행병. ②해독(害毒).

pestilencial a. ①악역을 전염하는. 악성 전염병을 발생시키는. ②역병(疫病)을 옮게 하는. ③(풍기상) 몹시 해로운. 악독한. ④아주 싫은. 타기(唾棄)할 만한. 고약한 냄새를 내는.

pestilencialmente adv. (특히 위생상) 몹시 해롭게.

pestilencioso a. = *pestilencial*.

pestilente, pestilento a. ①악역(惡疫)을 발생시키는. 악성 전염병을 옮게 하는. ②몹시 해로운. 치명적인. 피해가 많은. (풍기를) 문란케 하는. 사회에 해독을 끼치는. ③성가신. 귀찮은.
pestilo *m.* 걸쇠. (문)빗장. (열쇠 없이 열고 닫는) 자물쇠.
pestoso *a.* ①역병(疫病)을 내는. 악성 전염병을 발생시키는. 페스트가 유행하는. ②악성 전염병에 걸린.
— *m.* 페스트 악성 전염병에 걸린 사람.
pesunho *m.* =*pezunho*.
pêta *f.* ①사소한 거짓말. 악의 없는 거짓말. 속임수. ②말 눈에 생기는 반점(斑点). 안구반(眼球斑).
pétala *f.* [植] 꽃잎. 화판(花瓣). 화엽(花葉).
petalado *a.* [植] 꽃잎이 있는. 화판이 있는.
petalhada *f.* ①거짓말하기. ②많은 거짓말.
petaliforme *a.* 꽃잎 모양의. 화판상(狀)의.
petalino *a.* 꽃잎의. 꽃잎 모양의.
petalita *f.* *petalito*.
— *m.* [鑛] 엽장석(葉長石).
petalo *m.* =*pétala*.
petalóide *a.* [植] 꽃잎 모양의. 꽃잎 같은.
petalopode *a.* [動] 막질(膜質)의 발이 있는.
petalopodes *m.*(*pl.*) 식충류(植蟲類).
petar *v.i.* 거짓말하다. 속이다.
petardar, petardear *v.t. petardo*를 터뜨리다. *petardo*로 폭파(爆破)하다.
petardeiro *m. petardo*를 터뜨리는 사람(폭파하는 사람).
petardo *m.* ①[史] 지뢰. 폭발화구(옛날의 성문을 부수던). ②총소리나는 꽃불. 폭죽(爆竹).
petarola *f.* 큰 거짓말. 빤히 들여다 보이는 거짓말.
— *m.* 큰 거짓말쟁이.
petarolar *v.i.* 큰 거짓말을 하다.
petear *v.i.* =*petar*.
peteca *f.* 서양 제기. 깃털을 꽂은 제기.
peteiro *m.* 자주 거짓말하는 사람. 거짓말쟁이.
petequear *v.i. peteca*를 던지며.
petequial *a.* [醫] (피부의) 붉은 반점의. 적반(赤斑)의.
petéquias *f.*(*pl.*) (피부의) 반점. 적반.
petição *f.* ①청원. 탄원. 신청. 기원. ②청원서. 탄원서. 진정서. 고소장.
peticego *a.* ①심한 근시(近視)의. 반소경의. ②눈이 아주 작은. 겨우 보는.
— *m.* 근시안자. 겨우 보는 사람. 눈이 아주 작은 사람. 눈이 몹시 가는 사람.

peticionar *v.t.* 청원하다. 탄원하다. 기원하다.
— *v.i.* 원하다. 빌다.
peticionário *m.* 청원자. 탄원자. 신청자. [法] 소원자(訴願者). (특히 이혼소송의) 원고(原告).
petiço *m.* 작은 말.
petigris *m.* [動] 회색 다람쥐(시베리아 원산).
petimetre *m.* 멋쟁이. 맵시꾼. 모양만 내는 사람.
petinga *f.* [魚] 작은 메기(鯷). (흔히 미끼로 씀).
petinha *f.* [鳥] 식미조(食米鳥).
petipé *m.* 비례척(比例尺). 건축기 사용의 계기(計器).
petisca *f.* 땅에 돈을 놓고 돌을 던져 맞추는 아이들의 게임.
petiscar *v.i., v.t.* ①(음식을) 맛보다. 시식(試食)하다. 약간 깨물다. ②(어떤 학과를) 약간 연구해보다. 극소 부분만 알다. ③부싯돌을 치다. 부싯돌을 쳐서 불(불꽃)을 일으키다.
petisco *m.* ①맛좋은 것. 진미(한 음식물). 급히 먹는(가벼운) 식사. ②(불 일으키는) 부싯돌. 수석(燧石).
petisqueira *f.* 《俗》 맛좋은 것. 맛있게 보이는 것. 맛보기 위하여 베어낸 한 조각. 술 안줏감.
petitório *a.* 청원의. 탄원의. 기원의 ; 신청의.
— *m.* 청원. 탄원 ; 신청.
petiz *a.* 작은. 꼬마의.
— *m.* 아이. 꼬마. 《輕蔑》 새끼. 꼬마녀석.
petizada *f.* (경멸적 뜻으로의) 아이들. 꼬마들 ; 장난꾸러기들.
pêto (1) *m.* [鳥] ①딱다구리(나무의 가지를 치는 가위의). 손도끼꼴의 부분. ②돈지갑.
— (2) *a.* ①사팔눈의. 사시(斜視)의. ②귀찮은. 성가신. ③버릇없는. 무례한.
petrechar *v.t.* (필요한 것을) 갖추어 주다. 조달하다. (배・군대를) 장비하다. 군수품을 갖추어 주다.
petrechos *m.*(*pl.*) ①군수품. 무기. 전투기재. ②일반적 용구(用具). 도구(道具). 각종 기구.
petrechos de cozinha 취사 도구(솥・냄

petrel *m.* [鳥] 바다제비속(屬).

pétreo *a.* ①돌의. ②돌 같은. 석질(石質)의. 돌처럼 굳은. ③돌 많은. ④냉정한. 무정한. 무자비한.

petrificação *f.* 석화(石化). 석화작용 ; 화석. 화석물(化石物).

petrificador *a., m.* 돌로 만드는 (것). 석화하는 (것). 돌처럼 굳게 하는 (것).

petrificante *a.* 돌로 만드는. 석화시키는. 돌처럼 굳게 하는.

petrificar *v.t.* ①돌이 되게 하다. 돌로 만들다. 돌같이 굳게 하다. ②무정하게 만들다. 냉혹하게 하다.
— *v.i.,* —**se** *v.pr.* ①돌이 되다. 석화(化)하다. 돌같이 굳어지다. ②무정해지다. 냉정해지다. ③(깜짝 놀라서) 몸을 움직이지 못하다. (놀라서) 제정신을 잃다. 어리둥절해지다.

petrifico *a.* ①화석의. ②돌이 되게 하는. 석화력(石化力)이 있는.

petrognosia *f.* 광물학(鑛物學).

petrografia *f.* 기재암석학(記載岩石學).

petrográfico *a.* 암석학의.

petrografista *m.* 암석학자.

petrografo *m.* 암석학사. 암석에 정통한 사람.

petrolar *v.t.* 석유로 불붙이다. 석유로 불을 일으키다.

petrolaria *f.* 석유공장.

petroleiro *a.* 석유의. 석유에 관한. 석유를 운반하는.
— *m.* ①석유로 불붙이는 사람. ②유조선(油槽船).
navio petroleiro 유조선. 기름 탱크.

petróleo *m.* ①석유(石油). ②《俗》가솔린.
petróleo bruto 원유(原油).

petrolífero *a.* 석유를 포함한. 석유가 나는 (산출하는).
refinaria petrolífera 정유소(精油所).

petrolina, petroline *f.* ①[化] 페트롤린(석유에서 빼낸 일종의 탄화수소 ; 파라핀 《英》*paraffine*의 일종). ②석유(石油).

petrologia *f.* 암석학(岩石學). 이론암석학.

petrológico *a.* 암석학의.

petrologista *m.* 암석학자.

petrosilex, petrossilex *m.* [鑛] 규장석(珪長石).

petroso *a.* =*pétreo*.

petulância *f.* ①성 잘 냄. 성미 급함. ②건방짐. 주제넘음. 거만. 오만. 불손(不遜). 무례. ③부끄러움이 없음. 후안(厚顔).

petulante *a.* ①성미 급한. 화 잘 내는. 뻐죽거리는. 까다로운. ②건방진. 주제넘은. 버릇없는. 무례한. 거만한. 불손한. ③부끄러움 모르는. 파렴치한.

petulantemente *adv.* 건방지게. 버릇없이. 거만하게. 뻔뻔스럽게.

petúnia *f.* [植] 페튜니아(남아메리카 원산의 가지과의 식물).

peúga *f.* 짧은 양말.

peugada *f.* 발자국. 발자취. 족적(足跡).
ir na peugada. 쫓아가다. 추적하다.

pevide *f.* ①(사과·배·밀감 따위의) 씨. 핵(核). 인(仁). ②(닭·오리 따위의) 혓병(舌病).

pevidoso *a.* 씨가 있는. 핵(核)이 있는.

pexote *m.* ①경험이 없는 사람. 초심자. 풋나기. ②(트럼프 등의) 노름이 서투른 사람. ③좀 둔한 사람.

pez *m.* ①피치. 역청(瀝青). 역청물질. ②송진(松脂).

pézudo *a.* 발이 큰. 큰 발의.

pezunho *m.* ①돼지발. 코끼리발. ②[戲語] 보기 흉한 발. 모양 없이 큰 발.

pia *f.* ①부엌의 석소(石槽. 들 특히 대리석으로 만든 것으로 물을 받거나 그릇 따위를 씻는 곳. 설거지통). ②《稀》세면장의 얼굴 씻는 곳. ③(소·말 따위를 위한) 음수반(飲水盤). ④성수(聖水) 그릇. 세례반(洗禮盤).
pia dágua benta (성당 입구의) 성수 그릇.
pia batismal 세례반(洗禮盤).

piaba *f.* (브라질의) 담수어(淡水魚)의 일종.

piaçá, piaçaba *f.* [植] 삐아싸바(종려속(棕梠屬). 그 섬유로써 밧줄·비 따위를 만듦).

piacular *a.* ①속죄(贖罪)의. 속죄를 요하는. ②유죄의 ; 흉악한.

piaculo *m.* ①속죄제(贖罪祭). ②갚아야 할 죄.

piada *f.* ①새 우는 소리. 지저귀는 소리. ②조롱. 야유. 놀려주기. 조롱거리. ③웃음거리. 우스운 이야기. 짤막한 소화(笑話).
jogar uma piada 우스운 이야기를 하나 하다.

piadinha *f.* ①놀려대기. 조롱.

piadista *m.*, *f.* 《俗》놀려대는 사람. 야유하는 사람. 조롱하는 자.

piado *m.* =*pieira*.

piador *a.* (새 따위) 짹짹 우는. (병아리가) 삐악삐악 우는.
— *m.* ①짹짹 우는 새. ②우스운 이야기를 하는 사람.

piadouro *m.* ①많은 새의 지저귀는 소리. 계속적으로 지저귀는 것. ②[가톨릭] 큰 성작(聖爵). 성찬배(聖餐杯). ③《詩·雅》큰 술잔.

piafé *m.* 말이 앞발로 땅을 긁는 것.

pia-máter *f.* [解] 연뇌막(軟腦膜).

pianinho *a.* [樂] 부드럽게.

pianissimo *adv.* 《It》[樂] 극히 약하게.
— *m.* 최약음연주 악구(樂句).

pianista *m.*, *f.* 피아니스트.

piano (1) *m.* 피아노.
— (2) *adv.* [樂] 약하게. 약하고 부드럽게. 천천히.

pianola *f.* 피아놀라. 자동 피아노.

pião *m.* ①(돌리는) 팽이. 노끈을 감아 내던지며 돌리는 작은 팽이. ②솔방울. ③풍차. 회전목마(木馬).

piar *v.i.* ①(새가) 짹짹 울다. 지저귀다. (병아리가) 삐악삐악 울다. ②(아이들이) 지껄이다.

piara *f.* ①많은 사람. 군중(群衆). 군집(群集). ②가축의 떼. (특히) 돼지 떼·말 떼.

piartrose *f.* [醫] 화농성 관절염(化膿性關節炎).

piassá, piassaba, piassava *f.* =*piaça*, *piaçaba*.

piastra *f.* ①스페인·멕시코의 화폐단위. ②터키의 은화.

piastrão *m.* 《古》갑옷의 가슴받이.

piauiense *a.* 삐아우이주(州)의. 삐아우이 사람의.
— *m.*, *f.* 삐아우이 사람.

piazada *f.* 많은. *pia*.

picada (1) *f.* ①찌르기. 쏘기. 물기. 찔린 상처. 물린 상처. 쏘인 자국. (게의 집게발에) 물린 자국. ②벌레 먹은 흔적. 파먹은 자국(구멍). ③(닭·오리 따위) 부리로 쪼기. 쫀 자국. ④칼로(마늘·고추·파 따위를) 마구 두드리기. 잘게 썰기. 촌단(寸斷)하기. ⑤배 지나간 자국. 끌고 간 자국. ⑥따끔따끔 아픔. 쑤시듯 아픔. ⑦불쾌. 불만.
— (2) *f.* 산림 속의 직선도로. 좁은 길.
— (3) *f.* 산꼭대기. 산정(山頂). 산봉우리(山峰).

picadão *m.* (숲속의) 직선도로. (임간(林間)의) 광활한 대로.

picadeira *f.* ①[石工] 일종의 곡괭이. ②곡괭이.

picadeiro *m.* ①조마장(調馬場). 승마학교. 육군마술연습소. ②조선대(造船臺). 조선가(架). ③[木工] (작업대(作業臺)에 붙이는) 고정시키는 쇠도구.

picadela *f.* =*picada* (1).

picadinho *m.* 민스파이를 만드는 재료(건포도·설탕·사과·향료 등에 다진 고기를 섞어 만든 파이속). 《英》*mince meat*.

picado *a.* ①(가시·바늘 따위에) 찔린. (벌이) 쏜. (독충에) 물린. (게의 집게발에) 물린. ②(닭·오리 따위가 부리로) 쫀. ③점점(點點)이 생긴. 반점(斑點)이 있는. ④(고기·파·고추 따위) 잘게 썬. 촌단(寸斷)한. ⑤(파·고추 따위) 자극이 심한. 얼얼한. ⑥(파도가) 거친.
mar picado 거친 바다.
— *m.* ①잘게 썬 고기. ②양치는 사람이 먹는 파이(다진 고기와 파를 함께 찧어 감자에 싸서 구운 것). 다진 고기로 만든 요리. ③(의복(衣)의) 째진 장식(솔잎처럼 째서 드리운 것). ④반점(斑點)의 자국.
picado de bexigas (천연두로 인한) 얽은 자국. 곰보.

picador *a.* ①찌르는. 집는. 쏘는. 무는. 잘게 써는. 촌단하는. ③(찌르는 듯한) 자극을 주는.
— *m.* ①찌르는 것. 쏘는 것. 무는 것. ②조마사(調馬師). 마술사(馬術師). ③차표(승차권) 뚫는 펜치.

picadura *f.* =*picada* (1).

pica-flor, picaflor *m.* [鳥] 벌새. 봉작(蜂雀).

picanço *m.* [鳥] 딱다구리의 총칭. 등금류(登禽類).

picante *a.* ①찌르는. 쿡 찌르는. 쑤시는. ②(고추 따위) 혀를 찌르는(듯한). 짱하는. 얼얼한. 가열한. 자극이 센. ③신랄한. 통렬한. 비꼬는.
— *m.* ①자극 주는 물건. 자극성.

picão *m.* ①곡괭이. (石工) 곡괭이 비슷한 도구. ②바위의 끝. 암초(暗礁)의 끝. ③분탄. 석탄가루. ④《俗》기를 쓰고 공부하는 사람. 공부꾼. 애써 일하는 사람.
pica-osso *m*. [鳥] 맹금(猛禽)의 일종.
pica-pau *m*. ①[鳥] 딱다구리. ②산탄총(散彈銃). 새총.
pica-peixe *m*. [鳥] 쇠새.
pica-ponto *m*. (제화공(製靴工) 등의) 압혁송곳(구두의 가죽과 신창이 닿는 부분에 잘게잘게 금을 눌러 만드는 것).
picar *v.t.* ①(바늘·가시 등으로) 찌르다. (벌이) 쏘다. (벌레가) 물다. (게가 집게발로) 물다. ②(새·닭 따위가 부리로) 쪼다. 쪼아 먹다. ③(곡괭이로) 파다. 땅을 찍다. ④(이·귀·손톱·코 따위를) 쑤시다. 후비다. ⑤칼로(고기·파·고추 따위를) 잘게 썰다. 토막 치다. 촌단(寸斷)하다. ⑥물고기가(낚시 끝의 미끼를) 물다. ⑦(사람이 음식물을) 약간씩 깨물다(먹다). ⑧자극 주다. 성나게 하다. 노하게 하다.
o vento pica o mar 바람이 파도치게 한다.
— *v.i.*, — *se v.pr.* ①찔리다. 물리다. 쏘이다. 자극받다. ②노하다. 화내다. 짜증내다. ③(파도가) 거칠어지다. ④분발하다. 애쓰다. (공부 따위) 기를 쓰고 하다.
o sol pica 해가 찌는 듯하다. 몹시 쬐인다.
picaramente *adv*. 비열하게. 능청스럽게. 교활하게. 건방지게. 뻔뻔하게.
picardia *f*. 비열한 행동. 악랄한 행위. 몹쓸 장난. 비행. 사기행위.
picardo *m*. 욕설. 악담. 악랄한 언사.
picarescamente *adv*. 우습게. 익살스럽게. 멍청이같이.
picaresco *a*. 우스운. 희작적(戲作的)인. 희극적인. 해학적(諧謔的)인. 익살부리는. 엉터리의.
picareta *f*. ①곡괭이(한쪽 끝이 넓고 다른 끝이 뾰족한, 또는 양쪽 끝이 다 넓은). ②(브라질 남쪽에서 쓰는) 밀짚모자.
picaria *f*. ①조마장(調馬場). 승마학교. 육군마술연구소. ②마술(馬術). 승마법.
pícaro *a*. ①비열한. 교활한. 잔꾀 있는. 능청스러운. 뻔뻔한. 건방진. ②익살맞은. 희작적인. 우스운.
piçarra *f*. ①자갈. 작은 돌이 섞인 흙. [地質] 혈암(頁岩). ②돌 캐는 곳. 석갱(石坑). 돌산.
piçarro *m*. =*picarra*.
piçarroso *a*. 자갈이 섞인. 자갈이 많은. 혈암(頁岩)의. 혈암질의.
píceo *a*. ①피치 같은. 송진 비슷한. 송진질(松脂質)의. 진득진득한. ②피치빛의. 까만. 캄캄한.
pichar *v.t.* 피치(역청물질)를 칠하다.
piche *m*. 피치. 역청물질(瀝靑物質). 송진.
pichel *m*. 백랍(白蠟)으로 만든 잔(술잔).
pichelaria *f*. 백랍으로 여러 가지 세공품을 만드는 공장.
picheleiro *m*. 연관공(鉛管工). 주석세공 장인(匠人). 백랍으로 여러 가지 세공품 만드는 사람.
picho *m*. 《F》 목덜미까지 땋아 내린 머리칼.
pichorra *f*. ①백랍제(白蠟製)의 기명. ②백랍으로 주둥이를 만든 그릇.
picles *m*.(*pl*.)《英》*pickle*의 전래어. 피클. (오이 따위의) 절인 것.
picnito *m*. [鑛] 황옥(黃玉).
picnometro *m*. 비중계(比重計).
pico (1) *m*. ①뾰족한 끝. 첨단(尖端). ②산꼭대기. 절정(絕頂). 정상. 최고점. ③신맛(酸味). ④곡괭이. ⑤[鳥] 딱구리.
— (2) *adv*. 《俗》(*e*를 선행시킴). …남짓. …여(餘). 강(强).
Gastei mil cruzeiros e pico. (나는) 천 그루제이로 남짓(한 돈을) 썼다.
8 libras e pico 8파운드 여(餘).
picole *m*. 얼음과사. 아이스캔디. 빙사탕(氷砂糖).
picoso *a*. ①끝이 뾰족한. 뾰족한 끝이 있는. ②(산 따위) 삐죽삐죽한. ③흘립(屹立)하는.
picota *f*. ①말뚝. 기둥. ②피스톤 대.
picotagem *f*. (집게로) 차표 또는 승차권에 구멍을 뚫기. [印] (종이에) 작은 구멍을 일렬로 뚫기(떼어내기 쉽게 하기 위하여).
picotar *v.t.* ①차표(승차권)에 구멍을 뚫다. ②[印] (종이에) 작은 구멍을 일직선으로 뚫다.
picote (1) *m*. ①(종이에 뚫은) 일직선의 구멍. 열지은 작은 구멍. 소공렬(小孔列). ②구멍을 열상(列狀)으로 뚫은 장식.
— (2) *m*. (양털로 짠) 일종의 거친 모직물.
picotilho *m*. =*picote* (2). 보다 질이 좋은 모직물.
picoto *m*. ①뾰족한 산봉우리. ②산꼭대기에 세운 석표(石標). ③끝이 뾰족한 석주(石柱). ④삼각측량기점(三角測量基點).

picrato *m.* [化] 피크린산염(酸鹽).
pícrico *a.* [化] 피크린산의.
 ácido pícrico 피크린산(酸).
picrocolo *a.* [醫] 담즙과다(膽汁過多)의.
picrolito *m.* 사문석(蛇紋石)의 일종.
pictografia *f.* ①상형문자학(象形文字學). ②상형문자. 그림글자.
pictoresco *a.* = *pinturesco*.
pictórico, pictural *a.* ①회화(繪畫)의. 그림으로 나타낸. ②그림같은. 그림같이 아름다운.
picuinha *f.* ①(방금 깐 병아리의) 삐악삐악 우는 소리. ②《俗》비웃기. 야유(揶揄). 풍자. 빈정대기.
pidão *m.* 치근치근 요구하는 사람. 몹시 조르는 사람.
piedade *f.* ①경건(敬虔). 신심(信心). 종교심. 효행. 공경. ②불쌍히 여김. 동정. 연정(憐情). ③애석한 일. 아까운 일. 슬픈 일. 자비(慈悲).
 piedade filial 효(孝). 효행.
piedosamente *adv.* 경건하게. 신앙이 독실하게. 자비롭게. 동정심있게.
piedoso *a.* ①경건한. 공경한. 신앙심이 독실한. 충실한. 효성이 지극한. ②동정심 있는. 자비한. 자비심 있는. 불쌍히 여기는.
piegas *a.* (사소한 일에) 몹시 마음을 쓰는. 지나치게 꼼꼼한. 신경질적인. 까다로운. 아주 감상적인.
 — *m.f.* ①몹시 꼼꼼한 사람. 지나치게 감상적인 사람. 나약한 사람. 뱅충맞이.
piegueiro *a.* 아주 온순한. 양순한. 싹싹한. 부드러운. 매우 친절한.
pieguice *f.* (사소한 일에) 몹시 마음을 씀. 너무 꼼꼼함. 신경질적임. (말·행동 등이) 지나치게 감상적임.
pieira *f.* ①(천식으로)씨근거리는 소리. ②오랫동안 발을 물에 적신 탓으로 발생하는 소(牛)의 병(病).
piela *f.* 《俗》술취하기. 명정(酩酊).
pielete *f.* [醫] 신우염(腎盂炎).
piemia *f.* [醫] 농혈증(膿血症).
piemico *a.* [醫] 농혈증의.
pientíssimo *a.* (*pio*의 최상급). 가장 경건한. 제일 신앙이 독실한.
pierides *f.* 뮤즈 여신(女神).
pierio *a.* 《詩》뮤즈 여신의. 시(詩)에 관한.
pierrete *f.* 《F》피에로(의 여성).

pierrô *m.* 《F》피에로(프랑스의 무언극에 나오는 인물). 순업(巡業)광대(분칠을 하고 피에로풍의 느슨한 옷을 입는).
pietismo *m.* [宗敎] 경건파(敬虔派)(17세기 말의 독일의 루터파 교회의 한종파); 경건파의주의.
pietista *m.* 경건파 교도.
piezómetro *m.* 피에조미터. 액주압력계(液柱壓力計). 수압측심기(水壓測深器).
pifano *m.* = *pífaro*.
pifão *m.* 《卑》술에 취함. 주취(酒醉).
pífaro *m.* ①(군악대의) 저. ②저 부르는 사람.
pifiamente *adv.* 초라하게. 비열하게. 비루하게. 야비하게.
pífio *a.* 《卑》①초라한. 야비한. 비루한. 비열한. 하등(下等)의. ②(지각·거동·취미 등이) 추잡한. 나쁜. ③고약한. 지독한. 넌더리나는. ④(알·가루 따위) 굵은. 보드럽지 못한.
pigaça *f.* 배(梨)의 일종.
pigar *v.t., v.i.* 훔치다. 도둑질하다.
pigarço *a.* (백색과 흑색의) 얼룩의. 얼룩진. 잡색의. 혼합된.
pigarrear *v.i.* 목에 가래가 끼어 기침하다. (나쁜 담배 등으로 인하여) 목이 막혀 기침하다.
pigarrento *a.* 목에 가래가 끼게 하는. 가래로 인하여 기침하게 하는. (담배 따위) 인후에 좋지 못한.
pigarro *m.* ①목에 가래가 낌. 가래 낀 기침을 하기. ②가래. 짙은 가래. 객담(喀痰).
pigarroso *a.* 목에 가래가 끼는. 가래 기침하는. 기침하게 하는.
pigericu *m.* [植] 번례지속(蕃荔枝屬).
pigmeia *f.* *pigmeu*의 여성형.
pigmentação *f.* 물들임. 염색. 물감칠. 색소형성(色素形成).
pigmentado *a.* 물들인. 염색한. 물감 칠한. 색소 있는.
pigmentar *a.* 염색의. 물감의. 색소의. 색소성의.
 — *v.t. pigmento*로 칠하다; 물들이다.
pigmento *m.* 그림물감. (빛·윤을 내는) 칠약. [生物] 색소(色素).
pigmeu *a.* 난쟁이의. 난쟁이같은. 아주 작은. 소형의.
 — *m.* ①난쟁이. 키작은 사람. 왜인(矮人). ②작은 동식물. 꼬마. 작은 물건. ③

(지력이) 저능한 사람. ④중앙 아프리카에 사는 키작은 흑인. 피그미 사람.

piíssimo *a.* (*pio*의 최상급) = *pientíssimo*.

pijama *m.* ①《英》 *pyjama*의 전래어. 파자마. 잠옷(바지와 윗옷이 따로따로 된). ②(회교도의) 통이 넓은 바지.

pilado *a.* ①껍질을 벗긴 ; (밤의) 껍질을 벗기고 말린. ②찧어 빻은.
castanha pilada 껍질을 벗기고 말린 밤.
cevada pilada 찧어 빻은 보리.

pilador *m.* 껍질을 벗기는 사람. 찧어 빻는 사람.

pilão *m.* ①공이. 공잇대. 약연공이. 절굿공이. 유봉. (말뚝을 박는 데 쓰는) 메. ②원추형의 설탕 덩어리(糖塊). ③천칭(天秤)의 분동(分銅).

pilar (1) *v.t.* ①공이로 찧다. 찧어 빻다 ; 가루를 만들다. ②(밤의) 껍질을 벗기다. 껍질을 벗겨 말리다.
— (2) *m.* ①[建] (돌·나무·쇠 등의) 큰 기둥. 특히 원추형 기둥. ②큰 다리받침. 교각(橋脚).

pilarete *m.* 작은 기둥.

pilastra *f.* ①[建] 벽기둥(벽의 일부를 불 쑥 나오게 만든 것). ②각주(角柱).

pilastrão *m.* (*pilastra*의 지대어). 큰 벽기둥.

pilé *m.* *açúcar pilé* 백설탕 가루.

pileca *f.* 늦쓸 날. 야윈 말. 시역할 수 없는 말(駑馬).

pileque *m.*《俗》술에 얼큰히 취함. 약간 취함.

pilha *f.* ①퇴적(堆積). 더미. 가리. ②[電] 전퇴(電堆). 전지(電池).
pilha seca 건전지(乾電池).
pilha atômica 원자로(原子爐).
pilha de pedra 돌더미.
pilha de pau 쌓아 올린 나무.
pilha de sal (소금더미).《轉》아주 짠. 되게 짠.

pilhagem *f.* ①약탈(掠奪). 겁탈(劫奪). 강탈. ②훔치기. ③약탈물.

pilhante *a.* ①약탈하는. 겁탈하는. 강제로 빼앗는. ②훔치는.
— *f.* 약탈자. 강탈자. 겁탈자.

pilhar *v.t.* ①약탈하다. 겁탈하다. 강제로 빼앗다. ②몰래 훔치다. 절도(窃盜)질하다. ③붙잡다. 붙들다.
— *v.i.*, —*se v.pr.* 붙잡히다. 붙들리다. 생포되다.

pilharengo *a.* ①약탈의. 겁탈의 ; 약탈적인. ②좀도둑질하는(버릇이 있는).

pilharete *m.*《俗》좀도둑. 초적(草賊).

pilharia *f.*《古》= *pilhagem*.

pilheira *f.* 재를 버리는 곳. 잿더미.

pilheiro *m.* ①물통(水槽). 물 탱크. ②물 고인 곳. 웅덩이.

pilhéria *f.* 농담. 재담. 우스갯소리. 해학(諧謔).

pilheriar *v.i.*, *v.t.* 농담하다. 재담하다. 우스운 이야기를 하다.

pilheta *m.* (위가 넓고 아래가 좁은) 물통. 나무통. 버켓.

pilho *m.* ①소매치기. 좀도둑. 사기꾼. ②못된 놈. 근성이 나쁜 인간.

pilífero *a.* [植] 털이 있는. 털이 돋은.

pilífico *a.* 털나게 하는.

piliforme *a.* 털 비슷한. 모상(毛狀)의.

pilipede *a.* 발에 털이 있는(많은).

piloada *f.* ①공이(*pilão*)로 치기. ②공이로 찧은 상태.

pilo *m.* 던지는 창.

pilone *m.* ①(옛 이집트의) 탑(塔). 탑문(塔門). ②방형(方形)의 식문(飾門).

pilórico *a.* [解] 유문의.

piloro *m.* [解] 유문(幽門). 유문부(部).

pilosidade *f.* [動·植] (연한) 털이 많음. 다모성(多毛性).

pilosismo *m.* 털의 이상발달(異狀發達).

piloso *a.* (연한) 털이 많은. 털투성이의.

pilotagem *f.* ①수로안내역(水路案內役). 향도 ; 수로를 안내하는 직업. ②비행기 조종.

pilotar *v.t.* ①뱃길을 안내하다. 향도하다. ②(항공기 따위를) 조종하다.

pilotear *v.t.* = *pilotar*.

piloto *m.* ①수로안내인(水路案內人). 키잡이(舵手). 운전사 ; [空] 조종사. ②지도자. 영도자. ③지침. ④[海] 나침반 정오기(正誤器). ⑤[植] 시스토수(물푸레나무과). ⑥[魚] 고등어과의 물고기.
piloto de prova 시험비행 조종사.
piloto bombardeiro 폭격기 조종사.

pilrete *m.*《輕蔑》①보잘것없는 사람. 소인(小人) ; ②자식. 새끼. 장난꾸러기 아이.

pilriteiro *m.* [植] 아가위나무속(屬). 특히 서양아가위나무.

pilrito *m.* 아가위나무의 열매.

pílula *f.* ①알약. 환약(丸藥). ②작은 알약

같이 생긴 물건. (종이·초 따위를 뭉친) 작은 구(球). ③싫은 것(사람). 괴로운 일. *engolir a pílula* 싫은 것을 참고하다. 마지못해 하다.
pílula difícil de engolir 싫은 것(일).
pilulador *m*. 알약 만드는 기계. 환약 제조기.
pilular *a*. 알약(환약) 모양의. 알약을 만드는.
pimelite *f*. [醫] 지방조직염(脂肪組織炎).
pimelose *f*. [醫] 지방종(脂肪腫).
pimenta *f*. ①후추. 후추속(屬)(의 식물). ②고추.
pimenta do reino 후추.
pimenta preta 여물지 않은 씨로 만든 후추.
pimenta branca 여문 씨로 만든 후추.
pimenta malagueta (열대 아메리카산의) 관목성 고추. 아주 매운 고추.
grão de pimenta (말린) 후추 열매.
pimentado *a*. ①후추를 넣은. 매운. ②가열한. 신랄한. (값 따위) 비싼.
pimental *m*. ①후추밭. ②고추밭.
pimentão *m*. [植] ①(서인도산의) 피멘토. ②푸르고 큰 고추. 맵지 않은 큰 고추(양념보다 샐러드에 흔히 섞음).
pimentão doce 맵지 않은 큰 고추.
pimenteira *f*. ①후추나무. 후추식물. 고추나무. ②후추가루 넣는 통. 후추병. 고추병(식탁에 놓는).
pimenteiro *m*. ①[植] 고추(나무). ②(식탁의) 고추병.
pimento *m*. [植] 고추. 고추열매.
pimento doce 맵지 않은 고추.
pimento picante 매운 고추.
pimpão *a*. ①조촐한. 반반한. 단정한. 멋진. 근사한. ②자랑하는. 뽐내는. 우쭐하는. ③허풍떠는.
— *m*. ①멋쟁이. 맵시 내는 사람. ②자랑하는 사람. 뽐내는 사람. ③허풍선이.
pimpar *v.i*. ①멋부리다. 맵시 내다. ②우쭐하다. 으쓱하다. 뽐내다. 허세(虛勢)부리다.
pimpinela *f*. [植] 석죽과의 초본 ; 오이풀속(屬).
pimpôlho *m*. ①(식물 특히 포도의) 눈(芽). 싹 ; 덩굴. ②잘 키운 아이. 통통한 아이. 토실토실한 아이.
pimpona *f*. ①복숭아. ②활발하고 아름다운 소녀.
pimponamente *adv*. 우쭐하여. 뽐내어. 자랑으로.
pimponar, pimponear *v.i*. ①뽐내다. 뽐내어 걷다. 활보하다. 으쓱하다. ②멋 부리다. 맵시내다.
pimponete *m*. ①멋 부리는 사람. ②으쓱하는 사람. 뽐내는 사람.
pimponice *f*. ①멋 부리기. 맵시내기. ②으쓱하기. 뽐내기. ③허풍떨기. 허세부리기.
pina *f*. (수레바퀴의) 바퀴테. 겉테.
pinaça *f*. [海] 종선. 함재정(艦載艇). 쾌속정.
pinacoteca *f*. (옛 그리스·로마의) 회화관(繪畫舘).
pináculo *m*. ①[建] 뾰족탑. 지붕이 뾰족하게 솟은 누각(樓閣). ②뾰족한 산봉우리. 산꼭대기. ③정점(頂點). 극점(極點). 최고점.
pinador *m*. (제화공(製靴工)이 쓰는) 일종의 천공구(穿孔具).
pinça *f*. 핀셋 ; 집게. 족집게. 못뽑이.
pincaro *m*. 꼭대기. 절정(絶頂). 정상(頂上). 정점. 최고점.
pincel *m*. (페인트·그림물감 따위를 칠하는) 솔. 털붓. 큰 붓. 화필(畵筆). 채필(彩筆).
pincelada *f*. ①솔로 한 번 칠하기. 한 번 바르기. ②큰 붓으로 한 글자 쓰기. 일필(一筆).
pincelagem *f*. 솔 또는 털붓으로 페인트 (그림물감)를 칠하기 또는 바르기. 붓(화필)을 사용하기.
pincelar *v.t*. 큰 붓으로 그림물감 칠하다. 그림 그리다. 솔로 (페인트) 칠하다. 솔(털붓)을 사용하다.
pinceleiro *m*. 붓(털붓·솔 따위) 만드는 사람 ; 그 장수.
pince-nez *m*. 《F》 코안경.
pincha *f*. 양념병. 유리병. 약병. ②[宗] 제단에 놓는 병(성찬의 포도주 또는 물을 넣어 두는 조그만 그릇).
pinchar *v.t*. 떠밀다. 밀어 팽개치다. 밀어 자빠뜨리다.
— *m*. 뛰어 오르다. 도약(跳躍)하다.
pincho *m*. 뛰어 오름. 도약(跳躍).
pindaíba *f*. ①야자수의 껍질로 만든 밧줄. ②낚싯대. ③《俗》 돈 한 푼 없음. 무일푼.

estar na pindaíba 돈 한 푼 없다.
pindaricamente *adv.* ①*pindar*식으로. ② 훌륭하게. 아주 좋게.
pindárico *a.* (옛 그리스의 서정시인) *pindar* (풍)의.
pindoba *f.* 뻰도바 열매.
pindobeira *f.* [植] 뻰도바나무(북부 브라질의 일종의 과수).
píneo *a.* ①소나무의. 솔같은. ②소나무가 무성한.
pinga *f.* ①(물·액체의) 방울. ②한 방울. ③떨어지는 물방울. 점적(點滴). ④술. 특히 삥가술(사탕수수로 만든 것). 당주(糖酒).
nem pinga 한 방울도(없다). (돈)한 푼도(없다).
boa pinga 좋은 술. 맛좋은 술.
estar com a pinga 취해 있다.
— *m.*《俗》돈 한 푼 없는 사람.
pingaço *m.* 좋은 말(良馬)(브라질 남쪽에서 쓰는 방언(方言)).
pingada *f.* 좋은 말의 떼.
pingadeira *f.* ①굽는 고기기름 받는 냄비. ②(물·기름 따위가) 방울이 되어 떨어지는 것. ③《俗》조금씩 조금씩 계속해서 이익이 오르는 사업. 쉴 새 없이 새어 나가는 지출.
pingado *a.* 물(기름)방울이 떨어진. 점적(点滴)하는. ②얼룩진. 반점이 생긴.
gato pingado ①장례식 때 관(棺)을 따라가는 인부. ②놈. 자식. 보잘것없는 인간.
pingadouro *m.* ①(물·액체 따위가) 방울이 되어 떨어지는 것. 점적(点滴)하기. ②물이 떨어져 들어가는 홈통. ③사업에 조금씩 조금씩 이익이 오르기 ; 조금씩 지출되기.
pingalhareta *f.*《俗》①술 잘 마시는 여자. ②천한 여자.
pingalho *m.* 약간 한 술.
pingante *a.* (물·기름 따위) 똑똑 떨어지는. 점적하는.
— *m.* 아주 가난한 사람. 돈 한 푼 없는 사람.
pingão *m.* ①헤어진 옷을 입은 사람. 누더기를 입은 더러운 사람. ②부랑아. 망나니. 망종.
pingar *v.t.* ①(물·기름 따위의) 방울을 흘리다. 떨어뜨리다. 똑똑 떨어지게 하다. ②얼룩지게 하다. 반점(斑點)을 만들다.

오점(汚點)을 찍다.
— *v.i.* ①(물방울이) 똑똑 떨어지다. ③땀을 흘리다. ④핏방울이 떨어지다. ⑤조금씩 조금씩 이익이 오르다.
pingente *m.* ①귀옛고리. 귀고리. ②(특히 목걸이·팔찌 따위에) 늘어뜨린 장식. 늘어진 물건. 수식(垂飾).
pingo *m.* ①물방울. 물약의 한 방울. (굽는 고기에서 떨어지는) 기름방울. ②(떨어지는) 콧물. ③말(馬)(특히 브라질 남쪽에서 쓰는 방언(方言)).
pingo do nariz 콧물.
pingo da vela 초의 녹아 흐르는 방울.
pingo-lindo 고운 말(馬).
pingola, pingoleta *f.* 약간 한 술. (작은) 한 잔의 술.
beber uma pingoleta 술 한 잔 마시다.
pingona *f.* 게으르고 추한 여자. 나태한 계집.
pingoso *a.* 물방울이 떨어지는. 계속해서 똑똑 떨어지는.
pingue *a.* ①살찐. 기름진. ②비옥한. 생산이 잘 되는. 열매가 잘 맺는. ③풍부한. 유리(有利)한.
— *m.* (돼지의) 비계.
pinguela *f.* = *pinguelo*.
pinguelo *m.* ①다리(橋梁) 대용으로 되는 통나무 또는 널빤지, 외나무다리. 판자다리. ②덫을 받쳐 세우는 막대기 또는 덫을 쇠는 막대기.
pingue-pongue *m.* (= *tênis de mesa*). 핑퐁. 탁구.
pinguim *m.* [鳥] 펭귄새.
pinha *f.* [植] 솔방울. 송자(松子). ②잣(잣나무 열매). ③많은 사람. 군중. ④더미. 쌓여 있는 것.
em pinha 더미로. 쌓여서.
pinhal *m.* 소나무숲. 송림(松林). 솔밭.
pinhão *m.* 솔방울 속에 있는 씨.
pinheiral *m.* = *pinhal*.
pinheiro *m.* [植] ①소나무(의 총칭) ; ②브라질 소나무(남쪽 브라질에 있는 높고 웅대한 것).
pinheiro manso 남유럽산 소나무(나무 꼭대기가 우산 모양).
pinhiforme *a.* 솔방울 모양의. 솔방울꼴을 한.
pinho *m.* 소나무 재목(松材).
pinhoada *f.* 잣과 꿀로 만든 과자.

pinhota *f.* [植] 산방화서(繖房花序).

pinifero *a.* 《詩》(토지에) 소나무가 나는. 소나무가 자란.

piniforme *a.* =*pinhiforme*.

pino *m.* ①꼭대기. 절정. 최고점. 극점. ②못. 나무못. 쐐기못(구두에 꽂는). 대못(竹釘).
a pino 수직(垂直)으로.
no pino do dia 정오(正午)에.
no pino do verão 여름의 제일 더운 때에. 삼복에.
no pino do inverno 대소한(大小寒) 계절에.

pinote *m.* ①뛰어 오름. 도약(跳躍). 뛰어 넘기. ②뒷발로 차기.

pinotear *v.i.* (말・소・양 따위가) 뛰다. 뛰어 넘다. 약동하다. 뛰어 돌아다니다.

pinta (1) *f.* 얼룩점. 반점(斑點). 검은 점(사마귀). 흠집. 표. ②《俗》안색(顔色). 용모. 풍채.
— (2) *f.* [動] 암평아리.

pintada *f.* ①[動] (브라질산의) 표범의 일종. ②[鳥] (서아프리카산의) 꿩과의 새 일종.

pintadela *f.* 한 번 칠하기. 한 번 튀기기.

pintado *a.* ①(그림) 그린. 그려낸. ②물감 칠한. 페인트 칠한. 물들인. 채색한. ③점찍은. 얼룩점이 있는. 반점이 있는. ④묘사한. 표현한. 나타낸. ⑤형용(形容)한. ⑥꼭같은.

pintador *m.* =*pinta-monos*.

pintainha *f.* 작은 병아리(또는 작은 새)의 암컷.

pintainho *m.* 작은 병아리. 작은 새.

pintalegrete *a.* 멋 부리는. 맵시내는. 모양내는.
— *m.* 멋쟁이. 맵시꾼. 모양내는 사람.

pintalegrismo *m.* 멋 부리기. 맵시내기. 모양 피우기.

pintalgado *a.* 여러 가지 색깔의 반점이 있는. 얼룩덜룩한. 갖가지의 색깔로 칠한.

pintalgar *v.i.* ①여러 가지 색깔의 점을 찍다(로 칠하다). 잡색으로 얼룩얼룩하게 하다. ②물감을 튀기다.

pinta-monos *m.* 서투른 화가(畵家). 서투른 페인트칠장이.

pintar *v.t.* ①그림물감 칠하다. 페인트칠하다. 색칠하다. 착색하다. 그림물감(페인트)으로 그리다. 묘사하다. ③(외용약(外用藥) 따위를) 천에 바르다. ④(칠하여) 모르게 하다. 속이다. 기만하다. ⑤(마음속에) 그리다.
— *v.i.* (사과・포도・올리브 등의 열매가 익어서) 물들다. (과일이) 빨갛게 되다.
—*se v.pr.* ①화장하다. 자기의 머리칼을 물들이다. ②희비애락(喜悲哀樂)을 얼굴에 나타내다.

pintarroxo *m.* [鳥] (가슴이 붉은) 울새.

pintassilgo, pintassirgo, pintaxilgo *m.* [鳥] 영국산 검은 방울새무리.

pinto *m.* ①[動] 병아리. 닭의 새끼. ②《轉》장난이 센 아이.

pintor *m.* ①화가. 화공(畵工). ②페인트 칠하는 사람. 물감 칠하는 사람.

pintora *f.* 여자 화가.

pintura *f.* ①그림 그리기. 채화(彩畵). 그림 그리는 법. ②그림. 유화(油畵). 회화(繪畵). ③페인트 칠하기. 물감 칠하기. 채색(彩色). ④(도자기에) 그림 그려 넣기. ⑤페인트. 도료(塗料). ⑥화공(畵工)의 직.
pinturas (*pl.*) 간판업. 간판점.

pintural *a.* 그림의. 그림같은.

pinturesco *a.* 그림의. 그림같은. (그림처럼) 아름다운. 절경(絶景)의. 화취(畵趣) 있는.

pio (1) *m.* 새 우는 소리. 올빼미의 울음소리. (병아리의) 삐악삐악 우는 소리 ; 새 울음 소리의 의성(擬聲).
— (2) *a.* 신앙이 독실한. 경건(敬虔)한. 자비한. 인자한. 인정 많은.

piogenese, piogenia *f.* 고음이 생김. [醫] 농즙(膿汁)의 양성(釀成). 화농(化膿).

piogénico *a.* 농즙 양성의. 화농의.

piolhada *f.* ①많은 이. 이 투성이 ; 이가 많이 꾄 상태. ②[植] 슬초(虱草).

piolhar *v.i.* (동물에) 이가 꾀다.

piolharia *f.* ①많은 이. ②아주 가난함. 극빈.

piolheira *f.* ①많은 이. 이 투성이. ②더러운 집 ; 불결한 곳. ③가치 없는 사업. ④[植] 슬초(虱草).

piolheiro *a.*, *m.* =*piolhento*.

piolhenta *f.* 이가 많이 꾄 여자. 몸을 거두지 않는 여자.

piolhento *a.* 이가 많은. 이 투성이의 ; 이가 꾄.
— *m.* 몸에 이가 많이 꾄 사람. 더러운 사람.

piolho *m.* 이(虱). (새·물고기·식물 따위의) 기생충.
piolho ladrão (또는 *ladro*) 사면발이(毛虱).

piolhoso *a.* 이 투성이의. 이가 많이 뀐 불결한.
— *m.* 이가 많이 뀐 사람.

pioneiro *m.* 개척자. 선구자. 주창자(主唱者). 선봉.

pior *a.* (*mou*의 비교급). 한층 더 나쁜. 더욱 나쁜. (…보다) 더 열등한.
정관사를 선행시켜 최상급을 만듦.
o pior ⎫
a pior ⎭ 제일 나쁜. 가장 나쁜. 아주 열등한.
— *adv.* 더 나쁘게. 한층 더 나쁘게. 일층 더 심하게. 가장 열등하게.
cada vez pior 점점 더(매번 더) 나쁘게.
de mal para pior 악화(惡化)의 일로.
quanto pior melhor 나쁠수록 좋다.
Ela fala pior do que você. 그 여자는 당신보다 말을 서투르게 한다.
— *m.* 보다 나쁜 일(물건). 제일 나쁜 것.
o pior 제일 나쁜 것. 하지하(下之下).

piora *f.* 더 나빠짐. 가일층 악화. (병세 따위) 더 위독함. 더 위태로워지기.

pioramento *m.* 더 나빠지기. 가일층 악화되기. (병세가) 위독해가기. 더욱 악화되기.

piorar *v.t.* 더 나쁘게 하다. 가일층 악화하다.
— *v.i.* 더 나빠지다. 악화하다. (병이) 위독해지다.

pioria *f.* 악화함; 악화된 상태.

piormente *adv.* 더 나쁘게. 가일층 악화하여. 더욱 열등하게.

piornal *m.* 금작화가 많은 곳.

piorno *m.* [植] 금작화(金雀花).

piorra *f.* 작은 팽이.

piorreia *f.* [醫] (치조)농루((齒槽)濃漏).

pipa *f.* ①큰 통. 나무통. 술통. 맥주통. ②관(管). 파이프. ③《俗》키 작고 뚱뚱한 사람. 땅딸보.

pipal *m.* [植] 무화과속(無花果屬).

piparote *a.* 손가락으로 튀기기(指彈). 손톱으로 튀기기(爪彈).

piperáceas *f.*(*pl.*) [植] 후추(胡椒)과의 식물.

piperáceo *a.* 후추의. 후추과 식물에 속하는.

pipi *m.* 《小兒》①아기의 오줌 눌 때 하는 말. ②아기들이 병아리를 부르는 말.
fazer pipi 아기가 오줌을 누다(뉘다).

pipiar, pipilar *v.i.* (새가) 짹짹 울다. (병아리가) 삐악삐악 울다.
— *m.* 짹짹 우는 소리. 삐악삐악 우는 소리.

pipilante *a.* 짹짹 우는. 삐악삐악하는.

pipilo *m.* ①(새가) 지저귐. 지저귀는 소리. ②떨리는 소리.

pipio *m.* = *pipito*.

pipitar *v.i.* ①(새가) 짹짹 울다. 지저귀다. ②새 우는 소리를 내다; 새 우는 소리를 흉내내다.

pipito *m.* (새가) 지저귐. 지저귀는 소리; 올빼미 우는 소리. (병아리의) 삐악삐악하는 소리.

pipo *m.* ①(가운데가 부푼) 작은 통. 작은 나무통(보통 용량이 10갤론 이하). ②통의 취관(吹管).

pipoca *f.* 튀긴 옥수수. 팝콘.

pipocado *a.* (옥수수·콩 따위를) 튀긴. 팝콘이 된.

pipocamento *m.* (옥수수·콩 따위를) 튀기기. 튀기. 파열. (옥수수알의) 폭발. 팝콘을 만들기.

pipocar *v.t.* (옥수수·콩 따위를) 튀기다. 파열시키다.
— *v.i.* ①튀다. ②(물이) 거품 일다. 부글부글 끓다.

pipote *m.* = *pipo*.

pique *m.* ①(옛날) 창(槍). ②(창의) 날 끝. ③악의(惡意). 원한. 유한(遺恨). ④신랄한 맛. 가열한 맛. 매운 맛; 통쾌한 맛.
o pique ①수직(垂直)으로. 직립(直立)하여. ②위험하게. 위태롭게.
ir a pique 위험에 직면하다. 가라앉다. 침몰하다.
estar a pique …의 찰나에 있다. 막 …하려고 하다.

piquenique *m.* 《英》 *picnic*의 전래어. 들놀이. 산놀이. (식사를 겸한) 소풍.

piqueta *f.* 경계를 표시하는 말뚝. 표항(標杭).

piquetagem *f.* 말뚝을 박아 경계를 표시하기.

piquetar *v.t.* 말뚝을 박아 경계를 표시하다. 표항을 세우다.

piquête *m.* [軍] 소초(小哨). 경계대(警戒隊).

pira (1) *f.* ①화장용(火葬用)의 연료. ②가혹한 시련. 도가니.
— (2) *f.* 가축의 피부병.

piramidal *a.* ①피라밋 모양의. ②능추(稜錐) 모양의. 각추상(角錐狀)의. ③거대한. 굉장한.
— *m.* [解] 능추골(稜錐骨).

piramidalmente *adv.* 피라밋 모양으로. 각추상으로. 굉장히.

pirâmide *f.* ①피라밋. 금자탑(金字塔). ②각추(角錐). ③각축 모양의 물건. 피라밋 모양으로 쌓은 것.

piranga (1) *a.* 초라한. 너절한. 영락한. 누더기꼴의. 인색한. 돈 한 푼 없는.
— *m.* ①영락한 사람. 누더기꼴의 사람. ②구두쇠. 깍쟁이. 욕심쟁이.
— (2) *f.* (브라질의) 도기(陶器) 원료로 되는. 붉은 진흙. 적점토(赤粘土).

pirangar *v.i.* 《俗》①깍쟁이 노릇하다. ②구걸하다. 빌어먹다.

pirangaria *f.* 돈 한 푼 없음. 청빈(상태).

piranha *f.* [魚] 삐라냐(아마존강에 있는 흡혈어(吸血魚); 물속에서 피흘리는 것만 있으면 인마(人馬)를 불구하고 공격하는 물고기).

pirão *m.* (감자·콩·만죠까 따위로 만든) 오트밀 죽.

piraqué *m.* [魚] (브라질산) 전기어(電氣魚)의 일종.

pirar-se *v.pr.* ①슬쩍 훔치다. ②살짝 가버리다. 도망가다.

pirarucú *m.* [魚] 삐라루꾸우(아마존산의 검고 큰 대구 비슷한 물고기).

pirata *m.* ①해적. 해적선. ②저작권 침해자. 표절자. ③비상수단을 써서 타인을 이용하여 재산을 모으는 자.

piratagem *f.* 해적행위.

piratão *m.* 《俗》교활한 사람. 엉큼한 사람. 색골.

pirataria *f.* ①해적행위. 해적생활. ②약탈. 겁탈. ③저작권 침해. 표절(剽竊). ④악업(惡業).

piratear *v.i.* ①해적행위를 하다. ②(해적처럼) 약탈하다. 겁탈하다. ③표절하다.

pirático *a.* 해적의. 해적행위의. 해적에 관한.

piratininga *f.* 고원지(高原地).

pirausta *f.* [蟲] 개똥벌레.

pirenaico *a.* 피레네 산맥의. 피레네 산지(주민)의.

pirento *a.* (가축이) 피부병에 걸린.

pires *m.* (單複同形) ①받침접시. 특히 커피잔 밑에 받치는 접시. ②화분받침.

pirético *a.* [醫] 열병의. 열병을 일으키는. 열병치료의. 열병에 걸린.

pireto, piretro *m.*, *f.* [植] 개꽃속(屬).

piretogénico *a.* 열을 내는. 발열(發熱)케 하는.

piretologia *f.* [醫] 열병론.

piretológico *a.* 열병론의. 열병론에 관한.

pirexia *f.* [醫] 열병. 발열(發熱).

pírico *a.* 불의. 불에 관한.

piridina *f.* [化] 휘발성 유동(流動) 알칼리 (천식(喘息)용).

pirifora *f.* 개똥벌레.

piriforme *a.* 서양배(梨) 모양의. 각추상(角錐狀)의.
craneo piriforme 이상두개(梨狀頭蓋).

pirilampo *m.* [蟲] 개똥벌레.

pirite *f.* [鑛] 황철광(黃鐵鑛).

piritífero *a.* 황철광을 함유한.

piritiforme *a.* 황철광 비슷한.

pirito *m.* =*pirite*.

piritologia *f.* 황철광연구.

piro '불'의 뜻을 나타내는 복합형.

piroca *f.* 《卑》아기의 자지.

piroeletricidade *f.* [鑛] 열전기.

pirofobia *f.* 불을 싫어하는 것. 공화증(恐火症).

piroforo *m.* [化] 자연물(自然物). 기중발화물(氣中發火物).

piroga *f.* ①마상이. 돛대 둘 있는 평저선(平底船). ②토인들이 쓰는 카누의 일종. 통나무 껍질을 붙여 만든 배.

pirogenese *f.* 발열(發熱; 특히 체내(體內)에 열을 일으키는 것).

pirogênico *a.* 열을 일으키는. 열을 일으키는 요소를 지닌. 발열의.

pirogravar *v.t.* 태워 그리다. 낙화(烙畵)하다.

pirogravura *f.* 태워 그리기. 낙화법(烙火法).

pirolatra *m.* 배화교도. 불을 숭배하는 사람.

pirolatria *f.* 배화(拜火). 배화교(敎).

pirolenhoso *a.* [化] 초목성(焦木性)의.

ácido pirolenhoso 목초산(木醋酸).

pirologia *f.* 열리학(熱理學). 화화학(火化學).

pirolusito *m.* [鑛] 연(軟)망간광(鑛).

piromancia *f.* 불점(火占). 화점술(火占術).

piromania *f.* 방화광(放火狂).

piromaníaco *m.* 방화광인(狂人).

pirometria *f.* 고온측정(高溫測定). 고열(高熱)측정.

pirométrico *a.* ①고온계의. 고열계의. ②고온측정의. 고온측정에 관한.

pirómetro *m.* [理] 고온계(高溫計). 고열계(高熱計).

piromorfite *f.* [鑛] 녹연광(綠鉛鑛).

piropincel *m.* 낙화용(烙畵用)의 붓. 소필(燒筆).

pirose *f.* 생목오름. 메스꺼움.

pirotecnia *f.* ①꽃불 제조술. 화공술(火工術). ②꽃불 올리기. 번개. 꽃불식의 변설.

pirotécnico *a.* ①꽃불의. 꽃불 제조술의. ②화려한. 인기를 끈.
— *m.* 꽃불 제조자.

pirotico *a.* [醫] 태우는. 소작(燒灼)의. 부식(腐蝕)하는.
— *m.* 소약(燒藥). 부식제(劑).

piroxena, piroxenio *m.* =*piroxeno*.

piroxenite *f.* [鑛] 휘암(輝岩).

piroxeno *m.* [鑛] 휘석(輝石).

piroxilina *f.* 솜화약(綿火藥).

pirraça *f.* 지분거리기. 귀찮게 굴기. 괴롭히기.

pirracento *a.* 지분거리는. 귀찮게 구는. 시끄러운. 졸라대는. 나쁜 장난하는.
— *m.* 지분거리는 사람. 시끄럽게 구는 사람. 졸라대는 사람.

pirralho *m.* ①아이. 아해. 새끼. ②몸집이 작은 사람.

pírrica *f.* (옛 그리스) 검무. 전무(戰舞).

pírrico *m.* ①《古詩》단음보(短音步). ②(옛 그리스) 검무(劍舞).

pirronice *f.* ①완고. 고집이 셈. ②=*pirronismo*.

pirrônico *a.* ①*Pyrrho*의 회의설의. ②회의(懷疑)의. 모든 것(萬事)을 의심하는. ③완고한. 고집 센.
— *m.* 극단회의론자.

pirronismo *m.* ①그리스 사람. *Pyrrho*의 회의설. 회의심(懷疑心). ②완고. 편집(偏執).

piruêta *f.* ①[馬術] 급회전(急回轉). ②[舞蹈] 발끝으로 돌기. ③의견(意見)의 돌변. 표변(豹變).

piruetar, piruetear *v.i.* ①(사람 또는 말이) 급히 회전하다. 갑자기 돌다. ②(의견을) 돌변하다. (마음이) 표변하다.

pírula *f.* =*pílula*.

pirulito *m.* (특히 작은 나무 꼬챙이를 낀) 사탕과자(아이들이 빨아먹는).

pisa *f.* ①밟기. 디디기. ②발로 포도열매를 짓밟아 즙을 내기. ③구타.

pisada *f.* ①발자국. 족적(足跡) ②밟기. 밟은 상태.

pisadela *f.* ①밟기. 짓밟기. 유린. 밟아 깨뜨리기. (특히) 포도를 발로 밟아 짜기. ②밟는 물건. 밟개. ③가벼운 타박상.

pisado *a.* ①밟힌. 짓밟힌. 밟혀 깨트러진 (찌그러진). 유린당한. ②발로 디딘. ③남을 눌러보는. 얕보는. 깔보는.

pisador *a.* ①밟는. 짓밟는. 디디는. ②(공잇대(절굿대) 따위로) 찧는. 찧어 빻는.
— *m.* ①밟는 사람. 밟아 찌그러뜨리는 사람. 유린자. ②포도 압착기(壓搾器).

pisadura *f.* ①디디는(밟는) 동작. 짓밟기. ②짓밟은 상태. 밟은 자국. ③밟힌 상처. 디딘 상처. 부딪힌 상처. 가벼운 타박상. ④혈반(血斑). 피하일혈(皮下溢血).

pisa-flores *m.* (꽃밭에서 노는 사나이). 여자들이 좋아하는 남자. 멋쟁이 남자. 미남.

pisa-mansinho *a.* ①교활한. 엉큼한. 간사스러운. ②거만한. 건방진.
— *m.* ①교활한 사람. 엉큼한 인간. 건방진 녀석. ②사기꾼. 위선자.

pisamento *m.* =*pisadela*.

pisão *m.* (천의) 올을 총총히 하는 기구(기계). 축융기(縮絨機).

pisar *v.t.* ①(…을) 디디다. (발판·페달 등을) 밟다. ②(흙을) 밟아 다지다. ③(포도를) 밟아 찌그러뜨리다. 밟아서 즙이 나오게 하다. ④공이(절굿공이)로 찧다. 빻다. ⑤밟아 못쓰게 만들다. 유린하다. ⑥얕보다. 멸시하다. 없신여기다.
Pisei-o sem querer. 모르고 그분의 발을 밟았다.
Pisou-me o pé. 그 사람이 내 발을 밟았다.
— *v.i.* ①디디다. 밟다. 짓밟다. ②밟고 지나가다. 걷다. 걸어가다.

pisca *f.* 미소(微小)한 물건. 미세(微細)한 알(가루).

piscadela *f.* ①번쩍거림. 섬화(閃火). ②어른거림. 보였다 안보였다 하기. ③눈을 깜박하기. 눈을 깜박하여 알리기. 눈짓. 추파(秋波).

piscado *a.* ①번쩍인. 깜박인. 눈짓한.
— *m.* 번쩍인 것. 섬화. 눈짓. 추파.

piscamento *m.* 번쩍거리기. 어른거리기. 깜박깜박하기. 눈짓하기. 추파를 던지기.

pisca-pisca *m.* 눈을 깜박깜박하는. (버릇있는) 사람. 자주 추파를 던지는 사람. 눈깜박이.

piscar *v.i.* 반짝거리다. 깜박거리다. 눈짓을 하다. 추파를 던지다.
piscar alguem 아무에게 눈짓하다. 눈짓으로 알리다.
Êle piscou para mim. 그 분이 나에게 눈짓했다.

piscativo *a.* = *piscatório*.

piscatória *f.* 어부의 노래. 어가(漁歌).

piscatório *a.* 어부의. 고기잡이의. 어로(漁撈)의. 고기잡이에 열중하는.

pisceo *a.* 물고기의. 어류에 관한.

pisces *m.*(*pl.*) ①어류(漁類). ②[天] 어좌(魚座). 쌍어궁(雙魚宮: 12궁의 제12).

pisci '물고기'의 뜻을 나타내는 복합형.

pisciculo *m.* 《稀》작은 물고기(小魚).

piscicultor *m.* 양어가(養魚家).

piscicultura *f.* 양어(법).

pisciforme *a.* 물고기꼴을 한. 어형(魚形)의. 어상(魚狀)의.

piscina *f.* ①양어지(養魚池). ②(수영하는) 풀. ③[宗] 성수반(聖水盤). 세수반(洗水盤). ④세례받는 곳. ⑤옛 로마의 목욕하던 샘. ⑥목욕하는 통. 세탁조(洗濯槽).

piscinal *a.* 양어지의. 양어지에서 사는(물고기 따위).

piscivoro *a.* 물고기를 먹는(먹고 사는). 어식(魚食)의.
— *m.* 어식동물(魚食動物).

pisco (1) *a.* 눈깜박하는. 깜박거리는. 눈짓하는. 눈을 가늘게 뜬.
— (2) *a.* [鳥] 발의 새(鶯). 피리새의 일종.

piscoso *a.* 어류(魚類)가 많은. 어개(魚介)풍부한.

piseo *m.* [植] 큰 완두(大豌豆).

pisiforme *a.* 완두 모양의. 완두형(形)의.

osso pisiforme 두골(豆骨).

pisgar-se *v.pr.* ①살짝 훔치다. 훔쳐가다. ②도망가다.

piso *m.* ①발디디기. 디디는 방법. 걸음걸이. 걷는 방법. ②마루. 계단. 길바닥.

pisoada *f.* ①(천의) 올을 총총히 하기. ②총총히 된 상태.

pisoador *m.* 올을 총총히 하는 사람.

pisoagem *f.* = *pisoamento*.
— *m.* 천의 올(바탕)을 총총히 하기. 두들겨(밟아) 바래기.

pisoar *v.t.* 천의 올(바탕)을 총총히 하다. 두들겨(밟아) 바래다. 빨아 널다.

pisoeiro *m.* (천의) 올을 총총히 하는 사람.

pisolita *f.* = *pisolito*.

pisolítico *a.* 두석(豆石)의.

pisolito *m.* 두석(豆石)(석회질의).

pisotear *v.t.* 밟다. 짓밟다. 유린하다.

pisqueiro *m.* 눈깜박하는 사람. 눈짓하는 사람.

pista *f.* ①(사람·짐승의) 발자국. 지나간 자취. 차바퀴 자국. 배 지나간 자국(船跡). 형적. 흔적. ②(자동차의) 통행선. 차선(車線). ③비행장의 활주로. ④(경마장의) 말 뛰는 길(走路). ⑤동물이 다니는 길.
estrada de 6 pistas 6차선 도로.
na pista (똑바른) 행로(行路)에서. 궤도에서.
na pista errada 틀린 행선(行線)에서 통행 반측선(反側線)에서.
pista de corrida 경주 코스.
pista de aeródromo 비행장의 활주로.
pista de decolagem 비행기의 이륙(離陸) 코스.
andar na pista de alguém …의 뒤를 따르다(좇다). 미행(尾行)하다.
ir na pista de uma lebre 토끼를 좇아가다.

pistaceira *f.* = *pistacia*.

pistacia *f.* [植] 피스타치오(남유럽·소아시아 산의 작은 나무). 피스타치오 향미(香味).

pistácio *m.* 피스타치오 열매.

pistão *m.* [機] 피스톤.

pistilar *a.* [植] 암술의. 자예(雌蕊)의.

pistilo *m.* [植] 암술(雌蕊).

pistiloso *m.* 암술 있는. 암술만 있는.

pistola *f.* 피스톨. (단발식(單發式)의 구식) 권총.

revolver 연발 권총.
pistola de pintura (페인트칠용) 분무기(噴霧器).
pistolaço *m*. 큰 권총.
pistolada *f*. 피스톨로 쏘기. 권총사격. 권총소리.
pistolão (1) *m*.《葡》대형(大型) 권총.
— (2) *m*. ①주선장(周旋狀). 알선장. ②주선자. 알선인. 추천자.
pistolete *m*. 작은 권총.
piston *m*. =*pistão*.
pita *f*. ①용설란(龍舌蘭)의 잎사귀에서 빼낸 섬유(纖維). ②용설란(특히 *piteira*)의 섬유로 만든 실 또는 밧줄.
pitada *f*. ①코담배의 일회분의 양. 아주 적은 양. ②냄새나는 숨(입김).
pitadear *v.t*. (코담배를) 코로 들이쉬다. 들여 마시다.
— *v.i*. 코담배를 사용하다.
pitagórico *a*. (그리스의 철학자·수학자) 피타고라스(의).
pitagorismo *m*. 피타고라스의 학설.
pitão *m*. =*píton*.
pitar *v.t*. 담배를 피우다.
Pitecantropo *m*. 원인(猿人 : 두개골을 1892년 *Java*에서 발견).
piteciano *a*. [動] 원인의. 원인(猿人)에 관한.
piteco *m*. [動] 무미원(無尾猿)의 일종.
piteira (1) *f*. [植] 용설란속(龍舌蘭屬)(열대사막지방산).
— (2) *f*. 궐련(卷煙) 물부리.
pitéu *m*. 맛좋은 것. 진미한 음식물.
pito *m*. ①담뱃대. 연관(煙管). ②《俗》잔소리. 꾸지람.
píton *m*. 왕뱀. [希神] 괴사(怪蛇)(*Apollo*가 *Delphi*에서 죽인). 거대한 구렁이.
pitonisa *f*. *Apollo*의 무녀(巫女). 무당. 여자 점쟁이. 예언자.
pitora *f*. 소의 갈비고기와 베이컨으로 만든 일종의 스튜.
pitorescamente *adv*. 그림처럼(아름답게).
pitoresco *a*. ①그림의. 회화(繪畵)의. ②그림 같은. 아름다운. 경치 좋은. 절경(絶景)의.
— *m*. 그림 같음. 그림 같은 경치.
pitorra (1) *f*. 작은 팽이.
— (2) *m*., *f*. 뚱뚱한 사람. 땅딸보.
pitosga *a*. ①근시(近視)의. 근시안의. ②눈을 몹시 깜박거리는.
— *m*., *f*. 눈을 깜박거리는(버릇 있는) 사람.
pituíta *f*. (동·식물의) 점액(粘液). 비점액(鼻粘液). 토출(吐出) 점액.
pituitária *f*. 비점막(鼻粘膜).
pituitário *a*. 점액의. 점액을 분비하는. [解] 뇌하수체의.
pituitoso *a*. 점액이 많은.
pivete *m*. ①연향(煉香). ②장난꾸러기 아이. 엉큼한 소년.
piveteiro *m*. 연향을 때는 향로(香爐).
pixide *f*. [가톨릭] 성체용기(聖體容器)(보통 귀금속으로 만듦).
pixídio *m*. [植] 개과(蓋果).
pizzicato *m*.《It》[樂] 손톱으로 뜯는 곡.
placa *f*. ①판철. 늘인쇠. (이름 따위를 쓰는) 쇠쪽패. ②금속성의 표찰. (경주 등의) 금·은 상패(賞牌). ③(금속으로 된) 간판(看板). ④[寫] 감광판(感光版). 종판(種板).
placabilidade *f*. 달래기 쉬움. 얌전함. 너그러움. 유화성(宥和性). 완화성(緩和性).
placar *m*. 훈장. 훈패. 휘장(徽章). 배지.
placável *a*. 달래기 쉬운. 온화한. 너그러운.
placenta *f*. [解] 태반(胎盤). [植] 태좌(胎座). 포의(胞衣).
placentação *f*. [植] 태좌배열(配列).
placentário *a*. [解] 태반의. 태반이 있는. [植] 태좌의.
— *m*. [植] 태좌부(胎座部).
placentite *f*. [醫] 태반염(胎盤炎).
placidamente *adv*. 평온하게. 조용하게.
placidez *f*. 조용함. 평온. 침착.
plácido *a*. 조용한. 평온한. 침착한.
plácito *m*. ①동의(同意). 찬동. 승인. 허용. 채택. ②조약. 약정(約定).
placoide *a*. 방패 모양의(비늘 따위). 방패 모양의 비늘이 있는. 순상인(楯狀鱗).
plaga *f*.《詩》나라. 지방. 지구(地區).
plagiador *m*. =*plagiário*.
plagiante *a*. 표절(剽竊)하는. 도작(盜作)하는.
— *m*. 표절자. 도작자.
plagiar *v.t*., *v.i*. (남의 작품을) 표절하다. 도작하다. 모방하다.
plagiário *m*. (문장 따위의) 표절자. 모방자.
plagiato, plágio *m*. (문장의) 표절. 도작(盜作).

plagiedrico, plagiedro *a.* [結晶] 편형(偏形)의.

plagioclase *f.* [鑛] 사장석(斜長石).

plaina *f.* 대패. 편평하게 깎는 기구.

plana *f.* ①[論] 범주(範疇)(일반적으로) 부문. ②등급. 계급. ③순서. 서열.

planador *m.* 글라이더. 활공기(滑空機). 활주정(滑走艇).

planáltico *a.* 고원(高原)의. 고지의. 대지(大地)의.

planalto *m.* 높고 평평한 땅. 고원(高原). 대지(臺地).

planamente *adv.* 평평히. 평탄하게. (발음 따위) 뚜렷이. 명료하게. 알기 쉽게. 솔직히.

planar *v.i.* (새 따위) 높이 떠오르다. 날개 펴고 멎은 듯이 뜨다.

planctologia *f.* 부유생물학(浮遊生物學).

plâncton *m.* [生物] 부유생물.

planear *v.i., v.t.* 안을 세우다. 계획하다. 기도(企圖)하다. 설계하다. 설계도를 그리다.

planejamento *m.* 계획하기. 설계하기. 입안(立案).

planejar *v.t., v.i.* =*planear*.

planejador *m.* 계획자. 설계자. 기도자(企圖者).

planeta *f.* [宗] 제의(祭衣). 제복(祭服).

planêta *m.* [天] 행성(行星). 유성. 혹성(惑星).

planetário *a.* 행성의. 행성같은. 유성의. 떠도는. 정처없는.
— *m.* 천문관(天文舘). 혹성의(惑星儀). 태양계의(太陽系儀).

planeza *f.* 평평함. 평탄함. 평면(平面)임.

plangência *f.* ①(특히 파도의) 우렁찬 소리. 우르르 울리는 소리. ②호소의 소리. 애끓음. 슬픔. 눈물.

plangente *a.* ①《雅》바닷가로 밀어쳐 오는. 울리는. 우렁차게 울리는. 요란한. ②눈물 흘리는. 애끓는. 구슬픈.

plangentemente *adv.* 요란한 소리로. 호소하는 듯이. 구슬프게. 애끓게. 눈물흘려.

planger *v.i.* ①(파도가) 우렁차게 울리다. 우르르 소리내다. ②(종소리가) 애처롭게 울리다. ③(슬픔을) 호소하듯 하다. ④슬퍼하다. 슬피 울다.

planice, planície *f.* 평평한 땅. 평야. 평원. 넓은 벌판. 광야(曠野).

planifólio *a.* [植] 잎사귀가 평평한. 납작한. 평엽(平葉)의. 편엽(扁葉)의.

planiforme *a.* 평평한. 납작한.

planiglobo *m.* =*planisferio*.

planimetria *f.* ①측면법(測面法). 구적법(求積法). ②평면기하학(平面幾何學).

planimetrico *a.* 측면법의. 구적법의.

planimetro *m.* 측면기(測面器). 구적계(求積計).

planipene *a.* [鳥] 편우(扁羽)의.

planisférico *a.* 평면구형도의.

planisfério *m.* 평면구형도(平面球形圖). [天] 성좌일람표. 평면천체도.

planizar *v.t.* =*planear*.

plano *a.* ①평평한. 납작한. 편평(扁平)한. 평탄한. ②평면의. ③명석(明晳)한. 명백한. 솔직한. ④평이(平易)한. 쉬운. 간단한. ⑤단조로운. 평조(平調)의. (직물 따위) 무늬없는.
— *m.* ①안(案). 초안. 궁리. 방안. ②계획. 의도. ③평면도. 설계도. (시가 따위의) 지도. 도면(圖面). ④평평한 땅. 평지. ⑤수평면. ⑥(비행기의) 날개.

plano-concavo *a.* 평요(平凹)의 (일면평(一面平)일면요(凹)의).

plano-convexo *a.* 평철(平凸)의 (일면평 일면철(凸)의).

planta *f.* ①식물. 풀. 초목. ②묘목(苗木). ③평면도. 지도. ④(발의) 바닥.
planta do pé 발바닥.

plantação *f.* ①심기. 재배. ②묘를 옮겨심기. 이식(移植). ③농원. 재배장(栽培場). 식목지. 조림지.

plantador *m.* ①심는 사람. 재배자. 경작자. ②식민자.

plantal *a.* [解] 발바닥의.

plantão *m.* ①당번. 당번근무. ②[軍] 당번병(兵).

plantar (1) *v.t.* ①심다. (씨를) 뿌리다. 재배하다. ②(정원에) 나무를 심다. 식목하다. 이식(移植)하다. ③설치하다. 놓다. ④설립하다. 세우다.
—*se* *v.pr.* 수립되다. 정착(定着)하다.
— (2) *v.t.* [解] 발바닥의.

plantigrado *a.* [動] 발바닥으로 걷는. 척행(蹠行)의.

plantigrados *m.(pl.)* 척행동물(蹠行動物).

plantio *m.* ①심기. 재배. 식목. 조림(造

林). 씨뿌리기. ②심는 시기. 재배기(栽培期). ③재배지(地). 조림지.

plantomania *f.* 재배광.

planura *f.* 지대가 높은 땅. 고원(高原). 대지(臺地).

plasma *m.* ①혈장(血漿). 임파장(淋巴漿). ②[生物] 원형질. ③[鑛] 반투명의 녹옥수(綠玉髓).

plasmado *a.* 틀에 부어 만든. 형체를 구성한. 소조(塑造)한. 본뜬. 형성(形成)된.

plasmar *v.t.* (점토(粘土)·석고(石膏) 따위로) 소조하다. 형체를 만들다. 모형을 만들다. 틀에 넣어(부어) 만들다.

plasmático *a.* 혈장(血漿)의. 임파장의. 혈장에 관한.

plástica *f.* 소조술(塑造術). (조각·제도업(製陶業) 따위의). 조형미술(造形美術). [醫] 정형술(整形術).

plasticamente *adv.* 소조적으로. 모형적으로. 정형적으로.

plasticidade *f.* 가소성(可塑性). 성형력(成形力). 적응성. 유연성(柔軟性).

plasticina *f.* 대용 점토(粘土).

plástico *a.* ①형태를 만드는. ②빚어 만들 수 있는. 아무 형태라도 만들 수 있는. 유연(柔軟)한. ③온순한. 가르치기 쉬운. ④빚어 만드는. 소조(塑造)의. 가소성(可塑性)의. ⑤[生物] 생활 조지을 이루는. 성형적. ⑥[醫] 정형(整形)의.

plastrão *m.* ①[史] 강철로 된 가슴받이(갑옷의). ②(검술 때 입는) 가죽으로 된 가슴받이(胸甲). ③(여자 옷의) 가슴장식. ④[動] (거북 따위의) 복갑(腹甲).

plataforma *f.* ①대(臺). 포좌(砲座). 포상(砲床). 연단(演壇). 교단. 강단. ②넓적한 지붕. (정거장의) 플랫폼. 객차의 승강단. ③운전사대(運轉士臺). 차장대(車掌臺). ④《俗》(정당의) 정강. (종파 따위의) 주의. 입후보자 등의 정견(政見).
plataforma giratória 차량 회전대(車輛回轉臺).

plátano *m.* [植] 플라타너스. 질경이.

platéia *f.* (극장 내의) 이층 밑의 바다자리. (집합적으로) 바닥자리에 앉은 관람객.

platibanda *f.* ①토지를 둘러싼 쇠울타리. 옥상(屋上)에 두른 담벽. ②화단(花壇)의 기슭(緣).

platina *f.* [化] 백금(白金). 풀래티나.

platinagem *f.* 백금을 입히기. 플래티나 도금(鍍金)을 하기. 백금과 합금하기.

platinar *v.t.* 백금을 입히다. 백금 도금하다.

platinífero *a.* 백금을 포함한(이 있는).

platô *m.* 높고 평평한 땅. 고원(高原). 대지(臺地).

platônico *a.* ①플라톤 철학(학파)의. ②순정신적인. 우애적인. 순정적(純情的)인. 육욕(肉慾)을 떠난. 이상(理想)에 사는.

platonismo *m.* ①플라톤 철학(학설). 플라톤 학파. ②순정신적임. 순정적임. 이상적임.

plausibilidade *f.* ①그럴듯함. 말재간이 있음. 조리있는 듯함. ②칭찬할 만함.

plausível *a.* 그럴듯한. 정말같은. 말재주 있는. 조리있는 듯한. 칭찬할 만한.

plausivelmente *adv.* 그럴듯하게. 조리 있는 듯. 칭찬할 만하게.

plebe *f.* ①(옛 로마의) 평민(平民). ②평민. 서민. (일반적으로) 민중. 하층민(下層民).

plebeiamente *adv.* ①평민(서민)으로서. ②천하게. 비속(卑俗)하게.

plebeidade *f.* 평민임. 서민임. 평민(서민)의 신분.

plebeismo *m.* 서민적 기질. 평민투. 평민식. 하류어(下流語). 비어(卑語).

plebeu *a.* ①(옛 로마의) 평민 계급의. ②평민의. 하층계급의 저급한. 하등(下等)의. 천한. 비천한. 비속한. 속악한. 야비한. 점잖지 못한. ③속세의. 통속의.
— *m.* (옛 로마의) 평민. 서민. 하층민. 평민계급.

plebiscitário *a.* (옛 로마의) 평민결의법령(決議法令)의. 국민투표의.

plebiscito *m.* (옛 로마의) 국민투표. 일반투표. 평민제정법. 평민결의(決議).

plectro *m.* ①(거문고·만돌린 따위를 뜯는) 채(손톱 모양의). ②시(詩). 시적 상상(詩的 상상).

pleiada, pleiade *f.* ①[天] 묘성(昴星). 칠요성(七曜星). [希神] *Atlas*의 일곱 딸. 칠가선(七歌仙). ②유명한 일단(보통 일곱 사람 또는 일곱 개의).

pleitar *v.t., v.i.* = *pleitear*.

plieiteador, pleiteante *a.* ①호소하는. 간원(懇願)하는. ②소송하는. 소송에 관계 있는. ③변호하는. 변론하는.
— *m., f.* ①소송 당사자(원고 또는 피고). 법정에서 다투는 사람.

pleitear *v.t.* (문제를) 법정에 내놓다. 법정에서 논쟁하다. ①(법정에서) 주장하다. 다투다. ②답변하다. 항변하다. 변론하다.

pleito *m.* ①탄원. 청원. 기도. ②변해. 구실. 답변. [法] 항변. ③소송. 재판거리. 쟁송(爭訟).

plenamente *adv.* 충분히. 완전히. 전혀.

plenariamente *adv.* 완전하게. 전적으로. 전체적으로. 절대적으로.

plenário *a.* ①완전한. 절대적. ②전원 출석한. 전체(全體)의. ③전권(全權)의. 전권을 가진. ④[法] 정식의. 본래의.
sessão plenária 본회의(本會議). 전체회의.
— *m.* 배심재판(陪審裁判).

plenidão *f.* =*plenitude*.

plenilunar *a.* 《詩》 보름달의. 만월의. 보름달 모양의.

plenilúnio *m.* 《詩》 보름달. 만월(滿月).

plenipotência *f.* 전권(全權).

plenipotenciário *a.* 전권을 가진. 특명전권의.
— *m.* 전권위원. 특명전권대사(공사).
ministro plenipotenciário 전권공사.

plenitude *f.* ①충분. 완전. 충만. 충실(充實). 전체. ②풍부. 풍요(豊饒). ③절정. ④[醫] (위(胃) 따위의) 포만(飽滿).

pleno *a.* ①(가득) 찬. 충만한. 하나 가득(의). 완전한. 전체의. ②배가 부른. 양이 찬. ③충분한. 풍부한. 듬뿍한. 흐뭇한. 넉넉한. ④(의복의) 품이 넉넉한. 불룩한. ⑤한창의.
em pleno dia 대낮에. 백주(白晝)에.
em pleno verão 성하(盛夏)에.
em pleno mar 공해상에서.

pleonasmo *m.* [修] 쓸데없이 긺. 장황. 쓸데없는 말. (말의) 중복(重複) (보기) 역전 앞에서. 눈으로 목격했다 따위.

pleonástico *a.* 장황한. 중복의.

plesiosauro, plesiosaurio *m.* [古生] 사경룡(蛇頸龍).

plessimetria *f.* 타진판용법(打診板用法).

plessímetro *m.* 타진판(打診板).

plétora *f.* 과다(過多). 과도 ; [醫] 다혈(多血). 다혈증. 다혈질. [植] 수액과다(樹液過多).

pletórico *a.* 다혈의. 다혈증의. 다혈질(多血質)의 ; 너무 많은. 과다한.

pleura *f.* [解] 늑막(肋膜). 흉막(胸膜). [動] 옆부분. 갈비뼈 부분. 늑부(肋部).

pleural, pleurico *a.* 늑막의. 흉막의.

pleuris *m.* =*pleurisia, pleurite.*
— *f.* [醫] 늑막염(肋膜炎).

pleurítico *a.* 늑막염의. 늑막염성의. 늑막염 때문에 일어나는.
— *m.* 늑막염 환자.

pleurocele *m.* [醫] 폐(肺)헤르니아.

pleurodinia *f.* [醫] 늑간(肋間)신경통. 흉통(胸痛). 흉측통(胸側痛).

pleurodínico *a.* [醫] 늑간신경통의. 흉통의.

pleuronectos *m.*(*pl.*) 가자미류(鰈類).

pleuropatia *f.* [醫] 늑막병.

pleuropneumonia *f.* [醫] 늑막폐렴(肋膜肺炎).

pleurotomia *f.* 축농증(蓄膿症)의 수술.

plexo *m.* [解] (신경・혈관・섬유 따위의) 망(網). 총(叢).
plexo solar 태양신경총(太陽神經叢).

plica (1) *f.* ①[音聲] 악센트. 강세. 양음(揚音). 악센트 부호. [樂] 양음부(揚音符).
— (2) *f.* ①주름. 접어 겹친 것. [解] 습벽(褶襞).

plica-polaca, plica-poloaica *f.* [醫] 규발병(糾髮病).

plicar (1) *v.t.* 악센트 부호를 찍다.
— (2) *v.t.* 접어 겹치다. 접다. 주름잡다.
— *v.i.* 겹쳐지다. 주름 잡히다.

plicativo *a.* [植] (꽃잎의) 주름 모양의. 화판(花瓣)이 습벽(褶襞)으로 되어 있는.

plicatura *f.* 주름. 습벽(褶襞).

plinto *m.* ①주추. 주축돌. (입상(立像) 등의) 대석(臺石). 대좌(臺座). ②(마루・기초의) 널판. ③주각(柱脚). 기둥.

plioceno, pliocenico *m., a.* [地質] 선신기(鮮新期)의. 제삼기 최신세(最新世)의.

plissagem *f.* 접기. 접어 겹치기. 주름잡기.

plissar *v.t.* 접다. 접어 겹치다. 주름잡다.

pluma *f.* ①깃. ②깃장식(羽飾). (투구 또는 모자 앞에 꽂는) 깃털 ; 명예의 상징. ③[蟲] 깃 모양의 털. ④[植] 우상원추화(羽狀圓錘花).

plumaceiro *m.* ①깃털 장식하는 사람. ②깃털장수.

plumacho, plumaço *m.* ①(실・새털 따위의) 술. 송이. ②말(馬)에 다는 깃털 장식.

plumagem *f.* ①(집합적으로) 우모(羽毛). 깃. 깃털(전체). ②깃장식(羽飾). 술로 장식하기.

plumbada *f.* (체육용의) 연구(軟球).
plumbagina *f.* 흑연(黑鉛). 석묵(石墨).
plumbago *m.* ①흑연. ②[植] 풀의 일종.
plumbaria *f.* ①납세공(鉛細工). 연공업(鉛工業). 연관업(鉛管業). ②납공장. 연관(鉛管) 제조소.
plumbear *v.t.* 납땜질하다. 납을 씌우다. 납빛(鉛色)으로 하다.
plúmbeo *a.* 납(鉛)의. 납같은. 납빛의. 납을 씌운. 납으로 만든.
plúmbico *a.* 납의. 납이 든. [化] 제이연(第二鉛)의.
plumbífero *a.* 납을 만드는. 납을 포함한.
plumbo-argentífero *a.* 납과 은(銀)을 함유한.
plumboso *a.* 납의. [化] 제일연(第一鉛)의.
plumeiro *m.* 투구 또는 모자에 꽂는 깃털. 식모(飾毛).
plumeo *a.* 《詩》①깃털(羽毛)의. ②깃장식(羽飾)의.
plumicorneo *a.* 모각(毛角)이 있는.
plumilha *f.* (깃으로 만든) 작은 술. 작은 깃털 장식.
plumista *m.f.* 깃털 세공인(羽毛細工人); 그 장수.
plumitivo *m.* 《稽・嘲笑》문필가. 대수롭지 않은 문사(文士).《卑》시시한 신문기자; 하급서기(書記).
plumo *m.* 《古》= *prumo*.
plumoso *a.* ①깃털이 있는. ②깃털로 장식한. ③깃털 모양(羽毛狀)의.
plúmula *f.* [植] 유아(幼芽). [鳥] 솜털. 작은 깃털.
plural *a.* 복수의. 둘 이상의.
— *m.* [文] 복수. 복수형(複數形).
pluralidade *f.* ①복수. 다수. ②대다수. 과반수. ③다수임. 다수성(多數性). ④[文] 복수형.
pluralizar *v.t.* [文] 복수로 만들다. 복수형으로 만들다. 배가(倍加)하다. 복수를 쓰다.
— *v.i.* 복수가 되다.
pluriarticulado *a.* 많은 관절(關節)이 있는.
pluridentado *a.* 많은 이가 있는. 다치(多齒)의.
plurifloro *a.* 많은 꽃이 있는. 다화(多花)의.
plurilobulado *a.* [植] 많은 소열편(小裂片)이 있는. [解] 많은 소엽(小葉)이 있는.
plurilocular *a.* [植] 다실(多室)의. (과실 따위) 복방(複房)의.
pluripetalo *a.* [植] 꽃잎이 많은. 다판(多瓣)의.
plutão *m.* ①시(詩). ②지옥의 왕(王).
plutarco *m.* 그리스의 역사가로 영웅전의 저자(46?~120?). ②전기작가(傳記作家). 전기(傳記) 편찬자.
pluto (1) *m.* [羅神] 하계(下界)의 신. [天] 명왕성(冥王星).
— (2) *m.* 《詩》부(富). 금력.
plutocracia *f.* ①금력(金力). 부호의 세력. ②금권정치(金權政治). 금력정치. 재벌.
plutocrata *m., f.* 금만가(金滿家). 금권가. 부호정치가.
plutocrático *a.* ①금력(金力)의. 금력만능의. ②금권(재벌)정치의.
plutônico *a.* ①저승의. 땅속의. ②[地質] 화성(火成)의.
terrenos plutonicos 화성지층(地層).
plutonismo *m.* 지각화성론(地殼火成論).
plutonista *m.* 화성론자.
— *a.* 화성론의.
plutonomia *f.* 경제학.
pluvial *a.* ①비(雨)의. 비오는. ②[地質] 우수(雨水)의 작용에 의한.
água pluvial 우수(雨水).
— *m.* [宗] (의식용(儀式用)의) 대법의(大法衣). 교의용 외투(教儀用外套).
pluviátil *a.* 비(雨)의. 비의 작용에 의한.
pluviometria *f.* 우량측정(雨量測定). 측우법(測雨法).
pluviométrico *a.* 우량측정의. 우량계의.
pluviômetro *m.* 우량계(雨量計).
pluvioso *a.* 비의. 비내리는. 비오게 하는. 비많은. 비가 많이 오는.
pneu *m. pneumático(m.)*의 준말.
pneumática *f.* [理] 기학(氣學). 기체학.
pneumático *a.* ①공기의. 공기에 관한. 공기를 가진. 압착 공기를 넣은. ②공기의 작용에 의한.
máquina pneumática 배기기(排氣機).
— *m.* (자전거・자동차 등의) 공기 넣는 타이어. (풍금의) 관.
pneu (mático) sobresalente 예비 타이어.
pneu (mático) careca 곱게 다진 타이어 (대머리 비슷한 데서).
pneumatologia *f.* ①[理] 기학(氣學). ②[宗] 성신론(聖神論). 성령론(聖靈論). ③심리학.

pneumatológico *a.* ①기학의. ②성신론의. 성령론의.
pneumatologista *m.* ①성신론자. 성령론자. ②심리학자. 영혼학자(靈魂學者).
pneumatose *f.* [醫] 기종(氣腫). 고창(鼓脹).
pneumococo *m.* 폐렴균(肺炎菌).
pneumogastrico *a.* 폐(肺)와 위(胃)의.
nervos pneumogastrico 미주신경(迷走神經).
pneumografia *f.* 폐론(肺論).
pneumográfico *a.* 폐론의.
pneumologia *f.* [醫] 폐장학(肺臟學).
pneumonalgia *f.* [醫] 폐통(肺痛).
pneumonia *f.* [醫] 폐렴(肺炎).
pneumonia simples. 한쪽 폐렴.
pneumonia dupla. 양쪽 폐렴.
pneumonia aguda. 급성 폐렴.
pneumônico *a.* 폐렴의. 폐렴에 걸린. 폐병의.
— *m.* 폐렴 환자. 폐병 환자.
pneumopatia *f.* 폐질환(肺疾患)의 총칭.
pneumoplético *a.* 폐장마비의.
pneumoplegia *f.* 폐장마비(肺臟痲痺).
pneumopleurisia *f.* 늑막폐렴(肋膜肺炎).
pneumopleurítico *a.* 늑막폐렴의.
pneumorragia *f.* 폐출혈(肺出血).
pneumorrágico *a.* 폐출혈의.
pneumoterapia *f.* 폐요법(肺療法).
pó *m.* ①먼지. 티끌. 진애(塵埃). ②가루. 분말(粉末).
pós (pl.) 가루약. 분말 물질.
pó de ouro 사금(砂金). 금가루.
ouro em pó 가루로 된 금. 금분. 금가루. 《轉》 (위의 두 문구보다) 아주 좋은 물건. 귀중한 것. 정직한 사람.
poaia *f.* [植] 포아풀. 새포아풀속(屬). (브라질산) 토근(吐根).
poalha *f.* 공기 중의 작은 먼지. (공중) 부애(浮埃).
pobre *a.* ①(명사의 다음에 놓일 경우). 가난한. 구차한 ; 부족한. 불충분한. 빈약한. 초라한. 보잘것없는. 열등한.
homeni pobre 가난한 사람.
②(명사의 앞에 놓일 경우).
불쌍한. 가련한. 가엾은. 불행한.
pobre homem 불쌍한 사람.
pobre diabo 가련한 녀석.
— *m., f.* ①가난한 사람. 가난뱅이. 빈자(貧者) ; ②거지.
os pobres (pl) 가난한 사람들. 빈민(계급).
pobremente *adv.* ①가난하게. 구차하게. ②빈약하게. 초라하게. 불쌍하게. 가엾게.
pobretão *m.* ①가난한 사람. 빈약한 사람. ②가난하면서 있는 체하는 사람.
pobrete *a.* 좀 가난한. 넉넉지 못한. 다소 불행한.
— *m.* 좀 가난한 사람. 다소 가련한 사람.
pobreza *f.* ①빈곤. 가난. 구차한 상태. ②부족. 결핍. 궁핍. ③(토질의) 불모(不毛). 빈약. ④열등.
Pobreza não vileza. 가난은 죄가 아니다.
pobezinho, pobrinho *a.* (*pobre*의 지소어). 꽤 가난한. 참 불쌍한. 가엾은.
pobríssimo *a.* (*pobre*의 최상급). 제일 가난한. 아주 구차한. 가장 불쌍한.
poça *f.* ①(물 고인) 웅덩이. ②뒤죽박죽. 엉망진창.
poção (1) *f.* (물약 또는 독약의) 한 첩. 한 잔. 일회분. 한번치.
— (2) *m.* (강밑(河底) 또는 호수 밑의) 깊은 곳.
poceiro *m.* ①우물 파는 사람. ②털실(毛絲)을 씻을 때 쓰는 큰 바구니.
pocilga *f.* ①돼지우리. ②누추한 오두막집. ③불결한 곳.
poço *m.* ①우물. ②(석유정(石油井) 따위의) 정(井). ③샘 ; 원천. ④우묵한 곳. 깊은 웅덩이. ⑤[鑛山] 수직갱(垂直坑). (지뢰의) 정갱(井坑). ⑥하천(河川)의 깊은 곳. 심연(深淵).
poço de petróleo 석유정.
poço artesiano 물이 저절로 솟아나는 깊게 판 우물.
poda *f.* ①(나무의) 소용없는 가지를 치기 (잘라버리기). 전정(剪定). 전지(剪枝). ②가지를 치는 시기. 전지기.
tempo de poda 가지를 치는 시기.
podadeira *f.* 가지 치는 칼. 전지용 가위. 베어내는 낫.
podador *m.* ①(나무의) 가지치는 사람 ; 가위로 잘라버리는 사람. ②포도원 원정(園丁).
podadura *f.* ①쓸데없는 가지를 쳐 버리기. 전지(剪枝). ②필요 없는 것을 없애기.
podagra *f.* [醫] 발의 통풍(痛風).
podagraria *f.* [植] 통풍에 효과 있는 약초.
podágrico *a.* 발통풍의(에 걸린).

podão *m.* ①(나무의) 가지를 치는 칼. 가지를 베는 일종의 낫. ②동작이 보기 흉한 사람. 꼴사나운 사람. 솜씨 없는 사람. 눈치 없는 사람. ③쇠약하여 노동할 수 없는 사람.

podar *v.t.* ①소용없는 가지를 치다(베 버리다). 가위로 잘라 버리다. 전정(剪定)하다. 전지하다. ②(불필요한 것을) 없애다.

podengo *m.* (토끼 사냥용의) 일종의 사냥개. 스패니얼.

poder *v.t.* (정신적·육체적으로) …을 할 수 있다. 할 능력이 있다.
Eu posso trabalhar. 나는 일할 수 있다.
Êle pode ler e escrever. 저 사람은 (이제는) 읽고 쓴다(읽기도 하고 쓰기도 한다).
— *v.i.* 있을 수 있다. 될 수 있다. 가능하다. 견딜 수 있다. 할 수 있다.
Isso pode ser. 그럴 수 있다.
Isso não pode ser verdade. 그것은 참말일 수 없다.
Hoje pode chover. 오늘은 비 올 것 같다. 오늘은 비 오기 쉽다.
Quem pode o mais pode o menos. 많은 것을 할 수 있는 사람은 적은 것도 할 수 있다.
— *m.* ①힘. ②권력. 권능. 권한. 지배력. 강권(强權) ③능력. 재능. 체력. 정력 ④위력(威力) 세력 효력 ⑤군력(軍力). 군세(軍勢). 병력. ⑥다수. 다량.
poder legislativo 입법부.
poder executivo 집행부. 행정부.
assumir o poder 권력을 장악하다.
dar plenos poderes 모든 권한을 주다.
em poder de …의 권내에.
a poder de …의 권력에 의하여.
em poder do inimigo 적의 수중에 (있다).
cair em poder do inimigo 적의 수중에 들어가다.
um poder de coisas 다량의 물건.

poderio *m.* 큰 힘. 권력. 권능. 정권(政權). 주권(主權). 대권(大權); 위력. 세력. 권세. 군세.
poderio militar 군사력.
poderio económico 경제력.

poderosamente *adv.* 강력하게. 억세게. 강대하게.

poderoso *a.* ①큰 힘 있는. 강력한. 강대한. 세력 있는. 권력이 있는. 효용이 있는. 강한. ②많은. 허다한.
bombardeiro poderoso 강대한 폭격기.
motor poderoso 강력한 발동기.
— *m.* 막강한 힘이 있는 자. 큰 세력가.
Todo pederoso 신(神). 전능하신 이.

podoa *f.* =*podadeira*.

pododigital *a.* 발가락의. 족지(足指·足趾)의.

podofilina *f.* =*podofilino*.
— *m.* [化] 황색 수지(樹脂)(下劑).

podologia *f.* 족론(足論 : 발에 대한 해설).

podre *a.* 썩은. 부패한. (고기·생선 따위) 상한. 냄새나는. ②타락한.
— *m.* 썩은 것. 썩은(부패한) 부분.
podres (pl.) 흠. 결함. 결점. 나쁜 습관. 타락. 패덕(敗德). 추행(醜行).
ser podre de rico 거부(巨富 : 재물이 썩을 정도로 많다는 뜻).

podredouro *m.* ①물건이 썩는 곳. ②썩은 물건이 있는 곳.

podridão *m.* ①썩음. 부패. ②도덕적 부패. 정신적 부패. 타락. ③악습(惡習). 악폐. 폐풍(弊風).

podrido *a.* 썩은. 부패한 ; 쓸데없는.

poedeira *a.* (닭이) 알을 많이 낳는. 다산(多産)의.
galinha poedeira 알 많이 낳는 암탉.

poedor *m.* 애를 많이 낳는 사람(동물).

poeira *f.* 먼지. 티끌, 진애(塵埃) : 황진(黃塵). 사진(砂塵). 사연(砂煙).

poeirada *f.* ①먼지가 일어남. 일어나는 먼지(사진·사연). 먼지에 덮인 상태. 먼지 투성이.

poeirento *a.* 먼지 많은. 먼지가 일어나는. 먼지에 덮인. 먼지 투성이의 ; 먼지 같은.

poeiroso *a.* 먼지 묻은. 먼지 투성이의.

poejo *m.* [植] 박하의 무리.

poema *m.* ①시(詩). 운문(韻文). ②시적인 문장. 산문시. 시편. ③시취(詩趣) 있는 것.

poematico *a.* 시의. 운문의. 시적인.

poemeto *m.* 작은 시(小詩). 소시편.

poente *m.* ①서(西). 서쪽. ②서품. ③《稀》놓는 사람. 내려가는 것.
— *a.* (해가)지는. 지는 쪽의.
o sol poente 지는 해. 낙일(落日).

poesia *f.* ①시학(詩學). 작시. 작시법. ②시. 시문 (詩文). 운문(韻文). 시가(詩歌). ③시적임. 시적 상상. 시정(詩情). 시취(詩趣). ④시신(詩神). ⑤시집.

poeta *m.* 시인. 가인(歌人); 시인다운 기풍(성격)을 가진 사람. 시적 상상이 풍부한 사람.

poetaço *m.* 《稽》 큰 시인. 시성(詩聖).

poetar *v.i.*, *v.t.* 새로 만들다. 시화하다. 시를 짓다. 시적으로 말하다. 시로 읊다. 시적으로 말하다.

poetastro *m.* 엉터리 시인. 하찮은(보잘것없는) 시인.

poética *f.* 시학(詩學). 작시법.

poeticamente *adv.* 시적으로. 시답게.

poético *a.* ①시의. 운문의. ②시적인. 시의 재료가 되는. ③시인(詩人)의. 시인다운. 시를 좋아하는. 시취(詩趣) 있는. 낭만적. 창조적.

poetificar *v.t.* 시로 만들다. 시적으로 하다. 시적인 뜻을 보태다.

poetisa *f.* 여류 시인.

poetização *f.* 시로 만듦. 시적으로 함.

poetizar *v.i.*, *v.t.* 시로 만들다. 시화(詩化)하다. 시적으로 하다.

poial, poio *m.* ①돌 또는 나무로 만든 대(물건을 올려 놓음). ②정원내(庭園內)·작은 공원 등에 있는 나무 또는 돌로 만든 긴 의자(벤치).

pois *conj.*, *adv.* 그래서. 그러기 때문에. 따라서. 왜냐하면. 그렇지만. 그렇지 않으면; 그렇고 말고. 물론.
① *Pois não* (=*sim*). 예. 그렇지요. 물론이지요.
Aceita o meu oferecimento? 내가 드리는 것(또는 나의 제안)을 받아들입니까?
Pois não! 물론이지요! 그럼은요!
② *pois sim* (=*sim. seja!. vã!*). 예. 맞습니다.
③ *pois então*. 그러면. 그렇지. 그래도.
Pois então, que quer dizer isto? 그렇다면 대관절 그것은 무엇을 뜻합니까?
④ *pois*. 그렇지 않으면(경고적인 뜻).
Não podes ter boa nota, pois não sabes a lição. 학과(學課)를 모르고서는 좋은 점수를 받을 수 없는 것이다.

poisada *f.* =*pousada*.

poisadeiro *m.* =*pousadeiro*.

poisar *v.t.*, *v.i.* =*pousar*.

poita *f.* =*poitão*.
— *m.* =*pouta, poutão*.

poitar *v.t.* =*poutar*.

poja *f.* ①[海] 배돛귀(가로돛의 아래 구석. 세로돛의 윗구석). ②배돛귀에 잡아매는 쇠. 해먹을 달아매는 밧줄.
《英》 *clew of a sail*.

pojante *a.* [海] 배가 순풍에 의해 가는.

pojar *v.i.* ①상륙(上陸)하다. 하선하다. ②부풀다.

pojo *m.* 상륙지점.

pola 전치사 *por*와 관사 *a*의 결합형.

póla *f.* ①맞붙어 싸우기. 격투. 난투. ②말다툼. 언쟁. ③(나무의) 가지. 작대.

polaco *a.* 폴란드(사람·말)의.
— *m.* 폴란드 사람(말).

polainado *a.* 각반을 찬.

polainas *f.(pl.)* ①각반(脚絆). ②짧은 각반. 스팻.

polar *a.* ①(남·북)극의. 극지(極地)의. 극지에 가까운. ②음(양)극의 전기를 가진; 자극(磁極)의. 자기(磁氣) 있는. 극성(極性) 있는. ③대극선(對極線)의.
circulos polares 극권(極圈).
estrela polar 북극성.

polaridade *f.* ①반대되는 양극(兩極)이 있음. ②전기의 양성(兩性). (전기·자기 따위의) 극성(極性). 자성인력(磁性引力). ③귀일성(歸一性). 귀향(歸向). ④[理] 한쪽으로 치우침. 편광(偏光). 편극성(偏極性).
polaridade magnética 자극성(磁極性).

polarimetro *m.* 편광계(偏光計).

polariscopio *m.* 편광경(鏡). 편광기(器).

polarização *f.* 귀극(歸極). [電] 분극(分極). 성극(成極)(작용). [理] 치우침. 편광(偏光).

polarizador *a.* 극성을 주는. 편광시키는.
— *m.* [理] 편광기(器). 분광기(分光器).

polarizar *v.i.*, *v.t.* ①극성을 주다. 귀극(歸極)시키다. 편광시키다. 분극작용(分極作用)을 일으키다. ②방향을 통일시키다.

polarizável *a.* 극성을 줄 수 있는. 편광 작용을 일으킬 수 있는.

polatuco *m.* 시베리아에 있는 박쥐의 일종.

polca *f.* 폴카(둘이 한 조가 되어 추는 무도). 폴카곡.

polcar *v.i.* 폴카를 추다.

poldra (1) *f.* 암망아지.
— (2) *f.* [植] 새로 나온 가지. 흡지(吸枝).

poldro *m.* 수망아지. 새끼당나귀.

polé *m.* ①도르래(滑車). 복(複)도르래. ②

《古》 조형기(吊刑機 : 죄인의 손을 뒤로 묶어 높은 곳에 매다는).
poleame *m.* 도르래 장치.
polear *v.t.* ①조형(吊刑)에 처하다. 고문하다. ②학대하다.
poleeiro *m.* ①도르래 제조인. ②도르래 장수.
polegada *f.* 인치(1/12피트 : 2.75cm). *polegada ingles* 영국 인치(2.54cm).
polegar *m.*, *a.* 엄지손가락(의). *dedo polegar* 엄지손가락.
poleiro *m.* ①새들이 자는 나무. 새들이 쉬는 나무. 홰. 보금자리. ②새장. 조롱(鳥籠). ③닭장(鷄舍). 《俗》 (극장의) 맨 위층 보통관람석(가장 값싼).
polêmica *f.* 언쟁. 논쟁. 논전(論戰). 혈전.
polêmico *a.* 언쟁의. 논쟁의. 혈전의. 논전에 재간 있는.
polemista *m.f.* 논객(論客). 논쟁자. 혈전자. 논쟁에 재간 있는 사람.
polemistico *a.* 논쟁적. 혈전적.
polemonia *f.* = *polemonio*.
— *m.* [植] 꽃고비.
pólen *m.* [植] 화분(花粉). 꽃가루.
polenta *f.* 폴렌타죽(보리·옥수수 따위로 쑨 이탈리아죽).
pólex *m.* 엄지손가락.
polha *f.* (한 살이 안 된) 어린 암탉. 《轉》 어린 계집애.
polhastre *m.* 큰 병아리. 《轉》 까부는 아이. 엉큼한 녀석.
polho *m.* 어린 수탉. 《轉》 장난꾸러기.
poli '많은…. 다(多)…'의 뜻을 나타내는 복합형.
poliacanto *a.* 가시 많은.
poliadelfia *f.* [植] 다체웅예(多體雄蕊).
poliadelfo *a.* 다체웅예의.
poliandra *f.* 일처다부(一妻多夫)의. [植] 수술이 많은.
poliandria *f.* 일처다부(一妻多夫). [植] 다웅예강(多雄蕊綱).
poliândrico *a.* 일처다부의. [植] 수술이 많은.
poliandro *a.* [植] 수술이 많은. 다웅예(多雄蕊)의.
polianteo *a.* 꽃이 많은. 다화(多花)의.
polianto *m.* [植] 폴리안더스(앵초의 교배종(交配種)).
poliarquia *f.* 다두정치(多頭政治).

poliatômico *a.* [化] 다원소(多元素)의. 다원자가(多原子價)의.
polibasico *a.* [化] 다염기(多鹽基)의.
polição *f.* 닦기. 광택을 내기. 연마.
policárpico *a.* [植] 여러 번 열매를 맺는. 여러 가지 꽃을 피우는.
policarpo *a.* [植] 많은 열매를 맺는. 심피(心皮) 많은.
policefalo *a.* 머리가 많은. 다두(多頭)의.
policelular *a.* 많은 세포 있는. 다세포(多細胞)의. 복세포(複細胞)의.
polichinelo *m.* ①뚱뚱보. ②굵은 물건. 발이 짧고 살찐 말. ③인형. 꼭두각시. 앞재비. ④변절자.
polícia *f.* ①경찰. ②치안. 공안. 공공질서. ③경찰서. 경찰령(令). ④(경찰)취체. 감독.
polícia militar 헌병.
— *m.* 순경. 경찰관.
policiado *a.* 경찰을 배치한. 경찰로 경비한. 경찰력이 철저한. (경찰에 의하여) 공공질서가 잡힌.
policial *a.* 경찰의. 치안의. 공안의. 경찰에 관한.
— *m.* 경찰관. 순찰관. 순경. 경관.
policiamento *m.* 경찰배치. 경찰로의 취체. 치안유지. 경찰력으로 경계하기.
policiar *v.t.* ①경찰을 두다(배치하다), (검찰로) 치안 유지하다. 단속하다. ②교화(敎化)하다.
policitação *f.* ①신입(申込). ②약속.
policlado *a.* 가지가 많은. 다지(多枝)의.
policlínica *f.* 종합병원(진료소). 임상강의소(臨床講議所). 제병임상학(諸病臨床學).
policlínico *m.* 제병과의(諸病科醫).
policolia *f.* [醫] 담즙분비과다(膽汁分泌過多).
policomo *a.* 털이 많은. 다모(多毛)의.
policônico *a.* [幾] 다원추(多圓錐)의.
policotilédone, policotiledóneo *a.* [植] 다자엽(多子葉)의.
policresto *a.* (약품 따위) 용도가 많은. 여러 가지로 쓰는. (말의) 뜻이 많은. 여러 가지로 해석되는.
policroismo *m.* [結晶] 다색성(多色性).
policromático *a.* 여러 가지 색의. 다색(多色)의. [鑛] 천색(遷色)의.
policromia *f.* (조각·건축의) 다색장식(多色裝飾). 다색화법(畵法). 여러 가지 색깔

의 채색법.
policromo *a.* 여러 가지 색을 칠한 (것의). 다색인쇄. 여러 가지 빛깔로 되는.
policultura *f.* 다각농법(多角農法). 복식(複式)농법.
polidáctilo *a.* 손가락이 더 있는. 많은 발가락이 있는.
polidamente *adv.* 공손하게. 예절 바르게. 은근히.
polideira *f.* ①닦는 여자. ②윤내는 기구.
polidez *f.* 공손함. 예절바름. 점잖음. 교양 있음. 우아함. 은근. 정중. 온공(溫恭).
polido *a.* ①닦는. 윤을 낸. 윤이 나는. 광택 있는. ②품위 있는. ③세련된. 점잖은. 교양 있는. 예절바른.
polidor *m.* 닦는 사람. 연마하는 사람. 윤내는 사람.
polidura *f.* 닦음. 윤을 냄. 연마.
poliédrico *a.* 다면체의.
poliedro *m.* 다면체(多面體).
poliemia *f.* [醫] 다혈증(多血症). 다혈질(多血質).
polifagia *f.* 병적으로 많이 먹는 것. [醫] 다식증(多食症). 탐식증(貪食症). [動] 잡식성(雜食性).
polifago *a.* 많이 먹는. 다식의. 잡식성의.
polifarmacia *f.* 다약남용(多藥濫用).
polifásico *a.* [電] 다상(多相)의.
  corrente polifásica 다상 전류(電流).
  — *m.* 다상 발전기.
polifilo *a.* [植] 잎사귀가 많은. 다엽(多葉)의.
polifonia *f.* ①[文·樂] 다음(多音). 복음(複音). 다음곡(曲). ②중복선율법(重複旋律法). 다음합성(多音合成).
polifónico *a.* 다음의. 복음의. 다음합성의. (문장이) 운율(韻律) 또는 율격의 변화가 있는. [樂] 다음합성(多音合成)의. [言] 음표문자가 다음(多音)을 표시하는.
polifonista *m.* ①다음합성곡작가. ②여러 가지 음성을 잘 내는 사람.
polífono *a.* = *polifónico*.
polígala *f.* [植] 애기풀. 영신초.
poligalaceas *f.*(*pl.*) [植] 애기풀속(屬).
poligalactia *f.* [醫] 젖분비과다(乳分泌過多).
poligamia *f.* 일부다처(一夫多妻). 일처다부(一妻多夫). [植] 잡성화(雜性花). 이성화동주(異性花同株).

poligâmico *a.* 일부다처의. 일처다부의. [植] 잡성화의.
polígamo *a.* 일부다처의. 일처다부의. (남자로서) 처가 많은. (여자로서) 남편이 많은. [植] 이성화동주의.
  — *m., f.* 처가 많은 사람. 남편이 많은 여자.
poligastricidade *f.* [醫] 복위(複胃) 있음. 여러 개의 위가 있음.
poligástrico, poligastro *a.* 복위 있는. 수위(數胃)의.
poligenia *f.* 다원설(多元説).
poligenismo *m.* 인종다원론(人種多元論).
poliginia *f.* [植] 복자방(複子房)이 있음.
poliginio, poligino *a.* [植] 복자방이 있는. 일웅다자(一雄多雌)의(식물의).
poliglota *a.* 수개 국어로 쓴. 수개국 말을 하는.
  — *m.* ①수개 국어대역서(對譯書). 수개 국어로 쓴 서적(특히 성경). ②수개 국어에 통하는 사람.
poliglotia *f.* = *poliglotismo*.
  — *m.* 수개 국어 사용. 여러 나라 말에 통함.
poligonal *a.* 다각(형)의. 다변(형)의.
polígono *m.* ①[幾] 다각형(多角形). 다변형(多邊形). ②[軍] 발포대(發砲臺). 연습장(練習場).
poligrafia *f.* 복사법. 다작(多作). 잡서(雜書).
polígrafo *m.* ①(일종의) 복사기(複寫器). ② 다작가(多作家). 다방면 작가. ③저작집(集).
polimastia *f.* [動] 유방다수(乳房多數).
polimatia *f.* ①제학과교육(諸學課教育). ②여러 가지 학과를 배움.
polimático *a.* 제학과교육의(에 관한).
polimato *a., m.* 여러 가지 학과를 배우는 (사람).
polimento *m.* ①닦음. 닦아서 빛을 냄. 윤을 냄. 연마. (글의) 탁마(琢磨). ②윤. 광택.
polimeria *f.* [化] 중합체(重合體). 이량체(異量體).
polimerismo *m.* [化] 동원자량(同原子量). 동분이량(同分異量).
polimerizar *v.t., v.i.* [化] 중합시키다(하다). 이량체(異量體)로 하다.
polimorfismo *m.* ①[結晶] 동질이상(同質

異像). 동질이형(異形). ②[生物] 다형(多形). 다형현상(現像).

polimorfo *a.* 여러 가지 형체가 있는. 다형의. 다태(多態)의.

polinia *f.* [植] 화분괴(花粉塊 : 화분이 한데 뭉쳐 덩어리를 이룬 것).

polínico *a.* [植] 화분의. 화분을 포함한.

polinifere *a.* ①화분이 있는. 화분을 만드는(내는). ②화분을 나르는. 운반하는.

polinização *f.* ①[植] 수분(授粉). 수분(受粉). 수분작용. ②화분을 나르기.

polinizar *v.t.* 화분을 만들다(내다). 화분을 나르다.

polinômio *m.* [數] 다항식(多項式).

polióminio *a.* 여러 개의 이름이 있는. 다명(多名)의.

poliopia *f.* [醫] 중시(重視). 복시(複視).

poliose *f.* [醫] 머리칼의 병적 퇴색(褪色). 이상백발(異常白髮).

polipétalo *a.* [植] 다판(多瓣)의.

pólipo *m.* ①[醫] 점막(粘膜)에 생기는 종기. 이종(耳種). ②[動] 폴립(산호류). 작은 수생(水生) 동물.

polipodeas *f.(pl.)* [植] 고사리과의 각종 식물.

polipodio *a.* 다족(多足)의. 다각(多角)의.
— *m.* [植] 고사리과의 식물. 다시마 일엽초(一葉草). [英] *polypody*.

poliposo *a.* ①[醫] *pólipo*이. ②[動] 폴립(산호류) 비슷한.

poliptoto *m.* [修] 첩서법(疊書法 : 같은 낱말이 여러 가지 형식으로 되풀이되는 사자(詞姿)).

polir *v.t.* ①닦다. 문질러 닦다. 윤을 내다. 빛을 내다. ②폼 있게 하다. 세련하다. ③(글을) 추고(推敲)하다. 탁마하다. ④교화(敎化)하다.
— *v.i.*, — *se v.pr.* ①닦여지다. 윤이 나다. 광택이 나다. 빛나다. ②폼 있게 되다.

polirrizo *a.* [植] 뿌리 많은. 다근(多根)의.

poliscopio *m.* 다상경(多像鏡).

polispermo *m.* [植] 씨가 많은.

polissarcia *f.* 근육의 이상발달. 지방과다(脂肪過多). 비만병(肥滿病).

polissepalo *a.* [植] 다악편(多萼片)의.

polissilabico *a.* 철자(綴字)가 많은. 다음절(節)의.

polissílabo *a.* 다철(多綴)의. 다음절의.
— *m.* 다철어(多綴語). 다음절어(語). (注意) 3음절 이상을 말함.

polissintético *a.* [言] 수어(數語)(예컨대 동사와 목적어)를 한 말로 합성한. 집합(輯合)의. 포합의.

polissintetismo *m.* [言] 집합(輯合). 포합(抱合). [文] 간략법(簡略法).

polistemone, polistemono *a.* [植] 많은 수술(雄蕊)이 있는.

polistilo *a.* [建] 다주식(多柱式)의. 기둥이 많은.

politécnica *f.* ①여러 가지 공예(諸工藝). ②공예학교. ③공예품 전람회.

politécnico *a.* ①여러 공예의. ②공과의. *escola politécnica* 공과대학.

politéico *a.* 신(神)이 많다고 믿는. 다신교(多神敎)를 믿는.

politeismo *m.* 다신론(多神論). 다신교.

politeísta *a.* 다신교의.
— *m.*, *f.* 다신론자. 다신교 교도.

politeístico *a.* 다신교의. 다신교 신자의.

política *f.* ①정치학. ②정치. 정책. 정략(政略). ③정견(政見). 정당관계. 정쟁(政爭). ④예의(禮儀).
política interna 내정(內政). 국내정치.

politicagem, politicalha *f.* 《輕蔑》①보잘 것 없는 정치. 시시한 정치. ②정당 정치.

polticamente *adv.* ①정치상. 정치적으로. 정략상. ②교활하게. 교묘하게.

politicante *m.* 엉터리 정치가. 보잘 것 없는 정객.

politicão *m.* (풍자적으로) 큰 정치가. 정계의 거물(巨物).

politicar *v.i.*, *v.t.* 정치에 종사하다. 정치적으로 다루다.

político *a.* ①정치상의. ②정치학의. ③행정에 관여하는. 정치하는. 정당의. ⑤정략(상)의. ⑥술책을 부리는. 교묘한. 교활한. 엉큼한. ⑦예의바른.
— *m.* 정치가. 정략가. 정객. 정상배(政商輩).

politicomania *f.* 정치광(政治狂).

politicote *m.* 엉터리 정치가. 시시한 정객.

politipo *a.* [動] 많은 종류(여러 가지 종류)가 있는.

politiqueiro, politiquete *m.* 엉터리 정치가. 보잘 것 없는 정치가. 서푼짜리 정객. 정계(政界)의 모사. 책사.

politiquice *f.* 《輕蔑》엉터리 정치. 시시한 정책. 보잘 것 없는 정치가들의 행실.
politriquia *f.* [醫] 다모증(多毛症).
politrofia *f.* [醫] 영양과다(榮養過多).
polmão *m.* 종양(腫瘍). 종기. 부어 오르는 것.
polme *m.* 연한 반죽. 무른 반죽.
polmear *v.t.* 연하게 반죽하다. 물을 많이 넣고 으깨다.
pólo (1) *m.* [天·地文] 극(極). 극지. ②전극(電極). 자극(磁極).
— (2) *m.* 폴로(말 위에서 공치기하는 경기).
polonesa *f.* ①폴란드 부인복의 일종. ②폴란드 무도(곡)(舞曲).
polônio *m.*, *a.* =*polaco*.
polonização *f.* 폴란드식으로 하기. 폴란드화(化).
polonizar *v.t.* 폴란드식으로 하다.
polonês *a.* 폴란드(사람·말)의.
— *m.* 폴란드 사람(말).
polpa *f.* ①과일의 살. 과육(果肉). 연한 덩어리. 걸쭉하고 질컥질컥한 것. ②펄프(製紙原料). ③[生物] 유미죽(乳糜粥). ④[鑛] 광니(鑛泥).
polpação *f.* 펄프화하기. 연한 덩어리로 만들기.
polposo, polpudo *a.* 과일살 같은. 과육(果肉)으로 된. 과육이 많은. 유연(柔軟)한. 즙이 많은.
poltranaz *f.* 아주 겁많은 사람. 큰 겁쟁이.
poltrão *a.* 겁많은. 무서움 타는. 비겁한. 소심한.
— *m.* 겁 많은 사람. 겁쟁이. 비겁한 인간.
poltrona *f.* 안락의자.
poltronaria *f.* ①겁. 겁 많음. 비겁. 소심. ②게으름. 나태.
poltronear *v.i.* 비겁한 행동을 하다. 비겁해지다.
poltronear-se *v.pr.* ①안락의자에 기대어 앉다. 축 늘어져 기대다. 축 늘어져 눕다. ②게을러지다.
poluição *f.* ①신성(神聖)을 더럽힘. 독성(瀆聖). ②[醫] 몽정(夢精).
poluição *f.* ①더럽힘. 모독(冒瀆)(행위). ②(대기(大氣)·해양(海洋) 등의) 오염. ③불결. ④능욕. ⑤퇴폐.
poluir *v.t.* ①더럽히다. 모독하다. 불결(부정)히 하다. ②(대기·해양 따위를) 오염하다. ③타락시키다. 퇴폐케 하다. ④(여자를) 능욕하다. ⑤유혹하다.
—**se** *v.pr.* 자기의 면목을 더럽히다.
poluível *a.* 더럽힐 수 있는. 더러워지기 쉬운. 쉽게 타락하는.
poluto *a.* (*poluir*의 과거분사). 더럽힌. 모독한. 더러워진. 불결한. 퇴폐한. 타락한. 능욕당한.
poluxo *m.* [天] 쌍둥이자리(座)의 둘째 별(B星).
polvilhação *f.* 가루를 뿌리기(바르기). 분칠.
polvilhar *v.t.* 가루를 뿌리다(치다). (낯에) 분바르다. 분칠하다.
polvilho *m.* 가루. 분말(粉末).
polvilhos (*pl.*) 머리분. 화장분. 가루약.
polvo *m.* [動] 문어. 낙지. 낙지속(屬).
pólvora *f.* 화약(火藥).
algodão pólvora 면화약(綿火藥).
polvorada *f.* ①화약의 폭발. ②화약 연기.
polvoraria *f.* 화약제조소.
polvorento *a.* 가루 투성이의. 먼지 투성이의.
polvorim *m.* ①가루화약. ②점화약(点火藥). 폭발을 일으키는 약.
polvorinho *m.* 화약통. 화약갑(匣).
polvorista *m.* 화약제조 직공.
polvorosa *f.* ①된 바람. 센 바람. ②작은 소동. 혼란. 동요. 소공황(小恐慌).
polvoroso *a.* ①가루의. 분말의. 분상(粉狀)의. ②가루 투성이의. ③가루를 뿌린(칠한·바른).
poma *f.* 젖꼭지. 유방(乳房).
pomaceas *f.*(*pl.*) [植] 임금과(林檎科).
pomada *f.* ①포마드. 향유(香油). ②[醫] 바르는 약. 고약. 연고(軟膏). 도제(塗劑). ③오만. 무례. 뻔뻔스러움.
pomar *m.* 과수원(果樹園). 과원(果園).
pomareiro *a.* 과수원의. 과수원에 관한.
— *m.* ①과수 재배자. 과수원 경영자. ②과수원 지기. 과수원을 돌보는 사람.
pomba *f.* 암비둘기.
pombal *m.* 비둘기집.
pombeirar *v.t.* 뒤를 좇다. 추적하다.
— *v.i.* ①내륙 지방으로 여행하다. ②토착민과 장사하다.
pombeiro *m.* ①닭 행상인. ②내륙지방을 돌아다니며 토인 상대로 장사하는 사람.

pombinha *f.* ①작은 비둘기(암컷). ②(식용수(食用獸)의) 엉덩이 고기.

pombinho *m.* 작은 비둘기. 비둘기색(色).
— *a.* [戱語] 술에 얼근한 취한.

pombo *m.* 비둘기.
pombo torcaz 산비둘기(목에 검은 점이 있는).
pombo bravo 산비둘기.
pombo-correio 전서(傳書) 비둘기.

pomes, pômico *m.* *pedra pomes* 경석(輕石). 부석(浮石).

pomicultor *m.* 과수재배자.

pomicultura *f.* 과수재배(果樹栽培).

pomífero *a.* 과실이 나는. 과실을 만드는(생산하는).

pomo *m.* (사과·배·귤 따위의) 둥글고 과즙이 많은 과일(의 총칭). (특히) 사과. 능금.
pomo de Adão 결후(結喉).
pomo de discórdia [希神] 여신(女神)들이 쟁탈한 황금사과. 불화의 근원. 싸움의 동기.

pomologia *f.* 과실재배학(栽培學). 과실학(果實學).

pomológico *a.* 과실재배학의. 과실학의.

pomólogo *m.* 과실재배학자.

pomona *f.* ①[羅神] 과실의 여신(女神). ②《詩》가을.

pompa *f.* ①화려. 장관(壯觀). ②성대한 의식. 화려한 행렬. 허식. 허영.

pompeante *a., m.* 화려하게 보이는 (사람). 성대하게 차리는 (사람).

pompear *v.t.* (…을) 과시(誇示)하다. (…을) 자랑하다.
— *v.i.* ①점잔빼며 걷다. 활보하다. 의기양양하게 걷다. 자랑하다. ②잘 차리다.

pompeiano *a.* ①*pompeii* (*Vesvius* 산의 분화(噴火) 때문에 파묻힌 이탈리아 나폴리 근처의 옛 도시)의. ②[美術] 폼페이식의. 폼페이 벽화(壁畵)식의.

pompom *m.* 모자 또는 단화(短靴)의 술. 리본 또는 털장식. [軍] 군모(軍帽)의 앞장식.

pomposamente *adv.* 성대하게. 화려하게. 호화(호사)스럽게. 거만하게.

pomposidade *f.* ①호사. 화려. 화미(華美). ②건방짐. 점잖뺌. 뽐내는 것.

pomposo *a.* ①화려한. 호화로운. 호사스러운. 성대한. ②젠체하는. 거만한. 뽐내는. 과장한.

pómulo *m.* [解] 광대뼈. 협골(頰骨).

ponção *f.* ①가죽·금속 등에 뚫을 자리를 표시하는 기구. 장차 구멍을 넓히기 위하여 대강 뚫는 기구. ②도장 찍는 기구. 구멍.

ponche *m.* 펀치(레몬·설탕·술·향료 따위를 섞은 음료: 데워서 마심). 《英》*punch*.

poncheira *f.* 펀치 혼합기(器). 펀치 잔.

poncho *m.* (남미 원주민이 쓰는) 일종의 외투.

ponderabilidade *f.* 무게를 달 수 있음. 무게 있음. 고려할 여지가 있음. 중대성(重大性).

ponderação *f.* ①(경중(輕重)을) 잘 고려하기. (마음속으로) 다루어보기. ②숙려(熟慮). 참작.

ponderadamente *adv.* (경중을) 잘 고려하여. 참작하여. 신중(愼重)히.

ponderado *a.* ①(무게를) 단. (경중을) 고려한. 고찰한. 참작한. ②사려(思慮) 있는. 신중한.

ponderador *a., m.* 무슨 일이든 잘 생각해서 하는 (사람). 잘 다루어보는 (사람).

ponderar *v.i., v.t.* (마음속으로) 무게를 달아보다. (경중을) 고려하다. 참작하다. 깊이 생각하다. 숙고하다.

ponderativo *a.* 무게를 다루는. (경중을) 고려하는. 고려(참작)할 여지 있는.

ponderável *a.* 무게를 달 수 있는. 일고(一考)의 가치 있는. 참작할 만한.

ponderoso *a.* ①무거운. 묵직한. 무게 있어 보이는. 다루기 어려운. ②둔중(鈍重)한. ③중요한. 중대한. 유력한. 현저한. ④고려(참작)되는.

ponei *m.* 망아지. (두 살 미만의) 작은 말.

ponente *a.* (태양이) 지는. 내려가는. 가라앉는. 숨는.
— *m.* 《古》①서쪽. ②서풍.

pongo *m.* [動] (원은) 아프리카산의 유인원(類人猿). (지금은 보통) 성성이.

ponta *f.* ①끝. 뾰족한 끝. 첨단(尖端). ②말단(末端). ③뿔(角). ④(담배의) 꽁초. ⑤(육지가 바다로) 뾰족 나온 끝. 갑(岬). ⑥곡대기. 절정. ⑦소수(小數). 소량(小量).
ponta da mesa 책상 끝(모).
ponta do cigarro 담배꽁초.

de ponta a ponta 끝에서 끝까지.
pontada *f*. ①뾰족한 것으로 찌르기. (찔리는 듯이) 따끔따끔 아픔. 쑤심. ②《俗》 늑간신경통(肋間神經痛). 옆구리의 격통(激痛).
pontal *m*. ①선체(船體)의 높이. 창내(艙內)의 깊이. ②갑(岬). 갑단(岬端).
pontaletar *v.t.* 받침대(支柱)로 받치다.
pontalête *m*. 버팀기둥. 받침대. 지주(支柱).
pontão (1) *m*. 큰 버팀기둥. 큰 지주. 큰 말뚝.
— (2) *m*. ①큰 거룻배. 밑이 평평한 짐배. ②[軍] 철주(鐵舟). 주교(舟橋). 선교(船橋). 부주(浮舟). 부함(浮函).
pontapé *m*. ①(발로) 차기. 걷어차기. 킥. ②폭행. ③망은배덕(忘恩背德)(한 행위). ④화(禍).
pontar *v.t.* (특정한 사물을) 지적하다. ②겨누다. 조준(照準)하다. 목표삼다. 지목하다.
— (2) *v.t.* (배우에) 대사(臺詞)를 읽어주다.
— (3) *v.t.* (배에) 선교(船橋)를 준비하다.
pontarelo *m*. 시침을 뜨기. 드문드문 박기.
pontaria *f*. ①조준. 겨냥. ②표적(標的). 목적물. 목적. 뜻. 계획.
fazer pontaria 겨누다. 조준하다. (총부리 따위를) …에 돌리다.
ponta-seca *f*. 식각용조각침(蝕刻用彫刻針).
ponte *f*. ①다리. 교량. ②선교(船橋) 함교(艦橋). ③(배의) 갑판(甲板).
ponte pensil (또는 *suspensa*) 조교(弔橋).
ponte levadiça 들어 올리게 된 도개교(跳開橋). 도교(跳橋).
ponte giratória 선회교(旋回橋). 선개교(旋開橋).
ponte de barcos (작은 배를 맞붙여 만든) 주교(舟橋).
ponteado *a*. 점을 찍은. 점선을 그은.
— *m*. 점선(點線). 점선으로 표기하기. 점화(點畵).
ponteagudo *a*. 끝이 뾰족한. 예리한.
pontear *v.t.* ①점을 찍다. 점으로 표시하다. 점선을 긋다. ②시침을 뜨다. 가봉(假縫)하다. 드문드문 박다.
ponteira *f*. ①(양산·지팡이 등의) 쇠끝. 쇠테. 쇠돌레. ②궐련(卷煙) 끝에 여과지(濾過紙)를 댄 부분.

ponteiro *m*. ①(시계 또는 저울의) 바늘. 시침(時針). 지침(指針). ②(목관악기(木管樂器)의) 혀. ③(지도·그림 따위를) 지적하는 막대기. ④고슴도치의 바늘. ⑤(조각용의) 끌. 정. 조각용 칼.
— *a*. (바람 방향이) 반대인. 역(逆)의.
vento ponteiro 역풍(逆風).
pontel *m*. 유리 직공이 쓰는 일종의 관(管).
pontiagudo *a*. 끝이 뾰족한. 예리한.
ponticidade *f*. 심. 산미(酸味).
pontico *a*. 《古》 신.
pontícula *f*. 작은 도개교(跳開橋).
pontificado *m*. 교황. 사교·고위 성직자의 직위 또는 임기.
pontifical *a*. 교황의. 사교의. 교황(사교)의 직위의.
— *m*. (가톨릭 교회의) 제복(祭服). 사교의 휘장(徽章). 예배식서(禮拜式書). 사교의 지위.
pontificalmente *adv*. 사교로서. 예배식(式)에 따라.
pontificar *v.i.* ①교황의 역할을 하다. 사교로서 식을 올리다. ②거만하게 행동하다.
pontífice *m*. ①[가톨릭] 로마 교황. 사교(司教). 고위성직자(高位聖職者). ②대가(大家). 권위. 자칭대가.
o sumo pontífice 로마 교황(教皇).
pontifício *a*. 교황의. 사교의.
pontilha *f*. ①뾰족한 끝. 예리한 끝. ②금·은 따위로 만든 술(가장자리).
pontilhão *m*. 작은 다리(교량).
pontilhoso *a*. 사소한 일에 몹시 마음을 쓰는. 아주 꼼꼼한. 세심한. 면밀한.
pontilhar *v.t.* 점을 찍다. 점으로 쓰다. 점으로 표시하다. 점각(點刻)하다. 점재(點在)시키다. 점철(點綴)하다.
pontinha *f*. (*ponta*의 지소어). ①작은 점. ②(바늘로 뜬) 자리. 바늘자리. ②적은 양. 소량(小量). ③다툼. 시비. 언쟁. ④[劇] 중요치 않은 역할.
pontinho *m*. (*ponto*의 지소어). ①작은 점. ②한 바늘. 한 뜸. 한 꿰맴. 시침.
pontinhos (*pl.*) 묵설법(黙說法)의 기호. 중단점(中斷點)(…). 대시(-).
ponto *m*. ①점. [文] 구두점. 소수점. [樂] 점. 부(附). ②(점자법(点字法)의) 점. (주사위에 박혀 있는 점. ②한 점. 지점(地點). 개소(個所). 장소. ③(항해 중의) 배의 위치. ④[競馬] 표점(標点). ⑤한계점.

특점. ⑥(유희·시험 따위에 있어서의) 점수. 득점. ⑦(활자의 크기를 나타내는) 호(號). 포인트. ⑧한 바늘. 한 뜸. 한 꿰맴. 꿰맨 자리. 바늘자리. ⑨(바늘·송곳 따위의) 뾰족한 끝. ⑩(특정한) 시간. 때. 찰나. ⑪정도(程度). 상황(狀況). ⑫관점(觀点). 견지(見地). ⑬(출석·출근시간의) 기록. ⑭(무대에 있어서의) 대사역(臺詞役).
ponto de partida 출발점. 기점(起點). 원인.
ponto inicial 시점(始點)(버스·전차 따위의).
ponto final ①종점(終點). ②종지부(終止符).
ponto de parada 정류소(버스·전차 등의).
ponto de esacionamento 주차장. 주차점.
ponto de táxi 택시 세워 두는 곳.
o ponto fraco 약점(弱點).
ponto da questão 문제되는 점. 요점.
dois pontos 콜론(:).
ponto de vírgula 세미콜론(;).
ponto de interrogação 의문부호(?).
o livro do ponto 출석부. 출근부.
cartão do ponto 출근 시간을 매기는 카드.
ponto de vista. 관점(觀點). 견지(見地).
ponto de apoto [機] (지레의) 지점(支點). 지레의 괴. 지탱점. 근거점.
ponto por ponto 점마다. 세밀히. 정밀히 하나하나.
a ponto 제때. 마침.
em ponto 꼭(…하는 때). 바로. 정확히.
São doze horas em ponto 꼭 열두시다.
pôr ponto 끝내다. 마감하다. 완성하다.
de todo o ponto 전혀.
pontoada *f.* ①뾰족한 것으로 찌르기. ②점 찍은 상태.
pontoar *v.t.* ①점을 찍다. 점으로 표시하다. 점재(点在)시키다. 점철(点綴)하다. ②(재봉) 시침하다. 대강 꿰매다.
pontoneiro *m.* [軍] 가교병(架橋兵). 선교(船橋) 가설자.
pontoso *m.* ①아주 꼼꼼한. 몹시 세밀한. 정밀한. ②너무 형식을 차리는.
pontuação *f.* 구두(句讀). 구두법. 구두점.
pontuado *a.* 점을 찍은. 점으로 표시한. 구두점을 찍은. 점선(点線)으로 되는.

pontual *a.* ①시간(기한)을 엄수하는. 정확한. ②알뜰한. 꼼꼼한. ③[幾] 점(点)의.
pontualidade *f.* ①시간 엄수. ②엄정(嚴正). 꼼꼼함.
pontualmente *adv.* (시간을) 정확하게. 시간을 어기지 않고. 꼼꼼히. 알뜰히.
pontuar *v.t.* 구두점을 찍다. (어떤 말에) 힘을 주다.
pontudo *a.* ①(끝이) 뾰족한. 예리한. 날카로운. ②(말이) 매서운. 신랄한. ③모가 난. 거칠은.
pôpa *f.* [海] 최상후갑판(最上後甲板). 선미(船尾). 고물.
pope *m.* (그리스教會) 승(僧).
popelina *f.* 포플린.
poples *m.* [解] 오금.
popliteo, popliteu *a.* 오금의.
  musculo popliteo [解] 오금근육. 괵근(膕筋).
populaça *f.* ①(일반적으로) 인민. 적은 인민. 민중. 하층민. 영세민(零細民). ②하층사회.
população *f.* ①인구. 주민 수. ②거주민. 민중. ③인구증가.
populacho *m.* =*populaça*.
populacional *a.* ①인구의. 주민 수의. ②인구증가의.
populado *a,* (어떤 지방에) 사람이 사는(기주하는). 식민한.
popular *a.* ①일반 백성의. 서민의. 평민의. 민간의. ②평판 좋은. 인기 있는. 인망 있는. ③통속의. 보통의. 평이한. ④유행하는. 널리 행하여지는. ⑤일반 민중에 있음직한.
  — *m.* ① 평민. 민중. ②민주주의자.
popularidade *f.* ①인민적임. 민중적임. 대중적임. 통속적임. ②인기(人氣). 인망(人望). 중망. (좋은 뜻의) 평판. ③보급. 유행.
popularização *f.* ①민중화. 통속화(通俗化). ②(민간에) 보급하기.
popularizar *v.t.* ①민중화하다. 대중화하다. 통속화하다. ②보급(유행)시키다. ③인기 있게 하다.
  —*se v.pr.* ①인기 있다. 인망 있다. 중망을 얻다. ②대중화되다. 통속화 되다. 보급되다.
popularmente *adv.* 일반적으로. 대중적으로. 통속적으로. 민속적으로. 서민적으

populeão *m.* 고약. 연고(軟膏).
populeo *a.* [植]《詩》포플라의. 사시나무의. 백양의.
populoso *a.* 인구가 많은. 주민이 많은. 인구 조밀한.
pôquer *m.* 포커(트럼프 놀이의 일종).
por *prep.* (1) (利益・恩惠・適否) …을 위하여. …에게는(는).
morreram pela pátria (그 사람들은) 조국을 위하여 죽었다.
missa pela alma de …의 영(靈)을 위한 미사.
por caridade 자비를 위하여. 자비하게.
comprar por filho 자식(아들)을 위하여 살다.
(2) (目的・意向・期待・希望) …을 위하여. …을 구(求)하여.
Ele trabalha por dinheiro. 그 사람은 돈을 위하여 일한다.
esperar por alguém 아무를 기다리다.
Queira dar-me o sal, por favor. 미안하지만 소금을 좀 주실 수 없겠습니까?
por amor de ①제발. 어서. ②덕분에.
por graças de Deus 신의 은총(恩籠)으로.
(3) (原因・理由) …까닭에. 때문에.
por causa de …의 이유로. …의 때문에.
Venho aqui por amizade. 우의(友誼) 때문에 여기에 왔습니다.
por isso 그래서. 그 때문에.
por isso mesmo 바로 그것 때문에.
nem por isso 그럼에도. 그렇지만.
Por quê? 왜? 무엇 때문에?
Por que ela não veio? 왜 그 여자는 오지 않았오?
Por que tanta pressa? 왜 그렇게 바빠 서두릅니까?
por que rico seja 아무리 부자라 해도.
por essas razões 바로 그 이유 때문에. 그 사유로 인하여.
(4) (時間・空間) …동안. …간(間).
Por quanto tempo? 얼마동안? 어느 기간?
Estive lá por 2 horas. 두 시간 동안 거기에 있었다.
trabalhou por 5 anos (그 사람은) 5년간 일했다.
Por muitos anos foi gerente do banco. 오랫동안 그분은 은행의 지배인이었다.
por algum tempo 얼마 동안. 얼마 안 되는 기간.
por tôda a vida 평생. 전생애를 통하여.
por enquanto 당분간.
uma vez por semana 일주일 한번(씩).
pela tarde (=*à tarde* 또는 *de tarde*) 오후에.
pelas 3 horas 세시경(頃)에.
por acaso 혹시나. 만일. 우연히.
por volta de ①…의 주변에. ②…시(時)경에. …쯤에.
(5) (等價・交換・報價) …에 대하여. …으로서.
600 cruzeiros por dólar 600크루제이로스에 대하여 일 달라.
Comprei um dicionário por 100 cruzeiros. 100 그루제이로스 주고 사전 한 권 샀다.
Vendeu o carro por pouco dinheiro. 그분은 적은 액수의 돈을 받고 차를 팔았다.
adquirir por qualquer preço 어떤 대가를 치르든 간에 취득하다.
(6) (分配・比率) …으로서. …식(式). …의 비례로.
um por um 하나씩.
50 (100) por cento 50 (100) 프로[%].
80 quilómetros por hora 한 시간에 80킬로미터씩. 시속 80km로.
3 colheres por dia 하루에 세 숟가락씩.
(7) (場所・位置・方向・行方) …에. …의 곳에.
por onde 어디에. 어디로. 거기에. 그곳에.
por aqui 여기에. 여기로. 이리로.
por ali 저기. 저기에. 저리로.
por fora 밖에. 밖으로.
por dentro 안에. 안으로.
por cima 위에. 위로.
por baixo 아래에. 아래로.
por outro lado 다른 쪽에. 타방(他方)에. 이면(裏面)에.
por outra parte 타방. 이면.
por tôda a parte 어디나. 어디든지.
por seca e meca 도처에. 곳곳에. 가는 곳마다.
(8) (通過・經過・경우) …을 통하여. …을 통과하여. …을 지나.
Ele passou por aqui. 그분은 여기를 지나갔다.

Navio passa por canal. 배는(기선은) 운하를 지나간다.
viagem por mar(terra) 바다(육지) 여행.
por via de …을 거쳐. …을 통과하여.
(9) (손으로 쥐는 또는 붙잡는 곳을 가리켜) …의 곳을. …을.
tomar o menino pela mão 아이(少年)의 손을 잡다.
segurar o cavalo pela rêdea 고삐로 말을 어거하다(붙들다).
pegar a chícara pela asa 찻잔을 손잡이(찻잔의 귀)로 쥐다.
(10) (方法·手段) …으로. …에 의하여.
por meio de …의 방법으로. …의 수단으로.
pelo correio 우편으로.
(11) (順序·次例) …의 순으로. 순서로. 차례로.
por ordem de …의 순서로.
pela primeira vez 처음으로. 최초에.
pela ultima vez 마지막으로. 최종으로.
(12) (…에 의한 작위(作爲)·동작) …에 의하여.
por mim 내가.
por ele 저 사람이. 저 사람에 의하여.
O livro foi escrito por Carlos. 그 책은 '깔로스'에 의하여 지어졌다.
O vestido foi feito por ela. 그 옷은 저 여자가 만들었다. (저 여자에 의하여 만들어졌다는 뜻).
(13) (代理·代身·代用) …의 대신에. …을 대신하여.
Pedro respondeu por Paulo. 뻬드루는 빠올로를 대신하여 대답했다.
Fiz trabalho por Maria. 나는 마리아를 대신하여 일했다.
Ela faz isso por mim. 그 여자는 나를 대신하여(나를 위하여) 이것을 한다.
(14) (其他)
por conseguinte 그 결과로. 그 때문에. 그렇기 때문에. 따라서.
por exemplo 예를 들면.
por medo de …을 두려워. …을 무서워하여.
(15) (동사에 따르는 경우. 즉 動詞+por).
acabar por …로서 끝나다.
começar por (falar) (말하는 것)으로 시작하다.

felicitar por …을 경축(경하)하다.
contratar por (3 anos) (3년간)으로. 계약하다.
esperar por …을 기다리다. …을 기대하다.

pôr *v.t.* ①(어떤 장소에)놓다. 내려 놓다. 두다. 얹다. ②(가구 따위를) 설비하다. 설치하다. 배치하다. ③(안에) 넣다. 끌어 넣다. ④이끌다. 인도하다. ⑤(옷을) 입다. (신을) 신다. (모자를) 쓰다. (넥타이를) 매다. 띠다. (몸에) 지니다. ⑥(어떤 장소에) 가까이 하다. 붙이다. 대다. ⑦(닭이 알을) 낳다. ⑧[重] 접속(接續)하다. ⑨던지다. 팽개치다. ⑩(어떤 상태로) 만들다. 정리하다. 나란히 하다. ⑪결말을 짓다. ⑫(어떤 상태에) 이르게 하다. ⑬(…을) 안할 수 없게 하다. ⑭(기계 따위를) 움직이다. ⑮(…을) 일으키다. 발생시키다. ⑯허락하다. 승락하다.
pôr fim a …을 끝마치다. 종말 짓다.
pôr a par ①알리다. ②시작하다.
pôr à prova 시험(음미)하다.
pôr à venda 팔다. 팔기 위하여 내놓다.
pôr ao sol 햇볕에 내놓다. 일광을 쐬게 하다.
o pôr do sol 해가 짐. 일락(日落).
pôr a culpa em (아무에게)…의 죄를 씌우다. 잘못을 전가하다.
pôr em ordem 순서(질서) 있게 놓다.
pôr de acôrdo 동의(同意)하다. 승낙하다.
pôr em dúvida 의심하다. 의문 쌓다.
pôr uma loja 상점을 차리다. 개점하다.
pôr a casa 가구를 설치하다.
pôr lado a lado (옆에) 나란히 놓다. 병치(竝置)하다.
pôr na cadeia 투옥하다. 수감하다.
pôr o preço 값을 정하다(매기다).
pôr em perigo 위험에 처하게 하다. 위험하게 하다.
pôr fora de perigo 위험이 없게 하다. 위험을 제거하다.
pôr fogo ①(…에) 불달다. 불을 붙이다. ②발사 준비를 하다.
pôr em ação 실천하다. 행동에 옮기다.
pôr em execução 집행하다. 실시하다.
pôr por terra 땅위에 넘어뜨리다.
pôr em cima 위에 놓다.
pôr o paletó 상의(上衣)를 입다.
pôr a gravata 넥타이를 매다(띠다).

pôr o chapéu 모자를 쓰다.
pôr os selos 우표를 붙이다.
pôr data (편지·문서 따위에) 날짜를 넣다.
pôr fora ①밖에 놓다. 제쳐 놓다. ②버리다. 팽개치다. ③몰아내다. 쫓아보내다.
pôr ovos (닭이) 알을 낳다.
pôr de lado 옆에 놓다. 제쳐 놓다.
pôr de parte 따로 놓다. 분리하다. 제외하다.
pôr a mesa 식탁을 차리다.
pôr a assar 굽다. 지지다. 로우스트하다.
pôr em funcionamento 운전케 하다. 조업(操業)하게 하다. (기계 따위) 정상적으로 돌아가게 하다.
pôr em movimento 움직이게 하다. 행동하게 하다. 발동시키다.
pôr em posição 제자리에 놓다. (적소에) 위치하게 하다.
pôr em leilão 경매에 붙이다.
pôr em fila 줄짓게 하다. 정렬(整烈)시키다.
pôr em evidência 명료하게(뚜렷하게) 하다.
pôr em cena [劇] ①상연하다. ②각색하다.
pôr em conta 공제하다 ; 참작하다.
pôr em contato 접촉하다. (시키다). 교신(交信)하다.
pôr em vigor (법(法) 따위) 발효(發效)케 하다.
pôr em fuga [軍] 패주시키다.
pôr à morte 사형에 처하다.
—se v.pr. ①(…을) 시작하다. 착수하다. ②(…에) 종사하다. ③행하다. 처신하다. ④(…에) 열중하다. ⑤(해·달이) 지다. ⑥옷을 입다. 차리다. ⑦앉다.
pôr-se a falar 말하기 시작하다.
pôr-se de cama (환자가) 침대에 눕다. 병석에 들다.
pôr-se de pé (환자가) 침대에서 일어나다. 병석을 떠나다.
pôr-se em pé 일어나다. (두 발로) 서다.
pôr-se à mesa 식탁에 마주 앉다.
pôr-se a cavalo 말을 타다. 승마하다.
pôr-se em salvo 구조되다. 사경(死境)을 면하다. 살아나다.
poracá m. (뚜껑 있는) 큰 광주리.
poranduba f. ①옛이야기. 옛말. 진담(珍談). ②소식. 정보. 보도.
porão m. ①움. 지하실. ②(구조물·건축물의) 최하부. ③선창(船艙).
porca f. ①암퇘지. ②[機] 나사·너트. 스크루 너트. 나비꼴의 나사. ③《轉》 더러운 여자. 불결한 여인.
porca-borboleta 손가락으로 돌리는 암나사. 귀가 달린 나사.
porca acastelada (또는 de coroa) 성형(城形)나사.
porcaço m. 큰 돼지.
porcada f. ①돼지의 떼. 돈군(豚群). ②더럽게(나쁘게) 한 일. ③추잡한 것. 불결한 물건.
porcalhão a. 더러운. 불결한. 추잡한.
— m. ①더러운 물건. ②불결한 인간.
porcalho m. 수퇘지 새끼. 작은 수퇘지.
porcalhota f. 암퇘지 새끼.
porção f. ①일부. 일부분. 부분. ②몫. (음식의) 한 사람분. ③분배재산.
porcaria f. ①더러움. 불결. ②더러운 물건. 때. 오물. ③잘못 만들어진 것. 아주 솜씨 없이 만든 것. 시시한 것. 보잘것없는 것. ③추행. 음담패설. 부도덕.
porcariço m. 돼지 치는 사람.
porcelana f. ①자기(磁器). 도(陶)자기. 자기제품. ②[貝] 자패(紫貝).
porcelânico a. 자기의. 자기제(製)의. 자기(도자기) 같은.
porcentagem f. =percentagem.
porcento adv. 백(百)에 대해. 백분의(얼마).
porcentual a. 백분율(백분비)에 관한.
porcino a. 돼지의. 돼지같은.
raça porcina 돼지류(豚類).
porcionário m. 소득의 일부를 받는 사람.
porcionista m., f. ①기숙생(寄宿生). ②하숙인.
porco m. ①돼지. ②돼지고기. ③더러운 사람. 불결한 인간.
porco-espinho [動] 호저(豪豬). [機] 많은 바늘을 가진 기계.
porco-marinho (=porco do mar) [動] 돌고래(海豚).
porco-montês 산돼지.
porco varrão. (불까지 않은) 수퇘지.
porco castrado 불깐 돼지.
carne de porco 돼지고기.
pôr-do-sol m. 일몰(日沒). 해질녘. 해질 무렵.

porejar *v.t.* 털구멍에서 흘러 나오게 하다 (새 나오게 하다). 기공(氣孔)으로부터 삼출(滲出)하게 하다.
— *v.i.* 털구멍(기공)에서 새 나오다(흘러나오다).
porejar suor 땀 흘리다.

porém *conj.* 그러나. 그래도. 그렇지만. …이라 해도.

porfia *f.* ①말다툼. 논쟁. 논전. 논점. 쟁점. ②완고. 집요.
à porfia 다투어서. 경쟁하여. 연속적으로. 끊임없이. 집요하게.

porfiadamente *adv.* ①다투어서. 논쟁하여. ②완고히. 집요하게. 치근치근하게.

porfiado *a.* ①다툰. 논쟁한. ②의논하는. 논쟁하는. ③완고한. 고집이 센. 집요한. 치근치근한.

porfiador *a.*, *m.* ①다투기 좋아하는 (사람). 논쟁하기 좋아하는 (자). ②몹시 고집부리는 (사람). 완고한 (사람).

porfiar *v.i.* ①말다툼하다. 논쟁하다. 의논하다. 토론하다. 시비를 걸다. ②항쟁하다. 경쟁하다. ③고집부리다. 완강히 주장하다. 억지를 쓰다. 버티다.

pórfido *m.* =*pórfiro*.

porfioso *a.* ①다투기 좋아하는. 논쟁하기 좋아하는. ②(문제 등이) 논쟁되는. 논의 (이론)한. ③완강히 굴하지 않는.

porfirico *a.* 반암(斑岩)의. 반암이 나는(있는).

porfirizar *v.t.* 가루로 만들다. 부수다.

porfiro *m.* [地質] 반암(斑岩). 운반석(雲斑石).

porfiroide *a.* 반암 비슷한.

porfirolito *m.* 건축용 반암질 석재(石材).

porisma *m.* [數] 계(系). 계론. 부정설제(不定設題).

porisso *adv.*, *conj.* (=*porisso*) 그렇기 때문에. 그래서.

pormenor *m.* (흔히 *pormenores* (*pl.*)로 씀). 상세(詳細). 상설(詳說). 상기(詳記). 세부(細部).

pormenorização *f.* 자세히 말함. 상세히 서술하기. 자세히 기록하기.

pormenorizar *v.t.* 자세히 말하다. 상세히 서술하다. 상설(詳說)하다. 상세히 기록하다.

pornografar *v.t.* 음탕하게 쓰다(그리다). 에로 작품을 쓰다. 춘화 따위를 그리다.

pornografia *f.* ①춘화도(春畵圖). ②호색문학(好色文學). ③창부풍속지(娼婦風俗誌). ④매춘부론(賣春婦論).

pornográfico *a.* 춘화도의. 호색문학의.

pornógrafo *m.* 춘화가(春畵家). 에로 작가.

poro *m.* 털구멍(毛孔). 기공(氣孔). (피부·잎사귀 등에 있는) 세포공(細胞孔).

porora *adv.* (=*porora*) 현재(로는). 지금(은). 당분간. 아직도.

pororoca *f.* ①하구(河口)에서 발생하는 물의 융기(隆起). ②조수(潮水)의 물결. 거센 물결.

porosidade *f.* 다공성(多孔性). 유공(有孔). 구멍.

poroso *a.* ①구멍이 있는. 구멍이 많은. ②스며드는.

porpianho *m.* =*perpianho*.

porquanto *conj.* …하기 때문에. …라고 한다면. …을 생각하면. …하기에. …이므로.

porque *conj.* …하기 때문에. …인 고(故)로.
— *adv.* 왜냐하면.

porque *m.* 원인. 이유. 동기.

porqueira *f.* ①돼지우리. ②불결한 오두막집. 더러운 물건. ③돼지 치는 여자.

porqueirão *a.*, *m.* =*porcalhão*.

porqueiro *a.* 돼지의. 돼지에 관한.
— *m.* 돼지 치는 사람. 양돈가.

porquidade, porquidão *f.* ①더러움. 불결함. ②잘 되지 못한 일. 졸렬한 제작품. 보잘 것 없는 것.

porquinha *f.* 암돼지 새끼.

porquinho *m.* 수돼지 새끼.
porquinho da índia [動] 기니아피크. 모르못.

porra *f.* 끝이 뭉툭한 몽둥이. 일종의 곤봉.

porrada (1) *f.* 《卑》 몽둥이로 치기.
— (2) *f.* 끓는 음식물에 부추를 넣기. 부추를 넣어 끓인 상태.

porral *m.* 부추밭.

porré *m.* 《卑》 술에 취함.

porretada *f.* 《卑》 몽둥이로 치기. 곤봉 타격.

porrete *m.* 《卑》 한쪽 끝이 뭉툭한 곤봉(몽둥이).

porrista *m.* 술고래. 술망나니. 늘 술타령하는 사람.

porro *m.* [植] 부추.

porta *f.* ①문. 방문(房門). 문짝. ②들어가는 데. 입구. 문간. 문호(門戶). (…에 가는) 길(관문). ③일호(一戶). 호(戶). ④입문(入門). 초보. 단서(端緖). ⑤수단. 방법.
portas (*pl.*) 산간(山間)의 좁은 길. 강중(江中)의 좁은 뱃길.
porta da rua 도로에 향한 문. 앞문.
porta da frente 앞문. 정문.
porta traseira 뒷문.
porta giratória 회전문(빙글빙글 도는).
porta falsa (마루·지붕·천장. 무대의) 치켜 올리는 문. 드는 뚜껑. 함정문.
a porta está entreaberta 문이 조금 열려 있다.
bater a porta 문이 딸깍딸깍하다(소리내다).
bater à porta 문을 두드리다. 노크하다.
de porta em porta 한집한집. 집집마다.
fora da porta 문밖에(서).

porta-aviões *m.* 항공모함.
porta-bandeira *m.* [軍] 기수(旗手).
porta-bombas *m.* 비행기의 폭탄시렁.
porta-cartas *m.* 우편물 주머니(郵便囊). 회중서한(懷中書翰) 넣개.
porta-cartuchos *m.* 탄약주머니. 탄띠.
porta-chapéus *m.* 모자상자. 모자걸이.
porta-chaves *m.* 열쇠보관통. 열쇠함.
porta-clavina *m.* 가죽으로 만든 권총주머니.
portada *f.* =*portado*.
— *m.* ①앞문. 정문; (건물의) 정면. 현관. ②(책의) 뚜껑. 전면 표지.
portador *m.* ①운반하는 사람. 휴대인. 지참인(持參人). (어음·수표 등의) 소지인. ②편지를 나르는 사람(서한 지참인). ③교구꾼. 상여꾼.
portador de título 공채증서(채권) 소유자.
cheque ao portador 지참인 지불수표.
letra ao portador 소지사에 지불할 어음.
porta-escôvas *m.* 솔(브러시) 보관통.
porta-espadas *m.* 칼띠. 검대(劍帶).
porta-estandarte *m., f.* ①[軍] 기수(旗手). ②주창자. 창도자.
portageiro *m.* *portagem*을 받는 사람 또는 그 징수인.
portagem *f.* 사용세. 요금(통행세·다릿세·나룻뱃삯·저자의 지대(地代)·텃세·저자세. 항만의 짐 싣는 세. 짐내리는 세; 철도(운하)운임 등의).

porta-joias *m.* 보석상자. 구슬 따위를 넣는 작은 통.
portal *m.* 정문. 현관; 교문(校門). (…의) 입구.
porta-lápis *m.* 필통. 연필통.
portaló *m.* ①[海] 뒷갑판. (배의) 현문(舷門). (선측(船側)의) 하물출입구(荷物出入口). ②(극장·강당 따위의) 좌석 사이의 통로.
porta-luz *m.* 행렬(行列)의 선두에서 초롱(불)을 들고 가는 사람.
porta-maça *m.* (고관행렬 때) 권표봉(權標棒)을 가지고 가는 사람.
porta-machado *m.* 《英軍俗》 공병.
porta-manta *m.* 여행가방. 의복걸이.
porta-mento *m.* 《It》 [樂] 한 음조(音調)에서 다른 음조로 부드럽게 넘어가기.
porta-moeda *m.* 돈지갑; 작은 저금통.
porta-novas *m.* ①진문(珍聞)을 찾거나 하는 퍼트리기 좋아하는 사람. 허풍선이. ②험담하는 사람. 중상자.
portanto *conj.* 그러므로. 그렇기 때문에. 그 때문에. 그 결과.
portão *m.* 큰 문. 대문. 정문. 현관문.
porta-objecto *m.* 검경판(檢鏡板): 현미경의 물건 얹는 유리판.
porta-paz *m.* [가톨릭] 성상패(聖像牌): 십자가의 그리스도 또는 성모 마리아의 화상을 그린 패로서 미사 때 성직자와 신자들이 키스를 함).
porta-penas *m.* 철필대.
porta-pratos *m.* (접시 따위의 밑에 까는) 작은 냅킨.
portar *v.t.* 가지고 다니다. 휴대하다.
— *se v.pr.* ①처신하다. (좋게) 행동하다. 예모 있게 하다. ②건강하게 보내다.
porta-rédeas *m.* ①망선(網船): 원양어선(遠洋漁船)에 고기 그물을 나르는). ②(안장의) 고삐 꿰는 고리.
porta-relógio *m.* 회중시계를 받쳐 놓는 것 (가지고 다니지 않을 때).
portaria *f.* ①(호텔·큰 아파트 등의) 수부실(受付室). 응접대. 응접실. ②수도원(修道院)의 문 또는 홀. ③(정부의) 포고(布告).
porta-seios *m.* (부인의) 젖싸개.
portátil *a.* 들고 다닐 수 있는. 휴대할 수 있

는. 휴대용의. 경편(輕便)한.
televisor portátil 휴대용(소형) 텔레비전 수상기.
porta-voz *m.* ①전성기(傳聲器). 확성기. 메가폰. [政] 대변인.
porte *m.* ①운반. 휴대. ②운반물. 화물. ③용량. 용적(容積). 배의 적재량. ④도량(度量). ⑤운임. 운송료. 우편요금. 화차의 임대. ⑥처신(處身). 태도. 행실. 품행. 자세(姿勢). 풍채.
porte pago 우세기불(郵稅旣拂).
portear *v.t.* ①우편요금을 지불하다. 선불(先拂)하다. ②우표를 붙이다.
porteira *f.* 여자 문지기. 여자 수위. 여자 접수계.
porteiro *m.* (호텔의) 접수계. (아파트·사무소 따위의) 관리인. 수위. 문지기.
portela *f.* ①앞문. 작은 문. ②골짜기. 협곡.
portenho *a.* (아르헨티나의) 부에노스아이레스시의.
— *m.* 부에노스아이레스 시민.
portento *m.* ①불가사의한 것. 신기한 일. 보기 드문 일. 기묘. 괴이(怪異). ②천재. 신동(神童). 드물게 보는 위인. 놀랄 만한 인물. 비범한 사람.
portentosamente *adv.* 신기하게. 불가사의하게. 기괴하게. 괴상하게. 놀랍게. 비범하게.
portentoso *a.* ①불가사의의. 신기한. 기괴한. 괴상한. ②놀라운. 당당한. ③무서운. 심상치 않은. 불길한. 흉조(兇兆)의.
pórtico *m.* 현관. 주랑(柱廊). (현관 앞의) 자동차를 대는 곳.
portilho *m.* 작은 항구(小港).
portinha *f.* 작은 문.
portinhola *f.* ①(합승마차·자동차 따위의) 문. 출입문. ②[海] 현창(舷窓). 짐싣는 구멍. 포문(砲門). ③[機] 기문(氣門). 기구(汽口). ④(포켓에 붙는) 뚜껑.
porto *m.* ①항구. 항만(港灣). 포구(浦口). ②(세관이 있는) 개항장(開港場). ③항구 거리. 항구도시. ④피난소. 휴식소.
porto franco 자유항.
porto militar 군항(軍港).
porto de destino 목적항. 도착할 항구.
porto de escala 기항지(寄港地).
portuário *a.* 항구의. 항구에 속하는. 항만에 관한.
— *m.* ①항구에 사는 사람. ②항구에서 일하는 사람. ③부두 노동자.
portucalense *a.* 포르투갈(사람·말)의.
portuchar *v.t.* [海] 돛을 줄이다. 축범(縮帆)하다.
portuence *a.* (포르투갈의) *Oporto*시의.
— *m.* 뽈또(*Oporto*) 사람.
portuga *m.* (브라질 사람이 부르는) 포르투갈 사람.
Portugal *m.* 포르투갈.
portugalense *a.*, *m.* 《古》 = *português*.
português *a.* ①포르투갈(사람·말)의. ②순박한. 소박한.
lingua portuguêsa 포어. 포르투갈 말.
— *m.* 포르투갈 사람(말).
portuguesar *v.t.* 포르투갈식으로 하다. 포르투갈어풍으로 하다.
portuguesismo *m.* 포르투갈식. 포르투갈어풍(어조).
portuguesmente *adv.* 포르투갈식으로. 포르투갈 사람처럼.
portulaca *f.* [植] 쇠비름속(屬).
portuláceas *f.*(*pl.*) [植] 쇠비름과(科)의 식물.
portuoso *a.* 항구가 있는. 항구가 많은.
porventura *adv.* 모름지기. 아마. 혹시는. 형편에 따라서는. 어차피. 다분히. 우연히.
Viei êle porventura? 즉 그이가 오지 않으셨는지요?
porvindouro *a.* 미래의. 장래의.
porvindouros (*pl.*) 미래의 사람.
porvir *m.* 미래. 장래. 전도. 앞날.
pós *prep.* = *após*.
pôs 동사 *pôr*의 직설법 현재 3인칭 단수.
posar *v.t.* 자세(포즈)를 취하게 하다.
— *v.i.* ①자세를 취하다. 태도를 취하다. ②…인 체하다. 태부리다. …처럼 보이려고 애쓰다.
pós-bôca *f.* 구강(口腔)의 뒷부분.
pós-clássico *a.* (그리스·로마 문예의) 고전시대 후의.
poscênio *m.* 무대의 뒤. 막후(幕後).
pós-data *f.* 늦은 일부(日附). 사후(事後) 일부.
pós-datar *v.t.* 실제보다 날짜를 늦추어 달다. 사후에 날짜를 써넣다.
pós-diluvio, pós-diluviano *a.* [地質] 노아의 홍수 이후의.
pose *f.* ①태도. 자세. 태세(態勢). 포즈.

점잔 빼는 꼴. ②심적 태세. 마음먹기. ③모양. 상태.
(注意) posse: 점유(占有). 집권(執權).
poseira f. ①(부녀의) 휴대용 화장도구 상자(갑). ②철판에 구은 과자의 일종.
pós-escrito m. 추백(追白). 추서(追書). 발문(跋文).
posfaço, posfácio m. (서적의) 후서(後序). 발(跋). 발문(跋文).
pós-guerra a. 전후(戰後)의.
posição f. ①위치. 자리. 장소. 곳. 소재지. ②[軍] 진지. 유리한 지점. ③[樂] 화현(和絃)의 위치. ④철자(綴字) 중의 모음의 위치. ⑤적소(適所). ⑥형세. 국면(局面). ⑦경우. 입장; 지위. 신분. 자세. (심적) 태도. 견해.
posicionar v.t. 적당한 장소에 두다. 위치를 정하다. 위치에 놓다. (설치)하다.
positivamente adv. ①확실히. 명확히. 확신을 가지고. 절대적으로. ②긍정적으로. 적극적으로.
positividade f. 명백. 판연성. 확실함. 현실. 적극성. 적극적임. [電] 양성(陽性).
positivismo m. 실증철학(實證哲學). 실증론. 실리주의(實利主義).
positivista a. 실증철학(파)의.
— m. 실증철학자. 실증론자. 실증철학파 사람.
positivo a. ①결정적. 명확한. 확실한. 부정할 수 없는. (약속·규칙 등) 명확히 정한. ②고정한. 확신있는. 독단적. ③적극적. 긍정적(肯定的). ④실제적. 현실적. 실증적인. 실리적(實利的)인. ⑤[數·理·電] 정(正)의. 플러스의. 양(陽)의. 양성의. 양전성(陽電性)의. [寫] 양화(陽畵)의. ⑥순전한. 정말의. ⑦[文] 원급의(비교급·최상급에 대한).
— m. ①확실. 현실. 실제. 실존. 실리(實利). ②[文] 원급. ③[電] 양극(陽極). [寫] 양화(陽畵).
posliminio m. [國際法] 전후복권(戰後復權). 전후원상회복(권).
posmeridiano a. =post-meridiano.
posologia f. [醫] 용량학(用量學: 성별·연령·병도(病度) 등에 의하여 투약(投藥)양을 정하는).
pospasto m. =sobremesa.
pospelo m. 역(逆). (의사의) 반대. (방향의) 반대. (머리칼이) 곤두서기. a pospelo. ①머리칼이 곤두서기. ②성질에 맞지 않게. 본의 아닌.
pospontar v.t. =pespontar.
posponto (1) m. =pesponto.
— (2) a. ①뒤에 놓은. ②뒤로 미룬. 연기한.
pospor v.t. ①뒤에 놓다. ②차위(次位)에 두다. ③뒤로 미루다. 연기하다. 나중에 하도록 하다. ④중대시(重大視)하지 않다. 등한히 하다.
posposição f. ①뒤에 놓기. ②뒤로 돌리기. 차후로 하기. 연기(延期). ③[文] 후치사(後置詞). ④등한히 하기.
pospositivo a. ①뒤로 돌린. 차위(次位)의. ②[文] 후치(後置)의.
enclise (enclitica) 적의.
posposto a. ①뒤에 놓은. ②뒤로 돌린. 연기한. ③내버려둔. 경시(輕視)한.
posromano a. 로마 제국 이후의.
possança f. 큰 힘. 세력. 위력. 권세. 권력.
possanga f. 가정약(家庭藥).
possante a. 큰 힘 있는. 강대한. 세력 있는. 권력 있는. (약 따위) 효력 있는.
posse f. ①소유(所有). 점유(占有). 점령. 입수(入手). 취득. ②소유물. 소유권.
posses (pl.) 재산. 자력(資力). 능력. 자격. (註) pose: 자세. 태도. 포즈.
tomar posse 소유하다. 차지하다. 인수(引受)하다.
tomar posse de um cargo 어떤 직책에 취임하다.
estar (또는 na) posse de …을 차지하고 있다. 소유하다.
possessão f. ①소유. 점유. 획득. ②소유지. 영지(領地). 영토. 속국(屬國). ③(귀신 따위에) 홀리기. 들리기.
possessivo a. [文] 소유의. 소유를 표시하는. 소유격(所有格)의. 물주격(物主格)의.
pronome possessivo 소유대명사.
adjetivo possessivo 소유형용사.
possesso a. ①(귀신에게) 홀린. 들린. ②열중한. 미친.
possessor a. 소유하는. 점유하는.
— m. 소유주. 점유인.
possessório a. 소유의. 점유(占有)의. 소유(점유)에 관한. 점유에서 생기는. 취득(取得)에 관계되는.
título possessório 소유권.
ação possessória [法] (토지)점유의 소송.

possibilidade *f.* 있을 수 있음. 될 수 있음. 가능성(可能性). 가능성 있는 일.
possibilidades (*pl.*) 재산. 자력(資力). 능력.

possibilismo *m.* 비이상사회주의(非理想社會主義). 실행사회주의(實行社會主義).

possibilista *m.* 실행사회주의자.

possibilitar *v.t.* 가능하게 하다. 될 수 있게 하다.

possível *a.* 가능한. 가능성 있는. 할 수 있는. 있을 수 있는. 있음직한.
— *m.* 될 수 있음. 할 수 있음. 가능성 있는 것. 전력(全力).
fazer o possível 최선을 다하다. 할 수 있는 노력을 다하다.

possuído *a.* 소유한. 소지한. (귀신 따위에) 들린. 홀린. 붙은.
possuído do demônio 귀신에 들린(홀린).

possuidor *m.* 소유자. 소유주(主). 점유자. 소지자.

possuimento *m.* 소유함. 점유함. 소지함.

possuinte *a.* 소유하는. 소지하는. 점유하는. 차지하는.

possuir *v.t.* ①소유하다. 소지하다. ②(능력・성질 등을) 가지다. ③차지하다. 점유하다. ④손에 넣다. ⑤보지(保持)하다. 유지하다. ⑥(귀신 따위가) 붙다. 홀리다. ⑦향유(亨有)하다.
—**se** *v.pr.* ①(…을) 자기 것으로 하다. ②알아듣다. 납득하다.

posta *f.* ①얇은 조각. (특히 고기・생선 따위) 얇게 썬 것. ②우편국. (향촌의) 우편물취급소. 《古》역(驛). ③《俗》편한 일. 돈벌이가 수월한 일.
posta restante (우편국의) 유치우편물(留置郵便物). (보통 봉투에 쓰는 문구).

postal *a.* 우편의. 우편 사무의.
cartão postal 우편엽서.
pacote postal 소포우편.
selo postal 우표(郵票).
vale postal 우편환.

postar *v.t.* ①놓다. 배치하다. ②게시하다. 고시(告示)하다. ③[軍] 초병(哨兵)을 배치하다.
—**se** *v.pr.* 놓여지다. 배치되다. 멈추다. 자리잡다.

posta-restante *f.* = *posta* 참조.

post-comúnio *m.* 미사 성제(聖祭) 때 성체배령(聖體拜領) 후의 감사기도(따위).

post-data *f.* 늦은 일부(日附). 사후(事後) 일부.

post-datar *v.t.* 실제보다 날짜를 늦추어 달다. 사후에 날짜를 써 넣다.

post-diluviano *a.* = *pós-diluviano*.

poste *m.* (땅에 박은) 말뚝. 큰 말뚝. 기둥(柱). 말목(抹木). 표주(標柱).
poste telegráfico 전신주.
poste elétrico 가등주(街燈柱).

posteiro *m.* 농장 내의 목축을 지키는 사람. 농원 내의 한 구석에서 사는 사람.

postejar *v.t.* (고기・생선 따위를) 얇게 썰다(베다). 잘게 짜르다.

postema *f.* 종기. 농양(膿瘍).

postemão, postemeiro *m.* [外科] (농양 절개용) 큰 란셋. 큰 메스.

posterciario *a.* [地質] 제3기(紀) 후의.

postergação *f.* ①뒤로 돌리기. 뒤에 남겨두기. 차후로 하도록 제쳐놓기. ②무시. 무관심.

postergar *v.t.* ①뒤로 돌리다. 뒤에 남겨두다. 차후로 미루다. ②무시하다. 등한시하다.

posteridade *f.* 자손(子孫). 후예(後裔). 후대. 후세.

posterior *a.* ①(시간적으로) 다음의. 후의. 다음에 오는. ②(공간적으로) 뒤의. 후방의. 후부(後部)의. ③후천적.
— *m.* 뒷부분. 후부. 《俗》엉덩이.

posterioridade *f.* ①후임. 다음임. ②후천적임. 후천성. 후생(後生).

posteriormente *adv.* 후에. 다음에. 뒤에서. 늦어서.

póstero *a.* 미래의. 장래의. 뒤의. 후생의. 오는.
— *m.* (*pl.*) 후손. 후예. 후세(後世).

post-escrito *m.* = *pós-escrito*.

post-fácio *m.* = *posfácio*.

post-glacial *a.* [地質] 빙하후기(氷河後期).

post-humamente *adv.* 죽은 뒤에.

post-humo *a.* = *postumo*.

postiço *a.* 인공(人工)의. 인공적인. 거짓의. 허위의. 가짜의. 비슷한. 후에 참가한.
cabelos postiços (배우가 머리에 붙이는) 가짜 머리털.
dentes postiços 의치(義齒). 입치(入齒).

postigo *m.* 작은 문. 쪽문. 구멍문. 뒷문. 겉창. (벽 또는 문에 낸) 작은 들창문. 표 파는 창. 내다보는 구멍(문). (배 옆의) 원창(圓窓). ×형의 회전하는 나무문.
postila *f.* ①노트북. (학생의) 필기장. 강의(講義)의. 노트. ②(성서의) 방주(傍註). 주석(註釋).
postilador *m.* 노트하는 사람. 방주하는 자.
postilar *v.t.* 노트하다. 방주(傍註)하다.
postilhão *m.* ①(두 필 이상이 끄는 마차의) 앞줄 좌마(左馬) 기수. (쌍두마차의) 좌마 기수. ②말타고 우편물을 송달하는 사람. 심부름꾼.
postimeiro *a.* 마지막의. 최후의. 최종의.
postite *f.* [醫] 포피염(包皮炎).
postliminío *m.* =*postliminio*.
post-meridiano *a.* 오후(午後)의. 하오(下午)의.
posto *a.* (*pôr*의 과거분사). 놓은. 놓여 있는. 자리잡은. 자리잡게 한. (해가) 진.
bem posto 정돈한. (옷 따위) 잘 맞는. 균형이 잡힌. 알맞는. 적절한.
— *m.* ①자리. 장소. 지위. 직책(職責). 직장. 임지(任地). 맡은 자리. 지정장소. ②[軍] 초소. (초병 또는 경관의) 책임구역. 주둔지. 진지. 성채(城砦). ③(군인의) 계급(階級). ④(농장지기의) 오두막집.
posto de gasolina (자동차의) 급유소(給油所).
posto meteorológico 측후소. 기상대.
posto de capitão 대위의 계급.
posto que 가령 …할지라도. 가령 …라 해도.
postónico *a.* [文] 주음모음(主音母韻)의 다음에 놓인. [樂] 주조음(主調音) 후의.
postreiro *a.* =*postimeiro*.
postre, postres *m.*(*pl.*) (정찬 후에 나오는) 디저트.
postremo *a.* ①마지막의. ②맨 끝의. 가의. 앞끝(뒷끝)의.
postridio *m.* 다음날. 익일(翌日).
postrimeiro *a.* =*postimeiro*.
post-scripto, post-scriptum *m.* 추백(追白). 추서(追書) (略; *P.S.*). 부록. 발문(跋文).
postulação *f.* ①요구. 청원. 탄원. ②[宗] 무자격자의 임명 또는 지명.
postulado *m.* ①[哲] 가정(假定). ②기초(선결)조건. ③공준(公準). [論・數] 공리(公理). ④청원(請願).
postulador *m.* 가정자(假定者). 청원인(請願人).

postulante *m., f.* ①가정자. ②청원인. 지망자. [가톨릭] 수도(修道) 지원자.
postular *v.i., v.t.* ①(자명(自明)한 일이라고) 가정하다. ②요구하다. 청원하다.
postumamente *adv.* 죽은 뒤의. 사후의.
póstumo *a.* 죽은 뒤의. 사후의. 아버지가 죽은 뒤에 태어난. 유복(遺腹)의. (저자가) 죽은 뒤에 공개된.
nome póstumo 시호(諡號). 계명(戒名).
filho póstumo 유아(遺兒). 유복자.
obra póstuma 유저(遺著).
postura *f.* ①태도. 자세. 태세(態勢). [政] 향배(向背). ②용모. 모양. 상태. ③시령(市令). 군령(郡令). ④화장품(化粧品). ⑤(닭 따위) 알을 낳기. 산란. 산란기(産卵期).
postura dos ovos. 알을 낳기. 산란.
postureiro *m.* 화장품 장수.
potabilidade *f.* 마실 수 있음. 음료에 적당함.
potagem *f.* 《F》 진한 수프. 고깃국.
potamides *f.*(*pl.*) 하천의 신(神).
potamita *a.* 하천(河川)의. 하천에 사는.
potamofobia *f.* 하천공포증(恐怖症).
potamogeto *m.* [植] 가래의 무리(수생 식물).
potamologia *f.* 하천학(河川學).
potamológico *a.* 하천학의. 하천론(論)의.
potassa *f.* 잿물. [化] 칼륨. 포타스.
potassa cautica 가성가리(苛性加里).
potassa do comércio 탄산가리(炭酸加里).
potássico *a.* 칼륨의(을 포함한).
potássio *m.* [化] 칼륨.
potável *a.* 마실 수 있는. 음료에 적당한. 마시기 좋은.
água potável 음료수.
pote *m.* ①병. 물병. 물단지. 항아리. 독. ②《卑》 올챙이배. 땅딸보.
potéia *f.* 퍼티(일종의 풀). 산화석(酸化錫). (옥공(玉工)의 연마용) 납가루(鉛粉). 마분(磨粉).
potência *f.* ①힘. 능력. ②권력. 권위. 세력. 역량(力量). 정력. 생식(生殖) 능력. ③기능. 권능. ④효능(效能). ⑤주권. 지배권. ⑥열국(列國). 열강(列強). 세력가. ⑦[文] 가능법. [數] 멱(冪). ⑧[理] 전위(電位). ⑨[哲] 가능동(可能動).
as grandes potências 제강대국(諸強大國).

potenciação *f.* [數] 승멱법(乘冪法).
potencial *a.* ①힘 있는. 세력 있는. 강력한. 강대한. ②가능의. 가능한 소질을 가진. 가능적. 잠세(潛勢)의. 잠재적 힘이 있는.
— *m.* 가능. 잠세(潛勢). [文] 가능법(法). [理] 전위(電位).
potencialidade *f.* 강력함. 가능력. 잠세력(潛勢力).
potencializar *v.t.* 힘 있게 하다. 가능하게 하다. 잠세력으로 화하게 하다.
potencialmente *adv.* 가능적으로. 잠재적으로.
potenciar *v.t.* ①힘을 주다. 가능하게 하다. ②[數] 승멱(乘冪)하다.
potentado *m.* ①유력자. 세력가. ②주권자. 군주(君主).
potente *a.* ①힘 있는. 세력 있는. ②권력 있는. 권세 있는. ③강한. 강력한. 강대한. ④(약 따위) 잘 듣는.
potentemente *adv.* 힘 있게. 굳세게. 강하게. 강대하게.
potentilha *f.* [植] 양지꽃속(屬).
potério *m.* [植] 오이풀속(屬).
poterna *f.* ①뒷문. 옆문. ②[築城] 암도(暗道). ③빠짐길. 도망길.
potestade *f.* ①힘. 세력. 권력. ②신력(神力). 신위(神威). ③권력자. 권세가.
potestades celestes 천사(天使).
potestades infernais 악마.
potestativo *a.* 권력 있는. 권능 있는.
póto *m.* 《詩》 마시는 것. 음물(飮物). 술.
potoca *f.* 《俗》 거짓말. 사실무근한 이야기. 허언. 속임수.
potocar *v.i.* 거짓말하다. 사실무근한 이야기를 하다. 속임수를 쓰다.
potoqueiro *m.* 거짓말쟁이.
pot-pourri *m.* 《F》 ①방안을 향기롭게 하기 위하여 꽃잎을 향료와 섞어서 병에 넣은 것. ②고기와 채소의 잡탕. ③[樂] 혼성곡(混成曲). (문학 등의) 잡집(雜集).
potra (1) *f.* 암망아지.
— (2) *f.* [醫] 헤르니아. 탈장(脫腸).
potranca *f.* (세살이 안 되는) 어린 암망아지.
potranco *m.* (세살이 안 되는) 어린 말. 수망아지.
potreação *f.* 목축(牧畜)을 수용하기.
potrear *v.t.* 목축을 수용하다.
potreia *f.* ①(변질한) 음료. (맛없는) 청량 음료. ②아무 쓸모도 없는 물건.
potreiro *m.* ①말우리. 가축수용소. ②망아지 장수.
potro *m.* ①망아지(보통 네살 이하를 가리킴). ②목마(木馬) 비슷한 옛 고문도구(拷問道具).
estar no potro 심한 괴로움을 당하다. 봉변 당하다.
potroso *a.* 탈장(脫腸)으로 고생하는.
poucachinho *a.*, *m.* =*pouchochinho*.
poucamente *adv.* 조금씩. 약간씩. 서서히.
pouca-vergonha *f.* 파렴치(한 행위). 품행 불량. 추악. 방탕.
pouco *a.* 작은. 적은. 소수의. 소량의. 약간의.

poucas vezes 드물게. 간혹.
— *m.* 조금. 작은 수. 근소(僅少). 소량.
um pouco 조금. 약간. 잠깐.
pouco a pouco 조금씩. 약간씩. 점점.
muitos poucos fazem muito 《諺》 티끌 모아 태산.
Mais vale pouco do que nada. 없는 것보다는(약간이라도) 있는 것이 낫다.
— *adv.* 조금. 조금은. 약간.
há pouco 조금 전. 아까.
por um pouco 잠깐 동안. 얼마 안 되어. 곧.
dentro em pouco 곧. 불원.
daqui a pouco 지금부터 조금 후에. 잠깐 후에.
pouco mais ou menos 대체로 그만치.
pouchochinho, poucochito *a.* 아주 적은. 극소량의.
— *adv.* 아주 작게. 몹시 적게.
— *m.* 아주 작음. 극소량. 근소(僅少).
poupa (1) *f.* [鳥] 오디새. 푸른도요.
— (2) *f.* (닭 따위의) 볏. 도가머리. 관모(冠毛). (새털·실 따위의) 술. 송이. 《F》 다리(髢).
— (3) *f.* =*poupança*.
poupado *a.* 절약한. 절약하는. 검약(儉約)하는. 아끼는. 인색한.
poupador *a.* 절약하는. 검약하는. 아끼는.
— *m.* 아끼는 사람. 절약자. 검약가(儉約家).
poupadura *f.* 아껴쓰기. 절약하기. 검약하기. 경제하기.
poupança *f.* ①절약. 검약. 경제. 저금. 저축. ②인색.

poupar *v.t.* ①아껴쓰다. 절약하다. 검약하다. ②헛되이 하지 않다. 귀중히 쓰다. 남용하지 않다. ③조심하다. 삼가다. ④(조금씩) 저축하다.
poupar os amigos 친구들에게 폐가 안 되게 행동하다.
Êle não poupa ninguém. 그 사람은 안 하무인격으로 행동한다.
— *v.i.* 절약하다. 절약하여 살림하다. 저금하다.
—**se** *v.pr.* 수고를 아끼다. 늦잠죄다. 손해보지 않도록 하다.

poupilos *m.* [植] 지부지기속(屬). 피막이풀속의 잡초.

poupudo *a.* (닭 따위의) 볏이 있는. 관모(冠毛)가 있는.

pouquidade, pouquidão *f.* 적은 양. 소량. 소수. 근소(僅少). 사소(些少). 미력(微力).

pouquinho *m.* ①아주 적은 양. 근소량(僅少量). ②사소한 것.

pouquíssimo *a.* (*pouco*의 최상급). 아주 적은. 가장 작은. 극소량의.

pousada *f.* ①숙소. 숙박소. 여관. 여인숙. 쉬는 곳. ②거소(居所). 주소(住所). 주택. 주막. ③물건 두는 곳.

pousadeira *f.* ①볼기. 한쪽 엉덩이. ②총의 개머리. 포미(砲尾).

pousadouro *m.* 휴식소. 체재하는 곳. 체류소. 숙박소.

pousar *v.t.* ①놓다. ②쉬게 하다. 멈추게 하다. 체재(체류)시키다. 유숙하게 하다. ③거주케 하다. 살도록 하다. 정착시키다.
— *v.i.*, —**se** *v.pr.* ①쉬다. 멈추다. (새가) 나무에 앉다. ②(하숙·여인숙 따위에) 들다. 유숙하다. 숙박하다. ③(비행기가) 내리다. 착륙하다. ④정착하다.

pousio *m.* 놀고 있는 땅. 묵힌 땅. 휴경지(休耕地).
— *a.* (땅을) 묵힌. 묵히고 있는. 놀리는. 휴경의. 미개간(未開墾)의.

pouso *m.* ①휴식처. 숙박소. 유숙소(留宿所). (배의) 정박처(碇泊處). ②주소. 거처. ③항상 있는 곳. 물건을 두는 곳. ④(비행기의) 착륙(着陸).

povaréu *m.* ①천민(賤民). 하층민. ②많은 사람. 군중.

poviléu *m.* = *povoléu*.

povo *m.* (한 나라 또는 한 지방 전체의) 인민. 국민. 민족. ②서민(庶民). 백성. 민중. 군중. ③주민. ④인구. ⑤부락. 촌락. ⑥다수. 다량.
povo brasileiro 브라질 국민.

povoação *f.* ①(일정한 지대에 있는) 전체 주민. 거주자. ②식민(殖民)하기. 정착시키기. 정주하기. ③부락. 촌락. 촌(村). 마을.

povoado *a.* ①사람이 사는. 주민이 있는. ②식민한. 입주(入住)한.
— *m.* 마을. 촌락. 부락. 입주지(入住地).

povoador *a.*, *m.* 식민하는 (사람). 개척하는 (사람). 정착하는 (사람). 정착시키는 (사람). 입주하는.

povoamento *m.* ①식민하기. (사람을) 입주시키기. 거주시키기. ②개척하고 입주하기. 정착(定着). ③사람 수. 인구.

povoança *f.* 《古》 = *povoação*.

povoar *v.t.* ①(개척지 따위에) 입주시키다. 거주케 하다. 식민하다. 이주(移住)시키다. (동·식물을) 이식(移植)하다. 번식시키다. ②가득 차게 하다. 채우다.
—**se** *v.pr.* ①입주하다. 정착하다. ②가득 차다.

povoléu *m.* (일반적으로) 인민. 하층민. 민중.

pozzuolana, pazzolana *f.* 《It》 화산회(火山灰)(수경(水硬)) 시멘트의 원료).

praça *f.* ①(네모진) 광장. (시가의) 일구획. 일곽(一廓). ②《古》 역마차가 주차해 있는 곳. 자리. 장소. ③시장(市場). 거래소. 판로. ④병역(兵役). 병적에 들어가기. ⑤병사(兵士).
praça do comércio 상업지(商業地).
praça forte 요새(要塞).
carro de praça 역마차. 택시.
praça de guerra 요새화(要塞化)한 곳. 요새지대.
assentar praça 병적(兵籍)에 들다. 입적하다.
pôr em praça 시정(市井)에 내놓다. 공개 처분하다. 공매(公賣)하다.
vender em praça 경매(競賣)하다. 공매하다.
fazer praça de 공개(公開)하다. 발표하다. 주의를 환기시키다.

pracear *v.t.* 경매(競賣)하다. 공매(公賣)하다.

pradaria *f.* ①큰 목장. 많은 목장. 초원(草

原). ②《詩》나무 없는 광막한 초원.
prado *m*. ①넓은 풀밭. 초원. (특히) 강변의 비옥한 낮은 땅. ②숲 사이의 빈터. 잔디밭. ③《稀》경마장.
pradoso *a*. 목장이 있는. 목장이 많은. 목장 비슷한.
praga *f*. ①재화(災禍). 재해. 재난(災難). 천재(天災). 화근. ②저주(詛呪). ③역병(疫病). 전염병. 해충(害蟲). 해초(害草). ④해로운 물건. 말썽거리.
praga dos gafanhotos 메뚜기(蝗蟲)의 재난.
Êle é uma praga. (저놈은) 귀찮은 녀석이다.
pragal *m*. 불모(不毛)의 땅. 해초가 우거진 땅.
pragana *f*. [植] (낟알의) 가시랭이. 꺼끄러기. 곡침(穀針).
praganoso *a*. [植] 가시랭이 달린. 꺼끄러기 있는.
pragmática *f*. ①(원인・결과를 주로 하는) 철학적 역사연구법. ②예법. 예식(禮式). ③종교에 관한 법규(法規). 궁전・절간 등에 있어서의 의식(儀式)에 관한 규정.
pragmaticamente *adv*. 의식대로. 규칙에 따라. 전제적으로. 실천적으로.
pragmático *a*. ①국무(國務)의. ②역사를 교훈적으로 취급하는. ③독단적. 전제적. 독선적. ④[哲] 실용주의. 지행일치주의(知行一致主義)의. ⑤의식(儀式)의. 의식에 의한. 규칙대로의.
pragmatismo *m*. ①[哲] 실용주의(實用主義). 실행주의. 실제주의. (사학(史學)의) 철학적 연구법. ②현학(衒學). ③사물을 물질적으로 취급하기.
praguedo *m*. ①많은 해초(害草). 많은 잡초(雜草). ②저주. 파문.
praguejado *a*. ①해초(잡초)가 많은. 해초에 덮인. ②저주받은. 파문당한. 천벌받은. 고약한.
praguejador *a*., *m*. 저주하는 (자). 악담하는 (자). 욕설 퍼붓는 (자).
praguejamento *m*. 욕. 욕설. 악담. 매도(罵倒). 저주(詛呪). 주문(呪文). 모독적 언사.
praguejar *v.t*., *v.i*. ①욕설 퍼붓다. 악담하다. 매도하다. ②저주하다. ③[宗] 추방하다. 파문하다. ④(토지가) 잡초에 덮이다. (밭에) 풀이 무성하게 자라다.

praguento *a*. 욕설하는. 악담하는. 저주하는.
práia *f*. 해변. 해안(海岸). 해안지방.
ir à práia 해안으로 가다. 해안에 내려가다.
ir para a práia 해안(해변)에 가다. 해변에 향하여 가다.
praiano, praieiro *m*. 해안지대의 주민(住民).
prancha *f*. ①큰 널빤지. 두꺼운 판자. 판재(板材). ②(배에서 언덕(岸壁)으로 또는 한 배에서 다른 배에 건너 보내는) 교판(橋板). ③바닥이 평평한 배(짐배). 곤돌라(유람선). ④일종의 무개화차(無蓋貨車).
prancha de desembarque 건너는 널판 (배와 부두 또는 큰 거룻배를 연락하는).
pranchada *f*. ①칼의 넓적한 면으로 치기. ②포이(砲耳)를 덮는 연판(鉛板).
pranchão *m*. (*prancha*의 지대어). 대형 판재. 큰 교판. 바닥이 평평한 큰 거룻배.
pranchar *v.t*. 칼의 넓적한 면으로 치다.
pranchear *v.i*. 앞으로 곤두 넘어가다. 길이로 넘어가다.
prancheta *f*. 작은 판자(小板). 평판. 평판측기(平板測器). 묘도기(描圖機). (측량용) 제도판. 제도상. 삼각대(二脚臺).
pranteadeira *f*. 《古》(장사지낼 때 채용되어) 우는 여자. 애도하는 여자. 슬퍼하는 여자.
pranteador *a*., *m*. 눈물 흘리는 (사람). 슬퍼하는 (사람). 애도하는 (사람). 우는 버릇있는 (사람). 울보.
pranteadura *f*. 눈물 흘림. 애도함. 슬퍼함. 통곡.
prantear *v.i*., *v.t*. (울며) 슬퍼하다. 한탄하다. 애도의 뜻을 표하다. 몽상하다.
— *se v.pr*. 슬피 울다. 울며 한탄하다. 통곡하다. 비탄하다. 애도하다.
prantina *f*. 《俗》오래 울기. 오래 계속되는 슬픔.
prantivo *a*. 눈물 나오는. 비애(悲哀)의.
pranto *m*. ①눈물. 눈물 흘리기. 울기. ②슬픔. 비애. 통곡.
desfazer-se em pranto 눈물이 쏟아져 나오다. 울음이 터지다.
prásina *f*. [鑛] 취옥(翠玉)의 일종.
prasino *a*. 부추색의. 푸르무레한 초록색의. 에메랄드 빛깔의.
— *m*. [鑛] 에메랄드. 취옥(翠玉).

prásio *m.* [鑛] 녹석영(綠石英).

prata *f.* ①은(銀). ②은화(銀貨). ③은제품. 은그릇. ④[植] 바나나의 일종.
voz de prata 은방울을 굴리는 듯한 목소리. 명랑한 목소리. 상쾌한 목소리.
prata alemã 양은(洋銀).
remediar-se com a prata da casa 타인의 원조없이 어려운 문제를 해결하다(애로를 극복하다).
A palavra é de prata. o silêncio, é de ouro. 《諺》 말은 은이고 침묵은 금이다.

pratada, pratalhada, pratalhaz *f.* 접시로 하나 가득. 한 접시의 분량.

prataria (1) *f.* 은접시. 은그릇. 각종 은제품.
— (2) *f.* 각종 접시. 많은 접시.

pratarraz *m.* 큰 접시. 큰 식기.

prateação *f.* 은을 입히기. 은도금(銀鍍金).

prateada *f.* [植] 은초(銀草: 잎사귀가 은빛을 띤 데서 이름이 유래함).

prateado *a.* ①은을 입히기. 은을 바른. 은도금한. ②은같은. ③은빛을 띤.

prateador *m.* 은을 입히는 사람. 은도금 직공.

prateadura *f.* 은을 입히기. 은칠하기. 은도금(술).

pratear *v.t.* 은을 입히다. 은도금하다. ②은을 칠하다. ③은빛나게 하다. ④(머리털 따위) 백발로 만들다.
— *v.i.* 은백색으로 되다. 은빛으로 반짝이다. (머리칼 따위가) 은빛으로 변하다.

prateira *f.* 은그릇 넣는 찬장.

prateiro *m.* 은세공(銀細工)장이. 은방.

pratel *m.* 작은 접시.

prateleira *f.* (그릇을 두는) 시렁. 선반. 접시류를 올려 놓는 곳. 문이 붙은 선반.

pratense *a.* 초원성(草原性)의. 목초원의. 풀밭이 많은.

prática *f.* ①실행. 실시. 실습. 실천. ②실용. 활용. 실지응용. ③연습. 익힘. ④실험. 경험. ⑤수완. 숙련. 익숙. ⑥(개인의) 습관. (사회의) 관례(慣例). 관습. ⑦[宗] 예배식. 의식(儀式). 미사 때 하는 설교.
pôr em prática 실행하다. 실천에 옮기다.

praticabilidade *f.* 실행 가능성. 실시할 수 있음.

praticador *m.* 실행자. 실시자. 실습자. 실지 응용자.

praticagem *f.* =*pilotagem*.

praticamente *adv.* 실지로. 실질상. 실용으로. 실험상.

praticante *a.* ①실행하는. 실시하는. 실천하는. 실습하는. 연습하는.
— *m., f.* ①실습자. 연습생. 견습인(見習人). ②숙련가. 노련가.

praticar *v.t.* ①늘 행(行)하다. 실행하다. 실천하다. ②연습하다. 버릇 들이다. 훈련하다. ③실지(實地)에 종사하다. (의사·변호사 등을) 업(業)으로 하다. ④말하다.
— *v.i.* ①연습하다. 익히다. ②행하다. 행동하다. ③(의사·변호사 따위를) 개업하다. ④왕래하다. 교제하다.

praticável *a.* ①실행(실천)할 수 있는. 실습(실험)할 만한. ②지나갈 수 있는. 통행 가능한. ③실제적인.

prático (1) *a.* 실지의. 실제(적)의. 실행의. 실천의. ②실지 경험이 있는. 경험이 풍부한. ③실용적(實用的)인. 응용의. ④공리적(功利的). 실행적인. ⑤익숙한. 숙련한. 노련한.
— (2) *m.* ①수로안내인(水路案內人). ②경험이 풍부한 사람.

praticultor *m.* 목초재배학자.

praticultura *f.* 목초재배학(牧草栽培學).

pratilheiro *m.* ①(악기의 일종) 심벌 연주자. ②접시를 두드려 (음악적인) 소리를 내는 사람.

pratilho *m.* =*pratinho*.

pratinho *m.* ①(*prato*의 지소어) 작은 접시. ②웃음거리 대상. 조소거리. ③장난감.

prato *m.* ①접시. 깊은 접시. ②한 접시의 음식물. ③식사의 접시 수. …명분(名分)의 식사.
prato fundo (바다이) 깊은 접시(주로 국 따위를 담는).
prato raso (바다이) 옅은 접시(주로 반찬 따위를 담는).
prato de sobremesa 디저트용 접시.
prato de balança 저울(天秤)의 접시.
um jantar de 4 pratos 4 코스 요리 (만찬).
pôr tudo em pratos limpos 문제를 명백히 하다. 흑백을 가리다.

pravidade *f.* ①나쁜짓. 못된 행실. 악업(學業). 사악(邪惡). ②부정. 부패. 퇴폐(頹廢).

pravo *a.* ①심술궂은. 괴팍한. 고집 센. 성

미 비꼬인. 성마른. 장난 잘 치는. ②사악한. 나쁜. 부정의.

praxe *f.* ①습관. 관례(慣例). 연습. 행사. ②절차. 소송절차. 의사(議事) 수속. ③예식(禮式). ④[文] 연습문제. 응용문제.

praxista *a., m.* 관례(습관)를 고수하는 (사람). 의식 또는 예절에 꼼꼼한 사람. 예식을 잘 아는 (사람). 소송절차에 정통한 사람.

prazente *a.* 《古》 기분 좋은. 상쾌한. 즐거운. 기쁜. 재미있는.

prazentear *v.t.* 잘 보이려고 하다. 아첨하다. 알랑거리다.
— *v.i.* 우습게 굴다. 웃기다. 농담하다. 희롱하다. 재미있게 하다. 즐겁게 하다(굴다).

prazenteio *m.* ①웃기기. 재미있게 하기. ②아첨하기.

prazenteiramente *adv.* 우습게. 재미있게. 즐겁게. 유쾌하게.

prazenteiro *a.* ①우스운. 재미있는. 즐거운. 반가운. 기쁜. 유쾌한. ②만족한. 만족하게 하는.

prazer *m.* ①유쾌. 즐거움. 만족. ②쾌락. 방종. 위안. 오락. ③환락. 환희. 기쁨. 열락(悅樂). ④은혜. 친절.
com prazer 기쁘게. 기꺼이.
o seu prazer 임의(任意)대로. 마음대로.
Dê-me o prazer de jantar comigo. 저와 함께 만찬을 하실 수 없겠습니까. (만찬을 함께 나눈다면 기쁜 일이올시다).
— *v.i.* 기쁘게 하다. 즐겁게 굴다. 기쁘게(즐겁게) 해 주다. 만족시키다.

prazerosamente *adv.* 기쁘게. 즐겁게. 유쾌하게.

prazeroso *a.* 기쁜. 즐거운. 유쾌. 재미있는. 만족한.

prazimento *m.* ①기쁘게 하기. 즐겁게 하기. 만족시키기. ②찬동. 찬성.

prazo *m.* 기일(期日). 시기. 기간. 기한(期限).
prazo-dado 지정시간. 지정기한. (만날) 약속시간.
a prazo longo (curto) 장기(長期)(단기)로.
prestação de longo prazo 장기 월부.

pré (1) '앞…, 먼저…, 전(前)…'의 뜻을 나타내는 접두사.
— (2) *f.* 병사(兵士)에게 지급되는 일급품(日給品).

preá *f.* [動] 쥐의 일종. (남아메리카산) 기니아피그.

prêa *f.* 포획물(捕獲物). 획득물(獲得物).

preadamita *a., m.* 아담 이전의 (사람).

preadvinhar *v.t.* 미리 알다. 예지(豫知)하다.

preagónico *a.* 임종(臨終)의 고통 전의.

prealegar *v.t.* 미리 주장하다.

preamar *m.* 만조(滿潮). 만조시(時).

preambular *a.* 머리말의. 서문(序文)의. 서언(緖言)의.
— *v.t., v.i.* 머리말을 하다. 서문을 쓰다. 전제(前提)하다.

preâmbulo *m.* 머리말. 서문. 서언. 성문법(成文法)의 전문(前文). (조약 따위의) 전문. 전제(前提).

prear *v.t.* ①강제로 붙들다. 포획(捕獲)하다. ②잡다. 쥐다.
— *v.i.* ①획득하다. ②잡아먹다. ③밥으로 하다.

prebenda *f.* ①성직자록(聖職者祿). 목사의 봉급(수입). 녹을 받는 성직자(의 직). ②노력이 적게 들고 유리한 사업(직업).

prebendado *a., m.* 성직자록을 받는 (자).

prebendar *v.t.* 성직자록을 주다. 목사에게 봉급을 주다.

prebendária *f.* [宗] 성직자의 수입사무(收入事務)를 취급하는 곳.

prebendeiro *m.* 성직자(주교)의 수입을 주관(主管)하는 자.

prebostado *m.* *preboste*의 직(지위).

preboste *m.* ①《古》 군사재판관(軍事裁判官). ②《英》 (대학의) 학료장(學寮長). 《美俗》 부학장(副學長). ③(어떤 중학교의) 교장.

precação *f.* 간청. 애원. 탄원. [宗] (공개적인) 기도. 기원.

precâmbrico *a.* [地質] 전(前) 캠브리어기(紀)의. 전 캠브리어층(層)의.

precantar *v.t., v.i.* 작시(作詩)로 예언하다. 시를 읊어 예언하다.

precariamente *adv.* 불안하게. 믿을 수 없게. 곤란하게. 궁박하여.

precariedade *f.* ①남의 마음 따름. 남을 믿고 하기. ②불안. 불안전. 불확실.

precário *a.* ①남을 나름으로. 남을 믿고 하는. ②믿을 수 없는. 불확실한. 불안한. 불안전한. ③모험적인. ④곤란한. 궁박한.

허약한. ⑤[法] 남의 뜻대로 하는(되는).
preçário *m.* (약품 따위의) 가격표.
precatadamente *adv.* 조심성 있게. 주의 깊게. 신중히.
precatado *a.* 조심성 있는. 주의 깊은. 신중한. 방심 않는. 세심한.
precatar *v.t.* 조심케 하다. 주의시키다. 경고하다. 경계(警戒)시키다. 예방하다.
— **se** *v.pr.* 조심하다. 주의하다. 자중(自重)하다. 스스로 예방하다.
precatória *f.* 재판사무의 촉탁서(囑託書) (한 재판소에서 다른 재판소에 보내는).
precatório *a.* 기원(祈願)하는. 탄원하는. [法] 간원적(懇願的).
carta precatória=precatória.
— *m.* [法] 재판사무의 촉탁서. 사법수속촉탁서(囑託書). 유탁(遺託).
precaução *f.* 경계. 조심. 예방. 예방수단.
tomar precauçao …을 경계(조심)하다.
precaucionar-se *v.pr.* 경계하다. 조심하다. 예방하다.
precautelar *v.t.* =*precaver*.
precaver *v.t.* 경계하다. (미리) 막다. 예방하다. (사전에).
— **se** *v.pr.* 조심하다. 스스로 경계하다.
precavido *a.* ①조심한. 경계한. 예방한. ②조심성 있는. 주의 깊은. 신중한. 세심한.
prece *f.* 기도(祈禱). 기도문. 기원. 탄원. 청원(서).
precedência *f.* ①(시간·순서 따위에서) 앞서기. 선행(先行). 선재(先在). ②상석(上席). 상위(上位). ③우선권. 선취권(先取權). ④전례(前例). 시간.
ordem de precedência 석차(席次). 선순위(先順位).
precedente *a.* ①(시간·순서 따위에서) 앞선. 선행의. 선재의. 먼저의. 이전의. ②전술(前述)한. 상기의.
— *m.* 전례(前例). 종래의 관례(慣例).
não há precedente 전례 없음.
preceder *v.t., v.i.* (…에) 앞서다. (안내인이) 앞장서다. (보다) 먼저 일어나다. 앞서 오다. 선행(先行)하다. ②(…의) 상석(上席)에 앉다. 윗자리를 차지하다. ③능가하다. ④(…의) 첫머리에 두다. 앞에 놓다.
O sábado precede o domingo. 토요일은 일요일에 앞서 온다.
preceito *m.* ①교훈. 훈시. 훈계(訓戒). 수훈(垂訓). 계율(戒律). ②규칙. 교규(敎規). 교시(敎示). ③격언(格言). ④[法] 명령. 지령.
a preceito 아주 엄격하게. 계율대로.
preceituação *f.* 훈계로 하기. 계율로 하기.
preceituar *v.t., v.i.* 계율(戒律)로 하다(삼다). 규범으로 하다. 훈계하다. 교훈하다.
preceituário *m.* 교훈집(敎訓集). 훈계집.
precentor *m.* ①옛 그리스의 악장(樂長). ② (교회 찬양대의) 선창자. 선영자(先詠者).
preceptivamente *adv.* 교훈적으로. 훈계적으로. 계율로 하여. 규칙에 따라.
preceptivo *a.* 교훈의. 훈계의. 계율로 되는. 법의. 법칙의. 규범의.
precepto *m.* 《古》=*preceito*.
preceptor *m.* 교훈자. 교사. 스승. 교육담당자. 가정교사.
preceptora *f.* *preceptor*의 여성형.
precessão *f.* ①선행(先行). 전행(前行). 전위(前爲). ②[天] 세차(歲差).
precessão dos equinócios 태음양세차(太陰陽歲差).
precingir *v.t.* ①감다. (끈으로) 묶다. 매다. 동여매다. ②허리에 두르다. 허리로 졸라매다.
precinta *f.* ①띠. 혁대. 피대. ②(통·그릇 따위의) 테. [機] 대금(帶金). 대환(帶環).
precintar *v.t.* ①띠로 감다. 혁대를 띠다(두르다). 띠로 묶다. ②대금(帶金)으로 죄다.
precinto *m.* ①경내(境內). 구내. 외곽(外郭): 경계. 관구. ②주위. 부근.
preciosamente *adv.* 귀중하게. 중요하게.
preciosidade *f.* 귀중함. 《稀》귀중품.
preciosismo *m.* (말씨 따위에 있어서) 몹시 까다로움. 괴팍스러움. (성질이) 깐깐함. 지나친 세심(細心).
precioso *a.* 귀한. 귀중한. 값비싼. 고가(高價)의. 중요한.
pedra preciosa 귀금속(보석).
— *m.* 귀중품.
precipício *m.* ①벼랑. 절벽. 낭떠러지. 현애(懸崖). ②(땅·바위 등의) 큰 틈. 심연(深淵). ③위지(危地). 위기. 위험.
precipitação *f.* ①급격(急激). 매진(邁進). ②몹시 서두름. 화급. 당황. 지각 없음. 경솔. ③투하(投下). 낙하. 추락(墜落). 뛰어 들어가기. 위험에 빠짐. ④침적(沈積). [化] 침전(沈澱). 침하(沈下). [理]

강수(降水). **강우**(降雨). **강설**(降雪).

precipitadamente *adv.* 급히. 황급히. 몹시 서두르며. 덤비며. 경솔하게.

precipitado *a.* ①급한. 황급한. 화급한. 조급한. 성급한. 덤비는. ②생각 없는. 경솔한. 매진하는.
— *m.* ①급히 서두르는 사람. 덤비는 사람. 경솔한 사람. ②[化] 침전물(沈澱物).

precipitante *a.* ①거꾸로의. 매진하는. 조급히 구는. ②덤비는. 생각 없는. 경솔한. ③돌연의. 급한.
— *m.* 침전제(沈澱劑).

precipitar *v.t.* ①거꾸로 떨어뜨리다. 던져 떨어뜨리다. ②(깊은 곳에) 빠뜨리다. 갑자기 밀어 떨어뜨리다. 위험에 빠뜨리다. ③사정없이 재촉하다. 촉진시키다. 서두르게 하다. ④[理] (기체에서 액체로) 응결시키다. ⑤[化] 침전시키다.
— *v.i.*, — *se v.pr.* ①거꾸로 떨어지다. ②당황하다. 서두르다. 덤비다. ③성급한 행동을 하다. 경솔하게 처신하다. ④뛰어 들어가다. 돌입하다. 돌진하다. 매진하다. ⑤[化] 침전하다. ⑥(공기 중의 수증기가) 비·이슬이 되어 내리다.

precipite *a.* 방금 뛰어 들어가려고 하는. 방금 빠지려고 하는. 위험이 목전에 닥쳐온. 화급한.

precipitoso *a.* ①깎아 세운 듯한. 험준한. 절벽을 이룬. 험한 곳이 많은. ②경솔한. 소홀한. 무모(無謀)한. 성미 빠른. 앞뒤를 살피지 않는. 마구 덤비는.

precipuamente *adv.* ①주로. ②선취권에 의하여.

precípuo *a.* 주로 되는. 주요한. 제일의. 선두의. 주부(主部)의. 주체의. 본체(本體)의. 근본의. 선취(先取)의.
— *m.* [法] 상속재산의 선취권(先取權).

precisado *a.* 필요한. 필수의. 없어서는 안 되는. 필연의. 피할 수 없는. 결핍된. 요구되고 있는.

precisamente *adv.* ①꼭. 정확하게. 바로. ②반드시. 기필코. 명확하게.

precisão *f.* ①필수품의 결핍 또는 요구. 필요. 필수. 궁핍. ②정확. 적확. 적실(的實). 정밀. 정도(精度). 꼼꼼함. 틀림 없음. [修] 정확(正確). ③(대·소변의) 용변(用便).

instrumento de precisão 정밀기계.
fazer uma precisão 대변(소변) 보다.

precisar *v.t.* ①필요하다. …할 필요가 있다. ②요구하다. 소망하다. ③정확하게 하다. 명확하게 하다.
— *v.i.*, — *se v.pr.* ①(돈·필수품 따위가) 결핍되다. ②(…을) 하지 않으면 안 되다. ③(+*de*). (…의) 필요를 느끼다. (…이) 필요하다.

precisa-se de desenhista 제도사를 구합니다.
Precisam-se de trabalhadores, ambos os sexos. 남·녀 일꾼들을 구합니다.
Precisam-se de moças e rapazes. 남·녀 청년들을 필요하고 있습니다.

preciso *a.* ①필요한. 필수의. 요구되는. ②정확한. 정밀한. 꼭 들어맞는. 틀림없는. ③까다로운. 꼼꼼한.
ser preciso ①필요되다. 꼭 필요하다. ②반드시.
se fôr preciso 만약 필요하다면. 필요한 경우.

precitado *a.* 이미 말한. 전술(前述)한. 상기한.

precito *a.* ①[宗] 영겁(永劫)의 죄를 짊어진. 저주받은. ②괘씸한. 고약한. 시시껄렁한.
— *m.* ①신의 버림받은 사람. 저주받은 자. ②고약한 놈. 죽일놈. 극악무도한 놈.

preclaro *a.* 귀한. 고귀한. 존귀한. 숭고(崇高)한. 저명한. 현저한. 탁월한. 훌륭한. 유명한.

pré-clássico *a.* (특히 로마·그리스 문학의) 고전기(古典期) 이전의.

preço *m.* ①값. 가격. 대가. 시세. 시장가격. ②대금. 비용. 액수. ③요금. 임금. 삯. 보수. 현상. 대상(代償). ④공로. 공적(功績).

preço corrente 시가(時價). 시가표.
preço bruto 총액. 전체 가격.
preço de custo 원가. 생산비.
preço de fábrica 공장가격.
preço de mercado 시장가격.
preço de venda 판매가격.
preço fixo 정가(定價).
baixo preço 싼값. 염가.
preço mínimo 최저가격. 더 낮출 수 없는 가격.
alto preço 비싼 값. 고가(高價).
o preço exorbitante 엄청난 값이다.
abaixar (aumentar) o preço 값을 낮추

다(올리다).
discutir o preço 논가(論價)하다.
convir no preço 값에 합의를 보다.
Por que preço? 어떤 값으로?
por qualquer preço 어떤 값이든. 어떤 댓가를 치르든. 어떤 일이 있든.

precoce *a*. 조숙(早熟)한. 일찍된(식물 따위). 조생(早生)의. 일찍 꽃피는. 이른. (행동 따위)의 어른다운.
— *adv*. 조숙하게. 올되게. 시기에 앞서.

precocemente *adv*. 조숙하게. 올되게. 시기에 앞서.

precocidade *f*. ①조숙(早熟). 조생. 숙성(夙成). ②꽃이 일찍피기.

precogitar *v.i*. 미리 알다. 예견하다. 예측하다. 예상하다.

precognição *f*. 예지(豫知). 사전인지(事前認知).

precognito *a*. 미리 아는. 사전에 아는. 예지(豫知)의. 선견(先見)의.

pré-colombiano *a*. 컬럼버스의 발견 전의.

pré-colonial *a*. 식민지시대 이전의.

preconceber *v.t*. 미리 생각하다. (…라고) 생각하다. 상상하다. 예상하다. 예측하다. 추측하다. 억측하다.

preconcebido *a*. (…라고) 생각한. 상상한. 예상한. 예측한. 예견한. 추측한.

preconceito *m*. ①예상. 예측. 추측. 억측. 선입견(先入見). ②편견(偏見). 치우친 생각. ③미신.

preconceituado *a*. = *preconcebido*.

preconceituar *v.t*. = *preconceber*.

preconicio *m*. ①광고. 불기. ②상찬(賞讚).

preconização *f*. ①[가톨릭] 교황이 신임사교(新任司教)의 이름 및 임지(任地)를 재가공표(裁可公表)하기. ②칭찬. 상찬. 찬양.

preconizador *a*., *m*. 칭찬하는 (자). 찬양하는 (자).

preconizar *v.t*. ①선언하다. 성명하다. 공표하다. ②널리 추천하다. 지명소환(指名召喚)하다. ③[가톨릭] 교황이 신임사교의 이름 및 임지(任地)를 재가공표(裁可公表)하다.

precordial *a*. 심장 앞에 있는.

precorrer *v.i*. 앞질러 가다. 앞서 가다. 앞서 뛰다. 선구(先驅)하다.

pré-cristão *a*. 기독교 이전의.

precursar *v.i*. 앞서다. 선행하다. 앞서 오다. 먼저 오다. 먼저 일어나다.

precursor *a*. ①미리 알리는. 전지(前知)의. 먼저 오는. 선행하는. 선구의. 선봉의. ②전조(前兆)의.
— *m*. ①선행자. 선구자. 선봉. (숙사준비를 위한) 선발자. ②선각자. 선지자. ③전조. 조짐.

precursório *a*. 앞서 가는. 선행하는. 선구의. 선봉의.

predatório *a*. 약탈하는. 약탈을 일삼는.

predessor *m*. ①전임자(前任者). 선배. ②앞선 물건. 조상(祖上). 선조.

predefinação *f*. 미리 정하기. 선정(先定). 예정(豫定). 예결(豫決).

predefinir *v.t*. ①미리 정하다. 예정하다. ②…의 전도. (장래)를 결정하다.

predefunto *a*. 사선(事前)에 죽은. (아버지가) 아들이 태어나기 전에 죽은.

predestinação *f*. [宗] 숙명설(宿命說). 운명예정설. 전세의 약속. 정명(定命).

predestinado *a*. 예정된. 운명으로 정해진. 운명예정의.
— *m*. 예정선민(豫定選民). [宗] 구령(救靈)에 예정된 사람.

predestinar *v.t*. [宗] (신이 사람을) 예정하다. 미리 운명을 정하다.

predeterminação *f*. [宗] (신의) 예정. 숙명. 정명(定命).

predeterminante *a*. [宗] (신이) 인간의 의지행위(意志行爲)를 예정하다.

predeterminar *v.t*. [宗] (신이) 예정하다. 운명을 정하다.

predial *a*. [法] 토지(논밭)에 속하는. 토지의. 토지에서 생기는. 부동산의. 부동산에 관한.

prédica *f*. 설교(說教). 설교법. 설법(說法). 설유(說諭).

predicação *f*. [論] 단정. 입언(立言). 빈사(賓辭). [文] 서술문. 서술어. 서술부.

predicado *m*. ①특성. 특질. ②속성(屬性). ③[文] 빈사(賓辭). 속사(屬辭). 서술부(敍述部). 서술어.

predicador *m*. = *predicante*.

predical *a*. 설교에 관한. 설법에 관한.

predicamento *m*. ①등급. 계급. 부류. 종류. 단정된 것. [論] (아리스토텔레스의) 범주; 빈위어. ②상태. 경우. 곤경. 궁지(窮地).

predicante *a*. 설교하는(教團 따위).

— *m*. ①설교하는 승(僧)(특히 도미니카 회의). ②(신교의) 선교사. 전도사.
predição *f*. 예보. 예언. [聖] 예언서.
predicativo *a*. 단정적. [文] 서술적. 빈사 (賓辭)의. 속사의.
predicável *a*. ①설교할 수 있는. ②단정할 수 있는. 속성으로 돌릴 수 있는.
predileção *f*. ①좋아함. 편애(偏愛). 편역. ②몹시 좋아하는 물건. 대단한 취미. 큰 기호(嗜好).
predileto *a*. 특히 사랑하는. 총애(寵愛)하는. 아주 좋아하는. 몹시 즐기는. 마음에 드는.
— *m*. 특히 사랑하는 것. 아주 좋아하는 것. 마음에 꼭 드는 것.
prédio *m*. ①집. 건물. 빌딩. 건축(물). ②부동산.
prédio rustico (농촌 부동산) 농장. 논밭.
prédio urbano (도시 부동산) 가옥. 건물.
predisponência *f*. ①소인(素因)을 만듦. 기울어지게 함. ②사전준비. 전부터 있는 경향.
predisponte *a*. …의 소인을 만드는. 미리 준비하는. 전부터(의) 경향이 있는. 미리부터 마음을 기울이는.
predispor *v.t*. ①…의 소인(素因)을 만들다. 기울어지게 하다. ②[醫] 걸리기 쉽게 하다. ③사전 준비시키다.
predisposição *f*. 경향. 바탕. 성벽(性癖). ②소인(素因). [醫] 소질. ③사전 준비. 미리부터의 준비.
predisposto *a*. ①(전부터 …의) 경향이 있는. ②소인이 있는. ③사전 준비 있는.
predito *a*. 예언(豫言)한. 예고한. 예보한.
predizer *v.i*., *v.t*. 예언하다. 예고하다. 예보하다. 예시(豫示)하다.
predominação *f*. ①탁월. 뛰어남. 우세. 우월. 제패(制覇). ②주권 장악. 권력 장악.
predominador *a*., *m*. 주권자. 패자(覇者). 우세한 자. 탁월한 자. 유력한 자. 제패하는 자.
predominância *f*. ①탁월. 뛰어남. 우월. 우월적 세력. 걸출. 발군(拔群). ②주권이 있음. 권력 장악. 패권을 가짐.
predominante *a*. ①탁월한. 뛰어난. 우월한. ②주권을 가진. 권력을 쥔. 패권을 장악한. 세력 있는. ③으뜸가는. 중요한. 유력한. ④[文] 악센트(强音) 있는.

predominar *v.t*. ①우위(優位)를 차지하다. 우세해지다. 패권을 가지다. (보다) 우월해지다. (…을) 초월하다. 뛰어나다. 걸출하다. ②주요한 것이 되다. 대부분을 차지하다. 극복하다. ③지배권을 갖다. 주권(권력)을 장악하다.
predomínio *m*. ①우월. 우위. 우세. ②패권. 지배권. 주권. 권력. ③권세. 위력. ④능가. 초과. 초월.
pré-eleger *v.t*. 사전 선출(選出)하다. 예선하다.
pré-eleição *f*. 예선(豫選).
pré-eleitoral *a*. 예선의.
preeminência *f*. ①걸출(傑出). 탁월. 뛰어남. 발군(拔群). ②우세. 우등.
preeminente *a*. 걸출한. 뛰어난. 탁월한. 현저한. 우수한. 우세한 부 등의.
preempção *f*. [國際法·商] 선매(先買).
preencher *v.t*. ①(빈 곳을) 채우다. 가득하게 하다. 가득차게 하다. 충만하다. 보충하다. ②양식(樣式) 등의 공란(空欄)을 채우다. 써 넣다. ③(의무·책임 따위를) 수행하다. 끝마치다. 이행하다. 실행하다.
preencher um lugar ①자리를 차지하다. ②공란(空欄)을 메우다. ③(맡겨진) 직책을 이행하다.
preenchimento *m*. ①채우기. 가득하게 하기. 충만. ②공간을 메우기. 공란에 써 넣기. 공란을 채우기. ③(의무·직책 따위의) 수행. 완수. 이행(履行). 실행.
preensão *f*. ①[動] 잡기. 포착. 파악. ②이해. 깨달아 앎.
preestabelecer *v.t*. 미리 설정(設定)하다. 미리 제정(制定)하다. 예정하다.
preestabelecido *a*. 미리 설정한. 미리 제정한. 예정한.
preexcelencia *f*. ①우월. 탁월. 극상. ②수. 최우수(最優秀). 최우등.
preexcelente *a*. ①탁월한. 우수한. 월등한. ②최우등의. 최우수의.
preexcelso *a*. 가장 높은. 가장 뛰어난. 숭고(崇高)한.
preexistência *f*. (영혼) 선재(先在). 전존(前存).
preexistente *a*. 선재하는. 전존의. 전유(前有)의.
preexistir *v.i*. 선재(先在)하다. 전존하다.
prefação *f*. ①미리 말하기. 앞에 놓기. 전치(前置). ②서문. 서언. 머리말.

prefaciador *m.* 서문(머리말) 쓰는 사람.

prefaciar *v.t.* 앞에 두다. 전치(前置)하다. 전서(前書)하다. 시작하다. (…의) 단서가 되다. (…을) 비롯하다. (책에) 머리말을 쓰다.
— *v.i.* 서문을 쓰다. 미리 일러두다.

prefácio *m.* 서문. 서언. 머리말; [宗] (미사의) 서송(序誦). 서식(序式).

prefeita *f. prefeito*의 여성형.

prefeito *m.* ①[로마史] 장관. 사령관. 제독. ②시장(市長). (프랑스의) 지사(知事). ③학생감(學生監). ④수도원장.
prefeito municipal 시장. 군수(郡守).
prefeito da polícia 경찰총장.

prefeitura *f.* ①(로마 시대의) 행정구. 현(縣). 군(郡). 주(州). ②시청(市廳). 군청(郡廳). (시ㆍ군의)행정부. ③시장의 직 또는 임기.
prefeitura municipal 시청. 군청. (시ㆍ군의) 행정부.

preferência *f.* ①더 좋아함. 선택. 채택. 애호. 편애(偏愛). ②더 좋아하는 물건. 선택물. ③우선. 선취(先取). 선취권. [法] 우선(권). ④(국제무역의) 특혜(特惠). 특전. 차등(差等).

preferencial *a.* ①우선적. 선취권(先取權)이 있는. ②선택적. 차별제(差別制)의. ③(관세법 따위의) 특혜(特惠)의.

preferencialmente *adv.* 우선적으로. 선취권으로. 특혜적으로.

preferente *a.* (마음에 내키는 것을) 골라잡는. 선택하는.
— *m.* 선택자(選擇者).

preferido *a.* (마음에 드는 것을) 골라잡은. 선택한. 우선적. 선취권 있는. ②승진(昇進)한. 발탁(拔擢)된.

preferir *v.t., v.i.* ①오히려 …을 좋아하다. 차라리 …을 취하다. …의 쪽을 택하다. …의 편을 더 요망하다. ②등용하다. 발탁(拔擢)하다.
Prefiro o chá do que o café. (나는) 커피보다 차를 더 좋아한다.
Prefere tomar vinho ou cerveja? 포도주를 드시렵니까? 또는 맥주를 드시렵니까?
Prefiro não beber nada. 아무것도 안 마시기로 했습니다. (아무것도 마시지 않기로 했습니다).
Preferimos morar na cidade do que na aldeia. 농촌에 살기보다는 도시에 사는 것을 더 요망합니다.

preferível *a.* 더 나은. 오히려 나은. 취(取)하고 싶은. 차라리 …을 택할 만한.

prefica *f.* (옛 로마시대에 있은) 장례식 때 고용되어 우는 여자.

prefiguração *f.* ①예표(豫表). 미리 보이기. 사전에 표시하기. ②예상(豫想).

prefigurar *v.t.* ①미리 보이다. 예시하다. 예표(豫表)하다. ②예상하다. 미리 마음에 그리다.

prefinir *v.t.* 미리 정하다. 예정하다. 사전에 기한(期限)을 정하다.

prefixação *f.* 접두사를 붙이기. 서문.

prefixamente *adv.* 예정하여.

prefixar *v.t.* 앞에 두다. 앞에 놓다. ②서문ㆍ표제 따위를 붙이다. ③접두사를 붙이다. ④예정하다. 미리 정하다. 미리 협의하다.

prefixativo *a.* [文] 접두사에 관한. 접두사로 쓰는.

prefixo *a.* ①앞에 놓은. 앞에 둔. 접두의. ②예정의.
— *m.* ①[文] 접두사(接頭辭). ②성명 앞에 붙이는 존칭(*Sr.* 따위).
prefixo musical (라디오ㆍ영화 등에서) 방송국. 제작회사의 표시가 되는 주제음악.

prefloração *f.* ①[植] 생화상태(生花狀態). ②[動] 하면(夏眠). 기능 지둔.

preflorescência *f.* ①개화(開花). ②[化] 풍화. 풍해(風解). 풍화물. [醫] 발진.

prefoliação *f.* [植] 아형(芽型: 씨 속의 잎의 배치). 어린잎의 배치.

prefulgência *f.* ①광휘. 빛. 찬란. ②다른 것보다 먼저 비추기.

prefulgente *a.* ①찬란히 비치는. 반짝이는. 혁혁히 빛나는. ②다른 것보다 앞서 비추는.

prefulgir *v.i.* ①찬란히 비추다. 반짝이다. 혁혁히 빛나다. ②다른 것보다 먼저 비추다.

prega *f.* ①(옷을 접어 넣는) 단. (옷의) 호아올린 것. 접은 주름. ②구김살. 주름살.

pregação (1) *f.* ①설교(하기). 설법(說法). 설유(說諭). ②지루한 이야기. 장광설. ③《俗》잔소리. 꾸지람. 견책(譴責). 질책(叱責).
— (2) *f.* 못을 박기. 못 박는 동작. 못질.

pregadeira *f.* 바늘 꽂개. 바늘겨레. 핀 꽂는 것.

pregado *a.* ①못을 박은. 못을 친. 못쳐 못 움직이게 한. ②(그림·벽광고·포스터 따위를) 발라 붙인. 딱 붙인. 고착(固着)한. ③몹시 피곤한. 녹초가 된.

pregador (1) *a.*, *m.* 못박는 (사람·망치). — (2) *m.* ①설교자. 선전자. 전도사. ②《俗》잔소리하는 사람.

pregadura *f.* ①박은 못. 점점이 박힌 못. 열 지은 못. ②징식(鋲飾).

pregagem *f.* **pregamento** *m.* 못을 박기. 징을 박기. 못을 박아 움직이지 못하게 하기.

pregão (1) *m.* ①소리 지르며 광고하기. 외치며 성명하기. 선언. 포고. 발포. ②(교회의) 결혼 예고.
pregões (*pl.*) 결혼 예고(교회에서 예식 전 일요일마다 세 번 예고하여 그 결혼의 여부를 묻는 것).
pregões de casamento (교회에 붙인) 결혼식 거행 예고.
ler os pregões 결혼에 이의가 없나 묻다.
— (2) *m.* (*prego*의 지대어(指大語)). 큰 못. 큰 징(大鋲).

pregar (1) *v.t.* ①못을 박다. 못을 꽂다. 징을 박아 못 움직이게 하다. 리벳으로 죄다. 꼼짝달싹 못하게 하디. ②(광고 포스터 따위를) 붙이다. (벽 따위에) 발라 붙이다. 고착시키다. ③단추를 달다.
— *v.i.* (+*com*). 넘어뜨리다. 빠뜨리다.
—*se v.pr.* 서다. 멎다. 정지하다. 고정되다.
pregar um prego 못을 박다.
pregar uma porta 문에 못을 치다. 못 열게 하다.
pregar um bofetão 귀뺨치다.
pregar uma mentira 속이다. 기만하다. 거짓말하다.
pregar uma peça 속이다.
Vamos pregar no chão êste poste. 이 기둥을 땅에 박아 세웁시다.
— (2) *v.t.*, *v.i.* ①설교하다. 설유(說諭)하다. 설득하다. ②외치다. 외치며 알리다. 높은 소리로 광고하다. ③잔소리하다. 꾸짖다.

pregaria *f.* ①많은 못. 점점히 박은 못. 줄지어 박은 못. ②징식(鋲飾). ③못(釘類) 공장.

pré-glacial, pré-glaciário *a.* [地質] 빙하기 전(水河期前)의.

prego *m.* ①못(釘). 징(鋲). ②(부인용 모자에 꽂는) 핀. 식침(飾針). ③《俗》전당포. 저당포. ④피로.
cabeça do prego ①못대가리. 정두(釘頭). ②뽀루지. 종기.
dar o prego ①못을 주다. ②《俗》녹초되게 하다.
estar num prego desgraçado 몹시 피로하다. 기진맥진하다.
pôr no prego 저당에 넣다(잡히다).
Deixou o relógio no prego. (그 사람은) 시계를 저당에 넣었다(잡혔다).
carta de prego ①《古》프랑스왕의 밀서(密書)(체포·투옥명령서). ②(지정한 시기에 뜯어보라는) 밀봉명령서.

pregoador *m.* ①설교하는 자. 선교사. 전도사. ②외치는 사람.

pregoar *v.t.* ①외치며 광고하다. 소리높이 선전하다. 포고하다. ②칭찬하다. 상찬하다. 붙다.
—*se v.pr.* 자기 자랑하다. 자가광고(自家廣告)하다.

pregoeiro *m.* ①외치는 사람. 소리높이 광고하는 자. (특히 상점 따위의 앞에서 손님을 끌기 위하여) 소리치며 선전하는 사람. ②도붓장수. ③경매인.

pregresso *a.* ①(특히 병 따위에 있어서) 먼저 일어난. ②지나간. 방금 경과한.

pregueadeira *f.* =*pregueador*.
— *m.* 머리 지지는 인두. 주름잡는 인두.

pregueado *a.* ①접은. 접어 겹친. 주름 잡은. (옷의) 단을 붙인. ②주름살진. 구겨진.

pregueadura *f.* 접기. 접어 겹치기. 주름잡기.

preguear *v.t.* ①접다. 접어 겹치다. (접어) 주름잡다. 주름살 만들다. ②구기다.

pregueiro *m.* 못(징) 만드는 사람. 못장수.

preguiça *f.* ①게으름. 나타(懶惰). 나태. 태만. 빈둥거리기. ②활기 없음. 나른함. 느림. 완만(緩慢). [動] 나무늘보.
preguiça do Brasil [動] 브라질 나무늘보.

preguiçar *v.i.* 게으름 피우다. 빈둥거리다. 하는 일 없이 지내다. 나태하다. 태만부리다.

preguiceira *f.* ①목적 없이 거닐기. 만보(漫

步). ②일종의 안락의자. 긴 의자. 소파.

preguiceiro *a.* ①게으른. 빈둥거리는. 하는 일 없이 노는. ②나른하게 하는. 졸리운.
— *m.* ①게으름뱅이. 빈둥빈둥 노는 사람. 건달. ②일종의 안락의자(낮잠 자는 데 쓰는 의자).

preguiçosamente *adv.* 게으르게. 나태하게. 빈둥빈둥. 느릿하게. 꾸무럭꾸무럭.

preguiçoso *a.* ①게으른. 나태한. 태만한. 빈둥빈둥하는. 하는 일 없이 노는. ②느린. 느릿한. 굼뜬. 나른한. 활기 없는. 완만한. 메케한.
— *m.* ①게으름뱅이. 하는 일 없이 지내는 사람. 나태한 인간. 건달. ②[動] 나무늘보.

preguista *m.*, *f.* 전당포 주인. 전당업자.

preguntar *v.t.* 〔葡·方〕= *perguntar*.

pregustar *v.i.* ①남보다 먼저 먹어보다(마셔보다). ②시식(試食)하다. 시음(試飲)하다.

pré-história *f.* 유사 이전(有史以前). 선사학(先史學).

pré-histórico *a.* ①유사 이전의. 선사의. ②《俗》아주 옛날의. 구식의.

preia *f.* = *presa*.

preia-mar *f.* = *preamar*.

pré-incasico *a.* 잉카시대 이전의.

preitear, preitejar *v.t.* ①존경하다. 충성을 드리다. (특히 봉건시대에 신하로서) 충성을 맹서하다. 의무를 다하다. 경의(敬意)를 표하다. ②《古》합의를 보다. 타협하다. 협약하다.

preito *m.* ①(봉건시대의) 신하의 예절. (신하로서의) 충성. 복종. ②경의(敬意). 존경. 숭배. ③합의(合意). 타협.

prejudicado *a.* 손해를 입은. 손해당한. 해를 본. 훼손된.

prejudicador *a.*, *m.* 해를 주는 (사람·물건). 손해 끼치는 (사람·사물). 훼손하는 (자).

prejudicar *v.t.* 해치다. …에 손해 주다. 상하게 하다. 손상시키다. 상처를 입히다. 훼손하다.

prejudical *a.* ①해로운. 유해한. 손해 주는. …에 나쁜. ②(명예) 훼손적. 비방적.

prejudicalmente *adv.* 해롭게. 손해를 끼치며.

prejuízo *m.* ①해. 손해. 손실. 상해(傷害). [法] (권리) 침해. (명예) 훼손. ②손해액. 손실액. ③편견(偏見). 치우친 생각. 선입견(先入見). ④미신(迷信).
com prejuízo de …에 침해가(훼손이) 되도록.
sem prejuízo de …해를 봄이 없이. 손해 없이. …을 방해하지 않고. …에 상관 없이. 편견 없이. [法] 기득권(既得權)을 침해하지 않고.

prejulgar *v.t.* 예상하다. 예측하다. 추측하여 판정을 내리다. 심리하지 않고 판결하다.

prelação *f.* 우선(優先). 선취권(先取權). 아버지의 직무(職務)에 대한 자식으로서의 우선권.

prelacia *f.* 고위성직자제도(高位聖職者制度). 고위 성직자의 직위.

prelada *f.* 수녀원장. 여자승원장(女子僧院長).

prelado *m.* ①고위성직자. 자색법의(紫色法衣)를 두른 고승(高僧). ②[史] 수도원장.

prelatício *a.* 고위성직자(제도)의.

prelatura *f.* 고위성직자 제도(직무).

prelazia *f.* 고위성직자의 직무(직권).

preleção, prelecção *f.* 강의(講義). 강화(講話). 강연.

prelecionar, preleccionar *v.t.*, *v.i.* (…을) 강의하다. (…을) 강연하다.

prelecionista, preleccionista *m.*, *f.* 강연자. 강사.

preletor, prelector *m.* ①(특히 대학의) 강사. 강연자. ②교수.

prelibação *f.* 남보다 먼저 맛보기. 시식(試食).

prelibar *v.t.* 남보다 먼저 맛보다. 시식하다.

preliminar *a.* ①예비적. 서문의. 임시의. ②미리 준비하는. 사전 준비의. ③기본적으로 되는. 기초가 되는. ④전제(前題)의.
— *m.* ①예비행위. 준비. ②예비조건. 예비시험. [法] 예심. ③서문(序文). 전제(前題).

preliminarmente *adv.* 사전에. 미리. 예비적으로.

prélio *m.* 《詩》전투. 투쟁.

prelo *m.* 인쇄기(印刷機).
estar no prelo 인쇄중이다.

preludiar *v.i.*, *v.t.* …의 서곡이 되다. 서

곡을 연주하다. 머리말을 하다. …의 전조(선도)가 되다. …의 전구(前驅)가 되다.
prelúdio *m.* [樂] 전주곡(前奏曲). 도입곡(導入曲). 서막(序幕). 서문. 본제에 들어가기 전의 설명. 전조(前兆). 전예(前藝). 예비공작(준비).
preluzente *a.* ①(다른 것보다) 먼저 빛나는. 앞서 비치는. ②크게(뚜렷이) 비치는. ③확연히 나타나는.
preluzir *v.i.* ①먼저 비치다. 앞서 번쩍이다. ②뚜렷이(확연히) 비치다.
prema *f.* 《古》 압박. 박해. 강압.
prematica *f.* = *pragmatica*.
prematuração *f.* ①때가 이름. 시기상조(時期尚早). ②조숙(早熟).
prematuramente *adv.* 너무 빨리. 너무 일찍. 조숙하게. 시기상조로.
prematuridade *f.* 조숙(早熟). 빨리 핌. 조계(早計). 시기상조. 때아님. 너무 일찍 함.
prematuro *a.* 조숙한. 때아닌. 너무 이른. 시기상조의. 익지 않은.
premedeira *f.* 짜는 베틀(織機)의 페달.
premeditação *f.* 미리 생각하기. 미리 계획하기. [法] 고의. 예모(豫謀).
premeditar *v.i., v.t.* 미리 생각하다. 미리 숙고(계획)하다. 미리 …을 꾸미다. [法] 예모하다.
premência *f.* ①압축. 압착(壓搾). 압박. 압제. 강제. [機] 압도(壓度). ②긴급. 절박.
premente *a.* ①압축하는. 압착하는. 억누르는. 압력을 가하는. ②강제하는. 압제하는. ③긴급한. 절박한.
premer *v.t.* ①누르다. 압축하다. 압착하다. 눌러 짜다. 눌러 찌그러뜨리다. 단축하다. ②억지로 하게 되다. 강제하다. ③인쇄하다.
premiado *a.* ①상품을 받은. 상을 탄. 수상(受賞)한. 입상(入賞)한. ②현상(懸賞)이 붙은. 상금이 달린.
premiador *a., m.* 상을 주는 (사람). 수상자(授賞者).
premiar *v.t.* 상(상품)을 주다. 보상하다. 보수를 주다. (노력에) 보답하다.
prêmio *m.* ①상(賞). 포상(褒賞). 상품(賞品). 특별상여. 현상. 현상금. 사례금. ②프레미엄. 증가할당금(增加割當金). ③보수. 보상. ④보험료. 약조금.

prêmio pecuniário 상금(賞金).
prêmio honorífico 명예상. 포상(褒賞).
prêmio de seguro 보험료(保險料).
ganhar o prêmio 상을 타다.
premissa *f.* ①[論] 전제. ②전술한 말. [法] 기술사항(旣述事項). 전기(前記) 재산. ③[宗] 옛날 교구민(敎區民)이 토지의 생산물의 일부를 교회에 바친 세.
premoção *f.* (신(神)이 인간의 의사를 움직인다는) 신력(神力).
premonitório *a.* ①미리 경고하는. 전조(前兆)의. ②[醫] 전구적(前驅的).
premunir *v.i.* 미리 경계하다. 미리 주의(注意)하다. 사전에 예방하다.
—**se** *v.pr.* 스스로 예방하다. …에 대하여 조심하다. 미리 방비하다.
prenda *f.* ①선물. 선사. 증여(贈與). 기부. 기부금. ②천부(天賦). 천부의 재능. 타고난 성품. 천품. ③훌륭한 재간. 훌륭한 솜씨.
prenda de mãos 손재간. 수예(手藝).
prendado *a.* ①선물받은. 상을 탄. ②천부의 재간이 있는. 재예(才藝)를 갖춘. 천재적인.
prendar *v.t.* 선물(선사)하다. 상여하다. 기부(기증)하다. 능력을 주다(부여하다).
prendedor *m.* ①붙잡는 사람. 체포하는 자. ②움직이지 못하게 하는 것.
prendedor de gravata 넥타이 핀(움직이지 못하게 하는 작은 집게).
prendedor de roupa 빨래한 옷을 집는 것.
prender *v.t.* ①잡다. 붙들다. 포착하다. 체포하다. ②(끈·밧줄·새끼 따위로) 매다. 붙들어매다. 동여매다. 비끌어매다. 묶다. 구속하다. 매달다. ③마음을 끌다. 유혹하다.
— *v.i.* ① 뿌리박다. ②(+*com*). (…와) 관계 있다. 연관성을 가지다. 걸리다.
—**se** *v.pr.* ①잡히다. 붙들리다. 체포되다. 구속되다. ②달라붙다. 밀착(密着)하다. 고착(固着)하다. ③묶이다. 연결되다. ④몰두하다. 전념하다.
prendimento *m.* ①붙잡기. 붙들기. 포착. 체포. ②동여매기. 비끌어매기. ③묶기. 매달기.
prenha, prenhada *a.* ①임신한. 임신중인. ②충만한. 가득 실은. ③다산(多産)의. 풍요(豊饒)한. ④의미심장한. 시사적(示唆的)인. 함축(含蓄) 있는.

prenhe *a.* ①임신한. 임신중인. ②충만한. 가득한. 찬.

prenhez, prenhidão *f.* ①임신(姙娠). ②(사건·사고 따위의) 배태(胚胎). 회태기간(懷胎期間). ③풍요. 풍만(豊滿). 내용충실. 함축(含蓄).

prenoção *f.* ①예지(豫知). 선견(先見). ②예비지식. 기초지식(상식). ③[哲] 선천적 관념(先天的觀念). ④피상적(皮相的) 지식.

prenome *m.* 첫째 이름(*Caius Julius Caesa*에 있어서 *Caius*). 세례명(洗禮名).

prenominar *v.t.* 첫째 이름을 달다. 첫째 이름으로 부르다. 세례명을 달다.

prenotar *v.t.* 주의(注意)하다. 사전에 인지(認知)하다. 미리 표를 해 두다.

prensa *f.* [機] 압착기(壓搾機). 인쇄기. 압착 롤러.
prensa hidrulica 수력 압착기.

prensagem *f.* 꽉 누르기. 압착하기. 압축(壓縮)하기.

prensar *v.t.* 꽉 누르다. 눌러 죄다. 압착하다. 압축하다. 눌러 짜내다. 눌러 찌그러뜨리다. 눌러 평평하게 하다. 눌러 터뜨리다(부수다).

prensista *m.* 압축기계(壓縮機械). 압축기.

prenúncia *f.* = *prenúncio*.

prenunciação *f.* 예언(豫言). 예고(豫告). 예보. 예표(豫表).

prenunciador *a.*, *m.* 예언하는 (자). 예고하는 (자). 예보하는 (자).

prenunciante *a.* 예언하는. 예고하는. 예보하는.

prenunciar *v.t.* 예언하다. 예고하다. 예보(豫報)하다. 예시(豫示)하다. 전조(前兆)를 보이다.

prenunciativo *a.* ①예언의. 예고의. 예보의. ②전조의.

prenúncio *m.* ①예언. 예보. 예고. ②전조. 징후.

preocupação *f.* ①몰두(沒頭). 전심(專心). 망아(忘我). ②걱정. 근심. 불안감. ③선입관(先入觀). 편견.

preocupado *a.* ①몰두하고 있는. 전심하는. …에 마음을 쓰고 있는. 여념이 없는. ②걱정하는. 근심하는. 번민하는.

preocupante *a.*, *m.* ①전념하는 (사람). ②걱정하는 (사람). 근심하는 (사람).

preocupar *v.t.* ①(…에) 몰두하게 하다. 전념(專念)케 하다. ②걱정(근심)하게 하다. 안달하게 하다.
— *v.i.*, —*se v.pr.* ①미리 걱정하다. 근심하다. …에 너무 마음을 쓰다. 현념(懸念)하다. 안달하다. 애태우다. ②…에 몰두하다. 전념(專念)하다.
Em que te preocupas? 자네는 무엇을 걱정하는가?
Em que se preocupa? 당신은 무엇을 걱정합니까?
De que se preocupava êle? 그 사람은 무엇을 그렇게 걱정했습니까?
Preocupo-me muito com o meu filho. 나는 내 아들에 대하여 몹시 걱정한다.
Não se preocupe. 걱정 마십시오.

preocupativo *a.* ①걱정(근심)하게 하는. 걱정(근심)이 되는. ②…에 몰두하게 하는. 여념 없게 하는.

preopinante *a.* 먼저 발언한 자. 제일 먼저 의견을 발표하는 자.

preopinar *v.t.* 남보다 먼저 발언하다. 제일 먼저 의견을 발표하다. 발의(發議)하다.

preordenação *f.* [神學] (운명의) 예정. 전세(前世)의 약속. 숙명(宿命). 정명(定命).

preordenar *v.t.* [神學] 미리 운명을 정하다. 숙명을 지우다.

preparação *f.* ①준비. 예비. ②예습. 예습기간. ③조제(調製). 합제(合劑). 조제품. (다 된) 요리. ④[樂] 부조화음의 조정.
preparação química 화합물.
sem preparação (원고·복안 등의) 준비 없이. 사전 준비 없는. 즉석에서의. 즉흥으로.

preparado *a.* ①마련한. 준비한. 준비된. 다 된. ②잘 훈련된. 잘 교육받은. 많이 배운.
— *m.* 조합제(調合劑). 조제약품.

preparador *a.*, *m.* ①준비하는 (사람). ②조제하는 (자). 합제하는 (자). ③(실험소의) 조수(助手).

preparar *v.t.* ①차리다. 마련하다. 준비하다. ②(보고서 따위를) 작성하다. (제도(製圖) 따위를) 입안(立案)하다. ③조제(調製)하다. 조합하다. ④가르쳐 준비시키다. 예습(豫習)시키다.
— *v.i.*, —*se v.pr.* ①준비하다. 차리다. ②각오하다. 마음의 준비를 하다.

preparativo *a.* 준비의. 예비의.
— *m.* 준비. 예비. [軍] 준비의 북(나팔).

preparatoriamente *adv.* 준비로서. 예비로. 예비적으로.

preparatoriano *m.* 예과생(豫科生).

preparatório *a.* 준비의. 예비의. 예습적.

preparatórios *m.(pl.)* 예과(豫科). 예비과. 학과의 예습(豫習).
 escola preparatória 예비교(豫備校).

preparo *m.* 준비. 예비. 미리 배우기. 예습. 학습.
 preparos (pl.) ①[法] 첫 소송비용. 재판비용의 보증금. ②완성하는 데 쓰는 재료. ③여러 가지 일. 여러 가지 물건. 자질구레한 것.

prepedir *v.t.* ①방해하다. ②저지(沮止)하다.

preponderância *f.* ①무게에 있어서 더함. 우량(優良). 과중(過重). ②우세. 우월. 우위(優位). 우월한 지위. ③편중(偏重).

preponderante *a.* ①무게에 있어서 더한. 과중한. ②우세한. 우월한. 압도적인. 석권(席卷)하는. 우위를 차지하는. 중요한.

preponderar *v.i.* ①더 무겁다. (저울이) 기울다. 편중(偏重)하다. ②우월하다. 세력이 낫다. 수량이 더 많다. 양적으로 더 좋다. 압도하다.

preponente *a.* ①앞서는. 앞에 놓는. 앞에 놓인. 전치(前置)의. ②먼저 제의(제안)하는. 먼저 신청하는
 — *m.* ①앞서는 것. 앞에 놓는 것. ②남보다 먼저 제의(提議)하는 자. 먼저 신청하는 자. ③선임자(選任者).

prepor *v.t.* ①앞에 놓다. 먼저 놓다. ②선임(選任)하다. 임용(任用)하다.

preposição *f.* ①앞에 놓기. 전치. ②[文] 전치사(前置詞).

preposicional *a.* [文] 전치사(적)의. 전치성(性)의.

prepositivo *a.* [文] 앞에 둔. 앞에 놓은. 전치(前置)의. 전치사의. 전치사성(性)의. 전치사적.

prepósito *m.* ①의사(意思). 의향. 취지. 목적. ②(종교단체의) 장로(長老). 원로.

preposteração *f.* 앞뒤가 뒤바뀜. 순서의 전도(顛倒). 위치의 반전(反轉). 질서문란.

prepostear *v.t.* 앞뒤를 뒤바꾸다. 순서를 전도하다. 거꾸로 되게 하다. 문란케 하다. 불합리하게 하다.

preposteridade *f.* 앞뒤가 뒤바뀜. 순서의 전도. 질서문란.

prepostero *a.* 앞뒤가 뒤바뀐. 순서가 거꾸로 된. 터무니 없는. 비상식적인. 부자연스러운. 불합리한.

preposto *m.* ①업무담당자(業務擔當者). (사업경영에 대한) 피위임자(被委任者). 대리인. 지배인. ②담당계원.

prepotência *f.* ①우세(優勢). 우월. [生物] 우성유전력(優性遺傳力). ②월권(越權).

prepotente *a.* ①대단히 우세한. [生物] 우세한 유전력을 가진. ②월권의. 월권적인.

prepucial *a.* [解] 포피(包皮)의.

prepúcio *m.* [解] (음경의) 포피(包皮).

pré-rafaelismo *m.* 라파엘 전파(前派)주의. 사실주의(寫實主義).

pré-rafaelista *a.* 라파엘 전파의. 사실파의.

pré-romano *a.* 로마 주권시대 이전(以前)의.

prerrogativa *f.* ①대권(大權). (일반적으로) 특권. ②최선(最先) 투표권. 특전. ③특성.

présa (1) *f.* ①(육식수(肉食獸)의) 모이. 밥. 희생. 먹을 것. 사로잡힌 것. ②약탈물. 빼앗은 물건. 사냥해 잡은 것. 전리품. 노획물. ③포획(捕獲). 나포. 포식(捕食). 약탈. ④(맹수·맹금의) 날카로운 발톱. (뱀의) 독아(毒牙). (게의) 집게발. (맹수의) 송곳니. 견치(犬齒). ⑤출수문(出水門: 홍수 때 열어서 물을 내보내는 것). 방주문(防潮門: 밀문이 들어 오는 것을 마는). ⑥물방아둑(堰). 물방아용의 연못.
 largar a présa 붙잡은 것을 놓아주다.
 — (2) *f.* 체포된 여자. 구속된 여자. 여수(女囚).

presagiador *a., m.* =*pressagiador*.

presagiar *v.t.* =*pressagiar*.

presagio *m.* =*pressagio*.

presagioso, presago *a.* =*pressagioso, pressago*.

presbíope *m.* =*présbita*.

presbiopia *f.* [醫] 노안(老眼). 노시(老視). 원시안(遠視眼).

présbita *a.* [醫] 노안의. 노시의. 원시안의.
 — *m.* 노안자. 원시안자.

presbiterado, presbiterato *m.* (長老敎會) 장로의 직의. [가톨릭] 사제(司祭)의 직위.

presbiteral *a.* 장로의. 사제의.

presbiterianismo *f.* [宗] 장로제도. 장로제주의. 장로파.

presbiteriano *a.* 장로제(長老制)의. 장로교

presbitério *m*. ①장로회. 장로관할구. ②사제석(司祭席: 교회당의 성소(聖所) 동쪽에 있음). 성전(聖殿). ③장로의 집(주택). 목사의 집.

presbítero *m*. (長老敎會) 장로. [가톨릭] 사제.

presbitia *f*. (=*presbiopia*). [醫] 노안(老眼). 노시(老視). 원시안(遠視眼).
— *m*. 노안자.

presbitismo *m*. 노안. 노시. 원시안.

présbito *a*., *m*. =*présbita*.

presciência *f*. 예지(豫知). 선견(先見). 견식. 통찰(洞察).

presciente *a*. 미리 아는. 선견지명이 있는. 달식의. 예지하는.

prescientífico *a*. 근대과학발흥 이전의.

prescindir *v.i.*, *v.t.* (+*de*). (일부를 전체에서) 따로 떼어 버리다. 분리(分離)하다. 제의하다. 생략하다. 따로 떼어서 생각하다.

prescindível *a*. ①(일부를 전체에서) 따로 뗄만한. 분리할 수 있는. (추상적으로). 따로 떼어서 생각할 수 있는. ②제의할 만한.

prescito *a*., *m*. =*precito*.

prescrever *v.t.* ①명령하다. 지시하다. 미리 정하다. 미리 규정하다. ②[醫] (약·치료법 등을) 처방하다. 약방문을 쓰다. (정량을) 권하다.
— *v.i.* ①(시일 경과로) 유행이 폐지되다. 폐용(廢用)되다. ②[法] 시효(時效)로서 무효로 되다(폐지되다). 시효에 의하여 취득(取得)하다. 시효에 의하여 권리를 주장하다.

prescribente *a*. [法] 시효에 걸리는(걸리게 하는).

prescrição *f*. ①명령. 규정. 법규. 훈련. ②[醫] 처방. 화제. ③[法] 취득시효(取得時效).
prescrição positiva 취득시효.
prescrição negativa 소멸시효.

prescritível *a*. ①명령할 수 있는. 규정할 수 있는. 처방할만한. ②[法] 시효에 걸리는.

prescrito *a*. ①명령받은. 규정된. ②시효에 걸린.

presença *f*. ①존재. 현존. 실재. ②출석. 참여. 참가. 임석. 입회(立會). ③면전(面前). 목전. 임박(臨迫). ④배알(拜謁). 대면. ⑤태도. 풍채. 인품. 외관(外觀). 자세.
de presença a presença 상대하여 직접.
em presença de …의 의하여. …의 면전에서. …의 참석하에.
à (또는 *na*) *presença de* …의 면전에서. …의 입회하에.
presença de espírito 침착. 태연(자약).
homem de boa presença 외관이 보기 좋은 사람.
Pede-se a sua presença. 귀하의 참석을 요망합니다.

presencial *a*. 출석자의. 참석자의. 입회하고 있는. 목격하고 있는. 안전(眼前)의.

presencialmente *adv*. 입회하여. 목격하여. 안전에서.

presenciar *v.t.* ①입회하다. ②목격하다. 입증하다. ③잘 살피다. 관찰하다.

presentação *f*. ①증정(贈呈). 헌정(獻呈). ②선사. ③소개. 피로. ④배알(拜謁). 문후. ⑤제출. 제시. ⑥표시. 발표. 외양. 체재. ⑦[宗] 목사 추천(권). [劇] 연출. 상연.

presentar *v.t.* 제시(提示)하다. 제출하다. 제공(提供)하다. 나타내다. 보이다. 주다.
—*se v.pr.* 나타나다. 출현하다. 출두(出頭)하다.

presente *a*. ①있는. 출석하고 있는. 참석한. 참여한. ②현재의. 현…. 지금의. 오늘의. ③당면한. 문제의. ④즉석의. 응급의. ⑤명백한. 명료한. ⑥[文] 현재의.
a presente carta 본서한(本書翰). 이 편지는
— *m*. ①현재. 현금. 목하(目下). [文] 현재. ②선사. 선물. 예물. 증정물. 기증물.
presentes (*pl.*) 출석자. (집합적으로) 현재의 전원.
ao presente 목하. 현재.
de presente 현재는. 현재에.
estar presente 출석(참여)해 있다.
quanto ao presente 현재로서는.
ter presente 마음속에 간직하다. 기억하고 있다.
Presente! (특히 학교에 있어서) 예! (출석하였습니다: 呼名의 對答).
Todos os presentes assentiram. 온 출석자는 찬성하였다.

fazer presente alguém 아무를 소개하다.
fazer presente de alguma coisa 어떤 물건을 선사하다.
Fiz presente de um relógio 시계 하나를 선사했다.

presenteador *a.*, *m.* 선물하는 (사람). 기증자. 증여자.

presentear *v.t.* 선물하다. 선사하다. 기증하다.

presentemente *adv.* 현재. 현금. 목하(目下).

presepada *f.* 법석 떠들기. 떠들썩하기. 소동.

presepe, presépio *m.* ①(크리스마스를 맞이하여 그리스도의 강탄(降誕)한 장면을 만든) 마구간. ②그리스도 강탄의 그림 또는 조각물.

preservação *f.* ①보존. 저장. ②예방. 방부(防腐).

preservador *a.* ①보존하는. 저장하는. 예방하는.
— *m.* ①보존자. 저장자. ②예방자.

preservar *v.t.* ①보존하다. 저장하다. ②(상하지 않게) 보호해 두다. 간직해 두다. ③예방하다.

preservativo *a.* 보존의. 저장의. 보존력 있는. 예방하는. 예방이 되는. 예방적.
— *m.* 예방법. 예방약. 예방제(劑). 방부제(劑).

presidência *f.* ①대통령의 직(임기). 총리(總理)의 직분(임기). 의장(議長). 사장. 회장 등의 직 또는 임기. ②대통령 관저(官邸). 의장 주택.

presidencial *a.* 대통령의. 대통령 직위(임기)의. 총리(의장·사장·회장)의. 그 직분 또는 임기의.
eleição presidencial 대통령 선거.
função presidencial 대통령의 역할.

presidenta *f.* ①대통령의 부인. ②여대통령. ③여자 회장. 여자 의장.

presidencialismo *m.* 대통령 제도.

presidente *m.* ①대통령. 대총통. ②의장. 회장. 위원장. 총재. ③교장. 학장. 총장. ④(큰 회사의) 사장. ⑤(회의의) 사회자. 의장.

presidiar *v.t.* 수비대를 두다(배치하다). 지키다. 방어하다.

presidiário *a.* ①수비대의. 수비대에 관한. ②요새지(要塞地)의. 위수지(衛戍地)의. ③위수감옥(衛戍監獄)에 수감된. 지방육군형무소에 들어간.
— *m.* 위수감옥에 수감된 자. (위수지에서의) 강제노동에 처한 자.

presídio *m.* ①위수지(衛戍地). 요새지(要塞地). ②수비대. 수비병. 위수병. ③위수감옥. (지방) 육군형무소.

presidir *v.t.* (의장·회장 등의 신분으로서) 회의를 집행하다. 진행시키다. 사회하다. ②(…을) 통할하다. 이끌다. ③(연회석에서) 주인 역할을 하다.
— *v.i.* (+*a* 또는 *em*). ①(의장 등의)장이 되다. (큰 단체의) 위원장이 되다. (회의의) 사회자가 되다. ②의장·사회자의 역할을 하다.

presiganga *f.* 감옥선(監獄船).

presilha *f.* ①(실·끈으로 만든) 동그라미. 둘레. 테. (혁대(띠)를 꽂기 위하여 바지에 달려 있는) 고리. [機] 대금(帶金). 대환(大環).

presilheiro *m.* 《卑》엉큼한 녀석. 잔꾀 있는 놈. 교활한 사람.

preso *a.* (*prender*의 과거분사). ①붙어 있는. 걸려 있는. 걸린. 동여맨. ②구속된. 체포된. 억류된. 구류(拘留)당한. [機] (톱니바퀴 따위 고장으로) 꼼짝달싹하지 않는.
— *m.* 체포된 자. 구속된 자. 수감된 자. 재감인(在監人). 죄수. 포로.

pressa *f.* ①서두름. 급함. 바빠 돌아가기. ②조급. 성급. ③신속. 급속. 긴급. ④재촉. (注意) *présa*: 여죄수.
de pressa (=*depressa*) 빨리. 급히. 신속히.
à pressa 빨리. 급히. 허둥지둥.
estar com pressa 서두르다. 서두르고 있다.
a tôda a pressa 화급히. 지급(至急)히. 절급(切急)하게.
dar-se pressa 빨리 하다. 급히 하다.
Anda depressa! 빨리빨리! 서둘러라!
Por que tanta pressa? 왜 그렇게 서두릅니까?
não há pressa 급하지 않다. 서두를 것이 없다.
Quanto mais depresses, mais devagar. 《諺》서두르면 더디다. 욕속부달(欲速不達).

pressagiador *a.* 미리 알리는. 예언하는. 전조를 보이는.

— *m.* 예언자. 예측자. 전조(前兆)를 보이는 것.

pressagiar *v.t.*, *v.i.* ①징조가 나타나다. 낌새를 보이다. 미리 알리다. ②예지(豫知)하다. 예감이 있다. 예측하다.

presságio *m.* ①조짐. 전조(前兆). 예감. 낌새. ②예지. 전지(前知). ③예상. 선견. 판단.

pressagioso *a.* 징조를 보이는. 전조 있는. 낌새 있는.

pressago *a.* 전조의. 징조의. 예시(豫示)의. 예언의.

pressão *f.* ①압력을 가함. ②압착. 압축. [機] 압도(壓度). ③압박. 강제. 압제. 억압.
 pressão atmosférica [理] 기압(氣壓).
 pressão de sangue [醫] 혈압(血壓).

pressentido *a.* 예감한. 예측한. 예상한.

pressentimento *m.* 예감(豫感). 예각(豫覺). 낌새. 예측.

pressentir *v.t.* 예감이 들다. 예각하다. …한 느낌이 있다. …인가 하고 생각하다. 추측하다.

pressirrostro *a.* 좁고 짧은 부리 있는. 단취(短嘴)의.

pressirrostros *m.(pl.)* [鳥] 단취류(短嘴類).

pressupor *v.t.* ①미리 가정하다. 예상하다. 필요 조건으로 우선 인정하다. 전제로 하다. ②예측하다. 암시하다. 넌지시 표시하다.

pressuposição *f.* 가정(假定). 예정. 전제.

pressuposto *a.* 미리 가정한. 예상한. 예측한.
 — *m.* ①가정. 예상. 예측. ②선재이유(先在理由). ③계획. 기도(企圖). 의도(意圖). 동기.

pressurosamente *adv.* 빨리. 급히. 신속히. 민속히.

pressurosidade *f.* ①재빠름. 민첩. 신속. ②성급(性急).

pressuroso *a.* ①재빠른. 민첩한. 신속한. 민속한. ②성급한.

prestação *f.* ①공급(供給). ②빌려주기. 대출(貸出). ③분납(分納). 분할지불(分割支拂). ④월부(月賦). 연부(年賦). ⑤(여러 번 나오는 물건의) 일회분. 일부. ⑥분납금(分納金). 분할지불액. ⑦반환. ⑧주의를 돌리기.
 prestação de juramento 선서(宣誓)하기.

prestadiamente *adv.* 쓸모 있게. 유용(유익)하게. 편리하게.

prestadio *a.* 쓸 만한. 쓸모 있는. 이용(사용)할 수 있는. 쓰기 편리한. 실용적인. 유용한. 유익한.

prestador *a.* 쓸 만한. 쓸모 있는. 유용한. 유익한.

prestamento *m.* ①주기. 공급. ②빌려주기. 대여(貸與). ③쓸모(쓸품) 있게 하기. 활용(活用). ④봉사.

prestamista *m.*, *f.* 빚 주는 사람. 대금업자(貸金業者). 전당업자.

prestança *f.* 쓸모 있음. 유용. 유익. 효용. 도움이 됨. 편리함.

prestante *a.* ①쓸 만한. 쓸모 있는. 이용할 수 있는. 쓰기 편리한. 유용한. ②우수한. 훌륭한. ③많은. 풍부한.

prestar *v.t.* ①주다. 돌려 주다. 빌려 주다 (=*emprestar*). ②공급하다. ③쓸 수 있게 하다. 이용할 수 있게 하다. ④도와주다. ⑤주의(注意)를 돌리다. 유심(留心)하다. 참작하다.
 — *v.i.*, —*se v.pr.* ①(+*a*). 쓸모 있다. 쓰이다. 이용되다. ②준비되다. ③동의하다. 응하다.
 prestar socorro 구조(원조)하다.
 prestar serviços 봉사하다.
 prestar atenção 주의를 돌리다. 주의해 듣다.
 prestar um juramento 선서(宣誓)하다.
 isso não presta 이것은 쓸모 없다. 이용가치가 없다.
 não presta para nada 아무 데도 쓸 데 없다.

prestativo *a.* ①쓸모 있는. 쓸품 있는. 이용할 수 있는. 사용할 만한. 유용한. ②(남의 의견·주장 등에) 주의를 돌리는. 들어 주는. 친절한.

prestável *a.* ①쓸 만한. 쓸모 있는. 이용(사용)할 수 있는. ②(남의 의견 따위에) 주의를 돌릴 만한. 등한히 할 수 없는.

prestemente *adv.* 빨리. 신속히. 민첩하게.

prestes *a.* ①준비된. 마련된. … 막 하려고 하는. …의 시작(始作) 직전에 있는. ②신속한. 민첩한.
 fazer-se prestes 준비하다.
 prestes a (…)을 막 하려고 하다.
 prestes a cair 떨어지려고 하다.

prestesmente *adv.* 빨리. 신속히. 민첩하게.

presteza *f.* 빠름. 신속. 민속. 민첩. 급속. 기민(機敏). 급격.

prestidigitação *f.* 요술. 속임수.

prestidigitador *m.* 요술쟁이.

prestigiar *v.t.* 위신(威信) 있게 하다. 위신 세우다. 위광(威光)을 주다.

prestígio *m.* 위신. 위망(威望). 위광(威光). 세력. 명망. 명성.

prestigioso *a.* ①위신 있는. 위망(威望)는. 세력이 떨치는. 영향력이 있는. ②이름 높은. 유명한. ③마음을 빼앗는. 홀리는. 환혹적(幻惑的)인.

prestimano *m.* = *prestidigitador*.

préstimo *m.* 쓸 만함. 쓸품 있음. 쓸모 있음. 도움이 됨. 유용함.
não ter préstimo 아무 쓸모도 없다.

prestimonial, prestimoniário *a.* 사제의 부조료(扶助料)로 되는. (사제의) 부조료의.

prestimonio *m.* [宗] 사제부조료(司祭扶助料).

prestimoso *a.* 쓸 만한. 쓸모 있는. 용도(用途) 있는. 유용한. 유익한. 도움이 되는.

prestíssimo *adv.* [樂] 아주 빠르게. 신속하게.

próotito *m.* 열(列). 행렬(行列).
préstito funebre 장렬(葬列).

presto *adv.* 《It》[樂] 빨리. 급속하게.
— *a.* 빠른. 급속한. 신속한.

presumida *f.* 건방진 여자. 으쓱대는 여자. 불손한 여인.

presumido *a.* ①뻔대는. 미욱한. 건방진. 외람된. 체면 없는. 주제넘은. 저 잘난 체하는. 자부심이 강한. 으쓱대는. ②억측하는. 추측하는. 추정하는.
— *m.* 건방진 사람. 거만한 사람. 으쓱대는 이. 불손한 자.

presumidor *a.*, *m.* ①추정하는 (사람). 가정자(假定者). ②주제넘게 구는 (사람). 뻔뻔스러운 (사람).

presumir *v.t.* ⋯이라고 생각하다. 추정(推定)하다. ⋯인가 추측하다. 억측하다. 억단(臆斷)하다. 독단하다.
— *v.i.* 저 잘난 체하다. 으쓱대다. 주제넘게 나서다. 거만하게 처신하다.

presumível *a.* ⋯라고 생각할 수 있는. 있음직한. 가정(추정)할 수 있는.

presunção *f.* ①가정. 추측. 억측. 있음직함. 됨직함. ②[法] 추정(推定)의 이유(理由). 추정 증거. ③뻔뻔스러움. 자부심. 거만. 오만. 무례. 으쓱대기.

presunçoso *a.* 뻔대는. 미욱한. 건방진. 외람된. 체면 없는. 주제넘은. 으쓱대는. 저 잘난 체하는. 자존심이 강한. 거만한. 오만한. 존대(尊大)한.

presuntivo *a.* 가정의. 추측의. 있음직한. 추정적. 추정의 근거를 주는. 추측대는.

presunto *m.* 햄. 돼지고기 특히 그 뒷다리고기를 소금에 절인 것.

presuntuoso *a.* 뻔대는. 자부심이 강한. 저 잘난 체하는. 아주 불손한. 오만한. 존대한.

preta *f.* 흑인 여자.

pretalhada *f.* (멸시적으로) 많은 깜둥이. 흑인의 떼.

pretalhão *m.* 체구가 큰 흑인. 큰 깜둥이.

pretaria *f.* = *pretalhada*.

pretendedor *a.*, *m.* (⋯을) 해 보려고 하는 (사람). 지망하는 (사람). 지원하는 (사람).

pretendente *a.* (⋯을) 해 보려고 하는. 기도(企圖)하는. 지망하는. 지원하는.
— *m.* ①지망자. 지원자. ②청구인. 신청자. 구혼자(求婚者). 후보자.
pretendente ao trono 왕위(王位) 요구자.

pretender *v.t.* ①(⋯을) 하려고 하다. 기도(企圖)하다. 시도하다. ②(⋯을) 지망하다. 지원하다. 요구하다. 요망하다. 갈망하다. ③구실 삼다. (병·무식 등을) 가장하다. (⋯) 체하다. ⋯같이 꾸미다.
— *v.i.* 애쓰다. 노력하다. 열심하다.

pretendida *f.* 지망하는 여자. 구혼하려는 여자.

pretendido *a.* ①(⋯을) 해 보려고 한. 시도한. 기도한. ②신청한. 지망한. 신입한. ③(결혼을) 희망하는. 구혼하는.
— *m.* 지망자. 신청자. 구혼자. (결혼) 희망자.

pretensão, pretenção *f.* ①지망(志望). 지원. ②포부. 의향. 요구. 욕망. ③야심.
pretensões (*pl.*) 잘난 체하기. 자만. 오만. 자부심. 자임(自任). 존대(尊大). 겉치레. 허식(虛飾).

pretenciosamente *adv.* 잘난 체하여. 우쭐하여. 건방지게.

pretencioso *a.* ①점잖은 체하는. 저만 잘난

체하는. 뽐내는. 건방진. ②거짓의. 겉치레의. 야심만만한.
— m. 저 잘난 체하는 사람. 건방진 사람.

pretenso a. ①요구하는. 요망하는. 지망하는. ②가정(假定)의. 상상의. 억측의. 자칭의. 소위.

pretensor m. = pretendente.

preterição f. ①간과(看過). 생략. 탈락(脫落). 제외하기. 빼버리기. ②[神] 신의 선택에 빠져 영원의 멸망에 빠짐; [修] 암시적 간과법(暗示的看過法). 진급자격(進級資格)이 충분히 있으면서 간과되는 것. ③[法] (상속몫을 받을 사람에 대한) 유언의 누락(漏落).

preterido a. 간과한. 탈락된. 빠진. 제외된. 누락된. 불문(不問)에 붙인.

preterir v.t. ①제외하다. 빼 버리다. 누락하다. ②간과(看過)하다. 본체만체하다. 무시하다. 불문에 붙이다. 등한(소홀)히 하다. ③정당한 이유없이 진급자격자를 빼고 다른 사람을 진급시키다. ④[法] (상속몫을 받을 사람을) 유언에서 빼다.

pretérito a. 지나간. 과거의.
— m. [文] (동사의) 과거(過去).
pretérito perfeito 완전(完全) 과거.
pretérito imperfeito 불완전 과거.
o pretérito mais-que-perfeito 대과거(大過去).

preterível a. ①간과될 수 있는. 등한(소홀)히 하기 쉬운. ②제외되는. 빠뜨리는.

pretermissão f. 간과(看過). 등한(等閑). 누락.

pretermitir v.t. 간과하다. 소홀(등한)히 하다. 무시하다. 본체만체하다. 보지 않고 지나가다. 빼 버리다. 제외하다.

preternatural a. 초(超)자연적. 이상한. 불가해(不可解)한.

preternaturalismo m. [宗] 초자연주의. 천계주의(天啓主義).

pretextar v.t. …을 구실(口實) 삼다. 구실로 하다. 핑계 대다.

pretexto m. 핑계. 구실. 변명.
a pretexto de …을 구실로.

pretidão f. 검음. 흑색. 흑질(黑質).

pretinho a. 꽤 검은. 아주 까만.

prêto a. ①검은. 꺼먼. 흑색의. ②흑인의. ③어두운. 캄캄한. ④위험한. ⑤어려운. 힘드는.
quadro prêto 흑판. 칠판.
de olhos pretos 눈이 까만. 눈가에 퍼런 점이 있는.
— m. ①검음. 검은 빛. 흑색. 깜장. ②검은 것; 흑인.
pôr o prêto no branco 글씨로 써서 두다. 인쇄하여 두다. (훗날의 증거가 되도록 기록해 둔다는 뜻).
provar que o prêto é branco 흑을 백이라고 고집하다. 궤변을 부리다.

pretônico a. [文] 악센트 있는 음절의 직전(直前)에 있는. (모은(母韻) 또는 음절(音節)에 대한 말). 역점전(力點前)의.

pretor m. ①(옛 로마) 집정관(執政官). 치안관. 원님. ②지구판사(地區判事).

pretória f. pretor의 직책; 그의 권한 또는 관할구.

pretoriano m., a. (옛 로마) 집정관 (의). 치안관 (의). 원님 (의); 근위병(近衛兵)(의).

pretório m. ①(옛 로마) 재판소. ②《古》 장군막사(將軍幕舍). ③(오늘날의) 치안재판소.

prevalecente a. ①일반적으로 행하여지는. 유행하는. 만연된. 효과 있는. ②우세한. 유력한. 현저한. 극복하는. 이기는.

prevalecer v.i. ①이기다. 극복하다. 더 낫다. ②잘 되다. 효력이 있다. ③우세(優勢)하다. 능가하다. (다른 것을) 압도하다.
—se v.pr. (+de). …을 이용하다. 좋은 기회를 타다. (+contra). 뽐내다. 자랑하다. 반항하다.

prevalência f. 우세. 탁월. 우위(優位).

prevaricação f. ①배반. 배신. 배신행위. 밀고. 비밀누설. ②독직(瀆職). 핑계. 발뺌. 둔사(遁辭).

prevaricador m. ①배반자. 배신자. 위반자. (특히 종교·도덕상의) 죄인. ②핑계쟁이. 둔사가. ③독직자(瀆職者).

prevaricar v.i. ①배반하다. 배신하다. 독직행위를 하다. 못마땅한 짓을 하다. 온당치 않은 행동을 하다. ②모호하게 말하다. 핑계대다. 둔사를 쓰다. 궤변을 부리다.
— v.t. 나쁘게 하다. 악화시키다. 부패하게 하다.

prevedor m. 선견지명이 있는 사람.

prevenção f. ①예고. 예방. 미리 조심하기. 경계(警戒). ②말림. 방지. 방해. 선수지름. ③편견. 치우친 생각. 선입견(先入見). 선견(先見).

estar de prevenção 경계하고 있다. 주의하고 있다.

prevenidamente *adv*. 미리 알고. 미리 예방하고. 사전준비(각오)하여.

prevenido *a*. ①미리 알고 있는. 예지(豫知)한. 예고된. 사전 통고된. ②미리 준비한. 마련한. 각오하고 있는. 각성하고 있는. 경계하고 있는. ③선의(善意) 또는 악의의 관념을 품고 있는.

preveniente *a*. 앞서는. 선행의. 먼저 온. 선래의. 선착의.

prevenir *v.t.* ①(못하게) 막다. 말리다. 예방하다. 경계하다. ②예고하다. (위험 따위를) 경고하다. 미리 알리다. 경계하게 하다. ③대책을 세우다. 미리 준비하다. ④면하다. 피하다.
—*se v.pr*. 미리 예방하다. 각오하다.
Mais vale prevenir que remidiar. (후에) 고치는 것보다 (사전에) 예방하는 것이 좋다.

preventivamente *adv*. 예방적으로. 경계대책으로. 미리 준비하기 위하여.

preventivo *a*. 예방적. 방지적. 막는. 방해하는. 경계(조심)하기 위한.
prisão preventiva 임시 구류(拘留). 유치장.

prevento *a*. 예고된. 미리 알린. 예지(豫知)하는, 조심(경계)하고 있는. 각오하고 있는.

prever *v.t.* 미리 알다. 예지하다. 선견(先見)하다. 예상하다. 예측하다.

previamente *adv*. 미리 알고. 사전에. 앞서.

previdência *f*. ①선견(先見). 예지(豫知). 선견지명. (미래에 대한) 현명한 식견. 통찰력. ②예방. 경계. 사전준비. 예방대책. ③(역경을 고려한) 절약.

previdente *a*. ①미리 아는. 예지한. 미리 짐작하고 있는. 앞을 내다보는. 선견지명이 있는. 통찰력이 있는. ②사려 있는. 신중한. 조심성 있는. ③검약한. 절약하는.

previdentemente *adv*. 미래를 짐작하고. 앞을 내다보고. 신중히. 조심성 있게.

prévio *a*. ①앞의. 이전의. 기왕의. 사전(事前)의. 일찍 서두르는. 예비의. ②미래를 짐작하는. 앞을 내다보는.
aviso prévio (특히 해고・해직 등에 대한) 사전통고.
questão prévia 예견되는 문제. 선결(先決) 문제.

previsão *f*. ①예지(豫知). 선견(先見). 통찰. (일기 따위에 대한) 예측. 예상. ②예고. 예보. ③경계. 조심. 방책.
previsão de tempo 일기예보.

previsor *a*. 앞을 내다보는. 선견지명이 있는.

previstamente *adv*. 미리 알고. 예지하여. (앞을) 짐작하고.

previsto *a*. ①미리 짐작하고 있는. 예지한. 선견지명이 있는. ②예고의. 예보의. 이미 보인. 전제의. ③면식(面識)있는.
de previsto 미리. 사전에.
não previsto 생각지 않은. 뜻하지 않은. 우연한. 의외의.

prezado *a*. ①귀한. 귀중한. ②존경하는. 친애하는.
Prezado Sr. (Antonio). 존경하는(안토니오) 선생.

prezador *a., m*. 존경하는 (사람). 존중하는 (사람). 친애하는 (사람).

prezar *v.t.* ①귀하게 여기다. 귀중히 생각하다. 존중하다. 진중(珍重)하다. ②친애하게 대하다.
—*se v.pr*. ①존중되다. 존경 받다. ②(+*de*). …을 명예로 하다. …을 자랑으로 하다.

prezável *a*. 존중(존경)할 만한. 기중히 여겨 할.

priapismo *m*. (《古》 *priapisma*). [醫] 음경발기(陰莖勃起).

prima (1) *f*. 종자매(縱姉妹). 사촌누나. 사촌누이동생.
— (2) *f*. ①《古》 새벽. [가톨릭](오전 6시의) 조과(朝課). (일반적으로) 이른 아침. ②초기. 청춘. 전성. 한창 때. ③[數] 소수(素數). [樂] 일도(一度). (악기의) 제일현(第一絃). ④[鳥] 새매(隼)의 암컷.

primacia *f*. =*primazia*.

primacial *a*. ①제일의. 수위(首位)의. ②우수한. 탁월한. ③[宗] 대감독의. 대주교의. 감독장(監督長)의.

primado *m*. ①제일. 수위. 탁월. ②[宗] 대감독. 대주교(大主教).

prima-dona *f*. (극・가극의) 주역 여배우 (여가수). 프리마돈나.

primagem *f*. [海] 운임증여금(運賃贈與金: 집주인이 선장 또는 선원에게 사례로 주는).

primar *v.i.* ①수위(首位)를 차지하다. ②(+*em* 또는 *por*). (남을) 능가하다. (…보다) 낫다. 뛰어나다. 빼어나다. 탁월하다.

primário *a.* ①처음의. 최초의. 수위(首位)의. 제일위의. ②시초의. 원시적. 본래의. 근본의. ③초보의. 초등의. 기초적인. ④[醫] 제1기(초기)의. [生物] 발달의 제1단계에 있는. [電] 일차(一次)의. [地質] 원생(原生)의. 제일기(第一紀)의.
escola primária 초등학교.
instrução primária 초등교육.

primatas, primates *m.*(*pl.*) [動] 영장류(靈長類).

primavera *f.* ①봄. ②청춘. 청춘시대. ③《詩》춘추(주로 부인들의 연령을 세는 말로 사용). ④[植] 앵초(櫻草)(의 꽃) ⑤프리뮬라 빛깔(엷은 초록섞인 누렁).
primavera de vida 인생의 봄. 청춘 시절.
primavera dos jardins [植] 앵초의 일종.

primaveral, primaveril *a.* 봄의. 춘계(春季)의.

primaverar *v.i.* (어떤 곳에서) 봄을 지내다.

primaz *m.* [宗] 대감독. 대사교(大司教). 수반(首班) 대주교. 대승정(大僧正).

primazia *f.* ①대감독(대사교·수반 대주교)의 직위. 대승정(大僧正)의 위(位). ②제일위. 수위(首位). 우등. 우월. 탁월.
apostar primazia 위신을 다투다.

primeira *f.* ①*primeiro*의 여성형. ②(학교의) 일학급. ③골패 노름의 일종.
à primeira 처음에. 최초에. 첫 번에.

primeiramente *adv.* 우선. 처음에. 첫째로. 최초에.

primeiranista *m.*, *f.* (대학 또는 고등학교의) 일학년생.

primeiro *a.* ①첫. 첫 번의. 첫째의. 제일의. 일등의. ②일류의. ③처음의. 최초의. 초보의. 초등의. ④수위의. 수뇌(首腦)의. 중요한.
primeiro ministro 수상(首相). 국무총리.
primeira ministra 여(女)수상.
primeiro andar 제일층. (브라질에서는 2층을 말함).
primeira velocidade (자동차의) 제1 속도.
dia primeiro 첫날. 제1일.
à primeira vista 일견(一見)하여서는.
— *adv.* 맨 먼저. 처음에. 최초에. 선두에.
em primeiro lugar 우선. 맨 처음에.
primeiro que tudo 무엇보다도 먼저.
Quem primeiro vem, primeiro moi 먼저 온 사람을 먼저 대접하다. 접대는 도착순으로.
— *m.* 제일위(第一位). 수위. 일등. 제일인자(第一人者).
do primeiro ao último 처음에서 끝까지. 시종.
os dois primeiros 첫 두 사람. 최초의 두 개.
no primeiro 당초.

primevo *a.* 원시시대의. 태고의. 상고(上古)의. 초기의.

primichica *f.* (포유동물(哺乳動物)의) 초산(初産)의.

primícias *f.*(*pl.*) ①첫과일(初果). 첫산물(初物). (짐승의) 첫새끼(初生兒). 처음 저작(初作). 첫결과. 첫경험. 발단(發端).

primifalange *f.* [解] 제일지골(趾骨).

primigénio, primígeno *a.* ①원시의. 초기의. 태고의. 옛적의. ②근본의. 원본의. 원색(原色)의. ③[言] 근원(根源)의.

primípara *a.* [動] 초산(初産)의.

primitiva *f.* 원시(原始). 원시시대.

primitivamente *adv.* 최초로. 원래. 본래. 본원적으로. 옛날. 태고(太古)에.

primitivismo *m.* [美術] 원시파. 원시주의.

primitivo *a.* ①원시의. 초기의. 오랜 옛적의. 태고의. ②근본의. 본원의. 원색의. ③최초의. 초대(初代)의. 발단의. 생래(生來)의. 원본(原本)의. ③[言] 근원의.
— *m.* 문예부흥기 전(르네상스파 직전)의 화가. 미술가(의 작품). [數] 원선(原線); 원색(原色).
primitivos (*pl.*) 원시인(原始人). 원어(原語).

primo (1) *m.* 종형제(從兄弟). 사촌형제.
primo-irmão 사촌형제.
— (2) *a.* ①제일의. 처음의. 최초의. 원(原)의. 원시적. ②수위의. 일등의. 으뜸의. 가장 중요한. 훌륭한. 더할 나위 없는. ③[數] 소수(素數)의.
matéria prima 원료(原料).
obra prima 걸작(品)(傑作)(品). 명작. 압권(壓卷).

primogênito *a.* 처음에 태어난. 최초에 출생한.
— *m.* 맏아들. 장남. 장자.

primogenitor *m.* 시조(始祖). 선조.

primogenitura *f.* 맏아들임. 장자임 ; [法] 장자상속(권)(長子相續)(權).
direito de primogênitura (제사에 대한) 장자의 상속권(맏아들로서의 우월권).

primonato *m.* 처음에 태어난 자. 맏아들. 장자.

primor *m.* ①걸출. 탁월. 절묘(絶妙). ②우미(優美). ③완전. 아주 잘됨.
primor de arte 걸작품. 명작.

primordial *a.* 최초의. 원시의. 원시시대부터 있는. 본원(本源)의. 초생(初生)의.
folhas primordiais 처음 나온 잎사귀(初葉).

primordialmente *adv.* 처음부터. 당초부터. 시초부터. 원래. 근본적으로.

primórdio *m.* ①근원(根元). 본원(本源). ②발단. 시초. 시작. 개시. 단서(端緖). 출처(出處). ③[修] 전제(前提).

primorosamente *adv.* 완전하게. 훌륭하게. 우아하게. 우미하게. 뛰어나게.

primoroso *a.* ①완전한. 결점 없는. ②더할 나위 없이 훌륭한. 아주 잘된. 우미한. 우아한. ③깨끗한. 말쑥한. 순전한. ④걸출한.

prímura *f.* [植] 앵초속(櫻草屬).

primuláceas *f.(pl.)* [植] 앵초과의 식물.

princesa *f.* (《占》 *princeza, princessa*) ①왕녀. 공주. 공왕비. 왕자비(王子妃). 공작부인(公爵夫人).
brincos de princesa [植] 퓨우셔(바늘꽃과에 딸린 열대 아메리카산의 관상용 관목).

principado *m.* ①*príncipe*의 지위. 권력 또는 영토. ②걸출(傑出). 탁월 ; 뛰어남. 발군(拔群).

principal *a.* ①주요한. 제일의. 선두의. 중요한. [文] 주부(主部)의. ②주체의. 본체(本體)의. ③원금의.
ator principal 주역배우. 인기 있는 배우.
cláusula principal [文] 주절.
pruduto principal 추산물.
— *m.* ①두목. 장상(長上). 지배자. 장관. 사장. 회장. ②주역. 독연자(獨演者). 결투의 본인. ③[法] 정범. 주범(主犯) ; 본인. ④주물(主物). 주건(主件), ⑤(문제의) 요점(要點). 주점(主點). ⑥[樂] 주음전(主音栓)(풍금의). ⑦[建] 주재(主材). 주구(主構). ⑧[商] 원금(元金). 기본재산.

principalidade *f.* ①수위(首位). ②군주(지배자)의 지위. ③주로 되는 것. 중요. 우월.

principalmente *adv.* 주로. 특히. 대체로.

príncipe *m.* ①(제왕을 위에 가지지 않은) 작은 나라의 통치자.《雅》왕. 군주.《比喩》대가. 제일인자. ②(봉건시대의) 제후. 영주(領主). ③왕자(王子). 황자(손) 皇子)(孫). 왕조.

principelho *m.*《輕蔑語》세력이 없는 왕후(王候).

principescamente *adv.* 왕자답게. 왕후처럼. 장려하게. 호사스럽게.

principesco *a.* ①왕자의. 왕후의. ②군주다운. 위엄있는. 고귀한. 우아(優雅)한. 장려(壯麗)한. 호사스런.

principiador *a.*, *m.* 시작하는 (사람). 착수하는 (자). 개시자. 발기자. 창시인(創始人). 초학자.

principiante *a.* 처음으로 배우는. 처음으로 시작하는. 초학의. 초보의.
— *m.* 시작하는 사람. 초학자.

principiar *v.i.*, *v.t.* 시작하다. 개시하다. 착수하다. (…으로부터) 출발하다.
principiar por 우선(…하는 것부터) 시작하다. (…일에) 착수하다.

principiculo *m.* =*principelho*.

princípio *m.* ①시작. 개시. 시초. 발단. ②기원. 본원(本源). ③[化] 원소(元素). 소(素). 정(精). ④주의(主義). 방침. 정책. 도의.
princípios (pl.) (과학의) 원칙. 원리. [哲] 원리. [理・化] 법칙. 기본. 기초.
ao princípio 처음에.
desde o princípio 처음부터.
dar princípio 시작하다. 일으키다.

principote *m.* 작은 왕자. 보잘 것 없는 왕후.

prior *m.* ①《古》 큰 수도원의 부원장(副院長). 작은 수도원의 원장. ②성직자. 중. 목사.

priora *f.* (*pior*의 여성형). 수녀원장. 작은 수도원의 여원장.

priorado, priorato *m.* ①*prior*의 직위 또는 임기. ②소수도원.

prioral *a. prior* (*priora*)에 속하는.

prioresa *f.* =*priora*.

prioridade *f.* ①앞섬. 먼저임. …보다 중요함. 상석(上席). ②[法] 우선권. 선취권(先取權). ③선순(先順). 선취.

prisão f. ①체포. 포박. 속박. 검속. ②유치. 구금. 감금. 유폐. 투옥. 수감. ③금고실(禁錮室). 감방. 감옥. 형무소.
prisão celular (형무소의) 독방. 옥실.
prisão preventiva 미결감. 유치장.
prisão perpetua 무기도형(無期徒刑).
ordem de prisão 체포령(장).
meter na prisão 감옥에 넣다. 투옥하다.
prisão de ventre 변비증(便秘症). 비결(秘結). 대변불통(大便不通).

prisca f. 담배꽁초.

prisco a. 원시시대의. 옛날의. 고대(古代)의. 원시적.

prisional a. 감옥의. 형무소의. 감옥(형무소)에 관한.

prisioneiro m. ①죄수. (유치장에) 검속된 사람. 형사피고인. ②포로. 갇힌 사람. 자유를 빼앗긴 사람.
prisioneiro de guerra 전쟁포로.
fazer prisioneiro 포로로 하다.

prisma m. ①[數] 삼릉각(三稜角). 각주(角柱). ②[光] 프리즘. 분광(分光). 칠색(七色). ③[結晶] 주(柱).

prismado a. 삼릉각을 이룬. 삼릉형을 한.

prismático a. ①삼릉각의. 각주(角柱)의. ②프리즘의. 무지개색의. ③[結晶] 사방정계(斜方晶系)의.
côres prismáticas 스펙트럼의 7색. 원색.

prismatização f. 삼릉각(三稜角)을 형성함.

prismatizado a. 삼릉각을 이룬. 삼릉형이 된.

pristino a. 원시시대의. 태고의. 고대(古代)의. 원시의.

pritane m. 옛 그리스의 시장(市長). 옛 아테네의 원로의원(元老議員); 원로의관(議官).

pôrtaneu m. 옛 그리스 아테네의 원로의원(議院). 옛 그리스의 시의회(市議會).

privação f. ①상실(喪失). 탈각(奪却). 빼앗기. 빼앗기기. ②[論] 성질결여(性質缺如).
privações (*pl.*) (특히 필수품의) 부족. 결핍. 궁핍.

privada f. 변소. 옥외변소. 뒷간. (특히 병사(兵舍)·병원 등의) 공동변소.

privado a. ①빼앗긴. 박탈당한. ②관직을 안 가진. 평민의. 사유의. 사적의. 개인에 속하는. 사사(私事)의. 사영(私營)의. ③공개 안 된. 비공식의. 비밀의.
vida privada 사생활(私生活).
— m. ①마음에 드는 사람. 총아(寵兒). 극친한 벗. ②특히 좋아하는 물건.

privamento m. = *privação*.

privança f. ①총우(寵遇). ②극친(極親). 간친(懇親).

privar v.i. ①빼앗다. 박탈하다. ②자유를 빼앗다. ③방해하다. 저지(沮止)하다. ④금지하다.
— v.i. (+*com*). …와 가까이하다. 친밀히 지내다.
—*se* v.pr. 스스로 금하다. 스스로 …을 끊다.

privativamente adv. ①부정적으로. ②…을 제외하고. ③특별히.

privativo a. ①빼앗는. ② 사적인. 개인적인. 관직을 안 가진. 비공식의. 공개하지 않는. 비밀의. ③특별한. 특수한. ④[文] 부정(否定)의. 취소의. 반의(反意)의.

privilegiado a. ①특권 있는. 특전(特典) 있는. 특허의. 특성 있는. ②이상한. 비범한.

privilegiar v.t. ①특권을 부여하다. 특전을 주다. 특허하다. ②특성(特性)을 갖게 하다.

privilegiativo a. 특권(特典)이 있는.

privilégio m. ①특권. 특전(特典). 특허. ②특허장. ③특성. 특질.

pró adv. …에 찬성하여. …에 편들어. …을 좋다고 하여.
— m. 편. 찬성.
em pró de …을 위하여. …에 찬성하여.
o pró e o contra 가부(可否). 찬부(贊否). 두 갈래로.

proa f. ①뱃머리(船首). 이물. (항공기의) 기수(機首). ②자랑. 뽐내기. 오만.
pôr proa em (배를) …의 방향으로 가게 하다. 뱃머리를 …의 쪽으로 돌리다.

proar v.t., v.i. 뱃머리를 부두쪽으로 향하게 하다(향하다). 착안(着岸)하다.

probabilidade f. ①있을 법함. 그럴듯함. 가망. 가망성. 실현가능성. ②[哲] 개연성(蓋然性). ③[數] 확률(確率). 공산(公算).
calculo de probabilidade 개연율(蓋然率). 공산.

probabilismo m. [哲·神] 개연론(蓋然論).

probabilista m. 개연론자.

probante a. (= *provante*). 입증하는. 증명하는.

probatório *a.* 증거로 되는. 입증의. 증명의. 시험적.

probidade *f.* ①염결(廉潔). 청렴(淸廉). 청검(淸儉). ②성실. 정직. 방정(方正).

problema *m.* ①문제. 의문. 난문(難問). ②[幾] 문제. ③[論] 삼단논법에 포함된 문제. [理·數] (주어진 조건에서 어떤 사실·결과 또는 법칙을 구하는) 연구. ④[將棋] (풀어야 할) 문제.

problematicamente *adv.* 문제로서.

problemático *a.* 문제의. 문제되는. 의문의. 미정의. 의심스러운. 확실치 않은.

problematizar *v.t.* 문제로 하다. 의문으로 하다.

problemista *m., f.* 장기꾼. 기객(棋客). 장기 수를 푸는 사람.

probo *a.* 곧은. 정직한. 성실한. 염직(廉直)한. 청렴한.

probóscida, probóscide *f.* ①(코끼리 등의) 코. ②(곤충 등의) 주둥이. ③(사람의) 큰 코.
— *f.(pl.)* 장비류(長鼻類).

proboscideo *a.* [動] (코끼리 코와 같은) 긴 코 있는. 장비(長鼻)의.

procace *a.* =*procaz*.

procacidade *f.* ①성 잘 냄. 성미 급함. ②뻔뻔함. 부끄러움을 모름. 후안무치(厚顔無恥). 파렴치함.

procaz *a.* 화 잘 내는. 뾰쪽거리는. 성미 급한. 뻔뻔스러운. 염치없는. 주제넘은. 건방진. 부끄러움을 모르는. 파렴치한.

procedência *f.* ①기원. 유래(由來). 출처(出處). 원산지(原産地). ②수출지(輸出地). 출발지(出發地).

procedente *a.* ①(+*de*). …에 유래하는. …에서 오는. …에서 생기는. …에 기인(基因)하는. ②결과의. 결과로서 생기는.

proceder *v.i.* ①(…에서) 오다. (…에서) 생기다. (…에서) 유래하다. (…에서) 발하다. ②진행하다. 계속해서 하다. 진척하다. …에 의거(依據)하여 행동하다. ③(+*contra*). 소송수속하다. 고소하다. ④처분하다. 처치하다.
proceder de boa fé 좋게 행동하다. 정정당당하게 행동하다(경기하다).
proceder de má fé 나쁘게 행동하다. 위법적인 수를 쓰다. 흉악한 짓을 하다.
— *m.* 행동. 행위. 처신. 행색(行色). 노릇. 품행.

procedido *a.* (좋은 또는 나쁜) 행동을 취한 (행위를 한).

procedimento *m.* ①행동. 행위. 처신. 품행. 행색(行色). ②(행동·상태·사정 따위의) 진행(進行). 계속. ③(진행상의) 절차. ④하는 방법. 공정(工程). ⑤소송수속(訴訟手續). 소송절차.

procela *f.* ①큰 폭풍. 폭풍우(설). 큰 파도. ②대소동. 동란.

procelária *f.* [鳥] 바다제비속(海燕屬).

proceloso *a.* ①폭풍이 있을 듯한. 폭풍우의 징조를 보이는. ②폭풍의. 폭풍우(설)의. 폭풍이 심한.

prócer, prócere *m.* ①대관(大官). 큰 인물. 유지. ②권력자. 영도자. ③부호.

proceres *m.(pl.)* 대공(大公 : 스페인 또는 포르투갈의 최고 귀족) ; 귀한 인물. 고관.

proceridade *f.* ①키가 큼. 높음. ②고상함.

procero *a.* ①키가 큰. 높은. 높이 솟은. ②고상한. 숭고한. 고원한. ③현저한. 중요한.

processal *a.* 소송의. 기소의. 소송절차(수속)의.

processamento *m.* ①소송수속(訴訟手續). 기소(起訴). ②심리(審理). ③(서류의) 처리.

processão *f.* =*procedência*.

processar *v.t.* ①소송수속을 하다. 기소하다. ②심리(審理)하다. (증거서류를) 조사하다. (행정사건에 관한 서류를) 처리하다.

processável *a.* 소송(수속을)할 수 있는. (형사상(刑事上)) 기소될 수 있는.

processional *a.* 행렬(行列)의. 행렬용의.

processionalmente *adv.* 행렬을 지어.

processionário *m.* [宗] 행렬찬송가. 행렬서식(書式).

processo *m.* ①진행. 과정. 경과. 수행. 실행. 추이. 변천. 전말. ②방법. 방식. 제작법. 공정(工程). 순서. ③처치. 처분. 작용. ④자연작용. 만물의 발전. ⑤[法] 기소(起訴). 소송수속. 재판수속. 소송사건. ⑥한 건의 서류.
feito por novo processo 새로운 방법에 의하여 제작된.
código do processo civil 민사소송법.
código do processo criminal 형사(刑事) 소송법.

processual *a.* 소송의. 기소의. 소송수속의. 소송(수속)에 관한.

procidência *f.* [醫] 탈출(脫出). 탈수(脫垂 : 자궁·직장(直腸) 등의).

procidente *a.* 탈출한. 탈수한.

procissão *f.* 행렬(行列). 행진. 예배행렬.
procissão de lanternas 제등행렬(提燈行列).

proclama *m.* (흔히 복수로 씀) ①결혼예고. 결혼식 거행의 고시(告示). ②선언(宣言). 고유(告諭).

proclamação *f.* ①선언. 포고. 발포(發布). 선포. ②성명서. 선언서.

proclamador *m.* 선언자. 선포자. 발포자. 성명자. 공포자(公布者).

proclamar *v.t.* ①선언하다. 포고하다. 발포(發布)하다. 선포하다. ②성명하다. …임을 표시하다.
— *se v.pr.* 스스로 …라고 선언하다. 자칭(自稱)하다.

proclamatório *a.* 선언의. 선포의. 공포(公布)의. 선언적인.

próclise *f.* (특히 그리스文法) 후접어(後接語)임. 후접어의 사용.

proclítica *f.* (특히 그리스文法) 후접어(後接語 : 자체에는 액센트가 없고 다음 말에 붙여서 발음되는 단음절(單音節)의 말. 관사·전치사·조동사 등).

proclítico *a.* 후접어의.

procônsul *m.* (옛 로마) 지방 총독. 《轉》식민지 총독.

proconsulado *m. proconsul*의 직·임기.

proconsular *a.* [옛 로마] 지방 총독(관하(管下))의.

procrastinação *f.* 미루기. 연기. 천연(遷延). 미루는 버릇.

procrastinador *m.* 미루는(연기하는) 사람.

procrastinar *v.i., v.t.* ①(날짜를) 연기하다. 미루다. 천연(遷延)하다. ②(일을) 미룰대로 미루다. 오래 끌다. (행동을) 연기하다.

procriação *f.* 출생. 출산. 생식(生殖).

procriador *a., m.* 생식자(生殖者). 번식자. 아버지.

procriar *v.t.* 낳다. (만들어) 내다. 산출하다.

procronismo *m.* 시일전기(時日前記 : 연대기(年代記) 따위에 연월일을 실제보다 먼저 기록하는 오류(誤謬)).

proctalgia *f.* [醫] 항문통(肛門痛).

proctite *f.* [醫] 항문염(肛門炎). 직장염(直腸炎).

proctocele *f.* [醫] 탈항(脫肛).

proctorréia *f.* [醫] 치출혈(痔出血).

proctoscopia *f.* [醫] 직장검경(直腸檢鏡).

proctotomia *f.* [醫] 직장절개술(切開術).

procumbir *v.i.* ①죽어 넘어지다. 상처를 입고 넘어지다. ②(굴복을 표시하기 위하여) 엎드리다. 부복(俯伏)하다.

procura *f.* ①찾기. 수색. 추구. 탐색. ②노력. ③[商] (공급의 반대어로) 수요(需要).
à procura de …을 찾아서. …을 구하여.
a procura e a oferta [商] 수요와 공급.

procuração *f.* ①대리. 대변. 위임. ②대리권. 위임장.

procuradeira *f.* 몹시 알고 싶어하는 여자. 호기심이 많은 여자. 천착(穿鑿)하기 좋아하는 여자.

procurador *a.* 찾는. 탐구하는. 수색하는. 탐색하는.
— *m.* [法] ①(소송) 대리인. 대소인(代訴人). (사무) 변호사. 대변인. ②검사(檢事). 검찰관(檢察官).
procurador geral 검찰총장.
procurador da república 공소관(公訴官).

procuradora *f.* 여자 대리인. 여자 대소인.

procuradoria *f.* ①대리인(사무변호사)의 직. 그 임기. 대리권. 소송대리인(대소인)의 사무소. ②검사의 직·임기. 검찰소. 검찰관의 집무소(執務所).
procuradoria fiscal 국세청(國稅廳)의 수세국(收稅局).

procurar *v.t.* ①찾다. 찾아내다. (장소·사람을) 뒤져 찾다. ②수색하다. 탐색하다. 탐구하다. ③(얻으려고) 노력하다. 애쓰다.
procurar alguém 아무를 찾다.
procurar por …을 찾다. 물으며 찾다. 아무를 찾다.

procuratório *a.* 대리인(대리위임)에 관한.

procuratura *f.* = *procuradoria*.

prodição *f.* ①불신(不信). 불신행위. 변절. 배반. 내통. 위약(違約). 모반. ②반역죄.

prodigador *a., m.* = *prodigalizador*.

prodigalidade *f.* ①낭비. 허비. 탕진(蕩盡). 산재(散財). 난봉. ②아낌없음. 풍부.

prodigalíssimo *a.* (*pródigo*의 최상급). 낭비가 아주 심한. (금전을) 물쓰듯 허비하는.

prodigalizador *a.*, *m.* (재산을) 탕진하는 자. 아낌없이 쓰는 (사람). 낭비자.

prodigalizar *v.t.* 낭비하다. 허비하다. 아낌없이 쓰다. (재산을) 탕진하다. 남용(濫用)하다.

prodigamente *adv.* 낭비하여. 아낌없이. 탕진하여.

prodigar *v.t.* =*prodigalizar*.

prodígio *m.* ①비범함. 천재(天才). 신동(神童). 절세의 미인. ②경이(驚異). 기이(奇異). 괴이(怪異). 불가사의한 것. 괴물.

prodigiosamente *adv.* 이상하게. 놀랍게. 비범하게. 거대하게.

prodigioso *a.* ①이상한. 경이적. 놀라운. ②거대한. 막대한. 비범한.

pródigo *a.* 낭비하는. 허비하는. (돈 따위) 아낌없이 쓰는. 탕진하는. 방탕한. 통이 큰. 풍부한. 남용(濫用)하는.

filho pródigo 재산을 탕진하는 아들. 탕아(蕩兒).

— *m.* 낭비자. 허비자. 산재자(散財者). 탕아(蕩兒).

pródigo do porão [海] 선상(船床)의 첨재(添材).

proditor *m.* 배신자(背信者). 변절자. 반역자.

proditório *a.* 배반하는. 배신하는. 반역적. 배신적. 불충한. 진실치 못한. 믿을 수 없는.

prodrómico *a.* [醫] 전구적(前驅的). 징후(徵候)의.

pródromo *m.* ①(책의) 서론(序論). ②사전징후(事前徵候). 전조(前兆). 미리 경고하는 것.

prodromos (*pl.*) [醫] 전구증(前驅症).

produção *f.* ①생산. 산출. 제조. 제작. 저작(著作). ②제품. 저작물. 작품. ③생산고(生産高). 산출액. ④제공(提供). 제출(提出)(증거서류 따위).

producente *a.* ①생산하는. 산출하는. 낳는. 야기(惹起)하는. 결과를 가져오는. ②생산적인.

produtibilidade *f.* 생산할 수 있음. 생산 가능성. 생산력.

produtivamente *adv.* ①생산적으로. 풍요(豊饒)하게. ②유익하게. 유리하게.

produtível *a.* 생산할 수 있는. 생산 가능한. 제출(연장·상연(上演)할 수 있는.

produtividade *f.* ①생산력. 산출력. 증식성. ②다산. 다작.

produtivo *a.* ①생산의. 생산적인. 인력이 있는. 많이 낳는. 다산의. 풍요한. ②이익이 오르는. 유리한.

produto *m.* ①산출품. 생산품. 생산물. 제작품. 창작. ②(노력의) 결과. 성과. 수익(收益). ③[數] 곱하기(積). [化] 생성물(生成物).

produto da venda 매상고(賣上高).

produto químico 화학품.

produtos agrícolas 농산물.

produtor *a.* 만들어내는. 생산하는. 산출하는. 제작하는.

— *m.* 생산자. 제작자. 영화제작자.

produtriz *a.*, *f.* =*produtor*의 여성형.

produzidor *a.*, *m.* =*produtor*.

produzir *v.t.* ①생산하다. 산출하다. 낳다. ②만들어내다. 만들다. 제조하다. 제작하다. 창작하다. ③출판하다. (그림을) 그리다. (시를) 짓다. ④보이다. 내놓다. 제출하다. ⑤(연극 따위를) 공연하다. 연출하다. ⑥(…이) 일어나게 하다. 초래(야기)하다. 결과를 가져오다. ⑦[幾] 연장하다. 연결하다.

— *v.i.* ①산출하다. 만들어내다. 창작하다. ②빚어내다.

produzível *a.* 생산할 수 있는. 제작 가능한. 생길 수 있는. 야기(惹起)될 수 있는.

proeiro *m.* 뱃머리(이물)에서 망보는 수부(水夫).

proejar *v.t.* (뱃머리(船首)를 …의 방향으로 돌리다. 노를 저어 (이물을) …의 쪽으로 가게 하다.

proembrião *m.* [生産] 원아체(原芽體). 원배(原胚).

proembrionario *a.* 원배의. 원배에 관한.

proemial *a.* 머리말의. 서문(序文)의. 서언의.

proemiar *v.t.* 머리말을 하다. 서문을 쓰다.

proeminar *v.i.* 돌출하다. 돌기하다. (눈에 잘 뜨이게) 나타나다. 현저해지다.

proeminência *f.* ①돌기(突起). 돌출. 융기(隆起). 양각(陽刻). 돌출부. 눈에 띄는 곳. ②현저(顯著). 탁월.

proeminente *a.* ①돌기의. 돌기한. 돌출한. 융기한. 양각으로 된. ②탁월한. 걸출한. 현저한.

proémio *m.* ①머리말. 서문(序文). 서언. ②발단(發端).

proeza *f.* ①용감. 용맹. 용감한 행동. 훌륭한 솜씨. ②위업(偉業). 장한 일. 장거(壯擧).

profanação *f.* 독신(瀆神). 신성모독(神聖冒瀆). 남용. 불경(不敬).

profanador *a.*, *m.* 독신하는 (자). 신성을 모독하는 (자). 존엄모독자(尊嚴冒瀆者).

profanamente *adv.* 신성을 모독하여. 불경하게.

profanar *v.i.* 모독하다. 신성을 더럽히다. 남용하다.

profanete *a.* 모독과 같은. 독신(瀆神)에 가까운. 모독적인.

profanidade *f.* ①신성모독. 불경. 성물남용(聖物濫用). ②모독적(冒瀆的)인 언행.

profano *a.* ①신성을 더럽히는. 모독하는. 독신(瀆神)의. 불경(不敬)의. ②종교에 반대하는. 신앙심이 없는. (그리스도교에서 본) 이교의. 사교의. 이단의. ③속세의. 세속적. 범속한. 야비한.
— *m.* ①(승려에 대하여) 일반신도. 평신자(平信者). 속인(俗人). ②아마추어. 문외한(門外漢). (조직·결사·협회 등의) 비회원(非會員).

profecia *f.* 예언(豫言). 예언 능력. [聖] 예언서.

proferir *v.t.* ①말하다. 터놓고 말하다. 표현하다. 표시하다. ②선고(宣告)하다. 언도(言渡)하다.

professante *m.* ①공표자(公表者). 창도자(唱道者). ②신앙고백자.

professar *v.t.* ①가르치다. (…을) 교육하다. 교수하다. ②공언(公言)하다. 명언하다. 고백하다. ③신앙을 고백하다. 신앙하다. 맹세하고 수도회에 들어가다. ④(신조를) 지키다. 행동하다. ⑤…체하다. …이라고 칭하다. ⑥주장하다. 창도하다.
— *v.i.* [家] ①(수도자로서) 맹세하다. 신앙고백을 하다. ②성직(聖職)에 들어가다. 교직(敎職)에 들어가다. 사제(司祭)일을 보다. ③공언하다. 선언하다.

prefesso *a.* ①[宗] 맹세한. 서약한. 맹세하고 수도회에 들어간. ②공언한. 공연(公然)의. 본직의. ③수련(修鍊)한.
— *m.* 맹세한 수도자(修道者). 수련한 사람. (…의) 도를 닦은 사람.

professor *m.* ①선생. 교원. 교사. 교수. ②노련가. 숙련자. ③[宗] 신앙고백자. ④사도가(斯道家).

professóra *f.* 여선생. 여교원.

professoraço *m.* 《輕蔑》선생. 보잘 것 없는 교원.

professorado *m.* 교수의 직(임기). 교수단(敎授團). 교수회(敎授會). 같은 급의 교원 전체(교원계급).

professoral *a.* ①교사의. 교수의. 교수다운. 선생같은. ②학자인 체하는. 독단적.

profeta *m.* ①예언자. 신의(神意)를 알리는 사람. ②(주의 따위의) 대변자. 제창자. ③사물을 미리 아는 사람. 예고자. (경마 결과의) 예측자. ④*Profeta* 마호멧(에 대한 존칭).

profetante *a.* 예언하는. 예측하는.

profetar *v.t.*, *v.i.* =*profetizar*.

proféticamente *adv.* 예언적으로. 예언하여.

profético *a.* 예언자의. 예언자다운. 예언적인. 예언의.

profetisa *f.* 여자 예언자.

profetismo *m.* 예언에 기인한 교의(敎義).

profetista *a.* 예언의. 예언자의. 예언자 같은. 예언자풍의.
— *m.* 예언자.

profetizador *a.*, *m.* 예언하는 (사람).

profetizar *v.t.*, *v.i.* 예언하다. 말해 맞히다.

proficiência *f.* ①능숙. 능락. 숙달. 숙련. ②이익. 이득.

proficiente *a.* ①능숙한. 능란한. 숙달한. 숙련한. ②유익한. 유리한. 유용한.

proficuamente *adv.* 유리하게. 유익하게. 유용하게.

proficuidade *f.* ①유익. 유리. ②쓰기에 편함. 유용. 덕용(德用).

profícuo *a.* ①수입이 많은. 이익이 나는. 유익한. 유리한. ②쓸모 있는. 쓰기 편리한. 유용한.

profilático *a.* [醫] 예방의. 예방적인. 예방학의.

profilaxia *f.* [醫] 예방. 예방법. 예방학(豫防學).

profiláxico *a.* =*profilático*.

profissão *f.* 직업. 업무. ②공언(公言). 선언. 고백.
de profissão 본식(本職)의. (…의) 업(業)의.

profissional *a.* 본업의. 전문의. 전문(가)적. 본식의. 직업적. 직업상.
carteira profissional 직업수첩.
ensino profissional 실업(직업)교육.

— *m., f.* 본직. 전문가. 직업선수. 프로.
profissionalismo *m.* 상인(전문가) 기질. 전문(직업)적 방법.
profitente *a.* ①어떤 종교를 공공연히 신봉하는. ②어떤 학설·주의(主義)를 고수하는.
profligação *f.* ①뒤집기. 전도(顚倒). 전복. 넘어뜨리기. ②내던지기. 뿌려 던지기. ③파괴. 파멸. ④패배(敗北). 궤주.
profligado *a.* ①뒤집어엎은. 전복한. 전도한. 쓰러진. ②넘어진. 허물어진. ③패배한.
profligador *a., m.* 뒤집어엎는 (사람). 전복하는 (자). ②격파하는 (자). 패배시키는 (자).
profligar *v.t.* ①뒤집어엎다. 전도시키다. ③패배시키다. 궤주(潰走)시키다. ④(제도같은 것을) 폐지하다.
pró-forma *adv.* 형식상. [商] 견적의.
prófugo *a.* ①도망간. 달아난. 탈주한. ②정처없는. 방랑하는. 방랑적인.
profundador *a.* ①깊게 하는. (깊게) 파 내려가는. ②깊이 연구하는. (학문 따위) 조예가 깊은.
— *m.* 조예자(造詣者).
profundamente *adv.* 깊게. 심원하게. 심연(深淵)하게. 마음속으로. 중심으로. 지극히.
dormir profundamente 깊은 잠을 자다. 폭 자다.
profundar *v.t.* ①깊이하다. 깊어지게 하다. 깊이 파내려가다. ②(문제 따위를) 파고 들어가다. 깊이 연구하다. (학문·기술 따위) 조예(造詣)가 깊다.
— *v.i.* ①깊어지다. 깊이 들어가다. ②(마음 속에) 깊이 사무치다. (인상·지식이) 깊어지다. 심각해지다.
profundas *f.(pl.)* 제일 깊은 곳. 심연(深淵). 《俗》 나락. 지옥.
profundável *a.* ①깊이 파내려갈 수 있는. ②깊이 연구할 수 있는.
profudear *v.t., v.i.* = *profundar.*
profundez, profundeza *f.* 깊음. 깊이. 심원(深遠)함. 의미심장함. 심오(深奧). 유현(幽玄).
profundidade *f.* ①깊음. 깊이. 심도(深度). ②심연(深淵). 심오(深奧). 오묘(奧妙). 유현(幽玄).
20 metros de profundidade 20미터 깊이.

profundo *a.* ①깊은. 속깊은. 심원한. 심오한. ②조예 깊은. (교리(教理)·글 따위) 오묘한. (의미) 심장한. ③(동정 따위) 심심한. 마음에서 우러나오는. 중심의.
— *m.* ①깊은 곳. 심저(深底). 심연. 심해(深海). ②나락. 지옥.
— *adv.* 깊게. 심심하게. 중심으로.
profundura *f.* = *profundidade.*
profusamente *adv.* 아낌없이. 풍부하게.
profusão *f.* ①아낌없이 씀. 낭비. ②많음. 파다. 풍부. 풍요.
profuso *a.* ①통이 큰. 헤픈. 아낌없는. 물쓰듯이 쓰는. 낭비하는. ②많은. 풍부한. 파다한. 흡족(洽足)한.
progênie *f.* ①자손. 후예(後裔). ②후배. 제자. 혈통. 계통.
progenitor *m.* ①선조(先祖). 어버이. ②선배. ③원본(原本).
progenitores (*pl.*) 선조.
progenitora *f.* *progenitor*의 여성형.
progenitura *f.* 자손을 낳음. 자손. 후예.
proglote *f.* [動] (촌충의) 한 마디(節).
prognatismo *m.* [解] 내민 턱(突顎).
prógnato *a.* [解] 턱이 나온. 돌악의.
progne *f.* 《詩》 제비(燕).
prognosticação *f.* ①예지(豫知). 예측. 예언. ②징후. 전조(前兆). ③판단. 추량(推量).
prognosticador *m.* 예언자. 점쟁이.
prognosticar *v.t.* (전조에 의하여) 예측하다. 예시(豫示)하다. 예언하다.
— *v.i.* [醫] 경과를 예측하다. 뒤에 있음직한 것을 판단하다.
prognóstico *m.* 전조(前兆). 징후(徵候). [醫] 예후(豫後). 경과의 예측.
— *a.* 전조의. 징후의. [醫] 예후의.
programa *m.* ①프로그램. 상연(상영) 목록. 식 차례. ②계획. 예정. ③강령(綱領). 정강(政綱). ④예정표. 과정표. ⑤(학교의) 시간표.
programador *m.* (영화·라디오 따위의) 프로그램을 짜는 사람.
programar *v.t.* ①(…의) 프로그램을 짜다. 계획을 세우다. (일람표·목록·명세서·과정표·시간표 따위의) 표를 만들다.
progredimento *m.* 진행. 전진. 공정(工程). 진척. 진보. 발달.

progredir *v.i.* 진행하다. 진척하다. 진보하다. 발달하다. (앞으로) 나아가다. 전진하다. 발전하다.
— *v.t.* 전진시키다. 진척시키다. 발전케 하다.

progressão *f.* ①진행. 전진. 공정(工程). ②누진(累進). 누증(累增). ③[數] 급수(級數). ④《稀》진보. 경과.

progressismo *m.* 진보주의. 혁신론(革新論).

progressista *a.* 진보주의의. 진보적.
— *m., f.* 진보주의자. 개혁론자. 진화론자.

progressivamente *adv.* 점진적으로. 누진적으로. 진보적으로. 점차로. 차차.

progressivo *a.* ①전진의. 전진적. 진보적. ②진보주의의. 개진적(改進的). 향상적. 향상의. 진취의. ③누진적. 점진적. [醫] 진행상의. 퍼지는.
imposto progressivo 누진과세.

progresso *m.* ①향상. 진보. 발달. 발전. 진척. 전진. ②누진(累進). 누증(累增). ③추이(推移). 시간의 경과.
fazer progresso 전진하다. 발전하다. 진척하다.

proibição *f.* 못하게 함. 금지(禁止). 금지령. 금제(禁制). 법금(法禁).

proibicionismo *m.* 주류양조판매 금지주의. [美] 보호무역주의. 수입금지 주의(輸入禁止主義).

proibicionista *m., f.* 주류양조 판매금지론자.

proibido *a.* 금지된. 금지한. …을 못하게 하는.
é proibido fumar 금연(禁煙).
é proibido a entrada 출입금지.

proibidor *a., m.* 금지하는 (자).

proibir *v.t.* (…을) 못하게 하다. 금지하다. 금지하다.
Proibo-lhe a entrada. 당신의 입장(入場)을 금합니다.
Proibo-o de entrar. 들어오는 것을 금지합니다.

proibitivo *a.* 금지하는. 금지의. 금제의. 금단(禁斷)의. 금지적.
lei proibitiva 금지령.
tarifa proibitiva 수입금지의 세율.

proibitório *a.* 금지의. 금제의.

proiz *m.* [海] 큰 밧줄(繫船網). 닻줄.

projeção, projetação *f.* ①계획. 고안. ②돌출(부). 튀어나온 것. 돌기(突起). ③투사(投射). 발사. 포사(抛射). ④[畵] 사영(射影). 투영(법). 평면도법. 투영화. [映] (막 따위에의) 영사. ⑤[心] 관념의 객관화. ⑥도가니 속에 던져 넣기.
angulo de projeção (포(砲)의) 발사각(發射角).

projetar *v.t.* ①설계하다. 생각해 내다. 고안하다. 계획하다. 발기하다. ②불쑥나오게 하다. 돌출하게 하다. ③(총알 따위를) 발사하다. 쏘다. 방출(放出)하다. [化] 투입(投入)하다. ④(빛·그림 따위를 표면에) 투영하다. 투사(投射)하다. 비추다.
—*se v.pr.* 튀어 나오다. 돌출하다. 나서다. 돌진하다.

projetil *a.* 발사하는. 투사하는. 추진하는.
— *m.* 포사(抛射) 물체. (특히) 탄환. 발사체(發射體). 방사물(放射物).
(注意) 포르투갈에서는 *projectil* 라고 씀.

projetista *m., f.* ①설계자. 계획자. ②(나쁜 뜻으로 쓰이는 말로서) 꾸며 내는 자.

projetivo *a.* 투사력 있는. 사영(射影)의. 투영의. [心] 심상(心像)을 그리는.

projeto *m.* 계획. 기획. 설계. 안. 도안. 법안.
projeto de lei 법안(法案).

projetor *m.* ①설계자. 계획자. ②투사기(投射器). 투광기(投光器). [映] 영사기. ③영사기사. ④탐조등(探照燈). 조공등(照空燈).

projetescópio *m.* ①투영기(投影器). ②영사기(映寫機).

projetura *f.* [建] 건물의 돌출부(突出部).

prol *m.* 《古》이(利). 이익. 이득. 편익.
em prol de …을 위하여. …의 편익을 도모하여.

prolação *f.* ①[文] 발음(법). 발성. ②[樂] 연음(延音). ③연기. 지연.

prolaspso *m.* [醫] 탈출. 탈수(脱垂)(자궁·직장(直腸) 따위).

prole *f.* ①자식. 자녀. 자손. ②후예(後裔). 후계자. ③생긴 것. 소산(所産). 결과.

prolegômenos *m.(pl.)* 머리말. 서문(序文). 서언. 서론. 총론(總論).

prolepse, prolepsia *f.* 예상. [修] 예변법(豫辨法: 반대론을 짐작하여 미리 예방·반박함). [文] (형용사의) 예기적 품사법(品辭法).

proleptico *a.* ①앞의. 예상의. 예정적. ② [修] 예변법의. ③[醫] 조발(早發)의. 급발의. (열의 발작 따위의) 전발(前發)의.

proletariado *m.* 프롤레타리아 계급. 무산계급. 하층(노동)사회.

proletário *a.* 프롤레타리아의. 무산계급의. 영세민(零細民)의. 하층(노동)사회의. *classe proletária* 무산계급.
— *m.* 그날그날 품팔이로 사는 사람. 무산자(의 신세·신분) 하층민. 영세민.

prolfaças *m.*, *f.(pl.)* =*parabéns*.

proliferação *f.* 증식(增殖). [植] 분아번식(分芽繁殖). [醫] 이상발생(異狀發生).

proliferar *v.i.* (세균이) 번식하다. 증식하다. [植] 분아번식하다.

prolífero *a.* [植] 분아번식하는. 다산(多産)의. [病] 증식하는. 증식성의.

prolificar *v.i.* 생식하다. 낳다. 생산하다. 증식하다. [植] 분아번식하다.

prolífico *a.* ①아이를 낳는. 열매를 맺는. 다산(多産)의. 생식력이 강한. ②다작(多作)의. 풍부한. 풍요(豊饒)한. ③원인이 되는.

prolixamente *adv.* 지루하게.

prolixidade *f.* 장황. 지루함. 유장(悠長).

prolixo *a.* 장황한. 지루한. 유장한.

prologar *v.t.* 머리말을 하나. 시문을 쓰다. 서언(緒言)하다. 서곡(序曲)을 연주하다.

prólogo *m.* ①서언. 머리말. ②서막(序幕). [樂] 서곡(序曲). (시 따위의) 서사. 전예(前藝).

prolonga *f.* 지체. 지연(遲延). 유예. 연기. 연장.

prolongação *f.* 오래 끌기. 연장. 연기. 유예(猶豫). 천연(遷延). 유예 일수. 연장부(延長部).

prolongadamente *adv.* 늘여서. 연장하여.

prolongado *a.* 늘인. 길게 한. 연장한. 연기한. 천연한.

prolongador *m.* 연장자. 연기자.

prolongamento *m.* 오래 끌기. 연장. 연기(延期). 유예(猶豫). 천연. 유예일수. 연장부.

prolongar *v.t.* ①늘이다. 길게 하다. 널리다. 연장하다. ②연기하다. 천연하다. 더 계속되게 하다. ③발음을 길게 하다. ③ (+*com*). …에 따라 가게 하다.
—*se v.pr.* 길어지다. 연장되다. 연기되다. 천연되다.

prolongável *a.* 늘일 수 있는. 연장할 수 있는. 연기할 수 있는.

prolongo *m.* [建] 지붕의 연장부(집의 앞 또는 뒤로 연장되어 나온 부분).

proloquial *a.* 격언의. 금언의. 이언(俚言)의.

proloquio *m.* 격언(格言). 금언. 이언. 이어(俚語). 처세법.

proluxidade *f.* =*prolixidade*.

proluxo *a.* =*prolixo*.

promanar *v.i.* 흘러나오다. 발(發)하다. 유래하다. 생기다. 일어나다. 출현하다.

promessa *f.* ①약속. 계약. ②약속한 일(물건). ③가망. 전도. 촉망. 믿음직함.

prometedor *a.* 약속하는. (전도가) 유명한. 가망있는.
— *m.* 약속자.

prometedoramente *adv.* 전도유망하게.

prometer *v.t.* ①(…을) 약속하다. 계약하다. ②예상시키다. 기대를 걸게 하다.
— *v.i.* ①약속하다. 언역하다. 서약하다. 준다고 약속하다. ②…의 희망(가망)이 있다. …할 듯하다.
—*se v.pr.* 기대하다. …할 결심을 하다.

prometida *f.* 약혼한 여자. 허혼자.

prometido *m.* ①약혼한 남자. ②약속한 일.
— *a.* 약속한. 약속된.

prometimento *m.* 약속(約束). 구두약속. 계약.

prominência *f.* ①돌출. 돌기. 튀어나온 것. 양각(陽刻). ②현저. 탁월.

prominente *a.* ①돌기의. 양각으로 된. 돌출한. ②현저한. 탁월한. 굴지(屈指)의. 빼어난.

promiscuamente *adv.* 난잡하게. 무차별하게. 뒤섞여서. 뒤죽박죽되어.

promiscuidade *f.* ①뒤죽박죽. 난잡. 혼잡. 난혼(亂婚). ②무차별. 혼합. 혼효(混淆).

promiscuir-se *v.pr.* 뒤섞이다. 뒤죽박죽되다. 혼잡해지다. 난잡해지다.

promíscuo *a.* ①뒤죽박죽의. 뒤섞인. 혼잡한. 혼효한. ②난잡한. 차별 없는. 닥치는 대로의. ③남녀가 섞인. ④[文] 남녀 공통성(共通性)의. 양성통용(兩性通用)의.

promissão *f.* ①약속. ②약속된 땅.
terra da promissão [聖] 약속한 나라(땅) (신(神)이 히브리 사람에게 약속한 가나안의 땅을 말함). 《轉》장래 유망한 땅. 동경(憧憬)하는 곳.

promissivo *a*. =*promissório*.

promisso *a*. =*prometido*.

promissor *a*. 약속하는.
— *m*. ①약속자. ②[法] 계약자. 약속어음 발행인.

promissória *f*. [商] 약속어음.

promissório *a*. 약속의. [商] 지불을 약속하는. 약정(約定)의. [施] 유망한.
nota promissória 약속어음.

promitente *a*. 약속하는. 장래성 있는. 유망한.
— *m*., *f*. 약속자.

promoção *f*. ①승진. 진급. 승급. 영달(榮達). 발탁. ②조장. 진흥. 장려. 촉진(促進). ③주창. 발기(發起). ④검사(檢事)의 청구.

promontório *m*. ①갑(岬). ②[解] 융기(隆起).

promotor *a*. ①증진하는. 촉진하는. 조장하는. 장려하는. 조성(助成)하는. 진흥하는. 발기하는. 창립하는.
— *m*. ①증진자. 조장자. 촉진자. 장려자. 후원자. ②(새 회사·단체의) 발기인. 창립자. 제창자. ③수모자(首謀者). 장본인. ④검사(檢事). [軍] 검찰관(檢察官).
promotor público 검사. 공소관(公訴官).

promotoria *f*. *promotor*의 임기. 그의 사무소.

promovedor *a*., *m*. 증진하는 (사람). 촉진하는 (사람). 장려하는 (자). 발기하는 (자).

promover *v.t*. ①증진시키다. 촉진시키다. 진척시키다. 장려하다. 고무(鼓舞)하다. (방법·결과를)조장하다. ②승진(진급)시키다. ③(의회에서 법안의) 통과에 노력하다. ④양성(釀成)하다. 야기(惹起)하다. ⑤(검사가) 청구하다. 요청하다.

promulgação *f*. 발포(發布). 공포(公布). 공표. 반포(頒布).

promulgador *m*. 널리 알리는 사람. 발포자. 공포자. 공표자.

promulgar *v.t*. (법령을) 발포하다. 공포하다. 공표하다. 널리 알리다. (비밀 따위를) 세상에 퍼뜨리다.

pronação *f*. [生理] (손·발의) 내전(內轉). 내전작용.

pronador *a*., *m*. [解] 회전근(回前筋).

prono *a*. ①수그린. 엎드린. 앞으로 굽은. ②비탈진. 험한. 내리받이의. ③(…의) 경향이 있는. …하기 쉬운.

pronome *m*. [文] 대명사.
pronome pessoal [文] 인칭대명사.
pronome possessivo 소유대명사.

a. 1인칭   단수   복수
(*caso sujeito*) 주격   *eu*   *nós*
(*caso objeto*) 목적격   *me*   *nos*
(*caso preposicional*)
    전치사격   *mim*   *nós*
(+전치사 *com*)   *comigo*   *conosco*
b. 2인칭
주격   *tu*   *vós*
목적격   *te*   *vos*
전치격   *ti*   *vós*
(+전치사 *com*)   *contigo*   *convosco*
c. 3인칭
주격   *êle, ela*   *êles, elas*
직접 목적격   *êle, ela*   *êles, elas*
간접 목적격   *o, a*   *os, as*
전치격   *lhe*   *lhes*

Eu falo português. 나는 포르투갈 말을 한다.
Você ganhou um livro. 당신은 책 한 권 얻었다.
Nós gostamos de flôres. 우리는 꽃을 좋아한다.
Eu te darei. 나는 너에게 주겠다.
Tu me darás. 너는 나에게 줄 것이다.
Eu a vi. 나는 그 여자를 봤다.
Nós as vimos. 우리는 그 여자들을 봤다.
Éle me prometeu. 그 분은 나에게 약속했다.
Éles nos prometeram. 그 분들은 우리들에게 약속했다.

pronominado *a*. [文] 대명사를 동반한. 대명사로 된.

pronominal *a*. 대명사의. 대명사적인.
pronominalidade 대명사적임.

pronominar *v.t*. [文] 대명사를 동반케 하다(따르게 하다).

prontamente *adv*. 즉시. 재빨리. 민속하게.

prontidão *f*. ①민속(敏速). 기민. 즉결(卽決). ②준비 완료. 출동 준비. 임전태세(臨戰態勢).

prontificação *f*. 준비하기. 갖추기. 마음의 준비.

prontificar-se *v.pr*. 준비하다. 마음의 준비를 하다. 출동 준비를 하다. 만전의 태세를 갖추다.

pronto *a.* ①빠른. 신속한. 기민한. 즉석의. 즉각적인. ②다 된. 완성된. 마련된. ③준비한. 다 갖춘. ④[商] 즉시불(卽時拂)의.
resposta pronta 즉답(卽答).
pronto-socorro 응급(구급)병원. 구급자동차.
— *adv.* 선뜻. 기민하게. 쾌히.
de pronto 즉시에. 곧.
estar pronto para …을 할 준비가 되다.
o jantar está pronto 저녁 식사가 준비되었다.
nunca está pronto a tempo (주문 맡은 것 따위) 제 때에 된 일이 없다.

prontuário *m.* ①편람(便覽). 안내기. 여행안내. ②(경찰의) 인명기록(人名記錄) 카드. 내력서(來歷書). ③비품을 넣는 작은 장롱. 일상적으로 쓰는 물건을 두는 곳.

prónubo *a.* 《詩》 ①신랑(신부)의. 신랑(신부)에 관한. ②결혼의. 혼례의. 결혼매개(媒介)의.
anel prónubo 결혼반지.

pronúncia *f.* ①발음. 발음법. ②[法] 기소. 기소수속. 기소장. 고발장. 정범(正犯)·공범의 판정. 유죄판결.
não pronúcia 무죄의 판결. 불기소(不起訴).

pronunciação *f.* 발음하기. 발음법.

pronunciado *a.* ①눈에 띄는. 명백한. 현저한. 단호한. 뚜렷이 나타나는. ②[法] 기소된. 유죄로 결정된.

pronunciamento *m.* ①공고(公告). 선언. 발포. 발표. ②(특히 청부에 대한) 반대성명. 반정부의 격문(檄文). ③반란. 폭동.

pronunciar *v.t.* ①선언하다. 언명하다. 표명하다. ②단언하다. 공언(公言)하다. ③선명(鮮明)하게 나타내다. 발휘하다. ④(연설 따위를) 말하다. ④발음하다. 음독(音讀)하다.
— *v.i.* 의견을 말하다. 판단을 내리다.
—*se v.pr.* ①의사표시를 하다. 의견을 피력하다. ②(+ *contra*). (특히 정부에 대한) 반대 성명을 하다. 격문(檄文)을 띄우다. 모반하다. 폭동하다.

pronunciável *a.* ①발음할 수 있는. 소리로 나타낼 수 있는. ②표현할 만한.

pronúncio, pro-núncio *m.* 임시교황사절(臨時敎皇使節).

propagação *f.* ①번식. 선전. 보급. 전달.

유전. ②[宗] 포교(布敎). 전도(傳道). ③[理] 파급(波及). ④고취(鼓吹).

propagador *m.* ①번식자(繁殖者). 증식자. 전파자(傳播者). 포교자. 전도자. ②보급자. 선전자.

propaganda *f.* ①보급(普及). 선전. ②포교. 전도. [가톨릭] 포교성성(布敎聖省).

propagandista *m.f.* ①전도사. 포교자(布敎者). ②선전자. 사보자. (주의 등의) 운동원. 권유원(勸誘員).

propagar *v.t.* ①늘리다. 번식시키다. ②퍼뜨리다. 보급시키다. 유포(流布)하다. 전파(傳播)하다. ③선전하다. ④전달하다. 만연(蔓延)시키다.
— *v.i.* 번식하다. 증식하다.
—*se v.pr.* 전파되다. 퍼뜨려지다. 보급되다. 번식하다.

propágine *f.* 자손. 후예(後裔).

propágio *m.* [植] 번식아체(繁殖芽體).

propalador *m.* 발표자. 공개자. 전파자.

propalar *v.t.* 발표하다. 공개하다. 유포(流布)하다. 전파하다. 널리 알리다. 공포(公布)하다.

propano, propane *m.* [化] 프로우페인(석유에서 뽑는 탄화수소의 일종).

proparoxitonia *f.* (그리스文法) 어미에서 세 번째 음절에 액센트를 두기.

proparoxítono *a., m.* (그리스文法) 어미에서 세 번째 음절에 액센트가 있는 (말).

propatia *f.* [醫] 전구징(前驅徵). 전구증(症).

propedêutica *f.* 초학(初學). 초보교육.

propedêutico *a.* 초보의. 초학의. 예비의.

propelir *v.t.* 추진하다. 몰다. 나아가게 하다.

propendente *a.* 앞으로 굽히는. 전굴(前屈)하는. 앞으로 기울어지는.

propender *v.i.* ①앞으로 굽히다. 앞으로 기울이다. 전경(前傾)하다. ②마음을 한쪽으로 기울이다. (…에) 마음을 돌리다.

propensão *f.* ①경향(傾向). 기호(嗜好). 성질. 성벽(性癖). ②앞으로 기울기. 전굴(前屈). 전경(全傾).

propenso *a.* (…하는) 경향이 있는. (…의) 의향이 있는. (…할) 뜻이 있는. …하기 쉬운. …하는 버릇이 있는.

propiciação *f.* ①달래기. 위로; 화해. ②[宗] 속죄(贖罪). 자비(慈悲)를 바람.

propiciador *a.* 달래는. 비위 맞추는. 화해하는.

— *m.* 달래는 사람. 화해자.
propiciamente *adv.* 덕분에. 다행으로. 자비에 의하여.
propiciar *v.t.* ①달래다. 비위 맞추다. 화해하다. ②신(神)의 노여움을 풀다(가라앉히다).
propiciatório *a.* ①달래는. 비위 맞추는. 화해의. ②속죄의. 자비를 바라는.
sacrifício propiciatório 속죄(사은(謝恩)의 희생물).
— *m.* (유대교) 하나님의 자리. 속죄소.
propício *a.* ①(특히 하나님이) 호의를 가진. 친절한. ②행운의. 상서(祥瑞)로운. (날씨·경우 등이) 알맞는.
propileu *m.* [建] (신전(神殿) 따위의) 입구. (옛 궁전의) 전정문(前庭門). (옛 그리스의) 기념문(記念門).
propina *f.* ①사례금. 상여(賞與). 위로금. ②입회금(入會金). ③(학교의) 수업료; 수험료(受驗料). ④수수료. 급여금(給與金). ⑤[軍] (제대할 때 주는) 사금(賜金). ⑥용돈. 술값. 팁.
propinação *f.* 음료(飮料)를 권하기. ②(약·독약 등을) 마시게 하기(먹이기).
propinador *a.*, *m.* 마시기를 권하는 (사람).
propinar *v.t.* 음료를 권하다. (약·독약 등을) 마시게 하다.
propinquidade *f.* ①(시간·장소의) 가까움; 근처. 근접(近接). ②근친(近親). ③(성질의) 유사(類似). ④(때의) 접근.
propínquo *a.* ①가까운. 바로 가까이의. 이웃의. 근처의. ②최근의 ③근친의.
propínquos (*pl.*) 근친(近親)의.
proplasma *m.* 형(型). 모형(模型). 소형(塑型).
proplástica *f.* 소조술(塑造術).
proplástico *a.* 삭조의.
— *m.* 소형(塑型).
propoer *v.t.* 《古》 = *propor*.
própolis *m.* 봉랍(蜂蠟). 벌의 갖풀.
proponente *a.* ①제안하는. 건의하는. ②신청하는.
— *m.*, *f.* ①제안자. 건의자. 제의자(提議者). ②신청인. 신입자(申込者).
propor *v.t.* ①제의하다. 제안하다. 건의하다. 발의(發議)하다. ②신청하다. 신입하다. ③계획하다. ④추거(推擧)하다. 추천하다.
— *v.i.* ①뜻을 품다. 기도(企圖)하다. ②제안하다. 건의하다. ③구혼(求婚)하다.
—*se v.pr.* ①스스로 나서다. 입후보로 나서다. 자신이 …하려고 나서다. ②…의 뜻을 품다. ③모험하다. 결행(決行)하다. 운(運)에 맡기고 해보다.
proporção *f.* ①비율. 비(比). ②조화. 균형. 어울림. 적합(適合). 《比喩》 정도. ③몫. 부분. ④[數] 비. 비례(比例).
proporções (*pl.*) ①(공간적인) 크기. 넓이. ②중요성. 가치.
à (또는 *em*) *proporção* 어울려서. 규형이 잡혀.
à (또는 *em*) *proporção de* …의 비율로서. …에 비례하여.
à proporção que …함에 따라서. …와 동시에.
proporcionadamente *adv.* 균형이 잡혀서. 조화되어. 어울려서.
proporcionado *a.* ①비례하는. ②균형이 잡힌. 어울린. 어울리는. 잘 맞는. 적합한. 적응한. 조화된.
proporcionador *a.*, *m.* 균형이 잡히게 하는 (사람·사물). 어울리게 하는 (사람·사물). 조화시키는 (사람·것).
proporcional *a.* 비례하는. 균형잡는. 조화되는. 조화(調和)의. 적응하는. [數] 비례의.
proporcionalidade *f.* 비례. 조화(調和). 균형이 잡힘. 어울림.
proporcionalmente *adv.* 비례하여. 어울려서. 비교적으로.
proporcionar *v.t.* ①비례시키다. 비례되게 하다. ②균형 잡히게 하다. 어울리게 하다. 조화시키다. 적응시키다. ③(같은 정도로) 배당하다. 할당하다.
—*se v.pr.* ①비례하다. ②균형 잡히다. 어울리다. 적응하다. ③좋은 기회를 만나다.
se se proporcionar uma oportunidade 만약 좋은 기회가 닥쳐오면(좋은 시기에 당면하면).
proporcionável *a.* 비례할 수 있는. 균형잡을 수 있는. 어울리게 할 만한. 조화시킬 수 있는.
proposição *f.* ①제의. 제안. 발의(發議). 제의. 신청. 신입(申込). ②계획. 안(案). 목적. ③주장. 서술(敍述). ④[論] 명제(命題). [修] 주제(主題). [文] 문장. 구(句). [數] 정리(定理). ⑤신조(信條).

propositadamente *adv.* 고의(故意)로. 목적이 있어서. 일부러.

propositado *a.* 고의(故意)의. 뜻이 있어서 한. 목적이 있는. 일부러 한.

propositional *a.* 고의의. 목적이 있는.

propósito *m.* ①목적. 의도(意圖). 의향. 의지. 기하는 바. 소신(所信). ②결의(決意). 결심.
de propósito ···의 목적으로. 고의로. 일부러.
a propósito 알맞게. 적당하게. 바로.
a propósito de ···에 관하여. ···의 이유 때문에.
fora de propósito 목적에 벗어나. 알맞지 않게. 시기에 적절하지 못하게.
a propósito e a despropósito (철을 가리지 않고) 언제든지. 끊임없이.
a propósito de nada 아무 목적도 없이.

proposta *f.* ①제의하기. 제안하기. 건의하기. 동의(動議)하기. ②신청. 신입(申込). (특히) 청혼(請婚). ③주장(主張). 《稀》입찰.
fazer proposta de paz 평화를 제의하다.

proposto *a.* 제의(제안)한. 신청한. 신입한. 청혼한.
— *m.* ①제안한 건(件). 제한 내용. 상담할 일. ②대리인. 내변인.

propretor *m.* (로마史) 지방장관(집정판(執政官)의 직을 거친 사람이 부임함).

propriamente *adv.* ①적당히. 상당히. 당연히. 마땅히. ②바르게. 정확하게. ③스스로. 자신. 자체로서.

propriedade *f.* ①재산. 자산. 소유물. ②[法] 소유권. 소유. 소유본능. 물욕. ③소유지(所有地). 지소(地所). 부동산. ④(한 종류에 공통된) 성질. 특성. 본성. 고유성(固有性). ⑤정확(성). 적확(適確)(성).
propriedade pessoal 개인재산. 동산.
propriedade de edição 판권(版權).

proprietária *f.* 여자 소유주(女子所有主). 여자 부동산 소지자.

proprietariado *m.* 부동산 소유자 계급. 지주 계급.

proprietário *a.* (부동산) 소유의. 소유주의. 재산이 있는.
— *m.* 소유주. 부동산 소유자. 지주.
proprietário de jornal 신문사 사주(社主). 신문발행인.

próprio *a.* ①자기의. 자신의. 스스로의. 자기 소유의. ②고유(固有)의. 본래(本來)의. ③(···에) 특유한. 독특한. ④진정한. 정말의. ⑤적당한. 타당한. 지당한. 알맞는. ⑥정확한. 바른.
eu próprio 나 자신.
ela própria 그 여자 자신.
própria pessoa 그 본인(本人).
do próprio punho 자필(自筆)로.
— *m.* ①특성(特性). ②특사.
próprios (*pl.*) 재산(財産).
próprios nacionais 국유재산.

propugnáculo *m.* ①성채(城砦). 보루(堡壘). 방어물. ②방어. 옹호.

propugnador *m.* ①방어자. 옹호자. ②방어 전투하는 자.

propugnar *v.t.*, *v.i.* ①(적을) 막다. (공격해 온 적과) 싸우다. 방어전을 하다. ②방어하다. 옹호하다.

propulsão *f.* 추진. 촉진. 전진.

propulsar *v.t.* 추진하다. 몰다. 나아가게 하다.

propulsionar *v.t.* = *propulsar*.

propulsivo *a.* ①앞으로 내미는. 추진하는. 모는. ②추진력이 있는.

propulsor *a.* 앞으로 내미는(모는). 추진하는. 추진의.
— *m.* ①추진자. ②(비행기·기선 등의) 추진기(推進機). 프로펠러.

pro-rata *adv.* 《L》 비례하여. 비율에 따라.

prorrogação *f.* ①정회(停會). 휴회(休會). 폐회(閉會). ②연장. (기간의) 연기. 유예(猶豫).

prorrogar *v.t.* ①(국회 따위 해산함이 없이) 정회하다. 휴회하다. 폐회하다. ②(날짜를) 연기하다. (기간·임기 등을) 연장하다.

prorrogativo *a.* ①(해산이 아닌) 정회의. 휴회의. 폐회의. ②연기의. 연장의.

prorrogável *a.* ①정회(휴회)할 수 있는. 연기(연장)해야 할.

prorromper *v.i.* (웃음소리·울음소리 등) 갑자기 터지다. 갑자기 소리나다. 파열(破裂)하다. 폭발하다. 불쑥 나타나다. 돌연히 튀다.
prorromper em lágrimas 갑자기 울음소리 터지다.

prorrompimento *m.* 갑자기 터짐. 돌연히 파열함. 폭발하기.

prosa *f.* ①산문(散文). 산문체. ②평범. 단

조(單調). 몰취미한 말. 지루한 이야기. 시시한 문장. ③《俗》잡담.
ter boa prosa 말하기 좋아함. 말재간이 있음.
contar prosa 시시한(몰취미한) 이야기를 하다.

prosador *m.* ①산문기자(散文記者). ②평범한 것을 쓰는 사람. 지루하게 말하는 사람.

prosaicamente *adv.* 산문적으로. 산문체로. 평범하게.

prosaico *a.* ①산문의. 산문체의. 산문체로 된. ②시취(詩趣) 없는. 살풍경한. 재미없는. 평범한. 지루한. 활기 없는.

prosaismo *m.* ①산문체. ②평범함. 무취미. 하찮음. ③살풍경.

prosaista *m.* =*prosador.*

prosápia *f.* ①종족. 혈족. 혈통. 계통. ②가문의 자랑. 집안 자랑. ③오만. 무례. 자부심.

prosar *v.t.* 산문체로 쓰다. 평범하게 말하다. (시를) 산문으로 고치다.
— *v.i.* 몰취미한 말솜씨로 이야기하다. 산문을 쓰다.

proscênio *m.* 무대 앞쪽(막과 오케스트라석과의 사이). ②《古》(옛 극장의) 무대. 《俗》무대.

proscrever *v.t.* ①인권을 박탈하다. (처벌자의) 이름을 공표하다. ②추방하다. 쫓아내다. 멀리 보내다. ③(…을) 못하게 하다. 금하다. 금지하다. 폐지하다.

proscrição *f.* ①인권 박탈. 법률 보호 박탈. ②추방(사형·재산 몰수) 인명의 공표(公表). ③퇴거 명령. (국외) 추방. ④금지. 폐지.

proscrito *a.* (*proscrever*의 과거분사). ①인권 박탈당한. 퇴거 명령 받은. ②추방된. 쫓긴. ③금지된. 폐지된.
— *m.* ①인권 박탈당한 자. 퇴거 명령 받은 자. ②추방당한 자. 귀양간 자.

proscritor *a., m.* ①인권을 박탈하는 (자). ②(국외로) 추방하는 (자). 귀양보내는 (자). ③금지하는 (자).

prosear *v.i.* 시시한 이야기를 하다. 지루한 이야기를 하다.

proselitismo *m.* 개종(改宗). 개종 권유(勸誘).

prosélito *m.* ①개종자(改宗者). ②주의를 바꾼 자. 변절자.

prosenquima *m.* [植] 섬유세포조직(纖維細胞組織).

prosita *m.* ①산문기자(散文記者). ②말하기 좋아하는 이.

prosma *f.* 《俗》요설(饒舌). 하찮은 말이 많음.

prosódia *f.* ①작시법(作詩法). 작시학(作詩學). ②운율학(韻律學). 운문학(韻文學).

prosòdicamente *adv.* 작시법에 따라. 운율상.

prosódico *a.* 작시법의(에 맞는). 작시학 (상)의.

prosopalgia *f.* [醫] 안면(顔面)신경통.

prospálgico *a.* 안면신경통의.

prosopopéia *f.* [修] (衒學的用語) 의성법(擬聲法). 의인법(擬人法).

prosopopéico *a.* [修] 의성법의. 의인법의.

prospeção *f.* 광맥조사(鑛脈調査). 광산답사(踏査). 시굴(試掘).

prospectivo *a.* =*prospecto.*
— *m.* =*prospetivo, prospeto.*

prosperador *a.m.* 번영하게 하는 (것·사람). 융성하게 하는 (것·사람). 성공시키는 (사람).

prosperamente *adv.* 번영하여. 번창하여. (사업이) 순조롭게. 다행으로.

prosperar *v.t.* 번영하게 하다. 번창하게 하다. 융성하게 하다. 성공시키다.
— *v.i.* 번창(번영)하다. 융성하다. (사업이) 순조롭게 되어가다. 성공하다.

prosperidade *f.* ①번영. 번창. 융성. (사업의) 성공. 행복. 부(富).

próspero *a.* 번영(번창)하는. 융성하는. 성공하는. 잘 되어가는. 순조로운. 부유한. 다행한.

prosperrimo *a.* (*próspero*의 최상급). 아주 잘 되어가는. 가장 번영(융성)한.

prospetivo *a.* ①가망 있는. 예기하는. 예기된. 장래의. 장래 희망 있는. ②앞을 보는. 선견지명이 있는. 전망하는.

prospeto *m.* ①내려다보는 범위. 조망. 경치. 전망. ②예상. 기대. 가망. 앞을 내다보기. 앞날의 형세. ③취지서(趣旨書). ④(사업계획 따위의) 강령. 계획. 설계. 안(案). (건축의) 설계도. ⑤[鑛] 광산이 좋으리라는 가망. 광석 견본. 광석 산출 예상.

prospetor *m.* 채광자(採鑛者). 시굴자(試掘者). (장래에 희망을 둔) 투기자.

prossecução *f.* 속행(續行). 수행(遂行).
prosseguição *f.* =*prosseguimento*.
prosseguidor *a.* 속행하는. 계속하는. 계속 진행하는.
— *m.* 속행자. 수행자.
prosseguimento *m.* ①속행. 계속. ②연속. 뒤따르기.
prosseguir *v.t.* ①계속해하다. 속행(續行)하다. 수행하다. (최후까지·철저히) 해내다.
prosseguir nos seus estudos 공부를 계속하다.
— *v.i.* 계속하다. 속행하다. 뒤를 따르다.
próstata *f.* [解] 전립선(前立腺).
prostatalgia *f.* [醫] 전립선통(痛).
prostático *a.* 전립선의.
prostatite *f.* [醫] 전립선염(前立腺炎).
prostatocele *f.* 전립선류(瘤).
prostatolito *m.* 전립선 결석(結石).
prostatorreia *f.* [醫] 전립선루(漏).
prosternação, prosternamento *m.* 엎드리기. 부복(俯伏). 엎드려 절함. 굴복. 의기소침. 쇠약. 피로.
prosternar *v.t.* ①넘어뜨리다. (몸을) 엎드려뜨리다. 엎드리다. ②기세를 꺾다. 굴복시키다. ③쇠약하게 하다.
—se *v.pr.* 넘어지다. 엎드리다. 엎도려 절하다. 굴복하다.
próstese *f.* ①[文] 말머리에 음(절)을 붙이기. ②[醫] 보철술(補綴術).
próstese dental 치과 보철술.
(注意) *protese* : 첨가음. 첨가자.
prostesear *v.t.* [文] 말머리에 음(절)을 붙이다.
prostético *a.* ①[文] 말머리에 음(절)을 붙이는. ②[醫] 보철(술)어의.
prostibular *a.* 갈보집의. 청루의. 유곽의.
prostibulário *a.* ①갈보집에 출입하는. 유곽에 드나드는. ②음탕한.
prostíbulo *m.* 갈보집. 청루. 유곽. 매음굴.
prostilo *m.* [建] 전주식(前柱式)(그리스 신전(神殿) 따위).
prostituição *f.* ①매음(賣淫). 매춘(賣春). 더러운 직업. 추업(醜業). ②매절(賣節). 오독(汚瀆). 타락. 퇴폐.
prostituidor *m.* ①매음의. 매춘의. ②금전에 좌우되는. 매절의.
— *m.* 매절한(賣節漢).
prostituuir *v.t.* ①매음시키다. (몸을) 팔게 하다, 욕뵈다. ②(명예 따위를) 돈 또는 이익 때문에 팔다. 악용하다. (재능을) 비열한 목적에 쓰다. ③매절(賣節)하다.
—se *v.pr.* 몸을 팔다. 매음하다.
prostituível *a.* 몸을 더럽히기 쉬운. 매절하기 쉬운.
prostituta *f.* 매춘부. 갈보. 매음부. 창녀.
prostração *f.* ①엎드리기. 부복(俯伏). 엎드려 절하기. 굴복. (몸을) 내던지기. 넘어뜨리기. ②의기소침. 쇠약. 피로.
prostrado *a.* (굴복을 표시하기 위하여) 엎드린. 부복한. 굴복한. ②패배한. 항복한. ③의기소침한. 녹초가 된. 쓰러진.
prostramento *m.* =*prostração*.
prostrar *v.t.* ①엎드리게 하다. 부복시키다. 넘어뜨리다. ②기세를 꺾다. 굴복시키다. ③정력을 잃게 하다. 피로케 하다. 몹시 쇠약하게 하다.
— *v.i.,* —se *v.pr.* 엎드리다. 부복하다. 쓰러지다. ②굴복하다. 기세가 꺾이다.
protagonista *m.f.* ①(그리스 연극의) 주역(主役). 주인공. ②수령. 두목. 장본인. 주창자.
protandria *f.* [植] 웅예선숙(雄蕊先熟 : 수술이 암술보다 먼저 성숙하는 것).
protandrico *a.* [植] 웅예선숙의.
protase *f.* [文] (조건문의) 조건절(節). 전제절.
protático *a.* 조건절의. 전제절의. 조건절에 관한.
proteção *f.* ①보호. 옹호. 방위. ②보호자. 보호물. 비호처(庇護處). ③[經] 보호무역제도.
protecional *a.* 보호의. 옹호의. 보호정책의. 국내산업보호의.
protecionismo *m.* [經] 보호무역정책(주의). 국내산업보호정책.
protecionista *a.* 보호정책의. 보호무역정책의.
— *m.* 보호무역론자. 국내산업 옹호주의자.
protectivo *a.* =*protector*.
— *m.* =*protetor*.
protectorado *m.* =*protectoral*.
— *a.* =*protetorado, protetoral*.
proteger *v.t.* 감싸서 보호하다. 비호(庇護)하다. 옹호하다. (추위·더위·침해 등을) 막다. 지키다. [經] 국내산업을 보호하다.

protegido *a.* 보호된. 옹호된. 총애받는.
— *m.* 피(被)보호자. 총아(寵兒). 부하.

protéico *a.* ①Proteus 신(神)의. ②(형태가) 여러 가지로 변하는. 변환무쌍(變幻無雙)한. 다방면의. 혼자서 여러 역할하는. ③[化] 단백질의.

proteiforme *a.* 자주 여러 가지로 변하는. 변형(變形)하기 쉬운.

proteína *f.* [化] 단백(질). 단순단백질(아미노산의 給合體).

protela *f.* =protelo.

protelação *f.* 오래 끌기. 늘이기. 연장. 연기. 천연(遷延).

protelador *m.* 오래 끄는 사람. 연장(연기)하는 자.

protelar *v.i.* ①오래 끌게 하다. 길게 하다. 늘이다. 연장하다. (날짜를) 연기하다. 미루다. 천연(遷延)하다.

protelatório *a.* 오래 끄는. 늘이는, 지연의. 지체의. 완만한.

protelo *m.* [動] 땅늑대(남아프리카산 하이에나의 일종).

protender *v.t.* 앞으로 내뻗다. 앞으로 내밀다.

protervamente *adv.* 뻔뻔스럽게. 염치없이. 건방지게.

protervia *f.* ①뻔뻔함. 염치없음. 건방짐. 철면피. 후안무치(厚顏無恥). ②뻔뻔한(건방진) 언행. 불손한 행실. 무례(無禮).

protervo *a.* 뻔뻔한. 건방진. 불손한. 염치없는. 부끄러움을 모르는. 철면피한. 버릇없는. 무례한.

prótese *f.* [文] 첨두음(添頭音). 첨두자(子)(어의(語義)를 바꾸기 위하여 말머리에 한 글자를 붙인 것).
(보기) *proveitar* 앞에 *a*를 덧붙여 *aproveitar* 라고 하는 따위.

protesear *v.t.* 첨두자를 붙이다.

protestação *f.* ①단언(斷言). 공언(公言). ②항의. 이의(異議)(의 신립). ③항의서. 거절증서(拒絶證書).

protestador *a.*, *m.* ①단언자. ②항의자. 거절자.

protestante (1) *a.* 단언하는. 항의하는. 이의(異議)를 체출하는.
— (2) *a.* [宗] 신교의. 프로테스탄트의.
— *m.*, *f.* 신교도.

protestantismo *m.* 신교(新敎).

protestantizar *v.t.*, *v.i.* 신교로 개종시키다. 신교도가 되다.

protestar *v.t.* ①단언하다. 확언하다. 공언(公言)하다. ②항의하다. 거절하다. ③[商] (약속어음 따위의) 지불을 거절하다. 거절증서(拒絶證書)를 만들다.
— *v.i.* 단언하다. 공언하다. 주장하다. ②거절하다. 항의하다. 이의를 제출하다.

protestativo *a.* 단언하는. 단언의. 항의하는. 항의의. 이의(異議)의.

protestatório *a.* 항의에 의한. 항의의 형식(形式)에 의한. 거절의 이유(理由)가 있는.

protesto *m.* ①단언(斷言). 공언(公言). ②항의. 이의신청(異議申請). 불복. ③[商] 거절증서(약속어음 따위). 어음지불 거절. ④항의서. 이의서.

protético *a.* [文] 첨두음(添頭音)의. 첨두자(字)의.

protetivo *a.* 보호의. 옹호의. 보호무역의. 보호하는.

protetor *a.* 보호하는. 옹호하는. (무역의) 보호를 주장하는.
sistema protetora 보호무역제도. 보호법(保護法).
floresta protetora 보호삼림(森林).
— *m.* 보호자. 옹호자. 보호물. 보호장치. 안전장치.

protetora *f.* 여자 보호자.

protetorado *m.* 보호국. 보호령(領). 섭정(호민관)의 임(기)·정치.

protetoral *a.* 보호의. 보호에 관한. 보호자의. 보호령의. 섭정(攝政)의.

protetório *a.* 보호의. 보호자의.

protistas *m.(pl.)* [生物] 원생물(原生物). 원생동식물(原生動植物).

protistologia *f.* 원생물학(學).

proto 「제일. 으뜸가는. 원시적. 최초의. 최저의」 등의 뜻을 나타내는 복합형.

protocolar *a.* [外交] 의정서의. 조약안(條約案)의. 조서(調書)의.

protocolizar *v.t.* ①의정서(議定書)에 넣다. 조서에 기입하다. ②의정서를(조약안을) 작성하다.

protocolo *m.* ①[外交] 의정서(議定書). 조약안(條約案). ②조서(調書). ③(로마 교황의 칙서 따위의) 첫 머리와 끝의 정식문(定式文). 법식서(法式書).

protofilo *m.* 원생엽(原生葉).

protofitos *m.(pl.)* 원생식물(原生植物).

protofonia *f.* [樂] 전주(前奏). 전주곡. 도입곡(導入曲).

protógino *m.* [鑛] 활석화강암(滑石花崗岩).

protohistória *f.* ①초기의 역사. ②원시시대.

protohistórico *a.* 원사(原史)의. 원사적(原史的)인. 원시시대의.

protomartir *m.* 최초의 순교자(殉敎者).

protomedico *m.* 《古》 의무장(醫務長). 시의장(侍醫長).

proton *m.* [理] 양자(陽子).

protonauta *m.* 최초의 항해자(航海者).

protonotariado *m. protonotário*의 직위(職位).

protonotário *m.* 로마 법황의 서기장(書記長).《古》대서기(大書記).

protoplasma *m.* [生物] 원형질(原形質)(세포를 형성하는 단백질).

protoplásmático, protoplásmico *a.* 원형질의.

prototípico *a.* ①원형(原型)의. 원형으로 되는. ②모범(模範)으로 되는.

protótipo *m.* ①원형(原型). [理] 원형(原形). ②표준. 모범. 귀감(龜鑑).

protóxido *m.* [化] 제일산화물(酸化物). 초급(初級)신회물.

protozoário *a.* 원생동물의.

protozoários *m.(pl.)* 원생동물(原生動物). 원충류(原虫類).

protraimento *m.* 오래 끌기. 늘이기. 연장. 연기.

protrair *v.t.* 오래 끌게 하다. 길게 하다. 늘이다. 연기하다.

protraível *a.* 오래 끌 수 있는. 늘일 수 있는. 연기할 만한.

protuberância *f.* 융기(隆起). 돌기. 혹. 마디.

protuberante *a.* 돌기한. 돌출한. 불룩한. 혹처럼 부풀은. 융기한.

protatela *f. protutor*의 임무. 임기.

protutor *m.* (미성년자 기타의) 후견인. 준후견인(準後見人).

prova *f.* ①증거. 증명. 입증. 증거가 되는 것. [法] 증거서류. 증언. 증빙(證憑). ②(솜씨·기술·능력 따위의) 시험. (실력) 테스트. ③[印] 교정쇄(校正刷). 시험쇄(刷). ④[數] 검산(檢算). ⑤[寫] (음화(陰畫)의) 시험인화(印畫).
prova escrita 필기시험.

prova oral 구두시험.
prova positivo 확증(確證).
prova negativa ①[寫] 원판(原板). ②불확실.
à prova de bala 방탄(防彈)의.
à prova de fogo 방화(防火)의.
tirar a prova 입증하다. 실증하다.

provação *f.* ①시험. 검정. 증명. ②견습기. ③[神學] 시련(試鍊). ④[法] 형의 집행유예.

provadamente *adv.* 실험상. 입증적으로.

provado *a.* ①시험한. 시험처 본. 실험한. ②입증된. 증거를 세운. ③다툴 여지없는. 이의(異議) 없는.

provador *m.* ①맛보는 사람. 맛을 판단하는 사람. 검미기(檢味器). ②증거를 드는 사람. 입증자. 증언자.

provadura *f.* ①(음식물의) 맛보기. 시식(試食). ②검미(檢味)에 쓰는 소량의 음식물.

provança *f.* 법적 증거. 증거 서류. 증거가 되는 것.

provante *a.* 증거를 드는. 입증하는.

provar *v.t.* ①시험해보다. 실험하다. (…을) 경험하다. 체험(體驗)하다. (기구를) 시험하다. ②[法] 증거를 보이다. 증명하다. 입증하다. 검증을 받다. ③[數] 검산하다. ④(음식물의) 맛을 보다. 시식하다. ⑤(옷을) 입어보다. (구두를) 신이보다. ⑥[印] 교정쇄를 하다.

provatório *a.* 증거의. 증거로 되는. 입증의. 증명의.

provável *a.* ①증거로 할 수 있는. 입증되는. 증명이 되는. ②시험해볼 만한. 시험해야 할. ③있음직한. 그럴듯한. 사실같은.

provavelmente *adv.* 아마. 십중팔구. 있음직하게. 다분(多分)히.

provecto *a.* ①늙은. 나이먹은. 오래된. 낡은. ②노성(老成)한. 노련한. (기술적으로) 원숙한. 숙련한. ③많이 배운. ④진척(進陟)한. 진보한.
idade proveca 노년(老年).

provedor *m.* ①식료품 대는 상인. 양식 조달인. ②공급자. 준비자. 관리자.《古》식료품 징발관. ③자선원장(慈善院長).

provedoria *f.* 관리자(조달인·자선원장 등)의 직위·그 사무소.

proveito *m.* ①이익. 이득. 이윤. ②유용. 효용. 공리(功利).
em proveito de …을 위하여. …의 때

문에.
bom proveito 잘 잡수십시오.
de tudo tira proveito 무엇이든지 반드시 이용한다. 굴러 넘겨져도 그저는 일어나지 않는 사람.

proveitosamente *adv*. …이 되게. 유익하게. 유리하게. 유효(有效)하게.

proveitoso *a*. 유익한. 유리한. 수입이 많은. 효과 있는. 쓸모(쓸몸) 있는.

proveniência *f*. ①기원. 유래. ②출처. 산지(産地). 원산지.

proveniente *a*. …에서 온. …에서 나온. …에 기인(起因)하는. …에 의하여 생긴.

provento *m*. ①이익. 이윤. 이득. ②수입. 소득(所得). 수익(收益). (국가의) 세입(歲入).

prover *v.t*. ①(식료품 따위를) 대다. 조달하다. 공급하다. ②(식료품을) 마련하다. 저장하다. 준비하다. (비상시를 예견하고) 대비하다. ③…에 (물건을) 주다.
— *v.i*. 준비하다. 대비하다. 예비하다. 돌보다. 부양하다. 필요물을 공급하다. (注意) *provir*의 변화와 혼동하지 말 것.
—**se** *v.pr*. (만일에) 대비하다. 지급되다. (필요품 따위를) 자판(自辦)하다.

proverbial *a*. ①속담의. 속담에 있는. 속담 같은. ②누구나 다 아는. 주지(周知)의.

proverbio *m*. ①속담. 금언(金言). 격언(格言). ②속담극(속담을 줄거리로 한 것).
os proverbios (*pl*.) [聖] 잠언(箴言)(편).

proveta *f*. [化] 가스시험관(試驗管). 시험통(筒).

provete *m*. ①(화약의 폭력(爆力)을 시험하는) 일종의 박격포. 시험포(試驗砲). ② 《俗》 양기계(量氣計). 기압계(氣壓計). 기체계(氣體計).

providência *f*. ①섭리(攝理). 신의(神意). 천우(天佑). ②선견. 조심. ③처치. 조치(措置). 대책. ④절약. 준비. 예비. 경계.
a Providência 신(神).
tomar providência 대책을 강구하다. 조치를 취하다.

providencial *a*. ①신(神)의. 신의(神意)의. 신의에 의한. 천우(天佑)의. 천명(天命)의. ②다행한. 요행의.

providencialismo *m*. [哲] 섭리론(攝理論). 신의론(神意論).

providencialista *m., f*. 섭리론자. 신의론자.

providencialmente *adv*. 섭리에 의하여. 운수 좋게.

providenciar *v.i*. ①대책을 강구하다. 조치를 취하다. ②(만일에) 대비하다. 준비하다. 장만하다.
— *v.t*. (…을) 준비하다. (…을) 마련하다. (…을) 공급하다. 주다.

providente *a*. ①선견지명이 있는. 앞일을 예측하는. 미래에 대비한. 신중한. 검약하는. ②섭리(攝理)의. 신의(神意)의.

provido *a*. (*prover*의 과거분사) ①(식료품 따위를) 마련한. 준비한. 저장한. 장만한. 대비한. ②(필수품 따위를) 갖춘. 완비(完備)한. ③가득한. 충분한. 충실(充實)한.

próvido *a*. 선견지명이 있는. 통찰력이 있는. 현명한. 신중한. 조심성 있는.

provimento *m*. ①공급. 식량 조달. 식료품 구입. 지급. 준비. 용의(用意). ②저장. 양식. 저장품. ③(법률상의) 규정. 조관(條款). ④[宗] 성직서임(聖職敍任). 임명(任命).

província *f*. ①[로마史] 영토. 나라. 주(州). ②성(省). 도(道). 현(縣). ③지방. 시골. ④범위. 구역. ⑤[宗] (대감독·대주교의) 관구(管區).

provincial *a*. ①영토의. 성의. 도의. 현의. ②지방의. 시골의. 지방민의. ③(대감독·대주교의) 관구의.
— *m*. [宗] 대주교. (수도회의) 관구장(管區長).

provincialado, provincialato *m*. 대주교 또는 관구장의 직(임기).

provincialismo, provincianismo *m*. ①[政] 지방제일주의. ②시골식. 야비. 편협. 사투리. 방언. 지방적 감정. 향당심(鄕黨心).

provincialmente *adv*. 시골식으로. 지방풍습으로. 소박하게.

provinciano *a*. ①나라의. 주(州)의. 성(省)의. 도(道)의. 현의. 지방의. ②지방에 사는. 지방민의. 시골식의. 지방 풍습의. 조야(粗野)한.
— *m*. ①지방민(地方民). 시골주민. ②시골뜨기. 야인.

provindo *a*. (+*de*). …에서 온. …에서 나온. …에서 생긴. …에 기인(起因)하는. …에 결과되는.

provir *v.i*. (+*de*). …에서 오다. …에서 나오다. …에서 생기다. …에 기인한다. …의

결과로 되다.
(注意) *prover*의 변화와 혼동하지 말 것.
provisão *f.* ①식량준비. 저장. 저축. 필수품의 준비. 저장품. ②조달. 공급. ③[宗] 성직서임(聖職敍任).
provisões (*pl.*) 식료. 양식. 저장품.
provisão de bôca 양식(糧食),
provisão de guerra 군수품.
provisional *a.* 잠시의. 잠정적인. 임시의. 긴급의. 당좌(當座)의.
provisionalmente *adv.* 잠정적으로. 임시로. 일시적으로.
provisionar *v.t.* ①양식을 준비하다. 장만하다. 조달하다. 저장하다. 필수품을 갖추다. ②필수품(양식)을 공급하다. 지급하다.
provisor *a.*, *m.* 양식 조달인. 식료품 저장자. 공급자.
provisorado *m.* =*provisoria*.
— *f.* 양식계(糧食係)의 임무.
provisóriamente *adv.* 임시로. 임시적으로. 잠정적으로. 당분간. 잠시.
provisorio *a.* 잠시의. 임시의. 잠정적인. 당분간의. 당좌(當座)의.
gnvêrno provisorio 임시정부.
provocação *f.* ①자극. 선동(煽動). 도발(挑發). ②노하게 함. 성가시게 함. ③성냄. 분통이 터짐.
provocador *a.* ①자극 주는. 선동하는. 도발하는. ②약올리는. 성가시게 구는. (감정 따위를) 환기(喚起)하는.
— *m.* 자극 주는 사람. 선동자. 도전자. 노하게 하는 자.
provocante *a.* ①선동하는. 자극 주는. ②노하게(화나게) 하는. 약올리는. 귀찮은. ③도전적인. 도발적인.
palávras provocantes 약올리는 말. 도발적인 언사.
— *m.* 선동자. 자극 주는 자. 도발자.
provocar *v.t.* ①(남의) 기분을 건드리다. 노하게 하다. 화나게 하다. 약올리다. (감정 따위를) 환기하다. ②자극 주다. 휘젓다. ③선동하다. ④도발하다. 도전하다.
provocar uma questão 문제를 일으키다. 시비를 걸다.
Não me provoques! 약 올리지 마라! 귀찮게 굴지 마라!
provocativo *a.* 성나게 하는. 자극하는. 선동적. 도전적. 도발적. 교사적(敎唆的).

provocatório *a.* =*provocante*.
proxeneta *m.f.* 뚜쟁이. 갈보의 조방구니. 논다니집의 주인. 나쁜 짓을 방조하는 자.
proxenetico *a.* 뚜쟁이의. 논다니집 주인의. 나쁜 짓을 방조하는.
proxenetismo *m.* 뚜쟁이 직업. 갈보 중매업.
proximal *a.* [解] 기부(基部)의. 몸의 중심에 가까운.
proximamente *adv.* …에 가까이. …에 접근하여. 최근에. 얼마 전(후)에. 약(約). 대략.
proximidade *f.* ①가까움. 근접(近接). 근린(近隣). ②친근(親近).
proximidades (*pl.*) 이웃. 이웃땅. 근접지. 근교(近郊).

próximo *a.* ①가까운. 바로 가까이의. 접근해 있는. 지차(之次)의. 부근의. 근처의. 이웃의. ②최근의. ③다음의. 바로 다음의. 옆의. ④사이가 가까운. 사이가 좋은. 친한. 근친(近親)의.
parente próximo 가까운 친척. 근친.
causa próxima 가까운 원인. 근인(近因).
próximo ponto (다음 지점). 버스. 전차 등의) 다음 정류소.
próxima estação 다음 역(驛).
próximo mes⎱ 다음 달. 내달,
mês próximo⎰
mês próximo passado 전달(지나간 여러 달 중에 현재에 제일 가까운 달. 현재가 5월이면 4월을 뜻함).
— *adv.* 가까이. 근접하여. 이웃해서.
— *m.* 이웃 사람. 가까운 사람. 타인(他人). 인간끼리.
prudência *f.* ①철. 지각. 사려분별(思慮分別). 신중(愼重). 조심. ②빈틈 없음. 현명(賢明).
prudencial *a.* 철든. 철의. 조심성 있는. 세심한. 분별(지각) 있는. 만전을 기하는. 현명한.
prudencialmente *adv.* 철있게. 분별(지각) 있게. 신중히. 세심하게. 빈틈 없이.
prudente *a.* 철있는. 철든. 사려(분별) 있는. 신중한. 조심성 있는. 빈틈 없는. 현명한. 총명한.
prudentemente *adv.* 신중히. 현명하게. 조심스럽게.
pruido *m.* =*prurido*.
pruina *f.* [植] (과일・잎사귀 등의 표면에

생기는) 납분(蠟粉).

pruinoso *a*. [植] 납분에 덮인. 납분이 많은.

pruir *v.t.*, *v.i.* =*prurir*.

pruível *a*. =*pruriente*.

prumada, prumagem *f*. (수선(垂線)이) 수직함. 수직상태.

prumar *v.i.* 측추(測錘)를 던져 수심(水深)을 측정하다.

prumo *m*. 추(錘). 측연(測鉛). 측추(測錘). 추선. 추규(錘規). 낚시 추.
a prumo 수직으로.

prurido *m*. ①가려움. 가려움증. 통양(痛痒). ②갈망. 절망(絶望). 열망. 동경.

pruriente *a*. ①가려운. 근질근질하는. 가렵게 하는. ②갈망하는. 절망하는. 열망하는. 하고 싶어 못 견디는.

prurigem *f*. 몹시 가려움. 근질근질함.

pruriginoso *a*. 몹시 가려운. 가려움증에 걸린. [醫] 양진의.

prurigo *m*. 가려움증. [醫] 양진(痒疹). [病理] 옴.

prurir *v.t.* ①가려움증에 걸리게 하다. 가렵게 하다. 근질근질하게 하다. ②초조하게 하다. 애타게 하다. ③(…을) 갈망하다. 절망(絶望)하다.
— *v.i.* ①가려워하다. 가렵다. 근질근질하다. ②초조해지다. 애타다. 하고 싶어 어쩔줄 모르다.

prussiano *a*. 프러시아의. 프러시아 사람(말)의. 프러시아식의.
— *m*. 프러시아 사람. 프러시아 말(독일 말의 사투리).

prussiato *m*. [化] 청산염(靑酸鹽).

prússico *a*. 베를린청의(에서 얻은).
ácido prússico 청산(靑酸).

psalmear *v.t.*, *v.i.* =*psalmodiar*.

psalmico *a*. 찬송가의. 성가의. 성시의. 성가시의.

psalmista *m*. 찬송가 작가. 시편 작가. 《轉》다윗왕.

psalmo *m*. 찬송가. 성가(聖歌). 성시(聖詩).

psalmodia *f*. ①찬송가를 부르기. ②단조로운 노래조(調). 단조롭게 읽기(쓰기).

psalmodiar *v.t.*, *v.i.* ①성시를 영창하다. ②단조롭게 외우다(읽다 · 쓰다).

psalterio (1) *m*. 시편(詩篇). [가톨릭] 150장(章)으로 된 기도문.
— (2) *m*. 옛날의. 현악기.

psamite *f*. [地質] 사암(砂岩).

psefito *m*. [鑛] 역질암(礫質岩).

pselismo *m*. 발음이상(發音異常). 발성부조(不調). 발음불명(不明).

psediamente *m*. 의보옥(擬寶玉).

pseudo *pref*. 위(僞) · 가(假) · 혹사(酷似)의 뜻.

pseudoblepsia *f*. [醫] 착시(錯視).

pseudolito *m*. [鑛] 활석(滑石)의 일종.

pseudomorfismo *m*. 가정(假晶).

pseudomorfo *a*. 가정(假晶)의. 위형(僞形)의. 의사형(擬似形).

pseudomorfose *f*. [鑛 · 醫] 가상(假像).

pseudonimia *f*. 가명(假名)임. 익명(匿名)임. 익명쓰기. 익명의 저서(著書).

pseudônimo *a*. 가명의. 익명의. 아호를 쓴.
— *m*. 가명. 변명. (특히 저작자의) 아호(雅號). 《F》필명(筆名).
pseudônimo literário 펜 네임.

pseudopode *m*. 가족(假足). 허족(虛足).

pseudoprofeta *m*. 위예언자(僞豫言者).

pseudoscópico *a*. 위영경(僞影鏡)의. 반영경(反影鏡)의.

pseudoscópio *m*. 위영경(僞影鏡 : 볼룩한 곳이 움푹하게 또는 이와 반대로 보이게 하는).

pseudospermo *a*. [植] 씨와 비슷한. 종자상(種子狀)의.

psicagogia *f*. 영혼을 불러들이기. 초혼술(招魂術).

psicanálise *f*. 정신분석. 정신분석학(법).

psicanalista *m*., *f*. 정신분석가.

psicofisica *f*. 정신물리학.

psicofisiologia *f*. 정신생리학.

psicogenia *f*. 정신발생(發生). 정신발달학.

psicologia *f*. 심리학. 심리학서(書). 심리상태.

psicologicamente *adv*. 심리학상으로. 심리적으로.

psicológico *a*. 심리학의. 심리학상의. 심리학적. 정신적.

psicologista *m*., *f*. 심리학자.

psicólogo *m*. 심리학자.

psicometria *f*. 정신측정학(測定學). 신비력(神秘力).

psicométrico *a*. 정신측정(학)의.

psicopata *m.f*. 정신병자.

psicopatia *f*. 정신병. 정신요법.

psicopático *a*. 정신병의. 정신병에 관한. 미칠듯한.

psicopatologia f. 정신병리학.

psicose f. ①정신병. 정신 이상. ②의식작용. 신비작용(神秘作用). 정신상태.

psicósico a. 정신병의. 정신 이상의.
— m. 정신병자. 정신 이상자.

psicoterapia f. 정신요법(특히 최면술에 의한).

psicoterápico a. 정신요법의.

psicrometro m. 습도제(濕度計). 험습기(驗濕器).

psilomelana f. [化] 산화망간의 하나.

psique f. 영(靈). 영혼. 정신.

psiquiatra, psiquiatro m. 정신병과 의사. 정신병학자.

psiquiatria f. 정신병학. 정신병치료법.

psiquiátrico a. 정신병학의. 정신병치료의.

psíquico a. 영혼의. 심령(心靈)의. 정신의. 심리적.

psiquismo m. 심령 작용. 심령 연구. 심리학.

psitaca f. =psitaco.
— m. [鳥] 앵무(鸚鵡)의 학명(學名).

psitacideos m.(pl.) 앵무류(鸚鵡類).

psitacose f. [醫] 앵무병(폐렴과 장티푸스에 흡사한 증세의 전염병).

psitácula f. =psitaculv.
— m. =periquito (앵무새 종류로서 작은 것)의 학명(學名).

psiu interj. 쉿! 조용히! (때로는) 여보시오! 여보!

psoas m. [解] 요근(腰筋).

psoite f. [醫] 요근염(炎).

psóra f. =psoriase.

psoriaco a. 마른 옴의. 건선의. 인선의.

psoriase f. ①[醫] 마른 옴. 건선(乾癬). 인선(鱗癬). ② 마른 버짐.

psoroftelmia f. 안검염(眼瞼炎)의 일종.

psorospermia f. [動] 포자충(胞子蟲).

ptármica f. [植] 국과(菊科)의 일종.

ptármico a. 재채기 나게 하는.

ptarmiga f. [鳥] 뇌조(雷鳥).

pteridofitas f.(pl.) [植] 고등 은화식물(隱花植物).

pterigoideo a. [解] 날개꼴의. 익상(翼狀)의.

pterigrafia f. 균류학(菌類學).

pterodactilo a. [動] 지간(趾間)에 막(膜)이 있는.
— m. [古生] 익룡(翼龍). 비룡(飛龍).

pteroide, pteroideo a. [植] 날개꼴의. 날개처럼 보이는. 익상(翼狀)의.

pteropodos m.(pl.) [動] 익족류(翼足類).

pterossaurios m.(pl.) [古生] 익룡류(翼龍類).

ptialina f. [化] 타액소(唾液素).

ptialismo m. 타액분비과다(唾液分泌過多). [醫] 유연(流涎).

ptisana f. =tisana.

ptomaina f. [化] 프토마인. 시체독(屍體毒).

ptose f. [醫] 안검하수(眼瞼下垂).

pua f. 가시. 뾰족한 끝. 송곳 끝. 바늘 끝.

pube f. =pubis.

pubente a. =pubere.

puberdade f. ①사춘기. 발정기(發情期). 혼기(婚期). 결혼적령기. 묘령(妙齡). ②[植] 개화기.

púbere a. ①묘령의. 사춘기의. 혼기의. 사춘기에 도달한. ②연모(軟毛) 있는.

pubescência f. ①사춘기에 도달함. 묘령(妙齡). ②[動・植] 보드러운 털에 덮임. 연모(軟毛).

pubescente a. ①사춘기에 도달한. 묘령의. ②[植] 연모에 덮인.

pubescer v.i. 사춘기에 도달하다. 발정기에 이르다. (결혼할) 나이 차다.

púbico, pubiano a. [解] 음부(陰部・淫部)의. 치골의.
osso púbico 치골(恥骨).

púbis f. ①[解] 음부. 치골(恥骨). ②음모(陰毛). 거옷. [植] 연모(軟毛).

publicação f. ①발표. 공표. 공포. 반포(頒布). ②발행. 출판(물).

publicador m. ①발표자. 공포자(公布者). ②발행인. 출판자. 출판업자.

pública-forma f. 등본(謄本).

publicamente adv. 공개적으로. 공공연히.

publicado m. [로마史] 수세리(收稅吏).

publicar v.t. ①발표하다. 공표하다. 널리 알리다. (세상이 알게끔 소문을) 퍼트리다. ②(법령 등을) 공포하다. 발포(發布)하다. 포고(布告)하다. ③(서적・잡지를) 출판하다. 발행하다. ④(숨은 사실을) 공개하다. 폭로하다.

publicidade f. ①널리 알려짐. 주지(周知). ②공표. 발포. ③선전. 광고. ④공개.

publicismo m. 국제법론. 공론(公論). 정론(政論).

publicista f. ①국제법학자. 공법론자(公法

論者). ②정치평론가. 정치기자. 문필가. ③선전계.

público *a.* ①공공(公共)의. 공중의. 민중의. 국민일반의. ②공설의. 공개의. 일반의. 주지(周知)의. 평판의. ③공공연한. ④공인(公人)의. 공익(公益)을 목적하는. 공무(公務)의. 공유(公有)의. 공립의.
em público 공공연히. 대중(군중) 앞에서.
serviço público 공무. 공용.
utilidade pública 공공(公益)사업.
opinião pública 여론. 공론(公論).
empregado público 관리. 공무원.
carta pública 공개장.
promotor público 검사. 공소관(公訴官).
interesse público 공익(公益).
voz pública 일반의 소리. 저간의 평판.
edifício público 공공건물.
moral público 사회풍기. 공덕(公德).
mulher pública 매음부.
— *m.* 대중(大衆). 군중. 공중. 청중(聽衆). 관객. 국민. 인민.

publicola *m.* (사회에) 인기 있는 사람. 평판이 좋은 사람.

puçanga *f.* 가정약.

púcara *f.* 흙으로 만든(土製) 컵.

pucarinha *f.* (*pucara*의 지소어) 흙으로 만든 작은 컵.

púcaro *m.* 금속제 또는 토제(土製)의 컵.

pucela *f.* 《古》처녀. 숫처녀.

pucha *interj.* 앗! 저런! 이것 봐! (놀랐을 때 내는 소리).

pudendo *a.* 부끄러운. 열한. 면목 없는. 부끄러워야 할.
as partes pudendas 치부(恥部).

pudente *a.* = *púdico*.

pudera *interj.* 그렇지! 그럴 것이다! 그랬으면!

pudibundo *a.* ①부끄러워하는. 수줍어하는. (부끄러워) 낯을 붉힌. ②어색해 하는. 겸손한. 정숙한.

pudicamente *adv.* 부끄러워서. 수줍어. 겸손하게. 정숙하게. 얌전하게.

pudicícia *f.* ①부끄러움. 수치심. 염치심(廉恥心). 수줍음. 열없음. ②정숙(貞淑). 정절. 숙덕(淑德). 얌전함.

púdico *a.* ①부끄러운. 부끄러워하는. 수줍어하는. 어색해 하는. ②겸손한. 얌전한. 정숙한. 정절(貞節)한. 깨끗한.

pudim *m.* 《英》*pudding*의 전래된 말. 푸딩(보리가루에 설탕 또는 향료를 넣어서 구운 식사 후의 과자).

pudor *m.* ①부끄러움. 수치. 염치심. ②겸손. 정숙. 정절.

pudoroso *a.* ①부끄러움 타는. 부끄러움이 많은. 몹시 수줍은. ②염치심 있는. 겸손한. 얌전한. 정숙한.

puera *f.* ①마른 흙. ②마른 늪. 건조한 소택(沼澤).

puerícia *f.* ①유년(幼年). ②아이 때. 유년시대.

puericultura *f.* 아동연구(兒童硏究). 육아법(育兒法).

pueril *a.* ①아이의. 아이같은. 천진난만한. 철없는. 악의 없는. ②대수롭지 않은. 유치한. 미숙한.

puerilidade *f.* ①어린아이 같음. 소년다움. 천진난만함. 철없음. ②아이들 장난같음. 유치함. 미숙함. 어른답지 못함. ③[民法] 유년(幼年).

puerilismo *m.* [醫] 언어 동작이 어린아이 같은 일종의 정신병.

puerilizar-se *v.pr.* 아이처럼 행동하다. 철없는 행동을 하다.

puerilmente *adv.* 어린아이처럼. 천진난만하게. 철없이. 유치하게.

puérpera *f.* 산부(産婦). 산모(産母).
— *a.* ①산부의. 산모의. ②해산의. 분만의.

puerperal *a.* [醫] 해산(解産)의. 분만(分娩)의. 분만에 의한.
febre puerperal 산욕열(産褥熱).

puerpério *m.* ①분만기(分娩期). ②분만. ③분만시(時)의 걱정과 고통.

puf *interj.* 흥! 체! 피! (경멸·증오·싫증 따위를 나타내는 소리).

pufe *m.* ①(화장할 때 쓰는) 분첩. ②주름잡히고 불룩한 옷. 불룩한 것(부분). ③(다리도 없고 등받이도 없는) 북처럼 생긴 폭신폭신한 의자(특히 응접실에 놓임).

pufo *m.* 통 만드는 사람이 쓰는 일종의 도구(통의 주둥이를 넓히기 위하여 끝을 달구어 쓰는 철봉(鐵棒)).

púgil *m.* = *pugilista*.

pugilar *v.t.* 주먹으로 치다. 주먹으로 서로 때리다. 권투하다.

pugilato *m.* 주먹으로 치며 싸우기. 주먹질. 권투.

pugilismo *m.* 권투(拳鬪).

pugilista *m.* 권투가. 권투선수.
pugilo *m.* 한 묶음. 한 뭉치. 한 덩어리. 작은 떼.
pugilometro *m.* 권력계(拳力計).
pugna *f.* 격투. 싸움. 투쟁. 전투.
pugnacidade *f.* 싸움 좋아하기. 호전성(好戰性).
pugnacíssimo *a.* (*pugnaz*의 최상급). 《詩》아주 싸우기 좋아하는.
pugnador *a.*, *m.* 싸우는 사람. 투쟁자. 분투자.
pugnar *v.t.* 싸우다. 투쟁하다. 격투하다. 논쟁하다.
  pugnar por 애써 싸우다. 분투하다. 몹시 노력하다.
pugnaz *a.* 싸우기 좋아하는. 투쟁을 좋아하는. 호전적인.
puir *v.t.* ①닦다. 문질러 닦다. 빛나게 닦다. ②닳아 없애다. 마멸하다.
pujança *f.* ①힘. 세력. 위력. 능력. 정력(精力). 원기. 인내력. 저항력. 강인(強靭). ②생생함. 팔팔함.
pujante *a.* ①힘있는. 힘센. 굳센. 세력 있는. 강대한. 강력한. 강장(強壯)한. ②팔팔한. 생생한.
pujar *v.t.* 조월하다. 탁월하다. 우월하다. 능가하다.
  — *v.i.* 애쓰다. 노력하다. 분투하다.
pula *f.* ①(노름에서의) 건 돈. 건 돈 전체 (총액). ②노름.
pulação *f.* 뜀. 뛰어 넘기. 도약(跳躍).
pula-corda *f.* (아이들의) 새끼줄 넘기. 새끼줄 뛰기.
pulador *a.* 뛰는. 뛰어 넘는. 도약하는.
  — *m.* 뛰어 넘는 사람(동물). 도약하는 사람(동물).
pulante *a.* ①뛰는. 뛰어 오르는. 뛰어 넘는. 도약하는. ②잠시도 가만있지 못하는. 진정하지 못한.
pular *v.i.* ①뛰다. 뛰어 오르다. 뛰어 넘다. 도약하다. 뜀뛰다. ②날뛰다. 약동하다. 약진하다.
  pular de contente 기뻐 날뛰다.
  — *v.t.* 뛰게 하다. 뛰어 넘게 하다.
pulcritude *f.* 아름다움. 우미. 사랑스러움.
pulcro *a.* 《詩》아름다운. 우미한. 사랑스러운.
pulex *m.* 독있는 벼룩(의 일종).
pulga *f.* [蟲] 벼룩.
  (注意) 通性으로도 씀.
pulgão *m.* [蟲] (식물에 기생하는) 진디.
pulgo *m.* 《稀》벼룩(의 숫컷).
pulgoso *a.* = *pulguento*.
pulguedo *m.* 많은 벼룩. 벼룩 투성이. 벼룩이 많은 곳.
pulgueira *f.* [植] 개망초의 일종(벼룩을 구제한다 함).
pulguento *a.* 벼룩이 많은. 벼룩 투성이의.
pulha *f.* 놀려대기. 야유. 희롱. 희롱하는 말. 비루한 말. 상스러운 말.
  — *a.* ①너절한. 비천한. 상스러운. 비루한. ②아니꼬운. 보기 흉한. 경멸할.
  — *m.* 너절한 인간. 비루한 사람. 못된 사람. 불량배.
pulhamente *adv.* 천하게. 비루하게. 너절하게. 보기 흉하게. 속여서.
pulhastra, pulhastro *m.* 비열한 사람. 하천한 사람. 너절한 사람. 못된 놈. 불량자. 악당.
pulhice *f.* 너절한 수작. 비열한 행동. 상스러운 언사.
pulhismo *m.* = *pulhice*.
pulidor *m.* 닦는 사람. 닦아 윤내는 사람. 윤내는 기구.
pulidura *f.* = *pulimento*.
  — *m.* ①닦기. 문질러 닦기. 닦아 윤을 내기. 탁마(琢磨). 연마(研磨). 수고(推敲). 품 있게 하기.
pulir *v.t.* (= *polir*) ①닦다. 문질러 닦다. 닦아 윤을 내다. 빛을 내다. ②품 있게 하다. 세련하다. 탁마하다. ③(글 따위를) 추고하다. ④교화(教化)하다.
  — *v.i.*, — *se v.pr.* ①닦여지다. 윤이 나다. 광택이 나다. 빛나다. ②품 있게 되다.
pulmão *m.* [解] 폐(肺). 폐장. 허파.
pulmoeira *f.* ①숨가쁨. ②천식(喘息). ③(말(馬)의) 폐기종(肺氣腫).
pulmonar *a.* ①폐의. 폐를 침범하는. 폐에서 발생하는. ②[動] 폐를 가진.
  doenças pulmonares 폐병.
  tísica pulmonar 폐결핵.
pulmonária *f.* [植] 유럽·미국산의 지치과 식물. 갯지치의 일종.
pulo (1) *m.* ①뛰기. 뛰어 오르기. 도약(跳躍). 비약(飛躍). ②약동. (심한) 맥박.
  de um pulo 또는 *num pulo* 한 번 뛰어. 단번에. 일약(一躍). 일거(一擧)에.

aos pulos 깡충깡충 뛰어서. 성큼성큼.
dar um pulo 한번 뛰다(도약하다). 잠깐 들리다.
— (2) 동사 *pular*의 직설법. 현재 1인칭 단수.

pulôver *m*. 머리로부터 입는 재킷의 일종.
pulpéria *f*. 값싼 음식점.
pulpero *m*. 값싼 음식점 주인.
pulpite *f*. [醫] 치수염(齒髓炎).
púlpito *m*. 설교단(說教壇). 강단. 연단(演壇).
pulquérrimo *a*. (*pulcro*의 최상급).《詩》 가장 아름다운. 제일 우미한.
pulsação *f*. 맥박(脈搏). 동계(動悸). 파동(波動). 진동. (전류의) 맥동.
pulsar *v.i.* ①(맥이) 뛰다. 동계하다. 정확하게 고동하다. 두근거리다. ②진동하다. 전율하다. ③[電] 맥동하다.
— *v.t.* ①(악기를) 타다. 치다. ②충동(衝動)하다. ③(율동적으로) 쳐서 보내다.
pulsátil *a*. 맥이 뛰는. 동계하는. 두근두근 하는. 쳐서 울리는.
pulsatila *f*. [植] 할미꽃무리의 초본(草本).
pulsativo *a*. 맥뛰게 하는. 고동(鼓動)을 일으키는. 동계(動悸)하게 하는.
dor pulsativo 뜨끔뜨끔한 아픔.
pulseira *f*. 팔찌(셔츠의) 소매끝.
pulsímetro *m*. [醫] 검맥기(檢脈器). 맥박계(脈搏計).
pulso *m*. ①맥박. 고동. 동계. ②(광선·소리 등의) 파동. 진동. ③[解] 손목. 팔뚝. ④완력(腕力).
tomar o pulso 맥을 보다. (남의) 의견을 타진하다. 의향을 살피다.
a todo o pulso 있는 힘을 다하여.
governar com pulso de ferro 무단정치(武斷政治)를 하다.
pultáceo *a*. 무른. 연(軟)한. 죽(粥)같은. 반유동체(半流動體)의.
pululação *f*. ①발아(發芽). 발생. ②번식(繁殖). 증진.
pululante *a*. ①싹트는. 발아하는. ②번식하는. 증진하는. ③(교의(教義) 따위) 발전하는.
pulular *v.i.* ①싹트다. 발아하다. ②번식하다. 급히 붓다. 격증(激增)하다. ③(교의(教義) 따위가) 발전하다. 발생하다.
pulvereo *a*. 가루의. 가루로 된. 분질(粉質)의.

pulverescência *f*. =*pulverulência*.
pulverização *f*. 가루로 만들기. 부수기. 분쇄.
pulverizador *a*. 가루로 만드는. 분쇄하는.
— *m*. ①분무기(噴霧器). ②향수 뿌리는 기구. ③가루를 내는 기계. 분쇄기(粉碎器). 약년(藥碾).
pulverizar *v.t.* ①가루로 만들다. 부수다. 분말(粉沫)이 되게 하다. ②(액체를) 안개로 만들다. ③가루를 뿌리다. 향수를 뿌리다(뿜다). ④(의논 따위를) 분쇄하다. 철저히 반박하다. 설파(說破)하다.
— *v.i.* 가루가 되다. 부서지다. 분말이 되다.
pulverizável *a*. 가루로 만들 수 있는. 분쇄 가능한. (액체를) 안개로 할 수 있는.
pulveroso *a*. 가루같은. 분상(粉狀)의. 가루가 많은. 가루 투성이의. 가루를 바른(친).
pulverulência *f*. ①가루칠. 가루를 바르기. 가루투성임. ②먼지에 덮임. 먼지 투성이가 되기.
pulverulento *a*. ①가루의. 먼지의. 가루(먼지) 투성이의. ②(암석 따위가) 잘 부서지는. 분말상(粉沫狀)의.
puma *m*. [動] 푸마. 아메리카 사자.
punção *f*. 찌르기. 구멍 뚫기. 빵꾸. [醫] 개공수술(開孔手術).
— *m*. 펀치. (딱지 등에) 구멍 뚫는 연장. 타인기(打印器). 천공기(穿孔器).
puncionagem *f*. 펀치(타인기·천공기 따위)로 구멍 뚫기.
puncionar *v.t.* ①(차표·딱지 따위에) 구멍을 뚫다. 펀치로 찍다. 타인기(打印器)로 찌르다. 꿰뚫다. ②[醫] (고름·액체 따위를 빼기 위하여) 개공 수술하다.
— *v.i.* (타이어 따위가) 빵꾸나다.
pundonor *m*. ①자존심. 위신. 존엄성. 자중. 체면. 면목. ②기사도(騎士道) 정신.
pundonoroso *a*. ①체면 차리는. 위신을 지키는. 명예를 존중하는. ②잘 배운. 행실이 좋은. 얌전한.
punga *a*. ①나쁜. 쓸모없는. 졸렬한. ②꼴찌의. 맨 끝 차례의. [競馬] 마지막 번으로 결승점에 도달한.
— *m*. ①못 쓸 말. 늙은 말. 폐마(廢

馬). ②무능한 사람. 병약한 사람. 늙어 일 못하는 사람.
pungente *a.* ①혀(코)를 찌르는. 얼얼한. 매운. (맛이) 아린. ②날카로운. 신랄한.
pungidor *a.* ①몹시 자극하는. 찌르는(듯한). ②가슴 아프게 하는. 괴롭히는.
pungimento *m.* ①찌르기. 자극하기. ②얼얼함. 매움. ③가슴 아픔. 고통.
pungir *v.t.* ①찌르다. 쑤시다. ②심한 자극을 주다. 자극하다. ③가슴 아프게 하다. 괴롭히다. 슬프게 하다.
— *v.i.* (땅속으로부터) 싹터 나오다. 싹트기 시작하다.
pungitivo *a.* ①찌르는. 쑤시는. ②찌르는듯한. 자극이 심한. 신랄한. ③가슴 아픈. 고민케 하는. 괴롭히는.
pungista *m.* ①면허 없는 약장수. ②소매치기.
punhada *f.* 주먹으로 치기.
punhado *m.* ①한 줌. 한 줌 가득. 한 웅큼. ②적은 양. 소량.
punhal *m.* 단도(短刀). 비수(匕首). 단검.
punhalada *f.* ①단도(비수)로 찌르기. 칼에 찔린 상처. ②큰 타격.
punhar *v.t.* 움켜잡다. 움켜쥐다.
punho *m.* ①주먹. ②(셔츠의) 소매끝. 커프스. ③(단도·비수 따위의) 손잡이, 칼자루. 도구의 손잡이.
punho de camisa (와이셔츠의) 소매끝.
de seu próprio punho 자필(自筆)로.
punibilidade *f.* 벌할 수 있음. 가벌성(可罰性).
punicáceas *f.*(*pl.*) [植] 석류과(石榴科).
punição *f.* ①벌하기. 처벌. 징벌(懲罰). 응징(膺懲). ②형(刑). 형벌.
puniceo *a.* 《詩》 석류색(石榴色)의.
púnico *a.* ①옛 카르타고 사람의.②신의(信義) 없는. 성실치 않은.
punidor *m.* 벌 주는 사람. 징벌자. 응징자.
punir (1) *v.t.* ①(사람·죄를) 벌하다. 처벌하다. 응징하다. 징벌하다. 형벌주다. 처형하다. ②(상대방을) 혼내다. 혹평하다. ③[拳鬪] (상대방을) 강타하다.
— (2) *v.i.* (+*por*). (권리 따위를) 옹호하다. 수호하다. 옹호하기 위하여 싸우다.
punitivo *a.* 벌의. 징벌의. 응징(膺懲)의. 형벌의.
punível *a.* 벌할 수 있는. 벌 주어야 할. 처벌(형벌)해야 할. 징벌(응징)할 수 있는.

puntura *f.* ①펀치·타인기·천공기 따위로 찌르기·뚫기. ②찔린 상처.
pupa *f.* [蟲] 번데기.
pupila *f.* ①미성년 여자 고아. ②[法] 미성년인 피후견인. 피보호자(被保護者). ③여생도(女生徒). 여제자(女弟子). ④[解] 눈동자. 동공(瞳孔).
pupilagem *f.* ①미성년 지도. ②피후견인(被後見人)의 교육. 그 교육기간.
pupilar *a.* ①미성년인 피후견자에 관한. 피후보자의. ②생도의. 제자의. ③[解] 눈동자의. 동공의.
pupileira *f.* 유아보육소(幼兒保育所). 탁아(託兒)보육소. 기아양육소(棄兒養育所).

pupilo *m.* ①(후견하에 있는) 미성년 남자고아. ②[法] 미성년인 피후견인. 피보호자.《英》*ward*. ③[로마法] 유년자(14세 미만의 남자 또는 12세 미만의 여자로서 보호자가 있는). ④(보통 초등학교·중학교의) 생도. 제자(弟子).
puramente *adv.* 깨끗하게. 맑게. 순수하게. 정숙하게. 단순히. 전혀.
puraquê *m.* (브라질 북부산) 전기뱀장어.
purê *m.* 《F》채소와 고기를 졸여서 거른 걸쭉한 스프.
pureza *f.* ①청정(淸淨). 순수; 깨끗함. 순결. 무구(無垢). ②청렴, 결백. ③(문체·어구의) 정격(正格). 순정(純正).
purga *f.* ①깨끗하게 하기. 정화(淨化). 숙청. 추방. ②하제(下劑).
purgação *f.* ①정화(淨化). 죄장소멸(罪障消滅). ②(설사약으로) 뒤를 통하게 하기. 변통(便通); (고름을 짜내어) 깨끗하게 하기. ③임질(淋疾).
purgação canonica [宗] 척죄(滌罪). 결죄(潔罪).
purgador *m.* ①깨끗이 하는 사람(물건). 정제자. 정련자(精煉者). ②하제(下劑).
purgante *a.* 깨끗이 하는. 뒤를 통하게 하는. 설사하게 하는. 일소(一掃)하는.
— *m.* 하제(下劑). 완하제(緩下劑).
purgar *v.t.* ①(마음·몸을)깨끗이 청정하다. ②일소하다(불량도배를 배제하다). 숙청(추방)하다. ③[醫] 설사시키다. (액체를) 맑게 하다. ④(금속을) 정련(精鍊)하다.
— *v.i.* (고름이) 흘러 나오다. 깨끗해지다.
—*se* *v.pr.* 하제(下劑)를 먹다. 완하제를 쓰다.

purgatina *f.* 완하제(緩下劑).

purgativo *a.* 깨끗하게 하는. 뒤를 통하게 하는. 설사하게 하는. 일소(一掃)하는. [宗] 정죄(淨罪)하는. 척죄(滌罪)의.
— *m.* 하제(下劑). 완하제.

purgatol *m.* = *purgatina*.

purgatorio *a.* 깨끗하게 하는. (죄 따위를) 씻는. 정죄하는. 정죄계(淨罪界)의.
— *m.* [가톨릭] 연옥(煉獄: 죄를 지고 죽은 영혼이 천당에 가기 전에 속죄로 고생하고 정죄되는 곳). 죄를 없애는 고행(苦行).

purgueira *f.* [植] 대극과(大戟科)의 식물 (그 열매로 하제(下劑)를 만듬).

puridade *f.* ①청정(淸淨). 순수. 청결. ②청렴. 결백. ③(문체·어구의) 정격(正格). 순정(純正).
à puridade 우리끼리의 얘기인데. 남몰래. 비밀로.

purificação *f.* ①맑게 하기. 깨끗이 하기. 정화(淨化). 정제(精製). ②몸을 정화하는 식(式). 결재(潔齋). [가톨릭] 성작(聖爵)을 깨끗이 하기(미사 후 성배에 포도주를 부어 씻고 사제(司祭)가 그것을 마심).
purificação da sangue 혈정(血精).

purificador *a.* 깨끗이 하는. 정화하는. 청정(淸淨)히 하는. 순수(순결)하게 하는. 정련(精煉)하는.
— *m.* ①깨끗이 하는 사람. 정제자(精製者). 청정기(淸淨器). ②[宗] 성작(聖爵)을 닦는 천. 성작수건.

purificante *a.* 맑게 하는. 깨끗이 하는. 청정하게 하는. 정화하는. 순수(순결)하게 하는.

purificar *v.t.* ①깨끗이 하다. 정화(淨化)하다. 청결히 하다. 정제(精製)하다. ②(죄 따위를) 씻어버리다. 결백하게 하다. ③(어구(語句)를) 세련하다.
—**se** *v.pr.* 깨끗해지다. 정화되다. 순결해지다.

purificativo *a.* 깨끗이 하는. 정화하는. 정화의. 청정의. 정제의.

purificatório *a.* 깨끗이 하기 위한. 정화하기 위한. 청정용(淸淨用)의. 청정의. 정화의.

puriforme *a.* [醫] 고름 비슷한. 농상(膿狀)의.

purismo *m.* 언어순화(言語純化). 용어의 결벽(潔癖). 수사벽(修辭癖).

purista *m.*, *f.* 용어상의 결벽가. 수사벽이 있는 사람.

puritanismo *m.* [宗] 청교(淸敎). 청교주의. 엄격주의(특히 종교상의).

puritano *a.* 청교도의. 청교도 같은. 엄격한.
— *m.* [宗] 청교도. 엄격한 사람. 엄격가.

puro *a.* ①깨끗한. 순수한. 잡것이 없는. 순일(純一)한. 순연(純然)한. ②순정(純正)의. 고결한. 맑은. 결백한. 죄없는. 무고(無辜)한. ③순진한. ④성숙한. 품 있는.
ouro puro 순금(純金).
puro e simples 순일무잡(純一無雜).
è a pura verdade 아주 진실(眞實)하다.
pura perca de tempo 허송세월. 아무것도 하지 않고 허비하는 시간.
puro-sangue 순종(純種).
um cavalo puro-sangue 순종의 말(馬).

púrpura *f.* ①자줏빛. 자색. [史] 짙은 붉은색(深茶紅色). ②자주빛 도포(옛날에는 고관만이 입었음). ③제왕(帝王) 또는 추기관(樞機官)의 위엄(존엄성). ④[貝] 자주(심홍색)의 원료가 되는 조개무리. ⑤[醫] 자반(紫斑).

purpurado *a.* 자줏빛을 한. 자줏빛으로 물들인. 자줏빛의 옷(도포)을 입은.

purpurar *v.t.* 자줏빛으로 하다. 자줏빛으로 물들이다. [史] 자줏빛 도포를 입다. [宗] 추기관(樞機官)의 지위에 오르게 하다.
— *v.i.* 자줏빛(심홍색)이 되다. 짙은 붉은 색이 되다.

purpureante *a.* 자줏빛을 띤.

purpurear *v.t.* 자줏빛으로 하다. 붉게 하다.
— *v.i.* 자줏빛(심홍색)이 되다. 새빨개지다.

purpúreo *a.* ①자줏빛의. 심홍색의. ②《詩》붉은. 새빨간. ③[史] 제왕(帝王)의. 고위의. 고관의. ④현란(絢爛)한. ⑤[醫] 자반(紫斑)의.

purpurina *f.* [化] 뿔뿌린. 붉은 염료.

purpurino *a.* = *purpúreo*.

purpurizar *v.t.*, *v.i.* = *purpurear*.

purulência *f.* ①고름. ②화농(化膿). 화농상태.

purulento *a.* ①고름의. ②곪은. 화농한. ③화농성(性)의. ④고름 같은. 농상(膿狀)의.

pus *m.* 고름. 농즙(膿汁).

pusilânime *a.* 무기력한. 소심한. 겁이 있는. 담이 작은.

pusilanimemente *adv*. 무기력하게. 소심하게. 비겁하게.
pusilanimidade *f*. 무기력. 소심(小心). 겁약(怯弱). 비겁.
pústula *f*. [醫] 소농포(小膿疱). [動·植] 작은 융기(隆起).
pustulado *a*. 소농포가 있는. 작은 융기가 있는.
pustulento *a*. 소농포의. 소농포투성이의.
pustuloso *a*. 소농포같은. 소농포질(小膿疱質)의. 소농포투성이의.
puta *f*. 《卑》 갈보. 매음부. 매춘부. 창기. ②사통(私通). 간음. 매음(賣淫). ③매절(賣節). 매절행위.
putativamente *adv*. 추정적으로. 상상적으로.
putativo *a*. ①추정(推定)의. 상상의. ②평판에 오르는. 소문에 들리는. 명성이 있는.
pai putativo 추정의 아버지.
casamento putativo [法] (무효 또는 취소할 수 있는) 선의(善意)에 입각한 결혼. 합의상의 결혼.
puteal *m*. 우물의 변두리. 우물 주변에 돌(벽돌)을 쌓은 것(지상 부분).
puteiro *m*. 《卑》 바람쟁이. 오입쟁이.
puto *a*. 《卑》 타락한. 색(色)에 빠진.
— *m*. 《卑》 계간자(鷄姦者). 오입쟁이.
putrefação *f*. 썩음. 부패. 부란(腐爛). 부패작용. 썩은 물건.
putrefaciente *a*. 부패의. 썩는. 썩기 쉬운. 썩게 하는.
putrefativo *a*. 부패의. 썩게 하는. 부패시키는. 썩기 쉬운.
putrefato *a*. 썩은. 부패한. 타락한. 더러운.
putrefatório *a*. =*putrefaciente*.
putrefazer *v.t*. ①곪게 하다. ②썩히다. 부패시키다.
— *v.i.*, —*se v.pr*. ①곪다. ②썩다. 부패하다. 타락하다.
putrefeito *a*. 썩은. 부패한. 타락한. 더러운.
putrescência *f*. 부패함. 부패상태. 타락.
putrescente *a*. 썩는. 썩어 문드러지는. 썩어가는. 썩기 시작하는. 부란(腐爛)하는.
putrescibilidade *f*. 썩을 수 있음. 썩기 쉬움. 부패성.
putrescível *a*. 썩기 쉬운. 썩을 수 있는. 부패성의.
pútrido *a*. 썩은. 썩어문드러진. 부란한. 부패한. 썩기 시작하는. 부패현상이 나타난.
putrificar *v.t*. ①곪게 하다. ②썩히다. 부패케 하다.
— *v.i.*, —*se v.pr*. 곪다. 썩다. 썩어문드러지다. 부패하다. 타락하다.
putrigeno *a*. 썩히는. 썩게 하는. 부패하게 하는.
putrilagem *f*. ①부패. 부란(腐爛). ②(사회의) 풍기문란. 도덕적 부패. 퇴폐.
puxa! *interj*. 저런! 이런! 이것 봐! (약간 놀랬거나 감탄했을 때 하는 소리).
puxá *m*. 천식(喘息).
puxada *f*. (트럼프) 내던지는 첫 카드 또는 보이는 첫 카드. 제 짝에게 으뜸 카드를 내라는 신호. ②끌어당기기. 끌어붙이기. ③유인(誘引). ④부속가옥. 증축부분(增築部分). 연장부(延長部).

puxadeira *f*. 목 긴 구두의 뒤에 달려 있는 가죽걸이(발을 끼고 잡아 당기기 위한 것).
puxadela *f*. *puxadeira*를 당기기. 약간 당기기.
puxadinho *a*. ①약간 당긴. ②멋부리는. 맵시내는.
— *m*. 멋쟁이. 맵시꾼.
puxado *a*. ①당긴. 끌어당긴. 잡아당긴. ②뽑은. 뽑아 낸. ③이끈. 이끌어 낸. 인도한. 유인한. ④던긴. 뿌려 뒷진. ⑤(값이) 비싼. 고가(高價)의. ⑥멋부린. 맵시 낸. ⑦술에 취한. 얼근한.
— *m*. ①부속 가옥. 증축 가옥. 증축부분. ②집 뒤에 달린 헛간. ③《俗》 천식(喘息).
puxador *m*. ①당기는 사람. 끄는 말(또는 소). ②(서랍·문 따위에 붙어 있는) 당기는 손잡이. 당기는 물건.
puxante *a*. ①당기는. 끌어 당기는. ②구미(口味)가 당기는. 식욕을 일으키는.
puxão *m*. ①꽉 당기기. 굳세게 당기기. 갑자기 끌기. 만인(挽引). ②충동(衝動).
puxão de orelha 귀를 쥐어 당기기. 따귀를 치기.
puxa-puxa *f*. 캐러멜의 일종.
puxar *v.t*. ①끌다. 당기다. 끌어 당기다. 잡아 끌다. (그물 따위를) 당격 올리다. (고삐·재갈 따위를) 잡아 당기다. (활을) 당기다. ②(수레같은 것을) 끌다. 견인하다. ③(수분 따위를) 빨아들이다. 흡수(吸收)하다. ④(당겨) 늘이다. ⑤인도하다. 유인하다. ⑥조장하다. 진흥(振興)하다.

⑦(칼 따위를) 뽑다. 잡아 빼다.
— *v.i.* ①끌다. 당기다. 끌리다. 이목(耳目)을 끌다. 인기(人氣)를 끌다. ②긴장하다. 일심으로 노력하다.
puxar a (또는 *pela*) *espada* 칼을 당기다. 뽑다.
puxar pelo remo 노를 당기다. 젓다.
Ele puxou o revólver e quis atirar 그 사람은 권총을 꺼내어 쏘려고 했다.
puxar de uma perna 다리를 끌다.
puxar pelos seus direitos 자기의 권리를 주장하다.
puxar a. (…을) 닮다(자식이 부모를 닮는 것 따위).
puxar por si 애쓰다. 면려(勉勵)하다. 노력하다.

puxa-saco *m.* 감언이설로 꾀는 사람. (돈·상품 따위를 받으려고) 아첨하는 자. 비위 맞추는 자. 아양부리는 자.
puxativo *a.* 입맛 당기는. 식욕(食慾)을 일으키는(키게 하는).
puxavante *m.* ①(편자 일꾼의) 발톱 깎는 칼. ②식욕을 북돋우는 자극성 음식물.
— *a.* ①입맛 당기는. 식욕을 북돋우는. ②신랄한. 가열한. 매운.
puxavão *m.* 힘세게 당기기. 꽉 당기기. 갑자기 끌기.
puxe *interj.* 가라! 물러가라!
puxeira *f.* 코감기.

Q, q *m.* ①포르투갈어 자모의 열여섯 번째 글자(항상 *u*를 동반하여 *qu*의 형(形)으로 씀). ②로마 숫자의 500.

quacre *m.* 쾌이커 교도(教徒).

quacrismo *m.* 쾌이커파의 교의(教義)(습관).

quadernado *a.* [植] 네 개 잎사귀(四葉) 한 벌의. 사화판(四花瓣)의.

quadra *f.* ①정방형(正方形)의 방(房). 사각형의 토지(들·광장·정원). 정방형의(邊). ②(화투·트럼프·주사위 따위의) 넷. 사점(四點). ③[韻] 4행시(行詩). 사계(四季). ⑤[海] 선측후반부(船側後半部). ⑥정구장(庭球場).
quadra da lua 달의 주기의. 1/4. 현(弦).
quadra de tênis 정구장. 정구 코트.

quadrado *a.* ①네모진. 사각(四角)의. 정방형의. ②완전한.
um metro quadrado 1평방미터.
um pé quadrado 1평방피트.
raiz quadrada 평방근.
— *m.* ①사각(四角). 정방형. ②[數] 제곱수(自乘數). ③[軍] 방진(方陣).
açúcar aos quadrados 각설탕. 덩어리 설탕.

quadrador *m.* ①물체를 사각형(정방형)으로 만드는 사람. ②(사진틀 따위의) 틀을 만드는 사람.

quadragenário *a.* 40개의. 40년의. 40세의. 40대의.
— *m.* 40세(40대)의 사람.

quadragésima *f.* ①40일간. ②《古·宗》 사순절(四旬節).

quadragesimal *a.* ①40일 간의. ②사순 절의.

quadragésimo *a.* 40번째의. 제사십의. 40분의 1의.

quadrangulado *a.* 네모진. 사각이 된. 정방형을 이룬.

quadrangular *a.* 네모꼴의. 사각의. 정방형의. 구형의.

quadrangularmente *adv.* 네모꼴로. 사각형으로.

quadrângulo *m.* 네모꼴. 사각형. 정방형. 사변형. 구형(球形).
— *a.* =*quadrangular*.

quadrantal *a.* 상한(象限)의.

quadrante *m.* ①[幾] 사분원(四分圓). 원의 4분의 1. ②상한(象限). [天·海] 상한의(象限儀). ③(시계의) 문자판(文字板). (저울·나침반의) 지침면(指針面). ④[空] 키잡는 호형(弧形). 손잡이.

quadrar *v.t.* ①네모꼴로 만들다. 정방형으로 하다. ②(재목 따위) 네모지게 하다. 직각으로 하다. ③[數] 제곱하다. …의 면적을 구하다. ④적응시키다. 일치시키다. 조화(調和)되게 하다.
— *v.i.* ①직각을 이루다. ②일치하다. 조화하다. 적합하다. 알맞다.

quadrático *a.* ①네모꼴의. 방형(方形)의. ②[數] 이차(二次)의.

quadratim *m.* [印] 메움쇠(활자의 사이에 꽂는 네모진 금속편).

quadratura *f.* ①[數] 구적법(求積法). ②[天] 상현(上弦). 하현(下弦). 상한거리(象限拒離).
quadratura do círculo (원적법(圓積法): 원과 같은 면적의 정방형을 만듦).

quadrela *f.* ①담벽의 구분(區分). ②작은 땅. 작은 토지.

quadrialado *a.* 네 개의 날개 있는 사익(四翼)의.

quadriciclo *m.* 사륜자전거(四輪自轉車).

quadricolor *m.* 사색(四色)의. 네 가지 색깔로 되는.

quadricorneo *a.* [動] 네 개의 뿔있는.

quadricotiledone *a.* [植] 사자엽(四子葉)의.

quadrícula *f.* 작은 네모꼴. 소(小)정방형.

quadriculado *a.* ①작은 네모꼴을 한. ②바둑판 무늬 모양의.

quadricular (1) *a.* =*quadriculado*.
— (2) *v.t.* 가로 세로 똑같은 간격의 금을 긋다. 바둑판 금처럼 긋다. 바둑판 무늬를 넣다.

quadrículo *m.* =*quadriculado*.

quadridentado *a.* 네 개의 이(四齒)가 있는.

quadridigitado *a.* 네 개의 손가락이 있는.

quadrienal *a.* 4년마다의. 4년 계속하는.

quadriênio *m.* 4년간.

quadrifendido, **quadrifidо** *a.* [動·植] 네 갈래로 된. 사분열(四分裂)의.

quadrifoliado *a.* [植] 네 개의 잎사귀가 있는.

quadriga *m.* 《옛 로마》 (네 필 말이 끄는) 이륜마차(二輪馬車).

quadrigário *m.* *quadriga*의 차부(車夫).

quadrijugo *a.* 《詩》 네 필 말이 끄는.

quadril *m.* ①허리. 요부(腰部). ②《稀》 엉덩이(臀部).

quadrilateral *a.* 네모꼴의. 네 개의 변(邊)이 있는.

quadrilátero *a.m.* ①네모꼴. 사변형(四邊形). ②사변형 요새지(要塞地 : 네 모퉁이에 성채(城砦)가 있음).

quadrilha *f.* ①쿼드릴(네 사람이 한 패가 되어 추는 옛날식 무도). 방무곡(方舞曲). ④조(組). 대(隊). 단(團). ⑤폭력단. 흉기를 소지한 일단(一團).
quadrilha ae ladrões 강도단. 도적단.

quadrilhado *a.* (바둑판 금처럼) 가로 세로 같은 간격의 금을 그은.

quadrilheiro *m.* ①갱의 한 사람. 악한. 산적(山賊). 비적. ②순경(巡警). 순시자.

quadrilobado *a.* [解] 사열편(四裂片)의.

quadrilongo *a.* 평행사변(平行四邊)의.
— *m.* 평행사변형(形).

quadrimano *a., m.* =*quadrumano*.

quadrimestral *a.* 4개월마다의. 4개월 계속되는.

quadrimestre *m.* 4개월간.

quadringentenário *m.* 400년(기념).

quadringentésimo *a.* 400번째의. 제사 백의.

quadrinómio *m.* [代] 사항식(四項式).

quadripartição *f.* 네 짝으로 나눔. 사분열(四分裂).

quadripartido *a.* 네 짝으로 나눈. 사부(四部)로 된.

quadripenado *a.* [動] 네 개의 날개 있는.

quadripetalo *a.* [植] 네 개의 꽃잎이 있는.

quadrireme, quadrirreme *f.* (옛 로마) 사단(四段)으로 노줄을 지은 군함.

quadrissílabico *a.* 사음절(四音節)의.

quadrissílabo *m.* 사음절어(語).

quadrivalve *a.* 네 개의 밸브가 있는. 사판(四瓣)의.

quadrívio *f.* ①십자로. 교차점(交叉点). ②[史] 네 개의 과목(四科 : 중세 대학의 산술·음악·기하·천문학). 《古》 사학(四學).

quadro *m.* ①정방형. 사각(四角). 네모진 물건(면(面)). ②네모난 광장. ③(시가의) 일구획(一區劃). 일곽(一郭). ④(학교에서 쓰는) 흑판. ⑤(사진) 틀. ⑥화면(畵面) 지도. ⑦[軍] 방진(方陣). ⑧(자전거의) 차체(車體). ⑨(직원·역원 등의) 명단. 명부. ⑩조(組). (경기의) 팀. 구성인원. 성원(成員). 대(隊). ⑪[劇] 막(幕). 장면. 광경. ⑫[印] 인자판(印字板).
quadro-negro 흑판.
quadro de avisos 게시판. 고시판.
quadro de distribuição [電] 배전판. 개폐기관.
quadro do pessoal 구성인원. 직원명단.
quadro dos professores (한 학교의) 교원 전체.

quadrúmano *a.* [動] 네 손을 가진. 사수류의.

quadrúmanos *m.(pl.)* [動] 사수류(四手類).

quadrupedante *a.* [動] ①네 발로 걷는. ②네 발 가진. 사족수의.

quadrupedar *v.i.* 네 발로 걷다.

quadrúpede *a.* [動] 네 발을 가진. 사족수의.
— *m.* 사족수(四足獸).

quadrupleta *f.* ①네 개 한 벌. ②네 쌍둥이 중의 한 아이. ③네 사람이 타는 자전거.

quadruplex *a., m.* 사중전신법(四重電信法).

quadruplicação *f.* 사배(四倍). 네 통 작성.

quadruplicadamente *adv.* 네 곱하여. 네 겹으로.

quadruplicado *a.* 네 번 거듭한. 사배의. (서류 따위) 네 통으로 작성한. 네 통의.

quadruplicar *v.t.* 네 곱(겹)으로 하다. (문서 등을) 네 벌 작성하다. (사본을) 네 벌 만들다.
—*se* *v.pr.* 네 곱(겹)이 되다. 사통(四通)으로 작성되다.

quádruplo *a.* 네 곱의. 네 겹의. 네 개 한 벌의
— *m.* 네 곱(四倍). 네 겹(四重). 네 곱의 수(數).

qual *a., pron.* 어느 (것). 어떤 (것). 어느쪽. 정관사가 선행했을 때(즉. *o qual*)는 그 사람, 그 것.
Não sei a qual o Sr. prefere. 선생님이 어느 것을 더 원하시는 지(택하는 지) 저는 모르겠습니다.
Qual você prefere? 어느 것을 더 원합니까?

Qual de vocês vai? 당신들 중에 누가 갑니까?
tal qual 그런. 바로. 그.
cada qual 각자. 매 사람.
seja qual fôr 어쨌든. 무엇이든. 어떤 것이든.
Deve tomar um deste remédios, seja qual fôr. 이 약 중에 어느 약이든 한 가지는 먹어야 한다.
Deve comer fruta, seja qual fôr. 어떤 과일이든, 과일을 먹어야 한다.
— *interj.* 헛소리! 그 따위 소리! 바보 같이!
Qual história! 헛된 소리!

qualidade *f.* ①바탕. 질(質). 품질. ②특질. 특색. ③능력. 자격. ④조건. 종류. ⑤《古·卑》높은 지위. 명문. 상류.
pessoa de qualidade 상류 인사. 문벌가. 명문가.
voto de qualidade 결정투표(決定投票: 가부동수(可否同數)일 때 의장이 그 결정을 하는).
A qualidade importa mais que a quantidade. 질(質)은 양(量)보다 더 중요하다.
na qualidade de …의 지격으로서. …로서.

qualificação *f.* ①제한(을 하는 것). 한정(限定). ②자격부여(증명). 면허. 자격. ③품질을 정하기.

qualificado *a.* ①제한된. ②자격을 가진. 면허된. ③지위를 차지한. ④품질(品質)을 구비한. ⑤고위(高位)의. 고귀한.

qualificador *a., m.* ①한정(限定)하는 것. ②[文] 수식(한정)어구(형용사·부사 따위). ③자격(권한)을 주는 사람 (것). 면허하는 자. ④품위(品位)를 정하는 자. 감정인(鑑定人).

qualificar *v.t.* ①제한(한정)하다. ②[文] (…의 뜻을) 형용하다. 수식(修飾)하다. ③자격(권한)을 주다. ④품위(品位)를 정하다. ⑤(사람을 …이라고) 일컫다. 간주(看做)하다.
— *v.i.* 자격을 얻다. 검정을 받다. 면허(인가)를 받다.

qualificativamente *adv.* 질적으로. 품질상. 성질상. [文] 형용사적으로.

qualificativo *a.* 제한하는. 한정하는. [文] 형용하는. 수식하는.

adjetivo qualificativo 품질형용사.
— *m.* 형용어(形容語). 한정어(限定語).

qualificável *a.* ①제한(한정)할 수 있는. ②형용할 수 있는. ③자격을 줄 만한.

qualitativamente *adv.* 질적으로.

qualitativo *a.* 성질(상)의. 성질에 관한.
analise qualitativa [化] 정성분석(定性分析).

qualquer *a. pron. ind* 어떤. 어느 것이든. 무엇이든. 누구든.
qualquer coisa 무엇이든. 어떤 것이든.
qualquer parte 어디든지. 어디나.
em qualquer caso 어쨌든 간에. 어떤 경우든.
em qualquer tempo 언제든지. 어느 때나.
Êle fêz o trabalho sem qualquer dificulda de. 그 분은 아무런 곤란도 없이 그 일을 했다.

quando *adv.* 언제. 어느 때.
— *conj.* …때. …의 경우.
desde quando 언제부터.
até quando 어느 때까지. 언제까지.
de vez em quando (=*de quando em quando*) 때때로.
quando menos 적어도.
quando muito 많아야(도).
Quando você pode vir? 언제 올 수 있습니까?
Não sei quando posso vir aquí. 여기에 언제 올 지 모르겠습니다.
quando fôr rico 돈을 벌면. 운이 트면.
aindo guando 가령. …라 해도.
quando quer que 언제든지.

quantia *f.* 양(量). 수. 수량. 액. 금액.

quantidade *f.* ①양. (특정의) 분량. 수량. ②다량. 다수. ③음량(音量). ④액(額). 액수.
grande quantidade 대량(大量). 다량.
quantidade positiva 정량(正量).
quantidade negativa 부량(負量).

quantificar *v.t.* 양을 정하다. 양을 달다.

quantioso *a.* 수많은. 다량의. 풍부한.

quantitativamente *adv.* 양적으로. 양에 관하여. 분량상(分量上).

quantitativo *a.* 양의. 분량의. 양에 관한.

quanto *a.* 얼마의. 얼마나의. 어느 만큼의.
— *pron.* 그만큼. 그만큼 양.
— *adv.* 얼마. 얼마나. 어느 만큼의. 어느 정도.

Quanto? (값이) 얼마(입니까)?
Quantos? (수적으로) 얼마(입니까)? 몇 개입니까?
quanto tempo 얼마 동안.
por quanto …에 의하면. …의 때문에.
em quanto …하는 동안.
quanto antes 될 수 있는 대로 빨리. 가급적으로 일찍.
quanto mais 더욱. …할수록.
Quanto mais, melhor. 더욱 좋다. 많을수록 좋다.
tanto quanto eu sei 내가 아는 한.
Quanto mais você estuda tanto mais você saberá. 그대는 공부를 많이 할수록 더 알게 될 것이다.

quantum *m*. ①《L》《稀》양(量). 액(額). 약간액(若干額). 몫. ②[理] 양자(量子).

quão *adv*. 얼마나. 그만큼 많이.
Quão grande. 참 크다!

quaquer *m*. =*quacre*.

quaquerismo *m*. =*quacrismo*.

quarango *m*. [植] 기나수(幾那樹).

quarar *v.t.* 《俗》 희게 하다. (햇볕에) 표백하다.
— *v.i.* 희게 되다.

quarenta *a*. 40의. 40개의.
— *m*. 40. 40개. 40명.

quarentão *a*. 40이 넘는. 40세 잘 되는. 40대의.
— *m*. 40세 잘 되는 사람. 40대의 사람.

quarentena *f*. ①40일간. ②[宗] 사순절(四旬節). ③검역정선기간(檢疫停船期間). 격리(隔離)기간. ④(전염병이 돌고 있는 지방으로부터 오는 여행자·하물에 대한) 격리. 교통차단. 검역.

quarentenar *v.i.* 격리하다. 정선(停船)을 명령하다. 검역하다.

quarentenário *a*. 검역정선의. 격리의. 검역의.
— *m*. 검역중의 사람.

quarentona *a*. (여자로서) 40세가 되는. 40대의.
— *f*. 40세의 여성. 사십대의 부인.

quaresma (1) [宗] 사순절(四旬節 : *Ash Wednesday*부터 *Eastr Eve*까지의 40일간 광야(廣野)의 그리스도를 기념하기 위하여 단식 또는 회개를 함).
cara de quaresma 명랑치 않은 얼굴. 음울한 표정.

— (2) [植] 범의 귀과의 고산·암생(巖生) 식물.

quaresmal *a*. 사순절의. 금육(禁肉)의. 검소한.

quaresmar *v.i.* 사순절의 제일(齋日)을 지키다.

quarta *f*. ①넷째. ②4분의 1. ③[樂] 제4도(度). 제4도 음성. ④[海] 부서. 선측후반부(船側後半部). ⑤[劍術] 손바닥을 위로 젖히고 칼끝을 적의 오른편 가슴에 대는 자세. 《英》 *quart*. ⑥*quarta-feira*의 준말.

quartã, quartan *f*. [醫] 사일열(四日熱).

quartado *a*. ①사분(四分)의. 사등분한. ②네 가지 종류로 되는(만든).
pão quartado (밀·옥수수·보리·호밀의) 네 가지 가루로 만든 빵.

quarta-feira *f*. 수요일.
qurrta-feira de cinza 성회례(聖灰禮). 봉제수일(封齋首日: 사순절의 첫날. 가톨릭교에서 이날 참회의 상징으로 머리에 재를 뿌림).
quarta-feira de trevas 성(聖) 수요일 (부활제의 전 수요일).

quartanário *a*. [醫] 사일열(四日熱)의. 사일열에 걸린.
— *m*. 사일열에 걸린 사람.

quartanista *m*., *f*. 대학의 4년생.

quartão *m*. ①작은 통나무. ②큰 방(房).

quartau *m*. 몸집이 작고 기운 센 말(馬).

quarteado *a*. ①넷으로 나눈. ②네 부분으로 성립되는. ③네 가지 색깔로 되는(칠한). ④[紋] 방패꼴을 네 쪽으로 나눈.

quartear *v.t.* ①넷으로 나누다. ②[紋] (방패를) 세로·가로줄로 네 쪽 내다. ③네 가지 색깔로 칠하다.

quarteio *m*. 투우사(鬪牛師)가 몸을 살짝 피하는 동작. 사분선회(四分旋回).

quarteira *f*. 방(寢室)을 가꾸는 식모.

quarteirão *m*. ①100의 4분의 1. 25의 수로 되는 단위. 또는 양(量). ②1파운드의 4분의 1. ③[紋] 방패의 4분의 1. ④(시간(市街)의) 네모난 일구획(一區劃).
quarteirão de casas (주택지대에 있어서의) 일구획의 가옥(전체).

quartejar *v.t.* (=*esquartejar*) 네 쪽 내다. 4분하다.

quartel *m*. ①4분의 1(의 액수). ②일년의 1/4. 사반기(四半期). ③사기지불(四期支

拂)의 하나. (연액(年額) 중) 3개월에 해당하는 액. ④[軍] 숙사(宿舍). 영사(營舍). ⑤주소(住所). ⑥보호(保護).
quartel general [軍] 총사령부. 본부.
quartel de inuerno [軍] 동영(冬營).
quartel de saude 안전한 곳. 피난처.
quartel mestre [軍] 보급계(연대·대대 소속 장교로서 숙사 할당·양식·무기·피복 등을 맡아 봄).
dar quartel 용서하다. 살려 주다. 관대히 대하다.
pedir quartel (패전자·포로가) 살려 주기를 애걸하다. 보호를 요청하다.
ultimo quartel da vida 인생의 만년(晩年).

quarteleiro *m.* [軍] 창고 관리병.
quarterão *m.* 백인과 반백인(半白人)과의 트기. 흑인의 피를 1/4 받은 사람. (이와 같은 비율에 의한 이인종(異人種)·동식물 간의) 잡종.
quarteto *m.* ①[韻] 4행시. ②[樂] 사중주(四重奏). 사중창. 사부합창. ③사중주자. 사주창자. ④네 패. 네 개 한 벌. 4인조.
quartilho *m.* ①파운드(《英》 20온스. 약 3홉 1작. 《美》 16온스. 약 2홉 4작). ②1파운드들이 그릇.
quartinha *f.* 음료수를 넣어 보관하는 단지.
quartinho *m.* ①작은 방. 침실. [轉] 화장실. 변소. ②《葡》 옛날의 금화(金貨).
quarto *a.* 4분의 1의. ②넷째의. 제4의.
em quarto lugar 네 번째로. 제4위(位)로.
— *m.* ①4분의 1. 15분. (한 시간의 4분의 1). ②[天] 현(弦 : 달의 일회전을 네 등분한 그 하나). ③방(房). 실(室). (특히) 침실. ④[軍] 당번. 당직. 당번의 시간. [海] (4시간 교대의) 당직(시간). 당직할 당. (선박의 승무원을 둘로 나눈) 당직번. ⑤말발굽의 갈라진 틈. 제열(蹄裂). ⑥사족수(四足獸)의 앞다리.
quarto crecente 상현(上弦).
quarto minguante 하현(下弦).
quarto com pensão 식사가 있는 기숙.
fazer quarto 당번 서다. 당직하다.
estar de quarto 당직중이다.
quartola *f.* (술·맥주 따위를 담는) 작은 나무통.
quartzífero *a.* 석영으로 되는. 석영을 포함

한(산출하는).
quártzico *f.* =*quarzito*.
quartzite, quartzito *m.* [地質] 규암(硅巖).
quárzico *a.* 석영(石英)으로 되는.
quarzo, quartzo *m.* [鑛] 석영(石英).
quarzoso *a.* 석영 비슷한. 석영질(質)의.
quase *a.*, *adv.* 거의. 거반. …할 정도로 하마터면.
quase nada 거의 없다. 없으나. 다름 없다.
é quase tempo 거진 시간이 되었다.
Êle quase caiu. 그 사람은 하마터면 넘어질뻔 했다.
Quase que o não vi. 하마터면 그 사람을 못 볼 뻔했다.
Havia quase 50 operários. 약 50명의 노동자가 있었다.
quase quase 아주 거의. 위기일발적 찬나.
Estava quase quase pront para sair. 막 나가려던 순간이었다.
— *pref.* 유사(類似)·의사(疑似)·준(準)의 뜻으로서 명사·형용사의 앞에 놓이며, 그 사이에 연자부호(連字符號)(-)를 찍는다.

quase-contrato *m.* [法] 준계약(準契約) : 정식계약을 하시 읺고도 효력을 느는).
quase-delito *m.* [法] 준범죄(準犯罪 : 과실에 의한 불법행위).
quasemente *adv.* 거의. 거의 …한 지경으로.
quasímodo *m.* ①부활제(復活祭) 다음의 첫일요일. ②꼴불견. 보기흉한 사람. 건달.
quássa, quassia *f.* [植] (남미산의) 소나무과 식물.
quassina *f.* =*quassite*.
quassita, quassite *f.* 소태나무(*quássia*)에서 채취한 쓴 액체(강장제·구충제).
quaternado *a.* ①[植] 네 잎사귀로 된. ②[鑛] (결정체(結晶體) 따위) 네 면(四面)으로 된.
quaternário *a.* ①네 요소로 되는. [化] 사기(四基)(원소)로 된. ②네 면(四面)을 가진. ③네 개로 된 한 세트의. ④[數] 사변수(四變數)의. ⑤[地質] 제사기(第四紀)의.
— *m.* ①(사부로 된) 한 벌의 물건. ②[地質] 제4기(第四紀).
quaternião *m.* ①네 개 한 벌. 네 사람 패.

②[數] 사원법(四元法). ③사기화합(四基化合)의 향유(香油).

quaternidade *f.* ①네 개로 된 한 벌. 네 사람 패. 4인조. 사위일체(四位一體).

quaterno *a.* 네 가지 사물로 이루어지는. 네 부분(四部分)으로 되는. 4의 숫자를 맞추는.

quati *m.* [動] (남아메리카산의 여우만한) 육식하는 곰의 일종. 《英》coati.

quatorzada *f.* ①(트럼프·골패 놀이의) 14의 득점(得點). 《俗》많음. 다수(多數). 다량.

quatorze *a.* 14의. 열네 개의 열네 사람의.
— *m.* 열넷. 14(의 수). 14개. 14일. 14번.

quatorzeno *a.* 열네 번째의. 제14의.
— *m.* 일종의 포목(나사).

quatriduano *a.* 4일 간의. 4일간 계속하는.

quatríduo *m.* 4일 간.

quatrienal *a.* 4년 간의. 5년마다의.

quatriênio *m.* 4년간.

quatrilhão *m.* 백만의 네제곱. 천조(千兆 : 1,000,000,000,000,000).

quatrimotor *a.* 네 개의 발동기가 있는 사발(四發)의.
— *m.* 사발기(四發機).

quatrinca *f.* (트럼프) 같은 종류의 넉장(四枚)(카드).

quatro *a.* 넷의. 네 개의. 네 사람의. 네 살의.
— *m.* 넷. 4(의 수); 4점. 4의 기호. 네 개 한 벌.

dia quatro (날짜의) 제4일.

andar de quatro 기어서 가다. 기어다니다.

quatrocentismo *m.* (이탈리아 문예부흥의) 15세기의 예술.

quatrocentista *m.* 15세기의 예술가.

quatrocentos *a.* 400의.
— *m.* 사백. 400(의 수).

que *a.* 어떤. 무슨. 어느. 누구의. 무엇의.
— *pron.* …하는 것. …하는 사람. 어떤 일. …어떤 것.
— *adv.* 어떻게. 여하히. 얼마나.
— *conj.* 그러나. …하기를. …와 같이.
— *prep.* 그러나. …를 제외하고.
— *interj.* 아아! 과연! 참!

o que 어느 것. 그것으로.

com que 무엇으로. 그것으로.

para que 무엇 때문에.

Que hora é (que horas são)? 몇 시입니까?

Que há? 무엇이 있습니까? 어디가 아픕니까?

Quero que estudes. 네가 공부하기를 원한다.

Pedimos que venha. 우리는 그분에게 오기를 요청했다.

Espero que sim. 그렇게 되기를 바란다 (기대한다).

Espero que não. 그렇게 되지 말기를 바란다.

ter que ir 가지 않으면 안 된다. 꼭 가야 한다.

Há um mês que não a vejo. 한 달째 그 여자를 보지 못했다.

Há um ano que o vi. 그분을 본지 1년이 된다. 일년 전에 그분을 봤다.

mais vinho que cerveja 맥주보다 포도주를 더 많이.

Que tolo (=quão tolo) você é! 너는 그렇게도 둔하냐?

Que lindo! 참 아름답다!

Que pena! 과연 불쌍하다! 참 가엾구나!

quê *m.* ①무엇인가(약간). 어떤 것(이든 조금). ②약간 어려운 것; 다소 까다로운 것.

sem quê nem para quê 아무런 이유도 없이.

não tem de quê 아무 일도 없다. 괜찮다.

quebra *f.* ①터짐. 파열. 결렬. 단절. 중단. 중절; 파탄(破綻). 파산. ②깨뜨리기. 파괴. 파쇄(破碎); 꺾기. 좌절. ③틈. 균열(龜裂). ④사이 나쁨. 불화. ⑤모자람. 결함.

quebra-cabeça *f.* ①어려운 문제. 난문. 수수께끼. 수풀이. ②(문제 등 해결에) 머리를 앓기. 골치 아픈 문제(일). ③생각할 일. ④알아 맞추기.

quebracho *m.* [植] (브라질산) 협죽도(夾竹桃)과의 약초.

quebra-costas *m.* 위험천만한 곳. 《俗》험한 길.

quebra-costela *m.* 끼어안기. (레슬링) 끌어안기.

quebrada *f.* ①비탈. 경사지. 사면(斜面). 물매. ②골짜기. 계곡. 협곡. ③홍수로 인하여 생긴 웅덩이. 도랑. 배수구.

quebradamente *adv.* 불쑥. 갑자기. 돌연히.

quebra-de-braço *f.* =*queda-de-braço*.

quebradeira *f.* ①골치 아픈. 머리 앓을 일. ②지치기. 피로. 권태. ③[學生語] 돈 없음. 무일푼.

quebradela *f.* 파괴. 파쇄(破碎).

quebradiço *a.* 부서지기 쉬운. 깨질 수 있는. 취약(脆弱). 약질(弱質)의. 허약한.

quebrado *a.* ①깨진. 부서진. 조개진. 조개된. ②파탄한. 파산(破産)한. ③세력이 꺾인. 기가 죽은. 힘없는. 맥풀린. 피로한. *número quebrado* 남는 수. 소수(小數). *côr quebrado* 희미한 빛. 낡은 색.
— *m.* ①[數] 소수(小數). 분수(分數). ②비탈. 사지(斜地).

quebrador *a.* 깨뜨리는. 부수는. 조개는. 파괴하는. 파기(破棄)하는. (계약·규정 따위를) 위반하는.
— *m.* 깨뜨리는 사람. 파괴자. 파쇄자(破碎者). 파기자. 위반자.

quebradura *f.* 깨뜨리기. 파괴. 파쇄. 좌절. ②파열. 결렬. 단절. ③[醫] 헤르니아. 탈장(脫腸).

quebra-espuinas *m.* (거리에서) 빈둥거리는 사람. 빈둥빈둥 돌아다니는 사람. 건달. 게으름뱅이. 여자를 찾아다니는 이.

quebra-luz *m.* 램프의 갓.

quebra-mar *m.* 방파제(防波堤).

quebramento *m.* ①깨뜨리기. 파괴. 파쇄(破碎). ②파열. 결렬. 단절. 중단. 절교(絶交). ③파기(破棄). 파약(破約); 위반. ④피곤. 피로. 쇠약. 허탈(虛脫).

quebrança *f.* [海] 파도가 밀려와 언덕 또는 바위에 부딪치는 것. 바위에 부딪쳐 파쇄되는 격랑(激浪).

quebra-nozes *m.* ①호두(胡桃) 깨는 기구. ②[鳥] 잣까마귀.

quebrantado *a.* ①피로한. 피곤한. 녹초가 된. 피폐(疲弊)한. ②타격받은. 침해당한. 좌절한.

quebrantador *a.* ①깨뜨리는. 파괴하는. ②파기하는. 침해당하는. ③피로케 하는.
— *m.* ①파괴자. ②위반자. 위배자(違背者). ③피로케 하는 사람.

quebrantadura *f.* =*quedra*.

quebrantamento *m.* ①깨뜨리기. 파괴. ②파기. 파약. 위반. 침해. ③피로. 고달픔; 권태. 피폐(疲弊). ④풀이 꺾이기. 의기소침. 우울함. 낙담.

quebrantar *v.t.* ①깨뜨리다. 부수다. 조개다. 파괴하다. ②(계약 따위를) 어기다. 위반하다. 파기하다. ③침해하다. 침범하다. ④중단하다. 멈추게 하다. ⑤세력을 꺾다. 기를 죽이다. 쇠약하게 하다. ⑥피로하게 하다. 녹초가 되게 하다.
— *v.i.*, —*se v.pr.* ①깨지다. 부서지다. ②풀이 꺾이다. 기가 죽다. 의기소침하다. ③기운이 없어지다. 나른해지다. 피로해지다. 녹초가 되다. 피폐(疲弊)하다.

quebranto *m.* ①나른함. 권태. 타기(惰氣). 이완(弛緩). ②피로. 피곤. 녹초가 되다. ③쇠약. 허탈. ④의기소침(意氣銷沈). 실망. 낙담.

quebra-pedra *f.* 암생(巖生)식물. 범의귀과의 고산식물.

quebra-queixo *m.* 《俗》값싼 담배. 잘 타지 않는 담배.

quebrar *v.t.* ①깨뜨리다. 파괴하다; 부수다. 조개다. ②꺾다. 끊다. 으스러지다. ③(적을) 격파하다. 무찌르다. ④(약속 따위를) 어기다. (계약을) 깨뜨리다. 위반하다. ⑤(세력을) 꺾다. (기를) 죽이다. 약하게 하다. ⑥(계획을) 실패하게 하다. 좌절시키다. ⑦(허리를) 굽히다. 꾸부리다.
— *v.i.* ①께지다. 부서지다. 조개지다. ②꺾어지다. 끊어지다. ③무너지다. 붕괴하다. ④파산하다. ⑤실패하다. 좌절하다. ⑥멎다. 그치다. 중단되다. ⑦부족되다. 결핍하다. ⑧[醫] 탈장(脫腸)에 걸리다.

quebrar a cabeça 머리를 앓다. 머리를 쓰다.

quebrar o coração 상심하다. 힘을 잃다.

quebrar a lancas com (…과 …을 위해) 다투다.

quebrar o silêncio 침묵(적막)을 깨뜨리다.

A corda quebra pelo mais fraco. 《諺》 우승열패. 약육강식. 《轉》 패배하다. 호된 변을 당하다.

—*se v.pr.* ①깨지다. 부서지다. 조개지다. ②꺾어지다. 좌절하다. ③몸을 앞으로 굽히다. 앞으로 수그리다. ④불쾌하다. 우울하다.

quebreira *f.* ①피곤함. 타기(惰氣). 기운 없음. 활발하지 못함. ②피로. 피폐(疲弊).

quebro *m.* ①몸을 굽혔다 폈다 하는 동작.

②굴곡(屈曲). 굴절(屈折). 구부러짐. ② 투우사(鬪牛師)가 재빨리 몸을 피하는 동작. ③음의 조절 또는 억양(抑揚).

queda *f.* ①아래로 떨어짐. 낙하(落下). 추락. ②넘어지기. 전도(顚倒). 도궤(倒潰). ③와해(瓦解). 몰락. 영락(零落). 쇠망. ④저하. 강하. 감퇴. 쇠미(衰微). 쇠퇴. ⑤(물가·신용 따위) 떨어지기. 하락(下落). ⑥기울어지기. 경향(傾向). 경사. 기울기. ⑦(사기의) 저하. (정신 상의) 타락. ⑧[地質] 경사(傾斜). ⑨[工] 낙차(落差).
queda de água 폭포(瀑布).
apanhar uma queda 넘어지다. 도괴(倒壞)하다.

queda-de-braço *f.* 인디안의 레슬링(의 일종).

quedar *v.i.* ①멎다. 멈추하다. 정지하다. ②(한 곳에) 머무르다. 두류(逗留)하다.

quêdo *a.* 조용히 서 있는. 움직이지 않는. 부동(不動)의. 정지(靜止)의.

quefazer *m.* (흔히 복수 *quefazeres*로 씀) ①할 일. 해야할 일. ②직업. 업무.

queijada *f.* 치즈를 넣고 만든 케이크(찐 것).

queijadeira *f.* 치즈 장사하는 여자.

queijadeiro *m.* 치즈 장사.

queijar *v.t.* 치즈를 만들다.

queijaria *f.* 치즈 제조.

queijeira *f.* ①치즈 제조소. ②치즈 만드는 여자. 치즈 파는 여자.

queijeiro *m.* 치즈 제조인. 그 장사.

queijnho *m.* (*queijo*의 축소어). ①작은 치즈. 한 쪽의 치즈. ②일종의 과자.

queijo *m.* 치즈. 건락(乾酪). 치즈로 만든 식료품.
queijo flamengo 네덜란드 명산의 치즈.
queijo ralado 분말 치즈(가루로 만든 치즈).
pão pão queijo queijo (혹은 흑 백은 백) 직언하다. 노골적으로 말하다.
Fer a faca e o queijo na mão. (법률의 힘을 빌리지 않고) 마음대로 처벌하다. 생사의 권력을 쥐다. 《英·諺》톱켜는 구덩이 밖에서 켜는 사람. 《比喩》윗사람.

queijoso *a.* 치즈같은. 치즈질(質)의.

queima *f.* ①불타기. 연소(燃燒); 불에 데기. ②[植] 고조(枯凋). (햇볕에) 마르고 시듦. ⑤《俗》(재고품의) 염매(廉賣). 두드려 팔기.

queimação *f.* ①태우기. 연소(燃燒); 태워버리기. 산불 놓기. (개간지의 초목에) 불놓기. ②화나는 일. 귀찮은 일. 불쾌한 일.

queimada *f.* ①태우기. 불놓기. ②탄 상태. (특히 개간지의 초목이) 타고 남은 상태.

queimadeiro *m.* 《古》 화형소(火刑所).

queimadela *f.* = *queimadura*.

queimado *a.* ①탄. 타버린. 그을린. 불붙은. ②(식물이) 햇볕에 시든. (한발에) 마른: (커피 따위) 서리맞은. ③몹시 화난. 성난. ④열렬한. 맹렬한.
— *m.* ①탄 것. ②탄 냄새. (음식의) 탄 맛.

queimador *a.* 태우는. 굽는. 불붙이는.
— *m.* ①태우는 사람. 굽는 사람. ②연소기(燃燒器). 점화물(點火物).

queimadouro *m.* 화장용(火葬用) 연료. 태우기 위한 나뭇가지.

queimadura *f.* ①불탐. 연소. 불에 그을림. ②불에 뎀. 화상(火傷). 화창(火脹). ③(식물이 햇볕에) 마르고 시듦.

queimamento *f.* 태움. 그을림. 연소; 태워 재로 만들기.

queimante *a.* ①태우는. 그을리는. ②(독한 술. 고추 따위의 자극이 심하여) 입안이 타는 듯한. 화끈화끈한. 얼얼한.

queimar *v.t.* ①태우다. 때다. 불지르다. 불사르다. 불에 그을리다. ②불에 데게 하다. ③(고추·후추 따위로) 심한 자극을 주다. 얼얼하게 하다. ④(햇볕 등에) 타게 하다. 말리다. ⑤빨갛게 달구다. ⑥(재고품 따위를) 싼 값으로 팔아버리다. 두드려 팔다.
— *v.i.*, —*se v.pr.* ①타다. 불붙다. 그을리다. ②타오르다. 빛나다. ③(불에) 데다. 화상(火傷)하다. (일광에) 피부가 타다. ④(심한 자극으로 혀가) 얼얼하다. 화끈화끈하다. ⑤(가물에 식물이) 말라 시들다. 고조(枯凋)하다. (커피 따위) 서리맞다. ⑥마음을 태우다. 애타다. 초심(焦心)하다. 초사(焦思)하다.
queimar os dedos 손가락에 화상 입다. 데다.
dar lenha para se queimar 스스로 화를 청하다.

queimarço *m.* 《俗》고열병(高熱病).

queima-roupa *adv.* ①(대포 따위) 직사(直射)의. ②노골적으로. 드러내 놓고. 선뜻하게. 딱 잘라서.
á queima-roupa 정면으로. 선뜻하게. 화급히.

Deu-me uma pancada à queima-roupa. 눈에서 불이 날 정도로 나를 후려쳤다.

queimo *m.* (고추 따위의 심한 자극으로) 입안이 화끈함. 얼얼함. 혀(코)를 찌르는 듯한.

queimor *m.* ①얼얼한 감. 화끈한 느낌. 혀(코)를 찌르는 듯한 자극. ②찌는 듯한 더위. 혹서(酷暑).

queimoso *a.* ①(자극이 심하여 혀가) 얼얼한. 화끈화끈하는. 혀(코)를 찌르는 듯한. ②타는 듯이 뜨거운.

queiró, queiroga, queiros *f.* [植] 히드의 일종.

queixa *f.* ①불평. 불만; 고정(苦情). ②원한. 한탄. 탄식. ③이의(異議). 항의(抗議). ④고소(告訴). 고소장.
apresentar queixa 불평을 제기하다.
retirar uma queixa 불평을 취소하다.

queixada *f.* [解] 하악(골)(下顎)(骨)(특히 동물의) 턱뼈.

queixal *a.* [解] 하악(골)의. 턱의. 턱뼈의.
dente queixal 어금니(臼齒).

queixar-se *v.pr.* ①불평을 제기하다. 불만을 호소하다. 계정을 부리다. 우는 소리를 하다. ②한탄하다. 탄식하다. ③고소(告訴)하다.

queixeiro *a. dente queixiro* 지치(智齒).

queixo *m.* ①턱. 아래턱. 턱뼈. ②만력(萬力)의. 꽉잡는 입; 큰 못뽑이의 이빨.
bater o queixo (주위 따위로 이가) 덜덜 떨다.
ficar de queixo caido 풀꺾여 머리를 수그리다. 낙담하다.

queixosamente *adv.* 불평하여 불만을 품고.

queixoso *a.* ①불만을 품은. 불평대는. 만족치 못하는. 투덜대는. ②호소하는 듯한. 푸념하는. ③애끓는. 슬픈.
— *m.* ①불평을 말하는 사람. 사정에 탄식하는 사람. ②[法] 기소인(起訴人). 고소인. 원고(原告).

queixudo *a.* 《俗》 턱이 큰. 턱이 쑥 나온.

queixume *m.* ①(고통·슬픔의) 신음. 신음소리. 한탄. 비탄(悲嘆). 슬픔. ②(연설자에 대한) 불찬성. 불만의 욕설.

queixadilho *m.* [植] 앵초(櫻草)의 일종.

quejando *a.* ①같은 (종류의). …와 같은. ②그런. 그러한. 그런 종류의.
— *m.* 같은 류. 동류(同類).

quelha *f.* = *quelho*.
— *m.* ①(물방아 따위에 물을 넣는) 물길. 작은 수로(水路). 도랑. ②오솔길. 골목길. (정원·공원 등의) 좁은 길.

quelonios *m.*(*pl.*) [動] 거북 종류.

quelonita *f.* 거북의 화석(化石).

quelonografia *f.* 구별지(龜鼈誌).

quem *pron.* 누구. 어느 누구. 어느 사람. 어떤 사람.
Quem é? 누구입니까?
de quem 누구의. 누구로부터. 누구에 대하여.
seja quem fôr 누구든. 어떤 사람이든지.
quem quer que seja 누구라 할지라도.
Quem me dera. 그랬으면. (…이) 되었으면(되어지기를 비는 말).
Quem me dera ser rico. 부자가 되었으면 얼마나 좋으리. (하는 뜻).
De quem soubeste isso? 이것을 누구에게서 들었오?
Quem perdeu, perdeu. 《諺》 조금이라도 빗나간 것은 빗나간 것이다.

quemose *f.* [醫] 결막염(結膜炎).

quemquém *m.* (농작물에 해를 끼치는) 개미의 일종.

quenga *f.* = *quengo*.
— *m.* 야자 열매의 까지로 만든 기구. 작자(勺子).

quente *a.* ①더운. 뜨거운. 뜨끈뜨끈한. 뜨뜻한. 무더운. 열이 있는. ②열렬한. 치열(熾熱)한. ③활기 있는. 열정적인. ④(고추·후추 따위) 자극이 강한. 얼얼한. (입안이) 화끈한.
Malhar no ferro enquanto está quente. 좋은 기회를 놓치지 마라. 제대로 교육하라.
ter as costas quentes 좋은 지위에 있는 친구가 있다. 《俗》 든든한 빽이 있다.

quentura *f.* ①더움. 뜨거움. 심한 더위. 서열(暑熱). 염열(炎熱). 열기(熱氣). [理] 열. ②열렬. 열심. 열정.

quepi *m.* (= *kepi*). 《F》 케피 모자(프랑스군의 위가 넓적한 모자).

queque *m.* 《英》 *cake*의 전래된 사투리. 밀가루를 주로 하고 건포도 또는 향료를 넣고 만든 과자(의 일종).

quer (1) *conj.* 또는. 혹은. 이것인지. 저것인지. 어느 것인지.
(注意) *quer* (2)와 혼동하지 말 것.

quer este quer aquele 이것이든가 저것이든가.

quer queira quer não 싫든 좋든. 덮어놓고.

se quer (=*sequer*) …조차. …라도. 조금도 …않다. …조차 없이.

nem sequer um 하나조차 없이.

o que quer que 무엇이든지. (…하는 것(일)은) 모두.

como quer que seja 어쨌든 간에.

quem quer que 누구든지. 어떠한 사람이라도.

quando quer que 언제든지 어떠한 때라도.

onde quer que 어디든지. 어떤 곳이라도.

― (2) 동사 *querer*의 직설법 현재 3인칭 단수.

Quem quer vai, quem não quer manda. 가고 싶은 사람은 가고, 가고 싶지 않은 사람은 보내라.

quera *a.* ①용기 있는. 용감한. 씩씩한. ②(의지 따위) 굳은. 견실한.

queratectomia *f.* 각막적출(角膜摘出).

queratina *f.* [化] 각소(角素). 각질(角質) (모발(毛髮)의 주성분).

queratite *f.* [醫] 각막염(角膜炎).

queratocele *m.* 각막 헤르니아.

queratose *f.* 표피(表皮)의 각화(角化).

queratotomia *f.* 각막절개술(角膜切開術).

quercina, quercine *f.* [化] 떡갈나무 껍질에서 뽑는 결정체(結晶體).

quercitrina *f.* 떡갈나무에서 채취한 황색염료(黃色染料).

querco *m.* 《詩》 참나무. 떡갈나무.

querela *f.* ①기소(起訴). 고소. ②불평의 호소. 항의. ③의론(議論). 논쟁. ④《詩》 슬픔. 탄식. 비가(悲歌).

querelado *m.* 피소인(被訴人).

querelador *m.* [法] 기소인(起訴人). 원고(原告).

querelante *a.* ①불평을 말하는. 불만을 호소하는. ②공소(公訴)하는. 고발하는.

― *m.* ①기소인. 원고. ②불평을 말하는 사람. 사정에 탄식하는 사람.

querelar *v.i.* ①불평을 호소하다. ②고소하다. 공소하다. ③의론하다. 논쟁하다.

―*se v.pr.* ①불만을 품다. 불평대다. ②탄식하다. 한탄하다.

quereloso *a.* ①불평하는. 호소하는 듯한.

푸념하는. ②슬픈. 애끓는.

querena *f.* [海] ①기울은 배. ②(배를) 기울이고. (배 밑창을) 소제하기. ③(기울은 배의) 흘수부(吃水部); (드러낸) 선체(船體).

querenado *a.* 배가 기운. 배가 기울어 흘수부(선체)를 드러낸.

querenar *v.t.* [海] 배를 기울다(밑창을 수리하려고).

― *v.t.* 배가 기울다.

querença *f.* ①의지(意志). 의사. 의욕(意慾); 욕망. 희망. ②애정. 기호(嗜好). 사냥. 수렵(狩獵). 수렵지. 짐승이 서식하기에 적당한 땅.

querençoso *a.* ①원하는. 바라는. 욕망하는. 희망하는. ②애정있는. 애정을 품은 호감 있는. 좋아하는.

querençudo *a.* 《俗》 애정이 있는. 호감을 품은.

querendão *m.* ①연모(戀慕)하는 사람. ②새로운 땅(환경)에 쉽게 적응하는 동물(특히 가축).

querente *a.* 바라는. 원하는. 하고자하는. 하고 싶어하는. 욕망하는.

querer *v.t.* ①원하다. 바라다. …이길 바라다. 탐내다. (…을) 가지고 싶어하다. (…을) 하고자 하다. ②희망하다. 욕망하다. 요구하다. ③(…을) 좋아하다. 사랑하다. ④(…에) 동의하다. (…을) 승낙하다. ⑤되어질 것이다 라고 생각하다. …되기를 바라다.

― *v.i.* ①희망하다. 바라다. 원하다. ②좋아하다. 애호하다. 사랑하다.

Quero este livro. 이 책을 원한다.

querer viajar 여행하기를 원하다.

Ele quer que historiador. 그이는 역사가(歷史家)가 되기를 원한다.

Eu quero que você façe. 나는 당신이 하기를 바란다.

Faça come quiser. 원하는대로 하십시오.

Que quer você eu faça. 당신은 내가 무엇을 하는 것을 원하십니까?

O que você quer aquí? 그대는 여기에서 무엇을 원합니까?

O que vocês qurem de mim. 당신들은 나에게서 무엇을 원합니까?

Você quer vir comigo? 나를 따라(나와 함께) 오시렵니까?

querer antes (또는 *antes querer*) (…무

엇보다 먼저) …을 택한다. …을 원한다.
Não te quero mal. (너에게) 나쁘게 하지 않을 것이다.

deixar fazer o que quer 원하는대로 내버려두다.

Você pode ir se quiser. 가고 싶다면 가십시오.

sem querer 모르고. 잘못하여.

pisei-lhe o pé sem querer 모르고 그분의 발을 밟았다.

querer dizer 즉, 환언하면. 다시 말하자면.

Que quer dizer isso? 그것과 대관절 무슨 뜻입니까?

Queira dizer-me. 어서 말씀 좀 해주시오.

Queira Deus. 제발. 제발 좀.

Eu queria um pouco mais de açucar. 설탕을 조금만 더 주시면 좋겠습니다.

Ela lhe quer bem. 그 여자는 그이를 사랑한다.

querer como à menina dos seus olhos 자기의 눈동자처럼 귀중하게 여기다(사랑하다).

Querer é poder. 욕망은 힘이다. 《諺》 정신일도 하사불성(精神一倒 何事不成).

Quem tudo querer tudo perdo. (모든 것을 원하는 사람은 모든 것을 잃어버린다). 《諺》 대탐대실(大貪大失).

Quando um não quer dois não brigam. 한 쪽이 가만 있으면 싸움은 되지 않는다.

Querer sol na eira e chuva no nabal. (건초장(乾草場)에 햇볕 들고 무우밭에 비오기를 바라다). 《諺》 과자는 먹으면 없어진다. 양쪽이 다 좋게는 할 수 없다.

querida *a.* 사랑받는. 귀여움 받는.
— *f.* 사랑받는 여자. 사랑하는 여자. 애인. 애처.

querido *a.* 사랑받는. 사랑하는. 귀여운. 귀한. 친애하는.
— *m.* 사랑받는 이. 사랑하는 사람. 애인.

quermes *m.* 연지벌레(의 암컷). 연지(臙脂) (광물성) 양홍(洋紅 : 선홍색의 황화 안티몬).

quermesse *f.* (네덜란드 등에서 명절날 열리는) 정기시(定期市). 자선시(慈善市). 제전(祭典).

quernite *f.* 상아색(象牙色)의 대리석(大理石).

querosene *m.* 석유(石油). 등잔석유. 등유(燈油). (=*petroleo*).

querquera *f.* 오한을 동반한 열병(熱病).

querúbico *a.* =*querubínico*.

querubim *m.* [聖] 구천사(九天使) 중의 둘째 천사(지식의 천사). [美術] 아기천사 (날개 달리고 귀여운).

querubínico *a.* *querbim*의(에 관한).

quérulo *a.* 《詩》 수심에 잠긴. 서러운. 슬픈. 비애의. 한탄스러운.

questio *m.* 질의(質疑). 물음. 심문(審問).

questão *f.* ①물음. 질문. 질의. 신문(訊問). 논구(論究). ②[文] 의문. 의문문. ③의심나는 일. 문제. 논점. 의제(議題). 현안(顯案). ④사건. 사정.

em questão 문제의. 현안의.

Eis a duestão 이것이 바로 문제(점)이다.

fora de questão 의심할 바 없이. 물론. 문제외.

o outro lado da questão 문제의. 이면.

questionador *m.* 의론(논쟁)하기 좋아하는 사람. 의론가(議論家).

questionar *v.t.* ①묻다. 질문하다. 심문하다. 의심하다. ②이의를 말하다. ③(…을) 의논하다. 논쟁하다.
— *v.i.* 질문하다.

questionrio *m.* (참고재료를 얻기 위한) 질문사항. (조목조목 적은) 질문표(表). 문제집. 앙케이드.

questionável *a.* ①의심스러운. 수상한. 의아한. ②확실하지 않은. 결정 안 된. 문제로 될 수 있는. 논쟁되는.

questiúncula *f.* 시시한 문제. 사소한 건. 쓸데없는 이론.

questor *m.* [로마史] 재무관(財務官).

questorado *m.* *questor*의 직(지위·임기).

questuoso *a.* 이익있는 ; 유리한.

questura *f.* *questor*의 직(職).

questuzal *m.* [鳥] (중앙아메리카산의) 꼬리가 긴 고운 새.

quezilar *v.t.* 조르다. 졸라대다. 성가시게 굴다. 괴롭히다.
— *v.i.* 싫증을 느끼다. 염오의 정을 느끼다.

quezilento *a.* 지분지분거리는. 조르는. 성가시게 구는. 염증을 느끼게 하는. 변덕스러운. 괴팍한.

quezilia, quezila *f.* ①싫음. 싫증. 염오(厭惡). 염오의 정. 증오. 싫은 물건(사람).

②불화.

quiabeiro *m.* [植] 오우크라의 식물.

quiabo *m.* [植] 오우크라(깍지는 수프용).

quiasma *m.* ①[修] 교차대구법(交叉對句法). ②[解] (시신경(視神經)의) X자형 교차.

quiastolito *m.* [鑛] 공정석(空晶石).

quiastro *m.* X자형 붕대(繃帶).

quibanar *v.t.* *quibando*로 치다. 체질하다.

quibando, quibano *m.* ①짚 또는 갈대로 만든 일종의 바구니 또는 광주리. ②일종의 체.

quibebe *m.* 마른 고기와 찐 호박으로 만든 수프.

quiçá *adv.* 아마. 혹시는. 다분히. 형편에 따라서는.

quício, quiço *m.* (문의) 돌쩌귀.
fora dos quícios 돌쩌귀가 빠져(신체·정신 등의) 컨디션이 좋지 않아.

quidam *m.* ①《俗》어떤 사람. 혹자(或者). ②보잘 것 없는 사람. 녀석. 놈. 필부(匹夫).

quididade *f.* ①(물건의) 본질. 실질(實質). 본질적 조건. ②되지도 못한 이론. 궤변.

quididativo *a.* 본질의. 실질의.

quiescente *a.* 고요한. 조용한. 정지한. 움직이지 않는. 무활동의. 침묵의.

quietação *f.* ①고요함. 정적(靜寂). 평온. ②안정(安靜). 마음의 평화. 평안. 태평.

quietamente *adv.* 고요히. 조용히. 정숙(靜肅)하게. 정지하여. 잠잠하여.

quietar *v.t.* ①조용하게 하다. ②(사람을) 달래다. 위로하다. (싸움을) 가라앉히다. (슬픔·노여움을) 진정시키다. 안심시키다. ③부드럽게 하다. 침묵시키다.
— *v.i.* 조용하여지다. 잠잠해지다. 평온해지다. 완화하다.

quietarrão *a.* 《俗》아주 조용한. 지극히 평온한.

quiete *f.* 《詩》=*quieta ão*.

quietinho *a.* (*quieto*의 지소어). 아주 고요한. (떠들던 애가 가만있을 때의) 귀여울 정도로 조용한.

quietismo *m.* ①[崇] 정적주의(靜寂主義: 17세기 말의 일종의 종교운동). ②(정신의) 평화. 마음의 안정.

quietista *a., m., f.* 정적주의자.

quieto *a.* ①조용한. 고요한. 정적 한. 정막한. 한적한. 소리내지 않은. ②(마음이) 편한. 평안한. 평화스러운. 태평한. ③움직이지 않는. 침착한. ④(성격이) 온화한. 양순한. 얌전한.
quieto como um rato 쥐죽은 듯한.

quietude *f.* ①고요함. 조용함. 평온함. 정적(靜寂). 평정(平靜). 온화. ②침착. 태연.

quilalgia *f.* [醫] 구순통(口唇痛).

quilatação *f.* (금은·보석 따위의) 순분도(純分度)의 검정 캐럿의 정량. 평가. 감정. 시금(試金).

quilatador *m.* 시금자(試金者). 분석자. 캐럿 감정인.

quilatar *v.t., v.i.* ①시금하다. 분석시험하다. 평가하다. ②금속의 순분도(純分度)를 검정하다.

quilate *m.* ①보석 무게의 단위로 200mg. ②금의 순도의 단위(순금은 24carat. 24금). ③《轉》훌륭함. 우수. 완전.

quilha *f.* [造船] 용골(龍骨).

quilhar *v.t.* 용골을 대다. 설치하다.

quilifero *a.* [生理] 유미의. 유미가 통하는.

quilificação *f.* [生理] 유미화(乳糜化).

quilificado *a.* 유미화된.

quilificar *v.t.* 유미화하다.
—*se. v.t.* 유미화되다.

quilificativo *a.* 유미를 만드는. 유미가 되는.

quilo (1) *m.* [生理] 유미(乳糜: 음식이 몸 안에서 소화되어 이루어진 영양액(液)).
— (2) '천(千)'의 뜻을 나타내는 복합형. *quilograma*의 준말.

quilociclo *m.* [無線] 킬로사이클(주파수(周波數)의 단위).

quilognatos *m.(pl.)* 절족(節足) 동물. 다족류(多足類)의 벌레(노래기·쥐며느리 따위).

quilograma *m.* 킬로그램(1,000그램).

quilográmetrico *m.* [理] 킬로그램·미터 (일의 단위. 1킬로그램의 무게를 1미터의 높이로 올리는 일).

quilolitro *m.* 킬로리터. 1,000리터.

quilologia *f.* 유미학(乳糜學).

quilometragem *f.* ①마일수. ②(마일 계산의) 운임(運賃). ③1,000미터마다 표시(表示)하기. ④(자동차 따위의) 주행거리(走行距離)의 표시.

quilometrar *v.t.* 천 미터마다 표시(표식)

quilometricamente *adv.* 매 천 미터. 1,000 m씩.

quilométrico *a.* 킬로미터의. 매 1,000미터의.

quilômetro *m.* 킬로미터(약 0.6213마일).

quiloplastia *f.* [醫] 입술정형수술.

quiloso *a.* 유미(乳糜)의. 유미같은. 유미에 관한.

quilovático *m.* [電] 킬로와트(전력의 단위).

quilúria *f.* [醫] 유미뇨(乳糜尿).

quilúrico *a.* 유미뇨의.
— *m.* 유미뇨의 환자.

quimão *m.* (=*quimono*). 일본옷(日本服).

quimera *f.* ①[希神] 불을 토하는 짐승(사자 머리·양의 몸·용의 꼬리). (정체불명의) 괴물(怪物). 도깨비. [建] 그런 모양의 장식. ②공상. 망상. 엉뚱한 계획.

quimericamente *adv.* 공상(망상)적으로.

quimérico *a.* 공상의. 망상의. 엉터리. 터무니없는.

quimerista *m., f.* 공상가. 환상가.

quimerizar *v.i.* 공상하다. 망상하다. 환상하다. 몽상(夢想)하다.

química *f.* 화학(化學).
química orânica 유기화학.
química inorganica 무기화학.
química médica 의화학(醫化學).
química farmaceutica 약제화학.
química biológica 생리화학.

quimicamente *adv.* 화학적으로. 화학작용으로.

químico *a.* 화학의. 화학적. 화학작용의. 화학상의.
— *m.* 화학자.

quimicoterapia *f.* [醫] 화학적 요법.

quimificação *f.* 유미화(乳糜化).

quimificar *v.t.* 유미화하다.

quimismo *m.* 화학작용. 화학만능(萬能). 화학남용(濫用).

quimista *m., f.* 화학자. 화학사.

quimo *m.* [生理] 유미즙(乳糜汁).

quimono *m.* [日] 일본옷. 기모노.

quimose *f.* [醫] 결막염(結膜炎).

quimoso *a.* 유미즙의. 유미즙이 많은.

quina (1) *f.* 모. 모퉁이. 구석. 귀.
— (2) *f.* [植] 기나(幾那) ; 기나나무. 기나 껍질.
— (3) *f.* (트럼프의) 다섯. *Lotto*(복권추첨 비슷한 일종의 트럼프 유희)의 5점.

quinado (1) *a.* 기나질로 만든. 기나가 포함된.
— (2) *a.* 다섯(5)의 수로 되는. 5패(牌)의. (카드의) 5매(枚)의. [植] 오엽(五葉)의.

quinário *a.* 다섯(개)의. 오부(五部)의. 오련(五聯). [數] 다섯으로 제할 수 있는. 다섯으로 나눌 수 있는. 5의 수를 기본으로 하는.
numeração quináriro [數] 오진법(五進法).

quinato *m.* [化] 키닌산염(酸鹽).

quinau *m.* 보정(補正). 광정(匡正). 정오(正誤). 틀린 것을 표하는 기호.

quincaju *m.* [動] 킹카주(남미산의 곰의 일종).

quincôncio, quincunce *m.* 다섯 곳. 다섯 끗. [植] 다섯 눈 꼴로 심기.

quincuncial *a.* (주사위의) 다섯 눈 모양의. (트럼프 카드의) 다섯 끗 모양의.

quindecágono *m.* [幾] 15각형.

quindénio *m.* ①15년간. ②15로 된 한 세트.

quineira *f.* [植] 기나나무(幾那樹)의 일종.

quinetoscópio *m.* (초기의) 활동사진. 영사기. 활동사진경(鏡).

quingentésimo *a.* 500번째의. 제오백의.
— *m.* 500분의 1. 제5백.

quingombô *m.* =*quiabo*.

quingosta *f.* 좁고 험한 길.

quinhão *m.* ①(전체의) 일부. 일부분. ②몫. 할당분. 부담액. 분담액.

quinhentista *a.* 16세기 시대의.
— *m., f.* 16세기의 이탈리아·포르투갈의 예술가.

quinhentos *a.* 500의.
— *m.* 500. 오백의 수.

quinhoar *v.t.* (몫을) 나누다. (똑같이) 할당하다. 분배하다. 나누어주다. 분담(分擔)시키다.
— *v.i.* ①몫을 차지하다. 똑같이 나누어 가지다. ②똑같은 액수를 모아내다. 분담하다. ③(음식을) 나누다.

quinhoeiro *m.* ①분배자. 배당자. 할당자. ②나누어 가지는 사람. 몫을 차지하는 자. ③공수자(共受者).

quinico *a.* =*quininico*.

quinina *f.* 키니네. 키닌. 키니네제(劑). (특히) 황산(黃酸)키니네(말라리아의 특효

quininico– **quíntuplo**

약). 금계랍.

quininico *m.* 키니네의. 키닌의. 금계랍의.

quinino *m.* ①키닌으로 만든 것. 금계랍의. ②황산(黃酸)키니네의 속칭(俗稱).

quinismo *m.* 《稀》키니네 중독.

quino *m.* 복권추첨(福券抽籤) 비슷한 일종의 트럼프 유희.《英》*lotto*.

qüingagenário *a.* 50세의. 오십대의.
— *m.* 50세 사람. 50대 사람.

qüingruagésima *f.* 50일간.
dumingo da qüinguagésima 사순절(四旬節) 직전의 일요일.

qüinguagésimo *a.* 제오십의. 50번째의. 50분의 1.
— *m.* 제오십. 50번째.

qüinguagular *a.* 다섯 모가 있는. 5각(형)의.

qüingüefoliado, qüingüefólio *a.* [植] 다섯 잎사귀가 있는. 오엽(五葉)의.

qüingüenal *a.* 5년 간의. 5년마다의. 5년 계속하는.
plano qüingüenal 5개년 계획.

quinquenalmente *adv.* 5년마다.

qüinqüênio *m.* 5년간.

quinquereme *f.* (옛 로마) 노가 다섯단으로 된 군선(軍船).

qüinqüídio *m.* 5일간.

quinquilharia *f.* (흔히 복수로 씀). 여러 가지 장난감. 각종 쇠붙이. 쇠그릇. 골동품. 고물(古物). 보잘 것 없는 것. 자질구레한 것. 장신용(裝身用) 잡화.

quinquilheiro *m.* 각종 장난감(쇠붙이·골동품·자질구레한 것 등)을 파는 사람.

quinquina *f.* 기나 껍질. 기나나무.

quinta (1) *quinto*의 여성형.
— (2) *f.* 별장. 농원. 별장이 있는 큰 농원.
— (3) *f.* 다섯 쌍둥이. ②[樂] 오도음정(五度音程). 오르간의 12도 음을 내는 스톱. 바이올린의 선(첫째 줄). ③(트럼프) 같은 표의 다섯장 계속되는 카드.
— (4) *quinta-feira*의 준말.

quintã, quintan, quintana *a.* (열이) 5일마다 일어나는.
— *m.* 오일열(五日熱).

quintado *a.* ①다섯으로 나눈. 5분의 1을 받은.

quinta-coluna *f.* 제오열(第五列).
— *m., f.* 제5부대원(전시에 후방을 교란시키고 간첩행위 등으로 자타국(自他國)의 진격을 돕는 자).

quinta-essência *f.* ①(옛 哲學) 제오원(第五元)：물·불·흙·공기 4원 외의 것으로 만상(萬象)에 차있는 것). ②본질. 정수(精髓). 정화(精華).

quinta-feira *f.* 목요일.
Quinta-feira santa. [聖] 세족(洗足) 목요일.

quintal (1) *m.* ①(집 뒤의) 작은 뜰. 뒤뜰. 작은 마당. 문간 앞뜰. ②채마밭. 채원(菜園).
— (2) *m.* 킨탈(무게의 단위).
quintal metrico 100킬로의 중량(보통 저울로 220.46파운드).

quintalada *f.* 많은 채원；채원지대. 곳곳에 채마밭이 있는 지역.

quintalão *m.* 큰 채마밭. 야채농원.

quintalejo *m.* 작은 채마밭.

quintanista *m., f.* (대학의) 5학년생.

quintão *m.* ①큰 별장. ②대농원(大農園).

quintar *v.t.* 다섯으로 나누다. 오분(五分)하다；5분의 1을 받다.
— *v.i.* 5의 수(5학년)에 도달하다.

quintarola *f.* 작은 별장.

quinteiro *f.* 별장(농원) 관리인의 처. 별장지기의 처.

quinteira *m.* 별장(농원) 관리인. 별장(농원)지기.

quinteto *m.* [樂] ①오중주(五重奏). 오중창(唱). ②오중주(창)자(者).

quintilha *f.* 오행시구(五行詩句).

quintilhão *m.* 백경(百京). 1에 18개의 0을 붙인 수. (葡·佛·美에서는 천의 여섯 제곱한 것을 뜻하고 英에서는 백만의 다섯 제곱한 것을 뜻함).

quinto *a.* 다섯 번째의. 제오의. 5분의 1의.
— *m.* 다섯 번째. 제5의. 제오세(五世). 오분의 일.
quintos (*pl.*) [植] 지옥(地獄)；먼 세상.

quintuplicação *f.* 다섯 겹(곱)하기.

quintuplicado *a.* 다섯 곱한. 다섯 겹이 된.

quintuplicador *a., m.* 다섯 곱하는 (사람).

quintuplicar *v.t., v.i.* 다섯 곱(겹)하다. 다섯 배가 되다.

quíntuplo *a.* 다섯 곱(겹)의. 오중(五重)의. 다섯 개(다섯 벌)로 되는.
— *m.* ①다섯 배. 다섯 겹；오배량(五倍量). ②다섯으로 된 한 벌. 다섯 사람으로 된 한 패.

quinze *a.* 15의. 열다섯 개의.
— *m.* 열다섯. 15개. 15명. (달의) 15일.
quinze de agosto 8월 15일.

quinzena *f.* 15일간. 반달. 1개월의 반(半) 15일분(보름치)의 급료(보통 2주일 간으로 해석됨).

quinzenal *a.* 15일 간의. 반달(보름) 동안의. 15일마다 한 번 있는. 매 16일 발행하는.

quinzenalmente *adv.* 15일마다.

quinzenário *m.* 15일마다(월 2회) 발행하는 신문·잡지.

quiosque, quiosco *m.* ①(터키 등지의) 정자. ②(프랑스 등의) 신문 파는 곳 ; 공중 전화실. 지하철도 입구.

quiproquó *m.* 큰 실수. 큰 착각. 사물을 혼돈하기. 물건을 잘 못 쥐기. 오해.

quiquiriqui *m.* 꼬꼬오(수탉의 울음소리).

quirana *f.* ①(머리에 꾀는) 이. ②(머리에 생기는) 좁쌀알같은 종기.

quirites *m.*(*pl.*) 옛 로마의 시민(市民). 공민(公民).

quirografo *m.* 증서. 자필증서(自筆證書).

quirologia *f.* 손짓으로 의사를 발표하는 법. 지화법(指話法).

quirológico *a. quirologia*의.

quiromancia *f.* 손금보기. 관장술(觀掌術).

quiromante *m., f.* 손금보는 이. 관장가(家).

quiromantico *a.* 관장(술)의.

quironomia *f.* 연설 도중에 손짓·몸짓하는 것. 그 표현술.

quironomo *m.* 연설 도중에 손짓·몸짓 잘 하는 사람.

quirópteros *m.*(*pl.*) [動] 익수류(翼手類) (박쥐 따위).

quisto (1) *m.* [生·植] 홀씨주머니. 포낭(包囊). 배낭(胚囊). 배(胚)주머니. [醫] 낭종(囊腫). 농포(膿胞).
— (2) *a.* 《稀》원한. 좋아한 ; 바라는. 원하는. 좋아하는. 사랑하는.
bem quisto (=*bemquisto*) 여러 사람의 귀여움을 받는. 여러 사람에게 호감사는. (모두)사랑하는.
mal quisto (=*malquisto*) 여러 사람의 미움을 받는. 호감이 없는. (모두) 싫어하는.

quitação *f.* ①(채무의) 면제. 면채(免債). (빚의) 반환. ②책임 해제. 부담을 없앰. ③채무소멸증서(債務消滅證書). (전액)의 영수증.

quitador *a., m.* (채무를 깨끗이) 면제하는 사람. (빚을) 반환하는 자.

quitamento *m.* ①=*quitação*. ②이혼(離婚). 부부 이별.

quitança *f.* =*quitação*.

quitanda *f.* 채소·청과류 따위를 파는 가게. (특히) 채소가게.

quitandar *v.t.* 채소·청과류 장사를 하다.

quitandeira *f.* 채소·청과류를 파는 여자. 여자채소상인.

quitandeiro *m.* 채소·청과류 상인. 채소가게 주인.

quitandinha *f.* (*quitanda*의 지소어). 작은 채소가게.

quitar *v.t.* ①(빚 따위를) 전부 치르다. 지불청산하다. 깨끗이 반환하다. ②(의무·책임 따위를) 다하다. 면하다. ③피하다. 제거하다.
— *v.i.* 빚을 벗다 ; (채무(債務) 따위로부터) 면하다. 면제되다.
—*se v.pr.* 이혼하다. (부부) 이별하다.

quita-sol *m.* =*guarda-sol*.

quite *a.* ①(빚을) 다 갚은. 다 치른. 빚 없는 면채(免債)된. ②(의무·책임 따위를) 벗은. 면제된. 부담이 없는. 자유로운. ③《占》이혼한. 이별한.

quitemente *adv.* (빚 따위) 깨끗이 치르고. 부채없이. 부담없이. 자유로.

quitungo *m.* [鳥] 싸비아아 새의 일종.

quitute *m.* 좋은 맛. 진미(珍味). 맛좋은 음식물.

quituteiro *m.* 맛좋은 음식을 만드는 사람. 요리에 솜씨있는 이.

quixotada, quixotice *f.* ①무협적 감정(武狹的感精). 그 행위. 어리석은 인협(仁俠). ②과장(誇張). 으쓱하기. 허풍떨기.

quixotesco, quixotico *a.* 동키호테식의. 광적인(狂的人)인. ②부는. 허풍떠는. 자랑하는. 뽐내는.

quizila *f.* ①지분거리기. 졸라대기. ②싫증. 염악(厭惡). ③싫은 물건 (사람).

quizilar *v.i.* ①지분거리다. 조르다. 졸라대다. 못살게 굴다. 괴롭히다. 귀찮게 굴다. 애먹이다. ②밉게 굴다. 화나게 하다.
— *v.i.* ①애먹다. 속타다. ②싫어지다. 싫증나다. 몹시 괴로워지다.

quizilento *a.* ①지분거리는. 졸라대는. 못

살게 구는. ②억지를 쓰는. 성미 까다로운. 괴팍한. ③싫증난. 골낸. ④우울한. 침울한.
quizília *f.* =*quizila*.
quociente *m.* [數] 상(商).
quodlibeto *m.* ①[樂] 환상곡. ②(철학·신학의). 연습논제. (소콜라 철학의) 연구토론.
quodore, quodorio *m.* 한 모금(의 술). 한 입(의 음식) ; 아주적은 분량의 음식(술).
quota *f.* 몫. 받을 몫. 낼 몫. 할당액. 분담액(이민에 대한 국별) 제한수. (수입품에 대한) 할당량.
— *a.* 몫의. 할당의. 분담액(수).
quota parte 할당액(割當額). 분담액.

quotidianamente *adv.* 매일. 나날이. 일상적으로.
quotidiano *a.* 매일의. 나날의. 일상의.
quotidiar *v.t.* 매일 쓰다. 매일 사용하다. (같은 옷 따위) 매일 입다.
quotiliquê *m.* 보잘 것 없는 물건. 대수롭지 않은 사람.
quotização *f.* ①몫을 정하기. 할당하기. ②(세금 따위를) 매기기. 사정(査定)하기. 과세(課稅). 부과(賦課). ③내는 몫. 받을 몫. 할당액.
quotizar *v.t.* (세금·벌금·회비 등을) 할당하다. 부과하다. (세금을) 사정하다. (재산·수입 등을) 평가하다.
—**se** *v.pr.* 몫(할당액)을 받다. 분담금(分擔金)을 내다. 할당액을 지불하다.

[R]

R, r *m*. 포르투갈어 자모의 열일곱 번째 글자. ①의사의 처방서·죄인·부결(否決)·부인(否認)·불합격 등의 약자(略字). ② *os trés Rs*. 읽기. 쓰기. 셈(초보교육의 기본).

rã *f*. 개구리.
girino da rã 올챙이.

rabaça *f*. ①[植] 병풍나물(의 일종). ②《俗》 멋없는 사람. 싱거운 사람. 멍청한 사람.

rabaçal *m*. 병풍나물밭.

rabaçaria *f*. ①보통 과일. 흔한 과일. 값싼 청과류. ②《古》 채소. 야채.

rabaceiro *a*. ①과일을 좋아하는. 야채를 좋아하는. ②익지 않은 과일을 먹는. ③교양 없는. 조야한.

rabacuadá *f*. 하층민(下層民). 천민(賤民).

rabada *f*. ①(돼지·소 따위의) 꼬리. 뒷부분. ②물고기의 꼬리. ③변발(辮髮 : 머리칼을 꼬리 모양으로 땋아 뒤로 내려뜨린 것).

rabadão *m*. 목부(牧夫), 가축지기.

rabadela *f*. (동물·날짐승 등의) 꼬리가 붙는 부분. 뒷부분. 물고기의 꼬리 부분.

rabadilha *f*. ①[動·鳥·魚] 꼬리끝. 미단(尾端). ②뒤쪽. 꼬리쪽. 꼬리조각. 《英》 *tail piece*.

rabado *a*. 꼬리가 있는. 꼬리를 가지고 있는. 유미(有尾)의.

rabalva *a*. [鳥] 흰꼬리수리. 흰죽지참수리.

rabalvo *a*. 흰꼬리 있는. 백미(白尾)의.

rabanada (1) *f*. 꼬리로 때림. 꼬리를 한번 획 흔듦.
rabanada de vento 일진(一陣)의 바람.
— (2) *f*. 프랑스 토스트(우유에 묻힌 빵조각에 계란을 묻혀 기름에 튀긴 다음 설탕을 친 것).

rabanal *m*. 무밭.

rabanete *m*. [植] 작은 무. 붉은 무.

rabano *m*. [植] 큰 무. 순무.

rabão *a*. ①꼬리가 짧은. ②꼬리를 끊은. ③꼬리가 큰.

rabeador *a*. ①(말이) 꼬리를 휘흔드는. (파리 따위를) 획 쫓는. ②진정하지 못하는. 가만있지 못하는.

rabeadura *f*. 쉴새없이 꼬리를 흔듦. 진정하지 못함.

rabear *v.i*. ①꼬리를 흔들다. 꼬리를 휘젓다. 쉴새없이 움직이다. ②(요람의자 등에 앉아) 몸을 흔들다. 잠시도 가만있지 않다. 초조하다.
— *v.t*. (꼬리를) 흔들다.

rabeca *f*. ①(중세의) 삼현악기(三絃樂器). 제금(提琴). ②(당구의) 큐우레스트. ③[魚] 담수어의 일종.
tocar rabeca ①잔소리하다. 꾸지람하다. ②뒷소리하다.

rabecada *f*. ①바이올린을 켜기. ②《俗》 잔소리. 꾸지람. 견책(譴責). 뒷소리.

rabecão *m*. [樂器] 콘트라베이스. 더블베이스(*double bass*). 최저음의 큰 현악기.

rabeco (1) *a*. 주름살 진. 꾸겨진.
— (2) *m*. 보잘 것 없는 책. 낡은 책.

rabeira *f*. = *rabeiro*.
— *m*. ①(지나간) 자취. 발자국. ②옷자락. ③(물체의) 후부. 뒷부분.

rabejador *a*. 황소(특히 투우(鬪牛))의 꼬리를 붙잡는.

rabejar *v.t*. (황소·투우 등의) 꼬리를 붙잡다.

rabel *m*. (= *rabil*) (중세의) 삼현악기(三絃樂器).

rabelaico, rabelesiano *a*. (프랑스의 풍자작가) 라블레풍(風)의 (야비하고 우스꽝스러운).

rabelho, rabelo *m*. [農] 보습의 손잡이.

rabequista *m.f*. ①바이올린 연주자. 제금가. ②잔소리하는 사람. 뒷소리하는 사람.

rabeta *f*. [鳥] 흰 할미새.

rabi *m*. ①유태의 율법박사. ②스승. 선생(유태인에 대한 호칭·경칭). ③유태교회의 목사.

rábia *f*. ①광견병(狂犬病). 공수병(恐水病). ②분노. 화내기. 짜증.

rabialvo *a*. = *rabalvo*.

rabiar *v.i*. ①화내다. 짜증내다. ②탈선하다. (바퀴 따위) 빗나가다.

rabiatar *v.t*. 꼬리를 비끄러매다. 꼬리로 동여매다.

rabiça *f*. [農] 보습의 자루. 손잡이.

rabicano, rabicão *a*. (말)꼬리에 흰 점 있는. 백반(白斑)이 있는.

rabicho *m*. ①[馬具] 껑거리띠(엉덩이 아래로 돌아가는 가죽띠). ②말엉덩이. ③돼

rábico *a.* 광견병(狂犬病)의. 공수병의.

rabicó *a.* 꼬리없는. 꼬리를 바싹 잘린.

rabicoelha *f.* [鳥] 쇠물닭의 일종.

rabicurto (1) *a.* 꼬리가 짧은. 단미(短尾)의.
— (2) *m.* [鳥] 까마귀의 일종.

rábido *a.* 골을 낸. 성난. 화난. 짜증난. 미친듯한.

rabifurcado *a.* 꼬리가 갈라져 있는.

rabigo *a.* ①쉴새없이 꼬리를 흔드는. ②쉬지 않고 움직이는. 활동하는. 활동적인.

rabijunco *m.* [鳥] 할미새의 일종.

rabil *m.* =*rabel*.

rabila *f.* =*rabicoelha*.

rabileiro *m.* 옛 삼현악기(*rabel*)를 켜는 사람.

rabilongo (1) *a.* 꼬리가 긴. 장미(長尾)의.
— (2) *m.* [鳥] 까치의 일종.

rabinado *m.* 유태의 율법박사의 관직(임기). 유태의 율법박사들

rabinice *f.* 까불며 장난치기. 떠들어대며 놀기. 나쁜 장난. 나쁜 희롱. 기분이 나쁨.

rabínico *a.* 유태 율법학자의. 라비투의. 라비의 설(말투)의.

rabinismo *m.* 유태 율법학자의 교의(敎義). 라비의 교의. 라비의 말투.

rabinista *m., f.* 라비의 교의(敎義)를 신봉하는 사람. 유태구교도.

rabino *m.* ①유태의 율법박사. ②스승. 선생(유태인에 대한 호칭·경칭). ③유태교회의 목사.
— *a.* 까불며 장난치는. 희롱하며 뛰노는. 떠들어대는.

rabioso *a.* =*raivoso*.

rabiosque, rabioste, rabiote *m.* 《俗》 엉덩이.

rabisca *f.* 붓·연필 따위로 마구 그은 선(線).
rabiscas (*pl.*) ①낙서. 흘려쓰기. 난필. ②흘려 쓴 편지. 서투르게 그린 그림. 졸필(拙筆). 악필(惡筆). 졸문(拙文).

rabiscadeira *f.* ①흘려 쓰는 여자. 낙서하는 여자. ②보잘 것 없는 여류작가(화가).

rabiscador *m.* ①갈겨 쓰는 사람. 흘려 쓰는 사람. 낙서하는 자. ②서툰 화가. 졸렬한 문필가. 시시한 작가.

rabiscar *v.i., v.t.* 흘려 쓰다. 갈겨 쓰다.

개발쇠발 쓰다. 낙서하다. 되는대로 그리다.

rabisco *m.* ①붓·연필 따위로 되는대로 그은 선. 낙서. 흘겨 쓰기. ②악필. 졸필(拙筆). 졸문(拙文).

rabiscoelha *f.* =*rabicoelha*.

rabiseco, rabisseco *a.* ①열매가 여물지 않는. 시드는. ②열매를 안 맺는. 결실(結實)하지 않는. 수확이 적은. 흉작인. 불모(不毛)의.

rabisteco, rabistel *m.* (특히 아이들의) 엉덩이. 작은 엉덩이.

rabita *f.* =*rabeta*.

rabo *m.* ①꼬리(동물·날짐승·물고기 등의 꼬리의 총칭). 《俗》 꽁지. 꼬랑지. 꼬랑이. ②꼬리 부분. 미단(尾端). ③《卑》 엉덩이. (신체·물체의) 후부. 말미(末尾). ④[機] 끝부분. 꼬리같은(尾狀) 부분. ⑤ (비행기의) 기미(機尾). ⑥《俗》 (쟁기의) 자루. 손잡이.
mentira de rabo 큰 거짓말. 곧 빵구날 거짓말.
olhar com o rabo do olho 곁눈으로 보다. 흘긴 눈초리로 보다.
ter rabo-de-palha 의문을 꺼리는 집안 비밀이 있다.
aquí é que a porca torce o rabo 그것이 곤란한 것이다.
de cabo a rabo 한쪽 끝에서 다른 끝까지.

rabo-de-junco *m.* [鳥] 열대지방의 일종의 새.

rabo-de-macaco *m.* [植] 왕바래기(벼과).

rabo-leva, raboleva *m.* ①꼬리처럼 생긴 종이쪽지 또는 헝겊 조각(특히 사육제(謝肉祭) 때 장난으로 사람의 등에 붙임). ②부가물. 부속물.

rabona *f.* 《俗》 재킷. 짧은 저고리.

rabonar *v.t.* (동물의) 꼬리를 잘라 버리다. 끊다.

raboso *a.* 꼬리가 긴. 꼬리가 뭉뚝한.

rabotar *v.t.* 대패(*rabote*)로 깎아내다. 거친 대패로 밀어 요철(凹凸)을 없애다.

rabote *m.* 거칠게 미는데 쓰는 큰 대패.

rabudo *a.* ①꼬리가 긴. 꼬리가 큰. 꼬리가 뭉뚝한. ②《戱語》 옷자락이 긴. 길게 내려드리운.

rabuge, rabugeira, rabugem *f.* ①(개·소 등의) 옴. (가벼운 의미로) 피부의 불결. ②기분 나쁨. 무뚝뚝함.

rabugento *a.* ①(개·소 따위가) 옴에 걸린. ②얄미운. 성가신. 기분 나쁜. 뚝뚝한. ③말을 안 듣는. 고집 센. 제고집대로 하는.

rabugice *f.* ①귀찮음. ②성미 까다로움. 괴벽. 심술. 뿌루퉁함. 샐쭉함. ③고집. 억지.

rabujado *a.* ①뚱한. 샐쭉한. 기분 나쁜. ②심술궂은. 억지 쓰는. 고집이 센.

rabujar *v.i.* ①성가시다. 애먹다. ②샐쭉하다. 상을 찌푸리다. ③심술부리다. 억지 쓰다.

rábula *m.* 시시한(엉터리) 변호사. 궤변부리는 사람. 말만하고 실행이 없는 사람.

rabulão *m.* 엉터리 변호사. 호언장담하는 자. 부는 자. 대포장이. 능한 궤변가.

rabular *v.i.* 궤변부리다. 당치 않는 이치를 늘어놓다. 모호한 이야기를 하다.

rabularia *f.* ①궤변부리기. 당치 않는 이론을 늘어놓기. ②큰소리. 호언장담.

rabulejar *v.i.* =*tabular*.

rabulice *f.* 되지 않는 이치. 궤변. 궤언(詭言). 모호한 이론. 엉터리 변호.

rabulista *m.* 궤변가. 되지 않는 이론을 늘어 놓는 사람.

rabunar *v.t.* 코르크피(皮)를 좁고 길게 짜르다. (코르크 마개를 만들기 위하여).

raca *a.* 《聖》 쓸모 없는. 가치 없는.

raça *f.* ①[生物] 유 (類). ②인종. 민족. 종족. ③씨족. 가족. ④[動·植] 속. 종류.
raça humana 인류.
raça branca 백인종.
raça amarela 황인종.
raça bovina 우류(牛類).
cavalo de raça 잘 기른 순종의 말.
cruzar raças 잡교(雜交)시키다.

ração *f.* 한 사람분의 양식. 구량(口糧). (말) 한 마리분의 사료. [軍] 하루분의 양식. 배급량(配給量).

racemato *m.* [化] 라세미산염(酸鹽).

racemico *a.* 포도에서 얻은. [化] 라세미산(酸)의.
ácido racemico 라세미산(포도즙 속에 있는 주석산의 일종).

racemoso *a.* 포도송이꼴의.

racha *f.* ①쪼개진 틈. 터진 짬. 갈라진 금. 균열(龜裂). [解·植] 열구(裂溝). ②내홍(內訌). 내분(內紛). 불화.

rachadeira *f.* 쪼개는 기구. 접목용(接木用) 칼.

rachado *a.* 쪼개진. 터진. 갈라진. 금이 간. 파열한.

rachador *m.* 쪼개는 사람. 나무를 패는 사람.

rachadura *f.* ①쪼갬. 가르기. (나무를) 패기. ②갈라짐. 터짐. 균열(龜裂). ③내홍(內訌). 내분. 불화.

rachar *v.t.* 찢다. 길이로 찢다. 쪼개다. 가르다. 패다. 분리시키다. 금가게 하다.
rachar lenha 나무를 패다.
— *v.i.*, —*se v.pr.* 쪼개지다. 갈라지다. 벌어지다. 금가다. 분열하다. 균열이 생기다. 터지다.

racial *a.* 인종의. 민족의. 종족의.
problema racial 인종문제.

racimado *a.* [植] (꽃·과일 따위) 족생(族生)한. 방상(房狀)으로 된.

racimico *a.* =*racemico*.

racimifero *a.* [植] 방상(房狀)의. 총상화서(總狀花序).

racimifloro *a.* [植] 총상화(總狀花)의. 방상화의.

racimiforme *a.* [植] 총상화서같은. [解] 포도송이꼴의.

racimo *m.* [植] 총상화서(總狀花序).

racimoso *a.* [植] 총상화서의. [解] 포도송이 꼴의. 슙 모양의.

raciocinação *f.* 추리(推理). 추론.

raciocinador *a.* 추리하는. 추론하는.
— *m.* 추리가. 추론가. 이론가.

raciocinante *a.* 추리하는. 추론하는. 《俗》 이론을 캐는. 이론 좋아하는.

raciocinar *v.i.* 추리하다. 추론하다. 삼단논법으로 추리하다.

raciocinativo *a.* 추리의. 추론의. 이론의. 이론만 캐는.

raciocínio *m.* ①추리(推理). 추론(推論). ②추리력. 판단력. ③이성(理性). 사리분별.

racionabilidade *f.* ①도리를 앎(깨달음). 이성이 있음. ② 이해력. 판단성. 추리력.

racional *a.* ①도리를 아는. 이성이 있는. 지각 있는. ②도리에 맞는. 정당한. ③이유가 서는. ④합리적인. ⑤순이론의. 이성주의의. ⑥[數] 유리(有理)의.
— *m.* 이성(理性)의 동물(인간). 도리를 아는 자.
fundamento racional 합리적 이유.
quantidade racional [數] 유리수.

racionalidade *f.* ①순리성. 합리성. ②도리를 앎. 이성이 있음. 합리적임. 지당(至當)함.

racionalismo *m.* 이성론(理性論). 순리론. 합리주의. (종교상의) 이성주의.

racionalista *m.f.* (신학·철학상의) 순리론자. 이성주의자.
— *a.* 순리적인. 합리적인. 이성주의의.

racionalização *f.* 합리화. 합리적 상태. 유리화(有理化).

racionalizar *v.t.* ①(산업을) 합리화하다. 이론적으로 고찰하다(설명하다). ②[數] 유리화하다. 근(根)을 없애다.
— *v.i.* 순리적으로 생각하다(행동하다). 합리화를 행하다. 합리화되게 하다.

racionalmente *adv.* 합리적으로. 이론적으로. 도리상. 조리(條理)에 따라.

racionamento *m.* ①[軍] 하루분의 양식을 지급하기. 일량배분(日量配分). ②하루분의 양식(사료)를 정하기.

racionar *v.t.* ①하루분의 양식(사료)을 지급하다. 일일분의 연료를 배당하다. ②[軍] (병정에게) 급식하다. 식사를 주다. ③하루분의 양식(사료)을 정하다.

racioneiro *a.* 하루분의 양식을 주는 또는 받는.

racismo *m.* 민족주의. 민족적 편견. 인종적 우월감. 민족적 차별.

racista *m., f.* 민족주의자.
— *a.* 민족주의의.

raçoar *v.t.* 하루분의 양식을 지급하다.

raçoeiro *a., m.* 하루분의 양식(사료)을 주는 또는 받는 사람.

radar *m.* 전파탐지기. 레이더.

radiação *f.* 발광(發光). 방열(放熱). 사열(射熱). 복사(輻射). 방사(放射).

radiado *a.* [動·植] 복사(輻射). 방사의. 방사성의. 복사된. 방사된. 팔방으로 퍼지는.

radiador *m.* ①복사체(輻射體). 사광체(射光體). 방열물. ②방열기. 난방기. (자동차·비행기 등의) 냉각장치. 라지에이터.

radial *a.* ①광선의. ②방사의. 복사의. 방상의. ③라듐의. 방열(放熱)의. ④[解] 요골(橈骨)의. [動] 방사기관의. ⑤[植] 사출화(射出花)의. 사출상(射出狀)의.
artéria radial 요골동맥(撓骨動脈).

radiano *m.* [數] 라디안(각도의 단위; 약 57.2958°).

radiante *a.* ①빛(열)을 내는. 방사하는. 빛나는. 찬란한. 번쩍거리는. 환한. ③복사의. 방사의.

radiar *v.i., v.t.* ①빛(열 등)을 사출하다. 방출하다. ②복사(輻射)하다. 방사하다. ③[比喩] 팔방으로 퍼지다(퍼지게 하다). 널리 퍼뜨리다. ④후광(後光)으로 장식하다.

radiários *m.(pl)* [動] 방사형류(放射形類)

radiativo *a.* = *radioativo*.

radicação *f.* 뿌리박음. 뿌리뻗음. 뿌리붙음. 정착.

radicado *a.* 뿌리뻗은. 뿌리깊은. 뿌리붙은. 장착한. 마음속 깊이 사무친.

radical *a.* ①뿌리의. ②근본의. 근본적인. 근원의. ③[言] 어근(語根)의. [文] 어원의. ④[數] 근(根)의. 부진근(不盡根)의. ⑤[植] 근생(根生)의. ⑥[樂] 근생의. ⑦[化] 기(基)의. ⑧[政] 급진적. 과격한. 혁신적인. 혁명적인. ⑨철저한.
— *m.* ①뿌리. ②[言] 어근. 어원. ③[化] 기. ④[數] 근. 부진근수. 근호(根號)($\sqrt{\ }$). ⑤[政] 급진당원. 과격파. 급진론자.

radicalismo *m.* [政] 급진주의. 근본적 개혁주의. 극단의 자유주의. 과격론.

radicalista *m.* 급진당원. 혁신주의자. 과격론자.
— *a.* 급진주의의.

radicalmente *adv.* 뿌리채. 근본적으로. 철저히.

radicante *a.* 작은 뿌리가 뻗는. 지근(支根)이 생기는.

radicar *v.t.* 뿌리 뻗게 하다. 뿌리 붙이게 하다. 뿌리 깊이 심다. 고정시키다. 정착시키다. 공고(鞏固)히 하다.
—se *v.pr.* 뿌리 뻗다. 뿌리 붙다. 정착하다. 고정되다.

radicícola *a.* [植] (기생충 따위) 뿌리에 기생하는.

radicifloro *a.* 뿌리에 꽃이 피는.

radiciforme *a.* 뿌리 비슷한. 근상(根狀)의.

radicivoro *a.* 뿌리를 먹는(먹고 사는).

radicoso *a.* 뿌리 많은. 뿌리 모양의.

radícula *f.* ①[植] 작은 뿌리. 어린 뿌리. 유근(幼根). 지근(支根). ②[解] 근상부(根狀部)(혈관·신경의 말단의).

radiculado *a.* 작은 뿌리가 있는. 지근 있는.

radicular *a.* 뿌리의. 뿌리에 관한.
rádio (1) '방사'·'복사'·'반경'·'요골(橈骨)'·'라듐'·'무선'의 뜻을 나타내는 복합형.
— (2) *m.* ①[幾] 반경. 반경 범위. ②복사선. 바퀴의 살. ③[解] 요골(橈骨). ④[植] 사출화(射出花). [動] 사출부.
— (3) *m.* ①무선전신(전화). 무선방송. 라디오. 라디오 수신장치.
rádio portátil 휴대용 라디오.
radioatividade *f.* [理] 방사능(성).
radioativo *a.* 방사성의. 방사능 있는.
radioator *m.* 라디오 연극배우.
radioatriz *f.* 라디오 연극의 여배우.
radiocondutor *m.* 무선전신수신기. 진공관(眞空管).
radio-biologia *f.* 방사성 생물학.
radiodiagnostico *m.* X광선 진단법(診斷法).
radio-difundir *v.t.* =*radiofundir*.
radiodifusão *f.* 라디오 방송.
radiodifusor *a.* 라디오 방송하는. 널리 퍼뜨리는.
radiodifusora *f.* 방송국.
radioescuta *m.*, *f.* 라디오 청취자.
radiofonia *f.* 무선전화.
radiofônico *a.* 무선전화의
radiofundir *v.t.* 라디오 방송하다.
radiografar *v.t.* 방사성 사진을 찍다. 렌트겐 사진을 찍다.
radiografia *f.* 방사선 사진술. 렌트겐 사진술.
radiografico *a.* 방사선 사진(술)의. 렌트겐 사진(술)의.
radiograma *m.* 무선전신. 방사성 사진.
radiola *f.* 전축. 전기축음기.
radiologia *f.* 방사학. [醫] 렌트겐과.
radiologista *m.*, *f.* 방사능 연구자.
radiometria *f.* 복사 측정술(測定術). 라디오미터 사용법.
radiómetro *m.* [理] 복사계(輻射計).
radio-patrulha *m.* 단파 라디오를 휴대한 순찰대(순찰자).
radioscopia *f.* 방사능 시험. X선 진찰.
radioscópico *a.* 방사능 시험의. X선 진찰의(에 관한).
radioso *a.* ①빛[열]을 내는. 방사하는. ②빛나는. 번쩍이는. 찬란한. 광휘 있는.
corpo radioso 발광체(發光體).
radiotelefonia *f.* 무선전화(술).

radiotelefónico *a.* 무선전화(술)의. 무선전화에 관한.
radiotelegrafia *f.* 무선전신(술).
aparelho de radiotelegrafia 무선전신기.
radiotelegráfico *a.* 무선전신(술)의. 무선전신에 사용하는.
radiotelegrafista *m.*, *f.* 무선전신 통신수.
radioterapia *f.* 방사선 치료법.
radium *m.* [化] 라듐(방사성 금속원소 ; 기호 Ra).
radium-terapia *f.* 라듐 치료법.
raer *v.t.* ①화덕(부엌) 안을 쓸어내다(한번 불 땐 후의). ②(염전(鹽田)의 소금을) 쓸어 모으다.
rafa *f.* ①굶주림. 기아(饑餓). ②가난. 결핍.
rafado *a.* ①(입어서) 낡은. 써서 낡아빠진. 헐어진. ②초라한. 누더기 꼴을 한. 영락한. ③가난한. 궁색한. ④밂 굶은. 굶주린.
rafaelesco *a.* 라파엘풍(風)의.
rafala *f.* 헝겊. 헝겊조각.
rafania *f.* 의주병(蟻走病).
rafar *v.t.* (옷 따위) 입어 낡게 하다. 헐게 하다. 처지게 하다.
rafeiro *m.* 양 지키는 개. 가축을 지키도록 훈련된 개.
ráfia *f.* [植] 사고야자(沙胡椰子 : 그 줄기에서 사고 녹말을 뽑음).
raflesia *f.* [植] 라프레시아(식물 중 가장 큰 꽃을 피우는 것으로 그 꽃의 크기는 3미터에 달하는 것도 있다 함).
raflesiáceas *f.*,(*pl.*) [植] 라프레시아과.
rágada, **ragadia** *f.* ①피부의 열창(裂創). 열상(裂傷). ②(매독에 의한) 열개농궤(裂開膿潰).
ragoideo *a.* 포도열매 꼴을 한.
raia (1) *f.* ①줄. 선. 조(條). 줄무늬. ②손금. ③경계선. 국경선. ④경주로. 경마로.
— (2) *f.* [魚] 홍어. 가오리.
raiação *f.* 선을 긋기. 금긋기. 줄치기. 줄무늬를 넣기. (종이에) 괘선을 긋기.
raiado *a.* ①줄 있는. 선을 그은. 줄무늬가 있는. (종이에) 괘선을 친. ②(빛이) 방사한.
raiano *a.*, *m.* 국경지대에 사는 (사람).
raiar (1) *v.i.* ①빛[열]을 내다. 방열하다. 방사(放射)하다. ②비치다. 번쩍이다. ③동이 트다. 밝아오다. 지평선(수평선)의 일광이 사방으로 뻗다.
— (2) *v.t.* ①금을 긋다. 줄을 치다. (종이에) 괘선을 넣다. ②경계선(境界線)을

raigota *f.* ①손가락의 거스러미(손톱뿌리 부분의 피부가 거꾸로 약간 벗겨진 것). ②[植] 작은 뿌리. 어린 뿌리. 유근(幼根). 가는 뿌리. 세근(細根).

굿다. ③(총·포에) 강선을 만들다.

raigotoso *a.* ①(손톱뿌리 부분에) 거스러미 생긴. ②[植] 작은 뿌리가 돋은. 유근이 나오는. 세근이 많은.

raigrás *m.* 《英》*rye grass*의 전래된 사투리〉. [植] 독보리(사료용).

raineta *f.* 사과의 일종(프랑스 원산(原産)의 식용용).

rainha *f.* ①여왕. 여제(女帝). 여군주. ②왕비. 황후. 황태후.
rainha do baile 무도회의 여왕
rainha-cláudia (또는 *carangujeira*) 서양 오얏의 우량품종.

rainúnculo *m.* = *ranúnclo*.

raio *m.* ①광선(光線). 광사(光射). ②한 줄기의 광명. 서광(曙光). ③[理] 열선. 복사선. 방사선. ④[數] (원의) 반지름. 반경(半徑). ⑤뇌전(雷電). 낙뢰. ⑥돌연히 일어난 재난. 예기하지 않은 화환(禍患). ⑦(수레의) 바퀴살(車幅).
raio solar 일광(日光). 태양광선.
raios X X광선. 렌트겐선.
raios ultravioletas 자외선. 근외선(菫外線).

raion *m.* 인조견사(絹絲).

raiva *f.* ①광견병(狂犬病). ②광란(狂亂). 광분(狂奔). ③심한 노여움. 격노. 격분. 분만(憤懣).

raivar *v.i.* ①몹시 노하다. 격노하다. 격분하다. 분노하다. ②광란(狂亂)하다. 광분하다. ③몹시 증오하다. 원한을 품다.
— *v.t.* 원한 또는 증오의 표정을 하다. 그런 기색을 나타내다.

raivecer *v.i.* = *raivar*.

raivejar *v.i.* 몹시 거칠어지다. 광란하다.

raivença *f.* 이유 없는 분노. 쓸데없이 화내기.

raivento *a.* 격분한. 격노한. 자주 성내는.

raivosamente *adv.* 격노하여. 격분하여. 맹렬하게.

raivoso *a.* ①노하여 펄펄 뛰는. 격노한. ②(개가) 미친. 미치듯 성난.

raiz *f.* ①뿌리. …근(根). ②근원(根源). 근본. ③기초. 기저(基底). ④[言·文] 어근(語根). 어간(語幹). [數] 근(根). 근수(根數).
raiz do dente 치근(齒根).
raiz cúbica [數] 입방근(立方根).
raiz quadrada 평방근.
criar raizes 뿌리 붙다. 정착하다.
lançar raizes 뿌리 뻗다. (땅속에) 파들어가다.
arrancar pela raiz 뿌리를 뽑다.
bens de raiz 부동산(토지).

raizada *f.* = *raizamae*.
— *m.* 엉킨 뿌리. 많은 뿌리.

raiz-doce *f.* [植] 감초(의 뿌리)(약·과자의 원료).

raja *f.* ①줄. 무늬(縞). 줄무늬(條縞). [建] 띠무늬. ②피륙의 가장자리.

rajá *m.* (인도의) 왕. 왕족. 귀족.

rajada *f.* ①갑자기 부는 바람. 일진강풍. 질풍(疾風). (바다의) 폭풍. ②(감정 따위의) 격발(激發). 돌발(突發).
rajada de vento 일진강풍(一陣强風).

rajado *a.* 무늬 있는. 줄무늬 있는. 띠무늬의.

rajar *v.t.* ①무늬(줄무늬)를 넣다. 무늬되게 하다. 선을 긋다. 줄을 치다.

rajeira *f.* [海] 큰 밧줄. 닻줄.

rala (1) *f.* (밀의) 기울. 가루섞인 겨.
pão de rala 검정빵(黑빵).
— (2) *f.* [醫] 수포음(音). 거북한 숨소리.

ralação *f.* ①(치즈·무·당근 따위를) 강판에 갈기. 채칼에 문지르기. 비벼 찌부러뜨리기. ②괴로움. 고통. 번민. 번뇌(煩惱).

ralaço *a., m.* (= *ralasso*). 게으름뱅이. 느린 사람. 굼뜬 녀석.

ralado *a.* ①(강판에) 같은. (채칼에) 문지른. 비벼 찌부러드린. ②괴로움 당하는. 고생하는. 번민하는.
queijo ralado 치즈 가루. 분말 치즈.

ralador *m.* ①강판(薑板). 채칼(치즈·무·당근 따위를 문질러 찌부러 뜨리는 도구). ②문지르는 사람.
— *a.* 괴롭히는. 못살게 구는. 고생시키는. 번민케 하는.

raladura *f.* ①(강판·채칼 따위에) 갈기. 긁기. 문지르기. 비벼 찌부러드리기. ②같은 것. 문지른 것. 찌부러드린 것. ③성가심. 괴로움. 고생. 고통. ④불안. 걱정. 현념(懸念).

ralar *v.t.* ①(강판에) 갈다. 밀다. 문지르

다. (채칼에) 비비다. 박박 긁다. ②괴롭히다. 못살게 굴다.
— *v.i.*, —*se v.pr.* ①고생하다. 고통받다. 괴로워하다. 번민하다. ②걱정하다. 불안을 느끼다. ③《稀》찌부러지다. 가루가 되다(문질러).

ralasso *a.*, *m.* =*ralaço*.

ralé *f.* ①하층민. 천민(賤民). ②폭도(暴徒). ③인간폐물. 갱. ④(사냥개·사냥매(猛禽) 등에 주는) 먹이(고깃덩어리).

raleado *a.* (공기·가스 따위가) 희박한. 희소(稀疎)한. 드문드문한. 가는. 가냘픈.

raleadura *f.* =*raleamento*.
— *m.* ①희박하게 하기. 희소하게 하기. ②드문드문함. 점재. 희활(稀闊). ③가늠.

ralear *v.t.* ①얇게 하다. 가늘게 하다. ②희박하게 하다. 드물게 하다.
— *v.i.* —*se v.pr.* ①얇게(가늘게) 되다. ②희박해지다. 희소(稀疎)해지다. 점재하다. 빈약해지다.

raleira *f.* =*raleiro*.
— *m.* ①희소. 희박(稀薄). 희활(稀闊). 점재. 빈약. ②숲속(林間)의 공지(空地). 밭 가운데의 종자가 싹트지 않는 곳. 포도원 내의 쏘모그루가 없는 곳. 머리털이 약간 빠진 곳. ③부족. 결핍.

raleatar *v.t.* =*ralear*.

raleza *f.* =*rareza*.

ralhação *f.* 몹시 꾸짖기. 질책(叱責)하기. 호령하기. 호통하기.

ralhador *a.*, *m.* 심하게 꾸짖는 (사람). 질책하는 (자). 고함지르는 (사람). 호령하는 (자).

ralhar *v.i.* 몹시 꾸짖다. 질책하다. 호통하다. 호령하다. 고함지르다.

ralho *m.* 심한 꾸지람. 심한 질책(叱責). 호통. 호령. 고함지르기.《稀》격론(激論).

ralidade *f.* =*raridade*.

ralo (1) *a.* 드문드문한. 희소한. 희박한. 얇은. 가는.
— (2) *m.* [動] 하늘밥도둑.《英》 *mole cricket*.
— (3) *m.* ①강판(薑板). 채칼. 가는 기구. ②(눈이 거친) 줄(鑢). ③여과기(濾過器).
— (4) *m.* [醫] 수포음(音). 거북한 소리. 단독.

rama *f.* ①나뭇가지. 큰 가지. ②(한 나무의) 가지와 잎사귀(전체). ③[印] (활자가 움직이지 않게 묶는) 틀. 판(죄는)틀.

em rama 거친. 가공하지 않은. 불완전한.

algodão em rama 원면(原棉).

seda em rama 생사(生絲).

pela rama 표면만. 피상적으로. 천박(淺薄)하게.

saber latim em rama 라틴어를 조금만 안다.

ramada (1) *f.* ①우거진 가지와 잎사귀. 무성한 지엽(枝葉). 엉킨 가지. ②나무 아래의 그늘. ③(포도나무 등의) 시렁. 그늘길.
— (2) *f.* 창살. 창살세공.

ramadã, ramadan *m.* 회교 달력의 9월 (회교도가 해돋아서 해질 때까지 단식하는 달).

ramado *a.* 가지가 있는. 가지 뻗은. 가지가 우거진.

ramagem *f.* ①(한 나무의) 전체의 가지. 우거진 지엽(枝葉). ②잎 모양의 장식(葉狀裝飾). (직물(織物)의) 지엽모양(枝葉模樣).

ramal *m.* ①(새끼·밧줄의) 가닥. 외꾐. 갈라진 가지. 분지(分枝). 분맥(分脈). 지맥(支脈). ③분기로(分岐路). ④(철도의) 시선(支線). (전화의) 연장선.

ramalhada *f.* ①밀집(密集)한 지엽(枝葉). 엉킨 가지. ②(바람에) 가지와 잎사귀가 스치는 소리. 살랑살랑하는 소리.

ramalhar *v.t.*, *v.i.* 가지와 잎사귀가 흔들려 소리내다. 살랑살랑 스치다. 살랑살랑 흔들다.

ramalheira *f.* =*ramaria*.

ramalhete *m.* 향기 좋은 꽃다발.《英》 *nosegays*.

ramalheteira *f.* 꽃다발 파는 여자. 꽃파는 처녀.

ramalho *m.* 잘라놓은 큰 가지. 대지(大枝).

ramalhoso *a.* ①지엽(枝葉)이 많은. 가지와 잎사귀로 덮인. ②여러 갈래로 나뉘어 있는. (가지가) 사슴의 뿔 모양을 한.

ramalhudo *a.* =*ramalhoso*.

ramaria *f.* (한 나무의) 전체의 나뭇가지. 우거진 지엽.

rameal *a.* [植] 가지의. 가지에 관한.

rameario *a.* [植] (뿌리가) 가지에서 돋는. 가지에서 나오는.

rameira *f.* 갈보. 매음부.

rameiro *m.* 재도급(再都給)을 맡는 사람. 청부공사(請負工事)의 일부를 맡는 사람.
ramela *f.* = *remela*.
ramelão, ramelos o *a.* = *remelão, remeloso*.
râmeo *a.* [植] (꽃이) 가지에서 피는. 가지에서 생기는. (뿌리가) 가지에서 돋는.
ramerraneiro *a.* 구습(舊習)을 지키는. 구풍(舊風)을 고수하는.
ramerrão *m.* ①단조롭고 연속적인 소리. 지루한 반복. 기계적 절차. ②변함없는 평범한 생활. 매일 되풀이하는 일. ③구습(舊習). 구풍. 구폐(舊弊).
rami *m.* [植] 모시풀. 그 섬유.
ramificação *f.* ①갈라진 가지. 분지(分枝). ②분기(分岐). 분파(分派). ③소구분(小區分). 분과(分科). ④[解] 분맥(分脈). 지맥(支脈). ⑤만연(蔓延).
ramificado *a.* ①가지로 나뉜. 가닥진. 분지(分枝)한. 분기(分岐)한. ②소구분으로 나뉜. 분과(分科)한. ③분맥으로 된. ④만연한. 널리 퍼진.
ramificar *v.t.* 갈라지게 하다. 가르다. 가닥이 되게 하다. 분기(分岐)하다.
— *v.i.,* —*se v.pr.* 가지로 나뉘다. 갈라지다. 분기하다. 분파(分派)하다.
ramifloro *a.* [植] 가지에서 꽃피는. 지생개화(枝生開花)의.
ramiforme *a.* [植] 가지 비슷한. 지상(枝狀)의.
ramilhete *m.* = *ramalhete*.
raminho *m.* ①작은 가지. 가는 가지(細枝). ②작은 꽃다발.
ramiparo *a.* [植] 가지가 생기는. 가지를 내는. 가지가 돋는. 가지를 뻗게 하는.
ramnáceas *f.(pl.)* [植] 서계과(鼠季科).
ramno *m.* [植] 서계속(屬).
ramo *m.* ①(한 나무의) 으뜸가는 가지. 큰 가지. ②지족(支族). 지계(支系). ③지류(支流). (철도 따위의) 지선(支線). ④분과(分科). 구분. 부(部). 처(處). 국(局). ⑤(병의) 발작(發作). ⑥경매품(競賣品)의 한 더미.
ramo feminimo 모계(母系). 여계(女系).
domingo de ramos《聖》성지(聖枝)의 주일(부활제 직전의 일요일로 그리스도가 수난 전 *Jerusalem*에 들어간 날의 기념).
O bom vinho não há mister ramo. 《諺》술만 좋으면 간판이 필요 없다.

ramosidade *f.* 가지가 많음. 가지가 무성함.
ramoso *a.* ①가지가 많은. 가지가 우거진. ②속눈썹이 많은.
rampa *f.* ①비탈. 경사. 경사지. ②[劇] (무대 앞줄에 있는) 각광등(脚光燈).
rampante *a.* [紋] (특히 사자가) 뒷발로 선.
rampear *v.t.* (지면(地面)을) 비탈지게 하다. 경사되게 하다.
ramudo *a.* ①가지가 많은. 빽빽한. 울창한. ②농밀(濃密)한.
ramusculo *m.* 작은 가지. 가는 가지(細枝).
ran *f.* = *rã*.
ranario *m.* 개구리 기르는 곳. 사와소(飼蛙所).
rançado *a.* ①《稀》썩은 비계같은 고약한 냄새 나는. 코를 들 수 없는. 맛이 변한. ②낡아빠진. 시대에 뒤진. 진부한.
rançar, rancear *v.i.* (쇠고기·물고기·치즈 따위가) 상하여 맛이 변하다. 썩은 냄새 나다. 악취를 풍기다.
ranchada *f.* 한 떼. 한 조. 일단. 무리.
rancharia *f.* = *ranchario*.
— *v.i.* (판자집·초가집 따위가) 모여 있는 곳. 가난한 부락. 빈촌(貧村).
rancheiro *m.* ①(부대·군함 등의) 취사당번. (부대의) 요리사. (여객기·기선 등의) 선실계.
rancheiros (*pl.*) 같은 솥의 음식을 나누는 동료들. 같은 식탁에 마주 앉는 회식자(會食者).
ranchel *m.* 작은 떼. 작은 단체. 적은 수의 회식자.
rancho *m.* ①[軍] 하루분의 양식. ②부대의 취사(炊事). ③(부대(部隊)·군함 등에 있어서의) 회식자. ④대(隊). 조(組). 단체. 패거리. 카니발(謝肉祭) 때 가장하고 춤추는 사람의 단체. ⑤임시 오두막. (막 지은) 판자집.
rancho de crianças 아이들의 떼.
fazer rancho 단체에 가담하다. 어울리다.
rancidez *f.* (음식물의) 썩은 상태. 썩은 냄새. 고약한 냄새. 악취.
ráncido *a.* ①썩은 비계같은 고약한 냄새가 (맛이) 있는. 악취를 풍기는. 코를 들 수 없는. ②낡은. 진부(陳腐)한. 케케묵은. 시대에 뒤진.
râncio *a.* = *rancido*.
ranço *m.* ①(음식물이) 상한. 썩은. 변질한. 맛이 변한. ②고약한 냄새 나는. 코를 들

수 없는.
cheirar a ranço 썩은 냄새 나다.
— *m.* ①변한 맛. 변질. ②썩은 냄새. 고약한 냄새. ③진부(陳腐).

rancor *m.* 원한(怨恨). 유한(遺恨). (사무친) 앙심. 염오의 정. 울분.

rancorosamente *adv.* 원한을 품고. 몹시 원망하여.

rancoroso *a.* 원한을 품은. 유한이 많은. (증오심이) 뼈에 사무친. 분한 나머지의.

rançoso *a.* = *râncido*.

rancura *f.* = *rancor*.

rangedor, rangente *a.* 삐걱삐걱 소리내는. 삐걱거리는.

ranger *v.i., v.t.* ①삐걱삐걱하다. 삐걱거리(게 하)다. ②(이 따위를) 갈다.
ranger os dentes 이를 갈다.

rangido *m.* 삐걱삐걱하는 소리. 비비는 소리. (이 따위) 가는 소리.

rangífer, rangífero *m.* [動] 순록(馴鹿).

ranheta *a., m.* 고집이 센 (사람). 말 잘 안 듣는 (사람). 골 잘 내는 (사람).

ranho *m.* 《卑》콧물. 코. 코딱지.

ranhoso *a.* ①콧물 흘리는. 콧물 투성이의. 코딱지 붙은. ②더러운. 천한.

ranhura *f.* ①좁고 긴 홈. (나무 또는 돌에 판) 가늘고 긴 홈. 조구(條溝). ②[印] 활자 뒤에 있는 홈 ③추대 속의 나선 홈, ④[木工] 사개물림. 사개.

ranicultura *f.* 개구리를 기르기. 와양식(蛙養殖).

ranídeos *m.(pl.)* [動] 개구리과(蛙科).

ranilha *f.* 말발굽의 재차(蹄叉: 말발굽 중앙의 삼각형의 딱딱한 살).

ranino *a.* [解] 설하부(舌下部)의.

ranula *f.* [醫] 설하낭종(舌下囊腫). 설하연류(舌下軟瘤).

ranular *a.* 혀밑의. [解] 설하선(舌下腺)의.

ranunculáceas *f.(pl.)* 미나리아재비속.

ranúnculo *m.* [植] 미나리아재비. 젓가락나물(따위).
ranúnculo rasteiro 포복(匍腹) 미나리아재비.

ranzinza *a.* ①고집이 센. 완고한. ②뚱한. 무뚝뚝한. 항상 기분이 나쁜. (성질이) 까다로운. 괴팍한.

rapa *f.* 손가락으로 돌리는 팽이. 《英》*teetotum*.

rapace *a.* ①(강제로) 빼앗는. 강탈하는. 욕심많은. 탐욕하기 짝이 없는. 탐식하는. ②[動] (생물을) 잡아먹는.

rapaceo *a.* [植] 무꼴을 한.

rapacidade *f.* ①강제로 빼앗기. 강탈. 탐욕. 탐식. 게걸스러움. ②도둑심. 도둑버릇. 도벽(盜癖).

rapadeira *f.* ①긁는 기구. 깎는 도구(칼). ②글자 지우개. ③(문앞의) 구두닦개. ④도로 고르개. 도로 고르는 기계.

rapadela *f.* ①깎기. 삭박(削剝). 할퀴기. ②깎아낸 찌꺼기. 부스러기.

rapado *a.* 수염(머리칼)을 깎은. 빡빡 깎은. 삭발(削髮)한. 털이 없는. 나무를 깎은. 땅을 깎은.

rapador *a.* 깎는. 깎아내는.
— *m.* ①깎는 도구. 마삭기(磨削器). ②풀 다 뜯어 먹고 아무것도 없는 땅.

rapadura *f.* ①깎기. 할퀴기. ②조당괴(粗糖塊: 벽돌 모양의 누렁설탕 덩어리).

rapagão *m.* 몸집이 큰 소년(청년).

rapagem *f.* 깎기. 할퀴기. 긁어떨구기.

rapante *a.* ①[紋] 깎는. 땅을 깎는. 긁는. ②빼앗는. 훔치는.

rapa-pé, rapapé *m.* ①허리를 굽혀 하는 인사. 두 세 발짝 뒤로 물러가서. 머리를 수그리고 하는 경례. ②아첨. 추종(追從).

rapar *v.t.* ①깎다. 수염을 깎다. (털을) 바싹 깎다. ②떨다. 떨어버리다. ③닦다. 닳아 없애다. 마멸하다. 문질러 지우다. ④훔치다. 도둑질하다.
— *v.i.* 긁다. 문지르다. 스치다. 떨다. (발로) 땅을 긁다.
rapar fome 기아(饑餓)에 허덕이다. 굶주림에 고생하다.
rapar frio 추위에 고생하다(떨다).
—*se v.pr.* 자기의 수염을 깎다. 면도하다.

rapariga *f.* 젊은 여자. 소녀. 계집애. 시골 처녀.

raparigaça *f.* 건강하고 용모가 단정한 여성(처녀).

raparigada *f.* 젊은 여성들. 소녀의 떼. 계집애들.

raparigão *m.* 체격이 늠름한 청년.

raparigo *m.* 젊은이. 청년.

raparigona, raparigota *f.* 체격이 좋은 처녀. 건강체의 여성.

rapariguinha *f.* (*rapariga*의 지소어). 소녀. 작은 처녀.

rapaz *m.* ①(10대) 소년. 젊은이. 청년. (넓은 뜻으로) 그 사람. 그치. 그 녀석. 자네. 덩치 크고 눈치 없는 청년. ②풋나기. 장난꾸러기. 악동.
os rapazes 젊은 사람들. 청년들.

rapaza *f.* = *rapariga*.

rapazada *f.* = *rapaziada*.

rapazelho, rapazete *m.* 소년. 보이. 장난꾸러기. 악동.

rapazia *f.* = *rapazio*.

rapaziada *f.* ①(특히 10대) 소년의 떼. 청년들의 일단. 젊은이들. ②청소년의 행실. 소년다운 수작. 경솔한 노릇.

rapazinho, rapazote *m.* (*rapaz*의 지소어). 작은 소년. 아이.

rapazio *m.* 소년들. 아이들. 아이들의 행실.

rapazola, rapazote *m.* ①다 자란 청년(17·18세). 젊은이. ②(어른으로서) 소년같은 사람. ③풋나기. 미숙한 사람.

rapé *m.* 코담배. 분말연초. 냄새맡는 약.
tomar rapé 코담배를 맡다.

rapeira *f.* [植] 비료로 하는 해초(海草)의 일종.

rapelho *m.* [蟲] 집게벌레.

ràpidamente *adv.* 재빠르게. 신속하게. 급작스레. 급속히. 《俗》빨랑빨랑.

rapidez *f.* 빠름. 급속. 신속. 민첩. 빠르기. 속도.

rápido *a.* ①빠른. 날랜. 급속한. 신속한. 민속한. 순간적. ②(행동이) 서두르는. 조급한. ③(언덕 따위가) 가파른.
trem rápido 급행열차.
— *m.* ①급행차. ②여울. 급류(急流).
— *adv.* 빨리. 재빠르게. 신속히.

rapilho *m.* ①화산암재(火山岩灰). 암진(岩塵). 경석(輕石). ②[醫] 비료로 되는 해초(海草)의 일종.

rapina *f.* ①《詩·雅》강탈. 약탈. 탈취. ②도둑질. 절도. ③약탈물.
ave de rapina 맹금(猛禽: 매·수리 따위).

rapinação *f.* 약탈하기. 겁탈하기. 강탈하기. 도둑질.

rapinador *a.* 강제로 뺏는. 약탈하는. 겁탈하는.
— *m.* 약탈자. 겁탈자. 강탈자. 강도. 도둑놈.

rapinante *a.*, *m.* = *rapinador*.

rapinagem *f.* ①강제로 뺏기. 채기. 약탈행위. ②약탈물. 훔친 물건.

rapinar, rapinhar *v.t.*, *v.i.* 강제로 빼앗다. 채다. 약탈하다. 겁탈하다. 훔치다.

rapinice *f.* 약탈행위. 겁탈행동.

rapioca *f.* ①주정. 부어라 마셔라 하며 떠드는 것. 통음환락. ②《卑》방랑생활.

rapioqueiro *a.m.* 부어라 마셔라 하며 떠드는 (사람). 주정부리는 (사람). 놀기 좋아하는 (사람). 장난(희롱)하기 좋아하는 (사람).

rapôncio, raponço *m.* [植] 도라지과의 식물. 초롱꽃의 무리.

rapôsa *f.* [動] 여우(암컷). ②《轉》교활한 사람. 공갈치는 사람. ③(학교시험의) 낙제(落第). ④닻톱(錨爪)을 싸는 것. 닻톱 씌우개.

raposada *f.* (스페인의) 낮잠. 선잠.

raposeira *f.* ①(스페인 등의) 낮잠. 가수(假睡). ②도취. 명정. 중독. ③여우굴. 호혈(虎穴).

raposeiro *a.*, *m.* 교활한 (사람). 능갈치는 (사람). 엉큼한 (녀석). 노회(老獪)한 (인간).

raposia, raposice *f.* 교활함. 간사함. 잔꾀 많음. 노회(老獪).

raposinhar *v.i.* 약게 굴다. 꾀부리다.

raposinho *m.* 작은 여우.
raposinhos (*pl.*) (여우의 몸에서 나는 냄새같은) 누린내. 악취. 겨드랑내.

raposino *a.* ①여우의. ②교활한. 엉큼한. 간사한.

rapôso *m.* ①[動] 여우. ②《轉》교활한 사람. 능갈치는 사람. 잔꾀 부리는 사람.

rapsode *m.* = *rapsodo*.

rapsódia *f.* (옛 그리스의) 서사시. (한 번 음송하는) 서사시의 한 절(節). 열광적 문장(시가). [樂] 광상곡(狂想曲).

rapsódico *a.* 서사시의. 음송시(吟誦詩)의. 광상적. 서사시에 관한.

rapsodista *m.*, *f.* ①(옛 그리스) 음유시인(吟遊詩人). 서사시음송자. ②열광적 시(광상곡) 작자.

rapsodo *m.* 사시음송가(史詩吟誦歌). 음유시인.

raptador *a.* 꾀어내는. 유괴하는. 납치하는.
— *m.* 유괴자(誘拐者). 납치자(拉致者).

raptar *v.t.* ①(아이를) 꾀어내다. 유괴하다. 납치하다. ②채가다. 훔쳐가다. 몰래 끌어가다. ③(사람의) 마음을 빼앗다. 황홀케 하다. ④강간(强姦)하다.

rapto (1) *m.* ①유괴. 납치. 몰래 끌어가기. ②겁탈. ③황홀(恍惚). 무아(無我). 무아경(境). ④광희(狂喜). 환희. 환희작약(歡喜雀躍).
— (2) *a.* ①넋을 빼앗긴. ②황홀한. ③몰두한. 골몰한.
— (3) *a.* 《詩》빠른. 신속한. 급격한.

raptor *m.* ①유괴자(誘拐者). 납치자. 약탈자. 겁탈자. ②강간자.

rapúncio, raponço *m.* =*rapôncio*.

raque *f.* =*ráquis*.

raquete *f.* ①[庭球] 라켓. ②라켓형 문신.

raquialgia *f.* [醫] 척추골통(脊椎骨痛).

raquidiano *a.* 척추의. 척수(脊髓)의.
nervos raquidianos 척수신경.

ráquis *f.* [解] 척주(脊柱). 척추. 척수. [動] 우경(羽莖). 우축(羽軸). [植] 화축(花軸). 엽축(葉軸). 수경(穗莖).

raquítico *a.* [醫] 구루병(佝僂病)의. 구루병에 걸린. [醫] 발육이 나쁜. 곱사등의.
— *m.* ①[醫] 구루병 환자. 잉글리시병에 걸린 자. 정신박약자. ②발육이 불량한 사람. 위축된 식물.

raquitismo *m.* [醫] 구루병(佝僂病). 잉글리시병. 정신박약. [植] 위축병(萎縮病).

raramente *adv.* 드물게. 드문드문. 가끔. 희박하게. 진기(珍奇)하게.

rarear *v.t.* 드물게 하다. 희박하게 하다.
— *v.i.* 드물게 되나. 희박해지다. 첨재하다.

rarefação *f.* 희박화(稀薄化). 희박. 희소(稀疎). 희활(稀闊).

rarefaciente *a.* 희박하게 하는. 드물게 하는. 희유(稀有)의.

rarefatível *a.* 드물게 할 만한. 희박하게 할 수 있는.

rarefativo *a.* 희박하게 하는. 드물게 하는. 희유(稀有)의. 희소한. 희활한.

rarefeito *a.* 드물어진. 드문. 희박해진. 순화된.

rarefator *a., m.* 희박하게 하는 (사람·물건).

rarefazer *v.t.* 희박하게 하다. 드물게 하다.
— *v.i.*, —*se v.pr.* ①드물게 되다. 희박해지다. 희소해지다. ②점재하다. (이곳저곳에) 흩어지다. 퍼뜨러지다.

rarefeito *a.* =*rarefato*.

rareza *f.* ①희박함. 희소함. 희박한 정도. ②진귀함.

raridade *f.* ①드문. 희박함. 희소(稀疎). 희활(稀闊). 회유(稀有). 희한(稀罕). ②진기(珍奇)함. 진귀함.

rarifloro *a.* [植] 꽃이 적은(피는 수가). 꽃이 드물게 피는. 드물게 꽃피우는.

raripilo *a.* 머리칼이 적은(드문).

raríssimo *a.* (*raro*의 최상급). 가장 희박한. 아주 드문.

raro *a.* ①(공기·가스 따위가) 희박한. 희유한. 드문. 드물게 보는. 희소(稀疎)한. ②진기한. 진묘한. 진귀한. ③비범(非凡)한. 특유의.
— *adv.* 드물게. 희박하게.
de raro em raro. 드문드문. 간혹. 가끔. 이따금.

rás *m.* ①애러스천(布)(아름다운 무늬 있는 곱슬곱슬한 천). 애러스천의 벽포장. ②(아프리카 동북부의 왕국) 아비시니아의 왕자.

rasa *f.* ①[衡量] 부셸(8갤런 : 약 두 말 한 홉). ②(되의) 평미레. ③페이지수(數)에 의거(依據)한 지불. ④최저가(最低價). ⑤중상. 험담.
pòr alguém pela rasa 남을 중상(비방)하다.

rasado *a.* 평미레로 스친.

rasadura *f.* ①평미레로 스치기(되·말 따위에 곡식·소금 따위를 담고 위에 남는 부분을 수평으로 바싹 밀어버리는 것). 평평하게 밀어 버리기. ②평미레로 밀어 떨어진 낱알(소금).

rasamente *adv.* ①평평하게. 평탄하게. ②(땅위를) 스쳐서. 지면(地面)에 스칠 정도로.

rasante *a.* (땅 위를) 스치는. 스쳐 지나가는. (지면을) 미는. 쓸어가는.

rasão *m.* 평미레. 큰 평미레.
(注意) *razão* : 이성(理性). 도리(道理). 사려.

rasar *v.t.* ①(평미레로) 스치다. 밀다. 밀어 평평하게 하다. ②(지면 또는 수면을) 스치다. 훑다. 밀어 지나가다. 밀어 우툴두툴한 것을 없애 버리다. 평탄하게 하다. ③가득 채우다. 충만시키다.
—*se v.pr.* 가득 차다. 충만하다.

rasca (1) *f.* ①훑는 그물의 일종. ②어선(漁船)의 일종.
— (2) *f.* 뭇. 받을 뭇.

rascada *f.* ①어망(漁網)의 일종. ②어려움.

곤란. 고장(故障). 장애. 난처함. 당황(唐慌).

rascadeira *f.* (말털을 빗는) 쇠빗.

rascador *m.* 깎는 기구. 긁는 도구. 눈이 거친 줄. 강판.

rascadura *f.* ①스치기. 밀기. 문질러 벗기기. 할퀴기. (피부 따위 스쳐) 벗어짐. ②할퀸 상태. 스친 상처. 찰상(擦傷).

rascalço *m.* [魚] 방어속(屬).

rascancia *f.* (술 따위의) 신맛. 떫은 맛.

rascante *a.* (술이) 신. 떫은. (입속이) 부덕부덕한.

rascão *m.* 부랑자. 건달. 놈팽이. 게으름뱅이.

rascar *v.t.* ①깎다. 깎아 매끄럽게 하다. ②(거칠은 널판지 따위를) 밀다. 밀어서 우툴두툴한 것을 없애다. ③긁다. 긁어 떨구다. 긁어 흠집을 만들다.

rascasso *m.* =*rascalço*.

rascoa *f.* ①《古》시녀(侍女). ②여자 요리사. 여자 쿡. ③《稀》매음부.

rascoeira *f.* 평판이 좋지 못한 여자. 처신머리 없는 여자.

rascoeiro *m.* =*rascão*.

rascunhar *v.t.* ①윤곽을 그리다. (…의) 약도를 그리다. 초벌 그림을 그리다. 스케치하다. ②초안 잡다. 기초(起草)하다.

rascunho *m.* ①윤곽. 초벌 그림. 스케치. ②초안. 기초.

raseiro *a.* 납작한. (밑이) 아주 얕은.

rasgadamente *adv.* ①개방하여. ②터놓고. 노골적으로. 솔직하게. 흉금을 열고.

rasgadela *f.* ①쨈. 찢음. 갈갈이 찢음. ②째진 곳. 터진 곳. 갈라진 틈. 헤어진 틈.

rasgado *a.* ①째진. 찢어진. 갈라진. 터진. 열개(裂開)한. ②넓게 열린. (앞이) 확 터진. 전개(展開)한. ③숨김없는. 솔직한. 터놓은. 개방된.

janela rasgada (현대 양옥에 흔히 볼 수 있는) 폭이 넓은 창(窓).

olhos rasgados 옆으로 째진 눈(특히 동양사람의 눈을 가리켜 풍자적 뜻으로 하는 말).

trote rasgado 전속(全速)의. 거침없이.

rasgador *a.*, *m.* 째는 사람. 찢는 사람.

rasgadura *f.* =*rasgamento*.

— *m.* ①째기. 찢기. 열어젖히기. ②째진(찢어진) 결과. 째진 틈. 찢어진 것. 활짝 열린 상태.

rasgão *m.* ①째는(찢는) 동작과 결과. ②(구름이) 갈라진 틈. 광활하게 터진 상태 (광경).

rasgar *v.t.* ①째다. 찢다. 갈갈이 찢다. 잡아 뜯다. ②할퀴다. (피부 등을) 긁다. 긁어 상처를 내다. 문질러 벗기다. ③홱 잡아채다. 당겨 째지게 하다. ④활짝 열다. 열어젖히다.

rasgar sedas ①비단을 째다. 해어지게 하다. ②비단옷을 입다.

rasgar documentos 서류를 찢다. 찢어버리다.

rasgar de alto a baixo 위로부터 내려째다.

— *v.i.*, —*se v.pr.* 째지다. 열개(裂開)하다. 널어지다. 전개하다.

rasgo *m.* ①째진 것. 갈라진 것. 째진 틈. 터진 곳. 째진 상처. 열상(裂傷). ②세찬 힘. 정력. 기력. 예기(銳氣). ③의기발한 태도. 풍채. 날쎈 필세(필치). ④특출한 공훈. 귀감(龜鑑)으로 될만한 행동. 파격적(破格的) 처사.

rasgo de eloquência 유창한 변설.

pessoa de rasgo 정력(기력)이 있는 사람.

de um rasgo 단번에. 한번에.

raso *a.* ①평평한. 편평(扁平)한. 납작한. (바닥이) 얕은. ②(땅위를) 스치는. 기는. 훑는. ③(지면이) 평탄한. 우툴두툴하지 않은. 아무것도 없는. ④(천 따위) 무늬 없는. 모양(模樣)이 없는. 관직(官職)이 없는. 관등이 없는. ⑤매끄러운.

sapato raso 뒤축 또는 창이 얕은 구두.

soldado raso 이등병(二等兵).

campo raso 평탄하고 단조로운 뜰.

tábua raso 매끄러운 널빤지.

fazer raso 쓸어버리다. 지워버리다.

rasoura *f.* ①(되의) 평미레. 주형(鑄型) 고르개. ②깎는 도구. 매끄럽게 하는 도구. ③《古》머리털을 짧게 깎기. 빡빡깎기. 삭발(削髮).

rasourado *a.* ①평미레로 스친. 민. 밀어버린. ②(머리털을) 짧게 깎은. 빡빡깎은. ③약탈한.

rasourar *v.t.* ①(평미레로) 스치다. 밀다. 밀어 평평하게 하다. ②(깎는 기구로) 우툴두툴한 것을 깎아 평평하게 하다. 매끄럽게 하다. 평탄(平坦)하게 하다. ③동일하게 하다. 균등(평등)하게 하다.

raspa *f.* ①깎는 기구. 깎는 칼. 삭도(削

刀). ②깎아내기. 깎아버리기. ③깎아낸 찌끼.

raspadeira *a*. ①깎는 기구. 깎는 칼. (도장 따위) 파는 칼. ②말빗.

raspadela *f*. =*raspagem*.

raspador *a*. 깎는. 깎아 내는. 깎아 없애는. 밀어버리는.
— *m*. ①깎는 도구. 깎는 칼. 삭도(削刀). 글자를 새기거나 깎아 버리는 칼. ②거친 줄. 눈이 큰 줄.

raspadura, raspagem *f*. ①깎기. 깎아 지워 버리기. (우툴두툴한 것 또는 두꺼운 더뎅이 따위를) 긁어 없애기. 말거(抹去). ②깎아낸 찌끼.

raspançar *v.t*. =*raspar*.

raspanço *m*. ①깎기. 깎아버리기. 긁어 없애 버리기. ②(머리털을) 바싹 깎기. 수염을 깎아 버리기. ③(거친 면을) 줄질하기. ④벗어진 상처. 찰상(擦傷). ⑤훈계. 견책(譴責).

raspão *m*. ①깎은 자국. 문지른 자국. ②스친 상처. 할킨 자리. 벗겨진 자국. 찰상.
de raspão 긁어서. 할퀴어서. 스쳐.

raspar *v.t*. ①깎다. 깎아 떨구다. 긁다. (딱지 같은 것을) 긁어 떼다. ②문지르다. 비벼 떨다. ③도돌도돌한 면을 밀어 버리다. 줄질하다. ④(머리털·수염 따위를) 바싹 깎다. 빡빡 깎다. ⑤(글자를) 지우다. 말소(抹消)하다
— *v.i*. 긁다. 스치다. 할퀴다.
—*se v.pr*. 도주(逃走)하다. 궤주(潰走)하다.

raspilha *f*. (술통 따위의) 통 만드는 직공이 쓰는 일종의 깎는 기구.

rasqueta *f*. [海] 배의 갑판을 긁는(깎는) 일종의 도구.

rasquetear *v.t. rasqueta*로 긁어 버리다(깎아 내다).

rasso *a*. (글자를) 지워버린. 말소한. 깎아 버린.

rastão *m*. 지면에 뻗어가는 포도덩굴.

rastaquera *m., f*. 갑자기 성공(출세)한 사람. 벼락부자. 신흥부호.

rastear *v.t., v.i*. =*rastejar*.

rasteira *f*. ①쓰러뜨리기. ②(레슬링) 되치기. 헛디딤.

rasteiro *a*. ①기는. 포복(匍匐)하는. 기어 돌아다니는. ②땅 위에서 끄는. 지면을 스치는. ③엎드리는. 굴복하는. ④굽실굽실하는. 아첨하는. 비열한. 비굴한. 하천한.
cão rasteiro [犬] 테리어.
planta rasteira 덩굴식물.

rastejador *a., m*. ①뒤를 쫓는 (사람). 추적하는 (사람). 찾아다니는 (사람). ②기는 (사람·동물). 포복(파행)하는 (동물). (지면을) 뻗어가는 (식물).

rastejadura *f*. ①뒤를 쫓기. 추적(追跡). ②(문제를) 조리를 따라 캐기. 조사하기. ③기기. 포복(匍匐). 파행(爬行).

rastejante *a*. ①기는. 기어 돌아다니는. 포복하는. 파행하는. [植] (덩굴식물 따위) 지면을 벋어가는. ②기어가는 듯한. 느린. 잠행성(潛行性)의.

rastejar *v.i*. ①뒤를 쫓다. 자취를 따라가다. 추적하다. ②(원인을) 조리 있게 조사하다. 찾아내다.
— *v.i*. ①기다. 기어 돌아다니다. 포복하다. 파행하다. ②땅 위를 스치다. 스쳐 지나가다. [植] (지면을) 뻗어가다.

rastejo *m*. ①자취를 따라가기. 추적. 뒤를 캐기. (원인을) 규명하기. ②수색(搜索). 탐색. ③기기. 포복. 파행. ④천박(淺薄)한 지식. 피상적 상식.

rastelar *v.t*. (삼 따위를) 빗다. 빗어 가리다.

rastelo *m*. 삼빗.

rastilho *m*. 도화선(導火線).

rasto *m*. 지나간 자취. 발자국. 차바퀴 자국. 형석(形迹). 증적(證迹). (짐승이 지나간) 냄새.
de rastos 기어서. 포복하여. 끌며.
andar de rastos 기어 다니다.
descobrir o rasto 흔적(증적)을 발견하다. (사건의) 단서를 잡다.

rastrear *v.t*. ①자취를 따라가다. 추적하다. ②뒤를 캐다. 수색하다. 탐색하다. ③(…라고) 어림하다. 개산(概算)하다.
— *v.i*. 기다. 기어가다. 포복하다.

rastreio *m*. ①추적(追跡). ②뒤를 캐기. 탐색. 수색.

rastrejar *v.t., v.i*. =*rastrear*.

rastro *m*. ①《古》 땅을 훑는 그물. ②[農] 갈퀴. 써레. 고무래. ③자취. 자국. 형적.

rasura *f*. ①깎기. 깎아 없애 버리기. ②(글자를 고무 따위로) 지워 버리기. 문질러 버리기. (글자의) 삭제(削除). 말소(抹消) 말거(抹去). ③지워 버린 곳. 말소한 자리. 삭제 어구(語句).

rasurar *v.t*. (고무 따위로 글자를) 지워 버

리다. 삭제하다. 말살하다.

rata (1) *f.* ①[動] 쥐(암컷). 들쥐. ②《俗》 실수. 실책. 과실.
— (2) *pro rata* ①…의 비율로. 비례하여. ②몫. 받을 몫. 할당량(割當量).

ratada *f.* ①쥐굴. 쥐구멍. ②진묘. 기묘. 비범. ③음모. 비밀계획.

ratado *a.* ①쥐에 물린. ②쥐가 문 것 같은. 쏜 듯한.

ratafia *f.* 과실주(앵두·복숭아·살구의 씨로 맛을 들인).

ratão *m.* ①큰 쥐. ②《轉》우스운 사람. 익살꾼. 광대.
— *a.* 우스운. 이상한. 괴상한.

rataplã, rataplan, rataplão *m.* 북소리. 둥둥하는(북치는 듯한) 소리.

ratar *v.t.* (쥐가) 쏠다. 쥐처럼 물다.

rataria *f.* 많은 쥐. 쥐의 떼.

ratazana *f.* ①큰 암쥐. ②큰 쥐(암컷·수컷의 총칭). ③허영심이 있는 미운 노파.
— *f.* 익살꾼. 익살광대.

rateação *f.* 안분비례(按分比例). 비례배분(比例配分).

rateadamente *adv.* …에 비례하여. …의 비율로.

rateado *a.* …의 비례에 따라 할당한. …의 비율로 몫을 나눈.

rateador *a., m.* 비례에 따라 할당하는 (사람). …의 비율로 몫을 나누는 (사람).

rateamento *m.* 비례(比例)에 의한 할당(割當). 비율에 따른 분배.

ratear *v.t.* 비례에 따라 할당하다. …의 비율로 몫을 나누다. 안분(按分)하다.

rateio *m.* 안분비례(按分比例). 비례배분(比例配分).

rateiro *a.* (개 또는 고양이가) 쥐를 잘 잡는.
— *m.* 쥐 잘 잡는 개 또는 고양이. 쥐덫.

ratel *m.* [動] 오소리의 일종(남아프리카산).

ratice *f.* ①우스꽝스러운 몸짓. 익살. 이상함. 괴상함. ②종작없는 생각. 변덕. 편협(偏狹).

raticida *f.* 쥐약(특히 아비산(亞砒酸)).

ratificação *f.* ①[法] (조약의) 비준. 재가. 추인(追認). 사후 승락. ②확인. 시인(是認).

ratificado *a.* ①비준된. 재가한. 추인한. 사후 승락한. ②확인한. 시인한.

ratificar *v.t.* ①비준하다. 재가하다. ②확인하다. 시인하다.

ratificável *a.* ①비준(재가)할 수 있는. ②확인(시인)해야 할.

ratinhar *v.t.* 값을 깎다. 값을 놓고 언쟁하다. 흥정하다.
— *v.i.* 사소한 것을 아끼다. 쥐꼬리만한 것에 마음 쓰다.

ratinheiro *a.* ①쥐의. 쥐에 관한. ②값을 깎는.

ratinho *m.* (*rato*의 지소어). ①작은 쥐. 생쥐. ②(아기의) 유치(乳齒).

rativoro *a.* 쥐를(잡아) 먹는.

rato (1) *m.* [動] 쥐(수컷). 《轉》좀도둑.
rato toupeiro (*saloio*) [動] 큰 두더지.
rato de biblioteca 독서광(讀書狂). 책벌레.
rato de hotel 호텔의 좀도둑.
rato de armário 집안에서 과자 따위를 살금살금 집어먹는 사람.
calado como um rato 죽은 듯 잠잠하다.
cheira a rato 눈치 채다. 알아 채다.
A montanha pariu um rato.《諺》태산이 명동하여 쥐 한마리.
— (2) *a.* 쥐색의. 회색의. 색다른.
— (3) *a.* 시인한. 승인한.

ratoeira *f.* ①쥐잡는 기구. 쥐덫. 올가미. 유혹. 함정. ②악도(惡徒)들이 모이는 곳.

ratona *f.* 이상한 여자(또는 물건). 괴상한 여자.

ratonear *v.t.* 슬쩍 집어가다. 좀도둑질하다.

ratoneiro *m.* 좀도둑.

ratonice *f.* 슬쩍 집어가기. 좀도둑질.

raucisono, raucissono *a.*《詩》목쉰 소리의. 목쉰 소리를 내는.

ravina *f.* 협곡. 계곡. 산협(山峽). 빗물로 인하여 갑자기 생긴 웅덩이.

ravioli *m.*《It》저며서 양념한 고기를 가루 반죽의 얇은 껍질에 싸서 넣은 요리.

raxa *f.*《古》일종의 거친 무명(木棉布).

razão *f.* ①이성(理性). 정기(正氣). ②이유. 까닭. 동기. ③도리. 사려. 사려 있는 행위. 중용(中庸). ④지능. 이해력. ⑤추론(推論). 추리. ⑥[數] 비(比). 율. ⑦[商] 원장(元帳). 대장(臺帳).
razães (*pl.*) 구론. 언쟁. 논쟁.
livro de razão [簿] 원장. 대장. 원부(原簿).
razão social 합자(합명회사). 회사명.
idade de razão 사려 분별하는 연령. 불

혹지년(不惑之年).
com razão (긍정의 뜻으로) 참으로. 과연. 당연하게. 지당하게.
sem razão (부정의 뜻으로) 단연코. 부당하게. 이치에 어긋나는. 도리에 안 맞는.
ter razão 도리가 있다. 맞다. 타당하다. 바르다.
não ter razão 조리(도리)에 안 맞다. 부당하다. 이유가 서지 않는다.
em razão de …의 이유로. (…어떤) 이유 때문에.
à razão de …의 비율로. …에 응하여.
dar razão a …에 찬성하다. …에 동의하다.
razão de estado 국가적 이유(때때로 위정자의 구실).
com razão ou sem razão 옳든 그르든. 이유 여하를 막론하고.
razia *f*. 침략(侵略). 약탈. 겁략. (아프리카 회교도가 하였던 것 같은) 노예 징발의 원정(遠征).
razoadamente *adv*. 정당하게. 도리에 맞게. 도리상.
razoado *a*. 도리에 맞는. 조리(條理) 있는. 정당한.
— *m*. 논증(論證). 의론(議論).
razoador *m*. ①추리자(推理者). 추론자. ②의론가(議論家). 까닭을 캐는 사람.
razoamento *m*. 추리. 추론. 논구(論究). 논법. 이론.
razoar *v.i.* ①추리하다. 추론하다. ②(도리로) 설복시키다. 이유를 설명하다.
— *v.t.* ①논하다. ②이론적으로 생각하다. ③논증하다. ④논리적으로 설명하다. ⑤논구(論究)하다.
razoável *a*. ①도리를 아는. 이성이 있는. ②조리 있는. 도리에 맞는. 정당한. (기부 등이) 상당한. 온당한. (값 따위) 타당한. 합당한. 알맞는. (자격 등이) 적당한.
Farei tudo quanto for razoável. 될 수 있는대로 모든 것을 합당하게 처리하겠소!
razoàvelmente *adv*. 도리상. 조리에 맞게. 정당하게. 상당히. 무리없이.
re (1) *pref*. '상호·서로·반대·뒤·물러남·비밀·떨어져·멀어져·밑에·다시·거듭·세게·아닌' 따위의 뜻.
reagir resistir 따위.
— (2) *pref*. '다시·거듭·새로이·원상으로·되·회복하다'의 뜻.

reajustar reconstruir 따위.
ré (1) *f*. 여자피고(女被告). 여자의 형사피고(刑事被告).
— (2) *f*. 선미(船尾). 고물.
de ré 후방에. 뒤에.
— (3) *f*. [樂] 전음계적 장음계(長音階)의 둘째음.
reabastecer *v.t.* 다시 공급하다. 재보급하다. 재차 배급하다.
reabastecimento *m*. (필수품·양식 따위의) 재공급.
reaberto *a*. 다시 연. 재기(再開)한.
reabertura *f*. (의회·극장 등의) 재개.
reabilitação *f*. ①재가능(再可能). ②복직. 복위(復位). 명예회복. 복권. ③원상회복. 부흥.
reabilitado *a*. ①다시 가능하게 된. ②복직한. 복권한. 복위한. 명예를 회복한. ③원상으로 회복된. 부흥된.
reabilitador *a*., *m*. 복직(복권·복위)하는 자. 명예회복시키는(또는 하는) 자. 원상복구하는 자.
reabilitar *v.t.* ①복직(복권·복위)시키다. 다시 할 수 있게 하다. ②원상으로 복구하다. 수복하다. 부흥시키다.
—*se v.pr.* 명예·신용 따위를 회복하다. 잃었던 권리(지위)를 도로 찾다(차지하다).
reabitação *f*. 다시 거주(하도록)하기. 재입주(再入住).
reabitar *v.t.* 다시 살도록 하다. 재입주시키다. (+*em*). …에 다시 살다. 재거주(再居住)하다.
reabitável *a*. 다시 거주할 수 있는. 재입주 가능한.
reabituar-se *v.pr.* 옛 풍습에 되돌아가다. 구습(舊習)을 재연하다. 구풍(舊風)을 다시 따르다.
reabrir *v.t.* (의회·학교·극장 따위) 다시 열다. 재개하다.
—*se v.pr.* 다시 열리다. 재개되다.
reabsorção *f*. 재흡수(再吸收).
reabsorver *v.t.* 다시 흡수하다. 《稀》 재합병하다.
reação *f*. ①반동(反動). 반작용. 반발. ②[化] 반응. [理] 반동력. ③[政] 반동. 복고적 경향. ④[無線] (전류의) 반충작용(反衝作用). 재생(再生).
reaceder *v.t.* 다시 불붙이다(달다). 다시

태우다. 재점화(再点火)하다.
—se v.pr. ①다시 타다. 재연(再燃)하다. ②다시 살아나다. 소생하다. 부활하다.

reacional a. 반동의. 반발의. 반응의. 반응작용의.

reacionário a. ①반동의. 반발적. ②되…하는. 복고적(復古的). 보수적. 퇴보적. ③[化] 반응의. ④보수주의의. 반동적인.
— m. 반동주의자. 반동사상가. 보수당원. 반동파 사람.

reacionarismo m. 반동주의. 반동론. 보수주의.

reacionarista m., f. 반동(보수)주의자. 반동파.

reactivo a. (=reativo). 반작용의. 반동적. [化] 반응적. [理] 반발적.

reacusação f. [法] ①재소(再訴). ②반소(反訴).

reacusar v.t. ①재소하다. ②반소하다.

readmissão f. ①재입(再入). 재입회. 재가입. ②재차 채용(採用). 재허가.

readmitir v.t. ①다시 넣다. 다시 들여보내다. 재가입시키다. ②다시 채용하다. 다시 허가하다.

readormecer v.i. 다시 자다. 다시 잠들다.

readquirir v.t. 다시 얻다. 재취득하다.

readquisição f. 재취득(再取得). 재획득.

reafirmar v.t. 다시 확인하다. 거듭 단언(斷言)하다. 재시인(再是認)하다.

reagente a. ①반동하는. 반발하는. ②반항하는. 저항하는. ③[化] 반응적. 반응하는. 반작용을 일으키는. [理] 반발적.
— m. 시약(試藥). 시제(試劑). 반응물. 반응력.

reagir v.i. ①반동하다. 반발하다. 반작용을 하다. ②반항하다. 저항하다. ③[化] 반응하다. 반응을 보이다. [理] 반발하다. ④[軍] 반돌격하다. 역습(逆襲)하다.

reagradecer v.i. 다시 감사하다. 재삼재사 감사의 뜻을 표하다.

reagravação f. 더 심하게 하기. 가중(加重). 중대화.

reagravar v.t. 더 무겁게 하다. 더 압력을 가하다. 더 심해지게 하다. 중대화하다.

reajustamento m. 재정리. 재고려. (물가의 인상에 따르는 월급 등의) 재심리(再審理). 재조정.

reajustar v.t. 다시 정리하다. 다시 맞추다. 재고려(재심리)하다. (물가의 등귀를 고려하여 임금 따위를) 재조정하다.

real (1) a. ①실재(實在)하는. 실존의. 현실의. ②진실한. 진지한. 거짓 없는. 진짜의. ③[法] 물적(物的)인. 대물(對物)의. 부동산의. ④[數] 실수(實數)의. ⑤[光] 실상(實像)의. ⑥[哲] 실재적.
taxa real 대물세(對物稅).
— m. 실재물(實在物). 실존. 실제(實際).
— (2) a. ①임금의. 왕의. 국왕의. 왕가의. 왕실의. ②왕실에 속하는. 왕가(王室)의 보호하에 있는. 왕권의 밑에 있는. 칙허(勅許)의. 칙정(勅定)의. ③왕자다운. 왕자연한. 거룩한. 고귀한. 위풍 있는. 당당한. ④(향연 따위) 훌륭한. ⑤왕당의.
— m. 옛날 포르투갈·브라질의 화폐단위(pl.; reis).
não ter real 돈 한푼 없다.
Perder tudo por um real. 《諺》기와 한 장 아껴서 대들보 썩힌다.

realçado a. 높인. 올린. 한층 더 높은. 눈에 띄는. 걸출한.

realçamento m. 높이기. 올리기. 올려보내기. 고양(高揚). 앙양(昂揚).

realçar v.t. ①높이다. 높게 하다. 올리다. 올려 보내다. 앙양(昂揚)하다. ②(기둥을) 달다. 높이 떠우다. ③올려 추다. 칭찬하다. 찬탄하다. ④(색채 따위) 눈에 띄게 하다. 똑똑히 나타나게 하다.
A beleza duma mulher é realçada pelos vestidos e pelas jóias. 그 부인의 아름다움은 의상(衣裳)과 보석 때문에 더 현저해졌다.
— v.i., —se v.pr. 높아지다. 올라가다. 눈에 띄다. 뛰어나다. 걸출하다.

realce, realço m. ①똑똑히 나타남. 뛰어남. ②[彫刻·建] 부조(浮彫). 양각. ③[畵] 색깔이 떠오른. 윤곽의 선명. 그림의 밝은 부분. ②명성의 앙양.

realdade f. 참된. 진실함. 실제적임. 됨.

realegar v.t. 다시 기쁘게 하다. 아주 기쁘게 하다.
—se v.pr. 다시 기뻐하다. 대단히 기뻐하다.

realejo m. (휴대용의) 작은 파이프 오르간. 손으로 돌리는 풍금.

realengamente adv. 국왕처럼. 임금답게. 왕자연히. 훌륭하게. 장엄하게.

realengo a. 왕의. 임금의. 국왕다운. 왕자(王室)의.

realeza *f.* ①왕위. 왕권. ②왕의 존엄(위엄). 왕자의 풍도. 존귀. 장엄. ③[集合的] 왕족(王族). 왕당. ④왕령(王領).

realidade *f.* ①현실. 실재. 실존. ②진실. 사실. 진실성. ③실물. 실체.
em (또는 *na*) *realidade* 사실상. 실제로. 실지는.

realismo (1) *m.* ①현실주의. 리얼리즘. 사실성(寫實性). ②[哲] 실재론. 실념론(實念論). [敎育·數] 실학주의. [文藝] 사실주의(寫實主義). [法] 실제주의.
— (2) *m.* 국왕주의. 근왕주의(勤王主義).

realista (1) *m.f.* 현실주의자. [哲] 실재론자. 실체론자. [文藝] 사실주의자. 사실파의 사람.
— *a.* 현실주의의. [文藝] 사실주의의. 사실파의.
— (2) *m., f.* 근왕가. 왕당원(王黨員).
— *a.* 왕당의. 근왕가의.

realístico *a.* ①[哲] 실재론의. 실재론자의. 현실적의. 진실 그대로의. ②[文藝] 사실파의. 사실주의의. 사실적(寫實的).

realização *f.* ①실현. 실현화(實現化). 실제화. 실행. 성취. 완성. ②실물과 같이 그리기. ③(재산을) 현금으로 바꾸기. 현금화(現金化). (돈을) 벌기.

realizado *a.* ①실현한. 실행한. 성취한. 완성한. ②(재산을) 돈으로 바꾼. ③깨달은. 실감한.

realizar *v.t.* ①실현하다. ②깨닫다. 실감하다. ③여실히 보여주다. 사실적으로 하다. ④[哲] 현실화하다. ⑤(재산을) 돈으로 바꾸다.
—*se v.pr.* (꿈·상상 등이) 실현되다. 성취되다.

realizável *a.* ①실행 가능한. ②실행(성취)할 수 있는. ③실감할 수 있는. ④(재산을) 현금으로 바꿀 수 있는.

realmente (1) *adv.* 정말. 참으로. 실제로. 사실상.
— (2) *adv.* 국왕답게. 왕자연하게. 장엄하게. 훌륭하게.

realugar *v.t.* ①다시 빌려 주다(빌리다). ②전차(轉借)하다(빌려 온 물건 또는 세들고 있는 집 따위를 남에게 빌리는 것).

reamanhecer *v.i.* ①다시 날이 밝아지다. ②다시 젊어지다.

reanimação *f.* ①소생. 부활. 원기회복. 다시 힘을 얻기. ②고무. 격려.

reanimador *a., m.* ①소생케 하는 (자). 소생자. 원기를 회복하는(시키는) (자). ②고무(격려)하는 (자).

reanimar *v.t.* ①소생시키다. 부활시키다. (원기를 잃은 자에게) 활기를 띠게 하다. 기운을 회복시키다. ②고무하다. 격려하다.
—*se v.pr.* 되살아나다. 소생하다. 부활하다. 다시 힘을 얻다. 활기를 띠다.

reaparecer *v.i.* 다시 나타나다. 재현하다. 재발하다.

reaparecimento *m.* 재현(再現). 재출현(再出現).

reaparição *f.* 다시 나타남. 재현.

reaprender *v.t.* 다시 배우다. 재습하다.

reapresentar *v.t.* 다시 제출하다. 거듭 제시하다.

reaquecer *v.t.* 식은 것을 다시 데우다. 다시 뜨겁게 하다. (찬 음식물을) 데우다.

requisição *f.* 재취득. 재획득.

rearborização *f.* 재식목(再植木).

rearborizar *v.t.* 다시 심다.

rearmamento *m.* 재무장. 재군비. 장비개량.

rearmar *v.t., v.i.* 재무장시키다(하다).

reascender *v.t., v.i.* 다시 올라가게 하다 (오르다).

reassegurar *v.t.* 다시(재차) 확인하다.

reassinar *v.t.* 다시 서명(싸인)하다. 고쳐 서명하다.

reassumir *v.t.* 권력의 자리에 다시 오르다. 지위를 다시 차지하다. 복직(복권)하다. 재집권(再執權)하다. 재취임(再就任)하다.

reassunção *f.* 재집권. 재취임. 재인수(再引受). 복직(復職). 복권(復權).

reata *f.* (우마용의) 굴레. 마색(馬索).

reatadura *f.* 다시 동여매기. 다시 비끄러매기.
reataduras (*pl.*) 돛대. 돛가름대 등의 금이 간 곳(터진 곳)을 비끄러매는 일종의 밧줄(쇠줄·쇠판).

reatamento *m.* ①다시 매기(묶기). 다시 조이기. 재결속(再結束). ②다시 시작하기. 새로 하기.

reatar *v.t.* ①다시 매다(묶다). 다시 연결하다. 재연계(再連繫)하다. ②다시 시작하다. 새로 하다.
reatar a amizade 친교(親交)를 새롭게 하다. 우의(友誼)를 회복하다.
reatar as relações (단절된) 외교 관계를 다시 맺다. 국교(國交)를 재개하다.

reatas *f.(pl.)* = *reataduras* *(pl.)*

reativo *a.* 반작용의. 반동적인. 반응적인. [理] 반발적.
— *m.* [化] 반응물(反應物). 반응체.

reato *m.* 《稀》유죄상태. [宗] 죄장소멸(罪障消滅) 후의 속죄(贖罪)의 의무.

reator *m.* [心] 반응자. 피험자(被驗者). [電] 리액터. 색류(塞流) 코일. 원자로(原子爐).

reaver *v.t.* ①되찾다. 다시 얻다. 재취득하다. ②회복시키다. 소생시키다. ③보상하다. ④돌아오다.
— *v.i.* 먼저와 같이 되다. 회복(완쾌)하다.

reaviar *v.t.* 왔던 길을 따라 되돌아 가게 하다. 방향을 바로 잡도록 하다.
— *se v.pr.* 왔던 길에 되돌아가다. 방향을 다시 잡다.

reavir-se *v.pr.* 처신(處身)을 새롭게 하다.

reavisado *a.* ①다시 통지를 받은. 재차 경고 받은. ②신중히 조심(주의)하고 있는.

reavisar *v.t.* 다시 알리다. 재차 통지하다. 거듭 경고하다.

reaviso *m.* 재통지(再通知).

reavivar *v.t.* ①소생시키다. 부활시키다. (기운을) 회복시키다. ②다시 활기 띠게 하다. 다시 번영(번창)하게 하다.
— *v.i.* ①되살아나다. 소생하다. 부활하다. (건강을) 회복하다. ②다시 활기 띠다. 다시 번창해지다. 부흥(재흥)하다. ③[化] 환원하다.

rebaixa *f.* 다시 물가를 낮추기. 물가의 재저락. 감가(減價).

rebaixamento *m.* ①더 **rebaixado** *a.* ①(물가가) 또 내려간. 다시 하락(下落)한. 다시 깎인. ②(멸망·인망·신용 따위) 더 떨어진. (계급·관등 따위) 다시 내려간. 재강등한. 더 낮은. 낮추기. 재차의 저락. 낙등(落等). ②(물가의) 하락. 감가(減價). (품질의) 저하. (화폐의) 가치. 감손(減損). (인격·명성의) 떨어짐. ③비열. 비루.

rebaixar *v.t.* ①(물가 따위를) 또 낮추다. 또 값을 깎다. 깎아 내리다. 재차 감가(減價)하다. ②(화폐의) 가치를 다시 내리다. ③(품질 따위) 저하시키다. 더 열등하게 하다. (남의 명성·인망 등을) 떨어뜨리다. (계급·관등 따위를) 낮추다.
— *v.i.*, — *se v.pr.* 더 내려가다. 더 낮게 되다. 더 줄다. (값 따위) 재차 떨어지다. 또 깎이다. (인플레 등으로) 화폐의 가치가 더 없어지다. (품질·품위가) 저하하다. (망신하여) 자기 인격이 떨어지다. 비열해지다. 비천해지다.

rebaixe, rebaixo *m.* ①(가치·가격 등의) 저락(低落). (인격·인품 등의) 저하(低下). 저락(저락)된 상태. ②내려간 부분. ③(지붕 아래의) 다락방. (계단 바로 밑의) 빈 곳. ④[木工] 사개. 사개물림. ⑤배수구(排水溝).

rebalsado *a.* ①물이 고인. 고여 있는. 정체된. ②진창이 된. 늪이 된.

rebalsar *v.i.*, — *se v.pr.* ①물이 고이다. 한 곳에 모이다. ②진흙이 되다. 진창이 되다. 늪이 되다.

rebanhada *f.* ①가축의 큰 떼. ②많은 사람들. 군중.

rebanhar *v.t.* 가축을 수용하다. 한 곳에 모으다.

rebanhio *a.* (가축이) 떼를 짓는. 떼를 이루는.

rebanho *m.* ①양(산양)의 떼. 가축의 떼. ②[宗] 그리스도의 제자. (교구의) 신자들. ③(비유·경멸의 뜻으로) 군중. 오합지중.

rebaptismo *m.* = *rebatismo*.

rebaptizar *v.t.* = *rebatizar*.

rebarba *f.* ①(끌 따위의) 날모. ②(보석의) 사면(斜面). ③(반지의) 보석 박히는 홈. (시계의) 유리알 끼는 홈. 활판(活版)의 행간(行間)에 있는 홈. ④(철판 따위를 용접하였을 때의) 접합점(接合點 : 이은 자리의 우툴두툴한 곳). [木工] (널빤지·세공용 나뭇조각 등의) 접합점(특히 이은 자리의 고저(高低) 또는 꺼끌꺼끌한 곳). [機] 주형(鑄型)의 이은 자리.

rebarbear *v.t.* ①(용접점의) 우툴두툴한 것을 깎아 버리다. 줄로 쓸어 버리다. ②[木工] (나무의 접합점의) 꺼끌꺼끌한 면을 밀어 버리다. 매끄럽게 하다. ③감장부(嵌裝部)를 깎아 매끄럽게 하다.

rebarbativo *a.* ①군턱의. 이중 턱의.《英》*double-chimned*. ②험상스러운. 엄한. 엄격한. 무뚝뚝한. 기분 나쁜. ③거칠은. 사나운.

rebatador *m.* = *rebatedor*.

rebate *m.* ①경보(警報). 경종(警鐘). 비상

경보. ②돌연한 공격. 불의(不意)의 습격. 기습(奇襲). ③징조. 징후(徵候). ④반발. ⑤[商] (어음·수표·유가증권(有價證券) 등에 대한) 할인(割引).

dar rebate 경보를 전하다. 급함을 알리다.

tocar a rebate 경종을 울리다.

rebate falso 허보.

rebatedor *a.*, *m.* (어음 기타 유가증권을) 할인하는 사람.

rebater *v.t.* ①또 때리다. 다시 치다. 계속해서 때리다. ②때려 박다. 박아 넣다. ③(남의 의견·주장 등을) 반박하다. 논박하다. 논파하다. ④(유혹 등에 걸리지 않고) 이겨내다. 물리치다. 격퇴하다. ⑤슬쩍 피하다. 비키다. ⑥(계획 등을) 좌절시키다. 실패케 하다. ⑦[商] (어음·유가 증권 따위를) 할인하다.
— *v.i.* 고동(鼓動)하다. 동계(動悸)하다. 두근거리다.

rebatido *a.* 때려서 단련한. 여러 번 쳐서 구부린. ②물리친. 격퇴한. ③(의견 따위를) 반박한. 논박한. ④(어음·유가 증권 따위를) 할인한.

rebatimento *m.* ①몇 번이고 때리기. 계속적으로 치기. 쳐서 단련하기. ②물리치기. 격퇴. 반격. ③반박. 논박. 논파(論破). 거절. 배척. ④[商] (어음·유가 증권 등을) 할인하기.

rebatinha *f.* 서로 다투기. 서로 빼앗기. 앞을 다투어 빼앗기. 쟁탈전. 경쟁.

vender à rebatinha 경매하다.

andar às rebatinhas 우열을 다투다. 경쟁하다.

rebatismo *m.* 재세례(再洗禮). 신명명.

rebatizante *a.*, *m.* 다시 세례하는 (사람).

rebatizar *v.t.* 다시 세례하다. 다시 이름 짓다.

rebato *m.* 문지방.

rebeca *f.* = *rabeca*.

rebeijar *v.t.* 또 입맞추다. 몇 번이고 키스하다.

rebelão *a.* 어거하기 어려운. 제어(制御)하기 곤란한. 말 안 듣는. 제마음대로의. 걷잡을 수 없는. 고집이 여간 아닌.

rebelar *v.t.* ①반역하게 하다. 거역하게 하다. 반항하게 하다. ②반란(폭동) 일으키게 하다.
— *v.i.*, —*se v.pr.* ①반역하다. 거역하다. 거스르다. 복종하지 않다. ②모반(謀反)하다. 반란 일으키다. 폭동 일으키다.

rebeldaria *f.* = *rebeldia*.

rebelde *a.* ①반역하는. 거역하는. ②복종하지 않는. 말 안 듣는. 제어하기 어려운. 다루기 힘드는. 완고한. ③모반하는. 반항하는. ④(병 따위) 고치기 어려운. 난치의.

doença rebelde 고치기 어려운 병. 고질(痼疾).

cavalo rebelde 길들이기 어려운 말(悍馬).

metais rebeldes 용접하기 어려운 금속(難鎔金屬).

— *m.*, *f.* 반역자. 거역자. 반도(叛徒). 폭도. 적(賊).

rebeldia *f.* ①반역. 거역. 모반(謀反). 반란. 반항. ②반항심. 모반심. ③말 안 듣기. 불순종. 불복종. 제멋대로 하기. 억지. 고집.

rebelião *f.* ①반란. 폭동. 모반. ②반항. 저항. ③모반죄(謀反罪). 반란죄. ④폭도. 반도(叛徒).

rebem *adv.* 아주 좋게.
— *m.* 채찍. 회초리. 채찍끈.

rebenque *m.* 회초리의 일종. 짧은 채찍.

rebentação *f.* ①휘어 쪼개지기. 파열(破裂). 결렬(決裂). 파쇄(破碎). ②밀려와서 부서지는 파노.

rebentão *m.* ①[植] 측복지(側匐枝). 분지(分枝). 어린 싹(幼芽). 발아(發芽). ②[園藝] 취목(取木). ③갈라짐. 분파(分派).

rebentar *v.i.* ①터지다. 파열하다. (밤알 따위) 튀다. ②(폭죽·꽃불 따위) 폭발하다. ③(자물쇠·문 따위가) 부서져 열리다. ④[植] (꽃봉오리 따위) 피다. 열다. 싹트다. 발아하다. ⑤(곪은 것이) 터지다. ⑥(둑·제방 따위) 터지다. 결렬(決裂)하다. ⑦(수도관(水導管) 따위 터져서) 물이 용솟음쳐 나오다. ⑧(함성·웃음소리 따위) 갑자기 터지다. ⑨갑자기 일어나다. (전쟁 따위) 발발하다.

rebentar o foguete 폭죽이 터지다.

rebentar com o riso 웃음이 터지다.

rebentar a chorar 갑자기 울음이 터지다.

Rebentou uma guerra entre Norte e Sul. 남북 간에 전쟁이 발발했다.

rebentina, rebentinha *f.* 울화. 격분. 흥분. (발작적) 분노.

rebento *m.* [植] 싹. 눈. 움.

rebique *m.* ①(화장용) 연지. 미안료(美顔料). ②철단(鐵丹).

rebitagem *f.* 리벳을 박기. 리벳으로 조이기.

rebitar *v.t.* 리벳을 박다. 리벳으로 죄다. 머리 큰 못을 박다. 리벳·못 등의 머리를 쳐서 꾸부려 박다.

rebite *m.* 리벳(철판 따위를 접합할 때 박는 못). 머리 큰 못.

rebo *m.* 작은 돌. 부스러진 돌. 석편(石片). 자갈.

reboante *a.* (소리가) 울리는. 널리 울리는. 반향하는.

reboar *v.i.* (소리가) 울리다. 널리 울리다. 다시 울리다. 반향(反響)하다.

rebocador (1) *a.* 배를 끄는. 예선(曳船)하는. 견인(牽引)하는.
— *m.* ①배끄는 배. 예인선(曳引船). ②견인차(牽引車).
— (2) *m.* [土工] 미장이. 벽토 바르는 사람. 석고일을 하는 사람.

rebocadura (1) *f.* 배를 끌기. 예선. 예항(曳航). 견인(牽引).
— (2) *f.* ①(미장이의) 벽토칠. 초벽칠. 거칠게 바르기. ②토벽공사.

rebocar (1) *v.t.* 배를 끌다. 예선(曳船)하다. 예항하다. 견인(牽引)하다.
— (2) *v.t.* (미장이가) 초벽칠하다. 벽토를 바르다. 초벌을 대강 바르다. 석고(石膏)를 바르다.

rebôjo *m.* ①회오리바람. 선풍. ②(물의) 소용돌이.

rebolada *f.* 삼림(森林) 속의 같은 종류의 나무가 밀집한 곳.

rebolado *m.* ①엉덩이를 흔들기. 특히 무도할 때 빙글빙글 돌며 엉덩이를 흔드는 것. ②(오리·발 짧은 뚱뚱보 따위) 어기적어기적(비척비척) 걷기.

rebolão *a.* 허풍떠는. 자랑하는.
— *m.* 허풍선이. 부는 사람. 과장하는 자.

rebolar *v.t.* 굴리다. 굴려가다. 빙글빙글 돌리다. 회전시키다.
— *v.i.*, —**se** *v.pr.* ①구르다. 굴러가다. 돌다. 돌아가다. 회전하다. 떼굴떼굴 굴다. 딩굴다. ②엉덩이를 흔들다. 이곳저곳 돌며 궁둥이를 좌우로 흔들다.

rebolaria *f.* ①허풍떨기. 불기. 뽐내기. 우쭐하기.

rebolcar *v.t.* 굴리다. 굴려가다. 굴려서 떨어지게 하다.
— *v.i.*, —**se** *v.pr.* 구르다. 굴러가다. 떼굴떼굴 굴다. 딩굴다. 굴러 떨어지다.

rebolear-se *v.pr.* (오리·발 짧은 뚱뚱보 따위가) 어기적어기적 걷다. 비척비척 걷다. 비틀거리며(흔들며) 걷다.

reboleira (1) *f.* 회전 숫돌 밑으로 흘러 내려오는 더러운 물.
— (2) *f.* 밭 가운데의 농작물이 가장 무성한 곳. 삼림 속의 같은 나무가 가장 울창한 곳.

reboleiro *m.* 소의 목에 다는 방울(종). 워낭.

reboliçar *v.i.* 몸을 좌우로 흔들다. 흔들흔들하다. 동요하다.

reboliço (1) *f.* 동요. 마음의 동요. 격동. 격정. ②소동. 소란. 분잡. 혼란. 야단법석. 안달복달. ③무질서.
— (2) *a.* 빙글빙글 도는. (회전 숫돌처럼) 빨리 도는.

rebolir *v.i.* 《俗》 빙글빙글 돌다. 회전하다.

rebôlo *m.* ①회전 숫돌. ②《俗·機》 기통(汽筒). 실린더. ③[植] 올리브 나무의 위축병(萎縮病).

reboludo *a.* 토실토실하고 둥근. 뭉둑하고 둥근.

rebôo *m.* (소리의) 반향. 울리기.

reboque *m.* ①배를 끄는 밧줄. 예강(曳網). 예색(曳索). ②배를 끌기. 예선(曳船). 예항(曳航). ③(밧줄로) 차를 끌기. 견인(牽引). 만인(挽引).
levar a reboque (밧줄로 매어) 끌고 가다. 견인하다.
ir a reboque de alguem 끌려가다. 맹종(盲從)하다.
âncora de reboque (배를 움직이기 위한) 작은 닻. 《英》 *kedge anchor*.

reboquear *v.t.* 배를 끌다. 예선하다. 견인하다.

rebora *f.* ①법정연령(法定年齡: 결혼 연령 따위를 법적으로 규정하는). ②계약의 확인. 추인(追認).

reboração *f.* 《古》 확인(確認). 시인(是認). 추인.

reborar *v.t.* 《古》 (계약 따위를) 확인하다. 추인하다.

rebordagem *f.* [海] 배의 충돌로 인한 손해. 그 손해배상.

rebordão *a*. [植] 야생의. 거친.

rebordar *v.t.* ①수놓다. 수식(修飾)하다. ②가장자리를 달다(붙이다). 아름답게 테를 두르다. ③판유리의 가장자리를 매끄럽게 갈다.

rebôrdo *m*. 가장자리. 특히 접어 겹친 가장자리. 테두리. (특히 원형물(圓形物)의)

rebordosa *f*. ①심한 꾸지람. 질책(叱責). ②때리기. ③소음(騷音). ④기분 나쁜 환경.

rebotada *f*. 되튀기기. 격퇴. 물리치기.

rebotado *a*. ①(날이) 무딘. 둔한. ②되튀긴. 격퇴한. 물리친.

rebotalho *m*. 쓰고 남은 찌끼. 남는 찌꺼기. 못 쓸 물건. 생선의 대가리 꼬리 따위 버리는 부분.

rebotar (1) *v.t.* 되물려치다. 튀겨 팽개치다. 격퇴하다.
—— (2) *v.t.* (칼날 따위를) 무디게 하다. 둔하게 하다. 약하게 하다.
——**se** *v.pr.* 무디게 되다. 둔해지다.

rebramar *v.i.* ①(사자·범 등이) 포효하다. ②노호하다. 굉장하게 울리다. ③(노루가) 울다. ④외치다. 부르짖다. 고함치다. ⑤격노하다.

rebramir *v.i.* ①외치다. 고함치다. ②큰 소리로 울리다.

rebranquear *v.t.* 다시 희게 하다. 재차 표백하다.

rebrilhante *a*. 다시 비치는. 가일층 빛나는.

rebrilhar *v.i.* 다시 비치다. 가일층 빛나다. 더 환하게 비치다.

rebrilho *m*. 다시 비침. 세게 비침.

rebrotar *v.i.* ①다시 싹트다. 새눈이 나오다. 또 꽃피다. ②재생(再生)하다. 재발(再發)하다.

rebuçado *a*. ①(종이로) 싼. 딸딸 말은. (헝겊으로) 덮은. 덮어 씌운. (두건(頭巾)을) 쓴. (목도리를) 두른. ②거짓의. 허위의.
—— *m*. ①종이에 싼 사탕과자(사탕·초콜릿 따위를 재료로 한 드롭·봉봉·캐러멜 또는 사탕절임 등). ②두건을 쓴 사람. 복면(覆面)한 사람.

rebuçar *v.t.* ①(종이로) 싸다. 딸딸 말다. (헝겊으로) 덮다. 싸다. (두건을) 쓰다. (목도리를) 두르다. ②(천 따위로) 덮어 씌우다. 가리다. 감추다.

——**se** *v.pr.* ①두건을 쓰다. (외투 따위에 달린) 접은 옷깃을 일으키다. ②겉을 가리다. 모르게 하다. 가장하다.

rebuço *m*. ①(저고리·외투 등의) 접은 옷깃. 《英》 lapel. 장식용 가장자리. ②목걸이. ③허위. 가장.

rebuliço *m*. = *reboliço* (1).

rebulir *v.t.* ①다시 움직이다. 또 움직이다. 다시 손대다. ②(그림·사진·문장 따위를) 손질하다. 수정하다.

rebusca *f*. 재수색. 천착(穿鑿). 추고(推敲).

rebuscado *a*. ①재수색한. 세밀히 조사한. ②세련한. 풍치 있게 한. 연마한. 결점을 없앤. (문장 따위를) 추고한. ③억설(臆說)의. 부자연한. 억지로 꾸며낸.

rebuscar *v.t.* ①재수색하다. 면밀히 뒤지다. 샅샅이 찾다. 탐색(탐구)하다. ②[文] 추고하다. 결점을 없애다. 풍치 있게 하다.

rebusqueiro *m*. ①재수색자. 조사원. 연구원. ②[農] 이삭줍는 사람.

recadeira *f*. 심부름하는 소녀. 여자 심부름꾼.

recadeiro *a*. 심부름하는. 전달하며 다니는.

recadista *m.*, *f*. 사자(使者). 심부름꾼. 사환. 사환 아이. 급사(給仕).

recado *m*. ①전하는 말. 전언(傳言). 부탁의 말. ②잔소리. 꾸지람. 야단치기. 질책.
recados (*pl.*) (문안·안부 따위의) 전달의 인사.
Dê-lhe muitos recados meus. 나의 인사를(그분께) 전해 주십시오.
deixar recado (방문하여 만나고자 한 사람이 없을 경우) 전하는 말을 적어 놓다.
mandar recado 전언(傳言)을 보내다.
dar recado ①부탁의 말을 전하다. ②잔소리하다. 책망하다.

recaída *f*. ①재함입(再陷入). 다시 나쁜 길에 빠지기. 또 과오를 범하기. ②역행(逆行). 퇴보. (병세가) 뒤지기. 재발.

recaidiço *a*. ①다시 나쁜 길(邪道)에 빠지기 쉬운. 같은 과오를 다시 범할 수 있는. ②역행하는. 퇴보하는. 재발할 가능성이 있는.

recaimento *m*. = *recaída*.

recair *v.i.* ①다시 나쁜 길에 들어서다. 또 오를 범하다. 다시(같은) 죄를 짓다. ②역행하다. 시초의 지위에 도로 내려가다. 복귀(復歸)하다. (병이) 도지다. 재발하다.

racalcado *a.* ①처박은. (빽빽하게) 다져 넣은. 꽉 채운. ②다시 짓밟은. 밟아 찌그러뜨린. 내려 누른. ③마음에 깊이 사무친. ④반복(反復)한.

racalcador *a.* ①처박는. 다져 넣는. 꽉 채우는. ②짓밟는. 짓밟아 찌그러뜨리는. 내려 누르는. ③반복하는.

recalcadura *f.* = *recalcamento*.

recalcamento *m.* ①처박기. 처박아 넣기. 다져 넣기. ②다시 짓밟기. 밟아 찌그러뜨리기. 내려 누르기. ③반복(反復)하기.

recalcar *v.t.* ①처박다. 처박아 넣다. 다져 넣다. ②다시 밟다. 짓밟다. 밟아 찌그러뜨리다. 내리 누르다. ③(감정을) 억누르다. ④되풀이하다. 반복하다.

recalcitrância *f.* ①거역. 불순종. 불복종. 어거하기 어려움. 지어하기 곤란함. ②우겨댐. 고집이 셈.

recalcitrante *a.* ①거역하는. 반항하는. 순종(복종)하지 않는. 말 안 듣는. ②우겨대는. 완강히 고집부리는.

recalcitrar *v.i.* 거역하다. 반항하다. 말듣지 않다. 복종하지 않다. ②우겨대다. 완강히 고집부리다. ③(말이) 뒷발로 차다. 차 버리다. 차서 쫓아내다.

recalcular *v.t.* 다시 계산하다. 재차 세어보다. 유심(留心)히 계산하다.

recaldear *v.i.* ①다시 붙이다. 다시 용접하다. ②섞이다. 혼합하다.

recalmão *m.* 바다에서 폭풍우가 멎은 뒤의 조용한 시기.

recalque *m.* ① = *recalcamento*. ②[心] 억제. 제지.

recamado *a.* 두툼하게 수를 놓은. (특히 연극용 의상(衣裳) 따위에) 금실·은실·보석 따위로 장식하여 번쩍거리게 한(아름답게 꾸민).

recamador *a., m.* *recamo*를 하는 사람.

recamadura *f.* = *recamo*.

recamar *v.t.* 두툼하게 수를 놓다. (특히 연극용 의상에) 금실·은실·보석 따위로 장식하다. 별·서리·운모 모양 따위로 꾸며 아름답게 하다.

recâmara *f.* ①옷걸이장. 옷장(欌). ②의상실. 옷 갈아입는 방. ③안방. 뒷방. (가옥 내의) 구석진 곳. 사람이 일상적으로 가지 않는 곳. ④세대도구. 가정도구.

recambiar *v.t.* 돌려 보내다. 반각하다. 반환(返還)하다. (특히)부도 수표(不渡手票)·어음 따위를 돌려 보내다.

recâmbio *m.* [商] ①환의 재교환. ②거절어음(拒絶手形)의 반환.

recamo *m.* 뚜렷히 나타나게 놓은 수. 불룩 두드러져 나온 자수(刺繡) 또는 장식(특히 연극용의 의상(衣裳)에) 금실·은실·보석 따위로 장식하거나 별·서리·운모 모양 따위를 달아 아름답게 꾸미는 것).

recantação (1) *f.* 다시 노래 부르기. 재창(再唱). (틀린 것을 고쳐) 처음부터 다시 노래 부르기.

recantar (1) *v.t.* ①다시 노래 부르다. 재창하다. (틀린 것을 고쳐) 힘주어 노래 부르다. ②다시 불러 드리다. 소환하다.
— (2) *v.t., v.i.* (종래의 설·신앙·주장 등을) 취소하다. 부인(否認)하다. 자설(自說)을 철회하다.

recantação *f.* (종래의 설·신앙의) 취소. 변설(變說). 개론(改論). 부인(否認).

recanto *m.* ①모. 모퉁이. 귀. 구석. ②구석진 곳. 외딴 곳. 먼 곳. 벽지(僻地). 변방. ③잘 나타나지 않는 곳. 보이지 않는 곳.

recantos da terra 지구의 한 구석 (먼 곳).
os recantos da consciência 마음속의 본정(本情).

recapito *m.*《古》전언(傳言). 부탁의 말.

recapitulação *f.* 요점을 되풀이하여 말하기. 총괄(總括). 약설(約說).

recapitulante *a.* 요점을 되풀이하여 말하는. 총괄하는. 약설하는.

recapitular *v.t., v.i.* 요점을 되풀이하여 말하다. 중요한 점을 추려서 이야기하다.

recapitulativo *a.* 약설적. 개관적. 적요의.

recapturar *v.t.* ①다시 붙잡다. 재체포하다. ②탈환하다.

recarga *f.* ①다시 짐을 싣기. ②투우(鬪牛)가 투우사에게 찔린 후 재차 돌진하는 것.

recarregamento *m.* 다시 짐을 싣기. 재적하(再積荷).

recarregar *v.t.* 다시 짐을 싣다. 재적하하다. 고쳐 싣다.

recasar *v.t., v.i.* 재혼(再婚)하다.

recata *f.* = *rebusca*.

recatadamente *adv.* ①신중히. 조심성 있게. ②겸손하게. 사양하여. ③적당(온당)하게. ④숨어서. 몰래.

recatado *a.* 조심성 있는. 신중한. 주의 깊은. ②겸손한. 수수한. 정숙한. 사양할.

③숨은. 감춘.

recatar (1) *v.t.* ①주의시키다. 조심하게 하다. 경계하게 하다. ②(안전한 곳에) 숨기다. 감추다. 비밀로 해두다. ③막다. 가리다. 보호하다.
— **se** *v.pr.* ①조심하다. 주의하다. 경계하다. ②신중히 대처하다. 자계(自戒)하다. ③숨다. 몸을 감추다.
— (2) *v.t.* (=*rebuscar*). 다시 찾다. 샅샅이 뒤지다. 재수색하다.

recativo *a.* 복종하는. 신복(信服)하는.
— *m.* 복종하는 사람. 신복자.

recato *m.* ①조심. 경계. 신중(愼重). ②염치(심). 수줍음. 겸손. 사양. 정숙. 정절. ③비밀. ④비밀장소. 숨는 곳.

recauchutagem *f.* (자동차의 낡은 타이어에) 거죽을 고쳐 붙이기. 재생 고무로 떼어 붙이기.

recauchutar *v.t.* (자동차 따위의 타이어에) 거죽을 고쳐 붙이다. 재생 고무로 떼어 붙이다.

recavado *a.* (땅을) 다시 판. 깊이 파내려간.

recavar *v.t.* ①다시 파다. 재차 파헤치다. ②주장하다. 고집하다.

recavém *m.* 차대(車臺)의 뒷부분(後下部).

receado *a.* ①걱정한. 근심한. 걱정이 되는. 근심이 되는. 근심스러운. 현념(懸念)하는. ②누려움을 품고 있는.

receança *f.* =*receio.*

recear *v.t.* (…에) 마음을 쓰다. (…을) 두려워하다. (…을) 근심하다. (…을) 걱정하다.
— *v.i.* (+*de*). …에 마음을 쓰다. 걱정(근심)하다. 현념(懸念)하다.
— **se** *v.pr.* 불안감을 느끼다. 두려움을 품다. 우구(憂懼)하다.

receável *a.* 걱정(근심)할만한. 불안감이 되는. 불안감을 품게 하는.

recebedor *a.* 받는. 영수하는. 징수(徵收)하는.
— *m.* 받는 사람. 수취인(受取人). 영수인. 수금인. 징수인. 수세리(收稅吏).

recebedoria *f.* ①수금처(受金處). 수세서(收稅署). ②수세리의 직분(職分).

receber *v.t.* ①받다. 받아 들이다. 영수하다. 접수하다. 수리(受理)하다. 용납하다. ③(사람을) 맞이하다. 접견하다. 인견(引見)하다. 환영하다.
receber uma carta 편지 한 통 받다.
Recebi sua carta. 그대의 편지를 받았습니다.
Recebeu dinheiro de ambas as partes. 그 사람은 쌍방(雙方)으로부터 (다) 돈을 받았다.
— *v.i.* (+*a*). 접견하다. 인견(引見)하다.
— **se** *v.pr.* 결혼하다.

recebimento *m.* ①(돈・선물・상품・서시 따위를) 받기. 접수. 영수. 수령. ②(손님의) 응접. 접견. 접대. (요인・귀빈의) 환영. 영접. ③결혼(結婚).

receio *m.* 걱정. 근심. 염려. 현념(懸念). 두려움. 우구(憂懼). 공구(恐懼).
com receio de que …의 두려움으로. …을 염려하여.
ter receio de …을 걱정하다. …을 두려워하다.

receita *f.* ①수입(收入). 수입고(高). (국가의) 세입(歲入). ②[醫] 처방(處方). 처방전(處方箋). ③방법(方法). 방법서(書). 조리법(調理法).
receita bruta 총수입.
livro de receitas e despesas 수입지출 대장.
faxer uma receita 처방을 쓰다(의사・조제사 등이).
aviar uma receita 약방문(藥方文)을 쓰다(약제사가).

receitante *a.* [醫] 처방하는.

receitar *v.t.* [醫] 처방하다. 정량(定量)을 권하다. 복약(服藥)을 설명하다.
— *v.i.* 처방전(處方箋)을 쓰다. 약방문을 쓰다.

receitário *m.* (약제사의) 약방문철(藥方文綴). 처방전철(處方箋綴).

receituário *m.* 약국방(문). 약품해설. 약전(藥典).

recém *pref.* '최근・새로・다시…' 등을 뜻함.
recém+*mente* 와 같은 부사적(副詞的) 뜻이 있지만 '*recém*+과거분사'의 형(形)을 취하여 형용사적으로 흔히 쓰임.

recém-casado *a.*, *m.* 최근에 결혼한 (자). 신혼자. 새서방. 새신랑.

recém-casada *a.*, *f.* 최근에 결혼한 (여자). 새색시.
os recém-casados (*pl.*) 신혼부부.

recém-chegado *a.* 최근에 도착한. 새로온.
— *m.* 요새 도착한 사람.

recém-falecido *a.*, *m.* 일전에 사망한 (사람).
recém-feito *a.*, *m.* 최근에 만든 (물건).
recém-nascido (**-nado**) *a.*, *m.* 최근 태어난 (아기).
recém-vindo *a.*, *m.* 최근에 온 (사람·물건).
recendência *f.* (꽃 따위가) 풍기는 향기. 방향(芳香).
recendente *a.* 향기로운. 향기복욱(馥郁)한. 방향성의.
recender *v.t.* 좋은 냄새를 피우다. 향기를 내다.
— *v.i.* 향기 나다. 향기를 풍기다.
recendedor *m.* 방향(芳香).
recenseado *a.* 통계적인 조사를 한. 인구(호구) 조사한.
recenseador *m.* (인구·가축·경제상황 등에 대한) 조사원. 인구(호구)조사계(調査係).
recenseamento *m.* 인구(호구)조사.
recenseamento da população 인구조사. 국세조사.
boletim de recenseamento 국세조사용지. 인구조사표.
recensear *v.t.* ①(인구·가축·경제상황 등에 대한) 조사를 하다. 국세조사를 하다. ②검정(檢定)하다.
recenseio *m.* = *recenseamento*.
recental *m.* 양의 새끼(3·4개월되는).
recente *a.* 최근의. 요새의. 근래의. 새로운 (뉴스 따위) 생생한.
recentemente *adv.* 요사이. 요즈음. 최근에. 근래. 근시(近時).
recentidade *f.* 최근임. 근경(近頃).
receosamente *adv.* 걱정스럽게. 근심하여. 염려하여. 두려움을 품고.
receoso *a.* 걱정(근심)이 되는. 염려스러운. 두려운. 위구(危懼)하는. 공구(恐懼)하는.
recepção *f.* ①받기. 접수. 영수. 수령. ②(손님의) 응접. 영접(迎接). 접대. 환영. 환영회.
dia de recepção 면회일. 응접일(應接日).
recepção cordial (친선적 방문에 대한) 예의적 영접.
recepção entusiástica (국빈(國賓)·위업(偉業)을 성취한 용사 등에 대한) 열광적 환영.
recepcionar *v.t.*, *v.i.* 대접하다. 접대하다. 환대하다. 환영하다.

recepcionista *m.*, *f.* 손님을 맞이하는 사람. (호텔·여관 등의) 접대원. (박람회 등의) 안내원.
receptação *f.* ①훔친 물건을 받기. 장품수취(臟品受取). ②훔친 물건을 감춰 주기. 장물은닉(隱匿). ③장물은닉죄.
receptacular *a.* [植] 화탁의. 화탁 위에 있는.
receptáculo *m.* ①[植] 화탁(花托). ②그릇. 용기(容器). ③숨는 곳. 감추는 장소. ④[電] 소켓. 콘센트.
receptador *a.* 훔친 물건 또는 범죄행위로 얻은 물건을 받는 (감추는).
— *m.* ①도품(盜品) 수취인. 장물(臟物) 접수인. ②도품(장물)을 감추는 사람. ③교사자(教唆者). 선동자.
receptar *v.t.* 훔친 물건(盜品)을 받다(감추다). 범죄행위로 얻은 물건(臟品)을 받다 (감추다).
receptibilidade *f.* = *receptividade*.
receptível *a.* ①받아들일 수 있는. 수용력(受容力)이 있는. ②감수(感受)하기 쉬운.
receptividade *f.* 수용성(受容性). 감수성(感受性). 이해력.
receptivo *a.* ①(사상·인상 따위를) 잘 받아들이는. 감수성이 강한. ②수용력이 있는. 받아들일 만한. ③승복(承服)할 수 있는.
receptor *a.* 받는. 받아들이는. 접수하는. 수용(受容)하는. 수신(受信)의.
— *m.* ①받는 사람. ②수납(계)원. ③접대원. ④[庭球] 리시버. 응전하는 사람. ⑤받는 그릇. 용기(容器). 모으는 그릇. 가스 탱크. ⑥[機] 배기종(排氣鐘)의 배기실(室). 유기실(溜氣室). ⑦[電] 수신기(受信器). 수화기. ⑧(텔레비젼의) 수상기(受像機).
recesso *m.* ①먼 곳. 먼 시골. 외딴 곳. 벽지(僻地). ②은퇴. ③(마음)속. (마음의) 한 구석. ④쑥 들어간 곳. ⑤벽감(壁龕). 감실(龕室: 조각품·꽃병같은 것을 놓는 벽의 움푹 들어간 곳). ⑥[解] 와(窩: 기관의 오목 들어간 곳).
rechã *f.* = *rechão*.
rechaça *f.* = *rechaço*.
rechaçador *m.* 물리치는 사람. 배격자(排擊者). 격퇴자. 반박자. 반항자.
rechaçar *v.i.*, *v.t.* ①(공 등의) 되튕기다. ②물리치다. 배격하다. 격퇴하다. ③쫓아

버리다. 얼씬 못하게 하다. ④반박하다. ⑤퇴짜놓다.

rechaçar inimigo 적을 격퇴하다.

rechaço *m*. ①(공 등의) 되튕기기. ②물리치기. 배격. 격퇴. ③배제. 거절. 퇴짜놓기. 부결. 각하(却下). ④(의견·주장에 대한) 반박. 항변. ⑤《古》무도(舞蹈)의 일종.

rechão *m*. (=*rechã*) 고원(高原). 대지(臺地). 대상(臺狀) 고원.

recheadamente *adv*. 속을 넣어서. 가득 채워. 충분히. 풍부하게.

recheado *a*. ①(요리할 새·닭 따위에) 양념한 속을 넣은. (저민고기 따위를) 다져 넣은. ②(이불·요 따위에) 솜(털·짚)을 넣은. ③가득찬. 충만한. 풍부한.
— *m*. 속에 넣을 물건. 재료.

recheadura *f*. (요리할 새·닭 따위의 속에) 잘게 썰어 양념한 고기·빵가루·향료 등의 속을 채워 넣기. 채워 넣는 재료.

rechear *v.t*. ①(요리하는 새·닭 따위의 속에) 잘게 썰어 저민 고기·빵가루·향료 등의 속을 넣다. 다져 넣다. 채워 넣다. ②풍부하게 하다.
—*se v.pr*. ① 배부르게 먹다. 포식(飽食)하다. ②풍부해지다.

rechear-se de comida 음식을 배불리 (실컷) 먹다. 배를 채우다.

rechego *m*. ①그늘진 곳. 응달. ②포수가 사냥할 짐승을 숨어 지켜보는 곳.

recheio *m*. ①(요리하는 새 따위의 속으로 넣는) 가늘게 썰어 양념한 고기. ②속으로 되는 재료. 충전물(充塡物). ③풍부.

recheio de casa 가구(家具).

rechiar *v.i*. ①삐걱삐걱 소리나다. 빠짝빠짝 소리나다. ②'치익'하는 소리나다(냄비에서 기름이 튀는 것 같은).

rechinante *a*. ①빠짝빠짝 소리나는. ②(기름이 불에 떨어졌을 때와 같은) '치익'하는 소리나는. ③'퓨우'하는(바람소리나는).

rechinar *v.i*. ①빠짝빠짝 소리나다. 삐걱삐걱 소리나다. (쥐 우는 것 같은) '찍찍' 소리나다. '퓨우'하는 바람소리나다.

rechino *m*. 삐걱삐걱하는 소리. 바짝빠짝하는 소리. '치익'하는 소리. '퓨우'하는 (바람)소리.

rechonchudo *a*. 《俗》 토실토실 살찐. 통통한.

recibo *m*. ①(돈·물품 따위 받은 데 대한) 증서. 영수증. ②수령액(受領額).

recidiva *f*. ①(병세가) 도지는 것. 재발(再發). ②재범(再犯). 누범(累犯). ③역행(逆行).

recidivar *v.i*. (병이) 도지다. 재발하다.

recidividade *f*. ①[醫] (병의) 재발성. 재발경향. ②[法] 재범경향.

recidivista *m*., *f*. [法] 재범자. 누범자.

recidivo *a*. ①재발의. ②재범의. 누범의.

recife *m*. ① 암초(暗礁). 모래톱. 수면(水面)에 평행한 초맥(礁脈). ②해안에 가까이 있는 큰 바위. ③[鑛山] 광맥. ④ *Recife* 브라질 동북부의 도시.

recifense *a*. 레씨퓌시(市)의.
— *m*., *f*. (브라질 동북부의) 레씨퓌(*Recife*) 시민.

recifoso *a*. 암초가 많은. 모래톱이 많은.

recingir *v.t*. 다시 감다. 고쳐 감다. 빙글빙글 동여매다.

recinto *m*. 울. 울로 둘러싸인 땅. 위요지(圍繞地). 봉쇄구역. 구내(構內). 경내(境內).

recinto sagrado 지성소(至聖所). 성역(聖域).

récipe *m*. ①처방전(處方箋)의 첫머리에 쓰는 글로서 '처방'을 뜻하며 보통 '*R*'의 약자를 씀. ②처방. (요리의) 제법. ③꾸지람. 질책.

recipiendário *a*. ①받는. 받아들이는. ②(단체에) 새로 가입한. 새로 선출된.
— *m*. (단체 등의) 신참자(新參者). 새로 가입한 자.

recipiente *a*. 받는. 받아 넣는. 수용(受容)하는.
— *m*. 받는 그릇. 용기(容器). 모으는 그릇(특히 유리제). [機] (공기 펌프의) 배기종(排氣鐘).

reciprocação *f*. ①교환. 교호작용(交互作用). 보답. 보복. ②[機] 왕복운동.

reciprocamente *adv*. 서로. 서로 이익되게. 상호적으로. 교환적으로. 상반적으로.

reciprocar *v.t*., *v.i*. ①[機] 왕복 운동시키다(하다). ②(사랑 따위) 주고 받다. 교환하다. ③동작을 서로서로 하다. 교호적(交互的)으로 하다. ④보답하다.

reciprocidade *f*. 상호상태. 교호작용(交互作用). 상호의존(相互依存). [商] 상호이익(의무·권리). 호혜주의(互惠主義).

recíproco *a*. ①서로의. 서로 이익되는. 상호의. 교호의. 교환의. ②보복의. 보답의. ③[數] 상반한. 역(逆)의. ④[論] 환용(換用)할 수 있는.
auxílio recíproco 상호 부조.
amor recíproco 상애(相愛).
verbos recíprocos [文] 상호동사(動詞).
razão recíproca [數] 반(역)비례.

recisão *m*. 철회(撤回). 철폐. 폐기. 무효.

récita *f*. ①낭독(朗讀). 낭독법. 연설. 열변. ②음송(吟誦)의 공연(公演). ③가극(歌劇).

recitação *f*. ①낭독. 음송. 암송(의 시나 글월). 음영(吟詠). 송영(誦詠). 낭음(朗吟). ②상설(詳說).

recitado *a*. 낭독한. 음송한. 음영한. 낭음한.
— *m*. [樂] 낭음조(朗吟調).

recitador *m*. 암송(낭음)하는 사람.

recital *m*. ①암송. 음송(吟誦). ②[樂] 독주(회). 독창. 한 작곡가의 작품만의 연주. ③상술(詳述).

recitante *a*. 낭독하는. 음송하는. 음영(吟詠)하는. 독주의. 독창의.
— *m*., *f*. 낭독하는 사람. 음송하는 사람. 낭음자.

recitar *v.t, v.i*. ①(청중 앞에서) 암송하다. 낭송하다. 낭음(朗吟)하다. 낭독하다. ②이야기하다. 열거하다.

recitativo *a*. ①낭음의. 낭송의. 음송의. ②서술의. 설화(說話)의.
— *m*. [樂] 낭음조(朗吟調). 낭음조의 부분(말).

reclamação *f*. ①(당연한 권리로서의) 요구. 청구. 주장. (요구할) 권리. 자격. ②항의(抗議). 불평 제기. 불만의 호소. 우는 소리. 계정.
apresentar (또는 *fazer*) *uma reclamação*. 불평을 제기하다. 불만에 의한 요구를 하다.

reclamador *a*., *m*. (당연한 권리로서) 요구하는 자. 불평을 제출하는 자. 불만을 호소하는 자. 항의자.

reclamante *m*., *f*. [法] 이의제출자(異議提出者). 항의자.

reclamar *v.t*. ①(당연한 권리로서) 요구하다. 청구하다. ②불평을 제기하다. 불만을 호소하다.
— *v.i*. 항의하다. 이의를 부르짖다. 게정부리다.

reclamável *a*. 요구(청구)할 수 있는. 항의해야 할. 불평(불만)을 호소해야 할.

reclame *m*. 광고. 공고. 선전.

reclamo *m*. ①요구. 청구. 호소. ②(짝을 부르는) 새소리. 새를 부르는 피리. 미끼로 쓰는 오리. 미끼가 되는 역할. ③광고. 선전. ④[印] 표제어. 앞페이지의 하란(右下方)에 인쇄한 다음 페이지의 첫말.
acudir ao reclamo (부르는 소리에) 호응하다.

reclinação *f*. (한 쪽으로) 기울어짐. 쏠림. 기대기.

reclinadamente *adv*. 기울어져서. 쏠려서. 기대어.

reclinado *a*. (한 쪽으로) 기운. 쏠린. 기울어진. 기댄.

reclinar *v.t*. ①(한 쪽으로) 기울게 하다. 쏠리게 하다. ②기대게 하다.
— *se v.pr*. ①(한 쪽으로) 기울다. 쏠리다. ②(벽·의자 따위에) 기대다. 의지하다.

reclinatório *m*. 기대는 물건(긴 의자·안락의자·기둥 따위). 의지(依支)되는 물건.

recluir *v.t*. 처박다. 유폐(幽閉)하다.

reclusão *f*. ①세상을 버리기. 입산(入山). 칩거(蟄居). 은둔(隱遁). 은퇴. ②가두기. 유폐. 감금. 격리.

reclusar *v.t*. ①잡아떼다. 격리(隔離)하다. ②칩거시키다. 은둔시키다.

recluso *a*. ①세상을 버린. 입산한. 은둔한. 칩거하는. ②격리된. 유폐된. 갇힌. 감금된. 쓸쓸한. 외로운.
— *m*. 세상을 버린 사람. 은둔자. 은퇴자. 처박힌 사람. 칩거하는 사람. 입산(入山).

reco *m*. 돼지. 기르는 돼지.

recobra *f*. 회복. 만회(挽回).

recobramento *m*. ①되찾기. 회수(回收). ②회복. 복구. 만회. 완치. [法] 권리의 회복. 승소.

recobrar *v.t*. ①되찾다. (…을) 회수하다. ②회복시키다. 만회(挽回)케 하다. ③보상하다. (손해배상을) 받다.
— *v.i*. ①먼저와 같이 되다. ②회복(완쾌)하다. 만회하다. 다시 힘을 얻다.

recobrável *a*. ①되찾을 수 있는. 회수 가능한. ②회복(만회)할 수 있는. 완치 가망성이 있는.

recobrir *v.t*. ①다시 덮다. 고쳐 덮다. 잘 덮어 씌우다. ②(우산 따위를) 다시 바르다. 표지를 갈아 붙이다.

recôbro *m.* 되찾기. 회수. 회복. 완치. 복구. 만회.

recogitar *v.t.* 다시 생각나게 하다. 추억하게 하다. 추회(追懷)하게 하다.

recognição *f.* 인식. 인지(認知). 승인. 시인. 표창. 알아보기. 안면.

recognitivo *a.* 인식의. 인지의. 승인의. 시인의.

recognoscível *a.* 인식(인지)할 수 있는. 본 기억이 있는. 승인(시인)할 만한.

recolecta, recoleta *f.* (성(聖)프랑시스코파의) 계율려행파(戒律勵行派). 그 파의 수도원(修道院). 그 파의 수도녀(修道女). 수녀.

recolecto, recoleto *a.* ①위의 계율려행파의. 그 수도원의. ②쓸쓸한. 외로운.
— *m.* 계율려행파의 수도사.

recolha *f.* ①모으기. 수집. 채집. ②(고장차(故障車)·규칙위반차 등을 일정한 지역에) 집합 수용하는 것. 그 차고. 주차장.

recolhença *f.* 농작물의 수확. 추수(秋收).

recolher *v.t.* ①모으다. (꽃·과일 따위를) 따 모으다. 채집하다. (곡물을) 거두어 들이다. 추수하다. 수확하다. ②되받아 들이다. 회수하다. ③저장하다. 축적하다. ④(기·돛 따위를) 감아 올리다. ⑤(가슴에) 간직하다. ⑥추론(推論)하다. 결론하다.
— *v.i.*, —**se** *v.pr.* ①모이다. 수용되다. ②집으로 돌아가다. 귀가(歸家)하다. 귀국하다. ③인퇴(引退)하다. 은퇴하다. 은거(隱居)하다. 몸을 피하다. 은신하다. ④취침하다.
recolher-se cedo 일찍 집으로 돌아가다. 일찍 취침하다.
recolher-se tarde 늦게 집으로 돌아가다. 늦게 자다.
toque de recolher [軍] 귀영(歸營) 나팔(북)(보통 오후 열시). 《轉》(계엄령 따위 포고할 때의) 통금시간(通禁時間).

recolhida *f.* ①수용(收容). ②은퇴(隱退). 은둔(隱遁). ③은퇴(은둔)한 여자. 수도원 (또는 절)에 들어간 여자.

recolhidamente *adv.* 세상을 버리고. 은퇴하여. 은둔하여. 외롭게. 쓸쓸히.

recolhido *a.* ①모은. 쓸어 모은. 거둔. 거두어 들인. 수집한. 채집한. ②(양로원 따위에) 수용된. (세상을 버리고) 수도원 또는 절에 들어간. 산에 들어간. ③은둔한. 은거한. 처박힌. 칩거하는. ④교제하기 싫어하는.

recolhimento *m.* ①수용(收容). ②귀가(歸家). 귀영(歸營). ③(거처 없는 사람을 일정한 곳에) 집합시키기. 수용하기. ④(고장차(故障車)·교통위반차 따위를) 집결시키기. (일정한 장소에) 주차시키기. ⑤둔세(遁世). 입산(入山). 은둔생활. 칩거생활. ⑥은둔소. 수용소. ⑦깊이 생각하기. 숙고(熟考).

recolho *m.* ①모으기. 수용(收容). ②숨쉬기. 큰 호흡. (특히 고래의) 크게 내쉬는 호흡.

recolocar *v.t.* 다시 놓다. 바로 놓다. (기계 따위의) 재장치하다.

recombinação *f.* 재결합(再結合). [化] 재화합(再化合).

recombinar *v.t.* ①다시 결합시키다. ②재화합하다.

recomeçar *v.t.* 다시 시작하다. (고쳐) 재차 하다. 재차 시작하다.

recomêço *m.* (처음부터) 다시하기. 재개시. 재개(再開). 재차의 시작.

recomendação *f.* ①소개. 추천. 추거(推擧). 추장(推獎). 추천장. ②권고. 충고. 훈계. 훈유(訓諭). ③주의를 주기. 경고. *carta de recomendação* 추천장. 소개장. *recomendações (pl.)* 안부를 전해 달라는 인사의 말.

recomendado *a.* ①소개된. 추거된. 추천받은. 추장된. ②주의 받은. 경고 받은. ③ 충고 받은. 부탁 받은.
— *m.* 피소개자(被紹介者). 피추천자.

recomendador *m.* 소개하는 사람. 추천(추거)하는 사람.

recomendar *v.t.* ①소개하다. 추천하다. 추거하다. ②권하다. 권고(충고)하다. ③부탁하다. 의뢰하다. 위탁하다. ④주의를 주다. 경고하다. 훈계하다.
—**se** *v.pr.* 소개되다. 추천되다. 자천(自薦)하다.

recomendativo *a.* 소개의. 추천의. 추거의. 권고의.

recomendatório *a.* 추천의. 소개의. 추천하기 위한.

recomendável *a.* 소개할만한. 추천(추거)할 만한. 추천(추거)의 대상이 되는. 훌륭한.

recomendavelmente *adv.* 추천(추거)할 만큼.

recompensa, recompensação *f*. 갚음. 보상. 보수. 응보(應報). 상쇄(相殺).

recompensador *a*. 갚는. 보답하는. 보수(보상)하는.
— *m*. 갚는 사람. 보답자. 보수(보상)하는 사람.

recompensar *v.t*. ①갚다. 보답하다. ②보수를 주다. 보상하다.
—se *v.pr*. 보상되다. 보답되다.

recompensável *a*. 갚을 수 있는. 보답할 만한. 보수(보상)해야 할. 상쇄될 수 있는.

recompor *v.t*. ①다시 만들다. 개조(改造)하다. 다시 조립(組立)하다. 다시 조직하다. 재구성(再構成)하다. ②[印] 다시 짜다. 재조판하다. ③(시문(詩文) 따위를)다시 짓다. ④(감정·분쟁 등을) 가라앉히다. 진정시키다. ⑤조정(調停)하다. 화해시키다. 다시 화목되게 하다. ⑥[化] 다시 화합(化合)시키다.
—se *v.pr*. ①개조되다. 재조직되다. 재구성되다. ②화해하다. ③[化] 다시 화합하다.

recomposição *f*. ①다시 만들기. 개조. 재구성. 재조직. ②[印] 다시 짜기. 재조판. 재식자(再植字). 재조정(再調停).
recomposição ministerial 내각개조(改編).

recomposto *a*. (*recompor*의 과거분사). 다시 만든. 재조직된. 재구성한. 개조(改編)한. [印] 다시 짠. 조정된. 화해한.

recôncavo *m*. ①(땅의) 깊이 패어 들어간 곳. 아주 우묵한 곳. ②큰 굴. 동굴. ③후미. 포구(浦口). 《英》 *bight*.

recocentração *f*. ①한 점에 모으기. 중심으로 통합하기. ②재집중(再集中). 재집결.
reconcentraçao de espírito 정신통일.

reconcentrado *a*. ①한 점에 모인. 중심으로 통합된. ②재집중한. 재집결한. ③전념한. 몰두한.

reconcentrar *v.t*. ①한 점으로 모으다. 중심으로 집중시키다. ②(마음 속에) 명심케 하다. 깊이 간직하게 하다.
—se *v.pr*. ①한 점에 모이다. 중심으로 집중하다. ②전심(專心)하다. 전념하다. ③(마음 속에) 명심하다.

reconcertar *v.t*. 《古》 = *reconsertar*.

reconciliação *f*. ①(분쟁 따위의) 조정(調停). 화해. 우의(友誼) 회복. 화목. ②일치. 조화(調和).

reconciliado *a*. ①조정한. 화해한. ②[宗] 고백하여 하나님의 용서를 바란.

reconciliador *m*. 조정자. 화해자.

reconciliar *v.t*. ①(분쟁 따위를) 조정하다. 화해시키다. 다시 화목되게 하다. ②조화(일치)시키다.
—se *v.pr*. 화해하다. 화목하다.
reconciliar-se com Deus 하나님께 죄를 고백하고 용서를 바라다.

reconciliatório *a*. 화해(조정)의. 조화(일치)의.

reconciliável *a*. 조정할 수 있는. 화해(화목)할 수 있는.

recôndito *f*. ①깊이 숨은. 쑥 들어간. 알기 어려운. ②심원(深遠)한. 심오한. 먼.
— *m*. ①깊이 숨은 곳. 쑥 들어간 곳. ②심원. 심인.

reconditório *m*. 깊이 숨은 곳. 쑥 들어간 곳. 깊숙한 구석.

recondução *f*. ①송환(送還). (출발점으로) 다시 이끌기. ②계약의 수정 또는 연장. ③재선(再選). 중임(重任).

reconduzir *v.t*. ①돌려 보내다. 송환하다. ②(손님을) 전송하다. 보내다. ③다시 관리하다. ④재선하다. 재임시키다.
(變化＝*conduzir* 式).

reconfessar *v.t*. 다시 고백하다. 고백을 다시 하다.

reconfortador, reconfortante *a*. ①힘을 주는. 기운 내게 하는. 원기를 북돋우는. ②기분 좋게 하는. 유쾌(명랑)하게 하는.
— *m*. 기분을 돋우는 물건. 강장제(強壯劑). 흥분제.

reconfortar *v.t*. ①기운 내게 하다. 원기를 북돋우다. 힘을 주다. ②기분 좋게 하다. 쾌활(명랑)하게 하다. ③위로 하다.

reconfôrto *m*. ①기운 나게 하기. 원기를북돋우기. 활기를 불어넣기. ②고무. 격려. ③위안. 위무.

recongraçar *v.t*. (싸움을) 말리다. 화해시키다. 다시 화목되게 하다.
—se *v.pr*. (서로) 화해하다. 화목되다.

reconhecer *v.t*. ①(…이라고) 인정하다. 인지(認知)하다. 알아보다. 인식하다. (…의) 존재를 인정하다. 공인(公認)하다. ②(독립을) 승인하다. (새 정부를) 인정하다. ③…의 위치를 재다. 토지를 답사하다. ④[軍] 정찰하다. 적정을 살피다. ⑤고맙게 여기다. 감사하게 생각하다.
reconhecer a assinatura (공중인이) 서

명(署名)을 인증하다.
　—se *v. pr.* 자백하다. 자인(自認)하다.
reconhecidamente *adv.* ①인정하여. 인식하고. ②명백히. ③고맙게.
reconhecido *a.* ①인정받은. 공인(公認)된. [商] 인증된. ②고마운. 고마워하는. 감사하는.
reconhecimento *m.* ①알아보기. 인정. 인식. 인지(認知). ②(서명 따위의) 인증. 승인. ③자백. 자인(自認). 사죄. ④[軍] 정찰. 척후. ⑤감사. 사례.
　reconhecimento de uma assinatura (또는 *firma*) 서명(또는 상사)의 확인.
reconhecível *a.* 알아 볼 수 있는. 인정할 만한. (독립국·신정부 등) 승인할 만한.
reconquista *f.* (한 번 정복했다 버린 것을) 다시 정복하기. (왕위·위업(偉業) 등) 지상목표의 재달성. 재극복(再克服). 회복.
reconquistar *v. t.* 다시 정복하다. 재달성하다. 재극복하다.
reconsertar *v. t.* 다시 고치다. 재수리하다.
reconsideração *f.* 재고(再考). 재고려. 재고찰(再考察). 재심의(再審議). 천사만고(千思萬考).
reconsiderar *v. t., v. i.* 다시 생각해보다. 재고려하다. 재고찰하다.
reconsolidação *f.* 더욱 공고히 하기. 가일층 견고(堅固)히 하기.
reconsolidar *v. t.* (기반 따위를) 더 든든하게 하다. 더욱 공고히 하다. 가일층 견고하게 하다.
reconsorciar *v. t.* (상사·단체 등) 재제휴(再提携)하다.
reconstituinte *a.* ①다시 조직하는. 다시 구성하는. 개조(改造). ②재흥(再興)의. ③건강 또는 원기를 회복하는.
　— *m.* 강장제(強壯劑).
reconstituir *v. t.* ①다시 짜다. 재조직하다. 재구성하다. 개조(改造)하다. ②재흥시키다. 다시 일으키다. ③건강(원기)을 회복하다.
reconstitutivo *a.* = *reconstituinte*.
reconstrução *f.* ①건물을 다시 짓기. 재건. 재건립. 개축(改築). 재건공사. ②재조직. 재구성. ③부흥.
reconstruinte *a.* 재건의. 개축의. 재조직의. 재구성의. 부흥의. 부흥시키는.
reconstruir *v. t.* ①다시 건축하다. 고쳐 짓다. 개축하다. 개조(改造)하다. 재건(립)하다. ②재조직하다. 재구성하다. ③부흥시키다.
reconstrutivo *a.* = *reconstruinte*.
reconstrutor *m.* 건물을 고쳐 짓는 사람. 재건축자. 재건자. 부흥자.
reconsultar *v. t.* 다시 한번 상담하다. [醫] 재진찰하다.
recontagem *f.* 다시 세어보기. 재계산하기.
recontamento *m.* ①(투표수·득점 따위를) 다시 세기. 재계산. ②(옛 이야기 사건 따위를) 다시 말하기. 상세히 이야기하기.
recontar *v. t.* ①(투표수·득점 따위를) 다시 세다. 고쳐 세다. 재계산하다. ②(한번 이야기한 것을) 다시 말하다. 재차 이야기하다.
recontente *a.* 몹시 흡족해 하는. 크게 만족하는.
reconto *m.* ①다시 세기. 재계산. ②(한번 말한 것을) 다시 말하기. 재차 이야기하기.
recontratar *v. t.* 다시 계약하다. 계약을 새로이 하다.
recontrato *m.* 재계약.
recontro *m.* ①원수와 맞부딪침. 적의의 봉착(逢着). (나쁜 뜻으로의) 해후(邂逅). [軍] 조우(遭遇). 조우전. 회전(會戰). ②충돌. 상충. 불일치. 부조화(不調和).
reconvalescência *f.* 재회복(再恢復). (병의) 쾌유(再癒).
reconvalescer *v. i.* (병이) 다시 낫다. 재회복하다. 다시 아물다.
reconvenção *f.* [法] 반소(反訴).
reconvindo *a.* 반소를 일으킨(제기한).
reconvir *v. t.* [法] 반소하다.
recopiar *v. t.* 다시 베껴내다. 재복사하다. 다시 찍어내다.
recopilação *f.* ①요약. 발췌(發萃). 단축. 편찬. 편집. ②편찬물. 편집물.
recopiladamente *adv.* 요약하여. 대강 추려서. 발췌하여. 편찬(편집)하여.
recopilador *m.* 요약자. 발췌자. 편찬자. 편집자.
recopilar *v. t.* ①요약하다. 발췌하다. ②편찬(편집)하다. (사실·각종 통계·배당량 따위를) 집체적으로 모으다.
recordação *f.* ①과거를 되생각하기. 추억하기. ②추억하는(또는 기억에 남는) 것·사물. ③기념. 기념물.
recordador *a.* 추억하는 사람. 추회하는 사람. 회상시키는 사물. 상기(想起)시키는 물건.
recordar *v.t.* ①상기시키다. 회상하게 하다. 추억케 하다. ②기억하다.
— *v.i.*, —**se** *v.pr.* 상기하다. 추억하다. 추회하다. 회고하다. 머리에 새삼스럽게 떠오르다.
recordativo, recordatório *a.* 다시 생각나게 하는. 회상시키는. 추억이 되는. 기념이 되는. 추억의. 기념의.
recorde *m.* [新] 기록(記錄). 경기기록. 최고기록. 위업. 장한 일.
bater o recorde 기록을 깨뜨리다.
bater o recorde em natação 수영에 신기록을 내다.
recordista *m.*, *f.* (최고) 기록을 낸 사람. 기록보유자.
— *a.* 기록을 가지고 있는.
recôrdo *m.* 기억. 회상. 추억. 기념품. 유물.
reco-reco *m.* 악기의 일종(개구리 울음소리 비슷한 소리를 내는).
recorreção *f.* 다시 고치기. 재정정(再訂正). 재수정.
recorrente *m.*, *f.* [法] 공소인(控訴人). 상고인(上告人). 상소인(上訴人).
— *a.* ①[法] 공소의. 상소의. ②[解] 회귀의.
artérias recorrente 회귀동맥(回歸動脈).
série recorrente [數] 순환급수(循環級數).
recorrer *v.t.* ①[海] 추월하다. 뒤따라 붙다. (배를) 검사하다(금제품(禁製品) 따위의 유무를). ②(신문·책·서류 따위를) 쭉 훑어보다. 열독하다. ③[印] (식자(植字)를) 다른 행(行)에 보내다. ④도움(구조)을 요청하다.
— *v.i.* ①다시 뛰다. 재차 뛰다. 뛰어돌아다니다. ②[法] 공소(控訴)하다. 상소하다. ③힘(완력)을 믿다. 힘에 의지하다. ④기억을 더듬다.
recorrido *m.* [法] 피공소인. 피상소인.
recorrigir *v.t.* 다시 고치다. 재정정(재교정)하다.
recorrível *a.* ①공소(상소)할 수 있는. ②구제책(救濟策)이 있음직한.
recortado *a.* ①(칼로) 다시 베인(짜른). 재절단한. ②(종이·천 등의) 변두리를 조각조각 베어 낸. (가위로) 모양 있게 도려낸. 파상모양(波狀模樣)으로 절단한.
recortar *v.t.* ①(칼로) 다시 베다. 짜르다.

재절단하다. ②(종이·헝겊 등의) 변두리를 모양 있게 베어내다. 잘라내다. (가위로) 일정한 형(型)에 맞춰 또는 모양 있게 도려내다. 형(모양)을 떠내다. ③(트럼프) 상대방보다 상수의 카드를 내다.
—**se** *v.pr.* (종이·헝겊 등의) 가장자리가 모양 있게 나타나다.
recorte *m.* ①다시 끊기. 재절단. ②(종이·헝겊 등의) 가장자리를 모양 있게 베어내기. 도려내기. ③도려낸 형(모양). ④(신문·헝겊 등) 모양 있게 잘라 낸 것. ⑤(트럼프) 상대방보다 상수의 카드를 내기.
recorte de jornais 잘라 낸(切取) 신문조각.
recortilha *f.* 잘라내는(도려내는·절취하는) 도구.
recoser *v.t.* 다시 꿰매다. 다시 바느질하다. 고쳐 깁다. 여러 번 깁다.
(注意) 동음이의어(同音異義語) : *recozer* 다시 굽다.
recostado *a.* (기둥·벽 따위에) 기댄. 기대어 댄. 비스듬히 기댄. 의지한. …에 쏠린.
recostar *v.i.*, —**se** *v.pr.* (기둥·벽·의자 따위에) 기대다. 의지하다. …에 쏠리다.
— *v.t.* 기대어 세우다. 비스듬히 기대어 대다. 쏠리게 하다.
recosto *m.* ①의자의 등받이. 기대어 대는 부분. ②몸을 기대어 쉴 수 있는 것. ③《古》가파른 곳. 비탈. 경사지.
recoutar *v.t.* (금속을) 다시 달궜다가 천천히 식히다. 다시 벼리다.
recouto *a.* (금속을) 다시 벼린. 다시 달궜다 식힌.
recova *f.* =*recovagem*.
récova *f.* ①(말·나귀의) 몰려가는 떼. 짐 나르는 말의 열(列). ②나르는 짐. 운반하물.
recovagem *f.* ①(말·나귀에) 짐을 싣기. ②실은 짐. 무거운 짐. ③말·나귀로 짐을 운반하기. ④운임. ⑤운송계약. ⑥운송부.
recovar *v.t.* ①(말·나귀에) 짐을 싣다. (말·나귀로) 짐을 운반하다. 무거운 짐을 나르다.
recoveira *f.* 어깨에 지고 나르는 일종의 운반도구(天秤棒).

recoveiro *m.* ①말・노새 모는 사람. ②(짐・하물) 배달부. ③기별 전하는 사람. 급사(急使). ④통운회사원(通運會社員).

recozer *v.t.* ①다시 삶다. 재차 끓이다. 너무 삶다. ②(토기・도자기 따위를) 다시 굽다. 화덕 속에서 다시 자연히 식게 하다. ③(유리를) 녹였다 다시 식히다. (금속을) 다시 벼리다. 다시 달궜다 식히다.
(注意) 동음이의어 : *recoser* 다시 꿰매다.

recozimento *m.* ①다시 삶기(끓이기). 너무 삶기. 다시 굽기. ②다시 삶은(끓인・구운) 상태. ③(금속을) 다시 벼리기.

recrava *f.* ①(특히 문간에 있는 석판(石板)에 판) 긴 홈(문틀 따위를 올려 놓고 열고 닫는). ②솔기. 이은 곳.

recravar *v.t.* ①(리벳 따위의) 못을 박다. 뒤에다 다른 쇠를 맞대고 못을 치다. ②깊이 박아 넣다. 꽂아 넣다. ③긴 홈을 파다. 홈을 만들다.

recreação *f.* ①오락. 유흥. 여흥. 기분전환. 소창(消暢). ②휴양.

recreador *a., m.* 오락하는 사람. 즐겨 노는 사람. 유흥(기분전환)하는 사람.

recreamento *m.* =*recreio*.

recrear *v.t.* ①(우울한) 기분을 전환시키다. 기운을 돋우다. 심심함을 잊게 하다. 즐겁게 하다 기분을 좋게 하다. 심신을 위로하다. ②휴양시키다.
(注意) *recriar* : 재생(再生)시키다. 재흥(再興)케 하다.
— *v.i.,* —*se v.pr.* ①우울한 기분을 돌리다. (오락 등으로) 심심함을 잊다. 즐겁게 보내다. 소창하다. 유쾌한 시간을 보내다. ②휴양하다.

recreativo *a.* 보양(補陽)이 되는. 원기를 회복시키는. 즐거움이 되는. 오락적인. 기분을 상쾌하게 하는.

recreável *a.* 위로되는. 보양(補陽)할 만한. 오락적인. 기분을 상쾌하게 할 만한.

recredencial *f.*《稀》(대・공사의) 해임장.

recreio *m.* ①기분전환. 오락. 유흥. 위안. ②휴양. 보양(保養). ③오락시간. [劇] 막간. 휴게시간.
casa de recreio 오락장.
viagem de recreio 소풍여행.

recrementício *a.* [醫] 재귀액성(再歸液性)의.

recremento *m.* ①재귀액(再歸液). ②섞인 물건. 불순물(不純物).

recrescência *f.* =*recrescimento*.

recrescente *a.* ①다시 자라는. 다시 싹트는. ②더 증가하는. 재증장(再增長)하는.

recrescer *v.i.* ①다시 자라다. 다시 싹트다. ②더 늘다. 더욱 증가하다. ③다시 일어나다.

recrescido *a.* ①다시 자란. 다시 싹튼. ②더 자란. ③더 증가한. 증대한. 중진(增進)한.

recrescimento *m.* ①다시 자람. 재성장(再成長). 다시 싹틈. ②더 증가함. ③초과. 과잉.

recrestar *v.t.* 다시 태우다. 태워 그을리다. 너무 그슬리다.

recriação *f.* ①개조(改造). ②재생(再生). 재기(再起). 재흥.

recriar *v.t.* ①다시 만들다. 개조하다. ②재생시키다. 재흥케 하다.

recriminação *f.* ①서로 책망하기. 서로 를 씌우기. 반책(反責). 말대꾸. 되받아치기. ②반소(反訴).

recriminador *a., m.* ①서로 책망하는 (사람). 서로 죄를 씌우는 (사람). 상호 비난하는 (자). ②반소인(反訴人).

recriminar *v.t.* ①서로 책망하다. 서로 죄를 씌우다. 되받아치다. 말대꾸하다. 상호 비난하다. ②반소하다.

recriminatório *a.* ①서로 책망하는. 서로 죄를 씌우는. 말대꾸하는. 항변에 나시 빈박하는. ②반소의. 상소의.

recru *a.* (금속을) 잘 벼리지 않은. 덜 벼린.《稀》채 익지 않은. 덜 익은.

recrudescência *f.* [醫] (병의) 재발가중(再發加重). 더 위독해짐.

recrudescente *a.* [醫] 재발 가중하는. 더 위독해가는.

recrudescer *v.t.* (병증이) 재발 가중해지다. 더 위독해지다. 통증이 다시 일어나다.

recrudescimento *m.* [醫] (병증의) 재발 가중.

recruta *m.* ①신병(新兵). 보충병. 응모병. ②신회원. 신입생. 풋내기.

recrutador *m.* ①징병관(徵兵官). 징모자 (徵募者). ②도망간 또는 흩어진 가축을 수용하는 사람.

recrutamento *m.* ①신병모집. 징병. 모병. ②신회원모집. 징모. ②피징모자집단(被徵募者集團).

recrutar *v.t.* ①신병을 모집하다. 징병(모

병)하다. 신회원을 모집하다. ②모인 사람을 군적(軍籍)에 넣다. (단체에) 입회시키다. ③도망간 또는 흩어진 가축을 수용하다.
recruzar *v.t.* 재차 가로지르다(건너다). 교차를 중복하다.
recruzetado *a.* ①[紋] 작은 십자가가 달린 (붙은). 십자가의 네 끝이 다시 작은 십자가 된.
cruz recruzetada. [紋] 소형 십자가. 네 끝이 다시 작은 십자가로 된 십자가.
recta *f.* =*reta*.
rectal *a.* =*retal*.
rectangular *a.* =*retangular*.
recto *a.* =*reto*.
recua *f.* =*recuo*.
récua *f.* ①(몰려가는) 말 또는 나귀의 떼. 짐나르는 말의 열(列). ②그것들이 운반하는 짐. 무거운 짐. ③갱·악도의 무리. 무뢰한의 집단.
recuanço, recuanso *m.* [撞球] 알을 되돌아오게 치기. 인구(引球). 알이 되돌아오기.
recuamento *m.* =*recuo*.
recuão *m.* 갑자기 돌아오기. 급격한 후퇴. 되튀기. (총·포의) 반충(反衝).
recuar *v.t.* 되돌아가게 하다. 후퇴(퇴각)시키다. 뒤로 물러가게 하다.
— *v.t.* ①되돌아오다(가다). 뒷걸음질치다. 뒤로 물러가다. 후퇴(퇴각)하다. 되튀기다. ②퇴보하다. 역행(逆行)하다. 쑥 들어가다.
recuidar *v.i.* ①열심히 생각하다. 생각에 잠기다. ②아주 조심(주의)하다. 몹시 경계하다.
recunhar *v.t.* (금화·은화를) 개주(改鑄)하다.
recuo *m.* ①되돌아오기. 뒤로 물러가기. 되튀기. 반충(反衝). ②(대포의) 후좌. ③뒷걸음질. 역행(逆行). 퇴보. 퇴각. 후퇴.
de recuo 또는 *aos recuos* 뒤로 물러가서. 후퇴하여.
recuperação *f.* 되찾기. 회복. 만회(挽回). 손실(액)을 메꾸기.
recuperador *a., m.* 되찾는 (사람). 회복하는 (사람).
recuperar *v.t., v.i.* (잃은 것을) 되찾다. 다시 얻다. 손실(손해)을 메우다. (건강을)회복하다. (실지(失地)를) 수복하다. 탈환하다. (경기 등에서 잃은 것을 이겨서) 도로 찾다. 재획득하다.
recuperativo *a.* 되찾는. 회복하는. 만회하는. 회복(만회)시키는.
recuperável *a.* 되찾을 수 있는. (건강·손실 따위를) 회복할 수 있는. (빼앗긴 영토 따위를) 수복할 수 있는.
recurso *m.* ①의지(하는 물건(사람)). 의뢰. ②구조. 원조. 구제대책. 방법. 수단. ③[法] 상환청구. 배상요구. ④상소(上訴). *recursos* (*pl.*) 재원(財源). 자원. 물자. 생계(生計)의 방도.
ter recursos 재원을 가지고 있다. 부유하다.
homem de recursos ①돈 많은 사람. ②융통성이 많은 사람. 수단이 많은 사람.
com último recursos 최후 수단으로.
recurvação *f.* (휜 것을) 더 휘게 하기. 뒤로 휘기.
recurvado *a.* 더 휜. 몹시 휜. 뒤로 휜. 거꾸로 휜.
recurvar *v.t.* (휜 것을) 더 휘게 하다. 뒤로 휘게 하다. 거꾸로 휘게 하다. 또 휘게 하다.
—*se v.pr.* 몹시 휘다. 뒤로 휘다. 다시 휘다.
recurvo *a.* 몹시 휜. [植] 휘어진.
recusa *f.* 거절. 거부. 사퇴. 사절(謝絶). [法] 기피.
recusação *f.* =*recusa*.
recusador *a.* 거절하는. 거부하는. 사퇴(사절)하는.
— *m.* 거절자. 거부자. 사퇴하는 사람.
recusante *a., m.* =*recusador*.
recusar *v.t., v.i.* (제시된 의견 또는 요청을) 거절하다. 거부하다. (제공된 물품 따위를) 사퇴하다. 사절하다. (부과된 의무를) 반대하다. 기피(忌避)하다.
—*se v.pr.* 거절하다. 반대하다. 부정(否定)하다. 기피하다.
recusável *a.* 거절(거부)할 만한. 사퇴(사절)할 수 있는. [法] 기피할 만한.
redação *f.* ①작문(作文). 기초(起草). ②편집(編輯). 편찬. ③편집부.
redada *f.* ①(고기 그물 따위의) 그물을 던지기. 투망(投網). ②한 그물에 잡힌 물고기(전체). ③새둥지에 있는 알(전체).
redar (1) *v.t.* 다시 주다. 재차 주다.
— (2) *v.t.* 그물을 던지다. 투망하다.

redargüente *a.* ①말대꾸하는. 도로 욕설을 퍼붓는. 반박하는. 반책(反責)하는. ②반소(反訴)하는.

redargüição *f.* 말대꾸. (꾸지람에 대한) 반발. 되받아치기. 역습(逆襲). 보복.

redargüidor *m.* 말대꾸하는 사람. 도로 욕하는 사람. 되받아치는 사람. 보복하는 자.

redargüir *v.t.* ①말대꾸하다. 도로 욕하다. 도로 비난하다. ②되받아치다. 도로 대들다. 역습하다. 보복하다. ③반소(反訴)하다.

redator *m.* (신문·잡지 등의) 편집인. 편집주간(主幹). 편집발행인.
redator-chefe 편집부장.

rêde *f.* ①그물. 네트. (짐승·새·물고기 등 잡는) 그물. 올가미. ②그물 같은 물건. 함정. ③머리칼을 싸는 그물(髮網). ④짐승의 우리·계사 등에 쓰는) 철망(날짐승의 우리·계사 등에 쓰는) 쇠줄 그물. 철망(鐵網). ⑤해먹(달아매는 그물 침대). ⑥[解] 망상조직(網狀組織). ⑦(방송망·통신망 등의) 망(網).
rêde de arrasto 땅을 훑는 그물. (물고기 잡는) 트롤 그물.
rêde tarrafa (또는 *chumbeira*) 투망(投網).
rêde de pescar 고기 그물. 어망.
rêde rodoviária 도로망.
rêde ferroviária 철도망(鐵道網).
rêde de dormir 해먹(吊床).
rêde de arame 철망. 철선망(鐵線網).
armar uma rêde 그물을 늘이다. 올가미를 만들어 놓다.

rédea *f.* ①(보통 가죽으로 만든) 고삐. ②제어(制御). 견제. 통제. 구속.
à rédea solta (구속하는 것이 없이) 마음대로. 자유로.
correr à rédea solta 전 속도로 달리다.
soltar as rédeas (또는 *largar as rédeas*) (고삐를 놓다) 자유로이 봐주다. 제멋대로 하게 하다.

redeclaração *f.* 재선언(再宣言). 재언명.

redeclarar *v.t.* 다시 선언하다. 재차 언명하다.

redecretação *f.* 법령의 재발포. 재발령(再發令).

redecretar *v.t.* 법령을 재차 발포하다.

rede-fole *f.* 깔때기꼴의 그물(마구리가 넓고 점점 뾰족해가는 그물. 개똥벌레. 잠자리 따위 잡는 잠자리채).

redeiro *m.* 그물 만드는 사람.

redemoinhada *f.* 선전(旋轉). 선회(旋回).

redemoinhar *v.t.* 빙빙 돌리다. 소용돌이 치게 하다. (칼·돌 따위를) 돌려서 던지다.
— *v.i.* 빙글빙글 돌다. 선회하다. 소용돌이치다.

redemoinho *m.* ①빙글빙글 도는 운동. 선전(旋轉). ②선풍(旋風). 회오리바람. (물의)소용돌이(치는 것).
redemoinho de agua 소용돌이.
redemoinho de vento 회오리바람. 선풍.

redemoinhoso *a.* 빙글빙글 도는. 선전(旋轉)하는. 선회하는. 소용돌이치는.

redenenção *f.* ①되사기. 도로찾기. 전당물 찾기. 회수. 보상. 상환. 상각(償却). ②[神學] (그리스도에 의한) 속죄. 속신(贖身). 구원. 구세(救世). ③(노예·죄수·포로 등의) 석방.

redenho *m.* [解] 대망막(大網膜)(위(胃)와 다른 내장 사이의).

redentes *m.* [築城] 철각보(凸角堡).

redentor *a.* 되사는. 전당물을 찾는. 속신하는. 속죄해 주는 구조하는.
— *m.* 되사는 사람. 전당물을 찾는 사람. 속신자. 속죄해 주는 사람. 구조자. [宗] *Redentor* 구세주 (즉, 그리스도).

rede-pé *f.* 예망(曳網)이 일종.

redescender, redescer *v.i.* 다시 내려오다. 재강(再降)하다.

redescontar *v.t.* 다시 덜다. (어음을) 재할인하다.

redesconto *m.* (어음의) 재할인(再割引).

redestilação *f.* 재증류(再蒸溜).

redestilar *v.t.* 다시 증류하다.

redibição *f.* [法] 매매계약의 취소. 산 것을 판 사람에게 돌려보내기(계약한 바와 물건이 다르거나 홈 따위 발견된 경우).

redibir *v.t.* [法] 매매계약을 취소하다. 무효로 하다. 산 것을 판 사람에게 도로 보내다.

redibitório *a.* [法] 매매계약 취소의. 무효로 하는.

redigir *v.t.* ①적어두다. 문장으로 만들다. 기초(起草)하다. ②편집하다. 사설을 쓰다.

redil *m.* ①양우리. 양사(羊舍). ②교회. ③(중세의) 상인단체.

redimir *v.t.* =*remir*.

redimível *a.* =*remível*.

redingote *f.* ①《F》기장이 긴 부인 코트. ②승마용 옷. (특히) 승마 외투.

redintegração *f.* 복구. 원상복구.

redintegrar *v.t.* 복구하다. 원상복구하다.

redistribuição *f.* 재분배(再分配). 재배부(再配付).

rédito *m.* ①돌아옴. 귀환. 귀가. 귀국. ②수입. 수익. 이득(利得). 이윤. ③이자.

redivinizar *v.t.* 더욱 신성(神聖)하게 취급하다. 가일층 신령화하다.

redivivo *a.* 되살아난. 소생한. 부활한. 부흥한. 다시 젊어진.

redizer *v.t.* 다시 말하다. 번복해 말하다. 남의 말을 되풀이하다.

redobradamente *adv.* 배가하여. 사배(四倍)하여. 네 곱하여.

redobrado *a.* ①다시 배가(倍加)한. 네 곱(四重)한. 두 번 반복(反復)한. ②몹시 증가한. 강하게.

passo redobrado 급보(急步).

redobradura *f.* **redobramento** *m.* 곱하고 다시 곱하기. 배가(倍加). 네 곱. 사중(四重).

redobrar *v.t.* ①다시 배로 늘리다. 곱하고 다시 곱하다. 배가하다. (브리지) 상대편이 배로 올린 것을 다시 배로 올리다. ②몹시 늘리다. 아주 증가시키다.

— *v.i.* ①배가 되다. 네 곱이 되다. 사중이 되다. ②몹시 증가하다. 세어지다.

redobro *a.* ①곱한 것을 다시 곱한. 사배(四倍)한. 두 번 겹친. 두 번 반복한. 이중사중(二重四重)의. ②두 가지 마음(二心)이 있는.

— *m.* ①[音] 떨리는 소리(震音)의 반복. ②새의 진창(震唱: 여러 마리의 새가 함께 지저귀고 다시 지저귀는 것). ③이심(二心).

redôbro *m.* 네 곱. 사배(四倍). 사중(四重).

redolente *a.*《詩》냄새 좋은. 향기로운. 방향(芳香) 있는.

redoma *f.* 유리종(琉璃鐘). 유리로 만든 종형(鐘形)의 뚜껑(특히 성물(聖物)로 모시는 인형 따위를 넣고 뚜껑을 하는).

redondamente *adv.* ①둥글게. 원형으로. 있는 그대로. 노골적으로. ②전체적으로.

redondeamento *m.* 둥글게 만들기.

redondear *v.t.* 둥글게 하다. 원으로 하다.
— *v.i.* ①둥글게 되다. ②원(圓)을 그리며 걷다.

redondel *m.* ①투우장(鬪牛場). ②링(권투·레슬링 따위의).

redondela *f.* ①작은 바퀴(小輪). 작은 원판(圓板). ②《古》둥근 방패(圓楯).

redondez, redondeza *f.* ①둥근. 원형임. 구형(球形). 둥근(구형) 물체. 지구. ②원주(圓周). 둘레. 주위(周圍). ③원진(圓陣).

redondil *a.* 둥근. 원형의. 구형의.

redondilha *f.* [韻] 5음절 또는 8음절의 시구(詩句). 순환구법(循環句法)의 작은 시.

redondo *a.* ①둥근. 원의. 원형의. 구형(球形)의. ②모가 없는. 원만한. 충분한. 가득 찬. ③순환의. ④원통형(圓筒形)의. ⑤로마체 활자의. ⑥《俗》토실토실한. 통통한. 포동포동한.

mesa redonda 둥근 상. 원탁(圓卓).

vela redonda [海] 횡범(橫帆).

número redondo (끝자리 수가 없는) 완전수.

conta redonda (끝자리 수를 세지 않은) 개산(概算).

— *adv.* 둥글게. 전체적으로. 원만하게. 대체적으로. …의 주변에. …을 둘러서.

em redondo …의 주위에. …의 주변에.

cair redondo 큰 대자(大字)로 넘어지다.

redopio *m.* =*rodopio*.

redor *m.* (흔히 복수 *redores*로 씀). ①주위. 주변. ②순회. 순회로. 순행.

em redor
de redor }…의 주위에. …의 주변에.
ao redor }…둘러서. 둘레둘레.

em redor de
ao redor de }…주위에. …의 부근에.

redôr *m.* 염밭(鹽田)에서 소금을 모으는 사람.

redoria *f.* 염밭에서 소금을 모으기.

redouça *f.* ①(아이들이 뛰는) 그네. ②그네줄. 그네뛰기. 그네에 앉아 흔들기.

redouçar-se *v.pr.* 그네를 뛰다. (=*retoutar-se*).

redra *f.* 포도 그루의 두 번째 손질(그루 부분을 두 번째 성토(盛土)하거나 제초하는 것).

redrar *v.t., v.i.* 포도의 그루를 두 번째 손질하다(가꾸다).

redução *f.* ①축소. 감소. 축감(縮減). 삭감. 할인. 축사(縮寫). 축도. 절약(節約). 절감(節減). 단축. ②항복. 귀순. 함락. ③[數] 약분. 환산. ④[化] 환원. 환원법. ⑤[外科] 정복(整復). 복위(復位). ⑥[論] 환원법. 개격법(改格法). 귀결. ⑦은행. 화성(化成).

reducente *a.* ①축소(단축)하는. 삭감(할인)하는. 값을 깎는. 덜 하는. ②[數] 약분(환산)하는. ③[化] 환원하는. ④[外科] 정복의. 복위의.

redundância *f.* 나머지. 여분. 과다(過多). 중복. 쓸데없는 말(물건). 췌언(贅言). 췌담(贅談).

redundante *a.* ①남는. 여분의. 과잉(過剩)의. 넘쳐나는. 과다한. ②장황한. 필요치 않은. 쓸데없는(말이 있는). 췌언의. 췌담의.

redundantemente *adv.* 여분으로. 쓸데없이. 말이 많게.

redundar *v.i.* ①남다. 넘치다. ②이바지하다. (이익 따위가) 돌아오다. 미치다. ③…의 결과를 가져오다. 초래하다. ④…에 관계(기인)하다.
redundar em …에 돌아가다. …의 결과가 되다. …에 귀결하다.

reduplicação *f.* ①이중으로 하기. 배가(倍加). 반복. ②[文] (어두(語頭)·음절의) 중복. 가중자(加重字)(음절).

reduplicar *v.t.* ①이중으로 하다. 배가하다. 되풀이하다. ②[文] (글자·음절을)거듭하다. 음절을 중복하여(시상(時相)을) 만들다.

reduplicativo *a.* 이중의. 배가의. 곱으로 하는. 반복하는. [文] 반복의 뜻을 표시하는.
— *m.* (글자 또는 음절의) 반복.

redutibilidade *f.* ①축소(단축)할 수 있음. 삭감할 수 있음. ②[數] 약분(환산)할 수 있음. ③[化] 환원성. ④[外科] 정복성(整復性). 복위성.

redutívamente *adv.* ①축소(단축)하여. 감소(삭감)하여. ②제한하여.

redutível *a.* ①축소(단축)할 수 있는. 감소(삭감)할 수 있는. ②끌어낼 수 있는. ③[數] 약분(환산)할 수 있는. ④[化] 환원할 수 있는. ⑤[外科] 정복(복위)할 수 있는. ⑥변형할 수 있는.

redutivo *a.* 감하는. 환원하는. 정복(복위)하는.

reduto *m.* [築城] ①각면보(角面堡). 방형보(方形堡). ②독립된 작은 보루(堡壘). ③에워싼 땅. ④방위책(防衛策).

redutor *m.* 변형(축소)하는 것. [寫] 감력제(減力劑). [機] 지름이 다른 소켓.

redúvia *f.* 이 사이(齒間)에 낀 음식 찌꺼기 (식후에 고기 나부랭이 따위가 지저분히 끼는 것).

reduzida *f.* [數] 개산수(概算數).

reduzido *a.* (양적으로) 준. 감소한. 줄어든. 축소한. 단축한. 제한된.

reduzir *v.t.* ①단순한 꼴로 만들다. ②원형(原形)으로 다시 만들다. 환원(還元)하다. ③줄이다. 감소하다. 축소하다. 덜다. 단축하다. ④끌어 내리다. 깎아 내리다. 영락시키다. ⑤약하게 하다. 쇠약하게 하다. ⑥[數] 약(約)하다. 통분하다. 환산하다. ⑦[外科] (삔 뼈 따위를) 정복(整復)하다. 복위(復位)하다. ⑧[化] 환원하다. 분해하다. ⑨[理] 수정하다. ⑩부득이 (강제로) …시키다. 복종시키다.
reduzir a velocidade 속력을 낮추다. 감속하다.
reduzir a breves palavras 말을 간략하게 하다. 간결하게 줄이다.
— *se v.pr.* ①줄다. 감소되다. 축소되다. 단축되다. ②점점 작아지다. 점차 약해지다. ③(명성 따위가) 떨어지다. ④…이 되다. …으로 돌아가다. 환원하다. …에 이르다.

reduzível *a.* = *redutível*.

reedição *f.* 개판(改版). 개정판. 재판(再版).

reedificação *f.* 재건(再建). 재건축. 개축(改築).

reedificador *m.* 다시 세우는 사람. 재건자.

reedificar *v.t.* (건물 따위를) 다시 짓다. 재건하다. 고쳐 짓다. 개축하다.

reeditar *v.t.* 고쳐 편찬하다. 재편집하다. 개판(改版)하다.

reeducação *f.* 재교육(再教育). 교육을 완전하게 함.

reeducar *v.t.* 다시 가르치다. 재교육하다. 교육을 완전하게 하다.

reeducável *a.* 다시 가르칠 만한. 교육의 완전을 기할 수 있는.

reeleger *v.t.* 다시 선거하다. 개선(改選)하다. 재선하다.

reelegível *a.* 다시 선거할 수 있는. 개선(재

reeleição *f.* 개선. 재선(再選). 재선거.
reeleito *a.* 다시 뽑힌. 재선된.
— *m.* 다시 선출된 사람. 재차의 피선자(被選者).
reembarcar *v.t.* 다시 배를 태우다. 재승선(再乘船)시키다. 다시 짐을 싣다.
— *v.i.*, —**se** *v.pr.* 다시 배를 타다. 재승선하다.
reembarque *m.* 다시 배를 타기. 재승선. (짐을) 다시 싣기.
rembolsar *v.t.* ①회수하다. ②갚다. 상환(償還)하다. 상환을 받다. 변상(배상)하다.
—**se** *v.pr.* (+*de*). 회수되다. 상환되다. 변상되다. 판상되다. 판제(辦濟)되다.
reembolsável *a.* ①되찾을 수 있는. 회수할 수 있는. 변상(배상)해야 할. 보상(상환)할 수 있는.
reembôlso *m.* ①회수(回收). ②갚기. 상환(償還). 변상. 판상(辦償). 판제(辦濟).
reemendar *v.t.* 다시 고치다. 재수정하다.
reempossar *v.t.* 다시 얻다. 재입수(再入手)하다. 재취득하다.
reempregar *v.t.* (고용자를) 다시 채용하다. 재고용하다.
reencarceração *f.* 재투옥(再投獄). 재감금(再監禁).
reencarcerar *v.i.* 다시 가두다. 재투옥(재감금)하다.
reencarnação *f.* 다시 육체를 주기. 환생. 재생. 재래(설).
reencarnar *v.t.* 다시 육체를 주다. 환생시키다. 다시 나게 하다.
— *v.i.* 다시 육체화하다. 환생(재생)하다.
reencher *v.t.* 다시 채우다. 다시 가득하게 하다.
reenchimento *m.* 다시 채움. 재충만(再充滿).
reencontrar *v.t.* (…을) 다시 만나다. 다시 발견하다.
—**se** *v.pr.* 서로 다시 만나다. 상봉(相逢)하다. 해후하다.
reencontro *m.* 다시 만남. 재회(再會). 상봉. 해후(邂逅).
reencorporação *f.* 재합동(再合同). 재합체(再合體). 재결합.
reencorporar *v.t.* 다시 합동(합체)시키다. 다시 결합하다.
reendireitar *v.t.* 똑바로 잡다. 다시 곧 바로 되게 하다. 다시 고치다. 재수리하다.
reenlaçar *v.t.* 다시 삐다. 다시 꼬다. 다시 짜다. 다시 엉키게 하다.
reenlace *m.* 다시 삐기(꼬기. 짜기).
reensaiar *v.t.* 다시 해보다. 다시 시험하다. 재시연(再試演)하다.
reentrância *f.* ①다시 들어가기. 재가입. ②안쪽(內側)으로 휘어 들어감.
reentrante *a.* ①다시 들어가는. 재가입(재입장)하는. ②안으로 휘어 들어간.
reentrar *v.t.* 다시 들여보내다(넣다). 다시 가입시키다.
— *v.t.* ①다시 들어가다. ②쑥 들어가다. ③귀가(歸家)하다.
reenviar *v.t.* ①다시 보내다. 재송(再送)하다. ②도로 보내다. 회송(回送)하다. 환송(還送)하다. ③답례(答禮)로서 보내다.
reenvidar *v.t.* (=*reinvidar*). ①말대꾸하다. 되받아치다. ②(섰다 노름처럼) 상대방이 낸 액수에 일보도 양보함이 없이 맞서다. ③분투하다. 노력하다.
reerguer *v.t.* 다시 올리다. 더 높이다. 더 추켜들다.
reescrever *v.t.* (글을) 다시 쓰다. 고쳐 쓰다.
reesperar *v.t.* 다시 기다리다. 몹시 기다리다. 학수고대하다.
reesposar-se *v.pr.* 재혼(再婚)하다.
reestabelecer *v.t.* ①복직(복위)하다. ②재건하다. ③복구하다. 부흥하다.
reestabelecimento *m.* ①복직. ②재건. 부흥.
reestampar *v.t.* (판화(版畵) 따위를) 다시 찍다. 재인쇄하다. 형(形)을 다시 뜨다.
reestudar *v.t.* 다시 배우다. 또 공부하다.
reexaminar *v.t.* ①다시 시험치다. ②다시 검사하다. 재조사하다. ③[法] 재심문하다.
reexistir *v.i.* 다시 나타나다. 다시 존재하다. 부활(復活)하다.
reexpedição *f.* (한번 보낸 것을) 다시 보내기. 재발송.
reexpedir *v.t.* 다시 보내다. 재발송하다. 재송달하다.
reexperimentar *v.t.* 다시 해보다. 다시 시험해보다. 다시 맛보다.
reexportação *f.* 재수출.
reexportador *m.* 재수출자.
reexportar *v.t.* 다시 수출하다.
refalsadamente *adv.* 거짓으로. 허위로. 기만하여.

refalsado *a.* ①속인. 거짓의. 허위의. 기만의. 협잡의. ②불충(不忠)한.

refalsamento *m.* 거짓. 허위. 기만.

refalseado *a.* =*refalsado*.

refalsear *v.t.* ①속이다. 기만하다. ②(국가·친구를) 팔다. 배반하다.

refazedor *a., m.* 다시 만드는 (사람). 고쳐 만드는 (사람). 개조하는 (사람). 수리하는 (사람).

refazer *v.t.* ①다시 만들다. 고쳐 만들다. 개조하다. ②수리(수선)하다. 보수(補修)하다. ③고치다. 수정하다. ④다시 짜다. 재조직하다. ⑤(건강·기력 등을) 회복시키다. 소생케 하다. ⑥갚다. 보상(補償)하다. 배상하다. 변상하다. ⑦더 굳세게 하다. 보강(補强)하다.
—**se** *v.pr.* ①(건강·기력 등을) 회복하다. 소복(蘇復)하다. ②(잃어버린 것을) 되찾다. 손해(손실)를 메꾸다. (파손에 대한) 변상을 받다.

refazimento *m.* ①다시 만들기. 고쳐 만들기. ②수선. 수리. 보수(補修). 쇄신. 혁신. 일신. 갱신. ③부흥. ④부활. 소생. 갱생. 소복(蘇復). 원기회복. ⑤갚음. 보상(報償·補償).

refece *a.* ①천한. 비열한. 야비한. ②가치없는. 값싼. ③쉬운. 용이한.
preço refece 《俗》 아주 싼값. 헐값. 똥값.
— *adv.* 굉장히 싸게. 헐값으로, 똥값으로.

refecer *v.t.* ①(뜨거운 것을) 식히다. 냉각하다. 열을 없애다. ②무르게 하다. 느슨하게 하다.
— *v.i.* ①식다. 냉각하다. ②느슨해지다.

refectivo, refetivo *a.* 건강을 회복시키는. 굳세게 하는. 강장(强壯)하게 하는.

refectorio, refetório *a.* =*refectivo*.

refega *f.* ①싸움. 충돌. 논쟁. 격투. 난투. ②(갑자기 부는) 작은 회오리바람.
refega de vento 일진(一陣)의 회오리바람.

refegado *a.* (옷의 단을) 호아 올린. (자락·소매 따위를) 걷어 올린. (자락을) 접은. 주름잡은.

refegar *v.t.* (옷의 단을) 호아 올리다. (자락·소매 따위를) 걷어 올리다. (자락을) 접다. 시쳐 넣다.

refêgo *m.* ①(옷의 접어 넣은) 단. (옷의) 호아 올린 것. 접어 겹친 것. ②접은 자국. 주름살.

refeição *f.* ①식사. 한 끼니(분). ②(한 끼니의) 양식. 음식. ②원기회복.
uma refeição abundante 양찬(충분한) 식사.
uma refeição completa 정식(定食). 정식(正式)의 식사.
uma refeição ligeira 가벼운 식사. 간단한 음식.

refeito *a.* (*refazer*의 과거분사). ①다시 만든. 고쳐 만든. 개조한. ②고친. 수리(수선)한. 보수(補修)한. ③갚은. 배상한. ④(건강·기력 등을) 회복한.
homem refeito ①건강을 회복한 사람. ②키 작고 땅딸막한 사람.

refeitoreiro *m.* 식당계(食堂係). 식당책임자.

refeitório *m.* (학교·클럽·병영(兵營)·수도원 등의) 식당. 큰 식당. 공동식당.

refém *m.* ①볼모. 저당. 전당물. ②인질(人質). ③보증(보장)의 구실로 점령하는 적국의 도시·요새 또는 물건.

refender *v.t.* 다시 쪼개다. 다시 찢다.

refendimento *m.* ①다시 쪼개기. 열개(裂開). ②짜개진 큰 틈. 터진 곳. (지면(地面)의) 갈라진 틈.

refentar *v.t.* 식히다. 냉각하다.

referência *f.* ①(서적 따위의) 참조. 참고. 대조. ②인급. 논급. ③관련. 관계. ④조회. 문의(問議).
referências (*pl.*) 신용조회(장). 신원조사.
com (또는 *em*) *referência a* …에 관하여.

referenda *f.* 연서(連署). 부서(副署).

referendar *v.t.* ①연서(부서)하다. ②확인(승인)하다.

referendário *m.* ①연서인(連署人). 부서인(副署人). ②《稀》 중재인. ③[史] 통신관.

referendo *m.* =*referendum*.

referendum *m.* ①《L》 참고서류. ②(외교관의) 본국 정부에 대한 청훈서(請訓書). ③[政] 국민결의권. 국민투표. 일반투표.

referente *a.* (+*a*). …에 관한. …에 관계되는. …에 속하는.

referido *a.* ①이미 말한. (이미) 언급한. 전술(前述)한. ②인용(引用)한. 인증(引證)한.

referir *v.t.* ①(…을) 말하다. (…에 대하여) 언급하다. ②관계(관련)시키다.
— *v.i.* ①말하다. 언급하다. 논급(論及)

하다. 입밖에 내다. ②인용을 하다. 증거로 내놓다. ③관련되다. ④(특히 인물·기능에 관하여) 조회하다. 문의(問議)하다. ⑤참고(참조)하다.
　—**se** *v.pr.* (+*a*). ①…에 관계하다. …와 관련이 있다. ②…에 관하여 말하다.

refermentação *f.* 재발효(再醱酵).

refermentar *v.t., v.i.* 다시 발효케 하다 (발효하다).

referrar *v.t.* (말에) 다시 편자를 박다.

referta *f. referto.*
　— *m.* ①싫어함. 염오. 못마땅한 것. 불복. ②이의(異議). 반대. 항변. ③말다툼. 언쟁. 작은 싸움.

refertar *v.t.* ①꾸짖다. 나무라다. 질책하다. 비난하다. ②논의하다. 쟁송(爭訟)하다. (승리·상·선거 등) 다투다.

refervente *a.* 다시 끓는. 마구 끓는. 비등하는. 과열하는.

referver *v.t.* 다시 끓이다. 비등시키다.
　— *v.i.* ①다시 끓다. 마구 끓다. 비등하다. ②노하여 펄펄 뛰다. 노발대발하다.

refervido *a.* 너무 끓은. 과열(過熱)한. 너무 끓어 못쓰게 된.

refervimento *m.* 다시 끓임. 재차 끓음. 재비등(再沸騰).

refestelar-se *v.pr.* ①좋아하다. 기뻐하다. 즐거워하다. ②(긴 의자 때문에) 털석 기대다. 몸을 기대고 쉬다. 손·발을 쭉 뻗고 눕다.
　refestelar-se numa cadeira 하는 일 없이 누워 빈둥거리다.

refez *a.* = *refece*.
　de refez 쉽게. 용이하게.

refiar *v.t.* 다시 방적(紡績)하다.

refilador *a.* ①아주 말 듣지 않는. 조금도 굽어들지 않는. ②완강히 반항하는. 우겨대는. 대드는. ③다시 무는. 물어뜯는.

refilão *m.* ①전혀 말듣지 않는 사람. 조금도 굽어들지 않는 사람. ②완강히 반항하는 사람. 자주 대드는 사람. 되받치는 사람. ③자주 무는 것. 무는 버릇있는 동물.

refilar *v.t., v.i.* ①전혀 말 듣지 않다. 조금도 복종하지 않다. ②완강히 반항하다. 자주 대들다. 우기다. 타이르면 반발하다. ③자주 물다.

refilhar *v.i.* ①[植] 다시 싹트다. 새로운 가지가 나오다. ②늘다. 증식(增殖)하다. ③전파되다. 보급되다.

refilhos *m.(pl.)* [植] ①새로 나온 가지. ②싹. 눈. 움.

refiltrar *v.t.* 다시 거르다. 재여과하다.

refinação *f.* ①정제(精製). 정련(精鍊). 정화. 순화(醇化). 세련. 맑게 하기. 순화하기. ②정제소(精製所). 정련소.

refinadamente *adv.* 정제(정련)하여. 품위 있게. 우아하게. 세련되어서.

refinado *a.* ①정제한. 정련한. 순화(醇化)한. ②세련된. 품이 좋은. 우아한. ③미묘한. 극히 정치(精緻)한. ④완전한. 결점이 없는.
　açúcar refinado 정제당(精製糖).
　refinado ladrão 이름난 도둑놈. 극악한 절도.
　tolo refinado 행동은 바보같으나 속은 멀쩡한 사람.

refinador *m.* ①정제자. 정련자. ②정제기. 정련기.

refinamento *m.* ①정제. 정련(精鍊). 정화. 세련. ②품위 있음. 고상. 우아. ③정묘(精妙). 고안이 지나침. 세밀한 구별.

refinar *v.t.* ①정제하다. 정련하다. ②맑게 하다. 순화하다. ③품이 좋게 하다. 우아하게 하다. ④세련하다. 풍치 있게 하다. ⑤결점을 없애다. 개량하다. ⑥(문장 따위를) 연마하다. ⑦닦다. 탁마(琢磨)하다. ⑧세게 하다.
　— *v.i.* ①순수해지다. 맑아지다. ②세련되다. 품이 좋아지다. 풍치 있게 되다. ③정치(精緻)에 흐르다. ④세밀히 구별되다.
　—**se** *v.pr.* 정련되다. 세련되다. 정묘해지다. 완전한 것이 되다. 우아해지다.

refinaria *f.* 정제소. 정련소.
　refinaria de açúcar 제당소(製糖所).
　refinaria de petróleo 정유소(精油所).

refino *m.* = *refinação.*

refletidamente *adv.* ①반사적으로. ②반성하여. 깊이 생각하여. 숙고하여. 신중히.

refletido *a.* ①반사(反射)한. 반영(反映)한. ②깊이 생각한. 숙고한. 생각이 깊은. 신중한. ③총명한.

refletidor *a.* 도로 비추는. 반사하는. 반영하는. 반향하는.
　— *m.* 반사물(反射物).

refletir *v.t.* ①반사(反射)하다. 도로 비추다. 반영(反映)하다. 반조(反照)하다. ②(거울 따위가 모습을) 비추다. 《比喩》반영하다. 나타내다.
— *v.i.* 깊이 생각하다. 숙고(熟考)하다.
(+*a* 또는 *em*). 반성(反省)하다.
—**se** *v.pr.* 도로 비치다. 반사하다. 반영(反映)되다. 반향(反響)하다.
refletivo *a.* ①반사하는. 반조(反照)하는. 반영하는. ②(동작이) 반사적인. ③반성하는. 깊이 생각하는.
refletor *m.* 반사물. 반사기. 반사경(反射鏡). 반사면. 반사망원경.
reflexamente *adv.* ①반사적으로. 반사에 의하여. ②깊이 생각하여. 내성적으로.
reflexão *f.* ①반사. 반사광. 반사열. 반향음. ②반조(反照). 반영(反映). 영상. 그림자. ③반발(反撥). 되찌르기. 되튀기. ④반성. 고찰. 숙고. 묵상. 내성(內省). ⑤감상. 의견. 품고 있는 생각.
reflexibilidade *f.* 반사성(反射性).
reflexionar *v.i.* ①깊이 생각하다. 숙고하다. 고찰하다. ②반성하다. 회고하다.
reflexível *a.* (빛·열 따위) 반사할 수 있는. 반사성(反射性)의.
reflexivo *a.* ①반사력이 있는. 반사적인. 반영적(反映的)인. ②반사성의. ③역행하는. 회상적인. ④[文] 재귀(再歸)의.
verbo reflexivo [文] 재귀동사.
reflexo *a.* ①[生理] 반사작용의. 반사적인. 반영하는. 반응하는. ②반성하는. 내성적인. ③(효과·영향 따위의) 반동적인. 역행적인. ④[文] 재귀석인. ⑤[植] (풀·줄기 따위) 휘어진. ⑥(빛깔 따위) 반사한.
— *m.* 반사(反射). 반사작용. 반사광선. 반조(反照). (거울 따위에 비친) 영상. 그림자.
reflorecer *v.t.* =*reflorescer*.
reflorescência *f.* ①다시 꽃핌. 재개화(再開花). 꽃이 가득 핌. 백화난만(百花爛漫). ②부흥. 갱생(更生).
reflorescente *a.* ①다시 꽃 피는. 또 꽃을 피우는. 꽃으로 가득 차게 하는. ②부흥하는. 갱생하는.
reflorescer *v.i.* ①다시 꽃 피다. 백화만발하다. ②부흥하다. 갱생하다.
reflorescimento *m.* ①다시 꽃핌. 재개화. ②부흥. 재흥. 갱생.
reflorestamento *m.* ①재식림(再植林). ②다시 수풀이 됨.
reflorestar *v.t.* ①나무를 다시 심다. 재식목하다. 다시 식림(植林)하다. ②다시 수

풀이 되게 하다.
reflorido *a.* 다시 꽃핌. 꽃이 또 핀. 부흥한.
reflorir *v.i.* =*reflorescer*.
refluente *a.* ①역류(逆流)하는. 퇴류(退流)하는. ②되돌아가는. 역행(逆行)하는.
refluir *v.i.* ①역류하다. 퇴류하다. ②되돌아가다. 역행하다. 《稀》다시 흐르다.
réfluo *a.* 《稀》 =*refluente*.
refluxo *m.* ①역류(逆流). 퇴류(退流). ②퇴조(退潮). 썰물. ③역행.
O fluxo e refluxo da sorte. (인생의) 영고성쇠(榮枯盛衰). 운명의 파란.
refocilado *a.* 원기를 회복한.
refocilamento *m.* ①원기회복. 기분상쾌. ②원기를 회복시키는 물건. 피로를 쉬기. 휴양.
refocilante *a.* 원기를 회복시키는. 다시 기운나게 하는.
refocilar *v.t.* ①원기를 회복시키다. 활기를 (정신을) 상쾌하게 하다. 산뜻하게 하다. ②피로를 폭 쉬게 하다. 위안을 주다.
—**se** *v.pr.* ①원기를 회복하다. 피로를 풀다(쉬다). ②휴양하다.
refogado *m.* ①스튜(요리). ②간 맞추는 소스(양파와 토마토를 넣은).
refogar *v.t.* ①약한 불로 끓이다. ②스튜 요리로 하다. 찌다.
refolgar *v.i.* ①다시 쉬다. ②(피로가 풀릴 때까지) 푹 쉬다. 오랫동안 휴양하다.
refolgo *m.* ①푹 쉬기. 휴양. ②위안.
refolhado *a.* ①다시 잎사귀가 무성한. 잎사귀에 덮인. 거짓의. 허위의. 위선(僞善)의. 가장한.
refolhamento *m.* =*refôlho*.
refolhar *v.t.* ①잎사귀로 덮다. 잎사귀로 싸다. ②모르게 하다. 속이다. 위장하다. …인 체하다. ③접어 겹치다.
refôlho *m.* ①접은 주름. 접은 자국. 주름살. ②마음구석. 마음속. 심보. 본심(本心). 저의(底意). ③거짓. 허위. 위선.
falar sem refôlho 직언하다. 노골적으로 말하다.
refolhudo *a.* ①주름이 많은. ②많은 잎사귀에 덮인. 풍부한.
reforçadamente *adv.* 보강하여. 증강하여.
reforçado *a.* 보강(補强)한. 증강(增强)한. 강화(强化)한. [軍] (병력을) 증파한. 가세(加勢)한.

reforçar *v.t.* ①보강하다. 증강하다. 강화하다. 보충하다. 더 굳세게 하다. [軍] 원병(援兵)을 보내다. 증원군을 파견하다. (병력을) 강화하다.
—**se** *v.pr.* 보강되다. 강화되다. 더욱 든든해지다.

reforço *m.* ①보강(補強). 증강(增強). 보강공사(工事). 보강물. ②[軍] 증원(增員). 원병(援兵). 가세(加勢). 증원군. 증견(增遣) 함대. ③추가보조금(追加補助金). 추가보급.

reforma, reformação *f.* ①개정. 개혁. 혁신. 개선(改善). 개조(改造). 쇄신(刷新). 유신(維新). ②재구성. 재편성. ③[軍] (장교의) 퇴역. 예비역편입. ④[宗] 종교개혁(16·17세기부터 일어난 가톨릭교에 대한 개혁운동). 교정. 감화.
reforma monetária 화폐개혁.
reforma agrícola 토지개혁.
reforma ortográfica 철자법 개정.

reformado *a.* 개정한. 개혁한. 개조한. 쇄신한. 혁신한. [軍] 퇴역한. 예편한.
— *m.* [宗] 신교신자(新教信者). [軍] 퇴역장교.

reformador *a.* 개정하는. 개혁하는. 쇄신하는. 혁신하는. 개조하는.
— *m.* ①개정자(改正者). 개혁자. 혁신자. ②교정자. ③종교개혁자.

reformar *v.t., v.i.* ①개정(개혁·개선·개량)하다. 쇄신(혁신)하다. 개조하다. 개편(改編)하다. ②수정하다. 정정하다. ③(폐해·혼란 따위를) 시정하다. 구제하다. ④개심(改心)시키다(하다). 교정하다. ⑤[軍] 퇴역(제대)시키다(하다).
—**se** *v.pr.* ①개정(개선·개량)되다. 혁신(쇄신)되다. ②수정(교정·정정)되다. 나쁜 습관이 고쳐지다. ③[軍] 퇴역하다. 예비역에 편입되다.

reformativo *a.* 개혁의. 개정의. 개량의. 개혁상의. 개선의. 교정의.

reformatório *a.* ①개혁하는. 개정하는. 개량하는. 개조하는. 개정의. 개혁의. ②교정하는. 교정의.
— *m.* 교정소(矯正所). 감화원(感化院).

reformatriz *f. reformador* 의 여성.

reformável *a.* 개정(개선·개혁·개량)할 수 있는. 개정(개혁)해야 할. 교정할 수 있는.

reformista *m., f., a.* 개혁주의자 (의). 혁신주의자 (의). (정치·교육·사회제도 등에 대한) 개혁론자 (의).

refornecer *v.t.* 다시 공급하다. 재보급하다.

refornecimento *m.* 재공급(再供給). 재보급.

refração *f.* 굴절(屈折). 굴절작용. 굴사(屈射).
dupla refração 복굴절(複屈折).
angulo de refração 굴절각(角).
indice de refração 굴절률(率).

refractar *v.t.* = *refratar*.

refractário *a., m.* = *refratário*.

refrangente *a.* 굴절하는. 굴절력이 있는. 굴절에 의한.

refranger *v.t.* = *refratar*.

refrangibilidade *f.* 굴절성(屈折性). 굴절 가능.

refrangível *a.* 굴절성의. 굴절하는. 굴절하기 쉬운.

refrão *m.* ①(시가의 각 절 끝의) 후렴. 첩구(疊句). 반복구. 상투구(常套句). ②격언(格言). 이언(俚諺).

refratar *v.t.* [理] (광선을) 굴절시키다. 굴광(屈光)시키다.
—**se** *v.pr.* 굴절하다. 굴광하다.

refratário *a.* ①버거운. 어기하기 어려운. 말듣지 않는. 순종하지 않는. 대드는. 반항하는. 완고한. ②[醫] 난치의. (병 따위에) 저항할 수 있는 병독에 감염(感染)되지 않는. ③[化] 잘 녹지 않는. 잘 용해(溶解)하지 않는. ④내화성(耐火性)의.
tijolo refratário 내화벽돌.
— *m.* ①비용해성(非溶解性)의 광석·금속. ②징병기피자(忌避者).

refrativo *a.* 굴절하는. 굴절력이 있는. 굴절에 의한.

refrato *a.* 굴절(屈折)한.

refratometro *m.* [理] 굴절계.

refreadamente *adv.* 제지(억제)하여. 견제하여. 제한하여. 삼가서. 참고.

refreado *a.* 제지된. 억제된. 구속된. 견제된. 금지된.

refreador *a.* 제지하는. 억제하는. 견제하는.
— *m.* 제지자. 억제자. 견제자. 속박자.

refreamento *m.* ①제지(制止). 억제(抑制). ②구속. 속박. 검속. 감금. ③(선박의) 출항(입항) 금지. ④마음의 꺼리낌. 사양. 자제(自制). ⑤신중. 삼가함. ⑥[軍] 견제(牽制). 방해. 저지(阻止).

refrear *v.t.* ①제지하다. 억제하다. 방지하다. 금지하다. [軍] 견제하다. 저지(阻止)하다. ②속박하다. 구속하다. 검속하다. 감금하다. ③《古》제한하다.
—**se** *v.pr.* 삼가다. 스스로 억제하다. 자제(自制)하다. 자중(自重)하다.

refreável *a.* 제지(억제)할 수 있는. 견제할 만한. 구속(검속)할 만한.

refrega *f.* ①의견충돌. 말싸움. 논쟁. ②격투. 난투. 소동. ③(갑자기 부는) 회오리바람.
refrega de vento 일진(一陣)의 회오리바람. 선풍.

refregar *v.i.* ①말싸움하다. 논쟁하다. ②격투하다. 난투하다. 몹시 애쓰다. 분투하다.

refreio *m.* ①말굴레. 고삐. ②억제(구속)하는 물건. ③억제. 제지. 구속. 견제(牽制).

refrém *m.* =*refrão*.

refrescamento *m.* ①차게 하기. 서늘하게 하기. 시원하게 하기. 냉각하기. ②원기회복. 기분상쾌.

refrescante *a.* ①차게 하는. 냉각하는. ②(정신을) 상쾌하게 하는. 활기(원기)를 돋우는.

refrescar *v.t.* ①차게 하다. 서늘하게 하다. 시원하게 하다. 냉각하다. ②(정신을) 상쾌하게 하다. 산듯하게 하다. 활기(원기)를 높우다. ③원군(援軍)을 보내다. 교체군(交替軍)을 파견(투입)하다.

refrescativo *a.* ①차게 하는. 냉각시키는. ②(정신을) 상쾌하게 하는.

refrêsco *m.* ①차게 하는 것. 냉각시키는 것. ②청량음료. 청량제(淸凉劑). ③(피로를 풀게 하거나 기분을 상쾌하게 하는) 음식물. 새로 공급받은 양식. ④원군(援軍)(특히 전선에 새로 가는) 교체군(交替軍).
tropas de refresco 새로 투입되는 교체군. 증원군.

refrigeração *f.* ①냉각. 냉동. 냉장. ②(고통·고생·노고·슬픔 따위의) 경감(輕減). 위자(慰藉).

refrigerador *m.* 냉각(냉동)장치. 냉각기. 냉장고. 빙실(氷室). 증기응결기(蒸氣凝結器).

refrigerante *a.* ①차게 하는. 냉각하는. 얼게 하는. 냉동하는. ②해열하는(약 따위). (정신을) 상쾌하게 하는. 원기를 북돋우는. ③진정시키는. 위로하는.
— *m.* 냉각제(冷却劑). 청량제. 청량음료.

refrigerar *v.t.* ①차게 하다. 냉각시키다. 얼게 하다. 냉장하다. 냉동하다. ②고통(고생)을 덜다. ③진정시키다. 완화하다.
—**se** *v.pr.* ①차지다. 얼다. ②고통(고생)이 덜해지다. 편해지다. 가벼워지다.

refrigerativo *a.* ①차게 하는. 냉각시키는. ②(고통 따위를) 덜하는. 완화하는; 위로하는.
— *m.* 냉각물(冷却物).

refrigeratório *a.* ①냉각시키는. 냉각용(冷却用)의. ②위로하는. 위안이 되는. 위자(慰藉)로 되는.

refrigério *m.* ①냉각. 냉동. ②(정신을) 상쾌하게 하는 것. ③위안. 위자; 위안물·위자물.

refrigero *a.*《詩》열을 식히는. 해열하는. 냉각하는.

refrigência *f.* 굴절력(屈折力). 굴절능(能).

refringente *a.* =*refrativo*.

refrondar *v.t.* 잎사귀로 다시 덮다.

refrondescer *v.i.* 다시 잎사귀로 덮이다. 신엽(新葉)이 무성해지다; 산야(山野)가 다시 녹화(綠化)하다.

refugado *a.* 버린. 떼어버린. 폐기(廢棄)한. 배제한. 제쳐놓은.
papel refugado 낡은 종이. 버리는 종이.
correspondência refugada (주소 불명 등으로) 배달 불가능한 우편물. 몰서(沒書).

refugador *m.* 버리는 사람. 폐기자. 제쳐놓는 사람. 배제자.

refugar *v.t.* 버리다. 떼어 버리다. 폐기하다. ②제쳐놓다. 배제하다.

refugiado *a.* ①피난한. 망명한. ②도망한.
— *m.* ①피난민. 망명자. ②도망자. 탈주자.

refugiar-se *v.pr.* (난을) 피하다. 피난하다. 망명하다. ②(안전한 곳으로) 도망가다.

refúgio *m.* ①피난. 비호(悲護). 보호. ②피난처. 도망칠 곳. 숨을 집. 은둔소; (가로의) 안전지대. ③(배의) 피난정박. 정박소. ④구제대책. 방법. 수단. 술책(術策).

refugir *v.i.* ①다시 뛰다. 재차 도망가다. ②뒤로 물러가다. 역행(逆行)하다. ③면하려고 하다. 피하려고 하다.
— *v.t.* (난을) 피하다.

refugo *m.* 폐물. 찌끼. 쓰레기. 잔재. 부스러기. 쇠똥. 불순물. 가치 없는 물건.

cair em refugo (또는 *ir para o refugo*) (서신 따위 배달 불가능으로) 몰서가 되다.
correspondência de rejugo 몰서(沒書).

refulgência *f*. 광휘. 광채. 찬란. 휘황찬란(輝皇燦爛).

refulgente *a*. ①빛나는. 찬란한. ②뛰어난. 탁월한. 훌륭한.

refulgir *v.i*. ①빛나다. 찬란하게 비치다. 휘황찬란하다. ②이채(異彩)를 띠다. 뛰어나다. 탁월하다.

refundado *a*. 더 깊게 한. 다시 파내려간.

refundar *v.t*. 다시 파내려가다. 더 깊게 하다.

refundição *f*. ①개주(改鑄). ②개조(改造). 개작(改作).

refundidor *m*. ①개주자. ②개조자. 개작자.

refundir *v.t*. ①(금화·은화 따위를)다시 찍어내다. 개주(改鑄)하다. ②(금속 따위를) 다시 녹이다. 다시 녹여 형체를 변하다. ③다시 만들다. 개조(개작)하다. ④(액체를) 바꾸어 담다. 다시 붓다.
— *v.i*. 다시 녹다.
—*se v.pr*. ①개주되다. ②(금속 따위) 다시 녹다. 재용해하다. ③없어지다. 소실(消失)하다.

refusação *f*. 거절. 거부.

refusador *m*. 거절자. 사절자. 사퇴자(辭退者).

refusar *v.t*. (=*rescusar*) ①거절하다. 거부하다. 사절(謝絶)하다. 사퇴하다. ②(싫은 것을) 피하다. 멀리하다.

refutação *f*. 논박(論駁). 논파(論破). 항론(抗論).

refutador *a.m*. 논박하는(사람). 논파하는(사람). 반박(항론)하는(사람).

refutar *v.t*. 논박(논파)하다. 반박(항론)하다.

refutável *a*. 논박(論駁)할 수 있는. 반박할 만한.

rega *f*. ①물을 뿌리기. 물주기. 살수(撒水). 관수(灌水). ②관개. 주류(注流). ③《俗》비(雨).
água de rega 관개수. 대는 물.

rega-bofe *m*.《俗》큰 즐거움. 대환락. 흥에 겨워 떠들기.

regaçado *a*. 옷자락을 높인(걷어올린). 소매를 감아올린. 바지의 아랫자락을 접어올린.

regaçar *v.t*. (소매 따위를) 감아올리다. (스커트 따위의) 아랫자락을 높이다. (바지의) 아랫자락을 감아올리다. 무릎을 드러내다.

regaço *m*. ①무릎. ②(스커트 등의) 무릎부분. (의복·안장 등의) 내려드린 부분. 자락. ③(아기를) 껴안기. (가슴에) 껴안음. ④안식처.

regada *f*. ①(밭 따위에) 물을 댄 상태. ②물을 댄 넓은 들판. 관개한 벌판.

regadeira *f*. (특히 전답에) 물 대는 도랑. 관개수로(水路). (가로의) 배수구; 봇도랑.

regadia *f*. ①물을 대기. 관개(灌漑). ②물을 댄 들판.

regadio *a*. 물을 대는. 관수하는.
campo regadio 관개한(또는 할 수 있는) 평야.
— *m*. ①물을 대기. 관수(灌水). 관개. ②관개한 땅(밭).

regado *a*. ①(화초 따위에) 물을 준. 물을 끼얹은. 물을 뿌린. 살수(撒水)한. ②(들판에) 물을 댄. 관개한.

regador *a*. 물을 뿌리는. 살수(撒水).
— *m*. (특히 화초에 물을 뿌려주는) 조로. 살수기(撒水器).

regadura *f*. =*rega*.

regaladamente *adv*. 아주 즐겁게. 매우 기쁘게. 편안히. 안락하게.

regalado *a*. ①아주 즐거운. 몹시 기쁜. 쾌락의. ②편안한. 안락한. ③부유한. 풍부한.

regalador *a., m*. 즐겁게 하는 (사람). 기쁘게 하는 (사람).

regalão *m*. ①즐겁게 사는 사람. 유복하게 사는 사람. 안락하게 사는 사람. ②큰 기쁨. 즐거운 생활. 삶의 향락(享樂).

regalar *v.t*. ①크게 즐겁게 하다. 아주 기쁘게 하다. ②크게 향응(饗應)하다. 잘 대접하다. 관대(款待)하다.
regalar com 선물하다. 선사하다.
—*se v.pr*. (+*de* 또는 *em*). ①크게 즐기다. 아주 기뻐하다. ②잘 대접받다. 잘 먹다. 미식(美食)하다.
regalar-se com um charuto 엽궐련을 피우다.

regalardoar *v.t*. ①또 상(賞)을 주다. 다시 포상(襃賞)하다. ②재차 상환(償還)하다. (결손 따위를) 다시 상쇄해 주다.

regalengo *a*. (=*reguengo*) 왕의. 제왕의. 왕령(王領)의.

— *m.* 왕령(王領).

regalia *f.* ①왕의 특권. 왕권(王權). 대권(大權). ②(일반적으로)특권. 특전.

regalismo *m.* 제왕교회설. 제왕지상주의(帝王至上主義). 교회정치(教會政治)에 대한 왕권옹호.

regalista *m.*, *f.* ①왕권옹호자. ②특권자.

regalo *m.* ①큰 즐거움. 대환락. 흥에 겨워 떠들기. 쾌락. 유쾌. 향락. ②선물. ③머프(모피로 만든 부인용의 둥근 통 모양의 토시).

regalona *f.* 유복한 여자. 유한부인(有閑婦人).

à regalona 호사스럽게. 부유하게.

regalório *m.* 큰 즐거움. 대환락. 흥에 겨워 떠들기.

regambolear *v.i.* 흔들다. 꼬리치다. 꼬리를 흔들다.

regamboleio *m.* ①흔들기. ②떠들기. 떠들며 장난치기.

reganhar *v.t.* ①(잃은 것을) 되찾다. 재입수(再入手)하다. 다시 획득하다. ②(손실 따위를) 메우다. 회복하다. 만회하다.

regar *v.t.* ①(화초에) 물을 뿌리다. 살수(撒水)하다. (밭에)물을 대다. (토지에) 관개하다. ②(식탁 위에) 청량음료・포도주 등을 올려 놓다. (식사하며) 목을 축이나. 풀(쪼노수)을 마시게 하다. 급수하다.

regata *f.* 요트(보트) 경조회(競漕會).

regatagem *f.* ①소리치며 팔기. 행상. 소매(小賣). ②각박(刻薄)스런 흥정. 값깎기. 에누리.

regatão *a.* ①소리치며 파는. 행상하는. ②값을 깎는.

— *m.* 소리치며 파는 상인. 행상인. 소상인(小商人).

regatar *v.t.*, *v.i.* 소리치며 팔다. 행상하다.

regateador *a.*, *m.* 값을 깎는 사람. 각박(刻薄)스런 흥정을 하는 사람.

regatear *v.i.* ①값을 깎다. 에누리하다. ②물건을 몹시 아끼다. 깍쟁이 노릇을 하다. ③쓸데없는 일을 캐고들다. 자잘한 논쟁을 하다.

regateio *m.* 값을 깎기. 에누리. 각박스런 흥정. ②값의 사소한 차이를 두고 다투기 자잘한 논쟁; 보잘 것 없는 거래.

regateira *f.* ①값을 깎는 여자. ②소리치며 행상하는 여자. (특히) 물고기・야채・과일 따위를 파는 여자. ③말다툼하기 좋아하는 여자. 말버릇이 상스러운 여자.

regateiral *a.* 각박한 사람(여자)의. 상스러운 말을 하는 사람(여자)의. 행상인의.

regateiramente *adv.* 각박하게. 행상인 답게.

regateiro *m.* ①값을 깎는(버릇있는) 사람. ②말버릇이 거칠은 사람.

— *a.* 건방진. 거만한. 본데없는. 각박한.

regateirona *f.* 값을 치근치근 깎는 여자. 각박한 여자.

regateria, regatia *f.* *regateira*의 행실(버릇).

regato *m.* 작은 내. 졸졸 흐르는 개울.

regatôa, regatona *f.* (*regatão*의 여성형) 소리치며 파는 여자. 여자 행상인. 값을 깎는 여자.

regedor *a.* 교구(敎區)를 맡아보는. 다스리는. 지배하는.

— *m.* 《古》교구의 행정관(行政官).

regedoral *a.* 《古》교구행정관의.

regedoria *f.* 교구행정관의 직위; 그 사무소.

regelado *a.* 언. 얼은. 몸이 얼은; 몹시 찬. 얼음처럼 찬. 대단히 추운. 호한(沍寒)한.

regelador *a.* = *regelante*.

regelante *a.* 얼게 하는. 동결(凍結)시키는. 응결하게 하는.

regelar *v.t.* 얼게 하다. 동결시키다.
— *v.i.*, **—se** *v.pr.* ①얼음이 얼다. 결빙(結氷)하다. 얼다. 응결(凝結)하다. ②몸이 얼다. 얼만큼 춥다. 추위에 얼다.

regelido *a.* 대단히 추운. 호한의. 혹한(酷寒)의.

regelo *m.* ①얼음이 언. 결빙(結氷). 동결(凍結). ②냉담(冷淡). 냉혹. 무정.

regência *f.* 섭정(攝政). 섭정정치; 섭정의 자리. 집정직(執權職). 섭정기(期). [관구(管區)].

regeneração *f.* ①다시 만듦. 재생. 재생산. ②재건. 부흥. 부활; 개혁. 쇄신. ③[宗] 갱생. 신생(新生). ④[病理] 부생(復生). 재생.

regenerador *a.*, *m.* 재생자. 갱생자. 개혁자. [機] 축열장치(蓄熱裝置). 복열로(復熱爐). [電] 재생기(器).

regenerando *a.* 다시 만들(만들게 되는). 재생될; 재생하려고 하는.

regenerante *a.* 다시 만드는. 재생하는.

regenerar *v.t.* ①다시 만들다. 재생시키다. ②[宗] 갱생시키다. 개심(改心)시키다. ④혁신(쇄신)하다. ③재건하다. 부흥하다. 재현(再現)시키다.
— *v.i.* ①재생(再生)하다. 새 생명을 얻다; 갱생하다. 개심하다. ③혁신(쇄신)되다.

regenerativo *a.* 재생시키는. 개심시키는; 개신의. 개조하는. [機] 복열식(復熱式)의. [無線] 재생식의.

regeneratriz *f.* =*regenerador*의 여성형.

regenerável *a.* ①다시 만들 수 있는. 재생시킬 수 있는. 갱생시킬 수 있는. 재건할 수 있는 혁신(쇄신) 가능한.

regente *a.* (대리하여) 다스리는. 지배하는. 통치하는. 관리하는. 통할(통제)하는; 섭정(攝政)하는.
— *m., f.* ①섭정자. ②(대학의) 교수. (어떤 학과의) 담임교수.《稀》학장(學長). ③[樂] 악장(樂長). 지휘자.

reger *v.t.* ①다스리다. 통치하다. 지배하다. 관리하다. 통할하다. ②이끌다. 지도하다. 지휘하다. ③제어하다. 억제하다. ④(대학에서) 교수하다. (학과를) 가르치다. ⑤[文] 지배하다.
—**se** *v.pr.* 삼가다. 자제(自制)하다. 똑바르게 처신하다.

regerar *v.t.* =*regenerar*.

régia *f.*《詩》왕궁. 궁전. 궁궐(宮闕).

regiamente *adv.* ①왕답게. 제왕처럼. 국왕같이. ②장엄하게. 당당하게. 훌륭하게.

região *f.* ①지방. 지역. 지구(地區). 지대. ②경역(境域). 범위. 분야. ③행정구. 관구. 구(區). ④부문(部門). 학과. ⑤[解·動] (신체의) 부위. 국부(局部). ⑥(대기 또는 바닷물의) 층. ⑦(사회의) 계급. 층.

regicida *f.* 시역(弑逆). 대역(大域). 시살(弑殺).
— *m., f.* 왕을 죽인 신하. 시역자. 시살자.

regicídio *m.* ①(신하로서) 왕을 죽임. 시역. 시살. ②시역죄. 시살죄. 대역죄.

regime, regimen *m.* 제도(制度). 정체(政體). ②통치. 권리. ③[醫] 섭생(攝生). 양생법(養生法). 식이(食餌)요법. ④[文] 지배.
regime da família 가족제도.
regime republicano 공화정체.
regime alimentar 규정된 식사.

regimental *a.* [軍] 연대의. 연대부속의.

regimentar *a.* ①[軍] 연대의. ②규정의. 제규의.

regimento *m.* [軍] 연대(聯隊). ②《比喩》(때때로) 다수. 큰 떼. ③지배. 통치. 통할(統轄). ④규정(規定). 규칙. 제규(制規). ⑤(단체의) 정관(定款). ⑥단속(團束). 기율(紀律).
regimento de infantaria 보병연대.

regina *f.* ①뱀의 일종. ②[醫] 큐렛.

reginagem *f.* 큐렛으로 도리기.

reginar *v.t.* 큐렛으로 도리다.

régio *a.* ①왕의. 임금님의. 제왕의. ②임금다운. 왕같은. 당당한. 장엄한. 훌륭한.

regional *a.* 지방의. 지역의. 지방적. 국지적.

regionalismo *m.* ①지방습관. 지역제도. 지방주의.

regionalista *m., f.* 지방주의자.

regirar *v.t.* 다시 돌리다. 빙글빙글 돌리다. 회전시키다.
— *v.i.* 다시 돌다; 빙글빙글 돌다.

regiro *m.* ①다시 돌기. 빙글빙글 돌기. 회전. 선회(旋回). ②간접적인 말. 우회적(迂廻的)인 표현. 우설(迂說).

registação *f.* 기록. 등기. 등록.

registrado, registado *a.* 기록된. 등록된. 등기된. 이름을 적은.
carta registrada 등기우편. 등기편지.
marca registrada 상표.

registrador, registador *a.* 등기하는. 등록하는. 기록(기재)하는. (우편물을) 등기로 하는.
— *m.* 기록하는 사람. 등록계(係). 등기계(係); 기록기(記錄器). (수도·가스 따위의) 계량기.

registrar, registar *v.t.* ①등기하다. 등록하다. 기록하다. (우편물을) 등기로 하다. ②(계량기·온도계 따위가) 잰 숫자를 나타내다. 표시하다; 자동적으로 기록하다.
—**se** *v.pr.* 유숙부(留宿簿) 같은 데에 이름이 적히다. 명부에 이름이 오르다; 회원으로 등록되다.

registro, registo *m.* ①재기. 등록. 등기기록. 기입. ②기록대장. 등기부. ③(우편물의) 등기. ④표; 목록. ⑤(온도계·계량기 따위의) 표시. 자동기록. ⑥등기소.

등록소. ⑦자동기록기. 기록표시기. (난방의) 조풍장치(調風裝置). 환기조절판(換氣調節瓣). (전기난로의) 온도조절기. (시계의) 정시기(整時器). ⑧[樂] (사람소리·악기의) 음역(音域). (풍금의) 스톱. ⑨병적(兵籍) 등록. ⑩(수도(水道)의) 수전(水栓).
registro civi 호적부.
registro genealógico 족보. 계도(系圖). 가계(家系).

rego *m.* ①보습자리. 고랑. 이랑. 《詩》 밭갈이. ②(도랑같이) 길게 판 곳. 수채. ③수레바퀴자리 ; 배 지나간 자리. ④(얼굴의) 깊은 주름살.
rego de cabelo (머리의) 가름자.

regoar *v.t.* (보습을 대어) 이랑을 만들다. 고랑을 만들다.

regoliz *m.* [植] 감초(의 뿌리) (약·과자의 원료).

regorjear, regorgear *v.i.* ①떠는 목소리를 내다 ; 떠는 목소리로 노래를 부르다. ②(많은 새가) 일시에 지저귀다. 진창(震唱)하다.

regorjeio *m.* ①떨리는 목소리. 진성(震聲 : 여러 마리의 새가 일시에 지저귀는 소리). ②떨리는 소리를 내기. 많은 새가 지저귀기.

regurgitação *f.* = *regurgitação.*
regorgitamento *m.* = *regurgitamento.*
regorgitar *v.t.* = *regurgitar.*

regougar *v.i.* ①(개·여우 따위가) 짖다. 짖어대다. 울다. ②귀에 거슬리는 소리가 나다.
— *v.t.* 날카로운 소리를 내다.

regougo *m.* ①(개·여우 따위의) 짖는 소리. 울음소리. ②으르렁대는 소리. 노호(怒號). ③심한 기침소리.

regozijado *a.* 기쁜. 즐거운.
regozijador *a.* 기쁘게 하는. 즐겁게 하는.
regozijar *v.t.* ①기쁘게 하다. 즐겁게 하다. 유쾌하게 하다. ②위로하다.
— *v.i.,* — *se v.pr.* 기뻐하다. 좋아하다. 즐거워하다. 흥겨워하다. 희희낙락하다.

regozijo *m.* ①기쁨. 희열(喜熱). 환희 ; 즐거움. 쾌락. 환락. ②기쁜 일. 경사. 축하할 일.

regra *f.* ①규칙. 규정. ②법칙. 법식. 정칙(定則). 통칙(通則). ③습관. 상습관례. ④표준. 모범 ; 자(尺). ⑤[宗] 교훈. 종규(宗規). 계율(戒律). 훈시.
regras (*pl.*) 월경(月經). 월경기간.
em regra 또는 *de regra* 규정에 의하여. 규정대로. 일반적으로. 대체로.
ser regra de (…하는 것이) 통례(通例)이다.
por via de regra 일반적으로. 통칙으로.
segundo as regras 규칙에 따라. 규정에 따르면. 규정에 의하면.
regra establecida 정관(定款).
Não há regra sem exceção. 예외(例外) 없는 규칙은 없다.

regraciar *v.t., v.i.* (…에) 매우 감사하다. (…을) 아주 고맙게 생각하다. 재삼재사 감사의 뜻을 표하다.

regradamente *adv.* 규칙이 똑바르게. (질서) 정연하게. 규정대로.

regradeira *f.* 자. 정규(定規) ; 부기장(簿記帳).

regrado *a.* ①규칙이 똑바른. 규칙적인. 규정대로의. 절제 있는 ; (종규(宗規)·계율(戒律) 따위를) 잘 지키는. ②균형이 잡힌. 정상적인. 상칙(常則)의. 조화된. ③줄을 친. 선을 그은.

regrador *m.* ①괘(罫)를 (선을) 치는 사람.

regrante *a.* 규칙이 바른. 규정대로 하는. 법칙을 준수하는. [宗] 수도규칙(修道規則)을 지키는.

regrar *v.t.* ①자로(선·줄을) 긋다. 괘선을 치다 ; 선(줄)을 똑바로 하다. ②규칙대로 하다. 규칙으로 하다.
— *v.i.* 정돈하다.
— *se v.pr.* 올바르게 처신하다. 절도(節度)를 지키다. 절제 있게 행동하다.

regraxar *m.* 금(은)을 잎인 위에 투명(透明)의 도료 칠하기.

regraxo *m.* 금박(은박) 위에 투명 도료를 칠하기(바르기).

regredir *v.i.* 되돌아가다. 퇴행하다. 퇴보하다.

regressão *f.* ①되돌아 감. 귀환. 복귀. ②퇴보. 퇴행. 소급(遡及). [天] 회귀. 역행.

regressar *v.t.* 되돌아가게 하다. 돌려보내다. 역행시키다.
— *v.i.* 되돌아가다. 귀환하다. 복귀하다. 소급하다. [天] 회귀(역행)하다.

regressivamente *adv.* 되돌아서. 역행하여. 퇴부하여. 배진적(背進的)으로.

regressivo *a.* ①되돌아가는. 복귀하는. 역행적. 배진적. ②퇴보하는. 퇴화하는. 소급하는. [天] 역행하는. 회귀의. 역행의.

regresso *m.* ①되돌아 감. 귀환. 귀가. 귀국. ②퇴보. 퇴행. 배진(背進); 복귀. 소급(溯及). ③[天] 역행. 회귀(回歸).

sem regresso. 도로 부를 수 없는. 취소(철회)할 수 없는. 회복(만회)할 수 없는. 돌이킬 수 없는. 돌아오지 않는.

no meu regresso 내가 돌아오면. 돌아올 때.

regreta *f.* [印] 작은 자. 소정규(小定規).

régua *f.* ①자(尺). 잣눈 있는 자. ②부기장(簿記帳).

régua de cálculo 계산자(척).

*régua-Tê. T*형 자(제도용).

régua graduada 잣눈 있는 자.

reguada *f.* 자로 치기.《卑》자막대기로 때리기.

reguarda *f.*《古》= *retaguarda*.

reguatê (= *regua-Tê*) *f.* (제도사·목수 등이 쓰는) *T*형 자.

reguçar *v.t.* 다시 뾰족하게 하다. 다시 예리하게 하다.

regueifa *f.* 둥글고 가운데 구멍 있는 과자. 환상(環狀) 비스킷.

regueifeira *f. regueifa*를 만드는(파는) 여자.

regueifeiro *m. regueifa* 만드는 사람; 그 장수.

regueira *f.* ①작은 내. 세류(細流). ②도랑. ③보습자리.

regueiro *m.* ①좁고 길게 판 홈. 도랑. ②보습자리. 바퀴자국; 형적.

reguengo *a.* 왕의. 왕령의; 왕에 속하는.
— *m.* 왕령(王領).

reguengueiro *a.* 왕령의. 왕령에 사는.
— *m.* 왕령의 주민(住民).

reguingar *v.t.* ①반대하다. 반감을 가지다. ②말대꾸하다. 반박하다.

regulação *f.* ①규정하기. 규율잡기. 단속하기. ②규칙. 법규. 법칙. ③표준. 정상. ④(기계 따위의) 조절(調節). 조정(調整).

regulado *a.* ①규칙이 서 있는(똑바른). 규율 잡힌. 정연한. ②(기계 따위) 잘 조절된. 조종된. 정상상태의. 일정한 작용을 하는. ③《俗》월경중(月經中)에 있는.

regulador *a.* ①규정하는. 규율 잡는. ②(기계 따위를) 조절하는. 조정하는. 잘 맞춰 놓은.
— *m.* ①규정자. 단속자. 정리자. ②[機] 조절기(調節器). 조정기(調整器). 가감기(加減器). (시계의) 정시기(整時器).

regulamentação *f.* 규칙으로 정하기. 규정설정.

regulamentar (1) *v.t.* 규칙을 정하다. 규정하다.
— (2) *a.* 규칙의. 규정의. 규칙상의. 규칙에 입각한.

exercícios regulamentares 규칙적 운동(연습).

regulamentário *a.* = *regulamentar* (2) *a.*

regulamentarmente *adv.* 규칙에 따라. 규칙대로. 규정상.

regulamento *m.* ①규정. 규칙. 공칙(公則). 법규. 법칙. ②세칙(細則). 집행규칙(執行規則). ③조절. 조정.

regular (1) *v.t.* ①규정하다. 규칙을 정하다. ②(규칙으로) 단속하다. 규칙대로 하다. 규정에 따르게 하다. ③조절(조정)하다. (속도·온도 따위를) 가감(加減)하다. 바로잡다. (시계를) 맞추다.

regular por …에 따라 정하다.

regular o relógio 시계를 조정하다.

— *v.i.* ①기준(基準)이 되다. ②(기계 따위가) 정확히 돌아가다. 정상적으로 움직이다. (시계가) 잘 가다.

— *se v.pr.* (+ *por*) …에 따라 처신하다. …대로 행동하다.

— (2) *a.* ①규칙적인. 규칙대로의. 정기적(定期的)인. 정상적인 상태(常態)의. ②일정한. 변치 않는. ③계통적인. 균형이 잡힌. 조화된. ④[軍] 정규의. 상비(常備)의. ⑤[文] 규칙 변화의. [植] 정정(整正)의(흔히 꽃에 대하여). [結晶] 등축(等軸). [宗] 종규(宗規)에 구속된. 수도회에 속하는. [幾] 등변 각각의.

clero regular 수도회 성직자.

— (3) *adv.* 규칙적으로. 차근차근하게. 정기적으로. 질서정연하게.

— (4) *m.* 정상(적)임. 보통일.

regularidade *f.* 규칙적임. 고름. 균정(均整). 조화. 일정불변. 정규.

regularização *f.* 규칙적으로 하기. 조정(調整).

regularizar *v.t.* 규칙 있게 하다. 질서 있게 하다. 조직화하다. 고르다. 조정하다. 바로잡다.

—se *v.pr.* 규칙적으로. 질서 있게. 똑바르게. 본식으로. 적당하게. 조화 있게. 고르게.

régulo *m.* ①작은 나라의 왕. 작은 왕.

reguritgação *f.* **regurgitamento** *m.* ①되뿜기. 되돌아 흐르기. ②[醫] 게우기.

regurgitar *v.t., v.i.* 되뿜어내다. 되돌아 흐르다 ; 게우다.

rei *m.* ①왕. 국왕. 제왕(帝王) ; 주권자. 군주. ②(서양장기의) 왕. (트럼프) 킹.
rei da criação 만물의 영장(靈長 : 사람).
peixe-rei [魚] 빙어(氷魚) 무리의 식용어(魚).

reimplantação *f.* 다시 심기. 재식(再植).

reimplantar *v.t.* 다시 심다.

reimpressão *f.* 재판(再版). 번각(飜刻).

reimpresso *a.* 재판된.

reimprimir *v.t.* 다시 인쇄하다. 재판(再版)하다.

reinação *f.* ①(술래잡기나 씨름을 하면서) 장난하고 놀기. 떠들썩한 유회. ②우수꽝스러움. 익살.

reinadio *a., m.* 장난하고 노는 (아이). 희롱하며 뛰노는 (아이).

reinado *m.* ①통치. 지배. 군림(君臨). ②치세(治世). 성대(聖代). 왕대(王代). ③통치권. 큰 힘. 세력. 권세. ④전성(全盛)시대. 제압하던 시절. ⑤전반적으로 유행되던 시기.

reinante *a.* ①통치하는. 지배하는. 군림하는. 세력을 가지고 있는. 패권을 쥐고 있는. ②풍미(風靡)하는. 크게 유행하는.
— *m.* 통치자. 패자(霸者). 왕.

reinar *v.i.* ①주권을 장악하다. 통치하다. 군림하다. ②패권을 잡다. 세도를 부리다. 세력이 떨어다. 풍미하다. ③크게 유행하다. 골고루 미치다.

reincarnação *f.* 다시 육체를 주기. 환생. 재생. 재래(설).

reincarnar *v.i.* 다시 육체를 주다. 환생시키다. 다시 살아나게 하다.

reincidência *f.* ①반복. 중언(重言). ②재범(再犯). 누범(累犯). ③역행. 퇴보.

reincidente *a.* ①또 하는. 반복하는. 다시 범하는. 재차 나쁜 짓하는 ; 재범의. 누범의. ③말 잘 안 듣는. 하지 말라고 타이를수록 또 하는. 고집이 센. 완고한.

reincidir *v.i.* ①또 하다. 반복하다. ②다시 나쁜 짓을 하다. 다시 과오(죄)를 범하다. ③역행하다. 퇴보하다. ④말 잘 안 듣다. 타이르도 나쁜 버릇을 고치지 않다 ; 고집부리다. ⑤(병이) 도지다.

reincitamento *m.* 다시 자극을 줌. 다시 선동함.

reincitar *v.t.* 다시 자극을 주다. 다시 선동하다.

reinel *a.* = *reinol*.

reinfundir *v.t.* ①다시 녹이다. 다시 녹여 합치다. ②(약 따위를) 다시 달이다.

reiniciar *v.t.* ①다시 시작하다. (고쳐) 새로 시작하다. ②다시 계속하다.

reinício *m.* 재개시(再開始). 재출발.

reinícola *a.* 왕국에 속하는. 왕국에 사는.
— *m.* 원주민·토착민.

reino *m.* ①왕국. 왕토(王土). 왕령. ③범위. 영역 ; [博] 계(界) ; [動·植] (분류의) 부문.
reino mineral 광물계.
reino animal 동물계.
reino dos céus 천국.

reinol *a.* 왕국의. 왕령(왕토)의 ; 왕국에 태어난.

Reino-Unido *m.* 연합 왕국.

reinscrever *v.t.* 다시 기입하다.

reinstalação *f.* ①재설비(再設備). 재설치. ②회복. 복위(復位). 복권(復權).

reinstalar *v.t.* ①다시 설비하다. 재설치하다. ②원상대로 하다. 복위(복직)시키다.

reinstituição *f.* 재설립(再設立). 재설정. 재제정(再制定).

reinstituir *v.t.* 다시 설립하다. 다시 설정하다. 재차 제정하다.

reinsurgir-se *v.pr.* (주권 당국에 대하여) 다시 들고 일어나다. 다시 봉기(반란)하다. 다시 폭동을 일으키다.

reintegração *f.* ①다시 완전하게 하기. 재건. 재통일. ②다시 제자리에 놓기. 복직. 복위(復位). 복권(復權). ③원상복귀.

reintegradado *a.* ①다시 완전하게 된. 재건된. 재통일한. ②복직(복위·복권)한. ③원상태로 돌아간.

reintegrar *v.t.* ①다시 완전하게 하다. 재통일하다 ; 원상태로 하다. ②(전에 차지했던) 지위를 다시 주다. 복직시키다. 권리를 다시 주다. 복권시키다.
—se *v.pr.* ①다시 완전해지다. 재통일되다. 재건되다. ②(잃었던 지위·권리 등) 다시 차지하다. (권리를) 회복하다.

reintegro *m.* =*reintegração*.

reintrante *a.* ①다시 들어가는. ②[築城] 요각(凹角)의.

reinvestir *v.t., v.i.* ①재투자(再投資)하다. ②(권한 따위를) 다시 주다. ③다시 서임(敍任)하다.

reinvidar *v.t.* =*reenvidar*.

reinvocar *v.t.* 다시 기도를 드리다. 도와 주기를 간절히 빌다. 다시 애원하다.

reira *f.* 허리 아픔. 요통(腰痛).
reiras (*pl.*) 허리. 요부(腰部).

réis *m.* [화폐] *real*의 복수(複數).

reiteração *f.* 되풀이. 반복. 재언. 재설. 중언(重言).

reiteradamente *adv.* 되풀이하여. 반복하여. 누차.

reiterado *a.* 되풀이한. 반복한.

reiterar *v.t., v.i.* ①되풀이하다. 반복하다. ②다시 일어나다. 나타나다.

reiterativamente *adv.* 되풀이하여. 반복적으로.

reiterativo *a.* 되풀이하는. 반복성의. 누차의.

reiterável *a.* 되풀이 할 수 있는. 반복할 만한.

reitor *m.* ①교장. 학장. 총장. (대학의) 학부장. ②[宗] 교구장(教區長). 수도원장.

reitorado *m.* *reitor*의 직(임기).

reitoral *a.* *reitor*에 관한(또는 속하는).

reitoria *f.* ①*reitor*의 지위·직권·사무소. ②*reitor*의 주택(영지·수입).

reivindicação *f.* 반환요청(返還要請). 반려청구(返戾請求). 권리회복을 청구하기.

reivindicador *m.* 반환을 요청하는 사람.

reivindicar *v.t.* ①반환을 요청하다. (되받을 수 있는 당연한 권리로서) 요구하다. 권리회복을 요망하다. ②(권리를) 도로 가지다. 회복하다.

reivindicativo *a.* 반환요청의. 반려청구의.

reivindicável *a.* 반환요청할 수 있는. (정당한 권리로서) 되찾을 수 있는.

reixa, rixa *f.* ①창살. 가는 나무판지. 할판(割板). ②말다툼. 싸움. 쟁의.

reixador *m.* 싸우기 좋아하는 사람.

reixar *v.t.* 말다툼하다. 언쟁하다.

reizete, reizinho *m.* 작은 나라의 왕. 소왕(小王). 《比喻》그다지 힘없는 왕. 시시한 장관(관리).

rejeição *f.* ①뿌려 던짐. 폐기. 배제. 배척. 빈척(賓斥). ②거절. 거부. 부결. 각하(却下). 부인(否認). ③(위(胃)가) 받아들이지 않음. 구토(嘔吐).

rejeitado *a.* 거절한. 거부된. 각하된. 부결된.

rejeitar *v.t.* ①뿌려 던지다. 버리다. 배척하다. ②거절하다. 거부하다. 각하하다. 부인하다. ③받아들이지 않다. 접수하지 않다. ④(위가 음식을) 받아들이지 않다. 토하다.

rejeitável *a.* ①버려야 할. 폐기할 만한. ②거절(거부)할 수 있는. 부결(부인)할 만한. 각하(却下)할 수 있는.

rejeito (1) *m.* 거절. 거부. 폐기.
— (2) *m.* (네 발 짐승의) 고관절(股關節). 오금.
— (3) *m.* 《古》발사물. 투사물(投射物)[무기].

rejeitoso *a.* 거절할 만한. 거부당할 요소가 많은.

rejubilação *f.* ①기쁘게 하기. 즐겁게 하기. ②환희. 환호.

rejubilar *v.t.* 기쁘게 하다. 즐겁게 하다.
— *v.i.*, —*se v.pr.* 기뻐하다. 즐기다. 환희하다.

rejüilo *m.* 기쁨. 즐거움. 환희. 희열(喜悅).

rejurar *v.t.* 다시 맹세하다. 재차 선서하다.

rejuvenescência *f.* 되젊어지기. 회춘(回春). 원기회복.

rejuvenescer *v.t.* 도로 젊게 하다. 기운을 회복시키다.
— *v.i.*, —*se v.pr.* ①도로 젊어지다. 기운을 회복하다. 새 활력을 얻다. ②젊은 체하다. 실제보다 나이를 적게 부르다.

rejuvenescimento *m.* ①되젊어지기. 젊게 하기. 회춘(回春). ②(타인에게 자기를) 젊게 보이기.

rela *f.* ①[動] 청개구리. ②새잡는 올가미.

relação *f.* ①설화. 진술. 이야기. ②관계. 관련. 사이 ; 친족관계. 연고. 일가. ③보고(報告). ④일람표. 목록표. 기록사항(事項). ⑤[數] 율. ⑥[法] 상고법원. 공소원(控訴院).
relações (*pl.*) ①친척관계. 이해관계. 국제관계.
relação mútua 상호관계(相互關係).
relações diplomáticas 외교관계.
com relação a …에 관하여.
em relação a …에 대하여. …에 비하여.

romper relação com …와 관계를 끊다. …와 (외교관계를) 단절하다.

relacionado *a.* ①관계가 있는. 관련이 있는. 교제하는. ②진술한.

relacionamento *m.* ①(사건 등에 대한) 진술. 자세한 이야기. 설화(説話). ②목록표(일람표)를 만들기. 표에 기입하기. ③비교대조(比較對照).

relacionar *v.t.* ①(경과 사항을) 이야기하다. (사건에 관하여) 진술하다. 보고하다. ②목록표(일람표)를 만들다. 표에 기입하다.

—**se** *v.pr.* …와 관계를 가지다. 교제하다. 사귀다. 관련하다.

relamber *v.t.* 다시 핥다. (파도가) 슬쩍 스치다.

relamborio *a.* 《卑》무미한. 맛없는. 멋없는. 싱거운. ②《比喩》무미건조한. 살풍경의. ③게으른. 나태한.

relampadejar *v.i.* =*relampaguear*.

relampado *a.* 《古》=*relampago*.

relampago *m.* 번갯불. 전광(電光). 섬광(閃光).

relampagueante, relampejante *a.* (번갯불이) 번쩍하는. 전광을 발하는.

relampaguear *v.i.* 번갯불이 번쩍하다. 섬광이 비치다.

relampear, relampejar *v.i.* =*relampaguear*.

relampeante *a.* =*relampagueante*.

relançar *v.t.* =*relancear*.

relance *m.* 얼핏보기. 홀깃보기. 시선을 던지기. 눈짓.

relance de olhos 홀깃보는 것. 별견(瞥見).

num relance 눈깜박하는 새.

de relance 순식간에. 전광석화(電光石火)적으로.

relancear *v.t.* 얼핏보다. 슬쩍 눈짓하다. 시선을 던지다.

— *m.* 얼핏보는 것. 별견(瞥見). 일별.

relapsão *f.* ①역행(逆行). 퇴보. 타락. ②다시 나쁜 길에 빠지기. 다시 과오를 범하기. 재범(再犯). ③다시 이교(異教)를 믿기.

relapsia *f.* 다시 나쁜 길에 들어섬. 다시 과오를 범함. 다시 죄를 지음. 재범. 다시 이교를 믿음.

relapso *a.* ①역행하는. 퇴보하는. 타락하는. ②다시 나쁜 길에 들어서는. 재차 과오를 범하는. 재범의. ③다시 이교를 믿는.

— *m.* ①퇴보하는 사람. 타락자. ②다시 죄를 짓는 사람. ③종지(宗旨)를 어기는 사람.

relar *v.t.* =*ralar*.

relasso *a.* =*relaxado*.

relatador *m.* (경과를) 자세히 말하는 사람. (사건을) 상세히 진술(보고)하는 사람.

relatar *v.t.* 자세히 말하다. 상세히 진술(보고)하다.

relativamente *adv.* …에 관하여. (…와의) 관계상. 상대적으로. 비교적.

relatividade *f.* ①관계 있음. 상관(相關). 비교적임. 상대적임. ②[理] 상대성(이론).

relativismo *m.* [哲] 상대론(相對論).

relativo *a.* ①관계 있는. 관련되는. ②비교상의. 비교적인. 상대적인. 상관적인. ③(+*a*). …에 관한. …에 관련하는.

relato *m.* ①(자세한) 보고. 전말서. 기술(記述). 기사(記事). (사건에 관한) 이야기. 상설(詳說). ②관계. 관련.

relator *m.* ①(사건을) 이야기하는 사람. 진상보고자. ②(의안(議案) 따위의) 설명위원(說明委員).

relatório *m.* (공개) 보고. 보고서(報告書). (법안 등의) 설명서.

relaxação *f.* ①풀림. 느슨함. 흐느적함. 이완(弛緩). 해이(解弛). 경감(輕減). ②게으름. 나태. 해태(懈怠). 타락.

relaxadamente *adv.* ①느슨하여. 흐느적하여. 풀려서. ②나른하게. 둔한하게. 게으르게.

relaxado *a.* ①풀린. 느슨한. 흐느적한. 나른한. ②둔한한. 게으른. 나태한. 해태한.

— *m.* 느린 사람. 굼뜬 사람. 나태한 인간. 게으름뱅이.

relaxador *a., m.* 느슨하게 하는 (것·사람). 흐느적하게 하는 (것·사람).

relaxamento *m.* =*relaxação*.

relaxante *a.* ①(팽팽한 것을) 풀어 놓는. 늦추는. 느슨하게 하는. ②풍기를 문란케 하는. 타락시키는.

relaxar *v.t.* ①(팽팽한 것을) 늦추다. 힘을 빼다. (심신을) 나른하게 하다. 약하게 하다. 느슨하게 하다. ②(법 따위를) 관대하게 하다. (죄를) 덜하다. (형을) 경감하다. 완화하다. ③(주의·공부 따위를) 덜하게 하다. ④편하게 하다. 쉬게 하다.

— *v.i.*, —*se v.pr.* ①늦추어지다. 눅어지다. 약해지다. 나른해지다. 활기 없어지다. 굼뜨다. 둔한해지다. ②게으름피다. 태만하다. 타락하다. ③쉬다.

relaxo *a.* =*relaxado*.

relé *m.* ①=*ralé*. ②[電] 계전기. (無線) 중계.

relegação *f.* 좌천. 추방. 국외 추방.

relegar *v.t.* ①지위를 떨어뜨리다. 물리치다. 멀리하다. 좌천시키다. ②추방하다. 국외로 쫓아보내다.

relembrança *f.* ①다시 생각해냄. 회상. 추억. 추회(追懷). ②외우고 있음. 기억력. 기억범위.

relembrar *v.t.* 다시 생각해내다. 회상하다. 추억(추회)하다.

relembrativo *a.* 회상하게 하는. 추억(추회)시키는.

relentar *v.t.* 습기 끼게 하다. (이슬에) 적시다.

— *v.i.* 이슬이 내리다.

—*se v.pr.* 이슬에 젖다. 이슬이 앉다.

relento *m.* 이슬. 밤이슬.
dormir ao relento 노숙(露宿)하다.

reler *v.t.* ①다시 읽다. 읽고 또 읽다. 반복해서 읽다. ②교정(수정)하다.

reles *a.* 천한. 하천한. 비열한. 비루한. 야비한. 쓸모없는. 가치 없는. 초라한. 영락한.
pessoa reles 몹쓸 인간. 고약한 녀석.

relesmente *adv.* 천하게. 비열하게. 비루하게. 초라하게.

relevação *f.* ①용서. (죄의) 사면(赦免). 특사. 관대(寬大). ②(조세·병역 등의) 면제. ③불룩 올라옴. 융기(隆起). 눈에 뜨임.

relevado *a.* ①용서한. 사면된. 특사받은. ②면제된. ③불룩 올라온. 융기한. 눈에 띄는.

— *m.* (지면의) 불룩 올라온 땅. 융기(隆起).

relevador *a.*, *m.* 용서하는 (사람). 사면하는 (사람). 크게 봐주는 (사람). 관용을 베푸는 (사람). 면제하는 (사람).

relevamento *m.* ①용서. 사면. 관대. 관용(寬容). ②면제. ③(죄의) 경감(輕減). 완화(緩和). 위자(慰藉).

relevância *f.* ①중대함. 중요함. ②적절. 적당. 적응성. ③불룩이 올라옴. 융기. ④눈에 뜨임. 현저함.
com relevância 중요하게. 중대하게.

relevante *a.* ①중대한. 중요한. ②불룩 올라온. 융기한. ③눈에 띄는. 현저한. ④당면한 문제에 관련된. 적절한.

— *m.* 중대한 일. 중요사항.

relevar *v.t.* ①용서하다. 관대하게 대하다. 잘 봐 주다. ②놔 주다. 사면하다. 석방하다. ③(조세·병역 등을) 면제하다. ④(형을) 경감하다. 완화하다. ⑤불룩 올라오게 하다. 눈에 띄게 하다.

— *v.i.* 중요하다. 중대해지다.

—*se v.pr.* ①불룩 올라오다. 융기(隆起)하다. ②눈에 띄다. 현저해지다. ③중대성을 띠다.

relevo *m.* ①[建·彫刻] 부조(浮彫). 양각(陽刻). 돋을새김. 부조세공. ②[畵] 떠오르듯이 그리기. 윤곽의 선명.
alto relêvo 높은 돋을새김. 고조(高彫).
baixo relêvo 얕은 돋을새김. 박각(薄刻).
em relêvo 돋을새김한.
pô em relêvo 눈에 띄게(뚜렷이 나타나게) 하다. …에 대하여 주의를 끌다.

rêlha *f.* 보습. 보습날.

relhaço *m.* =*relhada*.

— *f.* 채찍으로 때림.

rêlho *m.* (가죽을 꿰어 만든) 채찍. 가죽회초리.

— *a.* 팽팽한. 빳빳한. 딱딱한.

relhota, relhote *m.* (*rêlha*의 지소어) 작은 보습. 작은 보습날.

relicário *m.* 사리함(舍利函). 성골함(聖骨函). 성물상자. 유물상자.

religar *v.t.* 다시 매다. 재차 연결하다.

religião *f.* ①종교. ②종파(宗派). …교. ③신앙생활. 수도생활. 신앙. 신심.

religiomania *f.* 신앙에 미침. 종교광(狂).

religionário *m.* 신교도(종교전쟁 때 신교를 믿는 신자들을 가리킨 말).

religiosa *f.* 수녀. 여승(女僧).

religiosamente *adv.* 종교적으로. 신심으로서. 경건하게. 엄정히.

religiosidade *f.* 종교심. 신앙심. 신앙심이 깊음. 종교적임. 경건함. 엄정(嚴正).

religioso *a.* ①종교심이 깊은. 신앙심이 깊은. 신앙에 독실한. ②종교의. 종교상의. 종교적인. 신앙의. ③경건한. 엄정한. 근직(謹直)한. ④양심적인.

— *m.* 신앙이 독실한 사람. 종교가. 수

도사(修道士).
relimar *v.t.* ①다시 줄로 쓸다. 재차 줄질하다. ②추고(推敲)하다. 완전히 하다.
relinchão *a.* (말이) 몹시 우는.
relinchar *v.i.* (말이) 울다.
— *m.* (말의) 울음소리.
relincho *m.* (말의) 울음소리. 울기.
relíqua *f.* =*relíquia*.
relíquia *f.* [宗] (성자・순교자 등의) 성골. 유골. 성해(聖骸). 성보(聖寶). 유보(遺寶). 유물. 유작(遺作).
relíquias (*pl.*) 옛터. 유적(遺跡). 고적. 폐허.
relógio *m.* 시계.
relógio de bolso 회중시계.
relógio de mésa 탁상시계.
relógio de parede 벽걸이 시계.
relógio-pulseira 팔목시계.
relógio de ponto 시간기록시계(근로자의 출퇴근시간 기록하는).
acertar o relógio 시계를 맞추다.
O relógio regula bem. 시계가 잘 간다 (잘 맞는다).
O relógio não anda. 시계가 멎었다(안 간다).
dar corda no relógio 시계밥을 주다.
adiantar o relógio 시계를 빨리하다.
O relógio está adiantado. 시계가 빠르다.
atrasar o relógio 시계를 늦게 하다.
O relógio esta atrasado. 시계가 늦다.
relojoaria *f.* ①시계점. ②시계공장. ③시계의 기계(機械). ④시계제조술.
《X》 *relogiaria*.
relojoeiro *m.* ①시계 만드는 사람. ②시계 고치는 사람. 시계사. ③시계상인.
reloucado *a.* ①또 미친. ②아주 미친. 완전히 발광(發狂)한.
relutação *f.* ①싫어함. 미워함. ②저항하기. 반항하기.
relutância *f.* ①싫어함. 미워함. 염오. ②마음이 내키지 않음. 부득이함. ③항거. 반항. 저항. ④[電] 자기(磁氣). 자성.
relutante *a.* ①싫어하는. 미워하는. 염증내는. ②부득이한. 마음이 내키지 않는. 마지 못하는. 억지로 하는. ③반항하는. 저항하는.
relutar *v.i.* ①싫어하다. 미워하다. 염오하다. ②부득이하다. 마지 못해 하다. 억지로 하다. ③거역하다. 대항하다. 반항하다. 저항하다. ④다시 싸우다.
relustrar *v.t.* 다시 문질러 광택이 나게 하다. 다시 닦아 번들번들하게 하다.
reluzente *a.* ①다시 빛나는. 반짝반짝하는. ②광택(光澤)이 있는.
reluzir *v.i.* 다시 빛나다. 반짝반짝하다. 번쩍거리다.
fazer reluzir 빛나게 하다. 반짝반짝하게 하다.
relva *f.* 잔디. 잔디밭. 잔디풀. 떼. 뗏장.
relvado *m.* 잔디밭. (넓은 뜻으로) 낮은 풀밭의 총칭.
relvão *a.* ①잔디풀이 무성한. ②잔디밭에 있는(사는).
— *m.* 잔디밭.
relvar *v.t.* ①잔디풀로 덮다. 뗏장으로 덮다. ②뗏장을 뜨다.
— *v.i.* 잔디풀에 덮이다. 뗏장으로 덮이다.
relvedo *m.* 잔디가 있는 곳. 잔디밭.
relvejar *v.i.* 잔디(풀)에 덮이다.
relvoso *a.* 잔디가 많은. 낮은 풀이 무성한.
remada *f.* ①노를 저음. 노로 한번 젓기. ②노로 한번 치기(때리기).
remadela *f.* 노로 젓기. (노 있는) 배를 젓기.
remado *a.* ①(배에) 노를 구비한. ②노를 젓는.
remador *a.*, *m.* 노젓는 (사람).
remadura *f.* 노젓기. 노젓는 방법.
remanchão *a.* 《俗》 (동작이) 굼뜬. 느린. 천천한. 완만한. 활발치 못한. (기능이) 둔한. 부진(不振)한.
remanchar *v.i.* 굼뜨다. 느리다.
—*se v.pr.* ①굼뜨다. 느리다. 천천하다. 완만하다. ②빈들빈들 걷다. 시간을 빈둥빈둥 보내다. 무위도식하다. 게으름피다. 태만부리다.
remanchear *v.i.*, *v.pr.* =*remanchar*.
remancho *m.* 굼뜸. 느림. 천천함. 완만함. 부진(不振). 게으름. 태만. 나태. 타기(惰氣).
remandar *v.t.* 다시 보내다. 다시 명령하다.
remanencia *f.* 남음. 잔존(殘存). 잔류.
remanente *a.* =*remanescente*.
remanescente *a.* (쓰고) 남는. 여분의. 잔여의. 잔류의.
— *m.* 나머지. 잔여(殘餘). 남는 부분.

잔여물. 남는 사람. 잔류자. [數] 잉여. 남는 수.
remanescer *v.i.* 남다. 잔존하다. 잔류하다.
remanescido *a.* 남은. 잔존한. 잔류한.
remangar *v.t.* ①소매를 다시 거두다(말아 올리다). ②손을 들고 치려고 하다. ③방금 …(착수) 하려고 하다.
remanipular *v.i.* ①다시 손으로 움직이다. 조작(操作)하다. 손으로(교묘하게) 다루다. ②시장 가격 따위를) 교묘하게 조종하다.
remansado *a.* ①조용한. 고요한. 평온한. 평정(平靜)한. ②안일한. 한가한. ③느린. 완만한.
remansão *a., m.* 조용한 (사람). 온화한 (사람). 안일한 (사람). 한가한 (사람). 느린 (사람). 굼뜬 (사람).
remansar-se *v.pr.* ①조용하다. 고요하다. 잔잔하다. 잠잠하다. (흐름이) 느리다. ②안일하다. 한가해지다. (사업 따위) 부진하다.
remansear *v.pr.* =*remansar*.
remanso *m.* ①조용함. 고요함. 잠잠함. 정지상태(靜止狀態). 휴지(休止). ②휴식. 휴양. 안일. ③휴양소.
remansoso *a.* ①조용한. 고요한. 잔잔한. 잠잠한. (흐름이) 멎어 있는. 멎은 듯한 느릿한. 아주 완만한. (기능이) 둔한. 부진(不振)한. ②안정(安靜)한. 평정한. 평온한. 안일한. 한가한.
remante *m.* 노젓는 사람.
remar *v.i.* (노를) 젓다.
— *v.t.* ①노를 젓다. 노를 쓰다. 배를 젓다. ②(새가) 날개를 아래위로 젓다. 훨훨 날다. ③헤엄치다.
remarcação *f.* 다시 표를 하기. 재표식(再標識).
remarcar *v.t.* ①다시 표(표시)하다. 표를 고쳐 매기다. ②값을 다시 매기다. ③잘 주의하다. 주목하다.
remaridar-se *v.pr.* (여자가) 재혼하다. 다시 남편을 얻다.
remartelar *v.t.* 망치로 다시 치다. 고쳐치다.
remascar *v.i.* =*remastigar*.
remastigação *f.* ①다시 씹기. 재저작(再咀嚼). ②다시 깊이 생각하기.
remastigar *v.i.* ①다시 씹다. 다시 저작하다. 잘 씹다. ②다시 생각하다. 다시 캐보다.

rematação *f.* 경매(競賣). 경매처분.
rematadamente *adv.* 끝내고. 완결하여. 완전하게.
rematado *a.* 끝낸. 끝마친. (바느질이 끝나고 실·털실 따위의) 매듭을 만든. 완결한. 완성한.
rematador *a., m.* 끝마치는 (사람). 완결하는 (사람).
rematar *v.t.* 끝내다. 끝마치다. (실·털실 따위의) 매듭을 만들다. 완결하다. 완성하다.
— *v.i.*, —*se v.pr.* 끝나다. 완결되다. 완성되다.
remate *m.* ①끝. 종결. 종말. 완성. 완결(完結). 결과. 결국. ②(노래의) 후렴. ③꼭대기. 최고점. ④[建] 용마루널 장식. 정식(頂飾). 말단(末端)의 수식.
remedar *v.t.* 흉내내다. 모방하다. 모조(模造)하다.
remediado *a.* ①넉넉한 재산이 있는. 생활에 걱정이 없는. 부유한. 순경(順境)에 있는.
remediador *a.* ①약을 쓰는. 치료하는. ②(잘못·버릇 따위를) 고치는. 교정하는. ③도와 주는. 구제(救濟)하는.
— *m.* 치료자. 고치는 사람. 교정자. 구원자. 구제자.
remediar *v.t.* ①약을 쓰다. (약으로) 치료하다. ②(나쁜 버릇을) 고치다. (폐해 등을) 없애다. ③도와 주다. 구제하다.
—*se v.pr.* 자기 힘으로 처리(처치)하다.
remediável *a.* ①치료할 수 있는. ②고칠 수 있는. 교정할 수 있는. 구제할 만한.
remedição *f.* (무게 따위를) 다시 달기. 재계량(再計量).
remédio *m.* ①약. 의약. 약석(藥石). 내복약(內服藥). ②치료법. 의술. ③구제책(救濟策). 원조대책. 교정법. ④배상. 변상.
remédio caseiro 가정약.
um santo remédio 특효약. 아주 좋은 약.
doença sem remédio 불치(不治)의 병. 《比喩》속수무책.
Não há remédio. (고칠 약이 없다). 구제할 방책이 없다. 어찌할 도리가 없다. 할 수 있는 일이라.
Para tudo há remédio, exceto para a morte.《診》 죽음에 대하여는 아무런 약도 없다.
Para grandes males grandes remédios.

《諺》대악(커다란 악습)은 죽어야 낫는다.
remedir *v.t.* (무게 따위를) 다시 달다. 다시 재다. 재계량(再計量)하다. 다시 측량하다.
remêdo *m.* ①흉내. 모방(模倣). 모의(模擬). 모조(模造). ②비슷함. 유사함.
remeiro *a.* 노젓는. 노젓기 편한. 노젓기 쉬운.
— *m.* 노젓는 사람.
remela *f.* ①눈곱.
remelado *a.* 눈곱이 낀. 눈곱 있는.
remelão *a.* 눈곱의. 눈곱이 낀.
remelar *v.i.*, —**se** *v.pr.* 눈곱이 끼다. 삼눈이 되다.
remeleiro, remelento *a.* 눈곱이 낀. 눈곱 투성이의.
remelgado *a.* (눈이) 충혈한. 핏대가 선. 눈이 벌건.
remeloso *a.* 눈곱이 낀. 눈곱이 많은. 눈곱 투성이의.
remembrança *f.* 《古》추억. 추회.
remembração *f.* 추억. 추회(追懷). 추상(追想).
rememorar *v.t.*, *v.i.* ①다시 기념하다. ②추억하다. 회상하다. 회고하다.
rememorativo *a.* ①다시 기념하는. ②다시 생각나게 하는. 회상(回想)시키는. 추억하게 하는. 다시 깨우치는.
rememorável *a.* 다시 기념해야 할. 추억(追懷)할 만한. 추상(追想)할 만한.
rememoro *a.*《詩》추억의. 추상의.
remendamente *adv.* 기운 자리가 얼룩덜룩하게. 미봉하여.
remendado *a.* ①헝겊을 대고 집은(꿰맨). 일시 미봉한. 쇳조각을 대고 땜질한. 고친. 수리한. ②《轉》어수선한. (백색과 흑색의) 얼룩의. 잡색(雜色)의. 혼합된. (문체(文體) 따위) 잡박(雜駁)한.
remendagem *f.* 대고 집기. 보철(補綴). 미봉(彌縫).
remendão *m.* (옷 따위 해어진 것을) 기워 주는 사람. 미봉하는 사람. (쇳조각을 대고) 땜질하는 사람. 구두수리장이. 서투른 직공.
sapateiro remendão 구두 수리하는 사람.
alfaiate remendão 서투른 양복사.
remendar *v.t.* ①(해어진 데를) 헝겊을 대고 집다. 일시 미봉하다. (쇳조각을 대고) 땜질하다. 고치다. 수리하다. ②외국어를

자국어와 뒤섞어 말하다.
remendeira *f. remendeiro*의 여성형.
remendeiro *m.* (해어진 데를) 헝겊을 대고 집는 사람. 일시 미봉(彌縫)하는 사람. 쇳조각을 대고 땜질하는 사람.
remendo *m.* ①(꿰매붙이기 위한) 헝겊조각. 보포(補布). (뚫어진 데 붙이는) 판자조각. (땜질에 쓰는) 쇳조각. 금속편. (신을 수선하는데 쓰는) 가죽조각. ②대고 집기. 보철. 미봉. 쇳조각을 대고 땜질하기. 수리. 수선. ③보족(補足).
obra de remendo 주어 모은 것. 서투른 일. 잡록(雜錄).
remendona *f. remendão*의 여성형.
remenicar *v.i.* 말대꾸하다. 대들다. 항변하다.
remerecedor *m.* (시상(施賞) 이상의) 공로가 있는 사람. 많은 공이 있는 사람.
remerecer *v.t.* (평가 이상의) 공로가 있다. 많은 공이 있다. 더 상을 받을만하다.
remergulhar *v.t.*, *v.i.* 다시 물 속에 들어가게 하다(들어가다). 다시 잠수(潛水)시키다(하다).
remessa *f.* ①(특히) 돈을 보내기. 송금. ②물품발송. 송하(送荷). 송부(送付). 송달. ③송금액. 지불액. 발송품.
remessão *m.* = *arremessão*.
remessar *v.t.* = *arremessar*.
rem**o** *m.* = *arremesso*.
remetente *m., f.* 송금인. (물품) 발송인. 송신인. 송하주(送荷主).
remeter *v.t.* ①(돈을) 보내다. ②(편지를) 부치다. 발신하다. ③(물건을) 발송하다. 송달하다. 배달하다. 전하다. ④맡기다. 위탁하다. 부탁하다. ⑤(…을) 하도록 하다.
— *v.i.* (+*contra*). 달려들다. 덤벼들다.
—**se** *v.pr.* …에 따르다. …의 뜻대로 하다. 하라는대로 …하다.
remeter-se ao silêcio 침묵(비밀)을 지키다.
remetida *f.* = *remetimento*.
— *m.* ①던지기. 뿌리기. ②[軍] 돌격. 공격.
remexedor *a., m.* ①막 휘젓는 사람 (물건). 뒤섞는 (사람). 뒤죽박죽되게 하는 (사람·물건). 샅샅이 뒤지는 (찾는) (사람). ③교란자(攪亂者).
remexer *v.t.* ①다시 휘젓다. 뒤섞다. 뒤죽

박죽되게 하다. ②살이 찾다. 뒤지다. ③교란하다. 동요케 하다.
— *v.i.* 쉴새없이 몸을 흔들다. 동요하다.
—se *v.pr.* 동요하다. 교란되다. 혼란에 빠지다. 뒤죽박죽이 되다.

remexida *f.* ①다시 휘젓기. 뒤섞기. ②살살이 찾기. 뒤지기. ③혼란. 혼잡.

remexido *a.* ①휘젓는. 뒤섞는. 뒤죽박죽이 된. ②흔들리는. 동요하는. 들뜬. 불안한. 침착치 못한. 싱숭생숭한.
— *m.* 혼란. 혼잡.

remição *f.* ①[神學] (그리스도에 의한) 속죄(贖罪). 구원. ②속전(贖錢)을 주고 노예·포로 따위를 구출하기. ③(피의류자를 인수(引受)하기 위한) 보상(補償). 판상(辦償). 판제(辦濟).
(注意) 동음이의어 *remissão*: 용서. 관용. 사면….

remido *a.* (속전 주고) 노예·포로 등을 구출한. 석방한. 해방한. (보상(補償)하고) 되찾은.

remidor *m.* 《古》 속전(贖錢) 주고 노예·포로 등을 구출하는 사람. 석방하는 사람. 해방시켜 주는 사람.

rémige *a.* ①앞으로 미는. 추진하는. ②(노를) 앞으로 젓는. ③앞으로 미는 데에 도움이 되는. ④핵우의. 핵우에 속하는.

rémiges *f.(pl.)* (날짐승의) 핵우(翮羽).

remígio *m.* 핵우(翮羽: 날짐승이 날 때 앞으로 내미는 기본적 역할하는 날개).

remigração *f.* ①(이민의) 귀국. 이주지로부터의 본국 귀환. ②재이주(再移住). 재이동.

remigrado *a.* ①(이주했던 나라로부터) 귀국한. ②재이민한.

remigrar *v.i.* ①(이주했던 나라로부터) 본국에 돌아가다. ②재이주하다. 재이동하다.

reminha *pron. poss.* (틀림없는) 내 것.

reminiscência *f.* ①회상. 추억. 기억. ②생각나게 하는 물건. 추억이 되는 일(물건). ③옛생각.
reminiscências (*pl.*) 회구담(懷舊談). 회상록.

remir *v.t.* ①(대가를 치루고) 되사다. (저당 잡힌 것을) 도로 찾다. (노력하여) 되찾다. ②속전(贖錢) 주고 노예·포로 등을 구조하다. 석방하다. 속상(贖償)하다. (손해를) 보상하다. 판상(辦償)하다. ③[神學] (신·그리스도가) 구제하다. 속죄하다.
—se *v.pr.* ①상환되다. 보상되다. ②(속전 내고) 구출되다. 석방되다. ③(속금(贖金)내고) 병역(兵役)으로부터 면제되다. ④재난을 면하다. 빚을 벗다.

remirar *v.t.* 다시 살펴보다. 자세히 눈여겨 보다. 몇 번이고 훑어보다.
—se *v.pr.* (거울에 비추어) 자기의 자세를 보고 또 보다.

remissa *f.* ①보류. 제쳐놓기. 뒤로 돌리기. 연기. ②체면차리기. 말없음. 과묵(寡默).
pôr de remissa 보류하다. 제쳐놓다. 뒤로 돌리다.

remissamente *adv.* ①느리게. 천천히. ②부주의하게. 등한히.

remissão *f.* ①용서. 관용(寬容). (죄의) 사면(赦免). 특사. 면제. 가대(假貸). ②(힘·효력 등의) 감쇠. [醫] 경쾌. 진정. (분노 등이) 풀림. 녹어짐. 이완(弛緩). 해이(解弛). 느즈러짐. 느슨함. ③중지(中止). 중단. 중절.
sem remissão 용서 없이. 유예(猶豫)함이 없이.
(注意) *remicão*: (그리스도에 의한) 속죄. 구원.

remissibilidade *f.* 용서할 수 있음. 사면될 수 있음.

remissível *a.* 용서할 수 있는. 사면될 수 있는.

remissivo *a.* ①관용(寬容)의. 용서하는. 사면하는. 경감적(輕減的). 녹이는. 완화시키는. ②송달하는. 회송(回送)하는. 이송하는. ③참조(參照)의. 조회의.

remisso *a.* ①느린. 굼뜬. 천천한. 완만한. ②활발치 못한. 무기력한. ③부주의한. 등한한. 게으른. 태만한.

remissor *a.* = *remissório*.

remissório *a.* 사면(赦免)의. 방면(放免)의.
carta remissória 재판사건의 이송서(移送書)·촉탁서(囑託書)(재판소 사이에 있는).

remitência *f.* [醫] 병세의 일시적 이완(弛緩). 이장(弛張). (주로 열병에 대한 말).

remitente *a.* [醫] 이장성(弛張性)의 (되풀이하는 간헐성(間歇性)인 것과 구별하는 말).
febre remitente 이장열(弛張熱).

remitir *v.t.* ①용서하다. 사면하다. 관용을

베풀다. ②면제하다. 경감(輕減)하다. 완화하다. ③빚돈(借金)을 제해 주다. ④(금전·물품 등을) 보내다. 발송하다. 송달하다. ⑤갚다. 상환하다. ⑥원상태로 돌이키다. ⑦인도하다. 양도하다.
— v.i. (병세가)누그러지다. 감퇴하다. (열이) 내리다.
—se v.pr. 느슨해지다. 완화되다.

remível a. ①되살 수 있는. (전당물 따위) 도로 찾을 수 있는. ②속상(贖償)할 수 있는. 상환할 수 있는. 속죄(속신)할 수 있는.

remo m. (배젓는) 노.

remoçado a. 다시 젊어진. 갱생한.

remoçador a., m. 다시 젊게 하는 (것). 부흥시키는 (것).

remoçamento m. ①다시 젊어짐. 회춘(回春). ②갱생. 소생. 갱신. 일신. 부활.

remoçante a. 되젊게 하는. 활력을 다시 띠게 하는. 갱생시키는.

remoção f. ①옮겨놓기. 전치(轉置). 이동. 이전(移轉). ②전임(轉任). 해임. 면직.

remocar v.t. 나무라다. 비웃다. 풍자해서 꾸짖다. 조매(嘲罵)하다.

remoçar v.t. 되젊게 하다. 젊어지게 하다. 젊게 보이다.
— v.i., —se v.pr. 되젊어지다. 청춘으로 돌아가다. 갱생하다. 기운을 회복하다.

remoçativo a. 되젊게 하는. 젊어 보이게 하는. 갱생의.

remodelação f. ①틀(본·모양)을 고치기. 고쳐 만들기. 개조. 개작. ②(행실 따위를) 고침.

remodelar v.t. ①틀(본·모양)을 고치다. 고쳐 만들다. 개조하다. 개작하다. ②(행실을) 고치다. ③다시 유행되게 하다.

remoedura f. ①(맷돌로) 다시 타기. (절구에) 다시 빻기. (방아에) 다시 찧기. ②되씹기. 반추(反芻). 잘 깨물기. 되풀이하기. ③괴롭히기. 귀찮게 굴기. ④심사(深思). 숙고(熟考).

remoela f. 욕. 욕설. 조매(嘲罵). 모욕. 조롱거리.

remoer v.t. ①(맷돌·절구 따위에) 다시 타다. 찧다. 빻다. 잘 갈다. ②되씹다. 반추하다. 잘 깨물다. (같은 동작을) 되풀이하다. ③괴롭히다. 못살게 굴다.
— v.i., —se v.pr. ①이리저리 잘 생각하다. 속을 썩이다. 애태우다. ②짜증내다. 화내다.

remoinhada f. (= redemoinhada) 선전(旋轉). 선회(旋回).

remoinhar v.t. (= redmoinhar) 빙글빙글 돌리다. 소용돌이치게 하다. (칼·돌 따위를) 돌려서 던지다.
— v.i. 빙글빙글 돌다. 선회하다. 소용돌이치다.

remoinho m. (= redemoinho) ①빙글빙글 도는 운동. 선회운동. ②선풍(旋風). 회오리바람. (물의) 소용돌이(치는 것).

remoinhoso a. (= redemoinhoso) 빙글빙글 도는. 선전(旋轉)하는. 선회하는. 소용돌이치는.

remolar m. 노를 만드는(수리하는) 사람.

remolhado a. 다시 젖은. 흠뻑 젖은.

remolhar v.t. 다시(물에) 적시다. (물에) 담그다.
— v.i., —se v.pr. 다시 젖다. 흠뻑 젖다. 물에 잠기다.

remôlho m. 다시 젖음. 흠뻑 젖음.

remondagem f. 다시 잡초를 뽑기. 재제초(再除草).

remondar v.t. 다시 잡초를 뽑다.

remonta f. ①새 말(新馬). 보충 말. ②[軍] 새 말 보충. 마필 징발. ③군마(軍馬). ④《俗》수리. 수선(修繕). 개량.

remontado a. 높이 오른. 높이 솟은. 우뚝 솟은. ②뛰어난. 탁월한. 우수한. 고상한. ③먼. 원격(遠隔)한. ④[軍] 신마 보충을 받은. ⑤(구두를) 뜯어 고친(특히 구두의 등부분과 앞부분의).

remontar v.t. ①높이 올리다. 올려 보내다. 추켜 들다. ②(말을) 다시 타다. 재승마(再乘馬)하다. ③(대포 등을) 바꾸어 설치하다. ④[軍] (기수·기병대 등에) 새로 말을 주다. 신마 보충하다. ⑤(구두를) 뜯어 고치다.
remonta sapato 구두를 뜯어 고치다.
— v.i., —se v.pr. ①높이 오르다. 올라가다. ②우뚝 솟다. 뛰어나다. 탁월하다.

remonte m. ①높이 오름. 높이 추켜듦. ②먼 곳. 원격(遠隔)한 장소. ③구두를 뜯어 고치기(특히 등부분과 앞끝 부분을). 구두 수리용 가죽.

remontista m. 군마징발인(軍馬徵發人). 군마보충원.

remoque *m.* 비웃기. 풍자적 조소. 조롱(嘲弄). 욕설. 조매(嘲罵). 웃음거리.

remoqueador *a.*, *m.* 비웃는 (사람). 조롱하는 (사람).

remoquear *v.i.* 비웃다. 풍자적으로 조소하다. 조롱하다. 냉소하다.

remora (1) *f.* [魚] 빨판상어.
— (2) *f.* 방해. 장애. 저지(沮止).

remorado *a.* 늦어진. 지체한. 시간 걸린.

remordaz *a.* 쏘는. 무는. 자주 무는. 씹는.

remordedor *a.* ①쏘는. 무는. 물어 뜯는. 자주 무는. 되씹는. ②간단없이 괴롭히는. 못살게 구는.
— *m.* 위의 동작을 하는 사람·동물·사물.

remordente *a.* ①쏘는. 무는. 무는 것 같은. 씹는. 되씹는. 에는 듯한. ②간단없이 괴롭히는. 못살게 구는.

remorder *v.t.* ①물다. 다시 물다. ②씹다. 다시 씹다. 여러번 씹다. ③쉬지 않고 비방하다. 중상하다. 흠을 보다. ④간단없이 괴롭히다. 가슴 아프게 하다. 못살게 굴다.
— *v.i.* 쏠다. 물다. 다시 씹다. 되풀이 씹다.
—se *v.pr.* ①이를 깨물다. 이를 갈다. 절치(切齒)하다. ②분통해하다. 통분해서 못 견디다.

remordido *a.* ①다시 물린. 누차 물린. 여러 번 씹은. ②많은 괴로움 받은. 고생한. ③가슴 아픈. 통분한. 한탄스러운.

remordimento *m.* ①쏠기. 물기. 깨물기. 씹기. 여러 번 씹기(물기). ②간단없이 괴롭히기. 못살게 굴기. ③가슴 아픔. 통한(痛恨).

remoroso *a.* (사소한 일에 방해되어) 늦어진. 지체한. 시간 걸린.

remorso *m.* ①가슴 아픔. 깊이 뉘우침. 양심의 가책. 자책(自責). ②후회. 회한. 통한(痛恨).
sem remorso 용서없이.

remotamente *adv.* ①아주 멀리. 멀리 떨어져서. 외따로. ②오랜 과거에. ③(이야기 따위) 간접적으로. 돌려서. ④유원(悠遠)히.

remoto *a.* ①먼. 먼 곳의. ②멀리 떨어진. 외딴. 궁벽한. ③먼 옛날의. 이전의. 먼 뒤의. ④연분이 먼. 관계가 적은. ⑤(이야기 따위) 간접의. 막연한. ⑥(소리 따위) 멀리서 들려오는.

remover *v.t.* ①옮기다. 다시 옮기다. 이전하다. ②걷어치우다. 치우다. ③전임(轉任)시키다. 면직(免職)시키다. 멀리 하다. (婉曲) 제거하다. 일소하다. 말살하다. 없애버리다. 물러가게 하다. ④방해하다. (계획 등) 좌절시키다. 실패케 하다.

removido *a.* 옮겨 놓은. 옮겨진. 제거된.

removimento *m.* ①옮기기. 이동. 이전. 이사. ②해임. 면직. 전임(轉任). 조동. ③제거. 철거.

removível *a.* 옮길 수 있는. 이동(이전)할 수 있는. 전임시킬 만한. 해임(면직)할 만한. 제거할 수 있는.

remudar *v.t.* 다시 바꾸다. 재차 변경하다.

remuneração *f.* 보수. 보상. 수당. 사례(금). 급료. 임금(賃金). 노은(勞銀).

remunerado *a.* 보수된. 보상된. (적당한) 수당을 받은.

remunerador *a.* 보수하는. 보상하는. 갚는.
— *m.* 보상자. 갚는 사람.

remunerar *v.t.* 보수하다. 보상하다. 보답하다. 갚다. (임금을) 지불하다.

remunerativo, remuneratório *a.* ①보수의. 보상의. 사례의. 보수가 있는. ②유리한. 수지맞는.

remanerável *a.* 보수(보상)할 만한. 보답(사례)해야 할. 응당 갚아야 할.

remuneroso *a.* 보수 있는. 보상 있는. 수입이 좋은.

remurmurar *v.i.* 입속으로 중얼거리다. 반복하여 중얼거리다.

remurmurio *m.* (입속으로) 되풀이하여 중얼거리기.

rena *f.* [動] 순록(馴鹿).

renal *a.* [解] 콩팥의. 신장(腎臟)의. 신장부의. 신장에 관한.
calculos renais 신장병. 신장결석(結石).

renascença *f.* ①갱생. 재생. 환생(還生). 부활. 부흥. ②문예부흥. 르네상스. 르네상스의 미술. 건축의 양식. ③(문예·종교 따위의) 부흥.
— *a.* 문예부흥의. 부흥시대의. 르네상스식의.

renascente *a.* 갱생(재생)하는. 되살아나는. 부활(부흥)하는. 재기하는. 회복하는.

renascer *v.i.* ①되살아나다. 부활하다. 재생(갱생)하다. 부흥(재흥)하다. ②다시 싹트다. 다시 태어나다. 다시 나타나다.

renascido *a.* 되살아난. 부활한. 재생한. 갱생한. 다시 일어난. 부흥한. 재흥한. ②다시 싹튼.

renascimento *m.* 되살아나기. 재생(再生). 환생(還生). 부활. 부흥. 재흥.

renda (1) *f.* 끈. 엮은 끈. 옷끝의 장식. 레이스. 세사세공(細絲細工).
— (2) *f.* ①지대(地代). 소작료. 집세. 임차료(賃借料). ②임대. 임차. ③수입. 소득(所得). 수익(收益).
renda bruta 총수입(경비를 포함함).
renda por capita 1인당 소득. 개인소득.
rendas públicas 국가의 세입(歲入).

rendado *a.* 장식용 끈이 달려 있는. 끈으로 (줄로) 동여 맨. 레이스로 장식한. 모오르가 붙은.
— *m.* 레이스 장식(옷에 달려 있는 전체를 가리킴).

rendar (1) *v.t.* 끈을 붙이다. 레이스로 장식하다.
— (2) *v.t.* 임대료(소작료)를 지불하다. (받다).

rendaria *f.* 레이스를 만들기. 레이스 공업.

rendável *a.* 수입이 있는. 이익이 오르는. 수익이 많은.

rendedouro *a.* 수입이 있는. 수입이 있음직한.

rendeira (1) *f.* 레이스를 만드는 여자. 그것을 피는 여지.
— (2) *f.* (집・땅 따위) 세를 내고 쓰는 여자. 여자 소작인. (때로는) 빌리는 여자.

rendeiro (1) *m.* 레이스를 만드는 사람. 그 장수.
— (2) *m.* ①(토지) 차용자. 소작인(小作人). 차가인(借家人). ②(때로는) 부동산 소유자. 부동산 대여로 이득을 받는 사람.

render *v.t.* ①복종시키다. 굴복시키다. 항복케 하다. ②이기다. 압도하다. 정복하다. (적을) 지게 하다. ③(힘을) 다하다. 진력하다. ④이익을 올리다. 이윤을 내다. 수득하다. ⑤…의 결과를 가져오다. 초래하다.
— *v.i.* ①이롭다. 이익이 되다. ②휘어들다. 굴복하다. 꺾어지다. ③터지다. 쪼개지다.
—**se** *v.pr.* ①굴복하다. 손을 들다. 투항하다. 항복하다. ②(지시・명령 등에) 조건없이 따르다. …에 자기의 몸을 맞기다.

rendição *f.* ①투항. 항복. 함락. ②넘겨 주기. 명도(明渡). 양도.

rendido *a.* ①복종한. 투항한. 항복한. ②터진. 파열한. 쪼개진. ③혼을 빼앗긴. 인정(人情)에 사로잡힌. ④피로 극진한. 녹초가 된. ⑤[醫] 탈장(脫腸)에 걸린.

rendilha *f.* 가늘고 고운 레이스.

rendilhado *a.* 가늘고 고운 레이스를 단. 작은 레이스.

rendilhamento *m.* 가늘고 고운 레이스를 달기.

rendilhar *v.t.* 가늘고 고운 레이스를 달다.

rendimento *m.* ①투항. 항복. 함락. ②기여(寄與). 봉사. ③소득. 수득. 수입. ④생산. 산출. ⑤[病理] 헤르니아. 탈장(脫腸). ⑥근육의 이완(弛緩).

rendosamente *adv.* 이익(수익) 있게. (돈) 벌이가 잘되도록. 유익하게.

rendoso *a.* ①이가 나는. 수입이 많은. 수지 맞는. 돈벌이 되는. ②유익한. 유리한.

renegação *f.* 신앙 포기. 기교(棄敎). (정당으로부터의) 탈당(脫黨). 이탈. (주의의) 변절.

renegada *f.* (트럼프) 옴버(세 사람이 함. 17・18세기에 유행).

renegado *m.* 신앙을 버린 사람. 배교자(背教者). (특히) 회교에 개종한 기독교도. 탈당자. 변절자.
— *a.* 신앙을 버린. 배교의. 변절한. 배신한. 탈당한.

renegador *a.*, *m.* 신앙을 버리는 사람. 모독하는 사람. 변절하는 사람.

renegar *v.t.* ①(신앙을) 버리다. 기교(棄敎)하다. (다른 종교에) 개종하다. 배교(背敎)하다. ②변절하다. 탈당하다. ③(신성을) 부인하다. 모독(冒瀆)하다. ④거절하다. 거부하다.
— *v.i.* ①신앙을 버리다. 배교하다. 배신행위를 하다. ②무시하다. 경시(輕視)하다.

renete *m.* (편자일꾼의) 발톱 깎는 칼.

renhideiro *m.* 닭싸움터(鬪鷄場).

renhido *a.* ①사나운. 용맹한. 무서운. 지독한. 잔인한. ②(싸움 따위) 치열한. 살벌한. 맹렬한. ③끈덕진. 완고한. 외고집이 센.
batalha renhida 치열한 전투.

renhimento *m.* ①심한 말다툼. 격론. ②맞붙어 싸우기. 난투. 격전(激戰).

renhir *v.i.*, *v.t.* ①심한 말다툼을 하다. 격렬한 논쟁을 하다. ②맞붙어 싸우다. 난투를 벌이다. 맹렬히(치열히) 전투하다.

reniforme *a.* 신장(腎臟) 모양의. 강낭콩 모양의.

renitência *f.* ①강경한 반대. 저항. 반항. ②완고. 제어하기 어려움.

renitente *a.* ①강경히 반대하는. 대드는. 저항하는. 반항하는. ②(쓸데없이) 우겨대는. 고집부리는. 완고한. ③[醫] 저항성(抵抗性)의.

renitir *v.i.* ①강경히 반대하다. 대들다. ②저항하다. 반항하다. 버티다. ③고집부리다. 우겨대다.

renome *m.* 명성(名聲). 영명(令名). 평판. 고명(高名). 성망(聲望). 유명함.

renomear *v.t.* ①이름 높게 하다. 유명하게 하다. ②다시 임명(任命)하다.

renova *f.* ①새로 나오는 싹. 신아(新芽). ②재생(再生).

renovação *f.* ①새롭게 함. 일신(一新). 쇄신. 혁신. 갱신. 개정(改正). 개량. ②부흥. 부활. 갱생. 원기회복. ③다시 시작. 재개시. 반복(反復).

renovador *a.* 새롭게 하는. 쇄신(혁신)하는. 다시 하는.
— *m.* 혁신자. 개혁자. 쇄신자. 개량자.

renovamento *m.* = *renovação.*

renovar *v.t.* ①새롭게 하다. 일신(一新)하다. 쇄신하다. 갱신(更新)하다. ②갱생시키다. 소생시키다. 부활시키다. ③재흥하다. 재건하다. ④다시 시작하다. 다시 논하다. ⑤(어음 따위를) 다시 쓰다. 고쳐 쓰다. ⑥되풀이하다. 반복하다.
— *v.i.* ① 새싹이 트다. 다시 나오다. 다시 발생하다. 다시 일어나다. ②어음을 재발행하다.
—*se v.pr.* ①새롭게 되다. 쇄신(갱신)되다. ②회복하다. ③다시 시작되다. 재발하다. ④되젊어지다.

renovável *a.* 새롭게 할 수 있는. 갱신(쇄신)할 수 있는. 고쳐 만들어야 할.

renôvo *m.* 새로운 싹. 신아(新芽). 움돋이. 어린 가지.
renovos (*pl.*) 햇곡식. 신곡물(新穀物). 새농작물.

renque *m.* 열(列). 일렬(一列). [軍] 횡렬(橫列).

rentar *v.t.* ①바로 곁을 지나가다. 닿을 정도로 왔다 가다. ②뽐내며 곁에 오다(접근하다). ③도전적 언사를 던지다. 싸움을 걸다. ④여자에게 상냥하다. 멋부리다. 미태(媚態)를 짓다.

rente *a.* 밀접한. 아주 가까운. 아주 짧은. 스칠 정도의. 땅에 닿을 만한.
— *adv.* 아주 가깝게. 밀접하여. 꼭 붙다시피. 바싹. 아주 짧게. 스칠 정도로. 땅에 닿을 정도로.
rente a (또는 *de*) …에 아주 가깝게. 스치듯. 바싹.
rente da terra 땅에 거의 닿을만하게. 지면을 스칠 정도로.
cortar rente (뿌리 부분을) 바싹 자르다 (베다).
passar rente à parede 담벽에 닿을 정도로 스쳐 지나가다.
passar rente ao jardim 정원(공원)에 아주 가까이 지나가다.

renteado *a.* (머리칼 따위를) 아주 짧게 깎은. (나무·풀 따위를) 바싹 벤.

renteador *m.* 여자에게 상냥한 사람. 미태(媚態)를 짓는 사람. 멋부리는 이.

rentear (1) *v.t.* (머리털을) 아주 짧게 깎다. (나무·풀 따위를) 바싹 베다(뿌리 바로 위를).
— (2) *v.t.* 멋부리다. 미남인 체하다. 미태를 짓다. 교태(嬌態)를 부리다.

rentura *f.* 정확한 조준(照準).

renuente *a.* 부정(否定)하는. 부인하는. 거절하는. (거부의 뜻으로) 머리를 옆으로 흔드는.

renuido *m.* 부정의 뜻으로 머리를 옆으로 흔드는 것.

renuir *v.t.*, *v.i.* 부인하다. 부정하다. (머리를 옆으로 흔들어) 거절의 뜻을 표하다.

renúncia *f.* ①포기. 폐기. 기권. ②사직(辭職). 사임. 사표. ③자제. 극기. 단념.

renunciação *f.* ①포기(기권)하기. ②사직(사임)하기. 사표 제출.

renunciador *m.* ①포기자. 기권자. ②사직자. 사임하는 이. 사표 제출자. ③거절하는 사람. 불승인하는 사람.

renunciamento *m.* ①포기. 기권. 불승인. 거절. ②사직. 사임.

renunciante *a.*, *m.* 포기하는사람). 기권하는 (사람). 사직하는 (사람).

renunciar *v.t.*, *v.i.* ①(정식으로) 포기하다. 폐기하다. 기권하다. ②사임하다. 사직하다. 그만두다. ③선서하고 끊다. ④부인하다. 거절하다. ⑤(권리를) 포기하다. 단념하다. ⑥(트럼프) 판에 깔린 카드의 짝을 가지고 있으면서 규약을 위반하고 딴 카드를 내다.

renunciar ao trono 왕위(王位)를 퇴양(退讓)하다.

renunciável *a*. 포기(기권)할 수 있는. 사임(사직)해야 할. 그만둬야 할.

renutação *f*. =*renuido*.

renutrir *v.t.*, *v.i.* 새로 자양분을 주다(섭취하다).

réo *m*. =*réu*. 미결수. 죄인. 피고.

reocupação *f*. 재점유(再占有). 재점령. 재거주.

reocupar *v.t.* ①다시 차지하다. 다시 점유(점령)하다. 다시 살다. 다시 쓰다.

reometro *m*. [電] 전류계. [醫] 혈행계(血行計).

reordenação *f*. ①재명령. 재지령. ②재주문. ③재정리(再整理).

reordenar *v.t.* ①다시 명령하다. 재차 분부하다. ②다시 주문(注文)하다. 추가 주문하다. ③다시 질서를 잡다. 재정리하다.

reorganização *f*. ①재편성. 개편. 고쳐 짜기. 재조직. ②개조. 개혁.

reorganizador *a*., *m*. 재편성하는 (사람). 재조직하는 (사람).

reorganizar *v.t.* ①재편성(개편)하다. 다시 짜다. 재조직하다. ②개조하다. 개혁하다.

reorientação *f*. ①방향 전환. ②재지도(再指導).

reorientar *v.t.* 새로운 방향(방침)을 정하다. 다시 지도하다.

reoscópio *m*. 험전기(驗電器).

reóstato *m*. [電] 리어스탯. 가감저항기(加減抵抗器).

reótomo *m*. [電] 단속기(斷續器).

reotórica *f*. 수사학(修辭學). 웅변술. 화려한 문체. 아름다운 말. 미사(美辭). 과장. 매력.

reotoricamente *adv*. 수사적으로. 아름다운 말로.

reotoricar *v.i.* 수사적으로 글 쓰다(말하다). 미사여구(美辭麗句)를 늘어 놓다.

reotórico *a*. 수사학의. 수사적의. 웅변적인. 미사여구의.

reoxidação *f*. 재산화(再酸化).

reoxidar *v.t.* 다시 산화시키다.

reoxigenar-se *v.pr*. (혈액이) 다시 산소와 화합(化合)하다.

repa *f*. 《俗》 듬성듬성 난 털. 성긴 털. 소모(疏毛).

repagar *v.t.* ①(금전을) 되치르다. 돌려 주다. 되갚다. ②더 지불하다. 협정가격(協定價格) 이상으로 지불하다. 아끼지 않고 더 받다. ③이중으로 지불하다.

repago *a*. ①되치른. (금전을) 돌려 준. ②더 지불한. 합의된 가격 이상으로 지불한. ③이중으로 지불한.

reparação *f*. ①고치기. 수리. 수선(修繕). 교정(矯正). ②배상(賠償). (전쟁의 손해에 대한) 배상금.

em reparação (*em consêrto*) 수리중. 수선중.

reparação de um dano 손해배상.

reparado *a*. ①수리된. 수선된. 고친. 교정한. ②상환한. 배상한.

reparador *a*., *m*. 수리하는 (사람). 수선하는 (사람). 고치는 (사람). 기운(원기)을 회복시키는 (사람).

reparar *v.t.* ①수리하다. 수선하다. 고치다. 교정하다. 광정(匡正)하다. ②(손실 등을) 배상하다. 보상(補償)하다. 판상(辦償)하다. ③돌이키다. 회복하다.
— *v.i.* 조심하다. 주의하다.
—*se v.pr*. ①상환되다. 배상되다. ②건강(기력)을 회복하다. ③(바람·비·더위·추위 등으로부터) 몸을 보호하다. ④(배가) 정박소에 피난하다.

reparatório *a*. ①수리의. 수선의. ②교정의. ③배상의.

reparável *a*. ①수리(수선)할 수 있는. 고칠 수 있는. 교정해야 할. ③상환(배상)해야 할. 배상(판상)할 수 있는.

reparecer *v.i.* 다시 나타나다. 재출현하다. 재등장하다.

reparição *f*. 다시 나타남. 재출현. 재출두. 재등장.

reparo *m*. ①고침. 수리. 수선. 수복(修復). 복구. ②주의. 주목. 조심. ③방어공사. 보루(堡壘). 성채(城砦). ④포차. 포가(砲架).

fazer reparo ①수리하다. ②주목하다.

repartição *f*. ①나눔. 분배. 분할. 구분. 배포(配布). 할당. ②재분배. 재구분(再區分). ③국(局). 부(部). 처(處). 원(院).

repartição pública 관청(官廳).
repartidamente *adv.* 나누어서. 분배하여. 분할하여. 분담(分擔)하여. 구분하여.
repartideira *f.* 제당소(製糖所)의 분밀기(分密器). 일종의 동제(銅製) 냄비.
repartidor *a.* 나누는. 분배하는. 분할하는. 구분하는.
— *m.* 나누는 사람. 분배자. 분할자. 분밀기(分密器).
repartimento *m.* ①나누기. 분할. 분배. 할당. ②재분배. 재할당. 재구분. ③(칸칸(間間)을 막은) 분실(分室). (분벽(分壁)으로 나뉜) 작은 방. (선내(船內)의) 선실. ④(계산대의) 돈넣는 서랍.
repartir *v.t.* ①나누다. 나누어 주다. 분할하다. 구분하다. 구획을 나누다. ②다시 나누다. 재분할하다. 재구분하다. ③배치(配置)하다. ④[數] 나누다.
— **se** *v.pr.* 나뉘어지다. 분할되다. 분열되다. 분계(分界)를 이루다.
repartitivo *a.* 분할의. 분배의. 분할에 관한. 분할(분배)하기 위한. 구분용(區分用)의.
repartível *a.* 나눌 수 있는. 분할되는. 구분할 수 있는.
repassado *a.* ①가득한. 충만한. ②물에 담근. 흠뻑 젖은. 배어 들어간. 스며들어간. ③꼬인. 끈. 합쳐 짠. 섞어 뜬.
repassar *v.t.* ①다시 지나가게 하다. 재통과시키다. ②(서류 따위를) 다시 훑어 보다. 재열독(閱讀)하다. 다시 조사하다. 잘 살펴 보다. ③(의안(議案) 따위를) 의회에 다시 통과되게 하다. 재심(再審)하다. ④물에 다시 적시다. 담그다. 배어 들어가게 하다. 삼투(滲透)시키다. ⑤다시 깁다. 다시 꿰매다. [印] 다시 밀다. 다시 찍다.
— *v.i.*, — **se** *v.pr.* ①다시 지나가다. 재통과하다. ②흠뻑 젖다. 잠기다. 배어 들어가다. 스며들다. ③마음속에 사무치다.
repastar *v.t.* 다시 목초(牧草)를 주다. (가축을) 다시 목장에 이끌다.
— *v.i.*, — **se** *v.pr.* ①배부르게 먹다. ②연회를 차리다. 연회를 차리고 즐기다.
repasto *m.* ①많은 목초. 풍부한 사료. ②연회. 성찬. ③한끼 분의 식사. 음식.
repatanar-se *v.pr.* = *repetenar-se*.
repatriação *f.* = *repatriamento*.
— *m.* 본국 송환. 귀국.

repatriar *v.t.* 본국으로 송환하다. 조국에 돌려보내다.
— *v.i.*, — **se** *v.pr.* 귀국하다.
repechar *v.t.*, *v.i.* (언덕으로) 올라가다. (가파르지 않은) 비탈길을 올라가다. 계단으로 올라가다. (말을) 타다.
repecho *m.* 비탈. 경사지. 가로(街路)의 비탈진 곳.
repedir *v.t.* ①다시 요구하다. 재차 청하다. 다시 의뢰하다. ②다시 동냥하다. 간절히 원하다.
repelão *m.* ①거세게 당기기. 갑자기 당기기. (새의 깃을) 잡아 뽑기. ②갑자기 밀기. 떠밀기. 밀어 팽개치기. ③충격. ④공격. 공격적 언사.
de repelão 돌연히. 갑자기. 난폭하게.
repelão de vento 일진(一陣)의 강풍(強風). 질풍.
repelar *v.t.* = *arrepelar*.
repelência *f.* ①떠밀기. 되튕기기. 밀어 팽개치기. 배척. ②미워함. 염오.
repelente *a.* ①떠미는. 되튕기는. 밀어 팽개치는. 배척하는. ②호감을 주지 않는. 징그러운. 몸서리나는.
repelido *a.* 되튕긴. 물리친. 밀어 던진. 쫓아버린. 격퇴한. 배격한. 퇴짜를 놓은.
— *m.* ①떠밀기. 되튕기기. 격퇴. 배격. 배척. ②천대. 학대.
repelir *v.t.* ①힘껏 밀다. 밀어 팽개치다. 되튕기다. 격퇴하다. 쫓아 버리다. 얼씬 못하게 하다. ②퇴짜 놓다. 거절하다. ③[理] 튕기다. 반발하다.
repêlo *m.* 힘껏 밀치기. 밀어 팽개치기. 되튕기기. 배격. 반격.
a repêlo ①거칠게. 난폭하게. ②본의가 아니면서.
repenicar *v.t.* (교회의 가락 맞춘) 한 번의 종을 울리다. 연속적으로 종을 치다.
— *v.i.*, — **se** *v.pr.* (가락 맞춘) 한 벌의 종이 울리다. 딸랑딸랑 울리다.
repenique *m.* ①(가락 맞춘) 한 벌의 종소리. 계속적으로 울리는 종소리. ②연속적으로 종을 치기(쳐서 소리를 울리기).
repensar *v.i.*, *v.t.* 다시 생각하다. 곰곰이 생각하다. 재삼재사 생각하다.
repente *m.* 돌연한 움직임(작위). 갑자기 일어나는 것. 돌발사. (화산·격정 등의) 폭발. 격발. 용솟음쳐 나오기.
repentes (*pl.*) 발작적으로. 마음 내키는

대로.
de repente 돌연히. 갑자기. 별안간.
num repente 눈깜빡할 사이에. 순식간에.

repentinamente *adv.* 갑자기. 돌연히. 별안간. 덥썩. 불쑥. 돌발적으로.

repentinidade *f.* 갑작스러움. 돌연함. 돌발적임. 불의(不意). 급거.

repentino *a.* 갑작스러운. 돌연한. 별안간의. 뜻밖의. 불의의. 당돌한.
mudança repentina (환경의) 급변. 돌변.
doença repentina 급병(急病).
morte repentina 갑작스러운 죽음. 급사(急死).

repentista *a.* 즉석의. 즉석에 하는. 준비없이 하는.
— *m., f.* 즉흥 시인. 즉석 연주가. 즉석화가(卽席畫家).

repercussão *f.* 되튕기기. 격퇴. 반격. 튕김. 반사(反射). 반향(反響). 반향음. 여운(餘韻). [醫] 소산(消散).

repercussivo *m.* 《古・醫》 소산약(消散藥).

repercusso *m.* = *repercussão*.

repercutente *a.* 되튕기는. 격퇴하는. 물리치는. 반사하는. 반향하는.

repercutir *v.t.* ①되튕기다. 격퇴하다. ②반향시키다. 반사(反射)시키다. ③[醫] 소산시키다.
— *v.i.*, — *se v.pr*, 반향하다 (빛・열을) 반사하다.

repergunta *f.* 다시 물음. 재질문.

reperguntar *v.t.* 다시 묻다. 거듭 질문하다.

repertório *m.* ①창고. 저장소. 보고(寶庫). (특히 지식 등의) 축적. 수립. ②색인(索引). 목차(目次). 인덱스. ③목록. (언제든지 출연준비가 되어 있는) 연예목록. 연주곡목. ④달력. 역서(曆書).

repes *m.* (실내 장식용의 일종의) 이랑지게 짠 천.

repesador *a.* 무게를 다시 다루는. 검량하는. 정사(精査)하는.
— *m.* 중량재검사인. 검량원(檢量員). 정사원(精査員).

repesar *v.t.* 무게를 다시 달다. 재검량하다. 검사하다. 세밀히 달아 보다.

repeso (1) *m.* 무게를 다시 달기. 재검량(再檢量).
— (2) *a.* 후회하는(하고 있는).

repetenado *a.* ①(담벽・의자 등에) 축 늘어져 기댄. (안락 의자에) 축 늘어져 누운. (요람 의자 따위에 앉아) 몸을 흔들고 있는. 하는 일 없이 세월 보내는. ②건방진. 불손한. 거만한.

repetenar-se *v.pr.* (담벽・의자 등에) 축 늘어져 기대다. (안락 의자에) 축 늘어져 눕다. (요람 의자 따위에 앉아) 몸을 흔들다. 하는 일 없이 세월 보내다. 무위도식하다.

repetência *f.* 되풀이하기. 반복.

repetente *a.* 되풀이 하는. 반복하는. (배운 과목을) 복습하는.
— *m.* 복습생(낙제한 후 다음 해의 진급을 위하여 복습하는).
Êle é repelente. 저 사람은 복습생이다.

repetição *f.* 되풀이. 반복. 중복. 재설. 재언. 복습(復習). [樂] 복주(復奏). 복창. [修] 반복법.

repetidamente *adv.* 되풀이하여. 반복하여. 거듭.

repetidor *a.* 되풀이하는. 반복하는.
— *m.* ①되풀이하는 사람(사물). ②가정교사. 복습교사(復習敎師).

repetir *v.t.* ①되풀이하다. 반복하다. ②외우다. 받아 외다. 다시 말하다. 재설하다. ③다시 배우다. 복습하다. ④반사하다. 반향하다. 반영(反映)하다.
— *v.i.* ①되풀이하다. 반복되다. 다시 일어나다(나타나다). ②(병이) 재발하다. 열이 다시 나다. ③[數] 소수(小數)가 순환하다.
— *se v.pr.* (동작이) 되풀이되다. 반복되다.

repicador (1) *a., m.* (교회의 가락 맞춘) 한 벌의 종을 울리는 (사람).
— (2) *a., m.* 잘게 써는(사람・도구).

repicagem *f.* ①(가락 맞춘) 한 벌의 종을 울리기. ②(고기・야채 따위를) 잘게 썰기. 촌단(寸斷)하기.

repicar (1) *v.t.* (가락 맞춘) 한 벌의 종을 울리다. 종을 연속적으로 치다.
— *v.i.* 한 벌의 종이 울리다. 땅랑딸랑 울리다.
— (2) *v.t.* (고기・야채 따위를) 잘게 썰다. 토막치다. 촌단(寸斷)하다.

repimpadamente *adv.* ①배불리 많이 먹고. (의자 따위에) 축 늘어서져.

repimpado *a.* ①다져 넣은. ②잔뜩 먹은. 배불리 먹은. 만복한. ③(의자 따위에) 축 늘어진. 털썩 기댄.
repimapar *v.t.* ①(배를) 채우다. ②(아이에게) 억지로 먹이다. ③(가금(家禽)을) 포식시키다. 다져 넣다. ④주입식으로 가르치다.
　—**se** *v.pr.* ①배불리 먹다. 배를 채우다. 게걸스레 먹다. 다져 넣다. ②축 늘어지다. 털썩 앉다. 사지(四肢)를 뻗고 축 눕다. 몸 편히게 기대다.
repinchado *a.* 흙탕물이 튕긴. 진창이 튕긴.
repinchar *v.i.* 흙탕물이 튕기다. 확 흐트러지다. 진창이 튕기다.
repintar *v.t.* 다시 그림 그리다. 고쳐 그리다. 다시 묘사하다. (그림물감·페인트 따위를) 다시 칠하다.
　— *v.i.* [印] (인쇄한) 잉크가 배다. (채 마르지 않아) 다음 페이지에 묻다.
repique *m.* ①(교회의 가락 맞춘) 한 벌의 종을 치기. ②딸랑딸랑하는 종소리. ③[撞球] 캐넌한 후 공이 다시 맞부딪치는 것. ④잘게 썰기. 촌단(寸斷).
repiquête *m.* ①험준한 내리받이. ②연속적으로 울리는 종소리.
repisa *f.* ①다시 밟기. 마구 짓밟기. 다시 억누르기. ②반복.
repisar *v.t.* ①다시 밟다. 거듭 밟다. 포도를 다시 눌러 찌그러뜨리다. 다시 억누르다. ②같은 동작을 되풀이하다.
repiso *m.* =*repisa*.
replanta *f.* [農] 다시 심기. 다시 심은 것.
replantação *f.* 다시 심기. 재식(再植). 옮겨 심기. 이식(移植). (싹트지 않은 곳에) 보충하여 심기. 고쳐 심기.
replantar *v.t.* 다시 심다. 재식하다. 옮겨 심다. 이식하다. (싹트지 않은 곳에) 보충해 심다. 고쳐 심다.
replantio *m.* 재식. 이식(移植). 보식(補植).
repleção *f.* 충만. 포만. 과다. 포식. 만복(滿腹). [醫] 다혈(多血)(중). 다액(多液).
replenado *a.* 흙을 메운(다져 넣은). 흙을 메우고 위를 평평하게 한.
replenar *v.t.* 흙을 메우고(채우고) 위를 평평하게 하다. 지면을 다지다.
repleno *m.* ①메운 흙. ②흙메우고 다진 땅. ③[築城] 누도(壘道 : 포대 위의 대포 놓는 곳). 보루 주위의 평지.
repletar *v.t.* ①다시 채우다. 가득하게 하다. ②연료를 넣다. ③배부르게 하다. 만복시키다.

repleto *a.* ①가득 찬. 충만한. 다져 넣은. ②배부른. 포식한. 포만한.
réplica *f.* ①답변에 대한 답변. 재답변. 응답. [法] (피고의 답변에 대한) 원고의 변박. 항변. 재답변서(再答辯書). ②교묘한 즉답(卽答)의 재주. ③(미술품의) 표본. 재생.
　sem réplica 이의(異議) 없이. 이견(異見) 없이.
replicação *f.* (답변에) 다시 답변하기. 항변하기. 응답.
replicador *a.*, *m.* ①(답변에) 다시 답변하는 (사람). 응답자. ②말대꾸하는 (사람). 되받아치는 (사람).
replicar *v.i.*, *v.t.* ①(답변에 대하여) 다시 답변하다. 도로 반박하다. 항변하다. 말대꾸하다. 되받치다.
replicativo *a.* [植] (잎사귀가) 뒤로 뒤집은. 뒤로 굽어진.
repolegar *v.t.* 가장자리를(옷단을) 꿰매다. 감치다. 주름잡다. 엮다. 땋다.
repolego *m.* ①가장자리. 옷단. ②빵과자의 둘레에 만든 가장자리.
repolhal *a.* 양배추의. 양배추 모양을 한.
　— *m.* 양배추밭.
repolhar *v.i.* 양배추꼴이 되다. (양배추같은) 머리가 생기다.
repolho *m.* [植] 양배추. 케비지.
repolhudo *a.* ①양배추 모양의. ②(머리가) 양배추 모양으로 둥근. ③둥실둥실한. 둥글둥글한. 뚱뚱한. 살찐.
repoltrear-se *v.pr.* ①(안락의자에) 털썩 기대다. 축 늘어지다. (흔들리는 의자에 앉아) 몸을 흔들다. ②하는 일 없이 세월 보내다. 빈둥빈둥 놀다.
reponta *f.* ①새로운 방향. (물흐름·바람 방향 등의) 전향(轉向). ②말다툼. 논쟁. *reponta da maré* 밀물(滿潮)의 시작.
repontão *a.* 《詩》(꾸지람 듣고) 투덜거리는. 들리지 않게 대꾸하는. 불평하는. 불만한.
repontar (1) *v.t.* (가축 따위를) 어떤(새로운) 방향으로 이끌다(몰다. 쫓아 보내다). (물 따위) 새 방향으로 흐르게 하다.
　— (2) *v.i.* ①다시 나타나다. 서서히 나타나다. ②뒤로 향하여 돌진하다. ③말대꾸 하다. 툴툴대다. 중얼중얼(말)하다.
repor *v.t.* ①다시 놓다. 고쳐 놓다. 제자리

에 두다. 먼저 있던 장소에 도로 놓다. ②갈다. ③원상대로 하다. 복구하다. 재설치(재건)하다. ④복위(復位)시키다. ⑤되돌려 주다. (돈을) 갚다.

—**se** *v.pr.* ①먼저 있던 자리에 도로 놓이다. 원상태로 되다. ②대신 들어 앉다. …의 후임이 되다. ③갈리다.

reportação *f.* ①뒤로 물러서기. 사양. 겸양(謙讓). 겸손. 온건. 온화. ②절제(節制). 절도(節度).

reportado *a.* ①사양한. 겸양한. 겸손한. 온당한. 온화한. ②절제 있는. 절도 있는. 절제하는.

reportagem *f.* 탐방기자(探訪記者)의 통신. 통신보도. 조사(연구)한 일련의 보고서. 기사(記事).

reportamento *m.* ①=*reportação*. ②(문서에 대한) 참고. 참조. 대조. 관련서류.

reportar (1) *v.t.* ①뒤로 물러서서 하다. 물러가게 하다. ②절제하다. 절도 있게 하다. ③(+*a*). …에 미치다. …에 돌아가다. …에 파급하다.

—**se** *v.pr.* 스스로 조심하다. 자중하다. 자제(自制)하다.

— (2) *v.t.* 탐방기자 또는 통신원으로서 보도하다. 통신하다. 일련의 진상을 발표하다. (세상에) 널리 알리다.

— *v.i.* 진상을 말하다. 언급하다. 묘사하다.

repórter *m.* 《英》*reporter*의 전래어. 탐방기자(探訪記者). 통신원.

reportório *m.* = *repertório*.

reposição *f.* ①제자리에 놓기. 원상복귀. 복구. 복위(復位). ②바꾸어 놓기. 교체. 교질(交迭).

repositório *m.* ①창고. 저장소. 보고(寶庫). ②약품보관소. ③[宗] 납골당(納骨堂). 매장소.

reposta *f.* 옴버(세 사람이 하는 트럼프 놀이)에 건 돈.

repostada *f.* 거친 말대꾸. 버릇없는 대답.

repostar *v.t.* 버릇없는 대답을 하다. 거칠게 말대꾸하다. 지각없는 말을 하다.

reposteiro *m.* ①(문・창문 따위에 치는) 막. 장막. 커튼. ②[軍] 창고계(倉庫係). 《古》궁궐(宮闕)의 가구・식기 관리인.

reposto *a.* (*repor*의 과거분사). 다시 놓은. 제자리에 놓은. 복위(復位)한. 복구한.

repotrear-se *v.pr.* =*repoltrear-se*.

repousadamente *adv.* ①쉬고. 휴식하여. 휴양하여. ②조용히. 평온하게. 안정(安定)하게.

repousado *a.* ①쉰. 쉬고 있는. 휴식하는. 자는. 편히 누운. ②조용한. 평온한.

repousar *v.t.* ①눕히다. 쉬게 하다. 휴식시키다. 조용하게 하다. 안정(安靜)되게 하다.

— *v.i.* ①쉬다. 휴식하다. 눕다. 편히 눕다. 자다. 편히 자다. ②(땅 속에서) 영면(永眠)하다. ③(찌끼가) 가라앉다.

repouso *m.* ①휴식. 휴양. 한정(閑靜). 안정(安靜). ②안심. 안도(安堵). ③밤의 조용한 휴식. 마음의 평화. 정온(靜穩). ④[宗] (성도의) 영면(永眠).

repovoação *f.* 다시 사람을 살게 하기. 재입주(再入住). 재식민(再植民).

repovoar *v.t.* 다시 사람을 살게 하다. 재식민하다.

repreendedor *a.*, *m.* 꾸짖는 (사람). 나무라는 (사람). 견책하는 (사람). 비난하는 (사람).

repreender *v.t.* 꾸짖다. 나무라다. 야단치다. 견책하다. 질책하다. 문책하다. 징계(懲戒)하다.

(注意) *reprender*: 다시 붙잡다. 재체포하다.

repreensão *f.* 꾸지람. 나무라기. 책망. 질책(叱責). 질욕(此辱). 견책(譴責). 문책(問責). 비난. 징계.

repreensão severa 호된 책망. 엄격한 질책.

repreensível *a.* 꾸짖어야 할. 책망해야 할. 비난할 만한. 징계할 수 있는. 괘씸한.

repreensivelmente *adv.* 괘씸하게도.

repreensivo *a.* 꾸짖는. 책망하는. 야단치는. 나무라는. 견책하는. 비난하는.

repreensor *a.* =*repreensivo*.

— *m.* 꾸짖는 사람. 견책자. 질책자. 비난자. 징계자.

repregado *a.* ①다시 못을 박은. 질서 있게 못을 친. ②장식 못을 박은. 치장못(飾釘)을 박은.

repregar *v.t.* ①다시 못을 박다. 질서 있게 못을 치다. ②장식못(치장못)을 박다. ③많은 못을 박다.

reprego *m.* ①다시 못을 박기. 못을 고쳐 박기. 질서 있게 못을 치기. 많은 못을 치기. ②장식못(치장못)을 박기. ③못으로 장식하기. 정식(釘飾).
reprender *v.t.* (죄인을) 다시 붙잡다. 재체포하다.
(注意) *repreender*: 꾸짖다. 야단치다. 견책하다.
reprêsa *f.* ①물의 흐름을 막기. ②둑. 방축. 댐. ③수문. 물문. 수갑(水閘). (인공적인) 물의 통로. ④배를 다시 나포(拿捕)하기. 재나포. ⑤적(敵)의 나포로부터 탈환한 배. ⑥벽(담벽)의 수리(修理). 보수(補修).
represadamente *adv.* 물을 막고. 둑을 쌓고. 저지하여.
represado *a.* ①(흐르는) 물을 막은. 둑을 쌓은. ②저지한. 정체시킨. ③울적(鬱積)한.
ódio represado 울적한 증오. (마음속에) 사무친 염오.
represador *a.*, *m.* 가로 막는 (것). 저지(沮止·阻止)하는 (것).
represadura *f.* 둑으로 막기. 댐을 쌓기. 저지하기.
represália *f.* (흔히 복수로 씀) 복수(復讐). 보복(報復). 보복수단.
exercer represálias 보복하다. 복수하다.
represamento *m.* 둑을 쌓기. 댐 건설. 방축을 쌓아 저수지를 만들기.
represar *v.t.* ①(흐르는 물을) 막다. 둑으로 만들다. 방죽을 쌓다. 댐을 건설하다. ②저지(沮止)하다. 억지(抑止)하다. 막다. ③참다. 견디다. ④억류(抑留)하다. ⑤(적국 또는 적성국에 나포된 배를) 탈환하다. 재나포(再拿捕)하다.
represária *f.* = *represália*.
representação *f.* ①표시. 표현. 그려내기. 묘사. 초상. 조상(彫像). ②설명. 진술. 주장. 단언. ③진정(陳情). ④상연. 연출. 출연(出演). 분장(扮裝). ⑤상상(력) 개념작용. ⑥대표. 대리.
direito de representação 대표권.
representador *a.*, *m.* 표시하는 (사람). 묘사하는 (사람). 출연하는 (사람).
representante *a.* 대표하는. 대리의.
— *m.* 대표자. 대리인.
representar *v.t.* ①표현(표시)하다. (화가가) 그리다. 묘사하다. ②설명하다. ③…이라고 말하다. 주장하다. ④(극을) 상연하다. (배역을(으로)) 맡아 하다. (분장하다). ⑤상징하다. 비유적으로 표시하다.

⑥대리하다. 대표하다.
— *v.i.* 진정하다. (극에서) …의 역할을 하다.
—**se** *v.pr.* 상상하다. 마음속에 그리다.
representativo *a.* ①표시하는. 묘사하는. 상징하는. ②전형적. ③대표하는. 대리하는. 대리의.
govêrno representativo 대의(代議)정치.
assembléia representativa 의회. 국회.
representável *a.* ①대표되는. 대표할 만한. 대표할만한 자격이 있는. ②표시(표현)할 수 있는. ③출연(상연)할 수 있는.
representear *v.t.* 서로 선물하다. 받은 선물에 보답하다.
reprêso *a.* ①다시 붙들린. 다시 구속된. 재차 체포된. ②정체(停滯)한.
repressão *f.* ①진압. 억압. 억제(抑制). 억지(抑止). 제지. 금지. ②구속. 검속. 속박.
repressivo *a.* 제지하는. 억압하는. 억압적. 진압의.
repressor *a.* 제지하는. 억압하는. 억제하는. 진압하는.
— *m.* 억압자. 진압자. 억제하는 자.
repressório *a.* 제지하는. 억압하는. [心] 억압의.
reprimenda *f.* 견책(譴責). 질책(叱責). 문책(問責). 징계. 비난.
dar uma boa reprimenda (아무를) 되게 꾸짖다.
reprimidor *a.*, *m.* = *repressor*.
reprimir *v.t.* ①정복하다. 진압하다. ②억누르다. 억압하다. ③참다. 삼가하다.
reprimir as lágrimas 눈물을 참다.
—**se** *v.pr.* 스스로 억제하다. 자제(自制)하다. 극기(克己)하다. 인내하다. 꾹 참다.
reprimível *a.* 진압(억압)할 수 있는. 제지할 수 있는. 억제할 만한.
reprincipiar *v.t.* 다시 시작하다. 재개시하다.
reprise *f.* [劇·映] 재연(再演).
réprobo *a.* 신(神)의 버림을 받은. 사회의 배척을 당한. 타락한. 악한.
— *m.* 신의 버림받은 사람. 사회에서 배척된 사람. 타락자. 무뢰한.
reprochador *a.*, *m.* 꾸짖는 (사람). 나무라는 (사람). 견책(질책)하는 (사람). 비난자.

reprochar *v.t.* ①꾸짖다. 야단치다. 나무라다. 비난하다. ②체면을 손상시키다.

reproche *m.* 꾸짖음. 견책. 질책.

reprodução *f.* ①재생. 재현. [經] 재생산. ②생식(生殖). 생식작용. ③복사. 복제(複製). 번각(飜刻). 모조. (신문기사 따위의) 전재(轉載). ④[心] 재생작용.

reprodutibilidade *f.* 재생산 가능성. 증식성(增殖性). 복사(복제)할 수 있음.

reprodutivamente *adv.* 생식적으로. 번식적으로. 번식하여.

reprodutível *a.* 재생할 수 있는. 번식시킬 수 있는. 복사(복제)할 수 있는 모조 가능한.

reprodutivo *a.* ①생식의. 생식적. ②재생의. 재현의. ③번식의. 다산(多産)의.

reprodutor *a.* 생식하는. 번식하는. 번식시키는. 번식용의.
— *m.* 종축(種畜) (종마·종우(種牛)·종돈(種豚) 따위).

reprodutriz *f. reprodutor*의 여성형.

reproduzir *v.t., v.i.* ①낳다. 생식하다. 번식시키다. ②재생시키다. 재현(再現)하다. ③복사(모조)하다. ④재판(再版)하다. 번각(飜刻)하다. (기사를) 전재하다.
— *se v.pr.* 낳다. 생식하다. 번식하다. 재생하다. 재현하다.

reproduzível *a.* 번식시킬 수 있는. 재생할 수 있는. 복사(복제)할 수 있는. 생식(生殖)되는.

reprofundar *v.t.* 더 깊게 하다. 깊이 내려가게 하다.
— *v.i.* 더 깊이 가라앉다.

reprometer *v.t.* 다시 약속하다. 굳게 약속하다.

repromissão *f.* 다시 약속하기. 굳은 약속. 상호 약속.

reprova, reprovação *f.* ①[神學] 유기(遺棄). ②반대. 배격. ③부결. 부인(否認). 불인가(不認可). 각하(却下). ④(시험에서의) 불합격. 퇴짜. ⑤비난. 질책. 견책(譴責).

reprovadamente *adv.* 부결(부인)되어. 각하하여. 퇴짜 놓고.

reprovado *a.* 부결된. 부인된. 각하된. 불합격한. 낙제한. 퇴짜 맞은. 배척된.
《俗》 미역국먹은.
— *m.* 불합격자. 낙제생.
ser reprovado 불합격자(낙제생이) 되다.

ficar reprovado num exame 시험에 낙제하다. 시험에서 떨어지다.

reprovador *a.* 부결(부인)하는. 각하하는. 퇴짜 놓는. 낙제 점수를 매기는. 불찬성하는. 배척하는.
— *m.* 인정하지 않는 사람. 불찬성자. 부결자. 배척자.

reprovar *v.t.* ①부결(부인)하다. 불찬성하다. 퇴짜 놓다. 낙제 점수를 매기다. 불합격시키다. ②거절하다. 배척하다. ③나무라다. 꾸짖다. 비난하다. ④[神學] 신이 버리시다. 영원한 벌을 받게 하다.
— *v.i.* ①(시험에서) 떨어지다. 낙제하다. 퇴짜 맞다. ②꾸지람 듣다. 질책(견책) 당하다.

reprovável *a.* 부결(부인)할 만한. 각하할 만한. 합격시킬 수 없는. 퇴짜 놓을 만한. 꾸지람(견책)할 만한.

reptação *f.* ①도전(挑戰). 도전장(狀). ②반대. 비난공격.

reptador *a.* 도전하는. 결투를 신입(申込)하는.
— *m.* 도전자.

reptamento *m.* = *repto*.

reptante (1) *a.* 도전(挑戰)하는. 반대하는. 비난 공격하는.
— *m.* 도전자.
— (2) *a.* 기는. 기어 돌아다니는. 포복하는.
— (3) *m.* [動] 파행동물(爬行動物).

reptar (1) *v.t.* ①도전하다. ②반대하다. 비난 공격하다.
— (2) *v.i.* (땅위를) 기다. 기어 돌아다니다. 포복하다.

repte *m.* = *repto*.

réptil *a.* ①(땅 위를) 기는. 기어 돌아다니는. 파행하는. 포복(匍匐)하는. 파충류의. ②《比喩》 비열한. 심술궂은.
— *m.* 파행(爬行) 동물. 파충류(爬虫類). 《轉》 비열한(卑劣漢). 비굴한 인간. 심술궂은 놈.
(注意) 단수에(악센트 없는). *reptil*. 복수에 *reptis* 라고 쓰는 수도 있음.

reptilário, reptilatório *a.* ①파충류의. 파충류 비슷한. ②비열한.

repto *m.* 도전(挑戰). 결투. 결투의 신입(申込).

república *f.* ①공화국. 공화정체. 민정(民政). ②《比喩》 …사회. 계. …단(壇). ③

(풍자적으로 평등주의 또는 무질서·무규율한) 단체·협회.
república de estudantes 합숙하는 학생 단체.
republicanismo *m.* 공화정체. 공화주의.
republicanização *f.* 공화정체를 수립하기. 공화국으로 만들기.
republicanizar *v.t.* 공화정체로 하다. 공화국으로 만들다.
— *v.i.* 공화정체로 되다. 공화국이 되다.
republicano *a.* 공화국의. 공화정체의. 공화주의의.
— *m.* 공화론자(주의자). [美] 공화당원.
republicar *v.t.* 재발포(再發布)하다. 재판(再版)하다. 다시 발행하다. 재간(再刊)하다.
republicida *m., f.* 공화정체 반대자. 공화국 파괴자.
republicídio *m.* 공화정체 반대(파괴) 행동.
repúblico *a.* ①공공(公共)의. 공익(公益)의. ②공화정치의.
— *m.* 공덕심 있는 사람. 공공사업에 헌신적인 사람.
repudiação *f.* =*repúdio*.
repudiado *a.* 이혼한. 인연을 끊은. 버린. 포기한.
repudiante *a.* ①이혼하는. 인연을 끊는. ②버리는. 포기하는.
— *m.* ①이혼자. ②포기자. 거절자. 거부자.
repudiar *v.t.* ①이혼하다. 인연을 끊다. ②버리다. 포기하다. ③(복종·승인 등을) 거부하다. 거절하다.
repúdio *m.* ①이혼. 처와 이별하기. 인연을 끊기. ②버리기. 포기. 배척. ③거절. 부인(否認).
repugnador *a., m.* 싫어하는 (사람). 미워하는 (사람). 대드는 (사람). 반항하는 (사람).
repugnância *f.* ①싫어함. 염오. 증오. 반감. 불상용(不相容). ②모순. 당착(撞着). 배치(背馳).
sentir repugnância por 염오의 정이 우러나다. …에 대하여 싫증 느끼다.
repugnante *a.* ①비위에 맞지 않는. 싫은. 싫어하는. 미운. 미워하는. 증오하는. 염오의 정이 우러나는. 징그러운. 불쾌한. 반감이 일어나는. ②모순되는. 배치되는. 서로 용납되지 않는.

repugnar *v.t.* (…에) 대들다. 거역하다. 반항하다.
— *v.i.* ①비위에 맞지 않다. 싫어지다. 미워하다. 증오하다. 염오의 정을 품다. 반감을 품다. ②일치(조화)하지 않다. 모순되다.
repulsa *f.* 격퇴. 거절. 퇴짜. 반발.
repulsão *f.* ①격퇴. 거절. 배척. ②염기(厭忌). 염오. 증오. ③[醫] (뽀루지 따위의) 소산(消散). ④[理] 반발작용. 척력(斥力).
repulsar *v.t.* 물리치다. 격퇴하다. 쫓아버리다. 배척하다. 반박하다. 퇴짜 놓다. 거절하다.
repulsivo *a.* ①튀기는. 반발하는. 물리치는. 격퇴하는. 쫓아버리는. 배척하는. 미운. 쌀쌀한. 냉담한. [理] 반발하는.
repulso *a.* 튀긴. 격퇴한. 쫓아버린. 배척한. 반발한.
— *m.* =*repulsão*.
repulsor *a.* 튀기는. 반발하는. 격퇴하는. 물리치는. 배척하는.
repululação *f.* ①싹이 다시 나옴. 재발아(再發芽). ②족생(簇生). 번식.
repulular *v.i.* ①다시 싹트다. ②번식하다.
repungente *a.* ①아주 날카로운. 매서운. 준렬한. 신랄한. ②몹시 매운. 혀를 자극하는. 코를 찌르는(쏘는). ③가슴이 메어지는 듯한. 비통한.
repunhante *a.* 《古》 일치하지 않는. 반대되는. 모순하는.
repunhar *v.i.* 《古》 일치하지 않다. 반대되다. 모순되다.
repurgação *f.* ①재세정(再洗淨). 재정화(再淨化). 재정련(再精鍊). ②(하제(下劑)로서) 다시 뒤를 통하게 하기. 재변통(再便通).
repurgar *v.t.* ①다시 깨끗이 하다. 재정화하다. ②(하제를 써서) 다시 뒤를 통하게 하다.
repurificação *f.* 재정화. 재정련. (술 따위의) 재정제(再精製).
repurificar *v.t.* 다시 맑게 하다. 재정화하다. (술 따위를) 재정제하다. (금·은 따위를) 재정련하다.
reputação *f.* 평판. 영명(令名). 명성. 명망. 덕망.
ter boa reputação 평판이 좋다. 좋은 평판이 있다.
ter má reputação 평판이 나쁘다. 악평

pessoa de reputação. 명망가.
reputar *v.t.* ①(…라고) 생각하다. (…로) 간주하다. 추정하다. ②(…을 좋게) 평판하다. (…에) 호평(好評)을 주다. ③(…라고) 어림하다.
　―**se** *v.pr.* 간주(看做)되다. 자기 스스로 …라고 생각하다.
repuxado *a.* ①뒤로 당긴. 뒤로 끄는. ②정성을 드린. 공들인. ③부연(敷衍)한.
repuxão *m.* ①뒤로 당기기(끌기). 힘있게 뒤로 잡아 당기기. ②갑자기 뒤로 물러가기.
repuxar *v.t.* ①뒤로 당기다(끌다). 뒤로 힘주어 잡아당기다. ②공들이다. 정성 있게 하다. ③부연(敷衍)하다. ④버팀 기둥(支柱)으로 보강하다.
　― *v.i.* ①(물이) 용솟음쳐 나오다. (액체가) 뿜어 나오다. 내뿜다. ②뒤로 끌리다. 물러가다.
repuxo *m.* ①뒤로 끌어 당기기. 잡아 당기기. ②갑자기 뒤로 물러가기. 후퇴. ③되튕기기. (총의) 반충(反衝). (대포의) 후좌(後座). ④급수설비. 분수(噴水). (물의) 분출(噴出). ⑤용솟음쳐 나오는 물. 물기둥. ⑥[建] 버팀벽. 부벽(扶壁). 보강벽(補強壁). ⑦[築城] 사면(斜面).
requebrado *a.* ①보들보들한. 유연(柔軟)한. 부드러운. 섬세(纖細)한. ②귀염성 있는. 사랑스러운. 요염(妖艶)한. 염자(艶姿)한. 염용(艶容)한.
requebrador *a., m.* (여자에게) 애정을 표시하는 (사람). 상냥한 (사람). 사랑을 구하는 (사람). 구애자(求愛者). 구혼자. 사모하는 자.
requebrar *v.t.* (여자에게) 상냥하다. 애정을 표시하다. 이성을 꾀다. 사랑을 구하다. (결혼을 해달라고) 조르다.
　― *v.i.* ①이성을 그리워하다. 동경하다. ②(여자에게) 몹시 반하다. 반해서 곁을 떠나지 않다. 미태(媚態)를 짓다. ③어기적어기적(비척비척) 걷다.
requebro *m.* ①(여자에) 상냥함. 몹시 반함. ②사랑을 구하기. 애정표시. 결혼해 달라고 조르기. 미태(媚態). 교태(嬌態). 염언(艶言). 연모(戀慕). ③(발 짧은 동동보・오리처럼) 어기적어기적 걷기.
requeijão *m.* 응유(凝乳). 크림. 치즈.
requeijaria *f.* 치즈 만드는 곳.
requeijeiro *m.* 치즈 만드는 사람.
requeimação *f.* ①볶기. 굽기. 태우기. ②일광에 쬐이기. 바싹 말리기. ③(입안이) 화끈화끈한 감각. 혀・코를 찌르는 자극. 얼얼함.
requeimado *a.* ①볶은. 구운. 태운. 탄. ②햇볕에 탄. 바싹 마른. ③(밤・고구마 따위) 너무 구운. 탄내 나는.
requeimar *v.t.* ①볶다. 굽다. 찌다. 태우다. ②너무 태우다. ③일광에 오래 쪼이다. 바싹 말리다.
　― *v.i.*, ―**se** *v.pr.* ①너무 타다. ②(음식・약 따위의 자극으로) 입안이 화끈화끈해지다. 혀・코를 찌르다.
requentado *a.* ①다시 덥게 한. (음식물 따위) 다시 덥힌. ②오랫동안 불에 쪼인.
requentamento *m.* 다시 덥게 하기. 재가열(再加熱). (음식을) 다시 덥히기.
requentar *v.t.* ①다시 덥게 하다. 다시 따뜻하게 하다. (찬 음식을) 덥히다. ②오래 도록 불에 쬐다.
　―**se** *v.pr.* ①다시 더워지다. ②(음식이) 타다. 탄 맛이 나다.
requeredor *a., m.* = *requente*.
requerente *a.* 원서를 내는. 신청하는. 신입하는. 청원하는. 요구하는.
　― *m., f.* 원서제출자. 신청인. 신입인. 청원자. 청구자.
requerer *v.t.* ①원서(願書)를 내다. 청원서를 제출하다. 신청하다. 신입하다. 진정(陳情)하다. ②요구하다. 청구하다. ③재촉하다.
　―**se** *v.pr.* 요구되다. 필요하다.
Requerer-se um mecânico experimentado. 경험이 풍부한 기계공을 요망합니다(直: 요구되고 있습니다).
requerido *a.* 신청한. 신입한. 청원한. 청구한. 요청한. 진정(陳情)한. 원서(진정서)를 제출한.
requerimento *m.* ①소원. 청원. 신청. 청구. ②부탁. 의뢰. 촉망. ③원서(願書). 청원서. 신청서. 청구서. ④필요조건.
requesta *f.* ①소원. 간원. 강청. 부탁. ②말다툼. 구론. 언쟁. 싸움. 투쟁.
requestado *a.* 청원한. 신청한. 청구한. 요망한. ②사랑을 구한. 구혼한.
requestador *m.* ①청원자. 신청자. ②구혼자. 구애자(求愛者).

requestar *v.t.* ①간청하다. 간원하다. 요구를 들어 주기를 간절히 바라다. 탄원하다. ②사랑을 구하다. (결혼해 달라고) 조르다.

requesto *m.* =*requesta*.

requiem *m.* (=*missa de requiem*) [宗] 죽은 사람을 위한 미사.

requieto *a.* 아주 조용한. 고요한. 정숙(靜肅)한.

requietude *f.* 아주 조용함. 고요함. 정숙함.

requife *m.* 끈 모양의 레이스. (장식용) 좁고 긴 레이스.

requinta *f.* [樂器] 작은 클라리넷.

requintado *a.* 완전한. 결점 없는. 더할 나위 없이 훌륭한. 순수(純粹)한. 세련된. 정묘(精妙)한. 극치(極致)의. 완벽(完璧)한.

requintar *v.t.* ①완전한 것으로 하다. 결점이 조금도 없게 하다. 품이 좋게 하다. ②맑게 하다. 순화하다. 정제(精製)하다. 정련(精鍊)하다. 세련되다.
— *v.i.*, — *se v.pr.* 맑아지다. 세련되다. 품이 좋아지다. 정치(精緻)에 흐르다. 완전해지다. 완벽(完璧)해지다.

requinte *m.* ①순수. 세련. 정련. 정제. 정화(淨化). ②품위가 있음. 정치(精緻)함. 정묘함. 극치(極致). 완벽.

requirir *v.t.* 《古》=*requerer*.

requisição *f.* ①요구. 청구. 강청. 촉망. ②징발(徵發). 징용. ③필요조건. ④청구서. 요구서. ⑤수요. 소용.

requisitar *v.t.* ①요구하다. 요청하다. 청구하다. ②징발하다. ②필요하다.

requisito *m.* 필요조건. 필요한 자격.

requisitório *m.* [法] 검사(檢事)의 청구(요청).

rês *f.* 가축. 도살용 가축.
má rês 《轉》 전혀 믿을 수 없는 인간. 악한. 죽일놈.

rés *a.* ①평평한. 평지(平地)와 같은. ②평행(平行)의.
— *adv.* 평평하게. 평지에 따라서. 지면(地面)에 스칠 정도로. 지상에 밀접하여.
rés-do-chão 지층(地層). 건물의 최하층.

resarcido *a.* 배상한. 보상한. 판상한.

resarcimento *m.* 배상(賠償). 보상(補償). 판상(辦償).

resarcir *v.t.* 배상하다. 보상하다. 판상하다.

resbordo *m.* ①[海軍] 포문(砲門). ②[海] 짐싣는 구멍. 창구(艙口).

rescaldado *a.* 몹시 끓은. 아주 뜨거운. 작열(灼熱)한. 끓는 물에 데운(덴).

rescaldar *v.t.* (끓는 물 따위로) 덥게 하다. (기구를) 끓는 물로 소독하다. (그릇을) 더운 물로 헹구다.

rescaldo *m.* ①(화로·장작불 등의) 반사열(反射熱). ②타다 남은 것 ; 잿불. 잔화(殘火). 여신(餘燼). ③(더운 물(熱湯)을 안에 담고 접시 따위를 위에 놓는) 보온기(保溫器).

rescendente *a.* 향기로운. 향기복욱(馥郁)한 ; 방향성의.

rescender *v.t.* 좋은 냄새를 피우다. 향기를 내다.
— *v.i.* 향기 나다. 향기를 풍기다. 향기를 복욱하다.

rescindimento *m.* =*rescisão*.

rescindir *v.t.* ①무효로 하다. 취소하다. 파기(破棄)하다. 폐기하다. ②철회(撤回)하다. 떼어 버리다.

rescisão *f.* 무효. 폐기. 취소. 해제. 철회. [法] 계약해제. 파기(破棄).

rescisor *a.* 무효로 하는. 취소하는. 폐기(파기)하는. [法] 계약해제하는 ; 취소(무효)의 이유가 되는.

rescisório *a.* 무효의. 취소의. 무효(취소)하기 위한. 무효로 되는.

rescrever *v.t.* 다시 쓰다. 고쳐 쓰다.

rescrição *f.* 지불명령서(支拂命令書).

rescrito (1) *m.* ①[로마法史] 로마 황제 칙재서(勅裁書) ; [가톨릭] 로마교황의 답서(교세). ②조칙(詔勅). 조서(詔書). 칙서(勅書). 포고령.
rescrito imperial 칙서(勅書). 조서(詔書).
— (2) *a.* 다시 쓴. 고쳐 쓴.

rês-do-chão *m.* 지계(地階). 지층(地層). (건물의) 최하층.
viver no rés-do-chão 최하층 생활을 하다.

reseda *f.* [植] 레세다. 물푸레나무(木犀草).

resedáceas *f.(pl.)* 레세다속(屬). 물푸레나무속.

resedal *m.* 레세다가 많은 곳. 물푸레나무 밭.

resemeadura *f.* 재파종(再播種).

resemear *v.t.* 다시 씨를 뿌리다. 재파종하다.

resenha *f.* ①자세한 설명. 상설(詳說). 해설. ②열거(列擧). ③(상품·가재·재산

등의) 목록. 재고품 목록표.
resenhar *v.t.* ①자세히 설명하다 ; 하나하나 예를 들어 말하다. ②목록으로 작성하다. 상품조사를 하다.
reserva *f.* ①저축 ; 보존한 물건. 예비. 예비품. ②[商] 준비금. 적립금. ③[軍] 예비. 예비병. 예비군. 예비역. ④[競] 보결선수. 후보선수. ⑤보류. 보존. 예비. ⑥제한. 제의. 유보(留保). ⑦사양. 자제(自制).
de reserva 예비로.
pôr de reserva 예비로 두다. 보존하다.
fundo de reserva 준비기금.
com reserva 조건부로 하여. 참작하여 ; 사양하여.
sem reserva 거리낌 없이. 솔직하게. 기탄없이. 제한 없이. 무조건으로. 사양하지 않고.
reservação *f.* ①예비로 두기. 저축. 저장. ②보류. ③[法] 유보(留保)(의 조항). 유보권. ④(방·자리 따위의) 예약. 지정.
reservadamente *adv.* 체면차려. 터놓지 않고. 사양하여. 서름서름하게.
reservado *a.* ①(비상용으로) 뒤 둔. 남겨 둔. 예비로 둔. 보류한. ②(방·차·장소 따위) 예약된. 지정된. ③마음속에. 간직한. 터놓지 않은. 비밀로 하는. ④수줍은. 말이 적은. 신중한. 조심성 있는.
carro reservado 예약된 차, 대절차
cadeira reservada 예약된 자리.
— *m.* (식당 등) 예약석(실). (호텔 등의) 예약실.
reservador *a., m.* 예비로 더 두는 (사람). (비상용으로) 저축하는 (사람). 보류하는 (사람).
reservar *v.t.* ①(후일에 쓰려고) 남겨 두다. 예비로 두다. ②예약하여 두다. 지정하다. ③보유하다. ④보류하다. ⑤[商] 적립(積立)하다. ⑥[法] (어떤 권익·조약의 적용 따위를) 유보(留保)하다.
—*se v.pr.* 예비로 남다. 보류되다.
reservatório *a.* 저장의 ; 저수의. 급수의.
— *m.* 저장소 ; 저수지. 급수소. (일반적으로) 저장하는 그릇. (저)수통. (램프의) 기름통. (만년필의) 잉크 든 데 ; 가스통. [解] 저낭(貯囊).
reservista *m.* 예비병. 후비병. 재향군인.
resfolegado *a.* 마음 편한. 몸편한. 한가(閑暇)한. 한정(閑靜)한. 평온한.

resfolegadouro *m.* (통 따위의) 공기 빼는 구멍. (동물의) 호흡구(呼吸口).
resfolegar, resfolgar *v.i.* ①숨쉬다. 호흡하다. ②숨을 돌리다. 쉬다. 휴식하다.
resfôlego, resfôlgo *m.* 숨쉬기. 호흡. 호흡작용.
rerfriado *a.* ①추운. 추워진. 찬. 쌀쌀한. 냉랭한. 식은 ; 냉담한. ②감기에 걸린.
— *m.* 냉기(冷氣) ; 감기. 가벼운 감기.
apanhar um resfriado 감기 들다(걸리다).
resfriadouro *m.* 냉각장소 ; 냉각물(冷却物).
resfriador *a.* 차게 하는. 냉각시키는.
— *m.* 차게 하는 물건. 냉각기(冷却器).
resfriamento *m.* ①차게 하기. 냉각시키기 ; 냉각작용. (달린 금속 따위의) 방열(放熱). 식어가기. ②감기. 냉증(冷症). ③(따뜻했던 정이) 식음. 냉담(冷淡).
resfriar *v.t.* 다시 차게 하다. 식히다 ; (정열 따위를) 냉각시키다. 냉정하게 하다.
— *v.i.*, —*se v.pr.* ①식다. 차지다. 냉각하다. 냉담해지다. ②감기 들다.
resgatador *m.* ①되찾는 사람. 전당물건을 되찾는 사람. 상환인(償還人). ②속죄해 주는 사람 ; 속전(贖錢) 주고 노예·포로 등을 석방하는 사람. 해방하는 사람. ③행방불명이 된 군인 또는 곤란에 빠진 등산대원 등을 구출하는 사람.
resgatar *v.t.* ①속상(贖償)하다. 몸값을 치르고 되찾다. ②…으로부터 (…의) 몸값(배상금)을 받다. ③배상에 의하여 해방되다. ④[神學] (그리스도가 십자가의 죽음으로) 속죄하다. ⑤행방불명된 군인·곤란에 빠진 등산대원 등을 구출하다. ⑥(포로를) 인수하다.
—**se** *v.pr.* 상환되다. 회수되다. (치른 몸값 때문에) 석방되다. 해방되다. 구출되다.
resgatável *a.* 되살 수 있는. 도로 찾을 수 있는. 상환 가능한. (행방불명된 군인·조난된 등산대원 등을) 구출할 수 있는.
resgate *m.* ①되사기. (전당물 따위) 도로 찾기. 회수. ②상환(償還). 속상(贖償). ③몸값. 속금(贖金). 속전(贖錢). 속상금(贖償金). 석방금.
resguardado *a.* 조심하고 있는. 조심성 있는. 주의하는. 잘 간수하는. 신중한.
resguardar *v.t.* ①잘 보호하다. 보존하다. 간직하다. 잘 간수해두다. ②잘 감시하다. 정신차려 망을 보다. 주목하다.

— *v.i.* ①(+*a*). …에 향하다. …에 면하다. ②주의하다. 조심하다. 경계하다.
—**se** *v.pr.* 자기의 몸을 보호하다. 몸조심하다. 자위(自衞)하다.

resguardo *m.* ①수호(守護). 보호. 비호(庇護). ②엄호물. 방어물. ③주의(注意). 경계. 조심. ④보안대책(保安對策). 안전. ⑤신중(愼重). 자중. ⑥섭생(攝生). 양생(養生).
sem resguardo 터놓고. 숨김없이.
de resguardo 예비로.

residência *f.* ①거주. 거류. 재주(在住). 주재(駐在). 주차(駐箚). ②주소. 거처. 주택. 저택.
residência oficial 관저(官邸).
residencia particular 개인주택. 사저(私邸).

residencial *a.* 주택의. 거주에 관한. 주택에 알맞는.

residente *a.* ①살고 있는. 거주하는. 거류하는. ②주재(주차)하는. ③존재하는. 내재하는.
ministro residente 변리공사(辨理公使).
— *m.* ①거주자. 살고 있는 자. 거류민. 재류민(在留民). ②주재사무관.

residir *v.i.* ①(일정한 지구에) 살다. 거주하다. 재주(在住)하다. 주차(駐箚)하다. 주재(駐在)하다. ②있다. 존재하다. ③(권리 등이) 속하다. 귀속하다.

residual *a.* 남은. 잔류한. 잔재(殘滓). [數] 잉여의.

residuário *a.* 남은. 잔여(殘餘)의. 잔류의. 잔재(성)의. [法] 잔여유산의.

resíduo *a.* 남은. 잔여의. [數] 잉여의. 잔류한. 잔재의.
— *m.* ①잔여(殘餘). ②[數] 잉여. ③나머지. 찌끼. 잔재. 잔류(殘留). 잔류물. ④[法] 잔여유산. [化] 잔기(殘基).

resignação *f.* ①사직. 사임. 사표. ②포기. 단념. ②복종. 감수(甘受). 인종(忍從). 체념.

resignadamente *adv.* 단념하여. 체념하고. 인종하여.

resignado *a.* ①사직한. 퇴직한. 사임(辭任)한. ②단념한. 체념(諦念)한. 인종(忍從)하는.

resignante *a.* ①(직책(장) 따위를) 사직하는. 사임하는. 그만 두는. ②단념하는. 체념하는. ③버리는. 포기하는. 기권하는.

— *m.* 그만 두는 사람. 사직자. 사임자. 단념(체념)하는 자. 포기자. 기권자.

resignar *v.t.* ①(직책(장) 따위를) 사직하다. 그만 두다. ②양도하다. ③포기하다. ④단념하다.
— *v.i.* 사직하다. 사임하다.
—**se** *v.pr.* 단념하다. 몸을 맡기다. 감수(甘受)하다. 인종(忍從)하다. 복종하다.

resignatario *a.* 사직하는. 퇴직하는.
— *m.* 그만 두는 사람. 사직자. 사임자. 퇴직자.

resignavel *a.* (직책(장) 따위를) 그만 뒤야 할. 사직(사임)할 수 있는. 버릴 만한.

resilir *v.t.* 무효로 하다. 취소하다. 파기하다. 철회(撤回)하다. (계약 등에서) 손을 떼다.

resina *f.* 나무의 진. 송진. 수지(樹脂). 송액(松液).

resinação *f.* = *resinagem*.

resinagem *f.* 나무의 진(송진)을 뽑기(채취하기).

resinar *v.t.* ①나무의 진(송진)을 뽑다. ②수지(樹脂)를 바르다. 수지로 처리하다. ③수지(송진)를 섞다.

resineiro *a.* 송진에 관한.
— *m.* 송진을 뽑는 사람. 수지채취자.

resinento *a.* = *resinoso*.

resinifero *a.* 수지를 내는. 송진을 만드는.

resinificar *v.t.* 수지화(樹脂化)하다. 수지질(質)로 만들다.
—**se** *v.pr.* 송진이 되다. 수지화하다.

resiniforme *a.* 나무의 진 비슷한. 송진같은. 수지 모양(樹脂狀)의.

resinoso *a.* 수지의. 송진의; 송진 같은. 수지 모양의. 수지가 많은. 송진투성이의.

resispiscencia *f.* 후회. 회한. [宗] 회개. 참회.

resistência *f.* ①저항. 반항. 적대 반대; 항력. ②방해. 저지. ③[政] 지하(地下)운동. 저항운동. 레지스탕스(2차 대전중에 있어서 피점령국 내의). ④[電] 저항. 전류 저항 장치.

resistente *a.* ①저항하는. 반항하는. 적대하는. ②방해하는. ③견디는. 인내하는; 저항력이 있는. 내력(耐力)이 있는.

resistir *v.t.*, *v.i.* ①저항하다. 반항하다. 적대하다. ②방해하다. 저지하다. ③(고통・압박 등에) 이겨내다. 견디다. 참다.

resistível *a.* ①저항(반항)할 수 있는. ②저항력이 있는.

reslumbrar *v.i.* 빛이 통하다. 투광(透光)하여 비치다.

resma *f.* 연(連) (양지 20첩. 즉, 480매; 신문지는 500매. 브라질에서는 보통 500매로 계산됨).

resmonear *v.t.*, *v.i.* =*resmungar*.

resmuda *f.* 《俗》 ①변화. 변환. ②역(逆). 전도(顚倒).

resmungação *f.* (입속으로) 투덜투덜하기. 끙끙 불평하기.

resmungador *m.* =*resmungão*.
— *m.* 불평.

resmungão *a.* 투덜투덜하는. 중얼중얼대는. 끙끙 앓는.
— *m.* (입속으로) 투덜투덜하는 사람. 끙끙 불평하는 사람. 중얼중얼거리는 사람.

resmungar *v.t.*, *v.i.* (입속으로) 투덜투덜하다. (불만으로) 끙끙거리다. 중얼중얼대다.

resmungo *m.* 투덜투덜하기(하는 소리). 끙끙거리기. 중얼중얼하기(하는 소리).

resolubilidade *f.* 분해성. 용해성. 해결될 수 있음.

resolução *f.* ①결의. 결심. 결정. ②확호불발. ③결의안. 결의문. ④[法] 결의. 결재. ⑤분해(分解). 분석. ⑥해결. 해답. ⑦[醫] 소산(消散). 용해(溶解).

resolutamente *adv.* 단호히. 과감하게. 단연코. 용감히. 마음먹은대로.

resolutivo *a.* 용해할 수 있는. 분해력을 가진. [醫] 소산력 있는. 삭히는. [哲] 분해적(分解的).
— *m.* [醫] 소산약(消散藥). 멍을 삭히는 약.

resoluto *a.* (*resolver*의 과거분사) ①결정을 내린. 결심한. 결의한. 해결한. ②결심이 굳은. 단호한. 과감한. ③소산한. ④취소된.

resolutório *a.* 소산용의. 용해용의. 해결의. 해결하기 위한. [法] 해제의.

resolúvel *a.* 분해할 수 있는. 용해할 수 있는. 용해성의. 해결할만한.

resolvente *a.* 분해하는. 용해하는. 소산시키는. 해결하는.
— *m.* [醫] (멍울을) 삭히는 약. 분해물. [化] 용제(溶劑). [數] 분해방정식.

resolver *v.t.* ①분해(용해·분석)하다. ②(분해·분산하여) 화하다. 변하다; 변형시키다. ③결심시키다. (…을) 결심(결정)하다. 결의하다. ④(문제·의심 따위를) 풀다. 해결하다. 제거하다. ⑤[醫] (헌데 따위를) 삭히다. 소산시키다.
— *v.i.* ①결심하다. 결정하다. 결의하다. ②분해하다. 환원하다. 풀리다.
—**se** *v.pr.* ①분해하다. 용해하다. ②[醫] (헌데 따위가) 삭다. 소산하다. ③(의심·문제 따위) 풀리다. 해결되다. ④귀착(歸着)하다. …되다. ⑤[法] 무효가 되다. 소멸하다.

resolvido *a.* ①해결한. ②결정한. 결심한. 결단을 내린. ③단호한. 확호불발한. 굳은.

resolvível *a.* 분해(용해)할 수 있는. 용해성의. 풀리는. 해결할 수 있는.

resorcina *f.* [化] 레조르신(염료제조·의약·사진용(用)).

respaldar (1) *m.* (의자 따위의) 등받이.
— (2) *v.t.* ①(의자 따위의 등받이에) 등을 대다. 기대어대다. (몸을) 기대다. ②(두툴두툴한 면을) 평평하게 하다. 평활하게 하다. ③(주름잡힌 종이를) 쭉 펴다. (책의 표지 따위 처진 것을) 고치다. 종이를 (아교·풀 따위로) 붙이다.

respaldo *m.* ①의자·안장 따위의) 등받이. (마차·자동차 따위의) 좌석 뒤의 등을 대는 부분. ②[獸醫] (안장이 스쳐) 말의 피부가 벗겨진 것. ③평평하게 하기. 고르게 하기. 울퉁불퉁한 것을 쭉 펴기.

respançadura *f.* =*respançamento*.
— *m.* (삭도(削刀)로) 새긴 글자를 깎아 버리기. 지워 버리기.

respançar *v.t.* (새겨 있는) 글자를 깎아 버리다. 삭자(削字)하다.

respectivamente *adv.* 각각. 각자. 각기. 서로. 적당하게.

respectivo *a.* 각각의. 각자의. 적당한. 적절한. 해당하는.

respecto *m.* 《古》 =*respeito*.

respectuoso *a.* 경의를 표하는. 공손한. 정중한. 점잖은.

respeitabilidade *f.* 존경할 만함. 존경해야 함. 상당한 지위가(신용이) 있음. 관록이 있음. 거룩함.

respeitado *a.* 남의 존경을 받는. 존중되는. 거룩한.

respeitador *a.* 존경하는. 존중하는. 경의를 표하는. 우러러보는.

— *m.* 존경하는 사람. 경의를 표하는 사람.

respeitante *a.* …에 관한. …에 속하는.

respeitar *v.t.* ①존경하다. 존중하다. 소중히(귀중히) 여기다. 우러러보다. ②주의하다. 고려하다.

— *v.i.* (+*a*). …에 관계하다. …에 속하다.

—**se** *v.pr.* 자중(自重)하다. 점잖게 처신하다.

respeitável *a.* 존경(존중)할 만한. 품행이 방정한. (살림·몸차림 등) 부끄럽지 않은. 풍채가 좋은. (재산 등) 상당한. 꽤 많은.

respeitávelmente *adv.* 존경할 만하게. 훌륭하게. 풍채 좋게. 꽤. 상당히.

respeito *m.* ①경의. 존경. 존중. 중시(重視). 준봉(遵奉). ②편파(偏頗). 주의. 관심. ③사정. 사유. 이유. 동기. ④관계. 관련. ⑤고려.

respeitos (*pl.*) 인사의 말. 안부의 전언(傳言).

a respeito de 또는 *com respeito a* …에 관해서. …에 대하여(서는).

a este respeito 이점에 대하여.

a todos os respeitos 모든 점에서.

falta de respeito 존경하지 않다. 존경심이 없다.

meter respeito 두렵게 하다. 경외(敬畏)하게 하다.

respeitosamente *adv.* 공손하게. 정중히. 점잖게.

respeitoso *a.* ①존경하는. ②존중하는. ③경의를 표시하는. ④공손한. 정중한.

respetivo *a.* =*respectivo*.

respiga *f.* ①이삭줍기. ②주워 모은 이삭. ③수집물. 집록(集錄). 선집(選集). 습유(拾遺).

respigadeira *f.* 이삭줍는 여자. 수집하는 여자.

respigador *a.*, *m.* 이삭줍는 사람 (기계). 수집가.

respigadura *f.* 이삭줍기. 흘린 것을 주워 모으기. 수집.

respigão *m.* 손가락(손톱눈)의 거스러미.

respigar *v.i.*, *v.t.* ① [農] 이삭을 줍다. ②(정보를) 수집하다. (여러 가지 자료를) 긁어 모으다.

respigo *m.* =*respiga*.

respingador *a.* 완강히 반항하는. 우격대는. 어거하기 어려운. 순종(준수)하지 않는. (말이) 차는 버릇이 있는.

— *m.* 어거하기 어려운 말. 차는 버릇이 있는 말. 《稀》 좀처럼 복종하지 않는 사람.

respingão *a.* 심술궂은. 기분이 좋지 않은. 무뚝뚝한. 퉁명스러운. 억지를 쓰는. 성미 까다로운.

— *m.* ①심술궂은(성미 까다로운) 사람. 억지쓰는 사람. ②어거하기 어려운 말.

respingar (1) *v.t.* ①완강히 반대하다. 우겨대다. 심술부리다. 복종하지 않다. 기분 나쁜 대꾸를 하다. ②(말이) 차다.

— (2) *v.i.* ①물보라를 날리다. 물보라 치다. 물안개 뿜다. 끼얹다. 붓다. …에 뿌리다. ②불꽃을 날리다. 번득이다.

respingo (1) *m.* 완강히 반대하기. 우겨대기. 심술부리기. ②불복종. 불순종. ③거칠은 대답. 기분 나쁜 대꾸. ④(말이) 차기.

— (2) *m.* ①물보라를 날리기. 물보라치기. 물안개를 뿜기. ②끼얹기. 뿌리기. ③불꽃을 날리기. 번득이는 불꽃.

respirabilidade *f.* 호흡할 수 있음. 호흡에 좋음.

respiração *f.* 숨쉬기. 호흡. [動·植] 호흡작용.

respirador *a.* 호흡하는. 호흡용의.

— *m.* 호흡기. 호흡기구. 방독면(防毒面). 가스 마스크.

respiradouro *m.* 바람 구멍. (굴뚝의) 연기 구멍. (분화구의) 분기공(噴氣孔). [機] 통풍공. 공기공.

respiramento *m.* ①숨쉬기. 호흡. ②휴식.

respirante *a.* ①숨쉬는. 호흡하는. ②숨쉬는 듯한. 살아 있는 것 같은. 실물(實物) 대로의(과 꼭같은).

respirar *v.i.* 숨쉬다. 호흡하다. 휴식하다. 《比喩》 한 숨 쉬다.

— *v.i.* (공기를) 마시다. 호흡하다. (향기를) 풍기다. (냄새를) 발산하다. (연기를) 뿜어내다.

respiratório *a.* 호흡의. 호흡작용의. 호흡하기 위한. 호흡용의.

respirável *a.* 호흡할 수 있는. 호흡에 적당한.

respiro *m.* 숨. 숨쉬기. 호흡. 휴식. 휴식기간. 일시적 중지. ②구멍. (특히) 공기 구명. 바람 구멍. (굴뚝의) 연기 구멍. (큰 식당의) 취사장의 배기공(排氣孔)(장치).

resplandecência *f.* 찬란한 빛. 광휘. 광명. 혁혁함.

resplandecente *a.* 찬란하게 비치는. 휘황찬란한. 혁혁한. 빛나는. 영롱(玲瓏)한.

resplandecentemente *adv.* 찬란하게. 빛나게.

resplandecer *v.i.* ①찬란하게 빛나다. 휘황찬란하다. 번쩍번쩍하다. 눈부신 광채를 내다. ②혁혁하다. 혁혁하게 두각(頭角)을 나타내다.
— *v.t.* 찬란하게 비치다. 번쩍거리게 하다.

resplandor *m.* = *resplendor*.

resplendecer, resplender *v.i., v.t.* = *resplandecer*.

resplendente *a.* = *resplandecente*.

resplendor *m.* ①찬란한 빛. 광휘. 광채. 광명. ②혁혁함. 훌륭함. 당당함. ③(순교자들이 쓰는) 천상(天上)의 보관(寶冠). 영광. (그림에서 이것을 표시하는) 후광(後光). 광윤(光輪).

resplendoroso *a.* 찬란하게 비치는. 광휘있는. 혁혁한. 영광스러운.

respondão *a.m.* 무뚝뚝하게 대답하는 (사람). 난폭하게(건방지게) 대답하는 (사람). 불평가.

respondedor *a.* 대답하는. 답변하는. 회답하는.
— *m.* 대답하는 사람. 답변인. 회답자.

responder *v.t., v.i.* (사람·질문에) 대답하다. 답변하다. 회답하다. 답장을 내다. 회신(回信)하다. ②(의논·공격에) 응수하다. 응답하다. ③(+*a*). …에 응하다. 따르다. …와 일치하다. ④…에 대항하다. ⑤(+*por*). 책임을 지다. 맡다. 인수(引受)하다.
responder tudo [學生] (어려운 문제·시험문제 따위를) 모조리 해치우다.

respondido *a.* 대답한. 답변한. 회답한.

respondimento *m.* 《古》대답하기. 대답. 회답. 대꾸.

respondível *a.* ①대답할 수 있는. 회답할 수 있는. ②책임 있는. 책임져야 할.

respondona *f. repondão*의 여성형.

responsabilidade *f.* ①책임. 책무. 의리. ②부담. 무거운 짐. ③책임성.
assumir a responsabilidade 책임지다.
lançar a responsabilidade sôbre outrem 책임(죄)을 다른 사람에게 전가하다 (씌우다).

responsabilizar *v.t.* 책임을 지우다.
— *se v.pr.* (+*por*) …을(에 대하여) 책임지다.

responsão *f.* 《古》= *resposta*.

responsar *v.t., v.i.* ①[宗] 답창(答唱)하다. ②악담하다. 욕설하다.

responsável *a.* 책임 있는. 책임져야 할.
— *m.* 책임자.

responsivo *a.* ①답변의. 답변이 되는. 응답하는. ②답창의.

responso *m.* ①[宗] 답창(答唱 : 일과(日課) 사이 또는 일과 후의 찬송가). ②악담. 욕설. 매도(罵倒).

responsório *m.* [宗] 답창집.

resposta *f.* ①대답. 회답. 응답. 회신. 답신(答信). ②해답. 답안. ③[法] 답변. 응수. 보복(報復). ④(꽃불의) 일회의 폭발.
resposta certa 맞는 해답. 정답(正答).
resposta aguda 재치 있는 응답. 불쑥 내던지는 괄괄한 대답. 곧 받아치기. 교묘한 즉답(卽答)의 재주.
resposta pronta 즉답. 다 된 답안.
foguete de três respostas 세 번 터지는 꽃불.
Espere pela resposta, faça favor. 회답을 기다려 수시기 바랍니다.

respostada *f.* 거친(건방진) 대답. 무뚝뚝한 대꾸.

resquício *m.* ①사소(些少). 미세(微細). 미진. 작은 파편. 근소한 찌끼. ②터진 틈. 찢어진 틈.

ressaber *v.t., v.i.* 잘 알다. 깊이 알다. 숙지하다. 정통(精通)하다.

ressabiado *a.* ①싫은. 기분 나쁜. 불쾌한. ②(말의) 어거하기 어려운. 길들이기 힘든. 사나운. ③놀라기 쉬운. 겁많은.

ressabiar *v.i.*, — *se v.pr.* 이상한 맛이 나다. (그릇 때문에) 약간 다른 맛이 나다. 나쁜 맛이 있다(나다). ②기분이 상하다. 불쾌해지다. 싫어지다.

ressabido *a.* 많이 아는. 학식이 풍부한. 경험이 많은. 정통(精通)한. 숙지(熟知)한.

ressábio *m.* 《俗》= *ressaibo*.

ressaca *f.* ①밀려 와서는 부서지는 파도. (바위 따위에 부딪치고) 물러가는 파도.

뒤돌아치는 파도. ②되물러가는 물결. 역류. 저류(底流). ③(조수의) 간만(干滿 : 썰물과 밀물). ④(썰물로 인하여 생기는) 작은 만(灣). ⑤변하기 쉬움. 변화무쌍(無雙). ⑥술이 깬 후의 상태.

ressacar *v.t.* [商] 어음을 다시 발행하다.

ressaibo *m.* ①싫은 맛. 기분 나쁜 맛. (담근 그릇 때문에 나는) 다른 맛. 그릇에 붙어 있는 찌꺼기의 냄새. ②불쾌. 싫은 기분. 울분. 유한.

ressaido *a.* ①다시(밖으로) 나간. 재외출한. (외부로) 불쑥 나온(내민). 돌출(突出)한.

ressair *v.i.* ①(밖으로) 다시 나가다. 재외출하다. ②(외부로) 불룩 나오다. 쑥 내밀다. 돌출하다.

ressaltar *v.t.* ①(밖으로) 불룩 나오게 하다. 돌출케 하다. ②똑똑히 나타나게 하다.
— *v.i.* ①다시 뛰어 오르다. 재도약(再挑躍)하다. 거듭 도약하다. ②되퉁기다. (공 따위) 퉁기다. ③(밖으로) 불룩 나오다 (내밀다). 돌출하다. ④똑똑히 나타나다. 뚜렷해지다.

ressaltear *v.t.* 다시 습격하다. 재돌격하다.

ressalto *m.* ①불룩 내어 밈. 돌출. 돌기. 융기(隆起). 불룩 내민 데. 내민 끝. 돌각. ②(공 등의) 되퉁기기. 반발(反撥).

ressalva *f.* ①무효로 하기. 폐기(廢棄). 계약해제조건(증서·서류). ②(위험·손해 등에 대한) 안전대책. 보장조항. ③병역면제증(兵役免除證). 인신(人身)보호증. ④제외. 예외(例外).

ressalvar *v.t.* ①무효로 하다. 폐기하다. ②(위험·손해·책임 따위를) 면하게 하다. ③안전조치를 취하다. ④보호증을 주다. ⑤제의(예외)하다.
—**se** *v.pr.* 미리 예방(경계하다). 자기에게 돌아올 수 있는 책임·위험·손해 등에 대한) 예비대책을 취하다.

ressaque *m.* ①[商] 어음의 상환 청구로서 발생되는 환어음. 반환어음. 《英》*redraft*》. ②재교환.

ressarcimento *m.* 배상(賠償). 보상(補償). 판상(辦償). 손해배상.

ressarcir *v.t.* 갚다. 배상하다. 보상하다. 판상하다.

ressaudação *f.* 재경례(再敬禮). 경례에 대한 답례(答禮). 인사에 대한 답사.

ressaudar *v.t.*, *v.i.* 다시 경례하다. 경례에 대하여 답례하다. 답사를 드리다.

ressecação *f.* 다시 말리기. 바싹 말리기. 재건조(再乾燥).

ressecar *v.t.* 다시 말리다. 잘 말리다.
—**se** *v.pr.* 잘 마르다. 바싹 마르다.

ressecção *f.* [醫] 절제(截除). 절제술.

resseco *a.* 잘 마른. 바싹 마른. 아주 마른.

ressegar *v.t.* (풀 따위를) 다시 베다.

ressegurar *v.t.* 재보험하다.

resseguro *m.* 재보험(再保險).

ressegurador *m.* 재보험하는 사람.

resselar *v.t.* (증서 따위에) 다시 날인(捺印)하다. 다시 봉인하다. 재봉랍(封蠟)하다.

ressemeadura *f.* 두 번째의 파종(播種).

ressemear *v.t.* 다시 씨를 뿌리다. 재파종하다.

ressentido *a.* ①깊이 느낀. 마음속에 사무친. 아주 유감스러운. 통분한. ②(과일이) 썩기 시작한.

ressentimento *m.* 원한. 유한. 분함. 분통. 분만(憤懣).

ressentir *v.t.* 깊이 느끼게 하다. 잊지 못하게 하다.
—**se** *v.pr.* 깊이 느끼다. 몹시 유감스럽게 느끼다. 원한이 사무치다. 통탄하다. 원망하다.

ressequido *a.* 잘 마른. 바싹 마른. [植] 아주 시든.

ressequir *v.t.*, *v.i.* ①잘 말리다(마르다). 바싹 말리다(마르다). ②[植] 아주 시들게 하다. 조락(凋落)시키다(조락하다). ③고갈케 하다.

resservir *v.t.* 다시 쓰다. 재사용(再使用)하다.

ressesso *a.* ①아주 마른. 말라서 굳은. ②(빵 따위) 너무 구워진. 누른.

resseu *pron.* 틀림없이 당신 것(*seu*의 강의(强義)).

ressicação *f.* 지나치게 마름. 과도의 건조(乾燥).

ressicar *v.t.* 너무 말리다. 아주 바싹 말리다. 과도로 건조시키다. [植] 이울어지게 하다. 말라 죽게 하다.

ressoante *a.* (종소리 따위) 울리는. 은은히 울리는. 반향하는. 공명(共鳴)하는. (음성이) 울려 퍼지는.

ressoar *v.i.*, *v.t.* (종소리 따위) 다시 울리다. 다시 반향(反響)하다. 공명하다. (음성이) 울려 퍼지다.

ressobrar *v.i.* ①엄청나게 많다. 너무나 과다하다. ②많이 남다. 아주 많이 남다. 과도로 과잉(過剩)하다.

ressoca *f.* 사탕수수를 두 번째 베기(베어들이기).
ressocas (*pl.*) 사탕수수를 벤 후에 돋아나는 새싹.

ressoldar *v.t.* 다시 용접(鎔接)하다.

ressonador *m.* ①공명기(共鳴器). 공진자(共振子). ②코 고는 사람.

ressonância *f.* (소리가) 울림. 공명(共鳴). 공진. 반향(反響). 반향성(性). [無線] 공진.

ressonante *a.* 울리는. 공명하는. 반향하는.

ressonar *v.t., v.i.* ①(소리가) 울리다. 은은하게 울리다. 멀리 울리다. 공명하다. ②(소리가) 되울리다. 반향하다. ③(코를) 골다.

ressoprar *v.t.* (입김을) 내불다. 혹 불다. 다시 불다.
— *v.i.* (바람이) 다시 불다.

ressorção *f.* 재흡수(再吸收). 재흡인(再吸引).

ressorcina *f.* = *resorcina*.

ressorver *v.t.* 다시 흡수하다.

ressuar *v.i., v.t.* (= *ressudar*). 다시 땀 흘리다. 발산시키다.

ressudação *f.* 땀내기. 발한(發汗). 재발한(再發汗). 삼출(滲出). 증산(蒸散).

ressudar *v.i., v.t.* 다시 땀나다. 땀 흘리다. 발한하다. ②발산시키다. 삼출시키다. (모공(毛孔)으로부터) 증산시키다(하다).

ressulcar *v.t.* (보습으로) 다시 이랑을 만들다. 다시 밭고랑을 만들다.

ressumação *f.* ①스며 나옴. 새어 나옴. 누출(漏出). ②발로(發露).

ressumar, ressumbrar *v.t.* ①(수분을) 배내게 하다. 삼출(滲出)시키다. ②(비밀 같은 것을) 탄로시키다. ③흘러나오게 하다.
— *v.i.* ①스며 나오다. 삼출하다. 분비하다. ②줄줄 흘러나오다. ③(비밀 같은 것이) 새다. 탄로되다. ④나타나다. 발로(發露)하다.

ressunção *f.* ①재취임(再就任). 재인수(再引受). ②재점유(再占有). ③되찾기. 회복.

ressunta *f.* 요점을 되풀이하여 말하기. 총괄(總括). 약설(約說).

ressupinação *f.* [植] (잎사귀(葉)·꽃잎(花瓣) 따위) 뒤로 뒤틀림. 위로 뒤틀림. 전도(轉倒). 반전(反轉).

ressupinado *a.* [植] (잎사귀 따위) 뒤로 뒤틀린.

ressupinar *v.i., v.t.* (잎사귀·꽃잎 따위) 뒤로 뒤틀다(뒤틀게 하다). 전도(轉倒)하다.

ressupino *a.* [植] (잎사귀 따위) 뒤로 뒤틀린.

ressurgente *a.* 소생의. 부활의. 재기의. 되살아나는. 다시 나타나는.

ressurgimento *m.* 소생(蘇生). 부활. 재기(再起). 재현(再現). 재발(再發).

ressurgir *v.t.* 되살아나게 하다. 소생시키다. 부활케 하다
— *v.i.* ①다시 살아나다. 소생하다. 부활하다. ②재기하다. 부흥하다. 재현하다. 재발하다.

ressurreição *f.* ①소생. (기독교) 그리스도의 부활. [宗] (최후의 심판일에 있어서의) 전 인류의 부활. 재기(再起). 내세. ②(문예·미술 따위의) 부흥. 회복. ③(나을 희망 없던 중병으로부터의) 회복. 완쾌.

ressurreicionista *m., f.* ①부활시키는 사람. 죽은 사람의 부활을 믿는 사람. ②(문예·미술 따위의) 고대 모방 주의자(古代模倣主義者).

ressurreto *a.* 되살아난. 소생한. 부활한.

ressurtir *v.i.* ①날아 올라가다. 뛰어오르다. ②나타나다.

ressuscitação *f.* 소생. 부활. 부흥.

ressuscitado *a.* 되살아난. 소생한. 부활한.

ressuscitador *a.* 소생시키는. 부활케 하는. 부흥시키는.
— *m.* 소생(재생)시키는 사람. 부활자. 부흥자.

ressuscitamento *m.* = *ressuscitação*.

ressuscitar *v.t.* 소생시키다. 부활시키다. 부흥(재흥)시키다.
— *v.i., -se v.pr.* 되살아나다. 소생(부활)하다. 생명을 건지다. 부흥(재흥)하다.

ressuscitável *a.* 되살릴 수 있는. 부활시킬 수 있는. 부흥(재흥) 가능한.

restabelecer *v.t.* ①다시 설치하다. 재설립(再設立)하다. 재건하다. 복강하다. 부흥케 하다. ②복직(復職)시키다. 복구시키다. ③(건강을) 회복케 하다.
— *se v.pr.* ①재건되다. 복구되다. 부흥하다. ②(건강이) 회복되다. (병이) 다 전쾌(全快)하다. 완쾌(完快)하다.

restabelecido *a.* 회복된. 재건된. 복구된. 재건한.

restabelecimento *m.* ①재설립. 재설치. 재건. 부흥. 복구. 만회(挽回). ②회복. 건강 회복. 완쾌. 전쾌.

restagnação *f.* 물의 정체(停滯). 앙금.

restampa *f.* (특히 판화(版畵)의) 재인쇄. 재판(再版).

restampar *v.t.* (판화 따위를) 다시 찍어내다. 재판하다.

restante *a.* 남는. 잔존(殘存)하는. 잔류하는.
— *m.* ①남는 것. 나머지. 잔물. 잔액(殘額). 잔고. ②잔존자(殘存者). 잔류자.
posta restante 유치우편.
restante da vida 여생. 여명.

restar *v.t.* 남기다. 남게 하다. 유치(留置)시키다.
— *v.i.* 남다. 잔존하다.

restauração *f.* ①(병·피로 등으로부터의) 회복. ②부활. ③(파괴로부터의) 복구. 부흥. 수복(修復). ④복직. 복위. 복벽(復辟). ⑤만회(挽回). 수리(修理).

restaurado *a.* 회복한. 복구한. 수복한. 원상태로 된. 수리한. 만회한.

restaurador *a.* ①회복하는. ②원상태로 하는. 복귀시키는. 부흥케 하는.
— *m.* 회복자. 부흥자. 복고자(復古者). 만회자(晩回者).

restaurante (1) *a.*, *m.* 회복하는 (사람). 부흥하는 (사람). 복구하는 (사람). 만회하는 (사람).
— (2) *m.* 음식물. 요리점. 큰 식당.

restaurar *v.t.* 회복하다. 원상태로 하다. 복귀시키다. 복구하다. 부흥시키다. 수복(修復)하다.
—*se v.pr.* (원기·건강 따위를) 회복하다.

restaurativo *a.* 회복력이 있는. 복구력이 있는. 부흥시키는.

restaurável *a.* 회복할 수 있는. 부흥(재흥) 가능한. 복구(만회)할 수 있는.

restauro *m.* =*restauração*.

restelar *v.t.* (삼·아마섬유(亞麻纖維) 따위를) 빗질하다. 가리다. 두드리다.

restêlo *m.* 바디. 삼빗(명주실·삼 등을 빗질하는).

resteva *f.* =*restelho*.

réstia *f.* ①양마늘(둥근파) 타래. 마늘 타래 (머리칼을 땋은 것처럼 길게 엮은 것). ②좁은 틈으로 비쳐 들어오는 광선(光線).

restiforme *a.* 타래 모양의. 색상(索狀)의.
corpos restiformes [解] 색상체(索狀體).

restilação *f.* 재증류(再蒸溜).

restilar *v.t.* (물방울을) 다시 터뜨리다. 재증류하다. 재증류해서 만들다(얻다).

restinga *f.* ①물이 얕은 곳. 모래톱. 암상(岩床). 암초(暗礁). ②침수지(浸水地)의 수풀. (특히) 바다쪽으로 쑥 내민 땅의 관목림(灌木林) ③사주(砂洲).
restinga de areia 모래언덕. 사주(砂洲).

restinguir *v.t.* ①(불·불길·빛 따위를) 다시 끄다. 완전히 꺼버리다. ②재진압(再鎭壓)하다.

restituição *f.* ①돌려주기. 반환(返還). 환부(還付). ②갚음. 배상. 손해배상. 보상(補償). ③복위. 복직. 복구. 회복. [理] 복구성. [天] (별의) 복위(復位).

restituidor *a.* 돌려주는. 반환하는. 갚는. 상환하는. 보상하는. 회복시키는. 복구하는.
— *m.* 돌려주는 사람. 반환자(返還者). 상환자. 보상자(補償者). 원상회복자.

restituir *v.t.* 돌려보내다. 반환(환부)하다. 보상(배상)하다. 복구하다. 환원시키다.
—se *v.pr.* ①되돌아오다. 반환하다. ②보상되다. 배상되다. ③복구되다. 환원되다.

restituitório *a.* 환원의. 환부(還付)의. 반환성의.

restituível *a.* 돌려보내야 할. 반환(환부)할 수 있는. 배상(보상)해야 할. 회복(복구)할 수 있는.

restivar *v.t.* 같은 해(한 해)에 두 번 재배하다. 양그루갈이하다.

resto (1) *m.* ①남은 것. 나머지. 잔여(殘餘). 기여(其餘). 잔물. 잔액. ②남는 사람. 잔류자. ③그 외의 사람. 기타의 물건. 남는 일. 여사(餘事).
restos (*pl.*) ①유물(遺物). 유적(遺跡). 해골. ②남은 음식. 잔반(殘飯).
restos mortais 유해(遺骸). 유골.
resto de cozinha 음식찌끼. 남은 음식물.
de resto 더욱. 게다가.
quanto ao resto 기타(에 관해서는). 나머지는.
tratar de resto 업신여기다. 박대하다. 돌보지 않다.

— (2) *m*. [撞球] 레스트. 큐걸이.

restolhada *f*. ①(보리·벼·옥수수 등의) 많은 그루. 그루터기밭. ②추수(秋收) 후 그루 많은 곳을 왕래할 때의 소리(바싹 마른 잎·볏그루·보릿그루·옥수수의 대 따위에서 나는 소리). ④소음(騷音).

restolhal *m*. (보리·벼·옥수수 등의) 그루만 남은 곳. 그루밭.

restolhar *v.t*. ①(밭의) 그루를 뽑아버리다. 그루를 제거하고 전답을 깨끗이 하다. ②그루 많은 곳을 돌아다니다. 이곳저곳을 다니며 이삭(열매)을 줍다. ③그루 많은 곳을 돌아다니며 바삭바삭 소리를 내다. 시끄러운 소리를 내다.

restôlho *m*. (보리·벼 따위의) 그루. 옥수숫대를 베고 남은 그루터기 또는 마른 옥수숫대. 그루만 남은 밭. 《轉》빡빡 깎은 머리(수염).

restribar *v.i*., —*se v.pr*. ①강경히 주장하다. 고수(固守)하다. ②완강히 저항하다.

restrição *f*. ①제한(制限). 한정(限定). 철주(掣肘). ②구속. 속박.

restringência *f*. ①제한. 한정. ②긴축(緊縮). 좁히기. ③수렴(收斂). 수렴성(性). 엄함.

restringente *a*. ①제한(한정)하는. 좁히는. ②긴축시키는. 좁히는. ③수렴(성)의. 엄한.
— *m*. 수렴제(劑).

restringimento *m*. ①제한(한정)하기. ②좁히기. 축소. 긴축시키기. ③수렴하기.

restringir *v.t*. ①제한(한정)하다. ②수축시키다. 긴축시키다. ③수렴시키다. ④제지(억제)하다. ⑤(권리를) 줄이다. 제한하다. (비용을) 될 수 있는대로 축소하다.
—*se v.pr*. ①제한(한정)되다. ②긴축되다. ③줄다. 삭감되다. ④스스로 억제하다. 자제(自制)하다.

restringível *a*. 제한할 수 있는.

restritamente *adv*. 제한적으로. 한정하여. 제한하여.

restritiva *f*. [文] 한정사(限定辭).

restritivamente *adv*. 한정적으로. 제한적으로.

restritivo *a*. 제한하는. 한정하는. [文·論] 한정적.

restrito *a*. 제한된. 한정된. 국한된. 특정의.

restrungir *v.i., v.t*. (소리를) 세게 울리다. 귀 멀 정도로 크게 울리다. 강하게 반향하다.

restucar *v.t*. ①다시 벽토칠을 하다. 페인트·회를 다시 바르다. 누덕누덕 칠하다. ②벽토 따위로 틀어막다. ③《稀》고약을 붙이다. 잔뜩 발라 붙이다.

resulta *f*. 결과. 성과. 성적.

resultado *m*. ①결과. 결말. 귀추. ②성과. 성적. 효과. 효력. 보람. ③결의. ④[數] 결과. 답.
resultado previsto 예견한 결과. 처음부터 알고 있는 결론.
sem resultado 아무런 효과(성과) 없이. 헛되이. 공연히.

resultante *a*. ①결과로서 생기는. 결과를 초래하는. ②합력의. 합성적.
força resultante [機] 합력(合力).
— *m*. 결과. [機] 합력. 합성운동. [理] 합성력. [數] 종결식. 소거식(消去式).

resultar *v.i*. ①결과로서 생기다. 기인(유래)하다. ②(+*em*). 귀착하다. 귀결하다. (+*a*). (…으로) 끝나다.
resultar de …에 기인하다. …에 유래하다.

resumação *f*. = *ressumação*.

resumar, resumbrar *v.t., v.i*. = *ressumar*.

resumidamente *adv*. 줄여서. 생략(간략)하여. 축소(단축)하여. 요점을 추려서

resumido *a*. 줄인. 생략한. 간략한. 단축한. 요점을 줄인. 총괄한.

resumidor *a., m*. 요점을 추리는 (사람). 간략하는 (사람). 요약하는 (사람). 총괄하는 (사람).

resumir *v.t*. ①(글·문장·말 따위를) 줄이다. 단축하다. 간략하게 하다. 요약하다. 요점을 들어 이야기하다. ②(필요 없는 것을) 빼버리다. 생략하다.
—*se v.pr*. 단축(축소)되다. 생략(간략)되다. 요약되다.

resumo *m*. ①생략. 간략. 요약. 단축. 축소. ②요점을 되풀이하여 말하기. 약설(約說). ③추린 요점. 개략(概略). 대요(大要). 총괄(總括).
em resumo 요약하면. 간단히 말하면. 요는.

resumpção *f*. = *ressunção*.

resumpta *f*. 《古》 = *ressunta*.

resumptivo *a*. = *resuntivo*.

resuntivo *a*. ①건강을 회복하는. ②다시 찾는.

resvaladeiro m. =*resvaladouro*.
resvaladiço a. 매끄러운. 잘 미끄러지는. 반드러운. 위험한.
— m. 매끄러운 곳. 쉽사리 미끄러지는 곳.
resvaladio a. =*resvaladiço*.
resvaladouro m. ①미끄러지는 곳. 반드러운 비탈(경사면). ②위험한 위치(位置). 실각(失脚)하기 쉬운 환경.
resvaladura f. ①잘 미끄러짐. 반드러움. ②얼음지치기. 활빙(滑氷). 활주(滑走). ③미끄러지기. 미끄러져 옆으로 나가기(떨어지기). ④실수. 낙제. 반칙.
resvalante a. ①미끄러운. 미끄러지는. 미끄러져 옆으로 나가는. ②실각(失脚)하는.
resvalar v.t. 미끄러지게 하다. (발을) 잘못 디디다. 실각(失脚)시키다.
— v.i., —**se** v.pr. ①미끄럼타다. 미끄러지다. 미끄러져 떨어지다(빗나가다). 발 잘못 디디고 넘어가다. (비행기 따위) 활주하다. (자동차 따위) 미끌다. ②몰래(슬쩍) 빠지다. 도망가다. ③자기도 모르게 실수하다. 모르는 새에 오류를 범하다.
reta f. 곧음. 직선(直線). 《古》 =*recta*.
retábulo m. 제단의 뒤편. 위쪽의 장식(회화・조각 또는 병풍). 《英》 *altar piece*.
retaguarda f. ①[軍] 후위. 후미(後尾). [海軍] 호위함(護衛艦). ②뒤. 배후.
retal a. [解] 직장(直腸)의.
retalhadela f. =*retalhadura*.
retalhado a. 조각난. 조각으로 된. (잘게) 나뉘어진. (헝겊 따위) 재단하고 남은. 가위밥이 된.
retalhador a., m. 조각조각으로 찢는 사람(기구). 갈가리 자르는 사람(기구).
retalhadura f. 조각조각으로 찢기. 갈가리 자르기. 헝겊조각을 베어내기.
retalhar v.t. 조각조각으로 찢다. 갈가리 자르다(베다). 잘게잘게 끊다(썰다). 촌단(寸斷)하다.
— v.i. 조각조각이 되다. 갈가리 찢어지다. 가위밥이 되다.
retalheiro a. 조각조각 찢는. 갈가리 자르는. 잘게 써는. 조금씩 베어(잘라) 파는.
— m. 소매상인.
retalhista a., f., m. 소매상인(小賣商人).
retalho m. 한 조각. 단편. 세편(細片). (재단하고 남은) 헝겊조각. 가위밥. 신문 따위의 잘라낸 것.
retalho de tecidos 잘라 팔고 남은 옷감. 재단하고 남은 헝겊조각.
a retalho 조금씩. 단편적으로. 소매로.
vender a retalho 소매로 팔다. 산매(散賣)하다.
retaliação f. ①앙갚음. 보복. 복수. ②(저지른 죄에) 해당하는 벌을 주기.
retaliado a. ①앙갚음 한. 복수 당한. 보복당한. ②(저지른 죄에) 해당하는 벌을 받은.
retaliar v.t. ①앙갚음하다. 보복하다. 응수(應酬)하다. 복수하다. 되받아치다. ②(범한 죄에) 해당하는 벌을 주다.
retama f. [植] 가시 있는 일종의 관목(灌木).
retame a. *açucar retame* 당밀(糖密)에서 빼낸 설탕.
retamente adv. 곧게. 곧바로. 곧바르게. 곧장. 정직하게. 반듯이.
retanchar v.t. 포도의 어린 가지를 다시 심다. 마른(죽은) 싹을 자르고 딴 것을 심다(접하다).
retanchoa f. [植] 포도의 어린 가지를 다시 심기. 마른 싹을 자르고 새싹을 심기(접하기).
retangular a. 직각(直角)의. 구형의. 장방형의.
retângulo m. 구형(矩形). 장방형(長方形).
retardação, retardança f. ①늦음. 늦어짐. 지체. 지연. 연체(延滯). ②느림. 지연정도(遲延程度). 지체량. 방해량. ③[理] 감속도(減速度). ④유예. 연기.
retardadamente adv. 늦어서. 지체하여. 지각하고.
retardado a. 늦은. 지체한. 지각한. 지연한. 속력을 낮춘. 더딘. 느린. 천연(遷延)한.
retardador a. 늦게 하는. 지체시키는. 시일을 끄는. 지각하는. 지연하는.
— m. 늦게 하는 사람(물건). 지체자. 지각자. 지연자.
retardamento m. =*retardação*.
retardar v.t. 늦게 하다. 더디게 하다. 시간을 끌게 하다. 지각시키다. 연체시키다. 연기하다.
— v.i. 늦어지다. 시간 끌다. 더디다. 우물쭈물하다. 지체하다. 지각하다.
retardatário a. 늦게 하는. 더디게 하는. (시간을) 끌게 하는. 지체(연체)시키는. (속도를) 느리게 하는. 감속하는.

— *m.* 시간 끄는 사람. 더딘 사람. 느림보. 빈둥빈둥 보내는 사람. 지각자(遲刻者). 지체자. 낙오자.

retardativo *a.* 늦게 하는. 지연하는. 지불(支拂)을 끄는. 체납(滯納)의.

retardio *a.* ①늦은. 더딘. 천천한. 뒤떨어진. 낙오한. ②늦게 익은. 만숙(晩熟)의. 만성(晩成)의.

retardo *m.* 늦음. 지체. 지연. 지각. 연기.

retelhação *f.* 기와를 갈기. 기와를 다시 올리기.

retelhadura *f.* 기와를 갈기(다시 올리기). 지붕을 고치기. 지붕을 다시 덮기.

retelhar *v.t.* 기와를 갈다. 기와를 다시 올리다. 지붕을 다시 덮다.

retém *m.* ①저장(貯藏). ②저장품. 예비품. ③예비원.
armatem de retém 저장창고.

retemperação *f.* ①(강철 따위의) 두 번째 불림(다시 달굼). (칼·쇠붙이 만들 때의) 두 번째 담금질. ②더 굳히기. 더 세게 하기.

retemperar *v.t.* ①(강철 따위를) 다시 불리다. 다시 달구다. (칼·쇠붙이 만들 때의) 다시 담금질을 하다. ②더 굳게(세게) 하다. ③더 좋게(개선) 하다.
— *se v.pr.* 더 굳세지다.

retempo *m.* 가장 좋은 기회(機會).

retenção *f.* ①보류. 보유. 보지(保持). 유지(維持). ②억류. 유치(留置). 감금. ③차압(差押). ③보지력(保持力). 파지력(把持力). ④[醫] 분비폐지(分泌閉止).
retencão da urina 폐뇨(閉尿).

retencia *f.* = *retenção*.

retenho *m.* 보지(保持). 유치(留置).

retenida *f.* [海] 받침 밧줄. 이물 밧줄. 지강(支綱).

retentiva *f.* 파지력(把持力). 기억력. 암기력(暗記力).

retentivo *a.* 보류(保留)하는. 보지력(파지력) 있는. 기억이 좋은.

retentor *a.* 보류(보유)하는. 유치(억류)하는.
— *m.* 보류자. 보유자. 유치자. 억류자. [法] 보유권.

retentriz *a.* 기억(관념)이 있는. 보유한. 보지한.

reter *v.t.* ①유지(維持)하다. ②유치하다. 억류하다. 구류(拘留)하다. ③보류하다. 보유하다. 승낙 등을 하지 않고(허락하지 않고) 두다. 남겨 두다. ④억누르다. 억제하다. 제지하다. ⑤암기하다. 기억해 두다.
— *se v.pr.* ①멎다. 멈추다. ②유치되다. ③삼가다. 자제(自制)하다.

retesado *a.* 잡아 당긴. 뻗친. 팽팽한. 긴장한. 빽빽한. 옹색한.

retesamento *m.* 뻗치기. 늘이기. 신장(伸張). 긴장상태. 빽빽함.

retesar *v.t.* 잡아당기다. 팽팽히 하다. 죄다. 긴장시키다. 빽빽하게 하다.
— *v.i.*, — *se v.pr.* 뻗다. 퍼지다. 긴장하다. 팽팽해지다. 빽빽해지다.

retêso *a.* 뻗은. 늘인. 신장(伸張)한. 팽팽한. 긴장한. 빽빽한.

reteúdo *a.* 《古》 = *retido*.

reticência *f.* (말하던 중에) 말하지 않음. 말이 없음. 과묵(寡黙). 삼가함. 체면차리기. 사실의 은폐. [論] 묵설법(黙説法). 궐어법(闕語法).

reticeciar *v.t., v.i.* 얘기 중에 침묵하다. 말을 딱 끊다. 과묵하다. 묵설법을 쓰다.

reticencioso *a.* (설화 도중에) 말을 끊은. 말이 없는. 말을 삼가는. 전부를 말하지 않는.

reticente *a.* 말하지 않는. 과묵한. 묵설법을 쓰는.

reticorno *a.* [動] 곧은 뿔이 있는.

reticula *f.* [天] (남천(南天)의) 성공(星空)의 하나.

reticulação *f.* 그물 모양으로 만들기. 그물눈. 그물 모양의 것. 망상조직(網狀組織). [寫] (감광유제(感光乳劑)에 나타나는) 그물모양의 주름살.

reticulado *a.* 그물 모양을 한. 그물 같은.

reticular *a.* 그물 모양의. 망상(網狀)의.

retículo *m.* ①작은 그물. (부인의 머리를 싸는) 발망(髮網). 그물 주머니. ②그물 모양의 것. 망상조직. ③(망원경 따위의) 그물눈(관측을 돕는). ④[植] 망상선(網狀線). ⑤[動] (반추 동물의) 제이위(第二胃).

retidão *f.* 곧음. 정직. 방정(方正). 단정(端正). 염직(廉直). 공정. 정의(正義).

retificação *f.* ①곧게 하기. 직선으로 하기. 똑바로 잡기. ②시정(是定). 정정. 교정. 수정. 개정. 조종. ③[幾] 직선으로 바로 잡기. 구장법(求長法). ④[化] 정류(精溜). [電] 정류(整流).

retificador *a.* ①곧게 하는. 직선으로 하는. 똑바로 잡는. ②시정(정정·수정·교정·

개정)하는. 고치는. (폐풍 따위를) 없애는. ③[幾] (곡선과) 같은 길이의 직선을 구하는. [化] 정류(精溜)하는. [電] 정류(整流)하는.

— m. ①직선으로 하는 사람. 똑바로 하는 사람. ②고치는 사람. 수정자. 교정자. 정정자. 시정자. ③[化] 정류기(精溜器). [電] 정류기(整流器).

retificar v.t. ①곧게 하다. 직선으로 하다. 곧바로 잡다. ②개정하다. 수정하다. 시정하다. 고치다. (폐풍 따위를) 없애다. ③[幾] (곡선과) 같은 길이의 직선을 구하다. ④[機] 똑바로 조정하다.

retificativo a. 곧게 하는. 직선으로 하는. 고치는. 수정하는. 교정하는.

retificável a. 곧게(직선으로) 할 수 있는. 고칠 수 있는. 시정(교정·정정)해야 할. [幾] 직선으로 잴 수 있는. [化] 정류(精溜)할 수 있는. [電] 정류(整流)할 수 있는.

retiforme a. 그물 모양의. 망상(網狀)의.

retilíneo a. 직선의. 직선적. 직선으로 되는. 직선을 이루는.

retina f. [解] (눈알의) 망막(網膜).

retinerveo a. [植] 망상엽맥(網狀葉脈)의.

retingir v.t. 다시 물들이다. 재염색하다. 고쳐 염색하다.

retiniano, retinico a. 망막(網膜)에 관한.

retininte a. 찌르릉찌르릉 소리나는(내는). 오래 울리는.

ratinir v.i., v.t. 찌르릉찌르릉 소리나다(내다).

— m. (금속이 부딪쳐) 찌르릉하는 소리.

retinite f. [醫] 망막염(網膜炎).

retintim m. [擬聲語] (엷은 금속·유리 따위 마주쳐서 나는) 찌르릉찌르릉하는 소리. 땡그랑하는 소리.

retinto a. (*retingir*의 과거분사). ①다시 물들인. 재염색한. ②짙은. 농후(濃厚)한. 캄캄한. 새까만.

— m. 짙은 색. 어두운 색. 농갈색(濃褐色).

retiração f. ①뒤로 물러감. 퇴각. 후퇴. 철퇴. ②[印] 뒷면에 인쇄하기. 후면인쇄(後面印刷).

retirada f. ①퇴각. 후퇴. 철병. 철수. ②철회(撤回). ③후퇴·철퇴한 상태. ④(현직을) 물러나기. 퇴직. 퇴거. 퇴역. 은퇴(隱退). 은거(隱居).

retiradamente adv. 물러나서. 은퇴(은거)하여. 은둔하여. 멀리 떨어져서. 고독하게.

retirado a. ①물러난. 퇴직한. 퇴역한. 은퇴한. 멀리 떨어진. 궁벽한. 고독한. 쓸쓸한. ②(외면에 나타나지 않고) 쑥 들어가 있는. 사양하는.
vida vetirada 은거(隱居)/생활.

retiramento m. ①뒤로 물러감. 후퇴. 퇴각. ②(직책을) 물러나기. 인퇴(引退). 퇴.③은둔. 은둔생활. 고독한(한적한) 생활.

retirar v.t. ①뒤로 물러가게 하다. 뒤로 당기다. 후퇴(철퇴)시키다. ②쑥 들어가게 하다. 은퇴시키다. 은둔케 하다. ③(신청·약속 등을) 철회하다. ④(통화·서적 등을) 회수하다. 거두어 들이다. ⑤(장소를 정리·정돈하는 뜻에서) 필요 없는 것을 치워 버리다. ⑥[印] 뒷면(後面)에 인쇄하다. 다시 찍어내다.

— v.i. ①물러가다. 물러서다. ②퇴직하다. 퇴출(退出)하다. 퇴역(退役)하다. ③후퇴하다. 철퇴하다. ④(회·단체 등에서) 나오다. 탈퇴하다.

retiro m. ①퇴거. 은퇴. ②은거(隱居). 칩거(蟄居). 쓸쓸한(고독한) 생활. ③은둔소(隱遁所). 은거처(隨居處). 벽원한 곳.

retite f. [醫] 직장염(直腸炎).

retitude f. 곧음. 정직. 방정(方正). 단정(端正). 염직(廉直). 정직성.

reto (1) a. ①곧은. 일직선의. 수직의. 똑바른. 반듯한. ②옳은. 정직한. 방정한. 공정한. 공명정대한. [幾] 똑바른. 직각의. 직선의.

— (2) m. [解] 직장(直腸).

retocado a. (그림·사진·문장 따위를) 손질한. 수정한.

retocador a. (그림·사진 따위를) 수정하는.
— m. ①[寫·畵] 수정자(修整者). ②(금·은 세공사(細工師)가 쓰는) 일종의 도구(닦아 마감질하는).

retocar v.t. (그림·사진 따위를) 손질하다. 수정(修整)하다. 마감질하다.

retomada f. 되찾기. 회수. 탈환(奪還). 재점유(再占有).

retomar v.t. ①되찾다. 다시 얻다. 회수하다. 회복하다. ②탈환하다.

retoque m. (그림·사진 따위의) 수정(修整·修正). 손질. 마감질.

retorção *f.* ①다시 꼬기. 다시 꿤. 되비틀기. 되휘기. ②[國際法] (관세정책에 의한) 보복. ③《俗》 말대꾸.

retorce *m.* 다시 꼬기(꼬아 합치기). 다시 비틀기.

retorcedeira *f.* ①꼬는 여자. ②꼬와 합치는 기계.

retorcedura *f.* 다시 꼬기. 꼬와 합치기. 는 일. 다시 비틀기. 비트는 동작.

retorcedor *m.* 꼬는 사람. 꼬와 합치는 사람.

retorcer *v.t.* 다시 꼬다. 꼬아 합치다. 뜨다. 짜다. 비틀다. 뒤틀다. 꼬집다. 배배 틀다. 배배 꼬다.
— *v.i.*, —**se** *v.pr.* ①꼬이다. 꼬아 합쳐지다. 감기다. 비틀어지다. 배배 꼬이다. ②나쁘게 해석하다. 곡해하다. 왜곡(歪曲)하다.

retorcido *a.* 다시 꼰. 다시 비튼(비틀린). 꼬아 합친. 여러 번 꼰(비튼).
cabelo retorcido 곱실곱실한 머리털. 곱슬머리.

retórica *f.* 수사학(修辭學). 웅변술. 미사(美辭). 화려한 문체. 과장. 매력.

retoricamente *adv.* 수사적으로. 아름다운 말로.

retoricar *v.i.* 수사적으로 글쓰다(말하다). 미사여구(美辭麗句)를 늘어 놓다.

retórico *a.* 수사학의. 수사상의. 웅변적인. 미사여구의.
— *m.* 수사학자. 아름다운 말을 쓰는 사람. 웅변가. 과장적인 연설가(작가).

retornamento *m.* **retornança** *f.* =*retorno*.

retornar *v.i.* ①돌아오다(가다). 도로 가다. 출발점으로 되돌아가다. ②먼저 말로 돌아가다. 다시 오다. 되돌아 오다. ③복귀하다.

retornelo *m.* 가곡(歌曲) 중에 반복되는 구절. 말구반복(末句反復).

retorno *m.* ①돌아오기(가기). 귀환. 귀가. 귀국. ②회귀(回歸). 재발. 반각(返却). 환부(還付). ③반례(返禮). 답례품(答禮品). 가져온 대신으로 가져가는(또는 그 반대의) 물건. ④돌려 보내는 것. 보상(補償). ⑤[建] (집이나 창의) 옆쪽. ⑥[築城] 전회(轉廻).
de retorno (여행・출장 등으로부터의) 귀로. 귀가 도중.
viagem de retorno 귀환여행.
conta de retorno 환부액(還付額) : 초과 지출 또는 착오 지출되었을 때의 되돌아오는 액).
carro de retorno 돌아오는 차(歸還車).

retorquir *v.t.*, *v.i.* 말대꾸하다. 되받아치다. 반박하다. 보복하다.

retorsão *f.* =*retorção*.

retorta *f.* [化] 레토르트. 증류기(蒸溜器).

retorto *a.* 아주 휜. 아주 굽은. 몹시 구부러진. [機] 만곡(彎曲)을 이룬.

retos *m.(pl.)* ①쓸데없는 이야기. ②비꼬는 말.

retouça *f.* ①그네. ②까불며 장난치기. 떠들어대며 놀기. 환락(歡樂). 희롱. ③경쾌하게 흔들기. 쉴새 없이 흔들기.

retouçador *a.*, *m.* =*retouçāo*.

retoução *a.*, *m.* 까불며 장난치는 (아이). 떠들며 노는 (사람). 잠시도 가만있지 않는 (사람). 그네 타는 (아이).

retoucar *v.t.* ①새 두건(頭巾)을 씌우다. ②다시 화장하다. 머리칼을 손질하다. ③(겉을) 보기 좋게 꾸미다.
—*se* *v.pr.* 자기 머리칼을 손질하다. 잘 빗고 땋다. 다시 화장하다.

retouçar *v.i.*, —*se* *v.pr.* 그네 타고 흔들다(놀다). 까불며 장난치다. 떠들며 놀다.

retouço *m.* 그네 타기. 까불며 장나치기 떠들며 놀기. 환락. 희롱.

retração *f.* ①움츠러들기. 견축(牽縮). [醫] 수축(收縮). ②취소. 철회.

retraçar *v.t.* ①쑥 들어가게 하다. 수축시키다. ②취소하다. 철회하다.
— *v.i.* ①쑥 들어가다. 움츠리다. ②먼저한 말을 취소하다(철회하다). 마음을 돌리다.

retraço *m.* ①(소・말의 사료로 되는) 잘게 썬 풀(건초). ②(소・말 따위의) 먹고 남은 풀(꼴). ③보잘 것 없는 것.

retractação *f.* =*retrataçāo*.

retractar *v.i.* =*retratar* (2).

retractil *a.* =*retratil*.

retractivo *a.* =*retrativo*.

retracto *m.* =*retrato*.

retraduzir *v.t.* 다시 번역하다. 중역(重譯)하다.

retraido *a.* ①쑥 들어간. ②검사하는. 서름서름하는. 말이 적은. 수줍은. 소심(小心)한. ③끌어당긴. 끌어붙인.

retraimento *m.* ①쑥 들어감. 움츠림. 수축(收縮). 견축(牽縮). ②(사회·일자리 등으로부터) 물러나기. 은퇴. 은둔. 속세를 버리기. 칩거(蟄居). ③쓸쓸한 곳. 적막한 곳. ④취소. 철회. ⑤숨김.

retrair *v.t.* ①쑥 들어가게 하다. 수축시키다. 움츠리게 하다. ②물러나게 하다. 퇴각시키다. 뒤로 끌어 당기다. ③취소하다. 철회하다. ④숨기다. 은닉(隱匿)하다.
— *v.i.*, — *se v.pr.* ①쑥 들어가다. 움츠리다. 수축하다. ②물러가다. 물러나다. 퇴각하다. 은퇴하다. (…으로부터) 떨어져 있다(떨어지다). ③먼저한 말을 취소하다(철회하다). 약속을 어기다.
retrair a promessa 약속을 어기다.
retrair os pensamentos 의향(의사)를 나타내지 않다.

retramar *v.t.* 다시 꾸미다. 다시 획책(劃策)하다. 또 모의(謀議)하다.

retranca *f.* ①껑거리 띠[馬具]. ②[海] (돛대 셋 있는 배의) 셋째 돛대의 돛가름대.

retrança *f.* ①나무가 엉키인 것. 몹시 우거진 것. ②(양마늘·마늘 따위의) 타래.

retrançar *v.t.* 다시 짜다. 다시 뜨다. 다시 꼬다. 다시 땋다.

retrancido, retransido *a.* 꿰뚫은. 관통한. 관철한.

retrancir, retransir *v.i.*, *v.t.* 꿰뚫다. 관통하다. 관철시키다.

retratação *f.* ①(종래의 설·신앙의) 취소. 변설(變說). 개론(改論). ②움츠러들기. 수축. 견축(牽縮).

retratado *a.* ①사진 찍은. 촬영한. ②초상화를 그린. 그림으로 나타낸. ③반영(反映)한. 비친. ④(사건 따위를) 묘사한.

retratador (1) *m.* 초상화를 그리는 사람. 초상화가(肖像畵家).
— (2) *m.* (먼저한 말을) 취소하는 사람. 변설(變說)하는 사람.

retratar (1) *v.t.* ①사진 찍다. 촬영하다. ②…의 초상을 그리다. 인물을 그리다. (그림으로) 묘사하다(나타내다).
— *se v.pr.* ①사진 찍히다. ②그림에 나타나다. ③자기의 초상을 그리다.
— (2) *v.t.* ①(…을) 취소하다. 철회하다. ②쑥 들어가게 하다. 수축시키다.
— *se v.pr.* ①쑥 들어가다. 움츠리다. ②먼저한 말을 취소하다(철회하다). 마음을 돌리다. 잘못을 인정하고 전언(前言)을 취소하다.

retratável *a.* ①취소(철회)할 수 있는. ②오므라들게 할 수 있는.

retrátil *a.* 신축자재의. 움츠러들게 할 수 있는.

retratilidade *f.* 신축성. 신축력. 움츠러드리기.

retratista *m.*, *f.* ①사진사. ②초상화가(肖像畵家).

retrativo *a.* 움츠러들이는. 수축케 하는. 견축(牽縮)하는.
força retativa. 견축력(牽縮力).

retrato (1) *m.* ①초상화. 화상(畵像). ②사진. ③아주 비슷한 사람. 흡사(恰似)한 인물.
tirar o retrato 사진 찍다.
retrato de corpo inteiro. 전신(全身) 사진(초상화).
Êle é o retrato de seu pai. 저이는 그 아버지의 모습과 꼭 같다. 용모가 아버지와 꼭 같다.
— (2) *m.* (=*retracto*) 움츠러들기. 수축. 견축(牽縮).

retravar *v.t.* ①(말다리에) 다시 족쇄를 채우다. ②다시 시작하다. ③다시 교전(交戰)하다.

retrazer *v.i.* 다시 가져오다.

retremer *v.t.*, *v.i.* 다시 진동시키다(하다). 오래 진동하다.

retrêmulo *a.* 다시 진동(振動·震動)하는.

retreta *f.* ①(해질 때의) 귀영(歸營)의 나팔(북). ②《古》 여왕(女王)에 딸린 시녀. 《俗》 변소.

retrete *f.* 수세식(水洗式) 변소.

retribuição *f.* ①보복. 징벌. 응보(應報). 천벌. ②보답(報答). 답례(答禮). ③보수. 사례금. 수수료.

retribuir *m.* 보복자. 징벌자. 응보자. ②보답하는 사람. 사례(답례)하는 사람. 갚는 사람.

retribuir *v.t.* ①갚다. 보답하다. 인사를 차리다. 보수를 주다. ②보상(報償)하다. 상환하다. ③(나쁜 뜻으로의) 보답하다. 보복하다. 앙갚음하다.

retrilhado *a.* 다시 발로 디딘. 다시 짓밟은.

retrilhar *v.t.* 다시 발로 디디다. 다시 짓밟다.

retrincado *a.* ①심술궂은. 악의 있는. ②놀려주는. 조롱하는. 희롱하는. ③거짓의.

retrincar *v.t.*, *v.i.* ①아삭아삭(우둑우둑) 깨물다. (자갈길 같은 데를) 자박자박 밟다. ②(남의 말을) 잘못 해석하다. 악의로 접수하다. ③입속으로 중얼대다.

retriz *f.* ①[鳥] 꼬리의 깃(尾羽). ②직선방향(直線方向).

retro (1) *pref.* '후방으로'·'다시 제자리로'·'거꾸로' 따위의 뜻.
— (2) *adv.* 뒤로. 후방으로. 거꾸로.
a retro [法] 물릴 수 있는 조건으로(사고 팔 때의 경우).
— (3) *m.* 겉면. 표면(이면(裏面)의 대(對)).

retroação *f.* 반동. 반작용. 역동. 소급(遡及). 효력. 전으로 되돌아가기.

retroagir *v.i.* 반동하다. 거꾸로 작용하다. 이전으로 되돌아가다. 소급하다.

retroar *v.i.* 우렛소리 나다. 우레같은 요란한 소리가 울리다. 천둥치다.

retroativamente *adv.* 전으로 되돌아가서. 소급하여.

retroatividade *f.* 소급성(遡及性). 소급력(力). 전으로 되돌아가기.

retroativo *a.* 반동하는. 소급하는. 소급력을 가진(법령 따위). 전으로 되돌아가는. 소행적(遡行的).
lei retroativa 소급법(遡及法).
efeito retroativo 소급효력.
direitos retroativos (어음이) 소구권(遡求權).

retroator *a.* 소급케 하는. 전으로 되돌아가게 하는.

retrocedente *a.* 되돌아가는. 퇴보하는. 역행하는. 환부(還付)하는.
— *m.* 되돌아가는 것. 역행하는 것. 환부되는 것.

retroceder *v.i.* ①되돌아가다. 물러가다. 역행하다. 역동(逆動)하다. [醫] 내공(內攻)하다. ②퇴보하다. 악화하다.
— *v.t.* (받은 권리를) 환부하다. (영토 따위를) 되돌리다.

retrocedimento *m.* = *retrocesso*.

retrocessão *f.* ①후퇴. 퇴보. 퇴화. 쇠퇴. ②[醫] 내공(內攻). ③[法] (물려받은 권리의) 환부(還付). (영토의) 반환.

retrocessivo *a.* 되돌아가는. 후퇴하는. 역행하는.

retrocesso *m.* ①되돌아가기. 복귀. 소급(遡及). ②퇴보. 퇴화. 쇠퇴. ③[天] 역행.

retroflexão *f.* 뒤로 휨. [醫] 후굴(後屈).

retroflexo *a.* 뒤로 휜. 뒤로 굽은. [醫] 후굴의.

retrogradação *f.* 후퇴. 퇴보. 퇴화. 소급. 뒤로 되돌아가기. [天] 역행. 역동(逆動).

retrogradamente *adv.* 후퇴하여. 퇴보하여. 역행하여.

retrogradar *v.i.* ①되돌아가다. 후퇴하다. 역행하다. 소급하다. ②하강(下降)하다. 퇴보(퇴화)하다. 타락하다. [天] (행성(行星) 따위가) 역행하다.

retrogrado *a.* ①되돌아가는. 후퇴하는. 역행하는. ②[天] 역행의. ②반동적. 보수적. 복고(復古)적. 퇴보적.
— *m.* 시국(정세)에 역행하는 사람. 보수주의자. 구폐가(舊幣家).

retrogressão *f.* = *retrogradação*.

retroguarda *f.* 《古》 = *retaguarda*.

retroseguir, retrosseguir *v.i.* = *retroceder*.

retrós *m.* 끈(꼬인) 비단실(絹撚絲).

retrospecção, retrospeção *f.* (과거의 사실 따위의) 고려. 회고. 추억. 회고록.

retrospectivamente *adv.* 과거의 사실을 더듬어서. 회고(회상)하여.

retrospectivo, retrospetivo *a.* 회고의. 회구의. 기왕에의. 과거를 진술하는. [法] 소급하는(힘을 가진).

retrospecto, retrospeto *m.* ①전례 따위와의 고려. 조회. ②기왕사에의 적용. 소급력. ③회고. 추억. 회구(懷舊). 회고록. 연혁기(沿革記).

retrotração *f.* 소행(遡行). 소급(遡及).

retrotrair *v.t.* 되돌아가게 하다. 환원(還元)시키다. 소행(소급)시키다. 이전으로 되돌아가서 효력을 발생하게 하다.

retrovenda *f.* ①팔린 값(賣價)으로 되돌릴 수 있는. 조건으로 팔기. ②(일단 사들인 물건을) 판 사람에게 도로 팔기(샀던 값대로).

retrovender *v.t.* 팔린 값으로 되살 수 있는 조건으로 팔다.

retrovendição *f.* (부동산 따위의 매매에 있어서) 산 값(買價)으로 되돌릴 수 있는(또는 판값(賣價)으로 되살 수 있는) 조건으로 파는 것.

retroversão *f.* ①뒤로 굽음. 후굴(後屈). (특히) 자궁 후굴. [醫] 후방하수(後方下垂). 후방만곡(彎曲). ②[文] 번역한 것

(譯文)을 원문으로 되번역하기.

retroverter *v.t.* ①거꾸로 굽히다. 뒤로 굽히다. 후굴시키다(특히 자궁 따위를). ②역문(譯文)을 원문으로 되번역하다.

retrovertido *a.* ①거꾸로 굽은. 뒤로 굽은. 후굴(後屈)한. ②역문을 원문으로 되번역한.

retróz *m.* =*retrós*.

retrucar *v.t., v.i.* 말대꾸하다. 되받아치다. 맞서다. 보복하다. (섰다 따위의 노름에서) 건 돈에 얖보함이 없이 다투어 올리다.

retruque *m.* ①[撞球] (공이) 되튕기기. 반발. ②(섰다 따위의 노름에서) 맞서기.

retumbado *a.* (음향이) 크게 울리는. 반향하는. 떨치는.

retumbancia *f.* (음향이) 은은히 울리기. 멀리까지 울리기. 계속적으로 울리기.

retumbante *a.* (소리가) 은은히 울리는. 널리 울리는. 연속적으로 반향하는.

retumbar *v.i.* (소리가) 울리다. 은은히 울리다. 연속적으로 울리다. 반향(反響)하다.

— *v.t.* (소리를) 울리다. 반향시키다.

retumbo *m.* 은은히 울리는 소리. 반향음. 여운(餘韻).

retundir *v.t.* ①절제(節制)하다. 억제하다. ②되치다. 되받다. 물리치다. 격퇴하다. 뚜드려 떨어 버리다.

réu *m.* (형사·민사의) 피고(被告). 미결수. 죄인.

banco do réu 피고석(席).

reuma *f.* ①[醫] (눈물·침·콧물 따위) 점막(粘膜) 분비물. ②감기. 카타르.

reumatalgia *f.* [醫] 류머티스통(痛).

reumatalgico *a.* 류머티스통의.

reumático *a.* 류머티스의. 류머티스성(性)의. 류머티스에 걸린.

— *m.* 류머티스 환자.

reumatismal *a.* 류머티스(성)의.

reumatismo *m.* 류머티즘.

reumoso *a.* 카타르성 분비물이 많은. 콧물이 많이 나오는.

reunião *f.* ①회합. 집합. 집회. 회의(會議). ②결합. 합동. 단결. 일치. ③재회(再會).
reunião ministerial 각의(閣議).
marcar uma reunião 회의하기로 정하다. 회의를 소집하다.
realizar uma reunião 회의를 열다.
uma reunião tumultuosa 소란한 회의.

reunir *v.t.* ①합치다. 결합시키다. 합체시키다. 합병시키다. 합동시키다. 단결(결속)하게 하다. ②모으다. 집합시키다. 소집(召集)하다.

— *v.i.* ①합하다. 합체(합동)하다. 병합하다. ②단결(결속)하다. ③모이다. 집합하다. 회합하다.

—*se* *v.pr.* 단결하다. 단합하다. 일치하다.

revacinação *f.* 재종두(再種痘).

revacinar *v.t.* 다시 우두 놓다. 재종두 하다.

revalidação *f.* ①[法] 다시 유효하게 함. 다시 효력있게 함. ②확인(確認). 비준.

revalidar *v.t.* ①[法] 다시 유효하게 하다. 새로 효력 있게 하다. ②(재)확인하다.

revalorizar *v.t.* (화폐의) 가치를 회복시키다. 다시 가치 있게 하다.

revanche *f.* 《F》복수전. 보복.

revedor *m.* 교정자(校正者). 검열자.

revel *a.* ①모반적(謀反的)인. 반항적인. 반역적인. 반역심이 있는. ②말 듣지 않는. 순종하지 않는. 불효한.

— *m., f.* ①(재판의)궐석자(闕席者). ②[軍] 항명자(抗命者). 범죄자. ③반역자.

revelação *f.* ①적발. 폭로. 누설. 발각. 폭로된 사물. 이외의 사실. ②[宗] 천계(天啓). 계시(啓示). 선탁(宣託). ③[寫] 현상(現像). 노광(露光).

revelado *a.* ①적발한. 폭로한. 발각된. ②계시(啓示) 있는. [寫] 현상한.

revelador *a.* ①적발하는. 폭로하는. 발각하는. ②[寫] 현상하는.

— *m.* ①적발자. 폭로자. (비밀 따위의) 누설자. ②현상하는 사람. 현상액(現像液). 현색제(顯色劑).

revelantismo *m.* 천계교(天啓敎). 묵시교(黙示敎).

revelantista *m., f.* 천계를 믿는 자. 묵시록의 기록자.

revelar *v.t.* ①나타내다. 폭로하다. 적발하다. ②(비밀 등을) 누설하다. 알리다. ③(신이) 계시(啓示)하다. 묵시(黙示)하다. ④(필름 따위를) 현상하다.

—*se* *v.pr.* ①나타나다. 밝혀지다. 분명해지다. ②누설되다. 발각되다. 폭로되다.

revelável *a.* 분명해지는. 폭로될 수 있는.

발각(적발)할 수 있는. (필름 따위) 현상할 수 있는.

revelente *a*. [醫] 유도하는.
— *m*. 유도약(藥). 유도기구.

revelho *a*. 몹시 늙은. 아주 고령인.
— *m*. 고령자(高齡者).

revelhusco *a*. 다소 늙은. 꽤 늙은.

revelia *f*. [法] 궐석(闕席). (피고의) 해태(懈怠).
julgar à revelia 궐석재판하다.
sentenciar à revelia 궐석재판에 회부하다.

revelim *m*. [築城] 반월보루(半月堡壘).

revenda *f*. 다시 팔기. 재매(再賣). 전매(轉賣).

revendão *a*., *m*. 팔 목적으로 사는 (사람). 전매자.

revendedeira *f*. 여자 소매상인. 여자 행상.

revendedor *a*., *m*. 전매인(轉賣人). 소매상인. 중개업자.

revender *v.t*. ①산 것을 팔다. 전매(轉賣)하다. ②다시 팔다. 재매(再賣)하다.

revendição *f*. 전매(轉賣). 산 것을 다시 팔기.

revendilhão *a*., *m*. =*revendedor*.

revendível *a*. 다시 팔 수 있는. 전매 가능한.

revenerar *v.t*. 우러러보다. 존경하다. 숭배하다.

rever (1) *v.t*. 다시 보다. 살피다. 관찰하다. 재조사하다. 재검사하다. 교열(校閱)하다. [法] 재심리하다.
—*se v.pr*. ①다시 만나다. ②(거울에 비쳐서) 자기의 자세를 살펴보다. ③(+*em*). 기뻐하다. 좋아하다.
— (2) *v.t*., *v.i*. 거르다. 여과하다. 스며들다(나오다). 삼투(滲透)하다(시키다). 걸러내다.

reverberação *f*. 반사(反射). 반조(反照). 반사광. 반사열.

reverberante *a*. (빛·열을) 반사하는. 반조하는. 반사성이 있는.

reverberar *v.i*., *v.t*. ①(빛·열을) 반사하다. 반조하다. ②반향하다(시키다).

reverberatório *a*. 반사하는. 반사의. 반향하는. 굴절의.

revérbero *m*. ①반사(反射). 반사기(器). 반사경(鏡). 반사등. 반사판(板). 반조등(返照燈).

reverdade *f*. (*verdade*의 강의(强義)). 아주 진실함. 완전한 사실.

reverdecente *a*. 다시 파랗게 하는. 신록으로 다시 덮는. 재녹화(再綠化)하는.

reverdecer *v.t*. ①다시 푸른 잎(綠葉)으로 덮다. 다시 초록빛이 되게 하다. ②다시 생생하게 하다. 되젊어지게 하다. ③일신(一新)하다.
— *v.i*. ①다시 초록빛을 띠다. 다시 신록(新綠)에 덮이다. 녹엽(綠葉)이 무성해지다. ②다시 활기 띠다. 생생해지다. 청청해지다. ③되젊어지다.

reverdecimento *m*. 다시 초록빛으로 됨. 재녹화.

reverdejante *a*. 더욱 푸르게(청청하게) 보이는.

reverdejar *v.i*. 가일층 초록색이 되다(초록색으로 물들다). 짙은 녹색으로 변하다. 녹화(綠化)하다.

reverência *f*. ①숭배. 존경. 경의(敬意). 공경(恭敬). ②위덕(威德). ③《古》경례. 배례(拜禮).
vossa reverência 《古·卑》 존사(尊師: 목사·성직자·중 등의 경칭).

reverenciador *a*., *m*. 숭배하는 (사람). 존경하는 (사람).

reverencial *a*. 공손한. 공경한. 거룩한. 존경을 표시하는. 경건한.

reverenciar *v.t*. 우러러보다. 존경하다. 숭배하다.

reverenciosamente *adv*. 공손히. 공경하여. 숭배하여.

reverencioso *a*. 공손한. 공경한. 우러러보는. 존경을 표시하는. 존경하고 있는.

reverendas *f*.(*pl*.) [宗] (감독이 내리는) 성직추천장(聖職推薦狀). 목사의 전임(轉任) 허가장.

reverendíssima *f*. (*Sua* 또는 *Vossa*를 선행시킴). 거룩하신 각하(閣下)(로마 추기경 또는 주교에 대한 경칭).

reverendíssimo *a*. (*reverendo*의 최상급) 가장 거룩하신. 우러러보는.
— *m*. 존사(尊師)(일반 사제(司祭)에 대한 경칭).

reverendo *a*. 거룩한. 숭배하는. 존경하는. 공경하는.
— *m*. 신부. 목사(일반적으로 존경의 뜻으로 부르는).

reverente *a*. 존경하는. 숭배하는.

reverentemente *adv.* 공손히. 경건하게. 존경하여.

reveria *f.* =*revelia*.

reverificação *f.* 재검사. 재심사. 재조사(再調査).

reverificador *a.*, *m.* 다시 검사하는 (사람). 다시 조사하는 (자). 재심사자.

reverificar *v.t.* 다시 조사하다. 다시 검사하다. 재심사하다.

revermelhar *v.t.* 더욱 붉게 하다. 새빨갛게 하다.

revernizar *v.t.* 다시 니스를 칠하다. 니스의 두벌칠을 하다.

reversal *a.* [法] 확증하는. 확증적. 확인적.

reversão *f.* ①복원. 복귀. 귀속(歸屬). ② [生物] 환원유전. 격세유전. ③전도. 역전. 전환. ④[法] 재산의 복귀. 복귀재산. 계승권. 상속권. [英法] 복귀권(復歸權). ⑤장래(특히 죽은 후)에 받을 돈(연금 또는 생명보험금 따위). 장래 향유(享有)할 권리.

reversibilidade *f.* ①거꾸로 할 수 있음. 전환할 수 있음. 안팎을 사용할 수 있음. ② [法] 취소(파기)할 수 있음. 복귀성. 환원성. 유산의 복귀. ③[理] 반전성(反轉性). 전환성(轉換性).

reversível *a.* ①거꾸로 할 수 있는. 전도할 수 있는. 뒤집을 수 있는. 전환할 수 있는. (천 따위) 안팎 모두 쓸 수 있는. ②(법령·판결 등) 취소(파기)할 수 있는. ③귀속(歸屬)해야 할. 환원(還元)해야 할.

reversivo *a.* ①되돌아오는. 복귀하는. 환원하는. ②거꾸로 되는. 뒤집히는.
febre reversiva 회귀열(回歸熱).

reverso *a.* ①거꾸로 된. 거꾸로 움직이는. 뒤집은. 전도한. ②역(逆)의. 반대의. ③뒷면의. 이면(裏面)의. ④안의. 내측(內側)의.
— *m.* ①역(逆). 반대. 반대면. 후면. 이면. 배면(背面). ②전도(顚倒). 역전. 전환.
o reverso da medalha 메달의 이면(裏面).

reverter *v.i.* ①되돌아오다. 되돌아가다. 복귀하다. 원상대로 들어가다. ②귀속(歸屬)하다. (+*em*). 전환하다. …에 귀착하다.

revertível *a.* (재산 등) 복귀해야 할. 귀속할 수 있는.

revés *m.* ①이면. 후면. 뒷면. ②되치기.
반격. 손등으로 치기. ③좌절. 돈좌(頓挫). 실패. ④불행. 불운. ⑤돌발사고. 흉변. ⑥역류(逆流). 역수(逆水).
a revés 교대로. 서로서로. 번갈아.
reveses (*pl.*) (길 따위의) 오르내림. 기복(起伏). 《比喩》상하. 고저. 변동. 영고성쇠(榮枯盛衰). 부침.
ao revés 거꾸로. 반대로.
de revés 옆으로. 비스듬히.
em revés 기울어서.

revessa *f.* (강의) 역류(逆流).

revessado *a.* ①거꾸로 된. 뒤집힌. ②안팎이 바뀐. 표리(表裏)가 반대된.

revésso *a.* ①반대의. 역(逆)의. 거꾸로의. 거꾸로 된. 전도한. ②뒤로 향한. 배후의. ③비튼. 비틀어진. ④(문장·문체 따위) 부자연한. 요점 밖에서 도는. ⑤옹이가 있는. 매듭이 있는. 마디가 많은.

revestidura *f.* =*revestimento*.

revestimento *m.* ①다시 옷입기. 웃옷 입기. 입은 옷 위에 겹쳐 입기. ②씌우기. 피복(被覆)하기. 피복공사(被覆工事). [築城] (둑·벽 등을) 돌·콘크리트 따위로 덮기. 돌 씌우기. [土木] 옹벽(擁壁). 호안(護岸).
revestimento isolador (기관 따위의) 외피(外皮). [工] 틀садка(型椊).

revestir *v.t.* ①다시 옷 입히다. 입은 위에 더 입히다. 겹쳐 입히다. ②(벽 특히 벽돌벽에) 시멘트를 입히다. (흙벽에) 회칠하다. 다시 흙칠하다. (페인트 따위) 다시 한 번 칠하다. 더 입히다. (둑·제방 따위를) 돌·콘크리트 등으로 덮다. 돌을 씌우다. (도금 따위할 때) 다시 한 번 입히다. ③피복하다. ④(관직·권한 등을) 부여하다.
—se *v.pr.* ① 다시 옷 입다. 더 입다. 겹쳐 입다. 걸치다. ②입고 치장하다. 성장(盛裝)하다. ③덮이다. 덮여 쓰다. 씌워지다. 피복(被覆)되다. ④…인 체하다. 흉내내다.

revez *m.* =*revés*.

revezadamente *adv.* 서로서로. 번갈아. 교대하여. 윤번으로. 순환적으로.

revezado *a.* 번갈아하는. 교대의. 교체되는. 하나 건너의. 윤번의. 교호의. 상호의.

revezador *a.*, *m.* 번갈아 하는 (사람). 윤번으로 하는 (사람). 교대자(交代者). 교호자(交互者).

revezamento *m.* 하나씩 사이를 두기. 교호

(交互). 교대. [電] 교번(交番). [競] 릴레이 경주.

revezar *v.t.* 서로 번갈게 하다. 엇갈리게 하다. 교대로 하다. 바꾸어 넣다.
— *v.i.*, —*se v.pr.* 교대하다. 교대되다. 엇갈리게 되다. 서로 번갈아 하다. [農] 윤작(輪作)하다.
revezam-se as estações 계절이 순환한다.

revezes (*pl.*) =*reveses* (*revés*의 복수).
o revezes 교대로. 순번으로. 번갈아.

revezo *m.* 교대목장(交代牧場: 가축이 풀을 다 뜯어 먹은 후 이끌어갈 새 목장).

reviçar *v.i.* ①다시 무성해지다. ②원기 왕성해지다.

reviço *m.* ①다시 무성함. ②원기 왕성함.

revidar *v.t.*, *v.i.* ①되치다. 복수하다. (때때로) 도에 지나친 보복을 하다. ②(섰다 따위의 노름에서) 굳이 맞서다. 경쟁적으로 돈을 걸다. 긋 걸다.

revigorar, revigorizar *v.t.* ①더 기운 나게 하다. 다시 활기 띄게 하다. 군세게 하다. ②다시 효력 있게 하다.
— *v.i.*, —*se v.pr.* ①다시 기운을 얻다. 다시 활기 띠다. 다시 효력을 보다. 효력이 다시 나타나다.

revimento *m.* 스며 나오기. 새나오기. 누축(漏出). 삼축(滲出).

revinda *f.* 되돌아오기. 귀래(歸來). 귀환.

revindicação *f.* =*reivindicação*.

revindicar *v.t.* =*reivindicar*.

revindita *f.* 원한풀이. 복수(復讐). (특히) 보복에 대한 재보복.

revingar *v.t.* 다시 복수하다. 재차 보복하다. 복수에 대한 복수를 하다.

revir (1) *v.i.* 돌아오다. 귀환하다.
— (2) *v.i.* 스며 나오다. 분비하다. 새어 나오다. 누출(漏出)하다. 삼출하다.

revirado *m.* 만죠까·옥수수·콩·쇠고기(또는 생선) 따위로 뒤섞어 만든 요리.

reviramento *m.* ①(안과 밖을) 뒤집기. ②전환(轉換). 전화(轉化). ②(주의·주장 등의) 개변(改變). ③[海] 침로를 바꾸기. 돛의 바람 방향에 따라 배의 침로를 (좌(우)현쪽으로) 돌리기. ④방침을 바꾸기.
reviramento de opinião 변절. 개론(改論).

revirão *m.* [製靴] 대다리(바닥과 등을 마주 잇기 위하여 붙이는 가죽).

revirar *v.t.* ①(안팎을) 뒤집다. 거꾸로 하다. ②돌리다. 빙빙 돌리다. 선회시키다. (눈알을) 굴리다.
revirar os olhos 눈알을 굴리다.
— *v.i.*, —*se v.pr.* ①(안팎이) 뒤집어지다. ②거꾸로 되다. 뒤집다. ③되돌아오다(가다). ④돌다. 빙글빙글 돌다. 선회하다. 굴다. ⑤방향전환하다. 침로가 바뀌다. ⑥이전방향(以前方向)으로 되돌아향하다.

reviravolta *f.* ①재전환(再轉換). ②역전(逆轉). 반전(反轉). 전도(轉倒).

revirete *m.* 버릇없는 말대꾸. 거친 대답. 기분에 거슬리는 언사.

revisão *f.* ①다시 보기. 잘 살피기. 다시 읽기. 재독. ②재조사. 재심사. ③교정. 교열. 개정. 수정(修正). 경정(更正).

revisar *v.t.* ①다시 보다. 잘 보다. 잘 살피다. 다시 읽다. ②다시 눈을 돌리다. 다시 겨누다. 재조준(再照準)하다. ③교정(정정·개정)하다. (주의·정책을) 수정하다. ④재조사(재검사)하다.

revisionismo *m.* ①개정론(특히 베르사이유 조약의). ②[新] 수정사회주의(修正社會主義).

revisionista *f.* ①개정론자. ②수정사회주의자.
— *a.* 개정론의. 수정주의의.

revisitação *f.* 재방문(再訪問).

revisitar *v.t.* 다시 방문하다. 재방문하다.

revisor *m.* ①[印] 교정자. 교열자. 정정자. 수정자. ②(서적·각본 등의) 검열관. ③(기차의) 검찰계(檢札係).
revisor de provas 교정계(校正係).

revisório *a.* ①교정의. 정정의. 개정(改訂)의. ②재조사의. 재심(再審)의.

revista *f.* ①재조사. 재검사. 재음미(再吟味). 관찰. 개관(概觀). ②[法] 재심리. ③[軍] 검열. 열병. 관병식. 관함식. ④잡지. 평론잡지. ⑤《F》[劇] 시사풍자 만극(漫劇). (보통 춤·노래·음악 등으로 구성된) 경희극(輕戲劇). 레뷰.
revista militar 열병식(閱兵式).
revista naval 관함식(觀艦式).
passar revista 검열하다. 검열 받다.
revista semanal 주간(週刊)잡지.
revista mensal 월간잡지.

revistar *v.t.* ①다시 보다. 잘 훑어 보다. 관찰하다. ②다시 조사(심사·심리)하다. ③

검열하다. 열병하다. ④뒤지다. 수색하다. 검사하다. ⑤(서적 등을) 비평하다. 논평하다.

revisteiro *m.* 《F》 시사풍자 만극(漫劇)을 쓰는 사람.

revisto *a.* ①다시 본. 잘 살핀. 관찰한. ②다시 조사한. 심리한. ③검열한. 교열(校閱)한.

revitalizar *v.t.* 기운을 북돋우다. 활기(원기)를 회복시키다. 부흥케 하다.

revivente *a.* ①되살리는. 소생시키는. 되살아나는. 소생하는. 부활하는. ②부흥하는. 재흥하는. 회복하는.

reviver *v.t.* ①소생시키다. 부활시키다. 회복시키다. ②(…을) 회상하다. 상기(想起)하다.
— *v.i.*, —**se** *v.pr.* ①되살아나다. 소생하다. 부활하다. (건강을) 회복하다. 갱생하다. ②부흥하다. 재흥하다. [植] (가뭄 등으로 마르던 식물이) 되살아나다. 생생해지다.

revivescência *f.* ①소생(蘇生·甦生). 부활. 원기회복. [生物] 동면에서 깨기. ②부흥. 재흥.

revivescente *a.* ①다시 살아나는. 소생(부활)하는. [生物] 동면에서 깨어나는. ②활기를 부여하는(띠는).

revivescer *v.t.*, *v.i.* = *reviver*.

revivescimento *m.* = *revivescência*.

revivificação *f.* ①소생. 부활. 원기회복. 갱기(更起). ②[化] 환원(還元). 분리(分離).

revivificar *v.t.* ①되살아나게 하다. 소생시키다. 부활시키다. ②회복시키다. ③부흥케 하다. ④[化] 환원시키다.
— *v.i.*, —**se** *v.pr.* ①되살아나다. 소생하다. 부활하다. ②부흥(재흥)하다. ③[化] 환원하다.

reviviscência *f.* = *revivescencia*.

reviviscente *a.* = *revivescente*.

reviviscer *v.t.*, *v.i.* = (*revivescer*), *reviver*.

reviviscível *a.* 다시 살아날 수 있는. 소생할 수 있는. 부활될 수 있는. 부흥시킬 수 있는.

revoa, revoada *f.* ①(날짐승이) 다시 날기. 재비상(再飛翔). ②(이전 장소에) 되날아오기. ③조류(鳥類)의 떼. ④좋은 기회(好機會).

revoar *v.i.* ①(새가) 다시 날다. 다시 날아다니다. 비상하다. ②날아 돌아오다.

revocação *f.* ①폐지. 취소. 철회. ②소환(召還).

revocar *v.t.* ①폐지하다. 취소하다. 철회하다. 무료로 하다. 해약하다. ②소환하다.

revocatório (1) *f.* (대사·공사의) 해임장.
— (2) *a.* (= *revogatório*). 폐지의. 취소의. 폐지(취소)하는. 무료로 하는.

revocável *a.* (= *revogável*) ①폐지(취소)할 수 있는. ②소환해야 할.

revocavelmente *adv.* 폐지되도록. 취소되도록.

revogabilidade *f.* 폐지 가능성. 취소할 수 있음.

revogação *f.* 폐지. 취소. 철회(撤回). 무효.

revogado *a.* 폐지된. 취소한. 무효로 된.

revogador *m.* 폐지하는 자. 취소하는 자. 무효로 하는 자.

revogante *a.* ①폐지하는. 취소하는. 무효로 하는. ②해임하는. 파면(罷免)하는.

revogar *v.t.* ①폐지하다. 취소하다. 무효로 하다. ②해임하다. 파면하다.

revogativo *a.* 폐지의. 취소의. 해제의. 폐지(취소)하는. 무효로 하는.

revogatória *f.* 해임장(解任狀). 취소장(取消狀).

revogatório *f.* 폐지의. 취소의. 해제의. 폐지하는. 취소하는. 무효로 하는.

revogável *a.* 취소(폐지)할 수 있는. 무효될 수 있는.

revogavelmente *adv.* 폐지되도록. 무효로 되도록.

revolta *f.* ①모반(謀反). 반란. 폭동. 봉기. ②반항(심). 반항적 태도. ③교란(攪亂). 동요.

revoltado *a.* 모반한. 반란한. 폭동일으킨. 봉기한.
— *m.* 반란자. 폭동자. 반역자.

revoltador *a.* 모반하는. 반란(폭동) 일으키는. 봉기하는. 반항(반역)하는.
— *m.* 반란자. 폭동자. 폭도. 반역자.

revoltante *a.* ①모반하는. 반란 일으키는. 봉기하는. 반역하는. 반항하는. ②증오할 만한. 몸서리나는. 참으로 싫은.

revoltar *v.t.* 반란케 하다. 폭동 일으키게 하다. 교란하다.
— *v.i.*, —**se** *v.pr.* ①모반(謀反)하다. 폭동을 일으키다. 반역하다. ②반감

을 품다. 분노하다. 격노하다.

revoltear *v.t.* 빙글빙글 돌리다. 회전시키다.
— *v.i.* 빙글빙글 돌다. 회전하다. 선회(旋回)하다.

revolto *a.* ①불온한. 소란한. 떠들썩한. ②거칠은. 사나운. 난폭한. 비바람이 맹렬한. ③뒤저은. 파헤친. ④(머리카락이) 흩어진. 빗지 않은. 어수선한. ⑤뒤틀린. (갈고리 모양으로) 까불어진.
terra revolta 파헤친 땅. 이랑을 일으킨 땅.
mar revolto 거친 바다. 비바람이 맹렬한 바다.

revoltoso *a.* ①반역하는. 거역하는. 반항심이 있는. ②모반하는. 폭동을 일으키는.
— *m.* 반란자. 폭동자. 폭도. 반역자.

revolução *f.* ①혁명. 변혁. ②선회(旋回). 선전(旋轉). (수레바퀴 따위의) 일회전. ③[天] 운행. 공전(公轉). 주전(周轉). ④[理] 회전운동. ⑤주기(周期). 순환. 회귀(回歸).

revolucionado *a.* 혁명을 일으킨. 혁명이 일어난. 반란하는. 교란하는.

revolucionamento *m.* ①혁명을 일으키기. 대변혁을 단행하기. ②반란. 대폭동.

revolucionar *v.i.* 혁명을 일으키다. 대변혁을 일으키다. 혁명사상을 불어 넣다. 폭동 일으키게 하나.
—*se* *v.pr.* 혁명(대변혁)이 일어나다. 혁명에 가담하다. 대폭동이 일어나다.

revolucionariamente *adv.* 혁명적으로. 혁명 수단에 의하여.

revolucionário *a.* ①혁명의. 혁명적인. 혁명에 동조하는. 대변혁(大變革)의. ②회전의. 선전(旋轉)의.
— *m.* ①혁명가. 혁명당원. 혁명론자. ②(문예・미술 따위의) 혁신가.

revoluteante *a.* ①빙글빙글 도는. 선회하는. 선전하는. ②교란하는. 동요하는.

revolutear *v.i.* ①빙글빙글 돌다. 선회하다. 선전(旋轉)하다. 소용돌이치다. ②교란하다. 동요하다.
— *m.* 큰 소란. 교란(攪亂). 동요.

revoluto *a.* ①반란 일으킨. 봉기한. 들고 일어난. 혁명에 가담한. ②소란스러운. 교란하는. 동요하는.

revolutoso *a.* [植] (잎・꽃잎 따위가) 말려 들어간. 딸딸 말린. 외선(外旋)한.

revolúvel *a.* 아주 불안정한. 지극히 변하기 쉬운.

revolvedor *a.*, *m.* 빙글빙글 돌리는 것 (사람). 회전하는 (것). 선회하는 (것). 휘젓는 (것・사람). 교란하는 (사람). 동요케 하는 (사람・사물).

revolver *v.t.* ①빙글빙글 돌리다. 회전시키다. ②휘젓다. 뒤섞다. 파헤치다. ③(찾기 위하여) 뒤지다. ④뒤집어 엎다. ⑤소란케 하다. 동요케 하다. 교란하다.
— *v.i.*, —*se* *v.pr.* ①빙글빙글 돌다. 회전(선전)하다. ②(주기적으로) 순환하다. 운행하다. ③구르다. (수렁・모래・수중에서) 뒹굴다. ④혼란하다. 소란하다. 동요하다.

revólver *m.* 연발권총.

revolvido *a.* 회전한. 선회(旋回)한. 선전(旋轉)한. ②뒤저은. 뒤섞은. 파헤친.

revolvimento *m.* ①빙글빙글 돌기. 회전(선회)작용. ②(주기적인) 운행. 순환. ③교란. 소란.

revôo *m.* ①(새가) 다시 날기. 재비상(再飛翔). ②날아 돌아오기. ③(비행기의) 재비행(再飛行).

revulsão *f.* [醫] 유도법(誘導法)(특히 반대자극제(劑)에 의한). 반대자극(법).

revulsar *v.t.* [醫] (혈액 등을) 유도하다.

revulsivo *a.* [醫] 유도하는.
— *m.* 유도법(誘導法). 유도약(藥). 유도기구.

revulsor *m.* [醫] 유도기(器).

revulsório *a.* =*revulsivo*.

reza *f.* 기도(祈禱). 기원(祈願). 기도문.

rezado *a.* 기도한. 기도를 올린. 기도문을 외운. 간원한.

rezador *a.*, *m.* 기도하는 (사람). 간절히 기원하는 (사람).

rezar *v.t.*, *v.i.* ①빌다. 간절히 기원하다. ②기도를 올리다. 기도문을 읽다. 중얼중얼 외다.

rezinga *f.* 말다툼. 말싸움. 언쟁.
rezinga noturna 규중설교(閨中說敎). 잠자리에서 하는 아내의 잔소리.

rezingão *a.* 말다툼하기 좋아하는. 언쟁하는 버릇 있는.
— *m.* 말다툼쟁이. 언쟁을 좋아하는 사람. 불평가.

rezingar *v.i.* 말다툼하다. 언쟁(시비)하다.

rezingueiro *a.*, *m.* =*rezingão*.

ria *f.* (큰 강의) 강구(江口). 하구(河口).
riachão *m. riacho* 보다 약간 큰 강.
riacho *m.* 작은 내. 시내. 졸졸 흐르는 물줄기. 세류(細流).
riba *f.* ①(강안(江岸)의) 둑. 제방. ②낭떠러지. 벼랑. 절벽. 높은 하안(河岸). ③위쪽. 위. 상부(上部).
em riba ①위쪽에. 위쪽으로. ②그외에. 그밖에.
de riba abaixo 위에서 아래까지.
ribada *f.* (강안의) 큰 둑. 긴 제방.
ribaldaria, ribaldia *f.* 입 더러움. 야비한 이야기.
ribaldeiro *a., m.* =*ribaldo*.
ribaldio *a.* [植] (무화과로서) 야생의.
figo ribaldio [植] 야생 무화과.
ribaldo *a., m.* 천격스러운 (사람). 입 더러운 (사람). 큰소리 하는 (사람). 까부는 (사람).
ribalta *f.* ①각광(脚光). ②무대 앞의 열등 (列燈).
ribamar *f.* 해변. 해안.
ribança *f.* =*ribanceira*.
ribanceira *f.* ①(해변 또는 강변의) 높은 벼랑. 높은 언덕. ②협곡. 계곡. (땅·바위의) 깊은 틈. 열공(裂孔). 열구(裂溝).
ribeira (1) *f.* ①강변. 강가. ②강변을 낀 얕은 땅. 강변의 침수지(浸水地).
— (2) *f.* 작은 강. 소하(小河).
ribeirada *f.* ①(강물의) 급류(急流). ②용출 (湧出). 분출(감정 따위의) 폭발. ③(피 또는 눈물이) 몹시 흘러 나오는 것.
ribeirão *m.* (*ribeiro*의 지대어(指大語)). 조금 큰 내. 다소 큰 개천.
ribeirinha *f.* 작은 내. 시내. 세류(細流).
ribeirinhas (*pl.*) 섭수조류(涉水鳥類). 섭금류(涉禽類).
ribeirinho *a.* ①강의. 강변의. 강가의. [動·鳥] 강가에 사는. [植] 강변에 나는. ②강변에 따른.
povo ribeirinho 수상생활(水上生活)하는 주민. (강에서 오르내리는) 배에서 사는 사람.
— *m.* ①강가에 사는 날짐승. 섭수조(涉水鳥). ②강변 토지의 소유자.
ribeiro *m.* 작은 내. 시내. 세류(細流).
ribete *m.* ①레이스 리본. 가장자리에 달린 리본. [建] 연식(緣飾). ②가장자리. 변두리.

ribombar *v.i.* 천둥치다. 우렁찬 소리가 울리다.
ribombo *m.* 천둥(소리). 우레(소리). 대지를 흔드는 소리. 대음향(大音響).
ricaço *a.* 아주 부유한. 재산이 엄청나게 많은.
— *m.* 재산가. 거부(巨富).
rica-dona *f.* ①거부의 처 또는 딸. ②돈 많은 여자.
ricamente *adv.* 부유하게. 부자답게. 거부처럼. 훌륭히.
ricanho *a., m.* 《俗》돈이 많으면서 아주 아끼는 사람. 돈 있는 깍쟁이.
riçar *v.t., v.i.* (머리털 따위를) 곱게 지지다. 곱실곱실해지다.
rícino *m.* [植] 아주까리. 피마자.
óleo de rícino 아주까리(피마자) 기름.
rico *a.* ①많은. 돈 많은. ②풍부한. 부유한. 윤택한. ③풍요한. 비옥한. ④귀중한. 값진. 화려한. ⑤친애한. 귀여운. ⑥자양분이 많은. 농후한. ⑦(빛깔이) 진한. ⑧만족스러운. 행복한. 기쁜.
meu rico filho 나의 친애하는 아들.
homem rico 돈 많은 사람.
— *m.* 돈 많은 사람. 부자.
Estar podre de rico. 대단한 부자다. 재물이 썩을 정도로 많은 부자다.
mau rico 자선심이 전혀 없는 부자.
riço *m.* ①딸딸 말아 위로 추켜 올린(여자들의) 머리칼. ②한 면(一面)만 보풀이 있는 일종의 모직물.
ricochetar *v.i., v.t.* =*ricochetear*.
ricochete *m.* (물이나 땅의 표면을) 스쳐 날기(뛰기). 도탄(跳彈). 계속적으로 일어나는 것. 《英》*ricochet*.
tiro de ricochete 도탄(사격).
fogo de ricochete 도탄사격.
ricochetear *v.i., v.t.* (물이나 땅의 표면을) 스쳐 날다(뛰다). 도탄사격하다.
rico-homem *m.* ①대공(大公 : 스페인 또는 포르투갈의 최고 귀족). 귀한 인물. 고관. ②돈 많은 사람. 거부.
ridente *a.* ①미소를 띤. 방긋 웃는. 생글 웃는. ②웃는 듯한. 반가운. 즐거운. 기쁜. 쾌활한. ③만발한. 활짝 핀. (풍경 등) 보기 좋은. 명랑한.
ridiculamente *adv.* 우습게. 어리석게. 익살맞게.
ridicularia *f.* ①웃음거리. 조롱거리. ②어

ridicularizar, ridiculizar *v.t.* 놀려대다. 조소하다. 조롱하다.

—se *v.pr.* 우롱(愚弄)당하다. 놀림감이 되다. 웃음거리 되다. 조소(조롱)당하다.

ridiculez, ridiculeza *f.* ①보잘것 없는 것. 가치 없는 것. 어처구니없는 것. ②황당무계(荒唐無稽).

ridiculização *f.* 조롱하기. 조소하기. 우롱(愚弄)하기.

ridículo *a.* 우스운. 어리석은. 어리숭한. 익살맞은. 시시한. 쓸데없는. 가치 없는. 보잘 것 없는.

— *m.* ①웃음거리. 희롱거리. 조롱거리. ②놀리기. 야유. 우롱. 기롱(譏弄). ③엉터리 수작. 어처구니없는 행실.

ridiculoso *a.*, *m.* =*ridículo*.

ridor *a.* ①잘 웃는 (사람). ②비웃는 (사람). 조소자(嘲笑者).

rifa *f.* 추첨식 판매. 복권(경품)부판매(福券(景品)付販賣).

rifada *f.* (트럼프) 같은 종류의 패를 맞추기.

rifador (1) *m.* rifa를 짜는(조직하는) 사람. — (2) *a.* ①싸움하기 좋아하는. ②기운 있는. 위세 있는. 세찬.

cavalo rifador 사나운 말. 한마(悍馬).

— *m.* ①싸우기 좋아하는 사람, ②기운 있는 사람. 세찬 아이.

rifão *m.* 속담. 격언(格言). 이언(俚言).

rifar *v.t.* ①추첨식 판매를 하다. 복권(경품)부 판매법으로 팔다. ②제비뽑기를 조직하다.

— *v.i.* 제비뽑기 판매에 가입하다.

rifle *m.* 《英》 rifle의 전래된 말. 선조총(旋條統). 라이플총. 소총.

riga *f.* [植] 전나무. 참나무. 떡갈나무.

rigeza *f.* ①견고(堅固). 경도(硬度). (물의) 경연(硬軟). ②가혹. 준엄. 무정.

rigidamente *adv.* 굳게. 단단하게. 엄격하게.

rigidez, rigideza *f.* ①굳음. 강직(强直). 경직(硬直). 경도(硬度). [理] 강성률(剛性率). ②강직(剛直). 불굴. ③엄격. 엄숙. 엄중. 엄밀.

rigidez cadavérica 사후강직(死後强直).

rígido *a.* ①굳은. 단단한. 강직(强直)한. 경직한. ②엄한. 엄격한. 준엄한. 준열한. 불굴의. ③엄밀한. 정밀한. 정확한.

처구니없는 노릇. ③값싼 물건. 엉터리 물건. 시시한 것. 자질구레한 장신구.

rígolboche *a.* ①음탕한. 음란한. 호색적인. ②연애의. 애욕(愛慾)의. 색정(色情)의.

rigor *m.* ①엄혹. 준엄. 혹열. (한서(寒暑)의) 격렬. 늠렬(凜烈). ②가혹한 행위. (법률·규칙 등의) 여행. 엄준. 엄정. 난행. 고행. 극도의 곤란. ③엄밀. 정밀. 정확.

a rigor. ①엄하게. ②엄밀하게. 정확하게.

em rigor 엄격하게. 엄정하게.

vestido rigor 격식대로 차린 옷(관리 등이 입는).

no rigor do inverno 가장 추운 때(대한절기)에.

no rigor do estio 가장 더운 때(삼복절기)에.

o vigor da lei 법의 준엄성.

rigorismo *m.* 엄격주의. 엄정주의. 여행(勵行)주의.

rigorista *a.*, *m.*, *f.* 엄격주의자. 예행주의자.

rigorosamente *adv.* 엄격히. 엄숙하게. 되게. 가혹하게. 용서없이.

rigorosidade *f.* ①엄함. 엄격함. 준엄. — *m.* 혹렬. 격렬(激烈). 늠렬(凜烈).

rigoroso *a.* ①엄한. 엄격한. 준엄한. 용서없는. ②(기후 등의) 혹렬한. 늠렬(凜烈)한. ③엄밀한. 정밀한. 정확한.

riiamente *adv.* 굳게. 결고하게. 세게. 강하게. 완강하게.

rijo *a.* ①굳은. 단단한. 경고(硬固)한. ②(몸이) 튼튼한. 기운찬. 센. 강장(强壯)한. ③맹렬한. 엄한. 단호한.

saúde rija (아주 좋은) 건강.

de rijo. 세게 힘을 주어서.

dar rijo 강타(强打)하다. 엄격하게 취급하다. (법·규율 따위를) 준엄하게 시행하다.

— *m.* 대부분(大部分).

rilhador *a.m.* 무는 (동물, 특히 쥐·개). 쏘는 (쥐). 《轉》 입속으로 우물우물하는 (사람). 씹으며 말하는 (사람).

rilhadura *f.* 물기. 깨물기. 쏠기. 갈기. 물어(깨물어) 끊기.

rilhar *v.t.* ①(쥐 따위가) 물다. 쏠다. (개 따위가) 물다. 깨물다. (개가 뼈를) 갉다. ②물어(깨물어) 끊다. ③질근질근 씹으며 말하다.

rilheira *f.* 금·은 세공사(細工師)가 쓰는 도가니.

rim *m.* [解] 신장(腎臟). 콩팥.
  rins (*pl.*) 《俗》 요부(腰部).
  dôr nos rins 요통(腰痛).
rima (1) *f.* 운(韻). 각운(脚韻). 압운(押韻). ②압운시(詩). ③운이 같은 말.
  rimas (*pl.*) 시(詩). 운문(韻文).
  — (2) *f.* 틈. 터진 틈. 찢어진 짬.
  — (3) *f.* 더미. 쌓아 놓은 것. 무더기.
  — (4) *f.* [植] 빵나무.
rimado *a.* [韻] 운이 있는. 운을 밟은.
rimador *m.* ①시짓는 사람. 작시가(作詩家). ②평범한 시인. 엉터리 시인.
rimance *m.* ①《古》 전기소설. 가공(架空) 소설. ②속요(俗謠).
rimar *v.t.* ①시를 짓다. 시로 짓다. 시작(詩作)으로 지내다. ②운을 밟히다.
  — *v.i.* 시를 짓다. 운을 밟다. 운이 맞다.
rimbombar *v.i.* =*ribombar*.
rimbombo *m.* =*ribombo*.
rimoso *a.* 갈라진 금이 많은. 쪼개진 틈이 많은. 균열(龜裂)이 많은.
rimula *f.* 작은 금. 작은 틈.
rinalgia *f.* [醫] 비통(鼻痛).
rinalgico *a.* [醫] 비통의.
rinanto *m.* [植] 노랑 활나물(꽃은 노랗고. 잎은 염료(染料)로 됨).
rincão (1) *m.* ①모. 모퉁이. 구석. 귀. 각(角). ②구석진 곳. 외딴 곳. 벽지(僻地). ③총림(叢林)에 둘러싸인 경지.
  — (2) *m.* (총대 속의) 나선 홈. (포신(砲身) 안에 생기는) 줄 자국. 조선(條線). 조구(條溝).
rinchada, rinchadela *f.* ①(말이) 울기. 말 울음 소리. ②홍소(哄笑). 너털웃음.
rinchalar *v.i.* =*rinchar*.
rinchante *a.* (말이) 우는. 연속적으로 우는.
rinchão (1) *a.* (말이) 우는. 몹시 우는.
  — (2) *m.* [植] 울타리 마늘(겨자).
rinchar *v.i.* 말이 울다. 길고 요란한 소리로 울다.
  — *m.* 말울음 소리.
rinchavelhada *f.* 크게 웃기. 껄껄 웃기. 대소(大笑).
rinchavelhar *v.i.* 입벌리고 크게 웃다. 깔깔 웃다. 대소하다.
rinchavêlho *m.* 큰 웃음. 대소(大笑). 홍소(哄笑).
rincho *m.* 말의 울음소리. 길고 요란한 소리.
rinelcose *f.* [醫] 비강농궤(鼻腔膿潰).

rinenfraxia *f.* [醫] 비강폐색(閉塞).
ringente *a.* [植] 개구상(開口狀).
ringer *v.t.*, *v.i.* =*ringir*.
ringir *v.t.* (이를) 갈다. 빠드득빠드득 소리를 내다. ②삐걱삐걱 소리내다. 찍찍 (귀에 거슬리는) 소리를 내다.
  — *v.i.* ①빠드득빠드득 (이를) 갈다. ②(쥐 따위가) 찍찍하다. 삐걱삐걱 소리나다.
ringue *m.* [拳鬪] 링. 권투장. 《英》 *Ring*의 전래어.
rinha *f.* ①닭싸움. 투계(鬪鷄). ②《比喩》 날쌔게 차고 받으며 싸우기.
rinhadeiro, rinhedeiro *m.* 투계장(鬪鷄場).
rinhão *m.* ①《古·詩》 신장(腎臟). 《俗》 지방(脂肪).
rinhar *v.i.* =*renhir*.
rinite *f.* [醫] 비(鼻)카타르.
rinobronquite *f.* [醫] 비카타르와 기관지염(氣管枝炎).
rinoceronte *m.* [動] 무소.
rinologia *f.* [醫] 비과학(鼻科學).
rinoplastia *f.* 조비술(造鼻術: 인공적으로 코를 만드는).
rinoplástico *a.* 조비술의.
rinopomo *m.* [動] (이집트산의) 꼬리 긴 박쥐속(長尾蝙蝠屬).
rinorragia *f.* 코피.
rinorrágico *a.* 코피의.
rinoscopia *f.* [醫] 검비법(檢鼻法).
rinoscopio *m.* [醫] 조비경(照鼻鏡).
rinque *m.* 《英》 *rink*의 전래어. (실내) 스케이트장.
rio (1) *m.* 강. 하(河). 내. 하천(河川). 흐름.
  rio abaixo 하류(에).
  rio ocima 상류(에).
  — (2) 동사 *rir*의 직설법 현재 1인칭 단수.
Rio *m.* (브라질의) *Rio de Janeiro*의 준말.
Rio de Janeiro *m.* 리오 데 자네이루.
ripa (1) *f.* (나무 또는 두꺼운 종이의) 엷고 긴 조각. 나뭇개비. 작은 조판(小條板). [建] (서까래 위에 얹는) 산자(橵子). 지붕이는 널빤지. 외(椳). (덧문의 재료인) 얇은 나뭇조각.
  — (2) *f.* (강변의) 둑. 제방.
ripada *f.* ①산자(외)를 얹음. 얹은 상태. ②(가느다란) 나뭇개비로 치기. 때리기. ③《俗》 심한 꾸지람. 질책.

ripado *a.* 산자(橵子)를 얹은. 산자를 올린. 외(根)를 붙인. (덧문 따위에) 조판(條板)을 댄.
— *m.* 산자를 얹는 일. 외를 붙이는(까는) 일.

ripador *m.* ①산자를 얹는 사람. 외를 붙이는 사람. ②(삼을 빗는) 일종의 빗.

ripadura *f.* ①산자를 얹기. 외를 붙이기(깔기). ②(삼 따위를) 빗질하기. 가리기.

ripagem *f.* ①(서까래 위에) 산자를 얹기. 외를 붙이기. ②(삼을) 빗질하기. ③말갈기(髮)를 짧게 깎기. ④(써레·고무래 따위로) 정원(庭園)을 손질하기.

ripal *a.* 산자에 박는(못에 대한 말). 산자용의.
prego ripal 산자(외)에 박는 못.

ripamento *m.* =*ripagem*.

ripançar *v.t.* (삼을) 빗질하다. 빗으로 가리다.

ripanço (1) *m.* ①삼빗. ②정원용(庭園用) 써레. 고무래. ③일종의 안락의자. ④성주간(聖週間)의 의식(儀式)을 기록한 책. ⑤게으름. 나타(懶惰). 나태.
— (2) *m.* (=*raponço*) *m.* [植] 도라지과의 식물. 초롱꽃의 무리.

ripar (1) *v.t.* ①(삼 따위를) 빗질하다. (빗으로) 가리다. ②[園藝] 써레질하다. (갈퀴 따위로) 긁어 모으다. ③말갈기를 짧게 깎다.
— (2) *v.t.* ①서까래 위에 산자를 얹다(대다). 외(根)를 붙이다(대다). (덧문에) 가는 조판(條板)으로 살틀처럼 붙이다. ②산자(橵子)를 만들다. 큰 널빤지를 켜서 나뭇개비를 만들다.
— (3) *v.i., v.t.* (…을) 훔치다. 도둑질하다.

ripário *a.* 난외(欄外)의 (기사(記事)에 대한 말).

ripeira (1) *f.* 작은 산자(橵子). 작은 외(小根). 작은 조판(小條板).
— (2) *f.* 낡은 검(古劍). 낡아빠진 칼.

ripiado *a.* (석조 건축 등할 때) 자갈을 넣은(섞은). 전석(塡石)한.

ripicola *a.* [動·鳥] 강가에 사는. 물가에 있는.

rípio *m.* ①(돌공사에 쓰는) 바스러진 돌. (석조 건축에 쓰는) 자갈. ②[文·詩] (글 가운데에서 특별한 뜻이 없는) 조사(助辭).

ripipiteros *m.(pl.)* [蟲] 연시류(撚翅類).

riposta *f.* ①[劍術] 도로 찌르기. 곧 받아치기. ②재치있는 즉답. 응구첩대.
《英》 *riposte*.

ripostar *v.i.* ①[劍術] 도로 찌르다. 곧 받아 찌르다. ②재치있는 즉답을 하다. 응구첩대하다.

riqueza *f.* ①부(富). 재산. 재화. ②부유(富裕). 부귀. ③풍부. 윤택. 풍요(豊饒). 비옥(肥沃). ④부원(富源). 많은 지하자원.

rir *v.i.,* — *se v.pr.* ①웃다. 비웃다. ②웃으면서 말하다. 하하 웃다.
rir-se de …을 보고(에 대하여) 웃다.
rir para …을 웃다. 방실 웃다. 미소하다. 비웃다. …에 대하여 웃다.
desaotar a rir 웃음이 터지다. 하하 웃다.
rir às gargalhadas 소리높이 웃다. 폭소하다.
rir à socapa 보이지 않는 곳에서 (속으로) 웃다.
rir sem vontade 억지로 웃다.
rir com riso amarelo 웃던 낯이 우는상으로 변하다. 쓴웃음 짓다.
rir a bandeira despregada 마음껏 웃다. 멎지 않고 웃다.
Pode rir. (사진 찍을 때) 웃으세요! 잠깐만 웃으십시오.
fazar rir 웃기다. 우스운 짓을 하다.
Êle faz a gente rir 저이는 사람들을 몹시 웃긴다.
rir para as paredes 바보(얼간이)처럼 웃다.
Não hã motivo para rir. 웃을 일이 아니다. 웃을 점이(웃을 이유가) 없다.
Ri melhor quem ri por último. 너무 조급히 좋아해서는 안 된다.

risa *f.* =*riso*.

risada *f.* 큰 웃음. 웃음소리. 웃음이 터지기.

risadinha *f.* 약간 웃기. 히죽 웃기.

risâo *a.* 잘 웃는. 몹시 웃는. 하하 웃는.

risbordo *m.* (짐을 싣고 부리는) 작은 창구(艙口). 현창(舷窓).

risca *f.* ①(연필·칼 따위로 그은) 금. 선줄. 조(條). ②줄무늬. ③(머리의) 가리마. 분할선.
à risca 정확하게. 글자 그대로.

riscada *f.* ①줄긋기. ②펜으로 뚜렷이 일필(一筆)하기. ③(글자 위에) 줄을 그어 글자를 지워버리기.
riscadilho *m.* 가는 무늬 있는 무명(木棉布).
riscado (1) *a.* ①금을 그은. 줄을 친. 괘선을 넣은. 줄무늬를 넣은. ②줄을 그어 글자를 지워 버린. 삭자선(削字線)을 그은. ── (2) *m.* 깅검(줄무늬 또는 바둑판 무늬가 있는 면포 또는 린네르).
《英》 *gingham.*
riscador *a.*, *m.* 줄(금·선)을 긋는 사람(또는 기구). 무늬를 넣는 (기구). 금을 그어 글자를 지워버리는 (사람).
riscadura *f.* ①줄치기. 금(선)을 긋기. 괘선을 넣기. ②줄무늬를 만들기(넣기). ③(말소(抹消)하기 위하여) 문장(文章) 위에 줄을 긋기.
riscamento *m.* =*riscadura.*
riscar *v.t.* ①금을 긋다. 줄을 치다. 괘선을 넣다(치다). 금(선)으로 표시하다. ②줄무늬를 넣다. ③(줄을 그어 글자를) 말소하다. 삭자(削字)하다. 삭제하다. ④성냥을 당기다(긋다).
riscar uma palavra 한 단어(一語)를 지워 버리다.
── *v.i.* ①(…와의) 사이를 끊다. 절교하다. ②《卑》 싸움을 걸다. 도전(挑戰)하다.
──*se v.pr.* 없어지다. 소멸되다. 말소(抹消)되다.
risco (1) *m.* ①(연필·철필 따위로) 그은 금. ②초벌 그림. 견취도(見取圖). 스케치. 약도. ③《俗》 벤 상처. 절상(折傷). ── (2) *m.* 위험. 모험. 위험을 무릅쓰고 하기.
correr o risco 위험을 무릅쓰다(감행하다).
com risco 위험을 무릅쓰고. 모험하여.
contra todos os riscos 여하한 위험이 있더라도.
por sua conta e risco 일절 자기의 책임으로.
riscoso *a.* 위험한. 모험적인. 위험이 따르는.
risibilidade *f.* ①잘 웃는 성질. 소성(笑性). 웃는 버릇. ②웃는 능력. 유머. ③웃기는 일. 웃을 만함.
risível *a.* 우스운. 웃기는. 웃을 만한. 웃을 수 있는. 웃고 싶어하는.
risivelmente *adv.* ①우습게. 재미있게. ②가소롭게.
riso *m.* 웃음. 웃음소리. 미소. 웃음을 띠기.

riso amarelo 쓴웃음. 고소(苦笑).
objeto de riso 웃음거리.
conter o riso 웃음을 참다. (기쁨을) 나타내지 않다.
rebentar de riso 웃음이 터지다.
risonhamente *adv.* 방끗 웃으며. 생글생글하며. 히죽이.
risonho *a.* ①미소를 띤. 방긋 웃는. 생글 웃는. ②웃는 듯한. 기쁜 듯한. 유쾌한 듯한. ③유망(有望)한.
risota *f.* ①조롱. 조소. 경멸. 비웃음. 코웃음. 냉소. ②웃음거리. 웃음감.
risote *a.* 조롱(조소)하는. 비웃는. 코웃음치는.
── *m.* ①조롱. 조소. 경멸. 욕설. ②조소자. 냉소자.
rispidamente *adv.* ①거칠게. 난폭하게. 귀에 거슬리게. 버릇없이. ②격렬하게. 혹독하게.
rispidez, rispideza *f.* ①조칢. 귀에 거슬림. 조폭(粗暴). 조야. 버릇없음. ②격렬. 혹독. 가혹.
ríspido *a.* ①귀(눈)에 거슬리는. ②난폭한. 조폭한. ③(재목 등이) 거칠은. 깔깔한. ④엄한. 가혹한. 혹독한. 격렬한. 냉정한. 무정한.
riste *m.* [史] (갑옷의) 창받개.
《英》 *rest.*
meter a lança no riste 창을 겨누다.
ritardando *adv.* 《It》 [樂] 점차 느리게.
ritmado *a.* 운율(韻律)적인.
ritmar *v.t.* 운율 있게 하다. 리듬적으로 하다.
rítmico *a.* 운율의. 율동(律動)의. 율동적. 리듬적인. 주기적. 규칙적으로 순환하는.
ritmo *m.* ①음률. 율동. 운율(韻律). 운절. [樂] 절주(節奏). 리듬. ②[醫] 주기성. 주기적 변동.
ritmopéa *f.* 운율학(韻律學).
rito *m.* ①[宗] 의식(儀式). 제식(祭式). 의례. ②관습. 관례.
ritornelo *m.* ①가곡(歌曲) 중에 반복되는 구절. ②전주곡. 도입곡(導入曲).
ritual *a.* 의식의. 제식의.
── *m.* ①의식(儀式). 제식(祭式). 예식. [宗] 전례(典禮). 예배식. ②의식서(儀式書). 의식전. 제식의 집행.
ritualismo *m.* 의식주의. 의식고수주의(儀式固守主義). [宗] 의식학.

ritualista *m., f.* 의식주의자. 의식정통자 (연구가).
— *a.* 의식의. 의식주의의.
ritualmente *adv.* 의식에 따라서(얽매어서). 의식적(儀式的)으로.
riúta *f.* [動] (아프리카 앙골라산의) 독사.
rival *a.* 경쟁하는. 대항하는. 어깨를 겨누는.
— *m.* 경쟁자. 어깨를 겨누는 사람. 적수. 호적수. 필적자(匹敵者).
rivalidade *f.* ①경쟁. 대항. 적대. 길항(拮抗). ②어깨를 겨눌 수 있음. 필적(匹敵).
rivalizar *v.t.* 경쟁하게 하다. 대항하게 하다.
— *v.i.* 경쟁하다. 대항하다. 어깨를 겨누다. 필적하다.
—**se** *v.pr.* 서로 경쟁하다. 우월을 다투다. 상적(相敵)하다.
rivalizável *a.* 경쟁할 수 있는. 어깨를 겨눌 만한. 필적하는. 적수가 되는.
rixa *f.* ①법석. 소동. 훤소(喧騷). 논쟁. 쟁의. ②싸움. 쟁투(爭鬪).
rixador *a., m.* ①다투기 좋아하는 (사람). 논쟁하기 좋아하는 (사람). ②변덕스러운 (사람).
rixar *v.i.* 법석 떠들다. 떠들며 논쟁하다. 싸우다.
rixento *a.* =*rixoso*.
rixoso *a.* ①법석 떠드는. 떠늘어대는. 떠늘며 논쟁하는. ②싸우는. 싸우기 좋아하는. ③변덕스러운. 성마른.
rizadura *a.* [海] 돛을 줄이기. 축범(縮帆).
rizanto *a.* [植] 뿌리에서 꽃이 피는 (또는 꽃같은 것이 돋는).
rizar *v.t.* [海] (돛을) 줄이다. 축범하다(가운데 돛대를) 줄이다. 《比喩》 (재정 따위를) 긴축하다.
rizes *m.(pl.)* [海] (돛의) 축범부(縮帆部). 축범색(縮帆索).
rizocarpico, rizocarpo *a.* [植] 뿌리에 열매를 맺는.
rizofago *a.* 뿌리를 먹는(먹고 사는). 근식(根食)의.
rizoforo *a.* [植] 뿌리가 있는.
rizografia *f.* 식물뿌리의 연구. 근지(根誌).
rizoide *a.* 뿌리 모양의. 근상(根狀)의.
— *m.* [植] 가근(假根).
rizoma *m.* [植] 근경(根莖). 지하경(地下莖).
rizomatose *f.* [植] 뿌리의 근경화(根莖化).

rizomatoso *a.* [植] 근경이 있는. 근경 비슷한(과 같은).
rizomorfo *a.* 뿌리 모양의. 근상(根狀)의. 근경상(根莖狀)의.
rizópode *a.* [動] 뿌리 모양의 발이 있는. 근족충류의.
rizopodes *m.(pl.)* 근족충류(根足蟲類)의. 동물(아메바 따위).
rizos *m.* =*rizes*.
rizotaxia *f.* [植] 근서(根序).
rizotomo *m.* 뿌리를 자르는 도구.
roaz *a.* ①무는. 깨무는. ②게걸스럽게 먹는. 게걸스러운. 굶주려빠진.
— *m.* [動] 돌고래.
robalinho *m.* 잉어과(鯉科)의 담수어(淡水魚).
robalo *m.* [魚] 바스(농어의 무리).
róber *m.* 삼회승부(三回勝負). 세 번 승부 중의 2회승. 일승 일패 후의 결승전.
roble *a.* [植] 참나무. 떡갈나무.
robledo *m.* 참나무숲.
robô *m.* 인조인간. 기계인간. 《轉》 기계적으로 일하는(움직이는) 사람.
roboração *f.* ①확실하게 하기. 확증(確證). 확증물. ②군세게 하기. 튼튼하게 하기. 강장(強壯)하게 하기.
roborante *a.* ①확증하는. 확증의. ②군세게 하는. 몸을 튼튼하게 하는.
roborar *v.t.* ①(견해·진술을) 확실하게 하다. 확증하다. ②군세게 하다. 강력히 하다. [醫] 몸을 튼튼하게 하다. 강장(強壯)하게 하다.
roborativo *a.* ①확증의. 확증적. ②군세게 하기 위한. 튼튼하게 하는.
roboredo *m.* 참나무(떡갈나무)숲.
roboreo *a.* 《詩》 참나무로 만든.
roborita, roborite *f.* =*roborito*.
roborito *m.* 일종의 무연화약(無煙火藥).
roborizar *v.t.* 군세게 하다. 튼튼하게 하다. 몸을 튼튼하게 하다. 강장(強壯)하게 하다.
robustamente *adv.* 강건하게. 강장하게.
robustecedor *a.* ①군세게 하는. 공고히 하는. ②(몸을) 튼튼하게 하는. 건강하게 한. 강장하게 하는.
robustecer *v.t.* ①군세게 하다. 견고하게 하다. ②튼튼하게 하다. 강장하게 하다. 강건하게 하다.
— *v.i.* ①군세어지다. 튼튼해지다. 강장해지다. ②건전하게 자라다(성장하다).

robustez, robusteza *f.* ①건전함. 강건함. 강장(强壯). ②강고(强固). 공고(鞏固). ③거대(巨大).

robustidão *f.* = *robustez*.

robusto *a.* ①건전한. 건강한. 강장한. 튼튼한. 골격이 큰(늠름한). ②강한. 단단한. 견고한. ③힘드는.

roca (1) *f.* ①실감개대(권사봉(捲絲棒)). 《英》 *distaff*. ②[海] 돛대의 갈라진 금을 감는 보강재(補强材).

— (2) *f.* 바위. 암석. 암층(岩層).

roça *f.* ①(개척하기 위하여) 초목을 벌채(伐採)하기. 특히 큰 낫으로 잡초나 관목을 쳐버리는 것. ②그루를 뽑고 잡초를 제거하며 농토를 깨끗이 하기. ③숲에 둘러싸인 경작지(耕作地). ④농촌. 시골. 농촌지대.

rocada *f.* ①실감개대(捲絲棒)에 하나 듬뿍 감긴 실. 일회분의 권사량(捲絲量). ②실감개대로 치기.

roçada *f.* [農] ①(잡초·관목 따위를) 벌채한 상태. ②벌채(伐採)하고 깨끗이 한 경작지.

roçadeira *f.* (자루 긴) 큰 낫. 큰 풀·나무가지 따위를 베는 낫.

roçadeiro *a.* [農具] 개척용의. 벌채용의.

roçadela *f.* ①[農] 벌채(伐採). 벌초(伐草). 잡초·잡목을 없애고 경지를 깨끗이 하기. ②스치기. 스쳐 벗기기. 마찰(摩擦).

raçado *a.* 벌채한. 벌초한. 벌목한. 경지를 깨끗이 한. 개척(開拓)한.

— *m.* 벌채한 땅. 개척지. 숲에 둘러싸인 경작지.

roçador *a.*, *m.* 벌채하는 (사람). 벌목하는 (사람). 개척자.

roçadoura *f.* (자루 긴) 큰 낫. 나뭇가지 또는 풀을 치는 낫.

roçadura *f.* ①벌채(伐採). 벌목. 벌목 개간. ②스치기. 스쳐 벗기기. 마찰.

roçagante *a.* (땅 위를) 끄는. 훑는. (지상을) 스치는. (더껑이를) 걷는. (수면을) 걸어내는.

roçagar *v.i.*, *v.t.* ①(땅 위를) 끌다. (그물 따위를) 끌며가다. 훑다. ②(지상을) 스치다. 스쳐 지나가다. ③(액체 위의) 더껑이를 걷어내다. (뜬 찌끼를) 걷다. ④살랑살랑 소리나다(내다). 옷 스치는 소리내며 걷다.

rocal (1) *a.* 돌처럼 굳은.

— (2) *m.* 진주목걸이(진주를 주렁주렁 끼어 목에 거는 것).

rocalha *f.* (목걸이 따위에 끼는) 진주. 구슬.

rocambolesco *a.* 엉뚱한. 가량없는. 얽힌. 모험적인. 대담한.

roçamento *m.* = *roçadura*.

roçar *v.t.* (체스) 성장말로 왕을 지키다.

roçar *v.t.* ①(개척할 땅·황무지 등의) 잡목·풀 따위를 치다. 벌채하다. ②나무뿌리·그루터기 등을 치워버리다. 잡초·그루터기 따위를 없애고 개척지를 깨끗이 하다. ③(땅 위를) 스치다. 훑다. ④문지르다. 마찰하다.

— *v.i.*, —*se v.pr.* ①(지면(地面)·수면(水面)을) 스치다. 스쳐 지나가다. ②문질러지다. 마찰되다. 마찰되어 닳다. 문질러져 소모되다. 마멸하다.

A bala roçou-lhe pelo nariz. 총알이 그 사람의 코앞을 스쳐 지나갔다.

rocaz (1) *a.* [植] 바위에 나는. 바위에 생기는(돋는). [動] 암석(위)에서 사는. 암석지대에서 서식하는.

— (2) *m.* [魚] 곤들매기.

rocedão *m.* [製靴] 윗가죽을 기워 붙이는 실.

rocega *f.* 바다 밑(海底)에 가라앉은 닻(錨) 또는 닻줄을 찾아내기. 그 수색작업.

rocegar *v.t.* (가라앉은 닻 또는 닻줄을 찾고자) 바다 밑을 수색하다. 물밑을 훑다.

roceiro *m.* ①벌채(벌목)하는 사람. 경지(耕地)를 깨끗하게 하는 사람. ②경작지 소유자. 작은 농부(農夫).

rocha *f.* 바위. 암석. 암괴(岩塊). 반석(盤石).

cristal de rocha 수정(水晶).

cora ão de rocha 무정한 사람.

firme como uma rocha 반석처럼 확고부동하다.

rochaz *a.* = *rocaz* (1).

rochedo *m.* ①집채같은 바위. 거암(巨岩). ②벼랑. 절벽.

rochoso *a.* 암석으로 된. 바위가 많은. 거암이 중첩한.

rociada *f.* ①이슬. ②이슬에 젖음. 이슬이 내림. ③관수욕(灌水浴).

rociado *a.* 이슬이 내린. 이슬 맺은. 이슬에 젖은. 눅눅한.

rociar *v.t.* 이슬로 축축하게 하다. 이슬에 적시다. (물을) 이슬처럼 뿌리다. 살포(撒布)하다.

— *v.i.* 이슬이 내리다. 이슬 맺다. 이슬

에 젖다. 이슬비 내리다. 눈비가 뿌리다.

rocim *m.* 작은 말. 몹쓸 말(馬).《英》*nag*.

rocinante *m.* 가엾은 말. 사역하지 못할 말. 가치 없는 말.

rocio *m.* (=*ovalho*) 이슬. 이슬비. 가랑비.

rocioso *a.* 이슬 많은. 이슬 맺은. 이슬에 젖은.

roço *m.* 큰 바위를 쪼개기 위하여 파는 가늘고 긴 홈.

rococó *m.* 로코코식(式)(18세기 프랑스의 건축·미술양식). 로코코식의 물건. 속된 물건. 뒤떨어진 양식.
— *a.* 로코코식의. (건축·가구·문체 따위가) 치장이 많은. 속악한. 뒤떨어진. 구식의. 괴상한.

roda *f.* ①바퀴(의 총칭). ②수렛바퀴. 물레바퀴. ③[海] 타륜(舵輪). ④(추첨할 때 돌리는)회전추첨기. ⑤(인간)사회. …계(界). ⑥(교우·활동·세력·사상 등의) 범위. 둘레. 주위. ⑦(레몬·오렌지 따위) 동그랗게 자른 한 토막(바퀴살 모양이 보이는). ⑧[史] 차형(車刑)(차로 사람을 찢어 죽이는)·차형기구. ⑨(바둑말 따위의) 얼룩.
roda dentada 톱니바퀴. 기어(齒車).
roda do leme 타륜(舵輪).
roda gigante 나룻배의 바퀴.
roda de pás (기선의) 외륜(外輪).
roda hidáulica 수차(水車).
roda do pavão 공작(孔雀)의 펼친 꼬리.
roda do joelho 슬개골(膝蓋骨).
a alfa roda 상류(사회). 귀족.
roda da fortuna 인생의 파란. 영고성쇠.
rodas diplomáticas 외교계(外交界).
de roda 주위에. 주변에.
em roda 또는 *à roda* 빙둘러. 환상(環狀)으로.
andar à roda (주변을) 돌아다니다. 순회하다.
em roda viva 쉴 새 없이. 끊임없이.

rodada *f.* ①(수레바퀴 따위의) 일회전. 한 바퀴 돌기. ②회전(回轉). 회전한 상태. ③(사건의) 범위. ④둥근 모양. 원형물. 고리.

rodado *a.* ①바퀴가 있는. 바퀴가 달려 있는. ②회전한. (한 바퀴 또는 여러 번) 돈. 빙글빙글 돈. ③(시간·세월이) 지난. 경과한. ④[史] 차형(車刑)에 처한. 차로 찢어 죽인.
— *m.* ①(한 차에 있는) 전체의 바퀴. ②(옷소매의) 둘레.

rodagem *f.* ①차륜장치(車輪裝置). 톱니바퀴(齒車) 장치. ②회전. 선전(旋轉). 굴러가는 동작.
estrada de rodagem 자동차 도로.

rodante *a.* ①빙글빙글 도는. 회전하는. 구르는. 굴러가는. ②경과하는.
— *m.* 회전액(回轉軛).

rodapé *m.* [建] 실내의 벽 아랫도리에 둘러대는 널빤지. 침대 주변을 두른 널빤지.

rodar (1) *v.t.* ①돌리다. 회전시키다. ②굴리다. 굴러가게 하다. ③(주변을) 돌다. 돌아다니다. ④차형(車刑)에 처하다.
— *v.i.* ①돌다. 빙빙 돌다. 회전하다. ②구르다. 굴러가다. 데굴데굴 굴르다. 자전(自轉)하다. 운행하다. ③차를 타고 돌아다니다. ④(눈알을) 굴리다. ⑤세월이 흐르다.
— (2) *m.* ①빙글빙글 돌아가는 소리. (수레 따위) 덜그럭거리며 가는 소리. 부릉부릉하는 바퀴 돌아가는 소리. ②(시간의) 경과. 진행(進行).
— (3) *v.t.* 고무 달린 고무레(*rodo*)로 끌어 모으다. 밀어 버리다.

rodeado *a.* 둘러싸인. 에워싸인. 포위된. 위요(圍繞)된.

rodeador *m.* ①(어떤 장소를) 도는 사람. 주변을 도는 사람. ②소요(산책)하는 사람. ③(어떤 물체를) 에워싸는 사람.

rodeamento *m.* ①둘러싸기. 에워싸기. 포위(包圍). ②주위. 둘레. 위요(圍繞). 위요물. ③우회(迂廻). 완곡적(婉曲的) 표현.

rodear *v.t.* ①(주위를) 돌다. 돌아다니다. 편력(遍歷)하다. ②(…의 주변을) 에워싸다. 둘러막다. 위요(圍繞)하다. [軍] 포위하다. 우회(迂廻)하다. ③따라다니다.
—*se v.pr.* ①(어떤 장소를) 한 바퀴 돌다. 돌아가다. 주행(周行)하다. ②에워싸이다. 포위되다.

rodeio *m.* ①에워싸기. 위요. ②(장소·물체를) 한 바퀴 돌기. 돌아가기. 주행(周行). 우회(迂廻). ③완곡한 표현. 둔사(遁辭). 구실. 핑계.

rodeira *f.* ①수녀원의 회전창(回轉窓)에서 수부(受付)하는 수녀(修女). ②차도(車道). ③바퀴자국.

rodeiro *m.* ①차축(車軸). ②(한 굴대에 달려 있는) 두 개의 바퀴. 양륜(兩輪).
— *a.* 바퀴의. 바퀴에 관한.

rodela *f.* ①작은 바퀴(小輪). 작은 원판(圓板). ②(레몬·오렌지 따위를) 얇게 둥글게 썰어 놓은 한 토막. ③《古》작은 원형 방패(圓楯). ④슬개골. ⑤《俗》작은 거짓말. 엉터리 이야기. 조그마한 자랑.
rodela do joelho 슬개골(膝蓋骨)

rodeleiro *a.* 《古》둥근 방패를 쥐고 있는.
— *m.* 《古》원순병(圓楯兵).

rodeta *f.* 작은 바퀴

rodete *m.* ①(비단실 따위를 감는) 작은 물레. 실감개. 실구릿대. (방적기의) 작은 목관(木管). ②(*rodo*의 지소어) 고무 달린 작은 고무레(써레).

rodício *m.* 회초리(채찍) 끝의 장미 매듭.

rodilha *f.* ①(그릇 닦는) 행주. (소제용) 걸레. ②(마찰·손상 따위를 피하기 위하여) 덧대는 것. 쿠션. 안장 방석. 짐을 받치는 것. (물건을 머리에 얹을 때에 쓰는) 똬리. (충격을 피하기 위한) 뱃머리의 고리바(輪索).

rodilhão (1) *m. rodilha*의 큰 것.
— (2) *m.* 바퀴 하나짜리 손수레(一輪小車)의 바퀴.

rodilhar *v.t.* ①*rodilha*를 만들다. ②비틀다. 꼬다.

rodilho *m.* ①행주. 걸레. ②잡역부(雜役夫). 노예적 천역자(賤役者).

rodinha *f.* ①빙글빙글 도는 꽃불. ②작은 바퀴.

rodio (1) *m.* [化] 로듐(금속원소(金屬元素) 펜촉 끝 등에 붙임. 기호 Rh).
— (2) *a.* (지중해의) *Rhodes* 섬의.

rodízio *m.* ①수차(水車). ②작은 수레(小車). ③특히 피아노·의자 등의 다리 끝에 붙어 있는) 작은 바퀴. ④포구회전장치(砲口回轉裝置). ⑤(직원·종업원 등의) 집무교체반(執務交替班).

rôdo *m.* 긴 고무가 붙어 있는 고무레 또는 나무 써레(특히 청소할 때 바닥의 물을 밀어 빼거나 염전에서 소금을 굵어 모으는 데 쓰는 도구).
a rodos 많이. 다량으로.

rododendro *m.* [植] 석남속(石南屬)의 각종 식물.

rodografia *f.* 장미지(薔薇誌).

rodologria *f.* 장미 연구(식물학의 일과 (一科)).

rodológico *a.* 장미 연구의.

rodopelo *m.* (짐승의) 권모(捲毛). 감긴 털.

rodouça *f.* 빙글빙글 도는. 선회하는. 선전(旋轉)하는.

rodopiar *v.i.* 빙글빙글 돌다. 선회하다. 선전하다.

rodopio *m.* ①선회. 선전. ②(선회운동으로 인하여) 눈이 휘도는 것. ③(짐승의) 딸딸 감긴 털. 권모(捲毛). ④와권형(渦卷形)의 머리칼.

rodora *f.* [植] (북미산) 석남(石南)의 일종.

rodouça *f.* (머리에 무거운 것을 얹을 때 받치는) 똬리. 다발 같은 물건.

rodovalho *m.* [魚] (유럽산) 가자미의 일종.

rodovia *f.* 차도(車道). (특히) 자동차도로.

rodoviário *a.* 자동차도로의(에 관한).
guarda rodoviário 교통경찰.
estação rodoviária 장거리 버스 발착소.

rodrigão *m.* 포도나무를 받치는 기둥(버팀나무).

rodura *f.* 긴 고무 달린 고무레(*rodo*)로 굵어 모으기. 그것으로 모은 더미.

roedor *a.* ①무는. 깨무는. (쥐 따위가) 쏘는. 갉는. 무는 버릇이 있는. ②(벌레 따위가) 먹어 들어가는. 좀먹는. 침식(侵蝕)하는. ③[醫] 침식성(性)의. ④[動] 설치류(齧齒類)의.

roedores *m.(pl.)* [動] 설치동물(쥐·다람쥐 따위).

roedouro, roedoiro *m.* 풀만 있는 황무지(평야).

roedura *f.* ①(쥐 따위가) 쏠기. 물기. 갉기. ②쏜(깨문) 자국. 할퀸 상처. 찰상(擦傷). ③괴로움. 고뇌(苦惱). 고통.

roel *m.* ①(수나사의) 둘출한 부분 밑에 단 쇠붙이. 《英》*washer*. ②[紋] *bezant* (금빛의 작은 원)형의 휘장(徽章).

roentgenterapia *f.* 뢴트겐선 요법.

roer *v.i., v.t.* ①(쥐가) 쏠다. 갉다. 갉아먹다. 물어 뜯다. ②썩어 들어가다. 침식하다. 좀먹다. 야금야금 없애 버리다. 간단없이 괴롭히다.
osso difícil de roer 어려운 문제. 어려운 일. 손 댈 수 없는 자.

rofo *a.* 매끄럽지 않은. 닦지 않은. 깔깔한.

우툴두툴한. 주름살 있는. 구겨진. 광택이 없는.
— m. 깔깔함. 우툴두툴함. 주름. 이랑.

rogações f.(pl.) [宗] (그리스도 승천(昇天)의 축일 전 3일 간의) 기도. 탄원.

rogado a. 간절히 빈. 기도를 올린. 탄원한. 애원한.

rogador a. 비는. 탄원(애원)하는. 간망하는. 중재하는.
— m. ①기도자. 탄원자. 애원자. ②중재자. 조정자. 알선자.

rogar v.t., v.i. (신에) 빌다. 기도를 올리다. 간절히 빌다. 애원하다. 탄원하다. 심심히 부탁하다. 의뢰하다.

rogativa f. 간절히 빌기. 기원(祈願). 탄원. 애원.

rogativo a. 기원의. 탄원의. 애원의. 의뢰의.

rogatória f. 기원. 간원(懇願). 탄원. 촉탁(囑託). [法] (외국재판소에 대한 재판사무의) 의뢰. 촉탁.

rogatório a. 기원의. 간원의. 탄원의. 의뢰의. 촉탁의.
carta rogatório 외국재판소에 대한 재판사무의 의뢰서(또는 촉탁장).

rogo m. 기원(祈願). 탄원. 간원. 간청(懇請). 이리.
a rogo de …의 의뢰에 의하여. …의 간청에 의하여.

roído a. ①(쥐 따위가) 쏜. 갉은. 문. 물어 끊은. ②좀먹은. 부식한. 침식(侵蝕)한.

rojado a. 끌려 간. 끌려 온. 끈. 끌린.

rojador a., m. ①끄는 (사람·물체). 끌고 가는 (사람·물체). ②기는 (동물). 포복하는 (동물·물건).

rojão (1) m. ①(무거운 것을) 끌기. 질질 끌기. ②기기. 포복.
— (2) m. 기름에 튀기거나 불에 누렇게 구운 돼지의 비계살.
— (3) m. 투우(鬪牛)를 찌르는 창.
— (4) m. 살별 모양의 꽃불. 그것이 터지는 소리.

rojar v.t. ①(무거운 것을) 끌다. 질질 끌다. (꼬리 따위를) 끌다. 끌며 가다. ②(창 따위를) 던지다.
— v.i., **—se** v.pr. ①끌리다. 끌려가다. ②기다. 포복(匍匐)하다. ③굽실굽실하다. 예예 하다.

rôjo m. (무거운 것을) 끌기. 질질 끌기. 끌어가기. 끄는 소리.
— a (또는 de) rôjo 끌며. 끌어서. 기어. 포복하여.

rojonear v.t. 창으로 투우(鬪牛)를 찌르다. 찔러 죽이다.

rol m. 기록. 기록부(簿). 목록. 명부. 품명일람표. 카탈로그.

rôla f. [鳥] 호도애의 암컷.

rolado a. ①(롤러 따위를) 굴린. 구른. 뒹군. 전전(輾轉)한. ②동요하는. 파동을 일으킨.

rolador m. ①굴리는 것. ②롤러. 굴림대. 땅 고르는 기계. ③[印] 인육봉(印肉棒).

rolagem f. [農] (땅 고르는 기계로) 농토를 고르기.

rolamento m. ①굴리기. 구르기. (굴리는 기계로) 지면을 고르기. ②(배가) 좌·우로 흔드는 것. (배의) 횡요(橫搖). ③(파도의) 너울거림. 파동(波動). ④[機] 축받이. 베어링.
rolamento de esferas 롤 베어링.

rolante a. ①구르는. 굴리는. 회전하는. 회전시키는. ②(파도가) 너울거리는. 굽이쳐 흐르는.
material rolante (集合的) (철도의) 차량 (기관차·객차·화차 따위의 전부).
fogo rolante 《古》 열(列)지은 사병(士兵)들이 급속히 행하는 연발사격.

rolão m. ①(밀의) 기울. 겨. 거칠은 가루. ②목제 대형(木製大型) 롤러.

rolar (1) v.t. 굴리다. 굴려가다. 회전시키다.
— v.i., **—se** v.pr. ①굴다. 굴러가다. 굴러 나가다. ②(물건이) 데굴데굴 굴다. 뒹굴다. 전전(輾轉)하다. ③(파도가) 굴듯 밀려오다. 권파(卷波)하다.
— (2) v.i., v.t. ①(비둘기가) 꾸르르 울다. 꾸르르꾸르르 하다. ②(어린 아이가) 목구멍을 울리며 좋아하다. ③부드럽게 속삭이다. 정답게 이야기를 주고 받다.

roldana f. 도르래(滑車).

roldão m. 당황. 혼미(昏迷). 혼란. 난잡.
de roldão 갑자기. 돌연히. 뜻밖에. 당황하여. 낭패하여. 엉망진창으로.

roleira f. (일종의) 작은 촛대.

roleiro a. 구르는. 굴러가는. 전전(輾轉)하는.
mar roleiro (파도가) 너울거리는 바다.

권파(卷波)의 바다.

roleta *f.* ①회전반(回轉盤) 돌리는 도박(여러 개의 번호가 적혀 있는 원반(圓盤)을 돌리며 하는 노름). ②공 굴리는 유희(遊戲). ③극장·경기장 등의 입구 또는 시내 버스 안에 있는 한 사람씩 통과하게 된 십자형(十字形)의 회전란(回轉闌). ④근거 없는 소문. 풍설.

rolete *m.* ①작은 롤러. 작은 굴림대(小圓筒). ②[方言] (반죽할 때 미는) 방망이. 국수방망이. ③(모자 제조인이 사용하는 모자 속을 고르는) 작은 롤러.

rôlha *f.* 코르크 마개. 전(栓). (코르크로 만든) 부표(浮標).
rôlha de vidro 유리 마개.
tirar a rôlha. (코르크) 마개를 빼다(뽑다).

rolhado *a.* 마개 있는. 마개로 막은. 전(栓)을 한.

rolhador *m.* (코르크로) 유리병을 막는 기계.

rolhadura, rolhagem *f.* (코르크로 유리병 따위의) 마개를 막기.

rolhar *v.t.* (유리병 따위에) 코르크 마개를 하다. 마개를 막다. 꽉 틀어막다.

rolheiro (1) *m.* 코르크 마개를 만드는 사람. 그 장수.
— (2) *m.* ①(물의) 소용돌이. ②급류(急流). 격류(激流).

rolhista *m., f.* ①코르크 가공인(加工). ②코르크 피(皮)를 자르는 사람.

rôlho *a.* (근육이) 포동포동한. 통통한. 살찐.

roliçar *v.t.* 둥글게 만들다. 원통형(圓筒形)으로 만들다.

roliço *a.* 둥근. 둥글둥글한. 포동포동한. 토실토실한. 풍만(豊滿)한. [植] 원통형의. 원주 모양의.

rolim *m.* [魚] 개복치. 개복치과의 각종 물고기. (복아메리카산의) 납작한 담수어.

rolimã *f.* [機] 공이 든 베어링. 롤러 베어링.

rôlo (1) *m.* ①말아 만든 물건. 똘똘 말은 종이. 원통형의 물체(圓筒形物體). ②말아 만든 과자. 만 빵. ③털실의 타래. ④두루마리. ⑤권축(卷軸). 굴대. 롤러. [印] 인육봉(印肉棒). ⑥(똘똘 말은) 피륙의 한 통. ⑦(신문용지 따위 롤러형의) 일권(一卷). ⑧《俗》 (뒹굴며 싸우는) 난투. 격투.
rôlo para massa 반죽 방망이. 국수 방망이.
— (2) *m.* [鳥] 호두새의 수컷.

romã *f.* 석류(石榴). 석류나무. 그 열매.

romagem *f.* ①순례(巡禮). 순배(巡拜). ②수학여행. 유람여행.

romaica *f.* 현대 그리스의 춤(의 일종).

romaico *m., a.* 현대 그리스말(의).

romana *f.* 대저울. 천평칭(天平秤).

romanamente *adv.* 로마식으로. 로마 사람처럼.

romança *f.* 사가(史歌). 서정가(抒情歌). [樂] 전기적 악곡(樂曲).

romançada *f.* ①많은 소설. ②소설화된 것.

romance *m.* ①중세 기사(騎士) 이야기. 전기소설. 사담(史談). 사시(史詩). ②가공소설(架空小說). 모험 이야기. ③소설적(모험적). 사적(史蹟). ④정화(情話). 로맨스. ⑤라틴어(계)로부터 파생한 언어.

romanceado *a.* 소설로 된. 소설로 꾸민. 로맨스적인.

romancear *v.t., v.i.* ①소설을 만들다. 소설로 하다. ②만든 이야기를 하다.

romanceiro *m.* 소설집. 사담집(史談集). 역사소설집.

romancismo *m.* 소설체(小說體). 가공(架空).

romancista *m.f.* 로맨스(가공소설) 작자. 전기 소설가. 정화(情話) 소설가. 희작가(戲作家). 터무니없는 말을 하는 사람.

romanço *a.* 《古》 라틴어(계)의 근대어.
— *m.* 라틴어(계)의 근대어(近代語).

romanescado *a.* 소설적인. 소설같은. 가공적인.

romanescamente *adv.* 소설적으로. 소설처럼. 가공적으로. 터무니없이.

romanesco *a.* ①[建] 로마식(式)의. [言] 로맨스어의. 라틴어 계통의. ②소설의. 소설적인. 소설같은. 공상(가공)적인. 감정적인 정열적인.

românico *a.* ①[言] 로만스어의. 라틴어계의. ②(옛) 로마의. (옛) 로마인의. ③[建] 로마식의(14세기 전 라틴 제국에서 유행된).
— *m.* ①로만스어(즉 프랑스·이탈리아·스페인·포르투갈 등의 여러 국어). ②라틴어(계)의 근대어(近代語).

romanismo *m.* ①로마법. 가톨릭교. 천주공교. 가톨릭의 교의(敎義)(제도). ②[建] 로마식. ③로마 제도(정신).

romanista *m., f.* ①가톨릭교도. 천주교도. ②로마법학자. ③로마사학자(史學者). ④

《古》로마 고실학자(古實學者). 로만스어학자.

romanística *f.* 로마 철학(哲學).

romanização *f.* ①(고대) 로마화(化). (고대) 로마 문화의 모방. 로마식으로 하기. 로마 글자로 쓰기. 로마자(字)의 사용. ②가톨릭교화(敎化).

romanizante *a.* ①로마화하는. 로마식으로 하는. 로마 글자로 쓰는. ②가톨릭교화하는.

romanizar *v.t.* ①(고대) 로마화하다. 로마 문화를 모방하다. 로마 글자(체)로 쓰다(인쇄하다). ②가톨릭교화하다.
—se *v.pr.* ①로마인풍으로 되다. 로마 글자를 채용하다. ②가톨릭교도가 되다.

romano *a.* ①로마의. 로마시(市)의. (고대) 로마인의. (고대) 로마인풍(기질)의. ②로마 글자(체)의. 로마 숫자의. ③천주공교(天主公教)의. 가톨릭교의.
— *m.* 로마인. 로마시(市)의 사람. 로마어(語).
Em Roma sê romano. 로마에 있으면 로마 사람처럼 하라.

romanólogo *m.* 로마 철학자. 로마법에 정통한 사람.

romanticamente *adv.* 소설적으로. 낭만적으로.

romanticismo *m.* 공상적임. 낭만주의(浪漫主義). (18세기 말부터 19세기 초의 문예 사상).

romântico *a.* ①전기소설(傳奇小說)적인. 소설에 있음직한. ②공상에 잠기는. 공상적인. 가공(架空)적인. 해괴한. 비실제적인. 실행키 어려운. ③신비적인. 시적(詩的)인. 정사적(情事的)인. 가공의. 허구의. ④[藝術] 낭만주의의.
— *m.* 낭만주의자.

romantismo *m.* =*romanticismo*.

romantizar *v.t., v.i.* ①낭만화하다. 공상적으로 하다(되다). 소설적으로 하다(되다). ②공상에 잠기다.

romaria *f.* ①순례(巡禮). 편력(遍歷). ②종교적 제전(祭典). ③제전을 위한 사람들의 모임. 시골의 즐거운 행사.

romãzeira *f.* [植] 석류(나무).

romãzeiral *m.* 석류원(石榴園).

rombamente *adv.* 무디게. 둔하게. 우둔하게. 거칠게.

rômbico *a.* 마름모꼴의. 능형(菱形)의. 사방형(斜方形)의. [結晶] 사방정계(斜方晶系)의.

rombo (1) *a.* ①평평한. 편평(扁平)한. 평탄한. ②무딘. 둔한. ③(머리가) 우둔한. 똑똑치 못한.
— (2) *m.* ①[幾] 능형(菱形). 사방형(斜方形). [結晶] 사방육면체. ②마름모꼴의 무늬.
— (3) *m.* ①구멍. 파열구(破裂口). 깨어진 틈. ②결손(欠損). 손실.

romboédrico *a.* [結晶] 능면체의.

romboedro *m.* [結晶] 능면체(菱面體).

romboidal *a.* 편능형의. 장사방형의.
— *m.* [解] 능형근(菱形筋).

rombóide *m.* [幾] 편능형(偏菱形). 장사방형(長斜方形).

rombudo *a.* (창끝·칼날 따위) 무딘. 둔한. 둔감한.

romeira (1) *f.* ①여자 순례자. 성지를 참배하는 여자. ②방랑하는 여자. ③(일종의) 걸치는 천(覆巾). ④부인용의 반외투(半外套).
— (2) *f.* [植] 석류(나무).

romeiral *m.* 석류원(石榴園).

romeiro (1) *m.* ①순례자. 성지참배자(參拜者). ②방랑자.
— (2) *m.* [魚] 방어무리의 바닷고기(상어를 먹이가 많은 곳으로 안내 한다고 함). 《英》 *pilot fish*.

romeno *a.* 루마니아 사람(말)의. 루마니아 사람(말).

rompante *a.* 건방진. 거만한. 오만한. 존대(尊大)한. 맹렬한. 격렬한. 광폭(狂暴)한.
— *m.* ①거만. 오만. 존대. 불손(不遜). ②격렬. 맹렬. 맹위(猛威) ③광폭(狂暴).

rompão *m.* ①편자와 꺾쇠. ②건방짐. 거만함. 오만. 존대(尊大).

rompedeira *f.* 대장장이가 쓰는 끌(정).

rompedor *a.* 부수는. 깨뜨리는. 쪼개는. 끊는. 절단하는.
— *m.* 깨뜨리는 사람(물건). 파괴자. 단절자(斷切者).

rompedura *f.* ①파쇄(破碎). 파괴. 절단(切斷). 단절. ②쪼개진 틈. 찢어진 틈(裂口). 깨뜨려진 틈(破口).

rompente *a.* ①부수는. 깨뜨리는. 파괴하는. 끊는. 절단하는. ②달려드는. 덤벼드는. 약진하려고 하는. ③방금 시작하려고 하는. 터지려고 하는. ④거만한. 오만한.

⑤[紋] (특히 사자가) 뒷발로 선. 용한(勇悍)한 자세를 취한.

romper *v.t.* ①부수다. 깨뜨리다. 파괴하다. 쪼개다. 찢다. ②끊다. 절단하다. 중단하다. ③(약속을) 깨뜨리다. 어기다. ④(방어진 따위를) 돌파하다. 부수다. ⑤꿰뚫다. 관통하다. ⑥물리치다. 격퇴하다. ⑦(…을) 시작하다. 개시하다. ⑧(음모 따위를) 폭로하다. 타파하다.
romper as cadeias 쇠사슬을 끊다.
romper o silêncio 침묵을 깨뜨리다.
romper uma estrada (밀림·초원 등에) 도로를 내다. (새로운) 도로를 개설하다.
— *v.i.* ①부서지다. 깨뜨려지다. 파괴되다. 무너지다. ②끊어지다. (외교관계 따위) 단절되다. 중단되다. ③터지다. 파열(破裂)하다. 쪼개지다. ④갑자기 생기다. 일어나다. 돌발하다. ⑤갑자기 나타나다. 출현하다. ⑥동이 트다. (해 따위) 올라오기 시작하다.
romper em pranto 울음이 터지다.
rompe o dia 동이 튼다.
—*se v.pr.* 부서지다. 터지다. 파괴되다.
— *m.* ①파열(破裂). ②갑자기 시작되는 것. ③돌연한 출현. ④(외교관계 등의) 단절. 절교(絶交).
o romper do dia 동이 틈. 여명(黎明).

rompe-terra *a.*《詩》땅을 깨뜨리는. 땅속에 파들어가는.

rompido *a.* 부서진. 깨진. 쪼개진. 찢어진. ②끊어진. 중단된. 단절한. ③터진. 파열한. ④패배한.

rompimento *m.* ①깨짐. 파괴. 파열. 파쇄(破碎). ②끊기. 절단. 단절. 절개(切開). 분리. ③파약(破約). 협상중절. 파담(破淡). ④절교(絶交). 국교(國交)의 단절.

ronca *f.* ①코골기. 코고는 소리. ②(돼지의) 꿀꿀하는 소리. ③(맹수의) 으르렁하는 소리. ④(발동기가 돌아가는) 요란한 소리. ⑤(종·천둥·대포 따위의) 울리는 소리. ⑥[海] 무중호적(霧中號笛). ⑦큰 소리. 호언장담. 대포. 허세(虛勢).

roncada *f.* 가수(假睡). 선잠. 얕은 잠. 낮잠.

roncador *a.* 코고는. 코소리 내는. 호언장담하는.
— *m.* ①코고는 사람. ②호언장담하는 사람. 큰 소리치는 자.

roncadura *f.* ①코골기. ②코고는 소리. (돼지의) 꿀꿀하는 소리. (사자·범 등의) 으르렁하는 소리. 둑하고 크게 울리는 소리. 통음(洞音). ③(뱃속에서) 꾸르륵 하기. 그 소리.

roncante, ronção *a.* 코를 고는. 으르렁하는.

roncar *v.i.* ①코를 골다. ②(돼지가) 꿀꿀하다. (고양이가) 그르릉그르릉 소리내다. (사자·범 등이) 으르렁대다. (파도가) 소리치다. (거센 바람이) 웅웅하다. ③(뱃속에서) 꾸르륵 소리나다. ④허풍 떨다. 자랑하다. 호언장담하다.

roncaria *f.* ①코고는 소리. 울리는 소리. 통음(洞音). ②호언장담. 큰 소리. 대포(과장하는 뜻의). 허세.

ronçaria *f.* ①느림. 천천함. 완만(緩慢). 지둔(遲鈍). ②게으름. 나타(懶惰). 나태. ③둔한. 부주의. 소홀. ④[海] 항행부조(航行不調). 타행(惰行). 타항(惰航).

roncear *v.i.* 게으름 피다. 빈둥빈둥 놀다. 하는 일 없이 세월 보내다.

ronceiramente *adv.* ①느리게. 굼뜨게. 완만하게. ②게으르게. 태만하게.

ronceirice *f.* ①느림. 천천함. (하는 일이) 굼뜸. 지둔(遲鈍). 인순(因循). ②게으름. 나태. 태만.

ronceirismo *m.* = *ronceirice*.

ronceiro *a.* ①동작이 굼뜬. 느린. 완만한. 지둔한. (배의) 속력이 느린. 천천한. ②게으른. 나태한. 나타한.

roncice *f.* ①일을 천천히 하는 버릇. 굼뜬 동작. 전혀 활발성이 없음. 뭐든지 하는 것이 시간이 걸림. 완만한 처사. 인순(因循). ②게으름. 나태함.

ronco (1) *m.* ①코골기. ②코고는 소리. (돼지의) 꿀꿀하는 소리. (말의) 트르륵하는. 콧소리(코방귀). (고양의 목에서 나는) 그르릉그르릉하는 소리. (요란한) 바람소리. 노도(怒濤)의 소리. (비행기의) 폭음. ③《俗》호언장담. 큰 소리. 대포(과장하는 뜻의).
ronco do leão 사자의 으르렁하는 소리.
ronco do mar 바다의 노도(怒濤)소리.
— (2) *m.* [醫] 수포음(水泡音). 거북한 숨소리.《英》*rhonchus*.

roncolho *a.*《卑》①고환(睾丸)이 하나 있는. ②서투르고 불간. 잘못 거세(去勢)한.

ronda *f.* ①순회(巡回). 순시(巡視). 순찰(巡察). 야간순찰. 순찰대. 순라대(巡邏隊). ③《稀》야경(夜警). 순찰원. ④[樂]

rondador *a.* 순회하는. 순시하는. 순찰하는.
— *m.* 순회자. 순시자. 순찰원. 야경(夜警).

rondante *a.* =*rondador*.

rondar *v.i.*, *v.t.* ①순회하다. 순시하다. 순찰하다. ②(일정한 구역을) 돌아다니다. (…의 주변을) 돌다. 정기적으로 다니다. ③[海] 밧줄을 감다. 칭칭 감다.

rondear *v.i.* 돌아다니다. 순회하다. 순찰하다. 순행하다.

rondista *m.* 철도선로(鐵道線路)의 순회자.

rondó *m.* ①[樂] 론도. 회선곡(回旋曲). (주제의 순환적 반복이 특징). ②순환구법(循環句法)의 단시(短詩).

ronha *f.* ①(양의) 개선(疥癬). (마·소의) 옴. ②(헌 상처의) 딱지. ③악의(惡意). 심술. 잔꾀. 간지(奸智).
Ele tem muita ronha. 저 녀석은 몹시 간사하다.

ronhento, ronhoso *a.* ①(양·개 따위가) 개선에 걸린. (마·소 따위) 옴에 걸린. ②헌데 딱지투성이의. (피부가) 아주 더러운. ③칙살맞은. 심술궂은. 악의에 찬. 잔꾀 많은. 비열한.

ronquear *v.i.* 나탕어클 통그림히다. 다랑어를 통에 넣어 처리하다.

ronqueira *f.* ①목쉰소리. 천급(喘急). ②(가축의) 그르렁거리는 소리. ③가축의 폐병.

ronquenho *a.* ①목쉰 소리내는. (귀에) 거슬리는 소리내는. ②(동물이) 그르렁그렁 소리내는.

ronquidão *f.* =*roquido*.
— *m.* ①(말이 뛸 때의) 코를 그르렁하는 소리. ②목쉰 소리.

ronrom *m.* (고양이 목에서 나는) 그르릉그르릉하는 소리.

ronronar *v.i.* (고양이가) 그르릉그르릉하다. 목구멍을 울리다.

roque *m.* [將棋] 성장(城將).

roqueira *f.* ①《古》 사석포(射石砲). ②선회포(旋回砲).

roqueirada *f.* 사석포(선회포)의 사격.

roqueiro (1) *a.* (실감는) 북의. 방추(紡錘)의. 북(방추)에 속하는.
— *m.* 북 또는 방추를 만드는 사람. 실감개 대 만드는 사람.

— (2) *a.* ①바위의. 암질(岩質)의. 바위에 관한. ②바위 위에 있는. 암상(岩上)의. 《古》 돌을 쏘는. 돌을 던지는.
castelo roqueiro 암상성곽(岩上城廓).

roque-roque *m.* (쥐가 나무 따위를) 빠드득빠드득 쏘는 소리.

roquete (1) *m.* [宗] 성직자(聖職者)가 입는 일종의 흰 법의(法衣).
— (2) *m.* [紋] (하사관·경관의 완장·장식·문장의)산 모양의 표[∧·∨].
— (3) *m.* ①봉화. 화전(火箭). ②로켓(산소를 외계의 공기에서 취하지 않는 분사식 엔진).

roquinho *m.* [鳥] 바다제비의 일종.

ror *m.* 《俗》 ①많음. 다량(多量). 다수. ②군집.
《注意》 *ror*은 복수형이 없음.

rorante *a.* 《詩》이슬이 되는. 이슬이 있는. 이슬 많은.

rorejado *a.* 이슬 내린. 이슬 맺은. 이슬에 젖은. 눅눅한. 《詩》 눈물 젖은.

rorejante *a.* 《詩》 이슬 내리는. 이슬 맺는.

rorejar *v.t.* ①《詩》 이슬 내리게 하다. 이슬 맺게 하다. ②(물을) 안개처럼 내뿜다. ③(땀 나오듯) 흘러 나오게 하다. (수분을) 배내게 하다.
— *v.i.* ①이슬 맺다. ②땀이 돋다. 이슬처럼 스며 나오다.

rórido *a.* 《詩》 이슬 맺은. 이슬에 젖은.

rorífero *a.* 《詩》 이슬이 있는. 이슬 맺은. 이슬이 앉은. 이슬이 되게 하는.

rorifluo *a.* 《詩》 이슬 맺는. 이슬이 돋는. 이슬이 되어 떨어지는. 돋는.

rorqual *m.* [動] 멸치 고래. 큰 고래.

rosa *f.* ①장미. 장미과 식물. 장미꽃. ②장미색. 담홍색. ③장미의 향기. 장미의 향료. ④가장 인기 있는 것. 명화(名花). 《詩》 미인(美人). ⑤장미 무늬. 장미 매듭. 장미 다발. ⑥[建] 원화(圓花) 모양의 장식. 원좌(圓座). 둥근 꽃 모양의 창문. (교회 등의) 색유리를 박은 원창(圓窓). ⑦안락. 평안.

rosas (*pl.*) 기쁨. 희열(喜悅). 만족. 유쾌.
rosa-chá [植] 월계화.
rosa-de-toucar [植] 겹으로 된 붉은 장미.
rosa-do-Japão [植] 동백나무.
botão de rosa 찬미의 봉오리. 《稀》 묘령의 미녀(美女).
rosa dos ventos [海] 나침반(羅針盤)의

지침면(指針面).
cor de rosa 은홍색(隱紅色).
leito de rosa 안락한 상태. 화려.
mar (*maré*) *de rosa* 편안하고 즐거운 생활(또는 환경).
as guerras das duas Rosas [英史] 장미전쟁(1455~85 *Lancaster* 집안과 *York* 집안 간의 왕위 다툼).
Não há rosas sem espinhos. 《諺》 가시 없는 장미는 없다(즐거움이 있으면 괴로움도 있다).
Nem tudo são rosas. 《諺》 인생엔 재미 좋은 일만 있는 것은 아니다.
— *a.* 장미색의. 담홍색의.

rosaça, rosácea *f.* [建] 장미 모양의 창. 장미꽃 모양의 창문. 원화창(圓花窓). 바퀴 모양의 창(또는 장식). 국화형(菊花形)의 장식.

rosaceas *f.*(*pl.*) [植] 장미과(科).

rosáceo *a.* ①[植] 장미과의. 장미에 관한. ②장미꽃 모양의. 장미같은. 장미빛의.

rosa-cruz *m.* 장미십자회원(十字會員). (프랑스의) 비밀결사의 제4계급. 그 계급의 회원.

rosado *a.* 장미빛의. 발그레한. 담홍색의. 유망한.

rosa-dos-ventos *f.* 나침반의 지침면(指針面).

rosal *m.* 장미밭. 장미화단.

rosalgar *m.* ①[鑛] 계관석(鷄冠石). ②[化] 이황화물(二黃化物)(이황화탄소(二黃化炭素) 등).

rosário *m.* ①[가톨릭] 로자리오. 염주(念珠). 염주도(念珠禱). 로자리오의 기도. ②장미밭. 장미화단.

rosar-se *v.pr.* 장미빛이 되다. 담홍색이 되다. (얼굴빛이) 발그레해지다(부끄러움 등으로).

rosbife *m.* 구운 쇠고기. 《英》 *roast beef* 의 전래어.

rosca *f.* ①나사. 나사못. 나사볼트. ②나사 모양의 물건. 나사몸. ③꽈배기(꽈서 기름에 튀긴 떡의 일종). ④(뱀의) 사리.
rosca de parafuso 나사의 날. 나사줄.

roscar *v.t.* ①나사를 만들다. ②나사를 꽂다.

roscido *a.* 《詩》이슬에 젖은. 이슬에 눅눅한.

roseira *f.* 장미나무. 장미덤불.

roseira brava [植] ①(유럽에 흔한) 적색 단판(單瓣)의 들장미의 일종. 《英》 *Sweet briar.* ②찔레나무.

roseira do Japão [植] 동백나무.

roseiral *m.* 장미밭. 장미화단.

roseirista *m.*, *f.* 장미재배자.

rosela *f.* [植] 모두라기풀. 끈끈이귀개.

roselha *f.* [植] 시수토수(물푸레나무과).

roselito *m.* [鑛] 장미석(薔薇石).

róseo *a.* ①장미의. 장미빛의. 발그레한. 홍안(紅顏)의. ②장미로 만든(꾸민). ③희망있는. 유망한. 행복한. 낙관적인.

roséola *f.* [醫] 장미진(薔薇疹). 홍진(紅疹).

roseta *f.* ①작은 장미(꽃). ②장미꽃 모양의 매듭. 장미(모양의) 술. 장미꽃장식. ③[建] 원화장식(圓花裝飾). 원좌(圓座). 원창(圓窓). ④[電] 로제트(천장에 붙이는 사기제의 전기줄 매어다는 것). ⑤훈장의 약장(略章). ⑥(박차(拍車)에 달여있는) 화륜(花輪)(톱니바퀴처럼 생긴 것).

rosetão *m.* 큰 장미꽃 모양의 조각식(彫刻飾).

rosete *a.* 장미빛을 띤. 약간 발그레한.

rosicler, rosicré *a.* 장미빛의. 담홍색의. 발그레한.
— *m.* ①장미빛. 담홍색. 핑크색. ②홍은광산(紅銀鑛山). ③진주목걸이.

rosilho *a.* 엿빛의. 홍률색(紅栗色)의 (말의 빛깔에 대한).

rosita *f.* 작은 장미.

rosmaninhal *m.* 미송향밭. 라벤더밭.

rosmaninho *m.* ①[植] 미송향(迷送香). 라벤더(향기 좋은 순형과(唇形科)식물).② (좀약으로 쓰는) 라벤더의 꽃(대). ③라벤더색(엷은 자주색).

rosnadela *f.* ①(뒤에서) 수군거리기. 중얼거리기. ②험담. 뒷소리. ③서로 으르렁거림. 욕설. 말다툼.

rosnador *a.*, *m.* ①수군거리는 (사람). 투덜투덜하는 (사람). ②으르렁거리는 (사람). 욕설하는 (사람).

rosnadnra *f.* = *rosnadela.*

rosnar *v.i.*, *v.t.* ①(뒤에서) 수군거리다. 수군수군 이야기하다. 중얼거리다. (불만하여) 투덜투덜하다. ②뒷소리하다. 험담하다. ③욕하다. 호통하다. 호령호령하다. ④(개가 잇몸을 드러내고) 으르렁거리다.
— *m.* (개가 잇몸을 드러내고) 으르렁

거리기.
rosquilha *f.* =*rosquilho*.
— *m.* 작은 꽈배기(과자). 반지꼴(環狀)의 비스킷.
rossio *m.* 광장(廣場). 사면의 가로(街路)에 둘러싸인 빈터.
rostir *v.t.* ①《古》얼굴을 치다. 학대하다. ②씹다. 씹어 먹다. ③북북 문지르다. 마찰하다.
rosto *m.* ①얼굴. 용모. 안색. 얼굴의 표정. ②겉모양. 외관. 국면(局面). ③(건물의) 정면(正面). 물건의 겉. 표면. 책의 겉장. ④(화폐・상패(賞牌) 등의) 표면. ⑤[商] 권면(券面). 액면. ⑥[活字] 자면(字面). 인쇄면.
rosto a rosto 얼굴을 맞대고. 서로 마주 향하여.
fazer rosto a …에 향(向)하다. 대하다. 대항하다.
virar (voltar) o rosto 낯을 돌리다. 외면(外面)하다.
lançar em rosto (낯을 향하여 던지다). 직면하고 욕하다. 면책(面責)하다.
rosto de sapato 구두의 (복사뼈 옆쪽에 대는) 앞딱지.
rostrado *a.* ①[動・鳥] 부리가 있는. 유취(有嘴)의. ②부리처럼 생긴. 부리 모양의. 취형(嘴形)의. 주둥이같은.
rostral *a.* [動・鳥] 부리의. 주둥이의. 부리같은. [海] 뱃부리(船嘴)의. 뱃부리 장식이 있는.
pagina rostral (신문 따위의) 제일면.
rostriforme *a.* 부리같은. 주둥이 모양의.
rostrilho *m.* [植] (씨에서 나온) 유근(幼根).
rostro *m.* ①[動・解・鳥] 부리. 주둥이. ②부리 모양의 돌기. ③뱃부리(船嘴). 선수(船首). 함수(艦首). ④(옛 로마) 뱃부리 연단(演壇). 공회당의 연단(포획선의 뱃부리로 장식하였던 데서). 연단. 강단. 설교단. ⑤[貝] 취첨(嘴尖).
rota *f.* ①싸움. 전투. 교전(交戰). ②행군진로(行軍進路). ③일정한 길. 노정(路程). 도정(道程). ④침로(針路). 항로(航路). 항공로(航空路).
em (또는 de) rota batida 전속력으로. [海] 도중기항(途中寄港)함이 없이.
rotação *f.* ①회전. 윤전(輪轉). ②순환(循環). ③[農] 윤작(輪作). 윤경(輪耕). ④교체. 윤번.
rotáceo *a.* [植] (화관(花冠)이) 바퀴 모양을 한. 윤형(輪形)의. 윤상(輪狀)의.
rotacismo *m.* 'R'자를 잘못 발음하기. 'R・r'자의 남용(濫用).
rotador *a.* 돌리는. 화전시키는. 회전하는.
— *m.* ①회전하는 물건. ②[解] 회선근(回旋筋). [冶] 회전로(回轉爐). [理] 로테이터. 회전자(子).
rotadores (*pl.*) 윤충류(輪蟲類).
rotamente *adv.* 숨김없이. 노골적으로. 공공연하게.
rotante *a.* 빙글빙글 도는. 윤전(輪轉)하는. 회전하는.
rotar *v.t.* ①돌리다. 회전시키다. ②순환(교대)시키다. ③[農] 윤작하다.
— *v.i.* 돌다. 윤전(輪轉)하다. 순환하다. 교대하다.
rotariano *a.*, *m. Rotary Club*의 (회원).
rotativa *f.* (인쇄의) 윤전기(輪轉機).
rotativismo *m.* 두 정당(二大政黨)의 순환적 주권장악.
rotativo *a.* ①회전하는. 윤전하는. 선전(旋轉)하는. 순환하는. ②[農] 윤작의.
máquina rotativa 윤전기. 윤전인쇄기.
rotatório *a.* 도는. 회전하는. 선회하는. 윤전하는. 순환하는.
rotatórios *m.*(*pl.*) 윤충류(輪蟲類).
rotear (1) *v.t.* (배의) 키를 잡다. (키를) 조종하다.
— (2) *v.t.* 개간(開墾)하다. 개척하다. (땅을) 파 엎어 그루터기를 치우다. 뿌리 같은 것을 치워 버리다.
— *v.i.* 땅을 파 엎다. 뿌리를 파다. 개간에 종사하다.
rotearia *f.* 땅을 파 엎고 그루터기. 뿌리 따위를 없애기. 개간(開墾). 개척.
roteiro *m.* ①항해일지(航海日誌). 항로지(航路誌). (비행기의) 항정표. ②해도(海圖). 항해도. 수로도(圖). 도로안내서. 여행안내서. ③도표(道標). ④기준(基準). 표준. ⑤노정(路程). 순로(順路).
rotifero *a.* 바퀴가 있는. 바퀴 모양의.
— *m.* [蟲] 윤충(輪蟲).
rotiforme *a.* 바퀴꼴의. 윤형(輪形)의. 윤상(輪狀)의.
rotim *m.* [植] 등(藤)(뜰에 관상용으로 심는 나무).
rotina *f.* ①일반에 알려진 길. 일정한 길(定路). ②일정한 일. 일상의 일(과정). 관습. 관례. 기계적 절차. ③구습(舊習).

rotineiramente *adv*. 관례에 따라. 관습대로.

rotineiro *a*. 관습을 지키는. 관례대로 하는. 옛 풍습을 버리지 못하는. 틀에 박힌.
— *m*. 관습을 지키는 사람. 관례대로만 하는 사람. 기계적인 사무에만 적당한 사람.

roto *a*. (*romper*의 과거분사) ①깨진. 부서진. 터진. 찢어진. 끊어진. ②(옷 따위) 해진. 닳은. 구멍이 많은. 남루한. 누덕누덕한. 헙수룩한. 초라한.
mãos rotas ①(일을 많이 하여 터지고 째지고) 볼 형편이 없는 손. ②돈을 헤프게 쓰는 (사람).
roto de mãos 아낌없이 주는(쓰는). 아끼지 않는. 통이 큰. 풍부한.
— *m*. 남루한 옷을 입은 사람. 폐의를 두른 사람.

rotogravura *f*. ①[印] 사진요판(凹版). 윤전 그라비어(판). ②조각한 무늬. ③우묵하게 조각한 것.

rótula *f*. ①창살. ②[解] 슬개골(膝蓋骨). ③[植] 자초속(紫草屬).

rotulação *f*. 찌지를 붙이기. 첨지(籤紙)를 붙이기. 안표딱지를 붙이기. 부전(附箋)을 대기.

rotulado *a*. 찌지(첨지)가 붙은. 안표딱지가 붙어 있는. 레테르가 달린.

rotulagem *f*. = *rotulação*.

rotular *v.t*. 찌지를 붙이다. 첨지를 붙이다. 부전을 달다. (안표를 붙여서) 분류하다. 명칭을 붙이다.

rótulo (1) *m*. ①찌지. 첨지(籤紙). 안표딱지. 부전(附箋). 레테르. ②(고무풀을 붙인) 우표.
— (2) *m*. (문에 달려 있는) 내다보는 작은 구멍문(창살이 있는).

rotunda *f*. [建] (둥근 지붕의) 원형 건물(圓形建物). 원형의 홀. 원당(圓堂). 원형 또는 반원형의 광장(廣場). 원진(圓陣).

rotundidade *f*. ①원형. 구형(球形). ②원형물(圓形物). ③토실토실함. 포동포동함. 살찐 것.

rotundifolio *a*. [植] 둥근 잎사귀 있는. 원엽(圓葉)의.

rotundiventre *a*. 아랫배(下腹部)가 둥실한. 똥배(便腹)의.

rotundo *a*. ①둥근. 구형의. ②포동포동한. 살찐. 비만한.

rotura *f*. (= *ruptura*) 파열. 결렬. 단절. 파탄. (약속·계약 따위를) 깨뜨림. [病理] 헤르니아. 탈장(脫腸).

rouba, roubadia *f*. 《古》 = *roubo*.

roubado *a*. 도적맞은. 도난당한.

roubador *m*. 훔치는 사람. 도둑놈. 도적(盜賊).

roubalheira *f*. ①속여서 빼앗기. 횡령(橫領). ②사기협잡. ③강탈. 겁탈. 약탈.

roubar *v.t*. ①몰래 가져가다. 슬쩍 손에 넣다. 훔치다. 도둑질하다. ②공공용물(公共用物)을 착복하다. 사용(私用)하다. 횡령하다. ③힘으로 빼앗다. (…에서) 강탈하다. 약탈하다. ④(문장 또는 상표를) 표절(剽竊)하다.
— *v.i*. 훔치다. 도둑질하다. 절도행위를 하다.
roubar um beijo 모르는 사이에 입맞추다.

roubo *m*. ①몰래 가져가기. 슬쩍 손에 넣기. ②훔치기. 도둑질. 절도. ③강탈. 약탈. 강도. ④[法] 절도행위. 절도죄. 약탈죄. ⑤(婉曲) 엄청난 값(돈을 빼앗으나 다름없다는 뜻에서).

roucamente *adv*. 목쉰 소리로. 귀에 거슬리는 소리로.

rouco *a*. (목소리가) 쉰. 목쉰 소리의. 귀에 거슬리는. 거친.

roufenhar *v.i*. 콧소리를 내다. 코멘 소리로 이야기하다.

roufenho *a*. ①콧소리를 내는. 코멘 소리로 이야기하는. ②쉰목소리를 내는.

roupa *f*. ①옷. 의복. 의상(衣裳). ②옷감. 린네르. 린네르류. 린네르 제품.
roupa branca 내의류. 속셔츠(의 총칭).
roupa de banho 수영복.
roupa de cama (시트. 베갯잇. 침대 따위의) 침대에 딸린 금침(衾枕).
roupa de mesa (식탁보. 냅킨 따위의) 식탁에 딸린 피복물.
roupa feita 기성복(既成服).
roupa suja 때묻은 옷. 세탁할 것. 빨랫감.
roupa lavada 씻은 옷. 세탁한 옷.
roupa usada 낡은 옷. 고복(古服).
torcer a roupa 옷을 비틀다. 짜다.
à queima-roupa (권총 따위) 직사(直射)

의. 지근거리(至近距離). 단도직입적으로. *Talhar a roupa conforme o pano.* 《諺》처지에 알맞게 살다.

roupagem *f.* ①의복. 의류. ②[畵] (회화(繪畫). 조각 같은 데 나오는 인물) 걸친 의복. 그 미술적 수법.

roupão *m.* 집 안에서 입는 옷. 잠옷.

roupar *v.t.* 옷을 입히다. 시트·커버 따위를 덮다.
— *v.i.*, —**se** *v.pr.* 옷을 입다. (몸에) 걸치다.

rouparia *f.* ①많은 의복. 한 데 모은 옷. ②(호텔·회관 등의) 의상실(衣裳室). 외투·모자 따위의 보관실. ③옷 넣는 선반. 공동 옷장.

roupavelheiro *m.* 낡은 옷장수. 고복(古服)상인.

roupeira *f.* 여자 의상계(衣裳係). 여자 피복계(被服係).

roupeiro *m.* 의상계. 피복관리인.

roupeta *f.* 교회 성직자의 법의(法衣). 사제평복(司祭平服).

roupido *a.* ①옷을 입은. ②피복을 마련한.

roupinha *f.* 작은 옷. 짧은 옷. 값싼 의복. (시골 여성들의) 짧은 저고리.

rouquejar *v.i.*, *v.t.* 목쉰 소리를 내다. 쉰 목소리로 말하다.

rouquenho, rouquento *a.* 목소리가 약간 쉰. 약간 쉰 목소리를 내는.

rouquice, rouquidão *f.* 목쉰 소리.

rouquido *m.* 목쉰 소리.

rouquinho *a.* 약간 목쉰. 목소리가 약간 쉰.

rouxinol *m.* [鳥] 밤꾀꼬리. 나이팅게일. 미성(美聲)의 가수.

rouxinolear *v.i.* 밤꾀꼬리처럼 노래 부르다. 미성으로 노래 부르다.

roxear *v.t.* 자줏빛으로 하다. 자색(紫色)으로 물들이다.
— *v.i.* 자줏빛(자색)이 되다.

roxete *a.* 자줏빛을 띤. 자색이 낀.

roxo *a.* 자줏빛의. 자색의. 보라색의. *Mar roxo.* 홍해.
— *m.* 자줏빛. 자색(紫色). 보라색.

rua *f.* ①거리. 가로(街路). …가(街). …로(路). ②(한쪽 또는 양쪽에 집이 있는) 도로. 통로. …통(通).
rua comercial 상가(商街).
rua principal (시내의) 으뜸가는 길 (대로).
rua sem saída 빠져나가는 곳이 없는 길.
rua de direção única, rua de uma mão 일방도로(一方道路). 가기만 하는 도로.
— *interj.* 가라! 물러가라!

ruante *a.* (공작이) 꼬리를 활짝 펼친.

ruão *a.m.* (흰색과 검은색 등의) 얼룩털의 (말·소).

rubefação *f.* 빨갛게 하기. 발적(發赤).

rubefaciente *a.* [醫] 발적의.
— *m.* [醫] 발적약(發赤藥)(外用).

rubente *a.* 빨간. 빨간 빛을 띤. 불그레한.

rúbeo *a.* 빨간. 진홍(眞紅)의. [鑛] 홍옥의.

rubéola *f.* [醫] 홍진(紅疹). 홍역(紅疫).

rubescencia *f.* (얼굴이) 발그레해짐. 홍조(紅潮).

rubescer *v.i.* (얼굴이) 빨갛게 되다. 홍조를 띠다.

rubi *m.* (=*rubim*) ①[鑛] 홍옥(紅玉). 홍보석(紅寶石). 루비. ②홍옥색. 진홍색.

rubiáceas *f.*(*pl.*) [植] 꼭두서니속(屬)의 식물.

rubião *m.* 꼭두서니풀(茜草)의 뿌리에서 빼낸 색소(色素).

rubicão *m.* ("주사위는 던져졌다"라고 하고 *Julius Caesar*가 건넌) 이탈리아 중부의 강. 일을 단행하는가 않는가의 경계. *passar o rubicão* 단호한 수단을 쓰다. 중대한 결의를 하다.

rubicundo *a.* 빨간. 빨간 빛을 띤. 발그레한. 연분홍의.

rubidez *f.* 붉음. 빨감. 불그레함. (얼굴이) 뻘검. 홍조(紅潮). 《俗》부끄러움. 수줍음.

rubídio *m.* [化] 루비듐(金屬元素: 기호 Rb).

rúbido *a.* 《詩》(불길처럼) 붉은. 진홍의. 홍옥색의.

rubificação *f.* 빨갛게 하기. 빨갛게 물들이기. [醫] 발적(發赤).

rubificante *a.* 빨갛게 하는. (피부를) 발적시키는.
— *m.* [醫] 발적약(發赤藥)(外用).

rubificar *v.t.* 빨갛게 하다. (피부를) 발적시키다.
— *v.i.*, —**se** *v.pr.* 빨갛게 되다. 발적하다. (낯이) 빨개지다.

rubiforme *a.* [植] 나무딸기꼴을 한.

rubigine *f.* 《詩》녹.

rubiginoso *a.* 녹슨. 녹투성이의. 녹에서

rubim *m.* =*rubi*.
rubina *f.* [化] 아닐린 적색(赤色). 홍분(紅粉).
rublo *m.* 루블(러시아의 화폐. 현재는 소련의 화폐를 가리킴).
rubo *m.* [植] ①멍석딸기속(屬). 검은딸기속(屬). ②가시덤불.
rubor *m.* (낯이) 붉그레함. 빨감. 홍조(紅潮). 부끄러움. (부끄러움으로) 발그레해진 얼굴빛.
ruborescer *v.i.* (얼굴이) 빨개지다. 발그레해지다. 홍조를 띠다.
ruborização *f.* ①붉게 함. 빨갛게 함. ②(부끄러워) 낯을 붉히기. 홍조.
ruborizar *v.t.* 붉게 하다. 빨갛게 하다.
— *v.i.*, —*se v.pr.* (부끄러워) 얼굴이 발그레해지다. 빨개지다.
rubrica *f.* ①주서(朱書). 붉게 인쇄한 것. 붉게 인쇄한 제목. 머리글자. ②[宗] 예식 규정. 교의식목(教儀式目). ③주홍(朱紅). 단사(丹沙).
rubricado *a.* 주서로 한. 빨간 제목을 붙인. 붉게 인쇄한.
rubricador *m.* 주서(朱書)하는 사람. 빨간 제목을 붙이는 사람. 붉게 인쇄하는 사람.
rubricar *v.t.* 주서로 하다. 빨간 제목을 붙이다. 붉게 하다.
rubricista *m.*, *f.* 종교상의 의식(儀式)에 정통한 사람.
rubrifloro *a.* [植] 빨간 꽃이 있는.
rubripede *a.* [動] 붉은 다리 있는.
rubrirostro *a.* [動] 붉은 부리(赤嘴) 있는.
rubro *a.* 붉은 빛의. 주색(朱色)의. 주홍의. 진홍의.
rubro-negro 홍흑색(紅黑色). 흑적색.
ruçar *v.t.* 회색 빛을 띠게 하다. 반백(半白)이 되게 하다.
— *v.i.* 회색이 되다. 잿빛을 띠다. 반백이 되다. 노쇠(老衰)해지다.
ruço *a.* ①회색의. 잿빛의. 납빛의. 반백의. ②색깔이 없어진. 퇴색한. (얼굴빛이) 창백한. ③(옷차림이) 헙수룩한. 초라한. 남루한.
(註) *russo* : 러시아의. 러시아 사람.
ruço rodado 회색에 검은 얼룩이 박힌(말이).
— *m.* ①짙은 안개. 농무(濃霧). 혼미(昏迷). ②핍박(逼迫). 곤란.

rudamente *adv.* =*rudemente*.
rude *a.* ①거친. 울퉁불퉁한. 닦지 않은. 미가공(未加工)의. 미완성의. 조제(粗製)의. 날림의. ③조잡한. 졸렬한. 너절한. ④교양 없는. 버릇없는. 괄괄한. 조야(粗野)한. 난포한. ⑤어려운. 힘드는. 곤란한. ⑥(기후가) 호된. 가혹한. 늠렬(凜烈)한.
rudemente *adv.* 거칠게. 난폭하게. 버릇없이. 괄괄하게. 조잡하게. 엄하게. 호되게.
rudez, rudeza *f.* ①거칢. 껄껄함. 닦여져 있지 않음. ②조제. 난조. ③(행실 따위) 난폭함. 조야함. 버릇없음. 본데 없음. 조야(粗野). 무교육. ④야비함. 비루함. ⑤(기후 따위의) 늠렬(凜烈). 가혹.
rudimental *a.* =*rudimentar*.
rudimentar *a.* ①기본의. 기초의. 초보의. 계제(階梯)의. ②미발달의. 발육불완전한.
rudimento *m.* ①기본. 기초(원리). ② *rudimentos* (*pl.*) 초보. 계제(階梯)(학술의). ③[生物] 발육불완전기관. 퇴화기관. 흔적.
rudo (1) *f.* [植] 헨루다(남유럽산의 약초 : 잎은 쓰며 강한 향기가 있음. 흥분제·자극제로 쓰임).
— (2) *interj.* 가라! 물러가라!
— (3) *a.* =*rude*.
rueiro *a.* 거리의. 가로의. 거리를 다니기 좋아하는.
ruela (1) *f.* ①오솔길. (정원·공원 등의) 좁은 길. 골목. 골목길. [美] 뒷길. ②사람이 줄선 사이의 좁은 길.
— (2) *f.* [機] (나사 따위를 조일 때 끼우는) 반지꼴의 고리. (금속제의) 운형좌판(輪形座板). (특히 수나사의) 돌출한 부분 밑에 단 쇠붙이. 《英》 *washer*.
rufador *a.* 북을 치는. 둥둥(쿵쿵) 울리는.
— *m.* 북치는 사람. 고수(鼓手).
rufar (1) *v.t.* 북을 치다. 둥둥(쿵쿵) 치다.
— *v.i.* 북소리 나다. 둥둥 울리다.
— (2) *v.t.* 주름 잡다. 접어 겹치다. 주름 장식을 달다.
rufia *m.* 《古》 =*rufião*.
rufianesco *a.* *rufião*의.
rufião *m.* ①불량배. 악한. 무뢰한. 흉한(兇漢). ②《俗》 매음부(賣淫婦)의 용돈으로 살아가는 사람. (청루의) 고용장사(雇用壯士). 약한 자에게 뽐내는 인간. ③(갈보의) 뚜쟁이. ④(여자만 노리는 미남 건달.

rufiar *v.i.* ①흉악한 짓을 하다. 나쁜 짓을 방조하다. ②뚜쟁이질 하다. ③갈보들을 보호해 주다. 매음부의 용돈으로 살아가다.

ruficarpo *a.* [植] 빨간 열매가 있는(를 맺는).

rufio *m.* = *rufião*.

rufista *m.* = *rufador*.

ruflar *v.i.*, *v.t.* (새가) 몸을 떨며 날개털을 세우다. 날개 치다. 홰치다. 날개치며 날다. (나비가) 훨훨 날다.

rufo (1) *m.* (연속적으로) 북을 치기. (둥둥하는) 북소리.
— (2) *m.* (의복의) 주름. 주름장식. 접친 주름.
— (3) *a.* 《詩》 빨간. 붉은. 진홍(眞紅)의.

ruga *f.* (피부의) 주름. 주름살. (의복·천의) 주름. 겹친 주름. 구김살.

rugado *a.* 주름진. 주름이 생긴. 구겨진.

rugar *v.t.* = *enrugar*.

ruge-ruge *m.* ①(치마 따위) 살랑살랑 스치는 소리. 땅에 끌리는 소리. (비단 따위) 사르르 스치는 소리. ②덜거럭덜거럭. 우렁우렁.

rugido *m.* ①(사자·범 따위의) 으르렁하는 소리. 포효(咆哮). 노호. ②뇌성(雷聲). 뇌명(雷鳴).

rugidor *a.*, *m.* ①으르렁하는 (사자·범 따위). 포효하는 (동물). 노호하는 (것). ②요란하게 울리는 (뇌성). 뇌명하는 (것).

rugiente *a.* 포효하는. 노호하는. 요란한 소리를 내는. 우레소리 나는. 뇌성(雷聲)을 울리는.

rugifero *a.* = *rugoso*.

rugir *v.i.* ①(사자·범 따위가) 포효하다. 노호하다. 사나운 짐승이 으르렁하다. ②뇌성이 울리다. 뇌명(雷鳴)하다. ③(치마 따위 땅에 스쳐) 살랑살랑 소리내다. (나무 잎사귀 따위 바람에 스쳐) 바스락 소리 내다.
—se *v.pr.* 소문나다. 평판이 자자해지다.

rugosidade *f.* ①주름살이 진 상태. 주름 투성이. ②거칠음.

rugoso *a.* ①주름 있는. 주름 많은. ②거친. 껄껄한.

ruibarbo *m.* [植] 장군풀. 장군풀의 줄기(엽병(葉柄)). [藥] 대황근(大黃根).

ruído *m.* ①(물체가 움직이는) 소리. 부스럭하는 소리. ②잡음(雜音). 소음(騷音). ③자자한 소문. 평판. 명성. 영명(令名). ④떠들썩하기. 소요(騷擾). 훤소(喧騷). 소란.

ruidosamente *adv.* 시끄럽게. 소란스럽게. 떠들썩하여. (소문이) 자자하게.

ruidoso *a.* ①잡음이 대단한. 소문이 자자한. ②(시장처럼) 떠들썩하는. 소란스러운. 웅성웅성하는. ③(행사 따위) 번지르한. 요란한. 야단법석인. ④(경기 등에서) 인기를 막 끄는. 장내를 휘몰다는.

ruim *a.* ①나쁜. 불량한. ②악질의. 악성의. ③나빠진. 악화한. (음식물 따위) 상한. 썩은. 못쓰게 된. ④해로운. 사악(邪惡)한. 심술궂은. 악의 있는. ⑤졸렬(拙劣)한.

ruimmente *adv.* 나쁘게. 좋지 못하게. 부정하게. 심술궂게. 악의를 품고. 해롭게.

ruína *f.* ①파멸. ②무너짐. 와해(瓦解). 붕괴. 몰락. 영락. (여자의).
ruínas (*pl.*) 옛터. 폐허(廢墟).

ruinar *v.t.* ①파멸(황폐)시키다. ②몰락(영락)시키다.
— *v.i.* 파멸하다. 망하다. 몰락(영락)하다.

ruinaria *f.* 많은 유해(遺骸). 잔물(殘物)의 더미. 폐물의 퇴적(堆積).

ruindade *f.* ①나쁨. 불량. ②불선(不善). 사악(邪惡). 악의(惡意). 악념(惡念). 심술. ③나쁜 장난.

ruinosamente *adv.* 파멸을 초래하도록. 파멸적으로. 영락하도록.

ruinoso *a.* ①파멸을 초래하는. 파멸적인. 몰락시키는. 영락케 하는. 파산시키는. 파탄케 하는. ②황폐(荒廢)한.

ruir *v.i.* ①(갑자기) 자빠지다. 굴러 떨어지다. 뚝 떨어지다. 뒹굴다. 무너지다. 쓰러지다. 붕괴하다. 와해(瓦解)하다. 산산이 부서지다.
— *v.t.* 넘어뜨리다. 허물다. 와해시키다. 산산이 부수다. 굴리다. 뒤집어엎다.

ruiva *f.* ①[植] 서양꼭두서니 속(西洋茜草屬). ②빨간(적갈색) 머리칼 있는 여인.

ruivaca *f.* [魚] 금붕어.

ruivacento *a.* 팥빛을 띤. 적갈색(赤褐色)을 띤. 약간 불그레한.

ruividão *f.* 팥빛. 적갈색.

ruivinha *f.* [植] 천초과(茜草科)의 관목(灌木).

ruivo *a.* ①팥빛의. 적갈색의. 가랑잎 빛의.

불그레한.
— *m.* ①빨간(적갈색) 머리칼 있는 사람. ②[魚] 노랑숭어(열대 또는 아열대산의 농어). 붉은 숭어.
rulo *m.* (비둘기의) 꾸르르르(하는 소리).
rum *m.* 럼주. 당주(糖酒). 당밀주.
ruma *f.* 더미. 쌓아 놓은 것. 뭉텅이. 퇴적(堆積).
rumar *v.t.* (배의) 키를 잡다. 진로를 취하다. (어떤 방향으로) 나아가게 하다.
— *v.i.* 키를 조종하다. (어떤 방향으로) 향하다. (스스로) 나아가다.
rúmen, rume *m.* (반추동물의) 첫째 위(胃).
rumiar *v.t., v.i.* = ruminar.
ruminação *f.* ①반추(反芻). 되새김. 재저작(再咀嚼). ②심사숙고. 묵상(黙想).
ruminadouro *m.* (반추동물의) 첫째 위(胃).
ruminante *a.* ①새김질하는. 반추하는. 반추동물의. ②재삼재사 생각하는. 심사숙고하는. 묵상하는.
ruminantes *m.(pl.)* 반추동물(反芻動物). 재작수(再嚼獸).
ruminar *v.i., v.t.* ①반추하다. 되새김질하다. 다시 저작(咀嚼)하다. ②이리저리 생각하다. 묵상하다.
rumo *m.* ①나침의 방위(羅針儀方位). ②나침반에 방위를 구분한 선(線). ③(일반적으로) 방향. 방위각(方位角). ④진로(進路). 항로(航路). ⑤수단. 방법.
rumor *m.* ①소문. 풍문. 풍설. 유언비어. ②소음. 잡음.
rumorejante *a.* ①(바람이) 살랑살랑 소리내는. (나무잎 따위) 사르륵사르륵 스치는. (흐르는 물이) 졸졸 소리내는. 잔물결치는. ②소문이 뒤숭숭한. 파문이 일어나는.
rumorejar *v.i.* ①(바람·물 따위가) 살랑살랑 소리내다. 졸졸 소리내다. (나뭇잎이 흔들려) 바삭바삭 소리내다. ②소문나다. 풍설이 전해지다.
rumorejo *m.* ①살랑살랑하는(바람) 소리. 우시시하는 소리. (나뭇잎이 흔들리는) 바삭바삭하는 소리. 잔잔한 물결소리. ②소문. 풍문. 풍설.
rumorinho *m.* (*rumor*의 지소어). 작은 소문. 작은 풍문.
rumoroso *a.* 웅성웅성하는. 소문이 자자한. 잡음이 대단한. 시끄러운. 떠들썩하는.

runa (1) *f.* 소나무의 백목질(白木質).
— (2) *f.* (보통 *pl.*). 루운 문자(文字). 북유럽 고대문자(고대 게르만 사람의 문자). 쮸톤 민족이 쓴 문자.
runcinado *a.* [植] (민들레 잎사귀처럼) 밑으로 향한 톱니 모양의.
rúnico *a.* 루운 문자의. 고대 유럽식의(시·장식 따위). 고대 북유럽 사람의.
runografia *f.* 루운 문자학(文字學). 북유럽 고대문자에 대한 연구.
runografo *m.* 루운 문자 연구가.
rupestre *a.* 바위에 나는(돋는·사는). 암생(岩生)의. 암상(岩上)의.
rupia (1) *f.* 루피(인도의 화폐단위). 루피 은화.
— (2) *f.* [醫] 발진(發疹). 오태선(汚苔癬).
rupicola *a.* 바위에 나는(돋는). 바위에서 사는.
rúptil *a.* 터지는. 파열하는. 쪼개지는. [植] 열개성의.
ruptilidade *f.* 파열성(破裂性). [植] 열개성(裂開性).
ruptura *f.* ①터짐. 파열. 단절. 파탄. 파약(破約). 파담(破談). (협상의) 결렬. 중절. ②사이 나쁨. 불화. ③[病理] 헤르니아. 탈장(脫腸).
ruptura de amijade 절교(絶交).
ruptura de negociações 협상결렬(決裂). 파담(破談).
ruptura de casamento 결혼해소. 파혼.
rural *a.* 시골의. 촌의. 전원(田園)의. 농촌의. 시골식의. 농사의.
vida rural 전원생활(田園生活).
costumes rurais 전원풍. 시골풍습.
economia rural 농촌경제학.
código rural 농사법(農事法). 지방법(法).
ruralismo *m.* 시골투. 시골식. 전원풍.
ruralista *m., f.* 전원(농촌) 생활(주의)자.
ruralmente *adv.* 전원풍으로. 시골식으로. 농촌처럼.
ruricola *a.* 농촌(시골)에서 생활하는. 농사에 종사하는.
rurigena *a.* 시골에서 태어난. 농촌출신의.
— *m., f.* 시골에서 태어난 이. 시골태생.
rusga *f.* ①떠들썩. 훤소(喧騷). 소동. 분란(紛亂). 분요(紛擾). ②싸움. 분쟁. ③무질서. ④(당국에 의한) 악도의 집단구속. (죄인의) 일제검거(一齊檢擧). 일망타진.

rusguento *a.* ①떠들썩하는. 소란스러운. ②말썽 많은. 말썽부리는. ③문란한. 무질서한.

rusma *f.* 일종의 탈모제(脫毛劑).

rusografia *f.* 농촌경영(農村經營)과 농작학(農作學).

Rússia *f.* 러시아.

russiano *a.*, *m.* = *russo*.

russificação *f.* 러시아화(化). 러시아령(領)화. 러시아 사람화. 노어화(露語化).

russificar *v.t.* 러시아화하다. 러시아령화하다. 러시아 사람화하다. 노어화하다.

russo *a.* 러시아(사람)의. 노어의.
— *m.* 러시아 사람. 노어(露語).

russófilo *a.* 러시아 편을 드는. 친로의.
— *m.* 러시아 편드는 사람. 친로파.

russófobo *m.* 러시아를 싫어하는 사람. 공로병자(恐露病者).

rusticação *f.* 시골살이. 전원생활. 시골로 보내기.

rusticamente *adv.* 전원식으로. 시골투로. 소박하게. 수식없이 거친. 무뢰한.

rusticar *v.i.* 시골로 은퇴하다. 시골에서 살다. 농업에 종사하다.
— *v.t.* ①시골로 보내다. 농촌에서 살게 하다. ②[石工] 면이 거칠게 하다.

rusticidade *f.* ①시골식. 시골생활. ②소박. 질소. 야비. 조야. ③(동·식물이) 불순한 기후에 견디는 것.

rústico *a.* ①시골의. 시골풍의. 전원생활의. 시골뜨기의. ②소박한. ③야비한. 조야한. 무뢰한. ④조제(粗製)한. 졸렬한. 통나무로 만든. (돌 쌓은 것 따위) 거친 면의. ⑤불규칙체의(옛 라틴 글자체를 말함). ⑥(동·식물이) 불순(不順)한 기후에 견디는.
— *m.* 시골 사람. 시골뜨기. 농부.

rustificar *v.t.* 시골식으로 하다. 전원풍으로 하다. 농촌화하다.

rustiquez, rustiqueja *f.* = *rusticidade*.

rutabaga *f.* [植] 스웨덴 순무. 순무의 일종 (뿌리가 황색임).

rutáceas *f.*(*pl.*) [植] 헨루다(*rudo*)의 일종.

rutáceo *a.* [植] 헨루다 비슷한.

rutênio *m.* [化] 루디늄(白金族의 金屬元素 : 기호 Ru).

rútico *a.* [化] 헨루다에서 빼낸.

rutídea *f.* [植] 운향속(芸香屬)(헨루다과(科)의 일종).

rútila *f.* [化] 적색산화(赤色酸化)제이티타늄.

rutilação *f.* 이글이글함. 황황(煌煌)함. 휘황찬란.

rutilância *f.* 눈부신 빛. 찬란한 광채. 이글이글한 빛.

rutilante *a.* 눈부시게 빛나는. 이글이글하는. 황황한. 혁혁한.

rutilar *v.t.* 눈부시게 비치다. 황황하게 하다.
— *v.i.* 눈부신 광채 나다. 이글이글하다. 휘황하다. (명성 따위) 혁혁하다.

rutilio, rutilo *m.* [鑛] 금홍석(金紅石).

rútilo *a.* 주황색(朱黃色)으로 비치는. (쇠가 녹아 흐르는 듯) 이글이글하는.

rutina *f.* [化] 카프린산(酸).

ruvinhoso *a.* ①벌레 먹은. 좀먹은. 침식(侵蝕)한. ②녹슨. [植] 녹병에 걸린. 녹빛을 띤. ③마음이 잘 변하는. 변덕스러운. 기분 나쁜. 퉁한.

S, s *m.* ①포르투갈어 자모의 열여덟 번째 글자. ②S자형(의 것). ③'*sul*(남쪽)'·'*são*(성(聖))'·'*sua*(당신의)' 등의 약자(略字).

sabadeador *m.* ①안식일(토요일)을 지키는 유태교도. ②안식일(일요일) 엄수주의의 기독교도. 일요일의 취업·오락 반대자.
— *a.* 안식일 엄수(주의)의.

sabadear *v.i.* 안식일을 지키다.

sábado *m.* ①토요일. ②(유태교) 일주의 최종일. 안식일(安息日).
sábado de aleluía 또는 *sábado santo* 성안식일(聖安息日 : 부활제 전날).

sabal *m.* [植] 부채꼴(飛形)의 낮은 종려(棕呂).

sabão *m.* ①비누. ②《俗》꾸지람. 질책. 견책(譴責).
água de sabão 비눗물. 비누거품.
bola de sabão 비눗방울.

sabático *a.* ①토요일의. 안식일의. ②안식의. 휴식의.
ano sabático 안식년(年)(옛 유태인이 7년마다 경작을 쉰 해).

sabatina *f.* ①주말복습(週末復習 : 학교에서 매 토요일마다 행하는 학과의 복습). ②토요일 기도(祈禱). ③토론. 의론. ④꾸지람.

sabatinar *v.i.*, *v.t.* ①(학교에서) 주말복습을 하다. ②토론하다.

sabatineiro *a.* ①주말복습의. ②토론의.

sabatino *a.* ①토요일의. 안식일의. ②토론의.

sabatismo *m.* (유태인의) 안식일. 엄수주의(嚴守主義).

sabatizar *v.i.* = *sabadear*.

sabedor *a.* 잘 아는. 많이 아는. 학문이 넓은. 현명한.
— *m.* 잘 아는 사람. (…에) 통달한 사람. 식자(識者). 학자. 현명한 사람.

sabedoramente *adv.* 모든 일을 잘 알고. 통달하고.

sabedoria *f.* ①지식. 지혜(智慧). 지능 ; 총명. ②박학(博學). 박식(博識). ③통달. 정통.

sabeismo *m.* 사이비교(教). 배성교(拜星教)(일월성신(日月星辰)을 숭배하는).

sabeista, sabeita *m.* 사이비교도. 배성교도.

sabença *f.* 《俗》지식. 박식. 박학.

sabendas *f.(pl.)* 《古》*a*를 선행시켜 부사(副詞)로 쓰임.
a sabendas 사정을 잘 알고 ; 고의로.

saber *m.* 아는 것. 지식. 학식. 상식.
Saber é poder. 아는 것이 힘이다.
homem de grande saber 학문이 아주 넓은 사람.
— *v.t.* ①(…을) 알다. 알고 있다. ②(…을) 할 줄 알다. (…보고) 알다. 인지(認知)하다.
— *v.i.* ①알다. 잘 알다. (…에) 정통하다. 통달하다. ②(…의) 맛이 있다. (…의) 맛을 띠고 있다.
a saber 즉. 바꾸어 말하면.
saber a …의 맛이 있다. …의 뜻이 있다.
saber a peixe 생선 맛이 있다.
Isto sabe a limão 레몬 맛이 난다.
fazer saber 알리다. 통지하다. 알리도록 하다.
saber fazer …할 줄 알다.
saber de cor 암기하다. 암송으로 알다.
saber viver 처세(處世)할 줄 알다. 처세의 방법을 알다.
saber da poda 만사(세상사)를 죄 알고 있다.
saber a fundo 깊이 알다. 정통하다.
que eu saiba 내가 아는 한.
Eu não sabia isso. 나는 그것을 모르고 있었다.
Você não sabe de nada. 너는(당신은) 아무 것도 모른다(모르오).
não saber o que fazer 어떻게 하면 좋을지 모르다. 어쩔줄 모르다. 어리둥절하다.
Nem sei o que quero. 대관절 어떻게 하면 좋을지 모르겠다.
sem eu saber 나 몰래. 내가 모르게.
saber equilibrar o barco 숫자 맞출 줄 알다. 이해타산에 밝다. 수지를 잘 맞추다.
Sei lá. 나는 몰라! 내가 알게 뭐냐!
Sei cá. 그건 (내가) 알아. 알구말구.
Quem sabe? (글쎄) 누가 알겠소! 누군들 알겠습니까? …인지 또는 아닐지?
Quem sabe êle vem hoje. 그 분이 오늘 올지도 모른다.
Vocês sabem falar português? 여러분은 포르투갈어를 할 줄 아십니까?

Saber as linhas com que se cose. 자기의 약점(곤란한 점)은 자기가 잘 안다.
— **se** *v.pr.* 알고 있다.
ja se sabe 이미 알고 있는 것이다. 다 아는 일.
Não se faz que não se saiba.《諺》나쁜 일은 반드시 탄로난다.

sabereta *a.* 아는 체하는. 유식한 체하는. 오만한.

saberete *m.* 피상적 지식.
saberetes (*pl.*) 잔꾀. 나쁜 지혜. 간지(奸智).

sabiá *m.* [鳥] 싸비아(브라질산 노래 잘 부르는 새).

sabiaci *m.* (브라질산) 앵무새과의 푸른새.

sabiamente *adv.* 박식하게. 박학하게. 잘 알고. 현명하게.

sabichão *m.*《諷刺語》많이 아는 사람. 박학한 사람. 학자.

sabichona *f.* 많이 아는 여자. 뭐든지 아는 여인. 여학자.

sabichoso *a.* 많이 아는. 재간도 있고 지식도 있는.

sabidamente *adv.* ①널리 알게. 다 알게. 공공연히. ②현명하게. 총명하게 ; 빈틈 없이.

sabidas *f.*(*pl.*) *ás sabidas* 터놓고. 숨김 없이. 공공연히.

sabido *a.* ①살 알려져 있는. ②살 아는. 통달한. 정통한. ③지혜 있는. 현명한. 영리한. 똑똑한. ④빈틈 없는. 속지 않는. 엉큼한.
— *m.* 현인(賢人). 철인(哲人) ; 똑똑한 사람. 영리한 자.

sabidorio *m.* 아는 체하는 사람. 학자인 체하는 자.

sabina *f.* [植] 두송속(杜松屬)의 관목(灌木).

sabino (1) *a.* (말의) 백색·흑색·밤색 등의 얼룩점이 있는.
— (2) *m.* 사비느 사람(말)(옛 이탈리아 중부의 *Sabine*의).

sábio *a.* 학식이 넓은. 상식이 풍부한. 현명한. 총명한. 영리한. 똑똑한. 지혜있는.
— *m.* 현인. 철인. 군자(君子). 총명한 사람.

sabitú *m.* 개미의 일종.

sabível *a.*《稀》알 만한. 알 수 있는. 가지(可知)의.

sable *m.*《F》[紋] 흑색.《詩·修》암흑의. 음침한.

saboaria *f.* 비누제조소 ; 비누상점.

saboeira *f.* ①비누 만드는 여자. ②비누곽. ③[植] 비누풀(석죽과의 초본(草本)잎의 즙은 비누대용).

saboeiro *m.* 비누 만드는 사람 ; 비누장수.

saboneira *f.* ①비누곽. ②[植] 비누풀.

sabonete *m.* ①화장비누. 세숫비누. ②꾸지람. 타이르기. ③[植] 비누풀. ④《俗》작은 회중시계.

saboneteira *f.* 비누통. 비눗곽. 비누 담는 그릇.

sabongo *m.* 야자열매와 당밀로 만든 과자.

sabor *m.* ①맛. 풍미 ; 제맛. 미미(美味). ②미각(味覺). 미감(味感). ③정미(情味) ; 흥미. 취미. 쾌미(快味). ④기미(氣味). ⑤성질. 기질.
a sabor de …의 뜻대로. 원하는대로.
A clara do ovo não tem savor. 계란의 흰자위는 맛(風味)이 없다.

saboreado *a.* ①(…의) 맛이 없는. (…의) 맛을 띤. ②(…을) 맛본. 상완(賞完)한. 상미(賞味)한.

saborear *v.t.* ①맛보다 ; (음식물을) 상미하다. 시식(試食)하다. ②(…의) 맛을 띠게 하다. 풍미 있게 하다. ③맛이 나다.
— *v.i.*, — *se v.pr.* ①맛보다, 상미하다. 상완(賞完)하다. ②(음식이) …의 맛(감)이 있다. 맛있다. 풍미 있다. ③즐기다. 좋아하다.

saborido *a.* ①맛있는. 맛좋은. ②유쾌한. 즐거운.

saborosa *f.* [植] 선인장의 일종.

saborosamente *adv.* 맛있게 풍미(향기) 있게. 달게. 즐겁게. 유쾌하게.

saboroso *a.* ①맛있는. 맛좋은. ②풍미 있는. 향기로운. (음식물이) 짭잘한. ③달콤한. ④즐거운. 유쾌한.

saborra *m.* = *saburra*.

sabotador *m.* 사보타주하는 사람.

sabotagem *f.* 사보타주(노동쟁의 중 노동자가 기계·제품 등에 고의로 손상을 가하는 일 ; 파괴행위. 방해행동).
(注意) 태업(怠業)과 혼동하지 말 것.

sabotar *v.t.* 사보타주하다. 고의로 파괴하다.

sabre *m.* 사베르. 군도(軍刀). 기병도.
sabre baioneta 총검.

sabrista *m.* 사베르 검사(劍士). 군도를 쓰는 사람.

sabroso *a.* 《古》 = *saboroso*.

sabugal *m.* 말오줌나무 숲.

sabugo *m.* ①[植] 목수(木髓); 특히 말오줌나무의 목수; [解] 골. 골수(骨髓). (소 따위의) 각수(角髓). ②손톱의 뿌리. (동물의) 꼬리 나오는 부분(尾根部). ③옥수수의 속대. 《英》 *corncob*.

sabugueiro *m.* [植] 말오줌나무 속(接骨木屬).

sabugueiral *m.* = *sabugal*.

sabujar *v.t.* 알랑거리다. 비위를 맞추다. 굽실굽실하다. 아첨하다.

sabujice *f.* ①알랑거리기. 비위를 맞추기. 추종. 아첨. ②굽실굽실하기. 비굴한 태도. 비열한 근성.

sabujo *m.* ①일종의 사냥개. (영국종의) 경찰견(警察犬). ②알랑거리는 사람. 비위를 맞추는 사람. 추종하는 자. 아첨하는 자. 비굴한 인간.

sabuloso *a.* 모래가 많은; 자갈의. 자갈로 된. [醫] 요석(尿石)성의.

saburra *f.* ①[海] 배의 바닥짐(《英》 *ballast*). ②(위(胃) 안의 입상침적물(粒狀沈積物). 《古》 소화불량으로 위속(胃內)에 발생한다고 상상한 점액(點液).

saburrar *v.t.* [海] 바닥짐(*ballast*)을 싣다.

saburrinha *f.* 염전(염밭)에 나는 일종의 수초(水草).

saburrosidade *f.* 설태(舌苔)의 형성(形成).

saburroso *a.* (혀에) 백태가 낀. 이끼 같은 것이 덮인. 설태(舌苔)가 있는.

saca (1) *f.* 《古》 *socca*. 큰 주머니. 큰 부대. 삼부대. 포대(包袋).
— (2) *f.* ①뽑기. 잡아 뽑기. 발출(拔出). ②반출(搬出). 수출. ③《古》 밀려오는 파도.

saca-bala *m.* [外科] 집게. 핀셋. 겸자(鉗子).

saca-balas *m.* 탄알뽑이.

saca-bocados *m.* 금속판. 헝겊. 가죽 따위에 구멍 뚫는 연장; (열차의) 차표집게. 딱지 등에 구멍내는 연장. 타인기(打印器).

saca-buxa *m.* ①[樂器] 옛날의 저음(低音) 나팔. ②[海] 일종의 펌프.

sacada (1) *f.* 부대(주머니) 하나 가득. 일대분(一袋分).
— (2) *f.* ①뽑아내기. 빼내기. 인출(引出). ②반출(搬出). 이출(移出). 수출(輸出). ③《古》 수출세(輸出稅). ④[商] (수표어음의) 발행. ⑤[建] 발코니. 노대(露臺). ⑥말이 뒷다리를 들고 뛰어 오르기; 갑자기 말고삐를 꽉 쥐어 당기기.

sacadela *f.* ①뽑기. 뽑아내기. ②(물고기가 닿는 순간) 낚싯줄을 재빠르게 당기기.

sacado (1) *a.* 뽑은. 빼낸. 끌어낸.
— (2) *m.* [商] 어음의 수취인. 환어음의 지불인. 《英》 *drawee*.

sacador (1) *m.* [商] 어음발행인; 《英》 *drawer*.
— (2) *m.* 《古》 수세인(收稅人).

saca-grampos *m.* 스파이크(구두바닥의 못·담장못·큰못 등을) 뽑는 연장.

sacalão *m.* ①갑자기 뽑기. 갑자기 당기기. ②힘주어 떠밀기. 밀치기. 쿡 찌르기.

saca-molas *m.* ①이 빼는 집게(의 일종); 발치겸자(拔齒鉗子). ②서투른 치과의사.

sacana *f.* ①못된 장난. 몹쓸 행동. 망칙한 행실. ②못된 장난하는 놈. 《卑》 남의 궁둥이를 만지거나 음탕한 동작을 하는 녀석.

sacanagem *f.* 못된 장난하기. 망칙한 행동을 하기.

sacão *m.* ①말의 급작스러운 도약(跳躍). 사람을 떨어뜨리려고 곤두서는 것. ②갑자기 뛰어 나가기. ③마차 따위의 급격한 동요; 덜거덕거림.

sacar *v.t.* ①뽑다. 잡아 뽑다. ②당기다. 끌어 당기다. 세게 당기다. ③(칼 따위를) 빼다. ④[商] (어음을) 발행하다.

sacarato *m.* [化] 당산염(糖酸鹽).

sacaria *f.* ①많은 주머니. 다량의 부대(負袋). ②수출관세(輸出關稅). 수출세금.

saçaricar *v.i.* (지렁이 따위) 꿈틀거리다. 꿈직거리다. 움죽움죽하다. 몸부림치다.

sacarico *a.* 사탕의. 당질의. 당분이 있는. 당분에서 빼낸.
ácido sacarico [化] 당산(糖酸).

sacarideo *a.* [化] 당류(糖類)의.

sacarífero *a.* 사탕을 포함한(내는).

sacarificação *f.* 당화(糖化). 당화작용.

sacarificar *v.t.* (전분을) 당화하다. 사탕으로 만들다.

sacarificável *a.* 사탕으로 만들 수 있는. 당화 가능한.

sacarimentria *f.* 검당법(檢糖法). 당분측정법.

sacarimetrico *a*. 검당법의. 당분측정의.
sacarímetro *m*. 검당계(檢糖計).
sacarina *f*. [化] 사카린.
sacarino *a*. ①사탕의. 사탕같은. 당질의. 당분이 있는(함유한). ②사탕 제조의. 제당(製糖)의. ③《比喩》달콤한.
industria sacarina 제당업(業).
sacaroide *a*. 사탕같은. 사탕 비슷한.
sacarol *m*. 사카로올(일종의 약용당(藥用糖)).
sacaróleo *m*. 유당제(油糖劑).
saca-rôlhas *m*. (코르크) 마개 뽑기.
sacarómetro *m*. 당액(糖液) 비중계.
sacarose *f*. 사탕; 자당(蔗糖).
sacatrapo *m*. ①[銃器] 총쏘시개. ②《古》일종의 저음(低音) 나팔.
sacerdócio *m*. ①사제직(司祭職). ②성직자의 신분. ③모든 성직자. 성직자들.
sacerdotal *a*. ①성직자의. 사제의. 중의. ②사제제(司祭制)의.
sacerdotalismo *m*. ①사제제(司祭制). (注意) 성직 존중. ②사제 기질. ③사제의 월권(전횡(專橫)).
sacerdote *m*. 사제. 목사. 성직자. 중. 《比喩》대가(大家).
sacerdotista *f*. (*sacerdote*의 여성형) 여승. (기독교 이외의).
sacha *f*. 잡초를 뽑기. 제초(除草); 괭이질.
sachada *f*. 제초. 제초한 상태.
sachado *a*. (호미·괭이 따위로) 잡초를 파헤친. 제초한. 괭이질한.
sachador *m*. ①풀 뽑는 사람. ②제초기(호미·괭이 따위).
sachadura *f*. (호미·괭이 따위로) 잡초를 파헤치기. (파헤친 후의) 쓰레질. 가래질.
sachar *v.t.* ①(호미·괭이 따위로) 풀을 파헤치다. 제초하다. 뽑다. ②(쓰레로) 땅을 고르다. 가래질하다.
sacho *m*. [農] 일종의 호미(한쪽 끝이 평평하고 다른 쪽이 두 가닥진 것). 일종의 괭이(김매는) 작은 가래.
sachola *f*. 큰 호미. 큰 가래.
sacholar *v.t. sachola*로써 풀을 파헤치다. 땅을 파다.
saciado *a*. ①배부르게 먹은. 실컷 먹은. 포만한. ②만족한. ③가득한. 충만한. ④싫증난.
saciar *v.t.* ①실컷 먹게 하다. 배부르게 하다. 포만하다. ②(욕망을) 만족시키다.

내키는대로 하게 하다. 싫증나게 하다.
saciar a sede 갈증을 없게 하다.
—*se v.pr.* 배불리 먹다. 실컷 먹다; 만족하다. 싫증나다. 하고픈대로(마음대로 실컷) 하다.
saciável *a*. 만족시킬 수 있는. 배부르게 할 수 있는 싫증날 만한.
sociedade *f*. ①배부름. 만복(滿腹). 포만(飽滿)(상태). ②싫증. 염기(厭氣).
até à sociedade 배부를 때까지. 만족하기까지. (보기만해도) 싫증날 때까지.
saco *m*. 주머니. 부대. 삼부대. 포대(包袋). 큰 봉투.
saco de mão 손가방. 휴대용 주머니.
saco de viagem 여행용 주머니. 여랑(旅囊).
saco de papel 종이주머니. 큰 봉투.
comprar nabos em saco 물품을 덮어 놓고 사다. [修] 생각해보지도 않고 떠맡다.
meter a viola no saco 입닫게 하다. 침묵시키다.
sacola *f*. ①이중랑(二重囊); (여행자·순례자 등의) 전대. 바랑. ②(연장을 넣는) 작은 주머니. ③(부인네들이 장보러 갈 때 사용하는) 가방식 주머니. ④(때때로) 돈주머니. 지갑.
sacolejar *v.t.* ①(액체를) 흔들다. 흔들어 섞다. ②휘흔들다. 동요시키다.
saco-rôto *m*. ①꿰진 주머니. 구멍 난 주머니. ②《比喩》말하지 않고는 못 견디는 사람. 비밀을 지키지 못하는 사람; 할말 못할 말 가리지 않고 지껄이는 사람.
sacramentado *m*. [宗] 최후의 비적(祕蹟)을 받은 사람.
sacramental *a*. ①[宗] 비적의. 성례(성직)의. 성찬(식)의. ②선서상의. 신성한. ③(교의 등) 비적중시(祕蹟重視)(주의)의. ④상징적인. ⑤정례(定例)의. 관례(慣例)의.
sacramentalmente *adv*. [宗] 비적적으로. 비적으로서.
sacramentar *v.t.* ①[宗] 성찬식을 행하다. 비적을 주다. ②신성하게 하다.
—*se v.pr.* 최후의 비적을 받다.
sacramentário *a*. ①(근대에는) 성찬중시의. ②[史] 성찬형식론자의.
— *m*. ①[宗] 비적서식(祕蹟書式). ②(근대의) 성찬중시주의자. ③[史] 성찬형식론자. 성찬배척론자. ④그리스도의 성체현존(聖體現存)을 부인하는 이교자(異

1341

sacramento *m.* ①[宗] 성례. 성식(신교에서는 흔히 세례 및 성찬을 가리킴); 비적(秘蹟)(가톨릭에서는 세례·견진(堅振)·성체·회전(悔悛)·종유(終油)·품급(品級)·혼인의 7 비적을 말함). ②성찬성례. 성찬용 빵. ③신비적이고 신성한 것. 신성한 힘. ④신성한 맹세. 서서. 서약.
sacramentos (pl.) 최후의 비적(고회(告悔)와 종유(終油)).

sacrário *m.* ①[宗] 성물보존소(聖物保存所). 성궤(聖櫃). [建] (성상(聖像) 등을 안치하는) 천개(天蓋) 달린 감실(龕室). (옛 로마) 신감(神龕). 성단(聖壇). ②[聖] 이동성전(移動聖殿); 유태신전(神殿). 예배당. 신성한 장소. 성소. 내진(內陣). ③중심(中心). 마음속 깊은 곳(心低).

sacratíssimo *a.* 가장 신성한. 가장 경건한.

sacre, sacri *m.* ①(매사냥용의 특히 수놈보다 큰) 암매. ②《古》 초기의 가벼운 대포(大砲).

sacrificado *a.* 희생한. 희생된. 산 제물이 된.

sacrificador *m.* ①희생으로 제공하는 사람. 산 제물을 바치는 사람. ②희생하는 자.

sacrifical *a.* 희생의. 산 제물의. 《稀》 희생적. 헌신적.

sacrificante *a.* 희생하는. 산 제물이 되는.
— *m.* ①희생자. ②산 제물을 바치는 사제(司祭).

sacrificar *v.t.* 희생으로 제공하다. 산 제물을 바치다.
— *v.i.*, —*se v.pr.* 희생하다. 단념하다; 산 제물이 되다. 심신(생명)을 바치다.

sacrificativo *a.* 희생적. 헌신적(獻身的).
sacrificatório *a.* =*sacrifical*.
sacrificável *a.* 희생되는. 희생될 수 있는.
sacrificial *a.* 희생의. 산 제물의; 희생적. 헌신적. [商] 헐값의. 막 파는.

sacrifício *m.* ①희생. 산 제물. 제물. ②《比喩》 (속죄를 위한) 기도·감사·회개. (등); ③[神學] 예수의 헌신(십자가에 못박힘); 성찬(식). ④희생적. 행위. 타인을 위하여. 자기의 부자유를 참는 것. ⑤헐하게 팔기. 손실. ⑥[野球] 희생타(打). ⑦[法] 위기(委棄).

sacrifico *a., m.* 《詩》 =*sacrificador*.
sacrificulo *m.* [가톨릭] 시승(侍僧). (교회에서 신부를 돕는) 조수.

sacrilegamente *adv.* 진성을 더럽히고. 모독하여. 불경하게. 괘씸하게.

sacrilégio *m.* 신성모독(神聖冒瀆)(죄)(교회·사원 따위의 성소 침입·성물 절취 따위).

sacrílego *a.* ①신성을 더럽히는. 독성(瀆聖)하는. 성물절취(聖物竊取)의. ②죄받을; 괘씸한.
— *m.* 신성을 더럽히는 자. 독성자(瀆聖者). 모독자(冒瀆者). 죄받을 놈. 괘씸한 놈.

sacripanta, sacripante *m., f.* 괘씸한 사람. 고약한 녀석(년). 인간의 가치가 없는 놈.

sacristã *f.* ①교구회(敎區會) 사무실을 지키는 평인수도녀(平人修道女). ②당지기의 처.

sacristania *f.* 절머슴(불목하니·당지기)의 직분.

sacristão *m.* ①절머슴. 불목하니. 《古》 당(堂)지기. 당수(堂守); 납실계(納室係). ②사제(司祭)의 조수.
Dinheiro de sacristão cantando vêm cantando vão. 《諺》 얻기 쉬운 것은 잃기도 쉽다.

sacristia *f.* 향방(香房). (교회의) 성물 안치소. (교회의) 제구실(祭具室). 법의실(法衣室).

sacro *a.* ①신성한. 신성불가침의 성스러운 (…을) 모신. 하느님께 바치는. ②아주 거룩한. 지극히 경건한; 고덕(高德)한; 성자인. ③종교상의. ④깨끗한. ⑤[解] 천골의.
osso sacro 천골(薦骨).
— *m.* [解] 천골.

sacrossanto *a.* (사람·장소·법률이) 신성불가침의. 지극히 신성한.

sacudida *f.* =*sacudidura*.

sacudidamente *adv.* ①흔들어서. 흔들려서. 진동(震動)하여. ②자유자재로. 거치장거리는 것이 없이.

sacudidela *f.* ①쥐어(붙들고) 흔들기. 휘두르기. 진동(振動). 진탕(震盪). ②부들부들 떨기. 경련적인 움직임. ③(마차 따위) 몹시 흔드는 것. 심한 동요.

sacudido *a.* ①흔든. 흔들린. 진동한. 진탕한. 떨린. 부들부들 떠는. 경련적인. ②장애가 되는 것이 없는. 자유자재인. ③단호한. 엄한.

sacudidor *a., m.* 막 흔드는 (사람·물건).

흔들어 움직이는 (사람·사물). 진탕하는 (것). 부들부들 떠는 (사람·동물). 몹시 덜거덕거리는 (것).

sacudidura *f.* =*sacudimento*.
— *m.* 몹시 흔들기. 진동(震動). 진탕(震盪). 심한 동요.

sacudir *v.t.* ①쥐고(붙들고) 흔들다. 막 흔들다. 흔들어 떨어뜨리다. ②진동시키다. ③몹시 동요하다. 교란(攪亂)하다. *sacudir o pó* 가루(먼지)를 털다.
— *v.i.*, —**se** *v.pr.* ①흔들리다. 진동하다. ②자기의 몸을 흔들다 ; 부들부들 떨다. 경련하다. ③(자기 몸에 있는) 먼지를 털다. ④(…에서) 이탈하다. 벗어나다. *sacudir a cabeça* 머리를 흔들다.
— *m.* 흔드는 것. 진동(振動·震動). 진탕.

sacular *a.* [動·植] 낭상(囊狀)의.

sáculo *m.* [動·植] 낭(囊). 액랑(液囊). 기랑(氣囊).

sadiamente *adv.* ①건강하게 건전하게. (몸에) 탈없이. ②건강에 좋게. 위생적으로.

sádico *a.* 새디스트적.
— *m. sadismo* 있는 사람. 새디스트.

sadio *a.* ①건강한. 건전한. (몸에) 탈이 없는. ②정상의 ; 완전한. ③건강에 적당한. 몸에 좋은. 위생적인.

sadismo *m.* 가학성 색욕이상증(加虐性色慾異常症 : 이성을 학대하여 좋아하는 변태성욕).

sadista *m. sadismo* 환자. 새디스트.

saduceismo *m.* [宗] 사두개교(敎)(부활·천사 및 영혼의 존재 등을 믿지 않는 유태교도 일파의 설).

saduceu *m.* 사두개교도.

safa *interj.* 야단났다! 어머! (놀랐거나 싫은 것을 봤을 때 하는 소리).

safadeza *f.* ①파렴치한. 철면피한. ②버릇없는 행실. 못된 장난.

safadismo *m.* 일 안하고 건달부리기. 못된 장난하기. 나쁜 버릇만 따르기.

safado *a.* ①써서 낡은. 해져 떨어진. 스쳐 닳은. ②제쳐 놓은. 제외된. 배제된. ③부끄러움을 모르는. 파렴치한. ④못된 장난만 하는. 못된 버릇만 따르는. ⑤(일 안하고) 건달만 부리는. (공부는 안하고) 말썽만 부리는.
— *m.* ①부끄럼 모르는 녀석. 뻔뻔한 놈. 건달. ②못된 장난(행실)하는 놈. 장

난꾸러기.

safanão *m.* ①손등으로 뺨을 치기 ; 주먹으로 때리기. ②난폭하게 밀기. 갑자기 떠밀기.

safar *v.t.* ①써서 남게 하다. 입어서 처지게 하다. 문질러 닳게 하다. ②(방해물을) 제거하다. (장애물을) 집어치우다. (거추장거리는 것을) 없애다. ③(배의 짐을) 풀다. ④(아무의 걱정을) 없애다. ⑤훔치다. 도둑질하다.
—**se** *v.pr.* 슬쩍 가버리다. 도망치다 ; 이탈하다.

safara *f.* 돌 많은 황무지. 돌밭.

sáfaro *a.* ①(동물 따위) 길들이기 어려운. 사나운. 야생적인. ②[植] 웅성(雄性)의. 열매 맺지 않는. ③(땅이) 황무한. 불모의. 개척되지 않은. ④(거리상) 멀리 떨어져 있는.

safena *f.* [解] 장미정맥(薔薇靜脈 : 다리의 측맥(側脈)).

safeno *a.* 장미신경(神經)의.

sáfico *a.* (그리스 *Lesbos*의 여자 시인)사포오(*Sappho*)의. 사포오식의. 사포오 시체(詩體).

sáfio (1) *a.* =*sáfaro*.
— (2) *m.* [魚] 작은 붕장어.

safira *f.* ①사파이어. 청옥(靑玉). ②사파이어색 유리(琉璃)빛. 하늘색.

safirina *f.*, *a.* 청옥색(의).

safismo *m.* 여자의 동성애(同性愛).

safista *f.* 동성애하는 여자.

safo *a.* ①귀찮은 것을 떼버린. 거추장거리는 것을 제거한. 귀찮은 것을 없앤. 얽히지 않은. 자유로운. 부담 없는. ②써서 낡은. 문질러 닳은. 해진. 처진.

safra (1) *f.* ①수확(收穫) ; 추수. ②수확물. ③수확기(期).
ano de safra 풍년.
— (2) *f.* (대장간에서 쓰는) 모르. 한쪽 끝이 뾰족한 철상(鐵床).
— (3) *f.* =*safre*. *m.* [化] 산화(酸化) 코발트.

safranina *f.* [化] 새프러닌(染料).

safrão *m.* [海] 방향타(舵)의 밑부분. 계타(繼舵).

saga *f.* 북유럽 중세의 전설. 고전(古傳). 《轉》 무용담. 모험담. 사화(史話).

sagaçaria, sagaceza *f.* =*sagacidade*.

sagacidade, sagacia *f.* 현명. 총명. 영리.

sagaz *a.* 현명한. 총명한. 영리한. 명민한. (동물이 인간같이) 영민한.

sagazmente *adv.* 현명(총명)하게. 영리하게. 영민하게.

sagenito *m.* [鑛] 망상금홍석(網狀金紅石).

sagez *a.* 《雅》현명한. 총명한. 영리한. 슬기로운. 사려 깊은. 경험이 많은.

sagitado *a.* [植] 화살촉 모양의.

sagital *a.* [解] 화살 모양(矢形)의.
sutura sagital [解] 시상봉합부(矢狀縫合部).

sagitaria *f.* [植] 소귀나물속(屬)의 식물.

sagitário *a.* 《詩》활과 화살을 가지고 있는. — *m.* [天] 인마궁(人馬宮). 사수좌(射手座).

sagitífero *a.* 《詩》화살 가지고 있는.

sagitifoliado *a.* [植] 화살촉꼴의 잎사귀가 있는.

sagração *f.* ①헌신. 전심. 정진. ②(교회의) 헌당식(獻堂式). 봉납. ③성직을 주기. 성별(聖別)(식). ④신성화. 정화(淨化).

sagradamente *adv.* 신성하게. 성스럽게.

sagrado *a.* ①신에게 바친. 봉헌한. 봉납한. ②신성한. 성스러운. 불가침의. 경건한. 존경해야 할. ③성별(聖別)한. 신성(神聖)스럽게 한.
a sagrada Escritura 성서. 성경.
sagrado coraçáo de Jesus [가톨릭] 예수성심(聖心)의 축일.
— *m.* 성스러운 것. 신성한 장소.

sagrar *v.t.* ①신성하게 하다. 성화(聖化)하다. (신(神)에) 봉헌하다. ②성별(聖別)하다. 성렬(聖列)에 가입시키다. 성도(聖徒)에 가입시키다. ③성별식(式)을 거행하다. ④(교회·장소·물건 등을) 봉납하다.

sagú, sagum *m.* 사고(사고야자의 나무 심에서 뽑은 녹말); 사고야자.

sagual *m.* 사고야자 숲.

saguão *m.* ①안마당. 안뜰. 중정(中庭). ②대합실 입구. 현관 내츠; 로비(투표 차례를 기다리는 방 따위).

saguaragi *m.* [植] 브라질산의 나무(재목은 건축용에 쓰임).

sagueiro *m.* [植] 사고 야자나무(동인도 제도산).

sagui, saguim *m.* [動] 열대 아메리카에 사는 가장 작은 원숭이. 꼬리 긴 사키 원숭이.

sai *m.* [動] (남미산의) 작은 원숭이.

saia *f.* ①스커트. ②(부인의) 치마. 페티코트.
saia balão 테살대로 치마폭을 벌어지게 한 치마.
saia interior 속치마.
mini-saia. 미니스커트.
debaixo das saias 내 세상 규방정치(閨房政治).《韓俗》치맛바람.
educado debaixo das saias 어머니의 슬하를 떠나지 않은 아이. 세상을 모르는 아이.

saial *m.* ①거친 모포. 거친 융단. ②즉크. 부대용 마포(麻布). ③《古》옛날에 사용한 일종의 조복(粗服: 남자도 입고 여자도 입을 수 있는).

saião (1) *m.* 《古》사형(死刑) 집행인.
— (2) *a.* 성미 급한. 화 잘내는; 뻬죽거리는. 까다로운.
— (3) *m.* [植] 돌나무과의 잡초.

saibo *m.* 《俗》맛. 풍미.

saibramento *m.* ①도랑을 파기. 해자(垓字)를 파기. ②(도로에) 보드러운 자갈을 (굵은 모래를) 깔기. 사질이토(砂質泥土)를 덮기.

saibrão *m.* 보드러운 자갈이 많은 땅. 사질 토양(砂質土壤). 사탕수수를 심기 좋은 사니(砂泥) 토양.

saibrar *v.t.* ①(도로에) 보드러운 자갈을 깔다. 굵은 모래를 깔다. (비오면 진창이 되는 땅에) 사성이토를 덮다(다지다). ②도랑을 파다. 해자(垓字)를 파다. ③포도의 새로 나온 가지(吸枝)를 심기 위하여 땅을 깊게 파다.

saibreira *f.* 자갈터. 자갈채취소. 굵은 모래 많은 땅.

saibro *m.* [集合的] 자갈. 사력(砂礫); 굵은 모래. [地質] 사력층(砂礫層).

saibroso *a.* ①자갈의. 자갈 같은. 자갈로 된. 자갈이 많은. ②사질이토(砂質泥土)의.

saída *f.* ①나가기. 외출. 퇴출(退出); 탈출(脫出). ②[商] 상품의 반출. 출하(出荷); 수출. ③판매처. 판로(販路). ④출품정도. 상품소비상황. ⑤나가는 길; 출구(出口). 퇴로. ⑥(해결) 방법. 빠져 나갈(수단.
Saída difícil! [퇴출곤란] 곤란한 일이 생겼다! 어쩌면 좋을까! 곤란한 입장.
beco sem saída 빠져 나가는 곳이 없

는 길.
ter pouca saída 잘 팔리지 않다. 출하(出荷)가 적다.
Boas saídas e boas entradas. (送舊迎新) 묵은 해를 잘 보내고 새해를 즐겁게 하소서. 만년(晩年)에 행복이 있고 유년(幼年)에 기쁨이 있으라.

saido *a.* ①나간. 나가버린. 외출한. 출가(出家)한. ②[建] (밖으로) 쑥 내민. 돌출한.

saieira *f.* 스커트 만드는 여자. 스커트 재봉사.

saieta *f.* ①능나사. 사아지. ②안에 대는 천. 얇은 천.

saiga *f.* [動] 영양(羚羊) (시베리아 동부 평원산).

sail *m.* 어유(魚油).

saimento *m.* ①나감. 출발. ②끝. 결말(結末). ③출관(出棺). 출구(出柩). ④장례(葬禮). 장의(葬儀). 장렬(葬列).

sainha *f.* (*sailna*의 사투리). 염전(鹽田); 염밭.

sainte *a.* 나가는. 나가려고 하는. 끝나려고 하는.
ano sainte 새해를 맞이하려고 하는 해. 끝나려고 하는 묵은 해.

saiote *m.* ①작은 치마. 짧은 치마. ②페티코트의 일종.

sair *v.i.* ①나가다. 나오다 ; 외출하다. 퇴출하다. ②출가(出家)하다. 탈회(脫會)하다. 퇴사(退社)하다. 퇴직하다. ③(배가) 항외(港外)로 나가다. 출범하다. ④(새로운 물건이) 시장에 나오다. 시정(市井)에 나타나다. ⑤(책 따위) 출판되다. (새소식・새유행 등이) 사회에 나오다. 알려지다. ⑥(…의) 결과를 낳다. 결과로 되다. ⑦생기다. 나타나다. ⑧[建] 밖으로 내밀다. 두드러져 나오다. 돌출하다.
sair bem 좋은 결과가 되다. 성공하다.
sair mal 나쁜 결과가 나타나다. 실패하다.
sair de casa 집을 떠나다(당분간 돌아오지 않을 작정으로). 출가(出家)하다.
sair da casa ①집을 나가다. (볼일이 있거나 출근하기 위하여). ②회사를 나가다. 퇴사(退社)하다.
acaba de sair 방금 나갔다.
sair ao mar 바다로 나가다. 출항하다.
sair vencedor [競] 승자(勝者)가 남다. 이긴 자가 나타나다.
sair cam (…을) 얻다. 성취하다.
sair dos limites 한계(限界)를 넘다. 월권하다.
sair à luz 태어나다. 햇볕을 보다. 출판되다.
sair caro ①비싸게 되다. ②비싸게 먹다.
sair a alguém …와 비슷하다. …을 닮다.
sair dos eixos ①굴대를 벗어나다. 굴대에서 빠지다. ②탈선하다. 상규(常規)를 벗어나다.
sair ileso 무난(無難)히 탈출하다. 봉변을 면하다. (특히 교통사고 등에서) 부상당함 없이 벗어나다.
sair ferido 상처를 입다. 부상하다.
sair da cadeia 출옥(出獄)하다.
Êle saiu da companhia. 그이는 퇴사(退社)했다.
Saiu-lhe a sorte grande. (그에게) 큰 운이 텄다. (복권 추첨 등에서) 큰 운에 부딪쳤다.
saia o que sair 어떤 일이 있더라도(꼭).
sair de si (또는 *sair fora de si*) 절도를 잃다. 심히 노하다.
De onde saiu você? ①어디를 통하여 나왔니? ②여태껏 어디 있다 왔니?
Vá saindo! 나가라! 나가거라! 도망쳐라!
—*se v.pr.* ①(…에서) 벗어나다. 이탈하다. ②끝나다. 완수되다. ③성취하다.
sair-se bem 좋은 결과로 되다. 성공하다.

sajú *m.* [動] (브라질산) 작은 원숭이.

sal *m.* ①소금. 식염 ; 염화(鹽化)나트륨. ②[化] 염. 염류. ③《比喩》자극. 흥미. 기지(機智). 재담.
sal gema 암염(岩鹽).
sal amargo 사리염(瀉利鹽). 황산마그네슘.
sal amoníaco 염화암모늄.
sal de cozinha 식염.
sal de marinho 바다소금.
mina de sal 암염갱(岩鹽坑). 암염산지.
pedra de sal 돌소금.
sal ático 점잖은 농담. 품위 있는 재담.

sala *f.* 방. 실(室).
sala de estar 거처방. 거실.
sala de visita 객실. 응접실. 담화실.
sala de espera 대합실. 응접실.
sala de jantar (가옥 내의) 식당.
sala de aula 교실(教室).
sala de operção 수술실.

salabórdia- salgadura

sala de conferência 회의실.
sala de fumo 흡연실(吸煙室).
sala de baile 무도실.
sala de trono 알현실(謁見室).
sala de armas ①병기고(兵器庫). 무기고. ②검술도장(劍術道場).
fazer sala (…을) 즐겁게 하다. 기분 맞추다.

salabórdia *f.* 《卑》흥미 없는 이야기. 싱거운 이야기. 헛된 소리.

salacidade *f.* 호색. 음탕. 음분(淫奔). 음란.

salada *f.* 샐러드. 생채요리. 샐러드용 야채.
temperar a salada (소금·양념·향료 등을 넣어) 샐러드의 간을 맞추다.
mexer a salada 샐러드를 뒤섞다.

saladeiria *f.* 생채요리 담는 그릇. 샐러드 접시.

salado *a.* 《古》=*salgado*.

salafrário *m.* 하류사회의 사람. 야비한 사람. 불량배 녀석.

salalé *m.* [蟲] 흰개미.

salamalepue *m.* ①이마에 손대고 절하기(회교도의). ②경례. 인사. 경의. 문안.

salmandra *f.* [動] 불도마뱀(불속에서 산다는 괴물); 불의 정(精). 《比喩》화열에 견디는 것. 포화 속을 나아가는 군인. 《俗》화식술(火食術)의 요술쟁이.

salamântiga, salamântega *f.* [動] 도롱뇽 무리.

salame *m.* 살라미. 소시지(이탈리아제 짠 마늘이 든).

salangana *f.* [鳥] 명매기의 일종(중국요리 재료).

salão (1) *m.* (호텔·큰 저택 등의) 대청. 객실. 선내의 담화실. 홀. 오락장. 관(館)(미술전람 따위의).
salão de barbeiro 이발소.
salão de beleza 미장원.
salão de bilhares 당구장.
salão de dança 무도장. 춤추는 방.
salão de baile 무용실. 발레 홀.
— (2) *m.* ①풀(水草) 있는 사지(砂地)의 해저(海底). ②돌·점토층(粘土層) 등으로 인하여 물이 통하지 않는 곳.

salariar *v.t.* 임금(賃金)을 지불하다. 월급을 주다.

salário *m.* 봉급. 노임. 임금. 보수.

salaz *a.* 호색의. 음탕한. 음란한. 다음(多淫)의. 외설한(말·서화 따위).

salchicha *f.* =*salsicha*.
salchichão *m.* =*salsichão*.
salchicharia *f.* =*salsicharia*.
salchicheiro *m.* =*salsicheiro*.

saldado *a.* 청산한. 결산한. 견제한. 계산 마친.

saldar *v.t.* ①지불청산하다. 결산하다. 결제하다. ②싼값으로 팔다. 헐값으로 팔아치우다.

saldinia *f.* 꼭두서니과(茜草科)의 식물.

saldo *a.* 청산한. 결제한. 잔고(殘高)의.
— *m.* ①청산. 결산. 결제. ②[商] (대차(貸借)의) 차액. 잔액.
saldo positivo (제반 잡비를 제하고 난) 잔액. 흑자.
saldo negativo (장부상의) 적자. 부족.
saldo a conta nova 다음으로의 이월(移越) 잔액.

salé *f.* 《俗》소금에 절인 고기.

saleira *f.* 소금운반선(船).

saleiro *m.* ①(식탁용) 소금그릇. ②(건조용(乾燥用)의) 소금궤(상자). ③소금 만드는 사람. 제염업자. ④소금상인.
— *a.* 소금의.

salema *f.* ①도미과의 물고기. ②《古》경례(敬禮).

salepo *m.* ①[植] 난초과의 식물. ②샐립가루. *salepo*의 구근(球根)에서 만듦; 식용·약용).

saleta *f.* 작은 방. 소실(小室).

salga *f.* (고기·생선 따위를) 소금에 절이기. 절인 것.

salgação *f.* ①소금에 절이기. ②마법. 마술. 요술.

salgadamente *adv.* 짜게. 소금을 많이 쳐서.

salgadeira *f.* (소금에) 절이는 통.

salgadiço *a.* (토양에) 염분이 있는.

salgadio *a.* 조수(潮水)가 들어오는. 밀물에 잠기는.
— *m.* 밀물(潮水)에 잠기는 땅.

salgado *a.* ①소금을(담뿍) 친. 소금으로 간 맞춘. 소금에 절인. ②소금기(염분) 있는. ③짭짤한. 맛있는. ④재미있는. 우스운. 익살맞은. 통쾌한. ⑤(값이) 비싼. 고가(高價)의.

salgador *m.* 소금에 절이는 사람.

salgadura *f.* 소금을 치기. 소금으로 간 맞추기. 소금에 절이기.

salgalhada *f.* ①절인 것. 소금에 버무린 것. ②《俗》뒤섞기. 혼합. 뒤범벅. 혼란. 분규(紛糾). ③잡탕찌개. 잘게 썬 고기요리.

salgar *v.t.* 소금을 넣다(치다). 소금으로 간 맞추다. 소금에 버무리다. 소금에 절이다. 짜게 하다.

—**se** *v.pr.* 소금에 버무려지다. 절여지다. 짜지다.

sal-gema *m.* 암염(岩鹽).

salgo *m.* (말(馬)의) 눈에 백막(白膜)이 있는.

salgueiral *m.* 버드나무숲. 버들이 우거진 곳.

salgueirinha *f.* 버드나무과(楊柳科)의 식물.

salgueiro *m.* [植] 버드나무. 버드나무(楊柳).

salgueiro chorão 수양버들.

salicária *f.* [植] 자줏빛의 까치수. 염속(屬)의 초본.

salicilar *v.t.* [化] (…에) 살리칠산을 섞다(타다).

salicilato *m.* [化] 살리칠산염(酸鹽).

salicílico *a.* [化] 살리칠산의.

ácido salicílico 살리칠산염.

saliciloso *a.* [化] 살리칠산의.

salicina *f.* [化] 살리신. 수양소(水揚素)(버들의 껍질 중의 배당체(配糖體). 해열진통제).

salicíneas *f.(pl.)* 미느니무과(楊柳科).

salicineo *a.* 버들의. 버들에 관한.

salicivoro *a.* [動] (버드나무의) 엽화(葉花)를 먹는. 버들꽃을 먹는.

sálico *a.* 프랑크족(*Franks*) 일파. 살리아이(*Salii*)족의. 샐리크법의.

lei sálica [史] 샐리크법(여자의 토지상속권. 왕위계승권을 부인함).

salícola *a.* 소금이 되는. 소금이 나는. 소금을 만드는.

industria solícola 제염업(製鹽業).

salicórmia *f.* [植] 퉁퉁마디(타고 남은 재에서 유리 원료가 되는 소다를 빼냄).

salicultura *f.* 제염. 제염법.

saliência *f.* 돌출. 돌기. 돌출부. 돌기물. [軍] 돌각. 《比喩》특징.

—**se.** *v.pr.* 돌출하다. 뛰어나다. 잘 나타나다. 현저해지다.

salientar *v.t.* 나타내다. 지적하다.

saliente *a.* 쑥 내민. 돌출한. 돌기한. 뛰어난. 현저한. 잘 나타나는.

salífero *a.* 소금이 있는. 소금을 만드는 ; [地質] 염분(鹽分)을 함유하는.

salificação *f.* 염화(鹽化). 염화작용.

salificar *v.t.* [化] 염화시키다.

salificável *a.* 염화할 수 있는.

salina *f.* 염전(鹽田). 염갱(鹽坑). 염암산지. 천연염전. 제염소.

salinação, salinagem *f.* 함수(鹹水) 중에 있는 염분(鹽分)을 결정(結晶)시키기 ; 소금의 형성(形成)

salinar *v.t.* [化] (함수에 있는) 염분을 결정시키다. 소금을 만들다.

salinável *a.* 염분을 결정시킬 수 있는. 소금으로 만들 수 있는.

salineiro *m.* 소금 만드는 사람 ; 소금장수. 염상인.

— *a.* 소금을 만드는. 제염의.

indústria salineira 제염업.

salinidade *f.* 염분. 염도(鹽度).

salino *a.* ①소금이 되는. 합염(含鹽)의. 염성(鹽性)의 ; 짠. 짠맛 나는. ②식염성의 ; 염류의. ③해변에 나는.

salinômetro *m.* 검염계(檢鹽計).

salitração *f.* 초화작용(硝化作用). 초화 형성.

salitrado *a.* 초석(硝石)을 함유한. 초석화 한.

salitral *m.* 초석광(硝石鑛). 초석상(床).

salitrar *v.t.* [化] 초화(硝化)시키다. 초석을 넣다

salitraria *f.* 초석정제소(精製所).

salitre *m.* 초석(硝石). 칠리 초석. [化] 질산칼리.

salitre do chile 칠리 초석.

salitreiro *m.* 초석정제인(精製人).

salitrização *f.* =*salitração*.

salitrizar *v.t.* [化] 초화(硝化)시키다.

—**se** *v.pr.* 초화하다.

salitroso *a.* 초석을 함유한. 초석질(質)의.

saliva *f.* 타액. 침.

salivação *f.* 침흘리기. [醫] 침생기기. 유연성(流涎性).

salival *a.* 침의. 타액의. 타액을 분비하는.

salivante *a.* 침이 나는. 침이 생기는.

salivar (1) *a.* 타액의.

glandulas salivares 타액선(唾液腺).

— (2) *v.t.*, *v.i.* (수은제 등으로) 침이 나게 하다. 침을 흘리다.

salivoso *a.* 침같은. 타액 비슷한. 침이 고인. 타액이 많은.

salmaço *a.* 《古》=*salobro*.

salmão *m*. [魚] 연어(鰱魚).
salmear *v.t.*, *v.i.* =*salmodiar*.
sálmico *a*. 찬송가의. 성가의. 성시의. 성가시의.
salmista *m*. 찬송작가 ; 시편작가. 《轉》 다윗왕.
salmo *m*. 찬송가. 성가(聖). 성시(聖詩).
salmodia *f*. 찬송가를 부르기. 찬송가. 찬송가집.
salmodiar *v.i.* ①성시를 영창하다. 찬송가를 부르다. ②단조롭게 외우다(읽다).
salmoeira *f*. =*salmoura*.
salmoeiro *m*. 절이는 데 쓰는 그릇. 염즙(鹽汁)을 담는 그릇.
salmoeirar *v.t.* =*salmourar*.
salmonada *f*. 연어과의 물고기.
salmonado *a*. 연어살빛의.
salmonejo *m*. =*salmonete*.
salmonete *m*. [魚] 노랑촉수(열대 또는 아열대산의 식용어(魚)).
salmonídeos *m*.(*pl*.) [魚] 연어과의 물고기.
salmoura *f*. ①(특히 공업용) 소금물. 염수(鹽水). ②(고기·생선 따위를 절이기 위한) 염즙(鹽汁). 소금물. ③염즙을 담는 그릇. 절이는 데 쓰는 통.
salmourar *v.t.* (생육(生肉)·생선 등을) 소금물에 절이다. 염즙에 담그다.
salobre *a*. =*salobro*.
salobro *a*. 약간 짠. 바닷물과 민물이 섞인. 반함반담(半鹹半淡)의.
água salobra 바닷물과 민물이 섞인 물.
saloia *f*. (포르투갈의 수도) 리스본시 근교의 시골 여자.
saloiada *f*. 시골 사람들의 떼(一團).
saloice *f*. 무식한 사람의 행실. 버릇없는 언행.
saloio *a*. 무식한. 버릇없는. 괄괄한. 조야(粗野)한. 시골뜨기의. 수식이 없는.
espertza saloia 버릇없는 수작. 몹쓸놈의 수법.
— *m*. ①무식한 사람. 버릇없는 사람. 조야한 인간. 시골뜨기. ③(리스본 근교의) 농촌 사람.
salol *m*. [化] 쌀롤(살리칠산(酸) 페닐 ; 류머티스 및 신경통약).
salomónico *a*. 솔로몬왕의.
salpica *f*. =*salpico*.
salpicado *a*. ①소금을 뿌린. ②얼룩점이 있는. 작은 반점이 있는. ③(흙탕물 따위를) 튕긴.
salpicador *a*., *m*. ①소금을 뿌리는 (사람). ②얼룩점을 찍는 (사람·사물). ③흙탕물 따위를 튕기는 (것). ④욕설을 퍼붓는 (사람).
salpicadura *f*. ①소금을 뿌리기. ②얼룩점(작은 반점)을 찍기. 오점(汚點)을 찍기. ③(흙물 따위를) 튕기기. ④욕설. ⑤흠집. 얼룩점. 흙탕 따위를 튕긴 자국.
salpicão *m*. 돼지고기를 주로 다져넣은 소시지.
salpicar *v.t.* ①소금을 뿌리다 (치다). ②오점(얼룩점·반점)을 찍다. ③(흙탕물 따위를) 튕기다. ④(명예 따위를) 손상시켰다. (신용을) 떨어뜨리다.
salpico *m*. ①뿌려진 소금. ②찍혀진 얼룩점(작은 반점). 더럽혀진 자국. ③흠집. 결점.
salpigossa *f*. [植] 살피글로시스(칠레 원산의 가지과 관상식물).
salpimenta *f*. 소금과 후추를 섞은 것.
salpimentar *v.t.* 소금과 후추를 섞은 것으로 간을 맞추다.
salpinge *m*. [解] 나팔관. 수란관(輸卵管).
salpingite *f*. [醫] 나팔관염(喇叭管炎).
salpingorrafia *f*. 나팔관의 봉합술(縫合術).
salpingotomia *f*. 나팔관의 절개(切開).
salpresar *v.t.* (고기·생선 따위에) 소금을 푹푹 뿌리다. 소금에 버무리다. 소금에 절이다.
salprêso *a*. 소금을 푹푹 뿌린. 소금에 버무린. 소금에 절인.
salsa *f*. [植] ①파슬리(요리에 덧놓는 데 쓰임). ②미나리.
salsada *f*. ①뒤섞은 것. 혼합물. 잡탕 ; 혼효(混淆). ②혼란. 분규. ③잡탕찌개. 잘게 썬 고기(요리).
salsaparrilha *f*. [植] 사르사(중앙 아메리카 원산의 나리과 식물). 사르사 뿌리(약용).
salseira *f*. (식탁에 놓은) 소스 넣을 그릇. 간장병. 양념 그릇.
salseirada *f*. 소나기. 소낙비. 호우(豪雨).
salseiro *m*. ①심한 비. 폭우. 호우. ②《俗》일시적인. 소란. 소동. 훤소(喧騷).
salsicha *f*. 쏘시지. 순대.
salsichão *m*. ①큰 쏘시지. 큰 순대. ②[工·軍] 나무다발(흙을 흘러내리지 못하게 하는). ③[築城] 장속시(長束柴).

salsicharia *f.* 쏘시지 만드는 곳; 쏘시지 상점.

salsicheiro *m.* 쏘시지(순대) 만드는 사람; 그 장수.

salsifré *m.* 작은 무도회(舞蹈會).

salsinha *m.* 유약한 사람. 우유부단(優柔不斷)한 사람. 여자 같은 사나이.

salso *a.* 《詩》 소금기 있는. 염분이 있는. 짠.

salsugem *f.* ①소금기 있음. 염수(鹽水)가 지나간 상태. ②염분이 있는 흙땅(泥土). ③염수성(鹽水性). ④[醫] 소농포진(小膿疱疹: 부스럼이 생기는 피부병).

salsuginoso *a.* ①바닷물에 적신(젖은). ②[植] 염분이 있는 땅에 나는.

saltada *f.* ①뛰기. 도약(跳躍). 뛰어넘기(跳越). ②돌격. 습격. 불의(不意)의 기습. ③돌연한 가택수색.

Dar uma saltada a casa de alguém. 아무의 집에(예고 없이) 잠깐 들르다(방문하다).

saltado *a.* ①뛴. 도약한. 뛰어넘은. ②(밖으로) 내민. 돌출한. 불쑥 나온.

saltador *a.* 뛰는. 뛰어오르는. 도약하는. 껑충 뛰는.

— *m.* 뛰는 사람(말·노루 따위). 도약하는 사람(말).

saltadores (*pl.*) 메뚜기류(蝗蟲類).

saltante *a.* 뛰는. 뛰어오르는(넘는). 노약하는.

saltão *a.*, *m.* ①잘 뛰는 사람 (말·노루 따위). 도약 잘하는 사람 (동물). ②메뚜기.

saltar *v.t.* (…을) 뛰어넘다. 뛰어 넘게 하다. 뛰게 하다. 도약하게 하다.

— *v.t.* ①뛰다. 뛰어오르다. 껑충 뛰다. 뛰어 넘다. 도약(跳躍)하다. ②쏘다. 내쏘다. 사출(射出)하다. ③뛰어 나가다. 갑자기 …하다. 불쑥 내밀다. ④달려들다. 덤벼들다. 습격하다. ⑤갑자기 치다. ⑥돌변하다. 급변하다.

saltar o murro 담을 뛰어 넘다.
saltar do carro 차에서 뛰어 내리다.
saltar da cama 침대에서 황급히 일어나다.
saltar do cavalo 말에서 뛰어 내리다.
saltar postos 껑충 뛰어 진급하다. 2계급 승진하다.
saltar de contente 기뻐 날뛰다.
saltar em terra 땅 위에 뛰어 오르다(내리다). 껑충 뛰어 상륙하다.

Salta cá para fora! 이리 나왓! (도전적인 언사).

fazer saltar os miolos 골통을 쏘다.

salta-rega *f.* 계산자(척). 사각정규(斜角定規).

saltarelar *v.i.* = *saltarilhar*.

saltarelo *m.* ①뛰는 사람 또는 물건. 도약자(跳躍者). ②옛날 이탈리아 및 스페인의 활발한 무도(舞蹈).
— *a.* 뛰는. 도약하는.

saltarilhar, saltarinhar *v.i.* 껑충껑충 뛰며 걷다.

saltarilho *m.* 껑충껑충 뛰며 걷는 사람. 뛰는 사람.

saltarice, saltatriz *f.* ①껑충껑충 뛰며 걷는 여자. ②*saltarelo*를 추는 여자. 도무(跳舞)하는 여자.
— *a.* 뛰는. 도약하는. 도무하는. 댄스하는.

salteada *f.* ①크게 뛰기. 넓게 뛰기. ②= *salteamento*.

salteado *a.* ①띄엄띄엄한. 징검다리식의. 단편적인. ②갑자기 얻어맞은. 봉변한. 불의습격당한. 노상강도를 만난.
— *adv.* 띄엄띄엄. 징검다리식으로. 단편적으로.

salteador *m.* ①갑자기 덤벼드는 자. 불의습격히는 가. ②노상강도. 갱.

salteamento *m.* ①갑자기 달려들기(치기). 불의습격. ②노상강도행위. 겁탈하기. (금품을) 털기.

saltear *v.t.* ①갑자기 달려들다(치다); 불의습격하다. ②달려들어 강제로 빼앗다. 겁탈하다. ③놀라게 하다.
— *v.i.* (노상)강도질하다. 겁탈을 일삼다. (금품을) 털다.
— **se** *v.pr.* 깜짝 놀라다. 경악하다.

salterio (1) *m.* [聖] 시편(詩篇). ②[가톨릭] 150장(章)으로 된 기도문.
— (2) *m.* 옛날의 일종 현악기(弦樂器).
— (3) *m.* [動] (반추동물의) 셋째 위(胃).

saltigrado *a.* 뛰는. 뛰어오르는. 껑충 뛰는. 도약하는. 개구리 뜀하는. (새의) 두 발 뜀하는. 토끼 뜀하는.

saltimbanco *m.* ①거리의 협잡꾼. 재간부려 돈 빼앗는 놈. ②은행강도.

saltinvão *m.* (아이들의) 도월유희(跳越遊戱).

saltitante *a.* ①쉴 새 없이 뛰는. 이리저리

뛰어 다니는. 홀쩍홀쩍(껑충껑충) 뛰노는. ②잠시도 가만있지 못하는. 침착치 못한.

saltitar *v.i.* (특히 아이 또는 작은 동물이) 깡충 뛰다. 홀쩍 뛰다. (새가) 두 발로 이곳저곳 뛰다. 깡충깡충 뛰다. ②잠시도 가만있지 못하다. 작정 못하다. ③갑자기 화제를 돌리다.

salto *m.* ①뜀. 뛰어 오름. 도약(跳躍); 단급도약(短急跳躍). (사람의) 앙감질. (새 따위의) 두발뜀. 개구리뜀. ②뛰어 넘기. 도월(跳越). ③이계급승진(二階級昇進). 도월진급(進級). ④폭포(瀑布). 급한 여울. ⑤신 뒤축. ⑥습격. 강도행위. 털기.
salto em comprimento 멀리뛰기(廣跳).
salto em altura 높이뛰기(高跳).
salto à vara 봉고도(棒高跳).
salto triplo (tríplice) 삼단 멀리뛰기(三段跳).
salta à distancia 길게 (멀리) 뛰기.
salto-mortal 공중제비. 재주넘기.
de salto 뛰어서. 뜀뛰기로. 불쑥. 갑자기.
de um salto 한번 뛰어. 일약(一躍).
salto do calçado. 신 뒤축.

saltuário *a.* 《古》 삼림(森林)의. 숲의.
— *m.* 삼림지기.

salubérrimo *a.* (*salubre*의 최상급) 건강에 가장 좋은. 제일 위생적인.

salubre *a.* ①(강상·토지 등) 건강에 좋은. 건강적인. 몸에 좋은. 위생적인. ②유익한. 건전한.

salubridade *f.* 건강상 좋음. 위생적임.

salubrificar, salubrizar *v.t.* 건강에 좋게 하다. 위생적으로 하다.

saludador *m.* 주문(呪文)을 외우며 병을 고치는 사람.

saludar *v.t.* 주문을 외워 병 고치다. 기도로써 병 고치다.

salutar *a.* ①유익한. 건전한. 위생(적)의. 건강상 필요한. ②마음의 양식이 되는. 위안이 되는. ③윤리적(倫理的)인. 도덕상의.

salutarmente *adv.* 건강상 필요하게. 유익하게.

salutífero *a.* 《詩》 몸에 좋은. 건강에 적당한; 유익한.

salva (1) *f.* ①예포(禮砲). (총·포의) 일제사격. ②예방(豫防). ③변해(辯解). 구실.
dar uma salva 예포를 쏘다. 일제 사격하다.

— (2) *f.* 둥근 쟁반(금속으로 만든).
— (3) *f.* [植] (약용) 사르비아. 사르비아의 잎. 세이지.

salvabilidade *f.* 구제(救濟)될 수 있음. 구조 가능성.

salvação *f.* ①구재. 제도(濟度). 구조. 구호(救護). ②[宗] 구원. 구세(救世). 구속(救贖).
cinta de salvação 구명부대(救命浮帶).
exercito da salvação 구세군(救世軍) (1878년 영국인 *W. Booth*가 조직한 군대식의 기독교단체).

salvádego *m.* 해난구조비(解難救助費); 파선구조에 활동한 선원들에게 주는 사례금 (위로금).

salvado *m.* ①구출된 사람. 구제된 사람. ②《古》죄없는 사람.
salvados (pl.) ①화재·수재 등에서 건져낸 재화(財貨). 건져낸 물건. ②해난구조. 파선의 화물구조. (침몰선의) 인양작업(引揚作業); 구조선박. (화재에서의) 인명구조.

salvador *a.* 구출하는. 살려주는.
— *m.* 구조자. 구제자; 구(세)주.
Salvador do mundo 구세주. 예수.

salvaguarda *f.* ①보호·옹호; 방어. 방위. ②안전장치(대책). 보장조항(규약). (유혹 등의) 방위수단. ③안전통행권. 호위병 호물.

salvaguardar *v.t.* ①(권익을) 보호하다. 옹호하다; 방어하다. 방비하다. ②위험으로부터 면하게 하다. (미리) 예방하다. 안전하게 하다. 침해되지 않게 하다. 조심하다. ③보증하다.

salvamento *m.* ①구제. 구조. 구호; 구조작업. 수해구제. 해난구조. ②안전. 안전지대. ③안전함. 무난함.
a salvamento 무사히. 무난히.

salvanda *f.* 광맥(鑛脈)과 지층(地層) 사이의 엷은 점토층(粘土層).

salvante *a.* 돕는. 구조하는. 구제하는. 구호하는.
— *prep.* …을 제외하고는. …의 이외는. …을 별도로 하고.

salvar *v.t.* ①구해내다. 도와주다. 구조하다. 면하게 하다. ②(죄에서) 구하다. 제도(濟度)하다. 구조하다. ③모아두다. 저축하다. 간직해 두다. ④(빚·곤란·고생 등을) 덜어주다. (비용을) 감하다. ⑤예방하다. 조심하다. ⑥변명하다. 변해하다. ⑦경례하다. 인사하다.
— *v.i.* ①예포(禮砲)를 쏘다. ②구출되다.
—*se v.pr.* 위험으로부터 면하다. 모면하다. 구조되다.

salvatela *f.* 손등의 정맥(靜脈).

salvatério *m.* ①구조. 구원；구제책. ②변명. 구실. 평계. 도피책(逃避策).

salvatoriano *a.* 산살바돌 공화국의.
— *m.* 산살바돌 공화국 사람.

salvável *a.* 도와줄 수 있는. 구조 가능한. 구제해야 할.

salva-vidas *m.* 구명부대(救命浮帶)；구조선. 구명정(救命艇).
barco salva-vidas 구명정. 구조선.

salve *interj.* ①찬송할지어다! 만세! ②신이 도우시라!
Deus vos salve! 신이 가호할지이다!
Salve-rainha! 《英》 *Salve Regina*. [가톨릭] (=*Hail, Queen*)로 시작되는 답창(答唱).
— *m.* 축복(祝福). 환영.

salveta *f.* =*salvia*.

salvia *f.* [植] 살비아. (일반적으로) 서미초속(鼠尾草屬)의 식물. 뱀차지기.

salvidado *f.* 《古》 =*salvação*.

salvinia *f.* [植] 살비아(서미초)의 일종.

salvo *a.* (*salvar*의 과거분사). ①구출된. 구원된. ②위험을 벗어난. 무사한. 무난한. 안전한.
a salvo 무사히. 무난히. 탈없이.
são e salvo 편안 무사하게. 아무런 탈 없이.
vir salvo 건강히 돌아오다. 무사히 오다.
trazer salvo 건강한대로(안전하게) 가져오다.
conservar salvo 상하지 않게 보관하다. 흠없는대로 보존하다.
— *prep.* …을 제외하고는. …외에는. …하지 않은 이상.
salvo o meu direito 나의 권리를 보유하고.
salvo erro ou omissão (계산서 등의 아래에 기록하는 글). 오류(誤謬) 또는 과실에 의한 탈락(脫落)은 차한(此限)에 부재함.

salvo-conduto *m.* (주로 전시의) 안전통행권(안전통행의) 여권.

sama *f.* 《俗》 솔잎(松葉).

samambaia *f.* [植] (브라질산) 고사리(羊齒科植物).

samambaial *m.* 고사리밭. 고사리속(屬) 식물이 우거진 곳.

sâmara *f.* [植] 시과(翅果). 익과(翼果)(우상돌기(羽狀突起) 있는 과실).

samaritano *a.* 사마리아(*Samaria*)의. 사마리아 사람(말)의.

samarra *f.* 양가죽으로 만든 긴 웃옷. 양피외투(羊皮外套).
— *m.* 《輕蔑》 중.

samarreiro *m.* 양피상인(羊皮商人).

samarrinho *m.* 검은 포도의 일종.

samarro *m.* =*samarra*.

samaúma *f.* (=*samaúma*). 카폭. 팡야(씨를 싸고 있는 솜은 이불 따위의 속으로 쓰임).

samba *m.* 삼바(브라질 댄스).

sambanga *m.* 삼바(아프리카 기원의 경쾌한 브라질 댄스).

sambanga *a.* 어리석은. 우둔한. 얼빠진. 모자라는.

sambaqui *m.* 조개껍질을 쌓은 것. [考古] 패총(貝塚)：선사인류가 거주한 흔적).

sambarcar *v.t.* 끌어안다. 움켜 안다.

sambarco *m.* 낡은 신；낡은 신의 윗부분을 베어버리고 슬리퍼로 만든 것.

sambcnitar *v.t.* 회죄복(悔罪服)을 입히다.

sambenito *m.* [史] 회죄복(悔罪服)：스페인 종교재판소에서 회개한 이교도에게 입힌 황색복；지옥복(地獄服). 회개하지 않은 이교도를 사형에 처할 때의 검은 옷).

sambista *m., f.* 삼바(춤)추는 사람.

sambernardo *m.* =*sanbernardo*.

samblage, samblaegm *f.* ①[木工] 조립(접합)용의 나뭇조각. 세공(細工)용으로 잘게 끊은 나뭇조각. ②끼워잇기. 접합하기. 편목세공.

sambongo *m.* 야자열매로 만든 일종의 과자.

sambuca *f.* 옛 그리스의 견금(堅琴)의 일종.

sambucaceas, sambuceas *f.(pl.)* [植] 말오줌나무속(屬).

sambucina, sambucistria *f.* *sambuca*를 타는 여자.

samente *adv.* =*sammente*.

samicas *adv.* 아마. 혹시나. 형편에 따라서는.
— *m.* 유약한 사람. 여자같은 남자.

samo (1) *m*. [植] 재목의 흰 부분(겉재목) 백목질(白木質).
— (2) *m*. [魚] (지중해 및 유럽 대서양산) 도미의 무리. 《英》 *porgy*.

samoano *a*., *m*. 사모아(남서태평양의 열도(列島)섬의 사람(말)).

samoiedo *m*. 중앙 시베리아의 몽고족.

samouco (1) *m*. [植] 버드나무의 일종.
— (2) *m*. 바위의 광의(鑛衣). 암석광피(岩石鑛被).

samovar *m*. (러시아 사람들이 쓰는) 차 끓이는 큰 그릇.

sampana *f*. ①[中] 중국의 작은 배. 거룻배. ②[海] 삼판(三板: 소형 목조의 평저선(平底船)).

san *a*. ①*são*의 여성형. ②*santo*의 약자.

sanação *f*. ①(병을) 고치기. 치료. ②(나쁜 버릇 따위를) 고치기. 교정(矯正).

sanador *a*. 고치는. 낫게 하는. 아물게 하는. 회복시키는. 치료상의.

sanambaia *f*. (브라질산의) 수생식물(水生植物).

sanamunda *f*. [植] 뱀무속의 식물.

sanar *v.t.* ①(병을) 고치다. 치료하다; (상처를) 아물게 하다. 낫도록 하다. ②건강하게 하다. 건전하게 하다. ③(잘못·나쁜 버릇 등을) 고치다. 교정하다.

sanativo *a*. ①병 고치는 힘 있는. (상처 따위) 잘 낫게 하는. 유착에 효과 있는. ②치료상의. ③교정의.

sanatório, sanatorium *m*. 사나트륨. 요양소(특히 결핵환자의). 보양지. 피서지.

sanável *a*. ①(병을) 고칠 수 있는. 낫게 할 수 있는. ②(잘못을) 고칠 수 있는. 교정 가능한. 고쳐야 할.

sanbernardo *m*. 영리하고 큰 사냥개의 일종.

sanca *f*. ①[建] 반곡(反曲). ②실내의 벽이 윗부분(천장 바로 아래)을 돌아가며 장식한 것.

sancadilha *f*. ①비트적거림. 비틀거림. 차질(蹉跌). 실착(失錯). 과실. ②쐐기 기둥에 박는 쐐기.

sanção *f*. ①재가(裁可). 비준. 인가(認可). (일반적으로)허용. 찬성. 시인. ②[法] 법의 강제력. (국제규약에) 제재. 처벌. 상벌. 제재규약(制裁規約). [倫] 제재.

sancionado *a*. ①재가된. 비준된. 인가된. 시인된. ②찬성한.

sancionador *a*. 비준하는. 재가하는. 인가하는.
— *m*. 재가자. 비준자. 인가자(認可者). 허용자. 찬성자.

sancionar *v.t.* ①재가(비준)하다. 인가(시인)하다. 찬조하다. ②(법령 등에) 제재규정을 설치하다.

sandalada *f*. 백단향을 단.

sandalha *f*. 《稀》 =*sandalia*.

sandália *f*. ①샌들(옛 로마 사람·그리스 사람이 신던 가죽신). ②샌들 구두; 얕은 오버슈즈.

sandalino *a*. 백단의.

sandalito *m*. 백단의 화석(化石).

sândalo *m*. [植] 백단향(재목).
sândalo branco 백단(白檀).
sândalo vermelho 자단(紫檀).

sandáraca *f*. 산다락크 기름(일종의 수지(樹脂)).

sandejar *v.i.* 바보 노릇하다. 멍텅구리짓을 하다. 어리석은 이야기를 하다.

sandeu *a*. 어리석은. 바보같은. 얼빠진.
— *m*. 어리석은 사람; 바보. 얼간이. 천치.

sandia *a*., *f*. *sandeu*의 여성.

sandiamente *adv*. 어리석게. 바보처럼.

sandical *a*. 얼빠진 바보같은. 얼간이다운. 천치같은.

sandice *f*. 어리석은 노릇. 바보수작. 우행(愚行). 우사(愚事). 무의미한 말. 헛소리.

sandio *a*. 어리석은. 바보같은. 멍텅구리같은. 얼빠진.

sanduíche *f*. 《英》 *sandwich*의 전래어. 샌드위치(빵을 반 가르고 그 안에 고기·햄 따위를 넣은 것).

saneamento *m*. ①공중위생. 위생시설(설비). (특히) 하수도 설비. ②위생상태의 개선. ③(풍기 따위의) 혁신. 쇄신. ④곤란을 덜기. 완화.

sanear *v.t.* ①위생적으로 하다. 건강에 더욱 좋게 개선하다. (특히) 하수도 설비를 하다. 배수가 잘 되게 하다. ②(풍기 따위를) 혁신하다. (악습·악폐를) 일소하다. 편하게 하다. 완화하다.
— *v.i.* (+*com*). …와 화목하다.

saneável *a*. ①위생적으로 할 수 있는. 위생상태를 개선할 수 있는(해야 할). ②혁신(일소)할 수 있는.

sanefa f. ①장식 커튼(커튼 또는 창문의 윗부분에 장식으로 짤막하게 드리운 천). ②(창·선반·침대 등의) 보. (내려)드리운 천.

sanfeno m. [植] 잠두(콩과 식물). ②가축의 먹이로 되는 풀.

sanfona f. 교현금(絞弦琴: 줄이 넷 있는 옛날 악기). 일종의 아코디온.

sanfonha f. 작은 교현금. 작은 아코디온.

sanfonina f. ①작은 교현금. ②선율(旋律)이 맞지 않음.
— m. 교현금을 타는 사람.

sanfoninar v.i. ①교현금을 타다. ②선율이 맞지 않다. 소리가 협화하지 않다. ③듣고 쉽지 않은 이야기를 지루하게 하다. 시끄럽게 굴다.

sanfonineiro m. ①교현금을 타는 사람. ②지루하게 이야기하는 사람. 시끄럽게 구는 사람.

sanga (1) f. 강우(降雨)로 인하여 생기는 웅덩이. [地質] 지층이변(地層異變)으로 생기는 지와(地窪).
— (2) f. 어망(漁網)의 아가리(물고기가 들어가는 데). 망구(網口).

sangado a. 물고기가 망구(網口)에 들어간. 그물에 걸린.

sangangu m. 수동. 혼란. 혼잡.

sangrado a. ①피가 나온. 피를 흘린. (벤 상처에서) 피가 나오는. ②다친. 부상한.

sangrador a., m. ①피를 빼는 사람. 방혈(放血)하는 사람. ②칼로 다쳐 피흘리게 하는 사람. ③서투른 이발사. 서투른 외과의사.

sangradouro m. 방혈(放血). 출혈(出血).

sangradura f. ①피를 빼기. 방혈하기. ②피를 흘리게 하기. (수술 등으로) 살을 베기.

sangrar v.t. ①피를 빼다. 방혈하다. ②(베어) 피흘리게 하다. 출혈시키다. ③상처를 입히다. 상해(傷害)하다. ④(육식수(肉食獸)를) 죽이다. 도살하다. ⑤[植] 수액(水液·樹液)을 빼다. 액즙을 빼다. ⑥고혈(膏血)을 짜다. 착취하다. 금품을 속여서 빼앗다.
— v.i. 피나다. 피가 약간씩 스며나오다. 출혈하다.
—**se** v.pr. ①자기 손으로(상처의) 피를 짜다. 피를 내보내다. ②피가 나오는 듯한 생각을 하다. 단장(斷腸)의 심리에 사로잡히다.

sangre m. 《古》 = *sangue*.

sangreira f. 피흘리기. 유혈(의 참사).

sangrento a. ①피에 물든. 피에 젖은. 피투성이의. 피바람의. 피비린내 나는. ②살벌(殺伐)한. 처참한.
desastre sangrento 유혈의 참극(특히 사상자가 난 교통사고).
batalha sangrenta 처참한 백병전(白兵戰). 참절(慘絶)한 전투.

sangria f. ①피를 빼기. 방혈. 피흘리기. 출혈. ②물을 빼기. 방수(放水)하기. ③[外科] 복수(腹水)빼기. ④[植] 수액(樹液)을 빼기. 액즙을 빼기. ⑤고혈(膏血)을 짜내기. 착취하기. ⑥금품을 사취(詐取)하기. ⑦*sangria de vinho*의 준말.
sangria de vinho 니이거스술(포도주에 따뜻한 물·레몬·설탕 따위를 섞은).

sangue m. ①피. 혈액. ②체액(體液). 수액(樹液). ③유혈. 유혈의 참극. ④혈기. 격정. ⑤혈통. 순혈(純血). 혈죤. ⑥가문. 문벌. ⑦혈맥(血脈). ⑧월경.
sangue coalhada 응혈(凝血).
sangue misturado 잡종(雜種).
sangue frio 냉혈. 《轉》 태연. 자약(自若).
a sangue frio 냉정하게.
a sangue e fogo 무자비하게.
conservar o sangue frio 태연자약하다. 안색을 털끝만치도 변하지 않다.
estancar o sangue 피를 멎게 하다. 지혈(止血)하다.
laço de sangue 혈연(血緣).
ter sangue nas veias 《轉》 혈기 있다. 기개(氣槪)가 있다.
tributo de sangue ①혈액은행 등에 피를 제공하기. ②병역(兵役).
fazer sangue (부상시켜) 피흘리게 하다.
fazer ferver o sangue 격분시키다.
ter o sangue quente 곧잘 흥분하다. 성격이 과격하다. 격정이 심하다.
esvair-se em sangue 출혈 과다로 죽다.
batismo de sangue 피의 제례. 순교(殉敎).
bife em sangue 설익은(덜 구운) 불고기(비프).

sanguechuva f. 심한 유혈(流血). 피바람. 혈우(血雨).

sangue-de-drago m. 적색의 나무진(나리과의 대교목(大喬木)인 용혈수의 열매에서

sangueira *f.* ①유혈임리(流血淋漓). ②(짐승을 도살한 후) 사방에 뿌려진 피의 자국. 흩어진 핏덩어리.

sanguentado *a.* 피가 나온. 피흘린. 피에 물든. 피에 젖은. 피투성이의.

sanguento *a.* ①피의. 피와 같은. ②피묻은. 피에 더럽힌. 피에 젖은. 피투성이의. 피비린내 나는. ③살벌한.

sanguessuga *f.* ①거머리. ②《轉》치근치근 달라붙어 괴롭히는 사람 ; (고혈을 빨아 먹는) 고리대금업자. 흡혈귀.

sangulfero *a.* 《詩》피 있는. 피를 만드는.

sanguificação *f.* ①혈액생성(血液生成). 피가 되기. ②정맥의 피가 폐장(肺臟)에서 청정(淸淨)되는 것.

sanguificar *v.t., v.i.* 피로 만들다. 피가 되다. 혈액화하다.
— *se v.pr.* 피로 되다. 혈액화(血液化)하다.

sanguificativo, sanguífico *a.* 피가 되게 하는. 피로 만드는. 혈액화를 돕는.

sanguina *f.* ①붉은 크레용. ②[鑛] 적철광(赤鐵鑛). ③[寶石] 혈석(血石). 혈옥수(血玉髓).

sanguinação *f.* ①혈액형성(形成). ②혈반(血斑).

sanguinário *a.* ①피가 흐르는 것을 보기 좋아하는. ②사람·짐승을 죽이기 좋아하는. ③살인한. 살벌한. 흉악한.

sanguíneo *a.* ①[醫] 피의·피에 관한. ②피가 많은. 다혈질(多血質)의. ③핏빛의. [植] 새빨간 색의. ④《稀》(보기에) 끔찍한. 참혹한.
vasos sanguíneos 혈관.
temperamento sanguíneo 다혈질(多血質).

sanguinho *m.* [宗] 성작(聖爵) 닦는 천. 성작 수건. [植] 산딸기나무속(屬).

sanguinidade *f.* 혈족. 혈연. 혈육(血肉).

sanguino *a.* ①피의. 혈액의. ②핏빛의. [植] 새빨간 색의. [醫] 다혈질의.
— *m.* 핏빛. 새빨간 색.

sanguinolência *f.* 피에 굶주리고 있음. 잔인함. 살벌함.

sanguiolentamente *adv.* 피에 굶주려 ; 피투성이 되어. 참혹하게. 끔찍하게.

sanguinolento *a.* ①피에 주린. 피를 즐기는. 살기등등한. ②피에 젖은. 피투성이가 된. 피바람 부는. ③처참한. 끔찍한. 잔인무도한.
escarro sanguinolento 피섞인 가래. 혈담(血痰).

sanguinoso *a.* 피많은. 피에 물들인. 피투성이의.

sanguissedento *a.* 《詩》피에 굶주린. 피를 보고야 말. 유혈 초래하는. 유혈 상잔을 대수롭지 않게 여기는.

sanha *f.* 노여움 ; 분노. 격노. 격분.

sanhoso *a.* ①격노한. 노하여 펄펄 뛰는. ②성 잘 내는. 곧 잘 화내는. (표정이 늘) 풍한.

sanhudamente *adv.* 몹시 노하여. 노발대발하여.

sanhudo *a.* ①몹시 노한. 노발대발한 ; 격렬한. ②무서운. 무시무시한. 소름끼치는.

sanícula *f.* [植] 참반디.

sanidade *f.* ①위생. 위생상태. ②건전함. 건강함. ③본정신. 정신이 온전함. (정신의) 정상상태. (사상 등의) 건전성.

sânie *f.* 피고름. 혈농(血膿).

sanificação *f.* 위생적으로 하기.

sanificante *a.* 위생적으로 하는.

sanificar *v.t.* 위생적으로 하다. 건강에 좋게 하다.

sanioso *a.* 피고름이 있는. [醫] 혈농성(血膿性)의.

saníssimo *a.* (são (1)의 최상급). 가장 위생적인. 가장 건강한. (정신상·육체상) 아주 건전한.

sanitário *a.* (공중)위생의. 위생상의. 보건의. 청결한.
medidas sanitárias 위생법. 보건대책.
administração sanitária 위생행정(시책).

sanitarista *m., f.* 위생학자. 보건학자. 위생개량가.
— *a.* 위생의.

sanja *f.* (들판의) 도랑. 배수구(排水溝).

sanjaco, sanjaque, sanjíaco *m.* (터키의) 군(郡).

sanjar *v.t.* 도랑을 파다. 배수구를 만들다.

sanmente *adv.* 《稀》위생적으로. 건강에 좋게. 건전하게.

sanquitar *v.t.* (가루를) 반죽하다. 반죽하여 덩어리로 만들다.

sansadorinho *a.* 거짓의. 허위의. 사기의. 위선적인.
— *m.* 위선자. 사기꾼.

sansão *m.* [機] 감아 올리는 (들이는) 기계. [海]《轉》건장한 사람. 튼튼한 사람.

sanscrítico *a.* 산스크릿(어)의. 범어(梵語)의. 범문(梵文)의.

sanscritismo *m.* 산스크릿 연구. 범문학(梵文學). 범어학.

sanscritista *m., f.* 범어학자. 범문학자.

sanscrito *m.* (옛 인도·페르시아의) 범어(梵語). 범문(梵文). 산스크릿.

sanscritologia *f.* 범문학 연구.

santa *f.* ①성녀(聖女). ②성모의 상(像). ③고덕(高德)한 부인. ④[魚] 심어(鱏).

santa-bárbara *f.* [海] (함내(艦內)의) 화약고. 화약실.
— *interj.* 야단났다! (놀랐을 때 하는 소리).

santa-cruz *f.* (아마존 지방에 사는) 비둘기 비슷한 작은 새.

santa-fé *f.* [植] 화본과(禾本科)의 식물(마르면 이엉 재료로 쓰임).

santal *m.* = *santoral* (의 옛날체).

santaláceas *f.(pl.)* [植] 단향과(檀香科).

santaláceo *a.* 단향류의.

santalina *f.* [化] 산탈리나. 자단소(紫檀素 : 자당의 심에서 뽑은 적색소(赤色素)).

santa-luzia *f.* [植] (브라질산의) 아위(阿魏).

santamente *adv.* 신성하게. 성스럽게. 성자(성인)처럼. 고덕하게.

santanario *a., m.* = *santarrão*.

santão *a.* 신앙심이 깊은 체하는. 독실한 체하는; 허위의. 위선의.
— *m.* 신앙심이 깊은 체하는 사람 ; 위선자.

santarrão *a.* ①위선의. 위선적인. 신앙심이 깊은 체하는. 독실한 체하는. ②아주 광적인. 미신적인.
— *m.* ①신앙이 깊은 체하는 사람. 사이비(似而非)한 신자. ②광신자. 미신가. ③위선자.

santeiro *a.* 신앙심이 깊은. 독실한. (때로는) 신앙심이 깊은 체하는.
— *m.* 성상·조상(彫像) 등을 만드는(조각하는) 사람. 성상·조상을 만들어 파는 사람.

santelmo *m.* [海] (특히 폭풍의 밤에) 마스트 끝이나 탑 꼭대기에 일어나는 방전현상(放電現象). (= *fogo de santelmo*).

santiamen *m.* 《俗》 눈깜빡할 새. 순간(瞬間).

num santiamen 눈깜빡할 새에.

santidade *f.* ①성스러움. 선성함; 거룩함. 존엄함. ②신성한 의무. 거룩한 마음. ③깨끗한 생활.

Sua santidade. 로마 교황의 경칭.

santificação *f.* ①성화(聖化). 성성(成聖). [宗] 성별(聖別)하기. 성별. 봉헌(奉獻). ②[神學] 성결. 청정화(淸淨化). ③성일(聖日)로 하기.

santificado *a.* ①신성화한. 성스럽게 한. ②성별한. 성자로 된. 성자인. 성자(성인)다운.

dias santificados 제성일(諸聖日).

santificador *a., m.* 신성하게 하는 (자). 성스럽게 하는 (자).

santificante *a.* 신성하게 하는. 성스럽게 하는.

santificar *v.t.* ①신성하게 하다. 성스럽게 하다. 성별(聖別)하다. 성자(聖者)로 하다. 봉헌(헌납)하다. ②(사람의) 죄를 씻다.
— *se v.pr.* 신성해지다. 성별되다. 성자(성인이) 되다.

santificável *a.* 신성화(神聖化)할 수 있는. 성별할 수 있는. 신성스럽게 해야 할.

santigar *v.t., v.pr.* = *santiguar*.

santiguar *v.t.* 축복하다
— *se v.pr.* 손으로 가슴에 십자를 긋다.

santilhão *m.* 《俗》 = *santarrão*.

santimônia *f.* ①신앙심이 있는 세하기. 위선(僞善). 성자인 체하는 태도. ②(풍자적으로) 광신. 미신.

santimonial *a.* ①신앙심이 있는 체하는. 독실한 체하는. 위선적인. ②광신적인.

santinho *m.* ①작은 성인(小聖人) ; 군자연(君子然)하는 사람. 마음이 약한 선인(善人). ②작은 성상(聖像). (인쇄한) 작은 성인화(聖人畵).

santinho de pau carunchento 엉큼한 녀석.
— *a.* ①착한. 마음이 약한. 법없이 살 수 있는 ; 소박한. 순박한. ②(풍자적으로) 엉큼한. 겉으로는 선한 체하나 속은 검은.

santissimo *a.* (*sonto*의 최상급). 가장 성스러운. 제일 성스러운.
— *m. O Santíssimo.* 성찬용 빵(聖體). (注意) 첫 글자는 대문자임.

santista *a.* 산또스(*Santos*)시의.
— *m., f.* 산또스 시민(市民).

santo *a.* ①성스러운. 신성한. 신성불가침의. ②거룩한. 지극히 경건한. 덕 높은. 성자인. ③축복된. ④성자(聖者)의 열(列)에 가입된.
Santo Padre. 로마교황. 법황.
dia santo 성일(聖日). 휴일.
santo remédio 아주 좋은 약. (먹고) 병이 나은 약.
campo santo 묘지(墓地).
— *m*. ①성도(죽은 뒤 교회에서 특히 숭상하는 사람). (보통) 천국에 올라간 사람; 죽은 사람. ②[聖] 사도·교부·천사·기독교도 등의 칭. ③성자. 성인. 덕이 높은 사람.
dia de todosossantos 성도제(聖徒祭).

santo-e-senha *m*. ①(성자의 이름을 붙인) 암호 말. ②서로 통하는 암호. 군호(軍號).

santola *m*. [動] 거미게. 큰 게(大蟹).

santolina *f*. [植] 풀솜나무. 라벤더 솜.

santolinha *f*. = *santolino*.
— *m*. [動] 털게(毛蟹).

santonica *f*. = *santonico*.
— *m*. [植] 국화과의 약초.

santonina *f*. ①[植] 국화과의 약초. ②산토닌 (회충약).

santor *m*. [紋] X형 십자. 성(聖)안드루 십자.

santoral *m*. ①성자열전(聖者列傳). ②성자송사집(頌詞集). ③(교회의) 성가집(聖歌集).

santuário *m*. ①거룩한 곳. 지성소(至聖所: 유태 신전의 맨 안쪽). 신전(神殿). 사원. ②성역(중세에 법률의 힘이 미치지 못한 교회 등). 피난소. ③[聖] 예루살렘 신전. ④(교회 등의) 죄인 비호권(庇護權).

são (1) *a*. ①건강한. 건전한. ②건강에 적당한. 위생적인. ③본정신의. 온전한. ④완전한. 아무런 흠도 없는. 완전무결한.
a são e salvo 무사히. 무난히.
— (2) *a*. (= *santo*). 성스러운. 신성한. 거룩한. (*são*은 자음(子音)으로 시작되는 성자(聖者)의 이름을 수식하고 *santo*는 모음으로 시작되는 성자의 이름을 수식한다.) (보기) *São Paulo, São Pedro ; Santo Antonio, Santo Andre*.
— (3) 동사 *ser*의 직설법. 현재 3인칭 복수.

São-Paulo *m*. 상파울로.

sapa *f*. ①삽. 가래. ②[軍] (참호의) 대호(對壕). 대호를 파기. 대호작업.

sapador *m*. [軍] 대호병(對壕兵). (英軍俗) 공병.

sapajo, sapju-aurora *m*. [動] 남미산의 작은 원숭이.

sapal *m*. ①늪이 많은 땅. 습지. 축축한 땅. ②두꺼비 많은 땅. ③두꺼비굴(구멍).

sapanzoba *f*. 후취류(厚嘴類)의 작은 새.

sapar *v.t.*, *v.i.* ①삽으로 (땅을) 파다. ②[軍] 대호를 파다. 대호로써 전진하다.

saparrão *m*. (*sapo*의 지대어). 큰 두꺼비.

sapata *f*. ①뒤축이 낮은 신. 뒤축이 납작한 구두. ②[建] 까치발. 선반받이. 홍예받이. 부벽(副壁). ③(수레바퀴에 달려 있는) 쇠로 만든 제동기(制動器). ④[海] 삼공 도르래(三孔滑車). 《英》 *dead eye*.
sapata de chave 악건(樂鍵)의 뒤쪽 아랫부분을 둘러 대는 가죽 커버(공기가 새지 않게 하는).
sapata da parede 벽의 가운데(壁腰)에 붙여 대는 선반받이. 부벽(副壁).
feijão de sapata 강낭콩.

sapatada *f*. ①구두로 톡(톡톡) 두드리기. ②구두로(신으로) 치기.

sapatão *m*. 큰 신. 큰 구두. 보기 흉한 신. 나무로 만든 신.

sapataria *f*. 양화점. 구둣방.

sapateada *f*. 발을 구르기. 밟기. 짓밟은 상태.

sapateado *a*. 발을 구른. (발로) 밟은.
— *m*. 나막신 소리에 맞추어 추는 춤. 《英》 *clog dance*.

sapatear *v.t.* (발을) 구르다. 밟다. 마구 밟다.
— *v.i.* ①발을 구르다. ②나막신 소리에 맞추어 춤추다.

sapateira *f*. ①구두 깁는 여자. 여자 화공(靴工). ②화공의 처. 구두장이의 부인. ③구두 넣는 통. ④[動] 일종의 게.

sapateiral *a*. 구두장이의. 화공의. 화공식(式)의.

sapateiro *m*. 구두장이. 화공(靴工). 구두 수리하는 사람.

sapatilha (1) *f*. 방신. 헝겊으로 만든 신. 실내에서 신는 슬리퍼의 일종. 병동(病棟) 등에서 신는 신.
— (2) *f*. = *sapata de chave* (*sapata*를 보라).

sapatilho *m*. (흔히 복수로 씀). [海] 씌우는 고리. (바 끝·돛의 마설을 방지하는 쇠붙이). 《英》 *thimble*.

sapatinho *m.* (*sapato*의 지소어). 작은 구두. 작은 신. 특히 아기 또는 아이의 구두.

sapato *m.* 신. 구두. 양화. 단화. 반장화.
sapato de baile (가벼운) 무도화(舞蹈靴).
andar com a pedra no sapato (의심을 품다). 눈치 채다. 알아 채다.
itso é outro par de sapatos. 이것은 전혀 다른 일이오.

sapatola *f.* (서투르게 만든) 큰 신.

sapatorra, sapatorro *m.* 맵시 없는 구두. 보기 흉한 신. 짐배처럼 생긴 구두.

sapatrancas *f.*(*pl.*) ①보기 흉한 구두. 큰 구두. ②장난이 세참.

sape *interj.* 쉬이! 쉬잇! (새·고양이 따위를 쫓는 소리).

sapé *m.* [植] 싸베풀(말려서 지붕이나 담을 잇는 데 씀).

sapear *v.i.* ①(특히 노름하는 것을) 옆에서 구경하다; 바라보다. 훈수하다. ②쓸데없는 말을 던지다. 필요 없는 참견을 하다.

sapeca (1) *f.* 중국의 동전.
― (2) *f.* ①(맛패차(茶)를) 굽기. 볶기. ②(돼지·닭 따위의) 보드러운 털을 불에 지지다. 그을리다.

sapecar *v.t.* (돼지·닭 따위 튀기고 남은) 털을 불에 그슬리다. 태우다, (천의) 솜털을 태우다.
― *v.i.* ①게으름 피우다. 건달부리다. ②애교를 짓다. 교태를 부리다.

sapezal *m.* 싸뻬 풀밭.

sápia *f.* 전나무(재목).

sápido *a.* ①맛좋은. 풍미 있는. ②(담화 문체 등의) 흥미 있는.

sapiência *f.* ①《雅》지혜. 예지. 지식. 박식(博識). ②아는 체하기. 유식한 체하기.

sapiencial *a.* 지혜의. 슬기가 나타난.

sapiente *a.* ①슬기로운. 지혜 있는. 박식한. ②아는 체하는. 자칭의. 소위.

sapientemente *adv.* 해박(該博)한 지식으로서.

sapinho *m.* ①작은 두꺼비. ②[植] 별꽃.
sapinho da gráia [植] 벼루자리속·개벼루속 따위의 모래땅에 나는 잡초.

sapinhos *m.*(*pl.*) ①[醫] 아구창(鵝口瘡). ②[獸醫] 말혀에 돋아나는 일종의 군더더기 살.

sapiranga *f.* 속눈썹을 탈락(脫落)시키는 안검염(眼瞼炎).

sapiroca *f.* =*sapiranga*.

sapiroquento *a.* *sapiranga*에 걸린.

sapo *m.* ①두꺼비. ②《俗》(노름하는 것을) 옆에서 구경하는 사람. 쓸데없는 참견을 하는 사람.
(注意) 通性으로도 씀.
pedra ne sapo 섬여석(蟾蜍石)(옛날의 부적). [地質] 현무반암(玄武斑岩).

sapocado *a.* (눈알이) 튀어 나온. 두꺼비눈 같은.
olhos sapocados 튀어 나온 눈. 두꺼비눈.

sapo-concho *m.* [動] 담수(민물)의 거북.

sapóleo *m.* 가루비누.

saponáceo *a.* 비누질(質)의. 비누 같은. 미끈미끈한.

saponária *f.* [植] 비누풀(석죽과의 초본(草本); 잎의 즙은 비누 대용).

saponário *a.* (약품 따위에) 비누 성분이 있는. 비누질(質)을 함유한.

saponase *f.* 감화(鹼化)에 의한 지방분해(脂肪分解)

saponificação *f.* 비누로 되기. 감화.

saponificar *v.i.* 비누로 만들다.
―*se* *v.pr.* 비누로 되다. 감화(鹼化)하다.

saponificável *a.* 비누로 되는(만들 수 있는). 험화할 수 있는.

saponiforme *a.* 비누같은.

saponina *f.* 감소(鹼素).

saponito *m.* [鑛] 비눗돌.

sapopema, sapopemba *f.* [植] 간상근.

sapoquema *f.* =*sapucairana*.

saporífero, saporífico *a.* 맛있는.

sapota *f.* [植] (아메리카 열대산의) 적철(赤鐵)(의 열매).

sapote, sapoti *m.* =*sapota*.

sapotizeiro *m.* [植] 적철과나무.

sapróago *a.* [動] 썩은 것을 먹는.

saprófilo *a.* [動] 썩은 것(부패물)을 좋아하는.

saprófita *f.* **saprófito** *m.* [植] 취부균(就腐菌). 부패균. 기시식물(寄屍植物).

saprolégnia *f.* 부패유기물(腐敗有機物)에 기생하는 수중균(水中菌).

sapucaia *f.* [植] 도금양과(桃金孃科)의 몇 가지 식물 중의 하나.

sapucaitana *f.* [植] 도금양과의 나무.

sapudo *a.* 통통하고 짤막한.

saputá *m.* [植] 쌍자엽과(雙子葉科)의 나무.

saputi *m.* [植] 싸뿌찌 열매. 싸뿌찌 나무.
saputizeiro *m.* [植] 싸뿌찌 나무(赤鐵科).
saque (1) *m.* [商] ①어음 발행. 환어음으로 하는 것. ②환어음. 어음 따위에 의한 금전찾기.
— (2) *m.* (점령한 도시·농촌 등에 있어서의) 약탈. 겁탈(劫奪). 노략(擄掠).
saqueador *a.* 약탈(겁탈)하는. 훔치는.
— *m.* 약탈자. 겁탈자.
saquear *v.t.*, *v.i.* ①(특히 점령한 도시·농촌에서) 약탈하다. 겁탈하다. ②훔쳐 가다.
saquete *m.* 작은 주머니. 소낭(小囊).
saqui *m.* [動] 꼬리 긴 원숭이(長尾遠)의 일종.
saquim *m.* (유태인이 쓰던) 도살용의 칼. 백장의 칼.
saquinho *m.* 작은 주머니.
saquité, saquitel *m.* 작은 주머니. 작은 배낭.
sarabanda *f.* 사리반드 춤(3박자의 스페인 춤). 사라반드 춤의 곡. 《俗》잔소리.
sarabandear *v.i.*, *v.t.* 사라반드 춤을 추다.
sarabatana *f.* ①뿔나팔. 전음(傳音) 나팔. 전음기(傳音器). 메가폰. ②취관(吹管) (특히 토인들이) 불어서 화살을 쏘는 통.
sarabulhento *a.* ①거친. 우툴두툴한. ②[醫] 부스럼이 많은. 헌데가 많은.
sarabulho *m.* ①요철이 있음. ②[醫] 부스럼. 여드름. 구진(丘疹). 헌데.
saracote *m.* ①방황(彷徨). ②흔들며 걷기.
saracoteador *a.*, *m.* ①방황자. ②몸을 흔들며(어기적어기적 하며) 걷는 사람 (동물).
saracotear *v.t.* 기계적으로 움직이다.
— *v.i.*, —**se** *v.pr.* 하는 일 없이 돌아다니다. 몸을 흔들며 방황하다; 비틀비틀(어기적어기적)하며 걸어다니다.
saracoteio *m.* =*saracote*.
saracura *f.* [鳥] 뜸부기의 종류. 물가에 사는 새.
saragoça *f.* 일종의 갈색 모직물. 그것으로 만든 옷.
saraiva *f.* ①싸락눈(霰). 우박(雹). ②우박처럼 심하게 퍼붙는 것.
saraivada *f.* ①우박이 내림. 강박(降雹). ②우박이 내린 상태. ③[軍] 일제사격. 우박같은 기총사격.
saraivar *v.i.* 우박이 내리다. 싸락눈이 내리다.
— *v.t.* ①우박처럼 퍼붓다. 맹렬한 사격을 하다. ②(우박으로 농작물 따위를) 두드리다. 해롭히다.
saraiveiro *m.* =*saraivada*.
saramago *m.* [植] 십자화과(十字花科)의 초본.
saramântiga *f.* 《俗》=*salamandra, salamantiga*.
saramátulos *m.(pl.)* (사슴의) 새로나온 뿔.
saramba *f.* 스페인의 *Fandango* 비슷한 춤.
sarambé *m.* 멍텅구리. 얼간이. 바보.
sarambeque *m.* (17~18세기경 유행한) 흑인 노예들의 경쾌한 춤의 일종.
saramenheira *f.* =*saramenheiro*.
— *m.* [植] 사향배나무.
saramenho *m.* [植] 일종의 사향배.
saramigues *m.* [動] (아마존 지방의) 큰 뱀 (大蛇).
sarampão *m.* [醫] 홍역에 걸려 있음. 홍역하고 있음.
sarampelo *m.* 《俗》가벼운 홍역. 장미진 (薔薇疹).
sarampento *a.* 홍역의. 홍역 비슷한. 홍역에 걸린.
sarampo *m.* [醫] 홍역(紅役). 홍역의 꽃.
saramposo *a.* 홍역의 꽃이 많은. 많은 빨간 반점이 돋은. 홍역에 걸린.
saran (sarã) *m.* [植] 침수지(浸水地)에 나는 작은 관목(灌木).
saranda *m.* 방랑아. 부랑자. 건달꾼. 게으름뱅이.
sarandagem *f.* ①나타(懶惰). 나태. 게으름 피기. ②빈둥거리며 세월보내기. 방랑생활.
sarandahae *f.(pl.)* 왕겨. 대팻밥. 버리는 찌끼. 쓸모없는 것. 《俗》인간의 찌끼. 최하층민.
sarapanel *m.* [建] 반궁륭(半穹窿).
sarapantado *a.* 깜짝 놀란. 경악한. 가슴이 서늘한. 낭패한.
sarapantar *v.i.* 깜짝 놀라게 하다. 가슴이 서늘케 하다.
— *v.i.*, —**se** *v.pr.* 깜짝 놀라다. 가슴이 서늘해지다. 낭패하다. 망연(茫然)하다.
sarapatel *m.* 내장을 삶은 것(양의 내장을 잘게 썰어서 오트밀·기름과 함께 그 위(胃)에 넣어 삶은). (고기·야채 따위를 넣은) 일종의 스튜. 뒤섞은 것. 잡탕. 혼합물. 뒤범벅.

sarapintado *a.* 여러 가지 색깔로 물들인. 다색반점(多色點)을 찍은. 작반(雀斑)이 있는. 얼룩덜룩한.

sarapintar *v.t.* 여러 가지 색깔의 얼룩점을 찍다. 얼룩덜룩한 반점을 찍다.

saraqueira *f.* (삼림(森林) 속의) 썩은 식물이 쌓여 있는 것.

sarar *v.i.* (병을) 고치다. 낫게 하다. (상처를) 유착시키다.
— *v.i.*, **—se** *v.pr.* 병이 낫다. 전쾌하다. 완쾌하다. (상처가) 아물다. 유착하다.

sarasará, sarassará *m.* 개미의 일종.

sarau *m.* 야회(夜會). (…의) 밤. (특히) 밤의 무도회 또는 음악회.

sarça *f.* [植] 들장미. 가시덤불(특히 검은 딸기의 숲).

sarçal *m.* 들장미밭. 가시덤불이 많은 곳.

sarçarrilha *f.* ①[植] 사르사(중앙 아메리카 원산의 나리과 식물). ②사르사 뿌리 (약용).

sarcasmico *a.* =*sarcastico*.

sarcasmo *m.* ①빈정댐. 비꼬기. 찌르는 말. 풍자. 욕설. 조매(嘲罵); 조롱거리.

sarcástico *a.* (말·사람이) 빈정대는. 비꼬는. 풍자적. 말버릇이 나쁜.

sarceiro *m.* 혼란. 분규(紛糾). 분란(紛亂).

sarcina *f.* ①[細] 팔연구균(八聯球菌). ②[植] 병자송속(瓶子草屬).

sarcite *f.* [醫] 근염(筋炎).

sarco *pref.* '고기(肉)'를 뜻하는 접두사.

sarcocarpiano *a.* [植] 육과피의. 과육(果肉)의.

sarcocarpio, sarcocarpo *m.* [植] 육과피(肉果皮).

sarcocele *m.* [醫] 고환육종(睾丸肉腫).

sarcocola *f.* 싸르꼬꼴라 수지(樹脂)(상처 치료에 쓰임).

sarcocoleira *f.* [植] 싸르꼬꼴라 나무.

sarcocolina *f.* 싸르꼬꼴라 정(精).

sarcode *m.* [生物] (하등 동물의) 원형질(原形質).

sarcoderma, sarcoderme *m.* [植] 중종피(中種皮: 씨를 싸고 있는 내·중·외(內·中·外)의 세 개의 껍질 중 그 가운데 것).

sarcodico *a.* [生物] 원형질의.

sarcofagia *f.* 육식양생(肉食養生).

sarcófago (1) *a.* 고기를 침식하는. 고기에 먹어 들어가는. 고기를 먹는.
— (2) *m.* [史] 정교한 장식의 큰 석관 (石棺).

sarcofila *f.* [植] 엽육(葉肉).

sarcoide, sarcóideo *a.* 고기 같은. 고기 비슷한. 육상(肉狀)의.

sarcoleuma *m.* [解] 근육소(筋肉鞘). 근의(筋衣).

sarcolita *f.* **sarcolito** *m.* [鑛] 육옥(肉玉: 살빛을 띤 투명한 돌).

sarcologia *f.* [醫] 근육학(筋肉學). 연체학(軟體學).

sarcológico *a.* 근육학의. 연체학의.

sarcoma *m.* [醫] 육종(肉腫). 육류(肉溜).

sarcomatoso *a.* 육종의. 육류의. 육종이 있는. 육종질의.

sarcopta *m.* [醫] 개선충(疥癬蟲).

sarçoso *a.* ①가시 돋은. 가시 많은. ②가시 같은. 곤란한. 쓰라린.

sarcospermo *a.* [植] 과육(果肉)이 많은 과일이 있는(열리는). 다육과실(多肉果實)의.

sarcotico *a.* 고기가 되는(되게 하는). 성육(成肉)의. 고기의 생성(生成)을 촉진하는.
— *m.* 생육학(生肉學). 육아최진제(肉芽催進劑).

sarda *f.* [魚] 날개 있는 고등어. 날치의 일종. 줄삼치.

sardas *f.(pl.)* [俗] 죽은깨. 얼룩. 티. (피부에 생기는) 엷은 갈색의 반점.
sardas do rosto 얼굴의 죽은깨.

sarda-agata, sardágata *f.* [鑛] 등황색(橙黃色)에 빨간 빛을 띤 마노(瑪瑙).

sardanapalesco, sardanaplico *a.* *sardanapalo* (7세기경의 아시리아왕) 같은. 음란하고 여성적인. 음탕하고 나약한.

sardanisca, sardanita *f.* [動] 벽도마뱀.

sardão *m.* [動] 초록색 도마뱀(綠蜴蜥).

sardento *a.* ①얼굴에 죽은깨 있는. 죽은깨 많은. ②(여름볕에 피부가 타서) 얼룩이 생긴. 티가 된.

sardinha *f.* ① [魚] 정어리. ②(아이들의) 일종의 유희.
Não vale uma sardinha. 아무런 가치도 없다.
Chegar a brasa á sua sardinha. ①자기 일만 생각하다. 아전인수(我田引水). ②돈벌이가(이익이) 되다.

sardinheira *f.* ①정어리 잡는 그물. ②정어리 잡이. ③정어리 파는 여자. ④[植] 제라늄. 양아욱.

sardinheiro *a.* 정어리의. 정어리 잡는 데 쓰는.
— *m.* 정어리 장수.
sardinheta *f.* 작은 정어리.
sárdio *m.* [鑛] 홍옥수(紅玉髓). 광옥수(光玉髓).
sardo (1) *a.* 주근깨 있는. 얼룩(티) 있는.
— (2) *a.* (이탈리아 반도 서쪽의 섬) *Sardinia*의.
— *m.* 사르디니아 사람(말).
sardonia *f.* [植] 까마귀발. 석룡병(石龍芮).
sardônica *f.* ①[鑛] 빨간 무늬 있는 마노(紅縞瑪璃). ②[霧] 진홍색.
sardónico *a.* 냉소적. 조롱적인. 비꼬는.
riso sardónico 냉소. 쓴웃음. 빈정대는 웃음.
sardoso *a.* =*sardento*.
sarga *f.* 포도의 일종.
sargaça *f.* [植] 시수토수(물푸레나무과).
sargaceiro *m.* =*sargaco*. (해초)를 채취하는 사람.
sargacinha *f.* [植] (일종의) 미립포도(微粒葡萄).
sargaço *m.* [植] 모자반류(類)의 해초(海草)(馬尾燥屬).
sargeta *f.* =*sargeta*.
sargenta *f.* 보조자(補助者). 봉사인. 《古》 사법관(司法官). 소관리(小官吏).
sargentear *v.i.* [軍] 중사(상사)의 일을 맡아보다. 중사 직분을 행사하다. (풍자적으로) 수시로 지시하며 돌아다니다. 자질구레한 명령(잔소리)만 하며 돌아다니다.
sargento (1) *m.* ①중사(*corporal* 보다 높은 계급의 하사관에 대한 총칭). ②경사.
(2) *m.* [海] 병조(兵曹).
① *sargento de marinha* 병조장(兵曹長)
② *sargento de marinha* [海軍] 병조. 병조장(兵曹長).
③ *sargento ajudante* [軍] 보급상사.
sargeta *f.* ①물빼는 도랑. 길가의 도랑. 배수구. ②엷은 사지(능나사).
sargo *m.* [魚] 도미의 일종.
sarguete *m.* (*sargo*의 지소어). (일종의) 작은 도미.
saribanda *f.* =*sarabanda*.
sariema *f.* 작은 타조(駝鳥)의 일종.
sarigüê, sarigueia *f.* [動] 오포 섬(남아메리카산) 유대류(有袋類)의 쥐.
sarilhar (1) *v.i.* (실을) 물레에 감다. 실패에 감다. 실을 잣다. (고치 따위로부터) 실을 뽑다.
— (2) *v.i.* ①(귀뚜라미 따위가) 찌르르 울다. 시끄럽게 울다. ②떠들어대다. 소란스럽다.
sarilho *m.* ①물레. 실패. 방차(紡車). 물레추. 실 감는 기계. 줄을 감아 올리는 기계(捲揚機). ③(전선 따위를) 감는 틀. ④평행간(平行桿)을 쥐고 빙글빙글 도는 운동. ⑤총을 피라밋식으로 모아 세우는 것. ⑤쉴 새 없는 활동.
andar num sarilho 《俗》 쉴 새 없이 돌아 다니다. 부단히 활동하다.
sarja (1) *f.* 능라사. 사지.
— (2) *f.* [醫] (피·고름 등을 빼기 위한) 난자(亂刺). 난절(亂切). [外科] 절개(切開).
sarjação *f.* (피·고름을 빼기 위하여) 난자하기. 난절하기. 막째기. 절개하기. 방혈(放血).
sarjadeira *f.* (외과용의) 난절도(亂切刀). 일종의 방혈기(放血器).
sarjado (1) *a.* 능라사(사지) 비슷한.
— (2) *a.* 난자한. 난절한. 가른.
sarjador *m.* 난절(亂切)하는 사람. 방혈하는 사람.
sarjadura *f.* =*sarjação*.
sarjão *m.* 거친 나사(羅紗). 거친 사지.
sarjar *v.t.* 난자(亂刺)하다. 난절하다. 방혈하다.
sarjel *m.* 일종의 거친 능나사(사지).
sarjeta (1) *f.* 얇은 능라사. 얇은 사지.
— (2) *f.* 물 빼는 도랑. 배수구(排水口).
sarmentáceas *f.(pl.)* [植] 포도과(葡萄科).
sarmentáceo *a.* [植] 덩굴식물의. 덩굴 있는. 덩굴이 뻗는. 덩굴지는.
sarmentício *a.* [植] 덩굴의. 만성(蔓性)의.
sarmentífero *a.* 덩굴이 돋는(나는). 덩굴 있는.
sarmento *m.* [植] ①덩굴(蔓). (특히) 포도 덩굴. ②덩굴 식물의 가는 가지. 지맥(枝脈).
sarmentoso *a.* (포도 따위의) 덩굴의. 덩굴이 있는. 덩굴이 많은.
sarna *f.* ①[醫] 옴. 개선(疥癬). 피부의 불결. ②귀찮은 사람.
Procurar sarna para se coçar. 긁어서 부스럼 만들다. 쓸데없는 짓을 하다.
sarnambi *m.* [貝] 싸르남비(조개)(브라질산 식용).

sarnento, sarnoso *a.* 옴에 걸린. 몹시 가려운.

saroar *v.i.* =*seroar*.

sarpar *v.t.*, *v.i.* 닻을 올리다. 발묘(拔錨)하다.

sarrabalho *m.* 일종의 시골춤.

sarrabiscar *v.t.*, *v.i.* 갈겨 쓰다. 흘려 쓰다. 되는대로.

sarrabiscos *m.(pl.)* 갈겨 쓰기. 흘려 쓰기. 난필(亂筆).

sarrabulhada *f.* =*sarrabulho*.

sarrabulho *m.* ①돼지의 피. 돼지피로 요리한 것. 검은 푸딩. ②뒤섞은 것. 혼란. 혼잡.

sarracência *f.* [植] 병자초(瓶子草).

sarraceniáceas *f.(pl.)* [植] 병자초과 식물 (일종의 식충(食蟲)식물).

sarracénico *a.* =*sarraceno*.

sarraceno *a.* 사라센(사람)의 사라센의.
— *m.* 사라센 사람(시리아 및 아라비아의 사막에 사는 유목민). (특히) 십자군 시대의 아라비아 사람(회교도).

sarrafaçador *a.*, *m.* 서투르게 톱질하는 사람. 솜씨없이 깎는(베는) 사람.

sarrafaçadura *f.* ①무딘 쟁기(톱・칼)로 일하기. ②서투르게 톱질하기(깎기・베기). ③난사(亂刺). 난절(亂切).

sarrafaçal *m.* 솜씨 없는 사람. 서투른 일꾼. 재간 없는 목수.

sarrafaçar *v.i.* ①무딘 쟁기로 일하다. ②서투르게 톱질하다(깎다). 솜씨 없이 일하다.

sarrafão *m.* (*sarrafo*의 지대어). 큰 각재(角材). 굵은 각재(판자 울타리할 때의 기둥 또는 철조망 칠 때의 큰 말뚝으로 쓰는). [建] 장선(長線). 작은 들보.

sarrafear *v.t.* 가늘고 긴 각재를 만들다. 널빤지를 깊이로 켜서 조판(條板)을 만들다. 가는 합판(割板)을 만들다. 장선(長線)을 만들다.

sarrafinho *m.* (*sarrafo*의 지소어). 가는 각재.

sarrafo *m.* 구형 각재(矩形角材)의 총칭. (폭이 3~5cm, 두께 2~3cm되는 긴 나무로서 창문 틀. 간판 틀. 상다리. 산자(散子) 따위에 쓰이는 조판(條板)).

sarrafusca *f.* ①사소한 싸움. 말다툼. ②소란. 소동. 사람들이 모여서 웅성대는 것. ③무질서. 혼란.

sarreiro *m.* 거친 주석(酒石)을 파는 사람.

sarrento *a.* ①찌끼가 있는. 잔재가 낀. 부스러기가 남은. ②치은(齒齦)이 있는. 주석이 있는. ③[醫] 설태(舌苔) 있는.

sarrido *m.* 《俗》 숨찬 소리. (목구멍에서 나는) 괴로운 소리. (임종을 앞둔 사람의) 고통의 목소리.

sarro *m.* ①찌끼. 잔재(殘滓). 나머지. ②(주전자 안에 생기는) 버캐. ③[化] 주석(酒石). 치은(齒齦). 치석(齒石). ④[醫] 설태(舌苔 : 이끼처럼 혀에 덮이는 것).

sarta *f.* ①[海] 돛대 밧줄(돛대 꼭대기에서 양 뱃전에 치는 것). 《英》 *shroud*. ②구멍 있는 조그만 구슬. 염주 구슬.

sartal *m.* 《古》 (구슬・진주 따위를 낀) 목걸이. 장식목걸이. 끈에(주렁주렁) 낀운 구슬.

saruga *f.* [植] (곡물의) 꺼끄러기. 가시랭이.

sassafrás *m.* [植] 사사프라스(나무)(녹나무과의 식물. 북미원산) ; 그 수피(樹皮) 또는 침제(浸劑)(강장제・향료).

satã, satanás *m.* 사탄. 대악마. 마왕.

satanicamente *adv.* 악마처럼. 극악무도하게.

satânico *a.* ①마왕의. 사탄의. 대악마의. ②악마 같은. 극악무도한. 흉악한.

satanismo *m.* ①악마교. 악마 숭배(특히 19세기 프랑스의). ②악마의 길. 악마 근성(根性).

satanizar *v.t.* 악마처럼 하다. 악마화하다.

satélite *m.* ①배종(倍從). 종자(從者). 추종자. 추구. ②[天] 위성. 배성(倍星). ③[政] 위성국가. 위성도시.
satélite artificial 인공위성.

sátira *f.* ①풍자문・풍자시. 풍자. 풍자문학. ②비꼬기. 빈정대기.

satiriase, satiriasis *f.* [醫] 남성황음증(荒淫症).

satiricamente *adv.* 풍자적으로. 빈정대며.

satírico *a.* ①풍자의. 풍자적. 풍자문(시)의. ②비꼬는. 빈정대는.

satirista *m.f.* ①풍자시(문) 작가. ②풍자가. 비꼼쟁이.

satirizador *a.* ①풍자하는. 빈정대는. 비꼬는. ②조롱하는 ; 혹평하는.

satirizante *a.* 풍자하는 ; 빈정대는. 비꼬는.

satirizar *v.t.* (…에 대하여) 풍자시로(문으로) 공격하다. 풍자하다. 빈정대다.

sátiro *m.* [希神] 삼림의 신(주신(酒神) *Bacchus*를 따르는 반인・반수의 괴물 ;

술과 여자를 가장 좋아함). ②《轉》색마.

satisfação *f*. ①만족시키기(하기). 만족. 소망. 소원. ②[法] 변제(辨濟). 배상; 의무의 이행. ③[宗] 참회의 고행; [神] 속죄.
dar satisfação 만족시키다.
Tenho satisfação de. …에 대하여 만족하는 바입니다. …을 흡족하게 느낍니다.

satisfatóriamente *adv*. 만족스럽게. 흡족하게. 유감없이. 충분히.

satisfatório *a*. ①만족한. 흡족한. 유감없는. 더 말할 나위 없는(정도로 좋은). ②[神學] 충분한 속죄가 되는.

satisfazer *v.t*., *v.i*. ①(욕망을) 만족시키다. 만족하다. (사람의 뜻을) 채우다. (요구에) 잘 응하다. ②(의무를) 다하다. 이행하다. ③(숙망을) 달하다. (소원을) 성취하다. ④(부채를) 다 갚다. [神學] (그리스도가) 속죄하다.
—*se v.pr.* ①만족하다. 흡족하게 느끼다 ; 숙망(소원)을 달성하다. ②《俗》속시원해지다.

satisfeito *a*. ①만족한. 만족하고 있는. ②(욕망·소원 등) 달성된. 성취된. ③충분한. 충족한.

sativo *a*. ①씨를 뿌린. 심은. ②심을. 파종할. ③파종의.
plantas sativas 농작물(農作物).

sátrapa *m*. 총독. 지사. 독군(督軍)(옛 페르시아의 지방장관).

satrapear *v.i. sátrapa*적 권세를 부리다. 전횡(專橫)하다.

sátrapia *f. sátrapa*의 관구(管區). 주(州). 현(縣).

saturabilidade *f*. [化] 포화성(飽和性).
saturação *f*. 침윤(浸潤) ; [化] 포화.
saturado *a*. 담근. 푹 적신 ; 포화된.
saturador *a*. 담그는. 적시는. 포화시키는.
— *m*. 포화기(飽和器).
saturagem *f*. [植] 꿀풀과의 식물(요리용).
saturamento *m*. =*saturação*.
saturante *a*. 포화시키는.
— *m*. [化] 포화제(飽和劑).
saturar *v.t*. ①담그다. 푹 적시다 ; [化] 포화시키다. ②(전통·편견 등에) 젖게 하다.
— *v.i*. ①[化] 포화하다. ②가득 차다. 싫어지다.

saturável *a*. 포화시킬 수 있는.
saturnal *a*. =*saturniano*.
saturnais *f.(pl.)* ①(옛 로마) 농신제(農神祭). ②《轉》법석 떠들기. 떠들고 놀기.
saturniano *a*. ①(농신(農神))새턴(Saturn)의. ②[天] 토성의. ③번영한. 행복한. 평화한.
saturnino *a*. ①[占星] 토성의 영향을 받고 태어난 ;《轉》무뚝뚝한. 음침한. ②납의. 함연(含鉛)의. 연독(鉛毒)의.
saturnio *a*. 토성(土星)의. 토성의 영향을 받은.
saturnismo *m*. 연독(鉛毒). 연중독.
saturno *m*. ①[天] 토성(土星). ②[鍊金術] 납(鉛).
sauaçu *m*. [動] (브라질산) 원숭이의 일종.
saúba *f*. =*saúva*.
saubal *m*. =*sauval*.
saúco *m*. (말의) 발굽뼈.
saudação *f*. 인사. 경례 ; 인사의 말. 축사(祝辭). 축의(祝意).
saudação angélica [宗] 아베마리아(성모 마리아 추념(追念)의 기도).

saudade *f*. ①갈망. 열망. 동경. 사모(思慕). ②향수(鄕愁). 회향(懷鄕). 회향병. 홈시크.
ter saudade de sua terra 고향을 그리다. 향수에 잠기다.
ter saudade da familia 가족을 그리다. 가족을 몹시 보고싶어 하다.
matar saudade (고국방문 또는 가족을 만남으로써) 향수가 없어지다. 동경을 없애다.
Dê-lhe saudades minhas. 그분께 나의 문안의 인사를 전해 주시오.

saudador *a*., *m*. 인사하는 (사람). 건강을 축복하는 (사람). 축사를 드리는 (사람).
saudante *a*. 인사하는. 경례하는 ; 인사의 말을 하는. 축사를 드리는. 축사하는.
saudar *v.t.*, *v.i*. (…에) 인사를 하다. (…의) 건강을 축하하다. (생일·기념일·국경일 등을 맞이하여) 축사를 드리다. 축하하다.
—*se v.pr.* 서로 인사하다. 서로 건강을 축하하다.
— *m*. 인사. 절. 경례.
saudável *a*. 건강에 적당한. 위생적인. 몸에 좋은. 건전한. 유익한.
saudavelmente *adv*. 건강에 적당하게. 건전하게.

saúde *f.* ①건강. 건강상태. 건전함. 무탈(無頉). ②건강을 축하하는 말. 축배(祝杯).
saúde pública 공중위생.
casa de saúde 요양원. 병원.
pôsto de saúde 보건소. 진료소.
corpo de saúde 위생대(衛生隊). 위생부(衛生部)의 인원.
repartição de saúde 위생부(국).
carta de saúde 건강증명서.
fazer uma saúde 축배를 들다. 건강을 축하하다.
em perfeita saúde 아주 건강하게. 건전히.
recuperar a saúde 건강을 회복하다.
Espero que esteja de saúde. 당신이 건강하기를 바랍니다.

saudosamente *adv.* (고향·가족 등이) 그립게 향수의 염에 잠겨.

saudosismo *m.* 향수(鄕愁). 회향(懷鄕). 망향. 향수의 염. 회고. 추억.

saudoso *a.* (가족·고향 따위) 그리운. 몹시 보고 싶은. 향수의 염에 잠긴 ; 갈망하는. 동경하는.
olhos saudosos 향수에 잠긴(처량한) 눈.

sáurio *m.* [動] 도마뱀 무리의 일종.
sáurios (*pl.*) 도마뱀류(蜥蜴類).

saurofago *a.* 도마뱀을 먹는.

saurografia *f.* 역석류지(蜥蜴類誌).

saurográfico *a.* 역석류지의.

saurógrafo *m.* 역석류에 관하여 계통 있게 기록하는 자.

saurologia *f.* 도마뱀류의 연구. 역석류학(蜥蜴類學).

saurológico *a.* 역석류학의.

saurólogo *m.* 역석류학자.

saúva *f.* [蟲] 싸우바. 개미(브라질의 적갈색(赤褐色) 큰 개미로 잎을 따고 지하에서 삶. 물리면 아프고 가려움).

sauval *m.* 싸우바 많은 곳 또는 싸우바 개미굴.

savana *f.* 나무 없는 평원. (미국 남부의)대초원.

savandija *m.*, *f.* =*sevandija*.

savarim *m.* 푸딩의 일종.

saveiro *m.* [葡] 어선(漁船)의 일종. [브] 짐배의 일종. 바닥이 평평한 배.

sável *m.* [魚] (대서양 서부 연안산의) 청어 무리의 중요한 식용어(魚).

savelha *f.* [魚] 작은 청어류.

savitu *m.* =*saúva*.

savoga *f.* =*savelha*.

saxão *a.* 색슨(인·어)의. 색스니인의.
— *m.* ① 색슨 사람(독일 북부의 고대민족). 색스니 사람(독일연방의 *Saxony* 국의). ②앵글로 색슨인.

saxátil *a.* [動] 바위 또는 바위 틈에 사는. 바위에 붙어 있는. [植] 바위에 돋는(피는).

sáxeo *a.* ①돌로 되는. 석질(石質)의. ②돌(바위) 많은.

saxhorn *m.* [樂] 색소폰(피스톤이 있는 놋쇠의 나팔).

saxícola *a.* =*saxátil*.

saxifraga, saxifragia *f.* [植] 범의귀과(虎耳科).

saxifragaceas *f.*(*pl.*) [植] 범의귀과 식물(고산·암생(巖生)식물).

saxifrago *a.* 돌을 녹이는 ; 돌을 부수는.

saxissonante *a.* 돌과 돌이 부딪치는(듯한) 소리를 내는.

saxofone, saxofonio *m.* [樂] 색소폰(클라리넷 속의 취주악기 ; *saxhorn*과 다름 ; *M. Sax*의 발명).

saxônio *a.* =*saxão*.
— *m.* (독일의) 색스니 사람.

saxoso *a.* 돌 많은. 돌 투성이의.

saxotrompa *a.* [樂] 색소나팔의 일종(*saxhorn*과 비슷하나 소리가 더 날카로움).

sazão *f.* ①철. ②계절. 시절. 절기 ; (운동경기 따위의) 시즌. 한 물때. 한 철 ; 유행기. 활동기. ②좋은 기회. 좋은 시기.

sazoar *v.t.* =*sazonar*.

sazonação *f.* ①익히기. 성숙시키기. ②맛들이기. 조미(調味)하기. 양념하기.

sazonado *a.* ①맛들인. 조미한. ②익은. 무르익은. 빨갛게 익은 ; 성숙한. 원숙한. ③길든. 숙달한.

sazonar *v.t.* ①익히다 ; 익숙하게 하다. 숙달시키다. 연마하다. ②맛 들이다. (소금·매운 향료 등으로) 양념하다. 조미(調味)하다. (술을) 익히다. ③(재목을) 말리다.
— *v.i.*, —**se** *v.pr.* ①(담근 것이) 익다. 맛들다. ②성숙하다. 원숙하다. ③숙달하다. 길들다.

sazoável *a.* ①익힐 수 있는. 맛들일 만한 ; ②생산적인.

se (1) *conj. cond.* 만약. …경우. 설령. …거든.
como se 마치. …와 같이.

se chover 만약 비오면.
Irei a tua casa, se não chover. 만약 비가 오지 않는다면 너의 집에 가겠다.
Se chovesse 비가 왔더라면.
Não se realizaria a competição, se chovesse 만약 비가 왔더라면 경기는 실현되지 않았을 것이다.
se queres 만약 원한다면.
Se ele quiser, irei. 만약 원한다면 가겠다.
Se fosse tu, iria. 내가 만일 너였더라면 갔을 것이다.
se não fosse seu auxílio 만일 당신의 원조가 없었더라면.
Se vier, dir-lho-ei. 만약 그이가 온다면 말하겠다.
— (2) *conj. integr.* (의문적용법) …인지 어떤지.
Não sei se vêm ou não. 그분들이 올지 안 올지 나는 모르겠다.
Não sei se êle sabe ou não. 그이가 알고 있는지 어떤지 나는 모르겠다.
Perguntou-me se havia chegado. 그분이 왔던가라고 나에게 물었다.
Diga-me se é verdade. 과연 사실인지 나에게 말해라.
Avise-nos se você vem ou fica. 당신이 가겠는지 또는 남아 있겠는지 우리들에게 알려주시오.
Se você me ama fique quieto. 만약 나를 사랑한다면 좀 참아라(가만 있어라).
Não sabemos se explodirá a guerra. 전쟁이 일어나겠는지 우리는 모르겠다.
— (3) *pron. refl.* (3인칭에만 붙는 재귀대명사 적용법). 그 사람(그 여자) 자신. 그 사람들(그 여자들) 자신. 당신 스스로. 당신들 스스로.
Meu irmão feriu-se. 나의 형(동생)은 상했다.
Você divertiu-se? 그대는 잘 즐겼는가?
Ela se mira no espelho. 그 여자는 거울을 들여다 본다(자기의 용모를 비추어 본다).
Êle se arrependeu 그분은 후회했다.
— (4) *pron. recip.* (상호대명사 적용법)
Êle e ela amam-se ardorosamente. 그이와 그 여자는 열렬히 사랑한다.
Os dois ajudam-se 두 사람은 서로 돕는다.
J. e R. feriram-se um ao outro. J.와 R.은 서로 상처를 입혔다.
Êles viram-se todos os dias. 그 사람들은 매일 만났다(보았다).
Os exércitos atacaram-se. 양군(兩軍)은 서로 공격했다.
Êles se mataram reciprocamente. 그 사람들은 서로서로 죽였다.
— (5) *pron. ind.* (부정(不定)대명사 적용법).
Gosta-se do que é seu 자기의 것을 더 귀히 여긴다.
As maçãs, vendem-se a três cruzeiros a dúzia. 사과는 1타스 당 3그루제이로 판다.
diz-se …라고 한다. …라는 소문이 있다. 비인칭 용법으로.
No Rio de Janeiro passeia-se muito. 리오데자네이로에서는 많은 사람이 산책한다.
Próibe-se afixar cartazes. (담벽·기둥 등에) 표어를 붙이는 것을 금함.
Não se deixa para omanhã o que se pode fazer hoje. 오늘 할 수 있는 일을 내일로 미루지 말자.
Precisam-se de trabalhadores, ambos os sexos. 남녀 수명의 일꾼을 원합니다.

sé *f.* [가톨릭] 사교관구. 대사교관구(大司教管區). 교황관구 ; 본원(本院).
A santa sé. 교황청 ; 교황의 직.

seara *f.* ①밭. 농작물을 심은 곳 ; 경작지. ②곡식. 작물(作物).

seareiro *m.* ①경작자 ; 소농민. 영세농민. ②베는 사람. 수확자.

seba *f.* ①[植] 해초(海草). 해조(海藻). 조류(藻類). ②물결에 밀려 온 해초.

sebáceo *a.* 지방질의. 지방질을 분비하는. 지방이 많은.
glandules sebáceas 피지선(皮脂腺).

sebacico *a.* [化] 지방에서 빼내는(채취한).
ácido sebacico 지방산(脂肪酸).

sebacina *f.* [化] 지방산(酸).

sebastianismo *m.* 포르투갈왕 세바스찌웅 제1세가 아프리카에서 죽지 않고 돌아온다는 것을 믿는 것 ; 그 일파.

sebastianista *m., f.* ①위의 것을 믿는 사람. ②완미(頑迷)한 사람.

sebasto, sebastro *m.* 승의(僧衣)에 있는 여러 가지 색깔의 무늬 ; 일종의 색동.

sebe *f.* 산울타리(관상초(觀賞草)·가시나무 따위로 만든).
sebe viva 산울타리(反對 : 마른나무 울타리).

sebeira *m.* ①수지상인(獸脂商人). ②수지를 바른 나뭇개비.

sebenta *f.* ①(포르투갈 구인브라대학에 있어서의) 교과서에 등사된 원문. 강의서원문(講義書原文).

sebentão *a., m.* 기름투성이고 불결한 사람.

sebenteiro *m. sebenta*를 베껴내는 학생. *sebenta*로 공부하는 학생.

sebentice *f.* ①(특히 동물의) 기름을 바름. 수지(獸脂)를 바름. 기름을 먹임. 기름이 뱀. ②불결(不潔).

sebento *a.* ①수지(獸脂)의. 수지를 바른. (옷 따위에) 기름이 밴. 기름에 더러워진. 기름때 앉은. ②불결한.

sebo *m.* ①동물의 기름. 수지(양초·비누 등 만드는 데 쓰는 무른 기름). ②낡은 책(古書)을 파는 상점.

seboso *a.* 기름(수지) 많은. 기름투성이의. 미끈미끈한. 기름때 앉은.

sebruno *a.* (말 빛깔이) 거무스름한.

seca (1) *f.* 시끄러움. 귀찮음. 성가심. 진절머리남.
— (2) *f.* 수분을 없애기. 말리기. (빨래 따위) 널기. 말리는 동작.

sêca *f.* ①수분이 없는 상태. 바싹 마름. 건조(乾燥). 건발(乾魃). ②한발(旱魃). 가물음. ③불모.

secação *f.* 물기를 없애기. 말리기. 건조시키기. 널기.

secadeira *f.* 건조기(乾燥器).
secadeira automática 자동건조기.

secador *m.* ①건조자. (생선·과일 따위의) 건물(乾物)을 만드는 사람. 말리는 기구.

secadouro *m.* 건조실. 건조장.

secagem *f.* 말리기. 수분을 없애기. 건조작업.

seca-e-meca *f.* (다음과 같이 합쳐서 씀).
andar (correr) seca-e-meca 정처없이 돌아다니다. 곳곳을 방황하다. 방랑하다.

secamente *adv.* 말라서. 마르게. 무미건조하게. 냉정(냉담)하게. 무뚝뚝하게.

secante (1) *a.* 습기를 없애는. 말리는. 건조시키는. 건조용의.
— *m.* [書] 건조유(乾燥油). 건조제(劑).
— (2) *a.* 귀찮은. 성가신. 시끄러운. 진

절머리나는.
— (3) *a.* [數] 나누는. 끊는. 절단하는 ; 교차하는.
linha secante 절선(切線). 할선(割線).
— *f.* [數] 정할(正割). 할선.

seção, secção *f.* ①(외과·해부의) 절개(切開). 절단. ②베어 버린 부분. 벤 조각. ③구분. 구획. 마디. 접합 부분. ④(철도·도로의) 구간(區間). 보선구. ⑤구(區). 지구. 지방. ⑥(관청의) 부(部). 과(科). 분과(分科). ⑦[軍] 분대. [英軍] 보병분대. [美軍] 반소대. 포병소대. ⑧(단체의) 파. 당. ⑨(회의 따위의) 부속(部屬). ⑩(글·문장의) 절. 단락. 항(서적의). 편(篇). 부. 절. [樂] 악절(樂節). ⑪단면도. [幾] (입체의) 절단면. 교선(交線). (내부 구조의) 절단면. 원추(圓錐). 곡선.

secar *v.t.* ①말리다. 건조시키다. ②(빨래를) 널다. (나무를) 말리다. (생선·과일 따위를) 간물로 만들다. ③(그릇 따위를 행주로) 닦아 물기를 없애다. ④(눈물을) 씻다. 닦다. ⑤(돛을) 감아올리다.
— *v.i.*, —**se** *v.pr.* ①마르다. 건조하다. ②(물이) 비다. 고갈되다. 바싹 마르다. ③(몸이) 몹시 쇠약해지다. (꽃·잎 따위) 말라 시들다. 고조(枯凋)하다.

secarrão *a.* 《俗》 아주 마른. 바싹 마른.

secativo *a.* 말리는. 건조용의. 건조력(乾燥力)의.
— *m.* 건조제(乾燥劑) (특히 페인트에 쓰는).

secatório *a.* = *secativo*.

secatura *f.* 마름. 건조 ; 건조도(度).

secessão *f.* (정당·교회 등으로부터의) 탈퇴. 이탈. 분리.

secia *f.* [植] 자완(紫菀). 탱알. 자원과의 꽃(국화과).

sécia *f.* ①미인. 평판있는 여성. ②멋부리는 여자. 예쁜 체하는 여자. 《卑》 교태를 짓는 여자. 쪼개는 여자.

sécio *a., m.* ①멋쟁이. 맵시꾼. ②잘난 체하는 자. 허세 부리는 자.

secional *a.* 구분의. 부분의. 구간(區間)의. 구획의. 부분적. 지방적. 국지적(局地的). 짝맞추게 된. 단면(도)의.

secionar *v.t.* 구분하다. 단면도를 그리다. 부분품을 그림으로 표시하다.
— **se** *v.pr.* 구분되다.

seco *a.* ①마른. 바싹 마른. 물기가 (수분이)

전혀 없는. 건조한. ②(강·늪 따위) 고갈된. 빈. ③(잎사귀·꽃 따위) 시든. 마르고 시든. ④(몸이) 몹시 쇠약한. 마른. 수척한. ⑤(소리가) 둔한. ⑥인정미가 없는. 애교성이 없는. 무뚝뚝한. 냉정한. ⑦재미없는. 흥미 없는. 무미건조한 ; 싱거운.
ama seca 보모. 육아부(育兒婦).
pão seco 마른 빵 ; 버터를 바르지 않은 빵.
vinho seco 단맛이 없는 약간 독한 포도주.
riso seco 냉소(冷笑). 억지웃음.
em seco 말라서. 말려서. 마른대로. 물기 없이.
engolir ém seco 알약을 삼키다.
— *m.* 마름. 마른 것. 마른 땅.

secos *m.*(*pl.*) 마른 식료품. 간물(乾物).
secos e molhados 각종 식료품(각종 주류(酒類)·청량음료·과일 및 각종 간물을 통틀어 말함).

secreção *f.* ①[生理] 분비. 분비작용 ; 분비물(액). ②은닉(隱匿).

secreta *f.* ①[宗] (입속에서 외우는) 밀창(密唱). ②논문(論文)(어떤 대학에 있어서 교수회(敎授會)에 답변하는).

secretamente *adv.* 비밀리에. 숨어서. 남모르게. 가만가만.

secretaria *f.* ①서기관 사무소. 비서실장(秘書長室). ②서(署). 처(處). 국(局).

secretária *f.* ①여비서. 여서기관. ②서기관의 처. 비서장의 처. ③사무용 큰 책상. 서랍 달린 큰 책상.

secretariado *m.* ①서기관(비서관)의 직 ; 장관의 직. ②(장관실) 비서과 ; 문서과(文書課).

secretariar *v.i.* 서기관(비서관)의 직분을 수행하다. 서기관(비서관)으로서 맡은 사무를 처리하다.

secretário *m.* ①서기(書記) ; 서기관. 비서관. 사무관. ②장관. 대신. 경(卿).
Secretário de Estado [美] 국무장관.
primeiro secretário 제일서기. 총서기.
secretário particular 비서관. 서기관.

secreto *a.* ①비밀의. 기밀의. 은밀한. 신비한. 잠재의. ②(장소 따위) 숨은. 사람 눈에 띄지 않는. 깊숙한.
verba secreta 기밀비.
fundos secretos 비밀적립금(秘密積立金).
sessão secreta 비밀회의(특히 議會의).
— *m.* ①비밀. 비밀 일. 기밀. ②(자연계의) 불가해. 신비. ③비결. 비법(秘法). ④해결의 열쇠. 진의(眞意).
— *adv.* 비밀히. 남모르게.

secretor, secretório *a.* 분비성(分泌性)의. 분비하는. 분비에 관한.

sectário *a.* 분파의. 당파의. 종파의. 학파의 ; 당파심이 강한.
— *m.* 분리파 교회신도. 종파심이 강한 사람. 학벌을 가리는 사람. 학벌적인 사람.

sectarismo *m.* 종파심. 당파심. 파벌주의. 학벌.

séctil *a.* 벨 수 있는. 절단 가능한. 분할되는.

sector *m.* =*setor*.

secular *a.* ①백년의. 백년 간의. 백년마다의. 백년제(百年祭)의. 일세기의. 일세기에 한 번 있는. ②아주 낡은(복수 *seculares*를 씀). ③[宗] 속인(俗人)의 ; 세속(世俗)의. 현세의. 이승의. 속세의. 속계의. 사바(娑婆)의.
— *m.* ①(승려에 대하여) 일반 신도. 평신자(平信者). 속인(俗人). ②《古》속승(俗僧).

secularidade *f.* ①세속적임. 속세적임. 범속함. 속심(俗心). 속사. 세욕(世慾).

secularismo *m.* 비종교적 도덕론. 교육종교분리주의.

secularização *f.* 속화(俗化) ; 환속(還俗) ; 교육과 종교의 분리.

secularizar *v.t.* 속된 일에 제공하다. 속화(俗化)하다. (가톨릭) 환속시키다. 종교 또는 교의(敎義)를 없애다. 비종교화하다.
—*se v.pr.* 환속(還俗)하다.

secularmente *adv.* ①백년마다. 일세기에 한 번. 세기적으로. ②[宗] 세속적으로. 속세식으로. 속화하여. 속인(俗人)으로서.

século *m.* ①백년간. 일세기. ②시대. ③오랜 기간.
século 20(21) 20(21)세기.
pelos séculos dos séculos 천년 만년. 영원히.

secundar *v.t.* ①돕다. 원조하다 찬조하다. ②(동의·결의에) 찬성하다. 찬동하다.
— *v.i.* 다시 하다. 재차하다. 반복하다. 되풀이하다.

secundàriamente *adv.* 제2위로 이차(二次)적으로. 다음으로. 제이류(二流)로. 종(속)적으로.

secundário *a.* ①제2위의. 제2류의. 제2차적으로 중요한. ②다음의. 버금의. 종속의.

의. 부속(附屬)의. 보유(補遺). ③[醫] 속발성(續發性)의. 제2기의. ④(학교 등의) 중등의.
pessoa secundária 다음 급에 가는 사람. 그다지 중요치 않은 사람.
ensino secundário 중등교육.

secundinas *f.(pl.)* [醫] 후산(後産). 태반(胎盤). 태의(胎衣); [植] 태좌(胎座).

secundípara *a.* 두 번(째) 낳는. 제2차 분만(分娩)하는. (초산이 아님).

secundogénito *a.*, *m.* 둘째 아들. 차남(次男).

secundo *adv.* 두 번째로 제2차로.

secura *f.* ①건조(乾燥). 건조상태; 건조성(乾燥性). 불모. ②(문체 등에) 수식이 없음. 무미건조. ③냉정. 냉담. ④가뭄.

securiforme *a.* 도끼꼴의. 부형(斧形).

securigero *a.* [植・蟲] 도끼 비슷한. 도끼꼴의.

securipalpo *a.* [蟲] 부상촉각(斧狀觸角)이 있는.

sêda *f.* ①생사(生絲). 명주실; 명주(천). 견직물. 비단; 명주옷. ②명주의 법의(法衣). ③금속 쟁기・악기 등의 금. 균열(龜裂). ④[植] 예리한 털. 자모(刺毛).
sêdas (pl.) (돼지・산돼지 등의) 뻣뻣한 털싱모(剛毛).
bicho de sêda 누에.
sêda crua 또는 *sêda em rama* 생사(生絲).

sedação *f.* [醫] 진정하기.

sedaceiro *m.* (눈이 가는) 체를 만드는 사람. 체장수.

sedaço *m.* 체 만드는 비단천. 올이 밴 천의 일종.

sedal *a.* [解] 항문(肛門). [卑] 똥구멍의. 항문에 관한.

sedante *a.* =*sedativo*.

sedar (1) *v.t.* 진정시키다. 진정하게 하다; 완화하다.
— (2) *v.t.* (명주실・삼실・양털 따위를) 빗으로 빗다. 비단처럼 부드럽게(매끄럽게) 하다.

sedativo *a.* 진정(鎭靜)의. 진정작용의. 진통의. 진정시키는.
— *m.* [醫] 진정제(劑).

sede (1) *f.* ①《古》의자. 앉는 자리. 좌석. ②(현재는) 위치. 특정한 장소. 소재지; 본점(本店)・본사 등의 소재지. [軍] 본부. ③[宗] 교구. 사교관구(司敎管區). 감독구. 주교관구. ④사교의 위(位). ⑤중앙. 중심지.
sede do distrito 으뜸가는 지역. 중요도시.
sede da doença 환부(患部).
— (2) *f.* ①목마름. 갈증. 구갈(口渴). ②갈망. 열망. ③한발(旱魃). ④매마른 땅. 불모.
ter sede 목마르다. 갈증을 느끼다.
morrer de sede 목말라 죽다. 극도로 목이 마르다.
matar a sede 목을 축이다. 갈증을 없애다.
ter sede a alguém 아무에 대하여 해심(害心)을 품다. 아무를 해코지하다.

sedear *v.t.* (금・은 세공물을) 부드러운 솔로 닦다.

sedeiro *m.* 삼빗. (삼 따위를 가리는) 일종의 바디.

sedela *f.* 비단실로 만든(또는 비단실처럼 질긴) 낚싯줄.

sedenho *m.* ①[外科] 관선(串線). 관선법. ②갈기. 갈기 같은 머리털.
— *a.* 명주실 같은. 견사 같은; 갈기 같은.

sedentàriamente *adv.* 앉아서. 잘 앉아. 움직이지 않고. 꾸무럭꾸무럭.

sedentariedado *f.* 늘 앉아 있기. 늘 앉아 일하기. 집에만 처박혀 있기.

sedentário *a.* 늘 앉아 있는. 잘 앉는. 앉아 일하는. 항상 집 안에만 있는. 정주(定住)의. [動] 정착의.
— *m.* 앉기 잘하는 사람. 앉아 일하는 사람.

sedentarismo *m.* 늘 앉아 있는 버릇. 집안에만 처박혀 있는 습관.

sedente *a.* 《詩》=*sedativo*.

sedento *a.* ①목마른. 갈증나는. ②몹시 원하는. 갈망하는.

sederento *a.* =*sedento*.

sedeúdo *a.* ①《稀》견사(絹絲)를 넣은. 견사가 들어 있는. ②명주실처럼 뺏뻣한. ③뺏뻣한 털이 많은. 갈기 같은 털이 뺏뻣히 들어선.

sedição *f.* ①치안방해. 소요; 선동. 교사(敎唆). ②폭동. 반란. 봉기. 동란. ③(상관에 대한) 반항. 항명(抗命).
sedição militar [軍] 반항죄. 항명.

sediciosamente *adv.* 치안방해적으로. 소

란(소동)하여. (상관에) 저항하여. 반항하여.

sedicioso *a.* 치안방해의. 선동적인. 반항적인. 폭동을 일으키는. 폭동에 가담하는. 반란을 일으키는.
— *m.* 치안방해자. 교란자. 선동자. 반도. 폭도.

sediço *a.* ①(특히) 물이 오래 고인. 썩은. 냄새 나는. ②몹시 낡은. 진부한.

sedimentação *f.* 침전(沈澱). 침전작용.

sedimentar *a.* 침전물의. 침전작용에 의한. 침적(沈積)의.
rochas sedimentares [地質] 수성암(水成岩).

sedimentário *a.* =*sedimentar*.

sedimento *m.* 침전물. 앙금. 가라앉은 찌끼.

sedimentoso *a.* 침전물(앙금)이 많은. 침전물질(沈澱物質)의.

sedonho *m.* (목구멍에 빳빳한 털이 생겨 먹은 것이 내려 못가는) 돼지의 병.

sedoso *a.* ①명주의. 명주 같은. 비단 같은. 매끄러운. 광택이 있는. ②갈기 같은 털이 있는. 빳빳한 털이 있는. 강모(剛毛)가 많은. [植] 예리한 털이 있는. 자모(刺毛) 있는. 자모가 많은.

sedução *f.* ①유혹. 추기기. 꾀어내기. [法] 유괴(誘拐). ②매혹하는 힘. 유혹물.

sédulo *a.* ①조심성 있는. 주의깊은. ②부지런한. 꾸준한. 근면한. 한결같은.

sedutor *a.* 유혹하는. 꾀어내는. 매혹하는. 매혹적인.
— *m.* ①유혹하는 물건. 마음을 끄는 것. ②유혹자. 유인자. 호색가.

seduzimento *m.* =*sedução*.

seduzir *v.t.* ①유혹하다. 꾀어내다. 호리다. ②감언이설로 …하게 하다. 죄를 짓게 하다. ③(나쁜 목적으로) 매수하다. 나쁜 길에 유인하다. ④(아이·여자를) 꾀다. 농락(籠絡)하다.

seduzível *a.* 유혹할 수 있는. 꾀어낼 수 있는. 유혹에 걸릴 만한. 매혹되기 쉬운. 농락당할 수 있는.

sefia *f.* [魚] 도미과의 물고기.

sega (1) *f.* (곡식을) 베기. 수확. 추수. 수확기(期).
— (2) *f.* 보습끝의 날. (=*jega do arado*).

segada *f.* 베어들이기. 수확. 추수.

segadeira *f.* 낫. (벼·보리·밀 따위를) 베는 기계. 예화기(刈禾機).

segador *a.* (풀·벼·보리·밀 따위를) 베는. 베어 들이는.
— *m.* 베는 기계. 베는 사람. 수확자.

segadouro *a.* (곡식을) 베어 들여야 할. 베기 위한. 수확하는 데 쓰는. 추수용의.
foice segadoura 베는 낫. 곡식 베는 낫.

segadura *f.* =*sega* (1).

segão *m.* 큰 낫.

segar *v.t.* ①(곡식을) 베다. 베어 들이다. (작물을) 걷어들이다. 수확하다. ②끝내다. 종결시키다.

sega-vidas *a.*, *m.* 《詩》 사멸(死滅)케 하는 것.

sege *f.* 일종의 이륜마차(二輪馬車).

segeiro *m.* 이륜마차(*sege*) 제조인.

segetal *a.* (벼·보리·밀 따위의) 곡식밭에 생기는(있는).

segmentação *f.* 분열. 분할(分割). [生物] 체절구성(體節構成).

segmentar (1) *v.t.* 분열시키다. 분할하다. 부분으로 나누다.
— *v.i.* 분열하다.
— (2) *a.* 여러 개의 부분으로 되는(나뉘는).

segmentário *a.* =*segmentar*.

segmento *m.* ①단절(斷節). 분절. 끊은 조각. 구분. 부분. ②[數] (직선의) 분(分). 선분(線分). (원의) 활모양(弓形). 환절(環節). (구(球)의) 분할. 구분(球分).

segnicia, segnicie, segnice *f.* ①게으름. 나태(懶惰). 태만. ②느림. 지둔(遲鈍).

segredamento *m.* 귓속말. 수근거리기. 비밀이야기. 밀담.

segredar *v.t.*, *v.i.* ①귓속말하다. 속삭이다. 수근거리다. 중얼거리다. ②비밀이야기를 하다. 밀담하다.

segredeiro *a.*, *m.* 귓속말하는 사람. 수근거리는 사람. 소곤소곤 말하는 사람. 비밀이야기 하는 사람.

segredinho *m.* 작은 비밀.

segredista *a.*, *m.*, *f.* 수근거리는 사람. 밀담하는 사람. 비밀을 지키는 사람.

segredo *m.* ①비밀. 비밀 일. 기밀. ②(자연계의) 불가해. 신비. 비결(秘訣). 비전. 비법. ③해결의 열쇠.
em segredo 비밀히. 몰래.
guardar segredo 비밀을 지키다.

admitir ao segredo (믿을 수 있는. 사람에게) 비밀을 타개하다.
segredo de família 의문을 꺼리는 집안비밀.
arrancar um segredo 남의 비밀을 들추어내다(캐내다).

segregação *f.* ①분리. 격리. 격절(隔絶). ②[結晶]. 분정(分晶). 분응(分凝). 분정작용.

segregadamente *adv.* 분리하여. 격리시켜서. 격절하여.

segregar *v.t.* (사람·단체를) 분리하다. 격리하다. [動·植·化·地質] 분리하다. — *v.i.*, — *se v.pr.* ①분리되다. 격리되다. ②[結晶]. ③분정(分晶)하다. 분응(分凝)하다. ④밀리하다. 은퇴하다.

segregatício *a.* 분비(分泌)하는. 분비작용의.

segregativo *a.* ①분리하는. 분리하기 쉬운. 따로따로 되는. ②사교를 싫어하는. [文] 부분적인.

seguida *f.* 계속. 연속. 지속. 존속.
em seguida 또는 *de seguida* 뒤따라서. 뒤이어. 계속하여.

seguidamente *adv.* 계속하여. 연달아. 연속적으로. 뒤이어.

seguidilha *f.* (스페인의) 4~7행시(行詩)의 일종. 일통의 민요(民謠).

seguidilheiro *m.* 위의 민요를 부르는 사람.

seguidinho *adv.* 자주. 빈번히.

seguido *a.* ①계속하는. 연속하는. 계속된. 연속된. 연달은. 뒤따른. 끊임없는. ②빈번히 일어나는.
dias seguidos 연일(連日).

seguidor *a.* ①따르는. 뒤따르는. 수행(隨行)하는. ②계속하는. 연속하는.
— *m.* 종자(從者). 수원(隨員). 수행원. 부하. 졸도. (어떤 학설주의·신앙에) 따르는 사람. 신도. 학도. 당원.

seguilhote *m.* 6개월 안 되는 어린 고래.

seguimento *m.* ①계속. 연속. 속행(續行). ②속편(續篇). ③진행과정. 진척(進陟). ④결말. 귀결(歸結).

seguinte *a.* 다음의. 다음에 오는. 연달은. 연속된. 다음 같은. 여좌(如左)한. 하기(下記)의.
o dia seguinte 다음 날. 익일(翌日).
primavera seguinte 오는 봄. 내춘(春來).
— *m.* 다음에 오는 것. 계속되는 것. 하기(下記)의 사항.

seguintemente *adv.* ①다음으로. 계속하여. 뒤이어. ②그런고로. 따라서.

seguir *v.i.*, *v.t.* ①따르다. 따라가다. 뒤따르다. 쫓아가다. ②수행(隨行)하다. 동반하다. ③계속하다. 속행(續行)하다. ④(어떤 풍습·유행을) 따르다. 모방하다. (주의·학설을) 따르다. 신봉하다. ⑤(강변·해변·산기슭 등을) 따라가다. 끼고 가다.
seguir as pisadas de …의 발자국을 따라가다.
seguir por mau caminho 나쁜 길을 따라가다
seguir para o norte 북으로 향하여 계속 전진하다.
— *se v.pr.* 계속되다. 속행하다. 연속적으로 일어나다.

segunda *f.* [樂] 2도(度). 2도 음정(音程). [印] 재교정쇄(再校正刷). (자동차의) 제2속력. [劍術] 제2 자세.

segunda-feira *f.* 월요일.

segundamente *adv.* 두 번째로. 2차적으로. 다음에. 부차적(副次的)으로.

segundanista *m., f.* (대학의) 제2학년생.

segundariamente *adv.* 제2위로. 2차적으로. 제2류로. 부수적으로.

segundo *a.* 제2의. 제2위의. 둘째 번의. 다음의. 버금의. 다음가는. 부가의. 보조의. 따르는.
segundo andar 제2층(우리나라의 3층).
em segundo lugar 다음으로. 제2위로.
— *m.* ①초(秒). 일초시(一秒時). ②(경기·시험 등에 있어서의) 제2위. 2등. 차석. ③(지위의)차석. 차석자. 제2류의 사람.
sem segundo 무쌍(無雙). 무비(2위가 없다는 뜻).
— *prep.* …에 따라. …에 의하면. …의 대로.
segundo o contrato 계약에 따라. 계약에 의하면.
— *adv.* 두 번째로. 따라서.

segundo-genito *m.* 둘째 아들. 차남(次男).

segundo-genitura *f.* 둘째 아들임. 차남의 신분.

segur, segura *f.* (나무통(桶) 만드는 사람이 쓰는) 자귀.

seguração *f.* 보험에 붙이기. 안전하게 하기.

segurado *a.* ①보험을 건. 보험부(保險附)의. ②안전하게 한.
— *m.* 피보험자. 보험계약자.

segurador *a.*, *m.* 보험업자. 보증하는 자.
seguramente *adv.* 안전하게. 확실히. 꼭.
segurança *f.* ①안전(安全). 무사. ②안심. 마음 든든함. 위험이 없음. ③보호. 보장. 보증. 담보. ④확실. 확신. 확고한 신념.
cofre de segurança 금고(金庫).
seguran a nacional 국가보안. 국가안전.
seguran a pública 치안. 공안(公安).
com segurança 안전하게.
segurar *v.t.* ①(떨어지지 않게 손에) 들다. 쥐다. (넘어가지 않게) 붙잡다. 받치다. ②안전하게 하다. ③확실하게 하다. 보증하다. ④보험에 붙이다. 보험을 걸다.
segurar com força 단단히 붙들다. 힘주어 붙잡다.
Segura bem! 잘 붙들어라! 꼭 붙잡아라!
segurar a vida 생명보험하다.
—*se v.pr.* ①몸을 안전하게 하다. ②보증되다. ③보험계약을 맺다.
segurável *a.* ①(떨어지지 않게 또는 넘어가지 않게) 붙들 수 있는. ②보험에 붙일 수 있는.
segure *f.* (일종의) 큰 자귀.
segurelha (1) *f.* ①맷돌의 굴대. ②아랫 맷돌을 제자리에 고정시키기 위하여 대는 쇠로 만든 굴대.
— (2) *f.* [植] 꿀풀과의 식물(요리용).
seguridade *f.* 안전성(安全性). 확실성.
seguro *a.* (*segurar*의 과거분사). ①든든한. 안전한. 위험이 없는. 확고한. ②붙잡힌. 꼭 쥔. ③고정된. ④확실한. 확신하는. 믿는. 신용하는. ⑤보험에 붙은. 보증된.
tempo seguro (예정한 일에 지장이 없을) 좋은 날씨.
— *m.* 안전. 보전(保全). 보증. 보험계약.
seguro de vida 생명보험.
seguro dotal 양로보험(養老保險).
seguro contra incêndio 화재보험.
companhia de seguro 보험회사.
O seguro morreu de velho.《諺》조심은 용기의 태반(太半)(때때로 비겁한 행위의 핑계).
— *adv.* 안전하게. 확실하게.
em seguro (또는 *sobre seguro*) 안전하게. 확실히.
seiça *f. seice.*
— *m.* 버들.

seio (1) *m.* ①가슴. (특히 여자의) 젖가슴. 흉부(胸部). (의복의) 가슴 부분. 품. ②가슴속. 흉중. 마음속. 저의(底意). ③깊은속. 내부. ④불룩하게 나온 것.
seios (*pl.*) 유방(乳房).
dar o seio (아기에게) 젖을 주다.
o seio da vela (바람을 안은) 불룩한 돛.
no ceio de …의 깊은 속에. …의 안에.
seio da terra 땅속.
— (2) *m.* 만(灣).
— (3) *m.* [解] 자궁. 태내(胎內).
seira *f.* (포도·무화과 등을 담는) 골풀 바구니.
seirão *m.* 큰 골풀 바구니.
seis *m.* 여섯. 여섯의 기호(6·六). 여섯 개.
— *a.* 여섯의. 여섯 개의.
seisavo *m.* 6분의 1.
seiscentos *a.* 육백의. 600의.
seisdobro *a.*, *m.* = *sextuplo*.
seistavado *a.* 6변의. 6각의. 육각으로 되는.
seistil *m.* 6분의 1.
seita *f.* 분파. 종파. (특히 영국 국교로부터의) 분리파교회. 학파. 당.
seiva *f.* ①[植] 액즙(液汁). 수액(樹液). ②《詩》피.《比喩》기운. 생기. 활력.
seivoso *a.* ①[植] 액즙(수액)이 많은. ②혈기 있는. 활기 있는. 팔팔한.
seixada *f.* 돌을 던져 치기. (우박처럼) 돌을 팽개치기.
seixal *m.* 조약돌 밭. 자갈 많은 곳. 역산(礫山).
seixo *m.* 작은 돌. 조약돌. 자갈. 세석(細石).
seixoso *a.* 조약돌. (자갈)이 많은.
seja *interj.* (동사 *ser*의 접속법 현재).
Seja assim ou seja assado. 이렇든 저렇든(밥이 되든 죽이 되든) 불문하고. 어쨌든 간에.
sela *f.* ①안장. 자전거의 새들. ②안장골의 물건. [機] 축안(軸鞍). [登山] 안부(두 산봉 사이의 낮은 부분). 안장같은 산. (注意) 동음이어 *cela*: 방. 실(室).
sela curul 옛 로마 고관들이 사용한 의자.
selada *f.* [登山] 안부(두 산봉 사이의 낮은 부분(凹所)).
selado (1) *a.* ①봉인(封印)한. (편지를) 봉한. ②밀폐된. 막아버린. ③(증서 등에) 날인한.

papel selado 인지를 붙이고 날인한 종이.
— (2) *a.* (말 등에) 안장을 놓은.

selador (1) *a.*, *m.* 봉인하는 (사람). (편지 따위를) 봉하는 (사람). 날인자. 조인자.
— (2) *a.m.* 안장을 다루는(손질하는) (사람).

seladouro *m.* (말·소 따위의 안장이 닿는) 등부분.

seladura *f.* ①안장을 올려놓기. ②(말의) 안장이 닿는 부분. ③안장 모양으로 생긴 곳. (산의) 봉우리 사이.

selagão *m.* 안장의 일종(별칭 영국식 안장).

selagem *f.* ①(편지 따위를) 봉하기. 봉인(封印)하기. ②봉연(封鉛). 봉납. ③인지 또는 우표를 붙이기.

selaginito *m.* 《古》석송석(石松石: 석송 비슷한 식물 화석(化石)).

selago *m.* [植] 석송(石松).

selar (1) *v.t.* ①(편지 따위를) 봉하다. 봉인을 하다. ②(…에) 인지(印紙)를 붙이다. 우표를 붙이다. ③(증서 등에) 날인하다. 조인하다. ④(공기·가스 등을) 밀폐하다. 막아 버리다. ⑤끝내다. 끝마치다. 종결짓다.
— (2) *v.t.* ①(말등에) 안장을 올려놓다 (달다). ②책임을 지우다.

selaria *f.* ①안장이 포함된 마구 일체. 마구류(馬具類). ②안장제조소. ③안장보관소. ④《古》마구류의 상점이 많은 거리.

seleção *f.* ①선택. 선발. 정선(精選). [生物] 도태(陶汰). ②고르는 것. 발췌. 정선물. ③(경기의) 선발팀.
seleção natural 자연도태.

selecionado *m.* ①골라낸 것. 정선물. [競] 선발선수(팀).

selecionar *v.t.* ①고르다. 선택하다. 정선하다. 도태하다. 추려내다. 선발하다. ②가리다.

selecta *f.* = *seleta*.
selecto *a.* = *seleto*.
selector *m.* = *seletor*.

seleiro *m.* 안장 만드는 사람. 마구사(馬具師). 마구장수.

selenato *m.* [化] 셀렌산염(酸鹽).
selenhidrato *m.* 셀렌화수소염(水素鹽).
seleniado *a.* [化] 셀레늄이 있는.
seleniato *m.* [化] 셀렌산염.
selenibase *f.* [化] 셀렌기(基).
selenico (1) *a.* [化] 셀렌의.

— (2) *a.* 달(月)의. 달에 관한.
selenífero *a.* [化] 셀렌이 있는(을 함유한).
selénio *m.* [化] 셀렌. 셀레늄(元素: 기호 Se).
selenioso *a.* [化] 셀렌에서 빼낸.
ácido selenioso 아(亞)세렌산(酸).
selenita *m.f.* 달나라 사람(달에 살고 있다고 가상한).
selenito *m.* = *selenite*.
— *f.* ①[化] 아(亞)셀렌산염. ②[鑛] 투명석고(透明石膏).
selenitoso *a.* 투명석고가 있는(을 함유한).
selenocentrico *a.* [天] 달(月) 중심의.
selenognostica *f.* 달의 연구.
selenografia *f.* 월리학(月理學). 태음(太音) 지리학.
selenográfico *a.* 월리학의. 태음지리의.
selenografista *m.*, *f.* 월리학자.
selenoide *m.* [電] 유전기(誘電機).
selenologia *f.* 월학(月學). 태음학.
selenose *f.* [解] 손톱뿌리 부분의 백반(白斑).
selenóstato *m.* [天] 월구관측자동기(月球觀測自動機).
selenotopografia *f.* [天] 월면지지(月面地誌). 월면지형학.
selenotopográfico *a.* 월면지지의.
seleta *f.* 시십(詩集). 시선(詩選). 명문집.
seletivo *a.* 고르는. 선택하는. 선택적. 선발한. 발췌한. 선택의. 도태의. [無線] 분리의. 분리식의.
seleto *a.* 고른. 골라 낸. 정선한. 선택한. 선발한. 발췌한. 도태한. 우량의. 극상의.
seletor *m.* 고르는 사람. 선택자. 정선자. 선별기(選別機). [無線] 분리기. 선택기. 실렉터.
selha *f.* 함지(나무 물통)의 일종.
selim *m.* 영국식 안장. 낮은 안장. 안장머리 없는 안장.
selo *m.* ①인장. 문장(紋章). ②날인(捺印). 조인. ③봉인. 봉함. 봉. ④봉납. 봉연(封鉛). ⑤도장. 인발. 실인(實印). 인감(印鑑). 옥새(玉璽). ⑥우표. 인지(印紙).
selo postal 우표.
selo de consumo 수입인지(收入印紙).
selo de recibo 영수증에 붙이는 인지. 영수증에 찍는 스탬프.
imposto do celo 인지세(印紙稅).
levantar os selos 개봉하다.

selva *f.* 밀림. 정글. 깊은 숲. 삼림(森林).

selvagem *a.* ①미개한. 야만인. 야만 같은. 몽매한. ②[動] 사나운. 난폭한. [植] 야생의.
— *m.*, *f.* ①미개인. 야만인. ②사나운 동물. 야수. ③야만 같은 사람.

selvageria *f.* =*selvajaria*.

selvagíneo, selvagino *a.* 야생의. 야생적인. 야수(野獸)의. 포악한.

selvagismo *m.* 야만적 행위. 미개한 풍습. 미개한 생활상태.

selvajaria *f.* ①야만(몽매)상태. ②흉포성. 맹악성. ③만행. 만풍. 만이(蠻夷). ④[集合的] 야만인.

selvaticamente *adv.* ①야만적으로. 몽매하게. ②잔인하게. 흉포하게.

selvático *a.* ①미개한. 야만의. 야만적인. 난폭한. 무법한. ②[動] 들에서 자란. 야성의. 사나운. 잔인한. 길들지 않는. [植] 야생의.

selvatiqueza *f.* =*selvajaria*.

selvícola *a.m.* 삼림 속에 사는 (사람).

selvoso *a.* 숲이 많은. 나무가 빽 들어선. 밀림의.

sem *prep.* …없이. …의 밖에(서).
sem fim 끝없이. 영원히.
sem que …함이 없이.
sem dinheiro 돈없이.
sem casa 집(가정) 없이. 거처 없이.
sem duvida (아무런) 의문 없이.
sem falta 틀림 없이. 실수 없이.
sem emprego 직업이 없이. 무직으로.
sem sentido (아무런) 감각도 없이.
sem mais 이상(以上). 더없이. (편지 등의 아래에 쓰일 때는) 여불비(餘不備).
passar sem …이 없이 지내다.
sem conta nem medida (돈 따위) 물쓰듯이. 얼마나 그리고 어떻게 지출되는지 참작조차 없이.
sem tir-te, nem guar-te 갑자기. 불쑥. 아무 예고도 없이.
sem que nem para que 아무런 이유도 없이. 막연하게.

semafórico *a.* 신호(信號)의. 신호기의. 신호용의. 신호에 관한.

semáforo *m.* (철도의) 신호기. [軍] 수기신호(手旗信號). (선박에 대한) 신호전보. 《古》 신호장(信號橋).

semana *f.* ①주(週). (월요일부터 일요일까지의) 일주일간. 7일간. ②일요일 이외의 엿새. 취업일. ③일주일간의 일. 일주일분의 임금. ④…주(週).
semana santa 성주간(부활제 전의 일주일 동안).
dia de semana 일요일 이외의 날. 취업일(就業日).
fim da semana 주말(週末).
daqui a uma semana 일주일 후.
dentro duma semana 일주일 이내.
semanas e semanas 주일마다. 매주.
semana sim semana não 한주일 건너.
na semana de nove dias 아주 드물게.

semanal *a.* 주(週)의. 일주 회일(一回)의. 일주일씩의. 일주일분의. 매주의.
publicação semanal 주간(週刊). 일주 일회 발행.

semanalmente *adv.* 매주. 일주 회일. 일주일씩.

semanário *a.* 주의. 일주 회일(一週一回)의. 매주의. 주간(週間)의.
— *m.* 주간잡지(신문). 주보(週報).

semaneiro *a.* =*semanario*.

semântica *f.* [言] 의의학(意義學). 의미론. 어의 발달론.

semantico *a.* 어의학의. 어의(語義)에 관한.

semasiologia *f.* =*semântica*.

sematologia *f.* 언어사상(言語思想)을 표시하는 기호학(記號學).

semblante *m.* 얼굴. 면상(面相). 얼굴의 표정. 안색. 의견. 용모.
semblante alegre 명랑한(즐거운) 얼굴.
semblante carregado 슬픈 얼굴(표정).

sem-cerimônia *f.* 사양성 없음. 예의 없음. 안하무인적인 태도. 멋대로 행동하기.

sem-cerimonioso *a.* 사양성이 없는. 예의(예절) 없는. 안하무인(眼下無人)적인. 멋대로 하는.

sêmea *f.* ①밀가루. ②밀기울. ③밀기울로 만든 빵. ④한 덩어리의 빵.

semeação *f.* 씨뿌리기. 파종(播種).

semeada *f.* ①씨를 뿌림(심음). 파종한 상태. ②파종한 밭.

semeado *a.* ①씨를 심은. 파종한. ②(불행의 씨·소문 따위) 퍼뜨린.
— *m.* ①파종한 밭. ②심은 것. ③유포된 소문. 불행의 씨.

semeador *a.* ①씨를 심는(뿌리는). 파종하는. ②(소문 따위를) 퍼뜨리는. 유포하는.

— m. ①씨를 심는 사람. 파종하는 자. 파종기(播種機). ②(불화의 씨·소문 따위를) 유포하는 자. 수창자(首唱者).

semeadouro m. 씨를 심을 땅. 씨를 심은 밭.

semeadura f. ①씨앗을 심기(뿌리기). 파종. ②심을 씨앗(종자). ③파종하는 밭.

semear v.t. ①(땅에) 씨를 심다. 씨를 뿌리다. 파종하다. ②움트게 하다. ③산포하다. 유포(流布)하다. (사상 따위를) 전파하다.
semear trigo (aveia) 밀(귀리)을 심다.
semear discórdia 불화의 씨를 뿌리다.
Quem semeia ventos, colhe tempestades. 선인선과(善因善果). 악인악과(惡因惡果).

semeável a. 씨를 심을 만한. 파종에 적당한.
semeialogia f. = *semiologia*.
semeialógico a. = *semiológico*.
semelhança f. 유사성(類似性). 상사성. 비슷함. 유사. 방불(彷彿). 어상반(於相半).
semelhante a. (모양이) 비슷한. 유사한. 닮은. 동양(同樣)의. …과 같은. 그런.
— m. 유사물(類似物). 유사점.
semelhantemente adv. 비슷하게. 유사하게. 상사적으로.
semelhar v.t. 닮다.《古》비유허다, …와 같게 하다.
— v.i., —**se** v.pr. 닮다. 비슷하다. 상사(相似)하다. (모양이) 같다.
sêmen m. 정액(精液). [植] 종자. 배종(胚種).
semen-contra m. 구충제(驅蟲劑). 산토닌(회충약).
semental a. ①씨의. 씨로 되는. ②씨를 받는. 씨를 받을.
cavalo semental 종마(種馬).
carneiro semental (거세하지 않은) 숫양.
sementar v.t. 씨를 심다(뿌리다).
semente f. 씨. 종자.《比喩》(불화의) 씨. (싸움의) 원인. (악의) 근원.
sementeira f. ①씨를 심기. 씨를 뿌리기. 파종. ②파종기(播種期). ③파종한 땅. 묘상(苗床). ④결종. 종자생산. ⑤원인. 근원.
sementeiro m. ①씨를 심는(뿌리는) 사람. 파종하는 자. ②(파종할 때) 씨를 담는 주머니.
sementilhas f.(pl.) [植] 비누풀의 씨.

semestral a. 6개월 간의. 매 6개월의. 반년의. 반년마다의. 한 해 두 번의.
semestre m. 6개월. 반년. 반기(半期). 상반기(上半期) 또는 하반기. 반기분(지불액 따위).
semestreiro a. = *semestral*.
sem-fim a. 끝없는. 한없는. 무한한. 무수한.
— m. 무한(無限). 무수. 무량.
semi pref. '반…'·'어느 정도…'·'좀…'의 뜻.
semiaberto a. 반(半) 열린. 반개(半開)의.
— adv. 조금 열려서.
semi-acerbo a. 좀 신. 어느 정도 신.
semi-ânime a. 반 죽은. 반사반생(半死半生)의.
semi-anual, semianuo a. 반년(半年)의. 반년마다의.
semi-anular a. 반환(半環)의. 반지 따위를 반으로 가른 꼴의.
semibreve f. [樂] 전음부(全音符). 2전 음부.
semicadaver m. 반 죽은 신체(身體). 거진 죽은 사람.
semícapro m. [神話] 반인반산양(半人半山羊)의 괴물.
semicilindrico a. 반원통꼴의. 반원두상(狀)의.
semicilindro m. 반원통. 반원주(半圓周).
semicircular a. 반원(半圓)의. 반주(半周)의. 반원형의.
semicírculo m. 반원(半圓). 반주(半周). 반원형(의 물건). 원형체를 지름에서 둘로 가른 그 한쪽.
semicivilizado a. 반문명의. 반개화(半開化)의.
semicolcheia f. [樂] 16분음표.
semicúpio m. ①반신욕(半身浴). 좌욕(坐浴). 요탕(腰湯). ②요탕용의 큰 통.
semidéa, semideia f. = *semideusa*.
semideiro m. 오솔길. 호젓한 길.
semideus m. ①[神話] 반신반인(半神半人). ②숭배받는 인물.
semideusa f. ①[神話] 신의 딸. ②절세의 미인.
semidiáfano a. 반투명(半透明)의.
semidiametro m. 반경(半徑).
semidigital a. [博] 반지(半指)의 길이의.
semidisco m. 반원반(半圓盤).

semiditongo *m.* [樂·音聲] 반음(半音).

semidivindade *f.* 반쯤 신성(神性)을 띰. 반신반인(半神半人)적임.

semidivino *a.* 신에 가까운. 거의 신과 같은.

sèmidobrado *a.* [植] 반쯤 휜. 반쯤 겹친. ②수술·암술의 일부분만 화판화(花瓣化)한.

semidouto *m.* 피상적 지식만 있는 사람. 깊이 모르는 학자.

semiduplex *a.* [宗] 오등(五等)의 (의식(儀式) 등에 있어서의).

semienterrado *a.* 반쯤 파묻힌. 반매장(半埋葬)된.

semiesfera *f.* (지구·하늘의) 반구(半球). 반구체.

semiesférico *a.* 반구의. 반구상(狀)의.

semifero *a.* 반쯤 짐승인. 반인반수(半人半獸)의.

semifluido *a.* 반액체의. 반유동체(半流動體)의.

semifusa *f.* [樂] 64분음표.

semi-histórico *a.* 반사실(半史實)의(문학에 대한 말).

semi-homem *m.* 반인간(半人間).

semi-internato *m.* ①반기숙생(半寄宿生)임. 반기숙제도(半寄宿制度)의 학교.

semi-interno *m.* 반기숙생(식사만 학교에서 하고 숙박하지 않는 생도).

semi-louco *a.* 반쯤 미친.

semilunar *a.* 반달꼴의. 반월형(半月形)의.
— *m.* [解] 반월골(半月骨).

semilunático *a.* 반쯤 미친.

semilúnio *m.* ①반달. 반달꼴의 물건. ②[築城] (작은) 반월보(半月堡).

semimetal *m.* 반금속(半金屬).

semimorto *a.* 반 죽은. 반사반생(半死半生)의. ②반 죽음의. 피곤해서 녹초가 된.

seminação *f.* ①[植] 종자의 자연 산포(散布). 자연 파종(播種). ②[醫] 남녀의 교접(交接).

seminal *a.* ①정액(精液)의. 정액에 속하는 (관한). ②[植] 배자(胚子)의. 배자 같은. ③생식의. 생산적인.

seminário *m.* ①(대학의) 연구과. ②전문학교. 강습소. ③가톨릭교의 신학교. ④《轉》양성소. (죄악 따위) 온상.

seminarista *m.* ①신학교의. 기숙생(寄宿生). ②(대학의) 연구생. (사범학교·강습소 등의) 생도.

semínifero *a.* ①정액(精液)을 만드는. [植] 종자를 낳는. 종자가 있는.

semínima *f.* [樂] 4분음표.

seminú *a.* 반나체의.

seminudez *f.* 반나체(半裸體).

semi-oficial *a.* 반관(半官)의. 반관적인.
jornal semioficial 반관보(報).
orgão semioficial 반관반민의 기관(機關).

semiografia *f.* 부호기재학(符號記載學).

semiologia *f.* [醫] 징후학(徵候學). 증후학(症候學).

semiológico *a.* 징후학의.

semiorbe *m.* 《古》=*semicirculo*.

semiótica *f.* ①[醫] 징후학. ②[軍] 신호술(信號術).

semiparente *a.* 먼 친척의. 친척이 되는.
— *m.* 혈족관계. 연고자.

semipermeável *a.* 반삼투성(半滲透性)의.

semiplenamente *adv.* 불완전하게. 불충분하게.

semipleno *a.* 반쯤 채워진. 불충분한. 불완전한.

semipoeta *m.* 엉터리 시인(詩人).

semiprova *f.* [法] 반증거(半證據). 불완전한 증거.

semipatrido *a.* 반쯤 썩은. 썩기 시작한.

semi-reto, semi-recto *a.* [幾] (각도(角度)의) 45도(度)의.

semi-roto a. 반쯤 터진(꿰진). 헙수룩한.

semi-secular *a.* 반세기의.

semi-selvagem *a.* 반야만의. 반개화(半開化)의.

semsfera *f.* (=*semiesfera*). 반구(半球). (지구·하늘의) 반구체.

semita *a.* (Noah의 아들) 셈(Shem)의. 셈의 자손의. 셈족의.
— *m.* [聖] 셈 사람. 특히 유태인.

semítico *a.* 셈족(族)의. 셈 계통의. (특히) 유태인의.

semitismo *m.* 셈어투. 셈족투. (특히)유태투. 유태인 기질.

semitom, semitono *m.* [樂] 반음(半音).

semitransparente *a.* 반투명의.

aemitropical *a.* 아(亞)열대의.

semiusto *a.* 《詩》반쯤 탄. 반소(半燒)의.

semiverdade *f.* 반쯤 사실임. 반진실(半眞實).

semivitreo *a.* 반유리질(質)의. 어느 정도 유리 같은.

semivivo *a.* 거의 죽은. 반사(半死)의. 반사반생의.

semivogal *f.* [文] 반모음(半母音)(자).

sem-justiça *f.* 불공정(不公正). 부정당. 불정의(不正義).

sem-nome *a.* 이름 없는. 무명의. 익명(匿名)의.
— *m.* 이름 없음. 무명(無名).

sem-número *a.* 수없는. 무수한. 무량(無量)한.
— *m.* 무수. 무량.

sêmola *f.* 밀가루를 체에 치고 난 찌끼(마카로니 또는 푸딩의 재료).

semoto *a.* 《詩》먼. 먼곳의. 멀리 떨어진.

semovente *a.* 저절로 움직이는. 이동하는. 자동(自動)의.
bens semoventes 《古》이동산(移動産)(가축류).
opp ; *bens de raiz* (부동산).

sem-par *a.* 짝이 없는. 무쌍(無雙)한. 무비(無比)의.

sempiternamente *adv.* 영원히. 무궁하게. 한없이. 끊임없이.

sempiterno *a.* ①영원히 계속되는. 무궁(無窮)한. 불후(不朽)의. 무한한. ②오래가는. 영속성 있는. 끊임없는.

sempre *adv.* 항상. 언제나. 늘. 만날. 변함없이. 시종. 노상. 시종일관하게.
para sempre 금후도 계속해서. 영원히. 무궁하게.
quase sempre 대개는. 보통은. 거진. 늘.
como sempre 항상 하듯. 일상과 마찬가지로.
nem sempre 항상 …은 아니다. 늘 그렇지는 않다. 반드시 …은 아니다.
sempre que …하는 때마다. 언제나.
êle vem sempre 그 사람은 늘 온다.
Nós estamos sempre aqui. 우리는 늘 여기에 있다.
Estou sempre estudando. 나는 항상 공부를 한다.

sempre-noiva, sempre-verde *f.* [植] 마디풀류(줄기가 마디져 있는 풀들).

sempre-viva *f.* [植] 돌나무과의 잡초.

sem-razão *f.* 조리가 없음. 이치(理致)에 어긋남. 옳지 못함. 부정(不正).

semsabor *a.* (=*semsabor*) 맛없는. 무미의. 흥미없는. 재미없는.

semsaboria *f.* (=*semsaboria*). 맛 없음. 무미(無味). 재미 없음. 흥미 없음. 묘미 없음.

sem-sal *a.* ①소금기 없는. 슴슴한. 싱거운. ②맛 없는. 재미 없는. 흥미 없는. 시시한.

sem-segundo *a.* 비할 수 없는. 둘도 없는. 무쌍한.
É uma pessoa sem-segunda. 아주 훌륭한 사람이다.

sem-têrmo *a.* 끝없는. 한없는. 무한한.
— *m.* 무한(無限). 영원. 영구.

sem-valor *a.* 값없는. 가치 없는. 무가치한.

sem-vergonha *a.* 부끄러움 모르는. 염치없는. 뻔뻔한. 파렴치한. 낯가죽이 두꺼운.
— *f.* 부끄러움이 없음. 염치없음. 뻔뻔함. 파렴치.
— *m.*, *f.* 부끄러움이 없는 사람. 염치없는 인간. 뻔뻔한 이.

sem-vergonhice *f.* 부끄러움이 없음. 염치없음. 파렴치.

senado *m.* ①(브라질의) 상원(上院). ②《古》(옛 로마·그리스의) 원로원. ③《稀》시회(市會). 군회(郡會).

senador *m.* ①상원의원. ②《古》원로원 의원. ③[美] (대학의) 평의원. ④[英史] 추밀(樞密) 고문관.

senal *a.* (다이아몬드 따위) 가공하지 않은. 닦지 않은. 삭은 알대로 있는
— *m.* 입상(粒狀) 다이아몬드의 일종.

senão *conj.* 그렇지 않으면. 불연이면(不然則). 그밖에. 달리.
Não tenho senão que esperar. 나는 기다릴 수 밖에 없다.
Confessa, senão morres! 고백해라. 그렇지 않으면 죽을 것이다.
Êle não se corrigirá senão apanhado. 벌받기 전에는 자기의 잘못을 고치지 않을 것이다.
— *prep.* …을 제외하고. …의 이외는.
Não come senão fruta. 그분은 과일만 먹는다.
Não tenho senão uma casa. 집 한 채밖에 없다.
Êle nada faz senão jogar. 그 사람은 노름 이외는 하는 것이 없다.
— *m.* 허물. 흠. 결점. 실수.
Não há beleza sem senão. (장미에도 가시 있다). 세상에 완전무결이란 것은 없다.
(注意) *senão*은 *se*와 *não*을 합친 것이

아니므로 만약 이를 분리하여 즉 *se não* 하게 되면 다른 뜻을 가지게 됨. (보기) *Se não vieres (=caso não venhas) ficarei zangado*. 만약 그이가 오지 않으면. (오지 않을 경우에는) 나는 화낼 것이다.

senario *a*. 여섯의. 여섯(점)으로 되는. 여섯 개씩의.

senas *m*. (신발·장갑 등의) 6호. (카드·주사위 등의) 여섯 끗. 여섯 끗짜리.

senatoria *f*. 상원의원의 직(職). 원로의원의 직.

senatorial *a*. ①상원(의원)의. 원로원(의원)의. ②상원(上院)에 관한. ③상원의원다운.

senatório *a*. =*senatorial*.

senatriz *f*. ①여성 상원의원. ②상원의원의 부인.

senatus-consulto *m*. (옛 로마) 원로원의 의결(議決) 또는 포고(布告).

senciente *a*. 감각이 있는. 지각력이 있는.

senda *f*. 오솔길. 좁은 길. (차 못다니는) 골목길. (짐승 따위) 늘 다니는 길. 일정한 경로(經路).

sendal *m*. 중세의 견직물의 일종. *sendal* 로 만든 의복.

sendeira *f*. 우둔한 노릇. 미련한 짓.

sendeirada, sendeirice *f*. 무모하고 우둔한 행동. 어리석기 짝이 없는 노릇. 우치(愚癡). 우열(愚劣).

sendeiro *m*. ①우둔지극한 인간. 어리석고 못난 녀석. 비열한 사람. ②(사열할 수 없을 정도로) 야윈 말. 못쓸 말.

sendos *a*. 《古》각자(各自)의. 각자 같은 것의.

sene (1) *m*. [植] 센나(아라비아·아프리카산의). [藥] 센나잎(緩下劑).
— (2) *m*. 《古》노인(老人).

senecto *a*. 늙은. 노쇠한.

senectude *f*. 늙음. 노년(老年). 노쇠.

senega *f*. [植] 원지과(遠志科)의 약초.

senegalês *a*. (아프리카의) 세네갈(사람)의.
— *m*. 세네갈 사람.

senegalesco *a*. 세네갈의.

senescal *m*. ①(중세 귀족의) 집사. ②옛 지방재판관(古代地方裁判官).

senescalia *f*. *senescal* 의 직(職).

senescência *f*. 늙음. 노쇠. 노령.

senescente *a*. 늙은. 노쇠한.

sengo *a*. ①세심한. 꼼꼼한. 조심성 있는. ②똑똑한. 영리한. 현명한.

senha *f*. ①암호말. [軍] 군호. 은어(隱語). ②몸짓 또는 손짓으로 알리는 동작. ③[劇] 외출권. 재입장권(관객이 일시적으로 외출할 경우의). ④여행 하물(荷物)의 딱지. 표. 증거 서편(書片).

senhor *m*. ①(보통 *Sr.*로서 이름 또는 관명에 붙어) 님. 씨. 귀하. ②(호칭으로서) 나리. 여보. 당신. ③선생. 스승. 명장(名匠). 대가(大家). ④주인. 고용주. ⑤군주(君主). 영주(領主). ⑥[宗] 주(主). 천주. 그리스도.
O Senhor. 천주(天主). 신. 하나님.
Nosso Senhor. 주(主). 그리스도.
Nosso Senhor Jesus Cristo. 주 예수그리스도.
no ano de nosso Senhor 서력. 서기.
senhor feudal 봉건 영주. 손윗사람의 불음에 대하여(물음에 대하여)①긍정을 뜻하면
Sim senhor! 네. 네 선생님. 그렇습니다. (아버지·선생님). ②부정이면
Não senhor! 아니올시다. 아닙니다. 경우에 따라서 *senhor*은 (친밀한 사이에) 야! 여보게! 이놈!
fazer-se senhor de …의 소유주(所有主)가 되다.

senhora *f*. ①귀부인. 숙녀. 마님. ②(일반적으로) 결혼한 여자. ③처(妻). 아내.
Nossa Senhora! ①성모 마리아. ②(여자들이 놀랐을 때 하는 말로) 어머! 저런!
minha senhora 《俗》나의 처. 애처. 집사람.

senhoraça *f*. 귀부인인 체하는 여자. 숙녀로 보이려고 애쓰는 여자.

senhoraço *m*. 신사인 체하는 이. 몹시 점잖빼는 사람.

senhoreador *a*. 정복하는. 지배하는. 통치하는. 차지하는. 점유하는.
— *m*. 정복자. 지배자. 통치자. 점유자(占有者).

senhorear *v.t*. 정복하다. 지배하다. 통치하다. 차지하다. 점유하다.
— *v.i.*, —*se v.pr*. 지배하다. 주인이 되다. 주권을 장악하다. 군림하다. 권세를 부리다.

senhoria *f*. ①통치권(統治權). 영주(領主)의 권리. ②영주(領主). ③(여관 등의) 여

주인. 여지주(女地主).
Vosso Senhoria. (생략하여 *V.S.*) 귀하.
senhoriagem *f.* ①군주의 특권. ②《轉》화폐주조세(鑄造稅: 옛날 국왕에 바친) 화폐주조 이차(利差). 광산채굴료. 특허권 사용료. 인세(印稅).
senhorial *a.* 영주(領主)의. 영주권(領主權)의. 군주의.
senhoril *a.* 영주의. 군주(君主)다운. 귀인(貴人)의. 귀부인의. 고상한. 고귀한. 너그러운. 위엄 있는.
senhorilmente *adv.* 영주(군주)답게. 고상하게.
senhorinha *f.* (*senhora*의 지소어). 작은 귀부인. 작은 숙녀. 아씨. 아가씨. (때로는) 미혼 부인. 영양. …양(孃)(…양으로 부르는 의미로서 브라질에서는 *senhorita*를 흔히 씀).
senhorio *m.* ①군주(영주)의 권리. 주권. ②영지(領地). ③소유주. 지주(地主). 집주인. 가주(家主).
senhorita *f.* ①처녀. 영양(令孃). …양. ②결혼하지 않은 아가씨. 미혼 부인. ③몸집이 작은 여성. 《英》 *miss.*
senil *a.* 늙은. 노쇠한. 노망한.
senilidade *f.* 늙음. 노쇠. 노망.
senilização *f.* 나이 많아짐. 늙이감.
senio *m.* 노년(老年). 노후(老朽).
sênior *a.* ①손위의. ②선임(先任)의. 고참의. 선배의. 상급의.
seno *m.* [三角] 사인. 정현(正弦).
sensabor *a.* (=*semsabor*). 맛없는. 흥미없는. 재미 없는. 아취 없는.
sensaborão *a.* 귀찮은. 성가신. 싫증나는. 불쾌한.
— *m.* 귀찮은 것. 성가신 것. 싫증나는 것. 아주 싫은 녀석. 성가시게 구는 사람.
sensaboria *f.* 맛없음. 무미(無味). 심심함. 무재미. 흥미 없음. 싫증. 불쾌.
sensação *f.* ①감각. 지각(知覺). …감(感). ②감정. 기분. 느낌. ③(청중·공중의) 감동. 감개. 선정(煽情). 인기. ④평판이 자자한 것. 대사건 (따위).
sensacional *a.* ①선정적(煽情的)인. 감동시키는. 마음을 움직이는. ②세상의 이목을 끄는(끌 만한). 세상 평판이 자자한. 인기를 끄는. 선정(煽情) 문학의. ③[신문] 훌륭한. 눈부신. ④감각(상)의. 감각론의.

senhoriagem- sensório

sensacionalismo *m.* ①[哲] 감각론(感覺論). [論] 감정론. 감정표준론. [倫] 관능주의. (특히 문학·정치에 있어서의) 선정주의. ②인기를 끌기.
sensacionalmente *adv.* 선정적으로. 인기를 모으고. 감동시켜서.
sensatamente *adv.* 지각 있게. 사려 있게. 현명하게. 신중(愼重)히.
sensatez *f.* 지각 있음. 사려 있음. 현명함.
sensato *a.* 지각 있는. 사려 깊은. 식견 있는. 분별하는. 이치(理致)를 아는. 신중한. 현명한.
sensibilidade *f.* ①감각력. (신경 따위의) 감각. (측량기 따위의)감도. ②민감. 신경과민. ③다감. 감수성. 감정.
sensibilizador *a.* 느끼게 하는. 감각 있게 하는.
— *m.* [寫] 감광약(感光藥). 감광액(液).
sensibilizante *a.* 느끼게 하는. 감각 있게 하는. 감동시키는.
sensibilizar *v.t.* ①[寫] 감광시키다. ②감동시키다. 감각 있게 하다.
—*se v.pr.* 감동하다.
sensitiva *f.* ①[植] 미모사(含羞草). ②《俗》 민감한 사람. 신경과민한 사람.
sensitivo *a.* ①다감한. 민감한. 예민한. 과민한. ②걱정 잘하는. 신경과민한. 신경질인. 곧잘 마음에 느끼는. ③[商] 변동하기 쉬운. 불안정한. 동요하기 쉬운 (시세 따위). ④[機] 감도가 센. 예민한. [寫] 감광성(感光性)의.
sensível *a.* ①느낄 수 있는. 지각할 수 있는. 느끼기 쉬운. 민감한. 감수성이 강한. ②눈에 잘 띄는. 현저한. ③알아 챈. 깨달은. 잘 알고 있는. ④동정심이 쉽게 일어나는. 다정다감한. 감정이 풍부한.
sensivelmente *adv.* 민감하게. 절실히 느껴서. 눈에 띌 정도로. 느낄 수 있을 정도로. 현저하게.
senso *m.* ①감각. ②의식. 직감. 깨달음. 이해. 관념. (…의) 감(感). (…의) 마음. ③분별. 사려. 판단(력). 지각. ④제정신. 본성.
senso comum 상식.
senso moral 도덕감. 양심.
bom senso 훌륭한 판단력. 양식(良識).
sensorial *a.* 감각의. 오관(五官)의. 지각의. [解] 감각중추의.
sensório *a.* 감각의. 지각(知覺)의.

— *m*. 감각중추(感覺中樞). 지각기관(知覺器管).
(注意) *censório*: 감찰(監察)의. 검열(檢閱)의. 비평의.

sensual *a*. ①육체의. 관능적. 육욕의. ②관능(官能)주의의. 음탕한. ③[哲] 감각론의. ④감각적인. 민감한. 심미적(審美的)인.
— *m*. 육욕을 마음대로 하는 사람. 주색에 빠진 사람.

sensualidade *f*. ①관능성(官能性). 육욕성. 호색. 육욕에 빠지기. ②육체적 쾌락. 음탕(淫蕩). 음황(淫荒).

sensualismo *m*. ①육욕주의. 정욕주의. 육욕(주색)에 빠지기. 음탕. 음분(淫奔). ②[哲] 감각론. 감각주의. ③[美術] 육감(관능)주의.

sensualista *a*. ①육욕주의자. 쾌락주의자. 호색가. 음탕한 사람. 색골. ②감각론자.

sensualizar *v.t*. ①육욕에 탐닉케 하다. 정욕을 느끼게 하다. ②타락시키다.
—**se** *v.pr*. 육욕생활에 빠지다. 주색에 빠지다. 음탕해지다. 타락하다.

sensualmente *adv*. 육욕적으로. 주색에 빠져. 육감적으로.

sentar *v.t*. (의자에) 앉히다. (자리에) 앉게 하다. (말에) 태우다. (…에) 걸터 앉게 하다. (기계 따위를) 장치하다. (일정한 자리에) 놓다.
— *v.i*., —**se** *v.pr*. ①(자리에) 앉다. 걸터앉다. (개·소 따위가) 앉다. (새 따위가 나무에) 앉다. 쉬다.

sentença *f*. ①[文] 문. 글. 문장. ②격언(格言). 잠언(箴言). ③[法] (형사상의) 선고. 판결. 언도. 처형. ④결정. 재결.
sentença absolutória [法] 무죄선언. 무죄석방. 방면.
sentença condenatório 유죄선고.
sentença de morte 사형선고.

sentenciado *m*. 유죄선고 받은 자. 기결죄수.

sentenciador *a*., *m*. 유죄선고하는 자. 판결내리는 자.

sentenciar *v.t*. 선고하다. (형을) 언도하다. 판결하다.
— *v.i*. 판결이 내리다.

sentenciosamente *a*. 금언적으로. 엄숙하게.

sentencioso *a*. ①금언적인. 간결한. 경구적. 격언 많은. ②(문체가) 태(態)내는. (사람이) 점잖 빼는. 엄한 체하는.

sentidamente *adv*. ①감동하여. 마음에 느끼고. ②유감스럽게 생각하고. 슬프게 느껴.

sentido *a*. (*sentir*의 과거분사). ①(…을) 느낀. 느끼는. 감각하는. ②불쌍히 생각하는. 가엾게 여기는. 가슴 아픈. 슬픈. ③《稀》나빠진. 악한한.
— *m*. ①(오감(五感)의) 관능(官能). 감각. ②의미(意味). 의의(意義). ③뜻마음. 의향. ④지혜. 지각. 분별. ⑤조심. 주의(注意).
os cinco sentidos 오관(五官).
em sentido contrário 반대방향에.
ficar sentido 기분이 좋지 않다. 상심(傷心)하다.

sentimental *a*. 마음에 곧잘 느끼는. 감상적인. 정에 쏠리는. 감정에 움직이는. 다정한. 유정한. 감정적인.

sentimentalidade *f*. 감상성(感傷性). 정에 쏠리기 쉬움.

sentimentalismo *m*. 감정(정조·정서) 주의. 감상주의. 다정다감. 감격성. 감상성(感傷性).

sentimentalista *a*. 감상적인. 감정적인.
— *m*., *f*. 감상적인 사람. 다정다감한 사람.

sentimentalizar *v.t*. 감상적으로 하다. 감정적으로 하다.
— *v.i*. 감상적이 되다. 감정에 빠지다.

sentimentalmente *adv*. 감상적으로. 감정적으로. 감정에 흘려서.

sentimento *m*. ①느낌. 감상. 감정. 정서. 정조(情操). ②감정적인 생각. 감개. (축배 들었을 때 말하는) 소감(所感). 취지. ③(예술품에 스며든) 정취(情趣). 아치(雅致). ④의식(意識). 관념.
sentimentos (*pl*.) 애도(哀悼)의 뜻. 조의(弔意).

sentina *f*. ①[海] (배밑(船底)의) 오물(汚物) 모으는 곳. 구정물이 고이는 곳. ②(부엌의) 수채. 물 버리는 곳. (특히 하수시설이 없는 곳의) 오수암거(汚水暗渠). ④(병영(兵營)·병원 등의) 공동변소. 옥외 뒷간.

sentinela *f*. ①[軍] 보초. 초병. ②파수꾼. 망꾼. 감시인. ③외따로 서 있는 나무 또는 탑(塔).

estar de sentinela 입초중이다.
sentir *v.t.* ①느끼다. 느껴서 알다. 만져서 알다. ②깨닫다. 지각(知覺)하다. 감지(感知)하다. 절실히 느끼다. 알아채다. ③(…이라고) 느끼다. 어쩐지 …이라는 감이 있다. ④(…을) 슬프게 느끼다. (…에) 동정하다.
Sentir a falta de alguém. 아무가 그립다.
Sentir a falta de alguma coisa. 무엇인가 없어진 듯한 느낌이 난다.
— *v.i.* ①감각하다. 감각(느낌)이 있다. ②느끼다. 같이 생각하다. ③공명(共鳴)하다. 동정하다. ④슬프게 생각하다. 가련히 여기다. 염려해 주다.
sentir frio 추위를 느끼다.
—**se** *v.pr.* 스스로 느끼다. 알아채다. 지각(自覺)하다. 감각하다.
sentir-se com fome 시장(淒腸)함을 느끼다.
sentir-se doente 아픔을 느끼다.
sem se sentir 감지(感知)함이 없이. 모르는 새에.
— *m.* ①느낌. 감각. ②기분. 견해. 소감.
senvergonha *f.* =*sem-vergonha*.
senzala *f.* ①작은 촌락. (교회가 없는) 마을. ②《古》흑인노예(黑奴)의 무텍 또는 부락.
sépala *f.* =*sépalo*,
— *m.* [植] 악편(萼片).
sepalóide *a.* [植] 악편꼴(萼片狀)의.
separação *f.* ①분리. 격리. 이탈. 분류. 선별(選別). ②이별. 결별(訣別). [法] (부부) 별거(別居). ③격벽(隔壁). 격리물(隔離物). 분계물(分界物).
separadamente *adv.* 따로따로. 분리하여. 별도로.
separado *a.* ①따로따로 된. 갈라진. 분리된. 격리된. ②끊어진. 잘라진. 멀어진. 독립한. 단독의.
em separado 따로. 따로따로. 별도로.
separador *a.* 따로따로 하는. 분리하는. 가르는. 격리하는. 떼어내는. 고르는.
— *m.* ①분리하는 자. 떼어내는 사람. 격리자. ②분리기(分離機).
separadora *f.* 분리기(分離機). [軍] (축전지의) 격리판(隔離板). 선광기(選鑛器). 분액기(分液器).
separar *v.t.* ①잘라 떼다. 절단하다. 끊

다. ②분리하다. 따로따로 하다. 분류하다. ③(좋은 것과 나쁜 것을) 갈라 놓다. 고르다. 선별하다. ④(사람을) 헤어지게 하다. 잡아떼다. (친구 따위를) 의(誼)상하게 하다. 이간하다. ⑤쪼개다. 구획하다. (경계가 되어) 나누다. 격리하다.
— *v.i.*, —**se** *v.pr.* ①떨어지다. 끊어지다. 나누어지다. ②따로따로 되다. ③이별하다. 결별(訣別)하다. ④분리되다. 격리되다. ⑤의견이 달라지다. ⑥이탈하다. 독립하다.
separata *f.* (신문·잡지 따위에 실린 논문 등의) 단행본(單行本). 별책간행(別冊刊行)된 것.
separatismo *m.* (정치상·종교상의) 분리주의(分離主義). 분립(分立)주의. 분파주의.
separatista *m.*, *f.*, *a.* 분리주의자(의). 독립파(의).
separativo *a.* 분리적인. 분파적인. 독립적인. 분리의. 분파의. 분리시키는. [動·植] 구별적인.
separatório *a.* 분리시키는. 분리적인. 분리용의.
— *m.* 분리기(分離器). 분액기(分液器).
separável *a.* 분리할 수 있는. 뗄 수 있는. 쪼갤 수 있는.
sépia *f.* ①오징어의 먹물. ②세피아(오징어의 먹물에서 뽑는 갈색 그림물감). 세피아색.
seposição *f.* ①《古》간절히 빌기. 간원(懇願). ②알선(斡旋). 진력(盡力).
sepse, sepsia, sepsis *f.* [醫] 부패(작용). 부패증. 패혈증(敗血症).
sepsina *f.* [醫] 부패독(腐敗毒).
septemvirado *m.* =*setenvirado*.
septemvirato *m.* =*setenvirato*.
septemviro *m.* =*setenviro*.
septenário *a.m.* =*setenário*.
septennal *a.* =*setenal*.
septennial *a.* =*setenial*.
septennio *m.* =*setenio*.
septentrião *m.* =*setentrião*.
septentrional *a.m.* =*setentrional*.
septicemia *f.* [醫] 패혈증(敗血症).
septicemico *a.* 패혈증의. 패혈성(性)의.
septicida *a.* [植] (과일 따위) 포간열개(胞間裂開)의.
séptico *a.* 부패성의. 패혈증성(敗血症性)의.

septífero *a.* [植] 7포편(胞片)이 있는. 일곱 격막(隔膜)이 있는.

septifoliado *a.* [植] 일곱잎(七葉)이 있는. [建] 칠엽형(七葉形)의.

septilião *m.* (=*setiliãao*).《葡·佛·美》1,000의 8제곱(兆×兆).《英》100만의 7제곱.

septingentésimo *a.* 제칠백(第七百)의.

septisono *a.* =*setissono*.

septisylabo *a.* =*setissilabo*.

septo *m.* 격벽(隔壁). [解·動] 중격(中隔). 격막. [植] 포편(胞片). 분편(分片).

septuagenário *a.*, *m.* =*setuagenário*.

septuagésima *f.* =*setuagésima*.

septuagésimo *a.* =*setuagésimo*.

séptuor *m.* [樂] 칠중주(창). 칠부합창(주)곡.《轉》7인패. 일곱개 한 벌.

septuplicar *v.t.* =*setuplicar*.

séptuplo *a.m.* =*sétuplo*.

sepulcral *a.* 무덤의. 묘의. 매장에 관한. 무덤 같은. 음침한. 침울한.

sepulcrário *m.* 묘지(墓地).

sepulcro *m.* ①무덤(특히 바위를 뚫은 것이나 또는 돌·벽돌 따위로 만든). 묘(墓). 지하매장소. ②《比喩》(희망 따위의) 분묘.
Santo Sepulcro. 성묘(聖墓 : 예루살렘에 있는 그리스도의 묘. 이것을 타키 사람으로부터 탈회함이 십자군의 목적이었음).
Sepulcro caiado. [聖] 위선자(*Matt.* 23 : 27).

sepultado *a.* 파묻은. 파묻힌. 매장한.

sepultador *a.*, *m.* 파묻는 (사람). 매장하는 (사람).

sepultamento *m.* 파묻기. 매장. 토장(土葬).

sepultante *a.* 파묻는. 매장하는.

sepultar *v.t.* ①파묻다. 매장하다. 무덤에 넣다. ②감추다.
—se *v.pr.* ①파묻히다. 매장되다. ②가라앉다. ③은둔하다.

sepulto *a.* (*sepultar*의 과거분사). 파묻힌. 매장한.

sepultura *f.* ①《古》파묻기. 매장하기. 매몰(埋沒). ②무덤. 묘. 묘지.《轉》많은 사람이 죽는 곳(전쟁터 따위).

sepultureiro *m.* ①무덤 파는 사람. 묘를 만들 웅덩이를 파는 사람. ②매장자.

sequaz *a.* 따라다니는. 추종하는. 동반하는.
— *m.* 도당. 패거리. 한 파당. 파벌.

sequeiro *a.* (땅이) 메마른. 관수(灌水)하지 않은. 관개하지 않은.
— *m.* ①메마른 땅. 건조지(乾燥地). ②피복건조실(室). (세탁물 따위의) 건조장.

seqüela *f.* ①계속. 속편(續編). ②따라다니는 자. 추종자. 부하. 졸자. 패거리.

seqüência *f.* ①연속. 속발(續發). 인과적연쇄. 연속물. 순열(順列). ②순서. 차례. ③이치. 조리. ④결과. 결론. ⑤[宗] 속창(續唱). 추창(追唱). ⑥[樂] 계기(繼起). [映] 연속된 화면. 일장. ⑦(트럼프) 차례로 갖추어진 같은 종류의 카드 한 벌.

seqüente *a.* ①다음에 오는. 차례차례로. 계속하는. 결과(결론으)로서 오는. 따라서 일어나는.

seqüer *adv.* 적어도. …라도. …조차. 그나마.
nem sequer 조금도 …없이. 추호도 … 아닌.
nem sequer um 하나도. 하나조차.
Nem sequer me falou. 털끝만치도 나에게 이야기하지 않았다.

seqüestração *f.* ①[法] 일시적 강제관리명령. 가차압(假差押). 몰수. ②계쟁물(係爭物)의 보관. 기탁(寄託). 공탁(供託). ③불법감금(不法監禁). 납치. ④환자의 격리. ⑤인퇴(引退). 은퇴(隱退).

seqüestrador *m.* ①가차압인. (재산의) 일시관리위원. ②공탁물 보관자. 공탁물 횡령자. ③불법감금자. 납치자(拉致者).

seqüestra *v.t.* ①[法] 가차압(假差押)하다. 몰수하다. (채무자의 재산을) 일시 강제관리시키다(신립인이 지정하는 관리위원에게). ②불법감금하다. 납치(拉致)하다. ③환자를 격리하다. ④(공탁물을) 횡령하다.

sequestrável *a.* 가차압할 수 있는. 몰수할 만한.

seqüestro *m.* ①[法] 일시적 강제관리명령. 가차압. 몰수. ②기탁(寄託). 공탁(供託). ③차압품. 기탁물. 공탁물. ④공탁물 보관자. ⑤불법감금. 납치(拉致). 납치사건. ⑤[建] (건전한 뼈에서 분리되어 남은) 썩은 뼛조각. 부골편(腐骨片).

sequidão *f.* ①마름. 건조. 메마름. 가뭄. 건조상태. ②건조성(乾燥性). ③무미건조(無味乾燥). [文] (문장에) 수식이 없음. ④냉담. 냉정.

sequilho, seqoilo *m.* 살짝 구운 비스킷. 《英》 *cracknel*. 환상(環狀) 비스켓.

sequinhoso *a.* 《古》 마른. 목마른.

sequiosamente *adv.* ①목이 말라서. ②갈망(열망)하여.

sequioso *a.* ①목이 마른. 갈증 느끼는. ②(땅이) 메마른. 건조한. 수분이 전혀 없는. 초목이 없는. 황무한. ③갈망하는. 열망하는.

sequista *a.*, *m.* 귀찮은 사람. 성가신 사람.

séqüito *m.* ①(특히 왕후(王侯)·귀현(貴顯) 따위의) 종자(從者). 배종(陪從). 시종(侍從). 수행원. 방자. ②인기(人氣). 인망.

ser *v.i.* 이다. 있다.
(1) 이다(본질적으로).
é ouro 금이다.
são flôres 꽃이다.
(2) 이다(정설석으로).
é duro 굳다.
Todas as flôres são bonitas. 꽃은 모두 아름답다.
Êle é doente. 그 사람은 병신이다.
(註) *Êle está doente.* 그 사람은 앓고 있다. 상태를 뜻함.
(3) 이다(국적을 나타내어).
Sou coreano. 나는 한국인이다.
Somos brasileiros. 우리는 브라질 사람이다.
(4) 이다(시간·기후 등).
É uma hora e meia. 한시 반이다.
Hoje é dia 5. 오늘은 5일이다.
Amanhã é dia 6. 내일은 6일이다.
Ontem foi um dia frio. 어제는 추운 날이었다.
(5) 있다(존재적으로).
Onde é o correio? 우체국은 어디 있습니까?
(6) *ser de.* …으로 되다. 되어 있다. (구성적으로).
A mesa é de madeira. 상(卓子)은 나무로 되어 있다.
(7) *ser de.* …의 것이다. …에 속하다(소속을 뜻하여).
De quem são estes livros? 이 책(복수)은 누구의 것입니까?
São meus. 나의 것이다.
(8) 이다(가격 따위).
Como é o metro? 1미터당 얼마입니까?

(9) *ser para.* …의 때문이나. …을 위함이다.
É para usar (utilizar). 사용(이용)하기 위함이다.
O jardim é para passar. 공원은 산책하기 위(爲)한 것이다.
(10) *ser por.* …을 위하다. 편들다.
Quem não é por mim é contra mim. 나를 편들지 않는 사람은 나를 반대하는 사람이다(특히 투표 따위에서).
(11) *sem ser.* …을 제외하고(는). …의 이외는. …이 아니고는.
Sem ser preto serve qualquer côr. 검은 색을 제외하고는 다 좋다(쓸 수 있다).
(12) *a não ser.* …아닌 경우. 않는 경우.
Amanhã irei à praia a não ser chova. 내일 비만 안 오는 경우 해변에 가겠다.
(13) *vir a ser.* …으로 되다.
(14) 옛날 옛적에(설화적으로).
Era uma vez (um dia) um rei. 옛날 옛적에 한 임금이 있었다.
※ 기타
pode ser que 아마도. 일지도(모른다).
não pode ser 그런 일이 없다. 그럴 수 없다.
seja assim 그렇게 되기를. 그렇게. 하면 (희망적).
Assim seja. 그렇게. 펄지이다(기도·소원에서).
Seja honesto! 정직해라!
Seja feliz! 행복하기를! (바란다는 뜻).
seja quem fôr 누구든 간에. 누구든지.
seja qual fôr 무엇이든 간에. 어느 것이든지.
seja como fôr 어떻게 되든 간에. 여하튼.
seja onde fôr 어디든 간에. 어디든지.
seja quando fôr 언제든 간에. 언제든지.
fosse qual fosse 무엇이었던 간에.
fosse quem fosse 누구였던 간에.
※ 관용구적 용법.
Guando é que vem? (대관절) 언제 오겠습니까?
Eu é que não vou. (어떤 일이 있든) 나는 안 간다.
Seria melhor não ir. 가지 않는 것이 좋을 것이다.
Será que o trem vem hoje atrasado? 기차가 오늘 연착(延着)할까?
Quem será o vencedor. 누가 이길까?

Quem será o novo presidente. 새 대통령은 누구일까(누가 될까).
Quando será o dia do casamento. 결혼 날짜는 언제쯤일까?
※ 피동태(被動態)에 있어서 *ser*은 조동사 역할을 함.
O rato foi apanhado pelo gato. 쥐는 고양이에게 잡혔다.
As casas foram vendidas. 여러 채의 집은 팔렸다.
— *m*. ①존재. 실재(實在). ②인생. 살아있는 물건. (특히) 인간. ③본질. 본성. *seres* (*pl*.) 만물(萬物). 만유(萬有).
serafica *f*. [植] 갈색 수레국화(무리).
seraficamente *adv*. 천사답게. 성스럽게.
serafico *a*. (최고위) 천사같은. 성스러운. 맑은. 청순한(미소 따위).
serafim *m*. ①[聖] 최고위 천사. 천사. ②드물게 존재하는 미인.
serafita *f*. [植] 국화과의 일종.
seral *a*. 밤의. 야간의. 밤에 행하는(흥행 따위).
serão *m*. ①밤일. 야간작업. 야업(夜業). 야업의 보수. ②밤의 모임. 야간 집회. …의 밤. ③저녁식사 후 취침 시간까지의 사이.
serapilheira *f*. 즈크. 부대용 마포(麻布).
sereia *f*. ①(암)인어(人魚). 인어의 문장(紋章). ②여류 수영선수. ③[希神] 사이렌. 바다의 정(精)(반신은 사람이고 반신은 새인 해신들로 아름다운 노래소리로써 근방을 지나는 선부를 꾀어 파선시켰다고 전해지는). ④아름다운 목소리로 노래부르는 여자. ⑤요부. 괴미인(怪美人). ⑥호적(號笛). 무중호적(霧中號笛).
《英》*foghorn*. 고동. ⑦[理] 사이렌.
voz de sereia 사람을 매혹케 하는 아름다운 목소리.
sereiba *f*. [植] 흰 망고나무.
sereibuno *m*. [植] (브라질산) 야생 망고나무.
serelepe (1) *m*. [動] 다람쥐의 일종.
— (2) *a*. 재빠른. 날쌘. (기운 좋게) 뛰어 돌아다니는. 활발한.
serenada *f*. = *serenata*.
serenado *a*. ①맑은. 청명한. 화창한. ②잔잔한. 조용한.
serenamente *adv*. ①맑게. 청명하게. 화창하게. ②잔잔하게. 고요하게. 조용하게.

침착하게.
serenar *v.t*. ①(기분을) 맑게 하다. 청명하게 하다. ②조용하게 하다. 진정시키다. (노여움을) 가라앉히다.
— *v.i*. 잔잔하다. 고요하다. 진정하다.
— *se v.pr*. ①맑아지다. 청명해지다. ②잔잔해지다. 고요해지다. 평온해지다. ③진정하다. (노여움 따위) 가라앉다. 명랑해지다.
serenata *f*. [樂] 세레나데. 소야곡(小夜曲: 저녁 정서(情緖)에 어울리는 조용한 서정적인 악곡).
cantar uma serenata 세레나데를 부르다.
serenatista *m*. 세레나데를 부르는(연주하는) 사람.
serenidade *f*. 청랑(清朗). 청명. 청징(清澄). 화창(和暢). 잔잔함. 고요함. 정온(靜穩). 평온. 침착.
serenidade de ânimo 마음의 평온. 침착.
serenim *m*. ①옛날의 가요곡(歌謠曲). ②왕족(王族) 사이에 있던 작은 야회(夜會).
serenissimo *a*. (*sereno*의 최상급) 가장 청명한. 지극히 정온한.
— *m*. 《古》전하(유럽 대륙 특히 독일왕후(王侯)·포르투갈 황태자에 붙인 경칭).
sereno *a*. 맑게 갠. 청명한. 화창한. (하늘 따위) 구름 없는. (바다 따위) 잔잔한. 고요한. 조용한. 침착한. 평화스러운.
gota serena [醫] 흑내장(黑內障).
— *m*. 밤이슬. 야로(夜露).
dormir ao sereno 한데서 자다. 노숙(露宿)하다.
seresma *f*. ①무능한 여인. 나약한 여자. ②심술 있는 여인. 몹쓸 여인. 《稀》화냥년.
seresta *f*. = *serenata*.
seresteiro *m*. = *serenatista*.
sergipano *a*. 쎌지뻬(*sergipe*) 주의. 그 주에 속하는.
— *m*. 쎌지뻬 주민(州民).
sergir *v.t*. 《古》= *serzir*.
serguia, sergulha *f*. 거친 모직물(의 일종).
seriação *f*. 순차배열. 종류로 나누기. 유별(類別)하기. 서열. 계열(系列).
serial *a*. ①연속적. 잇따른. 일련(一連)의 (번호 따위). ②부류(部類)의. 부문의. 부분의. 조(組)의. 서열적(序列的)인.
seriamente *adv*. ①진심으로. 정색으로. 엄

숙하게. 장중(莊重)하게. 중대하게. 위급하게. 위독하게. ②연속적으로. 축차(逐次).
seriar *v.t.* ①연속시키다. 연속적으로 배열하다. ②종류로 나누다. 유별(類別)하다. 분류하다.
seriário *a.* 분류의. 유별의. 종류로 나누는. 유별하는.
sericeo *a.* 《詩》명주의. 명주같은. 명주로 만든.
sericícola *a.* 양잠의. 양잠업의.
indústria sericícola 양잠업(養蠶業).
— *m., f.* 양잠가.
sericicultor *a., m.* 양잠가. 양잠업자.
sericicultura *f.* 양잠(養蠶). 양잠업.
sericígeno *a.* 명주실(蠶絲)을 뽑는. 명주를 만드는.
sericina *f.* 견교(絹膠). 세리신.
sericite *f.* [鑛] 견운모(絹雲母).
sérico *a.* 명주의. 명주에 관한.
sericultor *a., m. sericicultor* 의 준말.
sericultura *f. sericicultura* 의 준말.
série *f.* ①연속. 연쇄(連鎖). ②계속물. 연속출판물. 총서(叢書). 문고(文庫). 제…집(第…輯). ③[簿] 권(卷). (송장(送狀) 따위의) 발행철(發行綴). ④[化] 열(列). [電] 직렬(直列). 직권(直捲). [數] 급수. [地質] 계(系). 연(聯). [動] (막연히) 속(屬). 과(科).
série escolar 학급.
seriedade *f.* 진심. 엄숙. 진정. 정색. 중대.
seriema *f.* 타조(駝鳥) 비슷한 작은 새.
serigaria *f.* 명주실로 각종 레이스 만드는 공장.
serigueiro *m.* 명주실로 레이스 만드는 사람. 그 장수.
seriguilha *f.* 거친 모직물(의 일종).
seringa (1) *f.* ①주사기. ②씻는 기구. 세척기. 스포이트. 관장기(灌腸器). ③손으로 쓰는 펌프. ④물총.
— (2) *m., f.* 귀찮은 사람. 성가시게 구는 사람. 괴팍한 사람. 별난 인간. 비꼬기 잘 하는 사람.
— (3) *f.* [植] 고무. 고무나무.
seringação *f.* ①주사(注射); 관장(灌腸). ②《俗》귀찮은 일. 성가신 일.
seringada *f.* ①주사를 놓기. 주사액의 사출(射出). ②주사 맞은 상태.
seringadela *f.* = *seringação.*

seringador *a.* ①주사를 놓는. 물총 쏘는. ②괴롭히는. 귀찮게 구는.
— *m.* ①주사를 놓는 사람. ②괴롭히는 사람.
seringal *m.* 고무나무숲. 고무나무원(園).
seringar *v.t.* ①주사 놓다. 씻다. 붓다. 관장하다. ②물총을 쏘다. ③괴롭히다. 시끄럽게 굴다.
seringatório *a.* 주사용의. 관장용(灌腸用)의.
— *m.* 관장제(劑).
seringueira *f.* ①고광나무 무리의 관목. ②자정향(紫丁香). ③[植] (브라질의) 빠라아 고무나무.
seringueiro *m.* ①고무나무액을 뽑는(채취하는) 사람. ②(탄성)고무. ③고무나무.
sério *a.* ①정색의. 참말의. 진정인. 진지한. 진실한. 농담 아닌. ②마음 놓을 수 없는. 용이치 않은. 중대한. 엄중한. 무거운. 위독한. ③어려운. 심한. 가혹한.
a sério. 진심으로. 정말로. 정색으로.
— *m.* 진지함. 진심(眞心). 정색임.
— *adv.* 진지하게. 진심으로. 정말로. 정색으로.
sermão *m.* ①설교. 훈계. 수양담(修養談). ②《轉》잔소리. 진력나는 꾸지람.
sermão *f.* 간단한 설교.
sermonar *v.t.* 설교하듯이 이야기하다. 설교식으로 말하다.
sermonário *m.* 설교집(說敎集).
seroada *f.* ①밤깊도록 하는 일. 장시간의 야간작업. 밤늦도록 하는 공부. ②오랜 밤. 장야(長夜).
seroar *v.i.* 밤일하다. 밤늦도록 일하다. 밤늦게까지 공부하다.
seródio *a.* ①[植] 철에 늦은. 늦어서 나는. 늦어서 되는. 늦어서 익는. ②만생(晚生)의. 만숙(晚熟)의. ③[生理] 만발성(晚發性)의. 만성(晚成)의.
seroeiro *m.* 밤일하는 사람. 밤늦게까지 공부하는 사람.
serologia *f.* 혈청학(血淸學).
serosa *f.* [解] 장액막(漿液膜). 장막(漿膜).
serosidade *f.* 물과 같음. 장액성(漿液性). [生理] 혈장(血漿).
serosidade de sangue. 혈장(血漿).
seroso *a.* ①[生理] 장액의. 장액성의. 혈청의. 장액을 분비하는. 물같은. 희박한.
seroterapia *f.* [醫] 혈청요법(血淸療法).

seroterápico *a.* 혈청요법의.
serpão *f.* [植] 야생백리향(百里香).
serpe *f.* ①《詩》뱀. ②미운 노파(老婆).
serpeante *a.* ①뱀 같은. 뱀 모양의. 사형(蛇形)의. 사행상(蛇行狀)의. 꾸불꾸불한. 굴곡 있는. ②비틀리는. (뱀처럼) 감는. 칭칭 감는. ③기어 다니는. 잠행성(潛行性)의.
serpear *v.i.* ①꾸불꾸불 기다. 굴곡을 이루며 기어가다. 사행(蛇行)하다. ②(뱀처럼) 감다. 칭칭 감다. ③(물이) 구비쳐 흐르다. ④(정처없이) 돌아다니다. 헤매다. ⑤잠행하다.
serpejante *a.* =*serpeante*.
serpejar *v.i.* =*serpear*.
serpejinoso *a.* [醫] 복행성(匐行性)의. 복행진성(匐行疹性)의.
serpentante *a.* =*serpeante*.
serpentão *m.* [樂] (옛적 나무로 만든) 뱀모양의 취주악기. 사상나팔(蛇狀喇叭).
serpentária *f.* ①[植] 뿌리가 뱀에게 물린데 약효과가 있다는 각종의 풀(쥐방울의 무리. 세네가(=*senega snak root*) 따위). 그 뿌리. ②[天] 뱀좌(蛇座).
serpentaridas *f.(pl.)* [鳥] 사식조류(蛇食鳥類).
serpentário *m.* ①[鳥] 사식조. ②[天] 뱀좌. ③뱀류를 기르는 곳(蛇類飼養所)(독 따위를 뽑기 위한).
serpente *f.* ①뱀(의 총칭). (특히) 크고 유독한 뱀. ②《轉》뱀같은(추악한) 여자. 내숭한 사람. 남에게 해를 끼치는 사람. 유해물.
serpenteante *a.* =*serpeante*.
serpeatear *v.i.* ①꾸불꾸불 기다. 꾸불꾸불하며 가다. 사행(蛇行)하다. ②(뱀처럼) 감다. 칭칭 감다. ③기어 돌아다니다. 잠행(潛行)하다.
serpenticida *a., m.* 뱀을 죽이는 (사람).
serpenticidio *m.* 뱀죽이기. 살사(殺蛇).
serpentífero *a.* 《詩》뱀이 있는. 뱀을 낳는. 뱀이 태어나는.
serpentiforme *a.* 뱀꼴의. 사형(蛇形)의. 사상(蛇狀)의.
serpentígeno *a.* 《詩》뱀에서 태어난. 뱀이 낳은. 뱀태생의.
serpentil *a.* =*serpentina*.
serpentina *f.* ①(뱀처럼 꾸불꾸불한) 많은 가지 달린 촉대(燭臺). ②(사육제 따위 작거리며 노는 명절에 사람에게 던지는) 종이 테이프. (기선이 출발할 때 사용하는) 테이프. ③[鑛] 사문석(蛇紋石). ④(아마존산의) 전요식물(纏繞植物) ⑤옛날 대포의 일종. ⑥서어펜타인못(런던 *Hyde park*의).
serpentino *a.* ①뱀같은. 뱀모양의. 뱀꼴을 한. 뱀처럼 꾸불꾸불한. 사행상(蛇行狀)의. ②뱀에 관한.
língua serpentina. 독설(毒舌). 신랄한 말.
pedra serpentina. [鑛] 사문석(蛇紋石).
serpete *f.* [園藝] 가지 치는 칼.
serpilho, serpol *m.* [植] 야생 백리향(百里香).
serra (1) *f.* ①(나무를 켜는) 톱. ②[動] 톱니모양으로 된 부분(기관).
serra de mão. 손으로 켜는 톱(작은 톱).
serra braçal. 밀고 당기는 톱(二人用).
serra circular. 둥근톱(동력으로 도는).
serra eiétrica. 전기톱.
serra tico-tico. (완자 모양 따위를 도려내는) 길고 좁은 톱. 실톱.
— (2) *f.* 산맥(山脈). 산악. 융기(隆起).
— (3) *f.* [魚] 목탁수구니. 톱상어(鋸鮫).
serrabulho *m.* =*sarrabulho*.
serração *f.* ①톱으로 켜기. 톱질. ②제재. ③제재소.
serradela *f.* ①톱으로 켜기. ②톱으로 켠 자국. ③[植] 콩과식물(의 일종).
serradiço *a.* (목재를) 톱으로 켠. 켜서 쪼갠.
serrador *m.* 톱으로 켜는 사람. 톱질하는 이.
serradura *f.* ①톱으로 켜기. 톱질. ②제재(製材). ③톱밥.
serragem *f.* ①톱질. 나무를 켜기. 켜는 작업. ②제재(製材).
serralha *f.* [植] 방가지똥.
serralhar *v.t.* ①(줄로) 줄질하다. 자물쇠를 만들다. (철창(鐵窓)틀 따위를 만들기 위하여) 쇠붙이로 끊고 줄질하다. 시끄러운 소리를 내다.
— *v.i.* 요란한 소리(시끄러운 소리)를 내며 철창틀·철제(鐵製) 커튼 등을 만들다.
serralharia *f.* ①자물쇠 따위 만드는 손일. ②철창틀·쇠 커튼 등을 만드는 일. ③(주로 전기로 움직이는) 규모가 작은 철공소.
serralheiro *m.* ①자물쇠 만드는 사람. ②철창틀 또는 쇠 커튼 따위를 만드는 직공. 수공철공.

serralho *m.* ①회교국의 궁성. ②[史] 터키의 옛 궁성의 이름. ③후궁. 처첩방(妻妾房). ④갈보집. 청루.

serrana *f.* 산악지대에 사는 여자. 《轉》시골여자.

serrania *f.* 산맥. 연봉(連峯).
serranias de mar 산같은 거랑(巨浪)이 이는 바다.

serranice *f.* 산악지대에 사는 사람들의 풍속(습관).

serranilha *f.* 목가(牧歌). 전원시(田園詩).

serrano *a.* 산맥의. 고산지대의. 산에 사는.
— *m.* 산속(산악지방)에 사는 사람. 산사람.

serrão *m.* 양쪽 끝에 손잡이 있는 큰 톱.

serrar *v.t.* 톱으로 켜다. 널판지를 만들다. (注意) *cerrar*: 닫아 버리다. 폐쇄하다.

serraria *f.* ①제재소. ②나무 켜는 대(臺).

serrátil *a.* 톱날 모양의. 톱니 모양(鋸齒狀)의.
pulso serrátil 치상맥박(齒狀脈搏).

serrazina *f.* 괴롭히기. 귀찮게 굴기. 못살게 굴기. 치근치근 조르기.
— *m., f.* 괴롭히는 사람. 귀찮게 구는 사람. 못살게 구는 사람. 치근치근 졸라대는 사람.

serrazinar *v.i.* 괴롭히다. 귀찮게 굴나. 못살게 굴다. 졸라대다. 치근치근 요구하다.

serreado *a.* [植] 톱니꼴의. 거치상(鋸齒狀)의.

serrear *v.t.* 톱니 모양으로 만들다. 톱니 모양으로 베다. (특히 장식 따위 할 때). 거치형(鋸齒形)을 이루다.

sérreo *a.* 톱의. 톱같은. 톱니 같은.

serreta *f.* ①작은 톱. ②작은 산맥(山脈).

serricorneo *a.* [動] 거치상촉각(鋸齒狀觸角)이 있는.

serridentado *a.* = *serreado*.

serril *a.* ①산맥의. 산간의. 산속의. 산에 사는. ②시골식의. 조야한.

serrilha *f.* 톱니 모양의 장식. 화폐(동전)의 테두리를 톱니 모양으로 만든 것. 우표・수입인지 등의 톱니 모양의 가장자리. [印] 종이 따위를 떼어내기 쉽게 하기 위하여 옴폭옴폭 그은 점선(凹點線).

serrilhado *a.* [解・動・植] 톱(니) 모양의. 톱니가 있는.

serrilhador *m.* 경화(硬貨)의 가장자리를 톱니 모양으로 만드는 기계.

serrilhar *v.t.* 톱니 모양(鋸齒形)을 만들다. 톱니꼴의 가장자리를 만들다. 경화의 테두리를 톱니 모양으로 도틀도틀하게 하다.

serrim *m.* 톱밥.

serrinha *f.* 작은 톱. (한 손으로 켜는) 소형 톱.

serrino *a.* = *serratil*.

serrirrostro *a.* 톱니꼴의 부리(주둥이) 있는.

sêrro *m.* 작은 언덕. 큰 무덤.

serrotar *v.t.* 작은 톱으로 켜다.

serrote (1) *m.* ①작은 톱. ②《俗》남의 것을 얻어 먹기 좋아하는 사람.
— (2) *m.* 작은 산맥.

sertã *f.* 납작한 냄비. 프라이하는 냄비.

sertaneja *f.* 오지(奧地)의 민요(民謠).

sertanejo *a.* ①오지의. 내륙지방의. 산속의. 시골의. ②화전민 같은. 문명과는 거리가 먼.
— *m.* 오지에 사는 사람. 산림 속에 사는 사람.

sertania *f.* 오지일대(奧地一帶). 내륙지방.

sertanista *m.* 오지에 자주 갔다 오는 사람. 오지 내막을 잘 아는 사람.

sertão *m.* 오지(奧地). (깊숙히 들어간) 내륙지방. 광대한 미개간지.

seruda *f.* [植] 애기똥풀.

sérum *m.* ①[生理] 장액(漿液). 유장(乳漿) 유청(乳淸). ②[醫] 혈청(血淸).

serunterapia *f.* [醫] 혈성요법.

serva *f.* *servo*의 여성형.

servente *a.* 봉사하는. 종사하는. 유용한. 쓸모 있는.
— *m., f.* ①하인. 하녀. 머슴. 종. 심부름꾼. 사용인. 잡역부. (벽돌공의) 조수. ②부하. 종복. ③관리. 공복.
servente de cozinha 부엌 하인. 설겆이꾼.

serventia *f.* ①사역. 종사. 봉사. ②쓸모 있음. 유용함. 용도(用途). ③출입구. 통용문(通用門).

serventuário *m.* ①소소한 일을 대행(代行)하는 사람. ②(관청의) 하급직원. 작은 관리(小官吏).

serviçal *a.* ①쓸모 있는. 유용한. 편리한. 실용적인. ②남을 잘 돕는. 즐겨 돕는. 돌봐 주기를 좋아하는. ③일 잘하는. 근무에 성실한.
— *m., f.* ①종. 종복. 머슴. ②고용자. 종업원.

serviço *m.* ①봉사. 봉공. 고용. 사용됨. ②

[宗] 신을 섬김. 예배(의식). 예식. ③봉직. 근무. 임무. 노무. 직무. 일. ④진력(盡力). 돌보아 줌. 공헌. 공로. 공훈. ⑤유용(有用). 도움. (자동차・라디오 기구 따위의 판매 후에 주는 사용상의) 전문적 조언(助言). 봉사. ⑥(우편・전신・전화 등의) 사업. 사무. 시설. (기차・기선의) 편(便). 왕복. 운전. 정기운행. ⑦봉사(고객에 대한 호의적 대우). 시종. ⑧식기(食器). 다기(茶器) 한 벌. ⑨[軍] 병역. 근무.
serviço doméstico 가정 일. 가사(家事).
serviço público 공무. 문관근무.
serviços públicos 공공(공익)사업.
serviço militar 병역(兵役).
estar de serviço 근무중이다.
tomar ao serviço. 일을 맡다. 인수하다.

servidão *f.* ①노예의 신세. 종의 신분. ②예속(隸屬). 종속. ③(봉건시대의) 신하의 신분. 종복임. ④고역. 징역. ⑤[法] 용역권(用役權)(지역권(地役權)과 채취권).

servidiço *a.* 자주 사용한. 많이 사용한. (써서) 낡은. 닳은. (입어서) 해진. 처진.

servido *a.* ①쓴. 사용한. (옷 따위) 입어서 낡은. 처진. ②성긴. 봉사한. 이바지한.
E servido de tomar? (…을) 드시렵니까?
Sou servido. 들지요. (기쁘게) 들겠습니다.
mesa servida 음식을 차려 놓은 상.

servidor *m.* ①종. 종복. 머슴. 하인. ②봉사자. 종업원.

servidume *m.* 《古》 = *servidão*.

servil *a.* 노예의. 노예적인(노동 따위). 노예근성의. 비굴한. 굴종적인. 천한. 하천한. 낮은.
tradução servil 원문에 지나치게 구애(拘礙)된 어색한 번역.

servilha *f.* 정어리 잡는 어선(漁船).

servilheiro *m.* 정어리 잡는 어부.

servilheta *f.* 하녀. 여종.

servilidade *f.* ①노예상태. 노예근성. 상놈. 소갈머리 없음. ②비굴함.

servilismo *m.* ①노예근성. ②비굴한 행실. 《古》 상놈의 수작.

servilmente *adv.* 노예적으로. 종처럼. 비굴하게.

sérvio *a.* 세르비아(*Serbia*)의. 세르비아 사람(말)의.
— *m.* 세르비아 사람(말).

serviola *f.* [海] 닻걸이.

servir *v.t.* ①섬기다. 봉사하다. 이바지하다. ②(예배・신앙・헌신 등으로 신을) 섬기다. 모시다. ③…에 도움이 되다. (목적에) 합당하다. (아무의) 분부대로 하다. 주문을 받다. (손님에게 물건을)보이다. ④근무하다. 출근하다. 복무하다. 복역하다. ⑤(음식을) 내다. 상을 차리다. ⑥공급하다. 배급하다. ⑦…에게 편의를 베풀다. …의 요구를 만족시키다. 대우하다. ⑧…에 힘을 쓰다. 노력하다. 도와주다. 돌보다. ⑨(…을) 위하여 하다.
— *v.i.* ①섬기다. 모시다. 봉사하다. 봉공하다. 심부름하다. 근무하다. 군에 복무하다. ②(용도 등에) 맞다. 유용하다. 충족하다. 족하다. (+ *de* 또는 *para*). …에 쓸모 있다. …에 적당하다. 이용되다. (+ *de* 또는 *por*). …의 역할을 하다. …의 작용을 하다.
De que serve isto? 이것은 무엇에 쓰는 것입니까?
De nada serve. 아무데도 쓸모가 없다.
Serve-lhe isto? 이것은 당신께 유용합니까?
Não serve para nada. 아무런 용도도 없다. 못 쓸 것이다.
— *se v.pr.* 이용되다. 사용되다. (자기) 스스로 하다. …을 마음대로 먹다.
Sirva-se! 어서 많이 잡수시오. (直譯) 마음대로 잡수시오.

servitude *f.* ①노예의 신세. 종의 신분. ②예속(隸屬). 종속. ③(봉건 시대의) 신하의 신분. 종복임. ④고역. 징역. ⑤[法] 용역권(用役權)(지역권(地役權)과 채취권).

servível *a.* 쓸 수 있는. 쓸모 있는. 이용할 만한. 유용한.

servo *a.* 노예의. 노예로서의. 종인. 종복인.
— *m.* ①노예. ②(봉건시대의) 종복. ③머슴. 종.

serzeta *f.* [鳥] 황새의 한 종류.

serzideira *f.* 터진 옷을 솜씨 있게 깁는 여자. 꿰매는 여자.

serzidor *a.m.* 터진 옷을 깁는 사람. 꿰매는 사람.

serzidura *f.* (터진 자리를 분간할 수 없는 정도로) 교묘하게 꿰매기. 솜씨 있게 깁기.

serzir *v.t.* (터진 자리를 분간할 수 없는 정도로) 교묘하게 꿰매다. (해진 데를) 솜씨 있게 깁다.

sésamo *m*. [植] 참깨(의 씨).
Abra-te sésamo! 열려라 참깨! (아라비안 나이트 가운데 '알리바바와 40인의 도적'에서 도둑이 굴 문을 여는 주문). 문 여는 주문(呪文). 맞 열쇠. (난관의) 통행권.

sesamoideo *a*. 참깨 모양의. [解] 씨 모양의. 종자골(種子骨).
osso sesamoideo 종자골.

sesgo *a*. ①기울어진. 경사진. ②꾄. 비틀린. 비틀어진.

sesica, sesiga *f*. 《古》 소재지(所在地). 있는 곳.

sesma *f*. 《古》 6분의 일.

sesmado *a*. 미개간지(未開墾地)를 나눈. 구분한. 할당한.

sesmar *v.i.* 《古》 미개간지를 구분하다. 할당하다.

sesmaria *f*. 《古》 (구분할) 미개간지. 미개간지의 구분(할당).

sesmeiro *m*. 미개간지를 구분(區分)하는 자.

sesmo *m*. 《古》 구분하기 위한 미개간지. 구분된 미개간지.

sesqui *pref*. 일배 반(一倍半)을 뜻함.

sesquialtero *m*., *a*. 한곱 반(의). 일배 반의 비율(의).

sesquióxido *m*, [化] 삼이산화물(三二酸化物).

sesquipedal *a*., *m*. 1피트 반이나 되는(매우 긴 낱말). 긴 낱말의(문체). 장문(長文)의 (글).

sesquisal *m*. [化] 일반 염산(一半鹽酸).

sessão *f*. ①(의회·회의의) 개회. (재판소의) 개정(開廷). (거래소의) 입회. ②(의회의) 회기(會期). 개회기간. 개정기(開廷期).
(注意) 동음이의어 *cessão* : 양도. 할양. 사퇴. 사임.
estar em sessão 개회중. 개정중. 회의중.
abrir (=*declarar aberta*). *a sessão* 회의를 열다. 개회를 선언하다.
encerrar (=*levantar*). *a sessão* 폐회하다.
suspender a sessão 정회(停會)하다. 휴회하다.

sessenta *a*. 예순의. 60의. 60개의.

sessentão *a*. 60세의. 60대의.
— *m*. 예순된 사람. 60대의 사람.

séssil *a*. [植] 무병(無柄)의. [動] 고착(固着)의. 착생(着生)의.
folha séssil 무병엽(葉). 좌엽(坐葉).

sessilifloro *a*. [植] 무병화(花)가 있는.

sessilifoliado *a*. [植] 무병엽이 있는.

sesso *m*. ①《卑》 엉덩이. ②항문(肛門). 똥구멍.

sesta *f*. ①(여름철 오후의) 낮잠. 선잠. 가수(假睡). 가매(假寐). ②점심 식사 후의 휴식(시간).
dormir a sesta 낮잠 자다.

sesteada *f*. ①(여름철) 오후의 더위를 피하기. ②점심 식사 후의 낮잠 또는 오후의 휴식. ③낮잠 자는 장소.

sestear *v.t.* 오후의 더위를 피하다.
— *v.i.* (점심 식사 후) 휴식하다. 낮잠 자다.

sestercio *m*. 옛 로마 화폐.

sestro *a*. ①《稀》 왼쪽의. ②나쁜. 불길한. 불행을 초래하는. ③슬픈.
— *m*. ①운명. 숙명. ②나쁜 버릇. 악벽(惡癖). 기이한 버릇(奇癖). 이상한 성질. ③변하기 쉬운 마음. 종잡없는(종잡을 수 없는) 생각. 변덕.

sestroso *a*. ①별난. 이상한. 묘한. ②종잡없는. 변덕스러운. ③괴팍한. 성질이 좋지 않은. 나쁜 버릇이 있는. 성악(性惡)한.

seta *f*. ①화살. ②화살 모양의 물건. 화살표. ②[植] 예리한 털. 극모(棘毛). [動] 뻣뻣한 털. 강모(剛毛). ③《轉》 신랄한 언사. 녹설.

setáceo *a*. ①화살 같은. ②극모 꼴을 한. 강모 같은.

setada *f*. 화살에 다친 상처(矢傷).

sete *a*. 일곱의. 칠(七)의. 일곱 개의. 일곱 사람의(때때로 다음에 오는 명사를 略).
sete côres 일곱 가지 색. 칠색(七色).
sete maravilhas do mundo 세계의 일곱 가지 불가사의한 것.
sete-estrelo. [天] 묘성칠성(昴星七星). 북두칠성. (=*pleiades*).
o sete de copas (트럼프) 하트의 일곱 끗 패.
— *m*. 일곱. 7(의 기호). 일곱 시. 일곱 살. 일곱 사람. 일곱 개. (트럼프) 7의 카드. 일곱 번째(의 사람·물건).

setear *v.t.* 화살로 찌르다(상처를 입히다).

sete-casacas *f*. [植] (브라질산) 정향속(丁香屬).

sete-cascos *m*. [植] (브라질산) 쌍자엽과(雙子葉科)의 야생나무.

setecentos *a*. 칠백의. 700의.

seteira *f.* ①벽에 빛이 들어오게 뚫은 좁은 구멍. ②《古》활 쏘는 구멍. ③엿보는 구멍. 공기 빼는 작은 구멍.

seteiro *m.* 활 쏘는 사람. 궁수(弓手). 궁술가(弓術家).

setembrino *a.* 9月의. (옛 로마력(曆)에서는) 7월의.

setembrista *a.* 구월혁명의(1836년 9월에 포르투갈에서 일어난 혁명).
— *m.* 구월당 혁명당(원).

setembro *m.* ①구월(九月). ②(옛 로마력(曆)에서는) 칠월.

setemesinho *a.* [産科] (아기가) 만 일곱 달 되어 태어난.

setenal *a.* 7년마다의. 7년째의.

setenário *a.* 일곱의. 7의. 일곱의 수로 되는. 7일의. 7년의.
— *m.* 7일간. 7년간. 칠년제(七年祭). 일곱 개 한 벌.

setenato *m.* 칠년간(의 임기).
— *a.* [植] 일곱 가닥으로 갈라진. 일곱 조각의.

setenial *a.* 칠년간 계속되는. 7년마다의.

seténio *m.* 칠년간. 칠년기(期).

seteno *a.* 《廢》7일간. 7일째의.

setenta *a.* 칠십(70)의. 일흔의.

setentrião *m.* 《詩》북쪽. 북방. 북부.

setentrional *a.* 북쪽의. 북방의. 북부의. 북으로부터의. 북에서 온. 북쪽 나라에 사는.
— *m.* 북쪽 나라(지방)에 사는 사람. 북방인(北方人).

setenvirado, setenvirato *m.* 옛 로마의 일곱 사교(司教)의 직(職). 칠인관(七人官)의 직.

setênviro *m.* 옛 로마의 일곱 사교. 칠인관.

setia *f.* ①연잣간(水車)으로 통하는 수로(水路). 도랑. 하수구(下水溝). ②아시아의 작은 배.

setial *m.* ①[宗] (교회의) 장식 의자. 궤대(跪臺). ②(신 신을 때) 발 올려놓는 대.

setífero *a.* 명주를 만드는(내는). 명주에 관한.

setiforme *a.* [動] 뻣뻣한 털 같은. 강모(剛毛) 같은. [植] 극모(棘毛) 같은.

setígero *a.* 명주를 만드는(내는).

setilhão, setilião *m.* 《英》100만의 7제곱. 《葡·佛·美》1,000의 8제곱(兆×兆).

setilha *f.* [韻] 7행시구.

setim *m.* 수자(繻子). 공단. 사텡. 비단 같은(부드럽고 윤 있는) 표면.
papel setim 비단 윤내는 종이(편지지).

sétima *f.* [樂] 7도(度). 칠도 음정(音程). (트럼프) 같은 종류의 일곱장.

sétimo *a.* 일곱 번째의. 제칠의.
— *m.* ①일곱 번째. 제칠(第七). 이레(七日). ②7분의 1.

setineta *f.* 면수자(綿繻子). 모수자(毛繻子: 천의 일종). 공단.

setinoso *a.* 수자 같은. 비단 윤이 있는. 매끄러운.

setingentésimo *a.* 칠백 번째의 제칠백의.

setissílabo *a.* [文] 7음절의.

setíssono *a.* 《詩》7음(音)이 있는.

setor *m.* ①[幾] 선형(扇形). 함수척(函數尺). ②[天] 천정각의(天頂角儀). ③[機] 선형 톱니바퀴. ④[軍] 선형 전구(戰區). ⑤지역. 구역. 범위.

setoura, setoira *f.* 반원형(半圓形)의 낫. 큰 낫.

setuagenário *m., a.* 70대(의). 70대의 사람.

setuagésima *f.* [宗] 사순제(四旬祭) 전 제3 일요일(부활제 전 70일째의 뜻이지만 실은 63일째).

setuagésimo *a.* 70번째의. 제칠십의.

setuplicar *v.t., v.i.* 7곱(겹)으로 하다(되다).

sétuplo *m.* 일곱 배. 칠 배(七倍). 일곱 겹.

seu *adj. poss.* 그의. 그들의. 당신의. 당신들의. 그 여자의. 그 여자들의. 그것의.
seu terreno (seus terrenos) 당신의(당신들의) 땅.
sua casa (suas casas) 당신의(당신들의) 집. (여러 채).
dedo mindinho, seu vizinho 새끼손가락과 무명지(특히 왼손의).
— *pron. poss.* 그분(들)의 것. 당신(들)의 것. 그 여자(들)의 것.
os seus. ①귀댁(貴宅)의 여러분. ②당신의 여러 개의 물건.

seva *f.* 만죠까를 가루로 만들기.

sevadeira *f.* 만죠까를 가루로 만드는 여자.

sevamente *adv.* 잔인(무도)하게. 극악하게.

sevandija *m.f.* ①(集合的) 해로운 짐승. 해조(害鳥). 해충(벼룩·이·빈대 따위). 기생충. 사회의 해물. ②못된 놈. 비열한 인간. 알랑쇠.

sevandijar-se *v.pr.* 비굴해지다. 비열해지다. (스스로) 인격을 낮추다. 비굴하게 처신하다.

severamente *adv.* 격렬(혹독)하게. 엄격(준엄)하게.

severidade *f.* ①격렬. 혹독. 엄격. 엄중. 가혹. 늠렬(凜烈). ②[藝術] 엄숙. 간소. 수수함. 짙은 맛.

severo *a.* ①대단한. 맹렬한. 격렬한. ②엄한. 엄격한(검사 따위). ③가혹한. 혹독한. 통렬한. 용서 없는. ④[藝術] 간소한. 수수한. 짙은 맛이 도는. 엄숙한. [文] 수식이 없는. 부연(敷衍)하지 않은.

sevícia *f.* 학대(虐待)(아버지가 아들에 대한 또는 남편이 처에 대한). 혹사(酷使)(주인이 종에 대한).

seviciar *v.t.* 학대하다. 혹독하게 취급하다. 혹사(酷使)하다.

sevo *a.*《詩》잔인한. 잔인무도한. 흉악한. 극악한. 가혹한. 혹독한.

sex *pref.* '육(六)…'의 뜻의 복합형.

sexagnário *a.* 예순살의. 60대의.
— *m.* 예순살 된 사람. 60대의 사람.

sexagésima *f.* ①60분의 1. ②[宗] 사순절(四旬節) 전 둘째 일요일.

sexagesimal *a.* 60씩 세는(분·초 따위). 60분의.

sexagesimo *a.* 60번째의. 제육십(第六十)의.
— *m.* 60분의 1.

sexangulado *a.* 육각(六角)을 이룬. 육각이 된.

sexangular *a.* 육각의. 육각형의.

sexangulo *m.* [幾] 육각형.

sexcentésimo *a.* 600번째의. 제육백의.

sexdigital *a.* 손가락(발가락)이 여섯 있는. 육지(六指·六趾)의.

sexdigitário *a., m.* 손가락(발가락)이 여섯 있는 사람.

sexenal *a.* 6년에 한번의. 육년마다의. 육년간 계속되는.

sexênio *m.* 6년간.

sexífero *a.* 유성(有性)의.

sexo *m.* ①(남녀의) 성(性). 성별. (집합적) 남성 또는 여성. 암(컷) 또는 수(컷). ②성욕(性慾).
sexo masculino (또는 *forte*) 남성.
sexo feminino (또는 *fraco*) 여성.
o belo sexo 여성.
sem distinção de idade ou sexo 남녀 노소의 구별 없이.

sexta (1) *f.* ①[宗] 육시과(六時課)(정오에 하는 근행(勤行)). ②[樂] 육도음정(六度音程). ③(트럼프) 여섯 장의 한 조.
(注意) 동음이의어(同音異義) *cesta*: 바구니.
— (2) *a. sexto*의 여성형.

sexta-feira *f.* 금요일.
sexta-feira da Paixão (=*sexta-feira Santa*) 성금요일(聖金曜日: 예수의 수난(受難)의 날).

sextante *m.* 육분의(六分儀). 원의 6분의 1. [天] 육분의좌(六分儀座)(성좌 이름).

sextavado *a.* 육면의. 육각의. 육변의.

sextavar *v.t.* 육각형로 만들다. 육변형이 되게 하다.

sexteto *m.* [樂] 육중장(주). 육인합창(합주)대(隊).

sextil *a.* [天] 60도(度)의.

sextilha, sextina *f.*《詩》육행해(六行解).

sextilhão, sextilião *m.*《英》100만의 6제곱. (1에 36개의 영을 친 수).《葡·佛·美》1,000의 7제곱. (1에 21개의 영을 친 수).

sexto *a.* 여섯째의. 여섯 번째의. 제육의.
— *m.* ①여섯 번째. 제육(第六). ②6분의 1.

séxtulo *m.* (무게의 단위) '온스'의 6분의 1(의 양).

sextupleta *f.* ①여섯 쌍둥이. 여섯개 한 벌. ②육인승자전거(六人乘自轉車).

sextuplicar *v.t.* 여섯 곱하다. 여섯 겹으로 하다.

sêxtuplo *a.* 여섯 곱의. 육배의. 여섯 겹의. [樂] 6박자의.
— *m.* 여섯 곱. 육배(六倍). 여섯 겹. 여섯 곱의 수.

sexual *a.* ①남녀(암수)의. 성의. ②성욕의. 성적.
orgãos sexuais 생식기.
relações sexuais 성관계. 성교(性交).

sexualidade *f.* ①남녀(암수)의 구별. 성별. 유성(有性). ②성욕. 성적 본능. 성적 소질.

sexualismo *m.* 성별. 성이 있음. 유성(有性).

sezão *f.* (말라리아와 비슷한) 간헐열(間歇熱).

sezonal, sezonico *a. sezão*의. 간헐열의.
sezonático *a.* 간헐열을 일으키는(발생시키는). (일종의) 학질의. 말라리아의.
sezonismo *m.* (일종의) 말라리아(*sezão*) 역(疫). 늪의 독기(毒氣). 장기(瘴氣).
sezonologia *f.* 말라리아 역병론(疫病論).
sforzando *adv.* 《It》 [樂] 강음으로. 특히 힘을 주어.
si (1) *m.* [樂] 시(전음계적 장음계의 제7음). 시음조.
— (2) *pron. refl.* 그 사람(들) 자신. 그 여자(들) 자신. 그(들) 자신. (그 사람·그 여자) 스스로.
si mesmo (그 사람) 자신. 스스로. 자기만.
si mesma (그 여자) 자신. 스스로. 자기만. 《英》 *by himself.*
de si mesma 그 여자 스스로. 《英》 *by herself.*
por si 스스로. 자기 힘으로. 자기를 위해서. 《英》 *for himself, for oneself.*
por si só 자신의 의지로. (외적) 도움이 없이.
para si 자기 자신에. 자기를 위하여. 《英》 *to himself.*
de si 저절로. 제풀로. 《英》 *of oneself.*
de per si 자기 혼자서. 혼자 힘으로. 독력으로. 《英》 *by himself, by oneself.*
Ela olhou em volta de si. 그 여자는 스스로 자기 옷을 살펴 봤다(전후 좌우를 가리킴).
voltar a si 바른 정신으로 돌아가다. 정신이 들다.
estar fora de si 자기 자신을 잊고 있다. (몹시 흥분하여) 이성을 잊고 있다.
ser senhor de si 주관을 확고히 견지하다. 자기의 의사대로 좌우하다.
— (3) *conj.* (=*se*). 만약.
— (4) *adv.* 《古》 네! 예!
sialadenite *f.* [醫] 타액선염(唾液腺炎).
sialagogo *a.* [醫] 타액분비를 촉진하는.
— *m.* 최타약(催唾藥).
sialismo *m.* [醫] 타액분비 과다(過多).
sialofagia *f.* 타액학(唾液學). 타액 연하(嚥下).
sialorréia *f.* =*sialismo*.
siamês, siamense *a.* 샴(현재는 타이)의. 샴사람(말)의.
— *m.* 샴(*Siam*) 사람. 샴말.
siar *v.i., v.t.* (날짐승이 내릴 때) 날개를 가누다. 닫다.
siba *f.* [魚] 오징어(의 일종)(그 먹물에서 갈색 그림 물감(세피아)을 만듦). 묵어(墨魚).
sibala *f.* [植] 선형종려(扇形棕櫚).
sibarismo *m.* =*sibaritismo*.
sibarita *m.* ①*Sybaris* (이탈리아에 있었던 옛 그리스 도시의 사람. 사치하고 유약하였음). ②사치하고 일락(逸樂)의 무리. 음일(淫逸)한 무리.
sibarítico *a.* 시바리스 사람의. (때때로) 사치일락에 빠지는.
sibaritismo *m.* ①시바리스 사람의 생활. 그 풍습. ②쾌락주의. 향락주의. 음일주의(풍습). 사치.
siberiano *a.* 시베리아의.
— *m.* 시베리아 사람.
siberite *f.* **siberito** *m.* [鑛] 대황색(帶黃色)의 뜨루말린 돌.
sibila *f.* (특히 아폴로 신에 시중들던) 무당. 무녀(巫女). 여자 점쟁이. 여자 예언자. 여자 마법사. 사악한 할멈.
sibilação *f.* ①치찰음화(齒擦音化). 치찰음성(性). ②피리 또는 휘파람 같은 소리. ③[醫] 적성(笛聲).
sibilamento *m.* 치찰음을 내기. 피리 또는 휘파람 같은 소리를 내기.
sibilante *a.* 쉬쉬 소리내는. 휘파람 소리 내는. 치찰음(齒擦音)의.
sibilar *v.t., v.i.* 쉬쉬 소리내다. 치찰음으로 만들다. 치찰음 기호를 붙이다. (바람이) 예리한 소리로 불다.
sibilino, sibilítico *a.* 무당의. 무녀의. 신탁적(神託的). 예언적인.
livros sibilinos 옛 로마 신탁집(神託集)(역대의 집행관이 흔히 이것을 근거로 정치를 한).
sibilismo *m.* 무녀(巫女)의 교의(敎義) 또는 예언.
sibilista *a.m.* 무당(무녀)에 예언을 믿는 사람.
sibilo *m.* 치찰음(齒擦音). 치찰음성(性).
sic *adv.* 《L》 원문대로(의심스럽거나 잘못된 원문을 그대로 인용할 때 인용구(문) 뒤에 (*sic*)이라고 씀).
sicariato *m.* 자객(刺客)에 의한 살해.
sicário *m.* (돈에 매수된) 자객. 하수인.
sicatividade *f.* 건조력. 건조도(乾燥度). 건조질.

sicativo *a.* 잘 말리는. 건조력 있는. 건조질의.
— *m.* 건조유(油). 건조제(劑)(특히 페인트에 넣는).

sícera *f.* (포도주 이외의) 취하지 않는 음료(飮料). 맥주.

siciliana *f.* 시칠리아 섬의 일종의 춤.

siciliano *a.* 시칠리아 섬(왕국·사람·방언)의.
— *m.* 시칠리아 사람(방언).

siclo *m.* ①세클(유태의 중량과 금액의 단위. 약 반 온스 및 은화 2실링 9펜스). ②《俗》돈. 재물.

sicnúria *f.* [醫] 이뇨빈수(利尿頻數).

sicofanta *m.*, *f.* ①추종(아첨)하는 사람. 알랑거리는 사람. ②거짓말쟁이. 중상자. 비방자.

sicofantismo *m.* ①아첨. 추종. ②중상. 비난. ③밀고행위. ④부정행위.

sicômoro *m.* ① [植](시리아·이집트산의) 무화과의 일종. ②《英》 큰 단풍나무. ③《美》 플라타너스의 일종.

sicose *f.* [醫] 수종(鬚腫). 수창(鬚瘡). 모창(毛瘡).

sicrano *m.* 아무. 아무개. 아무아무개. 모(某).
fulano e sicrano 너 나 할 것 없이. 누구든지

sículo *a.*, *m.* =*siciliano*.

sicupira *f.* [植] (북미산) 개아카시아(콩과).

sideração *f.* ①성운(星運). 점성학(占星學). ②(번갯불 같은) 폭발. ③폭발. 감전(感電)·뇌출혈 등으로 갑자기 가사상태(假死狀態)에 빠지는 것. 돌연한 마비.

sideral *a.* ①별의. 항성(恒星)의. 성좌(星座)의. ②하늘 위의. 천상(天上)의.
dia sideral 항성일(23시 54분 4.09초).
ano sideral 항성년(365일 6시 9분 8.97초).
astronomia sideral 성학(星學).

sidereo *a.* 《詩》 별의. 별 많은. 별에 관한. 하늘 위의. 천상의.

sidérico (1) *m.* 별의. 별에서 오는.
— (2) *m.* 쇠의. 철(鐵)의. 철에 관한.

siderismo *m.* 성신숭배(星辰崇拜).

siderite *f.* =*siderito*.
— *m.* [鑛] 능철광(菱鐵鑛). 함철광물(含鐵鑛物).

siderocalcito *m.* 탄산석회(炭酸石灰) 마그네슘.

siderocromo *m.* [鑛] 크롬. 철광.

siderodromofobia *f.* [醫] 철도공포증(鐵道恐怖症).

siderografia *f.* 강판조각술(鋼版彫刻術).

siderográfico *a.* 강판조각술의. 조강술(彫鋼術)의.

siderografo *m.* 강판조각사.

siderolita *f.* =*siderolito*.
— *m.* 별똥. 운석(隕石). 운철(隕鐵).

siderolítico *a.* [地質] 함철암(含鐵岩)이 있는.

sideroscópio *m.* 험자기(驗磁器).

siderose *f.* [化] 자연차 탄산철(自然次炭酸鐵).

siderostato *m.* 천체에서 오는 광선을 임의로 일정한 방향에 반사시키는 기계장치.

siderotecnia *f.* 철야금학(鐵冶金學). 철야금술.

siderotécnico *a.* 철야금학의. 철야금학에 관한.

sideroxilo *m.* [植] 적철속(赤鐵屬).

siderurgia *f.* 제철술(製鐵術). 철공술(鐵工術).

siderúrgico *a.* 제철의. 철공의.
indústria siderúrgica 철공업. 제철업(製鐵業).

sienite *f.* [鑛] 섬장암(閃長岩). 정장암(正長岩).

sienítico *a.* 섬장암(정장암)의.

sifão *m.* ①사이펀. 흡만관(吸彎管). 흡수관(吸水管). ②사이펀병. 탄산수병. ③[動] 수관(水管). 흡관.

sifilicomio *m.* 매독병원.

sifilide *f.* [醫] 매독성 발진(發疹).

sifiligrafia *f.* 매독론(梅毒論). 매독학.

sifiligrafista, **sifilígrafo** *m.* 매독학자.

sífilis *f.* [醫] 매독. 당창(唐瘡).

sifilismo *m.* 매독요소.

sifilítico *a.* 매독의. 매독성의.
— *m.* 매독환자.

sifilização *f.* 매독전염(유전). 매독접종(接種).

sifilizar *v.t.*, *v.i.* 매독에 옮게(걸리게) 하다. 매독이 유전하다. 매독을 접종하다.

sifilografia *f.* =*sifiligrafia*.

sifiloide *f.* [醫] 매독유사성(類似性)의 발진(發疹).

sifilofobia *f.* [醫] 매독공포증.

sifonoide *a.* 사이펀(*sifão*) 비슷한. 사이펀

sifonostomo *a.* [動] 사이펀꼴의 입이 있는.
sigilação *f.* ①날인(捺印). 봉인(封印). ②비밀로 하기. 비밀에 붙이기.
sigilado *a.* = *terra sigilada.* 일종의 점토(粘土).
sigilar *v.t.* ①(증서 등에) 날인하다. 봉인하다. ②비밀로 하다. 비밀을 지키다.
sigilaria *f.* 봉인목(封印木).
sigilo *m.* ①비밀. 비밀 일. 비사(秘事). ②인(印). 인장(印章). ③봉인(封印).
sigilo sacramental 고해의 비밀로서 그것을 청취한 신부는 절대로 누설하지 못하는 것.
sigla *f.* 약자(略字). 약자 기호(記號).
sigma *f.* 시그마(그리스 자모의 제18번째 Σ, σ, ς, 포르투갈어의 S, s에 해당함).
sigmoídeo, sigmóide *a.* S(C)자 모양의.
cavidades sigmoídeas S자 모양의 와(窩).
valvulas sigmoídeas S자 모양의 판(瓣).
signa *f.* 기(旗). 깃발.
signatário *a.* (아래에) 기명사인한. 참가조인한.
— *m.* ①(하기) 서명자. 조인자. ②조약국. 조인국.
significação *f.* ①뜻을 나타내기. 의미(意味). 의의. 어의(語義). ②표시(표의) 방법.
significado *m.* 의미. 의의. 까닭. 취의(趣意).
significador *a., m.* 뜻을 나타내는 (사람·사물). 의미를 보이는 (사람·사물).
significância *f.* 《古》 ①의미 있음. 뜻함. 의미심장함. ②의미. 의의. 상세. ③중요. 중대. 영향.
significante *a.* ①의미가 있는. 의미의 깊은. 영문이 있는 듯한. 암시적인. 뜻을 나타내는. 표시하는. ②중요한. 뚜렷한.
significar *v.t.* ①(뜻을) 나타내다. 알리다. 발표하다. ②(…의) 전조가 되다. 예시(豫示)하다. ③뜻하다.
significativamente *adv.* 의미있는 듯이. 뜻있게. 의의있게. 의미심장하게.
significativo *a.* 표시하는. 의미있는. 의의 있는. 의미심장한. 영문이 있는 듯한. 의의가 뚜렷한.
signo *m.* ①[天] 궁(宮)(黃道 12區分의 하나). ②모양. 표시. 표. 부호. (수학·음악 따위의) 기호.

signo-siamão *m.* (목에 거는) 호신패(護身牌). 부적.
sílaba *f.* 음절(音節). 철음(綴音). 철자(음). 한 마디. 일언반구. 한 마디 말. 《俗》 발음.
última sílaba 마지막 음절.
penúltima sílaba 마지막으로부터 두 번째 음절.
não disse uma sílaba 일언반구(一言半句)도 말하지 않았다.
silabação *f.* 음절로 나누기. 분절법. 음절마다 발음하기.
silabada *f.* 발음상의 오류(특히 낱말의 강음(악센트)의 위치를 틀리게 발음하거나 또는 철자를 잘못 발음하는 것. 보기 *l*을 *r*로, *j*를 *z*로 발음하는 따위).
silabar *v.t.* ①음절로 나누다. 각 음절을 (똑똑하게) 발음하다. 분절하여 발음하다.
silabário *m.* 자음표(子音表). 철음표. A·B·C 철자교본(敎本). (우리나라의) 가나다 음표. 가나다라.
silabicamente *adv.* 음절로 나누어서. 음절상. 철음상.
silábico *a.* 음절(音節)의. 철음의. ②음절을 나타내는. ③각 음절을 발음하는. 발음이 매우 분명한. ④음절을 이루는. 음절적인.
silabismo *m.* 음절문자(音節文字). 음절문자의 사용.
sílabo *m.* ①(강의의) 대강(大綱). 대요. ②교수제목. 일의 시간표. ③[가톨릭] 교서 요목. 교령적요(敎令摘要). ④교황 *Pius IX*가 1864년에 발표한) 이단(異端) 80개 조서.
silena *f.* [植] 벌레패랭이꽃(패랭이 꽃과).
silenciar *v.i.* 침묵하다. 조용하다. 조용히 하다.
— *v.t.* 침묵케 하다. 조용케 하다.
silêncio *m.* ①침묵(沈默). 무언. 소리내지 않음. 정숙. 묵도. ②정적(靜寂). 조용함. ③무소식. 음신두절(音信杜絶). ④침묵을 지키기. ⑤묵살. 망각. ⑥[樂] 휴지(休止).
quebrar silêncio 침묵을 깨뜨리다.
guardar silêncio 침묵을 지키다.
O silêncio é de ouro. 《諺》 침묵은 금.
— *interj. silêncio!* 조용해! 쉿!
silenciosamente *adv.* 잠자코. 고요히. 언급하지 않고. 묵묵히. 침묵하여.

silencioso *a.* ①말이 없는. 침묵을 지키는. 묵묵한. ②소식이 없는. 음신(音信)이 두절한. 소리를(음성을) 내지 않는. ③고요한. 조용한. ④말이 적은. 과묵한. ⑤[音聲] 발음이 되지 않는. 묵음(默音)의 (*hora, honesto*의 h 따위).
— *m.* 말없는 사람. 과묵한 사람. 《稀》 (내연기관 등의) 소음기(消音器).

sileneas *f.(pl.)* [植] 패랭꽃 무리.

silente *a.* 《詩》= *silencioso.*

silepse *f.* ①[修] 일필쌍서법(一筆雙書法). ②[文] 겸용법(兼用法). 의의적 일치(意義的一致). 의의적 조응법(照應法).

siléptico *a.* ①[修] 일필쌍서법의. ②[文] 경용법의.

siler *m.* [植] (광주리 따위를 짜는) 고리버들. 버들가지.

sílex *m.* (= *silice*). 부싯돌. 규석(珪石).

sílfide *f.* ①기선(氣仙)(공기 중에 산다고 일컫는. 바람의 정(精). ②가냘픈 미인. 아름다운 처녀.

silfo *m.* 기선(氣仙). 바람의 정(精).

silha *f.* ①벌통의 대석(臺石). ②《廢》 의자. (注意) *cilha* : (馬具) 배띠(胚帶).

silhão *m.* 여자용의 안장. 옆에 달린 안장.

silhar *m.* [石工] 뜬돌. 가른돌. 소석(素石). 표장석(表裝石). 뜬돌 쌓기.

silharia *f.* ①채석공(採石工). 손질돌 쌓음. ②[建] 지붕속 간막이.

silhueta *f.* 반면영상(半面影像)(보통흑색) 그림자. 윤곽.

sílica *f.* ①내열성(耐熱性)의 유리. ②[化] 규산(硅酸). 규토(珪土). ③규석(珪石).

silicatado *a.* ①규토를 칠한(넣은). 규산과 화합한. ②[地質] 규토로써 된.

silicatização *f.* 규화(珪化)하기.

silicato *m.* [化] 규산염(硅酸鹽).

sílice *f.* = *silex.*

silícico *a.* 규토의. 규산의. 규산과 화합한.

silicicola *a.* [植] 규토에 의하여 자라는.

silicífero *a.* 규산(珪酸)이 있는. 규산을 함유한.

silício *m.* [化] 규소(珪素).

silicioso *a.* 규토의. 규토질의. 규산을 포함한.

silícula *f.* [植] 단각(短角). 짧은 씨꼬투리. 단자각(短子殼).

siliculiforme *a.* 단각꼴(短角狀)의.

siliculoso *a.* [植] 단각이 있는. 단각꼴을 한.

siliqua *f.* [植] 장각(長角).

siliquiforme *a.* [植] 장각꼴(長角狀)의.

siliquoso *a.* [植] 장각이 있는.

silo (1) *m.* ①[農] 헛간. 마춧간. 가축용 사료저장실. 지하의 움. 지하실. ②[建] 사일로(곡물·석탄 따위를 저장하는 탑 모양의 건축물).
— (2) *m.* 《古》 그리스의 풍자시(諷刺詩).

silogeu *m.* 학예회집회소(學藝會集合所).

silogismo *m.* ①[論] 삼단논법(三段論法). 연역법(演繹法).

silogístico *a.* 삼단논법의. 연역적.

silogrizar *v.i.* 삼단논법을 쓰다. 추론하다.
— *v.t.* (사실·의논을) 삼단논법으로 하다. (삼단논법으로) 연역하다.

silografia *f.* 그리스의 풍자학(諷刺學).

silografo *m.* 그리스의 풍자시 작가.

siluriano *a.* ①(옛 *Wales* 동남부의) 실루리아 사람. (*Silures*)의. ②[地質] 실루리아계(系)의. 실루리아 기(紀)의.

siluridas *m.(pl.)* [魚] 메기과(鮎科).

siluro *m.* [魚] 메기의 일종.

silva *f.* ①[植] 들장미과 식물의 총칭. 검은 딸기. 가시덤불. ②(특히 라틴 문학의) 선집(選集). 잡록.
amora da silva 검은 딸기.

silvado *m.* ①들장미 많은 곳. 검은 딸기숲. 가시덤불. ②들장미(가시식물)로 둘리낀 산울타리.

silvandra *f.* 인시류(鱗翅類)의 벌레.

silvano *m.* ①[羅神] 숲의 신. 농목(農牧)의 신. 나무숲의 정(精). ②시골뜨기. 버릇없는 사람.

silvão *m.* [植] 찔레의 일종.

silvar *v.i.* (화살이 날아가듯이) 횡하는 소리나다. (총알이 나가듯) 팽하는 소리나다. (모진바람 불듯이) 예리한 소리를 내다.

silvático *a.* ①임야(林野)의. 삼림의. 삼림이 있는. ②야생적인. 거칠은. 조폭한. 사나운. ③미개한. 야만의.

silvedo *m.* = *silvado.*

silveira *f.* [植] ①들장미. 검은 딸기. 가시덤불. 들장미 많은 곳. 검은 딸기 많은 곳.

silveiral *m.* 풀섶. 들장미밭. 가시덤불.

silvestre *a.* 숲의. 잡목숲의. 삼림의. 임야(林野)의. 삼림에서 나는. 야생의. 조야(粗野)한.

silvícola *a.* ①숲속에 사는. 임간(林間)에 거주하는. ②삼림 속에서 태어난.

— *m., f.* 숲속에 사는 사람. 임야에서 사는 사람. 교양이 낮은 사람. 문명의 혜택이 적은 사람.

silvicultor *m.* 산림학자(山林學者). 조림(造林)학자.

silvicultura *f.* 임학(林學). 조림학.

silvina *f.* [化] 가리석염(加里石鹽).

silvo *m.* ①휘파람. 횡(웡)하는 소리. ②기적. 호적(號笛). 경적.

silvoso *a.* 들장미가 많은. 가시덤불이 많은.

sim *adv.* 예. 그렇습니다. 그렇다. 그렇지오. 그렇다. 그럼. 그렇고말고.

creio que sim 그렇게 생각한다(그렇게 믿는다).

parece-me que sim 내가 보기에는 그런 것 같다. 그렇게 생각된다.

um dia sim outro dia não 하루 건너.

— *m.* "예."라는 대답의 말.

sim senhor 예, 아버지(선생님).

sim senhora 네, 어머님(마님).

Você fala português? 당신은 포르투갈어를 합니까?

Sim, falo. 네, 합니다. (이 경우 *sim*을 略해도 긍정의 뜻은 같으며 묻는 말에 흔히 그 직위의 동사 또는 조동사로 대답한다).

Estão prontos? 여러분 준비 다 되었습니까?

Estamos. 네, 다 되었습니다. (*sim*이 생략되었음).

simaruha *f.* [植] 고목(苦木)의 일종(그 뿌리의 껍질은 약용).

simarubáceas *f.(pl.)* [植] 고목과(苦木科).

simbiose *f.* [生物] 공생(共生). 공서(共棲). 공동생활.

simbiótico a. 공생의. 공서의. 공생하는.

simbólica *f.* [宗] 신조론(信條論) [人類] 의식(儀式) 연구.

simbolicamente *adv.* 상징적으로. 기호로서.

simbólico *a.* 상징의. 표상(表象)의. 상징적. 표상적. 상징하는. 표상하는. 부호의. 기호적. [宗] 신조의.

escritura simbólica 상형문자(象形文字).

simbolismo *m.* ①[文學・美術] 상징주의. ②부호 사용. 상징적 표현. 부호성(符號性). 상징성.

simbolista *m., f.* 상징주의자. 부호학자. 부호사용자.

— *a.* 상징주의(자)의.

simbolístico *a.* 상징주의의. 상징적인.

simbolização *f.* 기호로 나타내기. 상징화.

simbolizador *a., m.* 기호로 나타내는 (사람). 상징화하는 (사람).

simbolizar *v.t.* ①나타내다. …의 부호(표상)하다. 상징하다. ②부호(기호)로 나타내다. 상징(표상)화하다. 상징으로서 보다. 상징의 정신을 품게 하다.

símbolo *m.* ①상징. 표상(表象). 심볼. ②부호. 기호. ③신조(信條).

simbologia *f.* 상징학. 기호론.

simbológico *a.* 상징학의. 기호론의.

simetria *f.* 좌우의 대칭(對稱). 균형. 균제(均齊). 균형(조화)미. [植] 대생(對生).

simetricamente *adv.* 어울려서. 조화되어. 균형이 잡혀. [幾] 대칭으로. 대칭의 위치로. [植] 대생하여.

simétrico *a.* (좌우) 대칭적인. 어울린. 균형이 잡힌. [幾] 대칭의. [植] 대생의.

simetrizar *v.t.* 대칭으로 하다. 대칭이 잡히게 하다. 어울리게 하다. 조화시키다.

— *v.i.* 어울리다. 조화(調和)되다. [幾] 대칭하다.

—*se v.pr.* 어울리다. 균형이 잡히다.

simia *f.* (특히) 유인원의 암컷. 꼬리 없는 원숭이 암컷.

simiano *a.* =*simiesco*.

simiesco *a.* ①(특히) 유인원(類人猿)의. 원숭이의. 원숭이 비슷한. ②흉내내는. 어리석은.

símil *a.* ①《詩》비슷한. 유사한. 흡사한. ②같은 모양의. 같은 종류의.

similar *a.* ①(…과) 비슷한. 유사한. 같은 모양의. 같은 종류의. ②[幾] 닮은꼴의. 상사의.

— *m.* 유사물(類似物). 상사물.

similaridade *f.* ①유사(類似). 상사(相似). 모양이 같음. 유사점. 유사성. ②동종(同種). 동류(同類).

símile *m.* ①[修] 직유(直喩). 명유(明喩).

similhar *v.t.* =*semelhar*.

similidade *f.* =*semelhança*.

similidão *f.* 《古》=*semelhança*.

similifloro *a.* [植] 같은 꽃이 있는.

simílimo *a.* 가장 유사한. 아주 닮은.

similitude *f.* ①유사. 상사. 같은 모양. 닮기. 외모. 모습. 《稀》유사물. 꼭 닮은 물건. ②비유. 《古》직유(直喩). [幾] 상사.

similitudinário *a.* …와 비슷한(점이 있는). 아주 흡사한. 닮은.

símio *m.* [動] (특히) 유인원(類人猿). 원숭이. 꼬리 없는 원숭이. 비비(狒狒).
— *a.* 원숭이의. 원숭이 비슷한. 원숭이와 같은. 원숭이에 관한.

simira *f.* 꼭두서니과(茜草科)의 식물.

simonia *f.* 성물매매(聖物賣買). 성직매매(죄)(*Simon Magus*가 돈으로 성령을 얻는 힘을 사려고 한 옛 일에서. [聖] *Acts* 8 : 18).

simoníaco *a.* 성물 매매의. 성직 매매의.
— *m.* 성직 매매자.

simpatia *f.* ①동정(심). 가엾게 여기기. 연민. ②감동. 찬동. 찬성. 호감(好感). 공명(共鳴). 동감. ③조문(弔問). 조상. 위문. 위자. ④감응성. [生理] 교감(交感). [理] 공진(共振).

simpàticamente *adv.* 동정하여. 불쌍히 여기어. 호감을 품고. 교감하여.

simpático *a.* 동정하는. 인정 깊은. ②마음에 드는. 성미에 맞는. ③[生理] 교감적인. 감응적인. ④[理] 공진하는.

simpatismo *m.* =*simpatia*.

simpatizante *a.* 동정하는. 가엾게 여기는. 동감의. 호감을 품는. 찬동(을 표시)하는. 동조(同調)하는. 공명하는.
— *m., f.* 가엾게 여기는 사람. 동정자. 동감자. 찬동자. 찬성자. 공명자. 동조자.

simpatizar *v.i.* ①가엾게 여기다. 동정하다. 같이하다. ②동의하다. 찬동하다. 찬성하다. ③조문(弔問)하다. 위로하다. ④감응하다. 융합하다. ⑤교감하다. 동감하다. 공명(共鳴)하다.

simpiezómetro *m.* [理] 압축기압계(壓縮氣壓計).

simples (1) *a.* ①간단한. 단순한. 용이한. ②순수한. 담백한(식사 따위). 간소한. 꾸밈없는. ③순수한. 악의 없는. 천진난만한(성질 따위). ④소박한. ⑤고지식한. 우직(愚直)한. 너무 솔직한. 속기 쉬운. 사람이 좋은. ⑥천한. 평민출신의. ⑦순전한. ⑧단일의. 단순한. 분해할 수 있는.
— *m.* ①단순. 간단. 용이. 쉬움. ②수수함. 간소. ③순수. 소박. 꾸밈없음. ④단일성. 단일물. 단체(單體). ⑤고지식한 사람. 우직(愚直)한 사람. ⑤솔직한 사람. 단순한 사람.
— (2) *m.*(*pl.*) [建] (아치 위에 받치는) 홍예틀.

simplesmente *adv.* ①간단히. 단순히. 간편하게. ②쉽게. 평이하게. (꾸밈없이. 있는대로. 수수하게. ④순진하게. 천진난만하게. 고지식하게. ⑤(때때로) 다만. …뿐으로.

simpleza *f.* ①간단함. 단순함. ②평이함. ③순진함. 순박함. 천진난만함.

simplices *m.*(*pl.*) ①성분. 함성분. 요소(要素). ②약재(藥材). 약종(藥種). 약초류(藥草類).

simplicidade *f.* ①단순함. 간단함. 평이함. ②순진. 천진난만. 악의 없음. 순박함. ③간소. 꾸밈 없음. 수수함. 담백. ④소박. 고지식. 우직. 무지.

simplicíssimamente *adv.* 매우 순하게. 아주 간단하게. 가장 평이하게.

simplicíssimo *a.* (*simples*의 최상급). 아주 단순한. 제일 간단한. 가장 평이한. 지극히 순진한.

simplicista *m., f.* 《廢》약초로 치료하는 사람. 약초학자(藥草學者).

simplificação *f.* 평이화. 간이화. 단일화. 단순화.

simplificacionista *m., f.* 철자법 간이주장자(簡易主張者).

simplificado *a.* 평이화한. 간이화한. 간단하게 된. 단순하게 된. 간략한. 간소해진.

simplificador *a., m.* 간단하게 아는 (사람). 평이하게 하는 (사람).

simplificar *v.t.* 간단하게 하다. 평이하게 하다. 단순(단일)하게 하다. 간략하게 하다.
—*se v.pr.* 간단해지다. 평이화되다. 간략되다.

simplificativo *a.* 간단하게 하는. 간단하게 하기 위한. 간략하게 하는.

simplificável *a.* 간단하게 할 수 있는. 평이화 가능한. 간략(간결)하게 할 수 있는.

simplista *a.* 단순한. 천진난만한. 철없는. 속기 쉬운.
— *m., f.* 단순한 사람. 속기 쉬운 사람. 바보. 얼간이. 풋내기.

simplório *a.* 순진한. 어린애같은. 천진난만한. 고지식한. 우직(愚直)한. 바보같은. ①순진한 사람. 천진난만한 사람. 철부지같은 사람. 고지식한 사람. 우직한 이. ②바보. 멍텅구리. 얼간이. 풋내기.

simpósio *m.* ①(옛 그리스의) 주연(酒宴). 연회. 만찬회. ②회담. 좌담(회). 토론회.

③(어떤 문제에 관한 대가들의) 논문집. 논총(論叢).

simptose *f.* [醫] 허탈(虛脫).

simulação *f.* 흉내내기. 가장하기. 겉치레. [生物] 의태(擬態). 꾀병.

simulacro *m.* ①모습. 신(神)의 모습. ②그림자. 환영(幻影). 환상. ③《轉》가짜. 겉치레. 가장하기. 의관(擬觀). ④《古》우상.

simuladamente *adv.* 흉내내어. 분장하여. 가장하여. (…인) 체하여.

simulado *a.* 흉내 낸. 가장한. 분장(扮裝)한. 가장의. 의태(擬態)의. 모의(摸擬)의. 거짓의. 허위의. 가짜의.
doença simulada 병. 가병(假病).
contrato simulado 가장계약. 형식적 제약.
ataque simulado 모의공격(摸擬攻擊).

simulador *a., m.* 흉내 내는 (사람). 거짓 꾸미는 (사람·것). 가장하는 (사람). (…인) 체하는 (사람).

simulamento *m.* ＝*simulação*.

simular *v.t., v.i.* 흉내 내다. 모방하다. 분장(扮裝)하다. 가장하다. …체하다. [生物] 의태하다. [軍] 모의전을 하다.

simulatório *a.* 가장의. 모의의. 가장적. 모의적.

simultaneamente *adv.* 동시에. 일제히.

simultaneidade *f.* 동시임. 동시에 일어남. 동시성(同時性). 동시존재. 병존(竝存).

simultâneo *a.* 같은 시간의. 동시의. 동시에 일어나는. 동시에 존재하는. 같은 시간에 행하는. 때를 같이하는.

simum *m.* 아라비아 사막(따위)의 모래폭풍. 사막의 열풍(熱風).

sina *f.* ①운명. 숙명. 운. 운수(運數). ②군기(軍旗).

sinagoga *f.* ①유태교의 신조(信條).

sinal *m.* ①신호. 암호. 군호. 신호기(機). ②기호(記號). 부호. 표식. ③손짓. 몸짓. 거동. 표정. ④홈. 흔적. (피부의) 반점. ⑤특징. ⑥징조. 전조. 징후. ⑦(인정하는 뜻의) 서명(署名). ⑧증거금. 착수금. 예약금.
sinais (*pl.*) (경찰 등의). 인상서(人相書).
sinal luminoso 신호등.
sinal de trânsito 교통신호.
sinal de perigo 조난신호.
sinal aberto 열린 신호(푸른 불·녹색 신호).
sinal fechado 닫힌 신호(붉은 불·적색신호).
fajer sinal 신호하다.
fajer sinal com a mão 손짓으로 알리다.
fajer sinal com a cabeça (*olhos*) 머리를 끄덕하여(손짓으로) 알리다(신호하다).
sinal da cruz 십자가의 표시.
fajer o sinal da cruz 십자가의 표시를 손으로 그리다.

sinalagmático *a.* [法] 쌍방적. 쌍무적(雙務的).
contraio sinalagmático 쌍무계약.

sinalar *v.t.* ①표시하다. 표하다. 눈에 띄게 하다. ②신호하다. 알리다.

sinalefa *f.* [文] 어미의 모음이 다음 어두모음 앞에서 탈락되기.

sinaleiro *m.* (배의) 신호수(信號手).

sinalização *f.* 신호. 신호법. 신호시설.
sinalização automática 자동신호장치.

sinalizar *v.i.* ①(교차점·주차장 입구 등에) 신호장치를 하다. 신호시설을 하다. 신호로 보이다. ②눈에 띄게 하다. 현저히 나타나게 하다.

sinanteas *f.*(*pl.*) 취약웅예식물(聚葯雄蕊植物).

sinantereo *a.* [植] 취약웅예의.

sinápico *a.* 겨자의.

sinapismo *m.* [醫] 겨자반죽.

sinapizar *v.t.* …에 겨자가루를 섞다(입히다).

sinarada *f.* 종을 치기.

sinartrose *f.* [解·醫] 부동(不動)결합. [病理] 관절유합증(關節癒合症).

sinaxe *f.* 그리스도교 초기의 신도집회.

sincarpado *a.* [植] 취합과(聚合果)의. 취과(聚果)의.

sincarpo *m.* [植] 단화취합과(單花聚合果). 취과(聚果).

sinceiral *m.* 《詩》 버드나무 숲.

sinceiro *m.* 《詩》 버드나무. 양류(揚柳).

sincelo *m.* 빙주(氷柱). 고드름.

sinceloso *m.* 고드름이 붙어 있는. 고드름이 내려드리운.

sinceramente *adv.* 성심으로. 정색으로. 진실하게. 충심으로. 정말.

sinceridade *f.* ①성실. 진실. 진지(眞摯). 정직. ②표리가 없음. 검박(儉朴). ③독실(篤實).

sincero *a.* 성실한. 진실한. 정직한. 진지한. 참된. 충심의. 표리가 없는. 말하는대로의.

sincipital *a.* [解] 전두부의. 두정부(頭頂部)의.

sincipúcio, sinciput *m.* [解] 전두부(前頭部). 두정부(頭頂部).

sinclinal, sinclinico *a.* [地質] 향사(向斜)의.

sinclinário *m.* [地質] 향사(向斜).

sinclise *f.* [文] 동사의 중간에 대명사가 삽입(挿入)되는 것. 대명사의 삽간법(挿間法).

sinclítico *a.* [文] 동사의 중간에 대명사가 삽입되는. (대명사의) 삽간법의.

sincondrose *f.* [醫] 연골접합(軟骨接合). 연골봉합(縫合).

sincopado *a.* ①[文] 말 가운데의 철자가 생략된. 중략(中略)한. ②[樂] 절조(節調)한. 약조(約調)한.

sincopal *a.* 실신(失神)의. 기절의. 졸도의. 인사불성의.

sincopar *v.t.* ①[文] 말 가운데의 철자를 생략한다. 중략(中略)하다. ②[樂] 이세(移勢)시키다. 절조(節調)하다.
— *v.i.* [文] 중략되다. [樂] 이세(절조)되다.

sincopizante *a.* 기절하게 하는. 졸도하게 하는. 실신시키는.

síncope *f.* ①[醫] 졸도. 기절. 실신. 인사불성. 혼절(昏絶). ②[文] 말 가운데의 철자 (또는 음의) 소실. 중략(어). ③[樂] 절조(絶調). 약조(約調).

sincopizar *v.t.* 졸도(기절)하게 하다. 실신시키다.
— *v.i.*, —**se** *v.pr.* 졸도하다. 기절하다. 인사불성이 되다.

sincotiledóneo *a.* [植] 합체자엽(合體子葉)이 있는.

sincrético *a.* [哲·宗] 제설혼합주의의. 혼성설의.

sincretismo *m.* [哲·宗] 제설혼합주의(諸說混合主義). 혼성설(混成說).

sincretistista *a., m., f.* 제설혼합주의자.

sincrise *f.* ①[修] 대구(對句). 대격(對隔). 이중음(二重音)인 두 모음(二母音)의 합체.

sincrônico *a.* 동시(성)의. 동시에 일어나는. 동기(同期)의. 때를 같이하는. 동위상 (同位相)의.

sincronismo *m.* 동시발생. 동시성. 동기(同期). 대조역사년표. (역사적 사실의) 연대적 일치. [映] 영상(映像)과 발성의 일치.

sincronização *f.* ①동시성. 시간(시각)을 맞추기. ②영화·텔레비전 등에서 청각과 시각을 같이하기.

sincronizar *v.i.* ①동시성을 가지다. 때를 같이 하다. ②때가 일치하다. ③(몇 개의 시계가) 표준시각(일정한 시각)을 표시하다. 같은 시간을 보이다. ④[映] 영상(映像)과 발성이 일치하다.
— *v.t.* 동시에 하다. 동시성을 가지게 하다. (시계 따위를) 같은 시간으로 하다. (역사적 사실을) 연대적으로 일치하게 하다.

síncrono *a.* =*sincrônico*.

sincronologia *f.* 연대학(年代學). 연대기(年代記). 연표(年表) 등의 연구 또는 대조.

sindactilo *a.* [動·鳥] 손가락(발가락)이 유착(癒着)한. 합지(合指·合趾)의.

sindactilos *m.(pl.)* 합지조류(合趾鳥類). 유대류(有袋類).

sinderese *f.* 판별력(判別力). 분별(分別). 상식.

sindesmografia *f.* [醫] 인대론(靭帶論).

sindesmográfico *a.* 인대론의.

sindesmografo *m.* 인대론 연구자.

sindesmologia *f.* [解] 인대학(靭帶學).

sindesmológico *a.* 인대학의.

sindesmólogo *m.* 인대학자.

sindesmose *f.* 인대관절(靭帶關節).

sindicação *f.* ①신디케이트 조직. ②신문(訊問). 조사. 취조.

sindicado *m.* *síndico*의 직 또는 임기.

sindical *a.* 신디케이트의. 조합(組合)의.

sindicalismo *m.* ①상디칼리즘. ②노동조합지상운동(직접 행동으로 생산과 분배를 노동조합의 손안에. 넣으려는). ③산업 혁명주의(운동).

sindicalista *a., m.* 위의 주의자.

sindicância *f.* 문의. 신문(訊問). 조사. 취조.

sindicante *a.* 신문의. 심사의. 조사의. 조회의. 묻는. 신문하는. 조사(취조)하는.
— *m., f.* 신문자(訊問者). 조사담당자. 취조자.

sindicar *v.t., v.i.* (어떤 사건에 대하여) 신문하다. 조사하다. 취조하다. 캐내다.

sindicatal *a.* 신디케이트의. (이해관계를

sindicato *m.* 기업가 재단. 기업조합. 사업 인수조합. 채권발행 인수조합. 주식 인수조합. 은행단. 상문(잡지)연맹. 노동조합.
sindicato operário 노동자(직공)조합.
sindicato produtor 산업(생산자)조합.
sindicato agrícola 농업조합.

sindicatório *a.* 신디케이트의. 조합의. 신디케이트에 관한. 조합에 속하는.
— *m.* 신디케이트 회원. 조합원.

sindicatura *f.* *síndico*의 직책.

síndico *m.* ①《古》지방행정장관. ②(대학 따위의) 평의원. 이사(理事)관리.
síndico de uma falência 파산관리인.

síndroma, síndrome *m., f.* [醫] 징후(徵候). 일반증상(一般症狀).

sinecura *f.* ①한가한 직책. 한직(閑職). (특히) 면목뿐인 목사직. ②편하고 보수가 좋은 자리(일).

sinecurista *m., f.* ①한가한 직책에 있는 사람. ②편한 일을 하고 좋은 보수를 받는 사람.

sinédoque *f.* [修] 제유법(提喩法). 대유(代喩). 거우법(擧隅法 : 일부로써 전체를 나타내는 법. 돛을 가리켜 배를 뜻하고 파도를 가리켜 바다를 뜻하는 따위).

sinédrim, sinédrio *m.* 옛 예루살렘의 참의원(參議員). 대법원. 장로회(長老會).

sineira *f.* ①종을 치는 여자. ②(종루(鐘樓) 위의) 종 매다는 곳.

sineiro *m.* ①종을 만드는 사람(鑄鐘師). ②종을 치는 사람. ③(이웃에) 돌아다니며 알리는 사람.
— *a.* (탑 또는 누상(樓上)에) 종이 있는.

sine-qua-non *a.*《L》필요불가결한 것. 필수조건의.
condição sine-qua-non 필요불가결한 것. 필수조건.

sinérese *f.* [文] 합음(合音 : 두 모음 또는 두 음절을 하나로 줄임).

sinergia *f.* [醫] 각 기관의 협동작용. 합력(合力)작용.

sinérgico *a.* [醫] 협동작용의. 합력작용의.
musculos sinergicos 협동근(協同筋).

sinergide, sinergidea *f.* [植] 매개세포(媒介細胞).

sínese *f.* [修] 의미에 의한 문법무시. [文] 의미구분.

sinestesia *f.* [心] 공감각(共感覺 : 한 가지 인상에 두 가지의 감각을 일으키는). 부(副)감각. [生理] 반생(半生)감각.

sineta *f.* 작은 종(小鐘). 작은 벨.

sinéte *m.* 작은 봉인(封印). (가락지 따위에 새긴) 인인(認印).

sinfise *f.* [醫] 유착(癒着). [解] 연골접합(軟骨接合). 합성(合成).

sineurose *f.* [解] 두 뼈의 접합(接合).

sinfisiano, sinfisico *a.* 유착의. 합성의.

sinfonia *f.* ①[樂] 교향악. 합주곡. ②《古·詩》화음. 해음(諧音). 조화음. 협화음.

sinfônico *a.* ①[樂] 교향악의. ②화음의. 해음의. 조화음의.

sinfonista *m., f.* 교향악 작곡가(연주자).

singalês *a.* 세이론(Ceylon) 섬의. 세이론 사람(말)의.
— *m.* 세이론 사람(말).

singelamente *adv.* ①단순히. 간단하게. 솔직하게. 담백하게. ②단일적으로.

singeleira *f.* 어망(漁網)의 일종.

singelez, sengeleza *f.* ①간단. 평이. 단순. ②솔직(성). 진지(성). 성실. 순진. 천진난만. ③단일성(單一性).

singelo *a.* ①간단한. 단순한. 평이한. ②소박한. (식사 따위) 간소한. 담백한. ③수수한. 꾸밈 없는. ④솔직한. 순진한. 착한. ⑤단일의. 한 개의. 한 겹의. 일중(一重)의. [植] 단판(單瓣)의. 하나뿐인.

singenesia *f.* [植] 취약(聚葯). 취약웅예(雄蕊)식물.

singenésico *a.* 취약(聚葯)의. 취약웅예식물의.

singradura *f.* 배(특히 돛배)의 일일항정(一日航程). 하루의 항행(航行).

singrafa *f.* = *singrafo*.
— *m.* 대차 쌍방(貸借雙方)이 공동 작성한 증서(證書).

singrante *a.* (배가) 떠날 준비를 한. 출항준비 완료한.

singrar *v.i.* (배가) 달리다. 항행하다. (거의 돛을 올리지 않고) 순풍을 받아 달리다.

singular *a.* ①단 하나의. 단일(單一)의. 단독의. [文] 단수의. [論] 단칭(單稱)의. ②[法] 각자의. 따로따로의. 각개의. ③유일한. ④드문. 귀한. 희한한. 이상한. 별난. ⑤독특한. 특이한.
— *m.* [文] 단수(單數). 단수어.

singularidade *f.* ①단일. 단독. 유일. 단수

singularizar v.t. 구별하다. 차별하다. 따로따로 하다. 잘 뜨이게 하다. 자세히 설명하다.
— *se* v.pr. 구별(차별)되다. 눈에 잘 띄다. 이채(異彩)를 나타내다. 특이(特異)한 일을 하다.
singularmente adv. 단일적으로. 단독히. 단 하나로. 각별하게. 기이(기묘)하게. 특이하게.
singulto m. 《詩》 = *soluço*.
sinhá f. (*senhora*의 와전(訛傳)된 용법). 부인. 마님.
sinhá-moça f. 아씨. 영양(令孃).
sinhara f. = *sinhá*.
sinhazinha f. (*sinhá*의 지소어) 작은 부인. 작은 마님.
sinhô m. (*senhor*의 와전된 용법). 님. 씨. 선생님. 형. 《稀》 그대. 여보.
sinhô-moço m. 임마. 젊은이. 《稀》 자네. 너.
sinhôzinho m. (*sinhô*의 지소어) 자네. 너. 임자.
sinico a. 중국의. 중국에 관한.
sinimbú m. [動] 이과나속(날도마뱀과 유사함).
sinistra f. 《稽》 왼손. 왼편.
sinistrado a. 손해를 본. 피해를 입은.
— m. 손해를 본 사람. 피해자.
sinistramente adv. ①불운하게. 불행하게. ②화를 만나 재난에 휩쓸려. ③사악하게. ④무섭게. 몸서리나게.
sinistrar v.i. [商] 손해를 보다. 피해를 입다. 불행한 일을 겪다. 봉변(逢變) 당하다.
sinistrizar v.t. 불행하게 하다. 변을 만나게 하다. 손해 보게 하다.
sinistro a. ①불길한(징조 따위). 화가 되는. 흉한. 불행한. 불운한. ②악의 있는. 사악한(계획 따위). 음흉한. ③《稽》 왼편의. [紋] (방패 무늬 바탕의) 왼쪽의.
— m. ①불길한 일. 궂은 일. 화(禍). 재화(災禍). 재난. 흉사(兇事). 흉변. ②[商] 손해. 피해.
sino (1) m. 종(鐘). 벨. 방울.
sino de mergulhador 잠수종(潛水鐘)(종 모양의 잠수기).
tanger um sino 종을 울리다.
dobrar os sinos 종소리를 내다. 은은히 울리다.
andar num sino 기뻐하다. 재미있어 하다.
— (2) m. '중국…'의 뜻을 나타내는 복합형.
sino-brasileiro 중국·브라질(中伯)의.
sino-americano 중·미의.
sino-sovietico 중·소의.
civlização sino-coreana 한·중(韓中)문명. (중·한문화).
sinodal a. 종교회의의.
sinodatico a. 종교회의를 개최하는.
sinodicamente adv. 종교회의에 의하여.
sinódico a. ①종교회의의. ②《古·天》 합(合)의. 상합(相合)의.
mês sinódico 삭망월(朔望月): 음력 초하루부터 다음달 초하루까지).
— m. 종교회의의결서(宗教會議議決書).
sinodo m. ①종교회의. 교회회의. ②회의. ③(장로파에 있어서) 장로회. ④《古·天》 합(合). 상합(相合).
sinologia f. 중국학(중국의 언어·역사·제도·풍습(風習)을 연구하는 학문).
sinológico a. 중국학의.
sinólogo m. 중국학을 하는 학자. 중국문학 연구가.
sinonímia f. 같은 뜻. 동의(同義). 의의동일(意義同一). (강조하기 위하여) 뜻이 같은 말을 겹쳐 쓰기.
sinonímica f. 동의어학(同義語學). 유어학(類語學).
sinonímicamente adv. 같은 뜻으로서. 동의어로.
sinonímico a. 같은 뜻의. 동의의. 동의어의.
sinonimista m., f. 동의어 연구가.
sinonimizar v.t. 뜻이 같게 하다. 동의어로 만들다.
sinônimo a. 같은 뜻의. 같은 것을 나타내는(의미하는). 동의어의. 이어동의(異語同義)의.
palavra sinônima 동의어.
— m. 뜻이 같은 말. 동의어(同義語). 유어(類語).
sinônimo e antônimo 동의어와 반의어.
sinopla, sinople f. ①[紋] 위의 오른편 구석(上部右隅)으로부터 아래의 왼편 구석으로 비스듬히 그은 녹색중사선(綠色中斜

sinopse *f.* ①개요. 대의(大意). 일람(一覽). 일람표. ②[그리스 正教] (일반용) 기도집(祈禱集).

sinóptico *a.* ①개요의. 대의의. 줄거리의. 일람의. 일람적인. ②공관복음서(共觀福音書)의.
quadro sinóptico. 일람표.

sinosteografia *f.* [解] 관절론(關節論).

sinosteologia *f.* [解] 관절학(學).

sinosteotomia *f.* [外科] 관절절개(切開).

sinostose *f.* [解] 골유착(骨癒着).

sinóvia *f.* [醫·解] 관절활액(滑液). 관절액(液).

sinovial *a.* 관절활액의.
— *f.* [解] 활액낭(滑液囊).

sinovina *f.* 활액소(素).

sinovite *f.* [醫] 관절낭염(關節囊炎). 관절막(膜)염.

sintático *a.* [文] 문장(구성)법의. 문법적인 어구배열의. 문장론적인.

sintaxe *f.* [文] 문장구조법. 구문론(構文論). 문장론(文章論). 문법적 어구 배열. 구문규칙.

sintáxico, sintaxístico *a.* =*sintático*.

síntese *f.* ①[文] 종합. 통합. [論] 종합법(綜合法). ②[化] 합성(合成). 인조. ③말의 합성. 어근·파생어를 만들기. ④[醫·外科] 뼈 맞추기. 복위(復位).

sinteticamente *adv.* ①문장 구성상. ②종합하여. 합성적으로. 총괄적으로.

sintético *a.* ①종합의. 통합의. 통합한. 통합적인. 짝 맞추는. 합성의. ②[化] 합성의. 합성적. 인조의. ③[醫] 뼈 맞추는. 접합(接合)의. [藥] 조합(調合)의.

sintetismo *m.* [醫·外科] 뼈 맞추는 법. 복위법(復位法). 접합법.

sintetização *f.* 종합하기. 통합하기. 합성하기.

sintetizar *v.t.* ①종합하다. 합성하다. 종합법을 쓰다. ②[化] 합성하다. [外科] 뼈를 맞추다. 접합하다. ③총괄하다. 개괄하다.

sinto 동사 *sentir* 의 직설법 현재 1인칭 단수.

sintoma *m.* [醫] 징후(徵候). 징조. 증상(症狀). 낌새.

sintomaticamente *adv.* 징후상. …의 징조로.

sintomático *a.* [醫] 징후의. 징후적. 증세가 있는. 낌새가 보이는. 증세에 관한.

sintomatologia *f.* [醫] 징후학(徵候學). 증후학(症候學).

sintomatológico *a.* 징후학의. 증후학의. 징후학에 관한.

sintomia *f.* 약서(略書).

sintonia *f.* [無線] 동조(同調). 합조(合調). 등주기(等周期).

sintonico *a.* 동조의. 합조의.

sintonização *f.* [無線] 동조(합조)시키기.

sintonizar *v.t.* 동조하다. 합조하다.

sinuado *a.* [植] (잎 가장자리가) 물결 모양을 한. (엽연(葉緣)이) 파상(波狀)을 이룬.

sinuca *f.* ①일종의 당구(대의 네 귀와 양측 중앙에 구멍이 있는 것). ②《俗》 쉽지 않은 일. 해결하기 어려운 것.

sinuosidade *f.* ①꾸불꾸불함. (특히 강·길 따위의) 굽이. ②완곡(婉曲).

sinuoso *a.* 꾸불꾸불한. 만곡을 이룬. ③(이야기 따위가) 완곡(婉曲)한. ②[植] (잎 가장자리가) 물결 모양의.

sinusite *f.* [醫] 정맥두염(靜脈竇炎).

sinusoidal *a.* [幾] 정현곡선의.

sinusoide *f.* [幾] 정현곡선(正弦曲線).

sionismo *m.* 시온주의(국가적 통일을 위하여 유태사람을 *Palestine*에 복귀시키려고 하는 유태민족의 운동).

sionista *m., f.* 시온주의자.
— *a.* 시온주의(자)의.

sipai, sipaio *m.* 인도 토민병(土民兵)(印·英軍의).

sipó *m.* =*cipo*.

sirage *m.* 참깨기름. 참기름.

sire *m.* 《古·呼稱》 폐하(陛下).

sirena *f.* =*sereia*.

sirênico *a.* ①《詩》 *sereia*의. ②사람을 매혹하는. 고혹(蠱惑)하는.

sirex *m.* [蟲] (북유럽·북아메리카에 있는) 산벌.

sirga *f.* ①배 끄는 밧줄. 예강(曳綱). ②긴 밧줄로 배를 끌기. 예선(曳船).

sirgagem *f.* (땅에서) 강변을 따라가며 배를 끌기. 연안예선(沿岸曳船).

sirgar *v.t.* (땅에서) 강변 또는 해변을 따라가며 배를 끌다. 밧줄로 잡아당기다. 견인(牽引)하다.

sirgaria (1) *f.* ①예강제조소(曳綱製造所). 예강상점. ②많은 예강. 많은 굵은 밧줄.
— (2) *f.* 견사(絹絲) 방적기.

sirgilim *m*. [植] 참깨.
sirgo *m*. ①[蟲] 누에. ②《古》명주.
sirgueiro *m*. =*serigueiro*.
sirguilha *f*. =*seriguilha*.
siri *m*. (=*xiri*). [動] 씨리(게(蟹)의 일종. 푸른빛을 약간 띠고 다리가 가늚).
siríaco *a*. ①옛 시리아 말의. ②시리아(사람)의.
— *m*. 옛 시리아(*Syria*) 말. 시리아 사람.
siriase *f*. [醫] 뇌염(腦炎). 뇌막염(腦膜炎).
siricaia *f*. 우유·설탕·계란 등으로 만든 일종의 과자.
sirigaita *f*. ①[鳥] 뱁새. 초요(鷦鷯)(일종의 반목조(攀木鳥)). ②침착하지 못한 여자. 싱숭생숭한 여자. 예쁜 체하는 여자. 들뜬 여자.
siringa *f*. =*seringa*.
siringotomia *f*. 치루절개술(痔漏切開術). 누(瘻)를 잘라 버리기.
siringotomo *m*. 누를 잘라내는 기구. 치루 절개용 칼.
sírio (1) *a*. 시리아의. 시리아 사람의.
— *m*. 시리아 사람.
— (2) *m*. [天] 시리우스. 천랑성(天狼星): 항성 중에서 제일 밝음).
siririca *f*. ①낚시의 일종. ②멍청이. 얼간이.
siriricar *v.t*. 낚시(*siririca*)로 낚다.
sírius *m*. =*sírio* (2).
sirma *m*. (옛 그리스의) 긴 웃옷(長上衣).
siro *a*. =*sirio* (1).
siroco *m*. 열풍(熱風)(사하라사막으로부터 이탈리아 및 지중해 연안으로 불어오는).
siroposo *a*. 시럽이 있는. 사리별(舍利別)이 많은. 당밀이 많은. 당밀성의. 끈적끈적한.
sirtes *m*.(*pl*.) ①유사(流砂). 부동사상(浮動砂床). ②《比喩》유사 같은 위험물. 위험.
sisa *f*.《古》부동산양도세(不動産讓渡稅).
sisal *m*. [植] 사이살 마(麻)(멕시코 특산의 삼. 밧줄 만드는 데 쓰임).
sisão *m*. [鳥] (주로 아시아산) 자고(鷓鴣)의 일종.
sisar *v.t*.《古》부동산 양도세를 지불하다.
sismal *a*. 지진의. 지진성의. 지진의 진동을 표시하는.
linha sismal 지진진동선(震動線).
sismicidade *f*. 지진의 도(度)(강약 및 數).
sísmico *a*. =*sismal*.

sismo *m*. 지진(地震).
sismograma *m*. (지진계가 기록한) 진동도(震動圖).
sismografia *f*. 지진관측(술). 지진계 사용법. 지진계학.
sismográfico *a*. 지진관측(술)의. 지진계학의. 지진지(誌)의.
sismógrafo *m*. 지진계. 진동계.
sismologia *f*. 지진학(地震學).
sismológrico *a*. 지진학의. 지진학적.
sismólogo *m*. 지진학자.
sismométrico *a*. 지진계의. 측진술(測震術)의.
sismómetro *m*. 지진계(地震計).
siso *m*. 상식. 사려(思慮). 분별. 이해력. 이지(理智).
dente do siso 사랑니. 지치(智齒).
de siso 지각있게. 사려있게. 정색으로.
sem siso 정신없이. 얼빠지게. 몰상식하게.
sisório *m*. (*de*와 함께 씀).
de sisório 지각(사려)있게. 현명하게.
sistáltico *a*. 번갈아 수축하고 팽창하는. 심장수축의.
sistema *m*. ①조직. 체계. 계. 계통. ②식. 방법. 제도. ③질서. 순서. ④계통적 분류(分類). ⑤주의. 학설. ⑥[生物] 계통. 계. 조직. 기관. ⑦[天] 계(系) ⑧상습(常習). 습관.
sistema nervoso 신경계통.
sistema solar 태양계.
sistema métrico 미터법.
sistemar *v.t*. =*sistematizar*.
sistematicamente *adv*. 계통적으로. 조직적으로. 법식에 따라. 질서있게. 순서를 세워서.
sistemático *a*. 조직적. 계통적. 규칙적인. 체계적인. (질서) 정연한. 조금도 흐트러지지 않는.
sistematização *f*. 조직화. 계통화. 체계화. 계통적 분류.
sistematizar *v.t*. 조직화 하다. 계통을(체계를) 세우다. 질서있게 하다. 순서를 세우다. 분류하다.
sistematologia *f*. 조직학. 계통학.
sistematológico *a*. 조직학의. 계통학의.
sístilo *m*. [建] 이경간식(二徑間式).
sistolar *a*. 심장수축의.
sístole *f*. ①[生理] 심장수축(收縮). ②[文] 철음(綴音)의 단축.

1401

sistólico *a.* [生理] 심장수축의.

sistro *m.* (옛 이집트) 일종의 악기.

sisudez, sisudeza *f.* ①철. 지각. 사려분별. 이해(력). 이지(理智). ②현명. 명민(明敏). ③신중. 조심. 침착. 엄숙. 자중(自重).

sisudo *a.* 철 (지각)있는. 사려분별 있는. 이해성 있는. 총명(현명)한. ②조심성 있는. 신중한. 덤비지 않는. 침착.
— *m.* 분별 있는 사람. 침착하고 현명하게 행동하는 사람.

sitiado *a.* 포위된.
— *m.* 포위된 자. 농성군(籠城軍).

sitiador *a.*, *m.* 포위공격하는 (자).

sitiamento *m.* 포위(包圍). 포위공격.

sitiante (1) *a.* (시가·요새 등을) 포위하는. 포위 공격하는.
— *m.* 포위공격하는 자. 공성병(攻城兵)
— (2) *m.* 농원주(農園主). 시골별장주.

sitiar *v.t.* [軍] (시가·요새 등을) 포위하다. 둘러싸다. 포위공격하다.

sitibundo *a.* 목마른. 갈망(열망)하는.
— *m.* 목마른 사람.

sítio (1) *m.* ①곳. 지점. 장소. 지방. ②작은 농원. 별장이 있는 농장. 농원 내의 큰 저택.
— (2) *m.* 포위. 포위공격. 공성(攻城).

sitiofobia *f.* [醫] 염이증(厭餌症: 병적으로 음식을 싫어하는 것). 거식증(拒食症).

sitiologia *f.* 영양학(營養學). 영양연구.

sitiológico *a.* 영양학의(에 관한).

sitiomania *f.* [醫] 갈식증(渴食症).

sito (1) *a.* (*situado*의 변형). …에 있는. 놓여 있는. 자리 잡고 있는. 위치하는. …의 경우(입장·상태)에 있는.
— (2) *m.* 곰팡. 곰팡이.

sitofago *a.* 밀을 먹는(먹고 사는). 맥식(麥食)의.

sitofobia *f.* 식사를 싫어함.

situação *f.* ①위치. 장소. 소재지. 대지(垈地). 용지(用地). ②정세(情勢). 형세. 정황. 시국. ③경우. 입장. 환경. ④지위. 신분. ⑤(각본·이야기 등의) 위경. 아슬아슬한 장면.
situação política 정치정세. 정국(政局).
situação econômica 경제상태.
Agora a situação é outra. 지금은 정세가 전혀 다르다.

situacionismo *m.* 현재의 정치 정세를 지배하는 정부. 현 정국을 좌우하는 여당(與黨).

situacionista *m.*, *f.* 현 정부의 정책가. 여당 간부.

situado *a.* (…에) 있는. 놓여 있는. 자리 잡고 있는. 위치(位置)하고 있는. …의 경우(입장·상태)에 있는.

situar *v.t.* (자리에) 놓다. 앉히다. (기계 따위를) 장치하다.
— *v.i.*, —se *v.pr.* …에 있다. 놓여 있다. 위치하다. 차지하다.

sizígio *m.* [天] 대천(對天). 삭망(朔望).

snobe *m.* 신사인 체하는 속물(俗物). 귀족 숭배자.

snobismo *m.* 신사인 체하기. 속물 근성. 웃사람에게 아첨하고 아랫사람에게 교만부리기. 귀족 숭배.

só *a.* ①단 하나의. 단일의. 단독의. 홀로의. 외로운. 유일한. 그것만의. ②비교할 것이 없는. 무쌍한. 무비(無比)의.
(注意) 형용사로서의 *só*는 다른 형용사와 달리 수식할 명사나 대명사의 성(性)에는 변하지 않고 복수일 때만 *sós*를 취한다.
Êle está só. 그 분은 혼자 있다.
Ela está só. 그 여자는 혼자 있다.
Êles estão sós. 그 분들은 외롭게 있다.
Elas estão sós. 그 여자들은 외롭게 있다.
um só 또는 *só um* 단 하나의.
de uma só mão 한 손으로만.
Uma desgraça nunca vem só. 재난은 다른 불행과 병발하는 법이다.
— *adv.* 단지. 홀로. 외로이. 단독히. 오직. …뿐. 유독(唯獨). 단독적으로.
(注意) 부사로서의 *só*는 대체적으로 *sómente*와 동일하다.
só (=*somente*) *domingo* 일요일에만.
falei só (=*somente*) *uma palávra* 단 한 마디 이야기했다.
eu só sei isso 또는 *somente eu sei isso* 나만 이 내용을 안다.
não só (=*somente*) …*mas tambem*… …뿐만 아니라 …도 역시.
Éle leva não só a sua esposa mas tam bem sua irmã. 그 분은 자기 처뿐만 아니라 자기 여동생도 데리고 갔다.
— *m.* 홀몸. 독신. 단신(單身). 유독(唯獨).

soaberto *a.* 조금 열린. 반쯤 열린. 반개(半開)된.

soabrir *v.t.* 조금 열다. 약간 열다. 반쯤 열다.

soada *f.* ①한 번 울린 소리. 음향(音響). ②잡음. 조음(噪音). ③소문. 평판.

soado *a.* ①소리가 난. 음향이 일어난. ②소문난. 평판이 있은.

soagem *f.* [植] 지치과의 약초.

soalha *f. pandeiro* (手鼓)에 달려 있는 얇은 금속조각.

soalhado *m.* ①마루. 마루판. ②(건물의) 층계. 층. 계상(階床).

soalhar (1) *v.t.* 볕에 내놓다. 햇볕에 쪼이다.
— *v.i.* 햇볕을 쬐다. 해바라기하다.
— (2) *v.t.* 마루를 놓다. 널빤지·나뭇조각 등으로 마루를 깔다.

soalheira *f.* ①일중(日中) 제일 더운 때. 염양(炎陽). ②염천(炎天). 폭염(暴炎).

soalheiro *a.* 볕이 드는. 일광이 드는.
— *m.* 햇볕이 드는 곳. 양지(陽地). 양달. (특히 겨울철에) 볕이 잘 드는 비탈. 《轉》사람들이 흔히 모여 잡담하는 곳.

soalho (1) *m.* 양달. 양지.
— (2) *m.* 마루. 마루판. 판자 깐 방.

soante *a.* 소리를 내는. 잘 울리는. 낭랑한. (문체·연설 따위) 쩡쩡 울리는.

soão *m.* 동쪽. 동풍(東風). 동북풍.

soar *v.t.* ①소리를 내다. (소리를) 울리다. (종·북 따위를 두들겨) 소리를 내다. 소리로 알리다. ②악기를 타다. ③(노래를) 부르다.
— *v.i.* ①소리가 나다. 울리다. 음향이 일어나다(울려가다). ②(글자를) 발음하다. ③소문이 돌다. 평판이 퍼지다.
O bem soa e o mal voa.《諺》악사천리(惡事千里).

sob *prep.* ①…의 아래에. 밑에. ②(…의 감독·지배)하에. ③…을 대신하여.
sob controle de …의 감독하에. 관리하에.
sob os auspicios …의 전조 아래. …의 주최로. …의 보호(후원)하에.
sob pena de …의 형(刑)으로. …의 형에 의하여.
sob pena de morte 사형(死刑)으로.

soba *f.* (아프리카 종족의) 장. 추장(酋長).

sobado *m.* 추장의 영지(領地). 추장관할지.

sobalçar *v.t.* ①높이다. 추켜들다. ②높이 추키다. 찬양하다.

sobarbada *f.* 재갈에 달린 고삐. 말의 턱밑으로 돌아가는 가죽끈.

sob-color, sob-cor *loc. adv.* …을 구실 삼아서. …을 구실로. …을 빙자하여. …의 미명하에.

sobeira *f.* [建] 처마의. 첫기와줄. 제일와열(第一瓦列).

sobejamente *adv.* 여분으로. 남을 정도로. 과다(過多)하게. 엄청나게.

sobejar *v.i.* 너무 많다. 남아돌아가다. 쓰고 남을 정도로 많다. 충분하다.
— *se v.pr.* 많이 남다. 넘쳐나다. 과잉하다.

sobejidão *m.* 남는 부분. 여분. 너무 많음.

sobejo *a.* ①남는. 여분의. ②너무 많은. 과다(過多). 과잉(過剩). 과다한. 과잉의.

sobejos *m.(pl.)* 남는 것. 잔존물. 과잉분.
— *adv.* 여분으로. 남을 정도로. 더.

sob-emenda *adv.* (경우에 따라) 고칠 수 있는 조건으로. 정정가능(訂正可能)의 조건하에.

soberana *f.* 여자주권자. 여제(女帝). 여왕.

soberanamente *adv.* ①주권으로. 군주로서. ②가장 높게. 지극히.

soberania *f.* ①주권(主權). 통치권. 대권(大權). 지상권(至上權). ②우세(優勢). 패권. ③독립국. 자주국.

soberanizar *v.t.* ①군주(君主)로 하다. 주권자로 만들다. ②숭고(崇高)하게 하다.

soberano *a.* ①주권의. 주권을 장악한. 규주된. ②최고의. 지상(至上)의. 지존(至尊)의. ③위풍 있는. 위세당당한. ④거만한. 존대한. 아주 뽐내는.
— *m.* ①주권자. 통치자. 군주. 국왕. 원수(元首). ②영국의 일 파운드 금화.

soberba *f.* ①높은 위치. 상위(上位). 제압적인 위치. ②존대(尊大). 자존(自尊). 불손(不遜). 거만. 오만. 억압적인 태도(풍채). ③자랑.

seberbaço, soberbão *a., m.* 아주 오만한 (사람). 몹시 거만한 (인간). 자존자대(自尊自大)한 (사람).

soberbamente *adv.* 거만(오만)하게. 존대스럽게. 불손하게.

soberbete *a.* (풍채·태도 등) 다소 거만한. 좀 뽐내는.

soberbia *f.* ①오만불손(傲慢不遜). 자존자대. ②도에 넘친 자랑 또는 과시(誇示).

soberbo *a.* ①최고의. 지고(至高)의. 지상(至上)의. 장려(壯麗)한. 장엄한. 훌륭한. ②거만한. 오만한. 존대한. 몹시 우쭐하는. 뽐내는.

— *m.* 오만불손한 사람. 자존자대한 사람.
soberbosamente *adv.* =*soberbamente*.
soberboso *a.* =*soberbo*.
sobernal *m.* 과도한 노동. 과로(過勞).
sobestar *v.i.* ①아래(하부)에 있다. ②아랫자리에 있다. 하위(下位)이다. 하급(下級)이다.
sobnegar *v.t.* =*sonegar*.
sóbole *f.* ①[植] 싹. 새싹. ②자손(子孫). ③생긴 것. 소산(所産).
soborralhadouro *m.* 화로(부엌) 따위를 소제하는 대(掃除棒).
soborralhar *v.t.* 잿불에 굽다(익히다). 여진(餘燼)으로 태우다(굽다).
soborralho *m.* ①잿불. 여진(餘燼). 매화(埋火). ②아직 온기(溫氣) 있는 재.
sob-pé *m.* 발밑. 저부(底部). 최하부. 기부(基部).
sob-pena *loc. adv.* (*sob* 참조).
sobpor *v.t.* ①…의 아래에 놓다. 밑에 놓다. ②낮추어보다. 멸시하다.
— *se v.pr.* (+*a*). …의 아래에 놓이다. 밑에 놓이다.
sobra *f.* ①나머지. 남은 것. 짙은 것. 잔존. 잔여. ②여분(餘分). 잉여(剩餘). 과잉.
de sobra. 남게. 남도록. 여분으로. 돌고 돌아.
ficar de sobra. 남다. 잔존하다.
sobraçado *a.* 팔로 껴안은(옆구리에). (다른 사람의) 말에 껴안긴(옆구리 쪽에). 넘어가지 않도록 부축하여 든.
sobraçar *v.t.* 팔로(옆구리) 껴안다. 팔로 붙들다.
— *se v.pr.* (+*com*). 팔을 서로 끼다. 껴안다.
sobradado *a.* 평집(平家) 위에 한 층 더 지은. 이층(二層)으로 된. 위층(上層)이 있는.
sobradamente *adv.* 남을 정도로. 남아돌게. 여분으로.
sobradar *v.t.* (기존 건물 특히 단층에) 한층 더 짓다. 위층(上層)을 만들다. 이층으로 하다.
sobrado (1) *a.* ①남은. 짙은. 잔존한. 여분의. ②충분한. 풍부한. 남을 정도로.
— (2) *m.* ①계(階). 층(層). ②(우리나라의) 위층(上層).
— *a.* 위층이 있는. 위층이 있는.
casa sobrada (직역 : 위층이 있는 집). (우리나라) 이층집.

(注意) 브라질의 2층이란 표현은 대한민국의 3층을 뜻함. 따라서 이층집이라고 하지 않음.
sobral *m.* 코르크나무숲. 코르크수림(樹林).
sobrançar *v.i.* =*sobrancear*.
sobrançaria *f.* =*sobranceira*.
sobrancear *v.i.* 우뚝 솟다. 솟아 오르다. (…의 위에) 쑥 나오다.
sobranceiramente *adv.* ①우뚝 솟아서. 높이 솟아. 위에 높이. ②거만하게. 건방지게.
sobranceiro *a.* ①우뚝 솟은. 솟아 오른. ②뛰어난. 우수한. ③거만한. 오만한. 건방진. ④내려다보는. (남을) 낮추어 보는.
sobrancelha *f.* 눈썹. 미모(眉毛). 눈두덩.
franzir as sobrancelhas 눈살을 찌푸리다. 상을 찡그리다.
sobrancelhudo *a.* ①눈썹이 많은 시커먼. ②눈살을 찌푸린.
sobranceria *f.* ①오만. 거만. 존대(尊大). 불손. ②위압적 태도. 건방진 행실.
sobrar *v.i.* ①남다. 잔존하다. 남겨지다. 머무르다. ②(…의) 위에 있다. 뛰어나다. 탁월하다. 우세하다.
sobrasar *v.t.* (…의 아래에) 잿불을 놓다. 잿불을 긁어 모아 놓다.
sobre *prep.* (…의) 위에. (…의) 상부(上部)에. …의 쪽에. …에 관하여. …에 대하여. …에 따라서. …을 지나서. …의 다음에. …의 조건으로.
Estar sentado sobre a mesa. 상위에 앉아 있다.
flutuar sobre a água 물위에 떠 있다.
falar (*escrever*) *sobre* …에 관하여 말하다(쓰다).
o livro sobre a Coréa 한국에 관한 책.
não saber sobre isso 그 문제에 대하여 모르다.
sobre o jantar 저녁식사 후.
— *pref.* '그 위에…'· '더욱'· '지나치게' 등을 뜻함.
sobreabundante *a.* 퍽 많은. 남아나는.
sobreabundar *v.i.* 퍽 많이 있다. 아주 많이 있다. 너무 많이 남다.
sobreaguado *a.* (홍수 따위로) 물에 잠긴. 물에 덮인. 물이 퍽 많은.
sobrealcunha *f.* 두 번째 별명. 두 번째 이름.

sobreapelido *m.* 두 번째 별명. 두 번째 성.

sobrearco *m.* [建] 상인방. 상인방돌.

sobreaviso *a.* ①미리 알리는. 예고(豫告)하는. ②경고하는. ③경계하는.
— *m.* ①예고. 미리 알리기. ②조심. 경계(警戒).
estar de sobreaviso …을 조심하다. …을 경계하고 있다.

sobrebainha *f.* ①칼집 위의 덮개. ②가짜 칼집.

sobrecarga *f.* ①너무 싣기. 과도한 적재. 과중(過重). ②우표의 가격을(날짜를) 고치는 도장. ③[馬具] 뱃대끈(荷帶).
— *m.* ①선박계약자(船舶契約者). ②[商] 화물관리인(상선을 타고 화물을 지키며 매매위탁을 맡음).

sobrearregado *a.* ①너무 실은. 지나치게 적재한. ②과도의 부담을 지운(진). 무거운 부담에 고생하는.

sobrearregar *v.t.* ①너무 싣다. 지나치게 적재하다. ②과도한 부담을 지우다. 중세(重稅)를 부과하다.

sobrecarta *f.* ①두 번째의 편지. 확인 서한(書翰). 추서(追書). ②봉서(封書).

sobrecasaca *f.* 프록 코트.

sobrecelente *a.* 여분의. 예비의.
— *m.* 예비품(豫備品). 예비 타이어. 예비 수레마퀴.

sobreceleste, sobrecelestial *a.* ①하늘보다 더 위에 있는. 하늘보다 더 높은 곳의. ②천인(天人)보다 더 낮은(더 우월한). 신(神)에 가까운.

sobrecenho *m.* ①눈썹. ②눈살. 찡그린 눈살. 쏘아보는 눈초리.

sobrecéu *m.* (옥좌(玉座)·제단(祭壇)·침대 등의) 천개(天蓋). [建] 천개형(天蓋形)의 챙·천막(天幕) 형식의 지붕.

sobrecevadeira *f.* [海] 중간 돛대의 사각범(斜杠帆).

sobrechegar *v.i.* =*sobrevir*.

sobrecheio *a.* 너무 가득한. 충일(充溢)한.

sobrecoberta *f.* 덮개 위의 덮개. 이중피복(二重被覆).

sobrecompostas *a.* [植] 잎사귀가 두 겹으로 된. 복엽(複葉)의.

sobrecomum *a.* [文] 남녀성 공통(男女性共通)의.

sobrecopa *f.* (용기의) 뚜껑. 씌우개.

sobrecostelar *m.* 갈비 윗부분의 고기.

sobrecostura *f.* 바느질한 곳을 다시 바느질하기. 재재봉(再裁縫).

sobrecoser *v.t.* 바느질한 곳을 다시 바느질하다. 다시 꿰매다. 재재봉하다.

sobrecú *m.* [鳥] 미저골(尾骶骨). 미골(尾骨).

sobredental *a.* 치아 위의. 치상(齒上)의. 이 위에 있는.

sobredente *m.* ①이 위에 씌우는 의치(義齒). ②의치(義齒). ③덧니. 뻐드렁니.

sobredito *a.* 위에 말한. 이미 언급한. 상술(上述)한. 전기(前記)의.

sobredivino *a.* 더 신성한. 가일층 성스러운.

sobredourado *a.* (표면에) 금을 입힌. 금박(金箔)을 씌운. 도금(鍍金)한.
— *m.* 도금세공(鍍金細工). 금박장식(金箔裝飾).

sobredourar *v.t.* ①(표면에) 금을 입히다. 금박을 입히다. 도금하다. ②금빛으로 빛나게 하다. 금박으로 장식하다. 광채를 띠게 하다.

sobre-dominante *f.* [樂] (음계의) 제6음.

sobreeminência *f.* 가장 탁월함. 제일 우수함.

sobreeminente *a.* 가장 탁월한. 제일 우수한.

sobreentender *v.i.* =*superintender*.

sobreerguer *v.t.* 더 높이다. 가일층 높게 하다.

sobreestar *v.i.* =*sobrestar*.

sobreexaltar *v.t.* ①아주 높이다. ②높이 추대하다. ③매우 칭찬하다. 지극히 찬양하다.

sobreexcedente *a.* ①많이 초과하는. 아주 초월하는. ②탁월한. 우수한.

sobreexceder *v.t.* ①너무 남다. 많이 초과하다.
— *v.i.* 뛰어나다. 탁월하다. 빼어나다.

sobreexcelência *f.* 최우량(最優良). 최우수. 극상(極上). 절묘(絶妙). 걸출(傑出). 탁월.

sobreexcelente *a.* ①제일 우수한. 가장 우량한. 극상의. 최고의. 절묘한. ②월등한. 탁월한. 걸출한.

sobreexictação *f.* ①과도의 흥분. 심한 자극. ②기뻐 날뜀.

sobreexcitar *v.t.* ①지나치게 흥분시키다. 심한 자극을 주다. ②기뻐 어쩔줄 모르게 하다.
sobreface *f*. 《古》 표면. 외면(外面).
sobrefoliáceo *a*. [植] 잎사귀 위에 있는(돋는). 엽상착생(葉上着生)의.
sobregata *f*. [海] 뒷돛대의 돛.
sobregávea *f*. [海] ①중간 돛대의 돛. ②장루(檣樓) 위의 선구(船具).
sobre-humanizar *v.t.* 초인적(超人的)으로 하다. 인력(人力) 이상으로 하다.
sobre-humano *a*. 초인적. 사람의 짓이 아닌. 인간의 힘으로서는 할 수 없는. 신의 짓인.
sobreira *f*. [植] 코르크 참나무의 일종.
sobreiral *m*. 코르크 참나무 숲.
sobreiro *m*. [植] 코르크 참나무(너도밤나무과의 일종).
sobrejacente *a*. [地質] 상층(上層)의.
sobrejanela *f*. 창문 위의 짧은 장식 커튼(窓上飾布).
sobrejoanete *m*. [海] 상장범(上檣帆). 제일 큰 마스트의 돛. 《英》 *royal sail*.
sobreianço *m*. 증가경매(增價競賣). 보다 비싼 값을 매겨 팔기.
sobrelevado *a*. ①더 높인. 더 높은. ②더 비싼. 보다 고가(高價)인.
sobrelevante *a*. ①(곤란·장애를) 이겨내는. 극복하는. 타파하는. ②다른 것을 능가하는. 탁월한. 걸출한.
sobrelevar *v.t.* ①(곤란·장애를) 이겨내다. 극복하다. 타파하다. ②더 높이다. 더 높게 하다. (다른 것을) 능가하게 하다.
— *v.i.*, —*se v.pr.* ①더 높아지다. ②더 우월해지다. 우수해지다. 보다 뛰어나다. 탁월하다. 능가하다.
sobreloja *f*. [建] 중이층(中二層 : 일층과 이층 사이의 낮은 중간층).
sobrelotação *f*. ①너무 많이 싣기. 초과 적재. ②(정원 이상의) 초과 승차.
sobremaneira *loc. adv.* 과도하게. 엄청나게. 과대히. 굉장히.
sobremão *m*. (말 앞발의) 기절내종(氣節內腫).
— *adv. de sobremão* ①느리게. 천천히. 유유하게. ②꽤. 상당히.
obra de sobremão 걸작품.
sobremaravilhar *v.t.* 아주 경탄하게 하다. 몹시 상탄(賞嘆)하게 하다.
—*se v.pr.* 아주 경탄하다. 몹시 감탄하다. 망연자실(茫然自失)하다.

sobremesa *f*. 식후에 나오는 과자 또는 과일. 디저트.
sobremodo *adv.* =*sobremaneira*.
sobrenadação *f*. 물 위에서 떠 다님. 부유(浮遊). 부동(浮動).
sobrenadante *a*. 물 위에서 떠다니는. 부유하는.
sobrenadar *v.i.* (물 위에) 뜨다. 떠다니다. 부유하다.
sobrenatural *a*. 초자연(超自然)의. 자연이상의. 불가사의한. 신의 일인. 신통한.
— *m*. 초자연물(超自然物). 마물.
sobrenaturalidade *f*. 초자연적임. 초자연성.
sobrenaturalização *f*. 초자연으로 하기.
sobrenaturalmente *adv.* 초자연적으로.
sobrenome *m*. ①성(性). 씨(氏). ②다른 이름. 별명.
sobrenomear *v.t.* ①성으로 부르다. ②다른 이름(별명)을 짓다.
sobrenumerável *a*. 헤아릴 수 없이 많은. 무수한. 무량한.
sobreolhar *v.t.* ①내려다 보다. ②낮추어 보다. 멸시하다.
sobreosso *m*. (말의) 종양(腫瘍). 관골류(管骨瘤).
sobrepaga *f*. ①보태어 지불하기. 증액지불(增額支拂). 넉넉히 치르기. ②정액(定額) 외로 더 주는 돈. 팁.
sobrepairar *v.i.* (새가) 날개를 펼치고 하늘 높이 날다.
sobrepartilha *f*. [法] (유산분배 후의) 재분배.
sobreparto *adv.* 산후(産後)에.
— *m*. 해산자리에 눕기. 산후의 병.
sobrepé *m*. (말의 뒷발굽에 생기는) 골류종(骨瘤腫).
sobrepeliz *f*. [宗] (의식 때 성직자가 입는 또는 성가대원이 입는) 흰 법의(白法衣).
sobrepensado *a*. 깊이 생각한. 숙고(熟考)한.
— *adv.* 고의로. 일부러. 뜻하는 바가 있어서.
sobrepensar *v.i.*, *v.t.* 깊이 생각하다. 숙고하다.
sobrepêso *m*. ①더 싣기. 너무 싣기. 초과적재. ②더 올려놓은 무게. 첨가(부가) 중량. 과중(過重).
sobrepor *v.t.* ①위에 올려놓다. 얹어 놓다.

겹쳐 놓다. ②첨가(添加)하다.
—se v.pr. ①위에 얹어지다. 겹쳐지다. ②잇따라 일어나다. 함께 일어나다. 껴묻혀오다.
sobreporta f. 부채꼴의 창(창문·출입문 등의 위에 있는 광창(光窓)).
sobreposição f. 위에 놓기. 겹쳐 놓기. 중첩(重疊).
sobreposse adv. 너무 많이. 지나치게. 여분으로.
comer a sobreposse 너무 먹다. 과식하다.
sobreposto a. ①위에 올려놓은. 위에 얹은. 겹쳐 놓은. ②겉에 붙인.
terra sobreposta 충적토(沖積土).
sobrepostos m.(pl.) (레이스·리본 등의) 옷에 다는 장식물. 복상장식품(服上裝飾品). 장신구.
sobrepratear v.t. 은을 입히다(씌우다). 얇은 은판(銀板)을 붙이다(대다).
sobreprova f. 이중증거(二重證據). 첫 번째의 증거를 확증하는 두 번째 증거.
sobrequjamento m. =sobrepujança.
— f. ①탁출(卓出). 탁월. 걸출(傑出). ②초월(超越). 초과. 능가. 과잉(過剩).
sobrepujante a. ①보다 나은. 빼어난. 탁월한. 걸출한. ③초월하는. 능가하는. 초과하는. 넘쳐나는.
sobrepujantemente adv. ①보다 낫게. 빼어나게. 탁월하게. ②초과(능가)하여. ③대량으로. 넘쳐날 정도로.
sobrepujar v.i., v.t. (남을) 능가하다. 초월하다. 보다 우수하다. (보다) 낫다. 뛰어나다. 빼어나다. 탁월하다.
sobrequilha f. [造船] 내용골(內龍骨).
sobrerrenal a. [解] 신장(腎臟) 위에 있는.
sobrerrodela f. 말 무릎에 생기는 종기 또는 종양(腫瘍).
sobrerestar, sobrerrestar v.i. 뒤에 남다. 살아남다. 잔존(殘存)하다.
sobrerronda f. ①순찰. 순시(巡視). ②[軍] 순찰사관(巡察士官).
sobrerrondar v.t., v.i. ①순찰하다. 순시하다. ②감시하다.
sobrerrosado a. (겉에) 약간 붉은 빛을 띤.
sobrescrever v.t. (이름·주소 따위를) 위에 쓰다. (증서 따위의) 표면에 쓰다. (편지의 겉봉을 쓰다.
sobrescritar v.t. (봉투에 수신인의) 주소를 쓰다(기입하다).

sobrescrito m. ①주소·성명이 씌어 있는 봉투(봉서). ②기록된 성명 또는 주소.
sobreser v.i. =sobrestar.
sobressair v.i. ①한층 더 높아지다. (다른 것을) 능가하다. (다른 것보다) 뛰어나다. 탁출(卓出)하다. 빼어나다. ②현저하게 눈에 띄다.

sobressalente a. ①(보다) 나은. 빼어난. 탁출한. 뛰어난. ②현저하게 눈에 띄는. 선명한. ③남는. 남아도는. 퍽 많은. 초과의. 과잉의. 여분의. 예비의.
pneu sobressalente (자동차의) 예비 타이어.
de sobressalente 여분으로. 예비로. 비상용으로.
sobressaltado a. ①불의습격(不意襲擊) 당한. 기습 당한. 노상강도 따위를 만난. ②깜짝 놀란. 경악한. 공포에 떠는.
acordar sobressaltado 놀래어 깨다.
sobressaltar v.t. ①갑자기 달려들다. 불시에 치다. 기습(奇襲)하다. ②깜짝 놀라게 하다. 경악하게 하다.
—se v.pr. ① 깜짝 놀라다. (놀라서) 펄쩍 뛰다. 경악하다. ②뛰어오르다. 뛰어넘다. 도월(跳越)하다.
sobresaltear v.t. 갑자기 치다. 불시에 달려들다. 기습하다.
—se v.pr 불시의 공격을 받다. 불의습격을 당하다. 기습(奇襲) 당하다.
sobressalto m. ①불의습격. 기습. 불시에 치기. ②깜짝 놀람. (놀라서) 펄쩍 뛰기. 경악. ③불안(不安). 마음의 동요.
em sobressalto 놀라서. 경악하여.
de sobressalto 갑자기. 불시에. 돌연히.
sobressarar v.i. (병·허물 따위를) 고치다. 낫게 하다. 잠시나마 아픔이 없게 하다. 임시 방편을 취하다. 고식(姑息)수단을 쓰다.
— v.i. 다소 낫다. 병세가 (일시적으로) 좋아지다. 소강(小康)상태에 있다. (상처가) 아물다. (부스럼 따위) 아무는 듯하다.
sobressaturação f. [化] 과포화(過飽和).
sobressaturado a. 과도로 포화된.
sobressaturar v.t. [化] 과도로 포화시키다.
sobresselente a. =sobressalente.
sobressemear v.t. (드물게 씨를 뿌린 곳에) 다시 씨를 뿌리다. 보충파종(補充播種)하다.
sobresser v.i. =sobrestar.

sobressolar *v.t.* (낡은 구두에) 창을 다시 대다.

sobressubstancial *a.* 실질이상(實質以上)의. 초실체적(超實體的)인.

sobrestante *a.* ①멈추고 있는. 정지(停止)한. 중지하고 있는. ②높이 솟은. 우뚝 솟은. 탁출한. 특출한. ③연기된. 유예(猶豫)된.
— *m.* 감독. 감독관. 직공장. 감시인.

sobrestar *v.i.* ①멈추다. 정지하다. 중지하다. 일시적으로 멎다. ②연기하다. 유예하다. ③그만두다. 단념하다.

sobretarde *f.* 저녁 무렵. 해진 후 어두워질 때까지의 사이. 황혼(黃昏).

sobretaxa *f.* ①부가세(附加稅). 증가세(增加稅). 특별보충세. ②부가(첨가)요금.

sobreteima *adv.* 고집 세게. 억지를 부려. 아주 완고하게. ②겁많게. 비겁하게.
— *f.* 대단한 고집. 심한 억지. 아주 완고함.

sobreterrestre *a.* ①땅 위의. 지상의. 육상(陸上)의. ②지구상(地球上)의.

sobretoalha *f.* (특히 식탁보 따위의) 위에 놓는 냅킨. (그릇 따위를 덮는) 작은 헝겊. 작은 수건.

sobretonica *f.* [樂] 제2음. 상주음(上主音).

sobretudo (1) *m.* 외투(外套).
— (2) *adv.* 무엇보다도. 그 중에도. 특히.

sobrevença *f.* 《古》예기치 않은 발생사. 돌발사.

sobrevento *m.* ①갑자기 부는 바람. 일진광풍(一陣狂風). ②뜻하지 않은 발생사. 돌발사. ③예기치 않은. 장애(障碍).

sobreveste *m.* ①(옷 위에) 더 입는 옷. 겹쳐 입는 옷. ②소매 없는 외투.

sobrevestir *v.t.* ①(옷 위에) 더 입다. 겹쳐 입다. 더 걸치다. ②(이미 있는 포장 위를) 다시 덮다. 덮어 씌우다.

sobrevigiar *v.t.* 감독하다. 관리하다. 주재(主宰)하다. 지배하다.

sobrevindo *a.* ①뒤따라 일어난. 이어서 생긴. 계속해서 발생한. 부수적으로 일어난. ②갑자기 일어난. 불시에 발생한. 우발한.
— *m.* ①갑자기 찾아 온 사람. 예기치 않은 방문객. ②우발사(偶發事).

sobrevir *v.i.* 뒤따라 일어나다. 이어서 생기다. 부수적(附隨的)으로 발생하다. ②갑자기 일어나다. 우발하다. (폭풍·재난같은 것이) 덮치다.
Sobreveio-lhe a morte. (교통사고 발생 후 그것이 원인이 되어 곧 죽었다. 이어서 죽음이 닥쳐왔다.

sobrevista *f.* (투구의) 턱가리. 면갑(面甲).

sobrevivência *f.* 생존. 잔존(殘存). 살아남기.

sobrevivente *a.* 살아남은. 생존한. 잔존하는.
— *m., f.* ① 살아남은 사람. 생존자. 구조된 사람. 잔존자. 유가족. ②존속자(存續者). ③잔존물. (옛 시대의) 유물.

sobreviver *v.t., v.i.* (…에서) 살아 남다. 생존하다. (…에서) 살아나다. …에도 불구하고 살아 있다.

sobrevivo *a., m.* = *sobrevivente*.

sobrevoar *v.i.* 위를 날다. (상공을) 비행하다.

sobriamente *adv.* (술 따위) 마시지 않고. 끊고. 절주(節酒)하여. 검약하여.

sobriedade *f.* ①금주(禁酒). 절주. 절약. 검약. 절제(節制). 질소(質素). ②삼가기. 자중(自重).

sobrinha *f.* 질녀(姪女). 여질(女姪).

sobrinho *m.* 조카. 생질.

sóbrio *a.* ①술을 마시지 않는. 취하지 않는. ②절주(節酒)하는. 검약(절약·절제)하는. ③온건한. 온당한. 침착한. 근실한. ④(빛깔이) 수수한. (옷차림이) 점잖은.

sobrolho *m.* 눈썹.
frangir (*carregar*) *o sobrolho* 눈살을 찡그리다.

sobro *m.* = *sobreiro*.

soca *f.* ①사탕수수를 첫 번째 벤 다음에 나는 새싹. ②[植] 근경(根莖). 지하경(地下莖). ③[英貨] 1 페니(*penny*)의 1/4의 동화(銅貨). ④나무신.
não ter soca. 동전 한 푼 없다.

socado (1) *a.* 뭉툭하고 짧은. 키작고 통통한.
homen socado 키작고 뚱뚱한 사람. 땅딸보.
— (2) *a.* (주먹으로) 세게 친. 뚜드린. 주먹에 맞은. ②짓밟은. 밟아 부순. ③(공이 따위로) 찧은. 빻은.

socadura *f.* (공이 따위로) 찧기. 빻기. 찧어 부스러뜨리기.

socairo *m.* ①[海] 배꼬리 밧줄. 축강(軸綱). ②동굴. 동혈(洞穴). ③(산기슭의)

피난소.

socalcar *v.t.* ①짓밟다. 밟아 부수다. ②축대(築臺)를 만들다. 땅을 다져 단(壇)을 만들다(쌓다).

socalco *m.* ①방축길. 두덩길. 잔도(棧道). ②대지(臺地). 고대(高臺). 축대(築臺). [地質] 단구(段丘).

socancra *a., m., f.* 믿을 수 없는 사람. 속이 검은 사람. 음험한 사람.
á socancra 슬쩍. 몰래.

socapa *f.* 구실. 핑계. 가장. 가면. 허위.
à socapa 몰래. 슬쩍. 살그머니.
rir à socapa 속웃음치다. 숨죽여 웃다. 히죽웃다.

socar *v.t.* ①두드리다. 치다. (특히) 주먹으로 세게 치다. 후려갈기다. ②(공이 따위로) 찧다. 빻다. 찧어 부수다. ③밟다. 짓밟다. 밟아 부수다. ④덩어리를 부스러뜨리다. ⑤(끈・밧줄 따위로) 꽉 죄다.
—**se** *v.pr.* 은퇴하다. 은둔(隱遁)하다. 몸을 피하다. 도망치다.

socarrão *a., m.* 교활한 사람. 엉큼한 녀석. 사기사. 협잡꾼.

socava *f.* 움. 지하실. 굴. 동굴.

socavado *a.* ①움을 판. 땅을 판. (땅 밑으로) 파내려 간. ②밑을 판. 밑을 도려낸. 갱도(坑道)를 판.
— *m.* (땅 속에서) 파낸 물건. 발굴물. 파낸 흙덩어리.

socavão *m.* ①큰 움. 큰 지하실. 큰 동굴. ②숨는 장소. 잠복소(潛伏所).

socavar *v.t.* ①(땅을) 파다. 파내려가다. ②밑을 파다. 밑으로부터 파들어가다. 갱도(坑道)를 파다. 대호(對壕)를 파다.

sochantrado *m.* [宗] *sochantre* 의 직(임무).

sochantre *m.* [宗] 성가대 지휘자의 대리(代理). 합창단의 부단장.

sochantrear *v.i. sochantre* 로서의 일을 보다.

sócia *f. sócio* 의 여성형(여자 동업자. 공동경영주의 여성. 여성회원 따위).

sociabilidade *f.* ①사교성. 사교심. 교제를 좋아함. 사근사근함. 애교 있음.

sociabilizar *v.t.* ①사교적으로 하다. ②친목되게 하다.

social *a.* ①사회의. 사회적. 사회에 관한. 사교적. 친목의(모임 따위). 교제에 능란한. 사근사근한. ③사교계의. 사회상

의. ④회사(會社)의. 조합의. ⑤[動] 떼를 지어 사는. 군거(群居)하는. [植] 족생적(族生的)인. 총생(叢生)의.
ordem social 사회질서.
relação social 사교. 교제.
questões sociais 사회문제.
política social 사회정책.
deveres sociais 사회인으로서의 도덕적 의무.
razão social (등록된) 상사. 상사명(商事名).
mundo social 사교계(社交界).
partido social-democrático 사회민주당.

social-democráta *m., f.* 사회민주당원.

socialismo *m.* 사회주의.
socialismo de estado 국가사회주의.

socialista *m., f.* 사회주의자. 사회당원.
— *a.* 사회주의의.

socialização *f.* 사회화. 사회주의 정책실시.

socializar *v.t.* ①사회적으로 하다. ②사회화하다. 사회주의화하다. ③조합조직을 하다.

socialmente *adv.* 사회상. 사회적으로. 사교상. 사교적으로.

sociar *v.i.* (사회적인 단체・조합 따위에) 들다. 가입하다. 참가하다. ②교제하다. 서로 어울리다.
—**se** *v.pr.* 그룹을 조직하다. (여러 사회적 단체가) 제휴하다.

sociável *a.* 사회적인. 교제상의. 교제를 좋아하는. 교제가 능란한. 사람 잘 사귀는. 애교 있는. 친목의.

sociedade *f.* ①사회. 사교(社交). 교제. ②사교계. ③회. 협회. 학회. 조합. 단체. 결사(結社). ④항간. 세상. 사람들의 모임. ⑤[動] 군거(群居). 군서(群棲).
sociedade anônima 주식회사.
sociedade limitada 유한(有限)회사.
sociedade comercial 상사회사(商事會社).
sociedade cooperativa 협동조합.
sociedade construtora 건축업협회.
sociedade de beneficência 자선단체.
homem de sociedade 사교계에 출입하는 사람.

societariado *m.* ①회원(사원)의 자격. ②(집합적) 회원. 사원.

societário *a.* ①사원인. 회원인. 조합원인. 사원으로서의. 회원으로서의. ②단체 생활하는. [動] 떼를 지어 사는. 군거하는.

— *m.* 사원. 회원. 조합원.
sócio *m.* ①사원. 회원. 조합원. ②동업자. 공동기업주. ③동료. 패거리. 짝.
sócio fundador 창설회원. 창립자의 한사람.
sócio gerente 공공지배인(같은 권리와 의무가 있는 지배인의 한 사람).
sócio principal 공동사주(社主). 중요회원.
— *a.* 협동한. 제휴한. 연합한. 조합으로 된.
sociocracia *f.* 사회정치.
sociocrático *a.* 사회정치의.
sociogenia *f.* 사회구성학(構成學).
sociologia *f.* 사회학(社會學).
sociológico *a.* 사회학(상)의.
sociólogo *m.* 사회학자.
soco *m.* ①(그리스·로마의 희극배우가 신던) 샌들. 가벼운 신. ②나막신. 바닥이 나무인 신. ③[建] (벽기둥의) 받침. 주추. 주춧돌. 굄돌. 초재(礎材).
sôco *m.* 주먹으로 치기. 주먹으로의 강타. 철권(鐵拳).
socó *m.* [鳥] (브라질산의) 새의 일종.
soçobrado *a.* ①뒤집어진. 전복한. ②물속에) 가라앉은. 침몰한. ③위험에 빠진.
soçobrar *v.t.* ①(…을) 뒤집다. 전복(顚覆)하다. ②(물속에) 가라앉히다. 침몰시키다. ③허물다. 무너트리다. ④교란하다. ⑤위험에 빠트리다.
— *v.i.*, — *se v.pr.* ①뒤집어지다. 전복되다. ②(건물 등이) 무너지다. 허물어지다. ③(물속에) 가라앉다. 침몰하다. 빠지다. ④위험에 직면하다. ⑤큰 손해를 보다(입다). ⑥몹시 동요하다. ⑦의기저상(意氣沮喪)하다.
soçobro *m.* ①뒤집음. 전복. ②가라앉음. 빠짐. 침몰. ③위험에의 함입. ④위기. ⑤동요. 교란. ⑥실패.
soçobro de ânimo 실의(失意). 의기저상. 낙담.
socolor *adv.* = *sob-color*.
socorredor *a.*, *m.* 구출자(救出者). 구조자. 구원자. 구제자.
socorrer *v.t.* (위험에 직면한 사람을) 도와주다. 구원하다. (위험에 빠진 사람을) 살려내다. 구출하다. 구제(救濟)하다.
— *se v.pr.* ①도움 받다. 구조되다. 구출되다. ②도와 주기를 원하다. 구원을 청하다.

socorrido *a.* (위난 속에서) 도움을 받은. 구원된. 구조된. 구출된.
— *m.* 구출된 사람. 구제된 사람.
socorrimento *m.* = *socorro*.
socorro *m.* ①구조(救助). 구원(救援). 구출. ②협조. 구제(救濟). 보조(補助). ③[軍] 원군(援軍).
socorros (*pl.*) 의연금(義捐金). 구제금. 구조물자. 긴급원조물.
ambulatório de pronto socorro 구급차.
— *interj. Socorro!* 사람살려!
socraticamente *adv.* 소크라테스적으로. 문답구리로써.
socrático *a.* 소크라테스의. 소크라테스 철학의. 문답구리(究理)의.
soda *f.* [化] 소다. 탄산소다. 중조. 중탄산소다. 가성소다. 소다수.
soda caustica 가성소다.
bicarbonato de soda 중탄산소다.
soda maior [植] 해안·염소(鹽沼)에 나는 명아주과의 각종 식물(특히 수송나물·퉁퉁마디 따위).
sodalício *m.* ①계(契). 협회. ②[가톨릭] 강(講). 자선회. ③단체 생활하는 사람.
sodálite *m.* [鑛] 방(方)소다석(石).
sodar *v.t.* 소다를 섞다(타다).
sódico *a.* 소다의. 소다에 관한.
sódio *m.* [化] 소듐. 나트륨. (기호 Na).
sodomia *f.* 남색(男色). 비역. 계간(鷄姦).
sodomico *a.* 남색의. 계간의.
sodomita *m.*, *f.* 소돔 사람. 남색자(男色者). 비역하는 사람.
sodomítico *a.* 남색의. 계간의. 비역하는.
soedor *a.* …의 습관이 있는. …의 습성을 띠고 있는.
soeiras *f.*(*pl.*) 《古》 풍속 습관.
soer *v.i.* …의 습관이 있다. …의 버릇이 있다. 항상 … 하다.
soerguer *v.t.* 들어올리다. 쳐들다. 앙양(昂揚)하다. 일으키다. (눈·얼굴을) 들다.
— *se v.pr.* 몸을 일으키다. 겨우 일어나다.
soez *a.* ①평범한. 속된. 보통의. (재능 따위) 대단치 않은. ②너절한. 초라한. 상스러운. 비열한. 비루(鄙陋)한.
sofá *m.* (등받이와 팔걸이가 달린) 긴 안락의자. 소파.
sofá-cama 펼치면 침대로 되는. 소파. 접는 침대.

sofisma *m.* ①옛 그리스의 궤변학파 철학. ②궤변. 부회(附會). 쓸데없는 이론.

sofismado *a.* ①궤변에 의한. 궤변을 늘어 놓은. 견강부회한. ②궤변으로 속인. 억지로 둘러댄.

sofismar *v.i., v.t.* ①궤변을 늘어놓다. 궤변으로 속이다. 억지로 둘러대다. 견강부회(牽強附會)하다. ②(아무를) 나쁘게 하다. (술·담배에) 섞음질하다.

sofismável *a.* 궤변으로 속일 만한. 견강부회할 수 있는.

sofista *m.f.* ①(옛 그리스) 철학·수사학의 교사. 학자. ②궤변가. 쓸데없는 이론을 말하는 사람.

sofistaria *f.* 궤변집(詭辯集). 궤변논집.

sofistica *f.* (옛 그리스) 궤변집. 궤변. 견강부회(牽強附會). 쓸데없는 이론.

sofisticação *f.* ①궤변부리기. 견강부회. 궤변. 쓸데없는 이론. ②섞음질. 가짜. ③세상에 닳고 닳음.

sofisticado *a.* ①궤변에 속은. 핑계를 믿는. 둘러대는 말에 넘어간. ②거짓의. 허위의. 위조의. 변조(變造)의.

sofisticador *m.* 궤변부리는 자. 그릇된 의견을 고집하는 자. 억지로 둘러대는(핑계 잘하는) 사람. 속이는 사람.

sofisticamente *adv.* 궤변으로. 견강부회하여. 억지로 둘러대어.

sofisticar *v.t.* ①궤변으로 속이다. 속이다. 억지로 둘러대다. 견강부회하다. ②원문을 함부로 고치다. ③(아무를) 나쁘게 하다. ④(술·담배에) 섞음질하여 나쁘게 하다. 나쁜 것을 섞어 (재료를) 속이다. 변조하다.
— *v.i.* 궤변부리다.

sofisticaria *f.* 궤변. 궤변부리기. 견강부회. 쓸데없는 이론.

sofistico *a.* ①(이론 따위가) 궤변의. 부회의. ②궤변을 부리는. 쓸데없는 이론을 늘어놓는.

sofito *m.* [建] 아치의 안쪽. 궁륭(穹窿)의 안쪽. 복공(처마복공)의 내측.

sofomania *f.* 학자연(學者然)하는 태도. 현명한 체하기. 만심(慢心).

sofomano *m.* 학자인 체하는 사람.

sofora *f.* [植] 느티나무.

sofralda *f.* 산기슭. 산록(山麓).

sofraldar *v.t.* (옷의 단을) 호아 올리다. (자락·소매 따위를) 걷어올리다(추켜들다). (소매를) 말아 올리다.

sofreada, sofreadura *f.* 갑자기 고삐를 잡아당기기. 견제하기.

sofreamento *m.* ①갑자기 고삐를 잡아당기기. ②견제. 제지(制止). 억제(抑制). 억지(抑止).

sofrear *v.t.* ①말고삐를 갑자기 잡아당기다. ②견제하다. 제지하다. 억제하다. 억압하다. 억누르다. ③꾸짖다.
— *se v.pr.* 스스로 억제하다. 자제(自制)하다.

sofredor *a.* 고생하는. 고통받는. 수난(受難)하는. 곤란을 겪는. 간난에 이겨내는.
— *m.* 수난자. 이재자(罹災者). 조난자. 고통받는 자. 손해 본 사람.

sofregamente *adv.* 욕심내어. 탐내어. 게걸스럽게.

sofrego *a.* ①욕심 많은. 탐욕(貪慾)한. 탐식하는. 게걸스러운. ②간절히 바라는. 열망하는. …하고 싶어 못 견디는.

sofreguice, sofreguidão *f.* ①탐욕. 탐식(貪食). 게걸스러움. 욕심 많음. ②열망. 갈망.

sofrer *v.t.* ①(고통 또는 불행한 일을) 경험하다. 맛보다. (고통·간난 등에) 견디게 하다. ②고생시키다.
— *v.i., —se v.pr.* ①고생하다. 고통받다. (육체적으로) 심한 괴로움을 받다 (당하다). (정신적으로) 번민하다. 고뇌하다. ②병들다. 앓다. ③손해를 입다.
sofrer fome 기아(饑餓)에 허덕이다.

sofridamente *adv.* 고통을 참고. 인내하여.

sofrido *a.* 수난한. 고통받은. 고생한. 고통(괴로움)을 참는. 견디어내는. ②손해 본.
mal sofrido 참을성 없는. 성급한.

sofrimento *m.* ①(정신적·육체적) 고통·고생. 수난(受難). 수고(受苦). ②(고통·고난에 대한) 인내·괴로움. 고뇌(苦惱). ③손해. 피해.

sofrível *a.* ①(고통·고난 등에) 견디어 낼만한. 참을 수 있는. 참아야 할. ②너그럽게 봐줄 만한. 용서할 만한. 간과해야 할.

sofrivelmente *adv.* 참을 수 있을 정도로. (고난·장애 등을) 그럭저럭 이겨나갈 수 있게. 극복(타파)할 수 있음직하게.

soga *f.* ①(아프리카의) 수염새로 만든 밧줄. ②소를 이끄는 가죽 끈.

sogra *f.* 시어머니. 장모. 빙모(聘母).

sôgro *m.* 시아버지. 장인. 빙부(聘父).

soído *m.* ①(들린) 소리. 음향. ②소음. 조음(噪音). 법석떠드는 소리.

soja *f.* [植] 콩. 대두(大豆).

sol (1) *m.* ①해. 태양. ②햇빛. 일광. 양지쪽. ③항성(恒星). ④날(日). ⑤광휘. 광명.
raio de sol 태양광선.
luz do sol 햇볕. 일광. 양광(陽光).
lugar ao sol 양지(陽地). 일광이 드는 곳.
fazer sol 해나다. 일광이 쬐다.
o nascer do sol 해 떠오르기. 욱일(旭日).
o pôr do sol 해지기. 일락(日落).
ao pôr do sol 해질 무렵.
de sol a sol 해가 떠서 질 때까지. 종일.
banho de sol 일광욕.
secar ao sol 햇볕에 말리다.
— (2) *m.* [樂] 솔. (전음계적 장음계의) 제5음. G음.

sola *f.* ①(구두 밑에 대는) 두꺼운 가죽. 저혁(底革). 구두의 창. ②[機] 저판(底板). ③기부(基部). 토대. 화로의 받침판. ④썰매의 밑. ⑤보습의 밑바닥.
sola do pé 발바닥.

solação *f.* 《古》=*consolação*.

solaçar *v.t.* 《古》=*consolar*.

solama *f.* 뜨거운 햇볕. 염열(炎熱). 폭염(暴炎).

solamente *adv.* 《古》=*somente*.

solado *a.* 구두에 창을 댄.

solancar *v.t.* 힘든 일(싫은 일)을 꾸준히 하다. 애써 끝마치다.

solanáceas *f.(pl.)* [植] 가지과(茄科)의 식물.

solandre *m.* (말의) 비절열상(飛節裂傷).

solanina *f.* 쏠라닌(가지과 식물에 포함되어 있는 알칼로이드).

solano *m.* ①남풍(南風). ②[植] 가지속(屬).

solão (1) *m.* 모래 많은 땅. 사성토양(砂性土壤). 점토질(粘土質)의 땅.
— (2) *m.* 쨍쨍 쬐는 태양.

solapa *f.* ①땅 밑을 뚫음. 갱도(坑道) 같은 굴공(掘孔). ②몰래하는 일. 밀계(密計). ③간교(奸巧).
a solapa 몰래. 숨어서. 내밀하게.

solapadamente *adv.* 몰래. 살짝. 살그머니. 비밀리에.

solapado *a.* ①땅 밑을 뚫은. 갱도를 만든. ②숨은. 숨긴. 외부에 나타나지 않은. 덮여 있는. 내밀의.

solapamento *m.* (지하에서) 옆으로 뚫기. 잠굴(潛掘). 은갱(隱坑).

solapar *v.t.* ①땅 밑을 뚫다. (파고 내려가) 옆으로 뚫다. 갱도(坑道)를 파다. ②숨어서 파괴(행동)하다. 비밀수단으로 뒤 집어엎다. ③(품은 의도·사실 등을) 감추다.
—*se v.pr.* ①숨다. 잠복하다. 동굴 속에 숨다. ②본심(本心)을 감추다. 시치미떼다.

solar (1) *a.* 태양의. 태양에 관한. 태양작용에 의한.
sistema solar 태양계.
eclipse solar 일식(日蝕).
ano solar 태양년.
mancha solar 태양 흑점.
— (2) *a.* (구두 따위의) 바닥의. 바닥 가죽의. 창의.
— *v.t.* (구두에) 창을 대다. 튼튼하고 두꺼운 가죽을 대다.
— (3) *m.* ①봉건 영지(領地). 봉토(封土). ②장원(莊園). (장원 내의) 큰 저택. 귀족의 저택.

solarengo *a.* 영주의.
— *m.* 영주(領主). 봉건영주.

solário *m.* ①일광욕실. ②해시계.

solau *m.* 《詩》서사곡(敍事曲). 담시곡(譚詩曲). 애가(哀歌). 애시(哀詩).

solavancar *v.i.* (자동차·전차·마차 따위) 몹시 흔들다. 몹시 덜커덩그럭하다.

solavanco *m.* (자동차·전차·마차 따위의) 심한 동요. 몹시 흔들기. 격충(激衝).

solaz *m.* 위로. 위자. 위안. 오락.

solda *f.* ①납과 주석의 합금(납땜용). 땜질납. 《轉》접합물(接合物). 꺾쇠.

soldada *f.* 임금. 품삯. 삯돈. 보수.

soldadesca *f.* 《輕蔑的》군인. 병정. 병사. 병졸. 교양이 없는 군인.

soldadesco *a.* (멸시적으로) 군인의. 병정의. 병사의. 군인풍의. 군대 냄새나는.

soldado *m.* 육군군인. 군인. 사병(士兵). 병졸. 군졸.
soldado raso 일반병사. (아무 관등도 없는) 사병.
soldado de infantaria 보병병사. 보병.
soldado desconhecido 무명전사(특히 군번 따위 신분을 증명할 것 없이 전사한).
soldado de Jesus Cristo 기독교 전도에 열성 있는 사람.

soldador *a.* 납으로 붙이는. 접합하는. 용접하는.
— *m.* 납으로 붙이는 사람. 용접공.
soldadura *f.* ①납으로 붙이기. 납땜. 용접. ②[醫] 접합(接合).
soldagem *f.* (납으로) 땜질하기. 용접작업.
soldanela *f.* [植] 선화과(旋花科)의 식물.
soldão *m.* 《古》 = *sultão*.
soldar *v.t.* 납으로 붙이다(때다). 접합하다. 용접하다.
— *v.i.*, —*se v.pr.* ①붙다. 밀착하다. 접합하다. ②[醫] (상처가) 유착(癒着)하다. 아물다.
soldável *a.* 납으로 붙일 수 있는. 용접 가능한.
soldo *m.* (군인에게 주는) 급료. 봉급. 노은(勞銀).
meio soldo 반액봉급. 《轉》 적은 돈. 소액.
solecismo *m.* ①[修] 문법위반. 어법위반. [文] 파격(破格). ②버릇 없음. 부적당.
solecista *m., f.* 문법(어법) 위반자. 문법(어법)을 자주 틀리게 쓰는 사람.
soledade *f.* ①독거(獨居). 고독. 쓸쓸함. 적료(寂廖). ②한적. 쓸쓸한 곳. 황야(荒野).
sol-e-dó *m.* (풍자적으로) 음악. 서투른 음악.
soleira *f.* ①문지방. 하인방(下引枋). ②발판(사룡자·진치 따위의 디디고 올라가는). 답단(踏段).
solene *a.* ①엄숙한. 장엄한. 장중한. 근엄(謹嚴)한. 성대한. ②중대한. 엄중한. 귀중한. ③새침부리는. 점잔빼는. 격식바른. 의식(儀式)을 존중하는. ④종교상의. 신성한. ⑤[法] 정식의. (문서 따위) 합법의.
solenemente *adv.* ①엄숙하게. 장엄하게. 장중하게. 성대하게. 정중히. ②의식대로. 본식으로. 격식대로.
solenidade *f.* ①엄숙. 장엄. 장중. 근엄(謹嚴). ②(성대한) 의식(儀式). 제전(祭典). ③[法] 정식(正式).
solenização *f.* 장엄화(莊嚴化). 거식(擧式). 의식집행.
solenizador *m.* 식을 거행하는 사람. 식을 베풀어 축하하는 사람.
solenizar *v.t.* (특히 결혼식을) 거행하다. 식을 베풀어 축하하다. 장엄하게 하다. 경건한 마음을 일으키게 하다.
solenoglifos *m.(pl.)* [動] 관아류(管牙類) (有毒蛇類).

solenóide *m.* [電] 통형선륜(筒形線輪).
solércia *f.* 약삭빠름. 재치있음. 교활. 간교(奸巧). 간지(奸智). 사기적 수단.
soleta *f.* (製靴) 재단한 작은 가죽. 가죽 조각. (특히) 바닥에 대는 두꺼운 가죽 조각.
solerte *a.* ①약삭빠른. 예민한. 재치있는. 빈틈없는. ②교활한. 엉큼한. 간지에 능한. 잔꾀 많은.
— *m.* 약삭빠른 사람. 빈틈없는 사람. 엉큼한 사람.
soletração *f.* ①철자(綴字). 철자법. ②한마디 한 마디의 철자를 읽기. 바르게 쓰기.
soletrador *a., m.* 글자를 맞추는 (사람). 철자하는 (자). (철자를) 한 자씩 한 자씩 읽는 (사람). 철자를 틀리지 않는 (사람).
soletrar *v.t.* (낱말을 어떠하게) 맞추다(엮다). 철자를 말하다(쓰다). 한 자씩 한 자씩 서투르게 읽다.
— *v.i.* 글자를 맞추다. 철자하다. 바르게 쓰다(읽다).
solevamento *m.* 약간 들어올리기. 위로 약간 들기. 집어올리기. 좀 높이기.
solevantar *v.t.* 약간 들어올리다. 위로 약간 들다. 약간 일으키다. 힘들게 높이다.
— *se v.pr.* 약간 들리다. 위로 약간 올라가다. 좀 높아지다. 겨우 일어나다.
solevar *v.t.* 약간 들다. 들어올리다. 집어 올려 놓다.
solfa *f.* ①[樂] 음계의 도레미파 (= *do, re, mi, fa, sol, la, si*). 자음(字音) 창가법. ②《俗》 음악.
solfar (1) *v.i., v.t.* = *solfejar*.
— (2) *v.t.* (製本) (보충하거나 고치기 위하여) 종이를 바르다. 발라 붙이다.
solfatara *f.* 황(黃)을 함유한 토지. 황 냄새 나는 땅.
solfejação *f.* 도레미파로 노래하기. 도레미파 연습.
solfejar *v.i., v.t.* 도레미파를 노래하다. (가사가 아니고) 도레미파로 노래하다.
solfejo *m.* [樂] 도레미파 연습. 자음창가법.
solfista *m., f.* 도레미파로 노래하는 사람.
solha *f.* [魚] 가자미 무리.
solhado *a.* 마루를 놓은.
— *m.* 마루. 마루판.
solhar *v.t.* 마루를 놓다.
solheira *f.* 가자미 잡는 그물.
solho *m.* [魚] (유럽산의) 넙치.
solicitação *f.* ①간원(懇願). 간청. 청원(請

願). 소원(訴願). ②치근치근 요구하기. 애걸복걸. ③이끌기. 유도(誘導). ④선동적인 호소.

solicitador *a.*, *m.* ①간원자. 청원자. 호소하여 요청하는 자. ②대리신청인. 의뢰인. 권유인. ③(英法) 사무변호사(고등법원의 변호사와 소송의뢰인 사이에서 소송사무를 취급하는 하급변호사). (법정 외의) 변호사.

solicitamente *adv.* 주의깊게. 조심스럽게. 차근차근히. 공들여.

solicitante *a.* 간절히 바라는. 간원하는. 간청하는.
— *m.*, *f.* 간절히 바라는 사람. 간원자(懇願者). 청원자.

solicitar *v.i.*, *v.t.* ①간절히 빌다. 간원하다. 간청하다. …해 달라고 애걸복걸하다. 소원(訴願)하다. ③(사람을) 유도하다. 사랑을 구하다. ④(주의를) 촉구(促求)하다. ②권하다. 권유하다.
—*se v.pr.* 걱정하다. 염려하다. 현념(懸念)하다.

solicitável *a.* 간원(간청)할 만한. 간절히 빌어야 할. 청원할 수 있는.

solícito *a.* ①열망하는. 간원하는. 희구(希求)하는. ②열심인. 전심하여 …하는. 노력하는. ③염려하는. 걱정하는. ④조심성 있는. 주의 깊은. 차근차근한. ⑤친절한.

solicitude *f.* ①안달. 근심. 걱정. 현념(懸念). 우려. ②열망. 열심. 애쓰기. 노력. 진력(盡力). ③마음을 씀. (남의 일을) 돌봐 주기. 배려(配慮).

solidamente *adv.* 굳게. 단단하게. 견고하게. 견실하게. 단단히 뭉치어. 입체적으로.

solidão *f.* ①독거(獨居). 고독. 쓸쓸함. 적료(寂廖). 고적(孤寂). ②한적. 외로운 곳. 적적한 곳.

solidar *v.t.* ①굳히다. 고체(固滯)로 만들다. ②굳게 하다. 단단하게 하다. 견고(堅固)하게 하다. 공고(鞏固)히 하다.

solidariamente *adv.* [法] 연대하여. 연대책임으로. 연대관계로. 일치하여.

solidariedade *f.* ①[法] 연대(連帶). 연대성. 연대관계. 연대책임. ②결속. 일치단결. 공동일치(의무). 상호부조.

solidário *a.* 연대의. 연대관계의. 연대책임의. 공동책임의.

solidarismo *m.* 사회연대주의. 상호부조주의.

solidarista *m.*, *f.* 사회연대주의자. 상호부조를 주장하는 자.

solidarização *f.* [法] 연대(連帶)로 함. 연대책임으로 함. 공동책임을 지우기.

solidarizar *v.t.* [法] 연대책임으로 하다. 공동책임(의무)로 하다.
—*se v.pr.* 연대책임을 지다. 책임과 의무를 같이하다.

solidéu *m.* (가톨릭 성직자들이 쓰는) 챙이 없는 모자. 구상모(球狀帽).

solidez *f.* ①굳음. 고체성. 고형성. ②실질적임. ③속이 충실함. 실속 있음. 확실성. 견실성. 믿을 수 있음. ④고체(固體). 고형체. [理] 응고(凝固).

solidificação *f.* 고체로 만듦. 응고시킴. 결속. 단결.

solidificar *v.t.* ①굳히다. 고체(固體)로 만들다. ②응고시키다. 응결(凝結)시키다. ③단결(결속)시키다.
— *v.i.*, —*se v.pr.* 굳어지다. 고체가 되다. 응고(응결)하다. 견고(堅固)해지다. 단결(결속)하다.

sólido *a.* ①고체의. 고형체의. ②굳은. 단단한. 속까지 단단한. 속까지 한 가지 물질의. 도금이 아닌. 속이 비지 않은(벽 등이). ③충실(充實)한. 실속 있는. ④튼튼한. 견고한. 꽉 짜인. 기초가 튼튼한. 견실한(상인・거래 등).
— *m.* 고체(固體). 고형체. [幾] 입체(立體).

solidônia *f.* (브라질산의) 국화과(菊花科)의 식물.

soliferreo *m.* (옛날의) 일종의 창(槍).

solifugo *a.* 《詩》 햇볕을 싫어하는. 어두움을 좋아하는.

soliloquiar *v.i.* 혼잣말하다. 자문자답하다. [劇] 독백하다.

solilóquio *m.* 혼잣말(하기). 독백(獨白).

solimão *m.* [化] 승홍(昇汞).

solina *f.* 태양의 열(熱). 폭염(暴炎). 염열(炎熱).

solinhadeira *f.* [石工] 큰 망치.

solinhar *v.t.* (나무 또는 돌에) 먹줄(墨線)로 표시한 곳을 깎다.

solinho *m.* (나무 또는 돌의)먹줄 친 곳을 깎기. 대강 깎기. 조삭(粗削).

sólio *m.* 왕좌(王座). 왕권(王權).

solípede *a.* [動] 단제(單蹄)의.

solípedes *m.*(*pl.*) 단제류(單蹄類)(말 따위).
solipsismo *m.* [哲] 유아론(唯我論).
solipso *m.* ①유아론자. ②고독한 생활을 하는 자. 독신자.
solista *m.*, *f.* 독창자(獨唱者). 독주자(獨奏者).
solitária *f.* ①[蟲] 촌충. 조충(條蟲). ②촌충골의 목걸이(장식용). ③(형무소의) 독방.
solitariamente *adv.* 홀로. 쓸쓸히. 고독하게.
solitário *a.* ①홀로의. 혼자만의(산책 따위). 벗이 없는. 고독한. 외로운. ②사람이 하나 없는. 쓸쓸한. 외딴. (집·마을 등) 고립한. 뚝 떨어진. ③유일한. 단 하나의(예(例) 따위). 단독의. ④[解·植] 분리된. 방(房)을 이루지 않는. 단생(單生)의. [動] 군거(群居)(군서)하지 않는.
— *m.* 홀로 사는 사람. 독거자(獨居者). 은둔자. 은인(隱人). 은사(隱士).
sólito *a.* 관용(慣用)의. 습관적으로 행하는.
solo (1) *m.* 표토(表土). 토양(土壤). 지면(地面). 지반(地盤).
— (2) *m.* [樂] 독창. 독주(獨奏). 독창곡. 독주악(樂). [空] 단독비행(單獨飛行).
sol-posto *m.* 일락(日落). 지는 해. 해질녘.
solstıcıal *a.* [天] 지(至)(하지(동지)의.
solstício *m.* [天] 지(至). 지일(至日). 태양의 지점(至点).
solstício de verão 하지.
solstício de inverno 동지.
solta *f.* ①놔주기. 석방. 해방. ②(동물에 채우는) 족쇄.
á solta 해방되어. 자유로. 산산이 흩어져서.
soltador *a.*, *m.* 놔주는 사람. 석방자. 해방자.
soltamente *adv.* 해방되어. 자유로. 마음대로. 멋대로. 방종하게.
soltamento *m.* 놔주기. 석방. 해방.
soltar *v.t.* ①(노끈·밧줄 따위로 묶은 것을) 풀다. 풀어 놓다. 풀어 주다. (붙든 것을) 놔주다. 놓다. ②석방하다. 방면(放免)하다. ③방임(放任)하다. ④(생각지 않고) 불쑥 말을 던지다. 방언(放言)하다. ⑤[機] (나사못 따위를) 느슨하게 하다. ⑥(숨을) 내쉬다.
soltar o riso 웃음이 터지다.
soltar o último suspiro 마지막 숨을 내쉬다(죽다).

— *se v.pr.* ①(묶은 것이) 느슨해지다. 풀리다. ②석방되다. 방면되다. 자유로 되다. ③(조인 나사못 따위) 빠지다.
solteira *f.* 독신여성. 미혼여성.
solteiramente *adv.* 독신으로서. 독신자로서. 제멋대로.

solteirão *m.* 노총각. 나이 많은 독신자.
solteirismo *m.* 독신생활. 독신주의.
solteiro *a.* 배우자가 없는. 미혼의. 독신의. 단 하나의.
— *m.* 독신자. 총각.
solteirona *f.* 노처녀.
solto *a.* (*soltar*의 과거분사). ①(묶인 상태에서) 풀려난. 벗어난. 석방된. 해방된. ②속박없는. 자유로운. ③따로따로 된. 별별(別別)의. 흩어진. ④(나사못 따위) 느슨해진. (박힌 못이) 약간 빠진.
vida solta 방종한 생활. 방일한 생활.
verso soto 무운시(無韻詩)(보통 5음보(音步) 10음절의).
fôlha solta 꿰매지 않은 종이 또는 철하지 않은 인쇄물(各帳別別 : 특히 인쇄한 광고지 같은 것).
solto de língua 내키는 대로 내던지는 말. 방언(放言). 욕설.
sono solto 깊은 잠.
soltura *f.* ①자유로 함. 놔주기. 석방. 해방. 자유. ②지유르 표명하기, 제멋대로 하기. 방종. 방자(放恣). ③[醫] 설사.
solubilidade *f.* ①녹을 수 있음. 용해성. 가용성(可溶性). 용해도(度). ②(문제 등의) 해석(해결)의 가능성.
solubilizar *v.t.* 녹을 수 있게 하다. 용해되게 하다.
soluçado *a.* ①딸꾹질한. ②흐느낀. 흐느껴운.
soluçante *a.* ①딸꾹질하는. ②흐느끼는. 흐느껴 우는.
solução *f.* ①녹이기. 용해. ②분해. 해체. 분리. 붕해(崩解). ③(문제 등의) 해석. 해결. [數] 해법. 해식(解式). 해답. ④(채무 등의 상각(償却)에 의한) 해제. ⑤용액(溶液). 용제(溶劑).
soluçar *v.i.* ①딸꾹질하다. 흑흑 소리내다. ②흐느껴 울다. 목메어 울다. 오열(嗚咽)하다. ③파도가 쏴와쏴와 소리내다.
— *v.t.* 딸꾹질하며 말하다.
— *m.* =*soluço*.
solucionar *v.t.* 풀다. 해석하다. (문제 따위

를) 해답하다. 해결하다. 결말짓다.
solucionista *m*. (수수께끼・노름 문제 등) 쉽게 푸는 사람.
soluço *m*. ①딸꾹질. ②흑흑하며 울기. 흐느껴 울기. 목메어 울기. 오열(嗚咽). ③쏴악쏴악하는 파도소리. ④(배의) 종요(縱搖).
soluçoso *a*. ①딸꾹질하는. 딸꾹질하며 말하는. ②흑흑 소리내는. 흐느껴 우는.
solutivo *a*. ①녹는. 녹이는. 용해시키는. 용해성의. 용해질(溶解質)의. ②(약 따위) 뒤를 편한게 하는. 설사하게 하는. 사하성(瀉下性)의.
soluto *a*. ①풀린. 용해한. ②느슨한. 이완(弛緩)한.
— *m*. 용액(溶液). 용해물. [化] 용질(溶質).
solúvel *a*. 녹는. 녹을 수 있는. 녹기 쉬운. 용해성의. 풀리는. 풀 수 있는. 해결할 수 있는.
café solúvel 분말(粉末) 커피.
solvabilidade *f*. ①해결 가능성. 용해력. ②지불(변제) 능력. 자력(資力).
solvável *a*. ①녹이는. 용해력 있는. ②지불 능력이 있는. 변제할 수 있는.
solvência *f*. ①지불 능력. 변제 능력. 자력(資力). ②용해성.
solvente *a*. ①녹이는. 용해력이 있는. ②지불 능력이 있는. 지불되는. 갚는.
solver *v.t*. ①풀다. 해석하다. 설명하다. (문제 등을) 해답하다. 해결하다. 결말짓다. ②부채(채무)를 치르다. 갚다. 결제(決濟)하다.
solvibilidade *f*. =*solvabilidade*.
solvível *a*. =*solvável*.
som *m*. ①소리. 음향. 음성. 어음(語音). 발음. ②음조. 가락. ③소음. 잡음. 떠드는 소리.
som agudo 날카로운 소리. 예리한 소리.
som grave 굵고 낮은 소리. 둑한 소리.
sem tom nem som 되는대로. 난맥(亂脈)적으로. 머리도 없고 끝도 없이.
soma *f*. ①[數] 화(和). 합계(合計). 덧셈. 가산(加算). 가법. ②총액. 총수. ③금액. ④개요. 대의. 대요.
boa soma 꽤 많은 돈.
somar *v.t., v.i*. ①더하다. 보태다. 가산하다. 합계하다. ②요약하다. 개괄(概括)하다.
—**se** *v.pr*. ①가산되다. ②요약되다.

somático *a*. 신체의. 육체의. 체강(體腔)의.
somatologia *f*. 인체론(人體論). 인체학. 비교체격론. 인체생리해부학.
somatológico *a*. 인체론에 관한.
somatólogo *m*. 인체론자. 인체학자.
somatório *m*. 총화(總和). 총계. 전체. 총체.
— *a*. 총화의. 합계의.
sombra *f*. ①그늘. 응달. 음지. 그늘진 곳. 그림자. 투영(投影). 사람 그림자. 영자(影子). ②땅거미. 어스레함. 어둠살. 어둠. ③으슥한 곳. 사람 눈에 안 띄는 곳. ④[畵] 그늘. 음영(陰影). 명암(농담)의 정도. 색조(色調). ⑤《比喩》빛을 가리는 물건. 차양. 차일. 전등의 갓. 램프 갓. ⑥(그림자같이) 따라다니는 사람. 미행자. 공식객(空食客). ⑦(물 또는 거울에 비치는) 영상(映像). ⑧(특히 불안을 품게 하는) 기미. 전조. [政] 암운(暗雲). ⑨도깨비. 유령.
sombras (*pl*.) 암흑. 망령(亡靈). 저승.
sombra das árvores 나무 그늘.
a sombra de …의 그늘 아래서. …의 보호하에. …의 힘에 의하여.
fager sombra 명예・신용 따위를 헐뜯다 (어지럽히다).
não há sombra de dúvida 의심할 바 없다.
sombral *m*. 그늘진 곳. 응달.
sombreado *a*. ①그늘진. 그늘 아래에 있는. 그늘에 숨은. 어둠에 싸인. ②[畵] 그늘지운. 음영이 된. ③(램프 따위에) 갓을 씌운.
— *m*. [畵] 나타낸 명암. 음영(陰影). 묘영(描影).
sombrear *v.t*. ①그늘짓다. 그늘로 가리다. 어둡게 하다. ②빛(볕)을 가리다. 열을 막다. 덮다. ③(전구・램프 따위에) 갓을 달다. 차양을 붙이다. ④[畵] 그늘을 지우다. 명암(농담(濃淡))을 나타내다. 음영을 나타내다. ⑤(남의 신용을) 떨어뜨리다. (명예를) 손상시키다.
— *v.i*. 그늘지다. 으스름해지다.
sombreira (1) *f*. (전등・램프 따위의) 갓.
— (2) *f*. [植] 머위무리의 식물.
sombreireiro *m*. 모자 만드는 사람. 모자상인.
sombreirinha *f*. 작은 양산.
sombreiro *m*. ①그늘지게 하는 것. 그늘진 곳. ②테두리가 넓은 모자.

sombrejar *v.t.* 그늘지게 하다. 그늘지우다.
sombria *f.* [鳥] 종달새의 일종.
sombrinha *f.* 부인용 양산. 파라솔.
sombrio *a.* ①그늘을 이루는. 그늘이 많은. ②그늘 속에 있는. 응달의. 그늘진. ③으스름한. 흐린. 어둑어둑한. 음침한. 침울한. 음산한. ④공개할 수 없는. 미심한. 의심되는. ⑤(소망 등) 암담한. ⑥삭막한.
sombroso *a.* 그늘 많은. 그늘 있는. 그늘진. 으스름한.
someiro *m.* ①[建] 대들보. 주춧돌. ②(구식 인쇄기의) 기간(起桿).
somenos *a.* (품질·가치 따위) 떨어지는. 열등한. 하등(下等)의. 저급(低級)의. 가치 없는.
somente *adv.* 단지. 다만. 홀로. 오직 …뿐. …만. 겨우. (=*só adv*).
someter *v.t.* …의 아래에 넣다(끼다).
somiticaria *f.* 인색(吝嗇).
somítico *a.* 인색한. 지나치게 아끼는. 욕심 많은.
sonambúlico *a.* 몽유병의. 자면서 걸어다니는.
sonambulismo *m.* 몽유병(夢遊病). 자면서 걸어다니기.
sonâmbulo *a.* 몽유병의. 자면서 걸어다니는.
— *m.* 몽유병자. 자면서 걸어다니는 사람.
sonância *f.* ①소리가 있음. 유성(有聲). 울림. ②소리. 음향. ③성음(聲音). ④선율(旋律).
sonante *a.* [音聲] 소리가 나는. 소리가 울리는. 유성의. 유성자(字)의(*b. d. g* 따위). 탁음의.
moeda sonante 경화(硬貨).
sonata *f.* [樂] 소나타. 주명곡(奏鳴曲).
sonatina *f.* (*sonata*의 지소어). [樂] 소나티네. 소(小)주명곡.
sonda *f.* ①[醫] 탐침(探針). 소식자(消息子). 도뇨관(導尿管). ②[海] (바다 깊이를 재는) 측연(測鉛). 측심추(測深錘). 추선. 추규(錘規). ③탐지. 탐구(探究).
sondador *a., m.* ①수심측량사. 탐구자. 지질조사원(地質調査員). ②(지질조사용) 큰 착공기(鑿孔機).
sondagem *f.* ①깊이를 재기. (특히) 수심측량. ②측연(測鉛)이 미치는 측정범위. ③[鑛山] 시추(試錐). 속을 후벼 파기. ④타지(탐구)하기.
sondar *v.t.* ①(강·바다의 깊이를) 재다. 수
심 측량하다. ②(측연(測鉛)·측간(測竿)으로) …의 바닥을 조사하다. ③[醫] 소식자(消息子)를 넣어 진찰하다. 탐진(探診)하다. ④(타인의 의향·생각 따위를) 타진하다. ⑤탐침(探針)으로 찾아내다.
— *se v.pr.* 자기의 의향을 곰곰이 생각해보다. 자성(自省)하다.
sondareza *f.* 추줄(錘條). 측심색(測深索).
sondável *a.* (깊이를) 잴 수 있는. 측심 가능한.
soneca *f.* ①조는 것. ②가수(假睡). 선잠. 낮잠. 가매(假寐).
sonega *f.* 감춤. 은닉(隱匿). 장닉(藏匿). 은폐.
pela sonega 또는 *á sonega* 몰래. 살짝.
sonegação *f.* 감추기. 은닉하기. 장닉하기. 은폐하기. 속이기.
sonegadamente *adv.* 감추어. 은닉(장닉)하여. 몰래. 살짝.
sonegado *a.* 감춘. 은닉한. 장닉한. 은폐한. 속인.
sonegados *m.(pl.)* ①감춘 물건. 은닉물(隱匿物). ②장품(贓品). 장물(贓物). ③(송장(送狀)·적하목록(積貨目錄)에 기재되지 않은) 밀수품.
sonegador *a., m.* (물건을) 감추는 사람. 은닉자.
sonegamento *m.* =*sonegação*.
sonegar *v.t.* ①감추다. 숨기다. 은닉하다. 장닉(藏匿)하다. ②덮어두다. 비밀로 하다.
— *se v.pr.* ①(법의 눈을) 피하다. ②(명령·의무 따위를) 회피하다. ③거절하다.
sonetar, sonetear *v.i.* 소넷(*sonêto*)을 짓다. 14행시를 짓다. 단시(短詩)를 짓다.
soneteiro *a., m.* 소넷(14행시)을 짓는 사람.
sonetista *m., f.* 소넷(14행시) 작가(作家). 단시작가(短詩作家).
sonêto *m.* ①소넷. 14행시(보통 10음절 약강격(弱强格)). ②단가. 단시.
songa *m., f.* =*songa-monga*.
songra-monga *m., f.* 마음속이 흐린 사람. 엉큼한 사람. 음험한 사람. 쉽게 믿어서는 안 될 사람. 위선자.
sonhado *a.* 꿈을 꾼. 꿈속의. 공상한. 상상적인.
sonhador *a., m.* 꿈꾸는 사람. 공상하는 자.
sonhar *v.i.* ①꿈을 꾸다. 꿈에 보다. ②공상하다. 공상을 품다.

— *v.t.* (…을) 꿈에 보다. (…을) 꿈꾸다. (…을) 공상하다.
— *m.* 꿈꾸기. 꿈.

sonho (1) *m.* ①꿈. 《詩》꿈길. 몽사(夢事). ②꿈결(같은 상태). ③꿈인가 싶은(훌륭한·아름다운. 매력 있는). 물건. ④몽상(夢想). 가공의 이야기. 동경(憧憬).
ter sonhos 꿈을 꾸다. …의 꿈을 품고 있다.
nem por sonhos 꿈에조차 생각지 못한. 몽외지사(夢外之事)인.
— (2) *m.* 속에 단 것을(甘味)을 넣고 기름에 튀긴 과자(의 일종).

sonial *a.* 꿈의. 꿈에 관한.

sónica *f.* 발음식철자(發音式綴字)

sónico *a.* 음(音)의. 음성의. 발음상의. (철자 따위) 발음식의.

sonido *m.* ①들리는 소리. 울리는 소리. 음향. ②떠드는 소리. 소음. 조음(噪音).

sonífero *a.* ①졸리는. 졸리게 하는. 잠오게 하는. ②최면의. 최면성의.
— *m.* 최면약(催眠藥).

sonigrafo *m.* 꿈 해설자. 해몽자.

sonílogo *m.* 꿈을 판단하는 사람.

soníloquo *a.* 잠꼬대하는. 몽예(夢囈)하는.
— *m.* 잠꼬대하는 사람.

sonípede *a.* 《詩》발소리 내는. 발을 구르는. 발소리 내며 걷는.
— *m.* 발소리 내며 걷는 사람.

sono *m.* ①잠. 잠자기. 수면. 졸리기. 수면기간. ②정지. 불활동. 휴지(상태). ③[動] 동면(冬眠).
sono leve 가벼운 잠. 선잠.
sono profundo 깊은 잠. 깊이 든 잠.
sono de chumbo 깊이 든 잠. 숙수(熟睡).
sono quebrado (하룻밤새) 몇 번이고 깬 잠.
com sono 졸리는. 졸리운.
estar com sono 졸리다. 자고 싶다.
pegar no sono 잠들다.
cair de sono 졸려서 엎드려질 듯하다. 졸려 쓰러지다.
dormir a sono sôlto 푹 자다. 숙수하다.
sem sono (전혀) 잠오지 않는. 졸리지 않는.
doença do sono 잠드는 병(체체파리(*tsetse-fly*)의 매개로 전염. 열대 아프리카에 발생).

sonoite *f.* 황혼. 박모(薄暮).

sonolência *f.* ①졸림. 졸리기. 비몽사몽(非夢似夢). 몽현지간(夢現之間). ②나른함. 타기(惰氣).

sonolento *a.* 졸리는. 졸리운. 잠겨운. 졸리는 듯한. 잠자는 듯한. ②나른한. 활기 없는. 멍하고 있는. ③졸리게 하는. 최면(催眠)의. 최면성의.

sonometria *f.* 현(絃)의 진동수를 재기. 측음법(測音法).

sonométrico *a.* 현의 진동수를 재는. 측음법의.

sonómetro *m.* 현의 진동수를 재는 기계. 청력계(聽力計).

sonoramente *adv.* 소리가 잘 울려. 낭랑한 소리로.

sonoridade *f.* ①소리가 울림. 울리어 퍼짐. [音聲] (음의) 들림. ②음향성(音響性).

sonorização *f.* 잘 울리게 함.

sonorizar *v.t.* (소리를) 잘 울리게 하다. 울리어 퍼지게 하다.

sonoro *a.* (소리가) 울리는. 잘 울리는. 낭랑한. 잘 반향하는. 공명(共鳴)하는. (듣기 좋은) 소리가 나는. 가조(佳調)의. 선율적(旋律的)인.
aparelho sonoro 발성기(發聲器)(라디오·축음기 따위).

sonoroso *a.* ①잘 울리는. 높이 울리는. ②좋은 소리 내는. 가조(佳調)의. ③소리가 맑은. 여러 소리가 함께 들리는.

sonsa, sonsice *f.* 엉큼함. 교활함. 간교(奸巧). 음험(陰險). 음험한 수단. 깜찍한 술책.
pela sonsa 또는 *pela sonsice* 교활하게. 음험한 수단으로. 살짝. 남모르게.

sonsinho *a.* (*sonso*의 지소어). 약간 엉큼한. 좀 교활한. 간사한. 장난꾸러기의.

sonso *a.* 엉큼한. 교활한. 마음이 검은. 음험한. 감정(본심)을 나타내지 않는. 위선의. 허위의.
— *m.* 엉큼한 녀석. 간교한 놈. 장난꾸러기. 익살꾼.

sonsonete *m.* 조롱적 말씨. 비방적 언사. 비웃는 어조.

sopa *f.* ①수프. 고깃국. 육즙(肉汁). ②《轉》아주 쉬운 일. 쉽게 이기기. 누워서 떡먹기.
sopas (*pl.*) 《比喩》식사. 음식.
Isso é sopa. 그것은 매우 쉬운 일이다.
《卑》식은죽 먹기다.

estar molhado como uma sopa 흠뻑 젖다. 푹 젖다.

sopada *f.* 많은 수프. 다량의 고깃국.

sopapear *v.t.* (손바닥으로) 찰싹 갈기다.

sopapo *m.* (손바닥으로) 찰싹 치기. 뺨을 치기. 넓적한 것으로 치기.

sopé *m.* ①(기둥·수목(樹木) 따위의) 기부(基部). 최하부(最下部). (서 있는 자세(姿勢)의) 발밑 부분. ②(산 따위의) 기슭. *aosopé* 기부에. 지상에 접근하여.

sopeado *a.* ①(발로) 밟은. 짓밟은. ②유린한. 억압한. 억누른. 밟힌. 압박당한.

sopeador *a.*, *m.* 밟는 사람. 짓밟는 자. 유린자. 억압자. 압박자.

sopeamento *m.* ①밟기. 짓밟기. 유린(蹂躪). ②압박. 억압. 굴복시키기. 압복(壓伏·壓服).

sopear *v.t.* ①밟다. 짓밟다. 유린하다. ②압박하다. 억압하다. 강제로 굴복시키다. 압복하다.

sopeira *f.* ①수프 담는 그릇. 국그릇. ②《F》(요리를 담은 채 파는) 도자기 단지. ③《俗》식모(특히 주방에서 일하는).

sopeiro *a.* 수프의. 수프용의. 육즙의. *prato sopeiro* 수프 담는 접시. 얕은 국사발.
— *m.* ①수프를 좋아하는 사람, 국을 좋아하는 사람. ②기식객(寄食客).

sopesagem *f.* 손으로 중량을 달아보기. 손에 올려놓고 무게를 추측하기.

sopesar *v.t.* 손으로 추켜들고 무게를 달다. 손바닥에 올려놓고 중량을 추산하다. (무게 있는 것을) 추켜들다.
— *se v.pr.* ①평형(平衡)을 유지하다. ②(새 따위가) 하늘을 날다(특히 포수의 면전에서).

sopêso *m.* 손으로 들고 무게를 달아 보는 것. 손바닥에 올려놓고 중량을 재는 것.

sopetarra *f.*《俗》큰 빵쪽. 빵 덩어리.

sopetear *v.t.* ①빵을 국 또는 우유에 적시다(담그다). ②맛보다. 상완(賞玩)하다.
— *v.t.* 맛이 나다. 풍미가 있다.

sopista *a.*, *m.* 수프(고깃국)를 좋아하는 사람.

sopitado *a.* ①조는. 졸린. 나른한. 활기 없는. 둔한. ②(아픔 따위를) 덜한. 완화한. 진정한. ③(약속 등의 실행에) 희망을 품고 있는.

sopitar *v.t.* ①잠들게 하다 재우다. ②(아픔을) 덜하다. 가라앉히다. 완화하다. 진정시키다. ③활기를 없애다. 나른하게 하다. 약하게 하다. ④(약속 등의 실행에) 희망을 걸다.

sopito *a.* ①잠든. ②(아픔이) 덜한. 가라앉은. 없어진. 감각을 잃은.

sopontadura *f.* (중요한 어구) 아래에 줄을 긋기. 점선(点線)을 긋기.

sopontar *v.t.* (중요한 어구) 아래에 줄을 긋다. 점을 똑똑 찍다.

sopor *m.* ①깊이 든 잠. 혼수(昏睡). 혼수상태. ②악몽(惡夢). 몽마(夢魘).

soporado *a.* ①깊이 잠든. ②혼수상태에 있는. ③잠드는 병에 걸린. ④최면(催眠)의.

soporal *a.* 혼수의. 최면의.

soporativo *a.* ①졸리게 하는. 잠들게 하는. 재우는. 최면의. ②졸리는.
— *m.* 최면약. 권태케 하는 사물.

soporífero *a.* =*soporífico*

soporífico *a.* 졸리게 하는. 재우는. 최면의. 최면용의. 졸리운.
— *m.* 최면제. 마취제.

soporizar *v.t.* 재우다. 잠들게 하다. ②(최면제 등으로) 졸리게 하다. 잠자게 하다.

soporoso *a.* 졸리는. 졸리게 하는. 혼수의. *doença soporosa* 혼수병(昏睡病).

soportal *m.* ①교회(사원) 내의 앞뜰(현관). ②현관 내의 돌을 깐 낭하(廊下).

soprador *m.* ①부는 사람. (유리 그릇 따위를) 불어 만드는 직공. ②격려자. 고무자.

soprano *m.* [樂] 소프라노. 최고음부. 소프라노 가수.

soprão *m.* 힘 있게 불기. 세게 불기.

soprar *v.t.* ①불다. 바람이 휘몰아치다. ②(타이어 등을) 바람 넣어 부풀게 하다. (유리 등을) 불어 만들다. ③(피리·나팔을) 불다. 취주(吹奏)하다. ④(불을) 불다. 불어서 끄다. ⑤불어 넣다. 고무하다. 선동하다.
— *v.i.* (바람이) 불다.

sopresa *f.* 포획(捕獲).

sopresar *v.t.* 붙잡다. 포획하다.

soprilho *m.* 크레이프류. 일종의 모직물.

sopro *m.* ①한 줄기 바람. 모진 바람. ②(혹하고 내쉬는) 숨. 기식(氣息). ③취주(吹奏). 부는 소리. ④고취(鼓吹). ⑤선동. 교사(敎唆).
instrumento de sôpro 취주악기.

soquear *v.t.* 주먹으로 치다. 강타하다.

sequeira *f.* (벤 다음에 남은) 사탕수수의 뿌리.
soqueiro *m.* 나막신 만드는 사람. 그 장수.
soqueixar *v.t.* 턱 밑에 비끄러매다. 턱 아래에 잡아매다.
soqueixo *m.* 턱 아래에 비끄러매기. 턱 밑으로 돌아 잡아매기.
soquete *m.* ①[軍] (총구에 화약을 재는) 꼬질대. 탄약 재는 쇠꼬치. ②주먹으로 가볍게 치기. ③발목까지 오는 양말.
soquetear *v.t.* ①꼬질대로 화약을 재넣다. ②주먹으로 가볍게 치다. 톡 치다.
sor (1) *m. senhor*의 준말.
— (2) *f. soror*의 준말.
sorar *v.t.* 유장(乳漿)으로 만들다.
sorbona *f.* 소르본(구(舊) 파리대학의 신(神)학부. 지금은 파리대학 문리(文理)학부).
sordes *m.*《俗》(부스럼·종기 따위의) 고름. 농즙(膿汁).
sordícia, sordície *f.* = *sordidez*.
sordidamente *adv.* 더럽게. 불결하게. 천박(야박)하게. 누추하게.
sordidez *f.* ①더러움. 불결. 오예(汚穢). (환경이) 어지러움. ②(동기·행위·인물 따위) 인색함. 천박. 야박(野薄). 비열(卑劣). 누추(陋醜).
sordido *a.* ①더러운. 불결한. 어지러운. ②(환경 따위가) 좁고 답답한. ③(동기·행위·인물 따위가) 인색한. 깍쟁이 같은. 천박한. 누추한. 비루한.
sorgo *m.* [植] 수수.
sorites *m.* [論] ①연쇄(삼단)논법. ②궤변.
sorítico *a.* [論] 연쇄(삼단)논법의. 연쇄(삼단)논법에 관한.
sôrna *f.* ①느림. 굼뜸. 완만(緩慢). (기능이) 둔함. 활발치 않음. 부진(不振). ②게으름. 나태함. ③낮잠.
— *a., m., f.* ①느린 사람. 굼뜬 사람. ②게으른 사람. 나태한 사람. ③낮잠 자는 사람.
sornar *v.i.* ①느리게 행동하다. 굼뜨다. ②빈둥빈둥 놀다. 게으름 피다. ③(일하지 않고) 낮잠 자다.
sorneiro *a., m.* = *sôrna*.
soro *m.* ①유장(乳漿)(치즈 만들 때 응유(凝乳)를 걷고 난 물). ②[生理] 장액(漿液). 유청(乳清). ③[醫] 혈청(血清).
sorologia *f.* 혈청학(血清學).
sorologico *a.* 혈청학(상)의.

sorologista *m.f.* 혈청학자.
soromenha *f.* = *soromenho*.
— *m.* [植] 야생 배나무(野梨樹). 그 열매.
soronga *a.* 얼빠진. 멍해 있는. 망연자실한.
sóror *f.* 수녀(修女)의 이름 앞에 붙이는 경칭.
sororal *a.* 수녀의. 수녀에 관한.
sororicida *m., f.* 자매살해자(姉妹殺害者).
sororicídio *m.* 누이를(누이동생을) 죽이기. 자매살해.
sorório *a.*《稀》수녀의. 수녀에 관한.
sororoca *f.* 임종(臨終)의 괴로운 숨소리. 죽을 때 그렁그렁 내는 소리.
sororocar *v.i.* (죽음에 직면하여) 그렁그렁 하는 괴로운 소리를 내다.
sorosa, sorose *f.* [植] 상과(桑果)(오디·파인애플 따위).
soroso *a.* 유장(乳漿)의. 장액(漿液)의. 혈청의. 혈청에 관한.
soroterapia *f.* = *seroterapia*.
sorpreender *v.t.* = *surpreender*.
sorpresa *f.* = *surpresa*.
sorrabar *v.t.*《俗》①…의 뒤를 따르다. "예예"하며 따라다니다. ②추종하다. 아첨하다. 굽실굽실하다. 아양부리다.
sorrate *m.* (*de*와 함께 씀). 살짝. 살그머니. 남모르게. 살금살금 걸어서.
sorrateiramente *adv.* 살짝. 남몰래. 살금살금.
sorrateiro *a.* 몰래 하는. 숨어 하는. 비밀리에 하는. 암암리(暗暗裡)의. 암중비약(暗中飛躍)하는. 음험한. 비열한.
sorrelfa *f.* ①시치미 떼기. 모르는 체하기. ②속이기. 기만. 기망(欺罔). ③허위. 위선.
— *a., m., f.* 아주 인색한 사람. 심한 구두쇠. 엉큼한 사람. 교활한 사람. 시치미 떼는 사람.
sorridente *a.* ①미소를 띤. 방긋 웃는. 생글 웃는. 히죽 웃는. (풍경 등이) 명랑한. 웃는 듯한. ②애교 있는. ③유쾌한. 즐거운.
sorrir *v.i.* ①방실 웃다. 미소하다. 생글생글하다. ②(풍경 등이) 웃는 듯(명랑)하다. ③유쾌해 보이다. 좋아하다. 희소(喜笑)하다. ④유망하다. 유리하다.
sorrir a (또는 *para*) …에 찬성의 뜻(호의)을 표시하다.

— *v.t.* (…한) 웃음을 웃다. 미소로 표시하다. 방긋 웃어서 표시하다.

sorriso *m.* ①미소(微笑). 방실거림. 생글웃음. 희소(喜笑). 희색. 웃는 얼굴. 소안(笑顔). ②냉소(冷笑). 조소(嘲笑). ③은혜. 은총. 혜택. 호의.

sorte *f.* ①운. 운수. 운명. 숙명. ②행운. 요행. 다행. 기운(機運). ③재수(財數). ④제비. 추첨. 당첨(當籤). ⑤(특히 여러 가지 물건을 섞어서 되는) 한 벌. 일절. 한 더미. ⑥할당(割當). 받을 몫. ⑦좋은 기회. 찬스. ⑧방법. 수단. ⑨유(類). 종류.
pouca sorte 나쁜 운. 재수가 없음.
sorte grande 당첨한 물건. 제비뽑아 맞춘 큰 돈.
por sorte 다행히. 다행히도.
Encontrei-o por sorte. 다행히 그 분을 만났다.
estar com sorte 운이 좋다. 재수가 있다.
lançar sortes …과 운명을 같이 하다(판가름 되는) 욏을 내던지다.
A sorte está lançada. 주사위는 이미 던져졌다(일은 이미 결정났다).
Tirar a sorte grande. 큰 제비를 뽑아 맞추다.
Êle é um sujeito de sorte. (그 분은) 운이 있는 사람이나.

sorteadamente *adv.* ①제비로. 추첨에 의하여. ②운수에 따라.

sorteado *a.* ①제비에 의한. 추첨에 의한. ②제비뽑은. 제비에 맞춘. 당첨한. ③병적(兵籍)에 등록된. 징집된.
— *m.* ① 제비뽑아 맞춘 사람. 당첨자. ②《古》 병역당첨자(兵役當籤者). ③병적에 등록된 사람. 징집병. 징모병.

sorteador *a., m.* 제비뽑는 사람. 추첨하는 자.

sorteamento *m.* =*sorteio*.

sortear *v.t.* ①제비를 뽑다. 추첨하다. ②제비로써 갑(甲)·을(乙)을 정하다. 제비로 나누다. ③(여러 가지 상품을 모아) 한 벌 갖추다. (여러 가지 물건을) 골고루 섞다.

sorteio *m.* ①제비. 추첨. 복권. ②나누기. 분류. ③(여러 가지를 섞어서) 한 벌 갖추기. (여러 가지 종류를 모아 이룬) 한 벌의 상품.

sorteiro *m.* =*sorteador*.

sortida *f.* ①[軍] (성 안으로부터의) 출격(出擊). 농성군(籠城軍)의 출격. 역습. ②출격군이 통할 암도(暗道).

sortido *a.* 여러 가지 상품을 갖춘. 각가지를 섞어 한 벌(한 조)로 만든. 형형색색(形形色色)의.
biscoito sortido 여러 가지를 섞은 비스킷.
bala sortida 각가지 색깔의 알사탕을 골고루 섞은 것.
— *m.* 한 벌로 갖춘(여러 가지의) 상품.

sortilégio *m.* ①여러 가지 갖춘 것. ②분류(分類). 종별(種別). ③추첨·제비로 점치기. ④마법. 요술. 마술. ⑤음모.

sortílego *a., m.* ①추첨자. 제비로 점치는 사람. ②요술사. 마술사. 마법사. ③마법자. 모사.

sortimento *m.* ①여러 가지로 갖춘 상품. 각가지 섞은 한 벌. 반입품(搬入品). ②분류. 종별(種別).

sortir *v.t.* ①여러 가지 상품을 갖추다. 갖가지 물품을 배열(진열)하다. ②여러 가지를 섞어 한 벌(한 조)로 하다.
—*se v.pr.* 여러 가지 상품이 갖추어지다(나열되다). 잘 정비(整備)되다.

sorumbático *a.* ①뚱한. 실쭉한. 기분 좋지 않은. 골나서 말하지 않는. ②음산한. 우울한.

sorva *f. sorveira*의 열매.

sorvado *a.* (피릴 마위) 너무 익은. 지나치게 익은. 난숙(爛熟)한.

sorval *a. pera sorval* 수분이 많은 일종의 배(梨).

sorvalhada *f.* 땅 위에 떨어져 흩어진 많은 과일.

sorvar *v.i.,* —*se v.pr.* 너무 익다. 지나치게 익다. 난숙하다. 가루가 되다.

sorvedela *f.* ①홀쩍거리기. 빨기. 빨아들이기. 흡수(吸收). ②삼키기. ③깊은 곳(深淵)에 떨어지기. ④마시는 것의 한 모금.

sorvedouro *m.* (바다 또는 큰 강의) 소용돌이. 소용돌이치는 곳. 파멸을 초래하는 원천. 심연(深淵). 나락. 지옥.

sorvedura *f.* =*sôrvo*.

sorveira *f.* [植] (유럽산) 마가목 무리의 나무.

sorver *v.t.* ①홀쩍거리다. 빨다. 빨아들이다. 흡수하다. ②조금씩 마시다. (술 따위) 약간씩 입을 대다. ③삼키다. ④깊은 곳에 떨어지게 하다. 파멸시키다.
—*se v.pr.* 심연에 떨어지다. 가라앉다.

sorvetaria *f.* 아이스크림 제조소. 그 상점.
sorvete *m.* 아이스크림. 셔벗.
《英》*cherbet*.
sorveteira *f.* ①아이스크림 만드는 기계. 얼음통(아이스크림 제조용). ②아이스크림 만드는(또는 파는) 여자.
sorveteiro *m.* 아이스크림 만드는 사람. 그 장수.
sorveteria *f.* 아이스크림 공장 또는 파는 집. 아이스크림 저장소.
sorvível *a.* 빨 수 있는. 흡수할 수 있는. 흡수되는.
sôrvo *f.* ①홀쩍거림. ②빨기. 빨아들이기. 흡수. ③삼키기. ④한 모금의 양. 한 술.
sós *adv.* 홀로. 혼자서. 외로이. (흔히 *a*와 함께 씀).
a sós 홀로. 혼자서. 외로이.
sós por sós 한 사람씩 외롭게. 각자 외로이.
sósia *m.* (어떤 사람과) 꼭 닮은 사람. 몹시 닮은 사람.
sosinho *a.* 혼자의. 단독의.
soslaio *m.* 경사. 비탈. 사면.
de soslaio 기울어져서. 비스듬히.
sossegadamente *adv.* 조용히. 고요히. 평온하게. 안정하게. 침착하게.
sossegado *a.* ①조용한. 고요한. 평온한. 평정(平靜)한. 평화스러운. 침착한. ②안심하고 있는. 걱정없는. ③한가한. 안일(安逸)한. 안연(晏然)한.
sossegador *a.*, *m.* 안정시키는 사람. 진정시키는 사람. 평온하게 하는 사람. 안심시키는 사람.
sossegamento *m.* 조용하게 함. 평온하게 함. 진정시키기. 안정하게 하기. 안도(安堵). 침착.
sossegar *v.t.* 조용하게 하다. 평온하게 하다. 평화롭게 하다. (마음을) 진정시키다. 달래다. 안심시키다. 가라앉히다.
— *v.i.*, —*se v.pr.* 조용해지다. 평온해지다. 평화롭게 되다. (마음이) 가라앉다. 진정하다. 침착해지다. 안심하다. 안도(安堵)하다. 고요히 잠들다.
sossego *m.* 조용함. 고요함. 정온(靜穩). 정적(靜寂). 평정(平靜). 안정. ②안심. 안도(安堵). ③평화. 태평(泰平).
sosso *a.* (돌담 따위 쌓을 때의) 진흙을 쓰지 않은. 교니(膠泥)를 사용하지 않은.
pedra sossa 진흙을 묻히지 않은 돌. 회반죽이 없는 돌.
sossobrar *v.t.*, *v.i.* =*soçobrar*.
sossobro *m.* =*soçobro*.
sostenido *m.* [樂] 올림표(음조를 반음 높이는 기호 #). 샤프 음.
sostra *f.* 《古》때(더러운 더뎅이).
sota (1) *f.* ①(트럼프) 여왕. ②《古》휴식. 휴가(休暇).
— (2) *m.* (두 필 이상이 끄는 마차의) 앞줄 좌마(左馬)의 기수. (쌍두마차의) 좌마 기수. 마부.
— (3) *pref.* '하급(下級)'·'하위(下位)'···· '하부(下部)'···'열등···' 등의 뜻.
sota-capitânea *f.* 《古》사령함(司令艦). 기함(旗艦).
sota-capitão *m.* 부선장.
sota-general *m.* 《古》장군의 보좌관(輔佐官).
sotaina, sotana *f.* 교회 성직자의 법의(法衣). 검고 긴 의복.
— *m.* 《輕蔑》성직자. 승려(僧).
sótão *m.* ①다락방. 지붕 바로 밑의 작은 방 또는 공간. ②(고층 건물의) 제일 높은 층(最上層). ③보잘 것 없는 작은 방.
sota-patrão *f.* ①부두목(副頭目). ②(작은 배의) 부선장.
sota-pilôto *m.* ①부(副)조종자. 제2 조종사. 제2 타수(蛇手). ②부수로안내인(副水路案內人).
sotaque *m.* ①(발음상의) 투. (특히 외국어를 발음함에 있어서의) 와전적인 발음. 재치 있는 발음. ②사투리. 방언(方言).
sotaquear *v.t.*, *v.i.* 발음을 약간 이상하게 하다. 투가 나타나게 하다.
sotaventear *v.t.* [海] (배를) 바람 부는 쪽으로 돌리다.
— *v.i.*, —*se v.pr.* (배가) 바람 부는 쪽으로 향해 가다.
sotavento *m.* ①바람이 불어가는 쪽(風下方向). 바람이 불어가는 쪽의 선측(船側)(예를 들어, 바람이 우측 선측에 닿으면 바람이 닿지 않는 좌측 선측을 가리킴).
sotéia *f.* 대지(臺地). 고대(高臺). 축대(築臺). 단(壇). [地質] 단구(段丘).
soterração *f.* 파묻기. 매장.
soterrado *a.* ①파묻힌. 매장된. ②지하의. 땅속에 있는. 지하에 있는.
soterramento *m.* (땅속에) 파묻기. 매장(埋葬).

soterrar *v.t.* ①(땅속에) 파묻다. 매장하다. ②덮어 감추다.

sotia *f.* 14~15세기 경 프랑스의 소극(笑劇).

soto *pref.* =*sota* (3).

soto-capitão *m.* (=*sota-capitão*) 부선장.

soto-pilôto *m.* =*sota-pilôto*.

sotopor *v.t.* ①아래에 놓다. 아래에 넣다. ②연기하다.

sotoposto *a.* ①아래에 놓인. 아래에 있는. 하부에 위치한. ②예속되는. 예속하는. ③…의 책임이 있는.

soto-mestre *m.* ①부두목. 수령 다음가는 자. ②(작은 배의) 부선장. 부정장(副艇長).

sotrancão *a.* ①속셈을 숨긴. 본심을 감춘. 딴 뜻이 있는. ②숨어서 …을 하는 음험한. 교활한.

sotrancar *v.t.* ①꽉 잡다. 꼭 붙들다. ②독점(獨占)하다. 매점(買占)하다.

sotreta *a., m., f.* 나쁜 사람. 몹쓸 인간. 가치 없는 사람. 악한(惡漢). 무뢰한.

soturnez, soturnidade *f.* ①뚱함. 실쭉함. 기분이 좋지 않음. ②우울. 음산(陰散). 음울(陰鬱).

soturno *a.* ①뚱함. 실쭉한. 골낸. 골라서 말하지 않는. 무뚝뚝한. (상을) 찌푸린. ② 음산한. 음침한. 침울한. 우울한.

sova *f.* ①(특히 나무때기·회초리 따위로) 때리기. 구타. 채찍질. ②신랄한 비난. 비난 공격.
dar sova 치다. 후려갈기다.

sovaco *m.* ①겨드랑이. [解] 액와(腋窩). ②(부인들의) 겨드랑이에 대는 고무(또는 천).

sovado *a.* ①(가루·흙 따위를) 반죽한. 갠. 빚은. ②밟은. 짓밟은. ③때린. 친. 구타한. 맞은.

sovadura *f.* ①(가루·흙 따위를) 반죽하기. 개기. 빚어 만들기. ②밟기. 짓밟기. ③《稀》구타.

sovaquinho *m.* 겨드랑이에서 나는 냄새. 액취(腋臭).

sovar *v.t.* ①(가루·흙 따위로) 막 때리다. 뚜드리다. 몽둥이로 치다. 회초리로 때리다. ③(포도 따위를) 밟다. 밟아 찌그러뜨리다.

sovela *f.* (제화공(製靴工) 등의) 송곳. 척침(刺針).

sovelada *f.* *sovela*로 구멍 뚫기. 그것으로 뚫은 구멍.

sovelão *m.* (*sovela*의 지대어). ①큰 송곳. 큰 척침. ②인색한 사람. 깍쟁이. 부드럽게 하다. 위로하다.
voz de sovelão 거칠고 예리한 소리.

sovelar *v.t.* *sovela*로 꿰뚫다. 구멍 내다.

soveleiro *m.* *sovela*를 만드는 사람. 그 장수.

soveral *m.* 코르크나무 숲.

sovereiro *m.* [植] 코르크나무.

soveu *m.* (들말·들소 따위를 붙잡는) 올가미 있는 바(줄).

Soviete *m.* 소비에트. (러시아의) 노동회(勞農會). 노병회(勞兵會). (소련) 평의회.

soviético *a.* 소비에트의. (소련) 평의회의. 노동회의. 노동회의 지위를 받는. 노동사회주의적.
União Soviética. 소련. 소련방.
Rússia Soviética. 소비에트. 러시아.
— *m.* ①(소련의) 회의. 평의회. 소비에트. ②소련 사람.
(註) 인종적으로는 소련인이란 존재하지 않으나 그 국가의 시민으로 되는 자를 가리켜 전체적 또는 광의적(廣義的) 뜻으로 쓰임).

sovietismo *m.* 노동사회주의. 소비에트 사회주의. 소련식 공산주의.

sovietista *m., f.* 노동사회주의자.

sovina (1) *a.* 돈을 몹시 아끼는. 인색한.
— *m., f.* 인색한 사람. 수전노. 깍쟁이. 구두쇠.
— (2) *f.* ①나무 못. 전(栓). 쐐기. ②[木工] 열장 끼움. 열장 부촉(비둘기 꼬리형으로 만든 돌기(突起)). 《英》*dovetil*.

sovinada *f.* ①송곳 같은 예리한 것으로 찌르기. 그 상처. 톡 쏘는 언사. 신랄한 비방.

sovinar *v.t.* ①송곳(같은 것)으로 구멍을 뚫다. ②괴롭히다. 못 살게 굴다.

sovinaria, sovinice *f.* ①돈을 몹시 아낌. 인색. ②탐욕. 허욕(虛慾).

sozinho *a.* (*sosinho*). 홀로의. 단독의. 혼자의. 외로운.
estar sozinho 홀로 있다(남자가).
estar sozinha 외로이 있다(여자가).

specimen *m.* 《L》①견본. 참고품. ②예(例). 실례. ③[動·植] 표본.

spleen *m.* ①[解] 비장(脾臟). 지라. ②기분 나쁨. 울화. 분통. ③의기소침. 우울. 우울증.

sport *m.* 《英》 *sport*의 전래어. 운동. 스포츠. 야외경기.

sportivo *a.* 운동의. 경기의. 스포츠의. 운동(경기)에 관한.

statu-quo *m.* 《L》 현상(現狀). 그대로의 상태.

steeple-chase *m.* (영어의 전래어). 장애물 경주. (도랑·담 등을 뛰어넘어 벌판을 횡단하는) 야외횡단경마.

sua *a.poss. seu*의 여성형.
sua opinião 당신의 의견.
suas casas 당신들의 집(여러 채).

suã *f.* ①등뼈. 등. ②(동물의) 등뼈에 붙은 살.

suaçu *m.* (=*veado*). 사슴.

suadela *f.* 《俗》 땀을 흘리기. 발한(發汗).

suado *v.t.* 《古》 =*persuadir*.

suda *a.* ①땀 흘린. 땀투성이가 된. ②땀 흘려서 얻은. 힘들게 취득한.

suador *a.* 땀 흘리게 하는. 땀 나게 하는.
— *m.* ①땀 흘리게 하는 것(약). ②땀 나게하는 녀석(사람을 외딴 곳에 몰아넣고 치근치근 졸라댈 때 따위). ③땀 흘리는 사람.

suadouro *m.* ①땀을 흘림. 땀을 뺌. ②발한제(發汗劑). ③발한욕(浴). ④안장 밑에 까는 방석.

suan *f.* =*suã*.

suar *v.i.* ①땀을 흘리다. 땀나다. 분비물(分泌物)이 스며 나오다. ②(벽(壁)·관(管) 따위가 기후의 관계 또는 한열(寒熱)의 작용으로) 땀 같은 습기를 빼내다. ③몹시 힘드는 일을 하다.
— *v.t.* ①땀을 흘리게 하다. 습기 따위를 발산케 하다. ②땀 흘려서 얻다. 고생하여 취득하다.
—*se v.pr.* 땀이 되어 나오다. 스며 나오다.

suarda *f.* ①축윤기(縮潤機)에서 나오는 기름 섞인 흐린 물. ②양털의 지방분. 양모지(羊毛脂).

suarento *a.* ①몹시 땀나는. 땀 흘리는. 땀투성이가 된. ②힘드는. 힘을 들이는. ②대단히 더운.

suasão *f.* =*persuasão*.

suasório, suasivo *a.* ①설복 잘하는. 설득하는. 타인의 마음을 움직이는. ②말 잘하는. 말재간이 있는.

suástica *f.* 만자(卍). ⌐⌐(십자가의 변형; 1918년 이후 나치스 독일의 국장(國章). *hakenkeuz*.

suastika *m.* (=*suástica*).

suave *a.* ①부드러운. 보들보들한. 연한. 유연한. ②(소리·음성 등이) 듣기 좋은. 아름다운. ③날씨·(계절 등이) 온화한. 따스한. 상쾌한. ④(태도 따위) 상냥한. 은근한. 부드러운. ⑤(포도주 같은 것이) 순한. 입맛이 산뜻한. ⑥쉬운. 편한.

suavemente *adv.* 부드럽게. 연하게. 온화하게. 가늘게. 가볍게. (소리가) 듣기 좋게. 기분 좋게.

suavidade *f.* ①부드러움. 연함. 연유(軟柔). 유화(柔和). ②(소리 따위) 듣기 좋음. 가조(佳調). ③(기후·바람 등의). 상쾌함. 온화함. 기분 좋음. ④(태도 따위) 상냥함. 은근함. 공손함. 정숙함. ⑤(맛이) 산뜻함. (술이) 독하지 않음.

suaviloquencia *f.* (표현하는 말씨가) 유창하고 아름다움. 유려(流麗)함.

suaviloquente, suaviloquo *a.* 유창하고 아름다운. 유려한.

suavização *f.* 부드럽게 하기. 연하게 하기. 완화(緩和). 경감(輕減).

suavizador *a.* 부드럽게 하는. 완화하는. 진정시키는.

suavizar *v.t.* ①부드럽게 하다. 연하게 하다. ②풀다. 느리게 하다. 누그러지게 하다. ③(음성·소리를) 낮추다. 부드럽게 하다. ④(아픔 등이) 덜하게 하다. 완화하다. ⑤(형(刑) 따위를) 가볍게 하다. ⑥(빛깔 등을) 수수하게 하다.
— *v.i.* 부드러워지다. 누그러지다. ②(마음이) 살가와지다.

sub *pref.* 아래·하급·다음·버금·차석·대리·부(副)·아(亞)·조금·반…의 뜻.

subácido *a.* ①조금 신. 약간 신. 신맛에 가까운. ②《比喩》 조금 날카로운.

subaéreo *a.* 대기(大氣) 아래에 있는. 대기의 하층(下層)의.

subagudo *a.* (병 따위) 아급성(亞急性)의.

subalado *a.* 〔動·鳥〕 날개 모양(翼狀)의 부속물이 있는.

subalar *a.* 〔鳥〕 날개 밑의. 날개 아래에 있는.

subalares *f.(pl.)* 날개 밑의 깃털(翼下羽毛).

subalimentação *f.* 영양부족.

subalimentado *a.* 영양부족의. 영양이 불충분한. 잘 먹지 못한.

subalimentar *v.t.* 영양을 충분히 주지 않다.

subalpino *a.* ①아고산지대(亞高山地帶)의. ②《詩》알프스 산기슭 지방의.

subalternação *f.* ①아랫자리(下位)에 앉히기. 차석(次席)으로 하기. ②종속시키기. 부하로 하기.

subalternadamente *adv.* 부하로서. 종속하여.

subalternado *a.* ①아랫자리에 있는. 다음 자리를 차지하는. 버금된. 차석의. ②종속된.

subalternar *v.t.* 아랫자리에 앉히다. 다음 자리(次席)를 차지하게 하다. 버금으로 하다. 부하로 하다. 종속시키다.
— *v.i.*, —*se v.pr.* 교대하다. 서로 번갈아 하다.

subalternidade *f.* 하위(下位)임. 부하임. 종속(관계). 예속(성).

subalternizar *v.t.* 아래(자리)에 두다. 부하로 하다. 속관(屬官)으로 하다.

subalterno *a.* 다음의. 버금의. 부(副)의. 부하의. 속관의. 하급의. 하위의. 종속하는.
— *m.* 부하. 속관(屬官).

subalugar *v.t.* 다시 빌려 주다. 전대(轉貸)하다.

subaluguel *m.* 다시 빌려 주기. 전대.

subaquático *a.* 물밑의. 수중의. 물밑에 사는. 물밑에 나는. 수중용의.

subarbusteo *a.* [植] 작은 관목의. 아관목(亞灌木)의.

subarbusto *m.* [植] 작은 관목(灌木). 아관목.

sabarrendamento *m.* (=*sublocação*). 다시 빌려 주기. 전대(轉貸). 전대차(轉貸借).

subarrendador *m.* ①빌린 것을 또 빌리는 사람. 전차인(轉借人). ②다시 빌리는 사람. 전대인(轉貸人).

subarrendar *v.t.* (=*sublocar*) 다시 빌리다. 전대(轉貸)하다.

subarrendatário *a.* (=*sublocatário*) 다시 빌리는. 다시 차용(借用)하는.
— *m.* 빌린 것을 또 빌리는 사람. 전차인(轉借人).

subaxilar *a.* [植] 엽액(葉腋) 아래의. 엽액 아래에서 생기는. 엽액으로부터 갈라진.

sub-bibliotecário *m.* 부(副)도서관장.

subcata *f.* 파쇠. 고철(古鐵).

subcateiro *m.* 고철상인.

subção, sução *f.* 빨기. 빨아올림. 빨아들임. 흡인(吸引). 빨아들이는 힘. 흡인력(吸引力).

subcaudal *a.* 꼬리 밑의 미하(尾下)의. 꼬리 밑을 덮는.

subcentral *a.* 중심 아래의 ; 중심에 가까운.

subchefe *m.* 차장(次長). 부장(副長).

subcilindrico *a.* 거진 원통형(圓筒形)을 이룬. 원통형에 가까운.

subcinerício *a.* 잿속에 있는. 회진하(灰燼下)에 있는. 잿속에서 탄.
côr subcinerícia 회색. 잿빛.

subclasse *f.* [生物] 아강(亞綱).

subclavincular, subclavio *a.* [解] 쇄골(鎖骨) 아래의.

subcomissão *f.* 분과위원회. 소위원회.

subcomissário *m.* ①분과위원. 부 위원(副委員). ②위원보좌관(委員補佐官). 사무차관(事務次官). ③[海] (배의) 부주계(副主計).

subconjuntível *a.* [解] 결막(結膜) 아래의.

subconsciente *a.* 잠재의식의. 어렴풋이 의식하고 있는. 반의식.

subcontrário *a.* [論] 소반대(小反對)의.

subcontratar *v.t., v.i.* 재청부계약을 하다. 재도급(再都給)하다. 재도급을 맡다.

subcorrente *f.* 밑으로 흐르는 주류(潮流).

subcostal *a.* [解] 늑골(肋骨) 아래의.

subcutáneo *a.* [外科] 피하(皮下)의. 피하에 사는. 피하에 놓인. 피하에서 행해지는.
injeção subcutánea 피하(皮下)주사.

subdecano *m.* ①[宗] 부감독보(副監督補). 부주교보. 부주교대리. 《英》*subdean*. 지방부감독의. 보좌관. ②외교단(外交團) 따위의 차석(次席).

subdecuplo *a.* 일할(一割)의. 10분의 1을 포함한.

subdelegação *f.* ①부대변인(副代辨人). 부대리(副代理). ②출장소.

subdelegado *m.* ①부대변인. 부대리인. ②(정부파견의) 부위원(副委員). ③(경찰서의) 서장대리.
subdelegado de saúde 진료소의 부소장.

subdelegante *a.* 부대리(부위원)으로서 일을 처리하는.

subdelegar *v.t.* 부대리시키다. 부위원으로 파견하다.

subdelegável *a.* 부대리시킬 수 있는. 부위

원으로 파견할 수 있는.
subderivado *a*. [言] 재파생(再派生)한. 다시 전래한.
subdiaconato *m*. 부사제(보조사제·부집사)의 직(職).
subdiácono *m*. 부사제. 보조사제. 부집사.
subdireção *f*. *subdiretor*의 직 또는 그의 사무소.
subdiretor *m*. 부지배인. 부교장. 부이사(副理事). 부교장. 차장(次長).
subdiretora *f*. *subdiretor*의 여성형.
subdistinção *f*. 재차별. 재구별.
subdistinguir *v.t*. 다시 차별하다. 다시 구별하다.
subdito *a*. ①복종하는. 예속하는. 속국의. 속관의. ②받는. 받기 쉬운. 입는. 되기 쉬운.
— *m*. 신하(臣下). 신민(臣民). 부하. 속관(屬官). 예속자.
subdividido *a*. 다시 나눈. 재분할된. 소구분으로 된. 세분(細分)한.
subdividir *v.t*. 다시 나누다. 재분할하다. 잘 나누다. 세분하다. 세별(細別)하다.
— *v.i*., —se *v.pr*. 다시 나누어지다. 잘게 나누어지다.
subdivisão *f*. ①다시 나눔. 재분할. 잘게 나눔. 세분(細分). 세별(細別). ②일부분의 일부. ③[軍] 반개사단.
subdivisível *a*. 다시 나눌 수 있는. 재분할 가능한. 잘게 나눌 만한.
subdoloso *a*. ①교활한. 노회(老獪)한. ②두 가지 마음이 있는. 불성실한.
subdominante *f*. [樂] 제4음. 하속음(下屬音).
subduplo *a*. [數] 1대 2의. 1 : 2비율로의. 2분의 1의.
subdural *a*. [解] 경뇌막(硬腦膜) 아래의.
subenfiteuse *f*. 영대전대차계약(永代轉貸借契約).
subenfiteuta *m*. 영대전차인(轉借人).
subenfiteuticar *v.t*. 영대전대(永代轉貸)하다. 영대전차(轉借)하다.
subentender *v.t*. ①(함유된 뜻을) 깨닫다. 알다. 이해하다 해득하다. ②낌새를 알리다. 힌트를 주다.
—se *v.pr*. 함축된 뜻을 알리다. 깨닫다. 요해하고 있다.
subentendido *a*. (어떤 함축된 뜻을) 알고 있는. 이해하는. 깨달은. …뜻인지) 아는. (…의 뜻이) 포함되어 있는.
— *m*. 함축된 뜻. 설외(說外)의 뜻. 함유의의(含有意義).
subenvasamento *m*. [建] 기부(基部)의 하부(下部).
suberina *f*. 코르크질(質) 속의 지방분(脂肪分).
suberização *f*. 코르크질의 형성.
suberoso *a*. [植] 코르크질의.
subespécie *f*. [生物] 아종(亞種). 변종(變種).
sub-face *a*. [博] 곤충머리의 아랫부분.
subfeudo *m*. 봉신(封臣)이 다시 부하에게 나눠 준 작은 토지.
subfoliáceo *a*. [植] 잎사귀와 같은. 잎사귀 밑에 있는.
subfretar *v.t*. [海] 빌린 배를 다시 빌리다. (배를) 전대(轉貸)하다.
subgênero *m*. [生物] 아속(亞屬). 아류(亞類).
subgrupo *m*. 작은 무리. 분군(分群). 분단(分團).
subida *f*. ①오르기. 상승. (해·달·별이) 뜨기. ②(물가가) 오름. 등귀. ③오르막. 치받이. 경사. ④향상. 진보.
subidamente *adv*. 높게. 고도로.
subido *a*. ①오른. 올라간. 떠오른. 상승한. ②높은. ③(값이) 오른. 비싼. 엄청난. ④우수한. 훌륭한. 고상한.
subimento *m*. ①오르기. 올라가기. 높아지기. 상승. ②증진(增進). 증장(增長).
subinflamação *f*. 가벼운 염증(炎症).
subinflamatório *a*. 가벼운 염증(성)의.
subinspetor *m*. 부시찰관. 부검사관. 부검열관. 부감독.
subinte *a*. 오르는. 올라가는. 상승하는.
subintendência *f*. *subintendente*의 직. 그 사무소.
subintendente *m*. 대리인. 부위원(副委員). 부관리인(副管理人). [宗] 감독대리. 사교대리.
subir *v.t*. ①오르게 하다. 올라가게 하다. 높이다. 상승시키다. ②(값을) 올리다. 등귀시키다.
— *v.i*. ①오르다. 올라가다. 상승시키다. ②(해·달·별 등이) 뜨다. 떠오르다. 솟아오르다. ③(값 따위) 오르다. ④(계급 따위) 올라가 승급하다. 승진하다. 향상하다. ⑤비행기·기구·로켓 등이) 올라가

다. 상승하다. ⑥(버스・기차 등에) 올라가다. 타다. ⑦(밀물이) 들어오다. 붓다. 증수(增水)하다. ⑧(…에) 도달하다.
subir ao trono 왕위에 오르다.
subir a escada 계단을 올라가다.
subir para o trem 기차를 타다.
subir no elevador 엘리베이터를 타다.
subir a bordo do avião 비행기를 타다.
os preços vão subindo 제반 물가가 올라간다.
Todos os preços sobem rápidamente. 물가는 걷잡을 수 없이 빨리 올라간다.
Já subiu o preço. 값은 이미 올라갔다.
A maré está subindo. 밀물이 점점 올라온다.
—*se v. pr.* (스스로) 오르다. 높아지다.

subir-se *a*. …에 올라가다. …을 타다.

súbitamente, subitaneamente *adv*. 갑자기. 급히. 불시에. 돌연히. 별안간.

subitaneidade *f*. 돌연함. 불시. 불의(不意). 급거.

subitâneo, súbito *a*.

súbito *a*. 갑작스러운. 별안간의. 돌연한. 불시의. 뜻밖의.
de súbito. 갑자기. 별안간. 돌연히. 뜻밖에.
— *adv.* =*súbitamente*.
— *m*. 돌연 불의(不意). 의외(意外). 돌발. 발작(發作). 의외지사(意外之事).

subjacente *a*. 밑의. 밑에 있는. 하층의.

subjeção *f*. 정복. 복종. 좌우되기. 예속.

subjetivação *f*. 주관적(主觀的)임. 객관적으로 함.

subjetivamente *adv*. 주관적으로.

subjetivar *v.t*. 주관적으로 보다. 주관적으로 하다.

subjetividade *f*. 주관적임. 주관성. 주관(주의).

subjetivismo *m*. 주관론. 주관주의. 주관적 논법.

subjetivo *a*. ①주관적. 주관의. 마음의. 자아(自我)의. ②[文] 주어의. 주제(主題)의.
caso subjetivo 주격(主格).
— *m*. 주관임. [文] 주격.

subjugação *f*. 진압. 복종. 굴종. 예속. 종속.

subjugado *a*. 정복된. 진압된. 복종한. 예속한.

— *m*. 피정복자. 피진압자. 예속된 자. 종속물.

subjugador *a*. 정복하는. 진압하는. 제어하는. 굴복시키는. 복종케 하는. 예속시키는.
— *m*. 정복자. 진압자. 극복자. 굴복(예속)시키는 자.

subjugante *a*. 정복하는. 진압하는. 제어하는. 통제하는. 굴복(예속)시키는.

subjugar *v.t*. 정복하다. 진압하다. 극복하다. 복종시키다. 예속시키다.
—*se v. pr*. 진압되다. 정복되다. 복종하다. 굴복하다. 몸을 굽혀서 …하다.

subjuntivo *a*. ①부속하는. 종속(從屬)하는. ②[文] 가정법의. 가상법의. 부속법의.
modo subjuntivo 가정법. 가상법. 부속법.
— *m*. [文] 가상법. 가정법. 부속법.

sublacustre *a*. 늪밑의. 늪밑에 있는. 호저(湖底)의.

sublevação *f*. ①들어올리기. 추켜들기. ②폭동. 반란. 봉기(蜂起).

sublevador *a*., *m*. 폭동자. 반란자. 모반자.

sublevar *v.t*. ①들어올리다. 추켜들다. ②들고 일어나게 하다. 봉기하게 하다. 폭동(반란)일으키게 하다.
—*se v. pr*. 모반하다. 폭동을 일으키다. 봉기하다.

sublimação *f*. [化] 승화(昇華). 순화(純化). 순화(醇化).

sublimado *a*. ①[化] 승화한. 순화한. ②품격이 높아진. 고상해진. 이상화(理想化)한. 극치(極致)에 이른. 완벽에 달한.
— *m*. 승화물. 승홍(昇汞).

sublimar *v.t*. ①[化] 승화(昇華)시키다. ②고상하게 하다. 품격을 높이다. 숭고하게 하다.
—*se v. pr*. ①승화하다. 순화(純化)하다. ②품격이 높아지다. 고상해지다. 순화(醇化)하다.

sublimatório *a*. 승화의.
— *m*. 승화기(昇華器).

sublimável *a*. 승화(순화)시킬 수 있는.

sublime *a*. ①숭고한. 고상한. 지상(至上)의. 최고의. ②장엄한. 웅대한. 굉장(宏壯)한. ③뛰어난. 탁월한. 발군(拔群)의. 안하무인의.
— *m*. ①숭고(崇高). 고상. ②지상(至上). 최고. 극점. 극치(極致). ③장엄. 웅대. ④최선(最善). 완벽(完壁).

sublimemente *adv.* 숭고하게. 고상하게. 장엄하게. 웅장하게. 탁월하게. 걸출하게.

sublimidade *f.* ①숭고함. 고상함. 품격이 높음. ②장엄. 웅대. ③뛰어남. 높이 솟아 있음. 탁월. 탁출(卓出). 절륜(絕倫).

subliminal *a.* [心] 의식(意識)에 오르지 않는. 식역하(識閾下)의. 잠재의식의.

sublinear *a.* ①줄아래(線下)에 글을 쓴. ②행간(行間)에 기입하는.

sublingual *a.* 혀 밑의. [解] 설하(舌下)의. 설하선(腺)의.
glandulas sublinguals 설하선(舌下腺).

sublinha *f.* 글 밑에 그은 선. 자하선(字下線)(주의를 환기시키기 위하여 글 아래 긋는 선). ②삽화(사진) 아래의 설명어구.

sublinhar *v.t.* ①(중요한 어구) 아래에 줄을 긋다. ②강조하다. 힘있게 표명하다.

sublocação *f.* 다시 빌려 주기. 전대(轉貸). 전대계약(契約).

sublocador *m.* 다시 빌리는 사람. 전대자(轉貸者).

sublocar *v.t.* 다시 빌려 주다. 다시 빌리다. 전대하다. (계약)의 일부를 (아무에게) 양도하다.

sublocatário *a.* 빌린 것을 다시 빌리는. 전차(轉借)하는.
— *m.* 전차인(轉借人).

sublunar *a.* 달 아래의. 월하(月下)의. 달과 지구 사이의.

subluxação *f.* 불완전탈골(不完全脫骨).

submarino *a.* 해저(海底)의. 해저에서 나는. 바다 밑에서 사는. 해중(海中)에서 쓰는. 잠수(潛水)의. 잠항(潛航)의.
flora submarina 해저식물.
— *m.* [海軍] 잠수함.

submaxilar *a.* 〔解〕 아래턱의. 하악골(下顎骨)의. 《英》 *submaxillary*.

submental *a.* [解] 턱 아래의. 이하(頤下)의. 《英》 *submental, beneath the chin*.

submergido *a.* 물속에 가라앉은. 침하(沈下)한. 잠수(潛水)한. 윤몰(淪沒)한.

submergir *v.t.* ①물속에 넣다. 가라앉히다. 물에 잠그다. ②물에 빠지게 하다. ③멸망시키다. 몰락시키다.
—**se** *v.pr.* 물속에 가라앉다. 잠수하다. 윤몰(淪沒)하다.

submergível *a.* 물속에 잠길 수 있는. 잠항(潛航)할 수 있는.

submersão *f.* ①물속에 가라앉음. 침하. 잠수(潛水). 익몰(溺沒). 몰닉(沒溺). ②침수. 범람.

submersível *a.* 물속에 가라앉기 쉬운. 수중에 잠길 수 있는. 잠수 가능한. 잠항할 수 있는.
— *m.* 잠수함(潛水艦). 잠수정(艇).

submerso *a.* (*submergir*의 과거분사). ①(물 속에) 가라앉은. 침하한. 익몰(溺沒)한. 물에 빠진. 잠수한. ②물속에서 사는. 수생(水生)의. ③…에 몰두한.

submetedor *m.* 따르게 하는 자. 복종시키는 자. 예속시키는 자.

submeter *v.t.* ①(의견·지시 등에) 따르게 하다. 복종시키다. 종속시키다. 예속시키다. ②(처분·재결에) 따르다. …의 처분에 맞기다. (…을) 달게 받다.
—**se** *v.pr.* 복종하다. 항복하다. 몸을 맞기다. 처분 따위를 달게 받다. 단념하고. …에 따르다. 인종(忍從)하다.

submetimento *m.* ①복종. 항복. 귀순. ②순종. 인종(忍從). 유순(柔順). 종순(從順).

subministração *f.* 공급. 지급. 조달.

subministrador *a., m.* 공급하는 (자). 보급하는 (자). 조달하는 (자).

subministrar *v.t.* 공급하다. 지급하다. 보급하다. 조달하다.

submissão *f.* ①복종. 항복. 귀순. ②순종. 유순. 종순. 공순(恭順). 인종(忍從).

submissivo *a.* 복종적. 굴종적.

submisso *a.* ①복종적인. ②잘 따르는. 유순한. 온순한. (태도 따위) 은근한. 예절바른. 겸양한. ③(지위·계급·등급·장소 따위) 낮은. 수수한.

submúltiplo *m., a.* [數] 다른 수를 나눌 수 있는 수(양(量))(의). 약수(約數)(의).

subnasal *a.* [解] 코 밑의. 비하(鼻下)의.

subnitrato *m.* [化] 아질산염(亞窒酸鹽). 차(次)질산염.

subnormal *a.* 보통(정상) 이하의. 이상한 기형의. ②[機] 법선(法線)을 그은.
— *m.* 저능자. [機] 차(次)법선.

subnutrição *f.* 영양부족.

subnutrido *a.* 영양을 충분히 주지 않은(섭취 못한) 영양 부족의.

subnutrir *v.t.* 영양을 충분히 주지 않다.

suboccipital *a.* [解] 후두부(後頭部) 아래의. 후두골(後頭骨) 밑의.

subocular *a.* 눈아래의. 안하(眼下)의.

sub-ordem *f.* ①[生物] 아목(亞目). 아속(亞屬). ②세별(細別).

subordinação *f.* ①아랫자리에 둠. 복종시킴. 종속시킴. ②등급(계급)을 붙임. ③[文] 종속관계.

subordinada *f.* [文] 종속어(구). 종속문. 부속명제(附屬命題).

subordinadamente *adv.* 종속하여. 부속하여. 복종하여.

subordinado *a.* 하위(下位)의. 차위(次位)의. 다음의. 종속(부수)하는. 예속하는. 부하의. 속관(屬官)의. [文] 종속의. 부속의.
— *m.* 예속자. 부하. 속관(屬官). [文] 종절(從節). 종속어(구).

subordinador *a., m.* 종속시키는 (자). 복종시키는 (자). 예속시키는 (것). 부속(附屬)시키는 (것).

subordinante *a.* 종속(예속 · 복종)시키는. 종속(부속)하는.

subordinar *v.t.* ①아랫자리에 두다. ②예속시키다. 종속시키다. 복종케 하다. (…에) 따르게 하다.
— *se v.pr.* 종속(부속)하다. 예속하다. 복종하다.

subordinativo *a.* 종속적인. 종속관계를 나타내는. 아랫(다음)자리의.

subornação *f.* =*suborno*.

subornado *a.* 뇌물(賂物) 받은. 수뢰(受賂)한. 매수당한.
— *m.* 수뢰자(受賂者). 수회자(收賄者). 매수당한 사람.

subornador *a., m.* 뇌물쓰는 (사람). 뇌물주어 거짓 맹세시키는 (자). 돈을 주거나 교사하여 죄를 짓게 하는 (자). 증회자(贈賄者).

subornamento *m.* =*suborno*.

subornar *v.t.* 뇌물(賂物)을 쓰다. 뇌물로 유혹하다. (뇌물주어) 거짓맹세(위증)시키다. 돈을 주거나 교사하여 죄를 짓게 하다. 돈으로(뇌물로) 매수하다.

subornável *a.* 돈 또는 뇌물에 매수당하기 쉬운. 뇌물로 절충할 만한.

suborno *m.* (뇌물 주어) 거짓맹세(위증)시키기. 돈을 주거나. 교사하여 죄악을 짓게 함. 뇌물에 의한 매수. [法] 증회행위(贈賄行爲). 독직(瀆職).

suborralho *m.* 잿불 아래. 여진하(餘盡下).

suboxalato *m.* [化] 아수산염(亞蓚酸鹽).

suboxido *m.* [化] 아산화물(亞酸化物). 차(次)산화물.

subpolagrafo *m.* 분항(分項). 분절(分節).

subpolar *a.* 극(極)에 가까운. 극지의.

subpor *v.t.* (…의) 아래에 놓다.

subposto *a.* (…의) 아래에 놓인. (…의) 밑에 있는.

subprefeito *m.* ①지사보(知事補). 지사대리. ②부시장(副市長). 부군장(副郡長).

subprefeitura *f. subprefeito*의 직. 그 사무소.

subproduto *m.* 부산물(副産物).

sub-repção *f.* ①불법취득(不法取得). ②사기행위. 협잡수단. ③허위진술.

sub-repticiamente *adv.* 비밀수단으로. 사기적 행위로. 허위진술하여. 사실을 감추고. 옳지 못하게.

sub-reptício *a.* ①비밀의. 비밀수단의. 몰래 하는. 사실을 감추는. 부정(不正)한. ③부정행위로 취득한. 사기적(수단)으로 입수한.

sub-rogação *f.* [法] 대위(代位). 대위변제(辨濟).

sub-rogado *a.* ①대위(代位)의. 대권(代權)의. ②상속(相續) 또는 계승(繼承)에 의하여 권리를 취득한.

sub-rogador *m.* 대위자(代位者). 대권자.

sub-rogante *a.* 대리를 세우는. 대위시키는. 대권시키는.
— *m.* =*sub-rogador*.

sub-rogar *v.t.* 대리를 세우다. 대위(대권)시키다.
— *se v.pr.* 대리로 서다. 대위(대권) 하다.

sub-rogatório *a.* 대리를 세우는. 대위(代位)의. 대권(大權)의.

subscrever *v.t.* ①(성명 등을) 문서 밑에 쓰다. (증서 따위의) 아래에 서명하다. 서명하여 증명하다. 부서(副書)하다. ②(기부 따위를) 기명 승낙하다. 기부하다. (…에) 응모하다. 신입하다. 예약하다. ③(예약) 모집하다. ④(…을) 인정하다.
— *v.i.* ①기부장(寄附帳)에 기명하다. 기부를 약속하다. ②(+*a*). …을 승인하다. …에 찬동하다. …에 응하다. ③(+*para*). (출판물 따위를) 예약하다. 구독(購讀)하다. ④신청하다. 응모하다.
— *se v.pr.* 서류의 아래 또는 결미(結尾)에 서명하다.

subscrição *f.* ①(동의·승낙·찬성·증명 등의 뜻으로) 서명하기. ②(예약) 신입. ③예약출판. ④기부신입. 의연(義捐). 기부금. 출금(出金).

subscrito *a.* ①[그리스文法] 아래에 쓴. ② 아래에 기명(서명)한.

subscritor *m.* ①기부자. 의연자(義捐者). ②구독자. 신입자. 응모자. 예약자. ③서명자.

subseção, subsecção *f.* ①일부 소부(小部). 소분(小分). 세분. ②분과(分課). ③[軍] 소분대(小分隊). (英軍) 포병분대.

subsecretário *m.* ①차관(次官). ②(소련) 제2서기. 차석서기.
subsecretário de Estado 국무차관.

subsecutivamente *adv.* 뒤이어. 계속하여.

subsecutivo *a.* 뒤이은. 계속되는.

subsequência *f.* 뒤(임). 다음(임). 뒤이어 일어남. 연속. 계속.

subsequente *a.* 후의. 그 후의. 다음의. 뒤이어 일어나는. 따라 일어나는.

subsequentemente *adv.* 뒤에 계속하여.

subserviência *f.* ①도움됨. 공헌. ②아첨. 비굴. 추종(追從). 추종정신.

subserviente *a.* ①도움이 되는. 공헌하는. ②아첨하는. 추종하는. 비굴한.

subsidiado *a.* 보조금(장려금)을 받은(받는).
— *m.* 장학생. 관비생(官費生).

subsidiar *v.t.* 조성금(助成金)을 주다. 보조금(장려금)을 주다.

subsidiàriamente *adv.* ①보조하여. 보조적으로. ②(증거 따위의) 보족(補足)으로서.

subsidiário *a.* ①보조(補助)의. 보조적. 보조하는. ②(증거 따위의)보족의. ③부업의. 제이의. ④조성금(助成金)의(에 의한).

subsídio *m.* 조성금. 보조금. 장려금. 《稀》실업수당.

subsinuoso *a.* 좀 꾸불꾸불한. 다소 만곡을 이룬.

subsistência *f.* ①생활. 생존. ②호구지책. 생계(生計). ③존재. 실재(實在). 실존(實存). 현존. ④양식(糧食).

subsistente *a.* ①생활하는. 생존하는. ②존재하는. 실재(실존)하는.

subsistir *v.i.* ①생존하다. 생활하다. 먹고 살다. 생명을 유지하다. 살아가다. 먹을 것을 얻다. ②존재하다. 남아 있다.
— *v.t.* 양식을 주다. 급양(給養)하다.

subsolano *m.* 동풍(東風).

subsolo *m.* ①[地質] 하층토(下層土). 지표 밑층의 흙. 밑 흙. ②《俗》움. 지하실.

subsónico *a.* 음속에 가까운. 음속 이하의.

substabelecer *v.t.* ①대치하다. 바꾸다. ② 대리시키다. 대위(代位)시키다.

substabelecimento *m.* ①대치하기. 바꾸기. ②대리지정(代理指定). 대위시키기.

substância *f.* 물질. 물(物). 물체. ②[哲] 실체(實體). 본체. 본질. [神] 신성(神性). ③요지. 대의(大意). 골자. ④실질. 내용. 속. 알맹이. ⑤양분. 자양분(滋養分). ⑥ (피륙 따위의) 바탕.
em substáncia 본질적으로. 사실상. 대체로.

substanciado *a.* 대의를 보이는. 요지를 든 골자를 추린. 요약한.

substancial *a.* ①실질의. 실체의. 실제로 존재하는. 참다운. ②실질적인. (음식 등) 먹을만한. 자양분이 있는. ③단단한. 속이 있는. ④중요한. (공헌 따위) 가치 있는. ⑤본질적. 사실상의(일치 따위).
— *m.* 본질. 요점. 요령. 식사 중의 주식품.

substancialidade *f.* 실재성(實在性). 실질 있음. 본체. 실질. 견고.

substancialismo *m.* [哲] 실체론(實體論). 본체론(本體論).

substancializar *v.t.* 실체화하다. 실체로 간주(看做)하다.

substancialmente *adv.* 대체로 요점은. 실질상. 충분히. 든든히.

substanciar *v.t.* ①자양분을 주다. 자양물로 키우다. ②세게(힘있게) 하다. 든든하게 하다. ③간략하다. 요약하다. 단축(생략)하다.

substancioso *a.* 자양분(滋養分)이 있는. 영양 가치가 많은.

substantificar *v.t.* 구체적으로 하다. 구체화(具體化)하다. 구체적 형식을 부여하다.

substantivação *f.* 명사로 만들기. 명사화하기. 명사로 쓰기.

substantivadamente *adv.* 명사로서. 명사화하기.

substantivado *a.* 명사로 된. 명사화한. 명사로 쓴.

substantivamente *adv.* 명사로서. 명사상(狀)으로.

substantivar *v.t.* 명사로 만들다. 명사로

하다. 명사로서 쓰다.
substantivo *a.* ①실재(實在)를 나타내는 실재적. ②독립의. 자립의. ③굳은. ④[文] 존재를 나타내는. 실명사(實名詞)의. 명사적. 명사로서 씌어진.
verbo substantivo. 존재동사(存在動詞).
— *m.* 실명사(實名詞). 명사.
substantivo obstrato 추상명사.
substantivo coletivo 집합명사.
substantivo comum 보통명사.
substantivo concreto 구상(具象)명사.
substantivo proprio 고유(固有)명사.
substantivo verbal 동명사(動名詞).
substantivo masculino 남성명사.
substantivo fermino 여성명사.
substatório *a.* 중지(中止)의. 정지(停止)의.
mandado substatório [法] 금지(강제) 명령. 훈령. 명령.
substentar *v.t.*《古》=*sustentar*.
substituição *f.* ①바꾸기. 바꿔놓기. 교체(交替). 교질(交迭). 대치(代値). 대리. 대용. [化] 치환(置換). ②대리를 내세우기. 대신(代身)을 두기.
substituido *a.* 바꾼. 바꿔 세운. 대신한. 대리로 된. 대치한. 대용(代用)으로 된.
— *m.* 교체된 사람. 대신(代身). 관직 따위의) 계승자.
substituinte *a.* 대리가 되는. 대신하는. 바꾸는. 대용하는.
— *m.* 대리인. 대신. 보결(자). 대용품.
substituir *v.t.* ①바꾸다. 대치하다. 갈다. 대용하다. ②대리시키다. 대신을 내세우다. ③[化] 치환(置換)하다. ④《古》상속인(相續人)을 바꾸다. 다른 사람을 상속자로 내세우다.
—**se** *v.pr.* ①대리하다. 대신하다. 대리자가 되다. ②대용품으로 되다.
substituível *a.* 바꿀 수 있는. 대용이 되는. 대치할 만한. 대리로 할 수 있는.
substitutivo *a.* 대용의. 대치(代置)의. 대리의. 대용이(대리가) 되는.
substituta *f.* 대리로 되는 여자. 대신 나선 여자.
substituto *a.* 대리의. 대신의. 대리가 되는.
— *m.* 대리인. 보결자(補缺者). 대용품.
substrato *m.* 하층(下層). 하층토. 밑의 흙. 토대(土臺). 기초. 근본.
subsrução *f.* 기초공사. 지형공사(地形工事). 토대. 기초.
substrutura *f.* 지하건축. 하부결구(下部結構).
subsulano *m.* =*subsolano*.
subtangente *f.* [數] 차절선(次切線).
subtendente *f.* [幾] 현(弦).
subtender *v.t.* [幾] (현·삼각형의 변의 호·각)에 대(對)하다.
subtensa *f.* [幾] 현(弦). 대변(對邊).
subtenso *a.* (*subtender* 의 과거분사).
linha subtensa [幾] 현.
subterfluente *a.* (…의) 밑에서 흐르는. (…의) 밑을 흐르는.
subterfúgio *m.* ①둔사(遁辭). 구실. 핑계. 궤변. ②속임(수). 협잡.
subterfugioso *a.* 둔사의. 구실의. 핑계의. 구실이 되는. 핑계하는.
subterfugir *v.i.* 둔사를 쓰다. 구실을 대다. 핑계하다. 속여서(입장을) 모면하려고 하다.
subterrâneo *a.* 땅 밑의. 지하의. 지중의. 숨은. 비밀의.
ferrovia subterrânea 지하철도.
estação subterrânea 지하철역(驛).
ensaio subterrâneo 지하실험.
— *m.*《俗》움. 지하실.
subtérreo *a.* =*subterrâneo*.
subtil *a.* =*sutil*.
subtileza, subtilidade *f.* =*sutileza*.
subtilizar *v.i.* =*sutilizar*.
subtipo *m.* 제2형(第二型). 제2류.
subtítulo *m.* ①작은 표제. 설명 제목. 부제(副題). ②(영화의) 설명 자막(字幕).
subtração *f.* ①덜기. 삭감. 공제(控除). ②[數] 감법(減法). 빼기. ③(공금 따위의) 사용(私用). 위탁금 소비(消費). 유용(流用).
subtractivo *a.* =*subtrativo*.
subtraendo *m.* [數] 감수(減數).
subtrair *v.t.* ①빼다. 덜다. 감하다. 공제하다. ②제하다. 제거하다. 빼버리다. ③(위탁금 따위를) 무단히 쓰다. 착복하다. 사용(私用)하다. 유용(流用)하다. 횡령하다.
—**se** *v.pr.* (…을) 멀리하다. (아무에게서) 달아나다. 몸을 피하다.
subtrativo *a.* 감하는. 빼는. 더는. 감법(減法)의. 마이너스(빼기) 부호가 달린.
subtropical *a.* 아열대(亞熱帶)의.
súbula *f.* 제화공(製靴工) 등의 송곳.

subulado *f.* [動·植] 추상(錐狀)의. 송곳 모양의. 뾰족한 끝이 있는.

suburbano *a.* 교외의. 교외에 사는. 시외의. 시외에 있는. 구석진. 변두리의.

subúrbio *m.* 교외(郊外). 시외(市外). 도시의 주변. 변두리. 도시의 인접지(隣接地).

subvenção *f.* 조성금(助成金). 보조금. 보호금. 장려금.

subvencionado *a.* 보조금(장려금)을 받은(받는).

subvencional *a.* 조성금의. 보조금의. 보조금(보조금·장려금)에 관한.

subvencionamento *m.* 조성금을 주기. 보조금을 주기.

subvencionar *v.t.* 조성금(보조금·장려금)을 주다.

subventâneo *a.* 생산 못하는. 생산이 안 되는. 결과가 없는.

subventral *a.* [動] 배 아래의. 복하(腹下)의. 배 아래에 있는.

subversão *f.* 뒤집기. 뒤집어 엎기. 파괴. 와해(瓦解). 멸망.

subversivo *a.* ①뒤집는. 전복하는. ②파괴하는. 타도하는. 멸망시키는. 파괴적인. ③반역적인.

subversor, subvertedor *a.* 뒤집어엎는. 전복하는. 파괴하는.
 ─ *m.* 뒤집어엎는 자. 전복하는 자. 파괴자.

subverter *v.t.* ①(종교·국가·국체·주의·도덕 따위를) 뒤집어엎다. 전복하다. ②파괴하다. 멸망시키다. ③침몰(沈沒)시키다.
 ─*se* *v.pr.* ①뒤집히다. 전복하다. ②파괴되다. 와해(瓦解)하다. ③가라앉다. 침몰하다.

subvertimento *m.* =*subversão*.

sucedâneo *a.* 바꿔 쓰는. 대용의. 대용(물)이 되는.
 ─ *m.* 대용물. 대용품. [醫] 대용약(代用藥).

suceder *v.t.* ①계속하다. 뒤에 오르다. 따르다. ②뒤를 잇다. ③계승하다. 상속하다. ④우발(偶發)하다. (…을) 초래하다. ⑤성공하다. 성취하다.
 ─ *v.i.*, ─*se* *v.pr.* ①계속하여 일어나다. 잇따라 발생하다. ②(아무의) 뒤를 잇다. 후임이 되다. ③계승하다. 상속하다. ④성공하다. (계획 따위) 잘 되어가다. ⑤번창하다.

sucedido *a.* (사건 등이) 일어난. 발생한. 우발한.
 ─ *m.* 발생사. 일어난 일.

sucedimento *m.* ①발생사. 사건. 사변. 생기는 일. 일어나는 일. ②연속(連續).

sucessão *f.* ①연속. 계속. 연속물. ②계승. 상속. ③계승권. 상속권. ④상속유산(相續遺産). ⑤상속순위(의 사람들).

sucessivamente *adv.* 연달아. 연속적으로. 계속해서. 계속적으로. 상속하여.

sucessível *a.* 상속(계승)할 수 있는. 상속 자격이 있는.

sucessivo *a.* ①연속하는. 연속적인. 계속적인. ②뒤를 잇는. 상속하는. 대(代)를 잇는. ③대대의. 역대(歷代)의.

sucesso *m.* ①일어난 일. 발생사. 사건. ②좋은 성질. 좋은 결과. 성공. 잘된 일.

sucessor *a.* 계속하는. 계승하는. 상속하는.
 ─ *m.* 후임. 후계자. 계승자. [法] 상속인.

sucessoral, sucessorial *a.* 상속의. 계승의. 상속(자)에 관한.

sucessorio *a.* ①상속의. 계승의. 후계의. 상속 순위의. ②연속적인. 대를 잇는.

súciar *f.* 악도. 갱. 깡패. 불량도배.

suciar *v.i.* 악도(불량배)와 어울리다. 불량자가 되다.

suciata *f.* 불량도배. 거리의 폭도. 악도의 떼.

sucino *m.* 호박(琥珀). 황(黃)호박.

sucintamente *adv.* 간단히. 간결하게. 짧게.

sucinto *a.* ①간결한. 간명한. 간략(簡略)한. ②짧은. ③작은 양의. 근소한.

sucio *m.* 방랑자. 부랑자. 돌팔이. 불량배. 무뢰한.

suco *m.* ①즙. 액(液). (동물질의) 고기즙. ②요지(要旨). 요점.
 suco de laranja 오렌지즙.
 suco gástrico 위액(胃液).

cucoso *a.* 즙이 많은. 다즙(多汁). 다즙질(質)의. 다액(多液)의. 다액질의. 수분이 많은.

súcudo *a.* (…의) 아래에 가로 누운. 덮어 씌우는 듯한.
 ─ *m.* 악몽(惡夢).

suculência *f.* ①즙이 많음. 다즙. 다액. ②취미(재미) 많은.

suculentamente *adv.* 즙이 많게.

suculento *a.* ①즙이 많은. 액이 많은. 수분이 많은. [植] 다즙(多汁)의. 다장(多漿)의. ②자양분이 많은. 지방(脂肪)이 많은. ③《轉》흥미진진한. 내용이 충실(充實)한.

sucumbido *a.* 기력을 잃은. 풀이 죽은. 낙담한. 의기소침(意氣銷沈)한.

sucumbir *v.i.* ①(+a 또는 *debaixo*). …에 굴복하다. 압도되다. 깔려 죽다. 기력을 잃다. 쓰러지다. 쓰러져 죽다.

sucuri, sucuriú *m.* =*sucuriuba*.

sucuriuba *m.* [動] 쑤꾸리(브라질산의 큰 뱀 길이 10미터에 달함).

sucursal *a.* 갈라진. 부속(附屬)된.
— *m.* 지부(支部). 분회(分會). 분가(分家). 지점(支店). 분점(分店). 출장소.

sucussão *f.* 진동(震動). 진탕(震盪).

sudação *f.* 땀 흘리기. 땀내기. [醫] 발한(發汗).

sudairo *m.*《古》=*sudário*.

sudâmina *f.* [醫] 한진(汗疹). 땀띠.

sudanês *a.* (아프리카 중북부의) 수단의.
— *m.* 수단 사람.

sudário *m.* ①시체를 싸는 천. 수의(壽衣). ②성 베로니카의 수건(성녀 베로니카(Veronica)가 형장에 끌려가는 예수의 얼굴을 수건으로 닦으니 그 초상이 수건에 나타났다고 함).
o santo sudário [聖] 예수의 머리를 싼 수건.

sudatório *a.* 땀나게 하는.
— *m.* 발한제(劑).

sudeste *a.*, *m.* =*sadeste*.

súdito *a.* (=*subdito*). ①복종하는. 예속하는. 속국의. 속관의. ②받는. 받기 쉬운. 입는. …되기 쉬운.
— *m.* 신하(臣下). 신민(臣民). 부하. 속관(屬官). 예속자.

sudoestada *f.* 남서풍. 남서에서 불어오는 강풍.

sudoeste *a.* 남서의. 남서쪽의. 남서에서 불어오는.
— *m.* ①남서(南西); 남서의 땅(나라). ②남서로부터 불어오는 바람. 남서풍.

sudoral *a.* 땀의. 땀에 관한.

sudorífero *a.* 땀내는. 발한성(發汗性)의. 발한작용의.

sudorífico *a.* 땀내는. 땀나게 하는. 발한성의.
— *m.* 발한약(發汗藥).

sudoríparo *a.* 땀을 내는. 땀이 생기는. 땀을 분비하는.

sudra *f.* [印度] 수드라(옛 힌두사회의 사성(四姓)의 최하층).

suécio *a.* =*sueco*.

sueco *a.* 스웨덴(사람)의. 스웨덴풍의.
— *m.* 스웨덴 사람(말).

sueste *a.* 남동의. 남동부의. 남동으로부터의. 남동에서 불어오는.
— *m.* ①남동(南東). 남동쪽. 남동부. 남동의 땅(나라). ②남동풍.

suéto *m.* ①(특히 학교의) 수업이 없는 날. 노는 날. 휴일. ②휴식(休息).

suficiência *f.* ①충분. 넉넉함. 흡족(洽足). ②《古》자격. 능력.

suficiente *a.* ①충분한. 넉넉한. 부유한. 흡족한. 자력(資力) 있는. ②《古》…할 (만한) 능력이 있는. 자격(기량)이 있는.

suficientemente *adv.* 충분히. 넉넉하게. 알맞게.

sufixar *v.t.* 접미사로서 붙이는. 끝에 붙이는.

sufixativo *a.* 접미사를 붙여 구성하는.

sufixo *m.* [文] 접미사(接尾辭). 접미어(~or, ~mento, ~vel, 따위).

sufocação *f.* ①숨막힘. 질식. 질식시키기. 질식사(室息死). ②종식(終息).

sufocado *a.* ①숨이 막힌. 질식한. 질식 상태인. ②숨이 답답한 숨 막힐 듯한. ③억압된. 진압된.

sufocador *a.* 숨 막히는. 질식시키는. 진압하는.
— *m.* ①숨 막히게 하는 것. 질식시키는 물건. 목 조르는 것. ②진압자.

sufocamento *m.* =*sufocação*.

sufocante *a.* 숨 막히는. 숨 막히게 하는. 질식시키는. 숨 막히는 듯한.

sufocar *v.t.* ①숨을 막다. 질식시키다. ②호흡을 곤란케 하다. 소리를 못 내게 하다. ③(불같은 것을) 끄다. 죽이다. ④(폭동·반란 등을) 진압(鎭壓)하다. 종식시키다.
— *v.i.*, ~*se* *v.pr.* ①숨이 막히다. 질식하다. ②종식(終熄)하다.

sufocativo *a.* 숨이 막힐 듯한. 질식할 듯한. 질식시키는.

sufragâneo *a.* ①보조의. 부(副)의. ②부감독의. 부교주의.
— *m.* 부감독. 감독보. 부주교(副主教).

sufrágar *v.t.* ①찬성 투표하다. 투표하여 지지하다. ②[宗] 대도(代禱)하다.

sufrágio *m.* 투표. 찬성투표. 찬성. 동의. 지지. ②선거권. 참정권. 선거. ③[宗] 대도(代禱). 응도(應禱). 죽은 사람의 명복을 빌기 위한 기도.
sufrágio universal 보통 선거권.

sufragista *m., f.* 선거론자. 참정권. 확장론자. (특히)부인 참정권론자.

sufumigação *f.* =*sufumígio*.
— *m.* ①훈연(燻煙). ②훈증소독(燻蒸消毒). ③분향(焚香).

sufusão *f.* ①가득함. 충일(充溢). 미만(瀰滿). ②(얼굴이) 확 빨개지기. 홍조(紅潮).
sufusão de sangue 피하일혈(皮下溢血).

sugação *f.* ①빨기. 빨아들이기. 젖을 빨음. ②한 번 빨기. 한 모금. 한 입.

sugado *a.* ①빤. 빨아들인. 흡수한. ②착취당한. 빼앗긴.

sugadoiro *m.* =*sugadouro*.

sugador *a.* ①빠는. 빨아들이는. 들이키는. 흡수하는. ②착취하는. 짜내는.
— *m.* 빠는 사람(물건). 흡수자. [動] 빨판. 흡반(吸盤). [植] 흡지(吸枝). [機] (펌프의) 피스톤 물이 빨아 올리는 파이프.

sugadouro *m.* (벌레의) 빠는 주둥이. 흡취(吸嘴).

sugar *v.t.* ①빨다. 빨아들이다. 홀짝거리다. ②핥다. 핥아 먹다. ③흡수하다. 흡취(吸取)하다. ④착취하다.
— *v.i.* 젖을 빨다.

sugerido *a.* 권유한. 권고한. 시사한. 암시한.

sugeridor *a.* 권유하는. 권고하는. 시사(示唆)하는. 암시하는.
— *m.* 권유자(勸誘者). 권고자. 종용자(慫慂者). 암시자(暗示者). 시사하는 사람.

sugerir *v.t.* ①권고하다. 권유하다. 종용(慫慂)하다. 참고될 말을 하다. ②제의하다. 제안하다. 제시하다. 건의하다. ③암시하다. 시사하다. 넌지시 비치다. 힌트를 주다. ④생각나게 하다. 연상시키다.

sugestão *f.* ①권고. 권유. 종용(慫慂). ②제의. 제안. 건의. 훈수. ③시사(示唆). 암시. 힌트. 말눈치. ④생각나게 하기. 연상시키기.

sugestibilidade *f.* 암시할 수 있음. 피암시성. 암시 가능성.

sugestionar *v.t.* ①권고하다. 권유하다. ②제의하다. 제안하다. 건의하다. ③시사하다. 암시하다. 힌트를 주다.

sugestionável, sugestível *a.* 권고(권유)할 수 있는. 시사(암시)할 만한. 최면술의 암시에 걸리기 쉬운.

sugestivo *a.* ①권유의. 권고의. ②암시적. 시사적. ③생각나게 하는. 연상시키는. ④최면술의. 암시의.

sugelação *f.* [醫] 자반(紫斑). 혈반(血斑). 피하일혈(皮下溢血). 사반(死斑).

suíças *f.(pl.)* ①구레나룻. 볼에 난 수염. ②(고양이 따위의) 수염. (새의) 주둥이 둘레의 털.

suicida *a.* 자살의. 자살적인. 자멸적인. 자살용(用).
— *m., f.* 자살자.

suicidar-se *v.pr.* ①자살하다. 자멸하다. ②자살(자멸)을 기도하다.

suicídio *m.* 자살(自殺).

suíco *a.* 스위스의. 스위스 사람(말)의. 스위스식의.
— *m.* 스위스 사람. 스위스 말(특히 스위스의 독일말).

suídeos *m.(pl.)* 돼지과(豚科).

suinamente *adv.* 돼지처럼 더럽게.

suinicida *m.* ①돼지를 죽임. 살돈(殺豚). ②돼지를 죽이는 사람.

suinicídio *m.* 돼지를 죽이기.

suíno *a.* ①돼지의. 돈류의. ②돼지같은.
— *m.* 돼지. 돈류(豚類).

suinofobia *f.* 돼지를 싫어함.

suinofobo *m.* 돼지를 싫어하는 사람.

Suissa *f.* ①=*suíças*. ②스위스(나라).

suísso *a., m.* =*suíço*.

sujamente *adv.* 더럽게. 불결하게. (행실 따위) 추잡하게. 비열하게.

sujar *v.t.* ①더럽히다. 때를 묻히다. 불결하게 하다. ②오손(汚損)하다.
— *v.i.*, —*se* *v.pr.* ①더러워지다. 때가 묻다. 불결해지다. ②스스로 (자기 이름을) 더럽히다. 추잡한 행위를 하다. ③(아이가) 오줌(똥)을 누다.

sujeição *f.* ①정복. 복종. 좌우되기. ②예속. 종속.

sujeira *f.* ①더러움. 불결. 때. ②부정. 추행. (관리의) 부정행위. 독직(瀆職).
fazer uma sujeira 부정행위를 하다.

sujeita *f.* (*sujeito*의 여성형). 어떤 여인.

그 여자. 계집.

sujeitador *a., m.* 복종시키는 (자). 예속시키는 (자). 종속시키는 (자).

sujeitar *v.t.* (…에) 따르게 하다. 복종시키다. 예속시키다. 굴복하게 하다. (…을) 달게 하다.
— *v.i.*, —*se v.pr.* 복종하다. 인종(忍從)하다.

sujeitável *a.* 복종(굴복)시킬 수 있는. 종속(예속)할 수 있는.

sujeito *a.* ①복종하는. 예속하는. 지배되고 있는. ②(…에) 따르는. 순종하여 받는. 받기 쉬운. 입는. …되기 쉬운. ③(…을) 해야 할. (…의) 의무가 있는. 책임있는. ④(…에) 해당하는(벌・공로 따위). (…에) 처해야 할. (…을) 면할 수 없는.
— *m.* ①[文] 주어(主語). 임자말. 주부(主部). ②[哲] 주관. 자아. 실체. 물자체(物自體). ③[議] 주위(主位). 주사(主辭). ④[樂] 테마. 악제(樂題). 음악의 주제. ⑤연제(演題). 주제. 제목. ⑥어떤 사람. 특정한 인물. 녀석. …치.

sujeitorio *m.* 보잘것없는 사람.

sujidade *f.* ①더러움. 불결. ②오물(汚物). 똥.

sujo *a.* ①더러운. 불결한. 때묻은. ②(길 따위의) 진창인. 흙탕의. ③(행실 따위) 나쁜. 추잡한. 비열한. ④(말씨 따위) 상스러운. 음탕한. ⑤(빛깔 따위) 지저분한. ⑥(직무상) 부정(不正)의. 부정한.

sul *a.* ①남쪽의. ②남부의. 남국의. 남쪽 지방의. 남쪽에 있는. 남쪽으로부터.
— *m.* ①남(南). ②남쪽. 남방(南方). 남부. 남국. ③남풍(南風).

sulano *m.* 남쪽에서 불어오는 바람. 남풍.

sulaventear *v.i.* [海] 바람이 불어가는 쪽으로 항행하다.

sulavento *m.* =*sotavento*.

sulcado *a.* 고랑이 된. 이랑을 지은. 보습을 댄.

sulcador *a.* ①고랑을 내는. 이랑을 짓는. 이랑을 일구는. ②(배가 바다를) 횡단하는. (배가 바다에) 지나간 자취(航蹟)를 남기는. ③주름살 잡히게 하는.

sulcar *v.t.* (=*surcar*). ①고랑을 만들다. 이랑을 만들다. 이랑을 내다. 이랑을 일구다. 보습을 대다. ②(배가) 항적(航蹟)을 일으키다. 파도를 일으키며 항행하다. ③주름살지게 하다.

sulco *m.* ①고랑. 이랑. 보습자리. ②배 지나간 자리. 항적. ③(도랑같이) 길게 파인 곳. 수렛바퀴 자리. ④(얼굴의) 깊은 주름살.
sulcos (*pl.*) 많은 주름살.

suleiro *a., m.* =*sulista*.

sulfanilamida *f.* [藥] 설파닐라마이드(화농성(化膿性) 질병의 특효약).

sulfatado *a.* 황과 화합한. 황화(黃化)한.

sulfatagem *f.* 황산용액(黃酸溶液)에 적시기(담그기).

sulfatar *v.t.* 황산용액에 적시다(담그다).

sulfatização *f.* 황산염화(黃酸鹽化).

sulfatizar *v.t.* 황산염화하다.

sulfato *m.* [化] 황산염.
sulfato mercúrio 황화수은. 진사(辰砂).
sulfato de sódio 황산나트륨. 황산소다.
sulfato de magnesio 황산마그네슘.

sulfêto *m.* [化] 황화물.

sulfito *m.* [化] 아(亞)황산염.

sulfo '황'의 뜻을 나타내는 복합형.

sulfonal *m.* 설퍼날(일종의 수면제 또는 마취제).

súlfur, súlfure *m.* 황(黃: 기호 S).

sulfuração *f.* 황과 화합하기. 황화. 황으로 그슬리기. 황표백.

sulfurador *m.* 황표백기. 황훈증기(燻蒸器).

sulfurar *v.t.* 황을 섞다. 황화하다. 황으로 그슬리다(표백하다). 황으로 처리하다.

sulfúreo *a.* 함(질)의. 황 모양의. 황 냄새 나는. [植] 황색의.
ácido sulfúreo [化] 아황산.

sulfuretar *v.t.* 황화물을 넣다(타다).

sulfureto *m.* [化] 황화물(黃化物).

sulfúrico *a.* [化] 황의. 황을 많이 포함한.
ácido sulfúrico 황산.

sulfurino *a.* 황색의.

sulfuroso *a.* =*sulfúreo*.

sulista *a.* (특히 브라질) 남쪽의. 남부(지방)의. 남부 여러 주의(에 사는).
— *m., f.* (브라질의) 남부 제주(諸州)의 주민. (넓은 뜻으로) 남쪽 사람. 남방인(南方人).

sultana *f.* ①회교국의 왕비・황녀(皇女)・황자매・황태후. ②살탄의 첩. 소실.

sultanado, sultanato *m. sultão*의 지위(영토・치하(治下)).

sultanear *v.i.* 회교국의 왕(살탄)처럼 생활하다.

sultanesco *a.* 회교국(특히 터키)왕의. 살탄

sultanina *f.* (소(小)아시아산의) 일종의 포도.

sultão *m.* ①회교국의 군주. (특히) 터키 황제. 술탄. ②전횡적인 왕. 많은 첩 또는 소실을 가지고 있는 왕.

sulvento *m.* 남풍(南風).

suma *f.* ①개요. 경개(梗概). 요지(要旨). 적요(摘要). 일람. ②총수. ③본질(本質). 실질(實質).
em suma 요약하여. 짧게. 총괄적으로. 결국. 필경.

sumaca *f.* ①쌍돛 있는 짐배. 화물 운반용. 이장범선(二檣帆船). ②작은 어선(漁船).

sumagral *m. sumagre*의 숲.

sumagrar *v.t.* 수막의 건조한 잎 또는 분말로 물들이다.

sumagre *m.* 《英》*sumac. sumach.* [植] ①거먕옻나무·붉나무 무리의 수목. ②(남유럽산의) 수막의 건조한 잎 또는 그 분말(製皮用 및 染料).

sumamente *adv.* ①요약하여. 개괄적으로. 총괄적으로. ②몹시. 대단히. 극도로.

sumarento *a.* 즙이 많은. 다즙(多汁)의. 다액(多液)의. 수분이 많은.

sumariamente *adv.* 요약하여. 간략하여. 짧게. [法] 약식(略式)으로. 즉석에서. 즉결로. 당장에.

sumariar *v.t.* 요약하다. 간단히 말하다. 줄이다. 약언(約言)하다.

sumário *a.* ①요약한. 적요의. ②약식의. 즉결의.
— *m.* 요약. 개략(槪略). 개요. 적요(摘要). 약설(略說). 《稀》약식재판(略式裁判).

sumaúma, sumaumeira *f.* [植] 카폭. 팡야(씨를 싸고 있는 솜. 이불 따위의 속재료로 쓰임).

sumergir *v.t.* =*submergir.*

sumição, sumiço *m.* ①보이지 않음. 없어짐. 소실(消失). 실종(失踪). ②자취를 감춤. 숨기.

sumidade *f.* ①꼭대기. 절정. ②극점(極點). 극치. ③[數] 정점. 모서리. ④《俗》대단한 인물. 대가. 명인. 명수(名手).

sumidiço *a.* 없어지기 쉬운. 소실하기 쉬운.

sumido *a.* ①없어진. 사라진. 소실한. ②숨은. 잠복한. ③가라앉은. ④낮은. 쑥들어간. 움푹한. ⑤잘 안 보이는. 잘 안 들리는.
olhos sumidos 움푹 들어간 눈.
falar com voz sumida 간신히 들리는 목소리로 이야기하다.

sumidouro *m.* ①(물 따위) 흘러 들어가는 곳. 배수구(排水溝). 하수암거(下水暗渠). ②자주 물건이 없어지는 곳. ③돈이 잘 소비되는 곳. ④금전상 지출이 제일 많은 곳 또는 그 원인.

sumidura *f.* 소실(消失). 소멸. 실종.

sumilher *m.* 《古》궁궐(宮闕)의 배종(陪從). 옥좌계(玉座係).

sumir *v.t.* ①(…을) 잃다. 소멸하다. 없어지게 하다. ②감추다. ③가라앉히다.
— *v.i.,* —*se v.pr.* ①사라지다. 없어지다. 소실하다. ②자취를 감추다. [法] 실종(失踪)하다. ③숨다. ④깊은 곳에 떨어지다. 가라앉다.
Suma-se! 가! 없어져랏!
A voz vai-se sumindo. 목소리가 점점 낮아진다(약해간다).

sumo (1) *a.* 가장 높은. 최상의. 최고의. 지상(至上)의. 정상의. 무상(無上)의. 절대의. 극도의. 제일 중요한.
sumo pontífice 로마 법황.
sumo sacerdote 고승(高僧). (특히 옛 유태의) 주승(主僧).
— *m.* 꼭대기. 정상(頂上). 최고점. 최고도. 지상(至上).
— (2) *m.* 즙(汁). 액(液). (특히) 과일의 즙.

sumpção *f.* =*sunção.*

sumpto *m.* =*sunto.*

sumptuário *a.* =*suntuário.*

sumptuosidade *f.* =*suntussidade.*

sumptuoso *a.* =*suntuoso.*

súmula *f.* ①단축. 생략(省略). ②발췌(拔萃). 개략. 대요. 경개(梗概).

suna *f.* 회교경전추록(回敎經典追錄).

sunga *f.* 유아용(幼兒用) 짧은 바지.

sungar *v.t.* 위로 끌어 올리다. 홱 끌어 올리다.
— *v.i.* 위로 올라가다. 끌려 올라가다.

sunita *m., f.* 회교도의 일파.

sunto *m.* (많은) 비용. 경비.

suntuário *a.* 사치(奢侈)스러운. 사치에 관한. 사치를 단속하는. 절검(節儉)의.
lei suntuária 사치취체법령.
imposto suntuário 사치품세(稅).

suntuosamente *adv.* 사치하게. 사치스럽

게. 호화하게.
suntuosidade *f*. 사치(스러움). 화사(華奢). 호화.
suntuoso *a*. ①사치한. 사치스러운. 화사한. ③호화한. 화려한. 장려한.
suor *m*. ①땀. 흐르는 땀. 유한(流汗). 발한(發汗). ②《俗》막심한 고생. 노고. 힘드는 일. 《比喩》피땀. 피땀 흘려 얻은 것.
com o suor do seu rosto 막심한 고생을 치르고.
supedâneo *m*. ①(신 신을 때) 발 올려 놓는 대. ②발판(자동차·전차 따위의).
supeditar *v.t*. 공급하다 조달하다.
super *pref*. '(이)상'·'과도'·'극도'·'초월'의 뜻.
superabundância *f*. ①여분. 과잉(過剩). 잉여. 과다(過多).
superabundante *a*. 퍽 많은. 남아 있는. 과다한. 과잉의. 잉여의.
superabundantemente *adv*. 퍽 많게. 남아나게. 넘칠 정도로. 여분으로.
superabundar *v.i*. 퍽 많이 있다. 너무 많이 남다. 넘쳐나다. 충일(充溢)하다.
superacidez *f*. 지나치게 신. 과도로 산분(酸分)이 많음.
superácido *a*. 너무 신. 지나치게 산분이 많은.
superando *a*. 극복하는. 극복해야 할. 극복하지 않으면 안 될.
superante *a*. ①초월하는. 능가하는. 빼어난. ②우수한. 우월한. 유리한.
superaquecer *v.t*. 너무 뜨겁게 하다. 과열시키다.
— *v.i*., —*se* *v.pr*. 너무 뜨거워지다. 과열하다.
superaquecido *a*. 너무 뜨거운. 과열한.
superaquecimento *m*. 너무 뜨겁게 하기. 과열.
superar *v.i*., *v.t*. ①(곤란·고난 등에) 이겨내다. 극복하다. (애로 따위를) 타파하다. ②(…을) 초월하다. 초과하다. 능가하다. ③빼어나다.
superatividade *f*. 과도의 활동. 초활약(超活躍).
superável *a*. 이겨낼 수 있는. 극복할 만한. 초과(능가)할 수 있는.
superavit *m*. 나머지. 여분. [商] 과잉. 잉여금.
superbíssimo *a*. (*soberbo*의 최상급). 아주 거만한. 매우 오만한.
superbomba *f*. 초폭탄. 수소폭탄.
superciliar *a*. ①눈썹의. 눈썹에 관한. ②건방진. 우쭐하는. 거만한. 존대한.
superílio *m*. 눈썹.
supercilioso *a*. ①눈썹이 많은. 눈썹이 시꺼먼. ②엄한. 엄격한.
supercivilizado *a*. 문명이(문화가) 고도로 발달한.
superelegante *a*. 아주 우아한. 대단히 우미한.
superelevação *f*. 가장 높게 하기. 최고도로 높이기.
supereminência *f*. ①(지위·명성 따위) 가장 높음. 최고위(最高位). 최우수. ②아주 뚜렷이 나타남. 발군(拔群). 탁출(卓出).
supereminente *a*. ①가장 높은. 최상의. 제일 우수한. ②아주 빼어난. 뚜렷이 나타나는. 탁출한.
supererogação *a*. ①여분으로 근무하기. 더 하는 일. 적선(積善).
superexcitação *f*. 지나친 자극. 과도의 흥분.
superexcitante *a*. 너무 자극하는. 과도로 흥분하는.
superexcreção *a*. 과도의 분비(分泌).
superfetação *f*. 잉태(孕胎) 후의 재수태(再受胎). 이기복임신(異期複姙娠)(이란 이상(二卵以上)이 시기(時期)를 두고 다시 수태하는 것).
superfeter *v.i*. 잉태 후 두 번째 수태하다.
superficia *f*. =*superfície*.
superficial *a*. ①표면의. 표면상의. 표면에 있는. ②면적의. 평방(平方)의. ③표면만 아는. 표면뿐인. 피상적인. 천박한. 천학(淺學).
superficialidade *f*. ①표면적임. 피상(皮相). ②천박(淺薄). 천학(淺學). ③천박한 사물.
superficialmente *adv*. 표면적으로. 피상적으로. 천박하게. 얕게.
superfície *f*. ①표면. 외면. 외관(外觀). 거죽. ②[幾] 면(面). 면적. ③천박. 천학.
superfície da terra 지구의 표면.
superfino *a*. ①[商] 극상의. 최고의. 최상의. ②지나치게 점잖빼는.
superfluamente *adv*. 여분으로. 필요 이상으로. 불필요로. 쓸데없이.

superfluidade *f.* 여분. 나머지. 과다(過多). 필요 이상. (보통) 쓸데없는 것. 없어도 될 물건. 사족(蛇足).

supérfluo *a.* ①남는. 남아 돌아가는. 여분의. ②쓸데없는. 불필요한. 없어도 될.
— *m.* ①남는 것. 여분. ②필요 없는 것. 없어도 무방한 것.

superfosfato *m.* [化] 과인산염(過燐酸鹽). 과인산비료.

super-homem *m.* 초인(超人).

superhumano *a.* 초인적. 사람의 짓이 아닌. 신의 짓인.

superimpregnação *f.* = *superfetação*.

superintendência *f.* 감독권. 관리권. 감독자의 지위・일.

superintendente *a.* 감독하는. 관리하는.
— *m.* ①감독자. 관리자. 지배인. 주재자(主宰者). ②장관. 부장국장. 원장. ③교장. 창장(廠長). 소장.

superintender *v.t.*, *v.i.* 감독하다. 관리하다. 주재(主宰)하다. 지배하다. 지휘하다.

superior *a.* ①(…보다 더) 위의. 상급의. 상관의. 상위의. 고급의. ②보다 나은. 더 훌륭한. 우수한. ③상류. ④[植] 악(萼) 위에 있는. 자방(子房) 위에 있는. 상생(上生)의.
escola superior 중등학교. 상급학교. 고등학교.
— *m.* ①빼어난 사람. (성적 등) 우수한 사람. 보다 잘 아는 사람. ②상관(上官). 손윗사람. 선배. 어른. ③수도원장.

superiora *f.* 수녀원장. 여수도원장.

superirato *m.* [宗] 수도원장의 지위.

superioridade *f.* ①우수함. 우월함. ②우등. 우세. ③윗자리. 상위(上位). 우위(優位). 상급. 상수(上手).

superiormente *adv.* ①빼어나서. 우세하게. 탁월하여. ②위에. 높이.

superativação *f.* 최상으로 하기. [文] 최상급으로 하기.

superlativamente *adv.* 최상으로. 최고로. 가장 높게.

superlativo *a.* ①최고(도)의. 최상의. (아름다움 등). 무쌍한. ②[文] 최상급의.
— *m.* [文] 최상급(最上級).

superlotado *a.* (기차・버스 따위) 정원 이상으로 너무 많이 태운. 초만원인.

superlotar *v.t.* (비좁은 곳에) 사람을 너무 많이 들여보내다. 정원이 훨씬 넘게 태우다. 초만원되게 하다.

supermercado *m.* (대규모) 식료 잡화상점.

supernacional *a.* 초국가적(인).

supernacionalissmo *m.* 초국가주의(超國家主義). 세계인류주의.

supernal *a.* ①《詩・修》 하늘(위)의. 신(神)의. ②위의. 높은.

supernatural *a.* 초자연의. 불가사의한. 신의 일인. 신통한.

supernaturalidade *f.* 초자연(超自然). 초자연성.

superno *a.* = *supernal*.

supernormal *a.* 비범한. 비상한.

supernumerário *a.* 정원(定員) 외의. 정원 이상의. 여분의.
— *m.* ①정원 외의 사람. 과잉물. ②임시 고용.

supernutrição *f.* 영양과다(營養過多).

súpero *a.* 위의. 상부(上部)의. 상위(上位)의.
súpero-anterior 전면상부(前面上部)의.
súpero-exterior 외면(外面) 상부의.
súpero-interior 내면(內面) 상부의.
súpero-posterior 후면(內面) 상부의.

superorgánico *a.* 초유기적(超有機的)인. 형이상(形而上)의. 정신적.

superoxidação *f.* [化] 산화과도(酸化過度).

superpopulação *f.* 인구 과잉. 인구 과다(過多).

superpopular *v.t.* 인구가 과잉하게 되다.

superpor *v.t.* 위에 놓다. 겹쳐 놓다. 포개 놓다. 중첩되게 하다. 겹쳐 쌓다.

superposição *f.* 겹쳐 놓기. 중첩(重疊). 누적(累積).

superpotencial *a.* 초강대한. 초강력한.
— *m.* 초강대국.

superprodução *f.* 생산과잉. 생산과다.

superrimo *a.* = *supremo*.

supersecreção *f.* 분비과다(分泌過多).

supersensível *a.* 초(超)감각의. 오관(五官)으로는 감지(감득)할 수 없는. 영적(靈的)인.

supersônico *a.* 초음속의. 초음파의.

superstição *f.* ①미신. 미신적 습관(행위). 맹목적 신앙. ②《稀》 사교(邪敎). 이교. ③지나치게 꼼꼼함. 사소한 것에 너무 마음을 씀.

supersticiosamente *adv.* 미신적으로.

supersticiosidade *f.* 미신적임. 미신에 사

로 잡혀 있음.
supersticioso *a.* ①미신적인. 미신에 사로잡힌. ②지나치게 걱정하는. (사소한 일에) 너무 마음을 쓰는.
— *m.* 미신가(迷信家).
superstrutura *f.* ①상부구조(上部構造). 상부공사. 상부건축. ②선로상(線路上)의 시설공사. ③배의 주갑판(主甲板) 이상의 부분.
supervacâneo, supervacuo *a.* 여분의. 과잉(過剩)의. 쓸데없는.
supervenção, superveniência *f.* 이어서 생김. 같이 생김. 첨가. 부수(附隨).
superveniente *a.* ①이어서 생기는. 뒤따라 일어나는. 같이 일어나는. 아울러 일어나는. ②부수의.
supervivência *f.* = *sobrevivência*.
supervivente *a.* = *sobrevivente*.
supetão *m.* (*de*를 선행시켜 씀).
de supetão 불시에. 갑자기. 돌연히.
supi *m.* (아마존 지역의) 새의 일종.
supimpa *a.* 아주 좋은. 최상의.
supinação *f.* ①[生理] 반장(反掌). ②뒤로 눕기. 반듯이 눕기.
supinador *a.* [生理] 반장의.
— *m.* [解] 회후근(廻後筋).
supino (1) *m.* ①뒤로 누운. 반듯이 누운. ②게으른. 구접스러운.
— (2) *m.* (라틴 文法)(과거분사간(幹)에서 만들어진) 동사상 명사. 동명사.
suplantação *f.* ①(특히 등관·출세 등 함에 있어서 모략 또는 음험한 수단으로) 타인을 짓밟고 올라서기. 젖혀내고 대신하기. 밀어 넘어뜨리고 대신 들어앉기. ②남을 초월하기. 빼어내기. ③유린. 극복.
suplantador *a., m.* 짓밟는 자. 짓밟고 올라서는 자. 젖혀내고 대신하는 자. 비상수단으로 자리를 빼앗는 자.
suplantar *v.t.* ①짓밟다. 밀어 넘어뜨리다. ②(모략 또는 음험한 수단으로) 대신 들어앉다. 젖혀내고 대신하다. ③(불법수단으로) 내어 쫓다.
suplenentar, suplementário *a.* 추가의. 보충의. 부록의. 보유(補遺). [數] 보각(補角)의. 보각호(弧)의. [解] 부(副)의. 부수의.
suplemento *m.* 추가(追加). 보충. 부록(附錄). 보철(補綴). 증간(增刊). 보유(補遺). [數] 보각(補角).

suplente *a.* 보태는. 추가하는. 보충하는. 보결하는. 대치하는.
— *m.* ①보충 인원. 보결자(補缺者). ②보조자.
supletivo, supletório *a.* 보충의. 추가의. 보족(補足)의. [文] (어위) 보충의.
súplica *f.* ①간청(懇請). 애원. 탄원. [宗] (공개적인) 기도. 기원(祈願). ②탄원서. 청원서.
suplicação *f.* 간청하기. 애원하기. 탄원하기. 청원(請願)하기. [宗] (공개적인) 기도. 기원.
suplicado *m.* [法] 피고.
suplicamento *m.* = *suplicação*.
suplicante *a.* ①애원(탄원)하는. 갈망하는. ②새삼스레 부탁하는 듯한. 매달리는 듯한.
— *m.* ①간청자. 애원자. 탄원자. ②[法] 원고(原告).
suplicar *v.t.* 간청하다. 간원하다. 진실히 원하다. 울며 매달리다. 애원하다.
suplicativo *a.* 간원적(懇願的). 애원적. 탄원적.
suplicatório *a.* 간원의. 애원의. 탄원의. 간원(애원·탄원)하는.
súplice *a.* 간절히 바라는(비는). 애원하는. 탄원하는. 울며 매달리는.
supliciado *a.* ①육체적 고통을 받은. 고문당한. 체형(體刑) 받은. ②(사형에) 집행된.
— *m.* ①고문당한 자. 체형 받은 사. (사형에) 집행된 자.
supliciador *a., m.* ①육체적 고통을 가하는 (자). 고문하는 (자). (형(刑)을) 집행하는 (자).
supliciante *a.* 처형하는. 체형(體刑)하는. 고문하는.
supliciar *v.t.* ①육체적으로 큰 고통을 주다. 고문하다. ②체형하다. (사형을) 집행하다.
suplício *m.* ①육체적 고통. 고문. ②체형. 처형(處刑). (사형)집행.
último suplício 사형(死刑).
supontar *v.t.* 점선(點線)으로 말소(抹消)하다.(글자를).
supor *v.t.* ①상상하다. 가정하다. 추측하다. 추정하다. 억측하다. ②만약 …하면. …이면 어떨까.
suportação *f.* ①버티기. 견디기. 인내. 참음. ②지탱(支撐).

suportador *m.* 지지자. 뒷바라지.

suportar *v.t.* ①버티다. ②유지하다. 지속하다. ③견디어내다. 참다. ④힘을 돋우다. 기운내게 하다. ⑤지지하다. 후원하다. ⑥(재정적으로) 원조하다. 부양하다.

suportável *a.* ①견딜 만한. 참을 수 있는. 인내해야 할. 지지(지탱)할 수 있는.

suporte *m.* [建] 버팀 기둥. 지주(支柱). 지지물. [電] (전기) 스탠드.

suposição *f.* ①상상. 추측. 가정. 가설. 억측. 억단(臆斷). ②거짓. 위조(僞造).
é apenas uma suposição 가설(추측)에 지나지 않는다.

suposit ício *a.* ①상상의. 가정의. 추정의. 추측(상)의. ②거짓의. 가짜의. 속여서 바꾼.

supositivo *a.* 상상의. 상상적인. 가정의. 가설의. 억측의.

supositório *m.* [醫] 좌약(坐藥).

suposto *a.* (*supor* 의 과거분사). ①생각되고 있던. 상상한. 가정한. 억측한. ②거짓의. ③…라고 하는. …라고 가정되는.
suposto que 가령 …이라 치고. 가령 …라 할지라도.
— *m.* 상상적인 것. 가정적인 것.

supra *pref.* '위의'·'위에'·'앞에'·'초월'의 뜻.

supracitado *a.* (위에) 이미 기록한. 상기(上記)한. 상술(上述)한.

supradito *a.* (앞에) 이미 말한. 이미 언급한. 상술한.

suprajuraico, suprajurassico *a.* [地] 쥬라기층(層) 위의.

supralunar *a.* 달(月) 위에 있는. 달 위의.

supramundano *a.* 이 세상 밖의. 속세를 초월한.

supranacional *a.* 초(超)국가적인.

supranatural *a.* 자연(自然) 외의. 초자연의.

supranaturalismo *m.* 초자연주의. 초자연론(超自然論).

supranaturalista *m.f.* 초자연론자.

supranaturalmente *adv.* 초자연적으로.

supranumerado *a.* 이미 계산한. 앞에 계상(計上)한.

supranumerário *a.* 정원(定員) 외의. 정수(定數) 외의. 예비의.
— *m.* 정원 외의 사람. 보결자(補缺者). 객원(客員).

suplarenal *a.* [解] 부신(副腎)의.

supra-sensível *a.* 감각이상(感覺以上)의. 초감각적인. 오관(五官)이 미치지 못하는.

supra-sumo *m.* 최고점. 최고도. 극점.

supraterraneo *a.* 땅 위의. 땅 위에 있는. 지상에서 이루어지는. 지구 표면에 관한.

supratorácico *a.* 가슴 위의(에 있는). [解] 흉상(胸上)의.

supremacia *f.* ①최고. 지상(至上). 지존(至尊). 무상(無上). 최고위. ②주권. 대권(大權). 최고권한. 최상권. 패권(覇權).

supremamente *adv.* 지상으로. 극히. 주권을 장악하여.

supremo *a.* ①최고의. 무상(無上)의. 지상(至上)의. 주권을 가진. ②절대(絶大)의. 극도의. 가장 중요한. ③신(神)의.
o poder supremo 최상권. 통치권.
o chefe supremo da nação 국가의 원수(元首). 대통령.
o momento supremo 또는 *a hora suprema* 가장 중요한 고비. 최종적인 순간.
— *m.* 대법원. 최고재판소.

supressão *f.* ①억압. 진압. 억제. ②제거. 삭제(削除). ③폐지. 금지. (특히 책 따위의) 판매금지. ④[醫] 폐지(閉止).

supressivo *a.* ①억누르는. 억제하는. 눌러두는. ②제거하는. 삭제하는. ③폐지하는. 금지하는. ④[醫] (피 따위 흘러들어오는 것을) 막는. 폐지(閉止)하는.

supresso *a.* = *suprimido*.

supressor *a.* = *supressivo*.
— *m.* 억압자. 억제자. 제거하는 자. 삭제하는 자. (피 따위를 흘러나오는 것을) 막는 사람.

supridor *a.* 보태는. 보충하는. 보족(補足)하는.
— *m.* ①(모자라는 것을) 보태는 사람. (부족되는 것을) 보충하는 사람. ②공급자.

suprimento *m.* ①보태기. 보충. 보족. 보결(補缺).

suprimido *a.* ①제거한. 생략한. 삭제한. ②폐지된. 금지된.

suprimir *v.t.* ①빼버리다. 제거하다. 생략하다. 삭제하다. ②폐지하다. ③(책 따위의) 판매금지하다. ④억압하다. 진압하다. 억제하다. (신음·하품·감정 등을) (참아서) 억누르다.

suprir *v.i.*, *v.t.* ①(모자라는 것을) 보태

다. (부족을) 보충하다. 채워 넣다. 보족(補足)하다. ②공급하다. 보급하다. (필요를) 충족하다. (수요에) 응하다. ③…의 대리를 하다(시키다).

suprível *a*. ①보텔 수 있는. 보충(보정)할 수 있는. ②공급(보급)할 수 있는.

supuração *f*. 곪음. 화농(化膿). 고름. 고름이 나오기.

supurado *a*. 곪은. 화농한.

supurante *a*. 곪는. 곪기 시작하는. 곪아가는. 고름이 있는. 곪게 하는.

supurar *v.i*. 곪다. 곪아터지다. 고름이 나오다.

supurativo *a*. 곪는; 화농하는. 곪게 하는. 화농성의. 고름이 나게 하는. 고름을 짜는.
— *m*. 빨리 곪게 하는 약. 고름을 빨아내는 약.

supuratório *a*. = *supurativo*.

suputação *f*. 계산(計算).

suptar *v.t*. (수량을) 세다. 계산하다.

sura (1) *f*. 야자의 열매에서 뽑은 수액(樹液). 발효된 액즙(液汁).
— (2) *f*. [解] 장딴지(腓).

sural *a*. 장딴지의.

surcar *v.t*. = *sulcar*.

surdamente *adv*. 소리없이. 소리를 안 내고 말없이. 비밀히. 은밀히.

surdear *v.i*. 귀가 먼 체하는. 들리지 않는 체하는. 귀머거리 흉내를 내다.

surdesconte *a*. 귀가 멀 정도로.

surdez *f*. ①귀먹음. 듣지 못함. ②귀를 기울이지 않음.

surdimudez *f*. = *surdo-mudez*.

surdimutismo *m*. 농아(聾啞)임. 듣지도 못하고 말도 못함.

surdina *f*. [樂] (현악기의) 약음기(弱音器). (피아노의) 단음(斷音)장치.
à surdina 또는 *pela surdina* 소리 안 나게 잠자코. 은밀히.

surdir *v.i*. ①튀어나오다. 불쑥 나타나다. 갑자기 떠오르다. ②(물이) 내뿜다. 뿜어나오다. 용출하다. ③발생하다. 일어나다.

surdista *a., m*. 구조선(救助船)의 승무원.

surdo *a*. ①귀가 먼. 귀머거리의. 귀가 안 들리는. 잘 들리지 않는. ②소리 없는. 잠잠한. ③숨은. 음밀(陰密)한. ④들으려 하지 않는. 못 듣는 체하는.
— *m*. 귀먼 사람. 귀머거리. 농자(聾者).

Surdo bom uma portha. 조금도 듣지 못하는 귀머거리다.

surda-mudo *m*. 농아자.

surgente *a*. 나타내는. 출현하는. 뜨는. 떠오르는. 일어나는.

surgidoro *m*. 정박소(碇泊所).

surgir (1) *v.i*. ①떠오르다. 뜨다. (시야에) 나타나다. 출현하다. 윤곽이 보이다. ②(문제 따위) 생기다. (일 따위) 발생하다. (어떤 구상에) 머리에 떠오르다.
— (2) *v.i*. (배가) 정박하다. 닻을 내리다.

suri *a*. ①꼬리 없는. 무미(無尾)의. ②(셔츠 따위) 소매 없는. 자락이 없는.

súrio *a*. = *suro*.

suro *a*. 꼬리 없는. 꼬리를 짧게 자른.

surpreendente *a*. ①놀라운. 놀랄 만한. 놀라게 하는. ②의외의. 뜻밖의.

surpreendentemente *adv*. 놀라서. 경악하여. 의외에도. 뜻밖에. 생각지 않게.

supreender *v.t*. ①(깜짝)놀라게 하다. 경악하게 하다. 의외로 생각게 하다. ②기습하여 점령하다. 불시에 치다. 방심한 데를 습격하다. ③가로채다. 빼앗다. ④속이다.

supreendido *a*. ①놀란. 깜짝 놀란. 경악한. ②불의의 습격당한. 불시에 얻어 맞은. ③갑자기. 빼앗긴. 가로챈. ④속은. 기만당한.

surprêsa *f*. ①놀람. 깜짝 놀라기. ②불시에 치기. 기습(奇襲). ③놀라운 사건(보도). 의외의 일(선물).

surprêso *a*. ①놀란. 깜짝 놀란. 경악한. 경악(驚愕)한. 놀라운. ②불시에 친(맞은). 기습당한.

surra *f*. 힘있게 치기. 강타.

surrado *a*. ①(옷 따위) 닳아 해진. 입어서 낡은. 처진. 헤져서 실밥이 보이는. 남루한. 초라한. ②진부한. 케케묵은.《稀》 훔친 좀도둑질한.

surrador *a., m*. ①두드리는 사람. 치는 사람. ②가죽을 만드는 사람. 무두장이. 제혁자(製革者).

surramento *m*. 가죽을 만들기. 무두질(하는 법). 제혁.

surrão *m*. ①목자(牧者)가 가지고 다니는 일종의 가죽주머니. 염낭. ②다 떨어진 의복. 낡고 더러운 옷.

surrar *v.t*. ①치다. 때리다. 매질하다.

②가죽을 (두들겨) 만들다. 무두질하다.
—**se** *v.pr.* (옷 따위) 처지다. 닳아 해지다. 낡아빠지다.
surrate *m.* =*sorrelfa*.
surratear *v.t.* 훔치다.
surrateiro *a.* ①남몰래. 살짝. 감쪽같이. 암중비약하는. ②교활한. 엉큼한.
surrealismo *m.* 초현실주의(超現實主義).
surrealista *m.*, *f.* 초현실주의자.
surrelfa *f.* =*sorrelfa*.
surriada *f.* ①발포(發砲). 일제사격. ②(저주·욕설·질문 등의) 연발. 고함지르며 욕하는 소리.
surriba *f.* [農] 토양을 깊이 파기. (특히) 나무(樹木)의 뿌리 주변의 땅을 파헤치고 잘 고르기.
surribar *v.t.* [農] 토양(土壤)을 깊이 파헤치다. (특히) 나무의 뿌리 주변의 땅을 파고 잘 고르다.
surripiar, suprripilhar *v.t.* ①《俗》훔치다. 좀도둑질하다. ②(돈을) 속여서 빼앗다.
surro *m.* ①때. (얼굴·손·발의) 불결. 더러움. ②추행. 부정.
surtida *f.* (=*sortida*). [軍] (특히 성 안으로부터의) 출격. 돌격. (농성군(籠城軍)의) 출격. 역습(逆襲).
surtir *v.t.* (…을) 초래하다. (…을) 발생시키다. (…을) 낳게 하다.
— *v.i.* ①…으로 되다. …의 결과가 되다. …의 결과를 가져오다. ②번영하다. 번창하다. 잘 되어가다. 성공하다.
surto (1) *a.* (*surgir*의 불규칙 과거분사). (배가) 정박해 있는. 닻을 내리고 있는.
— (2) *m.* 일약(一躍). (비약적) 발전. 향상.
suru *a.* [鳥] 꼬리 없는.
surubi, surubim *m.* (브라질산의) 비늘 없는 민물고기(無鮮淡水魚)의 일종.
surucuá *m.* [鳥] (아마존 지방의) 반금류(攀禽類)의 일종.
surucucú *f.* [動] 쑤루꾸꾸우(브라질산의 독사(毒蛇)의 일종. 맹독 있는 살모사).
surucucutinga, surucutinga *f.* [動] 독사의 일종. 쑤루꾸꾸우류.
surucura *f.* 자위과(紫葳科)의 식물.
suruquá *m.* [鳥] =*surucuá*.
sururina *f.* [鳥] 티나무우(남아메리카산의 메추리 비슷한 새).
sururu *m.*《俗》법석. 소동. 논쟁. 싸움.

sururuca *f.* 눈이 거칠은 체의 일종.
sururucar *v.t.* *sururuca*로 체질하다.
sus *interj.* (기운 돋우거나 격려(激勵)할 때의 말) 기운내라!
suscetibilidade *f.* ①민감. (예민한) 감수성. 감동하기 쉬움. 감염(感染)하기 쉬움. 적성(適性). ②신경과민. 성급함. 자주 골냄. ③[電] 자화율(磁化率).
suscetibilizar *v.t.* 기분을 건드리다. 골나게 하다. 약올리다. 화나게 하다.
—**se** *v.pr.* 기분이 상하다. 약오르다. 골나다. 성나다.
suscetível *a.* ①느끼기 쉬운. 민감(敏感)한. (영향을) 받기 쉬운. 감염하기 쉬운. ②감정적인. 다정다감한. ③성마른. 곧잘 성내는. 자주 노하는.
suscitação *f.* ①활기 띠게 하기. 격려(激勵). 고무(鼓舞). 장려. ②진기(振起). 진작(振作). ③선동(扇動). 교사(敎唆).
suscitador *a.*, *m.* ①활기 띠게 하는 (사람). 기운나게 하는 (사람). 격려자. 장려자. ②선동자. 고무자.
suscitamento *m.* =*suscitação*.
suscitar *v.t.* ①활기 띠게 하다. 기운나게 하다. 격려하다. 장려하다. 분기(奮起)시키다. 고무하다. ②선동하다. 교사하다. ③야기(若起)하다. 출현(出現)하게 하다.
suserania *f.* 종주권(宗主權). 제후·패왕·종주·영주의 지위(권력).
suserano *m.* ①영주(領主). 제후(諸侯). 패왕(霸王). 종주(宗主). ②종주국.
— *a.* 종주의. 영주의. 군주의.
susino *a.* [植] 나리의. 백합(百合)의. 에서 빼낸.
— *m.* 백합향수(百合香水).
suspeição *f.* 혐의(嫌疑). 의심. 미심. 수상. 불신(不信). 불심(不審).
suspeita *f.* 의심스러움. 수상함. 혐의. 시의(猜疑).
lançar supeita sobre …에 혐의를 걸다. …을 의심하다.
preso por suspeita 혐의에 의한 체포.
suspeitador *a.*, *m.* 의심하는 (사람). (…을) 수상히 여기는 (사람). 의아(疑芽)하게 생각하는 (사람).
suspeitar *v.t.* ①…이 아닌가 하고 생각하다. 혐의를 두다. 의심쩍게 여기다. 수상히 여기다. 위험시하다. 믿지 못하다. 시의(猜疑)하다.

— (+*de*). ①혐의를 두다. 의심하다. 의아하게 생각하다. ②잘못 생각하다. 믿지 못하다.
suspeito *a*. ①의심스러운. 미심한. 의심깊은. 용의(容疑)의. ②믿을 수 없는. 안심할 수 없는. ③혐의를 일으키는. 마땅히 의심받는. 수상한.
— *m*. 혐의자. 용의자. 주요인물.
suspeitosamente *adv*. 의심을 품고. 의심스럽게. 수상하게. 계적지근하게.
suspeitoso *a*. 의심스러운. 수상한. 미심한. 혐의를 일으키는.《卑》계적지근한.
suspender *v.t.* ①매달다. 걸다. ②중지하다. 일시 정지하다. 보류하다. ③유통(流通)을 일시 중지하다. (교통 따위) 두절케 하다. 일시 금지하다. 직권행사를 못하게 하다. (잠시) 특권 정지를 하다. ⑤(+*prra*). (…까지) 연기하다.
— **se** *v.pr.* ①매달리다. 걸리다. ②멈추다. 정지하다. 지불을 정지하다.
suspensão *f*. ①매달기. 걸리기. 현수(懸垂). ②부유(浮遊). 부표(浮漂). ③미결(정). 어중간. ④정직(停職). 정학(停學). ⑤중지. 중단. 두절(杜絶). ⑥지불정치. ⑦[醫] 오관폐지(五官閉止). 정신혼미(精神昏迷). ⑧[文] 중지(中止). 생략. ⑨[化] (용액 중의) 부유물(浮遊物). 부유상태. 현부(懸浮). ⑩[樂] 유시(休止). ⑪[가톨릭] 성직정지.
suspensão de armas 무력행사의 중지. 휴전.
manter em suspensão (현재의) 중절 상태 또는 현수(懸垂) 상태를 유지하다.
suspensivo *a*. ①미결정의. 불안한. 미심한. 확실치 못한. ②중지하는. 휴지하는. 멈춘. ③[法] 정지의. ④[文] 중지의. 생략의.
suspenso *a*. (*suspender*의 과거분사). ①매달린. 매달아 늘어뜨린. 내려뜨리운. 걸린. ③정지의. 중지의. 중지적인. ④미결정의. ⑤불안정한.
ponte suspensa 조교(吊橋).
— *m*. ①미정. 어중간. 미결(未決). ②[法] 정지(停止). 정권(停權).
suspensor *a*., *m*. 매다는 것. 걸어 매는 붕대.
suspensório *a*. ①매다는. 매달아 늘어뜨린. 내려뜨린. ②매달기 위한.
— *m*. 현수근(懸垂筋). 인대(靭帶). 걸어 매는 붕대(擧上繃帶).

suspensórios (*pl*.) 바지의 멜빵.
suspicácia *f*. 의심스러움. 미심함. 수상함. 의혹. 의구(疑懼). 불심(不審).
suspicaz *a*. 의심스러운. 미심한. 수상한. 불심한. 의혹자. 의구의.
suspirado *a*. 열망하는. 동경하는. 몹시 사모하는. (…을) 몹시 그리는.
suspirador *a*., *m*. 한숨 쉬는 (사람). 탄식하는 (자).
suspirante *a*. ①한숨 쉬는. 탄식하는. 동경하는. 그리는. 열망하는.
suspirar *v.t.* 한숨 쉬며 말하다. 탄식하며 이야기하다. ②(…을) 사모하다. 탄식하다. (…을) 그리다.
— *v.i.* ①한숨 쉬다. 탄식하다. ②《詩》(바람이) 산들산들 불다.
suspirar por …을 사모하다. …을 그리워하다. …을 열망하다.
suspiro *m*. ①한숨. 탄식. 한탄. ②(상심에 의한) 신음. ③(몹시 사모하는 것. 동경. 열망. ④(통(桶) 따위의) 바람구멍. ⑤설탕과 달걀의 흰자위로 만든 일종의 과자. ⑥[植] 채꽃속(屬).
dar último suspiro 마지막 숨을 거두다. 죽다.
suspiroso *a*. ①한숨 쉬는. 탄식하는. 한탄스러운. 슬픈. ②몹시 사모하는. 그리워하는. 갈망(열망)하는.
sussuarana *f*. [動] ①*onça*의 일종. ②(맹독이 있는) 일종의 독사.
sussudoeste *m*., *a*. 남남서(南南西)(의).
sussueste *m*., *a*. 남남동(南南東)(의).
sussurração *f*. =*sussurro*.
sussurrador *a*. ①살랑살랑 소리내는. ②속삭이는. 귓속말하는. 중얼거리는.
— *m*. 속삭거리는 사람. 낮은 소리로 말하는 사람. 귓속말하는 사람.
sussurrante *a*. (물결·잎 등이) 살랑살랑 소리내는. 옷 스치는 소리나는 ; (사람이) 중얼거리는. 속삭이는.
sussurrar *v.i.* ①(물결·잎 등이) 살랑거리다. 소리내고 소용돌이치며 흐르다. ②(사람이) 가는 소리로 말하다. 속삭이다. 중얼거리다.
sussurro *m*. ①(물결·잎 등의) 살랑거림. 살랑거리는 소리. 소리를 내고 소용돌이치며 흐름. ②[醫] 잡음. ③속삭임. 속삭이는 말. 중얼거리기.
sussurroso *a*. ①살랑거리는. 살랑살랑 소

susta *f.* (가구쟁이·소목장이·석공(石工) 등이 쓰는) 각도자. 측각기(測角器).

sustache *f.m.* (특히 군복에 다는) 장식줄. 여러 가지 실의 합사(장식용의).

sustância *f.* =*sustância*.

sustar *v.t.* ①멈추다. ②중지하다. 정지하다. 그만두다.
— *v.i.* ①멎다. 멈추어서다. 정지하다. ②(운전이) 멎다. ③그치다. 중지하다. 쉬다. 그만두다.

sustatório *a.* ①멈추게 하는. 정지시키는. 중지시키는. ②멎는. 정차하는. 정지하는.

sustedor *a.* 저지하는. 유지하는.

sustenido *m.* [樂] 사분음정(四分音程). 올림표.

sustentação *f.* ①생계(生計). 살림살이. ②부양(扶養). ③유지(維持). 지지. ④부조(扶助). 옹호.

sustentáculo *m.* ①버티기. 지탱. 유지. 지지. ②지주(支柱). 버팀기둥. ③옹호. 보호.

sustentador *a.* ①버티는. 지탱하는. 지지하는. 유지하는. ②부양하는. ③부조하는.
— *m.* ①지지자. 유지자. ②부양자(扶養者). ③옹호자.

sustentamento *m.* =*sustentação*.

sustentante *a.* =*sustentador*.

sustentar *v.t.* ①괴다. 버티다. ②(떨어지지 않도록) 받들다. 추켜 들다. ③(어떤 무게 또는 부담에) 견디다. 참다. ④(노력·인내 등을) 지속하다. ⑤(공격을) 막아내다. 저항하다. 지탱하다. ⑥(입장을) 고수하다. 옹호하다. ⑦(생계를) 유지하다. (식구들을) 부양하다. 양식을 대다. ⑧(생명을) 유지하다.
—*se v.pr.* ①스스로의 생계를 유지해 나가다. ②자기의 입장을 지키다. 고수하다. ③넘어가지 않도록 스스로 몸을 유지하다. ④현상을 지속해 나가다.

sustentável *a.* 지지(유지)할 수 있는. 지탱할만한. 견딜 수 있는. 지속할만한. 부양할 수 있는.

sustento *m.* ①생계(生計). 살림살이. 의 유지. ②생활을 유지하는 원천. 먹을 것. 양식. ③지지. 유지. 지탱. 오래 견딤. 지속.

suster *v.t.* ①괴다. 버티다. ②견디어내다. 참다. ③지탱하다. ④유지하다. 지지하다. ⑤(적의 공격을)막아내다. 저항하다. ⑥(입장을) 고수하다. ⑦(노력·인내 등을) 지속하다. 오래 끌다.
—*se v.pr.* ①멎다. 멈추다. 멈추어 서다. ②견디다. 인내하다. ③현상태(現狀態)를 유지해 나가다. ④확고부동하다.

sustimento *m.* =*sustinência*.
— *f.* ①버티기. 지탱하기. 유지하기. ②유지비(維持費).

susto *m.* 깜짝 놀람. 경악. 순간적인 공포. *Que susto!* (아이고) 깜짝이야! (몹시 놀랐을 때 하는 소리) 깜짝아!

su-sudoeste *m.*, *a.* =*sussudoeste*.

su-sueste *m.*, *a.* =*sussueste*.

sutil *a.* ①아주 가는. 가느다란. 극히 세밀한. 미세(微細)한. 섬세(纖細)한. ②예민한. 예리한. 날카로운. ③미묘(微妙)한. 교묘(巧妙)한. 정교(精巧)한. ④포착하기 어려운. 알기 어려운. ⑤교활한. 내흉한. 안심 못한. ⑥《古》희박한. (공기 따위) 엷게 퍼지는.

sútil *a.* 꿰맨. 꿰매 합친. 합쳐 꿰맨. 봉합(縫合)한.

sutileza, sutildade *f.* ①예민. 민감. ②세밀한 구별. 미세(微細). 섬세(纖細). ③미묘. 교묘. 정교. 불가사의. 알기 어려움. ④교활. 음흉.

sutilização *f.* ①세밀한 구별. ②정묘(미묘)하게 하기. 정밀하게 하기. ③엷게 하기. 희박하게 하기.

sutilizador *m.* ①세밀히 구별하는 사람. ②정묘(미묘)하게 하는 사람. 엷게(희박하게)하는 사람.

sutilizar *v.t.* ①세밀하게 구별 짓다. ②정묘(교묘)하게 하다. 고상하게 하다. ③엷게 하다. 희박하게 하다. ④미세(섬세)하게 하다. ⑤깜쪽같이 훔치다.
— *v.i.* 세밀하게 구별 짓다. 치밀(致密)하게 생각하다. 상세히 논하다.

sutura *f.* ①꿰맨 줄. 꿰맨 선(특히 두 개(頭蓋)의). ②[生物] 꿰매어 합침. 봉합(縫合). ③[解] 꿰매 합친 부분. 꿰매 데. ④[醫] 상처를 꿰매어 붙임 ; 꿰매는 실. ⑤[植] (과각(果殼)의) 봉선(縫線). ⑥각(角)을 재는(또는 표하는) 일종의 기구.

sutural *a.* 꿰맨 솔기의. 꿰맨 자리의. 꿰맨 줄 위에 있는. [解] 꿰매는. 꿰매어 붙이는. [植] 봉선(縫線)의.

suturar *v.t.* (상처를) 꿰매다. 꿰매어 붙이다.
suxar *v.t.* ①늦추다. 이완(地緩)하다. 완화하다. ②(묶인 것을) 풀다. 풀어 놓다.

suxo *a.* 《古》늦춘. 느슨한. 이완한. 완화한.

T, t *m.* ①포르투갈어 자모의 열아홉 번째 글자. ②T꼴의 물건. T자꼴의 것. T자형의 자(尺).

ta 간접 목적격으로서의 *te*와 직접 목적격으로 된 *la*의 결합형.

tá (1) *interj.* 멈춧! 그만! 그만해! 그만둬! 삼가하라! 쉿!
— (2) *está*의 와전적(訛傳的) 용법.
tá bom! = *está bom!* 좋다!

taba *f.* 브라질 인디언(土人)의 집.

tabacal *m.* 담배밭.
— *a.* 담배의.

tabacaria *f.* 담배가게.

tabacino *a.* 담배의. 담배에 관한. 담배에 기인하는.

tabaco *m.* ①[植] (식물로서의) 담배(가지과(茄子科)의 1년생 재배식물). ②(피우는) 담배(잎을 말려서 만든 살담배·잎담배·권련(卷煙) 등의 통틀어 일컬음).
tabaco em pó (가루담배). 코담배.
tabaco em rolo (돼지꼬리 모양으로) 길게 꿇은 검은 담배.
tabaco fino 좋은 담배. 상등 연초.
tabaco forte 독한 담배.
tabaco fraco 약한 담배. 심심한 연초.
tabaco ordinário 거칠은 담배. 하등 연초.
bolsa de tabaco 살담배 쌈지.

tabagismo, tabajismo *m.* 지나치게 담배 피우기. 니코틴 중독.

tabaque *m.* (인디언들의) 손으로 치는 북.

tabaqueação *f.* ①살담배(권련)를 피우기. ②코담배를 맡기.

tabaquear *v.i.* ①담배를 피우다. 흡연하다. ②코담배를 맡다.
— *v.t.* (담배를) 피우다.

tabaqueira *f.* ①담배쌈지. ②코담배갑.
tabaqueiras (*pl.*) 콧구멍.

tabaqueiro *a.* 담배의. 담배를 피우는(데 쓰는). 흡연(용)의.
— *m.* 담배 피우는 사람. 끽연가(喫煙家).

tabaquista *m., f.* 담배를 많이 피우는 사람. 담배를 몹시 즐겨 피우는 사람. 담배를 늘 입에 물고 있는 사람.

tabardilha *f.* 작은 *tabardo*.

tabardilho *m.* 점상열(點狀熱: 피부에 반점이 생기는 것이 특징임).

tabardo *m.* [史] 중세 빈민들의 투박한 외투. 문장(紋章) 붙은 기사의 겉옷(갑옷 위에 입음).

tabaréu *m.* ①경험이 없는 사람. 미숙련 직공. 훈련 못받은 병사. ②풋나기. 얼간이. 꼴찌. ③버릇없는 인간. 야인(野人).

tabatinga *f.* 벽에 칠하는 일종의 진흙(粘土).

tabe *f.* = *tabes*.

tabefe *m.* ①유장(乳漿): 치즈 만들 때 응유(凝乳)를 걷고난 물). ②우유에 설탕과 계란을 탄 것. ③《俗》뺨을 치기. 손바닥으로 치기.

tabela *f.* ①표(表). ②목록(表). 일람표. 요금표. 운임표. 세금표. ③게시판(揭示板). ④당구대의 쿠션.
tabela de preços 정가표. 가격표.
tabela de descontos 할인(割引) 일람표.
tabela de juros 이자표(利子表).
vender à tabela 정가표대로 팔다.
por tabela 간접적으로. 완곡하게.

tabelamento *m.* ①물가표를 만들기. ②물가통제.

tabelar (1) *a.* 표의. 표(表)로 된.
— (2) *v.t.* ①물가표를 만들다. ②물가를 통제하다. 조절하다.

tabeliado *m.* = *tabelionado*.

tabelião *m.* 공증인(公證人).

tabeliar *v.i.* 공증인의 직무를 수행하다.

tabelioa (1) *a.* (글씨 따위) 굵고 서투른. 잘못 쓴.
letra tabelioa 잘 쓰지 못한 글씨. 졸필(拙筆). 악필(惡筆).
— (2) *f.* 공증인의 처(妻). 여자공증인.

tabelionado, tabelionato *m.* 공증인의 직무(職務).

tabelionar *a.* 공증인의. 공증인에 의한. 공증인에 관한.

tabelionático *a.* 공증인의 사무(직분)에 관한.

tabelionesco *a.* 《輕蔑》공증인의.

taberna *f.* 선술집. 주막. 빠. 불결한 음식점. 여인숙.

tabernáculo *m.* ①막(幕). 천막. [聖] 이동성전(移動聖殿: 유태인이 광야를 방황할 때의). ②유태신전(神殿). 예배당. 《때로 輕蔑》(비국교파(非國敎派)의) 회당(會堂). ③거처. 《比喩》(영혼이 일시 머무르는 집으로서의) 신체. ④궤(櫃). 성궤(聖

tabernal *a.* ①선술집의. 주막의. 빠의. 음식점의. 여인숙의. ②깨끗하지 못한. 불결한.

tabernário *a.* 선술집의. 선술집 주인의.

taberneira *f.* ①선술집의 여주인. 빠의 마담. ②불결한 여인.

taberneiro *m.* ①선술집(주막) 주인. 빠의 주인. ②불결한 사람.

tabernola, tabernoria *f.* 하등 선술집. 하등 음식점. 깨끗하지 못한 선술집.

tabes *f.* ①[醫] 운동실조(運動失調). 보행(步行)실조. 노중(癆症). ②만성적 쇠약. 야윔.

tabescente *a.* 썩은. 부패상태에 있는.

tabi *m.* 물결(줄)무늬 비단의 일종.

tabidez *f.* ①몹시 야윔. 극도의 쇠약. ②부패상태.

tábido *a.* ①아주 쇠약한. 말라빠진. ②썩은.

tabífico *a.* 썩게 하는. 부패하게 하는.

tabique *m.* ①나무로 만든. 칸막이. 격벽(隔壁). ②얇은 벽돌담. ③수숫대 따위로 엮어 만든 울타리.

tabizar *v.t.* (비단에) 물결(줄)무늬를 넣다.

tabla (1) *a.* 얇고 납작한. 편평(偏平)한.
diamante tabla 납작한 다이아몬드.
— (2) 얇은 판지. 박판(薄板).

tablado *m.* ①(건축장의) 발판. 비계. ②(극장의) 무대. ③관람석.

tablha *f.* 당구대의 쿠션.

taboa *f.* [植] (브라질산) 속새. 부들.

taboca (1) *f.* [植] 대. 대속(竹屬).
— (2) *f.* [蟲] 개미의 일종.
— (3) *f.* 속이기. 기만. 실망케 하기.

tabocal *m.* [植] 대밭.

taboeira *f.* 발육이 나쁜 식물.

tábu *m.* ①(polynesia 사람들 사이의) 금기(禁忌). 금단(禁斷). 금기하는 말. ②교체금지. 추방. ③(일반으로) 금제(禁制). 금령(禁令).

tabu (1) *m.* 정제하지 않은 설탕. 조당(粗糖).
— (2) *m.* [植] 부들속(蒲屬).

tábua *f.* ①널빤지. 판자. ②(장기의) 판. 반(盤). 목판(木板). (게시하는) 판(板). ③두껍고 단단한 종이. ④표(表). 목록. ⑤식탁(食卓). (회의의) 탁자. ⑥말목의 (두) 측면(側面). ⑦구혼(求婚) 또는 청혼을 거절하기.
tábua de multiplicação 구구표.
tábua de logaritmos 대수표(對數表).
tábua de mármore 석판(石板).
tábua de salvação ①[海] 비상용 큰 닻. 부묘(副錨: 중부 갑판의 바깥 쪽에 걸어 놓음). ②《轉》최후의 희망. 마지막으로 의지할 것.
tábua de lavar roupa 빨래판.

tabuada *f.* ①목록. 목차. ②[數] 구구표. 사칙표(四則表).

tabuado *m.* ①마루. 마루판. ②많은 널빤지.

tabual *m.* [植] 속새 많은 곳. 부들밭.

tabuão *m.* 두꺼운 널빤지. 큰(大型) 판자.

tabuinha *f.* 얇은 널빤지. 작은(小型) 판자.
salvar-se numa tabuinha 큰 위험을 간신히 면하다. 겨우 살아나다.

tábula *f.* ①얇은 금속판. ②얇은 널빤지. 작은 판자조각.

tabulado *m.* ①판자로 만든 울타리. 판벽(板壁). 널판지로 만든 간막이. ②마루. 마루판.

tabulageiro *m.* 노름집 주인. 도박장 관리인.

tabulagem *f.* 노름집. 도박장.

tabular *a.* ①평판 모양의. 얇은 판자로 된. ②표(表)의. 표로 한.

tabulário *a.* 목조(木彫)의. 목판(木版)의. 목판조각의.

tabuleiro *m.* ①쟁반. 춤이 얕은 그릇. ②장기판. 바둑판. ③넓은 뚜껑(廣蓋). ④화단(花壇). ⑤(계단의) 층계참.
《英》*landing place*.
tabuleiro de chá (차(茶)를 나르는) 쟁반.
tabuleiro de xadrez 장기판.

tabuleta *f.* ①글 쓴 패쪽. 작은 간판. 게시판. 지시판. ②(상품의) 진열대. 진열상(陳列箱).

taca (1) *f.* 가죽띠. 가죽끈. 채찍끈.
— (2) *f.* 세게 치기. 강타. 타격(打擊).
— (3) *f.* [植] 칡의 일종. 갈분(葛粉).

taça *f.* 받침 달린 잔(금속 또는 유리로 만든). 배(盃). 컵. (경기 등의 상으로 되는) 우승배(컵). 《詩》술잔.

tacaceas *f.(pl.)* [植] 칡류. 단자엽(單子葉) 식물.

tacada *f.* [撞球] 큐로 한 번 치기.

taçada *f.* 컵(*taca*)에 가득한 분량. 한 잔 가득.

taçado *a.* 《卑》술에 취한.

tacahamaca, tacamaca *f.* 타카마학 수지(樹脂: 열대산 수목에서 짜내는 방향(芳香) 수지). 그 수지를 산출하는 나무.

tacamagueiro *m.* [植] 타카마학 나무.

tacanhamente *adv.* ①마음이 좁게. 인색하게. ②교활하게. 엉큼하게.

tacanharia *f.* ①마음이 작음(좁음). ②인색(吝嗇). ③교활함. 엉큼함.

tacanhear *v.i.* ①마음을 크게 쓰지 못하다. 소소(小小)하다. 자질구레하다. ②몹시 아끼다. 인색하다. ③엉큼하게 행동하다.

tacanhez, tacanheza *f.* ①마음이 작음. 협량. 인색함. 허욕(虛慾). 탐욕. ③야비함. 각박(刻薄)함. ④교활함. 엉큼함.

tacanhice *f.* ①마음이 좁게 처리하기. ②인색한 처사. 야박한(각박)한 행실.

tacanho *a.* ①마음이 좁은(작은). 협량한. ②돈을 몹시 아끼는. 인색한. ③엉큼한. 교활한.

tacaniça *f.* [建] 처마.

tacão *m.* ①(신발의) 뒤축. ②몸집이(체구가) 작은 사람. ③집(극장 등에서) 발구르며 떠드는 것.
— *a.* 마음이 작은. 인색한. 소소한.

tacapaço *m. tacape*의 큰 것.

tacape *m.* (아메리카 인디언이 무기로 쓰는) 곤봉.

tacar *v.t.* ①(무기·손 따위를) 재빠르게 휘두르다. (칼 따위를) 내젓다. ②치다.

taceira *f.* (특히 금·은 세공품의) 진열대(陳列臺). 진열창.

tacha (1) *f.* 흠. 결점. 오점(汚点).
— (2) *f.* (머리가) 납작한 못. 압정(壓釘). 장식못. 치장못. 《俗》이(齒) 치아.
— (3) *f.* 제당소(製糖所)에서 쓰는 넓고 얕은 그릇. 일종의 큰 냄비.

tachada *f.* ①큰 냄비(*tacha*) 하나 가득한 분량. ②《卑》통음(痛飮). 술에 취함.

tachador *a., m.* 남의 흠집만 잡는 (사람). 남의 결점을 들어 비난하는 (사람).

tachão (1) *m.* 큰 압정(壓釘). 큰 장식 못.
— (2) *m.* 대형(大形) 냄비.

tachar *v.t.* ①타인의 결함을 찾다. 결함 만 들어 비난하다. ②(…라고) 특징짓다.
—se *v.pr.* 술에 취하다. 명정(酩酊)하다.

tachear *v.t.* (머리가) 납작한 못을 박다. 압정을 꽂다.

tacheiro *m.* 제당소(製糖所)의 조수. 제당 노동자

tachinha (*tacha* (2)의 지소어). 작은 압정. 작은 장식못.

tacho *m.* ①(금속제 또는 토제의) 넓고 얕은 냄비. ②프라이팬.

tachonado *a.* 장식못(치장못)을 박은. 압정을 꽂은.

tachonar *v.t.* 장식못(치장못)을 박다. 압정을 꽂다.

taci *m.* 암초(暗礁).

tacitamente *adv.* 말없이. 잠자코. 암암리에.

tacitifluo *a.* 소리없이 흐르는. 잔잔히 흐르는.

tácito *a.* ①무언(無言)의. 말없는. 암묵(暗黙)의. (말은 없어도) 어딘가 나타나는. ②(방 따위) 조용한. (환경이) 잠잠한. 《詩》소리없는. 정적(靜寂)한.

taciturnamente *adv.* 말없이. 잠자코.

taciturnidade *f.* 말없음. 무언(無言). 과묵(寡黙).

taciturno *a.* 말없는. 무언의. 과묵한. 조용한.

taco (1) *m.* ①[撞球] 큐. ②틀어막는 것. 나무마개. (배 밑의) 물구멍마개. ②[軍] 총구멍마개. 화문(火門)마개. ④(노동자들의 곁두리(빵과 치즈 또는 베이컨 따위의 간편한 것).
— (2) *m.* 용감한 사람. 대담한 사람.
— (3) *m.* 작은 조각. 소편(小片).

tacografo *m.* 자동유속기록기(自動流速記錄機).

tacometria *f.* 회전속도측정법. 유속측정법.

tacómetro *m.* 회전속도계(回轉速度計). (혈액·물줄기·자동차 따위의) 유속계(流速計).

tactear *v.t.* = *tatear*.

táctica *f. táctico a., m.* = *tática, tático*.

táctil *a. tactilidade*.
— *f.* = *tátil, tatilidade*.

tacto *m.* = *tato*.

tacuara *f.* = *taquara*.

tacuaral *m.* = *taquaral*.

tacuaré *m.* [植] (브라질 동북부지방의) 밤나무의 일종.

tacuira *f.* [蟲] 작은 개미의 일종.

tacurú *m.* 개미집. 개미둑. 의탑(蟻塔).

taçuru *m.* [蟲] 벼룩의 일종(발가락 사이에 기생).

tacuruzal *m.* 개미둑이 많은 곳. 곳곳에 의탑이 있는 곳.

tael *m.* 중국의 옛 은화(銀貨). 량(兩).

tafetá *m.* 호박단(琥珀緞)(의천).
tafetá de inglanerra 또는 *tafetá ingles* 반창고(絆瘡膏).

tafiá *m.* 람술의 일종(西印度産).

taful *a.* 멋부리는. 멋쟁이의. 유행하는.
— *m.* 멋쟁이. 맵시꾼. 잘 차린 남자. 《稀》애인. 《古》도박꾼. 노름꾼. 도박술에 밝은 사람.

tafular *v.i.* 멋부리다. 맵시내다. 화려하게 차려 입다.

tafularia *f.* ①화려하게 차리기. 멋부리기. 맵시내기. ②(돈은 없어도) 옷치장만 하고 돌아다니는 사람. ③유타(遊惰)한 생활. ④건달의 일단(一團). ⑤《古》도박꾼(노름꾼)의 모임.

tafulhar *v.t.* ①다져 넣다. 채워 넣다. 충전(充塡)하다. 메우다. ②가득하게 하다.

tafulho *m.* ①다져 넣는 물건. 채워 넣는 것. ②마개. 전(栓).

tafulice *f.* = *tafularia*.

tafulo *a.*, *m.* ①= *taful*. ②애인. 정인(情人).

tagala, tagalo *m.* 타갈로그 사람(필리핀 인종의 일족(一族)으로 주로 루손섬 중부에 살고 있음). 타갈로그말.

tagantada *f.* 《古》채찍으로 때림. 채찍에 맞은 상태.

tagantar *v.t.* 《古》채찍으로 때리다. 치다.

tagante *m.* 《古》채찍. 채찍질. 태형(笞刑).

tagantear *v.t.* = *tagantar*.

tagarela *a.* 이야기하기 좋아하는. 잘 지껄이는. 수다스러운.
— *m.*, *f.* 이야기하기 좋아하는 사람. 잘 지껄이는 사람. 수다쟁이.

tagarelar *v.i.* 말 많이 하다. 잘 지껄이다. 만담하다. 공담(空談)하다.

tagarelice *f.* 말 많음. 수다스러움. 이야기 하기 좋아함. 잘 지껄임. 만담. 공담. 잡담다변(多辯).

tagarote *m.* [鳥] 새호리기(일종의 매(鷹)).

tagaté *m.* 《俗》①어루만지기. 애무(愛撫). 감언에 의한 기만. 감언이설(甘言利說). ②굽실굽실하기. 아첨.
fazer tagaté 애무하다. 감언이설로 꾀다.

겉는 주다. 추파를 보내다.

tágico *a.* 《詩》(포르투갈의) *tagus* 강의(에 속하는).

tágide *f.* *tagus* 강의 님프(산수(山水)의 정령인 반신반인의 고운 처녀).

taifa *f.* ①《0古·葡》(갑판상(甲板上)의) 전투원(의 일단). ②(브라질에서는)(기선의) 여급사. 접대원.

taifeiro *m.* ①(기선의) 선실계. 접대인. ②급사. 사환. 뽀이. ③조달계(調達係).

taimado *a.* ①심술궂은. 악의 있는. ②음험한.

tainha *f.* [魚] 숭어.

taioba *f.* [植] 타로 감자(남양산의 토란의 일종). 상이초(象耳草).

taiobal *m.* 타로감자밭. 상이초가 많은 곳.

taioca *f.* (브라질산의) 적갈색(赤褐色) 개미의 일종.

taipa *f.* ①판자와 판자 사이에 흙을 다져 넣어 만든 벽. ②어도우비 벽돌로 만든 담. 《英》 *adobe wall*.

taipado *a.* *taipa*를 한.

taipal *m.* ①*taipa*를 하는 판자(널빤지). ②(창문을 가리는) 덧문. 일종의 개판(蓋板).

taipão *m.* ①= *taipal*. ②흙이 무너지지 않게 받치는 널빤지. 지토판(止土板).

taipar *v.t. taipa*(판자와 판자 사이에 흙을 채워 넣어 만드는 벽)를 만든다.

taipeiro *m. taipa*를 만드는 사람.

taipoca *f.* [植] (브라질산의) 야생수(野生樹)의 일종.

taiúba *f.* = *taioba*.

taixi *m.* [植] 개미나무(= *pau-formiga*).

tajabema *f.* [植] (아마존산의) 약초(藥草)의 일종.

tajabussú *m.* = *taioba*.

tajaçu *m.* [動] 산돼지의 일종(미국산).

tajurá *m.* [植] 칼라디움(토란속(屬)의 관상식물).

tal *a.* 그런. 그러한. 저러한. 그와 같은. 이와 같은.
tal qual 바로 …와 같은.
outro tal 이러한 다른(이와 같은 것으로서 다른).
tal cabeça tal sentença 그러한 머리에는 그러한 생각.
Tal pai tal filho. 그 아버지에 그 아들. 부전자승(父傳子承).

Tal senhor tal criado. 그러한 주인 밑에는 그러한 하인이 딸린다. 그 주인에 그 하인.

de tal maneira 그런 방법으로. 그 따위 수작으로.

— *pron., indef.* 이러한 사람 (물건). 그러한 인물. 이러한 것. 그런 일. 전기(前記)의 물건.

um (uma) tal …라고 하는 사람 (물건).

o tal 그런 사람.

não disse tal 그런 것은 말 안 했다.

é tal e qual 꼭 같다. 꼭 같은 것이다.

Preciso livros de consulta tais como uma gramáticaerc. 문법책 같은 그러한 참고서가 필요합니다.

Que tal? 어떻습니까? 어떻게 생각합니까?

— *adv.* 이렇게. 이와 같이. 그렇게. 그와 같이. 그처럼.

tal que …처럼. …와 같이. …바로 그렇게.

tal como …처럼. …와 같이.

tala (1) *f.* ①[外科] 부목(副木 : 팔·다리의 부상·골절(骨折) 따위로 안정(安靜)을 유지하기 위하여 사용하는 나무). ②[建] 외(根 : 지붕·벽·바닥의 대(까는 나무) 또는 창살·덧문의 재료인 얇은 나뭇조각). ③가죽 끈으로 만든. 채찍.

talas (pl.) 궁지(窮地). 궁경. 진퇴양난. 딜레마.

vêr-se em talas 궁경에 처하다. 진퇴양난에 빠지다.

— (2) *f.* ①들(田野)에 도랑을 파기. ②나무를 베기. 벌목(伐木). 벌채(伐採).

talabartaria *f.* 마구(馬具) 제조소. 마구상점.

talabarte *m.* 검대(劍帶). 칼 띠.

talabarteiro *m.* ①혁대(가죽 띠) 만드는 사람. ②마구사(馬具師).

talador *a., m.* ①(들에) 홈(도랑)을 파는 사람. ②벌목하는 사람. ③황폐케 하는 사람.

talagada *f.* ①(꿀떡) 삼키기. 들이키기. ②한 모금. 한 번 삼키는 분량.

talagarça *f.* 돛베. 지퍼. 화포(畵布). 캔버스.

talambor *m.* 일종의 비밀자물쇠.

talamento *m.* ①나무를 베기. 벌목. 벌채(伐採). ②전야(田野)에 도랑을 파기. 홈을 파기. ③황폐하게 하기. ④손해.

talamico *a.* [植] 화탁의.

tálamo (1) *m.* [植] 화탁(花托).

— (2) *m.* ①결혼식. 결혼축하. ②신혼(新婚)의 잠자리. 새 베개.

talante *m.* 《古》 뜻. 의지. 의향.

a seu talante 뜻대로. 마음대로. 임의로.

talão *m.* ①(신발·양말의) 뒤축. 뒤끝. 뒤꿈치. (말의) 뒷다리 발굽. ②[建] 구흥(鳩胸) 쇠시리. 반곡선(反曲線). ③[商] 원부(原符). 부본(수표·어음·영수증 따위를 떼어 주고 남는 쪽지). 쓰지 않은 송장(送狀)의 한 권. ④전지(剪枝)할 때 남은 포도의 어린 가지 (덩굴).

talar *v.t.* ①전야(田野)에 홈을 파다. 도랑을 내다. ②나무를 베다. 벌목하다. ③황폐하게 하다. 파괴하다. ④손해를 입히다 (끼치다).

talassia *f.* 뱃멀미.

tálassico *a.* 바다의. 바다에 관한. 바닷빛의.

talassiófito *m.* 해초. 조류(藻類).

talassocracia *f.* 바다의 재배. 바다의 힘.

talassocrata *f.* 해양학자. 해양연구가.

talassofobia *f.* 바다를 두려워하기. 공해증(恐海症).

talassófobo *m.* 바다를 두려워(싫어) 하는 사람.

talassografia *f.* 해양학. 대양지(大洋誌).

talassográfico *a.* 해양학의.

talassómetro *m.* 해저측심기(海底測深器). 시조계(示潮計).

tálcico *a.* 활석(滑石)으로 된. 활석을 포함한.

talco *m.* ①[鑛] 활석(滑石). ②《俗》(화장용) 분(粉).

pós de talco 화장할 때 또는 목욕 후에 몸에 뿌리는 가루.

talco-micaceo *a.* 활석과 운모(雲母)를 함유하는.

talcoso *a.* (토지에) 활석(滑石)이 있는.

taléiga *f.* (휴대용) 양식주머니. (여행자·순례자·거지 등의) 전대. 바랑.

taleigada *f.* 한 전대(한 바랑) 가득.

taleigo *m.* 좁고 긴 자루(부대).

talentaço *m.* 《俗》 재간이 뛰어난 사람. 비범한 재주가 있는 사람. 재사(才士).

talentão *m.* 큰 수완가. 아주 비범한 재사.

talento *m.* ①(타고난) 재주. (특히) 재능. 수완. 솜씨. 기능. ②재간(재능) 있는 사

talentoso *a.* 재주(재간)이 있는. 여러 가지 기능이 있는. 솜씨가 비상한.

táler *m.* 타알러(독일의 옛 은화. 약 3마르크).

talha (1) *f.* 기름 또는 물을 담는 단지. 주둥이가 좁고 배가 불룩 나온 항아리.
— (2) *f.* ①목조(木彫). 목판(木版). 나무에 새기기. 파기. 깎기.
obra de talha 목조세공(木彫細工).
— (3) *f.* ①[海] 타색(舵索). ②녹로. 부활차(副滑車). 태클. 《英》 *tackle*.
— (4) *f.* 여러 개의 묶음. 다발.
— (5) *f.* [外科] (방광 결석의) 절개술(切開術).

talhada *f.* (베어낸 과일 또는 치즈의) 얇은 조각. 잘라낸 단편(斷片).

talhadeira *f.* ①식칼. 식도. ②조각용 칼(끌).

talhadia *f.* (나무의) 가지를 베어 버리기. 가지를 치기.

talhadiço *a.* (미개간지의) 나무를 칠 수 있는. 벌목할 수 있는. 벌채(伐採)할 수 있는.

talhadinha *f. talhada* 보다 더 얇은 조각. 아주 얇게 벤 과일(치즈).

talhado *a.* ①칼로 벤. 끊은. ②(조각용 칼로) 새긴. 판. 깎은. ③(…에) 맞는. 적당한. ④(값을) 정한. 합의를 본. ⑤(…에) 예정(豫定)한.

talhador *a.* 베는. 자르는. 끊는. 찍는. 절단하는.
— *m.* ①베는 사람. (모양 있게) 잘라내는 사람. 재단사. ②베는 쟁기(칼·끌 따위). ③(나무로 만든) 바리. 큰 접시.

talhadura *f.* ①(고기 따위를) 베기. ②[彫刻] 새기기. 파기. 깎기. ③[外科] 째기. 가르기.

talha-mar *m.* ①이물(뱃머리)의 물결을 헤치는 끝. ②(물이 쉬이 갈려 흐르게 하기 위한) 다리기둥의 뾰족하게 날선 등. 《英》 *cutwater*.

talhamento *m.* ①=*talhadura*. ②베어 가르기. 분할. [外科] 절단(수술).

talhante *a.* ①베는. 자르는. 끊는. 새기는. ②(칼 따위) 잘 드는. 잘 베어지는. 예리한.
— *m.* =*talha-mar*.

talhão *m.* ①큰 화단(花壇). ②일종의 큰 항아리.

talhar *v.t.* ①베다. 베어내다. 끊다. ②[彫刻] (칼 또는 끌로) 새기다. 파다. 깎아내다. ③베어 가르다. 갈라내다. 분할하다. 나누다. ④[外科] 째다. 절단하다. ⑤(옷감을) 재단하다. ⑥(트럼프)(카드·화투장 따위를) 떼다. ⑤누다. 분배하다. ⑦(값을) 정하다. (때로는) 깎다.
— *v.i.*, —*se v.pr.* ①베어지다. 끊어지다. 절단되다. ②재단되다. ③(우유가) 썩어서 응결(凝結)하다. 덩어리지다.

talharim *m.* (이탈리아의) 납작하고 긴 국수.

talhe *m.* ①모양. 자세. ②형상(形狀). 형태. ③체격. 신장(身長).

talher *m.* ①숟가락·포크·칼의 한 벌. ②(식탁(食卓)에 있어서의) 한 사람 분의 식기. ③좌석.
pôr mais um talher 한 사람 분의 식기를 더 놓다.
contar os talheres 식기가 놓여 있는 좌석수를 세다.

talho (1) *m.* ①베기. 베어내기. 찍기. 난작(亂斫). ②끊기. 차단. 중단(中斷). ③고깃간. ④(고깃간의) 고기 베는 대(臺). (통나무를 잘라 만든) 큰 도마.
— (2) *m.* 모양. 양식. 스타일.
ter bom talho de letras 글을 잘 쓰다. 달필(達筆)이다.

talião *m.* [哲] 동태복수법(同態復讐法): 눈은 눈으로 갚고, 이는 이로 갚는 복수법).
pena de talião (저지른) 범죄와 동일한 방법 또는 정도의 형벌.

talico *a.* [化] 탈륨의. 제2탈륨염(鹽)의.

taliga *f.* =*taleiga*.

talim *m.* [軍] 멜빵. 견대(肩帶).

talinga *f.* ①(삼으로 만든) 굵은 밧줄. 독한 밧줄(大綱). (철사로 만든) 케이블. 강색(鋼索). ②[海] 닻줄(錨綱).

talingadura *f. talinga* 로 계선(繋船)하기. *talinga* 로 연결하기.

talingar *v.t. talinga* 로 (배를 부두에) 연결하다. 계선하다.

tálio *m.* [化] 탈륨(납 모양의 연한 흰 稀金屬元素: 기호 Tl).

talionar *v.t.* 《古》 동태복수(同態復讐)를 하다. 저지른 죄와 동일한 형태 또는 정도로 벌하다.

talionato *m.* =*talião*.

talisca *f.* ①쪼개진 짬. 갈라진 틈. ②파편

(破片). 쇄편(碎片). 쪼개진 목편(木片).
talismã, talisman *m*. ①(목에 거는) 호신패(護身牌). 부적. ②매혹하는 것.
talismánico *a*. 부적의. 호신패의. 부적에 관한.
talmud, talmude *m*. 유태교의 법전(法典) 및 전설집.
talmúdico *a*. 유태교의 법전(전설집)의.
talmudista *m*. 유태율법(律法) 편찬가(신봉자·연구가).
talo (1) *m*. [植] 줄기(莖·幹). 대. 자루. 화경(花梗). 엽병(葉柄). [建] 기둥몸. 주신(柱身). 주간(柱幹).
— (2) *m*. [植] 엽상체(葉狀體).
talocha *f*. (미장이의) 흙손판. (회반죽을) 이기는 판.
talofitas *f.(pl.)* 엽상식물(葉狀植物: 줄기·잎·뿌리의 구별이 없는 식물의 총칭. 이끼·마름·버섯 따위).
talonado *a*. [商] *talão*이 붙어 있는.
taloso *a*. 긴 줄기(莖)있는. 긴 축(軸)이 있는. 줄기 또는 축에 관한.
tal-qualimente *adv*. 그대로. 그와 꼭같게.
taluda *f*. 《俗》 (복권에의) 당첨(當籤). 최대 상금(賞金).
taludão *m*. 몸집이 큰 청년. 근육이 늠름한 젊은이.
taludar *v.t*. 기울어지게 하다. 경사(傾斜)지게 하다. 구배(勾配)지게 하다.
talude *m*. ①비탈. 경사. 구배. 경사지. ②선반.
taludo *a*. ①통통한 줄기 있는. 대가 굵은. ②발육이 좋은. 잘 자란. ③(연령에 비하여) 몸집이 큰. 근육이 늠름한.
talvegue *m*. 저곡선(底谷線). 분곡선(分谷線: 보통 골짜기 아래를 꾸불꾸불 흐르는 강줄기의 중앙선. 골짜기를 가르는 선).
talvez *adv*. 아마. 어찌하면. 혹시는. 형편에 따라서는. 십중팔구.
talvez sim 그럴지도 모른다.
talvez não 아닐지도 모른다.
tamacaria *f*. [海] 갑판상(甲板上)의 천포(天布). 작은 배 위의 차일(遮日).
tamanca *f*. = *tamanco*.
tamancada *f*. 나막신으로 치기.
tamancaria *f*. 나막신 제조소. 그 상점.
tamanco *m*. 나막신. 밑바닥이 나무로 된 신. (목욕탕 등에서 신는) 나무 슬리퍼.
tamancudo *a*. 나막신을 신은(신고 다니는).

tamanduá *m*. [動] 개미핥기(食蟻獸).
tamanhão *a*. ①규격이 아주 큰. 대형(大形)의. ②체구가 큰. 키가 높은. 골격이 장대한.
— *m*. 몸집이 큰 사람. 규격이 큰 것. 대형(大形).
tamanhinho *a*. 규격이 아주 작은. 소형의.
tamanho *a*. …만큼 큰. …만큼 위대한. 보통 규격의. 보통 크기의. 실물대(實物大)의.
— *m*. 크기. 굵기. 높이. 두께. 규격. *em* (또는 *de*) *tamanho natural* 실물대(實物大)로.
tamaninho, tamanino *a*. = *tamanhinho*.
tamanquear *v.i*. 나막신을 신고 다니다. 나막신 소리를 내다(내며 걷다).
tamanqueira *f*. [植] 브라질의 야생수(野生樹).
tamanqueiro *m*. 나막신 만드는 사람. 그 장수.
tâmara *f*. 대추야자(의 열매).
tamaral *m*. 대추야자나무숲. 대추야자나무 많은 곳.
tamareira *f*. [植] 대추야자나무.
tamarga *f*. [植] 대추야자나무(渭城柳).
tamargal *m*. 대추야자나무숲.
tamargueira *f*. [植] 대추야자나무.
tamarindal *m*. 타마린드 숲.
tamarindeira *f*. = *tamarindeiro m*. = *tamarinheiro*.
tamarindo *m*. [植] 타마린드 나무(콩과상록교목). 그 열매.
tamarinheiro, tamarineiro *m*. 타마린드 나무.
tamarino *m*. 작은 원숭이의 일종.
tamariscíneas *f.(pl.)* [植] 위성류과(渭城柳科).
tamaris, tamariz *m*. = *tamargueira*.
tambaca *f*. 동(銅)과 아연(亞鉛)과의 합금 (값 싼 장신구(裝身具) 등에 씀).
tambaiba *f*. [植] 탐바이바(브라질산 야생나무의 일종으로 그 재목은 검고 노랑 무늬가 있어 가구 따위에 흔히 쓰임).
tambaque *m*. = *tambaca*.
tambaqui *m*. [魚] (빠라아주(州)산의) 민물고기의 일종.
tambeira *f*. 길든 암송아지.
tambeirada *f*. 암송아지의 떼.
tambeiro *m*. 인가(人家)의 부근에서 사는 가축.

também *conj. adv.* 또. 역시. 그 역시. (…도) 또한. 그 위에. 게다가. 더욱이.
O mar é azul, o céu é também azul. 바다도 푸르고 하늘도 역시 푸르다.

tambica *f.* 그물에 다는(달린) 추(錘).

tambo *m.* 혼례(婚禮). 결혼식.

tambor *m.* ①북. ②북처럼 생긴 것. ③북을 치는 사람. 고수(鼓手). ④[解] 고막(鼓膜). (중이(中耳)의) 고실(鼓室). ⑤[動] 고상기관(鼓狀器管). ⑥[機] 권동(卷胴). 고형부(鼓形部). ⑦(중배가 불룩한) 통. 큰 나무통.
tambor-mor 군악대의 고수장(鼓手長) (악장).

tamborete *m.* ①등받이 없는 의자. ②작은 탬버린.

tamboretes (*pl.*) [造船] 보강용(補强用) 겉 판자.

tamboril *m.* ①[樂器] 탬버린(통에 방울을 단 북). ②[魚] 빨간 씬뺑이류의 물고기. 아귀.

tamborilada *f.* 탬버린을 치기. 탬버린 치는 소리.

tamborilar *v.i.* 탬버린을 치다. 작은 북을 치다. 투덕투덕 소리를 내다.

tamborileiro *m.* 탬버린(작은 북)치는 사람.

tamborilete *m.* 작은 탬버린.

tamborim *m.* [樂器] 탬버린.

tameira *f.* =*tambeira*.

tamiça *f.* 나래새(*esparto*)의 섬유로 만든 가는 줄.

tamiceiro *m. tamiça*를 만드는 사람. 그 장수.

tâmil *m.* 타밀말(남부 인도와 *Ceylon*에 사는 타밀인종의 언어).

tamís, tamíz *m.* ①(비단 헝겊 또는 털로 만든) 눈이 가는 체. ②일종의 걸르는 기구. 여과기(濾過器).

tamisação *f.* ①눈이 가는 체로 치기(걸르기). ②정선(精選).

tamisar *v.t.* ①눈이 가는 체로 치다. 쳐서 가리다. ②거르다. ③세밀히 가려내다. 추리다. 정선하다. 취사(도태)하다.

tampa *m.*(*pl.*) 덮개. 뚜껑. 마개. 개판(蓋板). 《轉》 모자.

tampado *a.* ①덮개를 덮은. 뚜껑을 덮은. 마개를 막은. ②우거진. 무성한. 밀집(密集)한.

tampão *m.* 큰 덮개. 큰 뚜껑. 큰 마개. *tampão de uma pipa* (중배가 불룩한) 통의 위뚜껑(上蓋板).

tampar *v.t.* (덮개를) 덮다. (뚜껑을) 덮다. (닫다). (마개를) 막다. (중배가 불룩한 통의) 개판(蓋板) 또는 저판(底板)을 붙이다.

tampinha *f.* 작은 뚜껑. 작은 마개. 작은 덮개.

tampo *m.* ①(중배가 불룩한 통·궤짝 등의) 위뚜껑. ②(현악기(絃樂器)의) 향판동면 (響板胴面).
tampos (*pl.*) 머리. 두뇌(頭腦).

tampouco *adv.* 이도 …아닌. 이도 저도 … 아닌.
(注意) *tão pouco* (그렇게도 적게. 아주 적게)와는 비슷히 들리나 그 철자·의미·발음은 다름.

tam-tam *m.* (중국·인도의) 징. 장구. 북.

tanado *a.* 차갈색(茶褐色)의. 황갈색의.

tanaria *f.* [古] 무두질공장. 제혁소(製革所).

tanásia *f.* [植] 쑥국화.

tanato *m.* [化] 타닌산염(酸鹽).

tanatologia *f.* 사론(死論). 사원론(死原論: 죽음의 징후·조건·원인·성질 등의 연구).

tanatofobia *f.* 죽음에 대한 극도의 공포. 공사증(恐死症).

tanchagem *f.* [植] 질경이.

tanchão *m.* =*tanchoeira*.
— *f.* 포도나무(줄기)를 받치는 말뚝. (넘어가지 않게 하는) 버팀 기둥.

tanchar *v.t.* 포도나무(줄기)를 넘어가지 않게 옆에 말뚝을 세우다. 버팀 기둥을 세우다.

tanchoal *m.* (어린 나무를 심은) 묘포(苗圃). 묘상(苗床). 못자리.

tândem *m.* ①세로 나란히 맨 두 필의 말. 그 마차. ②(두 사람 이상이 세로 나란히 타는) 자전거(삼륜차). ③직렬식(直列式) 기관차(따위). 《英》 *tandem*.

tanga *f.* (특히 아프리카 토인의) 허리를 두르는 간단한 옷. 《英》 *loin-cloth*.
estar de tanga 돈 한푼 없이 있다. 무일푼이 됐다.

tangado *a. tanga*를 두른(걸친).

tangar *v.t.* (허리에) *tanga*를 두르다(걸치다).

tangará *m.* [鳥] 풍금조(鳥)(중·남아메리카산의 깃이 고운 우는 새).

tangedor *m.* ①현악기(絃樂器)를 타는 사

tangedouras *f.(pl.)* =*tangedouros*.
— *m.* (*pl.*) 대장간의 풀무를 받쳐 드는 다리 또는 버팀대.

tange-foles *m.* ①풀무로 바람을 보내는 사람. 풀무질하는 이. ②풍금을 타는 사람.

tangência *f.* 접촉(상태).

tangencial *a.* ①[幾] 절선의. 탄젠트의. [三角] 정절의. ②(힘·운동 등이) 접선에 따라 작용하는. ③접하는.

tangencialmente *adv.* 절선이 되어서.

tangenciar *v.t.* 대다. 접하다.

tangendo *a.* =*tangível*.

tangente *a.* 접하는. 접촉하는. [幾] 접선의.
— *f.* [幾] 접선. [三角] 정절(正切)(略: tan).
escapar pela tangente 《比喩》(갑자기) 옆길로 빗가다. 간신히 빠져나가다.

tanger *v.t.* ①(현악기를) 타다. ②풀무질하다. 풀무로 바람을 보내다. ③(가축을) 몰다. (방울을) 울리다.
tanger bestas (특히 노새·말 따위의) 가축을 몰다.
tanger os sinos 종을 울리다.
— *v.i.* 악기를 탄주(彈奏)하다. 방울소리 울리다.

tangerina *f.* 탕지르 오렌지. 밀감.

tangerineira *f.* [植] 탕지르 오렌지나무. 밀감나무.

tangibilidade *f.* 만져 보아 알 수 있음. 촉지가능(觸知可能). 명백한 확실성.

tangido *a.* 방울을 울린.

tangível *a.* ①만질 수 있는. 만져서 알 수 있는. ②구체(具體)의. [法] 유형(有形)의.

tanglomanglo, tangromangro *m.* ①추첨. 제비로 점치기. ②마법. 요술. 마력. ③《俗》저주(詛呪). ④낫지 않는 병. 고질(痼疾).

tango *m.* 스페인에서 시작된 남아메리카 춤. 탱고무도(곡).

tangueiro *m.* (=*tanga*) 허리에 두르는 간단한 옷.
— *a. tanga* 용의.
pano tangueiro. tanga 만드는 천.

tânico *a.* [化] 타닌성의. 탄 껍질에서 얻은.
ácido tânico [化] 타닌산(酸).

taninar *v.t.* 타닌을 쐬다.

tanino *m.* [化] 타닌. 타닌산.

taninoso *a.* 타닌이 있는. 타닌을 함유하는.

tanjão *a.* 게으른. 나태한.
— *m.* 게으름뱅이. 나태한 사람.

tanjarra *f.* =*tanjarro*.
— *m.* [鳥] =*tangará*.

tanoa *f.* =*tanoaria*.

tanoar *v.i.* 통제조업을 하다. (통 따위를) 수선하다. 테두리를 갈다.

tanoaria *f.* ①통 만드는 곳. 통장이의 일터. ②통 만드는 공전. ③통 만드는 직업.

tanoeiro *m.* 통 만드는 사람. 통 수리하는 사람.

tanque *m.* ①(물·기름·가스 등의) 탱크. ②(기관차의) 탄수차(炭水車)의 물통. ③[軍] 탱크. 전차. ④연못. 작은 저수지.

tanso *a.* 어리석은. 얼빠진. 바보같은.
— *m.* 바보. 멍청이.

tantã (1) *m.* (=*tam-tam*). (중국·인도의) 징. 북. 장구.
— (2) *m., f.* ①마음이 몹시 작은 사람. ②어리석은 사람. 얼빠진 사람.

tantalato *m.* [化] 탄탈산염(酸鹽).

tantálico *a.* 탄탈의.
ácido tantálico 탄탈산.

tantálio *m.* [化] =*tantalo*.

tantalite, tantalito *m.* [鑛] 탄탈광(鑛). 탄탈석(石).

tântalo *m.* [化] 탄탈(稀有元素: 백금대용품. 기호 Ta).

tantinho *a.* =*tantito*.

tantíssimo *a.* ①아주 많은. 과다(夥多)한. 파다(頗多)한. ②최고도의.

tantito *a.* 아주 작은. 아주 적은.
— *m.* 극소량(極小量). 근소량.

tanto *a.* (단수(單數)일 때는 양(量)을 가리키는 형용사이고 복수이면 수(數)를 가리키는 형용사임). 그만한(양의. 수의). (…와) 같은 정도의(수의).
tantas vezes 몇 번(이고). 수차. 그만한 횟수.
tantas e tantas vezes 헤아릴 수 없이. 여러번. 누차. 누차에 걸쳐서.
tanto tempo 꽤 오랜 기간.
cento e tantos cruzeiro 백여(百餘) 그루제이로.
cinquenta e tantas pessoa 50여 명.
quarenta e tantos anos 40여 세.
tenho tanta coisa que lhe dizer 당신에게 이야기할 말이 참으로 많다.

— *m*. 그만한 수(양). 그만큼한 수(양). 이 배(二倍)의 수(양). 그렇게도 많은 수(양).

outro tanto 만큼 더. (…의) 두 배.

Êle deu-lhe tanto. 그 사람은 당신께 그렇게도 많은 수(양)의 것을 줬다.

Êle tem exatamente tanto quanto a sua. 그 분은 자기 누이가 가지고 있는 분량과 꼭같은 분량을 가지고 있다.

— *adv*. 그만큼. 그 정도로. (…와) 같게. 매우.

algum tanto 얼마간. 몇 개쯤.

por tanta 그래서. 그러므로. 그렇기 때문에.

Tanto melhor. 더욱 좋아! 할수록 좋아!

Tanto pior. 더욱 나빠! 할수록 나빠!

Para mim tanto faz. 내게는 마찬가지다.

tanto quanto possível 될 수 있는대로. 가능한 한.

Tanto elas como nós estávamos no teatro. 그 여자들도 우리들도 다 극장에 있었다.

Quanto mais tem tanto mais quer. 있으면 있을수록 더 원한다. 욕심에 한이 없다.

(직역: 있는 것만큼 더 원한다).

tão *adv*. …마큼, …만치. 그렇게. 그 정도로.

tão bem 그렇게도 좋게.

tão velho 그렇게도 늙게.

tão facilmente 그렇게(아주) 쉽게.

tão pouco 그렇게도 적게. 아주 적게.

tão só 또는 *tão somente* 그것만. 그것만으로. 근소(僅少)하게.

não tão bonito 그다지 예쁘지 않다. 그렇게는 아름답지 않다.

tão logo 가급적 빨리.

Tão logo êle chegou, começamos a jantar. 그 분이 오자마자 저녁식사를 했다.

tão… como… …만큼 …하다.

Tão grande como elefante. 코끼리만큼 크다.

Tão alto como uma montanhã. 산(山)만큼 높다.

Tão certo como doise dois são quatro. 둘에 둘을 더하면 넷이 되듯이 아주 명백하다.

tão-badalão, tão-balalão *m*. 《俗》종소리에 대한 의성(擬聲)("땡그랑땡그랑"하는 따위).

taóca *f*. ①(브라질산의) 바다물고기의 일종. ②[獨] 붉은 개미의 일종.

taoismo *m*. 도교(道教 : 노자(老子)의 교).

taoista *m*., *f*. 도교신자. 도사(道士).

— *a*. 도교의. 도교신자의.

tapa (1) *f*. (말발굽의) 뿔 모양의 부분(角形部分). 제벽(蹄壁).

— (2) *m*. (총구(銃口)·포구 등의) 나무 마개. 포구전(砲口栓).

— (3) *f*. ①(손바닥으로) 찰싹치기. ②말못하게 하기. 입을 다물게 하기.

tapa-bôca *f*. ①입을 다물게 하기. 폐구(閉口)시키기. 결정적 의논(더 이상 이의(異議)를 부를 수 없는). 단을 내리기. ②뺨을 찰싹 치기.

tapada *f*. 울타리로 에워싼 땅. 구내(構內). 위요지(圍繞地). (철조망 또는 담벽으로 둘러싼) 산림(山林) 속의 사냥터.

tapadeiro *m*. 뚜껑. 마개.

tapado *a*. ①뚜껑을 덮은. 마개를 막은. ②메운. 폐색한. 꽉 채운. (체눈·그물눈 따위가) 멘. ②융통성이 없는. 우둔한. 바보같은.

tapador *m*. 틀어막는 것. 마개. 뚜껑. 총구마개. 충전물(充塡物).

tapadoura *f*. 뚜껑. 마개. 메우개.

tapadouro *m*. 굴대의 양쪽 끝 부분. 차축(車軸)의 양단 돌출부(兩端突出部).

tapadura *f*. ①뚜껑으로 덮기. 마개를 막기. 메우기. 폐색. ②(사방을) 둘러막기. 에워싸기. 울. 울타리.

tapagem *f*. ①메우기. 메워서 채우기. ②에워싸기. ③울타리. 책(柵). ④(산울타리를 이루는) 관목(灌木)의 줄.

《英》*hedgerow*.

tapa-luz *m*. 등잔의 갓.

tapamento *m*. ①덮개를 덮기. 막아버리기. 메우기. 메워서 채우기. ②울타리를 하기. (담·책(柵) 따위로) 에워싸기. ③산울타리를 이루는 관목(灌木)의 줄.

tapa-olhos *m*. ①(손바닥으로) 눈(눈퉁)을 치기. ②뺨을 치기.

tapar *v.t*. ①뚜껑을 닫다. 덮다. ②(구멍같은 것을) 막다. 틀어막다. 마개를 하다. ③(관(管)같은 것을) 막다. 메우다. 채우다. 폐색하다. ④(울타리·담 따위로) 에워싸다. 사방을 막다. ⑤(흐름을) 막다. ⑥(통행을) 차단하다. 저지하다.

tapar os ouvidos 귀를 막다. 들으려고 하지 않다.
tapar a boca 입을 막다. 말 못하게 하다.
tapar um braco 구멍을 막다. 틀어막다.
tapa-sol *m.* 갑엽(甲葉) 덧문.
tapeação *f.* =*tapeamento*.
— *m.*《俗》속이기. 기만. 협잡.
tapeante *a.* 속이는. 기만하는.
tapear *v.t.* ①《俗》속이다. 기만하다. 장난삼아 속이다. ②(사람을) 치다.
tapeçar *v.t.* 융단을 깔다. 융단으로 장식하다. 장식용 천을 깔다(씌우다).
—**se** *v.pr.* 융단이 깔리다. 융단 따위로 장식되다. 피복(被覆)되다.
tapeçaria *f.* 색이 다른 씨와 날로 짠 각종 직물. 색무늬를 짜넣은 융단. 실내장식용 여러 가지 직물.
tapeceiro *m.* ①(융단·까는 자리·내려드리우는 장식천·식탁 씌우개 따위의) 실내장식용 각종 직물을 만드는 사람. ②직물장식품상점. ③실내장식업.
tapera *f.* 황폐된 경작지.
— *a.* 어리석은. 얼빠진. 좀 둔한.
tapetar *v.t.* 융단을 깔다. 무늬 있는 천으로 장식하다.
tapete *m.* ①융단. 직물로 된 자리. [日] 다다미. ②벽에 내려드리운 천(무늬를 넣거나 수를 놓은). ③식탁보.
tapeteiro *m.* 융단 만드는 사람. (여러 가지의) 장식직물을 만드는 사람.
tapicuim *m.* (아마존지방의) 흰개미굴. 흰개미탑(塔).
tapigo *m.* ①가시나무로 된 산울타리. ②[軍] 방책(防柵). 바리케이트.
tapioca *f.* 타피오카(*Cassava* 뿌리에서 빼내는 식용전분(食用澱粉)).
tapir, tapira *m.* [動] 맥(貘).
tapirá-caiena, tapirá-coana *m.* [植] ①(아라비아·아프리카산) 센나의 일종. ②(브라질산) 산편두속(山扁豆屬).
tapirete *m.* [動] 작은 맥(貘). 맥의 새끼.
tapirídeos *m.*(*pl.*) 맥과(貘科).
tapiti *m.* [動] 산(山)토끼.
tapiz *m.* [古] =*tapête*.
tapizar *v.t.* 융단을 깔다. 자리를 깔다.
—**se** *v.pr.* 잔디 또는 화초(花草)에 덮이다.
tapona *f.*《卑》뺨을 치기.
tapua *m.* [動] (브라질산) 원숭이의 일종.

tapulho *m.* ①뚜껑. 마개. (총구(銃口) 따위의) 나무마개. ②메우는 것. 충전물(充填物).
tapume *m.* ①(특히) 널빤지 울타리. 판책(板柵). 목판장(木板墻). 합판(合板)으로 된 담 또는 울타리. 말뚝울타리. ②산울타리.
taquara *f.* [植] 대류(竹類)의 총칭. (일반적으로) 따꽈라참대.
taquaral *m.* 대나무숲.
taqueometria *f.* [測] 시거측량법(視距測量法).
taqueometro *m.* [測] 시거의(視距儀: 토지의 거리와 고차(高差)의 측량기).
taquicardia *f.* [醫] 심계항진(心悸亢進).
taquigrafar *v.t.* 속기(速記)하다. 속기법으로 쓰다.
taquigrafia *f.* 속기법(速記法). 속기술.
taquigraficamente *adv.* 속기법으로.
taquigráfico *a.* 속기의. 속기술의.
taquígrafo *m.* 속기자.
taquilita *f.* [鑛] 파리현무암(玻璃玄武岩).
tara *f.* ①(화물·승객 따위를 제외한) 차체중량(車體重量). [化] 무게를 달 때의 용기(容器)의 중량. ②(화물의) 감손(減損). ③흠. 결점. 결함. ④[植] 들완두. 살갈퀴.
tarado *a.* ①흠 있는. 결점 있는. ②미친. 발광한. 저능의. (정신적으로) 좀 모자라는.
— *m.*《卑》색광(色狂). 오입쟁이. 방탕아.
taralhão *m.* ①[鳥] 멧새의 일종. ②참견하기 좋아하는 사람. 쓸데없이 간섭하는 사람.
meter-se a taralhão 말참견하다. 쓸데없이 간섭하다.
tarambola *f.* [鳥] 떼새의 일종.
taramela *f.* ①(창문 따위를 열었을 때 그것이) 닫기지 않게 하는 나무못. ②제분기의 추(또는 혀(舌)).《英》*mill clapper*. ③말 많은 여자. 수다스러운 여인.
taramelar *v.i.*《俗》말 많이 하다. 잘 지껄이다. 몹시 떠들다. 떠들며 이야기하다.
taramelear *v.i.* =*taramelar*.
tarameleiro *a., m.* 말 많이 하는 사람. 잘 지껄이는 이. 요설가(饒舌家).
tarampabo *m.* [植] 편엽종려(扁葉棕梠).
tarantela *f.* (이탈리아 나폴리의) 태런텔라춤. 그 곡.
tarantismo *m.* 무도병(舞蹈病: 독거미에게 물려 발병한다는).

tarântula *f.* [蟲] 독(毒)거미의 일종(이탈리아 *Taranto* 지방산).

tarar *v.t.* ①용기(容器)의 무게를 달다(공제하다). ②(연료·화물 등을 제외한) 차체 중량을 달다.

tarara *f.* ①(낟알·겨 등을) 바람을 일으켜 까부르는 기계. ②큰 부채.

tarasca *f.* ①밉고 심술궂은 여인. ②낡은 칼. 녹슨 검.

tarasco *a.* 거친. 버릇없는. 안하무인의. 횡폭한. 난폭한.

taraxaco *m.* [植] 민들레(의 무리).

tardada *f.* ①지연하기. 지체하기. ②늦음. 지체된 상태.

tardador *a.* 늦는. 늦게 하는. 지연시키는. 지체하는. 연기하는.
— *m.* 늦게 하는 것(사람). 지체시키는 것(사람). 낙오자.

tardamente *adv.* = *tardiamente*.

tardamento *m.* = *tardança*.
— *f.* ①느림. 완만(緩慢). ②지체. 지연(遲延). 늦어짐.

tardão *m.* = *tardador*.

tardar *v.t.* ①늦게 하다. 늦어지게 하다. 더디게 하다. 시간 걸리게 하다. 지연시키다. 지체시키다. ②연기하다.
— *v. i.* 늦다. 늦어지다. 우물쭈물하다. 지체하다.

não tardar 곧. 얼마 안가서.

sem tardar 곧. 지체함이 없이.

sem mais tardar 더 이상 지체 말고. 즉시.

o mais tardar 늦어도.

tardar a fala 더듬으며 말하다.

tarde *f.* 오후(정오에서 해질 때까지의 사이).
Bôa tarde! 안녕하십니까! (오후 인사).
dar as bôas tardes 오후 인사를 하다.
— *adv.* 늦게. 늦어서.
à tarde 또는 *de tarde* 오후에.
mais tarde 후에. 좀 더 있다가. 다음에. 후일에.
Mais tarde irei a tua casa. 좀 더 있다가 너의 집에 가겠다.
tarde ou cedo 조만간.
Chegou tarde para a festa. 그 분은 연회(잔치)에 늦게 도착했다.
Nunca é tarde demais para se corrigir. 《諺》잘못을 고치는 데에 늦다는 법은 없다.

tardeiro *a.* ①느린. 더딘. 완만한. 우물쭈물하는. ②지각하는. 늦게 오는

tardeza *f.* ①느림. 완만. 지둔(遲鈍). ②늦음. 지각.

tardiamente *adv.* ①늦게. 느리게. 천천히. 완만하게. ②늦어서. 지각하여.

tardígrado *a.* 발걸음이 느린(더딘). 천천히 걷는. 어슬렁어슬렁하는.
— *m.* 완보수(緩步獸).

tardiloquo *a.* 말더듬는. 더듬으며 말하는.

tardinha *f.* 《俗》석양. 해질녘.

tardinheiro *a.*, *m.* 걸음이 느린 (사람). 천천히 걷는. 어슬렁어슬렁 걷는 (사람·동물). 굼뜬 (사람).

tardio *a.* ①느린. 더딘. 완만한. 지각하는. 자주 지각하는. ②늦어서 오는. 늦어서 되는. 늦어서 피는. 만숙(晩熟)의. 만성(晩成)의.

tardo *a.* ①느린. 더딘. 완만한. 천천히 하는. 굼뜬. 활발치 못한. ②게으른. 태만한. ③늦어서 되는. 만성의.

tardonho *a.* 느린. 천천히 하는. 우물쭈물하는. 굼뜬.

taréa *f.* = *tareia*.

tarear (1) *v.t.* (몽둥이 따위로) 치다. 때리다.
— (2) *v.t.* (= *tarar*). ①용기(容器)의 무게를 달다. 공제하다. ②(연료·화물 등을 제외한 자동차의) 차체 중량을 달다.

tarecada *f.* 떠들썩하기. 훤소(喧騷). 지껄이기.

tarecadas (*pl.*) 쓸데없는 물건. 잡동사니.

tareco *a.*, *m.* 떠들썩하는 (사람·특히 어린 아이). 철없는 이야기하는 (사람·아이). 희롱하며 뛰노는 (아이).

tarecos (*pl.*) 보잘 것 없는 물건. 잡동사니. 골동품.

tarefa *f.* ①일정한 시간(날짜)에 해야 할 일. 일과(日課). ②과업. 직무. 사무. ③청부맡은 일. ④노역(勞役). ⑤벌받는 대가로 해야 할 일.

tarefeiro *m.* 청부일 하는 노동자.

taregá *m.* 고물상인. 낡은 옷장수. 골동품 장수.

taregicagem *f.* 고물상. 중고품 거래. 골동품을 사고 팔고 하기.

tareia *f.* 구타(毆打). 때리기.

tarelar *v.i.* 말 많이 하다. 잘 지껄이다. 쓸데없는 이야기를 오래하다. 공담(空談)하다.

tarelice *f.* 말 많음. 쓸데없이 지껄이기. 공담. 잡담.

tarelo *m.* 말 많이 하는 사람. 잘 지껄이는 이. 수다쟁이. 요설가.

tarentismo *m.* =*tarantismo*.

tarêntula *f.* =*tarântula*.

tarerequi, tareroqui *m.* [植] (브라질산) 콩과(豆科)의 약초(藥草).

targana *f.* (=*tainha*) [魚] 숭어.

tarifa *f.* ①세율(표). 관세표. (일품목의) 세율. 관세. 세. ②세관세칙(稅則). ③철도·전신 등의) 요금표. 운임료. 값. ④가격일람표.
tarifa aduaneira 관세율.
tarifa convencional 협정률.

tarifação *f.* ①관세를 피하기. ②세율을 정하기. ③요금(가격)을 정하기.

tarifar *v.t.* ①관세를 과하다. ②세율을 정하다. 세율을 적용하다. ③요금(가격)을 정하다.

tarifário *a.* 세율에 관한. 세표(稅表)에 관한. 세칙(稅則)에 관한. 요금(가격)에 관한.

tarima *f.* 천개(天蓋)있는 단(壇). 천포(天布)있는 (플랫)폼.

tarimba *f.* ①(병영(兵營)의) 층침대(層寢臺). 다락침대. (감옥 등의) 판자침대. 나무침대. 침대로 쓸 수 있는 긴 나무의자. ②병영생활(兵營生活). 군대생활. (특히) 병사생활.
ter tarimba (어떤) 집단생활의 경력이 있다.

tarimbar *v.i.* 입영(入營)하다. 사병으로 근무하다.

tarimbeiro *m.* ①병영생활 하는 자. ②사병으로부터 진급하여 장교된 이. ③행실이 거친 사람.
— *a.* 거친. 교양이 없는(듯한). 꽥꽥거리는.

tariquiri *m.* [植] (브라질산의) 약초(藥草).

tarja *f.* ①모. 연(緣). 가장자리. 언저리. ②(상중(喪中)에 사용하는 편지지 등의 가장자리에 두른) 검은 테두리선. 흑색연선(黑色緣線). ③《古》 (소형의) 둥근 방패(楯).

tarjado *a.* 가장자리를 붙인. 테두리를 단. (편지지·엽서 따위에) 검은 선을 두른.

tarjar *v.t.* ①가장자리를 붙이다. 테두리를 달다. ②(편지지·부고용 엽서(訃告用葉書) 따위에) 검은 선을 두르다.

tarjeta *f.* (*tarja*의 지소어). 작은 가장자리. 작은 테두리.

tarlatana *f.* 일종의 얇은 메리노(무도복용).

tarmico *a.m.* 재채기 낫게 하는(약).

taro *m.* [植] 타로감자(남양산의 토란 일종).

taró *m.* 찬바람. 추위.

taroca *f.* (=*tamanco*). 나막신.

tarolo *m.* ①장작. 장작개비. ②작은 그루터기.

tarouca *f.* ①80〜90대의 노파. 모록한 노파. ②나막신.

tarouco *a.* 몹시 늙은. 모록(耄碌)한. 노망한.
— *m.* 모록한 노인. 80〜90대의 노인. 노망한 사람.

tarouquice *f.*《俗》우둔한 행실. 치우(癡愚)한 노릇. 노망(老妄).

tarpão *m.* [魚] (북아메리카 남해안의) 청어 비슷한 큰 고기.

tarraçada *f.* ①다량의 음료. (특히) 많은 포도주. ②한 공기 가득. 담뿍 담은 양. ③한 컵 가득 따른 포도주.

tarracha *f.* =*tarraxa*.

tarrada *f.* 큰 우유통으로 하나 가득. 물통으로 하나 가득.

tarrafa *f.* ①투망(投網). 예망(曳網). ②벌레잡는 그물. 포충망(捕蟲網).

tarrafar *v.i.* 투망으로 물고기를 잡다.

tarrafear *v.i.* =*tarrafar*.

tarraxa *f.* ①나사. 나사못. 나사 볼트. ②맞춤 못. 두 면이 꼭 붙게 만든 못 비슷한 돌기.《英》*dowel*. ③쐐기. ④나사 깎는 기구.《英》*screw cutter*. ⑤《俗》추천. 추장(推獎).

tarraxar *v.t.* 나사로 바싹 죄다. 맞춤 못으로 맞추다.

tarraxo *m.* =*tarraxa*.

tarro *m.* ①큰 우유통. ②[植] *taioba*.

tarsalgia *f.* [醫] 부골통(跗骨痛).

tarsectomia *f.* 부골절단술(跗骨截斷術).

tarsiano *a.* =*tarsico*.

tarsico *a.* [解] 부골의. 부골부(部)의. 안검연골의. [鳥] 경골의. [蟲] 부절의.

tarsite *f.* [醫] 안검연골염(眼瞼軟骨炎).

tarso *m.* [解] 부골(跗骨). [鳥] 경골(脛骨). 부절(跗節). [醫] 안검연골(眼瞼軟骨).

tarsostomia *f.* 안검연골절단술(截斷術).

tartamelear *v.i.* =*tartamudear*.

tartamelo *m.* =*tartamudo*.
tartamudear *v.i.* 말더듬다. 더듬으며 말하다.
tartamudeio *m.* =*tartamudez*.
— *f.* 말더듬기. 웅얼거리기.
tartamudo *a.* 말을 더듬는.
— *m.* 말더듬이.
tartana, tartanha *f.* (지중해의) 외돛. 삼각돛배.
tartaranha *f.* [鳥] 황조롱이의 암컷.
tartaranhão *m.* [鳥] 황조롱이.
tartarato *m.* [化] 아주석산염(亞酒石酸鹽).
tartarear *v.i.* 말을 더듬다. 더듬으며 말하다.
tartáreo *a.* 저승의. 지옥의. 지옥에 관한.
tartárico (1) *a.*《詩》저승의. 지옥의. 지옥에 속하는.
— (2) *a.* 주석(酒石)의. 주석 비슷한. 주석을 포함한.
ácido tartárico. 주석산(酸).
— (3) *a.* ①타타르의. ②사나운. 표한(慓悍)한. 포악한.
tartarizar *v.t.* 주석(酒石)을 섞다. 주석으로 처리하다. 주석화하다.
tartaro (1) *m.* [希神] 저승. 지옥.
— (2) *m.* [化] 주석(酒石). 치염(齒鹽). 치석(齒石).
tartaro dos dentes 치염(齒鹽).
— (3) *m.* 타타르 사람(말).
— *a.* 타타르 사람(풍)의. 표한한. 강포한. 포악한.
tartaroso *a.* 주석이 있는. 주석으로 되는. 주석질(質)의.
tartaruga *f.* [動] 거북(의 총칭). ②귀갑(龜甲). ③《俗》추한 노파. 미운 노파.
carapaça de tartaruga 거북의 잔등 껍데기. 귀갑.
tartrico *a.* 주석의. 주석산의.
tartufia *f.* =*tartufice*.
tartuficar *v.t.* 거짓 태도를 쓰다. 거짓 행동을 하다.
tartufice *f.* =*tartufismo*.
— *m.* 거짓 태도. 위선적 행동. 표면으로만 착한 척함.
tartufo *m.* 거짓 신자. 위선자(僞善者).
taruba *m.* 만죠까로 만든 술(酒).
taruca, taruga *f.* [動] 남미산의 라마속(屬)의 야생동물. 그 털로 짠 나사(羅紗).
tarugamento *m.* 맞춤 못으로 맞추기. 나무못(木釘)을 박아 조이기.

tarugar *v.t.* 맞춤 못으로 맞추다. 나무못을 꽂아 조이다.
tarugo *m.* 맞춤 못. 《英》*dowel*. 나무못.
tasca (1) *f.* 작은 요리점. 하급 음식점. 선술집.
— (2) *f.* ①삼을 뚜드리는 막대기. ②삼(대마)의 줄기를 뚜드리기. 뚜드려 부수기.
tascadeira *f.* 삼을(대마를) 뚜드리는 여자.
tascante *a.* 삼(대마)의 줄기를 뚜드리는. 뚜드려 부수는. 쳐서 가리는.
tascar *v.t.* 삼줄기(麻莖)를 뚜드리다. 뚜드려 부수다.
tasco *m.* 삼찌끼. 삼부스러기. 거칠은 삼.
tascoa *f.* 삼을(대마를) 뚜드리기. 쳐서 가리기.
tasmánio *a.* (호주 동남쪽의 섬) 태즈메이니아의.
— *m.* 태즈메이니아 사람.
tasna, tasneira *f.* [植] 개쑥갓의 무리.《英》*rag wort*.
tasneirinha *f.* [植] 개쑥갓.《英》*groudsel*.
tasqueiro *m.* ①작은 요리점 주인. 하급 음식점 주인. ②하급 음식점에 드나드는 사람.
tasquinha *f.* ①삼 뚜드리는 막대기. 타마봉(打麻棒). ②(먹기) 싫으면서 억지로 먹는 것.
tasquinhar *v.t.* ①삼을 뚜드리다. 삼줄기를 부수다. 쳐서 가리다. ②싫으면서 먹다. 억지로 먹다.
tassalho *m.* [俗] 베어 낸 큰 조각. 넓적한 토막.
tastear *v.t.* (현악기(絃樂器)에) 줄받침을 붙이다. 촉선을 구비하다.
tasto *m.* (현악기의) 줄받침. 촉선(觸線).
tatá *m.*《小兒語》아빠(=*papá*).
tataira *f.* [蟲] (브라질산) 벌의 일종.
tatajuba *f.* [植] 퍼스딕(멕시코의 황색 염료(染料)를 산출하는 식물).
tatamba *m.f.* ①똑바로 이야기 못하는 사람. 발음을 몹시 틀리게 하는 사람. ②야인(野人).
tataraneta *f.* 현손녀(玄孫女). 손자의 손녀딸.
tataraneto *m.* 현손. 손자의 손자.
tataranetos (*pl.*) 말손(末孫).
tataranha *a., m.* 마음이 작은 (사람). 용기가 없는 (사람). 우유부단한 (사람). 인

tataranhar *v.i.* 망설이다. 우물쭈물하다. 주저하다. 인순(因循)하다.

tataranho *a.* 망설이는. 우물쭈물하는. 주저하는. 인순한.
— *m.* =*tataranha*.

tataravô *m.* 고조부(高祖父). 할아버지의 할아버지.

tataravó *f.* 고조모. 할아버지의 할머니.

tatarema *f.* [植] =*tatajuba*.

tatarez *f.* 말더듬기. 입속에서 중얼거리기.

táταro *a.* 혀가 잘 돌지 않는. 말을 더듬는. 입속에서 중얼거리는.

tatauba *f.* =*tatajuba*.

tate *interj.* 주의! 주의하랏! 조심!

tateante *a.* 손으로 더듬는. 만지는. 손·발로 더듬어 찾는. 모색하는. 똑똑 두드리는 (뚜드려 보는).

tatear *v.t.* ①대다. 손·손가락을 대다. 닫치다. 만져보다. 만지다. ②손·발로 더듬다. 더듬어 찾다. 모색하다. ③[醫] 촉진(觸診)하다. ④(…을) 해보다. 시도하다.

tatibitate *a.* ①말 더듬는. 더듬으며 말하는. ②망설이는. 우물쭈물하는. 결정짓지 못하는. 인순(因循)한.
— *m.* ①말더듬이. ②결단력이 없는 사람.

tática *f.* 전술. 병법(兵法). 용병술. 책략.

tático *a.* 전술의. 전술적. 전술상. 용병상의. 병법의. 책략의.
— *m.* 전술가. 전략가. 병법가. 책략가. 모사.

taticografia *f.* 작전도(作戰圖).

tátil *a.* ①촉각(觸覺)의. 촉각을 가지고 있는. ②만져서(더듬어서) 알 수 있는. ③[畵·彫刻] 촉감(觸感)을 주는.
sensação tátil 촉감.

tatilidade *f.* 감촉성(感觸性). 만져서(더듬어서) 알 수 있는.

tatilmente *adv.* 촉감으로. 촉감적으로.

tato *m.* ①대기. (손·발로) 다치기. 만지기. 접촉. 접촉감. 촉감(觸感). ③[醫] 촉진(觸診). ②(묘한) 솜씨. 재주. 재치. (일의)요령. 만감. 꾀(바름).
pelo tato 손으로 만져서. 더듬어서.

tatu (1) *m.* [動] (남미산) 아르마딜로(帶獸). *tatus* (*pl.*) 《俗》 누나 또는 여동생이 없는 남형제(들). 형 또는 남동생이 없는 자매(들).
— (2) *m.* [植] (브라질산) 천인과(天人科)의 관목.

tatua *f.* [蟲] 검은 벌(黑蜂)의 일종.

tatuador *m.* 먹실을 넣는 사람. 문신(文身)하는 사람.

tatuagem *f.* 먹실을 넣기. 문신을 하기. 먹실. 문신.

tatuar *v.t.* 먹실을 넣다. 문신(文身)을 하다.

tatura *f.* 손으로(발로) 만지기. 더듬기. 모색.

tatuzinho *m.* (*tatu* (1)의 지소어). [動] 작은 아르마딜로.

tau *m.* 그리스 자모의 열아홉째 자. (*T. C.*=포르투갈어의 *T.t*). *T* 자형. *T* 인(印). (*T* 자형의 얼룩 있는) 아귀.

tauaçu *m.* (브라질 북부의 어민(漁民)들이 쓰는) 닻(錨) 대용의 돌(구멍 뚫린).

tauari *m.* [植] 콜롬비아 마호가니. (아마존산의) 섬유식물(纖維植物).

tauismo *m.* 도교(道敎 : 노자(老子)의 교). (=*taoismo*).

tauista *m.*, *f.* 도교신자.
— *a.* 도교의. 도교신자의.

taumatinga *f.* =*tabatinga*.

taumaturgia *f.* 마술. 마법. 기술(奇術). 기적을 일으키기(만들기).

taumatúrgico *a.* 마술의. 마법의. 기술의. 기적적.

taumaturgo *a.* 마술의. 마법을 쓰는. 기적을 일으키는.
— *m.* 마술사. 마법가. 기술사(奇術師). 기적을 행하는 사람.

táureo *a.* 《詩》 황소의. 수소(雄牛)의.

tauricéfalo *a.* 황소머리 같은. 수소 대가리 비슷한.

tauricida *a.*, *m.*, *f.* 황소를 죽이는 사람. 살우자(殺牛者).

tauricídio *m.* 황소를 죽이기.

tauricorne, tauricórneo *a.* 황소의 뿔같은. 황소의 뿔(같은 것)이 있는.

taurífero *a.* 황소를 기르는.

tauriforme *a.* 황소 비슷한. 수소와 같은.

taurino *a.* =*táureo*.

tauro *m.* 수소. 황소. [天] 수소자리(雄牛座)(星座).

taurodromo *m.* 투우장(鬪牛場).

tauromaquia *f.* 투우(鬪牛).

tauromáquico *a.* 투우의.

tautocronismo *m.* 때를 같이 하기. 동시에 행하기. 등시성(等時性).

tautocrono *a.* 때를 같이 하는. 동시에 행하는. 동시(同時)의. 등시(等時)의.

tautofonia *f.* 지나친 동음반복(同音反復).

tautofônico *a.* 같은 소리(同音)를 여러 번 되풀이하는.

tautologia *f.* [修] 동의어(同義語) 반복·중복. 중복어.

tautológico *a.* 동의어를 반복하는. 같은 말을 되풀이하는. [修] 중복적.

tautometria *f.* 너무 단조(單調)함.

tautossilabismo *m.* 동철자(同綴字)의 반복 (*lulu, mimi* 따위).

tauxia *f.* (금속에) 금·은을 박아 넣는 세공(細工). 자개박기. 상감(象嵌).

tauxiado *a.* (금속에) 금·은을 박아 세공한. 상감한.

tauxiar *v.t.* (금속에)금·은을 박아 넣다. 상감하다.

tavanés *a.* ①머리가 없는. 지혜가 없는. 둔한. 어색한. ②침착하지 못한. 잠시도 가만있지 못하는. ③쉬지 않고 움직이는. 활동적인. 일 잘하는.

tavão *m.* [蟲] 등에. 쇠파리(虻).

taverna *f.* 선술집. 주막. 하급 음식점. 여인숙. 불결한 집(특히 음식점).

taverneiro *m.* 선술집 주인. 하급 음식점. (여인숙) 주인.

távola *f.* =*tábula*.

tavolagem *f.* =*tabulagem*.

taxa *f.* ①세(稅). 조세(租稅). 세금. 연공(年貢). ②요금. 공정가격. 규정물가. 규정임금(規定賃金). ③이율(利率). 세율(稅率). 정률(定率). 보합(步合).
taxa de juro 이자율.
taxa adicional 부가세(附加稅). 부가소득세.
taxa suplementar 추가세. 특별보충세.
taxa de transito 통행세. 통과세.
taxa cambial 외국환시세(환과 법정 평가와의 차액).
taxa de matrícula 가입금. 입학금.
taxa de regístro 등록비.
livre de taxa 세금없이.

taxação *f.* ①과세(課稅). 징세. 세제(稅制). ②조세. 일반세. ③세액사정(稅額査定). ④값을 매기기. 가격을 정하기. ⑤율(率)을 정하기.

taxador *a.m.* ①세액사정인(査定人). 감정관(鑑定官). 과세금을 규정하는 자. ②값을 매기는 사람. 가격을 정하는 자. 율(비율)을 정하는 사람.

taxar *v.t.* ①세액을 사정(査定)하다. 과세금을 정하다. ②과세하다. ③(물가·요금·임금 따위를) 규정하다. 평가하다. 감정하다. 율(비율)을 정하다.
—*se v.pr.* ①세금이 사정되다. ②…라고 평가되다. ③…라고 생각하다.

taxativamente *adv.* 제한적으로. 한정으로.

taxativo *a.* ①제한적. 한정적(限定的). ②세금의. 과세의.

taxe *f.* [外科] =*taxis*.

taxi (1) *m.* [植] (아마존 지방의) 개미나무. 《英》 *ant free*. (개미나무에 있는) 개미집.
— (2) *m.* 택시.
ponto de táxi 택시 주차 장소.
chamar um taxi 택시를 부르다.
táxi-aéreo 택시 비행기. 공중 택시.

taxidermia *f.* 박제술(剝製術).

taxidérmico *a.* 박제(술)의.

taxidermista *m.* 박제사(師).

taxímetro *m.* (자동차 요금의) 자동표시기.

taxíneas *f.(pl.)* [植] 수송과(水松科).

taxíneo *a.* [植] 수송류의.

taxinomia *f.* =*taxionomia*.

taxionomia *f.* (특히 동·식물의) 분류학. 분류법.

taxionômico *a.* 분류학의.

taxionomista *m.* 분류학자.

táxis *f.* [外科] 탈장환납술(脫腸還納術). 정복술(整腹術).

taxologia *f.* 분류학(分類學).

taxológico *a.* 분류학의.

taxólogo *m.* 분류학자.

tcheco *a.* 체코 사람(말)의.
— *m.* 체코 사람(*Bohemia*와 *Moravia*에 사는 슬라브 민족). 체코말.

tcheco-eslovaco *a.* 체코슬로바키아의.
— *m.* 체코슬로바키아 사람.

te *pron.* (2인칭 대명사 *tu*의 목적격). 너에게. 자네에게. 너를. 자네를.
Eu te vi ontem. (직접 목적) 나는 어제 너를 봤다.
Eu te dei isso. (간접 목적) 나는 너에게 이것을 줬다.

té *prep.* 《詩》 *até*의 준말.

tê *m.* T자(字).

régua té T의 자(尺).
ferro té T자골의 쇠(鐵).
teaceas *f.*(*pl.*) [植] 차과(茶科)의 식물.
teaceo *a.* [植] (식물로서의) 차에 속하는. 차류(茶類)의. 차에 관한.
teada *f.* 천. 직물(織物).
teagem *f.* ①천. 직물. 얇은 직물. (특히) 얇은 비단. ②[生物] 조직. 구성. 세포조직. 세포막(細胞膜).
teandria, teantropia *f.* 신인양성구유(神人兩性具有). 신인동형론(神人同形論).
teantropista *m.*, *f.* 신인양성구유론자. 신인동형론자.
teantropo *m.* 신인양성을 가진 자. (즉) 그리스도. (를 가리킴).
tear *m.* 베틀. 직기(織機).
tear automática 자동직기(自動織機).
teatrada *f.* 연극. 흥행.
teatral *a.* ①극장(식)의. ②극의. 연극의. ③연극적. (말과 행동이) 연극조의. 연극 같은. (광경이) 극적인. ④일부러 꾸미는. 외형뿐인. 과장된.
teatralmente *adv.* 극적으로. 연극적으로.
teátrico *a.* = *teatral*.
teatriculo *m.* ①작은 연극. ②작은 극장.
teatridade *f.* ①연극적임. ②연극적으로 하기. ③부자연스러움.
teatrista *m.f.* ①연극에 자주 출연(出演)하는 사람. ②연극을 좋아하는 사람. 극장에 자주 가는 사람.
teatro *m.* ①극장. ②극. 연극. 극문학. ③연극술. ④각본집(脚本集). ⑤극단(劇壇). 극계(劇界). ⑥활동무대 ⑦《比喩》장면. 장소.
teatro da guerra 싸움터. 전장(戰場).
teatro de anatómico 수술교실. 해부 현장.
peça de teatro 각본(脚本).
tebaico *a.* [化] 테바인의. 아편기염(阿片基鹽)의.
tebaida *f.* ①(이집트 남쪽의 도시) 테에베 지방. ②적적한 곳. 쓸쓸한 지방. 무인지경.
tebaina *f.* [化] 테바인. 아편기염(阿片基鹽).
tebaismo *m.* 아편중독.
teca *f.* [植] (동인도산의) 티크 나무. 티크 재목.
tecedeira *f.* 피륙을 짜는 여자. 직녀(織女). 직부(織婦). 여직공(女織工).

tecedor *m.* ①피륙을 짜는 사람. 직공(織工). 뜨개질하는 사람. ②고안자. 계략자. 음모가.
tecedura *f.* ①천을(베를) 짜기. 뜨기. 짜는 법. 뜨는 법. 씨(피륙의 가로 건너 짜는 실). ③획책. 음모.
tecelagem *f.* ①천을(베를) 짜기. 뜨기. ②피륙을 짜는 직업.
tecelão *m.* ①짜는(뜨는) 사람. 직공(織工). ②[鳥] 피리새 무리.
teceloa *f.* ①직녀. 직부(織婦). ②피륙을 짜는 사람의 처.
tecer *v.t.* ①짜다. 짜서 만들다. 뜨다. 떠서 만들다. 섞어 짜다. 합쳐 짜다. ②《比喩》공들여 만들다. (…을) 만들어내다. 고안하다. ③(이야기를) 꾸미다. (음모 따위를) 꾸미다.
— *v.i.* ①천을 짜다. 베를 짜다. 기계로 짜다. ②전후좌우로 움직이다. (아기가 아무 뜻도 없이) 손발을 움직이다.
— *se v.pr.* ①합쳐 짜지다. ②꾸며지다.
tecido *a.* ①짠. 뜬. 짜서(떠서) 만든. 짜맞춘. ②고안한. 꾸민. 음모한.
— *m.* ①짠 피륙. 직물. 포목. 그물세공. 그물꼴의 천. ②조직(組織). 구조.
tecimento *m.* ①천을(베를) 짜기. 뜨기. 짜는 법. 뜨는 법. ②꾸미기. 획책. 음모.
tecla *f.* (피아노·풍금·타이프라이터 따위의) 키. 악건(樂鍵). (취주악기의) 음계(音階) 키.
teclado *m.* (피아노·풍금·타이프라이터 따위의) 건반(鍵盤).
técnica *f.* ①공예(工藝). 기술. 기예(技藝). ②전문적임. 학술적임. ③전문적 사항(事項). 학술적 사항. ④전문어. 술어(術語).
tecnicamente *adv.* 기술적으로. 전문적으로. 학술적으로.
tecnicidade *f.* 전문적 기술. 학술적 성질.
tecnicismo *m.* 기술적임. 학술적임. 전문적임.
técnico *a.* ①공업의. 공예의. ②전문(적)의. 기술의. 학술(상)의. (어떤 학문·기술·직업에) 특수한.
termo técnico 전문어(專門語). 술어(術語).
habilidade técnica 특기(特技).
escola técnica 공업학교.
— *m.* 전문가. 기술자.

tecnicolor *m*. 테크니컬러(천연색 영화(법)의 하나).

tecnocracia *f*. 기술주의. 기술성치(1932년 미국에서 제창된 경제학설. 한 나라의 산업적 자원의 지배·통제를 전문기술가들에게 일임하려는 것).

tecnografia *f*. 공예지(工藝誌). 학예지(學藝誌).

tecnográfico *a*. 공예지(학예지)에 관한.

tecnologia *f*. ①공예학. 공예사(史). 공예. ②술어. 술어집.

tecnológico *a*. 공예의. 공예(학)상.

tecó *adv*. 같게. 동일하게. 변함없이. 전과 같이.

teco-teco *m*. 작은 단엽(單葉) 비행기. 두 사람이 타는 작은 비행기.

tecto *m*. =teto.

tectônica *f*. (=tetonica). 축조학(築造學) (조선·건축·기구 제조 따위). 공예학.

tectônico *a*. (=tetônico). [生物] 구조의. [地質] 지각(地殼) 구조상의. [建] 건축의.

tectriz *f*. [鳥] 꼬리 깃털.

tecum *m*. 떼꾸마(*tecuma*)의 섬유(纖維).

tecuma *f*. [植] 떼꾸마(브라질산 종려과(棕梠科)의 일종).

te-Deum *m*. [宗] (조례(朝禮). 축승(祝勝) 같은 때 울리는) 찬송. 그 가곡.

tediferro *m*. [詩] 횃불을 든 사람.

tédio *m*. 지루함. 싫증. 권태(倦怠). 단조(單調). 귀찮음. 성가심.

tedioso *a*. ①지루한. 싫증나는. 권태케 하는. ②기분이 좋지 않은. 기분이 상하는. 불쾌하게 하는.

tefe *m*. 《卑》 항문(肛門). 음문(陰門).

téfe-téfe *m*. ①《俗》 십장의 고동(鼓動). 동계. ②《戲語》 사랑병. 연정(戀情).

tefrite *f*. [地] 화산암(火山岩).

tefrosia *f*. [植] (아메리카산) 공과(豆科)의 약초.

tegme, tegmen *m*. [植] 내종피(內種皮).

tegumentar, tegumentário *a*. 외피의. 피막의.

tegumento *m*. [動·解] 외피(外皮). 개피(蓋皮). 피막(被膜). [植] 내종피(內種皮).

teia (1) *f*. ①《雅》 피륙. 한 베틀분의 천. ②씨(緯). ③거미줄. 거미집. 거미줄 모양의 집. ④꾸민 것. 꾀한 것. ⑤복잡하게 엇갈려 있는 것. 분규(紛糾). ⑥(희곡(戲曲)의) 줄거리. ⑦[油畫用] 화포(畫布). ⑧나무를

창살 또는 그물 모양으로 엮은 칸막이. *teia de aranha* 거미줄. 《轉》 음모. 덫.
— (2) *f*. 《詩》 햇불. 거화(炬火).

teiforme *a*. 차(茶) 비슷한. 차상(茶狀)의. 차처럼 다려서 쓰는.

teiga *f*. 가는 가지(枝條) 또는 짚으로 만든 일종의 광주리(바구니).

teima *f*. 고집. 외고집. 고집부리기. 억지쓰기. 완고(頑固). 집요(執拗).

teimar *v.i*. 고집부리다. 억지 쓰다. 굽히지 않고 주장하다. 끝까지 하다.

teimice *f*. 고집. 억지. 완고.

teimosamente *adv*. 억지를 써서. 고집부려. 완고하게.

teimosia, teimosice *f*. 고집이 셈. 완고함. 집요함. 심한 억지.

teimoso *a*. ①고집 센. 완고한. 완강한. 굽히지 않는. 억지를 쓰는. 끝까지 주장하는. 말 잘 듣지 않는. 벽창호의. ②(병 따위) 고치기 어려운. 난치의.
doença teimosa 고치기 어려운 병.
— *m*. 겁많은 사람. 겁쟁이.

teína *f*. [化] 테인. 다소(茶素).

teísmo (1) *m*. [哲] 유신론(有神論). 하나님을 믿음.
— (2) *m*. [醫] 차중독(茶中毒).

teísta *m.f*. 유신론자. 하나님을 믿는 사람.
— *a*, 유신론의. 유일신교의. 유신론자의.

teiu *m*. [動] 일종의 큰 모미뱀.

teixo *m*. [植] 주목(朱木)(가끔 묘지 부근에 심는 상록수). 주목재(이전에는. 활을 만들고 지금은 가구재).

teixugo *m*. [動] 오소리. 《俗》 뚱뚱보.
gordo como um teixugo 돼지처럼 살찐.

tejadilho *m*. (마차·자동차 등의) 지붕 위.

tejoila *f*. 말발굽의 뼈의 하나. 종자골(種子骨)의 속명(俗名).

teju, teju-assú. teju-açu *m*. [動] 도마뱀의 일종.

tela *f*. ①(삼·솜·털·명주실 따위로 만든) 천. 비치는 비단. 성기고 얇은 천. ②(유화(油畫)용의) 화포(畫布). ③영사막(映寫幕). 은막(銀幕). ④돛을 만드는 천. 캔버스. ⑤의제(議題).
tela de televisão (텔레비전) 수상면(受像面).
Na tela da discussão. 심의(審議)중이다.

telagia *f*. [醫] 유두통(乳頭痛).

telamon *m*. [建] (돌림띠를 받치는) 남상주

(男像柱).

telamão *m.* =*telamon*.

telão *m.* (특히 극장 따위의 정면 상부(正面上部)에 치는) 선전광고를 쓴 큰 천. 광고포(廣告布).

telautografo *m.* 사진·서화전송기(書畵電送機).

telefonar *v.t., v.i.* 전화를 걸다. (…와) 전화하다.

telefone *m.* 전화. 전화기.
telefone público 공중전화.
telefone automático 자동전화.
cabinete de telefone 공중전화실.
lista dos tolefones 전화번호책.
ligar o telefone 전화를 걸다.
desligar o telefone 전화를 끊다.
chamar as telefone 전화로(전화까지) 불러내다.
o telefone está ocupado 통화중이다.

telefonema *m.* (전화기에 의한) 통화(通話). 일통화(一通話). 통화시(通話時).

telefonia *f.* 전화법. 전화술. 전화.《俗》무선전신기.

telefônico *a.* 전화의. 전화에 의한. 전화에 관한. 전화술의.

telefonista *m., f.* ①전화기수(技手). ②전화교환수. ③전신교환수.

telefonizar *v.t.* =*telefonar*.

telefono *m.* =*telefone*.

telefonografo *m.* 축음전화기(蓄音電話機).

telefoto *m.* 망원사진(望遠寫眞).

telefotografia *f.* 망원사진법.《稀》전송사진술.

telefotográfico *a.* 망원사진(법)의.

telefotôgrafo *m.* 망원사진사.

telega *f.* 러시아의 짐마차.

telegonia *f.* [生物] 감응유전.

telegrafar *v.t., v.i.* 전신으로 알리다. 전보치다. 타전(打電)하다. 전송(電送)하다.

telegrafia *f.* (유선) 전신술. 전신법.

telegraficamente *adv.* 전보로. 전신으로. 전신에 의하여.

telegráfico *a.* ①전신의. 전보의. 전신기의. ②전문체(電文體)의. ③전신(전보)에 의한.

telegrafista *m., f.* 전신기수(電信技手). [英軍] 통신병.

telégrafo *m.* 전신기(機). 전신국(局).

telegrama *m.* 전보. 전신.

telemecânica *f.* (먼데 있는 기계의) 무전조종법.

telemetria *f.* 거리 재는 법. 측거법(測距法).

telemétrico *a.* 측거법의.

telémetro *m.* 거리 재는 기계. 측거기(測距機).

teleologia *f.* [哲] 목적론(目的論).

teleológico *a.* 목적론의.

telepatia *f.* [心靈] 정신감응술. 전심술(傳心術).

telepático *a.* 정신감응술의. 전심술의.

telescopia *f.* ①망원경 사용법(관측술). ②망원경 구성법.

telescópico *a.* ①망원경의. 망원경으로 본. 육안으로는 보이지 않는. ②멀리까지 보이는.

telescópio *m.* (천체관측용) 망원경.

telescritor *m.* 인자(印字) 전신기.

telésia *f.* 청옥(青玉)의 일종.

telespectador *m.* 텔레비전 구경꾼. 텔레비전 시청자.

teletipo *m.* 타자기식 전신기.

televisado *a.* 텔레비전을 방송한. 수영(受映)한.

televisão *f.* 텔레비전. 전시(電視). 전영(電映).
televisão a côres 컬러 텔레비전.

televisar, televisionar *v.t.* 텔레비전을 방송하다. 방영(放映)하다. 수영(受映)하다.

televisor *m.* 텔레비전 수상기(受像機).

televisora *f.* 텔레비전 방송국.

têlha *f.* ①기와(의 총칭). 도와(陶互). ②《俗》변하기 쉬운 마음. 종작(대중으로 헤아려 잡은 짐작) 없는 생각. 망상. 변덕.

telhado *m.* ①(기와를 올린) 지붕. 옥상. ②이상한 버릇. 편벽(偏僻).

telhador *m.* ①기와제조인. 기와장이. ②(기와로) 이엉 이는 사람. 개초장이. ③흙으로 구워 만든 일종의 뚜껑.

telhadura *f.* ①기와를 올리기. 기와로 지붕 잇기. ②기와공장. 기와 굽는 곳. 타일제조소.

telhal *m.* 기와를 굽는 화덕(가마).

telhão *m.* 큰 기와.

telhar *v.t.* 기와를 올리다. 타일을 붙이다.

telheira *f.* 기와공장. 기와 굽는 곳.

telheiro *m.* ①기와제조인. 기와장이. 타일을 만드는 사람. ②기둥과 지붕만인 헛간. 기와 올린 지붕에 기둥만 있고 벽이 없는

telhice *f.* ①《俗》변하기 쉬운 마음. 종작없는 생각. 변덕. ②괴상한 버릇. 이상한 버릇(奇癖). 편벽(偏僻).

têlho *m.* 흙으로 구워 만든 일종의 뚜껑(덮개).

telhudo *a.* ①이상한 버릇이 있는. 괴상한 짓을 하는. ②정신이 좀 이상한. 미친 사람같은.

telhudamente *adv.* 미친 사람처럼. 본정신이 없이.

telilha *f.* 성기고 얇은 천. 사(紗). 가제.

telim *m.* ①칼띠. 검띠. ②딸랑(하는 방울 소리). 땡그랑(찌르릉)(하는 금속이 마주치는 소리).

telintar *v.i.* 딸랑 땡그랑) 소리나다.

telite *f.* [醫] 유두염(乳頭炎).

teliz *m.* 안장방석.

telurato *m.* [化] 텔루륨 산염(酸鹽).

telureto *m.* [化] 텔루륨 화합물.

telúrico *a.* ①[化] 텔루륨의. 텔루륨을 포함한. ②지구의. 땅(흙)에서 나는.

telurífero *a.* 텔루륨을 포함한.

telúrio *m.* [化] 텔루륨(非金屬元素: 기호 Te).

têm (=*teem*). 동사 *ter*의 직설법. 현재 3인칭 복수.
《註》포르투갈에서는 *teem*이라고고도 씀

tema *m.* ①주제. 제목. 논지. 화제. 문제(問題). ②(과제(課題)의) 작문. [文] 어간(語幹). 어근(語根). ④[樂] 주제(主題). 주선율(主旋律). 악지(樂旨).

temão *m.* ①[海] 키자루. 키의 손잡이. 타륜(舵輪). ②보습의 자루.

temário *m.* 제목(논지·화제·문제 등)의 일람표.

temático *a.* [文] 어간의. 어근의. [樂] 주제의. 악지의. 주선율의.

temente *a.* 무서워하는. 두려워하는. 외구(畏懼)하는. 공구(恐懼)하는.
temente de Deus 신을 공경하는. 경건한. 믿음깊은

temer *v.i., v.t.* ①무서워하다. 두려워하다. 외구하다. 공구하다. ②몹시 걱정하다. 근심하다. 우려하다.
—*se v.pr.* (+*de*). …을 무서워하다. 두려워하다.

temerando *a.* 무서운. 두려운. 공포심을 품은. 무시무시한. 공포에 사로잡힌.

temeràriamente *adv.* 무서운 줄 모르고. 무모하게. 앞뒤를 헤아리지 않고.

temerário *a.* 무서운 줄 모르는. 두려움이 없는. 무모한. 앞뒤를 생각지 못하는. 죽을지 살지 깨닫지 못하는. 저돌(猪突)적인. 만용(蠻勇)한.

temeridade *f.* 무서움을 모름. 두려움이 없음. 무지각. 쓸데없는 용기. 만용. 저돌(猪突). 죽을지 살지 모르고 덤빔.

temero *a.* =*temível*.

temerosamente *adv.* 무서워하며. 두려워서. 외구(畏懼)하여. 외포(畏怖)하여.

temeroso *a.* 무서운. 두려운. 무시무시한. 공포에 떨게 하는. 공포심을 일으키는. 외구하는. 외포하는. 공구(恐懼)하는.

temibilidade *f.* 무서움. 두려움. 무서운 일. 가공한 일. 외구(畏懼). 외포(畏怖). 위구(危懼).

temido *a.* 무서워하는. 두려워하는. 공포심을 품은. 겁난. 겁에 질린. 마음이 작은. 겁약(怯弱)한.

temível *a.* 무서운. 무시무시한. 공포심을 일으키는. 과히 전율할 만한. 가공할.

temivelmente *adv.* 무섭게. 두렵게. 겁에 질릴 정도로.

temoneira *f.* 조타소(操舵所).

temoneiro *m.* 키잡는 사람. 타수(舵手). 지휘자.

temor *m.* ①무서움. 두려움. 위구(畏懼). 공구(恐懼). 외포(畏怖). ②겁. 겁약(怯弱). ③큰 걱정. (예견되는) 불안. 근심사. ④공포(위구)의 대상.
temor de Deus 신(神)을 두려워함. 경건(敬虔)한 마음.

tempão *m.* 오랜 시간. 장기간(長期間).

têmpera *f.* ①(강철 따위의) 불림. 달굼. 경도(硬度). 탄성. ②(칼·검 따위의) 담금질의 정도. ③(진흙·횟가루 등의) 반죽된 정도. ④기질. 성품. 성질. 기분. 성화. 노기(怒氣). ⑤취미. 기호.
têmpera do ar 기온(氣溫).
pintura à tempera [畫] 템페라화(법). (물감을 꿀·달걀의 노란자위·갓풀 등에 섞어 타서 그린 그림).

temperadamente *adv.* 절제하여. 도를 맞춰서. 적도로. 온건하게.

temperado *a.* ①절제 있는. 삼가는. ②중용적(中庸的). 온건한. ③절주(금주)의. ④(기후·온도 따위가) 온화한. ⑤(강철

따위) 불린. (칼·검 따위) 담금질을 조절한. ⑥(악기 따위를) 조율(調律)한. 조절한. ⑦(진흙·횟가루 따위를) 적당히 반죽한. ⑧(요리 따위) 조미(調味)한. 간을 맞춘.
zona temperada 온대(溫帶).

temperador *a.*, *m.* 절제하는 사람. 조절자. 완화자. (강철 따위를) 불리는 사람. 담금질을 조절하는 자. (악기 따위를) 조율하는 사람.

temperamento *m.* ①체질. 기질. 성미. 성분. 소질. ②절제(節制). 절도. ③조화(調和). 완화(緩和). ④[樂] (악기의) 조율(調律). 평균율(平均律). ⑤기상(氣像).

temperança *f.* ①절제. 중용(中庸). 극기(克己). ②절주(節酒). 금주(禁酒). 절약.
sociedade de temperança 금주회(禁酒會). 절주회.

temperante *a.* 절제하는. 조절하는. 정도를 맞추는. 경감(輕減)하는. 가감하는. 완화하는.

temperar *v.t.* ①조절하다. 도를 맞추다. 가감(加減)하다. ②(맛을) 붙이다. 조미(調味)하다. 가미(加味)하다. (술 따위의) 도수를 맞추다. 잘 섞다. 혼합하다. ③(강철을) 불리다. 다시 달구다. (칼·검을 만들 때의) 담금질을 조절하다. ④(피아노 따위의 악기를) 조정(調整)하다. ⑤(진흙·횟가루 따위를) 잘 반죽하다. 적당히 개다.
temperar o vinho com água 포도주에 물을 적당히 타다. 도를 맞추어 혼합하다.
— *v.i.* 적당하게 되다. 조화되다. 잘 맞다. 누그러지다. 부드럽게 되다. (강철 등이) 불리어지다. 달구어지다.
—*se v.pr.* ①절제하다. 자기의 욕망을 억제하다. ②힘을 얻다. 굳세어지다.

temperatura *f.* 온도. 기온. 한란. 체온. 열. 열도(熱度).
temperatura máxima 최고 온도.
temperatura mínima 최저 온도.
temperatura média 평균 온도.
elevação de temperatura 기온의 상승.
ver a temperatura 체온을 재보다.

temperatural *a.* 온도(기온·한란·체온)의. 온도에 관한.

temperie *f.* = *temperamento*.

têmpero *m.* ①조미(調味). 맛살. 가미(加味). ②양념. 고명. 흥돋우는 것. ③조절. 절도(節度). ④길들이기. 단련. (재목 따위의) 건조. ⑤방법. 수단. ⑥완화책(緩和策). 미봉책(彌縫策). 구제책.

temperilha *f.* ①양념. 조미료. ②조화(調和)시키는 것. 완화하는 것. ③완화책.

temperilho *m.* ①고삐(牽制索)의 조종법(操縱法). (한 멍에에 맨) 두 필 이상의 말·소 따위를 모는 법. ②보통 약미(藥味).

tempestade *f.* ①대폭풍우(설). ②대소동. 큰 소란. ③격앙(激昻). 격정(激情).
tempestade em um copo dágua 집안 싸움. 작은 파란. 헛소동.
Após a tempestade vem a bonança. 《諺》 비온 땅이 굳어진다.

tempestear *v.i.* ①(날씨가) 거칠어지다. 폭풍우가 일어나다. ②《轉》 몹시 노하다. 노발대발하다.
— *v.t.* ①몹시 화나게 굴다. ②학대하다.

tempestivamente *adv.* 때마침. 시간에 알맞게. 좋은 시기에.

tempestivo *a.* 계절의. 때(철)맞은. 알맞은 기회를 얻은. 기회가 적절한.

tempestuar *v.i.* ①(폭풍 등이) 거칠어지다. ②소란해지다. ③몹시 노하다. 정신없이 소리치다.

tempestuosamente *adv.* (날씨 따위) 거칠게. 맹렬하게. 난폭하게.

tempestuosidade *f.* 큰 폭풍우(설).

tempestuoso *a.* ①대폭풍우(설)의. (바람·비가) 맹렬한. 몹시 거친. ②난폭한. ③아주 소란한.

templário *m.* [史] 성당무사(聖堂武士). 성당방위원(聖堂防衛委員)(십자군 이외의 기사단체(騎士團體)).

templo *m.* ①신전. 사원. (기독교의) 교회. 예배당. 성당. ②(불교 등의) 절. 사찰(寺刹). 묘사(佛寺). 묘(廟). ③전당(殿堂).

tempo *m.* ①(일반적) 때. 시간. 광음. 세월. ②시절. 기절. 시대. 연대(年代). 생애. ③시기. 기간. 기한. 사이. 기회. ④날씨. 기후. 천기(天氣). 일기(日氣). ⑤[文] 시상. [樂] 박자. 절(節). [競] 타임. 시간. [地質] 기(紀).
tempo de paz 평시(平時).
tempo de guerra 전시(戰時).
tempo de colheita 수확기.
tempo chuvoso 비 많은 시기.
tempos desfavoráveis 적절하지 못한 때.
tempo de funcionamente [機] 운전기간.
tempos idos 지난날. 옛적. 왕시(往時).

temporada-temporização

tempos passados 경과한 시일. 지난날.
tempos vindouros 오는 시기.
nossos tempos 현금(現今). 현시. 오늘날.
o tempo todo 언제나. 항시(恒時).
previsão do tempo 일기예보
tempo bom (mau) 좋은(나쁜) 날씨.
tempo quente 더운 날씨.
tempo úmido e frio 습기 있고 추운 날씨. 냉습한 일기.
tempo ruim (péssimo) 나쁜(아주 나쁜) 날씨.
tempo variável 일정치 않은 날씨. 변화하기 쉬운 날씨.
tempo firme 변하지 않는 날씨(특히 좋은 날씨의).
O tempo é dinheiro. 시간(세월)은 황금이다.
É tempo de laranja (uva). 귤(포도)의 철이다. 귤이(포도가) 한창이다.
a tempo 제 때에. 꼭 알맞은 시기에.
a um tempo 동시에. 한번에.
ao tempo que …와 같은 시기에. …와 동시에.
com tempo 점차로. 때와 함께. 벌써. 이전에.
com o correr do tempo 시간의 흐름에 따라.
de tempo a tempo 또는 *de lempos a tempos* 때때로. 가끔.
de tempo em tempo 때때로. 가끔.
em outro (noutro) tempo 옛날. 옛적에.
em pouco tempo 잠깐 동안. 짧은 시간 내에. 단시일(短時日) 동안.
há pouco tempo 조금 전에. 아까.
há muito tempo 오래 전에. 퍽 이전에.
há tempos 오래 전에. (막연한) 옛적에.
muito tempo depois 오랜 시일이 경과한 후.
pouco tempo antes (시작하기) 조금 전에.
fóra de tempo 늦어서. 철에 맞지 않는. 박자가 맞지 않는. 시기(기회)가 아닌.
não faz muito tempo 오래되지 않다.
não ter tempo 시간이(여유가) 없다.
já não há mais tempo 더 시간이 없다. 벌써 시간이 다됐다.
o tempo passou 시간이 지났다. 시간이 다 되다.
levar tempo 시간을 끌다. 시간이 걸리다.
ganhar tempo 시간을 얻다. 여유를 만들다.
perder tempo 기회를 놓치다. 헛된 시간을 보내다.
durante certo tempo 어느 일정한 기간 내에.
Tudo em seu tempo. 또는 *Há tempo paratudo.* 무슨 일이나 다 때가 있다(때가 와야 된다).
nos tempos primitivos 태고의 옛적에.
desde os tempos remotos 오랜 옛날부터.
Há quanto tempo você iá está aqui? 여기에 와 있은지 퍽 오래 되었습니까?
Há muito tempo que estou à espera. 벌써 오래 전부터 기다리고 있습니다.
O tempo e a mare não espera por ninguem. 《諺》세월은 사람을 기다리지 않는다.
Atrás de tempos, tempos vêm. 기회는 또 온다(있다).

temporada *f.* 어떤 기간. 꽤 오랜 기간. 철. 절기.

temporal (1) *a.* ①일시적인. 잠시의. ②현세의. 속세의. ③[文]때를 나타내는. 시상(時相)의.
— *m.* 큰 비. 큰 눈보라. [氣象] 폭풍.
— (2) *a.* [解] 관자놀이의.
— *m.(pl.)* [解] 관자놀이뼈. 섭유골(顳顬骨).

temporalidade *f.* 일시직임. 잠시임.
— *m.(pl.)* ①세속적 소유물(특히 교회·성직자의 수입·재산). ②[法] 일시적 소유(수입 따위). ③속된 일. 속사(俗事).

temporalizar *v.t.* ①일시적으로 하다. ②속화(俗化)하다. 세속화(世俗化)하다. [가톨릭] 환속시키다.

temporalmente *adv.* ①일시적으로. 임시적으로. 잠정적으로. ②세속적으로.

temporâneo *a.* =*temporário.*

temporão *a.* 일찍 익는. 일찍이 되는. 조숙하는. (시기) 상조(尙早)의.

temporariamente *adv.* 일시적으로. 잠정적으로. 임시로.

temporário *a.* 일시의. 잠시의. 임시의. 덧없는. 임시적. 당장의. 임시변통의. 당좌(當座)의.

têmporas *f.(pl.)* [가톨릭] 사계(四季)의 제일(齋日). (춘하추동의 각 계절 초에 행하는 수금토(水金土) 3일 간의 단식일).

temporização *f.* ①시기(기회)를 기다리기.

temporizador–tendinha

미루기. 천연(遷延). ②형세관망(形勢觀望). 미봉(彌縫).
temporizador *m.* ①시기(기회)를 기다리는 사람. ②시대 형편을 쫓는 사람. 기회주의자. 일시 미봉책을 쓰는 사람.
temporizamento *m.* = *temporização*.
temporizar *v.t, v.i.* ①일시적 미봉책(彌縫策)을 쓰다. 고식적(姑息的) 수단을 취하다. 기회주의적 태도를 취하다. 시국에 편승하우. 남의 뜻에 따르다. 타협하다. ③시일을 끌다. 연기하다.
temporo-maxilar *a.* [解] 귀밑(顧顬)과 턱(頤)의.
tem-tem *m.* 아장아장 걷기(아기가 걷기 시작할 때의).
tem-tenzinho *m.* [鳥] 매의 일종.
temulência *f.* 취함. 도취. 명정(酩酊).
temulento *a.* ①취한. 도취한. 명정한. 취하게 하는. ②폭음난무(暴飮亂舞)의.
tenacidade *f.* ①고집. 집요(執拗). 완강. 끈덕짐. ②강인성(强靭性). 질김. 교착성(膠着性). 점착성(粘着性).
tenáculo *m.* [外科] 일종의 갈고리.
tenalgia *f.* [醫] 건통(腱痛).
tenalha *f.* [築城] 요보(凹堡).
tenalhão *m.* [築城] 안경보(堡).
tenar *m.* [解] 장연(掌緣: 엄지손가락 아래의 불룩한 손바닥 부분).
tenaz *a.* ①고집하는. 고수(固守)하는. 집요한. 억척스러운. 완강한. 끈덕진. ②질긴. 강인한. 끈기 있는. 불요불굴의. ③꼭 붙어 떨어지지 않는. 접착력이 있는. ④참을성 있는. ⑤센. 억센.
— *f.* (달군 철 따위를 집는) 집게의 일종. (대장간에서 쓰는) 족집게.
tenazmente *adv.* 완고하게. 집요하게. 끈기 있게. 강인하게.
tenca *f.* [魚] 잉어의 일종.
tença *f.* 《古》 은급. 연금(年金).
tenção *f.* ①의사(意思). 의향. 의도. 기도(企圖). ②계획. ③의미. 취지. ④상징. 표상.
(注意) 동음이의어(同音異議語) *tensão*: 긴장(緊張).
fazer tenção de …을 기도(企圖)하다. …을 시도하다.
mudar de tenção 뜻(의향)을 변하다.
tenceiro *m.* 은급(연금)을 받는 사람.
tencionar *v.i., v.t.* (…할) 작정이다. (…의)

뜻을 품다. (…하려고) 생각하다. (…을) 기도하다.
tencionário *m.* 《古》 (정부로부터) 은급을 받는 사람.
tenda *f.* ①천막. 텐트. 천막집. 막사(幕舍). ②천막을 친 식료품점(食料品店). 작은 노점. ③작은 작업장. 임시 작업장. 작은 대장간.
tendal *m.* ①(배의 갑판 위의) 천포(天布). 차일(遮日). 덮는 천. ②양털 깎는 곳. ③날고기・물고기 등을 말리기 위하여 걸어두는 곳. 물고기・생고기 따위의 건조장. ④(제당소(製糖所)에서의) 당형(糖型)을 놓는 곳.
tendão *m.* [解] 건(腱).
tendedeira *f.* 반죽한 덩어리를 늘려 펴거나 빵으로 빚어 놓는 판(板).
tendedura *f.* 반죽한 덩어리를 만두・송편 따위를 만들기 위하여 펴다. 펴서 늘이다. 빵으로 빚다.
tendeira *f.* 식료품상점(반찬가게)의 여주인.
tendeiro *m.* 식료품상점(반찬가게)의 주인.
tendência *f.* ①경향. 풍조(風潮). 추세(趨勢). ②성향(性向). 성벽(性癖). ③의도. 의향. 의사(意思). ④(말・소설 등의) 취지. 취향(趣向).
tendencioso *a.* ①경향이 있는. ②숨은 목적(뜻)이 있는. 딴 의사가 있는. ③악의 있는.
boatos tendenciosos 악의의 유언비어(流言蜚語).
tendente *a.* ①경향 있는. 풍조 있는. ②…을 하기 쉬운. (…의) 버릇이 있는. ④(…의) 뜻이 있는. (…을) 목적하는.
tender *v.t.* ①펴다. 쭉 펴다. 전개시키다. 넓히다. ②(반죽한 덩어리를 조금씩 잘라) 빚다. 빚어내다.
— *v.i.* ①기울다. 기울어지다. ②경향이 있다. ③(…의) 뜻을 품다. ④(…에) 향하다. 향해가다.
—*se v.pr.* 펴지다. 전개하다. 넓어지다.
tênder *m.* ①(기관차의) 탄수차(炭水車). ②종선(從船). 부속선(附屬船).
tendilha *f.* 작은 식료품 상점. 작은 반찬가게.
tendilhão *m.* ①큰 천막. 야영용 천막. 대막사(大幕舍). ②대형차일(大型遮日).
tendinha *f.* ①작은 천막. 작은 차일(小型遮日). ②작은 식료품상점. 작은 반찬가게.

tendinoso *a*. 건(腱)의. 건같은.

tendola *f*. 보잘 것 없는 식료품가게.

tênebra *f*. [가톨릭] 테네브리(부활제 전주의 최후 3일간의 조과(朝課)와 찬미가).

tenebrário *m*. 테네브리 때에 쓰는 큰 촛대(燭臺).

tenebrião *m*. [蟲] 분맹충(粉虫)(갑충(甲蟲)의 일종).

tenebricosidade *f*.《稀》①어두움. 암흑. ②불명료. 애매함. 막연함.

tenebricoso *a*.《稀》①어두운. 어둑어둑한. ②애매한. 불명료한. 막연한.

tenebrizador *m*. 문맹주의자. 비교육(非敎育)론자. 우민(愚民)정책주장자.

tenebrosidade *f*. ①어두움. 암흑. 암담(暗澹). ②음침. 음울. ③난해(難解).

tenebroso *a*. ①어두운. 캄캄한. ②어스름한. 음침한. 침울한. 음산한. ③(뜻이) 모호한. 불명료한. 알기 어려운. 난해의. ④무시무시한. 무서운.

tenência *f*. ①*tenente*의 직위. ②사려(思慮). 용의(用意). ③기력. 원기.

tenente *m*. ①보좌관. 상관대리. 부관. ②육군 중(소)위. 해군 대(중)위.
primeiro tenente 중위.
segundo tenente 소위.
capitão tenente 해군 대위.
tenente-colonel 육군 중령.
tenente-general 육군 중장.

tênia *f*. [蟲] 촌충. 조충(條蟲).

teniase *f*. [醫] 촌충병. 조충병(條蟲病).

tenifugo *a*. 촌충을 없애는.
— *m*. 촌충구제제(驅除劑).

tenioide *a*. 촌충같은. 촌충꼴을 한.

tenioto *a*. [動] 귀가 가늘고 긴.

tênis *m*. 정구(庭球). 테니스.
bola de tênis 정구공.
quadra de tênis 정구장.
raqueta de tênis 정구 라켓.
tênis de mesa 탁구(卓球).

tenista *m.f*. 정구하는 사람. 테니스 선수.

tenor *m*. [樂] ①차중음(次中音). 테너. ②테너 가수. ③차중음부. ④차중음악기.

tenorino *m*. 제2류의 테너 가수.

tenorrafia *f*. [外科] 건봉합술(腱縫合術).

tenotomia *f*. [外科] 건(腱)절단술.

tenramente *adv*. 부드럽게. 온화하게. 온정을 품고.

tenro *a*. ①부드러운. 유연한. 보들보들한. 매끄러운. ②(빛·색깔·음조 등이) 부드러운. 연한. ③(성격이) 온순한. 친절한. 따뜻한. 정이 있는. ④애티 있는. 어린. ⑤어린 때의. 유시(幼時)의. 미숙한. ⑥(문제 따위) 미묘한. 까다로운. 취급하기 어려운.
tenra idade 유시(幼時).

tenrura *f*. 연함. 부드러움. 유연성(柔軟性). 가냘픔. 취약(脆弱). 자비심.

tensamente *adv*. 팽팽하게. 긴장하여.

tensão *f*. ①긴장. 신장(伸長). ②(정신적) 긴장. ③(정세 등의) 절박. 긴장상태. ④[理] 장력(張力). 팽창력(膨脹力). (탄성체(彈性體)의) 응력(應力). 왜력(歪力).
(注意) 同音異義語 *tenção*: 의사. 의향. 의도.

tensivo *a*. [醫] 긴장하게 하는. 긴장감을 일으키게 하는.

tenso *a*. 팽팽한. (신경·감정이) 긴장한. 절박한. 부자연한. 거북한.

tensor *a*. 팽팽하게 하는. 잡아 늘이는. 긴축시키는.
— *m*. [解] 장근(張筋). [數] 장률(張率).
músculos tensores [解] 장근.

tenta *f*. ①시험. 시험해보기. 시도(試圖). ②[外科·醫] 탐침(探針). 소식자(消息子).

tentação *f*. ①유혹. 유혹물. 유혹의 마수(魔手). 마음을 끄는 것. ③사도(邪道). 악마의 길.《古》시도(試圖). 기도(企圖). 시험.
cair na tentação 유혹에 빠지다. 마수에 걸리다.

tentaculado *a*. *tentáculo*를 가지고 있는.

tentacular *a*. *tentáculo* 모양(성질)의.

tentaculífero *a*. *tentáculo*가 있는.

tentaculíferos *m*.(*pl*.) [動] 유촉수류(有觸手類).

tentaculiforme *a*. *tentáculo* 모양의.
tentáculo 같은.

tentáculo *m*. [動] 촉수(觸手). 촉각(觸角). 촉수(觸鬚). [植] 촉모(觸毛). 촉사(觸絲). 촉수 같은 물건.

tentadiço *a*. 유혹에 빠지기 쉬운. 마수에 걸리기 쉬운.

tentado *a*. 유혹에 빠진. 유혹당한. 마수(魔手)에 걸린.

tentador *a*. 유혹하는. 유혹적인. 부추기는. 황홀하게 하는. 마음을 끄는. 구미당기는. 맛있음직한.

— *m.* 유혹자(물). 《俗》악마. 사탄.
tentame, tentamen *m.* 해보기. 시도(試圖). 기도(企圖).
tentamento *m.* 해보기. 시도. 기도.
tentar *v.i.* ①시험삼아 해보다. 해보다. ②시도(試圖)하다. 기도(企圖)하다. ③(탐침(探針)·소식자(消息子) 따위로) 찾다. 찾아보다. 모색하다. ④(…의) 위험을 무릅쓰고 하다. 모험하다. ⑤신의(神意)에 거역하다. 신을 무시(하고 모험)하다. ⑥유혹하다. 꾀이다. 꾀어서 …시키다. ⑦부추기다. 선동하다.
— **se** *v.pr.* ①유혹에 빠지다. 유혹당하다. 위험을 무릅쓰다. (목숨을 걸고) 감행하다.
tentativa *f.* ①시도(試圖). 기도(企圖). ②시험. 실험. ③[法] 미수(未遂).
tentativa de crime 미수죄(未遂罪).
tentativo *a.* 시험의. 시험적. 임시의.
tenteador *a.* ①탐침·소식자 따위로 찾는. 찾아보는. 모색하는. ②해보는. 시도하는.
— *m.* 해보는 사람. 시도자(試圖者). 시험자. 모색하는 사람.
tentear (1) *v.t.* ①탐침으로 찾다. 소식자(消息子)를 넣어보다. 모색하다. ②손으로 더듬다. 더듬어보다. ③해보다. 시험삼아 해보다. 시도하다.
— (2) *v.t.* (일을) 신중히 처리하다. 주의하다. 잘 생각해서 하다.
— (3) *v.t.* 수를 세다. (특히) 득점을 계산하다. 자세히 세보다.
tenteio *m.* ①탐진(探診). ②더듬기. 찾기. 모색. ③해보기.
tenterê *m.* [動] (브라질 북부의) 악어의 일종.
tentilhão *m.* [鳥] 검은 방울새. 되새.
tento (1) *m.* 조심. 주의. 신중(愼重).
dar tento …에 주의하다. (…을) 유심히 듣다.
a tento 조심하여. 주의하여. 유심히.
sem tento 조심성 없이. 부주의하게. 경솔히.
— (2) *m.* ①(트럼프·골패 등의) 득점(得點). ②득점 카드. ③점수봉(點數棒). 계산표.
— (3) *m.* [畵] 화공(畵工)이 손을 받치는 일종의 막대기.
tentório *m.* ①큰 천막. 야영용 천막. ②야영막사(野營幕舍).

tênue *a.* ①아주 얇은. 몹시 가는. ②(차이가) 미세(微細)한. ③미약한. 섬약(纖弱)한. 빈약한. ④희박한. ⑤가치 없는. 보잘 것 없는.
tenuemente *adv.* ①아주 얇게. 매우 가늘게. 미세하게. 섬세하게. ②근소하게. 소소하게. 인색하게.
tenuicorneo *a.* [動] 가늘고 작은 뿔을 가지고 있는.
tenuidade *f.* ①몹시 가늚. 아주 얇음. ②미세(微細). 섬세. ③미약. 빈약. ④희박. 소박.
tenuifloro *a.* [植] 작은 꽃이 있는. 소화(小花)의.
tenuifoliado *a.* [植] 작은 잎사귀 있는. 소엽(小葉)의.
tenuipede *a.* [動] 작은 발이 있는.
tenuipene *a.* [鳥] 작은 날개 있는. 소익(小翼)의.
tenuirrostro *a.* [鳥] 작은 부리(주둥이) 있는.
tenuirrostros *m.(pl.)* [鳥] 세취류(細嘴類).
tenuto *adv.* 《It》[樂] 음을 지속하여.
teobroma *m.* [植] 카카오속(屬).
teobromina *f.* [化] 카카오소(素).
teocracia *f.* 신정(神政 : 신탁(神託)에 의한 정치). 신정국.
teocrata *m., f.* 신정자(神政者). 신정주의자. 신정론자(神政論者).
teocraticamente *adv.* 신정에 의하여. 신정하(下)에.
teocrático *a.* 신정의. 신정주의의. 신정 아래의.
teocratizar *v.t.* 신정을 하다. 신정을 베풀다.
teodicéia *f.* [神學·哲] 변신론(辯神論). 신정론(神正論 : 악의 존재를 신의 섭리라고 하는 설).
teodólito *m.* [天] 경위의(經緯儀).
teofania *f.* 신(神)의 출현(出現). 현현(顯現).
teofilantropia *f.* 자연신교(自然神敎). 신인애성교(神人愛誠敎 : 프랑스 혁명 때 일어난 신(神)과 사람의 사랑을 주장한 새로운 교(敎)).
teofilantropo *m.* 위의 교를(또는 설을) 믿는 사람.
teofobia *f.* 신을 싫어함. 신을 미워함.
teofobo *m.* 신(神)을 싫어하는 자. 신을 욕

하는 자.
teogonia *f*. 신통계보학(神統系譜學). 신통기(神統記).
teogónico *a*. 신통계보학의. 신통기의.
teogonista *m*. 신통계보학자. 신통기연 구가.
teologal *a*. 신학(상)의. 신학적(성질)의. 경전상(經典上)의.
teologalmente *adv*. 신학상. 신학적으로. 장엄하게. 장중(莊重)하게.
teologia *f*. ①(기독교) 신학. 종교심리학. (종교상의) 학파. ②신학과(神學科). 신학론집(神學論集).
teologia moral 윤리신학(倫理神學).
teologia natural 자연신학.
teologia dogmática 교조(敎條)신학.
teologicamente *adv*. 신학적으로. 신학의 견지에서.
teológico *a*. 신학의. 신학적. 신학상의. 신학에 관한.
teologizar *v.i.*, *v.t.* 신학적으로 하다. 신학적으로 사변(思辨)하다. 신학을 연구하다.
teólogo *m*. 신학자. 신학연구가.
teomancia *f*. 신점술(神占術). 신역(神易).
teomania *f*. 스스로(자기가) 신이라고 믿는 것. 신이 자기의 육체에 머무른다고 믿는 망상.
teomaníaco *a*., *m*. 스스로(자기가) 신이라고 믿는 망상가.
teomante *m*. 신점술가(神占術家). 신역자(神易者).
teor *m*. ①방침. (일생의) 진로. ②취지. 대의. ③[法] 진의(眞意). 등본. ④성분. 성질. 품질. ⑤[文] 본문(本文). 전문(全文).
teorba *f*. 긴 경부(頸部)가 둘 있는 현악기 (17세기 경의).
teorema *m*. 정리(定理). 법칙. 정설(定說). 추단적(推斷的)진리. [數] 정리.
teorético *a*. =*teórico*.
teoria, teórica *f*. ①이론(理論). 학리(學理). ②가정설(假定說). 학론(論). …론(論). ③《俗》의견. 지론(持論). 사견(私見).
teoricamente *adv*. 이론상. 이론적으로. 학설로서.
teórico *a*. ①이론의. 이론상의. 학리적. 순리적(純理的). 관념적인. ②사색적인. 공론적인.
— *m*. ①이론가. ②명상가(瞑想家). 공상가.

teorista *m.f.* 이론가. 공론가.
teorização *f*. 이론세우기. 추론(推論)하기.
teorizar *v.i.*, *v.t.* ①이론을 세우다. 학리를 세우다. ②추론하다.
teosofia *f*. [宗] 접신학(接神學). 신지학(神知學).
teosoficamente *adv*. 신지학상.
teosófico *a*. 신지학상(神知學上)의. 접신학의.
teosofismo *m*. 접신주의.
teósofo, teosofista *m*. 접신(接神)론자. 신지학자(神知學者).
tepés *a*.《俗》고집이 센. 완고한. 끈덕진.
tepesmente *adv*. 완고하게. 끈덕지게.
tepidamente *adv*. 미지근하게. 열성이 없이.
tepidez *f*. ①미지근함. 미온(微溫). ②열성이 없음. 열심하지 않음. 냉담.
tépido *a*. ①미지근한. 춥지도 않고 덥지도 않은. 미온의. ②열정이 없는. 냉담한. ③열성이 없는. 활기 없는.
tepor *m*. =*tepidez*.
ter *v.t.* ①가지다. 가지고 있다. 소유하다. ②…이 있다. ③취하다. 받다. 얻다. (음식물을) 섭취하다. ④몸에 지니다. 휴대하다. ⑤보유하다. 보존하다. ⑥알고 있다.
ter uma casa 집 한 채 가지고 있다.
ter amigo (amiga) 남자친구(여자친구) 있다.
ter mulher e filhos 처자가 있다.
ter uma criança ①아기를 가지다. 잉태하다. ②양자를 삼다.
ter fé 믿다. 신용하다. 신앙이 있다.
ter confiança em …을 확신하다. …을 믿다.
ter dúvida 의심이 있다. 의혹을 품다.
ter muito dinheiro 돈이 많다. 많은 돈을 가지고 있다.
ter muitas dívidas 많은 빚이 있다. 부채(負債)가 많다.
ter frio (calor) 춥다. 덥다.
ter fome (sêde) 배고프다. 목마르다.
ter vergonha 부끄럽다.
ter mêdo 두렵다. 무섭다.
ter receio 근심스럽다. 걱정이 있다.
ter razão 맞다. 도리가 있다.
não ter razão 맞지 않다. 틀리다. 옳지 않다.
ter ciúmes 질투하다. 시기하다.

ter tempo 시간이 있다.
ter esperança 희망이 있다.
ter prazer em …을 즐기다. …에 기뻐하다.
ter boa memória 기억력이 좋다.
ter mau hábito 나쁜 습성(버릇)이 있다.
ter mau génio 나쁜 근성이 있다. 심술이 있다.
ter afeição por …을 애호하다. …에 애정을 품다. …을 몹시 좋아하다.
ter amizade com …와 우의(友誼)가 있다.
ter aversão a …을 증오하다. 반감을 품다.
ter coragem 용기가 있다.
ter remédio ①약이 있다. ②방책이 있다.
ter compromisso 약속이 있다.
ter sangue frio 마음이 차다. 냉정하다.
ter falta …이 없다. …이 결핍되다.
ter altura (comprimento, largura, fundura) …의 높이(길이, 넓이, 깊이)가 있다.
ir ter a …에 이르다. 도달하다. …로 끝나다.
ir ter com alguem 아무를 만나러 가다.
ter por …라고 생각하다.
não ter nada com …와 아무 관계 없다.
ter de 또는 *ter que* (반드시) 해야 한다. (…을) 하지 않으면 안 된다.
ter de estudar 공부를 해야 한다.
ter de sair 외출할 것이다.
ter que fazer (…을) 해야 한다.
ter que esperar 기다려야 한다.
Que tenho que fazer? 나는 무엇을 해야 하나?
Tenho de fazer hoje o mesmo que tive de fazer ontem 나는 어제 했던 것처럼 오늘도 꼭 같은 것을 해야만 한다.
Não tivemos nada que fazer. 해야 할 일은 아무 것도 없었다. 아무 것도 할 것이 없었다.
Não tem de que se queixar. 불평을 제기할 것은 아무 것도 없다.
Não ter o que dizer. 말할 것이 없다.
Teremos chuva ainda hoje. 오늘 중에 비가 올 것이다.
Quantos anos ela tem? 그 여자는 몇 살입니까?
Ela tem vinte anos. 그 여자는 스무살입니다.

*조동사로 사용될 경우 그 뒤에 동사의 과거분사를 가져 복합시(複合時)를 만든다.
ter dito 말했다.
ter comido 먹었다.
—*se v.pr.* ①제 힘으로 살아가다. 자활하다. ②스스로 유지하다. 자제(自制)하다.
ter-se em pé 똑바로 서 있다.
ter-se bem a cavalo 말등에 좋은 자세로 앉아 있다.
— *m.* (복수형 *teres*로 씀). 재산(財産).

terapeuta *m.* 치료전문가(의사).
terapêutica *f.* 치료학(술). 요법(療法).
terapêutico *a.* 치료의. 치료학의. 치료상의. 치료학의. 요법의.
terapia *f.* 치료법. 요법.
teratogenese, teratogenesia *f.* =*teratogenia*.
teratogenia *f.* 기형생성(畸形生成).
teratogénico *a.* 기형이 되는. 기형생성의.
teratologia *f.* 기형학(畸形學). 괴물(怪物) 연구.
teratológico *a.* 기형학(상)의.
teratologista, teratólogo *m.* (생물의) 기형학 전공자(專攻者).
teratoma *m.* [醫] 군종양(群腫瘍).
teratoscopia *f.* 기형괴이(畸形怪異)에 의한 점복술(占卜術).
térbio *m.* [化] 테르븀(金屬元素: 기호 Tb).
terça (1) *f.* ①3분의 1. ②제삼(第三). ③[樂] 제3음. 3도 음정(音程). ④[宗] 3시과(時課)(오전 9시의 예배). ⑤(트럼프) 석장 연달리기.
— (2) *f.* (*terca-feira*의 준말). 화요일.
terçã *a.* [醫] 사흘만에(하루 걸러) 일어나는.
— *f.* 격일열(隔日熱). 삼일열.
terçado *a.* ①세 가지를 섞은. 삼 종류를 혼합한. ②뚫은. 꿰뚫은.
— *m.* 단검(短劍). 단도.
terçador *a., m.* 중재자(仲裁者). 조정자. 알선인.
terça-feira *f.* 화요일(火曜日).
terçan *a., m.* =*terçã*.
terçar *v.t.* ①세 가지를 섞다. 삼 종류를 혼합하다. ②삼등분(三等分)하다. 세 몫으로 나누다. ③꿰뚫다. 관통하다. ④비스듬히 놓다. 대각선으로 놓다.
— *v.i.* ①중재하다. 조정(역할)하다. ②싸우다.

terçaria *f.* ①중재. ②인질(人質). ③제3자에게 공탁하는 담보(擔保).

terceira *f.* ①*terçador*의 여성형. ②[樂] 제3음. 3도 음정(音程).

terceiramente *adv.* 세 번째로.

terceiranista *m., f.* (고등학교 또는 대학의) 3학년생.

terceiro *a.* 세 번째의. 제삼의. 제3급의. 제3등의.
terceira pessoa 제삼자. 세 번째 사람.
terceira classe 제3급. 제3학년.
terceira guerra 3차대전(三次大戰).
terceira categoria 제3등(급).
jornal de terceira categoria 삼류지(三流紙). 삼류 신문.
em terceiro lugar 세 번째로.
— *m.* ①제삼자. ②중재인. 조정자. ③중매자. ④《稀》갈보집 주인. 포주.

tercena *f.* 해안 또는 강안(江岸)의 창고. (특히) 곡물창고.

tercenário *m.* [法] 유산(遺産)의 3분의 1을 받는 자. (성직자록(聖職者祿)의) 3분의 1을 받는 수록성직자(목사).

tercentésimo *a.* = *trecentésimo*.

tercetar *v.i.* *tercêto*를 짓다.

tercêto *m.* [樂] 삼련음(三連音). [韻] 3련구(聯句).

tercia *f.* [宗] 3시과(時課)(오전 9시의 예배).

terciado *a.* [紋] 세 부분으로 나뉘어진, 세 가닥 진.

terciar *v.i.* = *terçar*.

terciario *a.* ①셋째의. [化] 셋째(급)의. [醫] 제삼기의(매독 따위). ②[地質] 제삼기(紀)의.

tercifalange *f.* [解] 제삼지골(第三指骨・趾骨).

tercio-décimo *a.* 열 세번째의. 제13의.

tercionário *a., m.* 격일열(隔日熱)(삼일열)에 걸린.

terciopelo *m.* 일종의 벨벳.

tereiopeludo *a.* 털이 많은. 털복숭이의.

terço *m.* 3분의 1.

terçô *m.* 수매(雄鷹).
— *a.* (돼지새끼 따위) 마지막으로 출산한.

terçogo *m.* = *terçol*.

terçol, terçolho *m.* [醫] 다래끼. 맥립종(麥粒腫).
(注意) *tersol*.

terebela *m.* 환충류(環蟲類)의 일종.

terebenico *a.* [化] 테레빈의.

terebintáceas *f.(pl.)* [植] 테레빈과(科).

terebintina *f.* [化] 테레빈(소나무와 식물의 함유수지(含油樹脂)). ②《俗》테레빈 기름.

terebintinado *a.* [化] 테레빈성(性)의.

terebintinar *v.t.* 테레빈 기름을 바르다(칠하다).

terebinto *m.* [植] 테레빈 나무.

terebração *f.* 나사송곳으로 구멍을 뚫기.

terebrante *a.* ①나사송곳으로 구멍을 뚫는. 꿰뚫는. ②(송곳 따위로) 찌르는 듯한.
dôr terebrante 송곳으로 찌르는 듯한 아픔.

terebrantes *m.(pl.)* [蟲] 막시류(膜翅類)의 일종.

terebrar *v.t.* 송곳(나사송곳)으로 뚫다. 구멍을 뚫다. 꿰뚫다. 관통하다.

teredem, teredo *m.* [蟲] 좀조개.

terereca *f.* ①말많은 사람. 잘 지껄이는 사람. 요설가(饒舌家). ②잠시도 가만 있지 않는 사람.

tereterê *m.* 진창이 많은 땅. 이녕지(泥濘地).

tereticaude *a.* [動] 가느다란 꼬리 있는.

tereticole, tereticolo *a.* [動] 가는 목(細頸)이 있는.

teretifoliado *a.* [植] 가는 잎사귀 있는.

teretiforme *a.* [博] 통형(筒形)의. 관상(管狀)의.

teretirrostro *a.* [鳥] 가는 부리(細嘴)있는.

tergal *a.* [蟲] 등의. 등부분의.

tergeminado *a.* [植] (잎이) 세 번 쌍생(雙生)하는. (잎이) 세 겹으로 되어 있는.

tergêmino *a.* ①세 겹으로 되는. 삼중(三重)의. ②셋으로 되는. 세 갈래로 쪼개진.

tergiversação *f.* ①회피적 언사. 핑계. 꾸민 말. 구실대기. 둔사(遁辭)를 쓰기. ②변절(變節).

tergiversador *a., m.* ①말을 꾸며 회피하는 자. 핑계대는 자. 둔사를 쓰는 자. ②속이는 자. 변절자.

tergiversante *a.* ①말을 꾸며대는. 구실을 붙이는. 핑계대는. 둔사를 쓰는. ②속이는. 변절하는.
— *m., f.* = *tergiversador*.

tergiversar *v.i.* ①말을 꾸며대다. 구실을 붙이다. 핑계대다. 임시 변통하다. ②속이다. 변절하다.

tergiversável *a.* 구실 붙여 회피할만한. 속

tergo *m.* 《詩》등(背). 산령(山嶺).
teriaça *f.* = *teriaga*.
teriacal *a.* 데리아가(*teriaga*)의. 데리아가를 함유한.
teriacologia *f.* 유독수류학(有毒獸類學).
teriaga *f.* ①[藥] 데리아가(독사(毒蛇) 따위에 물렸을 때 해독제로 쓰는 일종의 약). ②묘약(妙藥). ③몹시 쓴 물건.
terma (1) *f.* (= *termita*). 흰개미.
— (2) *f.* (흔히 복수로 씀). (옛 그리스·로마) 온천. 공개욕장(公開浴場). 목욕탕.
tarmal *a.* ①열(熱)의. 열량의. 따뜻한. ②온천의. 목욕의.
termalidade *f.* 온천질(溫泉質). 온천의 특성.
termântico *a.* [醫] 따뜻하게 하는. 덥게 하는.
termas *f.(pl.)* = *terma* (2).
termiátria *f.* 온천요법학(溫泉療法學).
termico *a.* ①열(熱)의. 열에 의한. ②온천의.
termidor *m.* 열월(熱月: 프랑스 혁명력(革命曆)의 제11월).
terminação *f.* ①끝. 종말. 폐지(廢止). 결말. ②종점. 말단. ③(계약 등의) 만기(滿期). ④[文] 어미(語尾). 접미사(接尾辭).
terminal *a.* ①끝의. 종말의. 결말의. 종점의. ②[植] 정생(頂生)의. ③[動·解] 말단의. 말초의. ④정기(定期)의. ⑤[文] 어미의. ⑥한계(限界)의. 국한의.
terminante *a.* ①끝나는. 종결의. 결말의. 종점의. ②결정적인. 단호한.
terminantemente *adv.* 결정적으로. 단연코.
terminar *v.t.* ①끝내다. 끝마치다. 완결하다. 폐지하다. ②한정하다. 경계를 짓다. 국한하다. 차단하다.
— *v.i.* 끝나다. 낙착하다. 다하다. 완결되다. (어미(語尾)·노력 등이) 끝나다.
—**se** *v.pr.* (+ *com*). …에 한(限)하다. 한정되다.
terminativamente *adv.* 한정적으로. 종국적으로.
terminativo *a.* ①종지적(終止的). 종국의. 결정적인. ②[文] (접미사 등이) 방향(끝)을 지시하는. 동작의 시종을 나타내는.
complemento terminativo 간접보어(間接補語).

término *m.* ①끝. 종말. 마감. ②말단. 종점. 끝부분(尖端). ③말기(末期). ④한계(限界). 경계(境界).
terminologia *f.* ①술어학(術語學). ②(특수한) 용어법(론). ③술어. (전문)용어. ④술어집.
terminológico *a.* ①술어학(상)의. ②술어의. 용어상의.
terminologista *m., f.* 술어학자.
térmita, termite *f.* [蟲] 흰개미(白蟻).
termiteira *f.* 흰개미집. 흰개미탑(塔).
termitico *a.* 흰개미의(에 관한).
termo (1) *m.* '열(熱)'의 뜻을 나타내는 복합형.
— (2) *m.* 마법(魔法)병. 진공병. 《英》 *vacuum flask*.
têrmo *m.* ①《古·稀》한계(限界). 경계(境界). ②(시간의) 종말. 종국. 말기. ③(지불 등의) 기일. 기한. 시기. ④한도(限度). 범위. ⑤술어(術語). 용어. 전문어. [論] 명사(名辭). ⑥상태. 조건. 태도. 행동. ⑦학기. ⑧[數] 항(項). [幾] 한계점(선·면). ⑨비례(比例). 비례율(率).
têrmos (*pl.*) 거동. 행동. 행실. 예의. 예모행동.
têrmo médio 평균하여.
meio têrmo 중간. 중용(中庸). 중위(中位).
meios têrmos 애매한 말. (모면하기 위한) 구실. 핑계. 둔사(遁辭).
em todos os têrmos 모든 점에 있어서.
pôr têrmo. 끝내다 종결하다. 종말 짓다.
com bons têrmos 친절하게. 예모있게.
com maus têrmos 불친절하게. 버릇없이.
termobarómetro *m.* 청우한란계(晴雨寒暖計).
termocautério *m.* 소작기(燒灼器).
termodinâmica *f.* 열역학(熱力學).
termodinâmico *a.* 열역학의. 열량을 동력에 이용하는.
termoeletricidade *f.* 열전기(熱電氣).
termoelétrico *a.* 열전기의.
termófilo *a.* 열(熱)을 좋아하는(미생물에 대한 말).
termogeneo *a.* 열을 발생하는.
termogenese, termogenia *f.* 열(熱)의 발생.
termógrafo *m.* 자기온도계(自記溫度計).
termologia *f.* 열학(熱學). 열론(熱論).
termológico *a.* 열학의. 열론의.

termomagnético *a.* 열자기의.
termomagnetismo *m.* 열자기(熱磁氣).
termomanômetro *m.* 일종의 고온도계(高溫度計).
termomecânica *f.* 열기계학.
termometria *f.* 온도측정.
termométrico *a.* 온도측정상의. 온도계상의. 한란계의. 검온기의.
termômetro *m.* ①온도계. 한란계. 체온계. 검온기(檢溫器). ②징후(徵候). 표시(表示).
termoplástico *a.* 열점성(熱粘性)의(가열하면 끈끈한 성질을 띠는).
termoquímica *f.* 열화학(熱化學).
termoquímico *a.* 열화학의(에 관한).
termoscopia *f.* 온도측정법.
termoscópico *a.* 온도측정의. 온도 표시기상의.
termoscópio *m.* 온도 표시기. 시차한란계 (示差寒暖計).
termostático *a.* 온도조정의. 정온기의.
termóstato *m.* 정온기(整溫器). 온도조정장치.
termoterapia *f.* [醫] 열요법(熱療法).
termotropismo *m.* [醫] 온성(溫性).
ternado *a.* 셋으로 된. [植] 세 갈래의. 세 잎의.
ternal *a.* = *ternário*.
ternamente *adv.* 부드럽게. 싹싹하게. 애정을 품고.
ternário *a.* 셋으로 되는. 세 개 한 벌의. 세 겹의. [數] 삼진(三進)의. [化·冶] 삼원(三元)의. 삼소(三素)의. 세 성분의. 제삼위(三位)의. [樂] 삼박자의.
terneira *f.* 어린 암송아지.
terneirada *f.* 송아지의 떼.
terneiro *m.* 어린 수송아지(생후 얼마 안 되는).
terno (1) *a.* ①(마음이) 부드러운. 정이 있는. 자애로운. (행실이) 싹싹한. 상냥한. 친절한. 정에 쏠리는. 약한. ②(색깔·질 따위) 연한. 유연한. 부드러운. 취약한. ── (2) *m.* ①세 개로 되는 것. (특히) 세 가지로 된 옷 한 벌(웃옷·바지·조끼의 세 가지). ②세 사람 한 패. 3인조. ③(트럼프·주사위의) 셋 끗. 3점.
ternura *f.* ①부드러움. 싹싹함. 애정. 온정 (溫情). 친절. ②연함. 유연함. 가냘픔. 취약(脆弱). 민감.

---

terpino *m.* [化] 테르펜.
terra *f.* ①지구. ②(하늘에 대하여) 대지 (大地). 땅. (바다에 대하여) 육지. ③(천국·지옥에 대하여) 이 세상. ④토지. 지면(地面). ⑤토양(土壤). ⑥국토. ⑦고향. 고국. 출생국.
terra natal 고향. 고국.
Minha terra é Seul. 나의 고향은 서울이다. (*Seoul*이라고 쓰지 않음).
terra firme ①《L》육지. ②(아마존 지방의) 침수되지 않는 땅. 높은 땅.
terra arado 보습을 댄 땅. 경작한 땅. 경지.
terra arável 갈 수 있는 땅. 가경지(可耕地).
terra lavrada 심을 수 있게 갈아 놓은 땅. 경지.
terra lavada 수렁지.
terra inculta 황폐한 땅. 황무지. 불모의 땅.
terra pastural 목초(牧草)가 우거진 땅.
terra roxa 커피 심기 좋은(비옥한) 적토 (赤土).
terra vegeta 부식토(腐植土).
terra argilosa 점토질(粘土質) 토양. 진흙땅.
terra alcalina 알칼리성 토양.
terra virgem 처녀지.
Terra Santa 성지(*Palestine*).
terra de siena 시에나토(土)(산화칠·짐토·모래를 혼합한 황토종(黃土種)의 안료(顏料)).
terra de ningum ①주인 없는 토지. ②[軍] 대치하고 있는 양군의 중간지대.
Terra da promissão [聖] 약속된 나라. 천당.
forças de terra 육상부대. 지상군.
fio de terra [線] 어스선(*earth*線 : 접지선)
viaja por terra 육로로 여행하다.
de terra em terra 한 나라에서 다른 나라로. 각국을.
terraço *m.* ①옥상(屋上)의 평면(平面). 평대(平臺). ②대지(臺地). 축대(築臺). 고대(高臺). ③[地質] 단구(段丘). ④(마당 같은 데 있는) 단(壇).
terracota *f.* ①(이탈리아의) 붉은 질그릇(기와·꽃병 따위). ②적갈색(赤褐色).
terrado *m.* = *terraço*.
terral *a.* (바람이) 육지에서 불어오는.

terramicina *f.* [藥] 테라마이신(일종의 항생물질).

terramoto *m.* =*terremoto*.

terra-nova *m.* (캐나다 동해안의 섬). *New Foundland* 원산의 큰 개.

terrantes *a.* ①…의 태생의. …에서 탄생한. ②…나라산(産)의. …국산(國産)의.

terrão *m.* =*torrão*.

terraplanar *v.t.* =*terraplenar*.

terraplenagem *f.* =*terraplenamento*.
— *m.* (고저를 없애고) 땅을 평평하게 하기. 지면평탄작업(地面平坦作業).

terraplenar *v.t.* 울퉁불퉁한 땅을 평평하게 하다. 움푹한 곳을 메우고 수평되게 하다.

terrapleno *m.* ①평평하게 한 땅. 흙을 메운 곳. 평지(平地). 평탄한 지면. ②[築城] 누도(壘道: 포대 위의 대포 놓는 곳). 보루 주위의 평지.

terráqueo *a.* ①수륙(水陸)의. 수륙으로 되는. ②지구의.
globo terráqueo 지구(地球).

terreal *a.* ①토지의. 땅의. 대지의. 지구(상)의. ②지상의. 현세의. 속세의.

terrear *v.i.* (파종이 드물어) 지면이 노출(露出)하다.

terreio *m.* ①앞마당. ②작은 공지(空地). 광장(廣場).

terrejola *f.* =*terriola*.

terremoto *m.* 지진(地震). 대변동.

terrenal *a.* =*terreal*.

terrenamente *adv.* 현세적(現世的)으로. 세속적으로.

terrenho *a.* ①지구의. 지구상의. 지상의. ②세속의. 현세의. 사바의. 현세적인.

terreno *a.* ①땅의. 토지의. ②땅 위의. 지상의. 지구상의. ③현세의. 사바의. 속세의. 세속의. ④흙의. 토질의.
— *m.* ① (작은) 땅. 토지. 토질. (건물을 짓기 위한) 터. 대지. 부지(敷地). (토지의) 한 구획(區劃). ②지면. 지반(地盤).
terreno cultivado 심는 땅. 재배지.
terreno arborizado 식림지(植林地).
terreno para construção 건축용 대지. 집터.
terreno úmido 습기 있는 땅.
terreno acidentado 울퉁불퉁한 땅. 고저가 많은 땅.
terreno undante 기복(起伏)이 많은 땅. 파상지면(波狀地面).
terreno baldio 빈 땅. 공지. 쓰지 않는 토지. 무건축대지.
terreno aurífero 금 파내는 곳. 채금지. 금광지.
terreno pantanos 황무지. 광야. 늪이 많은 땅.
terreno terciário [地質] 제삼기(층)(第三紀)(層).
ceder terreno 비켜 주다. 땅을 내주다.
perder terreno 땅을 잃다. [軍] (적에게) 땅을 빼앗기다.
ganhar terreno 땅을 얻다. 땅을 차지하다. 전진하다. 우세해지다.
sondar terreno 지면을 탐색하다.

terrento *a.* ①흙의. 토질(土質)의. ②흙같은. ③흙이 섞인. ④흙색의. 흙빛의.

térreo *a.* ①흙의. 토질의. ②땅 위의. 지상의. 지구상의. ③현세의. 속세의. ④[建] 단층의. 평가(平家)의.
casa térrea 평가(平家). 평집.
andar térreo 지계(地階). 지층(고층 건물의 최하층(最下層)).

terrestre *a.* ①지구(상)의. 지상의. 육상(陸上)의. ②흙의. 토질(土質)의. ③[動] 육지에 사는. 육서(陸棲)의. [植] 땅 위에 나는. 육생(陸生)의. 속세의. 사바의.

terréu *m.* 불모(不毛)의 땅.

terríbil *a.* 《古》=*terrível*.

terribilidade *f.* 무서움. 공포. 소름이 끼치는 것.

terriço *m.* 부식토(腐植土). 부식질(質).

terrícola *a.*, *m.*, *f.* 땅 위에 사는 (것). 지상의 (서식동물).

terrificante *a.* 무서운. 무서워하게 하는.

terrificar *v.t.* 무서워하게 하다. 공포에 떨게 하다. 놀래다.

terrífico *a.* 무서운. 무서워하게 하는.

terrígeno *a.* 땅에서 나는(생기는. 산출하는).

terrina *f.* 뚜껑 있는 스프 그릇. 《英》 *tureen*.

terrincar *v.t.* 《俗》=*trincar*.

terriola *f.* ①작은 부락. 소촌락. ②작은 토지.

terrisono, terrissono *a.* 무서운 소리내는. 굉장한 음향이 울리는.

territorial *a.* ①영토(領土)의. 토지의. 영토 내의. 판도(版圖)의. ②지역적.
águas (*mares*) *territorias* 영해(領海).

ar territorial 영공(領空).
limites territoriais 영역(領域). 세력판도.
territorialidade *f.* [法] 영토권(權).
território *m.* ①영토. 영지. 강토(疆土). 판도(版圖). (통치하에 있는) 전체 지방. 지역. ②영역. 분야.
terrível *a.* ①무서운. 무시무시한. 가공할. ②혹심한. 맹렬한.
terriivelmente *adv.* ①무섭게. 무시무시하게. 끔찍히. ②지독하게. 혹심하게. 맹렬하게.
terrivomo *a.* 흙을 토(吐)하는 (화산 따위).
terroada *f.* 흙덩어리를 던짐. 흙에 파묻힘.
terrola *f.* =*terriola*.
terror *m.* (매우 심한) 공포. 경악. 공포의 원인. 무서운 일. 무서운 사람. 처참한 행위. 진해(震駭).
terrorífico *a.* =*terrífico*.
terrorismo *m.* ①공포정치. 폭력주의. 테러 행위(수단). ②전율(상태).
terrorista *m., f.* 폭력 쓰는 사람. 테러 행위하는 자. 폭력혁명주의자.
— *a.* 폭력을 쓰는. 폭력혁명주의자의.
ação terrorista 폭력행위. 테러 행위.
terrorizar *v.t.* 무섭게 하다. 전율케 하다.
— *v.i.* 폭압정치를 하다.
terroso *a.* ①흙의. 토질(土質)의. ②흙같은. ③흙이 섞인. 흙이 많은. ④흙빛의.
terrulento *a.* ①=*terroso*. ②(행실이) 더러운. 추잡한. 비천한.
tersena *f.* =*tercena*.
terso *a.* ①순수(純粹)한. 순연(純然)한. 순전(純全)한. 다른 것이 섞이지 않은. ②잘 닦은. 말쑥한. 깨끗한. ③(문체(文體)·표현이) 간결한.
tersol *m.* [宗] 미사 때 사제(司祭)가 쓰는 내프킨.
(注意) *terçol* 따래기. 맥립종.
tertúlia *f.* 근친자(近親者) 또는 친구들의 모임. (특히) 문학회(文學會). 담화회(談話會).
tesamente *adv.* ①굳게. 딱딱하게. 강직하여. 긴장하여. ②엄하게.
tesão *f.* 빳빳함. 단단함. 《卑·俗》 음경발기(陰莖勃起).
tesar *v.t.* ①빳빳하게 하다. 딱딱하게 하다. (풀 따위) 되게 하다. ③(태도 따위가) 강경하게 하다. 완고하게 하다.
— *v.i.* ①빳빳해지다. 딱딱하게 된다. ②(바람이나 물살 따위) 세어지다.
tese *f.* ①명제(命題). 주제. 논제(論題). 의제(議題). [論] 귀결. ②(학위청구·졸업) 논문. 작문의 제목.
tesidão *f.* ①빳빳함. 단단함. 굳음. 경직(硬直). 강직(强直). ②굳셈. 강함. 불굴. 강직(剛直). ③엄함. 엄격. 준엄(峻嚴). ④거만. 오만(傲慢).
têso (1) *a.* ①빳빳한. 단단한. 딱딱한. 굳은. 강직(强直)한. 경직(硬直)한. ②고정한. 확고한. 굳센. 불굴의. 완강한.
em têso 굳게. 경고하게. 확고히.
— (2) *m.* 준험(峻嚴)한 산봉(山峯). 험산(險山).
tesoira *f.* =*tesoura*.
tesoirada *f.* =*tesourada*.
tesoirar *v.t.* =*tesourar*.
tesorelho *m.* ①[醫] (유행성) 이하선염(耳下腺炎).
tesoura *f.* ①가위. 전도(剪刀). 큰 가위. 원예용 가위. ②신랄한 비난. 혹평. 독설. ③험담하는 자. 헐뜯는 자. 독설가.
tesoura de jardineiro 원예용 가위.
tesourada *f.* ①가위로 한 번 베기. 절단(切斷). ②신랄한 비방. 독설.
tesourado *a.* 가위로 벤. 자른. (옷감 따위를) 재단한.
— *m.* ①가위로 자른 것. 절단한 것. ②재단.
tesourar *v.t.* ①가위로 메다. 자르다. 절단하다. (옷감 따위를) 베다. 재단하다. ②《俗》 험담하다. 뒤에서 악평하다.
tesouraria *f.* ①보고(寶庫). ②국고(國庫). (공공단체의) 금고. ③회계계(출납계)직. ④회계과(會計課).
tesoureiro *m.* 출납계(出納係). 회계계(會計係). 《比喩》 귀중품 보관자.
tesourinha *f.* ①작은 가위. ②[植] 덩굴손. 권수(卷鬚).
tesouro *m.* ①보물. 보배. 금은. 보석. 은기(銀器). 비장물(秘藏物). ②보고(寶庫). ③국고(國庫). ④《轉》 귀여운 것 (어린이·젊은 여자를 부를 때). 요긴한 사람.
tesouros (*pl.*) 금전. 재산. 귀중품.
meu tesouro 나의 귀여운 것(아들·딸 따위).
tessela *f.* (모자이크에 쓰는 모난 돌. 모진 유리. 모진 기와).

tesselário *m.* *tessela*로 마루를 만드는 사람. (마루・포도(鋪道) 등을) 바둑판 모양(모자이크식)으로 하는 사람.

tessera *f.* (옛 로마) (뼈・상아・나무 등의) 조그만 조각. 패. 주사위.

tessitura *f.* ①《It》[樂] 성역(聲域). 음역(音域). ②조직. 구조.

testa *f.* ①이마. ②정면. 앞부분. ③머리.
testa de ferro ①짚으로 만든 인형. 목상(木像). ②이름뿐이고 실제로 사업에 간여하지 않는 자.
fazer testa 저항하다.

testaça *f.* 넓은 이마.

testaceado *a.* = *testáceo*.

testáceo *a.* 개각(介殼)이 있는. 개각(모양)의.

testaceos *m.*(*pl.*) 유각류(有殼類). 갑각유(甲殼類).

testaceologia *f.* 유각류 연구. 개각류학(介殼類學).

testaçudo *a.* ①이마가 큰. 넓은 이마를 가지고 있는. ②머리가 큰. 거두(巨頭)의. ③고집 센. 완고한. 편집(偏執)한. 자기 마음대로 하는.

testada *f.* ①이마로 받기. ②(도로(道路)에 향한 건물의) 전면(前面). 건물 앞의 도로.
varrer a sua testada 책임을 부인하다. (회피하다).

testador *m.* 유언자(遺言者).

testamental *a.* 유언의. 유언에 의한.

testamentaria *f.* 유언집행. 유언자의 유산 관리(遺産管理).

testamentário *a.* ①유언의. 유언으로 작정된. 유언(서) 가운데 있는. 유언에 의한. ②구약(신약)성서의.
disposição testamentária 유언개조(遺言個條).
agente testamentário 유언집행을 위한 피지정인(被指定人).
— *m.* 유언 지정상속인(指定相續人).

testamenteiro *m.* 유언집행자.

testamento *m.* ①유언. 유서(遺書). 유언장. ②[聖] (신과 사람 사이의) 서약. 성약서(聖約書).
testamento público 공정증서(公正證書)에 의한 유서
fazer testamenta 유서를 작성하다.
velho testamento 구약성서(舊約聖書).
novo testamento 신약성서.

téstante *a.* 유언하는.
— *m.*, *f.* 유언자.

testar *v.t.* ①유서를 작성하다. 유언서에 써넣다. ②《古》 증명하다.
— *v.i.* 유언하다. 유서를 인정하다. 유촉(遺囑)하다.

teste *m.* ①시험. 검사. 음미. 시련. (성적) 고사. 시험하는 물건. 시금석. ③[化] 분석시험. 감별. 시약.

testeira *f.* ①앞. 앞부분. 전면(前面). ②침대의 머리 부분. ③[馬] 말머리에 대는 장식띠. 굴레. 《英》 head' stall.

testemunha *f.* ①증거. 증언. 증명. 입증. ②증인. 참고인. ③목격자. 입회자. 증거물. 증좌(證左).
testemunha auricular 들은 증인.
testemunha ocular 증인. 목격자.

testemunhadeira *f.* ①증언하는 여자. ②여자위증자(女子僞證者).

testemunhador *a.* ①증명하는. 증언하는. ②거짓 증언하는.
— *m.* 증인. 증언자. 허위 증인.
(註) 증인・증언자・증거인 등의 뜻으로는 보통 *testemunha*를 씀.

testemunhal *a.* 증거되는. 증거의. 입증(立證)의.

testemunhar *v.t.* 증명(입증)하다. 목격하다. [法] 증언하다.
— *v.i.* 증거가 되다. 증인이 되다.

testemunhável *a.* 증거 세울 만한. 입증할 수 있는.

testemunho *m.* ①증거. 증좌(證左). [法] 증언. 증인의 진술(진술서). 고증(考證).
em testemunho …의 증거로.
dar testemunho (…에 대하여) 증언하다.
ouvir testemunho 증언을 듣다. 증언 청취하다.
testemunho falso 허위 증언.

testicos *m.*(*pl.*) [木工] 큰 톱의 양끝(兩端). 두 톱 끝의 나무손잡이.

testicular *a.* [解] 불알의. 고환의. 고환에 관한.

testículo *m.* [解・動] 불알. 고환(睾丸).

testiculoso *a.* ①불알의. 고환의. ②[植] 두 갈래진. 이열(二裂)의.

testificação *f.* ①입증(立證). 증명.

testificador *a.* 증거를 세우는. 입증(증명)하는.
— *m.* 입증자. 증언자.

testificante *a.*, *m.*, *f.* =*testificador*.

testificar *v.t.*, *v.i.* 입증(증언)하다. 증거가 되다.

testilha *f.* 불화(不和). 갈등(葛藤). 알력. 분쟁.

testilhar *v.i.* 불화하다. 갈등하다. 싸우다.

têsto *m.* 마개. 뚜껑. 덮개.

testo *a.* ①강직한. 강의(剛毅)한. 과감한. ②확고한. 흔들리지 않는. ③착실한. 견실한. 진지한.

testudaço *a.* ①이마가 넓은. 머리가 큰. ②고집이 센. 완고한. 자기 마음대로 하는.

testude, testudem *f.*《古》 = *testudo* (2).

testudo (1) *a.* ①이마가 넓은. 머리가 큰. ②고집이 센. 완고한. 편집(偏執)한.
— (2) *m.* ①거북류(龜類)의 학명(學名). ②귀갑상낭종(龜甲狀囊腫).

tesura *f.* ①뻣뻣함. 단단함. 굳음. 경직(硬直). 강직(强直). ②굳셈. 강함. 굴하지 않음. 불굴. ③엄함. 엄격. 엄중. 준엄(峻嚴). ④거만. 오만(傲慢).

teta *f.* 테타(그리스 자모의 여덟째 글자).

têta *f.* ①(특히 포유동물(哺乳動物)의) 젖꼭지. ②출처(出處). 근원(根源).

tetánico *a.* [醫] 파상풍(破傷風)의. 파상풍성의.

tetaniforme *a.* 파상풍 비슷한. 파상풍 유사(類似)의.

tetanizar *v.t.*, *v.i.* 파상풍을 일으키다. 쥐가 나며 오므라들다.

tétano *m.* [醫] 파상풍(破傷風). (격렬한) 근육의 경직(硬直). 경련. 쥐가 나며 오므라듦.

tetéia *f.* ①자질구레한 장신구(裝身具). 보잘 것 없는 것. ②《小兒語》장난감.

tetérrimo *a.* ①아주 미운. 대단히 추(醜)한. ②싫은. 기분 나쁜. 소름이 끼치는. 추루(醜陋)한.

teto (1) *m.* ①천장(天障). 천정(天井). ②《俗》(잠시) 비를 피하는 곳. 비호처. 보호처. ③[空] 상승한계고도(上昇限界高度).
— (2) *m.* (포유동물의) 젖꼭지.

tetónica *f.* 축조학(築造學)(조선·건축·기구 제조 따위). 공예학.

tetónico *a.* 건축의. [生物] 구조의. [地質] 지각(地殼) 구조상의.

tetra '넷(四)'을 뜻하는 그리스어의 복합형.

tetracentígrado *a.* 최저(最低) 40도, 최고 360도의 눈(도수로 나타내는 선)이 있는. (한란계에 대한 말).

tetracórdio *m.* ①[樂] 4성음계(音階). ②옛날의 사현금(四絃琴)의 일종.

tetracordo *a.* [樂器] 4현이 있는.
— *m.* 4현금.

tetradáctilo *a.* [動] 사지(四指)이 있는. [樂] 4현이 있는.

tetraédrico *a.* 4면이 있는. [幾] 4면체의.

tetraedro *m.* [幾] 사면체(四面體).

tetrafido *a.* [植] 네 개의 작은 열편(裂片)이 있는. 네 개의 열편으로 나누어진.

tetrafilo *a.* [植] 네 잎이 있는. 사엽(四葉)의.

tetraginia *f.* [植] 사웅예강(四雄蕊綱).

tetrágino *a.* [植] 사웅예의.

tetragonal *a.* [幾] 4각(변)형의. [結晶] 정방정계(正方晶系)의.

tetragónico *a.* 4변이 있는.

tetragonismo *m.* 사각형임. 사변형임.

tetrágono *m.* [幾] 4각형. 4변형.
— *a.* 4각형의. 4변형의.

tetragrama *a.* 넉자로 되는.
— *m.* 넉자로 되는 말. 사자어(四字語).

tetralogia *f.* (옛 그리스의) 사부극(四部劇) (비극 3부와 풍자극(諷刺劇) 1부로 이루어짐).

tetrâmetro *m.* [韻] 사음보격(四音步格). 사음보구(句).

tetrandro *a.* [植] 네 개의 수꽃술(雄蕊)이 있는.

tetraneta *f.* 현손녀(玄孫女). 손자의 손녀.

tetraneto *m.* 현손. 손자의 손자.

tetrapetalo *a.* [植] 꽃잎이 넷 있는. 사판(四瓣)의.

tetraplegia *f.* [醫] 사지(四肢)의 마비(痲痺).

tetrapode *a.* 다리가 넷 있는. 사족(四足)의. 사각(四脚)의.

tetrapodólito *m.* 사족동물의 화석(化石).

tetrapodologia *f.* 사족동물학(四足動物學).

tetraptero *a.* [蟲] 네 개의 날개 있는. 이대익(二對翼)의.

tetrarca *m.* (옛 로마) 한 주(州)의 사분의 일이 되는 땅을 가진 영주(領主). 속령(屬領)의 작은 임금.

tetrarquia *f.* 사분령(四分領). 사두정치(四頭政治). 사두정치의 나라.

tetrasepalo, tetrassepalo *a.* [植] 네 개의 악편(萼片)이 있는.

tetraspermo *a.* [植] 네 개의 씨(種子)가 있는.

tetrassílabico *a.* [文] 사음절의. 사철(四綴)의.

tetrassílabo *m.* [文] 사음절어(四音節語). 사철어.

tetratómico *a.* [化] 사원자(四原子)의. 사원자 있는.

tetravô *m.* 고조부(高祖父). 할아버지의 할아버지.

tetravó *f.* 고조모. 할아버지의 할머니.

tetraz *m.* [鳥] 검은 뇌조(雷鳥)의 일종(북유럽산).

tetricidade *f.* ①침울함. 서러움. 슬픔. ②두려움. 무서움. 위구(危懼). 외구(畏懼).

tétrico *a.* ①침울한. 적적한. 서러운. 슬픈. ②두려운. 무서운. 소름이 끼치는. 전율할 만한. ③엄한. 준엄(峻嚴)한.

tetro *a.* ①검은. 까만. ②어두운. 캄캄한. 암흑. ③암담(暗澹)한. ④무서운. 무시무시한.

tetroftalmo *a.* [動·蟲] 네 개의 눈이 있는. 사안(四眼)의.

tetudo *a.* 큰 유방(乳房)이 있는. (아래로) 처진 유방이 있는.

teu *a. poss.* 너의. 자네의.
O teu chapéu é éste. 너의 모자는 이것이다.
― *pron. poss.* 너의 것. 자네의 것.
Êste chapéu é teu. 이 모자는 내 것이다.
É meu? 네 것이냐?
Sim é teu! 그렇다. 내 것이다.
os teus 너의 것들.

teúba *f.* (브라질의) 일종의 작은 벌(小蜂).

teucrio *m.* [植] 고초(苦草)(쓴 풀).

teurgia *f.* 기적. 요술. 마력(魔力). 신통력. 신비술(神秘術).

teúrgico *a.* 기적의. 요술의. 마력의.

teurgismo *m.* 신비술자(神秘術者)의 주의(主義).

teurgista, teurgo *m.* 요술사. 신비술자.

teutão *m.* 튜우튼 사람. 튜우튼 말.
teutões (*pl.*) 튜우튼 민족(게르만 민족의 일파(一派). 지금은 영국·독일·네델란드·스칸디나비아 등 북유럽 민족).

téu-téu *m.* [鳥] 푸른 도요의 일종.

teutônico *a.* 튜우튼(게르만) 사람(민족·말)의.
― *m.* 튜우튼 말(語). 게르만 말.

têxtil *a.* 직물(織物)의. 방직기계. 방직용의. 직물의 원료로 되는. 짤 수 있는. *indústria têxtil* 방직업. 방직공업.

texto *m.* ①본문. 원문. ②[宗] 성경의 원구(原句)(일절(一節)). (표어적인) 인용문. 격언. 《轉》제목.
texto original 원서(原書). (제일 처음의) 원문.
texto revisto 개역문(改譯文).
texto falso 가짜 원문.

textório *a.* 기계로 짜는(기술의). 방직기계의.

textual *a.* ①본문의. 원문의. 본문(원문) 가운데 있는. ②(성경의) 본문에 의거한. ③본문(원문)대로의. 문자(말)대로의.

textualidade *f.* 본문(원문)대로임.

textualista *m., f.* 본문(원문) 구애자(拘礙者).

textualmente *adv.* 원문(문자)대로. 본문(원문)에 의하여.

textuário *a.* 본문의. 원문의. 원서(原書)의.
― *m.* 본문. 원문. 원서.

textura *f.* ①천을 짜기. 짜는 방법. ②직(織). 피륙. (양복)감. 직물. ③(피부·목재·암석 등의) 결. 감촉. (문장의) 구조. [生物] 조직. 구성. 구조.

texugo *m.* [動] 오소리. 너구리. 《轉》배가 불룩 나온 사람. 뚱뚱보.

tez *f.* ①얼굴빛. 안색. 살빛. ②피부. 표피(表皮). ③외관. 모양.
(注意) 복수로 쓰지 않음.

ti *pron. tu*의 보격(補格)으로서 *a, de, para* 등의 전치사를 선행시킴. 즉 *a ti, de ti, para ti.* 접속사 *com*을 선행시킬 경우에는 *contigo*의 변형을 취함.

tia *f.* ①백모(伯母). 숙모. 고모(姑母). 아주머니. ②《古》미혼부인. 직녀(織女). 직부(織婦).
tia avó 종조모(從祖母). 종조부의 아내.
ficar para tia (아주머니가 되어가다). 나이 차도 결혼하지 않다.

tianha *f.* ①외고집. 완고. ②나쁜 버릇.

tiaporanga *f.* 술에 취함. 도취. 명정(酩酊).

tiara *f.* ①로마 교황의 삼중관(三重冠). 《轉》교황직. 교황의 직권. ②보석과 구슬이 달린 부인의 머리장식 또는 관. ③옛 페르샤(*Persia*) 사람의 두건.

tiba *a.* 많은. 다량(多量)의. 대량(大量)의.
― *f.* 사람들이 많이 모이는 곳.

tibetano *a.* 티베트의.
― *m.* 티베트 사람(말).

— *m*. 티베트 사람(말).

tíbia *f*. ①[解] 경골(脛骨). [蟲] 경절(脛節). ②《古》일종의 피리. 저. 적(笛).

tibial *a*. 경골의. 경절의.
— *m*. 경근(頸筋).

tibiamente *adv*. 미적지근하게. 열(열성) 없이. 미약하게.

tibiez, tibieza *f*. 미지근함. 미적지근함. 미온(微溫). 열성이 없음. 열심치 않음. 냉담.

tíbio *a*. 덥지도 않고 차지도 않은. 미적지근한. 미지근한. 미온의. 마음이 내키지 않는. 열성이 없는. 뜨뜻미지근한. 무기력한.

tibira *f*. 젖이 잘 나지 않는 소. 젖소.

tiborna *f*. ①올리브 기름에 담근 따뜻한 빵. ②주워 모은 것. 잡다한 물건. ③[植] 협죽도과(夾竹桃科)의 식물.

tibornice *f*. 섞은 것. 혼합물. 혼화(混和). 혼효(混淆).

tição *m*. ①거의 다 탄 나무. 타다 남은 장작. 꺼져가는 화목(火木). ②(질이) 나쁜 석탄. ③《俗》깜둥이. 흑인.
tição do inferno 악인(惡人).

tico *m*. 작은 조각(小片).

tiçoada *f*. 부지깽이로 치기. 타격.

tiçoeiro *m*. 부지깽이. 붙는 불을 뒤지는 나뭇대 또는 쇠꼬챙이.

tiçonado *a*. ①검게 탄(그을은). ②검은 반점(黑斑)이 있는.

tico-tico *m*. [鳥] 참새 비슷한 작은 새.

tic-tac *m*. = *tique-taque*.

ticum *m*. [植] 종려수의 일종.

tido (동사 *ter*의 과거분사) ①가진. 가지고 있는. …한. ②고려한. 평가한. 평판이 있는.

tiê *m*. [鳥] 새의 일종.

tietéense *a*. (상파울루주(州)의) 찌에떼시(市)의.
— *m*. 찌에떼 시민.

tifa *f*. [植] 부들속(蒲屬)의 학명(學名).

tifáceas *f*.(*pl*.) [植] 부들과(蒲科).

tífico *a*. [醫] 발진티푸스(성)의.

tifismo *m*. 발진티푸스성.

tiflite *f*. [醫] 맹장염(盲腸炎).

tiflografia *f*. 점자술(点字術).

tiflógrafo *m*. 점자반(点字盤). 점자기(機). [盲人用].

tiflologia *f*. 맹인교육.

tiflológico *a*. 맹인교육에 관한.

tiflólogo *m*. 맹인교육자.

tifo *m*. [醫] 발진티푸스.
tifo abdominal 장(腸)티푸스. (= *febre tifóide*).

tifoemia *f*. [醫] 티푸스성 혈액변질(血液變質).

tifóide, tifoideo *a*. [醫] 티푸스성의(같은). *febre tifóide* 티푸스열. 장티푸스.

tifoso *a*. 발진티푸스(성)의. 티푸스 증세가 나타나는.
— *m*. (발진)티푸스 환자.

tigela *f*. 사발. 주발. 공기. 스프용 사발(접시). 얕은 사발(접시).
de meia tigela 보통의. 평범한. 평속한. 중위(中位)의.
fidalgo de meia tigela 《俗》시시한 귀족(貴族).

tigelada *f*. 한 사발(한 공기) 가득. 한 사발 가득한 분량.
em tigelada 한데 섞어서. 뒤섞어서. 혼합하여.

tigelinha *f*. (*tigela*의 지소어) 작은 사발. 작은 공기. 《古》기름을 담고 심지에 불을 단 작은 접시. 등명호(燈明壺).

tigrado *a*. 범의 반점(虎斑)이 있는.

tigre *m*. [動] 범. 잔인(포학)한 사내. 사나운 사람.
(註) 通性으로도 씀.
— *a*. 범의. 호반(虎斑)의.

tigrido *a*. 범의 가죽을 입은(두른).

tigrino *a*. ①범의. 범같은. ②범빛의. ③범처럼 사나운(포학한).

tiguera *f*. 수확한 후의 옥수수밭.

tijolaria *f*. 벽돌 쌓기. 벽돌 쌓는 일.

tijoleiro *m*. 벽돌 제조인. 벽돌 직공.

tijolo *m*. 벽돌(의 총칭). 벽돌 같은 물건.
doce de tijolo 《戱語》고약바다잼.
tijolo furado 속이 없는 가벼운 벽돌(특히 고층 건물의 칸막이에 쓰는).
tijolo lajota 시멘트와 모래로 만든 큰 벽돌(보통 속이 없음).
tijolo refratário 내화(耐火) 벽돌.
tijolo de paramento 유공장식(有孔裝飾) 벽돌(정원의 울타리·저택의 정면의 담·통풍(通風)을 좋게 하는 벽 따위를 만드는 데 씀).

tijuca *f*. = *tijuco*.

tijucada *f*. 많은 흙. 진흙. 진창.

tijucal *m.* 진흙(진창)이 많은 곳. 이지 (泥地).
tijucano *a.* 진흙의. 진창의.
tijuco *m.* 진흙. 진창.
tijucopana, tijucupana *f.* =*tijucal*.
tijuqueira *f.* =*tijucada*.
til *m.* ①모음 *a*, *e*, *o*를 비음(콧소리)으로 하기 위하여 그 위에 긋는 발음부호(˜). (보기) *pão*, *põe* 따위. ②약자부호(略字符號).
tilar *v.t.* [文] *til*(발음부호 '˜')을 긋다. 위에 표시하다.
tílburi, tilbury *m.* [史] 2륜 마차의 일종.
tildar *v.t.* =*tilar*.
tilha *f.* [海] 선교(船橋). 갑판(甲板).
tília *f.* [植] 참피나무. 보리수.
tiliáceas *f.(pl.)* 보리수류(類)의 낙엽교목 (가로수로 씀).
tilintar *v.i., v.t.* 딸랑(땡그랑) 소리나다(내다).
tiloma *f.* [醫] 변지(胼胝). 피부경결(皮膚硬結).
tilose *f.* [醫] 변지종(胼胝腫). (살가죽의) 못. 티눈.
timão (1) *m.* [海] 타륜(舵輪). [空] 방향타(舵). ②지휘. 지도.
— (2) *m.* 긴 잠옷.
timbale (1) *m.* [樂器] 팀발. 솥 모양의 북.
— (1) *m.* 《F》 새고기·생선고기를 갈아 달걀 흰자위·크림 따위를 넣고 만든 요리.
timbaleiro *m.* 팀발을 치는 사람.
timbaúba *f.* [植] 브라질산의 콩과(荳科)의 야생나무.
timbragem *f.* ①문장(紋章)을 찍기. 표장(標章)을 달기. ②(상사명(商事名) 따위 있는)큰 도장을 치기. ③표식을 하기.
timbrar *v.t.* ①문장을 찍다. 문장으로 표시하다. 표장을 달다. ②(관청명·상사명 따위 있는) 큰 도장을 찍다. ③비평하다. 비난하다. 책망하다.
— *v.i.*, — *se v.pr.* (+*de* 또는 *cm*). 자부하다. 자만하다. 자랑하다. 으쓱하다.
timbre *m.* ①(봉인(封印)·접시·편지 등의) 문장(紋章). 표장(標章). ②[紋] (방패 모양 문장(紋章)의) 윗장식. 《英》 *crets*. ③(관청명·상사명(商事名) 따위 있는 큰 도장. 인장(印章). ④영예의 휘장(徽章). ⑤《F》 음색(音色). 음향(音響).

timbreira *f.* 순형과(脣形科)의 방향식물(芳香植物).
timbroso *a.* ①체면차리는. 체면을 존중하는. 자부심이 강한. ②명예에 너무 집착하는.
time *m.* 《英》 *team*의 전래어. ①[競] 한 쪽패. 팀. ②한 패의 직공들.
timeláceas, timeleáceas *f.(pl.)* [植] 서향과(端香科).
timiatecnia *f.* 향료(香料) 제조술.
tímico *a.* [解] 흉선(胸腺)의.
tímidamente *adv.* 겁을 먹고. 겁내어. 머뭇거리며.
timidez *f.* ①겁. 마음이 작음. 소심(小心). 겁심(怯心). ②수줍음. 내성적임.
tímido *a.* ①겁많은. 겁을 타는. 무서워하는. 마음이 작은. 곧 잘 놀라는. ②수줍어하는. 부끄러워하는. 내성적인.
timo (1) *m.* [解] 흉선(胸腺).
— (2) *m.* (=*tomilho*) [植] 백리향(百里香). (芳香植物).
timocracia *f.* 금권정치(金權政治).
timocrata *m.f.* 금권정치주의자.
timol *m.* [化] 티몰(강한 방부제).
timoneiro *m.* 키잡는 사람. 타수(舵手). 지도자.
timoratamente *adv.* 겁나서. 무서워서.
timorato *a.* 겁많은. 무서워하는. 마음이 작은. 소심한.
timpanal *a.* 중이(中耳)의. 고막의. 고실(鼓室).
— *m.* 고골(鼓骨).
timpánico *a.* ①고막(鼓膜). 고실(鼓室)의. 중이의. ②북같은. 고음(鼓音). ③[建] 삼각면의.
membrana timpánica 고막(鼓膜).
timpanilho *m.* [印] 부압지격(副壓紙格). 《英》 *inner tympan*.
timpanismo *m.* [醫] 고창성(鼓脹性).
timpanite *f.* ①고창(鼓脹). 복부창만(腹部脹滿). 중이염(中耳炎). 고막염(鼓膜炎).
timpnítico *a.* [醫] 고창의. 복부창만의.
timpanização *f.* ①고창을 일으키기. ②고창.
timpanizar *v.t.* 고창을 일으키게 하다.
timpano *m.* ①[解] 중이(中耳). 고실(鼓室). 고막(鼓膜). ②[機] (북 모양의) 수차(水車). ③[建] 삼각면. 문짝 알맹이. ④[印] 종이에 대한 압력을 고르게 하는 틀. 압지격(壓紙格).

timtim-por-timtim *adv.* =*tintim por tintim*.

tina *f.* 통. 물통. 함지. 구유. 나무종발.

tinada *f.* 물통(함지)에 하나 가득(한 분량).

tinalha *f.* (포도 압착용의) 작은 통.

tinamu *m.* [鳥] 티나무우(남아메리카산의 메추라기 비슷한 새).

tinea *f.* [魚] (유럽산) 잉어의 일종.

tincal *m.* 붕사(硼砂). 천연(天然) 붕사.

tincaleira *f.* 붕사를 담는 통.

tinção, tincção *f.* 물들이기. 염색(染色). 착색(着色).

tincar *m.* =*tincal*.

tinctorial, tinctório *a.* =*tintorial*.

tinelo *m.* 《古》 하인(下人)들의 식당. 종업원용(從業員用) 식당.

tineta *f.* ①《俗》 변하기 쉬운 마음. 종작없는 생각. 망상. 변덕. ②버릇. 습성. (…하는) 경향.

tinga *f.* [動] (아마존산의) 거북의 일종.

tingará *m.* [鳥] 머리가 빨갛고 몸이 푸른 새.

tingar-se *v.pr.* 도주하다. 탈주(脫走)하다. 궤주(潰走)하다.

tingedor *a.*, *m.* =*tingidor*.

tingido *a.* (*tingir*의 과거분사) 물들인. 물들은. 염색한.

tingidor *a.* 물을 들이는. 염색하는.
— *m.* 물들이는 사람. 염색공.

tingidura *f.* ①물들이기. 염색하기. 염색법. ②염료(染料). 물감. ③얼룩. 티. 흠집. 오점(汚點). ④피상적(皮相的) 지식.

tingir *v.t.* 물을 들이다. 염색하다. 착색(着色)하다. 가미하다.
—**se** *v.pr.* 물들다. (…의) 빛을 띠다. 옮다.

tingível *a.* 물들일 수 있는. 염색할 수 있는. 착색할 만한.

tingui-de-peixe *m.* [植] 정향과(丁香科)의 독초의 일종. (그 풀의 독으로 물고기를 잡음).

tinguijada *f.* (정향과의) 독초로 물고기를 잡음.

tinguijar *v.t.* (정향과의) 독초(毒草)로 물고기를 잡다.

tinha *f.* ①머리비듬. 더러운 때. ②[醫] 윤선(輪癬). 포행진(匍行疹). ③피부의 불결.
tinha favosa 황선(黃癬).

tinhoso *a.* ①머리비듬 같은. 비듬투성이의. 딱지투성이의. ②옴에 걸린. ③기분 나쁜. 징그러운.
— *m.* ①비듬 많은 사람. ②도깨비. 악마.

tinido *m.* 딸랑(땡그랑·찌르릉)(하는 소리)(금속·유리 따위 마주치는).

tinidor *a.*, *m.* 찌르릉찌르릉 소리내는 사람(물건).

tininte *a.* 찌르릉찌르릉 하는. 딸랑딸랑 하는.

tinir *v.i.*, *v.t.* 찌르릉찌르릉 소리나다(내다). (추위·무서움 등으로) 덜덜 떨다. 몸을 떨다.
estar a tinir 동전 한 푼 없다. 무일푼이 됐다.

tino *m.* ①사려. 분별. 판단력. 지각(知覺). 감각. ②제정신. 본성. 이성(理性). ③깨달음. 관념. ④지혜. 솜씨.
sem tino 지각없이. 사려(분별)없이.
perder o tino 이성을 잃다. 제정신을 잃다. 상규(常規)를 이탈하다.

tinote *m.* ①작은 나무통. 작은 물통. 작은 함지. ②《俗》 뇌(腦). 뇌수. 두뇌. 지혜.

tinta *f.* ①잉크. 인쇄용 잉크. 페인트. ③물감. 그림물감. ④염료(染料). ⑤빛깔. 색깔. ⑥오징어의 먹물. ⑦껌새. 기미.
tinta a óleo 페인트.
tinta de impressor 인쇄용 잉크.
tinta de nanquim (또는 *da china*) 먹.

tinteiro *m.* (받침 있는) 잉크병. 먹병.
ficar no tinteiro (쓰는 것을) 빠뜨리다. 누락(漏落)하다.

Tintim *m.* 건배(乾杯).

tintim por tintim *adv.* 자세히. 상세히. 아주 세밀하게. 한 마디씩 한 마디씩.
explicar tintim por tintim 아주 자세히 설명하다. 상설(詳說)하다.
contar tintim por tintim ①세밀히 계산하다. 하나씩 하나씩 세다. ②자세히 이야기하다.

tintinnábulo *m.* 종(鐘). 초인종. 벨.

tintinar *v.i.*, *v.t.* 찌르릉찌르릉(딸랑딸랑) 소리나다(내다). (벨이) 울리다.

tinto *a.* (*tingir*의 과거분사) ①물들인. 물들은. 염색한. 착색(着色)한. ②(포도주·과실주 따위) 붉은. 빨강.
vinho tinto 붉은 포도주.

tintor *a.* 물들이는. 염색하는. 착색하는.
— *m.* 물들이는 사람. 염색자. 착색자(着色者).

tintorial, tintório *a.* 물들이는. 염색하는. 염색의. 염색용의. 물감의. 염료(染料)의.

tintura *f.* ①물들이기. 염색하기. 염색법. ②염료. 물감. ③얼룩. 티. 흠집. 오점(汚点). ④[藥] 진액. ⑤(학문 따위 의) 피상적 지식(皮相的知識).
uma tintura de educação 교육받은 듯한 티.

tinturaria *f.* ①물들이는 집. 염색집. 염색공장. 염색업. 염색술. ③세탁소(洗濯所).

tintureira *f.* ①물들이는 여자. ②세탁소의 여자 직공. [稀] 세탁소(염색공장)의 여주인. ③[魚] 큰 상어. ④일종의 포도.

tintureiro *a.* 물들이는. 염색하는. 염색의. 염색용의. 염색업(染色業)의.
— *m.* ①물들이는 사람. 염색공. 염색사(師). 염색업자. 염색공장 주인. ②세탁소 직공. (세탁소의) 세탁물 주문 맡는 사람(모으는 사람). ③《俗》죄수호송차 (죄수·거리의 부랑배 따위를 교도소에 이끌어 가는).

tinturial *a.* =*tintorial*.

tio *m.* 백부(伯父). 숙부. 삼촌(三寸). 아저씨.
tio avô 종조부(從祖父). 할아버지의 형제.

tiorba *f.* 긴 경부(頸部)가 둘 있는 현악기 (17세기경의).

tiorga *f.* 취함. 명정(酩酊).

tipa *f.* 점잖지 못한 여자. 계집. 계집아이. 말괄량이. 왈패.

tipicamente *adv.* 대표적(전형적)으로. 상징적으로.

típico *a.* ①전형적(典型的). 대표적. ②상징적. 모범적. 모범(표본)이 되는. 표상(表象)하는. ③[解·化] 정형적(定型的). ④[博] 특징을 나타내는. ④특성의. 특색의.

tiple *m., f.* [樂] 고음부(의 가수·목소리·악기).

tipo *m.* ①상징. 전징(前徵). ②형(型). 모형. 정형. 양식. 체. ③전형(典型). 대표물. ④[美術] 유형(類型). ⑤[生物] 꼴. 형(型). 유형. [生理] 변형. 균형(菌型). ⑥[化] 기형(基型). ⑦[醫] (혈액 따위의) 형(型). ⑧[印] 활자(活字). [集合的] 자체(字體). 인자체(印字體). 활판. ⑨(화폐·기념장의) 그림 모양. 도형. ⑩(커피 따위의) 종류·등급·품급(品級). ⑪특징. 특질. 특성. ⑫《俗》사람. 녀석. 놈. …치.

tipo sanguíneo 혈액형(血液型).
tipo gótico [印] 고딕체.
tipo de marinheiro 뱃사람 타입(좌우로 흔들며 걷는 모양에 대한 말).
um carro de novo tipo 새로운 형(型)의 차. 신형차.

tipocromia *f.* 착색(着色) 인쇄.

tipofotografia *f.* 사진판(寫眞版). 사진판술(術).

tipofotográfico *a.* 사진판(술)의.

tipografar *v.t.* 인쇄하다.

tipografia *f.* ①인쇄술. 활판술. ②인쇄소. 인쇄공장.

tipograficamente *adv.* 인쇄로. 인쇄에 의하여. 활판으로.

tipográfico *a.* ①인쇄술의. 활판술의. ②인쇄의. 인쇄상의. 인쇄용의.

tipógrafo *m.* 식자공(植字工). 인쇄공. 활판공.

tipóia *f.* ①(아프리카의) 가마의 일종. ②낡은 마차. ③작은 망침(網寢). 해먹. ④[醫] (부상한 팔을 걸어) 어깨에 걸치는 붕대. ⑤(행실이) 점잖지 못한 여자.

tipolitografia *f.* 석판인쇄술(石版印刷術).

tipologia *f.* ①[神學] 예표론(豫表論). 표상학(表象學). [哲] 유형학. ②인쇄학. 활자학.

tipometria *f.* 회화(繪畵). 지도(地圖) 등의 인쇄.

tipomentro *m.* 활자검사척(檢査尺).

tipotelegrafia *f.* 전송인자법(電送印字法). 전송인화법(印畵法).

tiptologia *f.* 강신술(降神術).

tiptológico *a.* 강신술의.

tipú *m.* 콩과(豆科)의 식물.

típula *f.* [蟲] 꾸정모기.

tique *m.* ①[醫] 안면경련(顔面痙攣). 안면신경통. ②나쁜 버릇.

tique-taque *m.* 똑딱똑딱(시계 따위의 소리). 두근두근(하는 심장의 고동).

tiquinho *m.* ①극히 작은 양. ②아주 짧은 시간. 잠깐.

tiquista *m.f.* [醫] 안면경련에 걸린 사람. 안면신경통이 있는 사람.

tira (1) *f.* ①(천·종이·가죽·널판지 등의) 좁고 긴 조각. 가늘고 긴 조각. 대상물(帶狀物)(띠가 아님). ②무늬. 줄무늬. 띠무늬. ③가장자리 장식. 언저리를 돌아간 장식물.

tira de pano 길다란 헝겊 조각.
tira de papel 좁고 긴 종잇조각.
tira de couro 긴 가죽조각.
fazer em tiras 가늘게 찢다.
a tira 급히. 황급히.
— (2) *m.* 《俗》 사복순경. 형사. 《古》 집달리(執達吏).

tira-bragal *m.* [醫] 탈장대(脫腸帶).

tiracolo *m.* 완대(緩帶 : 어깨에서 옆구리로 걸치는 관복의 띠 또는 끈). 《英》 baldric.

tirada *f.* ①뽑기. 뽑아내기. 끌어내기. ②[印] 찍기. 찍어내기. ③수출(輸出). ④오랫동안. 장기간. ⑤지루한 이야기. 긴 연설.
de uma irada 한 번에. 한꺼번에.

tiradeira *f.* (특히 끌어당기는 데 쓰는) 넓고 긴 가죽 띠. 길고 튼튼한 혁대(기계에 쓰는 피대가 아님).

tiradela *f.* = *tiramento*.

tirado *a.* ①뽑은. 뽑아 낸. 적출(摘出)한. 끌어낸. 짜낸. 채집한. ②[印] 찍어 낸. 인쇄한.

tirador *a.* ①당기는. 뽑는. 끌어내는. 적출하는. ②짜는. 압착(壓搾)하는. ②찍는. 찍어내는.
— *m.* ①뽑는 사람. 적출자(摘出者). 채집자(採集者). 짜내는 사람. 찍어내는 사람. ②[集] 활자통색(滑車通索). 통색(通索).

tiradura *f.* = *tiragem*.

tira-fundo *m.* 큰 송곳. 큰 나사송곳.

tiragem *f.* ①뽑기. 뽑아내기. 끌어내기. ②(쇠줄 따위를) 뽑아내기. ③[印] 인쇄하기. 찍어내기. (사본을) 뜨기. (등사기에) 밀기. ④(제비 따위를) 뽑기. ⑤(한번 찍어낸) 인쇄부수. (신문 따위의) 인쇄량. 발행부수. ⑥통풍(通風). 기통(氣通).
tiragem à sorte 제비뽑기.

tira-linhas *m.* 쇠로 만든 제도용 펜.

tiramento *m.* ①뽑기. 뽑아내기. 끌어내기. 적출(摘出). ②짜내기. 착취. ③[印] 찍어내기. 인쇄하기. ④채수(採收). 채집. ⑤제거.

tiramola *f.* [海] 줄(索)을 늘이기. 느슨하게 하기.

tiramolar *v.t.* [海] 줄을 늘이다. 느슨하게 하다.

tirana (1) *f.* (남쪽 브라질의) 시골춤의 일종.
— (2) *f.* ①잔인한 여자. 포학한 여인. 악질적인 계집. 자비한 마음이 전혀 없는 여자. ②욕설. 욕지거리.

tiranete *m.* ①손아랫사람을 못살게 구는 자. 부하를 학대하는 자. ②규율에 너무 엄격한 사람.

tirania *f.* ①(그리스史) 참주정치(僭主政治). 전제정치(專制政治). 학정(虐政). 가정(苛政). ②포학. 횡포. 학대(虐待). ③대항할 수 없는(불가항적) 세력.

tirànicamente *adv.* 포학하게. 횡포하게. 무도하게. 가혹하게. 전제적으로.

tiranicida *m., f.* 폭군시역(暴君弒逆)(자).

tiranicídio *m.* 전제군주를 죽이기. 폭군주륙(誅戮).

tiránico *a.* ①전제군주적. 압제적. 무도한. 포학한. 횡포한. ②압제하는. 압박하는. 학대하는.

tiranizador *a.* 폭정하는. 학정(虐政)하는. 압제하는. 억누르는. 학대하는.
— *m.* 압제자(壓制者). 폭정자. 학정자. 압박자. 학대하는 자.

tiranizar *v.i., v.t.* ①포학한 정치를 하다. 학정하다. 압제하다. 학대하다. ②몹시 괴롭히다.

tirano *a.* 포학한. 횡포한. 잔학한. 가혹한.
— *m.* ①폭군. 전제군주. (그리스史) 참주(僭主). ②압제자. 무도한 정치가. 학대하는 자.

tira-nodas *m.* 얼룩(티·오점)을 없애는 약.

tirante *a.* ①끄는. 당기는. 잡아당기는. 끌어당기는. ②아주 비슷한. 근사(近似)한.
tirante a vermelha 붉으스레한. 발그레한.
tirante a verde 초록빛을 약간 띤.
tirante a amarelo 노랑빛을 약간 띤. 누리무려한.
— *prep.* …을 제외하고는. …외에는. …은 별도로 하고.
— *m.* ①마차(달구지)를 끄는 굵은 가죽 띠. ②[建] 대들보. 도리(梁). (물건을 내려뜨리기 위하여) 벽과 벽 사이에 가로지른 쇳대(鐵棒).

tirão *m.* ①확 당기기. 힘을 주어 당기기. 굳세게 끌기. ②도보(徒步)의 먼 여행. 장도(壯途).

tira-olhos *m.* [蟲] 잠자리.

tirapé *m.* (양화공(洋靴工)이 쓰는) 등자가죽. 등자띠.

tira-prosa *m.* ①아주 용감한 사람. ②몹시 허세를 부리는 사람. 대단히 뻐기는 자.

tirar *v.t.* ①뽑다. 뽑아내다. 째다. 빼내다. 끌어내다. 끄집어내다. 적출(摘出)하다. ②끌다. 당기다. 끌어당기다. 끄집어 당기다. 잡아 끌다. (그물 따위를) 당겨 올리다. (달구지·수레 따위를) 끌다. 견인하다. ③짜내다. 착취하다. 채취하다. 채굴(採掘)하다. ④[印] 찍다. 찍어내다. (등사기에)밀다. (사본을) 뜨다. 찍어내다. ⑤(활을) 쏘다. (돌을 겨누어) 던지다. 발사(發射)하다. ⑥(그림을) 그려내다. (표본을) 베껴내다. ⑦(공책·서류철 등속에서) 종이 한 장 또는 서류 한 부를 꺼내다. 찢어내다. ⑧제거하다. 집어치우다. ⑨삭감하다. 할인(割引)하다. ⑩빼앗다. 잡아채다. ⑪(옷·모자 따위를) 벗다. ⑫점수를 얻다. 득점하다. ⑬이익을 보다. 이익을 내다. ⑭(사진 따위를) 찍다. 촬영하다. (초상화 따위를) 그려내다.

tirar cópia 사본을 뜨다. 초본을 찍어내다.

tirar a prova ①시험하다. 시문하다. ②교정쇄(校正刷)를 하다.

tirar a limpo ①청서(淸書)하다. ②흑백을 가리다. 정사를 분명히 하다.

tirar a amostra 견본(標本)을 꺼내다. 견본을 꺼내어 보이다.

tirar o chapéu 모자를 벗다. 탈모하다.

tirar a roupa 옷을 벗다.

tirar o retrato 초상(화)을 그리다.

tirar uma fotografia 시진을(한 장) 찍다.

tirar um dente 이를(한대) 뽑다.

tirar a mesa 식탁을 깨끗히 하다.

tirar os ossos ①뼈를 바르다. ②(생선의 가시 같은) 뼈를 뽑다.

tirar as penas (닭·새 따위의) 깃털을 뽑다.

tirar a sorte 제비를 뽑다.

tirar uma iformação ①(사실 여부를) 조회하다. ②정보를 인출(引出)하다.

tirar licença (영업·운전 등의) 허가를 얻다.

tirar um diploma ①학위를 얻다. ②졸업장을 타다. ③면허장을 취득하다.

tirar nota ①송장(送狀)을 끊다. ②주의사항을 적다. ③점수를 매기다(얻다).

tirar lucro 이익을 내다(얻다).

tirar medida ①(옷 따위를 맞추기 위하여) 몸을 재다. ②(어떤 물체의) 크기를 재다.

tirar mancha 얼룩(티·오점 등)을 없애다. 지워버리다.

tirar do seu lugar 자리에서 물러나게 하다. 지위를 빼앗다. 파면하다.

tirar à luz ①빛을(전기를) 끄다. ②출판(出版)하다.

tirar a vida 목숨(생명)을 빼앗다. 죽이다.

tirar uma conclusão dos fato 그 사실의 결론을 얻다(내리다).

sem tirar nem pôr 빼앗지도 말고 보태지도 말고. 더도 말고 작게도 말고. 있는 그대로.

—*se* *v.pr.* ①나오다. 밖으로 나오다. 뽑히다. 빠지다. ②이탈하다. 면하다. 피하다.

tira-teimas *m.* 《俗》결정적인 의론. 최후의 결단.

tira-testa *f.* [馬具] 말머리에 대는 장식. 띠. 굴레.

tireóide *a.* = *tiróide*.

tireoidite *f.* = *tiroidito*.

tirete *m.* 연자부호(連字符號). 하이픈.

tiricia *f.* 《俗》황달(黃疸).

tiriciada *f.* 황달에 걸린.

tirina *f.* [化] 건락소(乾酪素). 카세인.

tírio *a.* 《詩》자줏빛의. 심홍색(深紅色)의. *côr tíria* 자줏빛. 심홍색. 진홍색.

tiririca *f.* ①[植] (브라질산) 사초과(沙草科)의 관목(灌木). ②화나기. 성나기. 지분거리기.

estar tiririca 화나 있다. 골내고 있다.

tiriricai *m.* 사초과의 식물이 많은 곳. 일종의 잔디밭.

tiritana *f.* (시골 부녀자들이 걸치는) 망토의 일종.

tiritante *a.* (추위로) 부들부들 떠는. 후들후들 떠는. 전율하는.

tiritar *v.i.* (추위로) 덜덜 떨다. 후들후들 떨다. 전율하다.

— *v.t.* 덜덜 떨게 하다. 전율케 하다.

tiriúma *a.* 동행(同行)이 없는. 동반자가 없는. 홀로의. 혼자만이. (음식 따위)단 한 가지뿐의. 딴 것이 붙지 않는.

carne tiriúma (빵도 없고 야채도 없고) 고기뿐인.

tirlintar *v.i.* = *tilintar*.

tiro (1) *m.* ①탄환. 총알. 포탄. 포환(砲丸). ②발포. 발사. 사격. 총소리. ③사정(射程). 착탄거리. ④비난공격.
tiro cego (*perdido*) 흐르는 총알. 유탄(流彈). 유환(流丸).
tiro falhado (총·포의) 불발(不發).
tiro de canhão 포격(砲擊).
tiro de carabina 기병총사격.
tiro de revolver 권총사격.
tiro ao alvo 과녁(貫革)에 대한 사격. 사격연습.
errar o tiro 빗맞추다. 빗맞다.
angulo de tiro 사각(射角).
carreira de tiros 사격장.
tiro de guerra (민간인에 대한) 군사훈련소.
dar um tiro 총(한 발) 쏘다.
de um só tiro 단 한번에.
de tiro-rápido 속사(速射)로.
— (2) *m.* 한데 붙들어 맨 짐승(수레·썰매 따위를 끄는 두 마리 이상의 소나 말).
cavalo de tiro (수레) 끄는 말. 만마(輓馬).
tiro de cavalos 일대(一對)의 말. 연마(聯馬).
— (3) *m.* 《詩》 자줏빛. 심홍색(深紅色).

tirocinante *a.* ①수업(修業)하는. 견습하는. 수련(修練)하는. ②(군사) 훈련하는. 훈련중인.
— *m.* ①견습생. 시험 중의 사람. 시보(試補). ②훈련생.

tirocinar *v.t.* 수업(修業)하다. 수련하다. 견습하다. (군사)훈련을 하다.

tirocínio *m.* 수업. 수련(修練). 견습. 실습.

tiroglifo *m.* 전락충(乾酪蟲). 치즈 벌레.

tiróide *f.* [解] 갑상선(甲狀腺). 갑상연골(軟骨). 갑상선종(腫) 치료약.
— *a.* 방패 모양의. 갑상선의. 갑상연골의.

tiroidectomia *f.* [醫] 갑상선 절개술.

tiróideo, tiroideu *a.* [解] 갑상의.
cartilagem tiróidea 갑상연골.

tiroidite *f.* [醫] 갑상선염(甲狀腺炎).

tirolés *m. Tyrol*(알프스 산중의 경치 좋은 지방)에 사는 사람.
— *a. Tyrol*(식)의.

tirolesa *f. Tyrol* 지방 사람의 춤(또는 곡). *Tyrol* 식.

tirotear *v.t., v.i.* 총질하다. 서로 사격하다. 사격전을 하다.

tiroteio *m.* ①총쏘기. 발사. 사격전. ②심한 말다툼. 격론(激論).

tiroso *a.* [植] 밀추화서의. 밀추화서 있는.

tirso *m.* ①(옛 그리스) 박카스. 주신(酒神)의 지팡이. ②[植] 밀추화서(密錐花序)

tisana *f.* 자양분(滋養分)이 있는 달인 물(특히 보라차). 《英》 *ptisan*. 환자용 자양음료.

tisanuros *m.(pl.)* [蟲] 탄미류(彈尾類)(無翅類의 곤충.

tísica *f.* [醫] 폐병. 결핵. 폐결핵.
tísica pulmonar 폐결핵.

tísico *a.* 폐병의. 폐병성(질)의. 폐결핵의.
— *m.* 폐병 환자. 폐결핵 환자.

tisiologia *f.* [醫] 폐병학. 폐병론(論).

tisiólogo *m.* 폐병 학자. 폐병 연구가.

tisito *m.* 푸른(靑) 대리석의 일종.

tisna *f.* ①그을음. 유연(油煙). ②그을음이 묻은 티. 검정 얼룩. 숯·석탄 등의 가루로 검게 더러워진 것.

tisnado *a.* ①그을음이 묻은. 유연(油煙)으로 더러워진. 검은 얼룩이 진. 숯·석탄 따위의 가루로 더러워진. ②햇볕에 검게 탄.

tisnadura *f.* = *tisna*.

tisnar *v.t.* ①그을음으로 더럽히다. 숯·석탄가루 따위로 더럽히다. 검은 얼룩이 지게 하다. ②(불·햇볕에) 태우다. 그슬리다. ③(명예를) 손상시키다.
— *se v.pr.* ①그을음(유연)으로 더러워지다. 숯·석탄가루가 앉아 어즈러워지다. 검은 얼룩이 생기다. 검게 타다(그을다). ③그을음투성이가 되다.

tisne *m.* ①검은 얼룩(티). 그을음으로 더러워진 것. ②햇볕에 탄 상태(탄 빛깔). ③초차색(焦茶色).

titã *m.* ①[希神] 타이탄신. ②《詩》 일신(日神). 《轉》 거인. 장사인 사람. 아주 지혜 있는 사람. ③[天] 토성(土星)의 제육위성(第六衛星). ④(자동) 대기중기(大起重機).

titanado *a.* [鑛] 티탄이 있는. 티탄을 함유한.

titanato *m.* [化] 티탄산염(酸鹽).

titânico (1) *a.* 타이탄 신(神)과 같은. 《轉》 거대한. 강력무쌍한.
— (2) *a.* [化] 티탄의. 티탄에서 빼낸.
ácido titânico 티탄산(酸).

titânio *m.* [化] 티탄. 티타늄(金屬元素: 기

titanite *f.* [鑛] 티탄광(鑛).
titano *m.* =*titânio*.
titela *f.* 새・닭 따위의 가슴(부분).《轉》물건의 제일 좋은 부분. 귀중한 것.
titeragem *f.* 인형의 철사를 당기기. 인형극. 이면의 책동.
títere *m.* ①꼭두각시. 망석중이. 괴뢰(傀儡). 앞잡이. ②[機] 괴뢰쇄개(鎖蓋).
titerear *v.t.* 꼭두각시를 움직거리다(조종하다). 망석중이를 놀리다.
— *v.i.* 꼭두각시처럼 행동하다. 괴뢰의 역할을 하다. 인형극을 하다.
titereiro, titeriteiro *a.* 꼭두각시를 움직이는. 망석중이를 놀리는. 인형극을 하는.
— *m.* ①꼭두각시를 조종하는 자. 인형의 철사를 당기는 사람. 망석중이를 놀리는 자. ②배후에서 책동하는 자.
títero *m.* =*títere*.
titi (1) *m.*, *f.* (=*titio, titia*) [小兒語] 아재.
— (2) *m.* [鳥] 후취류(厚嘴類).
titia *f.* 《小兒語》 아주머니. 아줌마.
titilação *f.* =*titilamento*.
— *m.* 간질이기. 간지럼. 가벼운 쾌감(자극).
titilante *a.* ①간질이는. 간지럽게 하는. ②재미있게 하는. 흥을 돋우는. 웃기는.
titilar (1) *v.t.* ①간질이다. 간지럽게 하다. 재미나게 하다. 재미있게 하다. 기쁘게 하다. 웃기다. 흥을 돋우다. 마음을 들뜨게 하다.
— *v.i.* ①간지럽다. 간질거리다. 근질근질하다. ②재미나다. 흥이 나다. 우습다.
— (2) *a.* [解] 겨드랑 밑의. 액와(腋窩) 아래의.
titiloso *a.* ①간지러운. 간지럽게 하는. ②가벼운 쾌감을 주는. 가볍게 자극하는. 감동시키는.
titímalo *m.* [植] 등대풀(수액(樹液)은 티눈 약).
titio *m.*《小兒語》아저씨. 아재.
titónia (1) *f.*《詩》동이 틈. 여명(黎明). 서광(曙光).
— (2) *f.* [植] 국화과(菊科)의 식물.
titubação *f.* =*titubeação*.
titubar *v.i.* =*titubear*.
titubeação *f.* 정신의 흔들림. 동요. 불안정. 망서리기. 우물쭈물하기. 주저. 우유부단.
titubeante *a.* 마음이 흔들리는. 정신이 헛갈리는. 망서리는. 머뭇거리는. 주저하는. 동요하는. 우유부단한. 비틀거리는.
titubear *v.i.* ①마음이 흔들리다. 정신이 헛갈리다. 생각이 동요하다. 망설이다. 우물쭈물하다. 머뭇거리다. 주저하다. ②비틀거리다. 갈지(之)자로 걷다.
— *v.t.* 헛갈리게 하다. 동요하게 하다. 망설이게 하다. 결심 따위를 못 내리게 하다.
titulado *a.* ①(관직명・학위 등의) 칭호가 있는. 위계(位階)를 가지고 있는. 작위(爵位) 있는. ②자격이 있는.
titular (1) *v.t.* ①표제를 달다. …라고 부르다. ②칭호(작위 따위)를 주다. ③[映] (필름에) 설명 자막을 넣다. ④자격을 부여하다.
— (2) *a.* ①명의상의. 이름뿐인. 유명무실한. ②직함(칭호・존칭)의(있는). ③자격이 있는. ④제명(題名)의.
— *m.* ①명의만 가진 사람. 명예직의 사람. ②직함을(칭호를) 가진 자. ③유자격자.
tituleiro *m.*《古》비명(碑銘). 비문(碑文).
título *m.* ①표제(表題・標題). [映] 자막(字幕). 타이틀. 제목(題目). 서명(書名). [製本] 책 이름을 쓴 부분. ②명칭. 칭호. 표면상의 자격(칭호). 경칭. 작위. ③토지재산소유권. 지권(地券). 증서. 증권. 채권(債券). ④이유(理由). 원인.
a título de …의 명의로서. …의 자격으로서. …의 이유로서.
sem título 아무 명의(자격)도 없이.
portador de título 선수권(타이틀) 보유자(保有者).
título falso 책 표지 바로 다음의 첫 장(보통 인쇄하지 않은 흰 종이로서 그 종이의 다음 장부터 페이지 수가 기록됨).
tlaspídeas *f.*(*pl.*) [植] 납가새류(薺類).
tlaspio *m.* [植] 모래땅에 나는 납가새(薺).
tleleua *f.* [動] (브라질산) 뱀의 일종.
tlim *m.* 딸랑(찌르릉)(금속 소리).
tlintar *v.i.*, *v.t.* 딸랑(찌르릉)하는 소리 나다(내다).
tmese *f.* [文] 분어법(分語法) : 합성어 가운데 다른 말을 끼어 넣는 것).
to 간접목적격으로서의 *te*와 직접목적격으로 된 *lo*의 결합형.
toa *f.* (배를 끄는) 굵은 밧줄. 예강(曳綱). 밧줄을 끌기.

à toa (1). 굵은 밧줄로. 밧줄에 끌려.
levar um navio à toa 배를 밧줄로 끌고 가다. 예선(曳船)하다.
à toa (2). 아무 뜻도 없이. 되는대로. 닥치는 대로. 내키는 대로. 마음대로. 싫도록. 손쉽게. 간단하게.
andar à toa 방향도 없이 헤매다. 무턱대고 (마구) 돌아다니다.

toada *f.* ①곡조. 가곡. ②(노래·음률의) 가락. 절(節). 장단. 선율(旋律). 해조(諧調). 아름다운 음악(소리). ③소문. 풍설(風說).
nesta toada 이런 곡조(가락으로) 이런 의미로.

toadilha *f.* 짧은 가곡(歌曲).

toalha *f.* 타월. 서양 수건. 옛날에는 식탁용 냅킨.
toalha de mesa 식탁보. 상보(床保).
toalha de mão 손수건.
toalha de banho 목욕용 수건.
toalha de altar [宗] 제단을 덮는 보. 제대포(祭臺布).
pôr a toalha (식탁보를 깔다). 식탁을 차리다.

toalheiro *m.* 수건걸이.

toalhete *m.* 작은 수건. 작은 냅킨.

toalhinha *f.* (*toalha*의 지소어). 작은 타월. 작은 수건.

toante *a.* ①소리가 끌니는. 잘 울리는. ②협음(協音)의.

toar *v.i.* ①소리나다. 울리다. 반향(反響)하다. ②마음에 들다. 좋아하다. 즐기다.
toar a …와 비슷하다. …에 흡사하다.

tobogã, tobogan *m.* (북미와 캐나다 등지에서 쓰는) 터보건 썰매.

toca *f.* ①구멍. 동굴. 소굴. ②누옥(陋屋). 토옥(土屋). ③숨는 장소.
toca de coelho 토끼굴.
toca de raposa 여우굴.

tocadela *f.* 손(손가락)을 대기. 만지기. 접촉.

toca-discos *m.* 축음기판 돌리개.

tocado *a.* ①손(손가락)을 댄. 만진. 접촉한. ②(축음기판 따위를) 돌린. ③손질한. 수정(修整)한. ④(과일이) 약간 상한. ⑤《俗》(술에) 조금 취한.

tocador *a.* ①손(손가락)을 대는. 다치는. 만지는. 접촉하는. ②(악기를) 타는. (피아노를) 치는. (현악기의 줄을) 뜯는. 퉁기는.
— *m.* ①만지는(다치는) 사람. ②연주자. 탄주자(彈奏者). ③목축(牧畜)을 들로 이끄는 사람.

tocadura *f.* 손(손가락)을 대기. 만지기. 다치기. 접촉. 촉감(觸感).

tocaia *f.* 매복(埋伏). 매복소(所). [軍] 복병(伏兵).

tocaiar *v.i.*, *v.t.* 숨어 기다리다. 매복하다. [軍] 복병하다.

tocamento *m.* = *tocadura*.

tocante *a.* ①손(손가락)을 대는. 다치는. 만지는. 접촉하는. (악기를) 타는. 두드리는. (나팔 따위를) 부는. ②감동시키는. 감명을 주는.
no tocante a …에 관하여. …에 관해서는. …에 대하여는.

tocar *v.t.* ①손(손가락)을 대다. 만지다. 만져보다. 접촉하다. 접촉시키다. ②(악기의 건(鍵)·현(絃)을) 두드리다. 타다. 뜯다. 퉁기다. (악기를) 연주하다. ③(나팔을) 불다. ④(축음기판을) 돌리다. ⑤(종을) 치다. 울리다. (초인종을) 누르다. ⑥(그림·문장을) 가필하다. (마감하기 위하여) 손질하다. ⑦(사진 따위를) 약간 수정하다. ⑧(금·은을) 시금석(試金石)으로 시험하다. ⑨[醫] 촉진(觸診)하다. ⑩약간 치다. 살짝 때리다. 상처를 입히다. (사람을) 건드리다. ⑪(…에) 미치다. 도달하다. ⑫《俗》술을 마시다. ⑩(말을) 몬다
tocar um instrumento 악기를 두드리다 (타다).
tocar o piano 피아노를 치다.
tocar o sino 종을 치다. 울리다.
tocar a recolher 귀영(歸營) 나팔을 불다. 폐문 나팔을 불다.
tocar cavalos 말을 몰다.
Porque chora a criança? 아이가 왜 울어요?
Nunca lhe toquei. 조금도 건드리지 았았는데.
— *v.i.* ①(+*em*). …에 닿다. 접촉하다. ②(배가) 부두에 닿다. 기항(寄港)하다. ③에 돌아가다. 귀결하다. ④…을 울려서 알리다. ⑤…와 악수하다. ⑥(+*por*). …에 언급(言及)하다.
O navio tocou em Rio de Janeiro. 배가 리오 데 자네이로에 기항했다.
—*se* *v.pr.* ①서로 접촉하다. 맞닿다.

합치다. ②기분이 상하다. 뚱해지다. ③ (과일이) 상하다.

tocata f. ①[樂] 터카아터(피아노·풍금으로 연습하기 위한 곡). ②작은 음악회. ③세레나데. 소야곡(小夜曲).

tocha f. ①햇불. 거화(炬火). (불켜는) 큰 초. ②정화(情火). ③《比喩》지식의 불. 계몽. 광명. ④토오치. 발염관(發炎管).

tocheira f. =*tocheiro*.
— m. 햇불 피우는 대(臺). 큰 촛대(燭臺). 봉화대.

toco m. (나무의) 그루터기. (베고 남은) 뿌리. (연필 등의) 토막. 쓰다 남은 것. 타다 남은 초. (담배의) 꽁초. 피우다 남은 것. *tocos* (pl.) (짐승의) 뿔(獸角).
toco de vela 타고 남은 초끝.

tecologia f. [醫] 산과학(産科學).
tocológico a. 산과학의.
tocólogo m. 산과학연구가.
tocotecnia f. [醫] 분만술(分娩術).

toda (1) f. [鳥] 작은 붕식조무리(서인도제도산. 날개가 고운).
— (2) a. *todo*의 여성형.

todavia conj. 그럼에도. 그렇지마는. 어쨌든. 아무리 …일지라도.

todeiro m. [鳥] =*toda*.

todo a. 모든. 전부의. 일체의. 전(全)…. 온. 하나도 남김 없는. 범백(凡百)의.
todos juntos 다함께.
todos nós 우리들 전부.
todo o mundo ①모든 사람들. 누구든. 너나 할 것 없이. 온 세계.
todos os países 모든 나라들. 전체 국가.
por todo o tempo 그동안 내내.
toda a América 미주(美州) 전체. 미국 전체.
toda a cidade 전시(全市). 온 시내.
toda a família 온 가족. 모든 식구.
toda a gente 모든 사람.
todo o dia 온 종일.
todos os dias 매일. 날마다.
toda a noite 온 밤.
durante a noite toda 밤새도록. 온 밤.
todos os 15 dias 매 15일마다. 15일씩.
todas as vezes 매번. 늘 때마다.
durante a vida toda 전 생애를 통하여.
todas as suas palavras 당신의 말은 모두. 당신의 모든 말은.

em todo caso 어떤 경우이든. 어떤 일이 있든.
com todo o meu coração 나의 충심으로서.
a todo custo 어떤 대가를 지불하더라도. 어떤 희생이 있더라도.
a toda velocidade 전속력(全速力)으로.
toda a pressa 황급히. 화급히.
ao todo 전부. 전체로서.
em todo (=*de todo*) 전부. 통틀어서.
em toda a parte 어느 곳이나. 어느 부분이든. 도처에.
por toda a parte 어디로든지. 여기저기.
todos os meios 모든 수단으로.
toda vestida de branco 온 몸을 백의(白衣)로 두른. 흰옷만 입은.
Precisa-se de uma moça para todos os serviços. (가정 내에서) 무슨 일이든 다 할 수 있는 젊은 여자(식모)를 구합니다. (음식·세탁·청소 등).
— m. pron. 전부. 총체. 모든. 사람. 모든 사물 범백(凡百). 만사. 개시(皆是).
todos e qualquer 모두. 누구나. 누구나 다.
todos quantos 있는 것 전부.
convite a todos 전부(모든 사람)에 대한 초대(초청).
Todos o viram na praia. 해변에서 누구나 다 그 사람을 봤다.
de todo em todo 모든 점. 전반에 걸쳐.

todo-nada m. =*tudo-nada*.

Todo-Poderoso m. 전능(全能)의 신(神).
— a. 전능(全能)의. 전능한. 최고의. 어마어마한. 끔찍한.

toesa f. ①길(길이의 단위 : 약 6피트). ②(지력(智力) 따위의) 깊이.

tofel m. 《古》북 비슷한 일종의 악기.

tofo m. [醫] 골류(骨瘤). 결절(結節). 근류(筋瘤).

toga f. ①옛 로마 시민의 긴 겉옷. 가운. ②《轉》직복(職服). (대학교수·사법관 등이 입는) 정복 위에 입는 것. ③고위법관의 품위(품격·위엄). ④《俗》법관들.

togado, togato a. *togo*를 입은(입고 있는).
— m. 고위법관. 사법관(司法官). 치안판사.

toiça f. =*touça*.

toiceira f. =*touceira*.

toiceiral m. =*touceiral*.

toicinheiro *m.* 돼지의 비계장수. 돼지 도살업자.

toicinho *m.* ①돼지의 비계. 살이 약간 붙어 있는 비계. ②베이컨(돼지고기를 소금에 절여 불에 그슬려 만든 것).

toilette *f.* 《F》 ①화장(化粧). ②몸치장. 몸단장. 머리치장. ③옷입음새. 옷차림. 복장. 의상(衣裳). ④화장대. 화장실. 세면소. 변소.
fazer a sua toilette 화장하다. 몸치장하다.

toira *f.* = *toura*.
toirada *f.* = *tourada*.
toiral *m.* = *toural*.
toirão *m.* = *tourão*.
toireador *m.* = *toureador*.
toirear *v.t.* = *tourear*.
toireio *m.* = *toureio*.
toireiro *m.* = *toureiro*.
toirejar *v.t.* = *tourear*.
toiril *m.* = *touril*.
toiro *m.* = *touro*.
tojal *m.* [植] 가시금작화 밭.
tojeira *f.* ①= *tojal*. ②가시금작화를 채집하는 여자.
tojeiro *m.* 가시금작화를 채집하는 사람.
tojo *m.* [植] 가시금작화(金雀花)(의 총칭).
tola *f.* ①우둔한 머리. 뇌. ②우둔한 여자. 에지 비보.
tolamente *adv.* 우둔하게. 바보같이. 철없이. 어리석게.
tolã, tolan *f.* 《俗》 속임수. 속이기. 기만.
tolanga *f.* [植] (브라질산) 약초의 일종.
tolaz *a.* ①아주 우둔한. 우매(愚昧)한. ②우직(愚直)한. 너무 고지식한. 남의 놀림 받기 쉬운.
tolda (1) *f.* 차일(遮日)을 치기. 천포(天布)를 치기. 우장(雨裝)을 덮기. 차일을(천포를) 친 상태.
— (2) *f.* [海] (배의) 뒷갑판. 선미(船尾)의 데크.
— (3) *f.* 《俗》 술이 흐림(맑지 못함). 흐린 상태.
toldado *a.* ①차일을(천포를) 친. 우장을 덮은. (수레에) 덮개를 씌운. ②그늘진. 흐린. ③(술이) 맑지 못함. 술에 얼근히 취한. ④곰팡이 난. 곰팡내 나는.
toldar *v.t.* ①(배의 갑판 위에) 천포(天布)를 치다. (햇볕을 가리기 위한) 천막을 치다. 차일(遮日)을 치다. (상점 등의 앞에) 볕을 가리는 막을 치다. (수레에) 덮개를 씌우다. 쌓여 있는 하물(荷物) 위에 우장(雨裝)을 덮다. ②그늘 지우다. ③흐리게 하다.
— *se v.pr.* ①차일・천포 등에 덮이다. ②그늘지다. 구름이 끼다. ③(술 따위가) 흐리다. ④(술에) 얼근히 취하다. 명정(酩酊)하다. ⑤곰팡이 끼다. 나빠지다.

tôldo *m.* ①(갑판 위의) 천포(天布). 차일(遮日). 이엉. ②(상점 앞에 내려드리우는) 햇볕 가리는 막. ③(하물(荷物)에 씌우는) 우장(雨裝). 커다란 커버. ④수레 위를 가리는 덮개. 개포(蓋布).

toledana *f.* 톨레도 칼날(잘 벼린 것으로 유명).

toledano *a.*, *m.* (스페인 중부의 도시) *Toledo*의 주민.

toledo *m.* 어리석은 노릇. 우둔한 행동. 우사(愚事). 우행(愚行). 우거(愚擧).

toleima *f.* ①어리석음. 우둔함. 무지. 우매(愚昧). 우몽(愚蒙). ②우설(愚說). 우안(愚案). 우거.

toleirão *m.* 아주 우둔한 사람. 우악(愚惡)한 인간. 천치.

tolejar *v.i.* 어리석은 말을 하다. 우둔한 행동을 하다. 바보 노릇하다.

tolerabilidade *f.* 참을 수 있음. 용서할 수 있음.

tolerada *f.* 매춘부. 내음부(賣淫婦).

toleradamente *adv.* ①참을 수 있게. 인내할 만하게. ②아량 있게. 관대히.

tolerado *a.* ①참은. 견딘. 인내한. ②용서한. 관용을 베푼. 묵과한.

tolerância *f.* ①관용(寬容). 관서(寬恕). 관대. 아량. 포용력. ②참음. 참을성. 인내. 감내(堪耐). ③[醫] 내약력(耐藥力).
tolerância religiosa [宗] 신교(信敎)의 자유.

tolerante *a.* ①관용한. 관대한. 아량 있는. 마음이 넓은. ②참는. 견디는. 인내하는. [醫] 내약력 있는.

tolerantísmo *m.* 신교자유주의(信敎自由主義).

tolerar *v.t.* ①허용(묵허)하다. 너그럽게 용서하다. (이설(異說)・이단자 등을) 관대히 취급하다. ②참다. 견디다. 인내하다. 굴(屈)하지 않다. ③[醫] (약이) 내성(耐性)이 있다.

tolerável *a.* ①용서할 수 있는. 아량을 베풀어야 할. 묵과할 만한. ②참을 수 있는. 견딜 만한. ③괜찮은.

toleravelmente *adv.* 참을성 있게. 참을 수 있게. 인내할 만한 정도로. 용서할 수 있을 정도로.

toletada *f.* tolete로 치기.

tolete *m.* [海] (노젓) 놋좆. (노를 사이에 끼우고 젓게 된 두 개의 좆으로 된 것). 《英》 *thole*.

toleteira *f.* [海] 노걸이. 노받이.

tolheita *f.* 방해. 장애(障碍). 저지. 저해(沮害).

tolher *v.t.* ①방해하다. 저지(沮止)하다. 저해하다. ②(통행을) 막다. 멈추게 하다. ③(…을) 못하게 하다. 금지하다. ④빼앗다. ⑤감각을 잃게 하다. 마비시키다.
tolhar o passo 걸음을 멈추게 하다.
—se *v.pr.* ①동작의 방해를 받다(당하다). 움직일 수 없게 되다. ②감각을 잃다. 마비하다.

tolhido *a.* ①방해한. 저지한. 저해한. 저지(저해)된. 중지당한. 금지된. ②감각을 잃은. 마비된. 중풍에 걸린.

tolhimento *m.* ①방해. 장애. 저지. 저해(沮害). 금지. ②감각을 잃음. 마비(痲痺). 중풍.

tolice *f.* ①어리석은 행동. 바보 노릇. 지각없는 언행. 노망. 우치(愚癡). 당치 않는 말. ②(학교시험에서의) 큰 실수.
— *interj.* 어리석은 노릇! 바보!

tolina *f.* 《卑》 우자(愚者)를 속이기. 바보를 놀려대기.

tolinar *v.t.* 우자를 속이다. 바보를 놀려대다.

tolineiro *m.* 우자를 속이는 사람. 바보를 놀려대는 사람.

tolo *a.* ①어리석은. 바보같은. 지각없는. 노망한. ②(말 따위) 당치 않는. 우둔한. 가소로운. ③얼빠진. 본정신이 없는. 미친.
— *m.* 어리석은 사람. 우자(愚者). 바보. 천치. 치인(癡人). 얼간이. 아주 단순한 사람. 뱅충이. 뱅충맞이.

tolontro *m.* ①(머리에 생긴) 혹. 종류(腫瘤). ②[植] 송로(松露)의 일종.

tolu *m.* 톨루(남아메리카산의 나무와 나무진. 향료. 약제용). 《英》 *tolu*.

toluena *f.* [化] 톨루엔. 톨루올(염료·화약의 원료).

tom *m.* ①음조(音調). 음색(音色). [樂] 전음정. ②(단조로운) 곡조. ③(때때로) 구조(口調). 어조. 어기(語氣). 논조. ④[音聲] 음의 고저. 억양(抑揚). ⑤[畵] 색조(色調). 빛깔의 조합(調合). 농담(濃淡). 명암. ⑥[寫] 양화(陽畵). 의색조. 명료도(度). ⑦[醫] (신체·기관·조직의) 활동할 수 있는 상태. 강건함.
tom fundamental 원음(原音).
tom cardíaco [醫] 심음(心音).
com tom zangado 성난 어조(語調)로.
com tom do discurso 연설 구조(口調)로.
em tom de ①일치하여. ②…의 태도로서. …의 용모(모양으)로서.
sem tom nem som 머리도 없고 꼬리도 없이 돼가는 대로. 뒤죽박죽.

tomada *f.* ①취하기. 취득(取得). 획득. 포획(捕獲). 포착(捕捉). ②공략(攻略). 점령. 점거. ③[電] 소켓.
tomada de parede (실내의) 벽에 있는 전기줄 연결하는 구멍.

tomadia *f.* ①빼앗기. 약취(略取). 탈취. ②압수. ③압수품. 포획물. ④포획. 획득. ⑤점령(占領).

tomadiço *a.* 성미 까다로운. 골 잘 내는. 심술 있는.

tomado *a.* ①쥔. 취(取)한. 얻은. 획득한. 취득한. ②빼든. 약취(略取)한. 압수한. ③붙든. 포획한. ④공략(攻略)한. 점령한. ⑤(병에) 걸린. (…의) 침해를 받은. (…의) 영향을 입은.
tomados (*pl.*) (옷의 접어 넣은) 단. (옷의) 호아 올린 것.
tomado do vinho 술(포도주)에 취한.

tomador *a.* ①얻는. 취득하는. 획득하는. ②붙잡는. 포획하는. ③차지하는. 점령하는.
— *m.* ①취득자. 획득자. 포획자. ②공략자. 점령자.

tomadura *f.* 말등(馬背)의 스친 상처. 마구(馬具)에 의한 찰상(擦傷).

tomamento *m.* ①손에 쥐기. 취득하기. 획득하기. ②점거(占據). 점령.

tomar *v.i.* ①취하다. 얻다. 획득하다. ②…의 길을 따라가다.

tomar *v.t.* ①손에 쥐다. 잡다. 움키다. ②(덫·미끼 등으로) 잡다. 포박하다. 포로하다. ③점령하다. 탈취하다. (상선을) 획(나포)하다. ④빼앗다. 약취(略取)하다.

압수(몰수)하다. (밀수품 등) 차압하다. ⑤ (자리를) 차지하다. 점유(占有)하다. 점령하다. ⑥(집 따위를) 들다. 세들다. 얻다. ⑦(음식을) 먹다. 섭취하다. 마시다. (커피·차(茶) 따위를) 들다. (약을) 먹다. 복용(服用)하다. ⑧(배필을) 얻다. 장가들다. ⑨(일 따위를) 맡아보다. 돌보다.

tomar banho 목욕(沐浴)하다.

tomar o fresco 시원한 공기를 마시다.

tomar o sol 일광욕하다.

tomar café 커피를 들다.

tomar uma refeição 한 끼의 식사를 하다.

tomar uma casa 집을 세들다.

tomar mulher 처(妻)를 얻다. 장가들다.

tomar lição 학과를 배우다.

tomar parte em …에 참가(참여)하다.

tomar posse de …의 자리를 차지하다. …의 지위에 오르다. 취임(就任)하다.

tomar conta …을 맡아보다. 돌보다. 대리로 보다.

tomar em conta (…을) 명심하다. 유심(留心)하다. 간직하다.

tomar pela mão 손으로 쥐다. 잡아 쥐다.

tomar à força 힘으로 빼앗.

tomar de assalto 약탈하다. 겁탈하다.

tomar sôbre si 자기의 임무로 하다.

toma lá, dá cá 주고 받기. 담화의 응수. 《英》 *give and take*.

tomar medidas 내색을 쉬하다.

—*se v.pr.* ①마음을 빼앗기다. ②침해당하다. 습격받다. ③(병에) 걸리다.

tomara *interj.* (소원을 표시하는 말). 그렇게 되기를. 원컨대 …될지어다.

Tomara que sim. 그렇게 되었으면(좋겠다).

Tomara que não. 그렇게 되지 말기를(바란다).

Tomara eu que assim fosse. 그렇게 되어지기를 바란다.

tomatada *f.* 토마토를 짓이긴 것(調味用). 토마토 소스.

tomate *m.* [植] 토마토. 일년감. 토마토식물.

tomateiro *m.* [植] 토마토 식물.

tomba *f.* 양화(구두) 수리용 가죽조각. 그것으로 수리한 곳.

tombada *f.* 거꾸로 됨. 뒤집어짐. 전복(顚覆).

tombadilho *m.* [海] (배의) 뒷갑판.

tombador (1) *a.* 넘어뜨리는. 거꾸로 하는. 뒤집는.

— *m.* 넘어뜨리는 사람. 거꾸로 하는 자. 전복자. 넘어지는 사람. 자빠지는 사람.

— (2) *m.* 가파른 비탈. 험한 경사.

— (3) *m.* 부동산 등기계(登記係). 지적계(地籍係).

tombamento *m.* 넘어뜨리기. 자빠뜨리기. 거꾸로 하기. 넘어지기. 자빠지기. 거꾸로 되기. 전도(顚倒). 굴러 떨어지기. 전락(轉落). 추락(墜落).

tombar (1) *v.t.* 넘어뜨리다. 자빠뜨리다. 거꾸로 하다. 뒤집어 엎다. 굴러(미끄러) 떨어지게 하다. 추락시키다.

— *v.i.*, —*se v.pr.* 넘어지다. 자빠지다. 거꾸러지다. 구르다. 굴러 떨어지다. 뒹굴다. 전락하다. 추락하다.

— (2) *v.t.* 부동산 목록을 작성하다. 토지대장을 만들다. (부동산을) 등기하다. 지적地積: 땅의 면적)을 조사하다.

tombo (1) *m.* 넘어짐. 자빠짐. 거꾸로 됨. 전도(顚倒). 전복(顚覆). 굴러 떨어지기. 전락.

levar um tombo 넘어지다. 자빠지다.

— (2) *m.* 부동산목록. 토지대장(土地臺帳). 지적부(地籍簿). 기록철.

— (3) *m.* 폭포.

tômbola *f.* ①일종의 복표(福票). ②회전식의 알을 굴리는 일종의 노름.

tombolar *v.i.* 복표에서 이득을 보다(이기다).

tomento *m.* ①삼찌끼. 삼의 거칠은 부분. ②[動·植] 솜털. 면모(綿毛). 유모(柔毛).

tomentoso *a.* [動·植] 솜털이 많은. 면모(유모)로 덮인.

tomilhal *m.* [植] 백리향이 많은 곳(무성한 곳).

tomilho *m.* [植] 백리향(百里香).

tomismo *m.* 토마스설(*Thomas Aquinas* (1225 추정~1274)의 신학설(神學說)).

tomista *m., f.* 토마스의 신학설을 믿는 자.

tomo *m.* ①(특히 방대한) 책. (여러 권으로 된 서적의) 일부. 권(卷). ②가치(價値). 중요성.

tomotocia *f.* [醫] 자궁절개술(子宮切開術) (태아(胎兒)를 꺼내기 위한).

tona *f.* ①얇은 층(層). 얇은 막(膜). ②과일 껍질. 나무껍질. ③표면(表面). 외부.

à tona dágua 수면(水面)에.

tonadilha *f.* 시골노래. 전원민요(田園民謠).
tonal *a.* [樂] 음조의. 음색의. [畵] 색조의.
tonalidade *f.* [樂] 음조(音調). 주조(主調). 음색(音色). [畵] 색조(色調).
tonalmente *adv.* 음조에 따라.
tonante *a.* 소리가 우렁차게 울리는. 우레같은 소리내는. 꽝꽝(轟轟)하는.
tonar *v.i.* 《古》 우렁찬 소리나다. 우레같은 소리내다. 꽝꽝하다.
tonel *m.* 큰 술통. 양조용의 큰 통.
tonelada *f.* 톤(ton). ①[重量單位]. 영(英)톤. 장(長)톤(2,240lbs, 1,016.1kg. 약 271관). 미(美)톤. 단(短)톤(2,000lbs, 970kg. 약 242관). 불(佛)(킬로그램)톤(1,000kg, 약 266관). ②[容積單位]톤 (목재는 보통 40세제곱 피트). ③[海] 배수톤(排水ton)(바닷물 35세제곱 피트의 무게). 적재톤(積載ton)(40세제곱 피트의 무게).
tonelada metrica: 1,000kg. 약 266관.
tonelagem *f.* ①(선박의) 톤수(ton數). (선박의) 적재량(積載量). ②톤세(ton稅). ③(集合的) 선박. (일국 상선의) 총 톤수.
tonelaria *f.* = *tanoaria*.
tonia *f.* = *tonicidade*.
tônica *f.* [樂] 주조음(主調音).
tonicidade *f.* 강건. [醫] 긴장성(緊張性). 강장.
tônico *a.* ①(의약·치료 등이) 튼튼하게 하는. 《比喩》 원기를 돋우는. ②[樂] (특히) 주조음(主調音)의. [音聲] 억양의. 모음의. ③[醫] 강직성(强直性)의.
acento tônico 양음(揚音).
sílaba tônica 어세(악센트) 있는 음절.
— *m.* ①강장제(强壯劑)(比喩의으로도). ②[樂] 주조음(主調音). ③[音聲] 주요한 양음(揚音)이 있는 음절(音節). 모음.
tonificação *f.* 원기를(기운을) 돋우기. 강건(强健)하게 하기. 강장(强壯)하게 하기.
tonificante *a.* 원기를(기운을) 돋우는. 강건(강장)하게 하는. 활기 띠게 하는. 고무(격려)하는.
tonificar *v.t.* 원기를(기운을) 돋우다. 강건하게 하다. 활기 띠게 하다. 고무(격려)하다.
— *v.i.* 원기가 (기운이) 나다. 강건(강장)해지다. 활기 띠다.
tonilha *f.* [動] 돌고래.
tonilho *m.* (*tom*의 지소어). ①가벼운 음조. ②작은 가조(佳調). 작은 노래.

toninha *f.* [動] 돌고래.
tonitruante *a.* 우레같은. 우레같이 울리는. 꽝꽝(轟轟)하는. 고함치는.
tonitruo *a.* = *tonitruante*.
tonitruoso *a.* 우레같은. 우렛소리 나는. 꽝꽝한. 몹시 뇌명(雷鳴)하는. 우레가 많은.
tono *m.* ①소리. 음(音). 음성. 음조. 음색(音色). ②작은 노래. 짧은 노래. 속요(俗謠). ③자세. 태도.
tonoa *f.* 통(나무통·술통 따위)의 수리.
tonometro *m.* ①터너미터(음차(音叉)를 병렬(並列)한 것). 음조측정계(音調測定計). ②[生理] 장력계(張力計).
tonsila *f.* [解] 편도선(扁桃腺).
tonsilar *a.* 편도선의.
tonsilite *f.* 편도선염(炎).
tonsura *f.* ①체발(剃髮). 머리를 밀기. ②[宗] 체발식(剃髮式). 성직에 들어가기. 출가(出家).
tonsurado *a.* ①체발한. 머리를 민. ②[宗] 체발식을 받은. 출가(出家)한.
tonsurados *m.(pl.)* 승도(僧徒).
tonsurar *v.t.* 체발하다. 머리를 밀다. 체발식을(거행)하다.
tonta *f.* 머리가 좀 돈 여자. (술에 취한 듯이) 정신이 몽롱한 여인. 얼빠진 여자.
tontaria *f.* 어리석은 짓. 터무니없는 말. 얼빠진 생각(행동). 미친 노릇. 경거망동.
tontaria de velhice 망령(妄靈).
tontear *v.t.* ①현기증을 느끼다. 어찔어찔해지다. 눈이 돌다. ②의식이 몽롱해지다. 정신이 멍해지다. ③(늙어) 망령(妄靈)들다. 망령이 생기다. 정신이 멍해지다. ③얼빠진 소리를 하다. 미친 짓을 하다.
tonteira, tonteria, tontice *f.* ①터무니없는 말. 얼빠진 행동. 미친 노릇. ②망령. 경거망동. ③현기증. 어찔어찔함. 의 식물풍.
tontina *f.* 톤틴 연금법(年金法)(약금자(醵金者)에게 해마다 배당하고. 약금자 중에 사망자가 있을 때마다 배당을 늘리고 끝까지 생존한 사람이 전액을 받음. 이탈리아 사람 *Lorenzo Tonti*가 1653년경 안출(案出)).
tontineiro *m.* *tontima* 회원.
tonto *a.* ①현기증 나는. 어찔어찔한. 눈이 도는. ②의식이 몽롱한. 정신이 멍한. ③본정신이 없는(듯한). 미친 듯한. ④어리석은. 바보같은. 경솔한. 경조한.

— *m.* ①의식이 몽롱한 사람. (술에 취한 듯이) 정신이 흐리멍텅한 사람. ②얼빠진 인간. 미친 녀석. 우자(愚者). 바보.

tontura *f.* ①현기증. 어질어찔함. 어지러움. ②현운(眩暈). 현혹. [醫] 현기. ③경솔.

topa *f.* 손가락으로 돌리는 팽이.

topa-a-tudo *m.* 무엇이든지 하는 사람. 무슨 일이든 하는 사람. 《英》 *jack of all trade*.

topada *f.* ①헛디딤. 헛디디어 넘어짐. 차질(蹉跌·蹉躓). ②《轉》 실착(失錯). 과실. 큰 실수. 실언. 오산.
dar uma topada 헛디디다. 실수하다.

topar *v.t.* ①디디게 하다. 걸려 넘어가게 하다. ②(…에) 부딪치다. (…에) 마주치다.
— *v.i.* (+*em*) ①(발을) 헛디디다. 차질하다. 걸려 넘어가다. 걸리다. ②(+*com*) …와 우연히 만나다. 상봉하다. 해후(邂逅)하다. ③…에 도달하다. ④《轉》 실착하다. 실수하다. (계획이) 실패하다.

topa-tudo *m.* = *topa-a-tudo*.

topaz (1) *m.* 부모의 종교와 달리하는 그리스도교도(마락까 지방의).
— (2) *m.* = *topázio*.

topázio *m.* [鑛] 황옥(黃玉).

tope *m.* ①충돌. 불일치. 부조화(不調和). ②꼭대기. 정상(頂上). ③극점(極点). 극도. ④돛대 꼭대기. ⑤목표.

topetada *f.* 머리로 받기(밀기). 뿔로 받기.
— *v.i.* 가장 높은 곳에 이르다. 절정에 도달하다.

topête *m.* ①앞머리. ②《F》 다리(髢)(말의) 이마털. 말 이마에 내려드리운 머리털.

topetude *a.* ①이마털이 있는. ②과감한. 대담한.

topiaria *f.* (산울타리·정원의 나무 등을) 장식적으로 깎는 법. 정목술(庭木術).

topiário *m.* (산울타리·정원의 나무 등을) 장식적으로 깎는 사람. 정원사(庭園師).

tópico *a.* ①화제(話題)의. 문제의. 제목의. ②원칙의. 총론의. 총론적. ③시사 문제의. ④한 지방(地方)의. 한 지점의. ⑤[醫] 국처(局處)의. 국부(局部)의. 국부용의.
febre tópica 풍토열(風土熱).
curiosidades tópicas do pais 나라의 명산(名山)·기봉(奇峯)·명소·명승지.

— *m.* ①화제(話題). 논제. 말거리. 토픽. ②[論·修1 대체론(大體論). 총론. 전제론. ③[藥] 국부약(局部藥).

tópicos (*pl.*) 일반적인 일. 주지(周知)한 사람. 흔히 있는 것. 통속사(通俗事).

topinambo, topinambor *m.* [植] 뚱딴지. 뚝감자.

tôpo *m.* ①꼭대기. 정상(頂上). 가장 높은 곳. 절정. ②끝.

tópo *m.* 《廢》 충돌.

topografar *v.t.* 지형을 묘사하다. 지지(地誌)를 기록하다. 지형도(地形圖)를 그리다.

topografia *f.* ①지형학(地形學). 지도학. ②지지(地誌). 한 지방의 지세. ③(물품 등의) 지방분포상태.

topogràficamente *adv.* 지형학상. 지형상(地形上). 지지상.

topográfico *a.* 지형학의. 지도학의. 지지(地誌)의. 지형상의. 풍토기의.

topógrafo *m.* 지형학자. 지지학자. 지지작자(地誌作者). 풍토기(風土紀) 작자.

topologia *f.* = *topografia*.

toponímia *f.* 지명연구(地名研究). 지명고(地名考). 지명 사용(使用).

toponimo *m.* 지명(地名).

toponomástica *f.* 지명록(地名錄).

topotesia *f.* 상상적 지지(地誌).

toque *m.* ①손(손가락)을 대기. 닿치기. 만지기. 접촉. ②종을 치기. 나팔 불기. 종소리. 나팔 소리. ③악기를 타기. 탄주(彈奏). 악기 타는 소리. ④(문장 따위를) 고치기. 가필(加筆). ⑤수정(修整). 손질. ⑥(금·은)을 시금석(試金石)으로 시험하기. ⑦악수(握手)의 인사. ⑧(술·포도주 등의) 향기. ⑨(과일의) 상하기 시작하는 부분. 상한(썩은) 부분. ⑩다친 흔적(痕跡).
pedra de toque 시금석(試金石). 표준.
toque de alvorada [軍] 기상나팔.
toque de bandeira 국기게양(揭揚)나팔.
toque de rancho 식사나팔.
toque de recolher 귀영(歸營)나팔. 폐문나팔.
toque de silêncio 취침나팔.
toque de incêndio 화재경종(火災警鐘).

torácico *a.* 가슴의. 가슴 부분의. 흉부의.

toracotomia *f.* 흉부절개술(胸部切開術).

torado *a.* (가지를 쳐서) 통나무로 만든. 통나무로 된.

toral *m.* ①(특히) 부인복의 가슴 위(목 아래) 부분. ②몸통의 제일 두둑한 부분.

toranja *f.* 자몽. 《英》 grapefruit.

torar *v.t.* (나무를 베어 가지를 쳐서) 통나무로 만들다.

tórax *m.* ①[解] 흉부(胸部). 흉곽(胸郭). [蟲] 몸뚱이. ②(옛 그리스) 흉갑(胸甲). 가슴에 대는 방패.

torça *f.* ①장방형(長方形)으로 끊은 돌. ②[建] 상인방. 상인방돌.

torçal *m.* 비단실. 금실(絹絲·金絲)을 합쳐 꼰 노끈. (여러 가지 실의) 합사(合絲). 장식용 합사.

torçalado *a.* 비단실·금실을 꼬아 가장자리를 장식한. 장식용 합사(合絲)로서 가장자리를 만든.

torção *f.* ①(비단실·금실 따위를) 꼬기. 꼬아 합치기. ②비틀기. 삐기. ③비틀린 상태. 꼰 상태. 왜곡(歪曲). ④[機] 토션. 비트는 힘. 꼬는 힘. ⑤(말(馬)의) 복통(腹痛).

torcaz *a.* =*pombo torcaz*. 목 부분에 여러 가지 색깔이 있는 비둘기.

torcear *v.t.* [建] 상인방(돌)을 올려 놓다.

torcedela *f.* =*torcedura*.

torcedoira *f.* =*torcedoura*.

torcedor *a.* (실 따위를) 꼬는. 꼬아 합치는. 비트는. 삐는.
— *m.* ①실 꼬는 사람. 실 꼬는 기계. ②비트는 사람. ③(축구 따위의 경기에 대한) 열심가. 애호가. 팬.

torcedoura *f.* ①[機] (비단실·금실 따위를) 꼬는 기계(撚絲機械). 철사 꼬는 기계.

torcedura *f.* ①(실을) 꼬기. 꼬아 합치기. 비틀기. (손·발을) 비틀기. (발목 따위) 삐기. 전근(轉筋). 접질림. ③왜곡(歪曲).

torcer *v.t.* ①(실 따위를) 꼬다. 비틀다. (수건·걸레 따위를) 비틀어 짜다. ②휘게 하다. 꾸부리다. ③빗나가게 하다. 우회(迂廻)시키다. ④(발목 따위를) 삐다. 어긋나게 하다. 전근(轉筋)시키다. ⑤(의미를) 곡해(曲解)하다. 삐뚤게 해석하다. (사실을) 왜곡하다.

torcer o pano 헝겊을(행주를) 비틀어 짜다.

torcer a toalha 수건을 짜다.

torcer a roupa (젖은) 옷을 짜다.

torcer a verdade 사실을 왜곡하다.

torcer o caminho 길을 빗나가다. 옆길로 들어서다.

torcer o pescoço (닭 따위의) 목을 비틀다. 죽이다.

torcer a boca 입을 삐뚤게 다물다. 불쾌한 표정을 진.

torcer os olhos 눈을 흘기다. 옆으로 보다.
— *v.i.* ①꼬이다. 꼬아 합쳐지다. 비틀리다. ②굽히다. 굴하다. ③(발목 따위) 삐다. 어긋나다. ④《比喩》 (언어의 의미·문장의 뜻을) 왜곡(歪曲)하다. 곡해하다.

dar o braço a torcer 자기의 잘못을 인정하다. 그릇된 주장을 취소하다.

Éle nunca dará o braço a torcer. 그 사람은 결코 굴하지 않을 것이다. 자기의 잘못을 절대 인정하지 않을 것이다.
—*se v.pr.* ①(자기의) 몸을 비틀다. ②(벌레·뱀 따위가) 꿈틀거리다. 구부렸다 폈다 하다. ③굴(屈)하다. 굴복하다.

torcer-se de riso 몸을 굽히며 크게 웃다. 폭소하다.

torcicolo *m.* ①구부리기. 굴곡(屈曲). 우곡(紆曲). 완연(蜿蜒). ②에돌길. 우회로. ③(표현의) 애매(曖昧). 간접적인 말씨. ④[醫] 사경(斜頸). ⑤[鳥] 개미잡이.

torcida *f.* ①심지. 초의 심지. ②(팬의) 응원. 성원. 열성.

torcidamente *adv.* 꼬여서. 비틀어져서. 굽혀서. 꾸부러져서. 곡해하여. 왜곡(歪曲)하여.

torcido *a.* ①꼰. 비튼. 꼬인. 비틀린. ②삔. 굽은. 꾸부러진. 굴곡한. 뒤틀어진. ③왜곡한. 곡해한. ④나쁜. 옳지 못한.

bôca torcida 삐뚤어진 입.

sentido torcido 왜곡된 의미. 곡해(曲解)된 뜻.

estilo torcido 부자연한 문체(文體). 직감이 오지 않는 문체.

torcilhão *m.* =*torção*.

torcimento *m.* =*torcedura*.

torçol *m.* =*terçol*.

torcular (1) *a.* *tórculo* (작은 인쇄기) 비슷한. *tórculo* 모양의.
— (2) *a.* 수정탁마기 같은.
— (3) *v.t.* 탁마기(琢磨機)로 금속 또는 수정(水晶)을 닦다.

tórculo *m.* ①작은 인쇄기. ②수정 탁마기(水晶琢磨機).

torda *f.* [鳥] 티티새(암컷).

tordeira *f.* [鳥] 티티새의 종류.

tordilho *a.* ①티티새 빛깔을 한. ②흑백반점(黑白斑点)이 있는.

cavalo tordilho 흑백반점이 있는 말(馬).

tordo *m.* [鳥] 티티새(의 총칭). 개똥지바귀.

tordo dos remedos (북아메리카 남부·서인도제도산의) 앵무새. 《英》 *mocking bird.*

tordo visgueiro 큰 티티새. 개똥지바귀의 일종.

tordo americano 고양이 울음소리 내는 새(북아메리카산 티티새의 일종).

toré *m.* = *torém.*

torém *m.* ①대로 만든 피리. 죽적(竹笛). 위적(葦笛). ②[植] 스네이크우드(뽕나무과의 나무로 뱀같은 무늬가 있음).

toreuta *m.* 부조조각사(浮彫彫刻師).

torêutica *f.* 조금술(彫金術). 부조세공술(浮彫細工術).

torêutico *a.* 조금술의. 부조세공(술)의. 조각세공(彫刻細工)의.

torga *f.* ①[植] 히이스속(屬)의 식물. 히이스의 황야. 히이스가 무성한 황무지. ②《俗》큰 머리.

torinio *m.* = *tório.*

tório *m.* [化] 토륨(金屬元素 : 기호 Th).

torita, torite *f.* = *torito.*

torito *m.* 토르식(石). 규(珪)토륨광(鑛).

tormenta *f.* ①큰 폭풍(우). 큰 눈보라. ②소란. 동란. 무질서.

tormento *m.* ①(육체적·정신적) 고통. 고뇌. 괴로움. ②몹시 괴롭히기. 고문(拷問). ③아주 귀찮은 것. 성가신 물건. 불행. 불운.

tormentório *a.* 폭풍우(暴風雨)가 많은. 폭풍우가 자주 일어나는(장소·지방에 대한 말).

tormentoso *a.* ①폭풍이(폭풍우가) 많은(자주 일어나는). ②파란중첩(波瀾重疊)한. 몹시 혼란한. ③힘드는. 곤란한.

torna *f.* ①돌려주기. 반환. ②갚음. 배상. 보상. (손해액·부족액 등을) 메우기. 보충. 상쇄(相殺).

tornada *f.* ①복귀(復歸). 환원(還元). ②(먼 여행으로부터) 돌아오기. 귀가. 귀국.
— (2) *f.* (술통·맥주통 등의 마개를 뺄 때의) 뿜어 나오는 것.

tornadiço *a.* ①신앙을 버리는. 개종(改宗)하는. ②변절하는. 탈주(脫走)하는. 도망치는.
— *m.* 신앙을 버리는 자. 개종자(改宗者). 변절자.

tornado (1) *a.* ①복귀한. 환원한. ②돌아온. 돌아간. 귀가한. 귀국한.
— (2) *m.* 비가 적은(비가 함께 오지 않는) 폭풍. 회오리바람.

tornadoura, tornadura *f.* ①(중배가 불룩한 나무통의) 쇠테두리를 휘는 기구. 각종 쇠테두리(가락지·테·고리·환대(環帶) 따위)를 만드는 기계.

tornamento *m.* = *tornada* (2).

tornar *v.i.* ①돌아오(가)다. 도로가다. ②먼저 말로 돌아가다. 소급(遡及)하여 생각하다. ③복귀하다. ④다시 오다. 되돌아 오다. ⑤…로 되다. …로 변하다.
— *v.t.* ①돌려 보내다. 되돌려 보내다. 반각하다. 돌아오게 하다. ②보답하다. 답례하다. ③…이 되게 하다. …로 변하게 하다. (…을) 이루다. ④(이익 등을) 낳다. 보게 하다.

tornar alegre 기쁘게 하다. 기뻐하다.

tornar conhecido (…을) 알게 하다. 알게 되다.

tornar confuso 복잡하게 하다. 혼란되게 하다.

tornar impossível 불가능하게 하다. 불가능해지다.

tornar amargo ①쓰게 만들다. 써지다. ②고생스럽게 하다. 고통되게 하다.

tornar inerte 활발치 못하게 하다. 활동하지 않게 하다. 활발치 못하다. 활동하지 않다.

tornar a si 소생하다.

tornar atrás 되돌아가다. 환원하다. (조동사의 역할을 할 때는 *tornar*+*a*+동사의 부정법으로 되어 동작의 반복 또는 재개시(再開始)를 뜻함).

tornar a escrever 다시 쓰기 시작하다.

tornar a fazer 다시 하기 시작하다.

tornar a bater 또 때리다. 다시 치다.

—**se** *v.pr.* ①원상태로 돌아가다. 복귀하다. 환원하다. …로 되다. …로 변하다.

tornar-se prêto 까맣게 되다. 까매지다.

tornar-se cinzento 회색으로 되다. 반백이 되다.

tornou-se um rapaz diligente 부지런한 젊은이로 되었다.

Êle tornou-se pálido e corado alternadamente. 그는 파래졌다 빨개졌다 했다 (분노·흥분 등으로 인하여).

Tudo se torna fácil quando se quer. (할 의욕만 있다면 쉽게 이루어진다.) 《諺》하려고 들면 길은 있는 법이다.

tornasol, tornassol *m.* ①[植] 꽃 또는 잎이 해와 함께 돈다고 생각되는 식물(해바라기·헐리오트로프 따위). ②리트머스(염료). 보랏빛. 색소(色素).

torna-viagem *f.* 되돌아가는 여행. 귀항(歸航).

torneado *a.* ①(선반 따위에 걸어서) 돌린. 둥글게 깎은. 보기 좋게 깎은. 녹로를 돌린. ②모양이(형체가) 고운. 문장이(문체가) 우아한.

torneador *a.* 선반을 돌리는. 녹로를 돌리는. 선반으로(녹로로) 둥글게 깎는.
— *m.* 선반공(旋盤工). 녹로사(轆轤師).

torneamento *m.* 선반을(녹로를) 돌리기. 선반으로(녹로로) 둥글게 깎기. 보기 좋게 가공(加工)하기.

tornear (1) *v.t.* 선반을 돌리다. 녹로를 돌리다. ②선반으로(녹로로) 둥글게 깎다. 둥근 형체로 만들다. 굴대 모양으로 깎다. ③(…의) 둘레를 돌다. 주위(周圍)를 돌다.
— (2) *v.i.* ①《古》마상창시합(馬上槍試合)을 하다. ②[競] 시합을 하다. 경기(競技)하다.

tornearia *f.* ①선반공장. 선반세공(법). 녹로세공(轆轤細工)(하는 공장). ②선반공의 직(職)(또는 기술).

torneável *a.* 선반에 걸어(둥글게) 깎을 만한. 녹로로 가공할만한.

torneio (1) *m.* ①(선반 또는 녹로에 걸어) 구형(球形) 또는 원통형(圓筒形)으로 깎은 것. ②볼 모양이 좋음. ③(문장·문체(文體) 등의) 우아(優雅)함.
— (2) *m.* ①《古》마상창시합(馬上槍試合). ②시합. 경기(競技). ③논전(論戰).

torneira *f.* ①수도(水道) 파이프에 달린 꼭지(栓). (돌리면 물이 나오는) 꼭지. ②(술통·맥주통 등에 달린) 꼭지. 마개. (통에 달린) 주둥이.

torneira de pipa (중배가 불룩한) 큰 나무통의 주둥이(꼭지).

torneira de gás 가스전(栓).

abrir (*fechar*) *a torneira* 꼭지를 비틀어 열다(닫다).

torneiro *m.* 선반공. 녹로사.

torneja *f.* 수레바퀴가 빠지지 않도록 꽂는 쐐기(핀).

tornejamento *m.* ①꾸부리기. 휘게 하기. 굽히기. ②우회(迂回).

tornejar *v.t.* ①꾸부리다. 휘게 하다. ②(…을) 들다. 우회하다.
— *v.i.* ①꾸부리다. 휘다. 몸을 굽히다. ②돌아가다. 우회하다.

tornessol *m.* =*tornassol*.

tornete *m.* 소형 선반(小形旋盤). 작은 다리미반(盤). 작은 녹로.

tornilheiro *m.* 탈영병(脫營兵). 탈주병.
— *a.* 병영(兵營)을 이탈하는. 탈주하는.

tornilho *m.* 작은 바이스. 소형 만력(小形萬力).

torninho *m.* =*tornilho*.

torniquete *m.* ①회전식(입장·통행) 문. ②[史] 관문(關門). 통행세 받는 문. ③(옛날의 일종의) 고문대(拷問臺). 그 고문. ④[外科] 지혈기(止血器). 동맥압저기(壓抵器).

torno *m.* ①선반(旋盤). 갈이기계. 다라이반(盤). 녹로(轆轤). ②바이스. 만력(萬力). ③(꽂는) 마개. 통마개. 전(栓). ④주위(周圍). 주변.

tôrno mecânico 동력(動力) 선반.

tôrno de mão 만력(萬力). 바이스.

tôrno de fiar 물레.

tôrno de oleiro 도공(陶工)의 녹로.

tôrno de pipa 통에 달린 주둥이(꼭지).

tôrno de pau 통마개. 목전(木栓).

em tôrno de …의 주위에. …의 둘레에.

olhar em tôrno de si 자기의(몸) 주변을 살펴보다.

tornozelo *m.* ①발목. ②[解] 복사뼈(踝).

toro (1) *m.* ①나무의 줄기. 수간(樹幹). ②(인체의) 허리통. 몸통(胴). ③토르소(머리 또는 손발이 없는 조상(彫像)).
— (2) *m.* 부부(夫婦)의 침상(寢床).

toró *m.* 억수. 폭풍우.

toronja *f.* [植] 그레이프 프루우트(오렌지 비슷한 미국 *California*에서 산출되는 과실).

toroso *a.* ①[植] 과육(果肉)이 많은. 살점이 많은. ②근육이 발달한. 건강한. 강장(強壯)한.

torpe (1) *a.* 정숙치 못한. 행실이 나쁜. 본

데 없는. 상스러운. (언어의) 품이 얕은. 비열한. 비루한. 타락한. 음란한. 파렴치한. 고약한.
— (2) *a.* 마비(痲痺)한. 감각을 잃은. (손・발이) 저린.
torpecer *v.i.* 마비되다. (손・발이) 저리다.
torpecido *a.* ①마비한. 마비된. 감각을 잃은. ②활기 없는. (기능이) 둔한.
torpedar *v.t.* =*torpedear.*
torpedear *v.t.* 수뢰(水雷)를 발사하다. 수뢰・공뢰(空雷)로 공격(파괴)하다. 수뢰(지뢰)를 부설하다.
torpedeira *f.* =*torpedeiro.*
— *m.* 수뢰정(水雷艇)
torpedo *m.* ①수뢰. 어뢰(魚雷). 공뢰. 지뢰. ②[魚] 전기가오리.
torpedo áereo 공뢰(空雷).
peixe torpedo [魚] 전기가오리.
torpemente *adv.* (행실이) 더럽게. 상스럽게. 누추하게. 비루하게. 추태(醜態)를 연출하여.
torpente *a.* 마비시키는. 감각을 잃게 하는. (손발이) 저리게 하는.
torpeza, torpidade *f.* ①(행실이) 더러움. 추함. 상스러움. ②비천. 비루(鄙陋). ③음탕함. 음란함. ④파렴치한. 행동. 추태(醜態).
tórpido *a.* 마비된. 감각을 잃은. (손발이) 서린.
torpitude *f.* =*torpeza.*
torpor *m.* ①마비. 마비상태. ②감각이 없음. 무감각. 무감동. ③활발치 못함. (동작의) 지둔. ④휴면(休眠). 칩복(蟄伏).
torquês *f.* (이가 맞물리는) 못뽑이. 족집게.
torquesada *f.* 못뽑이(족집게)로 치기. 그 타격.
torra *f.* ①(불에) 굽기. 볶기. 그슬리기. ②논밭(전답)의 배수(排水).
torração *f.* (빵・치즈・햄 따위를) 누렇게 굽기. 그슬리기. (커피・낙화생 따위를) 볶기.
torrada *f.* 토스트. 구운 빵(빵을 얇게 썰어서 노르스름하게 구운 것).
torradeira *f.* ①빵 굽는 여자. (커피・호콩 따위를) 볶는 여자. ②빵 굽는 기구. 볶는 그릇.
torradinha *f.* 작은 토스트. 작은 구운 빵.
torrado *a.* (누렇게) 구운. 누른. 볶은. 그슬린. (검을 정도로) 불에 쬐인. [植] 마르고 시든. 햇볕에 탄.
amendoim torrado 볶은 호콩. 볶은 땅콩.
torrador *m.* ①굽는 사람. 볶는 사람. 그슬리는 사람. 굽는 기구. 그슬리는 기구.
torrador de café 커피를 굽는(볶는) 기계.
torragem *f.* =*torração.*
torrão *m.* ①덩어리. 흙덩이. 토괴(土塊). ②토양(土壤). 토지.
torrões (*pl.*) (부동산으로서의) 농토. 농장 토지.
torrão natal 출생지. 고향. 고국.
torrão de açucar 설탕덩이. 괴당(塊糖).
torrar *v.t., v.i.* ①(빵・치즈・햄 따위를) 누렇게 굽다. (구워지다). 그슬리다. (검을 정도로) 불에 쬐다. ②(커피・낙화생 따위를) 볶다. ③[植] 바싹 말리다. (마르다) 햇볕에 태우다. ④《俗》(버리는 값으로) 막 팔다. 두드려 팔다.
torre *f.* 탑(塔). (교회 등의) 뾰족탑. 누대(樓臺). 망대. 성루(城樓).
torre de sinos 종루(鍾樓). 종탑.
torre de vigia 감시탑. 감시대. 망루.
torre albarrã 또는 *torre de observação* 망루(望樓). 관측탑.
torre de comando (군함의) 사령탑. (잠수함의) 전망대.
torre de menagem 아성(牙城). 내성(內城).
torre de Babel [聖] 바벨의 탑(옛 *Babylon* 사람들이 하늘까지 쌓으려다 실패했다는).
torreado *a.* 탑같은. 탑 모양을 한. 탑이 있는.
torreante *a.* 탑처럼 높이 솟은.
torreão *m.* 옥상(屋上)의 탑. (기차의) 차탑(車塔). [軍] 선회포탑(旋回砲塔). 성곽(城郭) 모퉁이에 있는 탑. 누각(樓閣). [史] 본성. 아성(牙城).
torrear *v.t.* 탑을 쌓다(만들다). 누각을 짓다. 망대(누대)를 짓다.
— *v.i.* (탑처럼) 우뚝 솟다. 높이 솟다. 흘립(屹立)하다.
torrefação *f.* 굽기. 볶기. 그슬리기. 바싹 굽기.
torrefato *a.* 잘 구은. 누른. 잘 볶은. 잘 그슬린.
torrefator *a., m.* 굽는. 볶는. 그슬리는. 태우는. 굽는(볶는) 기계. 그슬리는 기구.

배전기(焙煎機).

torrefazer *v.t.* = *torrificar*.

torrefeito *a.* = *torrefato*.

torreira *f.* 찌는 듯한 더위. 염열(炎熱). 염서(炎暑). 폭염(暴炎). 주간(晝間)의 가장 온도가 높은 때.

torrencial *a.* ②쏟아지듯 흐르는. 급류(急流)의. 분류(奔流)의. 격류(激流)의. 맹렬한.

chuva torrencial 폭우. 호우(豪雨).

torrencialmente *adv.* 급류처럼. 분류같이. (비가) 노드리듯. 맹렬하게. 다량으로.

a chuva cai torreneialmente 비가 노드리듯 쏟아진다.

chove torrencialmente 비가 맹렬하게 내린다. 쏟아지듯 퍼붓다.

torrente *f.* ①급류(急流). 분류(奔流). 격류. 격단(激端). ②일시적이나마 많이 흐르는 것. ③다량(多量). ④맹렬한 힘. ⑤대세(大勢). 추세(趨勢).

chovia em torrentes 폭우가 내렸다.

torrentoso *a.* ①분류의. 급류의. 격류의. ②맹렬한.

torresmos *m.*(*pl.*) 돼지의 비계. 특히 기름에 튀긴 것. (기름기 없이) 바싹 구운 오독오독한 가죽.

tórrido *a.* (태양열에) 탄. 염열(炎熱)의. 혹열의. 타는 듯한. 바싹 마른.

zona tórrida 열대(熱帶).

torrificação *f.* 굽기. 볶기. 그슬리기.

torrificado *a.* (누렇게) 구운. 잘 볶은. 잘 그슬린.

torrificador *m.* 굽는 기구(기계). 볶는 그릇.

torrificar *v.t.* (누렇게) 굽다. 볶다. 그슬리다. 열에 쬐이다. (거무스름할 정도로) 태우다.

torrinha *f.* ①작은 탑. 작은 누대(樓臺). ②[劇] (층층으로 된 관람석의) 최상층(最上層). (관람석의) 최후열(最後列).

torriscado *a.* (불에) 너무 구운. 탈 정도로 그슬린. 지나치게 볶은.

torriscar *v.t.* 너무 굽다. 지나치게 그슬리다. 탈 정도로 볶다.

torroada *f.* 많은 흙덩어리.

torso *m.* ①토르소. 반신상(半身像). ②(인체의) 허리통.

torta *f.* 파이. 과실 파이. (고기 넣은) 만두.

torteira *f.* 파이를 굽는 그릇. 과자 냄비.

torticolo *m.* = *torcicolo*.

tortilha *f.* 작은 파이. 작은 만두.

torto *a.* ①구부러진. 굽은. 굽혀진. 뒤틀어진. 기형(畸形)의. ②(마음씨 따위) 곧지 못한. 삐뚤어진. ③(눈이) 한 쪽으로 내려(올라)간. 사시(斜視)의. ④옳지 못한. 나쁜. 틀린.

torto das pernas 무릎이 밖으로 구부러진.

bôca torta 삐뚤어진 입. 큰 입. 메기입.

a torto e a direito ① 되는대로. 닥치는대로. ②불문곡절(不問曲折)하고. 어떻게서라도.

— *adv.* 꾸부러지게. 삐뚤어지게. 곧지 못하게.

tortor *m.* ①배와 배를 연결하는 굵은 밧줄. ②감아 올리는(들이는) 기계. 닻을 감아 올리는 기계.

tortos *m.* (다만 다음의 숙어로만 씀).

dôr de tortos 분만(分娩) 후에 일어나는 심한 복통(腹痛).

tortual, tortueiral *m.* ①(포도·압착기(壓搾機)의) 지렛대. ②(방추(紡椎)에 달린) 회전판(回轉板).

tortulho *m.* ①[植] 식용(食用) 버섯. ②소의 창자(牛腸)를 말린 것. ③땅딸보. 키작고 뚱뚱한 사람.

tortuosamente *adv.* ①꼬부라져서. 꼬불꼬불하여. 삐뚤삐뚤하게. ②틀려서. 잘못되어. 부정하게.

tortuosidade *f.* ①꼬불꼬불함. 삐뚤삐뚤함. 많은 굴곡(屈曲). 양장(羊腸)(모양). ②사곡(邪曲). 부정(不正). 옳지 못함. 틀림.

tortuoso *a.* ①꼬부라진. 꼬불꼬불한. 굴곡이 많은. ②《比喩》비꼬인. (말을) 둘러서 하는. ③사곡(邪曲)한. 부정한. 나쁜.

tortura *f.* ①꼬부라짐. 곡절. 삐뚤어짐. 비틀림. ②고문(拷問). 참을 수 없는 고통. ③고민. 번민. 고뇌(苦腦).

torturado *a.* ①고문당한. 참을 수 없는 고통을 받는. ②고민하는. 고뇌하는. ③양심의 가책을 받은.

torturante *a.* ①고문하는. 몹시 괴롭히는. 참을 수 없는 고통을 주는. ②고민(고뇌)하게 하는.

torturar *v.t.* ①고문하다. 참을 수 없는 고통을 주다. 몹시 괴롭히다. ③고민(번민)케 하다.

torumã, toruman *m.* [植] (브라질산) 야생 나무의 일종.

torva *f.* 《古》①혼란. 문란(紊亂). ②방해.

torvação *f.* ①불안한 상태. 불온. 동요. (특히) 마음의 동요. 심란(心亂). 걱정. 근심. ②혼란. 문란. 교란(攪亂). 노여움. ④화난 표정. 험한 용모. ⑤《古》방해. 저해(沮害).

torvado *a.* ①마음이 설레는. 불안한. 흔들리는. 동요하는. 불온한. 혼란한. ③노한. 화낸. 무뚝뚝한. 표정이 험한.

torvamente *adv.* 무뚝뚝한 표정으로. 험상스럽게. 무섭게.

torvamento *m.* =*torvação.*

torvar *v.t.* ①불안케 하다. (마음 등을) 어지럽히다. 동요하게 하다. ②(질시 등을) 흐트러 뜨리다. 문란케 하다. 혼란되게 하다. 교란하다.
— *v.i.*, — **se** *v.pr.* ①(마음이) 설레이다. 동요하다. 불안해지다. ②(질서 따위) 흐트러지다. 문란해지다. 혼란해지다. ③노하다. 성내다. 화내다. ④우울해지다. 침울해지다.

torvelinhar *v.i.* ①소용돌이치다. 빙글빙글 돌다. 선회(旋回)하다. ②몹시 동요하다.

torvelinho, torvelino *m.* ①소용돌이. 화방수. (바람·물·모래·연기 등의) 회오리. 회오리바람. ②빙글빙글 돌기. 선회 운동.

tôrvo *a.* ①(표정이) 침울한. 음침한. 험상스러운. ②무서운(표정을 싯고 있는).
— *m.* 침울한 표정. 걱정(두려움)에 싸인 표정. 험상(險狀·險相).

tos *to*의 복수형.

tosa (1) *f.* ①때리기. 치기. 구타. ②질책(叱責). 견책(譴責). 비난.
— (2) *f.* 양털깎기. 양모전단(羊毛剪斷).

tosador (1) *a., m.* 때리는 사람. 구타자.
— (2) *a.* 양털깎는.
— *m.* ①양털깎는 사람. 전단자(剪斷者). ②(털깎는) 큰 가위.

tosadura *f.* 양털깎기. (가축의) 털을 밀기.

tosão *m.* 한 번 깎은 양털. 한 더미의 양털. 한 마리분의 양모(羊毛).
tosão de ouro [希神] 금의 양털(*Jason*이 *Argo*호(號)를 타고 *Colchis*에 원정가서 가지고 왔다고 함).

tosar (1) *v.t.* 때리다. 치다. 구타하다.
— (2) *v.t.* ①(양의) 털을 깎다. 전단(剪斷)하다. ②나사(羅紗)의 보드러운 털을 깎다.

— *v.i.* (가축이) 연한 풀을 뜯다. 연한 잎을 먹다. 새싹을 뜯어 먹다.

toscamente *adv.* 거칠게. 조폭하게. 버릇없이.

toscanejar *v.i.* 졸다. 꾸벅꾸벅 졸다.

toscano (1) ①*Tuscany*의. ②[建] 타스카니 양식의.
— *m.* ①타스카니인. 그 말. ②[建] 타스카니 양식.
— (2) 코가 큰.

tôsco *a.* ①거친. 껄껄한. 투박한. ②가공되지 않은. 끝손질하지 않은. ③(알·가루 따위) 굵은. ④(행실·거동 등이) 버릇없는. 조잡한. 조폭한. ⑤(취미 따위) 추잡한. 졸렬한.

tosquenejar *v.i.* =*toscanejar.*

tosquia, tosquiadela *f.* ①양털깎기. ②양털깎는 시기. 전모기(剪毛期). ③비난. 혹평.

tosquiado *a.* ①양털을 깎은. 털이 깎인. 털을 민. ②직물(織物)의 부드러운 털을 깎은. ③머리털을 짧게 깎은.

tosquiador *a., m.* 양털을 깎는 사람. 전단자.

tosquiadura *f.* ①(양의) 털을 깎기. ②속여서 빼앗기.

tosquiar *v.t.* ①(양의) 털을 깎다. 밀다. 머리털을 깎다. ②(속여서) 빼앗다.
tosquiar o cabelo 머리털을 깎다. 짧게 깎다.
tosquiar árvores (가위로) 나무의 작은 가지를 치다.
Ir buscar lã e ficar tosquiado. (양털 가지러 갔다 자기 머리털을 깎이고 오다). 혹 떼러 갔다 혹 붙여 오다.

tosse *f.* 기침. 기침소리. 해소(咳嗽).
tosse sêca 마른 기침.
tosse convulsa (comprida) 백일해(百日咳).
ter uma grande tosse 몹시 심한 기침을 하다.

tossegoso *a.* 기침이 자주 나는. 몹시 기침하는.

tosseira *f.* 연속적인 기침.

tossicar *v.i.* 가벼운 기침을(자주) 하다.

tossiculoso *a.* =*tossegoso.*

tossidela *f.* 기침하기.

tossido *m.* 기침하기. 기침 소리 내기. 기침 소리로 알리기.

tossigoso *a.* 자주 기침하는. 몹시 기침하는.
tossir *v.i.*, *v.t.* 기침하다. 기침 소리를 내다. 기침하여 뱉어내다.
tossir gravemente 심하게 (몹시) 기침하다.
tossir levemente 가볍게 기침하다. 약간 기침하다.
tosta *f.* (=*torrada*) 토스트. 구운 빵.
tostadela *f.* (빵・치즈・햄 따위를) 누렇게 굽기. 지지기. 그슬리기. 탈 정도로 쬐기.
tostado *a.* ①누렇게 구운. 눌은. 거무스름하게 탄. 그슬은. ②햇볕에 타서 까매진.
tostadura *f.* =*tostamento*.
— *m.* ①누렇게 굽기. 지지기. 볶기. 거무스름하게 태우기. 그슬리기. ②햇볕에 바싹 말리기. 쬐기.
tostão *m.* (브라질의) 옛날 화폐 단위. 100 레이스.
Não vale um tostão. 한 푼의 가치도 없다.
tostar *v.t.* ①(빵・치즈・햄 따위를) 누렇게 굽다. 그슬리다. 탈 정도로 쬐다. 볶다. ②햇볕에 쬐다. 바싹 말리다.
— *v.i.*, —*se v.pr.* ①구워지다. 그슬리다. (그슬어) 누렇게 되다. 햇볕에 타다.
toste (1) *a.* 빠른. 신속한.
— *adv.* 빨리. 신속히.
— (2) *m.* 《英》 *toast* 의 전래어. 축배(祝杯). 축배인사.
fazer um toste 축배를 들다.
total *a.* ①전체의. 총계의. 총(總)…. ②총력적인. ③순전한. 완전한. 절대적. 철저한.
eclipse total 개기식(皆旣蝕).
perda total 완전한 손실. 완패(完敗).
lucro total 전체 이익. 이익의 전체.
destruição total 완전 파괴.
— *m.* 전체. 전부. 총계. 총액. 총수. 합계. 누계(累計).
no total 전체로서. 총계하여. 일반적으로.
totalidade *f.* 전체임. 전부임. 총계. 총액. 전액.
totalitário *a.* 전체주의의. 일국일당주의의.
totalismo *m.* 전체주의(全體主義).
totalista *m.*, *f.* 전체주의자. 일국일당주의 지지자.
totalização *f.* 합계(총계)하기.
totalizador *a.* 합계하는. 총계하는.
— *m.* 합계하는 사람. 총액계 계산기.
totalizar *v.t.* ①전부 합치다. 합계하다. 총계를 내다. ②총력을 기울이다. ③완성하다. 성취하다.
totalmente *adv.* 모두. 전부. 통틀어. 하나도 남기지 않고. 말끔히. 전체적으로.
totelimundi *m.* ①세계 각지의 실정을 들여다 보는 안경. ②뒤죽박죽. 엉망진창. 옥석혼효(玉石混淆). ③매개인(每個人). 각(各)개인.
totem, tóteme *m.* ①북아메리카 토인들이 자기 또는 종족의 상징으로 숭배하는 자연물 특히 동물(의상(像). ②토템 이름으로 불리우는 씨족(氏族).
totémico *a.* 토템(신앙)의.
totemismo *m.* 토템 숭배(신앙). 토템 조직(組織).
totemista *m.*, *f.* ①토템 제도의 사회에 속하는 사람. ②토템 연구가.
totilimundi *m.* =*totelimundi*.
totó *m.* (개에 대한 애칭) 강아지. 어린개.
totuma *f.* =*totumo*.
— *m.* [植] (아메리카산의) 호박의 일종.
toturubá *f.* [植] (브라질의) 야생과수(果樹)의 일종.
touca *f.* ①(부인 및 아이들용) 머리수건. 두건 모양의 쓰는 것. ②(부인 머리에 쓰는) 그물. ③[史] 밀착두건(密着頭巾)(투구 밑에 쓰는). ④《俗》 취함. 명정(酩酊).
touça *f.* ①(중배가 불룩한) 통의 테두리 재료로 되는 밤나무의 뿌리. 밤나무의 어린 가지. ②사탕수수의 그루터기.
toucado *a.* ①머리수건(*touca*)을 쓴. ②머리를 잘 손질한.
— *m.* 《F》 ①이발의 형(型). 머리미용법. ②머리미용도구. ③머리수건의 일종.
toucador *m.* ①화장탁자(化粧卓子). 경대. ②화장실. 갱의실(更衣室). 옷 갈아입는 방. ③잘 때 머리를 싸는 천(그물).
toucar *v.t.* ①머리수건을 쓰다(씌우다). 그물을 쓰다. ②머리를 잘 손질하다. 머리미용을 하다.
—*se v.pr.* (자기의) 머리를 손질하다(잘 가꾸다). 머리화장을 하다.
touceira *f. touça*의 큰 것.
touceiral *m.* ①밤나무의 뿌리가 많은 곳. ②사탕수수의 그루터기가 많은 곳. ③덤불.
toucinheiro *m.* 돼지의 비계장수. 돼지도살업자.
toucinho *m.* ①돼지의 비계(특히 말린 것). 살이 약간 붙어 있는 비계. ②베이컨(돼지고기를 소금에 절여 불에 그슬려 만든 것).

toupeira *f.* ①[動] 두더지. ②《比喩》학문이 전혀 없는 사람. 무학문맹자(無學文盲者). ③미운 노파.

toura *f.* ①아직 새끼를 낳지 않은 어린 암소. ②새끼를 배지 못하는 암소.

tourada *f.* ①황소의 떼. ②(스페인의) 투우(鬪牛). 투우희(鬪牛戱).

toural *m.* ①우시장(牛市場). 가축시장. ②들토끼(野兎) 많은 곳. 포수가 숨어서 들토끼를 기다리는 곳.

tourão *m.* [動] 야생 흰족제비. 《俗》장난이 세찬 아이.
tourão fétido (유럽산의) 족제비같은 (냄새가 고약함).

touraria *f.* 《俗》떠들썩하기. 소란함.

toureador *m.* 투우사(鬪牛師).

tourear *v.t.* ①소와 싸우다. ②막대기로 소를 찌르다. 쿡쿡 찔러 자극 주다. ③격노시키다.
— *v.i.* ①투우하다. 투우희(鬪牛戱)를 하다. ②(남녀가) 희롱하다. 농락하다. 가지고 놀다.

toureio *m.* 투우(鬪牛). 투우술(術).

toureiro *m.* (=*toureador*). 투우사.

tourejar *v.t., v.i.* =*tourear*.

touril *m.* ①(투우장 내의) 우사(牛舍: 황소를 가두어 두는 곳). ②외양간.

touro *m.* ①황소. 투우용 수소. ②(황소처럼) 힘센 사람. 강자(强者). 장사(壯士). ③[天] 우좌(牛座) 금우궁(金牛宮).
touros (*pl.*) 투우희(鬪牛戱).
touro bravo 들소. 야우(野牛).

touruno *m.* 완전히 거세(去勢)되지 않은. 거세 불완전한(소에 대한 말).

touteador *a.* 어리석은. 바보같은. 바보 노릇하는.
— *m.* 바보같은 말(행동)을 하는 사람.

toutear *v.i.* 바보같은 말(행동)을 하다. 얼빠진(어리석은) 노릇을 하다.

toutiçada *f.* ①뒤통수를 치기. ②후두부의 타박(상).

toutiço *m.* [解] 후두부(後頭部).

toutinegra *f.* [鳥] 대가리가 까만 각종 새의 속명. 《英》*black cap*. 지저귀는(우는) 새의 일종.

tovaca *f.* [植] (브라질의) 야생나무의 일종.

toxemia *f.* 독혈증(毒血症).

toxicado *a.* 중독한.

toxicador *a.* 중독시키는. 중독성(性)의.

— *m.* 중독시키는 것. 중독성 물질.

toxicar *v.t.* ①중독시키다. 중독되게 하다. ②나쁜 습관에 물들이다.

toxicidade *f.* 독성. 독기·(독약의) 치명량.

tóxico *a.* 독이 있는. 유독한. 중독(성)의.
— *m.* 독(毒). 독물(毒物). 유독성 물질.

toxicofago, toxicoforo *a.* 독을 내는(산출하는).

toxicografia *f.* 독물지(毒物誌).

toxicoemia *f.* 독혈액(毒血液). 독혈증(症).

toxicologia *f.* 독물학(毒物學). 독약학.

toxicológico *a.* 독물학(상).

toxicólogo *m.* 독물학자. 독약학자.

toxicomania *f.* ①지나치게 독을 쓰기 좋아함. 독을 쓰기 좋아 하는 정신이상(異狀). ②마약상용(痲藥常用).

toxicômetro *m.* 독물강도계(强度計).

toxidermia *f.* 중독에 기인한 피부병.

toxidez *f.* 독성. 독기.

toxifilia *f.* (모르핀 따위의) 유독성 물질을 즐겨 마시는(피는) 버릇. 마약 상용벽(癖).

toxina *f.* 독소(毒素).

toxodonte *m.* [動] 전치수(箭齒獸).

toxofilo *a.* [植] 잎의 화살같은. 화살같은 잎이 있는 전형엽(箭形葉)의.

trabal *a.* (못 따위) 들보용의. 양용(梁用)의.
prego trabal 들보용 못. (죄는) 버클

trabalhadamente *adv.* 일을 많이 하여. 많은 수고를 하여. 많은 노력을 들여. 공들여.

trabalhadeira *f.* 일 잘하는 여자. 부지런한 여성.
(註) *trabalhadora*; 일하는 여자. 여자 노동자.

trabalhado *a.* ①일한. 작업한. ②수고한. 노고(勞苦)한. ③(어떤 물건을) 가공한. 손질한. 공들인. 품들인. ④고생한. 애쓴. ⑤피로한. 피폐한.

trabalhador *a.* ①일하는. 작업하는. 노동하는. ②일 잘하는. 부지런한. 근면한.
homem trabalhador 일 잘하는 사람. 부지런한 사람.
— *m.* ①일하는 사람. 노동자. 직공. ②일 잘하는 사람. 근면한 사람. 일꾼.
trabalhador rural 시골 일꾼. 농촌 노동자.
trabalhador agrícola 농장 노동자.
trabalhador em aço 제강소의 직공.

trabalhadora *f.* ①일하는 여자. 여자 노동자. ②《稀》일 잘하는 여자.
(註) *trabalhadeira*를 보라.

trabalhão *m.* ①몹시 힘드는 일. 품 드는 일. 큰 일. 고된 작업. ②큰 수고. 많은 노력. ③과도의 노동. 피페.

trabalhar *v.i.* ①일하다. 작업하다. 노동하다. ②세공을 하다. 바느질하다. ③(기관·기계 등이) 움직이다. 운전하다. (찻바퀴 따위가) 돌다.
— *v.t.* ①일 시키다. (사람·마소 등을) 쓰다. ②(손가락·주판·기계 등을) 움직이다. 사용하다. ③(배·차·대포·기계 등을) 운전하다. 조종하다. ④(노력을 들여서) 만들다. 세공하다. ⑤가공하다. ⑥품들이다. 공들이다. ⑦(…의) 작업을 하다. (…의) 일을 하다. ⑧(밭을) 갈다. 경작하다.

trabalhar por …하고자 일하다(노력하다). …을 위하여 애쓰다. …로서 일하다.

trabalhar por hora 시간 일을 하다.

trabalhar por sal rivo inferior (mínimo) 아주 낮은 임금(최저 임금)으로 일하다.

trabalhar por conta própria 자신의 계산에 의하여(또는 자기의 수지대로) 일하다.

trabalhar para …을 위하여 일하다. …의 목적으로 일하다.

trabalhar para bispo (주교(主敎)를 위하여 일하다). ①그저 일하다. 보수 없이 일하다. 먼저 받은 품삯을 위하여 일하다.

trabalhar com agulha 바느질하다.

trabalhar a terra 땅을 갈다. 경작하다.

trabalhar como um mouro 부지런히 일하다. 열심히 일하다.

trabalhar de graça 그저 일하다. 보수 없이 일하다.

trabalhar em vão 헛수고 하다.

trabalhar sem proveito 성과 없는 일을 하다. 보람 없는 노력을 하다.

Trabalhar do raiar ao pôr do sol. 해 떠서 질 때까지(하루 종일) 일하다.

trabalhar de dia(noite) 낮일(밤일) 하다.

trabalhar de dia e de noite 밤낮으로 일하다.

trabalhar sem interrupção 계속적으로 (간단없이) 일하다.

comer sem trabalhar 일하지 않고 먹다. 무위도식하다.

trabalhar sem comer 먹지 않고 일하다. 침식을 잊고 일하다. 몹시 애써 일하다.

É possível comer sem trabalhar, porém trabalhar sem comer. 일하지 않고 먹을 수는 있으나 먹지 않고 일할 수는 없다.

fingir que se trabalha 일하는 체하다.

trabalheira *f.* ①힘드는 일. 된 일. 고역(苦役). 큰 일. ②귀찮은 일. 번잡한 일. 난사(難事).

trabalhista *m.f.* [政] 노동당원. 근로당원.
— *a.* 노동의. 근로의. 노동자의.

partido trabalhista 노동당. 근로당.

lei trabalhista 노동법(勞動法). 노동령(令).

trabalho *m.* ①일. 노동. 작업. 노무(勞務). 면려(勉勵). 노력. ②일. 공정(工程). ③업무. 직(職). 장사. 직업. ④업. 작업. 과업. 직무. ⑤바느질. 자수. ⑥공작. 제작. (集合的) 공작물. 제작품. ⑦작용. ⑧일하는 품. ⑨저작. 저술.

trabalhos (*pl.*) 사업(事業). 공사.

trabalho braçal 육체 노동. 근력 노동.

trabalho manual 손으로 하는 일. 수동(手動) 작업.

trabalho intelectual 정신 노동. 지적 노동.

trabalho avulso 잡일. 여러 가지 일. 일정치 않은 노동.

trabalho caseiro 가정수공(家庭手工). 집에서 하는 여러 가지 세공(細工)(바느질·자수·바구니 만드는 일 따위).

trabalho doméstico 가사(家事). 가정일(음식 만들기·세탁·청소 따위).

trabalho embutido [木工] (특히 가구 따위의) 감입(嵌入) 세공. 여러 가지 나뭇조각을 붙여서 하는 일.

trabalho artístico 미술.

trabalhos forçados 강제 노동. 징역.

trabalho perdido 헛일. 도로(徒勞).

trabalho delicado 섬세한 일. 정교(精巧)한 일.

trabalho árduo 힘드는 일. 중노동.

trabalho excessivo 과도한 일. 많은 일.

trabalho adicional 보충작업.

trabalho de agulha 바느질.

trabalho em mina 탄광일. 채광작업.

trabalho de sapa ①갱도(坑道)작업. 대호(對壕)작업. ②음모. 파괴공작.

bom trabalho 좋은 일. 잘한 일. 훌륭한 일. 공덕.
Bom trabalho! (일하는 사람을 만났을 때의 말) 수고합니다! 수고하십니다.
dia do trabalho 일하는 날. 취업일.
muito trabalho 많은 일. 방대한 작업.
com muito trabalho 많은 품을 들여서. 몹시 고생하여. 많은 노고(勞苦)를 치르고.
muito trabalho para nada 헛소동. 도로무공(徒勞無功).
Não há atalho sem trabalho. 수고 없으면 소득도 없다. (부뚜막의 소금도 집어넣어야 짜다).
Sem trabalho, nada se alcança. 노고 없이는 달성(達成) 못한다.
Trabalho bem começado é caminho meio andado. 시작(始作)이 반이다.
Êle faz o trabalho de 2 homens. 그 사람은 두 사람분의 일을 한다.

trabalhosamente *adv.* 품들여서. 공들여서. 노고하여. 많은 수고를 하여.

trabalhoso *a.* 힘드는. 품결리는. 수고스러운. 고생스러운. 까다로운. 귀찮은.

trabecula *f.* [解] 섬유주(纖維柱). [植] 망가(網架)조직. 망가체.

trabelho *m.* ①죄는 것. 죄는 나뭇조각. 체목(締木). ②장기쪽. 말.
sem trelho nem trabalho 머리도 없고 꼬리도 없는. 무엇이 무엇인지를 모를. 뒤죽박죽된.

trabucada *f.* ①*trabuco*로 쏘기 ②노포(弩砲)의 큰 음향.

trabucador *a.* ①*trabuco*를 쏘는. ②노포로 싸우는. ③(배를) 전복침몰(顚覆沈沒)시키는.
— *m.* (생활상으로) 분투 노력하는 자.

trabucar *v.t.* ①*trabuco*로 쏘다. 발사하다. ②노포로 공격하다. ③(배를) 전복침몰시키다.
— *v.i.* ①애써 일하다. 분투 노력하다. ②큰 망치 따위로 때리며 소리내다. 요란한 소리나다.
Quem não trabuca não manduca. 일 하지 않는 자는 먹지 말라.

trabuco *m.* ①(옛 武器) 석궁을 내쏘는 활. 투석기(投石機). 《英》 *catapult*. ②노포(弩砲: 돌 쏘는 옛 병기). ③《古》 17~18세기경의 총부리가 굵은 단총(短銃). 나팔총. 《英》 *blunder-buss*.

trabuqueiro *m.* 나팔총(총부리가 굵은 단총)을 소지한 비적(匪賊). 노상강도.

trabuquete *m.* (*trabuco*의 지소어). 작은 투석기. 작은 노포.

trabuzana *f.* ①《俗》 폭풍(우). ②소동. 소란. ③소화불량. 체증. 식체(食滯). 식상(食傷). ④취함. 명정(酩酊).

traça (1) *f.* ①[蟲] 나방이. 좀벌레(모직물·모피·종이 따위를 좀먹는 벌레의 총칭). 약간씩 약간씩 침식하는 것. 조금씩 파괴하는 것. ②치근치근 졸라대는 사람.
— (2) *f.* ①금긋기. 줄치기. 한번 긋는 선(線). ②첫 도안(圖案). 스케치. ③계획. 설계. 계략. 책략(策略).

traçado (1) *a.* 좀벌레가 침식한. 좀먹은.
— (2) *a.* ①금을 그은. 줄 친. ②선으로 약도를 그린. 스케치한. ③계획한.
— *m.* ①그은 금. 줄. 선. ②금긋기. 줄치기. ③초벌 그림. 첫 도안. 약도. 초고. 견취도(見取圖). 아웃라인.

traçador *a.*, *m.* ①줄치는 (사람). 금긋는 (사람). ②선으로 묘사하는 (사람). 스케치하는 (자). 도안자. ③입안자(立案者). 설계자.

tracajá *m.* [動] (브라질산) 거북의 일종.

tracalhaz *m.* = *tracanaz*.

traçalho *m.* 한 덩이의 마른 고기(乾肉).

tracambista *m.* = *trambiqueiro*.

traçamento *m.* ①금긋기. 줄긋기. ②선으로 (그림) 그리기. 윤곽을 그리기.

tracanaz *f.* ①(베어 낸·잘라 낸) 큰 덩어리. 큰 조각. 대편(大片). ②많음. 대량(大量).

tração, tracção *f.* ①끌기. 끄는 힘. 견인(牽引). 만인(挽引). 견인력. ②(특히 도로상의) 수송. ③(철도의) 차량과(車輛課). 수송과.
tração elétrica 전기 견인.
tração dinâmica 자력(磁力) 견인.
força de tração 견인력.
animal de tração (수레 따위를) 끄는 가축(말·소·나귀 따위).

traçar (1) *v.t.*, *v.i.* ①금을 긋다. 줄을 치다. 선으로(윤곽·약도·지도 따위를) 그리다. 스케치하다. 선으로 묘사하다. 약기(略記)하다. ②계획하다. 획책하다. ③어깨로부터 비스듬히 내려 드리우다.
— (2) *v.i.*, —*se v.pr.* 좀 먹다. 조금씩 침식당하다. (직물·모피 따위)에 좀벌

레가 꾀다.
— *v.t.* ①좀 먹게 하다. 조금씩 침식하게 하다. 소모시키다. ②괴롭히다.

tracejado *a.* 금을 그은. 금으로 묘사한.

tracejamento *m.* 금을 긋기. 줄을 치기. 선(線)으로 윤곽을 그리기. 금으로 묘사하기.

tracejar *v.t.* ①(선·윤곽·지도 따위를) 긋다. 그리다. …의 그림을 그리다. 견취도를 그리다. ②계획하다.
— *v.i.* 금을 긋다. 줄을 치다.

tracelete *m.* 분획기(分劃器).

tracicomido *a.* (모피(毛皮)·직물(織物) 따위) 좀먹은. 벌레 먹은.

tracista *m., f.* ①금 긋는 사람. 줄치는 자. 윤곽 그리는 사람. ②입안자(立案者). 계획자. ③음모자.

traço *m.* ①한 금 긋기. 가로 길게 긋기. 일필(一筆). 일획(一劃). ②그은 선. 친 줄. 자획(字劃). ③도형. 견취도. 스케치. ④(얼굴의) 윤곽. 안면(顔面)의 뚜렷한 선(線). 용모. 인상. ⑤(지나간) 자취. 발자국. 형적(形迹). 흔적(痕迹).
traço final [樂譜] 이중종선(縱線).
traço ligação [樂] 연결선.
traço de união 하이픈. 줄임부호. 줄임표.
traço de referência (주(註)의) 참조표.

tracoma *m.* [醫] 트라홈. 과립성 결막염(顆粒性結膜炎).

tracomatoso *a.* 트라홈의. 트라홈성의.

tracto *m.* ①넓은 면적. 지역(地域). (토지의) 광활한 전개(展開). (하늘·바다 등의) 퍼짐. ②《古》 기간. 간격. ③[宗] [가톨릭] 속창(續唱).
(注意) = *trato* (2).

tractor *m.* = *trator*.

tractório *a.* = *tratorio*.

tradear *v.t.* 나사송곳으로 구멍을 뚫다.

tradição *f.* ①전설(傳說). 구전(口傳). 구비(口碑). ②[美術·文學] 전통. 관례. 식. 형(型). ③관습. 인습(因襲). ④[法] 인도(引渡). 교부. ⑤[宗] 성전(聖傳: 기록되어 있지 않고 말로 전하는 교의(敎義)).

tradicional *a.* 전설의. 전통(적)의. 전통에 의하는. 고풍의. 관례(관습)에 의한. 인습적인.

tradicionalismo *m.* 전통(인습)의 묵수(墨守). [宗] 전통주의. 인습고집(固執)주의.

tradicionalista *m., f.* 전통(인습)을 지키는 사람. 관습(관례)대로 하는 사람. 전통주의자.

tradicionalmente *adv.* 전통적으로. 인습(관례)대로. 전설에 의하여.

tradicionário *a.m.* ①관습(인습)을 고집하는 자. 전설을 존중하는 사람. ②전설에 의하여 성서(聖書)를 설명한 유태교도.

trado *m.* ①큰 송곳. 나사송곳. ②나사송곳으로 뚫은 구멍.

tradução *f.* ①번역. 바꾸어 말하기. 역술(譯述). ②바꾸어 놓기. 옮기기. [理] 물체의 이행(移行). [醫] 전이(轉移). [電] 자동중계. ③역문(譯文). 번역문. 해석서.

tradutor *a.* 번역하는. 옮겨 전하는.
— *m.* 번역자. 역자(譯者). 통역.

traduzir *v.t.* ①(한 나라 말을 다른 나라 말로) 바꾸어 쓰다. 번역하다. ②쉽게 고쳐 말하다. 해석하다. (어떤) 의미를 …로 표시하다(설명하다). 역술하다.
traduzir para o francês 프랑스 말로 번역하다.
é fácil para traduzir 번역하기 쉽다.
— *se v.pr.* …로 표현되다. 자기를 …로 나타내다.

traduzível *a.* 번역할 수 있는. 옮겨 전할 수 있는.

trafegar *v.i., v.t.* ①왔다갔다하다. 왕래하다. 지나가다. 통과하다. ②(활발하게) 움직이다. 일하다. 노동하다. 노고(勞苦)하다. ③거래하다. 장사하다. 무역하다. 교역(交易)하다.

tráfego *m.* ①(사람·자동차 등의) 통행. 왕래. 교통. 교통량. (화물 따위의) 운수량. ②무역. 교역. 거래. 매매. 상업. ③교제. ④일. 노동. 노고(勞苦).
tráfego aéreo 항공교통(航空交通).
tráfego fluvial 하천(河川)교통.
tráfego marítimo 해상항행.
tráfego de automóveis 자동차교통.
tráfego engarrafado (사고 등으로 인하여) 막혀 혼잡한 교통.
trafego ferroviário 철도교통.
signal de tráfego 교통정리 신호기.

trafeguear *v.i.* = *trafegar*.

traficância *f.* ①(특히 비매품(非賣品)·금제품(禁制品) 등의) 매매. 부정거래. 불법교역. 나쁜 일. ②부정이득(不正利得). ③《古》 무역.

traficante *m.* ①부정상인. 모리간상배. 밀매업자. ②속여서 빼앗는 자. 협잡꾼. 사기사. ③《古》무역상인.

traficar *v.i., v.t.* ①(비매품 · 금제품 등의) 부정거래를 하다. (법에 저촉되는) 교역을 하다. 사기적 상업을 하다. ②부정이득을 취하다.

tráfico *m.* ①부정거래. 불법교역(不法交易). 사기적 장사. ②《古》무역. 통상. 상거래.

tragacanta *f.* 트라가칸트 나무(식물성으로 주로 제약용).

tragacanto *m.* [植] 트라가칸트.

tragadeiro *m.* ①《俗》식도(食道). 목구멍. ②(깊은) 계곡. 심연(深淵).

tragadoiro *m.* =tragadouro.

tragador *a.* ①삼키는. 삼켜버리는. 꿀꺽꿀꺽 들이키는. 탐식하는. ②삼켜 없애버리는. 병탄(併呑)하는.
— *m.* 삼켜버리는 자. 연하자(嚥下者). 병탄자.

tragadouro *m.* ①삼키는 곳. 삼켜 없애버리는 곳. ②소용돌이. ③심연(深淵). 나락.

tragamento *m.* 삼키기. 연하(嚥下). 병탄(併呑). 꿀꺽꿀꺽 들이키기. 삼켜 없애버리기. 멸절(滅絶). 탕진(蕩盡).

traga-mouros *m.*《古》 *traga-moiros*. 뽐내는 자. 허세부리는 자. 난폭한 인간. 건방진 녀석.

tragar *v.t.* ①삼키다. 삼켜 버리다. 연하하다. 병탄(併呑)하다. ②꿀꺽꿀꺽 들이키다. 게걸스레 먹다. 탐식하다. ③(고통 · 치욕 등을) 참다. 견디다. 감수(甘受)하다. ④갈망하다. 열망하다. ⑤멸망시키다. 멸절하다. 탕진하다.

tragável *a.* 삼킬 수 있는. 연하(嚥下)할 만한. 병탄 가능한.

tragédia *f.* ①비극. ②비극적 사건. 참사. 흉변. 참살. ③비극의 창작(연출).
tragédia sangrenta 피의 참사. 유혈의 비극.

trágica *f.* 비극 여배우.

tragicamente *adv.* 비극적으로. 비참하게.

trágico *a.* 비극의. 비극적(인). 비참한. 비창(悲愴)한. 비장(悲壯)한. 비극에 관한.
— *m.* ①비극 작가. ②비극 배우.

tragicomédia *f.* 희비극(喜悲劇).

tragicômico *a.* 희비극의. 희비극적.

trago *a.* ①(물약 따위의) 한 모금. 한 모금의 양(量). ②한 모금 삼키기. 꿀꺽 들이키기. ③불행. 불운. 참변.
trago de bebida (작은) 한 잔의 술.

tragus *m.* [解] 이주(耳珠).

traição *f.* ①반역. 배신. 배반. 변절. ②불신(不信). 불의(不義). (적과의) 내통. ③반역행위. 변절행동.
à traição 배반하여. 배신(변절)하여.
crime de alta traição 대역죄.

traiçoeiramente *adv.* 배반(배신)하여. 불충(不忠)하게. 신의(信義)에 어긋나게.

traiçoeiro *a.* 배반하는. 반역의. 반역적. 배신의. 배신적. 불충한. 신의(信義)에 어긋나는. 진실치 못한. 믿을 수 없는. 기대에 어그러질듯한.

traidor *a.* 배반하는. 배신하는. 반역하는. 변절하는. 모반하는. (적에) 내통하는.
— *m.* 반역자. 배반자. 배신자. 변절자. 매국노(賣國奴). 국적(國賊).《古》역신(逆臣).

traidora *f.* 반역(배반 · 변절)하는 여자.

traidoramente *adv.* =traiçoeiramente.

traimento *m.* =traição.

trair *v.i.* ①(국가 · 친구를) 팔다. ②배반하다. 배신하다. 변절하다. (…을) 등지다. ③(비밀 따위를) 누설하다. 밀고하다. ④(무지(無智) · 약점 등을) 무심중에 나타내다. 드러내다. 탄로하다. 표시하다.
trair suu putria 조국을 배반하다.
—se *v.pr.* (비밀 따위를) 무심히 누설하다. 부지불각(不知不覺)중에 발언하다.

trajado *a.* 옷을 입은. 착의(着衣)한. 착용한. 정장(正裝)한.

trajar *v.t.* (옷을) 입히다. 잘 차려 입히다.
— *v.i.*, —se *v.pr.* 옷을 입다. 의상(衣裳)을 두르다. 잘 차려 입다. 정장하다.
trajar bem (mal) 잘(잘못) 입다.
trajar de branco 흰 옷 입다. 백의(白衣)를 두르다.
trajar de luto 상복(喪服)을 입다. 검은 옷을 입다.

traje *m.* 옷. 의복. 의상. 정장(正裝). 예복.
traje de cerimônia 예복.
traje de etiqueta 성장(盛裝). 예복. 야회복.
traje domingueiro《稽》나들이옷. 외출복. 좋은 옷.
traje ordinário 평상 입는 옷. 일상적으로 입는 옷.

traje à paisana 사복(私服). 평복.
traje de fantasia 여러 가지 색깔 또는 여러 가지 무늬 있는 옷(특히 사육제(*carnival*) 때 입는 것).
traje de esporte 체육복.
traje de banho 수영복.
trajes menores 자잘구레한 옷(팬티·브래지어 따위).

trajeto *m*. ①노정(路程). 도정(道程). 행정(行程). ②(세월·기간 등의) 흐름. 경과. 간격.

trajestória *f*. [理] 탄도(彈道). (포물체가 그리는) 궤도. [幾] 상각궤도(常角軌道). 궤선(軌線).

trajo *m*. = *traje*.

tralha *f*. ①그물눈. ②작은 그물. 작은 어망(漁網). ③[海] 가장자리 밧줄. 범연색(帆緣索).
tralha da testa [海] (돛의) 가장자리 밧줄.
tralha da esteira [海] 디딤 밧줄. 돛 밑의 밧줄. (돛 또는 그물의) 아랫끈.

tralhar *v.t*. 작은 그물을 치다. 작은 어망을 드리다.

tralho *m*. 작은 그물. 작은 어망.

tralhoada *f*. ①잘게 썬 고기·엔초비·달걀 따위를 섞어 짜게 만든 요리. ②《比喩》주어 모은 것. 잡동사니.

trama *f*. ①씨. 씨줄(緯) (직물의) 가로나가는 실. 횡사(橫絲). ②짠(뜬) 것. 직물. 피륙. ③견사(絹絲)의 찌끼.
— *m*. 꾸민 일. 음모. 획책(劃策). 간계(奸計). 계략(計略).

tramado *a*. 《俗》 속은. 기만당한. (수단에) 넘어간. 협잡에 걸린. 계략에 빠진.

tramador *a*. ①씨줄을 감는. 짜는. 뜨는. ②꾸미는. 음모하는. 획책하는.
— *m*. ①감는 사람. 짜는(뜨는) 사람. ②권위기(卷緯機). ③음모자. 계략자. 획책하는 자. 모사.

tramar *v.t*. ①(씨줄을) 감다. 짜다. 뜨다. 짜서(떠서) 만들다. ②(이야기 따위를) 꾸미다. (걸리도록) 얽어 맞추다. 획책하다. 음모하다.

trambelho *m*. (H자 꼴의 틀에 맞춘) 큰 톱의 줄을 죄는 나무못(쐐기못).

trambiqueiro *m*. 《俗》 속이는 사람. (금품을) 속여서 빼뜨는 자. 사기사. 협잡꾼.

trambolhada *f*. 여러 개 한데 연결한 것. (구슬 따위) 한 줄에 낀 것. (주판알처럼) 꿰어 연결한 것.

trambolhão *m*. ①굴러 떨어지기. 전락(轉落). 추락(墜落). ②영락(零落). ③큰 타격.
dar (*levar*) *um trambolhão* 전락하다. 큰 손해를 입다.
andar aos trambolhões 역경(逆境)에 처하다. 역경에서 헤매다. 비틀거리며 돌아다니다.

trambolhar *v.i*. ①구르다. 굴러가다. 굴러 떨어지다. 전락하다. (계단 따위를) 구르다시피 뛰어내리다. ②(빠른 말로) 재잘거리다. (원숭이 따위) 깩깩 소리 지르다.

trambôlho *m*. ①우마(牛馬) 따위가 움직이지 못하게 목 또는 발에 달아두는 무거운 나무. 큰 목괴(木塊). ②(자유를) 구속하는 것. 방해물. 장애물. 저해물(沮害物). ③무거운 묶음. ④동작이 아주 굼뜬 사람.

tramela *f*. = *taramela*.

tramelo *m*. ①[動] 생쥐. ②《俗》 장난꾸러기 아이.

tramite *m*. (늘 다니는) 길. 경로(經路). 노정(路程).
trâmites (*pl*.) 순서. 절차. 방법. 수단.

tramóia *f*. 속이기. 기만. 술책. 계략(計略). 획책(劃策). 음모.

tramolhada *f*. 수렁. 소(沼). 습지.

tramontana *f*. ①북극성(北極星). ②(지중해에서 부는) 북풍. ③방향. 방침.
perder a tramontana 방향을 잃다. 어찌 할 줄 모르다. 당황하다. 낭패하다.

tramontar *v.i*. (해가) 산 뒤에 지다. 넘어가다.
— *m*. 해가 짐. 일몰(日沒).

trampa *f*. ①《卑》 똥. 더러운 것. 불결물. ②가치없는 것. ③《古》 계략(計略). 술계(術計).

trampão *m*. = *trampolineiro*.

trampear *v.i*. = *trampolinar*.

trampolim *m*. [水泳] 도약판(跳躍板). 도판(跳板).

trampolina *f*. 속임수. 술책. 계교. 사기. 협잡. 기망(欺罔).

trampolinada *f*. ①속임수. ②속아 넘어감. 기만당함. 협잡에 걸림. 사악한 일.

trampolinagem *f.* ①속이기. 기만하기. ②사기하기. 협잡하기. ③사기. 협잡. 기만(欺瞞). 기망.

trampolinar *v.i.* ①속임수를 쓰다. 술책을 부리다. ②기만하다. 협잡하다. 사기행동을 하다.

trampolineiro *m.* ①속임수를 쓰는 자. 술책을 부리는 자. ②사기사. 협잡꾼.

trampolinice *f.* 속임수. 계교. 간책. 사기 수단. 기만 수단. 협잡행위.

trampolinista *m.*, *f.* =*trampolineiro*.

tramposo *a.* ①술책을 부리는. 속임수를 쓰는. 계교를 꾸미는. 기만(사기)하는. ②《卑》(행실이) 더러운. (수단이) 야비한.

trâmuei *m.*《英》 *tramway*의 전래어. ①전차 선로. ②시가 전차.

tranar *v.i.* 강(江)을 헤어 건너가다.

tranca (1) *a.* 빗장. 구속물. 방해물. 장애물.
trancas (*pl.*)《俗》 다리(脚).
Casa roubada, trancas á porta. 소 잃고 외양간 고치다.
dar ás trancas 도주하다. 탈주(脫走)하다.
— (2) *a.* 보잘 것 없는. 시시한. 싱거운. 비열한.

trança *f.* ①짠 끈. 꼰 끈. 꼰 줄. (여러 가지 실의) 합사. ②땋아 늘인 머리. 변발(辮髮).《英》 braid.
tranças (*pl.*) (어사의) 머릿단. 머리털의 한 다발. 딴 머리.《英》 *tress*.

trancada *f.* ①몽둥이로 치기. 방망이로 치기. 방망이에 의한 타격. ②강(江)을 횡단하여 일렬(一列)로 박은 말뚝.

trançadeira *f.* 머리칼을 묶는 꼬은 끈. (변발용) 리본.

trancado *a.* (문에) 빗장을 지른. (문을 닫고) 잠근.

trançado *a.* (머리칼 따위를) 땋은. (몇 가닥의) 끈을 꼰. 합쳐 꼰. 뜬. 떠서 만든.
— *m.* 땋은 머리칼. 변발(辮髮).

trancafiar *v.t.* =*trincafiar*.

trancafio *m.* =*trincafio*.

trancamento *m.* ①(문에) 빗장을 지르기. (문을 닫고) 개폐용(開閉用) 막대기로 잠그기. ②막기. 금하기. 중지시키기.

trancar *v.t.* ①(문에) 빗장을 지르다. (문을 닫고) 개폐용 막대기로 잠그다. ②닫아버리다. 막다. 금하다. ③선을 그어(글자를) 지우다. (문자를) 말소(抹消)하다. 삭제하다. ④끝마치다. 해치우다.
Trancar a porta depois que o ladrão entrou.《諺》 소 잃고 외양간 고치다.

trançar *v.t.* ①(머리칼을) 땋다. 땋아 늘이다. 변발로 하다. ②(그물 따위를) 뜨다. 얽어 짜다. 합쳐 꼬다.
— *v.i.* 걸어 돌아다니다.

trancaria *f.* ①많은 막대기(방망이). ②빗장 만드는 집.

tranca-ruas *m.* ①뽐내는 자. 허세부리는 자. ②난폭한 인간. 건방진 녀석. ③부랑자. 무뢰한.

tranca-trilhos *m.* 건널목을 가로막는 큰 막대. 개폐봉(開閉棒).

trancelim *m.* 여러 가지 실을 합쳐 짠 끈. 장식용으로 땋은 줄. 장식용 합사(合絲). 곱게 땋은 가는 시계줄. 금실(金絲)을 길게 땋어 꼰 것.

trancinha *f.* ①땋은 가는 줄(노끈). 작은 머릿단. 작은 딴 머리(*little tress*). ②꾸미기. 계교. 술책. 음모.
— *a.* 꾸미는. 술책부리는. 획책하는. 음모하는.

tranco *m.* ①갑자기 흔드는(미는·당기는·찌르는) 것. 급격한 동요. (나쁜 길을 따라 가는 수레 따위의) 덜꺼덕덜꺼덕하는 것. ②(말(馬)의) 도약(跳躍).

trancucho, trancudo *a.* (술에) 약간 취한. 얼근한.

trangalhadança *m.*, *f.*《俗》 홀쭉하고 키 큰 사람. 키만 크고 몸집의 균형이 없는 사람.

tranganho *m.* ①그루터기. ②(화목용(火木用)으로) 자른 가지(切枝). ③나뭇대. 막대기. 곤봉.

trangola *f.* 키 크고 수척한 사람.

tranqueira *f.* ①울. 나무울타리. 대울타리. 말뚝울타리. 익책(杙柵). ②격자창(格子窓). 격자문.

tranqueiro *m.* 재목을 켤 때 버티는 통나무.

tranqueta *f.* 일종의 작은 빗장(문·창문·덧문·계사문(鷄舍門) 따위를 열고 닫고 할 때 가운데에 못을 박아 돌리게 된 것으로서)「一」식으로 비틀면 닫히고「丨」식으로 비틀면 열리는 것).

tranquia *f.* =*tranqueira*.

tranquibernar *v.t.*《俗》속이다. 속여 넘기다. 기만하다. 사기치다. 협잡하다.

tranquiberneiro *a.*, *m.* 속임수를 쓰는 (자). 술책부리는 (자). 계교를 꾸미는 (자). 사기사. 협잡꾼.

tranquibérnia, tranquibernice *f.* 속이기. 기만(欺瞞). 기망(欺罔). 협잡. 사기행위.

tranquiberniar *v.t.* =*tranquibernar*.

tranquilha *f.* (시계 따위)에 있는. 작은 빗장. 작은 자물쇠청. 날름쇠. 볼트.

tranquilamente *adv.* 조용히. 침착하게. 태연하게.

tranqüilidade *f.* 고요함. 침착함. 평정(平靜). 평온(平穩). 정적(靜寂). 안한(安閒).
tranquilidade de espírito 마음의 평온.

tranquilização *f.* 침착케 함. 진정시킴. 진정.

tranquilizador *a.* 조용하게 하는. 진정시키는. 평온하게 하는. (마음을) 침착시키는. 안심시키는.

tranqüilizar *v.t.* 조용하게 하다. 진정시키다. (마음을) 침착시키다. 안심시키다.
—*se v.pr.* 조용해지다. (마음이) 진정해지다. 침착하다. 평정(平靜)하다. 안한(安閒)하다.

tranqüilo *a.* 조용한. 고요한. 잠잠한. 평온한. 평정한. 침착한.
Deixe-me tranquilo. (조용히 있게) 나를 좀 건드리지마라.

trans *pref.* ①넘어서. 가로건너서. 가로 질러서. ②관통하여. 통하여. ③다른 쪽에. ④…의 건너편에. …의 저쪽에. ⑤다른 상태 또는 곳에. ⑥초월하여.

transação *f.* ①거래. 매매(賣買). ②협상. 타협. ③[法] 화해(和解). 시담(示談). ④처리. 처치. 취급.
transações comerciais 상거래.

transacionar *v.i.* ①거래하다. 매매하다. ②협상(협정)하다. ③사무를 보다.

transalpino *a.* (이탈리아에서 봐서) 알프스 산맥 저쪽에 있는.

transamazônico *a.* 아마존지역 횡단의(횡단하는).
rodovia transamazônica 아마존 횡단도로.

transandino *a.* 안데스산맥 저쪽에 있는.

transatlântico *a.* 대서양 저쪽의. 대서양 횡단의(횡단하는).
navio transatlântico 대서양 횡단기선.

transato, transacto *a.* 전(前)의. 지나간. 과거의. 이전의.
ano transato 지난해. 작년.
governo transato 전정부(前政府).

transator, transactor *a.* ①거래하는. 매매하는. ②협상하는. 타협하는. 협정하는. ③취급하는.
— *m.* 거래자. 협상자. 타협자. 협정자. 취급인. 처리자.

transbordamento *m.* 넘쳐흐름. 범람(氾濫).

transbordante *a.* 가득찬. 넘쳐 흐르려고 하는. 넘쳐 흐르는. 범람하는.

transbordar *v.t.*, *v.i.* =*trasbordar*.

transbordo *m.* =*trasbordo*.

transcedência *f.* ①초월. 탁월. ②(신의)초월성. 선재(先在). ③가장 중요함.

transcedental *a.* ①[哲] 선험적(先驗的). 직관적. 직관에 의하여 얻은(인지(人智)·경험 등). ②초월적. [數] 초월함수의. ③《俗》심원한. 막연한.

transcedentalismo *m.* (칸트의) 선험철학. (에머슨의) 초월론. 이상주의. 애매(曖昧). 불가해. 환상(幻想).

transcedentalista *m.* 선험론(초월론)자.

transcedentalmente *adv.* 초월하여. 초연적(超然的)으로.

transcedente *a.* ①탁월한. 무상의. 큰. ②(스콜라哲學) 초월적(십 범주(範疇)의 어느 것에도 속하지 않는). (칸트哲學) 선험적(先驗的). ③[神學] 초월적.

transceder *v.t.*, *v.i.* ①(경험·이해력의 범위를) 초월하다. ②능가하다. 우월하다.

transcender *v.i.* 초월(超越)하다. 능가(凌駕)하다.

transcoação *f.* 배어 나옴. 스며 나옴. 삼투(滲透). 침투. 여과(濾過).

transcoar *v.t.* 배어 나오게 하다. 스며 나오게 하다.
— *v.i.* 배어 나오다. 스며 나오다. 삼투하다. 여과하다.

transcontinental *a.* 대륙 저쪽의. 대륙 횡단의.

transcorrer *v.i.* ①(시간이) 경과하다. 지나다. (세월이) 흐르다. ②(옆으로) 지나가 버리다. 살짝 사라지다. ③건너가다.

transcorrido *a.* (시간이) 지난. 경과한. (세월이) 흐른.

transcrever *v.t.* ①베끼다. 복사(등사)하다. ②(속기·외국문자·발음 등을) 다른 글자로 바꾸어 쓰다. 전사(轉寫)하다. (신문기사 따위를) 전재하다. ③[樂] 개곡(편

transcrição *f.* 베끼기. 필사(筆寫). 등사. 전사(轉寫). 사본. 전재(轉載). 악곡개작.

transcrito, transcripto *a.* 베낀. 복사(등사)한. 다른 글자로 바꾸어 쓴. 전사한. 전재한.
— *m.* 베낀 것. 사본. 등사. 등본. 초본. 전사물.

transcritor, transcriptor *a.* (글을) 베끼는. 등사하는. 전사하는. 전재하는.
— *m.* 베끼는 사람. 전사자(轉寫者). 전재자. 등사자. 전사기(轉寫機).

transcurar *v.t.* ①게을리 하다. 소홀히 하다. 등한히 하다. 태만하여 …않다. ②무시하다. 간과하다. ③잊어버리다. 망각하다.

transcursão *f.* (시간이) 경과함. (세월이) 흐름.

transcursar *v.t.* (시간을) 보내다.
— *v.i.* (시간이) 경과하다. 지나다. (세월이) 흐르다.

transcurso *m.* (시간의) 경과. (세월의) 흐름.
transcurso da vida 평생(平生). 일생(一生). 생애(生涯).

transcurvo *a.* (말의 앞다리가) 안쪽으로 휜. 내곡(內曲)한.

transe *m.* ①(심신의) 격통. 고민. 괴로움. ②곤경. 궁지(窮地). ③위험상태. 위급. 화급. ④무아경
a todo o transe 어떤 일이 있더라도. 만사를 내걸고. 만남을 배제하고. 하여튼.

transepto *m.* 수랑(袖廊): 십자형 교회당의 좌우익부(左右翼部)).

transeúnte *a.* ①지나가는. 통과하는. 경과하는. ②덧없는. 무상(無常)한. 일시의. 일시적인. ③당좌(當座)의.
— *m.* 지나가는 사람. 통행인. 왕래자(往來者).

transfazer *v.t.* =*transformar*.

transferência *f.* ①옮기기. 이전. 이동. 양도. 교부. ②전임(轉任). 전학(轉學). ③[精神分析] 전이(轉移).

transferidor *a.* ①옮기는. 옮겨 놓는. 넘겨주는. 양도하는. ②전학(전입)하는. 전송(轉送)하는.
— *m.* 옮기는 사람. 양도하는 사람. 전송자(轉送者). [法] 양도자.

transferir *v.t.* ①옮기다. 움직이다. 나르다. 건네다. 넘겨주다. ②전임시키다. 전학시키다. 이전하다. 전가(轉嫁)시키다. 융통하다. ③(석판(石版) 등에) 옮겨 베끼다. 전사(轉寫)하다. 모사(模寫)하다. ④[法] (재산·권리 따위를) 양도하다.
— *v.i.,* —*se v.pr.* ①옮기다. 옮겨지다. ②전학하다. 전임하다. ③갈아타다.

transferível *a.* 옮길 수 있는. 양도 가능한. 이전(이동)할 수 있는. 전학(전임)할 수 있는.

transfiguração *f.* (현저한) 변형(變形). [聖] (특히 그리스도의) 변용(變容).

transfiguradamente *adv.* 변형하여. 변용하여. 변체하여.

transfigurado *a.* 변형한. 변용한. 변체한.
— *m.* 변형. 변용. 변체(變體).

transfigurador *a.m.* 변형자. 변용자. 변체자.

transfigurar *v.t.* 변형시키다. 용모가 달라지게 하다. 변모케 하다.
—*se v.pr.* 모양이 달라지다(변하다). 변용하다. 변모하다.

transfigurável *a.* 변형(변용)할 수 있는.

transfiltrar *v.t.* (액체를) 여과(濾過)시키다. (광선을) 투과(透過)시키다.

transfixão *f.* 관통(貫通). 천관(穿貫). 오금 못쓰게 하기. [醫] 천관절개(穿貫切開).

transfixar *v.t.* 찌르다. 꿰뚫다. 그 자리에서 꼼짝 못하게 하다.

transformação *f.* ①변형. 변질. [生物] 변태. [鑛] 천이(遷移). [理] 변탈(變脫). ②[數] 변환. [化] (화학물의) 성분치환. [化] (화합물의) 성분치환(置換). [電] 변압. 변류.
transformação política 정변(政變).

transformada *f.* [幾] 변곡선(變曲線).

transformadamente *adv.* 변화하여. 변형하여. 변태하여.

transformado *a.* ①모양이 바뀌어진. 변형한. 변화한. 변태한. ②모양(꼴)이 흉한.

transformador *a.* 모양이 달라지게 하는. 변형시키는. 변화(변태)케 하는.
— *m.* 변화시키는 것. [電] 변압기(變壓器).

transformante *a.* 모양을 바꾸는(달라지게 하는). 변형시키는. 변화(변태)시키는.

transformar *v.t.* ①일변시키다. 변화시키다. ②[數] 변환(變換)하다. (방정식 따위를) 변형시키다. ③(특히 연금술에서) 다른 물질로 하다. ④[生物] 변태시키다. ⑤

transformativo‑**transitivo**

(성질·기능·용도 등을) 바꾸다. ⑥[電] 변압하다.
—**se** *v.pr.* 모양이(형체가) 달라지다(변하다).

transformativo *a.* 변형성(變形性)의. 변화력 있는.

transformável *a.* 모양을(형체를) 바꿀 수 있는. 변형될 수 있는. 변환 가능한. 변할 수 있는.

transformismo *m.* 생물변화론. 진화론.

transformista *a., m.* 생물변화론자. 진화론자.

transfretar *v.t.* 해로수송(海路輸送)하다.

transfuga *m., f.* ①도망자. 탈주병. 탈함병(脫艦兵). ②투항자. 투항병(兵). ③배반자. 변절자. 탈당자.

transfúgio *m.* ①도망(逃亡). 탈주. 탈함. ②투항. ③(주의·당파·종교 등의) 배반. 변절. 유기.

transfugir *v.i.* ①도망하다. 탈주하다. 탈함(脫艦)하다. ②(주의·당파·종교 등을) 배반하다. 버리다.

transfundido *a.* ①(액체를) 따른. 옮겨 담은. ②[醫] 수혈한.

transfundir *v.t.* ①(액체를) 따르다. 옮겨 따르다(담다). ②[醫] 수혈하다. (식염수 등을)주사하다. ③(액체·빛·감화 등을) 스며(배)들게 하다.
—**se** *v.pr.* 변화하다.

transfusão *f.* (액체를) 옮겨 따르기. 이입(移入). 주입. [醫] 수혈법. 주사.
transfusão de sangue 수혈(輸血).

transfuso *a.* =*transfundido*.

transgredir *v.t.* (범위·한계·한도를) 넘다. (법률·규칙 등을) 범하다. 죄악을 범하다. 배반하다.
transgredir a lei 법에 저촉하다. 범죄(犯法)하다.
transgredir um regulamento 규칙을 위반하다. 반칙(反則)하다.

transgressão *f.* (범위·한계·한도를) 넘기. (법률·규칙 등을) 범하기. 위범(違犯). 범칙(犯則). 반칙.
transgressão da lei 범법. 위범.

transgressivo *a.* (범위·한도 따위를) 넘는. 범하는. 위범하는. 범칙의. 위범의.

transgressor *m.* (규정된 범위·한계를) 넘는 자. 위반자. 범인(犯人). (특히 종교·도덕상의) 죄인.

transgressor da paz 평화교란자(攪亂者).
Os transgressores serão punidos pela lei. 위범자들은 법에 의하여 처단될 것이다.

transiberiano *a.* 시베리아 횡단의.

transição *f.* ①변화. 변천. 전이(轉移). 이동. ②과도기. 변하는 시기. ③(예술 양식의) 변천. 변이. 변역(變易). 추이(推移). ④[樂] 전조(轉調). 이조(移調). ⑤[地層] 이과(移過).

transido *a.* ①(고생·노고에) 지친. (심신이) 피폐한. ②몸에 사무친(벤). ③(추위로) 오싹한. 움추려든. ④《古》지나간. 과거의.
tarnsido de frio 추위로 오싹한. 움추린.

transigência *f.* ①양보심(讓步心). 너그러운 마음. 양보. 아량. 관서(寬恕). ②(요구·명령 등에의) 응낙. 동의. 순종. ③타협. 화해.

transigente *a.* ①성질이 부드럽고 화평한. 양보심 있는. 아량 있는. ②(요구·명령 등에) 순응하는. 순종하는. ③타협하는. 타협에 잘 응하는. 양보하는. 화해하는.
— *m.* ①순응자. ②타협자. 화해자.

transigir *v.t., v.i.* ①(요구·명령 등에) 순응하다. 순종하다. ②아량을 베풀다. 양보하다. ③이야기로 결말짓다. 타협하다. 화해하다.

transigível *a.* ①양보할 만한. ②순응(순종)할만한. 타협(화해)할 수 있는.

transir *v.t.* ①가로 지나가다. 한 가운데를 통과하다. 횡단하다. 관통(貫通)하다. ②침투하다.
— *v.i.* (추위로) 오싹해지다. 움츠려들다. (추위로) 감각을 잃다.

transistor *m.* [電子工學] 트랜지스터(진공관 대신에 게르마늄을 이용한 증폭장치(增幅裝置)).

transitabilidade *f.* 통행할 수 있음. 통과 가능(通過可能).

transitado *a.* 지나간. 통과한. 통행한.

transitar *v.i.* 지나가다. 통과하다. 통행하다. 변천하다.

transitável *a.* 지나갈 수 있는. 통과할 수 있는. 통행 가능한.

transitivamente *adv.* [文] 타동(사)적으로.

transitivo *a.* ①[文] 타동(사)의. ②다른 것에 옮아가는.
verbo transitivo 타동사(他動詞).

trânsito *m.* ①통과. 통행. (사람이) 오고 감. 내왕. 가고 옴. 왕래. ②《比喩》변천. 변화. 이동(移動). ③타계(他界). 죽음. 사거(死去). ④통로(通路). 경로. ⑤ [天] 경과. (천체의) 자오선 통과. 천체의 다른 천체면 통과.
trânsito passageiro 통과 여객. 《稀》여객 통로.
sinal de trânsito 교통신호.
em trânsito 수송중.

transitoriedade *f.* 일시적임. 잠시임. 덧없음. 무상(無常).

transitoriamente *adv.* 잠시. 잠깐 동안. 덧없이.

transitório *a.* 일시의. 잠깐 동안의. 오래가지 않는. 잠시의. 잠정적인. 과도적인. 유전(流轉)하는.

translação *f.* ①바꾸어 놓기. 옮기기. 전치(轉置). 전이(轉移). [理] (물체의) 이행(移行). ③운반. 운송(運送). ④[修] (뜻을) 바꾸어 말하기. 의의(意義)의 전환. 은유(隱喩). 암유(暗喩).

transladação *f.* = *trasladação*.

transladar *v.t.* = *trasladar*.

translatamente *adv.* 은유로. 암유로. 비유적으로.

translatício *a.* = *translato*.

translato *a.* [修] (뜻을) 바꾸어 말한. 의의(意義)를 전환한. 은유(隱喩)의. 암유의. 형용적인.

transliteração *f.* ①고쳐 씀. 글자를 바꿔 쓰기. ②자역(字譯). 《英》*th*를 한국어의 ㄷ으로. 《葡》*rr*를 한국어의 ㄹ로 표시하는 따위). ③음역(音譯). (서울을 《英》*Seoul*, 《葡》*Seul*라고 하는 따위).

transliterar *v.t.* 다른 나라 문자로 바꾸어 쓰다. 글자를 바꾸어 쓰다(위의 예(例)를 참조). 자역하다. 음역하다.

translucidar *v.t.* ①반투명(半透明)하게 하다. ②투광(透光)시키다.

translucidez *f.* 반투명.

translúzido *a.* ①반투명의. ②(普通) 투명한.

transluzente, transluzento *a.* ①반투명의. ②(普通) 투명한.

transluzimento *m.* 투명(透明)하여 비침. 투명해 보임.

transluzir *v.i.* 투명해 보이다. 투광하여 비치다. 투명하다.

—*se v.pr.* 반사(反射)하다. 반영(反映)하다. 나타나다.

transmarino *a.* ①바다 저쪽의. 바다를 횡단하는. ②해외의.

transmeável *a.* ①발산(發散)되는. 발산케 하는. 증산(蒸散)되는. ②투철성(透徹性)의.

transmigração *f.* ①이주통과(移住通過). ②[印度敎 따위] 다시 살아나기. 윤회(輪廻). 윤회생사(生死).
transmigração das almas 영혼의 윤회. (수레바퀴가 돌고 돌아 끝이 없는 것과 같이 중생의 영혼은 육체와 같이 멸하지 않고, 전전(轉轉)하여 무시무종(無始無終)으로 돈다는 일).

transmigrador *a.* ①이주 통과하는. 다시 살아나는. ②이주자(移住者). 전주자(轉住者). ③전생자(轉生者).

transmigrante *a.* ①이주 통과하는. 삶의 터를 천천히 바꾸는. ②[印度敎 따위] 윤회하는. 영혼이 딴 육체에 드는. 다시 살아나는.

transmigrar *v.i.* ①이주하다. 삶의 터를 천천히 바꾸다. ②다시 살아나다. 전생(轉生)하다. 영혼이 딴 육체에 들다.

transmissão *f.* ①전달. 전파(傳播). ②[理] 전도(傳導). 송전. 송파(送波). (자동차의) 동력 전달 장치. [機] 동력 접송(傳送). ③[醫] 전염. ④양도. 유전.
transmissão da herança 유산 양도.
engrenagem de transmissão 전동 장치. 변속(變速) 장치.

transmissibilidade *f.* 전달성. 유전성. 전염성.

transmissível *a.* 보낼 수 있는. 전할 수 있는. 전달 가능한.

transmissivelmente *adv.* 전할 수 있게. 전달되도록.

transmissivo *a.* 보내는. 전하는. 전달되는. 전달(傳達)의. 전송(轉送)의.

transmissor *a.* 전하는. 전달하는. 전도(傳導)하는. 전송하는.
estação transmissora 무전국.
— *m.* ①송달자. 전달자. 전도물. ②유전자(遺傳者). 전송자(轉送者). ③[電信] 송신기. 송화기. [無線] 송파기(送波機).

transmissório *a.* ①전하는. 전달하는. 송달하는. 전도하는. ②전달용의. 전송용(傳送用)의. 전도용(傳導用)의.

transmitir *v.t.* ①전하다. 건네다. 보내다. 전달(송달)하다. ②유전하다. (자손에) 전하다. ③(열·전기 등을) 전도하다. (빛 등을) 전도하다. ④[無線] 발신하다. 방송하다. ⑤(병을) 전염시키다. ⑥(소문 등을)전하다.
— *se v.pr.* [法] 자손에게 전해지다. 유전하다. 양도되다.

transmontano *a.* (알프스의) 산너머의. 산 저쪽의.
— *m., f.* ①(알프스의) 산너머 사람. (이탈리아에서 봐서) 외국 사람. 타국인. ②*Trás-os montes* 주(州)의 주민(住民).

transmontar *v.t.* ①산 저쪽에 가다. 산을 넘어가다. ②초월하다. 뛰어나다. 발군(拔群)하다.
— *v.i.* (해가) 산 뒤로 넘어가다(지다).
— *se v.pr.* 숨다. 보이지 않게 되다.

transmudação *f.* ①변화. 변형. 변질. 변성. ②[鍊金術] 변성(變成). [幾] 변형. [生物] 변종. [法] 소유권의 양도(이전).

transmudamento *m.* =*tranmudação*.

transmudar *v.t.* ①(성질·외관·형상 등을) 변화시키다. 변질시키다. ②[鍊金術] (비금속을 금·은으로) 변하게 하다.
— *se v.pr.* ①변하다. 변질하다. ②옮기다. 인도(引渡)하다.

transmutabilidade *f.* 변화성. 변질성.

transmutação *f.* =*transmudação*.

transmutar *v.t.* =*transmudar*.

transmutativo *a.* 변화의. 변형의. 변질의. 변성의. 변화성의. 변질성의.

transmutável *a.* 변화(변질·변형) 할 수 있는.

transnadar *v.i.* ①헤어서 건너가다. ②헤어서 나르다(운반하다).

transnoitar *v.i.* 밤을 새다. 철야(徹夜)하다.

transnominação *f.* [修] 환유(換喩). 전유(轉喩)(*Rei* 대신에 *coroa*를 쓰는 따위).

transoceânico *a.* 대양 저쪽의. 대양 횡단의. 해외의.
operação transoceânica 도양작전(渡洋作戰).

transpacífico *a.* 태평양 저쪽의. 태평양 횡단의.

transpadano *a.* 포(*Po*)강 저쪽의(로마에서 봐서).

transparecer *v.i.* ①투명해 보이다. 비추어 보이다. ②…의 모양을 보이다.

transparência *f.* ①투명(透明). 투명성. 투명도. 《比喻》 명료. ②(종이의) 비추어 보이는 정도. [寫] 투명도(透明度).

transparente *a.* ①투명한. (옷감의) 눈이 비추어 보이는. ②《比喻》 (문체의) 평명한. ③솔직한. ④분명한. (변명 따위의) 뻔히 들여다 보이는.
— *m.* 투명지(透明紙). 비추어 보이는 천.

transparentemente *adv.* 투명하게. 분명하게. 명백하게.

transpassar *v.t., v.i.* =*traspassar*.

transpiração *f.* ①증발(蒸發). 증발물(物). 배출. (기공(氣孔)으로부터의) 발산(작용). 발한(發汗). [植] (엽면(葉面)으로부터의) 수분증산(水分蒸散). ②(애정의) 발로. ③누설.

transpiradeiro *m.* 기공(氣孔). 모공(毛孔).

transpirar *v.t.* ①발산(배출)하다. (증기를) 뿜다. ②(기체·액체를) 발산시키다. 스며나오게 하다.
— *v.i.* ①습기(땀·수증기)가 나다. ②발산되다. (액체가) 증발하다. ③(비밀 따위가) 누설되다. 발각되다.

transpirável *a.* 발산(증발)되는. 증발하기 쉬운. 발산시킬 수 있는.

transplantação *f.* ①옮겨 심기. 이식(移植). [醫] 이식법. ②이주(移住). 전주(轉住).

transplantador *a.* 옮겨 심는. 이식하는. 이식의.
— *m.* 옮겨 심는 사람. 이식자. 이식용(移植用) 기구.

transplantar *v.t.* ①[醫·植] 이식(移植)하다. ②이주시키다.
— *v.i.*, — *se v.pr.* 이주하다. 《俗》 이전(移轉)하다. 이식할 수 있다.

transplantatório *a.* 이식의. 이식용의. 이식할 수 있는. 옮겨 심게 되는. 이식의 효과가 있는.

transplantável *a.* ①옮겨 심을 수 있는. 이식 가능한. ②이주(移住)할 수 있는.

transplante *m.* 이식(移植).

transponível *a.* 바꾸어 놓을 수 있는. 옮겨 놓을 수 있는. 전위(轉位) 가능한. 순서를 바꿀 수 있는.

transpor *v.t.* ①(위치·순서를) 바꾸어 놓(넣)다. [數] 이항(移項)하다. [幾] 전항(轉項)하다. ②[文·修] (자위(字位)·어구를) 바꾸어 놓다. ③[樂] 이조(移調)하다. ④[電] (전신선·전화선의 회로를) 교차시키다. ⑤한도(限度)를 넘다. 넘어가다.
— *v.i.* [樂] 이조하다.
—se *v.pr.*《稀》보이지 않게 되다. 숨다.
transportação *f.* ①수송. 운송. 운수(運輸). 운반. (위치를) 바꾸어 놓기. 전치(轉置). ②무아(無我)의 경지. 황홀. (시인 등의) 입신의 경지. ③무한한 기쁨. 열광(熱狂).
transportado *a.* 나른. 운반한. 운송한. 수송한.
transportador *m.* 나르는 사람. 운송자. 수송자.
transportadora *f.* 운수회사. 운송상사.
transportamento *m.* =*transportação*.
transportar *v.t.* ①(물건을) 나르다. 운반하다. 운송하다. 수송하다. 운송하다. ②옮겨 놓다. 이동시키다. ③번역하다. ④무아의 경지에 빠지게 하다. 황홀하게 하다. ⑤열광하게 하다. ⑥[樂] 이조(移調)하다.
transportar mercadorias 각종 상품을 운반하다.
transportar passageiros 여객 수송을 하다.
transportar bagagens 수하물(手荷物)을 수송하다.
transportar em barco 배로 나르다.
transportar por via aérea 공수(空輸)하다.
—se *v.pr.* ①이농하다. ②무아의 경지에 빠지다. 황홀해지다. ③기뻐 날뛰다. 열광하다.
transportável *a.* ①수송(운송·운반) 할 수 있는. ②옮길 수 있는.
transporte *m.* ①수송. 운송. 운반. ②운반수단. 운반차(運搬車). 수송차. 수송선(輸送船). 수송(비행)기. ③[商·簿] 이월(移越). 조월(繰越). ④[樂] 이조(移調). ⑤무아(無我)의 경지. 황홀. 열광.
transporte aéreo 공수(空輸).
transporte fluvial 하운(河運).
transporte marítimo 해운(海運).
transporte rodoviário 육운. 육로 운반.
meios de transporte 운반수단. 수송기구.
despesas de transporte 운반비. 수송료.
transporte pago 운임 전불(前拂).
transporte de conta [商·簿] 이월(移越).
transposição *f.* ①바꾸어 놓음. 전위(轉位). ②[數] 이항(移項). [幾] 전항(轉項). ③[文] 음위전환(音位轉換). ④[樂] 이조(移調). ⑤[電] 교차법. ⑥[解] 전위(轉位).
transpositor *a.* [樂] 이조하는. 변조(變調)하는.
transposto *a.* ①(위치·순서를) 바꾸어 놓은. 전위한. ②이항한. 전항한. ③[文] 음위전환한. 한. ④[樂] 이조한.
trans-siberiano *a.* =*transiberiano*.
transtornadamente *adv.* 뒤집혀서. 뒤죽박죽되어. 혼란하여.
transtornado *a.* ①(정신 상태가) 흐트러진. 산만한. ②혼란한. 엉킨. 뒤죽박죽이 된. 착란(錯亂)한. ③거꾸로 된. 뒤집힌.
transtornador *a.* ①(평온 상태·질서 등을) 흩트리는. 산만케 하는. 혼란케 하는. 뒤죽박죽되게 하는. 엉키게 하는. ②(조절(調節) 따위를) 엉키는. 난조(亂調)되게 하는. ③뒤집는. 전복하는.
transtornamento *m.* =*transtorno*.
transtornar *v.t.* ①(평온 상태·질서 등을) 흩트리다. 산만케 하다. 뒤섞다. 혼란케 하다. 뒤죽박죽되게 하다. 엉클다. 엉키게 하다. ②(정신 따위) 엇갈리게 하다. 착란(錯亂)케 하다. 번잡하게 하다. ③(기계·악기 등의) 조절이 안 맞게 하다. 난조(亂調)되게 하다. ④《俗》악화시키다. 타락하게 하다. ⑤《稀》(종교·국가·국체, 주의 도덕 따위를) 뒤집어엎다. 뒤집다. 전복하다.
—se *v.pr.* ①혼란(혼잡)해지다. 뒤죽박죽되다. ②(불안·걱정·분노 등으로) 마음이 설레다. 머리가 복잡해지다. ③(기계·악기 등의) 조절이 안 맞다. 엉클어지다. 변조(變調)하다. 난조(亂調)하다. ④《稀》뒤집히다. 전도되다.
transtorno *m.* ①혼란. 혼잡. 문란. 엉클어짐. 뒤섞임. 뒤죽박죽. ②(정신적) 번잡. 심란(心亂). 착란(錯亂). ④변조(變調). 난조. ⑤(뜻밖의) 고장. (의외의) 사고. ⑥허물어짐. 와해(瓦解). 전도(轉倒). 전복.
transtrocar *v.t.* 바꿔 놓다. 반대로 놓다. 혼동(混同)하다.
transubstanciação *f.* ①변질(變質). ②[宗] 화체(化體). [神] 화체설(化體說 : 성찬의 빵과 포도주와를 그리스도의 살과 피로 변화시킨다는 설).
transubstancial *a.* ①변질하는. 변질한. ②체화한.

1515

transubstanciar *v.t.* ①변질시키다. ②[神]화체(성체화)하다. (성찬의 빵과 포도주를 그리스도의 살과 피로 변화시키는).

transudação *f.* 배어 나옴. 스며 나옴. 삼출(滲出). 침출(浸出).

transudado, transudato *m.* 배어 나온 것. 스며 나온 것. [醫] (장액(漿液)의) 삼출물(滲出物).

transudar *v.i.* ①배어 나오다. 스며 나오다. 삼출하다. ②분비하다. 증발하다.
— *v.t.* 배어 나오게 하다. 스며 나오게 하다.

transumanar *v.t.* 인성(人性)을 부여하다. 인간화하다. 인정미(人情味) 있게 하다.

transumância *f.* (특히 양을) 여름철에 높은 곳으로 이목(移牧)하기. 고지(高地) 이목. 피서(避暑) 이목. 목장을 바꾸기.

transumante *a.* ①(양 따위를) 높은 곳으로 이목하는. 고지(피서) 이목하는. ②목장을 바꾸는.

transumar *v.t., v.i.* ①(특히 양을) 높은 곳으로 이목하다. 피서 이목하다. ②목장을 바꾸다.

transunto 《古》 = *transumpto*. *m.* ①베껴 쓴 것. 사본. 등본. 원본. ②초상(肖像). 상(像). ③모방.

transvasamento *m.* ①(액체를) 따르기. (다른 그릇에) 옮기기. 주입(注入). 이입(移入). ②[醫] 수혈(輪血). 수혈법. 주사.

transvasar *v.t.* ①(액체를) 따르다. (다른 그릇에) 옮기다. 옮겨 따르다. 이입(移入)하다. ②[醫] 수혈하다.
(註) 同音異義語인 *transvazar* 와 혼동하지 말 것.

transvazar *v.t.* ①(액체 따위를) 넘쳐나게 하다. 넘쳐 흐르게 하다. ②쏟다. 엎지르다. 그릇을 비우다.
—**se** *v.pr.* ①(술·기름 따위) 넘치다. 넘쳐 흐르다. 흘러 떨어지다. ②쏟아지다.

transverberar *v.t.* ①(광선·색(色) 따위를) 투과(透過)시키다. ②나타나게 하다.
— *v.i.* ①(광선 따위) 투과하다. 투광(透光)하다. ②나타나다.
—**se** *v.pr.* ①비치다. 비쳐 보이다. ②(자신을) 나타내다. 현시(顯示)하다.

transversal *a.* ①가로의. 횡(橫)의. 횡단의. 횡단하는. 횡단선의. ②방계(傍系)의. ③[解] 횡행(橫行)의. 사행(斜行)의.
rua transversal 횡단로(橫斷路).
— *f.* [幾] 횡단선.
— *m.* [解] 횡행근(橫行筋)(조직).

transversalidade *f.* ①횡(橫)임. 가로임. ②방계임.

transversalmente *adv.* 가로. 횡단하여.

transversão *f.* = *transformação*.

transverso *a.* 옆의. 가로의. 횡단의. 횡단하는. 횡단선의. 방계(傍系)의.
— *m.* [解] 횡근(橫筋). [數] 횡축(橫軸).

transverter *v.t.* ①뒤집다. 전복시키다. ②변경시키다. 일변(一變)하다. ③번역하다.

transviado *a.* 옆길로 들어간. 바른 길(正路)을 벗어난. (발을) 나쁜 길에 들여 놓은. 사도(邪道)에 들어선.

transviamento *m.* = *transvio*.

transviar *v.t.* 옆길로 들어가게 하다. 잘못 이끌다. 사도(邪道)로 이끌다. 타락시키다.
—**se** *v.pr.* 옆길로 들어가다. 나쁜 길에 들어가다. 바른 길을 잃다. 타락하다.

transvio *m.* ①바른 길을 벗어나기. 옆길로 들어가기. 나쁜 길에 들어서기. ②사도(邪道). 사로(邪路). ③과오. 잘못. [法] 경죄(輕罪). 비행.

transvoa *f.* 전차선로(電車線路).

transvoar *v.t.* 가로질러 날다. 횡단비행(橫斷飛行)하다.

trapa *f.* (맹수를 붙잡는) 덫. 함정. 음모. 계략.

trapaça, trapaçaria *f.* ①속이기. 기만. 기망(欺罔). ②속여서 빼앗기. 사기행위. 협잡. ③(고리대금업자와 차금자(借金者) 간의) 사기적 계약. 허위 약속. (노름판에 있어서의) 술책부리기. 엉터리 수작.

trapaçador *a., m.* = *trapaceiro*.

trapacear *v.t., v.i.* 속이다. 기만하다. 속여서 빼앗다. 사기(협잡)하다.

trapaceiro *a.* 속이는. 기만하는. 속여서 빼앗는. 협잡하는. 사기(협잡)를 일삼는.
— *m.* 사기꾼. 협잡꾼.

trapacento *a.* 자주 사람을 속이는. 사기습성이 있는. 협잡을 일삼는.
— *m.* 사기사. 협잡꾼.

trapagem *f.* 많은 넝마. 처진 헝겊의 더미. 많은 누더기옷.

trapalhada *f.* ①많은 넝마. ②뒤범벅. 뒤죽박죽. 혼란. 혼잡. 잡답(雜沓). ③엉클어진 상태. (사건의) 분규(紛糾).

trapalhão (1) *m.* ①큰 넝마. 큰 처진 천. ②남루한(누더기) 옷을 입은 사람. ③굼뜬 사람. 눈치 없는 자.
— (2) *a.* (하는 일을) 혼동하는. 이랬다 저랬다 하는. 무엇이 무엇인지 모를. (말에) 순서 없는. 앞뒤가 맞지 않는.
— *m.* 사물을 혼동(混同)하는 사람. (행동을) 이랬다저랬다 하는 사람. 갈래를 못 잡는 사람. 무엇이 무엇인지 알 수 없게 말하는 사람.

trapalhice *f.* ①넝마의 더미. 많은 누더기. 쌓여 있는 남루한 옷. ②뒤범벅이 된 것. 얽힌 일. 복잡한 사건.

trapalhona *f. trapalhão* (2)의 여성형.

traparia *f.* = *trapagem*.

trape *interj.* 찰싹. 철썩(때리는 소리).

trapear *v.i.* ①넓적한 것으로 치다. ②(돛·커튼 등이) 펄럭거리다.

trapeira (1) *f.* 지붕에 낸 창. 지붕 채광창(採光窓).
— (2) *f.* 넝마를(해진 형겊을) 줍는 여자.

trapeiro *m.* ①넝마를 줍는 사람. 넝마 또는 해진 옷을 모으는 사람. ②처진 옷(남루한 의복)을 파는 사람.

trapejar *v.i.* ①찰싹(철썩) 소리나다. ②덜컥 닫다(열다). ③(돛·깃발·커튼 따위가) 펄럭거리다.

trapeziforme *a.* 사다리꼴의. 제형(梯形)의.

trapézio *m.* ①사다리꼴. 제형(梯形). ②[幾] 부등변사변형. ③[解] 소ु능골(小跗稜骨). ④[體育·曲馬] 일종의 그네. 큰 추천(大鞦韆).

trapezoidal *a.* 사다리꼴의. 제형의.

trapezóide *a.* ①사다리꼴의. ②부등변사변형의.
— *m.* ①사다리꼴. 제형(梯形). ②부등변사변형(四邊形).

trapiche *m.* ①부두의 적하장(積荷場). 부두의 창고. ②작은 제당(製糖)공장.

trapilho *m.* (*trapo*의 지소어). 넝마조각. 해진 형겊조각.

trapista *m.a.* [가톨릭] 트래피스트(수도)회의 수도사(의)(프랑스의 *La Trappe*에 1140년 창립).

trapo *m.* ①넝마. 넝마조각. 해진 형겊. ②아주 낡은 의복. 누더기 옷. 헌 옷. ③술병 따위의 바닥에 남은 앙금.
língua de trapos 불명확한 말(발음이 똑똑치 못하여 알아 들을 수 없는).

trapola, trapolas *m., f.* 속이는 사람. 술책부리는 사람. 간책자(奸策者). 사기사.

trápola *f.* 덫. 올가미. 함정.

trapomonga *f.* [植] (브라질산) 약초의 일종.

traque *m.* ①폭죽(爆竹)소리. 폭죽성(聲). ②《卑》방귀소리.

traquea *f.* (= *traquéia*) [解] 기관(氣管). [蟲] 호흡관(呼吸管). [植] 나사무늬 도관(導管).

traqueal *a.* [解] 기관의. 기관에 통하는. 기관모양(氣管狀)의. [蟲] 호흡관의. [植] 나사무늬 도관의.

traqueano *a.* 기관이 있는. 기관에 관한.

traquéia *f.* [植] 기관(氣管). [蟲] 호흡관. 숨구멍. [植] 나사무늬 도관(導管).
traquéia-arteria [解] 기관.

traqueíte *f.* 기관지염(氣管支炎).

traquejado (1) *a.* ①쫓는. 추적(追跡)한. ②《古》잘 습득한. 숙련한. 솜씨 있는. 솜씨 있게 한. 잘한.
— (2) *a.* 《卑》방귀를 뀐.

traquejar (1) *v.t.* ①…을 쫓다. 쫓아가다. 추적하다. ②《古》잘 연습하다. 잘 습득하다. (…에) 숙련하다. (…을) 솜씨 있게 하다.
— (2) *v.i.* 《卑》(소리를 내어) 방귀를 뀌다.

traquejo *m.* 《古》경험이 많음. 노련함, 큰 솜씨. 숙달.

traqueobronquite *f.* 기관 및 기관지염(氣管支炎).

traqueocelo *m.* [病理] 갑상선종(甲狀腺腫). 경종대(頸腫大).

traqueorragia *f.* 기관 출혈(出血).

traqueoscopia *f.* 기관검사법.

traqueotomia *f.* [外科] 기관절개술(切開術).

traquete *m.* [海] 앞돛대의 아랫돛(前檣下帆).

traquina, traquinas *a., m., f.* 떠들며 장난치는 사람 (특히 아이). 희롱하며 뛰노는 사람. 잠시도 가만있지 못하고 까부는 아이. 장난꾸러기. 말괄량이.

traquinada *f.* ①잠시도 가만있지 않음. 침착치 못함. 안달복달하기. ②희롱하며 뛰놀기. 법석 떠들기. 소란한 장난.

traquinar *v.i.* 잠시도 가만있지 않다. 안달복달하다. 몹시 떠들며 놀다. 희롱하며 뛰놀다. 심하게 장난하다. 시끄러울 정도로 소란하다.

traquinice *f.* ①잠시도 가만있지 않음. 싱숭생숭함. ②법석 떠들기. 소란한 장난. 희롱하며 뛰놀기. ③나쁜 장난. 못된 수작. ④활발. 쾌활.

traquitana *f.* 《古》(두 사람이 타는) 이두사륜마차(二頭四輪馬車).

tras *pref.* =*trans*.

trás (1) *prep. adv.* 뒤에. 배후에. 뒤로. 후방으로.
de trás para diante 뒤로부터 앞으로.
de frente para trás 앞으로부터 뒤로.
ir para trás ①뒤로 가다. ②뒷걸음치다. 뒷걸음질하다. ③퇴보하다.
andar para trás ①뒤로 걷다. ②뒷걸음질하다. ③퇴보하다.
olhar para trás 뒤를 향해 보다. 뒤를 돌아보다.
— (2) *interj.* 탕! 쿵! (대포소리・요란하게 문이 닫히는 소리).

trasanteontem *m.adv.* 그그저께. (註) 어제: *ontem*. 그제: *anteontem*.

trasbordamento *m.* 넘쳐 흐름. 범람(氾濫). 창일(漲溢). 창만(漲滿).

trasbordante *a.* 넘치는. 넘쳐 흐르는. 넘치게 하는. 넘치려고 하는. 넘칠 정도의.

trasbordar (1) *v.t.* 넘쳐 흐르다. 범람하다. 가득 차다.
— *v.i.* (+*de*). 넘치다. 넘쳐 흐르다.
— (2) *v.t.* ①(한 배의 짐을 다른 배로) 옮겨 싣다. 적환(積換)하다. ②손님을 바꿔 태우다.
— *v.i.* (여객이 기차・기선 등을) 바꿔 타다. 환승(換乘)하다.

trasbôrdo (1) *m.* 넘쳐 흐름. 범람(氾濫).
— (2) *m.* ①(짐을) 옮겨 싣기. 적환(積換). ②(여객의) 환승(換乘). 옮겨 타기.
fazer trasbôrdo (기차를) 옮겨 타다. 환승하다.

trascamara *f.* 침실(寢室) 뒷방.

trascurar *v.t.* =*transcurar*.

traseira *f.* 뒤. 뒷부분. 후부(後部).

traseiro *a.* 뒤의. 후부의. 뒤에 있는. 뒤에 달린.
eixo trazeiro [機] 후축(後軸).
pat a trazeira 뒷다리(四足獸의).
lanterna trazeira (자동차 따위의) 미등(尾燈).
janela trazeira (건물의) 뒷창문. 후창(後窓).
porta trazeira 뒷문. 후문.
parte trazeira 뒷부분. 후부.
— *m.* ①뒷부분. 후부. ②엉덩이.

trasfega, trasfegadura *f.* (액체 따위를) 옮겨 붓기. 옮겨 따르기. (파이프 따위로) 한 통에서 뽑아 다른 통에 넣기. 다른 그릇에 주입(注入)하기. 환주(換注).

trasfegador *m.* 옮겨 붓는 사람.

trasfegar *v.t.* 옮겨 붓다. 옮겨 따르다. (파이프로) 한 통에서 뽑아 다른 통에 옮겨 넣다. (파이프로) 옮겨 따르다. 환주(換注)하다.

trasfego *m.* =*trasfega*.

trasfogueiro *m.* 난로의 장작받침쇠. 장작 놓는 시렁.

trafoliar *v.t.* 얇은 투명지(透明紙)를 위에 놓고(대고) 그려내다. 밑의 그림을(제도를) 그대로 전사(轉寫)하다.

trasgo *m.* ①꼬마 요정(妖精). 꼬마 귀신. 세찬 장난꾸러기. ②유령. 도깨비. 요괴(妖怪). 요마(妖魔). 악귀.

trasquear *v.i.* ①도깨비짓을 하다. ②천하에 못된 장난을 하다. 세차게 장난치다.

traslação *f.* =*translação*.

trasladação *f.* ①옮기기. 옮겨 놓기. 전치(轉置). ②이전(移轉). 이동. 조동. ③(글자를) 바꾸어 쓰기. 자역(字譯). ④번역하기. ⑤옮겨 쓰기. 전사(轉寫). ⑥양도(讓渡).

trasladador *a., m.* ①옮기는 사람. 옮겨 놓는 사람. ②이전(이동・조동)하는 자. ③옮겨 쓰는 사람. 전사자(轉寫者). ④번역하는 사람.

trasladar *v.t.* ①옮기다. 옮겨 놓다. ②이동시키다. 전임시키다. 조동하다. ③건네다. 양도하다. ④(글자를) 바꾸어 쓰다. [文] 어의(語意)를 전환하다. ⑤베껴 쓰다. 전사(轉寫)하다. ⑥번역하다. ⑦연기하다.
— *v.i.*, —se *v.pr.* ①옮기다. 이전(移轉)하다. ②조동되다. ③등사(복사)되다.

traslado *m.* ①베낀 것. 사본. 등본. ②글쓰기 표본. 습자(習字)의 모범. ③상(像) 닮은 것.

trasmontano *a., m.* =*transmontano*.

trasmontar *v.t.* =*transmontar*.

trasmudar *v.t.* =*transmudar*.

trasorelho *m.* [醫] 유행성 이하선염(耳下腺炎).

traspassação *f.* =*traspassamento*.

traspassamento *m.* ①가로 지나가기. 가로 지르기. 횡단. ②찔러 뚫기. 꿰뚫기. 관통. 투과(透過). ③(한계·한도를) 넘기. ④(법률·규칙 따위를) 어기기. 범하기. 위범(違犯). 범칙(犯則). ⑤베끼기. 옮겨 쓰기. 전사(轉寫). ⑥번역. ⑦기력을 잃기. 낙담. ⑧말로. 죽음.

traspassar *v.t.* ①가로 지나가다. 가로 지르다. 횡단하다. (어떤 물체의 위를) 넘어 가다. 건너가다. ③찔러 뚫다. 꿰뚫다. 관통하다. 투과(透過)시키다. ④(한도·한계를) 넘다. (법률·규칙 등을) 범하다. 어기다. ⑤베끼다. 옮겨 쓰다. 전사하다. ⑥번역하다. ⑦넘겨주다. 양도하다. ⑧다시 빌리다. 전대(轉貸)하다. ⑨실신(失神)시키다. 졸도하게 하다.
— *v.i.* ①옮기다. 이전(移轉)하다. 이동하다. ②파리해지다. 창백해지다. ③죽다. 사망하다.
—**se** *v.pr.* ①몸(마음)에 사무치다. ②기력을 잃다. 실망(낙담)하다. ③기절하다. 졸도하다. ④죽다.

traspasse *m.* ①(권리 따위가 한 사람으로부터 다른 사람에게) 넘어가는 것. 전이(轉移). 전도(轉渡). 양도. ②전대(轉貸). ③죽음.

traspasso *m.* ①=*traspasse*. ②찌르는 듯한 아픔. 커다란 고통. 심한 고민. ③연기(延期)

traspés *m.* 《俗》①비틀거림. 비틀거리기. 갈지자 걸음. 흔들거림. 다른 사람의 발을 걸어 넘어뜨리기.

traspilar *m.* [建] 기둥 뒤의 기둥. 뒷기둥. 후주(後柱).

traspor *v.t.* =*transpor*.

trastalhão *m.* 횡폭한 사람. 난폭한 사람. 망나니. 몹쓸 인간.

traste *m.* ①[普通] 낡은 가구. 낡은 그릇(기구). ②보잘 것 없는 인간. 부랑자. 건달. 망나니.
trastes (*pl.*) 집에 달린 모든 가구(기구).

trastear *v.i.*, *v.t.* =*trastejar*.

trastejado *a.* 가구를 설비한(갖춘).

trastejar (1) *v.t.* 가구를 설비하다(갖추다).
— *v.i.* 값싼 물건(잡화)을 팔다.
— (2) *v.i.* 주저하다. 망서리다. 우물쭈물하다.

trasto *m.* 악기의 줄(絃).

trastornamento *m.* =*transtôrno*.

trastornar *v.t.* =*transtornar*.

trasvestir-se *v.pr.* 옷을 바꾸어 입다. 갱의(更衣)하다.

trasviar *v.i.* =*transviar*.

trasvio *m.* =*transvio*.

trasvisto *a.* ①옆으로 본. 비스듬히 본. ②아니꼬운. 밉살스러운. 미운.

tratada *f.* =*trotantada*.

tratadista *m.f.* 논문기술자(記述者). 논술자. 논설자(論說者).

tratado *m.* ①조약(條約). 맹약. 협정. ②(개인 간의) 약정. 약속. ③상의(相議). 협상. 담판. ④논문(論文). 논설.
tratado de paz 평화조약.
tratado de comercio 통상협정.

tratador *a.* ①돌보는. ②대우하는. 대접하는. ③다루는. 취급하는. 처리하는.
— *m.* ①돌보는 이. ②대우자. 대접하는 자. 접대자. ③취급인. 처리자. ④협정자. 담판자. ⑤가축 사양자(飼養者). 말치는 사람.

tratamento *m.* ①처리. 처치. ②대우. 대접. 접대. ③돌보기. 간호. 치료. 간호법. 치료법. ④협상. 교섭. ⑤(사람에 대한) 존칭(尊稱).
tratamento indelicado 불친절한 접대.
tratamento rude 횡폭한 처우(處遇)
tratamento duro 호된 취급. 가혹한 처리.
tratamento médico 의약치료(醫藥治療).
bom tratamento 좋은 대우. 우대.
mal tratamento 냉대. 괄시.

tratantada *f.* ①속이기. 기만. 사기. 협잡. ②부정행위(不正行爲). 나쁜 짓. 악행.

tratante *m.*, *f.* ①속이는 사람. 사기사. 협잡꾼. ②《古》장사꾼. 상인.

tratantice *f.* =*tratantada*.

tratar *v.t.* ①논(論)하다. 취급하다. 진술하다. 표현하다. ②대우하다. 처우하다. 다루다. 간주(看做)하다. ③처리하다. (화학품 등으로) 처치하다. ④돌보다. 간호하다. 치료하다. ⑤대접하다. 접대하다. 향응(饗應)하다. ⑥거래하다. ⑦교섭하다. 절충하다. (문제를) 다루다. 협상하다. 협의하다. 담판하다. ⑧(가축 등을) 돌보다. 기르다. 치다.
tratar do assunto 대두된 사건(문제·논지 등)을 처리하다.

tratar com muito respeito 우러러 대하다. 정중히 접대하다.
tratar com aspereza 거칠게 대하다. 난폭하게 취급하다.
tratar do mesmo modo 같은 방법으로 간호(치료)하다. 동일 방법으로 처우하다.
já está tudo tratado. 이미 전부 언급되었다. 모든 문제가 협의되었다.
— *v.i.* ①논의하다. 논술하다. ②(+ com). …와 교제하다. 어울리다. ③(+ de). 노력하다. 애쓰다. 진력(盡力)하다. ④주의하다. 조심하다.
—se *v.pr.* ①자기의 몸을 잘 돌보다. 자애(自愛)하다. ②무리함이 없이 처신하다.
tratável *a.* ①취급할 만한. 취급하기(다루기) 쉬운. 교섭(절충)할 만한. 협상(협의)할 수 있는. ③대우해야 할. ④친절한. 예절 있는.
tratavelmente *adv.* 친절하게. 은근하게.
tratear *v.t.* 괴롭히다. 학대하다.
trato (1) *m.* ①다룸. 취급. 처리. 처치. ②교제. 절충. 상의. 협상. ③거래. 매매. ④실천. 실행. ⑤접대. 대접. 대우. ⑥처신. 소행(素行). 품행. ⑦생계(生計). 생활. ⑧식량.
tratos (*pl.*) 학대. 몹시 괴롭히기.
dar tratos à imaginação (*à cabeça*) 열심히 생각하다. (어떤 생각으로) 머리를 앓다. 지혜를 짜다.
— (2) *m.* (=*tracto*). ①지역. 넓은 토지. 넓은 지방. (토지의) 광활한 전개(展開). ②간격. 기간(期間).
trator *m.* ①끄는 사람(물건). ②트랙터. 견인자동차. (특히) 무한 궤도견인차.
trator agrícola 경작용 트랙터.
tratorio *a.* 끄는. 견인용(牽引用)의.
trauma *m.* =*traumatisma*.
traumático *a.* 외상성(外傷性)의. 외상약의. 외상에 효과 있는.
traumatismo *m.* [醫] 중한 외상(外傷). 외상성 전신장애(全身障礙).
trautar *v.t.* 《古》=*contratar*.
trautear *v.i.* ①떨리는 소리를 내다. 전음(顫音)을 내다. ②낮은 목소리로 노래부르다. ③새가 지저귀다.
— *v.t.* 괴롭히다. 귀찮게 굴다. 견책(譴責)하다.
trava *f.* ①[建] 중간 틀(도어 그 위의 채광창(採光窓) 사이에 가로 놓인 나무). ② 횡재(橫材). ③(말을 멈추게 하는) 일종의 고삐. (수레(달구지) 등에 있는) 일종의 당기는 브레이크 바퀴쐐기. ④구속. 속박. 장애.
travação *f.* ①연결. 연접. 접합. [機] 링크. 연접한(連接釬). ②연락. 관계.
trava-contas *f.* ①계산상의 오류. 잘못 계산하기. 오산. ②계산상의 차이(差異). ③계산을 둘러싼 언쟁(다툼).
travadamente *adv.* ①연결되어. ②서로 엉키어. 엉클어져서.
travadeira *f.* 톱날 세우는 기구.
travadinha *f.* 무릎께를 좁게 한 스커트. 《英》*hobble skirt*.
travado *a.* ①이은. 연결한. 연접한. 접합된. ②멈추게 한. 저지한. 억제한. ③속박한. 구속한. ④개시한. 착수한. ⑤톱날을 세운. ⑥서로 얽힌. 엉클어진.
travador *a.* ①연결하는. 연접하는. ②멈추게 하는 고삐(制止索)를 당긴. 브레이크를 건.
— *m.* ①연결하는 사람. 고삐를 당겨 멈추게 하는 사람. ②톱날 세우는 기구.
travadoura *f.* ①톱날 세우는 기구. ②비꼼. 비틀림. 염좌(捻挫).
travadouro *m.* 유제류(有蹄類)의 발굽과 발바닥뼈와의 사이. 《英》*pastern*.
travadura *f.* 결합. 접합. 연결. 연합.
travamento *m.* =*travação*.
travanca *f.* ①구속. 속박. ②장애(障碍).
travão *m.* ①(수레·자동차 등의) 바퀴를 멈추게 하는 것. 제륜장치(制輪裝置). 제동간(制動桿). 브레이크. 톱니바퀴(齒車). 멈춤개. ②(빗장 자물쇠의) 걸쇠. 들쇠. ③족쇄(足鎖). 착고. 사슬. 쇠칼. ④구속. 속박. 제지(制止). 억제.
travar *v.t.* ①붙이다. 결합하다. 연락시키다. ②비끄러 매다. 얽어매다. ③(수레·자동차 등의) 바퀴를 멎게 하다. 지륜(止輪)하다. 브레이크를 걸다. (말을 세우고자) 굴레를 당기다. ④(진행 상태를) 저지하다. 막다. 차단하다. ⑤(문·창문 따위를) 가름대를 질러 막아버리다. ⑥교차(交叉)시키다. ⑦족쇄를(수갑을) 채우다. ⑧구속하다. 속박하다. ⑨시작하다. 착수하다. 개시하다. ⑩톱날을 세우다. 톱날을 예리하게 하다. ⑪(맛을) 떫게 하다. ⑫불쾌하게 하다.
travar amizade 친교를 맺다.

travar batalha (*combate*) 교전(交戰)하다.
travar espadas 칼싸움하다.
travar a serra 톱날을 세우다.
— *v.i.* ①(과일 따위의 맛이) 떫어지다. ②불쾌해지다. 불쾌감을 느끼다. ③(+*de*) 쥐다. 움켜쥐다.
—*se v.pr.* ①붙다. 연결하다. 결합하다. ②교차하다. ③섞이다. 혼동(混同)되다. ③교봉(交鋒)하다.
travar-se de razões 시비(是非)하다. (옳으니 그르니 하는) 말다툼을 하다.

trave *f.* ①[建] 대들보. 도리. 횡량(橫梁). 굵은 각재(角材). [海] (돛배의) 가로들보(橫桁). ②(연설 도중에) 갑자기 중지하는 것.

travejamento *m.* ①(나무로 만든) 하부 구조(下部構造). 목조부(木造部). ②엇갈려 쌓아 올린 나무틀. [木工] 나무세공.

travejar *v.t.* 나무틀을 짜다. 하부 구조를 조립하다. 정자형(井字形)으로 쌓다. 대들보를 건네다. 큰 가름대(橫梁)를 얹어 놓다.

travela *f.* [蟲] 일종의 풍뎅이. 뿌리 잘라 먹는 벌레. 《英》 *cutworm*.

travento (1) *a.* 붙이는. 잇는. 접합하는.
— (2) *a.* (과일 따위의 맛이) 떫은.

travertino *m.* [鑛] 석회화(石灰華)(이탈리아의 건축재(材)) 응히암(凝灰岩).

través *m.* 기울어짐. 비뚤어짐. 경사. 사면(斜面).
de través 가로. 옆으로. 어긋나게. 비스듬히. 기울어져서. 비뚜로.
a 또는 *ao través* …을 가로질러. (한쪽에서 다른 쪽으로) 횡단하여. 건너서.

travessa *f.* ①가름대. 횡목(橫木). 횡재(橫材). (수평으로 놓는) 들보. ②(철도의) 침목(枕木). ③(울타리 안을) 가로질러 가는 길. 작은 횡단로. (정원·공원 등의) 좁은 길. 오솔길. 두 개의 큰 길을(H자형으로) 연결되는 길. ④(갱내(坑內)의) 좁은 길. ⑤가로질러 가기. 횡단(橫斷). ⑥난간(欄干) 기둥. 난간 버팀대. ⑦춤이 얕은 큰 접시. 음식 나르는 쟁반. ⑧일종의 빗.
travessa da cruz 십자가의 가름대(십자가의 팔).

travessamente *adv.* ①심술궂게. 악의를 품고 고의적으로. ②떠들썩하여.

travessão (1) *m.* [海] 역풍(逆風). 가로질러 부는 바람.
— *a.* ①가로지르는. 횡단하는. ②(바람이) 반대쪽으로 부는.
— (2) *m.* 가름대. 대들보(大梁).
travessão de balança 저울대.
— (3) *m.* [文] 대시(—). 구점부호(句點符號).
— (4) *m.* ①춤이 얕은 큰 접시. ②귀갑(龜甲).

travessar *v.t.* = *atravessar*.

travessear *v.i.* 나쁜 장난하다. (…을) 놀리다.

travesseira *f.* 베개.

travesseiro *m.* 긴 베개(침대의 폭(幅)과 같은 길이의). 장침(長枕). 긴 밑바지 베개.
consultar o travesseiro = *aconselhar-se com o travesseiro* 하룻밤 자며 잘 생각하다.

travessia *f.* ①횡단(橫斷). 횡단여행. ②도항(渡航). ③가로 지나는. 횡단하는) 바람. 마주 불어오는 바람. 역풍(逆風).

travessio *m.* 가로지르기. 횡단하기. 도항하기.

travesso *a.* ①가로의. 횡(橫)의. 비스듬한. 어긋나는. ②(혈족(血族)의). 방계(傍系)의. ③거꾸로의. 역(逆)의. ④장난꾸러기의. 행실없는. 심술궂은. 사악(邪惡)한.

travessura *f.* ①나쁜 농담(희롱). 못된 장난. 나쁜 행실(수작). ②심술. 악의(惡意). 악심. 사악한 마음. ③우스꽝스러움.

travesti *m.* (진지한 작품을) 우습게 만들기. 희화화(戲畵化). 《英》 *travesty*.

travestir-se *v.pr.* 옷을 모르게 꾸며 입다. 변장(變裝)하다. 가장하다.

travéz *m.* = *través*.

travinca *f.* ①작은 가름대. 작은 들보(小梁). ③(시계줄 따위의 끝에 장식적으로 달려 있는) 작은 금속봉(金屬棒). ②(문(쪽문)을 닫고 열리지 않게) 가로 질러 꽂는 빗장(비녀같이 생긴 것).

travo, travor *m.* ①(맛이) 떫음. ②호됨. 가열(苛烈). ③불쾌한 감(感). ④《俗》 봉변. 혼나기.

travoso *a.* ①(맛이) 떫은. 낟감 맛 같은. (입속이) 떠한. ②호된. 가열한. 혹독한.

tráz (1) *prep. adv.* = *trás* (1).
— (2) *interj.* = *trás* (2).

trazedor *a.* (서류·소식·물건 등을) 가져오는. 지참하는. 휴대하는.

— *m.* 가져 오는 사람. 지참자(持參者). 휴대자.

trazeira *f.* =*traseira*.

trazeiro *a.*, *m.* =*traseiro*.

trazer *v.t.* ①(소식·서류·물건 등을) 가져 오다. 지참하다. 반입(搬入)하다. (사람을) 데려오다. ②몸에 지니다. 지니고 다니다. 휴대하다. ③(…을) 초래하다. 야기(惹起)하다. ④몸에 걸치다. (옷을) 입다. 입고 다니다. (신발을) 신다. 신고 다니다. ⑤지다. 짊어지다. ⑥(…에) 미치게 하다. 도달케 하다. ⑦전하다. 이첩(移牒)하다.
trazer más notícias 나쁜 소식을 가져 오다.
trazer benefício 혜택을 가져오다. 혜택이 되어 오다.
trazer vontade de comer 식욕을 초래하다. 시장한 감을 느끼게 하다.
trazer à memória 생각해내다. 회상하다.

trazida *f.*, **trazimento** *m.* ①가져오기. 데려오기. 지참. ②반입. 수입(輸入).

trebelhar *v.i.* ①(장기의) 쪽을 움직이다. 장기 두다. ②(아이들이) 뛰놀다.

trebelho *m.* ①장기쪽(말). ②장난감. ③(아이들의) 춤(유희)의 일종. ④어리석은 짓. 우열(愚劣).

trebola, trebolha *f.* [動] 향유고래.

trecentésimo *a.* 300번째의. 제삼백(三百)의. 300분의 1의.
— *m.* 300분의 1.

trecheio *a.* 가득한. 가득 찬. 충만(充滿)한. 풍부한.

trecho *m.* ①(시간적) 공간. 사이. 간격. 현격. ②중절시간(中切時間). 간헐시(間歇時). ③(음악의) 한 편. 한 절(一節). 단편(斷片).
a trecho 또는 *a trechos* 때때로. 가끔. 일정한 시간을(사이를) 두고.
a pouco trecho 얼마 안 가서. 근거리에. 짧게. 간단하게.
a breve trecho 곧. 얼마 안 가서. 얼마 안 있어. 짧게. 간단하게.

tredecimal *a.* (결정체(結晶體) 따위) 13면이 있는.

tredécimo *a.* 열세 번째의. 제십삼번의. (=*decimo terceiro*).

tredice *f.* 《古》 =*traição*.

tredo *a.* ①거짓의. 허위의. 가짜의. 가장한. ③진실하지 못한. 충실치 못한. 불신(不信)한. 배반적인. 모반하는.
estar tredo 의심하다. 수상히 여기다.

trêfego, trefo *a.* ①조용하지 못한. 분주한. 떠들썩하는. 소란스러운. 떠들며 장난치는. 장난이 세찬. ②엉큼한. 교활한. 음험한. 잔꾀부리는.

tregeitador *a.*, *m.* =*trejeitador*.

tregeitar *v.t.*, *v.i.* =*trejeitar*.

tregeito *m.* =*trejeito*.

trégua *f.* (흔히 복수로 씀). ①일시적 휴지(休止). 휴식. (시간적) 중절. 중단. 휴게시간. ②(합의상의) 휴전(休戰). 휴전협정.
tréguas de Deus (중세에 교회가 명령한) 사사싸움의 일시적 중지. 《英》 *truce of God*.
pôr tréguas a 중지시키다. 중지하다.

treina *f.* ①[史] (사냥개에게 상으로 주는) 가죽붙은 사슴고기. ②(매 따위에 주는) 먹이. ③사냥에서 잡은 짐승.

treinado *a.* ①(매를) 길들인. 길든. ②훈련한. 연습한.

treinador *a.*, *m.* ①길들이는 (사람). ②훈련자. 코치.

treinagem *f.* =*treinamento*.
— *m.* ①(말·개·매 따위를) 길들이기. ②훈련. 연습. 단련.

treinar *v.t.* ①(매에게) 먹이를 주다. 먹이를 주어 길들이다. (개·말 따위를) 길들이다. 가르치다. ②연습시키다. ③훈련하다.
—*se* *v.pr.* 연습하다. 실습하다. 훈련하다(받다).

treino *m.* ①길들이기. ②연습. 실습. 훈련. (특히) 경기의 연습.

treita *f.* ①자국. 발자국. 지나간 자취. 흔적. ②본받기.

treitento *a.* ①[劍術] 칼 재주를 교묘하게 부리는. 거짓으로 치는(좌측을 칠 듯하다 우측을 치는 따위). ②솜씨가 날쌘. 술책 부리는. 교묘한. 교활한. 엉큼한.

treito *a.* (=*atreito*) ①(…을) 습득한. 할 줄 아는. ②습관된. 버릇이 된. 습성이 있는. ③경향이 있는.

trejeitador *a.*, *m.* ①손짓(몸짓)하는 사람. 손재간 부리는 사람. ②요술쟁이. ③얼굴을 찡그리는 사람. 괴상하게 찌푸리는 사람.

trejeitar *v.i.*, *v.t.* ①손짓하다. 몸짓하다. ②우스꽝스러운 거동을 하다. 익살광대의 흉내를 내다. ③얼굴을 찌푸리다. 상을 찡그리다. ④손 요술 부리다.

trejeitear *v.i.*, *v.t.* =*trejeitar*.

trejeito *m.* ①몸짓. 손짓. ②우스운 거동. 익살광대의 흉내. ③찌푸린 얼굴. 찡그린 상. ④손 요술.

trejurar *v.t.*, *v.i.* 자주 맹세하다. 거짓 맹세하다. 세 번 맹세하다.

trela *f.* ①(사냥개를 매는) 가죽끈(쇠사슬). ②《俗》필요 없는 말. 쓸데없는 이야기. 잡담. 한담.

 dar trela a 적당한 자유를 주다. 휴가를 주다.

trelência *f.* (쓸데없는) 말이 많음. 요설(饒舌). 잡담. 쓸데없는 말참견.

trelente *a.* (쓸데없는) 말을 많이 하는. (필요 없는) 참견을 하는.
— *m., f.* 말 많이 하는 사람. 참견하기 좋아하는 사람. 수다쟁이.

treler *v.i.* ①쓸데없는 말을 많이 하다. 잘 지껄이다. 잡담하다. ②말참견하다.

trelho *m.* 버터 만들 때 휘젓는 기구. 교유기(攪乳機).
 sem trelho nem trabelho 되는대로. 아무렇게나. 뒤죽박죽.

treliça *f.* ①창살. 창살세공. ②[建] (다리의) 트러스 구형(構桁). 구각공(構脚工).

trem *m.* ①기차. 열차. ②종자(從者). 시종(侍從). 수행원. 방자. ③여행도구(기구). 취사도구. 가구(家具).
 trem expresso 급행차.
 trem direto 직행차.
 trem cargueiro 또는 *trem de carga* 화물열차.
 trem mixto (객화) 혼합열차.
 trem de cozinha 주방(廚房) 도구. 부엌세간.
 trem de lavoura 농기구(農器具).
 tomar um trem 기차를 타다. 《俗》기차를 잡아타다.
 ir de trem 기차타고 가다. 열차편으로 가다.
 o trem descarrilhou 기차가 탈선했다.

trema *m.* ①(음절의) 분절(分切). ②[文] 분음표(分音標)(접속하는 두 모음의 뒷 글자 또는 앞 글자에 붙여서 앞(뒤) 모음과는 별개의 음절임을 표시하는 (··) 부호).

《英》*aërate*. 《葡》*eloqüência, eloqüente, qüinquênio, qüinqüídio* 따위.

tremado (1) *a.* [文] 분음표(··)를 찍은(로 표시한).
— (2) *a.* 꼬인 것이 도로 펴진.

tremar (1) *v.t.* 분음표를 찍다(로 표시하다).
— (2) *v.t.* (실·노끈·줄 따위) 꼬인 것을 도로 펴다. 도로 곧곧하게 하다.

tremebundo *a.* 떠는. 덜덜 떠는. 전전긍긍(戰戰兢兢)하는. 무서운. 무시무시한.

tremecém *a.* 석달(三個月) 계속하는. 석달이면 되는. [植] 삼개월이면 익는.

tremedal *m.* ①위태로운 곳. 꼼짝 못할 곤경. 진퇴유곡. ②진창 깊은 못. 수렁지.

tremedeira *f.* ①떨림. 전율. ②마음이 떨림. 겁. ③진전(震顫) ④《俗》말라리아의 열. 학질.

tremedor *a.* 떠는. 진동하는.
— *m.* 떠는 사람 또는 물건. [電] 자동진동기. 전령(電鈴).

tremedura *f.* =*tremor*.

tremelear *v.t.*, *v.i.* ①떨게 하다. 진동시키다. 떨리다. ②(몸을) 떨다. 덜덜 떨다. 전율하다. (추위로) 후들후들 떨다. ③떨리는 소리로 말하다.

tremelga *f.* [魚] 전기가오리. 시끈가오리.

tremelica *a., m., f.* 겁을 먹고 떠는 (사람). 무시쿰에 넣널 떠는 (사람). 비겁한 (사람). 겁쟁이.

tremelicação *f.* ①(무서움·공포 등으로) 덜덜 떨기. 전율하기. 전전긍긍. ②(추위로) 후들후들 떨기.

tremelicar *v.i.* ①(무서움에) 떨다. 덜덜 떨다. 전율하다. 전전긍긍하다. ②(추위로) 후들후들 떨다.

tremelicoso *a.* ①떠는. 덜덜 떠는. 후들후들 떠는. 진동하는. ②흔들리는. 동요하는.

tremeliques *m.(pl.)* 떨기. 덜덜 떨기. 전율. (추위로) 후들후들 떨기.

tremeluzente *a.* (등불 따위) 흔들며 번쩍거리는. 흔들리며 반짝반짝하는.

tremeluzir *v.i.* 흔들며 번쩍거리다. (불빛이) 가물거리다. 흔들리며 반짝반짝 비치다.

tremembé *m.* 수초(水草)에 덮인 못(沼).

tremendamente *adv.* 무섭게. 무시무시하게. 전율할 정도로. 맹렬하게.

tremendo *a.* ①무서운. 무시무시한. 전율케 하는. 공구(恐懼)할 만한. ②엄청난. 거창한. 굉장한. 놀랄 만한. 맹렬한. 지독한.

tremente *a.* ①떠는. 덜덜 떠는. 전전긍긍하는. ②진동하는. 흔들리는. ③겁이 많은. 소심한.

tremer *v.t.* ①떨게 하다. 전율케 하다. ②흔들다. 진동(震動・振動)시키다.
— *v.i.* ①떨다. 덜덜 떨다. 전율하다. 전전긍긍(戰戰兢兢)하다. ②(추위로) 후들후들 떨다. ③(음성이) 떨리다. 전음(顫音)을 내다. ④(나무잎・깃발・지면 따위가) 흔들다. 흔들리다.
tremer de mêdo 무서워 떨다.
tremer de frio 추워서 떨다.

tremês *a.* 삼개월(三個月) 계속하는. 석달이면 되는. [植] 3개월이면 맺는(익는).

tremesinho *a.* = *tremês.*

tremidamente *adv.* 덜덜 떨며. 후들후들 떨며. 진동하여.

tremido (1) *a.* 의심스러운. 수상한. 미타한. 위험한. 모험적인.
— (2) *a.* ①떠는. 떨고 있는. 전율하는. ②동요하는. 불안정(不安定)한.
letra tremida 떨리는 손으로 쓴 글. 자획(字劃)이 삐뚤삐뚤한 글.
— *m.* ①떨림. 전율(戰慄). 진동(震動・振動). ②파상선(波狀線).

tremó *m.* ①[建] 창 사이벽(창문과 창문 사이의 벽). ②체경(體鏡). 《英》*pier-glass.*

tremoçada *f.* 많은 루핀. 다량의 루핀. 다량의 루핀 종자.

tremoçal *m.* [植] 루핀이 많이 난 곳. 루핀밭.

tremoçar *v.t.* 루핀 씨를 뿌리다(흩뿌리다).

tremoceira *f.* 루핀 종자를 파는 여자.

tremoceiro *m.* [植] 루핀(콩과).

tremôço *m.* (식물로서의) 루핀. 루핀 종자.

tremolar *v.t., v.i.* = *tremular.*

trêmolo *m.* (= *trêmulo*) [樂] 전음(顫音).

tremonha *f.* ①(가는 가루나 연료 따위를) 집어 넣는. 깔때기 목판. 자동식 파종기(播種器).

tremonhado *m.* 가는 가루(碾粉)가 떨어지는 곳 또는 빻아 내려오는 가루를 받는 통.

tremor *m.* ①떨림. 떠는 것. 전율. 전전긍긍. ②진동(震動・振動). ③(목소리의) 떨림. 떠는 소리. 전음(顫音). ④마음의 떨림. 겁. ⑤(기계실(室)・나무잎 등의) 미동(微動). 미진(微震). ⑥[醫] 진전(震顫). 진전마비(麻痺).
tremor de terra 지진(地震).

trempe *f.* ①철제삼각대(鐵製三脚臺). 삼각가(架). 삼발이. ②삼인조(三人組).

tremudar *v.i.* 《古》 = *transmudar.*

tremulação *f.* ①떨리기. 진동. 전율. 몸부림. 전동(顫動). ②(깃발 따위) 흔들리기. 휘날기. 펄럭거리기. ③파동.

tremulamente *adv.* ①떨며. 진동하며. 진동하여. ②흔들리며. 펄럭거리며. ③몸부림하며. 전율하여.

tremulante *a.* ①떠는. 덜덜 떠는. 전율하는. 몸부림치는. 진동하는. ②(깃발 따위) 흔들리는. 휘날리는. 펄럭거리는.

tremular *v.t.* ①떨게 하다. 진동시키다. ②(깃발 따위) 흔들다. 휘두르다. 휘날리다.
— *v.i.* ①떨다. 덜덜 떨다. 진동하다. ②가슴이 떨리다(겁나다). ③(깃발 따위) 펄럭거리다. 흔들리다.

tremulento *a.* = *tremulante.*

tremulina *f.* (수면(水面)・광선(光線) 등의) 파동(波動).

trêmulo *a.* ①떠는. 떨리는. 진동하는. 전전(震顫)하는. ②무서움에 떠는. 전율하는. ③동요하는. 파동치는. (나무잎・물 등이) 미동(微動)하는. (기계 따위) 미진(微震)하는. ④(깃발 따위) 흔들리는. 펄럭거리는. ⑤결정짓지 못하는. ⑥번쩍번쩍 빛나는.
— *m.* [樂] 전음(顫音). 떨리는 소리. 진음(震音).

tremuloso *a.* = *trêmulo.*

tremura *f.* ①흔들림. 떨림. 진동(震動). ②(등불 따위) 흔들리며 비치는 것. 흔들리는 등불.
tremuras (*pl.*) ①(갑자기 오는) 커다란 공포. 경악(驚愕). ②(심신의) 격통(激痛).

trena *f.* ①(머리칼을 묶는) 노끈. 리본. 댕기. ②팽이를 돌리는 끈.

trenador *a., m.* = *treinador.*

trenar *v.t.* = *treinar.*

treno (1) *m.* = *treinagem.*
— (2) *m.* ①비탄(悲嘆). 애도. ②비가(悲歌). 애가(哀歌). 만가(挽歌). 애가조의 시. 애가로 부르는 노래(의 소리).

trenó *m.* 썰매.
trenó duplo 두 대를 앞뒤로 연결한 썰매. 《英》*bob sleigh.*

trepa *f.* 《俗》①때림. 구타. ②막 꾸짖기. 막 야단치기. ③욕설. 혹평.

trepação *f.* ①욕하기. 조매(嘲罵). ②뒷소리. 험담. 중상. ③소문이야기. 세상공론.

trepada *f.* ①비탈. 오르막. ②높은 곳. 고소(高所).

trepadeira *a.* 기어올라가는. [植] 반연성(攀緣性)의.
— *f.* ①[植] 반연식물(포도덩굴·장미덩굴·담장덩굴 따위의 덩굴지는 식물). ②만초(蔓草). 넌출. ③《俗》 나팔꽃. ④[鳥] 나무줄기에 기어오르는 새(의 총칭). (특히) 나무발발이.

trepadeiro *a.* ①기어 오르는. 오르는. ②넌출지는.
vinho trepadeiro 머리에 오르는 술. 《英》 *heady wine*.

trepador *a.* 기어 올라가는. 기어 오르는. [植] 반연하는.
tlantas trepadoras 반연식물(攀緣植物). 만초(蔓草).
— *m.* 기어 올라가는 것. 반연성 식물.
trepadores (pl.) 반금조류(攀禽鳥類).

trepadouro *m.* 기어 올라가는 곳. 감겨 올라가는 곳.

trepanação *f.* [醫] (외과용) 천로추(穿顱錐)로 파기.

trepanar *v.t.* [醫] 천로추로 파다. (외과용) 둥근 톱으로 파다.

trépano *m.* ①[醫] 천로추(穿顱錐). (외과용) 둥근 톱. 자루 달린 둥근 톱. ②천로술(穿顱術).

trepante *a.* 기어 올라가는. [紋] (동물이) 기어 올라가는 자세를 취한.

trepar (1) *v.t., v.i.* ①(나무 따위에) 기어 오르다. [植] 감겨 올라가다. (담벽 따위에) 기어오르다. 반연하다. ②(사다리를 타고) 올라가다. ③승진(昇進)하다. 출세하다.
trepar numa arvore 나무에 기어 올라가다.
— (2) *v.t.* 《俗》(…을) 욕하다. 조매(嘲罵)하다. 비웃으며 꾸짓다.

trepidação *f.* ①(몸을) 떨기. 전율(戰慄). (마음의) 떨림. 동요. 당황. ③진동(震動). ④(수족·근육의) 심한 경련. 떨기.

trepidamente *adv.* 떨며. 전율하여.

trepidante *a.* ①무서워 떠는. 전율하는. 진동하는. ②(마음이) 떨리는. 몹시 동요하는. ③(음성이) 떨리는. 전음(顫音)을 내는.

trepidar *v.i.* ①무서워 떨다. 덜덜 떨다. 전율하다. 전전긍긍하다. ②(마음이) 떨리다. 겁나다. ③(수족·근육 등이) 몹시 경련하다. 떨다. 온몸이 들먹거리다. ④망서리다. 주저하다.

trepidez *f.* 전율(하는 모양). 전전긍긍(하는 상태).

trépido *a.* ①무서워 떠는. (공포에) 전율하는. 전전긍긍하는. 겁많은. 소심한.

tréplica *f.* 삼답(三答). 답변에 대한 답변. [法] 제삼변박(第三辯駁).

treplicar *v.t., v.i.* 답변에 대한 답변을 하다. 재삼(再三) 답변을 하다. [法] 제삼변박(第三辯駁)을 하다.

treponema *m.* [蟲] 추충(錐虫)류의 일종.

treponemiase *f.* [醫] 추충병(錐蟲病)(추충이 적혈구(赤血球)를 파괴함으로 생기는 병).

três *a.* 셋의. 삼(三)의. 제삼의. 세 번째의.
três vezes 세 번. 삼회.
três quartos 4분의 3의. [寫] 반신상(半身像)의. 얼굴의 4분의 3을 보이는.
três por cento 3퍼센트.
três dias 삼일 3일간.
dia três (달의) 제3일.
No dia três haverá festa. 초(初)삼일에 연회기 있을 것이다.
A festa durou trás dias. 연회는(축연은) 3일간 계속했다.
composto de três côres 세 색깔(三色)로 된.
navio de três mastros 세 돛 있는 배.
2 é bom 3 é demais 둘이면 알맞고 셋이면 너무 많다. (三角關係는 번잡의 원인이란 뜻도 됨).
— *m.* 셋(3)이라는 수. 3개. 3점. 3인 (등).

tresandante *a.* 뒤로 물러가는(가게 하는). 역행(逆行)하는(시키는).

tresandar *v.t.* ①뒤로 물러가게 하다. 후퇴시키다. 역행시키다. ②착란(錯亂)케 하다. ③나쁜 냄새(악취)로 코를 못 들게 하다.
— *v.i.* 나쁜 냄새를 풍기다. 악취를 내다. (注意) *três andares* (3층)와 혼동말 것.

tresanteontem *adv. m.* (=*trasanteontem*) 그끄제(3일전). 그끄저께.

tresavó *f.* =*trisavo*.
tresavô *m.* =*trisavo*.
trescalante *a.* (나쁜) 냄새를 풍기는. 악취를 내는.
trescalar *v.i.*, *v.t.* (나쁜) 냄새를 풍기다. 악취를 내다. (나쁜) 냄새를 맡게 하다.
tresdobrado *a.* 세곱의. 삼배(三倍)의. 세겹의. 삼중(三重)의.
tresdobradura *f.* 세곱하기. 세겹하기.
tresdobrar *v.t.* 세 곱(세겹)하다.
— *v.i.* 세 곱(세겹)이 되다.
tresdôbre *a.* 세 곱의. 세 겹의. 세 가지의. 세 가지 효과를 내는.
tresdôbro *m.* 세 곱. 삼 배. 세 곱의 양(量).
tresfolegar, tresfolgar *v.i.* 숨차다. 숨이 가쁘다. 헐떡거리다.
tresfoliar *v.i.* 몹시 희롱하다. 대단히 유흥하다.
tresgastar *v.t.* 막 쓰다. 물쓰듯이 쓰다. 아주 낭비하다.
tresler *v.i.* ①너무 많이 읽다. 과도하게 독서하다. ②지나친 독서로(정신이 혼돈되어) 이해력을 잃다. ③거꾸로 읽다. 틀리게 읽다. 잘못 읽다.
tresloucadament *adv.* 미쳐서. 광란(狂亂)하여. 광태(狂態)를 연출하여. 연출하여.
tresloucado *a.* 정신착란(錯亂)한. 정신없는. 미친. 난심(亂心)한.
— *m.* 정신착락을 일으킨 사람. 미친 사람. 광인.
tresloucar *v.t.* ①정신을 혼돈시키다. 착란(錯亂)케 하다. ②미치게 하다. 발광(發狂)시키다.
— *v.i.* 정신착란하다. 미치다. 발광하다.
tresmalhado *a.* ①무리를 떠난. 떼어서 이탈한. ②(물고기 따위) 그물 속에서 빠져나간. 도망간. 자취를 감춘. ③이산(離散)한. 흐트러진. ④방향을 잃은. 갈 곳을 모르는.
tresmalhar *v.t.* ①놓치다. ②빠져 나가게 하다. ③흐트리다. 이산(離散)시키다.
— *v.i.* ①무리를 떠나다. 떼에서 이탈하다. ②(물고기 따위 그물눈을) 빠져 나가다. 도망가다. ③뿔뿔이 흩어지다. 사산(四散)하다. ④방향을 잃다. 갈 곳을 모르다.
tresmalho (1) *m.* (어로용(漁撈用)의) 세 겹 그물(가운데 그물이 제일 크고 눈이 작은 것). 삼단망(三段網).
— (2) *m.* ①무리(떼)에서 이탈하기. ②탈주(脫走). (특히 물고기가) 그물눈을 빠져나가기.

tresmudar *v.t.* 《古》 =*transmudar*.
tresneta *f.* =*trineta*.
tresneto *m.* =*trineto*.
tresnoitar *v.i.* 온 밤을 자지 않고 보내다. 밤을 새다. 철야(徹夜)하다.
— *v.t.* (밤에) 자지 못하게 하다. 밤을 새게 하다.
tresnoutar *v.i.* 《古》 =*tresnoitar*.
treso *a.* 심술궂은. 마음보가 나쁜. 악심(惡心) 있는. 근성이 나쁜.
trespassar *v.t.* =*traspassar*.
trespasse *m.* =*traspasse*.
trespor *v.t.* =*transplantar*.
tressuante, tresuante *a.* 땀을 많이 흘리는. 땀을 뻘뻘 흘리는.
tressuar, tresuar *v.i.* 땀을 많이 흘리다(뻘뻘 흘리다).
trestampar *v.i.* 되는대로 이야기하다. 얼빠진 소리를 하다. 얼토당토않는 말을 하다.
tresvariado *a.* ①정신착란한. 제정신이 없는. 미친. 노망한 ②정신없이 지껄이는. 헛소리하는.
tresvariar *v.a.* ①정신착란(精神錯亂)을 일으키다. ②본정신을 잃다. ③노망하다. 헛소리하다. ④(…에) 너무 열중하다. (…에) 미치다.
tresvario *m.* 일시적 정신착란. 실신상태. ②노망. ③미침. 발광. ④헛소리하기. 얼토당토않은 이야기를 하기.
tresvoltear *v.t.* ①세 번 돌게 하다. 3회전시키다. ②여러 번 돌게 하다. 몇 번이고 돌게 하다.
treta *f.* ①(씨름·검술(劍術) 등에 있어서의) 트릭. 묘책. 속임수. ②계교. 간교. 간계(奸計). ③《俗》 지껄이기. 지절대기.
treva *f.* (흔히 복수로 씀). ①빛이 없음. 어두움. 암흑. ②《俗》 무지(無知). 무지몽매(無知蒙昧). 무지각(沒覺). ③[宗] 야과(夜課).
trevas *f.*(*pl.*) 암흑(暗黑). 무지(無知).
região das trevas 지옥(地獄).
príncipe das trevas 악마.
nas trevas 어두움 속에서. 은밀히.
ao cair das trevas 해지고 어두울 무렵. 해가 지고 어둑어둑할 때.

trevagem *f*. [植] 자주개자리의 일종.
trevo *m*. [植] 토끼풀. 클로버. 거여목.
—se *v.pr*. (물고기가) 어망을 뚫고 도망가다. 흩어지다.
trevo branco 흰토끼풀.
trevo dos prados 붉은 토끼풀.
trevoso *a*. ①어둑어둑한. 어두운. 캄캄한. 암흑의. ②음침한. 침울한. 우울한.
treze *a*. 열셋의. 13의.
— *m*. 열셋. 13. 13개. 13일.《轉》빵장수의 한 타스.
trezena *f*. 열셋으로 한 벌이(한 조가) 된 것. 13일간.
trezênio *m*. 13년간.
trezeno *a*. 열 세번째의. 제13의.
trezentos *a*. 삼백의. 300의.
triacido *a*. [化] 삼가원소.
triada, tríade *f*. 세 쌍. 세 사람 한 패. 삼인조. 세 개 한 벌. [化] 삼가원소(三價元素). [樂] 삼화음(三和音).
triadico *a*. =*triasico*.
triaga *f*. =*teriaga*.
triandria *f*. [植] 삼웅예강(三雄蕊綱).
triandrico, triandrio, triandro *a*. [植] 세 개의 수술이 있는. 삼웅예화(花)의.
triangulação *f*. ①삼각형을 이룸. 삼각형으로 나누기. ②삼각측량.
triangulado *a*. 세모꼴을 한. 삼각형을 이룬.
triangular (1) *a*. ①삼각의. 삼각형의. ②삼각관계의.
— (2) *m*. [解] 삼각근(三角筋).
— (3) *v.t*. ①삼각으로 하다. ②삼각형으로 나누다. ③삼각측량을 하다.
triangularmente *adv*. 세모꼴로. 삼각형으로.
triângulo *m*. ①[幾] 삼각형. ②삼각형의 물건. 삼각형의 지형. ③삼각자. ④[樂] 삼각형의 금속성 타악기. ⑤[海] 삼원재(三圓材) 기중기. ⑥[天] 삼각좌(三角座). ⑦삼각관계.
triângulo acutânglo 예각삼각형.
triângulo curvilíneo 모가 곡선으로 된 각(角).
triângulo eqüilátero 이등변삼각형.
triarquia *f*. ①3인 정치. 삼두(三頭) 정치. ②삼국 연합.
triárticulado *a*. [動·蟲] 세 개의 관절(關節)이 있는.
trias *m*. [地質] 삼첩기(三疊紀)·층(層).

triasico *a*. [地質] 삼첩기의.
triatomicidade *f*. [化] 삼원자성(三原子性).
triatómico *a*. [化] 삼원자의.
tribade *f*. 동성음행(同性淫行)하는 여자.
tribadia *f*. =*tribadismo*.
— *m*. 여성 간의 동성음행.
tribal *a*. 종족의. 부락의.
tribasicidade *f*. [化] 삼염기성(三鹽基性)
tribásico *a*. [化] 삼염기의.
tribo *f*. ①종족. 부족. 만족(蠻族). …족. ②[生物] 족. ③[로마史] 부족(최초에 3. 후에 30. 또한 35로 된). ④《輕蔑》패거리. 또래. 도당. 무리.
tribofar *v.i*. (경마·노름 등에 있어서) 부정한 수단을 쓰다. 교활한 수법을 쓰다.
tribofe *m*. (특히 경마에 있어서의) 부정수단. 교활한 수법.
tribofeiro *m*. ①부정수단을 쓰는 자. 교활한 수법을 쓰는 자. ②사기꾼. 나쁜 놈.
tribometria *f*. 마찰(摩擦)측정법.
tribométrico *a*. 마찰측정법의. 마찰계의.
tribometro *m*. 마찰계(摩擦計).
tribracho *m*.《古》=*tribraco*.
tribraco, tribreve *m*. [韻] 삼단절음보(三短節音步). 단단단격(短短短格) [⌣⌣⌣].
tribu *f*. =*tribo*.
tribuir *v.i*.《古》=*contribuir*.
tribul *a*. 같은 종족(부족)의. 같은 종족(부족)에 속하는.
tribulação *f*. ①간난(艱難). 재난. 시련. ②역경(逆境). 화환(禍患).
tribuna *f*. ①*basilica*(옛 로마 교회당) 내의 한층 높은 단. 법관석.《轉》(*basilica*식 교회의) 감독석. 사교좌(司教座). ②높은 자리. (특히 프랑스 하원의) 연단. 강단. ③(교회의) 신자석. (의회의) 특별방청석. (경마장·축구경기장 등의) 관람석. ④*tribuno*의 여성형.
tribunado *m*. ①(옛 로마) 호민관(護民官). 그의 직 또는 직권. ②인민의 보호자. 민중편을 드는 사람.
tribunal *m*. ①법정. 재판소. 판사석.《古》법관석. ②[集合的] 사법관(司法官). ③《轉》(세론의) 심판.
tribunal do distrito 지방법원.
tribunal superior 고등법원. 상급재판소.
tribunal supremo 최고 재판소. 대법원.
tribunal de apelação 공소원(控訴院).
tribunato *m*. =*tribunado*.

tribuneca *f.* 《輕蔑》재판소.

tribunício *a.* ①(옛 로마) 호민관의. 호민관다운. ②민중의 편을 드는. 민중을 선동하는(농락하는).

tribuno *m.* ①(옛 로마) 호민관(護民官: 평민의 권리·재산·이익을 옹호하던). ②민권옹호론자. 민주주의론자. ③민중을 선동하는 자(煽民家).

tributação *f.* ①공물(貢物)을 바치기. 조공(朝貢)하기. ②조세(租稅). 세제(稅制). ③공물을 바칠 의무. 납세의 의무. ④(국가에) 공헌하기.

tributal *a.* ①공물의. 조공의. ②조세의. 과세의.

tributando *a.* ①공물을 바치는. 조공하는. ②납세하는. ②공물을 바칠 의무가 있는. 과세된.

tributar *v.t.* ①공물을 바치게 하다. 조공하게 하다. ②세금을 내게 하다. (물품에) 세금을 붙이다. 과세(課稅)하다. ③(…에) 공헌하다.
— *se v.pr.* ①공물을 바치게 되다. 세금을 내게 되다. ②납세자(納稅者)가 되다.

tributário *a.* ①구실을 바치는. 공물을 바치는. ②공물로 바치는.《比喩》공물같은. 공헌하는. ③조세를 부담하는. 납세하는. ④지류(支流)의. 회류(會流)의.
— *m.* ①공물을 바치는 사람(나라). 속국. ②지류.

tributável *a.* 공물을 내야 할. 구실(세금)을 바쳐야 할. 과세할 만한.

tributeiro *m.* 공물을 받아들이는 관리. 징세리(徵稅吏). 수세관리(收稅官吏).

tributo *m.* ①공물(貢物). 조공. 구실. 세. 공물을 바칠 의무. ②과세(課稅). 조세. ③보수(報酬). 대상(代償).
tributo de sangue 혈세(血稅) (兵役을 뜻함).

trica *f.* ①재담. 모호한 말(말씨). 핑계. 궤변. ②소송사건에 대한 교활한 수단. 간책(奸策). 음모. ③문제가 되지 않는 일. 사소한 일.

tricampeão *f.* 3차 계속 선수권 보지(保持). 삼중선수권.

tricana *f.* 일종의 거칠은 모직물. 그것으로 해입은 시골 여자의 속치마.《轉》시골 여자. 시골 처녀.

tricefalo *a.* 세 개의 머리 있는. 삼두(三頭)의.

tricelular *a.* [植] 세 개의 포(胞)가 있는. 세 개의 방(房)이 있는. 삼방(三房)의.

tricenal *a.* 30년 계속하는.

tricentenário *a.* 300년의. 300년제의.
— *m.* 삼백년제(三百年祭).

tricentésimo *a.* (= *trecentésimo*). 300번째의. 제삼백의. 300분의 1의.

tricesimo *a.* = *trigesimo*.

triciclo *m.* 세바퀴 자전거. 세바퀴 오토바이. 삼륜장치(三輪裝置).

tricípite, tricipital *a.*《詩》머리가 셋 있는. 삼두(三頭)의. [解] 삼두근의.
— *m.* [解] 삼두근(三頭筋).

triclínio *m.* (옛 로마) 3면에 긴 안락의자를 둘러 놓은 식탁. 그 식탁이 있는 식당.

tricô *m.*《F》①털실의 편물. 기계로 뜬 그 모조품. ②그 옷(저고리). ③이랑 모양으로 짠 피륙의 일종(부인복 옷감).

tricoide *a.* 털같은. 모발상(毛髮狀)의.

tricologia *f.* 모발학(毛髮學).

tricologista *m.f.* 모발학자.

tricolor *a.* 세 가지 색깔이 있는. 삼색의.

tricoloreo *a.* = *tricolor*.

tricoma *m.* [醫] 규발병(糾髮病).

tricorde *a.* 줄이 셋 있는.
— *m.* 줄이 셋 있는 악기. 삼현금(三絃琴).

tricorne *a.* 뿔이 셋 있는. 세 개의 각상돌기(角狀凸起)가 있는. 세 개의 뾰족한 머리(三尖頭)가 있는.

tricórnio *m.* (성직자가 쓰는) 삼각모(三角帽).

tricorpóreo *a.* 세 개의 몸이 있는. 일두삼체(一頭三體)의.

tricotar *v.t.* ①*tricô*를 만들다(뜨다. 짜다). ②뜨개질하다.

tricotomia *f.* 삼분(三分)(법). [論] 삼단법(三段法). [神] 인성(人性)삼분법(육체·정신·영혼으로 나누는).

tricotómico *a.* 삼분(법)의. 삼단법의.

tricuspidal *a.* = *tricuspide*.

tricuspide *a.* (이(齒) 따위) 세 개의 뾰족한 끝이 있는. [解] 삼첨(三尖)의. [植] 삼첨두(三尖頭)의.
valvula tricuspide [解] 삼첨판(三尖瓣).

tridáctilo, tridátilo *a.* [動] 세 개의 손(발)가락이 있는. 삼지(三指·三趾)의.

tridentado *a.* ①이가 셋 있는. 삼치(三齒)의. 세 갈래의. 삼차(三叉)의.

tridente *m.* ①삼지창(三枝槍)(바다의 신 *Poseidon*의 표징). 제해권. ②세 갈래

난 작살. ③[幾] 삼차곡선(三叉曲線). ④《詩》해신(海神). ⑤《詩》바다.
— *a.* ①이가 셋 있는. ②세 갈래 진. 세 가닥 난. 삼차(三叉)의.

triduano *a.* 3일 간의. 3일 계속하는.
tríduo *m.* 3일간. [宗] 3일 간의 제(祭).
triedro *a.* 면(面)이 셋 있는. 삼면(三面)의. 삼릉(三稜)의.
  angulo triedro 삼각각(角).
trienado *a.* = *triénio*.
trienal *a.* 3년 계속하는. 3년마다의. 삼년임기(任期)의. [植] 삼년생의. 파종 후 삼년이 지나 열매를 맺는. 매 3년마다 열리는.
triénio *m.* 3년간(의 기한 또는 임기).
trierarca, trierarco *m.* [옛 그리스] 삼층으로 노가 달린 배(*trireme*)의 선장.
trifacial *a.* [解] 삼차(三叉)의. 삼차신경의.
  nervo trifacial 삼차신경.
  — *m.* [解] 삼차신경.
trifásico *a.* [電] 삼상(三相)의. 삼상식(式)의.
  motor trifásico 삼상식 발동기.
  corrente trifásica 삼상 전류(電流).
trifauce *a.* 인후(咽喉)가 셋이 있는. 세 개의 입이 있는. 삼구(三口)의.
trífido *a.* 셋으로 분열된. 삼렬(三裂)의.
trifloro *a.* [植·詩] 세 송이의 꽃이 있는. 세 송이의 꽃이 피는. 삼화(三花)의.
trifoliado *a.* [植] 세 개의 잎이 있는. 삼엽(三葉)의.
trifolio *m.* ①[植] 세 갈래진 잎사귀. 작은 잎이 셋 있는 잎사귀. 삼편상엽(三片狀葉). 토끼풀. 클로버. [= *trevo*]. ②[建] 삼엽형(三葉形). 삼판(三瓣).
trifório *m.* [建] 교회 입구의 아치와 지붕 사이의 홍예복도.
triforme *a.* 세 가지 모양의. 삼형(三形) 의. 삼체의. 삼부로 된.
triftongo *m.* [文] 삼중음(三重音).
trifurcação *f.* 세 갈래(三岐)로 나눔. 세 가닥(三叉)으로 됨.
trifurcado *a.* 세 갈래(세 가닥)으로 나뉜. 삼차가 된.
trifurcar *v.t.* 세 갈래(세 가닥)으로 하다. 삼차(三叉)로 하다.
  —*se v.pr.* 세 갈래(세 가닥)으로 나뉘어지다. 삼차로 되다.
triga (1) *f.* 세 필의 말이 끄는 마차.
  — (2) *f.* 서두르기. 분주히 돌아가기. 황급. 급거.

trigado *a.* 밀 빛깔을 한. 맥색(麥色)의.
trigal *m.* [植] 밀밭.
trigamia *f.* 일부삼처(一夫三妻). 일처삼부(一妻三夫). 삼중 결혼. 세 번 결혼(두 번째까지의 배필자가 아직 생존해 있는 데 하는).
trigamilha *f.* 밀가루와 옥수수 가루를 섞어 만든 빵.
trígamo *a.* ①세 사람의 처 또는 남편이 있는. 삼중 결혼의. ②[植] (수꽃·암꽃·암수꽃의) 세 가지 꽃이 있는.
  — *m.* 세 사람의 처(남편) 있는 사람. 삼중 결혼자.
trigar-se *v.pr.* 서두르다. 급해지다. 조급하다. 바삐 돌아가다. 재촉하다.
trigêmeo, trigêmio *m.*, *a.* ①세 쌍둥이(의). 삼태(三胎)(의). ②세 개 한 벌(의). ③[解] 삼차(三叉)의.
  nervo trigêmeo 삼차신경.
trigemino *a.* 세 쌍둥이 중의 하나의. 셋으로 나뉜. 삼중(三重)의.
trigésimo *a.* 서른 번째의. 제삼십의. 30분의 1의.
  — *m.* 제30. 30분의 1.
triginia *f.* [植] 세 개의 암술이 있음. 삼자예성(三雌蕊性).
triginio, trigino *a.* [植] 세 개의 암술이 있는. 삼자예의.
trigla, tríglida *f.* [魚] 성대.
triglídeos *m.(pl.)* [魚] 성대류.
triglifo *m.* [建] 세로 세 줄기 있는 그림 무늬.
triglo *m.* [魚] 성대.
triglota *a.* 삼개 국어로 쓴. 삼국말 하는.
  — *m.* 삼국어를 하는 사람.
triglotismo *m.* 삼개 국어로 되는 조성어(組成語)·조성구(組成句).
trigloto *a.*, *m.* = *triglota*.
triglumo *a.* [植] 세 개의 영포가 있는. 삼영포(三穎包)의.
trigo *m.* ①[植] 밀. 참밀. 소맥(小麥). ②곡식.
  trigo candeal 가을밀(가을에 심어서 이듬해 봄(여름)에 익는 밀).
  trigo mourisco 메밀.
  trigo moído 갈은 밀. 찧은 밀.
  farinha de trigo 밀가루.
trigonal *a.* [數] 삼각형의. [動·植] 절단면

trigonicorneo *a.* [蟲] 세모꼴 촉각(三角觸角)이 있는.

trígono *a.* 삼각의. 삼각형의.
— *m.* ①삼각형. ②[天] 두 별의 위치가 120도의 간격을 지어 있는 것. ③[占星] 삼분지일 대좌(對座). 삼궁(12궁중의 삼궁을 일단으로 한 것). ③(해시계용의) 삼각기(三角機). ④(옛 그리스) 삼각금(三角琴).

trigonocéfalia *f.* 삼각형의 머리가 있음. 머리가 삼각형임.

trigonocéfalo *a.* 삼각형의 머리가 있는. 머리가 삼각형인.
— *m.* ①삼각형의 머리가 있는 동물(특히 뱀). ②뱀의 일종.

trigonometria *f.* [數] 삼각법. 삼각술(三角術).
trigonometria retilínea 평면 삼각법.
trigonometria esférica 구면(球面) 삼각법.

trigonometricamente *adv.* 삼각법에 의하여.

trigonométrico *a.* 삼각법의. 삼각술의. 삼각법에 의한.
função trigonométrica. 삼각함수(函數).

trigosamente *adv.* 급히. 황급히. 서두르며. 창황하게.

trigoso *a.* 급한. 황급한. 창황(倉皇)한.

trigrama *m.* 세 글자 한 음. 삼중음자(三重音字).

trigueirão (1) *a.* 진한 밀빛깔의. 진한 황갈색의.
— (2) *m.* [鳥] 멧새의 일종.

trigueiro *a.* ①밀 빛깔의. 황갈색(黃褐色)의. ②(얼굴이) 거무스레한. 까무잡잡한.
— *m.* ①멧새속(屬)의 작은 새. ②황갈색 사람. 살갗이 거무스름하고 머리털과 눈이 고등색의 사람. 《英》 brunet.

triguenho *a.* 밀의. 소맥의. 밀같은. 밀비슷한. 밀 색깔을 띤. 밀 색깔같은.

trijugado *a.* [植] 세 쌍의 작은 잎이 있는.

trilado *a.* 떨리는 소리를 낸. 떨리는 소리로 노래 부른(부르는).
— *m.* 떨리는 소리. 전음(顫音). (새가) 지저귀는 소리.

trilar *v.i., v.t.* ①떨리는 소리를 내다. 전음을 내다. 떨리는 소리로 노래 부르다. ②혀를 굴려 RR 발음을 하다. ③(새가) 지저귀다.

trilateral, trilátero *a.* [幾] 삼변(三邊)의. 삼면(三面)의. 세 사람(삼방)에 관계 있는.
— *m.* 삼변형. 삼면(三面).

trilema *m.* [論] 삼도논법(三刀論法).

trilha (1) *f.* ①지나간 자취. 발자국. 차바퀴 자국. 철(轍). ②밟고 지나가는 지나간 길. ③갈 방향의 길. 진로. 행로(行路).
— (2) *f.* 찧기. 빻기. 바수기. (도리깨 따위로) 뚜드리기. 타곡(打穀).

trilhada *f.* =*trilha* (1). (2).

trilhado (1) *a.* ①밟고 지나간. (길을) 답개(踏開)한. ②항로(航路)가 열린. ③(자주 오(가)는 탓으로) 길을 다 아는. 다 알려진. 주지(周知)한. ④경험을 쌓은.
caminho trilhado (사람이) 지나간 길. 답개된 길.
— (2) *a.* (도리깨 따위로) 뚜드린. 때린. 타곡한. 찧은. 빻은. 바순.

trilhador *a.* ①(곡식을) 뚜드리는. 도리질하는. 타곡하는. 타곡용(打穀用)의. ②찧는. 바수는.
— *m.* (곡식을) 뚜드리는 사람. 뚜드리는 도구. 도리깨. 타곡기(打穀機).

trilhadura *f.* =*trilhamento*.
— *m.* ①(도리깨 따위로) 뚜드리기. (타곡기로) 타곡하기. ②짓밟기. 밟아 부수기. 찧기. 빻기.

trilhão *m., a.* 일조(一兆). 1,000,000,000,000. 《葡·美·佛》 백만의 제곱. 《英》 백만의 세제곱.

trilhar *v.t.* ①(도리깨 따위로) 뚜드리다. 뚜드려(낟알을) 떨다. 타곡하다. ②바수다. 밟아서 바수다. 찧다.
— *v.i.* ①밟고 지나가다. 발자국을 내다. ②늘 다니던 길을 밟아가다. 상궤(常軌)를 따라가다. ③일상적으로 다니던 길을 빈번히 지나가다. ④(배가) 항로를 따라가다.

trilho (1) *m.* ①곡식을 뚜드리는 도구. 타곡기(打穀機). ②버터 만들 때 휘젓는 막대기. 교유봉(攪乳棒).
— (2) *m.* ①(철도의) 선로(線路). 궤도. 레일. ②상도(常道). 상규(常規).

trilião *m.* =*trilhão*.

trilice *a.* [織物] 세로 세 실(經絲三線)로 되는.

trilingüe *a.* 삼개 국어로 쓴. 삼개국 말을 하는. 삼개 국어의.

trilio *m.* [植] 연령초(延齡草).

triliteral, trilitero *a.* [文] 석 자의. 삼 자(三字)의. 석 자로 된.

trilo *m.* ①떠는 소리. 떨리는 소리. [音] 전음(顫音). ②(새의) 지저귀는 소리.

trilobado *a.* ①[植] 세 갈래로 찢어진. ②[生物] 세 개의 작은 잎(三小葉)으로 나누어진. ③[建] 삼엽형(三葉形)의.

trilobites *f.(pl.)* [古生] 삼엽충(三葉蟲)(옛 節足動物).

trilobulado *a.* [生物] 세 개의 작은 잎사귀로 나뉘어 있는.

trilocular *a.* [解·植] 방이 셋 있는. 삼방(三房)의. 삼실(三室)의. 구멍이 셋 있는. 삼와(三窩)의.

trilogia *f.* ①(옛 그리스) 삼부극. 삼부비극(三部悲劇). 삼부곡. 삼부소설. ②《詩》삼부작. ③세 계단으로 된 것.

trilógico *a.* 삼부(비)극의. 삼부작의.

trilogo *m.* 삼인대화(三人對話).

trimensal *a.* 3개월의. 3개월 동안의.

trimero *a.* 세 부분으로 나뉘어 있는. 삼부로 된.

trimeros *m.(pl.)* 삼관절충류(三關節蟲類).

trimestral *a.* 3개월의. 석 달 동안의. 삼개월분의. 석 달에 한 번 있는. 석 달마다의.

trimestralmente *adv.* 3개월마다. 석 달에 한 번.

trimestre *m.* 3개월간. 석 달 동안. 3개월분의 지불액(또는 영수액).
— *a.* 3개월 간의. 석 달 동안의.

trimétrico *a.* [韻] 삼음격(三音格)의.

trimetro *m., a.* [韻] 삼음격의 시(詩). 삼음격 시구(詩句).

trinado *m.* ①[音] 전음(顫音). 떨리는 소리. ②(새가) 지저귀는 소리.

trinar *v.t., v.i.* 떨리는 소리를 내다. 전음을 내다. 떨리는 소리로 노래 부르다. (새가) 지저귀다.

trinca (1) *f.* (같은 것의) 세 개 한 벌(한 조). (트럼프) (같은 종류의) 카드 석 장(三枚).
— (2) *f.* [海] 배를 비끄러매는 밧줄. 결주색(結駐索).

trincado (1) *a.* ①이빨로(물어) 끊은. 깨물어 끊은. 찢은. 자끈 쪼갠. ②교활한. 엉큼한.
— (2) *a.* 결주색(結駐索)으로 비끄러맨.

trincadura *f.* 깨물기. 깨물어 끊기. 찢기. 쪼개기. 금가게 하기.

trinca-espinhas *m.* ①콩나무의 지주(支柱). ②키크고 쇠약한 사람.

trincafiar *v.t.* ①구두 깁는 실(靴縫絲)로 깁다. ②가는 노끈으로 동여매다(비끄러매다). ③《俗》포박하다. 체포하다.

trincafio *m.* ①구두 깁는 실. ②(배에서 쓰는) 가는 노끈. 가는 밧줄. ③계략. 계책. 계교(計巧). 교활한 수단.

trincanizes *m.* [造船] (갑판의) 배수구. 물 나가는 구멍. 배수관.

trinca-nozes *m.* [鳥] 붉은 잣새.

trincar (1) *v.i., v.t.* ①아삭아삭(우둑우둑) 깨물다. 깨무는 소리를 내다. 깨물어 끊다. 깨물어 부수다. ②《俗》깨물어 먹다. 쏠다. 썰다.
—se *v.pr.* 이를 갈다. 절치(切齒)하다. 몹시 노하다. 격노하다. 대노(大怒)하다.
— (2) *v.t.* [海] 결주색(結駐索)으로 비끌어 매다. 결속(結束)하다.

trincha *f.* ①[木工] 자귀. 일종의 손도끼. ②(자귀 따위로) 찍어낸 조각. 깎아낸 조각. 잘라낸 조각. ③넓적한 솔. 페인트 따위를 칠하는 솔.

trinchado *a.* ①(고기를) 베어낸. 잘라낸. ②(자귀 따위로) 찍은. 찍어낸. ③나무를 판. 조각한.

trinchador *a., m.* ①고기 베는 사람. 고기 베는 칼. ②(자귀·손도끼 따위로) 나무를 파는 사람. 찍어내는 사람. 조각사.

trinchante *a.* (고기를) 베는. 베어내는.
— *m.* (식탁에서 쓰는) 고기 베는 칼. 고기 베는 사람.

trinchão *m.* ①고기 베는 사람. 고기 베는 큰 칼. ②베어낸 큰 고깃덩어리.

trinchar *v.t.* (식탁에서) 고기를 베다.

trincheira *f.* ①[軍] 참호(塹壕). …호. ②흉장(胸墻). 나지막한 담장. ③(깊은) 도랑. 해자(垓字). ④(투우장(鬪牛場)·축구장 등의) 층층으로 된 관람석.

trinchete *m.* (화공용(靴工用)의) 가죽 가는 칼.

trincho *m.* ①(네모진 또는 둥근) 목판. 쟁반; 벤 고기를 담는 그릇. ②고기 베기. 베어내는 방법. ③(치즈 만들 때) 응유(凝乳)를 압착하는 궤판(簣板). ④쉬운 해결

방법. 간단한 수단.
trinco *m.* ①작은 걸쇠. 작은 빗장; 용수철 자물쇠. ②(손가락 끝을 다른 손가락 끝으로 튕기며 내는) 따닥따닥하는 소리.
trincolejar *v.i.* (동전이 뒤섞일 때 맞닿는) 째르릉째르릉하는 소리 나다.
trincolejo *m.* 째르릉째르릉하는 소리(동전이 뒤섞일 때의).
trincolhos-brincolhos *m.(pl.)* 장난감. 완구(玩具).
trindade *f.* ①[宗] 삼위일체(아버지이신 하나님. 하나님의 아들로서의 그리스도, 하나님의 영으로서의 성령을 일체로 보는); 삼위일체설. ②삼위일체의 상징. ③삼일교(三一敎). ④삼인조(三人組); 세 개 한 벌.
trinidades (*pl.*) ①도고기도(禱告祈禱). 가톨릭교에서 예수의 탄생을 기념하여 드리는 기도.《英》*angelus*. ②도고기도의.《英》*angelus-bell*. (교회에서 아침·낮·저녁으로 도고기도 시간을 알리는 종).
trinervado, trinerveo *a.* [植] 세 개의 엽맥(葉脈)이 있는.
trineta *f.* 현손녀(玄孫女). 손자의 손녀.
trineto *m.* 현손자. 손자의 손자.
trinitário *v.i.* (제비가) 짹짹 울다.
— *m.* (제비가) 짹짹 우는 소리.
trinitário *a.* ①[宗] 삼위일체(설)의. 삼위일체를 믿는. ②삼일교(三一敎)의.
— *m.* ①삼위일체 신자. ②삼일교의 수도사.
trinitrofénico *a.* [化] 피크린산(酸)의.
trino (1) *a.* 세 배의. 세 겹의; 세 층의. 삼분일대좌(三分一對座)의. ②[宗] 삼위일체의; 삼일교의. ③셋으로 되는. 세 개 한 벌의.
— (2) *m.* 떨리는 소리(顫音)로 노래부르기. (새가) 지저귀기.
trinomine *a.*《詩》세 가지 명칭이 있는.
trinômio *m.* ①[數] 삼항식(三項式). ②삼어(三語)로 된 이름.
— *a.* ①[數] 삼항(식)의. ②[動·植] 세 말(三語)로 된 이름의.
trinque *m.* ①기성복 진열대(臺). 기성복걸이(나뭇못 같은 것). ②아주 새것임. 아주 신품(新品)임. ③멋. 맵시.
andar no trinque 늘 멋진 옷차림을 하고 있다.

trinta *a.* 삼십의. 30의. 서른의. 서른살의.
dia trinta 30일(달의).
trinta dias 30일(날짜로서의). 30일 동안.
trinta anos 30년(세).
— *m.* 30이라는 수. 30개. 30명 (등).
trintanário *m.* 하인. 종; 마부; 추종자.
trintão *a.*, *m.* 서른 살 되는 (사람); 30대(代)의 사람.
trintar *v.i.*《俗》(나이) 서른에 이르다. 30세 되다.
trintario *m.* 죽은 사람을 위한 30일 간의 미사; 삼순공양(三旬供養).
trintaro *m.*《古》= *trintário*.
trintena *f.* ①30분의 1. ②서른(30)개 한 벌.
trintenário *a.* 30년(年)의.
trintona *f.* 30세(30대)의 여자.
trio *m.* ①[樂] 트리오. 삼부합주(창); 그 곡. ②세 사람 한 패; 세 개의 세트. 세 개 한 벌. 세 폭 한 벌.
trional *m.* 뜨리오날(睡眠劑).
triovulado *a.* [植·生物] 세 개의 배주(胚珠)가 있는
tripa *f.* ①(짐승 특히 식용수(食用獸)의) 장(腸). 창자.《俗》내장. 장부(臟腑). ②(사람의) 장부.
tripa vazia (빈 창자). 공복(空腹). 몹시 배가 고픔.
comer à tripa fôrra 배불리(실컷) 먹다.
tripagem *f.* (동물의) 내장. 창자.
tripalhada *f.* ①(먹지 못하여 버리는) 창자. 여러 가지 창자; 고기찌끼. ②부스러기. 보잘 것 없는 것.
triparia *f.* (식용수의) 내장을 파는 곳.
tripartição *f.* 세 부분으로 나누기. 삼분(三分)하기.
tripartido *a.* 셋으로 나눈. 삼부로 된. 삼분한. [植] 세 갈래로 깊이 쪼개진.
tripartir *v.t.* 세 부분으로 나누다. 삼분(三分)하다.
tripartível *a.* 세 부분으로 나눌 수 있는. 삼분할 수 있는.
tripé *m.* 삼각대(三脚臺). 삼각 탁자. 삼각이. 삼각가(三脚架).
tripeça *f.* ①다리가 셋 있는 의자(椅子). ②《轉》양화공(洋靴工)의 직(職). ③늘 짝지어 다니는 세 사람 패.
tripecinha *f.* 다리가 셋 있는 작은 의자.
tripeira *f.* (특히 소의) 창자를 파는 여자.
tripeiro *m.* 창자를(내장을) 파는 사람. 창

자 요리를 자주 먹는 사람.
tripes *m.*(*pl.*) [蟲] (벼의) 삽주벌레(害蟲).
tripétalo *m.* [植] 세 개의 꽃잎이 있는. 삼화판(三花瓣)의.
tripetrepe *adv.* 발끝으로 소리없이. 살금살금. 아주 얌전하게.
triplamente *adv.* 세 곱(세 겹)으로. 삼통(三通)으로.
triple *a.* 세 겹의. 세 곱의. 삼중(三重)의; 셋으로 되는.
tripleta *f.* 세 사람이 타는 자전거.
triplicação *f.* ①세 곱. 삼배(三倍). 세 겹(三重); 삼승(三乘). ②(서류 따위의) 세 통(三通). 삼통작성; ③세 가지 모양으로 만들기.
triplicadamente *adv.* 세 곱(세 겹)하여. (서류 따위) 세 통으로; 세 가지로.
triplicado *a.* 세 곱의. 세 겹의. 세 곱한. 세 겹한. 세 통 작성한. 세 가지 보양으로 된.
triplicar. *v.t.* 세 곱하다. 세 겹하다. (서류를) 세 통 작성하다.
— *v.i.*, — **se** *v.pr.* 세 곱(세 겹)이 되다. 세 가지 모양이 되다.
triplicata *f.* (작성된) 서류 세 통 중의 하나. 제삼등본(第三謄本).
em triplicata 세 통 작성하여. 세 통 서류로서.
tríplice *a.* ①세 곱의. 세 겹의; 세 가지의. 세 개로 되는. 세 개 한 벌의. ③[樂] 삼련음부(二連音符)의.
triplicidade *f.* ①세 곱. 삼배(三倍). 삼중(三重); 삼중성(性). ②세 개 한 벌. 세 폭 한 벌. ③[宗] 삼위일체.
triplinervado, triplinerveo, tripliner-voso *a.* [植] (잎의) 삼차맥(三叉脈)의.
triplo. 세 곱의. 삼 배의. 세 겹의. 삼중의. 셋으로 되는.
salto triplo 삼단도(三段跳).
— *m.* ①세 곱. 삼배. 세 겹. ②세 개 한 벌. 세 폭 한 벌. ③[樂] 삼연음부(三連音符).
tripó *m.* (삼각형(三角形)의 가죽을 씌운) 다리 셋 있는 의자(三脚椅子).
trípoda, trípode *f.* ①(옛 그리스) *Delphi*의 무녀자가 앉아서 신에게 빌던 세 발 솥; 그 모조품(*Pythian*)의 경기의 상으로 주었던. 《轉》 신탁(神託). ②삼각대(기구·탁자); 삼각가(三脚架).
tripodo *a.* 다리가 셋인. 세 개의 다리가 있는. 삼각(三脚)의; 정형(鼎形)의.
tripofago *a.* [動] 벌레를 먹는(먹고 사는).
tripoli *m.* [鑛] 트리펄리(석회암이 분해해서 된 것).
tripolino, tripolitano *a.* (북아프리카 *Libia* 나라의) *Tripoli*의.
— *m.* 트리폴리(*Tripoli*) 사람.
tríptico *m.* 석 장 계속된 것(그림)(병풍처럼 보통 연결되어 있고 좌·우측을 가운데로 접을 수 있음). 세 개 한 벌(의 조각). 《英》 *triptych*.
triptolemo *m.* [天] 쌍녀궁(雙女宮).
tripudiante *a.* ①발 구르며 춤추는. ②기뻐서 날뛰는. 작약(雀躍)하는.
tripudiar *v.i.* ①발 구르며 춤추다. 경쾌한 걸음으로 춤추다. ②기뻐 날뛰다. 환희작약하다. ③방탕(방일)해지다; 나쁜 습관에 젖다.
tripúdio *m.* ①발 구르며 춤추기. ②기뻐 날뜀. 작약(雀躍). ③방탕(放蕩). 유탕(遊湯); 나쁜 버릇. 나쁜 풍습.
tripulação *f.* (손님을 제외한 보트의) 승무원. 전부. (전체의) 선원·수부.
tripulante *m.* (배·비행기의) 승무원. 선원·수부.
— *a.* 선원의. 승무원의. 선원(승무원)에 속하는.
tripular *v.t.* 승무원(선원)을 태우다.
triquestroques *m.*(*pl.*) 말재롱. 재담. 동음이의(同音異義)의 말을 장난삼아 쓰기).
triquetraque *m.* ①일종의 꽃불. 폭죽(爆竹) 비슷한 꽃불. ②서양 주사위의 놀이. 러시아식 주사위.
triquetraz *m.* = *traquinas*.
triquetro *a.* [幾] 삼변(三邊)의. 삼면(三面)의. [數] 삼각형의. [動·植] 절단면이 삼각형을 이루는.
triquiase, triquiasis *f.* ①[醫] 첩모난생증(睫毛亂生症: 속눈썹이 안쪽으로 나서 안구(眼球)를 자극하는 증세). 모뇨증(毛尿症). ②유종(乳腫). 젖꼭지가 여러 갈래로 갈라지기.
triquina *f.* [蟲] 선모충(旋毛蟲)(돼지·인체·쥐 따위에 기생).
triquinado *a.* 선모충병에 걸린.
triquinose *f.* [醫] 선모충병(旋毛蟲病).
triquinoso *a.* = *triquinado*.
triquismo *m.* [外科] 선상골절(旋狀骨折).
trirradiado *a.* [光] 삼방사(三放射)의.

trirramoso *a.* [植] 가지가 셋 있는. 삼지(三枝)의.

trirregno *m.* ①로마 교황의 삼중관(三重冠).《轉》교황직; 교황의 직권; ②옛 페르샤 사람의 건.

trirreme *f.* (옛 그리스) 삼층으로 노가 달린 배.

trirretângulo *a.* 삼직각(三直角)의.

tris (1) *m.* (시계의) 찌르릉하는 소리.
— (2) *m.* = *triz*.

trisanual *a.* 삼년(三年) 계속하는. 삼년마다의. 3년마다 거행하는; [植] 삼년생의.

trisarquia *f.* 삼두정치(三頭政治).

trisavó *f.* 고조모(高祖母). 할아버지의 할머니.

trisavô *m.* 고조부. 할아버지의 할아버지.

trisca *f.*《俗》싸움. 언쟁.

triscar *v.i.* 말다툼하다. 언쟁하다; 분쟁을 빚어내다.

trismo *m.* [醫] 파상풍의 일종; 저작근경련(咀嚼筋痙攣).

trisperma *a.* [植] 씨가 셋 있는. 삼종자(三種子)의.

trissar *v.i.* (제비가) 짹짹 울다. 지저귀다.

trissecar *v.t.* 삼(등)분하다.

trisseção, trissecção *f.* 세 부분으로 똑같이 나누기. 삼분(三分). [幾] 삼등분.

trissector, trissector *a.* 삼(등)분하는.
— *m.* 각(角)의 삼등분기(三等分器).

trissecular *a.* 삼세기(三世紀)의; 삼세기에 걸친. 삼세기를 경과한.

trissilábico *a.* 삼음절(三音節)의. 삼철(三綴)의.

trissílabo *m.* 삼음절어. 삼철어(三綴語).

trissulco *a.* = *trisulco*.

triste *a.* ①슬픈. 슬퍼하는. 슬픔에 잠긴. 비탄에 빠진. 애처로운. ②(안색·말투 따위가) 슬픈 듯한. 슬픔을 띤. ③슬프게 하는. 쓸쓸한. 섭섭한. ④유감되는. 후회되는. 애석한. 가석한. ⑤우울한. 침울한. ⑥낙심한. ⑦불행한. ⑧싫은. 괴로운. ⑨보기흉한; 빈약한.
estar triste 슬퍼하고 있다. 애처럽다.
— *m.* 불쌍한 사람. 애처러운 사람. 불행한 자.

tristemente *adv.* 슬프게. 슬픈 듯이. 가엾게(도). 슬퍼하여. 애처럽게; 침울(우울)하게. 겨우.

tristernal *a.* [解] 제삼흉골(第三胸骨)의.

tristeza *f.* ①슬픔. 비애. 비탄(悲嘆). 애수(哀愁). ②우울. 침울. 음울(陰鬱). ③섭섭함. 서러움. ④적적함. 적막함. 황량(荒凉)함.
Tristezas não pagam dívidas.《諺》지나간 일을 슬퍼했자 별도리 없다. 쏟아진 물은 다시 담지 못한다.

tristico *a.* [植] 세 줄로 나란히 열지은. 삼열생(三列生)의.

tristimania *f.* [醫] 우울증. 사소(些少)한 손실에 지나치게 상심하기.

tristonho *a.* 우울한. 침울한; (어딘가) 서러운 듯한. 명랑한 빛이 조금도 없는.

tristor *m.*《古》= *tristeza*.

tristura *f.* = *tristeza*.

trisulco *a.* 세 줄기의 긴 홈이 있는. 삼구(三溝)의.

tritão *m.* ①[希神] 몸의 반은 사람, 반은 물고기인 해신(海神). ②소라고동. 영원(蠑蚖). ③인어(人魚)(수컷).
(註) 암컷은 *sereia*.

triteofia *f.* [醫] 삼일간헐열(三日間歇熱).

triteismo *m.* [神] 삼신론(三神論). 삼위일체론(三位一體論).

triteista *m., f.* 삼신론자. 삼위일체론자.

triticeo *a.* 밀(小麥)에 관한; 밀에 속하는. 소맥류(小麥類)의.

tritongo *m.* [文] 삼중모음(三重母音).

trítono *m.* [樂] 삼련전음(三連全音).

tritoxido *m.* [化] 삼산화물(三酸化物).

trituberculado *a.* [解·病理] 세 개의 작은 결절(結節)이 있는. [植] 세 개의 구근(球根)이 있는.

tritura *f.* = *trituração*.

trituração *f.* ①갈아 바수기. 분쇄; 저작(咀嚼). ②괴롭히기.

triturado *a.* ①가루로 빻은. 찧어 바순. 분쇄된. ②괴롭힌. 괴로움 당하는. 고통받은.

triturador *a.m.* 찧어 바수는 사람. 가루를 빻는 사람. 바수는(빻는) 기구. 약연(藥碾). 분쇄기(粉碎機). 연발(碾鉢).

trituramento *m.* = *trituração*.

triturar *v.t.* ①가루로 빻다. 찧어 바수다. 분쇄하다. ②[生理] 씹다. ③괴롭히다. 못살게 굴다.

triunfador *a.* ①개선하는 승리를 얻은. ②크게 성공한. 의기양양한. 몹시 기뻐하는.
— *m.* 개선자(凱旋者). 전승자.

triunfal *a.* 승리의. 개선의. 개선식의. 전승을 축하하는. 축승(祝勝)의. 축첩(祝捷)의.

triunfalmente *adv.* 개선적으로. 승리의 기쁨에 차서 의기양양하여. 성대히.

triunfante *a.* ①개선(凱旋)하는. 승리를 쟁취한. 전승한. ②이겨 좋아하는. 미칠듯이 기뻐하는. 득의한. 의기양양한.

triunfantemente *adv.* =*triunfalmente*.

triunfar *v.i.* ①(옛 로마) 개선식을 올리다. ②전쟁에서 이기다. 개선하다. 승리를 축하다. ③이겨 좋아하다. 개가를 올리다. 의기양양하다. 기뻐 날뛰다.
— *se v.pr.* 이겨서 의기양양하다.

triunfo *m.* ①[옛 로마] 개선식. ②승전. 승리. 전첩(戰捷). ③대성공. 큰 업적. ④승리(성공)의 기쁨. 득의양양(得意揚揚).
arco de triunfo 개선문(凱旋門).

triunvirado *m.* = *triunvirato*.

triunviral *a.* 세 집정관의. 삼두정치의.

triunvirato *m.* ①(옛 로마) 세 집정관의 직(임기); 삼두정치(三頭政治). 삼인(三人) 정치. ②세 사람 한 패.

triúnvir *m.* (옛 로마) 세 집정관(三執政官)의 한 사람. 삼두정치 집정관.

trivalência *f.* [化] 삼가(三價).

trivalente *a.* [化] 삼가의.

trivial *a.* ①*trivio*의. ②《古》평범한. 통속어의. ③일상적인. 보통의. 평상의. ④진귀하지 않은. 보잘 것 없는. ⑤경박한. 수완이 없는.
— *m.* 평범한 것. 보통적인 것. 보잘 것 없는 일.

trivialidade *f.* ①평범함. 통속적임; 보통임. ②쓸데없음. 사소함. 보잘 것 없음(작품 따위).

trivializar *v.t.* 평범화(통속화)하다. 보통으로 하다. 깔보다.

trivio *m.* ①삼분기점(三分岐點); 세 길이 한 곳에 모인 지점. ②[敎育史] 삼학(三學: 중세의 학교의 주요학과였던 문법·수사(修辭)·논리의 세 과목).

trivogal *f.* [文] 삼중모음(三重母音).

triz *m.* 순간. 삽시간.
por um triz 순간적으로. 하마터면. 자칫 잘못하면.
Escapar por um triz. 간신히 곤경(困境)에서 벗어나다. 구사일생으로 살아나다.
estar por um triz 막 …을 하려고 하다. 죽음의 직전에 처하다.

troada *f.* 우레. 우레 소리. 뇌명(雷鳴); 벼락.

troante *a.* 천둥치는. 뇌명하는; 우레(소리) 같은. 우레 같은 소리로 울리는.

troar *v.i.* 천둥치다. 뇌명하다. 뇌성 소리나다. ②큰 소리를 내다. 크게 소리 지르다. 노호(怒號)하다.

troca *f.* ①바꿈질. 주고받기. 교환. 상호 교환. 물물교환; 교역. ②변경(變更).
troca de palavas 말다툼. 언쟁.

troça *f.* ①놀려대기. 야유; 조롱. 조소. ②《俗》많은 사람. 많은 양.

trocadamente *adv.* 바꿔서. 교환하여. 잘못 택하여. 전도(轉倒)하여.

trocadilhar *v.i.* ①결말을 만들다. ②말재롱을 하다. 동음이의(同音異義)의 말을 장난삼아 하다.

trocadilhista *m., f.* 말재롱(결말) 잘하는 사람.

trocadilho *m.* 말재롱. 검말. 동음이의(同音異義)의 말을 장난삼아 하기.

trocado *a.* ①바꾼. 교환한; 잘못 바꾼. 바뀐. ②잘못한. 잘못 택한.
— *m.* 바꾼 잔돈. 큰 돈과 바꾼 부스러기 돈.
(註) *troco* : 거스름돈. 우수리.

trocador *a.* 바꾸는. 교환하는. 바꿔주는.
— *m.* 바꾸는 사람. 교환자. 교체자.

troçador *a.m.* 놀려주는 사람. 야유하는 자. 조롱(조소)하는 자.

trocaico *m.* ①[韻] 장단격(長短格)(-⌣). 강약격(強弱格)(-×). 양억각(揚抑脚). ②양억각의 시(詩).
— *a.* 장단격의. 강약격의.

trocânter *m.* [解·動] 전자(轉子 : 대퇴골(大腿骨) 상부의 돌기). 곤충전절(轉節)(발이 제이관절).
grande trocânter 대전자(大轉子).
pequeno trocânter 소전자.

trocantino *m.* [解] 소전자(小轉子).

trocar *v.t.* ①(물건과 물건을) 바꾸다. (물물) 교환하다. ②(큰 돈과 잔돈을) 바꾸다. (외국돈과) 바꾸다. ③주고 받다. 교역하다. ④(+*por*). (…와) 바꾸다. (…와) 대치하다. 갈다. ⑤(+*em*). (…로) 변하게 하다. 개변하다. ⑥(+*com*). (…와) 잘못 바꾸다. 잘못 택하다.
troca dinheiro 돈을 바꾸다.
Trocar dinheiro brasileiro por dinheiro

inglês. 브라질 돈과 영국 돈을 바꾸다.
trocar lugares 자리를 바꾸다.
trocar idéias 의견 교환하다.
trocar a lâmpada 전구(電球)를 바꾸다(갈다).
trocar cartas 서신 교환하다.
trocar a roupa ①(집에서) 옷을 바꿔 입다. 갱의(更衣)하다. ②(상점에서) 옷을 바꾸다.
trocar de roupa 옷을 바꿔 입다.
trocar as pernas ①다리를 교차(交叉)하다. ②(취한 사람처럼) 비틀비틀 걷다.
trocar as palavras 말다툼하다. 구론하다.
trocar prisioneiro de guerra 전쟁포로를 교환하다.
trocar saudações 서로 인사하다. 예절을 교환하다.
trocar pancadas 서로 치다.
Trocar a alma por ouro. 돈만 준다면 무슨 일이든 한다. 금전에 눈이 어두어 양심도 잊어버리다.
──*se v.pr.* 바뀌어지다. 교환되다. 변하다.

troçar *v.i.*, *v.t.* 놀려주다. 야유하다. 조롱하다. 조소하다.

trocarte, trocate *m.* [醫] 투관침(套管針). 삼각침(三角針).

trocas-baldrocas *f.(pl.)* ①뒤섞어 모르게 하기. 뒤죽박죽하여 속이기. ②사기(詐欺) 계약. 협잡 수단. 나쁜 술책.

troca-tintas *m.* ①그림을 서투르게 그리는 사람. 솜씨 없는 화가(畵家). ②(토벽) 바르는 사람. 되는대로 칠하는 미장이. ③이랬다 저랬다 하는 사람. 믿을 수 없는 사람. ④잘 속이는 사람.

trocável *a.* 바꿀 수 있는. 교환할 만한.

trocaz *a.m.* =*tormaz.*

trocha *f.* 《古》 가까운 길.

trochada *f.* 굵은 나무로 치기. 곤봉으로 치기; 큰 봉 타격.

trochado *m.* 《古》 (비단·직물(織物) 따위에 한) 섬세한 수공(手工).

trochar *v.t.* ①《古》 총신(銃身)을 보강(補强)하다. ②총신에 나선 홈을 파다. 강선을 넣다.

troche-moche *m.* 난잡한. 질서 없는. 되는대로의.

trôcho *m.* 굵은 막대기. 큰 곤봉; 통나무.

trociscação *f.* ①바수기. 파쇄(破碎). ②정제(錠劑)로 만들기.

trociscar *v.t.* ①바수다. 파쇄하다. ②알약을 만들다. 정제로 만들다.

trocisco *m.* [醫] 정제(錠劑). 알약. 환약(丸藥).

trocista *m.*, *f.* 남을 놀려주는 사람. 야유하는 자. 조소하는 자. 조롱하는 자; 조롱(조소)하는 버릇이 있는 사람.

troclea *f.* [解·動] 도르래(滑車). 연골륜(軟骨輪).

troclear *a.* [解] 도르래꼴로 된.

trôco *m.* ①적은 돈. 잔돈. ②거스름돈. 우수리. ③건방진 대답. 말대꾸.
a trôco 또는 *em trôco* …와의 교환(조건)으로서. …의 응보(應報)로서.
Não tenho trôco para lhe dar. 당신께 드려야 할 거스름돈이 없습니다.

troço *m.* ①보잘 것 없는 물건. 가치 없는 것. ②낡은 가구. ③《俗》 유력한 사람. 주요한 인물.

trôço *m.* ①막대기. 곤봉; 통나무. 목괴(木塊). ②[海] (밧줄로 만든 사다리의) 나무 가름대. ③[軍] 부대(部隊); 군인의 집단. ④많은 사람들. 군중.
(注意) *trôco*의 복수와 혼동 말 것.

trocoide, trocoideo *a.* [解] 도르래 모양의. 축전(軸轉)하는. 바퀴 모양의.
── *m.* [解] 활차 관절. [幾] 여패선(餘擺線).

trofé *m.* ①[옛 그리스·로마] 전승기념비(碑). ②전리품; 전승기념물. 무기장식(武器裝飾). ③기념적 장식품; 상품(賞品). ④우승기. 우승배(優勝杯).

troféu *m.* 트로피. 《英》 *trophy.* 전리품(戰利品).

trófico *a.* 영양(營養)의. 영양에 관한.

trofolgia *f.* 영양학(營養學). 영생법(營生法).

trofológico *a.* 영양학의. 영생법의. 영양학에 관한.

trofoneurose *f.* [醫] 영양장해성 신경장해(營養障害性神經障害).

troglodita *a.m.* ①(특히 선사(先史)시대 유럽의) 혈거인(穴居人); 옛날의 혈거민족. 《比喩》 은자(隱者). ②[動] 트로글로 다이트속(屬)의. 유인원(類人遠). ③[鳥] 굴뚝새.

trogloditico *a.* 동굴 속에서 사는. 혈거하는. 혈거인의. 혈거생활(穴居生活)의. 혈거시대의.

trogosita *m*. [蟲] 곡식을 먹는 벌레. 식곡충(食穀蟲).

troia *f*. ①모의전시합(模擬戰試合). ②물고기 잡는 큰 그물(大漁網).

troiano *a*. 트로이(Troy)의.
— *m*. ①트로이 사람. ②《轉》매우 근면한 사람.

troika *f*. 트로이카(말 세 마리가 끄는 러시아식 설매).

troixa *f*. = *trouxa*.

trole *m*. 《英》 *trolley*의 전래어. ①손수레. ②소형 무개화차 탄차(炭車). ③고가(高架) 이동 도르래. ④추륜(趨輪). 트롤리 (전차의 채끝에 달린 가공선(架空線)에 접하는 작은 바퀴).

trôlha (1) *f*. 흙손; (정원사(庭園師)의) 모종삽.
— *m*. ①석수. 석공(石工). 벽돌장이. ②미장이. 위의 서툰 조수. ②더러운 몸차림한 사람. ③보잘 것 없는 인물.

trom *m*. ① "탕, 쿵"하는 대포소리. ②《古》포(砲). 노포(弩砲); 석궁을 내쏘는 투석기(投石機).

tromba *f*. ①(코끼리·돼지 따위의) 긴 코. 내민 코. 내민 주둥이. ②벌레의 길다란 주둥이. ③(코끼리·돼지 따위의) 콧등. ④《卑》(보기 싫은 얼굴이란 뜻에서의) 상판. 코. ⑤골낸 얼굴. 통한(실쭉한) 표정. ⑥물기둥(水柱). ⑦《古》나팔.
fazer tromba 통한 표정을 짓다.

trombada *f*. (코끼리가) 코로 치기. 코로 때리기; 코에 의한 타격.

trombão *m*. (= *trombone*). [樂器] 트럼본. 트럼본 부는 사람.

trombejar *v.i.* ①(코끼리가) 코를 휘두르다. 코로 치다; (코끼리·돼지 따위가) 코로 밀다. 콧등으로 받다. ②눈살을 찌푸리다. 상을 찡그리다. 퉁하다. 실쭉하다.

tromblão *m*. [植] 만타화(漫陀花).

trombeta (1) *f*. ①[樂器] 트럼펫(가장 높은 음이 나는 나팔). ②[植] 나팔꽃의 일종. ③《轉》과장하는 사람. 부는 사람. 허풍선이.
trombeta falante 메가폰. 전음기(傳音器). 확성기.
— (2) *m*. [軍] 나팔수.

trombetão *m*. [植] 가지과(茄科)의 식물.

trombetear *v.i.* ①트럼펫(나팔)을 불다. ②나팔소리의 흉내를 내다. ③말 많이 하다. 과장(誇張)하다. 대포불다. 허풍떨다.

trombeteira *f*. = *trombetão*.

trombeteiro *m*. ①트럼펫 부는 사람; 나팔수. ②트럼펫(나팔) 만드는 사람. ③[鳥] 두루미의 일종(나팔소리를 하는 남아메리카산의 조류); 야생 백조의 일종(북아메리카산). ④[蟲] 모기의 일종.

trombo *m*. [醫] 혈색(血塞). 혈전(血栓).

trombone *m*. [樂器] 트럼본(낮은 음을 내는 큰 나팔). 트럼본 부는 사람.

trombonista *m*., *f*. 트럼본 부는 사람.

trombose *f*. [醫] 혈색(血塞). 혈전증(血栓症). 혈색생성(生成).

trombudo *a*. ①(코끼리처럼) 긴 코 있는. 큰 코 있는. ②퉁한. 골낸. 실쭉한.

trompa *f*. ①(환상(環狀)의) 큰 나팔. ②사냥용 나팔.
trompas do útero [解] 나팔관. 수란관(輸卵管).

trompaço *m*. (사람이. 특히 이마를) 부딪침. 충돌; (동물이 특히 머리·콧등을) 부딪침.

trompar *v.t.* (정면으로) 마주 부딪치다. 충돌하다.

trompazio *m*. ① = *trompaço*. ②코·입 따위를 찰싹 때리기. 후려치기.

trompista *f*. *trompa* 만드는 사람.

tronante *a*. ①우레소리 내는. 천둥치는. ②크게 울리는. 꽹꽹(轟轟)하는. 은은하게 울리는.

tronar *v.i.* ①우레소리 나다. 천둥치다. 뇌명(雷鳴)하다. ②크게 울리다. 꽹꽹하다.

troncado *a*. = *truncado*.

troncar *v.t.* = *truncar*.

troncatura *f*. = *truncatura*.

tronchar *v.t.* ①(도끼 따위로) 찍다. 잘라내다. ②뿌리 위를 바싹 자르다. ③손·발을 절단하다. (신체를) 불구로 만들다.

troncho, tronchado *a*. ①손·발이 절단된. 불구가 된. ②(나무의) 가지를 쳐버린. 베어버린. 무지(無枝)의.
— *m*. (잘라 낸 뒤에 남은) 나무뿌리. 그루터기.

tronchuda *f*. [植] 통이 큰 일종의 캐비지(양배추).

tronchudo *a*. 수간(樹幹)이 굵은. 줄기가 굵은. 대가 굵은(실한).

tronco (1) *f*. 굵은 줄기. 수간(樹幹). ②(잘

라래고 남은) 나무뿌리. 그루터기. ③[植] 줄기(莖). 대. ④(신체의) 허리. 몸뚱이. 동(胴). ⑤[建] 기둥몸. 주간(柱幹). ⑥[機] 통 모양의 피스톤. ⑦(철도・도로・운하 등의) 간선(幹線). 본선(本線). ⑧가계(家系). 직계(直系). 옥사(獄舍). ⑩임무(任務). 의무. ⑪《詩》 돛대(檣). ⑫[數] 작두체(雀頭體). ⑬술에 몹시 취함.
tronco de pirâmide 작두각추(雀頭角錐).
tronco de cone 채두원추(圓錐).
— (2) 손・발이 절단된. 불구의; 불비(不備)한.

troncudo *a.* 줄기가 굵은. 통이 굵은. 몸뚱이 실한.

troneira *f.* 성벽(城壁)의 포안(砲眼).

troneto *m.* [宗] 소성궤(小聖櫃).

trono *m.* ①왕좌. 옥좌; 왕위. 왕권. ②군주. 제왕(帝王). 국왕. ③법황의 성좌. 사교좌.
subir ao trono 즉위하다. 등극하다.

tronqueira *f.* ①문기둥. ②나무를 심은 둑.

tronqueiro *m.* 옥리(獄吏).

tropa *f.* ①무리. 떼. 동아리. 단(團). ②(새나 짐승의) 큰 떼.
tropas (*pl.*) [軍] 군대. 군세.
tropa fandanga 오합지중(烏合之衆).
tropas de linha 정규군.
tropas de reserva 예비군.
tropas aéreas 공수(空輸)병단.

tropar *v.i.* 《古》 = *tropear*.

tropeada *f.* 발구르는 소리. 발소리.

tropear *v.i.* (말이) 발구르다. 뚜걱뚜걱 발굽소리 내다.

tropeçamento *m.* = *tropeção*.
— *f.* ①비트적거림. 비틀거림. 넘어질 듯함. ②(발을) 헛디딤. 차질(蹉跌); 실착(失錯). ③잘못. 과실.

tropeçar *v.i.* ①비트적거리다. 비틀거리다. ②(발을) 헛디디다. 차질하다. 넘어질듯하다. ③실수하다. 실착(失錯)하다. 틀리다; 실각(失脚)하다. ④망서리다. 주저하다.

tropêço *m.* (발을) 헛디디게 하는 것. 갑자기 발끝에 걸리는 것. 차질(蹉跌)케 하는 것; 방해물. 장애물.

tropeçudo *a.* ①(발을) 헛디디기 쉬운. 자주 헛디디는. ②잘 비트적(비틀)거리는. ③실수 많이 하는.

tropego *a.* ①절름거리는. 절뚝거리는. 보행이 곤란한. 동작이 자유롭지 못한. ②혀가 잘 돌지 않는. 띄엄띄엄 이야기하는.
trôpego da língua 혀가 잘 돌지 않는.
— *m.* 절뚝거리는 (사람). 보행이 곤란한 (자).

tropeirada *f.* 노새 모는 사람들. 노새 모는 사람들 떼.

tropeiro *m.* 노새 모는 사람.

tropel *m.* ①웅성웅성하는 소리. 소음(騷音); (접시・시계・말굽 등의) 덜걱덜걱(덜커덩덜커덩) 하는 소리. 시끄러운 이야기(웃는) 소리. ②많은 사람. 혼잡. 잡답(雜沓), ③다수(多數). 다량(多量).
de tropel 또는 *em tropel* 혼잡하여. 잡답하게.

tropelia *f.* ①(사람들이 모여) 떠들썩하기. 법석떠들기. 소란. 훤소(喧騷). ②세찬 장난. 나쁜 희롱. ③해. 손해. ④부정. 비행.

tropeliar *v.i.* ①떠들썩하다. 소란을 일으키다. ②세차게 장난하다. 나쁜 장난하다.

tropical *a.* ①열대의. 열대지방의; 열대에 관한. 열대토방에서 나는(사는). ②열대적. 심한 더위의. 몹시 더운. ③[天] 회귀선(回歸線)의; 이지선(二至線)의.
calor tropical 혹서(酷暑).
planta tropical 열대식물.
doença tropical 열대병.

tropicalista *m., f.* 열대지방 연구가. 열대병학자.

tropição *m.* (말이) 자주 비트적거림; 비틀거리는 말.

tropicar *v.i.* (말이) 자주 비트적거리다(비틀거리다).

trópico *m.* [天・地] 회귀선(回歸線). 이지선(二至線). 《比喩》 전환점(轉換點); 한계.
trópicos (*pl.*) 열대(熱帶). 열대지방.
trópico de capricórnio 동지선(冬至線). 남회귀선(南回歸線).
trópico de cancer 하지선(夏至線). 북(北)회귀선.
— *a.* 회귀(回歸)의.

tropilha *f.* 같은 색깔의 말떼(馬群).

tropismo *m.* [生物] 향성(向性). 굴동성(屈動性).

tropo *m.* [修] 비유; 말의 비유적(암유적・반어적) 용법.

tropologia *f.* [修] 비유의 사용; 성경의 비유적 해석.

tropológico *a.* 비유의. 비유적의. 비유법의. 전의적(轉義的).

troque *m.* 《廢》= *troca*.

troquel *m.* 화인(火印). 음각(陰刻)틀. (돈 따위) 찍어내는 본.

troqueu *m.* [韻] 장단격(長短格)(−⌣). 강약격(強弱格)(−×).

troquilo *m.* [建] 요완형(凹腕形).

trotada *f.* (말의) 빠른 걸음. (사람의) 총총걸음.

trotador *a.* (말이) 빨리 걷는. 속보(速步)하는; 빨리 걷도록 훈련된.

trotão *a.* (말이) 빨리 걷는.
— *m.* 빨리 걷는 말. 빨리 걷도록 훈련된 말.

trotar *v.i.* (말이) 빠른 걸음으로 걷다. 속보하다. (사람이) 총총 걷다. 급히 걷다.

trote *m.* ①(말(馬) 따위의) 빠른 걸음. 속보(速步). (사람의) 총총 걸음.
trote escarvado ①터벅터벅 걷기. 뚜벅뚜벅 걷기. ②[馬術] 단절(短節)의 속보보조(速步步調).
a trote 빠른 걸음으로. 속보로.

trotear *v.i.* (말이) 빠른 걸음으로 걷다. 속보하다.

troteiro *a., m.* 걸음 빠른 (사람·말). 빠른 걸음으로 걷게 훈련된 (말).

trouxa *f.* 보자기에 싼 것. 포장한 것 ; (옷 따위의) 보따리. (의복) 꾸러미.

trouxada *f.* 큰 보따리. 큰 꾸러미. 큰 묶음.

trouxe-mouxe *adv.* (*a*를 선행시킴). 질서 없이 난잡하게. 되는대로.

trova *f.* 시(詩). 짧은 서정시(敍情詩). 이야기 시 ; 민요.

trovador *m.* 《F》서정 시인의 일파(11~13세기의 주로 프랑스 *Provença*의 연애 시인). (중세기의) 음유 시인(吟遊詩人). 편력 음악가.

trovadoresco *a.* 서정 시인의. 음유 시인의. 서정 시인(음유 시인)에 관한.

trovão *m.* 우레. 우레소리. 뇌명(雷鳴); 벼락. 낙뢰(落雷).

trovar *v.i.* 시를 짓다 ; 시를 읊다.
— *v.t.* 시로 짓다. 속요(俗謠)를 만들다. 시로 표시하다.

trovejado *a.* 천둥치는. 뇌명하는. 뇌성과 함께 일어나는.

trovejante *a.* 천둥치는. 뇌명하는. 뇌성을 올리는. 꽹꽹(轟轟)하는.

trovejar *v.i.* ①천둥치다. 뇌명(雷鳴)하다. ②우레같은 소리 나다. 크게 소리 지르다. 고함치다.
— *v.t.* 우레같은 소리를 내다. (욕설을) 큰 소리로 하다.

troviscada *f.* ①*trovisco*를 짓찧은 것(*trovisco*는 독 있는 식물로서(짓찧은) 그 독액으로 물고기를 잡음). ②짓찧은 *trovisco*를 물에 넣기(넣은 상태).

troviscal *m.* *trovisco*가 무성한 곳.

troviscar *v.i.* 《俗》약간 천둥치다.

trovisco *m.* [植] 로우렐 등대풀(일종의 독(毒)을 함유함; 그 풀을 짓찧어서 강물에 던져 물고기를 잡음).

trovisqueira *f.* = *trovisqueiro*.
— *m.* [植] = *trovisco*.

trovista *m.* ①시작가(詩作家). 산문을 운문(韻文)으로 고치는 사람. ②작은 시인 ; 엉터리 시인.

trovoada *f.* ①연속적인 우레소리. 계속되는 뇌명(雷鳴). ②벼락. 낙뢰. ③큰 소동.

trovoar *v.i., v.t.* = *trovejar*.

trovoso *a.* 우레(천둥치는)처럼 울리는. 꽹꽹(轟轟)하는.

troxe-moxe *a.* = *troche-moche*.

truanaz *m.* *troão*의 과장어(誇張語).

truanear *v.i.* 우습게 굴다. 익살부리다. 익살궂은 말(행실)을 하다.

truania, truanice *f.* ①광대질. 익살. 해학(諧謔). 골계(滑稽). 걸작. ②속이기. 기만.

truão *m.* ①광대. ②요술장이. ③사기꾼.

trucidação *f.* (무자비하게) 죽이기. 도살. 학살. 참살(慘殺). 몰살.

trucidar *v.t.* (무자비하게) 죽이다. 도살하다. 학살하다. 참살하다. 살육하다.

truculência *f.* ①잔인. 잔학(殘虐); 흉악 ; 야만적(잔인한) 행위. 참혹한 짓.

truculento *a.* ①잔인한. 잔학한. 흉악한. 극악한. 야만적인. ②(말투가) 험한. 횡포한.

trudo *m.* 야외용 쌍안경(雙眼鏡).

trufa *f.* [植] 송로(松露)의 일종.

trufar *v.t.* (요리에) 송로를 넣다.

trufeiro *a.* 송로가 나는. 송로가 돋는.
— *m.* 송로 채집자. 송로를 취재하는 사람.

truismo *m.* 자명(自明)한 이치. 진부한. 판에 박힌 글귀. 공리(公理).

truncadamente *adv.* 불완전하게. 불비(不

truncado *a.* ①잘라버린. 절단한; 불구가 된. ②[植・動] 절두(截頭)한. ③불완전한. 갖추지 못한. 불비한; 모자라는. 부족되는.

truncamento *m.* 잘라버리기. (나무・풀 따위의) 머리를(끝을) 자르기. 절두(截頭). [動] 절단(切斷・截斷). (사지(四肢)를 잘라) 불구로 만들다. 병신 만들기. [數] 사절두(斜截頭).

truncar *v.t.* ①(나무・풀 따위의) 머리를 (끝을) 자르다. 가지를 쳐버리다. 베어버리다. ②(동물의) 사지(四肢)를 절단하다. 잘라버리다. 불구로 만들다. ③(작품의) 중요한 부분을 떼어버리다(지워버리다). 못쓰게 만들다. ④[結晶] (모서리를) 면으로 자르다.
　—se *v.pr.* 잘리다. 절단되다. 불구가 되다.

truncatura *f.* = *truncamento*.

trunfa *f.* ①《古》머리 장식. 머리 수건. 발식 도구(髮飾道具). ②흩어진 머리카락. 빗지 않은 머리카락. 난발(亂髮).

trunfada *f.* (트럼프) ①으뜸 카드의 한 벌. ②으뜸 카드를 내기.

trunfar *v.i.* (트럼프) 으뜸 카드를 내다 (으뜸 카드로) 우위(優位)를 차지하다. 지우다.

trunfo *m.* ①(단 그림의 카드에) 으뜸하는 카드; 으뜸 카드의 13장 한 벌. 드룬포(네 사람이 노는 골패의 일종). ③유력학자. 으뜸가는 사람; 믿음직한 남아.

truque (1) *m.* ①일종의 카드 노름. ②일종의 당구대(撞球臺). ③(체득한) 솜씨. (묘한) 재주. 기묘한 생각. 묘술. 묘계; ④꾀. 속임수. 트릭. 농간(弄奸).
　— (2) *m.* 손수레. (탄광의) 탄차(炭車). [鐵道] 뚜껑 없는 화물차. 트럭.

truqueiro *m.* ①묘한 재주를 부리는 사람. 묘수를 쓰는 사람. 기묘한 생각을 하는 사람. 속임수를 쓰는 사람. ②당구치는 사람.

truste *m.* [經] 기업합동(企業合同). 트러스트.

truta *f.* [魚] 송어(松魚).

trutífero *a.* (강에) 송어가 있는. 송어가 사는.

truz *m.* ①찰싹 치기. ②톡(톡톡) 두드리기.
　— *interj.* 탕! 쿵! (물건이 떨어지는 소리 또는 발포(發砲)의 소리).
de truz 우수한. 빼어난. 좋은.

tsé-tsé *f.* 체체파리(수면병을 일으키는 아프리카의 피 빨아먹는 파리).

tu *pron.* 너. 자네. 너는. 자네는. 너희. (가장 친한 사이 또는 수하 사람에게만 씀)
tu mesmo 너 자신. 바로 자네가.
E tu? 그래 너는?

tua *a.pess.* (뒤에 여성 명사가 따름). 너의. 자네의.
tua casa 너의 집.
tua amiga 너의 여자 친구.
　— *pron. pess.* 너의 것. 자네의 것(여성 명사를 가리킴).
A casa é tua? 너의 집이냐?

tuba *f.* ①튜바(낮은 소리의 큰 나팔). 일종의 트럼펫. ②(문장(文章)의) 서사시체(敍事詩體).

tubaceo *a.* 튜바(나팔) 모양을 한.

tubagem *f.* ①관달기. 배관(配管). 배관시설. 도관부설(導管敷設). ②관조직. ③제관(製管). ④관재료. ⑤각종 관(各種管). 관류(管類).

tubarana *f.* (브라질의) 민물고기의 일종.

tubarão *m.* [魚] 상어. 《轉》욕심장이. 탐욕한 사람. 고리대금업자.

tubario *a.* [解] ①나팔관의. ②기관(氣管)의.
gravidez tubaria 자궁나팔관 임신(子宮喇叭管姙娠).

tubeira *f.* 관구(管口).

túbera *f.* (= *trufa*) [植] 송로(松露)의 일종.

tuberáceas *f.(pl.)* [植] 괴균과(塊菌科).

tuberculado, tubercular *a.* ①[博] 결절(結節)의. 결절 모양의. [植] 괴경(塊莖)이 있는. 괴근(塊根)이 있는. ②[醫] 결핵(성)의.

tubercularia *f.* 일종의 균과(菌科) 식물.

tuberculide *f.* [醫] 유사피부결핵(類似皮膚結核)

tuberculifero *a.* ①결절(結節)이 생기는. ②결핵이 생기는(되는).

tuberculiforme *a.* 결절 모양의. 결절상(狀)의. 괴경상(塊莖狀)의. 구근상(球根狀)의.

tuberculina *f.* [醫] 투베르쿨린(1890년 *Dr. Koch* 발견의 결핵병 치료 및 결핵균 유무 검사의 주사약).

tuberculinização *f.* 투베르쿨린 응용(應用).

tuberculinizar *v.t.* 투베르쿨린을 응용하다.

tuberculização *f.* [醫] 결핵발생. 결핵이식(移植).

tuberculizar *v.t.* 결핵을 발생시키다. 결핵을 이식하다.
— **se** *v.pr.* 결핵이 되다.

tubérculo *m.* ①[解] 결절(結節). 혹 모양의 돌기. [病理] 결절. 결핵(結核). ②[植] 괴경(塊莖). 괴근(塊根). [貝] 껍질의 돌기.

tuberculose *f.* [病理] 결핵. 결핵증.
tuberculoses pulmonares 폐결핵.

tuberculoso *a.* ①[病理] 결핵성의. 결핵에 걸린. [醫] 결핵증의. ②[解] 결절의. 결절있는. ③[植] 괴경성(塊莖性)의. 괴근성의.
— *m.* 결핵환자.

tuberiforme *a.* [植] ①괴경 모양을 한. 괴근(塊根)꼴을 한. 결절같은. ②송로(松露) 모양을 한.

tuberoide *a.* [植] ①괴경상(狀)의. 괴근상(狀)의. ②송로 모양의. 송로꼴을 한.

tuberosa *f.* [植] 월하향(月下香). 네덜란드 수선화.

tuberosidade *f.* [解] 결절성(結節性). 결절 모양. 괴경 모양. 뇌근 모양.

tuberositário *a.* [解] 결절이 있는.

tuberoso *a.* ①결절 있는. ②괴경이 있는. 괴근이 있는.

tubi *m.* = *tubiba*.
— *f.* 일종의 작은 꿀벌(密蜂).

tubicola *a.* 관속(管中)에 사는.

tubicolas *f.(pl.)* [蟲] 관서류(管棲類).

tubicolado, tubicólio *a.* 관내(管內)에서 사는. 관내 서식(棲息).

tubicolar *m.* [蟲] 적충류(滴蟲類)의 일종.

tubicorneo *a.* [動] 뿔이 관같은. 관상각(管狀角)의. 관같은 뿔이 있는.

tubiculas *m.(pl.)* = *tubicolas*.

tubífero *a.* 관(管)이 있는(한 개 또는 여러 개의).

tubifloras *f.(pl.)* [植] 관상화류(管狀花類). 통화류(筒花類).

tubifloro *a.* [植] 관 모양의 꽃의. 관상화(管狀花)의. 통화(筒花)의.

tubiforme *a.* 관 모양의. 관상(管狀)의.

tubim *m.* = *tubi*.

tubipora *f.* [動] 관산호속(管珊瑚屬).

tubitelo *a.* (특히 거미가) 관 모양의 집(管狀巢)을 짓는. 통형소(筒形巢)의.

tubo *m.* 관(管). 통(商). …관. 파이프. 대.
tubo de água 수관. 송수관. 수연통(水煙筒).
tubo de ar 통기관(通氣管). 송풍관.
tubo de esgôto 배수관(排水管).
tubo de gás 가스관(管).
tubo de vácuo 진공관.
tubo de vidro 유리관.
tubo telefónico (두 방 사이의) 통화관.

tubulação *f.* 관을 달기. 관장치. 배관(配管). 배관시설.

tubulada *a.* 관 모양으로 된. 관으로 된. 관 모양을 한. 관상(管狀)의.

tubulado *a.* ①관 모양으로 된. ②관이 달린. 관 장치한. 배관(시설을) 한. ③관계조직(管系組織)의. 관식(管式)의.

tubuladura *f.* 관을 달기. 파이프를 붙이기. 배관(配管).

tubulão *m.* [建] (지하철(地下鐵)의) 철근주(鐵筋柱).

tubular *a.* 관 모양(管狀)의. 통 모양(筒形)의. 관으로 되는.

tubulifloro *a.* [植] 관상화(管狀花)가 있는.

tubuliforme *a.* [博] 작은 관 모양의.

túbulo *m.* 작은 관(小管).

tubuloso *a.* ①관 모양의. 관이 있는. ②하나의 관으로 되는.

tucaira *f.* (브라질산) 돌마늘(石蒜科)의 시물.

tucanaboia *f.* [動] (아마존 지방의) 뱀의 일종.

tucano *m.* ①[鳥] 거취조(巨嘴鳥)(열대 아메리카산). ②[天] (남쪽 하늘의) 거취조좌(座).

tucum *m.* [植] (섬유(纖維)를 내는) 일종의 종려수.

tucumã *f.* [植] 뚜꾸마아(종려수의 일종). 그 열매.

tucunaré *m.* (아마존강의) 물고기의 일종.

tudel *m.* (악기의) 조관(調管).

tudesco *a.* ①튜우톤(게르만)사람(민족·말)의. ②독일(민족)의.
— *m.* 튜우톤 말(語). 게르만 말.

tudo *pron.indef.* 모두 다. 전부. 총체. 전체. 만반(萬般). 누구나 다. 무엇이든. 일체. 온갖.
ser tudo um 전혀 동일(同一)하다. 하나같이 똑 같다.
tudo quanto (있는 것) 전부. (하는 것)

전체. 모두 다. 죄다. 모두.
Tudo quanto vem é lucro. (지출한 이외로) 오는 것은 전부 이익(利益)이다.
tudo junto 다 함께. 통틀어서. 모두. 죄다.
tudo o que 하는 것은 모두. 전부.
ser tudo 주(主)로 되다. 으뜸가다.
Tudo a mesma coisa. 전부 같은 것이다. 이거나 저거나 다 같다.
Isto é tudo. 이것이 전부다.
Eu fiz tudo. 내가 다했다. 전부 내가 했다.
Faça tudo o que quiser! 하고 싶은 것은 다 하시오!
tudo incluído 다(전부) 포함되어 있다.
tudo foi feito 다 되다. 전부 완료했다.
Ou tudo ou nada. (전부냐 제로(零)냐) 필사적으로. 사느냐 죽느냐.
antes de tudo 무엇보다도 먼저. 우선.
sôbre tudo ①모든 것 위에. ②특히.
em tudo e por tudo 어떤 경우이든.
Êle têm tudo na mão. 그 분은 무엇이든 할 수 있다. (권력·재산 등) 모든 것을 가지고 있다.
Nem tudo o que reluz é ouro. 번쩍인다고 모두가 금은 아니다.

tudo-nada *m.* 아주 사소(些少)한 것. 미세(微細)한 것. 보잘 것 없는 양(量)(수).

tufado *a.* ①부은. 부어오른. 부풀은. 팽창한. (돛 따위가) 불룩해진. (땅이) 융기(隆起)한. ②오만한. 거만한.

tufão *m.* 폭풍. 태풍(특히 동남아의).

tufar (1) *v.t.* 부어 오르게 하다. 부풀리다. 팽창시키다. (돛 따위를) 불룩하게 하다.
— *v.i.*, **—se** *v.pr.* 붓다. 부어오르다. 부풀다. 팽창하다. 융기하다. 커지다.
— (2) *v.t.* 술을 달다. 술로 장식하다.
— *v.i.* 술이 되다. 총생(叢生)하다.

tufo (1) *m.* (실·새털 따위의) 술. 송이. 솜 부스러기.
— (2) *m.* 입은 옷(특히 소매 따위의) 불룩한 것. 쑥 내민 것. 철형(凸形).
— (3) *m.* [地質] 투퍼(다공질(多孔質)의 석회화(石灰華)). (광천의) 응회암(凝灰岩).

tufoso (1) *a.* 부은. 부어 오른. 부풀은. 융기(隆起)한.
— (2) *a.* 술이 많은.

tugido *m.* 속삭임. 중얼거림. 낮은 소리로 말하기.

tugir *v.i.* 속삭이다. 중얼거리다. 낮은 소리로 말하다.
Não tugir nem mugir. 한마디 말도 없다. 좋다 싫다 아무 소리도 없다.

tugue *m.* (옛 인도의) 암살단원. 자객(刺客). 악한.

tugúrio *m.* ①오막살이. 초옥(草屋). 누옥. ②피난소.

tui-aica *m.* [鳥] (브라질산) 앵무새의 일종.

tuidara *f.* [鳥] 올빼미.

tuim *m.* [鳥] (브라질산) 작은 잉꼬의 일종.

tuira (1) *f.* [植] 붓꽃과의 식물. 꽃창포 따위.
— (2) *a.* 회색(灰色)의. 물이 낡은. 쇠퇴한. 시들은.

tuitar *v.t.* 《古》 보호하다. 옹호하다.

tuitivo *a.* 보호의. 호신(護身)의. 옹호의.
cartas tuitivas 인신보호증.

tujucada *f.* =*tijucada*.

tujucal, tujuco *m.* =*tijucal, tijuco*.

tula *f.* [植] 측백나무. [聖] 생명의 나무.
tula ocidental 아메리카 측백나무.
tula oriental 중국 측백나무.

tule *m.* (베일용의) 얇은 명주 그물.

tulha *f.* ①과일·곡식 따위의 저장소. 곡물창고. ②쌓여 있는(모아 놓은) 많은 과일 또는 곡식. ③올리브 열매를 담는 큰 상자. 올리브 열매를 처리하는 곳.

tulipa *f.* [植] 튤립(의 꽃. 구근(球根)).

tulipáceas *f.(pl.)* 튤립속(屬).

tulipáceo *a.* 튤립꽃 같은. 튤립에 속하는.

tulipeiro *m.* [植] (북아메리카에서 나는) 튤립나무(튤립 비슷한 꽃이 피는 목련과(科)의 교목(喬木)).

tulipomania *f.* 튤립을 몹시 즐겨하기. 튤립애호광(愛好狂).

tum *interj.* 탕! (하는 소리).

tumba (1) *f.* ①관(棺)을 놓는 대. 관가(棺架). 매장할 때 쓰는 담가(擔架). ②무덤. 묘. 산소. 분묘. 묘혈(墓穴). ③묘석(墓石). 묘비(墓碑).
estar na tumba 무덤에 있다. 죽었다.
— (2) *m.* (노름에서의) 운(운수) 나쁜 사람.
— (3) *interj.* 쾅! (하는 문닫는 소리). 쿵! (하는 맞부딪치는 소리).

tumbal *a.* ①무덤의. 묘의. 분묘의. 산소의. ②매장의.

tumbeiro *m.* 관(棺) 운반인. 시체(屍體) 운

반부. 매장부(埋葬夫).
tumbice *f.*《俗》(특히 노름에서의) 재수가 없음. 불운. 실패.
tumefação *f.* 부어오름. 부품. 종창(腫脹). 종기.
tumefaciente *a.* 붓게 하는. 부어오르게 하는. 부풀리는. 팽창시키는. 팽대성(膨大性)의.
tumefato *a.* [醫] 부은. 부어오른. 종창한. 팽창한.
tumefazer *v.t.* 부어오르게 하다. 부풀리다. (돛 따위를) 불룩해지게 하다.
— *v.i.*, —se *v.pr.* 붓다. 부어오르다. 종창하다. 팽대(膨大)해지다. (돛 따위가)불룩해지다.
tumeficante *a.* =*tumefaciente*.
tumeficar *v.t.*, *v.i.* =*tumefazer*.
tumente *a.* =*tumefato*.
tumescência *f.* 부어오름. 부품. 종창(腫脹). 종기.
tumescente *a.* 부어오르는. 팽창하는. 팽대성의.
tumescer *v.t.* ①부어오르게 하다. 부풀리다. 팽창시키다. (돛 따위를) 불룩해지게 하다. ②으쓱하게 하다. 뽐내게 하다.
— *v.t.*, —se *v.pr.* ①붓다. 부풀다. 부어오르다. 종창(腫脹)하다. 팽창하다. (돛 따위가) 불룩해지다. ②으쓱하다. 뽐내다.
tumidamente *adv.* 부어서. 부풀어서. 종창하여.
tumidez, tumideza *f.* 부음. 부은 상태. 종창.
túmido *a.* ①부어오른. 부풀은. 융기(隆起)한. ②(돛 따위가) 불룩해진. ③(문체 따위가) 과장한. 거만한. 오만한.
tumor *m.* (신체의 일부가) 붓는. 부어오르는 것. [醫] 종양(腫瘍). 종기.
tumoroso *a.* 종기의. 종기 같은. 종기 있는. 종양이 있는.
tumular (1) *a.* 무덤의. 묘의. 분묘의. 산소의. 묘(분묘)에 관한.
pedra tumular 묘석(墓石). 묘비(墓碑).
inscrição tumular 묘석에 새긴 글. 비문(碑文).
— (2) *v.t.* 파묻다. 매장하다.
tumulário *a.* 묘(분묘)의. 묘(분묘)에 관한.
tumulização *f.* 무덤에 넣기. 파묻기. 매장하기.

túmulozar *v.t.* 무덤에 넣다. 매장하다.
túmulo *m.* 무덤. 묘. 분묘. 산소. ②묘석. 묘비. ③시체를 파묻는 곳. 매장소. ④사람이 많이 죽은 곳(전쟁터 따위). ⑤매장. 죽음.
tumulto *m.* ①떠듦. 분잡. 잡답. 혼잡(폭도들의) 소동. 교란. ②(마음의) 격동. 격정. (마음의) 동요. 불안. ③무질서. 문란.
em tumulto 떠들썩하여. 소란스럽게.
tumultuador *a.* 떠드는. 떠들썩하는. 분잡을 일으키는. 잡답한. 소란스러운. 교란하는.
— *m.* 떠들어 귀찮게 구는 자. 소란일으키는 자. 교란자. 동란자. 폭동자.
tumultuante *a.* 떠드는. 떠들썩하는. 소란을 일으키는. 분잡한. 교란하는.
tumultuar *v.i.*, *v.t.* 떠들다. 떠들썩하다. 소란하다. 교란하다(일으키다). 폭동하다(일으키다). 동요하다.
— *m.* 소란. 교란. 폭동.
tumultuàriamente *adv.* 떠들썩하여. 소란스럽게. 혼란하여. 무질서하게.
tumultuário *a.* ①떠들썩한. 소란한. 훤소(喧騷)한. ②질서 없는. 문란한. 혼란한. ③(마음이) 흔들리는. 동요하는. 불온한. ④(발작(發作)이) 심한.
tumultuosamente *adv.* 시끄럽게. 소란스럽게. 혼란하여. 질서없이. 불온하게.
tumultuoso *a.* ①떠들썩한. 소란한. 시끄러운. ②(사람이 많이 모여) 웅성대는. 잡답한. 혼잡한. ③질서없는. 문란한. 혼란한. ④폭동적인.
tuna (1) *f.* ①부랑(浮浪)생활. 방랑생활. ②학생회음악단(學生巡廻音樂團).
andar à tuna 하는 일없이 돌아다니다. 방랑하다.
— (2) *f.* [植] (멕시코 원산) 부채 선인장의 일종. 금무선(金武扇).
tunador *a.*, *m.* 게으르고 방탕한 (사람). 하는 일없이 빈둥빈둥 돌아다니는 (사람).
tunal *m.* [直] 선인장(의 일종).
tunataria *f.* 방랑(放浪). 부랑(浮浪). 무위도식. 나태한 생활.
tunante *a.*, *m.* ①빈둥빈둥 노는 (사람). 하는 일 없이 돌아다니는 (사람). 방랑자. ②부랑자. 게으름뱅이. ③학생회음악단(*tuna*)의 일원.
tunantear *v.i.* 빈둥빈둥 놀다. 하는 일없이

돌아다니다. 방랑하다. 부랑자 생활을 하다.

tunar *v.i.* =*tuntear*.

tunda *f.* ①때리기. 치기. 구타. 때리는(치는) 소리. 혹평.

tundar *v.t.* 때리다. 치다. 계속적으로 구타하다. 난타(亂打)하다. 마구 치다.

tundra *f.* 툰드라(북극 가까운 지방의 수목 없는 평원지대). 동토대(凍土帶). 동원(東原).

túnel *m.* ①굴. 터널. 수도(隧道). 지하도. ②[鑛山] 갱도. 가로난 갱.

tunga *f.* (열대지방의) 진드기의 일종.

tungstado *a.* 월프람(텅스텐)을 포함한.

tungstato *m.* [化] 월프람 산염(酸鹽).

tungstênico *a.* [化] 월프람의. 텅스텐(성)의.
ácido tungstênico 월프람 산염.

tungstênio *m.* ①[化] 월프람. 텅스텐(금속원소; 기호 W). ②[鑛] 중석(重石).

tungstico *a.* 월프람(텅스텐)의. 월프람(텅스텐)에 관한. 월프람(텅스텐)을 함유한.

tungúsio *m.* 퉁구스어(語)(우랄알타이어의 하나).

túnica *f.* ①(옛 그리스·로마) 무릎까지 내려오는 속옷. 옛날 갑옷 위에 입은 옷. ②(부인복·아동복 등의) 허리에 착 붙는 웃옷. ③(성직자의)가운. ④[解·動] 막(膜). 피막(被膜). 막질외피(膜質外皮). [植] 종피(種皮).

tunicário, tuniceiro *m.* 피막(被膜). 피낭(被囊).

tunicela *f.* [가톨릭] 조제(助祭)와 부조제가 입는 제복.

tupi *m.* 뚜삐어(語)(브라질의 으뜸가는 원주민 *Tupi* 및 *Tupinambá*족(族)의 언어).

tupi-guaraní *m.* 뚜삐 과라니어(語)(브라질 원주민 가운데 가장 널리 사용되고 있는 언어).

tupinambás *m.(pl.)* 뚜삐남바아족(族)(브라질 북부에 사는 토인(원주민)의 하나).

turba *f.* 사람의 떼. 군집(群集). 오합지중. 패거리. 폭도.
em turba (사람이) 많이 모여서. 떼를 지어 혼잡하게.

turbação *f.* ①몹시 흐림. 혼탁(混濁·渾濁). ②정신이 산만한. 몹시 불온함. ③질서가 흐트러짐. 문란. 소란. 교란(攪亂). ④불안(혼란)의 원인.

turbadamente *adv.* ①몹시 흐려. 혼탁하여. ②질서가 흐트러져서. 문란하게. 혼란하게. 교란되어.

turbado *a.* ①몹시 흐린. 혼탁한. ②질서가 흐트러진. 문란해진. ③불온해진. 란해진. (사회의 평온 상태를) 뒤숭숭하게 한. 교란한.

turbador *a.* ①몹시 흐리게 하는. 혼탁케 하는. ②질서를 흐트리는. 소란케 하는. 교란하는.
— *m.* (질서를) 문란케 하는 자. 교란자. 혼란을 일으키는 자.

turbamento *m.* =*turbação*.

turbamulta *f.* 많은 사람. 인산인해. 많은 사람이 모여 잡답(雜沓)한 것. 질서 없는 인파(人波).

turbante *m.* ①(회교도의) 터번. ②(부인용의) 터번식의 모자.

turbão *m.* 《古》=*turbante*.

turbar *v.t.* ①(물을) 몹시 흐리게 하다. 혼탁케 하다. 진창물처럼 더럽게 하다. ②(질서를) 흩트리다. 문란케 하다. ③(사회를)교란하다. 소란케 하다. 불온케 하다. ④(마음을) 어지럽히다. 불안하게 하다.
—*se v.pr.* ①(물이) 몹시 흐리다. 혼탁해지다. 진창물처럼 더러워지다. ②(질서가) 흐트러지다. 문란해지다. ③(평화로운 상태가) 소란해지다. 교란되다. 불온해지다. ④(마음이) 어지러워지다. 불안해지다.
turbar a água 물을 어지럽히다. 혼탁케 하다.
turabar a vista 눈을 희미하게 하다. 흐리게 하다.

turbativo *a.* ①혼탁한. ②혼란한. 소란한. 교란한. 분규가 일어나는. ③혼란의. 소란의. 교란적. ④소란하게 하는. 혼란하게 하는.

turbelariados *m.(pl.)* [動] 와충류(渦蟲類).

túrbido *a.* ①몹시 흐린. 혼탁한. ②질서가 흐트러진. 문란한. ③소란일으키는. 교란한. 혼란한.

turbilhão *m.* ①회오리바람. 선풍. ②소용돌이. 화방수. 와류(渦流). ③[理] 와동(渦動).

turbilhonar *v.i.* ①회오리바람(선풍)이 일어나다. ②소용돌이치다. 빙글빙글 돌다. 선회하다.

turbina *f.* [機] 터빈. 와륜(渦輪). 와수차(渦水車).

turbinado *a.* ①(서양) 팽이 모양의. 거꾸로 한 원추 모양의. 도원추형(倒圓錐形)의. ②[解] 갑개(모양)의. [貝] 나형(螺形)의.
— *m.* [解] 갑개(甲介). 하갑개골(下甲介骨).

turbinar *v.i.* 《古》빙글빙글 돌다. 선회하다. 선전(旋轉)하다. 소용돌이치다.

turbinaria *f.* [植] 마미조속(馬尾藻屬).

turbiniforme *a.* [博]《野》팽이꼴의. 거꾸로 한 원추(倒圓錐)꼴의.

turbinoso *a.* 팽이처럼 도는. 빙글빙글 도는. 선회(旋回)하는.

turbito *m.* [植] 선화과(旋花科)의 약초(뿌리는 하제(下劑)로 씀).

turbulência *f.* ①(바람·물결 따위가) 몹시 거칠음. 시끄러움. ②떠들썩하기. 훤소(喧騷). ③소란. 혼란. 동란. ④[理] 교류(攪流).

turbulento *a.* ①(바람·파도 따위가) 거친. ②떠들썩한. 소란한. 소요의. 폭동의. 불온한.
— *m.* 떠드는 사람. 소란일으키는 자. 교란자.

turca (1) *f.* 터키 여자.
— (2) *f.*《俗》술에 취함. 명정(酩酊).

turco (1) *a.* 터키(풍)의. 터키족의. 터키 말의.
banho turco 터키 목욕. 증기 목욕.
tafête turco 터키산의 무거운 융단.
— *m.* 터키 사람(말). 터키 담배.
— (2) *m.* [海] (보트·닻의) 매다는 기둥. 적주(吊柱).

turcomano *m.* 투르크멘 사람(투르케스탄, 이란 및 아프가니스탄 지방의 터키족). 그 언어.

turf *m.* =*turfe*.

turfa *f.* ①이탄(泥炭). 토탄(土炭). 이탄 덩어리. ②뗏장. 잔디.

turfe *m.* 경마장(競馬場). 경마업.

turfeira *f.* 이탄갱(泥炭坑). 이탄지(地).

turfista *m.* 경마를 좋아하는 사람. 경마광(狂).

turfoso *a.* 이탄(泥炭)이 있는. 이탄이 많은. 이탄을 포함한.

turgência *f.* ①(정맥울혈(靜脈鬱血)에 의한) 종창. 부어오름. (조직의) 빽빽히 참. ②과장(誇張).

turgente *a.* =*turgido*.

turgescência *f.* =*turgência*.

turgescente *a.* ①종창(腫脹)의. 부어오르는. ②과장의.

turgescer *v.t.* 부어오르게 하다.
— *v.i.*, —*se v.pr.* 붓다. 부어오르다.

turgidez *f.* 부어오름. 팽창.

turgido *a.* ①부은. 부어오른. 팽창한. ②(문체(文體) 등이) 과장된.

turgimão *m.* (아라비아어·터키어·이란어 등의) 통역.

turião *m.* [植] (지하경(地下莖)에서 나오는) 비눌눈(鱗芽) 있는 흡지(吸枝) 또는 어린 줄기.

turibulário *m.* ①향(香)을 피는 사람. (피는) 향을 담은 그릇을 흔드는 사람. ②아첨하는 이.

turíbulo *m.* [宗] 흔드는 향로(香爐).

turicremo *a.*《詩》향을 피는. 향을 올리게 되는.

turiferário *m.* ①[宗] 의식(儀式) 때 향로를 드는 중(僧). ②《俗》아유하는 자. 아첨하는 자.

turifero *a.* 향을 산출하는. 향료(香料)가 나는.

turificação *f.* 향을 피우기. 향을 올리기. 분향(焚香). 소향(燒香).

turificador *a.*, *m.* 향을 피는 사람. 향을 올리는 사람. 분향자. 소향자.

turificante *a.* 향을 피는(올리는). 분향(焚香)하는.

turificar *v.t.* 향을 피우다. 향을 올리다. 분향(焚香)하다. 소향(燒香)하다.

turino (1) *a.* 향(香)의. 향료(香料)의. 향(香料)에 관한.
— (2) *a.* Friesland의. 프리즐란드 사람(말)의.
vaca turina [乳牛] 프리지아종(種). 프리지아 젖소.

turismo *m.* ①탐승(探勝)여행. 유람여행. 관광취미. ②관광사업. 여행안내업.

turista *m.f.* ①만유자(漫遊者). 유람객. 관광자. 탐승여행가.

turístico *a.* 만유의. 유람의. 관광의. 탐승여행의.
estação turística 만유계절. 유람시기. 여행계절.

turma *f.* ①(몇 사람으로 구성된) 반(班). 조(組). 대(隊). 작은 단체. ②작업반. 근무조. ③동기생. 동급생. ④패. 패거리. (조직적으로 움직이는) 무리.

turma de trabalho 작업반. 작업대.
turma de dia (작업·근무 등의) 주간조(晝間組).
em turma 반을(조를) 형성하여. 떼를 지어 패를 짜서.
turmalina *f*. [鑛] 전기석(電氣石).
turmalinoso *a*. 전기석(質)의.
túrnepo *m*. 《英》 *turnip*의 전래어. [植] 순무(의 뿌리).
turnix *f*. 곽계류(鶉鷄類)의 작은 새.
turno *m*. ①(근무의) 교대시간. ②교대. 교체(交替). ③교대반(班). 교체 근무조(組). ④순번(順番). 윤번(輪番).
turno noturno 야간 집무시간(執務時間)(기간).
turno diurno 주간 집무(작업)시간(기간).
por turnos. 순번으로. 차례차례로. 교대하여.
por seu turno 자기의 차례가(순번이) 되어.
turpilóqueo *m*. 못마땅한 말씨. 듣기 거북한 언사. 음탕한 말. 음담패설(淫談悖說).
turipitude *f*. =*torpitude*.
turquês *f*. =*torquês*.
turquesa *f*. [鑛] 터키옥(청록색의 보석).
turquesado *a*. 하늘빛(청록색)의. 터키옥으로 장식한.
turquesco *a*. 터키 사람의. 터키풍의.
turquestano *a*. 터키스탄의(중앙 아시아의 한 지방으로 소련·중국·아프카니스탄 등의 나라에 속하는).
— *m*. 터키스탄 사람(말).
turqui *a*. 남색(藍色)의.
azul turqui 짙은 남색.
turquimão *m*. 《古》 =*turcomano*.
turra *f*. ①(염소·산양처럼) 머리로 받기(떠밀기). 뿔로 밀기. ②기분나빠 하기. 삐죽하기. 골내기. ③다툼. 언쟁. 말싸움. ④ 《俗》 고집. 완고.
turrante *a*. 고집부리는. 우기는.
turrão *a*., *m*. 고집 센 (사람). 완고한 (사람).
turrar *v.i*. ①(염소처럼) 머리로 받다(떠밀다). 뿔로 밀다. ②말다툼하다. 언쟁하다. ③《俗》 우기다. 고집부리다.
túrrea *f*. [植] 전단속(栴檀屬).
turriculado *a*. [貝] 원추상(圓錐狀)의. (서양)팽이 모양의. 장라형(長螺形)의.
turrífrago *a*. 《詩》 탑을 파괴하는.
turrígero *a*. ①《詩》 탑(塔)이 있는. ②(코끼리 등(背)에) 망대(望臺)를 올려 놓은. ③노(櫓)를 얹은.
turrista *f*. 고집 센 사람. 완고한 사람.
turtrino *a*. (詩鳥) 호도애의. 호도애에 속하는.
turumbamba *f*. ①말다툼. 언쟁. ②싸움. 소란한 쟁투. 소동.
turuna *a*., *m*. 힘 센 사람. 장사(壯士). 역사(力士). 용사(勇士).
tururi *m*. [植] (브라질산의) 정향과(丁香科)의 나무.
turvação *f*. ①(물 따위) 몹시 흐림. 혼탁(混濁). ②구름이 끼듯 흐림. 불투명함. ③질서를 흩트리기. 교란. 소란. 혼란. ④(마음에) 불안을 일으키게 하기. 동요를 일으키게 하기.
turvador *a*. ①흐리게 하는. 혼탁케 하는. ②질서를 흐트리는. 혼란케 하는. 소란 일으키는. 교란하는.
— *m*. 문란케 하는 사람. 교란자. 소란자.
turvamento *m*. =*turvação*.
turvar *v.t*. ①(물 따위를) 흐리게 하다. 진창물처럼 더럽게 하다. 혼탁케 하다. ②(질서를) 흩트리다. 문란케 하다. ③교란하다. 소란하게 하다. ④(술 따위에) 취하게 하다.
— *v.i.*, —*se v.pr*. ①흐리다. 혼탁해지다. ②질서가 흐트러지다. 문란해지다. ③소란해지다. 혼란해지다. ④(마음이) 산란해지다. 몹시 동요하다. (정신이) 산만해지다. 착란(錯亂)하다. ⑤몹시 노하다. 심히 화내다.
turvejar *v.i*. ①흐리다. 흐리멍텅하다. 몽롱하다.
turvo *a*. ①몹시 흐린. 혼탁한. 진창물 같은. ②구름이 낀. (하늘이) 흐린. 침침한. ③흐리멍텅한. 불명료한. ④혼란한. 착란(錯亂)한.
àgua turva 흐린 물.
pescar em àguas turvas 혼란한 틈을 타서. 잇속을 차리다.
tussicula *f*. 가벼운 기침.
tussilagem *f*. [植] 자원속(紫苑屬).
tussor *m*. 멧누에나비(처잠나비)의 일종. 그 고치에서 뺀 명주(실).
tuta-e-meia *f*. 아주 적은 것. 근소한 것. 사소한 것. 적은 금액. 있으나 없으나 같은 양.

comprar por tuta-e-meia 매우 싸게 사다.

tutano *m.* ①[解] 뼛골. 골수(骨髓). ②골자(骨子). 알짜. 실질. ③[植] 목수(木髓).

tutear *v.i.* 《輕蔑》 *tu*(너)라는 대명사를 써서 이야기하다.
— *v.t.* 《輕蔑》 *tu*(너·자네)라고 부르다.

tutela *f.* ①[法] 후견(後見). 보호감독. 지도. ②보호(감독·훈련)를 받는 것.
sob a tutela de …의 후견하에. …의 감독하에.

tutelado *a.* 후견 받는. 보호 감독하에 있는. 지도 받는.
— *m.* 피후견자(被後見者). 피보호자.

tutelagem *f.* [法] ①후견(보호·옹호·보호감독)하기. ②후견자(보호자)의 의무.

tutelar (1) *a.* [法] 후견의. 보호의. 옹호의. 수호(守護)의. 후견상의. 후견인의.
— (2) *v.t.* [法] 후견하다. 보호(감독)하다. 훈도하다. 수호(옹호)하다.

tutia *f.* 불순한. 산화아연(酸化亞鉛)(磨粉用).

tutor *m.* [法] 후견인(後見人). 보호자. 보호감독자. 옹호자. 수호자. 감시자.
tutor de menores 미성년자 후견인.
tutor dativo 지정(指定) 후견인.
tutor legítimo 법정(法定) 후견인.
tutor testamentário 유언에 의한 후견인.

tutôra *f.* *tutor* 의 여성형.

tutorar, tutorear *v.t.* 후견인으로서 돌보다. 보호자로서 지도(감독)하다.

tutoria *f.* ①후견인의 권한(직권). 후견인(보호자)로서 역할(의무). ②보호. 옹호. 수호.

tutriz *f.* (=*tutôra*). 여자 후견인. 여성 보호자.

tutti *a.*, *m.* 《It》(音樂指揮) 전체의. [樂] 전합창. 전합주. 합주곡.

tutu *m.* 《小兒語》도깨비. 요괴. 무서운 것.

tutú *m.* 콩(강낭콩)·베이컨·만쵸까 따위를 섞어 끓인 요리.

tutucar *v.i.* (물건이 부딪치는) 예리한 소리 나다.

tzar *m.* =*czar*.

U, u ①포르투갈어 자모의 스물째 글자. ②*u*자꼴(의 물건).

u [化] 우라늄(*uranium*)의 약자.

uaçaí *m.* [植] (브라질산) 종려수의 일종.

uacanga *f.* [植] 종려속(棕櫚屬)의 식물.

uacapú *m.* [植] (브라질산) 야생나무의 일종.

uacari *m.* [動] (브라질산) 원숭이의 일종.

uacari-guassu *m.* [魚] (브라질산) 메기의 일종.

uacumã, uacuman *m.* [植] (브라질산) 종려속.

uacurau *m.* [鳥] (브라질산) 열취류(裂嘴類)의 새.

uambé *m.* (브라질 북부지방의) 기생식물(寄生植物)의 일종.

uaraná *m.* = *guaraná*.

uariá *m.* 괴근(塊根) 식물의 일종(식용).

uassassú *m.* [植] (브라질산) 종려속(棕櫚屬).

ubá *f.* ①인디언 카누(마상이). ②(브라질산) 생강과(生薑科)의 초본(草本).

uberdade *f.* ①비옥. 풍요(豊饒); 다산(多産). ②풍부. 과다(果多). 파다(頗多). 풍산(豊産).

úbere (1) *a.* ①(토지가) 기름진. 비옥한. 곡식이 잘 되는. 열매가 잘 열리는. 풍산하는. 다산의. ②풍부한. 과다한.
— (2) *m.* (소·염소·양 따위의) 젖통이. 유방(乳房).

ubérrimo *a.* (*úbere*의 최상급) 가장 비옥한. 제일 풍부한.

ubertoso *a.* 《詩》= *úbere*.

ubi *m.* 《L》 소재(所在). 거소(居所).

ubim *m.* [植] (브라질산) 종려속(棕櫚屬).

ubicação, ubiquação *f.* [哲] 일정한 곳에 있음. 소재(所在). 위치.

ubiqüidade *f.* 편재(遍在)(특히 그리스도의). 편재성. [植] 광포성(廣布性).

ubiqüist *m.* 편재자(遍在者). 그리스도의 편재론자.

ubiqüitário *m.* (보통 복수로 사용함). [宗] 그리스도 편재론자.

ubíquo *a.* 도처에 있는. 편재하는. 도처에 자태를 나타내는. [植] 광포성의.

ubre, úbere *m.*

uçá *m.* [蟲] (브라질의) 개미의 일종.

ucasse, ukase *m.* (제정(帝政) 러시아의) 칙령(勅令)(법률과 똑같은 효력을 가졌음). (일반으로) 법령. 포고.

ucha *f.* [農] 곡식을 넣는 큰 궤. 뚜껑 달린 큰 상자. (곡식·술병·석탄 따위를 넣는).

uchão *m.* ①식료품 창고계(倉庫係). ②(주창(酒倉)·식기 등을 맡아보는) 하인의 우두머리. ③(英史) 궁내성(宮內省) 주류관리자.

ucharia *f.* 식료품실. 식기 넣는 방. 주창(酒倉).

ucraniano *a.* (러시아 서남방에 있는 소련의 일공화국) 우크라이나의.
— *m.* 우크라이나 사람(말).

udo *a.* ①《古》알이 굵은. 대립(大粒)의. ②큰. ③중대한. 주요한.

udometria *f.* 우량측정법(雨量測定法). 우량계(雨量計) 사용법.

udométrico *a.* 우량측정법의. 우량계의.

udómetro *m.* 우량계(雨量計).

uerfago *m.* (말(馬)의) 호흡기(呼吸器)를 해치는 병(病).

ufa *interj.* 야아 야아! (기쁨·놀람 등을 나타내는 소리).

ufanamente *adv.* 자랑스럽게. 으쓱하여. 뽐내어. 자부(自負)하여.

ufanar *v.t.* 뽐내게 하다. 으쓱하게 하다.
— **se** *v.pr.* 자랑하다. 우쭐하다. 으쓱하다. 뽐내다. 자만하다. 자부하다.

ufania *f.* 자랑. 자부. 뽐내기. 으쓱하기. 득의만면. 자만. 자부. 자만심. 자기도취. (강한) 허영심.

ufano, ufanoso *a.* 자랑하는. 자랑스러운. 뽐내는. 으쓱하는. 우쭐하는. 자만(자부)하는. 자만심(허영심)이 강한.

ui *interj.* 오오! 아! 아아! 우이! (놀라움·공포·감탄·고통 등을 나타내는 소리).

uigúrico *m.* 위구루어(語) (우랄알타이어(語)).

uísque *m.* 《英》 *whisky*의 전래어. 위스키.

uistiti *m.* [動] (열대 아메리카산) 털북숭이 꼬리 있는 작은 원숭이.

uivador *a.*, *m.* ①짖는 짐승(특히 개·늑대 따위). ②(남미산의) 짖는 원숭이. ③소리 지르는 (사람).

uivante *a.* ①(짐승 특히 개·이리·원숭이 따위가) 짖는. 우는. 소리 지르는. ②(바람이) 웅하는. 횡하는.

uivar *v.i.*, *v.t.* ①(개·이리 따위가 멀리

서) 짖다. 포효(咆哮)하다. ②(바람이) 휭하고 불다.

uivo *m.* (개・이리 따위의) 멀리서 짖는 소리. 고함치는 소리.

ulano, uhlano *m.* 창기병(槍騎兵)(제1차 세계대전 중 독일과 오스트리아의).

úlcera *f.* ①[醫] 궤양(潰瘍). 하감(下疳). ②《比喩》병폐(病蔽). 폐해(弊害). ③수목(樹木)의 부상(腐傷).
úlcera gastrica 위궤양(胃潰瘍).

ulceração *f.* ①궤양(형성). ②(도덕상의) 부패.

ulcerado *a.* ①궤양을 일으킨. 궤양화한. ②가슴(마음)에 깊은 상처를 입은. ③(도덕상으로) 부패한.

ulcerar *v.i., v.t.* ①[醫] 궤양을 일으키다. 궤양이 생기다. 궤양화하다. ②《比喩》(마음에) 깊은 상처를 입다(입히다). 비탄에 잠기다. ③썩다. 썩게 하다. 타락하다(시키다).

ulcerativo *a.* 궤양의. 궤양을 일으키는. 궤양화하는.

ulceroide *a.* [醫] 궤양 같은. 궤양유사(潰瘍類似)의.

ulceroso *a.* 궤양성의. 궤양상의. 《比喩》(마음이) 곪아 아픈듯한.

ulemás *m.(pl.)* 아라비아・터키 등 나라에서 특히 회교신학(回敎神學)・철학을 전공하는 자. 그 나라의 신학박사. 법률학자.

uliginário *a.* [植] 습지에 나는(생기는). 연한 진흙 속에서 돋는(피는).

uliginoso *a.* 습지(濕地)가 많은. 못(沼・澤)이 많은. 연한 진흙이 있는(섞인). 저습(低濕)한.
terreno uliginoso 저습지(低濕地).

ulissiponeuse *a.* (포르투갈의 수도) 리스보아의.
— *m., f.* 리스보아 사람.

ulite *f.* [醫] 치은점막염(齒齦粘膜炎).

ulmáceas *f.(pl.)* 느릅나무과(楡科).

ulmaria *f.* [植] 꼬리조팝나무.

ulmato *m.* [化] 울민산염(酸鹽).

ulmeira *f.* = *ulmaria*.

ulmeiro *m.* [植] 느릅나무(재목).

úlmico *a.* [化] 울민의.

ulmina *f.* [化] 울민(느릅나무 따위나 썩은 흙 속에 있는 갈색의 무정형 물질(無定形物質)).

ulmo *m.* [植] 느릅나무. 느릅나무 재목.

ulna *f.* [解] 척골(尺骨). 팔굽.

ulnário *a.* [解] 척골의.

uloncia *f.* [醫] 치은종(齒齦腫).

ulorragia *f.* [醫] 치은출혈(齒齦出血).

ulótrico *a.* 머리칼이 쭈그러진. 축모(縮毛)의.

ulterior *a.* ①저쪽의. 그쪽의. ②뒤의. 앞날의. 장래의. 훗날의. ③(의향 따위) 속의. 이면의. 배후의. 입에 내지 않는.

ulteroridade *f.* 앞날(장래)의 일. 후일에 관계됨.

ulteriormente *adv.* 후일. 금일. 차후. 앞날에. 가까운 장래에.

ultimação *f.* 끝마침. 끝냄. 끝남. 완결.

ultimadamente *adv.* ①마지막으로. 끝으로. 최후에. 드디어. ②극도로. 극단적으로.

ultimado *a.* 끝난. 끝낸. 완결한. 종결한.

ultimador *m.* 끝마치는 사람. 완결자. 종결자.

ultimamente *adv.* ①끝으로. 최후에. 마지막으로. 맨 나중에. ②최근에. 요사이. 근경(近頃).

ultimar *v.t.* 끝내다. 종결하다. 완결하다.
— *se v.pr. f.* ①《L》최후의 의론(議論)(수단). 막 들어 하는 담판(談判). ②완력. 제재.

ultimas *f.(pl.)* ①마지막. ②최후(의 수단).

ultimato, ultimatum *m.* 최후의 말(제언・조건). (특히) 최후 통첩. (종극의) 결론. 근본 원리.

último *a.* ①최후의. 나중의. ②(행동・순번 등) 최후의. 마지막 번의. ③(時間) 최종의. 최근의. 최신의. ④종극(終極)의. 종국(終局)의.
último lugar 마지막 번.
última notícia 최근 뉴스. 최신 소식.
última guerra 마지막 전쟁. 최후의 전쟁.
pera última 극형(極刑).
a última vez 마지막 번에.
última esperança 최후의 희망.
última demão (페인트 칠・토벽 칠 따위) 마지막 칠.
até a última gôta 마지막 한 방울까지.
a última semana 지난 주(前週).
à última hora 정각(定刻)이 다 되어서. 마지막 시간에.
no último momento 마지막 순간에.
(註) 전후의 위치에 따라 그 뜻을 다소 달

1549

리함.
último mês 마지막 달.
mês último 전달. 전월(前月).
— *m.* 최후의 것. 최종점. 최후 수단. 마지막 사람.
o último 최후의 것.
o último da fila 열(列)의 마지막 사람(물건).
por último 마지막으로. 결국. 끝내.
ultimogenito *m.* 막내. 막둥이. 말째.
ultor *m.* 복수자(復讐者).
ultra *pref.* '극단으로'·'초(超)…'·'한외(限外)'·'과(過)' 등의 뜻.
ultraexistência *f.* 죽음을 초월한 생존.
ultrajado *a.* 모욕당한. 폭행당한. 능욕당한.
ultrajador *a., m.* 모욕하는 (사람). 비훼(誹毁)하는 (사람). 폭행자. 능욕자.
ultrajante *a.* ①창피 주는. 모욕하는. 모욕적인. ②난폭한. 포학(暴虐)한. ②비훼하는.
ultrajar *v.t.* ①창피를 주다. 모욕하다. ②폭행하다. 학대하다. ③능욕하다. 욕보이다. ④(법률·도덕 따위를) 침범하다. 위범(違犯)하다.
ultraje *m.* ①모욕(侮辱). ②폭행. ③능욕. ④비훼(誹毁).
ultrajoso *a.* 모욕적. 비훼적. 능욕적.
ultraliberal *a.* 급진(과격) 자유주의의.
ultraliberalismo *m.* 급진(과격) 자유주의의.
ultramar (1) *m.* 바다 저쪽. 해외. 해외의 땅(나라·식민지).
ir para o ultramar 해외로 가다.
— (2) *m.* 군청색(群青色)(청색의 그림물감).
ultramarino (1) *a.* 군청색의. 감청(紺青)의. ②바다 저쪽의. 해외의. 해외에 사는.
ultramontanismo *m.* [宗] 법왕지상권론(法王至上權論).
ultramontanista *m., f.* 법왕지상권론자.
ultramontano (1) *a.* ①산 저쪽의. 산 건너편의. ②알프스산 남방의. 이탈리아의. ③ (스페인에서 봤을 때는) 피레네산 저쪽의.
— (2) *a., m.* 법왕지상권론의. 그 논자.
ultramundano *a.* ①이 세상 외의. 태양계 외의. ②현세 외의. 저승의. ③초(超)세계의.
ultranatural *a.* 자연을 초월한. 초자연의.
ultra-oceânico *a.* 대양(大洋) 저쪽의.
ultrapassar *v.t.* (한계를) 넘다. (범위를) 벗어나다. (…을) 초월하다. (…을) 초과하다.

ultra-realismo *m.* 극단적인 왕당주의(王黨主義).
ultra-sensível *a.* 극도로 민감한.
ultrassônico *a.* 초단파의. 불가청(不可聽) 음파의. [理空] 초음파의.
ultravioleta *a.* [理] 자외(선)의.
roios ultravioletas 자외선(紫外線).
ultrazodiacal, ultrazodical *a.* [天] 황도대외(黃道帶外)의 (유성(遊星)에 대한 말).
ultrice, ultriz *f.* 복수하는 여자. 앙갚음하는 여자.
— *a.* 복수의. 복수하는. 앙갚음하는.
ululação *f.* ①(올빼미 따위) 부엉부엉 울기. (늑대 따위) 짖기. ②(야명금(夜鳴金)의) 우는 소리. (늑대 따위의) 짖는 소리.
ululador *a.m.* 짖는 짐승(이리·늑대 따위). 우는 새(올빼미 따위).
ululante *a.* ①부엉부엉 우는. 짖는. ②큰 소리로 우는. 호읍(號泣)하는.
ulular *v.i.* ①(올빼미 따위) 부엉부엉 울다. (늑대 따위) 짖다. ②호읍(號泣)하다.
ululato, ululu *m.* =*ululação*.
ulva *f.* [植] 순나물. 석순(石蓴).
ulvaceas *f.(pl.)* 석순과(科).
ulvina *f.* [植] 해조(海藻)의 몇 가지 종류.
um (1) *a.* 부정관사(不定冠詞). 하나의. 어떤.
— (2) *a.* 하나의. 한 개의. 한 사람의. 단 하나의. 유일한.
— (3) *pron. indef.* 어떤 사람. 어떤 물건.
— (4) *m.* 하나(라는 수). 한 사람. 한 개.
um dia 하루. 어느 날. 어떤 날. 옛날에.
uma hora 한 시. 한 시간.
uma pessoa 한 사람. 일인(一人).
cada um 각각. 매개. 각자(各者). 매 개인.
falta um 하나가 모자란다.
mais um 하나 더.
mais um pouco 좀 더. 약간 더.
cento e um 백 하나(101).
mil e um 천 하나(1001).
um só 또는 *só um* 하나만의. 단 하나의.

só tenho um filho	나에게는 하나의 아들이 있다. 나에게는 외아들만 있다. 단 하나의 아들만 있다.
tenho só um filho	
tenho um só filho	
tenho um filho só	
tenho um único filho	

um a um 하나씩. 하나하나.

um por um 하나씩. 순차적으로.
um a outro 쌍방. 둘 다.
um ao outro 또는 *uns aos outros* 서로서로. 상호.
Nem um nem outro. 이것도 아니고 저것도 아니다.
Um dia aim um dia não. 하루는 이렇고 하루는 저렇고(하루는 해나고 하루는 흐리고 하는 식).
um que deu cartas ①한창 때를 지난 사람. 과거의 사람. ②명령·분부·재가·결재 따위를 한 사람.
Um é pouco, dois é bom, trés é demais 하나는 적고(쓸쓸하고), 둘이면 적당하고, 셋은 너무 많다.
Quando um não quer, dois não brigam. 하나가 참으면 싸움은 되지 않는다. (싸움은 둘이서 한다).
uns (*pl.*) 얼마간. 약. 어떤 사람들.
Estavam uns 20 homens. 약 20명 있었다.
Ela tem uns 30 anos. 그 여자는 약 서른 살 된다.
Custa uns dez mil cruzeiros. (값이) 약 만(萬)그루제이로스 간다.
uns dizem que sim outros que não 어떤 사람은 그렇다고 하고 어떤 사람은 아니라고 한다.

uma *a.*, *f.* (*um*의 여성형).
uma vez 한 번. 일 회(一回). 어떤 때.
numa vez 한 번에. 단 번에. 일회에.
era uma vez 옛날에. 옛날 옛적.
das duas uma 둘 중의 하나. 양자택일(兩者擇一).

umari *m.* [植] (브라질산) 콩과(豆科)의 식물(두 가지 있음).
umbamba *f.* [植] (브라질산) 일종의 야자속(椰子屬).
umbarru *m.* [植] (브라질산) 금규과(錦葵科)의 식물.
umbaúba *f.* 담마과(蕁麻科)의 식물.
umbela *f.* ①(부인용의) 양산. 작은 양산. ②천개(天蓋). [建] 천개형(形)의 챙. ③산형화서(繖形花序).
umbelado *a.* [植] 산형화(서)의. 산형화핀.
umbelíferas *f.*(*pl.*) [植] 산형화 식물. 미나리과.
umbelífero *a.* [植] 산형화가 피는. 미나리과.

umbélula *f.* 작은 산형화(繖形花).
umbigada *f.* 배꼽을 내밀기(복부(腹部)로 떠민다는 뜻).
umbigo *m.* ①[解] 배꼽. ②중심. 중앙.
umbilicado *a.* ①배꼽을 가진. ②배꼽 모양을 한. 가운데가 쑥 들어간. 배꼽 같은 와공(渦孔)이 있는.
umbilical *a.* [解] 배꼽의. 배꼽 부분의. 배꼽 위치에 있는.
cordão umbilical 탯줄. 배꼽띠.
umbraculifero *a.* [博] 양산 모양의 기관(傘狀器官)이 있는.
umbraculiforme *a.* [植] 양산 모양의. 산상(傘狀)의. 산형(繖形)의.
umbral *m.* 문기둥. [建] (입구·창 등의 양쪽의) 쌤돌. (난로가의) 쌤돌. [鑛] 응달(鑛柱).
umbrático *a.* ①그늘의. 응달의. 그늘을 좋아하는. ②《詩》 공상(空想)의. 환상(幻想)의.
umbraticola *a.* [植] 그늘 밑에 나는. 응달에 돋는(피는). [動] 그늘진 데서 사는(서식하는).
umbrátil *a.* ①응달의. 그늘진. ②약간 어두운. 으스름한. ③몽롱한. 애매한. ④공상적인. 환상적인. 수수께끼같은.
umbrela *f.* ①(부인들의) 양산. 작은 양산. 박쥐 우산. ②[植] 산형화(繖形花).
umbria *f.* 그늘진 곳. 응달.
umbrico *a.* (옛 이탈리아 중부지방의) 암브리어의. 암브리어 사람(말)의.
— *m.* 암브리어 사람(말).
umbricola *a.* 응달에서 사는. 그늘진 곳에 서식하는.
umbrífero *a.* ①그늘을 지는. 그늘진. 응달진. ②약간 어두운. 으스름한.
umbro (1) *m.* 사슴사냥개.《英》 *staghound.*
— (2) *m.* 암브리아 사람(말).
umbroso *a.* ①그늘지는. 응달 있는. 그늘 많은. 그늘 속에 있는. ②약간 어두운. 으스름한. ③미심한. 수상한.
ume *m.* [化] 명반($KAl(SO_4)_2 \cdot 12H_2O$) 《英》 *alum.*
umectação *f.* 습기차게 함. 축축하게 함. 습윤(濕潤).
umectante *a.* 습기차게 하는. 눅눅하게 하는. 축축하게 하는. 적시는. 무르게 하는.
umectar *v.t.* 습기차게 하다. 눅눅하게 하다. 축이다. 적시다. 무르게 하다.

—se *v.pr.* 습기차다. 누기끼다. 축축해지다. 젖다

umectativo *a.* 습기의. 습윤의. 눅눅한. 축축한. 누기찬.

umedecer *v.t.* 습기차게 하다. 축이다. 적시다.

—se *v.pr.* 습기차다. 축축해지다. 눅눅해지다. 누기차다. 젖다.

umedecido *a.* 습기찬. 축축해진. 젖은.

umedecimento *m.* =*umectação*.

umeral, umerário *a.* [解] 상박골의. 상박부의. 어깨의.

úmero *m.* [解] 상박골(上膊骨). 어깨.

umidade *f.* 습기. 눅눅함. 습윤(濕潤). [理] (대기의) 습도.

úmido *a.* 습기 있는. 누기찬. 눅눅한. 축축한. 젖은.
terreno úmido 습기 있는 땅.
quarto úmido 습기 있는(누기낀) 방.
olhos úmidos 눈물에 젖은 눈.

umiri *m.* [植] (브라질산) 소태나무(楝科) 식물. 그 껍질(樹皮)에서 빼낸 기름.

unanimar *v.t.* 일치되게 하다. 합의하게 되다. 협화(協和)시키다.

unânine *a.* ①합의(合意)의. 동설(同說)의. ②만장(전원)일치의. 이구동성. 이의(異議)없는.

unanimemente *adv.* 만장(전원)일치로. 이구동성으로. 한 사람의 이의도 없이.

unanimidade *f.* 만장(전원)일치. 이의 없음. 동설(同說).

unção, uncção *f.* ①(종교적 성별(聖別)의 표시로서의) 주유(注油). 도유(塗油). 도유식(式). (가톨릭・그리스도敎)(종유(終油)의) 비적(秘蹟). ②(의료(醫療)의) 기름약 도포(塗布). 고르 바르는 법. 연고(軟膏). ③《比喩》감언(甘言)으로 기쁘게 하는. 사물. ④사람을 감동(감격)시키는 어조(태도). 특히 종교적 열정.
extrema unção [宗] (임종의) 도유식(塗油式).

uncial *m.* 안샬자체(기원 4세기부터 9세기에 걸쳐 쓰인 일종의 둥근 자체). 그 글씨로 쓴 사본.
— *a.* 안샬자체의. 《英》*uncial*.

unciforme *a.* [動・解] 갈구리 모양의.
— *m.* [解] 구상골(鉤狀骨).

uncinado *a.* 조상(爪狀)의. 구상(鉤狀)의. 끝이 꾸부러진.

uncirostro *a.* 부리가 꾸부러진. 꼬부러진 부리 있는. 곡취(曲嘴)의.

uncirostros *m.(pl.)* 곡취류(曲嘴類).

unctuosidade *f.* =*untuosidade*.

unctuoso *a.* =*untuoso*.

undante *a.* ①파도가 일어나는. 물결치는. (물결이) 넘실넘실하는. 파상(波狀)의. ②풍부한. 많은.
terreno undante 고저(高低)가 많은 땅. 기복(起伏)이 심한 땅.

undecagono *m.* [幾] 11변형(邊形). 11각형.

undécimo *a.* 열한 번째의. 제11의. 11분의 1의.
— *m.* 11분의 1.

undécuplo *a.* 열한곱의 11배의.
— *m.* 열한곱. 십일배.

undícola *m.* 《詩》수생(水生) 식물. 수중(水中) 동물.
— *a.* 물 속에서 사는. 수중에 돋는.

undífero *a.* ①파도가 있는. 파도가 이는. 물결치는. ②물이 있는. 물을 함유하는.

undifluo *a.* 파도에 밀려다니는. 넘실넘실 떠다니는.

undíssono *a.* 《詩》파도 소리의. 파도 소리 내는. 파도 소리처럼 울리는. 물결이 높은.

undívago *a.* 《詩》파도 위에 떠다니는. 표류(漂流)하는. 이리저리 밀려다니는.

undoso *a.* 물결 이는. 파도치는. 물결이 높은. 파도가 심한. 파동(波動)하는.

undulação *f.* ①굽이침. 파동. 기복(起伏). ②[理] 파동. 진동. 음파. 광파(光波). ③[醫] 동계(動悸).

undular *v.i.* ①물결치다. 파동치다. 파도가 일다. ②(토지 등이) 기복(起伏)하다. 구비치다.

undulosamente *adv.* 물결치며. 파동하며. 구비쳐서.

unduloso *a.* 《詩》물결치는. 파동치는. 파도가 이는. 파도가 심한. 파동하는.

ungido *a.* (성별(聖別)의 표시로서) 머리에 기름을 뿌린. 기름 바른. 도유(塗油)한. (성체 등에) 기름(고약)을 바른. 관유(灌油)의.
— *m.* [宗] 수고자(受膏者).

ungir *v.t.* ①(성식(聖式)에서) 머리에 기름을 뿌려 신성하게 하는. (성체 등에) 기름(고약)을 바르는. 종유(終油)의 비적을 주다. 깨끗하게 하다. ②관유(灌油)하다. 윤활(潤滑)하게 하다.

—se *v.pr.* 자기의 몸(머리)에 기름(고약)을 바르다.

ungueal *a.* 발톱·며느리발톱·발굽의(같은). 발톱(손톱·발톱)을 가진.

ungüentáceo *a.* 고약의. 고약같은.

ungüentário *a.* 고약의. 연고(軟膏)의. 연고에 쓰는.

ungüento *m.* 고약. 연고(軟膏). (기계 따위의) 최활료(催滑料).《古》향료(屍體防腐用).

ungüículado *a.*〔植〕꽃잎이 발톱 모양을 한 조상화판(爪狀花瓣)의.〔動〕발톱 있는. 발굽 있는.

ungüífero *a.* 발톱 있는. 발굽이 있는.

ungüiforme *a.* 발톱 같은. 조상(爪狀)의. 제형(蹄形)의.

ungüinoso *a.* 기름의. 지방의. 지방질의. 기름기 있는.

ungüis *m.f.*〔動·解〕발톱. 며느리발톱. 발굽.〔植〕발톱 모양의 꽃받침.

ungula *f.*〔動〕발굽.〔植〕(화관의) 발톱 모양의 꽃받침.〔幾〕제상체(蹄狀體).

ungulado *a.*〔動〕발굽 있는. 유제류(有蹄類)의.

— *m.* 유제류의 동물.

unha *f.* ①손톱. 발톱. 며느리발톱. (맹금수(猛禽獸)의) 날카로운 발톱. 발굽. 제(蹄)(계의) 집게발.《俗》손. 수줌(手中). ③깍쟁이. 수전노.

unha do dedo 손톱.

unha de pé 발톱.

unha da âncora 닻혀. 묘구(錨鉤).

unhas de fome 지나친 이기주의자. 자기 욕심만 차리는 자. 심한 깍쟁이. 자기 돈은 쓰지 않고 얻어 먹기 좋아하는 자.

meter a unha 폭리를 취하다. 심하게 착취하다.

dar à unha 열심히 일하다.

lamber as unhas 타인의 손실(실패 등)을 기뻐하다.

encolher as unhas (으쓱거리던 인간이) 살금살금 움츠리다. 연화하다. 죽는 소리를 하다.

agarrar-se com unhas e dentes 단단히 매달리다.

Ter unhas na palma das mãos. 도둑질하는 버릇(盜癖)이 있다.

ser como a unha e a carne …와 매우 친하다. …과 한패다.

fazer unhas 손톱을 깎다.

unhada *f.* ①손(발)톱으로 긁기(할퀴기). 할퀴어 상처를 입히기. ②손(발)톱에 할퀸 상처.

unhador *a., m.* ①할퀴는 사람. ②〔園藝〕전지(剪枝) 취목(取木)하는 사람. (잔가지를) 손질하는 사람.

unhamento *m.*〔園藝〕취목하기. 취목으로 번식시키기. (포도의) 잔가지를 다듬기. 손질하기.

unhão *m.* 밧줄과 밧줄의 끝을 꼬아 합치기(꼬아 연결하기).

unhar *v.t.* ①손(발)톱으로 긁다(할퀴다). ②닻을 던져(날카로운 끝으로) 고성시키다. ③취목(取木)하다. 취목으로 번식시키다. (잔가지를) 다듬다. 손질하다. ④《俗》훔치다.

unheiro *m.* ①손거스러미.〔醫〕표저(瘭疽). (말·양의) 제관염(蹄冠炎)(化膿性 또는 腫瘤性).

uni *pref.* '단 하나의'·'유일(唯一)'·'단일(單一)'의 뜻.

unialado *a.*〔博〕단익(單翼)의.

uniangular *a.* 모가 하나인. 일각(一角)의.

união *f.* ①결합. 연합. 병합. 합일. (특히 나라와 나라와의 정치적) 합병. 연합. ②협동. 단결 ③화합. 일치. ④동맹활동. 조합. 접합. ⑤혼인. 결혼.

união conjugal 부부의 화합.

traço de união 연자부호(連字符號). 하이픈.

A união faz a força. 단결은 힘이다.

uniarticulado *a.*〔動〕단절(單節)의. 단관절(單關節)의.

uniaxial *a.*〔機〕단축(單軸)의. 일축(一軸)의.

únicamente *adv.* 단. 단지. 오로지. 전적으로. 유일하게.

unicapsular *a.*〔植〕단자방(單子房)의.

unicaule *a.*〔植〕줄기가 하나인. 단경(單莖)의.

unicelular *a.*〔生物〕단세포(單細胞)의. 하나의 세포로 되는.

unicidade *f.*《稀》유일성(唯一性). 단일성.

único *a.* ①단 하나의. 하나뿐인. 유일한. 단일의. 유(類)가 없는. 무쌍한. ②색다른. 별란. 진기한. 기발(奇拔)한.

único filho=filho único 외아들. 독자.

única filha 외딸.
preço único 단일 가격. 동일 가격.
prato único 단 한 가지 음식.
caso único 유일한 건(件).
única maneira 단 한 가지 방법. 유일한 수단.
rua de direção única 일방통행(一方通行)만 허락된 가로(街路).

unicolor *a.* 한 가지색의. 일색(一色)의. 단색(單色)의.

unicorne, unicórnio *a.* 뿔이 하나인 일각(一角)의. 하나의 뿔을 가지고 있는.
— *m.* 일각수(一角獸)(이마에 한 개의 비틀린 뿔과 영양(羚羊)의 궁둥이와 사자의 꼬리를 가진 말 비슷한 전설적인 동물). [聖] 외뿔 가진 들소. ②[天] 일각수좌(一角獸座). ③[紋] 일각수표(영국 왕실의 문장(紋章). 사자와 서로 대하여 방패의 왼쪽 반면에 표시된). ④[魚] 일각 돌고래. ⑤[蟲] 하늘나방과의 일종.
unicorne do mar 일각어(一角魚).
unicorne da terra 무소(무소과의 짐승).

unicotiledoneo *a.* [植] 단자엽(單子葉)의. (=*monocotiledoneo*).

unicultura *f.* 단일경작(單一耕作).

unicuspide *a.* 단첨두(單尖頭)의.

unidade *f.* ①단일(성). 유일. 개체. 통일. 통합. ②일치. 조화. 화합. ③단위(單位). 구성 단위. 본위. ④[數] 1(이라는 수). 최소 완전수. ⑤[軍] 부대(部隊).
unidade naval 해병부대.
unidade de ação. de lugar e tempo (연극에 있어서의 때와 장소와 행동의)삼일치(三一致)(*Aristotle*에서 시작하여 프랑스 고전파 희곡에 엄수된 희곡 구성상의 법칙).

unidamente *adv.* 연합하여. 협동하여. 일치하여. 통일하여.

unido *a.* (정치적으로) 합병한. 연합한. 합치된. 뭉친. 단결한. 일심동체의. 통일된. 통합된. (어떤 행동을 하려고) 협력한. 단합한. 협동한.
Estados Unidos da América (略 *EUA*) 아메리카합중국.
Organização das Nações Unidas (略 *ONU*) 국제연합기구.

unificação *f.* 통일. 단일화(單一化). 통합(統合). 합일. 귀일(歸一).

unificador *a., m.* 하나로 만드는 (사람). 통일하는 (자). 통합하는 (자). 연합하는 (자).

unificar *v.t.* 하나로 만들다. 단일화하다. 통일하다. 합병하다. 단합시키다. (의견을) 일치시키다
— *se v.pr.* 통일되다. 통합하다. 일치하다.

unifloro *a.* [植] 하나의 꽃의. 일화(一花). 단화(單花)의.

unifoliado, unifólio *a.* [植] 하나의 잎이. 단엽(單葉)의. 하나의 잎사귀만 있는.

uniformador *a.* 한 가지 모양으로 하는. 한 가지로 하는. 양식을 통일하는. 균일하게 하는. 고르게 하는.

uniformar *v.t.,* — *se v.pr.*=*uniformizar*.

uniforme *a.* ①같은 모양의. 같은 틀의. 다 같은. 균일한. ②일정한. 변치 않는. ③균등한. 균질(均質)의. 고른.
— *m.* 제복. 군복. 관복(육해군·경찰·간호부 등의). (문관의) 예복. (학생의) 교복. (일정한) 운동복.

uniformente *adv.* 한 가지 모양으로. 같은 양식으로. 일률적으로. 일정하게. 균등하게. 고르게. 똑같이.

uniformidade *f.* 한 모양. 같은 모양. 일정 불변. 제일성(齊一性). 균등(성). 일률. 균일. 단조. 무변화. 일치. 통일.

uniformização *f.* 한 모양으로 하기. 같은 모양으로 하기. 일정하게 하기. 균일(균등)화. 획일(劃一). 표준화. 단일화.

uniformizar *v.t.* ①한 가지 모양으로 하다. 똑같은 양식으로 하다. ②일정하게 하다. 균일(균등)하게 하다. 표준화하다. ③(의복·양식 등을) 통일하다. 획일하다. ④(…에) 제복을 입히다.

unigamia *f.* 일부일부(一夫一婦). 단혼제(單婚制). 일웅일자(一雄一雌).

unigamo *a.* 일부일부의. 일웅일자. 일부일부(제)를 지키는.

unigênito *m., a.* 외아들(의). 독자(의).

unijugado *a.* [植] 일대(一對)의. 대생(對生)의.

unilabiado *a.* [植] 단순(單脣)의(화판(花瓣)에 대한 말).

unilateral *a.* ①일방적인. 한 편만의. ②[法] 일방적. 편무(片務)의. ③한 쪽으로 치우치는. 한 쪽에 쏠리는.
contrato unilateral 편무계약(片務契約).

unilíngüe *a.* 한 나라말(一國語)의. 한 나라 말로 기록된.

unilobado, unilbulado *a.* [植] 단열편(單裂片)의.

uniloculado *a.* [生物] 방(房)이 하나만 있는. 단방(單房)의.

unilocular *a.* [生物] 단방(單房)의. 단실(單室)의.

uniloquo *a.* 한 사람의 의사(意思)를 나타내는.

uninervado *a.* [植] 단맥(單脈)의.

uninominal *a.* ①하나의 이름. 단명(單名)의. 이름이 하나만 있는. 단기명(單記名)의.

unioculado *a.* 하나의 눈이 있는. 외눈의. 애꾸눈의. 일안(一眼)의. [植] 단아(單芽)의.

unionismo *m.* ①연합주의(聯合主義). 통일주의. ②동업(同業)조합주의. 노동조합주의.

unionista *m., f.* 연합주의자. 통일주의자. 통일론자. 동업조합주의자. 노동조합주의자.
— *a.* 연합주의(자)의. 통일주의(자)의.

uníparo *a.* 한 번에 하나의 아기를 낳는. [動] 한 번에 하나의 새끼를 낳는.

unipedal *a.* 하나의 다리의. 외다리의. 일각(一脚)의. 하나의 다리로 서는.

unipessoal *a.* 한 사람의. 한 사람으로 되는. 「文」 단인칭(單人稱)의 비인칭(非人稱)의. (=*impessoal*).

unipessoalmente *adv.* [文] 비인칭 동사로서.

unipetalado, unipétalo *a.* [植] 단화판(單花瓣)의.

unipolar *a.* [生物] 단미(單尾)의 [神經節細胞]. [電] 단극(單極)의. 단축(單軸). 일극성(一極性)의.

unipolaridade *f.* 단극성. 일극성.

unir *v.t.* ①합치다. 합일(合一)하다. 합병하다. ②붙이다. 밀착시키다. 결합시키다. ③뭉치게 하다. 단결시키다. 협동시키다. 합동케 하다. 합체(合體)시키다. ④결혼시키다. ⑤연락시키다. 잇다.
O canal une os dois mares. 운하는 두 바다를 연락한다.
— *v.i.*, —*se v.pr.* ①합하다. 합체하다. ②뭉치다. 결속하다. 단결하다. ③일치하다. 화합(和合)하다. ④연합하다. 융합하다. ⑤혼인하다. 결혼하다. ⑥[化] 화합(化合)하다.
Unir duas famílias pelo casamento. 결혼으로서 두 가정이 단합하다.

unirrefringente *a.* [理] 단굴절(單屈折)의.

unissexuado *a.* =*unissexual*.

unissexual *a.* [植] 단성(單性)의. 암·수 한 쪽만 있는.

unissexualidade *f.* [生物] 단성(單性).

unissonância *f.* ①일음(一音). 단음(單音). ②같은 음. [樂] 동음(同音). 동음조(同音調). 단조(單調).

unissonate *a.* 같은 음의. 동음의. 음이 일치하는. 동음조의. 동률(同律)의.

uníssono *a.* 동음의. 동음조의. 음이 일치하는. 장단이 맞는. 같은 고도(高度)의. 일치(화합)하는.
— *m.* ①조화. 화합. 일치. ②[樂] 제창(齊唱). 제주(齊奏). 동음. 화음(和音).

unitário *a.* ①귀일(歸一)하는. 귀일적인. 일원(一元)의. 단일(제)의. ②[宗] 유니테리언파의. 유일신교(唯一神教)의. 유일신교를 믿는.
— *m.* ①일원론자(一元論者). ②유니테리언파(派)(교도). (삼위일체설을 배척하고 유일의 신격(神格)을 주장하며 그리스도를 신으로 인정치 않는 신교의 일파). ②단일제론자. 단일정부주의자.

unitarismo *m.* ①유니테리언파의 교의(教義). 유일신교(唯一神教). ②일원론(元論). ③단일제론. 단일정부주의.

unitivo *a.* ①결합력(結合力)이 있는. 접합력(接合力)이 있는. [宗] 신(神)과 일치하는.

univalência *f.* [化] 일가(一價).

univalente *a.* [化] 일가의.

univalve *a.* [植] 단판(單瓣)의. [貝] 단각(單殼)의. [植] (과일 따위) 단실(單室)의.

univalvular *a.* =*univalve*.

universal *a.* [詩] 우주의. 만물의. 우주적. 완전한. 절대적. ②만국의. 전세계의. 모든 사람의. 만인의. 만인 공통의. 일반적으로 행하여지는. ③(특수적인데 대해서) 전반적. 일반적. 보편적. 세계적. ④[論] 전칭(全稱)의. ⑤(사람이) 만능의. 박식한. ⑥[機] 만능의. 자재(自在)의.
exposição universal 세계(만국)박람회.
língua universal 세계 공통어.
remédio universal 만능약.
— *m.* 전반적인 일. 보편적인 것. [論] 전칭명제(全稱命題). [哲] 일반개념.

universalidade *f.* ①일반성. 보편성. 전반성. 광범. 만능. 《古》만인. ②[法] 전부. 총체.

universalismo *m.* ①세계주의. ②[神學] 보편구제설(普遍救劑說 : 인류는 결국 전부 구제된다는 설). ③다방면(多方面)함. 박식.

universalista *m.*, *f.* ①세계주의자. ②보편구제설 신봉자. ③박식가. 만능가.

universalização *f.* 일반화. 보편화. 전반(전체)에 보급하기.

universalizar *v.t.* 일반화하다. 보편화하다. (전체에) 보급시키다. 온 세상에 퍼뜨리다.

universalmente *adv.* 일반적으로. 보편적으로. 예외없이. 도처에. 널리. [論] 전칭적으로. 포괄적(包括的)으로.

universidade *f.* ①종합대학. 대학. (集合的) 대학생. 대학 당국. 대학의 교수단. ②전부. 전체. ③전반적임. 보편적임.

universitário *a.* 종합대학의.
— *m.* ①대학교수. ②대학생.

universo *m.* ①우주. ②만유(萬有). 천지만물. 삼라만상. ③세계. 만천하(의 사람들). 전인류.
— *a.* ①전반적인. 보편적인. 일반(一般)의. 전체의. ②우주의. 세계의.

univocação *f.* 하나의 뜻. [文] 일의(一意·一義). [哲] 포괄(包括). 총칭.

unívocamente *adv.* 한 가지 뜻으로. 일의적으로. 포괄적으로.

unívoco *a.* ①한 가지 뜻. 하나의 뜻의. [文] 일의(一意)의. ②같은 종류의. 같은 성질의. ③[音] 한 가지 소리의. 일음(一音)의. [樂] 동음의. 동음을 가진. 제주(齊奏)의. 제창(齊唱)의. [哲] 포괄의. 총칭의. [生物] 무성(無性)의.
idéias unívocas 성질을 같이하는 설.

uno *a.* 단 하나의. 유일한. 단일의. 단독의. 홀로의.

unóculo *a.* 하나의 눈의. 외눈의. 애꾸눈의.
— *m.* 눈 하나만 있는 사람. 애꾸눈의. 일안자(一眼者).

untadela, untadura *f.* ①기름(油脂)을 바르기. 윤활유(潤滑油)를 치기. ②기름으로 더럽히기. ③뇌물 사용. 뇌물로 매수하기.

untador *a.*, *m.* 기름을 바르는 사람. 기름 치는 사람(그릇).

untanha *f.* [動] (브라질산) 큰 찰머구리 (大模).

untar *v.t.* ①기름(油脂)을 바르다. 윤활유를 치다. ②기름(돼지기름)으로 더럽히다. 유지(油脂)투성이가 되게 하다.
untar as mãos (또는 *as unhas*) *a alguém* 아무에 뇌물을 보내다. 뇌물을 사용하다. 뇌물로 매수하다.
—**se** *v.pr.* 자기의 몸에 기름을 바르다.

unto *m.* 기름. 돼지기름. 유지(油脂). 지방.
unto de porco 돼지기름. 돼지비계.

untose *a.* =*untuoso.*

untuosamente *adv.* 기름기 있게. 미끈미끈하게.

untuosidade *f.* 기름기. 지질(脂質). 기름기 있음. 미끈미끈함.

untuoso *a.* ①기름기 있는. 기름 많은. 미끄러운. 기름 같은. 지질(脂質)의. ②마음이 부드러운. 부드러운 체하는. 아주 감동한 체하는. 감언이설(甘言利說)의.

untura *f.* ①기름 바르기. 도유(塗油). 관유(灌油). ②고약(膏藥). 연고(軟膏). ③천박(淺薄)한 학식. 피상적 지식.

upa (1) *interj.* 아! 아아! 아잇! 아이쿠!(약간 놀라움·작은 봉변·찬 것(뜨거운 것)에 닿은 자극 등에 대한 발성).
— (2) *m.* (말의) 경쾌한 도약(跳躍). (사람을 떨어뜨리려고) 궁둥이를 갑자기 치켜드는 도약.

upar *v.i.* (등에 앉은 사람을 떨어뜨리려고) 말이 궁둥이를 갑자기 들고 도약하다.

upas *m.* [植] 유우퍼스나무(자바 및 그 부근 섬에서 나는 독 있는 나무). 유우퍼스의 독(그 나무진으로 화살 끝에 칠함).

upiúba *f.* [植] (아마존 지방산) 교목(喬木) (재목은 건축에 쓰임).

upsiloide *a.* Y자형(形)의.
— *f.* [解] 두개골(頭蓋骨)의 Y자형 봉합부(縫合部).

upsilon *m.* 웁실런(그리스의 자모 스무번 째의 글자 Υ. *v.* 영어 자모의 *y.* 포르투갈어에 있어서 Y는 외래어에만 씀).

uraca *f.* 아라크술(야자즙(椰子汁). 당밀 등으로 만든 독한 양주(洋酒)).

uraco *m.* [解] 태아(胎兒)의 요관(尿管).

uraliano *a.* 우랄(산맥)의. 우랄(산맥)지방 사람의.

uralite *f.* [鑛] 일종의 각섬석(角閃石).

uralo-altaico *a.* 우랄·알타이어(*Ural-Altai*)지방. (주민)의. 우랄·알타이어족

(語族)의.

— m. 우랄·알타이어족(핀란드어·터키어·몽고어를 포함하여 동부 유럽 및 중앙아시아에 걸침).

uranar v.t. 우란과 화합(化合)하다. 우란으로 처리하다.

uranto m. [化] 우란산염(酸鹽).

urania f. ①(마다가스칼 원산의) 나비의 일종. ②[希神] 우라니어(천문학을 주관하는 *Muse*신). ③소행성(小行星).

urânico a. [化] ①우란을 함유(含有)한. 우라늄의. ②하늘의. 성학(星學)의.

urânio m. [化] 우라늄. 우란(金屬元素; 기호 U).

uranismo m. 성도착광(性倒錯狂: 남자 상호간의 淫行).

uranita, uranite f. =*uranito*.

— m. [鑛] 우라늄 운모(雲母). 우라늄광물.

urano m. ①[天] 천왕성(天王星). ②[希神] 우라너스신(神)(*Gaia*의 남편).

uranocro m. [化] 우란산화물(酸化物).

uranografia f. 천문학. 천체지(天體誌).

uranográfico a. 천문학(상)의. 천체지의.

uranógrafo m. 천문학자.

uranolito m. 운석(隕石).

uranológico a. 천문학의. 천체학(에 관한).

uranometria f. 항성위치지(恒星位置誌). 천체측량법.

uranométrico a. 천체측량법의(에 관한).

uranômetro m. 천체측량기.

uranoplastia f. [醫] 조구개술(造口蓋術).

uranorama m. 천체표시의(天體表示儀).

uranoscpia f. 점성술(占星術)(=*astrologia*).

urato m. [化] 요산염(尿酸鹽).

urbanamente adv. ①품위있게. 정중(은근)하게. 예의 있게. ②도회식(都會式)으로.

urbanidade f. ①품위있음. 세련. 우아(優雅). ②예의. 정중. 은근. ③도회식(풍). 도회생활.

urbanismo m. 도시계획. 도시화. 도시에 대한 동경.

urbanista m., f. 도시계획 기사. 도시의 현대화 또는 미화에 대한 전문가.

urbanização f. ①도시화. 도시계획(의 실시). 도회식으로 하기. ②품위있게 하기. 예의 바르게 하기.

urbanizar v.t. ①도시화하다. 도시계획을 하다. ②품위있게 하다. 예의(예절) 있게 하다. 우아하게 하다.

urbano a. ①도시의. 도회지의. 도시식(式)의. ②품위있는. 세련된. 예의 바른. 점잖은. 정중한. ③《稀》 경관(警官). 순경.

urbe f. 도시. 도회지.

urceola f. ①호형(壺形). ②[解] 낭상조직(囊狀組織).

urceolado, urceolar a. [植] 병 모양의. 호형의. [解] 낭상의.

urceolo m. [植] 병 모양의 꼬투리. [解] 호형관(壺形管).

urco m. 크고 자세(姿勢)가 좋은 말(馬).

— a. 큰. 거대한.

urdição f. [織物] 날을 틀에 걸기. 경사(經絲)를 가지런히 하기.

urdideira f. 날을 틀에 걸고 가지런히 하는 여자. 여직공(女織工). 직녀(織女).

urdidura f. ①[織物] 경사를 가지런히 하기. 날을 틀에 걸기. 경사(經絲). ②계략. 모략. 술책. 음모.

urdimaças, urdimalas m., f. 음모자. 모략가. 모사. 사기꾼.

urdimento m. =*urdidura*.

urdir v.t. ①[織物] 날을 틀에 걸다. 경사(經絲)를 가지런히 하다. (편물·직물을) 짜다. ②음모하다. 꾸미다.

urdume m. [織物] 날. 경사.

uredíneas f.(pl.) [植] 수균류(銹菌類).

uredo (1) m. 수균(銹菌).

— (2) m. 가려움. 가려운 것.

uréia f. [化] 요소(尿素).

uremia f. [醫] 요독증(尿毒症).

urêmia a. 요독증의(에 걸린).

ureometro m. 요소계(尿素計). 험뇨기(驗尿器).

uréter m. [解] 수뇨관(輸尿管)(腎臟·膀胱間의).

uretérico a. 수뇨관의(에 관한).

ureterite f. [醫] 수뇨관염(炎).

urético a. [醫] 오줌의. 요의. 이뇨(利尿)의. 요에 관한.

uretral a. 요도의.

uretralgia f. [醫] 요도 신경통(尿道神經痛). 수뇨관통(輸尿管痛).

uretralgico a. 요도신경통의. 수뇨관통의.

uretrico a. [解] 요도의.

uretrite f. [醫] 요도염(尿道炎).

uretrocistomia *f.* 요도결석 절제법(尿道結石截除法).

uretrofraxia *f.* 요도 폐색(閉塞).

uretrolítico *a.* 요도 결석 때문에 일어나는(발생하는).

uretrorragia *f.* 요도 출혈.

uretroscopia *f.* 요도 검사법.

uretroscópio *m.* 요도 검사경(檢査鏡).

uretrotomia *f.* [醫] 요도 절개술(切開術).

uretrotomo *m.* 요도 절개용 칼.

uretrovesical *a.* 요도 및 방광의.

urgebão *m.* [植] 마편초속(馬鞭草屬).

urgência *f.* ①절박. 급박. 위국(危局). 위기. ②긴급. 화급. 초미지급(焦眉之急). *com urgência* 지급히. 황급히.

urgente *a.* ①닥쳐온. 절박한. 긴급한. 초미(焦眉)의. 지급(至急)의. ②재촉이 성화같은. 귀찮게 졸라대는. 강요적. ③몰아세우듯한.
negócio urgente 급용(急用).

urgentemente *adv.* 긴급히. 화급히. 지급히. 자주 재촉하여. 긴급히 해야 할 만큼.

urgir *v.i.* 빨리 서둘다. 급히 움직이다. 바쁘다. 절박하다.
— *v.t.* ①몰다. 몰아대다. 서둘게 하다. ②재촉하다. ③자꾸 권하다. 권고하다.

uricana *f.* [植] (브라질산) 야자속(椰子屬).

uricemia *f.* [醫] 요산과다(尿酸過多)에 기인한 병상(病狀).

úrico *a.* 오줌의. 요의. 오줌에서 빼낸.
ácido úrico 요산(尿酸).

urina *f.* 오줌. 소변.

urinação *f.* 오줌누기. 방뇨(放尿). 배뇨(排尿).

urinar *v.i.* 오줌 누다. 소변보다.
— *v.t.* (오줌을) 배출하다. (혈액 따위를) 오줌과 함께 배출하다.

urinário *a.* 오줌의. 비뇨(泌尿)의.

urinatório *m.* =*urinol*.

urinífero *a.* [解] 오줌이 통하는. 오줌을 함유한.

uriniparo *a.* [解] 오줌을 만드는. 오줌이 생기게 하는.

urinol *m.* 소변기. 요강. 수뇨기. 소변소.

urinoso *a.* 오줌의. 오줌이 많은. 오줌을 함유(含有)한. 요질(尿質)의.

urna *f.* ①항아리. 작은 독. 뼈단지(骨壺). ②《古》물단지. ③[政] 투표함(投票函). ④[植] 포자낭(胞子囊).

urnário *a. urna*의. 그 꼴을 한.
— *m.* [植] 포자낭(胞子囊).

urnigero *a.* [植] 단지꼴(壺形)의 종낭(種囊)이 있는.

urningo *m.* [醫] 남자의 동성음행자(同性淫行者).

uro *m.* 서양야우(野牛)(유럽의 축우(畜牛)의 조상으로 17세기에 절멸(絶滅)).

urobilina *f.* [化] 우로빌린. 요색소(尿索素).

urocistite *f.* [醫] 방광염(膀胱炎).

urocrisia *f.* 검뇨(檢尿)에 의한 진단(診斷).

urocrítico *a.* 검뇨진단의.

urodel *a.* [動] 꼬리가 있는. 유미(有尾)의.

urodelos *m.*(*pl.*) 유미류(脊椎動物)(兩棲類).

urodialise *f.* [醫] 요폐지(尿閉止).

urodinia *f.* 이뇨통(利尿痛 : 오줌 눌 때 아픔).

uroeritrina *f.* 요(尿)의 적색소(赤色素).

urogenital *a.* 비뇨 및 생식기의.

urólito *m.* 요석(尿石). 요결석(尿結石).

urologia *f.* 비뇨기학(泌尿器學); 비뇨과학.

urológico *a.* 비뇨기학의(에 관한).

urologista *m., f.* 비뇨기연구가.

uromancia *f.* 《古·醫》요진단(尿診斷).

uropentro *m.* 오줌의 비중계(比重計).

uropigial *a.* [鳥] 궁둥이의. 미저(尾底)의.

uropígio *m.* [鳥] 새의 궁둥이. 미저(尾底). 미유기(尾隆起)의 학명(學名).

uroposese *f.* 요형성(尿形成). 요생성(尿生成). 요산출.

uropoético *a.* 요형성의. 요생성의.

uroporéia *f.* [醫] 배뇨과다(排尿過多).

uroscopia *f.* 오줌검사. 검뇨(檢尿)(법).

uroscópico *a.* 검뇨의(에 관한).

uroscopo *a.* 검뇨를 진단의 기초(基礎)로 하는(의사(醫師))에 대한 말.

urose *f.* 비뇨기병(泌尿器病).

uroxantina *f.* [化] 요의 황색소(黃色素).

urrar *v.i.* ①(맹수가) 포효하다. 우렁차게 하다. ②성을 내어 외치다. 크게 호통하다.

urro *m.* ①(맹수의) 포효(咆哮). 우렁차게 울기. ②성을 내어 외치는 소리. 노호(怒號). 큰 호통.

ursa *f.* [動] 암곰.
Ursa Maior [天] 대웅좌(大熊座).
Ursa Menor [天] 소웅좌.

ursideo *a.* 곰같은. 곰류(類)에 속하는. 곰에 관한.

ursideos *m.*(*pl.*) [動] 곰과(熊科).

ursino *a*. 곰의. 곰같은. 곰류(類)에 속하는. 곰에 관한. 곰의 특성의.

urso *m*. 〔動〕곰. 《轉》홀로 있기를 좋아하는 사람. 교제를 싫어하는 사람. 체구가 크고 둔한 사람. 미운 사나이.

ursulina *f*. 〔가톨릭〕 *ursula*회의 수녀(병인 간호와 소녀교육을 목적으로 함).

urticação *f*. 〔醫〕쐐기풀로 피부를 문지르기. 피부를 찔러 따끔따끔 자극주기.

urticáceas *f.(pl.)* 〔植〕쐐기풀류. 담마과(蕁麻科).

urticáeco *a*. 쐐기풀의. 담마과 식물의.

urticante *a*. 쐐기풀로 찌르는. 쐐기풀로 찌르듯. 따끔따끔 자극주는.

urticar *v.t*. ①쐐기풀로 찌르다. 문질러 자극주다. ②가책하다.

urficária *f*. 〔醫〕홍역. 두드러기. 발진(發疹).

urticifoliado *a*. 쐐기풀의 잎사귀같은. 담마상(蕁麻狀)의 잎이 있는.

urticineas *f.(pl.)* = *urticáceas*.

urtiga *f*. 〔植〕쐐기풀(잎에 찌르는 모용(毛茸)이 있음).
urtiga comum 보통 쐐기풀. 작은 쐐기풀.

urtigação *f*. = *urticação*.

urtigal *m*. 쐐기풀밭. 담마가 무성한 곳.

urtigão *m*. 〔植〕쐐기풀의 일종.

urtigar *v.t*. 쐐기풀로 찌르다(문지르다). 가책하다.

uru *m*. (브라질산) 곽계류(鷯鷄類)의 새

urubú *m*. ①〔鳥〕우루부우. 검은 콘도르(독수리나 매의 일종으로 몸 전체가 검고 머리(頭頂)에는 털이 없으며 인가(人家)의 부근에 살며 주로 썩은 고기를 먹는 새). ②《轉》욕심쟁이. 사리사욕에 눈이 어두운 관리. 고리대금업자. 시체매장인(埋葬人).

urubus *m.(pl.)* 브라질 북부에 사는 토인의 한 종족.

urucaiana *f*. 〔動〕(브라질산) 표범의 일종.

urucari *m*. 〔植〕(브라질산) 야자속(椰子屬) 그 과일.

urucatú *m*. (브라질산) 석산과(石蒜科)의 식물.

urucú *m*. *urucueiro*의 열매. 그 열매의 붉은 과육(赤色果肉)(붉은 염료(染料)를 만듦).

urucubaca *f*. 재수 없음. 운이 나쁨. 불운.

uruçuca *f*. 〔植〕(브라질의) 야생나무의 일종.

urucueiro *m*. 〔植〕(브라질산) 홍목과(紅木科)의 관목(灌木)(열매는 가루로 만들어 붉은 염료로 씀).

uruçui *m*. 〔蟲〕(브라질산) 작은 노랑벌.

urucuri *m*. 〔植〕= *urucari*.

urucuba *m*. 〔植〕= *urucuzeiro*.
— *f*. *uruceiro*.

Uruguai *m*. 우루과이.

uruguaiano *a*. 우루과이의.

uruguaio *a*. 우루과이(사람)의.
— *m*. 우루과이 사람.

urumbamba *f*. 〔植〕야자(椰子)의 일종.

ururau *m*. 〔動〕도마뱀류.

urutú *m*. 〔動〕향미사(響尾蛇)의 일종(毒蛇).

urzal *m*. 히이스밭.

urze, urzeira *f*. 〔植〕히이스.

urzela *f*. 〔植〕카나리아 이끼(蘚苔)(紫色染料를 냄).

usado *a*. 사용한. 이용한. 쓴. 써서 낡은. 입어서 해진. (책 따위 여러 번 봐서) 낡은.
livro usado 헌책. 고서(古書).
roupa usada 낡은 옷.
carro usado 중고차(中古車).

usagem *f*. 《廢》쓰기. 사용. 이용. 행사(行使).

usagre *m*. (= *uzagre*). (소아(小兒)의) 백선(白癬) 걸린 머리. 백선(白癬). 머리버짐. 윤선(輪癬). 습진(濕疹).

usança *f*. 풍습. 습관. 관습. 관례. 관용(慣用).

usar *v.t*. ①(물건·도구·쟁기 따위를) 쓰다. 사용하다. 이용하다. 적용하다. ②(자기의 재능·신체 등을) 행사(行使)하다. 움직이다. 활용하다. ③소비하다. 써버리다. ④(옷 따위를) 입다. 입어서 낡게 하다.
usar luvas 장갑(掌匣)을 끼다(쓰다).
usar chapéu 모자를 쓰다.
usar óculos 안경을 쓰다. 사용하다.
usar calças brancas 흰바지를 입다.
modo de usar 쓰는 방법.
Que tamanho de sapato você usa? 어떤 규격의 구두를 당신은 신습니까?
— *v.i*. ①항상 …하다. ②(+ *de*). 이용하다. 늘 쓰다. ③처신하다.
—*se v.pr*. 써서 해지다. 낡아지다. 사용하여 닳다.

usável *a*. 쓸 수 있는. 사용(이용)할 수 있는. 입을 수 있는.

useiro *a*. 늘 쓰는. 상용(常用)하는. 상습(常習)의. 관용(慣用)의. (…에) 익숙한.

항상 …하던.
ser usiro e vezeiro (…에) 버릇이 되어 있다. 항상 같은 방법을 쓰다(되풀이하다).

usina *f.* 공장. 제작소. 발전소.
usina de açucar 제당(製糖)공장.
usina de gás 가스 공장.
usina de aço 제강소(製鋼所).
usina hiderlétrica 수력발전소.

usineiro *a.* 공장의.
— *m.* 제당공장주(主).

usitar *v.t.* =*vsar*.

úsnea *f.* [植] 송라(松蘿). 《俗》(나무의) 모용(茸).

uso *m.* ①쓰기. 사용. 이용. ②사용하는 능력. 사용의 자유. 사용의 필요(기회·경우). ③[法] 사용권. 용익권(用益權). ④유용(有用). 효용. 이익. 효과. ⑤관습. 관행. 습관. 버릇. ⑥경험. ⑦유행. ⑧교제술(交際術). 처세법. 행실.
pôr em uso 사용하도록 하다.
entrar em uso 쓰기 시작하다.
fora de uso 쓰지 않다. 폐지되어 있다.
estragos pelo uso 마멸. 마손. 소모.
em uso 쓰고 있는 중. 사용 중.
uso interno 내복용(內服用)(약 따위).

ustão *f.* ①불 달은 쇠로 태우기. ②[醫] 부식(腐食)법. 소작(燒灼)법. ③[化] 연소(燃燒).

ustivo *a.* =*ustório*.

ustório *a.* 불 달은 쇠로 태우는. 달구는. [醫] 소작하는. 소작용(燒灼用)의.
espelho ustório 렌즈(볼록 렌즈).

ustulbção *f.* 열기건조(熱氣乾燥).

ustular *v.t.* 열기건조하다.

usual *a.* 보통의. 평상의. 평소의. 부단의. 통상의. 통례의. 흔한. 일상의.

usualmente *adv.* 보통으로. 일상적으로. 통례로. 평소. 평상(平常). 맨날.

usuário *a.*, *m.* [法] 용익권(用益權)이 있는 자.

usucapião *m.* [로마法] 취득시효(取得時效).

usucapiente *a.*, *m.* 시효에 의하여 취득하는 (자).

usucapir *v.i.* (로마法) 시효(時效)에 의하여 취득하다.

usucapto *a.* 시효에 의하여 취득한.

usufruir *v.t.* 용익권(수익권)을 행사하다.

usufruto, usufructo *m.* (로마法) 용익권(用益權). 수익권(收益權).

usufrutuar *v.t.* =*usufruir*.

usufrutuário *a.* 용익권의. 수익권의. 용익권이 있는.
— *m.* 용익권이 있는 자.

usura *f.* ①《古·聖》돈놀이. 대금업. ②(고리) 대금하기. 제한 외의 폭리. 폭리. ②이자. (특히)출자(出資)에 대한 이자.

usurar *v.i.* 고리(高利)로 돈을 빌리다. 고리대하다.

usurariamente *adv.* 고리 대금으로. 폭리를 취하여. 돈놀이하여.

usurário *a.* 고리의. 고리대금의. 고리대금업자의. 엄청난 이자를 받는. 폭리를 취하는. 제한 외의 이득을 받는.
— *m.* 고리대금업자. 폭리를 취하는 자. 탐욕한 사람.

usureiro *a.*, *m.* *usurário*의 변형(變形).

usurpação *f.* 권리침범. 횡령. 통치권 찬탈(簒奪).

usurpado *a.* 빼앗은. 횡령한. 권리를 침범한. 통치권을 찬탈한.

usurpador *a.* ①왕위(王位)를 빼앗는. 통치권을 찬탈하는. ②횡령하는. 권리를 침범하는.
— *m.* 왕위를 빼앗는 자. 통치권 찬탈자. 횡령자.

usurpar *v.t.* ①(신하가) 임금의 자리를 빼앗다. 통치권을 찬탈하다. ②횡령하다. 권리없이 …을 탈취하다.

usurpativo, usurpatório *a.* ①왕위를 빼앗는. 통치권 찬탈의. ②횡령의. 권리침범의.

ut *m.*《It》[樂] (팔도음계(八度音階)의) 첫째음. 주음(主音). (지금의 *dó*).

utênsil *m.*《古》=*utensílio*.

utensílio *m.* 가정용품. 각종 기구. 도구. 그릇.
utensilíos da cozinha 부엌 세간.
utensilíos do escritório 문방구(文房具).
utensílio agrícola 농기구(農機具).

uteralgia *f.* [醫] 자궁통(子宮痛).

uteremia *f.* [醫] 자궁 충혈(充血).

uterino *a.* ①[解] 자궁의. ②동복(同腹)의. 동모이부(同母異父)의.
irmãos uterinos 동모이부의 형제.
furor uterino (여자의) 성욕 항진(抗進).

útero *m.* ①[解] 자궁(子宮). ②배. 태내(胎內).

uteromania *f.* (여자의) 색정광(色情狂).

uterorragia *f.* 자궁 출혈(出血).

uteroscopia *f.* [醫] 자궁 검진(檢診).

uterotomia *f.* [外科] 자궁경 절개수술(子宮鏡切開手術).

utero-vaginal *a.* 자궁 및 질(膣)의.

útil *a.* 쓸모 있는. 유용한. 유익한. (사용에) 도움이 되는. 쓸품 있는. [法] 유효한.
tempo útil 유효기간(시간).
dia útil 평일(일요일 또는 명절을 제외한 작업일).
útil a (para) …에 쓸모 있는. 유용한. 유익한. (사용에) 적당한.
Posso ser útil? 무엇을 도와 드릴까요? 제가 도움이 되겠습니까?

utilidade *f.* ①쓸모 있음. 유익. 유용. 효용. 실리. 실효(實效). [哲·論·美術] 공리(功利). 공리성. [經] 효용(效用). ②유용물. 유익한 사물. 유익한 인물.

utilitamente *adv.* 실용적으로. 실리적으로. 실리주의로. 공리적으로.

utilitário *a.* ①공리적(功利的)인. 실용(주의)의. 실리(주의)의. ②공리주의(자)의. 공리설의.
— *m.* 공리론자. 공리주의자. 실리가(實利家). 타산적인 사람.

utilitarismo *m.* [哲] 공리설. 공리주의(소위 '최대 다수의 최대 행복'을 인간행위의 규범으로 하는 *J. Bentham* 및 *J. S. Mill* 의 윤리학설).

utilitarista *m., f.* 실리주의자. 공리주의자.
— *a.* 공리주의(자)의. 공리론(자)의.

utilização *f.* 이용. 활용. 적용.

utilizar *v.t.* 쓰다. 이용하다. 활용하다. 쓸모 있게 하다. 유용하게 하다.
— *v.i.* (…에) 쓸모 있다. 쓸품 있다. 유용하다.
—*se v.pr.* (+*de*). 이용하다.

utilizável *a.* 쓸 수 있는. 이용(활용)할 수 있는. 이용 가치가 있는.

útilmente *adv.* 쓸모 있게. 유용하게. 유익하게. 유리하게. 유효하게.

utopia *f.* ①유토피아. 이상의 나라(*Sr. Thomas More*의 작품 *Utopia*에서 말한 이상(理想)세계). ②이상사회정치. ③실현하기 어려운 계획. 공상(空想).

utópico *a.* 이상세계의. 유토피아같은. 공상적인. 몽상적인.

utopista *m., f.* ①유토피아의 주민. ②공상적 사회 개량가. 이상 사회를 꿈꾸는 자. 공상가.

utopistico *a.* ①유토피아의 주민. ②공상적 사회 개량가의.

utricular *a.* = *utrículo*.

utrículo *m.* [植] 포과(胞果). 기포(氣胞). 소낭(小囊). 전립선낭(前立攝護腺囊). (내이(內耳)의) 통낭(通囊)(막 모양의 미로(迷路)의 일부). 타원낭(惰圓囊).

utriculoso *a.* 과포가(기포·소낭·통낭이) 있는.

utuba, utuaúba *f.* (브라질산) 소태나무과 (楝科)의 식물.

uva *f.* 포도(의 열매). 포도나무.
uva espim 매자나무과의 식물.
uva espinha [植] 구즈베리(열매).
uva moscatel 머스켓 포도(포도주의 원료).
uva de cão 배풍등 무리의 독풀. 노박덩굴. 매화 노루발의 무리.
uva de urso [植] 귤의 일종.
uva passada 건포도.
cacho de uva 한 송이의 포도.

uvaça *f.* 많은 포도. 쌓여 있는 포도.

uvacupari *m.* [植] (브라질의) 야생과일 나무.

uvada *f.* ①포도로 만든 잼. 설탕에 절인 포도. ②많은 포도.

uvaia *f.* *uvaieira*의 열매.

uvaieira *f.* 정향과(丁香科)의 식물.

uval (1) *m.* 포도(열매)의. 포도에 관한. 포도속에 속하는.
— (2) *m.* 《俗》 치질 종기. 치핵(痔核).

uvalha, uvalheira *f.* [植] 정향과(丁香科) 의 식물.

uvária *f.* 번려지과(蕃荔枝科)의 식물(그 열매는 해열(解熱)에 씀).

úvea *f.* [解] (안구(眼球)의) 포도막(葡萄膜). 홍채맥락막(紅彩脈絡膜).

uveite *f.* [醫] 포도막염(炎).

uverira *f.* (포도원에서의) 포도덩굴을 올리는 나무. 포도나무의 지주(支柱).

uvico *a.* [化] 주석(酒石)의.

uvífero *a.* ①포도가 열리는. 포도를 맺는. ②포도모양(葡萄狀)의.

úvula *f.* [解] 구개수(口蓋垂). 현옹수(縣甕垂). 목젖.

uvular *a.* 목젖의(에 관한); (音聲) 연구개 (軟口蓋)(후부의).

uvulária *f.* [植] 나리(百合)의 일종.

uvulário *a.* = *uvular*.

uvuliforme *a.* [解] 목젖 모양의.
uvulite *f.* [醫] 후두염(喉頭炎).
uxi *m.* [植] 장미과(薔薇科)의 큰 나무(巨樹).
uxoriano, uxorio *a.* 처(妻)의. 처에 관한.
uxoricda *f.* 처를 죽인 남편.
uxoricídio *m.* 처를 죽이기. 처 살해죄(妻殺害罪).
uxório *a.* ①처에 속하는. 처에 관한. ②처 시하의. 아내 앞에서 사족을 못 쓰는.
uzagre *m.* =*usagre*.
uzífur, uzífuro *m.* [鑛] 진사(辰砂)(=주사(朱砂)); 적색 황화수은(赤色黃化水銀)(=*cinábrio*).
— *a.* 붉은. 붉은 빛깔의.

V, v *m.* ①포르투갈어 자모의 스물하나째 글자. ②V자꼴(의 것). ③(로마 숫자의) 5.

vã, van *a. vão*의 여성형.

vaca *f.* ①암소. ②쇠고기. ③이윤(利潤)의 원천.
vaca de leite 젖소.
carne de vaca《葡》 쇠고기(암소고기의 구별없이 통틀어 가리킴; 브라질에서는 보통 *carne de boi*라고 함).
Tornar à vaca fria. 한 번 제쳐 놓은 문제를 다시 끄집어내다. 본문제로 다시 돌아가다.

vacação *f.* ①휴가(休暇). 휴업. (일을) 쉬는 날. ②(성직자·직원 등의) 빈 자리. 공석(空席). 결위(缺位). 결원(缺員).

vacada *f.* ①암소의 떼. ②[廣義] 소의 떼.

vacagem *f.* ①소의 떼. ②우류(牛類).

vaca-loura *f.* [蟲] 하늘가재.

vaca-marinha *f.* 해우(海牛).

vacância *f.* ①빔. 공허; 빈 곳. ②방심. 망연자실(茫然自失); 무위. ③빈틈. 틈. 공백(空白). ④(지위·직업 등의) 빈 곳. 빈 자리; 결원(缺員). ⑤결원(공석)기간.

vacante *a.* ①텅 빈. 공허의. ②(집·방 따위) 든 사람이 없는. 아무노 살지 않는. 비어 있는. ③빈 자리의. 공석(空席)의. ④한가한. 《古》 무직의. ⑤《주로 詩》 (마음이나 머리의) 공허한. 텅 빈. 명한. 무기력한.

vacão *m.* 《稀·卑》 소같은 녀석; 망나니. 버릇없는 인간. 시골뜨기.

vacar *v.i.* ①비다. 비어 있다. 공허하다. ②쉬고 있다. 휴가중이다. 한가하다. 한산(閑散)하다.

vacaria *f.* ①암소의 떼; 《廣義》 소의 떼(牛群). ②외양간. 우사(牛舍). ③젖소를 기르는 곳. 유우사양소(乳牛飼養所). ④우유를 짜는 곳.

vacaril *a.* 《古》 암소의. 소의; 소에 관한.

vacatura *f.* =*vacância*.

vacilação *f.* ①정신이 흔들림. 동요. 불안정; (등불이) 흔들림. ②주저. 준순(逡巡). 우유부단.

vacilância *f.* =*vacilação*.

vacilante *a.* ①마음이 흔들리는. 동요하는. ②주저하는. 망설이는. 준순(逡巡)하는. 우유부단의. ③마음이 들뜬. 변하기 쉬운. ④(등불이) 흔들거리는.

vacilar *v.i.* ①흔들리다. 동요하다. 망설이다. 주저하다; 정신이 헛갈리다; (등불이) 흔들리다. ②비틀거리다.

vacilatório *a.* ①흔들리는. 동요하는. 동요성(性)의. 망설이는. 주저하는. ②동요하게 하는. (정신이) 헛갈리게 하는.

vacina *f.* 우두(牛痘). 우두종(種). 백신.

vacinação *f.* [醫] 백신 주사. 예방주사. 접종(接種). (특히) 종두(種痘).

vacinado *a.* 백신 주사를 놓은(맞은). 예방접종을 한. 종두를 한.
— *m.* 백신 주사를 맞은 사람.

vacinador *a.* 백신 주사를 놓는. 종두(種痘)하는. 접종하는.
— *m.* 종두의사. 우두칼(種痘刀). 접종바늘.

vacinal *a.* 우두의. 종두의. 백신의.

vacinar *v.t.* 백신 주사를 놓다. 종두하다. 예방 접종(接種)하다.

vacínio *a.* 우두의. 종두의. 두묘(痘苗)의.

vacú *m.* (브라질 북부지방산) 민물고기의 일종.

vacuidade *f.* ①빔. (특히) 마음의 공허. 명함. 망연. ②공허. 빈탕. 빈 틈. 빈 곳. ③공간. 진공. ④허영심. 자부심. ⑤아는 것이 없음. 우둔(愚鈍).

vacum *a.* 소의. 우류(牛類)의. 소에 속하는.
gado vacum 축우(畜牛).

vácuo *a.* ①《古》 빈. 텅 빈. 공허의. ②진공(眞空)의. ③마음이 텅 빈. 얼빠진. 정신나간; 아무 것도 하지 않는. 우두커니 지내는.
— *m.* ①빔. 비어 있음. 진공. ②《雅·比喻》 공허. 공백; 빈 곳. ③크고 넓은 공중. 대공(大空). 천공(天空); 공간. ④허무.
vácuo perfeito (또는 *absoluto*) 완전 진공.
tubo de vacuo 진공관.

vadeação *f.* (개천·얕은 여울 등을) 걸어 건너기. 도섭(渡涉).

vadear *v.i., v.t.* (개천·얕은 여울 등을) 걸어서 건너다. 도섭하다.

vadeável *a.* (개천 따위를) 걸어서 건널 만한. 도섭할 수 있는.

vade-mécum *m.* 《L》 휴대참고서. 필휴(必

vadeoso *a.* 물의 얕은 곳이 많은. 모래톱이 많은. 숨은 위험·장애가 많은.

vadiação *f.* ①방랑. 유랑. 부랑(浮浪); 배회. ②무위도일(無爲度日). 게으름 피기.

vadiagem *f.* 방랑(유랑)하기. 방랑한 생활. 하는 일 없이 세월 보내기.

vadiamente *adv.* 방랑(유랑)하여. 하는 일 없이. 게으르게.

vadiar *v.i.* 방랑(유랑)하다. 하는 일 없이 돌아다니다. 놀고 지내다. 빈둥빈둥 놀다. 게으름피다. 방랑(유랑)생활을 하다.

vadiaria, vadilice *f.* =*vadiagem*.

vadismo *m.* 방랑(유랑)하는 습성. 방랑생활. 나태한(게으른) 생활. 무위도식.

vadio *a.* 방랑(유랑)하는. 표류하는. 배회하는. 헤매는. 하는 일 없이 세월 보내는. 게으른.
— *m.* ①방랑자. 유랑자. 배회자. 떠돌아다니는 사람. ②놀고 지내는 사람. 하는 일 없이 세월 보내는 사람. 무위도식자. 게으름뱅이. 룸펜.

vadiote *m.* 떠돌아다니는 버릇 있는 사람. 방랑하기 좋아하는 사람; 게으른 사람.

vadoso *a.* (물의) 얕은 곳이 많은. 모래톱이 많은. 숨은 위험·장애가 많은.

vaga (1) *f.* ①큰 물결. 큰 파도. 거랑(巨浪). 창파(滄波). ②인파(人波).
— (2) *f.* ①빈자리; 공석(空席). 결원. ②여유시간. (시간적) 틈.
não ha vagas 빈자리(공석) 없음.

vagabundagem *f.* 방랑하기. 유랑하기. 부랑(유랑)생활. 게으름 피기. 빈둥빈둥 놀기.

vagabundear *v.i.* ①방랑하다. 유랑하다. ②하는 일 없이 돌아다니다. 빈둥빈둥 놀다. 한가하게 세월 보내다. 게으름 피다.

vagabundo *a.* ①방랑(유랑)하는. ②하는 일 없이 돌아다니는. 빈둥빈둥 노는. 게으른. 태만한. 일하기 싫어하는. 꾀부리는. ③《俗》질이 나쁜. 열등의.
— *m.* ①방랑자. 유랑자. 배회자. 떠도는 사람. ②하는 일 없이 세월 보내는 사람. 빈둥빈둥 노는 사람. ③게으른 사람. 나태한 인간. 일하기 싫어하는 자. ④룸펜. 게으름뱅이.

vagação *f.* =*vocação* 또는 *vacância*.

vágado *m.* 어지러움. 현훈(眩暈). 현기증.

vagalhão *m.* 큰 파도. 거랑(巨浪). 거도(巨濤).

vaga-lume *m.* [蟲] 개똥벌레.

vagamão *a.*, *m.* 《古》=*vagabundo*.

vagamente *adv.* 막연히. 애매하게; 우두커니. 멍하게; 간신히.

vagamundear *v.i.* =*vagabundear*.

vagamundo *a.*, *m.* =*vagabundo*.

vaganão *a.* =*vadio*.

vaganau *m.* ①《古》방랑자. 유랑자(流浪者). ②부랑자. 무뢰한. ③품팔이 일꾼. 짐꾼.

vagância *f.* =*vacância*.

vagante (1) *a.* 빈. 비어 있는; 자리가 빈. 공석의. 공위(空位)의.
— *f.* 빈자리. 공석(空席).
— (2) *a.* 방랑(유랑)하는. 배회하는. 정처없이 떠돌아다니는. 헤매는.

vagantio *a.* (마음이) 흔들리는. 동요하는; 변하기 쉬운. 진정 못하는.

vagão *m.* ①(철도의) 화차. 무개(無蓋) 화차; 객차. ②《古》짐마차(바퀴 넷; 보통 두 필 이상의 말이 끎). ③[炭鑛] 광차(鑛車).
vagão fechado [鐵道] 화물차. 유개(有蓋)화차.
vagão de carga 짐차. 화차(貨車).
vagão raso [鐵道] 테두리 없는 짐차. 뚜껑과 옆이 없는 화차. 대차(臺車)(길다란 물건을 싣는).
vagão salão [美] 특등객차.
vagão restaurante 식당차.

vagar (1) *m.* ①급하지 않음; 천천히. 느림. 더디고 느림. 완만(緩慢). 지완(遲緩).
de vagar (=*devagar*) 천천히. 서서히. 완만히.
com vagar 틈이 있어서. 한가해서. 여유시간을 가지고.
no meu vagar 내가 틈이 있을 때. 내가 편리할 때.
não ter vagar 틈(한가한 시간)이 없다.
— (2) *v.i.* ①비다. 텅비다; 자리가 비다. 공석(空席)이 되다. ②(시간적) 여유가 생기다. 틈이 있다. 한가해지다.
— (3) *v.i.* ①방랑(放浪)하다. 유랑(流浪)하다. (정처없이) 떠돌아다니다. ②표류하다. 파도에 밀려다니다.

vagarento *a.* =*vagaroso*.

vagareza *f.* 느림. 굼뜸. 천천함. 완만. 지완(遲緩).

vagarosa *f.* 《葡·俗》옥(獄). 감옥.

vagarosamente *adv*. 느리게. 천천히. 서서히. 소리가 안 날 정도로. 가만히. 조용히.

vagaroso *a*. 느린. 굼뜬. 천천한. 완만한. 시간 걸리는. 서서히 하는.

vagatura *f*. (=*vacatura*). ①비어 있음. 공석(空席). 결원상태. ②공석(결원) 기간.

vagem *f*. [植] ①꼬투리. 협(莢); ②껍질. 외피(外皮). ③채 여물지 않은 강낭콩(꼬투리 있는). 꼬투리 있는 풋콩(요리용).

vagido *m*. ①아기의 울음소리. 응아응아 하는 소리. ②소리내어 울기. 호읍(號泣); 통곡.

vagiforme *a*. =*vaginiforme*.

vagina *f*. ① 《L》 칼집. ②[解] 질(膣). 협막(莢膜). ③[植] 엽초(葉鞘).

vaginal *a*. 칼집 모양의; [解] 질의. 협막의. [植] 엽초의.

vaginela *f*. [植] 작은 엽초(小葉鞘).

vaginiforme *a*. 칼집 모양의. [植] 엽초 같은.

vaginismo *m*. 질의 경련(痙攣). 질경(膣痙).

vaginite *f*. [醫] 질염(膣炎).

vaginoscopia *f*. [醫] 질검사(膣檢査).

vaginula *f*. [植] 엽각(葉脚)을 에워싼 꼬투리(莢).

vaginulado *a*. *vaginula*가 있는.

vagir *v.i*. 아기가 울다. 응아응아 울다. 소리내어 울다.

— *m*. 아기의 울음소리. 응아응아 우는 소리.

vago (1) *a*. ①빈. 텅 빈. 비어 있는. ②공석(空席)의. 결원(缺員)의. ③틈이 있는. 여가가 있는. 한가한. ④[法] (유산에 대한) 상속자가 없는. 무주(無主)의.

lugar vago 빈 자리. 공석.

casa vaga 빈 집. 사람이 살고 있지 않는 집.

horas vagas 여유시간. 여가.

de vago 시간이 있을 때. 한가한 때.

— (2) *a*. ①떠돌아다니는. 방랑하는. 유랑하는. 배회(徘徊)하는. 방황하는. ②일정하지 않은. 자주 변하는. ③막연한. 애매한. 흐리멍텅한.

dores vagos 국소(局所)가 일정치 않은 아픔.

nervo vago [解] 미주신경(迷走神經).

— *m*. ①막연한 일. 애매한 것; 몽롱. 흐리멍텅. ②[解] 미주신경.

vagoneiro *m*. ①짐마차(화차·객차 따위)를 만드는 사람. ②《俗》 기차(열차) 차장.

vagoneta *f*. 손수레. 트롤리; 소형 무개 화차.

vagonete *m*. ①=*vagoneta*. ②작은 화차. 작은 짐차. [炭鑛] 작은 광차(鑛車).

vagueação *f*. ①방랑. 유랑; 배회(徘徊). 방황(彷徨). ②편력(遍歷). ③(마음의) 동요. 침착치 못함. 망설이기; 일시적 기분. 변덕.

vaguear *v.i*. ①방랑(유랑)하다. 정처없이 돌아다니다. 헤매어 돌아다니다. 방황하다. 배회하다. ②하는 일 없이 돌아다니다. 허송세월하다. 나태하다(게으르게) 살다. ③(마음이) 흔들리다. 동요하다. 이생각 저생각 하다. ④파도에 떠다니다. 표류하다. 부유(浮遊)하다.

vaguejar *v.i*. =*vaguear*.

vagueza *f*. ①막연. 모호. ②(그림의) 중간색. 간색(間色).

vaia *f*. 욕하는 소리. 욕설. 조매. 조롱(嘲弄). 빈정대기. 빈정대는 소리.

dar vaia 빈정대다. 놀려대다. 야유하다.

vaiador *a., m*. 욕하는 (사람). 욕설 퍼붓는 (사람). 조매하는 (자). 빈정대는 (자).

vaiar *v.i., v.t*. ①빈정대다. 놀려대다. 야유하다. ②조롱하다. 조소하다. ③[競] (선수·심판관 등에 대한) 불평의 소리를 지르다. 고함치며 욕설 퍼붓다.

vaidade *f*. ①텅 빔. 공허. 덧없음. 무상(無常). 무의미. 무익. 부질없음. ②허망한 또는 쓸데없는 사물. 무익한(보잘 것 없는) 사물·행위 (등). ③허영. 허식. 부화(浮華). 허영심. (재능·용모 등의) 자부(自負). 자만.

vaidosamente *adv*. ①헛되게. 무의미하게. ②자만(자부)하여. 저 잘난 체하여. 뽐내어.

vaidoso *a*. ①빈. 공허한. 헛된. 무효한. 무익한. 쓸데없는. ②외양만의. 허식적인. 부허(浮虛)한. ③허영심 있는. 자만하는. 저 잘난 체하는. 뽐내는.

— *m*. 허영심이 많은 사람. 자부심이 강한 사람. 저 잘난 체하는 이.

vai-não-vai *m*. ①짧은 동안. 찰나(刹那). 순간. ②결단이 없음. 이랬다저랬다 하기. 갈 듯 안 갈 듯하기. 할 듯 안 할 듯하기.

Estive vai-não-vai para ser atropelado. 하마터면 차에 칠 뻔했다.

vaivém *m*. ①갔다왔다 하기. 왔다갔다 하기. 왕래(注來). 내왕. ②오르내리기. 고하(高下). 파동. 동요; 변동. 흥망(특히 환경·경험·세상 등의) 변동. 영고(榮枯). ③변천. 전변무상(轉變無常). ④순환. 교체(交替). ⑤《古》파성추(破城槌).
porta vaivém 밀어도 열리고 당겨도 열리는 문.
os vaivéns da sorte 인생의 부침(浮沈). 영고성쇠.
Fazer movimento de vaivém. 왔다갔다 하는 운동을 하다.

vala *f*. ①긴 도랑. 배수구(排水溝). 호(壕). ②《古》공동묘혈(共同墓穴).

valada *f*. ①긴 도랑. 깊고 좁은 도랑. ②계곡(溪谷).

valado *a*. ①사면(四面)에 도랑을 판 ; (성곽 따위의) 주위에 호를 판. ②산울타리로 에워싼. (땅 따위) 말뚝 울타리로 사면을 막은.
— *m*. ①도랑과 병행(並行)한 말뚝 울타리(柵). ②밖으로 호를 파고 안으로 말뚝을(열지어) 박은 위요지(圍繞地). ③담으로 에워싼 토지.

valador *a*., *m*. 도랑을 파고 말뚝을 박는 사람. 호를 파고 울타리를 만드는 사람.

valagem *f*. 울타리와 병행하여 도랑을 파기. 호(壕)와 병행하여 울타리를(담벽을) 만들기.

valar (1) *v.t.* ①(특히 울타리 또는 담벽 밖에) 호를 파다. 도랑을 파다. 배수구(排水溝)를 만들다. 호 또는 도랑과 병행하여 울타리를 만들다(말뚝을 박다). ②(호를 파고 울타리를 만들고) 방어하다.
— (2) *a*. ①도랑의. 호(壕)의. ②위요(圍繞)의.

valdeiro *a*. 방랑자. 유랑자(流浪者) ; 거처(居處)가 일정치 않는 사람. 부랑자.

valdevinos *m*. ①떠돌아다니는 사람. 방랑자. 부랑자. 무뢰한. 파렴치한. 비열한 인간.

vale (1) *m*. ①지불증(支拂證). 수금표시증(受金表示證). (빚돈에 대한) 영수증. ②(급료(給料)받기 전에) 앞당겨 쓰는 돈.
vale postal 우편환(郵便換).
tirar vale (월급·임금 따위 받기 전에) 선금을 당겨 쓰다.
— (2) *m*. 골짜기. 계곡(溪谷) ; 산간저지(山間低地).
por montes e vales 산을 넘고 골짝을 건너서. 원근에. 곳곳에. 도처에.
vale de lágrimas 눈물의 사바(娑婆). 고난과 슬픔이 많은 하계(下界).
— (3) *interj*.《L》*Vale!* 그러면 잘 가시오! 안녕히!
— *m*. 작별. 이별 ; 작별의 인사(편지 등).

valedio *a*. 가치 있는. 유통가치 있는. (화폐 따위) 통용하는.

valedor, valedouro *a*. ①도움이 되는. 유용한. 쓸모 있는. ②보호하는. 보호해 주는.
— *m*. 원조자. 보호자. 옹호자.

valeira *f*. 작은 도랑. 작은 호(小壕).

valeiro *m*. = *valeta*.

valejo *m*. 작은 골짜기. 작은 계곡.

valência *f*. [化] 원자가(原子價).

valenciana *f*. ①북부 프랑스의 도시. ②발란시엔레이스(프랑스 또는 벨기에에 산의 고급 레이스).

valencianite *f*. [鑛] 장석(長石)의 일종.

valentaço *m*. = *valentão*.

valentão *m*. ①아주 용감한 사람. 큰 용사. ②《稽》용감한 체하는 사람. 기운이 있는 듯이 뽐내는 사람. 허세부리는 자. 허풍선이.
— *a*. 용감한 체하는. 뽐내는. 으쓱하는. 자랑하는. 허풍떠는. 거만한. 오만한. 존대(尊大)한.

valente *a*. ①용감한. 씩씩한. 강용(强勇)한. ②굳센. 강장(强壯)한. 튼튼한. ③심한. 맹렬한.
— *m*. 용감한 사람. 씩씩한 사나이. 용사(勇士).

valentemente *adv*. 용감하게. 씩씩하게.

valentia *f*. ①용감함. 과감함. 씩씩함. ②용기. 용맹. 무용(武勇). 강용(强勇); 큰 힘. 세력. ③용감한(씩씩한) 행동.

valentona *f*. 용감한 여성. 씩씩한 여자. 여장부.
à valentona 힘으로 폭력으로 ; 야수적으로.

valer *v.i.* ①(…에 해당하는) 가치가 있다. 값어치가 있다; (값이 …에) 상당하다. (…에) 해당하다. ②도움이 되다. 유용하다. ③돕다. 원조하다. 구원하다.
valer muito (pouco, nada) 가치가 많다(적다·없다).
valer o preço 값이 타당하다. 값어치가 있다.

valer a pena 애쓴 보람이 있다. 노력한 가치가 있다.
Não valer a pena escrever. 글 쓸 만한 일이 못 된다. 글 써도 아무런 보람이 없다.
Não vale um caracol. 한 푼의 가치도 없다.
Um dólar vale 6 cruzeiros. 1달러는 6 그루제이로에 해당한다.
Tanto vale um como outro. 둘 다 똑같은 가치가 있다. (가격상) 둘 다 똑같다.
Valha-me Deus! 신이여 보옵소서! 제발 하느님!
Mais vale pouco do que nada. 없는 것보다(약간이라도) 있는 것이 낫다.
Mais vale um pássaro na mão que dois a voar. 손 안의 한 마리의 새는 숲속의 두 마리의 새 값어치가 있다. 남의 돈 천냥이 내 돈 한 푼만 못하다.
Mais vale tarde do que nunca.《諺》 늦어도 안 하기 보다는 낫다.
Vale mais só que mal acompanhado. 나쁜 친구와 함께 있기 보다는 차라리 홀로 있는 것이 낫다.
—*se. v.pr.* (+*de*) …의 가치가 있다. 쓸모 있다. 이용되다.

valeriana *f.* [植] 쥐오줌풀 ; [藥] 그 말린 뿌리(신경진정제).

valerianáceas *f.(pl.)* [植] 쥐오줌풀속(屬).

valeriánico, valerico *a.* 쥐오줌풀의.

valeta *f.* 도랑. 긴 도랑. 도로와 병행한 배수구. 방수로(放水路). 하수구(下水溝).

valete *m.* ①(트럼프) 잭. ②악한. 무뢰한.

valetudinário *a.* ①병약한. 허약한. 수척한. ②건강을 염려하는.

valhacouto, valhacoito *m.* ①(죄인 따위) 숨은 곳. 피난처. 음폐소. 도적(비적)의 소굴. ②보호. 음폐. ③구실.

valher *v.i.*《古》=*valer*.

valia *f.* ①가치. 값. 진가(眞價). 실제 가격. ②진의(眞意). 정확한 의미. ③[畵] 밸류. 명암(明暗); [樂] (음표의) 음의 장단(長短). [數] 값. 치(値). ④공로(功勞). 공훈. ⑤(…을) 더 좋아하기. 편애(偏愛); 편들기.

validação *f.* 유효하게 하기(되기). 확인. 비준(批准).

validade *f.* 정당함. 정당성. 타당성. 납득(納得). (양해)시키는 힘. [法] 효력. 유효성.
perder a validade 실효(失效)하다. 무효로 되다.

validamente *adv.* 유효하게. 정당(타당)하게. 확실히.

validar *v.t.* (법률적으로) 유효케 하다 ; 확인하다. 근거 있는 것으로 만들다.

validez *f.* 효력 있음. 유효함 ; 정당함. 타당함. 확실성.

valido *a.* ①보호된. 옹호된. 혜택 받는. ②귀여움 받는. 총애(寵愛)되는.
— *m.* 마음에 드는 이. 총애 받는 이. 귀여움 받는 이.

válido *a.* ①(법률상) 효력 있는. 유효한. ②(약 따위) 효과 있는. 효능(效能) 있는. ③확실한 근거(정당한 이유) 있는. 정당(타당)한. ④가치 있는. 유력한. ⑤(육체적으로) 건전한. 완전한. 강장(强壯)한.

valimento *m.* ①가치. 가격. 값. ②공로(功勞). 공적(功績). ③세력. 영향력. ④(아무의) 마음에 들기. 귀여움 받기. 총애(寵愛). 은총(恩寵). ⑤신망. 신용.

valiosamente *adv.* 유효하게. 유식하게. 유력하게.

valioso *a.* ①값비싼. 금전적 가치가 있는. ②귀한. 귀중한. ③효력 있는. 유효한. ④힘이 되는. 도움이 되는. 유력한.

valisa, valise *f.* 여행용 손가방. 여행 백. 배낭(背囊).

valo *m.* ①(옛 로마)(말뚝·뗏장·목책 등으로 만든) 누벽(壘壁). 보루(堡壘). ②참호. 호(壕). ③표(表). 일람표.

valor *m.* ①가치. 값. 가격. 진가(眞價). 대가. ②진의(眞意). 정확한 의무. ③[畵] 밸류. 명암(明暗); [樂] (음표의) 음의 장단(長短). [數] 값. 치(値). ④(특히 싸움터의 용사들의) 용감. 용기. 용맹. 무용(武勇); 공로. 공적(功績) ; 공덕(功德). ⑤힘. 세력.
valores (pl.) [商] 차용증서. 공채. 채권. 증권. 유가증권(有價證券). 증권용지.
valor intrínseco 고유가치(固有價值).
valor extrínseco 법정가치.
dar valor a (…의) 값을 정하다. 평가하다.
pouco valor 가치가 적은.
sem valor 가치가 없는. 무가치의.

valorização *f.* ①값을 정하기. 가치판단. 평가액(額). 견적가격. 사정가격. ②값이

valorizar v.t. ①가격을 붙이다(정하다). ②(정부가) 물가를 고정하다. 물가를 안정시키다. 가격을 지정하다(조절하다).

valorosamente adv. 용감하게. 씩씩하게. 굳세게.

valorosidade f. 용감성. 굳셈. 강용(強勇)함.

valoroso a. ①용감한. 굳센. 씩씩한. 강용한. ②(술·약 따위의 도수가) 센. 독한. 강렬한. ③《古》가치 있는.

valoso a. 《古·俗》=valioso.

valquíria f. (北歐神) Valhalla 궁전에 시중드는 12시녀의 한 사람(Odin신의 명령에 따라 공중에 말을 달려 전사할 사람을 골라서 그 영혼을 Valhalla 궁전의 향연으로 이끌어 간다는).

valsa f. 왈츠(3박자의 우아한 사교적 원무(圓舞)); 왈츠(원무)곡.

valsador m. 왈츠를 추는 사람.

valsista m.f. 왈츠를 추는 사람.

valva f. [植](꼬투리의) 판(瓣). [動·貝·蟲] 껍질. 껍데기. 조가비. 비늘.

valvar a. [貝] 조가비의. 패각(貝殼)의 ; 껍질의.

valverde m. ①[植] 봉선화과(鳳仙花科)의 식물 ; 삼(杉)나무의 일종. ②꽃불의 일종.

valviforme a. 판(瓣) 비슷한. 판 꼴을 한.

valvula f. ①(장치의) 판(瓣). 밸브. (수문의) 물고 막는 판. ②[解·動] 판. 판막(瓣膜) ; (조개의) 껍질. 판. [植] (꼬투리의)판(瓣). ③[無線] 진공관.
valvula de segurança 안전판.
valvula de radio 진공관(眞空管).

valvulado a. 판(瓣)이 있는. 밸브가 있는 (…)판의.

valvular a. 판의. 심장판막의 ; 판이 많은.

valvulite f. [醫] 심장판막염(炎).

vãmente adv. 무익하게. 쓸데없이. 헛되이. 공연히.

vampírico a. 흡혈귀의. 흡혈귀 같은.

vampirismo m. ①흡혈귀의 존재를 믿기. ②혹심한 착취주의. 고혈(膏血)을 짜는 정책(행위). ③탐욕(貪慾).

vampiro m. ①흡혈귀(吸血鬼) ; 시체에서 소생하여 밤에 잠자는 사람의 생피를 빨아먹는다고 함). ②남의 고혈을 빨아 먹고 사는 사람. 심한 착취자. 부정축재자. ③[動] 흡혈(吸血) 박쥐(남아메리카 열대지방산).

van, vã a. vão의 여성형.

vanadato m. [化] 바나딘산염(酸鹽).

vanadico a. [化] 바나딘의. 바다듐의. 바나듐에서 빼낸.

vanadinite f. [鑛] 바나듐 광(鑛). 갈연광(褐鉛鑛).

vanádio m. [化] 바나딘. 바나듐(稀有元素 ; 기호 V).

vanadoso a. [化] 바나듐을 함유하는.

vandálico a. 반달 사람의. 예술·문화 파괴적인. 야만의.

vandalismo m. ①반달인풍(風). ②예술·문화의 파괴 ; 만풍. 만행.

vândalo m. 반달 사람(5세기에 서부 유럽에 침입. 로마를 겁략한 게르만의 한 민족. 로마문화의 파괴자) ; 문예·미술의 파괴자.
— a. ①반달 사람의. ②예술·문화를 파괴하는. 비문명적인. 야만적인.

vanescer v.i. 사라지다. 소실(消失)되다. 없어지다. 소멸하다.

vanglória f. 자만심. 자기도취. (강한) 허영심. 허식(虛飾). 과시(誇示).

vangloriar v.t. ①(…을) 자랑하다. 과시하다.
—se v.pr. 뽐내다. 으쓱하다. 자랑하다. 자만하다. 자기도취하다.

vangloriosamente adv. 크게 자랑삼아. 허영심 많게. 자만스럽게.

vanglorioso a. ①자만심이 강한 ; 허영심많은. ②자만에서 오는. 허영심을 나타내는.

vanguarda f. ①전위(前衛). (전투 대형에 있어서의 함대의) 선두. ②《比喩》(사회·정치운동 등의) 선도자. 선봉. 선구.
ir na vanguarda 선두에 서서 가다. 앞장 서다.

vanilina f. ①[植] 바닐라(열대 아메리카산의 덩굴진 난초과의 상록식물). ②바닐라 콩 ; 바닐라 에센스(그 열매에서 뺀 향미료).

vaniloquência f. ①말 많음. (말이) 장황함 ; 다변(多辯). 장광설(長廣舌). ②허풍. 방언(放言). 방담(放談).

vaniloquente a. ①말 많은. 다변의. 용만(冗漫)한. ②허풍떠는. 큰소리치는.

vanilôquio *m.* 쓸데없는 이야기. 헛된 소리. 흥미 없는 잡담.

vaniloquo *a.* ①말이 많은. 용감한. 다변의. ②헛된 소리하는. 쓸데없는 이야기를 하는. ③허풍 떠는. 큰소리치는. 호언장담하는. 방언(放言)하는.

vaníssimo *a.* (*vão*의 최상급). 전혀 쓸데없는. 아주 헛된.

vantagem *f.* 이익. 이득. 보익(補益). 유리. 편의. 이점(利點). 유리한 지위(조건). 우세. 우월.

levar vantagem sobre …에 초월하다. 우월하다. 아무보다 낫다.

tirar vantagem 이득을 보다. 이점을 가지다. 틈타다.

as vantagens e desvantagens 장점과 단점 ; 여당과 야당 ; 곡절.

temos uma vantagem de 6 pontos 우리는 6점 리드하고 있다. 6점 앞서 있다.

as vantagens são 5 a 2. 5대 2라는 유리한 조건이다.

vantajar *v.t., v.i.* (…을) 능가하다. 이득을 취하다. [競] (점수 따위) 앞서다.

vantajosamente *adv.* 유리(유익)하게. 이익(이득)이 되도록.

vantajoso *a.* 유리한. 유익한. 이익(이득)이 되는. 유용한.

É um negócio vantajoso. 이익이 되는 거래다. 이득이 있는 장사다.

vante *f.* (배의) 앞부분. 맨 앞부분. 선수(船首).

vão (1) *a.* ①빈. 텅 빈. 공허(空虛)의. 공간의. ②헛된. 무익한. 쓸데없는. 터무니 없는. 효과 없는. 보람이 없는. ③보잘 것 없는. 변변치 않은. ④거짓의. 외형뿐인. ⑤공상(空想)적인. 가공적인. ⑥허세부리는. 뽐내는. 으쓱하는.

— *m.* ①빈 곳. 공간(空間). 공허 ②헛것. 노이무공(勞而無功).

vão de escada 층계 아래의 공간.

vão do elevador 승강기(엘리베이터) 오르내리는 공간.

em vão 쓸데없이. 공연히. 헛되이.

— (2) 동사 *ir*의 직설법. 현재 3인칭 복수 및 접속법. 현재 3인칭 복수.

vápido *a.*《詩》취미 없는. 흥미(묘미) 없는. 맛없는. 김빠진.

vapor (1) *m.* (공기중의) 증발기(수증기・안개 등). [理] 증기. 기선(汽船). 증기선.

③《比喩》부질없는 공상. 허황한 생각.

cavalo vapor [機] 마력(馬力).

maquina de vapor 증기기관.

vapor de rodas 윤선(輪船).

vaporação *f.* (= *evaporação*). 증발. 발산.

vaporar *v.t.* (= *evaporar*). 증발시키다. 발산시키다.

— *v.i.* 증발하다. 발산하다.

vaporável *a.* 증발할 수(시킬 수) 있는.

vaporifero *a.* 증기가 되는(되게 하는). 증기 나는.

vaporimetro *m.* 증발기계(氣計). 기압주정계(汽壓酒精計).

vaporização *f.* ①증발(蒸發). 기화(氣化). 기화작용. ②[醫] 증기요법(蒸氣療法).

vaporizador *a.* 증발시키는. 기화시키는.

— *m.* 증발기(器). 기화기(향수 따위의) 분무기(噴霧器).

vaporizar *v.t.* 증발시키다. 기화시키다. 기체(氣體)로 변하게 하다.

— *v.i.*, — *se v.pr.* 증발하다. 수증기가 되다. 기화하다. 기체로 변하다.

vaporoso *a.* ①증기 비슷한. 기상(氣狀)의. ②공기같은. 매우 가벼운. ③증기가 많은. 안개 자욱한. ④희미한. 막막한. 애매한. 오리무중의. ⑤(공기・바람처럼) 겉잡을 수 없는. 허무한. 공허한. 공상적인.

vapular *v.t.* 때리다. 치다. 구타하다.

vaqueanaço *m.*《稽》숙련된 길 안내인.

vaqueanar *v.i.* 길 안내인의 역할하다. 안내인 노릇하다.

vaqueano *m.* 길 안내인. (지방의) 지리를 잘 아는 사람.

vaqueijada *f.* 목축(牧畜)을 한 곳에 모으기. 일정한 장소에 집합시키기.

vaqueira *f.* 목장에서 일보는 여자. 소치는 여자.

vaqueiragem *f.* 소몰이꾼(카우보이)의 일(직업).

vaqueirama *f.* 소모는 사람(카우보이)의 떼.

vaqueirar *v.t.* 소몰이를 하다. 목동 노릇을 하다. 카우보이 역할을 하다.

vaqueiro *m.* ①(브라질에서는 보통) 소몰이꾼. 목부(牧夫). 카우보이. 목동. ②(스페인령(領) 중부아메리카・멕시코 등의) 가축 상인. 목축자. 소치는 사람.

vaquejada *f.* = *vaqueijada*.

vaqueta (1) 안에 대는 얇은 가죽(양가죽).

— (2) *f.* 양산(우산)의 살.

vaquilhona *f.* (아직 새끼를 낳지 않은) 어린 암소.

vara *f.* ①(나무의) 어린 가지. 작은 가지. 가는 가지. ②막대. 대. 낚싯대. 저울대. ③지팡이. (곤봉으로 쓸 만한) 나뭇대. ④매. 매질. 징계(懲戒). ⑤직표(職標). 권표. 권력. 권능. ⑥[機] 간(桿). 연간(連桿). 측량 막대. 막대자(5.5碼). [電] 피뢰침. ⑦(돼지 따위의) 떼.
vara de barco 배를 저어가는 긴 나뭇대(棹). 노간(櫓桿).
vara para cortina 커튼을 다는 가름대.
salto á vara 봉고도(棒高跳).
vara de porco 떼.
camisa de onze varas. ①《古·宗》신앙을 승인할 때의 사형수(死刑囚)가 입는 흰옷. ②곤란한 처지. 곤경. 궁지(窮地). 꼼짝달싹 못하는 입장.
Tremer como varas verdes. 사시나무 떨 듯 벌벌 떨다.

varação *f.* ①긴 나뭇대(막대기)로 치기. ②배를 강변(해변)에 끌어올리기(수리 또는 보존하기 위하여). ③꿰뚫기. 관통(貫通).

varada *f.* 긴 나뭇대(막대기)로 치기. 그것에 맞은 상태.

vara-de-ouro *m.* [植] 메역취속(屬). 《英》 *golden-rod.*

varado *a.* ①(모래 있는 강변 또는 언덕으로)배를 끌어올린. ②배가 모래톱에 얹혀진. 좌초(坐礁)한. ③꿰뚫은. 관통한. ④깜짝놀란. 경악한.

varador *m.* ①(술통의) 검량관(檢量官). ②징세리(徵稅吏). 세금징수원.

varadouro *m.* ①배를 끌어올리는 곳. ②회합장소. 집합소. 집회소.

varal *m.* ①끌채. 수레채. 화살대. 창의 자루. 긴 자루.

varanda *f.* ①베란다. 툇마루. 발코니. 노대(露臺). ②기름 압착기(壓搾機)의 톱니 있는 바퀴[齒車輪].

varandim *m.* 작은(좁은) 베란다. 작은 노대. ②(창(窓)의) 난간(레일).

varano *m.* [動] 도마뱀의 일종.

varão (1) *m.* 남자. 사나이. 성인(成人). 어른. 대장부. 몸차림 등 부끄럽지 않은 사람.
— *a.* 남성의. 사내의.
filho varão 아들. 사내자식.
— (2) *m.* 굵한 나뭇대. 긴 막대기. 굵은 나뭇가지. (굵은) 철봉(鐵棒).
varão de ferro 굵은 철봉.

varapau *m.* 긴 막대. (몽둥이로 쓸 수 있는) 나뭇대. 긴 곤봉. (목동의) 지팡이.
varapau de pastor 목부(牧夫)의 손잡이가 구부러진 지팡이.

varar *v.t.* ①막대기로(곤봉으로) 치다. 때리다. ②배를 모래 있는 언덕 위로 끌어올리다(수리 또는 보존하기 위하여). ③구멍을 파다. 꿰뚫다. ④쫓아버리다. 구축(驅逐)하다. ⑤건너가다. 건너다. ⑥깜짝 놀라게 하다.
— *v.i.* ①배가 모래 있는 언덕 위로 올라오다. ②모래톱에 앉다. 좌초(坐礁)하다. ③(+*por*). (…의) 위를 뛰어 넘다. 도월(跳越)하다.

varear *v.t.* ①(배를 저어가는) 긴 나뭇대(櫓桿)로 배를 젓다. 배를 저어가다. ②*vara* (일종의 막대자)로 배를 재다.

vareio *m.* ①치기. 때리기. ②깜짝 놀라기. 경악. ③견책(譴責). 질책.

vareiro *m.* ①긴 나뭇대(櫓桿)로 배를 젓는 사람. 어부(漁夫). ②나무켜는 대(臺).

vareja (1) *f.* ①쉬파리. 청파리. ②쉬파리(청파리)의 알.
— (2) *f.* 나무의 과일을 긴 막대기로 쳐서 떨어뜨리기.

varejador *a.m.* ①나무 위의 과일을 긴 막대기로 쳐서 떨구는 (사람). ②밀수품 또는 장품(臟品)을 찾는 (사람).

varejadura *f.* = *varejamento.*
— *m.* ①나무 위의 과일을 긴 막대기로 쳐서 떨어뜨리기. ②밀수품·장품·절한 물건 따위를 찾기(수색하기). ③(일종의 자(尺)로) 상품을 검사하기. 검량(檢量)하기. ④사격(射擊). 포화의 세례. ⑤비로 쓸기. 쓸어버리기. 소탕(掃蕩).

varejão *m.* 긴 막대기. 장간(長竿).

varejar *v.t.* ①나무 위의 과일을 긴 막대기로 쳐서 떨구다. ②밀수품(장품(臟品))을 찾다. ③(일종의 자(尺)로) 상품을 검사하다. 검량하다. ④사격하다. 포화(砲火)를 퍼붓다. 맹렬히 포격하다. ⑤비로 쓸다. ⑥소탕하다.

varejeira *f.* [蟲] 쉬파리. 청파리.

varejista *a.* 소매(小賣)하는. 소매의.
— *m., f.* 소매상인.

varejo (1) *m.* 소매(小賣). 산매(散賣).
a varejo 소매로. 산매로.

poratacado ou varejo 도매 또는 소매로. — (2) *m.* ①나무 위의 과일을 긴 나뭇대로 쳐서 떨어뜨리기. ②밀수품 또는 장품을 찾기(수색하기). ③상품검사. 검량(檢量). ④총사격. 맹렬한 포격. ⑤혹평. 심한 비난. 호된 꾸지람.

varela, varelha *f.* 작은 막대. 가는 나뭇가지.

vareque *m.* [植] 해조(海藻). 해초(海草).

vareta *f.* ①가는 나뭇대. 가는 쇠몽둥이. 작은 철봉(鐵棒). ②부채의 살. 양산(우산)의 살. ③컴퍼스(兩脚器)의 다리. ④(총의)탄약 꽂을대. 양각기(탄약재)는 쇠꼬치.

varga (1) *f.* 늪(못)이 많은 평야.
— (2) *f.* 물고기를 잡는 일종의 덫 또는 그물.

varge, vargea, vargem *f.* =*varzea*.

vargueiro *m. varga* (2)을 만드는 사람.

varia *f.* 신문의 잡보(雜報).

variabilidade *f.* 변할 수 있음. 변하기 쉬움. [生物] 변이성(變異性). [文] 변화성. 부정(不定).

variação *f.* ①변화. 변동. 변량(變量). 변도. ②[文] 어미변화. [天] 표준편차. [理] 편차(偏差). [生物] 변이. [數] 변분(變分). 순열. [樂] 변조(變調). 변주곡. ③《俗》광란(狂亂). 성신착란(精神錯亂).

variadamente *adv.* 여러 가지로. 각색으로. 잡다하게. 가지가지 뒤섞어서.

variado *a.* ①여러 가지의. 가지가지의. 각색의. 잡다한. 변화있는. 여러 가지 섞은. ②《俗》마음이 들뜬. 진정하지 못한. 변덕스러운. 이랬다저랬다 하는. ③광란의. 미쳐 날뛰는.

variagem *f.* 옛날의 관세(關稅).

vàriamente *adv.* 여러 가지로. 각색으로. 잡다하게. 여러 가지 방법으로(방법에 의하여).

variante *a.* ①다른. 서로 다른. 여러 가지의. 각색의. 잡다한. ②여러 가지 빛깔로 변하는. 변하기 쉬운. (하는 말이) 이랬다저랬다 하는. ③일정치 않은. 한 가지뿐이 아닌.
— *f.* ①변체. 변형. 이체(異體). 이문(異文). 차이(差異). (어음(語音)의) 와전(訛傳). ②[鐵道] 지선(支線). 변경선(變更線).

variar *v.t.* ①변화시키다. 변경하다. 고치다. (경치 등에) 변화를 주다. 다채롭게 하다. ②색깔을 뒤섞다. 다색(多色)으로 하다. 잡색(雜色)으로 하다. ③[樂] 변주하다. 교호(交互)시키다.
— *v.i.* ①여러 가지로 변하다. 변화하다. 변경되다. (뜻·의지·방향 등을) 달리하다. 마음이 일정치 않다. (말을) 이랬다저랬다 하다. ②광란하다. 미쳐 날뛰다.
— *se v.pr.* ①변화(변경)되다. ②교대하다. 교호하다. ③(기계 따위) 변조(變調)하다.

variável *a.* ①변하기 쉬운. 일정치 않은. ②변할 수 있는. 변동할 수 있는. 가변(성)의.
palavras variáveis 변화어(變化語).
pulso variável 부정맥박(不定脈搏).

variavelmente *adv.* 변하기 쉽게.

varicela *f.* [醫]《俗名》수두(水痘: 어린애들의 전염성 피부병).

varicocele *f.* [醫] 정계정맥류(精系靜脈瘤).

varicoso *a.* 정맥류성(性)의. (특히 다리의) 정맥노창(怒脹)의. 정맥노창치료용의.

variedade *f.* ①변화. 가지 각색. 다양(성). 잡다(雜多). 차이. ②[生物] 변종. 별종. 종류. 이종(異種). ③[言] 변체. 변형. ④변하기 쉬움. 부정(不定). ⑤(신문의) 잡보.

variegação *f.* ①얼룩진 빛. 얼룩. 잡색. 복잡한 채색. ②얼룩지게 함. 여러 가지 색으로 염색하기.

variegado *a.* ①여러 가지 색깔의. 형형색색의. 다색의. 잡색의. 얼룩얼룩한. 복잡한 채색의. ②《比喩》(경험 등이) 변화 많은. 파란 많은. 다채로운. (성질의) 다각다방면의.

variegar *v.t.* 여러 가지 색으로 하다. 잡색으로 하다. 복잡한 채색을 하다. 다채롭게 하다. 얼룩지게 하다.

varina *f.* (포르투갈의 수도 리스보아에서) 물고기 파는 여자.

varinha *f.* (*vara*의 지소어). 가는 가지. 가는 대. 작은 막대기.
varinha de condão 마술 지팡이.

varino *m.* 좁고 긴 보트. 길쭉한 거룻배.

vário *a.* ①여러 가지의. 가지 각색의. 각종 각양의. ②여러 방면의. 다각적인. 다예다능한. 변화 무쌍한. 단조롭지 않은. ③허다한. 수다한. 잡다한. ④여러 가지로 변하는. 변하기 쉬운. 일정치 않은. 확정치 못한. 이랬다저랬다 하는.
varios (*pl.*) (두셋이 아니고) 많은. 여러

사람의. 여러 개의. 여러 번의.
varias pessoas 수다한 사람.
varias côres 여러 가지 색깔.

varíola *f.* [醫] 마마. 천연두(天然痘). 두창(痘瘡).

variolar *a.* 천연두의 농포(膿疱) 같은.

variólico *a.* 마마의. 천연두의.

varioliforme *a.* 천연두 같은. 유사 천연두의.

varioloide *f.* [醫] 유사 천연두. 가두(假痘).
— *a.* 유사 천연두의. 가두의.

varioloso *a.* 천연두의. 천연두에 걸린.
— *m.* 천연두 환자.

variz *f.* [醫] 정맥류(靜脈瘤). [動·蟲] 나층융기(螺層隆起). [貝] (조개·달팽이 따위의) 주연융기(周緣隆起).

varja *f.* =*varjea*.

varlete *m.* [史] 종복. 시복(侍僕). (기사·향사의) 낭도. 사환. 머슴. 《古》상놈.

varo *a.* 다리가 안쪽으로 휜. 만각(彎脚의. 내번족(内飜足)의.

varoa *f.* 《古》여장부. 용부(勇婦). 표독스런 계집.

varola *f.* =*vareta*.

varonia *f.* ①남자임. 사나이임. ②남계(男系).

varonil *a.* ①남성의. 남자의. 사나이의. 성년 남자의. 한창 바람의. 사나이다운. 남성적인. 웅혼(雄渾)한. ②힘센. 굳센. 씩씩한. 용감한. ③확고한. 엄연한.
idade varonil 성년. 정년(丁年).

varonilidade *f.* ①남자의 생식력. ②(성격 따위의) 사나이다움. 남성적임. (사내가) 한창임. ③씩씩함. 늠름함. ④정력. 억셈. 웅혼. ⑤성년임. 정년임.

varonilmente *adv.* 사나이답게. 씩씩하게. 늠름하게. 용감하게.

varrão, varrasco *m.* 불까지 않은 수퇘지.

varredeira *f.* [海] 보조범(補助帆). 부횡범(副橫帆).

varredela *f.* 비로 쓸기. 쓸어버리기. 일소(一掃). 소탕. 밀어내림.
varredela do mar 소해(掃海)작업.

varredor *m.* (비로) 쓰는 사람. 쓸어버리는 사람. 소제부(夫). 청소기(器). 소해선(掃海船).
varredor de rua 가로 청소부.

varredoura, varredoira *f.* ①[海] 보조범(補助帆). 부횡범(副橫帆). ②(자연력·폭동 따위의) 대황폐. 대파괴. 두드려 부수기. ③도살. 학살.
rede varredoura 훑는 그물. 끄는 그물. 예망(曳網).

varredouro (varredoiro) *m.* (빵 굽는) 화덕용의 비. 긴 자루 달린 비.

varredura *f.* ①비로 쓸기. 쓸어 모으기. 소제하기. 일소(一掃). ②*varreduras* (*pl.*) 쓸어 모음. 쓰레기. 인간 폐물.

varrer *v.t.* ①(비로) 쓸다. 쓸어버리다. 소제하다. 일소하다. ②(포 따위가) 적지를 쓸어버리다. 소해(掃海)하다. 준설(浚渫)하다. ③(폭풍이) 불어치다. 급히 지나가다. 스칠듯이 지나가다. (병이) 휩쓸며 가다. ④쫓다. 쫓아 버리다. 구축하다. 소멸시키다. 소탕하다.
As ondas varrem a praia. (밀려온 파도가) 해변을 스친다. 해변을 휩쓴다.
— *v.i.* ①소제하다. ②신용을 잃다. ③끝나다. 종결하다.
—se *v.pr.* ①소멸(消滅)하다. ②(귀찮은 것·걱정되는 것 따위를) 전부 잊어 버리다. 망각하다.
varrer-se da memória 기억에서 전부 사라지다.

varrição *f.* 비로 쓸기. 소제하기. 일소(一掃).

varrido *a.* ①(비로) 쓴. 쓸어 버린. 소제한. 청소한. 깨끗해진. ②정신나간. 미친.
doido varrido 얼빠진 녀석. 정신없는 사람. 미친 사람.
— *m.* 소제. 일소. 쓸어 모음.

varudo *a.* (나무 줄기가) 굵고 곧고 높은. (수간(樹幹)이) 거대한.

varunca *m.* 《卑》①내 주장. ②처 앞에서 사족을 못 쓰는 사람. 공처가.

várzea *f.* ①하천(河川)에 따른 낮은 평야. 연변저지(沿邊底地). ②경작된 들(平野). 갈은 땅.

varzino *a.* ①하천에 따른 낮은 평야의. ②경작된 땅의 전답(田畓)의. 시골의.

vasa *f.* ①(바다·강 따위 밑바닥의) 연한 진흙. 이토(泥土). 이사(泥砂). 이광(泥鑛). ②지렁이. 끈적끈적한 물건. 점액(粘液). ③하저(河底). 해저.

vasca *f.* ①[醫] 경련(痙攣). ②쑤시고 아픔. 극통.
vascas (*pl.*) 속이 메스꺼움. 욕지기.
vascas da morte 죽음의 고통.

vascão *m.* ①바스크 사람 (스페인 서부

Pyrenees 산맥 지방에 사는). 바스크 말. ②(부인용의) 짧은 웃옷.

vascolejador *a.* (액체 따위를) 휘젓는. (병 따위를) 마구 흔드는. 교란하는.
— *m.* 휘젓는 사람. 마구 흔드는 사람. 교란자.

vascolejamento *m.* (병·그릇 따위에 들어 있는) 액체를 뒤흔들기. 휘젓기. 진탕(振盪·震盪). 교란.

vascolejar *v.t.* (병·그릇 따위에 들어 있는) 액체를 흔들어 움직이다. 마구 흔들다. 휘젓다. 교란(攪亂)하다.

vasconcear *v.t., v.i.* 바스크 말을 하다. 영문 모를 말을 하다.

vasconço *m.* (스페인 서부의) 바스크 말. 영문 모를 말. 횡설수설. 귀에 익지 않은 말.

vascoso *a.* 경련을 일으키는. 쑤시고 아픈. 속이 메시꺼운.

vascular *a.* [解·植·生物] 도관(맥관·혈관)의.
sistema vascular 맥관계(系). 혈관계(系). 임파계(系).
tecido vascular 도관조직(導管組織). 맥관섬유(脈管纖維).

vascularidade *f.* [解] 맥관질. 맥관상(狀). 맥관으로 됨.

vascularização *f.* (새로운) 맥관 형성.

vasculhar *v.t.* ①벽(담벽)의 먼지 또는 거미줄을 쓸다. 쓸어 버리다. ②뒤지다. 샅샅이 찾다. 수색하다.

vasculho *m.* ①비(箒). ②단정치 못한 사나이. 게으름뱅이.

vasculizado *a.* [解] 맥관을 형성한. 맥관이 있는.

vaseiro *a. veado vaseiro* 일종의 작은 노루 (小鹿).

vaselina *f.* [化] 바셀린.

vasento *a.* ①연한 진흙의. 연한 진흙이 섞인. 연한 진흙투성이의. 줄줄 흐르는. 진흙을 칠한. ②미끈미끈한. 끈끈한. 점액성(粘液性)의.

vasilha *f.* (물·액체 따위를 담는) 그릇. 용기(容器). 통.

vasilhame *m.* (물·술·우유·기름·따위를 담는) 각종 병.

vaso *m.* ①[물주전자·병·남비·접시 따위의] 그릇의 총칭. (보통) 용기(容器). 단지. 항아리. 독. 통. ②(유리·도자기·금속 등으로 만든) 장식용 병. 꽃병. 화분 (花盆). ③[解] 관(管). 도관(導管). 질(膣). [植] 관(管). ④군함(軍艦).
vasos sanguíneos 혈관(血管).
vaso aéreo 공관(空管). 공포(空胞).
vaso de flores 꽃병. 화분.
vaso de querra 군함.
vaso de rio 하상(河床).

vaso-motor *a.* [解] 혈관 운동의. 혈관 신축(伸縮)의.
nervos vaso-motores 혈관 운동 신경.

vaso-motoriz *a. vaso-motor* 의 여성형.
fibras vaso-motoriz 혈관 운동 섬유(纖維).

vasoso *a.* = *vasento*.

vasqueiro (1) *a.* ①경련을 일으키는. 경련의. 발작적인. ②격동성의. ③몸부림치며. 괴로워하는.
— (2) *a.* 《稀》 사팔뜨기의. 사시(斜視)의.
— (3) *a.* 드문. 희유(稀有)의. 좀처럼 볼 수 없는.

vasquejar *v.i.* ①경련(痙攣)을 일으키다. ②몸부림치다. 몸부림치며 괴로워하다. ③욕지기나다. 메시꺼워지다.

vasquim *m.* (부인복의) 보디스. 조끼. 짧은 웃옷.

vassalagem *f.* [史] ①신하임. 가신(家臣)임. 가신의 신분. (영주에 대한) 가신의 시약. 충성(이 서약) ②예속(적 지위). 노예의 신분(상태).

vassalar *v.t.* 신하로서(군주를) 섬기다. 신하(가신)의 본분을 지키다(충성을 다하다).

vassalo *m.* ①[史] (봉건 영주에게서 영지를 받은) 봉신(封臣). ②예속자. 종속자. 노예.
— *a.* 봉신의. 봉신과 같은. 예속의. 예속자의. 노예적.

vassoura *f.* ①비(箒). ②[植] 금작화(金雀花).
cabo de vassoura 빗자루.

vassourada *f.* ①비(빗자루)로 치기. ②비로 쓸기. 한 번 쓸기. 일소(一掃). ③쓸어 모음. ④쓸어 모은 쓰레기.

vassourar, vassoirar *v.i.* 비로 쓸다. 쓸어 버리다.
— *v.i.* 비로 소제하다.

vassoureiro *m.* ①비를 만드는 사람. 비장수. ②[植] (브라질산) 콩과(豆科)의 야생 나무.

vassourinha *f.* ①작은 비. ②(아이들의) 유

회의 일종. ③[植] 금작화속(屬)의 약초.
vasta (1) *f*. 고기그물(漁網)의 일종.
— (2) *a. vasto*의 여성형.
vastamente *adv*. 광대하게. 광막하게.
vasteza *f*. = *vastidão*.
vastidão *f*. 광대. 광활(廣闊). 광막. 망망. 방대(尨大). 거대. 중대(重大). 원대(遠大).
vasto *a*. ①아주 넓은. 광대한. 광활한. 광막한. 명막(冥漠)한. 묘망한. ②막대한. 거대한. 방대한. 원대한. ③중대한. 대단한.
campo vasto 넓은 뜰. 광야.
floresta vasta 광대한 삼림(森林).
vasta região 광막한 지역.
vatapá *m*. (브라질 동북부 지방의) 일종의 음식(야자열매의 즙·만쵸가 가루·고추·새우 또는 생선 따위로 만든 것).
vate *m*. ①켈트족의 탄창 시인(彈唱詩人). ②예언자. 점쟁이.
vaticanismo *m*. 교황전권주의(敎皇全權主義). 가톨릭교 제도.
vaticanista *m.f*. 교황전권주의자.
— *a*. 교황전권주의를 제창하는. 교황전권주의자의.
vaticano *m*. 바티칸 궁전(로마 교황의 궁전). 교황청. 바티칸 시국(市國).
vaticinação *f*. 예견(豫見). 예측. 예언. 점으로서 앞일을 판단하기.
vaticinador *a*. (앞일을) 예언하는. 예측하는.
— *m*. 예언자. 예측자. 점쟁이.
vaticinante *a*. 예언하는. 예측하는. 예시(豫示)하는. 점치는.
vaticinar *v.t*. 예언하다. 예측하다. 예시하다. 점을 치다.
vaticínio *m*. 예언. 예견(豫見). 예측. 예시.
vatídico *a*. 예언하는. 예언자의. 예언력(豫言力)이 있는. 신령의 말씀같은.
vatinga *f*. [植] (브라질산의) 일종의 나무 (재목은 건축용).
vátio *m*. [電] 와트(전력의 실용단위 기호 : W).
vau *m*. ①얕은 여울. (개천 따위) 걸어 건널 수 있는 곳. 도섭장(渡涉場). 사주(砂洲). ②좋은 기회.
vaus (*pl*.) [海] 배의 가로들보. 돛대 위의 가름대(橫桁).
passar a vau 걸어서 개천(얕은 여울)을 건너가다.
não achar vau ①(걸어서 건널) 도섭장을 찾지 못하다. ②적절한 방법(방책)이 떠오르지 않다.
vaudeville *m*. ①시사문제를 배경으로 한 풍자적 속요(俗謠)(때때로 노래·춤이 따르며, 대구(對句)로 쓰이고, 17세기 프랑스에서 유행한 것). ②[英] 음악이 섞인 소희극(小喜劇). 가벼운 희가극. [美] 소규모 연예.
vavavá *m*. 떠들썩하기. 시끄러운 소리. 소란. 소요(騷擾).
vaza (1) *f*. (트럼프) 일순패(一巡牌). (이긴 사람이 거두는) 일순득패(得牌).
— (2) *f*. 조각세공(彫刻細工).
vaza-barris *m*. ①자주 파선(破船)을 일으키는 암초(暗礁) 많은 연안(沿岸). ②숨은 보고(寶庫). ③《俗》 파멸. 몰락(沒落).
vazador *a*. ①(그릇 따위를) 비우는. 비게 하는. ②구멍을 뚫는. 파는. ③주물(鑄物)을 부어 넣는. 흘러 들어가게 하는.
— *m*. ①비우는 사람. ②구멍 뚫는 기구. 쳐서 뚫는 송곳(打錐). 일종의 파는 끌(鏨). ③주물 부어 넣는 직공.
vazadouro, vajadoiro *m*. 더러운 물(구정물)이 흘러 들어가는 곳(움 또는 지하의 오물 탱크). 똥거름이(인분 비료가) 괴는 통.
vazadura *f*. = *vajamento*.
vazamento *m*. ①(그릇 따위를) 비우기. 비게 하기. 텅 비기. ②(공기·액체 따위가) 새기. 새나오기. 흘러 나오기. 누출(漏出). 누설(漏泄). ③구멍을 뚫기. ④(주형(鑄型)에) 부어 넣기. ⑤물을 빼게 하기. 배수(排水).
vazante *a*. ①비우는. 비게 하는. ②(공기·액체 따위) 새는. 새나오는. 새게 하는. 누출시키는. ③(조수가) 빠지는. 빠지는.
— *m*. ①썰물. 간조(干潮). 퇴조(退潮). ②하천(河川)에 따른 저지(低地).
vazão *m*. ①(공기·액체 따위) 새어나오기. 흘러 나오기. 누출. ②빼기. 빠지기. ③더러운 물(오물)이 흘러 들어가는 곳 또는 괴는 곳. 시궁창. 하수 오물. ④잘 팔리지 않는 상품 또는 잉여물(剩餘物)을 처분할 수 있는 시장(市場). 전송판매(轉送販賣). 털어 팔기. 헐값으로 팔기.
vazar *v.t*. ①(그릇·병 따위를) 비우다. 비게 하다. 텅 비우다. ②(액체·공기 따위) 새게 하다. 빠지게 하다. 흘러 나오게 하다. ③구멍을 뚫다. 파다. ④(물 따위) 흘러 내려가게 하다. 배수(排水)하다. ⑤주

vazia‒veemência

형(鑄型)에 부어 넣다.
— *v.i.*, **—se** *v.pr.* ①(액체·공기 따위가) 새다. 새나오다. 누출(漏出)하다. 유출(流出)하다. ②(조수가) 빠지다.

vazia *f.* 《俗》 허리. 옆구리.

vaziador *a.* (가축 특히 말이) 지나치게 탈분(脫糞)하는. 병적으로 많이 배설하는.

vaziamento *m.* ①비우기. 비게 하기. 텅 비기. ②(가축 특히 말의) 탈분 과다(脫糞過多).

vaziar *v.t.* 비우다. 비게 하다.
— *v.i.* (말이) 똥을 지나치게 많이 누다. 과도(過度)의 탈분을 하다.

vazio *a.* ①빈. 텅 빈. (안에) 아무것도 없는. 공허(空虛)의. ②(달구지·화차 등) 짐싣지 않은. ③덧없는. 허무한. 헛된. 막연한.
garrafa vazia 빈병.
lugar vazio 빈장소. 빈자리. 공석(空席).
quarto vazio 빈방.
casa vazia ①빈집. ②가구나 장식 등 전혀 없는 집.
carro (*trem*) *vazio* 빈 자동차(기차).
cabeça vazia 아무 생각도 없는 사람. 아무것도 모르는 사람. 얼빠진 인간.
coração vazio ①허심(虛心). ②무정(無情). ③의욕 상실. 의기 소침.
palavras vazias 의미없는 말. 싱거운 이야기.

veação *f.* ①사냥에서 잡은 짐승. ②사냥에서 잡은 새·짐승의 고기. 특히 사슴고기.

veada *f.* 암사슴.

veadeiro *m.* ①사슴사냥꾼. ②사슴사냥개.

veado *m.* ①사슴. 수사슴. ②《轉義·卑》 계간자(鷄姦者). 비역쟁이(이 말은 주로 하층민이 씀).

veador *m.* 《古》①사냥꾼. ②경지관리인(耕地管理人).

veadoria *f.* 관리자의 직분(임무). 감독관의 직분(임무).

vearia *f.* 사냥한 짐승을 수용하는 곳.

vectação *f.* ①(수레·자동차·전차 따위를) 타기. 타고 돌아다니기. ②(수레·자동차·말 따위로) 짐나르기. 운반하기.

vector *m.* [數] 벡터. 동경(動徑). 방향량(方向量).
raio vector 동경. 대경(帶徑).

veda *f.* ①금지. 금제(禁制). ②방해. 저지(沮止). ③폐색(閉塞).

veda *f.* 베다(吠陀)의 하나(바라문교의 옛경전으로 4부로 됨).

vedação *f.* ①금함. 금지함. 금제. ②방해. 저지. 차단. ③폐색하기. 폐색물. ④담. 울타리. 책(柵).

vedado *a.* ①금한. 금지된. 금제(禁制)의. ②저지된. 차단된. ③폐색(閉塞)한. 막아버린. ④울타리 따위로 사면(四面)을 막은. 둘러싼.
— *m.* ①금지된 것. 금지 사항. 금제 종목(種目). ②금지된 장소. 금렵장(禁獵場). 일반의 출입을 금하는 위요지(圍繞地).

vedador *a.* 못하게 하는. 금지하는. 방해하는. 저지하는.
— *m.* ①금지자. 방해자. 저지자. ②방해물. 차단물.

vedália *f.* [蟲] 연지충속(臙脂蟲屬).

vedantino *a.* 베다 철학의.
— *m.* 베다 철학파의 사람.

vedantismo *m.* 베다 철학(吠陀哲學).

vedar *v.t.* ①금하다. 금지하다. ②방해하다. 저지하다. ③막다. 폐색하다. ④둘러싸다. 위요(圍繞)하다.
— *v.i.*, **—se** *v.pr.* 막히다. 폐색되다. 정체(停滯)하다.

vedas *m.*(*pl.*) 베다(吠陀)의 하나(바라문교의 옛 경전으로 4부로 됨).

vedável *a.* ①못하게 하는, 금지되는. 금제(禁制)에 해당하는. ②저지(차단)할 수 있는.

vedeta *f.* [軍] 기초(騎哨). 함재수뢰정.

védico *a.* 베다(吠陀)의. 베다경(經)의. 베다(경)에 관한.
lingua vedica 베다말(語).

vedismo *m.* 베다경의(吠陀經敎義).

vêdo *m.* 울타리. 둘러막은 담.

vedoia *m.* ①물건 판 돈을 횡령하는 자. 사용자(私用者). 착복자. ②협잡꾼. 사기사. 믿을 수 없는 사람.

vedor *m.* ①감독관. 관리자. 취체인. ②수맥(水脈) 찾는 사람. 수원(水源) 조사인. 광맥(鑛脈) 탐색자.

vedoria *f.* *vedor*의 직·사무(또는 사무소).

vedro (1) *m.* 논밭을 에워싼 울타리. 산울타리.
— (2) *a.*《古》①낡은. 헌. ②늙은. 나이 많은.

veemência *f.* ①격렬함. 맹렬함. 열렬함. ②열. 힘. 열정. 열심.

1575

veemente *a.* ①격렬한. 맹렬한. 열렬한. ②열정적인. 정렬적인. (애원·소원·항의 따위가) 절실한. 간절한.

veementemente *adv.* 격렬하게. 열렬하게. 정렬적으로. 열심히.

vegetabilidade *f.* [植] 생장성(生長性).

vegetação *f.* ①식물성 기능. (식물의) 성장. 발육. ②(集合的) 초목. (한지방의) 식물. ③[醫] 조직중식(중)(組織增殖)(症). ④무위도식의 생활.

vegetal *a.* ①식물(성)의. ②[生理] 생장의. 기능의. 생물작용의.
— *m.* ①식물(植物). ②야채(물). 푸성귀. 채소.
pratos de vegetais 야채요리.

vegetaliano *a.* ①식물에 관한. ②채식(菜食)의. 채식주의(자)의. 채소만의.
— *m.* 채식주의자. 육식(肉食)을 싫어하는 사람.

vegetalidade *f.* 식물성(性). 식물질(質).

vegetalina *f.* ①(주로 야자열매로 만든) 식물성 버터. ②(사독(蛇毒)에 대한) 해독약(解毒藥).

vegetalino *a.* 식물의. 식물에 관한.

vegetalismo *m.* =*vegetarismo*.

vegetalista *m.*, *f.* =*vegetarista*.

vegetante *a.* [植] 자라는. 성장하는.

vegetar *v.i.* ①(식물이) 자라다. 성장하다. ②식물같이 발육하다. 식물적 기능을 하다. ③(정신적 활동 없이) 무위도식하다. 놀고 먹다. (초목 같은) 단조로운 생활을 하다.
— *v.t.* 자라게 하다. 발육시키다.

vegetariano *a.* 채식의. 채식주의(자)의. 채소만의. 육식을 싫어하는.
— *m.* 채식가(菜食家). 육식을 싫어하는 사람.

vegetário *m.* 식물(植物)만 먹는 (사람·동물).

vegetarismo *m.* 채식주의(菜食主義)(보통 달걀·우유·버터 등은 허용함). 채식양생(養生).

vegetarista *m.*, *f.* 채식주의자. 육식(肉食)하지 않는 사람.

vegetativo *a.* ①성장력 있는. 성장하는. ②발육·생장·영양에 관한. 식물성의. 영생(營生)의. ③식물을 나게 하는(기르는). 힘 있는. 성장 능력이 있는. ④《比喩》초목 같이 그저 살아있는 데 불과한. 무위도식의.

vegetável *a.* [植] 성장할 수 있는. 성장할. 성장해야 할.

vegetívoro *a.* 식물을 먹는(먹고 사는).
— *m.* 식물만 먹는 사람(동물).

vegeto *a.* ①발육시키는. 성장케 하는. ②잘 자라는.

vegeto-animal *a.* 동식물 양성(動植物兩性)의.

vegeto-mineral *a.* 광식물(鑛植物) 양성의.

veia *f.* ①[解] 정맥(靜脈). 맥관(脈管). 혈관. 《俗》핏줄. ②[蟲] (곤충의) 시맥(翅脈). [植] 엽색. (나무의) 무늬. 나뭇결. (돌의) 무늬. 줄기. 돌결. ③[地質·鑛] 맥. 암맥(岩脈). 광맥(鑛脈). 수맥(水脈). ④교통로. 줄기. ⑤특질. 기질. 질(質). ⑥(일시적) 기분.
veia poética 시인의 기질(소질).

veiculação *f.* ①(수레·자동차·기차 등을) 타고 돌아다니기. ②차마의 운행.

veicular (1) *a.* ①수레의. 차의. 자동차의. 수레(차)에 관한. 수레(차·자동차)에 의한. ②전달물의. 매개물의.
— (2) *v.t.* ①수레(자동차 따위)로 나르다. 운반하다. ②나쁜 병(惡疫)을 (타지방 또는 외국으로부터) 이입(移入)하다. 매개하다. 만연시키다.

veículo *m.* ①운반 기구. (특히 사람이 타거나 화물을 나르기 위한) 수레. 차. 탈 것. ②매개물(자). 전달하는 물건(사람). ③[畵] 용액(溶液). [化] (물감 퍼지게 하는) 약품. [醫] (먹기 어려운 약을 먹기 쉽게 하는) 약.

veiga *f.* 기름진 땅. 비옥한 전답(田畓). 좋은 목장.

veio *m.* ①줄기. 맥(脈). 광맥(鑛脈). 수맥(水脈). ②[植] 엽맥. ②무늬. 나뭇결. 돌결. 목리(木理). 목문(木紋). 석리(石理). ③요점(要點). 중점.
veio de água 수맥(水脈).
veio mineral [鑛] 암맥(岩脈).
veio metálico [鑛山] 광맥. 함금석영맥(含金石英脈).
veio de carvão 석탄층. 탄층.

veirado *a.* [紋] 모피(毛皮)무늬 있는.

veiro *m.* [紋] 모피무늬.

vela (1) *f.* ①(불켜는) 초. 양초. ②밤을 새움. 철야(徹夜). ③야경(夜警).
estar de vela ①촛불 켜고 있다. ②야경하다.

passar (또는 *levar*) *a noite de vela* 자지 않고 밤을 새우다. 철야하다.
— (2) *f*. [海] 돛(帆). 돛배(帆船). 돛단배.
vela mestra 또는 *vela do mastro grande* 돛대의 큰 돛. 주범(主帆).
vela do traquete 앞돛.
vela da gávea 중간 돛.
vela da mezena (돛 셋 있는 배의) 뒷돛(後帆).
vela de joanete 윗돛대의 돛. 《英》 *top-gallant sail*.
vela de estai 지색(支索)에 다는 돛. 《英》 *stay sail*.
velas de proa 선수종범(船首縱帆). 《英》 *head sail*.
vela do terco 사형용 횡범(斜桁用橫帆).
vela da bujarrona 뱃머리(이물)의 삼각돛(제2 사장지색(斜檣支索)에 올림).
vela de carangueja (보조적인) 세로 매는 돛. 사형범(斜桁帆). 《英》 *try sail*.
ã vela 돛을 올리고 항행중.
de velas enfunadas 돛을 전부 달고.
hastiar as velas 돛을 달다(치다).
arrear as velas 돛을 내리다.
encolher as velas ①돛을 줄이다. 돛을 쭙히다. ②(아무이) 기를 꺾다.
dar à vela 또는 *desfraldar a vela* (배가) 돛을 달고 떠나가다. 출범(出帆)하다.
uma frota de 20 velas 20척으로 구성된 선대(船隊).

velacho *m*. [海] 앞돛대의 가운데 돛대에 다는 돛. 《英》 *fore-top-sail*.

velado (1) *a*. ①촛불을 켠. ②밤을 새운. 밤을 밝힌. 철야한. ③야경(夜警)한.
— (2) *a*. ①베일을 쓴. 베일을 씌운. 베일로 덮은. ②가리운. 덮어 감춘. 숨겨진. ③(음성이) 흐린. 쉰.
— (3) *a*. (야자열매가) 시든.

velador *a*. 밤에 망을 보는. 야경하는. 경계하는. 조심하는.
— *m*. ①야경인(夜警人). 야간 당번. ②초(양초)를 세우는 대. 촛대.

veladura *f*. ①밤을 새움. 철야. 경야(經夜). ②밤에 망을 보기. 야경. 야경시(夜警時). ③[寫] 종판(種板)을 흐리게 하기. [寫·畵](음화(陰畫)·인화(印畫)의) 흐림.

velame *m*. ①(한 배의) 전체 돛. 많은 돛. 한 벌의 범구(帆具). ②(그럴듯하게) 차리기. 가장(假裝).

velamen *m*. (희교 여신자·여승 등이 쓰는) 너울. 베일. 면사포. 피복물(被覆物).

velamento *m*. ①너울을 쓰기(씌우기). 베일을 가리기(치기). 얇은 보자기로 덮어(덮어 씌우기). ②너울. 베일.

velar (1) *v.t*. ①밤을 새우다. 철야하다. ②야간에 망을 보다. 야경(夜警)하다. ③(밤에) 아기를 지켜보다. 돌보다. (환자를) 간호하다.
velar um doente 환자를 간호하다. 간병(看病)하다.
— *v.i*. ①(밤새도록) 촛불이 켜 있다. 꺼지지 않고 밝히다. ②밤을 새우다. 철야하다. ③감시하다. 주의하다. 경계하다.
— (2) *v.t*. ①너울을 씌우다. 베일을 가리다(치다). (투명한) 얇은 천으로 덮다(덮어 씌우다). ②감추다. 은폐(隱蔽)하다. ③뚜렷이 나타나지 않게 하다. 흐리멍텅하게 하다. ④[寫] 종판(種板)을 흐리게 하다. 음화(陰畵)·인화(印畵)를 흐리게 하다.
—*se v.pr*. ①너울을 쓰다. 베일을 가리다(치다). ②흐리다. 뚜렷이 나타나지 않다.
— (3) *a*. 막의. 개막(蓋膜)의. [音] 연구개(軟口蓋)의.
— *m*. 연구개 자음(子音) (*k*, *g* 따위).

velário *m*. (옛 로마) 지붕 없는 극장의 차일. 천막.

velear *v.t*. 범구(帆具)를 갖추다. 각종 돛을 구비하다.

veleidade *f*. ①[哲] 불완전 의욕(아직 행동으로 나타나지 않은 약한 욕망). 내심(內心). ②변하기 쉬운 마음. 종작 없는 생각. (일시적으로) 내키는 기분. 변덕. ③망상. 경솔. 경조(輕佻).

veleidoso *a*. ①[哲] 불완전 의욕의. 내심의. ②(마음이) 변하기 쉬운. 들뜬. 변덕스러운. 내키는대로 하는. ③경솔한. 경조한. ④공상적. 망상적.

veleira *f*. 여수도원에서 밖으로 심부름 보내는 여자종.

veleiro (1) *m*. 수도원(修道院)에서 밖으로 보내는 종(하인).
— (2) *m*. 초(양초) 만드는 사람.
— (3) *m*. ①돛(帆) 만드는 사람. ②돛배. 빠른 돛배.
— *a*. (돛배가) 쾌속히 지나가는. 경쾌한.

velejar *v.i.* 돛을 달고 항행하다. 돛에 바람 안고 질주하다.

velenho *m.* [植] 사리풀(가지과의 유독 식물). 그것에서 뽑은 독.

veleta *f.* ①바람개비. ②[海] 풍신기(風信旗). ③마음 변하기 쉬운 사람. 변덕스러운 사람.

velha *f.* ①나이 많은 여자. 노파. 노구(老嫗). ②《俗》늙은 어머니. 노모(老母).
arco da velha 《俗》무지개.
coisas do arco da velha 이상한 것. 기기묘묘한 일.
contas de velhas 우화(寓話). 동화(童話).

velhaca *f.* ①근성이 나쁜 여자. 심술궂은 여인. ②교활한 여자. 술책이 능한 여인. 속이는 여자. ③행실이 더러운 년. 정조심이 없는 년.

velhacaço *m.* 악한. 악인. (연극의) 적역(敵役). ②못된 놈. 능청스러운 녀석. 부랑자.

velhacada *f.* ①속이기. 기만. 기망(欺罔). ②교활. 노회(老獪). 기기묘묘한 고안(술책). ③행실이 더러움. 방일(放逸). 방탕. ④나쁜 짓. 악행.

velhacagem *f.* = *velhacaria*.

velhacamente *adv.* 술책부려서. 기만하여. 불량하게. 장난으로. 교활하게.

velhacão *m.* 못된 놈. 근성이 나쁜 놈. 무뢰한. 악한. 사기꾼. 행적(行蹟)이 나쁜 인간.

velhacar *v.i.* ①심술궂은 짓을 하다. 나쁜 술책을 하다. 못된 짓을 하다. ②교활한 행동을 하다. 까불다. ③방종하다. 방탕하다.

velhacaria *f.* ①심술. 나쁜 근성. 비뚜러진 생각. ②속이기. 기만. 기망. ③교활. 노회(老獪). ④추잡한 행실. 나쁜 행적(行績·行蹟).

velhaças *m.* 몹시 늙은 사람. 백발노인.

velhacaz, velhacório *a., m.* 《稀》= *velhaco*.

velhaco *a.* ①심술궂은. 근성이 나쁜. ②몹시 까부는. 못된 장난하는. 나쁜 짓을 하는. ③교활한. 노회한. 엉큼한. 간교한. 검침(黔沈)한. 검특(黔慝)한. ④잘 속이는. 기만하는.
— *m.* ①심술궂은 사람. 근성이 나쁜 사람. ②몹시 까부는 이. 능청스러운 녀석. 익살맞은 녀석. ③엉큼한 사람. 교활한 사람. 잘 속이는 사람. 사기꾼. 협잡꾼. ⑤행적이 나쁜 인간. 불량배. 악한.

velhada *f.* ①늙은 사람(노인)의 언행. ②모여 있는 여러 명의 노인. 노인조(老人組).

velhancão *m.* = *velhacão*.

velhancaria *f.* 늙은 사람의 버릇. 노인의 짜증. 늙은이의 잔소리.

velhanqueador *a.* (말이) 갑자기 등을 굽히고 뛰어오르는.

velhanqueadouro, velhanqueadoiro *m.* [解] (말의) 살. 사타구니.

velhaquear (1) *v.i., v.t.* 속이다. 기만하다. 속임수에 걸다.
— (2) *v.i.* (말이) 등을 굽히고 갑자기 도약하다.

velhaquesco *a.* 행실이 나쁜. 방종한. 방일한. 교활한. 능청스러운. 익살맞은.

velhaquete *a., m.* 속이 검은 (사람). 음험한 (사람). 믿지 못할 (사람). 선하지 못한 (사람).

velharia *f.* ①노인의 언행(言行). 늙은이의 잔소리. ②남은 물건. 고물. 고풍(古風). ③폐어(廢語).
loja de velharia 고물점. 골동품상점.

velhice *f.* ①늙음. 노구(老舊). 노령(老齡). 노년기. ②늙은 사람. 노인. ③노인의 버릇(性癖).

velhinha *f.* (*velha*의 지소어). 다소 늙은 여자. 꽤 늙은 여성.
— *a.* 다소 늙은. 꽤 나이 있는.

velhinho *m.* (*velho*의 지소어). 다소 늙은 사람. 꽤 나이 있는 사람.
— *a.* 다소 늙은. 꽤 나이 먹은.

velho *a.* ①늙은. 나이 먹은. 나이 많은. 노령(老齡)의. 노년의. ②낡은. 헌. 노후(老朽)한. 고풍의. 진부한. 고물의. ③노성(老成)한. ④옛. 옛날의.
irmão mais velho 형.
ferro velho 고철(古鐵).
— *m.* 늙은 사람. 노인. 노옹(老翁). 고로(古老).
velhos e novos ①낡은 것과 새것들. ②늙은 사람과 젊은 사람들. 노유(老幼).
Os velhos não saem tanto como os novos. 늙은 사람들은 젊은 사람처럼 외출하지 않는다.
Qual é o mais velho dos dois? 두 사람 중 누가 더 위입니까?

Êle é mais velho do que eu. 저 사람이 나보다 위입니다(더 나이 많습니다).
Sou eu o mais velho nesta sala. 이 방 안에서 내가 좌상입니다.
caminhar para velho 늙어가다.

velhori *a.* (말(馬)이) 회색의. 회색을 띤.

velhota *a., f.* ①중년 여인. ②쾌활한 노녀(老女). 쾌활하고 젊어 보이는 40대(50대) 여성.

velhote *a. m.* ①중년 남자. ②쾌활한 노인. 쾌활하고 젊어 보이는 40대(50대) 사람.

velhusco, velhustro *a.* 늙은. 나이 많은. 노년의.
— *m.* 늙은 사람. 노인.

velicação *f.* ①꼬집기. 쥐어뜯기. ②자극주기. 괴롭히기.

velicar *v. t.* ①꼬집다. (손가락으로) 쥐어 뒤틀다. ②자극 주다. 괴롭히다.

velicativo *a.* ①꼬집는. 비트는. ②자극주는. 괴롭히는.

velífero *a.* (배에) 돛이 있는. 돛을 단.

velilho *m.* 성기고 얇은 천(紗)의 일종. 거즈의 일종.

velino *m.* 상등피지(皮紙). 송아지가죽 피지.
— *a.* 상등피지의(같은).

vélite *m.* (옛 로마) 경보병(輕步兵).

velívago *a.* 돛에 의하여 배가 가는. 돛으로 항행하는.

velívolo *a.* 《詩》 (돛배가) 화살처럼 지나가는. 쾌속히 질주하는.

velo *m.* ①양털. 양모(羊毛). ②양가죽. 양의 모피(毛皮).
velo de ouro [希神] 금의 양털(*Jason*이 *Argo*호(號)를 타고 *Colchis*에 원정가서 가지고 왔다고 함).

veloce *a.* 《廢》= *veloz.*

velocidade *f.* (운동의) 빠르기. 속력. 속도(速度).
a tôda velocidade 전속(全速)으로.

velocífero *m.* 옛날(구식) 자전거.

velocímetro *m.* 속도계(速度計).

velocino *m.* ①양의 모피. 양피(羊皮). ②[希神] 금의 양털. 금양모(金羊毛).

velocípede *m.* (두바퀴·세바퀴) 자전거. (아이들이 타는) 세바퀴 자전거. 《古》속보기(速步機)(자전거의 전신으로 발로 땅을 디디고 밀게 된 것).

velocipedia *f.* = *velocipedismo.*
— *m.* 자전거 타기. 자전거 타는 기술.

velocipedista *m., f.* 자전거 타는 사람.

velocíssimo *a.* (*veloz*의 최상급) 제일 빠른.

velódromo *m.* 자전거 경주장.

velório *m.* 죽은 사람을 지켜 밤을 새우기.

veloso *a.* 연한 털이 있는. 연모(軟毛)로 덮인. (과일 따위) 솜털이 있는(많은).

veloz *a.* 빠른. 날랜. 신속한. 급속한. 민첩한.

velozmente *adv.* 빨리. 신속히. 고속도로. 급속하게.

veludilho *m.* 면(綿) 벨벳(무명을 벨벳식으로 짠 것).

veludo *m.* ①벨벳. 비로드. (사슴의) 뿔가의 털. 녹용(鹿茸). 벨벳같은 것(표면)(복숭아 껍질·솜털 있는 뺨. 이끼가 낀 돌. 나무줄기 등).
— *a.* 벨벳의. 벨벳 제품의. 비로드와 같은. 만지기에 부드러운(매끄러운). 연한 털(솜털)이 있는.

veludoso *a.* 벨벳 같은. 만지기에 부드러운 (매끄러운). 연한 털(솜털)이 많은.

venáblo, venábulo *m.* ①(맹수 사냥용) 던지는 창. 투창(投槍). 엽창(獵槍). ②방어수단.

venado *a.* 목리(木理) 있는. 줄무늬 있는. 엽맥(葉脈)이 있는.

venal (1) *a.* ①돈만 주면 되는. 매수할 수 있는. 뇌물에 좌우되는. 돈만 목표로 하는. 돈만 준다면 무엇이든 하는. 름진직 동기에 의한. 돈 때문에 일하는. 타산적인. ②(정신적으로) 부패한. 매절한(賣節的)인. 변절적인. 패덕한.
valor venal 팔리는 값. 매가(賣價).
— (2) *a.* [生理] 정맥의. 정맥 속의. 정맥에 관한. [植] 엽맥(葉脈)의. 엽맥에 관한. 엽맥이 많은.

venalidade *f.* ①돈(뇌물)에 좌우됨. 돈을 위한 행동. 돈이라면 무엇이든 하려는 정신. ②(정신적) 부패. 매절. 패덕. 부정.

venalmente *adv.* 금전 여하로. 돈으로. 돈에 의하여.

venário *m.* 《古》 시골사람. 촌뜨기.

venatório *a.* 사냥의. 수렵(狩獵)의. 수렵에 관한.
arte venatória 사냥술.

venatura *f.* 《古》 사냥. 수렵.

vencedor *a.* ①이기는. 승리하는. ②(적을) 무찌르는. 격파하는. 정복하는.
— *m.* 승리자. 전승자. 정복자. (상금·

상품 따위의) 획득자.

vencelho *m.* =*vencilho*.

vencer *v.t.* ①(…에) 이기다. 승리하다. 전승하다. ②(적을) 무찌르다. 지우다. 정복하다. 제압하다. ③굴복시키다. 복종케 하다. ④(욕정(欲情) 등을) 억제하다. 극복하다. ⑤(+*em*). …에 초월하다. 우월하다. ⑥성취하다. 달성하다. 성공하다.
— *v.i.*, —**se** *v.pr.* ①이기다. 승자(勝者)가 되다. ②욕정을 스스로 억제하다. 극기(克己)하다. ③(어음 따위) 만기가 되다.
vencer-se a letra 어음이 만기가 되다.
vencer por 2 a 1 (축구) 2 : 1로 이기다.

vencida *f.* ①이김. 승리함. 승전(勝戰). (상대방을) 무찌름. ②짐. 패배(敗北). 패전. ③승패의 결과.
levar de vencida 이기다. 승리로 이끌다.

vencido *a.* ①(경쟁·싸움 등에서) 진. 패배한. 패망한. 패전한. ②[商] (어음 따위) 만기가 된. 지불기한이 다 된.
— *m.* ①진 사람. 패자. 패배자(敗北者). ②(어음 따위의) 만기(滿期). 지불기일(期日).

vencilho *m.* (=*vencelho*). (삼·칡·덩굴 따위로 만든) 끈. 줄. 밧줄. 짚으로 꼰 줄. 새끼.
em vencilho. 한 묶음으로. 한 다발로. 한 번에.

vencimento *m.* ①이김. 승리. ②[商] (어음 따위의) 만기. 지불기한. 판제(辦濟) 기한. 납기(納期). ③(급료·임금·월급 등의) 지불. (기한이 되어) 지불되는 돈.
dia do vencimento 지불일. (어음의) 만기일자.
no vencimento 지불기일에. 만기에.
Queira paga-la no vencimento. 기일(期日)에 지불되기를 요망함.
até ao seu vencimento 귀하의 판제기한까지.

vencível *a.* ①이길 수 있는. 승리할 수 있는. 정복할만한. 무찌를 수 있는. 극복할 수 있는. ②(+*a*). …의 만기(滿期)로 되는.

venda (1) *f.* ①판매. 매각(賣却). 팔리기. ②매상(賣上). 매상고(高). ③(술집·바 등에서) 파는 광고로 진열해 놓은 상품.
venda à vista 현금으로(일시불로) 팔기.
venda a prazo 기한부(월부·연부)로 팔기.

venda de ocasião (부득이한) 사정에 의한 판매.
venda a varejo 소매(小賣).
venda em leilão 경매(競賣)에 의한 매각.
preço de venda 판매가(價). 팔리는 값.
secção de venda 판매과(課).
imposto sôbre as vendas 판매세(稅).
— (2) *f.* 눈 가리는 헝겊.
ter uma venda nos olhos. 눈에 눈 가리는 헝겊을 감고 있다. 《轉》 이해하지 못하다.

vendado *a.* ①눈을 가린. 못 보게 한. 보이지 않게 한. ②어리벙벙한. 속인. 속은.
de olhos vendados 눈을 가리고.

vendagem *f.* ①(물건을) 팔기. (물건이) 팔리기. 판매. ②눈을 가리기.

vendar *v.t.* ①(헝겊으로) 눈을 가리다. 보이지 않게 하다. 못 보게 하다. (말의 눈에) 덮개를 하다. ②《比喩》 눈을 속이다. 속이다. 어리벙벙하게 하다.

vendaval *m.* 폭풍. 강풍(强風).

vendável *a.* 팔 수 있는. 판매 가능한. 잘 팔리는. 매상이 좋은.

vendedeira *f.* 소리치며(물건) 파는 여자. (시장의) 여상인.

vendedor *a.* 파는. 판매하는. 잘 파는.
— *m.* 파는 사람. 판매원.
vendedor ambulante 행상인. 도붓장수.

vendedora *f.* (*vendedor*의 여성형). 파는 여자. 여자 판매원.

vendedouro *m.* ①물건 파는 곳. 판매처. ②판매시장.
— *a.* 팔 수 있는. 잘 팔리는. (값이) 팔기에 좋은.

vendeira *f.* *vendeiro*의 여성형.

vendeiro *m.* ①식료잡화상인. 식료잡화점 주인. ②소매상인. ③여인숙(여관·숙박소) 주인.

vender *v.t.* ①팔다. 매도하다. 판매하다. ②《比喩》(나라·친구 따위를) 팔다. 배반하다. (명예·정조를) 팔다.
vender à vista 현금으로 팔다. 일시불로 판매하다.
vender a prazo 기한부(월부·연부)로 팔다.
vender a crédito 신용에 의한 판매를 하다. (신용에 의하여) 외상으로 팔다.
vender por atacado (또는 *grosso*). 도매하다.

vender por miudo (또는 *a retalho*) 소매하다.
vender a preço inferior 낮은 값으로 팔다. 염가(廉價)로 팔다.
vender fiado 외상으로 팔다. 외상 놓다.
ter para dar e vender (팔기도 하고 희사도 할 수 있을 정도로) 풍부히 가지고 있다. 여유가 충분하다.
— **se** *v. pr.* ①팔리다. ②매절(賣節)하다. 매수당하다(되다). ③몸을 팔다.

vendição *f.* 팔기. 판매. 매도.

vendido *a.* ①팔린. 매도한. 판매한. ②매수당한. 매절(賣節)한. ③속은. 기만당한.

vendilhão *m.* 도붓장수. 행상인.

vendista *m., f.* ①소매상인. 식료품가게 주인. ②여인숙(여관·숙박소) 주인.

vendível *a.* 팔 수 있는. 팔릴 수 있는. 판매 가능한. 매매(거래)할 수 있는. (=*vendável*)

veneficio *m.* 독약을 넣기. 독약의 조합(調合). 독(毒)으로 해치기. 독살(毒殺).

venéfico *a.* 독이 있는. 유독의. 독으로 해치는.

venenífero *a.* 독이 있는. 독을 함유한.

veneníparo *a.* 독을 내는. 독(독액)을 분비하는.

veneno *m.* ①독(毒). 독약. 독액(독사·전갈·벌 등이 분비하는). 독소(毒素). 병독(病毒). ②해독(害毒). 해악. ③앙심. 독심(毒心). 원한. 유한. 증오.

venenosamente *adv.* 독있게. 유독하게. 해롭게.

venenosidade *f.* 독성(毒性). 독질. 해독. 해악.

venenoso *a.* ①독있는. 유독한. 독액을 분비하는. 독선(毒腺)이 있는. ②몹시 해로운. ③악심 있는. 악의 있는.
cobra venenosa 독있는 뱀. 독사.
cogumelo venenoso 독버섯. 독이(毒栮).
inseto venenoso 독벌레. 독충.
gas venenoso 유독 가스.

venera *f.* ①[貝] 새조개 껍질.《英》cockleshell. ②《古》성지참배자(聖地參拜者)가 휘장(徽章)으로서 달았던 조가비. ③훈장(勳章).

venerabilidade *f.* 존경해야 함. 존엄함. 장엄(莊嚴). 존숭(尊崇).

venerabundo *a.* 존경하는. 존중(尊重)하는. 숭배하는. 경건(敬虔)한 뜻을 나타내는.

veneração *f.* 존경. 숭경. 숭배.

veneradamente *adv.* 존경하여. 숭배하여. 숭경하여.

venerado *a.* 존경받는. 숭배되는. 존중시되는.

venerador *a.* 존경하는. 숭배하는. 존중하는. 숭경하는.
— *m.* 존경자. 숭배자. 존숭자(尊崇者).

venerando *a.* =*venerável*.

venerar *v. t.* 존경하다. 숭배하다. 숭경하다. 존중시하다.

venerável *a.* (인격·지위로 보아) 존경해야 할. (특히 사람·물건이 나이·햇수가 들어) 존엄한. 덕이 높은. 신성한. 오래되어 숭엄한.
— *m.* 비밀공제조합장(秘密共濟組合長).

veneravelmente *adv.* 존경하여. 존경할만큼.

venéreo *a.* ①성교(性交)의. 방사(房事)의. 성교에 의한. ②《詩》육욕의. 성욕의. 색정(色情)의. 관능적. ③[醫] 화류병(성)의. 성병의.
doenças venéreas 화류병. 성병(性病).
— *m.* 화류병. 성병.《俗》매독.

venereologia *f.* 화류병학.

venereologista *m., f.* 화류병 학자.

vênero *a.* [羅神] (미와 사랑의 여신) 비너스의. 비너스에 관한(속하는). [天] 금성(金星)의. 금성에 관한.

veneta *f.* 일시적 기분. 내킨 생각. 변하기 쉬운 마음. 변덕.

veneziana *f.* (작은 조각 나무로 되고 여닫는 것이 조절되게 된) 베니스식 발. 갑엽(甲葉) 덧문. 창문 밖의 덧문. 문발.

veneziano *a.* (이탈리아 북부지방) *Venice*의. 베니스식의.
— *m.* 베니스 사람.

Venezuela *f.* 베네즈엘라.

venezuelano (-a) *a.* 베네즈엘라인의.

vênia *f.* ①허가. 허용. 허락. ②면죄. 사면(赦免). ③용서. 너그러움. 관대. ④절. 인사.

veniaga *f.* ①필수품. 상품. 화물. ②장사. 거래. (특히) 부정거래. 부정이득.

veniagar *v. i., v. t.* 장사를 하다. (특히) 부정 거래를 하다. 부정 이득을 취하다.

venial *a.* ①용서할 수 있는. 사소한. 경미한. ②[神] 사면(赦免)할 수 있는. 죄가 가벼운.

pecado venial [가톨릭] 작은 죄(용서 받을 수 있는 죄).

venialidade *f.* 용서받을 수 있음. 죄가 가벼움. 소죄임.

venializar *v.t.* [宗] 작은 죄로 하다.

venialmente *adv.* 용서받을 수 있을 정도로. 경미하게. 가벼운 죄로.

venida *f.* ①《古》오는 것. 내도(來到). 도착. ②불시에 치기. 돌연한 습격. ③조심. 주의.

venifluo *a.* 《詩》맥관(脈管) 속에서 흐르는.

venoso *a.* [生理] 정맥의. 정맥 속의. 정맥이 많은. [植] 엽맥(葉脈)의. 엽맥이 많은. *sangue venoso* 정맥혈(靜脈血). *sistema venoso* 정맥계통(靜脈系統).

venta *f.* 콧구멍. 비공(鼻孔). *ventas* (*pl.*) ①코. ②《卑》얼굴. 상판. *nas ventas de* …아무의 면전에서. 코앞에서.

ventana *f.* ①《古》창. 창문. ②부채. ③(당구대의) 포켓.

ventnear *v.t.* ①바람을 일으키다. ②부채질하다.
— *v.i.* 세게 불다.

ventaneira *f.* ①센 바람. 강풍(强風). ②풍구의 바람 구멍.

ventanejar *v.i.* 바람이 세게 불다. 거센 바람이 불다.

ventania *f.* 거센 바람. 강풍. 열풍(烈風).

ventanilha *f.* [撞球] 포켓(당구대의 네 구석 밑 양쪽에 있는).

ventão *m.* 《古》부채.

ventar *v.i.* ①바람이 불다. ②갑자기 나타나다. ③알맞게 되다. (조건이) 유리해지다.

ventarola *f.* (닫거나 열지 못하는) 부채. 둥근 부채.

ventígeno *a.* 《詩》바람을 일으키는. 바람에 의하여 생기는.

ventilabro *m.* (낟알·겨 등을 바람으로 골라내는) 키. 바람을 일으켜 가리는(까부르는) 기계.

ventilação *f.* ①공기 유통. 통풍. 환기. 통풍 상태. 환기법. 통기(환기) 장치. ②(문제의) 토의. 토론. 자유토의(논의). 세상 사람 일반의 논의. 세론에 묻기.

ventilado *a.* ①공기 또는 바람이 통한(통하게 한). 환기(換氣)한. 송풍(送風)한. 공기 유통(통풍)이 좋은. ②(문제를) 토의한. 토론한.

ventilador *m.* 통풍 장치. 환기 장치. 통풍기. 송풍기. 선풍기. [炭鑛] 통기기(通氣機). 통풍갱(坑). 통풍관(管). 모자의 바람구멍.

ventilante *a.* ①바람을(공기를) 통하게 하는. 송풍하는. 환기하는. ②바람에 펄럭거리는.

ventilar *v.t.* ①공기 또는 바람을 통하다. 바람 또는 공기를 넣다. 송풍(送風)하다. ②(방의) 통풍이 잘 되게 하다. 환기(換氣)하다. ③(낟알·겨·깍지 따위를) 바람을 일으켜 가리다. 키질하다. (부채로) 부치다. ④(문제를) 토의하다. 논의하다. 세론에 묻다.

ventilativo *a.* 통풍의. 환기의. 통풍(환기) 장치의. 바람 또는 공기가 잘 통하는.

ventinho *m.* 산들바람. 미풍(微風).

vento *m.* ①바람. ②공기. ③바람기. 풍기(風氣). (위장(胃腸) 속의) 가스. ④호흡. 숨. ⑤(개 따위의) 후감(嗅感). 후각. ⑥바람 불어오는 쪽. ⑦빈말. 공담(空談). ⑧빈 것. 공허(空虛). 허세(虛勢). 자만심. ⑨바람처럼(야속하게) 지나가는 것. *vento alísios* 무역풍. 항풍(恒風). *vento contrário* 맞바람. 역풍(逆風). *vento intenso* 된바람 (또는 *forte*) 된바람. 큰바람. 강풍(强風). *vento norte* 북풍. 삭풍. *vento ao largo* [海] 고물 쪽에서 부는 바람. 순풍. *pé de vento* 선풍(旋風). *moinho de vento* 풍차(風車). *cabeça de vento* 얼빠진 사람. 멍청한 사람. 아무것도 모르는 사람. *os quatro ventos* 사방(四方). *Está soprando um vento forte.* 된바람이 불고 있다. *o vento levanta-se* 바람이 일어나다. *o vento cai* 바람이 자다(멎다). *fazer muito vento* 바람이 몹시 불다. *de vento em popa* 바람이 불어가는 쪽으로. 바람을 따라서. 순풍에. *ir de vento em popa* ①배가 순풍에 의하여 항행하다. ②《比喩》일이 잘 되어가다. 성공의 길에 있다. *Navegar de vento em popa.* (배가) 바람을 등지고 순조롭게 항행하다. *Uer de que lado sopra o vento.* ①바람

부는 방향을 주시하다(알다). ②여론의 동향을 주목하다(알다).
Vento de Março e chuva de Abril fazem Maio florir 삼월의 바람과 사월의 비는 꽃피는 오월을 만든다.
Quem semeia ventos colhe tempestades. 선인선과(善因善果). 악인악과(惡因惡果).

ventoinha *f.* ①바람개비. [海] 풍신기(風信旗). (측후소(測候所) 등의) 풍향표시기(風向表示器). ②(바람 일으키는) 풍구. ③(마음이) 잘 변하는 사람. 변덕스러운 사람.

ventor *m.* 후각(嗅覺)이 강한 개.

ventosa *f.* ①[醫] 피를 빨아내는 유리로 만든 기구. 일종의 부항. 《英》 *cupping-glass*. ②(수생(水生) 동물 특히 거머리 따위의) 흡반(吸盤). 흡각(吸角).

ventosidade *f.* ①바람이 많음. 폭풍 낌새. ②(위속의) 가스가 고임. 바람기. ③《卑》방구.

ventoso *a.* ①바람 부는. 바람이 많은. 몹시 부는. ②바람맞은. 바람받은. 바람기를 일으키는. [醫] (위속에) 가스가 차는. ③빈. 아무것도 없는. 공허한. 헛된. ④허풍떠는. 허세부리는. 뽐내는. ⑤쓸모없는. 시시한.

ventral *a.* 배의. 복부의. (특히 등에 대하여) 복면의. [魚] 하면(下面)의.
barbatanas ventrais [魚] 배의 지느러미.

ventre *m.* [解·動] 배. 복부(腹部). [魚·蟲] 아랫배. 하면(下面). (병·항아리·독·맥주통 따위의) 불룩 나온 부분. 철원부(凸圓部). [解] 돌출된 곳(근육·뼈 등의).
prisão de ventre 변비(便秘).
soltura de ventre 설사.

ventricular *a.* (뇌·심장 등의) 실(室)의. 심실의. 심실 비슷한. 배의. 불룩한. 팽창한.

ventrículo *m.* [解] 강(腔). (뇌수·후두부 등의) 실(室). 심실(心室).

ventrilavado *a.* (말(馬)의) 배가 흰.

ventrilho *m.* (말의) 뱃대끈. 《英》 *belly band*.

ventriloquia *f.* 복화(腹話). 복화술(입을 움직이지 않고 음성을 내어 음성이 밖에서 오는 것처럼 들리게 하는 화술).

ventriloquismo *m.* 복성(腹聲). 복화(술).

ventriloquista *m., f.* 복화술자(사).

ventríloquo *a., m.* 복성을 내는 (사람). 복화술로 말하는 (사람).

ventripotente *a., m.* ①위가 튼튼한 사람. 잘 먹는 사람. 식도락가(食道樂家). ②미식가. 요리를 잘 아는 사람.

ventrudo *a.* 올챙이 배의. 배불뚝이의. (북처럼) 불룩 나온 배의.

ventura *f.* ①운. 행운. 요행(僥倖). ②재수. 운수. ③기회. 때맞은 일. ④우연. 우연한 일. ⑤위험. 모험. 운에 맡기기.
à ventura 모험적으로. 운에 맡겨. 깊이 생각지도 않고.
por ventura (= *porventura*) 우연히. 뜻밖에. (의문을 나타낼 때의) 혹시나.
pôr em ventura 모험하다.

ventureiro *a.* 《俗》 우연한. 미타(未妥)한. 확실하지 않은.

venturo *a.* 앞날의. 미래의. 장래의.

venturosamente *adv.* 운좋게. 요행히. 다행히.

venturoso *a.* ①운좋은. 행운의. 요행의. 재수(운수)있는. 기꺼운. ②모험적인. 아슬아슬한.

venula *f.* 가는 맥. 작은 맥(小脈). 가는 줄기(힘줄).

vênus *f.* ①[羅神] 비너스(미와 사랑의 여신). ②[天] 금성(金星). 태백성(太白星) (*Hesperus* (개밥바라기) 및 *Lucifer* (샛별)로서 나타남). ③성애(性愛). 색정(色情). ④비너스 여신의 상 또는 그림. ⑤《轉》절세미인. ⑥《古·化》동(銅).
monte de vênus ①[手相] 엄지손가락의 아랫쪽의 융기(隆起). ②음부(陰阜).
camisa de vênus 《俗》(남자가 쓰는 성병 예방용) 얇은 텍스.

venúsio *m.* [鑛] 순동(純銅).

venustidade (**venustade**) *f.* 대단히 아름다움. 어여쁨.

venusto *a.* ①아름다운. 어여쁜. 고운. 우미한. ②귀여운. 애교 있는.

véo, véu *m.* ①너울. 베일. 면사포. (수녀·여승(女僧) 등이 쓰는) 얇은 헝겊. ②막(幕). 장막. ③막(膜).

ver *v.t.* ①보이다. 보다. 참조하다. ②알다. 깨닫다. 요해하다. 이해하다. ③경험하다. 만나다. ④구경하다. 관광하다. 참관하다. 목격하다. ⑤살펴보다. 주목하다. 주의하다. ⑥만나다. 면회하다. 회견하다. 인견(引見)하다. ⑦만나러 가다. 방문하다. 문안하다.
Vou a ver. ①내가 가서 보겠다. ②결과가 어떻게 될지 보겠다.
Vamos a ver. ①가봅시다. ②결과가 어떻게 될지 두고 봅시다. 결과를 보여 드리겠습니다.
fazer ver 보이다. 설명하다.
deixar ver 보이다. 구경시키다.
Deixe-me ver! 좀 보여 주십시오! 어디 좀 봅시다!
ver a ôlho nu 육안으로 보다.
ver as coisas como são ①대관절 어떤 물건인가 보다. ②대관절 어떻게 된 것인가 보다.
Veja isto! 이것 좀 보시오! 똑똑히 보아라!
Veja lá! 그것(저것) 보시오! 조심하시오!
Veja página 8p. cap. 20. 8페이지 20장(章)을 보시오.
Viu o jornal de hoje? 오늘 신문을 보았습니까?
Vale a pena ver isto. 그것은 볼 만하다.
Vejo que é impossível. 불가능한 것 같이 생각된다.
Faça o favor de ver quem é. 누구인가 가서 봐주십시오.
Vi-o sair. 나는 그 사람이 나가는 것을 봤다.
Eu o vi pela primeira vez. 나는 그 사람을 처음 봤다.
Não o vejo há anos. 수년 전부터 그 분을 못 보고 있다.
Não o vi mais. (그 후는) 그 분을 더 못 보았다.
Há muito tempo que eu a vi. 그 여자를 본지 참 오래되었다.
Irei vê-la amanhã. 내일 그 여자를 만나 보겠다.
Vi todo o espetáculo. 처음부터 마지막까지 다 구경했다. 전부 관람했다.
Êle faz que não vê. 그 사람은 못 본체 한다.
Está vendo! 자 보아라! 그래 보아라!
Agora estou vendo! (=agora compreendo). 인제 알았어!
Não posso vê-lo. ①그 사람을 볼 수가 없다. ②(이제는) 그 사람은 보기조차 싫다.
Até mais ver. 다시 볼 때까지. 다시 봅시다. 안녕히!

ter que ver com …와 관계가(관련이) 있다.
Isso nada tem que ver com isto. 그것과 이것은 전혀 관계가 없는 것이다.
Isto é o que eu queira ver. 이것이 바로 내가 보고자(알고자)했던 것이다.
pelo que vejo 내가 보는 바. 나의 의견으로는.
Quem te viu e quem te vê. (별로 보잘 것 없는 사람이 큰 성공을 하였을 때의 말) 이게 웬일이오. 괄목상대하겠습니다. 당신은 참으로 장한 일을 했습니다.
O que os olhos não vêem. o coração não sente 《諺》 헤어지면 마음조차 멀어진다.
— **se** *v.pr.* ①눈이 보이다. 뵈다. ②(거울 따위에 비치어) 자기의 자세를 보다. 들여다 보다. ③깨닫다. 알다. 요해하다. ④자성(自省)하다. 반성하다.
Já se vê. 물론. 그렇지. 확실하다. 알고 있다. 알았어.
— *m.* 의견. 견해. 생각. 관찰.
a meu ver 나의 의견으로는.

veracidade *f.* 진실. 성실. 정직. 진실성. 진정(眞正). 진상(眞相).

vera-effigie, vera-efgie *adv.* 실물과 아주 비슷함. 실사(實寫).

veramente *adv.* 참으로. 참말로. 확실히.

verandah *f. veranda*의 사투리.

veranear *v.i.* (도회지를 멀리 떠나) 여름을 지내다. 피서(避暑)하다.

veraneio *m.* ①(산악지대·해변 등에서) 여름을 보내기. 피서. ②하기(夏期) 휴가. 하기 방학.

veránico, veránito *m.* ①늦여름. 만하(晩夏). ②짧은 여름.

veranista *m., f.* (산악지대·해변 등에서) 여름을 보내는 사람. 피서객.

verão *m.* 여름. 여름철. 하기(夏期).
verões (pl.) 나이. 연령. 연세. 춘추.
férias de verão 여름 방학. 하기 휴가.
na fôrça do verão 여름의 가장 더운 때. 성하(盛夏). (우리나라의) 삼복(더위).
verão de S. Martinho (따뜻한 날씨).

verãosinho *m.* ①늦여름. 만하(晩夏). 모하(暮夏). ②짧은 여름.

veras *f.(pl.)* 사실. 진실. 진실성. 진상(眞相). 현실.
de veras (=deveras) 참으로. 참말로.

진실로.
com todas as veras 충심으로. 진심으로.
verascópio *m.* 쌍안사진기(雙眼寫眞機).
veratrina *f.* [化] 베라트린(*veratro*에 함유되어 있는 일종의 알칼로이드. 폐렴·류머티스 등에 쓰는 약).
veratrinato *m.* [化] 베라트린 기산염(基酸鹽).
veratro *m.* [植] 미나리 아재비과의 식물. 그 분말(살충제).
veraz *a.* ①진실을 이야기하는. 거짓말하지 않는. 거짓없는. ②정직한. 진실한. 참된.
verba *f.* ①조목(條目). 조항. 개조(個條). 항목(項目). ②예산항목(豫算項目). 예산세목(細目). ③(책정된) 금액. 액수.
verba para desemprego 실업자 구제 기금(基金).
votação de verba 의회의 지출결의(단 그 표시 금액에는 그 후 추가 예산으로 변경할 여지가 있음).
verbal *a.* ①말의. 말에 관한. 말로 나타낸. 말로 된. ②(내용에 관계치 않고) 말만의. 어구(語句)의. 용어상의. ③문자대로의. 축어적(逐語的). ④구두(口頭)의. ⑤[文] 동사의. 동사에서 나온. 동사적. 동사형(形)의.
contrato verbal 구두계약.
compromisso verbal 인약(言約).
reportagem verbal 구두 보도(報道).
processo verbal (재판의) 조서(調書).
flexão verbal [文] 동사변화. 동사의 어미변화.
nome verbal [文] 동명사.
verbalismo *m.* ①언어적 표현. 어구의 사용(선택). 자구에 구애되기. 글자 뜻 캐내기. 어구비평. ②필요 없는 말. 용어과다(用語過多).
verbalista *m., f.* 자구에 구애되는 사람. 자구를 천착(穿鑿)하는 사람. 어구비평가.
verbalização *f.* ①말로 표현하기. (말의) 용만(冗漫). [文] 동사로 변화하기. 동사형으로 하기. ②내용(이유)을 설명하기.
verbalizar *v.t.* ①언어로 나타내다. ②동사화하다. ③구술(口述)하다. 내용을(이유를)설명하다.
— *v.i.* (어구 등이) 너저분해지다.
verbalmente *adv.* 언어로. 말로. 구두로. 축어적으로. 동사로서.

verbasco *m.* [植] 현삼과(玄蔘科)의 일종.
verbena *f.* [植] 버어베나(마편초과의 식물).
verbenáceas *f.(pl.)* 버어베나과(馬鞭草科).
verbenáceo *a.* 버어베나의. 마편초과 식물의.
verberação *f.* ①회초리로 때리기. 매질. ②편달. 견책. 질책. 혹심한 비난.
verberador, verberante *a.* ①회초리로 때리는. 매질하는. ②편달하는. 몹시 꾸짖는. 견책(질책)하는.
— *m.* 회초리로 때리는 자. 편달자. 견책자.
verberão *m.* =*verbena*.
verberar *v.t.* ①회초리로 때리다. 매질하다. ②편달하다. ③몹시 꾸짖다. 견책(질책)하다. 호된 비난을 하다.
— *v.i.* 반사(反射)하다. 반영(反映)하다.
—**se** *v.pr.* 스스로(자기 몸을) 치다. 자책하다.

verberativo *a.* 때리는. 매질하는. 편달의. 편달해야 할.
verbete *m.* 짧은 편지. 각서. (대강) 적어두기. 약기(略記). 메모. 수상록(隨想錄).
verbiagem *f.* 쓸데없는 말이 많음. 용만(冗漫). 취언(嘴言).
verbi-gratia *adv.* 《L》예를 들면 (*v.g.* 로 생략함).
verbo *m.* ①[文] 동사. ②말. 언사.
verbo transitivo 타동사.
verbo intransitivo 자동사.
verbo auxiliar 조동사.
verbo reflexivo 재귀 동사. 반사 동사.
verbo regular 규칙 동사.
verbo irregular 불규칙 동사.
verbo defetivo 불구(不具) 동사.
verborragia, verborréia *f.* ①쓸데없는 말. 말이 많음. 용만(冗漫). 용변(冗辯). ②지루함. 지리함.
verborrágico, verborréico *a.* ①쓸데없는 말의. 취언의. 말이 많은. 용만한. 장황한. ②(듣기에) 지루한. 지리한.
verboamente *adv.* 말많게. 장황하게. 지리하게. 한 말을 되풀이해서.
verbosidade *f.* 말이 많음. 용만. 용변(冗辯). 다변.
verboso *a.* 말많은. 쓸데없는 이야기를 길게 하는. 한말을 되풀이하는. 장황한. 지리한.
verça *f.* 케비지(양배추)의 일종.

verdacho *a.* 초록빛 나는. 녹색을 띤. 대녹색(帶綠色)의.
— *m.* 초록빛. 녹색 물감. 녹색 크레용.

verdade *f.* ①진리. 참됨. 정말임. 사실임. 진실. 진정(眞正). ②(사실의) 진면목(眞面目). 진상(眞相). ③성실. 충성. 정직. ④(기계의) 정확성.

em verdade 참으로. 진실로.
de verdade 진지하게. 진심으로. 정말로.
na verdade 물론. 사실은. 진상은.
É *verdade?* 사실입니까? 정말입니까?
É *verdade!* 사실입니다. 정말입니다.
a verdade e só a verdade 사실은 사실대로(전부).
fora de verdade 진실이 아니다. 사실에 벗어난다.
dizer (또는 *falar*) *verdade* 사실을 말하다.

verdadeiramente *adv.* 참으로. 정말로. 진실로.

verdadeiro *a.* ①진실한. 참된. 진정한. 성실한. ②정직한. 올바른. 거짓말 않는. 믿을 만한. ③사실의. ④진짜의. 순종의. ⑤정확한.
um amigo verdadeiro 진실한 벗. 참된 친구.
— *m.* ①진실. 진정. 참됨. 진지함. ②실제적인 일. ③진짜. ④가장 좋은 것. 믿을 만한 일. 사실.

verdasco *f.* ①(나무에서 자른) 가느다란 나뭇가지. 가는 막대기. ②회초리.

verdascada *f.* 가느다란 나뭇가지로 때림. 매질.

verdascar *v.t.* 가느다란 나뭇가지로 때리다. 매질하다.

verdasco *a.* (특히 포도주의 맛이) 신. 신맛 있는.
vinho verdasco 신 포도주(신맛 나는 포도주의 일종).

verde *a.* ①초록빛의. 녹색의. 풀빛의. ②야채(청과물·채소)의. ③푸릇푸릇한. 신록의. ④(과실 따위) 익지 않은. 시들지 않는. 설은. 신선한. ⑤(포도주 따위) 신. 신맛 나는. ⑥(벽돌·기와 따위) 잘 굽지 않은. ⑦(얼굴빛이) 창백한. 혈색이 나쁜. ⑧나이 어린. 활기 있는. 기운이 좋은. 싱싱한. ⑨풋내기의. 미숙한. 경험이 없는. 서투른.
chá verde 녹차(綠茶).
carne verde 푸른 먹이. 채소 음식.
caldo verde 감자를 폭 삶고, 고비·배추를 잘게 썰어 넣고 올리브 기름을 넣은 수프. 채소 수프.
vinho verde 신 포도주.
tijolo verde 잘 굽지 않은 벽돌.
idade verde 유년시대. 청년시대.
verdes anos da mocidade (사회적 경험이 전혀 없는) 10세 전후의 연대.
— *m.* ①초록빛. 풀빛. 녹색. ②풀. 초목. 녹수(綠樹). 식물. ③초록빛의 안료(도료·염료·그림물감).
verde-claro 연한 녹색(의).
verde-escuro 진한 녹색(의).
verde-crê 황녹색(의).
verde-gaio 담녹색(淡綠色)(의).

verdeal *a.* 초록빛을 띤. 대녹색(帶綠色)의.
verdear *v.i.* =*verdejar.*
verdecer *v.i.* 초록빛을 띠다. 초록색이 되다. 푸릇푸릇해지다. (봄이 되어) 초목이 파랗게 되다.
verdeio *m.* ①마소에게 먹이는 풀. 꼴. ②초록. 청록. 선명한 녹색. ③생기. 활기.
verdejante *a.* 초록의. 풀빛의. 신록의. 초록으로 덮인. 푸릇푸릇한.
verdejar *v.i.* 풀빛(초록빛)이 되다. 신록에 물들다. (초목이) 파랗게 되다. 푸릇푸릇해지다.
verdelha *f.* [鳥] 멧새무리의 작은 우는 새.
verdelhão *m.* [鳥] 방울새류. 홍방울새류.
verdelho *m.* 흰 포도주의 일종.
verde-mar *m.*, *a.* 해녹색(海綠色)(의). 담녹색(淡綠色)(의).
verde-montanha *m.*, *a.* 청녹색(의).
verdeselha *f.* =*verdezelha.*
verdete *m.* ①녹청(綠青). ②녹청색의 그림물감.
verdezelha *f.* [植] 메꽃(旋花科)의 무리.
verdilhão *m.* =*verdelhão.*
verdinhento *a.* =*verdoengo.*
verdizela *f.* 새를 잡는 올가미(의 일종).
verdizelo *m.* =*verdelhão.*
verdoengo, verdolengo *a.* 초록빛의. 풀빛을 띤. 녹색의. 푸릇푸릇한. (과실 따위) 푸른. 익지 않은.
verdor *m.* ①초록. 신록. 청록. 선명한 녹색. 푸릇푸릇함. 초록으로 덮임. ②생기. 활기. 원기. ③젊음. 청춘. 순진. ④풋내기. 경험이 없음. 미숙.

verdor da mocidade 청춘기.
no verdor dos anos 유년기(幼年期).
verdoso *a.* ①초록의. 푸릇푸릇한. 풀빛의. 신록의. 초록으로 덮인. ②젊은. 청춘의. 순진한. 미숙한. 익지 않은.
verdugo *m.* ①사형(특히 교수형) 집행자. 잔인한 사람. 냉혹한 사람. ②끝이 뾰족한 일종의 칼. 날이 없는 일종의 검. ③[鐵道] 플랜지(flange). (레일의) 나온 귀. 불쑥 나온 테두리. (수레 바퀴의) 테두리의 가장자리. ④[海] 뱃전 쪽의 뻗어 나온 수평 판자(줄을 걸어매는 데 씀). ⑤[造船] 뱃 전판. 배밀판.
verdura *f.* ①청록. 신록. 신록색의 초록. 푸른 풀. ②신선함. 생생함. 생기. 활기. 원기. ③경험이 없음. 미숙. 풋내기. ④야채. 채소. 푸성귀. 청과물. ⑤식물(植物). 초목.
verdureiro *m.* 청과장수. 채소장이. 과일(야채) 행상인.
vereação *f.* 시회(市會). 시참사회(市參事會). 시참의회(市參議會).
vereador *m.* 시회 의원(議員). 시참사회(참의회) 의원.
vereamento *m.* 시회의원(시참사회원. 시평의회원)의 직분(권한).
verear *v.t.* (시정(市政)을) 주관하다. 다스리다.
vereda *f.* ①작은 길. 좁은 길. 오솔길. 산간의 협로. ②방향. 인생(人生)의 길.
de vereda 곧. 바로 맞은편에.
veredicto, veredito *m.* ①[法] 평결(評決). (배심의) 답신(答申). ②재단. 판단. 의견. 결정. 의결(議決).
vêrga *f.* ①가느다란 나뭇가지. 작은 나뭇대. ②(책벌용) 막대기. 작은 곤봉. 지팡이. ③쇠로 만든 작은 대(金屬桿). ④[海] 돛 가름대. 범형(帆桁). ⑤《卑》음경(陰莖).
vêrga da posta [建] 상인방.
vergado *a.* 구부러진. 굽은. 휜.
vergal *m.* (달구지·수레 따위를 끄는) 굵은 가죽 끈(띠).
vergalhada *f.* ①가죽끈으로 때리기. 채찍질. 매질. 태형(笞刑). ②파렴치한 행실. 수치스러운 짓. 나쁜 일. 악사(惡事).
vergalhão *m.* ①(*vergalho* 의 지대어). 굵은 가죽끈. 큰 채찍. ②[海] 기다란 각형 철재(角形鐵材). ③악한(惡漢). 파렴치한 놈.

vergalhar *v.t.* 가죽끈으로 때리다. 회초리로 치다. 채찍질하다.
vergalho *m.* ①가죽끈. 가죽으로 만든 회초리. 채찍. ②《卑》(뽑아낸) 수소의 음경(陰莖). 수소의 음경을 말려 만든 채찍 대용물. ③부끄러움을 모르는 놈. 간지(奸智)에 능한 놈. 능청스러운 녀석.
vergame *m.* [海] 돛 가름대. 범형(帆桁).
vergão *m.* ①굵은 나뭇대. 큰 막대기. ②채찍자국. (채찍 회초리 따위에) 맞은 자국 (상처). 지렁이 모양으로 부풀어 오른 것. 자청색(紫靑色)으로 피부가 못쓰게 된 상처. 구인창(蚯蚓脹).
vergar *v.t.* ①구부리다. 휘게 하다. ②(무릎을) 꿇게 하다. 굴복시키다. 복종시키다. ③(마음을) 기울이게 하다. 감동시키다. — *v.i.* ①구부러지다. 휘다. 굽다. ②굴복하다. 복종하다. ③(마음이) 기울다. 감동하다.
vergasta *f.* ①가는 나뭇가지. 회초리. 채찍. ②나뭇가지(회초리)로 치기. 매질. 책벌. 벌.
vergastada *f.* 나뭇가지로 치기. 회초리로 때리기. 채찍질하기. 매질. 태형(笞刑).
vergastar *v.t.* 가는 나뭇가지로 치다. 회초리로 때리다. 채찍질하다. 매질하다.
vergel *m.* ①과수원(果樹園). ②채원(菜園). 채포(菜圃).
vergoada *f.* 채찍·회초리 따위에 맞은 자국. 지렁이 모양으로 부풀어 오른 것(蚯蚓脹).
vergonça *f.* 《古》= *vergonha*.
vergonçoso *a.* 《古》= *vergonhoso*.
vergonha *f.* ①부끄러움. 수치. 수치심. 염치(廉恥). 염치심. ②창피. 치욕. 모욕. ③불명예. 오욕(汚辱). 체면 손상. ④(부녀의) 잡된 행실. 수치스러운 행동. 추한 노릇.
vergonhas (*pl.*) 치부(恥部). 생식기. 외음부.
ter vergonha de …에 부끄러움을(수치를) 느끼다.
não ter vergonha 부끄러움을(수치를) 모르다.
Não tem vergonha? 부끄럽지 않느냐?
É uma pouca vergonha. 창피한 노릇이다. 하나의 수치다.
Que vergonha! 창피스러운 일! 아이 창피해!《俗》얌체야!

sem vergonha 창피(수치)를 모르는. 염치없는. 파렴치한.
perder a vergonha 수치심(염치심)을 잊다. 수치함(창피함)을 모르게 되다.

vergonhaça *f.* 큰 창피. 아주 부끄러운 일. 대단한 수치. 커다란 불명예.

vergonhar-se *v.pr.* =*envergonhar-se*.

vergonheira *f.* 부끄러운 일. 수치스러운 행위. 파렴치한 행동.

vergonhosa *f.*〔植〕함수초(含羞草). 미모사.

vergonhosamente *adv.* 부끄럽게. 수치(창피)스럽게. 면목 없이.

vergonhoso *a.* ①부끄러운. 수치스러운. 창피한. 면목 없는. 부끄러워 해야 할. 염치를 느껴야 할. ②추한. 못된. 괘씸한. ③외설(猥褻)한.

vergôntea *f.* ①〔植〕(나무의) 새로 나온 가지. 어린 가지. 작은 가지. 〔解〕지맥(枝脈). ②(대를 이을) 자식. 자손.

vergonteado *a.* 새로 나온 가지가 있는. 새로 나온 가지 같은.

vergontear *v.i.* (나무에서) 새로운 가지가 나오다(돋다).

vergueiro *m.* ①쟁기(도구)의 손잡이(나무로 만든 끌자루・도끼자루 따위). ②자루 같은 막대기. 긴 막대.
vergueiro do lemo 키잡이(舵柄).

vergueta *f.*〔紋〕방패 복판의 세로 그은 가는 줄.《英》*narrow pale*.

veridicamente *adv.* 참으로. 진실하게. 거짓 없이.

veridicidade *f.* =*veracidade*.

verídico *a.* 참된. 진실한. 진지한. 진정한. 정직한. 거짓 없는. 진실대로 이야기하는. 참말의.

verificação *f.* ①입증. 증명. 검증. 확증. 검사. 심사. 조사. 대조확인. 검인(檢印). ②이행(履行). 실행.

verificador *a.* 입증(증명・검증・확증)하는.
— *m.* ①입증자. 증명자. 검증자. 확증자. 검정기(檢定器). ②검사원. 심사원. 조사원.

verificar *v.t.* ①입증하다. 확증하다. 확인하다. 검증하다. (사실을 대조・조사해서) 맞추어보다. ②(사실・행위 등이 예언・약속 등을) 실증하다. ③〔法〕(증거・선서 등에 의하여) 입증하다.
—*se v.pr.* ①입증(확증・확인)되다. ②이행하다. 실행되다.

verificativo *a.* 확증의. 검증의. 입증의. 확증하는. 확증(확인)하기 위한. 검사에 필요한.

verificável *a.* 입증(확증・검증)할 수 있는. 증명할 수 있는. 확인해야 할.

verisímil, veríssímil *a.* =*verosímil*.

verisimilhança, verissimilhança *f.* =*verosimilhança*.

verisimilidade *f.* =*verosimilhança*.

veríssimo *a.* (*vero*의 최상급) 가장 진실한. 아주 정확한.

verjel *m.* =*vergel*.

verme *m.* 구더기. 유충(幼蟲). (특히 풍뎅이 따위의). 회충. 지렁이. 땅벌레.

vermes *m.*(*pl*). 선충류(線蟲類).

vermeil *m.*《F》은도금(銀鍍金). 도금한 청동.
medalha de vermeil 도금한 은메달(銀牌).

vermelhaço *a.* 약간 빨간. 불그레한. 붉은 빛을 띤. 연분홍의. 적색에 가까운.

vermelhão *m.* ①주홍(朱紅). 단사(丹砂). 연단(鉛丹). ②(얼굴에 칠하는) 붉은 안료(朱色顏料). 연지의 일종.

vermelhar *v.t.* 빨갛게 하다. 붉게 하다. 적색이 되게 하다.
— *v.i.* ①빨개지다. 붉은 빛을 띠다. 적색이 되다. ②낯을 붉히다. 홍조하다.

vermelhidão *f.* ①빨간 빛. 붉은 색. ②얼굴이 빨개지기. 홍조(紅潮). ③부끄러움.

vermelho *a.* ①빨강. 빨겅. 붉은. 적색의. ②(정치적으로) 적색의. 과격한. 혁명적인. 공산주의의.
sinal vermelho 붉은 신호(특히 교통신호 등 따위의).
tinta vermelha 빨간 잉크(페인트).
blusa vermelha 빨간 블라우스.
pimenta vermelha 붉은 고추.
bandeira vermelha 빨간 기(赤旗).
praça vermelha (모스크바의) 붉은 광장.
Mar Vermelho 홍해(紅海).
— *m.* ①적(赤). 적색. 붉은 색. 빨간 빛. ②빨간 그림물감. 붉은 헝겊. 붉은 옷. ③공산당원(주의자).
fazer-se vermelho 얼굴을 붉히다. 빨개지다.

vermicida *a.* 살충(殺蟲)의. 구충의.
— *m.* 살충제(劑). 구충약. 회충약.

vermiculado *a.* [建] 벌레 기어간 자국같은 무늬를 넣은. 가느다란 파상선(波狀線)을 이룬.

vermicular *a.* 벌레같은. 벌레같이 늘어진. 구불구불한. 벌레 기어간 자국같은. 가느다란 파상선같은.
movimento vermicular 준동(蠢動).

vermículo *m.* 작은 벌레. 구더기. 유충(幼蟲).

vermiculoso *a.* = *vermiculado*.

vermiculura *f.* 벌레가 기어간 자국 모양. 벌레가 먹은 듯한 모양(蟲食模樣). [建] 벌레 기어간 자국같은 무늬. 가느다란 파상선(波狀線).

vermiforme *a.* 벌레같이. 벌레꼴의. 충상(蟲狀)의. [解] 충양(蟲樣)의.

vermífugo *a.* 구충(驅蟲)의. 살충의. 회충을 없애는.
— *m.* 구충약. 살충제. 회충약.

vermilhão *m.* = *vermelhão*.

vermina *f.* = *verminose*.

verminação *f.* 해충 발생. 장충(腸蟲) 발생. [醫] 기생충병.

verminado *a.* ①벌레먹은. 벌레붙은. 벌레가 된. ②괴로움당한. 괴롭힌.

verminal *a.* 벌레의. 벌레에 관한. 벌레 때문에 발생하는. 벌레에 기인하는.

verminose *f.* [醫] 회충병.

verminoso *a.* 벌레(이·벼룩·빈대 등이) 낀(끓는). 벌레가 많은. 벌레투성이의. 벌레 때문에 생기는. 기생충병에 의한.

vermívoro *a.* [動·鳥] 벌레를 먹는(먹고 사는).

vérmute *m.* 버무드주(酒)(약초로 맛을 낸 백포도주).

vernação *f.* [植] 아형(芽型: 싹 속의 잎의 배치). 어린 잎의 배치(配置). 발엽상(發葉狀).

vernaculamente *adv.* 자국어로. 자기나라(말) 식으로. 지방말로.

vernaculidade *f.* 자국어(自國語). 자국어식(式). 지방말. 지방사투리.

vernaculização *f.* 자국어(自國語)로 표현하기. 자국어 식으로 하기.

vernaculizar *v.t.* 자국어로 표현하다(표시하다). 자기나라(말) 식으로 하다. 지방말(사투리)로 표현하다.

vernáculo *m.* 자기나라 말. 지방어. 지방사투리. 방언.
— *a.* (국어·어법·말씨가) 자기나라의. 모국의. 본국의. 출생지의. 지방어(사투리)로 쓴.
lingua vernácula 자국어. 토어(土語).
doença vernácula [醫] 풍토병.

vernal *a.* ①봄의. 봄에 일어나는(오는). 봄에 나는(피는). ②봄같은. 봄다운. 봄빛을 띤. ③《比喩》생생한. 청춘의. 청년의.
ponto vernal 춘분점(春分点).

vernante *a.* 봄에 피는. 봄에 개화(開花)하는.

verniz *m.* ①니스. 와니스. ②《轉》(동백나무·담쟁이덩굴 따위의 잎의) 광택면. ③거죽만의 광택. 결점 따위를 숨기기 위한 겉꾸밈. 겉치레. 외면장식. 분식(粉飾). 호도(糊塗). 눈가림.

verno *a.* 《詩》 = *vernal*.

vero *a.* 참된. 진실한. 진정한. 진지한. 진짜의. 참말의.

verônica (1) *f.* 그리스도의 얼굴을 그린 형겊. (조각(彫刻) 또는 인쇄한) 그리스도의 면상(面像).
— (2) *f.* [植] 꼬리풀속(屬)의 식물. 물칭개나물속(屬).

verosímil, verossímil *a.* 정말인 듯한. 사실인 듯한. 있을 법한. 그럴 법한. 믿음직한. 참말같은.

verosimilhança, verossimilhança *f.* 있을 법함. 여실함. 진실인 듯함. 핍진(逼眞). 핍진성.

verosimilhante *a.* = *verosímil*.

verosimilidade, verosimilitude *f.* = *verosimilhança*.

verosimilmente *adv.* 그럴 듯하게. 참인 듯하게. 사실인 듯이. 진실인 듯이.

verrína *f.* 풍자문(諷刺文). 낙수(落首). 혹평. 비난공격.

verrinário *m.* 풍자문을(시를) 쓰는. 글(시)로 풍자하는.

verrineiro *m.* 풍자문 작자.

verrucal *a.* 사마귀의(에 관한).

verrucária *f.* [植] 꽃 또는 잎이 해와 함께 돈다고 생각되는 식물(유럽산).
《英》 *turnsole*.

verrucífero *a.* = *verrugoso*.

verruciforme *a.* 사마귀같은. 사마귀 모양의. 사마귀 성질의.

verruga *f.* 사마귀. 우종(疣腫). [植] 나무의 혹. 옹이.

verrugoso, verruguento *a.* ①사마귀 모양의. 사마귀 성질의. ②사마귀투성이의. 나무혹 있는.

verruma *f.* 나사송곳. 송곳.

verrumão *m.* ①큰 나사송곳. 큰 송곳. ②나무에 구멍을 뚫는 벌레.

verrumar *v.t.* ①나사송곳으로 구멍을 뚫다. 구멍을 파다. ②괴롭히다. 못살게 굴다.
— *v.i.* 깊이 생각하다. 숙고(熟考)하다.

versado *a.* (어떤 제목·기술 등에) 숙달한. 숙련한. 잘 아는. 정통한. 경험이 있는.

versal *f.* (활자(活字)의) 두문자(頭文字).

versalete *m.* (활자의) 소형(小形) 두문자.

versalhada *f.* (음률부정(音律不正)의) 서투른 시.

versão *f.* ①거꾸로 하기. 전복(顚覆). ②번역물. 번역서. 번역문. (소설의) 각색. ③(개인적 또는 특수한 입장에서 본 어떤 일의) 설명. 해설. 견해. 소견. 이야기. ④[産科] (분만할 때의) 태아전위법(胎兒轉位法). ⑤[天] 공전(公轉). 운행.

versar (1) *v.t.* ①연습하다. 실습하다. 단련하다. ②연구하다. 깊이 생각하다. ③다루다. 취급하다. ④(한 용기(容器)에서 다른 용기에) 옮겨 담다. 바꾸어 담다.
— *v.i.* (+*sobre*). (…에) 관하다. 관계하다. …을 목적으로 하다.
— (2) *v.t.* 시로 표현하다. 시로 짓다.
— *v.i.* 시를 짓다. 작시(作詩)하다.

versaria *f.* =*versalhada*.

versátil *a.* ①융통성 있는. 변통 자재한. 다재(多才)한. 다예(多藝)한. 다방면의. ②변하기 쉬운. (마음이) 잘 변하는. 변덕스러운. ③가전성(可轉性)의. 반전성(反轉性)의. [植] 정자(丁字) 모양의.

versatilidade *f.* ①융통성. 변통성. 변통자재. 다재(多才). 다예다능(多藝多能). ②변하기 쉬움. ③가전성. 반전성.

versejador *a., m.* 시짓는 사람. 엉터리 시인.

versejadura *f.* (운율이 없는) 시짓기. (절주(節奏) 없는) 작시(作詩). 엉터리 시를 짓기.

versejar *v.i.* (운율(韻律)이 없는) 시를 짓다. (절주 없는) 작시를 하다. 엉터리 시를 짓다.
— *v.t.* (율동이 없는) 시로 만들다.

verseto *m.* ①(성경·기도서의) 절. (성가의) 독창부. ②=*versículo*.

versicolor *a.* 여러 가지 색을 가진. 잡색의. 광선에 따라 색깔이 변하는. 무지개색의.

versículo *m.* 단시(短詩). [宗] 창화(唱和)의 단구(短句)(예배식에서 사회자가 부르면 합창단 또는 참석자가 합창함. 흔히 시편에서 인용).

versífero *a.* 시를 만드는. 시를 짓는. 시로 짓는.

versificação *f.* ①작시(作詩). 시작(詩作). 작시법. 시형(詩形). ②시체(詩體). 시풍(詩風).

versificador *m.* 시작가(家). 시인(詩人). 산문을 운문(韻文)으로 고치는 사람. 엉터리 시인.

versificar *v.t.* (산문을) 운문으로 고치다. 시로 만들다. 시재(詩材)로 하다.
— *v.i.* 시를 짓다.

versífico *a.* 시에 관한. 작시법에 관한.

versista *m., f.* 시작가. (특히) 시인이 아닌 시인.

verso (1) *m.* ①시의 행. 시구(詩句). ②운문(韻文). 시형(詩形). ③시의 절. ④시가. *verso solto* (또는 *branco*) 무운시(無韻詩)(무운 오각(五脚)의 억양격(抑揚格)).
— (2) *m.* 역(逆). 반대. (경화(硬貨)·상패 등의) 뒷면. 이면(裏面). (책책의) 왼편 페이지. 뒷페이지. 후면.

versudo *a.* ①잎이 많은. 잎이 무성한. ②잎으로 된.

versuto *a.* 교활한. 간교(奸巧)한.

vertebra *f.* [解] 추골(椎骨). 척추골.

vertebrado *a.* 척추(추골) 있는. 척추동물의.

vertebrados *m.(pl.)* 척추동물.

vertebral *a.* [解·動] 척추의. 척추 부근의. 척추골로 된.
coluna vertebral 척추. 주주(脊柱). 척골(脊骨).

vertebro-ilíaco *a.* 척골 및 장골(腸骨)의.

vertebroso *a.* 척추(추골) 있는.

vertedor *a.* (액체·가루 따위를) 흘리는. 쏟는. 붓는.
— *m.* ①(뱃바닥에) 괸 물을 푸는 그릇. ②번역자(飜譯者).

vertedouro *m.* (뱃바닥에) 괸 물을 푸는 그릇. 물 퍼내는 일종의 나무삽. 큰 국자.

vertedura *f.* ①(액체·가루 따위가) 흐름. 흘러나옴. 유출. 분출. ②(양(量)이) 넘침. 저울량을 넘치게 달기. 과대한 어림. 잉여(剩餘).

vertente *a.* 흐르는. 넘쳐 흐르는. 넘치는. ②붓는. 쏟는. 쏟아지는. ③발산(發散)하는.
— *f.* ①(산(山)의) 경사면(傾斜面). 비탈. (지붕의) 경사. ②수원지(水源地).

verter *v.t.* ①(액체・가루 따위를) 흘리다. 흘러나오게 하다. 넘치게 하다. ②붓다. 부어 넣다. 쏟다. 엎지르다. ③거꾸로 하다. 뒤집다. ④번역하다.
verter sangue 피흘리다.
verter lágrimas 눈물 흘리다.
verter águas 《俗》 오줌 누다.
verter para o português 포르투갈어로 번역하다.
— *v.i.* 줄줄 흘러나오다. 스며나오다. 분비하다. 흐르다. 넘쳐나다. 새다.

vertical *a.* 수평면에 직각인. 수직의. 연직의. 직립(直立)한. 세로의.
— *f.* 수직선(면).

verticalidade *f.* 수직(垂直). 연직(鉛直). 직립(直立).

verticalização *f.* 수직으로 하기. 직립상태.

verticalizar *v.t.* 수직으로 하다. 직립케 하다.

verticalmente *adv.* 수직으로 곧게. 꼿꼿이.

vértice *m.* ①(삼각형・산 따위의) 최고점. 절정(絶頂). 정상. ②[解] 두정(頭頂). 정수리. ③[幾] 정점(頂点). 각정(角頂). ④[天] 천성(天頂).

verticelo *m.* = *verticilio*.

verticidade *f.* [理] 편전성(偏轉性).

verticilado *a.* [植] 윤생(輪生)의. 윤생하고 있는. [動] 나층(螺層)의. 소용돌이 껍질 있는.

verticilo *m.* [植・動] 윤생체(輪生體). 환(環).

vertigem *f.* ①어지러움. 현기. 현기증. 일시적 착란(錯亂). ②혼절(昏絶).

vertiginosamente *adv.* 어지럽게. 어쩔어쩔하여. 눈이 돌아가듯. 아주 빠르게(회전하여).

vertiginoso *a.* ①현기 나는. 어지러운. ②현기나게 하는. 어지럽게 하는. ③빙빙 도는. 회전하는. ④변하기 쉬운. 불안정한.

vertígio, vertigo *m.* = *vertigem*.

verve *f.* 예술적 흥분. 열정. 힘. 생동(生動). 기품. 기운(氣韻). 신운(神韻).

vesânia *f.* ①정신 이상. 미친 증세. ②(급성) 착란증(錯亂症). 발광.

vesânico *a.* 정신 이상의. 정신 착란의. 발광의.

vesano *a.* 정신이 이상한. 정신 착란을 일으킨. 미친. 발광한. 사려 분별이 없는.

vesco *a.* 먹기에 적당한. 먹기 위한. 식용(食用)의.

vesgo *a.* 사팔눈의. 사팔뜨기의. 사시(斜視)의. ②곁눈질하는. 눈을 가늘게 뜨고 보는.
— *m.* ①사팔뜨기. ②곁눈질하는 사람. 흘겨보는 사람.

vesguear *v.i.* ①(옆으로) 흘겨보다. 사시(斜視)하다. ②곁눈질하다. 눈을 가늘게 뜨고 보다.

vesgueiro *m.* ①사팔뜨기. ②흘겨보는 사람.

vesguice *f.* 사시(斜視). 흘겨보기. 곁눈질.

vesicação *f.* [醫] 발포(發泡)시키기. 발포하기. 발포한 상태.

vesical *a.* [解] 방광(膀胱)의. 낭(囊)의.
catarro vesical 방광 카타르.
calculo vesical 방광 결석(結石).
hemorragia vesical 방광 출혈(出血).

vesicante *a.* 발포하는. 발포시키는.
— *m.* 발포제(發泡劑). 발포고(膏).

vesicar *v.t.* [醫] 발포시키다. 수포(水泡)를 내다.

vesicatório *a.* 발포의. 발포시키는. 발포용(用)의.
— *m.* 발포제.

vesico-rectal *a.* 방광 및 직장(直腸)의.

vesico-uterino *a.* 방광 및 자궁(子宮)의.

vesícula *f.* ①[解] 소낭(小囊). 소포(小胞). 소수포(小水泡). [動・植] 소공포(小空砲). [魚] 부레. 기포(氣胞). 액포(液胞). [醫] 수포진(水泡疹).
vesicula biliar [解] 쓸개. 담낭(膽囊).

vesicular *a.* 소낭의. 소포(小胞)의. 소포같은. 소포로 되는. 소공포의. [魚] 부레의. 기포의. [醫] 수포진의.

vesiculoso *a.* 소포모양(小胞狀)의. 소포로 되는. 수포(水泡)가 생긴.

vespa *f.* ①[蟲] 말벌. 나나니. ②《比喩》 성 잘내는 사람. 까다로운 사람. 심술궂은 사람.

vespão *m.* ①[蟲] 큰 말벌. 왕 호박벌. ②《比喩》 까다로운 사람. 짜증 잘 내는 사람. 귀찮게 구는 사람.

vespeiro *m.* ①말벌의 집. ②말벌의 떼. ③뜻밖에 발생한 위험한 입장. 고경(苦境). 난경(難境).

vésper *m.* ①해 넘어간 뒤 서편에 보이는 행성(行星). 금성(金星). ②서쪽. 서방(西方).

véspera *f.* 밤. 저녁. ②…의 전날 밤. 전일(前日). ③《雅》…의 직전(사건 발생·행사 등의).
vésperas (*pl.*) [宗] 저녁 기도시간. 만도시(晚禱時).
véspera de Natal 크리스마스 전야.
em (또는 *nas*) *véspera de* …의 전날(밤)에. …의 직전에.
nas vésperas da partida 출발 직전에.
estar em véspera de 방금 …을 하려고 하다. …의 직전에 처해 있다.

vesperal *a.* 저녁의. 밤의.
— *m.* [宗] 만도서(晚禱書).

véspero *m.* =*vésper*.

vespertino *a.* ①초저녁의. 저녁의. 밤의. ②[植] 저녁에 피는. [動] 저녁에 나르는. ③[天] 해질 때 나타나는(뜨는·사라지는). ④[신문] 저녁 때에 발간하는. 석간(夕刊)의.
— *m.* 석간신문.

vessada *f.* ①비옥한 토지. 기름진 땅. ②개간(開墾).

vessadela *f.* 개간하기.

vessadouro *m.* 개간. 경토(耕土). 개간권(權). 경토권(耕土權).

vessar *v.t.* 개간하다. 땅을 갈다.

Vesta *f.* ①[羅神] 베스타 여신(짐승 떼와 집의 여신. 또 불과 부엌의 여신). ②[天] 베스타(1807년에 발견된 소혹성(小惑星) 제4호).

vestais *f.*(*pl.*) 《古》 *Vesta* 여신을 축하하는 옛날의 축제(祝祭).

vestal *a. Vesta* 여신의(에게 바친). 정결(순결)한. 처녀의.
— *f. Vesta* 여신에게 몸을 바친 여자(영원의 정결을 맹세하고 여신의 제단에 타는 부단의 성화(聖火)를 지키는 6처녀의 한 사람). 《轉》 처녀. 정결한 여성. 여승. 수녀.

veste *f.* (흔히 복수로 씀). 의복. 의상(衣裳). 피복. 예복. 관포(寬袍). [宗] 제복(祭服).
vestes sacerdotais [宗] 법의(法衣). 제의(祭衣). (일반적으로 성직자·성가대원이 예배할 때에 입는 것). 제의(祭衣).

véstia *f.* 재킷. 짧은 웃옷. 가죽으로 만든 짧은 외투(특히 소치는 사람·카우보이가 입는).

vestiária *f.* (*vestiário*보다 덜 씀). 의상실(衣裳室). 갱의장(更衣場). 모자. 외투 따위를 보관하는 곳.

vestiário *m.* ①의상실. 갱의장. ②(공공 건물·클럽 등의) 모자·외투 따위의 보관실. ③의상계(衣裳係). 갱의장지기.

vestibular *a.* ①현관의. 문간방의. 입구(入口)의. ②[解] 전정(前庭)의. 전실(前室)의. 전방(前房)의. ③입학(入學) 준비의. 입시(入試)의.
exame vestibular 입학시험.

vestíbulo *m.* ①현관. 문간방. 입구의 홀. 협실. (교회 따위의) 차대는 곳. [美] 연랑(連廊: 객차의 앞뒤에 있는 출입용의 작은 방). ②[解] 전정(前庭). 전방(前房). (내이(內耳)의) 미로전정(迷路前庭).

vestído *m.* 옷·의복(의 총칭). 의상(衣裳). 예복. 복장.
vestído decotado (부인복의) 목을 드러내게 한 옷.
vestído afogado 귀밑까지 (높이) 올라오게 한 옷.
vestído de baile 야회복.
vestído de luto 상복(喪服).
Cortar o vestído conforme o pano. 옷감에 알맞게 재단한다(작은 옷감으로 크게 재단 못한다는 말). 분에 알맞게 살다(수입에 적당한 생활을 하다).
— *a.* 옷을 입은. 착의(着衣)한. 착복한.
bem vestido 잘 입은. 단정하게 입은.
mal vestido 잘 입지 못한. 너절한 옷차림의.

vestidura *f.* ①의복. 의류. 피복(被服). ②(벽·담벽 따위를) 덧바르는 일. 피복공사.

vestígio *m.* ①발자국. 족적(足跡). 동물의 냄새자취. ②형적(形跡). 흔적(痕跡). ③증거. 징후.
vestígios (*pl.*) 구적(舊蹟). 고적(古跡). 폐허.

vestimenta *f.* ①의복. 의상. 의류. ②복장.
vestimentas (*pl.*) [宗] 법의(法衣). 제의(祭衣). 제복(祭服).

vestimenteiro *m.* 제의(祭衣) 만드는 사람. [稀] 의상사(衣裳師).

vestir *v.t.* ①옷을 입히다. ②옷을 지어 주

다. 지어 입히다. ②씌우다. 덮어 씌우다. [土工] (벽 따위를) 덧입히다. 피복하다. ③꾸미다. 장식하다. ④(문장(文章)을) 윤식(潤飾)하다.

— *v.i.*, —*se v.pr.* 옷을 입다. 새로 지어 입다. 몸차림을 갖추다. 착용(着用)하다.

vestir bem (*mal*) ①잘(잘못) 입다. ②잘(잘못) 입히다.

vestir se bem 잘 꾸며 입다. 잘 차려입다.

Êle se veste muito bem. 저 분은 참 잘 차려 입는다(입고 다닌다).

vestir-se de padre 신부(神父)와 같은 옷차림을 하다.

vestuário *m.* ①한 벌의 옷. 갖춘 의복. ②의류(衣類). 의상(衣裳).

vesuviano *a.* Vesuvius 화산의.

vesuvio *m.* ①(이탈리아의) *Vesuvius* 화산. ②[鑛] 베스비어스석(石)(*Vesuvius* 화산에 많은 갈색 또는 녹색의 광석).

vetar *v.t.* ①(제안·의안·예산안 따위를) 거부하다. 재가(裁可)하지 않다. ②거부권을 쓰다. 거부권으로 못하게 하다. ③(행위를) 중지시키다.

veteranice *f.* ①노련(老鍊). 노숙(老熟). ②고참. ③(병역상(兵役上)의) 노공(老功).

veterano *a.* ①아주 익숙한. 노련한. 노숙한. 경험이 풍부한. ②고참(古參)의. 고병(古兵)의.

— *m.* 노련가. 노숙자(老熟者). (직무상의) 고참. [軍] (연한상(年限上)으로 오랜) 고병(古兵). 노련병. [美] 퇴역(재향) 군인.

veterinária *f.* 수의학(獸醫學).

veterinário *a.* 수의학의.

— *m.* 수의(獸醫). 수의학자.

veterrimo *a.* 가장 오래된. 최고(最古)의.

veto *m.* ①(군주·대통령·지사·상원 등이 법률안에 대해서 갖는) 부재가권(不裁可權). 거부권. 부재가. 거부. ②금지. 금제(禁制). 중지.

vetor *m.* =*vector*.

vetustade, vetustez *f.* ①낡음. 고색(古色). ②태고. 상고. 고대(古代). ③노후(老朽). 노년. ④늙으막. 노경(老境).

vetusto *a.* ①(역사적으로)상당히 오래된. 태고(상고)의. 고대(古代)의. ②나이 많은. 고령의. 연한(年限)이 오랜. 노성(老成)한. ③매우 낡은.

véu *m.* ①너울. 베일. 면사포. ②막(幕). 장막. 덮는 보. ③[動·植] 막(膜).

véu da noite 야음(夜陰). 밤의 어둠.

tomar o véu ①베일을 내리다. ②(여자가)수녀원에 들어가다. 여승이 되다.

levantar o véu ①베일을 올리다. ②막(장막)을 들다.

rasgar o véu ①덮은 보를 벗기다. ②감춘 것을 폭로하다(폭로시키다).

vexação *f.* ①괴로움. 고통. 번뇌. ②괴로움(번뇌)의 원인. 속상한 일. 뜻대로 되지 않는 일. ③괴롭히기. 고통주기. 박해. 압박. ④(남보기에) 창피한 일. 수치스러운 일. 모욕.

vexado *a.* ①괴로움 당한. 고통 받은. 곤란받고 있는. 번민하는. ②속상하는. 말썽있는. 안절부절하는.

vexador *a.*, *m.* 괴롭히는 (사람). 고통 주는 (사람). 못살게 구는 (사람). 박해자. 압박자.

vexame *m.* ①괴로운 것. 괴로운 일. 속상한 일. 귀찮은 일. ②고뇌. 번민. ③곤란(困難). 어려운 환경. ④부끄러운 일. 수치스러운 일. 불명예. 치욕.

vexante *a.* ①괴롭히는. 못살게 구는. 귀찮게 구는. ②속상하는. 안절부절케 하는. 말썽 일으키는. ③박해하는. 압박하는. ④창피함을 주는. 모욕하는.

vexar *v.t.* ①성가시게 굴다. 안절부절케 하다. ②괴롭히다. 귀찮게 굴다. 못살게 굴다. ③번민케 하다. 속상하게 하다. ④창피를 주다. 모욕하다. ⑤성나게 하다. 화나게 굴다.

—*se v.pr.* 부끄러워하다. 수치를 느끼다. 창피해지다.

vexativo, vexatório *a.* ①고통의. 고민의. 번민의. ②괴로움의. 괴로운. 속상하는. 애태우는. ③성가신. ④창피한. 수치스러운. 부끄러운. ⑤분한. 부아나는.

vexilar *a.* [植] 기판(旗瓣)의.

vexilário *a.* (옛 로마) 군기(軍旗)의. [植] 기판(旗瓣)의.

— *m.* 기수. 고참병. 노병.

vexilo *m.* ①(옛 로마) 군기(軍旗). ②[宗] 목장(牧杖)에 다는 작은 기. 행렬기. 행렬 십자가. ③[植] 기판(旗瓣).

vez *f.* ①(몇)번. (몇)회. (몇)배. 회수(回數). ②차례. 순번. [野球·撞球] (공을) 칠 차례.

uma vez 한 번.
duas vejes 두 번.
muitas vezes 여러 번. 수차. 자주.
poucas vezes 드물게. 가끔.
raras vezes 아주 드물게. 혹간. 간혹.
cada vez 매번. 할 적마다. 매차(每次).
outra vez 재차. 다시 한번. 다시금. 또.
esta vez 이번. 금번.
desta vez 이번에는. 금번에는.
algumas vezes 간혹(間或). 가끔. 오다가다.
tua vez 너의 차례. 너의 순번.
sua vez 당신 차례.
minha vez 내 차례. 나의 순번.
de uma vez 한번에. 단번에.
ás vezes 또는 *por vezes* 때로는. 왕왕.
era uma vez 옛날옛적(에).
uma vez que …하는 이상(以上). …하는 한.
uma vez por acaso 가끔. 이따금.
uma e muitas vezes 여러 번. 수차. 누차.
uma vez não são vezes 한 번뿐이지 여러 번은 아니다. 한 번(한 것)은 습관이 아니다.
cada vez mais 매번 더. 점점 더. 더욱.
cada vez menos 매번 덜. 점점 적게(약하게).
em vez de …의 대신에. …을 하는 대신.
de vez em quando 가끔. 때때로. 오다가다.
foi se de vez 아주 가버렸다.
é a tua(sua) vez 너(당신) 차례이다.
por sua vez 자기의 차례가 되어.
por esta vez 이번만큼은. 이번만.
fazer as vezes …의 대리(代理)를 하다. …을 대신하다.
as mais das vezes 대체적으로. 십중팔구는.
Três vezes quatro são doze. 3의 4배는 12이다.
Duas vezes três seis. 이삼(2×3)은 육.
cinco vezes maior 다섯배나 더 큰.
Também lhe há-de chegar a vez. 당신께도 그러한 일이(그런 기회가) 닥쳐 올 것이다.

vezada *f*. 횟수(回數). 차례.
vezar *v.t*. 익히다. 익숙하게 하다. 습관들이다.

—*se v.pr*. 익숙되다. 습관되다.
vezeira *f*. 돼지의 떼(豚群).
vezeireiro *m*. 돼지 떼를 모는 사람.
vezeiro *a*. (…하는) 버릇이 있는. 습관이 있는. (…에) 익숙된. 나쁜 버릇이 있는. 악습(惡習)이 있는. 악벽(惡癖)이 있는.
vezo *m*. (…하는) 버릇. 습관. (특히) 나쁜 버릇. 악습. 악벽.
via *f*. ①길. 도로. 통행로. 노정(路程). 도정(道程). 경로(經路). ②방향. ③수단. 방법. ④뜻. 의미. ⑤[商] (송장(送狀) 등의) 사본(寫本). 등본(謄本). ⑥[解] 도관(導管). ⑦[化] 식(式).
via férrea 철도.
via aérea 공로(空路). 항공로.
via de terra 육로. 육상수송(陸路輪送).
via de mar 해로. 해상수송.
por via de …을 거쳐서. …을 경유하여.
vias respiratórias 기도(氣道).
primeira via 원본(原本). 제일통(第一通 : 복사된 여러 통(通) 중의 첫째 장).
segunda via 제2통(복사된 여러 통 중의 둘째 장).
via sacra 그리스도가 십자가를 지고 지나간 길. 십자가의 도행(道行).
vias de factos. 폭력. 폭행.
Chegaram a vias de factos. 결국 주먹질하기까지 이르렀다.
por via de regra 통례(通例)대로. 일반적으로. 보통.
viabilidade *f*. ①통과할 수 있음. 통행 가능. 실행할 수 있음. 실천 가능. ②(아기의) 생육 가능(生育可能). 생존 능력.
viação *f*. ①운수(수송)기관. 교통수단. ②교통로. 교통망.
viação aérea 항공(航空). 공수(空輪).
viador *m*. 통행인. 길가는 사람. 길손(旅人).
viadora *f*. =*viatura*.
viaduto *m*. 육교(陸橋). 고가교(高架橋). 현교(懸橋). 구름다리.
viagear *v.i*. 지방(地方)으로 돌아다니다. 지방 여행하다.
viageiro *a*. 여행의. 여행하는.
— *m*. 여행자. 길을 떠난 나그네. 길손.
viagem *f*. ①여행. ②유람. 기행(紀行). ③항해(航海). 항행.
viagem a (또는 *para*) *Europa* 유럽 여행.
viagem de ida e volta 왕복여행.
viagem de núpcias. 신혼여행.

viagem de regresso (또는 *de volta*) 귀국(귀가)여행. 귀로.
três dias de viagem 3일 간의 여행.
Boa viagem! 평안히! 안녕히! (길 떠나는 사람에게 하는 인사의 말).
Desejo-lhe boa viagem. 부디 평안히 다녀 오십시오!

viajada *f.* 여행. 도보여행. 장도(長途)의 도보여행.

viajador *a.*, *m.* 《稀》= *viajante*.

viajante *m.*, *f.* ①길손. 여행자. 여행가. ②(직업상으로) 돌아다니는 사람. 출장판매원. 순회외교원. ③도붓장수.

viajar *v.i.*, *v.t.* 여행하다. (지방으로) 돌아다니다. 편력(遍歷)하다. 항해하다.
viajar de carro (*ônibus, trem, aeroplano*) 자동차(버스・기차 비행기)로 여행하다.

viajata *f.*《俗》(특히 짧은 시일의) 여행. 만유. 원족. 유람(遊覽).

viajor *m.* = *viajante*.

Via-Láctea *f.* [天] 은하(銀河).

vianda *f.* 식품. 식료. 양식. 음식.

viandante *m.*, *f.* 도보 여행자. 길손. 길떠난 나그네.

viandar *v.i.* 도보 여행하다. (지방으로) 걸어 돌아다니다.

viandeiro *m.* 잘 먹는 사람. 대식가. 폭식가.

viário *m.* 궤노(軌道). 궤간(軌間).

viaticar *v.t.* 여비를 주다. 여행용 식품(양식)을 지급하다.

viático *m.* ①(옛 로마) 여행용 급여물(給與物). 여비. ②[가톨릭] 성량(聖糧: 임종에 받는 성체(聖體)). 이동제단. 휴대용(携帶用) 제단.

viatório *a.*《古》길의. 통로의.

viatura *f.* 운반기구. 이륜 또는 사륜마차. 탈 것.

viável *a.* ①지나갈 수 있는. 통행 가능한. ②실행할 수 있는. 실천에 옮길 수 있는. ③[醫] (아기의) 생육 가능한.

viba *f.* 사탕수수. 감자(甘蔗).

víbora *f.* ①[動] 살무사. 복사(蝮蛇). ②《比喩》독사같은 사람. 속 검은 사람. 은혜를 모르는 자. 간악한 인간. 악질적 인간.

vibordo *m.* ①(선벽(船壁). ②(배를 부두에 댈 때)선측(船側)에 대한 보판(補板)(충격에 의한 손상을 막기 위한 것).

vibração *f.* ①진동(振動・震動). (당긴 고무줄・액체 따위의) 떨림. 전동(顫動). ②마음의 동요. ③(물체를) 진동시키기.

vibrante *a.* 떠는. 진동하는. (음성이) 떨리는. 울리는.
voz vibrante 떨리는 목소리.

vibrar *v.i.* ①흔들리다. 진동하다. 떨리다. ②마음이 떨리다. 깊이 감동하다.
— *v.t.* ①진동시키다. 전동(顫動)시키다. 흔들어 움직이다. ②(칼・창 따위를) 휘젓다. 휘두르다. ③던지다. 내던지다. 투사(投射)하다.

vibrátil *a.* 떠는. 떨리는. 진동하는. 진동성의. 진동하기 쉬운.

vibratilidade *f.* 진동성(振動性). 전동성(顫動性).

vibratòriamente *adv.* 떨려서. 진동하여.

vibratório *a.* 떨리는. 진동하는. 진동성의. 진동시키는. 진동의. 전동의.

vibrião *m.* 비브리온. 나선상균(螺旋狀菌)(일종의 세균).

vibrioniano *a.* 비브리온의(에 관한).

vibrissas *f.*(*pl.*) 콧구멍털. [解] 비모(鼻毛).

vibroscopio *m.* 진동계(震動計).

viburneas *f.*(*pl.*) [植] 접골목과(接骨木科).

viburno *m.* [植] 인동나무속(屬)의 관목. 그 건조한 나무껍질(약용).

viçar *v.i.*, *v.t.* = *vicejar*.

vicarial *a.* ①*vigário*의. *vigário*로서 근무하는. ②대리의. [가톨릭] 부사교의. 부사제의.

vicariato *m.* ①*vigário*의 주택. 목사관(舘). 사제관(司祭舘). ②*vigário*의 직. ③교구목사의 봉급.

vicário *a.* ①대리의. 대리직의. ②대리를 하는. ③대신해서 받는. ④[醫] 대용의. 대상(代償)의.
— *m.* = *vigário*.

vice *prep.* (관직・관 등을 표시하는 명사에 붙어서) 부(副)…. 차(次)…. 대리….

vice-almirantado *m.* 해군 중장의 지위(직분).

vice-almirante *m.* 해군 중장.

vice-chanceler *m.* ①대학부총장. ②부대법관.

vice-cônsul *m.* 부영사(副領事).

vice-consulado *m.* 부영사관. 부영사의 직(지위・임기).

vice-governador *m.* ①부총독. 부도독(都督). ②부지사(知事).

vicejante *a.* ①(초목이) 무성한. 번성(繁盛)한. 울창한. ②기운찬. 원기왕성한.

vicejar *v.i.*, *v.t.* ①(초목이) 우거지다. 무성하다. 번성하다. 울창하다(해지다). ②발달하다. 증진하다. ③병적변태(病的變態)로 흙을 먹다.

vicejo *m.* ①(초목이) 울창함. 무성. 번성(繁盛). 번무(繁茂). ②원기왕성. 활발.

vice-mordomo *m.* ①(왕가·귀족의) 부청지기. 부집사장(執事長). ②《稽》하인 우두머리 다음 가는 이.

vice-morte *f.* 반사상태(半死狀態).

vicenal *a.* 20년마다의. 20년마다 일어나는(행하는).

vicenário *m.*, *a.* 20년간(의).

vicênio *m.* 20년간.

vice-presidência *f.* 부통령(부총재·부의장·부총장)의 지위(직분·임기).

vice-presidente *m.* 부통령. 부총재. 부의장. 부회장. 부총장.

vice-rainha *f.* 여자 뷰왕(副王).

vice-rector *m.* 부교장. 부학장. 부수도원장.

vice-rei *m.* 부왕(副王). 태수(太守). 총독.

vice-reinado *m.* 부왕·태수의 지위(권력).

vice-secretário *m.* ①부서기장(書記長). ②차관(次官).

vice-versa *adv.*《L》거꾸로. 반대로. 역(逆). 상하교호(上下交互)하여.

viciação *f.* ①나쁘게 하기. 악화. 해하기. 오손. ②나쁜 습관에 젖기. 타락. 부패. ③변조(變造). 개악(改惡). 위조. ④무효로 하기(되기).

viciado *a.* ①나빠진. 악화한. 부패한. 타락한. ②나쁜 풍습에 물든. (마약 따위에) 중독된. ③흠 있는. 결함 있는. ④변조한. 개악한. 위조한. ⑤[法] 효력을 잃은. 무효의.

viciador *a.m.* 나쁘게 하는 (사람). 해하는 (자). 부패케 하는 (자). 타락시키는 (자). 변조자. 개악자. 무효로 하는 (자).

viciamento *m.* ＝*viciação*.

viciar *v.t.* ①…의 가치를 떨어뜨리다. ②손상시키다. 해하다. ③더럽히다. 부패시키다. 타락시키다. 나쁜 습관에 물들게 하다. ④무효로 하다. ⑤위조하다. 변조(變造)하다.

—**se** *v.pr.* 나빠지다. 악화하다. 손상되다. 부패하다. 타락하다. 나쁜 습관에 물들다. 무효로 되다.

vicinal *a.* ①가까운. ②이웃의. 인근(隣近)의. 근린(近隣)의.

caminho vicinal ①가까운 길. ②시골길. 농촌길.

vicinalidade *f.* ①가까움. 근접. ②이웃. 인근.

vício *m.* ①악. 사악(邪惡). 악덕. 패덕. ②나쁜 습관. 악폐. 누습. 타락. 품행(행실)이 나쁨. 비행. ③(육체적) 결함. 불구. 기형(畸形). ④(조직·사회제도 등의) 결함. 결점. 약점. ⑤(표면상의) 불비. 불완전.

vicio da carne 육욕(肉慾). 색욕.

viciosamente *adv.* 나쁘게. 악습에 젖어. 타락하여. (도덕적으로) 부패하여. [法] 불법적으로.

viciosidade *f.* ①악덕. 비도덕. 패덕. ②악의. 적의(敵意). ③결함(결점) 있음.

vicioso *a.* ①나쁜. 사악한. 악덕의. 패덕의. ②흠(결점) 있는. 불비한. 불완전한. 오류 있는. ③행실이 나쁜. 처신이 고약한. ④나쁜 습성이 있는. (마약 따위를) 상용하는. (말(馬) 등이) 나쁜 버릇이 있는. ⑤[法] 불법의. 위법(違法)의.

linguagem viciosa 불순어(不純語). 사투리를 많이 쓴(또는 오류가 많은) 말. *hábito vicioso* 나쁜 버릇. 악벽(惡癖). *círculo vicioso* ①순환논법(循環論法). ②[經] 악순환.

vicissitude *f.* ①(특히 환경·경험·세상의) 변동. 변천. 천이(遷移). 영고(榮枯). 성쇠. 전변무상(轉變無常). (인생의) 부침(浮沈). ②우연한 일. 생각지 않은 재난. ③《古·詩》순환. 교체(交替).

as vicissitude da vida 인생의 파란(波瀾).

vicissitudinário *a.* 변동(변천)이 많은. 흥망성쇠하는. 전변무상의. 부침하는.

viço *m.* ①(식물(식물)의) 생기(生氣). ②활기. 기운. 혈기(왕성). ③풍부. 충만(充滿).

viçosamente *adv.* ①생기 있게. 활기 띠고. 기운 있게. ②풍요하게. 울창하게. 풍부하게. 넘쳐흐르게. 화려하게.

viçoso *a.* ①(식물이) 푸르청청한. 생생한. 생기 있는. 무성한. 우거진. 울창한. ②(토지가) 기름진. 비옥한. 다산(多産)의. ③《比喩》풍부한. (문체·미술품 등이) 화려한. 현란한. (표현이) 풍려(豐麗)한. ④활기 있는. (원기)왕성한. …한창인.

vicunha *f.* [動] 남미산인 *lama*(*llama*) 속

(屬)의 야생동물. 그 털 또는 그 비슷한 것으로 짠 나사(羅紗).

vida *f.* ①생명. 생존. 존명. ②(집합적으로) 삶이 있는 것. 생물. ③(개인의) 목숨. 생애. 수명(壽命). ④생활(상태). 살림살이. 생계. ⑤생활비. ⑥인생. 인사(人事). 이 세상. ⑦전기(傳記). 언행록(言行錄). ⑧원기. 정력. 활기. 생기. 활기를 띠게 하는 것. 활력. ⑨(목숨을 건진 후의) 신생애.

vida conjugal 결혼생활.
vida rústica 시골생활. 전원(田園)생활.
vida militar 군대생활.
vida de vagabundo 부랑자생활. 떠돌아다니는 삶.
vida futura 미래생활.
vida rica 부유한 생활.
vida pobre 가난한 생활.
vida miserável 비참한 생활.
mulher da vida 매춘부(賣春婦).
seguro de vida 생명보험.
recobrar a vida 원기를 회복하다.
padrão da vida urbana e rural 도시생활 양식과 시골생활 양식.
ganhar a vida 생계를 유지하다. 호구지책(糊口之策)을 세우다.
mudar de vida 생활(방침)을 바꾸다.
a luta pela vida 삶의 경쟁. 생존을 위한 투쟁.
sobrevida de …을 하고 살다. …로서 살아가다.
perder a vida 생명을 잃다. 죽다.
acabar com vida ①생애를 바치다. ②자살하다. 죽다.
salvar a vida 생명을 구하다. 생명을 건지다.
cuidar da própria vida 자기의 생명을 자기가 주의하다.
Cuide da sua vida! 남의 일에 참견마라!
em vida 일생(一生). 평생.
entre a vida e a morte 생사(生死)의 판가름. 삶과 죽음의 중간.
questão de vida ou de morte 생사에 관계되는 문제. 사활문제.
Enquanto há vida há esperança. 생명이 있는 한 희망이 있다.
pela minha vida 목숨을 걸고. 맹세코.
Pela minha vida não lhe posso dizer. 아무래도(죽어도) 말 못하겠다.
para toda a vida e mais seis meses 영원히.
estar aborrecido da vida 삶에 싫증을 느끼다.

vidal *a.* 《古》 =*vital*.
vidar *v.t.* 포도를 재배하다.
vide (1) *f.* 포도덩쿨(나무).
— (2) 《L》…을 보라. …참조(略 *V.*, *Vid.*).
videal *m.* (=*vinhal*). 《古》 포도원.
videar *v.t.* 포도를 심다. 포도를 재배하다.
videira *f.* [植] 포도나무.
videirinho, videiro *a., m.* (삶을 위하여) 꾸준히 일하는 (사람). 정당하게 돈벌이하는 (사람).
vidência *f.* 현재 안 보이는 것을 본다고 (보인다고) 하는 것. 선견(先見); 예언.
vidente *a.* 현재 안 보이 것을 본다고(보인다고) 하는. 앞을 내다보고 말하는 ; 선견지명이 있는. 예언하는.
— *m., f.* 앞일을 내다보는 사람. 통찰력 있는 사람. 선견지명이 있는 사람. 예언자. 천리안(千里眼).
vídeo *m.* 비디오.
vido, vidoeiro *m.* [植] 백화(白樺); 흰자작나무.
vidraça *f.* 창유리(의 한 장). 유리판; 판유리.
porta da vidraça 유리문.
vidraçaria *f.* ①유리상점. ②(한 집에 있는) 유리창문 전체. 전체의 유리창.
vidraceiro *m.* ①유리 끼는 사람. 유리 넣는 직공.
(註) 유리 만드는 사람은 *vidreiro*. ②유리장수.
vidracento *a.* 유리 같은. 유리처럼(투명해) 보이는.
vidraço *m.* 유리 비슷한 돌. 초자상장석(硝子狀長石).
vidrado *a.* ①유리를 끼운(넣은·덮은). ②윤택나는. 매끈매끈한 ; (질그릇 따위에) 광활제를 칠한. ③(눈이) 흐린(탁한).
vidragem *f.* ①유리 끼우기(잘라넣기). ②(질그릇에) 겉칠하기. 광활제(光滑劑)를 바르기. 윤택나게 하기.
vidrar *v.t.* ①유리를 끼우다. ②(질그릇에) 겉칠하다. 광활제를 바르다. 윤택나게 하다.
— *v.i.* (눈이) 흐리다. 으스름해지다.

vidraria *f.* ①유리공장 ; 유리상점. ②유리제조 ; 유리세공(細工). 유리제품. ③각종 유리.

vidreiro *a.* 유리를 만드는. 유리제조의. 유리공업의.
— *m.* 유리 만드는 사람. 유리 직공(녹은 유리를 입으로 불어서 병 따위를 만드는 사람).

vidrento *a.* ①유리같은. 유리질의. 유리 모양의. ②광택을 잃은. 흐린. 탁한. ③유리처럼 깨지기 쉬운. 취약(脆弱)한. ④화 잘 내는. 성 잘 내는.

vidrilho *m.* 가늘고 작은 유리관(管). 세소(細小)한 관초자(管硝子)(장식용).

vidrinho *a.* ①유리같은. 유리질의. 유리 모양의. 유리 형상의 ; 투명한. ②유리의. 유리로 된(만든).

vidro *m.* ①유리. 초자(硝子) ; 유리 모양의 물건. ②(집합적으로) 유리제품. 유리기구. 유리그릇. 유리병. 유리잔. 컵. ③화 잘 내는 사람.
vidro colorido 색유리.
vidro óptico 안경유리.
vidro plano 평면유리. 투명하지 않는 유리.
vidro fosco 흐린 유리. 투명하지 않는 유리.
vidro lapidado 커트 글라스(의 기물(器物)). 《英》 *cut glass*.
vidro temperado 두꺼운 유리. 판유리.

vidroso *a.* = *vidrento*.

vidual *a.* 홀아비의. 홀어미의. 과부의.

vieira *f.* ①[貝] 가리비. 가리비 껍질. 가리비의 조가비. ②[紋] 가리비(표).

vieiro *m.* 광맥(鑛脈).

viela *f.* ①좁은 길. 오솔길. 골목길. ②물레방아의 네 개의 운동간(運動桿) 중의 하나.

vienense *a., m.* = *viense*.

vienese *a.* (오스트리아의 수도) 빈의. 빈식(式)의.
— *m., f.* 빈 사람.

vierina *f.* (브라질산) 규나속(規那屬)의 약초.

viés, viéz *m.* ①(선(線)이) 비스듬함. 사행(斜行) ; 경사(傾斜). ②비스듬히 잘라 놓은 헝겊.
ao viés 비스듬히. 경사져서.

vietnamita *a.* (동남아시아의) 베트남(공화국)의.
— *m.* 베트남 사람. 베트남 말.

viga *f.* 대들보 ; [건] 금속(돌) 기둥. [造船] (배의) 가로들보. 횡량(橫梁) ; (교량의) 형구(桁構).
viga-mestra 제일 중요한 대들보. 주횡량(主橫梁).
viga transversal 가름보. 가름도리. 《英》 *cooss beam*.
viga reforçada 구형(構桁) 도리.

vigamento *m.* 대들보를 올려놓기. 형구(桁構)를 만들기. 형구의 조성(組成). (건물의) 횡량배치(橫梁配置) ; 양구(梁構).

vigar *v.t.* 대들보를 올려 놓다. 도리를 가로 놓다. 형구(桁構)를 짜다.

vigaria *f.* *vigário*의 주택. 목사관(舘) ; 사제관(司祭舘) ; *vigário*의 직 ; 교구목사의 봉급.

vigário *f.* 수녀원장의 대리.

vigarice *f.* (호인인 것을 기화로 한) 사기. 속임.

vigário *m.* ①[가톨릭] 부사교(副司教). (특히 종교상의) 대리. ②[英國教會] 교구목사(교구 수입의 일부 또는 봉급을 받음). ③[美] 감독교회의 회당목사. 전도목사.
vigário de Cristo [가틀릭] 예수의 대리자(교황).
conto de vigário 사기행위(속에는 신문지 따위를 썰어 넣고 아래 위의 첫 장만 진짜 지폐를 놓고 묶은 따위의 속임수).

vigarista *m., f.* 사기꾼. 협잡꾼.

vigência *f.* 현행중(現行中)임. 시행중(施行中)임. 실시하고 있음. [法] 통용되고 있음.

vigente *a.* 현행의. 현행중인. 시행중인. 실시하고 있는. [法] 통용되고 있는. 유효한.
lei vigente 현행법(現行法).

viger *v.i.* 현재 진행되다. 진행중에 있다. 실시중에 있다. (법 따위) 통용되고 있다.

vigésimo *a.* 스무 번째의. 제20의.
— *m.* 제20 ; 20분의 일.

vigia *f.* ①지켜보기. 망보기 ; 감시. 보초. ②경계. 조심. 주의(注意). ③밤새기. 철야. ④[海] (배의) 현창(舷窓). ⑤들여다 보는 작은 구멍. 점시공(點視孔).
— *m.* 지키는 사람. 당직자. 감시인. 야경(夜警).

vigiador *a.* 지키는. 망보는. 감시하는. 경계하는. 조심하는.
— *m.* 지키는 사람. 당직자. 주시자. 간호인.

vigiante *a.* = *vigilante*.

vigiar *v.i.*, *v.t.* ①(자지 않고) 지키다. 지켜보다. 망보다. ②감시하다. 주의하다. 경계하다. ③간호하다. 돌보아 주다. (병간호 따위로) 철야하다. 새워 밝히다.
— *se v.pr.* 스스로 조심하다. 유의(留意)하다.

vígil *a.* ①자지 않는. 철야하는. 경야하는. ②(자지 않고) 지키는. 지켜보는. 간수(看守)하는.

vigilância *f.* ①경계. 조심. 망을 보기. 지켜보기. 간수(看守). ②밤새움. 철야. [醫] 불면. 불면증.

vigilante *a.* ①(자지 않고) 지키는. 지켜보는. 망보는. 간수하는. ②경계하는. 조심하는. 방심치 않는. 주의깊은.

vigilantemente *adv.* 자지 않고 지켜. 경계하여. 방심치 않고. 주의깊게.

vigilar *v.i.*, *v.t.* = *vigiar*.

vigília *f.* ①밤새기. 철야(徹夜). 불면. ②야간작업. 야간학습(복습). ③[宗] 기념일 또는 제일(祭日)의 전날밤. ④경(更)(하룻밤 동안을 다섯으로 나눈 시각).

vigonho *m.* = *vicunha*.

vigor *m.* ①정력. 힘. 활력(活力). 정신력. 기력. 활기. 원기. ②(성장운동 등에 나타난) 힘. 생기. 세력. 활동력. 활발성. 체력. 강장. 성격의 억셈. ③강행(强行). ④[法] 법의 힘. 효력.
pôr em vigor (법을) 시행하다. 효력을 발생케 하다.
entrar em vigor 발효(發效)하다. (법 따위) 효력을 내기 시작하다.
estar em vigor (법 따위) 현재 시행중에 있다. 현행중(現行中)이다.
lei em vigor 현행법.

vigorante *a.* ①기운 나게 하는. 활기 띠게 하는. 굳세게 하는. 고무하는. ②효력을 보게 하는.

vigorar *v.t.* ①기운 나게 하다. 활기 띠게 하다. (심신을) 고무하다. ②[法] 효력을 보게 하다. 효력을 발생시키다.
— *v.i.* ①기운 나다. 활기 띠다. 굳세어지다. ②효력을 보다. 발효하다.

vigorite *f.* 니트로글리세린과 염산칼리(鹽酸加里)를 주성분으로 한 일종의 폭약.

vigorizar *v.t.*, *v.i.* ①기운나게 하다. 활기 띠게 하다(띠다). 굳세게 하다(되다). ②[法] (효력을) 보게 하다(보다). 발효하다.

vigorosamente *adv.* 기운차게. 세게. 힘있게. 활기 있게.

vigoroso *a.* ①정력 왕성한. 강장한. 강건한. ②기운찬. 활기 있는. 활발한. 힘센. 억센. ③엄한. 엄격한.

vigota *f.* = *vigote*.
— *m.* ①작은 대들보. 작은 도리(小梁). ②(널빤지 따위를 쪼갠). 가는 각재(角材). 작은 할판(割板).

vil *a.* ①값이 없는. 무가치의. ②천한. 야비한. 비루(鄙陋)한. 비열한. ③타락한. 나쁜. 넌더리나는. 지독한. 고약한.
— *m.* 천한(비천한) 사람. 비열한 인간. 고약한 녀석.

vila *f.* ①마을. 촌락(村落). 부락. 리(里). ②시골의 별장. ③(도시행정구분으로서의) 동(洞). 정(町).

vilâmente *adv.* = *vilanmente*.

vila-diogo *f.* (다음과 같이 합성어로만 씀). *dar as de vila-diogo* 도망가다. 도주하다.

vilanaço *a.*, *m.* = *vilanaz*.

vilanagem *f.* ①시골사람(촌뜨기)의 행실. 버릇없는 수작. ②시골사람의 떼(집단). 촌인(村人)들.

vilanaz *a.* ①시골식의. 조야(粗野)한. 예모 없는. 거친. ②촌뜨기같은. 상스러운.
— *m.* 시골식임. 예모 없음. 거칠음. 조야. 야비(野卑). 야성(野性).

vilanesco *a.* ①마을의. 시골의. 시골식의. 조야한. 거친. 야비(野卑)한. ②시골사람의. 촌뜨기의.

vilania *f.* ①시골풍. 시골식. 예의(예모) 없음. ②비천(卑賤). 야비. 조야. ③거칠은 언사. 포악한 행실. 본데없는 수작. ④나쁜 짓. 악행.

vilanmente *adv.* ①시골식으로. ②조야하게. 거칠게. 버릇없이. 예모 없이.

vilão *a.* ①시골의. 마을의. ②시골에 사는. ③농촌적인. 품위가 낮은. 조야한. 버릇없는. 예모 없는. 천한. ④나쁜. 악한. 고약한.
— *m.* ①시골사람. 농촌사람. 시골뜨기. ②버릇없는 놈. 본데없는 녀석. 상놈.

횡포한 인간. ③《古》천민(賤民). 농노.
vilar *m.* 《古》작은 마을. 작은 촌락. 한촌.
vilegiatura *f.*《It》①시골에 체류(은퇴)하기. 전원생활. 보양(保養)생활. ②별장.
vilela, vileta *f.* 작은 마을. 소촌락. 작은 부락.
vileza *f.* ①값이 없음. 무가치. 보잘 것 없음. ②천함. 비열함. 비루함. 야비함. ③비열한 행동. 너절한 수작. 추잡한 행실.
vilificar *v.t.* ①천하게 하다. 비열하게 하다. ②경멸하다. 천시(賤視)하다. ③욕하다.
vilipendiação *f.* ①업신여기기. 깔보기. 멸시. 천시. ②모욕. 비방. 중상.
vilipendiador *a., m.* 업신여기는 (사람). 깔보는 (사람). 멸시하는 (사람). (인품을) 깎아내리는 (사람).
vilipendiar *v.t.* ①업신여기다. 깔보다. 얕보다. 경멸하다. 멸시하다. ②모욕하다. 중상하다. (인격을) 깎아내리다.
vilipêndio *m.* ①업신여김. 경멸. 멸시. 천시(賤視). ②모욕. 비방. 중상.
vilipendiosamente *adv.* 업신여겨. 깔보아. 멸시(경멸)하여.
vilipendioso *a.* 업신여기는. (사람을) 얕보는. 깔보는. 경멸하는. 천시하는. 경멸적. 멸시적.
vilmente *adv.* ①시골식으로. 버릇없이. 예모 없이. 조폭하게. ②천하게. 비열하게. 비루하게. 야비하게.
vilória *f.* = *vilório*.
— *m.* 도시에서 떨어진 궁벽한 마을. 벽촌(僻村). 한촌.
vilosidade *f.* ①부드러운 털에 덮여 있음. 솜털이 많음. ②[解] 융모(絨毛).
viloso *a.* ①부드러운 털에 덮인. 솜털이 많은. ②융모를 가지고 있는. 융모같은. 연모(軟毛) 같은.
vilota *f.* = *vileta, vilera*.
vime *m.* [植] (광주리 따위를 짜는) 고리버들. 실버들. 버들가지.
vimeiro *m.* [植] 고리버들(나무).
vimieiro *m.* 고리버들밭. 실버들숲.
vimíneo *a.* 버들가지로 만든. (버들가지 같은) 가는 가지로 만든. 지조제(枝條製)의.
viminoso, vimoso *a.* ①버들이 많은. 버들이 우거진. ②버들가지로 만든. 가는 가지로 만든.
vina *f.* [植] 야자속(椰子屬).

vináceo *a.* 포도(주)의. 포도(주) 같은. 포도주빛의. 포도주를 넣은(섞은).
vinagem *f.* 포도주의 양조(釀造).
vinagrado *a.* ①초(식초)를 친. 신. 신맛있는. ②불쾌한 표정을 한. 상을 찌푸린. 기분 상한. 성미 까다로운. 심청 나쁜.
vinagrar *v.t.* ①초를 치다. 시게 하다. ②기분 나쁘게 하다. 기분 상하게 하다. 화나게 하다.
—*se v.pr.* ①시어지다. 시큼하다. ②기분 상하다. 불유쾌해지다. 화내다. 성미 까다로와지다.
vinagre *m.* ①초. 식초. ②(식초처럼) 시큼한 것. ③성미 까다로운 사람. 화 잘 내는 사람.
vinagreira *f.* ①(식탁에 놓는) 초병. 식초 그릇. ②초 만들 때 쓰는 큰 통.
vinagreiro *m.* 식초 만드는 사람. 그 장수.
vinagrento *a.* ①초를 많이 친. 신. 초같은. ②기분 나빠 하는. (성미 따위가) 까다로운. 심청 나쁜.
vinagreta *f.* 신맛 있는 값 싼 술(下等酒).
vinaigrette *f.*《F》정신 돌리는 약을 넣는 병(금 또는 은의 작은 통으로 향초(香醋)로 적신 해면(海綿)을 넣어서 가지고 다님). 냄새맡는 병.《英》*vinaigrette*.
vinário *a.* ①포도주의. 포도주의 성질을(향미를) 가진. 포도주빛의. ②포도주를 저장하기 위한.
vincada *f.* ①(주름 만들기 위하여) 접기. 접어 주름 만들기. 생긴 주름. 구김살. ②(두꺼운 종이 따위를 쉽게 접기 위하여 무딘 칼 따위로) 금을 긋기. 움푹한 금(凹線)을 긋기. 그런 금을 그은 상태.
vincar *v.t.* ①(헝겊에) 주름을 만들다. (옷의) 주름을 잡다. 접어 구김살을 만들다. ②(종이를) 접다. (두꺼운 종이를 접기 위하여) 꺾는 금을 긋다. 움푹한 선을 긋다.
vincelho, vincilho *m.* = *vencilho*.
vincendo *a.* (지불) 기한이 다가오는. (빚) 갚을 때가 돌아오는.
vinco *m.* ①(헝겊·종이 따위의) 접은 자국. 주름. 주름살. 구김살. ②(두꺼운 종이에 그은) 움푹한 선. ③수레바퀴 자국. ④채찍 자국. 맞은 자국. (밧줄·박승 따위로) 동여 맺힌 자국.
vinculado *a.* ①[法] 계사한정(繼嗣限定) 한. 한정상속(限定相續)한. 상속인을 한정한. ②동여 맨. 비끄러 맨. 연결한. 연계(連繫)한. (…과) 관련된.
bens vinculados 세습(世襲)재산.

vinculador *a.*, *m.* ①[法] 상속인을 한정하는 자. 한정 상속자. ②동여매는 사람. 비끄러매는 사람. 연결하는 사람(또는 사물).

vincular *v.t.* ①[法] 상속인을 한정하여 양도하다. 한정상속(限定相續)하다. 세습재산으로 하다. ②매다. 동여매다. 연결시키다. 연계(連繫)하다. ③(…와) 관련시키다. ④불후(不朽)하게 하다. 영구(永久)하게 하다.
— **se** *v.pr.* ①연결되다. 연쇄(連鎖)되다. ②(…와) 관련하다.
— *a.* [法] 한정상속재산인. 세습재산인.

vinculativo, vinculatório *a.* 연결하는. 연계(連繫)하는. 연쇄(連鎖)하는. 동여매는. 묶는.

vinculável *a.* ①[法] 한정상속할 수 있는. 세습재산으로 할 수 있는. ②연결할 수 있는. 연계할 수 있는. 결속(結束)할 수 있는.

vínculo *m.* ①매는 것(줄·노끈·새끼·밧줄·쇠사슬 따위). ②연결. 연계(連繫). 연쇄(連鎖). 유대(紐帶). ③[數] 괄선(括線). ④[法] (부동산의) 상속인 한정. 계사(繼嗣) 한정. 세습재산.

vinda *f.* 오는 것. 내도(來到). 내착.
Boas vindas! 어서오십시오(환영의 인사).
dar as boas vindas (아무의 두차올) 한영하다. 환영의 인사를 하다.

vindicação *f.* ①(명예·요구 등을) 옹호. 변호. 확립(確立). ②(비난·누명 등에 대한) 변명. 변해. ③반환요구(返還要求). 반려(返戾) 요구. ④《古》 보복(報復). 복수.

vindicador *a.*, *m.* ①옹호자. 변호자. 변명자. ②반환요청자. 반려요구자.

vindicar *v.t.* ①(명예·권리 등을) 옹호하다. 변호하다. ②(중상·비난 등을) 변박(辯駁)하다. 변해하다. ③(…의) 혐의를 풀다. (…의) 완전함을 입증하다. ④돌려주기를 원하다. 반환요구하다.

vindicativo *a.* ①옹호하는. 변호하는. 변호의. 변해(辯解)의. ②보복의. 복수(復讐)의.

vindice *a.*, *m.*, *f.* 앙갚음하는 사람. 복수자. 보복자.

vindicia *f.* ①반환요구. 반려(返戾) 요구. ②돌려받기.

vindiço *a.* 《稀》 외래의. [植] 우생(偶生)의.

vindicta *f.* =*vindita*.

vindima, vindimadura *f.* ①포도의 수확(기). 포도추수. ②(일기(一期)의) 포도수확량. ③수익(收益).

vindimadeira *f.* 포도를 수확하는 여자.

vindimadeiro *m.* =*vindimador*.

vindimado *a.* ①(포도를) 수확한. ②끝난. 소멸한. ③《卑》 죽인. 살해된.

vindimador *m.* 포도수확자.

vindimal *a.* 포도수확의(에 관한).

vindimar *v.t.* ①포도를 수확하다. 따들이다. ②없애 버리다. 소멸하다. 죽이다.

vindimo *a.* ①포도수확기의. 수확기에 행하는. ②포도수확용의. ③(과일 따위) 계절에 늦은. 만숙(晩熟)의. 늦어 익는.

vindita *f.* ①앙갚음. 복수. 보복(報復). ②형벌(刑罰).

vindo (1) *a.* (+*de*). (…에서) 온. 내도(來到)한. 도착한. (…으로부터) 유래한. 유래된.
(注意) *vindo*는 동사 *vir*의 과거분사로서 그 동사의 현재분사인 *vindo*와 꼭같은 형(形)임.
pessoas vindas de Portugal 포르투갈에서 온 사람들.
bem-vindo 환영.
— (2) 동사 *vir*의 현재분사.
vem vindo 그 사람(그것)은 오고 있다. 오는 중이다.
(*pl.*) *veem vindos* 그 사람(그것들)은 오고 있다. 오는 중이다.
vinha vindos (과거 어떤 시기에) 그 사람은 오고 있었다. 오는 중이었다.
(*pl.*) *vinham vindos* 그 사람들은 오고 있었다. 오는 중이었다.

vindouro *a.* 오는. 미래의. 장래의.

vindouros *m.(pl.)* ①미래. 장래. ②후세의 사람. 자손.

víneo *a.* ①포도주의. 포도주의 성질을(향미를) 가진. 포도주빛의. ②포도주를 탄(섞은). 포도주에 취한.

vingador *a.* 앙갚음하는. 복수하는. 보복하는. 원수를 갚는. 원한을 푸는.
— *m.* 복수자(復讐者). 보복자. 설욕자.

vingança *f.* ①원수를 갚기. 앙갚음. 복수. 보복. [競] 설욕(雪辱). ②복수심. 원한의 마음. ③벌(罰).

vingar (1) *v.t.* 원수를 갚다. 앙갚음하다. 복수하다. 보복하다. [競] 설욕하다.

—*se* *v.pr.* 원한을 풀다. 《卑俗》 속시원해지다.
vingar uma afronta 모욕당한 것을 보복하다.
— (2) *v.t.* ①(…에) 오르다. 올라가다. ②(…에) 이르다. 도달(到達)하다.
— *v.i.* ①달성하다. 성취하다. 성공하다. ②발달하다. 융성하다.

vingativamente *adv.* 앙심깊게. 복수심에 불타서. 복복으로서. 복수적으로.

vingativo *a.* 복수의. 보복의. 앙심깊은. 복수심에 불타는. 원한을 품은. 복수적. 보복적.

vinha (1) *f.* ①포도원(葡萄園). ②뜻밖의 이득. 생각지 않은 이익. 예상 외의 큰 돈벌이.
— (2) 동사 *vir*의 불완전과거 1·3인칭 단수.

vinhaça *f.* ①(질이) 나쁜 포도주. ②많은 포도주. ③포도주에 취함.

vinháceo *a.* 포도주의. 포도주 성질의. 포도주 같은. 포도주빛의. 포도주의 풍미(향미) 있는.

vinhaço *m.* 포도의 찌끼. 짜낸 찌끼. 짜낸 껍질.

vinhadeiro *m.* =*vinheiro*.

vinhago, vinhego *m.* ①포도원. ②많은 포도나무.

vinhal *m.* 포도원.

vinhão *m.* 좋은(良質) 포도주.

vinhar *m.* =*vinal*.

vinhataria *f.* ①포도재배. ②포도주의 양조.

vinhateiro *a.* 포도를 재배하는.
— *m.* ①포도원 경영자. ②포도원 원정(園丁).

vinhático *m.* [植] (브라질산) 콩과(荳科)의 식물.

vinhedo *m.* ①많은 포도나무. ②포도원.

vinheiro *m.* ①포도 재배자. 포도원 경영자. ②포도원 원정(園丁).

vinheta *f.* ①《原義》 포도의 잎·권수·가지의 장식. 당초 무늬. ②서적의 장(章)머리 또는 끝의 컷. 비네트(배경을 흐리게 한 반신사진 또는 그림). ③(책 속의 작고 우미한) 삽화(挿話). ④소품문. 미문. 《英》 *vignette*.

vinhete *m.* (도수가) 약한 포도주. 주정분(酒精分)이 적은 포도주.

vinhetista *m.*, *f.* *vinheta* 도안자(圖案者).

vinho *m.* ①포도주. 과실주. ②《廣義》 술(의 총칭). ③취함. 명정(酩酊).
vinho tinto 붉은 포도주(실제로는 흔히 자색(紫色)을 띠었음).
vinho verde 녹(綠)포도주. 시큼한 포도주(특히 채 익지 않은 포도로 만든 술).
vinho fino 고급 포도주. 양질(良質) 포도주.
vinho branco 백포도주(호박색(琥珀色) 또는 황금색).
vinho doce 달콤한 술.
vinho de maçã 사과주(사과즙으로 만든 술. 우리나라의 사이다와는 다름).
vinho de xerez 세리술(남부 스페인원산인 백포도주).
um copo de vinho 한 컵의 포도주.

vinhoca *f.* 약한 포도주. 하등(下等) 포도주.

vinhote *m.* ①약한 포도주. ②《俗》 술 잘 마시는 사람. 술꾼.

vínico *a.* ①포도주의. 포도주에 관한. 포도주에서 빼낸. ②포도주 양조(釀造)의.

vinícola *a.* ①포도재배의. ②포도주 양조의.

vinicultor *m.* ①포도재배자. ②《稀》 포도주 양조자.

vinicultura *f.* ①포도재배(葡萄栽培). ②포도주 양조.

viníferas *f.(pl.)* [植] 포도과(葡萄科).

vinífero *a.* 포도가 열리는. 포도를 생산하는.

vinificação *f.* 포도즙을 술로 만들기. 포도주 양조(법).

vinificador *m.* 포도주 양조기계(釀造機械).

vinificar *v.t.* 포도의 즙을 술로 만들다. 포도주를 양조하다.

vinolência *f.* 술마시는 버릇. 명정(酩酊).

vinolento *a.* 술마시는 버릇 있는. 자주 취하는. 취해 있는. 명정한.

vinosidade *f.* 포도주 성질.

vinoso *a.* ①포도주의. 포도주의 성질을(향미를) 가진. 포도주빛의. ②포도주로 기운낸. 포도주에 취한.

vintaneiro *a.* 《廢》 20세의. 20대(代)의. ②20년마다 산출하는.

vintavo *m.* 20분의 1.

vinte *a.* 스물의. 20의. 스무 번째의.
— *m.* 스무(개·명). 이십의 기호(20, XX).
no dia vinte 20일에.

dar no vinte 《俗》알아 맞추다.

vintém *m.* 20레이스의 동화(銅貨)(옛 포르투갈의 동전).
não ter vintém 동전 한 푼 없다.
sem vintém 한 푼도 없이. 무일푼으로.

vintena *f.* ①스무 개로 된 한 벌. 20인조(人組). 20점(得点). ②20분의 1.

vintenario *a.* 20세의. 20대의. 20년마다의.

viola (1) *f.* 비올(중세의 보통 6현의 현악기로 바이올린의 전신).
— (2) *f.* ①[植] 오랑캐꽃속의 식물. 오랑캐꽃. ②자색. 보라색.

violabilidade *f.* 범할 수 있음. 깨뜨릴 수 있음. 침해 가능함.

violação *f.* ①위반. 위배(違背). 침입. 방해. ②폭행(暴行). 강간(強姦). ③신성모독(神聖冒瀆).

violáceas *f.(pl.)* [植] 오랑캐꽃속(의 식물).

violáceo *a.* 자색의. 보라색의.

violado *a.* ①위반당한. 침해된. 위반된. ②폭행당한. 강간당한. 능욕당한. 모독된. ③《稀》보라색을 띤. 자색의.

violador *a.* ①위반하는. 위배(違背)하는. ②침범하는. 침해하는. ③폭행하는. 강간하는. 모독하는.
— *m.* ①위반자. 위배자. ②침입자. 침범자. 침해자. ③폭행자. 강간자. (신성을) 모독하는 자.

violal *m.* 오랑캐꽃밭(화단)

violao *m.* [樂器] 비올라웅. 일종의 기타 (*viola* 보다는 좀 작은 것이며 바이올린과는 다름).

violar *v.t.* ①범하다. 깨뜨리다. 위반하다. 금단의 것에 손대다. ②더럽히다. …에 불경(不敬)한 짓을 하다. (신을) 모독하다. ③…에 침입하다. 침해하다. ④(여자에게) 폭행을 가하다. 강간하다.
violar uma carta 타인의 서신을 함부로 뜯어 보다.

violável *a.* 범할 수 있는. 깨뜨릴 수 있는. 더럽힐 수 있는. 침범(침해)되기 쉬운.

violeas *f.(pl.)* [植] 오랑캐꽃속(의 식물).

violeiro *m.* ①비올(*viola*) 연주자. 제금가. ②비올 만드는 사람. 그 장수.

violência *f.* ①맹렬. 격렬. 사나움. (폭풍 등의) 폭위. 맹위. (감정 등의) 맹렬함. 격렬함. ②폭력. 난폭. [法] 폭행. 강간(強姦). ③모욕.

violentado *a.* ①강제당한. 강요당한. ②폭행당한. 강간당한. 능욕된.

violentador *a.* ①강요하는. 강제하는. ②폭력을 쓰는. 폭행하는. 강간(능욕)하는.
— *m.* 강제자. 강요자. 폭력을 쓰는 자. 폭행자. 강간자.

violentamente *adv.* 아주 심하게. 맹렬하게. 난폭하게. 우악스럽게. 강제적으로.

violentar *v.t.* ①강제하다. 강요하다. ②폭력을 가하다. 폭행하다. 강간하다. 능욕하다. 더럽히다. ③범하다. 침범하다. 침해하다. 위반하다. 깨뜨리다.
—*se v.pr.* 무리한 짓을 하다. 본의 없는 행동을 하다. 뜻을(의지를) 꺾다.
violentar uma porta 문을 깨뜨리다.

violento *a.* ①격렬한. 맹렬한. 강폭한. ②우악스러운. 극렬한. ③폭력에 의한. 무리한. 강제적.
vento violento 열풍. 폭풍.
discussão violenta 격렬한 토론. 격론.
batalha violenta 격전(激戰).
morte violenta 변사. 급사(急死).

violeta *f.* [植] 오랑캐꽃.
violeta tricolor 꼬까오랑캐꽃.

violete *m.*, *a.* 자색(의). 보라색(의).

violinista *m.*, *f.* 바이올린 연주자. 제금가 (提琴家).

violino *m.* 바이올린. 사현제금(四絃提琴).

violoncelista *m.*, *f.* 첼로 연주자. 첼르리스트.

violoncelo *m.* [樂器] 첼로.

vipereo *a.* 독사 같은. 독사 같은 성질의. 독있는. 간악한. 속 검은.

viperidios *m.(pl.)* [動] 살무사류.

viperina *f.* [植] 자초과(紫草科)의 일종.

viperino, vípero *a.* ①독사의. 살무사의. ②독사 같은. 독있는. 간악한. 속 검은. ③악성의.
língua viperina 독설(毒舌). 독설가.

vir *v.i.* ①오다. 내도(來到)하다. 도착하다. 도달하다. ②(…에서) 나오다. 유래하다. 전래(傳來)하다. ③(…에서) 생기다. 발생하다. (…의) 출신이다. ④(감정 따위) 솟다. 나타나다. 생기다. ⑤(자연현상으로서) 나타나다. ⑥(일이) 이루어지다. 성립하다.
vir a ser (…이) 되다. (…으로) 되다.
mandar vir 오게 하다. 보내다.
vir a suceder (앞으로) 일어나다. 발생하다.

vir á luz ①(정체 따위가) 나타나다. 공개되다. ②출판되다. 햇볕을 보다.
vir á memória 기억나다. 회상하다. (잊었던 기억이) 떠오르다.
vir a si 제정신이 들다. 헛꿈을 깨뜨리다.
vir para casa 집으로 오다.
Venha a minha casa. 저의 집에 오세요!
Venho ajudar-te. 너를 도와주기 위하여 왔다.
Donde vem este carro? 이 차는 어디서 왔습니까?
Dizer o que vem á boca. 앞뒤를 생각함이 없이 되는대로 이야기하다. 생각나는대로 말해버리다.
Venha o que vier. (특히 체념(諦念) 따위 했을 때). 될대로 되라. 나중에야 어떤 결과가 오든.
Virão dias melhores. 좋은 시절이 올 것이다.
Venha já neste instante. 즉시 오너라!
—**se** *v. pr.* 오다. 다가오다. 나오다.
vira *f.* ① [製靴] 대다리(바닥과 등을 마주 잇기 위하여 붙이는 가죽). 가장자리(잇는 자리)에 가늘게 대는 가죽. ②일종의 춤.
virá *m.* (브라질산) 일종의 작은 사슴(小鹿).
viração *f.* 산들바람. 미풍(微風).
vira-casaca *m.* 변절자. 배반자. 개당자(改黨者).
viracento *m.* [文] 생략부호. 《英》 apostrophe.
virada *f.* (방향을) 갑자기 바꾸기. 전향(轉向). 전회(轉回).
viradela *f.* ①돌아서기. 뒤로 돌기. 전향. 전회. ②뒤집기. 전복. 거꾸로 되기.
viradinho *m.* (브라질의) 음식의 일종(돼지고기・콩・계란・만죠까 따위로 만든 것).
virado (1) *a.* 방향을 바꾼. 회전한. 전향(轉向)한. 돌린. 돌아선.
—(2) *m.* =*viradinho*.
virador *m.* ①[海] (배의) 굵은 밧줄. 닻줄. 배끄는 밧줄. 예강(曳綱). (권양기(捲揚機)의) 와이어 로프. ②[製本] 금박(金箔)을 붙이는(입히는) 일종의 기구.
viragem *f.* ①자동차・모터사이클 등의 방향전환. 급회전(急回轉). ②[寫] 도금욕(鍍金浴). 《英》 toning bath.
virago *f.* (언어・행동이) 남자같은 여자. 사나운 여자. 표독스런 계집. 《古》 여장부.

용부(勇婦). 한부(悍婦).
vira-lata *m.* ①강아지. (넓은 뜻으로) 잡종개. 거리를 헤매고 돌아다니는 개. ②《輕蔑》개같은 녀석. 개자식.
viramento *m.* ①돌리기. 돌기. 회전. 방향전환. 전향(轉向). 전회(轉回). ②거꾸로 하기. 뒤집기.
virar *v. t.* ①(비틀어) 돌리다. 회전시키다. (방향을) 돌리다. 전향(轉向)시키다. 전회시키다. ②(의지・목적 따위를) 돌리다. 변경시키다. 꺾다. ③(안팎을) 뒤집다. ④거꾸로 하다. 전도(轉倒)케 하다. ⑤엎지르다.
virar as folhas de um livro 책장을 뒤지다.
virar de bordo (배의) 진로(進路)를 바꾸다.
— *v. i.* 돌아서다. 방향을 바꾸다. 전향(轉向)하다. 외면하다.
virar as costas (반대의 뜻으로) 돌아서다. 물러가다.
virar o rosto ①낯을 돌리다. 외면하다. ②도망가다. 퇴각하다.
virar a casaca 배반하다. 변절하다. 변심(變心)하다.
—**se** *v. pr.* ①돌다. 돌아서다. 방향전환하다. 전향하다. ②마음이 변하다. 변심하다.
virar-se contra …에 적대(敵對)하다. …에 염오감을 품다.
virar-se na cama 침대에서 몸을 돌리다.
não saber para onde se virar (어떻게 하면 좋을지) 할 바를 모르다. 방책(方策)이 나지 않다.
virar-se o feitiço contra feiticeiro 남을 해치려다 자기가 해를 보다. 형세가(국면이) 일변하다.
viravolta *f.* ①한 번 돌기. 일회전. ②갑자기 돌기. 급선회. ③공중제비. 재주넘기. ④우회(迂回). ⑤변천. 전변무상(轉變無常).
virente *a.* ①초록의. 신록의. 푸릇푸릇한. 청청한. ②번창한. 융성한.
virga *f.* =*verga*.
virgem *f.* ①처녀. ②*a Virgem* 동정녀 마리아. ③*a Virgem Maria* 성모 마리아의 그림 또는 상.
— *a.* 처녀의. 동정녀의. ②처녀다운.

처녀 특유의. 처녀에 적합한. 순결한. 얌전한. ③손대지 않은. 밟힌 일이 없는. 더럽히지 않은. 깨끗한. ④어지러워지지 않은. 혼합되지 않은. 아직 쓰이지 않은. 개간 안 된. ⑤새(로운). 처음의.
floresta virgem 처녀림(林). 원시림.
terra virgem 처녀지. (한번도) 개척된 일이 없는 땅.
ouro virgem 순금(純金).
mel virgem 진짜 꿀. 섞이지 않은 꿀.
espingarda virgem 한 번도 쏘지 않은 새 총.

virginal *a.* 처녀의. 처녀다운. 처녀에 관한. 순결한. 깨끗한. 흠없는. 숫처녀의.

virginalmente *adv.* 처녀로서. 처녀답게. 순결하게.

virgindade *f.* 처녀임. 동정임. 처녀성. 동정.

virgíneo, virgínia *a.* =*virginal*.

virgo *m.* [天] 처녀좌. 처녀궁(宮)(황도대(黃道帶)의 제6궁).

vírgula *f.* 콤마. 구두점(,).
ponto e vírgula(;).

virgulação *f.* 콤마를(구두점을) 찍기.

virgular *v.i.* 콤마를(구두점을) 찍다.
— *v.t.* 콤마로 표시하다.

virgulta *f.* 《詩》 작은 가지. 가는 가지.

viridante, viridente *a.* =*virente*.

viride *a.* 《詩》 =*verde*.

viril *a.* ①성년 남자의. 한창 바람의. ②사나이다운. 남성적인. 힘센. 강건한. 웅혼한.
idade viril 남자의 한창 나이(생식력 있는).
membro viril 음경(陰莖).

virilha *f.* [解] 샅. 사타구니.

virilidade *f.* ①남자의 생식력. (성격 따위) 사나이다움. (사내가) 한창임. 남성적 소질. ②억셈. 웅혼. 정력.

virilizar *v.t.* 사나이답게 하다. 남성화하다.

virilmente *adv.* 남자답게. 남성적으로. 씩씩하게. 정력왕성하게.

viripotente *a.* 결혼할 수 있는. 결혼기의. (여자가) 나이 찬.

virola *f.* (지팡이·양산 등의) 쇠끝. 쇠테. 쇠둘레. (보강(補强)하기 위하여 끼는) 쇠로 만든 가락지.

viroso *a.* ①독있는. 유독의. 독성(毒性)의. ②독살스러운. 지독한. 악의 있는. ③(냄새가) 고약한. 역한.

virotaço *m.* =*virotão*.

virotada *f.* *virote* 또는 *virotão*에 의한 상처.

virotão *m.* ①[史] 방촉전(方鏃箭). 각촉전(角鏃箭). ②(중세기의) 큰 활.

virote (1) *m.* *virotão*의 작은 것. 짧은 화살.
— (2) *m.* (브라질산) 월계수(月桂樹)의 일종.

virtual *a.* ①(표면 또는 명목상은 그렇지 않으나) 사실상의. 실질상의. 실제(상)의. ②힘있는. 효력 있는. 실력 있는. 실력적인. 잠재력(潛在力) 있는.
imagem virtual [光] 허상(虛像).
faculdade virtual 실력(實力).
foco virtual 허초점(虛焦点).

virtualidade *f.* 실력 있음. 효력 있음. 실질적임.

virtualmente *adv.* 사실상. 실제적으로. 실질적으로.

virtude *f.* ①덕. 덕행. 선. 선행. 고결. 염결(廉潔). 염직. 도덕적 미점. 미덕. ②정조. 정절. ③가치. 공덕. ④힘. 효력. 효능. ⑤특질. ⑥*virtudes* (*pl.*) 권천사(權天使) (천사의 제7계급).
em virtude de …의 힘으로. …에 의하여.
por virtude de …의 힘으로. (…의) 효과에 의하여.

virtuosamente *adv.* ①덕 있게. 고결하게. 절개 굳게. ②유력하게. 유효하게. ③훌륭하게.

virtuose *m.*, *f.* 《It》 (예술의) 거장(巨匠). 대가. (음악의) 대연주자. 미술품 애호가. 음악을 매우 좋아하는 사람.

virtuosidade *f.* ①음악의 대가임. ②예술상 (특히 음악)의 묘기. ③미술 취미(애호). 골동 취미. 골동품을 보는 안식(眼識).

virtuoso *a.* ①덕 있는. 덕이 높은. 고결한. ②절개 굳은. 정숙한. 정절(貞節)한. ③ 《古》 용기 있는. 훌륭한.
ação virtuosa 덕행.
homem virtuoso 덕 있는 사람. 도덕가.
mulher virtuosa 정부(貞婦). 열녀.
— *m.* =*virtuose*.

virulência *f.* ①독성(毒性). 병독성. (병의) 악성. ②《比喩》 독살스러움. 독기(毒氣). 매우 심한 악의 증오.

virulentamente *adv.* ①독 있게. ②지독하게. 독살스럽게.

virulento *a.* ①독 있는. 유독한. 독성의. ②《比喩》독살스러운. 지독한. 악독한. 악의 있는. 독기 있는. ③악성의.
doença virulenta 악역(惡疫). 지독한 병.

vírus *m.* ①병독. 바이러스. ②(도덕·정신상의) 해독(害毒). ③[醫] 병원체. ④[動] 독(毒). 독액.

vis (1) *vil*의 복수.
— (2) *f.*《L》힘. 추진력. 추동력(推動力).
(注意) 복수로 쓰는 일이 없음.

visagem *f.* ①얼굴 표정. 찌푸린 표정. 상을 찌푸리기.
fazer visagem 얼굴을 찌푸리다. 찡그린 상을 하다.

visão *f.* ①시각. 시야. 목격. 관찰. ②(시인·정치가 등의) 상상력. 직감력. 통찰력. (시인 등이 마음에 그리는) 몽상. 공상. [映] 환상의 장면(상상·회상을 나타내는). ③보이는 것. 눈에 비치는 것. 자태. 모양. 광경. ④환상(幻像). 환영(幻影). 유령(幽靈).

visar *v.t.* ①보다. 살펴보다. 관찰하다. ②(목표물을) 겨누다. 조준(照準)하다. ③(여권 등에) 이서(裏書)하다. 사증(査證)하다.《俗》비자를 하다(내 주다). ④검인 찍다.
visar o passaporte 여권을 사증하다.
— *v.i.* (+*a*). …을 마음에 품다. 뜻을 품다. …을 목적하다. 기도(企圖)하다.

vis-á-vis *prep. adv.*《F》마주 향하여. 얼굴을 맞대고. 상대(相對)하여.
— *m.* ①서로 마주 향하고 있는. (얼굴을 마주대고 있는) 사람. ②좌석이 마주 향하고 있는 마차. ③마주 앉은 S자형의 긴 의자 또는 좌석.

víscera *f.* (흔히 복수로 씀). ①[解] 내장. 장부(臟腑). ②(물건의) 알맹이. (모든 물체의) 중심부.

visceral, visceroso *a.* 내장의. 장부의.

visceralmente *adv.* 내적으로. 내부에서. 내심으로. 마음속 깊이.

visceropatia *f.* 내장병(內臟病).

viscidez *f.* 찐득찐득함. 점착성(粘着性).

víscido *a.* 찐득찐득한. 점착성의. 끈끈한. 반유동체의.

visco *m.* ①[植] 겨우살이. ②(새잡는) 끈끈이. ③《俗》유혹. 유혹물. 마음을 끄는 물건. 좋은 미끼.

viscondado *m.* 자작의 신분.

visconde *m.* 자작(子爵).

viscondessa *f.* 자작부인. 여(女)자작.

viscondesso *m.*《戲》여자작의 남편.

viscondizar *v.t.* 자작의 위(位)를 주다.

viscosidade *f.* ①찐득찐득한 성질. 점착성(粘着性). ②점도(粘度).

viscoso *a.* 찐득찐득한. 끈끈한. 달라붙는. 점착성의. [理] 점성(粘性)의.

viseira *f.* (투구의) 면갑(面甲). [美] (모자의) 챙. 마스크. 복면(覆面).

visgueiro *m.* [植] (브라질산) 콩과(荳科)의 나무.

visguento *a.* = *viscoso*.

visíbil *a.*《廢》= *visível*.

visibilidade *f.* 눈에 보임. 시계(視界). 시거(視距). 투명도(透明度). (물건을) 볼 수 있는 정도. 가시도(可視度).

visibilizar *v.t.* 눈으로 볼 수 있게 하다. 보이기 쉽게 하다.

visiometro *m.* 시력계(視力計).

visionar *v.t.* 어렴풋하게 하다. 환상으로 보다. 꿈에 보다.
— *v.i.* 환상(幻想)하다. 환상(공상)을 품다.

visionário *a.* ①환영(幻影)의. 환영같은. ②공상적. 가공적. 꿈같은. 실현 불가능한. ③(사람이) 환상적인. 공상적인. 이상가를 쫓는. 망상적(妄想的)인.
— *m.* ①공상가. 몽상가. 이상가. 신비가. ②환상(꿈)을 쫓는 사람. 망상가.

visita *f.* ①방문. 문안. ②(의사의) 왕진. 순회. ③순시. 시찰. 임검. ④참관. 관광 유람(여행). 참배.
— *m., f.* 방문객. 놀러온 손님. 두류객.
cartão de visita 명함.
visita de cerimônia 예의적 방문. 친선방문.
fazer uma visita …을 방문하다. 문안하다.
retribuir uma visita 답례의 방문을 하다.

visitação *f.* ①방문. 왕방. 내방. 문안. ②구경. ③공식방문. 시찰. 임검. 순시. 순회.
visitação da Virgem [宗] 성모 방문의 축일(7월 2일 성모 마리아가 세례자 요한의 어머니 *Elizabeth*를 방문한 날을 기념하는 날).

visitador *m.* ①특히(직업상·직책상의) 방

문자. 방문객. ②참관자. 관람객. 참배인. ③순회원. 순시관. 시찰관. 임검자(臨檢者).

visitante *m., f.* ①(특히 예의상・우의적인) 방문자. 방문객. 손님. ②체제객. 체류객. 두류객. 머무르는 손님. ③놀러온 손님. 내빈(來賓). 관광객. 참관자. ④문병객.
— *a.* 방문(왕방・문안)하는. 구경(참관)하는.

visitar *v.t.* ①방문하다. 문안하다. 심방하다. ②문병하다. (의사가) 왕진하다. ③(직업상 또는 직책상으로) 보러가다. 순시하다. 시찰하다. ④(어떤 장소를) 찾아가다. 참관하다. 구경하다. 참배하다. ⑤임검(臨檢)하다.
visitar por 편력(遍歷)하다. 만유(漫遊)하다.
—se *v.pr.* 서로 방문하다. (내왕하며) 친교를 맺다.

visiteiro *m.*《輕蔑》방문객. 그다지 반갑지 않은 손님.

visiva *f.* 시력(視力). 시각(視覺). 시관(視官).

visível *a.* ①보이는. 눈으로 보이는. 볼 수 있는. 면회할 수 있는. ②명백한. 뚜렷한. 확연한. 현저한.

visivelmente *adv.* 눈으로 볼 수 있게. 보일 정도로. 보이게. 분명히. 현저하게.

visivo *a.* ①시각의. ②보이는. 볼 수 있는.

vislumbrar *v.t.* ①어렴풋이 보다. …을 힐끗 보다. ②막연하게 알다.
— *v.i.* ①희미하게 비치다(보이다). ②어렴풋이 인식하다. ③어슴푸레하게 나타나다.

vislumbre *m.* ①반짝거리는 빛. 희미한 빛. 미광(微光). ②징후(徵候). 징조. ③어렴풋한 인식. 몽롱한 기억. ④추측. ⑤기미. 기색.

viso *m.* ①외모. 외관. 용모. 풍채. ②형세. 국면(局面). ③꼭대기. 정상. 절정.

visonha *f.* 도깨비. 귀신. 요귀(妖鬼).

visório *a.* = *visual*.

víspora *f.* 복권추첨(福券抽籤) 비슷한 일종의 트럼프 유희.《英》*lotto*.

visporar *v.t. víspora*의 번호를 채워 넣다.

vista *f.* ①보기. 일람. 일견. ②시력. 보기. 시각. 시계(視界). 안계(眼界). ③광경. 풍경. 경치. 조망. 전망. ④풍경화(사진). 전망도. ⑤명승. 구경거리. ⑥인상. 감명. 느낌. ⑦의견. 견해. 견지. 판단. ⑧가망. 기대.
vista cansada 노안(老眼). 노시(老視).
vista curta ①근시(近視). ②단견. 국견(局見).
vista longa ①원시. 먼 데까지 보는 시력. ②선견지명(先見之明). 달견(達見). 달관(達觀).
vista aérea 조감도(鳥瞰圖). 개관(概觀). 대요(大要).
ponto de vista 관점(觀點). 견해. 견지.
vista de olhos 일별(一瞥).
á vista 보고 곧(읽는 따위).
á vista de ①…의 견해로서. ②…의 면전에서.
á vista d'isto 그러기 때문에. 그래서.
dar uma vista 한번 쭉 읽다. 일독하다.
a primeira vista 일견해서. 일견한 바로는. 힐끗 본 바. 첫 인상으로는.
A primeira vista parecia muito fácil. 처음 보기에는 아주 쉬운 듯했다.
conhecer de vista 안면이 있다.
A terra veio á vista. 육지(陸地)가 시야에 나타났다. 땅이 보인다.
perder-se de vista 보이지 않게 되다. 실명(失明)하다.
em vista de ①…의(…에서) 보이는 곳에. ②…에 비추어서. …을 고려하여, …할 생각으로.
Quero uma casa com uma linda vista. 전망이 훌륭한 집 한 채 가지고 싶다.
Longe da vista longe do coração.
《諺》헤어지면 마음조차 멀어진다.
Até a vista! 그럼 다시 볼 때까지 안녕히!

vistão *m.* 큰 인물. 거물.

visto *a.* ①본. 보인. 알려진. 인정된. ②조사한. 시험한.
bem visto (옷차림 따위) 보기 좋은. (용모 따위) 단정한. 인상이 좋은.
mal visto (보기에) 너절한. 인상이 나쁜. 풍채가 좋지 못한.
— *m.* (여권 등의) 사증(査證). 이서(裏書). 검인(檢印).
visto permanente 영구사증(永久査證).
— *prep.* …에 의하여. …의 때문에.
visto que …이기 때문에. …인 고로. …임으로.

vistor *m.*《古・法》검분자(檢分者). 임검자(臨檢者).

vistoria *f.* 검사. 검분(檢分). 임검. 점검자(者).

vistoriador *a.* 검사하는. 임검하는. 점검하는.

vistoriar, vistorizar *v.t.* 검사하다. 검열하다. 점검하다. 임검하다. 검분하다.

vistosamente *adv.* ①뚜렷하게. 현저하게. ②눈부시게. 훌륭하게.

vistoso *a.* ①타인의 이목을 끄는. 뚜렷한. 현저한. ②눈부신. 훌륭한. 화려한.

visual *a.* ①시력의. 시각(視覺)의. ②시계(視界)의. ③시각에 관한. 눈이 보이는.
ponto visual 시점(視点).
raio visual 시선(視線).
ângulo visual 시각(視角).

visualidade *f.* 눈에 보임. 가시(可視).

visualmente *adv.* 시각적으로. 눈에 보이게. 시력에 의하여.

vitaceas *f.*(*pl.*) [植] 포도과(葡萄科)(의 식물).

vital *a.* ①생명의. 생활의. 생명에 관한. 생명을 유지하는 데 필요한. 생명에서 생기는. ②《比喻》생명을 가진. 활력이 가득찬. 활기 있는. 생생한. ③사활(死活)에 관한. 치명적. 절대로 필요한. 긴요한.
forças vitais 생명력. 활력. 생활력(生活力).
questão vital 사활문제(死活問題).

vitalício *a.* 평생의. 일평생의. 일생의. 종신의.
emprego vitalício 종신직(終身職).
pensão (또는 *renda*) *vitalício* 종신 연금.

vitalidade *f.* ①생명력. 활력. 체력. 생활력. ②활기. 생기. 원기. (문학·미술작품의) 생동. 기백. 혼. ③지속력. 존손력.

vitalismo *m.* [生物] 활력론(설). 생기론(生氣論)(생명 현상은 물질의 기능 이상의 생명 원리에 의한다는 설)).

vitalista *m.f.* [生物] 활력론자.
— *a.* 활력론(자)의.

vitalização *f.* 생명부여(生命賦與). 활력부여.

vitalizador *a.* 생명을 부여하는. 활력을 북돋우는.

vitalizar *v.t.* ①생명을 부여하다. 활력을 북돋아 주다. ②《比喻》생기를 주다. 살리다. 생기를 불어 넣다. 진흥시키다. 고무(鼓舞)하다.

vitalmente *adv.* ①생기를 주도록. 활력을 주듯이. 생명에 관계되도록. 치명적으로. ②참으로. 가장 중요하게. 긴요하게.

vitamina *f.* 비타민. 생활소. 영양소(素).

vitaminose *f.* [化] 비타민결핍증(缺乏症).

vitando *a.*《古》꼭 피해야 할. 피하지 않으면 안 되는. 모면해야 할.

vitatório *a.* 피하기 위한.

vitela *f.* ①(아직 새끼를 낳지 않은) 어린 암소. 암송아지. ②암송아지 고기(가죽).

vitelífero *a.* [化] 비텔린 같은. 노란자위 같은. 난황(卵黃)의. 난황이 있는.

vitelina *f.* [化] 비텔린(알의 노란자위의 주성분인 인단백질(燐蛋白質).

vitelino *a.* ①노란자위의. 난황의. ②난황색의.

vitelo *m.* ①수송아지. 어린 황소. ②노란자위. 난황(卵黃).

vitícola *a.* 포도재배의(에 관한).

viticomado *a.*《詩》포도덩쿨을 얹은. 포도덩쿨이 우거진.

viticultor *a.* 포도를 재배하는. 포도재배의.
— *m.* 포도재배자.

viticultura *f.* 포도재배.

vitífero *a.* 포도가 열리는. 포도를 산출하는. 포도덩쿨로 덮인. 포도재배의.

vitiligem *f.* =*vitiligo*.

vitiligo — *m.* (피부색소의 소실로 생기는) 피부변백(皮膚變白). 백반병(白斑病).

vitima *f.* ①희생. 산제물. 인신제물. ②희생자. 해를 입은 사람. 피해자. 조난자. 이재자. 속은 사람.

vitimar *v.t.* ①희생으로 바치다. 해를 입히다. 손해를 끼치다. ②속이다. 사기하다.
—se *v.pr.* 희생하다.

vitimário *a.* 희생의. 희생으로 되는. 희생물을 바치는.
— *m.* 희생물(산제물)을 바치는 사람.

vitivinicultura *f.* [新] 포도재배 및 포도주양조.

vitória (1) *f.* 승리. 승전. 극복.
— (2) *f.* 일종의 사륜 포장마차.

vitoriar *v.t.* 이겨 환성을 올리다. 승리하여 환호하다.

vitória-régia *f.* [植] (남미산의) 대귀련(大鬼蓮). 수귀련(水鬼蓮).

vitoriosamente *adv.* 이겨서. 전승하여. 승리를 얻어. 승승장구. 이기도록.

vitorioso *a.* 이긴. 승리한. 승리를 얻은.

vítral *m.* ①색유리. 색유리를 넣은 창(窓) (교회·사원 등의).

vítreo *a.* ①유리 같은. 유리질의. 유리 모양의. 유리 형상의. 투명한. ②유리의. 유리로 된. 유리로 만든. 유리제품의.
humor vítreo [解] (눈의) 유리체(體). 유리액(液).

vitrescibilidade *f.* 유리로 될 수 있음(될 수 있는 성질). 유리질화(質化). 초자화(硝子化).

vitrescível *a.* 유리로 만들 수 있는. 유리화할 수 있는.

vitrice *f.* 《詩》 여자 승리자. 승리한 여성.

vitrificação *f.* ①투화(透化). ②유리(모양)화. ③유리화물(化物).

vitrificar *v.t., v.i.* 유리(모양)화하다. 투화(透化)하다.
—se *v.pr.* 유리화하다. 유리처럼 되다.

vitrificável *a.* 유리화할 수 있는. 투화 가능한.

vitrina *f.* (상점의) 진열창. (상품의) 진열장 (선반).

vitriolado *a.* 황산염을 포함한(함유한). 황산을 친. (얼굴·피부 등이) 황산으로 인하여 탄(상처가 난).

vitriolar *v.t.* 황산염을 넣다(치다). (얼굴·피부 등에) 황산을 뿌리다. 황산으로 상하게 하다. 황산으로 태우다.

vitriólico *a.* ①황산(염)의. 황산(염)같은. 황산(염)으로 된. 황산염질의. ②찌르는 듯한. 신랄한. 통렬한. 불같은.
ácido vitriólico 황산.

vitriolização *f.* 황산화. 황산염(鹽)화. 황산으로 태우기(썩히기).

vitriolizar *v.t.* 황산(염)화하다. 황산으로 태우다(썩히다).

vitríolo *m.* [化] 황산염(鹽). 반류(礬類). 황산.
vitríolo azul 담반(膽礬).
vitríolo verde 녹반, 황산철.
vitríolo branco 호반(皓礬). 황산아연(亞鉛).

vitro-metálico *a.* 유리 및 금속으로 만든. 초자 및 금속제(製)의.

vitroporfírico *a.* [鑛] 유리질의. 초자질의.

vitrola *f.* 축음기. 유성기.
vitrola automática 자동 축음기. 자동 레코드 연주기(演奏器).

vitualhar *v.t.* (…에) 음식을 공급하다(싣다). (배 따위에) 식료품을 실어 넣다(사들이다).

vitualhas *f.(pl.)* 음식. 식량. 양식.

vítulo *m.* ①어린 황소. ②[動] 바다표범속(屬).

vituperação *f.* ①험담. 험구. 욕설. 악설. 독설. ②질책(叱責). 비난. 비방. 모욕. ③파렴치한 행위. 비열한 수작. 비루한 행동.

vituperador *a.* ①험담하는. 악담하는. 욕설하는. 욕 잘하는. ②심하게 꾸짖는. 질책하는. 비방하는.
— *m.* 험구가. 독설가. 비난자.

vituperar *v.t.* ①욕하다. 욕설 퍼붓다. 험담하다. ②몹시 꾸짖다. 질책하다. 비난 (비방)하다.

vituperável *a.* 욕할 만한. 꾸짖어야 할. 책망해야 할. (행동 따위) 비난당할 만한.

vitupério *m.* ①욕설. 더러운 욕설. 험구. 악설. 험담. ②심한 꾸지람. 질책. 비난. ③파렴치한 행동. 비루한 행위. 비열한 수작.

vituperioso, vituperoso *a.* ①욕하는. 욕설의. 험담의. 악담의. 조매적. 독설적. ②수치스러운. 비루한. 비열한.

viúva (1) *f.* 과부. 미망인.
viúva temporária ①남편이 일시 부재중인 아내. ②남편을 여의고 곧 딴 남자와 결혼한 여자.
viúva-alegre 《俗》 죄인 호송마차(자동차).
— (2) *f.* [植] 체꽃속.
— (3) *f.* [鳥] 금복과(金腹科)의 아과(亞科)에 속하는 작은 새(아프리카산으로 수컷은 꼬리가 김). 《英》 *whidah bird*.

viuvar *v.i.* 홀아비가 되다. 과부가 되다.

viuvez *f.* 과부 신세. 홀아비 신세. 과부살이. 고독. 외로움.

viuveza, viuvidade *f.* 《古》 = *viuvez*.

viuvinha *f.* ①어린 과부. 젊은 과부. 생과부. ②[鳥] = *viúva* (3).

viúvo *m.* 홀아비. 환부(鰥夫).
— *a.* 홀아비의. 처없는. (처없이) 혼자 사는. 고독한. 쓸쓸한. 외로운.

viva *interj.* 만세!
— *m.* 환호(만세)의 소리.

vivacidade *f.* ①원기. 활기. 활발. 쾌활. 유쾌. ②민첩. 민활. 신속.

vivamente *adv.* ①활발하게. 씩씩하게. 쾌활하게. 유쾌하게. ②민첩하게. 신속히.

vivandeira *f.* (군대를 따라다니는) 여자 주보상인. 여자 종군상인.

vivandeiro *m.* (군대를 따라다니는) 주보의 상인. 종군상인(從軍商人).

vivaracho *a.* 아주 활발한. 대단히 민첩한.

vivaz *a.* ①원기 있는. 기운찬. 아주 건강한. 활기 있는. 활발한. 쾌활한. ②오래 사는. 장수(長壽)한. 장명(長命)한. [植] 장생의. 다년생의.
planta vivaz [植] 다년생 식물.

vivedor *a.* ①오래 사는. 장수한. 장명한. ②오래 가는. 여러 해 계속하는. ③든든한. 활동적인.

vivedouro *a.* 오래 산. 오래 사는. 장수한.

viveirista *m., f.* 못자리를 가꾸는 사람. 묘목(苗木)을 기르는 사람. 묘목장수. 양수상인(養樹商人).

viveiro *m.* ①양토장(養兎場). 양금장(養禽場). 양어지(養魚池). 양식장(養殖場). ②못자리. 묘포(苗圃). 양수장(養樹場). ③양성소. 배양소. (…) 온실. 소굴. ④우글우글하는 곳.
viveiro de coelhos 양토장.
viveiro de aves 양금장.
viveiro de pássaros 양조장(養鳥場)(특히 새를 기르는).
viveiro de ostras 굴(牡蠣)양식장.
viveiro de peixes 양어지(池).
viveiro de peixes e tartarugas 해안의 물고기를 산 채로 넣어두는 곳. 《英》 *crawl*.
viveiro de plantas 못자리. 묘상(苗床). 묘포.

vivenda *f.* ①거주. 거주처. 거주소. 주택. ②생활방법. 생활양식(樣式). ③일상양식(日常糧食). ④행실. 소행(素行).

vivente *a.* 살아 있는. 현존하는. 생활하고 있는.
— *m.* 살아 있는 것. 살고 있는 사람(동물). 유생물(有生物).

viver *v.i.* ①살다. 살아 있다. 생존하다. ②거주하다. 생활하다. 서식(棲息)하다. ③생명을 유지하다. 양생(養生)하다. ④도세(渡世)하다. 처세하다. ⑤존속하다. 오래가다.
viver de …을 하여 생계를 세워가다. …으로서 생활유지를 하다.
Ela vive da costura. 그 여자는 재봉으로 생활해 나간다.
viver de esmolas 구걸(求乞)로 살아가다.
Viver a pão e água. 빵과 물로 살아가다. 어렵게 살다.
viver vida de cão 무위도식하다. 하는 일 없이 돌아다니며 살다.
viver á larga 풍족하게 살다. 제멋대로 살다.
saber viver 처세할 줄 알다.
viver com …와 교제하다. 함께 살아가다.
viver como cão e gato 항상(다른 사람과) 싸우며 살다.
viver só 혼자 살다. 홀로 살다.
O seu pai ainda vive? 당신 부친은 아직도 생존해 계십니까?
Êle viveu 90 anos. 그 분은 90년 살았다.
quem viver verá (…때까지) 사는 사람은 볼 것이다.
cansado de viver 삶에 싫증나다. 귀찮은 세상.
viver e deixar viver 《諺》 세상은 서로 의지하고 살게 마련되어 있다.
—*se* *v.pr.* ①살다. 거주하다. ②생존하다.
— *m.* ①생명. ②생활. 생계. ③처세.

viveres *m.(pl.)* 식량. 양식. 식용품.

viveza *f.* = *vivacidade*.

vividez *f.* ①활발. 쾌활. 씩씩함. 약동적임. 산 것 같음. 참다움. ②성황. 번창함. 세력 있음. ③(색채의) 선명성. 빛남.

vivido *a.* (*viver*의 과거분사). ①오래 산. 장생한. ②기운찬. 씩씩한. 약동적인. 활기 있는. 활발한. ③(색·영상 따위) 밝은. 선명한. 빛나는. 눈부신. ④생생한. 눈에 보는 듯한. 세력 있는. 왕성한. 핍진(逼眞)한. 완연(宛然)한.

vivificação *f.* ①생기(生氣)나게 함. 활력 부여. ②소생. 부활. 생기를 띠기.

vivificador *a., m.* 생기나게 하는 (사람). 활력을 부여하는 (자). 기운을 북돋아 주는 (자).

vivificante *a.* 생기나게 하는. 활기 띠게 하는. 기운을 북돋아 주는.

vivificar *v.t.* …에 생명을(생기를) 주다. 생생하게 하다. 활기 띠게 하다. 기운을 북돋아 주다.
—*se* *v.pr.* ①생기를 얻다. 활기 띠다. 소생하다. ②기운나다. 분발하다.

vivificativo *a.* 생명을 주기 위한. 생기를 돋

vivífico *a.* =*vivificante*.
vivinatalidade *f.* 출생아 통계(出生兒統計).
viviparidade *f.* [生物] 태생(胎生). [植] 모체발아(發芽).
viviparismo *m.* 태생임. 태생함.
vivíparo *a.* [生物] 태생의. [植] 모체발아의.
— *m.* 태생동물.
vivissecção *f.* 활체(생체) 해부. 활체실험.
vivisseccionista *m., f.* 활체(생체) 해부자(론자).
vivissectar *v.t., v.i.* 활체(생체) 해부에 붙이다(를 하다).
vivo *a.* ①살아 있는. 살고 있는. 생명이 있는. 유생(有生)의; 생활하고 있는. ②활기 있는. 활발한. 씩씩한. 쾌활한. ③빠른. 신속한. 민첩한. 민활한. ④(색·영상 따위) 밝은. 빛나는. 선명한. ⑤열렬한. 강렬한. 치열한.
cal viva 생석회(生石灰).
língua viva 현용어(現用語).
água viva 끊임없이 흐르는 물. 청수(淸水). 샘.
águas vivas (*pl.*) ①대조(大潮). 삭망조(朔望潮). ②《轉》분류(奔流).
carne viva 생살. (부상당하여) 갈라진 살. 베인 살.
olhos vivos 날카로운 눈매. 형안(炯眼).
obras vivas [造船] 흘수부(吃水部).
resposta viva 명확한 대답.
de viva voz 구두로. 말로써.
à viva força 폭력으로써. 완력으로.
ao vivo. ①[TV] 실지 방송. 생방. ②실제로. 현실대로. 사실대로.
— *m.* ①살아 있는 것. 유생물 활체(活體); 생존자. ②요점(要點). ③[獸醫] (망아지의) 이하선염(耳下腺炎).
os vivos 생존자(生存者).
vivório *m.* 많은 사람이 외치는 만세소리.
vívula *f.* (말(馬)의) 이하선염(耳下腺炎).
vizindade *f.* 《古》=*vizinhança*.
vizinhal *a.* ①이웃의. 인근(隣近)의. 인접한. 근처의. ②이웃 사람의.
vizinhança *f.* ①접근하기. 근처. 인근(隣近). 부근; 주위. ②[집합적] 이웃 사람들. ③비슷함. 유사(類似). 근사(近似). 상사(相似).
fazer boa vizinhança 이웃과 친교를 맺다. 우의(友誼)있게 살다.
vizinhar *v.t., v.i.* (…와) 인접하다. 접근하다. 이웃하다. (…의) 근처에서 살다(거주하다).
— *se v.pr.* 이웃이 되다. 가까와지다.
vizinho *a.* ①이웃의. 인근의. 근처의. 접근한; 이웃에 사는. ②(…와) 가까운. (…에) 가까운. 근사한. 유사한.
— *m.* ①이웃 사람. 옆사람. 근처 사람. ②이웃집. 옆집. 앞뒷집. ③가까운 마을(지방). 이웃나라.
vizir *m.* (회교국 특히 구(舊) 터키제국의) 고관. 대관.
vizirado, vizirato *m. vizir*의 지위(직분).

voadeiras *f.* =*voadouros*.
— *m.(pl.)* 새의 날개.
voador *a.* 나는. 비행하는. 나는 듯이 빠른.
peixe voador [魚] 날치(飛魚).
disco voador 비행접시.
— *m.* 나는 것(새·곤충·물고기 등). 비행기. 쾌속마. 쾌속선. [魚] 날치.
voadura *f.* 날기. 비행(飛行).
voagem *f.* ①왕겨. ②(탈곡하고 남은) 꼬투리. 깍지.
voante *a.* ①나는. 날아다니는. 비상(飛翔)하는. 비행하는. ②나는 듯한. 나는 듯이 빨리가는(지나가는).
voar *v.i.* ①날다. 비상하다. 비행하다. ②나는 듯이 가다. 나는 듯이 퍼지다. 신속히 전달되다. 급속히 소멸되다. 빨리 사라지다 ; (시간이) 빨리 지나가다. (세월이) 유수같이 지나가다.
voar alto 높이 날다.
voar a baixa altura 저공 비행하다.
Êle voou de Lisboa até Rio de Janeiro. 그 분은 리스보아에서 리오데자네이로까지 비행기를 타고 왔다(直譯 : 날아왔다).
— *v.t.* 날리다. 날아가게 하다.
voaria *f.* 《廢》조류(鳥類). 가금(家禽).
voborde *m.* [海] ①(배의) 난간. ②선벽(船壁).
vocabular *a.* 말의. 어의. 언어의. 어휘의.
vocabulário *m.* ①(일개인. 저작자. 어떤 계급의 사람 등의) 용어범위. 용어범위. 어휘. ②(단)어표. 어해(語解) ; 술어집.
vocabularista, vocabulista *m., f.* 어휘 만드는 사람.
vocábulo *m.* (특히 의미와 관계없이 음의 구성으로 본) 말. 단어. 어(語).

vocação *f.* ①[宗] 신의 소명(召命). 신의 부름. 신명; 신의 부르심에 의한 정신적 생활. ②(특정 직업에 대한) 적합성. 재능. 천성. 천직. 천부(天賦). 천품(天稟); 사명.

vocacional *a.* 직업상의. 직업에 맞는. 직업 보도의.

vocal *a.* 소리의. 음성의. 음성에 관한; 목소리내는. 구두의.
musica vocal 성악.
orgãos vocais 발음기관.
cordas vocais 성대(聲帶).

vocálico *a.* 모음의. 모음성(性)의. 모음에 관한.

vocalismo *m.* (담화·음악 등에서) 소리내기 발성. 《稀》(어떤 국어의) 모음조직.

vocalização *f.* ①발성; [聲樂] 발성법. ②유성음화.

vocalizar *f.* ①(음을) 소리로 내다. (말을) 발음하다. 유성음으로 하다. 유성음화하다. 음절로 나누다. ②(자음(子音)을) 모음으로 바꾸다. 모음으로 만들다. ③(히브리말 등에) 모음부를 붙이다.

vocalizo *m.* ①(음을) 소리로 내기. 발성. (말을) 발음하기. ②유성음으로 하기.

vocalmente *adv.* 소리로. 음성으로; 말로. 구두로.

vocativo *m.* [文] 호격(呼格).
― *a.* [文] 부르는. 호격의.

você *pron.* 당신. 그대. 자네. (친밀한 사이 또는 손아랫사람에게 씀).
você e os seus ①당신과 당신의 부하들. ②그대와 그대의 자식들.

vociferação *f.* 시끄럽게 외치기. 고함. 노호. 시끄러움.

vociferador *a.*, *m.* 시끄럽게 외치는 (사람). 고함치는 (사람).

vociferante *a.* 시끄럽게 외치는. 고함치는. 노호하는.

vociferar *v.i.*, *v.t.* 큰소리로 외치다. 고래고래 고함치다. 노호하다.

voejar *v.i.*, *v.t.* 날개치다. 날개치며 날다. 훨훨날다. 날아다니다.

voejo *m.* ①날개치기. 펄럭거리기. ②흔들거림. 흔들림.

voga *f.* ①노젓기. 뱃놀이. ②유행(流行). 성행. 인기. ③(세상의) 평판.
estar em voga 유행하다(하고 있다).

pôr em voga 보급(普及)하다.

voga-avate *m.* (보트의) 뒷노를 젓는 사람. 정조수(整調手).

vogal (1) *f.* [音聲] 모음. 모음자(*a. e. i. o. u* 등).
― *a.* 모음의.
― (2) *m.* ①투표자. 투표권자(投票權者). ②[法] 배심원(陪審員). (병원·학교 등의) 이사회의 위원(委員)

vogante *a.* 노를 젓는. 노저으며 가는.

vogar *v.i.* ①노젓다. 노저으며 가다. 배를 젓다. (배가) 저어지다. ②(물 위에) 떠다니다. 부유(浮遊)하다. 부동(浮動)하다. ③유행(流行)하다. 유포(流布)되다.
― *v.t.* (배를) 젓다. (노를) 쓰다. 저어서 항행하다.

volante *a.* ①나는. 훨훨 나는. 날아다니는. ②나는 듯한. [紋] 나는 모양의. ③이곳저곳 옮겨다니는. 이동하는. 떠다니는. 유랑(流浪)하는. ④일정하지 않는. 늘 변하는. 변하기 쉬운.
folhas volantes 철하지 않은 종이. 팜플렛.
― *m.* ①[機] 속도조정기. 평형바퀴(平衡輪). ②서양 제기. 깃털 달린 제기. 제기차기. 제기놀이.
volante de direção [海] 타륜(舵輪). 키. [空] 방향타. (자동차의) 핸들.

volantim *m.* 줄광대.

volapuk, volapuque *m.* 볼라퓨어크(1879년에 독일 사람 *Johann Martin Schleyer*가 안출한 일종의 국제어).

volataria, volateria *f.* ①매를 기르기. 매부리는 법. ②매사냥. 새잡이(捕鳥). 엽조(獵鳥).

volátil *a.* ①휘발하는. 휘발성의. 증발하는. ②변하기 쉬운. 변덕스러운. 부박한. 종작없는.
óleo volátil 휘발성 기름.
― *m.* 날짐승. 새.

volatilidade *f.* ①휘발성. 증발성. 비산성(飛散性). ②침착성이 없음. 경박. 변하기 쉬움.

volatilização *f.* 휘발. 증발.

volatilizante *a.* 휘발시키는. 발산시키는. 증발시키는. 휘발(증발)하는.

volatilizar *v.t.*, *v.i.* 휘발시키다(하다). 증발시키다(하다). 발산시키다(하다).

volatilizável *a.* 휘발시킬 수 있는. 휘발(증

발)하기 쉬운. 증발(발산)시킬 수 있는.
volatim *m.* ①줄광대. ②달음질로 전달하는 하인. 급사(急使). 주정(走丁).
volatíssimo *a. volátil*의 최상급.
volatório *a.* 나는 데에 쓸모 있는. 비행하기에 유용한. 비행하기 위한.
volcão *m.* =*vulcão*.
voleibol *m.* 《英》*volleyball*의 전래어. [競] 발리볼. 배구.
volfrâmio, volfrão *m.* =*volframite*.
volframite *f.* [鑛] 월프라마이트 철광(鐵鑛). 철망간중석(重石).
volição *f.* ①의지작용. 의욕. ②의지력. 결의력. 의지.
volitante *a.* 나는. 비상하는.
volitar *v.i.* 날다. 날개 치다. 날개 치며 날다. 훨훨 날다. 비상(飛翔)하다.
volitivo, volível *a.* 의지의. 결의의. 의지에서 나오는.
volt *m.* [電] 볼트(전위차(電位差). 즉 전압의 실용단위. 略 V).
volta *f.* ①돌기. 회전. 선회(旋回). 선전(旋轉). ②(어떤 장소를) 돌기. 일주(一周). 산책. ③돌아오기. 돌아가기. 귀래. 복귀(復歸). ④답례(答禮). ⑤꾸부리기. 굴곡(屈曲). 우곡(迂曲). 우회(迂回). 굽이. 곡선(曲線). ⑥한 번 감기. 일권(一捲). ⑦의지의 변경. 변심(變心). 전향(轉向).
á volta 또는 *na volta* 돌아오는 길에. 기로에.
na volta do correio 우체국에서 돌아올 때.
á volta de 동시(同時)에. …와 함께.
por volta de 또는 *pela volta de* …의 경(頃)에. …의 시각(時刻)에. …쯤 하여.
em volta de …의 주변(周邊)에. …의 주위에.
dar uma volta ①한 번 돌다. ②산책하다.
volta para a direita(esquerda) 오른쪽(왼쪽)으로 돌기.
volta e meia ①일회전반(一回轉半). ②자주. 빈번히.
passagem de ida e volta 왕복표.
dar volta á chave 열쇠를(꽂으로) 돌리다.
volta-cara *f.* 얼굴을 돌리기. 외면(外面).
voltado *a.* ①뒤집어진. 뒤집어 엎은. 거꾸로 된. ②맞선. 대치(對峙)한.
voltagem *f.* [電] 전압. 전압량. 볼트수.

voltático *a.* [電] 유전기(流電氣)의.
pilha voltática 볼타 전지.
voltámetro *m.* 볼타계(計). 전량계.
voltar *v.t.* ①돌리다. 회전시키다. ②(방향을) 바꾸다. 돌다. 굽이를 돌다. ③돌려보내다. 반각하다. (포로 등을) 송환하다. ④(책의 페이지를) 넘기다. 들추다. ⑤전복(전도)시키다. ⑥(의복 등을) 뒤집다. ⑦보답하다. 답례(答禮)하다. ⑧(땅을) 파뒤집다.
voltar a casaca ①뒤집어 입다. ②변심(變心)하다. 변절하다.
voltar as culpas a alguem 잘못을 타인에게 전가(轉嫁)하다.
— *v.i.* ①돌아오다. 귀래하다. 도로 가다. ②먼저 말로 돌아가다. ③복귀하다. 회복하다. ④돌다. 회전하다. 반복(反復)하다. ⑤다시 나타나다.
voltar as costas ①돌아서다. ②반복하다. 배반하다.
voltar a si 의식(意識)을 회복하다. 제정신이 들다.
voltar sobre si 돌이켜보다. 과거를 반성하다.
voltei ao trabalho 또는 *volti a trabalhar* 다시 일하다. 직장으로 돌아가다.
É melhor voltamos, está a escurecer. 점점 어두워져가니 우리는 돌아가는 것이 좋겠습니다.
—*se v.pr.* ①(좌·우쪽으로) 돌다. (모퉁이를) 돌다. ②돌아보다. 돌아서다. ③돌아서다. 배반하다. 마음을 돌리다. 입장을 바꾸다. ④굴다. 뒹굴다. 자전(自轉)하다. ⑤(술 따위가) 시어지다. 시어져 못쓰게 되다.
voltarete *m.* (트럼프) 옴버(세 사람이 아홉장씩 나누어 가지고 노는 것. 17, 18세기에 성행).
volteador *a.* 도는. 빙빙 도는. 회전하는. 선회하는. 뛰어 돌아다니는.
— *m.* ①줄광대. ②허풍선이.
volteadura *f.* ①돌기. 회전. 선회(旋回). ②줄타기.
voltear *v.t.* ①돌리다. 빙빙 돌리다. 회전시키다. ②굴리다.
— *v.i.* ①빙글빙글 돌다. 회전하다. 선회하다. ②굴다. ③뛰어 돌아다니다. 도약하다. ④(막대기 또는 손을 짚고) 뛰다.

volteio *m.* ①(특히 줄광대가 타는) 느슨하게 친 밧줄. 팽팽하지 않은 밧줄. ②밧줄타기. ③막대기 또는 손을 짚고 뛰기.

volteiro *a.* ①도는. 빙빙 도는. 선회하는. 선전(旋轉)하는. ②잠시도 가만있지 않는. 침착하지 못한. 일정(一定)치 않은. 변하기 쉬운. ③《古》싸우기 좋아하는. 잘 싸우는.

voltejar *v.i.* =*voltear*.

voltímetro, voltômetro *m.* [電] 볼트계(計). 전압계(電壓計).

vóltio *m.* [電] 볼트(전위차(電位差). 즉 전압의 실용단위. 略 V).

voltivolo *a.* 도는. 회전(回轉)하는. ②잠시도 가만있지 않는. 멈추지 않는. 늘 움직이는(도는). 자주 변하는. 무상(無常)한.

volúbil *a.* 《古》=*volúvel*.

volubilado *a.* [植] 얽어 감은. 칭칭 감는. 전요성(纏繞性)의.

volubilidade *f.* ①선전성(旋轉性). 선전력(旋轉力). ②(말 또는 문장의) 유창. 능변. ③자주 변함. 변하기 쉬움. 전변무상(轉變無常). 수다. 변덕.

volubilidade da língua 능변. 유창.

volubilíssimo *a.* (*volúvel*의 최상급). 가장 빨리 도는. 몹시 변하는.

volumaço, volumão *m.* 큰 부피. 큰 묶음. 큰 뭉치. 큰 덩어리. 큰 용적(大容積). 큰 체적. 부피가 큰 책. 여러 권으로 된 서적.

volume *m.* ①책. 서적. 권(卷). ②큰 덩어리. 대량. 많음. ③체적. 양. 부피. 용적. 용량. 음량(音量).

Esta obra composta em três volumes. 이 저작은 삼권(三卷)으로 되어 있다.

volumenometro *m.* 체적계(體積計). 배수용적계. 용적비중계(容積比重計).

volumétrico *a.* 체적계의. 용적(체적) 측정의.

analise volumétrica 용량분석(容量分析).

volumetro *m.* 체적계. 용적계. 비중계.

volumoso *a.* 방대한. 호한(浩瀚)한. 여러 권의 저작이 많은. 다작(多作)의. 용적이 큰. 부피가 큰.

voluntariado *m.* 지원자임. 지원병임. 의용군임.

voluntariamente *adv.* 지원하여. 지지(支持)하여. 제마음대로. 임의로. 기꺼이.

voluntariedade *f.* 자발성(自發性). 자유의지. 임의. 수의(隨意). 마음대로 함.

voluntário *a.* ①자유의지로 하는. 자진해서 하는. 자발적인. ②자유의지에서 나온. 임의의. 수의적. 지원의. 독지(篤志)의. 유지(有志)의. ③독지가의 손으로 경영·유지되는. ④마음대로 하는. 뜻대로 움직이는. ⑤고의의. ⑥[生理] 수의적.
— *m.* ①지원자. 유지자. 지원병. 의용군. ②청강생(聽講生).

voluntariosamente *adv.* 마음내키는 대로. 제멋대로. 제고집대로.

voluntariosidade *f.* 제멋. 제멋대로 하기. 내키는대로 하기. 완고. 고집.

voluntarioso *a.* 제멋대로 하는. 마음내키는 대로 하는. 고집 센. 완고한.

volúpia *f.* 육욕(肉慾)에 빠짐. 주색에 빠짐. (일반적으로) 관능적 쾌락(官能的快樂). 사치일락(奢侈逸樂).

voluptário *a.* 《古》=*voluptuário*.

voluptuário *a.* 주색에 빠지는. 육체적 쾌락에 탐닉하는. 관능적 쾌락의. 사치일락의. 음탕한. 색골(色骨)의.

voluptuosamente *adv.* 주색에 빠져서. 사치일락하여.

voluptuosidade *f.* 육욕에 빠짐. 주색에 빠짐. 사치일락. 음분(淫奔). 음란(淫亂).

voluptuoso *a.* ①육욕(肉慾)에 빠지는. 주색을 즐기는. 사치일락의. 관능적 쾌락의. 음분한. 음란한. 색골의. ②풍려(豐麗)한. 요염한.

voluta *f.* ①[建] (이오니아식 및 코린트식 주두장식(柱頭裝飾)의) 소용돌이 꼴. 와형식(渦形飾)《英》*volute*. ②[具] 고둥의 일종.

volutabro *m.* ①진흙구렁. 진창구렁. 이전(泥田). 돼지가 뒹구는 진흙구렁. ②몹시 더러움. 오예(汚穢). 추루(醜陋). ③더러운 행실. 추행. 추잡(醜雜). 방종. 방일.

volutear *v.t., v.i.* =*voltear*.

volúvel *a.* ①도는. 빙빙 도는. 회전하는. 잠시도 멈추지 않는. 항상 움직이는. 변하기 쉬운. ②변설이 유창한. 능변의. 수다스러운. ③[植] (다른 나무에) 매달리는. 감기는. 칭칭 얽는. 전요성(纏繞性)의.

volva *f.* [植] 낭피(囊皮).

volváceo *a.* 낭피같은.

volvado *a.* 낭피가 있는.

volver *v.t.* ①돌리다. 회전시키다. (방향을) 전환하다. ②굴리다. 굴러가게 하다. ③

휘젓다. 동요하게 하다. ④(…을) 두루두루 생각하다.
Direita volver! 우향우!
Esquerda volver! 좌향좌!
— *v.i.* ①돌다. 회전하다. 방향전환하다. ②굴다. 뒹굴다. 전전(轉轉)하다. ③돌아오다. ④자주 변하다. ④(세월이) 흐르다. (시간이) 경과하다.
—*se v.pr.* ①뒤돌아보다. ②파도가 감아치다.
— *m.* 돌기. 회전. 굴기. 전전(轉轉).
volvido *a.* (시간이) 경과한. (세월이) 흐른. 과거의.
volvo *m.* 장(腸)이 뒤틀림. 장염전(腸捻轉). 장염전에 의한 복통(腹痛).
volvoce *m.* [蟲] 구충류(球蟲類).
volvolo, volvulo *m.* (뱀의) 감긴 타래.
vômer *m.* [解] 조골.
vomeriano *a.* 조골의.
vômica *f.* [醫] 농양(膿瘍)의 농즙(膿汁). 폐(肺)의 공동(空洞)에 괴는 농즙.
— *a. noz vômica* [植] 번목별(番木鱉)(의 일종)(스트리키니네의 원료).
vomição *f.* =*vómito*.
vomi-purgativo *a.* 토하고 설사하는. 토사(吐瀉). 상토하사(上吐下瀉)의.
— *m.* 토사제(吐瀉劑).
vomiqueiro *m.* [植] 번목별(番木鱉)의 속명(俗名).
vomitado *a.* ①토한. ②토한 것에 더러워진.
— *m.* 토한 것. 토출물(吐出物).
vomitador *a.* 토하는. 구토하는.
— *m.* 토하는 사람.
vomitar *v.t.* ①(위(胃)에서) 토하다. 구토하다. 토해내다. 《古》(토제로) 토하게 하다. ②(화산이 용암을) 토하다. 분출하다. 뿜다. ③(욕설 등을) 토하다. 폭언을 던지다.
— *v.i.* 토하다. 게워내다. 분출하다.
vomitivo *a.* 토하게 하는. 구토시키는. 구역나게 하는.
— *m.* ①토하게 하는 약. 토제(吐劑). ②《俗》계속적인 심문(죄인에게 범행을 실토시키기 위하여 유도적이고 차근히 묻는 것).
vómito *m.* ①토하기. 구토. 토출. ②토물. 게운 것.
vómito de sangue 피를 토함. 객혈(喀血·咯血).
vómito negro ①황열병(黃熱病). ②황열환자(黃熱患者)가 토하는 흑토물(黑吐物).
provocar o vómito 욕지기나게 하다. 구역질나게 하다.
vomitório *a., m.* =*vomitivo*.
vontade *f.* ①의지(意志). 의사(意思). 의욕. ②의지의 힘. ③결의. 결심. ④(신의) 뜻. (사람의) 소망. 소원. 하고자 하는 바. ⑤임의. 수의. ⑥의향. 의도. ⑦갈망. 희망. 욕망. 욕념(慾念). ⑧[法] 유언. 유언서.
vontade forte 강한 의지.
vontade fraca 약한 의지.
ultima vontade 유언(遺言).
ultimas vontades ①많은 유언. ②마지막의 여러 가지 소원.
de boa vontade 기쁘게. 즐겨. 자진하여.
de má vontade 싫으면서. 본의없이.
de vontade 또는 *por vontade* 자유로. 임의로. 마음대로. 내키는대로.
á vontade 마음대로. 뜻대로. 편히. 자유로.
Esteja á vontade. 어서 편히 하십시오 (손님게 하는 말).
estar com vontade de …을 하고 싶다. …할 마음이 내키다.
contra a minha vontade 나의 본의에 어긋나게. 본의없이.
de minha própria vontade 내 스스로. 자진하여. 자의(自意)로.
com vontade ou sem ela 싫든 좋든. 덮어놓고.
pôr-se á vontade (사양하지 말고) 편히 있도록 하다.
deixar alguém fazer a sua vontade 마음대로(수의로) 하도록 내버려두다. 내키는대로 하도록 하다.
Onde há uma vontade há um meio. 《諺》하려고들면 길은 있는 법이다.
vôo *m.* ①날기. 비상(飛翔). 비행(飛行). ②한 번 나는 거리. ③급속도. 비약. ④비약적 발전. 급속도의 진보.
vôo cego [空] 맹목비행. 계기(計器)에 의한 비행.
durante o vôo 비행기간. 비행도중.
levantar o vôo 이륙(離陸)하다.
vora *f.* 꿀벌(密蜂)의 일종.
vorace *a.* =*voraz*.
voracidade *f.* 탐식. 대식. 탐욕.

voragem *f.* ①화방수. 소용돌이. 와류(渦流). ②깊은 바다. 심연(深淵). 나락(奈落).

voraginoso *a.* ①소용돌이(화방수) 많은. 소용돌이치는. ②다 먹어 버리는. 다 삼켜버리는.

voraz *a.* 게걸스레 먹는. 정신없이 먹는. 탐식하는. 대식(포식)하는. 식욕이 왕성한. 걸신들린. 욕심 많은.

vorazmente *adv.* 게걸스럽게. 식욕왕성하게. 욕심 많게.

vórmio *a.* [解] 뇌소개골(腦小蓋骨)의.

vórtice *m.* ①소용돌이. 화방수. 와류(渦流). ②회오리바람. 선풍(旋風).

vorticela *f.* [蟲] 종벌레(釣鐘蟲). 보르티켈라네불리페라.

vorticoso *a.* 소용돌이 모양의. 소용돌이 치는. 와류하는. 와동하는. 빙글빙글 도는. 선회하는.

vertiginoso *a.* 눈부시게(눈이 돌듯이) 빨리 도는. 빙글빙글 도는.

vortilhão *m.* 큰 소용돌이. 큰 화방수. 큰 와류.

vos *pron.* (*vós*의 여격 또는 목적격). 너희들에게. 너희들을. 당신들에게. 당신들을. 그대에게. 그대를.
Escuto-vos sempre. 나는 당신들의 의견을 항상 듣고 있습니다.
Eu vos mostrarei-o. 나는 너희들에게 그것을 보여주겠다.

vós *pron. pess.* 너희들. 당신들. 그대들.
Vós sois grandes. 너희들은 장하다. 당신들은 위대합니다.
Vós mesmos mo disseste. 여러분들 스스로 나에게 그것을 이야기했습니다.
Fajeis vós próprios a vossa escolha. 당신들 자신이 선택하는 바를 하십시오.

vosmecê *f.* *vossemecê*의 준말.

vossê *pron.* =*você*.

vossemecê *f.* (*vossa mercê*의 준말). 그대 (특히 손아랫사람에 대한 경칭(敬稱)).

vosso *a. pess.* 너희들의. 당신들의. 그대들의.
Vossa Excelência 귀하. 각하.
— *pron. poss.* 너희들의 것. 당신들의 것.

votação *f.* ①투표. 투표권행사. ②선거. ③표결. ④투표수.
votação nominal 기명투표.
votação secreta 무기명투표. 비밀투표.
decidir por votação 투표수로 결정하다.
votação levantando a mão 거수표결. 거수(擧手)에 의한 선거.
fraude na votação 표결에 있어서의 협잡.

votante *a.* 투표하는.
— *m., f.* 투표자. 선거인. 유권자.

votar *v.t.* ①투표하여 결정하다. (투표수로) 가결하다. …에 의하여 할당을 (증여를) 표결하다. ②맹세하다. 서약하다. …할(줄) 것을 맹세하다. …할 맹세를 하다. ③(맹세를 하고) 바치다. 헌신하다.
— *v.i.* 투표하다.
votar por(contra) …에 찬성(반대) 투표하다.
—*se v.pr.* 헌신하다. 몸을 바치다(맡기다).

votivamente *adv.* 맹세하여. 서약하므로.

votivo *a.* ①서약의. 맹세의. 서원(誓願)의. 염원의. 염원하는. 맹세하며 바라는. ②봉납의. 봉헌의. 정성드리는.

voto *m.* 맹세. 서약. 서원. 기원. 맹세의 취지(내용). 서약행위(등). ②염망. 갈망. ③봉납. 봉헌. 정성드리기. ④투표. 표결. 찬부표시. 투표지. 표. 투표권. 표결권. 선거권. 의결권(議決權).
voto de confiança(desconfiança) (의회에 있어서의) 신임(불신임)투표(특히 정부에 대한).
voto decisivo 결정투표.
voto de minerva (qualidade) (가부 동수(可否同數)일 때 의장이 결정하는) 채결권(採決權).
votos pró e contra 찬성표와 반대표.
deitar o voto 한 표를 던지다.
dar ie o meu voto a 나는 …에게 투표하겠다. …을 위하여 나의 표를 던지겠다.
O candidato tem cinco mil votos. 그 입후보자는 5,000표를 얻었다.
A provado com 50 votos contra 30. 찬성 50 반대 30표로 가결(채택)되었다.
derrotar por votos 표수로써 패배시키다.
Eliminar por meio de votos. 표결방법으로 제거하다.
A maioria dos votos votos é a favor. 대부분의 표(투표수)가 찬성이다.
Fiz voto de não beber vinho. 술을 마시지 않기로 맹세했다.

vovente *a., m.* 서약자(誓約者). 서원자(誓願者). 염원하는 사람.

vovó *f.* 《小兒語》 할머니.

vovô *m.* 《小兒語》할아버지.
voz *f.* ①(사람이 말하는. 노래하는. 웃는) 목소리. 음성. ②[音聲] 유성음. 탁음. ③음성의 특색. 성색(聲色). (그 사람 독특한) 목소리. 가수의 성량. 목청. ④음성을 내는 힘. 발성력(發聲力). ⑤발언권. ⑥(국민의) 소리. 여론. ⑦소문. 풍문. ⑧권고. 충고. ⑨구령(口令). ⑩[文] 태(態). 상(相).
viva voz 육성(肉聲). 구두(口頭).
de viva voz 구두로. 소리를 내어서.
voz da consciência 양심의 호소(외침).
voz do povo 국민의 소리. 여론.
A voj do povo é a voz de Deus. 민의(民意)는 신의(神意)와 같다. 인심(人心)은 천심(天心)이다.
voz de comando 구령. 호령(號令).
a uma (또는 *de uma*) *voz* (전원) 일치하여. 이구동성(異口同聲)으로.
de voz unanime 만장일치로.
levantar a voz 음성을 높이다. 말하다.
falar em voz alta (*baixa*) 높은(낮은) 소리로 말하다.
Mais vozes do que nojes. 헛소동. 말만 많고 결과는 없다.
voz ativa [文] 능동태(能動態).
voz passiva 피동태. 수동태.
vozão *m.* 큰 목소리. 크게 울리는 소리.
vozaria *f.* =*vozearia*.
vozeador *a.*, *m.* 높은 소리로 말하는 (사람). 소리지르는 (사람). 외치는 (사람).
vazeamento *m.* =*vozearia*.
vozear *v.t.*, *v.i.* ①높은 소리로 말하다. 큰 소리로 이야기하다. ②외치다. 고함지르다.
vozearia *f.* ①높은 소리로 말하기. 큰 소리로 이야기하기. ②소리높이 외치기. 크게 고함지르기. ③크게 호통치기. ④많은 사람들이 일시에 외치는 소리. 소리치기.
vozeio *m.* ①높은 소리. 고함소리. 외치는 소리. 호통소리. ②(여러 사람의) 떠들썩하는 소리. 훤소(喧騷).
vozeirão *m.* ①우렁차고 힘센 목소리. 강한 음성. ②우렁찬 소리를 내는 사람.
vozeiro *a.*, *m.* 높은 소리로 말 많이 하는 (사람). 떠들썩하는 (사람). 고래고래 외치는 (사람).
vozeria *f.* =*vozearia*.
vu *m.* 찰나. 순간. 순식간.

num vu 눈깜빡할 사이에. 금시.
vulcâneo *a.* 《詩》화산의. 화산작용의.
vulcaniano *a.* ①화산의. 화산작용의. ②화성론(火成論)의.
vulcanicidade *f.* ①화산작용(火山作用). ②지구 중심의 백열(白熱).
vulcânico *a.* ①화산의. 화산질의. 화산작용의. 화산작용에 의한. 화성(火成)의. ②화산처럼 격렬한. 맹렬한. 산.
vulcanismo *m.* 암석화성론(岩石火成論). 화산현상. 화산활동.
vulcanista *m.*, *f.* 암석화성론자.
vulcanite *f.* 경화(硬化)고무. 에보나이트.
vulcanização *f.* (고무의) 경화(생고무에 황을 화합하는). 황화(黃化).
vulcanizar *v.i.* ①(고무를) 경화(황화)하다. (고무 타이어 따위를) 수리하다. ②《俗》태우다. 달구다. ③…에 열띠게 하다. …에 열광하게 하다.
—*se* *v.pr.* …에 열띠다. 열광하다.
vulcanologia *f.* 화산학(火山學).
vulcanologista *m.* 화산학자.
vulcão *m.* ①화산. 분화산(噴火山). ②(성격이) 과격한 사람. 격렬한 사람.
vulcão ativo 활화산.
vulcão inativo 휴화산.
vulcão extinto 사화산. 식화산(熄火山).
bôca de vulcão 분화구(口).
vulgacho, vulgalho *m.* 하층민. 일반 서민. 군중. 민중.
vulgado *a.* 세상에 널리 알려진. 세상 사람이 다 아는. 주지(周知)하는.
vulgar (1) *a.* ①(상류 계급에 대하여) 일반민의. 평민(서민)의. ②(교양 있는 상류 계급에 대하여) 저속한. 저급한. 천한. 속악한. 야비한. 비속한. 점잖지 못한. 비루한. 비천한. ③일반의. 대중의. 통속의. 속세의. 속용의. ④보통의. 보편적인. 평범한.
lingua vulgar 통속어. 향언(鄕言)(이전에는 라틴어에 대하여).
palavras vulgares 비어(卑語).
erros vulgares 통속화된 잘못. 그릇된 어법.
— (2) *v.t.* =*vulgarizar*.
vulgaridade *f.* ①속악. 야비(野卑). 비속(卑俗). 비천. 무례. ②범속. 평범함.
vulgarismo *m.* ①야비한 말. 비어(卑語·鄙語). 그릇된 어법. ②속설(俗說). 속견

(俗見).

vulgarização *f.* ①비속화. 속악화. ②널리 보급하기. 통속화.

vulgarizado *a.* ①비속화한. 속악화한. 천해진. ②보급된. 통속화한. 일반화한.

vulgarizador *a.*, *m.* 속악화하는 (사람). 비속하게 하는 (사람). 통속화하는 (사람).

vulgarizar *v.t.* ①비속화하다. 속악화하다. 천하게 하다. ②통속화하다. 널리 보급하다.
— se *v.pr.* ①비속(속악)해지다. 천해지다. ②통속화되다. 일반화되다. 보급되다.

vulgarmente *adv.* ①통속적으로. 일반 민간에. 속세에. ②비루하게. 야비하게. 미천하게.

vulgata *f.* ①라틴말로 번역된 성경(*Jerome*이 405년에 번역을 완성한 것으로 가톨릭교회에서 널리 쓰고 있음). ②비어(卑語・鄙語).

vulgivago *a.* 비속해가는. 속악해지는. 천해지는. 비열해지는. 타락하는.

vulgo *m.* ①평민. 서민. 일반민. ②보통 사람. 범인(凡人).

vulgó *adv.* 《L》비속적으로. 속악하게. 통속적으로. 일반적으로. 보편적으로.

vulgocracia *f.* ①서민 계급의 지배. 서민중의 우월적 세력. ②민중(民衆)주의. 민치(民治)주의.

vulnerabilidade *f.* 상처를(비난을) 받기 쉬움. (공격・비난 받을) 약점이 있음.

vulneração *f.* 침해. 상해(傷害). 부상. 창상(創傷).

vulneral *a.* =*vulnerário*.

vulnerante *a.* 해치는. 상하게 하는. (감정을) 상하게 하는. 가슴 아프게 하는.

vulnerar *v.t.* ①상하게 하다. 해치다. 상처를 입히다. ②(감정이) 상하게 하다. 가슴 아프게 하다.

vulneraria *f.* [植] 콩과(荳科)의 약용 식물 (상처를 아물게 하는 데에 효과 있음). 벌노랑이속(屬)의 일종.

vulnerário *a.* 상처를 낫게(아물게) 하는. 상처 치료에 좋은(효과 있는). 외상용(外傷用)의.
— *m.* 외상용 약(藥).

vulnerativo *a.* 상하게 하는. 상처를 입히는. 창상(創傷)의.

vulnerável *a.* 상처를 입기 쉬운. 부상하기 쉬운. 공격받기 쉬운. 비난받을 수 있는. 약점이 있는.
ponto vulnerável 약점.
lado vulnerável 약한 면. 약점.

vulnífico *a.* ①상하게 하는. 상처를 입히는. ②상하기 쉬운. 흠집이 생기기 쉬운.

vulpina *f.* [化] 일종의 이끼(地衣)에서 뽑은 황색소(黃色素).

vulpino *a.* ①여우속(屬)의. ②(얼굴이나 성격이) 여우같은. 교활한. 간사한.

vulto *m.* ①얼굴. 용모. 안색. ②태도. 자세(姿勢). 풍채. 모습. ③영상(影像). 형상(形像). ④요점. 중요한 것. ⑤중요한 인물. 저명한 인사(人士).
coisa de vulto 중요사항(事項).
a vulto 잘 살피지 않고. 대강. 대충적으로. 한데 뭉쳐.

vultoso *a.* 부피가 큰. 용적이 큰. 방대한.

vultuosidade *f.* [醫] 얼굴 및 입술이 빨갛게 붓고 눈이 충혈(充血)하는 것.

vultuoso *a.* 얼굴 및 입술이 빨갛게 붓고 눈이 충혈하는.

vulturino *a.* [鳥] 콘도르의. 콘도르같은. 욕심 많은.

vulturno *m.* ①남동풍(南東風). ②건조한 열풍. 무더운 공기.

vulva *f.* [解] 음문(陰門).

vulvar, vulvário *a.* [解] 음문의. 음문에 관한.

vulvaria *f.* [植] 명아주의 일종.

vulvite *f.* [醫] 음문염(陰門炎).

vulvo-uterino *a.* 음문 및 자궁의.

vunge, vunje *a.* 빈틈없는. 예민한. 민첩한.

vurmo *m.* (종기의) 고름. 농즙(膿汁).

vurmoso *a.* 고름이 있는. 고름이 많은. 고름투성이의.

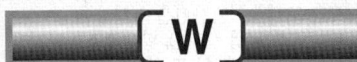

W, w *m.* 이 글자는 원래 포르투갈어 자모에 들지 않으나, 국제협정으로 통용되는 약자 *W*(서쪽) *w*(월프라마아드) 등과 외래어의 고유명사에서만 쓰는 것을 볼 수 있다.

wagneriano *a.* (독일의) *Wagner*(류)의.

wagnerismo *m.* [樂] 와그너류.

wagon *m.* = *vagão*.

wagonete *m.* = *vagonete*.

Washington *m.* ①*George Washington*. 미국 제1대 대통령. ②미국 북서 끝의 주. ③미국의 수도. ④《轉》미국정부.

watt *m.* [電] 와트(전력의 실용단위. 약: W).

whisky *m.* 위스키.

wolfram *m.* [鑛] 월프람 철광(鐵鑛)(텅스텐의 原鑛).

X, x *m.* 포르투갈어 자모의 스물둘째 글자. ①*x* 꼴(의 물건). ②로마 숫자의 10(*X*). ③[數] 첫째 미지수. 《比喩》미지(미정)의 물건. ④*raios X* 엑스광선.

xá *m.* 옛 페르시아왕(王)의 칭호.

xabraque *f.* 안장싸개. 안장방석.

xácara (1) *f.* ①통속적인 소가곡(小歌曲). 낭음가(朗吟歌). 민요. ②통속적인 소설. — (2) *f.* =*chácara*.

xacoco *m.* ①자국어와 외국어를 섞어 하는 사람. 외국어를 서투르게 하는 사람. 난잡한(버릇없는) 언사를 던지는 사람. ②싱거운 사람.

xadrez *m.* ①서양장기. ②장기판. ③장기판 (바둑판)의 정간(井間). 그와 같은 무늬. (직물의) 격자식(格子式) 무늬. ④《俗》유치장. 감옥.

xadrezado *a.* 서양장기판 모양의 무늬가 있는. 격자 무늬의.

xadrezar *v.t.* 서양장기판 모양의 무늬를 만들다. 격자 모양(格子狀)의 무늬를 넣다.

xadrezista *m.f.* 장기 두는 사람. 장기꾼. 기객(棋客).

xaguã, xaguão *m.* 집 뒤의 작은 정원. 건물 후방의 작은 공지(空地).

xaia *f.* [植] 곡두서니속(屬).

xairel *m.* ①안장방석. 안장 밑에 까는 천(가죽). ②(주인의 가문(家紋)을 넣은) 말의 옷(馬衣).

xairelado *a.* (말(馬)의 등에) 흰 점이 있는.

xale *m.* 숄. 목도리.

xalmas *f.(pl.)* (짐차 또는 짐배 옆의) 측란(側欄).

xamanismo *m.* 황교(黃教). 샤먼교(주로 시베리아 북부의 여러 종족간에 행하여지는 일파의 종교).

xamanista *m., f.* (황교의) 도사(道士). 샤먼교도.

xambregado *a.* 술에 취한. 명정(酩酊)한.

xampu *m.* 《英》 *Shampoo*의 전래어. ①머리감기. 세발(洗髮). ②머리감는 가루.

Xangri-Lá *m.* ①가공적 이상향(*James Hilton*의 소설 *Lost Horizon*에 그려진 이상향의 이름에서). ③미국 항공대의 비밀기지. ②도원경(桃源境).

xantate *f.* [化] 키산틴산염(酸鹽).

xanteina *f.* [化] (꽃의) 황색색소.

xantelasma *m.* [醫] 황색종(黃色腫). 황반종(黃斑腫).

xantico *a.* ①황색의. 황색을 띤. ②[化] 키산틴성(性)의.
á cido zantico 키산틴산(酸).

xantina *f.* [化] 키산틴(피·오줌·간 따위에 포함되는 산화프린).

xantocromia *f.* [醫] (피부의) 황염증(黃染症).

xantofila *f.* [化] 키산토필(그 *a*는 녹엽(綠葉) 속에 들어 있는 황색색소, *b*는 알의 노란자위의 항색소 루틴).

xantoma *m.* =*xantelasma*.

xantoproteico *a.* 황색단백질(蛋白質)의.

xantopsia *f.* 황시증(黃視症: 일종의 色盲).

xantorrizo *a.* [植] 황색의 뿌리(黃色根) 있는.

xantoxilo *a.* [植] 재목이 노란. 황색재(黃色材)의.

xaque *m.* =*xeque*.

xaquear *v.t.* =*zequear*.

xáquema *f.* (말(馬)의) 배에 대는 천(肚帶用布).

xaque-mate *m.* =*xeque-mate*.

xara *f.* ①(불에 쬐어 굳게 만든) 나무화살. 목전(木箭). ②보습의 손잡이. 호미의 자루.

xará, xarapa, xarapim *m., f.* ①이름이 같은 사람. 동명인(同名人). 같은 이름의 물건. 동음이의어(同音異義語). 이물동명(異物同名). ②시골춤의 일종.

xareta *f.* ①어망(漁網). ②옛날 군함의 선벽(船壁)에 친 방어망(防禦網)(적의 침입을 막기 위한).

xaroco, xarouco *m.* 열풍(熱風)(사하라사막으로부터 이탈리아 및 지중해 연안으로 불어오는).

xaropada *f.* ①주울렙수(水)(위스키에 사탕·박하 따위를 넣은 청량음료). ②[醫] (기침막는) 물약. (먹기 힘드는 약에 넣는) 설탕물.

xaropar *v.t.* 시럽을 먹이다. (기침이 멎게 하기 위하여) 물약을 먹이다.

xarope *m.* 시럽. 당밀(糖密).

xaroposo *a.* 시럽과 같은. 시럽의. 당밀성의. 끈적끈적하는.

xarque *m.* ①말린 쇠고기. 건육(乾肉). 쇠고기를 말리는 방법.

xarqueação *f.* 쇠고기를 말리기. 건육제조.
xarqueador *m.* 건육제조자.
xarquear *v.t.* 쇠고기를 말리다. 건육으로 만들다.
xarqueio *m.* =*xarqueação*.
xarroco *m.* [魚] 심어(鱘類)의 일종.
xauter *m.* 아라비아사막 여행자의 안내인.
xavante *m.* 샤반떼족(族). (브라질의 원주민(인디언)의 하나).
xaveco *m.* ①지중해 방면의 작은 돛을 세개 단 배. 《英》 *xabec*. 흔들흔들하는 작은 배. 낡고 보잘 것 없는 배. ②보잘 것 없는 사람.
xelim *m.* 실링(영국의 은화. 1파운드의 20분의 1, 즉 12펜스).
xenelasia *f.* (그리스史) (스파르타의) 외국인 거주거절조례(居住拒絶條例). 외국인 배척.
xenofilo *a., m.* 외국인을 좋아하는 (사람). 외국인 숭배자.
xenofobia *f.* 외국인을 싫어하기. 외국인 배척. 외화(外貨) 배척. 배외(排外) 정신.
xenofobismo *m.* 배외주의. 배타정신. 외국물건(풍습・제도) 배척.
xenófobo *m.* 외국인을(외화를) 싫어하는 사람.
xenogamia *f.* [植] 이화수분(異花受粉)(수정(受精)).
xenografia *f.* 외국어학(外國語學).
xenologia *f.* =*xenelasia*.
xenomania *f.* 외국 사람(물건・풍습・제도 따위)을 좋아하기. 외국인(풍물) 숭배.
xenon, xenônio *m.* [化] 키세논(희유(稀有) 가스류 원소의 일종 1898년 발견. 기호 Xe).
xenxan *m.* (브라질의) 식의조(食蟻鳥)의 일종.
xepa *f.* 음식. 식사. 한 끼니(분).
xepeiro, xepero *m.* 병영생활(兵營生活)하고 있는 병사(兵士). ②일정한 거처(居處)가 없는 사람. ③빌어먹는 사람. 거지. ④이상한 직업을 가지고 있는 사람.
xeque (1) *m.* ①(將棋) 장군(!). ②(별안간의) 방해. 저지(阻止). 좌절(挫折). ③[政] 위기.
dar num xeque 장군을 부르다.
— (2) *m.* (회교국 특히 아라비아에서) 가장. 족장. 촌장. ②교주. 관장(管長). ③회교도가 쓰는 경칭.

xequear *v.t., v.i.* ①(將) 장군을 부르다. 장군을 불러 꼼짝 못하게 하다. ②저지하다. ③제지하다. 막아내다. ④(별안간) 멈추다.
xeque-mate *m.* (將棋) 장군. 장군부르기. 궁이 꼼짝 못함.
xerásia *f.* [醫] 모발건조증(毛髮乾燥症).
xerolete *m.* 바닷물고기의 일종.
xerém *m.* 알이 굵게 빻은 옥수수.
xerengue *m.* ①칼. 검(劍). ②낡고 쓰지 못할 칼.
xerêta *m.* 《俗》 ①참견(간섭)하기 좋아하는 사람. 일 봐주기 좋아 하는 사람. 남의 사실을 말하기 좋아하는 사람. 고자질하는 사람. ②술책가. 모략가. ③아첨하는 사람. 추종자.
xeretar, xeretear *v.i., v.t.* ①참견하다. 쓸데없이 간섭하다. ②아첨하다. 아양부리다. 굽실굽실하다.
xerez *m.* ①[植] 붉은 포도(赤葡萄)의 일종. ②세리슬(남부스페인 원산의 백포도주).
xerga *f.* 안장 밑에 까는 두꺼운 천. 안장 방석.
xerife (1) *m.* ①모하멧의 딸 *Fatima*의 후손. ②*Mecca*의 지사(知事). 성지(聖地) 수호자. 시장. ③모로코(*Morocco*) 왕. 《英》 *shereef, sherif*.
— (2) *m.* [英] 집행관 주의 장관, (*county* 또는 *shire*의 토지 보유자 중에서 임명되며, 임기 1년. 여러 가지의 행정・사법권을 위임맡음). [美] 군(郡)치 안관 (군민에 의해 선출되는 군의 최고 관리로서 사법권과 경찰권을 장악함). 《英》 *sheriff*.
xerimbábo *m.* 가금(家禽). 가축.
xerodermia *f.* [醫] 건피병(乾皮病).
xerofagia *f.* [宗] 건성식물섭취(乾性植物攝取)(그리스도교의 단식제도의 하나).
xerofago *m.* 건성식물섭취자. 마른 음식만 먹는 사람.
xerofilo *a.* [植] 마른 곳에 나는. (사막 따위의) 건조지에 적당한. 건조지에 적응하는.
xerofitismo *m.* [植] 건조지에 적응하기.
xerofito *a.* [植] 마른 곳에 나는(피는).
— *m.* (사막 등의) 마른 곳에 나는 식물.
xeroftalmia *f.* [醫] 건성안염(乾性眼炎).
xerografia *f.* 건조사진술.
xerose *f.* [醫] 결막건조증(結膜乾燥症).
xerva *f.* [植] 아마(亞麻)의 일종.

xêta *f.* 손을 입에 대고 멀리서 키스 흉내 내는 것.

xexé *m.* 사육제(謝肉祭) 때에 입는 가장복(假裝服)의 일종. (비단으로 만든 상의(上衣)에 반(半)바지를 입고 안경 쓰고 나무칼을 휴대하는).

xexéu *m.* ①[鳥] 세세우(브라질산의 명금(鳴禽)의 일종으로 색깔은 검고 참새보다 큼). ②나쁜 냄새. 고약한 냄새.

xi *interj.* 쉿! 체! 흥!

xiba *f.* 《古》흑인노예들의 춤. 일종의 삼바.

xibimba *f.* 《俗》비만체(肥滿體). 동동한 사람.

xicá *m.* [植] (브라질산의) 야생나무의 일종.

xicaca *f.* 뚜껑 달린 작은 바구니.

xícara *f.* 찻종(茶鐘). 찻잔(茶盞). 손잡이 있는 잔. 작은 커피잔.
xícara e pires ①잔받침 달린 찻종. 찻잔과 받침접시. ②[植] 앵초(櫻草).

xicarada *f.* 찻잔에 하나 가득(한 분량). 한 잔의 양.

xié *m.* (게 비슷한) 갑각류(甲殼類).

xifias *m.* [魚] (태평양 및 지중해산의) 경기류(硬鰭類)의 물고기.

xifisterno *m.* [解] 검상연골(劍狀軟骨).

xifodimo *a.* 아래는 한 몸(下部一體)이고 위는 두 몸(上部二體)인 기형(畸形)의.

xifofilo *a.* [植] 검상엽(劍狀葉)의.

xifóide, xifoideo *a.* [解] 크고 긴 칼 모양의. 검상(劍狀)의.

xifoidiano *a.* [解] 검상의.

xila *m.* ①쓰레기. 오물(汚物). 때. ②더러움. 불결.

xilato *m.* [化] 키실렌산염(酸鹽).

xilema *m.* [植] 목질부(木質部).

xilênio, xileno *m.* [化] 키실렌 키실로올. 수화탄소(水化炭素).

xilico *a.* [化] 키실로올의. 키실렌에서 유도(誘導)한.

xilindró *m.* 감옥. 형무소.

xilino *a.* 나무의.
licor xilino 수액(樹液).

xilite *f.* 키실라이트(목정(木精)에서 빼낸 무색액(無色液)).

xilo (1) '나무'·'목(木)'의 뜻을 나타내는 합성어.
— (2) *m.* [植] 목화나무. 《英》*cotton plant*.

xilocarpo *m.* [植] 경목질과(硬木質果)(수(樹)).
— *a.* [植] 경목질과를 가진. 경목질과가 있는.

xilócopo *a.* [蟲] 나무에 구멍을 파는. 나무를 쏘는.
— *m.* ①나무에 구멍을 파는 벌레. ②옹봉속(熊蜂屬).

xilofgia *f.* 나무를 먹기. 나무를 먹는 성질. [蟲] 목식성(木食性).

xilofago *a.* 나무를 먹는. 목식의. (딱정벌레 따위) 나무에 구멍을 뚫는.
— *m.* 목식충(木食蟲)의 총칭. (특히) 딱정벌레.

xilófilo *a.* [動·蟲] 나무 속에 사는.

xilofone, xilofono *m.* 실로폰. 목금(木琴).

xiloglifia *f.* 목조각(木彫刻)(술).

xiloglífico *a.* 목조각의.

xilóglifo *m.* 목조사(木彫師).

xilografia *f.* 목판술(특히 15세기의). 목판화술.

xilográfico *a.* 목판(술)의.
impressão xilográfica 목판인쇄.
gravura xilográfica 목판화(木版畵).

xilógrafo *m.* 목판사(木版師).

xilogravura *f.* 목판(木版). 목판인화(印畵).

xilóide *a.* 목질(木質)의. 목성(木性)의. 나무같은. 나무에 관한.

xiloidina *f.* [化] 키실로 진(전분(澱粉)에 질산(窒酸)을 작용시켜 만든 일종의 폭약). 질화전분(窒化澱粉).

xilolatra *m.* 목상숭배자(木像崇拜者).

xilolatria *f.* 목상숭배.

xilolátrico *a.* 목상숭배의.

xilolite *f.* 화석(化石)한 나무.

xilologia *f.* 목재학. 목질학(木質學).

xilológico *a.* 목재학의. 목질학의.

xilólogo *m.* 목재학자. 목질학자.

xilomancia *f.* 나무의 결. 조각·형상 등에 의한 점(占). 목상점(木相占).

xilomante *m., f.* 목상으로 점치는 사람.

xilomântico *a.* 목상점의. 나무에 의하여 점치는.

xilopia *f.* 번려지과(蕃荔枝科)의 열대식물.

xilotomo *m.* = *xilócopo*.

ximango *m.* [鳥] (브라질산) 매의 일종.

ximarrão *m.* 사탕을 넣지 않은 맛떼차(茶)(특히 브라질 남쪽지방 사람들이 마심).

ximbauva *f.* [植] 아카시아의 일종.

ximbica *f.* 《俗》트럼프 놀이의 일종.

ximbo *m.* ①패에서 떨어진 말. 길 잃은 말. ②떠돌아다니는 사람. 방랑자.

ximbó *m.* (브라질산) 콩과(荳科)의 나무.

ximburu *m.* (브라질산) 민물고기의 일종.

xingação *f.* 욕하기. 욕설 퍼붓기. 매도(罵倒). 조매(嘲罵). 조소. 조롱.

xingadela *f.* =*xingamento*.

— *m.* 꾸짖기. 욕하기. 욕설. 매도. 모욕적 언사. ②놀려대기. 야유하기.

xingar *v.t.*, *v.i.* ①욕하다. 몹시 꾸짖다. 욕설 퍼붓다. 매도하다. 조매하다. ②놀려대다. 야유하다.

xingaraviz *m.* 쓸데없이 참견하는 사람. 일 봐주기 좋아하는 사람. 간섭하기 좋아하는 이. 잔소리꾼.

xingatório *a.* ①꾸짖는. 욕하는. 매도하는. ②놀리는. 놀려대는. 야유하는. ③모욕하는. 창피를 주는.

xintó, xintoísmo *m.* [日本] 신도(神道).

xintoísta *m.*, *f.* [日本] 신도가. 신도신자.

xinxim *m.* 닭·새우·양마늘·마늘·기름 따위를 넣고 스튜한 요리.

xiquexique *m.* ①[植] 시꿰시꿰(선인장의 일종). ②노랑 루핀(콩과).

xiri *m.* =*siri*.

xiricaá *m.* [植] (아마존 지방의) 약초의 일종.

xiridáceas *f.*(*pl.*) [植] 키시리데아과(科)(백합과(百合科)에 가까운 난사냅(單子葉) 식물).

xiris *m.* [植] (브라질산) 키시리데아과의 풀(草).

xiririca *f.* 여울. 급류(急流).

xisto (1) *m.* [地質] 편암(片岩).

— (2) *m.* (옛 그리스) 옥내경기장. (옛 로마) (정원 내의) 보도(步道). 고대(高臺).

xistocarpo *a.* [植] (과일이) 열개(裂開)하는. 분열하는.

xistóide *a.* [地質] 편암(片岩) 같은. 편암상(狀)의. 편암질(質)의.

xistosidade *f.* [地質] 편암질(片岩質).

xistoso *a.* 조각 모양의. 편암질의. 편암상(狀)의.

xistro *m.* [醫] 뼈깎는 작은 칼.

xivaismo *m.* [印度神話] 시바종파(宗派).

xixi (1) *m.* [植] (브라질산) 콩과(荳科)의 나무.

— (2) *m.* 《俗》 (아기의) 오줌누기. *fazer xixi* (아기가) 오줌누다. 쉬를 하다.

xixica *f.* 《俗》 팁. 사례금.

xixilado *a.* 부끄러움 모르는. 뻔뻔한. 철면피한.

xixixi *m.* 가랑비. 이슬비.

xó *interj.* 쉬이! 쉬잇! (새 따위를 쫓는 소리. 말을 멈추게 하는 소리).

xodó *m.* ①애정. 연정(戀情). 사랑. ②사랑하는 이. 애인. 연인(戀人). ③아주 소중하는 것. 대단히 소중한 것. 장중보옥(掌中寶玉).

xofrang *m.* [鳥] (남미·유럽산의) 수염수리. 물수리.

xô-xô *interj.* 쉬쉬이! 쉬쉬잇! (새 따위를 쫓는 소리).

xuchú *m.* [植] 슈슈우(瓜科). (=*chuchu*).

xucrice *f.* 조야(粗野). 조폭. 난폭. 괄괄함. ②무덤. 둔함. 우둔함. 어리석음.

xucrismo *m.* 조폭(난폭)한 행실. 괄괄한 태도. 우둔한 짓. 어리석은 노릇.

xucro *a.* ①거친. 난폭한. 횡폭한. ②(말 따위) 길들지 못한 사나운. 야생적인. 말 잘 듣지 않는. 길들이기 힘든. ③우둔한. 어리석은.

xulé *m.* (더러운) 발에서 나는 악취. 《卑》 발 고린내.

xumberga *f.* 술에 취함. 명정(酩酊).

xumbregar *v.t.* 지분지분 청하다. 성가시게 부탁하다. (졸라대다).

xupé *m.* 일종의 검은 꿀벌(密蜂).

xurdir *v.i.* 싫은 일을 꾸준히 하다. 쉬지 않고 일하다. 애써 일하다. 힘드는 일을 하다.

xuri *m.* [鳥] 타조(駝鳥)의 유(類).

xurumbambo *m.* 잡동사니. 쓸데없는 물건. 못 쓸 물건. 폐물.

Y, y *m.* 포르투갈어 자모에 들지 않으며 다만 국제적으로 통용되는 약자와 외래어 중의 고유명사에서만 쓰이는 것을 볼 수 있음.

y (1) *m.* [數] 제2 미지수.
— (2) *m.* [化] 이트륨(*yttrium*)의 약자.

yankee *m.* ①양키. ②뉴잉글랜드 사람. ③미국 북부 여러 주 사람. ④《英·俗》미국인.

yd *f.* =*jarda*.《英·尺度》야드의 약자.

yen *m.* [일본 화폐단위] 엔(円).

Y.M.C.A. 기독교청년회.

Y.W.C.A. 기독교여자청년회.

Z, z *m.* ①포르투갈어 자모의 스물셋째 글자. ②[數] 제3 미지수. ③Z자꼴(의 물건).

zabaneira *f.* 부끄러움을 모르는 여자. 염치 없는 여인. 주제넘은 계집. 말괄량이. 왈패.

zabumba *f.* ①큰 북. ②실크 모자(남자용 예모(禮帽)). ③[植] 산검양옻나무의 열매.

zabumbar *v.t.* ①큰 북을 치다. 북소리를 요란하게 내다. 북을 치며 광고하다. ②(요란한 소리로) 귀멀게 하다. ③소문을 퍼뜨리다.

zabumbeiro *m.* 큰 북을 치는 사람.

zaburro *m., a.* [植] (일종의) 옥수수(의). *milho zaburro* [植] 옥수수의 일종. *zaburro vermelho* [植] 수수의 일종.

zaga (1) *f.* [植] (남아프리카산) 산딸나무속 (屬)의 나무. (그 나무로 *zagaia*를 만듦). — (2) *f.* (축구·하키) 풀백. 후위(後衛).

zagaia *f.* (남아프리카 토인이 쓰는) 가느다란 투창(投槍).

zagaiar *v.i., v.t.* 가느다란 투창(*zagaia*)을 던지다. 그것으로 상처를 입히다(죽이다).

zagal *m.* 나이어린 목양자(牧羊者). 양치는 소년.

zagala *f.* 양치는 소녀. 나이어린 여자 목양자.

zagalejo, zagaleto *m.* (*zagal*의 지소어). 아주 나이어린 목양자.

zagalote *m.* 작은 총알. 소총탄. 사슴 총알 (알이 굵은 산탄(散彈)).

zagorrino, zagorro *m.* 악한. 무뢰한. 몹쓸놈.
— *a.* 악한 같은. 몹쓸놈의. 파렴치(破廉恥)한. 악랄한.

zagucho *a.* 기운 있는. 생기 있는. 혈기에 날뛰는. 활발한.

zagueiro *m.* (축구·하키) 풀백. 후위를 담당하는 선수.
zagueiro direito 우측 백.
zagueiro esquerdo 좌측 백.

zagunchada *f.* ①*zaguncho*를 던지기(찌르기). *zaguncho*에 의한 상처. ②신랄한 비난. 혹평.

zagunchar *v.t.* ①*zaguncho*를 던지다(로 찌르다). *zaguncho*로 상처를 입히다. ②신랄한 비난을 하다. 몹시 욕하다. 조매하다.

zaguncho *m.* (아프리카 토인이 쓰는) 던지는 창(投槍). 가벼운 창.

zaíbo *a.* ①사팔눈의. 사시(斜視)의. 곁눈질하는. ②꾸부러진. 꼬인. 비틀린. 심술 있는. 악의 있는.

zaino *a.* ①(말(馬)의 전신이) 밤색 털로 덮인. 얼룩점이 없는. 단일색(單一色)인. ②《俗》감정을 나타내지 않은. 속이 검은. 엉큼한.

zambaio *a.* 한 쪽 눈이 먼. 외눈의. 애꾸눈의.
— *m.* 애꾸눈. 애꾸눈이. 한 쪽 눈이 먼 사람.

zambê *m.* 야자수 열매. 코코넛.

zambo *m.* ①흑인과 토인 여자 사이의 트기. ②멍청이. 바보.

zamboa *f.* ①*zamboeira*의 열매. ②어리석은 사람. 얼빠진 녀석.

zamboeira *f.* [植] (브라질산) 주란(朱欒).

zamboque *m.* 일종의 벌(蜂).

zamborrada *f.* 큰 비. 호우(豪雨). 억수.

zambro *a., m.* 다리가 안쪽으로 휜 (사람). 무릎이 밖으로 구부러진 (사람).

zambuado *a.* 우울한. 수심에 잠긴.

zambujal *m.* 야생 올리브나무숲.

zambujeiro, zambujo *m.* [植] 야생 올리브 나무.

zamia *f.* [植] (열대 아메리카산) 소철의 일종.

zampar *v.t., v.i.* ①게걸스레 먹다. 정신 없이 먹다. 욕심스럽게 먹다. ②쑤셔넣다. 처넣다.

zanaga *a.* ①사팔눈의. 옆으로 가늘게 보는. 흘겨보는. ②심술궂은. 울분을 품은. 앙심깊은. 간악한.
— *m., f.* ①사팔뜨기. ②심술궂은 사람. 울분품은 사람.

zanga *f.* ①노여움. 화. 분노. 역정(逆情). 싫증. 미워하기. 염오의 감정. 반감. ②걱정. 번민. ③쓸데없는 싸움.

zangado *a.* 성난. 화난. 노한. 골이 잔뜩 난. 불끈한. 역정을 낸. 반감을 품은. 똥한.
zangado com …에 노한. …에 화난.
Ela está zangada. 그 여자는 노했다(노해 있다).

Porque é que você está zangado (zangada). 당신은(그대는) 왜 화내고 있습니까?
Estou zangado com êle. 나는 그분께 대하여 화났습니다.

zangador *a., m.* 화내는(성내는) (사람). 노여움(반감)을 터뜨리는 (사람).

zangalete *m.* 비단천. 무명천.

zangalhão, zangalho *m.* =*zangaralhão*.

zangano *m.* ①기식자(寄食者). 식객(食客). ②알선(주선)하는 사람. (특히) 부정 중매인.

zangão *m.* ①(참벌의) 수벌. 산벌. ②《比喩》 식충(食蟲)이. 미련하고 밥 많이 먹는이. 무위도식(無爲徒食)하는 자. ③기식자. 식객.

zangar (1) *v.t.* 성나게 하다. 노하게 하다. 화나게 하다. 약올리다. 귀찮게 굴다. 불쾌하게 하다.
— *v.i.,* —*se v.pr.* 노하다. 화내다. 성내다. 역정내다. 불끈해지다. 뚱하다. 불쾌한 감을 품다.
Ela zangou-se comigo. 그 여자는 나에게 화를 냈다.
— (2) *v.t.* 《葡》 횡단하다. 건너가다.

zangaralhão *m.* 키 크고 모양이 없는 사람.

zangarelha *f.* =*zangarelho*.
— *m.* 투망(投網). 예망(曳網).

zangarilhar *v.i.* 오르내리다. 왔다갔다 하다.

zangarrear *v.i., v.t.* ①(악기 따위를) 손톱으로 뜯다. 튀겨 소리를 내다. ②기타를 되는대로 치다.

zangarreio *m.* 악기(특히 기타)를 되는대로 치는 사람. 음률이 맞지 않게 마구 치는 사람.

zanguizarra *f.* ①악기(특히 기타)를 되는대로 치기. ②시끄러운 소리. 소란한 소리. ③소동. 훤소(喧騷). 무질서.

zanho *a.* (성격·감정·행위 따위를) 숨긴. 감춘. 거짓의. 허위의. 위선의.

zanolho *a.* 사팔눈의. 사팔뜨기의.
— *m.* 사팔눈. 사시(斜視). 사팔뜨기.

zanzador *a., m.* 떠돌아다니는 사람. 배회하는 사람. 유랑(流浪)하는 사람.

zanzar *v.i.* 떠돌아다니다. 배회하다. 유랑하다. 방랑하다.

zão-zão *m.* =*zunzun*.

zape *interj.* 쾅! 탕! 쿵! 찰싹!

— *m.* 쾅하는 소리. 찰싹 치기. 타격.

zarabatana *f.* ①취관(吹管). 불어서 불을 일으키는 대롱. ②불어서 화살을 쏘는 통. 취시통(吹矢筒).

zarabatanada *f.* 취관(吹管)으로 불기. 분상태. 취시통으로 화살을 쏘기.

zarabatanar *v.t.* 취관을 불다. 취시통으로 화살을 불어 쏘다.

zaraga *f.* 크레통 사라사(의자 덮개·휘장용의 질긴 천).

zaragata *f.* ①혼잡. 혼란. 소동. 소란. ②격투. 난투. 싸움.

zaragateiro *a., m.* 난폭한(횡포한) 사람. 떠들썩하는 사람. 소란일으키는 사람. 싸움 좋아하는 이.

zaragatoa *f.* ①[植] 질경이의 일종. ②[醫] 소독솜(헝겊).

zaragatoa-menor *f.* [植] (유럽산) 한국 무리의 잡초. (유럽산) 질경이(씨가 벼룩 비슷하며 약용임). 《英》 *fleawort*.

zaranza *a.* 출랑대는. 침착하지 못한. 두뇌가 산만한. 경솔한. 무모한. 엉뚱한.
— *m., f.* 들뜬 사람. 출랑대는 사람. 경솔한 사람. 말괄량이.

zaranzar *v.i.* ①떠돌아다니다. 배회하다. 유랑하다. 방랑하다. ②하는 일 없이 돌아다니다. 빈둥거리다. 꾸무럭꾸무럭 걷다. (시간을) 쓸데없이 보내다.

zarca *f.* 벽안(碧眼)의 여성. 담청색(淡青色)의 눈이 있는 여자.

zarcão *m.* 붉은 연단(鉛丹). 적연(赤鉛). 광명단(光明丹).

zarco *a.* 담청색(淡青色)의. 벽안의.

zarelha *f.* 말 참견하기 좋아하는 여자. 말 많은 여자. 잔소리 많은 여자.

zarelhar *v.i.* ①말 참견하다. 쓸데없이 간섭하다. 말 많이 하다. 잔소리하다. ②얼빠진 소리를 하다. 바보같은 이야기를 하다. ③수를 부리다. 계책을 꾸미다.

zarelho *m.* ①말 참견하는 사람. 쓸데없이 간섭하는 사람. 잔소리꾼. 말 많이 하는 이. ②(마음이) 들뜬 사람. (정신이) 산만한 사람.

zargo *a.* (말(馬)의) 한 눈 또는 두 눈이 흰.

zarôlho *a.* ①《卑》 사팔눈의. 외눈의. 애꾸눈의. ②흘겨보는. 시선을 딴 데 돌리는.

zarpar *v.t., v.i.* ①닻(錨)을 올리다. 출범하다. ②출발하다. 떠나다. ③도망가다. 도주하다.

zarro (1) *m.* ①[海] 돛을 활대에 동여매는 밧줄. ②[鳥] 흰 눈 있는 오리.
— (2) *a.* ①열망하는. 갈망하는. ②술에 취한.

zarza *f.* [植] 사르사(중앙 아메리카 원산의 나리과 식물).

zás (=*zás-trás!*) *interj.* 찰싹! 철썩! 탕! (힘있게 치는 소리).

zê *m.* 제에(z자의 발음).

zé *m.* (사람의 이름) *José*의 준말.

zebo *m.* =*zebu*.

zebra *f.* [動] (아프리카산의) 얼룩말. 《俗》 바보. 천치.

zebrado *a.* (얼룩말 같은) 무늬가 있는. 띠 무늬 있는.

zebral, zebrino *a.* 얼룩말의. 얼룩말 비슷한.

zebrar *v.t.* (얼룩말 같은) 줄무늬를 넣다. 띠무늬를 넣다.

zebróide *a.* 얼룩말 비슷한.
— *m.* ①보통 암말과 수얼룩말의 잡종. ②《俗》 바보.

zebruno *a.* (말의) 밤색(栗色)의. 밤색을 띤.

zebu *m.* [動] 봉우(犎牛: 등에 큰 혹이 있는 아시아·동아프리카산의 큰 소).

zebueiro *m.* ①봉우를 모는 사람. ②봉우장수.

zedoário *m.* [植] 제도어리뿌리(동인도·스리랑카산: 건위제(建胃劑) 및 향료(香料)에 사용함).

zé-dos-anzóis *m.* 아무개. …라고 하는 사람. 그 녀석.

zefir *m.* 털실로 짠 얇은 옷감. 그것으로 만든 운동복.

zéfiro *m.* ①(의인화(擬人化)된) 서풍(西風). ②산들바람. 미풍. ③=*zefir*.

zelação *f.* [天] 유성(流星). 큰 유성. 운석(隕石).

zelador *m.* ①(가옥 특히 아파트·사무소 등의) 관리인. 문지기. 수위. ②돌보는 자. 보호자. 보호 유지하는 자. ③근면한 사람. 열심가.

zeladora *f.* *zelador*의 여성형.

zelandês *a.* (네덜란드 남서부지방) *Zeeland*의.

zelante *a.* ①돌보는. 보호하는. ②감시하는. 지켜보는. ③근면한. 열심하는.

zelar *v.t.* ①…에 주의를 돌리다. 감시하다. 지켜보다. ②돌보는 자. ③…에 열심하다. 근면하다. ④시기하다. 강새암하다. …에 마음을 쓰다.

zelo *m.* ①분발. 열심. 열성. 열정. 열중. 근면. ②주의. 세심. (빈틈없는) 경계.
zelos (*pl.*) 시기. 질투. 부러움.
ter zelos 시기하다. 질투하다.

zelosamente *adv.* ①열중해서. 열광하여. 부지런하게. ②주의깊게. 세심하게. ③질투하여. 시기하여.

zeloso *a.* ①열중하는. 열광적인. 열성적인. 근면한. 부지런한. ②주의깊은. 꼼꼼한. 세심한. 잘 돌보는. ③몹시 질투하는. 질투심 많은. 매우 시기하는.

zelote *a.* 열심인 체하는. 부지런한 체하는.

zelotipia *f.* ①아주 심한 질투. ②지나친 광신자(狂信者). ③박해망상(迫害妄想).

zenir *v.i.* =*zunir*.

zênite *m.* ①하늘 꼭대기. 천정(天頂). 정점(頂点). ②《比喩》 (강도·힘 등의) 극도. (성공 등의) 절정(絶頂). ③극치(極致).

zenital *a.* ①[天] 천정의. 하늘 꼭대기의. ②절정의. 극도의. 극치의.
distância zenital 천정(天頂)거리.

zeófago *a.* 옥수수를 먹는(먹고 사는).

zeolítico *a.* [鑛] 비석의.

zeólito *m.* [鑛] 비석(沸石).

zepelim *m.* 쩨펠린 비행선.

zé-pereira *m.* ①(사육제 때에 두드리는) 유율적이고 시끄러운 북소리. ②북을 시끄럽게 두드리는 사람.

zé-quitólis *m.* 바보. 멍청이.

zero *m.* ①(아라비아 숫자의) 0. 영. ②영점. 영위(零位). (온도계 따위의) 영도(零度). 빙점. ③《比喩》 (비교 또는 계산의) 최하점. 무(無). 제로. ④[航空] 500피트 이하의 고도(高度).
zero horas ①영시. ②[軍] 행동 개시 시각.
ponto de zero 영점. 영도. 출발점. 시점.
acima (*abaixo*) *de zero* 영상(영하).

zeugma *m.* [文·修] 액식어법(軛式語法) (하나의 형용사 또는 동사를 가지고 두 개의 종류가 다른 명사를 억지로 수식 또는 지배하는 것).

zeugmático *a.* 액식어법을 사용한.

zibeta *m.* [動] 사향고양이의 일종.

zigal *a.* [解] 멍에 모양의. H자꼴의.

zigodáctilo, zigodátilo *a.* 대지족(對指足)의.

— *m*. 발가락이 앞뒤에 둘씩 있는 새(딱따구리 따위).
zigoma *m*. [解] 광대뼈. 관골(顴骨).
zigomático *a*. 광대뼈의. 관골의.
　arcada zigomática 관골호(顴骨弧).
zigomorfo *a*. [植] 멍에 모양의. 부정제(不整齊)의.
zigoto *m*. [生物] 접합자(接合子).
ziguezague *m*. Z자꼴. 갈지자(之)꼴. 전광형(電光形).
　em ziguezague 또는 *aos ziguezagues* Z자꼴로. 전광형으로.
ziguezagueamente *adv*. Z자꼴의. 갈지자형으로. 삐뚤삐뚤하게.
ziguezagueante *a*. 삐뚤삐뚤하는. 갈지자형으로 가는(걷는).
ziguezaguear *v.i*. ①삐뚤삐뚤하게 걷다. Z자꼴로 행진하다. ②Z자꼴로 되다. ③(길·개울이) Z자꼴로 흐르다(이다).
zímase *f*. [化] 찌마아제(당분을 분해하여 주정으로 만드는 효소).
zimbo *m*. 아프리카 토인이 화폐 대용으로 쓰던 조개껍질.
zimbral *m*. 서양 노가주나무숲.
zimbório *m*. ①(공을 둘로 나눈 것 같은) 둥근 지붕. 둥근 천장. 궁륭(穹窿). ②둥근 지붕 모양의 물건. 둥그런 꼭대기. (지붕 위의) 둥근탑. 반구형(半球形) 건물.
zimbrar *v.t*. (나뭇가지로) 치다. 때리다.
　— *v.i*. (배가) 아래 위로 흔들리다.
zimbro (1) *m*. [植] 서양 노가주나무.
　— (2) *m*. 이슬. 밤이슬.
zímico *a*. [化] 발효의. 발효성의.
zimogenia *f*. [化] 찌모겐. 불활성 효소(不活性酵素).
zimogênio *m*. [生物] 발효균.
zimologia *f*. 발효학(론).
zimológico *a*. 발효학(론)의.
zimologista *m*., *f*. 발효학자.
zimose *f*. [化] 발효(특히 병적인).
zimotecnia *f*. 발효법. 양조법.
zimótico *a*. 발효의. 발효성의.
zina (1) *f*. (삼각형·산 따위의) 정점(頂點). 최고점. 극점.
　— (2) *f*. [植] 지니아(국화과의 각종 식물. (특히) 백일초).
zincado *a*. 아연을 입힌. 아연을 포화시킨.
zincagem *a*. 아연을 입히기. 아연 도금(鍍金). 아연 포화(飽和).

zincar *v.t*. 아연을 입히다. 아연을 포화시키다.
zíncico *a*. 아연의(을 포함한). 아연에서 얻은.
zinco *m*. ①[化] 아연(亞船 : 기호 : Zn). ②아연판. 생철판. ③《俗》 니켈 동전.
　sulfato de zinco 황산아연. 호반(皓礬).
　óxido de zinco 산화(酸化) 아연.
　branco de zinco 아연백. 거친 아연화(華).
　flores de zinco 아연화(華).
　folha de zinco 아연판. 함석. 생철.
zincografar *v.t*. 아연판에 찍다(으로 복사·인쇄하다).
zincografia *f*. 아연제판(版). 아연조각술.
zincográfico *a*. 아연제판의(에 관한). 아연제판술의.
zincógrafo *m*. 아연판공. 아연판 인쇄공.
zincogravura *f*. 아연판화(畵).
zinga *f*. (배젓는) 장대. 긴 막대기. 삿대. (작은 배의) 스컬.
zingador *m*. 장대(막대)를 쓰는 사람. 삿대질하는 사람.
zingamocho *m*. ①바람개비. ②꼭대기. 정점(頂点). ③[建] 뾰족탑.
zingar *v.t*., *v.i*. 장대로 (배를) 젓다. 스컬로 젓다. 삿대질하다.
zingarear *v.i*. ①떠돌아다니다. 방랑하다. ②집시식으로 생활하다. 천막생활을 하다. 들생활을 하다.
zíngaro *m*. ①집시(사람)(유럽 각지에 흩어져 사는 유랑민족으로 피부는 거무스레하고 머리가 검으며 마필 매매·음악사·점치기 따위를 직업으로 함). ②집시와 비슷한 사람. 살색이 거무스름하고 눈이 검은 사람. ③방랑(유랑)하는 버릇이 있는 사람.
zingração *f*. 비웃기. 조소. 조롱. 멸시. 경멸.
zingrar *v.i*., *v.t*. 비웃다. 조롱하다. 조소하다. 놀려대다. 멸시하다.
zinho (1) *f*. 《俗》 사람. 녀석. 놈. 친구. …치.
　— (2) 지소(指小)·애칭(愛稱)을 나타내는 접미사(接尾辭).
　(*homem*) *homenzinho* 작은 사람. 깜찍한 사람. 보잘 것 없는 사람.
　(*mulher*) *mulherzinha* 작은 여자. 계집아이.
　(*animal*) *animalzinho* 작은 동물.

(*João*) *Joãozinho* João의 애칭(愛稱).

zinia *f.* [植] 지니아(국화과의 각종 식물. (특히) 백일초).

zinir *v.i.* =*zunir*.

zirbo *m.* [解] 대망막(大網膜).

zircão *m.* [鑛] 지르콘.

zircónico *a.* 지르코늄성의. 지르콘산의.

zircônio *m.* [化] 지르코늄(金屬元素 : 기호 Zr. 천연적으로는 *zircão*으로서 산출됨).

zirro *m.* [鳥] 비둘기의 일종.

zizaniar *v.i.* 사이가 나빠지다. 불화가 양성되다. 갈등을 일으키다.

ziziar *v.i.* ①(귀뚜라미가) 찍찍 울다. (매미가) 찌르륵찌르륵 울다. ②휘파람을 불다. 윙(핑)하고 소리내다. ③날카로운 소리를 내다. 날카롭게 울리다.

zoada *f.* ①윙·핑(화살·총알 따위가 날으는 소리). ②(벌·팽이 등의) 윙윙하는 소리. 붕붕하기. ③웅성대는 소리. 지껄이는 소리. 소음.

zoar *v.i.* ①(화살·총알 등이) 윙·핑하고 날다. ②(벌·팽이 따위가) 윙윙하다. 붕붕하다. 웅웅거리다. ③(많은 사람들이) 웅성대다. 시끄럽게 지껄이다. 와글와글하다.

zodiacal *a.* [天] 수대(獸帶)의. 황도대(黃道帶)의. 십이궁(十二宮)의.
luz zodiacal 황도광(光).

zodíaco *m.* [天] 수대(獸帶). 황도대. 십이궁. *os signos do zodíaco* [天] 십이궁(十二宮) : *Aries* (백양(白羊)), *Tauro* (금우(金牛)), *Gêmeos* (쌍자(雙子)), *Cãncer* (거해(巨蟹)), *Leão* (사자), *Virgo* (처녀), *Libra* (천칭(天秤)), *Escorpião* (천갈(天蠍)), *Sagitário* (인마(人馬)), *Capricornio* (마갈(磨羯)), *Aquário* (보병(寶瓶)), *Pisces* (쌍어(雙魚))의 열두 구획).

zoeira *f.* =*zoada*.

zoilo *m.* 혹평. 부러움에서 나오는 평론. 시기적 평판.

zoina *a.* (머리가) 돈. 정신 나간. 얼빠진. 망연한.

zoismo *m.* 동물생활력. 정력(精力).

zombadeira *f.* 비웃는 여자. 조소하는 여자. 야유하는 여자.

zombado *a.* 놀림받은. 조소(조롱)당한. 야유당한.

zombador *a.*, *m.* 비웃는 사람. 조롱(조소)하는 사람. 놀려대는 사람. 야유하는 자.

zombar *v.i.*, *v.t.* ①비웃다. 조롱하다. 조소하다. 놀려주다. 야유하다. ②업신여기다. 깔보다. 무시하다. 멸시하다.

zombaria *f.* ①비웃기. 조소. 조롱. 야유. 놀려대기. ②까불기. 까불며 장난치기. 희롱. 기롱(譏弄).

zombatóro *a.* 비웃는. 조소하는. 조롱적. 야유적. 희롱적. 기롱적.

zombeirão *a.*, *m.* =*zombador*.

zombetear *v.i.*, *v.t.* 조소하다. 조롱하다. 비웃다. 야유하다. 까불다. 희롱하다.

zombeteiramente *adv.* 비웃듯이. 조소하여. 조롱하여. 야유적으로. 놀려대며.

zombeteiro *a.* 비웃는. 조소하는. 조롱하는. 야유하는. 놀려대는.
riso zombeteiro 비웃는 웃음. 조소.
— *m.* =*zombador*. *m.*

zomoterapia *f.* [醫] 생육요법(生肉療法) (폐병 등에 쇠고기 따위의 날것을 먹이는).

zona *f.* ①지대. 지역. 환상지대(環狀地帶). 주변. ②윤상대(輪狀帶). 환대(環帶). ③[數] (구면·원추 따위의) 대. [地] …대. 대상면(帶狀面). ④권(圈). 범위. …계(界). ⑤《古》 띠. 끈. ⑥《俗》 유곽(遊廓) 거리.
zona tórrida 열대.
zona glacial 한대(寒帶).
zona militar 군용시대.
zona neutra 중립지대.
zona desmilitarizada 비무장지대.
zona proibida 금지구역.
zona residencial 주택구역.

zonal *a.* ①지대의. 지역의. ②대(帶)의. 대상(帶狀)의. ③지대(지역)에 관한.

zonchadura *f.* 펌프를 사용하기. 펌프로 물을 올리기. 펌프 작용.

zonchar *v.i.* ①펌프를 쓰다. 펌프로 물을 올리다(길어내다). ②펌프의 작용을 하다.
— *v.t.* ①펌프로(물을) 올리다(뽑아내다). ②펌프로 공기를 넣다.

zoncho *m.* 펌프의 손잡이.

zonzar *v.i.* =*zonzear*.

zonzear *v.t.* ①현기증나게 하다. 어찔어찔하게 하다. 현혹케 하다. 망연(茫然)하게 하다. ②(때려) 기절시키다.
— *v.i.* 정신이 멍해지다. 현기증나다. 어찔어찔해지다.

zonzeira *f.* 현기증. 어찔어찔하기. 망연(茫然).

zonzo *a.* 현기증나는. 어지러운. 어질어질한. 망연한.

zoo '동물(생활)'의 뜻을 나타내는 복합형.

zoobia *f.* 동물생리학. 동물생활기능.

zoobio *a.* 동물의 체내에 기생(寄生)하는.

zoobiologia *f.* 동물생리학.

zoodinâmica *f.* 동물역학. 동물생리학.

zoofagia *f.* 육식성(肉食性). 육식본능.

zoofágico *a.* 육식성의. 육식본능의.

zoofago *a.* 육식의. 고기를 먹는(먹고 사는). — *m.* 육식자. 육식동물.

zoofilo *a.*, *m.* ①동물을 좋아하는 사람. 동물애호자. ②[植] 동물전파(傳播)식물.

zoofitário *a.* [動] 식충(食蟲)의. 식충성의. 식충이 있는. 식충 비슷한.

zoofítico *a.* 식충(성)의.

zoófito *m.* [動] 식충(食蟲). *zoofitos* (*pl.*) 식충류(말미잘·불가사리·산호·해면 따위).

zoofitografia *f.* 식충지(食蟲誌).

zoofitolito *m.* 《古》 식충의 화석(化石).

zoofitologia *f.* 식충학(食蟲學). 식충론.

zoofitológico *a.* 식충학의. 식충론의.

zoofitólogo *m.* 식충학자.

zoofobia *f.* 동물을 싫어하기. [醫] 동물공포증.

zoófobo *m.* 동물을 싫어하는 사람. 동물공포증에 걸린 사람.

zoofórico *a.* [建] 동물 모양의. 동물형의.

zóforo *m.* [建] 동물상(動物狀)의. 조각대(彫刻帶). 동물을 조각한 대상 장식(帶狀裝飾).

zoogamia *f.* 유성생식(有性生殖).

zoogenia *f.* 동물발생론. 동물생성론(生成論).

zoogênico *a.* 동물발생론(생성론)의.

zoogeografia *f.* 동물지리학.

zoogeográfico *a.* 동물지리학(상)의.

zoogléia *f.* [菌] 박테리아 덩어리. 세균집단(細菌集團).

zoolifito *m.* 동물형상(動物形象)이 있는 화석(化石).

zoografia *f.* 동물지학(動物誌學). 동물도해(圖解).

zoográfico *a.* 동물지의. 동물도해의.

zoógrafo *m.* 동물지(動物誌) 학자.

zoóide *a.* 동물 비슷한. 동물 유사의.

zoóides *m.* (*pl.*) [生物] (군체를 구성하는) 개체(個體). 원충류(原蟲類).

zoólatra *m.*, *f.* 동물숭배자.

zoolatria *f.* 동물숭배.

zoolátrico *a.* 동물숭배의.

zoólite *m.* 화석동물(化石動物).

zoolítico *a.* 화석동물의. 화석동물같은.

zoologia *f.* 동물학.

zoologicamente *adv.* 동물학상. 동물학 견지에서.

zoológico *a.* 동물학(상)의. *jardim zoológico* 동물원. *geografia zoológica* 동물지리학.

zoologista *m.*, *f.* 동물학자.

zoólogo *m.* 동물연구가. 동물학에 정통한 사람.

zoomagnético *a.* 동물자기의.

zoomagnetismo *m.* 동물자기(磁氣).

zoomancia *f.* 동물점(占).

zoomania *f.* 동물을 좋아하기. 동물광(動物狂).

zoomante *m.*, *f.* 동물점(占)을 치는 사람.

zoomântico *a.* 동물점의(에 관한).

zoometria *f.* 동물계량(計量).

zoomorfia *f.* 동물형태(形態). 수형신(獸形神).

zoomórfico *a.* 동물 형태를 본뜬(무늬 등). 수형신의.

zoomorfismo *m.* 동물 형태관(形態觀)(신(神) 등을 동물로 나타내는).

zooquímica *f.* 동물화학(化學).

zooquímico *a.* 동물화학의.

zoospermo *m.* 정충(精蟲). 정자(精子).

zoosporo *m.* [生物] 정포자(精胞子).

zootaxia *f.* 동물계통학. 동물분류학.

zootáxico *a.* 동물계통학의. 동물분류학의.

zootecnia *f.* 가축기르는 법. 축산학(畜産學). 가축사양술(飼養術).

zootécnico *a.* 축산학의. 가축사양술의.

zootecnista *m.*, *f.* 가축사양 전문가. 축산학자.

zooterapêutica, zooterapia *f.* 수의학(獸醫學). 수체(獸體)치료법.

zooterápico *a.* 수의학의. 수체치료법의.

zootomia *f.* 동물해부(학).

zootômico *a.* 동물해부(학)의.

zootomista *m.*, *f.* 동물해부학자.

zopeiro *a.* =*zoupeiro*.

zopo *m.* ①절름발이. 절뚝거리는 사람. 보행이 곤란한 사람. ②굼뜬 사람. 느린 사람. ③게으른 사람. 나태한 자.

— *a.* =*zoupeiro*.

zorate, zorato *m.* 정신이 이상한 사람. 미치광이.
— *a.* 정신에 이상이 있는. 미친. 얼빠진. 몰상식한.

zorilha *f.* [動] (남아프리카산) 족제비과의 일종.

zornão *a.* ①(나귀가) 몹시 우는. 요란하게 우는. ②《卑》여자를 몹시 좋아하는.

zornar *v.i.* (나귀가) 울다. 나팔소리 울리듯 울다.

zoroástrico *a.* 조로아스터(교)의.

zoroastrismo *m.* 조로아스터교(陰陽敎·拜火神).

zorra (1) *f.* ①(돌·중량기계 따위를 운반하는) 일종의 달구지. 중량장형 사륜차(重量長形四輪車). 긴 화물자동차. ②아주 굼뜬 사람. 느린 사람.
— (2) *f.* [動] 늙은 암여우.

zorrão *m.* ①아주 굼뜬 사람. 느린 사람. ②놈팽이. 부랑자.

zorreiro *a.* ①굼뜬. 느린. 더딘. 완만한. ②게으른. 나태한.
— *m.* ①굼뜬 사람. 느린 사람. ②게으름뱅이.

zorrilho *m.* ①[動] 스컹크속(屬). 스컹크 모피. ②족제비의 일종.

zorro *m.* ①[動] 늙은 여우. ②교활한 사람. 간사한 자. ③연한이 오래된 하인(머슴). ④《葡》사생아(私生兒). 서자.
— *a.* ①느린. 느릿느릿한. 굼뜬. 천천한. ②게으른. 나태한. 태만한. ③교활한. 엉큼한. 간사한. 잔꾀부리는.

zoster *m.* ①허리띠(옛 그리스의 남자가 사용했던). ②[醫] 대상포진(帶狀疱疹).

zote *a.* 몹시 우둔한. 아주 바보인.
— *m.* 아주 우둔한 사람. 큰 바보. 천치.

zotismo *m.* 우둔함. 우둔한 짓. 어리석은 행실.

zoupeira *f.* 둔중하고 추잡한 여인. 몸가짐이 더러운 여자.

zoupeiro *a.* ①노쇠한. 병약한. ②(노쇠·질병 등으로) 보행이 곤란한. 느린. 굼뜬. 천천한. ③활기 없는. ④게으른. 태만한.

zuarte *m.* 두꺼운 낭킹무명(중국 원산).

zuavo *m.* ①주아브병(兵)(프랑스 경보병. 원래 알제리아인으로 편성하여 아라비아복을 입혔음). ②[美史] (남북전쟁 때에) 주아브병의 복장을 모방한 의용병. ③(부인용의)주아브형의 재킷.

zuco *a.* ①아주 단순한. 우둔한. ②술취한. 얼큰한.

zuído *m.* ①웅웅(붕붕)하는 소리. (기계 따위) 윙윙하는 소리. ②(여러 사람의) 웅성웅성하는 소리. 시끄럽게 지껄이는 소리. ③멀리서 들려오는 잡음(소음).

zuidouro *m.* 《葡》①(벌·팽이 따위) 웅웅(붕붕)하기. (기계 따위) 윙윙 소리내기. ②웅성웅성 떠들기.

zuir *v.i.* =*zunir*.

zulo, zulu *a.* (남아프리카의 *Natal* 의 용맹한 종족) 주울루의. 주울루 사람의.
— *m.* 주울루 사람(말).

zumba *interj.* 쿵! 탕! (물체 따위가 떨어지는 소리).

zumbaia *f.* 지나친 예절(손을 가슴에 대고 허리를 몹시 굽히는 인사).
zumbaias (*pl.*) 굽실굽실하기. 아양부리기. 아첨.

zumbaiar *v.i.* ①지나치게 공손한 인사를 하다. ②굽실굽실하다. 아양부리다. 아첨하다.

zumbaieiro *m.* ①지나치게 공손한 인사를 하는 사람. ②굽실굽실하는 자. 아양부리는 늘. 아첨하는 자.

zumbar *v.i.* ①시끄러운 소리내다. ②《葡》치다. 때리다.

zumbido *m.* ①(벌레·팽이 따위의) 웅웅(붕붕)하는 소리. (기계의) 윙윙하는 소리. ②귀에 거슬리는 소리. 예리한 소리.

zumbidor *a.* (벌레 특히 벌의) 웅웅하는. 붕붕하는. (기계 따위 돌 때의) 윙윙하는.

zumbir *v.i.* ①(벌레 특히 벌이) 웅웅하다. 붕붕하다. (기계 등에서) 윙윙 소리나다. 귀에 거슬리게 울리다. ②와글와글한다. 웅성대다.

zumbo *m.* (많은 사람이) 웅성웅성하는 소리. 시끄럽게 지껄이는 소리. 훤소. 소음.

zunga *m.* [蟲] 벼룩의 일종(발가락 사이에 기생).

zunido *m.* ①웅웅(붕붕)하는 소리. (기계 따위의) 윙윙하는 소리. ②(여러 사람의) 웅성웅성하는 소리. 시끄럽게 지껄이는 소리. ③멀리서 들려오는 잡음(소음).

zunidor *a.* ①(벌 따위가) 웅웅하는. 붕붕하는. (기계 따위가) 윙윙하는. ②웅성웅성 떠드는.

zunimento *m.* ①웅웅(붕붕)하기. (기계 따위) 윙윙 소리내기. ②(여러 사람이) 웅성웅성하기. 시끄럽게 떠들기.

zunir *v.i.* (벌레 특히 벌이) 붕붕하다. 웅웅하다. (기계가) 윙윙하다. (바람이) 휭 불다. (화살·총알 따위가) 팽하고 소리내다. (자명종 따위) 찌르릉 소리내다.

zunzum *m.* ①웅웅(붕붕)하는 소리. 윙윙하는 소리. ②웅성대는 소리. 시끄럽게 떠드는 소리. ③자자한 평판(소문).

zunzunar *v.i.* ①웅웅 소리나다. 윙윙 소리나다. ②(많은 사람이) 웅성대다. 와글와글하다. ③소문이 자자하다. 소문(평판)이 퍼지다.

zupar *v.i.* 《俗》(몽둥이 따위로) 치다. 때리다.
— *v.t.* (머리로) 받다.

zureta *a.* 정신이 이상한. 정신 나간. 미친. 얼빠진.
— *m., f.* 정신이 이상한 사람. 미친 사람. 얼빠진 사람. 바보. 저능아.

zurrada *f.* 나귀의 울음소리. 특히 여러 마리의 나귀가 한꺼번에 우는 소리. 나팔소리처럼 우는 소리.

zurrador *a., m.* 나팔소리처럼 우는(나귀 따위).

zurrapa *f.* 맛이 변한 술. 나쁜 술. 상한 술.
— *a.* ①(술 따위) 맛이 변한. 상한. 싱거운. ③너절한. 보잘 것 없는.

zurrar *v.i., v.t.* ①(특히 나귀가) 울다. 나팔소리처럼 울다. ②쓸데없는 소리를 하다. 경솔하게(멋대로) 이야기하다. 얼빠진 소리를 하다. ③몹시 일하다. 애써 일하다.

zurraria *f.* 많은 나귀의 울음소리. 나팔소리처럼 울리는 소리.

zurro *m.* ①나귀의 울음소리. 나팔소리 같은 음향. ②너털웃음. 바보 웃음.

zurzidela *f.* ①곤봉으로 때리기. 채찍으로 치기. 회초리로 갈기기. ②질책. 견책. ③징계.

zurzidor *a., m.* ①곤봉으로 때리는 (사람). 채찍으로 치는 (사람). 회초리로 갈기는 (사람). ②질책(견책)하는 (사람). 회초리.

zurzir *v.t.* ①몽둥이로 치다. 채찍질하다. 회초리로 갈기다. ②욕보이다. 혼내다. ③심한 비난을 하다. 몹시 꾸짖다. ④질책하다. 견책하다. ⑤징계하다.

부 록

- 동사의 분류 • 1635
- 동사의 법(法)과 시(時) • 1636
- 이중과거분사 • 1637
- ar로 끝나는 제1 변화 • 1642
- er로 끝나는 제2 변화 • 1644
- ir로 끝나는 제3 변화 • 1649
- 생활 필수 단어 • 1655

1. 가게 ············ 1655	20. 스포츠 ········ 1677
2. 가구 ············ 1656	21. 시간 ··········· 1678
3. 가족 ············ 1657	22. 식기 ··········· 1679
4. 계절, 월 ······· 1658	23. 야채 ·········· 1680
5. 과일 ············ 1659	24. 요일 ··········· 1681
6. 기상 ············ 1660	25. 육류 ·········· 1682
7. 꽃 ·············· 1661	26. 음료 ·········· 1683
8. 나무 ············ 1662	27. 음악·문화 ····· 1684
9. 도량형 ········· 1663	28. 의복 ··········· 1685
10. 동물 ··········· 1664	29. 인체 ·········· 1686
11. 맛 ············· 1666	30. 인터넷 ········ 1687
12. 몸 ············· 1667	31. 전자제품 ······ 1688
13. 문구 ··········· 1668	32. 조류 ·········· 1689
14. 물고기 ········ 1669	33. 직업 ·········· 1690
15. 병, 상처 ······ 1670	34. 집 ············· 1692
16. 병원 ··········· 1672	35. 축구 ·········· 1693
17. 부엌용품 ······ 1673	36. 컴퓨터 ········ 1695
18. 색 ············· 1674	37. 화장품 ········ 1697
19. 숫자 ··········· 1675	

- 일상 회화 표현 • 1699

◀ 동사의 분류 ▶

의의상(意義上)의 분류 { 타동사(verbos transitivos)
자동사(verbos intransitivos)

변화상(變化上)의 분류 { 규칙 동사(verbos regulares)
불규칙 동사(verbos irregulares)

형식상(形式上)의 분류 { 조동사(verbos auxiliares)
능동태(能動態)(voz activa)
수동태(受動態)(voz passiva)
대명(代名) 동사(verbos pronominais)
결여(缺如) 동사(verbos defectivos)
(변화에 있어서 인칭(人稱) 또는 시(時)가 결여되는 동사)

동사의 활용
conjugação
dos
verbos

인칭(人稱) (pessoa) { 제1인칭(1ª pessoa)
제2인칭(2ª pessoa)
제3인칭(3ª pessoa)

시(時) (tempo) { 현재(presente)
과거(pretérito 또는 passado)
미래(futuro)

수(數) (número) { 단수(singular)
복수(plural)

법(法) (modo) { 직설법(indicativo)
조건법(condicional)
명령법(imperativo)
접속법(subjuntivo)
부정법(infinitivo)

규칙 동사 { 제1변화 어미 ar로 끝나는 동사 … louvar.
제2변화 어미 er로 끝나는 동사 … vender.
제3변화 어미 ir로 끝나는 동사 … partir.
제4변화 어미 or로 끝나는 동사 … pôr.

부록◂

◂ 동사의 법(法)과 시(時) ▸

- 법(法) modos
  - 직설법(直說法) (indicativo)
    - 현재 (presente)
    - 과거 (pretérito)
      - 불완전 과거(imperfeito)
      - 완전 과거(perfeito)
      - 복합(複合) 완전 과거 (perfeito composto)
      - 단순대과거(單純大過去) (mais-que-perfeito simples)
      - 복합(複合)대과거 (mais-que-perfeito composto)
    - 미래 (futuro)
      - 불완전 미래(imperfeito)
      - 완전 미래(perfeito)
  - 조건법 (condicional)
    - 현재(presente)
    - 과거(pretérito)
  - 명령법 (imperativo) ········· 현재(presente)
  - 접속법 (subjuntivo)
    - 현재 (presente)
    - 과거 (pretérito)
      - 불완전 과거(imperfeito)
      - 완전 과거(perfeito)
      - 대과거(mais-que-perfeito)
    - 미래 (futuro)
      - 불완전 미래(imperfeito)
      - 완전 미래(perfeito)
  - 부정법(不定法) (infinitivo)
    - 현재 (presente)
      - 비인칭(非人稱)(impessoal)
      - 인칭(pessoal)
    - 과거 (pretérito)
      - 비인칭(impessoal)
      - 인칭(pessoal)
  - 분사(分詞) (particípio)
    - 현재 분사(presente)
    - 과거 분사(passado)
    - 복합 현재 분사(perfeito composto)

◀ 이중과거분사(二重過去分詞) ▶
(particípios duplos)

규칙 및 불규칙의 두 가지 과거분사를 가지고 있는 동사가 있음. 통상적(通常的)으로 규칙과거분사는 능동태(能動態)의 복합형(複合形)으로, 불규칙 과거분사는 피동태(被動態) 또는 형용사로 쓰임. 예외적으로 능동 및 피동의 두 가지에 쓰이는 불규칙과거분사도 있음.
[보기] ganho, gasto, pago, feito, dito, escrito, aberto, coberto, morto, etc.

제1 변화(1ª conjugação)

	규칙형	불규칙형
aceitar 승낙하다. 접수하다.	aceitado	aceito, aceite
afeiçoar 친하게 하다.	afeiçoado	afecto
anexar 첨가하다. 첨부하다.	anexado	anexo
aprontar 준비하다.	aprontado	apronto 《常》
assentar 놓다. 장치하다.	assentado	assento, assente
benquistar 화해시키다. 조정하다.	benquistado	benquisto
botar 놓다. 붓다.	botado	boto
cativar 붙잡다.	cativado	cativo
cegar 눈멀게 하다.	cegado	cego
circuncidar 할례(割禮)하다.	circuncidado	circunciso
completar 수를 채우다. 완성하다.	completado	completo
concretar 굳게 하다. 구체화하다.	concretado	concreto
contraditar 반박하다, 반대 진술하다.	contraditado	contradito
crucificar 십자가에 못박다.	crucificado	crucifixo
confessar 고백하다.	confessado	confesso
cultivar 밭을 갈다. 재배하다.	cultivado	culto
curvar 휘다. 꾸부리다.	curvado	curvo
descalçar 신을 벗다.	descalçado	descalço
despertar 잠을 깨다.	despertado	desperto
dispersar 면제하다.	dispersado	disperso
entortar 비틀게 하다. 비틀다.	entorado	torto 《常》
entregar 교부(交付)하다. 입하(入荷)하다.	entregado	entregue
enxergar 별견(瞥見)하다.	enxergado	enxuto
escutar 듣다.	escutado	escuto
estreitar 좁히다.	estreitado	estreito
estremar 분계(分界)하다.	estremado	estremo, estreme
exceptuar 제의하다.	exceptuado	excepto
excetuar(=exceptuar)	excetuado	exceto
excusar 면제하다.	excusado	excuso
expressar 표명하다.	expressado	expresso
expulsar 쫓다. 추방하다.	expulsado	expulso
extremar 경계를 긋다. 분계(分界)를 설정하다.	extremado	extremo
falhar 쪼개지다. 실패하다. 빗맞다.	falhado	falho
faltar 모자라다. 결핍하다.	faltado	falto
fartar 가득 차다. 충만하다.	fartado	farto

findar 끝나다.	findado	findo
fixar 고정시키다.	fixado	fixo
ganhar (돈을) 벌다. (상품을) 얻다.	ganhado	ganho
gastar 소비하다.	gastado	gasto
ignorar 무시하다. 모르다.	ignorado	ignoto
infeccionar 병을 옮기다.	infeccionado	
infectar 전염케 하다.	infectado	infecto
inficionar	inficionado	
infestar 불쾌하게 하다.	infestado	infesto
inguietar 동요하게 하다.	inquietado	inauieto
interditar 억제하다.	interditado	interdito
isentar 면제하다.	isentado	isento
juntar 합치다.	juntado	junto
libertar 석방하다.	libertado	liberto
livrar 자유로 하다.	livrado	livre
limpar 깨끗이 하다.	limpado	limpo
malquistar 사이 나쁘게 하다. 이간(離間)하다.	malquistado	malquisto
manifestar 시위하다. 광고하여 보이다.	manifestado	manifesto
matar 죽이다.	matado	morto
misturar 뒤섞다. 혼합하다.	misturado	misto
molestar 괴롭히다.	molestado	molesto
murchar 시들다.	murchado	murcho
ocultar 감추다.	ocultado	oculto
pagar 지불하다.	pagado	pago
professar 공인(公認)하다.	professado	professo
quedar 멈추다.	quedado	quedo
quitar 지불청산하다.	quitado	quite
raptar 유괴(誘拐)하다.	reptado	rapto
rejeitar 던지다. 거절하다.	rejeitado	rejeito
salvar 구조(救助)하다.	salvado	salvo
secar 말리다.	secado	sêco
segurar 지지하다. 안전하게 하다.	segurado	seguro
situar 위치(位置)하다.	situado	sito
soltar 쏘다. 방면하다.	soltado	sôlto
sujeitar 복종하다.	sujeitado	sujeito
suspeitar 의심하다.	suspeitado	suspeito
suxar 느슨하게 하다. 풀어 놓다.	suxado	suxo
vagar 비다.	vacado	vago

제2 변화 (2ª conjugação)

	규칙형	불규칙형
absolver 사면(赦免)하다.	absolvido	absolto, absoluto
absorver 흡수(吸收)하다.	absorvido	absorto
acender 불을 붙이다. 불켜다.	acendido	aceso
agradecer 감사하다.	agradecido	grato 《常》
atender 주의하다.	atendido	atento

▶ 이중과거분사

benquerer 호의를 품다. 애정을 표시하다.	benquerido	benquisto
benzer 신(神)에 봉헌하다.	benzido	bento
convencer 납득시키다. 승복(承服)시키다.	convencido	convicto
converter 치환하다. 거꾸로 하다.	convertido	converso
corromper 썩다. 부패하다.	corrompido	corrupto
cozer 굽다. 삶다.	cozido	cozeito 《癈》 coito 《常》
defender 막다. 방어하다.	defendido	defeso
desenvolver 발달케 하다. 발전시키다.	desenvolvido	desenvolto
devolver 돌려보내다.	devolvido	devoluto
dissolver 녹이다. 용해하다.	dissolvido	dissoluto
eleger 선거하다.	elegido	eleito
encher (가득) 채우다.	enchido	cheio
escrever (글) 쓰다.	escrevido	escrito
envolver 싸다. 에워싸다.	envolvido	envolto
esconder 숨다.	escondido	esconso, escuso
fazer 만들다. 하다.	fazido(쓰지 않음.)	feito
incorrer …을 지다. …에 걸리다.	incorrido	incurso
interromper 중단하다. 저지(沮止)하다.	interrompido	interrupto
inverter 거꾸로 하다. 뒤집다.	invertido	inverso
involver 싸다. 포장하다. 둘러싸다.	involvido	involto
malquerer 악의를 품다. 증오하다. 싫어하다.	malquerido	malquisto
morrer 죽다.	morrido	morto
nascer 태어나다.	nascido	nado, nato
pender 내리드리우다. 현수(懸垂)하다.	pendido	penso
perverter 악화하다.	pervertido	perverso
prender 붙잡다. 체포하다.	prendido	preso
propender 앞으로 굽히다.	propendido	propenso
querer 원하다.	querido	quisto
(註) quisto는 benquisto, malquisto의 복합형에만 씀.		
refranger 굴절(屈折)시키다.	refrangido	refracto
remover 옮기다.	removido	remoto
repreender 꾸짖다.	repreendido	repreenso
resolver 해결하다.	resolvido	resoluto
retorcer 비틀다. 다시 꾀다.	retorcido	retorto
revolver 빙글빙글 돌리다. 선회시키다.	revolvido	revolto
romper 깨뜨리다.	rompido	rôto
solver 해결하다 ; 녹이다.	solvido	soluto
submeter 복종시키다.	submetido	submisso
subtender 아래로 뻗다. 아래쪽으로 퍼지다.	subtendido	subtenso
surpreender 갑자기 치다. 급습(急襲)하다.	surpreendido	surpreso
suspender 걸어 아래로 내려드리우다. 중지하다.	suspendido	suspenso
tanger (악기)를 타다. 뜯다. 탄주하다.	tangido	tato
tender 펴다. 펼치다.	tendido	tenso
torcer 꼬다. 비틀다.	torcido	torto

부록◂

제3 변화(3ª conjugação)

	규칙형	불규칙형
abrir 열다.	abrido	aberto
abstrair 분리하다.	abstraido	abstracto
adstringfir 수렴(收斂)하다. 긴축(緊縮)하다.	adstringido	adstrito
afligir 괴롭히다.	afligido	aflito
aspergir 물을 뿌리다.	aspergido	asperso
assumir 인수(引受)하다. 취임하다.	assumido	assunto
cingir 감다. 동여매다.	cingido	cinto
coagir 강제하다.	coagido	coacto
cobrir 덮어 씌우다.	cobrido	coberto
coligir 모으다. 수집하다.	coligido	coleto
compelir 강제하다. 강요하다.	compelido	compulso
comprimir 압착(壓搾)하다.	comprimido	compresso
concluir 끝마치다.	concluido	concluso
confundir 혼돈하다. 혼란하게 하다.	confundido	confuso
constringir 꽉 조이다. 수축(긴축)하다.	constringido	constrito
contrair 축소하다.	contraído	concluso
contundir 찌그러뜨리다. 부수다.	contundido	contuso
corrigir 고치다. 교정하다.	corrigido	correcto
convelir 자리를 바꾸어 놓다. 전치(轉置)하다. 거꾸로 하다.	convelido	convulso
difundir 퍼뜨리다.	difundido	difuso
dirigir 지도하다. 운전하다.	dirigido	direto
distinguir 구별하다.	distinguido	distinto
distrair 방심(放心)하다.	distraído	distracto
dividir 가르다. 분할하다.	dividido	diviso
erigir 건립하다.	erigido	erecto
exaurir 다 없애다. 다 퍼내다.	exaurido	exausto
excluir 제외하다.	excluido	excluso, exento
eximir 면제하다.	eximido	exento
expelir 발송하다.	expelido	expulso
exprimir 표명하다.	exprimido	expresso
extinguir 없애버리다. 멸망시키다.	extinguido	extinto
extrair 빼내다. 짜내다.	extraído	extracto
fingir …체하다. 가장하다.	fingido	ficto
frigir 기름에 튀기다.	frigido	frito
haurir 다 퍼내다. 고갈시키다.	haurido	hausto
iludir 설파(說破)하다.	iludido	iluso
imprimir 인쇄하다.	imprimido	impresso
incluir 포함시키다.	incluido	incluso
infundir 부어넣다. 붓다. 주입(注入)하다.	infundido	infuso
inserir 꽂아 넣다.	inserido	inserto
insurgir 폭동을 일으키게 하다.	insurgido	insurreto
obtundir (날을) 무디게 하다.	obtundido	obtuso
omitir 빠뜨리다. 누락(漏落)하다.	omitido	omisso

▶ 이중과거분사

oprimir 압박하다.	oprimido	opresso
possuir 소유하다.	possuido	possesso
recluir 닫아 버리다. 유폐하다.	recluido	recluso
remitir 사면(赦免)하다.	remitido	remisso
repelir 물리치다. 격퇴하다.	repelido	repulso
reprimir 억압하다.	reprimido	represso
ressurgir 다시 나타나다. 되살아나다. 부활하다.	ressurgido	ressurreto
restringir 제한하다.	restringido	restrito
submergir 가라앉다.	submergido	submerso
suprimir 폐지하다.	suprimido	supresso
surgir 나타나다.	surgido	surto
tingir 물들이다.	tingido	tinto

부록◂

▼ ar로 끝나는 제1 변화 ▲

규칙 동사의 범례 modelo de verbo regular
불규칙 동사의 범례 modelos de verbos irregulares

		직설법(直說法) indicativo					조건법 condicional	접속법(接續法) subjuntivo			명령법 imperativo
		현재 presente	불완전 과거 pretérito imperfeito	완전 과거 pretérito perfeito	단순 대과거 pretérito mais que perfeito simples	불완전 미래 futuro imperfeito	현재 presente	현재 presente	불완전 과거 pretérito imperfeito	불완전 미래 futuro imperfeito	
louvar	eu	louvo	louvava	louvei	louvara	louvarei	louvaria	louve	louvasse	louvar	
	tu	louvas	louvavas	louvaste	louvaras	louvarás	louvarias	louves	louvasses	louvares	lovua
	êle	louva	louvava	louvou	louvara	louvará	louvaria	louve	louvasse	louvar	
	nós	louvamos	louvávamos	louvamos	louváramos	louvaremos	louvaríamos	louvemos	louvássemos	louvarmos	
	vós	louvais	louváveis	louvastes	louváreis	louvareis	louvaríeis	louveis	louvásseis	louvardes	louvai
	êles	louvam	louvavam	louvaram	louvaram	louvarão	louvariam	louvem	louvassem	louvarem	
adequar	eu	—	adequava	adequei	adequara	adequarei	adequaria		adequasse	adequar	
	tu	—	adequavas	adequaste	adequaras	adequarás	adequarias		adequasses	adequares	
	êle	—	adequava	adequou	adequara	adequará	adequaria	없음.	adequasse	adequar	adequai
	nós	adequamos	adequávamos	adequamos	adequaramos	adequaremos	adequaríamos		adequássemos	adequarmos	
	vós	adequais	adequáveis	adequastes	adequáreis	adequareis	adequaríeis		adequásseis	adequardes	
	êles	—	adequavam	adequaram	adequaram	adequarão	adequariam		adequassem	adequarem	
aguar	eu	águo	aguava	agüei	aguara	aguarei	aguaria	ágüe	aguasse	aguar	
	tu	águas	aguavas	aguaste	aguaras	aguarás	aguarias	ágües	aguasses	aguares	água
	êle	água	aguava	aguou	aguara	aguará	aguaria	ágüe	aguasse	aguar	
	nós	aguamos	aguávamos	aguamos	aguáramos	aguaremos	aguaríamos	agüemos	aguássemos	aguarmos	
	vós	aguais	aguáveis	aguastes	aguáreis	aguareis	aguaríeis	agüeis	aguásseis	aguardes	aguai
	êles	aguam	aguavam	aguaram	aguaram	aguarão	aguariam	agüem	aguassem	aguarem	
apaziguar	eu	apaziguo	apaziguava	apazigüei	apaziguara	apaziguarei	apaziguaria	apazigüe	apaziguasse	apaziguar	
	tu	apaziguas	apaziguavas	apaziguaste	apaziguaras	apaziguarás	apaziguarias	apazigües	apaziguasses	apaziguares	apazigua

▶ ar로 끝나는 제1 변화

apaziguar	eu	*apazigua*	apaziguava	apaziguou	apaziguara	apaziguarei	apaziguaria	*apazigúe*	apaziguasse	apaziguar	apaziguai
	tu	apaziguas	apaziguavas	apaziguaste	apaziguaras	apaziguarás	apaziguarias	apaziguemos	apaziguasses	apaziguares	
	ele	apazigua	apaziguava	apaziguou	apaziguara	apaziguará	apaziguaria	apazigúeis	apaziguasse	apaziguar	
	nós	apaziguamos	apaziguávamos	apaziguamos	apaziguáramos	apaziguaremos	apaziguaríamos	apazigúem	apaziguássemos	apaziguarmos	
	vós	apaziguais	apaziguáveis	apaziguastes	apaziguáreis	apaziguareis	apaziguaríeis		apaziguásseis	apaziguardes	
	eles	*apaziguam*	apaziguavam	apaziguaram	apaziguaram	apaziguarão	apaziguariam		apaziguassem	apaziguarem	
apiedar	eu me	*apiado*	apiedava	apiedei	apiedara	apiedarei	apiedaria	*apiade*	apiedasse	apiedar	
	tu te	*apiadas*	apiedavas	apiedaste	apiedaras	apiedarás	apiedarias	*apiades*	apiedasses	apiedares	apiada
	ele se	*apiada*	apiedava	apiedou	apiedara	apiedará	apiedaria	*apiade*	apiedasse	apiedar	
	nós nos	apiedamos	apiedávamos	apiedamos	apiedáramos	apiedaremos	apiedaríamos	apiademos	apiedássemos	apiedarmos	
	vós vos	apiedais	apiedáveis	apiedastes	apiedáreis	apiedareis	apiedaríeis	apiadeis	apiedásseis	apiedardes	apiadai
	eles se	*apiadam*	apiedavam	apiedaram	apiedaram	apiedarão	apiedariam	*apiadem*	apiedassem	apiedarem	
dar	eu	dou	dava	dei	dera	darei	daria	dê	*desse*	*der*	
	tu	dás	davas	deste	deras	darás	darias	dês	*desses*	*deres*	dá
	ele	dá	dava	deu	dera	dará	daria	dê	*desse*	*der*	
	nós	damos	dávamos	demos	déramos	daremos	daríamos	demos	*déssemos*	*dermos*	
	vós	dais	dáveis	destes	déreis	dareis	daríeis	deis	*désseis*	*derdes*	dai
	eles	dão	davam	deram	deram	darão	dariam	dêem	*dessem*	*derem*	
estar	eu	estou	estava	estive	estivera	estarei	estaria	esteja	estivesse	estiver	
	tu	estás	estavas	estiveste	estiveras	estarás	estarias	estejas	estivesses	estiveres	*está*
	ele	está	estava	esteve	estivera	estará	estaria	esteja	estivesse	estiver	
	nós	estamos	estávamos	estivemos	estivéramos	estaremos	estaríamos	estejamos	estivéssemos	estivermos	
	vós	estais	estáveis	estivestes	estivéreis	estareis	estaríeis	estejais	estivésseis	estiverdes	estai
	eles	estão	estavam	estiveram	estiveram	estarão	estariam	estejam	estivessem	estiverem	
ficar	eu	fico	ficava	*fiquei*	ficara	ficarei	ficaria	*fique*	ficasse	ficar	
	tu	ficas	ficavas	ficaste	ficaras	ficarás	ficarias	*fiques*	ficasses	ficares	fica
	ele	fica	ficava	ficou	ficara	ficará	ficaria	*fique*	ficasse	ficar	
	nós	ficamos	ficávamos	ficamos	ficáramos	ficaremos	ficaríamos	*fiquemos*	ficássemos	ficarmos	
	vós	ficais	ficáveis	ficastes	ficáreis	ficareis	ficaríeis	*fiqueis*	ficásseis	ficardes	ficai
	eles	ficam	ficavam	ficaram	ficaram	ficarão	ficariam	*fiquem*	ficassem	ficarem	
mobiliar	eu	*mobilio*	mobiliava	mobiliei	mobiliara	mobiliarei	mobiliaria	*mobilie*	mobiliasse	mobiliar	
	tu	*mobilias*	mobiliavas	mobiliaste	mobiliaras	mobiliarás	mobiliarias	*mobilies*	mobiliasses	mobiliares	*mobilia*
	ele	*mobilia*	mobiliava	mobiliou	mobiliara	mobiliará	mobiliaria	*mobilie*	mobiliasse	mobiliar	
	nós	mobiliamos	mobiliávamos	mobiliamos	mobiliáramos	mobiliaremos	mobiliaríamos	mobiliemos	mobiliássemos	mobiliarmos	
	vós	mobiliais	mobiliáveis	mobiliastes	mobiliáreis	mobiliareis	mobiliaríeis	mobilieis	mobiliásseis	mobiliardes	mobiliai
	eles	*mobiliam*	mobiliavam	mobiliaram	mobiliaram	mobiliarão	mobiliariam	*mobiliem*	mobiliassem	mobiliarem	
moscar	eu	*musco*	muscava	*musquei*	moscara	moscarei	moscaria	*mosque*	moscasse	moscar	

▼ er로 끝나는 제2 변화 ▼

		직설법(直說法) indicativo					조건법 conditional	접속법(接續法) subjuntivo			명령법 imperativo
		현재 presente	불완전 과거 pretérito imperfeito	완전 과거 pretérito perfeito	단순 대과거 pretérito mais que perfeito simples	불완전 미래 futuro imperfeito	현재 presente	현재 presente	불완전 과거 pretérito imperfeito	불완전 미래 futuro imperfeito	
moscar	eu	*mosco*	moscava	mosquei	moscara	moscarei	moscaria	musque	moscasse	moscar	
	tu	*moscas*	moscavas	moscaste	moscaras	moscarás	moscarias	musques	moscasses	moscares	musca
	êle	*mosca*	moscava	moscou	moscara	moscará	moscaria	musque	*moscasse*	moscar	moscai
	nós	moscamos	moscávamos	moscamos	moscáramos	moscaremos	moscaríamos	musquemos	moscássemos	moscarmos	
	vós	moscais	moscáveis	moscastes	moscáreis	moscareis	moscaríeis	nuuqueis	moscísseis	moscardes	
	êles	*muscam*	moscavam	moscaram	moscaram	moscarão	moscariam	musquem	moscassem	moscarem	
obliquar	eu	*obliquo*	obliquava	*obliquei*	obliquara	obliquarei	obliquaria	*obliqüe*	obliquasse	obliquar	
	tu	*obliquas*	obliquavas	obliquaste	obliquaras	obliquarás	obliquarias	*obliqües*	obliquasses	obliquares	*obliqua*
	êle	*obliqua*	obliquava	obliquou	obliquara	obliquará	obliquaria	*obliqüe*	obliquasse	obliquar	obliquai
	nós	obliquamos	obliquávamos	obliquamos	obliquáramos	obliquaremos	obliquaríamos	*obliqüemos*	obliquássemos	obliquarmos	
	vós	obliquais	obliquáveis	obliquastes	obliquáreis	obliquareis	obliquaríeis	*obliqüeis*	obliquásseis	obliquardes	
	êles	*obliquam*	obliquavam	obliquaram	obliquaram	obliquarão	obliquariam	*obliqüem*	obliquassem	obliquarem	
saudar	eu	*saúdo*	saudava	saudei	saudara	saudarei	saudaria	*saúde*	saudasse	saudar	
	tu	*saúdas*	saudavas	saudaste	saudaras	saudarás	saudarias	*saúdes*	saudasses	saudares	*saúda*
	êle	*saúda*	saudava	saudou	saudara	saudará	saudaria	*saúde*	saudasse	saudar	saudai
	nós	saudamos	saudávamos	saudamos	saudáramos	saudaremos	saudaríamos	saudemos	saudássemos	saudarmos	
	vós	saudais	saudáveis	saudastes	saudáreis	saudareis	saudaríeis	saudeis	saudásseis	saudardes	
	êles	*saúdam*	saudavam	saudaram	saudaram	sadarão	saudariam	*saúdem*	saudassem	saudarem	
ansiar	eu	*anseio*	ansiaba	ansiei	ansiara	ansiarei	ansiaria	*anseie*	ansiasse	ansiar	
	tu	*anseias*	ansiavas	ansiaste	ansiaras	ansiarás	ansiarias	*anseies*	ansiasses	ansiares	*anseia*
	êle	*anseia*	ansiava	ansiou	ansiara	ansiará	ansiaria	*anseie*	ansiasse	ansiar	ansiai
	nós	ansiamos	ansiávamos	ansiamos	ansiáramos	ansiaremos	ansiaríamos	ansiemos	ansiássemos	ansiarmos	
	vós	ansiais	ansiáveis	ansiastes	ansiáreis	ansiareis	ansiaríeis	ansieis	ansiásseis	ansiardes	
	êles	*anseiem*	ansiavam	ansiaram	ansiaram	ansiarão	ansiariam	*anseiem*	ansiassem	ansiarem	

▶ er로 끝나는 제2 변화

규칙 동사의 범례 modêlo de ver bo regular

	eu	vendo	vendia	vendi	vendera	venderei	venderia	vendesse	vender
	tu	vendes	vendias	vendeste	venderas	venderás	venderias	vendesses	venderes
vender	êle	vende	vendia	vendeu	vendera	venderá	venderia	vendesse	vender
	nós	vendemos	vendíamos	vendemos	vendêramos	venderemos	venderíamos	vendêssemos	vendermos
	vós	vendeis	vendíeis	vendestes	vendêreis	vendereis	venderíeis	vendêsseis	venderdes
	êles	vendem	vendiam	venderam	venderam	venderão	venderiam	vendessem	venderem

venda	vende
vendas	
venda	
vendamos	
vendais	
vendam	vendei

불규칙 동사의 범례 modêlos de verbos irregulares

	eu	aprazo	aprazia	aprouve	aprouvera	aprazerei	aprazeria	aprouvesse	aprouver	apraza	apraze
	tu	aprazes	aprazias	aprouveste	aprouveras	aprazerás	aprazerias	aprouvesses	aprouveres	aprazas	
aprazer-se	êle se	apraz	aprazia	aprouve	aprouvera	aprazerá	aprazeria	aprouvesse	aprouver	apraza	
	nós nos	aprazemos	aprazíamos	aprouvemos	aprouvéramos	aprazeremos	aprazeríamos	aprouvéssemos	aprouvermos	aprazamos	
	vós vos	aprazeis	aprazíeis	aprouvestes	aprouvéreis	aprazereis	aprazeríeis	aprouvésseis	aprouverdes	aprazais	
	êles se	aprazem	apraziam	aprouveram	aprouveram	aprazerão	aprazeriam	aprouvessem	aprouverem	aprazam	aprazei

	eu	*caibo*	cabia	coube	coubera	caberei	caberia	coubesse	couber	caiba	
	tu	cabes	cabias	coubeste	couberas	caberás	caberias	coubesses	couberes	caibas	
caber	êle	cabe	cabia	coube	coubera	caberá	caberia	coubesse	couber	caiba	없음.
	nós	cabemos	cabíamos	coubemos	coubéramos	caberemos	caberíamos	coubéssemos	coubermos	caibamos	
	vós	cabeis	cabíeis	coubestes	coubéreis	cabereis	caberíeis	coubésseis	couberdes	caibais	
	êles	cabem	cabiam	couberam	couberam	caberão	caberiam	coubessem	couberem	caibam	

	eu me	comprazo	comprazia	comprazi	comprazera	comprazerei	comprazeria	comprazesse	comprazer	compraza	
	tu te	comprazes	comprazias	comprazeste	comprazeras	comprazerás	comprazerias	comprazesses	comprazeres	comprazas	compraze
comprazer-se	êle se	*compraz*	comprazia	comprazeu	comprazera	comprazerá	comprazeria	comprazesse	comprazer	compraza	
	nós nos	comprazemos	comprazíamos	comprazemos	comprazêramos	comprazeremos	comprazeríamos	comprazêssemos	comprazermos	comprazamos	
	vós vos	comprazeis	comprazíeis	comprazestes	comprazêreis	comprazereis	comprazeríeis	comprazêsseis	comprazerdes	comprazais	
	êles se	comprazem	compraziam	comprazeram	comprazeram	comprazerão	coprazeriam	comprazessem	comprazerem	comprazam	comprazei

	comprouve 또는	*comprouvera*			*comprouvesse* 또는	*comprouver*
	comprouveste	*comprouveras*			*comprouvesses*	*comprouveres*
	comprouve	*comprouvera*			*comprouvesse*	*comprouver*
	comprouvemos	*comprouvéramos*			*comprouvéssemos*	*comprouvermos*
	comprouvestes	*comprouvéreis*			*comprouvésseis*	*comprouverdes*
	comprouveram	*comprouveram*			*comprouvessem*	*comprouverem*

부록

crer	eu	*creio*	cria	cri	crera	crerei	creria	*creia*	cresse	crer	
	tu	*crês*	crias	*creste*	creras	crerás	crerias	*creias*	cresses	creres	crê
	êle	*crê*	cria	creu	crera	cerrá	creria	*creia*	cresse	crer	
	nós	cremos	criamos	cremos	crêramos	creremos	creríamos	*creiamos*	crêssemos	crermos	
	vós	*credea*	crieis	*crêstes*	*crêreis*	crereis	crerieis	*creiais*	crêsseis	crerdes	crede
	êles	*crêem*	criam	creram	creram	crerão	creriam	*creiam*	cressem	crerem	
dizer	eu	*digo*	dizia	*disse*	*dissera*	direi	*diria*	diga	*disesse*	disser	
	tu	dizes	dizias	*disseste*	*disseras*	dirás	*dirias*	digas	*dissesses*	disseres	dize
	êle	*diz*	dizia	*disse*	*dissera*	*dirá*	*diria*	diga	*disesse*	disser	
	nós	dizemos	diziamos	*dissemos*	*dissêramos*	diremos	*diriamos*	digamos	*dissêssemos*	dissermos	
	vós	dizeis	dizieis	*dissestes*	*dissêreis*	direis	*dirieis*	digais	*dissêsseis*	disserdes	dizei
	êles	dizem	diziam	*disseram*	*disseram*	*dirão*	*diriam*	digam	*dissessem*	disserem	
esquecer	eu	*esqueço*	esquecia	esqueci	esquecera	esquecerei	esqueceria	esqueça	esquecesse	esquecer	
	tu	esqueces	esquecias	eaqueste	esqueceras	esquecerás	esquecerias	esqueças	esquecesses	esqueceres	esquece
	êle	esquece	esquecia	esqueceu	esquecera	esquecerá	esqueceria	esqueça	esquecesse	esquecer	
	nós	esquecemos	esqueciamos	esquecemos	esquecêramos	eaquecerernos	esqueceríamos	esqueçamos	esquecêssemos	esquecermos	
	vós	eaquceeis	esquecieis	esquecestes	esquecêreis	esquecereis	esquecereis	esqueçais	esquecêsseis	esquecerdes	
	êles	esquecem	esqueciam	esqueceram	esqueceram	esquecerão	esqueceriam	esqueçam	esquecessem	esquecerem	
fazer	eu	*faço*	fazia	*fiz*	*fizera*	*farei*	*faria*	*faça*	*fizesse*	*fizer*	
	tu	fazes	fazias	*fizeste*	*fizeras*	*farás*	*farias*	*faças*	*fizeses*	*fizeres*	faze
	êle	*faz*	fazia	*fez*	*fizera*	*fará*	*faria*	*faça*	*fizesse*	*fizer*	
	nós	fazemos	faziamos	*fizemos*	*fizéramos*	*faremos*	*fariamos*	*façamos*	*fizéssemos*	*fizermos*	
	vós	fazeis	fazieis	*fizestes*	*fizéreis*	*fareis*	*farieis*	*façais*	*fizésseis*	*fizerdes*	fizei
	êles	fazem	faziam	*fizeram*	*fizeram*	*farão*	*fariam*	*façam*	*fizessem*	*fizerem*	
haver	eu	*hei*	havia	houve	houvera	haverei	haveria	*haja*	houvesse	louver	
	tu	*hás*	havias	houveras	houveras	haverás	bavrias	*hajas*	houveses	louveres	há
	êle	*há*	havia	houve	houvera	haverá	haveria	*haja*	houvesse	louver	
	nós	hevemos	haviamos	houvemos	houvéramos	haveremos	haveriamos	*hajamos*	houvéssemos	houvermos	
	vós	haveis	havieis	houvestes	houvéreis	havereis	haverieis	*hajais*	houvésseis	houverdes	havei
	êles	*hão*	haviam	houveram	houveram	haverão	haveriam	*hajam*	houvessem	houverem	
ler	eu	*leio*	lia	li	lera	lerei	leria	*leia*	lesse	ler	
	tu	*lês*	lias	*leste*	leras	lerás	lerias	*leias*	lesses	leres	lê
	êle	*lê*	lia	leu	lera	lerá	leria	*leia*	lesse	ler	
	nós	lemos	liamos	lemos	lêramos	leremos	leríamos	*leiamos*	lêssemos	lermos	
	vós	*ledes*	lieis	*lestes*	*lêreis*	lereis	lerieis	*leiais*	lêsseis	lerdes	lede
	êles	*lêem*	liam	leram	leram	lerão	leriam	*leiam*	lessem	lerem	

▶ er로 끝나는 제2 변화

moer	eu	mòo	moía	moí	moera	moerei	moeria	moa	moesse	moer	mòi
	tu	móis	moías	moeste	moeras	moerás	moerias	moas	moesses	moeres	mòis
	êle	mói	moía	moeu	moera	moerá	moeria	moa	moesse	moer	mòi
	nós	moemos	moíamos	moemos	moêramos	moeremos	moeríamos	moamos	moêssemos	moermos	
	vós	moeis	moíeis	moestes	moêreis	moereis	moeríeis	moais	moêsseis	moerdes	
	êles	moem	moíam	moeram	moeram	moerão	moeriam	moam	moessem	moerem	
perder	eu	perco	perdia	perdi	perdera	perderei	perderia	perca	perdesse	perder	perde
	tu	perdes	perdias	perdeste	perderas	perderás	perderias	percas	perdesses	perderes	perde
	êle	perae	perdia	perdeu	perdera	perderá	perderia	perca	perdesse	perder	perdei
	nós	perdemos	perdíamos	perdemos	perdêramos	perderemos	perderíamos	percamos	perdêssemos	perdermos	
	vós	perdeis	perdíeis	perdestes	perdêreis	perdereis	perderíeis	percais	perdêsseis	perderdes	
	êles	perdem	perdiam	perderam	perderam	perderão	perderiam	percam	perdessem	perderem	
poder	eu	posso	podia	pude	pudera	poderei	poderia	possa	pudesse	puder	없음.
	tu	podes	podias	pudeste	puderas	poderás	poderias	possas	pudesses	puderes	
	êle	pode	podia	pôde	pudera	poderá	poderia	possa	pudesse	puder	
	nós	podemos	podíamos	pudemos	pudéramos	poderemos	poderíamos	possamos	pudéssemos	pudermos	
	vós	podeis	podíeis	pudestes	pudésteis	podereis	poderíeis	possais	pudésseis	puderdes	
	êles	podem	podiam	puderam	puderam	poderão	poderiam	possam	pudessem	puderem	
parzer	eu	—	—	—	—	—	—	—	—	—	없음.
	tu	prax	prazia	prouve	prouvera	prazerá	prazeria	praza	prouvesse	prouver	
	êle	—	—	—	—	—	—	—	—	—	
	nós	—	—	—	—	—	—	—	—	—	
	vós	—	—	—	—	—	—	—	—	—	
	êles	—	—	—	—	—	—	—	—	—	
prover	eu	provejo	provia	provi	provera	proverei	proveria	proveja	provesse	prover	provê
	tu	provês	provias	proveste	proveras	proverás	proverias	provejas	provesses	proveres	provê
	êle	provê	provia	proveu	provera	proverá	proveria	proveja	provesse	prover	provede
	nós	provemos	províamos	provemos	provêramos	proveremos	proveríamos	provejamos	provêssemos	provermos	
	vós	provedes	províeis	provestes	provêreis	provereie	proveríeis	provejais	provêsseis	proverdes	
	êles	provêem	proviam	proveram	proveram	proverão	proveriam	provejam	provessem	proverem	
querer	eu	quero	queria	quis	quisera	quererei	quereria	queira	quisesse	quiser	없음.
	tu	queres	querias	quiseras	quiseras	quererás	quererias	queiras	quisesses	quiseres	
	êle	quer	queria	quis	quisera	quererá	quereria	queira	quisesse	quiser	
	nós	queremos	queríamos	quisemos	quiséramos	quereremos	quereríamos	queiramos	quiséssemos	quisermos	
	vós	quereis	queríeis	quisestes	quisérveis	querereis	quereríeis	queirais	quisésseis	quiserdes	
	êles	querem	queriam	quiseram	quiseram	quererão	quereriam	queiram	quisessem	quiserem	

부록 ◀

requerer	eu	*requeiro*	requeria	requeri	requerera	requererei	requereria	*requeira*	requeresse	requerer	읽음.
	tu	*requeres*	requerias	requereste	requereras	requererás	requererias	*requeiras*	requeresses	requereres	
	êle	*requer*	requeria	requereu	requerera	requererá	requereria	*requeira*	requeresse	requerer	
	nós	requeremos	requeríamos	requeremos	requerêramos	requereremos	requereríamos	requeiramos	requerêssemos	requerermos	
	vós	requereis	requeríeis	requerestes	requerêreis	requerereis	requereríeis	requeirais	requerêsseis	requererdes	
	êles	requerem	requeriam	requereram	requereram	requererão	requereriam	requeiram	requeressem	requererem	
reaver	eu	—	reavia	reouve	reouvera	reaverei	reaveria		*reouvesse*	reouver	—
	tu	—	reavias	reouveste	reouveras	reaverás	reaverias		*reouvesses*	reouveres	
	êle	—	reavia	reouve	reouvera	reaverá	reaveria	읽음.	*reouvesse*	reouver	reavei
	nós	reavemos	reavíamos	reouvemos	reouvéramos	reaveremos	reaveríamos		reouvéssemos	reouvermos	
	vós	reaveis	reavíeis	reouvestes	reouvéreis	reavereis	reaveríeis		reouvésseis	reouverdes	
	êles	—	reaviam	reouveram	reouveram	reaverão	reaveriam		reouvessem	reouverem	
saber	eu	*sei*	sabia	soube	soubera	saberei	saberia	saiba	soubesse	souber	sabe
	tu	sabes	sabias	soubeste	souberas	saberás	saberias	saibas	soubesses	souberes	
	êle	sabe	sabia	soube	soubera	saberá	saberia	saiba	soubesse	souber	sabei
	nós	sabemos	sabíamos	soubemos	soubéramos	saberemos	saberíamos	saibamos	soubéssemos	soubermos	
	vós	sabeis	sabíeis	soubestes	soubéreis	sabereis	saberíeis	saibais	soubésseis	souberdes	
	êles	sabem	sabiam	souberam	souberam	saberão	saberiam	saibam	soubessem	souberem	
ser	eu	*sou*	*era*	*fui*	*fôra*	serei	seria	seja	*fôsse*	*fôr*	
	tu	*és*	*eras*	*fôste*	*fôras*	serás	serias	sejas	*fôsses*	*fores*	sê
	êle	*é*	*era*	*foi*	*fôra*	será	seria	seja	*fôsse*	*fôr*	
	nós	*somos*	*éramos*	*fomos*	*fôramos*	seremos	seríamos	sejamos	*fôssemos*	*formos*	sê*de*
	vós	*sois*	*ereis*	*fôstes*	*fôreis*	sereis	seríeis	sejais	*fôsseis*	*fordes*	
	êles	*são*	*eram*	*foram*	*foram*	serão	seriam	sejam	*fôssem*	*forem*	
ter	eu	*tenho*	tinha	tive	tivera	terei	teria	tenha	tivesse	tiver	tem
	tu	*tens*	tinhas	tiveste	tiveras	terás	terias	tenhas	tivesses	tiveres	
	êle	*tem*	tinha	tive	tivera	terá	teria	tenha	tivesse	tiver	
	nós	*temos*	tínhamos	tivemos	tivéramos	teremos	teríamos	tenhamos	tivéssemos	tivermos	tende
	vós	*tendes*	tínheis	tivestes	tivéreis	tereis	teríeis	tenhais	tivésseis	tiverdes	
	êles	*têm*	tinham	tiveram	tiveram	terão	teriam	tenham	tivessem	tiverem	
trazer	eu	*trago*	trazia	trouxe	trouxera	trarei	traria	traga	trouxesse	trouxer	
	tu	*trazes*	trazias	trouxeste	trouxeras	trarás	trarias	tragas	trouxesses	trouxeres	traze
	êle	*traz*	trazia	trouxe	trouxera	trará	traria	traga	trouxesse	trouxer	
	nós	trazemos	trazíamos	trouxemos	trouxéramos	traremos	traríamos	tragamos	trouxéssemos	trouxermos	
	vós	trazeis	trazíeis	trouxestes	trouxéreis	trareis	traríeis	tragais	trouxésseis	trouxerdes	trazei
	êles	trazem	traziam	trouxeram	trouxeram	trarão	trariam	tragam	trouxessem	trouxerem	

▶ ir로 끝나는 제3 변화

		현재 presente	불완전 과거 pretérito imperfeito	완전 과거 pretérito perfeito	단순 대과거 pretérito mais que perfeito simples	불완전 미래 futuro imperfeito	현재 presente	현재 presente	불완전 과거 pretérito imperfeito	불완전 과거 pretérito imperfeito	불완전 미래 futuro imperfeito	명령법 imperativo
valer	eu	*valho*	valia	vali	valera	valerei	valeria	valha	valesse		valer	
	tu	vales	valias	valeste	valeras	valerás	valerias	valhas	valesses		valeres	vale
	êle	vale	valia	valeu	valera	valerá	valeria	valha	valesse		valer	
	nós	valemos	valíamos	valemos	valêramos	valeremos	valeríamos	valhamos	valêssemos		valermos	
	vós	valeis	valíeis	valestes	valêreis	valereis	valeríeis	valhais	valêsseis		valerdes	valei
	êles	valem	valiam	valeram	valeram	valerão	valeriam	valham	valessem		valerem	
ver	eu	*vejo*	via	vi	vira	verei	veria	veja	visse		vir	
	tu	*vês*	vias	viste	viras	verás	verias	vejas	visses		vires	vê
	êle	*vê*	via	viu	vira	verá	veria	veja	visse		vir	
	nós	vemos	víamos	vimos	*víramos*	veremos	veríamos	vejamos	víssemos		*vírmos*	
	vós	*vêdes*	víeis	vistes	*víreis*	vereis	veríeis	vejais	vísseis		*virdes*	*vêde*
	êles	*vêem*	viam	viram	*viram*	verão	veriam	vejam	vissem		virem	

▲ or 또는 ôr 로 끝나는 불규칙 동사의 범례 ▲

제4 변화(라고도 함)

		현재 presente	불완전 과거 pretérito imperfeito	완전 과거 pretérito perfeito	단순 대과거 pretérito mais que perfeito simples	불완전 미래 futuro imperfeito	현재 presente	현재 presente	불완전 과거 pretérito imperfeito	불완전 과거 pretérito imperfeito	불완전 미래 futuro imperfeito	명령법 imperativo
pôr	eu	*ponho*	punha	pus	pusera	porei	poria	ponha	pusesse		puser	
	tu	*pões*	punhas	puseste	puseras	porás	porias	ponhas	pusesses		puseres	põe
	êle	*põe*	punha	pôs	pusera	porá	poria	ponha	pusesse		puser	
	nós	*pomos*	púnhamos	pusemos	puséramos	poremos	poríamos	ponhamos	pusêssemos		pusermos	
	vós	*pondes*	púnheis	pusestes	puséreis	poreis	poríeis	ponhais	pusésseis		puserdes	*ponde*
	êles	*põem*	punham	puseram	puseram	porão	poriam	ponham	pusessem		puserem	

▼ ir로 끝나는 제3 변화 ▼

직설법(直說法) indicativo						조건법 condicional	접속법(接續法) subjuntivo		명령법 imperativo
현재 presente	불완전 과거 pretérito imperfeito	완전 과거 pretérito perfeito	단순 대과거 pretérito mais que perfeito simples	불완전 미래 futuro imperfeito		현재 presente	현재 presente	불완전 과거 pretérito imperfeito	불완전 미래 futuro imperfeito	

규칙 동사의 범례 modêlo de verbo regular

부록◀

partir	eu tu êle nós vós êles	part*o* part*es* part*e* part*imos* part*is* part*em*	part*ia* part*ias* part*ia* part*íamos* part*íeis* part*iam*	part*i* part*iste* part*iu* part*imos* part*istes* part*iram*	part*ira* part*iras* part*ira* part*íramos* part*íreis* part*iram*	part*irei* part*irás* part*irá* part*iremos* part*ireis* part*irão*	part*iria* part*irias* part*iria* part*iríamos* part*iríeis* part*iriam*	part*a* part*as* part*a* part*amos* part*ais* part*am*	part*isse* part*isses* part*isse* part*íssemos* part*ísseis* part*issem*	part*ir* part*ires* part*ir* part*irmos* part*irdes* part*irem*	pare parta parti

불규칙 동사의 변폐 modelos de verbos irregulares

abolir	eu tu êle nós vós êles	– aboles abole abolimos abolis abolem	abolia abolias abolia abolíamos abolíeis aboliam	aboli aboliste aboliu abolimos abolistes aboliram	abolira aboliras abolira abolíramos abolíreis aboliram	abolirei abolirás abolirá aboliremos abolireis abolirão	aboliria abolirias aboliria aboliríamos aboliríeis aboliriam	없음.	abolisse abolisses abolisse abolíssemos abolísseis abolissem	abolir abolires abolir abolirmos abolirdes abolirem	abole aboli
acudir	eu tu êle nós vós êles	acudo *acodes* *acode* acudimos acudis *acodem*	acudia acudias acudia acudíamos acudíeis acudiam	acudi acudiste acudiu acudimos acudistes acudiram	acudira acudiras acudira acudíramos acudíreis acudiram	acudirei acudirás acudirá acudiremos acudireis acudirão	acudiria acudirias acudiria acudiríamos acudiríeis acudiriam	acuda acudas acuda acudamos acudais acudam	acudisse acudisses acudisse acudíssemos acudísseis acudissem	acudir acudires acudir acudirmos acudirdes acudirem	*aeode* acudi
aderir	eu tu êle nós vós êles	adiro aderes adere aderimos aderis aderem	aderia aderias aderia aderíamos aderíeis aderiam	aderi aderiste aderiu aderimos aderistes aderiram	aderira aderiras aderira aderíramos aderíreis aderiram	aderirei aderirás aderirá aderiremos aderireis aderirão	aderiria aderirias aderiria aderiríamos aderiríeis adeririam	*adira* *adiras* *adira* *adiramos* *adirais* *adiram*	aderisse aderisses aderisse aderíssemos aderísseis aderissem	aderir aderires aderir aderirmos aderirdes aderirem	adere aderi
agredir	eu tu êle nós vós êles	*agrido* *agrides* *agride* agredimos *agredis* *agridem*	agredia agredias agredia agredíamos agredíeis agrediam	agredi agrediste agrediu agredimos agredistes agrediram	agredira agrediras agredira agrediramos agredireis agrediram	agredirei agredirás agredirá agrediremos agredireis agredirão	agrediria agredirias agrediria agrediríamos agrrediríeis agrediriam	*agrida* *agridas* *agrida* *agridamos* *agridais* *agridam*	agredisse agredisses agredisse agredíssemos agredísseis agredissem	agredir agredires agredir agredirmos agredirdes agredirem	*agride* agredi
arguir	eu tu êle	arguo argúis argúi	argüia argüias argüia	argüi argüiste argüiu	argüira argüiras argüira	argüirei argüirás argüirá	argüiria argüirias argüiria	argua arguas argua	argüisse arsüisses argüisse	argüir argüires argüir	*argúi*

▶ ir로 끝나는 제3 변화

argüir	nós	argüimos	argüíamos	argüimos	*argüíra*	argüíamos	argüiremos	argüiríamos	arguamos	argüíssemos	argüirmos	argüi
	vós	argüis	argüíeis	argüistes	*argüíras*	argüíeis	argüireis	argüiríeis	arguais	argüísseis	argüirdes	
	êles	*argúem*	argüiam	argüiram	*argüíram*	argüiam	argüirão	argüiriam	arguam	argüíssem	argüirem	
atrair	eu	*atraio*	*atraía*	*atraí*	*atraíra*	atraía	atrairei	atrairia	*atraia*	*atraísse*	atrair	atrai
	tu	*atrais*	*atraías*	*atraíste*	*atraíras*	atraías	atrairás	atrairias	*atraias*	*atraísses*	*atraíres*	
	êle	*atrai*	*atraía*	*atraiu*	*atraíra*	atraía	atrairá	atrairia	*atraia*	*atraísse*	atrair	
	nós	*atraímos*	atraíamos	atraímos	*atraíramos*	atraíamos	atrairemos	atrairíamos	*atraiamos*	atraíssemos	atrairmos	
	vós	*atraís*	atraíeis	atraístes	*atraíreis*	atraíeis	atrairéis	atrairíeis	*atraiais*	atraísseis	atrairdes	
	êles	atraem	atraíam	atraíram	*atraíram*	atraíam	atrairão	atrairiam	*atraiam*	atraíssem	atraírem	
cerzir	eu	*cirzo*	cerzia	cerzi	cerzira	cerzia	cerzirei	cerziria	*cirza*	cerzisse	cerzir	*cirze*
	tu	*cirzes*	cerzias	cerziste	cerziras	cerzias	cerzirás	cerzirias	*cirzas*	cerzisses	cerzires	
	êle	*cirze*	cerzia	cerziu	cerzira	cerzia	cerzirá	cerziria	*cirza*	cerzisse	cerzir	
	nós	cirzimos	cerzíamos	cerzimos	cerzíramos	cerzíamos	cerziremos	cerziríamos	*cirzamos*	cerzíssemos	cerzirmos	
	vós	cerzis	cerzíeis	cerzistes	cerzíreis	cerzíeis	cerzireis	cerziríeis	*cirzais*	cerzísseis	cerzirdes	
	êles	cerzem	cerziam	cerziram	cerziram	cerziam	cerzirão	cerziriam	*cirzam*	cerzissem	cerzirem	cerzi
cobrir	eu	*cubro*	cobria	cobri	cobrira	cobria	cobrirei	cobriria	*cubra*	cobrisse	cobrir	cober
	tu	cobres	cobrias	cobriste	cobriras	cobrias	cobrirás	cobririas	*cubras*	cobrisses	cobrires	
	êle	cobre	cobria	cobriu	cobrira	cobria	cobrirá	cobriria	*cubra*	cobrisse	cobrir	
	nós	cobrimos	cobríamos	cobrimos	cobríramos	cobríamos	cobriremos	cobriríamos	*cubramos*	cobríssemos	cobrirmos	
	vós	cobris	cobríeis	cobristes	cobríreis	cobríeis	cobrireis	cobriríeis	*cubrais*	cobrísseis	cobrirdes	
	êles	cobrem	cobriam	cobriram	cobriram	cobriam	cobrirão	cobririam	*cubram*	cobrissem	cobrirem	cobri
conduzir	eu	conduzo	conduzia	conduzi	conduzira	conduziria	conduzirei	conduziria	conduza	conduzisse	conduzir	conduze
	tu	conduzes	conduzias	conduziste	conduziras	conduzirias	conduzirás	conduzirias	conduzas	conduzisses	conduzires	
	êle	*conduz*	conduzia	conduziu	conduzira	conduziria	conduzirá	conduziria	conduza	conduzisse	conduzir	
	nós	conduzimos	conduzíamos	conduzimos	conduzíramos	conduziríamos	conduziremos	conduziríamos	conduzamos	conduzíssemos	conduzirmos	
	vós	conduzis	conduzíeis	conduzistes	conduzíreis	conduziríeis	conduzireis	conduziríeis	conduzais	conduzísseis	conduzirdes	cunduzi
	êles	conduzem	conduziam	conduziram	conduziram	conduziriam	conduzirão	conduziriam	conduzam	conduzissem	conduzirem	
construir	eu	construo	*construía*	*construí*	*construíra*	construiria	construirei	construiria	construa	*construísse*	construir	*construi*
	tu	*construis*	*construías*	*construíste*	*construíras*	construirias	construirás	construirias	construas	*construísses*	*construíres*	
	êle	*construi*	*construía*	construiu	*construíra*	construiria	construirá	construiria	construa	*construísse*	construir	
	nós	construímos	construíamos	construímos	construíramos	construiríamos	construiremos	construiríamos	construamos	construíssemos	construirmos	
	vós	*construís*	construíeis	construístes	construíreis	construiríeis	construireis	construiríeis	construais	construísseis	construirdes	*construí*
	êles	construem	construíam	construíram	construíram	construiriam	construirão	construiriam	construam	construíssem	construírem	
	eu	또는 construo										또는
	tu	*construís*										*constrói*

부록

	ele								construí
	nós		construímos						
	vós		construís						
	eles		constroem						
despir	eu	dispo	despia	despi	despira	despirei	despiria	*dispa*	despisse	despirei	despe
	tu	despes	despias	despiste	despiras	despirás	despirias	*dispas*	despisses	despires	despi
	ele	despe	despia	despiu	despira	despirá	despiria	*dispa*	despisse	despir	
	nós	despimos	despíamos	despimos	despíramos	despiremos	despiríamos	*dispamos*	despíssemos	despirmos	
	vós	despis	despíeis	despistes	despíreis	despireis	despiríeis	*dispais*	despísseis	despirdes	
	eles	despem	despiam	despiram	despiram	despirão	despiriam	*dispam*	despissem	despirem	
dormir	eu	*durmo*	dormia	dormi	dormira	dormirei	dormiria	*durma*	dormisse	dormir	dorme
	tu	dormes	dormias	dormiste	dormiras	dormirás	dormirias	*durmas*	dormisses	dormires	dormi
	ele	dorme	dormia	dormiu	dormira	dormirá	dormiria	*durma*	dormisse	dormir	
	nós	dormimos	dormíamos	dormimos	dormíramos	dormiremos	dormiríamos	*durmamos*	dormíssemos	dormirmos	
	vós	dormis	dormíeis	dormistes	dormíreis	dormireis	doemiríeis	*durmais*	dormísseis	dormirdes	
	eles	dormem	dormiam	dormiram	dormiram	dormirão	dormiriam	*durmam*	dormissem	dormirem	
erigir	eu	*erijo*	erigia	erigi	erigira	erigirei	erigiria	*erija*	erigisse	erigir	erige
	tu	eriges	erigias	erigiste	erigiras	erigirás	erigirias	*erijas*	erigisses	erigires	erigi
	ele	erige	erigia	erigiu	erigira	erigirá	erigiria	*erija*	erigisse	erigir	
	nós	erigimos	erigíamos	erigimos	erigiramos	erigiremos	erigiríamos	*erijamos*	erigíssemos	erigirmos	
	vós	erigis	erigíeis	erigistes	erigireis	erigireis	erigiríeis	*erijais*	erigísseis	erigirdes	
	eles	erigem	erigiam	erigiram	erigiram	erigirão	erigiriam	*erijam*	erigissem	erigirem	
falir	eu	—	falia	fali	falira	falirei	faliria	없음.	falisse	falir	
	tu	—	falias	faliste	faliras	falirás	falirias		falisses	falires	
	ele	—	falia	faliu	falira	falirá	faliria		falisse	falir	
	nós	falimos	faliamos	falimos	faliramos	faliremos	faliríamos		falíssemos	falirmos	fali
	vós	falis	faliem	falistes	falireis	falireis	falirieis		falísseis	falirdes	
	eles	—	faliam	faliram	faliram	falirao	faliriam		falissem	falirem	
frigir	eu	*frijo*	frigia	frigi	frigira	frigirei	frigiria	*frija*	frigisse	frigir	*frege*
	tu	*freges*	frigias	frigiste	frigiras	frigirás	frigirias	*frijas*	frigisses	frigires	frigi
	ele	*frege*	frigia	frigiu	frigira	frigirá	frigiria	*frija*	frigisse	frigir	
	nós	frigimos	frigiamos	frigimos	frigiramos	frigiremos	frigiríamos	*frijamos*	frigíssemos	frigirmos	
	vós	frigis	frigieis	frigistes	frigireis	frigireis	frigirieis	*frijais*	frigísseis	frigirdes	
	eles	*fregem*	frigiam	frigiram	frigiram	frigirao	frigiriam	*frijam*	frigissem	frigirem	frigi
ir	eu	vou	ia	fui	*fora*	irei	iria	*vá*	fosse	*for*	

▶ ir로 끝나는 제3 변화

ir	eu								
	tu	vais	ias		foste	foras	irás	irias	vás	fosses	fores	vai
	êle	vai	ia		foi	fora	irá	iria	vá	fosse	fôr	ide
	nós	vamos	íamos		fomos	fôramos	iremos	iríamos	vamos	fôssemos	formos	
	vós	ides	íeis		fostes	fôreis	ireis	iríeis	vaaes	fôsseis	fordes	
	êles	vão	iam		foram	foram	irão	iriam	vão	fossem	forem	
luzir	eu	luz	luzia		luziu	luzira	luzirá	luziria		luzisse	luzir	없음.
	tu											
	êle		luzia						없음.		luzir	
	nós										luzirmos	
	vós											
	êles	luzem	luziam		luziram	luziram	luzirão	luziriam		luzissem	luzirem	
ouvir	eu	ouço 또는 oiço	ouvia		ouvi	ouvira	ouvirei	ouviria	ouça 또는 oiça	ouvisse	ouvir	
	tu	ouves	ouvias		ouviste	ouviras	ouvirás	ouvirias	ouças 또는 oiças	ouvisses	ouvires	ouça 또는 oiça
	êle	ouve	ouvia		ouviu	ouvira	ouvirá	ouviria	ouça 또는 oiça	ouvisse	ouvir	
	nós	ouvimos	ouvíamos		ouvimos	ouvíramos	ouviremos	ouviríamos	ouçamos 또는 oiçamos	ouvíssemos	ouvirmos	ouvi ouvi
	vós	ouvis	ouvíeis		ouvistes	ouvíreis	ouvireis	ouviríeis	ouçais 또는 oiçais	ouvísseis	ouvirdes	
	êles	ouvem	ouviam		ouviram	ouviram	ouvirão	ouviriam	ouçam 또는 oiçam	ouvissem	ouvirem	
pedir	eu	peço	pedia		pedi	pedira	pedirei	pediria	peça	pedisse	pedir	
	tu	pedes	pedias		pediste	pedias	pedirás	pedirias	peças	pedisses	pedires	pede
	êle	pede	pedia		pediu	pedia	pedirá	pediria	peça	pedisse	pedir	
	nós	pedimos	pedíamos		pedimos	pedíamos	pediremos	pediríamos	peçamos	pedíssemos	pedirmos	
	vós	pedis	pedíeis		pedistes	pedreis	pedireis	pediríeis	peçais	pedísseis	pedirdes	
	êles	pedem	pediam		pediram	pediam	pedirão	pediriam	peçam	pedissem	pedirem	
polir	eu	pulo	polia		poli	polia	polirei	poliria	pula	polisse	polir	
	tu	poles	polias		poliste	polias	polirás	polirias	pulas	polisses	polires	pule
	êle	pule	polia		poliu	polira	polirá	poliria	pula	polisse	polir	
	nós	polimos	políamo		polimos	políramos	poliremos	poliríamos	pulamos	políssemos	polirmos	
	vós	polis	políeis		polistes	políreis	polireis	poliríeis	pulais	polísseis	polirdes	
	êles	pulem	poliam		poliram	poliram	polirão	poliriam	pulam	polissem	polirem	poli
rir	eu	rio	ria		ri	ria	rirei	riria	ria	risse	rir	
	tu	ris	rias		riste	rias	rirás	ririas	rias	risses	rires	ri
	êle	ri	ria		riu	ria	rirá	riria	ria	risse	rir	
	nós	rimos	ríamos		rimos	ríramos	riremos	riríamos	riamos	ríssemos	rirmos	
	vós	rides	ríeis		ristes	rírees	rireis	riríeis	riais	rísseis	rirdes	rides
	êles	riem	riam		riram	riram	rirão	ririam	riam	rissem	rirem	

부록◂

sair	eu	*saio*	saia	*sai*	*saíra*	sairei	sairia	*saia*	saísse	*sair*	*sai*
	tu	*sais*	saias	saíste	*saíras*	sairás	sairias	*saias*	saísses	*saíres*	*sai*
	êle	*sai*	saia	saiu	*saíra*	sairá	sairia	*saia*	saísse	sair	
	nós	*saímos*	saíamos	saímos	sairamos	sairemos	sairíamos	saíamos	saíssemos	sairmos	
	vós	*saís*	saíeis	saístes	saíreis	saireis	sairíeis	*saiais*	saísseis	sairdes	
	êles	saem	*saíam*	*saíram*	*saíram*	sairão	sairiam	*saiam*	saíssem	*saírem*	*saí*
sortir	eu	*surto*	sortia	sorti	sortira	sortirei	sortiria	*surta*	sortisse	sortir	*surte*
	tu	*surtes*	sortias	sortiste	sortiras	sortirás	sortirias	*surtas*	sortisses	sortires	
	êle	*surte*	sortia	sortiu	sortira	sortirá	sortiria	*surta*	sortisse	sortir	sorti
	nós	sortimos	sortíamos	sortimos	sortíramos	sortiremos	sortiríamos	*surtamos*	sortíssemos	sortirmos	
	vós	surtis	sortíeis	sortistes	sortíreis	sortireis	sortiríeis	*surtais*	sortísseis	sortirdes	
	êles	*surtem*	sortiam	sortiram	sortiram	sortirão	sortiriam	*surtam*	sortissem	sortirem	
tossir	eu	*tusso*	tossia	tossi	tossira	tossirei	tossiria	*tussa*	tossisse	tossir	tosse
	tu	tosses	tossias	tossiste	tossiras	tossirás	tossirias	*tussas*	tossisses	tossires	
	êle	tosse	tossia	tossiu	tossira	tossirá	tossiria	*tussa*	tossisse	tossir	
	nós	tossimos	tossíamos	tossimos	tossíramos	tossiremos	tossiríamos	*tussamos*	tossíssemos	tossirmos	tossi
	vós	tossis	tossíeis	tossistes	tossíreis	tossireis	tossiríeis	*tussais*	tossísseis	tossirdes	
	êles	tossem	tossiam	tossiram	tossiram	tossirão	tossiriam	*tussam*	tossissem	tossirem	
urgir	eu	—	—	—	—	—	—	없음.	—	—	없음.
	tu	—	—	—	—	—	—		—	—	
	êle	urge	urgia	urgiu	urgira	urgirá	urgiria		urgisse	urgir	
	nós	—	—	—	—	—	—		—	—	
	vós	—	—	—	—	—	—		—	—	
	êles	urgem	urgiam	urgiram	urgiram	urgirão	urgiriam		urgissem	urgirem	
vir	eu	venho	*vinha*	*vim*	*viera*	virei	viria	*venha*	*viesse*	vier	*vem*
	tu	vens	*vinhas*	*vieste*	*vieras*	virás	virias	*venhas*	*viesses*	vieres	
	êle	vem	*vinha*	*veio*	*viera*	virá	viria	*venha*	*viesse*	vier	vinde
	nós	vimos	*vínhamos*	*viemos*	*viéramos*	viremos	viríamos	*venhamos*	*viéssemos*	viermos	
	vós	vindes	*vínheis*	*viestes*	*viéreis*	vireis	viríeis	*venhais*	*viésseis*	vierdes	
	êles	têm	*vinham*	*vieram*	*vieram*	virão	viriam	*venham*	*viessem*	vierem	

◀ 생활 필수 단어 ▶

1 가게 loja [로자] f.

고깃집	agougue [아고우기] m. (영meat shop)
과자 가게	confeitaria [콘페이타리아] f. (영patisserie)
구두 가게	sapataria [사파타리아] f., loja de calgados [로쟈 데 카우가도스] f. (영 shoe store)
금은방	joalheria [죠알례리아] f. (영jeweller's shop)
꽃 가게	floricultura [플로리크우투라] f. (영flower shop)
뉴스스탠드	banca de jornal [반카 데 죠르나우] f. (영 newsstand)
문구점	papelaria [파펠라리아] f. (영stationery store)
백화점	loja de departamentos [로쟈 데 데파르타멘토스] f. (영department store)
부동산중개업소	imobiliaria [이모빌라리아] f. (영real estate agent)
부띠끄	butique [부티키] f. (영boutique)
빵 가게	padaria [파다리아] f. (영bakery)
생선 가게	peixaria [페이샤리아] f. (영fish shop)
세탁소	lavanderia [라반데리아] f. (영laundry)
쇼핑 센터	shopping [쇼삥] m. (영shopping center)
술 가게	loja de bebidas [로자 데 베비다스] f. (영liquor store)
슈퍼마켓	supermercado [수페르메르카도] (영supermarket)
시장	mercado [메르카도] m. (영market)
식료품점	mercearia [메르세아리아] f. (영grocery store)
야채 가게	quitanda [키탄다] f. (영vegetable store)
약국	drogaria [드로가리아] f., farmacia [파르마시아] f. (영pharmacy, drugstore)
책 가게	livraria [리브라리아] f. (영bookstore)
키오스크	quiosque [키오스키] m. (영kiosk)
파이 가게	pastelaria [파스텔라리아] f. (영pastry shop)
피자 가게	pizzaria [피짜리아] f. (영pizzeria)

2 가구 móvel [모베우] m.

블라인드	persiana [페르시아나] f. (명blind)
서랍장	guarda-rouca [과르다 호우파] m. (명chest of drawers)
소파	sofá [소파] m. (명sofa, couch)
식기함	guarda-louça [과르다 로우사] m. (명cupboard)
의자	cadeira [카데이라] f. (명chair, stool)
책상	escrivaninha [에스크리바니냐] f. (명desk, bureau)
책장	estante de livro [에스탄티 데 리브로] f. (명bookshelf)
침대	cama [카마] f. (명bed)
카펫	tapete [타페티] m. (명carpet, rug)
커튼	cortina [코르치나] f. ((명curtain)
쿠션	almofada [아우모파다] f. (명cushion)
테이블	mesa [메자] f. (명table)
팔걸이의자	poltrona [포우트로나] f. (명armchair)
해먹	rede [헤디] f. (명hammock)

▶ 생활 필수 단어

3 가족 família [파밀리아] f.

가족	família [파밀리아] f. (영family)
남편	marido [마리도] m. (영husband)
딸	filha [필랴] f. (영daughter)
부모	pais [파이스] m. p. (영parents)
부부	casal [카자우] m. (영couple)
부인	mulher [물리에르] f., esposa [에스포자] f. (영wife)
손녀	neta [네타] f. (영granddaughter)
손자	neto [네토] m. (영grandson)
숙모, 백모	tia [티아] f. (영aunt)
숙부, 백부	tio [티오] m. (영uncle)
시아버지	sogro [소그로] m. (영father-in-law)
시어머니	sogra [소그라] f. (영mother-in-law)
아들	filho [필료] m. (영son)
아버지	pai [파이] m. (영father)
아이	criança [크리안사] f. (영child)
어머니	mae [마인] f. (영mother)
외손녀	sobrinha [소브리냐] f. (영niece)
외손자	sobrinho [소브리뇨] m. (영nephew)
의자매	cunhada [쿠냐다] f. (영sister-in-law)
의형제	cunhado [쿠냐도] m. (영brother-in-law)
자매	irmã [이르만] f. (영sisters)
자손	descendente [데센덴치] m.,f. (영descendant)
조상	ascendente [아센덴치] m.,f. (영ancestor)
조카	primo [프리모] m., [여자] prima [프리마] f. (영cousin)
증손녀	bisneta [비스네타] f. (영great-granddaughter)
증손자	bisneto [비스네타] m. (영great-grandson)
증조할머니	bisavó [비자우오] f. (영great-grandmother)
증조할아버지	bisavô [비자우오] m. (영great-grandfather)
친계	parente [파렌치] m.,f. (영relative)
할머니	avo [아부] f. (영grandmother)
할아버지	avô [아보] m. (영grandfather)
형제	irmao [이르마온] m. (영brother)

4 계절 estação do ano [에스타사온 도 아노] f., 월 mês [메이스] m.

1월	janeiro [쟈네이로] m. (영January)	
2월	fevereiro [페베레이오] m. (영February)	
3월	março [마르소] m. (영March)	
4월	abril [아브리우] m. (영April)	
5월	maio [마이오] m. (영May)	
6월	junho [쥬뇨] m. (영June)	
7월	julho [쥬료] m. (영July)	
8월	agosto [아고스토] m. (영August)	
9월	setembro [세템브로] m. (영September)	
10월	outubro [오우투브로] m. (영October)	
11월	novembro [노벰브로] m. (영November)	
12월	dezembro [데젬브로] m. (영December)	
가을	outono [오우토노] m. (영autumn, fall)	
겨울	inverno [인베르노] m. (영winter)	
계절	estação do ano [에스타사온 도 아노] f. (영season)	
달	mês [메이스] m. (영month)	
봄	primavera [프리마베라] f. (영spring)	
여름	verao [베라온] m. (영summer)	

▶ 생활 필수 단어

5 과일 fruta [프루타] f.

과일	fruta [프루타] f. (영fruit)
귤	tangerina [탄제리나] f., mexerica [메셰리카] f. (영mandarin)
딸기	moranqo [모란고] m. (영strawberry)
레몬	limâo [리마온] m. (영lemon)
망고	manga [만가] f. (영mango)
멜론	melão [메라온] m. (영melon)
무화과	figo [피고] m. (영fig)
바나나	banana [바나나] f. (영banana)
배	pêra [페라] f. (영pear)
복숭아	pêssego [페시고] m. (영peach)
사과	maçà [마산] f. (영apple)
살구	abricó [아브리코] m (영apricot)
석류	romã [호만] f. (영pemegranate)
수박	melancia [메란시아] m. (영watermelon)
오렌지	laranja [라란쟈] f. (영orange)
자두	ameixa [아메이시야] f. (영plum)
자몽	toranja [토런쟈] f. (영grapefruit)
체리	cereja [세레쟈] f. (영cherry)
파인애플	ananás [아나나이스] m., abacaxi [아바카시] m. (영pineapple)
파파야	mamâo [마마온] m. 영papaya)
포도	uva [우바] f. (영grapes)

부록◂

6　기상 fenômeno atmosférico [페노메노 아티모스피리코] m.

가랑비	chuvisco [츄비스코] m., garoa [가로] f. (영light rain)
강풍	ventania [벤타니아] f. (영gale)
기온	temperatura [템페라투라] f. (영temperature)
날씨	tempo [템포] m. (영weather)
눈	neve [네베] f. (영snow)
맑음	bom tempo [봄 템포] m. (영fine weather)
무지개	arco-iris [아르코이] m. (영rainbow)
미풍	brisa [브리자] f. (영breeze)
바람	vento [벤토] m. (영wind)
번개	trovao [트로바온] m. (영thunder)
비	chuva [츄바] f. (영rain)
사이클론	ciclone [시크로니] m., furacão [후라카온] m. (영hurricane)
서리	neblina [네브리] f. (영fog, mist)
스모그	nevoeiro com fumaça [네보에이로 콤 푸마싸] m. (영smog)
습도	umidade [우미다디] f. (영dampness, humidity)
토네이도	tornado [토르나도] m. (영tornado)
폭풍우	tempestade [템페스타데] f. (영storm)
회오리바람	remoinho [헤모이뇨] m. (영whirlwind)
흐림	nublado [누브라도] (영cloudy)

▶ 생활 필수 단어

7 꽃 flor [플로르] f.

국화	crisântemo [크리잔테모] m. (영chrysanthemum)
나팔꽃	bons-dias [본즈 디아스] m., pl. campainha [캄파이냐] f. (영morning glory)
난	orquídea [오르키디아] f. (영orchid)
동백	camélia [카멜리아] f. (영camellia)
민들레	dente-de-leão [덴테 데 레아온] m. (영dandelion)
백합	lírio [릴리오] f. (영lily)
선인장	cacto [칵토] m. (영cactus)
수국	hortência [오르텐시아] f. (영hydrangea)
수련	nenúrar [네누라르] m. (영water lily)
수선화	narciso [나르시조] m. (영narcissus)
시클라멘	ciclâmen [시클라멘] m. (영cyclamen)
아이리스	íris [이리스] m. (영flag, iris)
양귀비	papoula [파포우라] f. (영red poppy)
장미	rosa [호자] f. (영rose)
제라늄	gerânio [제라니오] m. (영geranium)
제비꽃	violeta [비올레타] f. (영violet)
카네이션	cravo [크라보] m. (영carnation)
코스모스	cosmos [코즈모스] m. (영cosmos)
클로버	trevo [트레보] m. (영clover)
튤립	tulipa [투리파] f. (영tulip)
팬지	amor-perfeito [아모르 페르페이토] m. (영pansy)
해바라기	girassol [지라소우] m. (영sunflower)

8 나무 árvore [아르보리] f.

가지	galho [갈료] (영branch, bough)
고무나무	seringueira [세린게이아] f. (영rubber tree)
나무	árvore [아르보리] f. (영tree)
대나무	bambu [밤부] m. (영bamboo)
동백	camélia [카메리아] f. (영camellia)
마호가니	acaju [아카쥬] m. (영mahogany)
목련	magnólia [마기노] f. (영magnolia)
바나나나무	bananeira [바나네이라] f. (영banana tree)
밤나무	castanheiro [카스타니에로] m. (영chestnut tree)
버드나무	salgueiro [사우게이로] m. (영willow)
벚나무	cerejeira [세레제이라] f. (영cherry tree)
보리수	tília [티리아] f. (영linden)
뿌리	raiz [하이] f. (영root)
삼나무	cedro [쎄도로] m. (영cedar)
소나무	pinheiro [피니에이로] m. (영pine)
싹	broto [브로토] m. (영bud)
아카시아	acácia [아캇시아] f. (영acacia)
야자나무	coqueiro [코케이로] m., palmeira [파우메이라] f. (영palm)
열매	fruto [프룻토] m. (영fruit, nut)
오크나무	carvalho [카르바] m. (영oak)
올리브나무	oliveira [오리베이라] f. (영olive tree)
유카리	eucalipto [에우카리피토] m. (영eucalyptus)
이페나무	ipê [이페] m. (영ipê)
잎	fôlha [폴랴] f. (영leaf, blade)
자카란다	jacarandá [자카란다] m. (영jacaranda)
종자	semente [세멘치] f. (영seed)
줄기	tronco [트론코] m. (영trunk)
커피나무	cafeeiro [카페에이로] m. (영coffee plant)
포플러	álamo [아라모] m. (영poplar)
플라타너스	plátano [프라타노] m. (영plane tree)

▶생활 필수 단어

9 도량형 pesos e medidas [페조스 이 메디다스]

한국어	포르투갈어	영어

그램　　　　grama [그라마] m. (영 gram)
리터　　　　litro [리토로] m. (영 liter)
마일　　　　milha [밀랴] f. (영 mile)
미터　　　　metro [메트로] m. (영 meter)
밀리미터　　milímetro [밀리메트로] m. (영 millimeter)
센티미터　　centímetro [센티메트로] m. (영 centimeter)
아르　　　　are [아리] f. (영 are)
입방미터　　metro cúbico [메트로 쿠비코] m. (영 cubic meter)
입방센티미터 centímetro cubico [센티메트로 쿠비코] m. (영 cubic centimeter)
킬로그램　　quilograma [킬로그라마] m. (영 kilogram)
킬로미터　　quilômetro [킬로메트로] m. (영 kilometer)
톤　　　　　tonelada [토넬라다] f. (영 ton)
파운드　　　libra [리브라] f. (영 pound)
평방미터　　metro quadrado [메트로 콰드라도] m. (영 square meter)
평방킬로미터 quilômetro quadrado [킬로메트로 콰드라도] m. (영 square kilometer)
헥타르　　　hectare [에크타리] m. (영 hectare)

10 동물 [아니마우] m.

한국어	포르투갈어	영어
개	cão [카온] m., cachorro [카쵸호] m.	(영 dog)
개구리	sapo [사포] m., rã [한] f.	(영 frog)
거북이	tartaruga [타르타루가] f.	(영 turtle)
고래	baleia [바레이아] f.	(영 whale)
고양이	gato [가토] m.	(영 cat)
다람쥐	esquilo [에스키로] m.	(영 squirrel)
도마뱀	lagarto [라가르토] m.	(영 lizard)
돌고래	golfinho [고우피뇨] m.	(영 dolphin)
뱀	serpente [세르펜티] f., cobra [코브라] f.	(영 snake)
수곰	urso [우르소] m.	(영 bear)
수늑대	lobo [로보] m.	(영 wolf)
수말	cavalo [카발로] m.	(영 horse)
수사슴	veado [베아도] m.	(영 deer)
수사자	leão [레아온] m.	(영 lion)
수산양	bode [보데] m.	(영 goat)
수소	boi [보이] m.	(영 cattle)
수코끼리	elefante [엘레판티] m.	(영 elephant)
수탕나귀	burro [부로] m.	(영 donkey)
수퇘지	porco [포르코] m.	(영 pig)
숫양	carneiro [카르네이로] m.	(영 sheep)
숫쥐	rato [하토] m.	(영 rat, mouse)
악어	crocodilo [크로코딜로] m., jacaré [쟈카레] m.	(영 alligator, crocodile)
암곰	ursa [우르사] f.	(영 bear)
암늑대	loba [로바] f.	(영 wolf)
암말	égua [에쿠아] f.	(영 horse)
암사슴	veada [베아다] f.	(영 deer)
암사자	leoa [레오아] f.	(영 lion)
암산양	cabra 카브라 [f.	(영 goat)
암소	vaca [바카] f.	(영 cattle)
암양	ovelha [오벨랴] f.	(영 sheep)
암쥐	rata [하타] f.	(영 rat, mouse)
암코끼리	aliá [알리아] f.	(영 elephant)

▶ 생활 필수 단어

암탕나귀	mula [물라] f. (영 donkey)
암퇘지	porca [포르카] f. (영 pig)
여우	raposa [라포사] f. (영 fox)
원숭이	macaco [마카코] m. (영 monkey, ape)
족제비	doninha [도니냐] f. (영 weasel)
침팬지	chimpanzé [침판제] m. (영 chimpanzee)
토끼	lebre [레브리] f., coelho [코엘료] m. (영 rabbit)
호랑이	tigresa [티그레사] f., tigre [티그리] m. (영 tiger)

11 맛 sabor [사보르] m.

기름지다	untuoso [운투오조], gorduroso [고르두로조]	(영fatty)
끈적하다	muito temperado [무인토 템페라도]	(영heavy)
달다	doce [도씨]	(영sweet)
딱딱하다	com cica [콤 시카], adstringente [아드스트린젠치]	(영astringent)
뜨겁다	quente [켄치]	(영hot)
레어	mal passado [마우 파사도]	(영rare)
맛없다	de sabor ruim [디 사보르 후인], ruim [후인]	(영not good)
맛있다	gostoso [고스토조]	(영nice, delicious)
맵다	picante [피칸치]	(영hot, pungent)
미디엄	ao ponto [아오 폰토]	(영medium)
시다	azedo [아제도]	(영sour, acid)
심플하다	leve [레비]	(영simple)
싱겁다	fraco [프라코]	(영weak)
쓰다	amargo [아마르고]	(영bitter)
웰던	bem passado [베인 파사도]	(영well-done)
익지 않은	cru [크루]	(영raw)
짙다	forte [포르치]	(영thick, strong)
짜다	salgado [사우가도]	(영salty)
차다	frio [프리오]	(영cold)

12 몸 corpo [코르포] m.

가슴	peito [페이토] m. (영 the breast, the chest)
귀	orelha [오렐랴] f. (영 ear)
눈	olho [올료] m. (영 eye)
다리	perna [페르나] f. (영 leg)
등	costas [코스타스] f. pl. (영 the back)
머리	cabeça [카벳사] f. (영 head)
머리카락	cabelo [카벨로] m. (영 hair)
목	pescoço [페스콧소] (영 neck)
무릎	joelho [조엘로] m. (영 knee, lap)
발	pé [페] m. (영 foot)
발꿈치	calcanhar [카우카냐르] m. (영 heel)
배	barriga [바히가] f. (영 the belly)
뺨	bochecha [보체챠] f. (영 cheek)
손	mao [마온] f. (영 hand, arm)
손가락	dedo [데도] m. (영 finger)
손목	pulso [푸우소] m. (영 wrist)
손톱	unha [우냐] f. (영 nail)
어깨	ombro [옴브로] m. (영 the shoulder)
얼굴	rosto [로스토] m. (영 face, look)
엉덩이	nadegas [나데가스] f., pl. (영 buttocks)
이마	testa [테스타] f. (영 the forehead)
입	boca [봇카] f. (영 mouth)
입술	lábio [라비오] m. (영 lip)
젖	busto [부스토] m., seio [세이오] m. (영 breast)
치아	dente [덴치] m. (영 tooth)
코	nariz [나리스] m. (영 nose)
턱	queixo [케이시오] m. (영 chin, jaw)
팔	braço [브랏소] m. (영 arm)
팔꿈치	cotovelo [토벨로] m. (영 elbow)
허리	quadril [콰도리우] m. (영 the waist)
혀	linaua [린구아] f. (영 tongue)

13 문구 artigos de papelaria [아르티고스 데 파펠라리아] m., pl.

가위	tesoura [테조라] f. (영 scissors)
노트	caderno [카데르노] m. (영 notebook)
마커	marca-texto [마르카 텍스토] m., lumicolor [루미콜로르] m. (영 marker)
만년필	caneta-tinteiro [카네타 틴테이로] f. (영 fountain pen)
문구점	artigos de escritório [아르티고스 데 에스크리토리오] m., pl. (영 stationery)
물감	tinta [틴타] (영 paints, colors)
바인더	pasta [파스타] f. (영 binder)
볼펜	caneta esferográfica [카네타 에스페로그라피카] f. (영 ball-point)
붓	pincel [핀세우] m. (영 brush)
비닐 봉투	envelope [엔벨로피] m. (영 envelope)
비닐 테이프	fita para empacotamento [피타 파라 엔파코타멘토] f. (영 packaging tape)
사인펜	pincel atômico [핀세우 아토미코] m. (영 fiber-tipped pen)
색연필	lápis de cor [라피스 데 코르] m. (영 colored pencil)
샤프	lapiseira [라피세이라] f. (영 mechanical pencil)
스카치 테이프	fita adesiva [피타 아데지바] f., durex [두렉스] m. (영 Scotch tape)
스케치북	caderno de esboços [카데르노 데 에스보] m. (영 sketchbook)
스테이플러	grampeador [그람피아도르] m. (영 stapler)
연필	lápis [라피스] m. (영 pencil)
잉크	tinta [틴타] f. (영 ink)
접착제	cola [콜라] f. (영 adhesive)
지우개	borracha [보하샤] f. (영 eraser, rubber)
커터	cortador [코르타도르] m. (영 cutter)
크레용	creiom [크레이온] m. (영 crayon)
클립	clipe [클리피] (영 clip)
편지지	papel de carta [파페우 데 카르타] m. (영 letter paper)
풀	cola [콜라] f. (영 paste, starch)

▶ 생활 필수 단어

14 물고기 peixe [페이시] m.

가다랑어	bonito [보니토] m. (영 bonito)
가리비	concha de romeiro [콘챠 디 호메이로] f., leque [레키] m. (영 scallop)
가자미	linauado [린구아도] m. (영 sole)
게	carangueio [카란게죠] m. (영 crab)
고등어	cavala [카바라] f. (영 mackerel)
굴	ostra [오스트라] f. (영 oyster)
대구	bacalhau [바카랴우] m. (영 cod)
대하	lagosta [라고스타] f. (영 lobster)
멸치	enchova [엔쵸바] f. (영 anchovy)
문어	polvo [포우보] m.(영 octopus)
물고기	peixe [페이시] m. (영 fish)
뱀장어	enguia [엔기아] f. (영 eel)
새우	camarão [카마라온] m. (영 shrimp, prawn, lobster)
송어	truta [토룻타] f. (영 trout)
숭어	tainha [타이냐] f. (영 mullet)
연어	salmão [사우마온] m. (영 salmon)
오징어	lula [루라] f. (영 cuttlefish, squid)
전복	abalone [아바로니] m. (영 abalone)
정어리	sardinha [사르디냐] f. (영 sardine)
조개	amêijoa [아메이죠아] f. (영 clam)
조개류	molusco [모르스코] m. (영 mollusk)
참치	atum [아툼] m. (영 tuna)
청어	arenque [아렌키] m. (영 herring)
피라루크	pirarucu [피라루쿠] m. (영 piraruku)
피라니아	piranha [피라냐] f. (영 piranha)
홍합	marisco [마리스코] m., mexilhão [메시리야온] m. (영 mussel)
황새치	peixe-espada [페이시 에스파다] m. (영 swordfish)

부록

15 병·상처 doença [도엔사] f., erida [페리다] f., lesão [레자온] f.

간염	hepatite [에베티티] f. (영 hepatitis)
감기	constipaçao [콘스티파사온] f., gripe [그리피] f. (영 cold, flu)
결핵	tuberculose [투베르쿨로지] f. (영 tuberculosis)
골절	fratura [프라투라] f. (영 fracture)
궤양	úlcera [우우세라] f. (영 ulcer)
당뇨병	diabetes [디아베티스] f., pl. (영 diabetes)
뎅기열	dengue [덴기] f. (영 dengue)
말라리아	malária [말라리아] f. (영 malaria)
병	doença [도엔사] f. (영 disease, sickness)
볼거리	caxumba [카슘바] f. (영 mumps)
상처	lesão [레자온] f., ferida [페리다] f. (영 injury, wound)
습진	eczema [에키제마] m. (영 eczema)
식중독	intoxicação alimentar [인토크시아사온 알리멘타르] f. (영 food poisoning)
심장병	doença do coraçao [도엔사 도 코라사온] f., cardiopatia [카르디오파티아] f. (영 heart disease)
아토피성 피부염	dermatite atópica [데르마티티 아토피카] f. (영 atopic dermatitis)
암	câncer [칸세르] m. (영 cancer)
에이즈	AIDS [아이디스] f. (영 AIDS : Acquired Immuno Deficiency Syndrome)
염좌	distensão [디스텐사온] f. (영 sprain)
이질	disenteria [디젠테리아] f. (영 dysentery)
인플루엔자	gripe forte [그리피 포르티] f. (영 influenza, flu)
천식	asma [아즈마] f. (영 asthma)
천연두	varíola [바리올라] f. (영 smallpox)
충수염	apendicite [아펜디시티] f. (영 appendicitis)
충치	cárie [카리] f. (영 bad tooth)
치질	hemorróidas [에모호이다스] f., pl. (영 hemorrhoids)
콜레라	cólera [콜레라] m., f. (영 cholea)
타박상	contusão [콘투사온] f. (영 bruise)
탈골	deslocamento [데즐로카멘토] m. (영 dislocation)
티푸스	tifo [티포] m. (영 typhoid, typhus)
파상풍	tétano [테타노] m. (영 tetanus)
폐렴	pneumonia [피네우모니아] f. (영 pneumonia)

▶ 생활 필수 단어

홍역	sarampo [사람포] m. (영 the measles)
화분증	alergia a polen [알레르지아 아 폴레인] f. (영 hay fever, pollinosis)
화상	queimadura [케이마두라] f. (영 burn, scald)
황열병	febre amarela [페브리 아마렐라] f. (영 yellow fever)

16 병원 hospital [오스피타우] m.

CT 스캔	tomografia computadorizada [토모그라피아 콤푸타도리자다] f. (영 CT scanning)
X선 검사	exame de raio X [에자미 데 하이오시스] m. (영 X-ray examination)
검사	exame [에자미] m. (영 examination)
구급병원	pronto-socorro [프론토 소코호] m. (영 emergency hospital)
남자 간호사	enfermeiro [엔페르메이로] m. (영 nurse)
남자 의사	médico [메디코] m. (영 doctor)
링겔	colocação de soro [콜로카사온 데 소로] f., instilação [인스틸라사온] f. (영 intravenous drip)
마취	anestesia [아네스테지아] f. (영 anesthesia)
병원	hospital [오스피타우] m. (영 hospital)
소독	esterilização [에스테릴리자사온] f. (영 sterilization)
수술	operação [오페라사온] f. (영 operation)
수혈	transfusão de sangue [트란스푸사온 데 산기니오] f. (영 blood transfusion)
약	medicamento [메디카멘토] m., remédio [헤메디오] m. (영 medicine, drug)
약국	farmácia [파르마시아] f. (영 pharmacist's office, dispensary)
여자 간호사	enfermeira [엔페르메이라] f. (영 nurse)
여자 의사	médica [메디카] f. (영 doctor)
주사	injeção [인제사온] f. (영 injection)
진단서	atestado médico [아테스타도 메디코] m. (영 medical certificate)
진찰	consulta [콘스우타] f. (영 medical examination)
집중치료실	UTI [우티이] f., unidade de terapia intensiva [우니다데 데 테라피아 인텐시바] f. (영 intensive care unit)
클리닉	clínica [크리니카] f. (영 clinic)
항생물질	antibiótico [안티비오티코] m. (영 antibiotic)
혈액형	grupo sanguíneo [그루포 산기니오] m. (영 blood type)

▶생활 필수 단어

17 부엌용품 utensílios da cozinha [우텐실리오스 다 코지냐]

가스레인지	fogão [포가온] m. (영stove, cooker)	
강판	ralador [하라도르] m. (영grater)	
거품기	batedor de ovos [바테도르 데 오보스] m. (영whisk)	
계량컵	copo de medida [코포 데 메디다] m. (영measuring cup)	
국자	concha [콘챠] f. (영ladle)	
그릇	tigela [티질라] f. (영bowl)	
껍질 벗기는 칼	descascador [데스카스카도르] m. (영peeler)	
도마	tábua de carne [타부아 데 카르니] f. (영cutting board)	
믹서기	batedeira [바테데이라] f., liquidificador [리키디피카도르] m. (영mixer)	
병따개	abridor de garrafas [아브리도르 데 가라파스] m. (영bottle opener)	
석쇠	grelha [그렐랴] f. (영grill)	
식칼	faca de cozinha [파카 데 코지냐] f. (영 kitchen knife)	
압력밥솥	panela de pressão [파넬라 데 프레사온] f. (영pressure cooker)	
오븐	forno [포르노] m. (영oven)	
오프너	abridor de latas [아브리도르 데 라타스] m. (영can opener)	
저울	balança [바란사] f. (영scales)	
주전자	chaleira [샤레이라] f. (영kettle)	
코르크오프너	saca-rolhas [사카 홀랴스] m. (영corkscrew)	
팬	panela [파넬라] f. (영pan)	
폴트리 시어	tesoura de cozinha [테조우라 데 코지냐] f. (영poultry shears)	
프라이 팬	frigideira [프리지데이라] f. (영frying pan)	

18 색 cor [코르] f.

검은색	preto [프렛토] (명 black)
금색	dourado [두란도] (명 golden)
노란색	amarelo [아마렐로] (명 yellow)
녹색	verde [베르데] (명 green)
베이지색	bege [베지] (명 beige)
보라색	violeta [바이올레타] roxo [호쇼] (명 purple, violet)
빨간색	vermelho [베르멜료] (명 red)
어두운 파란색	azul-escuro [아즈우 에스쿠로] (명 dark blue)
옅은 갈색	marrom [마혼] (명 light brown)
오렌지색	laranja [라란자] (명 orange)
은색	prateado [프라티아도] (명 silver)
투명한	transparente [트란스파렌치] (명 transparency)
파란색	azul [아즈우] (명 blue)
핑크색	rosa [호자] (명 pink)
하늘색	azul claro [아즈우 클라로] (명 sky-blue)
황록색	verde-amarelo [베르데 아마렐로] (명 yellowish green)
황토색	ocre [오크레] (명 ocher)
회색	cinza [신자] (명 gray)
흰색	branco [브란코] (명 white)

▶ 생활 필수 단어

19 숫자 número [누메로] m.

0	zero [제로] (영 zero)
1	um [움] (영 one), (서수) primeiro [프리메이로] (영 first)
2	dois [도이스] (영 two), (서수) segundo [세군도] (영 second)
3	três [트레이스] (영 three), (서수) terceiro [테르세이로] (영 third)
4	quatro [크와트로] (영 four), (서수) quarto [크와르토] (영 fourth)
5	cinco [신코] (영 five), (서수) quinto [킨토] (영 fifth)
6	seis [세이스] (영 six), (서수) sexto [세스토] (영 sixth)
7	sete [세치] (영 seven), (서수) sétimo [세티모] (영 seventh)
8	oito [오이토] (영 eight), (서수) oitavo [오이타보] (영 eighth)
9	nove [노비] (영 nine), (서수) nono [노노] (영 ninth)
10	dez [데스] (영 ten), (서수) décimo [데시모] (영 tenth)
11	onze [온지] (영 eleven), (서수) décimo primeiro [데시모 프리메이로/(영 eleventh)
12	doze [도지] (영 twelveth), (서수) décimo segundo [데시모 세군도] (영 twelfth)
13	treze [트레지] (영 thirteen), (서수) décimo terceiro [데시모 테르세이로] (영 thirteenth)
14	catorze [카토르지] (영 fourteen), (서수) décimo quarto [데시모 크와르토] (영 fourteenth)
15	quinze [킨지] (영 fifteen), (서수) décimo quinto [데시모 킨토] (영 fifteenth)
16	dezesseis [디제세이스] (영 sixteen), (서수) décimo sexto [데시모 세스토] (영 sixteenth)
17	dezessete [디제세치] (영 seventeen), (서수) décimo sétimo [데시모 세티모] (영 seventeenth)
18	dezoito [데조이토] (영 eighteen), (서수) décimo oitavo [데시모 오이타보] (영 eighteenth)
19	dezenove [데제노비] (영 nineteen), (서수) décimo nono [데시모 노노] (영 neineteenth)
20	vinte [빈치] (영 twenty), (서수) vigésimo [비제시모] (영 twentieth)
21	vinte e um [빈치 이 움] (영 twenty-one), (서수) vigésimo primeiro [비제지모 프리메이로] (영 twenty-first)

30	trinta [트린타] (명thirty), (서수) trigésimo [트뢰제시모] (명 thirtieth)
40	quarenta [크와렌타] (명forty), (서수) quadragésimo [크와드라제지모] (명fortieth)
50	cinqüenta [신퀜타] (명fifty), (서수) qüinquagésimo [쿠인크와제지모] (명fiftieth)
60	sessenta [세센타] (명sixty), (서수) sexagésimo [세크사제지모] (명sixtieth)
70	setenta [세텐타] (명seventy), (서수) setuagésimo [세투아제지모] (명seventieth)
80	oitenta [오이텐타] (명eighty), (서수) octogésimo [오크토제지모] (명eightieth)
90	noventa [노벤타] (명ninety), (서수) nonagésimo [노나제지모] (명ninetieth)
100	cem [셈] (명a hundred), (서수) centésimo [센테지모] (명a hundredth)
1000	mil [미우] (명a thousand), (서수) milésimo [미레지모] (명a thousandth)
10,000	dez mil [데즈 미우] (명ten thousand), (서수) dez milésimos [데즈 밀레지모스] (명ten thousandth)
100,000	cem mil [셈 미우] (명one hundred thousand), (서수) cem milésimos [셈 밀레지모스] (명one hundred thousandth)
1,000,000	um milhão [움 밀량] (명one million), (서수) milionésimo [미리오네지모] (명one millionth)
2,000,000	dois milhões [도이스 밀료인스] (명two million), (서수) dois milionésimos [도이스 밀리오네지모스] (명two millionth)
0.1	zero, vírgula, um [제로 비르구라 움] (명point one)
2.14	dois, vírgula, catorze [도이스 비르구라 카토르지] (명two point fourteen)
1/2	um meio [움 메이오] (명a half)
2/3	dois terços [도이스 테르소스] (명two thirds)
2 4/5	dois e quatro quintos [도이스 이 콰트로 킨토스] (명two and four fifths)
2배	duplo [두프로] (명double)
3배	triplo [토리프로] (명triple)

▶ 생활 필수 단어

20 스포츠 esporte [에스포르티] m., desporto [데스포르토] m.

골프	golfe [고우피] m. (영golf)	
농구	basquetebol [바스케치보우] m. (영basketball)	
럭비	rugby [라구비] m. (영Rugby)	
레슬링	luta (livre) [루타(리브리)] f. (영wresting)	
마라톤	maratona [마라토나] f. (영marathon)	
복싱	boxe [보쿠시] m. (영boxing)	
배구	voleibol [보레이보우] m. (영volleyball)	
배드민턴	badminton [바데민톤] (영badminton)	
비치 발리볼	vôlei de praia [보레이 디 프라이아] m. (영beach volleyball)	
비치 사커	futebol de areia [푸치보우 디 아레이아] m. (영beach soccer)	
서핑	surfe [스루피] m. (영surfing)	
수구	pólo aquático [포로 아크와티코] m. (영water polo)	
수영	nataçao [나타사온] f. (영swimming)	
스케이트	patinagem [파티나젬] f. (영skating)	
스쿠버 다이빙	mergulho [메르그료] m. (영scuba diving)	
스키	esqui [에스키] m. (영skiing, ski)	
아이스하키	hóquei no gelo [오케이(호케이) 누 졔로] m. (영ice hockey)	
야구	beisebol [베이시보우] m. (영baseball)	
오토바이 경주	ciclismo [시크리즈모] m. (영bicycle race)	
유도	judô [쥬도] m. (영judo)	
육상경기	atletismo [아트레티즈모] m. (영athletic sports)	
체조	dinástica [디나스티카] f. (영gymnastics)	
축구	futebol [푸치보우] m. (영soccer, football)	
카포에이라	capoeira [카포에이라] f. (영capoeira)	
탁구	pingue-pongue [핑기퐁기] m., tenis de mesa [테니스 디 메자] m. (영table tennis)	
테니스	tênis [테니스] m. (영tennis)	
핸드볼	handebol [안디보우] m. (영handball)	

1677

21 시간 tempo [템포] m., hora [오라] f.

내일	amanhã [아마냔] (영 tomorrow)	
내일모레	depois de amanhã [데포이즈 데 아마냔] (영 the day after tomorrow)	
밤	noite [노이티] f. (영 night)	
분	minuto [미누토] m. (영 minute)	
시	nora [오라] f. (영 time, hour)	
심야	meio da noite [메이오 다 노이티] (영 midnight)	
아침	manhã [마니얀] f. (영 morning)	
어제	ontem [온텡] (영 yesterday)	
엊그제	anteontem [안티운텡] (영 the day before yesterday)	
연(년)	ano [아노] m. (영 year)	
오늘	hoje [오지] (영 today)	
오후	tarde [타르디] f. (영 afternoon)	
월	mês [메이스] m. (영 month)	
이른 아침	madrugada [마드루가다] f. (영 dawn, daybreak, early morning)	
일	dia [데아] m. (영 day, date)	
저녁	tardinha [타르디냐] f. (영 late afternoon, evening)	
정오	meio-dia [메이오-데아] m. (영 noon)	
주	semana [세마나] f. (영 week)	
초	segundo [세군도] m. (영 second)	

▶ 생활 필수 단어

22 식기 pratos e talheres [프라토스 이 타리에리스] m., pl., louça [로우사] f.

꼬챙이	espeto [에스페토] m. (명spit)
나이프	faca [파카] f. (명knife)
대접	prato qrande [프라토 그란데] m. (명platter)
머그잔	caneca de cerveja [카네카 디 세르베쟈] f. (명jug, mug)
밥그릇	tigela [티지라] f. (명bowl)
빨대	canudo [카누도] m. (명straw)
숟가락	colher [코리에르] f. (명spoon)
와인잔	taça de vinho [타사 디 비뇨] f. (명wineglass)
유리잔	copo [코포] m. (명glass)
접시	prato [프라토] m. (명plate, dish)
젓가락	pauzinhos [파우지뇨스] m., pl., palitinhos [파리치뇨스] m., pl. (명chopsticks)
찻잔	xícara de chá [시카라 데 샤] f. (명tea cup)
커피포트	cafeteira [카페테리아] f. (명cofeepot)
컵	xícara [시카라] f. (명cup)
포크	garfo [가르포] m. (명fork)
피처	jarro [자호] m. (명pitcher)

23 야채 verdura [베르두라] f., legume [레구미] m.

가지	beringela [베린젤라] f. (영eggplant, aubergine)
감자	batata (inglesa) [바타타(인글레자)] f. (영potato)
강낭콩	feijão [페이쟈온] m. (영bean)
당근	cenoura [세노우라] f. (영carrot)
마늘	alho [알료] m. (영garlic)
버섯	cogumelo [코그멜로] m. (영mushroom)
브로콜리	brócolis [브로콜리스] m. (영broccoli)
샐러리	aipo [아이포] m., salsão [사우사온] m. (영celery)
시금치	espinafre [에스피나프리] m. (영spinach)
쌀	arroz [아호이스] m. (영rice)
아스파라거스	aspargo [아스파르고] m. (영asparagus)
양상추	alface [아우파시] f. (영lettuce)
양파	cebola [세볼라] f. (영onion)
오이	pepino [페피노] m. (영cucumber)
옥수수	milho [밀료] m. (영corn)
주키니	abobrinha [아보브리냐] f. (영zucchini)
캬베츠	repolho [헤폴료] m. (영cabbage)
콜리플라워	couve-flor [코우비 플로르] f. (영cauliflower)
토마토	tomate [토마티] m. (영tomato)
파슬리	salsa [사우사] f. (영parsley)
피망	pimentão [피멘타온] m. (영green pepper)
호박	abóbora [아보보라] f. (영pumpkin)

24 요일 dia da semana [지아 다 세마나] m.

금요일	sexta-feira [세스타 페이라] f. (영Friday)
기념일	dia comemorativo [디아 콤메모라티보] m., aniversano [아니베르사리오] m. (영anniversary)
목요일	quinta-feira [킨타 페이라] f. (영Thursday)
수요일	quarta-feira [콰르타 페이라] f. (영Wednesday)
월요일	segunda-feira [세군다 페이라] f. (영Monday)
일요일	domingo [도밍고] m. (영Sunday)
주	semana [세마나] f. (영week)
주말	fim ae semana [핌 데 세마나] m. (영weekend)
토요일	sábado [사바도] m. (영Saturday)
평일	dia de semana [디아 데 세마나] m. (영weekday)
화요일	terça-feira [테르사 페이라] f. (영Tuesday)
휴일	feriado [페리아도] m., dia de folga [디아 데 폴가] m. (영holiday, vacation)

25 육류 carne [카르니] f.

간고기	fígado [피가도] m.	(영 liver)
갈비	costela [코스텔라] f.	(영 rib)
다진고기	came moida [카르니 모이다] f.	(영 ground meat)
닭고기	carne de frango [카르니 데 프란고] f.	(영 chicken)
돼지고기	carne de porco [카르니 데 포르코] f.	(영 pork)
베이컨	toicinho [토이시뇨] m.	(영 bacon)
살라미	salame [살라미] m.	(영 salami)
살코기	filé [필레] m.	(영 fillet)
새끼양고기	carne de cordeiro [카르니 데 코르데이로] f.	(영 lamb)
생고기	carne magra [카르니 마그라] f.	(영 lean)
소고기	carne de vaca [카르니 데 바카] f.	(영 beef)
소세지	lingüiça [링구이사] f., salsicha [사우시챠] f.	(영 sausage)
송아지	vitela [비텔라] f.	(영 veal)
양고기	carne de carneiro [카르니 데 카르네이로] f.	(영 ram)
엉덩이살	lombo [롬보] m.	(영 loin)
오리	carne de pato selvagem [카르니 데 파토 세우바제인] f.	(영 duck)
햄	presunto [프레준토] m.	(영 ham)
혀고기	língua [링구아] f.	(영 tongue)
훈제	defumado [데푸마도]	(영 smoked)

26 음료 bebida [베비다] f.

녹차	chá verde [챠 베르데] m. (영green tea)
럼주	pinga [핀가] f. (영rum)
레드 와인	vinho tinto [비뇨 틴토] m. (영red wine)
로제	vinho rosé [비뇨 호제] m. (영rosé)
리큐르	licor [리코르] m. (영liqueur)
맥주	cerveja [세르베쟈] f. (영beer)
물	água [아구아] f. (영water)
미네랄 워터	água mineral [아구아 미네라우] f. (영mineral water)
밀크 커피	café com leite [카페 콤 레이치] m. (영coffee with milk)
바티다	batida [바티다] f.
보드카	vodca [보데카] f. (영vodka)
생맥주	chope [쵸피] m. (영draft beer)
샴페인	champanhe [샴파니] m. (영champagne)
스파클링 와인	espumante [에스푸만테] m. (영sparkling wine)
오렌지 주스	suco de laranja [스코 데 라란쟈] m. (영orange juice)
와인	vinho [비뇨] m. (영wine)
우유	leite [레이치] m. (영milk)
위스키	uísque [우이스키] m. (영whiskey)
주스	suco [스코] m. (영juice)
진저 에일	ginger ale [진제르 에이르] (영ginger ale)
칵테일	coquetel [코키테우] m. (영cocktail)
커피	café [카페] m. (영coffee)
코코아	chocolate quente [쇼콜라치 켄치] m. (영cocoa)
콜라	coca [코카] f. (영coke)
탄산수	água com gás [아구아 콤 가스] f. (영soda water)
홍차	chá preto [챠 프레토] m. (영tea)
화이트 와인	vinho branco [비뇨 브란코] m. (영white wine)

27 음악 · 문화 musica [무지카] f. · cultura [쿠우투라] f.

베림바우	berimbau [비림바우] m. (영 berimbau)
보사노바	bossa nova [보사노바] f. (영 bossa nova)
삼바 댄서	sambista [삼비스타] m.,f. (영 samba dancer)
삼바	samba [삼바] m. (영 samba)
세르타네조	sertanejo [세르타네조] m. (영 sertanejo)
쇼로	choro [쇼로] m. (영 choro)
신령	(캄돔브레, 움반다에서) orixá [오리샤] m. (영 orixá)
아타바키	atabaque [아타바키] m. (영 atabaque)
움반다	umbanda [움반다] f. (영 umbanda)
작은북	tamborim [탐보림] m. (영 tabor)
카니발	carnaval [카르나바우] m. (영 carnival)
카포에이라	capoeira [카포에이라] f. (영 capoeira)
칸돔브레	candomblé [칸돔브레] m. (영 candomblé)
쿠이카	cuíca [쿠이카] f. (영 cuíca)
큰북	surdo [스루도] m. (영 drum)
탬버린	pandeiro [판데이로] m. (영 tambourine)
파고디	pagode [파고디] m. (영 agode)
파도	fado [파도] m. (영 fado)

28 의복 roupa [호우파] f.

구두	sapato [사파토] m. (영shoes, boots)
긴팔	manga comprida [만가 콤프리다] f. (영long sleeves)
넥타이	gravata [그라바타] f. (영necktie, tie)
머플러	cachecol [카셰코] (영muffler)
민소매	sem mangas [세인 만가스] (영sleeveless)
바지	calças [카우사스] f., pl. (영trousers)
반팔	manga curta [만가 쿠르타] f. (영short sleeves)
벨트	cinto [신토] m. (영belt)
부츠	bota [보타] f. (영boot)
블라우스	blusa [블루자] f. (영blouse)
비옷	impermeável [임페르메아베우] m., capa de chuva [카파 디 츄바] f. (영raincoat)
세타	suéter [수에테르] m. (영sweater, pullover)
수트	conjunto [콘준토] m., terno [테르노] m. (영suit)
스니커	tênis [테니스] m. (영sneaker)
스카프	echarpe [에샤르피] f. (영scarf)
스타킹	meia de seda [메이아 디 세다] f. (영stockings)
양말	meia [메이아] f. (영socks)
와이셔츠	camisa social [카미자 소시아우] f. (영shirt)
원피스	vestido [베스티도] m. (영dress, one-piece)
재킷	paletó [팔레토] m., casaco [카자코] m. (영jacket)
조끼	colete [콜레치] m. (영vest)
치마	saia [사이아] f. (영skirt)
코트	casacão [카자카온] m., casaco [카자코] m. (영coat)
티셔츠	camiseta [카미제타] f. (영 T-shirt)
팬츠	cueca [쿠에카] f. (영underpants)
팬티	calcinha [카우시냐] f. (영panties)
폴로셔츠	camisa pólo [카미자 폴로] f. (영polo shirt)

29 인체 corpo humano [코르포 우마노] m.

한국어	포르투갈어	영어
간	fígado [피가도] m.	(영liver)
고막	tímpano [팀파노] m.	(영eardrum)
고환	testículo [테스티클로] m.	(영testicle)
관절	articulaçao [아르티쿨라사온] f.	(영joint)
근육	musculo [무스쿨로] m.	(영muscle)
기관지	bronquio [브론퀴오] m.	(영bronchus)
난소	ovário [오바리오] m.	(영ovary)
뇌	cerebro [세레브로] m.	(영brain)
대장	intestino grosso [인테스티노 그로소] m.	(영large intestine)
림프선	glândula linfática [글라둘라 림파티카] f.	(영lymphatic gland)
목구멍	garganta [가르간타] f.	(영throat)
방광	bexiga [베시가] f.	(영bladder)
뼈	osso [오쏘] m.	(영bone)
소장	intestino delgado [인테스티노 데우가도] m.	(영small intestine)
식도	esôfago [에조파고] m.	(영esophagus)
신경	nervo [네르보] m.	(영nerve)
신장	rim [힌] m.	(영kidney)
심장	coração [코라사온] m.	(영heart)
십이지장	duodeno [두오데노] m.	(영duodenum)
쓸개	vesícula biliar [베지쿨라 비리아르] f.	(영gall bladder)
위	estomago [에스토마고] m.	(영stomach)
자궁	útero [우테로]	(영womb)
충수	apêndice [아펜디시] m.	(영appendix)
췌장(이자)	pancreas [팽크리어스] m.	(영pancreas)
편도선	amígdala [아미기달라] f.	(영tonsil)
폐	pulmao [포우마온] m.	(영lung)
피부	pele [페리] f.	(영skin)
항문	ânus [아누스] m.	(영anus)
혈관	vaso sanguíneo [바조 산기니오] m.	(영blood vessel)

▶ 생활 필수 단어

30 인터넷 internet [인테르넷치] f.

다운로드	fazer download [파제르 다운로디] baixar [바이샤르] (영download)	
닷	ponto [폰토] m. (영dot)	
도메인명	nome de domínio [노미 데 도미니오] m. (영domain name)	
링크	link [링키] m. (영link)	
메일 주소	endereço eletrônico [엔데렛소 에레트로니코] m. (영mail address)	
모뎀	modem [모우데미] m. (영modem)	
보안	segurança [세구란사] f. (영security)	
브로드밴드	banda larga [반다 라루가] f. (영broadband)	
사이트	site [사이치] m. (영site)	
앳마크	arroba [아호바] f. (영at sign)	
이메일	e-mail [이메이우] m. (영e-mail)	
인터넷	internet [인테르넷치] f. (영the Internet)	
첨부파일	anexo [아넥소] m., attachment [아타치멘트] m. (영attachment)	
컴퓨터 바이러스	vírus de computador [비러스 데 콤푸타도르] m. (영computer virus)	
클릭	clicar [클리카르] (영click)	
파일	arquivo [아루키보] m. (영file)	
패스워드	senha [세냐] f. (영password)	
프로바이더	provedor [프로베도르] m. (영provider)	
하이픈	hífen [이페인] m. (영hyphen)	
홈페이지	home page [홈 페이지] f. (영homepage)	

31 전자제품 artiaos elétricos [아르티아오스 엘레트리코스]

건조기	secadora [세카도라] f. (영 desiccator)
난로	aquecedor [아케세도르] m. (영 heater, stove)
냉동고	freezer [프리제르] m., congelador [콘제라도르] m. (영 freezer)
냉장고	refrigerador [리프리제라도르] m., geladeira [젤라데이라] f. (영 refrigerator)
드라이어	secador de cabelo [세카도르 디 카벨로] m. (영 drier)
복사기	fotocopiadora [포토코피아도라] f., xerox [제록쿠스] m. (영 copier)
비디오 레코더	vídeo [비데오] m. (영 video tape racorder)
선풍기	ventilador [벤틸라도르] m. (영 electric fan)
세탁기	máquina de lavar [마키나 데 라바르] f., lavadora [라바도라] f. (영 washing machine)
스탠드	abajur [아바쥬르] m. (영 table lamp)
스테레오	estéreo [에스테리오] f. (영 stereo)
시디 플레이어	aparelhode CD [아파레료데 세데] m. (영 CD player)
식기세척기	máquina de lavar louça [마키나 디 라바 루로우사] f., lavadora de louça [라바도라 데 로우사] f. (영 dishwasher)
에어컨	ar-condicionado [아르 콘디시오나도] m. (영 air conditioning)
전구	lâmpada [람파다] f. (영 light)
전자 레인지	micro-ondas [미크로 온다스] m. (영 microwave oven)
청소기	aspirador de pó [아스피라도르 데 포] m. (영 vacuum cleaner)
텔레비전	televisor [테레비조르] m., televisão [테레비자온] f. (영 television)
팩스	fax [팍쿠스] m. (영 fax)
형광등	lâmpada fluorescente [람파다 플루오레센치] f. (영 fluorescent lamp)

▶ 생활 필수 단어

32 조류 ave [아비] f., pássaro [파사로] m.

갈매기	gaivota [가이보타] f. (영sea gull)
까마귀	corvo [코르보] m. (영crow)
독수리	águia [아기아] f. (영eagle)
딱따구리	pica-pau [피카파우] m. (영woodpecker)
마코앵무	arara [아라라] f. (영macaw)
매	falcão [파우카온] m. (영hawk)
백조	cisne [시즈니] m. (영swan)
부엉이	coruja [코르쟈] f. (영owl)
비둘기	pomba [폼바] f. (영pigeon, dove)
뻐꾸기	cuco [쿠코] m. (영cuckoo)
새	pássaro [파사로] m., ave [아비] f. (영bird)
수탉	galo [갈로] m. (영cock)
알바트로스	albatroz [아우바토로이스] m. (영albatross)
암탉	galinha [갈리냐] f. (영hen)
앵무새	papagaio [파파가이오] m. (영parrot)
오리	marreco [마헤코] m. (영duck)
잉꼬	periquito [페리키토] m. (영parakeet)
제비	andorinha [안도리냐] f. (영swallow)
종달새	cotovia [코토비아] f. (영lark)
집오리	pato [파토] m. (영(domestic) duck)
참새	pardal [파르다우] m. (영sparrow)
칠면조	peru [페루] m. (영turkey)
카나리아	canário [카나리오] m. (영canary)
콘도르	condor [콘도르] m. (영condor)
펠리컨	pelicano [펠리카노] m. (영pelican)
펭귄	pingüim [핑구윈] m. (영penguin)
학	grou [그로우] m. (영crane)
황새	cegonha [세고냐] f. (영stork)

부록◂

33 직업 ocupação [오쿠파사온] f., profissão f. [프로피사온]

부록

경찰	policial [포리시아우] m., f.	(영 policeofficer)
남자 빵 가게 주인	paniricador [파니피카도르] m.	(영 baker)
남자 야채 가게 주인	quitandeiro [키탄데이로] m.	(영 grocer)
남자 직장인	vendedor [벤데도르] m.	(영 salesman)
남자 가수	cantor [칸토르] m.	(영 singer)
남자 간호사	enfermeiro [엔페르메이로] m.	(영 nurse)
남자 건축가	arquiteto [아르키테토] m.	(영 architect)
남자 공무원	funcionário público [푼시오나리오 푸브리코] m.	(영 public official)
남자 공장직원	operário [오페라리오] m.	(영 factory worker)
남자 교수	professor [프로페소르] m.	(영 professor)
남자 미용사	cabeleireiro [카베레이레이로] m.	(영 beautician)
남자 변호사	advogado [아데보가도] m.	(영 lawyer, barrister)
남자 비서	secretário [세크레타리오] m.	(영 secretary)
남자 사진가	fotógrafo [포토그라포] m.	(영 photographer)
남자 생선장수	peixeiro [페이세이로] m.	(영 fishmonger)
남자 세무사	consultor fiscal [콘소우토르 피스카우] m.	(영 tax accountant)
남자 약제사	farmaceutico [파르마세우티코] m.	(영 pharmacist, druggist)
남자 어부	pescador [페스카도르] m.	(영 fisherman)
남자 엔지니어	engenheiro [엔제니에이로] m.	(영 engineer)
남자 요리사	cozinheiro [코지니에이로] m.	(영 cook)
남자 은행원	funcionária de banco [푼시오나리오 데 반코] m.	(영 bank clerk)
남자 음악가	musico [무지코] m.	(영 musician)
남자 의사	médico [메디코] m.	(영 doctor)
남자 이발사	barbeiro [바르바이로] m.	(영 barber)
남자 작가	escritor [에스크리토르] m.	(영 writer, author)
남자 재판관	juiz [쥬이스] m.	(영 judge)
남자 점원	vendedor [벤데도르] m.	(영 clerk)
남자 정치가	político [포리티코] m.	(영 statesman, politician)
남자 화가	pintor [핀토르] m.	(영 painter)
농장주	fazendeiro [파켄데이로] m.	(영 farmer)
디자이너	desenhista [데제니이스타] m., f.	(영 designer)
목수	carpinteiro [카르핀테이로] m.	(영 carpenter)

▶생활 필수 단어

| 선원 | marinheiro [마리니에로] m. (영crew, seaman) |
| 소방사 | bombeiro [봄베이로] m. (영fire fighter) |

여자 빵 가게 주인 panificadora [파니피카도라] f. (영baker)
여자 야채 가게 주인 quitandeira [키탄데이라] f. (영grocer)
여자 직장인 vendedora [벤데도라] f. (영salesman)
여자 가수 cantora [칸토라] f. (영singer)
여자 간호사 enfermeira [엔페르메이라] f. (영nurse)
여자 건축가 arquiteta [아르키테타] f. (영architect)
여자 공무원 funcionária pública [푼시오나리아 푸브리카] f. (영public official)
여자 공장직원 operária [오페라리아] f. (영factory worker)
여자 교수 professora [프로페소라] f. (영professor)
여자 미용사 cabeleireira [카베레이레이라] f. (영beautician)
여자 변호사 advogada [아데보가다] f. (영lawyer, barrister)
여자 비서 secretária [세크레타리아] f. (영secretary)
여자 사진가 fotógrafa [포토그라파] f. (영photographer)
여자 생선장수 peixeira [페이세이라] f. (영fishmonger)
여자 세무사 consultora fiscal [콘수우토라 피스카우] f. (영tax accountant)
여자 약제사 farmacêutica [파르마세우티카] f. (영pharmacist, druggist)
여자 어부 pescaaora [페스카도라] f. (영fisherman)
여자 엔지니어 enaenheira [엔제니에이라] f. (영engineer)
여자 요리사 cozinheira [코지니에이라] f. (영oook)
여자 은행원 funcionária de banco [푼시오나리아 데 반코] f. (영bank clerk)
여자 음악가 música [무지카] f. (영musician)
여자 의사 médica [메디카] f. (영doctor)
여자 작가 escritora [에스크리토라] f. (영writer, author)
여자 재판관 juíza [쥬이자] f. (영judge)
여자 점원 vendedora [벤데도라] f. (영clerk)
여자 정치가 política [포리티카] f. (영statesman, politician)
여자 화가 pintora [핀토라] f. (영painter)

예술가	artista [아르티스타] m., f. (영artist)
운전수	motorista [모토리스타] m. (영driver)
저널리스트	jornalista [죠르나리스타] m., f. (영journalist)
점원	balconista [바우코니스타] m., f. (영clerk)
정육점 주인	açougueiro [아소우게이로] m. (영butcher)
파일럿	piloto [피로토] m. (영pilot)

34 집 casa [카자] f.

거실	sala de estar [살라 디 에스타르] f. (영living room)
계단	escada [에스카다] f. (영staircase)
곳간	depósito [데포지토] m. (영storeroom)
도어	porta [포르타] f. (영door)
뒤뜰	quintal [킨타우] m. (영back yard)
마루	assoalho [아소알료] f. (영floor)
문	portão [포르타온] m. (영gate)
방	quarto [콰르토] m. (영room)
베란다	varanda [바란다] f. (영veranda)
벽	parede [파레디] f. (영wall)
복도	corredor [코헤도르] m. (영corridor)
부엌	cozinha [코지냐] f. (영kitchen)
서재	escritório [에스크리토료] m. (영studv)
식당	sala de jantar [살라 디 잔타르] f. (영dining room)
옷장	armário [아르마료] m. (영wardrobe)
욕실	banheiro [바네이로] m. (영bathroom)
응접실	sala de visitas [살라 디 비시타스] f. (영reception room)
인터폰	interfone [인테르포니] m. (영interphone)
정원	jardim [쟈르딤] m. (영garden, yard)
지붕	telhado [텔랴도] m. (영roof)
집	casa [카사] f. (영house)
차고	garagem [가라젬] f. (영garage)
창문	janela [자넬라] f. (영window)
침실	quarto de dormir [콰르토 디 도르미르] m., dormitório [도르미토리오] m. (영bedroom)
현관	entrada [엔트라다] f. (영the entrance)
욕실	banheiro [바네이로] m. (영toilet)

▶생활 필수 단어

35 축구 futebol [후치보우] m.

간접 프리킥	tiro livre indireto [티로 리브리 인디레토] m. (영indirect tree kick)
감독	treinador [트레이나도르] m., técnico [테키니코] (영coach)
경고	advertência [아드베르텐시아] f. (영booking)
골	gol [고우] m. (영goal)
골 키퍼	qoleiro [고레이로] m. (영goal keeper)
공	bola [보라] f. (영ball)
남자 서포터	torcedor [토르세도르] m., 여자서포터 torcedora [토르세도라] f. (영supporter)
남자 선수	jogador [조가도르] m., 여자선수 jogadora [조가도라] f. (영player)
드리블	drible [도리브리] (영dribble)
디펜더	zagueiro [자게이로] m. (영defender)
디펜스	defesa [데페자] f. (영defense)
레드 카드	cartão vermelho [카르타온 베르멜로] m. (영red card)
로스 타임	acréscimo de tempo [아크레시모 데 템포] m. (영loss of time)
미드필더	meio-campo [메이오 캄포] m. (영midfielder)
브라질 팀	seleção brasileira [세레사온 브라지레이라] f. (영Brazilian team)
선심	juiz de linha [쥬이즈 데 리냐] m., bandeirinha [반디리냐] m. (영linesman)
슛	chute [슛] m. (영shoot)
스로 인	arremesso lateral [아헤메소 라떼라우] m. (영throw-in)
스트라이커	artilheiro do time [아루티리에이로 도 티미] m. (영striker)
심판	(남자) juiz [주이즈] m., (여자) juíza [주이자] f. (영referee)
압박	pressão [프레사웅] f. (영pressure)
연장전	prorrogação [프로 호가사온] f. (영extra time)
옐로 카드	cartão amarelo [카르타오 아마렐로] m. (영yellow card)
오버헤드 킥	bicicleta [비시크렛타] f. (영overhead kick)
오펜스	ataque [아타키] m. (영offense)
오프사이드	impedimento [임페디멘토] m. (영offside)
월드컵	Copa do Mundo [코파 도 문도] f. (영the World Cup)
인사이드 킥	chute interno [추티 인테르노] m. (영inside kick)
전반전	primeiro tempo [프리메이로 템포] m. (영first half)
직접 프리킥	tiro livre direto [티로 리브뢰 디레토] m.(영direct free kick)

축구	futebol [후치보우] m. (영football)	
카운터 어택	contra-ataque [콘트라 아타키] m. (영counter attack)	
코너킥	escanteio [에스칸티오] m. (영corner kick)	
킥오프	pontapé inicial [폰타페 이니시아우] m. (영kickoff)	
퇴장	expulsão [에스푸사옹] f. (영sending off)	
팀	equipe [에키피] (영team)	
패널티 킥	pênalti [페나우티] m. (영penalty kick)	
패스	passe [파시] m. (영pass)	
포워드	atacante [아타칸티] m. (영forward)	
포지션	posição [포지카옹] f. (영position)	
플레이메이커	armador [아르마도르] m. (영playmaker)	
하프타임	intervalo [인테르바로] m. (영halftime)	
해트 트릭	três gols consecutivos [트레스 골스콘세쿠티보스] m., pl. (영hat trick)	
핸들링	mão na bola [마옹 나 볼라] f. (영handling)	
헤딩	cabeçada [카베사다] f. (영heading)	
후반전	segundo tempo [세군도 템포] m. (영second half)	
훌리건	hooligan [후리간] m. (영hooligan)	

▶생활 필수 단어

36 컴퓨터 computador [콤푸타도르] m.

네트워크	rede [헤지] f. (영network)
노트북	laptop [랏피톳피] m., notebook [노치부키] m. (영laptop)
더블클릭	clicar duas vezes [크리카르 두아스 베제스] (영double-click)
데이터	dado [다도] m. (영data)
데이터베이스	banco de dados [반코 데 다도스] m. (영database)
디스크 드라이브	unidade de disco [우니다 디 디스코] f., drive [드라이비] m. (영drive)
마우스	mouse [마우스] m. (영mouse)
메모리	memória [메모리아] f. (영memory)
모니타	monitor [모니토르] m. (영monitor)
모뎀	modem [모우데미] m. (영modem)
문서	documento [도쿠멘토] m. (영document)
버그	erro [에호] m. (영bug)
보존	salvar [사우바르] (영save)
복사	copiar [코피아르] (영copy)
붙여넣기	colar [코라르] (영paste)
삭제	apagar [아파가르] deletar [데레타르] (영delete)
설치	instalaçao [인스타라사온] f. (영installation)
소프트웨어	programa [프로그라마] m., software [소프티웨아르] m. (영software)
시디롬	CD-ROM [세데훈] m. (영CD-ROM)
아이콘	ícone [이코니] m. (영icon)
운영체제	sistema operacional [시스테마 오페라시오나우] m. (영operating system, 약os)
윈도우	janela [쟈네라] f. (영window)
재기동	reiniciar [헤이니시아르] f. (영reboot)
주변기기	periférico [페리페리코] m. (영peripheral)
초기화	inicializaçao [이니시아리자사온] f. (영initialization)
커서	cursor [쿠르소르] m. (영cursor)
컴퓨터	computador [콤푸타도르] m. (영computer)
클릭	clicar [크리카르] (영click)
키	tecla [테크라] f. (영key)
키보드	teclado [테크라도] m. (영keyboard)

파일	arquivo [아르키보] m. (영 file)	
퍼스널 컴퓨터	PC [페세] m., computador pessoal [콤푸타도르 페소아우] m. (영 personal computer)	
폴더	pasta [파스타] f. (영 folder)	
프로그램	programa [프로그라마] m. (영 program)	
프린터	impressora [임프레소라] f. (영 printer)	
플로피 디스크	disquete [디스케치] m. (영 floppy disk)	
하드 디스크	disco rígido [디스코 히지도] m. (영 hard disk)	
하드웨어	maquinaria [마키나리아] f., hardware [하르디웨아르] m. (영 hardware)	

▶생활 필수 단어

37 화장품 cosméticos [코스메티코스] m., pl.

린스	creme rinse [크레미 힌시] m., condicionador [콘데시오나도르] m. (영rinse)
립 크림	protetor labial [프로텍토르 라비아우] m. (영lip cream)
립스틱	batom [바톰] m. (영rouge, lipstick)
마스카라	rímel [히메우] m. (영mascara)
비누	sabonete [사보네티] m. (영soap)
샴푸	shampoo [샴푸] m., xampu [샴푸] m. (영shampoo)
선 오일	bronzeador [브론지아도르] m. (영suntan oil)
아이 섀도우	sombra [솜브라] f. (영eye shadow)
유액	emulsão [에무우자온] f. (영milky lotion)
자외선 차단제	protetor solar [프로텍토르 소라르] m. (영sunscreen)
클렌징 크림	creme para limpeza [크레미 파라 림페라] m. (영cleansing cream)
트리트먼트	tratamento [트라타멘토] m. (영treatment)
파운데이션	base [바시] f. (영foundation)
팩	máscara [마스카라] f. (영pack)
화장수	loção [로사온] f. (영skin lotion)

새시대가 요구하는 실용사전

- 정교한 용어, 핵심적인 어록 분석
- 다양하고도 참신한 용례
- 틀리기 쉬운 용어의 어법상 해설
- 학술, 정치, 경제, 군사 등 복합어 수록

| 한·브라질어 사전 |

한 포 사 전
韓葡辭典

송정섭 지음 | 1,226쪽 | 40,000원

DICIONÁRIO
COREANO-PORTUGUÊS

BM 성안당

◀ 일상회화 표현 (23테마별) ▶

1. 감정·호감 ················ 1700
2. 문제를 제기할 때 ············ 1701
3. 권유할 때 ················ 1702
4. 긍정·동의 ················ 1703
5. 길을 물을 때 ··············· 1703
6. 대중교통을 이용할 때 ········ 1704
7. 도움을 요청할 때 ············ 1706
8. 되물을 때 ················ 1706
9. 문제가 발생했을 때 ·········· 1707
10. 물건을 구매할 때 ············ 1708
11. 부정·거부 ················ 1710
12. 병원·약국 ················ 1710
13. 사과할 때 ················ 1712
14. 소개 ···················· 1713
15. 숙박 ···················· 1714
16. 시각·날짜·요일·월·계절 ··· 1716
17. 식사 중에 ················ 1718
18. 약속·예약 ················ 1721
19. 예를 표할 때 ·············· 1723
20. 인사 ···················· 1724
21. 전화 ···················· 1726
22. 질문할 때 ················ 1727
23. 허가·의뢰 ················ 1729

일상회화 : 테마별 상황 일람

1. 감정·호감	감사합니다. 즐겁습니다. 멋지군요. 안타깝습니다.	1700
2. 문제를 제기할 때	무언가 잘못됐습니다. 부족합니다. 해결이 안 됩니다.	1701
3. 권유할 때	하지 않겠습니까? 어떻습니까?	1702
4. 긍정·동의	네, 알겠습니다. 좋습니다.	1703
5. 길을 물을 때	…은 어디 있나요? …에 가고 싶은데요.	1703
6. 대중교통을 이용할 때	역은 어디인가요? 티켓 구입 장소는 어디죠? 왕복으로 주세요.	1704
7. 도움을 요청할 때	도와줘요. 불이 났어요. 도둑이야! 구급차 불러요!	1706
8. 되물을 때	뭐라고요? 잘 듣지 못했습니다.	1706
9. 문제가 발생했을 때	…을 잃어버렸습니다. 도둑맞았습니다. 경찰서는 어디죠?	1707
10. 물건을 구매할 때	…가 있습니까? 얼마인가요?	1708
11. 부정·거부	아니오. 모르겠습니다. 그렇게 생각하지 않습니다.	1710
12. 병원·약국	컨디션이 좋지 않습니다. 아픕니다. 약을 주세요.	1710
13. 사과할 때	죄송합니다. 괜찮습니까?	1712
14. 소개	저는 …입니다. …을 소개합니다.	1713
15. 숙박	방이 있습니까? 부탁합니다.	1714
16. 시각·날짜·요일·월·계절	몇 시입니까? 며칠, 무슨 요일, 좋아하는 계절은?	1716
17. 식사 중에	무엇을 드실래요? 추천해 주세요. …를 주세요.	1718
18. 약속·예약	언제 만날까요? 시간이 있으신지요?	1721
19. 예를 표할 때	감사합니다. 이쪽이야 말로.	1723
20. 인사	안녕하세요. 안녕히 가세요.	1724
21. 전화	여보세요. …계신가요? 메시지를 전해주세요.	1726
22. 질문할 때	죄송합니다만, 왜 그럴습니까? 어디입니까?	1727
23. 허가·의뢰	이대로 좋습니까? …해 주세요.	1729

1 감정 · 호감

● 와주시면 감사할거에요.
Eu ficaria feliz se você viesse.
[에우 피카리아 페리스 시 보세 비엣시]
영 I'd be glad(happy) if you could come.

● 즐거웠어요.
Foi muito divertido.
[포이 무인토 지베르치두]
영 I've had a good time.

● 우와, 맛있어요.
Está delicioso!
[에스타 젤리시오주!]
영 How delicious!

● 재미있어요.
Que legal (interessante)!
[키 레가우 (인테레산치)!]
영 What fun!

● 가슴이 두근거려요.
Estou muito ansioso.
[에스토우 무이투 안시오소]
영 I'm so excited!

● 어떻게 하면 좋죠?
O que eu faço?
[우 키 에우 파쏘?]
영 What shall (should) I do?

● 슬퍼요.
Estou triste.
[에스토우 트리스치]
영 I feel sad.

● 쓸쓸해요.
Eu me sinto sozinho[a].
[에우 미 신토 쏘지뉴[냐]]
영 I'm lonely.

● 멋져요.
Incrível!
[인크리베우!]
영 Great!/Terrific!

● 감동받았어요.
Isso é muito comovente.
[이쏘 에 무이투 코모벤치]
영 That's very moving.

● 믿을 수가 없어요.
Eu não posso acreditar!
[에우 낭 포쏘 아크레지타르!]
영 I can't believe it!

● 놀랐어요.
Que surpresa!
[키 수르프레자!]
영 What a surprise!

● 무서워요.
Estou com medo.
[에스토우 콤 메두]
영 I'm scared.

▶ 일상회화 표현

- 염려가 돼요.
  Estou preocupado(a).
  [에스토우 프리우쿠파두(다)]
  영 I'm worried.

- 애석하네요.
  Que pena.
  [키 페나]
  영 That's too bad.

- 마음에 들었어요.
  Eu gostei….
  [에우 고스테이]
  영 I like it.

- 마음에 안들어요.
  Eu não gostei….
  [에우 나온 고스테이]
  영 I don't like it.

2 문제를 제기할 때

- 계산이 잘못됐어요.
  Esta conta está errada.
  [에스타 콘타 에스타 에하다]
  영 This calculation is wrong.

- 잔돈이 부족해요.
  O troco está errado.
  [우 트로쿠 에스타 에하두]
  영 This is not the correct change.

- 이것은 완전히 익지 않았어요.
  Está cru. (Não está cozido.)
  [에스타 크루, (낭 에스타 코지두)]
  영 This isn't cooked.

- 스프가 너무 짜네요.
  A sopa está muito salgada.
  [아 소파 에스타 무이투 사우가다]
  영 The soup is a bit too salty.

- 이건 주문하지 않았어요.
  Eu não pedi isto.
  [에우 낭 페지 이스토]
  영 I didn't order this.

- 주문한 게 아직 안 나왔어요.
  Meu pedido ainda não veio.
  [메우 페지도 아인다 낭 베이우]
  영 Our order hasn't arrived yet.

- 너무 비싸네요.
  É muito caro.
  [에 무이투 카루]
  영 The bill is too much.

- 뜨거운 물이 안 나와요.
  Não tem água quente.
  [낭 테인 아구아 켄치]
  영 There isn't any hot water.

일상회화 표현

● 샤워기가 작동이 안돼요.
O chuveiro está quebrado.
[우 슈베이루 에스타 케브라두]
영 The shower doesn't work.

● 이 방은 시끄럽네요.
Faz muito barulho neste quarto.
[파이스 무이투 바룰류 네스치 쿠아르투]
영 This room is too noisy.

3 권유할 때

● 영화관에 갈까요?
Vamos ao cinema?
[바모스 아우 시네마?]
영 Shall we go to the movies?

● 커피라도 마실까요?
Você gostaria de uma xícara de café?
[보세 고스타리아 지 우마 시카라 지 카페?]
영 Would you like a cup of coffee?

● 같이 가지 않을래요?
Você não quer ir conosco (com a gente)?
[보세 나온 케르 이르 코노스쿠 (콩 아 젠치)?]
영 Won't you come along?

● 당신은 어떻습니까?
O que você acha?
[우 키 보세 아샤?]
영 How about you?

● 네, 물론 좋습니다.
Sim, eu aostaria muito].
[싱, 에우 고스타리아 무이투]
영 Yes, I'd love to.

● 꼭 저를 방문해주세요.
Por favor, venha me visitar.
[포르 파보르 베냐 미 비지타르]
영 Please come to visit me.

▶ 일상회화 표현

4 긍정·동의

● 네 (그렇습니다).
Sim.
[싱]
영 Yes.

● 그렇다고 생각합니다.
Também acho.
[탕벵 아쇼]
영 I think so.

● 정말로 동감합니다.
Concordo plenamonte.
[콩코르도 플레나멘치]
영 I quite agree. / I couldn't agree with you more.

● 괜찮군요.
Tudo bem.
[투두 벵]
영 All right.

● 맞습니다.
É isso mesmo. / Exatamente!
[에 이수 메즈무 / 에자타멘치!]
영 That's right. / Exactly!

● 알겠습니다.
Entendi.
[엔텐디]
영 I understand.

● 때와 장소에 따라 다릅니다.
Depende.
[데펜디]
영 That depends.

5 길을 물을 때

● …는 어디에 있나요?
Onde é …?
[온지 에 …?]
영 Where's …?

● 여기는 어디인가요?
Onde eu estou?
[온지 에우 에스토우?]
영 Where am I?

● …에 가고 싶은데요.
Eu gostaria de ir a….
[에우 고스타리아 지 이르 아 …]
영 I'd like to go to ….

1703

일상회화 표현 ◀

● 이 길을 따라 가면 시청으로 갈 수 있나요?
　Esta rua vai até a prefeitura?
　[이스타 후아 바이 아체 아 프레페이투라?]
　영 Does this street lead to City Hall?

● 여기서 먼가요?
　É longe daqui?
　[에 론지 다쿠이?]
　영 Is it far from here?

● 걸어서 갈 수 있나요?
　Dá para ir a pé?
　[다 파라 이르 아 페?]
　영 Can I walk there?

● 가면 바로 나와요.
　É logo ali.
　[에 로구 알리]
　영 It's only a short distance.

● 여기서 꽤 멀어요.
　É bem longe daqui.
　[에 벵 론지 다쿠이]
　영 It's quite a distance from here.

6 대중교통을 이용할 때

● 지하철 역은 어디입니까?
　Onde é a estação de metro?
　[온지 에 아 이스타상 지 메트루?]
　영 Where is the subway station?

● 티켓판매소는 어디입니까?
　Onde é a bilheteria?
　[온지 에 아 빌례테리아?]
　영 Where is the ticket office?

● 이 전차는 …에 갑니까?
　Este trem vai para…?
　[이스치 트렝 바이 파라…?]
　영 Does this train stop at…?

● 갈아탈 필요가 있습니까?
É preciso fazer baldeação?
[에 프레시주 파제르 바우제아상?]
영 Do I need to transfer?

● 어디서 갈아탑니까?
Em que estação eu faço baldeação?
[엥 키 에스타상 에우 파소 바우제아상?]
영 At which station do I transfer?

● 어디서 내려야 합니까?
Onde eu desço?
[온지 에우 데소?]
영 Where should I get off?

● 택시 타는 곳은 어디입니까?
Onde é o ponto de táxi?
[온지 에 오 폰투 지 타시?]
영 Where can I get a taxi?

● …호텔까지 부탁합니다.
Hotel…, por favor.
[오테우…, 포르 파보르]
영 To the Hotel…, please.

● 얼마입니까?
Quanto é?
[쿠안투 에?]
영 How much is the fare?

● 거스름돈은 됐습니다.
Guarde o troco.
[구와르지 우 트로쿠]
영 Keep the change.

● 리오까지 2매 주세요.
Por favor, duas passagens para o Rio de Janeiro.
[포르 파보루 도아스 파사제인스 파라 우 히우 지 자네이루]
영 Two round-trip tickets to Rio de Janeiro, please.

● 편도입니다. / 왕복입니다.
Só ida, por favor/ Ida e volta, por favor
[소 이다 포르 파보루 / 이다 이 보우타 포르 파보루]
영 One way, please./ Round-trip, please.

7 도움을 요청할 때

- 도와주세요!
  Socorro!
  [소코후!]
  영 Help!

- 도둑이야!
  Ladrão!
  [라드랑!]
  영 Thief!

- 의사를 불러!
  Chame um médico!
  [샤미 움 메지코!]
  영 Call a doctor!

- 교통사고가 났어요!
  Houve um acidente!
  [오우비 웅 아시젠치!]
  영 There's been an accident!

- 불이야!
  Fogo!
  [포구!]
  영 Fire!

- 경찰 아저씨!
  Polícia!
  [폴리시아!]
  영 Police!

- 구급차를!
  Chame uma ambulância!
  [샤미 우마 암불란시아!]
  영 Get an ambulance!

8 되물을 때

- 한번만 더 말해주시겠어요?
  Você pode repetir, por favor?
  [보세 포지 헤페치르, 포르 파부르]
  영 Could you say that again, please?

- 뭐라고요?
  O quê?
  [우 키?]
  영 What?

- 잘 안들려요.
  Não consigo ouvi-lo(a) (ouvir).
  [낭 콘시구 오우비로(라) (오비르)]
  영 I can't hear you.

▶ 일상회화 표현

- 잠시만요.
  Um momento.
  [웅 모멘투]
  영 Wait a minute.

- 과연 그렇군요.
  Sim, entendo.
  [심, 엔텐도]
  영 Well, I see.

9 문제가 발생했을 때

- 문제가 생겼어요.
  Eu tenho um problema.
  [에우 테뇨 웅 프로블레마]
  영 I have a problem.

- 길을 잃었어요.
  Eu estou perdido(a).
  [에우 에스토우 페르지두(다)]
  영 I think I got lost.

- 아들이 없어졌어요.
  Meu filho se perdeu.
  [메우 필류 시 페르데우]
  영 My son is lost.

- 여권을 잃어버렸어요.
  Eu perdi meu passaporte.
  [에우 페르지 메우 파사포르치]
  영 I lost my passport.

- 방의 열쇠를 잃어버렸어요.
  Eu tranquei o quarto e esqueci a chave dentro.
  [에우 트란케이 우 쿠아르투 이 에스케시 아 샤비 젠트루]
  영 I've locked myself out.

- 지갑을 도둑맞았어요.
  Roubaram minha carteira.
  [호우바라온 미냐 카르테이라]
  영 I've been pickpocketed.

- 가방을 도둑맞았어요.
  Roubaram minha bolsa.
  [호우바라온 미냐 보우사]
  영 Someone has stolen my bag.

- 이것을 길에서 주웠다.
  Eu achei isto na rua.
  [에우 아셰이 이스투 나 후아]
  영 I found this on the street.

- 경찰서는 어디인가요?
  Onde é a delegacia?
  [온지 에 아 젤레가시아?]
  영 Where is the police station?

10 물건을 구매할 때

● 도와드릴까요?
Posso ajudá-lo?
[포소 아주다로?]
영 May I help you?

● 그냥 구경하는 거에요.
Eu estou só olhando, obrigado(a).
[에우 에스토우 소 올랸도 오브리가두(다)]
영 I'm just looking, thank you.

● …는 있습니까?
Você tem …?
[보세 텡]
영 Do you have …?

● 저것(저 시계/저 셔츠)을 보여주세요.
Could you show me that one, please?
Por favor, você poderia me mostrar aquele / aquela(aquele relógio / aquela camisa)?
[포르 파보르 보세 포데리아 미 모스트라르 아켈리 / 아켈라(아켈리 헬로지오 / 아켈라 카미자)?]
영 Could you show me that one, please?

● 다른 걸로 보여주시겠어요?
Você poderia me mostrar outro(a)…, por favor?
[보세 포데리아 미 모스트라르 오트루(아) 포르 파부르?]
영 Could you show me another one, please?

● 제 사이즈를 몰라요.
Eu não sei o meu tamanho.
[에우 낭 세이 우 메우 타마뉴]
영 I don't know my size.

● 소재는 무엇입니까?
Qual é o tipo de tecido?
[쿠아우 에 오 치푸 지 테시두?]
영 What kind of fabric is this?

● 다른 색깔의 물건은 없나요?
Você tem outra cor?
[보세 테잉 오우트라 콜로르?]
영 Do you have another color?

▶ 일상회화 표현

● 다른 디자인도 있나요?
Você tem outro modelo?
[보세 테인 오우토라 모젤루?]
영 Do you have another style?

● 한 번 입어 봐도 될까요?
Posso experimentar?
[포소 에스페리멘타르?]
영 Can I try this on?

● 딱 맞아요!
Ficou bom.
[피코우 봉]
영 It fits me perfectly!

● 좀 꽉 끼네요. (헐렁하네요.)
Está um pouco apertado (largo, folgado).
[이스타 웅 포쿠 아페르타두 (라르구, 포우가두)]
영 It's a bit tight (loose).

● 얼마인가요?
Quanto é?
[쿠만투 에?]
영 How much (is it)?

● 마음에는 드는데 가격이 좀 비싸네요.
Eu gostei deste(a), mais é um pouco caro(a) demais.
[에우 고스치 제스치(타) 마이스 에 웅 포쿠 카루(아) 제마이스]
영 I like it but the price is a bit too high.

● 좀 깎아 주시겠어요?
Você pode me dar um desconto?
[보세 포지 미 다르 웅 제스콘투?]
영 Can you give me a discount?

● 이것(이 원피스/이 셔츠)을 주세요.
Vou ficar com este/esta(este vestido/esta camisa).
[보우 피카르 콩 이스치/이스타(이스치 베스치두/에스치 카미자)]
영 I'll take this, please.

● 쇼핑백 주세요.
Eu queria uma sacola (de papel(plástico)).
[에우 케리아 우마 사콜라 (지 파페우(프라스치쿠))]
영 Could I have a paper (plastic) bag?

11 부정·거부

● 아니요.
Não.
[낭]
영 No.

● 아니요, 괜찮습니다.
Não, obrigado(a).
[낭 오브리가두(아)]
영 No, thank you.

● 이제 충분합니다.
Estou satisfeito(a).
[에스토우 사치스페이투(타)]
영 That's enough.

● 그것은 다른 문제입니다.
Esse é outro problema.
[이시 에 오트루 프로블레아]
영 That's another matter thing.

● 모릅니다.
Não sei.
[낭 세이]
영 I don't know.

● 그렇게 생각하지 않습니다.
Eu não acho.
[에우 낭 아쇼]
영 I don't think so.

● 지금은 바쁩니다.
Eu estou ocupado agora.
[에우 에스토우 오쿠파두 아고라]
영 I'm busy now.

● 지금 급한 일이 있어서.
Estou com pressa.
[에스토우 콩 프레사]
영 I'm in a hurry.

● 선약이 있습니다.
Tenho um compromisso.
[테뇨 웅 콘프로미수]
영 I have an appointment.

12 병원·약국

● 이 근처에 병원(약국)이 있나요?
Há um hospital(uma farmácia) aqui perto?
[아 웅 오스피타우(우마 파르마시아) 아키 페르투?]
영 Is there a hospital(drugstore) near here?

● 병원으로 가주세요.
Por favor, leve-me ao hospital.
[포르 파보르, 레비미 아우 오스피타우]
영 Please take me to a hospital.

● 일본어가 가능한 의사가 있습니까?
Há algum médico que fale japonês?
[아 아우궁 메지쿠 키 파리 자포니스?]
영 Is there a Japanese-speaking doctor?

● 컨디션이 좀 나빠요.
Eu não me sinto bem.
[에우 낭 미 신투 벵]
영 I don't feel well.

● 설사를 합니다.
Eu estou com diarréia.
[에우 에스토우 콩 지아헤이아]
영 I have diarrhea.

● 위가 아파요.
Eu estou com dor de estômago.
[에우 에스토우 콩 도르 지 이스토마구]
영 My stomach hurts.

● 머리(목)이 아픕니다.
Eu estou com dor de cabeça(dor de garganta).
[에우 에스토우 콩 도르 지 카벳사(도르 지 가르간타)]
영 I have a headache (a sore throat).

● 여기가 매우 아픕니다.
Dói muito aqui.
[도이 무이투 아키]
영 It hurts a lot here.

● 열이 있습니다.
Eu estou com febre.
[에우 에스토우 콩 페브리]
영 I have a fever.

● 기침이 심합니다.
Eu estou tossindo muito.
[에우 에스토우 토신도 무이투]
영 I'm coughing a lot.

● 상처를 입었습니다.
Eu me machuquei.
[에우 미 마슈케이]
영 I've injured myself.

● 눈에 뭔가 들어갔어요.
Entrou algo no meu olho.
[엔트로우 아우구 누 메우 알류]
영 I have something in my eye.

● 화상을 입었어요.
Eu me queimei.
[에우 미 케이메이]
영 I've burned myself.

일상회화 표현

- 감기약을 주세요.
  Eu queria algo para resfriado, por favor.
  [에우 케리아 아우구 파라 헤스프리아도, 포르 파보루]
  영 I'd like some medicine for a cold, please.

- 두통약 가진 것 있으세요?
  Você tem algum remédio para dor de cabeça?
  [보세 텡 아우궁 헤메지우 파라 도르 지 카베샤?]
  영 Do you have medicine for a headache?

- 졸리지 않게 해줄 것이 필요해요.
  Eu gostaria de algo para não dormir.
  [에우 고스타리아 지 아우궁 파라 낭 도르미르]
  영 I'd like something that won't make me sleepy.

- 변비약을 주세요.
  Eu gostaria de um laxante, por favor.
  [에우 고스타리아 지 웅 리샨치, 포르 파보르]
  영 I'd like a laxative, please.

- 저는 알레르기가 있어요.
  Eu sou alérgico a ….
  [에우 소우 알레르지쿠 아]
  영 I have allergies.

- 하루에 몇 번 먹습니까?
  Quantas vezes ao dia eu tomo este remédio?
  [콴타스 베지스 아우 지아 에우 토무 에스치 헤메지우?]
  영 How many times a day should I take this?

13 사과할 때

- 미안합니다.
  Desculpe-me.
  [데스쿠우피 미]
  영 Excuse me.

- 죄송합니다.
  Desculpe-me. / Perdão!
  [데스쿠우피 미. / 페르당!]
  영 Excuse me./ Pardon me!

● 괜찮으신가요?
Você está bem?
[보세 이스타 벵?]
영 Are you all right?

● 괜찮습니다.
Eu estou bem.
[에우 에스토우 벵]
영 That's all right.

● 신경쓰지 않아도 되요.
Não se preocupe.
[낭 시 프레오쿠피]
영 Don't worry about it.

● 늦어서 죄송합니다.
Desculpe, eu me atrasei.
[데스쿠우피 에우 미 아트라제이]
영 Sorry (I'm sorry) I'm late.

● 기다리게 해서 죄송합니다.
Desculpe por tê-lo(a) feito esperar.
[데스쿠우피 포르 테로(라) 페이토 이스페라르]
영 I'm sorry to have kept you waiting.

14 소개

● 저는 스즈키 켄지입니다.
Meu nome é Kenji Suzuki.
[메우 노미 에 켄지 스즈키]
영 My name is Kenji Suzuki.

● 일본에서 왔습니다.
Eu vim do Japão. (Eu sou japonês.)
[에우 빔 도 자팡 (에우 소우 쟈포네이스)]
영 I'm from Japan.

● 친구인 다나카군을 소개하겠습니다.
Posso apresentar meu amigo Tanaka
[포소 아프레젠타르 메우 아미고 타나카?]
영 Can I introduce my friend Tanaka?

● 이쪽은 사이토씨의 부인입니다.
Ela é a esposa do Sr. Saito.
[엘라 에 아 이스포자 두 세뇨르 사이토]
영 This is Mrs Saito.

● 학생(간호사)입니다.
Eu sou estudante (enfermeira(o)).
[에우 소우 에스투단치 (엠페르메이라(로))]
영 I am a student (nurse).

● 은행(컴퓨터회사)에서 일하고 있습니다.
Eu trabalho em um banco (em uma firma (empresa) de computadores/para uma firma (empresa) de computadores).
[에우 트라발류 엥 웅 방쿠 (에인 우마 피르마 (엠프레자) 지 콤푸타도리스 / 파라 우마 피르마 (엠프레자) 지 콤푸타도리스)]
영 I work in a bank (for a computer firm).

● 휴가로 이곳에 왔습니다.
Eu vim passar férias aqui. / Eu estou de férias aqui.
[에우 빙 파사르 페리아스 아키 / 에우 에스토우 지 페리아스 아키]
영 I am on vacation here.

● 사업차 왔습니다.
Eu vim por trabalho.
[에우 빙 포르 트라발류]
영 I am here on business.

15 숙박

● 1박에 200헤알 이하의 호텔을 소개해주세요.
Você poderia sugerir um hotel com uma diária abaixo de 200 reais?
[보세 포데리아 수제리르 웅 오테우 콩 우마 지아리아 아바이슈 지 도젠투스 헤아이스?]
영 Could you recommend a hotel less than 200 real per night?

● 오늘밤에 묵을 방이 있나요?
Você tem um quarto para esta noite?
[보세 텡 웅 쿠아르투 파라 이스타 노이치?]
영 Do you have a room for the night?

● 트윈(싱글)로 부탁해요.
Um quarto de casado(solteiro), por favor.
[웅 쿠아르투 지 카자도(소우테이루) 포르 파보르]
영 A twin (single) room, please.

● 욕실(샤워실) 있는 방으로 주세요.
Eu gostaria de um quarto com banheira(chuveiro).
[에우 고스타리아 지 웅 쿠아르투 콩 바녜이라(슈베이루)]
영 I'd like a room with a bath(shower).

● 전망이 좋은 방으로 주세요.
Eu gostaria de um quarto com uma linda vista.
[에우 고스타리아 지 웅 쿠아르투 콩 우마 린다 비스타]
영 I'd like a room with a nice view.

● 1박입니다. / 2(3)박입니다.
Uma noite. / Duas(Três) noites.
[우마 노이치 도아스(트레이스) 노이치스]
영 One night. / Two(Three) nights.

● 조식 포함인가요?
O café da manhã está incluído?
[우 카페 다 마냐 이스타 인클루이두?]
영 Is breakfast included?

● 기무라입니다. 체크인을 하려고 해요.
Eu gostaria de fazer o check in. Meu nome é Kimura.
[에우 고스타리아 지 파제르 오 체킨. 메우 노미 에 기무라]
영 I'd like to check in. My name is Kimura.

● 일본에서 예약을 했습니다.
Eu fiz uma reserva do Japão.
[에우 피스 우마 헤제르바 두 자팡]
영 I made a reservation in Japan.

● 방을 보여주세요.
Mostre-me o quarto, por favor.
[모스트리미 오 쿠아르투, 포르 파보르]
영 Please show me the room.

● 더 조용한 방은 없을까요?
Você teria um quarto mais silencioso?
[보세 테리아 웅 쿠아르투 마이스 실렌시오주?]
영 Do you have any quieter rooms?

● 이 방으로 할게요.
Eu fico com o quarto.
[에우 피코 콩 오 쿠아르투]
영 I'll take this room.

일상회화 표현

● 신용카드 사용이 가능한가요?
Vocês aceitam cartão de crédito?
[보세스 아세이타온 카르탕 지 크레지투?]
영 Can I use a credit card?

● 아침식사는 어디서 하나요?
Onde eu tomo o café da manhã?
[온지 에우 토무 오 카페 다 마냐?]
영 Where can I have breakfast?

● 체크아웃은 몇 시인가요?
A que horas é o check-out
[아 키 오라스 에 우 체카우치?]
영 What time is check-out?

16 시각 · 날짜 · 요일 · 월 · 계절

● (지금은) 몇 시입니까?
Que horas são?
[키 오라스 상?]
영 What time is it (now)?

● 2시입니다.
São duas horas.
[사온 도아스 오라스]
영 It's two o'clock.

● 3시간이 지났습니다.
São três horas (em ponto).
[상 트레이스 오라스 (엥 폰투)]
영 It's just after three (o'clock).

● 1시 반입니다.
São uma e meia.
[상 우마 에 메이아]
영 Half past one.

● 4시 15분입니다.
São quatro e quinze.
[상 쿠아르투 이 킨지]
영 Quarter past four./ Four fifteen.

● 6시 10분 전입니다.
São seis menos dez.
[상 세이스 메누스 제스]
영 Ten to six.

● 제 시계는 조금 빠릅니다(느립니다).
Meu relógio está um pouco adiantado(atrasado).
[메우 헬지오 이스타 웅 포쿠 아지안타두(아트라자두)]
영 My watch is a little fast(slow).

▶ 일상회화 표현

● 오늘은 며칠입니까?
Que dia é hoje?
[키 지아 에 오즈?]
영 What's the date(today)?

● 4월 18일입니다.
Hoje é dezoito de abril.
[오즈 에 제조이투 지 아브리우]
영 It's April 18th.

● 저는 이곳에 3월 2일에 왔습니다.
Eu cheguei no dia dois de março.
[에우 셰게이 노 지아 도이스 지 마르쿠]
영 I got here on 2nd of March.

● 오늘은 무슨 요일입니까?
Que dia da semana é hoje?
[키 지아 다 세마나 에 오즈?]
영 What day (of the week) is it today?

● 화요일입니다.
Terça-feira.
[테르사 페이라]
영 Tuesday.

● 목요일에 그와 만납니다.
Eu vou encontrá-lo na quinta-feira.
[에우 보우 엔콘토라로 나 킨타 페이라]
영 I'll meet him on Thursday.

● 저번 주 금요일은 큰 비(폭설)가 있었다.
Choveu (Nevou) muito na sexta-feira passada.
[쇼베우 (네보우) 무이투 나 세스타 페이라 파사다]
영 We had heavy rain (snow) last Friday.

● 나는 5월 (상순)에 마나우스에 갈 것이다.
Eu irei para Manaus(em maio / no início de maio).
[에우 이레이 파라 마나우스(엥 마이우 / 누 이니시우 지 마이우)]
영 I'll leave for Manaus (at the beginning of) May.

● 제일 좋아하는 계절이 뭐에요?
Que estação do ano você gosta mais?
[키 이스타상 두 아누 보세 고스타 마이스?]
영 Which season do you like best?

일상회화 표현 ◂

● 봄(가을)이 가장 좋습니다.
Eu gosto mais da primavera(do outono).
[에우 고스토 마이스 다 프리마베라(두 오토노)]
영 I like spring(fall) best.

17 식사 중에

● 저녁식사는 보통 몇 시에 드시나요?
A que horas você costuma jantar?
[아 키 오라스 보세 코스투마 잔타르?]
영 When do you usually eat dinner?

● 점심은 무엇을 먹을까요?
O que nós vamos comer no almoço?
[우 키 누스 바모스 코메르 누 아우모수?]
영 What shall we eat for lunch?

● 같이 식사하러 갈래요?
Vamos almoçar juntos?/ Você não quer almoçar conosco?
[바모스 아우모사르 쥰토스? / 보세 낭 케르 아우모사르 코노스쿠?]
영 Shall we go and eat together?

● 이탈리아 요리는 어떨까요?
Que tal comida italiana?
[키 타우 코지다 이탈리아나?]
영 How about Italian dishes?

● 제가 낼게요.
Eu pago.
[에우 파구]
영 I'll treat you.

● 스프 맛은 어떤가요?
Você gostou da sopa?
[보세 고스토우 다 소파?]
영 What do you think of the soup?

● 샐러드를 드세요.
Sirva-se de salada.
[시르바시 지 살라다]
영 Help yourself to the salad.

▶ 일상회화 표현

- 정말 맛있었어요. 잘 먹었습니다.
  A comida estava deliciosa, obrigado.
  [아 코미다 에스타바 데리시오사 오브리가두]
  영 The meal was delicious, thank you.

- 마음에 드셨다니 다행이네요.
  Eu fico feliz por você ter gostado.
  [에우 피코 펠리스 포르 보세 테르 고스타두]
  영 I'm glad you liked it.

- 커피는 블랙으로 (달게) 해주세요.
  Eu gostaria do meu café sem (com) açúcar (adoçante).
  [에우 고스타리아 도 메우 카페 셍 (콩) 아수카르 (아도산치)]
  영 I'd like my coffee black (sweet).

- 이 가게는 음식이 맛있고 가격도 나쁘지 않아요.
  Este restaurante é bom e barato.
  [이스치 헤스타우란치 에 봉 이 바란투]
  영 The food in this restaurant is good and the prices aren't bad.

- 7시에 예약을 했습니다.
  Eu fiz uma reserva para as sete horas.
  [에우 피스 우마 헤제르바 파라 아스 세치 오라스]
  영 I have a reservation for seven o'clock.

- 두 명(세 명) 자리가 있나요?
  Você tem uma mesa para duas(três) pessoas?
  [보세 텡 우마 메자 파라 도아스(트레이스) 페소아스?]
  영 Do you have a table for two(three)?

- 메뉴를 보여주세요.
  Por favor, o cardápio.
  [포르 파보르 오 카르다피우]
  영 Could I have a menu, please?

- 추천요리는 무엇입니까?
  O que você recomenda?
  [오 키 보세 헤코멘다?]
  영 What do you recommend?

일상회화 표현

● 이 가게의 명물(스페셜, 자랑거리) 요리는 무엇입니까?
Qual é a especialidade da casa?
[쿠아우 에 아 이스페시알리다지 다 카자?]
영 What's your specialty?

● 햄·소시지 한 접시 주세요.
Por favor, eu gostaria de uma porção de calabresa.
[포르 파보르 에우 고스타리아 지 우마 포르상 지 카라브레사]
영 I'd like a sausage plate, please.

● 고기로 할게요.
Eu gostaria de peixe(carne).
[에우 고스타리아 지 페이스(카르니)]
영 I'd like the fish(meat)].

● 스테이크의 굽는 정도는 어떻게 하시겠습니까?
Como você prefere seu bife?
[코무 보세 프레페리 세우 비피?]
영 How would you like your steak?

● 미디엄(레어, 웰던)으로 해주세요.
Ao ponto(mal) passado, bem passado, por favor.
[아우 폰투(마우) 파사도 벵 파사두 포르 파보르]
영 Medium(Rare, Well-done), please.

● 믹스 샐러드도 주세요.
Eu também gostaria de uma salada mista, por favor.
[에우 탕벵 고스타리아 지 우마 사라다 미스타 포르 파보르]
영 I'd like a mixed salad too, please.

● 디저트로는 무엇이 있습니까?
O que você tem de sobremesa?
[오 키 보세 텡 지 소브레메자?]
What do you have for dessert?

● 저는 아이스크림으로 할게요.
Eu gostaria de um sorvete.
[에우 고스타리아 지 웅 소르베치]
영 I'd like some ice-cream.

▶ 일상회화 표현

● 와인 한 잔 주세요.
Um copo de vinho, por favor.
[웅 코푸 지 비뉴 포르 파보르]
영 A glass of wine please.

● 계산해 주세요.
Por favor, a conta.
[포르 파보르 아 콘타]
영 Check, please.

● 신용카드로 해주세요.
Cartão de crédito, por favor.
[카르탕 지 크레지투, 포르 파보르]
영 By credit card, please.

● 햄버거 두 개 포장이요.
Por favor, dois hambúrgueres para viagem.
[포르 파보르 도이스 암부르게리스 파라 비아젱]
영 Two hamburgers to go, please.

● 샌드위치와 오렌지주스를 주세요.
Um sanduíche e um suco de laranja, por favor.
[웅 산도이스 에 웅 수쿠 지 라란자, 포르 파보르]
영 A sandwich and an orange juice, please.

● 스몰(미지엄, 라지)로 부탁해요.
Pequeno(a)(Médio(a), Grande), por favor.
[페케누(아)(메지우(아) 그란지) 포르 파보르]
영 A small(Medium, Large), please.

● 저는 여기서 먹을게요.
Eu vou comer aqui.
[에우 보우 코메르 아키]
영 I'll eat it here.

● 포장으로 할게요.
É para viagem, por favor.
[이 파라 비아젱 포르 파보르]
영 I'd like this to go, please.

18 약속 · 예약

● 언제 만날까요?
Quando podemos nos encontrar?
[쿠안두 포데모스 노스 엥콘트라르?]
영 When shall we meet?

일상회화 표현

● 5시에는 시간이 괜찮으신가요?
Às 5 horas está bom para você?
[아스 싱쿠 오라스 이스타 봉 파라 보세?]
영 Would 5 o'clock be a convenient time to meet?

● 무슨 요일이 좋으신가요?
Que dia da semana é melhor para você?
[키 지아 다 세마나 에 멜료르 파라 보세?]
영 What day will suit you?

● 금요일은 어떠세요?
Sexta-feira está bom para você?
[세스타페이라 이스타 봉 파라 보세?]
영 How about Friday?

● 저는 그것으로 좋습니다.
Para mim está bom.
[파라 밍 에스타 봉]
영 That suits me fine.

● 레스토랑에 전화해서 자리를 예약하면 어떨까요?
Por que você não liga para o restaurante e reserva uma mesa?
[포르 키 보세 낭 리가 파라 오 헤스타우란치 이 헤제르바 우마 메쟈?]
영 Why don't you call the restaurant and reserve a table?

● 약속이 있으신가요?
Você fez uma reserva?
[보세 페스 우마 헤제르바?]
영 Do you have an appointment?

● 예약이 필요합니까?
Eu preciso fazer uma reserva?
[에우 프레시주 파제르 우마 헤제르바?]
영 Is an appointment necessary?

● 4시에 치과 예약이 있습니다.
Eu tenho uma consulta no dentista às 4 horas.
[에우 테뇨 우마 콘수우타 누 젠치스타 아스 쿠아트로 오라스]
영 I've got a dental appointment at 4 o'clock.

19 예를 표할 때

- 감사합니다.
  Obrigado(a).
  [오브리가두(다)]
  영 Thank you. / Thanks.

- 정말로 고맙습니다.
  Muito obrigado(a).
  [무이투 오브리가두(다)]
  영 Thank you very much.

- 친절에 감사드립니다.
  Obrigado(a) por sua gentileza.
  [오브리가두(다) 포르 수아 젠칠레자]
  영 Thank you for your kindness.

- 선물 감사해요.
  Obrigado(a) pelo presente.
  [오브리가두(다) 펠루 프레젠치]
  영 Thank you for the present.

- 감사의 말씀 올립니다.
  Eu não sei como agradecer.
  [에우 낭 세이 코무 아그라제세르]
  영 I can't thank you enough.

- 천만에요.
  De nada.
  [지 나다]
  영 You are welcome.

- 이쪽이야 말로.
  O prazer é todo meu.
  [오 프라제르 에 토두 메우]
  영 The pleasure is mine. / My pleasure.

- 정말 감사합니다.
  Muito obrigado(a).
  [무이투 오브리가도(다)]
  영 Thanks a lot.

- 여러모로 신세졌습니다.
  Obrigado(a) por tudo.
  [오브리가도(다) 포르 투두]
  영 Thank you for everything.

20 인사

● (아침 인사) 안녕하세요?
Bom dia.
[봄 지아]
영 Good morning.

● (오후 인사) 안녕하세요?
Boa tarde.
[보아 타르지]
영 Good afternoon.

● (저녁 인사) 안녕하세요?
Boa noite.
[보아 노이치]
영 Good evening.

● (잠자리 인사) 안녕히 주무세요.
Boa noite.
[보아 노이치]
영 Good night.

● (친한 사람에게 하는 인사) 안녕?
Olá! / Oi!
[올라! / 오이!]
영 Hello! / Hi!

● 처음 뵙겠습니다.
Prazer em conhecê-lo(a).
[프라제르 엥 코녜세로(라)]
영 How do you do?/ Nice to meet you.

● 잘 지내셨습니까?
Como vai você?
[코무 바이 보세?]
영 How are you?

● 네, 잘 지냈어요. 당신은요?
Bem. E você?
[봉 에 보세?]
영 I'm fine. And you?

● 별 탈 없이 지내고 있어요.
Não tenho porque reclamar.
[낭 테뇨 포르키 헤클라마르].
영 Nothing to complain about.

● 그저 그래요.
Assim assim.
[아싱 아싱]
영 So-so.

● 오랜만입니다.
Faz tempo que não nos vemos.
[파스 템푸 키 낭 누스 베모스]
영 I haven't seen you for a long time.

▶ 일상회화 표현

● 만나서 반가웠어요.
Prazer em vê-lo(a).
[프라제르 엥 베로(라)]
영 Nice Good to see you.

● 다음에 또 만나요.
Espero vê-lo(a) novamente.
[에스페로 베로(라) 노바멘치]
영 I hope to see you again sometime.

● 내일 봐요.
Até amanhã.
[아체 아마냥]
영 See you tomorrow.

● 또 봅시다.
Até logo.
[아체 로구]
영 See you soon.

● 그럼 다음에 봅시다.
Até mais tarde.
[아체 마이스 타르지]
영 See you later.

● 좋은 하루 되세요.
Tenha um bom dia!
[테냐 웅 봉 지아!]
영 Have a nice day!

● 좋은 주말 되세요.
Bom fim de semana!
[봉 핑 지 세마나!]
영 Have a nice weekend!

● 즐거운 여행 되세요!
Boa viagem!
[보아 비아젱!]
영 Have a nice trip!

● 당신도요!
(Obrigado) igualmente!
[(오브리가두) 이구아우멘치!]
영 You too! / The same to you!

● 안녕히 가세요.
Até logo.
[아체 로구]
영 Good-bye. / See you.

● 잘 가세요(안녕!)
Tchau.
[챠우]
영 Bye(-bye).

21 전화

● 여보세요, 지코씨 계신가요?
Alô. Por favor, o Sr. Zico está?
[알로 포르 파보르 오 세뇨르 지코 에스타?]
영 Hello. Is Mr. Zico there?

● 저는 다나카라고 합니다.
Meu nome é Tanaka.
[메우 노미 에 타나카]
영 My name is Tanaka.

● 카를로스씨와 통화할 수 있을까요?
Por favor, eu gostaria de falar com o Carlos?
[포르 파보르 에우 고스타리아 지 팔라르 콩 오 카를로스?]
영 May I speak to Mr. Carlos?

● 몇 번으로 거셨나요?
Que número você discou?
[키 누메루 보세 디스코우?]
영 What number are you calling?

● 잠시 끊지 말고 기다려주세요.
Aguarde um momento, por favor.
[아과르지 웅 모멘투 포르 파보르]
영 Please hold (the line).

● 그녀는 지금 다른 분과 통화중이십니다.
Ele(Ela) está atendendo outra ligação no momento.
[엘리(엘라) 이스타 아텐덴두 오우트라 리가상 누 모멘투]
영 She is on another line right now.

● 전화가 왔었다고 전해주세요.
Por favor, avise-o(a) que eu telefonei.
[포르 파보르 아비시오(아) 키 에우 테레포네이.
영 Please tell her I called.

● 나중에 이쪽에서 전화드리겠습니다.
Eu telefono depois(mais tarde).
[에우 테레포노 제포이스(마이스 타르지)]
영 I'll call you back later.

22 질문하기

● 죄송합니다만….
Com lincença, mais….
[콩 리센사, 마이스]
영 Excuse me, but….

● 질문 하나 해도 괜찮을까요?
Posso fazer uma pergunta?
[포쏘 파제르 우마 페르군타?]
영 May I ask you a question?

● 근처에 역이 어디있습니까?
Onde é a estação mais próxima?
[온지 에 아 이스타상 마이스 프록시마?]
영 Where is the nearest station?

● 당신이 라펠씨이신가요?
Você é o Sr. Lafer?
[보세 에 오 세뇨르 라페르?]
영 Aren't you Mr. Lafer?

● 저를 기억하십니까?
Você se lembra de mim?
[보세 시 렘브라 지 밍?]
영 Do you remember me?

● 성함을 여쭤봐도 될까요?
Qual é o seu nome, por favor?
[쿠아 에 우 세우 노미 포르 파보르]
영 May I have your name please?

일상회화 표현

● 이름을 어떻게 씁니까?
Como se soletra o seu nome?
[꺼무 시 소레트라 우 세우 노미?]
영 How do you spell your name?

● 어디서 오셨습니까?
De onde você é?
[지 온지 보세 에?]
영 Where are you from?

● 어떤 일을 하고 계십니까?
O que você faz?
[오 키 보세 페스?]
영 What do you do?

● 이것은 무엇입니까?
O que é isto?
[오 키 에 이스투?]
영 What's this?

● 몇 시까지 열려 있습니까?
Até que horas está aberto? / A que horas vocês fecham?
[아체 키 오라스 이스타 아베르투? / 아 키 오라스 보세 페샤온?]
영 Until what time are you open?

● 그것은 어디에 있습니까?
Onde é isso?
[온지 에 이수?]
영 Where is it?

● 이 자리는 비어있습니까?
Este lugar está ocupado?
[에스치 루가르 이스타 오쿠파두?]
영 Is this seat taken?

● 좋은 레스토랑을 알려주시겠어요?
Você poderia sugerir um bom restaurante? / Você conhece um bom restaurante?
[보세 포데리아 수제리르 웅 봉 헤스타우란치? / 보세 코녜시 웅 봉 헤스타우란치?]
영 Could you recommend a good restaurant?

● 화장실은 어디인가요?
Onde é o banheiro?
[온지 에 오 바녜이루?]
영 Where is the rest room?

● 그것은 무슨 의미인가요?
O que isso significa?
[오 키 이수 시기니피카?]
영 What does that mean?

● 왜요?
Por quê?
[포르 키?]
영 Why?

23 허가 · 의뢰

● 담배를 피워도 괜찮을까요?
Você se importa que eu fume? / Eu posso fumar?
[보세 시 임포르타 키 에우 후미? / 에우 포쏘 푸마르?]
영 Do you mind if I smoke?

● 이것을 가져도 괜찮을까요?
Posso ficar com isto?
[포쏘 피카르 콩 이스투?]
영 May I have this?

● 부탁이 있는데 들어주시겠어요?
Posso pedir um favor?
[에우 포쏘 페디르 웅 파보르]
영 Can I ask you a favor?

● 2, 3분 정도 시간을 내주시겠어요?
Você pode esperar mais um pouco?
[보세 포지 에스페라르 마이스 움 포우쿠?]
영 Can you spare me a few minutes?

● 여기서 사진을 찍어도 되나요?
Eu posso fotografar aqui?
[에우 포쏘 포토그라파르 아키?]
영 Is it all right to take pictures here?

● 안에 들어가도 괜찮을까요?
Posso entrar?
[포쏘 엔트라르?]
영 May I go inside?

일상회화 표현

● 사진을 찍어주시겠어요?
Por favor, você poderia tirar uma foto nossa?
[포르 파보르 보세 포데리아 치라르 우마 포투 노수?]
영 Could you please take a photo of us?

● 여기에 써주시겠어요?
Você poderia escrever aqui?
[보세 포데리아 이스크레베르 아키?]
영 Could you write that down?

● 빨리 해주세요.
Depressa, por favor.
[제프렛사, 포르 파보르]
영 Please hurry.

● 설탕을 건네주시겠어요?
Você poderia passar o açúcar, por favor?
[보세 포데리아 파사르 오 아수카르 포르 파보르?]
영 Could you pass me the sugar?

● 조금만 더 천천히 말해주세요.
Fale mais devagar, por favor.
[파리 마이즈 지바가르 포르 파보르]
영 Speak more slowly, please.

● 회사에 전화해 주세요.
Ligue(telefone)-me no escritório, por favor.
[리기(텔레포니)미 누 이스크리토리우, 포르 파보르]
영 Call me at the office, please.

● 서류를 팩스로 보내주시겠어요?
Você poderia passar esse fax, por favor?
[보세 포데리아 파사르 이시 팍쿠스, 포르 파보르]
영 Would you fax that document, please?

● 메일로 연락해주시겠어요?
Você poderia me enviar um e-mail, por favor?
[보세 포데리아 마 엔비아르 웅 이메우, 포르 파보르]
영 Could you send me a message by e-mail?

DICIONÁRIO
PORTUGUÊS-COREANO
포한사전
葡韓辭典
브라질어 사전

1980.	4. 28.	초	판	1쇄	발행
2005.	1. 15.	초	판	20쇄	발행
2006.	1. 9.	초	판	21쇄	발행
2006.	4. 17.	초	판	22쇄	발행
2007.	1. 2.	초	판	23쇄	발행
2008.	1. 7.	초	판	24쇄	발행
2011.	5. 11.	초	판	25쇄	발행
2015.	3. 30.	개정증보1판		1쇄	발행

저작권
본사
소유

지은이 | 주영복
펴낸이 | 이종춘
책임 | 최옥현
진행 | 조혜란
교정·교열 | 이태워
전산편집 | 전미숙, 권지혜
디자인 | 박원석, 임형준
홍보 | 천지혜
마케팅 | 구본철, 차정욱, 나진호, 이동후, 강호묵
제작 | 김유석
펴낸곳 | **BM** 성안당

주소 | 121-838 서울시 마포구 양화로 127 첨단빌딩 5층(출판기획 R&D 센터)
  | 413-120 경기도 파주시 문발로 112(제작 및 물류)
전화 | 02) 3142-0036
  | 031) 950-6300
팩스 | 031) 955-0510
등록 | 1973.2.1 제13-12호
출판사 홈페이지 | **www.cyber.co.kr**
ISBN | 978-89-315-7800-3 (11770)
정가 | **48,000원**

이 책의 어느 부분도 저작권자나 **BM** 성안당 발행인의 승인 문서 없이 일부 또는 전부를 사진 복사나 디스크 복사 및 기타 정보 재생 시스템을 비롯하여 현재 알려지거나 향후 발명될 어떤 전기적, 기계적 또는 다른 수단을 통해 복사하거나 재생하거나 이용할 수 없음.

※ 잘못된 책은 바꾸어 드립니다.

◀ 포르투갈 ▶

■ 국명(國名) nome do país [노미 두 파이스] (영 name of the country)	포르투갈 공화국 República Portuguesa [헤푸블리카 포르투게자] (영 The Portugese Republic)
■ 국토 면적 área [아레아] (영 area)	92,090km^2
■ 인구 população [포풀라상] (영 population)	약 10,813,834명
■ 수도 capital [카피타우] (영 capital)	리스본 Lisboa [리쥬보아] (영 Lisbon)
■ 종교 religião [헬리지앙] (영 religion)	가톨릭(90% 이상)
■ 산업 indústria [인두스트리아] (영 industry)	관광업, 섬유산업
■ 1인당 GDP PIB [페 이 베] (영 GDP per capita)	20,663$
■ 통화 단위 moeda corrente [모에다 코헨치] (영 currency)	유로 euro [에우루]
■ 월드컵 축구 Copa do Mundo [코파 두 문두] (영 World Cup)	본선 진출 6회(1966년 잉글랜드대회, 1986년 멕시코대회, 2002년 한일공동대회, 2006년 독일대회, 2010년 남아공대회, 2014년 브라질대회)
■ 국화(國花) Flor nacional [플로르 나시오나우] (영 national flower)	라벤둘라 Vera de Lavendula [라벤듀라] (영 Lavendula vera)
■ 국조(國鳥) ave national [아비 나치오나루] (영 national bird)	수탉 galo [갈루] (영 cock)